$H^1$

19869

# RÉPERTOIRE GÉNÉRAL.

# JOURNAL DU PALAIS.

Le RÉPERTOIRE GÉNÉRAL DU JOURNAL DU PALAIS est publié sous la direction de **M. LEDRU-ROLLIN**, docteur en droit, ancien avocat à la Cour de Cassation et au Conseil d'État, membre de la Chambre des Députés ;

### ASSISTÉ DE MM.

**J.-A. LEVESQUE**, docteur en droit, avocat à la Cour royale de Paris ;

**F. NOBLET**, avocat à la Cour royale de Paris ;

**AM. BOULLANGER**, avocat à la Cour royale de Paris ;

**GOUJET**, avocat à la Cour royale de Paris ;

**TH. GELLE**, ancien magistrat, avocat à la Cour royale de Paris ,

### ET AVEC LA COLLABORATION DE

MM.

**AD. BILLEQUIN**, avocat à la Cour royale de Paris ;

**LIGNIER**, avocat à la Cour royale de Paris ;

**BERTIN**, avocat à la Cour royale de Paris ;

**D'AUVILLIERS**, avocat à la Cour royale de Paris ;

**BENOIT**, avocat auteur du *Traité de la Dot, etc.*;

**CH. ROYER**, avocat à la Cour royale de Paris ;

**DOMENGET**, docteur en droit, avocat à la Cour royale de Paris ;

**FABRE**, ancien avocat avoué à la Cour royale de Paris ;

**TIXIER DE LA CHAPELLE**, docteur en droit, avocat à la Cour royale de Paris ;

**RÉQUÉDAT**, docteur en droit, avocat à la Cour royale de Paris ;

**FAVERIE**, avocat à la Cour royale de Paris ;

**BARNOUVIN**, avocat à la Cour royale de Paris ;

**CAUCHOIS**, avocat à la Cour royale de Paris ;

**PEYRUSSE**, avocat à la Cour royale de Paris ;

**HECTOR LECONTE**, avocat à la Cour royale de Paris :

**RICHARD**, avocat à la Cour royale de Paris ;

**F. HOUSSET**, docteur en droit, avocat à la cour royale de Paris;

**A. GOUIFFÈS**, docteur en droit, avocat à la Cour royale de Paris ;

**AD. HAREL**, avocat à la Cour royale de Rouen (1).

MM.

**GARNIER-DUBOURGNEUF**, directeur des affaires civiles et du sceau au Ministère de la Justice ;

**MEYNARD DE FRANC**, substitut du procureur du roi près le Tribunal de la Seine ;

**JOUAUST**, président du Tribunal civil de Rennes ;

**SOUEF**, avocat général à la Cour royale de Montpellier ;

**MONGIS**, substitut du procureur du roi, près le Tribunal de la Seine ;

**SULPICY**, procureur du roi à Coulommiers ;

**MOURIER**, substitut du procureur du roi à Coutances ;

**CHEVILLOTTE**, docteur en droit, substitut du procureur du roi à Philippeville (Algérie), ancien avocat à la Cour royale de Paris ;

**CAPMAS**, professeur-suppléant à la Faculté de droit de Toulouse.

**MAILHER DE CHASSAT**, ancien magistrat, avocat à la cour royale de Paris, auteur de différens ouvrages;

Et plusieurs autres magistrats et jurisconsultes.

(1) Bien que le nom de M. Harel n'ait pas figuré jusqu'à ce jour parmi ceux des rédacteurs de notre Répertoire, nous nous plaisons à reconnaître que nous devons à sa collaboration d'excellens travaux insérés déjà en partie dans les cinq premiers volumes.

PARIS. — IMPRIMERIE LANGE LÉVY ET COMP., RUE DU CROISSANT, 16.

# JOURNAL DU PALAIS.

# RÉPERTOIRE GÉNÉRAL

CONTENANT

## LA JURISPRUDENCE DE 1791 A 1846,

L'HISTOIRE DU DROIT,

## LA LÉGISLATION ET LA DOCTRINE DES AUTEURS,

PAR

### M. LEDRU-ROLLIN,

DOCTEUR EN DROIT, ANCIEN AVOCAT A LA COUR DE CASSATION ET AU CONSEIL D'ÉTAT,
MEMBRE DE LA CHAMBRE DES DÉPUTÉS.

PUBLIÉ PAR

M. F.-F. PATRIS,

Propriétaire du *Journal du Palais*.

TOME SIXIÈME.

E — EV.

PARIS,

AU BUREAU DU JOURNAL DU PALAIS,

rue des Grands-Augustins, 7.

1846
1847

# RÉPERTOIRE GÉNÉRAL.

## E

### EAU.

**1.** — L'eau en elle-même et considérée comme élément a toujours été rangée, de même que l'air, parmi les choses communes, c'est-à-dire dont l'usage est commun à tous, mais dont la propriété n'est à personne : « *Naturali jure*, disent les *Institutes* de Justinien (liv. 2, *De rer. divis.*, § 3), *communia sunt omnium aer, aqua profluens et mare.* » — C. civ., art. 714 ; — Daviel, *Cours d'eau*, t. 1er, n° 11 ; Garnier, *Rég. des eaux*, t. 1er, n° 2 ; Proudhon, *Dom. public*, t. 1er, nos 2 et 8 ; Pardessus, *Servit.*, n° 76.

**2.** — Mais il n'en est plus de même lorsque, naissant dans le sol même ou y tombant, elle y est en quelque sorte attachée : l'eau devient alors, aux yeux de la loi, un accessoire, une portion même du fonds, elle en suit le sort et est, par suite, susceptible d'une propriété privée. — L. 11, ff., *Quod vi aut clam* ; L. 1, § 11, ff., *De aq. et aq. pluv.*

**3.** — Toutefois il est des eaux qui, bien qu'attachées au sol, ne sont point susceptibles de propriété ; ainsi la mer n'appartient à personne. Il en est de même en général de l'eau courante ; les fleuves et les rivières navigables font partie du domaine public.

**4.** — On divise les eaux en eaux courantes ou fluentes, et eaux stagnantes ou non courantes. — On distingue encore les eaux pluviales, les eaux de source et les eaux souterraines.

**5.** — Les eaux courantes sont celles qui passent d'un lieu à l'autre en suivant une direction plus ou moins régulière et déterminée, comme les fleuves, les rivières, les canaux, les torrens et les ruisseaux. A Rome, on leur donnait indistinctement le nom générique de *flumen* ; chez nous, elles sont comprises dans le terme *cours d'eau*.

**6.** — Les cours d'eau d'une certaine importance sont ou navigables ou flottables, ou flottables seulement, ou ne sont ni navigables ni flottables. Les simples ruisseaux et les torrens ne rentrent point dans cette distinction.

**7.** — De ce que l'eau courante ne saurait être la propriété exclusive de personne, il résulte qu'elle n'est soumise qu'aux lois de police en ce qui concerne la manière d'en jouir. — C. civ., art. 714 ; — Proudhon, *Dom. publ.*, t. 4, n° 1286.

**8.** — Il suit encore de là que chacun a la faculté d'y puiser pour les besoins de la vie, d'y laver du linge, d'y abreuver les bestiaux ; et les lois de police n'en sauraient interdire l'usage, quant à la satisfaction de tels besoins. — *Cass.*, 13 juin 1827, Chotard c. Criteau.

**9.** — Mais il a été jugé que le propriétaire dont l'héritage borne un canal appartenant à son voisin ne peut faire des constructions sur ce canal pour prendre une partie des eaux qui y coulent, lorsqu'il n'en résulte aucun préjudice pour les usines que le canal est destiné à alimenter. — *Cass.*, 9 déc. 1818, Bodin c. Regnault.

**10.** — V. au surplus, pour les droits et avantages divers que peuvent retirer ou acquérir les riverains des cours d'eau, et les obligations et charges qui pèsent sur eux, les mots CANAUX, CHEMIN DE HALAGE, COURS D'EAU. — V. encore ALLUVION,

BACS ET BATEAUX, CURAGE, DIGUES, FLOTTAGE, ILES, IRRIGATIONS, PÊCHE, USINES.

**11.** — Les eaux stagnantes ou non courantes sont celles qui n'ayant aucun écoulement se réunissent artificiellement ou naturellement dans un endroit plus ou moins étendu et y séjournent. Tels sont, outre la mer, les lacs, étangs, etc. — V. MER, LACS, ÉTANGS.

**12.** — Parmi les eaux non courantes ou stagnantes on range encore, soit les eaux pluviales, souterraines, et même celles de sources peu importantes, soit les eaux ménagères ou de fumiers dirigées et conduites au moyen d'aquéducs, égouts, ruisseaux ou recueillies et contenues dans des citernes, cloaques, fontaines, puits, viviers, etc. — V. AQUÉDUC, CITERNE, CLOAQUE, ÉGOUTS, FONTAINES, MARES, PUITS, VIVIERS. — V. aussi EAUX SOUTERRAINES, SOURCE.

**13.** — Les eaux pluviales comprennent non seulement les eaux de pluie, mais encore celles qui proviennent de la fonte des glaces et des neiges. — L. 1, § 14, ff. *De fontibus* ; L. 1, ff. *De aq. et aq. pluv. arc.* — V. EAUX PLUVIALES.

**14.** — Les eaux de source et les eaux souterraines prennent encore, par opposition aux eaux pluviales le nom d'eaux *vives*. — V. au surplus EAUX SOUTERRAINES, SOURCE.

**15.** — Les eaux ménagères sont celles qui ayant servi à des usages privés sortent de l'intérieur des maisons, abattoirs, établissemens industriels, etc. — Les eaux de fumiers sont celles qui sortent des tas de fumiers, écuries, parcs à bétail, etc. — V. ABATTOIRS, EAUX MÉNAGÈRES ET DES FUMIERS, ÉTABLISSEMENS INSALUBRES.

**16.** — Les eaux non courantes autres que celles de la mer sont en général, à la différence des eaux courantes, susceptibles de possession exclusive et partant de propriété privée. — Daviel, *Cours d'eau*, t. 1er, n° 16 ; Rolland de Villargues, *Rép. du notar.*, v° *Eau*, n° 6.

**17.** — Quant aux droits et aux charges qui naissent entre voisins de la possession ou du passage d'eaux stagnantes ou courantes, V. SERVITUDES. — V. aussi AQUÉDUCS, ÉGOUTS, PUITS, SOURCE, etc.

**18.** — Les sources d'eaux minérales ou thermales sont placées sous la surveillance de l'administration publique pour le régime sanitaire de ceux qui voudraient en user. — Proudhon, *Dom. publ.*, t. 5, n° 1409 ; Pardessus, *Servit.*, n° 444 ; Rolland de Villargues, *Rép. du notar.*, v° *Eaux minérales*, n° 1er ; Garnier, *Rég. des eaux*, t. 3, nos 750 et suiv. ; Foucart, *Élém. de dr. publ. et admin.*, t. 2, n° 479.

**19.** — Le propriétaire d'une pareille source ne peut pas en user à sa volonté. — V. EAUX MINÉRALES ET THERMALES.

### EAU-DE-VIE.

**1.** — Les marchands d'eaux-de-vie en gros sont rangés dans la première classe des patentables et comme tels soumis à un droit fixe, basé sur la population et au droit proportionnel du quinzième de la valeur locative de l'habitation et des lieux servant à l'exercice de la profession.

**2.** — Les marchands en demi-gros et ceux en

détail sont rangés les premiers dans la deuxième classe, les seconds dans la cinquième classe et soumis au même droit fixe, sauf la différence de classe et au droit proportionnel du vingtième sur les mêmes facultés que les marchands en gros.

**3.** — Quant aux simples débitans, ils ne font partie que de la septième classe. Ils sont soumis au même droit fixe, sauf la différence de classe, et au droit proportionnel du quarantième sur les mêmes facultés, mais seulement dans les communes de 20,000 âmes et au-dessus. — V. PATENTES.

**4.** — Les distilleries d'eau-de-vie font, à raison du danger d'incendie qu'elles présentent, partie de la deuxième classe des établissemens insalubres. — V. ÉTABLISSEMENS INSALUBRES (nomenclature).

**5.** — Pour les divers droits auxquels donnent lieu les eaux-de-vie, et les obligations qu'elles font peser sur les fabricans, marchands et débitans, V. ABONNEMENT, BOISSONS.

### EAU FILTRÉE (Entrepreneurs d'un établissement d').

Les entrepreneurs d'établissemens d'eau filtrée ou clarifiée et dépurée sont rangés dans la troisième classe des patentables et soumis, en conséquence, à un droit fixe basé sur la population et à un droit proportionnel du vingtième de la valeur de l'habitation et des lieux servant à l'exercice de la profession. — V. PATENTES.

### EAUX ET FORÊTS.

**1.** — La réunion de ces deux mots est très naturelle, puisque c'est à l'existence et à la conservation des forêts que les cours d'eau doivent leur alimentation, et que les eaux apportent aux bois cette nourriture vivifiante qui leur procure la force et la fraîcheur. Aussi ces deux mots joints ensemble semblaient autrefois n'en former qu'un dont on se servait communément pour désigner en général les juridictions qui devaient connaître des matières d'eaux et forêts, et qui statuaient sur ce qui concernait les rivières et les bois, la chasse et la pêche.

**2.** — L'établissement d'une administration spéciale pour conserver une propriété aussi précieuse que les bois est une institution commune à tous les âges et à tous les peuples. Ainsi, à Rome cette commission fut souvent donnée aux premiers magistrats de la république.

**3.** — En France, dans les premiers siècles de la monarchie, les bois étaient si communs, qu'au lieu de pourvoir à leur conservation, il était ordonné de les extirper. Ce n'est que du treizième siècle que les édits de nos rois parlent des officiers des eaux et forêts, à qui était confié le soin de régir la chasse et la pêche, plutôt que la surveillance des bois. — Curasson, *Code forest.*, t. 1er, p. 407.

**4.** — Mais bientôt l'administration des bois, dont la surveillance fut reconnue nécessaire, fut placée sous le gouvernement d'un seul souverain général, maître inquisiteur, dispositeur et réformateur des eaux et forêts. Ainsi, des lettres-patentes

1

de Charles VI, de 1384, placèrent Charles, sire de Châtillon, à la tête de cette partie de l'administration.

5.— Depuis, le nombre des grands-maîtres augmenta successivement à mesure que la nécessité de réprimer les abus se faisait sentir.

6 — Les fonctionnaires chargés de veiller à la conservation des forêts n'ont commencé à exercer une juridiction contentieuse qu'en vertu de l'édit du mois de décembre 1543, et encore étaient-ils en concurrence avec les juges ordinaires. Ce n'est que par des édits de fév. 1554, janv. et août 1583 que les officiers des maîtrises des eaux et forêts ont été créés en titre d'office.

7.— L'ordonnance d'août 1669, dite des eaux et forêts, résuma toutes les dispositions propres à établir une bonne police et la conservation des forêts du royaume, et elle régla d'une manière précise les attributions des officiers des eaux et forêts.

8.— Ces juridictions étaient de trois sortes. Les grueries, les maîtrises, les tables de marbre, ou autres tribunaux qui les représentaient, sans compter les capitaineries des chasses.

9. — Ainsi, à la tête de l'administration forestière se trouvaient dix-sept grands-maîtres dont chaque département était composé de plusieurs maîtrises et grueries particulières. — Ord. 1669 dans ses neuf premiers titres ; édit. de fév. 1689 et juin 1703.

10. — L'appel des sentences était porté à des tables de marbre, tribunaux supérieurs qui, en 1704, ont été remplacées par une chambre établie dans plusieurs parlemens sous le nom de chambres souveraine des eaux et forêts.

11. — Les officiers des maîtrises à des attributions administratives unissaient aussi le droit de connaître, tant au civil qu'au criminel, de tous les différences relatifs aux eaux et forêts, non seulement des questions forestières, mais aussi de la répression des délits.

12. — De même, les grands-maîtres étaient non seulement administrateurs, mais ils étaient, en outre, juges en premier ressort des cas qui se présentaient à décider dans leurs visites; ils avaient encore séance et voix délibérative dans les tribunaux supérieurs en matière d'eaux et forêts. — Curasson, Code forest., t. 1er, p. 408.

13. — Ces différentes juridictions ont été supprimées par la loi du 29 sept. 1791, qui établit les conservateurs et agens destinés à remplacer les anciennes maîtrises. Déjà les contestations civiles engagées relativement aux forêts et aux droits dont elles peuvent être l'objet avaient été déférées aux tribunaux de district investis de la connaissance de toutes les affaires civiles.

14. — Mais la loi du 29 sept. 1791 ne fut pas mise à exécution quant au personnel. Les anciens officiers des eaux et forêts continuèrent leurs fonctions administratives jusqu'à la publication de la loi du 16 flor. an IX, qui a confié la surveillance des forêts de l'état à une administration générale, ayant sous ses ordres des conservateurs, des inspecteurs, des sous-inspecteurs, des gardes généraux, des gardes particuliers et des arpenteurs.

15. — L'organisation de cette administration a été définitivement par trois ordonnances des 11 oct. 1820, 20 août et 1er déc. 1824.

V. FORÊTS, GRAND-MAÎTRE DES EAUX ET FORÊTS, GRUERIE, MAÎTRISE, TABLE DE MARBRE.

# EAUX FORTES, DE JAVELLE, etc.

1. — Les ateliers consacrés à la fabrication de l'eau forte (acide nitrique) sont, lorsque l'opération a lieu par la décomposition du salpêtre, au moyen de l'acide sulfurique, dans l'appareil de Wolf, rangés dans la deuxième classe des établissemens insalubres, eu égard à l'odeur désagréable et incommode qu'en dégage quand les appareils perdent, ce qui a lieu de temps à autre.

2. — Ceux dans lesquels l'eau forte se fabrique par l'ancien procédé, ne peut n'a plus lieu aujourd'hui, rentrent dans la première classe.

3 — Les ateliers de fabrication de l'eau seconde des peintres en bâtimens (alcali caustique en dissolution), présentant très peu d'inconvéniens, sont rangés seulement dans la troisième classe.

4. — Quant à l'eau de javelle (chlorures alcalins), les établissemens dans lesquels on la fabrique une grand pour le commerce et les fabriques, produisant une odeur désagréable et incommode, font partie de la première classe.

5. — Les établissemens dont les produits moins abondans sont employés dans le lieu même où ils sont fabriqués, présentant moins d'inconvéniens, ne sont rangés que dans la deuxième classe. — V. ÉTABLISSEMENS INSALUBRES (nomenclature).

# EAUX MÉNAGÈRES ET DES FUMIERS.

1. — On entend par eaux ménagères celles de toute nature qui sortent des intérieurs des maisons, des cuisines, des éviers, des abattoirs et tueries des villes.

2. — Les eaux des fumiers sont celles qui sortent des écuries, étables, parcs à bétail et à cochons, des fossés, des tas de fumiers.

3. — En principe, le riverain inférieur (C. civ., art. 640) tenu de recevoir les eaux pluviales provenant du fonds supérieur et coulant naturellement sur le sol, ne peut être astreint à recevoir les eaux ménagères ou les eaux des fumiers sortant du fonds supérieur.

4. — La servitude de l'écoulement des eaux ménagères ne doit pas être confondue avec celle de l'égout des toits. La première ne peut exister qu'alors seulement que la main de l'homme y contribue en répandant les eaux. C'est là un fait, un acte à chaque instant renouvelé, tandis qu'une fois le toit établi, l'écoulement des eaux pluviales s'opère naturellement et indépendamment du maître du toit ou de tous autres.

5. — Ces eaux doivent se perdre sur le fonds même ou dans la rue, mais il est défendu de les laisser couler sur la voie publique les eaux dont les exhalaisons sont insalubres.—Cass., 24 mars 1834, Gasteloup.

6. — Est légal et obligatoire l'arrêté du maire qui défend de rien jeter par les fenêtres, pas même de l'eau, ni le jour, ni la nuit. Et la contravention existerait quand même l'eau jetée serait claire et propre et ne pourrait nuire par sa chute ou ses exhalaisons.—Cass., 3 juinv. 1825, Loupiac.

7. — Aucune saillie, d'ailleurs, ne peut être établie sur la voie publique, sans une autorisation préalable. Les éviers, les gargouilles, destinés à conduire les eaux ménagères ou celles des fumiers, doivent donc être autorisés.

8. — Est obligatoire l'arrêté du maire qui défend d'obstruer le conduit du canal destiné à recevoir les eaux insalubres d'une ville et à en joint aux propriétaires sur l'héritage desquels ces eaux sont amassées dans des mares, de les combler.—Cass., 2 juin 1838 (t. 2 1838, n° 374), Colliot; — Merlin, Rép., v° Tribunal de police, sect. 4re, § 2, et admin., v° Réglemens municipaux, sect. 4re, § 2; Perrin, n° 1372.

9.—Mais il en est autrement de la disposition du même arrêté qui enjoint aux riverains du canal de l'entretenir et de le recouvrir dans toute sa longueur, car c'est là une question de propriété.— Même arrêt.

10. — Celui qui, pour se débarrasser des eaux ménagères, vient les faire écouler hors de sa maison, n'en peut être empêché par son voisin, pourvu qu'en dehors de son mur il laisse assez de terrain pour l'écoulement des eaux ne puisse nuire à l'héritage contigu. — Perrin, Code des constructions, n° 1361.

11.— Il n'existe pas de servitude naturelle ni légale pour les eaux ménagères, non plus que pour les eaux des fumiers.—Cass., 15 mars 1830, Jousse c. Pesneau; — Delvincourt, t. 4er, p. 878; Duranton, t. 5, n° 454.

12. — Cette servitude est donc conventionnelle. Elle s'acquiert en conséquence par titre.

13. — Mais est-ce une servitude continue et apparente? peut-on l'acquérir par la prescription ou par la destination du père de famille? Oui, s'il y a des travaux apparens, selon Perrin, n° 1360; Troplong, Prescription, n° 140. — Non, selon Daviel, n° 740. — V. à cet égard SERVITUDES.

14. — Si la servitude n'est considérée comme continue et apparente, elle peut faire l'objet d'une action possessoire; sinon, la possession ne menant pas à la prescription, serait sans utilité et ne servirait pas de base à une action. — V. SERVITUDES.

15. — Le mode et l'étendue de cette servitude sont ordinairement déterminés par le titre constitutif, et les parties doivent s'y conformer.

16. — La dénomination du droit d'égout, dans le titre constitutif, ne doit s'entendre que de la servitude de l'égout des toits seulement, et non de celle des eaux ménagères ou des fumiers.

17. — La stipulation de recevoir toutes les eaux d'une maison comporte celle des recevoir quand même elles seraient augmentées, soit par suite de la réparation du propriétaire ou du locataire voisin, soit par toute autre cause. — Desgodets-Goupy, art. 486, n°s 40 et 43; Fournel, v° Eaux ménagères; Perrin, n° 1364.

18. — ... A moins que les eaux ne soient infectes ou puantes ou susceptibles de nuire au fonds servant. — Perrin, ibid.

19. — Mais s'il est stipulé que le fonds ne recevra que les eaux que peut employer un ménage ordinaire, la servitude devrait naturellement être restreinte si la maison venait à être occupée par un propriétaire ou un locataire ayant besoin d'une consommation d'eau extraordinaire. — Perrin, n° 1366; Desgodets-Goupy, art. 486, n° 43.

20. — Le propriétaire du fonds auquel profite la servitude est chargé de l'entretien et du curage du lieu par où les eaux s'écoulent. Il a droit, à cet effet, au passage sur le fonds servant.

21. — Selon les circonstances, il peut être obligé à entretenir une grille ou un grillage au trou par où passent les eaux.—V. EAUX PLUVIALES, ÉGOUTS, ÉTABLISSEMENS INSALUBRES, PRESCRIPTION, SERVITUDES.

# EAUX MINÉRALES ET THERMALES.

### Table alphabétique.

### § 1er. — Historique et notions générales.

1.—Les établissemens d'eaux minérales naturelles ont été, depuis fort long-temps, placés sous la surveillance de l'autorité. Dès 1772, une déclaration du roi, du 25 avril, instituait une commission royale de médecine pour l'examen des eaux minérales et la distribution des eaux minérales.

2. — Un arrêté du conseil du 1er avr. 1774, rappelant une partie des dispositions de la déclaration de 1772, ordonna la visite des eaux minérales dans les bureaux de distribution avant qu'on ne les livrait aux particuliers qui devaient en faire usage.

3. — L'arrêté du 5 mai 1781, dont les prescriptions sont beaucoup plus étendues, voulait que des médecins intendans veillassent à l'entretien, à la propreté, à la conservation des sources, qu'ils fussent présens à tous les puisemens des eaux, et indiquassent l'heure à laquelle il convenait de les faire. Suivant cet arrêté, les bouteilles devaient être cachetées et vérifiées à leur arrivée au bureau

de distribution. Toutes les eaux minérales qui se vendaient à Paris étaient sujettes à l'inspection des commissaires de la société de médecine; les propriétaires des eaux approuvées ne pouvaient les vendre qu'à la source, au prix fixé par la société, mais il ne leur était pas permis d'établir des dépôts. Pareille défense était faite aux apothicaires, ainsi qu'à tout particulier, à moins qu'ils ne fussent munis d'une autorisation de la société royale de médecine.

4. — Plus tard, un arrêté du 23 vendém. an VI attribua à l'autorité municipale l'administration et la police des eaux minérales.

5. — Un autre arrêté du 29 flor. an VII chargea deux commissaires, au choix de l'autorité municipale, de surveiller les sources et la distribution des eaux.

6. — Celui du 3 flor. an VIII assigna des honoraires aux inspecteurs. Enfin, un arrêté du 6 niv. an XI rappela aux particuliers propriétaires des sources, qu'ils devaient se conformer aux réglemens de police des eaux minérales, que le tarif de leurs eaux devait être approuvé par l'autorité, et que c'était sur le produit des établissemens que devaient être prélevés les honoraires des inspecteurs.

7. — Mais, comme le fait remarquer M. Trébuchet (*Jurisp. de la médec.*, p. 647), tous ces réglemens ne concernaient que les eaux minérales *naturelles* qui étaient à peu près les seules dont on fît usage lors de leur promulgation.

8. — Lorsque l'industrie des eaux minérales factices se développa, au point de se recommander par son importance, le gouvernement sentit la nécessité de soumettre les nombreux établissemens qui s'étaient formés successivement à une surveillance rigoureuse, et c'est alors qu'intervint l'ordonnance du 18 juin 1823 qui fixa la police des établissemens d'eaux minérales naturelles en général et des eaux factices en particulier.

9. — Ajoutons qu'une des attributions spéciales de l'Académie royale de médecine, créée par ordonnance du 20 déc. 1820, est précisément, aux termes de la dernière ordonnance, de répondre au gouvernement sur tout ce qui intéresse la santé publique, et notamment sur les eaux *minérales naturelles ou factices*.

10. — Cette préoccupation persistante du législateur prouve que les sources d'eaux minérales sont considérées comme d'utilité publique. — Aussi plusieurs fois des considérations d'intérêt général ont-elles déterminé le gouvernement à acquérir des établissemens thermaux possédés par des particuliers, et même à employer à cet effet la voie de l'expropriation.

11. — Ainsi, par exemple, c'est par des motifs d'utilité publique que l'état s'est fait céder (ord. 29 août 1821) l'établissement du Mont-d'Or; qu'un décret du 12 juin 1811 a déclaré que les sources d'eaux minérales de Plombières étaient sa propriété, et qu'un autre décret du même jour a ordonné l'achat pour le compte de l'état des bains civils de Bourbonne et des sources, bâtimens et terrains qui en dépendent.

12. — Aussi M. Cotelle (*Trav. publ.*, t. 1er, p. 426, 2e éd.) fait-il observer qu'à la faveur de l'assimilation qui existe entre les établissemens thermaux, quoique appartenant aux particuliers, et les hospices, les travaux à faire dans les alentours de la source pour prévenir le mélange de ses eaux avec les eaux pluviales ou de puits ont été plusieurs fois déclarés d'utilité publique, à l'effet d'autoriser l'expropriation de quelques parcelles de terrain.

13. — On sait aussi qu'un décret spécial du 30 prair. an XII, renouvelant les dispositions d'un arrêté du conseil du 6 mai 1732, contient des mesures relatives à l'établissement thermal de Baréges, et assujétit notamment les propriétaires voisins de ces eaux à des prohibitions et à des mesures de police qui créent pour leurs fonds des servitudes réelles. — Cotelle, *ibid.*

14. — On se rappelle encore que pour remédier à l'inconvénient résultant des travaux, des fouilles, creusemens de puits, ou recherches de sources qui, effectués dans le voisinage des établissemens thermaux, pouvaient les altérer ou les détruire, le gouvernement présenta, en 1837, à la chambre des députés, un projet de loi qui posait en principe: 1° que les sources d'eaux minérales pourraient être déclarées d'utilité publique; 2° que les travaux de nature à supprimer, détériorer ou altérer une source minérale dont l'utilité publique aurait été déclarée pourraient être interdits administrativement, sauf réglement amiable ou par les tribunaux, d'une indemnité en faveur du propriétaire dont les travaux seraient interdits. — Mais ce projet fut rejeté comme inutile et inexécutable.

15. — Une autre tentative de même nature fut renouvelée en 1846, et la chambre des députés avait adopté sous le titre de: « *Projet de loi relatif à la conservation des eaux minérales* » un projet ainsi conçu: — « Art. 1er. Les sources d'eaux minérales pourront être déclarées d'utilité publique par des ordonnances royales délibérées après enquête dans la forme des réglemens d'administration publique. — Un réglement d'administration publique déterminera la forme de cette enquête. — Art. 2. Lorsqu'une source d'eau minérale aura été déclarée d'utilité publique, le préfet du département pourra interdire les travaux de nature à la supprimer, détourner ou altérer, autoriser l'exécution sur le terrain d'autrui de ceux qui seraient nécessaires pour son aménagement ou sa conservation, le tout sauf recours au ministre, et, s'il y a lieu, au conseil d'état, par la voie contentieuse. — Art. 3. Les dommages résultant de l'interdiction ou de l'autorisation des travaux ci-dessus énoncés seront à la charge du propriétaire de la source, et l'indemnité sera réglée par les tribunaux. — Art. 4. Si une source d'eau minérale déclarée d'utilité publique n'est pas exploitée, si elle l'est de manière à en compromettre la conservation, ou si son exploitation ne satisfait pas aux besoins de la santé publique, une ordonnance royale pourra autoriser l'expropriation de la source et de toutes les dépendances nécessaires à son exploitation, dans les formes réglées par la loi du 3 mai 1841, sans préjudice du droit de retrait d'autorisation dans les cas prévus par l'art. 5 ci-après. — Art. 5. Les établissemens d'eaux minérales qui seraient exploités sans autorisation seront fermés administrativement. — Dans le cas de violation ou d'inexécution des conditions imposées par l'acte d'autorisation, et dans le cas d'abus ou de faits qui seraient de nature à porter atteinte à l'ordre ou à la santé publique, l'autorisation pourra être révoquée par un arrêté du ministre, sauf recours au conseil d'état par la voie contentieuse. — Art. 6. Toute exploitation de source d'eau minérale sans autorisation, et toute exécution de travaux interdits ou suspendus en vertu des dispositions de l'art. 2 seront punis d'une amende de 100 à 2,000 fr., et d'un emprisonnement de six jours à deux mois, sauf l'application, s'il y a lieu, de l'art. 463, C. pén. — Art. 7. Les contestations qui pourront s'élever sur la propriété des sources d'eaux minérales déclarées ou non d'utilité publique seront jugées par les tribunaux, quelles que soient les parties en cause: l'art. 9 de l'arrêté du gouvernement du 6 niv. an XI est abrogé.

16. — Mais ce projet, quoique adopté article par article par la chambre des pairs, et malgré les conclusions favorables du rapport présenté par M. Mesnard au nom de la commission, fut, après une très vive discussion, repoussé définitivement au scrutin d'ensemble. — *Moniteur* des 13, 16, 17 et 19 mai 1846.

17. — Au reste, les tribunaux se montrent et doivent se montrer favorables à tout ce qui peut tendre à protéger les établissemens thermaux contre les envahissemens et la destruction, et il a été jugé que le tiers acquéreur d'un fonds sous lequel passent les veines d'une source thermale précédemment aliénée au profit d'une autre personne par le même propriétaire, auteur commun, ne peut faire dans ledit fonds des fouilles capables de couper la source, de l'enfoncer ou de la déterrer, — attendu que la concession d'une pareille source comprend les veines souterraines qui se trouvent dans la propriété de l'auteur de la concession. — *Aix*, 7 mai 1835, Guibert c. Gravier.

18. — Mais il a été jugé aussi, par respect du droit de propriété, qu'il n'appartient ni à l'autorité administrative ni à l'autorité municipale de prendre des arrêtés tendant à interdire aux propriétaires de terrains voisins des établissemens d'eaux minérales le droit d'y faire des fouilles et recherches. La faculté de pratiquer celles-ci résulte pour ces propriétaires des art. 544 et 552, C. civ. — *Cass.*, 13 avr. 1844 (t. 1er 1844, p. 781), Brosson.

19. — D'autres fois, pour favoriser des établissemens thermaux appartenant aux communes, le gouvernement a cédé des propriétés appartenant à l'état, bien qu'elle fussent consacrées à un service public. — V. Durieu et Roche (*Rép. des établ. de bienfais.*, v° *Eaux minérales*), qui citent une ordonnance du 29 juill. 1840. — V. aussi ord. 17 avr. 1840.

20. — C'est ainsi encore qu'une loi du 2-11 juill. 1835 a cédé au département du Nord l'établissement thermal de Saint-Amand et ses dépendances, à la charge de tous les travaux de restauration et autres, et sauf retour sans indemnité en cas d'inexécution des conditions.

21. — Il existe maintenant en France un certain nombre d'établissemens d'eaux minérales appartenant, soit à l'état, soit aux départemens, aux communes, aux hospices et à des particuliers. — MM. Durieu et Roche (*loc. cit.*, p. 57) fixent ce nombre à soixante-dix-huit, dont six appartenant à l'état (V. DOMAINE DE L'ÉTAT, n° 78), un à un département, vingt-quatre aux communes et aux hospices, et quarante-sept à des particuliers.

22. — L'ordonnance du 18 juin 1823 se divise en trois titres qui traitent: le premier, sous le nom de *dispositions générales*, des formalités à observer avant l'ouverture de tout établissement nouveau d'eaux thermales et de la surveillance à laquelle il est soumis; le deuxième, de la fabrication des eaux minérales artificielles, des dépôts et de la vente de ces eaux et des eaux minérales naturelles; le troisième, de l'administration des sources minérales appartenant à l'état, aux communes et aux établissemens publics.

### § 2. — *Des établissemens thermaux. — Conditions d'existence et d'exploitation.*

23. — Le préambule de cette ordonnance vise les textes précités, la loi du 16-24 août 1790, et l'art. 484, C. pén., qui les ont maintenus en vigueur, et en outre la loi du 21 germin. an XI, et celles de finances des 17 août 1822 et 10 mai 1823; il dispose en outre ainsi qu'il suit: « Considérant que les précautions générales à prendre et les garanties à exiger, dans l'intérêt de la santé publique, à l'égard des entreprises ayant pour but la fabrication ou le débit des médicamens quelconques, forment une des branches les plus importantes de la police administrative; — que l'expérience n'a cessé de démontrer la nécessité des règles particulières qui concernent les eaux minérales, et les inconvéniens inséparables de toute négligence dans leur exécution; — que cette nécessité est surtout démontrée pour les eaux minérales artificielles, afin de prévenir non seulement les dangers de leur altération et de leur faux emploi, mais les dangers plus grands qui peuvent résulter de leur préparation: — A ces causes, etc., etc. »

24. — « *Toute entreprise*, porte l'art. 1er, ayant pour effet de livrer ou administrer au public des eaux minérales, naturelles ou artificielles, demeure soumise à une autorisation préalable et à l'inspection d'hommes de l'art. »

25. — Suivant l'art. 2, les autorisations ainsi exigées devaient être délivrées par le ministre de l'intérieur, sur l'avis des autorités locales, accompagné, pour les eaux minérales naturelles, de leur analyse, et, pour les eaux minérales artificielles, des formules de leur préparation.

26. — Aujourd'hui les établissemens thermaux sont placés dans les attributions du ministre de l'agriculture et du commerce (ord. 6 avr. 1834, art. 2). C'est donc par ce ministre que les autorisations sont délivrées sur le rapport des commissaires chargés de les examiner ou expérimenter, et sur l'avis du préfet et du conseil de salubrité.

27. — A défaut de disposition précise de l'ordonnance sur les formalités à remplir par les personnes qui veulent tenir des bains d'eaux minérales, on a considéré ces établissemens comme compris implicitement dans l'art. 1er, et les entrepreneurs de bains restent soumis à l'autorisation et à l'inspection dans l'intérêt de la santé publique; mais M. Trébuchet (*loc. cit.*) fait observer que les propriétaires de bains minéraux ne peuvent vendre des eaux au dehors, et qu'il ne doivent en avoir en dépôt que pour la consommation intérieure de leurs maisons.

28. — A Paris, les demandes en autorisation sont instruites par le préfet de police qui a la surveillance des eaux minérales. C'est donc lui qui propose au ministre du commerce d'accorder ou de refuser l'autorisation demandée.

29. — Tout propriétaire qui découvre une source d'eaux minérales sur son terrain est tenu d'en instruire le gouvernement pour qu'il en fasse faire l'examen, et d'après le rapport des commissaires nommés, en permette ou prohibe la distribution. — Arrêté du 29 flor. an VII, art. 17.

30. — Les autorisations régulièrement accordées ne peuvent être révoquées qu'en cas de résistance aux règles prescrites par la présente ordonnance, ou d'abus qui seraient de nature à compromettre la santé publique. — Ord. 1823, art. 2.

31. — Cette dernière disposition a reçu son application dans une espèce où la révocation prononcée était appuyée, non pas sur des abus susceptibles de compromettre la santé publique, mais bien sur le tort qui pouvait résulter de l'exploitation autorisée pour un établissement rival « dont la conservation était présentée comme d'intérêt communal et départemental, et par conséquent public. (Il s'agissait des eaux de Grioulx). — Le conseil d'état décida que le motif de révocation invoqué par le ministre ne rentrait pas dans les termes de l'art. 2, ord. de 1823. — *Cons. d'état*, 30 juin 1843, Guibert c. Gravier.

32. — L'inspection, dont il est parlé dans l'art. 1er,

des eaux minérales est confiée à des docteurs en médecine ou en chirurgie, nommés par le ministre de l'intérieur (aujourd'hui ministre du commerce), de manière à ce qu'il n'y ait qu'un inspecteur par établissement et qu'un même inspecteur en inspecte plusieurs lorsque le service le permettra. Il peut néanmoins, là où cela sera jugé nécessaire, être nommé des inspecteurs adjoints à l'effet de remplacer les inspecteurs titulaires, en cas d'absence, de maladie, ou de tout autre empêchement.

33. — Sont seuls exceptés des conditions de l'autorisation et de l'inspection *les débits* desdites eaux qui ont lieu *dans les pharmacies*. — Art. 1er.

34. — Mais MM. Élouin et Trébuchet (*Nouveau dict. de police*, p. 8, vº *Eaux minérales*) disent qu'il n'en serait pas de même à l'égard des débits d'eaux minérales naturelles et artificielles établies *hors des pharmacies*, quand même les fabriques ou dépôts seraient dirigés par des pharmaciens ayant officine ouverte. « Un même pharmacien, ajoutent-ils, ne pouvant tenir à la fois deux officines, il est évident que s'il veut avoir un établissement d'eaux minérales en dehors de sa pharmacie, il doit y être autorisé et soumis à l'inspection. » — V. aussi Trébuchet, *Jurisprud. de la médec.*, p. 660.

35. — « Et encore, disent les mêmes auteurs, il n'est question ici que des débits et *non de la fabrication* des eaux; d'où l'on pourrait conclure que l'administration serait en droit d'obliger un pharmacien qui aurait dans son laboratoire *une fabrication en grand d'eaux minérales* à se pourvoir d'une autorisation et d'être soumis aux droits d'inspection conformément à l'art. 20 de l'arrêté du conseil de 1781, non abrogé, et à l'art. 13 de l'ordonnance royale du 18 juin 1823, qui ne fait aucune distinction. Il faut remarquer en effet que ce même article 13 met bien pour condition de l'obtention de l'autorisation que la fabrication soit dirigée par un pharmacien ou par une personne ayant les connaissances suffisantes, mais qu'il ne porte pas, même pour le premier cas, dispense de l'autorisation. » — V. cependant Laugier et Duruy, *Pandectes pharmaceutiques*, édit. de 1837, p. 313 (note *a*) et p. 324.

36. — L'inspection a pour objet tout ce qui, dans chaque établissement, importe à la santé publique. Les inspecteurs font, dans ce but, aux propriétaires, régisseurs ou fermiers les propositions, les observations qu'ils jugent nécessaires; ils portent au besoin leurs plaintes à l'autorité et sont tenus de lui signaler les abus venus à leur connaissance. — Même ord., art. 6.

37. — Ils veillent particulièrement à la conservation des sources, à leur amélioration, à ce que les eaux minérales artificielles soient toujours conformes aux formules approuvées et à ce que les unes et les autres ne soient ni falsifiées ni altérées. Lorsqu'ils s'aperçoivent qu'elles le sont, ils prennent ou requièrent les précautions nécessaires pour empêcher qu'elles ne puissent être livrées au public et provoquent, s'il y a lieu, telles poursuites que de droit. — Art. 5.

38. — Ils surveillent, dans l'intérieur des établissemens, la distribution des eaux, l'usage qui en est fait par les malades, sans néanmoins pouvoir mettre obstacle à la liberté qu'ont ces derniers de suivre les prescriptions de leurs propres médecins ou chirurgiens et même d'être accompagnés par eux s'ils le demandent. — Art. 6.

39. — Les traitemens des inspecteurs sont fixés par les préfets, sauf confirmation de la part du ministre; mais comme ces traitemens sont une charge des établissemens inspectés, les propriétaires, régisseurs ou fermiers doivent nécessairement être entendus pour leur fixation. — Les inspecteurs adjoints n'ont pas droit à un traitement. — Art. 7.

40. — En exécution des arrêtés des 3 flor. an VIII et 6 niv. an XI, il était perçu sur les établissemens d'eaux minérales naturelles une rétribution destinée aux traitemens des inspecteurs. Cette rétribution était basée sur le produit des sources, lesquelles étaient, quant à ce, divisées en trois classes suivant que le produit de location excédait 3,000 fr., 2,000 fr., ou était au-dessous de ce dernier chiffre. Les médecins chargés de l'inspection de première classe avaient 1,000 fr.; ceux de deuxième classe, 800 fr.; ceux de troisième, la moitié du prix du bail et 600 fr. au maximum. — Depuis l'établissement du gouvernement représentatif, ces rétributions sont annuellement consacrées par les lois de finances.

41. — Les mêmes lois de finances frappent les bains, fabriques et dépôts d'eaux minérales d'une contribution, dont elles fixent la quotité, destinée à subvenir au traitement des inspecteurs. — V. Trébuchet, *Jurisprudence de la médecine*, p. 671. — V. aussi L. 25 juin 1841, art. 30.

42. — Ces contributions sont recouvrées comme en matière de contributions directes. — V. CONTRIBUTIONS DIRECTES.

43. — Là où il n'a point été nommé d'inspecteur, tous établissemens d'eaux minérales naturelles ou artificielles sont soumis aux visites ordonnées par les art. 29, 30 et 31, L. 21 germin. an XI (ord. 1823, art. 18), sur les écoles de pharmacie et la police de la pharmacie. Ces visites sont faites par des docteurs en médecine et des pharmaciens accompagnés d'un commissaire de police.

44. — Partout où l'affluence du public l'exige, les préfets, après avoir entendu les propriétaires et les inspecteurs, doivent faire des réglemens particuliers ayant en vue l'ordre intérieur, la salubrité des eaux, leur libre usage, l'exclusion de toute préférence dans les heures à assigner aux malades pour les bains ou douches et la protection particulière due à ces derniers dans tout établissement placé sous la surveillance spéciale de l'autorité. — Art. 8.

45. — Et le même article ajoute que lorsque cet établissement appartiendra à l'état, à un département, à une commune ou à une institution charitable, le réglement aura aussi en vue les autres branches de son administration.

46. — Une circulaire du ministre du commerce du 9 juill. 1840 (citée par MM. Durieu et Roche, *Établ. de bienfaisance*, vº *Eaux thermales*) recommande aux préfets de faire tenir un registre d'inscription et de le faire mettre à la disposition de tous les malades, de manière que chacun d'eux « puisse choisir à son tour d'inscription entre les heures et les cabinets qui deviennent successivement vacans. »

47. — Ces réglemens, approuvés ou modifiés par le ministre, doivent être affichés dans les établissemens et sont obligatoires pour les personnes qui les fréquentent comme pour les individus attachés à leur service. — Les inspecteurs peuvent requérir le renvoi de ceux de ces derniers qui refuseraient de s'y conformer. — Art. 9.

48. — Doivent également rester affichés dans ces établissemens et dans tous les bureaux destinés à la vente d'eaux minérales les tarifs ordonnés par l'arrêté du 6 niv. an XI. — Art. 10.

49. — Du reste, lorsque ces tarifs concernent des entreprises particulières, l'approbation des préfets ne peut porter aucune modification dans le prix et sert seulement à le constater. — Même article.

50. — Et il ne peut, sous aucun prétexte, être exigé ni perçu de prix supérieurs aux tarifs. — Art. 11.

51. — En outre, les inspecteurs ne peuvent rien exiger des malades dont ils ne dirigeront pas le traitement et auxquels ils ne donneront pas de soins particuliers. Ils doivent soigner gratuitement les indigens admis dans les hospices dépendans des établissemens thermaux, et les visiter au moins une fois par jour. — Même article.

52. — Les indigens doivent recevoir gratuitement le secours d'eaux minérales, mais les frais de leur séjour ne peuvent dans aucun cas être à la charge de l'établissement thermal. L'arrêté du 29 flor. an VII dispose à cet égard que « les dépenses et frais de route des indigens qui se présenteront, en exécution de l'arrêté du 23 vend. précédent, pour recevoir gratuitement le secours d'eaux minérales, seront à la charge des communes qui les auront adressés, comme objets de dépenses communales; » et une circulaire du 18 messid. an VII explique que les communes doivent pourvoir à cette dépense sur les revenus de leurs établissemens de secours à domicile et, en cas d'insuffisance, sur les fonds affectés aux dépenses municipales. — V. aussi COMMUNE, nº 1292.

53. — Une circulaire du 2 mars 1832, citée par MM. Durieu et Roche (*loc. cit.*, p. 60), rappelle les dispositions de l'arrêté du 29 flor. an VII et contient quelques prescriptions réglementaires quant à la délivrance, aux indigens, de passeports avec secours de route pour se rendre dans les établissemens d'eaux minérales.

54. — Aux termes de cette circulaire, les passeports dont il s'agit ne peuvent être délivrés que de l'autorisation du ministre; cette autorisation est personnelle et n'est accordée que d'après l'avis du maire, du préfet, sur certificat du médecin, et en outre seulement pour les indigens qui justifieraient de moyens suffisans pour être logés et nourris pendant la saison des eaux, soit à l'aide de secours qui leur seraient fournis par la charité particulière, soit par une allocation sur les fonds communaux ou (exceptionnellement) sur les fonds départementaux.

55. — Les militaires blessés au service de la patrie doivent aussi recevoir gratuitement les mêmes secours lorsqu'ils sont munis de certificats constatant leurs blessures.

56. — Les inspecteurs doivent remplir et adresser chaque année au ministre des tableaux dont il leur est fourni des modèles, et y joindre les observations par eux recueillies, et les mémoires qu'ils auront rédigés sur la nature, la composition et l'efficacité des eaux, ainsi que sur le mode de leur application. — Ord. 1823, art. 12.

57. — Sous ce dernier rapport, et pour la formation de ces tableaux, comme pour ce qui concerne, au point de vue médical, le service des eaux minérales, l'administration a dû avoir recours à l'académie de médecine dans les attributions de laquelle rentre, aux termes de l'ordonnance d'institution, tout ce qui concerne l'application des eaux minérales au traitement des maladies. Et c'est d'après les instructions fournies par cette savante corporation qu'a été rédigée une circulaire du 21 fév. 1831 qui détermine le mode du travail exigé des médecins inspecteurs. — V. instruction de l'Académie et la circulaire, dans Trébuchet, *Jurispr. de la médecine*, p. 690.

58. — Les établissemens thermaux sont soumis à l'impôt foncier, comme toutes les autres propriétés. — *Cons. d'état*, 20 juin 1837, Larserre. — V. CONTRIBUTIONS DIRECTES, nos 69 et suiv.

59. — Et ceux qui les exploitent sont soumis comme patentables au droit fixe de 150 fr. et au droit proportionnel du vingtième de la valeur locative de l'habitation, des magasins de vente complétement séparés de l'établissement, et du quarantième de l'établissement industriel.

60. — Il a été jugé que la disposition de l'art. 524, C. civ., qui déclare immeubles par destination les objets que le propriétaire d'un fonds y a placés pour le service et l'exploitation de ce fonds, ne peut être étendue à d'autres objets qu'à ceux absolument indispensables et affectés directement au service et à l'exploitation de ce fonds, et que dès-lors on ne saurait reconnaître un tel caractère, dans une espèce où le fonds consiste en une source d'eaux thermales et minérales, à des meubles placés dans des bâtimens y annexés pour y servir d'hôtellerie ou de restaurant aux personnes qui fréquentent les eaux, ce genre d'exploitation ne tenant pas essentiellement à l'exploitation et au service de la source même. — *Cass.*, 18 nov. 1845 (t. 2 1845, p. 689), Segouin c. Caisse hypothécaire. — V. aussi des applications analogues de ce principe, vº BIENS, nos 85 et suiv.

## § 3. — *Fabrication, vente, débit.*

61. — L'art. 13 de la même ordonnance (1823) impose à tous individus fabricant des eaux minérales artificielles, outre la nécessité de l'autorisation, dont il a été parlé ci-dessus, l'obligation de subvenir aux frais d'inspection, de justifier des connaissances nécessaires pour de telles entreprises, ou de présenter pour garant un pharmacien légalement reçu. — V., en ce qui concerne les pharmaciens fabricans, *suprà* nos 33 et suiv.

62. — Les fabricans dont il est parlé dans l'art. 13 ne peuvent s'écarter dans leurs préparations des formules approuvées par le ministre; ils peuvent néanmoins, pour des cas particuliers, exécuter des formules magistrales sur la prescription écrite et signée d'un docteur en médecine ou en chirurgie. Ces prescriptions doivent être conservées pour être représentées à l'inspecteur, s'il le requiert.

63. — Les autorisations nécessaires pour tous dépôts d'eaux minérales, naturelles ou artificielles, ailleurs que dans des pharmacies ou dans les lieux où elles sont puisées ou sont fabriquées, ne sont pareillement accordées qu'à la condition expresse de se soumettre aux règles prescrites par l'ordonnance et de subvenir aux frais d'inspection. — Art. 15.

64. — La soumission à ces règles n'est point exigée de la part des particuliers qui veulent faire venir des eaux minérales pour leur usage et pour celui de leur famille. — Même article.

65. — Des dispositions qui précèdent il résulte incontestablement que les eaux minérales peuvent être fabriquées et livrées au public autrement que dans des pharmacies et par des pharmaciens; on sait que les pharmaciens ont long-temps protesté contre ce qu'ils considèrent comme une atteinte à leurs droits, attendu que les eaux minérales constitueraient de véritables médicamens. — V. à cet égard Trébuchet, *Jurispr. de la médecine*, p. 651 et suiv. — V. cependant Chabrol Chaméane, *Dict. général des lois pénales*, vº *Eaux minérales* (note).

66. — Il ne peut être fait d'expéditions d'eaux minérales naturelles hors de la commune où elles sont puisées que sous la surveillance de l'inspecteur; les envois doivent être accompagnés d'un certificat d'origine, par lui délivré, constatant la quantité expédiée, la date de l'expédition, et la manière dont les vases ou bouteilles ont été scel-

lés au moment même où l'eau a été puisée à la source. — Les expéditions d'eaux minérales artificielles doivent pareillement être surveillées par l'inspecteur, et accompagnées d'un certificat d'origine délivré par lui. — Art. 16.

67. — Lors de l'arrivée desdites eaux aux lieux de leur destination, ailleurs que dans des pharmacies ou chez des particuliers, les vérifications nécessaires pour s'assurer que les précautions prescrites ont été observées et qu'elles peuvent être livrées au public, sont faites par les inspecteurs. Les caisses ne doivent être ouvertes qu'en leur présence, et les débitans doivent tenir registre des quantités reçues, ainsi que des ventes successives. — Art. 17.

68. — Les pharmaciens et tous autres débitans ou fabricans d'eaux minérales peuvent les vendre sans qu'il soit nécessaire d'ordonnance de médecin.

69. — Il existe pour Paris et le département de la Seine une ordonnance de police du 21 nov. 1823 portant réglement pour l'inspection des eaux minérales, et dans laquelle, indépendamment des dispositions qui ne sont que la répétition des prescriptions de l'ordonnance du 18 juin, on lit : 1° que tout entrepreneur fabricant d'eaux minérales, toute personne tenant un dépôt d'eaux minérales naturelles ou artificielles, tout directeur d'établissemens de bains où l'on administre des bains dans lesquels il entre des substances minérales quelconques et qui aura obtenu l'autorisation prescrite, devra faire placer au-dessus de la porte extérieure de l'établissement un tableau indiquant le nom de l'entrepreneur et la nature de l'entreprise.

70. — ... 2° Que tout entrepreneur fabricant d'eaux minérales artificielles ou dépositaire d'eaux minérales quelconques sera tenu de mettre sur chaque bouteille sortant de son établissement une étiquette indiquant : 1° l'espèce d'eau renfermée dans la bouteille et le prix ;— 2° le nom de l'entrepreneur ; — 3° la date de l'autorisation de l'établissement ; — 4° s'il s'agit d'eaux minérales naturelles, l'époque de l'arrivée à Paris desdites eaux.

71. —... 3° Qu'il est défendu à tout directeur d'établissemens de bains de s'immiscer dans la préparation des eaux ou substances minérales dont les baigneurs seraient dans le cas de faire usage ; et que les entrepreneurs devront veiller, sous leur responsabilité personnelle, à ce qu'il ne soit employé dans leurs établissemens que des préparations faites par un pharmacien ayant officine, ou par tel autre individu ayant une autorisation spéciale pour ces préparations.

72. — Une autre ordonnance de police du 27 déc. suivant prescrit aux dépositaires d'eaux minérales d'informer l'inspecteur de l'arrivée des eaux pour que celui-ci puisse venir dans les vingt-quatre heures vérifier la date du puisement à la source et de leur arrivée, leur quantité et leur qualité. — Elle dispose, en outre, qu'en cas d'expédition au-dehors, le dépositaire doit prévenir l'inspecteur qui, dans les vingt-quatre heures, se rend au dépot pour délivrer les certificats d'origine.

73. — La même ordonnance ajoute : 1° que les entrepreneurs de bains ne devant, sous aucun prétexte, s'immiscer dans la préparation des substances minérales, ceux qui obtiendront l'autorisation d'administrer des bains minéraux devront s'approvisionner chez un pharmacien ayant officine ou dans une fabrique autorisée; et se procurer, suivant l'importance de leur établissement, le nombre de bouteilles présumé nécessaire pour quinze jours; — 2° qu'ils tiendront un registre destiné à inscrire jour par jour le nombre de bains minéraux qu'ils auront fournis et en justifieront à l'inspecteur ; — 3° que, dans le cas où un baigneur apporterait la composition, le directeur de l'établissement exigera la présentation et la remise de l'ordonnance du médecin, et s'assurera que la préparation a été faite par un pharmacien ou qu'elle provient d'une fabrique autorisée ; — 4° que l'entrepreneur écrira ces bains sur son registre et conservera les ordonnances pour les représenter à l'inspecteur.

74. — Les autres dispositions de cette ordonnance règlent le service de l'inspection. — Trébuchet, *Jurispr. de la médecine*, p. 687 et suiv.

75. — Les marchands d'eaux minérales, factices sont rangés dans la quatrième classe des patentables, et comme tels soumis au droit fixe calculé sur la population, et au droit proportionnel du vingtième sur la valeur des locaux occupés par eux.

§ 4. — *Administration des sources appartenant à l'état, aux communes et aux établissemens charitables.*

76. — Les art. 19 et suiv. de l'ordonnance du 18 juin 1823 règlent l'administration des sources appartenant à l'état, aux communes et aux établissemens charitables.

77. — L'art. 19 dispose que les établissemens d'eaux minérales qui appartiennent à des départemens, à des communes ou à des institutions charitables sont gérés pour leur compte; et que toutefois les produits ne doivent pas être confondus avec les autres revenus, et qu'ils doivent continuer à être spécialement employés aux dépenses ordinaires et extraordinaires desdits établissemens. — Les budgets et les comptes sont aussi présentés et arrêtés séparément conformément aux règles établies pour ces trois ordres de services publics.

78. — Il résulte de cet article, dit une circulaire du 5 juill. 1823, que pour les établissemens d'eaux minérales appartenant aux départemens, le budget et le compte de leurs recettes et de leurs dépenses devront être annuellement soumis aux conseils généraux et arrêtés par le ministre de l'intérieur d'après l'avis des préfets. Les budgets et les comptes des établissemens d'eaux minérales appartenant aux communes sont réglés de la même manière et aux mêmes époques que les comptes communaux, et pour les sources appartenant à des établissemens charitables, leurs budgets et leurs comptes sont réglés de même que les budgets et les comptes de ces institutions.

79. — Il en résulte également d'une manière implicite que les revenus des établissemens d'eaux minérales doivent être versés dans la caisse du receveur général du département, s'ils appartiennent au département; dans la caisse du receveur municipal, s'ils sont une propriété communale; dans les caisses municipales des communes où les établissemens seront situés, si leur propriété est indivise entre plusieurs communes, et s'ils appartiennent à une institution charitable, dans la caisse du receveur de cette institution.

80. — Les établissemens appartenant à l'état sont administrés par les préfets sous l'autorité du ministre qui arrête leurs comptes et fait imprimer tous les ans pour les distribuer aux chambres un tableau sommaire de leurs recettes et de leurs dépenses, ainsi que le compte sommaire des subventions portées au budget de l'état pour les établissemens thermaux. — Ord. 1823, art. 20.

81. — Les produits des établissemens appartenant à l'état continuent à être versés, conformément à l'arrêté du 3 flor. an VIII, dans la caisse des hospices, et il en est disposé sur les mandats des préfets. — Circ. 5 juill. 1823.

82. — Les établissemens qui appartiennent aux départemens, aux communes, aux institutions charitables ou à l'état sont mis en ferme, à moins que, sur la demande des autorités locales et des administrations propriétaires, le ministre de l'intérieur n'ait autorisé leur mise en régie. — Art. 21.

83. — Les cahiers des charges, dont font nécessairement partie les tarifs exigés, doivent être approuvés par les préfets, après avoir entendu les inspecteurs. Les adjudications ont lieu publiquement et aux enchères. — Art. 22. — V. BAIL ADMINISTRATIF.

84. — Les membres des administrations propriétaires ou surveillantes ni les inspecteurs ne peuvent se rendre adjudicataires desdites fermes ni y être intéressés. — Art. 23.

85. — En cas de mise en régie, le régisseur est nommé par le préfet, et si l'établissement appartient à une commune ou à une administration charitable, la nomination n'est faite que sur la présentation du maire ou de cette administration. — Art. 24.

86. — C'est de la même manière que sont nommés les employés et servans attachés au service des eaux minérales dans les établissemens appartenant aux départemens, communes, aux institutions charitables ou à l'état : toutefois, ces dernières nominations ne peuvent avoir lieu que de l'avis de l'inspecteur. Si l'établissement appartient à plusieurs communes, les présentations sont faites par le maire de la commune où il est situé. — Même article.

87. — Les mêmes formes sont observées pour la fixation du traitement des uns et des autres employés, ainsi que pour leur révocation. — Même article.

88. — Il a été jugé par application de l'art. 24 précité qu'un maire peut, dans un arrêté concernant le service d'un établissement d'eaux thermales, défendre à toutes personnes autres que les porteurs nommés par le préfet de porter les malades aux bains. — *Cass.*, 24 janv. 1840 (t. 1er 1841, p. 10), Jouaneton.

89. — Enfin, l'art. 25 de l'ordonnance dispose qu'il sera procédé, pour les réparations, constructions, reconstructions et autres travaux, conformément aux règles prescrites pour la branche de service public à laquelle l'établissement appartiendra et aux ordonnances des 31 oct. 1821 et 22 mai 1822 (V. TRAVAUX PUBLICS); et que, toutefois, ceux de ces travaux qui ne seront pas demandés par l'inspecteur ne pourront être ordonnés qu'après avoir pris son avis.

90. — Il s'est élevé, au sujet de la compétence en matière de baux ou de propriété des eaux minérales, quelques questions sur lesquelles il importe de s'expliquer.

91. — L'art. 22 de l'ordonnance de 1823 porte que les clauses des baux « stipuleront toujours que la résiliation pourra être prononcée immédiatement par le conseil de préfecture en cas de violation du cahier des charges. » — Mais MM. Durieu et Roche (p. 65) disent, avec raison, que cette stipulation est sans valeur légale, puisqu'il est de principe fondamental qu'on ne peut déroger par des conventions particulières à l'ordre des juridictions; telle serait la question de savoir quelle est l'autorité compétente pour statuer sur les contestations.

92. — A cet égard, l'arrêté du 3 flor. an VIII porte « qu'à défaut de paiement du prix du bail ou de l'exécution des clauses y contenues, le bail pourra être résilié par le conseil de préfecture. » — Mais il importe de remarquer que cet arrêté ne dispose qu'en ce qui concerne les établissemens appartenant à l'état, et que l'arrêté du 6 niv. an XI, relatif aux baux des établissemens publics et des communes, garde le silence sur la compétence.

93. — D'où il faut conclure que les contestations relatives aux baux des eaux minérales appartenant aux établissemens ou communes sont de la compétence des tribunaux ordinaires, et c'est, en effet, ce qui a été reconnu par le conseil d'état le 4 déc. 1822 (hospice de Bagnères c. Marthe). — V. aussi BAIL ADMINISTRATIF, nos 78 et suiv.

94. — Quant aux questions de propriété, l'arrêté du 6 niv. an XI dispose (art. 9) que celles qui s'élèveront entre les communes et l'état seront résolues par le conseil de préfecture.

95. — Mais de ce qu'il s'agit là d'une disposition exceptionnelle, MM. Durieu et Roche (p. 66) en concluent qu'elle doit être renfermée dans ses termes rigoureux, et que dès-lors les tribunaux ordinaires restent compétens quand il s'agit de contestations entre l'état et les établissemens charitables, à moins que la source ou l'établissement de bains litigieux ne provînt d'une concession faite par l'état à l'hospice propriétaire, parce que, dans ce cas, il y aurait lieu d'interpréter l'acte de concession.

96. — Et ils ajoutent que, par le même motif, la contestation devrait pareillement être décidée par le conseil de préfecture si elle s'élevait entre deux hospices ou entre un hospice et une commune, et qu'il s'agît de savoir à qui la concession a été faite. — Mais que si la contestation devait être résolue non par les actes administratifs qui auraient restitué ou attribué la propriété à l'hospice, mais par l'examen de titres antérieurs, elle appartiendrait aux tribunaux.

97. — Si la contestation s'élève entre un hospice et un particulier, la contestation (sauf l'interprétation administrative dans le cas où elle serait nécessaire à raison des actes produits) est du ressort des tribunaux. C'est ce que le conseil d'état a reconnu en posant en principe « qu'il appartient aux tribunaux ordinaires de statuer sur la propriété et possession d'eaux thermales et de bains de pareille nature, et qu'il n'est fait d'autre exception à cette règle que lorsqu'il y a contestation entre une commune et la nation, dans lequel cas seulement l'arrêté des consuls du 6 niv. an XI en attribue la connaissance aux conseils de préfecture. » — *Cons. d'état*, 15 janv. 1809, Bardin et Martin. — V. aussi CONSEIL DE PRÉFECTURE, nos 184 et suiv.

## EAUX PLUVIALES.

1. — Les eaux pluviales sont celles qui tombent du ciel (L. 1, ff., *De aq. et aq. pl. arc.*) ou qui ne se répandent sur la terre que par l'effet accidentel de la température de l'air, telles que celles qui proviennent de la fonte des neiges et des glaces. — Pardessus, *Servitudes*, n° 76; Garnier, *Rég. des eaux*, n° 8.

2. — On peut ranger encore parmi les eaux pluviales celles qui proviennent des infiltrations produites par la surabondance des eaux employées aux irrigations. — Pardessus, *ibid.*

3. — Les eaux pluviales n'ont point de maître et appartiennent au premier occupant.

4. — ... D'où la conséquence que celui qui a recueilli ces eaux au moment où elles tombaient, se trouvât-il même sur l'héritage d'autrui, ne pourrait être contraint de les restituer au propriétaire de cet héritage. — Perrin, *Code des constructions*, v° *Eaux pluviales*, n° 1375.

5. — Mais une fois rendues sur un fonds, elles en deviennent l'accessoire et appartiennent à celui qui en est propriétaire au même titre que celles qui en sortent naturellement : ce propriétaire peut donc les retenir et les absorber, même en totalité, ou les laisser couler sur le fonds inférieur, obligé de les recevoir. — Daviel, *Cours d'eau*, nº 796.

6. — L'art. 640, C. civ., est en effet ainsi conçu : « Les fonds inférieurs sont assujétis envers ceux qui sont plus élevés à recevoir les eaux qui en découlent naturellement sans que la main de l'homme y ait contribué. — Le propriétaire inférieur ne peut point élever de digue qui empêche cet écoulement. — Le propriétaire supérieur ne peut rien faire qui aggrave la servitude du fonds inférieur. »

7. — Le propriétaire inférieur n'étant, aux termes de cet article, tenu de recevoir que les eaux qui coulent *naturellement* des lieux plus élevés, le propriétaire d'une maison ou bâtiment quelconque doit en disposer les toits de façon à ce que les eaux pluviales s'écoulent sur son terrain ou sur la voie publique, sans pouvoir les faire verser sur le fonds de son voisin. — C. civ. art. 681. — V. ÉGOUT, SERVITUDES

8. — Quel que soit le temps pendant lequel le propriétaire supérieur a retenu ou laissé couler les eaux, le propriétaire inférieur ne peut, sous prétexte de prescription, refuser de les recevoir ou exiger qu'elles lui soient transmises. — Dunod, *Tr. des prescript.*, p. 87 ; Daviel, nº 797 ; Henrion de Pansey, *Comp. des juges de paix*, p. 283 ; Pardessus, nºs 76, 79 ; Solon, *Servitudes réelles*, nº 46 ; Duranton, t. 5, nº 155 et suiv. ; Rolland de Villargues, *Rép. du notar.*, vº *Eau*, nº 134 ; Delvincourt, t. 1er, p. 377, note ; Perrin, nº 1374.

9. — Jugé, en conséquence, qu'on ne peut acquérir un droit privatif sur ces eaux par la possession. Elles sont, dans tous les temps, *res nullius*, et le propriétaire du fonds supérieur peut toujours les retenir et en disposer comme bon lui semble. — *Cass.*, 14 janv. 1823, Feymier c. Roccas ; *Rennes*, 10 fév. 1826, Desmars c. Caillon.

10. — De même, l'art. 645, C. civ., ne concerne que les eaux courantes, et ne peut s'appliquer aux eaux pluviales, à l'égard desquelles les tribunaux n'ont pas la faculté, comme dans le cas de difficultés sur l'usage des eaux courantes, d'user du pouvoir discrétionnaire qui leur est conféré, pour les eaux courantes, de s'écarter de la rigueur du droit, en conciliant l'intérêt de l'agriculture avec le respect dû à la propriété. — *Colmar*, 29 mai 1829, Sauvageot c. Pappon. — V. SERVITUDES.

11. — L'art. 644, c. civ., qui règle les droits respectifs des propriétaires sur l'eau courante qui borde ou qui traverse leurs fonds, ne s'applique pas aux eaux pluviales réunies et dirigées dans un canal par l'autorité publique. — *Cass.*, 14 janv. 1823, Feymier c. Roccas.

12. — Si cependant le propriétaire du fonds supérieur avait concédé la jouissance des eaux au propriétaire inférieur, il ne pourrait plus revenir sur cette concession. — Rolland de Villargues, vº *Eau*, nº 135.

13. — Jugé en effet que, bien que les eaux pluviales rassemblées sur un héritage en deviennent l'accessoire et appartiennent au propriétaire du fonds, malgré le non-usage et toute possession contraire, cette règle cesse lorsqu'il existe un titre positif établissant des droits contraires. — Ainsi, lorsqu'un propriétaire de deux fonds, en vendant un de ces fonds, s'est expressément réservé une rigole pour conduire les eaux pluviales du chemin public dans l'héritage qu'il conserve, il crée au profit de cet héritage sur l'autre fonds une servitude dont l'exercice lui appartient. — *Bordeaux*, 7 janv. 1846 (t. 1er 1846, p. 473), Brousse et Ducluzeau c. Machat.

14. — Il faut même dire que si le propriétaire inférieur avait pratiqué sur le fonds supérieur des travaux apparens destinés à conduire les eaux sur sa propriété, il pourrait prescrire le droit aux eaux par une possession de trente ans. — *Cass.*, 19 juin 1810, Paradis ; — Troplong, *Prescript.*, nº 148 ; Daviel *Cours d'eau*, nº 798 ; Pardessus, *Servitudes*, nº 5 ; Rolland de Villargues, nº 135.

15. — Dans ce cas, le propriétaire inférieur peut contraindre le propriétaire supérieur à assurer le libre écoulement des eaux, soit en faisant curer le conduit qui les transmet, soit de toute autre manière. — L. 2, § 4, ff., *De aq. et aq. pluv. arc.*

16. — Si les eaux pluviales sont retenues sur le fonds supérieur par une digue qui vient à se rompre sans la faute du propriétaire de ce fonds, le propriétaire du fonds inférieur ne pourrait contraindre le premier à rétablir la digue ; seulement, il a le droit, s'il est incommodé par les eaux, de réparer lui-même la digue, afin d'empêcher l'écoulement. — L. 2, § 2, ff., *De aq. et aq. pluv. arc.* ; — Duranton, t. 5, nº 161.

17. — Merlin (*Rép.*, vº *Eaux pluviales*, nº 2) pense que le propriétaire n'est pas tenu de la réparer, alors même qu'elle se serait rompue par son fait. — V. *contrà* Rousseaud de Lacombe, *Jur. civ.*, vº *Eau*, nº 5.

18. — Si les eaux pluviales coulent sur la voie publique, l'usage en appartient au premier occupant. Chaque riverain peut donc s'en servir et les attirer dans son fonds. — Proudhon, *Dom. publ.*, t. 4, nº 1333 ; Daviel, *Cours d'eau*, nº 799 ; Perrin, nº 1380.

19. — Mais les riverains ne pourraient établir, pour opérer la dérivation, aucun appareil qui nuisît à la voie publique, soit en y faisant refluer les eaux, soit en diminuant la facilité du passage : l'existence de semblables appareils, même immémoriale, ne les autoriserait point à en exiger le maintien et ne ferait point disparaître la contravention qui pourrait résulter à leur charge, soit de l'inondation, soit de la détérioration, soit même de l'embarras de la voie publique. — C. pén., art. 479, § 11. — Daviel, nº 798 ; Rolland de Villargues, nº 138.

20. — Jugé, en effet, que celui qui, en détournant pour l'irrigation de ses propriétés les eaux coulant sur un chemin vicinal, a inondé et dégradé ce chemin, est passible des peines portées par l'art. 479, nº 11, C. pén, malgré l'usage immémorial où il serait de se servir de ces eaux. — *Cass.*, 3 oct. 1835, Verny.

21. — Les eaux pluviales qui coulent sur la voie publique ne sont pas susceptibles d'une possession exclusive pouvant autoriser l'action possessoire. — *Cass.*, 21 juill. 1825, Boissière c. Groult.

22. — Lorsque, sur l'action possessoire intentée par le propriétaire d'un pré contigu à la voie publique, en raison du trouble apporté à la jouissance d'eaux pluviales qui, après avoir coulé dans une rigole traversant le chemin public, aboutissent à son pré, il n'a pas été question devant les juges d'*eaux pluviales coulant sur la voie publique*, mais simplement d'*eaux coulant par une simple rigole* aboutissant à un pré, on ne peut se faire un moyen de cassation contre le jugement qui réprime ce trouble de ce qu'il s'agirait d'eaux pluviales coulant sur la voie publique, et conséquemment non susceptibles d'une possession privée. — *Cass.*, 5 juin 1827, Bagnères c. Dariès.

23. — Selon Proudhon (nº 1335), les riverains seuls pourraient amener sur leur fonds les eaux répandues sur la voie publique ; il invoque ici le principe de l'art. 644, C. civ., qui n'accorde qu'aux riverains l'usage des eaux courantes. — M. Daviel (t. 2, nº 801) ne partage point cette opinion ; il pense qu'un propriétaire non riverain pourrait amener les eaux sur son fonds en creusant une rigole dans le terrain intermédiaire, avec la permission du propriétaire de ce terrain. — V. aussi Rolland de Villargues, nº 140.

24. — Jugé en ce dernier sens que bien que les eaux pluviales qui coulent sur la voie publique, n'étant à personne, ne soient pas susceptibles d'une possession exclusive, elles peuvent cependant être, de la part du riverain qui les prend à leur passage, l'objet d'une concession à son voisin, à l'effet pour celui-ci d'en user après les avoir reçues du riverain. La servitude de conduite de ces mêmes eaux du fonds du riverain sur le fonds voisin peut résulter de la destination du père de famille, par exemple de l'établissement par le père commun d'un fossé dans la partie de l'héritage longeant le chemin pour la conduite des eaux dans la partie plus éloignée. — *Cass.*, 21 juill. 1845 (t. 1er 1846, p. 426), Dumont c. Chauchat-Tixier.

25. — Jugé, au contraire, que les eaux pluviales ne peuvent être l'objet d'une servitude de conduite d'eau (*aquæ ductus*), alors même qu'elles servent à l'irrigation de deux fonds contigus au moyen de simples rigoles ou fossés placés sur l'un d'eux par le même propriétaire à l'époque où ces deux terrains lui appartenaient, et qu'il n'y a pas en ce cas destination du père de famille. — *Colmar*, 26 mai 1831, Gigandez c. Gresset.

26. — En tous cas, la destination du père de famille ne pourrait être invoquée qu'autant que le signe de la servitude est tel qu'aucun doute n'a pu s'élever au moment de la vente sur l'existence de cette servitude. — *Bourges*, 10 août 1831, Lhotelier c. Bornery.

27. — Lorsque l'acte de partage d'un fonds de terre entre cohéritiers contient un réglement ayant pour objet de répartir l'usage des eaux découlant d'un chemin, et qu'ultérieurement l'un d'eux acquiert un fonds supérieur, cet acquéreur ne peut, exerçant le droit de premier occupant, priver ses cohéritiers de tout ou partie des eaux en question en les détournant pour l'arrosement de sa nouvelle propriété. — *Limoges*, 1er déc. 1840 (t. 2 1841, p. 598), Basset c. Fillon. — V. aussi *Bourges*, 29 juin 1841 (t. 2 1841, p. 597), Costet c. Ballivet.

28. — M. Pardessus (nº 79) pense que les riverains ne pourraient plus disposer de ces eaux si l'administration en avait réglé l'usage, c'est-à-dire le mode d'appréhension et d'occupation sur la voie publique. — V. aussi Daviel, nº 802 ; Proudhon, nº 1336 et suiv., et Rolland de Villargues, nº 141. — Mais MM. Duranton (nº 159) et Perrin (nº 1380) repoussent cette opinion et ne reconnaissent point à l'administration le droit de s'attribuer exclusivement une chose qui doit appartenir au premier occupant, et par droit de nature et par la disposition du droit civil.

29. — C'est à l'autorité administrative qu'il appartient d'ordonner les travaux nécessaires pour protéger les terres contre l'action des torrens et ravins provenant des eaux pluviales, et à régler la proportion dans laquelle les propriétaires protégés doivent supporter les dépenses. — L. 16 sept. 1807, art. 33. — V. COURS D'EAU.

30. — ... Et de prendre les mesures nécessaires pour prévenir les submersions et pour donner aux eaux pluviales la direction la plus propre à la fertilisation par l'irrigation. — L. 20 août 1790, ch. 6.

31. — Si le fonds riverain est plus bas que la voie publique, il doit recevoir les eaux qui en découlent sans pouvoir y apporter aucun obstacle. — Ord. des trésoriers de France, 13 fév. 1741 et 22 juin 1751 ; C. civ., art. 640 ; — Perrin, nº 1382. — V. aussi Daviel, nº 764 ; Macarel, *Cours de dr. adm.*, t. 3, p. 323 ; Rolland de Villargues, nº 162.

32. — L'autorité judiciaire est seule compétente pour statuer sur les difficultés auxquelles peuvent donner lieu la propriété des eaux pluviales ou les servitudes qui en peuvent naître. — Perrin, nº 1384. — V. SERVITUDES.

## EAUX D'UNE PUISSANCE.

1. — Ce sont les ports et baies fermés d'une puissance, ainsi que l'espace de mer sur lequel s'étend sa juridiction.

2. — Cet espace de mer n'est pas le même pour tous les peuples ; c'est à chacun en particulier, et suivant son besoin, qu'a été laissé le soin de le déterminer. — La limite qui paraît la plus rationnelle est déterminée par la portée du canon des côtes, le souverain se saisissant ainsi de cet espace par une sorte d'occupation réelle et pouvant faire ainsi respecter sa propriété. — Delamarre et Magnitot, *Dict. admin.*, vº *Eau*.

3. — Le droit de prises maritimes ne peut s'exercer dans les eaux d'une puissance neutre. — V. PRISES MARITIMES.

## EAUX SALÉES.

V. SALINES.

## EAUX SAVONNEUSES DES FABRIQUES.

Les établissemens consacrés à l'extraction de l'huile et des autres corps gras contenus dans les eaux savonneuses des fabriques sont rangés, eu égard à la mauvaise odeur qui s'en échappe et à quelques dangers du feu, dans la deuxième classe des établissemens insalubres. — V. ce mot (nomenclature).

## EAUX SOUTERRAINES.

1. — Les eaux souterraines sont la propriété du maître du sol dans lequel elles existent, et ce, en vertu de ce principe « que le propriétaire du sol est propriétaire du dessus et du dessous. » — C. civ., art. 552.

2. — Il suit de là que le propriétaire du sol peut creuser dans son fond et utiliser les eaux qu'il y trouve, sans que le voisin ait le droit de se plaindre de la privation qui résulte pour lui de ces travaux, lesquels empêchent les eaux d'arriver jusqu'à lui.

3. — Toutefois, il en serait autrement si les fouilles avaient été faites par ce propriétaire dans l'intention de nuire au voisin et sans intérêt pour lui-même. — *Metz*, 16 nov. 1826, comm. de Fagnon ; — Proudhon, *Dom. public*, t. 5, nº 1542 ; Daviel, nº 895.

4. — L'intention de nuire ne se présume point, ce serait au voisin lésé à l'établir, faute de quoi le propriétaire supérieur pourrait continuer à user de son droit. — Rolland de Villargues, *Rép. du notar.*, vº *Eau*, nº 210.

5. — Un propriétaire qui creuse dans son terrain un puits, pourrait-il en établir le fond plus bas que celui du puits voisin au risque de le tarir, s'il a trouvé l'eau à la même profondeur ? — V. PUITS.

6. — Lorsque le propriétaire du fonds supérieur a vendu lui-même le fonds inférieur il ne peut faire sur son terrain des fouilles qui porte-

raient atteinte aux veines alimentaires d'une source qui existe sur le fonds par lui vendu. — Daviel, *Cours d'eau*, t. 2, n° 898.

7. — Il semble qu'il devrait en être de même de l'acquéreur de la portion que le propriétaire s'était d'abord réservée, parce qu'il n'acquiert que les droits de son vendeur. — *Aix*, 7 mai 1835, Guibert c. Gravier. — V. cependant, Daviel, *Cours d'eau*, t. 2, n° 899.

8. — Cependant si avant la vente il n'avait existé sur l'un ou l'autre terrain aucune trace de source, chacun des propriétaires conserverait ses droits entiers. — Rolland de Villargues, n° 218.

9. — Lorsque des propriétaires indivis partagent une terre où se trouve une source, aucun des partageans ne peut pratiquer dans son lot des fouilles ou travaux qui nuisent à ses copartageans, car chacun doit garantie à l'autre. — Daviel, n° 900.

10. — Selon M. Daviel (n° 900), si l'un des copartageans devenait propriétaire d'un fonds voisin, il ne pourrait faire sur ce fonds des fouilles qui nuisent à la source de son copartageant. — V. aussi Rolland de Villargues, n° 221. — V. au surplus SOURCE.

11. — Jugé que la faculté qu'a tout propriétaire de fouiller sur son fonds est imprescriptible. — *Cass.*, 15 janv. 1835, comm. de Fayence; — L. 21, ff., *De aq. et aq. pluv. arc.*; — Daviel, n° 893; Rolland de Villargues, *Rép., du notariat*, v° *Eau*, n° 213.

12. — Cependant, M. Daviel pense (n° 597) que le propriétaire d'une source pourrait prescrire contre la faculté qui appartient au voisin de faire des fouilles dans son terrain, si, par exemple, il s'était opposé par des significations à de premières fouilles, et que le voisin déférant à sa défense fût resté trente ans sans faire de nouvelles tentatives.

13. — Le propriétaire du fonds dans lequel la source existe ne pourrait pas non plus en disposer à sa volonté si la source avait été acquise contre lui par titre ou par prescription.

14. — L'intérêt public s'oppose aussi dans certains cas à ce que le propriétaire d'une source puisse en détourner le cours. L'art. 643, C. civ., dispose en effet : « Le propriétaire de la source ne peut en changer le cours lorsqu'il fournit aux habitans d'une commune, village ou hameau l'eau qui leur est nécessaire : seulement, si les habitans n'en ont pas acquis ou prescrit l'usage, le propriétaire peut réclamer une indemnité, laquelle est réglée par expert. »

15. — C'est cependant une question douteuse que celle de savoir si un propriétaire peut être empêché de faire sur son fonds des fouilles, sous prétexte qu'elles coupent des veines alimentaires d'une source nécessaire aux habitans. — V, à cet égard *Metz*, 29 nov. 1830, comm. de Fagoon; *Cass.*, 15 janv. 1835, comm. de Fayence; — Daviel, n° 894; Proudhon, n° 1547. — V. aussi SOURCE.

16. — Le propriétaire inférieur est-il tenu de recevoir sur son fonds les eaux que le voisin supérieur n'a obtenues qu'à l'aide de fouilles (C. civ., art. 640)? — V. SOURCE, SERVITUDES.

17. — Quant aux droits et charges qui peuvent résulter entre voisins de l'existence de sources et eaux souterraines sur leur héritage et aux difficultés auxquelles cet état de choses donne naissance, V. FONTAINE, PUITS, SERVITUDES, SOURCE.

## ÉBRANCHAGE, ÉBRANCHEMENT.

1. — Ébrancher un arbre, c'est le dépouiller d'une partie de ses branches. — L'ébranchage, qui diffère de l'élagage (V. à cet égard ÉLAGAGE), peut être effectué avec ou sans droit.

2. — L'ébranchage est l'exercice d'un droit lorsque des branches d'arbres avançant sur le terrain voisin, le propriétaire de ce terrain use du droit que lui donne l'art. 672, C. civ., de forcer celui à qui appartiennent les arbres d'en couper les branches saillantes. Toutefois cette réquisition devrait, selon M. Pardessus (t. 1er, n° 196), être faite dans le temps usité pour la taille des arbres, et le propriétaire du terrain couvert par les branches ne pourrait les couper lui-même qu'autant qu'il y aurait été autorisé judiciairement. — V. SERVITUDES.

3. — Lorsque l'ébranchage est effectué sans droit, il constitue soit un délit commun (C. pén., art. 446 et suiv.), soit un délit forestier. — V. DESTRUCTION ET DÉVASTATION DE RÉCOLTES, ARBRES ET PLANTS, nos 16 et suiv.

4. — Sous ce dernier point de vue, l'art. 2, tit. 32, ord. 1669, punissait ceux qui avaient ébranché des arbres comme s'ils les avaient abattus par le pied.

5. — L'art. 196, C. forest., prononce une pénalité analogue contre ceux qui dans les bois et forêts auraient mutilé des arbres ou qui en auraient coupé les principales branches.

6. — Les habitans d'une commune qui ont ébranché des arbres dans une forêt communale sans aucune délivrance de la part de l'administration forestière sont passibles des peines portées par la loi, quoique cet ébranchage ait été autorisé par le maire local et fait sur la désignation du garde forestier de la commune. — *Cass.*, 27 oct. 1815, Bellefonds.

7. — Il n'est pas nécessaire, pour l'application de la peine au délit d'ébranchage, que la dimension des arbres ébranchés soit constatée par les procès-verbaux. — Même arrêt.

V. ARBRES, BRANCHES, ÉLAGAGE.

## ÉBÉNISTES (Marchands et fabricans).

1. — Marchands ébénistes ayant boutique ou magasin, et fabricans pour leur compte, sans magasin. — Patentables, les premiers, de cinquième classe, et les seconds, de sixième classe. — Droit fixe, basé sur la population, et droit proportionnel du vingtième de la valeur locative de l'habitation et des lieux servant à l'exercice de la profession.

2. — Fabricans à façon. — Patentables de septième classe, — droit fixe et droit proportionnel du quarantième de la valeur locative de tous les locaux qu'ils occupent, mais seulement dans les communes de 20,000 ames et au-dessus. — V. PATENTE.

## ÉCAILLES D'ABLES OU ABLETTES (Marchands d').

Marchands d'écailles d'ables ou ablettes. — Patentables de septième classe, — droit fixe, basé sur la population et droit proportionnel du quarantième de la valeur locative de tous les locaux qu'ils occupent, mais seulement dans les communes de 20,000 ames et au-dessus. — V. PATENTE.

## ÉCARTELER.

1. — Mettre un criminel en quatre quartiers en le faisant tirer à quatre chevaux.

2. — Ce supplice très ancien n'était guère usité qu'en cas de crime de lèse-majesté au premier chef. — *Encyclopédie méthodique* (jurisprud.), v° *Écarteler*.

3. — Il était d'ordinaire accompagné de plusieurs autres peines qui en augmentaient encore la rigueur, comme d'être tenaillé avec des tenailles ardentes, etc. — Guyot, *Rép. de jurispr.*, v° *Écarteler*; Merlin, *Rép. eod. verb.*

4. — Ce supplice a cessé de figurer dans l'échelle de nos peines depuis la publication du Code pén. du 25 sept.-6 oct. 1891, qui dans ses art. 1er et 2, part. 1re, tit. 1er, n'en fait aucune mention.

## ECCLÉSIASTIQUE.

1. — *Ecclésiastique* se dit en général des personnes et des choses qui appartiennent à l'église : les personnes *ecclésiastiques* sont ce qu'on appelle *clercs*, nom qui est, dans l'usage, indifféremment employé avec celui d'*ecclésiastique*, sous lequel on comprend généralement tous ceux qui sont destinés au service de l'église, depuis le souverain pontife jusqu'au simple tonsuré. — L'abbé André, *Dictionn. de dr. canon*, v° *Ecclésiastique*.

2. — Et le même auteur fait remarquer que, dans l'acception la plus large du mot *ecclésiastique*, on comprend sous cette dénomination toutes les personnes qui se sont consacrées à la vie religieuse. — V. COMMUNAUTÉS RELIGIEUSES.

3. — Toutefois, et généralement, on ne donne dans l'usage la dénomination d'ecclésiastique qu'à celui qui est ou aspire à être engagé dans le ministère sacerdotal. L'ensemble du corps des ecclésiastiques prend alors le titre de *clergé*. — V. CLERGÉ.

4. — Le clergé se partage en deux ordres distincts : le premier composé de ceux qui sont encore dans les ordres mineurs; le second, de ceux qui ont revêtu les ordres majeurs. — V. ORDRES SACRÉS.

5. — Les ecclésiastiques qui n'ont encore reçu que les ordres mineurs ne sont considérés par la loi que comme aspirant à l'état ecclésiastique; leur caractère n'a rien d'officiel comme leur engagement n'a rien de définitif. — V. SÉMINAIRE. — S le législateur s'occupe de ces personnes pour leur assurer quelques droits ou leur imposer certaines obligations, ce n'est qu'en vue des fonctions qu'elles peuvent être un jour appelées à remplir.

6. — Il en est différemment de ceux qui ont reçu la consécration des ordres majeurs, et qui se partagent en deux classes, suivant qu'ils sont ou non revêtus de la plénitude du caractère sacerdotal.

7. — Les diacres et sous-diacres forment la catégorie des ecclésiastiques engagés dans les ordres majeurs, mais n'ayant pas encore la plénitude du caractère sacerdotal. — V. DIACRE, SOUS-DIACRE.

8. — Les prêtres sont les ecclésiastiques revêtus de cette plénitude du caractère sacré; c'est à eux que la loi applique principalement la dénomination de ministres du culte catholique.

9. — Les prêtres, quelle que soit leur position, ont dans notre législation des droits spéciaux et des obligations spéciales dont nous avons vu déjà la nature et l'étendue au mot CLERGÉ, et surtout au mot CULTE. — V. CLERGÉ, CULTE, chap. 1er, sect. 4e, et chap. 2, sect. 2e, art. 2. — V. encore PRÊTRE.

10. — En outre, certains droits comme certaines obligations existent à l'égard du prêtre catholique, à raison de la position personnelle qu'il peut occuper dans la hiérarchie catholique. — V. ARCHEVÊQUE, CARDINAL, CHANOINE, CURÉ, DESSERVANT, ÉVÊQUE, VICAIRE.

11. — Quant aux biens ecclésiastiques et à la législation qui les a régis autrefois et les régit aujourd'hui, V. BÉNÉFICE ECCLÉSIASTIQUE, BIENS ECCLÉSIASTIQUES, CHAPITRE, COMMUNAUTÉS RELIGIEUSES, CULTE, chap. 1er, sect. 3e, CURE, DIOCÈSE, ÉGLISE, ÉVÊCHÉ, FONDATIONS, OBLATIONS, PRESBYTÈRE. — V. surtout FABRIQUE.

## ÉCHAFAUD.

1. — On appelle ainsi tout ouvrage en charpente, élevé au-dessus du sol dans un but temporaire.

2. — La police municipale doit avoir évidemment un droit de surveillance sur l'établissement des échafauds, non seulement afin de prévenir l'encombrement de la voie publique, mais aussi pour s'assurer qu'ils sont établis de manière à ne pouvoir devenir la cause d'accidens.

3. — C'est surtout lorsqu'il s'agit des échafauds élevés par l'industrie privée à l'occasion des fêtes publiques, que l'autorité municipale est appelée à exercer une surveillance bien nécessaire dans l'intérêt de la sûreté générale.

4. — Dans ce cas les échafauds « ne peuvent être construits sans une permission de l'autorité municipale (du préfet de police à Paris); ils sont soumis à une vérification, sous le rapport de leur solidité avant d'être livrés au public. » — Elouin, Trébuchet et Labat, *Dict. de police*, v° *Échafauds*.

5. — Le pouvoir de l'autorité municipale peut même aller jusqu'à interdire d'une manière plus ou moins absolue l'établissement des échafauds. — C'est ainsi notamment que dans, les fêtes publiques à Paris, l'établissement de tout échafaud est défendu sur certains points déterminés de la voie publique où l'affluence doit être plus nombreuse. — Ord. de police, 26 juill. 1834, art. 31.

6. — La contravention aux arrêtés municipaux relatifs à l'établissement des échafauds tombe sous l'application de l'art. 471, C. pén., n° 15. — V. RÈGLEMENT DE POLICE. — V. aussi VOIRIE, EMBARRAS SUR LA VOIE PUBLIQUE.

7. — Le mot *échafaud* désigne aussi la plate-forme sur laquelle sont placés les individus condamnés à la peine de l'exposition et les condamnés à mort, ainsi que l'instrument de leur supplice. — V. EXPOSITION PUBLIQUE, MORT (peine de).

8. — C'était encore sur l'échafaud qu'étaient infligées les peines aujourd'hui supprimées du carcan et de la marque. — V. CARCAN, MARQUE (peine).

9. — Pour tout ce qui concerne l'établissement, l'entretien, la réparation des échafauds destinés à l'exécution des peines en matière criminelle, V. EXÉCUTEUR DES ARRÊTS DE JUSTICE CRIMINELLE, REFUS DE SERVICE, CHARPENTIERS.

## ÉCHALAS.

1. — Les marchands d'échalas sont des patentables de septième classe, et imposés au droit fixe basé sur la population, et à un droit proportionnel du quarantième de la valeur locative de tous les locaux qu'ils occupent, mais seulement dans les communes de 20,000 âmes et au-dessus.

2. — Les échalas, d'après l'art. 524, C. civ., doivent être considérés comme des objets que le propriétaire a attachés au fonds à perpétuelle demeure, et dès-lors rangés parmi les immeubles par destination. — Neveu Derotrie, *Comment. sur les lois rurales franç.*, p. 18.

3. — Ainsi, comme le décidait la loi 17, ff., *De act. empt.*, les échalas qui ont été levés et ferrés à dessein de s'en servir encore à l'avenir, sont censés faire partie du fonds. — L. 17, *De act empt.* — Denisart, v° *Echalas*.

4. — Mais les échalas nouveaux apportés sur un fonds et non encore employés ne font pas partie du fonds, et dès-lors conservent le caractère mobilier qu'ils tenaient de leur nature originaire.

5. — D'anciens réglemens qui défendaient d'employer le bois, essence de chêne, à tailler des échalas sont évidemment sans application aujourd'hui que n'existent plus les circonstances qui avaient motivé ces prévoyantes prohibitions.

## ÉCHANGE.

### Table alphabétique.

ÉCHANGE. — 1. — Contrat synallagmatique et commutatif par lequel les contractans se confèrent mutuellement la propriété d'une chose pour une autre.

**§ 1ᵉʳ.** — *Elémens constitutifs de l'échange* (nᵒ 2).

**§ 2.** — *Cas où les règles de la vente s'appliquent à l'échange* (nᵒ 15).

**§ 8.** — *Règles de la vente qui ne s'appliquent pas à l'échange* (nᵒ 53).

§ 1ᵉʳ. — *Elémens constitutifs de l'échange.*

2. — En droit romain l'échange était ce qu'on appelle *nudum pactum*, et l'obligation ainsi que l'action qui résultent de ce contrat, ne prenaient naissance qu'autant que la remise de la chose promise par l'un des échangistes était venue se joindre au consentement. Il différait donc de la vente, qui était un *contrat consensuel*. — Pothier, *Vente,* nᵒ 623; Ducaurroy, *Inst. expl.,* t. 3, nᵒ 959.—La loi 1ʳᵉ, § 2.ff., *De rer. permut.,* disait : *Emptio et venditio nuda voluntate contrahitur; permutatio autem ex re tradita initium obligationi præstat.*

3. — Mais cette distinction entre les simples pactes et les contrats consensuels, « laquelle, dit Pothier (nᵒ 622), n'a aucun fondement dans la raison et l'équité naturelle, » a été dès long-temps rejetée de notre droit, et l'échange, aussi bien que la vente, a été considéré comme un contrat parfait par le simple consentement. — Pothier, *loc. cit.*; Domat, liv. 1ᵉʳ, tit. 3.

4. — Pour ne laisser aucun doute à cet égard, le Code civil dit expressément que l'échange s'opère par le seul consentement, de la même manière que la *vente.* — C. civ., art. 1703.

5. — L'échange a une grande affinité avec la vente : *Permutatio vicina est emptioni.*—L. 2, ff., *De ver. permut.*— Mais il y a qu'un différence que dans la vente il n'y a qu'un vendeur ou un acheteur, tandis que dans l'échange chacune des deux parties peut être considérée à la fois comme vendeur et comme acheteur.

6. — Une autre différence entre la vente et l'échange, c'est que dans le premier de ces contrats le prix doit consister en numéraire, tandis que dans le deuxième il doit consister en toute autre chose qu'en numéraire, sinon il n'y aurait pas échange.

7. — Le plus souvent l'échange se fait d'espèce

à espèce : ainsi immeuble pour immeuble,—meuble pour meuble. Toutefois rien ne s'oppose à ce qu'on échange un meuble contre un immeuble, et le contrat ne perd pas pour cela son caractère d'échange. — Troplong, *Échange,* nᵒ 4.—V. *contrà.* Championnière et Rigaud, *Tr. dr. Enregistrem.,* t. 3, nᵒ 1709.

8. — Il peut arriver que l'échange soit mélangé de vente, ainsi, par exemple, si l'échange d'une chose inférieure à l'autre est accompagné du paiement d'une soulte. Dans ce cas, on devra, pour déterminer la nature et les caractères du contrat, se régler sur ce qui y prédominera. Ainsi on verra si, d'après son importance et l'intention des parties, la soulte est le principal ou l'accessoire: dans le premier cas il y aura vente, dans le second il y aura échange. Mais on ne devra pas, comme le voulaient certains auteurs, y voir deux contrats. — Cette observation trouve son application au cas de rescision pour cause de lésion. — Pothier, *Des retraits,* nᵒ 92; Troplong, *Échange,* nᵒ5; Duvergier, *Vente,* t. 2, nᵒ 406. — Suivant MM. Championnière et Rigaud (t. 4ᵉʳ, nᵒ 86), on devrait rechercher l'intention des parties dans la dénomination par elles donnée au contrat. — Ce ne saurait être là une règle absolue. Aussi les auteurs précités ne l'accueillent-ils pas. Et Proudhon (*Usuf.,* nᵒˢ 404 et suiv.) exprime fort bien que pour déterminer l'espèce d'une convention, il faut plus s'en rapporter au *gestum* (c'est-à-dire à ce qu'on a voulu obtenir en exécution) qu'au *scriptum* (c'est-à-dire au nom ostensible qu'on a donné à l'acte par écriture).

9. — Si après avoir échangé une portion déterminée d'un objet contre un autre, on vendait, par le même acte, le surplus à la personne avec laquelle l'échange a eu lieu, on pourrait voir là, suivant l'intention exprimée ou tacite des parties, deux contrats dont chacun conserverait ses principes spéciaux. — Duvergier, t. 2, nᵒ 405.

10. — Un acte ne cesserait pas d'être un échange parce qu'on aurait estimé en argent l'une des choses qui sert d'équivalent à l'autre. — Troplong, *Échange,* nᵒ 8. — La partie ne pourrait prétendre remplacer la chose par la somme d'argent qui lui sert d'évaluation (cette évaluation n'étant censée faite que pour servir de base à l'enregistrement). — C'est ce qui résulte d'un arrêt de *Cass.,* 25 therm. an XIII (Rué Saget c. Bouthier).

11. — Il ne faut pas confondre l'échange avec la vente suivie d'une dation en paiement : ainsi par conséquent on ne devrait pas considérer comme échange le contrat par lequel l'une des parties s'engagerait d'abord à payer le prix de ce qu'elle recevrait et stipulerait qu'elle pourrait se libérer de la somme due en livrant une chose déterminée. — Mais la dation en paiement peut produire quelques effets de l'échange, par exemple, dans le cas où le vendeur, après la vente devenue parfaite, convient avec son acquéreur de lui donner un objet autre que celui compris dans la vente. — Il y a dans ce cas échange, puisque l'acquéreur qui avait été saisi de la propriété de la chose vendue, transmet cette propriété pour une autre chose. — Duvergier, t. 2, nᵒ 404.

12. — Il a été jugé qu'il suffit qu'un arrêt de cour royale ait décidé qu'un échange était constant pour que cette décision ne puisse être critiquée devant la cour de Cassation, alors même qu'elle ne signalerait comme preuve de cet échange que de simples présomptions, quoiqu'il s'agit de plus de 450 fr., et qu'on ne se fût prévalu ni de fraude, ni de force majeure, ni de commencement de preuve par écrit. — *Cass.,* 24 janv. 1834, Riffard c. Duvernois.—Mais cette décision ne semble reposer sur aucune base légale. La cour s'est sans doute décidée d'après des circonstances qu'il ne nous est pas donné d'apprécier. Peut-être a-t-elle pris en considération l'exécution donnée à l'échange, exécution qui résultait des faits relevés par la cour royale.

13. — Si, dans un acte qualifié échange, l'une des parties s'est réservé le privilége de vendeur et s'est fait dispenser de livrer ses titres, cet acte cesse d'être considéré comme un échange et offre le caractère d'une vente. — *Cass.,* 29 mars 1839 (1, 1ᵉʳ 1839, p. 464), Lobgeois et Thurel c. enregist.

14. — Au contraire, le contrat par lequel un individu s'engage à livrer deux chevaux contre un autre cheval et une soulte en argent constitue non une vente, mais un échange. — *Bourges,* 14 mai 1844 (1, 2 1845, p. 343), Forbeaux c. Clément.

§ 2. — *Cas où les règles de la vente s'appliquent à l'échange.*

15. — En général, les règles de la vente sont applicables à l'échange. C. civ., art. 4707. — Nous nous bornerons ici à retracer les principales de

ces règles, et surtout celles qui ont donné lieu à des applications particulières. — V. au surplus **vente.**

16. — Il est constant, en principe, que l'art. 1599, C. civ., qui déclare nulle la vente de la chose d'autrui, est applicable en matière d'échange. — *Cass.,* 16 janv. 1810, Merlier c. Pignard ; *Poitiers,* 16 avr. 1822, Pascault c. Boutin; — Duvergier, *Vente,* t. 2, nᵒ 410; Troplong, *Échange,* nᵒ 35 ; Favard, vᵒ *Échange,* nᵒ 2 ; Duranton, t. 16, nᵒ 544; Rolland de Villargues, *Rép.,* vᵒ *Échange,* nᵒ 34.

17. — L'échange d'une chose indivise entre l'échangiste et un tiers peut, sur la demande du co-échangiste qui a ignoré l'indivision, être annulé comme étant une aliénation de la chose d'autrui, alors surtout que, dans le contrat, la nullité du contrat a été stipulée en cas d'éviction totale ou partielle provenant du fait de l'un des contractans. — *Cass.,* 16 janv. 1810, Merlier c. Pignard.

18. — Mais, s'il est reçu en principe que la vente de la chose d'autrui est nulle, on doit ajouter que lorsque l'une des parties, en contractant, connaît le vice de l'acte, elle se soumet à toutes les chances qui peuvent en résulter. Cette jurisprudence s'applique au matière d'échange. Ainsi, si un contrat d'échange contient des stipulations éventuelles, celui qui les accepte doit se soumettre à leur résultat.— *Orléans,* 13 juin 1818, Morière c. Thiébault et Mortagne.

19. — Il y a lieu d'appliquer au contrat d'échange ce que l'on décide en matière de vente pour le cas, soit où l'échangiste serait devenu propriétaire de la chose échangée, soit où la véritable propriétaire aurait donné la ratification: l'une ou l'autre de ces circonstances aurait pour effet de rendre l'échange parfait. — Peu importerait d'ailleurs que l'événement qui rendrait le vendeur propriétaire ou que la ratification fût ou non postérieur à la demande en nullité. — V. **vente** et les autorités qui y sont citées, ainsi que divers arrêts rendus dans des espèces où il s'agissait d'échange.

20. — Jugé que la reconnaissance du véritable propriétaire que l'échange a eu lieu d'après son mandat verbal que l'échange a eu lieu, et la ratification dudit échange avec promesse de garantir, en cas d'éviction, intervenue par acte authentique antérieurement à l'exploit d'appel dans lequel ce moyen de nullité a été proposé pour la première fois, ont pour effet de valider l'échange. — *Bastia,* 6 déc. 1834, Simonetti.

21. — Dans le cas où l'une des choses échangées appartiendrait à autrui, si la délivrance n'a été faite ni d'une part ni d'autre, le coéchangiste peut refuser de recevoir la chose qui lui est offerte et de livrer la sienne. — S'il a déjà reçu la chose de son copermutant, il doit la rendre sans être tenu de délivrer la sienne. — C. civ., art. 1704.

22. — Si le copermutant venait à prouver que la chose qu'il a reçue est grevée d'hypothèques, ce ne serait un cause de résolution qu'autant que, dans un délai fixé, l'autre copermutant n'aurait pas fait cesser le trouble, car, par elle-même, l'hypothèque n'est pas une cause certaine d'éviction : mais il pourrait (par application de l'art. 1083) suspendre la délivrance de sa chose (sauf le cas où le cédant donnerait caution) jusqu'à ce que le trouble eût cessé.—Troplong. *Échange,* nᵒ 22.

23. — Si la livraison réciproque a été effectuée, le coéchangiste qui a reçu une chose qui n'appartenait pas à l'autre pourra-t-il, en démontrant qu'elle est menacée par un danger réel, demander la nullité du contrat et la restitution de sa chose, ou sera-t-il obligé d'attendre qu'il ait été dépouillé par l'éviction?—La difficulté vient de ce que le législateur, dans l'art. 1704, semble n'avoir prévu que le cas où, le contrat n'étant pas exécuté, le coéchangiste menacé pourrait se refuser à son exécution, et non celui où, le contrat étant exécuté, il s'agirait de le rompre. Toutefois, tous les auteurs sont d'accord pour soutenir que le coéchangiste pourra, même avant le trouble, demander la résiliation du contrat. — L. 4, § 8, ff., *De rerum permutatione*; — Duvergier, *Vente,* t. 2, nᵒ 413; Favard de Langlade, vᵒ *Échange*; Duranton, t. 16, nᵒ 46, nᵒ 544; Troplong, *Échange,* nᵒ 23.

24. — Jugé en ce sens, que l'un des copermutans qui vient à découvrir que l'autre contractant n'était pas propriétaire de la chose donnée en échange, et qui, par conséquent, a été sujet de craindre d'éviction, peut demander la résiliation du contrat et, par suite, la revendication de la chose livrée, avant d'avoir été troublé par le véritable propriétaire. — *Toulouse,* 8 mars, an XIII, Azéma c. Albo.

25. — C'est aussi ce que semblent reconnaître l'arrêt de *Cass.,* 16 janv. 1810 (Merlier c. Pinard), et celui de *Poitiers,* 16 avr. 1822 (Pascault c. Boutin).

26. — Toutefois, la cour de Cassation a depuis reconnu en principe que l'art. 1704 n'était applicable qu'aux cas qu'il cite, et non à celui où, avant d'être inquiété, le copermutant veut faire résoudre le contrat et se faire restituer sa chose; il est vrai que l'arrêt a été rendu dans une espèce où la demande en résolution et en revendication était repoussée par l'art. 1560, ce qui le justifie au fond; mais ce principe qu'il pose assez nettement suivant nous, bien que MM. Troplong (*Echange*, nº 23), et Duranton (nº 544) refusent de l'y voir écrit, n'en est pas moins erroné. — *Cass.*, 11 déc. 1815, Meyssonial c. Fressenon; — Duvergier, *loc. cit.*

27. — Lorsque l'éviction est accomplie, le copermutant peut opter (mais l'option n'appartient qu'à lui et non au coéchangiste. — Delvincourt, t. 3, p. 89, note 3), entre la répétition de sa chose ou des dommages-intérêts (C. civ., art. 1705); ce qui ne veut pas dire qu'il ne puisse, outre la chose, réclamer la réparation du dommage que lui a causé l'éviction, et, par exemple, la partie des frais et loyaux coûts qu'il a à supporter. — Arg. art. 1630, 1707 et 1184 combinés. — En effet, les dommages-intérêts dont parle l'art. 1705 sont la conversion de la chose en prix. — Ceux au contraire dont parle l'art. 1630 sont un accessoire distinct de la chose principale. — Duvergier, t. 2, nº 416; Troplong, *Échange*, nº 24; Duranton, t. 16, nº 545.

28. — Il est entendu qu'il ne s'agit là que d'une éviction dont les causes sont antérieures au contrat. — Troplong, *Echange*, nº 24. — V. VENTE.

29. — Jugé que l'échangiste qui est évincé, *non ex antiquâ causâ*, mais pour une cause postérieure à l'échange consommé, par exemple, pour cause d'utilité publique, des biens qui lui avaient été cédés par l'état, n'a qu'une action en indemnité sans pouvoir demander la résolution du contrat. — Une indemnité de cette nature, due par l'état dès 1784, a été frappée de déchéance, comme toutes les autres créances antérieures à l'an V. — Dès-lors, c'est, de la part des tribunaux, entreprendre sur les décisions de l'autorité administrative que de statuer sur la question de résolution du contrat d'échange pour cause d'éviction, sans avoir égard à la déchéance de la demande prononcée par l'administration. — *Cass.*, 6 avr. 1835, l'État c. de Gramont.

30. — Les échanges entre l'état et les particuliers sont, dans le silence de la loi spéciale qui les a autorisés, soumis aux principes du droit commun quant aux difficultés auxquelles leur exécution peut donner lieu, et spécialement quant aux conséquences de l'éviction soufferte par l'état d'une partie des biens par lui reçus en contre-échange. — *Cass.*, 30 juin 1841 (t. 2 1841, p. 512), Liste civile c. Dupont.

31. — Il n'y a pas nécessairement lieu à la résolution d'un échange d'immeubles par cela seul qu'une partie minime de l'un des immeubles qui ont fait l'objet des échanges n'était pas la propriété de l'échangiste, alors d'ailleurs qu'il est reconnu que, même sans cette partie, l'échange n'en aurait pas moins été consommé. — Dans ce cas, les juges peuvent (art. 1636 et 1637) se borner à condamner l'échangiste à payer au copermutant la valeur de la portion dont celui-ci est évincé. — Ainsi, même dans le cas où il s'agit d'un échange dans lequel l'état ou la liste civile serait intéressé, si l'éviction subie par l'état n'est que d'une faible partie des biens qui lui ont été donnés en échange, une cour royale peut valablement, et sans violer aucune loi, se borner, au lieu de prononcer la résolution du contrat, à condamner l'autre échangiste à raison de sa bonne foi, à payer à l'état la valeur estimative de la portion dont ce dernier a été évincé. — Même arrêt.

32. — Si le copermutant opte pour la répétition de sa chose, et qu'il s'agisse d'un immeuble, pourra-t-il exercer sa revendication non seulement contre son permutant, mais aussi contre le tiers détenteur de bonne foi? — Cette question est grave et controversée.

33. — Suivant le droit romain, et d'après les principes de l'ancienne jurisprudence, elle était généralement résolue en faveur du tiers détenteur; on se fondait sur la loi 4, Cod., *De permut. rerum*. — V., en ce sens, deux arrêts du grand conseil du 30 mars 1673, et du parlement de Toulouse du 22 fév. 1741, rapportés par Merlin (*Rép.*, vº *Echange*, § 2); — *Cass.*, 16 prair. an XII, Bastier c. Sarran; *Grenoble*, 23 avr. 1830, Martinon c. Bez... — Dans le ressort du parlement de Grenoble, dit ce dernier arrêt, l'évincé n'a qu'une action en garantie contre son coéchangiste. — V. aussi Duperrier, t. 2, p. 313, qui rapporte deux arrêts du parlement d'Aix, des 24 déc. 1544 et 12 mai 1581; le président Saint-Jean, décis. 4; Bouvot, t. 2, vº *Permutation*; Mornac, part. 1re, chap. 80 et 84. — V. cependant *Toulouse*, 7 flor. an X, Mirail c. Ralery; 7 vent. an XII, Labeur c. Oulibon.

34. — Sous l'empire du Code, la question est généralement résolue en faveur de l'échangiste. Il est vrai qu'aucun texte de la loi ne lui accorde l'action résolutoire contre les tiers; mais pourquoi ne lui appartiendrait-elle pas comme au vendeur? L'échangiste n'est-il pas vendeur relativement à la chose qu'il donne en contre-échange? — *Aix*, 25 mai 1813, Varèze c. Montanier; *Rouen*, 18 juill. 1827, sous *Cass.*, 18 nov. 1828, Vimard c. Prelaunay; *Grenoble*, 18 juill. 1834, Niel c. Blache; *Riom*, 1er juin 1809, Lacombe c. Simond; *Lyon*, 12 janv. 1839 (t. 1er 1839, p. 597), Bosland c. Favre; — Merlin, *Rép.*, vº *Echange*, § 2; Duvergier, t. 2, nº 417; Troplong, *Echange*, nº 25; Duranton, t. 16, p. 546; Rolland de Villargues (nouv. éd., vº *Echange*, nº 48); Zachariæ, t. 2, p. 577. — V. *contrà* les motifs de *Toulouse*, 13 août 1827, Fraineau c. Montcuquet; — Delvincourt, t. 3, p. 89, note 2; Favard de Langlade, vº *Echange*, nº 3. — V. aussi la note détaillée sous l'arrêt de *Lyon* 1839. — Delvincourt donne pour raison que la loi veut assurer la tranquillité du possesseur qui au moment de l'acquisition n'avait aucun moyen de prévoir l'éviction. — Or, si dans la vente l'acquéreur a un moyen simple de s'assurer du paiement du prix en se faisant représenter la quittance du vendeur; dans l'échange, quand la chose a été livrée, les tiers n'ont aucun moyen de prévoir l'éviction.

35. — Mais le tiers détenteur peut opposer la prescription décennale. — *Toulouse*, 13 août 1827, Fraineau c. Montcuquet; *Grenoble*, 26 fév. 1831, comm. de Frontana c. Dumoulin; *Lyon*, 12 janv. 1839 (t. 1er 1839, p. 597), Bosland c. Favre; *Nîmes*, 19 fév. 1839 (t. 1er 1839, p. 535), Peythier c. Combe.

36. — En outre, le tiers acquéreur doit être indemnisé des impenses faites par lui sur l'immeuble revendiqué, en tant qu'elles en ont augmenté la valeur. — *Lyon*, 12 janv. 1839 (t. 1er 1839, p. 597), Bosland c. Favre; — Troplong, *Echange*, nº 25.

37. — La demande de ces impenses peut être formée même pour la première fois en appel. — Même arrêt.

38. — Mais il a été jugé que si l'éviction n'a eu lieu que pour partie, le droit du vendeur ne peut être exercé contre le tiers acquéreur que dans la même proportion, encore bien qu'il offre d'abandonner la partie dont il n'est pas évincé. — *Grenoble*, 18 juill. 1834, Niel c. Blache.

39. — Il est certain que l'immeuble qui rentre dans les mains du copermutant par suite de l'éviction, lui revient libre de toutes hypothèques et charges dont le copermutant l'aurait grevé. — Arg. art. 1673; — Troplong, *Échange*, nº 26.

40. — Le copermutant n'a pas plus de droits sur l'immeuble que n'en avait celui de qui il le tient. — Il supporte donc les servitudes, hypothèques et autres droits réels; mais il peut purger l'immeuble en accomplissant les formalités imposées aux tiers détenteurs. — Duvergier, t. 2, nº 418.

41. — Il a été jugé que les créanciers d'un échangiste, inscrits sur l'immeuble donné en échange par leur débiteur, ne peuvent exercer des poursuites sur cet immeuble lorsqu'ils ont déjà fait vendre sur la tête de leur débiteur l'immeuble que celui-ci avait reçu de son coéchangiste et partagé les deniers provenus de la vente. — La vente de ce dernier immeuble emporte de la part des créanciers confirmation du contrat d'échange et renonciation à leur hypothèque sur l'immeuble passé dans les mains du copermutant. — *Rouen*, 28 juill. 1827; *Cass.*, 18 nov. 1828, Vimard c. Prélaunay; — Duvergier, t. 2, nº 419. — Il a même été jugé que le fait, par le créancier d'un échangiste, inscrit sur l'immeuble donné en échange par son débiteur, d'exercer des poursuites de saisie sur l'immeuble reçu en contre-échange, emporte de sa part confirmation du contrat d'échange, et le rend non-recevable à faire valoir ses droits d'hypothèque sur l'immeuble passé dans les mains du copermutant. — *Bordeaux*, 5 juin 1835, Rouchon c. Duriez.

42. — Au surplus, comme les règles relatives à la garantie en matière de vente sont applicables en matière d'échange, il en résulte que l'échangiste est tenu, par suite de la garantie, de rapporter main-levée des inscriptions qui grèvent l'immeuble qu'il a donné en échange, alors même que les créanciers inscrits n'auraient encore dirigé aucune poursuite contre le nouveau propriétaire. — *Bourges*, 25 fév. 1832, Pernin c. Gautherin.

43. — L'action redhibitoire est admise en matière d'échange comme lorsqu'il s'agit d'une vente. — Mais il a été jugé que si le cheval échangé avec soulte contre deux autres chevaux (opération qui constitue un échange et non une vente. — V. *suprà* nº 14), se trouve atteint d'un vice redhibitoire, l'échangiste auquel il a été livré ne peut conclure à la résolution partielle du contrat, mais que l'opération doit être résolue pour le tout. — *Bourges*, 12 mai 1844 (t. 1er 1845, p. 315), Forbeaux c. Clément. — V. VICE REDHIBITOIRE.

44. — L'art. 1592, suivant lequel le prix de la vente peut être laissé à l'arbitrage d'un tiers, et si celui-ci ne peut ou ne veut faire l'estimation il n'y a pas de vente, est applicable en matière d'échange, en ce sens que les parties peuvent nommer des experts pour déterminer de quelle manière l'échange aura lieu, et si l'un d'eux vient à décéder avant l'expertise, la promesse d'échange n'est plus qu'un simple projet qui ne lie aucun des contractans. — *Grenoble*, 8 nov. 1806, Félix c. Duchon; — Duvergier, t. 2, nº 420; Troplong, *Échange*, nº 36.

45. — L'échange est susceptible des mêmes stipulations que la vente. — Ainsi jugé qu'il peut être fait purement et simplement, ou sous condition suspensive ou résolutoire. — *Orléans*, 13 juin 1818, Morière; — Troplong, *Échange*, nº 17.

46. — Est valable et doit recevoir son exécution la clause par laquelle, dans un contrat d'échange d'immeubles, les parties conviennent que si l'un des échangistes vend le fonds qu'il reçoit, l'autre sera libre de le reprendre. — Cette convention ne doit être considérée ni comme constituant un droit de *prélation*, ni comme un pacte de rachat soumis, dans son exécution, à la prescription de cinq ans, conformément à l'art. 1660, C. civ. — *Aix*, 14 mai 1813, Bigonnet c. Martin.

47. — L'échange peut être fait par acte privé ou authentique. Toutefois, il existe des dispositions particulières pour les échanges contractés avec le domaine de la couronne ou l'état. — Décr. 11 juill. 1812; ord., 12 déc. 1827. — V. DOMAINE.

48. — Dans l'échange (comme dans la vente), en cas de doute sur l'étendue de l'objet cédé par l'un des copermutans, ce doute s'interprète contre lui. — *Pau*, 14 (et non 4) mai 1830, Laxague c. Villenave; — Troplong, *Échange*, nº 41.

49. — Jugé, au surplus, que la décision qui déclare qu'un bief de moulin qui traverse un terrain échangé, et qui se trouve dans ses confins, n'a pas été compris dans l'échange, et cela dans le silence de l'acte, lequel porte seulement que l'acquéreur pourra user de l'eau pour l'irrigation de sa propriété, ne contient qu'une interprétation qui échappe à la censure de la cour suprême et ne viole ni l'art. 552, ni les art. 1602 et 1615, C. civ. — *Cass.*, 1er juill. 1834, Flachet c. Mas.

50. — Le demandeur en résolution d'un échange n'est pas fondé dans sa demande, quand, connaissant déjà les vices du contrat, il a fait des coupes et commis des dégradations sur les immeubles cédés en contre-échange. — *Agen*, 18 juin 1811, Chaumel c. Crusel et Bardet.

51. — Lorsque, sur la demande dirigée par un échangiste contre son coéchangiste, et tendant principalement au désistement des biens par lui possédés, et, pour le cas où l'acte sur lequel reposait la possession serait représenté, à la résolution de cet acte pour inexécution, un jugement par défaut rendu sans que l'acte ait été représenté, a donné acte au défendeur de son consentement au désistement, si le demandeur, en formant opposition à ce jugement, insiste pour obtenir la résolution, l'arrêt qui, par suite du désistement acquiescé et consenti, déclare cette demande sans objet, ne viole aucune loi. — Il ne commet non plus, par cette déclaration, aucun excès de pouvoir, alors même que les premiers juges se seraient bornés, par jugement passé sous ce rapport en force de chose jugée, à rejeter, quant à présent, la demande en résolution. — *Cass.*, 11 nov. 1839 (t. 2 1839, p. 507), d'Etruchat c. Desfourneaux.

52. — On ne peut, incidemment à une instance qui a pour objet d'établir qu'un échange a eu lieu, demander la résolution de cet échange. Une telle action est principale de sa nature. — *Limoges*, 26 fév. 1840 (t. 2 1840, p. 24), Fontanges c. Redon.

### § 3. — *Règles de la vente qui ne sont pas applicables à l'échange.*

53. — Sous l'ancienne jurisprudence l'action en rescision pour cause de lésion était admise en matière d'échange (*Besançon*, 5 déc. 1808, Lanchamp c. Bressands), particulièrement en Franche-Comté. — Pothier, *Vente*, nº 627; Despeisses, part. 1re, tit. 12, § 7; Merlin, *Rép.*, vº *Echange*, § 4; — *Parlem. Toulouse*, 10 déc. 1595. — Toutefois, dans ce cas, l'auteur de la lésion n'était pas, comme dans la vente, autorisé à fournir le supplément du juste prix. — Despeisses, *loc. cit.*, et nº 13; Rousseaud de Lacombe, vº *Echange*, nº 9; — V. aussi *Parlem. Paris*, mars 1563. — *Contrà* Pothier, nº 629.

54. — Sous le Code, l'action en rescision pour lésion de plus des sept douzièmes n'est pas applica-

ble en matière d'échange (C. civ., art. 1706). La raison en est : 1° que dans l'échange il n'y a pas de prix comme dans la vente ; 2° que les cessions à vil prix pour se procurer de l'argent dans un moment de besoin, ne sont pas à craindre dans l'échange comme dans la vente ; 3° que dans le contrat d'échange chaque partie a en même temps la qualité d'acheteur et de vendeur. — Or, l'action en rescision pour cause de lésion n'est jamais permise à l'acheteur. — Troplong, *Echange*, n° 27 ; Duvergier, *Vente*, t. 2, n° 423 ; rapport de M. Faure au tribunat (Locré, t. 14, p. 273).

55. — Jugé toutefois que, bien qu'en principe la rescision pour cause de lésion n'ait pas lieu dans le contrat d'échange, néanmoins un contrat d'échange d'immeubles peut et doit être annulé, si son unique objet a été de couvrir et de déguiser une opération usuraire. — *Colmar*, 25 mars 1825, Obert c. Stranss. — Delvincourt, t. 3, p. 33, note 1.

56. — Les frais sont supportés par moitié par chacun des contractans, puisque chacun d'eux est à la fois vendeur et acheteur, l'art. 1593 ne peut recevoir d'application directe. — Duvergier, t. 2, n° 425 ; Troplong, *Echange*, n° 43 ; Rolland de Villargues, v° *Echange*, n° 28

57. — En cas de soulte, M. Rolland de Villargues (*loc. cit.*) pense que les frais qui en résultent sont à la charge de celui qui la paie.

58. — Bien que les règles relatives aux obligations du vendeur en ce qui touche la délivrance soient en général applicables aux deux copermutans, cependant M. Duvergier (t. 2, n° 426) pense que le législateur n'ayant fait du défaut ou du surcroît de contenance une cause d'augmentation ou de diminution de prix, et quelquefois un motif de résolution du contrat de vente que parce qu'il a supposé qu'au-delà de certaines limites il n'y avait plus volonté de maintenir la convention, cette présomption doit être admise moins facilement dans l'échange ; car c'est presque toujours la convenance qui est la base de ce dernier contrat, et les choses sont données l'une pour l'autre plutôt *ad corpus* que *ad mensuram*... « Les tribunaux, ajoute-t-il, apprécieront s'il y a eu intention de la part des contractans d'obtenir la mesure indiquée. »

59. — Jugé en ce sens que, en matière d'échange, les parties contractantes ne peuvent réclamer d'indemnité pour défaut de mesure, lorsque l'échange a eu lieu *ad corpus* et non *ad mensuram*, les immeubles qui en faisaient l'objet ayant été dans le contrat même estimés au même prix. — *Colmar*, 1er mai 1807, Hugues c. Mannheimer. — M. Troplong (*Echange*, n° 34) considère cette décision comme un arrêt d'espèce.

60. — En général, on considère comme un des effets de l'échange que la chose reçue à la place de celle qu'on a donnée lui soit subrogée de plein droit et se revête de toutes ses qualités extrinsèques, *subrogatum capit naturam subrogati*. — Troplong, *Echange*, n° 41 ; Duvergier, *Vente*, t. 2, n° 427. — Il en était surtout ainsi dans l'ancien droit. — D'Argentré, *Cout. de Bretagne*, art. 418 ; Ferrière, sur la cout. de Paris ; Lebrun, des *Success.*, liv. 1er, ch. 1er, sect. 1re, n° 64 ; Pothier, *Vente*, n° 630.

61. — V. sur ce point, pour ce qui est relatif aux échanges des biens propres à l'un des époux ou des immeubles dotaux, COMMUNAUTÉ, DOT.

## ÉCHANTILLON.

1. — Ce mot a plusieurs acceptions.

2. — On appelle *échantillon* une petite portion de marchandises que l'on montre pour faire connaître la qualité d'une plus grande quantité de mêmes marchandises que l'on désire vendre.

3. — L'acheteur conserve l'échantillon en sa possession pour vérifier, au moment de la livraison, si la marchandise qui lui est remise est telle qu'on la lui a annoncée.

4. — En cas de contestation entre les parties, l'échantillon sert de terme de comparaison aux juges ou aux experts nommés par le tribunal. — V. VENTE.

5. — L'individu qui a reçu des échantillons, soit pour contrôler les marchandises à fournir, soit pour procurer les commandes, et à la charge de ne pas les livrer au commerce, commet le délit d'abus de confiance, prévu et puni par l'art. 408, C. pén., s'il vend ces échantillons à des fabricans pour en fabriquer de semblables. — *Cass.*, 27 fév. 1846 (t. 1er 1846, p. 712), Devaux.

6. — Les lettres auxquelles serait attaché un échantillon de marchandises sont taxées conformément aux art. 1er, 2, 3, 4 et 5, L. 15 mai 1827, c'est-à-dire en raison combinée et du poids de la lettre et de la distance qu'elle doit parcourir. — Il est perçu, en outre, sur l'échantillon une taxe réduite au tiers de la taxe d'une lettre du même poids, mais seulement lorsque l'échantillon est présenté sous bande ou de manière à ne laisser aucun doute sur sa nature, et qu'il ne contient d'autre écriture à la main que des numéros d'ordre. — Si l'échantillon est envoyé isolément, la taxe est réduite au tiers du port fixé par les articles ci-dessus, sans qu'elle puisse néanmoins être en aucun cas inférieure à la taxe de la lettre simple. — L. 15 mars 1827, art. 7. — V. aussi l'instr. minist. du 29 mars 1832, art. 189 et suiv., et une circul. du 21 août 1835.

7. — Les échantillons de papier qui peuvent être expédiés par la poste jouissent, à n'en pas douter, de la franchise établie par ces dispositions ; dans ce cas, le droit n'est perçu qu'au taux des feuilles imprimées, ce qui le porterait souvent au-dessous du prix de la lettre simple. — Pic, *C. des libr. et des impr.*, p. 225. — V. au surplus POSTES.

8. — Dans quelques cas, comme par exemple en cas de chargement de grains sur un navire, l'échantillon sert pour constater non-seulement la qualité, mais encore la quantité. — Une mesure de grains est prise au hasard ou plutôt au choix du capitaine, pendant le mesurage, mise à part dans un sac cacheté, après l'avoir pesée très exactement pour qu'on puisse vérifier au lieu d'arrivée que rien n'a été soustrait de cet étalon ; il sert de pièce de comparaison pour reconnaître si, au mesurage de débarquement, le total est fidèlement rendu ; c'est ce qu'on appelle *escandail* sur les côtes de la Méditerranée.

9. — On nomme aussi échantillon la partie de la taille qui se trouve entre les mains de celui qui reçoit d'un marchand une fourniture à crédit. — V. TAILLE DE MARCHAND.

10. — Lorsque les tailles sont corrélatives à leurs échantillons, elles font preuve des fournitures faites. — C. civ., art. 1333. — V. PREUVE. — V. aussi BREVET D'INVENTION, DOUANES.

## ÉCHARPE.

C'est une partie du costume de certains fonctionnaires publics. Ils doivent la ceindre pour la régularité de certaines opérations, comme marque distinctive de leur qualité. — V. ATTROUPEMENS, COMMISSAIRE DE POLICE, COSTUME, FONCTIONNAIRE PUBLIC, MAIRE.

## ÉCHAUDOIRS.

1. — Les *échaudoirs* où a lieu la cuisson des abatis des animaux tués pour la boucherie produisent une mauvaise odeur et sont rangés dans la 1re classe des établissemens insalubres.

2. — Il en est de même des échaudoirs dans lesquels on prépare et l'on cuit les intestins et autres débris des animaux.

3. — Ceux où on traite les têtes et les pieds d'animaux font également partie de la 1re classe à raison de la fumée et de l'odeur qui s'en échappe. — V. ÉTABLISSEMENS INSALUBRES (nomenclature).

## ÉCHÉANCE.

1. — C'est l'époque, le jour où expire un délai, où échoit le terme fixé pour un paiement, pour une livraison. — V. DÉLAI, TERME.

2. — Ordinairement, le jour de l'échéance est accordé tout entier au débiteur ; car, avant que ce jour soit écoulé, il ne peut être certain qu'il n'aura pas payé : *Ne eo quidem ipso die, in quem stipulatio facta est, peti potest ; quia totus is dies arbitrio solventis tribui debet. Neque enim certum est eo die, in quem promissum est datum non esse priùs quam is prœterierit.* — Instit., *De verb. oblig.*, § 2 ; — Toullier, t. 6, n° 681. — V. PAIEMENT.

3. — Le jour de l'échéance n'est non plus jamais compté pour le délai général fixé pour les ajournemens, citations, sommations ou autres actes faits à personne ou domicile. — C. procéd., art. 1033. — V. DÉLAI, EXPLOIT.

V. aussi BILLET A ORDRE, CAUTIONNEMENT, ENDOSSEMENT, LETTRE DE CHANGE, PROTÊT.

## ÉCHELAGE (Tour d'échelle).

1. — On entend par *échelage* ou *tour d'échelle* le droit qu'a le propriétaire d'un héritage de faire passer ses ouvriers sur le fonds voisin et d'y placer des échelles pour construire sur cet héritage ou pour y réparer des bâtimens. C'est une espèce particulière de droit de passage. — Pardessus, *Des servitudes*, n° 288 ; Toullier, t. 3, n° 559 ; Duranton, t. 5, n° 316 ; Merlin, *Rép.*, v° *Tour d'échelle*, t. 17, p. 734 ; Favard, *Rép.*, v° *Servitude*, sect. 2e, § 7, n° 7.

2. — On applique aussi la dénomination de tour d'échelle au terrain même sur lequel les ouvriers doivent passer, et qui doit être d'une largeur suffisante pour qu'on puisse faire le tour des échelles qui y seraient placées. — Merlin, *loc. cit.*

3. — La servitude d'échelage, inconnue aux Romains, fut l'objet de dispositions spéciales dans plusieurs de nos coutumes.

4. — Quelques unes, notamment celle de Nantes, faisaient de ce droit une servitude légale s'exerçant indépendamment de tout titre constitutif et dérivant du seul fait du voisinage. — Merlin et Toullier, *loc. cit.* — V. aussi cout. de Meaux, art. 75 ; de Melun, art. 203 ; — Coquille, *Instit.*, chap. *Des servitudes réelles* ; Loysel, *Instit. coutum.*, n° 295.

5. — La coutume de Reims (art. 378) ne reconnaissait le tour d'échelle que comme une conséquence de la servitude d'égout, et ni l'une ni l'autre ne s'acquéraient que par titre ou par chose équipollente à titre.

6. — Celle de Paris ne s'expliquait pas sur l'échelage ; il ne pouvait donc, sous l'empire de cette coutume, constituer une servitude légale, et il ne pouvait s'établir que par titre, conformément à la règle qui s'opposait à ce que des servitudes discontinues pussent s'acquérir par prescription. C'est ce qu'attestent Desgodets sur l'art. 210, cout. de Paris, et Pothier sur l'art. 225, cout. d'Orléans.

7. — Le Code civil est également muet sur la servitude d'échelage ou tour d'échelle. C'est actuellement comme sous l'empire de la coutume de Paris une servitude discontinue qui ne peut dès-lors s'acquérir que par titre. (C. civ., art. 691). — V., pour les difficultés qu'elle peut soulever, le mot SERVITUDE.

## ÉCHELETTE.

1. — C'est un mode de compte par lequel on impute, suivant l'art. 1251, C. civ., les à-comptes payés par le débiteur, d'abord sur les intérêts exigibles, ensuite sur le principal.

2. — En conséquence, au lieu de faire une seule balance pour l'ensemble du compte, on balance, à chaque paiement fait à-compte, le crédit et le débit divisément pour le capital et pour les intérêts.

3. — Ainsi, la division matérielle de cette forme de compte en deux colonnes, dont l'une est consacrée aux capitaux et l'autre aux intérêts, rend l'imputation plus facile et plus apparente, distingue les intérêts des capitaux, et empêche de faire produire des intérêts aux intérêts.

## ÉCHELLE (Faire).

1. — C'est, de la part d'un navire en voyage, décharger dans des ports intermédiaires tout ou partie de ses marchandises et les remplacer par d'autres. — V. ASSURANCE MARITIME.

2. — Autrefois, d'après d'anciens usages en vigueur sur le Rhin, les villes de Mayence et de Cologne s'étaient arrogé, sous le titre d'*échelle* ou d'*étape*, le droit d'obliger tout bateau qui passait à leur portée à s'arrêter et à rompre voyage, et d'exiger que la cargaison fût mise en vente. Suivant un récez de l'empire germanique, ratifié le 17 avr. 1803, et une convention internationale avec la France du 15 août 1804, le privilége d'échelle ou d'étape a été converti en un droit d'octroi. — Martens, *Supplément*, t. 4, p. 36 ; E. Vincens, *Législ. commerc.*, t. 3, p. 449.

## ÉCHELLE DE DÉPRÉCIATION.

C'est l'indication, à différentes époques, de la valeur d'opinion du papier-monnaie dans chaque département, pendant la durée de sa dépréciation. — L. 5 messid. an V, art. 1er et 2. — V. PAPIER-MONNAIE.

## ÉCHELLES DU LEVANT ET DE BARBARIE.

*Table alphabétique.*

## ÉCHELLES DU LEVANT ET DE BARBARIE.

**1.** — C'est ainsi qu'on appelle différentes places de commerce situées sur les côtes dans les mers du Levant et dans celles du nord de l'Afrique, où les puissances maritimes entretiennent des consuls, facteurs et commissionnaires.

**2.** — Suivant M. E. Vincens (*Législ. comm.*, t. 3, p. 507), les principales Echelles pour la France sont : Smyrne, Salonique, Alexandrie, Seyde, Alep et Alger (aujourd'hui province française) — Merlin (*Rép.*, v° *Echelle*) y ajoute : Alexandrette, Chypre, Constantinople, le Caire, Naxis et Paros, Miconi, Tripoli de Syrie, Tripoli de Barbarie, Tunis, Napoli de Romanie, la Morée, l'île de Négrepont, l'île de Candie, Durazzo, Zéa, Scio et les autres îles de l'Archipel.

### § 1er. — *Historique.*

**3.** — Les anciens réglemens sur le commerce du Levant appartenant à une époque où les Français avaient seuls dans ces contrées des établissemens permanens, avaient pour but de conserver intacts les privilèges de la France et de les soustraire à la concurrence. Par suite, ils considéraient tous les Français du Levant comme réunis en un seul corps et ils les soumettaient à une même impulsion.

**4.** — Ainsi, aucun commerçant ne pouvait s'établir dans les Echelles sans l'autorisation du gouvernement et sans avoir préalablement fourni un cautionnement. Pour entreprendre le moindre voyage d'affaires au Levant, il fallait dépendre d'une maison cautionnée. Les chefs de cette maison devaient résider à Marseille. Les négocians

établis dans les Echelles n'étaient que de simples régisseurs, recevant les directions de leurs commettans, soumis, dans toutes leurs opérations d'achat et de vente, à l'empire des délibérations communes, où la majorité de chaque Echelle faisait la loi aux dépens de l'intérêt de la minorité. — V. Duvergier, *Collect. des lois*, t. 55, p. 484.

**5.** — Les progrès naturels du commerce, la concurrence des autres peuples, les événemens qui ont tantôt rompu, tantôt altéré les relations de la France avec la Porte, les changemens survenus dans l'état politique du Levant, tout s'est réuni pour renverser ce régime de restrictions et de privilèges. La plupart des dispositions anciennes sont tombées peu à peu ; il ne reste en dernier lieu que la nécessité d'obtenir une autorisation et de fournir un cautionnement. — Même rapport.

**6.** — La loi du 21-29 juill. 1791 déclara libre à tous les Français le commerce des Echelles du Levant et de Barbarie (art. 1er), et que de tous les ports du royaume on pourrait envoyer des vaisseaux et des marchandises dans toutes les Echelles. — Art. 2.

**7.** — Toutefois, l'art. 3 continua d'assujétir chaque négociant français à l'obligation de fournir un cautionnement pour garantir les autres établissemens français des actions qui pourraient être exercées contre eux par son fait ou celui de ses agents.

**8.** — Ces dispositions furent modifiées ultérieurement par un arrêté du 4 messid. an XI.

**9.** — D'après cet arrêté, aucune maison de commerce ne pouvait être établie dans les Echelles sans l'autorisation du gouvernement (art. 1er) délivrée par l'intermédiaire de la chambre de commerce de Marseille. — Art. 2.

**10.** — Pour garantir au gouvernement la conduite de leurs régisseurs, de leurs commis et de tous les individus attachés à leur maison (art. 3), les chefs de maisons de commerce étaient tenus de fournir à la chambre de commerce de Marseille un cautionnement privé, dans la forme qui avait toujours été usitée. — Art. 4.

**11.** — Les régisseurs et commis des maisons de commerce dans les Echelles, et les ouvriers, artisans et domestiques qui voulaient aller exercer leur industrie ou louer leurs services dans les Echelles ne pouvaient obtenir de passeports que sur la présentation d'un certificat de moralité délivré par la chambre de commerce de Marseille. — Art. 6 et 7.

**12.** — Ces dispositions reçurent quelques modifications par l'ordonn. royale du 20 févr. 1845, portant règlement sur les franchises du port de Marseille. — L'art. 27 de cette ordonn. donne aux navires français expédiés de Marseille et des autres ports de France la permission de faire le cabotage de port à port dans le Levant, la Barbarie et la mer Noire, sous les mêmes risques et aux mêmes conditions qui existaient en 1789.

**13.** — Mais, le 44 avril 1835, intervint une ordonnance du roi d'après laquelle il n'est plus exigé d'autorisation ni de cautionnement des Français qui forment des établissemens commerciaux aux Echelles du Levant et de la Barbarie pour le fait de leur commerce. — Art. 1er.

**14.** — Les souscripteurs et cautions d'engagemens de cette nature en restent libérés à partir de cette ordonnance. — Art. 2.

**15.** — Les dépenses relatives aux établissemens publics des Echelles cesseront d'être portées au budget de la chambre de commerce de Marseille. — Art. 3.

**16.** — Est supprimée la perception du droit ancien dit *de consulat* ou *de deux pour cent*, levé dans le port de Marseille sur certaines marchandises provenant des Echelles du Levant et de Barbarie, et conservé jusqu'à ce jour à titre de revenu spécial, attribué à la chambre de commerce de Marseille, par application du décret du 28 sept. 1806. — Art. 4.

### § 2. — *Dispositions générales.*

**17.** — On a exposé (v° CONSUL) toutes les dispositions encore aujourd'hui en vigueur en ce qui concerne les Echelles du Levant et de Barbarie. On y peut voir de quelles prérogatives et de quelle autorité jouissent les consuls et autres agens consulaires, quelles prohibitions leur sont faites et quelle protection ils peuvent accorder aux nationaux.

**18.** — On y a également exposé tout ce qui a rapport à la justice civile, tant sur les autorités compétentes pour prononcer, que sur les formes de procéder. — Aux différentes décisions analysées nous ajouterons les suivantes.

**19.** — L'ordonnance de 1778 (art. 49) qui règle la forme de procéder dans les Echelles du Levant pour connaître la valeur, l'état ou le dépérissement des marchandises, et qui, notamment, exige que les experts nommés par le consul prêtent serment, n'a pas été abrogée par l'ord. de 1781, tit. 1er, art. 7. — *Cass.*, 8 mars 1831, Cros c. Badetti.

**20.** — Les jugemens rendus par les consuls aux Echelles du Levant sont, en ce qui concerne les degrés de juridiction, soumis aux règles qui régissent les tribunaux civils et de commerce. Dès-lors ils ne sont pas sujets à l'appel dans les demandes n'excédant pas 4,500 fr. — *Aix*, 3 mai 1845 (t. 1er 1846, p. 234), Lasbagnes c. Arlus. — V. DEGRÉ DE JURIDICTION.

**21.** — Les dispositions de l'art. 69, § 2, C. procéd. civ., ne sont pas applicables aux actes d'appel des jugemens rendus par les tribunaux consulaires aux Echelles du Levant. — *Aix*, 29 janv. 1823, sous *Aix*, 3 mai 1845 (t. 1er 1846, p. 234), Sarti c. Cros.

**22.** — Par un précédent arrêt, la cour royale d'Aix avait décidé le contraire et qu'ainsi l'exploit d'appel dirigé contre une partie non domiciliée en France devait, outre la déclaration au consulat de France être, à peine de nullité, signifié au domicile du procureur général. — *Aix*, 16 fév. 1824, sous *Aix*, 3 mai 1845 (t. 1er 1846, p. 234), Florent c. Lautry.

**23.** — Dans les Echelles du Levant l'appel peut être valablement déclaré par le procureur fondé de l'appelant, si l'usage du pays le tolère ; c'est alors le cas d'appliquer la maxime *Locus regit actum*. — *Aix*, 29 janv. 1823, sous *Aix*, 3 mai 1845 (t. 1er 1846, p. 234), Sarti c. Cros.

**24.** — Quant au mode de procéder en matière criminelle, correctionnelle ou de simple police, il fait l'objet du paragraphe suivant.

**25.** — Relativement aux délais dans lesquels doivent être acceptées ou payées les lettres de change à vue tirées des Echelles du Levant ou sur les mêmes lieux (C. comm., art. 460), V. LETTRE DE CHANGE.

**26.** — Et pour les délais dans lesquels doivent être exercés les recours en cas de non-paiement des effets de commerce payables aux Echelles du Levant (C. comm., art. 466), V. PROTÊT.

**27.** — Un décret du 24 sept. 1807 a établi un règlement pour la fabrication des draps destinés au commerce du Levant.

**28.** — Les mesures de précaution auxquelles sont assujéties, à leur arrivée en France, les marchandises venant des Echelles du Levant et de Barbarie sont exposées v° POLICE SANITAIRE.

### § 3. — *Poursuite et jugement des contraventions, délits et crimes commis par des Français.*

**29.** — D'après les anciens traités ou capitulations entre la France et l'empire Ottoman, les Français qui résidaient sur le territoire de l'empire, avaient le privilège de n'être jugés que par leur justice consulaire lorsqu'il s'agissait de crimes ou délits commis par eux contre un autre Français. — Capitul. 28 mai 1740, art. 15. — V. aussi celles de 1604, art. 14 ; de 1675, art. 18 ; traité de 1604, art. 4 ; du 5 juin 1673, art. 15.

**30.** — Mais s'il s'agissait de crimes commis sur un sujet de la Porte, l'autorité locale s'usurpait le droit de les réprimer. — Martens, *Guide diplomatique*, t. 1er, p. 484.

**31.** — Cependant, toutes les fois que les consuls français ont réclamé la faveur de s'emparer de la poursuite dirigée contre un de leurs nationaux prévenu de crime à l'égard d'un naturel du pays, il est sans exemple que cette faveur leur ait été refusée. — Rapport de M. Parant (*Monit.*, 20 fév. 1846) ; Goujet et Merger, *Dict. de dr. commercial*, v° *Consuls*, n° 380.

**32.** — Les formes de procédure criminelle établies par l'édit de 1778 ayant cessé d'être applicables depuis que de nouvelles lois avaient remplacé celles qui existaient en 1778, et les tribunaux de l'amirauté (V. ce mot) auxquels la connaissance de ces affaires avait été supprimée, des changemens étaient devenus nécessaires et dans les peines à appliquer et dans le mode de procéder. — Tel a été l'objet de la loi du 28 mai 1836.

**33.** — Cette loi constitue tout un Code d'instruction criminelle et un Code pénal en ce qui concerne les contraventions, délits et crimes qui peuvent être commis par des Français dans l'étendue des échelles du Levant et de la Barbarie. Et ces règles, elle les trace non seulement pour les cas prévus par les traités et capitulations, mais encore pour ceux autorisés *par les usages* (art. 1er), c'est-à-dire pour ceux où les autorités françaises seraient admises à connaître de crimes et délits commis par un Français sur des sujets même de

l'empire ottoman. — Rapport de M. Parant (*Moniteur*, 20 fév. 1836).

34. — *Instruction.* — Les consuls informent soit sur plainte ou dénonciation, soit d'office, et sans qu'il soit besoin de ministère public (L. 28 mai 1836). — En cas d'absence ou d'empêchement, ils sont suppléés par les officiers ou autres personnes appelés à les remplacer. — Art. 2.

35. — Toute personne qui se prétend lésée par un crime, un délit ou une contravention peut en rendre plainte; elle peut, si bon lui semble, se constituer partie civile. — La partie civile qui ne demeure point dans le lieu de la résidence du consul saisi de la poursuite est tenue d'y élire domicile par déclaration faite à la chancellerie du consulat, faute de quoi elle ne peut se prévaloir du défaut de signification d'aucun des actes de l'instruction. — Art. 3.

36. — Aussitôt que le consul a connaissance d'un crime ou délit commis par un Français, il doit se transporter sur les lieux, accompagné de son chancelier, saisir les pièces de conviction, se livrer à une enquête, pratiquer des visites domiciliaires, et se faire assister d'un officier de santé, en cas de mort ou de blessures. — Art. 4, 5 et 6.

37. — Les agens consulaires doivent donner immédiatement avis au consul des plaintes et dénonciations qu'ils ont reçues; ils peuvent aussi dresser les premiers actes de l'instruction; mais ils ne peuvent faire, si ce n'est en cas de flagrant délit, aucune visite ou perquisition domiciliaire, qu'après avoir reçu une délégation spéciale du consul. — Art. 7.

38. — Le consul peut décerner une ordonnance d'arrestation, s'il s'agit d'un crime, ou bien d'un délit comportant la peine de l'emprisonnement, à moins que, dans ce dernier cas, le prévenu ne soit immatriculé comme chef actuel ou ancien, ou comme gérant d'un établissement commercial. — Art. 8.

39. — En cas de prévention de délit, la mise en liberté provisoire peut être accordée en tout état de cause à l'inculpé, s'il offre caution de se représenter, et s'il élit domicile au lieu où siége le tribunal consulaire. — Le cautionnement est fixé par le consul. — S'il y a partie civile, le cautionnement doit être augmenté de toute la valeur du dommage présumé, telle qu'elle est provisoirement arbitrée par le consul. — Les vagabonds et les repris de justice ne peuvent, en aucun cas, être mis en liberté provisoire. — Art. 9.

40. — L'accusé arrêté est mis en lieu de sûreté, soit à terre, soit sur un navire français de la rade, et il est interrogé dans les vingt-quatre heures. — Art. 10.

41. — Le reste de l'instruction se poursuit à peu près comme en France (art. 11 à 20). — Seulement, pour faire comparaître les témoins étrangers, le consul fait, vis-à-vis des consuls étrangers, les réquisitions d'usage dans l'échelle, et en ce qui touche les sujets des puissances dans le territoire desquelles le consulat est établi, il se conforme, pour les faire comparaître, aux capitulations et usages observés dans les différens consulats. — Art. 17.

42. — Dans le cas où la croyance religieuse d'un témoin s'oppose à ce qu'il prête le serment de dire toute la vérité, rien que la vérité, ou à ce qu'il fasse aucune espèce d'affirmation, le procès-verbal le constate, et il est passé outre à son audition. — Art. 18.

43. — Avant de clore les procès-verbaux de l'information, le consul examine si les faits sont de sa compétence, et dans ce cas il renvoie le prévenu à l'audience; mais s'il y a indice de crime passible d'une peine afflictive et infamante, il rend une ordonnance pour procéder à la confrontation et au récolement des témoins. — Art. 20.

44. — Cette procédure, qui présente à l'inculpé l'avantage de connaître toute l'information, de voir les témoins, de les interpeller et d'être assisté d'un conseil, est tracée par les art. 20 à 33.

45. — L'instruction par contumace se fait en la même forme, à l'exception des actes que l'absence de l'accusé rend impossibles; on joint seulement aux pièces le procès-verbal des perquisitions inutilement faites pour justifier de la contumace. — Art. 34 à 36.

46. — L'instruction terminée, l'affaire est soumise au tribunal consulaire, composé du consul et de deux notables résidant dans le ressort du consulat. — Art. 37. — Ces deux notables sont désignés d'avance pour toute l'année, et prêtent serment, avant d'entrer en fonctions. — Art. 38 et 39. — Le consul procède seul dans les lieux où il est impossible de réunir deux notables. — Art. 40.

47. — Si le fait ne présente, ni contravention, ni délit, ni crime, ou s'il n'existe pas de charges suffisantes, le tribunal déclare qu'il n'y a pas lieu à

ÉCHELLES DU LEVANT, etc., § 3.

poursuivre. — S'il s'agit d'une simple contravention, le prévenu est renvoyé à l'audience. — Dans les deux cas ci-dessus, l'inculpé, s'il est en état d'arrestation, est mis en liberté, et s'il a fourni un cautionnement, il lui en est donné main-levée. — Art. 41.

48. — Si les juges reconnaissent que le fait constitue un délit et qu'il y a charges suffisantes, le prévenu est renvoyé à l'audience. — Dans ce dernier cas, lorsque le délit peut entraîner la peine d'emprisonnement, le prévenu, s'il est en état d'arrestation, y demeure provisoirement, à moins qu'il ne soit admis à fournir caution. — Si le prévenu est immatriculé, ou si le délit n'entraîne pas la peine d'emprisonnement, le prévenu est mis en liberté à charge de se présenter au jour de l'audience. — Art. 42.

49. — Si le fait emporte peine afflictive ou infamante, et si la prévention est suffisamment établie, le tribunal consulaire décerne une ordonnance de prise de corps contre le prévenu, et il est ultérieurement procédé selon les règles prescrites ci-après (nº 70 et suiv.). — Art. 43.

50. — Lorsque le tribunal consulaire a déclaré qu'il n'y a lieu à suivre, ou lorsqu'il a renvoyé à la simple police un fait dénoncé comme crime ou délit, ou enfin, lorsqu'il a attribué à la police correctionnelle un fait ayant les caractères d'un crime, la partie civile a le droit de former opposition à l'ordonnance, à la charge par elle d'en faire la déclaration à la chancellerie du consulat dans le délai de trois jours à compter de la signification qui lui a été faite de cette ordonnance. — La partie civile doit notifier son opposition au prévenu dans la huitaine suivante, avec sommation de produire devant la chambre d'accusation tels mémoires justificatifs qu'il jugera convenables. — Cette opposition n'empêche pas la mise en liberté de l'inculpé, si elle a été ordonnée avant l'opposition de la partie civile ou si elle a été prononcée depuis, sans préjudice de l'exécution ultérieure de l'ordonnance de prise de corps qui pourrait être rendue par la chambre d'accusation. — Art. 44.

51. — Le droit d'opposition appartient, dans tous les cas, au procureur général près la cour royale compétente pour connaître de l'appel des ordonnances du tribunal consulaire. Son opposition est déclarée dans les formes et les délais réglés par l'art. 79. — Art. 45. — V. *infrà* nº 85.

52. — *Jugement des contraventions et délits.* — Le consul statue seul en matière de simple police. En matière de police correctionnelle, le tribunal se compose du consul et de deux notables (V. CONSUL). — Dans les deux cas, le tribunal est saisi soit par citation directe, soit par le renvoi du consul après première instruction, soit par celui de la chambre du conseil après instruction complète. — L. 28 mai 1836, art. 46.

53. — Le jour de l'audience est indiqué par ordonnance du consul; il y a au moins un délai de trois jours entre la citation et le jugement, lorsque le prévenu réside dans le lieu où est établi le consulat. S'il n'y réside pas, l'ordonnance détermine, d'après les localités, le délai pour la comparution. — Art. 47.

54. — La personne citée comparaît en personne ou par un fondé de procuration spéciale. — Toutefois, en matière correctionnelle, lorsque la loi prononce la peine de l'emprisonnement, le prévenu doit se présenter en personne, et dans les autres cas, le tribunal peut ordonner sa comparution. — Art. 48.

55. — L'instruction à l'audience se fait dans l'ordre suivant: — Les procès-verbaux et rapports sont lus; les témoins pour ou contre prêtent serment et sont entendus; les reproches proposés sont jugés; lecture est faite des déclarations écrites de ceux des témoins qui, à raison de leur éloignement, ou pour toute autre cause légitime, ne peuvent comparaître. Les témoins défaillans hors les cas ci-dessus peuvent être condamnés et contraints à comparaître. — Les pièces pouvant servir à conviction ou décharge sont représentées aux témoins et aux parties; la partie civile est entendue; le prévenu ou son conseil, ainsi que les parties civilement responsables, proposent leur défense; la réplique est permise à la partie civile; mais le prévenu ou son conseil a toujours la parole le dernier; le jugement est prononcé immédiatement ou au plus tard à l'audience qui est indiquée, et qui ne peut être différée au-delà de huit jours. — Le jugement contient mention de l'observation de ces formalités; il est motivé; et s'il prononce une condamnation, les termes de la loi appliquée y sont insérés. — Si le prévenu est acquitté, il est mis en liberté sur le champ, ou il lui est donné main-levée de son cautionnement. — Art. 49.

56. — Dans le cas où, par suite de l'instruction

ÉCHELLES DU LEVANT, etc., § 3.

à l'audience, il est reconnu que le fait imputé au prévenu a les caractères du crime, il est procédé de la manière suivante : — Si le prévenu a été cité directement à l'audience, il est renvoyé devant le consul qui procède aux informations, interrogatoires, récolement et confrontation dans la forme prescrite. — Si le prévenu a été traduit à l'audience par suite d'ordonnance, il est renvoyé devant le même consul qui procède à tel supplément d'information que bon lui semble et aux formalités du récolement et de la confrontation. — Enfin, si le prévenu n'a été soumis aux débats qu'à la suite d'une instruction complète, le tribunal consulaire décerne contre lui une ordonnance de prise de corps et il est envoyé devant la cour royale, chambre des mises en accusation, selon les règles prescrites. — Dans le cas où, par suite de l'instruction à l'audience, il est reconnu que le fait imputé au prévenu ne constitue qu'une contravention, le tribunal consulaire prononce sans appel, comme eût fait le consul. — Art. 50.

57. — Les condamnations par défaut en matière correctionnelle et de simple police sont considérées comme non avenues si, dans les huit jours de la signification qui en a été faite à la personne du condamné, à son domicile réel ou élu, même à sa dernière résidence, lorsqu'il n'a plus ni domicile ni résidence actuels dans le ressort du consulat, il forme opposition à l'exécution du jugement, par déclaration à la chancellerie du consulat. — Toutefois, le tribunal peut, suivant la distance du dernier domicile et le plus ou moins de facilité des communications, proroger par son jugement ce délai, ainsi qu'il lui paraîtra convenable. — En cas d'acquittement prononcé sur opposition par le jugement définitif, les frais de l'expédition, de la signification du jugement par défaut et de l'opposition peuvent être mis à la charge du prévenu. — Art. 51.

58. — L'entrée du lieu où siége le tribunal consulaire ne peut être refusée aux Français immatriculés durant la tenue des audiences, si ce n'est dans le cas où le droit commun de la France autorise le huis-clos. — Le consul a la police de l'audience. — Art. 52.

59. — En matière de simple police, le consul prononce définitivement et sans appel. — S'il y a partie civile et que la demande en réparation excède 150 fr., le consul renvoie cette partie à se pourvoir à fins civiles, et néanmoins statue sur la contravention. — Art. 54.

60. — En matière correctionnelle, les jugemens sont susceptibles d'appel. — Les appels sont portés à la cour royale d'Aix. — La faculté d'appel appartient tant au prévenu et aux personnes civilement responsables qu'au procureur général près la cour royale d'Aix. Elle appartient également à la partie civile, quant à ses intérêts civils seulement. — Art. 55.

61. — La déclaration d'appel est faite à la chancellerie du consulat par l'appelant en personne ou par son fondé de pouvoirs dans les dix jours au plus tard après la prononciation du jugement, s'il est contradictoire. Pendant ce délai et pendant l'instance d'appel, il est sursis à l'exécution du jugement de condamnation. — L'appel n'est point reçu contre les jugemens par défaut de la part du défaillant. Ces jugemens ne peuvent être attaqués par lui que par la voie du recours en Cassation, s'il y a lieu. — Art. 56.

62. — Le pourvoi en Cassation est soumis à la consignation d'amende. — V. CASSATION (crim.), nº 736.

63. — La déclaration d'appel doit contenir élection de domicile dans la ville d'Aix, faute de quoi les notifications à faire à l'appelant peuvent être faites au parquet du procureur général, sans qu'il soit besoin d'aucune prorogation de délais à raison des distances. — La déclaration d'appel de la partie civile est, dans la huitaine, notifiée au prévenu, avec citation à comparaître devant la cour royale. — L'appel du procureur général est déclaré dans les formes et délais réglés par l'art. 79, L. 28 mai 1836, art. 57. — V. *infrà* nº 85.

64. — La procédure, la déclaration d'appel et la requête, s'il en a été déposé une par l'appelant, sont immédiatement transmises au procureur général de la cour royale d'Aix; le condamné, s'il est détenu, est embarqué sur le premier navire français destiné à faire retour en France, et il est conduit dans la maison d'arrêt de la même cour. — Art. 58.

65. — Si la liberté provisoire est demandée en cause d'appel, le cautionnement est au moins égal à la totalité des condamnations résultant du jugement de première instance, y compris l'amende spéciale établie par la loi. — Art. 59.

66. — Immédiatement après l'arrivée des pièces et celle du condamné, s'il est détenu, l'appel est

porté à l'audience de la cour royale d'Aix, chambre des appels de police correctionnelle. — L'affaire est jugée comme urgente. — Art 60.

67. — S'il s'agit de l'appel de la partie civile, l'original de la notification de la déclaration d'appel contenant citation, doit être joint aux pièces transmises à la cour. — Art. 61.

68. — Dans tous les cas l'appel est jugé suivant les formes prescrites par le Code d'instruction criminelle. — Néanmoins, le condamné non arrêté, ou celui qui a été reçu à caution, peut se dispenser de paraître en personne à l'audience et se faire représenter par un fondé de procuration spéciale. — Art. 62.

69. — Lorsque la cour, en statuant sur l'appel, reconnaît que le fait sur lequel le tribunal consulaire a statué comme tribunal correctionnel constitue un crime, elle procède ainsi qu'il suit : — Si l'information préalable a été suivie de récolement et de confrontation, la cour statue comme chambre d'accusation et décerne une ordonnance de prise de corps. — Dans tous les autres cas, elle ordonne un complément d'instruction, et à cet effet elle délègue le consul, sauf ensuite, lorsque la procédure est complète, à prononcer comme dans le cas précédent. — Art. 63.

70. — *Mise en accusation.* — Si le fait emporte peine afflictive ou infamante, et si la prévention est suffisamment établie, le tribunal consulaire décerne une ordonnance de prise de corps contre le prévenu, qui lui est notifiée immédiatement. — Il est embarqué sur le premier navire français destiné à faire son retour en France, et renvoyé avec la procédure et les pièces de conviction au procureur général près la cour royale d'Aix. — Dans le plus bref délai, le procureur général fait son rapport à la chambre d'accusation de la même cour, laquelle procède ainsi qu'il est prescrit par le Code d'instruction criminelle. — Art. 64.

71. — Si la chambre d'accusation reconnaît que le fait a été mal qualifié et ne constitue qu'un délit, elle annulle l'ordonnance de prise de corps et renvoie le prévenu et la procédure devant le tribunal de première instance d'Aix, lequel statue correctionnellement et sauf l'appel. Elle maintient le prévenu en état d'arrestation ou ordonne sa mise en liberté. — Le tribunal saisi en vertu du présent article, procède suivant les dispositions du Code d'instruction criminelle, sauf les exceptions ci-après : Il est donné lecture à l'audience de la procédure écrite ; les témoins, s'il en est produit, sont entendus sous la foi du serment. — Le prévenu, s'il a été mis en liberté, a le droit de se faire représenter par un mandataire spécial. — Le tribunal a la faculté de convertir la peine d'emprisonnement en une amende spéciale. — Art. 66.

72. — Si la mise en accusation est ordonnée, l'arrêt et l'acte d'accusation sont notifiés à l'accusé et celui-ci est traduit devant la première chambre et la chambre des appels de police correctionnelle réunies de la cour royale d'Aix, lesquelles statuent dans les formes ci-après, sans que jamais le nombre des juges puisse être moindre de douze. — Lorsque la mise en accusation a été prononcée par la chambre des appels de police correctionnelle, cette chambre est remplacée, pour le jugement du fond, par celle des mises en accusation. — Art. 67.

73. — Dans le cas d'opposition formée à l'ordonnance du tribunal consulaire par la partie civile ou par le procureur général, les pièces de la procédure sont transmises à la chambre d'accusation qui statue comme ci-dessus. — Néanmoins, si la chambre d'accusation met l'inculpé en simple prévention de délit, elle le renvoie devant le tribunal consulaire. — Art. 68.

74. — *Jugement des crimes.* — L'accusé subit un premier interrogatoire devant un des conseillers de la cour délégué par le premier président ; en même temps copie de la procédure lui est délivrée. Il est interpellé de faire choix d'un conseil ; faute par lui d'avoir fait ce choix, il lui en est désigné un d'office. — Art. 69.

75. — Le ministère public, la partie civile et l'accusé ont le droit de faire citer des témoins pour le jour de l'audience ; toutefois cela ne s'applique qu'aux témoins présens sur le territoire français. — Les noms, professions et résidence des témoins sont notifiés, vingt-quatre heures au moins avant l'audience, à l'accusé par le procureur général ou la partie civile, et au procureur général par l'accusé. — Art. 70.

76. — Huitaine au moins après l'interrogatoire le rapport est fait par l'un des conseillers ; la procédure est lue devant la cour en audience publique, l'accusé et son conseil présens. Le président interroge l'accusé. — Les témoins cités sont entendus. Néanmoins l'accusé et le procureur-général peuvent s'opposer à l'audition d'un témoin non indiqué ou non clairement désigné. — Le président peut aussi, en vertu de son pouvoir discrétionnaire, faire comparaître les personnes dont il jugera les déclarations utiles à la manifestation de la vérité. — Tous les témoins prêtent serment. — Art. 71.

77. — La partie civile ou son conseil, et le ministère public sont entendus en leurs conclusions et réquisitions. L'accusé et son conseil proposent sa défense. La réplique est permise, mais l'accusé et son conseil ont toujours la parole les derniers. — Le président, après avoir demandé à l'accusé s'il n'a rien à dire pour sa défense, pose les questions et en fait donner lecture par le greffier. La cour statue sur les réclamations auxquelles peut donner lieu la position des questions. — Art. 72.

78. — Les questions posées sont successivement résolues ; le président recueille les voix. La décision, tant contre l'accusé que sur les circonstances atténuantes, ne peut être prise qu'aux deux tiers des voix, et dans le calcul de ces deux tiers, les fractions, s'il s'en trouve, sont comptées en faveur de l'accusé. — Il en est de même pour l'application de toute peine afflictive ou infamante. — L'arrêt est prononcé publiquement ; il contient les questions qui ont été posées, les motifs de la décision et le texte de la loi appliquée. — Il constate l'existence de la majorité ci-dessus requise. — S'il porte condamnation à une peine afflictive ou infamante, il est affiché dans les chancelleries des consulats établis dans les échelles du Levant et de Barbarie. — Art. 73.

79. — Si l'accusé est contumax, il est procédé conformément aux art. 465 et suiv. jusqu'à l'art. 478 inclusivement du Cod. instruct. crim. — Néanmoins, lorsque l'accusé est domicilié dans les Échelles du Levant et de Barbarie, l'ordonnance de contumace est notifiée tant à son domicile qu'à la chancellerie du consulat, où elle est affichée. — Art. 74.

80. — *Peines.* — Les contraventions, les délits et les crimes commis par des Français dans les Échelles du Levant et de Barbarie sont punis des peines portées par les lois françaises. — Toutefois, en matière correctionnelle et de simple police, après que les juges ont prononcé la peine de l'emprisonnement, ils peuvent, par une disposition insérée dans l'arrêt ou jugement de condamnation, convertir cette peine en une amende spéciale calculée à raison de dix francs au plus par chacun des jours de l'emprisonnement prononcé. — Cette amende spéciale est infligée indépendamment de celle qui a été encourue par le délinquant, aux termes des lois pénales ordinaires (art. 75). — Elle est versée au trésor public (art. 81).

81. — Les contraventions aux réglemens faits par les consuls pour la police des échelles, sont punies d'un emprisonnement qui ne peut excéder cinq jours et d'une amende qui ne peut excéder 15 fr. — Ces deux peines peuvent être prononcées cumulativement ou séparément. — Art. 75.

82. — *Dispositions générales.* — Les arrêts de la cour royale rendus en vertu de la loi du 28 mai 1836 peuvent être attaqués par la voie de cassation pour les causes et selon les distinctions énoncées au tit. 3, liv. 2, C. d'instr. crim. — Même loi, art. 76.

83. — Si la cassation d'un arrêt est prononcée, l'affaire est renvoyée devant une autre cour royale pour être procédé et statué de nouveau dans les formes prescrites par la présente loi. — Art. 77.

84. — Les consuls envoient au ministère des affaires étrangères un extrait des ordonnances par eux rendues et des jugemens correctionnels qui ont été prononcés, un mois au plus tard après que ces ordonnances et jugemens sont intervenus. Cet extrait est transmis par le ministre des affaires étrangères au ministre de la justice. — Art. 78.

85. — Sur les instructions qui lui sont transmises par le ministre de la justice, le procureur-général près la cour royale d'Aix a le droit de se faire envoyer les pièces et procédures. — Lorsqu'il exerce son droit d'opposition ou d'appel, il doit en faire la déclaration au greffe de la cour. S'il s'agit d'une opposition, il la fait dénoncer à la partie, avec sommation de produire son mémoire, si elle le juge convenable. — S'il s'agit d'un appel, il fait citer la partie. — Les déclaration, notification et citation doivent avoir lieu dans le délai de six mois à compter de la date des ordonnances ou jugemens, à peine de déchéance. — Art. 79.

86. — Lorsqu'il y a lieu de faire embarquer un condamné ou un prévenu, ainsi que des pièces de procédure ou de conviction sur le premier navire français, les capitaines sont tenus d'obtempérer aux réquisitions du consul, sous peine d'une amende de 500 fr. à 2,000 fr., qui est prononcée par le consul à charge d'appel devant la cour royale d'Aix. Ils peuvent en outre être interdits du commandement par arrêté du ministre de la marine. Toutefois les capitaines ne sont pas tenus d'embarquer des prévenus au-delà du cinquième de l'équipage de leurs navires. — Art 80.

87. — Les frais de justice faits en exécution de la loi du 28 mai 1836, tant dans les Échelles du Levant et de Barbarie qu'en France, et dans lesquels doit être comprise l'indemnité due aux capitaines pour le passage des prévenus sont avancés par l'état ; les amendes et autres sommes acquises à la justice sont versées au trésor public. — Art. 81.

### § 4. — *Echelle de Constantinople.*

88. — Les dispositions des art. 1er et 6 de l'édit du mois de juin 1778, relatives au mode de jugement, en matière civile, des contestations qui s'élèvent entre Français dans les Échelles du Levant et de Barbarie sont applicables à l'Echelle de Constantinople. — Ord. 5 juill. 1842, art. 1er.

89. — Les fonctions judiciaires attribuées tant en matière civile qu'en matière criminelle par l'édit du mois de juin 1778 et par la loi du 28 mai 1836 aux consuls dans les Echelles du Levant et de Barbarie sont remplies à Constantinople par le consul honoraire, chancelier de l'ambassade, et, en cas d'absence ou d'empêchement, par l'officier ou toute autre personne appelée à le remplacer, suppléer ou représenter. — Ord. 5 juill. 1842, art. 2. — Cet article a abrogé ainsi l'ordonnance du 14 juill. 1838 qui attribuait les fonctions judiciaires des consuls au premier secrétaire de l'ambassade, en cas d'absence ou d'empêchement, à l'officier ou toute autre personne appelée à les remplacer, suppléer ou représenter.

90. — Les fonctions de greffier, en matières civile et criminelle, et celles d'huissiers, attribuées par l'art. 8 de l'édit du mois de juin 1778 à celui des officiers du consulat commis à la chancellerie, sont remplies à Constantinople par un chancelier substitué, désigné à cet effet par l'ambassadeur, parmi les drogmans de l'ambassade. — Ord. 5 juill. 1842, art. 3.

V. ASSEMBLÉE DE LA NATION, ASSURANCE MARITIME, CAPITAINE DE NAVIRE, CONSUL.

## ÉCHENILLAGE.

1. — Action de détruire les chenilles sur les arbres, arbustes, haies ou buissons, et les bourses et toiles contenant des nids et œufs de chenilles.

2. — Les chenilles causent les plus grands ravages dans les campagnes en dévorant les feuilles des arbres. Elles s'étaient tellement multipliées en 1731 que, dès le mois de septembre, les feuilles des arbres fruitiers, des haies et des arbres de forêt paraissaient desséchées. — Valmont de Bomare, *Dict. d'histoire naturelle*, v° *Chenille commune.*

3. — Pour prévenir le retour d'un si grand fléau, le parlement de Paris rendit, le 4 fév. 1732, un arrêt de réglement pour la destruction des chenilles dont presque toutes les dispositions ont passé dans la loi du 26 vent. an IV, rendue sur la même matière à la suite de désastres semblables.

4. — Cette loi ordonne à tous propriétaires, fermiers, locataires ou autres de faire écheniller tous les ans, avant le mois de mars, leurs arbres, haies et buissons, et de brûler sur-le-champ les toiles et bourses dans un lieu à l'abri de toute communication d'incendie. — Art. 1er, 2 et 6.

5. — Les maires et adjoints sont tenus de surveiller l'exécution de l'échenillage, à peine de responsabilité en cas de négligence, et de publier chaque année la loi qui l'ordonne sur la réquisition du préfet du département. — Art. 4, 5 et 8.

6. — Ils sont chargés, en outre, dans le cas où l'échenillage n'aurait pas été effectué en temps utile, de le faire faire par des ouvriers de leur choix aux frais des contrevenans, qui sont condamnés par le juge de paix au remboursement, sans préjudice de l'amende. — Art. 7.

7. — Cette amende, aux termes de l'art. 1er de ladite loi, devait être de la valeur de trois journées de travail au moins et de dix au plus, ce qui rendait le tribunal de simple police incompétent pour la prononcer. — *Cass.*, 27 fév. 1806 (int. de la loi), Hoenighst.

8. — Aujourd'hui, le défaut d'échenillage dans les campagnes et jardins où ce soin est prescrit par la loi ou les réglemens est prévu par l'art. 471, n° 8, C. pén., qui ne prononce qu'une amende de 1 franc à 5 francs inclusivement.

9. — Il résulte de la combinaison de cette disposition du Code pénal avec la loi du 26 vent. an IV que le défaut d'échenillage n'est une contravention qu'autant que cette opération a été prescrite par un arrêté du maire ou par la publication nouvelle de la loi de l'an IV. — Favard de Langlade, *Rép.*, v° *Echenillage.*

10. — Et l'art. 8, L. 26 vent. an IV, dit que la publication en aura lieu chaque année.

11. — Il est d'usage que cette opération importante pour les propriétés rurales soit prescrite par un arrêté spécial du préfet de chaque département, inséré au recueil ou mémorial administratif, et publié dans les communes.

12. — L'obligation d'écheniller pèse exclusivement sur le détenteur de l'héritage rural, à quelque titre que ce soit; c'est une charge de la jouissance et non de la propriété. — L. 6 vent. an IV, art. 1er et 7. — Favard de Langlade, *Ibid.*

13. — Cette charge n'est point diminuée par l'obligation imposée à l'autorité municipale de faire opérer l'échenillage aux frais des contrevenans, qui n'en doivent pas moins être condamnés quand bien même l'échenillage d'office n'aurait pas eu lieu. — *Cass.*, 21 mai 1829, Nicolas-Maugin.

14. — Le procès-verbal qui constate qu'un individu n'a pas satisfait à l'arrêté qui lui ordonnait d'écheniller ses arbres, n'a pas besoin de faire connaître le nombre de nids existant dans les arbres non échenillés. — Même arrêt.

15. — L'échenillage doit être opéré dans le temps indiqué par l'autorité municipale, et un contrevenant ne pourrait pas se défendre en prétendant que la saison a rendu impraticable ou dangereuse la fréquentation des héritages ruraux. — Même arrêt.

16. — Jugé toutefois que le fait d'avoir continué, après le délai fixé par un arrêté municipal, l'échenillage des arbres, peut être déclaré excusable, lorsque cet échenillage *a été commencé en temps utile* et suspendu par des circonstances indépendantes de la volonté du prévenu. — *Cass.*, 2 juin 1837 (t. 2 1840, p. 63), Andric.

17. — Les gendarmes ont qualité pour constater les contraventions aux réglemens sur l'échenillage : ils peuvent à cet effet, s'ils n'éprouvent aucune opposition dans l'accomplissement de leur mission, s'introduire dans les propriétés même closes, sans être accompagnés d'un officier de police judiciaire; mais leurs procès-verbaux, en pareil cas, ne font foi que jusqu'à preuve contraire. *Cass.*, 19 juill. 1838 (t. 1er 1839, p. 281), Grosjean. — V. PROCÈS-VERBAUX.

18. — C'est au préfet qu'il appartient de faire écheniller les arbres qui sont sur les domaines non affermés de l'état. — L. 26 vent. an IV, art. 3.

19. — Les dispositions ci-dessus ne s'appliquent qu'aux arbres épars, aux haies ou buissons. Le propriétaire d'un bois ou d'une forêt ne pourrait être soumis à l'échenillage. — Lettre min. fin., 11 avr. 1821. — V., en outre, FORÊTS.

## ÉCHEVINS.

1. — Titre que l'on donnait autrefois à certaines personnes chargées du courant des affaires judiciaires et administratives. — Les échevins n'étaient plus en dernier lieu que des officiers municipaux.

2. — Il est impossible, à défaut de documens authentiques, d'assigner une époque précise à l'institution des échevins. — On sait seulement que les comtes ayant abusé du droit qu'ils avaient de choisir leurs assesseurs, soit en favorisant certaines personnes pour en opprimer d'autres, soit en profitant de ce droit pour obtenir de l'argent, on imposa à certains hommes libres l'obligation de se rendre aux plaids lorsqu'ils seraient appelés.

3. — Ces hommes furent appelés dans l'origine *scabini*, *scabinii* ou *scabinei*; on les nommait aussi indifféremment *racinburgi* ou *rachinburgi*. Ce dernier nom fut usité pendant la première race et, dans certains lieux, jusque vers la fin de la seconde.

4. — Du mot *scabini*, de l'allemand *schabin* ou *scheben*, juge ou homme savant, on a formé le nom français *échevin*, en aspirant la lettre *s* et en convertissant le *b* en *v*. — Pasquier, *Recherches*, liv. 7, ch. 2; *Encyclop. méthod.*, vo *Echevins*; Guyot, *eod. verb.* — Cujas (*De feudis*, liv. 1er) soutient que le mot *échevin* est tiré de la langue hébraïque et qu'il vient du verbe *escherer*, c'est-à-dire, *curare*, éviter par des précautions le dommage des villes.

5. — Au surplus, quelle que soit l'étymologie de la dénomination des échevins, il est certain qu'ils existaient au 7e siècle. Le moine Marculphe, qui écrivait vers l'an 660, sous Clovis II, fait mention des échevins qui assistaient le comte ou son viguier (vigarius, lieutenant), pour le jugement des causes. — Aigulphe, comte du palais sous le même prince, avait pour conseillers des gens d'épée comme lui, appelés échevins du palais, *scabini palatii*. — Les capitulaires de Charlemagne et de ses successeurs parlent aussi des échevins qu'ils désignent sous le nom de *scabini*. — On retrouve également les échevins dans une chronique du temps



de Louis-le-Débonnaire et dans une charte de Charles-le-Chauve.

6. — Les capitulaires de Charlemagne indiquent clairement ce qu'étaient les échevins et comment ils étaient institués. — Capit. 1 à 809, art. 22; — Baluz, t. 1er, p. 467.

7. — Leur juridiction embrassait toutes les matières civiles, criminelles et même de simple police. — Guyot, vo *Echevins*.

8. — La juridiction volontaire rentrait également dans leurs attributions. — Savigny, *Histoire du Dr. romain*, t. 1er, no 77.

9. — Loiseau (*Traité des offices*, liv 5, chap. 7, no 9) compare les échevins aux anciens édiles de Rome et aux officiers appelés *Defensores civitatum*. Il y a bien en effet quelque analogie entre leurs fonctions, mais cependant ce n'est pas tout-à-fait la même chose.

10. — Les échevins étaient élus par le magistrat même et les principaux citoyens. On devait choisir les hommes qui avaient le plus de probité et de réputation. On les appelait *judices proprii*, c'est-à-dire *juges municipaux*, parce qu'ils étaient choisis dans la ville même pour juger leurs concitoyens. — Guyot, *ib.*

11. — On ne prenait point l'âge en considération, mais seulement la vertu. — *Parl. Paris*, 16 fév. 1598; *Bibl. de Bouchel*, vo *Echevins*.

12. — Les échevins devaient être du même comté que les parties qu'ils avaient à juger; autrement il aurait pu arriver qu'ils ne connussent pas la loi qu'ils avaient à appliquer. — Savigny, *Histoire du droit romain*, t. 1er, p. 175, no 76.

13. — Que si les parties étaient de comtés différens, les échevins devaient se faire représenter les lois auxquelles chacune d'elles était soumise, pour en faire l'application et y conformer leur jugement. Ce principe toutefois n'avait rien d'absolu. — Savigny, *ib.*, no 46.

14. — Le nombre des échevins n'était pas limité. — Meyer, *Progrès des institutions judiciaires*, t. 1er, p. 413.

15. — Les échevins étaient présidés tantôt par le comte ou son lieutenant, tantôt par un envoyé que le roi faisait passer dans les provinces pour s'informer de la conduite des comtes et réprimer leurs vexations. — Meyer, *ibid.*, p. 414.

16. — Le président, quel qu'il fût, n'avait pas voix délibérative. La décision du procès appartenait aux échevins qui jugeaient le fait et appliquaient le droit. — Savigny, *ibid.*, p. 173, no 75.

17. — Le comte ou le magistrat pouvait se faire remplacer par un des échevins, même pour l'instruction de l'affaire. — Meyer, *ibid.*, p. 417.

18. — La sentence des échevins était exécutée par le comte, à la requête de la partie qui l'avait obtenue. — Meyer, *ibid.*, p. 402.

19. — Le comte chargeait quelquefois de l'exécution du jugement un échevin auquel il transférait ses pouvoirs à cet effet. — Meyer, *ibid.*, p. 403.

20. — Ni le comte, ni son lieutenant, ne pouvaient faire grâce de la vie à un voleur condamné par les échevins. — Guyot, vo *Echevins*.

21. — La destitution des échevins, en cas d'indignité ou d'incapacité, et leur remplacement suivant les formes prescrites, appartenaient à l'envoyé du roi. — Capit. 1 à 809, art. 22; — Baluz, t. 1er, p. 467.

22. — Sur la fin de la seconde race et au commencement de la troisième, les ducs et les comtes s'étant rendus maîtres de leurs gouvernemens, se déchargèrent du soin de rendre la justice sur des officiers appelés baillis, vicomtes, prévôts et chatelains. — Merlin, *Rép.*, vo *Echevins*, § 1er.

23. — A dater de cette époque, le bailli ou autre officier jugea seul les causes ordinaires. Si parfois il prenait des assesseurs, ce n'était plus qu'une commission passagère. Aussi, dans la plupart des villes, les échevins se trouvèrent-ils réduits aux simples fonctions d'officiers municipaux, c'est-à-dire, d'administrateurs des affaires de la ville. — Merlin, *ibid.* — V. d'ailleurs COMMUNE, no 354.

24. — Cependant les échevins conservèrent, dans plusieurs endroits, leurs fonctions de juges, et cette juridiction leur demeura avec plus ou moins d'étendue, selon les titres et la possession ou l'usage des lieux. — Merlin, *ibid.*

25. — Il paraît qu'à Paris les fonctions des échevins comme juges, qui dataient de la première race, continuèrent d'exister, sous la troisième, jusque vers l'an 1251. Ils étaient nommés par le peuple et présidés par un homme du roi; ils portaient leurs jugemens au prévôt de Paris, lequel alors ne jugeait point. Les prévôts étaient simplement fermiers de la prévôté, et dans les prévôtés ainsi données à ferme, comme c'était la coutume, c'étaient les échevins qui taxaient les amendes. — Merlin, *ibid.* — V. d'ailleurs PRÉVÔT.



26. — En 1251, lorsque Etienne Boileau fut prévôt de la ville de Paris, les échevins perdirent les fonctions de juges ordinaires. Alors ils mirent à leur tête le prévôt des marchands, ou de la confrérie des marchands, dont l'institution remonte au temps de Louis VII. — Merlin, *ibid.*

27. — Les échevins ne furent plus dès-lors que les assesseurs du prévôt des marchands. Ils siégeaient avec lui à l'hôtel-de-ville. — En l'absence du prévôt, c'était le plus ancien échevin qui présidait. — Ils siégeaient entre eux suivant le rang de leur élection. — *Encyclop. méthod.*, *ib.*

28. — Dans la plupart des autres villes les échevins étaient présidés par un maire. — *Encyclop. méthod.*, *ib.* — A leur réception, ils faisaient serment, entre les mains du magistrat, de ne jamais commettre sciemment une injustice. — Après la réception et la prestation de serment des échevins, on ne pouvait plus attaquer leur nomination. — *Parlem. Dijon*, 26 juill. 1611; — Bouvot, t. 2, vo *Echevin*, *quest.* 20.

29. — En 1382, à l'occasion d'une sédition arrivée à Paris, l'échevinage fut supprimé. Un édit de 1388 le rétablit. Il paraît cependant que la juridiction ne fut rendue aux échevins que par une ordonnance de Charles VI du 20 janv. 1411. — *Encyclop. méthod.*, *ibid.*

30. — A partir de l'édit de 1388, les échevins de Paris furent élus par scrutin, au nombre de quatre, en l'assemblée du corps de ville et des notables bourgeois qui étaient convoqués à cet effet, à l'Hôtel-de-Ville, le jour de Saint-Roch. — On nommait d'abord quatre scrutateurs : le premier s'appelait *scrutateur royal*; c'était ordinairement un magistrat; le second était choisi parmi les conseillers de ville; le troisième entre les quartiniers, et le quatrième parmi les notables bourgeois. — Une déclaration du 20 avr. 1617 prescrivait que des quatre scrutateurs deux seraient choisis entre les notables marchands exerçant le fait de marchandise, et que les deux autres seraient pris entre les gradués et notables bourgeois. — *Encyclop. méthod.*, *ibid.*

31. — Un édit du mois de janvier 1704 créa deux échevins perpétuels dans tout le royaume; mais, par une déclaration du 15 avr. suivant, les villes de Paris et de Lyon furent exceptées. Cette déclaration portait qu'il ne serait rien innové à la forme en laquelle les élections des échevins avaient été faites jusqu'alors. — *Encyclop. méthod.*, *ibid.*

32. — Le scrutateur royal et ses collègues, accompagnés de tout le corps de ville, allaient, quelques jours après l'élection, présenter les nouveaux échevins au roi, qui confirmait leur élection. — Les échevins prêtaient serment, à genoux, entre les mains du roi. — *Encyclop. méthod.*, *ibid.*

33. — Ils rendaient la justice sur les matières de police des ports de la ville et sur les affaires relatives à l'approvisionnement de Paris, tant par la Seine que par ses affluens. — Un édit du mois de juin 1700 réglait la juridiction du lieutenant-général de police et celle du prévôt des marchands et des échevins. — Guyot, *ibid.* — Les sentences des échevins de Paris, rendues sur des procès qui n'excédaient pas la somme de 16 livres parisis, étaient exécutées nonobstant appel, tant en principal que dépens, moyennant bonne et suffisante caution. — Décl. 27 déc. 1546 et 15 oct. 1547; — *Rec. des ordonn. de la ville de Paris*, p. 244 et 245.

34. — Ils passaient, conjointement avec le prévôt des marchands, tous les contrats au nom du roi pour emprunts à constitution de rente. — Guyot, *ibid.*

35. — Leurs fonctions ne duraient que deux ans; mais on n'en élisait que deux chaque année, en sorte qu'il y en avait toujours deux anciens et deux nouveaux.

36. — Les échevins furent érigés pour la première fois en titre d'office par l'édit du mois d'avril 1704. — Un autre édit du mois de mars 1709 les créa alternatifs et triennaux. — Compris dans la révocation générale des officiers municipaux ordonnée par les édits d'avril et de juin 1717, les échevins furent rétablis en titre d'office par édit du mois d'août 1722, puis encore supprimés et rétablis.

37. — Un assez grand nombre de villes avaient acheté les charges d'échevins pour les réunir aux corps des municipalités et en confier les fonctions à des officiers électifs. — Denisart, vo *Echevins*, no 2.

38. — Tous les offices qui n'avaient pas été achetés furent supprimés par un édit du mois d'avril 1764. — Denisart, *ibid.* — Le même édit, par son art. 2, traça la forme à suivre pour procéder aux élections.

39. — Il avait été jugé, avant cet édit, que lorsqu'un arrêt avait tracé la forme à suivre pour

l'élection, on ne pouvait s'en départir pour suivre les anciens usages.—*Parlem. Dijon*, 11 juill. 1606; — Bouvot, t. 2, v° *Echevin*, quest. 8.

40. — Les échevins jouissaient, pendant la durée de leurs fonctions, de plusieurs priviléges. Ainsi, ils avaient leurs causes commises au parlement et ne pouvaient être contraints de plaider ailleurs. — Lettres patentes du mois de mai 1324; — *Rec. des ordonn. de la ville de Paris*, p. 180; Joly, t. 1er, add., p. 10. — V. COMMITTIMUS. — Les échevins d'un grand nombre de villes avaient obtenue par des édits successifs, des titres de noblesse transmissibles à leurs enfans. — Guyot et Merlin, *ibid.*

41. — La loi du 14 déc. 1789 supprima par son art. 1er les municipalités connues sous le titre d'hôtels de ville, échevinats, etc. — Par son art. 2, elle prescrivit qu'il en serait formé de nouvelles par voie d'élection.

42. — Les Pays-Bas, soumis à l'organisation donnée aux municipalités par la loi du 28 pluv. an VIII, ne tardèrent pas, à leur séparation d'avec la France, à rétablir l'échevinage. — Les échevins ont à leur tête des *bourguemestres* dans les villes et des *mayeurs* dans les communes rurales. — Merlin, *ibid.*, § 4.

V. d'ailleurs CAPITOULS, CONSULS DES MARCHANDS, GOUVERNEURS, JURATS, PAIRS, PRÉVOT.

## ÉCHIQUIER.

1. — C'était le nom que portait, avant François Ier, le parlement de Normandie.

2. — Cette cour, qui avait été instituée au douzième siècle par Rollo ou Raoul, premier duc de Normandie, jugeait en dernier ressort, tant au civil qu'au criminel, les causes jugées en première instance par les autres juridictions de la province.

3. — L'échiquier de Normandie se tenait deux fois par an pendant trois mois; on condamnait à l'amende ceux qui ne s'y trouvaient pas, s'ils n'avaient pas obtenu de dispense. Ainsi, en 1485, le comte d'Eu fut condamné à l'amende, quoique son bailli, présent à l'échiquier, fit valoir en sa faveur son grand âge et ses infirmités.

4. — L'échiquier fut ambulatoire pendant plusieurs siècles; mais Louis XII le rendit sédentaire en 1498, sur la demande des états de la province.

5. — Ce fut François Ier qui, en 1515, changea la dénomination d'*échiquier*, et voulut qu'à l'avenir la cour de Normandie fût qualifiée *parlement*. — V. ce mot.

6. — Le mot *échiquier* n'était pas seulement affecté à la cour souveraine de Normandie, il s'appliquait aussi anciennement à quelques juridictions inférieures de la même province. Ainsi, il y avait l'échiquier d'Alençon, l'échiquier de l'archevêque de Rouen, l'échiquier de Beaumont-le-Roger, etc.

## ÉCHOPPE.

1. — Sorte de petite boutique en appentis et adossée ordinairement contre un mur.

2. — Le signe distinctif de l'échoppe est, selon M. Lainné (*Man. des patentés*, p. 116), de n'avoir aucune dépendance qui puisse servir à l'habitation du marchand. Il n'est pas indispensable, pour constituer l'échoppe, qu'elle soit en appentis, ni adossée à la muraille, et il y a des échoppes qui n'ont aucune de ces deux qualités.

3. — Une ordonnance royale du 24 déc. 1823 dispose (art. 12) qu'à Paris il est expressément défendu d'établir des échoppes en bois ailleurs que dans les angles et renfoncemens hors de l'alignement des rues et places.

4. — Et le même article ajoute que les échoppes existantes non conformes aux dispositions ci-dessus seront supprimées lorsque les détenteurs actuels cesseront de les occuper, à moins que l'autorité ne juge nécessaire d'en ordonner plutôt la suppression.

5. — Nous avons dit, v° *Biens*, n° 19, que les constructions simplement posées sur le sol, telles qu'une tente, une boutique élevées pour une fête ou une foire *sont meubles*; par identité de raison, M. Rolland de Villargues, v° *Meubles, Immeubles*, n° 52, range les échoppes qui sont seulement posées sur le sol sans fondement ni pilotis dans la classe des meubles.

6. — Autrefois, il existait beaucoup d'échoppes, et les baux relatifs à ce genre de construction étaient très fréquens; ils le sont beaucoup moins aujourd'hui.

7. — Au surplus, les baux des échoppes paraissent devoir être soumis aux mêmes règles que les baux ordinaires. — V. BAIL.

8. — Toutefois, M. Rolland de Villargues, v° *Bail d'une échoppe*, dit que l'obligation de garnir les lieux ne doit pas être prise ici d'une manière rigoureuse, ou du moins qu'on ne pourrait obliger le locataire qu'à garnir l'échoppe d'effets analogues à son état et à la destination de la chose louée.—On comprend que ce ne peut être là qu'une affaire d'appréciation de la part des juges.

9. — Le même auteur ajoute qu'il est d'usage dans ces sortes de baux : 1° de charger le preneur de toutes les réparations nécessaires à l'entretien et à la conservation de l'échoppe, sauf les grosses réparations; — 2° de charger le preneur, outre le prix du bail, d'acquitter la rétribution ordinaire due à la ville ou à la commune pour l'emplacement de l'échoppe.

10.—En outre, le preneur est tenu de satisfaire aux charges de ville et de police auxquelles peut donner lieu une pareille location. — Rolland de Villargues, *loc. cit.*, n° 7.

11. — Tous les marchands sous échoppe sont passibles de la moitié des droits que paient les marchands qui vendent les mêmes objets en boutique. — Toutefois cette disposition n'est pas applicable aux bouchers, épiciers et autres marchands occupant des places fixées dans les halles et marchés. — L. 25 avr 1844, art. 14. — V. PATENTE.

V. aussi BOUCHER, BOULANGER FORAIN, POUVOIR MUNICIPAL.

## ÉCHOUEMENT.

1. — C'est le choc d'un navire contre un écueil tel qu'un banc de sable, un bas-fond, etc., sur quoi il touche et est arrêté, parce qu'il n'y a pas assez d'eau pour le soutenir à flot.

2. — L'*échouement avec bris* a lieu quand le navire se brise en échouant de telle sorte qu'on ne peut plus le réparer pour le mettre à flot et qu'on est obligé de l'abandonner. — V., au surplus, ASSURANCE MARITIME, n° 786 et suiv.

3. — On donne aussi le nom d'*échoués* à des effets jetés sur les côtes, grèves ou rivages de la mer, 1° soit qu'ils procèdent de bris, naufrages et échouemens. — Ord. de la marine de 1681, tit. 9, art. 20.—V. NAUFRAGE.

4. — ... 2° Soit qu'ils proviennent du cru de la mer, tels que des poissons.—Ord. de la marine de 1681, liv. 5, tit. 7, art. 1er et suiv. — V. ÉPAVES.

V. aussi ASSURANCE MARITIME, AVARIES, BARATERIE, BATEAU A VAPEUR, CAISSE DES INVALIDES DE LA MARINE, COMPÉTENCE COMMERCIALE, CONSUL, FRET.

## ÉCLAIRAGE DE LA VOIE PUBLIQUE.

*Table alphabétique.*



ÉCLAIRAGE. — 1. —Action de placer des lumières sur la voie publique ou dans les lieux et sur les objets déterminés par la loi ou par les réglemens, dans le but de procurer aux citoyens la liberté et la sûreté du passage.

2. — A Rome, les rues n'étaient pas éclairées pendant la nuit; les riches y faisaient précéder leur litière d'un ou deux esclaves portant des torches. Il en fut longtemps de même à Paris.

3. — La première ordonnance que nous connaissions sur cette matière est celle du 26 juill. 1395, qui dans la crainte des incendies porte : « que chacun tienne un muid d'eau à sa porte et *toute la nuit une lanterne ardente*, pendant que les Anglais séjourneront à Paris. » (Ces Anglais étaient l'archevêque de Dublin, l'amiral comte de Rutland et le comte de Northampton, maréchal d'Angleterre, qui, à la tête d'une ambassade de plus de cinq cents personnes, venaient demander en mariage pour le roi d'Angleterre madame Isabelle, fille de Charles VI, alors âgée de sept ans). Ce n'est qu'en 1666, sous Louis XIV, que Paris commença à être régulièrement éclairé au moyen de chandelles placées dans des lanternes au coin des rues. Ces chandelles ne furent d'abord allumées que du 20 nov. au 31 mars.

4. — Le service de l'éclairage, pendant plus d'un siècle, fut divisé en deux parties : 1° la fourniture et l'entretien des lanternes et la fourniture des chandelles; cette partie seule était à la charge de la ville d'abord, du roi ensuite; 2° l'allumage des chandelles.

5. — Cet allumage était à la charge des bourgeois qui *devaient se porter volontairement et alternativement à ce service mutuel*. Les bourgeois de chaque quartier s'assemblaient chaque année pour *élire* les allumeurs des chandelles des lanternes publiques pour l'année courante. Il paraît que cette fonction de commis allumeurs était peu courue; la plus grande partie des habitans ne cherchaient qu'à l'éviter; et nous voyons, dans divers arrêts de police, que certains faisaient travestir, lors des élections, leurs compagnons, ouvriers et bourgeois, pour augmenter le nombre des voix en faveur de leur parti, et nommer des personnes nouvellement établies, s'exemptant annuellement, par cette surprise, de faire ce service public. Il paraît même que non contents d'échapper ainsi frauduleusement à ce devoir si essentiel, ils insultaient témérairement à ceux qu'ils avaient nommés, soit par des chansons injurieuses, soit par des cliquetis de poëles et chaudrons, soit enfin en leur envoyant par dérision des tambours et trompettes. — V. sentence du Châtelet du 3 sept. 1734.

6. — Les *fonctions* d'allumeurs de chandelles cessèrent en 1767, époque à laquelle M. de Sartine, alors lieutenant général de police, fit substituer aux chandelles des lampes alimentées par l'huile et placer dans les lanternes des plaques de fer-blanc poli, appelées *réverbères*, pour refléchir la lumière.

7. — Nous n'avons pas à nous occuper ici des nombreux perfectionnemens apportés à l'éclairage public depuis cette époque, et notamment pendant ces dernières années, par l'application du gaz à l'éclairage des rues. — On peut au surplus, quant aux frais que cet éclairage entraîne, consulter le mot BOUES ET LANTERNES.

8. — L'éclairage des rues et voies publiques n'est prescrit aux habitans par aucune loi, mais l'obligation peut leur en être imposée par l'autorité municipale en vertu de l'art. 3, n° 1er, tit. 2, de la L. du 24 août 1790, et de celle du 19-22 juill. 1791.

9. — Et l'art. 471, C. pén. punit, comme contravention, d'une amende de 1 à 5 fr. les aubergistes et *autres* qui, *obligés à l'éclairage*, l'auront négligé.

10. — On voit que cette disposition ne spécifie ni les personnes obligées à l'éclairage ni l'étendue de cette obligation. Cette spécification rentre donc dans les pouvoirs de l'autorité municipale.

11. — Par ce mot *ou autres*, c'est-à-dire *autres habitans*, il faut entendre les personnes qui demeurent dans la commune soit à titre de domicile, soit à titre de simple résidence, même celles qui y occupent des appartemens garnis; on ne peut en excepter que celles qui ne font dans la commune qu'un séjour passager et qui ne comporte point la soumission aux charges municipales, comme celui des voyageurs dans les hôtelleries. — Rauter, *Tr. de droit crim.*, t. 2, p. 228, n° 597.

12. — Lors de l'ouverture des rues nouvelles dans les villes, les ordonnances du roi qui les autorisent mettent souvent à la charge des propriétaires les frais de tout ou partie du premier établissement de l'éclairage, qui est ensuite entretenu au moyen des fonds municipaux; mais cette obligation n'est imposée aux particuliers qu'alors que les rues nouvelles sont ouvertes par eux-mêmes sur leur propre terrain, ou au moins à leur sollicitation, et en raison de l'avantage exclusif qu'ils doivent en retirer. Dans tout autre cas, et surtout quand l'ouverture des nouvelles rues est avantageuse aux villes, ces premiers frais sont supportés par elles. — Elouin et Trebuchet, *Dict. de pol.*, v° *Eclairage des villes et bourgs*.

13. — L'éclairage public est en général l'objet d'un marché passé avec un entrepreneur. — V., dans le *Dict. de pol.* de MM. Elouin et Trebuchet, *loc. cit.*, les principales dispositions du cahier des charges, rédigé le 31 mars 1830 et approuvé le 26 avril suivant, pour l'éclairage de la ville de Paris.

14. — La cour de Cassation a jugé que si un entrepreneur se subrogeait aux obligations des habitans et se soumettait aux peines qu'ils auraient encourues en négligeant d'exécuter les réglemens relatifs à l'éclairage, il devenait lui-même passible des peines de simple police pour les contraventions constatées contre lui; mais qu'à défaut d'un consentement formel de sa part à ce genre de pénalité, il n'était passible d'aucune peine, mais seulement de dommages-intérêts, et que le tribunal de police était incompétent pour connaître de l'inexécution du contrat. — *Cass.*, 26

juill. 1827, Petit. — V. au surplus, en ce qui concerne la position de l'entrepreneur et les conséquences de son marché sous le rapport pénal, ce qui a été dit, pour la matière analogue des entrepreneurs du nettoyage et du balaiement de la voie publique, au mot BALAYAGE ET NETTOIEMENT DE LA VOIE PUBLIQUE, nos 45 et suiv.

15. — Les entrepreneurs généraux d'éclairage sont patentés ainsi qu'il suit : — droit fixe : à Paris, de 300 fr.; dans les villes de 50,000 âmes et au dessus, de 150 fr.; dans les villes de 30,000 ames à 50,000, de 100 fr.; dans les villes de 15,000 à 30,000 ames, de 50 fr., et dans toutes les autres communes, de 25 fr.; — droit proportionnel du quinzième de la valeur locative de l'habitation et des lieux servant à l'exercice de la profession. — Quant aux entrepreneurs d'éclairage à l'huile, pour le compte des particuliers, ils sont compris parmi les patentables de cinquième classe; — droit fixe basé sur la population, et droit proportionnel du vingtième de la valeur locative de l'habitation et des lieux servant à l'exercice de la profession. — V PATENTE.

16. — On a vu que, d'après l'art. 471, no 3, les aubergistes sont plus spécialement astreints à l'obligation d'éclairer le devant de leurs maisons.

17. — Il a été jugé, en ce qui les concerne, que l'aubergiste qui n'a pas tenu à la porte de sa maison une lanterne allumée, ainsi qu'il y était obligé par un réglement de police, ne peut pas être excusé sous le prétexte que la lune brillait au moment où la contravention a été constatée, et que, d'après un avis du préfet, les aubergistes sont dispensés d'éclairer leurs maisons quand elles sont éclairées par la lune. — *Cass.*, 13 juin 1811, Munster.

18. — Cependant, il n'y aurait pas contravention si le jugement décidait, en fait, qu'au moment du procès-verbal il faisait encore assez jour pour qu'on ne fût point au commencement de la nuit. — *Cass.*, 23 avr. 1835. Paillet.

19. — ... Ou qu'à l'arrivée du commissaire de police la mèche de la lanterne était encore rouge et que le prévenu allait la rallumer. — Même arrêt.

20. — Mais l'infraction à l'arrêté de police qui prescrit aux aubergistes, cabaretiers, etc., de tenir une lanterne allumée à leur porte, *depuis le coucher du soleil jusqu'à une certaine heure*, ne peut être excusée sous le prétexte qu'à l'instant où cette infraction a été constatée il faisait encore jour. — *Cass.*, 12 juill. 1838 (t. 2 1846), Mulot.

21. — C'est au tribunal de police qu'il appartient de statuer sur les contraventions aux réglemens municipaux sur l'éclairage par les aubergistes; il ne pourrait, sans excès de pouvoir, les renvoyer devant l'autorité administrative. — *Cass.*, 17 mai 1811, Schlemmer.

22. — L'obligation d'éclairage n'existe, ainsi que nous l'avons vu, dans les termes de l'art. 471, no 3, C. pén., pour les aubergistes *ou autres* qu'autant qu'elle leur a été formellement imposée par des réglemens de police ou arrêtés municipaux.

23. — Il n'en est pas de même de l'obligation imposée par le § 4 du même article à toutes personnes d'éclairer les matériaux par elles déposés ou les excavations par elles faites dans les rues et places.

24. — A cet égard, il a été jugé que l'éclairage des excavations faites sur la voie publique ou des matériaux qui y sont déposés étant ordonné par l'art. 471, no 4, C. pén., il n'est pas *nécessaire qu'il soit spécialement prescrit par un arrêté municipal.* — *Cass.*, 3 sept. 1825, Pierre Chollet; 27 déc. 1828, Lebecbatel; 10 avr. 1841 (t. 2 1842, p. 640), Desmidt.

25. — Le doute pouvait venir de ce que l'art. 471, no 4, ne punit que ceux qui « *en contravention aux lois et réglemens* » auront négligé cet éclairage. — Et de là, quelques tribunaux avaient conclu que l'absence d'un réglement prescrivant le mode de l'éclairage, dispensait de l'obligation imposée par la loi, mais l'interprétation donnée par la cour de Cassation paraît préférable. « Il faut distinguer, disent MM. Chauveau et Hélie (*Théor. C. pén.*, t. 8, p. 307), l'obligation générale d'éclairer pendant la nuit les dépôts de matériaux et les excavations et les dispositions particulières qui peuvent régler le mode de cet éclairage. Ces dernières dispositions sont du domaine du réglement, mais leur absence ne peut détruire une obligation qui est fondée sur les motifs les plus impérieux de sûreté publique et d'humanité. »

26. — L'obligation de cet éclairage est imposée par cet article *à ceux qui ont* déposé les matériaux ou fait l'excavation, quand même les matériaux appartiendraient à une tierce personne. — *Cass.*, 23 mai 1833, Prudhomme.

27. — La cour de Cassation a cependant jugé qu'elle pesait spécialement et personnellement sur le propriétaire des matériaux. — *Cass.*, 19 mars 1835, Boulanger.

28. — Mais l'arrêt constate en fait que la contravention résultait de ce que le prévenu avait négligé d'éclairer un tas de décombres et de pierres par *lui laissé* au-devant de la maison portant le no..... d'où il suit que le contrevenant était tout-à-la fois propriétaire et déposant des décombres non éclairés, ce qui permet d'attacher moins d'importance au principe posé en termes un peu généraux dans l'arrêt et qui, s'il était pris dans sa rigueur, paraîtrait en contradiction avec le texte de la loi. — La loi, en effet, n'impose formellement l'obligation d'éclairer les matériaux qu'à ceux qui les ont déposés. Le propriétaire ne pourrait-il pas être absent au moment du dépôt ou même l'ignorer?

29. — L'adjudicataire de la construction d'un hôtel de ville ne peut se dispenser d'éclairer pendant la nuit les matériaux par lui déposés sur la voie publique, sous le prétexte que ces matériaux lui sont nécessaires pour la confection des travaux qui lui ont été confiés par l'autorité municipale. — *Cass.*, 14 fév. 1834, Lefrançois.

30. — En cas de contravention, il est justiciable du tribunal de police et non de l'autorité administrative. — L'obligation d'éclairer les matériaux est indépendante des clauses de son marché. — Même arrêt.

31. — L'obligation d'éclairer les matériaux déposés sur la voie publique ne se borne pas à l'établissement de l'éclairage dès la fin du jour, elle s'étend encore à sa conservation pendant toute la nuit, et contraint à le rétablir dès qu'un événement quelconque l'a fait cesser; car s'il n'en était pas ainsi, le but du législateur serait manqué. — *Cass.*, 3 mars 1842 (t. 2 1842, p. 149), Maubray.

32. — Ainsi, il a été jugé que le défaut d'éclairage, à une certaine heure de la nuit, des matériaux déposés sur la voie publique, ne peut pas être excusé sous le prétexte que *le délinquant les a éclairés au commencement de la nuit.* — *Cass.*, 15 fév. 1828, Joffriand.

33. — ...Et que l'éclairage ainsi établi ne s'est éteint avant le jour que par suite d'un cas fortuit. — *Cass.*, 3 mars 1842 (t. 2 1842, p. 149), Maubray.

34. — Jugé encore que la contravention à un arrêté municipal qui prescrit d'éclairer pendant la nuit les matériaux déposés sur la voie publique ne saurait être excusée, sur le motif que *le mauvais temps aurait éteint la lanterne* que le prévenu avait allumée. — *Cass.*, 28 déc. 1841 (t. 1er 1842, p. 668), Dumarest.

35. — ...Ou par le motif que le mauvais temps *et un charivari* ont pu amener la suppression de la lumière placée sur ces matériaux. — *Cass.*, 12 juill. 1838 (t. 1er 1839, p. 35), Baron.

36. — Il en est au reste de cette contravention comme de toutes autres, la bonne foi ne l'efface pas. — *Cass.*, 15 juin 1832, Montigny. — V. CRIMES, DÉLITS ET CONTRAVENTIONS.

37. — Peu importerait que le contrevenant n'eût pas entendu déposer sur la voie publique pour y rester les matériaux qu'il a négligé d'éclairer. — *Cass.*, 26 juill. 1827, Lagranville.

38. — De même, le contrevenant ne peut être acquitté sous prétexte que l'administration municipale et celle des ponts et chaussées, ayant négligé le même soin en divers endroits de la ville, l'ont induit et confirmé dans l'idée qu'il pouvait également s'en dispenser. — *Cass.*, 2 mai 1835, Faulat. — L'exemple est pernicieux sans doute, mais une contravention ne saurait en excuser une autre.

39. — Les excavations faites ou les matériaux déposés sur la voie publique doivent toujours être éclairés spécialement et à part, quand bien même ils seraient placés presque perpendiculairement au-dessous d'un réverbère de la ville. — *Cass.*, 19 mars 1835, Boulanger; 25 mars 1836, Taillefer.

40. — ... Ou en face d'un réverbère placé dans une boutique par un voisin, alors surtout que ce réverbère a été placé sans sa participation. — *Cass.*, 3 sept. 1825, Pierre Chollet.

41. — ... A plus forte raison s'ils étaient seulement éclairés par la lune. — *Cass.*, 1er mai 1823, André Laurent; 23 avr. 1835, Lespinasse. — Carnot, sur l'art. 471, C. pén., t. 2, p. 560, no 12.

42. — Jugé encore que lorsqu'un réglement de police oblige les aubergistes à placer une lanterne allumée au-dessus des voitures qu'ils laissent stationner sur la voie publique, le tribunal de simple police modifie ce réglement et commet un excès de pouvoir en décidant qu'une lumière placée sur une croisée remplace suffisamment la lanterne qu'il fallait placer sur la voiture. — *Cass.*, 11 mai 1810 (intérêt de la loi), Lafournière.

43. — Si le défaut d'éclairage des excavations ou dépôts faits sur la voie publique a occasionné la mort ou la blessure des animaux ou bestiaux appartenant à autrui, le contrevenant est puni d'une amende de 11 francs à 15 francs inclusivement, en vertu de l'art. 479, no 4, C. pén. — V. ANIMAUX, no 135.

44. — Il est évident aussi que si du défaut de précautions prises relativement à l'éclairage des matériaux déposés sur la voie publique, il résultait soit un homicide, soit des blessures, soit un dommage quelconque, le contrevenant en serait responsable aux yeux de la loi criminelle et civile. — V. BLESSURES ET COUPS, HOMICIDE, RESPONSABILITÉ.

45. — Les voitures publiques et diligences qui circulent pendant la nuit doivent être constamment éclairées soit par une forte lanterne placée au milieu de la caisse de devant, soit par deux lanternes placées aux côtés. — Ord. 16 juill. 1828 art. 11.

46. — Quant aux voitures particulières, le mode de leur éclairage est réglé par des arrêtés municipaux en vertu de l'art. 3, no 1er, tit. 11, L. 24 août 1790.

47. — Jugé que l'arrêté municipal qui porte que les berlines, landaus, calèches et généralement toutes les voitures suspendues, quelle que soit leur construction, devront être garnies de lanternes allumées lorsqu'elles circuleront dans Paris pendant la nuit, est applicable aux voitures suspendues servant à transporter le linge des blanchisseurs. — *Cass.*, 28 avr. 1837 (t. 1er 1838, p. 599), Breton.

48. — Mais ni l'art. de l'ord. du 16 juill. 1828 ni les arrêtés municipaux relatifs à l'éclairage des voitures ne sont applicables aux malles-postes, qui ne sont soumises qu'aux réglemens de l'administration spéciale qui les dirige. — *Cass.*, 4 nov. 1841 (t. 1er 1842, p. 208), Aubron. — V., au surplus, POSTES ET VOITURES.

## ÉCLAIRCIE, ÉCLAIRCISSEMENT.

1. — On nomme ainsi l'action d'abattre des baliveaux sur taillis pour faciliter la croissance des arbres restans. — On appelle coupe par éclaircie celle qui est faite par l'acquéreur des arbres à abattre. — On dit aussi exploiter par éclaircie.

2. — Lorsque des bois sont à couper par éclaircie, le directeur général peut ordonner qu'ils soient exploités et façonnés pour le compte de l'état, et l'entreprise en est adjugée au rabais. — V. ord. 1er août 1827, rendue pour l'exécution du Code forest., art. 88.

3. — Les bois façonnés sont vendus par lot dans la forme ordinaire des adjudications aux enchères, et à charge par ceux qui s'en rendent adjudicataires de payer le prix de l'abatage et de la façon desdits bois. — Même article.

V. FORÊTS.

## ÉCLUSE.

1. — Ouvrage construit sur un cours d'eau pour retenir ou lâcher l'eau à volonté.

2. — On appelle *bajoyers* les murs latéraux de l'écluse et *chambre* ou *bief d'écluse* la partie du canal qui se trouve comprise entre les deux bajoyers.

3. — On se sert surtout des écluses pour établir une communication facile entre un bief supérieur et un bief inférieur, en ne dépensant que l'eau nécessaire pour remplir le *sas*, c'est-à-dire l'espace compris entre les portes d'amont et d'aval.

4. — Suivant M. Daviel (*Prat. des cours d'eau*, le mot *écluse* est plus spécialement employé quand il s'agit d'un canal de navigation ou d'une usine, pour lesquels les eaux doivent être amassées et gonflées : *Congregatio aquarum*.

5. — Mais il y a, en outre, différentes sortes d'écluses; telles sont : 1o celles construites dans les ports de l'Océan pour conserver le plein de la haute mer dans les bassins à flots; — 2o les écluses *à chasse*, disposées de manière à établir un courant rapide à l'aide duquel on balaie et creuse l'entrée des ports encombrés par le galet; — 3o les écluses à *clapets*, qui dans les terrains entourés de digues établies contre l'action de la marée, servent à évacuer les eaux du pays; — 4o les écluses qui dans les travaux de fortification, servent à remplir ou vider les fossés. — Tarbé de Vauxclairs, *Dict. des trav. publ.*

6. — Les écluses sur les rivières navigables ou flottables et sur les canaux de navigation ou autres, d'intérêt général, sont au nombre des ouvrages d'art pour la construction desquels une autorisation préalable est formellement prescrite par l'ordonnance de 1669 (tit. 27, art. 42), et par celle du

24 juin 1777 (art. 1er), ainsi que par l'arrêté du gouvernement du 19 vent. an VI.

7. — A l'égard des écluses sur les rivières non navigables ni flottables, la nécessité d'une autorisation n'est établie par aucun texte formel. Mais, on doit, par analogie, appliquer ici les mêmes règles que pour la construction des usines qui, quelle que soit la nature du cours d'eau sur lequel elles sont situées, doivent toujours être autorisées par l'administration supérieure. Il est même à remarquer que cette autorisation a été exigée précisément à cause de l'influence fâcheuse que pourrait exercer sur le cours des eaux l'établissement des écluses qui sont pour la plupart du temps nécessaires au jeu des usines. — V. COURS D'EAU, nos 398 et suiv.

8. — L'autorisation est accordée par le préfet, sauf l'approbation du gouvernement et sauf aussi le recours des parties devant le ministre de l'intérieur, en cas de refus ou d'arrêtés ordonnant la démolition des écluses. — Magnitot et Delamarre, *Dict. de dr. adm.*, vo *Eaux*, ch. 7, § 9.

9. — Les particuliers, les départemens et les communes peuvent d'ailleurs être appelés à concourir à la dépense des écluses entreprises par le gouvernement et qui peuvent leur profiter d'une manière particulière. — L. 16 sept. 1807, art. 34. — V. TRAVAUX PUBLICS.

10. — L'usage des écluses tombe sous l'application des dispositions de la loi du 12-20 août 1790 qui charge les administrations de rechercher et indiquer les moyens de procurer le libre cours des eaux, d'empêcher que les prairies ne soient submergées et de diriger, autant que possible, toutes les eaux de leurs territoire vers un but d'utilité générale.

11. — C'est en conséquence aux préfets qu'il appartient d'arrêter à cet égard les réglemens nécessaires, comme en général, en matière de cours d'eau navigables ou non navigables. — V. COURS D'EAU, nos 123 et suiv., 437 et suiv.

12. — Les écluses dépendant des fortifications soit dans soit hors les places de guerre de toutes les classes, ne peuvent être manœuvrées que par les ordres de l'autorité militaire, laquelle dans l'état de paix doit se concerter ou avec les maires, ou avec les préfets, de manière à diriger les effets des écluses à l'avantage général. — L. 24 mai 1791, tit. 1er, art. 35.

13. — Dans toutes les écluses établies sur les canaux navigables ou flottables, il existe une sorte de privilége établi dans l'intérêt du transport des bois de marine. « La préférence doit leur être accordée, lorsqu'ils se trouvent en concurrence avec des bois appartenant aux communes ou aux particuliers. » — Ord. 28 août 1816, art. 16.

14. — Les contraventions aux réglemens arrêtés par l'autorité administrative pour la police des écluses, sont soumises aux mêmes règles de compétence que celles commises en matière de cours d'eau en général: c'est-à-dire, qu'elles doivent être déférées au conseil de préfecture, lorsqu'il s'agit d'écluses établies sur des rivières navigables ou sur des canaux de navigation; et aux tribunaux correctionnels, lorsqu'il s'agit d'écluses situées sur des canaux non navigables. — Perrin, *Cod. des constructions*, no 1390.

15. — Mais c'est dans tous les cas au conseil de préfecture qu'il appartient de statuer sur les contestations qui peuvent s'élever relativement à l'exécution des travaux ordonnés par le gouvernement pour l'entretien des écluses d'un intérêt commun à plusieurs, ou à la répartition de la dépense qui peut en résulter. — LL. 14 flor. an XI, art. 4; 16 sept. 1807, art. 27.

V. au surplus CANAL, COURS D'EAU, USINES.

## ÉCOBUAGE, ÉCOBUE, ÉCOBUER.

1. — L'écobuage est l'incinération sur place des herbes et broussailles arrachées sur un terrain; ainsi *écobuer* c'est enlever la superficie d'un terrain chargé de plantes à plusieurs centimètres d'épaisseur, couper des tranches carrément, en former de petits fours, y mettre le feu et répandre ensuite cette terre réduite en cendres sur le sol. L'écobue est une espèce de pioche recourbée qu'on emploie pour ce travail.

2. — Ce mode de destruction des mauvaises herbes et plantes parasites constitue un excellent engrais.

3. — Quoique M. Baudrillart (*Dict. des eaux et forêts*, vo *Écobuer*) atteste que l'écobuage a lieu dans quelques forêts pour préparer les terrains à recevoir des graines d'arbres, il ne faut pas oublier en employant l'écobuage que par l'art. 148, C. forest., il est défendu de porter ou allumer du feu dans l'intérieur et à la distance de deux cents mètres des bois et forêts, sous peine d'une amende de 20 à 100 francs, sans préjudice, en cas d'incendie, des peines portées par le Code pénal et de tous dommages-intérêts, s'il y a lieu. — V. FORÊTS.

## ÉCOLE.

1. — Lieu ou établissement où l'on enseigne une ou plusieurs sciences, un ou plusieurs arts.

2. — Nul ne peut ouvrir une école, quelle qu'elle soit, sans l'intervention de l'Université. — V. ENSEIGNEMENT, INSTRUCTION PRIMAIRE, UNIVERSITÉ.

3. — Le décret du 17 mai 1808, qui organisa l'université, a, par son art. 4, établi six sortes d'écoles: 1o les facultés pour les sciences approfondies et la collation des grades; — 2o les lycées (aujourd'hui colléges royaux), pour les langues anciennes, l'histoire, la rhétorique, la logique et les élémens des sciences mathématiques et physiques; — 3o les colléges, écoles secondaires communales, pour les élémens des langues anciennes, et les premiers principes de l'histoire et des sciences; — 4o les institutions, écoles tenues par des instituteurs particuliers, où l'enseignement se rapproche de celui des colléges; — 5o les pensions, pensionnats, appartenant à des maîtres particuliers et consacrés à des études moins fortes que celles des institutions; — 6o les petites écoles primaires où l'on apprend à lire, à écrire, et les premières notions du calcul. — Nous devons ajouter que, depuis le décret de 1808, l'instruction a reçu de grands développemens dans les colléges royaux et communaux, et que la sphère de l'enseignement primaire a été beaucoup agrandie. — V. COLLÉGES, ENSEIGNEMENT, INSTRUCTION PRIMAIRE, UNIVERSITÉ.

4. — Toutes les écoles de l'université doivent, aux termes de l'art. 38 de ce même décret, prendre pour bases de leur enseignement: 1o les préceptes de la religion catholique; — 2o la fidélité à la monarchie constitutionnelle, conservatrice de l'unité de la France et de toutes les idées libérales; — 3o l'obéissance aux statuts du corps enseignant, qui ont pour objet l'uniformité de l'instruction, et qui tendent à former pour l'état des citoyens attachés à leur religion, à leur prince, à leur patrie et à leur famille.

5. — Le grand-maître de l'université est chargé par les art. 60 et 76, décr. de 1808, de donner aux différentes écoles des réglemens de discipline qui sont discutés par le conseil royal de l'université, et de proposer à la discussion de celui-ci tous les projets de règlemens et de statuts qui peuvent être faits pour les écoles de divers degrés.

6. — On désigne plus spécialement par *écoles* des établissemens consacrés à un enseignement spécial, soit qu'ils dépendent directement de l'université, comme les écoles de droit, de médecine et l'école normale, soit qu'ils ne s'y rattachent qu'indirectement, et dépendent d'une manière plus spéciale de l'un des ministères de l'intérieur, de la marine, des finances ou de la guerre, comme les écoles de sourds-muets, l'école des chartes, l'école de marine, l'école forestière, l'école polytechnique, l'école spéciale militaire, etc.

7. — Les art. 1er et 2, décr. 30 vendém. an IV, portent: indépendamment de l'organisation générale de l'instruction, l'état entretient des écoles relatives aux diverses professions, uniquement consacrées aux services publics et qui exigent des connaissances particulières dans les sciences et les arts. — Ces écoles sont comprises sous les dénominations suivantes: école polytechnique; — école d'application d'artillerie et du génie; — école des ponts et chaussées; — école des mines; école des géographes; — école des ingénieurs des vaisseaux; — école de navigation; — école de marine.

8. — Quelques-unes des écoles créées par ce décret n'ont jamais été organisées; d'autres ont été supprimées après avoir existé quelque temps. — Nous allons examiner celles de ces écoles qui sont encore subsistantes, et celles qui, créées depuis le décret de l'an IV, existent encore.

## ÉCOLE D'AGRICULTURE.

1. — L'enseignement agricole date, en France, du siècle de Henri IV, où un premier président du parlement de Dijon fonda une chaire d'économie rurale. Mais, à la mort du président, les jésuites, directeurs du collége où cette chaire était établie, la remplacèrent par une chaire de théologie.

2. — Ce ne fut que vers la fin du règne de Louis XV qu'on vit renaître chez nous l'enseignement agricole. Sarcey de Sutières fonda, à cette époque, sous le ministère Laverdy, à Anel, près Compiègne, la première école pratique d'agriculture. Quelques années plus tard, une chaire d'économie rurale était instituée par le gouvernement à l'école d'Alfort en faveur de Daubenton.

3. — Des essais d'enseignement agricole eurent aussi lieu dans les autres provinces. Dans le diocèse d'Angoulême, les professeurs de physique devaient enseigner les élémens d'agriculture, et l'étude de l'économie rurale fut imposée dans les séminaires. On fit même pour les écoles primaires des catéchismes contenant les élémens de la science agricole. — Jacques de Valserres, *Manuel de droit rural*, p. 499.

4. — Sous la constituante, un projet d'enseignement, qui ne put toutefois être adopté, avait été rédigé par l'abbé de Talleyrand; et l'abbé Rosiers proposait d'établir dans le parc de Chambord une ferme modèle. — Jacques de Valserres, *ibid.*

5. — La convention, sur la motion de Grégoire, ordonna de convertir en écoles expérimentales plusieurs domaines nationaux. Par le décret du 10 juin 1793 qui réorganisait le Jardin des plantes, elle fonda deux chaires d'économie rurale et de culture pratique; elle reconstitua, par celui du 29 germin. an III, les écoles vétérinaires, et décréta, le 3 brum. an IV, la fondation d'*écoles spéciales* d'économie rurale, et chargea l'Institut de nommer chaque année vingt citoyens pour faire des tournées agronomiques. — Jacques de Valserres, *ibid.*

6. — Mais l'enseignement agricole resta stationnaire pendant toute la durée de l'empire. Sous la restauration, il prit un développement nouveau par la création de l'école forestière à Nancy, et d'une troisième école vétérinaire à Toulouse. Mathieu de Dombasle fonda l'établissement de Roville, et une compagnie d'actionnaires établit dans un domaine appartenant à la liste civile l'institut de Grignon. — Jacques de Valserres, p. 500.

7. — Sous le gouvernement actuel, les chaires d'agriculture existant au Jardin des Plantes et à Alfort furent renforcées par de nouvelles créations faites au Conservatoire des arts et métiers, où il existe deux chaires d'agriculture. — Jacques de Valserres, p. 501.

8. — Des écoles et des chaires destinées à l'enseignement de l'agronomie se sont ouvertes, en outre, depuis 1830, en dehors de l'administration qui leur accorde toutefois une subvention. Il y a ainsi vingt-six écoles recevant de l'état de 92 à 95,000 francs, et dix chaires dont les titulaires touchent environ 1,000 fr. L'institut de Grignon forme une catégorie à part. Il reçoit annuellement 55,000 fr. sur les fonds d'encouragement destinés à l'agriculture. — *Ibid.*

9. — Les divers établissemens sont, ainsi que le fait remarquer M. Jacques de Valserres, insuffisans en présence du nombre des cultivateurs. Aussi ce défaut d'enseignement agricole a pour effet de perpétuer les émigrations de la campagne dans les villes et de détourner de plus en plus les capitaux de l'agriculture.

10. — Par une circulaire du 21 août 1839, le ministre du commerce et de l'agriculture a appelé l'attention des préfets sur l'enseignement de l'économie rurale. « Un des plus puissans moyens de propagation, disait M. Cunin-Gridaine, serait l'établissement de chaires d'agriculture dans les écoles normales primaires. Les instituteurs des communes y recevraient d'utiles enseignemens qu'ils rapporteraient ensuite aux enfans des simples cultivateurs; ils leur feraient aimer le premier des arts en leur exposant les résultats qu'il promet et les perfectionnemens dont il est susceptible. » Cet appel a été entendu dans plusieurs départemens.

11. — Les établissemens spéciaux consacrés à l'enseignement de l'agriculture sont aujourd'hui les instituts agricoles, les écoles d'exploitation, les fermes-modèles, les écoles d'horticulture, les chaires publiques, enfin le conservatoire des arts et métiers.

12. — Il y a maintenant en France quatre instituts agricoles établis d'après le plan qui a présidé à la formation de celui de Roville; le dernier qui fut, comme nous l'avons dit, fondé par Mathieu de Dombasle, a, par la mort de son fondateur, cessé d'exister après vingt ans de durée. — Jacques de Valserres, p. 509.

13. — *L'institut agronomique* de Grignon fut fondé en 1827 par une société anonyme, à qui Charles X fit don du domaine de Grignon acheté à ses frais. L'établissement se compose d'un parc de trois cents hectares et d'une ferme de quatre cent soixante-dix, indépendamment de vastes bâtimens. On y donne une instruction à la fois théorique et pratique. L'enseignement théorique comprend la chimie et la physique, les mathématiques, la physiologie et la botanique, le droit, la géologie, l'hygiène, les constructions, l'économie

politique et l'administration dans leurs rapports avec l'industrie agricole, l'agriculture générale, l'horticulture, l'art forestier, l'art vétérinaire, la comptabilité agricole, les irrigations, la construction des chemins vicinaux, l'agriculture comparée et les pratiques agricoles. Le nombre des professeurs et répétiteurs est de douze; celui des élèves varie de soixante à quatre-vingts. Pour être admissible il faut avoir dix-huit ans, connaître les quatre premiers livres de géométrie, l'arithmétique, l'orthographe et quelques notions de physique. La durée des cours est de deux ans et demi. — Jacques de Valserres, p. 509.

14. — A côté de la théorie se place la pratique. La ferme est divisée en assolement septennal. Indépendamment des prairies artificielles et des prairies irriguées, un champ est en outre destiné aux élèves; ils y exécutent tous les travaux. L'Institut possède, en outre, une collection complète d'instrumens aratoires français et étrangers. Les bois-taillis sont aménagés à douze ans. Les élèves étudient successivement l'art des semis, des plantations, du repiquage, du récépage, la théorie des éclaircies. L'ordonnancement des jardins qu'on distingue en maraichers et en fruitiers et la direction des pépinières et des vergers complètent l'enseignement pratique de culture. — Jacques de Valserres, p. 510.

15. — Les élèves s'appliquent, en outre, dans l'intérieur de la ferme à tout ce qui tient à l'éducation des animaux; ils apprennent dans une magnanerie comment se conduit la soie. Ils passent successivement à tous les services de l'exploitation. La culture des céréales et des autres plantes, l'aménagement des forêts, la direction de la magnanerie, la surveillance des étables, de la porcherie et de la basse-cour, le traitement des animaux malades sont alternativement l'objet de leurs études et de leurs recherches. — Ibid.

16. — Les autres instituts agronomiques, Grand-Youan, la Saulsaye, Montauronne sont plus ou moins calqués sur celui de Grignon. Ils ont pour but, comme celui-ci, de donner une instruction agricole complète, portant sur la théorie et la pratique.

17. — Dans les écoles d'exploitation, au contraire, l'instruction est toute pratique, la théorie n'est qu'un mince accessoire. On ne compte guère qu'une vingtaine de ces écoles, fondées toutes par des départemens, des communes ou des particuliers, et auxquelles l'état n'accorde qu'une faible rétribution. — Ibid., p. 511.

18. — Quant aux fermes modèles, elles ont pour but les cultures perfectionnées, afin d'arriver à déraciner les mauvaises méthodes. Ces fermes, qui étaient en petit nombre sous la restauration, se sont beaucoup multipliées depuis 1830. Presque tous les départemens en possédaient quelques années après la révolution de juillet; mais comme elles n'ont pas répondu à l'attente qu'on s'était formée, l'élan s'est beaucoup ralenti. M. Jacques de Valserres (p. 544) exprime le regret que la loi du 22 juin 1833 sur l'organisation départementale, n'ait pas rendu obligatoires les dépenses des fermes modèles.

19. — Indépendamment des établissemens d'instruction agricole successivement énumérés, le ministre de l'agriculture et du commerce vient de décider qu'une école d'agriculture pratique serait annexée, avec le concours de l'état, à l'asile agricole fondé à Montbeillard, près de Mâcon, pour les enfans pauvres et abandonnés. — Vingt-quatre bourses de 225 fr. chacune sont déjà fondées à cette école; sur cette somme, 150 fr. sont affectées à la nourriture et à l'entretien des élèves, les 75 fr. de surplus restent à la masse pour être distribués, à la fin de l'année, à titre d'encouragemens, aux élèves qui montrent de l'aptitude et du zèle.

20. — Des colonies agricoles ont, en outre, été fondées par le gouvernement auprès de certaines maisons centrales de force et de correction, et par des particuliers, pour y enseigner aux jeunes détenus jugés en vertu des art. 66 et 67, C. pén., la pratique de l'agriculture. Parmi les premières, nous pouvons citer les colonies de Lovs, Guillon, Clervay, Fontevrault, et parmi les secondes celles de Mettray, du Petit-Quevilly (près Rouen), de St-Yian (en Bretagne), de Bordeaux et de Ste-Foy (Dordogne) pour les jeunes détenus protestans. Un instituteur-gérant est nommé, après examen soutenu au ministère de l'intérieur, pour diriger l'instruction des enfans placés dans les colonies de l'Etat. Ces colonies agricoles ont pour but de diriger des enfans, souvent plus malheureux que coupables, vers les travaux agricoles qui manquent de bras, et de les éloigner du séjour des villes, où ils ne trouvent que trop d'occasions de retomber dans leur première faute.

21. — Les professeurs des établissemens institués pour l'enseignement agricole n'avaient encore été soumis à aucune condition de capacité, à aucune épreuve, lorsqu'un arrêté du 7 janv. 1845, rendu par le ministre de l'agriculture et du commerce, a déterminé le programme de l'examen que doivent subir ceux qui se destinent à l'enseignement agricole. Cet examen a lieu chaque année, dans un des instituts subventionnés par le gouvernement, et devant une commission de sept membres nommés par le ministre et présidée par un inspecteur d'agriculture délégué. — V. Jacques de Valserres, p. 515.

22. — Une branche importante de l'enseignement agricole est formée, outre les établissemens que nous venons d'examiner, par les écoles forestières, vétérinaires et des haras. — V. ces mots.

### ÉCOLE DES BEAUX-ARTS.

1. — Autrefois, les diverses branches des beaux-arts étaient organisées en France en autant d'académies distinctes. C'est ainsi qu'avait été fondée, en 1648, l'académie royale de peinture et de sculpture, tandis que ce n'est qu'en 1671 seulement que fut fondée l'académie d'architecture. La musique et l'art dramatique formaient l'académie royale de musique, fondée sous Louis XIV.

2. — Aujourd'hui, les deux académies de peinture, sculpture et d'architecture sont remplacées par l'École des Beaux-Arts, qui est divisée en deux sections correspondantes.

3. — Cette école, établie à Paris, ressortit du ministère de l'intérieur. Elle n'admet que des élèves externes; l'enseignement y est gratuit. Chaque année, à une époque déterminée, les élèves y entrent en loges, pour le concours aux prix décernés par l'Institut. Les élèves qui ont remporté les premiers grands prix, sont envoyés à l'école de Rome, fondée par Louis XIV, où ils passent cinq années aux frais de l'état.

4. — Les élèves graveurs qui ont obtenu les premiers grands prix à l'Institut, sont également envoyés à Rome pour y passer cinq années aux frais du trésor royal. — Ord. 30 août 1828, art. 4er.

5. — Tous les élèves ainsi envoyés sont tenus, indépendamment des obligations qui leur sont imposées à Rome, de faire parvenir en France certains travaux, dans les proportions et à des époques déterminées. Ces envois sont exposés publiquement à l'école des beaux-arts.

6. — Il existe aussi, sous des proportions plus modestes et dans un but préparatoire, des écoles gratuites de dessin, de sculpture et d'architecture, tant à Paris que dans quelques villes de province. Elles sont fondées et entretenues soit par l'état, soit par les communes, soit même par des particuliers.

7. — A Paris il y a une école gratuite de dessin pour les filles. Dans cette école, comme dans les autres, il y a une exposition annuelle des travaux exécutés par les élèves, et une distribution de prix à la suite de cette exposition publique.

8. — L'Académie royale de musique a conservé son nom. Cependant, elle est plus ordinairement désignée sous le nom de Conservatoire de musique et de déclamation. On y enseigne à un très grand nombre d'élèves des deux sexes, qui n'y sont admis que par la voie du concours, et qui doivent être français, l'exécution instrumentale et vocale, la composition et les règles de la déclamation dramatique.

9. — Les professeurs sont nommés par le ministre de l'intérieur, de qui cet établissement relève. L'enseignement y est divisé en classes. Chaque année y est terminée par un concours public dans chaque classe, suivi d'une distribution de prix. L'élève qui obtient le premier prix de composition a le droit de faire représenter un ouvrage sur le théâtre royal de l'Opéra-Comique.

10. — Le Conservatoire est administré par un directeur. Le nombre des professeurs a successivement été augmenté suivant les besoins du service.

11. — Cet établissement est aussi une école normale destinée à former des professeurs.

12. — Une caisse spéciale de retraite pour le Conservatoire de musique a été créée par ordonnance royale du 31 août-19 sept. 1830.

13. — Quelques villes de province, notamment Lille et Toulouse, possèdent des conservatoires de musique. Ces établissemens, dont la création appartient à des associations particulières, sont soutenus plus ou moins par le département ou la commune.

### ÉCOLE DES CHARTES.
V, ÉCOLES DES CHARTES.

## ÉCOLES DE COMMERCE ET D'ARTS ET MÉTIERS.

*Table alphabétique.*

ÉCOLES DE COMMERCE, D'ARTS ET MÉTIERS. — 1. — Les établissemens spécialement consacrés aux études commerciales doivent tous leur fondation à des particuliers. L'état n'a ni des écoles de commerce établies soit à Paris, soit dans les départemens, que le droit général de surveillance qu'il exerce sur tous les établissemens d'instruction.

§ 1er. — Ecole centrale des arts et manufactures.

2. — L'Ecole centrale des arts et manufactures, fondée par des particuliers, à Paris, en 1829, est destinée à former des ingénieurs civils, des directeurs d'usines, des chefs de manufactures, des professeurs de sciences appliquées, etc. Cette école est à l'industrie ce que l'école polytechnique est aux armes savantes et aux travaux publics.

3. — Des examens ont lieu pour l'admission à l'école; ils sont faits à Paris par les professeurs attachés à l'école, et dans les départemens par les professeurs de mathématiques des collèges royaux et communaux. Dans les pays étrangers, ils sont faits par les professeurs de mathématiques des universités.

4. — La durée des études est de trois ans. Lorsque les élèves, qui tous sont externes, ont parcouru tout le cercle d'enseignement prescrit par le programme de l'école, ils exécutent un projet d'usine mis au concours, et sont soumis à des examens généraux. Ce n'est qu'après avoir répondu d'une manière satisfaisante qu'ils obtiennent les diplômes d'ingénieurs et les certificats de capacité que l'école accorde.

§ 2. — Ecoles d'arts et métiers.

5. — Avant l'établissement, par le gouvernement, des écoles centrales, des Ecoles d'arts et métiers avaient déjà été établies, mais elles étaient moins générales dans leur objet, plus spéciales dans leurs applications. Il existe aujourd'hui trois écoles de ce genre : l'une à Châlons, où elle a été transférée de Compiègne, premier lieu de son établissement; la seconde à Angers; la troisième à Aix où elle a été établie par la loi du 13 juin 1843. Elles sont sous la direction et l'autorité du gouvernement, qui leur a donné le nom d'Ecoles royales d'arts et métiers. — Régies d'abord par l'ord. du 31 déc. 1826, elles le sont actuellement par celles des 23 sept. 1832 et 30 juin 1843.

6. — Le nombre des élèves qui avait été fixé à quatre cents pour l'école de Châlons et deux cents pour celle d'Angers, par l'ord. du 23 sept. 1832, a été ramené uniformément à trois cents pour chacune de ces écoles, par l'ord. du 19 juill. 1844. L'école d'Aix a également trois cents élèves. — Ord. 30 juin 1843.

7. — L'état donne dans chacune des trois écoles d'arts et métiers soixante-quinze pensions entières, soixante-quinze pensions à trois quarts et soixante-quinze demi-pensions. — Ord. 30 juin 1843, art. 1er; 23 sept. 1832, art. 4er.

8. — Il est en outre accordé soixante-quinze bons de dégrèvement d'un quart de pension aux élèves qui se font remarquer par leur travail ou par leur conduite. — Ord. 23 sept. 1832, art. 2.

9. — Les élèves aux frais de leurs parens sont admis à raison de 500 fr. par an pour la pension entière. Les portions de pension à la charge des parens sont payées d'après la même base. — Ord. 23 sept. 1832, art. 3.

10.—Le prix du trousseau est fixé à 200 fr.; mais chaque élève est tenu de verser, en entrant, à sa masse d'entretien, une somme de 50 fr. dont il lui est tenu compte. — Ord. 30 juin 1843, art. 4.

11. — Pour obtenir une bourse, il faut avoir satisfait à l'examen d'un jury spécial établi dans chaque département. — Ord. 23 sept. 1832, art. 4 et 5.

12. — Les conditions dont les candidats aux bourses doivent justifier devant le jury d'examen, consistent : 1° à être âgé de quinze ans au moins et de dix-sept ans au plus, au moment d'entrer à l'école ; 2° être d'une bonne constitution, avoir eu la petite vérole ou avoir été vacciné; 3° savoir lire, écrire et posséder les quatre premières règles de l'arithmétique; 4° avoir fait pendant un an l'apprentissage d'un des arts et métiers analogues à ceux qui sont enseignés dans les écoles. Les pensionnaires aux frais de leurs familles sont dispensés de la justification de l'apprentissage. — Ord. 23 sept. 1832, art. 6 ; ord. 30 juin 1843, art. 4.

13. — Le jury d'examen établit une liste d'admissibilité, sur laquelle les élèves sont inscrits par ordre de capacité. Le jury porte en tête les candidats qui, outre les connaissances rigoureusement exigées, peuvent démontrer les premiers élémens de géométrie ou possèdent le dessin linéaire.

14. — Il n'y a d'admission d'élèves qu'une fois l'an, au commencement de l'année scolaire. Le ministre de l'agriculture et du commerce nomme chaque année aux places vacantes sur les listes de tous les départemens. — Ord. 23 sept. 1832, art. 8.

15. — Une place à pension entière, deux à trois quarts de pension et deux à demi-pension sont affectées à chaque département, sur la présentation du jury d'examen. — Ord. 23 sept. 1832, art. 9 ; 30 juin 1843, art. 2. — La présentation, dans ce dernier cas, est faite de droit dans l'ordre des rangs assignés par le jury du département sur la liste des candidats. — Pour les autres nominations, cet ordre ne sert que de renseignemens au ministre. Les candidats dont les parens ou correspondans prendraient l'engagement de les faire recevoir pendant une année au moins, après la sortie des écoles, comme apprentis ou ouvriers d'une industrie dont les élémens leur auraient été enseignés ou d'un art quelconque de précision, seront préférés à connaissances égales.— Il en sera de même dans le cas où cet engagement aurait été contracté, soit par les villes, soit par les départemens, soit par les associations de bienfaisance. — Ord. 23 sept. 1832, art. 8.

16. — Les départemens qui, dans les trois mois de la notification de la vacance d'une ou plusieurs places qui leur seraient accordées, par l'art. 9, ne présenteraient pas de candidats admissibles, perdraient pour cette fois le droit de présentation, et ces places seraient réparties entre ceux des départemens dont les conseils généraux auraient voté des fonds pour placer dans les fabriques ou manufactures, à leur sortie des écoles, les titulaires des trois places qui leur sont dévolues. — Art. 10.

17. — La société d'encouragement pour l'industrie nationale a le droit de présenter huit places pour l'école de Châlons, savoir, six à bourse entière et deux à trois quarts de bourse, mais à la charge par elle de s'engager à placer, à leur sortie de l'école, dans des établissemens industriels, au moins quatre des boursiers qu'elle aurait choisis. — Ord. 31 déc. 1826, art. 4; ord. 23 sept. 1832, art. 11.

18. — L'ord. 23 sept. 1832, art. 12, 13 et 14, détermine l'organisation du personnel chargé de l'éducation et de l'instruction industrielle, morale et religieuse.

19. — L'ordre intérieur des écoles est purement civil; les élèves ne sont pas soumis au régime militaire. Les élèves sont vêtus uniformément. —Ord. 23 sept. 1832, art. 17 et 18.

20. — Le cours des études est de trois années et ne peut être prolongé. L'instruction théorique comprend les mathématiques, la grammaire française, l'écriture, le dessin des machines, des ornemens et le lavis. Les cours des trois années sont arrêtés par le ministre. — Art. 19 et 20.

21. — Aucun élève externe ne peut être admis aux cours et aux travaux de l'école; et aucun maître externe ne peut être introduit sous aucun prétexte. Aucun ouvrier étranger, à l'exception des hommes de peine reconnus indispensables pour le service de la forge, ne peut être appelé dans les ateliers, dont la composition est réglée par l'ordonnance. — Art. 22 et 24.

22. — Ces ateliers sont au nombre de quatre, et comprennent forges, fonderies et moulages divers, ajustage et serrurerie, et enfin tours modèles et menuiserie. — Art. 22.

23. — Il est fait deux fois par an un examen général des élèves. Celui de la fin d'année est fait par des examinateurs nommés par le ministre. Ils président à la distribution des prix qui suit cet examen, et décernent une médaille d'argent aux élèves les plus distingués. — Art. 25, 26 et 27.

24. — Les élèves ayant obtenu la médaille sont placés dans les arsenaux ou dans les manufactures du royaume pendant un an, aux frais de l'état, quand la position de leurs parens ne leur assure pas des moyens d'existence. — Art. 28.

25. — Au nombre des conditions imposées aux élèves qui veulent obtenir une bourse, se trouve, comme nous l'avons vu, l'obligation d'avoir fait pendant un an l'apprentissage d'un des arts ou métiers analogues à ceux qui sont enseignés dans les écoles. A leur arrivée, ils sont classés dans celui des ateliers qui se rapproche le plus de l'art ou du métier dans lequel a été fait cet apprentissage. — Art. 28. — Toutefois si, après la première année, ils manifestaient plus de goût pour un autre atelier, ils pourraient y être admis, après que leur aptitude aurait été dûment reconnue. — Même art.

26. — Les règlemens intérieurs des écoles sont faits par le ministre de l'agriculture et du commerce. — Art. 33.

27. — Chaque année il est distribué aux chambres, à l'ouverture de chaque session, un tableau destiné à faire connaître : 1° le nom, la demeure et la profession des parens des élèves admis dans l'année, à titre de boursiers, dans les écoles d'arts et métiers; — 2° les diverses natures de machines, d'appareils, de meubles et d'ustensiles exécutés par les élèves, et leurs prix moyens. — L. 21 avr. 1832, art. 12.

28. — Les écoles dont nous venons de parler ont surtout pour objet l'étude pratique des arts et métiers. Le haut enseignement théorique est institué à Paris au *Conservatoire des arts et métiers*, où se font annuellement un grand nombre de cours publics et gratuits. — Ord. 25 nov. 1819; 31 août 1828.

29. — Ce conservatoire des arts et métiers a été établi par la loi du 19 vendém. an III. Il avait surtout pour but d'être un dépôt de machines, modèles, outils, dessins, descriptions et livres dans tous les genres d'arts et métiers. La même loi porte (art. 1er) que l'original des instrumens et machines inventées ou perfectionnées doit être déposé au Conservatoire.

30. — Ce conservatoire est administré par un professeur, à la nomination du roi (ord. 9 nov. 1831 ; 29 sept. 1836). — Il a à sa tête un conseil de perfectionnement et d'administration. — Ord. 25 nov. 1819, art. 4 et suiv.

31. — Deux bourses de 1,000 fr. chacune sont créées au conservatoire des arts et métiers pour des jeunes gens peu fortunés, mais faisant preuve de grandes dispositions pour les arts industriels. Ces élèves sont nommés par le ministre de l'intérieur, sur la proposition du conseil de perfectionnement, et après un examen de trois professeurs de l'école d'application. La bourse accordée à chaque élève peut être conservée par lui pendant trois ans; mais il doit subir chaque année un nouvel examen faisant juger s'il est digne ou non de la continuation de cette faveur. — Ord. 25 nov. 1819, art. 18.

32. — Une *école gratuite de mathématiques et de dessin* en faveur des ouvriers qui se destinent aux professions mécaniques a été, en outre, établie à Paris, en 1766. On y enseigne l'arithmétique, la géométrie pratique, le toisé, l'arpentage, la coupe des pierres, celle des bois, les élémens d'architecture, les proportions de la figure humaine, le dessin des animaux, des ornemens et des fleurs.

## ÉCOLES DE DROIT ET DE MÉDECINE.

V. ENSEIGNEMENT, FACULTÉS.

## ÉCOLES DE FILLES.

1.— L'éducation des filles, qui ne paraît pas avoir assez préoccupé le législateur, est divisée en instruction primaire élémentaire ou supérieure, par l'ord. du 23 juin 1836, art. 1er.—C'est donc au mot INSTRUCTION PRIMAIRE qu'il sera traité des écoles de filles. — V. INSTRUCTION PRIMAIRE.

2. — Indépendamment des écoles primaires, il existe trois établissemens nationaux pour l'éducation des filles ; ce sont ceux qu'entretient la Légion-d'honneur dans le but de récompenser les services publics. L'un est à Saint-Denis, l'autre est à Paris, et le troisième aux Loges, dans la forêt de Saint-Germain.— Nous traiterons de ces écoles au mot MAISONS ROYALES D'ÉDUCATION.

## ÉCOLE FORESTIÈRE.

*Table alphabétique.*

Admission, 17.
Age, 3, 8.
Agent forestier, 11, 21 s,
Application, 13.
Avancement, 11, 22.
Bachelier ès-lettres, 8.
Candidat, 8, 14 s. — d'admission, 8.
Discipline, 10.
Dispense d'âge, 21.
Ecole secondaire, 6.
Elève, 2 s., 7 s., 22.—(admissibilité), 23.—(radiation), 24.
Emploi, 3.—provisoire, 22.
Enseignement, 4 s., 9 s., 12, 19.
Examen, 8, 14 s. — d'admission, 17. — de sortie, 20 s.
Foudation, 4.
Garde général, 21 s.
Inspecteur, 9 s.
Instruction, 14 s.
Jury d'admission, 17 s.
Ministre des finances, 7.
Nombre, 7.
Nomination, 8.
Organisation, 5 s.
Professeur, 9, 11.
Recrutement, 25.
Revenus, 8.
Service militaire, 25.
Traitement, 11, 22.

ÉCOLE FORESTIÈRE.—1.—L'art. 10 du titre 2 du décret du 15 sept. 1791 créait auprès des conservateurs des forêts une ou plusieurs places d'élèves pour travailler sous leurs ordres et acquérir les connaissances nécessaires pour être admis aux emplois.

2. — Lorsqu'un élève ayant trois ans d'activité atteignait l'âge de vingt-cinq ans, que devaient avoir tous les agens de l'administration forestière, il pouvait lui être délivré une commission de suppléant, en vertu de laquelle il était capable de remplir les fonctions d'inspecteur, lorsqu'il était délégué à cet effet. — Même décr., tit. 2, art. 11, et tit. 3, art. 1er.

3. — En fixant à vingt-un ans l'âge de la majorité, le Code civil n'a pas dérogé aux lois qui exigent l'âge de vingt-cinq ans pour l'aptitude à remplir les emplois de l'administration forestière. — *Cass.*, 19 fév. 1807, N... — La question a été depuis formellement résolue en ce sens par l'art. 3, C. forestier.

4.—Les lois et ordonnances postérieures, notamment l'ordonnance du 11 oct. 1820 sur l'administration forestière, n'avaient rien changé à cet état de choses, lorsque l'ordonnance du 26 août 1824 a été rendue. Elle portait (art. 8) : « Il sera établi, près de l'administration des forêts et sous la surveillance du directeur général, une école dans laquelle seront enseignées toutes les parties de l'histoire naturelle, des mathématiques et de la jurisprudence, qui ont plus spécialement rapport avec les bois et forêts. »

5.—C'est en exécution de cet article qu'a été rendue l'ordonnance du 1er déc. 1824, qui a organisé à Nancy l'école forestière, dont les cours ont commencé le 1er janv. 1825.—Art. 1er.

6. — Depuis l'ord. du 1er août 1827, rendue pour l'exécution du Code forestier, les dispositions de l'ord. du 1er déc. 1824, sur l'organisation de l'école de Nancy, sont devenues inutiles. Aux termes de cette ordonn. du 1er août 1827, il devait être établi des écoles secondaires dans le même but; elles n'ont jamais été créées.

7. — Le nombre des élèves à admettre, chaque année, à l'école forestière, avait été fixé à vingt-quatre par l'ord. du 1er déc. 1824 et celle du 1er août 1827, mais l'ord. du 5 mai 1834, art. 1er, a laissé au ministre des finances à régler chaque année, en raison des besoins de l'administration des forêts, le nombre d'élèves à admettre.

8.— Les élèves sont nommés par le ministre des finances, d'après le résultat d'un examen (ord. 1er août 1827, art. 46); les candidats ne sont admis à concourir que sur la présentation d'une lettre du directeur général de l'administration des forêts; les demandes d'admission aux concours doivent être adressées à l'administration avant le 30 juin, avec les pièces justificatives suivantes :— 1° l'acte de naissance, dûment légalisé, constatant que l'aspirant aura, au 1er nov., dix-neuf ans accomplis et n'aura pas plus de vingt-deux ans; — 2° un certificat d'un docteur en médecine, dûment légalisé, attestant que l'aspirant a été vacciné, qu'il n'a aucun vice de conformation ni infirmité qui le rende impropre au service forestier; — 3° (depuis 1842), le diplôme de bachelier ès-lettres; — 4° la preuve que le candidat possède un revenu annuel de 1,500 fr. au moins, ou, à défaut, une obligation par laquelle ses parens s'engagent à lui fournir une

pension de pareille somme pendant son séjour à l'école forestière, et une pension de 600 fr. comme complément de traitement, depuis le moment où il sortira de l'école jusqu'à l'époque où il sera employé comme garde général en activité. — Ord. 21 déc. 1840; 9 janv. 1841, art. 1er. — V. aussi ord. 1er déc. 1824, art. 4; ord. 1er août 1827, art. 44.

9. — Les cours de l'école royale forestière sont dirigés par six professeurs chargés des enseignemens suivans : — 1° économie forestière; — 2° législation et jurisprudence (ces deux cours, qui n'en formaient qu'un d'après l'ordonn. du 1er août 1827, avaient déjà été séparés par l'ordonn. du 16 déc. 1837); — 3° mathématiques et physique; — 4° histoire naturelle et chimie; — 5° constructions forestières et dessins : — 6° langue allemande. — Deux inspecteurs sont attachés à l'école. — Ord. 31 oct.-13 nov. 1838, art. 1er.

10. — Les fonctions de ces inspecteurs sont d'assurer l'exécution journalière des réglemens concernant la police et l'instruction, et de surveiller les travaux et la conduite des élèves, tant dans l'intérieur qu'à l'extérieur de l'établissement. — Ord. 31 oct. 1838, art. 3.

11. — Le ministre des finances détermine le traitement des professeurs et inspecteurs, et leur avancement dans l'intérieur de l'école. Ceux de ces fonctionnaires qui sont pris parmi les agens forestiers conservent leurs droits à l'avancement dans le service actif. — Ord. 31 oct. 1838, art. 4.

12. — L'enseignement de l'école a pour objet : l'histoire naturelle dans ses rapports avec les forêts; les mathématiques appliquées à la mesure des solides et à la levée des plans; la législation et la jurisprudence, tant administratives que judiciaires, en matière forestière; l'économie forestière en ce qui concerne spécialement la culture, l'aménagement et l'exploitation des forêts, et l'éducation des arbres propres aux constructions civiles et navales; le dessin et la langue allemande. — Ord. 1er août 1827, art. 41.

13. — Les élèves font chaque année, dans les forêts, aux époques qui sont indiquées par le directeur général, et sous la conduite du professeur qu'il désigne, des excursions ayant pour but la démonstration et l'application sur le terrain des principes qui leur ont été enseignés. — Ord. 1er août 1827, art. 48.

14. — L'examen d'admission à l'école forestière porte sur l'arithmétique complète, y compris l'exposition du nouveau système métrique; — la géométrie élémentaire; — la trigonométrie rectiligne; — les élémens d'algèbre; — les élémens de géométrie descriptive; — les élémens de statistique; — les élémens de physique; — les élémens de chimie; — le dessin; — la langue française; — la langue latine; — les premiers élémens de la langue allemande. — Ord. 21 déc. 1840 et 9 janv. 1841, art. 2. — V. aussi ord. 1er déc. 1824, art. 5; ord. 1er août 1827, art. 45; ord. 5 mai 1834, art. 2.

15. — Un programme arrêté par le ministre des finances détermine, pour chacun des objets de l'examen, l'étendue des connaissances dont les aspirans doivent justifier. — Ord. 21 déc. 1840, art. 3.

16. — Les aspirans sont examinés, tant à Paris que dans les départemens, par quatre examinateurs désignés annuellement par le ministre des finances. Les examens ont lieu d'après le même mode, dans le même temps et les mêmes lieux que ceux pour l'admission aux écoles militaires. — Ord. 21 déc. 1840 et 9 janv. 1841, art. 1er.

17. — Tous les ans, après les tournées d'examen, il est formé à Paris un jury chargé de prononcer sur l'admission à l'école forestière des candidats examinés dans tout le royaume. Ce jury se compose : du directeur général des forêts, président; des sous-directeurs de l'administration; du directeur de l'école; des quatre examinateurs d'admission, et du professeur de belles-lettres, chargé annuellement par le ministre des finances, sur la proposition du directeur général, du travail relatif aux compositions littéraires. — Ord. 12-31 oct. 1840, art. 1er.

18. — Le jury dresse une liste, par ordre de mérite, de tous les candidats jugés admissibles, et le ministre des finances arrête les admissions, suivant l'ordre de cette liste, en raison du nombre des places à remplir. — Art. 2.

19. — Les cours qui commencent le 1er nov. de chaque année et se terminent au 1er sept. suivant, durent deux années. — Ord. 1er août 1827, art. 42.

20. — A la fin de chaque année, un jury composé des professeurs et des inspecteurs, et présidé par le directeur général ou par l'administrateur délégué par lui, procède à l'examen des élèves qui ont complété leurs deux années d'étude. — Ord. 1er août 1827, art. 49; 31 oct.-13 nov. 1838, art. 2.

21. — Les élèves qui satisfont à l'examen de sortie obtiennent le rang de garde général; dès qu'ils ont atteint l'âge requis, ou s'ils ont obtenu du roi des dispenses, ils sont pourvus des premiers emplois vacans dans ce grade. — Toutefois, la moitié de ces emplois est expressément réservée à l'avancement des gardes à cheval en activité. — Art. 42, 49 et 50.

22. — En attendant qu'ils aient atteint l'âge requis, ou qu'ils aient obtenu les dispenses nécessaires, ou si, après avoir satisfait à ces deux conditions, il n'existe pas d'emplois de garde dont ils puissent être pourvus, ils jouissent du traitement de gardes à cheval (aujourd'hui, et d'après l'ord. du 25 juill. 1844, de gardes généraux adjoints), dont l'art. 46, ord. 1er août 1827, leur donne le rang pendant leur séjour à l'école, et sont provisoirement employés, soit près de la direction générale à Paris, soit près des conservateurs et des inspecteurs dans les arrondissemens les plus importans. — Dès qu'ils ont satisfait à la condition d'âge et que des vacances ont lieu, les premiers emplois de garde général leur sont acquis par préférence aux autres élèves qui auraient postérieurement terminé leurs cours. — Art. 51.

23. — Ceux qui ne sont pas reconnus capables aux examens qui suivent les deux années d'études, étaient admis, d'après l'art. 52, § 1er, ord. 1er août 1827, à suivre les cours pendant une troisième année; mais s'ils échouaient encore à un nouvel examen, ils cessaient de faire partie de l'école et de l'administration forestière; mais une ordonnance du 15-28 déc. 1841 a décidé que les élèves qui, après la première ou la deuxième année, ne feraient point preuve, devant le jury d'examen, d'une instruction suffisante, seraient rayés des cadres de l'école, à moins qu'une maladie grave, dûment constatée, ne leur eût causé, pendant l'année, une interruption de travail de quarante-cinq jours au moins, auquel cas ils peuvent être admis, sur l'avis du jury, à doubler, soit la première, soit la deuxième année. La faculté de doubler ne peut être accordée pour nulle autre cause; et, dans aucun cas, les élèves ne peuvent séjourner plus de trois ans à l'école.

24. — Quant aux élèves qui, d'après les comptes périodiques rendus au directeur général des forêts par le directeur de l'école, ne suivent pas exactement les cours, ou dont la conduite donne lieu à des plaintes graves, il en est référé au ministre des finances, qui ordonne, s'il y a lieu, leur radiation du tableau des élèves. — Ord. 1er août 1827, art. 52, § 2.

25. — Une ordonnance du 27 sept. 1826 exemptait du service militaire les élèves de l'école forestière. — Mais l'art. 14, L. 21 mars 1832, sur le recrutement de l'armée, n'exempte point, d'une manière générale, les élèves des écoles des services publics; il restreint, au contraire, d'une manière spéciale, l'exemption du service militaire aux élèves de l'école polytechnique et de l'école normale. Il faut donc considérer comme ayant été abrogée l'ordonnance du 27 sept. 1826. — L. 21 mars 1832, art. 50.

## ÉCOLE FRANÇAISE D'ATHÈNES.

1. — Une ordonnance du 11 septembre 1846 a institué à Athènes une école française de perfectionnement pour l'étude de la langue, de l'histoire et des antiquités grecques.

2. — Cette école se compose d'élèves de l'école normale supérieure, reçus agrégés des classes d'humanités, d'histoire ou de philosophie. Elle est placée sous la direction d'un professeur de faculté ou d'un membre de l'Institut nommé par le roi. — Art. 1er.

3. — Les membres de l'école française d'Athènes y passeront deux années. Ils pourront y rester une troisième, mais en obtenant une décision spéciale du ministre de l'instruction publique. Pendant toute la durée de leur séjour, ils jouiront des traitemens du professorat dont ils étaient revêtus à leur départ. — Art. 2.

4. — Le programme des cours d'études et des travaux de l'école française d'Athènes est arrêté par le ministre de l'instruction publique, grand maître de l'université, en conseil royal. Ce programme ne peut être modifié que dans la même forme. Il est révisé tous les ans en conseil. — Art. 3.

5. — L'école française d'Athènes peut ouvrir, avec l'autorisation du roi de Grèce, des cours publics et gratuits de langue et de littérature françaises et latines. Ses membres peuvent, à la demande du gouvernement grec, professer dans l'université et les écoles grecques tous les cours compatibles avec leurs études. Ils sont institués en commission des lettres pour conférer le baccalauréat ès-lettres aux élèves des écoles françaises et latines de l'Orient, qui ont reçu ou recevraient le plein exercice de l'université de France. — Art. 4.

6. — Le directeur de l'école doit transmettre tous les trois mois, au ministre de l'instruction publique un rapport sur l'état des études et sur les travaux. Ce rapport doit être mis sous les yeux du roi. La mission du directeur est de trois années. Elle peut être prolongée à cinq ans par décision générale du grand-maître. — Art. 5.

7. — L'école française est placée sous la surveillance et l'autorité de l'ambassadeur français en Grèce. Celui-ci peut toujours mettre un terme au séjour de ceux des membres de l'école dont le travail ou la conduite ne répondraient pas à la pensée de l'institution et à l'attente du gouvernement. — Art. 6.

8. — L'école française peut recevoir, par décision ministérielle, tous les développemens nécessaires aux progrès des lettres ou des arts, et à l'étude des monumens. — Art. 7.

## ÉCOLE DES HARAS.

1. — Une école spéciale destinée à former de bons officiers de haras, dans l'intérêt de l'amélioration de nos races chevalines, a été établie par ordonnance du 24 oct. 1840. — Un arrêté ministériel du lendemain a pourvu à son organisation.

2. — Pour être officier de haras, il faut, depuis l'ordonnance et l'arrêté réglementaire de 1840, avoir suivi les cours de l'école des haras et avoir, à la suite de ces cours, obtenu un diplôme d'aptitude. — Ord. 24 oct. 1840, art. 4.

3. — Cette école a été établie au haras du Pin, sous la direction du chef de cet établissement.

4. — Les candidats, pour être admis, doivent obtenir l'autorisation préalable du ministre; celui-ci ne l'accorde qu'aux jeunes gens de vingt-un ans au moins et de vingt-cinq au plus. Le pétitionnaire doit joindre à sa demande : 1° son acte de naissance; 2° un certificat de vaccine; 3° un certificat constatant qu'il a satisfait à la loi du recrutement; 4° une attestation qu'il a fait ses études soit dans un collége, soit dans une institution du deuxième degré. Ces pièces doivent être adressées au ministre avant le 1er octobre. — Arrêté régl.; — Jacques de Valserres, *Manuel de droit rural*, p. 527.

5. — Les aspirans à l'école des haras doivent, en outre, d'après un arrêté ministériel de janv. 1845, suivre pendant un an les cours d'un institut agricole avant de se présenter au concours d'admission. — Jacques de Valserres, p. 527.

6. — Les examens d'admission sont passés devant un jury présidé par l'inspecteur général ou par le directeur des haras du Pin. Les candidats sont interrogés sur l'arithmétique, les élémens d'histoire et de géographie; ils doivent faire une composition écrite sur un sujet ayant trait aux études hippiques et agricoles. Une fois admis, les candidats prennent rang d'élèves, et ils ont seuls le droit de suivre les cours. L'instruction et le logement sont gratuits. Les cours durent deux ans et comprennent la science hippique proprement dite; l'étude des différentes races; l'hygiène, les accouplemens et l'élevage; la botanique fourragère; l'anatomie; la maréchalerie et les premiers élémens de médecine vétérinaire; des notions théoriques et pratiques d'agriculture et de comptabilité agricole; enfin l'équitation théorique et pratique. En tout, cinq chaires. — Arrêté réglem. du 25 oct. 1840; — Jacques de Valserres, p. 527.

7. — Nul élève ne peut doubler plus d'une année d'études. Ils passent un examen tous les six mois pour constater leurs progrès. Ceux qui ne satisfont pas au premier sont exclus de l'école. Ceux qui, au contraire, ont régulièrement suivi les cours et fait preuve de capacité aux derniers examens, reçoivent un diplôme et ont droit aux emplois vacans, tant qu'ils n'ont pas atteint leur trentième année. L'administration ne prend pas d'autre engagement à leur égard.

## ÉCOLE DES JEUNES AVEUGLES.

V. INSTITUT ROYAL DES JEUNES AVEUGLES.

## ÉCOLE DE JEUNES DE LANGUES.

1. — On nomme ainsi l'école des langues orientales instituée près du ministère des affaires étrangères.

2. — L'art. 14, § 4, de la loi du 21 mars 1832, sur le recrutement de l'armée, considère comme ayant satisfait à l'appel les élèves de cette école qui auraient contracté avant l'époque déterminée pour

le tirage au sort l'engagement de se vouer au service de l'état.

3. — Si les élèves cessaient de suivre la carrière en vue de laquelle ils ont été comptés en déduction d'un contingent, ils devraient en faire la déclaration dans l'année où ils auraient cessé leurs études ou services et retirer expédition de leur déclaration. Faute par eux de faire celle-ci et de la soumettre au visa du préfet du département dans le délai d'un mois, ils seraient déférés aux tribunaux ordinaires et punis d'un emprisonnement d'un mois à un an. Ils seraient, en outre, rétablis dans le contingent de leur classe, sans déduction du temps écoulé depuis la cessation desdits services ou études jusqu'au moment de la déclaration. — L. 21 mars 1832, art. 14, *in fine*.

4. — C'est parmi les élèves des *jeunes de langue* que sont choisis par le ministre des affaires étrangères les élèves drogmans. — Ord. 20 août 1833, art. 28. — V. CONSUL, nᵒˢ 68 et suiv.

## ÉCOLE DES LANGUES ORIENTALES VIVANTES.

1. — Il a été établi près la bibliothèque royale, par le décret du 10 germ. an III, une école pour l'enseignement des langues orientales vivantes.

2. — D'après ce décret, les professeurs devaient composer en français la grammaire des langues qu'ils enseignaient.

3. — Aux termes d'une ordonnance du 22 mai 1838, l'école comprenait sept cours, savoir : l'arabe littéral, le persan, le turc, l'arménien, le grec moderne et la paléographie grecque, l'arabe vulgaire et l'indoustani. Il y a été ajouté une chaire de langue chinoise vulgaire, par ordonn. du 22 oct. 1843, et une chaire de langue malaise et javanaise, par ordonn. du 2 sept. 1844. — Le cours d'archéologie institué à la bibliothèque royale ne fait point partie de l'école des langues orientales : il continue, conformément à la loi du 20 prair. an III, d'être attaché au cabinet des médailles. — Ord. 22 mai 1838, art. 24.

4. — Les cours embrassent toute la durée de l'année classique ; les leçons ont lieu trois fois par semaine. — Ord. 22 mai 1838, art. 2.

5. — Les art. 3, 4, 5, 6, 7 et 8 de l'ordonn. du 22 mai 1838 déterminent l'organisation et les réglemens intérieurs de l'école, qui est administrée par un président, qui est, de plein droit, membre du conservatoire de la bibliothèque royale.

6. — L'école, composée de tous les professeurs, délibère sur tout ce qui tient à l'enseignement, aux lettres créances, à la comptabilité ; à cet effet, le président la réunit quatre fois par année ; une assemblée extraordinaire est convoquée par le président toutes les fois que les besoins du service paraissent l'exiger. — Art. 9.

7. — Les cours sont publics ; toutefois, chaque professeur a un registre sur lequel les élèves peuvent se faire inscrire. Les inscriptions sont prises tous les trois mois, à partir du 2 nov. de chaque année ; elles se perdent par une absence de six leçons dans le trimestre. — Art. 11.

8. — Après les inscriptions, il est procédé à un examen public qui donne droit à un diplôme d'élève français ou étranger de l'école des langues orientales de France. Les élèves français ne peuvent obtenir ce diplôme s'ils ne sont déjà bacheliers ès-lettres. — Après huit inscriptions, il est procédé à un deuxième examen donnant droit à un diplôme d'élève de deuxième année, et enfin, quand un élève a douze inscriptions, le titre de gradué français ou étranger pour les langues orientales lui est conféré à la suite d'épreuves qui ont lieu en présence et au jugement de tous les professeurs. — Art. 12, 13 et 14.

9. — La liste des gradués français est adressée au ministre des affaires étrangères et reste déposée dans ses archives. — Un fonds est affecté pour rétribuer convenablement ceux d'entre eux qui se vouent au dépouillement et à la traduction des livres et manuscrits orientaux de la bibliothèque du roi. — Art. 15 et 16.

10. — Le roi nomme les professeurs, qui ne peuvent être choisis que parmi les gradués. Ils doivent être de plus Français, âgés de vingt-cinq ans et licenciés ès-lettres. Cependant, les membres de l'Institut peuvent être nommés, sans autre justification, professeurs des langues orientales ; le traitement est de 5,000 fr. — Art. 17.

11. — Le ministre a la nomination des suppléans, qui ne peuvent être pris que parmi les gradués français. Le professeur qui a besoin d'être suppléé en fait la demande au président, qui saisit l'école : l'avis de celle-ci est transmis au ministre avec la proposition du professeur et l'adhésion de l'école pour le choix du suppléant. — Art. 18.

12. — L'école arrête le programme des examens

et concours. Celui-ci n'est valable que onze mois après avoir été arrêté ; il est approuvé par le ministre et ne peut être ensuite modifié que sous son autorité. L'école donne aussi son avis au ministre sur les ouvrages relatifs aux langues vivantes de l'Orient, pour lesquels des souscriptions sont demandées, ainsi que sur toute question de sa compétence qui lui est adressée. — Art. 19 et 20.

## ÉCOLES DE MARINE.

### *Table alphabétique.*

ÉCOLES DE MARINE. — 1. — Les écoles de marine, indépendamment des écoles divi-sionnaires des équipages de ligne et des écoles régimentaires de l'infanterie, sont : 1ᵒ *les écoles d'artillerie de marine* ; — 2ᵒ *l'école d'application du génie maritime* ; — 3ᵒ *l'école navale* ; — 4ᵒ *les écoles de maistrance* ; — 5ᵒ *les écoles de navigation.*

2. — Il y a deux *écoles d'artillerie de marine* établies, l'une à Toulon, l'autre à Lorient.

3. — L'*école d'application du génie maritime* a été établie et organisée à Lorient par l'ordonnance du 28 mars 1830. — L'art. 3 de cette ordonnance porte : « Les élèves du génie maritime seront pris parmi ceux de l'école polytechnique qui auront été déclarés admissibles dans les services publics, et suivant l'ordre établi dans ladite école pour les examens de sortie. »

4. — « Ils suivront pendant deux ans, au port de Lorient, et sous la direction d'un ingénieur de première ou de deuxième classe, désigné par le ministre de la marine, un cours complet d'application. — Ils seront, en outre, exercés au dessin des plans des bâtimens de guerre et de leurs accessoires, — aux calculs de déplacement, de stabilité, de centre de gravité et de voilure, et de tous autres relatifs à la théorie de l'architecture navale, — à l'étude des machines à vapeur et autres qui peuvent être d'une application utile, soit dans les arsenaux, soit à bord des bâtimens de guerre, — au dessin d'ornement et au lavis, — à l'étude de la langue anglaise. — Ils seront conduits fréquemment sur les chantiers et dans les ateliers du port pour acquérir la connaissance des procédés suivis dans la construction des bâtimens de guerre et dans la préparation des objets de toute espèce qui en composent l'armement. — Ils pourront aussi, avec l'autorisation du préfet maritime, et sous la conduite de l'ingénieur chargé de diriger leur instruction, visiter les principaux établissemens industriels qui existent dans le voisinage de Lorient, afin d'étudier les procédés dont on y suit. »

5. — L'ingénieur chargé de l'instruction des élèves fait le cours de théorie d'architecture navale et de mécanique appliquée aux arts. Il peut participer aux travaux de la direction des constructions navales. Il doit remettre tous les trois mois au préfet maritime un rapport sur la con-

duite et sur les progrès des élèves, et proposer les mesures qu'il croit propres au perfectionnement des études qu'il dirige. — Même ord. art. 5.

6. — Après avoir terminé deux années d'études, les élèves subissent publiquement un examen sur les diverses parties de l'instruction qu'ils ont reçue. Ceux qui, ayant répondu d'une manière satisfaisante, ont été déclarés admissibles par la commission d'examen, sont nommés immédiatement sous-ingénieurs de troisième classe. — Même ord., art. 4 et 19.

7. — Ceux qui n'ont pas été reconnus admissibles peuvent être autorisés à continuer leurs études pendant une troisième année, après laquelle ils sont définitivement renvoyés, s'ils n'ont pas encore acquis les connaissances exigées. — Même art.

8. — L'*école navale* a été établie à Brest sur le vaisseau l'*Orion*, par une décision ministérielle du 7 mai 1827, non insérée, par conséquent, au *Bulletin des lois*. Elle a pris le nom qu'elle porte aujourd'hui, en vertu de l'art. 1ᵉʳ, ord. 1ᵉʳ nov. 1830, qui règle la composition de son personnel et la nature de l'enseignement qu'on y reçoit. — Art. 1ᵉʳ et 10.

9. — L'école préparatoire de marine établie à Angoulême a été supprimée par ordonnance du 7 déc. 1830.

10. — L'école navale est commandée par un capitaine de vaisseau, qui a sous ses ordres un capitaine de frégate, commandant en second ; cinq lieutenans de vaisseau, un aumônier, un commis d'administration, un chirurgien-major ; les différens professeurs de l'école ; — et un équipage composé de sous-officiers, marins et soldats, dont le nombre est fixé d'après les besoins du service. — Ord. 1ᵉʳ nov. 1830 ; 15 fév. 1834, art. 1ᵉʳ.

11. — Le commandant de l'école navale a autorité sur toutes les personnes attachées à cet établissement ; il peut les suspendre de leurs fonctions et il en rend compte sur-le-champ au préfet maritime. — Il dirige toutes les parties du service et de l'administration. — Il exerce sur les élèves une surveillance continuelle, de manière qu'il puisse remettre au préfet maritime tous les trois mois, et plus souvent, s'ils lui sont demandés, des comptes détaillés sur les progrès de leur instruction, leur conduite et leur santé. — Art. 5.

12. — Les places de professeurs sont données au concours, conformément aux dispositions des articles 6, 7 et 8, ord. 7 août 1825. — Ord. 1ᵉʳ nov. 1830, art. 3.

13. — Les élèves de l'école navale sont également admis à la suite de concours annuels faits par des professeurs de l'école polytechnique, aux lieux et époques désignés pour les examens de cette école. Il est publié chaque année, deux mois au moins avant l'ouverture du concours, et par les soins du ministre de la marine, un programme indiquant les formalités à remplir pour l'inscription sur les listes, ainsi que les diverses pièces à produire. — L. 30 avr. 1832, art. 5 ; ord. 24 avr. 8 mai 1832, art. 1 et 2.

14. — Le nombre des élèves à recevoir à l'école navale est déterminé chaque année par le ministre de la marine, selon les besoins du service. — Ord. 24 avr. 1832, art. 3.

15. — Tout candidat qui se présente au concours doit, entre autres conditions, justifier qu'il est Français et qu'il n'avait pas plus de seize ans au 1ᵉʳ janvier de l'année courante. — Ord. 24 avr. 1832, art. 3.

16. — Les matières du concours sont déterminées par l'ord. du 4 mai 1833, art. 4ᵉʳ. — V. aussi ord. 1ᵉʳ nov. 1830, art. 8 ; 24 avr. 1832, art. 5.

17. — Tous les ans, vers le 1ᵉʳ octobre, il est formé à Paris un jury chargé de déterminer le rang des candidats examinés, et de prononcer sur leur admission à l'école navale. Ce jury se compose : d'un officier général de la marine, président ; des examinateurs de l'école polytechnique ; des examinateurs de la marine. — Il dresse une liste, par ordre de mérite, de tous les candidats susceptibles d'être admis, et le ministre de la marine fait expédier des lettres de nomination d'élèves à l'école navale, suivant l'ordre de la liste générale des admissibles jusqu'à concurrence des places à remplir. — Ord. 24 avr. 1832, art. 6 et 7 ; — V. aussi ord. 1ᵉʳ nov. 1830, art. 9.

18. — L'instruction donnée aux élèves est déterminée par l'ord. du 4 mai 1833, art. 5. — V. aussi ord. 1ᵉʳ nov. 1830, art. 10 ; 24 avr. 1832, art. 9.

19. — Chaque année, après la clôture des cours, tous les élèves subissent un examen public devant une commission composée du préfet maritime, président ; du major-général de la marine ; des deux capitaines de vaisseau, d'un officier d'artillerie de marine, d'un officier du génie maritime, d'un examinateur de la marine qui pose les questions

de théorie; ces quatre derniers sont désignés par le ministre de la marine. La commission peut se faire assister par les professeurs et maîtres de l'école qu'elle juge convenable d'appeler. — Ord. 24 avr. 1832, art. 10; 4 mai 1833, art. 6. — V. aussi ord. 1er nov. 1830, art 14.

20. — Les examens de la deuxième division servent à former la liste des élèves qui peuvent être admis à suivre les cours de la première. Les examens de la première division règlent la nomination des élèves au grade d'élève de la marine de deuxième classe, conformément à l'art. 5,11. 20 avr. 1832, sur l'avancement dans l'armée navale. Les élèves qui n'ont pas été susceptibles de passer de la deuxième division dans la première, ou qui, après avoir suivi les cours de la première division, n'ont pas été reconnus aptes à obtenir le grade d'élèves de deuxième classe, sont licenciés. Toutefois, il peut être accordé une prolongation d'une année dans l'une ou l'autre division à l'élève qui, étant favorablement noté, a fait à l'hôpital un séjour de plus de quarante jours, pour cause de maladie constatée par le conseil de santé du port et par le conseil d'administration de l'école; dans aucun cas, il ne peut y rester plus de trois ans. — Ord. 4 mai 1833, art. 15 et suiv., et art. 49.

21. — Pendant la durée de l'examen de sortie, et jusqu'au moment où ils reçoivent leur destination, les élèves continuent d'être réunis à l'école navale, et exercés aux appareillages, sondages, levées des côtes, etc.; ils sont aussi conduits dans les divers ateliers du port, dont on leur explique la destination. — Ord. 1er nov. 1830, art. 20.

22. — Tout élève qui a encouru trois fois la peine du cachot est immédiatement renvoyé de l'école et remis à la disposition de sa famille. — L'élève dont l'exclusion de l'école est prononcée est conduit à bord de l'amiral, et consigné jusqu'à ce que sa famille le fasse réclamer. — Le commandant de l'école en rend compte sur-le-champ au préfet maritime qui prévient la famille de l'élève. — Ord. 1er nov. 1830, art. 18.

23. — Lorsque les élèves se trouvent à terre, ils sont placés sous la surveillance d'un major général de la marine. — Ord. 1er nov. 1830, art. 22.

24. — L'école navale est placée sous la surveillance spéciale du préfet maritime. Il inspecte l'école tous les trois mois, et plus souvent, s'il le juge convenable. Ses rapports sur ces inspections sont adressés au ministre de la marine, ainsi que ceux du major général, qui inspecte l'école tous les mois. — Ord. 1er nov. 1830, art. 24 et 25.

25. — Il est également établi à l'école une caisse qui se compose, indépendamment des valeurs qu'elle peut posséder, de 100 fr. que chaque élève doit verser lors de son entrée à l'école. Ces sommes appartiennent à la caisse, et aucun élève ne peut en retirer tout ou partie, quelle que soit l'époque de sa sortie de l'école. Les fonds de cette caisse sont destinés à payer le blanchissage des élèves, les frais des gratifications aux maîtres et adjudans qui s'en montrent dignes, à procurer, soit à titre d'avance, soit comme gratification, des effets d'habillement aux élèves qui auraient éprouvé des pertes par suite d'un événement de mer, à pourvoir à l'achat des cartes, instrumens et autres objets accordés aux élèves à titre de récompense. — Cette caisse est placée sous la surveillance et la gestion du conseil d'administration et d'instruction. — Ord. 1er nov. 1830, art. 27 et 28.

26. — Les élèves de l'école navale jouissent, pendant leur séjour à bord des vaisseaux, d'une ration en nature et d'une somme de 1 franc par jour, à titre de traitement de table. — Ord. 1er nov. 1830, art. 43.

27. — Des pensions ou places gratuites, susceptibles d'être partagées en demi-pensions, peuvent être accordées sur les fonds de la marine aux élèves privés de fortune dont les pères auraient servi ou serviraient dans les différens corps de la marine ou de l'armée. Le nombre de pensions ne peut excéder le dixième du nombre total des élèves admis. L'allocation d'une place ou demi-place tient lieu du trousseau. — Ord. 4 mai 1833, art. 3.

28. — Le trousseau dont les élèves doivent être pourvus au moment de leur entrée à l'école, et dont la composition est réglée par le ministre de la marine, est indiqué sur un programme publié chaque année. Chaque élève admis doit, en outre, produire un acte par lequel ses parens ou tuteurs s'engagent à payer, par trimestre et d'avance, une pension annuelle de 700 fr., y compris les 100 fr. à verser annuellement d'après l'ord. du 1er nov. 1830. — Ord. 4 mai 1833, art. 2.

29. — Après avoir passé des examens et fait le service pendant un temps déterminé à bord des bâtimens de l'état, les élèves deviennent successi-

vement élèves de deuxième classe et élèves de première classe. Après deux ans de navigation, les élèves de première classe sont nommés lieutenans de frégate. — V. la loi sur l'avancement dans l'armée navale du 20 avr. 1832.

50. — Écoles de maistrance. — Il existe à Brest, à Rochefort et à Toulon des écoles spéciales, établies en 1849, pour l'instruction théorique d'un certain nombre d'ouvriers destinés à la maistrance, et qui doivent renfermer ensemble cinquante-deux à Rochefort et quatorze à Toulon. — Ord. 1er janv. 1833, art. 1er et 3.

31. — Sur le nombre des élèves de l'école de Brest, il est réservé quatre places pour les ouvriers de Lorient, quatre pour ceux de Cherbourg, et deux places pour Saint-Servan. A Rochefort, il est réservé deux places pour les ouvriers du port de Bayonne. — Ord. 1er janv. 1833, art. 3.

32. — L'école de maistrance est placée dans les attributions du directeur des constructions navales. — Ord. 1er janv. 1833, art. 2.

33. — Les trois cinquièmes des élèves de chaque école sont pris parmi les charpentiers, les deux autres cinquièmes parmi les ouvriers de toutes les autres professions employés dans le port. Toutefois, les élèves fournis par les ports de Bayonne et de Saint-Servan ne sont choisis que parmi les charpentiers. — Art. 4.

54. — Les élèves sont nommés par voie de concours, parmi les ouvriers de première et de deuxième classe, âgés de vingt-et-un ans au moins, et qui ont trois ans de service dans les ports. — Art. 5.

L'enseignement comprend l'arithmétique, y compris les logarithmes, la géométrie élémentaire, les préliminaires de la géométrie descriptive, les élémens de statistique, la stabilité des corps flottans; les applications de ces branches d'instruction aux travaux de la marine; le dessin linéaire, et la tenue de la comptabilité des atéliers. — Art. 7.

35. — Les ouvriers qui n'appartiendraient pas à l'inscription maritime doivent, pour être admis, prouver qu'ils ont satisfait à la loi du recrutement. Chacun des candidats doit être pourvu d'un certificat délivré par le chef de l'atelier ou du chantier dans lequel il a été employé, et visé par le directeur des constructions navales, constatant qu'il possède les connaissances exigées, savoir : écrire avec netteté et correction; expliquer le système de numération tant pour les nombres entiers que pour les nombres décimaux; opérer facilement et avec exactitude des quatre premières règles de l'arithmétique. — Art. 5.

36. — Il est procédé chaque année, à Brest, Rochefort et Toulon, à l'examen des candidats à l'école de maistrance, par une commission sur la proposition de laquelle est arrêtée la liste des élèves à recevoir, par le conseil d'administration du port. — Art. 6.

37. — Les élèves de l'école de maistrance consacrent la matinée de chaque jour aux leçons et aux études; l'autre moitié de la journée est affectée aux travaux manuels des élèves dans leurs professions respectives. Ils reçoivent la solde entière, comme s'ils avaient travaillé tout le jour. — Art. 9.

38. — La durée des cours est fixée à deux ans. Tout élève qui, après trois mois d'épreuves, est reconnu manquer d'aptitude, de conduite ou d'exactitude, est renvoyé de l'école. Si l'élève n'a pu suivre les cours pour cause de maladie ou par des circonstances indépendantes de sa volonté, et s'il justifie de son intelligence et de sa bonne volonté, il peut être autorisé à recommencer le cours l'année suivante. — Art. 11 et 12.

39. — A la fin de chaque année, les élèves de l'école de maistrance subissent un examen sur les objets qui leur ont été enseignés; ils présentent les plans et dessins exécutés par eux. Un procès-verbal de cet examen est transmis au ministre de la marine, et fait connaître le rang que chacun a obtenu à l'examen. — Art. 14.

40. — Il existe en France quarante-quatre écoles de navigation ou d'hydrographie, divisées en quatre classes, et réparties entre les cinq arrondissemens maritimes. — Réglem. 7 août 1825. — Ces écoles, où l'on est admis sans rétribution, sont établies pour faciliter aux navigateurs de toutes les classes l'étude des mathématiques, de la navigation, et l'usage des instrumens nautiques.

41. — Deux examinateurs hydrographes, nommés par le ministre de la marine sont chargés de la direction et de l'enseignement des écoles d'hydrographie, de l'examen des navigateurs qui se présentent pour pouvoir être admis aux grades de capitaine au long-cours et de maître au cabotage. Ils font, chaque année, une tournée dans les di-

vers ports du royaume, pour procéder aux examens exigés par les réglemens pour le commandement des bâtimens de commerce. — Ord. 7 août 1825, art. 1er.

42. — Les places de professeur d'hydrographie sont données à la suite d'un concours qui a toujours lieu à Paris. — Ord. 7 août 1825, art. 6 et 7.

43. — L'art. 7, ord. 7 août 1825, détermine les matières qui font l'objet du concours. — Le candidat reconnu le plus capable par le jury peut être nommé professeur de la dernière classe, et reçoit à cet effet une commission du ministre de la marine. — Art. 8.

44. — Pour être admis dans une école d'hydrographie, il faut être âgé de treize ans au moins, savoir lire et écrire et les quatre premières règles de l'arithmétique, enfin être porté sur les registres ou matricules de l'inscription maritime. — Les jeunes gens qui remplissent ces conditions reçoivent un ordre d'admission de l'officier d'administration de la marine. — Art. 14.

45. — Tout élève qui, ayant atteint l'âge de dix-huit ans, ne consentirait pas à se faire inscrire définitivement ne serait plus admis à l'école. — Art. 15.

46. — Les professeurs ont la police intérieure de l'école. Ils peuvent interdire jusqu'à concurrence de trois jours l'entrée de l'école à l'élève qui manquerait à l'ordre ou à la décence. Si la faute mérite une punition plus sévère, ils en réfèrent à l'officier d'administration de la marine qui ne peut cependant prolonger l'interdiction au-delà d'un mois. Une plus longue exclusion ou l'exclusion définitive ne peut être prononcée qu'en vertu d'une décision de l'intendant ou ordonnateur de l'arrondissement maritime. — Art. 16.

47. — Deux officiers supérieurs de marine examinent chaque année, dans les différens ports, dix jours avant les examinateurs hydrographes, les élèves sur la pratique de la navigation. Ces examens sont publics. L'officier supérieur qui en est chargé prononce sur le mérite des candidats et leur admission. — Art. 18, 19 et 20.

48. — Les candidats, pour être admis aux grades de capitaine au long-cours ou de maître de petit cabotage, devront être âgés de vingt-quatre ans accomplis, avoir fait soixante mois de navigation, dont douze au moins sur les bâtimens du roi; avoir satisfait à des examens sur la pratique et la théorie de la navigation. Pour être admis à subir ces examens, il faut remplir certaines formalités et présenter les pièces prescrites par l'ordonnance. — Art. 21 et suiv.

## ÉCOLES MILITAIRES.

*Table alphabétique.*

**ÉCOLES MILITAIRES. — 1.** — Les jeunes soldats et les enfans de troupe reçoivent, dans les corps dont ils font partie, une instruction qui est en rapport avec leur position : c'est le but des *écoles régimentaires*. — Les écoles régimentaires sont portées au budget pour 135.000 fr.

**2.** — Il existe aussi, dans l'intérêt de l'armée, des gymnases militaires dirigés par des particuliers et placés sous la protection du gouvernement, qui leur paie une subvention. Le but des gymnases est surtout de former des professeurs chargés de répandre la science gymnastique dans les divers corps de l'armée. — Ces gymnases sont portés au budget pour une somme de 34.000 fr.

**3.** — Indépendamment des écoles élémentaires, il y a d'autres établissemens qui dépendent de l'administration de la guerre, et qui ont pour but de donner aux élèves qui les composent une instruction supérieure, et de compléter celle qu'ils ont déjà reçue dans d'autres établissemens : ce sont les *écoles de l'artillerie et du génie*, *l'école d'application d'état-major*, *l'école royale de cavalerie*, *le collège royal militaire*, *l'école polytechnique* et *l'école spéciale militaire* dont nous allons parler dans les paragraphes qui vont suivre.

**4.** — Il y avait, sous le nom *école des pages*, une école militaire spéciale dont les cours, exercices ou examens étaient déterminés d'après des règles analogues à celles des autres écoles militaires. — Ord. 31 déc. 1815, art. 3. — Cette école a cessé d'exister.

§ 1er. — *École d'application d'artillerie et du génie* (n° 5).

§ 2. — *École d'application d'état major* (n° 23).

§ 3. — *École royale de cavalerie* (n° 38).

§ 4. — *Collège royal militaire de la Flèche* (n° 61).

§ 5. — *École polytechnique* (n° 79).

§ 6. — *École spéciale militaire* (n° 147).

### § 1er. — École d'application d'artillerie et du génie.

**5.** — Il existait autrefois deux écoles d'artillerie et du génie, l'une à Châlons, l'autre à Metz. Elles ont été réunies en une seule, qui a conservé ce nom et qui est établie à Metz. — Décr. 12 vend. an XI, art. 1er. — Cette école fournit les élèves nécessaires aux corps de l'artillerie de terre et de mer, et aux corps du génie, soit pour le service du continent, soit pour celui des colonies. — Art. 2.

**6.** — Les autres dispositions de ce décret ont été rapportées ou modifiées par ordonn. du 5 juin 1831, dont nous parlerons plus loin. Mais dans l'intervalle sont intervenues diverses dispositions qu'il peut être utile de consulter. Nous mentionnerons un règlement ministériel, du 26 mars 1807, en quarante-huit articles, imprimé pour l'usage de la guerre, et une ordonnance du 8 août 1821, relative à la formation et aux attributions du jury d'examen pour la sortie des élèves de l'école; cette ordonnance est reproduite dans celle du 5 juin 1831.

**7.** — Enfin, une autre ordonnance du 12 mars 1828 avait prescrit la formation d'une commission pour rédiger un travail préparatoire sur le perfectionnement du régime et de l'instruction de l'école. C'est du travail de cette commission qu'est sortie l'ordonnance du 5 juin 1831, dont nous allons parler.

**8.** — L'école n'admet que des élèves de l'école Polytechnique reconnus admissibles dans les services publics par le jury d'examen de cette dernière école. — Ord. 5 juin 1831, art. 1er.

**9.** — Le ministre de la guerre détermine chaque année le nombre des élèves à recevoir pour chacune des deux armes de l'artillerie et du génie, d'après les besoins présumés du service. — Art. 2.

**10.** — L'école est commandée par un maréchal-de-camp pris alternativement dans l'arme de l'artillerie et dans celle du génie; le commandant en second est toujours pris dans l'arme dont le commandant ne fait pas partie. — Art. 3 et 4.

**11.** — Ils sont nommés le roi; les autres officiers composant l'état-major de l'école sont nommés par le ministre de la guerre. — Art. 6.

**12.** — En arrivant à l'école, les élèves ont le grade de sous-lieutenant, et ils portent les marques distinctives de ce grade; mais ils n'en reçoivent le brevet et ne sont classés définitivement d'après leurs armes respectives qu'après avoir satisfait aux examens de sortie, et selon leur ordre de mérite. — Art. 20.

**13.** — L'enseignement comprend l'instruction commune aux deux armes et l'instruction spéciale à chacune d'elles. — Art. 21. — Les art. 22 et 23 détaillent les points sur lesquels cet enseignement doit porter ; il est donné par onze professeurs et par des adjoints dont les attributions sont fixées par l'art. 7 de l'ordonnance, et qui sont choisis par le ministre de la guerre parmi les corps de l'artillerie et du génie. Aucune personne étrangère à l'école ou aux corps d'artillerie et du génie ne peut, aux termes de l'art. 26, participer à l'instruction ni aux exercices des élèves sans une autorisation spéciale du roi.

**14.** — L'ordre et la durée des travaux, la composition du conseil d'instruction et de celui d'administration, leurs attributions, la comptabilité, la formation et les attributions du jury d'examen, la tenue, la police et la discipline sont réglés par les art. 27 et suiv. de cette ord. 5 juin 1831.

**15.** — Le roi seul a droit de prononcer l'exclusion d'un élève, sur le rapport du ministre de la guerre, après qu'il a pris l'avis du comité de l'arme à laquelle appartient l'élève. — L'élève inculpé est entendu dans sa défense. — Ord. 5 juin 1831, art. 45.

**16.** — Le jury d'examen, qui s'assemble à Metz le 1er déc. de chaque année (ord. 18 sept. 1837. art. 1er), procède, lorsque les examens sont terminés, au classement définitif des élèves. Ceux que le jury juge suffisamment instruits sont admis dans l'arme à laquelle ils sont destinés, et sont classés définitivement suivant l'ordre déterminé par le jury d'examen. — Ord. 5 juin 1831, art. 51 et 52.

**17.** — Les élèves dont l'instruction serait incomplète pour cause de maladie ou autres motifs excusables, ce qui est constaté par une déclaration du jury d'examen, restent de droit une troisième année à l'école. — Art. 54.

**18.** — Les élèves qui, pour motif d'inconduite ou de négligence, ne seraient pas reconnus admissibles par le jury d'examen ne peuvent être autorisés à passer une troisième année à l'école que sur la demande spéciale du jury. — Art. 55.

**19.** — Les élèves qui, n'ayant pas été jugés admissibles, après deux ans d'études, à l'école d'application, y auraient passé une troisième année, concurrent avec ceux de la promotion sortant cette même année pour être classés et prendre rang avec eux. La date de leur nomination au grade de sous-lieutenant est fixée à la même époque que pour les élèves de cette promotion. — Art. 56.

**20.** — Si, après avoir passé trois années à l'école, les élèves sont déclarés inadmissibles, ils ne peuvent entrer comme officiers dans les corps de l'artillerie et du génie. — Art. 57.

**21.** — Les élèves jouissent de la solde annuelle de treize cents francs. — Art. 78.

**22.** — On leur compte la raison du temps consacré à leurs études, soit pour la retraite, soit pour l'obtention des décorations militaires, quatre années de service d'officier, à l'instant de leur admission à l'école d'application. — Art. 62.

### § 2. — École royale d'application d'état-major.

**23.** — Pour subvenir aux besoins du service, il a été établi une école d'application pour les officiers destinés au service de l'état-major. — Ord. 6 mai 1818, art. 1.

**24.** — Cette école est établie à Paris près du dépôt de la guerre. — Art. 31. — Le nombre des admissions est déterminé chaque année par le ministre de la guerre, selon les besoins du service. — Art. 32.

**25.** — L'ordonnance du 23 fév. 1832 établit à l'école d'état-major un nombre de sous-lieutenans élèves, dont vingt-cinq sont annuellement remplacés et pris, savoir : trois parmi les élèves de l'école Polytechnique, vingt-deux parmi les trente première élèves de l'école spéciale militaire et parmi trente sous-lieutenans en activité au plus, qui ayant au moins un an de grade et ne dépassant pas vingt-cinq ans d'âge, se destinent à l'état-major. — Art. 22.

**26.** — Tout sous-lieutenant qui se propose de concourir pour le corps d'état-major, doit adresser sa demande à l'inspecteur général avant le 1er août et, en l'absence de celui-ci, au lieutenant général commandant la division, qui la transmet au ministre avant le 20 du même mois, avec son avis et les renseignemens qu'il a recueillis sur cet officier. — Art. 24.

**27.** — Le ministre désigne les officiers qui doivent être admis au concours, et leur donne l'ordre de s'y rendre. Ils continuent à recevoir la solde d'activité de leur grade. — Art. 24.

**28.** — Les élèves de l'école spéciale de Saint-Cyr, classés les trente premiers à l'examen de sortie, concurrent avec les sous-lieutenans de l'armée pour l'admission à l'école d'application d'état-major. — Ord. 23 fév. 1833, art. 24.

**29.** — Les sous-lieutenans admis à l'école ne sont remplacés à leurs corps; les autres y rentrent immédiatement. Les trente élèves de l'école spéciale destinés, de leur bon numéro d'examen, à concourir pour l'école d'application, sont en même temps que les autres élèves de leur promotion, assignés à l'école de cavalerie ou à des régimens d'infanterie. Ceux des élèves qui ont été admis à l'école d'application comptent dans leurs corps d'infanterie ou de cavalerie qui leur ont été désignés. Les trois élèves de l'école polytechnique sont placés, à leur choix, dans la cavalerie ou dans l'infanterie. Les élèves non admis se rendent soit à l'école de cavalerie soit dans les régimens d'infanterie. — Art. 25.

**30.** — Les élèves restent deux ans à l'école d'application et y sont répartis en deux divisions. Ils sont, d'après l'examen de sortie, divisés en deux classes : 1° Des élèves qui, ayant satisfait aux conditions de cet examen, sont admissibles dans le corps de l'état-major; 2° des élèves qui, n'ayant pas satisfait à ces conditions, ne sont pas admissibles dans ce corps. — Art. 26.

**31.** — Les élèves admissibles sont immédiatement appelés, dans l'ordre de leur numéro de sortie, à remplir les emplois de lieutenans vacans dans le corps d'état-major. Ceux des élèves provenant des régimens et qui, pendant leur séjour à l'école, auraient été nommés lieutenans dans les corps, prennent rang dans l'état-major à la date de

cette nomination. Les élèves qui n'ont pas acquis le grade de lieutenant dans un régiment, prennent rang, quelle que soit leur ancienneté de sous-lieutenant, d'après leur numéro d'examen de sortie de l'école, concurremment avec les sous-lieutenans provenant des écoles. Les élèves admissibles, mais qui excèdent le nombre des vacances prennent, dans les régimens d'infanterie ou de cavalerie, l'emploi qui leur a été réservé pendant leur séjour à l'école d'état-major. Les élèves sortis des régimens ont droit aux premiers emplois de lieutenant vacans dans leurs corps, au tour du choix. Les élèves sortis d'une école sont portés au tableau d'avancement à leur arrivée dans les corps. — Art. 27.

32. — Les élèves non admissibles reçoivent immédiatement la destination qui leur a été réservée, soit dans les corps d'infanterie, mais sans droit aux premières vacances, ni à l'inscription immédiate sur le tableau d'avancement. — Art. 28.

33. — Les élèves sont assimilés pour la solde, le régime intérieur et la discipline, aux élèves de l'école d'application de l'artillerie et du génie. — Ord. 6 mai 1818, art. 33.

34. — L'école est commandée par un maréchal de camp d'état-major, qui a sous ses ordres un lieutenant-colonel et un chef de bataillon. — Art. 35.

35. — Les art. 36 et 37, ord. 6 mai 1818, déterminent les matières que l'enseignement doit comprendre, les catégories des professeurs, et le pouvoir réglementaire et disciplinaire conféré au ministre de la guerre.

36. — Les élèves de l'école d'application d'état-major sont employés, chaque année, pendant trois mois, avec ceux du corps des ingénieurs géographes, et sous la direction des professeurs de ce dernier corps, à des levées de terrains et à des reconnaissances militaires. — Ord. 6 mai 1818, art. 38.

37. — Chaque année, les élèves subissent un examen soit pour entrer de la première division dans la seconde, soit pour obtenir, à la fin des études, le grade d'aide-major, avec lequel ils sont envoyés dans les différens corps de l'armée pour y compléter leur instruction. Le second examen roule sur toutes les parties de l'instruction enseignée à l'école. — Art. 39.

## § 3. — *Ecole royale de cavalerie.*

38. — Une ordonnance du 23 déc. 1814 avait prescrit l'établissement à Saumur d'une école d'instruction pour les troupes à cheval. L'école organisée en vertu de cette ordonnance, fut supprimée par ordonnance du 20 mars 1822. Une première ordonnance du 5 nov. 1823 avait établi une école d'application de cavalerie à Versailles, et une deuxième ordonnance du même jour établissait dans la même ville une école de trompettes.

39. — Par une ordonnance du 11 nov. 1824, ces deux écoles ont été transportées à Saumur et réunies en une seule. L'organisation qu'elles avaient reçue par les deux ordonnances du 5 nov. 1823, a été modifiée par l'ordonnance du 10 mars 1825, et en dernier lieu par celle du 7 nov. 1845.

40. — Aux termes de l'ordonnance de 1825, l'école a pris le nom d'*Ecole royale de cavalerie*.

41. — Cette école est instituée pour perfectionner les officiers des corps de troupes à cheval dans toutes les connaissances nécessaires à l'officier de cavalerie, et spécialement dans les principes de l'équitation; pour instruire les élèves de l'école spéciale militaire qui sont destinés au service de la cavalerie, former des instructeurs appelés à reporter dans les régimens un mode d'instruction uniforme, et créer, dans le même but, une pépinière de sous-officiers instructeurs. Elle est également destinée à former des maréchaux-ferrans et des trompettes pour les corps de troupes à cheval. — Ord. 7 nov. 1845, art. 1er.

42. — Il y a à l'école royale de cavalerie deux divisions d'officiers d'instruction, une division de sous-officiers d'instruction, deux divisions d'officiers élèves, une division d'élèves instructeurs de cavalerie de réserve, une division d'élèves instructeurs de dragons, une division d'élèves instructeurs de lanciers, une division d'élèves instructeurs de cavalerie légère, une division d'élèves maréchaux-ferrans, une division d'élèves trompettes. — Art. 2.

43. — Le nombre d'hommes formant chacune des divisions est déterminé par l'art. 3 de l'ordonnance précitée.

44. — Les officiers et sous-officiers d'instruction et les élèves des diverses catégories sont nommés par le ministre de la guerre. — Ils comptent tous dans les corps de troupes, d'où ils sont considérés comme détachés pendant la durée des cours de l'école. — Ils jouissent d'une solde déterminée par l'ordonnance. — Art. 4.

45. — L'instruction de l'école de cavalerie est toute militaire et basée sur les ordonnances et les réglemens en vigueur pour les troupes à cheval. L'art. 5, ord. 7 nov. 1845, détermine les diverses parties qu'elle comprend. — Art. 5.

46. — Les art. 7, 8 et 9 de l'ordonnance déterminent la direction de l'instruction, la durée des études, la nature et la forme des examens. Les articles suivans règlent le grade et les corps de l'armée parmi lesquels sont choisis les militaires qui doivent être admis à l'école, soit comme officiers d'instruction, soit comme sous-officiers d'instruction, soit comme officiers élèves, soit comme élèves instructeurs, et les avantages accordés à ceux qui subissent avec distinction leurs examens de sortie de l'école.

47. — La division d'élèves maréchaux-ferrans et celle d'élèves trompettes forment un escadron dont l'organisation est réglée par les art. 33 et 34 de l'ordonnance.

48. — La division des élèves trompettes se recrute parmi les enfans de troupe de toutes armes et parmi les enfans des militaires du corps de la gendarmerie, les uns et les autres âgés de quinze à dix-sept ans. Les élèves trompettes provenant des enfans de troupe continuent de compter à l'effectif de leurs corps pendant la durée des cours. — En cas d'insuffisance des deux modes de recrutement ci-dessus indiqués, des jeunes gens de la classe civile, sachant lire et écrire, et choisis de préférence parmi ceux ayant atteint leur quinzième année, sont admis à l'école comme élèves trompettes, avec le consentement de leur père, mère ou tuteur, et sur un certificat d'acceptation du commandant de l'école. — Art. 35.

49. — Lorsqu'ils ont atteint leur dix-huitième année, les élèves trompettes sont tenus de contracter un engagement conformément à la loi, et de s'obliger, en même temps, à servir dans un corps, comme trompettes ou musiciens, au moins pendant trois ans, à dater du jour de leur sortie de l'école. — Art. 36.

50. — Les élèves maréchaux-ferrans et les élèves trompettes liés au service militaire ou comptant comme enfans de troupe dans les régimens sont renvoyés à leurs corps si, après six mois de présence à l'école, ils ne montrent pas les dispositions nécessaires pour en suivre les cours. — Dans le même cas, les élèves trompettes, qui ne sont pas liés au service, sont rendus à leur famille. — Art. 37.

51. — Le cadre constitutif de l'école de cavalerie est réglé par les art. 38 et suiv. de l'ord. du 7 nov. 1845.

52. — L'école est commandée par un officier général et par un colonel commandant en second, lesquels sont nommés par le roi, sur la proposition du ministre de la guerre, qui nomme aux autres emplois d'officiers du cadre constitutif de l'école. Les maréchaux-des-logis et les brigadiers de ce même cadre sont nommés par le commandant de l'école. — Le ministre de la guerre nomme les écuyers et sous-écuyers civils, les maîtres et sous-maîtres de manége, le maître de musique, le maître maréchal-ferrant, le maître d'escrime et les employés d'administration. Les agens subalternes et palefreniers sont choisis par le commandant de l'école. — Art. 38, 44 et suiv.

53. — Les attributions des divers officiers compris au cadre constitutif sont réglées par les art. 48 et suiv. de l'ordonnance, dont l'art. 54 fait connaître la composition du conseil d'instruction.

54. — Cette même ordonnance détermine dans ses art. 55 et suiv. les traitemens alloués aux officiers et militaires de divers grades appartenant au cadre constitutif de l'école, ainsi qu'aux écuyers et aux divers employés civils. Elle règle, art. 60-63, l'avancement des officiers et sous-officiers, et traite, art. 64-67, ce qui concerne l'administration.

55. — L'école est inspectée tous les ans par un lieutenant-général de cavalerie. Il assiste aux examens de sortie, et préside, pendant ces examens, le conseil d'instruction. Au cas de partage égal des voix sur le mérite et le classement des élèves, sa voix est prépondérante. — Art. 69.

56. — Dans les réunions militaires dont l'école est appelée à faire partie, elle marche en tête de tous les corps de troupes à cheval. — Art. 70.

57. — Les officiers-généraux investis de l'autorité militaire dans la division où l'école est établie, ne peuvent requérir son concours que dans les cas de force majeure, et pour un service d'ordre et de sûreté. — Art. 74.

58. — Le ministre de la guerre détermine par des réglemens particuliers tout ce qui est relatif au service intérieur, à l'emploi du temps, à la discipline, à l'administration et à la comptabilité de l'école de cavalerie, en se conformant aux dispositions de l'ord. du 7 nov. 1845. — Art. 72.

59. — Les officiers d'instruction et les élèves de cavalerie paient annuellement la somme de 100 fr. pour les services qu'ils sont autorisés à exiger des palefreniers; cette somme entre en déduction du salaire déterminé pour les palefreniers. — Ord. 10 mars 1825, art. 19.

60. — Si l'inconduite d'un officier d'instruction ou d'un élève de cavalerie nécessite son renvoi de l'école, la proposition en est faite au ministre de la guerre, qui donne des ordres en conséquence. Si le renvoi est confirmé, il est fait mention de cette décision sur le registre de l'école royale de cavalerie et sur celui du régiment auquel l'officier appartient. — Si les fautes sont assez graves pour motiver la réforme, le ministre de la guerre prend les ordres du roi à ce sujet. — Ord. 10 mars 1825, art. 32.

## § 4. — *Collége royal militaire de la Flèche.*

61. — Une décision royale du 10 nov. 1830, non insérée au *Bulletin des lois*, a supprimé l'école préparatoire militaire établie à la Flèche, et une autre décision du 21 fév. 1831, non susceptible d'insertion, aux termes d'une lettre du ministre de la guerre du 11 août suivant, a ordonné la formation d'un collége militaire, qui a été organisé par ordonnance du 12 avr. 1831.

62. — Cet établissement est placé sous la direction du ministre de la guerre, et dans les bâtimens qu'occupait l'école préparatoire supprimée. Il est destiné à trois cents élèves entretenus aux frais de l'état, et choisis parmi les enfans dont les pères auraient servi ou serviraient encore comme officiers dans les armées, lorsque la fortune de leurs parens ne permet pas de pourvoir autrement à leur éducation. — Art. 1 et 2.

63. — Les places gratuites sont accordées de préférence aux orphelins de père et de mère, et subsidiairement aux enfans à la charge de leurs mères, dans l'ordre ci-après : 1° aux orphelins dont les pères ont été tués au service, ou sont morts des blessures qu'ils ont reçues à la guerre; — 2° ou qui sont morts soit au service soit après l'avoir quitté avec une pension de retraite; — 3° aux enfans dont les pères ont été amputés, ou sont restés estropiés par suite des blessures reçues à la guerre. — Art. 3.

64. — Les enfans remplissant les conditions précitées ne seront admis au collége, à titre gratuit, que lorsque leurs parens ou tuteurs auront produit, à l'appui de leur demande, notamment, l'acte de naissance de l'enfant, revêtu des formalités prescrites par la loi à l'effet de constater qu'à l'époque fixée pour l'admission annuelle des élèves il aura dix ans accomplis et n'en aura pas plus de douze; un certificat constatant le degré de son instruction; et un état, appuyé des pièces authentiques, constatant la durée et la nature des services du père, son grade et l'époque de sa mort, de ses blessures ou de sa retraite; un certificat du sous-préfet, vérifié par le préfet, par lequel ce fonctionnaire, après avoir pris les renseignemens nécessaires, attestera que l'enfant et ses parens sont sans fortune. — Art. 4.

65. — Il est également, d'après l'art. 5, admis au collége royal cent élèves à demi-bourses, ainsi que des pensionnaires entretenus en entier aux frais des familles. Les art. 6 et 7 déterminent les pièces à produire par les parens des élèves admis à demi-bourse. — Pour le prix de la pension et le trousseau, V. les art. 9 et 10.

66. — Un censeur des études est chargé de régler toutes les parties de l'enseignement, qui se compose d'un cours complet d'humanités, y compris la rhétorique; d'un cours de mathématiques; d'un cours d'histoire et de géographie; d'un cours de langue allemande; d'un cours élémentaire de dessin et d'exercices gymnastiques. Il a sous sa direction les professeurs, agrégés et maîtres, dont le nombre et les fonctions sont déterminés par le ministre, d'après les besoins du service. — Les élèves complètent à l'école leur éducation religieuse. — Art. 13 et 16.

67. — Le commandement est confié à un officier général en retraite, ou dans les cadres de réserve: il a sous ses ordres un officier supérieur du grade de lieutenant-colonel ou de chef de bataillon, un capitaine et un lieutenant. — Le commandant, nommé par le roi sur la proposition du ministre de la guerre, est spécialement chargé de l'exécution des ordonnances, réglemens ou instructions concernant l'école; son autorité s'étend sur toutes les parties de l'administration, de l'instruction et du service. — Art. 14 et 15.

68. — Deux ecclésiastiques nommés par le ministre, et exerçant les fonctions, l'un d'aumônier, l'autre de chapelain, sont attachés à l'école, et chargés, sous la surveillance du commandant, du service du culte et de l'instruction religieuse des élèves. — Art. 17.

69.—Il existe au collége royal militaire des conseils d'instruction, de discipline et d'administration dont la composition est déterminée par les art. 1er et suiv. de l'ord. 13 fév. 1842. — Aux termes de l'art. 2 de cette même ordonnance, aucun professeur ne peut faire partie en même temps de deux conseils différens.

70. — Un conseil spécial dit *conseil de vacances* est en outre établi pour le temps des vacances. Les art. 5 et 6, ord. 13 fév. 1842, en déterminent la composition. Il réunit les diverses attributions dévolues aux conseils d'instruction, de discipline et d'administration, attributions qui sont déterminées par les art. 19, 20, 24 et 25 de l'ord. du 12 avr. 1831.

71. — Aucune punition corporelle ne peut être infligée aux élèves pour quelque motif et sous quelque prétexte que ce soit. — Dans le cas où il y a lieu de proposer au ministre le renvoi d'un élève, la proposition est accompagnée d'un avis motivé, signé par tous les membres du conseil de discipline, auquel est confié le soin de délibérer sur les punitions à infliger en cas de fautes graves, lorsque le commandant a demandé son avis. — Art. 20.

72. — L'école est inspectée tous les ans par un officier général des armes spéciales désigné par le ministre, avec mission de s'assurer de l'état de l'instruction, des progrès des élèves et de la direction donnée aux études. Il peut lui être adjoint un inspecteur civil choisi parmi les hommes qui ont suivi la carrière de l'enseignement. — Un intendant militaire inspecte le collége royal sous le rapport administratif, au moins une fois par an. — Art. 25, 26 et 28.

73. — L'admission au collége des enfans nommés élèves, à quelque titre que ce soit, est subordonnée à la décision d'un jury chargé de les interroger. — Ce jury est composé du censeur des études et de quatre professeurs.— Lorsque le jury reconnaît qu'un élève n'a pas, à raison de son âge, les connaissances exigées, il en rend compte au conseil d'administration, qui propose au ministre l'ajournement à une époque déterminée ou la radiation du tableau. — Art. 29.

74. — Lors de la tournée annuelle des examinateurs pour l'admission à l'école Polytechnique et à l'école spéciale militaire, les jeunes gens qui par leur âge et leur instruction sont susceptibles de concourir pour l'une ou l'autre, sont présentés par le commandant du collége à l'examinateur d'admission dans la tournée duquel la ville de La Flèche est comprise. Il en est de même pour les élèves qui veulent se présenter au concours pour les autres écoles dans lesquelles l'admission est subordonnée à de pareils examens. — Art. 30.

75. — Les fonctionnaires du collége royal sont tous nommés par le ministre de la guerre, à l'exception du commandant dont la nomination appartient au roi. — Le commandant nomme, sur la proposition du conseil d'administration, les employés et agens subalternes. — Art. 31 et 32.

76. — Les fonctionnaires civils payés sur les fonds du collége subissent sur leur traitement une retenue de 5 p. %. Elle leur donne droit à la pension de retraite, dont la quotité et les conditions sont fixées par l'ordonn. du 24 nov. 1818. — Art. 33.

77. — Les enfans de la ville de La Flèche peuvent être admis comme externes à suivre les cours du collége royal militaire, moyennant une rétribution de 5 fr. par mois. — Art. 34.

78. — L'utilité et l'existence du collége de La Flèche ont souvent été mises en question. Une réduction de 6,000 fr. à réaliser par l'admission de douze boursiers en moins, afin de proposer ainsi l'extinction graduelle de l'établissement, a été proposée par la commission du budget de 1836. Mais cette réduction n'a été acceptée par le gouvernement et votée par la chambre que sous la réserve expresse qu'on laisserait au gouvernement le choix des moyens pour la réaliser, et il l'a fait sans diminuer le nombre des boursiers. — Dans l'exposé du buget spécial de son département, pour 1837, le ministre de la guerre s'est efforcé de démontrer l'utilité du collége royal militaire. La somme demandée par lui pour l'entretien de 400 élèves était seulement de 326,000 fr. — Lerat de Magnitot, *Dict. adm.*, vº *Écoles de perfectionnement*, § 10.

## § 5. — *Ecole Polytechnique.*

79. — Cette école, instituée par une loi du 21 vent. an II, portait d'abord le nom d'*école Centrale des Travaux publics*. Elle a été ouverte le 10 frim. an III. — Décr. 7 vendém. an III, art. 1er.

80. — Pour y être admis il suffisait, comme condition de capacité, de connaître l'arithmétique, les élémens d'algèbre et de géométrie. — Même décret, art. 2.

81. — Les élèves admis par les examinateurs et appelés à Paris, siége de l'école, par la commission des travaux publics, recevaient pour leur voyage les frais des militaires isolés en route, comme canonniers de première classe.— Même décret, art. 13.

82. — A compter du jour de leur arrivée, ils jouissaient d'un traitement de 1,200 fr. par an, pendant leur séjour à l'école qui était de trois ans et de quatre ans au plus. — Art. 14.

83. — Un décret du 15 fruct. suivant a substitué au nom que portait cette école celui d'*école Polytechnique*, qu'elle porte encore aujourd'hui.— Art. 1er.

84. — Les connaissances exigées pour les candidats ont été étendues et comprenaient la théorie des suites, la géométrie, les applications de l'algèbre à la géométrie et les sections coniques; les autres dispositions du décret précédent étaient maintenues.

85. — Le décret du 30 vend. an IV, rendu pour l'organisation des *écoles de services publics*, traitait, dans son titre 2, de l'organisation de l'école Polytechnique. L'art. 1er de ce titre plaçait cette école dans les attributions du ministre de l'intérieur.

86. — Cette école était destinée, aux termes du même article, à former des élèves pour le service de l'artillerie, du génie militaire, des ponts-et-chaussées et constructions civiles, des mines, des constructions de vaisseaux et bâtimens de mer, de la topographie et, en même temps, pour l'exercice libre des professions qui nécessitent des connaissances mathématiques et physiques. — Cette destination est la même aujourd'hui. — V. *infrà* nº 109.

87. —Les conditions et le mode d'examen, ainsi que la durée des études, restèrent fixés suivant les dispositions des décrets antérieurs. Le décret du 30 vend. autorisait les élèves à concourir, après deux années d'études, pour l'admission aux écoles d'application. Dans le cas d'admission dans le génie militaire et dans les ponts-et-chaussées, le traitement était augmenté de 300 fr. — Art. 10.

88. — La géométrie descriptive, la statistique, la chimie et la physique furent ajoutées aux connaissances exigées pour l'admission à l'école, par un décret du 7 fruct. an VI.

89. — Le nombre des élèves fut réduit de 360 à 300, par la loi 25 frim. an VIII, art. 2.—L'âge des candidats fut maintenu de seize à vingt ans (art. 4). Néanmoins, l'art. 5 faisait exception à cette règle en autorisant à concourir, jusqu'à l'âge de vingt-six ans accomplis, tout Français qui avait fait deux campagnes de guerre dans les armées de la République, ou un service militaire pendant trois ans.

90. — Les art. 12 à 16 posaient les bases générales de l'enseignement. Le tit. 4 y était consacré au régime intérieur et à la discipline de l'école. L'uniforme y est mentionné pour la première fois. Les boutons portent, depuis cette époque, ces mots : *Ecole Polytechnique.*

91. — Les élèves furent partagés en deux divisions, et passaient de la première dans la seconde par des examens dits de *passage*. Les examens de deuxième année, dont le but était de faire concourir pour l'admission aux services publics, devinrent obligatoires, de facultatifs qu'ils étaient. Les élèves qui refusaient de les subir étaient renvoyés de l'école. — Art. 18.

92. — Le titre 5 était consacré aux examens de sortie des élèves, et le titre suivant à la composition du personnel scientifique de l'école.

93. — Le traitement de 1,200 fr. accordé à chaque élève par les décrets antérieurs, fut réduit, par la loi du 25 frim., à une solde de 98 cent. par jour, plus à un secours de 18 fr. par mois, accordé aux élèves qui justifiaient ne pouvoir pas s'en passer. — Art. 43, 44.

94. — Ce système de rétribution fut aboli par le décret du 22 fructid. an XIII, qui, loin d'allouer une solde, ou des secours aux élèves, les obligea, indépendamment du trousseau à fournir, à payer une pension annuelle de 800 fr.

95. — L'école Polytechnique fut licenciée par ordonnance du 13 avr. 1816, pour cause d'insubordination, dit l'ordonnance du 4 sept. suivant, qui réorganisa cette école, et dont l'art. 1er la plaça sous la protection du duc d'Angoulême.

96. — Les conditions et le mode des examens d'admission, la destination de l'école, la division des élèves en deux divisions, l'obligation de l'uniforme, le régime militaire intérieur, restèrent les mêmes, à quelques modifications près, que sous les lois antérieures.

97. — L'ouverture des examens d'admission fut fixée au 1er août de chaque année. Les opérations de ces concours devaient être terminées le 15 sept. au plus tard. Aux conditions précédemment exigées il faut joindre le dessin et des connaissances littéraires, qui consistent dans la traduction d'un auteur latin de rhétorique, et dans une composition écrite sur un sujet donné. — Art. 18 et 21.

98. — Une ordonnance du 17 sept. 1822, qui, maintenant l'école sous la protection du duc d'Angoulême, n'avait d'autre objet que de la soumettre à l'administration d'un gouverneur et d'un sous-gouverneur, est aujourd'hui sans objet.

99. — L'ordonnance du 20 oct. suivant, en maintenant au 1er août l'ouverture des examens d'admission, imposa aux candidats l'obligation de se faire inscrire deux mois d'avance à la préfecture du département qu'ils habitent. — Art. 7.

100. — Le prix de la rétribution annuelle fut élevé à 1,000 fr. pour chaque élève ; mais il fut créé vingt-quatre bourses, dont huit accordées au ministre de l'intérieur, douze à celui de la guerre et quatre à celui de la marine. — Ces dispositions sont encore en vigueur.

101. — Le 6 août 1830, le lieutenant-général du royaume rendit une ordonnance par laquelle, « considérant les services distingués rendus par les élèves de l'école Polytechnique à la cause de la patrie et de la liberté, et la part glorieuse par eux prise aux héroïques journées des 27, 28 et 29 juillet, » tous les élèves qui avaient concouru à la défense de Paris furent nommés lieutenans, sans être obligés de subir d'examens de sortie.

102. — Des avantages analogues étaient accordés à ceux qui se destinaient à des services civils. —Les élèves ont dû, aux termes de l'art. 5 de cette ordonnance, désigner ceux d'entre eux qui avaient mérité la décoration de la Légion-d'Honneur.

103. — L'ordonnance du 13 nov. 1830 a placé l'école Polytechnique dans les attributions du ministre de la guerre, et lui a donné pour chef un officier-général pris dans les corps militaires; il porte le titre de *commandant de l'école*. Un officier supérieur, pris dans les corps qui s'alimentent à l'école, commandait en second. Il ne pouvait être de la même arme que le commandant en chef. — Art. 2 et 3.

104. — Ces diverses dispositions ont été maintenues par l'ordonn. du 25 nov. 1831, qui a, de nouveau, organisé l'école Polytechnique, et qui contient un réglement complet sur l'administration et l'enseignement de l'école.

105. — Un assez grand nombre d'élèves de l'école ayant pris part aux troubles des 5 et 6 juin 1832, l'école fut encore licenciée. Les élèves qui refusèrent de suivre ce mouvement, et qui *défendirent avec honneur*, dit l'ord. du 6 juin 1832, *les armes dont les élèves séditieux voulaient s'emparer*, furent conservés comme noyau de la nouvelle école qui devait être immédiatement réorganisée. Les autres furent renvoyés dans leurs familles.

106. — Cette réorganisation a eu lieu par l'ordonnance du 30 oct. 1832, qui maintint en grande partie les dispositions antérieures.

107. — L'art. 4 ajoutait au personnel de l'école un *capitaine instructeur*, ayant la direction immédiate des exercices militaires, et était chargé, en outre, du service de l'habillement, de l'armement et du casernement. Il était chargé de remplir les fonctions d'adjudant-major quand le bataillon était sous les armes, et était pris parmi les capitaines des corps d'infanterie. — Art. 9.

108. — Enfin, l'école licenciée de nouveau par ordonnance du 15 août 1844, pour actes de désobéissance et de désordre, a été réorganisée par ordonnance du 30 oct. 1844, qui a apporté diverses modifications aux ordonnances antérieures. C'est cette ordonnance qui régit aujourd'hui l'école. Nous allons faire connaître ses diverses dispositions.

109. — L'école royale Polytechnique est spécialement destinée à former des élèves pour les services de l'artillerie de terre et de l'artillerie de mer, le génie militaire et le génie maritime, la marine royale et le corps des ingénieurs hydrographes, les ponts et chaussées et les mines, le corps royal d'état-major, les poudres et salpêtres, enfin pour les autres services publics qui exigent des connaissances étendues dans les sciences mathématiques, physiques et chimiques. — Ord. 30 oct. 1844, art. 1er.

110. — Les quatre cinquièmes des places vacantes d'élèves-inspecteurs des lignes télégraphiques sont aussi accordées, par ordonn. du 11 août 1844, aux élèves sortant de l'école Polytechnique

déclarés admissibles dans les emplois publics.

111. — Le nombre de places affecté dans la marine aux élèves sortis admissibles de l'école ne peut s'élever au-dessus de six. — Ces élèves prennent rang avec les élèves de la marine de première classe, à dater du jour de leur nomination, et ils jouissent des émolumens et prérogatives attachés à ce grade. — Ord. 17 avr. 1822, 4 mars 1831.

112. — Nul élève ne peut être admis dans les services publics que nous venons d'énumérer qu'après avoir satisfait aux examens de sortie de l'école. L'accomplissement de cette condition ne constitue cependant aucun droit à l'admission dans ces services ; celle-ci est toujours subordonnée au nombre de places disponibles au moment de la sortie de l'école. — Ord. 30 oct. 1844, art. 2.

113. — L'école royale Polytechnique est établie à Paris et placée dans les attributions du ministre de la guerre. — Chaque année celui-ci détermine le nombre d'élèves à admettre à l'école, de manière à subvenir aux besoins présumés des services publics. — Art. 3 et 4.

114. — Le prix de la pension est de 1,000 francs ; celui du trousseau est fixé, chaque année, par le ministre de la guerre. — Art. 6.

115. — Les vingt-quatre bourses établies à l'école sont susceptibles d'être partagées en demi-bourses et sont instituées en faveur d'élèves privés de fortune. Elles ne sont accordées qu'aux élèves qui se trouvent placés dans les deux premiers tiers des listes générales, soit pour l'admission à l'école, soit pour le passage de la première à la deuxième année d'études. Les bourses accordées aux élèves de première année leur sont retirées s'ils ne sont pas compris dans les deux premiers tiers de la liste de passage en deuxième année. — Art. 7.

116. — A l'ouverture de chaque session il est distribué aux chambres un tableau faisant connaître le rang d'admission des élèves boursiers à l'école polytechnique, les noms, demeures et professions de leurs parens. — L. 21 avr. 1832, art. 11.

117. — Nul n'est admis à l'école royale polytechnique que par voie de concours. Des examens publics ont, à cet effet, lieu tous les ans. Le mode en est déterminé par le ministre de la guerre, après qu'il a pris l'avis du conseil de perfectionnement. Il nomme, chaque année, les examinateurs, d'après une liste de candidats en nombre double des examinateurs à nommer, qui lui est présentée par le conseil de perfectionnement. — Ord. 10 oct. 1844, art. 8.

118. — Il faut, pour être admis à concourir, justifier qu'on est français ou naturalisé français ; qu'on a été vacciné ou qu'on a eu la petite vérole ; qu'on a eu plus de seize ans et moins de vingt ans au 1er janvier de l'année du concours. Toutefois, conformément à l'art. 2, L. 14 avr. 1832, sont admis à subir les examens jusqu'à l'âge de vingt-cinq ans les militaires des corps de l'armée, pourvu qu'ils n'aient pas accompli leur vingt-cinquième année avant le jour fixé par le ministre de la guerre pour l'ouverture des examens. Les militaires admis à concourir après l'âge de vingt ans ne peuvent, d'ailleurs, à leur sortie de l'école, être placés que dans les services militaires, sauf le cas où ils auraient accompli la durée de service exigée par la loi sur le recrutement de l'armée et dans laquelle sera compté le temps passé à l'école. — Art. 9.

119. — Le programme des matières sur lesquelles doivent rouler les examens et l'époque de leur ouverture sont arrêtés, chaque année, par le ministre de la guerre, après qu'il a pris l'avis du conseil de perfectionnement. — L'arrêté du ministre est rendu public avant le 1er avril. — Art. 10.

120. — Après la clôture des examens, la liste, par ordre de mérite, des candidats admissibles est dressée par un jury composé du commandant de l'école, président, du commandant en second, du directeur des études, des examinateurs des élèves, des examinateurs d'admission. Ce jury procède dans les formes prescrites par le ministre de la guerre, sur l'avis du conseil de perfectionnement. Il ne peut délibérer, toutefois, qu'autant que les deux tiers de ses membres sont présens. — Art. 11.

121. — Le ministre de la guerre nomme élèves dans la limite qu'il a déterminée et en suivant l'ordre de la liste donnée par le jury, ceux des candidats remplissant les conditions exigées plus haut. — Art. 12.

122. — L'instruction est donnée aux élèves par deux professeurs d'analyse et de mécanique, un professeur de géométrie descriptive, un professeur de physique, deux professeurs de chimie, un professeur de géodésie, de topographie, de machines et d'arithmétique sociale, un professeur d'architecture, un professeur de composition française, un professeur de langue anglaise, un professeur de langue allemande, un professeur pour le dessin de la figure et du paysage, trois maîtres pour le dessin de la figure et du paysage, un maître pour le dessin des machines, un maître pour le dessin topographique, deux répétiteurs du cours d'analyse et de mécanique, un répétiteur de géométrie descriptive, un répétiteur de physique, deux de chimie, un de géodésie, de machines, etc., un d'architecture, un pour les travaux graphiques, un de composition française, un de langue anglaise, un de langue allemande, six répétiteurs adjoints, cinq examinateurs des élèves, dont deux pour les mathématiques, un pour la physique, un pour la chimie, un pour la géométrie descriptive et les arts graphiques. Les examinateurs sont chargés des examens, soit pour le passage des élèves des cours de la première année d'études à ceux de la deuxième, soit pour leur admission dans les services publics. — Art. 5 et 19.

123. — A la tête de ce personnel est un directeur des études ayant sous sa surveillance spéciale tous les détails de l'instruction. Il est membre de tous les conseils de l'école, et est nommé, ainsi que les cinq examinateurs et les professeurs, par le roi, sur la proposition du ministre de la guerre. Celui-ci nomme les répétiteurs et les maîtres. Sur sa demande, le conseil de perfectionnement présente deux candidats toutes les fois qu'il y a lieu de nommer à l'un de ces divers emplois. — Art. 19, 20 et 21.

124. — La durée des cours d'études est de deux ans. Un élève ne peut être autorisé à passer une troisième année à l'école que par une décision du ministre rendue sur la proposition du conseil d'instruction, et dans le cas seulement où, par suite d'une maladie qui aurait occasionné une suspension de travail, il n'aurait pas été en mesure de satisfaire aux examens de première ou de deuxième année. Aucun élève n'est admis à passer plus de trois ans à l'école. L'élève qui a cessé de faire partie de l'école peut y être réadmis, mais seulement par voie de concours, et s'il remplit encore les conditions d'admission. Il ne le pourrait toutefois s'il avait été exclu. — Art. 28 et 43.

125. — L'élève qui par une inconduite habituelle ou par une faute grave se serait mis dans ce cas ou dans celui d'être privé de la bourse ou demi-bourse dont il est titulaire, est cité devant le conseil de discipline. Il est entendu dans ses observations. Son exclusion ou la privation de la bourse ne peut être proposée par le conseil qu'à la majorité de huit voix. Le ministre de la guerre statue. — Art. 43.

126. — Les élèves sont répartis en deux divisions, l'une composée des élèves nouvellement admis, l'autre de ceux ayant terminé leur première année d'études. — Art. 29.

127. — L'école Polytechnique est soumise au régime militaire, en ce qui concerne la discipline intérieure. Les élèves sont casernés et forment quatre compagnies ; leur uniforme est déterminé par ordonnance royale. — Art. 39.

128. — Des élèves sont nommés chefs de salles d'études par le commandant de l'école, d'après leur rang d'admission ou de classement. Ils ont le titre et portent les insignes de sergent-major, de sergent-fourrier ou de sergent. — Art. 40.

129. — Chaque année, après la clôture des cours, les élèves subissent des examens. Les notes données sur l'instruction des élèves dans le courant de l'année sont communiquées aux examinateurs. Les membres du conseil de perfectionnement peuvent assister à ces examens. Ceux de chaque division portent sur toutes les parties de l'enseignement de cette division. — Art. 44 et 45.

130. — Après les examens, le commandant de l'école, le commandant en second, le directeur des études, et les cinq examinateurs se réunissent en jury pour former : 1° la liste générale, par ordre de mérite, des élèves de première année jugés admissibles aux cours de la seconde année ; — 2° la liste générale, par ordre de mérite, des élèves de seconde année reconnus admissibles dans les services publics. — Le ministre de la guerre détermine à l'avance, sur l'avis du conseil de perfectionnement, la proportion suivant laquelle chaque examen, chaque nature de travail, et les notes données tant sur l'instruction des élèves que sur leur conduite, entrent pour le classement sur ces listes. — Art. 46.

131. — Les élèves de deuxième année déclarent, après leur dernier examen, à quel service public ils donnent la préférence, et dans quel ordre, à défaut de places dans ce service, leur choix se porterait sur d'autres services. — Art. 47.

132. — Les élèves admissibles dans les services publics sont répartis jusqu'à concurrence des places disponibles ; ils sont désignés, suivant leur rang, pour le service qu'ils ont demandé, ou, à défaut de place dans ce service, pour celui qui est indiqué subsidiairement dans leur déclaration. Nul élève n'est désigné pour les services militaires qu'après qu'il a été reconnu n'avoir aucune infirmité le rendant impropre à ces services. — Art. 48.

133. — Les élèves admissibles qui, faute de places, n'ont pu être désignés pour le service de leur choix, peuvent, conformément aux art. 8 et 25, L. 14 avr. 1832, être nommés sous-lieutenans dans les corps de l'armée de terre et de mer autres que ceux pour lesquels l'école est destinée à former des élèves. Ils peuvent aussi être reçus à l'école forestière ou être admis à suivre les cours dans une des écoles civiles d'application. — Art. 49.

134. — Le ministre de la guerre détermine par des réglemens particuliers ayant pour base les dispositions de l'ord. du 30 oct. 1844, tout ce qui est relatif au service intérieur, à la discipline, à l'administration et à la comptabilité. — Art. 54.

135. — Le personnel du commandement se compose d'un officier général commandant, d'un colonel ou lieutenant-colonel commandant en second, de six capitaines, de quatre adjudans. — Le roi nomme, sur la proposition du ministre de la guerre, le commandant de l'école et le commandant en second. — Art. 14 et 15. — Avant l'ord. du 30 oct. 1844, le général commandant et le commandant en second devaient tous deux avoir été élèves de l'école, être pris dans les corps militaires que cette école alimente et, cependant, ne pas appartenir à la même arme. L'ordonnance précitée a fait disparaître ces diverses restrictions.

136. — Les capitaines et les adjudans sont nommés par le ministre de la guerre. Les premiers sont choisis parmi les anciens élèves de l'école faisant partie des corps de l'armée. Les adjudans sont choisis parmi les sous-officiers de l'armée. — Art. 15.

137. — Les attributions de ces divers fonctionnaires sont réglées par les art. 16, 17 et 18. Le commandant est placé sous les ordres directs du ministre de la guerre et préside tous les conseils dont le commandant en second est aussi membre.

138. — Le personnel administratif de l'école est choisi par le ministre de la guerre, d'après une liste de deux candidats, dressée chaque fois qu'un emploi est à remplir par le conseil d'administration. Ce personnel se compose d'un administrateur, d'un caissier garde des archives, d'un bibliothécaire, d'un conservateur du mobilier, de trois conservateurs des collections scientifiques, d'employés d'administration et d'agens subalternes. Les derniers sont nommés par le commandant, d'après la présentation duquel sont choisis les employés d'administration. — Le caissier et le conservateur du mobilier sont responsables de leur gestion, et doivent fournir un cautionnement. — Art. 22 et 23.

139. — Il est aussi attaché à l'école un médecin militaire et un chirurgien aide-major. Le service de l'infirmerie est fait par des sœurs de charité. — Art. 24.

140. — Les traitemens des officiers, sous-officiers, fonctionnaires non militaires et employés d'administration, sont fixés par les art. 25 et 26 de l'ordonnance et par un tarif y annexé. — Le traitement de tous les fonctionnaires non militaires est passible des retenues déterminées par l'ord. 26 mai 1832. Ils ont tous droit à des pensions de retraite. Les agens subalternes n'ont droit à aucune pension, aussi leur traitement ne subit aucune retenue. — Art. 26. — Il en était autrement pour ces derniers avant l'ord. du 30 oct. 1844. Aussi, ceux de ces agens dont le traitement était précédemment soumis à la retenue, ont droit à une pension liquidée conformément aux règles en vigueur pour les employés de l'administration centrale de la guerre. — Art. 58.

141. — Les fonctionnaires de l'école, y compris ceux attachés à l'enseignement, ne peuvent être révoqués que par l'autorité qui les a nommés. — Art. 25.

142. — Il y a à l'école Polytechnique un conseil d'instruction et un conseil de perfectionnement, dont la composition et les attributions sont réglées par les art. 31, 32, 33, 34 et 38 de l'ord. du 30 oct. 1844. Ils ne peuvent délibérer qu'autant que la moitié plus un de leurs membres sont présens. En cas de partage égal des voix, celle du président est prépondérante. Lorsque ces conseils ont des candidats à présenter ou des désignations à faire, ils procèdent au scrutin secret. Il n'y a présentation ou désignation de candidats qu'autant que ceux-ci réunissent la moitié plus un des suffrages exprimés. — Art. 36 et 37.

143. — Il y a aussi auprès de l'école un conseil d'administration (art. 50). Sa composition et ses attributions sont déterminées par les art. 51 et 52 de l'ordonnance. L'intendance militaire a la surveillance administrative de l'école. — Art. 53.

144. — Un conseil de discipline est en outre attaché à l'école. L'art. 42 en détermine la composition. Il se réunit sur la convocation du commandant.

145. — Un lieutenant-général est chargé chaque année de l'inspection générale de l'école en ce qui se rapporte au service, à la discipline, à l'administration et à la comptabilité. Un intendant militaire passe l'inspection administrative de l'école. — Art. 55.

146. — Des personnes étrangères à l'école peuvent être admises à en suivre les cours; elles doivent en obtenir du ministre de la guerre la permission expresse.

## § 6. — *École spéciale militaire.*

147. — Les écoles militaires, à l'exception de celle d'Auxerre, ont été supprimées par un décret du 9 sept. 1793. La loi du 11 flor. an X avait prescrit l'établissement d'une école spéciale militaire, et l'arrêté du 8 pluv. an XI avait établi cette école à Fontainebleau. C'est celle qui depuis avait été transférée à La Flèche.

148. — Une ordonnance du 30 juill. 1814 a supprimé les écoles de Saint-Cyr, de Saint-Germain et de La Flèche, et a rétabli sur de nouvelles bases les deux écoles de La Flèche et de Saint-Cyr. Ces deux écoles ont été transformées en écoles préparatoires par une autre ordonnance du 6 sept. 1815. L'école préparatoire de La Flèche a été supprimée et remplacée par un collége royal militaire. — V. *suprà* nos 61 et s. — Quant à l'école de Saint-Cyr, elle a repris son titre d'école spéciale militaire par l'ordonnance du 31 déc. 1817, qui fixait le nombre, l'admission et les conditions de capacité des élèves. Son organisation a d'abord été modifiée par l'ord. du 10 juin 1818, puis par celles des 20 sept. 1832, 21 mai 1837, 21 oct. 1840 et 7 mai 1841.

149. — L'école spéciale militaire a pour objet d'instruire dans les différentes branches de l'art de la guerre et de mettre en état d'entrer comme officiers dans les rangs de l'armée les jeunes gens qui se destinent à la carrière militaire. — Ord. 7 mai 1841, art. 1er.

150. — L'effectif de l'école militaire peut s'élever à six cents élèves, dont un certain nombre entretenus par le ministre de la marine pour le compte de son département. — Art. 2.

151. — L'instruction donnée aux élèves est dirigée vers un but uniquement militaire. — Art. 3.

152. — Un réglement, approuvé par le ministre de la guerre, détermine les cours et exercices qui sont suivis à l'école, et tout ce qui est relatif au service intérieur de l'établissement, à l'inspection et aux examens. — Art. 48.

153. — La durée des études est de deux ans. Toutefois la faculté de passer une troisième année à l'école peut être accordée dans le cas où des circonstances graves auraient occasionné à l'élève une suspension forcée de travail, mais cette faculté ne peut être étendue au-delà de la troisième année. — Art. 4.

154. — L'admission à l'école spéciale militaire ne peut avoir lieu que par voie de concours. Chaque année, le mode, les conditions et l'époque des examens sont déterminés par le ministre de la guerre, qui nomme également les examinateurs. — Art. 5.

155. — Une ordonnance du 21 mai 1837 porte qu'à l'avenir les examinateurs de l'école Polytechnique ne seront plus chargés d'examiner les candidats se destinant à l'école spéciale militaire; qu'il y aura pour cette dernière école quatre examinateurs d'admission, nommés chaque année par le ministre de la guerre, lequel réglera la répartition des arrondissemens d'examen entre les professeurs et l'ordre suivant lequel les tournées devront être faites.

156. — L'ordonnance du 21 oct. 1840 a établi un ou plusieurs jurys d'admission dans les divisions militaires. Chacun d'eux était composé de trois officiers, dont un officier supérieur, président; ils doivent appartenir aux corps de l'état-major, de l'artillerie ou du génie; d'un membre de l'université, professeur de mathématiques, désigné, dans les départemens, par le recteur de l'académie du ressort, à Paris, par le doyen de la faculté des sciences, et pris, autant que possible, dans la ville où siége le jury. Le jury examine les candidats et dresse la liste des admissibles par ordre de mérite.

157. — Nul ne peut être admis à concourir s'il ne justifie : 1° qu'il est Français ou naturalisé Français; — 2° qu'il a été vacciné ou qu'il a eu la petite vérole; — 3° qu'il aura dix-sept ans au moins et vingt ans au plus à l'époque fixée pour l'ouverture des examens. — Les sous-officiers, les caporaux ou brigadiers, et les soldats des corps de l'armée qui auraient fait une campagne ou seraient au service depuis un an au moins peuvent être admis au concours jusqu'à l'âge de vingt-cinq ans, pourvu qu'ils n'aient pas accompli cet âge à l'époque de l'ouverture des examens. — Ord. 7 mai 1841, art. 6.

158. — Les matières sur lesquelles les candidats doivent être examinés sont indiquées dans un programme publié à l'avance. Les candidats qui se présentent avec le diplôme de bachelier ès-lettres n'ont à subir d'examen que sur les mathématiques. — Art. 7. — D'après l'art. 3 de l'ord. du 20 sept. 1832, le programme doit être publié au 1er avril au plus tard.

159. — Avant l'ouverture des examens, et à l'époque fixée par les programmes, les candidats qui n'appartiennent pas à l'armée se font inscrire à la préfecture du département où est établi le domicile de leurs parens, ou dans lequel ils achèvent leurs études. Les élèves du collége royal militaire sont seuls dispensés de cette inscription. Les candidats militaires se font inscrire à la préfecture du département où ils se trouvent, et subissent leur examen dans la ville assignée à ce département ou à celui que, postérieurement à leur inscription, ils viendraient à occuper par suite d'un changement de garnison. — Ord. 7 mai 1841, art. 8.

160. — Après les examens, il est formé un jury spécial chargé de prononcer sur l'admission à l'école des candidats examinés dans tout le royaume. Ce jury se compose d'un lieutenant-général, président, du général commandant l'école, du directeur des études et de quatre autres membres choisis parmi les examinateurs de l'armée et désignés par le ministre de la guerre. — Art. 9.

161. — Le jury spécial d'admission centralise les opérations relatives aux examens, et dresse, par ordre de mérite, une liste de tous les candidats admissibles. Le ministre de la guerre nomme élèves, en suivant l'ordre de cette liste et dans la limite des besoins, ceux des candidats remplissant les conditions voulues. — Art. 10.

162. — A leur arrivée à l'école, les élèves sont soumis à la visite des officiers de santé de l'établissement, et ne peuvent être reçus s'ils se trouvent dans un des cas de réforme prévus par les ordonnances et réglemens sur le recrutement de l'armée. Les élèves non militaires doivent justifier, en outre, du consentement écrit de leurs pères, mères ou tuteurs pour contracter un engagement volontaire lorsqu'ils seront appelés à passer en première division, où ne peuvent être admis que les élèves légalement liés au service. — Art. 11.

163. — Le temps passé à l'école est compté comme service militaire aux élèves civils qui, postérieurement à leur admission, contractent un engagement volontaire, conformément aux lois et ordonnances sur le recrutement. — Art. 12.

164. — Le prix de la pension est de 1000 fr. — Celui du trousseau est déterminé, chaque année, par le ministre de la guerre. — Art. 13.

165. — Il peut être accordé des bourses entières aux élèves dans la proportion d'un dixième de l'effectif, et des demi-bourses dans la proportion d'un sixième. Ces bourses et demi-bourses sont instituées en faveur des élèves privés de fortune, et qui se trouveraient dans les deux premiers tiers de la liste générale d'admission. Elles sont accordées 1° aux orphelins d'anciens militaires; 2° aux jeunes gens dont les pères ont servi ou serviraient encore dans les armées de terre ou de mer; 3° aux militaires ayant deux ans de service ou ayant fait une campagne. — Art. 13.

166. — Les élèves du collége royal militaire admis à l'école conservent toutefois de droit les bourses ou demi-bourses qui leur auraient été précédemment accordées à ce collége. Ils sont dispensés d'ailleurs de fournir un nouveau trousseau. — Art. 14.

167. — Les élèves sont répartis en plusieurs divisions, selon leur degré d'instruction. Ils passent d'une division à une autre par suite d'examens. Les élèves de première division subissent les examens de sortie. — Art. 25.

168. — La haute direction de l'enseignement est confiée à un conseil d'instruction dont les attributions diverses et la composition sont fixées par les art. 26 et 27 de l'ordonnance.

169. — L'école est soumise au régime militaire. Les élèves forment un bataillon. Ils sont casernés, et prêtent serment à leur drapeau. Ils sont soumis à la discipline des corps. Le bataillon se compose de quatre, six ou huit compagnies, dont le complet est, pour chacune, de soixante-quinze élèves, caporaux et sous-officiers compris. Ceux-ci sont pris parmi les élèves. — Art. 28 et 29.

170. — Des examens dits *de fin de cours*, passés suivant le mode réglé par le ministre de la guerre déterminent, avec les notes de l'année, le passage des élèves en première division. Un jury spécial de sortie fait les examens nécessaires pour constater l'aptitude des élèves de la première division à être promus au grade de sous-lieutenant. Ce jury est composé d'un lieutenant-général, président; de quatre officiers généraux ou supérieurs. — Ord. 16 juill. 1845.

171. — Le jury chargé des examens de sortie inspecte l'école sous le rapport des études, lorsque le ministre de la guerre le juge utile. Le lieutenant-général président passe l'inspection générale de l'établissement. — Ord. 16 juill. 1845.

172. — Aucun élève ne peut être promu sous-lieutenant, s'il n'a été reconnu par le commandant de l'école, le commandant en second et l'officier supérieur chargé de la direction des exercices, capable d'exécuter, de commander et de faire exécuter les écoles du soldat, de peloton et de bataillon. — Ord. 7 mai 1841, art. 43.

173. — Les élèves entretenus à l'école par la marine ne peuvent être promus sous-lieutenans que dans les corps ressortissant à ce département. — Ord. 7 mai 1841, art. 44.

174. — Le numéro de mérite obtenu dans le classement de sortie, par les élèves qui n'appartiennent pas à la marine, leur donne le droit de choisir l'arme dans laquelle ils désirent servir, savoir : 1° la cavalerie; 2° l'infanterie. Les trente premiers, par ordre de mérite, sont admis à concourir pour les places de sous-lieutenant élève à l'école d'état-major (V. *suprà* n° 25). Les élèves qui optent pour la cavalerie ne peuvent y être admis, s'il est constaté que leur conformation ou la faiblesse de leur constitution ne permet pas de les employer dans cette arme. En cas d'admission dans la cavalerie, ils sont envoyés à l'école de cette arme pour y compléter leur instruction. — Art. 45. — V. *suprà* nos 38 et suiv.

175. — Cette disposition a été quelque peu modifiée par l'ordonnance du 22 déc. 1841. Se fondant sur ce que l'école spéciale militaire, depuis sa réorganisation, est destinée à former des élèves pour l'infanterie de marine aussi bien que pour l'infanterie de l'armée de terre et la cavalerie, et sur ce qu'il est indispensable de pourvoir également à ces deux services, cette ordonnance dispose, d'après les observations qu'avait faites le ministre de la marine, que, chaque année, au moment des examens de sortie à l'école militaire, le ministre de la guerre, après s'être concerté avec celui de la marine pour ce qui concerne son département, réglera la répartition numérique des élèves à placer comme sous-lieutenans, soit dans l'infanterie de terre et la cavalerie, soit dans l'infanterie de marine. Le numéro de mérite obtenu dans le classement donne aux élèves le droit de choisir, jusqu'à concurrence du nombre d'emplois déterminé pour chaque arme, celle de ces armes dans laquelle ils désirent servir.

176. — Les élèves qui n'ont pu satisfaire aux examens de sortie peuvent, sur la proposition du commandant de l'école, être placés dans les corps avec les grades de caporal ou brigadier, de sergent ou de maréchal-des-logis, s'ils ont le temps de service exigé par les ordonnances et réglemens pour être nommés à ces grades. — Ord. 7 mai 1841, art. 46.

177. — L'état major de l'école se compose d'un officier général commandant, d'un colonel ou lieutenant-colonel, commandant en second; d'un lieutenant-colonel ou chef de bataillon d'infanterie; d'un aumônier, et d'autant d'officiers de grade inférieur, de sous-officiers, caporaux et soldats de toutes armes que nécessitent l'effectif des élèves et les besoins du service. Le roi nomme le commandant de l'école et le commandant en second. Les officiers et sous officiers sont choisis conformément aux règles tracées par l'ordonnance du 16 mars 1838, sur l'avancement et la nomination aux emplois dans l'armée; à défaut, ils sont pris parmi les officiers et sous-officiers qui ne seraient pas portés au tableau d'avancement. — Art. 15.

178. — Les attributions du commandant et du commandant en second sont déterminées par les art. 16 et 17, ord. 7 mai 1841.

179. — Le personnel attaché à l'enseignement se compose d'un directeur et d'un ou deux sous-directeurs des études, et d'autant de professeurs, répétiteurs et maîtres que l'exigent les besoins de l'enseignement. — Ord. 16 juill. 1845, art. 1er.

180. — Il est en outre attaché à l'école un personnel administratif composé d'un trésorier, d'un

économe et d'un secrétaire archiviste bibliothécaire. Les deux premiers doivent fournir un cautionnement. Ils sont pris, ainsi que le secrétaire
archiviste, lequel est secrétaire des divers conseils
de l'école, parmi les officiers, sous-officiers ou soldats de l'armée, ou parmi d'anciens militaires. Le
ministre de la guerre fixe, sur la proposition du
conseil d'administration de l'école, le nombre des
employés d'administration et agens subalternes
nécessités par le service.—Ord. 3 mai 1844, art. 18,
49, 20, 21 et 22.

**181.** — Le service de santé se compose d'un
médecin ou d'un chirurgien-major et de deux
aides-majors. L'infirmerie est dirigée par des
sœurs de charité. — Art. 23 et 24.

**182.** — Le ministre de la guerre nomme à tous
les emplois autres que ceux de commandant de
l'école et de commandant en second. — Art. 47.

**183.** — Un conseil de discipline est chargé de
provoquer toutes les mesures nécessaires au maintien de l'ordre. L'art. 80 de l'ordonnance fixe sa
composition. C'est devant lui que paraissent les
élèves coupables d'une faute assez grave pour
encourir le renvoi de l'école. Le ministre de la
guerre statue sur les propositions de renvoi, sur
l'avis motivé du conseil. — Art. 34.

**184.** — L'élève dont le renvoi est ordonné par
le ministre est rendu à sa famille s'il n'est pas
engagé. Dans le cas contraire, il est dirigé sur un
des corps de l'armée comme soldat, caporal ou
sous-officier, suivant la durée de ses services ou
la gravité de la faute qu'il aura commise. —
Art. 32.

**185.** — Un conseil spécialement chargé de diriger l'emploi des fonds affectés aux dépenses de
l'établissement, veille à tous les détails de l'administration extérieure. Comme les autres conseils,
il a pour président le commandant de l'école, et,
comme eux, il compte parmi ses membres le commandant en second et le lieutenant-colonel ou chef
de bataillon d'infanterie attaché à l'école. Il se
compose, en outre, de deux capitaines renouvelés
tous les ans. Le trésorier et l'économe y assistent
avec voix consultative.—La surveillance administrative de l'école est attribuée à l'intendance militaire. — Art. 34 et 35. — Les art. 36, 37 et 38 déterminent les attributions du conseil d'administration.

**186.** — Les traitemens des officiers et militaires
en activité de service employés à l'école sont fixés
conformément aux tarifs et règlemens qui régissent le service de la solde. Les fonctionnaires et
employés composant l'état-major, le personnel de
l'enseignement , le personnel administratif, les
employés d'administration et agens subalternes,
sont rétribués d'après un tarif annexé à l'ordonnance. — Art. 39.

**187.** — Les fonctionnaires et professeurs civils
payés d'après ce tarif sont soumis aux dispositions
de l'ordonnance du 26 mai 1832, relative aux caisses
de retenues. La pension de retraite à laquelle ils
peuvent avoir droit est réglée conformément à la
législation et aux pensions civiles. — Art. 40.

## ÉCOLES DES MINES.

*Table alphabétique.*

**ÉCOLE DES MINES.—1.**—Le décret du 30 vendém.
an IV, sur l'organisation des écoles des services
publics, réglait dans son titre 6 l'organisation de
l'école des mines. L'agence des mines, qui existait alors, il substituait un *conseil des mines*, qu'il
plaçait sous l'autorité du ministre de l'intérieur.—
Art. 1er.

**2.** — L'art. 2 de ce titre 6 créait une *école pra-

tique* pour l'exploitation et le traitement des substances minérales. On y admettait dix élèves internes, des surnuméraires et des élèves externes.
Alors, comme aujourd'hui, on tirait de l'école Polytechnique un certain nombre d'élèves.

**3.**—Après diverses modifications apportées par
des décrets et ordonnances aujourd'hui sans intérêt, l'école des mines a été réorganisée par ord.
du 5 déc. 1816, qui porte, art. 1er : « L'école des
mines créée par l'arrêt du conseil du roi du 19
mars 1783 est rétablie à Paris, et elle aura dans les
départemens une ou plusieurs succursales, sous le
titre d'*écoles pratiques de mineurs*.

**4.** — Le but des *écoles pratiques* était, aux termes
de l'ord. 5 déc. 1816, d'enseigner l'exploitation de
la houille, le traitement du fer, de l'étain, de l'argent, du plomb et du cuivre. Une seule école pratique a été instituée, c'est l'école des mineurs de
Saint-Étienne.

§ 1er. — *Ecole pratique des mineurs de Saint-
Étienne.*

**5.** — L'école pratique des mineurs de Saint-
Etienne forme des conducteurs de travaux souterrains, des maîtres mineurs et des chefs d'ateliers
pour suivre tous les détails d'exploitation.—Circ.
min. 13 avr. 1820.

**6.** — Elle se compose du directeur, du directeur-
adjoint et des professeurs. Les uns et les autres
sont choisis parmi les ingénieurs des mines; ils
forment le conseil d'administration de l'école,
dont les attributions sont réglées par l'art. 8, ord.
7 mars 1831.

**7.** — L'instruction de l'école des mineurs de
Saint-Étienne est gratuite. — Ord. 7 mars 1831,
art. 2.

**8.** — Cet article détermine l'âge, les conditions
et les connaissances indispensables pour être admis à l'école des mineurs de Saint-Étienne.

**9.** — Les candidats sont examinés publiquement par des ingénieurs des mines dans les lieux
et aux époques déterminés chaque année par le
ministre des travaux publics. — Les procès-verbaux d'examen renvoyés au conseil d'administration formé, à cet effet, en jury spécial, et
les propositions de ce jury sont soumises au ministre, qui statue définitivement sur l'admission.
— Art. 3.

**10.** — L'enseignement a pour objet : l'exploitation proprement dite ; la connaissance des
principales substances minérales et de leur gise-
ment, ainsi que l'art de les essayer et de les traiter ; les élémens des mathématiques, la levée des
plans et le dessin ; la tenue des livres en partie
double ; les notions les plus essentielles sur la nature, la résistance et l'emploi des matériaux en
usage dans les constructions nécessaires pour les
mines, usines et voies de transport. — Art. 4.

**11.** — Des brevets de différentes classes sont délivrés, à leur sortie de l'école , à ceux des élèves
qui s'en sont rendus dignes par leur capacité et
leur bonne conduite. — Art. 5.

**12.** — Une classe existe à l'école des mineurs de
Saint-Etienne, en faveur des ouvriers mineurs ou
de ceux qui se destinent à cette profession. — Il
peut aussi leur être délivré des brevets à la fin de
leurs études. — Art. 6.

§ 2. — *Ecole royale des mines.*

**13.** — Comme sous l'empire du décret du 3 vendémiaire an IV, l'école royale des mines de Paris
reçoit des internes et des externes. Les premiers
seuls font partie du corps des mines. Ils ont la titre d'ingénieurs et sont pris parmi les élèves de
l'école polytechnique, qui ont été désignés par leur
numéro d'examen , à la sortie de cette école. Ils
sont au nombre de neuf, savoir : cinq de première
classe, qui reçoivent un traitement de 900 fr., et
quatre de deuxième classe, avec un traitement de
800 fr. — Ord. 5 déc. 1816, art. 13 et 14.

**14.** — Il y a près de l'école et dans le même local : 1o une collection minéralogique et géologique ; — 2o une collection des produits des arts qui
ont pour objet le travail ou le traitement des substances minérales ; — 3o une bibliothèque ; — 4o un
dépôt de plans, dessins et modèles relatifs à l'art
des mines ; — 5o un laboratoire de chimie et un
dépôt des produits des essais et des analyses. —
Ord. 5 déc. 1816, art. 4.

**15.** — Les professeurs de l'école sont au nombre de quatre. — Un professeur de minéralogie et
de géologie; — un professeur de docimasie; — un
professeur d'exploitation des mines; — et un professeur de minéralogie. — Il y a, de plus, un maître de dessin et des maîtres de langues étrangères.
— Art. 6 et 7.

**16.** — Les professeurs ainsi que l'inspecteur des

études sont pris parmi les ingénieurs des mines
et nommés par le ministre des travaux publics
et placés. Ce temps peut être placée. —
Art. 9.

**17.** — La durée de l'enseignement est de trois
ans. — Cependant ce temps peut être prolongé,
d'après décision du conseil de l'école. — Toutefois,
aucun élève ne peut rester plus de quatre ans à
l'école de Paris et plus de cinq ans à l'école pratique. — Art. 17, 31 et 32.

**18.** — Dans la deuxième quinzaine d'avril de
chaque année les élèves sont examinés sur toutes
les parties de science et d'art qui leur sont enseignées; et tous les ouvrages qu'ils ont produits
sont jugés à la même époque. — Art. 21.

**19.** — Après l'un des examens subis pendant le
cours des études, les élèves qui ont été reconnus capables peuvent être envoyés soit à l'école pratique,
soit dans les grandes exploitations de mines, pour
s'y occuper de tous les travaux qui s'y exécutent.
Ils doivent rentrer à l'école le 15 nov. de chaque
année. — Art. 22. — Cette disposition est applicable aux élèves externes. — Art. 28.

**20.** — Les élèves reçoivent pendant leur mission
le même traitement que les aspirants, et une indemnité de campagne de cent francs. — Art. 22.

**21.** — Lorsqu'une place d'aspirant est vacante,
elle est donnée à l'élève de première classe le plus
avancé dans ses études. — Art. 23.

**22.** — L'élève qui, après le temps fixé, n'est pas
jugé admissible au grade d'aspirant, cesse d'être
compris sur le tableau des élèves ; il en est de
même de ceux qui ne suivent pas avec exactitude
les cours ou les exercices, ou qui tiennent une conduite répréhensible. — Art. 32.

**23.** — L'instruction des élèves externes ayant
pour but principal de former des directeurs d'exploitations et d'usines, ils sont soumis , avant leur
admission, à un examen où ils doivent faire preuve
qu'ils sont en état de suivre les cours de l'école. Le
conseil de l'école détermine chaque année les connaissances exigées des élèves. — Art. 25.

**24.** — Ils doivent produire, en outre, un certificat qui constate leurs bonnes mœurs et leur saine
constitution. Ils doivent être âgés de dix-huit à
vingt-cinq ans. — Ord. 2 août 1816, art. 4.

**25.** — Les élèves externes ne peuvent, en aucun
cas, prétendre aux places d'ingénieur qui viennent
à vaquer dans le corps royal des mines ; mais il
est pris des mesures pour qu'à leur sortie de l'é-
cole théorique ou de l'école pratique de St-Etienne,
ils soient convenablement placés dans les grandes
exploitations ou établissemens des mines. — Ord.
5 déc. 1816, art. 26.

**26.** — Ces élèves (admis sur certificats donnés
par les examinateurs) suivent à l'école des mines,
à Paris, les mêmes cours et les mêmes exercices
que les élèves ingénieurs. Ils subissent tous les
ans, dans la deuxième quinzaine d'avril, des examens, et sont classés entre eux suivant les résultats de ces examens. Après trois ans au moins et
six ans au plus de séjour dans l'école théorique
et les écoles pratiques, ceux d'entre eux qui sont
reconnus suffisamment instruits reçoivent un diplôme constatant le temps pendant lequel ils ont
suivi les cours et les exercices de l'école de Paris ;
le séjour qu'ils ont fait, soit dans les écoles pratiques, soit sur des exploitations de mines, le genre
et l'étendue des connaissances qu'ils ont acquises.
— Ord. 5 déc. 1816, art. 27, 29 et 30.

**27.** — Si l'élève externe, après trois ans de séjour à l'école théorique, n'est pas suffisamment
instruit, le conseil de l'école décide s'il doit y rester une quatrième année, mais il ne peut y rester
davantage. — Art. 31 et 32.

## ÉCOLES NORMALES.

*Table alphabétique.*

—

## § 1er. — *Ecole normale supérieure.*

ÉCOLES NORMALES.—1.— L'école normale supérieure a été fondée, en même temps que l'université, par le décret du 17 mars 1808, dont l'art. 110 portait : « il sera établi à Paris un *pensionnat normal*, destiné à recevoir jusqu'à trois cents jeunes gens, qui y seront formés à l'art d'enseigner les lettres et les sciences. »

2. — L'établissement de l'école normale avait cependant été prescrit déjà par l'art. 1er, décr. 9 brum. an III, qui y appelait de toutes les parties de la république les citoyens déjà instruits dans les sciences utiles, pour apprendre, sous les professeurs les plus habiles, l'art d'enseigner.

3. — L'administration et la police, le rang et le choix des chefs de l'école, ainsi que ce qui concernait les cours à suivre par les élèves ont été réglés pour l'ancienne école normale par les décr. 15 mars et 17 sept. 1808, par le statut du 29 mai 1810 et l'ord. 17 fév. 1815.

4. — D'après le décret du 17 mars 1808, les inspecteurs choisissaient chaque année, dans les colléges, d'après des examens et des concours, un nombre déterminé d'élèves, âgés de dix-sept ans au moins, parmi ceux dont les progrès et la bonne conduite avaient été les plus constans, et qui annonçaient le plus d'aptitude à l'administration ou à l'enseignement.

5. — Les élèves qui se présentaient à ce concours devaient être autorisés par leur père ou par leur tuteur à suivre la carrière de l'enseignement; ils contractaient un engagement de dix ans en entrant à l'école. — Art. 112.

6. — Une ordonnance du 6 sept. 1822 supprima l'école normale de Paris, dont l'enseignement portait ombrage au gouvernement d'alors. Elle était remplacée par les écoles normales partielles.

7. — La formation dans les colléges royaux à Paris et dans ceux des chefs-lieux, de ces écoles normales partielles, composées chacune de huit élèves, auxquels six des bourses affectées à ces colléges étaient abandonnées, avait été prescrite par l'ord. 27 fév. 1821.

8. — Les élèves de ces écoles partielles étaient tenus, comme ceux de la grande école normale, de contracter un engagement de dix ans.—Art. 27.

9. — Ces écoles ne s'organisant nulle part, une ordonnance du 9 mars 1826 augmenta les facilités offertes par celle du 27 fév. 1821. Les bourses, qui n'étaient accordées qu'aux élèves ayant terminé leur troisième, furent mises à la disposition de ceux qui avaient achevé leur philosophie (art. 1er). Il n'a jamais existé qu'une seule de ces écoles normales partielles; elle a été établie au collége Louis-le-Grand, à Paris.

10. — Malgré la création de ces écoles partielles, la grande école normale avait cependant été rétablie, en 1826, sous le nom d'*école préparatoire*, mais avec une organisation incomplète.

11. — Le 6 août 1830, le lieutenant-général du royaume rendit une ordonnance portant que l'école destinée à former des professeurs reprendrait le titre d'*école normale* au lieu de celui d'*école préparatoire* qu'elle avait auparavant.

12. — L'ordonnance du 6 déc. 1845 a donné à cette école, destinée à former des professeurs pour les colléges royaux et pour les facultés, le titre d'*école normale supérieure*, par opposition aux écoles normales secondaires. —V. *infrà* nos 38 et s.

13. — L'école normale de Paris est commune à toutes les académies. Elle forme, aux frais de l'état, les professeurs dont elles ont besoin pour l'enseignement des sciences et des lettres. — Ord. 27 fév. 1815, art. 4; Décr. 17 mars 1808, art. 115.



14. — Le concours a lieu, chaque année, pour le nombre de places déterminé par le ministre, sur l'avis du conseil royal de l'instruction publique, d'après les besoins de l'enseignement. — Arr. 18 fév. 1834, art. 1er.

15. — Les formes du concours exigé pour être admis à l'école et l'enseignement qu'on y donne sont réglées par deux arrêtés du 18 fév. 1834, que nous nous bornerons à résumer.—Les épreuves subies par les candidats se divisent en deux séries; la première série d'épreuves qui, par un arrêté du 21 nov. 1843, a été restreint à des compositions écrites a lieu au chef-lieu de chaque académie sous la surveillance immédiate du recteur de chaque académie. C'est d'après cette première série d'épreuves qu'une commission formée des maîtres de conférence de l'école normale, sous la présidence du directeur de l'école, décide de l'admissibilité des candidats qui, lorsque d'après leurs compositions écrites ils en sont jugés dignes, sont convoqués à l'école normale pour le 15 octobre, afin d'y subir la seconde série d'épreuves.

16. — Les candidats doivent, antérieurement à cette époque, produire le diplôme de bachelier ès-lettres ou celui de bachelier ès-sciences, selon la section d'études à laquelle ils se destinent. — Arr. 17 janv. 1837.

17. — Les épreuves de la seconde série ont lieu, dans chaque section, par-devant les maîtres de conférences de l'école normale formés en deux commissions, dont font nécessairement partie ceux qui ont jugé les compositions. — Arr. 18 fév. 1834, art. 13.

18.— Ces épreuves consistent en examens oraux qui durent une heure au moins pour chaque partie de l'enseignement littéraire ou scientifique. Après avoir noté avec détails les résultats de cet examen, les deux commissions réunies en jury, sous la présidence du directeur, composent ces résultats avec ceux des premières épreuves, et dressent en conséquence, par ordre de mérite, la liste de ceux qui doivent être définitivement admis, laquelle, dûment signée et paraphée par tous les examinateurs, est envoyée au ministre pour être soumise au conseil royal avant le 25 oct. — Arr. 18 fév. 1834, art. 13.

19. — Les candidats déclarés admissibles sont en outre tenus de prendre l'engagement dans le même délai, de se vouer pour dix années à l'instruction publique. Après avoir fait cette justification, ceux d'entre eux qui se trouvent portés sur la liste par ordre de mérite sont présentés par le ministre à la nomination du roi comme élèves de l'école normale, et admis définitivement. — Art. 14.

20.—Les dix années courent du jour de l'entrée à l'école. — Arr. 13 déc. 1836.

21. — Lorsqu'un élève obtient une bourse entière ou partielle à l'école normale, les parens ou le tuteur autorisé par le conseil de famille doivent contracter l'obligation de restituer le prix de la bourse, dans tous les cas où l'élève se mettrait, par son fait, dans l'impossibilité de remplir l'engagement de se vouer pour dix ans à l'instruction publique. Si l'élève est majeur au moment de son admission, ou s'il atteint sa majorité durant son séjour à l'école, il s'oblige solidairement avec ses parens à faire, auxdits cas, le remboursement du prix de la bourse dont il aurait joui. Les obligations ci-dessus énoncées sont contractées dans la même forme que l'obligation de payer la pension ou un supplément de bourse partielle dans les colléges royaux et communaux. — Arr. 13 déc. 1836.

22. — Une ordonnance du 23 janv. 1833 a fixé le prix de chaque bourse de l'école à 970 fr. — Les élèves doivent en outre apporter un trousseau.— Statut 30 mars 1810, art. 24; ord. 14 déc. 1815, art. 30.

23. — Pendant leur séjour à l'école, les élèves sont entretenus aux frais de l'université. — Statut 30 mars 1810, art. 25 et suiv.; 14 déc. 1815, art. 31 et 32.

24. — Les élèves de l'école normale qui contractent l'engagement de se vouer, pendant dix années, à la carrière de l'enseignement, sont considérés comme ayant satisfait à la loi du recrutement. — Décr. 17 mars 1808, art. 112; 29 juill. 1811; L. 10 mars 1818, art. 15; L. 21 mars 1832, art. 14.

25. — L'exemption de marcher sous les drapeaux ne devient définitive que lorsque les individus auxquels elle a été appliquée justifient avoir exercé pendant dix années consécutives les fonctions de l'enseignement dans l'université royale. — Décr. 29 juill. 1811, art. 2.

26. — Le ministre de l'instruction publique vérifie chaque année, au moins une fois, la présence desdits conscrits provisoirement exemptés, dans les établissemens de l'université royale. En cas de



sortie de ces conscrits des établissemens de l'université avant l'expiration des dix ans, ce ministre en instruit son collègue de la guerre, afin qu'il veille à ce que les lois sur la conscription leur soient appliquées. — Décr. 29 juill. 1813, art. 4 et 5.

27. — Les élèves sont astreints à une vie commune, d'après un réglement du grand-maître de l'université, discuté en conseil. — Décr. 17 mars 1808, art. 115.

28. — Pendant le cours de leurs études ou à leur terme, les élèves doivent prendre leurs grades à Paris, dans la faculté des lettres et dans celle des sciences. Ils sont de suite appelés par le grand-maître pour remplir les places dans les académies. — Décr. 17 mars 1808, art. 118; arr. 21 sept. 1813.

29. — L'enseignement de l'école normale comprend trois années et se partage en deux sections, celle des lettres et celle des sciences. — Ord. 17 fév. 1815, art. 48; arr. 18 fév. 1834, art. 2.

30. — L'arrêté du 18 fév. 1831 détermine les études et examens qui occupent les trois années que les élèves doivent passer à l'école.

31. — A la fin de la première année, les élèves des lettres et des sciences sont, en outre, invités à se présenter aux épreuves du concours de l'agrégation, chacun selon son aptitude et la division d'études dont il fait partie. — Arr. 18 fév. 1834, art. 19. — Ils doivent tous concourir à cet effet.— Rendu, *C. universit.*, 3e édit., p. 784, note.

32. — Les élèves de la troisième année de l'école normale peuvent être admis à assister et à participer dans les colléges royaux de Paris, sous la direction des professeurs, aux classes correspondant aux objets de leurs études et à l'agrégation à laquelle ils se destinent. Ces exercices ont lieu à partir des fêtes de Pâques, et durent six semaines au moins, deux mois au plus. Ceux des élèves de l'école normale qui ont été admis à l'épreuve ci-dessus peuvent être appelés à faire des classes dans les colléges royaux à l'époque des compositions du concours général pour suppléer les professeurs absens pour raison de service.—Arr. 14 août 1838.

33. — Les frais d'inscription des élèves dans les Facultés sont à la charge de l'école; mais les frais d'examen de thèse et de diplôme sont payés par les élèves. — Statut 30 mars 1810, art. 31.—Il a été décidé, le 30 avr. 1819, que les élèves étaient dispensés de payer les droits de sceau pour les grades.

34. — Le conseil royal arrête chaque année le programme détaillé des cours de l'école normale; les examens portent sur toutes les parties de ce programme, lequel est imprimé à l'ouverture de l'année scolaire. — Arr. 9 avr. 1833.

35. — Les élèves de l'école normale qui, en achevant leurs cours, se croient appelés à l'état ecclésiastique, et veulent en suivre les études, peuvent, avec l'agrément du grand-maître, entrer dans des séminaires et y passer trois années, sans perdre le droit qu'ils ont acquis d'être employés dans l'Université, et sans être dispensés des obligations qu'ils ont contractées comme élèves de l'école normale.—Statut 30 mars 1810, art. 32. —M. Rendu (*C. universit.*, p. 782, 3e édit., à la note) appelle de tous ses vœux l'exécution de cette mesure, aussi favorable aux sciences et aux lettres qu'à la religion même. « Ainsi se formeraient, dit-il, de nobles et fécondes amitiés entre des hommes également destinés à prouver l'étroite alliance qui unit toute la vérité comme en un seul faisceau, etc. »

36. — L'école normale est placée sous la direction d'un conseil titulaire de l'Université. Il y réside et la gouverne sous l'autorité immédiate du grand-maître.—Statut 30 mars 1810, art. 2.—L'ord. du 17 fév. 1815 donnait au chef de l'école normale le même rang et les mêmes prérogatives que les recteurs d'académie.

37. — Le conseiller chef de l'école dirige l'administration économique de l'établissement. Toutes les affaires y relatives sont discutées dans un comité d'administration, dont la composition est réglée par le statut du 29 mai 1810, art. 1er et suiv.— Pour les divers fonctionnaires ou employés, V. statut 1810; arr. 14 déc. 1815, art. 1er, et arr. 12 sept. 1837.

## § 2. — *Ecoles normales secondaires.*

38. — Ces écoles ont été créées par l'ord. du 6 déc. 1845, dont l'art. 1er porte : « Il sera établi dans les villes possédant des Facultés qui seront ultérieurement désignées, des écoles normales secondaires destinées à pourvoir les colléges royaux de maîtres d'études et de maîtres élémentaires, et les colléges communaux de maîtres d'études et de régens. L'organisation et le régime de ces écoles seront déterminés par des réglemens délibérés en conseil royal de l'instruction publique. »

39. — Des bacheliers libres continuent toutefois

de pouvoir être appelés à des emplois de maîtres d'études, lorsqu'ils remplissent les conditions prescrites par l'ordonnance. — Art. 2.

40. — Lorsque les écoles normales secondaires qui doivent être instituées à l'effet de pourvoir aux emplois de régens pourront le faire, les maîtres d'études des colléges communaux et ceux des colléges royaux concourront avec eux pour ces emplois. — Art. 7.

41. — Il doit y avoir dans les écoles normales de tout ordre, avec les gradations et différences nécessaires, des conférences sur les matières composant la science de l'enseignement et celle de l'éducation, savoir : la connaissance des principales méthodes, celles des auteurs, et l'étude des devoirs du maître envers l'élève, pour répondre à l'attente de la famille et de la société. Ces conférences, organisées par un réglement délibéré en conseil royal de l'instruction publique, forment le sujet de l'une des épreuves de l'agrégation. Des questions de cet ordre font partie des examens de tous les instituteurs de la jeunesse à tous les degrès. Les conférences seront instituées à l'époque qu'indiquera le réglement susdit et dans la mesure qu'il déterminera. Elles seront immédiatement obligatoires pour l'admission des maîtres d'études. — Ord. 6 déc. 1845, art. 8.

§ 3. — *Des écoles normales primaires.*

42.—Les écoles normales primaires ont été aussi établies pour former des instituteurs. D'après l'art. 11, L. 28 juin 1833, les conseils généraux délibèrent sur les moyens d'assurer l'entretien de ces écoles, tout département étant tenu d'en entretenir une, soit par lui-même, soit en se réunissant à un ou plusieurs départemens voisins. Nous examinerons les règles concernant les écoles normales primaires au mot INSTRUCTION PRIMAIRE. — V. ce mot.

## ÉCOLES DU NOTARIAT.

On nomme *écoles du notariat* des écoles qui se sont formées dans certaines localités, avec l'autorisation du ministre de l'instruction publique, et dans lesquelles l'on enseigne les principes de l'institution et les lois dont la connaissance est nécessaire aux notaires.

V. NOTAIRE.

## ÉCOLE PAOLI.

1. — Le général Paoli a, par un codicille en date du 28 déc. 1804, fait à la commune de Corte un legs pour le traitement de quatre chaires qui seraient établies à Corte. Une ordonnance royale du 31 mars 1836 a décidé par suite qu'il serait formé en Corse, dans la ville de Corte, sous le titre d'école Paoli, un établissement d'intruction publique, comprenant : 1° une chaire d'enseignement religieux, ayant pour objet d'établir l'évidence naturelle de la religion chrétienne, conformément aux intentions du testateur ; — 2° une chaire de morale et de droit des gens ; — 3° une chaire de physique ayant en outre pour objet les élémens de la chimie et de l'histoire naturelle ; — 4° une chaire de mathématiques ayant pour objet le cours d'études des colléges royaux ; — 5° une chaire de littérature française ; — 6° un cours de dessin graphique.

2. — L'administration de l'école Paoli est confiée à un directeur choisi parmi les professeurs, et nommé par le ministre de l'instruction publique, sur la présentation de l'inspecteur chargé en Corse des fonctions rectorales pour les autres titulaires de l'administration. — Rendu, *Code universitaire*, p. 536.

3. — Pour être admis aux différens cours de l'école, tout élève doit préalablement soutenir un examen constatant qu'il est en état de suivre utilement lesdits cours. Cet examen a lieu sans frais ni droit de présénce.

4. — Chaque élève acquitte une rétribution annuelle de 40 fr., payable d'avance et par trimestre. —Arr. cons. royal de l'instr. publ. 21 nov. 1837.

5. — Les cours de mathématiques, physique et chimie sont partagés en deux années et ont pour but de préparer les élèves aux écoles spéciales instituées pour les différens services publics.

6. — A la fin de la première année d'études, les élèves subissent un examen d'où dépend leur admission aux cours de deuxième année.

7.—Ils subissent, avant leur sortie de l'école, un dernier examen, à la suite duquel il leur sera délivré un certificat constatant leur aptitude et leur bonne conduite.

8.—La formation des budgets, les comptes, l'administration du matériel, etc., sont régis par un bureau d'administration analogue à celui des colléges royaux.

## ÉCOLES DE PHARMACIE.

V. PHARMACIE.

## ÉCOLE DES PONTS ET CHAUSSÉES.

1.—L'école d'application des ponts et chaussées, établie en 1747, a été organisée par un décret du 31 déc.-19 janv. 1791.

2. — Ce décret, qui créait, par son art. 1er, tit. 1er, une administration centrale des ponts et chaussées, instituait, par le tit. 3, art. 1er, une école gratuite et nationale des ponts et chaussées. Le nombre des élèves était fixé à soixante, qui devaient être choisis dans les départemens parmi les jeunes gens qui auraient satisfait aux conditions de concours imposées par un réglement particulier. — Tit. 3, art. 4 et 5.

3. — Le décret du 30 vendém. an IV, sur les écoles de services publics, a conservé l'école des ponts et chaussées comme école d'application. — Tit. 5, art. 1er.

4. — Le dépôt des plans et modèles relatifs aux travaux des routes, canaux et ports maritimes, continua, d'après ce décret (tit. 5, art. 2), d'être joint à l'école des ponts et chaussées.

5. — L'organisation de cette école a été modifiée, en dernier lieu, par le décret du 7 fructid. an XII, qui régit aujourd'hui l'administration des ponts et chaussées, et par un autre décret spécial du même jour.

6. — Le personnel de l'école se compose d'un directeur, d'un inspecteur, de trois professeurs et de deux inspecteurs généraux désignés à cet effet. Ces fonctionnaires forment le conseil de l'école, qui est présidé par le directeur général ou par le directeur. — Art. 62.

7. — Ce conseil, dont les délibérations sont soumises à l'approbation du directeur général, se réunit au moins une fois par mois, et traite toutes les affaires relatives à la discipline et à l'administration de l'école, à l'instruction et au personnel des élèves. — Même article.

8. — Le premier des trois professeurs de l'école enseigne la stéréotomie appliquée à la coupe des pierres et des bois, et la pratique des constructions comprenant celles des routes et des travaux hydrauliques ; le deuxième enseigne l'architecture civile et les arts de dessin se rapportant aux constructions en général ; et le troisième la mécanique appliquée. — Ces professeurs sont pris parmi les ingénieurs en chef ou ingénieurs ordinaires qui ont été jugés capables par le conseil de l'école. — Ils reçoivent le traitement de leur grade et de leur classe.

9. — Les soixante élèves des ponts et chaussées sont pris parmi ceux de l'école polytechnique qui ont complété leurs études et rempli les conditions exigées par les réglemens des deux écoles. — Décr. 7 fructid. an XII, art. 24 ; 30 vendém. an IV, tit. 5, art. 4.

10. — Ces soixante élèves sont divisés en trois classes : vingt élèves de première classe ; vingt élèves de seconde classe, et les vingt autres de troisième classe. — Art. 63.

11. — Chaque élève reçoit un traitement annuel qui est de 900 fr. pour la première classe, de 800 fr. pour la deuxième et de 700 fr. pour la troisième. — Art. 64.

12. — Les élèves peuvent être envoyés en campagne au printemps de chaque année. Ils reçoivent, dans ce cas, le traitement des aspirans. Ces élèves doivent entrer au jour fixé pour la reprise des cours et exercices, à moins que des raisons majeures ne déterminent le directeur général à approuver une plus longue absence.—Art. 65. — Sur la nature et le lieu de la mission V. les art. 43 et 44 du réglement spécial du 7 fructid. an XII.

13. — L'élève qui, après trois ans d'école, n'a pas fait le travail exigé et donné des preuves d'aptitude nécessaires pour être reçu aspirant cesse d'être compris sur le tableau : il en est de même de ceux qui ne suivent pas avec exactitude les cours et les exercices ou qui tiennent une conduite répréhensible. Ces exclusions ont lieu sur la décision du ministre des travaux publics, après délibération du conseil de l'école. — Décr. 30 déc. 1790, art. 9 ; 7 fruct. an XII, art. 67.

14. — Dans le personnel du corps des ponts-et-chaussées figurent quinze aspirans, pris parmi les élèves qui ont complété leur instruction à l'école des ponts et chaussées. — Décr. 7 fructid. an XII, art. 9.

15. — Les places d'aspirans sont données aux élèves de première classe dans l'ordre de la primauté de leur grade, à moins que des raisons de convenance du service n'exigent une exception, qui est prononcée par le directeur général des ponts-et-chaussées et soumise à l'approbation du ministre.—Réglem. spéc., 7 fructid. an XII, art. 45.

16. — D'après ce réglement, art. 1er et 2, les élèves des ponts et chaussées formaient une compagnie et étaient casernés. Cette compagnie se composait des soixante élèves et de ceux des quinze aspirans qui n'avaient pas encore reçu une commission d'activité.

17. — Du moment de leur admission à l'école, les élèves cessent de recevoir l'instruction militaire.— Ils sont exercés aux opérations à faire sur le terrain, à la formation des devis, détails et projets, tant des routes que des constructions hydrauliques. — Réglem. spéc., 7 fructid. an XII, art. 3 et 8.

18. — Chaque année, avant l'ouverture des cours, le conseil de l'école détermine les objets d'étude qu'on devra proposer plus particulièrement pendant l'année et fixe les objets de concours. Il détermine également les exercices et les objets de concours auxquels il sera convenable d'appliquer chacun des élèves en particulier, qui sont tenus de se conformer exactement à ce qu'on leur prescrit sur ce point. — Art. 40.

19. — Sur la discipline intérieure de l'école, V. les art. 12, 13, 15, 16, 17 et 18.

20. — Les punitions consistent : 1° dans les réprimandes faites par le directeur, l'inspecteur et les professeurs ; 2° dans les réprimandes faites par le conseil de l'école ; 3° dans les arrêts ordonnés par le directeur ; 4° dans l'expulsion prononcée par le ministre, sur le rapport du directeur général, après délibération du conseil des ponts et chaussées. — Art. 20.

21. — Les tit. 5 et 6 du réglem. gén. du 7 fructid. an XII déterminent ce qui concerne le classement des élèves, les prix et récompenses à leur accorder. Les prix consistent en livres et instrumens sur lesquels on écrit ou on grave le nom des élèves qui les ont obtenus.

## ÉCOLES PRIMAIRES.

V. INSTRUCTION PRIMAIRE.

## ÉCOLES SECONDAIRES.

1. — La loi du 11 flor. an X, art. 6, considérait comme *école secondaire* toute école établie par des communes ou tenue par des particuliers, dans laquelle on enseignait les langues latine et française, les premiers principes de la géographie, de l'histoire et des mathématiques.

2. — Un arrêté du 4 mess. an X ordonnait la formation d'un état des écoles qui, dans chaque département, étaient susceptibles d'être considérées comme écoles secondaires, et un autre arrêté du 30 frim. an II prescrivait les formalités qu'il fallait accomplir pour obtenir la concession d'un local et les autres avantages permis à ces écoles par l'art. 7, L. 11 flor. an X.

3. — Enfin un autre arrêté du 19 vend. an XII portait un réglement fort étendu pour les écoles secondaires communales. Ces écoles, maintenues par l'art. 5 du décret organique du 17 mars 1808, sont devenues depuis ou des colléges communaux, ou des colléges particuliers, ou des institutions. — V. COLLÉGES, ENSEIGNEMENT.

4. — Les établissemens désignés actuellement sous le nom d'*écoles secondaires* sont : 1° les écoles secondaires ecclésiastiques ; 2° les écoles secondaires de médecine.

5. — Les premières, désignées sous le nom de *petits séminaires*, ont principalement en vue l'instruction religieuse et la préparation à l'état ecclésiastique. Les règles qui concernent ces écoles et la collation des bourses qui y ont été établies ont donc beaucoup d'analogie avec celles suivies dans les grands séminaires ; elles sont souvent les mêmes. Aussi renvoyons-nous au mot SÉMINAIRE pour traiter des écoles secondaires ecclésiastiques, notre intention étant d'énumérer sous ce mot les divers établissemens d'enseignement religieux, en en exceptant toutefois les facultés de théologie dont il sera parlé aux mots ENSEIGNEMENT, FACULTÉS.

6. — On désigne sous le nom d'*écoles secondaires de médecine* les écoles préparatoires de médecine et de pharmacie qui ont été établies auprès des hôpitaux des villes importantes dans lesquelles il n'existe pas de faculté de médecine. L'instruction donnée dans ces écoles faisant partie de l'enseignement médical, nous examinerons les règles concernant les écoles préparatoires de médecine et de pharmacie aux mots MÉDECINE, PHARMACIE.

## ÉCOLES DES SOURDS-MUETS.

V. SOURDS-MUETS DE PARIS ET DE BORDEAUX (institutions royales des).

## ÉCOLES VÉTÉRINAIRES.

*Table alphabétique.*



ÉCOLES VÉTÉRINAIRES. — 1. — Les écoles vétérinaires ont d'abord été rétablies sous le nom d'*écoles d'économie rurale et vétérinaire*. Il en fut créé une à Lyon pour le Midi, l'autre à Versailles pour le Nord. — Décr. 29 germin. an III.

2. — L'école de Versailles a été transférée à Alfort, près Paris, et il a été créé une troisième école à Toulouse. Sous l'empire, il en existait cinq, parmi lesquelles ne figurait pas celle de Toulouse. — Décr. 15 janv. 1813.

3. — L'école d'Alfort a été licenciée par ordonn. du 7 juin 1832 et réorganisée par ordonn. du 10 juill. suivant. Cette dernière ordonnance portant seulement que l'école sera réorganisée à partir du 1er oct. 1832, maintint le régime de cette école tel qu'il existait avant le licenciement.

4. — Les écoles vétérinaires ont pour objet l'art de soigner et de guérir les chevaux et autres animaux domestiques.

5. — Les matières que comprend l'enseignement ont été spécifiées par l'art. 5, décr. 15 janv. 1813, qui avait établi sept professeurs et un maître d'études à l'école d'Alfort, et quatre professeurs et un maître d'études dans les autres écoles. — Ce décret contient, en outre, sur l'exercice de l'art vétérinaire, des dispositions qui sont encore applicables aujourd'hui.

6. — Les écoles vétérinaires ont été réorganisées par ordonn. du 1er sept. 1825. L'enseignement y est divisé en cinq chaires, pour Alfort, et en quatre chaires seulement pour Lyon et Toulouse. Cette division, laissée au ministre de l'agriculture et du commerce, peut être modifiée par lui, sans toutefois que le nombre des professeurs puisse être augmenté. — Art. 1er et 2.

7. — Chacune des branches de l'enseignement est confiée à un professeur qui ne peut changer de chaire sans l'autorisation du ministre. Les professeurs sont aidés dans leurs fonctions par des chefs de service, qui sont au nombre de trois pour Alfort et de deux pour Lyon et Toulouse. — Art. 3.

8. — Chaque école est administrée par un directeur qui surveille toutes les parties de l'enseignement et occupe une des chaires de l'établissement. Un inspecteur général visite annuellement ces écoles, ainsi que toutes les fois qu'il est jugé nécessaire. Il adresse sur chacune d'elles un rapport circonstancié au ministre de l'agriculture et du commerce. — Art. 4 et 5.

9. — Le nombre et le traitement des fonctionnaires et employés est fixé conformément à un tableau annexé à l'ordonnance. — Art. 6. — Il est, au reste, reproduit dans les tableaux justificatifs présentés aux chambres à l'appui du budget de 1846.

10. — Les ordonn. des 17 mars 1825 et 20 juin 1827 ont déterminé la retenue à opérer sur les traitemens au profit des fonds de retraite, réglé les pensions et les secours à accorder aux employés dans les écoles vétérinaires, à leurs veuves et orphelins.

11. — Les emplois qui tiennent spécialement à l'instruction, tels que ceux d'inspecteur général, de directeur, de professeur et de chef de service, ne peuvent être remplis que par des vétérinaires munis de diplômes ou de tout autre titre en tenant lieu, comme certificats ou anciens brevets. — Ord. 1er sept. 1825, art. 8.

12. — L'inspecteur général et les directeurs sont nommés par le roi, sur la présentation du ministre du commerce. Les places de professeur et de chef de service ne sont accordées qu'au concours, devant un jury spécial formé par le ministre, et choisi parmi les employés des écoles vétérinaires à la nomination du roi, et les professeurs en exercice ou en retraite. Le ministre détermine aussi les conditions et le mode de chaque concours, confirme ou rejette, s'il y a lieu, les choix faits par le jury, et nomme à tous les emplois autres que ceux ci-dessus désignés. — Art. 9.

13. — Dans chaque école il est établi un jury d'examen, composé de l'inspecteur général, président, du directeur, des professeurs et des chefs de service. Ces derniers n'ont que voix consultative. — En cas de partage, le plus âgé des chefs de service a voix délibérative. — Art. 10.

14. — La convocation du jury est faite par le ministre du commerce. Elle a lieu : 1° à la fin de chaque année scolaire, pour la délivrance des diplômes et la distribution des prix; 2° au renouvellement de l'année scolaire, pour l'examen des élèves admis à se présenter. — Art. 11.

15. — Nul ne peut être admis dans les écoles vétérinaires, s'il a plus de vingt-cinq ans et moins de seize, s'il n'est muni d'un certificat de vaccine, s'il ne connaît l'orthographe, s'il ne sait forger un fer pour un pied de cheval ou de bœuf, enfin s'il n'a une constitution convenable pour l'exercice de l'art vétérinaire. Ceux qui ont atteint l'âge de vingt ans accomplis doivent justifier qu'ils ont satisfait à la loi du recrutement. — Ord. 1er sept. 1825, art. 15.

16. — Les jeunes gens admis à l'examen préparatoire ne sont reçus élèves que lorsque le jury de l'école a constaté qu'ils remplissent ces diverses conditions. — Art. 18.

17. — Depuis une décision du ministre de l'agriculture et du commerce a imposé les conditions suivantes aux candidats pour les écoles vétérinaires : 1° écrire un passage sous la dictée; 2° faire l'analyse raisonnée d'une partie de cette dictée; 3° répondre sur les notions élémentaires de l'arithmétique, sur le système décimal et les proportions; 4° répondre sur les notions élémentaires de géométrie, comprenant l'étude des lignes et des surfaces planes; 5° sur la géographie élémentaire, sur la géographie générale de l'Europe et particulière de la France. — Les fers qu'ils doivent savoir forger devront être forgés en deux chaudes. — L'âge est maintenu de seize à vingt cinq ans. — V. n° 15. — *Moniteur* de fév. 1843.

18. — Les élèves boursiers ou autres sont tenus de se procurer, à leurs frais, les habillemens, instrumens et livres nécessaires à leur instruction. — La durée de l'enseignement est de quatre ans. — Ord. 1er sept. 1825, art. 16 et 17.

19. — Les élèves qui justifient de quatre années d'études, et qui sont reconnus par le jury en état d'exercer la médecine des animaux domestiques, reçoivent un diplôme de vétérinaire, dont la rétribution est fixée à 100 fr. — Art. 19.

20. — Il y a, dans les trois écoles, cent vingt bourses, dont une par département, à la nomination du préfet, et les trente-quatre autres à la nomination directe du ministre. Elles peuvent être divisées en demi-bourses. — Art. 12.

21. — Les élèves boursiers sont obligés de fournir un cautionnement de 600 fr. en immeubles, qui répond de la dépense faite par eux, s'ils sont renvoyés avant d'avoir terminé leurs études. — Ils contractent l'engagement de résider pendant six ans, après qu'ils ont obtenu leur brevet, dans le département dont ils sont boursiers. Il ne leur est accordé main-levée de l'inscription hypothécaire, prise à raison de leur cautionnement, que sur un certificat du préfet constatant qu'ils ont satisfait à la condition de la résidence, ou qu'ils en ont été légitimement dégagés. — Décr. 15 janv. 1813, art. 20 et 21.

22. — Indépendamment des élèves entretenus par l'état, ces écoles reçoivent un nombre indéterminé d'élèves payant pension. Le prix de la pension est de 360 fr. par an, payable par trimestre et d'avance. Cette dernière disposition est applicable aux élèves reçus à demi-bourse. — Décr. 15 janv. 1813, art. 22; ord. 1er sept. 1825, art. 13 et 14.

23. — Une ord. du 26 juill. 1826 réservait, en outre, quarante places pour les élèves destinés à devenir vétérinaires militaires. Les dépenses de ces élèves étaient mises à la charge du ministère de la guerre. Ils devaient contracter un engagement de huit ans pour la cavalerie. Ces dispositions ont été modifiées par l'ord. du 28 août 1832. D'après l'art. 1er de cette ordonnance, aucun élève militaire n'est plus admis à l'école d'Alfort que comme surnuméraire.

24. — La durée de ce surnumérariat est fixée à deux années, à l'expiration desquelles l'élève militaire est soumis à l'examen d'un jury chargé d'apprécier son degré de capacité et de déclarer s'il a l'aptitude convenable pour suivre avec succès la profession de vétérinaire. Les sujets dont la conduite a été satisfaisante pendant les deux années de surnumérariat et qui ont été reconnus aptes à continuer leurs études, sont déclarés élèves titulaires, et ils contractent à ce titre un engagement volontaire comme soldats pour l'arme de la cavalerie. Cet engagement est de sept ans, conformément à la loi du 21 mars 1832. — Ord. 28 août 1832, art. 2 et 3.

25. — Les élèves militaires qui, par leur inconduite, donneraient lieu à des plaintes graves, ainsi que ceux qui ne satisferaient pas à l'examen de la seconde année, sont renvoyés dans leur famille, s'ils ne sont soumis à la loi du recrutement ou liés au service militaire à un titre quelconque. Dans ce cas, ils sont dirigés sur un corps pour y servir comme soldats ou maréchaux-ferrans. — Art. 4.

26. — Lorsqu'une place d'élève militaire devient vacante par suite de décès ou de renvoi, elle est donnée à un des élèves civils ayant déjà deux ans d'étude au moins, et qui désirerait servir comme élève militaire. Cet élève est désigné par le ministre de la guerre parmi les candidats qui lui sont présentés par le jury de l'école après un concours qui est ouvert à cet effet. L'admission de l'élève entraîne pour lui l'obligation de contracter un engagement de sept ans comme soldat pour l'arme de la cavalerie. — Art. 5.

27. — L'entretien des élèves militaires, surnuméraires ou titulaires demeure à la charge du département de la guerre. Toutefois les élèves surnuméraires ne reçoivent que le trousseau proprement dit : le supplément de ce trousseau n'est dû qu'aux élèves titulaires. — Art. 7.

28. — Les vétérinaires sortis de la classe des élèves militaires qui, dans le cours de leur dernière année de service, contractent un engagement de cinq ans, jouissent, après six années passées sous le drapeau, s'ils sont encore vétérinaires de deuxième classe, du maximum de la solde de leur grade, déterminé par le tarif du 1er mars 1826, et qui n'était dû, d'après ce tarif, qu'après dix années de service. La même faveur est accordée aux élèves civils qui contracteraient un engagement et un réengagement portant la durée de leur service obligé à dix ans. — Art. 8.

29. — Par dérogation à l'ord. du 28 avr. 1832, il est accordé une tolérance de taille en faveur des élèves vétérinaires qui se destinent au service militaire. Ils sont aptes à contracter un engagement volontaire pour la cavalerie, si leur taille n'est pas au-dessous de cinq pieds un pouce. — Art. 6.

30. — Mais nul ne peut être admis dans les écoles vétérinaires pour le compte du département de la guerre, s'il n'a une constitution convenable pour le service militaire, s'il est âgé de vingt-cinq ans ou de moins de dix-huit, et s'il ne remplit les autres conditions déterminées par l'art. 15, ord. 1er sept. 1825. — Ord. 26 juill. 1826, art. 3.

31. — Les places d'élèves vétérinaires militaires sont données de préférence : 1° aux fils de vétérinaires en activité ou retirés avec pension ; 2° aux fils de sous-officiers ou cavaliers ; 3° aux enfans de troupe admis dans les régimens de cavalerie. — Ord. 28 juill. 1826, art. 2.

32. — Les élèves entretenus par le département de la guerre sont soumis aux lois militaires. — Art. 5.

## ÉCORCE.

1. — Peau ou enveloppe d'un arbre ou d'une plante ligneuse. L'art. 26, tit. 27, ord. 1669 sur les forêts, défendait à tout marchand de peler les bois de ses ventes pendant qu'ils étaient sur pied, à peine de 500 liv. d'amende et de confiscation.

2. — D'après l'art. 22, tit. 27, ord. des eaux et forêts, il était défendu à toute personne de charmer les arbres et d'en enlever l'écorce sous peine de punition corporelle.

3. — Le besoin d'écorce pour entretenir des tanneries n'était pas un prétexte suffisant pour contrevenir à la loi. Il fallait, en pareil cas, une permission du conseil du roi. — Merlin (*Rép.*, v° *Ecorce*) en cite deux exemples, l'un du 28 fév. 1672 au profit des habitans de Château-Regnault, l'autre du 30 mai 1702 au profit des tanneurs du duché d'Harcourt.

4. — Un arrêt du conseil 13 oct. 1705 a décidé que les propriétaires de bois n'avaient pas plus le droit de les écorcer que de simples adjudicataires ; — Merlin, *Rép.*, v° *Ecorce*.

5. — L'art. 446, C. pén., punit de six jours à six mois d'emprisonnement quiconque écorce un arbre de manière à le faire périr, etc...

6. — Jugé que l'écorchure d'un arbre par l'essieu d'une voiture n'est passible d'une peine qu'autant qu'elle serait de nature à faire périr l'arbre. — Cass. 29 fév. 1827, Mouton et Petit. — Mais il faut que l'écorchure ait été faite dans le dessein de nuire, c'est ce qui résulte de ces mots de l'art. 445, C. pén. : « qu'il *écorcait* appartenir à autrui.»

7. — L'art. 196, C. forest., prononce contre ceux qui, *dans les bois et forêts,* auraient écorcé des arbres, les mêmes peines que contre ceux qui les auraient abattus par le pied. — V. FORÊTS.

8. — Il résulte des termes de cet article que l'art. 446, C. pén., ne s'applique qu'aux arbres situés hors des bois et forêts.

9. — Jugé ainsi que toutes les fois qu'il y a eu des arbres coupés, mutilés ou écorcés hors les forêts, la peine à prononcer contre le délinquant est celle de l'art. 445 et 446, C. pén., et l'affaire rentre nécessairement dans la compétence du tribunal correctionnel. —Cass., 13 août 1811, H...; —Carnot, sur l'art. 139, C. instr. crim.

10. —Jugé, antérieurement au Code forestier, que celui qui a écorcé des arbres dans une forêt doit être condamné à une amende calculée à raison du nombre non seulement des arbres auprès desquels il a été surpris, mais encore de ceux dont les écorces ont été reconnues à son domicile. —Cass., 13 mai 1819, Bailly.

11. — L'art. 36, C. forest., interdit aux adjudicataires, à moins que le procès-verbal d'adjudication n'en contienne l'autorisation, de peler ou d'écorcer sur pied aucun des bois de leurs ventes, sous peine de 50 à 500 fr. d'amende, et il y a lieu à la saisie des écorces et bois écorcés, comme garantie des dommages-intérêts, dont le montant ne peut être inférieur à la valeur des arbres indûment pelés ou écorcés.

V. au surplus FORÊTS.

### ÉCORCES DE BOIS POUR TAN (Marchand d').

Patentables de quatrième classe ; — droit fixe basé sur la population et droit proportionnel du vingtième de la valeur locative de l'habitation et des lieux servant à l'exercice de la profession. — V. PATENTE.

### ÉCORCHÉ VIF.

1. — Criminel qu'on a dépouillé vif de sa peau. — Merlin, Rép., v° Écorché vif.

2. — Ce supplice extraordinaire, inusité même dans notre ancienne législation criminelle, paraît cependant avoir été infligé, par exception, par arrêt du parlement, à Philippe at à Gautier d'Aulnay, convaincus d'adultère avec les femmes des trois fils de Philippe-le-Bel. — Guyot, Rép., v° Écorché vif.

### ÉCORCHEUR OU ÉQUARISSEUR D'ANIMAUX.

Patentables de septième classe ;—droit fixe basé sur la population et le droit proportionnel du quarantième de la valeur locative de tous les locaux des patentables, mais seulement dans les communes de 20,000 ames et au-dessus. — V. PATENTE.

### ÉCOUTILLES.

1. — Ouvertures pratiquées sur le tillac d'un navire pour pouvoir pénétrer dans l'intérieur.

2. — Les dommages arrivés aux marchandises, faute par le capitaine d'avoir bien fermé les écoutilles, sont des avaries particulières à la charge du propriétaire des marchandises, mais sauf son recours contre le capitaine, le navire et le fret. — C. com., art. 406. — V. AVARIES, n°s 139 et 144. —

V. aussi BALLOT DE MARCHANDISES, n° 10, CAPITAINE DE NAVIRE.

### ÉCRANS (Fabricans d').

1.—Fabricans d'écrans pour leur compte ; — patentables de sixième classe ; — droit fixe basé sur la population et droit proportionnel du vingtième de la valeur locative de l'habitation et des lieux servant à l'exercice de la profession.

2.—Fabricans à façon ; — patentables de huitième classe ; — droit fixe et droit proportionnel du quarantième de la valeur locative de tous les locaux qu'ils occupent, mais seulement dans les communes de 20,000 ames et au dessus. — V. PATENTE.

### ÉCRIT.

1. — Terme employé principalement, dans le langage du droit, comme synonyme d'acte. Dans l'acception la plus commune il se rapporte à l'acte passé sous signature privée ; on ne l'emploie guère lorsque l'on parle d'un acte authentique. — V. ACTE, ACTE SOUS SEING-PRIVÉ, APPROBATION D'ÉCRITURE, COMMENCEMENT DE PREUVE PAR ÉCRIT, DOUBLE ÉCRIT, PAPIERS DOMESTIQUES, PREUVE TESTIMONIALE.

2. — Dans ces différens cas, le mot *écrit* est encore souvent confondu comme synonyme avec celui d'*écriture*. — V. ÉCRITURE (acte).

3.— Dans un sens plus général, le mot *écrit* sert à désigner les ouvrages que l'on compose sur quelque matière que ce soit. — V. PROPRIÉTÉ LITTÉRAIRE.

### ÉCRITS DIFFAMATOIRES OU INJURIEUX.

V. DIFFAMATION n°s 139 et suiv.; n°s 169 et suiv., art. 454.

### ÉCRITS PÉRIODIQUES ET JOURNAUX.

*Table alphabétique.*

—

## CHAPITRE Ier. — *Caractère des écrits périodiques.*

ÉCRITS PÉRIODIQUES ET JOURNAUX. — 1. — Le mot *écrit périodique*, dans sa signification propre, désigne un écrit dont la publication a lieu à des époques successives et déterminées. Le mot *journal*, d'après la notion que révèle son étymologie, devait s'appliquer à une publication faite jour par jour ou bien contenant jour par jour le récit des événemens.

2. — Le mot *écrit périodique* a donc réellement une signification plus large, quoiqu'il soit moins usuel que l'expression *journal*. C'est cette considération qui nous a déterminés à l'adopter pour y classer toutes les notions relatives à la presse périodique.

3. — Toutefois, dans le langage de la loi, les mots *journal* et *écrit périodique* ne s'appliquent pas à des choses différentes. On désigne par ces qualifications tous les écrits, quels que soient le mode et l'époque de leur publication *successive*, qui, par leur titre, leur plan et leur esprit, forment un ensemble et un tout. — Chassan, *Tr. des délits de la parole, de l'écriture et de la presse*, 2e édit., t. 1er, nos 783 et 784.

4. — Spécialement, on doit considérer comme journal tout écrit formant une série de publications sous un même titre et par ordre de numéros, bien qu'il paraisse irrégulièrement. — *Cass.*, 1er mars 1836, Cabet c. l'Enregist.

5. — L'individualité d'un journal se constitue par son titre, par la spécialité des matières, par les conditions de périodicité, le prix, etc.

6. — Un journal peut avoir plusieurs éditions; il peut avoir un supplément. C'est aux tribunaux qu'il appartient de décider, selon les circonstances, dans quel cas une publication, présentée comme supplément d'un journal ou comme une édition différente, doit être considérée comme un second journal indépendant du premier. — Chassan, t. 1er, p. 570, note 5e.

7.— Le supplément d'un journal est soumis aux mêmes règles que le journal lui-même, et doit présenter les mêmes garanties. On ne peut attribuer légalement le caractère de supplément qu'à une feuille additionnelle portant elle-même la signature du gérant, ou se rattachant à la feuille principale par des signes non équivoques, tels, par exemple, que la pagination, de manière à être couverte par la signature apposée au bas de celle-ci. — En conséquence, ne peut être considéré comme supplément d'un journal l'avis destiné à rappeler des abonnemens à ce journal, lorsqu'il n'est point signé du gérant, et qu'imprimé dans un format sans rapport avec celui du journal, il ne porte aucune pagination, et ne s'y rattache ma-





tériellement d'aucune autre manière. — *Cass.*, 4 oct. 1845 (t. 1er 1846, p. 397), Vidal.

8. — On ne doit considérer comme supplément de journal que les feuilles additionnelles dont l'abondance des matières peut exiger occasionnellement la publication et qui sont livrées aux abonnés du journal sans augmentation dans le prix de leur abonnement. — *Paris*, 26 déc. 1836, Lionne (aff. de la *Tribune*).

9. — La cour d'Amiens a jugé que la feuille imprimée, publiée comme supplément à un numéro d'un journal, trois jours seulement après la publication de ce numéro, n'a aucun des caractères d'un supplément de journal, mais constitue en réalité une œuvre distincte et spéciale. — *Amiens*, 22 nov. 1841 (t. 2 1842, p. 415), Caron.

10. — On doit voir un journal dans un écrit en vers paraissant plusieurs fois par mois. — *Cass.*, 29 déc. 1831, Barthélemy (aff. de la *Némésis*).

11. — La langue française est l'idiome habituellement employé par les journaux publiés en France, et nous regardons comme étant encore en vigueur la disposition du décret du 22 déc. 1812, qui porte qu'aucun journal, quel que soit son titre, ne sera assujéti à être imprimé, dans les deux langues, c'est-à-dire en français et dans l'idiôme du pays où il se publie, mais cette publication dans les deux langues est une faculté dont le propriétaire du journal est le maître d'user comme il lui plaît.

12. — Observons cependant que si un journal se publiait habituellement dans les deux langues, il ne pourrait se dispenser d'employer ce double mode de publication pour les insertions que la loi ou la justice lui impose.

13. — Un journal peut être publié en France dans une langue étrangère, mais son gérant et sa publication devront être astreints à toutes les conditions prescrites par la loi française pour les autres écrits périodiques.

14. — En Angleterre un bill rendu en 1819 définit ce qu'on doit entendre dans ce pays par journaux: ce sont toutes les feuilles ou pamphlets s'occupant de nouvelles ou d'objets politiques ou religieux, qui ne paraissent pas à plus de vingt-six jours d'intervalle, n'excèdent pas deux feuilles d'impression ou sont vendus pour moins de six pences. — Chassan, t. 1er, p. 572, note 1re.

## CHAPITRE II. — *Historique et législation des écrits périodiques.*

15. — Les journaux ne sont pas une invention récente. M. J. V. Leclerc a démontré dans son ouvrage intitulé *Des journaux chez les Romains* que les Romains avaient des journaux ou actes diurnaux, *acta publica*, *acta diurna*, *diaria*, publications régulières qui donnaient et répandaient jusque dans les provinces les plus éloignées les nouvelles de la ville, qui faisaient connaître les délibérations du peuple et du sénat, les discours des orateurs dans les assemblées publiques et dans les débats judiciaires, l'issue des procès, le gain des batailles, etc. Ils publiaient aussi le nom des personnes reçues à la cour. — Dion, LVII, 12; LX, 33; de Grattier, t. 2, p. 6. — César s'en servit dans l'intérêt de son ambition. — Dion, XLIV, 11; Suétone, *Cæs.*, c. 20. — Mais plus tard des empereurs en firent un moyen de tyrannie et d'oppression. — Dion, XLVII, 11; et LVII, 23.

16. — Les journalistes, *diurnarii*, et les logographes, *logographi* (les sténographes du temps), exerçaient une profession libérale qui donnait accès aux curies. — Cod. Thodoso, lib. 8, tit. 4, 8; — de Grattier, t. 2, p. 7.

17. — Ce fut, dit Voltaire (*Dict. philosoph.*, vo *Gazette*), au commencement du dix-septième siècle que l'usage des gazettes ou journaux contenant la relation des affaires publiques fut inventé à Venise, dans le temps que l'Italie était encore le centre des négociations de l'Europe et que Venise était toujours l'asile de la liberté. On appela ces feuilles, qu'on donnait une fois par semaine, gazette du nom de *gazetta*, petite monnaie, revenant à un de nos demi-sous, qui avait cours à Venise. Cet exemple fut ensuite imité dans toutes les grandes villes de l'Europe.

18.—La gazette de Venise parut d'abord manuscrite.—Ménage, *Origini della lingua italiana*, vo *Gazetta*. — C'était aussi la forme employée pour certaines publications émises en France dans les temps de trouble et de sédition, ainsi que l'atteste un arrêt du parlement de Paris du 9 déc. 1670, confirmant celui du 1er avr. 1620 et celui du 18 août 1666, qui faisait défenses à toutes personnes de vendre aucuns libelles, écrits qualifiés de *gazettes à la main*, à peine du fouet et bannissement pour la première fois et des galères pour la seconde.

19. — Ces écrits à la main, dont les copies mul-



tipliées étaient relatives à des objets propres à exciter la surveillance du gouvernement, étaient ce qu'on appelait les *Gazettes à la main*, et celles dont s'occupait l'arrêt de 1670 n'avaient guère rapport qu'aux querelles des jansénistes.

20. — Il semblerait même résulter de certaines décisions et notamment d'un arrêt du 22 juin 1723 qu'il était interdit d'imprimer sans privilège ou permission du grand sceau aucuns livres, *feuilles volantes*, etc.; et l'on voit que ces expressions comprenaient les journaux et gazettes.

21. — Le premier journal qui ait été publié en France avait pour titre: *Gazette de France*. Il a été fondé en 1631 par un médecin nommé Théophraste Renaudot, à la famille duquel a longtemps appartenu le privilége de cette publication qui a été discontinuée en 1792.

22. — Le plus ancien et le plus célèbre des journaux *littéraires* français est le *Journal des savans*, dont la publication a été commencée en janv. 1665 par un conseiller au parlement, M. Denis de Sallo, sous le pseudonyme du sieur de Hédouville. La publication fut hebdomadaire jusqu'en 1724, sauf pendant quelques années de la fin du 17e siècle où elle eut lieu de quinze en quinze jours; mais depuis lors elle a été mensuelle.

23. — On peut citer ensuite la *Clef du cabinet des princes de l'Europe* ou journal historique sur les matières du temps, connu sous le nom de *Journal de Verdun*, de juillet 1704 jusqu'en décembre 1776, en 145 vol. petit in-8o, et *Journal de Paris*, publié depuis le 1er janv. 1777 dans le format petit in-4o, continué depuis sous un plus grand format.

24.—Nous avons dit au mot CENSURE DES ÉCRITS ET JOURNAUX quel a été avant 1789 le sort de la liberté d'écrire et de la liberté de la presse; on a vu que le système préventif avait été constamment en vigueur jusqu'à la révolution qui, ouvrant une ère nouvelle, proclama pour tout Français la liberté de publier ses opinions. Les écrits périodiques, les journaux, œuvres révolutionnaires, eurent promptement atteint l'extrême limite de la licence. C'était ainsi qu'ils usaient de la liberté de la presse consacrée par la constitution du 3 sept. 1791 et par celle du 5 fructid. an III. Contre de semblables excès il n'y avait guère de répression possible.

25. — Cependant le soin de sa propre défense porta parfois le gouvernement à user de son droit de répression. Ainsi, un arrêté du Directoire exécutif, du 8 messid. an IV, renvoya l'imprimeur, propriétaire du journal le *Messager du soir*, en état d'arrestation devant le directeur du jury d'accusation du département de la Seine.

26. — A la suite de la conspiration royaliste, déjouée le 18 fructid. an V, le directoire avait proscrit et condamné à la déportation, outre deux directeurs, Barthélemy et Carnot, onze membres du conseil des Anciens et quarante-deux membres du conseil des Cinq-Cents, plusieurs propriétaires, auteurs et imprimeurs de journaux ou recueils périodiques, parmi lesquels on distingue Suard, Sicard, Laharpe, l'abbé de Vauxcelles, Perlet, etc.

27. — De plus, fournissant au Directoire des armes pour l'avenir, la loi du 18 fructid. an V, par son art. 35, disposa que les journaux, les autres feuilles périodiques et les presses qui les imprimaient étaient mis pendant un an sous l'inspection de la police, qui pourrait les prohiber, aux termes de l'art. 355 de l'acte constitutionnel.

28. — Les arrêtés que les administrations municipales ou centrales, ou le ministre de la police générale pouvaient prendre pour prohiber ou pour déclarer qu'il n'y avait pas lieu de prohiber des journaux ou autres feuilles périodiques, devaient, avant leur mise à exécution, être soumis à l'approbation du Directoire exécutif. — Arr. 23 brum. an VI.

29. — La loi du 9 fructid. an VI prorogea d'une année le pouvoir de prohibition qu'avait établi la loi du 19 fructid. an V, mais que supprima la loi du 4 thermid. an VII.

30. — C'était, sans doute, à dessein que la constitution du 22 frim. an VIII garda le silence sur la liberté de la presse; car un arrêté des consuls du 27 niv. an VIII ordonna au ministre de la police de ne laisser, pendant toute la durée de la guerre, imprimer, publier et distribuer que les journaux ci-après désignés: le *Moniteur universel*, le *Journal des débats et des décrets*, le *Journal de Paris*, le *Bien informé*, le *Publiciste*, l'*Ami des lois*, la *Clé du cabinet*, le *Citoyen français*, la *Gazette de France*, le *Journal des hommes libres*, le *Journal du soir*, par les frères Chaigneau, le *Journal des défenseurs de la patrie*, la *Décade philosophique*, et les journaux s'occupant exclusivement des sciences, arts, littérature, commerce, annonces et avis.

31. — Le ministre de la police devait, aux termes du même arrêté, faire son rapport sur les journaux existans dans les départemens, et em-

pêcher la publication d'aucun nouveau journal; les propriétaires des journaux conservés devaient se présenter au ministère de la police pour justifier de leur qualité de citoyens français, de leur domicile et de leur signature et promettre fidélité à la constitution.—Art. 2, 3 et 4.

32. — Par l'art. 4 du même arrêté : Les consuls étaient autorisés à supprimer ceux des journaux qui se permettraient d'insérer des articles contraires au pacte social, à la souveraineté du peuple, à la gloire des armées et aux nations amies et alliées, lors même que ces articles seraient extraits de feuilles périodiques étrangères.

33. — Le sénatus-consulte organique du 28 flor. an XII, par son art. 64, avait institué une commission sénatoriale de la liberté de la presse, mais cet article ajoutait : ne sont pas compris dans ses attributions les ouvrages qui s'impriment et se distribuent par abonnement et à des époques périodiques.

34. — La nécessité de l'autorisation pour les journaux politiques et scientifiques et pour les feuilles d'annonces judiciaires ou autres existait en vertu des décrets des 3 août, 14 déc. 1810 et 26 sept. 1811. — Pic, *Code des libr. et des impr.*, p. 263.

35. — Aux termes des décrets du 3 août 1810 et du 14 déc. 1810, il n'y avait qu'un seul journal par chaque département, autre que celui de la Seine; ce journal était sous l'autorité du préfet et ne pouvait paraître que sous son approbation. Néanmoins les préfets pouvaient autoriser *provisoirement* dans les grandes villes la publication de feuilles d'affiches ou d'annonces pour les mouvemens des marchandises, pour ventes d'immeubles, ainsi que celle des journaux qui traitaient exclusivement de littérature, sciences et arts ou agriculture, lesdites feuilles ne pouvaient contenir aucun article étranger à leur objet. — Art. 1, 2 et 3.

36. — Les décr. du 26 sept. 1811 et du 22 mars 1813 autorisèrent la publication dans certaines villes qu'ils désignèrent de feuilles d'annonces et de journaux de littérature, sciences et arts.

37. — Le décret du 4 oct. 1811 autorisa la direction de l'imprimerie et de la librairie à publier un journal de la librairie. — Il est à remarquer que l'art. 3 défend, conformément à l'art. 12, arrêt du conseil du 16 avr. 1785, à tous auteurs, éditeurs, journalistes etc., d'annoncer aucun ouvrage imprimé ou gravé avant qu'il n'ait été porté dans le journal de la librairie.

38. — Le gouvernement provisoire, par arrêté du 7 avr. 1814, conserva l'exercice de la censure sur tous les journaux indistinctement; mais en même temps, par arrêté du 7 avr. 1814, il déclarait que la libre circulation des lettres et des journaux devait être maintenue, et il enjoignait aux magistrats et fonctionnaires de la faire respecter.

39. — Nonobstant la proclamation, par l'art. 8 de la Charte de 1814 du principe de la liberté de la presse, une ordonnance du roi, du 10 juin 1814, maintint provisoirement les lois, décrets et réglemens par lesquels il avait été pourvu à la répression des délits de la presse.

40. — La loi du 21 oct. 1814, bien qu'elle portât le titre de *loi relative à la liberté de la presse*, déclara que les journaux et écrits périodiques ne pourraient paraître qu'avec l'autorisation du roi.

41. — Une contradiction analogue doit être reprochée au gouvernement impérial des Cent-Jours. Car bien que l'art. 64 de l'acte additionnel aux constitutions de l'empire du 22 avril 1815 eût reconnu à tout citoyen le droit d'imprimer et de publier ses pensées en les signant sans aucune censure préalable, une instruction du ministre de la police générale (Fouché) du 3 mai 1815 décida que, malgré la suppression de la censure, les lois sur l'imprimerie et la librairie continueraient à être exécutées.

42.— La seconde restauration, par l'ordonnance du 8 août 1815, assujétit tous les journaux à une nouvelle autorisation du ministre de la police générale et soumit tous les écrits périodiques à l'examen d'une commission. La nécessité de cette autorisation fut imposée encore par les lois du 28 fév. 1817 et du 30 déc. 1818.

43. — Cependant, lors de la discussion de cette loi, un pair, M. le marquis de Lally-Tollendal, avait posé en ces termes les principes libéraux qui ont depuis servi de base à la législation qui régit actuellement la presse périodique : Point de gouvernement qui n'ait pour objet et pour fondement la liberté publique et individuelle; point de liberté publique ni individuelle sans la liberté de la presse; point de liberté de la presse sans la liberté des journaux; point de liberté de la presse ou des journaux partout où les délits de la presse et des journaux sont jugés autrement que par un jury, soit ordinaire, soit spécial.



44. — La loi du 30 déc. 1818 devait cesser d'avoir effet à la fin de la session de 1818. Une nouvelle organisation fut donnée à la presse. L'autorisation fut supprimée et remplacée par une déclaration préalable imposée à l'éditeur de l'écrit périodique. Il fut astreint au dépôt également préalable d'un cautionnement. Tels sont les principaux caractères de la loi du 9 juin 1819.

45. — Mais l'application de cette législation libérale fut bientôt suspendue et la loi du 31 mars 1820 arrêta temporairement la circulation des journaux politiques, et rétablit la nécessité de l'autorisation du roi. Cette loi devait cesser d'avoir effet à la fin de la session législative de 1820, mais, en vertu de la loi du 26 juill. 1821, elle a continué à être en vigueur jusqu'à la fin du troisième mois qui a suivi l'ouverture de la session de 1821. Aussi la loi du 17 mars 1822 vint-elle régler la police des journaux et disposer encore que nul journal ne pourrait paraître sans l'autorisation du roi; mais cette prescription ne regardait pas les journaux établis au 1er janvier 1822.

46. — Nous avons dit au mot CENSURE DES JOURNAUX ET ÉCRITS quelles ont été sous les dernières années les vicissitudes qu'a subies la presse périodique. Enfin parut la loi du 18 juillet 1828 qui est appuyée sur des bases analogues à celles de la loi du 9 juin 1819.

47. — Depuis les deux importantes lois des 9 juin 1819 et 18 juill. 1828, une seule, celle du 9 sept. 1835, s'est occupée directement de la presse périodique. Cette dernière loi, bien qu'elle ait reçu des circonstances qui l'ont enfantée un caractère général de réaction contre la presse, ne pouvait pas rétablir le régime de la censure que la loi du 18 juill. 1828 avait fait disparaître et dont la Charte de 1830 avait à jamais proclamé l'abolition; mais, après avoir converti en crimes certaines infractions correctionnelles, elle a augmenté parfois jusqu'à la rigueur le système de répression existant alors contre la presse périodique en imposant aux journaux quelques obligations nouvelles.

48. — Peut-être pourrait-on considérer jusqu'à un certain point comme une restriction apportée à la liberté de la presse les dispositions qui autorisent les tribunaux de commerce en matière de société (C. comm., art. 42), et les cours royales en matière de saisies immobilières (C. procéd., art. 696), à désigner chaque année les journaux dans lesquels les insertions prescrites par les deux dispositions que nous venons de citer. Mais on peut répondre qu'il s'agit moins d'une opinion à exprimer que d'un acte à publier, et que le mode adopté tend précisément à assurer une publicité plus certaine et partant plus étendue aux faits que les parties ont intérêt à divulguer.

49. — La réunion des trois lois précitées des 9 juin 1819, 18 juill. 1828 et 9 sept. 1835, peut être considérée comme le code actuel de la presse périodique. Il faut cependant y ajouter la disposition de la loi du 25 mars 1822 qui, avec une disposition additionnelle de la loi du 9 sept. 1835, régit ce qu'on appelle habituellement le droit de réponse. Bien que les trois premières lois consacrent le système répressif et qu'elles aient repoussé la censure, elles ont diversement envisagé sous plusieurs rapports la police de la presse périodique. C'est ce que nous expliquerons en analysant les formalités et prescriptions qui forment par leur ensemble la constitution du journalisme.

## CHAPITRE III. — *Qui peut publier un écrit périodique.*

50. — L'art. 1er de la loi du 18 juill. 1828 porte que tout Français majeur jouissant des droits civils, peut, sans autorisation préalable, publier un journal ou écrit périodique, en se conformant aux dispositions de ladite loi.

51. — De la généralité des termes de cette disposition il suit qu'on ne saurait reconnaître entre les fonctions de député et celles de rédacteur de journal l'incompatibilité déclarée par la Convention dans ses décrets des 9-14 et 21 mars 1793, décrets dont l'abrogation avait au reste été prononcée par celui du 2 avr. 1793. — Aussi on tient aujourd'hui pour certain que des pairs et des députés peuvent être gérans et rédacteurs en chef d'un journal; c'est l'opinion émise par M. Duvergier, dans sa *Collect. des lois* (note sur l'art. 5, L. 18 juill. 1828), et l'autorité du fait est venue depuis quelques années se joindre à celle de l'interprétation.

52. — Les étrangers naturalisés sont nécessairement compris dans la dénomination de Français. Aussi un amendement de M. de Laborde, tendant à l'addition dans l'art. 1er des mots *et tout étranger naturalisé*, fut-il rejeté par la chambre



des députés comme inutile. — Duvergier, *Collect. des lois*, t. 28, p. 221, note; de Grattier, t. 2, p. 130, no 3; Chassan, t. 1er, no 788; Rauter, *Dr. crim.*, t. 1er, p. 556.

53. — Mais l'étranger admis par le roi à établir son domicile en France, aux termes de l'art. 13, C. civ., n'étant pas encore Français, n'a pas les conditions requises pour créer un journal. — M. Charles Dupin avait présenté un amendement qui étendait cette faculté à l'étranger même non naturalisé; mais la chambre n'ayant pas paru disposée à l'accueillir, l'auteur de la proposition l'a retirée.

54. — Les femmes sont comprises dans les mots *tout Français* de l'art. 1er. — Duvergier, *loc. cit.*; Goujet et Merger, *Dict. de dr. comm.*, vo *Presse*, no 46.

55. — La publication d'un journal ne pouvant être faite que par un Français jouissant de ses droits civils, la condamnation judiciaire qui priverait un individu des droits énumérés dans l'art. 42, C. pén., le frapperait d'incapacité sous ce rapport.

56. — Si le propriétaire d'un journal décédait, il ne serait pas nécessaire que ses héritiers réunissent les conditions qu'exige la loi chez le fondateur d'un écrit périodique pour qu'ils pussent recueillir ce journal à titre de succession. La propriété d'un journal est en effet héréditaire, comme toutes les autres propriétés, et la privation des droits civils n'entraîne pas l'incapacité de succéder. — V. du reste art. 9 et 12 de la même loi du 18 juill. 1828, et *infrà* no 255; — Duvergier, t. 28, p. 227, note *a*; de Grattier, t, 2. p. 129, no 2; Chassan, t. 1er, no 789.

57. — M. de Grattier (*loc. cit.*) estime que la loi ne s'occupant de la capacité d'un propriétaire de journal qu'au moment de la publication de ce journal, l'incapacité du propriétaire survenue depuis ne saurait interrompre la publication. Il ajoute qu'il devrait en être de même du cas où il y aurait transmission d'un journal en activité à un incapable, pourvu que la transmission eût lieu de bonne foi et non dans l'intention d'éluder la loi.

58. — Au contraire, MM. Duvergier (*loc. cit.*) et Chassan (t. 1er, no 791) tout en reconnaissant que la loi ne s'explique pas sur les conséquences d'une transmission volontaire à un incapable pour la publication d'un journal, pensent avec raison, selon nous, qu'une semblable opération serait inconciliable avec les prescriptions de l'art. 1er, comme fournissant un moyen trop facile d'en éluder les termes.

59. — L'autorité pourrait, dans tous les cas, contester la déclaration qui doit lui être faite dans ce cas comme dans tous ceux de mutation parmi les propriétaires d'un journal (L. 18 juill. 1828, art. 6, § 7), et si, dans cette déclaration, on avait dissimulé l'incapacité du nouveau propriétaire, alors qu'il s'agirait d'un journal cautionné, le préfet pourrait se pourvoir devant le tribunal civil pour faire décider que le journal cessera de paraître, et l'amende de 500 francs prononcée par l'art. 11 de la même loi, devrait être appliquée aux gérans. — V. *infrà* nos 161 et suiv.; — De Grattier, *loc. cit.*; Chassan, t. 1er, no 791.

60. — Les journaux ne sont pas seulement des agens de publicité qui intéressent nécessairement par leur action l'ordre et l'intérêt publics; ce sont aussi des entreprises commerciales, surtout si elles sont faites par d'autres que les rédacteurs. — Pardessus, no 13; Goujet et Merger, *Dict. de dr. comm.*, vo *Presse*, no 32. — De là il suit qu'une société peut être formée pour leur publication.

61. — « En cas d'association, porte le § 1er de l'art. 4 de la loi du 18 juill. 1828, la société devra être l'une de celles qui sont définies et régies par le Code de commerce. »

62. — Les propriétaires d'un journal peuvent donc choisir pour former leur entreprise tel type de société commerciale que bon leur semblera. Ils peuvent même adopter la forme d'une association en participation (Goujet et Merger, vo *Presse*, no 38). Il faut seulement remarquer que, si l'on fonde une société en nom collectif, les lois sur la presse modifient le principe en vertu duquel chacun des associés peut obliger la société; les gérans du journal acceptés par l'autorité ont seuls ce pouvoir. — Duvergier, t. 28, p. 224, note 4e; Goujet et Merger, no 40.

63. — Sous tous les autres rapports on doit appliquer à ces opérations les règles qui sont propres aux sociétés commerciales. C'est ainsi que les commanditaires ne sont tenus des dettes sociales que jusqu'à concurrence de leur mise. — Duvergier, *loc. cit.* — V. *infrà* sur la gérance, nos 178 et suiv., et sur la forme des actions des sociétés anonymes. — V. *infrà* no 144.

64. — La publication de l'acte de société formée

pour l'établissement d'un journal doit avoir lieu au siége principal de la société, c'est-à-dire là où ce journal est imprimé.— *Cass.*, 10 juill. 1845 (t. 1er 1846, p. 459), Boirie et Fleury c. préfet du Loiret.

65. — Le gérant, l'éditeur, l'imprimeur, ont leurs obligations et leur responsabilité. — V. *infrà* nos 178, 225 et 228.

66. — Les conditions imposées au colportage et à la distribution des journaux ont été indiquées au mot CRIEURS PUBLICS.

67. — Les éditeurs de feuilles périodiques sont exemptés de la patente. — L. 25 avr. 1844, art. 13.

68. — La propriété des journaux et écrits périodiques est un droit sacré comme celui résultant de toute autre propriété. En présence des dispositions qui garantissent à tout Français la libre disposition de sa propriété, on n'a plus à craindre de voir se renouveler des actes de confiscation analogues à ceux que se permit le despotisme impérial, et dont l'arrêté du gouvernement provisoire du 14 avril 1814 opéra autant que possible la réparation, en ordonnant que la propriété des quatre journaux intitulés *Petites affiches*, *Affiches, Annonces et avis divers*, *Journaux d'indication ou journal judiciaire*, serait restituée à leurs anciens propriétaires.

69. — Une partie des dispositions des lois sur la presse périodique s'applique à sa police et à ses conditions d'existence. D'autres prescriptions sont relatives seulement au contenu de la publication. Il est aussi quelques règles particulières à la manière dont les peines qui lui sont réservées doivent être appliquées. Enfin les journaux doivent être considérés dans leurs rapports avec l'impôt. Telles sont les quatre divisions que nous avons encore à parcourir.

## CHAPITRE IV. — *Constitution de la presse périodique.*

70. — Les écrits périodiques doivent être divisés en deux classes, quant à leur police; les uns, et c'est le plus grand nombre, sont soumis au versement d'un cautionnement et sont représentés par un ou plusieurs gérans responsables. Les autres, intéressant l'ordre public à un moindre degré, à raison de la nature ou du mode de leur publication, sont dispensés du cautionnement et n'ont pas de gérans. Nous traiterons d'abord des journaux cautionnés et des garanties que la loi exige de ceux qui les publient. Nous indiquerons ensuite quelles sont les conditions ou formalités dont les journaux non cautionnés sont affranchis.

### Sect. 1re. — *Des écrits périodiques soumis au cautionnement.*

71. — Les écrits périodiques soumis au cautionnement sont astreints, en outre, à des formalités qui concernent la déclaration à faire de leur publication, et diverses obligations imposées au gérant qui les publie.

#### § 1er. — *Du cautionnement.*

72. — La première condition à remplir lorsqu'on veut fonder un journal cautionné est le versement du cautionnement au trésor. — Ord. 9 juin 1819, art. 3; 18 nov. 1835, art. 3; — de Grattier, t. 2, p. 157, no 2.

73. — C'est dans la loi du 9 juin 1819 qu'a été introduite, pour la première fois, la formalité du cautionnement dont l'idée première appartient à M. de Châteaubriant. La législation anglaise se l'est immédiatement appropriée en fixant par un statut de la même année à 200 liv. sterl. le cautionnement de tout journal imprimé à Londres ou dans un rayon de vingt milles, et à 280 liv. celui des journaux imprimés ailleurs. — Chassan, t. 1er, p. 564, note 3e; de Grattier, t. 2, p. 133, no 1er.

74. — Cette formalité a été l'objet de critiques lorsqu'elle a été adoptée par la législation sur la presse. Benjamin Constant la repoussait comme ayant un caractère exceptionnel et préventif. Nous croyons, avec MM. Chassan (t. 1er, nos 777 et s.) et de Grattier (t. 2, p. 133, no 1er), qu'il est plus vrai de dire que le cautionnement, bien que devant être versé d'avance et à titre de garantie, appartiendrait plutôt au système répressif, car il a pour but non d'entraver la publication, mais d'assurer l'exécution des condamnations contre le journal, et ce n'est d'ailleurs qu'à la suite et en vertu des condamnations que la publication se trouve entravée par le prélèvement fait sur le cautionnement. Il faut remarquer d'ailleurs avec ces auteurs que les journaux constituent, par leur organisation, une industrie importante que l'état doit avoir le droit de réglementer dans l'intérêt public.

ÉCRITS PÉRIODIQUES, etc., ch. 4, sect. 1re.

75. — La loi du 9 juin 1819 assujétissait au cautionnement, par son art. 1er, les propriétaires ou éditeurs de tout journal ou écrit périodique, consacré en tout ou en partie aux nouvelles ou matières politiques, et paraissant, soit à jour fixe, soit par livraison et irrégulièrement, mais plus d'une fois par mois.

76. — Les journaux étrangers à la politique et ceux qui, bien que s'occupant de nouvelles ou matières politiques, ne paraissaient pas plus d'une fois par mois, n'étaient donc pas soumis au cautionnement par cette loi. — Chassan, t. 1er, no 822.

77. — La loi du 18 juill. 1828, qui détermine actuellement quels sont les journaux soumis au cautionnement, fait de cette mesure une nécessité et une règle générale pour la presse périodique. Elle en affranchit seulement certains écrits périodiques qui, par les conditions de leur publication, lui ont paru offrir peu de dangers. Pour cette loi, l'exemption du cautionnement est l'exception. — Chassan, t. 1er, no 822; de Grattier, t. 2, p. 135, no 2.

78. — Il faut ranger dans l'exception : 1o les journaux ou écrits périodiques qui ne paraissent qu'une fois par mois ou plus rarement.

79. — On a paru craindre à la chambre des pairs qu'on abusât des termes de cette disposition en établissant trente journaux avec des titres différens, qui, créés par une entreprise occulte, seraient adressés, chacun un jour du mois, aux mêmes abonnés, et qu'on ne parvînt, de cette manière, à publier un journal quotidien sans cautionnement. Mais on a répondu avec raison que les frais qu'exigeraient les trente établissemens seraient plus considérables que le cautionnement, que dès-lors une pareille spéculation était impossible. — Duvergier, t. 28, p. 223, note 3e. — Ajoutons que si l'unité d'entreprise était démontrée aux juges, ils pourraient appliquer la peine mentionnée *infrà* no 101. — V. aussi *infrà* no 160.

80. — ... 2o Les journaux ou écrits périodiques exclusivement consacrés, soit aux sciences mathématiques, physiques et naturelles, soit aux travaux et recherches d'érudition, soit aux arts mécaniques et libéraux, c'est-à-dire aux sciences et aux arts dont s'occupent les trois académies des sciences, des inscriptions et des beaux-arts, de l'institut royal.

81. — Cette disposition a été proposée par M. Thénard. « Toutes les sciences, disait son auteur, tous les arts dont il est question sont parfaitement définis. Est-il nécessaire d'en faire l'énumération ? Pour les sciences, ce sont les mathématiques, la mécanique, l'astronomie, la physique, la chimie, la minéralogie, la botanique, la zoologie, la médecine et la chirurgie, l'économie rurale; pour les arts, la peinture, la sculpture, la gravure, l'architecture, la musique, en un mot les beaux-arts. »

82. — M. le garde-des-sceaux a dit, dans le discours de présentation à la chambre des pairs : « La précision avec laquelle le paragraphe est rédigé exclut positivement les sciences morales dont l'Académie des inscriptions s'occupait originairement, et qui ont cessé de faire partie de ses travaux spéciaux depuis sa réorganisation. »

83. — La jurisprudence a eu de fréquentes occasions de se prononcer sur les cas dans lesquels un journal doit ou non être considéré comme s'occupant de matières politiques. Les décisions qui suivent en offrent l'ensemble.

84. — Les mots *matières politiques* dont se sert l'art. 3, L. 18 juill. 1828, comprennent non seulement les nouvelles et discussions politiques, mais aussi tout ce qui concerne la politique. Dès-lors, l'écrit périodique en vers paraissant plusieurs fois par mois et renfermant des satires violentes contre les personnages politiques et des allusions aux événemens du temps, ne peut être considéré comme étranger aux matières politiques, ni comme exclusivement consacré aux sciences, aux lettres et aux arts, et comme tel affranchi du cautionnement. — *Cass.*, 29 déc. 1831, Barthélemy. — Conf. de Grattier, t. 2, p. 138.

85. — Le journal qui publie des *nouvelles* politiques n'est pas dispensé du dépôt préalable d'un cautionnement : la loi ne fait aucune distinction entre les nouvelles et les matières politiques. — *Lyon*, 30 déc. 1834, Legros (la *Tribune prolétaire*). — Parant, *Lois de la presse*, p. 438, no 2; de Grattier, t. 2, p. 138.

86. — La prohibition faite aux journaux littéraires ou scientifiques, qui, à ce titre, sont dispensés du cautionnement, de s'occuper de matières politiques, n'est pas limitée aux discussions politiques; elle s'étend à l'insertion de tous actes, faits ou écrits ayant ces caractères. — *Cass.*, 2 sept. 1844 (t. 1er 1844, p. 347), Drouault.

87. — Jugé encore qu'un journal périodique ne doit pas être considéré comme traitant de matières politiques et, comme tel, être assujéti aux conditions prescrites pour la presse périodique et politique, par cela seul qu'il a publié un arrêt rendu dans une affaire politique et qu'il donne habituellement les lois, ordonnances et réglemens administratifs (L. 18 juill. 1828, art. 4); — que du reste il suffit qu'il y ait quelques légers doutes sur le point de savoir si un journal traite de matières politiques, pour qu'ils soient levés en faveur du prévenu. — *Dijon*, 13 mai 1831, Dejussieu.



88. — Mais si les publications auxquelles se rapporte l'arrêt qui précède étaient accompagnées de réflexions politiques, le journal devrait être cautionné. — De Grattier, t. 2, p. 138, no 8.

89. — Un journal qui traite des questions d'économie politique doit être considéré comme s'occupant de matières politiques. — *Lyon*, 18 avr. 1835, l'*Indicateur*; — Chassan, t. 1er, no 836; Parant, p. 438; de Grattier, t. 2, p. 138, no 7.

90. — Un journal qui, dans un ou plusieurs articles, examine la légalité d'actes des agens du gouvernement, et qui critique et dénonce la conduite de ces mêmes agens, doit être réputé s'occuper de matières politiques, et, par suite, soumis au cautionnement. Dans ce cas, il n'est pas nécessaire, pour appliquer la loi, d'établir une distinction entre les matières politiques proprement dites et les matières politiques qui n'auraient pas ce caractère déterminé. — *Cass.*, 6 juin 1840 (t. 2 1840, p. 559), Pomiès. — Conf. *Cass.*, 3 juill. 1840 (t. 2 1840, p. 567), Guérin.

91. — Le fait de la part de l'éditeur d'un journal d'annonces, d'avoir passé en revue dans sa feuille les principales puissances de l'Europe, rendu compte de la situation des différens peuples, de leurs souffrances, de leurs besoins, comme des institutions qu'ils repoussent, représenté le récit de l'expédition d'Alger, et discuté les causes et l'opportunité de cette expédition, constitue une contravention à la loi du 18 juill. 1828, qui lui défendait de traiter des matières politiques, sans avoir fourni un cautionnement préalable. — *Douai*, 9 juill. 1830, Létendart.

92. — La prohibition faite aux journaux non soumis au cautionnement de s'occuper de politique s'applique à la polémique sur les actes de l'autorité municipale et locale, de même qu'à celle ayant pour objet les actes de l'administration centrale et des grands pouvoirs de l'état. — *Cass.*, 3 juill. 1840 (t. 2 1840, p. 567), Guérin.

93. — Jugé de même, relativement à des articles de polémique sur le caractère et les effets de la loi qui règle la manière dont il doit être procédé aux élections municipales, et de critique des faits administratifs accomplis en exécution de cette loi. — *Cass.*, 21 sept. 1844 (t. 2 1845, p. 416), Soullier (l'*Indicateur*); — Pégat, *Code de la presse*, no 14. — V. aussi Chassan, t. 1er, p. 598, note 3e.

94. — La publication d'un journal soumis au cautionnement sans que cette formalité ait été remplie constituant une contravention en matière de presse, l'excuse tirée de la bonne foi ne peut être admise en faveur du prévenu. — *Cass.*, 2 sept. 1844 (t. 2 1845, p. 416), Soullier; 2 sept. 1844 (t. 2 1844, p. 347), Drouault. — V. DÉLITS DE PRESSE ET DE PUBLICATION.

95. — La cour de Cassation s'attribue du reste le droit d'apprécier elle-même les articles du journal incriminé pour fixer ce qui constitue ou non les matières politiques. — *Cass.*, 21 sept. 1844 (t. 2 1845, p. 416), Soullier; 6 juin 1840 (t. 2 1840, p. 559), Pomiès. — Cette jurisprudence paraît rationnelle puisqu'il s'agit de déterminer le sens des expressions employées par la loi. — Chassan, t. 1er, no 829; Tarbé, *Lois et réglemens à l'usage de la cour de Cassation*, p. 156.

96. — ... 3o Tous les écrits périodiques étrangers aux matières politiques et qui sont publiés dans une autre langue que la langue française.

97. — M. le garde des sceaux et M. le ministre de la marine critiquaient la disposition de ce no 3. Ils faisaient remarquer que dans certains départemens de la France on publie des journaux en langue étrangère, et que dispenser ces journaux du cautionnement c'était créer un privilége en faveur des Français qui parleraient la langue dans laquelle chacun de ces journaux est écrit; mais il est bon d'observer que ces journaux ne sont pas exclusivement publiés en langue étrangère, et qu'à l'instar de ceux qui étaient établis dans les départemens réunis à la France, et dont parle le décret du 23 déc. 1812, ils sont formés d'un texte en langue étrangère qui traduit leur texte français.

98. — ... 4o Les feuilles périodiques exclusivement consacrées aux avis, annonces, affiches judiciaires, arrivages maritimes, mercuriales et prix courans.

99. — M. Charles Dupin demanda qu'on ajoutât à la fin de ce numéro *et aux annonces raisonnées*

*sur le commerce, l'agriculture, les fabrications et la santé publique.* La chambre a rejeté cet amendement. Elle a craint que, sous prétexte de faire des annonces raisonnées sur le commerce, l'industrie et l'agriculture, on ne traitât des questions politiques. — Duvergier, t. 28, p. 224, note 2e.

**100.** — La loi du 9 sept. 1835 maintient, par une disposition formelle, les exemptions de cautionnement écrites dans celle du 18 juill. 1828 : « Continueront à être dispensés de tout cautionnement, porte l'art. 14, L. 9 sept. 1835, les journaux et écrits périodiques mentionnés en l'art. 3, L. 18 juill. 1828. »

**101.** — La publication sans cautionnement d'un journal qui s'y trouve assujéti ou la publication sans avoir fourni un cautionnement suffisant sont punies, conformément à l'art. 6, L. 9 juin 1819, d'un emprisonnement d'un mois à six mois et d'une amende de 200 fr. à 1,200 fr. — L. 18 juill. 1828, art. 3, § 2. — La loi du 9 sept. 1835 n'a pas modifié cette disposition. — De Grattier, t. 2, p. 139, no 11; Chassan, t. 1er, no 834.

**102.** — Il y a autant de contraventions que de numéros de journal publiés sans cautionnement, et il doit être prononcé autant de peines qu'il s'est commis de contraventions postérieures à la première poursuite. C'est ce qui résulte de l'art. 12, L. 9 sept. 1835. — Chassan, t. 1er, no 836. — V. DÉLITS DE PRESSE ET DE PUBLICATION.

**103.** — L'art. 6, L. 9 juin 1819, qui punit la publication d'un journal sans cautionnement, fait retomber cette infraction sur quiconque publie le journal sans avoir satisfait aux conditions légales. Le publicateur, quel qu'il soit, en est donc responsable. La poursuite peut, en conséquence, être dirigée, selon les circonstances, contre le gérant dont le nom figure dans la déclaration préalable ou contre un gérant de fait seulement, ou contre le propriétaire, éditeur, rédacteur, etc. — De Grattier, t. 2, p. 13 et 14, nos 2 et 3; Chassan, t. 1er, no 837.

**104.** — D'après l'art. 1er, L. 9 juin 1819, le cautionnement devait être, dans les départemens de la Seine, de Seine-et-Oise et de Seine-et-Marne, de 10,000 fr. de rente pour les journaux quotidiens, et de 5,000 francs de rente pour les journaux ou écrits périodiques paraissant à des termes moins rapprochés. Dans les autres départemens, le cautionnement relatif aux journaux quotidiens devait être de 2,500 fr. de rente dans les villes de 50,000 ames et au-dessus, de 1,500 francs de rente dans les villes au-dessous, et de la moitié de ces rentes pour les journaux ou écrits périodiques qui paraissaient à des termes moins rapprochés. Les cautionnemens pouvaient être également effectués à la caisse des consignations en y versant le capital de la rente au cours du jour du dépôt.

**105.** — L'ordonnance royale du même jour, 9 juin 1819, traçait les formalités administratives que devait accomplir l'éditeur ou propriétaire qui voulait fournir un cautionnement en rentes.

**106.** — La loi du 18 juill. 1828 changea, par son art. 2, la quotité des cautionnemens à fournir. Cet art. 2 portait que si le journal ou écrit périodique paraissait plus de deux fois par semaine, soit à jour fixe, soit par livraisons et irrégulièrement, le cautionnement devait être de 6,000 livres de rentes. Le cautionnement devait être égal aux trois quarts du taux fixé, si le journal ou écrit périodique ne paraissait que deux fois par semaine. Il était égal à la moitié de ce cautionnement si le journal ou écrit périodique ne paraissait qu'une fois par semaine. Il était égal au quart si le journal ou écrit périodique paraissait seulement plus d'une fois par mois. Aux termes de la même disposition, le cautionnement des journaux quotidiens publiés dans les départemens autres que ceux de la Seine, de Seine-et-Oise et de Seine-et-Marne était de 2,000 fr. de rentes dans les villes de 50,000 ames et au dessus, de 1,200 fr. de rente dans les autres villes, et de la moitié de ces rentes pour les journaux ou écrits périodiques qui paraissaient à des termes moins rapprochés.

**107.** — En 1830, le taux fixé pour les cautionnemens par la loi du 18 juill. 1828 parut exagéré, et on le réduisit par la loi du 14 décembre, dont l'art. 1er établissait les proportions suivantes : si un journal ou écrit périodique paraissait plus de deux fois par semaine, soit à jour fixe, soit par livraisons et *régulièrement*, le cautionnement devait être de 2,400 fr. de rente. Le cautionnement devait être égal aux trois quarts du taux fixé si le journal ou écrit périodique ne paraissait que deux fois par semaine; à la moitié si le journal ou écrit périodique ne paraissait qu'une fois par semaine; au quart s'il paraissait seulement plus d'une fois par mois. Le cautionnement des journaux quotidiens établis dans les départemens, autres que ceux de la Seine et de Seine-et-Oise, fut fixé par cette loi à 800 fr. de rente dans les villes de 50,000 ames et au-dessus, à 500 fr. de rente dans les autres villes, et respectivement à la moitié de ces deux rentes pour les journaux ou écrits périodiques qui paraissaient à des termes moins rapprochés.

**108.** — Le § 1er, art. 1er, L. 14 déc. 1830, parle de journaux paraissant plus de deux fois par semaine, soit à jour fixe, soit par livraisons et *régulièrement*. C'était une erreur matérielle de rédaction, et on avait voulu dire *irrégulièrement*. Aussi a-t-on cru devoir rendre une loi nouvelle pour rectifier ce texte. La loi du 8 avr. 1831, abrogeant le premier paragraphe de l'art. 1er de celle du 14 déc. 1830, lui a substitué une autre disposition par laquelle on a réparé l'erreur qui s'était glissée dans la première.

**109.** — Avant que cette loi rectificative eût été rendue, la cour de Cassation, tout en reconnaissant que le texte de la loi du 14 déc. 1830 était erroné, jugeait que les écrits périodiques paraissant par livraisons, et *irrégulièrement*, n'étaient pas soumis au cautionnement. — *Cass.*, 11 mars 1831, Tournel. — C'est, en effet, un principe certain qu'il n'appartient pas aux magistrats de se rendre juges des erreurs qu'ils croient remarquer dans le texte des lois ni de les rectifier.

**110.** — La nature et la quotité des cautionnemens sont actuellement déterminées par l'art. 13, L. 9 sept. 1835, qui porte : « Le cautionnement que les propriétaires de tout journal ou écrit périodique sont tenus de fournir sera versé, en numéraire, au trésor, qui en paiera l'intérêt au taux réglé pour les cautionnemens. Le taux de ce cautionnement est fixé comme il suit : si le journal ou écrit périodique paraît plus de deux fois par semaine, soit à jour fixe, soit par livraisons et irrégulièrement, le cautionnement sera de 100,000 fr. Le cautionnement sera de 75,000 fr. si le journal ou écrit périodique ne paraît que deux fois par semaine. Il sera de 50,000 fr. si le journal ou écrit périodique ne paraît qu'une fois la semaine. Il sera de 25,000 fr. si le journal ou écrit périodique paraît seulement plus d'une fois par mois. Le cautionnement des journaux quotidiens publiés dans les départemens, autres que ceux de la Seine, Seine-et-Oise, Seine-et-Marne, sera de 25,000 fr. dans les villes de 50,000 ames et au-dessus. Il sera de 15,000 fr. dans les villes au-dessous, et respectivement de la moitié de ces deux sommes pour les journaux ou écrits périodiques qui paraissent à des termes moins rapprochés. Il est accordé aux journaux ou écrits périodiques actuellement existant un délai de quatre mois pour se conformer à ces dispositions. »

**111.** — La loi du 9 sept. 1835 a substitué un versement en numéraire au versement en rentes, prescrit par la législation antérieure. Les rentes sur l'état étant insaisissables, le cautionnement fourni de cette manière ne pouvait pas être atteint par les créanciers du gérant. C'est cette espèce de privilége qu'on a voulu faire cesser. Le cautionnement peut être actuellement saisi par les créanciers du gérant jusqu'à concurrence de sa part de propriété. — Chassan, t. 1er, no 833 ; de Grattier, t. 2, p. 342, no 4.

**112.** — M. Vivien s'est opposé à l'accroissement des cautionnemens prescrits par l'art. 13, et il a proposé un amendement tendant à ce que le cautionnement fût du capital nominal des rentes exigées par la loi du 14 déc. 1830. Ce n'est qu'à une très faible majorité que l'amendement a été repoussé.

**113.** — La commission de la chambre des députés avait demandé que le cautionnement fût effectué à la caisse des dépôts et consignations. On a rejeté cette proposition qui plaçait les journaux hors du droit commun et les exposait à ne recevoir qu'un intérêt moindre que celui qu'on est en droit d'attendre. — Duvergier, t. 35, p. 266, note 1re.

**114.** — Le mode de réalisation des cautionnemens fixés par les lois des 9 juin 1819 et 18 juill. 1828 était déterminé par les ordonnances des 9 juin 1819 et 19 juill. 1828. Mais ces ordonnances se référaient à un régime sous lequel les cautionnemens étaient fournis en rentes. Aussi la plupart de leurs dispositions sont-elles aujourd'hui sans objet.

**115.** — L'ordonnance du 18 nov. 1835 détermine de quelle manière doivent être versés, complétés ou remplacés, les cautionnemens en numéraire dont la quotité est fixée par la loi du 9 sept.

**116.** — Les cautionnemens doivent être versés à la caisse du caissier central du trésor à Paris ou à la caisse des receveurs des finances dans les départemens. Il en est fourni des récépissés à talon. — Ord. 18 nov. 1835, art. 2.

**117.** — Lorsque le cautionnement a été versé, les propriétaires font à la direction de la librairie à Paris, et dans les départemens au secrétariat général de la préfecture, la déclaration prescrite par l'art. 6, L. 18 juill. 1828. — Art. 3. — V. *infrà* nos 135 et suiv.

**118.** — Il est justifié du versement des cautionnemens par la production des récépissés, soit du caissier central du trésor, soit des receveurs des finances. — Dès que la déclaration a été faite et dès qu'il a été justifié du versement des cautionnemens, il doit en être donné acte aux parties intéressées. — Même article.

**119.** — Les propriétaires des journaux existans à l'époque de l'ordonnance du 18 nov. ont dû justifier, dans le délai de quatre mois à compter de la promulgation de la loi du 9 sept. précédent, du versement de leur cautionnement. — Même art.

**120.** — Après l'accomplissement des formalités prescrites par l'art. 8 de l'ordonnance, les récépissés sont adressés au ministre des finances pour être convertis, conformément à l'arrêté du gouvernement du 24 germin. an VIII, en certificats d'inscription sur les livres du trésor; les titulaires touchent, au moyen de ces certificats, les intérêts afférens aux cautionnemens qu'ils ont fournis, intérêts qui courent du jour des versemens. — Art. 4.

**121.** — Il doit être justifié au procureur du roi du lieu de l'impression du versement du cautionnement auquel le journal peut être soumis, et de la déclaration préalable. Le procureur du roi doit donner acte sur-le-champ de cette justification et en tenir registre. — Ord. 29 juill. 1828, art. 1er.

**122.** — La publication du journal ou écrit périodique peut commencer immédiatement après le versement du cautionnement. — Ord. 9 juin 1819, art. 3, dernier alinéa. — Il faut toutefois que l'inscription du cautionnement au trésor ait été faite avant la publication. — *Riom*, 28 déc. 1837 (t. 2 1838, p. 62), le *Courrier des Cévennes*.

**123.** — Le cautionnement doit toujours demeurer intact dans les caisses du trésor pour répondre des condamnations. Lorsqu'il est entamé ou engagé, il faut donc le compléter ou le libérer.

**124.** — Il peut être affecté : — 1o par des condamnations judiciaires exécutées sur tout ou partie des fonds dont il se compose; — 2o par des saisies-arrêts; — 3o par des cessions faites par les gérans ou par les autres propriétaires.

**125.** — Les lois sur la presse périodique ont déterminé de quelle manière les condamnations prononcées contre le journal s'exécuteraient sur le cautionnement. Aux termes de l'art. 3, L. 9 juin 1819, le cautionnement est affecté *par privilége*, aux dépens, dommages-intérêts et amendes auxquels les propriétaires ou gérans peuvent être condamnés. Le prélèvement s'opère dans l'ordre qui vient d'être indiqué. — En cas d'insuffisance, il y a lieu à recours solidaire sur les biens des propriétaires ou éditeurs (gérans) déclarés responsables du journal ou écrit périodique et des rédacteurs des articles condamnés.

**126.** — Les condamnations encourues doivent être acquittées et le cautionnement libéré ou complété dans les quinze jours de la notification de l'arrêt; les quinze jours révolus sans que la libération ou le complément ait été opéré et jusqu'à ce qu'il le soit, le journal ou écrit périodique doit cesser de paraître. — Même loi, art. 4.

**127.** — Les condamnations pécuniaires prononcées soit contre les signataires responsables, soit contre l'auteur ou les auteurs des passages incriminés, sont prélevées : — 1o sur la portion du cautionnement appartenant en propre aux signataires responsables; — 2o sur le reste du cautionnement, dans le cas où cette portion serait insuffisante, sans préjudice pour le surplus des règles établies par les art. 3 et 4, L. 9 juin 1819. — L. 18 juill. 1828, art. 13.

**128.** — La disposition de l'art. 13, L. 18 juill. 1828, a sensiblement aggravé la position du gérant, en ce que les condamnations doivent être actuellement exécutées sur sa part du cautionnement avant tout, tandis que, sous l'empire de la loi du 9 juin 1819, le cautionnement entier était affecté au paiement des amendes, sans distinction entre la portion appartenant au gérant et celle appartenant aux autres associés. — Duvergier, t. 28, p. 231, note 1re. — Quant à l'obligation imposée au gérant d'être propriétaire du tiers du cautionnement, et de compléter ce tiers lorsqu'il a été entamé, V. *infrà*, nos 200 et suiv.

**129.** — Au surplus, les conventions faites entre le gérant et ses associés pour déroger à la disposition de l'art. 13, et pour mettre les amendes à la charge de tous indistinctement seraient licites. C'est ce qui résulte des paroles de M. Bourdeau, commissaire du roi, qui disait : « Qu'il intervienne des conventions pour répartir les amendes; qu'il existe des contre-lettres : on fera tout ce qu'on voudra, cela ne nous regarde pas; mais il ne faut pas que ces arrangemens soient supposés dans la loi. »

130.—Si, dans le cas prévu par l'art. 4, L. 9 juin 1819, le journal continuait de paraître après l'expiration du délai de quinzaine depuis la notification de la condamnation, et sans que cependant le cautionnement eût été libéré ou complété, il y aurait délit de publication sans cautionnement punissable par l'art. 6, même loi.—Chassan. t. 1er, no 849.

131. — La cour de Cassation a jugé que le gérant d'un journal dont le cautionnement a été altéré par une condamnation à l'amende, et qui, dans la quinzaine, a fait des offres réelles pour le paiement de cette amende, peut néanmoins, si après l'expiration de ce délai ses offres ont été rejetées comme insuffisantes, être condamné à une nouvelle amende pour avoir continué la publication de son journal sans avoir complété son cautionnement. — *Cass.*, 15 sept. 1832, Vaillant Simphorien. — En effet, le résultat du jugement est de constater que le cautionnement non libéré par un paiement effectif ne l'était pas davantage par des offres réelles non valables. — Parant, p. 121.

132. — Le complément ou le remplacement d'un cautionnement a lieu dans les formes prescrites pour le cautionnement primitif. — Ord. 9 juin 1819, art. 6.

133. — Lorsque les gérans renoncent à leurs fonctions, ou lorsque les propriétaires du journal renoncent à leur entreprise, le cautionnement leur est remboursé. Ils doivent faire une déclaration de cette renonciation à la direction de la librairie, à Paris, et dans les départemens, au secrétariat général de la préfecture; il leur en est donné acte. Après un délai de trois mois, à partir du jour où il y aura eu réellement cessation, soit des fonctions du gérant, soit de la publication du journal, sur le vu de la déclaration et de la demande spéciale qui doit lui être adressée par l'ayant-droit, le ministre des finances ordonne le remboursement du cautionnement, à moins que, par suite de condamnations ou de poursuites commencées, des oppositions n'aient été faites au trésor. — Ord. 18 nov. 1835, art. 8.

134. — La simple suspension de l'entreprise ne suffit pas pour autoriser la demande de remboursement du cautionnement. La déclaration exigée par l'art. 8, ord. 18 nov. 1835, constitue seule légalement la cessation de l'entreprise. — Chassan, t. 1er, no 853.

## § 2. — *De la déclaration.*

135. — La formalité de la déclaration a été empruntée à l'Angleterre, où un statut de la trente-huitième année du règne du roi Georges III (1798) l'a introduite. D'après ce statut, la déclaration préalable doit être faite à l'administration du timbre. Elle doit indiquer au moins deux des propriétaires, leur demeure, leur part dans l'intérêt, le titre de la feuille et le lieu où elle s'imprime. Le défaut de déclaration est puni de 100 liv. sterl. d'amende. — Chassan, t. 1er, p. 576, note 1re; de Grattier, t. 2, p. 156, note 1re.

136. — L'art. 1er, L. 9 juin 1819, prescrivait, entre autres choses, aux propriétaires ou éditeurs de journaux ou écrits périodiques consacrés en tout ou en partie aux nouvelles ou matières politiques, et paraissant, soit à jour fixe, soit par livraison et irrégulièrement, mais plus d'une fois par mois, de faire une déclaration indiquant le nom au moins d'un propriétaire ou éditeur responsable (gérant), sa demeure et l'imprimerie dans laquelle le journal ou l'écrit périodique devait être imprimé.

137. — L'art. 6 de la même loi punissait ceux qui auraient publié un journal ou écrit périodique sans avoir satisfait aux conditions prescrites par l'art. 1er, d'un emprisonnement d'un mois à six mois et d'une amende de 200 fr. à 1,200 fr.

138. — L'art. 6, L. 18 juill. 1828, détermine actuellement quelles sont les formalités qui doivent accompagner la déclaration préalable. Il est ainsi conçu : « Aucun journal ou écrit périodique soumis au cautionnement par les dispositions de la présente loi, ne pourra être publié, s'il n'a a été fait préalablement une déclaration contenant : 1° le titre du journal ou écrit périodique et les époques auxquelles il doit paraître; 2° le nom de tous les propriétaires autres que les commanditaires, leur demeure, leur part dans l'entreprise; 3° le nom et la demeure des gérans responsables; 4° l'affirmation que ces propriétaires et gérans réunissent les conditions de capacité prescrites par la loi; 5° l'indication de l'imprimerie dans laquelle le journal ou écrit périodique devra être imprimé. — Toutes les fois qu'il surviendra quelque mutation, soit dans le titre du journal ou dans les conditions de sa périodicité, soit parmi les propriétaires ou les gérans responsables, il en sera fait déclaration devant l'autorité compétente dans les quinze jours qui suivront la mutation, à la diligence des gérans responsables. En cas de négligence, ils seront punis d'une amende de 500 fr. — Il en sera de même si le journal ou écrit périodique venait à être imprimé dans une autre imprimerie que celle qui a été originairement déclarée. — Dans le cas où l'entreprise aurait été formée par une seule personne, le propriétaire, s'il réunit les qualités requises par le § 2 de l'art. 5, sera en même temps le gérant responsable du journal. Dans le cas contraire, il sera tenu de présenter un gérant responsable, conformément à l'art. 5. — Les journaux exceptés du cautionnement seront tenus de faire la déclaration préalable, prescrite par les nos 1, 2 et 5 du 1er § du présent article. »

139. — On avait proposé sur l'art. 6 un amendement portant que le journal ne pourrait paraître qu'un mois après la déclaration, afin que, si le journal venait à être supprimé, conformément à l'art. 11, on ne pût éluder la loi en fournissant sur-le-champ un nouveau cautionnement et en faisant une nouvelle déclaration. L'amendement ayant été rejeté, on doit en conclure que rien ne s'oppose à ce que les propriétaires d'un journal supprimé ne puissent, en remplissant immédiatement ces formalités, publier un nouveau journal. — Duvergier, t. 28, p. 226, note 2e; de Grattier, t. 2, p. 156, no 1er.

140. — Il résulte de l'art. 6 que s'il y avait interruption et reprise de la publication, sans qu'il intervînt de changement dans l'entreprise, il ne devrait pas être fait de nouvelle déclaration. — *Cass.*, 30 nov. 1833, Baverey (aff. de la *Gazette de Franche-Comté*); — Chassan, t. 1er, p. 576, note 3e. — Mais s'il y avait quelque modification dans la constitution du journal et dans les conditions mentionnées dans la déclaration primitive, on comprend qu'une seconde déclaration serait indispensable.

141. — Le mot *publication* est assez clair par lui-même, et cependant il s'est élevé quelques difficultés sur le sens qu'on doit, en matière d'écrits périodiques, attacher à cette expression.

142. — Selon M. de Grattier (t. 2, p. 134, no 4), on doit entendre par *publication* non seulement la distribution faite directement aux abonnés, mais le dépôt effectué au bureau de la poste ou la remise aux facteurs chargés de porter le journal chez les abonnés. Toutefois, selon cet auteur, cette remise ne saurait cependant constituer par elle-même une publication qu'autant que les facteurs auraient quitté le bureau du journal.

143. — Nous comprenons très bien qu'on considère comme distribution consommée la remise au bureau de la poste des journaux à envoyer aux divers abonnés, parce que l'administration des postes, une fois saisie de lettres ou d'imprimés, ne peut plus s'en dessaisir qu'au profit des destinataires dont le nom est inscrit sur la bande ou l'enveloppe; mais la même raison de décider ne se rencontre pas lorsqu'il s'agit seulement d'exemplaires confiés à des porteurs, à des facteurs choisis par l'entreprise du journal; dans ce cas, si le gérant rappelait ses facteurs avant qu'ils se fussent dessaisis d'un seul des exemplaires qui leur avaient été remis, s'il reprenait tous les exemplaires de sa feuille, personne ne pourrait raisonnablement dire qu'il y a eu publication.

144. — Le no 2 du § 1er de l'art. 6 exige que dans la déclaration on indique le nom de tous les propriétaires autres que les commanditaires. Ces mots *autres que les commanditaires* ont été ajoutés par la commission. Il faut en conclure que dans une société anonyme formée pour l'exploitation d'un journal les actions doivent être formées par des inscriptions sur les livres de la société et transmissibles au moyen de transferts, dans les termes de l'art. 36 du Code de commerce, car si ces actions étaient créées au porteur et transmissibles par la seule tradition du titre, il serait impossible de faire connaître les mutations comme le veut le § 2 du même article 6. — Duvergier, t. 28, p. 226, note 3e; Chassan, t. 1er, no 795.

145. — Dans les sociétés en participation, il n'est pas nécessaire de faire connaître dans la déclaration les noms des participans, puisque n'ayant que des engagemens secrets et privés vis-à-vis du chef de l'entreprise, ils ne doivent être connus ni de l'autorité ni du public. — Duvergier, t. 28, *loc. cit.*; de Grattier, t. 2, p. 153, no 7.

146. — La loi du 18 juill. 1828 exige la déclaration des noms de tous les associés autres que les commanditaires, tandis que celle du 9 juin 1819 se contentait de l'indication du nom d'un seul propriétaire ou d'un éditeur responsable.

147. — L'affirmation prescrite par le no 4 du § 1er de l'art. 6 n'est pas un *serment*, comme le pensait M. Dupin aîné dans la discussion. Il a été expliqué par M. le garde des sceaux qu'il s'agissait d'une simple affirmation ayant quelque analogie avec celle qu'exige l'art. 507 du code de commerce pour les créanciers d'une faillite. — Duvergier, t. 28, p. 226, note 4e; de Grattier, t. 2, p. 159, no 10; Chassan, t. 1er, no 797.

148. — M. de Grattier pense que l'infraction à la disposition du no 5, § 1er, art. 6, relative à l'indication de l'imprimerie ne constitue pas une infraction *continue*, mais une simple contravention. Il en est autrement, selon cet auteur, de l'infraction qui, aux termes du § 3 du même art. 6, résulterait de l'impression du journal dans une imprimerie autre que celle qui aurait été originairement déclarée.

149. — M. Chassan (t. 1er, p. 577, note 4e) est au contraire d'avis que les deux infractions qui viennent d'être rappelées ont le même caractère et que toutes deux sont continues. L'opinion de ce dernier auteur nous paraît plus conforme aux principes. — V. DÉLITS DE PRESSE ET DE PUBLICATION.

150. — La publication d'un journal sans déclaration préalable du changement introduit dans la périodicité établie précédemment, ne constitue pas une contravention unique, mais bien une série de faits distincts et conséquemment de délits qui se renouvellent à chaque publication. — *Toulouse*, 14 avr. 1842 (t. 2 1842, p. 109), Raulet (l'*Emancipation*).

151. — Les mots *en cas de négligence* dont se sert le § 2 de l'art. 6 supposent que, pour que le gérant puisse encourir l'amende de 500 fr., il faut que les mutations soient parvenues à sa connaissance. Ce serait du reste à lui à prouver qu'il a ignoré la mutation qui serait survenue. — De Grattier, t. 2, p. 160, no 16; Chassan, t. 1er, no 799; Duvergier, t. 28, p. 227, note 1re.

152. — La nécessité de la déclaration de mutation imposée au gérant d'un journal par la loi du 18 juill. 1828 (art. 6, § 2) ne s'applique qu'aux mutations opérées par le fait de l'homme, et non à celles opérées par le fait de la loi. — *Cass.*, 24 sept. 1831, Laval; — de Grattier, t. 2, p. 159, no 12; Chassan, t. 1er, p. 578, note 1re. — Il s'agissait dans l'espèce où ce principe a été consacré d'une modification résultant de la loi du 13 déc. 1830, qui exigeait que le gérant possédât en son propre nom la totalité du cautionnement.

153. — « Ces déclarations, porte l'art. 7, L. 18 juill. 1828, seront accompagnées du dépôt des pièces justificatives; elles seront signées par chacun des propriétaires du journal ou écrit périodique, ou par le fondé de pouvoirs de chacun d'eux. Elles seront reçues à Paris à la direction de la librairie, et dans les départemens au secrétariat général de la préfecture. »

154. — L'ordonnance du 9 juin 1819 exigeait seulement, à l'appui de la déclaration, la représentation d'un reçu du cautionnement par la caisse des consignations ou de l'acte constatant que l'éditeur ou propriétaire avait fourni son cautionnement en rentes. Au lieu de ces pièces, c'est maintenant par un reçu du caissier central du trésor à Paris ou du receveur des finances dans les départemens qu'il est justifié du versement du cautionnement. — Ord. 18 nov. 1835, art. 2 et 3.

155. — Il faut ajouter à l'exhibition de cette pièce la représentation : 1o en cas d'association, de l'expédition de l'acte de société dûment publié (L. 18 juill. 1828, art. 4, § 1er), mentionnant la réserve faite aux gérans de la direction dans la rédaction du journal et l'indication de leur part dans le cautionnement et l'entreprise (art. 5); 2o de l'acte de nomination des gérans, lorsque cette nomination n'a pas été faite par l'acte de société (art. 4, § 2.); 3o l'acte de naissance de chacun des propriétaires (art. 1er.) et celui de chacun des gérans (art. 5, § 2); 4o de l'acte de naturalisation ou de la preuve de l'accomplissement des formalités prescrites par l'art. 9, C. civ., si le propriétaire ou gérant est naturalisé ou né de parens étrangers. — De Grattier, t. 2, p. 163, no 1er; Chassan, t. 1er, no 802.

156. — Personne ne peut être tenu de prouver qu'il n'a pas perdu la qualité de Français, aussi serait-ce à l'administration à fournir la la preuve du fait emportant la privation de cette qualité (C. civ., art. 17.). Il en serait de même pour la privation des droits civils ou de quelques uns d'eux. — De Grattier, t. 2, p. 164, no 2; Chassan, t. 1er, no 802 *bis*.

157. — L'administration doit délivrer au déclarant un acte constatant l'accomplissement des formalités qui précèdent (Ord. 18 nov. 1835, art. 3). Cet acte doit être produit au procureur du roi du lieu de l'impression. — Ord. 29 juill. 1828, art. 1er.

158. — Si les entrepreneurs d'un journal le publiaient sans déclaration préalable, seraient-ils

passibles d'une peine? — M. Parant (p. 160) pense qu'aucune pénalité ne peut les atteindre. Il se fonde sur ce que la loi du 18 juill. 1828 a bien rappelé par son art. 3 les dispositions pénales de l'art. 6, L. 9 juin 1819, mais seulement en ce qui concerne le défaut de cautionnement et non pour l'absence de déclaration préalable et sur ce que la disposition de la loi du 18 juill. 1828, art. 6, § 1er, qui prescrit cette dernière formalité, a pour sanction la prohibition même pour le journal de paraître si elle n'est remplie, prohibition qui doit être considérée comme une peine substituée à celles de la loi du 9 juin 1819, art. 6.

159. — MM. de Grattier (t. 2, p. 16, no 8) et Chassan (t. 1er, no 805) sont au contraire d'avis que la publication sans déclaration préalable est encore actuellement punie par l'art. 6, L. 9 juin 1819. Ils font remarquer que la prohibition de paraître serait illusoire si les contrevenans n'étaient frappés d'aucune peine, et que par cela seul que la loi du 18 juill. 1828 est muette sur la répression de l'infraction prévue par son art. 6, § 1er, elle a entendu se référer aux dispositions de la première loi. Il y aurait eu inconséquence de la part des auteurs de la loi du 18 juill. 1828 si, punissant d'une amende de 500 fr. le défaut de déclaration des mutations dans le journal, ils avaient cependant laissé impunie l'absence de la déclaration préalable au moment où le journal se fonde.

160. — Jugé que la publication, sans déclaration préalable et sans cautionnement, d'un journal consacré presque exclusivement aux nouvelles politiques, paraissant plus de deux fois par mois, bien qu'irrégulièrement, est punissable, quoi que chaque numéro soit déguisé sous l'indication d'une prétendue édition différente d'un almanach. — *Rennes*, 24 déc. 1835, Mangin.

161. — La déclaration préalable peut être contestée ou attaquée par l'administration. L'art 10, L. 18 juill. 1828, porte : « En cas de contestation sur la régularité ou la sincérité de la déclaration prescrite par l'art. 6 et des pièces à l'appui, il sera statué par les tribunaux, à la diligence du préfet, sur mémoire, sommairement et sans frais, la partie ou son défenseur et le ministère public entendus. Si le journal n'a pas encore paru, il sera sursis à la publication jusqu'au jugement à intervenir lequel sera exécutoire nonobstant appel. »

162. — Lorsqu'il s'agit de la première déclaration avant toute publication, la contestation peut porter soit sur la sincérité de la déclaration ou des pièces à l'appui, soit sur leur régularité, c'est-à-dire sur le fond ou sur la forme. — Chassan, t. 1er, no 808.

163. — Dans la discussion, M. le garde des sceaux dans l'exposé des motifs et le rapporteur de la commission de la chambre des députés ont reconnu que les tribunaux civils sont seuls compétens pour statuer sur cette contestation. En effet, il ne s'agit pas ici de peines à prononcer. — Duvergier, t. 28, p. 230, note 1re.

164. — Le ministère public porte la parole, dans ce cas, non comme partie principale, mais seulement comme partie jointe, car l'adversaire de l'auteur de la déclaration est ici le préfet. — Duvergier, *loc. cit.*; de Grattier, t. 2, p. 185, no 1er; Chassan, t. 1er, no 808.

165. — L'administration, ayant qualité pour contester la régularité et la sincérité de l'acte de société formée pour l'exploitation d'un journal, peut s'opposer à ce que celui-ci paraisse tant que l'acte de société n'a pas été publié. — *Cass.*, 10 juill. 1845 (t. 1er 1846, p. 459), Boirie et Fleury c. préfet du Loiret.

166. — Quoique l'art. 10 dise qu'il sera statué à la diligence du préfet, on aperçoit par la proposition qui précède, quel préjudice pourrait être causé à une entreprise si la contestation suscitée par l'administration n'était pas immédiatement portée par elle devant les tribunaux. Il doit, dès-lors, être permis à l'auteur de la déclaration de saisir lui-même les tribunaux, comme le pensait M. Pardessus dans la discussion. Autrement, le défaut de diligence du préfet paralyserait la publication du journal. — Duvergier et Chassan, *loc. cit.*

167. — Si la déclaration est reconnue non sincère ou irrégulière, l'injonction de ne pas faire paraître le journal est la seule peine à prononcer. Mais si, malgré le rejet fait par les tribunaux de la déclaration, le journal était publié, ce serait le cas d'appliquer l'art. 6, L. 9 juin 1819. — Chassan, t. 1er, no 810; — *Contrà* Parant, p. 160; Rauter, *Traité du droit crim. en France*, t. 1er, p. 556.

168. — Il pourrait arriver que le journal parût pendant l'instance sur la contestation de la déclaration. M. Chassan (t. 1er, p. 585, notes 3-4-5) pense que, dans ce cas, tout dépendrait du sort de la contestation; que si la déclaration est jugée irrégulière, il y aura délit de publication sans déclaration; que, dans le cas contraire, la publication aurait été légale.



169. — L'art. 11 ajoute : « Si la déclaration prescrite par l'art. 6 est reconnue fausse et frauduleuse en quelqu'une de ses parties, le journal cessera de paraître. Les auteurs de la déclaration seront punis d'une amende dont le *minimum* sera d'une somme égale au dixième, et le *maximum* d'une somme égale à la moitié du cautionnement. »

170. — L'art. 11 de la loi suppose que la déclaration n'a pas été contestée par le préfet. Lorsqu'elle est frauduleuse, c'est-à-dire, si à la fausseté matérielle se joint l'intention de dissimuler la vérité, le ministère public peut attaquer la déclaration, bien que l'administration l'ait acceptée. — De Grattier, t. 2, p. 188, no 1er; Chassan, t. 1er, no 811.

171. — M. Gallot avait demandé que les peines prévues par l'art. 11 ne fussent appliquées qu'autant que la fausseté de la déclaration rendrait nulle la responsabilité des gérans, mais sa proposition n'a pas été accueillie. M. Bourdeau, commissaire du roi, a, du reste, fait remarquer que ce n'est pas seulement sur les gérans que la peine doit porter, mais encore sur les propriétaires qui auront fait une déclaration fausse et frauduleuse. — Duvergier, t. 28, p. 230, note 3e. — Aussi l'art. 11 s'applique-t-il aux journaux non cautionnés comme à ceux qui sont soumis au cautionnement.

172. — Dans l'hypothèse de l'art. 11, les tribunaux correctionnels sont compétens pour appliquer la peine, bien que l'infraction à punir suppose une intention coupable. En effet, la loi du 8 oct. 1830 n'a fait attribution aux cours d'assises que des délits de publication commis par l'un des moyens énoncés dans l'art. 1er, L. 17 mai 1819. — De Grattier, t. 2, p. 191, no 7. — V. DÉLITS DE PRESSE ET DE PUBLICATION.

173. — Cependant la cour d'Orléans a jugé que l'infraction prévue par l'art. 11, L. 18 juill. 1828, était de la compétence du tribunal civil. — *Orléans*, 16 juill. 1836, Valery. — Cette décision qui attribue à la juridiction civile le pouvoir de prononcer une condamnation correctionnelle, est évidemment erronée. — V. Chassan, t. 1er, no 813; de Grattier, *loc. cit.*

174. — De même que dans plusieurs hypothèses rappelées précédemment, la publication qui suivrait une déclaration frauduleuse dans les termes de l'art. 11, constituerait une série de contraventions successives. — Chassan, t. 1er, no 814.

175. — Les observations qui précèdent sur la déclaration préalable, s'appliquent à la déclaration des mutations survenues dans le journal. Dans ce cas encore le préfet peut contester la régularité ou la sincérité de la déclaration, et il y a lieu dans cette hypothèse d'appliquer l'art. 10. Le ministère public peut en outre l'attaquer comme fausse et frauduleuse, lors même que l'administration l'aurait acceptée, et l'art. 11 retrouve alors son empire. — De Grattier, t. 2, p. 189, no 5.

176. — La publication du journal qui serait faite après le rejet de la déclaration de mutations, ou après l'annulation qui aurait été prononcée par le tribunal, devrait être punie de 500 fr. d'amende par chaque fait de publication, aux termes de l'art. 6, § 2, L. 18 juill. 1828.

177. — Si les pièces à l'appui de la déclaration étaient fausses, ce ne serait plus le cas d'un procès correctionnel comme le prévoit l'art. 11; des poursuites criminelles devraient être commencées pour faire juger le crime de faux. — De Grattier, t. 2, p. 189, no 7; Chassan, t. 1er, no 818.

### § 3. — *Des gérans et de leurs obligations.*

178. — La création des gérans de journaux est empruntée à la législation anglaise, statut de la trente-huitième année du règne de Georges III. — Chassan, t. 1er, p. 606, note 1re.

179. — Le gérant responsable est le représentant du journal non seulement dans ses intérêts politiques, mais encore dans ses intérêts commerciaux. Il y a lieu de considérer ses droits et sa responsabilité sous ce double rapport. Dans l'exposé des motifs de la loi du 18 juill. 1828, on définit le gérant « une sorte de censeur que la loi impose aux propriétaires de journaux, dans le double intérêt de l'état et de l'association. »

180. — La loi du 9 juin 1819 ne reconnaissait que des *éditeurs* responsables de tous les articles imprimés dans le journal. Ces éditeurs avaient la signature du journal concurremment avec les propriétaires. — Art. 2 et 5.

181. — Cette loi n'imposait du reste aux éditeurs responsables aucune condition d'idonéité, aucune garantie de moralité; elle n'exigeait pas non plus qu'ils fussent propriétaires soit d'une part de l'entreprise, soit d'une part du cautionnement. Il résulta de ce système que des journaux prirent pour éditeurs responsables des hommes illettrés, sans consistance, qui moyennant un salaire acceptaient la responsabilité et subissaient toutes les condamnations prononcées par les tribunaux, de telle sorte que la responsabilité que la loi faisait peser sur ces éditeurs était illusoire en réalité. — De Grattier, t. 2, p. 147, no 1er.



182. — C'est à ces abus que la loi du 18 juill. 1828 a voulu mettre fin. Pour que les gérans offrissent une responsabilité véritable, le législateur de cette époque leur a donné le droit d'obliger la société, pensant que celle-ci ne choisirait pas légèrement pour son représentant un homme auquel devait appartenir un semblable pouvoir. Il leur a donné de plus la direction de la rédaction, et il a voulu qu'ils eussent une part de propriété dans l'entreprise et dans le cautionnement. — De Grattier, *loc. cit.*

183. — « Hors le cas où le journal serait publié par une société anonyme, porte l'art. 4 de la loi du 18 juill. 1828, les associés seront tenus de choisir entre eux un, deux ou trois gérans, qui, aux termes des art. 22 et 24 du Code de commerce, auront chacun individuellement la signature. Si l'un des gérans responsables vient à décéder ou à cesser ses fonctions par une cause quelconque, les propriétaires seront tenus, dans le délai de deux mois, de le remplacer ou de réduire, par un acte revêtu des mêmes formalités que celui de société, le nombre de leurs gérans. Ils auront aussi, dans les limites ci-dessus déterminées, le droit d'augmenter ce nombre en remplissant les mêmes formalités. S'ils n'en avaient constitué qu'un seul, ils seront tenus de le remplacer dans les quinze jours qui suivront son décès. Faute par eux de le faire, le journal ou écrit périodique cessera de paraître, à peine de 1,000 francs d'amende pour chaque feuille ou livraison qui serait publiée après l'expiration de ce délai. »

184. — Aux termes de l'art. 5, les gérans responsables ou l'un d'entre eux doivent surveiller et diriger *par eux-mêmes* la rédaction du journal ou écrit périodique. Chacun d'eux doit avoir les qualités requises par l'art. 980 du Code civil et être propriétaire d'une part ou action dans l'entreprise.

185. — Dans le projet de l'art. 4 de la loi, on ne donnait que trois jours pour remplacer le gérant du journal qui venait à décéder lorsqu'il n'y en avait qu'un. Ce délai ayant paru trop court, on lui a substitué celui de quinze jours pour pourvoir à ce remplacement. S'il y a un mineur, il sera nécessaire de nommer un tuteur dans le même délai. — Duvergier, t. 28, p. 225, note 1re.

186. — M. le ministre de l'intérieur a expliqué que l'héritier qui concourrait à la nomination d'un nouveau gérant ne devrait pas être considéré comme ayant fait acte d'acceptation par cela seul, puisque cette mesure ne peut constituer qu'un acte d'administration. — M. Mauguin disait néanmoins : « Je soutiens que nommer un individu qui a le droit de signature et qui peut obliger toute la société, ce n'est pas faire acte d'administration. » — Mais nous croyons avec M. Duvergier, *loc. cit.*, que, suivant l'opinion du ministre, l'héritier ne faisant alors que ce qui est indispensable pour que le journal continue d'exister, accomplit une mesure purement conservatoire quant à lui, quels que soient du reste les droits conférés au gérant.

187. — Il résulte clairement de la discussion sur le même article 4, L. 18 juill. 1828, que la pénalité qui figure à la fin de son dernier paragraphe s'applique seulement au cas où le journal serait publié après la quinzaine qui suivrait la mort de son gérant unique sans que celui-ci eût été remplacé, mais non à l'hypothèse où le journal ayant plusieurs gérans on continuerait de le publier, bien que l'un d'eux étant mort n'eût pas été remplacé dans les deux mois. Le projet de loi prononçait une amende de 500 francs une fois payée pour le cas où l'un des gérans ne serait pas remplacé dans le délai de deux mois. Cette disposition s'est trouvée supprimée par erreur, à ce qu'il paraît. Elle avait du reste rencontré des adversaires, « Pourquoi condamnerez-vous, disait M. Ricard, à 500 francs d'amende un journal qui aurait encore un ou deux gérans, lorsque la loi trouve qu'avec un seul gérant il présente une garantie suffisante? » La première partie du paragraphe se trouve donc dépourvue de sanction. — Duvergier, t. 28, p. 225, note 2; Chassan, t. 1er, no 887.

188. — On avait voulu enlever au gérant la signature sociale. Cette proposition fut repoussée par M. de Martignac, qui dit : « Pourquoi refuseriez-vous de donner la signature sociale à ce gérant responsable que le projet de loi vous demande? Parce que vous ne voulez pas lui confier

le droit de vous lier envers des tiers et de compromettre votre fortune personnelle. Ainsi vous ne voulez pas lui donner votre confiance pour de l'argent. Eh bien! nous, nous ne voulons pas lui donner notre confiance pour ce qui intéresse le repos des familles et de la société. Si le gérant n'a pas votre confiance, souffrez que nous ne lui accordions pas non plus la nôtre. » — L'amendement fut rejeté et l'art. 4 adopté dans les termes du projet. — *Moniteur* 12 juin 1828; — Chassan, t. 1er, no 858.

**189.** — La rédaction de l'art. 4, L. 18 juill. 1828, et surtout ces mots de son dernier paragraphe : *« dans les limites ci-dessus mentionnées, »* indiquent clairement qu'on ne pourrait nommer plus de trois gérans. — De Grattier, t. 2, p. 143, no 8; Chassan, t. 1er, no 860.

**190.** — Les gérans doivent avoir les qualités requises par l'art. 980 du Code civil, c'est-à-dire être Français, mâles, majeurs et jouissant de leurs droits civils. On avait proposé un amendement portant que les députés et les pairs de France ne pourraient sous aucun prétexte être propriétaires, gérans responsables ou collaborateurs d'un journal ou écrit périodique. Cette proposition a été rejetée. — V. au surplus *suprà* no 51.

**191.** — M. Dupin aîné a exprimé l'opinion que les membres de l'université, les magistrats, les avocats, les notaires et tous les fonctionnaires à qui les lois ne permettent pas de remplir les fonctions d'agent comptable et de signer des engagemens commerciaux ne peuvent être gérans de journaux. — Duvergier, *loc. cit.*

**192.** — Le gérant responsable d'une société créée pour la publication d'un journal doit être considéré comme un gérant sérieux, bien qu'il ait été soumis, relativement à l'administration et à la rédaction du journal, au contrôle d'un comité de surveillance. — Il y a lieu d'appliquer en cette matière les règles tracées par le droit-commun pour la bonne administration des sociétés ordinaires. — Mais, si ce gérant, bien qu'investi de la signature sociale, se trouve placé, pour tout ce qui est de l'essence de l'administration d'un gérant, sous la dépendance d'un tiers et de son associé; s'il n'a pas la surveillance et la rédaction politique du journal; s'il est à chaque instant, au cas où il ne suivrait pas la direction politique qui lui est indiquée, menacé de destitution et exposé à perdre sa position sociale, tout ou partie de son apport et sa portion dans les bénéfices, de pareilles clauses, lui enlevant toute liberté d'action et conséquemment toute responsabilité, ne permettent pas de le considérer comme un gérant sérieux. — *Cass.*, 10 juill. 1845 (t. 1er 1846, p. 459), Boirie et Fleury c. préfet du Loiret.

**193.** — On peut conclure de là que si l'acte de société par lequel un gérant a été désigné contenait des clauses dont l'effet dût être de paralyser son administration, il serait du devoir de l'autorité de refuser d'admettre un gérant placé dans de telles conditions.

**194.** — Mais rien n'empêcherait le gérant de s'adjoindre des collaborateurs ou un comité pour lui donner conseil, pourvu que la direction du journal ne cessât pas de lui appartenir. — Chassan, t. 1er, no 865.

**195.** — Lorsque l'entreprise est représentée par plusieurs gérans, ils doivent tous avoir les mêmes pouvoirs. « Quand il y aura plusieurs gérans, disait le garde des sceaux, dans la discussion de la loi du 18 juillet 1828, celui qui aura le plus d'aptitude pour l'administration dirigera la partie commerciale de l'entreprise, celui qui par les habitudes de sa vie ou ses talens naturels sera plus propre aux combinaisons littéraires ou politiques, dirigera la rédaction du journal; mais tous deux sont investis de la confiance de leurs associés, tous deux auront la signature sociale. » Il en est de même de la direction politique du journal, qui appartient également à tous les gérans. — Chassan, t. 1er, no 866.

**196.** — Nous avons dit que l'un des moyens qu'on a jugés les plus efficaces pour forcer les journaux à se faire représenter par des gérans sérieux, et d'assurer aux gérans un contrôle efficace a été d'imposer aux gérans l'obligation d'être personnellement propriétaires d'une part du cautionnement.

**197.** — La loi du 18 juill. 1828 exigeait que chacun des gérans responsables possédât en son propre et privé nom un quart au moins du cautionnement; sinon ils étaient admis à justifier que, outre leur part dans l'entreprise, ils étaient vrais et légitimes propriétaires d'immeubles payant au moins cinq cents francs de contributions directes, si le journal était publié dans les départemens de la Seine, de Seine-et-Oise et de Seine-et-Marne, et cent cinquante francs dans les autres départemens. Ces immeubles devaient être libres de toute hypothèque. — Art. 5 et 9.

**198.** — L'art. 1er de la loi du 14 déc. 1830 voulait que le gérant responsable du journal, lors même qu'il n'y en avait qu'un seul, fût possesseur de la totalité du cautionnement.

**199.** — Maintenant chaque gérant doit posséder, en son propre et privé nom, le tiers du cautionnement. — L. 9 sept. 1835, art. 15.

**200.** — « Dans le cas où, soit des cessions totales ou partielles de la portion du cautionnement appartenant à un gérant, soit des jugemens passés en force de chose jugée, prononçant la validité de saisies-arrêts formées sur ce cautionnement, seraient signifiés au trésor, le gérant est tenu de rapporter, dans les quinze jours de la notification qui lui en aura été faite, soit la rétrocession, soit la main-levée de la saisie-arrêt; faute de quoi, le journal devra cesser de paraître, sous les peines portées en l'art. 6 de la loi du 9 juin 1819. » — Même article.

**201.** — L'art. 15, § 2, L. 9 sept. 1835, prévoit une tout autre hypothèse que l'art. 4, L. 9 juin 1819. Cette dernière disposition prévoit le cas où le cautionnement, considéré dans son ensemble, serait entamé par l'effet de condamnations obtenues contre le journal à raison de délits de publication qui lui seraient imputables. L'art. 15, § 2, L. 9 sept. 1835, n'a d'autre but, au contraire, que de forcer le gérant à être et à rester propriétaire du tiers du cautionnement. — De Grattier, t. 2, p. 348, no 6.

**202.** — Le rapporteur de la commission disait sur cet art. 15, § 2 : « Le moyen de forcer le gérant à l'exécution sérieuse de la loi nous a paru être le versement en numéraire, et l'obligation pour celui qui a déposé un cautionnement de le compléter toutes les fois qu'il serait attaqué par une saisie; car dès ce moment le cautionnement est entamé. Quant à la propriété, on ne peut plus dire que celui qui l'a versé en soit véritablement propriétaire. Mais, par cela même, nous serions allés trop loin en appliquant cette disposition à la portion du cautionnement qui n'est pas la propriété du gérant. Quant à celle-là, elle n'est versée que pour assurer les droits de l'état et ceux des tiers, et il importe peu à ces droits qu'il intervienne ou qu'il n'intervienne pas de saisie; car l'état et les particuliers lésés ont, d'après la loi, un droit de préférence. » — Duvergier, t. 35, p. 267, note 1re.

**203.** — Le cautionnement étant, jusqu'à concurrence d'un tiers, la propriété du gérant et saisissable dans la même proportion par ses créanciers, il en résulte qu'il ne peut être admis de déclaration de privilége de second ordre sur ce tiers au profit d'autres personnes, ce privilége ne pouvant appartenir qu'au propriétaire des fonds déposés à titre de cautionnement. C'est ce que stipule l'art. 6, ord. 18 nov. 1835. — Chassan, t. 1er, no 844.

**204.** — Mais le privilége de second ordre peut exister sur le surplus du cautionnement. — Chassan, t. 1er, no 844.

**205.** — La cour de Toulouse a jugé que les règles établies par la loi du 25 niv. an XIII, relativement au délai de trois mois pendant lequel des recours peuvent être exercés sur le cautionnement des officiers publics et des comptables, sont applicables aux gérans des journaux; — Que, spécialement, lorsqu'à la suite d'un changement survenu dans la gérance d'un journal le cautionnement déposé au trésor est devenu, en vertu du réglement de compte fait entre les gérans, la propriété exclusive de l'un d'eux, la cession que celui-ci fait à un nouveau gérant du tiers du cautionnement n'autorise pas ce nouveau gérant à utiliser la portion cédée avant l'expiration des trois mois pendant lesquels le cautionnement doit rester exclusivement affecté à la garantie des faits personnels de l'ancien gérant; — Qu'en conséquence, si, avant l'expiration de ce délai, le nouveau gérant signe le journal sans avoir préalablement versé un cautionnement au trésor, il encourt les peines prononcées par les lois des 9 juin 1819 et 9 sept. 1835, encore que, conformément à la loi du 18 juill. 1828, la déclaration des mutations survenues dans le journal ait été faite par les anciens et nouveaux gérans au secrétariat général de la préfecture, et reçue sans réclamation par l'administration, qui en a, au contraire, donné acte et délivré expédition. — *Toulouse*, 1er juin 1837 (t. 2 1837, p. 377), *Gazette du Languedoc*. — V. conf. *Riom*, 28 déc. 1837 (t. 2 1838, p. 62), *Courrier des Cévennes*.

**206.** — Les mêmes principes ont été adoptés par la cour de Montpellier, qui a jugé que le gérant responsable d'un journal qui en devient propriétaire ne peut en continuer la publication s'il n'a préalablement versé en numéraire au trésor le tiers du cautionnement exigé par l'art. 15, L. 9 sept. 1835, lors même que le précédent propriétaire lui a fait aussi cession de la portion du cautionnement duement versée au trésor. — *Montpellier*, 11 juin 1838 (t. 2 1838, p. 431), Marcou.

**207.** — Cette cour décide même que la cession d'un cautionnement faite, soit pendant le délai de trois mois, exigé pour le retirement (ord. 18 nov. 1835, art. 8), soit même après ce délai, ne peut produire aucun effet, si les fonds cédés n'ont pas été inscrits au trésor sur la tête du cessionnaire; que, particulièrement, s'il s'est écoulé un délai entre la déclaration de retirement et cette inscription, le journal doit être réputé avoir paru sans cautionnement pendant ce délai. — Même arrêt; — Chassan, t. 1er, no 852.

**208.** — Cette jurisprudence se fonde sur cette double considération que le cautionnement est essentiellement personnel au gérant, et qu'il doit être libre à toutes les époques de la publication.

**209.** — M. de Grattier (t. 2, p. 150 à 155) critique ces arrêts en enseignant : 1° que jusqu'au jour où le ministre des finances ordonne le remboursement d'une partie ou de la totalité du cautionnement, le cautionnement entier, malgré la cessation des fonctions du gérant, demeure affecté à la garantie de la publication qui a continué; 2° que tant que la cession de tout ou partie du cautionnement n'est point signifiée au trésor, ce cautionnement est, vis-à-vis du trésor, la propriété de l'ancien gérant au nom de qui il est inscrit, et que, par suite, le cautionnement étant affecté à la publication et non à la gérance, on ne peut pas dire que la publication a eu lieu sans cautionnement.

**210.** — Par arrêt du 30 nov. 1838 (aff. de la *Gazette de Franche-Comté*, Baverey), la cour de Cassation a décidé que le gérant d'un journal propriétaire de la totalité du cautionnement a pu, en s'adjoignant un co-gérant, lui transporter une partie du cautionnement.

**211.** — Ce dernier arrêt, qui rejette un pourvoi formé contre une décision de la cour de Besançon, paraît consacrer la doctrine que, pendant les trois mois qui s'écoulent entre la demande de retirement d'un cautionnement et son remboursement, il continue d'être la garantie non seulement des condamnations antérieures, mais aussi de celles qui interviendraient dans ce délai; d'où il faudrait conclure que si la publication continue pendant ce délai il n'est pas nécessaire qu'un nouveau cautionnement soit fourni avant son expiration. Sous ce rapport, cet arrêt contiendrait une confirmation de la théorie présentée par M. de Grattier.

**212.** — Le gérant doit être propriétaire du tiers du cautionnement, mais peu importerait qu'il fût débiteur des valeurs déposées comme cautionnement vis-à-vis de tiers qui les lui auraient prêtées, pourvu que la propriété lui en eut été transférée. — Duvergier, t. 28, p. 226, note 1re.

**213.** — Losrque le gérant a été admis, il y a en sa faveur une présomption de droit, qu'il est bien réellement propriétaire du tiers du cautionnement, et c'est à celui qui prétend le contraire à prouver son allégation. — Chassan, t. 1er, no 863.

**214.** — La responsabilité des gérans et leurs principales obligations sont déterminées par l'art. 8 de la loi du 18 juill. 1828, qui porte : « Chaque numéro de l'écrit périodique sera signé en minute par le propriétaire, s'il est unique; par l'un des gérans responsables, si l'écrit périodique est publié par une société en nom collectif ou en commandite, et par l'un des administrateurs, s'il est publié par une société anonyme. L'exemplaire signé pour minute sera, au moment de la publication, déposé au parquet du procureur du roi du lieu de l'impression, ou à la mairie dans les villes où il n'y a pas de tribunal de première instance, à peine de 500 francs d'amende contre les gérans. Il sera donné récépissé du dépôt. — La signature sera imprimée au bas de tous les exemplaires, à peine de 500 francs d'amende contre l'imprimeur, sans que la révocation du brevet puisse s'en suivre. — Les signataires de chaque feuille ou livraison seront responsables de son contenu et passibles de toutes les peines portées par la loi à raison de la publication des articles ou passages incriminés, sans préjudice de la poursuite contre l'auteur desdits articles ou passages, comme complices. En conséquence, les poursuites judiciaires pourront être dirigées tant contre les signataires des feuilles ou livraisons que contre l'auteur ou les auteurs des passages incriminés, si ces auteurs peuvent être connus ou mis en cause. »

**215.** — La prescription du § 1er de l'art. 8, L. 18 juill. 1828, relative à la signature du journal, se complète par l'art. 16 de la loi du 9 sept. 1835, portant : « Conformément à l'art. 8 de la loi du 18 juill. 1828, le gérant d'un journal ou écrit périodique sera tenu de signer en minute chaque numéro de son journal. Toute infraction à cette

disposition sera poursuivie devant les tribunaux correctionnels et punie d'une amende de 500 à 3000 francs.

216. — Les trois premiers paragraphes de l'art. 8, L. 18 juill. 1828, ne prévoient que des *contraventions* en matière de presse. Le quatrième s'occupe des délits de publication que présenteraient les articles insérés dans le journal, délits qui supposent chez l'écrivain une intention coupable et dont la cour d'assises seule peut connaître. — V. DÉLITS DE PRESSE ET DE PUBLICATION.

217. — Dans le système de la loi du 18 juill. 1828, la responsabilité du gérant ou signataire responsable est générale et absolue comme *auteur principal* des délits par suite desquels des condamnations interviendraient contre le journal. Peu importe, sous ce rapport, que le gérant ne soit pas l'auteur des articles qui ont motivé la condamnation, car c'est dans la publication que consiste le délit, et le gérant est le véritable publicateur. — Chassan, t. 1er, no 464; de Grattier, t. 2, p. 174, no 17.

218. — Il en résulte que le gérant n'a pas le droit d'exercer un recours en garantie contre l'auteur de l'article à raison des condamnations civiles qui seraient prononcées, car le premier ne fait que répondre de son fait personnel et d'un acte émané de sa volonté. — *Riom*, 24 mars 1836, Séguin c. Chambe.

219. — Mais le gérant peut-il faire valoir l'excuse tirée de l'absence, de l'éloignement, de la maladie qui l'aurait empêché de participer à l'article incriminé? — Le projet de la loi du 9 sept. 1835 (art. 10) voulait empêcher qu'on ne vînt plaider l'excuse tirée de l'éloignement ou de l'absence, et dans ce but il punissait d'une forte amende le gérant qui aurait signé un numéro en blanc. Mais la commission a reconnu que le mode de la composition des journaux qui a lieu fort avant dans la nuit, rendrait cette disposition très gênante et à peu près inexécutable. Aussi a-t-elle été retranchée du projet. Mais il a été reconnu dans la discussion que le devoir du gérant était de signer jour par jour. — Duvergier, t. 35, note 2; — Chassan, t. 1er, no 467.

220. — Aux termes de l'art. 19 de la loi du 9 sept. 1835, lorsque le gérant a été condamné à l'emprisonnement et à l'interdiction des droits civils, la publication du journal doit être suspendue pendant la durée de la peine, s'il n'est pourvu au remplacement du gérant par un autre. Il résulte de cette disposition qu'actuellement un gérant ne pourrait prétendre s'affranchir de toute peine par le motif que, se trouvant en prison au moment de la publication, il n'a pu signer le journal, excuse qu'on faisait quelquefois valoir sous la législation antérieure. — Chassan, t. 1er, no 468.

221. — Il en serait peut-être autrement s'il ne s'agissait que d'un emprisonnement en vertu d'un mandat de dépôt, car alors le gérant conserve la signature. — Chassan, *loc. cit.*

222. — Il est constant du reste que le gérant peut être acquitté, bien que l'article incriminé soit reconnu coupable, si l'auteur de cet article est en cause. C'est ce que reconnaissait la commission de la chambre des députés dans la discussion de l'art. 8, L. 18 juill. 1828. Dans son rapport à la chambre des pairs, M. le comte Siméon expliquait ainsi le § 4 de cet article : « Le sens de l'article est que le gérant, toujours responsable principal de la publication, devant en porter toutes les peines, si l'auteur de l'article n'est pas connu, peut, si cet auteur est mis en cause, n'être pas autant puni que lui s'il apparaît aux juges que la publication, quoique formant le corps du délit, n'a pas été faite avec une intention aussi coupable que celle de l'auteur. Le gérant subira toujours les peines pécuniaires ; quant aux peines corporelles, il en sera *tout à fait* ou plus ou moins exempt, ou il les subira avec son complice suivant que les juges en décideront d'après les circonstances. »

223. — Les peines *pécuniaires* sont exécutoires sur le cautionnement, et avant tout sur la partie du cautionnement appartenant au gérant; et il en est ainsi, comme l'indiquait M. Siméon, même lorsque ces peines ont été prononcées contre l'auteur de l'article seulement. — L. 18 juill. 1828, art. 13.

224. — Même dans le cas où l'auteur de l'article n'est pas connu, le gérant a pu, dans des cas très rares, être admis à prouver qu'il n'avait pas lu l'article qu'il avait signé, parce qu'il en avait été empêché par un motif légitime ; mais dans ce cas la preuve de sa bonne foi, lorsqu'elle a été faite, aurait pour effet d'atténuer la peine à appliquer, mais non de l'affranchir de toute peine.

225. — Les principes qui dominent la gérance des journaux s'opposent du reste à ce qu'un gérant puisse s'attribuer le bénéfice de la disposition



de la loi du 17 mai 1819, art. 24, aux termes de laquelle l'imprimeur est présumé avoir agi *non sciemment*, toutes les fois qu'il n'est pas prouvé contre lui qu'il a dû lire ce qu'il a imprimé. Le gérant de journal est au contraire présumé avoir lu tout ce qui a paru dans le journal. — *Cass.*, 22 avr. 1824, Hurez; — Chassan, t. 1er, no 469. — La position du gérant est d'ailleurs, relativement à la prévention, bien différente de celle de l'imprimeur. Le gérant est l'auteur principal du délit, tandis que l'imprimeur n'en est que le complice. Dès-lors, aux termes de l'art. 60, C. pén., et de la loi du 17 mai 1819, l'imprimeur doit avoir agi sciemment, et c'est là une des conditions de la culpabilité qui doit être démontrée contre lui.

226. — La responsabilité du gérant ne disparaîtrait pas par cela seul qu'il n'aurait pas signé le numéro du journal dans lequel a paru l'article incriminé, car il est le surveillant de la rédaction, et il doit la contrôler et l'apprécier *par lui-même* (L. 18 juill. 1828, art. 5). S'il voulait s'exonérer de cette responsabilité, il devrait même, après avoir refusé de signer le journal, faire à l'autorité la déclaration qu'il entend cesser d'être gérant responsable, conformément à l'art. 6 de la même loi. — Parant, p. 400; de Grattier, t. 2, p. 178 et 179; Chassan, t. 1er, no 470.

227. — Aussi est-ce à tort qu'il a été jugé par la cour de Douai que le gérant responsable d'un journal qui a cessé momentanément ses fonctions, ne peut être mis en prévention pour les délits que renferment les numéros qu'il n'a pas signés, et à la rédaction desquels il n'a pas coopéré, bien qu'il déclare accepter la responsabilité des articles incriminés : que c'est le signataire seul de chaque feuille qui est responsable de son contenu, quand bien même il ne réunirait pas les conditions imposées au gérant responsable. — *Douai*, 24 mai 1831, Degeorge.

228. — Selon MM. Chassan (t. 1er, p. 132, à la note) et de Grattier (t. 2, p. 179, no 23), dans le cas où le gérant a refusé de signer la minute de la feuille, l'imprimeur pourrait être poursuivi comme complice des délits de publication résultant des articles qui y ont été insérés, car l'opposition du gérant ayant dû éveiller sa sollicitude, c'était un devoir pour lui d'en prendre connaissance. — Ce serait sans doute un motif d'apprécier avec plus de sévérité la conduite et la culpabilité de l'imprimeur, mais il n'en faudrait pas moins prouver contre lui qu'il a agi sciemment.

229. — Le droit du gérant de surveiller la rédaction et de représenter le journal ne passe pas de plein droit à ses héritiers, qui sont au contraire tenus de présenter un gérant à l'autorité d'après l'art. 12 de la loi du 18 juill. 1828. — Chassan, t. 1er, no 868.

230. — La loi du 18 juill. 1828 n'est pas la première qui ait prescrit un dépôt préalable des écrits périodiques. La loi du 9 juin 1819, art. 5, voulait qu'au moment de la publication de chaque feuille ou livraison de journal, il en fût remis, à la préfecture, pour les chefs-lieux de département, à la sous-préfecture pour ceux d'arrondissement, et, dans les autres villes, à la mairie, un exemplaire signé d'un propriétaire ou éditeur responsable. Cette disposition fut remplacée par celle de l'art. 2 de la loi du 17 mars 1822, qui exigeait le dépôt au parquet du premier exemplaire de chaque feuille à l'instant même de son tirage. La loi du 17 mars 1822 est abrogée. — L. 18 juill. 1828, art. 18.

231. — Le dépôt de l'exemplaire signé pour minute, prescrit par l'art. 8, § 2, L. 18 juill. 1828, doit être fait au moment de la publication. On a reconnu, dans la discussion, sur les explications de M. Jacquinot-Pampelune, alors procureur général à Paris, que les procureurs du roi et les maires devaient donner aux journaux les facilités désirables pour ne pas entraver leur distribution qui se fait à Paris avant le jour pendant une partie de l'année. — Duvergier, t. 28, p. 227, note 5e.

232. — La signature autographe apposée sur la minute du journal et la signature imprimée qui doit figurer sur tous les autres exemplaires sont deux formalités entièrement distinctes dont l'une ne peut suppléer l'autre. La signature autographe de la minute détermine seule celui des gérans qui est individuellment responsable. — De Grattier, p. 168, no 4.

233. — La cour de Cassation a jugé que l'exemplaire d'un journal déposé au parquet du procureur du roi doit être exactement conforme à ceux qui sont publiés et que les différences qui existent entre eux constituent une contravention formelle à l'art. 8, L. 18 juill. 1818. — *Cass.*, 15 oct. 1834, Garnier (Aff. du journal l'*Occitanique*).

234. — Dans l'espèce de cet arrêt un feuilleton avait été laissé en blanc dans l'exemplaire déposé, mais ce feuilleton avait été reproduit dans les



exemplaires distribués, recouvert par des vignettes qui en avaient maculé les caractères.

235. — M. de Grattier (t. 2, p. 171) pense que si dans les exemplaires publiés on avait supprimé, en le laissant en blanc, un article imprimé dans l'exemplaire déposé, il y aurait également contravention. Cette opinion est conforme à la doctrine de l'arrêt précité.

236. — Décidé aussi, que l'art. 8, L. 18 juill. 1828, qui prescrit, à peine de 500 fr. d'amende, le dépôt au parquet du procureur du roi d'un exemplaire de tout journal ou écrit périodique, s'applique aux éditions successives du journal ou écrit périodique, quelque peu d'importance qu'aient les changemens apportés à chaque édition. — *Cass.*, 18 avr. 1839 (t. 1er 1839, p. 473), l'*Emancipation*.

237. — Conformément aux principes généraux en matière de contravention aux lois sur la police de la presse, les infractions aux dispositions de l'art. 8 devraient être punies malgré la bonne foi du prévenu. — V. les arrêts qui précèdent. — L'excuse résultant de la force majeure est seule admissible. — *Cass.*, 16 avr. 1841 (t. 1er 1842, p. 480), Dubreuil; — De Grattier, *loc. cit.*

238. — Le défaut de signature de la part du gérant ne peut être excusé non plus, ni par une omission, ni par l'absence du gérant qui ignorait alors que son cogérant à qui la signature aurait été dévolue, se trouvait écroué à raison d'une condamnation à l'emprisonnement pour fait de presse, et ne pouvait plus valablement signer le journal. — L. 9 sept. 1835, art. 19; — De Grattier, *loc. cit.*

239. — La cour de Cassation a jugé cependant, à propos des dispositions de l'art. 8, L. 18 juill. 1828, que l'excuse tirée de la force majeure est admissible. — *Cass.*, 16 avr. 1841 (t. 1er 1842, p. 480), Dubreuil.

240. — Lorsqu'un numéro de journal est publié accidentellement en deux parties, l'une le matin, l'autre le soir, le dépôt de chacune de ces parties doit être fait au moment de leur distribution. En conséquence, si le dépôt n'a lieu pour tout le journal qu'à l'heure où se distribue le supplément, le gérant est passible de la peine portée par l'art. 8. — *Rouen*, 10 fév. 1842 (t. 1er 1842, p. 516), Dubreuil.

241. — Le dépôt est constaté par le récépissé qui en est donné, mais il peut se prouver de toute autre manière. — De Grattier, t. 2, p. 171, no 10; Chassan, t. 1er, no 879.

242. — On s'est demandé si l'art. 16, L. 9 sept. 1835, en prescrivant la formalité de la signature autographe; conformément à l'art. 8, L. 18 juill. 1828, et en punissant d'une amende de 500 fr. à 3,000 fr. toute infraction à cette prescription, se réfère au premier paragraphe de cet art. 8, qui ne s'occupe que de la signature en minute, ou au second paragraphe qui prescrit le dépôt de l'exemplaire signé pour minute.

243. — M. Chassan (t. 1er, no 881) estime que c'est cette dernière disposition que la loi du 9 sept. 1835 a entendu désigner, et qu'il ne peut y avoir deux contraventions séparées, l'une pour défaut de signature, punissable de 500 à 3,000 fr. d'amende par l'art. 16, L. 9 sept. 1835; l'autre pour le défaut de dépôt de l'exemplaire, punissable par la loi du 18 juill. 1828, de 500 fr. d'amende. Il croit, en conséquence, que ces deux formalités sont corrélatives et indivisibles, et qu'elles ne forment qu'une seule contravention punissable d'une seule peine que la loi de 1828 avait fixée à 500 fr., et que celle de 1835 a élevée jusqu'à 3,000 fr. d'amende.

244. — M. de Grattier (t. 2, p. 171, no 11), s'attachant aux termes de l'art. 16, L. 9 sept. 1835, pense, au contraire, que cet article ne fait que donner une sanction pénale au paragraphe 1er de l'art. 8, L. 18 juill. 1828, qui en était dépourvu. Il ajoute que la discussion sur le premier de ces articles ne permet pas de douter qu'on n'ait voulu faire du défaut de signature en minute une contravention distincte et principale, punie plus sévèrement que l'absence de dépôt, parce que la responsabilité du journal est attachée au fait même de la signature.

245. — C'est à cette dernière opinion que nous nous rallions. Le projet de l'art. 16, L. 7 sept. 1835, punissait de peines correctionnelles toute signature en blanc donnée à l'avance par le gérant. A la vérité, cette disposition a été modifiée, et l'on a craint d'imposer au gérant une obligation inexécutable. La proposition de la commission qui voulait que les signatures autographes fussent données jour par jour a semblablement été écartée. Mais si l'on n'a pas atteint le but qu'on se proposait il n'en résulte pas moins de la discussion et du texte même de l'art. 16 que le gouvernement et la chambre se préoccupaient des abus relatifs aux signatures en minute et non de la formalité du dépôt.

246. — Il est un cas où les pouvoirs du gérant sont modifiés sous un rapport essentiel. L'art. 19, L. 9 sept. 1835, porte : « En cas de condamnation contre un gérant pour crime, délit ou contravention de la presse, la publication du journal ou écrit périodique ne pourra avoir lieu, pendant toute la durée des peines d'emprisonnement ou d'interdiction des droits civils, que par un autre gérant remplissant toutes les conditions exigées par la loi. — Si le journal n'a qu'un gérant, les propriétaires auront un mois pour en présenter un nouveau, et dans l'intervalle ils seront tenus de désigner un rédacteur responsable. Le cautionnement entier demeurera affecté à cette responsabilité. »

247. — Dans l'hypothèse du second paragraphe de cet article, lorsque le journal n'a qu'un gérant, le rédacteur désigné par les propriétaires doit répondre du journal jusqu'à ce que le nouveau gérant ait été accepté. — Il n'est pas nécessaire que cette acceptation ait lieu dans le délai d'un mois, qui n'est prescrit que pour sa présentation.

248. — Mais le délai pour la présentation est de rigueur, et il ne recommence pas à courir si le rédacteur présenté n'est pas accepté. — Chassan, t. 1er, p. 616, note 1re; de Grattier, t. 2, p. 357, no 2.

249. — Le rédacteur responsable doit réunir les conditions prescrites par l'art. 980, C. civ., conformément à l'art. 5, L. 18 juill. 1828. — Chassan, t. 1er, no 883; de Grattier, *loc. cit.*

250. — Le gérant condamné est privé du droit de signer le journal, mais il demeure, du reste, apte à faire tous les autres actes de la gérance. — De Grattier, t. 2, p. 358, no 4.

251. — La première disposition de l'art. 19, qui suppose qu'il y a plusieurs gérans, trouve sa sanction pénale dans les art. 8, L. 1828, et 169, L. 9 sept. 1835, sur la signature en minute et le dépôt. Si le journal était publié soit avec la signature seule du gérant condamné, soit sans la signature d'aucun des autres gérans, il y aurait contravention auxdits articles, et la répression devrait être poursuivie contre le second gérant, s'il y en a deux seulement, ou contre les deux autres si le journal en a trois. — Chassan, t. 1er, no 885; de Grattier, t. 2, no 358, no 5.

252. — Il en serait de même du cas où le journal, n'ayant qu'un gérant, continuerait à paraître, soit avec la signature de ce gérant, soit avec la signature d'un autre que le rédacteur responsable. — De Grattier, t. 2, p. 359; Chassan, t. 1er, no 886.

253. — Il y a lieu à nomination d'un gérant, ainsi que nous avons vu, en cas de décès de celui ou de l'un de ceux qui représentaient le journal. Dans l'hypothèse de la deuxième partie du troisième alinéa de l'art. 4 ci-dessus, L. 18 juill. 1828, c'est-à-dire lorsque le gérant unique du journal est mort, le journal peut paraître pendant les quinze jours qui suivent le décès. Dans ce cas, tous les propriétaires qui ont consenti à la publication sont responsables de la rédaction, à moins que le journal ne soit signé de l'un d'eux; auquel cas le signataire étant le véritable publicateur, assume toute la responsabilité. — Chassan, t. 1er, no 890.

254. — Il n'est pas nécessaire qu'il ait été présenté dans ce délai. Mais si, après l'expiration du délai, le gérant proposé n'était pas accepté, la publication devrait cesser. — De Grattier, t. 2, p. 146, no 15; Chassan, t. 1er, no 891.

255. — Dans le cas où un journal ou écrit périodique est établi et publié par un seul propriétaire, si ce propriétaire vient à mourir, sa veuve et ses héritiers ont un délai de trois mois pour présenter un gérant responsable. Ce gérant doit être propriétaire d'immeubles libres de toute hypothèque et payant au moins cinq cents francs de contributions directes si le journal est publié dans les départemens de la Seine, de Seine-et-Oise et de Seine-et-Marne, et cent cinquante francs dans les autres départemens. — L. 18 juill. 1828, art. 12.

256. — Le gérant que la veuve ou les héritiers sont admis à présenter doit réunir les conditions requises par l'art. 980, C. civ. Dans les dix jours du décès, la veuve ou les héritiers sont tenus de présenter un rédacteur qui sera responsable du journal jusqu'à ce que le gérant soit accepté. Le cautionnement du propriétaire décédé demeure affecté à la gestion. — Même article.

257. — Le gérant dont il est question dans le cas prévu par cet article n'a pas besoin, comme les autres gérans, d'être propriétaire d'une part ou portion dans l'entreprise, ni de posséder un tiers du cautionnement. — Chassan, t. 1er, no 894.

258. — La rédaction de l'art. 12 ne paraît pas s'opposer à ce que la veuve ou les héritiers présentent deux et même trois gérans, mais chacun d'eux devra réunir les conditions exigées par cette disposition. — Chassan, *loc. cit.*; de Grattier, t. 2, p. 195, no 9.

259. — De même que dans les hypothèses prévues par l'art. 4, L. 18 juill. 1828, *in fine*, et 19, L. 9 sept. 1835, le délai de trois mois est ici donné pour la présentation du gérant et non pour son acceptation, qui peut être faite plus tard. — Chassan, t. 1er, no 895.

260. — Le rédacteur responsable dont parle l'art. 12 n'est pas obligé de réunir les conditions d'idonéité que la loi impose aux gérans. MM. Chassan (*loc. cit.*) et de Grattier (t. 2, p. 195, no 10) sont d'avis qu'on doit exiger de lui la capacité générale prescrite par l'art. 980, C. civ.

261. — Les formalités prévues par l'art. 12, L. 18 juill. 1828, ne doivent être remplies qu'autant que la veuve et les héritiers veulent continuer l'entreprise sans aucune interruption, d'après les erremens existans. S'ils voulaient former une entreprise nouvelle ou, tout en continuant la même, y apporter des changemens, ils devraient se conformer aux règles générales qui ont été exposées plus haut.

262. — Les imprimeurs de journaux sont soumis à toutes les obligations imposées par la loi du 21 oct. 1814 pour la police générale de la presse, à l'exception de celles qui ont été remplacées par les dispositions spéciales des lois sur la presse périodique. — De Grattier, t. 1er, p. 93, no 9; Chassan, t. 1er, no 905.

263. — Ils doivent indiquer leur nom et leur demeure sur chaque exemplaire du journal. — Mêmes auteurs.

264. — L'art. 8, L. 18 juill. 1818, les oblige, ainsi que nous l'avons vu, à imprimer au bas de tous les exemplaires du journal cautionné et même de l'exemplaire déposé, le nom du gérant responsable qui a signé cet exemplaire, à peine de cinq cents francs d'amende, mais sans cependant que la révocation du brevet puisse s'en suivre.

265. — La contravention existe, alors même qu'elle aurait été réparée sur d'autres exemplaires du numéro du même jour, destinés pour les départemens. — De Grattier, t. 2, p. 173; Chassan, t. 1er, no 906.

266. — L'obligation d'imprimer la signature du gérant ne peut évidemment s'appliquer aux journaux non cautionnés, l'art. 8 de la loi de 1828 ne s'occupant pas des journaux de cette catégorie. — *Dijon*, 13 mai 1831, Dejussieu.

267. — La loi veut que la signature soit imprimée *au bas des exemplaires*; c'est donc à tort, disent MM. Chassan (t. 1er, no 908) et de Grattier (t. 2, p. 176), que dans quelques localités, et notamment à Paris, s'est introduit l'usage de l'imprimer avant les annonces. — Mais il nous paraît que cette critique est trop minutieuse, et qu'il suffit que l'exemplaire porte la signature du gérant pour qu'il soit réputé en avoir accepté la responsabilité. — V. IMPRIMERIE.

## Sect. 2e. — *Ecrits périodiques non soumis au cautionnement.*

268. — Nous avons expliqué (*suprà*, nos 77 et suiv.) quels journaux sont affranchis du cautionnement par les lois sur la presse périodique.

269. — Les journaux non cautionnés n'ont pas de gérans responsables : « Cela résulte de deux dispositions de la loi, a dit M. le comte Siméon dans son rapport au nom de la commission de la chambre des pairs sur le projet de la loi du 18 juill. 1828. L'art. 5 veut que les gérans responsables possèdent un quart du cautionnement, l'exemption du cautionnement emporte donc celle du gérant responsable. Le dernier alinéa de l'art. 6 n'oblige les journaux exemptés du cautionnement qu'à la déclaration qu'il a prescrite par les nos 1, 2 et 5; le no 4 dont ils sont exceptés veut que l'on déclare le nom et la demeure des gérans responsables; les journaux dont il s'agit n'ont pas cette déclaration à faire. » — Duvergier, t. 28, p. 227, note 8.

270. — La déclaration préalable qui précède la publication des journaux non cautionnés doit comprendre, comme le disait M. Siméon et comme le veut l'art. 6, L. 18 juill. 1828, les circonstances rappelées par les nos 1, 2 et 5 du premier paragraphe de cet article (V. *suprà* no 138), c'est-à-dire l'indication du titre du journal, de l'époque de sa périodicité, des noms et demeures des propriétaires autres que les commanditaires, de leur part sociale, enfin de l'imprimerie dans laquelle le journal devra être imprimé.

271. — Les journaux qui ne sont pas sujets au cautionnement sont-ils obligés de faire la déclaration des mutations qui surviennent après la publication commencée conformément au § 2 du même art. 6? — La loi ayant soumis ces journaux à déclarer préalablement le nom des propriétaires, il paraît en résulter que son intention a été de les soumettre également à la déclaration des mutations survenues parmi ces propriétaires. — Chassan, t. 1er, no 801 *bis*.

272. — Mais c'est contre les gérans seuls que la même disposition édicte une peine en cas de négligence; aussi l'obligation par les propriétaires d'un journal non cautionné de faire la déclaration des mutations ne les expose-t-elle à aucune peine s'ils négligent de la faire. On peut sans doute, comme le fait M. Chassan, considérer ce résultat comme la conséquence d'un vice de rédaction de la loi. Mais il n'appartient à personne d'ajouter à ce texte de la loi pénale.

273. — M. de Grattier (t. 2, p. 162, no 22) croit cependant que dans ce cas le publicateur d'un journal non cautionné doit être mis sur le même rang que le gérant d'un journal cautionné et frappé de la même peine en cas de négligence. Il se fonde sur ce que l'art. 6, § 2, ne punit le gérant que parce que la loi voit en lui le publicateur du journal, et sur ce que dès-lors elle a dû vouloir atteindre ce publicateur quel qu'il fût. Nous ne pouvons partager cette opinion, qui aurait pour résultat d'appliquer une disposition pénale par voie d'analogie.

274. — Les journaux non cautionnés sont-ils exempts de la signature en minute? — M. Duvergier (sur les art. 6 et 8 de la loi du 18 juill. 1828, t. 28, p. 227, notes 3 et 4) ne le pense pas. « L'art. 8, dit-il, portant que chaque numéro de l'écrit périodique sera signé, n'est pas applicable aux journaux dispensés de cautionnement, puisque c'est la signature d'un gérant responsable qui doit être apposée. A la vérité, cet article dit que l'écrit sera signé par le *propriétaire*, s'il est unique; mais ici le propriétaire, étant placé sur la même ligne que les gérans, doit s'entendre du propriétaire d'un écrit périodique soumis au cautionnement. En effet, si la disposition était générale, il arriverait qu'un écrit périodique non sujet au cautionnement et ayant plusieurs propriétaires ne serait signé par aucun, tandis que l'obligation serait imposée au propriétaire unique, ce qui serait ridicule et contradictoire. »

275. — M. Chassan (t. 1er, no 900) reconnaît que l'art. 8, L. de 1828, ne s'applique pas aux journaux non cautionnés, mais il pense néanmoins que les écrits périodiques de cette catégorie doivent être signés en minute par application de l'art. 5 de la loi du 9 juin 1819, lequel exige que l'exemplaire soit signé *d'un propriétaire ou éditeur responsable*, ce qui s'applique à tous les journaux cautionnés ou non. Dans cette opinion, l'art. 9, L. 9 juin 1819, abrogé en ce qui concerne les journaux soumis au cautionnement, continue de régir ceux qui en sont affranchis.

276. — Les journaux non cautionnés sont-ils soumis au dépôt? M. de Grattier (t. 2, p. 165 à 168) pense que l'art. 5 de la loi du 9 juin 1819, relatif au dépôt préalable, est étranger aux journaux non cautionnés, de même que l'art. 8 de celle du 18 juill. 1828, que dès-lors ces deux lois n'ayant prescrit de dépôt *spécial* que pour des journaux soumis au cautionnement, ceux qui en sont affranchis sont encore régis sous ce rapport par les art. 14 et 16 de la loi du 21 oct. 1814, qui soumettaient tous les imprimés à un dépôt de deux exemplaires avant la publication.

277. — Cette opinion a été consacrée par la cour de Cassation, qui a jugé que les obligations imposées aux imprimeurs par la loi du 21 oct. 1814, art. 14, 15 et 16, et relatives au dépôt préalable, ne peuvent être considérées, à l'égard des journaux non soumis au cautionnement, comme remplacées par celles que les art. 5 de la loi du 9 juin 1819 et 8 de la loi du 18 juill. 1828 ont imposées aux éditeurs et gérans de journaux, et, à ce titre, comme abrogées, ces articles ne concernant que les journaux cautionnés. — *Cass.*, 17 fév. 1844 (t. 1er 1844, p. 791), Castillon.

278. — M. Chassan (t. 1er, no 901) fait une vive critique de cet arrêt, qui, à son avis, donne à l'art. 5, L. 19 juin 1819, un sens restrictif qu'il n'a pas. Il fait observer que le système qu'il adopte aurait pour conséquence de rendre l'établissement de journaux non cautionnés impossible dans les lieux qui ne sont pas le siége d'une préfecture, car, sous le régime de la loi du 21 oct. 1814, on avait le droit d'exiger 1o que le dépôt fût fait *chaque jour* à la préfecture même, qui pouvait être éloignée de vingt-cinq lieues de l'endroit où se publiait le journal; — 2o que ce dépôt fût fait par l'imprimeur en personne ou par un chargé de procuration spéciale.

279. — Si l'on décidait, contrairement à la jurisprudence de la cour de Cassation, que l'art. 5 de la loi du 9 juin 1819 s'applique aux journaux non

cautionnés, le défaut de dépôt préalable de l'exemplaire en minute serait une contravention punie par l'art. 6 de la même loi d'un emprisonnement d'un mois à six mois et d'une amende de 200 à 1,200 fr. — Art. 6.

230. — Dans le système consacré par la cour de Cassation, la signature en minute n'est pas nécessaire, la loi du 21 oct. 1814 n'exigeant que le dépôt. La peine prononcée par l'art. 16 de cette loi pour inobservation de cette formalité du dépôt est une amende de 1,000 fr. pour la première fois et de 2,000 pour la seconde.

231. — Il faut remarquer qu'aux termes des art. 14 et 16, L. 21 oct. 1814, c'est l'imprimeur qui est chargé de faire le dépôt préalable exigé par cette loi; que dès-lors c'est contre lui seul qu'on pourrait poursuivre la contravention de non-dépôt, si l'on entend recourir à l'application de cette loi pour les journaux non cautionnés. — Chassan, t. 1er, nº 903.

232. — La responsabilité de la rédaction des journaux non cautionnés pèse sur les publicateurs de ces journaux. Si le journal a été signé par l'un des propriétaires, c'est le signataire qui est responsable; s'il n'a pas été signé, tous les propriétaires peuvent être recherchés, à moins que l'un d'entre eux n'ait été chargé de la publication du numéro incriminé, auquel cas ce dernier est seul responsable. — De Grattier, t. 2, p. 182; Chassan, t. 1er, nº 171.

233. — C'est contre les mêmes personnes et avec les mêmes distinctions qu'on doit poursuivre l'exécution des condamnations prononcées contre le journal non cautionné, lorsqu'elles ont pour cause des infractions aux lois sur la police de la presse périodique, comme lorsqu'il s'agit de délits résultant du contenu de la publication.

284. — La responsabilité n'a pas été, du reste, déterminée par la loi, à l'égard des propriétaires, rigoureusement et exclusivement, comme elle l'a été à l'égard des gérans de journaux cautionnés. Aussi, le signataire d'un journal affranchi du cautionnement serait-il responsable, lors même qu'il ne serait pas propriétaire. — De Grattier, *loc. cit.*; Chassan, t. 1er, nº 172.

285. — Mais si le signataire de la feuille ne présentait pas de garantie, les propriétaires devraient répondre des condamnations prononcées contre le journal. La cour de Cassation a jugé que le propriétaire d'un journal, dispensé du cautionnement, est responsable des articles insérés dans ce journal et qu'il ne saurait s'affranchir de cette responsabilité en faisant signer sa feuille par un tiers et en lui faisant prendre la qualité de gérant ou d'éditeur-gérant. — *Cass.*, 29 juin 1844 (t. 2 1844, p. 475), Martin c. Dollivier.

**CHAPITRE V. — *Des infractions de la presse périodique relatives au contenu de la publication.***

286. — La presse périodique, de même que la presse ordinaire, constitue l'un des moyens de publication dont parle l'art. 1er, L. 17 mai 1819; par elle peuvent se commettre la plupart des *délits* de publication. D'autre part, la loi l'a assujétie à un certain nombre d'obligations ou d'interdictions qui lui sont communes avec la presse ordinaire. Ce sont ces faits punissables qui constituent des contraventions en pareille matière, et dont nous avons traité sous le mot DÉLITS DE PRESSE ET DE PUBLICATION.

287. — Il est enfin d'autres prescriptions spéciales à la presse périodique et qui ne touchent pas à ses conditions matérielles d'existence comme celles dont nous avons déjà parlé dans cet article. Il s'agit ici 1º de l'interdiction pour elle de rendre compte des séances secrètes des cours et tribunaux et de certains procès; — 2º de l'obligation imposée à l'éditeur de tout écrit périodique de publier la réponse de toute personne nommée ou désignée dans ledit écrit et de quelques autres obligations analogues.

288. — La première de ces deux prescriptions a été déjà examinée sous le mot COMPTE-RENDU DES CHAMBRES ET TRIBUNAUX. Nous n'avons donc à nous occuper ici que de la seconde.

289. — *Droit de réponse.* — L'art. 11, L. 25 mars 1822, porte : « Les propriétaires ou éditeurs de tout journal ou écrit périodique seront tenus d'y insérer, dans les trois jours de la réception, ou dans le plus prochain numéro, s'il n'en était pas publié avant l'expiration des trois jours, la réponse de toute personne nommée ou désignée dans le journal ou écrit périodique, sous peine d'une amende de 50 fr. à 500 fr., sans préjudice des autres peines et dommages-intérêts auxquels l'article incriminé pourrait donner lieu. Cette

ÉCRITS PÉRIODIQUES, etc., ch. 5.

insertion sera gratuite, et la réponse pourra avoir le double de la longueur de l'article auquel elle sera faite. »

290. — Cette disposition est complétée par l'art. 17, L. 9 sept. 1835, ainsi conçu : « L'insertion des réponses et rectifications prévues par l'art. 11, L. 25 mars 1822, devra avoir lieu dans le numéro qui suivra le jour de la réception; elle aura lieu intégralement et sera gratuite, le tout sous les peines portées par ladite loi. — Toutefois, si la réponse a plus du double de la longueur de l'article auquel elle sera faite, le surplus de l'insertion sera payé suivant le tarif des annonces. »

291. — La seconde de ces dispositions diffère de la première, principalement en ce qu'elle lève les doutes qu'on concevait sur ce qui devait être décidé sous l'empire de l'art. 11, L. 1822, lorsque la réponse excédait la limite du double fixée par cet article. La loi du 9 sept. décide que la réponse devra être insérée, quelle que soit sa longueur; seulement, si elle dépasse le double de l'article, l'auteur de cette réponse devra payer les frais d'insertion de l'excédant. De plus cette dernière loi veut que l'insertion ait lieu, non plus dans les trois jours, mais dans le numéro qui suivra le jour de la réception.

292. — Le projet de la loi du 9 sept. 1835 amendé par la commission voulait que l'insertion eût lieu *le jour* de l'envoi des pièces ou le lendemain. M. Vivien a fait observer qu'il valait mieux faire courir le délai pour l'insertion à partir du moment de la réception des pièces. — *Monit.* du 30 août, 1er suppl.; — Duvergier, t. 35, p. 268, note 1re.

293. — La loi du 9 sept. 1835 n'a du reste fait aucune modification à celle du 25 mars 1822 en ce qui concerne la gratuité de l'insertion qui n'excéderait pas le double de l'article. — *Cass.*, 31 déc. 1835, Degeorge (aff. du *Propagateur*).

294. — Le journaliste peut se refuser à insérer la réponse si l'auteur de cette réponse refuse de lui payer *d'avance* le coût de ce qui excède le double de la longueur de l'article. Si, au contraire, c'était le journaliste qui ne voulait pas recevoir le paiement, il y aurait nécessité de lui faire des offres réelles pour le forcer à faire l'insertion. — Chassan, t. 1er, nº 943; de Grattier, t. 2, p. 352, nº 7.

295. — M. de Grattier (t. 2, p. 252, nº 7) enseigne même d'une manière absolue que le paiement doit être effectué d'avance pour que le gérant ou le directeur du journal puisse être contraint à faire l'insertion; que, si cette condition n'est pas remplie, il peut refuser l'insertion sans que son refus entraîne aucune peine; ce qui indique que, dans l'opinion de cet auteur, le journaliste n'a pas même besoin de demander le paiement d'avance, ce paiement devant lui être fait spontanément.

296. — La cour royale de Rouen a jugé, contrairement à ce qui précède, que lorsque la réponse d'une personne désignée dans un journal dépasse les limites d'insertion gratuite fixées par l'art. 17, L. 9 sept. 1835, l'offre de paiement *préalable* de l'excédant des frais d'impression n'est pas obligatoire, cette loi n'exigeant pas que le paiement ait lieu avant l'insertion. — *Rouen*, 18 déc. 1839 (t. 1er 1840, p. 542), Rivoire et Gonzalès. — Mais cette décision ne nous paraît pas devoir être admise, le journaliste ne peut pas être tenu de suivre la foi de son correspondant improvisé; c'est à celui-ci à accomplir les conditions sous lesquelles la loi l'a autorisé à répondre.

297. — Selon M. de Grattier (t. 2, p. 353, nº 8), la quotité de la réponse au double doit se déterminer par la seule partie de l'article qui est personnelle à l'auteur de la réponse.

298. — Ce serait en tous cas, selon M. Chassan (t. 1er, nº 943 *bis*), une question d'appréciation pour les tribunaux, et leur décision sur ce point pourrait, selon les circonstances, ne pas être entièrement à l'abri de la censure de la cour suprême.

299. — Le tarif des annonces mentionnées par l'art. 11, L. 9 sept. 1835, est celui fixé par l'entreprise même du journal pour les annonces qu'elle insère dans son journal. — Parant, p. 441, nº 3.

300. — On sait que l'art. 11, L. 25 mars 1822, ne figurait pas dans le projet du gouvernement; c'est M. Mestadier qui prit à la chambre des députés l'initiative de cette disposition, et sur sa proposition l'article fut adopté par la chambre sans avoir été l'objet d'aucun débat.

301. — À la chambre des pairs, le garde des sceaux, M. de Peyronnet, expliqua dans les termes suivans le sens qu'il fallait donner à l'article : « Le journaliste, disait-il, ne doit pas être juge de la réponse, en ce sens seulement qu'il ne peut juger de son utilité ou de sa nécessité dans l'intérêt de son auteur. Ainsi, que le particulier qui la présente ait tort ou raison de se trouver offensé, dès-lors qu'il a été désigné, le journaliste doit insérer

ÉCRITS PÉRIODIQUES, etc., ch. 5.

sa réponse. Mais cette obligation ne peut entraîner celle de publier un article coupable; et c'est ici qu'il redevient par la nécessité des choses juge, non de l'opportunité de la réponse, mais de ce que la réponse peut contenir. S'il l'admet, il encourt toute la responsabilité qu'elle peut entraîner; s'il la refuse, et que l'auteur croie pouvoir se plaindre de ce refus, c'est aux tribunaux qu'il appartient de prononcer. Si le refus leur paraît motivé, ils déchargeront le journaliste de toute poursuite; ils lui appliqueront au contraire l'amende et les dommages-intérêts, si le refus leur paraît injuste et dénué de raisons suffisantes. » — Séance 4 mars 1822 (*Monit.* du 13).

302. — L'art. 11 fut à la chambre des pairs l'objet de vives critiques et plusieurs amendemens furent proposés pour en restreindre le sens et l'application; tous ont été rejetés. — Chassan, t. 1er, nº 944.

303. — Les journaux dispensés du cautionnement sont, comme les autres, soumis à l'obligation que l'art. 11, L. 25 mars 1822, impose à tout journal sans distinction.

304. — Malgré les explications données par le garde des sceaux et la discussion de la loi de 1822, on a pensé que, l'intérêt étant la mesure des actions, le tiers désigné dans un journal ne devait avoir le droit de faire insérer une réponse qu'autant qu'il y aurait intérêt. « Si une personne nommée ou désignée dans un journal, dit M. de Grattier (t. 2, p. 108, nº 6), n'avait aucun intérêt à faire une réponse, si, par exemple, en parlant d'un témoin entendu dans une affaire, un journal se bornait à dire que M... a été entendu comme témoin, nul doute que l'art. 11 ne serait plus applicable. Le mot *réponse*, dont se sert cet article, indique par lui-même que le droit qui y est attaché doit avoir pour base une cause qui en motive l'exercice. »

305. — C'est ainsi qu'il a été, en principe, jugé par la cour de Paris que toute personne nommée ou désignée dans un journal ou écrit périodique ne peut exiger l'insertion d'une réponse dans cette feuille qu'autant qu'elle justifie d'un intérêt, qu'il appartient aux tribunaux d'apprécier. — *Paris*, 20 fév. 1836, de La Pelouze (journal le *Courrier français*). — V. encore, sur cette question, Parant, p. 441; Pégat, p. 47; Chassan, t. 1er, p. 534 et suiv.

306. — ... Et que le fait seul d'être nommé ou désigné dans un article de journal qui contient l'examen critique d'un ouvrage ne saurait conférer à son auteur le droit de faire insérer une réponse dans le journal ou écrit périodique qui en ferait mention. — *Paris*, 20 fév. 1836, de La Pelouze (journal le *Courrier français*). — V. conf. *Lyon*, 10 janv. 1826, Galois c. Baron.

307. — Mais la cour de Cassation a proscrit ce système en proclamant par une jurisprudence constante que le droit de réponse n'est soumis ni à l'appréciation des journalistes, ni même à celle des tribunaux, lorsqu'il ne s'agit que de l'*opportunité* de son exercice. Cette jurisprudence résulte des décisions qui suivent.

308. — Toute personne nommée ou désignée dans un article de journal a le droit d'y faire insérer une réponse, encore bien que l'article ne soit ni injurieux ni diffamatoire, et ne contienne qu'une simple critique littéraire. — *Cass.*, 11 sept. 1829, Marquesy c. de Flotte d'Argenson. — V. conf. 24 août 1832, Legall.

309. — La cour de Cassation a aussi jugé que le droit de réponse accordé à toute personne nommée ou désignée dans un journal ou écrit périodique est général et absolu; qu'il n'est pas subordonné au contrôle des tribunaux; et que le refus d'insertion de la part du gérant ne pourrait être justifié que dans le cas où la réponse à insérer aurait le caractère de crime ou de délit; que spécialement, lorsqu'un journal annonce qu'il va devenir feuille politique sous le patronage et avec le concours de certaines personnes désignées par leur nom, et que dans le même numéro il se trouve un article qui paraît inconvenant à l'une d'elles, celle-ci a le droit d'y répondre, soit pour nier le fait, soit pour l'expliquer, ou démentir les conséquences qu'on en pourrait tirer relativement à la conformité de ses opinions avec celles que manifeste la rédaction de l'article. — *Cass.*, 1er mars 1836 (t. 2 1840, p. 32), Sanson-Lavalesquerie c. *Courrier de la Manche*.

310. — Elle a encore décidé que la personne nommée ou désignée dans un article de journal est seule juge de *l'opportunité*, *de l'étendue*, *de la forme et de la teneur de sa réponse*; que le journaliste ne peut refuser l'insertion intégrale de cette réponse, sous prétexte de sa longueur, ou de l'inutilité de quelques unes de ses parties ou de son inexactitude, que les tribunaux ne doivent

autoriser le refus d'insertion que lorsque l'ordre social, la morale publique, l'intérêt d'un tiers ou l'honneur du journaliste seraient compromis dans cette réponse. — *Cass.*, 26 mars 1841 (t. 2 1843, p. 435), Tirebarbe-d'Aubermenil c. gér. du *Journ. de Rouen*; 29 mars 1842 (t. 2 1843, p. 437), Fournet de Marsilly c. le gérant de la *Gazette des tribunaux*.

311. — Malgré cette jurisprudence, la cour de Paris a décidé le 7 mai 1845 (t. 1er 1845, p. 511, Merruau, gérant du *Constitutionnel*, c. Loyau de Lacy), conformément à son arrêt du 20 fév. 1836 (V. *suprà* n° 306), que le seul fait d'être nommé ou désigné dans un article qui contient l'examen critique d'un livre ou d'une œuvre dramatique ne confère pas à l'auteur contre lequel cet article ne contient aucune attaque personnelle le droit de faire insérer une réponse dans le journal ou écrit périodique qui a publié cet article.

312. — Mais la cour suprême, saisie de nouveau de la question par un pourvoi formé contre l'arrêt de la cour royale de Paris, a persévéré dans sa jurisprudence et a cassé l'arrêt de la cour de Paris en proclamant, comme elle l'avait toujours fait, que le droit de réponse est général et absolu sans aucune restriction. — *Cass.*, 27 nov. 1845 (t. 1er 1846, p. 129), Loyau de Lacy c. Merruau.

313. — On ne peut disconvenir que la loi de 1822, comprise et appliquée dans les limites extrêmes de sa rigueur, ne conduise, dans certains cas, à des conséquences que la raison ne saurait avouer, et il nous semble qu'on devrait, tout au moins, tenir compte au journaliste des intentions bonnes ou mauvaises qui l'ont animé et l'exempter de toute peine toutes les fois que, de l'aveu de tous, il n'a fait que résister à des exigences excessives et déraisonnables. — V., du reste, nos observations sur le dernier arrêt du 27 nov. 1845, t. 1er 1846, p. 129.

314. — Le droit de réponse accordé à la personne nommée ou désignée dans un journal comprend nécessairement celui de faire insérer une réplique aux observations dont le rédacteur du journal a accompagné une première réclamation. — *Cass.*, 24 août 1832, Legall (aff. du journal le *Finistère*); — Parant, p. 441; Chassan, t. 1er, n° 955; de Grattier, t. 2, p. 105, n° 8.

315. — Le droit de réponse peut être exercé par les personnes nommées dans un compte-rendu de débats judiciaires. — *Rouen*, 13 déc. 1839 (t. 1er 1840, p. 542), Rivoire c. Gonzalès. — Dans l'espèce de l'arrêt de la cour de Cassation du 29 juin 1842 précité (n° 310), la désignation avait eu lieu dans un compte-rendu, et cette circonstance n'a pas arrêté la cour.

316. — Le tiers qui serait nommé ou désigné de cette manière n'aurait pas besoin de prouver que le compte-rendu est infidèle et de mauvaise foi. — Même arrêt; — Chassan, t. 1er, n° 952.

317. — Le gérant d'un journal ne peut se refuser à l'insertion d'une réponse, sous le prétexte qu'elle contient des faits faux. — *Paris*, 21 fév. 1840 (t. 1er 1840, p. 741), Desertine c. Villette. — Dans cet arrêt la cour de Paris a jugé en fait; mais la décision dogmatique contraire à la solution de la cour royale de Paris résulte de la jurisprudence de la cour de Cassation. — V. *suprà* nos 309 et suiv.

318. — Il résulte des paroles du garde-des-sceaux que le journaliste n'est cependant pas obligé d'insérer une réponse dont la publication pourrait l'exposer à des poursuites, et que s'il croit reconnaître dans cette réponse une manifestation coupable et punissable à raison des pensées qui y sont exprimées, il doit refuser l'insertion. C'est un examen qu'il fait à ses risques et périls. — Chassan, t. 1er, n° 945.

319. — Lorsque la réponse est injurieuse pour le journaliste lui-même, il n'est pas obligé de l'insérer; mais, excipant du caractère injurieux de cette réponse, il devra prouver cette circonstance et produire la lettre. — Chassan, t. 1er, n° 946.

320. — Le droit de réponse appartient aux fonctionnaires publics et aux corps constitués comme aux simples particuliers. — *Cass.*, 31 déc. 1835, Degeorge.

321. — Il appartient même aux gérans de journaux lorsque leur personne a été désignée, mais il ne compète pas au journal comme être intellectuel et moral. — De Grattier, t. 2, p. 102, n° 4.

322. — Des héritiers d'une personne nommée dans un journal peuvent avoir intérêt à exiger l'insertion d'une réponse, et, dans ce cas, ils peuvent, comme elle, en exiger l'insertion. — V. anal. *Paris*, 9 juill. 1836, Fournier-Verneuil c. hérit. de Tourzel.

323. — « La personne attaquée dans un journal, dit M. Parant, p. 151, a tout à la fois l'action en diffamation ou en injure et l'action tendant à contraindre le gérant à l'insertion de sa réponse à l'article injurieux ou diffamatoire. L'une ne fait pas obstacle à l'autre. » — *Cass.*, 15 fév. 1834, Roux c. Maurandi.

324. — De même, l'action pour diffamation ou injure ne saurait être rejetée par le motif que la réponse du plaignant aurait été insérée dans l'un des numéros de l'écrit périodique.

325. — Les tiers qui ont été nommés ou désignés même dans un simple article de critique littéraire peuvent user du droit consacré par l'art. 11 de la loi de 1822. La cour de Cassation a consacré cette doctrine dans l'arrêt du 11 sept. 1829, cité plus haut (n° 308). — De Grattier, t. 2, nos 104 et 105; Chassan, t. 1er, n° 951.

326. — La loi du 9 sept. 1835 veut que l'insertion de la réponse soit faite dans le numéro qui suit le jour de la réception. — MM. de Grattier, t. 2, p. 351, n° 3, et Chassan, t. 1er, n° 956, pensent néanmoins que le journaliste ne devrait pas nécessairement être condamné à l'amende pour défaut d'insertion dans ce délai, s'il justifiait que le temps lui a manqué, ou s'il n'y avait pas de place dans le numéro qui aurait dû la contenir.

327. — Il n'est pas nécessaire que la réception des pièces par le journaliste soit constatée par procès-verbal d'huissier. L'envoi et le contenu de la lettre peuvent être prouvés par tous les moyens admis en matière criminelle. — Rauter, *Tr. de dr. crim. fr.*, t. 1er, p. 578, n° 428.

328. — Le ministère public peut poursuivre la répression de cette contravention, et comme aucun texte de la loi ne restreint son action et ne la subordonne à une plainte de la partie intéressée, il peut agir spontanément. — De Grattier, t. 1er, p. 109, n° 13.

329. — Le refus de la part du gérant d'un journal d'insérer dans sa feuille la réponse d'une personne offensée par un article de ce journal est de la compétence du tribunal de police correctionnelle et non de la cour d'assises. — *Cass.*, 15 fév. 1834, Roux c. Maurandi. — En jugeant ainsi, la cour de Cassation n'a fait que reconnaître une conséquence de la doctrine qui considère le droit de réponse comme absolu. Au reste, la loi du 9 sept. 1835, par son art. 18, en ajoutant à l'art. 11, L. 25 mars 1822, a formellement exprimé que l'infraction serait poursuivie devant les tribunaux correctionnels. — V. DÉLITS DE PRESSE ET DE PUBLICATION.

330. — *Insertions officielles.* — L'art. 8, L. 9 juin 1819, portait: « Tout journal sera tenu d'insérer les publications officielles qui lui seront adressées à cet effet par le gouvernement le lendemain du jour de l'envoi de ces pièces, sous la seule condition du paiement des frais d'insertion. »

331. — Cet article, qui ne parlait que des publications officielles, et qui fondait un droit appartenant au gouvernement seul, a reçu de l'art. 18, L. 9 sept. 1835, de notables modifications. Le droit peut, en effet, être exercé par les dépositaires de l'autorité publique, et il n'est plus limité aux publications officielles.

332. — D'un autre côté, l'art. 18 réduit à une amende de 50 à 100 fr. la peine qui, d'après l'art. 12, L. 9 juin 1819, était de 100 à 1000 fr.

333. — Aujourd'hui, aux termes de l'art. 18, L. 9 sept. 1835, tout gérant est tenu d'insérer, en tête du journal, les documens officiels, relations authentiques, renseignemens et rectifications qui lui sont adressés par tout dépositaire de l'autorité publique; la publication doit avoir lieu le lendemain de la réception des pièces, sous la seule condition du paiement des frais d'insertion. Toute autre insertion réclamée par le gouvernement, par l'intermédiaire des préfets, doit être faite de la même manière, sous la même condition, dans le numéro qui suit la réception des pièces. Les contrevenans à ces dispositions sont punis par les tribunaux correctionnels, conformément à l'art. 11, L. 25 mars 1822.

334. — Ainsi, la disposition de l'art. 9, L. 9 juin 1819, se trouve absorbée par l'art. 18, L. 9 sept. 1835. — Parant, p. 442.

335. — Une publication doit être considérée comme officielle par cela seul que l'insertion en est réclamée au nom de l'autorité qui lui a imprimé ce caractère. Ainsi, il a été reconnu dans la discussion qu'une publication pouvait être officielle, quoique insérée dans la partie non officielle du *Moniteur*.

336. — A la différence de l'art. 17, qui laisse au journaliste le choix de la place où il veut insérer la réponse, l'art. 18 exige qu'il publie les documens, renseignemens et rectifications officiels en tête du journal, pour frapper davantage l'attention. Il y aurait donc infraction punissable dans une insertion qui serait faite soit dans le corps du journal, soit dans un supplément.

337. — Il résulte du rapprochement des art. 11, L. 25 mars 1822; 17 et 18, L. 9 sept. 1835, qu'il y a lieu de distinguer les cas où la personne ou l'acte d'un fonctionnaire ou d'une administration sont attaqués, et ceux où l'insertion est réclamée seulement dans l'intérêt de l'administration publique. Dans le premier cas, l'insertion est gratuite, dans le second elle doit être payée d'avance. — Duvergier, t. 35, p. 268, note 2e.

338. — Le droit de réclamer une insertion officielle n'appartenant qu'aux dépositaires de l'autorité publique, ne saurait être étendu aux agens subalternes qui ne sont investis d'aucune portion de l'autorité.

339. — En parlant de dépositaires de l'autorité publique, l'art. 18 n'entend pas comprendre dans ces termes les tribunaux. Lorsqu'un tribunal ordonne qu'un jugement rendu au profit d'un particulier sera inséré dans un journal, ses pouvoirs expirent après le prononcé du jugement. — Chassan, t. 1er, n° 961.

340. — Il a été jugé, par application de cette règle, que lorsqu'un tribunal ordonne l'insertion de son jugement dans un journal spécialement désigné, mais étranger au litige, cette désignation n'emporte aucune obligation pour le gérant du journal désigné, qui peut refuser l'insertion, même à prix d'argent. — *Paris*, 16 nov. 1839 (t. 2 1839, p. 485), Mothès et compagnie c. le gérant du journal de pharmacie.

341. — Il en serait autrement si le tribunal prescrivait l'insertion d'un des actes dont s'occupe l'art. 18, L. 9 sept. 1835. — Chassan, t. 1er, n° 962.

342. — Le refus de l'insertion d'un document officiel ne serait plus, selon M. Parant (p. 442) soumis à la prescription de trois mois, établie par l'art. 13, L. 9 juin 1819, mais bien à la prescription spéciale en matière de presse et résultant de la disposition de l'art. 20, L. 26 mai 1819.

343. — *Insertion des condamnations prononcées contre l'écrit périodique.* — En outre, les gérans de journaux ou écrits périodiques sont tenus d'insérer, dans l'une des feuilles ou livraisons qui paraissent dans le mois du jugement ou de l'arrêt intervenu contre eux, extrait contenant les motifs et le dispositif du jugement ou arrêt. — L. 9 juin 1819, art. 11. — La contravention à cette disposition est punie correctionnellement d'une amende de 100 fr. à 1,000 fr. — Même loi, art. 12.

344. — Cette insertion résultant de la disposition de la loi, n'a pas besoin d'être ordonnée par le jugement ou l'arrêt. — Chassan, t. 1er, n° 963; de Grattier, t. 2, p. 27-28.

345. — L'obligation imposée aux gérans est générale et s'applique à toutes les condamnations prononcées contre le journal, de quelque nature qu'elles soient.

346. — L'insertion dont il s'agit doit avoir lieu, quoiqu'en vertu de l'art. 26, L. 26 mai 1819, les juges aient ordonné l'impression et l'affiche de ce jugement; ces deux dispositions sont distinctes.

347. — Le délai d'un mois déterminé par l'art. 11 ne court que du jour où la condamnation est devenue déffinitive. — De Grattier, t. 2, p. 28, n° 3.

348. — L'infraction réprimée par l'art. 11 se prescrit par trois mois conformément à l'art. 13, L. 9 juin 1819.

## CHAPITRE VI. — *Des pénalités et de leur aggravation.*

349. — Les principes qui ont été appliqués par la législation spéciale de la presse au mode d'exercice des actions publique et civile en matière de délits ou contraventions de presse ou de publication, à la prescription de ces actions, à la compétence, à la procédure pour leur instruction et leur jugement, régissent également les délits ou contraventions spéciaux à la presse périodique. — V. DÉLITS DE PRESSE ET DE PUBLICATION. — V. cependant même mot n° 360, quant à la prescription.

350. — Il n'en est pas ainsi de l'application des peines dans un certain nombre de cas. Le législateur, pensant que la presse périodique présentait par son mode d'agir sur les esprits plus de dangers que la presse ordinaire, a cru devoir user d'une rigueur plus grande envers ceux qui ont recours à la première.

351. — Une des peines appliquées aux infractions de la presse périodique par la législation antérieure à la loi du 18 juill. 1828 a été aggravée par l'art. 14 de cette loi. Cette disposition porte que les amendes, autres que celles portées par la même loi, qui seraient encourues pour délit de publication par la voie d'un journal ou écrit périodique, ne peuvent être moindres du double du minimum fixé par les lois relatives à la répression des délits de la presse.

352. — Cette disposition n'a pas abrogé quant

à la peine de l'amende, l'art. 14, L. 25 mars 1822, qui permet de faire application à certains délits de publication de l'art. 463, C. pén. C'est ce qui résulte de la discussion et des paroles du ministre de l'instruction publique répondant à une observation de M. Agier. — Duvergier, t. 28, p. 231, note 2e.

353. — Mais cet article n'a pas eu pour objet de rendre obligatoire le minimum de l'amende dans les cas où la loi l'avait antérieurement rendu facultatif; il a eu seulement pour objet d'élever le taux de ce minimum. — De Grattier, t. 2, p. 197, n° 2.

354. — Nous avons expliqué sous le mot DÉLITS DE PRESSE ET DE PUBLICATION les règles générales relatives à la récidive en matière de délits de publication et la modification essentielle apportée sous ce rapport aux principes de droit commun écrits dans les art. 56, 57 et 58, C. pén., par l'art. 25, L. 17 mai 1819. Il existe en outre quelques règles spéciales à la récidive résultant d'infractions spéciales à la presse périodique.

355. — L'art. 9, L. 9 juin 1819, veut que les propriétaires ou éditeurs responsables (gérans), auteurs ou rédacteurs d'articles imprimés dans les journaux ou écrits périodiques prévenus de crimes ou délits pour faits de publication, soient poursuivis et jugés dans les formes et suivant les distinctions prescrites à l'égard de toutes les autres publications. — Mais l'art. 10 ajoute : « En cas de condamnation, les mêmes peines leur seront appliquées; toutefois, les amendes pourront être élevées au double, et, en cas de récidive, portées au quadruple, sans préjudice des peines de la récidive prononcées par le Code pénal. »

356. — L'art. 13, l. 25 mars 1822, a étendu l'application de la disposition qui précède à toutes celles de ladite loi relatives à la presse périodique.

357. — L'art. 15, L. 18 juill. 1828, attache un autre effet à la récidive en matière de presse périodique. En cas de récidive contre le gérant, dit-il, et dans les cas prévus par l'art. 58, C. pén., indépendamment des dispositions de l'art. 10, L. 9 juin 1819, les tribunaux pourront, suivant la gravité du délit, prononcer la suspension du journal ou écrit périodique pour un temps qui ne pourra excéder deux mois ni être moindre de dix jours. Pendant ce temps le cautionnement continuera à demeurer en dépôt à la caisse des consignations, et il ne pourra recevoir une autre destination.

358. — Enfin, l'art. 12, § 1er, L. 9 sept. 1835, porte : « Les dispositions de l'art. 10, L. 9 juin 1819, sont applicables à tous les cas prévus par la présente loi. En cas de seconde ou ultérieure condamnation contre le même journal dans le cours d'une année, les cours et tribunaux pourront prononcer la suspension du journal pour un temps qui n'excédera pas deux mois, suivant la loi du 18 juill. 1828. Cette suspension pourra être portée à quatre mois si la condamnation a eu lieu pour crime. »

359. — On s'est demandé si l'art. 10, L. 9 juin 1819, indépendamment de la faculté qu'il donne aux tribunaux d'élever les amendes au quadruple en cas de récidive, entend leur imposer l'obligation de prononcer dans ce cas, et conformément au Code pénal, le maximum de l'amende et de l'emprisonnement, ou bien si la condamnation au maximum de ces peines est aussi facultative pour eux.

360. — Selon M. Chassan (t. 1er, n° 230), il résulte de la rédaction de l'art. 10 qu'il a voulu rendre la condamnation au maximum des peines correctionnelles obligatoire pour les tribunaux en cas de récidive, car il renvoie purement et simplement au Code pén., dont l'art. 58, relatif à la récidive en matière correctionnelle, dispose que dans cette hypothèse le prévenu sera condamné au maximum de ces peines. — Cependant MM. Parant (p. 123 et 124), Chauveau et Hélie (*Th. du C. pén.*, t. 1er, p. 361 de la 2e édition) et de Grattier (t. 2, p. 24, n° 5) pensent que l'art. 9, L. 9 juin 1819, doit se combiner avec l'art. 25, L. 17 mai 1819, qui rend facultative l'application de toutes les peines de la récidive. En effet, ces deux lois présentées en même temps sont nécessairement conçues dans le même esprit.

361. — Dans le cas où la loi permet aux tribunaux de n'appliquer que l'une des deux peines correctionnelles, il semble que par cela même elle leur donne la faculté de ne prononcer le maximum que de l'une d'elles en cas de récidive. Telle est l'opinion de MM. Chauveau et Hélie, t. 1er, p. 354 et 355; Chassan, t. 1er, n° 232. — V. *contrà* Parant, p. 105 et 106.

362. — Il résulte du rapprochement de la loi du 18 juill. 1828, art. 15, et de celle du 9 sept. 1835, art. 12, § 1er, que la seconde de ces dispositions a modifié la première, en ce qui concerne la peine de la suspension sous trois rapports : 1° en ce qu'il y a récidive, aux termes de la loi du 9 sept., lors même que la première condamnation serait de moins d'une année de prison ; 2° en ce que la suspension peut être actuellement prononcée, même quand le gérant atteint de la seconde condamnation ne serait pas celui qui aurait été précédemment condamné; 3° en ce que la seconde condamnation doit avoir été prononcée dans l'année à partir de la première.

363. — En supposant que la condamnation a eu lieu pour crime, l'art. 12, § 1er, L. 9 sept. 1835, entend prévoir le cas où c'est la *première* condamnation qui est intervenue pour cette cause. — Parant, p. 434, 435; Chassan, t. 1er, n° 234. — La nature de la seconde infraction et de la condamnation qu'elle peut motiver sont donc sans influence sur l'existence de la récidive.

364. — Il faut nécessairement que cette première condamnation soit devenue définitive, car si elle venait à être réformée, la seconde condamnation manquerait de base. — De Grattier, t. 2, p. 336, n° 7.

365. — En prenant à la lettre l'art. 12 de la loi du 9 sept. 1835, on pourrait croire qu'il faut nécessairement que la seconde condamnation soit *prononcée* dans l'année ; cependant, tel n'est pas le sens de la loi, car la peine ne saurait être, quant à la détermination de son étendue, subordonnée à la célérité des poursuites; il suffit donc que la seconde condamnation soit *encourue* dans l'année, encore bien qu'elle ne soit prononcée qu'après l'expiration de ce laps de temps. — Parant, p. 434; de Grattier, t. 2, p. 335, n° 6.

366. — Pour justifier la légitimité de la peine de la suspension du journal en cas de récidive, peine qui atteint par le fait les propriétaires du journal eux-mêmes, il a été dit, dans la discussion de la loi du 18 juill. 1828, que ces propriétaires devaient s'imputer de ne pas avoir changé le gérant après sa première condamnation. — Duvergier, t. 28, p. 231, note 3. — Cette considération ne pourrait plus être présentée sous l'empire de la loi de 1835, qui permet de suspendre le journal, même lorsque les condamnations successives ont été prononcées contre des gérans différens.

367. — Les propriétaires du journal suspendu pourraient en fonder un autre, mais ils devraient fournir un nouveau cautionnement et faire une déclaration préalable. Un amendement, présenté sur l'art. 15 de la loi de 1828 et qui tendait à leur ôter cette faculté, a été rejeté. On pourrait même présenter pour le nouveau journal le gérant du journal suspendu, pourvu toutefois qu'il n'eût pas été condamné à l'emprisonnement et à l'interdiction des droits civils conformément à l'art. 19, L. 9 sept. 1835. — Duvergier. *loc. cit.*; Chassan, t. 1er, n° 239. — V. cependant Parant, p. 172.

368. — L'art. 7 de la loi du 25 mars 1822, relatif au délit d'infidélité et de mauvaise foi dans le compte-rendu des séances des chambres et des audiences des cours et tribunaux, dispose qu'en cas de récidive, les coupables seront punis d'un emprisonnement d'un mois à trois ans et d'une amende de mille à six mille francs, sans préjudice de l'interdiction, s'il y a lieu, de rendre-compte des débats législatifs ou judiciaires. — V. COMPTE-RENDU DES CHAMBRES ET TRIBUNAUX.

### CHAPITRE VII. — *Des écrits périodiques dans leur rapport avec l'impôt.*

369. — Les écrits périodiques sont soumis au timbre. Il y a lieu de considérer sous ce rapport tant la quotité de cette taxe pour les différens journaux que les contraventions que peut commettre l'imprimeur, en ne se conformant pas aux prescriptions des lois sur le timbre, notamment de celle du 14 déc. 1830, art. 2. C'est ce que nous examinerons sous le mot TIMBRE.

370. — La loi du 17-22 août 1791 portait (art. 17) que les journaux et autres feuilles périodiques paieraient 12 deniers (5 cent.) de port par feuille d'impression, lorsqu'ils ne paraissaient pas tous les jours, et 8 den. (environ 4 cent.) la feuille, lorsqu'ils paraissaient tous les jours, et moitié pour la demi-feuille.

371. — Cette disposition a été maintenue par la loi du 27 frim. an VIII, art. 13.

372. — Enfin, la loi du 15 mars 1827, art. 8, avait imposé les journaux et autres feuilles périodiques, transportés hors du département où ils étaient publiés uniformément à 5 cent. pour la feuille de trente décimètres carrés et au-dessous, en stipulant 5 cent. d'augmentation par chaque trente décimètres, et fractions de trente décimètres excédant. — La même loi réduisait à moitié le droit pour le transport des journaux dans l'intérieur des départemens où ils étaient publiés.

373. — La taxe du transport des écrits périodiques est actuellement fixée par la loi du 14 déc. 1830, art. 3, qui porte : « Le droit de 5 cent. fixé par l'art. 8, L. 15 mars 1827, pour le port sur les journaux et autres feuilles transportés hors des limites du département dans lequel ils sont publiés, sera réduit à 4 cent. — Les mêmes feuilles ne paieront que 2 cent. toutes les fois qu'elles seront destinées pour l'intérieur du département où elles auront été publiées. »

374. — M. Bavoux avait demandé l'abrogation de l'art. 8, L. 15 mars 1827, qui avait élevé à 5 cent. le port des journaux par la poste, et la chambre des députés, sur la proposition de M. Viennet, s'était bornée à réduire le prix du port à 4 cent. C'est la chambre des pairs qui a cru nécessaire d'exprimer que la réduction s'étendait proportionnellement aux journaux destinés pour l'intérieur du département où ils sont publiés. — Duvergier, t. 30, p. 301, note 1re.

375. — M. le vicomte Dubouchage a proposé de réduire à 2 cent. le droit de poste pour les journaux au-dessous de quinze décimètres carrés. Cette proposition n'a pas été accueillie. Les rapports établis par la loi du 15 mars 1827, entre la taxe et la dimension des journaux, sont donc maintenus, sauf la réduction. — Duvergier, *loc. cit.*

376. — Une ordonnance du 10 janv. 1830 a fixé, par son art. 1er, la taxe des journaux, gazettes et imprimés, tant originaires qu'à destination des colonies françaises et des autres pays d'outre-mer, excepté l'Angleterre, l'Ecosse et l'Irlande. Ce transport est taxé à 10 cent. par feuille de trente décimètres carrés, sans acception de nation et quelle que soit la nature de l'imprimé; 5 cent. pour parcours intérieur, 5 cent. pour rétribution aux capitaines. Mais on doit modifier le droit fixé par cette ordonnance, conformément à l'art. 3, L. 14 déc. 1830, et le réduire à 4 cent. pour parcours intérieur et à 4 cent. pour rétribution aux capitaines. — De Grattier, t. 2, p. 258, à la note.

377. — Les journaux et imprimés ne peuvent jouir de la modification de taxe accordée par l'ordonnance du 10 janv. 1830, modifiée par la loi du 14 déc. 1830, qu'à la condition d'être mis sous bande, non reliés et enveloppés de manière qu'on en puisse aisément constater le nombre des feuilles. Ils ne doivent d'ailleurs contenir ni chiffres, ni aucune espèce d'écriture à la main, si ce n'est la date et la signature. Tous ceux qui ne réuniraient pas les conditions ci-dessus exprimées doivent être considérés comme lettres et taxés en conséquence. — Même ord., art. 3.

378. — D'après l'art. 4, ordonn. 10 déc. 1830, il doit être payé aux capitaines des navires ordinaires du commerce par les directeurs des postes des ports maritimes, soit au départ, soit à l'arrivée desdits navires, cinq centimes (réduits à quatre conformément à l'observation déjà faite) par chaque feuille d'impression des journaux ou imprimés de toute nature dont ils sont chargés.

379. — La cour de Paris a jugé que l'art. 8, L. 15 mars 1827, qui établit un droit proportionnel pour le port des journaux et feuilles périodiques, à raison de leur dimension, n'a pas été abrogé par la loi du 14 déc. 1830; qu'en conséquence, la taxe fixée à quatre centimes par chaque feuille de trente décimètres, doit être augmentée de quatre autres centimes pour chaque trente décimètres ou fractions de trente décimètres excédant. — *Paris*, 8 juill. 1836, de Girardin. — Le pourvoi en cassation formé contre cet arrêt a été rejeté par la cour suprême le 10 mai 1837 (t. 1er 1837, p. 411).

380. — L'art. 4, L. 14 déc. 1830, dispose que les journaux étrangers, imprimés en langue étrangère, et ceux venant des pays d'outre-mer, en quelque langue qu'ils soient rédigés, seront taxés au maximum du tarif établi pour les journaux français. Cet article rend sans objet l'art. 2 de l'ordonnance du 10 janv. 1830. — V. POSTES.

## ÉCRITS SÉDITIEUX.

1. — La loi du 18 juillet 1791, contre la sédition, déclarait séditieuses et perturbatrices de la paix publique les personnes qui, par des écrits publiés ou colportés, auraient provoqué le meurtre, le pillage, l'incendie, ou conseillé formellement la désobéissance à la loi. — Art. 1er.

2. — Sous la loi du 21 oct. 1814, des écrits de la même nature durent tomber sous l'application du système préventif de cette loi lorsqu'ils avaient moins de vingt feuilles d'impression. Les art. 3, 4 et 5 de cette loi disposaient que, lorsqu'un écrit de cette dernière catégorie paraissait à deux des cen-

seurs qui devaient l'examiner sur l'invitation du directeur général de la librairie, de nature à troubler la tranquillité publique, le directeur général pouvait ordonner qu'il fût sursis à l'impression.

3. — Les provocations séditieuses faites à l'aide d'écrits ou imprimés ne pouvaient être laissées dans l'oubli par la loi du 9 nov. 1815 sur la répression des cris séditieux et des provocations à la révolte, loi qui fut rendue dans les premiers mois qui suivirent la seconde restauration.

4. — L'art. 1er de cette loi punissait de la déportation toutes personnes coupables d'avoir ou imprimé, ou affiché, ou distribué, ou vendu, ou livré à l'impression des écrits par lesquels on aurait exprimé la menace d'un attentat contre la vie, la personne du roi, la vie ou la personne des membres de la famille royale, ou excité à s'armer contre l'autorité royale, ou enfin provoqué directement ou indirectement au renversement du gouvernement ou au changement de l'ordre de successibilité au trône, lors même que ces tentatives n'avaient été suivies d'aucun effet et n'avaient été liées à aucun complot.

5.—Ces infractions, constituant des crimes, devaient dès-lors être déférées à la cour d'assises. — Art. 4.

6. — L'art. 5 déclarait également séditieux tous écrits imprimés, même ceux qui, n'ayant pas été imprimés auraient été affichés, ou vendus, ou distribués, ou livrés à l'impression toutes les fois que par ces écrits on aurait tenté d'affaiblir, par des calomnies ou des injures, le respect dû à la personne ou à l'autorité du roi, ou à la personne des membres de sa famille, ou que l'on aurait invoqué le nom de l'usurpateur ou d'un individu de sa famille, ou de tout autre chef de rébellion, toutes les fois qu'à l'aide de ces écrits on aurait excité à désobéir au roi ou à la Charte constitutionnelle.

7. — Les provocations, *même indirectes*, à l'aide d'écrits, aux faits définis par l'art. 5, et à quelques autres analogues prévus par les art. 6, 7 et 8, étaient réputées séditieuses. — Art. 9.

8.—Mais ces diverses infractions, à la différence de celles définies par l'art. 1er de la loi, ne constituaient que des délits punis de peines correctionnelles. — Art. 10.

9. — Lors du rétablissement des cours prévôtales par la loi du 20-27 décembre 1815, les crimes prévus par l'art. 1er de celle du 9 novembre précédent furent déférés à ces cours.

10. — Depuis l'abrogation de la loi du 9 novembre 1815, par celle du 17 mai 1819, la législation n'a pas porté de pénalité particulière et spéciale contre les écrits séditieux. On pourrait seulement appliquer cette qualification aux écrits qui contiendraient certaines infractions prévues par les lois de la presse, notamment à ceux par lesquels on se serait livré aux provocations que les art. 1er, 2 et 5 de la loi du 9 sept. 1835 ont érigées en attentats contre la sûreté de l'état.

11. — La même qualification s'appliquerait aussi aux écrits par lesquels on aurait provoqué à l'un des faits qualifiés par le Code pénal *crimes contre la sûreté intérieure de l'état*. (V. Code pénal, art. 86 à 101). Les auteurs de ces écrits devraient alors être punis comme complices si la provocation avait été suivie d'effet, ou frappés de peines correctionnelles seulement, dans le cas contraire. — L. 17 mai 1819, art. 1er et 2.

V. CRIMES CONTRE LA SURETÉ DE L'ÉTAT, DÉLITS DE PRESSE ET DE PUBLICATION, DISCOURS SÉDITIEUX, SÉDITION.

## ÉCRITEAU.

1. — Tout ce qui concerne, sous le rapport de la police, l'établissement des écriteaux exposés au-devant des édifices et constructions quelconques donnant sur la voie publique, est confié aux soins de l'autorité municipale, qui puise, à cet égard, ses droits et ses devoirs dans l'art. 3, tit. 11, L. 16-24 août 1790. — Il en est, au surplus, des écriteaux comme des enseignes. — V. ENSEIGNE. — V. aussi AFFICHE.

2. — Les écriteaux servant à faire connaître au public les maisons, appartemens, chambres, magasins et autres objets à vendre ou à louer, ne peuvent être suspendus au devant des murs de face des maisons riveraines de la voie publique, et doivent être attachés et appliqués contre les murs. —Ord. de police, 8 mars 1829, art. 76.

3. — Le réglement du 28 fév. 1723 obligeait, à peine de 300 livres d'amende, les imprimeurs et libraires à placer au-devant de leurs maisons un écriteau ou tableau portant qu'ils tenaient imprimerie, contenant le nom du libraire ou de l'imprimeur, ou autre indication qu'il s'y vendait des livres. — Selon Pic (*Code des libr. et impr.*, p. 25), cette prescription n'est plus en vigueur. La loi ne réprime plus que la clandestinité et l'exercice sans brevet, et le défaut d'enseigne ne caractérise suffisamment ni l'une ni l'autre.—V. ENSEIGNE.

4. — Toute indication faite, sur des écriteaux annonçant la mise en vente de marchandises, de mesures et de monnaies autres que celles portées aux tableaux annexés à la loi du 4 juill. 1837, rendrait le contrevenant passible d'une amende de 10 fr., aux termes de l'art. 5 de ladite loi. — V. au surplus MONNAIES, POIDS ET MESURES.

5. — Aux termes de l'art. 22, C. pén., pendant que le condamné à l'exposition publique subit sa peine, un écriteau doit être placé au-dessus de sa tête, portant en caractères gros et lisibles ses noms, sa profession, son domicile, sa peine et la cause de sa condamnation. — V. EXPOSITION PUBLIQUE (peine d').

## ÉCRITURE (Acte).

### *Table alphabétique.*



ÉCRITURE (acte). — 1. — Se dit de toute espèce d'écrit ou d'actes en général.

2. — En général, l'écriture constatant une convention n'est pas nécessaire à sa validité; elle ne sert qu'à en assurer la preuve : *Fiunt scripturæ ut quod actum est per eas facilius probari poterit, sine his autem valet quod actum est, si habent probationem.* — L. 4, ff., *De pign.*

3. — Cependant il est des cas où la loi exige l'écriture pour la constatation, soit d'un fait, soit d'une obligation, soit d'une convention.—V. ACTE, ACTE SOUS SEING-PRIVÉ, PREUVE LITTÉRALE.

4. — On distinguait chez les Romains trois sortes d'écritures : 1° les écritures *publiques* proprement dites. C'étaient celles qu'on avait déposées dans les archives publiques destinées à conserver les actes. — L. 9, § 6, ff., *De pœnis*; nov. 15, ch. 5, § 2; nov. 73, ch. 75, § 3.

5. — ...2° Les écritures *forenses*; c'étaient les actes qui étaient reçus par un tabellion en présence de deux témoins, ou bien lorsque le tabellion ne concourait pas à l'acte dressé en présence de trois témoins.—Nov. 49, ch. 2; nov. 73, ch. 1er, 2, 5 et 7.

6. — ...3° Enfin les écritures *privées*, c'est-à-dire émanées des parties hors la présence des témoins. — Nov. 73, ch. 4.

7. — Chez nous, on distingue les écritures en : 1° *écritures publiques* ou *authentiques*; 2° et *écritures privées*.

8. — Les écritures publiques ou authentiques sont celles qui émanent d'officiers publics, c'est-à-dire de ceux qui sont préposés pour recevoir différens actes à l'authenticité desquels on doit une foi entière, lorsqu'ils sont souscrits de la signature de ces officiers. — Merlin, *Rép.*, v° *Ecritures*. — V. ACTE AUTHENTIQUE, FAUX, PREUVE LITTÉRALE.

9. — Les écritures privées sont celles qui émanent de simples particuliers. — V. ACTE SOUS SEING-PRIVÉ, FAUX, PREUVE LITTÉRALE.

10. — Les écritures privées se subdivisent elles-mêmes en : 1° *écritures de commerce ou de banque*, lorsqu'elles émanent de commerçans; 2° et *écritures privées* proprement dites, lorsqu'elles émanent de non-commerçans. — V. FAUX.

11. — Les écritures privées n'ont de valeur qu'autant qu'elles sont reconnues par celui auquel on les oppose. — V. ACTE SOUS SEING-PRIVÉ, RECONNAISSANCE D'ÉCRITURES, VÉRIFICATION D'ÉCRITURES.

12. — En général, les écritures privées ne tirent leur force que de la signature de celui qui s'oblige. — Toullier, t. 8, n° 352. — V. SIGNATURE.

13. — Néanmoins il y en a qui, quoique non signées, font, en certains cas, une preuve même complète contre ceux qui les ont faites, quelquefois même en leur faveur. — Toullier, t. 8, n° 352.

14. — Ces écritures peuvent se réduire à trois espèces : — 1° Les livres-journaux et tablettes. — V. LIVRES DE COMMERCE, PAPIERS DOMESTIQUES.

15. —... 2° Les écritures qui sont sur les feuilles volantes, et non point à la suite, à la marge ou au dos d'un acte signé. — V. FEUILLE VOLANTE, LETTRE MISSIVE, PAPIERS DOMESTIQUES.

16. — ... 3° Les écritures qui sont à la suite, à la marge ou au dos d'un acte signé. — C'est ce dont nous allons nous occuper ici.

17. — L'écriture mise par le créancier à la suite, en marge ou au dos d'un titre qui est toujours resté en sa possession, fait foi, quoique non signée ni datée par lui, lorsqu'elle tend à établir la libération du débiteur. — C. civ., art. 1332.

18. — L'annotation apposée sur un acte par le créancier peut, quoique non signée de lui, faire preuve complète d'un réglement intervenu entre les parties. — *Cass.*, 7 déc. 1836 (t. 1er 1837, p. 228), Duchambon c. Géanty.

19. — En tout cas, il y aurait là un commencement de preuve par écrit qui permettrait au juge de décider, d'après des présomptions graves, précises et concordantes. — Même arrêt. — V. COMMENCEMENT DE PREUVE PAR ÉCRIT.

20. — Autrefois on pensait que quand le titre était toujours resté en la possession du créancier, l'écriture même de toute autre main que de celle de ce créancier, faisait preuve de libération en faveur du débiteur; on en donnait pour raison qu'il était plus que probable que le créancier n'aurait pas laissé écrire ainsi sur le titre qui était en sa possession, si le fait constaté n'avait pas eu effectivement lieu (Pothier, *Oblig.*, n° 760). — Mais aujourd'hui cette opinion n'est plus soutenable en présence du texte de l'art. 1332, C. civ., qui ne parle que de l'écriture *mise par le créancier*, etc.— Toullier, t. 8, n° 353.

21. — Jugé en conséquence que, pour que l'écriture mise à la suite, en marge ou au dos d'un titre resté en la possession du créancier, et qui tend à établir la libération du débiteur, puisse faire foi contre ce créancier, il faut qu'elle ait été mise sur ce titre par le créancier lui-même. — *Bruxelles*, 2 juin 1829, Ekelaert c. Christiaens.

22. — Ainsi, il n'y a pas preuve suffisante de libération lorsque c'est le débiteur lui-même qui a écrit la mention d'un paiement d'à-compte au dos d'un effet, ainsi que sur le journal domestique du créancier. — *Colmar*, 6 mars 1816, Ubrich c. Fischer.

23. — De même, quand par suite de la dissolution d'une société, l'un des associés est devenu propriétaire exclusif d'une obligation sur un tiers, la note mise par un autre associé en marge d'une autre obligation du même débiteur, et tendant à établir la libération de ce dernier, ne peut pas opérer l'extinction de la première dette. — *Cass.*, 16 janv. 1828, Nadaud c. Canin.

24.— Cependant, il en serait autrement si l'écriture était émanée d'un individu qui avait qualité pour représenter le créancier.

25. — Ainsi, l'écriture non signée, qui tend à la libération du débiteur, fait foi contre le créancier, lorsqu'elle a été mise à la suite du titre par un tiers que celui-ci en avait constitué dépositaire.— *Metz*, 23 frim. an XIII, Grégoire c. Anceaux.

26. — L'écriture mise au dos d'un titre, mais qui n'existe que biffée, n'est pas libératoire. — *Cass.*, 11 mai 1819, Souberbielle c. Lavalette. — *Contrà* Pothier, *Oblig.*, nos 759 et suiv.

27.—En effet, dit Toullier (t. 8, n° 356), le créancier qui, après avoir d'abord écrit un reçu à la suite d'un titre resté en sa possession, raie ensuite ce reçu, est censé avoir eu de bonnes raisons de le faire; il est possible qu'il ne l'ait écrit que par distraction ou dans la vue d'un paiement qui ne s'est point effectué; d'ailleurs, le débiteur doit s'imputer de n'avoir pas exigé une quittance. Il faudrait des circonstances toutes particulières pour faire adopter la décision de Pothier. — V. aussi Duranton, t. 13, nos 216 et suiv.

28. — Jugé, dans le même sens, que de ce qu'au dos d'un billet resté entre les mains du créancier, on lit la mention émanée de la main de celui-ci, et depuis raturée, qu'il a reçu le montant de ce billet, il n'en résulte pas nécessairement la libération du débiteur. — *Cass.*, 23 déc. 1828, Bouquainville c. Grillat.

29. — Dès-lors, si un débiteur soutient, contre les héritiers de son créancier, que la quittance mise par ce dernier au bas du titre prouve sa libération, bien qu'elle soit raturée et qu'elle soit

restée entre les mains du créancier, les juges ne peuvent point, s'il s'agit de plus de 150 fr., et si la rature n'est point attaquée comme faite frauduleusement par les héritiers, se fonder sur de simples présomptions pour déclarer cette rature sans effet et le débiteur libéré. — Même arrêt.

30. — La disposition de la loi relativement au titre qui est toujours resté en la possession du créancier, est également applicable quand l'écriture se trouve mise par le créancier au dos, ou en marge ou à la suite du double d'un titre ou d'une quittance, pourvu que ce double soit entre les mains du débiteur. — C. civ., art. 1332.

31. — Quant aux écritures non signées mises à la suite d'un acte avec lequel elles n'ont aucun rapport, elles sont comparables à celles qui sont écrites sur feuilles volantes. — Toullier, t. 8, n° 357. — V. FEUILLE VOLANTE.

32. — Toute écriture publique ou privée devant ou pouvant faire titre ou être produite pour obligation, demande ou défense, est assujétie au timbre. — L. 13 brum. an VII, art. 12-1°. — V. TIMBRE.

## ÉCRITURE (Caractère).

1. — Se dit en général de l'art d'écrire aussi bien que des caractères écrits.

2. — Lorsqu'une écriture est destinée à constater une chose ou à prouver une obligation ou une convention, elle doit avoir lieu au moyen d'une substance qui ne puisse ultérieurement recevoir aucune altération ou modification.

3. — Or, l'écriture au crayon ne présente pas cette indélébilité. — Pigeau, *Comment. sur la proc.*, t. 1er, p. 178; Berriat, *Procéd. civ.*, p. 202, note 32; Bioche et Goujet, *Dict. de procéd.*, v° *Exploit*, n° 110.

4. — En conséquence, est nul l'exploit de signification d'un jugement ou d'un appel dont le *parlant à* n'est rempli qu'au crayon. — *Colmar*, 25 avr. 1807, Levi c. Dorcy; *Grenoble*, 17 août 1822, Dupin de Valène c. Faure et Pognient.

5. — Jugé cependant qu'on a pu écrire au crayon la date de la première publication sur l'original d'un placard de saisie immobilière. — *Metz*, 6 fév. 1840 (t. 1er 1840, p. 729), Lenfant Lemoine c. Capitaine.

6. — En tout cas, il ne pourrait y avoir difficulté qu'autant qu'il s'agirait d'un acte authentique. Il serait difficile, ce semble, d'annuler un acte sous seing-privé par le seul motif qu'il serait écrit au crayon, si d'ailleurs cet acte paraissait sérieux et n'avait pas les caractères d'une simple note, d'un simple projet. — Rolland de Villargues, *Rép. du notar.*, v° *Ecriture*, n° 9.

7. — Ainsi, est valable un testament olographe écrit au crayon, lorsque l'écriture est reconnue être bien celle du testateur. — *Aix*, 27 janv. 1846 (t. 2 1846, p. 182), Mille c. Lieutaud.

8. — Les agens de change peuvent écrire au crayon sur leur carnet les opérations qu'ils doivent ensuite reporter sur leur livre-journal. — V. AGENT DE CHANGE, n° 160.

9. — Il n'est pas nécessaire que les actes soient écrits par ceux qui les signent. Il y a exception cependant pour les testamens olographes. — V. ACTE SOUS SEING-PRIVÉ, n° 44, TESTAMENT. — V. aussi CONNAISSEMENT.

10. — Lorsqu'on nie qu'une écriture soit émanée de celui à qui on l'attribue, il y a lieu, suivant les cas, ou à vérification de cette écriture, ou à inscription de faux. — V. FAUX, INSCRIPTION DE FAUX, VÉRIFICATION D'ÉCRITURE.

11. — L'écriture des actes rédigés ou signifiés doit être lisible. En cas d'illisibilité d'un acte émané d'un officier public ou ministériel, il peut être condamné à une amende, indépendamment des dommages-intérêts, s'il y a lieu. — V. ACTE NOTARIÉ, nos 271 et suiv.; CASSATION, nos 1572 et suiv.; EXPLOIT, ILLISIBILITÉ.

12. — Sur la manière dont les actes notariés, en particulier, doivent être écrits, V. ACTE NOTARIÉ.

13. — Les fautes d'écriture qui peuvent se rencontrer dans un acte n'empêchent pas l'effet que doit avoir la convention *si librarius in transcribendis stipulationis verbis errasset, nihil nocere.* — L. 92, ff., *De reg. juris*; — Toullier, t. 6, n° 331.

14. — Quand l'écriture d'un acte est devenue illisible par accident, par exemple, quand les caractères ont été effacés ou le papier corrompu par l'humidité du lieu où l'acte a été déposé, etc., la preuve testimoniale est admissible pour prouver la partie de l'acte qu'on ne peut plus lire. — Toullier, t. 9, n° 220.

V. ARBITRAGE, nos 311 et suiv.; DONATION ENTRE-VIFS, PREUVE TESTIMONIALE.

## ÉCRITURE.

1. — Actes de procédure signifiés dans les instances judiciaires pour l'instruction de la cause.

2. — On distinguait anciennement des écritures de trois espèces : celles qui étaient exclusivement du ministère de l'avocat, celles qui appartenaient exclusivement au procureur, et celles qui pouvaient être faites concurremment par le procureur et par l'avocat.

3. — En général, toutes les fois qu'il y avait des moyens de droit à discuter, les écritures étaient du ministère exclusif de l'avocat; elles étaient du ministère exclusif du procureur lorsqu'il ne s'agissait que de discuter les faits et de détailler des actes produits en justice. — Nouveau Denisart, v° *Ecritures*, n° 3.

4. — De fréquentes contestations s'élevaient entre les avocats et les procureurs sur le point de savoir à qui de l'une ou de l'autre compagnie appartenait telle ou telle écriture; pour y mettre un terme, le parlement de Paris fit, le 17 juill. 1693, un réglement général qui ne fut jamais bien exécuté.

5. — Les avocats du quinzième siècle avaient le droit exclusif de composer les écritures qu'on signait sous le nom de *griefs et moyens d'appel, contredits, réponses à causes, salvations, réponses à salvations, duplique, réplique, avertissement, inventaire de production*, etc.

6. — Tous ces *factum* étaient grossoyés; les honoraires de l'avocat se réglaient sur le nombre de rôles de grosses.

7. — Les écritures formaient l'apanage d'une classe nombreuse d'avocats inscrits au tableau. Ce genre d'occupation ne laissait pas que d'être lucratif; il tenait à ce qu'on appelait alors les *procès par écrit*, c'est-à-dire, aux affaires qui n'étaient pas portées à l'audience et qui se jugeaient à *huis-clos*, sur le rapport de l'un des conseillers en la grand'chambre ou aux enquêtes auxquelles on les distribuait.

8. — L'art. 9 de l'ord. de déc. 1336 imposait aux avocats l'obligation de signer leurs écritures; *ut scientia et experientia advocatorum curiæ lucidius appareat, utque succincta bene et substantialiter scribendum intentius animentur, volumus quod advocati qui scripturas fecerint, in fine scripturarum sub proprio nomine et cognomine se subscribant.*

9. — L'art. 10 de la même ordonnance voulait que les avocats dans les écritures sur appointement allassent droit au fait et à la question, sans subterfuges ni moyens évasifs. — *Procedatur, velo levato, summarie et de plano, proponendo verum factum, sine palliamentis aut rationibus frivolis et non necessariis; quod etiam servetur inscribendo.*

10. — L'ordonnance de Charles VI du 25 mai 1413 défendait aux avocats et procureurs *sur peine d'amende et punition exemplaire*, de prendre *autre salaire que modéré* et de faire des écritures *trop longues et plus prolixes sans comparaison que nécessité ne fust.* — Ord. du Louvre, t. 10, p. 118.

11. — Les écritures du palais devaient être écrites d'une manière correcte, exacte et lisible, tant sur la copie que sur la grosse. Les copies qui étaient tronquées ou même simplement difficiles à lire devaient être regardées comme non signifiées, et le procureur devait être condamné à fournir une nouvelle copie en règle à ses dépens. — Dareau, *Rép. jurisp.*, v° *Écritures de Palais*, p. 640.

12. — Les écritures du palais ne devaient fixer l'attention des juges qu'autant qu'elles étaient signifiées à la partie adverse : « A défaut de cette signification, dit Dareau (*Rép.*, v° *Écritures*), on doit les regarder comme produites pour surprendre la religion des magistrats à l'insu de la partie adverse. »

13. — Aux termes d'un réglement du 6 mai 1650, art. 23, les écritures faites par des avocats devant le Châtelet devaient être taxées par rôle de grand papier, contenant vingt-deux lignes à la page et quinze syllabes à la ligne, vingt sous; on allouait le tiers pour la copie et le dixième pour le droit de révision. Enfin, il revenait au clerc de l'avocat cinq sous par rôle de la grosse, non compris le coût du papier.

14. — Au parlement, les écritures des avocats entraient en taxe à raison de 3 fr. par rôle, contenant vingt-deux lignes à la page et huit syllabes à la ligne. — Ce droit se divisait ainsi : une livre douze sous pour l'avocat, seize sous pour le droit de révision du procureur, sept sous au clerc de l'avocat pour la mise au net et cinq sous pour la copie.

15. — « Sous l'ancien droit, dit M. Mollot (*Prof. d'avoc.*, p. 11, note 1re), les écritures avaient dans les procès un intérêt qu'elles n'ont plus aujourd'hui, elles étaient toujours l'œuvre de l'avocat, elles sont à présent dans la mission de l'avoué, ou plutôt du clerc : c'est pourquoi on ne les lit plus. »

V. AVOCAT (n° 341), CONCLUSIONS, DÉFENSES. — V. aussi FRAIS ET DÉPENS.

## ÉCRIVAIN DE NAVIRE.

V. CAPITAINE DE NAVIRE, n° 160, ÉQUIPAGE, TESTAMENT.

## ÉCRIVAINS PUBLICS.

Les écrivains publics sont exempts de la patente. — L. 25 avr. 1844, art. 13.

## ÉCROU.

V. EMPRISONNEMENT.

## ÉCUISSER.

1. — Ecuisser un arbre, c'est le faire fendre ou éclater en l'abattant.

2. — Le droit d'écorcer les souches d'une coupe de bois n'emporte pas celui de les écuisser et de les éclater. — *Cass.*, 28 mars 1811, Sohler.

V. FORÊTS.

## ÉCUSSON.

V. ARMOIRIES, CARTES A JOUER, CONSUL, ENSEIGNE, NOBLESSE, PANNONCEAUX.

## ÉDIFICE.

1. — Ce mot, qui désigne dans son acception générale toute espèce de construction, s'applique plus spécialement aux constructions qui ont un caractère public ou monumental.

2. — Les édifices sont immeubles par leur nature, quelle que soit la nature des matériaux employés pour leur construction. Ils prennent cependant le caractère d'immeubles quand ils ne doivent avoir qu'une durée passagère et que, par exemple, ils ont été élevés par un locataire qui doit les enlever à la fin de son bail. — V. BIENS.

3. — La propriété du sol emportant la propriété du dessus et du dessous, les édifices sont présumés, à défaut de titre contraire, être la propriété du maître du sol. — V. PROPRIÉTÉ.

4. — Les édifices publics sont, dans les règles de leurs constructions, dispensés, sous certains rapports, des règles prescrites par les réglemens de police pour la généralité des constructions privées.

V. au surplus BAIL, BATIMENS, BIENS, COMMUNES POSSESSIONS, PROPRIÉTÉ, SERVITUDE, VOIE PUBLIQUE, VOIRIE.

## ÉDIFICES PUBLICS.

V. DESTRUCTION DÉGRADATION ET DOMMAGE, VOL.

## ÉDIFICES ET SUPERFICES.

V. BAIL A CONVENANT OU A DOMAINE CONGÉABLE.

## ÉDIT.

1. — Dans l'ancien droit romain, on appelait *édit* le réglement général que chaque préteur, urbain ou pérégrin, faisait pour l'avenir, et où il établissait les principes d'après lesquels la justice serait rendue pendant le cours de sa magistrature.

2. — Les édiles curules publiaient aussi des édits sur quelques branches de l'administration, comme la police des rues, des places publiques et des marchés. Les proconsuls, préteurs ou propréteurs dans les provinces faisaient de même des édits dans les provinces.

3. — Dans l'origine, le magistrat qui avait publié un édit pouvait le changer et y déroger par un nouvel édit. La loi *Cornélia* lui enleva cette faculté, et dès ce moment les édits furent immuables pour leur auteur pendant le cours annuel de ses fonctions. Mais l'année suivante nul n'était contraint de maintenir l'édit de son prédécesseur; on le maintenait cependant : les préteurs, au lieu de refaire chaque année l'édit de l'année précédente, se contentaient de le renouveler, en y faisant toutefois les additions et corrections que chacun d'eux jugeait convenables.

4. — Lorsque les édits ainsi transmis, renouvelés, augmentés ou corrigés, se furent accumulés pendant un certain nombre d'années, on sentit le besoin de refondre et de résumer en un seul édit tous les édits précédens. Ce travail fut exécuté sous le règne d'Adrien par le préteur Salvius Julianus, et cette compilation reçut le nom d'*édit*

*perpétuel.* Cet édit fut immuable même pour l'avenir.

5. — On nommait *edictum* ou *edictum annuum*, ou encore *edictum juridictionis perpetua causa propositum*, ou même *edictum perpetuum* (dans l'origine, ce mot *perpetuum* était employé comme synonyme d'*annuum*), l'édit publié par le préteur lors de son entrée en fonctions. L'édit des deux préteurs de Rome était appelé *prætoris edictum*, par opposition à celui des préteurs, propréteurs, proconsuls des provinces, auxquels on donnait le nom d'*edictum provinciale.* On désignait sous le nom de *tulatitium* l'édit par lequel le préteur déclarait adoptés en tout ou en partie les édits de ses prédécesseurs. Les *edicta repentina* étaient de simples ordonnances rendues sur procès par le préteur dans certaines affaires particulières. — Poncelet, *Hist. des sources du droit romain*, p. 28 et suiv.

6. — Quand les empereurs romains devinrent seuls législateurs, ils donnèrent eux-mêmes à plusieurs des lois qu'ils firent la dénomination d'édits; et comme, en s'emparant des Gaules, ils y laissèrent leur législation, les ordonnances et réglemens faits par les rois de la première race reçurent également la dénomination d'édits. Sous la seconde race, on les appela capitulaires; sous la troisième, le terme d'édit redevint en usage.

7. — Les édits de nos rois sont désignés sous le nom du lieu où ils ont été donnés : tels sont les édits de Melun, d'Amboise, de Nantes, etc., soit sous celui des choses qu'ils avaient pour objet : tels l'édit du contrôle, l'édit des présidiaux, l'édit des duels, l'édit des secondes noces, etc.

8. — Ils étaient, comme les ordonnances, des lettres du grand sceau, signées du roi, visées par le chancelier; l'adresse était *à tous présens et à venir*; ils étaient seulement datés du mois et de l'année. Comme les ordonnances, ils étaient soumis à l'enregistrement des parlemens, et ne devenaient obligatoires que du jour de cet enregistrement. — V. ENREGISTREMENT DES LOIS.

9. — Aujourd'hui, le terme d'*édit* n'est plus usité; tous les actes législatifs portent indistinctement le nom de LOIS. Les actes que fait le roi dans les limites du pouvoir exécutif se nomment *ordonnances* et *réglemens*,

V. DÉCLARATION DU ROI, DÉCRETS, LOIS, ORDONNANCES DU ROI, RÉGLEMENS, ETC.

## ÉDITEUR. — ÉDITION.

1. — Dans la législation relative à la presse, la dénomination d'*éditeur* n'est employée que pour désigner les personnes qui, sous l'empire de la loi du 9 juin 1819, devaient répondre des infractions commises par les journaux. Elle ne se retrouve pas dans les lois ou décrets qui ont réglé la police de l'imprimerie et de la librairie.

2. — Cependant, cette expression est consacrée dans le langage juridique pour indiquer aussi ceux qui livrent à la publicité un ouvrage d'esprit quelconque à l'aide de l'imprimerie ou de la gravure, ou autre moyen analogue.

3. — L'éditeur d'un livre, d'un dessin, etc., peut donc être distinct de son auteur, car ce dernier peut abandonner à un tiers la tâche de surveiller la publication de son œuvre.

4. — Si le livre, ou autre ouvrage d'esprit ou d'art, étant édité par un autre que son auteur, contient des délits, l'auteur ne saurait en être responsable qu'autant qu'il a connu la publication et qu'il l'a permise. Dans cette hypothèse l'éditeur, étant le véritable publicateur, devrait être poursuivi comme auteur principal, l'auteur pourrait seulement être condamné comme complice. — Chassan, *Traité des délits de la parole, de l'écriture et de la presse*, t. 1er, no 173. — V. DÉLITS DE PRESSE ET DE PUBLICATION.

5. — Il faut entendre par édition l'ensemble de tous les exemplaires qui font partie du même tirage.

6. — Chaque édition constitue une publication distincte. Aussi, lorsqu'il a été successivement publié plusieurs éditions du même ouvrage, l'une d'elles peut être l'objet de poursuites, bien que les précédentes n'aient pas été incriminées ou que leurs auteurs mis en jugement aient été acquittés. — V. DÉLITS DE PRESSE ET DE PUBLICATION.

7. — L'auteur d'un livre ou autre ouvrage d'esprit, en étant propriétaire, peut céder en totalité le droit de le publier; il peut également vendre à un tiers une édition de l'ouvrage en se réservant la faculté d'en publier d'autres postérieurement, soit par lui-même, soit en traitant avec d'autres éditeurs.

8. — Toute édition publiée au mépris des droits de l'auteur ou de ses cessionnaires constituerait une contrefaçon punissable par l'art. 425, C. pén.

V. CONTREFAÇON, PROPRIÉTÉ LITTÉRAIRE.

## ÉDITEUR RESPONSABLE.

Depuis la loi du 9 juin 1819, et jusqu'à la loi du 18 juill. 1828, sur la presse périodique, les personnes qui devaient représenter les journaux et répondre criminellement et civilement des condamnations prononcées contre eux étaient appelées *éditeurs responsables*. Cette dernière loi, faisant disparaître cette qualification, ne reconnaît plus que des gérans auxquels elle impose des conditions de moralité et de solvabilité que la loi n'exigeait pas des éditeurs responsables, et qu'ils ne présentaient presque jamais.

V. ÉCRITS PÉRIODIQUES.

## ÉDUCATION.

1. — L'éducation, dans un sens général, est le soin qu'on prend de l'instruction des enfans pour les exercices de l'esprit et du corps, et surtout pour les chœurs.

2. — Les époux contractent ensemble, par le fait seul du mariage, l'obligation de nourrir, entretenir et élever leurs enfans. — C. civ., art. 203.

3. — Durant le mariage, le père exerce seul l'autorité que l'art. 372, C. civ., attribue aux père et mère sur l'enfant jusqu'à sa majorité ou son émancipation (C. civ., art. 373). — V. PUISSANCE PATERNELLE. — Le père a donc sur la direction qu'il doit donner à l'éducation de l'enfant, un droit tellement absolu que, dans le cas presque impossible où il manquerait à cet impérieux devoir, soit en abandonnant l'enfant à ses mauvais penchans, sans essayer de les corriger par l'enseignement de la religion, de la morale et par l'instruction, soit en corrompant même son heureux naturel par de fâcheux exemples ou par des doctrines pernicieuses, dans ce cas, disons-nous à regret, rien dans notre législation n'autoriserait à porter une atteinte à la puissance paternelle.

4. — Mais dans le cas où le père se rendrait coupable envers son enfant d'un crime ou d'un délit, soit par séquestration de personne, mutilation, coups, blessures, mauvais traitemens ou sévices, l'intervention de la justice serait légitime. C'est ainsi que l'art. 335, C. pén., permet dans le cas qu'il prévoit de priver le père de tous les droits et avantages attachés à la puissance paternelle. L'art. 42, § 6, C. pén., permet encore de restreindre les droits du père dans le cas où il serait déclaré coupable d'un délit auquel la loi attache cette pénalité.

5. — En cas de divorce avant la loi du 1er mai 1816, et aujourd'hui, en cas de séparation de corps, les tribunaux sont aussi investis d'un pouvoir discrétionnaire pour tout ce qui concerne la garde des enfans mineurs et par conséquent le soin de leur éducation. On comprend dès-lors que les juges peuvent, à raison des faits imputables au père, être conduits à prendre une décision dont l'effet peut être de neutraliser le pouvoir et la direction du père sur l'éducation de ses enfans. — V. SÉPARATION DE CORPS.

6. — De même encore, en cas de sévices, les tribunaux peuvent prendre des mesures dans l'intérêt de l'enfant.

7. — Au reste, la puissance paternelle n'existe plus, chez nous, dans son antique et primitive sévérité. Il était à craindre de la relâcher tout-à-fait, en permettant à l'enfant ou aux personnes stipulant en son nom, d'engager une lutte avec le père de famille. C'est donc avec raison que le législateur s'en est uniquement rapporté à la force instinctive du sentiment paternel. Enfin, il ne faut pas oublier que le père de famille, étant, aux termes de l'art. 1384, C. civ., civilement responsable des méfaits de son fils, est intéressé à le guider dans la voie du bien.

8. — Si le père est absent, la mère exerce tous les droits du mari quant à l'éducation des enfans. — Art. 141, C. civ.

9. — A défaut de la mère, en cas d'absence du père, ce soin est abandonné à l'ascendant le plus proche, sinon à un tuteur provisoire. — Art. 142, C. civ.

10. — Les règles sont les mêmes dans le cas où l'époux qui a disparu laisse des enfans mineurs issus d'un précédent mariage. — V. au surplus ABSENCE.

11. — A la dissolution du mariage, la puissance paternelle se convertit de plein droit, pour le survivant des père et mère, en tutelle légale — C. civ., art. 390; — Merlin, *Rép.*, v° *Puissance paternelle*, sect. 2e.

12. — Avant le Code, il était de principe que le convol de la mère, alors qu'il la privait de la tutelle, ne la privait pas de l'éducation de son enfant.

13. — Il en est de même aujourd'hui. La tutelle et l'éducation sont deux choses bien distinctes, et la privation de l'une n'entraîne pas la privation de l'autre. Les art. 477 et 478, C. civ., laissent subsister en la personne de la veuve remariée le droit d'émancipation. Elle n'en conserve pas moins le droit de consentir ou de s'opposer au mariage de son enfant. Pourquoi perdrait-elle le droit d'élever ses enfans ? Ce droit dérive de la nature même. — Merlin, *Rép.*, v° *Education*, no 4, p. 520; Toullier, t. 1er, nos 1170 et 1183; Duranton, t. 2, no 527; Magnin, t. 1er, no 605; — *Bruxelles*, 28 janv. 1824, N...; *Poitiers*, 15 fév. 1811, Cuveillers c. tuteur de son fils. — V. *contrà Colmar*, 29 août 1822, Bertz c. Vidal.

14. — Si la tutelle est conservée à la mère, le second mari lui est donné pour cotuteur, mais il ne faut pas conclure de là qu'il puisse exercer lui-même les pouvoirs du tuteur. C'est toujours la mère qui administre la personne et les biens du mineur, et qui, dès-lors, surveille son éducation.

15. — La législation actuelle, comme la législation ancienne, est muette sur le point de savoir à qui, du père ou de la mère, doit être, de préférence, confiée l'éducation d'un enfant naturel reconnu. Des doutes se sont même élevés sur celui de savoir si la tutelle légale de ces enfans leur appartenait. — Toullier (édit. 6e, t. 1er, no 1076) et Duranton (t. 3, no 360) soutiennent que l'autorité appartient en commun au père et à la mère, et que, s'ils ne sont pas d'accord entre eux, les tribunaux ne doivent consulter que l'intérêt de l'enfant. — V. au surplus ENFANT NATUREL, TUTELLE.

16. — Après le décès des père et mère, la personne et les biens de l'enfant sont confiés à un tuteur. Le tuteur n'exerce pas la puissance paternelle, fût-il l'ascendant du mineur, car la puissance paternelle proprement dite, avec ses attributs juridiques et positifs, n'appartient qu'au père et à la mère (Demolombe, t. 3, n° 47); mais il est chargé du soin de l'éducation du mineur, sous la surveillance du subrogé-tuteur et des membres du conseil de famille. Ce conseil a le droit de régler la dépense annuelle de l'éducation du mineur. — Art. 454, C. civ. — Sous ce rapport il exerce donc une certaine influence sur le mode d'éducation, mais il ne faudrait pas en conclure qu'il aurait le droit de prescrire et d'imposer un mode déterminé. — Il n'a que le pouvoir de statuer sur la destitution du tuteur, et ce serait assurément un cas de destitution que le fait du tuteur de ne pas donner au pupille une éducation convenable, selon sa fortune et son rang dans la société, ou que de ne pas l'élever dans la religion de ses pères. — Magnin, t. 1er, no 604; — *Turin*, 9 déc. 1808, Bussi c. Chianca.

17. — Toullier (édit. 6e, no 1183, t. 1er) enseigne néanmoins que l'éducation du mineur ne paraît pas abandonnée à la seule volonté du tuteur, mais est confiée à la prudence du conseil de famille. — V. en ce sens Marchand, p. 264; Duranton, t. 3, no 529.

18. — Jugé que les tribunaux, tout en annulant la délibération d'un conseil de famille qui prescrivait à un tuteur un mode d'éducation, peuvent enjoindre au tuteur de suivre le mode d'éducation qui leur paraît le plus convenable, fût-ce même celui de la délibération annulée. — *Turin*, 9 déc. 1808, Bassi c. Chianca.

19. — Jugé encore que, sous le Code comme sous l'ancienne législation, le droit du tuteur à diriger l'éducation du pupille n'est pas tellement absolu que les tribunaux ne puissent, suivant les circonstances, consulter la famille pour délibérer sur le point de savoir s'il n'est pas de l'intérêt du mineur que son éducation soit confiée à une autre personne. — *Cass.*, 8 août 1815, Nourry c. Courtois. — V. TUTELLE.

20. — L'éducation des enfans incestueux et adultérins est confiée également à un tuteur nommé par un conseil improprement appelé conseil de famille. — V. ENFANS ADULTÉRINS ET INCESTUEUX.

21. — Quant aux enfans trouvés, leur éducation appartient aux commissions administratives des hospices, lesquelles désignent un de leurs membres pour exercer, le cas advenant, les fonctions de tuteur, les autres formant le conseil de famille. — Art. 1er, L. 15 pluv. an XII. — V. ENFANS TROUVÉS.

22. — Ainsi, les enfans qui entrent dans les hospices sont à l'instant placés sous la tutelle des administrateurs de ces établissemens, alors même que leurs père et mère sont vivans, ce qui est une exception au droit commun sur la puissance paternelle.

23. — Le tuteur officieux administre la personne et les biens de son pupille. Il lui doit une bonne éducation, mais il ne peut en imputer les dépenses sur les revenus de son pupille. — Art. 364 et 365, C. civ. — V. TUTELLE OFFICIEUSE.

24. — Les soins donnés à l'éducation d'un enfant sont, aux termes de l'art. 321, un des moyens de prouver sa filiation.

25. — Les frais d'éducation des enfans sont, comme nous l'avons dit en commençant, une dette des époux qui tombe à la charge de la communauté (C. civ., art. 1409), si c'est sous ce régime que les époux sont mariés. Si les époux ont adopté le régime dotal, le mari qui recueille tous les fruits de la dot doit en consacrer une partie à l'éducation des enfans, qui constitue une des charges du ménage. Si les fruits de la dot sont insuffisans, la femme peut être autorisée par justice à aliéner l'immeuble dotal pour fournir des alimens aux enfans. — V. DOT.

26. — La femme qui a obtenu la séparation de biens doit contribuer, proportionnellement à ses facultés et à celles du mari, aux frais de l'éducation des enfans communs. Elle doit même les supporter entièrement s'il ne reste rien au mari.— C. civ., art. 1448.— V. SÉPARATION DE BIENS.

27. — L'éducation doit être proportionnée aux ressources du père de famille; mais si l'enfant possède des biens personnels à l'usufruit desquels ont droit le père, pendant le mariage, ou le survivant des père et mère après sa dissolution, l'éducation de l'enfant doit être proportionnée à sa propre fortune, car c'est une charge expresse de cet usufruit légal. — C. civ., art. 385.

28. — Les frais d'éducation ne sont point sujets à rapport. — C. civ., art. 852. — V. RAPPORT A SUCCESSION.

29. — Aux termes de la loi du 29 niv. an XIII, tout père de famille ayant sept enfans vivans peut en désigner un parmi les mâles, lequel, lorsqu'il sera arrivé à l'âge de dix ans révolus, doit être élevé aux frais de l'état, dans un lycée ou dans une école d'arts et métiers. Cette loi n'a pas été rapportée, mais elle n'a pas été mise à exécution depuis 1814, et il paraît que l'administration ne donne aucune suite aux demandes qui lui sont adressées par les pères de famille qui auraient droit de profiler du bénéfice de cette loi. Cette loi, n'ayant été abrogée par aucune disposition contraire, il nous paraît qu'elle devrait être exécutée, et dans tous les cas il serait, à notre avis, plus convenable et plus digne que l'administration, au lieu d'écarter par son silence les demandes dont il s'agit, proposât formellement aux chambres une disposition abrogative qui pourrait trouver sa place dans une loi de finances.

V. ÉCOLE, ENSEIGNEMENT, MARIAGE, PUISSANCE PATERNELLE, SÉPARATION DE CORPS, TUTELLE, USUFRUIT LÉGAL.

## EFFETS CIVILS.

1. — On appelle effets civils les droits et avantages résultant, en faveur des habitans d'un pays, des lois civiles et politiques de l'état : tels sont notamment le droit de tester, de succéder, d'actionner en justice, de posséder des offices, etc. — Les morts civilement, par exemple, ne jouissent d'aucun de ces droits.

2. — On conçoit de même nom aux effets qu'un mariage annulé peut produire, tant à l'égard des époux (ou de l'un d'eux), qu'à l'égard des enfans, quand il a été contracté de bonne foi. — C. civ., art. 201 et 203. — V. MARIAGE.

## EFFETS DE COMMERCE.

On entend en général par ce mot les créances négociables ou transmissibles par la voie de l'endossement. On comprend aussi parmi ces effets les billets au porteur.

V. BILLET A DOMICILE, BILLET A ORDRE, BILLET AU PORTEUR, LETTRE DE CHANGE.

## EFFETS MILITAIRES.

### Table alphabétique.

EFFETS MILITAIRES. — 1. — On comprend sous cette dénomination les objets d'armement, d'équipement et d'habillement confiés ou fournis aux militaires soit par l'état, soit par le corps, dans l'intérêt ou pour le besoin du service.

2. — Les effets militaires ainsi compris sont entre les mains soit des troupes de terre, soit des marins, soit enfin des gardes nationales.

SECT. 1re. — Troupes de terre (n° 3).

§ 1er. — Notions générales (n° 3).

§ 2. — Vol d'effets militaires (n° 8).

§ 3. — Enlèvement d'effets et armes avec ou sans désertion (n° 25).

§ 4. — Vente, mise en gage (n° 44).

§ 5.— Détournement et dissipation (n° 64).

§ 6. — Achat, prise en gage (n° 73).

SECT. 2e. — Troupes maritimes (n° 409).

SECT. 3e. — Garde nationale (n° 422).

### Sect. 1re. — Troupes de terre.

#### § 1er. — Notions générales.

3. — Les militaires peuvent, quant à ces effets, se rendre coupables de vol, d'enlèvement avec ou sans désertion; de vente ou mise en gage, de détournement ou de dissipation, enfin d'achat et de prise en gage.

4. — D'un autre côté, il peut arriver que les effets d'équipement, armement ou habillement militaires soient achetés ou pris en gage par des individus autres que des militaires.

5. — Les lois qui régissent ces faits divers sont celles des 30 sept. 1791, 28 mars 1793, 12 mai 1793, 3 flor. an 11, 21 brum. an V, 19 vendém. an XII, et enfin la loi interprétative du 15 juill. 1829, qui n'est, comme on le sait, qu'un fragment détaché du Code pénal militaire dont s'occupait déjà la chambre des pairs et dont l'examen n'a pas été repris depuis.

6.— Nous rappellerons ces diverses lois, et nous mentionnerons spécialement leurs dispositions en traitant des différens faits auxquels elles se rapportent.

7. — Lorsque ces faits sont imputables à des militaires, ils rentrent dans la classe des délits militaires. — V. DÉLITS MILITAIRES.

#### § 2. — Vol d'effets militaires.

8. — La loi du 30 sept. 1791 punissait de deux ans de fers le militaire coupable d'avoir volé l'argent de l'ordinaire de ses camarades. — Art. 23, tit. 2.

9. — Quant au vol de l'argent ou des effets des camarades, le silence de cette loi le laissait dans la classe des délits communs.

10. — Celle du 12 mai 1793 porta à six ans la peine, et déclara cette peine également applicable au militaire convaincu d'avoir volé tout autre effet appartenant à ses camarades ; cette puissait de trois ans de fers le militaire convaincu d'avoir volé des fournitures de caserne ou effets de campement. — Sect. 3e, art. 12, 14 et 15.

11. — Le décret du 3 flor. an 11 prononça la peine de cinq ans de fers contre le militaire qui aurait distrait, sous quelque prétexte que ce fût, des effets d'habillement, d'équipement, d'armement ou de campement fournis par l'état. — Art. 1er.

12. — Le Code militaire du 21 brum. an V ne contenait aucune disposition sur le vol de l'argent de l'ordinaire, celui de la solde ou d'effets appartenant à des militaires; mais l'art. 21 semblait se référer au Code du 12 mai 1793, en disant : « Tout délit militaire non prévu par le présent Code sera puni conformément aux lois précédemment rendues. »

13. — Cependant, ces peines ayant paru à quelques-uns trop sévères et peu proportionnées au fait incriminé, on s'efforça de prouver qu'elles étaient frappées d'abrogation. Les uns cherchaient à les remplacer par les dispositions moins sévères du code pénal militaire du 30 sept. 1791, et les autres, par celles du code pénal ordinaire.— Duvergier, t. 29, sur la loi du 15 juill. 1829, note.

14. — Ce fut par suite de deux référés donnant lieu à l'interprétation de l'art. 12 et 13 de la sect. 3, L. 12 mai 1793, dont les dispositions étaient attaquées comme frappées d'abrogation, que fut présentée la loi du 15 juill. 1829.

15. — Cette loi, dont l'art. 9 abrogea entre autres les art. 12 et 13 L. 1793, renferme, à l'égard du vol des effets militaires commis par des militaires, les dispositions suivantes.

16. — L'art. 1er dispose : « Le vol des armes et munitions appartenant à l'état, celui de l'argent de l'ordinaire, celui de la solde, celui des deniers ou d'effets quelconques appartenant à des militaires ou à l'état, commis par des militaires qui sont comptables, sera puni des travaux forcés à temps ; en cas de circonstances atténuantes, la peine pourra être réduite, soit à la réclusion, soit à un emprisonnement de trois à cinq ans. »

17. — Suivant le § 2 du même article, si le vol a été commis par des militaires qui n'étaient pas comptables des deniers ou effets, la peine est celle de la réclusion ; et, en cas de circonstances atténuantes, elle peut être réduite à un emprisonnement de un à cinq ans.

18. — Dans la discussion à la chambre des députés, M. Amat prétendit que cet article avait l'intention de punir la soustraction commise par les comptables, mais qu'il n'atteignait pas son but, parce que le mot vol qui y est employé ne s'entend que d'une soustraction frauduleuse (C. pén., art. 379), d'une manœuvre frauduleuse, ou du détournement furtif. Or ce caractère, ajoutait-il, ne peut convenir que rarement aux soustractions des comptables ; car c'est ordinairement par négligence, par légèreté, par inadvertance, par condescendance, par faiblesse, souvent même par bonté d'âme, qu'ils dissipent ou à peu les objets qui leur sont confiés. Voilà pourquoi l'art. 169, C. pén., qui punit les soustractions et détournemens commis par les comptables publics, n'exige pas qu'ils soient frauduleusement pratiqués : or le projet adopte la peine infligée par cet article ; mais sans le vouloir, sans s'en douter peut-être, il ne détruit l'application en se servant d'une fausse qualification. La soustraction frauduleuse commise par celui qui n'est pas comptable des objets, voilà le vol. Le simple détournement ou la dissipation, même sans fraude de la part des comptables, voilà la soustraction punissable du dépositaire public. » — Duvergier, t. 29, p. 240, note.

19. — Cette observation n'eut pas de suites. La chambre pensa, sans doute, que le vœu de la loi était assez nettement exprimé pour que le comptable ne pût échapper à l'application de la peine, sous prétexte qu'il n'y aurait pas fraude de sa part. Vainement disait-on que le comptable infidèle ne commet pas un vol ; la loi pour punir ce fait l'a qualifié vol ; toute discussion était donc superflue. — Duvergier, loc. cit.

20. — La loi n'établit point de distinction entre les grands et les petits comptables. Un pair (M. Amat) avait, il est vrai, demandé que cette distinction fût écrite textuellement, en ce que, disait-il, il serait en effet inconcevable qu'on punît avec la même rigueur le sous-officier qui aurait volé 2 ou 3 francs sur l'argent de l'ordinaire que le quartier-maître qui aurait enlevé des sommes considérables. Mais il ne fut pas fait droit à son observation. « L'article, dit M. Duvergier (loc. cit.), en permettant de réduire la peine, à raison des circonstances atténuantes, a prévenu cet inconvénient. »

21. — On remarquera, du reste, que la loi du 15 juill. 1829 est spéciale et limitativement applicable aux vols commis par des militaires au préjudice de l'état ou de leurs camarades ; mais qu'on ne saurait l'étendre aux vols commis par des militaires, dans les cas qu'il prévoit, au préjudice de toutes personnes quelconques ; car le vol commis

au préjudice d'autres que des militaires constitue un délit commun qui ne doit pas être puni par le code pénal militaire. — *Moniteur*, 6 avr. 1829.

22. — Aux termes de l'art. 34 du projet du Cod. pén. (art. auquel correspond l'art. 1er L. 1829, les peines ainsi édictées, n'étaient applicables qu'aux vols commis dans les casernes ou dans les autres établissemens militaires ou dans les camps, bivouacs ou cantonnemens. » — Mais cette disposition a été retranchée. « Peut-être, a dit M. le rapporteur devant la chambre des pairs, y aurait-il eu peu d'inconvéniens à maintenir la nomenclature des lieux qui, dans le code pénal proposé, servent à déterminer la compétence. En effet, il serait difficile de concevoir le vol de l'argent de l'ordinaire ou celui de deniers et effets appartenant à des militaires partout ailleurs que dans les casernes ou dans les autres établissemens militaires, ou en route ou dans les camps, bivouacs ou cantonnemens; mais nous avons cédé à la crainte d'introduire une règle de juridiction dans une loi d'interprétation. » — Duvergier, *loc. cit.*

23. — Le § 1er de l'art. 1er prononce, comme on l'a vu, la peine *des travaux forcés*. — A cet égard M. le rapporteur à la chambre des députés disait que les mots *travaux forcés* avaient paru vagues à quelques personnes en ce qu'on n'indiquait pas à quel code il fallait recourir pour en chercher la durée et en reconnaître les effets; mais qu'il ne pouvait y avoir de doute sérieux; qu'il fallait évidemment avoir recours au code pénal ordinaire pour connaître la durée des travaux forcés, car cette peine n'est reconnue que par le code pénal ordinaire; que les lois militaires ne connaissent que les fers, et que les *fers militaires* ne sont pas les *travaux forcés*.

24. — On sait que c'est au sujet de cet article que s'est élevée la grave question de savoir si lorsque la loi militaire emprunte à la loi commune quelques unes de ses peines, elle les emprunte telles que les règle et les définit le code pénal et avec toutes les conséquences qu'il y attache. — V. les développemens donnés à cette question et les arrêts cités v° DÉLITS MILITAIRES, nos 114 et suiv.

### § 3. — *Enlèvement d'effets et armes avec ou sans désertion.*

25. — Les art. 2 et 8, L. 15 juill. 1829, prévoient le fait, par un militaire, d'avoir *emporté*, en quittant le corps, des effets appartenant soit à un militaire, soit à l'état, et qui ne lui étaient *pas confiés pour son service*, ou des effets ou armes à lui fournis par l'état. Ce fait est apprécié et réprimé distinctement suivant les circonstances dans lesquelles il se produit, et selon qu'il se joint ou non au fait de désertion.

26. — Ni les lois du 30 sept. 1791, ni celle du 12 mai 1793, ni celle enfin du 3 flor. an II n'avaient prévu spécialement le cas d'enlèvement simple d'effets militaires non accompagné de détournement ou dissipation de ces mêmes effets.

27. — L'absence de toute disposition à cet égard venait sans doute de ce qu'un tel enlèvement est le plus souvent accompagné ou suivi d'autres faits, car le militaire qui abandonne le corps dissipe ou vend ordinairement, soit pour se soustraire à la vigilance des autorités, soit pour se procurer des alimens, les effets qu'il a emportés dans sa fuite.

28. — Aussi l'enlèvement des effets militaires tombait-il sous la disposition de l'art. 1er, L. 3 flor. an II, qui édictait la peine de cinq années de fers contre tout militaire qui aurait *distrait, sous quelque prétexte que ce fût*, des effets d'habillement, équipement, etc.

29. — L'arrêté du 19 vend. an XII prévit bien le fait qui consiste de la part du militaire à avoir *emporté* des effets militaires, mais non comme fait principal et plutôt comme accessoire du délit de désertion auquel il vient donner un caractère plus grave de criminalité.

30. — En effet, d'un côté, le déserteur à l'intérieur soumis par le seul fait de la désertion à la peine de trois ans de travaux publics (V. DÉSERTION), était puni de cinq ans de la même peine, s'il était coupable d'avoir emporté des effets fournis par l'état ou par le corps (art. 72, §§ 1er et 2, n° 4), et d'un autre côté ceux qui avaient déserté en emportant leur habit ne pouvaient prétendre à jouir des quinze jours de repentir accordés aux militaires ayant moins de six mois de service. — Art. 74, §§ 2 et 3.

31. — En outre, l'art. 69, même arrêté, punissait de la peine du boulet le déserteur à l'intérieur qui aurait emporté des vêtemens ou des effets appartenant à ses camarades. — Et suivant l'art. 67, tout déserteur qui avait emporté ses armes ou celles de ses camarades devait être puni de mort. — V. sur l'interprétation de ce dernier article l'avis du cons. d'état, 22 vent. an XII, rapporté v° DÉSERTION, n° 33.

32. — On jugeait, sous l'empire de cette législation, qu'un militaire acquitté sur le fait de la désertion ne pouvait être condamné pour avoir, en désertant, emporté des effets fournis par le corps et appartenant à l'état, sans qu'il fût déclaré qu'il y avait eu de sa part distraction, soustraction ou détournement frauduleux. — *Cass.*, 26 fév. 1818, Combalusier.

33. — Il résultait donc de là que si le militaire était acquitté sur le fait de désertion, et que si les effets par lui emportés et appartenant soit à l'état, soit à des camarades, ou à lui confiés pour son service, étaient représentés, il n'y avait pas lieu à prononcer de peine par les tribunaux militaires.

34. — La loi du 15 juill. 1829 a fait subir à cette législation des modifications qu'il importe de signaler.

35. — L'art. 2 de cette loi dispose, à cet égard, que « tout militaire qui aura *emporté* tout ou partie de l'argent de l'ordinaire ou de la solde, ou bien des deniers, des effets, des armes, ou emmené un cheval ou des chevaux appartenant à un militaire ou à l'état, mais qui ne lui *étaient pas confiés pour son service*, sera condamné à l'une des peines portées en l'art. 1er, suivant les circonstances prévues par ledit article.

36. — Au premier abord, cette disposition peut paraître une répétition de l'art. 1er; mais M. le rapporteur de la commission de la chambre des députés a fait remarquer qu'elle était nécessaire pour éviter de tomber dans l'espèce de contre-sens légal résultant de l'arrêté de l'an XII, qui ne séparait pas le fait d'enlèvement du fait de désertion. — « C'est pour cela, a-t-il dit, qu'on a séparé l'art. 2 en deux paragraphes : le 1er, relatif au fait d'avoir emporté les effets, alors que la désertion n'est pas constante, ce qui en fait un délit distinct et indépendant de celui de la désertion. »

37. — Si le militaire mis en jugement est, en outre du fait prévu par l'art. 2, déclaré coupable de désertion, le § 2 de cet article dispose que les peines spécifiées en l'art. 1er ne pourront jamais être réduites à celles de l'emprisonnement.

38. — A côté de l'art. 2 vient se placer l'art. 7, qui, prévoyant le cas où un militaire emporte des effets ou des armes, ou emmène un cheval *à lui fourni par l'état*, déclare que si ce militaire, acquitté du fait de désertion, ne représente pas lesdits effets, armes ou cheval, il doit être condamné à l'une des peines portées aux art. 3, 4, 5, 6, suivant qu'il sera convaincu de les avoir vendus, détournés ou dissipés ou mis en gage. — V. *infrà* nos 52 et suiv.

39. — D'où il résulte que le militaire n'est passible d'aucune peine pour le fait d'avoir emporté ses effets, *s'il les représente*, et s'il est acquitté du fait de désertion.

40. — Ainsi qu'on le voit, il ne faut pas confondre la disposition de l'art. 7 avec celle de l'art. 2. Dans l'art. 7, il s'agit de punir le détournement d'effets confiés pour le service et qui sont emportés *par celui auquel ils étaient remis pour ce service*. Au contraire, l'art. 2 a pour objet de punir le fait d'emporter des effets *non confiés pour ce service* ou appartenant à des camarades. — « Pour bien saisir, disait M. le rapporteur devant la chambre des députés, l'énorme distance qui, dans les idées militaires, sépare ces deux infractions, on doit se rappeler que le soldat auquel on donne un habit, un chapeau, un sabre, y voit presque sa propriété; il doit en être presque toujours revêtu; il ne peut donc quitter la caserne sans avoir ceux que l'ordre du corps donne pour tenue; de sorte que s'il veut déserter en les laissant au quartier, d'une part, il ne pourrait en sortir, et de l'autre il s'exposerait à voir ses intentions dévoilées. *Emporter ses effets* est donc nécessairement moins grave que d'emporter des effets à ses camarades ou des effets non confiés pour le service; car il faut alors, pour emporter, qu'il y ait soustraction, et aucune circonstance de la nature de celles qui viennent militer favorablement dans la première hypothèse ne se présente ici. » — Duvergier, *Coll.*, t. 29, p. 319.

41. — Si le sous-officier ou soldat déclaré coupable de désertion a emporté, en désertant, son arme ou ses armes blanches, ou celles qui lui étaient confiées pour son service, il doit être condamné à une année d'aggravation de la peine qu'il aura encourue pour le fait de désertion. — Art. 8, § 1er.

42. — Mais la peine de la désertion doit être élevée au maximum lorsque le sous-officier ou soldat a emporté, en désertant, l'arme ou les armes à feu, ou a emmené le cheval à lui confié pour son service. — Art. 9, § 2.

43. — M. Duvergier (p. 320) se demande ce que l'art. 8, § 2, entend par *maximum* de la peine, la loi actuelle en vigueur sur la désertion ne déterminant pas de *maximum* ou de *minimum*. - On ne saurait, dit-il, considérer comme *maximum* la cumulation des peines prononcées pour circonstances aggravantes. » — V. DÉSERTION, nos 29 et suiv.

### § 4. — *Vente, mise en gage.*

44. — La vente et la mise en gage par un militaire des armes et effets d'habillement à lui fournis par l'état sont des délits prévus et punis par les lois militaires.

45. — La loi du 28 mars 1793 (art. 5) avait défendu à tout soldat de vendre ses armes ou son équipement, et renvoyait le coupable à la police correctionnelle pour être puni de la peine d'emprisonnement, aux termes du Code de la police.

46. — Mais le Code pénal militaire du 12 mai 1793 (art. 13, tit. 3) édicta la peine de cinq ans de fers contre tout soldat qui aurait vendu ou mis en gage, en tout ou en partie, ses armes, son habillement, fourniment ou son cheval ou équipement. Cette disposition fut renouvelée par l'art. 1er, décr. 3 flor. an II, et par l'art. 7, ord. 24 juill. 1816.

47. — Cependant les tribunaux pensaient, en général, que l'art. 72, arr. 19 vendém. an XII, qui ne prononce contre le soldat qui, commettant le crime de désertion, aurait emporté des effets fournis par l'état ou par le corps, que la peine des travaux publics, c'est-à-dire une peine qui n'était ni afflictive ni infamante, avait implicitement mais nécessairement abrogé les lois précitées de 1793 et de l'an XII; puisqu'un même fait ne saurait à la fois être puni d'une peine plus grave, lorsqu'il est isolé et considéré comme fait principal que lorsqu'il est réuni à un autre fait incriminé par la loi et qu'il n'est considéré que comme une circonstance aggravante de ce fait; que, dès-lors, la législation militaire en vigueur était muette sur le délit de la vente, et qu'il y avait lieu à recourir à la loi commune. — *Cass.* (motifs), 30 déc. 1825, Retrait.

48. — Et par conséquent on jugeait que la vente faite par un militaire d'un habit d'uniforme, pendant qu'il était sous les drapeaux, ne constituait pas le crime prévu par l'art. 13, sect. 3e, tit. 1er, L. 12 mai 1793, et 1er, L. 3 flor. an XII, mais qu'elle rentrait dans la disposition générale de l'art. 408, C. pén. — Même arrêt. — V. aussi *Cass.*, 26 fév. 1818, Combalusier.

49. — Néanmoins, nul acte législatif n'avait ni abrogé ni modifié l'art. 5, L. 26 mars 1793 (Garnier du Bourgneuf et Chanoine, *Lois d'instruct. crim. et pén.*, t. 2, p. 1283, note 2) et l'abrogation de l'art. 13, tit. 3, L. 12 mai 1793, par l'arrêté de vendém. an XII, pouvait paraître douteuse, puisque cet arrêté était relatif à la répression de la désertion, et que la loi de 1793 avait pour objet de réprimer le vol et la vente ou mise en gage d'effets militaires.

50. — La loi du 15 juill. 1829, art. 3, a abrogé ces dispositions, et elle a fait, tandis que la législation précédente les mettait sur la même ligne et leur appliquait la même pénalité, deux délits distincts de la vente et de la mise en gage.

51. — Cette distinction est sage. Ces deux délits, en effet, n'ont pas le même caractère. La vente produit une aliénation complète et sans retour de la chose vendue. La mise en gage, au contraire, présuppose de la part du déposant l'intention de dégager les effets aussitôt qu'il en aura la possibilité; elle éloigne l'idée d'une aliénation définitive. La criminalité du fait est donc moins grave dans la mise en gage que dans la vente.

52. — L'art. 3 dispose donc que « tout militaire qui aura *vendu*, soit le cheval, soit tout ou partie des effets d'armement, d'équipement ou d'habillement qui lui auront été fournis par l'état sera puni de deux à cinq ans de travaux publics. »

53. — Par le mot *vendre* la loi entend évidemment comprendre tous les modes de vente, et par conséquent l'échange. — Arg. *Bruxelles*, 2 mars 1832, V...; *Cass.*, 25 juill. 1823, Bidal.

54. — Et l'art. 5, que « tout militaire qui aura mis en gage en tout ou partie des effets d'armement, d'équipement ou d'habillement à lui fournis par l'état, sera puni de deux mois à un an de prison. »

55. — A la chambre des pairs on demanda que cet article fût restreint aux sous-officiers et aux soldats. Les effets de l'officier, disait-on, sont sa propriété particulière; comment pourrait-il donc commettre le délit qu'il s'agit de réprimer? Mais il fut répondu que si l'officier est ordinairement propriétaire de ses effets, il est des cas où ils lui sont fournis par le gouvernement et que, par con-

séquent, il était nécessaire de maintenir l'article dans sa généralité. — Duvergier, sur l'art. 5.

56. — D'un autre côté, M. de Peyronnet avait proposé de spécifier dans l'art. qu'il n'y a délit qu'autant que les effets que le soldat met en gage *appartiennent à l'état*. — On verrait plus clairement, disait-il, que l'art. ne s'applique pas aux effets qui seraient la propriété particulière, soit de l'officier, soit des soldats, et qu'il s'étend à tous les cas où des effets appartenant à l'état seraient mis en gage mais par d'autres que par ceux à qui ils sont confiés pour le service. — Et M. le ministre faisait observer qu'il importait de faire sentir aux militaires que les effets qu'ils considèrent comme leur propriété ne doivent pas être aliénés par eux, que dans le cas où ils auraient mis en gage les effets d'un autre, ce serait un véritable vol auquel s'appliquerait l'art. 1er. — Ces propositions d'amendement n'eurent aucune suite. — Duvergier, *loc. cit.*

57. — Les dispositions qui précèdent sur la vente et la mise en gage des effets militaires ne s'appliquent qu'aux effets de *grand équipement*. Quant à ceux de *petit équipement*, ils font, ainsi qu'on le verra, l'objet d'une prescription spéciale.

58. — Mais, d'abord, que doit-on entendre par effets de *petit équipement*, et quelles étaient, en ce qui concerne la vente et la mise en gage de pareils effets, les peines applicables avant la loi de 1829? — M. le rapporteur, devant la chambre des pairs, donnait à cet égard des explications qu'il importe de reproduire.

59. — « Nous ne dissimulons pas, disait-il, que jusqu'à ce jour la vente des effets de petit équipement n'a été passible que de peines de discipline, parce qu'on considérait ces effets comme étant la propriété particulière du soldat. Pour mieux fixer vos idées sur la question, il nous a paru nécessaire d'entrer dans quelques détails. Lorsqu'un jeune soldat arrive au corps, disait-il, l'état lui alloue une somme dite *de première mise*, et variable selon les armes, pour pourvoir à l'achat des effets de petit équipement, tels que chemises, souliers, cols, etc., etc. Ces effets sont confectionnés dans les ateliers des corps ou achetés par les conseils d'administration; ils doivent être toujours au complet. Pour les renouveler, l'état alloue journellement 10 centimes à chaque sous-officier et soldat; au moyen de la première mise et de l'allocation de 10 centimes, on forme à chaque homme une réserve de trente à quarante francs qu'on appelle *masse de linge et chaussure*. Tous les trois mois, le compte ouvert est arrêté, et si, défalcation faite de la dépense, la masse surpasse le taux fixé, le surplus est payé au militaire. Ce moyen était le seul praticable pour pourvoir au renouvellement de certains effets et en même temps pour intéresser le soldat à leur conservation. Les premiers frais d'achat et ceux de renouvellement sont une charge de l'état : si la masse réduite par des ventes coupables est insuffisante, il en résulte un sacrifice nouveau pour le trésor, et il n'existe aucun moyen de recouvrer cette avance. De nombreuses et continuelles réclamations s'élèvent de toutes parts sur l'insuffisance des peines de discipline pour réprimer une faute aussi grave ou pour solliciter des dispositions spéciales, seules capables de punir la *récidive* et de rétablir l'ordre. » — Duvergier (sur l'art. 6).

60. — L'art. 6, L. 15 juill. 1829, dispose donc en ces termes : « Tout militaire qui vendra ou mettra en gage, en tout ou en partie, ses effets de petit équipement, sera puni de deux mois à un an de prison. »

61. — Il faut remarquer sur cet article : 1° que, allant au-delà de ce que semblait solliciter M. le rapporteur, il punit la vente et la mise en gage même en cas de *non récidive*. — M. le ministre de la guerre disait, en effet, qu'il était impossible de subordonner l'application d'une peine correctionnelle à l'application antérieure d'une peine disciplinaire, ces deux espèces de peines devant toujours rester étrangères l'une à l'autre, et que ce qui prouvait que la peine de l'article n'était pas trop sévère, c'est que son minimum est précisément le maximum des peines de discipline dont l'appréciation est laissée aux chefs de corps.

62. — ... 2° Que la peine est la même, qu'il s'agisse de la vente ou de la mise en gage des effets de petit équipement, bien qu'en réalité, ainsi que la loi l'a reconnu elle-même lorsqu'il s'agit de vente ou de mise en gage des effets de grand équipement (V. *suprà* nos 50 et 51), il existe entre ces deux faits une différence réelle de criminalité.

63. — M. Duvergier, dans ses notes sur l'art. 6, L. 1829 (*Coll.*, t. 29), fait remarquer que, suivant le *Moniteur* du 9 mai 1829, la chambre des pairs avait, sur la proposition de M. Jacquinot de Pampelune, l'un des commissaires du roi, adopté une rédaction qui distinguait, quant à la pénalité, la vente de la mise en gage, mais que la chambre des députés fut appelée à voter sur une rédaction différente, qui est celle de la loi actuelle, et sur laquelle cependant la chambre des pairs n'a pas été consultée. — En sorte, dit-il, qu'en réalité il n'y a pas de loi obligatoire sur ce point. — Au reste, cette observation trouvera encore sa place plus loin.

## § 5. — *Détournement ou dissipation.*

64. — L'art. 4, L. 15 juill. 1829 dispose que le militaire qui aura *détourné* ou *dissipé* des effets d'armement, d'équipement ou d'habillement à lui confiés pour son service, sera puni de six mois à deux ans de prison. — L. 15 juill. 1829, art. 4.

65. — Par ces mots *détournement* et *dissipation* la loi entend parler de faits autres que ceux qui consisteraient dans la vente ou dans la mise en gage, puisqu'elle a pour ces derniers délits des dispositions spéciales (V. *suprà* nos 44 et suiv.). — Ses prévisions s'appliquent notamment à la destruction.

66. — L'art. 4 précité ne dispose (comme l'art. 3 qui précède et l'art. 5 qui suit) que pour les effets de *grand équipement* : et l'art. 6, qui s'occupe spécialement de ce qui concerne les effets de petit équipement, se borne à en punir la vente et la mise en gage, sans s'occuper du détournement et de la dissipation de ces effets. — Delà est née la question de savoir si la dissipation ou le détournement de pareils effets peut néanmoins tomber sous l'application de l'art. 6 ou sous celle de toute autre loi pénale.

67. — Les considérations qui ont fait substituer une peine correctionnelle aux peines purement disciplinaires en ce qui concerne la vente et la mise en gage des effets de petit équipement (V. *suprà* n° 59) trouvent, il est vrai, leur application lorsqu'il s'agit du détournement et de la dissipation de ces effets. En effet, la dissipation ne cause-t-elle pas à l'état un préjudice analogue à celui résultant de la vente ou de la mise en gage? N'y a-t-il pas, dans ce cas comme dans les autres, privation d'effets dont la présence dans les mains du soldat contribue à la régularité du service? — Et cependant il faut reconnaître que la loi de 1829 est muette, et que, quel que soit le motif de son silence, soit qu'il y ait eu *intention*, ce qui est douteux, ou simple omission, ce que rend présumable la négligence avec laquelle la rédaction définitive paraît avoir eu lieu, on ne saurait étendre la portée de cette loi au-delà des cas qu'elle a spécialement prévus.

68. — En vain, d'un autre côté, voudrait-on, à défaut de la loi de 1829, faire rentrer la dissipation des effets de petit équipement sous l'application des art. 406 et 408 du C. pén. — En effet, les conseils de guerre ne doivent appliquer les lois pénales ordinaires (art. 18, tit. 13, L. 3 pluv. an II, et 22, tit. 8, L. 21 brum. an V) que dans les cas non prévus par les lois pénales militaires : or, la loi du 15 juill. 1829 ayant précisément pour objet de prévoir et punir suivant certaines distinctions les faits de détournement, par des militaires, de leurs effets d'armement et d'équipement, on ne peut considérer cette matière comme non prévue par les lois militaires et comme restée sous l'empire du droit pénal commun. — Ajoutons que le fait de la dissipation des effets de petit équipement pourrait, si l'art. 408 lui était applicable, être puni du maximum de la peine qui s'élève à *deux années* d'emprisonnement, tandis que la vente ou la mise en gage qui, aux yeux des législateurs, sont des faits *plus graves*, ne sont frappés au maximum par l'art. 6, L. 15 juill. 1829, que *d'une année d'emprisonnement*; or, cette conséquence est inadmissible.

69. — C'est donc avec raison que la cour de Cassation, résumant ces principes, a décidé que le fait de détournement ou dissipation, par un militaire, de ses effets de petit équipement autrement qu'à titre de vente ou de mise en gage, n'est puni ni par la loi du 15 juill. 1829 ni par l'art. 408, C. pén. — *Cass.*, 13 juin 1846 (t. 2. 1846, p. 173), (Int. de la loi), Clerc.

70. — ... Et qu'il ne peut donner lieu qu'aux peines de discipline, que les chefs militaires sont autorisés à prononcer par les lois et réglemens. — Même arrêt.

71. — Il a été jugé que le détournement d'effets d'habillemens par un matelot des équipages de ligne étant un délit purement militaire, la peine ne peut pas être aggravée par les dispositions du Code pénal ordinaire sur la récidive. — *Cass.*, 23 janv. 1835, Saint-Denis.

72. — V., au surplus, sur la difficulté que peut faire naître, en ce qui concerne la mise en action des principes de la récidive, l'application des lois ordinaires par les tribunaux militaires, RÉCIDIVE.

## § 4. — *Achat, prise en gage.*

73. — Pour prévenir avec plus d'efficacité la vente ou la mise en gage des effets militaires, le législateur a cru devoir porter des peines contre ceux qui acheteraient ou recevraient en gage de pareils effets.

74. — A cet égard, la loi du 28 mars 1793, art. 5, après avoir défendu à tout soldat de vendre ses armes ou son équipement et à toute personne de les acheter, portait que les acheteurs, entremetteurs et complices desdits achats seraient renvoyés à la police correctionnelle pour être punis par une amende qui ne pourrait excéder 3,000 fr., outre la peine de l'emprisonnement, aux termes du Code de la police.

75. — Le Code du 19 juill. 1791, auquel cet article renvoie, contenait deux dispositions que les tribunaux ont tour à tour appliquées. L'art. 32 du tit. 2 prononçait un emprisonnement de deux ans *au plus* contre les larcins, filouteries et simples vols, et l'art. 33 prononçait un emprisonnement d'un an pour les vols d'effets appartenant à l'état.

76. — Suivant MM. Chauveau et Faustin Hélie, c'est l'art. 32 de la loi du 19 juill. 1791 qui prononce un emprisonnement de deux ans *au plus*, qu'il faut appliquer, et non l'art. 33 de la même loi, parce que l'art. 32 permet d'abaisser la peine au-dessous de la durée fixée par l'art. 33.

77. — Nous ne pouvons adopter cette opinion, parce que l'art. 32 édicte une pénalité pour des délits peu précisés, susceptibles de nuances assez variées, puisqu'il se réfère aux larcins, filouteries et simples vols; tandis que l'art. 33 édicte une peine pour un délit déterminé et de plus pour le délit spécial *de vol d'effets appartenant à l'état*.

78. — Et c'est en ce sens que la Cour de cassation a jugé que celui qui achète sciemment d'un soldat des effets d'équipement militaire se rend passible non-seulement de l'amende, mais encore de l'emprisonnement prononcé par l'art. 33, tit. 2, L. 19-22 juill. 1791, auquel se réfère la loi du 28 mars 1793. — *Cass.*, 16 nov. 1821, Sauvage; 2 sept. 1836 (t. 1er 1837, p. 470), Fournier; 9 fév. 1837 (t. 1er 1838, p. 68 et 69), Leroy-Jourde.

79. — On sait, il est vrai, qu'une ordonnance du 24 juill. 1816, disposant pour le cas d'achat ou de réception en gage *des armes* d'un soldat, rendait ce fait passible seulement d'une amende de 600 francs *au plus* et d'un emprisonnement qui ne pouvait excéder six mois. — Art. 7.

80. — Mais la jurisprudence n'a vu dans l'ordonnance de 1816 qu'une disposition transitoire et de circonstance, et il a été jugé que la loi du 28 mars 1793 sur le trafic illicite des objets d'équipement militaire n'a été rapportée ni modifiée relativement aux acheteurs d'effets militaires par aucune loi postérieure. — *Cass.*, 16 nov. 1821, Saillard; même jour, Sauvage.

81. — La loi du 28 mars 1793 a été pendant longtemps applicable aux acheteurs, entremetteurs et complices des achats, quelle que fût leur qualité et qu'il s'agît ou non de militaires.

82. — La loi du 15 juill. 1829 a eu pour objet d'établir une distinction entre les acheteurs militaires et les acheteurs non militaires, et de créer à l'égard des premiers une pénalité spéciale en laissant les autres, comme nous le verrons plus bas, soumis aux dispositions de la loi du 28 mars 1793.

83. — En conséquence, l'art. 3 de la loi de 1829, après avoir disposé que « tout militaire qui aura vendu soit le cheval, soit tout ou partie des effets d'armement, d'équipement ou d'habillement qui lui auront été fournis par l'état, sera puni de deux à cinq ans de travaux publics, » ajoute, dans son second paragraphe : « *tout militaire* qui aura acheté lesdits effets sera puni de la même peine. »

84. — Ce dernier paragraphe, comme on le remarque, ne mentionne spécialement que les *acheteurs*, et, en outre, il se sert du mot *effets*, qui paraît s'appliquer plus particulièrement aux effets d'armement, d'équipement ou d'habillement dont parle le premier paragraphe, et non au cheval que ce paragraphe mentonne aussi, indépendamment *desdits effets*. Mais il n'en faut pas conclure que les complices autres que l'acheteur, et, par exemple, les recéleurs ou metteurs en gage ne soient pas passibles de l'application de la même disposition spéciale, et, qu'en outre, le mot *effets* doive être pris dans le sens limitatif que nous avons indiqué. A cet égard, M. Duvergier, relevant une nouvelle erreur dans la rédaction définitive de la loi, présente comme ayant été adoptée, bien qu'elle ne

figure pas dans le texte officiel, la disposition suivante : « Sera puni de la même peine, tout militaire qui aura *sciemment* acheté ou *recélé* lesdits *objets*. » — Au surplus, dit-il, l'esprit de la loi est suffisamment indiqué par la discussion, et, dans l'une ou dans l'autre rédaction, elle doit être appliquée de la même manière.

85. — Ainsi, il est évident que le militaire recéleur est soumis aux mêmes peines que le militaire acheteur. Mais, en outre, il n'est pas moins évident que, acheteur ou recéleur, il faudra que le militaire ait agi *sciemment*, sachant bien que le vendeur était sans droit.

86.—D'un autre côté, après avoir, dans son premier paragraphe, déclaré punissable de deux mois à un an de prison tout militaire qui aurait *mis en gage*, en tout ou en partie, les effets d'armement, d'équipement ou d'habillement à lui fournis par l'état, l'art. 5, dans son paragraphe 2, ajoute : « Sera puni de la même peine tout militaire qui aura reçu lesdits effets. »

87. — Pour cette disposition, comme pour celle précitée de l'art. 3, M. Duvergier dit que le mot *sciemment* avait été adopté, bien qu'on ne le retrouve pas dans la rédaction définitive. — Au surplus, cette modification de rédaction n'est, au fond, d'aucune importance.

88. — Enfin, en ce qui concerne les effets de petit équipement, l'art. 6, qui punit de deux mois à un an de prison le vendeur et le metteur en gage, déclare passible de la même peine « tout militaire qui sciemment achètera ou recevra en gage lesdits effets. »

89.— Ainsi que cela a été dit plus haut, la loi de 1829 ne concerne que les acheteurs, recéleurs ou receveurs en gage militaires; mais les peines portées par l'art. 5, L. 28 mars 1793, et l'art. 33, tit. 2, L. 22 juill. 1791, sont toujours demeurées applicables aux acheteurs, entremetteurs et complices desdits achats *non militaires*, ces dispositions n'ayant été abrogées, ni par la loi du 12 mai 1793, ni par celle du 3 flor. an II, ni enfin par la loi du 15 juill. 1829. Ces lois ont aggravé la peine vis-à-vis des militaires, mais elles ne s'occupent point des acheteurs non militaires.—*Cass.*, 18 avr. 1837 (t. 1er 1837, p. 439), Blanchard; 2 juin 1837 (t. 1er 1838, p. 331), Lechalier; 2 sept. 1836 (t. 1er 1837, p. 470), Fournier; 17 juill. 1834, Jwail; 16 nov. 1821, Sauvage; même jour, Saillard; 16 janv. 1841 (t. 2 1843, la loi], Metel; 10 déc. 1841 (t. 2 1843, p. 475) [int. de p. 457), Boy.

90. — Mais ici se présente une question assez grave. L'art. 5, L. 28 mai 1793, punit, en général, l'achat des effets d'équipement militaire, sans faire aucune distinction entre ceux de grand et de petit équipement. Cependant, on a dit qu'il résultait des art. 13, tit. 1er, sect. 3e, L. 12 mai 1793; 1er décr. 3 flor. an II, et 72, arr. 19 vendém. an XII, que le militaire n'était passible d'une condamnation pénale qu'autant qu'il vendait les effets fournis par l'état, ce qui restreignait nécessairement l'application de la loi de 1793 aux seuls effets de *grand équipement*, et on a soutenu que si le militaire qui vendait ses effets de petit équipement n'encourait qu'une peine disciplinaire, il était impossible que le même fait constituât un délit de la part de l'acheteur qui est un simple complice.

91. — Et c'est par ces considérations qu'il a été jugé que, avant la loi du 15 juill. 1829, le particulier qui a acheté d'un militaire des effets de petit équipement n'était point passible des peines portées par l'art. 5, L. 28 mars 1793, lequel ne s'applique qu'à l'achat des effets appartenant à l'état. — *Douai*, 8 mai 1829, Martin.

92. — Mais cette interprétation, puisée bien plus dans les lois qui ont suivi la loi du 28 mars 1793 que dans cette loi elle-même, serait-elle encore admissible depuis que la loi du 15 juill. 1829, loi interprétative, punit spécialement, même la vente et la mise en gage des effets *de petit équipement* (V. *suprà* no 60)? On ne saurait l'admettre, d'autant plus que par la force de cette disposition nouvelle le principal argument fondé sur la différence de condition entre l'acheteur et le vendeur disparaît complètement. — Il faut dire que le système des lois postérieures à celle du 28 mars 1793 étant détruit par la législation nouvelle, l'art. 5 de cette dernière loi doit reprendre toute son étendue et recevoir sa pleine et entière exécution, et que rien ne s'oppose plus désormais à l'application de la maxime : *Ubi lex non distinguit, nec nos distinguere debemus.*

93. — Aussi est-il invariablement jugé aujourd'hui que la loi du 28 mars 1793, qui défend d'acheter les effets d'équipement d'un soldat, doit s'entendre des effets de petit comme de grand équipement. — *Cass.*, 20 déc. 1834, Durand; 17 juill. 1834, Israël; 18 avr. 1837 (t. 1er 1837, p. 439), Blanchard. — V. aussi les arrêts qui suivent.

94.—Nous avons dit plus haut (no 74) quelle était la peine édictée par la loi du 28 mars 1793, art. 5, et nous avons vu que c'était, indépendamment de l'amende, celle de l'emprisonnement portée par l'art. 33, tit. 2, L. 22 juill. 1791.

95. — C'est donc avec raison que la cour de Cassation a refusé de faire à ce délit l'application des peines portées par les art. 406 et 408, C. pén. — *Cass.*, 2 sept. 1836 (t. 1er 1837, p. 470), Fournier.

96. — Jugé encore que si la loi du 15 juill. 1829 fait une distinction entre les effets de grand et de petit équipement pour punir d'une peine moindre la vente ou l'achat des effets de petit équipement par des militaires, cette distinction, que ne faisait pas la loi du 28 mars 1793, ne peut être invoquée par les non-militaires qui s'entremettent dans l'achat de ces sortes d'effets. — *Cass.*, 16 janv. 1841 (t. 2 1843, p. 457), Mélel; 10 déc. 1841 (t. 2 1843, p. 475) [int. de la loi], Boy.

97.— ... Et que dès-lors l'achat ou la prise en gage, par un individu non-militaire, des effets soit de grand, soit de petit équipement d'un militaire, est de la compétence des tribunaux correctionnels; car l'art. 5 de la loi du 28 mars 1793, encore en vigueur à cet égard, renvoie le délinquant à cette juridiction. — *Cass.*, 10 déc. 1841 (t. 2 1843, p. 475) [int. de la loi], Boy.

98. — Jugé encore que l'achat d'effets militaires de petit équipement par un individu non-militaire est passible non d'une peine de simple police, mais d'une peine correctionnelle. — *Cass.*, 2 juin 1837 (t. 1er 1838, p. 331), Lechallier.

99. — Il a été jugé que, depuis la loi du 15 juill. 1829, la vente ou la mise en gage par un militaire de ses effets d'équipement, et l'achat ou prise en gage de ses effets par des individus non-militaires, constituent, non plus, comme sous la loi du 28 mars 1793, art. 5, un délit unique soumis à la juridiction correctionnelle, mais bien deux délits distincts et séparés, l'un concernant les non-militaires, et justiciable des tribunaux ordinaires, l'autre concernant les militaires, et rentrant dans la compétence exclusive de la juridiction militaire. — *Cass.*, 10 déc. 1841 (t. 2 1843, p. 475) [int. de la loi], Boy; 2 sept. 1836 (t. 1er 1837, p. 470), Fournier; — Chauveau et Hélie, *Th. du C. pén.*, t. 1er, p. 71.

100. — Au surplus, même avant la loi de 1829, il avait été reconnu que le fait par des individus non-militaires d'avoir acheté ou échangé des effets militaires distraits par un militaire, constitue à leur égard un fait principal dont la connaissance appartient exclusivement aux tribunaux ordinaires, encore bien que le militaire soit, de son côté, traduit devant la juridiction militaire pour fait de désertion avec détournement d'effets. — *Cass.*, 25 juill. 1823, Bidal.

101. — Mais la faculté accordée aux tribunaux correctionnels de modérer la peine, quand les circonstances paraissent atténuantes, étant restreinte aux matières réglées par le Code pénal, il en résulte qu'elle ne peut être étendue au fait d'avoir acheté d'un soldat des effets d'habillement appartenant au gouvernement, ce fait étant prévu par des lois spéciales. — *Cass.*, 10 sept. 1812, Pierre Louis; *Metz*, 22 juill. 1821, Catherine. — V. CIRCONSTANCES ATTÉNUANTES.

102. — Tant qu'un soldat n'a pas obtenu sa libération définitive du service militaire, ses effets de petit équipement n'étant pas sa propriété absolue, on ne peut les lui acheter, sous les peines portées par la loi du 28 mars 1793. — *Cass.*, 20 déc. 1834, Durand.

103. — Les vestes grises des militaires condamnés aux travaux publics doivent être rangées parmi les effets d'équipement dont parle la loi de 1793, et dès-lors l'achat de ces vestes entraîne contre l'acheteur les peines portées par ladite loi. — *Cass.*, 10 mars 1836, Blanchard; 18 avr. 1837 (t. 1er 1837, p. 439), même affaire.

104. — Jugé de même à l'égard du nécessaire d'armes d'un soldat. — *Cass.*, 14 sept. 1832, Fleury.

105. — La disposition qui défend d'acheter d'un militaire des effets de son équipement comprend aussi la prohibition de les acquérir à titre d'échange. — *Bruxelles*, 2 mars 1832, V... — V. aussi *Cass.*, 25 juill. 1823, Bidal.

106. — Mais l'interdiction ne s'applique qu'aux armes et aux effets d'équipement et d'habillement militaires. — *Metz*, 20 mai 1820, Ichan.

107. — Ainsi celui qui n'a acheté que des *effets bourgeois* à des militaires n'est passible d'aucune peine. — *Metz*, 11 déc. 1819, Besseville.

108. — Jugé avec raison qu'un tribunal excède ses pouvoirs en se dispensant de prononcer des peines contre un individu convaincu d'avoir acheté les armes d'un militaire, au mépris de la prohibition de la loi, sous le prétexte de l'existence d'une circulaire insérée au *Moniteur*, par laquelle le ministre de la guerre aurait affranchi des poursuites les détenteurs d'effets militaires qui en feraient la déclaration dans les délais qui y sont prescrits. — *Cass.*, 28 juill. 1814, Gérard; 14 avr. 1815, Tournier; — Mangin, *Traité de l'act publ.*, t. 2, no 447; Toullier, t. 1er, no 56; Carnot, sur l'art. 411, C. inst. crim., t. 3, p. 142.

## Sect. 2e. — *Troupes maritimes.*

109. — L'arrêté du 5 germin. an XII a disposé en ce qui concerne le fait, par un marin, d'enlèvement d'armes et de munitions, ou d'effets ou vêtemens appartenant à ses camarades, lorsque ce fait se joint à celui de désertion, dont il devient alors une circonstance aggravante. — V. à cet égard DÉSERTION, nos 57 et suiv.

110. — Quant au vol des effets ou armes qui peuvent être commis par des marins, le Code pénal maritime du 21 août 1790 ne renferme que des dispositions très restreintes.

111. — Ces dispositions sont : 1o L'art. 46, qui déclare passible de la bouline (V. BOULINE) tout homme coupable d'avoir volé et fait transporter à terre des vivres, munitions, agrès ou autres effets publics du vaisseau, et l'art. 47, qui, en cas de récidive, ou si un premier vol de vivres et autres effets publics excédait en vivres une valeur de cinquante rations et en autres effets une valeur de 50 liv., dispose que l'homme qui s'en sera rendu coupable sera condamné à trois ans de galères.

112. — ... 2o L'art. 48, qui déclare punissable de neuf ans de galères tout homme coupable d'avoir volé en tout ou en partie l'argent de la caisse du vaisseau ou de telle autre caisse publique déposée à bord du vaisseau.

113. — ... 3o L'art. 49, qui applique la peine de trois ans de galères au fait, par tout homme, d'avoir volé à bord de la poudre ou d'avoir recélé de la poudre volée, et l'art. 50, qui étend la peine à neuf ans de galères si le vol ou la tentative de vol de poudre a eu lieu dans la soute aux poudres.

114. — ... 4o Enfin, les art. 51 et 52 qui déclarent vol d'effets particuliers tout vol d'effets quelconques fait à bord d'une prise lorsqu'elle n'est pas encore amarinée, et condamnent à douze coups de cabestan celui qui s'en rend coupable, et qui, en outre, condamnent à vingt-quatre coups tout homme coupable d'avoir dépouillé un prisonnier de ses vêtemens et de les avoir volés.

115.—V., au surplus, sur cette législation qui n'a pas été abrogée, TRIBUNAUX MARITIMES.

116.—A l'égard des cas de vente, de mise en gage, de dissipation des effets d'équipement confiés aux marins par l'état ou de ceux de leurs camarades, nulle disposition légale ne les a prévus.

117. — Mais on sait qu'aux termes de l'art. 50, décr. 12 nov. 1806, les délits non prévus par les lois maritimes spéciales ont dû être *punis* conformément aux lois pénales suivies par les tribunaux criminels ordinaires.

118. — ... D'où il semble résulter que la répression des délits qui viennent d'être spécifiés est réglée par le droit commun.

119. — On s'est néanmoins demandé si la loi du 15 juill. 1829 devait être appliquée même au cas où la vente, la mise en gage ou la dissipation des effets fournis, confiés pour le service, a lieu par des marins, mais nous avons cru devoir pencher pour la négative en ce que cette loi paraît avoir eu exclusivement en vue l'armée de terre, ainsi que le prouve la nomenclature des lois abrogées par son art. 9, au nombre desquelles ne se trouve aucune loi maritime. — V. DÉSERTION (nos 66 et suiv.).

120. — Cependant, la cour de Cassation a jugé que le fait, par un matelot, d'avoir vendu des effets d'habillement à lui fournis par l'état est prévu et puni par l'art. 6, L. 15 juill. 1829. — *Cass.*, 21 nov. 1844 (t. 1er 1845, p. 636), Lemézec.

121. — Cet arrêt se fonde sur ce qu'il s'agit de vente d'effets appartenant à l'état; que ce fait n'est prévu par aucune disposition spéciale du C. pén. des vaisseaux établi par la loi du 22 août 1790 et qu'il ne rentre dans aucun des cas prévus par les art. 46, 47, 48, 49 et 50, tit. 2 de cette loi relatifs aux vols et transports à terre de vivres, munitions, agrès, argent, poudre ou autres effets publics du vaisseau; — *mais qu'il est prévu et puni par la loi du 15 juill. 1829, relative à l'interprétation de plusieurs dispositions des lois pénales militaires.*

## Sect. 3e. — *Garde nationale.*

122. — Aux termes de l'ordonnance du 24 juill. 1816, art. 4, les gardes nationaux ne pouvaient, sous aucun prétexte, *vendre*, *échanger* ni *mutiler* leurs armes.

123. — ... Et, les contrevenans devaient être poursuivis correctionnellement et punis selon la gravité des cas d'une amende de 300 fr. au plus et d'un emprisonnement qui ne pouvait excéder trois mois. — En cas de récidive, la peine était double. — Même ordonnance, art. 45.

124. — Aujourd'hui, le garde national prévenu d'avoir vendu à son profit les armes de guerre ou les effets d'équipement qui lui sont confiés par l'état ou par les communes doit être renvoyé devant le tribunal de police correctionnelle pour y être poursuivi à la diligence du ministère public, et puni, s'il y a lieu, de la peine prescrite en l'art. 408, C. pén. (V. ABUS DE CONFIANCE), sauf l'application, le cas échéant, de l'art. 463 dudit Code. Le jugement de condamnation prononce la restitution au profit de l'état ou de la commune du prix des armes ou des effets vendus. — L. 22 mars 1831, art. 91. — V. du reste GARDE NATIONALE.

## EFFETS MOBILIERS.

Sur le sens de ce mot, V. BIENS nos 265 et suiv. — V. aussi DISPOSITIONS A TITRE GRATUIT, ENREGISTREMENT, SAISIE.

## EFFETS AU PORTEUR.

V. ASSURANCES TERRESTRES, BILLETS AU PORTEUR, CAISSE DES DÉPOTS ET CONSIGNATIONS.

## EFFETS PUBLICS.

1. — On comprend sous cette dénomination générale les rentes créées sur l'état, les billets ou papiers d'état introduits dans le commerce, les titres d'obligation ou d'emprunt émis par des établissemens publics ou par des compagnies autorisées et dont la négociation se fait publiquement à la Bourse sous la garantie de certaines formes prescrites par la loi.

2. — Autrefois ce mot comprenait deux natures d'effets : 1o les effets royaux qui étaient ceux formant une dette de l'état; 2o les effets publics proprement dits qui étaient ceux des compagnies autorisées à emprunter publiquement.

3. — Les effets royaux proprement dits ne comprenaient que les effets qui devaient être immédiatement acquittés par le roi, soit au trésor royal, soit dans d'autres caisses à lui appartenant. — Ainsi ce titre était donné aux obligations relatives aux emprunts ouverts par le roi, tels que contrats de rente, billets de loterie, quittances ou simples bordereaux délivrés au trésor royal.

4. — Le nom d'effets publics comprenait tout contrat de rentes, tout titre de créances, dont le roi avait autorisé la création et le commerce d'une manière spéciale, soit que l'état fût ou non chargé de leur acquittement. — Denisart, vo *Effets royaux*.

5. — L'arrêté du 27 prair. an X, dans ses art. 10, 13, 21 et 24, et le Code de commerce, dans ses art. 76 et 90, parlent des effets publics, mais ne les définissent pas : il en résulte que ces dispositions législatives maintiennent d'une manière implicite la qualification et la distinction exprimées dans les anciens réglemens. — Mollot, *Bourses de commerce*, no 189.

6. — Les effets publics émis par l'état comprennent : 1o les inscriptions de rentes viagères, dette essentiellement temporaire et destinée à s'éteindre dans un laps de temps qui, d'après les tableaux de finances, ne dépassera pas l'année 1880, l'état ne contractant plus maintenant de rentes viagères.

7. — ... 2o Les inscriptions de rentes perpétuelles et dont les arrérages sont au taux de 5, 4, 4 1/2 et 3 % par an. Cette différence entre le rapport du capital et du revenu n'en établit aucune quant aux règles qui régissent cette espèce d'effets publics. — V. RENTES SUR L'ÉTAT.

8. — ... 3o Les *bons royaux* ou bons du trésor ou bons de la caisse de service ; nous avons dit au mot BONS ROYAUX que ce sont des effets que le trésor public émet pour la plus grande facilité de ses opérations habituelles, soit pour servir au remboursement de toute dette, soit pour subvenir à ses propres besoins comme papier de circulation.

9. — Les bons royaux sont à ordre ou au porteur, ils portent intérêt et sont payables à échéances fixes; ces échéances sont ordinairement à trois, quatre, six, neuf ou douze mois de date.

10. — Les bons royaux à ordre sont transmissibles par endossement et par le ministère d'un agent de change. L'agent de change acheteur est tenu de remettre dans l'intervalle d'une bourse à l'autre les noms de ceux au profit desquels ils doivent être endossés le lendemain; les effets doivent être livrés et payés de manière que le troisième jour, y compris celui de la négociation, tout soit terminé. — Délib. chamb. synd., 10 fructid. an X.

11. — Si les bons sont au porteur, ils doivent être livrés et payés dans l'intervalle d'une bourse à l'autre. — Même délibération, art. 1er.

12. — Aucune autre formalité n'est exigée pour la transmission de ces effets; toute l'opération est constatée par les registres de l'agent de change et par un bordereau signé de lui et des parties, si elles ont consenti à se faire connaître.

13. — ... 4o Les actions sur les canaux dont l'entreprise appartient au gouvernement. — Ce sont : 1o les actions dites des *Quatre canaux*, c'est-à-dire des canaux de Berri, de Bretagne, du Nivernais et du canal latéral à la Loire; — 2o les actions du canal du Rhône au Rhin, d'Arles à Bouc, d'Angoulême et de Bourgogne; — 3o les actions dites des *Trois canaux*, qui comprennent la réunion du canal des Ardennes, de la Somme et de la navigation de l'Oise.

14. — Sur la forme de ces actions et le mode de leur transmission qui, lorsqu'elles sont nominatives, s'opère au moyen d'un transfert en règle dressé et certifié par un agent de change, V. CANAUX, no 105.

15. — Les effets publics qui ne sont pas émis par l'état sont les actions émises par les villes et compagnies sous l'autorisation du gouvernement; ce qui comprend notamment les rentes de la ville de Paris, les actions de la banque de France, les actions et obligations de certains canaux autres que ceux appartenant à l'état, des chemins de fer, de la caisse hypothécaire, de diverses banques particulières, des assurances maritimes, terrestres et à vie, des sociétés houillères, des omnibus, des salines, etc.

16. — Les règles de transmission de ces diverses actions varient selon les statuts des compagnies qui en général autorisent l'émission d'actions soit au porteur, comme celles de la ville de Paris, soit à ordre, et dont la négociation est dès-lors soumise aux mêmes formalités que la négociation des bons royaux.

17. — Un arrêt du conseil du 7 août 1785 avait défendu de coter à la bourse de Paris d'autres effets que les effets royaux et le cours du change; il fut exécuté jusqu'en 1823; mais l'ordonnance du 2 nov. 1823 classa parmi les effets publics de la seconde espèce les effets émis par les gouvernemens étrangers, et permit de les coter à la Bourse, sans toutefois approbation des emprunts de ces gouvernemens, ni obligation d'intervenir en faveur de ceux qui, de leur plein gré, y placeraient des capitaux. — Ord. 2 nov. 1823, art. 1er et 2; — Mollot, *Bourses de commerce*, no 191.

18. — Les effets sur un gouvernement étranger, susceptibles d'être cotés journellement à la Bourse, sont donc considérés comme effets publics, et ne peuvent être vendus qu'avec les garanties des lois spéciales.

19. — Ainsi, on a jugé que les obligations de l'emprunt d'Espagne de 1820 ne sont point de simples effets de commerce, mais de véritables effets publics étrangers, dont la négociation ne peut avoir lieu que par l'entremise des agens de change. — *Paris*, 26 août 1823, Lachapelle c. Henish et Blanc.

20. — Les effets étrangers cotés à la Bourse sont tous au porteur, et la négociation s'en opère comme celle des effets de même nature.

21. — Il est quelques fonds étrangers qui ne sont pas cotés à la Bourse : ces fonds se vendent dans certaines maisons de banque à un cours débattu entre l'acheteur et le vendeur.

V. AGENT DE CHANGE, JEUX DE BOURSE, MARCHÉS A TERME, RENTES SUR L'ÉTAT.

## EFFET RÉTROACTIF.

1. — Ces termes désignent, en général, le produit d'une cause qui agit sur le passé, et en législation, celui d'une loi qui soumet le passé à son empire. — Merlin, *Rép.*, vo *Effet rétroactif*, t. 5, p. 533.

2. — La liberté civile consistant dans le droit de faire tout ce que la loi ne prohibe pas, on regarde comme permis tout ce qui n'est pas défendu. Or, cette liberté n'existerait plus si le citoyen pouvait craindre d'être, après coup, recherché par une loi postérieure dans ses actions ou troublé dans ses droits acquis. — Portalis, *Exposé des motifs du Code civil.*

3. — Aussi, est-il de principe que la loi ne dispose que pour l'avenir, et qu'elle n'a pas d'effet rétroactif (art. 2, C. civ.), et c'est également ce que disaient les lois romaines : *Leges et constitutiones futuris certum est dare formam negotiis, non ad facta prœterita revocari.* — L. 7, C. *De legibus.*

4. — Il ne s'agit, au surplus, ici que de la loi positive, celle que les hommes promulguent; car la loi naturelle n'est limitée ni par le temps, ni par les lieux, parce qu'elle est de tous les pays et de tous les siècles. — Portalis, *Exposé des motifs du tit. 1er du Code civil.*

5. — La matière de la non-rétroactivité des lois est fort grave, nous nous bornerons à exposer ici quelques principes en renvoyant pour les développemens au mot LOI.

6. — Quelle que soit la puissance du principe de la non-rétroactivité des lois, cependant il est certain, comme le dit Merlin (vo *Effet rétroactif*, p. 219), que par l'art. 2 le Code civil ne fait que prescrire aux magistrats une règle générale, d'après laquelle ils ne peuvent pas appliquer au passé les lois qui disposent purement et simplement; mais qu'il n'ôte pas au législateur le pouvoir de disposer pour le passé comme pour l'avenir, lorsque de graves considérations, dont il est seul juge, paraissent l'exiger.

7. — Et lorsque, par des dispositions expresses, les lois nouvelles étendent leur empire sur le passé, nul doute que les juges ne doivent en faire l'application. « *Nisi nominatim* (dit la loi 7, C., *De leg.*), *et de prœterito tempore et adhuc pendentibus negotiis cautum sit.* » — V. aussi Rolland de Villargues, *Rép. Not.*, vo *Effet rétroactif*, no 4.

8. — Ainsi, il importe avant tout de connaître l'esprit et l'intention de la loi et de savoir si le législateur a voulu rétroagir, et il ne peut s'élever de question qu'autant que la loi est muette et dans son texte et dans son esprit.

9. — Mais dans quel cas le législateur peut-il prendre sur lui de donner ainsi aux lois nouvelles un effet rétroactif? — V. à cet égard LOI.

10. — Il est des cas où le principe de la non-rétroactivité des lois ne reçoit pas d'application : tel est, par exemple, celui où il s'agit de lois interprétatives des lois précédentes. — V. encore à cet égard LOI.

11. — Pour qu'une loi soit considérée comme rétroactive, il faut : 1o qu'elle revienne sur le passé et le change; 2o qu'elle le fasse *au préjudice* de personnes qui sont l'objet de ses dispositions et au mépris *de droits acquis.* — Merlin, *Rép.*, vo *Effet rétroactif*, sect. 3e, § 1er, no 1er; Rolland de Villargues, *loc. cit*, nos 23 et suiv.

12. — Mais que doit-on considérer comme *droits acquis?*

13. — Dans l'ordre politique, le bien de l'état est la loi suprême. Les droits, les prérogatives accordés par une constitution peuvent être modifiés ou même enlevés par une autre. En un mot, il n'y a pas de *droits acquis* ; mais les actes consommés sous un régime n'éprouvent aucune atteinte lorsque ce régime change. — Duvergier, sur Toullier, t. 1er, p. 53, note.

14. — Les lois sur les matières qui touchent à l'ordre public ou aux bonnes mœurs, celles qui régissent la sûreté des citoyens, la tranquillité, la paix intérieure, sont régies par les mêmes principes que les lois politiques ou constitutionnelles.

15. — En matière pénale, ou bien la loi nouvelle prononce une peine contre un fait d'abord non puni, ou elle aggrave la peine, ou enfin elle la diminue ou même la supprime. Dans les deux premiers cas, les dispositions ne sont pas applicables au fait antérieur, aux termes de l'art. 4, C. pén., qui ne fait d'ailleurs que consacrer le principe tutélaire de la non-rétroactivité. Mais elles rétroagissent au contraire dans le troisième cas au profit du coupable, la société n'ayant plus intérêt à l'application d'une peine reconnue trop sévère. — Demolombe, t. 1er, no 64. — V. aussi ATTENTAT A LA PUDEUR, no 26.

16. — V. au reste, en ce qui concerne l'effet des lois nouvelles par rapport aux crimes, délits ou quasi-délits antérieurs, LOI.

17. — En matière civile on reconnaît qu'il faut distinguer les *droits acquis* des simples *expectatives*, des *facultés*, *des droits conditionnels* qui nous appartiennent au moment de la promulgation d'une loi nouvelle. — V. à cet égard LOI.

18. — C'est sous le mot LOI que nous traiterons de l'effet des lois nouvelles sur l'état et la capacité des personnes, sous le rapport de la nationalité, du mariage, de l'état des époux, de celui des enfans, de la puissance paternelle, de la majorité et de la minorité, de la mort civile, etc., etc.

19. — C'est également sous le mot LOI que nous traiterons de l'effet des lois nouvelles en ce qui concerne soit les dévolutions de biens par succession ou testament, soit le mode de conservation des droits antérieurs, soit les procédures commencées avant leur publication ou les jugemens antérieurs et le mode d'exécution de ces jugemens. — V. en outre, pour la solution des nom-

breuses questions que peut soulever la pratique, LOI, TESTAMENT, DONATION, CONTRAT DE MARIAGE, FAILLITE, HYPOTHÈQUE, SUCCESSION, etc.

20. — Quant à l'effet des lois nouvelles en matière de prescription (art. 2281, C. civ.), V. PRESCRIPTION.

21. — Le principe de la non-rétroactivité des lois reçoit également son application en matière de contrats. — Les contrats, en effet, sont régis par la loi de l'époque à laquelle ils ont été passés, et les obligations qui en résultent dérivent de la volonté des parties. Or, il est bien évident qu'elles n'ont pas pu avoir la volonté de se soumettre à des obligations qu'aucune loi n'attachait à leur convention; et cette proposition est vraie, dit M. Demolombe (*ibid.*, p. 63), non seulement des effets actuels, mais encore des effets éventuels et conditionnels qui n'ont pour principe que le contrat. On sait, en effet, que la condition accomplie a un effet rétroactif au jour auquel l'engagement a été contracté. — C. civ., art. 1179. — V. CONDITION, nos 183, 365, 370, 407 et 423.

22. — Mais on a généralement fait une distinction entre les effets et les suites des contrats, en décidant que les effets étaient régis par la loi en vigueur au moment du contrat, et les suites, au contraire, par la loi nouvelle. — V. CONTRAT, nos 81 et 82. — Toutefois, cette distinction est très délicate et d'une application difficile. — V., au surplus, LOI.

23. — On a vu, vo AMNISTIE (nos 213 et suiv.), que l'amnistie avait un effet rétroactif, qu'elle anéantissait l'action et le fait même, relevait le coupable de l'infamie, et abrogeait les condamnations même pécuniaires qui pouvaient avoir été prononcées, le tout sauf les droits des tiers.

24. — La grace, au contraire, n'a pas d'effet rétroactif, car elle n'anéantit pas le fait, ainsi que l'amnistie. Elle ne porte que sur la peine qu'elle remet au condamné ou qu'elle modifie. — V. GRACE.

25. — Aux termes de l'art. 30, C. civ., l'absolution même du contumax qui ne se présente ou qui n'est constitué prisonnier qu'après l'expiration du délai de cinq ans, à partir duquel court seulement la mort civile, ne rétroagit pas. Le contumax ne rentre dans la plénitude de ses droits civils que pour l'avenir et à partir du jour où il a reparu en justice. — V. CONTUMACE, nos 194 et suiv.

## EFFET SUSPENSIF.

1. — Nous avons dit (vo CONDITION, nos 257 et suiv., 348 et suiv.) dans quels cas et d'après quelles règles la condition avait, en matière d'obligation, un effet suspensif.

2. — Le terme n'est pas suspensif, il retarde uniquement l'exécution de l'obligation. — Art. 1185. — L'obligation existe donc, elle est certaine, et cette proposition : *qui a terme ne doit rien* signifier uniquement que celui qui jouit d'un terme ne peut être contraint à payer actuellement. — V. au surplus OBLIGATION.

3. — Quant aux jugemens, il est de principe que l'appel est suspensif en matière civile comme en matière criminelle. Seulement la raison et l'humanité veulent que l'appel arrête toujours l'exécution du jugement criminel; tandis qu'en matière civile, au contraire, l'exécution provisoire des jugemens peut, dans certains cas et sous certaines conditions, être ordonnée nonobstant appel. — V. APPEL, nos 191 et suiv. sur la qualification des jugemens en premier ou dernier ressort, et 1528 et suiv. sur l'application du principe que l'appel est suspensif. — V. enfin EXÉCUTION PROVISOIRE.

4. — L'opposition formée aux jugemens rendus par défaut produit également un effet suspensif, sauf le cas où l'exécution provisoire en a été ordonnée nonobstant opposition, ce qui ne peut avoir lieu qu'en matière civile. — V. EXÉCUTION PROVISOIRE, et JUGEMENT PAR DÉFAUT.

5. — Quant au pourvoi en cassation, il n'a d'effet suspensif qu'en matière criminelle, sauf cependant quelques cas d'exception en matière civile. — V. CASSATION, nos 1528 et suiv.

6. — Le recours en grace n'a pas, légalement parlant, d'effet suspensif, pas plus que la grace n'a d'effet rétroactif; mais, en fait, les condamnations criminelles, surtout lorsqu'elles sont de courte durée, ne s'exécutent qu'après le rejet du recours en grace. — V. GRACE.

7. — L'exécution des titres peut, dans certains cas, être suspendue par une opposition suivie d'une assignation en validité. — V. SAISIE-ARRÊT.

## EFFIGIE.

1. — On donne ordinairement le nom d'exécution par effigie, en matière criminelle, à l'exécution figurative qui se fait d'un jugement de condamnation, lorsque le condamné est absent.

2. — L'usage des exécutions figuratives aurait pris naissance, suivant plusieurs auteurs, dans la jurisprudence grecque. Ce qui paraît certain, c'est qu'il n'avait pas encore été pratiqué chez les Romains jusqu'à la mort de Marius. — Denisart, vo *Effigie*.

3. — En France, l'exemple le plus ancien que nous ayons d'une exécution par effigie est celle qui eut lieu sous Louis-le-Gros à l'égard de Thomas de Marle, accusé du crime de lèse-majesté. — Denisart, vo *Effigie; Encycl. méthod.*, même mot.

4. — Aux termes de l'ordonnance de 1670, les seules condamnations à mort devaient être exécutées par *effigie*. — L'exécution par effigie consistait alors à suspendre à une potence l'image grossière de l'absent, dans la forme et la situation du supplice prononcé contre lui. — *Encycl. méthod.*, vo *Effigie*.

5. — Quant aux condamnations prononçant les galères, l'amende honorable, le bannissement perpétuel, la flétrissure, le fouet, le carcan et le pilori, elles étaient seulement inscrites sur un tableau appliqué à un poteau dressé en place publique par l'exécuteur des hautes œuvres. — *Ibid.*

6. — A l'égard de toutes autres condamnations prononcées contre un absent, il suffisait de les signifier au domicile du condamné, s'il demeurait dans le lieu de la juridiction, et, au cas contraire, de les afficher aux portes de l'auditoire. — *Ibid.*

7. — Aujourd'hui, dans tous les cas, c'est-à-dire que l'arrêt rendu contre le contumax prononce la peine de mort ou qu'il prononce seulement une peine afflictive et infamante, l'exécution ne s'en fait jamais que par l'affiche. « Extrait du jugement de condamnation, dit l'art. 472, Inst. crim., sera, dans les trois jours de la prononciation, à la diligence du procureur général ou de son substitut, affiché par l'exécuteur des jugemens criminels, à un poteau qui sera planté au milieu de l'une des places publiques de la ville chef-lieu de l'arrondissement où le crime aura été commis. » Il n'y a donc plus aujourd'hui à proprement parler *d'exécution par effigie*; néanmoins ces expressions sont toujours demeurées en usage pour exprimer l'exécution par l'affiche d'un arrêt rendu contre un contumax.

8. — L'art. 472 ne s'applique qu'aux matières criminelles, il ne saurait être étendu aux jugemens par défaut rendus en matière correctionnelle. — V. cependant Ch. Berriat Saint-Prix, *De l'exécution des jugemens et arrêts et des peines*, no 100. — V. au surplus EXÉCUTION DES JUGEMENS ET ARRÊTS EN MATIÈRE CRIMINELLE.

## EFFRACTION.

V. VOL.

## ÉGALITÉ (Promesse d').

1. — On appelle ainsi l'engagement que prend le père, la mère ou autre ascendant en mariant l'un de ses enfans, de lui laisser dans sa succession une part égale à celle de ses autres enfans.

2. — Cette clause a donc pour objet les biens à venir de celui qui la stipule, elle peut être considérée comme une donation faite à l'enfant marié de sa portion héréditaire *ab intestat* dans la succession de l'ascendant. — Rolland de Villargues, *Rép. du notar.*, vo *Institution contractuelle*, no 50.

3. — La promesse d'égalité donnait lieu, dans notre ancien droit, à plusieurs difficultés. Dans les coutumes où le droit d'aînesse pouvait être modifié ou anéanti par les dispositions prises par le père, on n'admettait pas que la promesse d'égalité faite par lui à ses enfans pour le partage de sa succession fût une cause de dérogation au droit d'aînesse pour celui des enfans auquel aurait appartenu ce droit, à moins que le père de famille n'eût exprimé clairement une volonté contraire. — Merlin, *Rép.*, vo *Institution contractuelle*, § 6, no 3, t. 8, p. 356.

4. — On agitait aussi la question de savoir si une promesse d'égalité constituait une institution contractuelle. — L'affirmative avait été adoptée successivement par un arrêt du parlement de Paris du 4 juin 1625, rendu sur les conclusions de l'avocat-général Talon, et par un autre arrêt du même parlement du 2 sept. 1681.

5. — Il avait même été jugé, par des arrêts de la cour souveraine de Mons des 10 oct. 1720 et 19 septembre 1721, qu'un père ayant promis, en mariant sa fille, qu'elle aurait une part égale à celle de ses autres enfans, tant dans sa succession que dans celle de sa femme, celle-ci n'avait pu, dans la suite, disposer, au préjudice de cette promesse, des biens qu'elle avait acquis en viduité, parce qu'elle avait accepté la communauté, et que par là elle s'était soumise aux obligations contractées en son nom par son mari. — Merlin, *loc. cit.*

6. — Avant la mise en vigueur du Code civil, la doctrine qui ne voyait dans la promesse d'égalité qu'une institution contractuelle faite dans des termes particuliers n'était plus contestée.

7. — Et elle doit être également suivie sous l'empire de ce Code, qui n'a rien disposé quant à la clause dont il s'agit ici. — Poujol, *Tr. des donat. et testam.*, art. 1082, no 10; Coin Delisle, *Donat.*, art. 1082, no 65; Rolland de Villargues, *loc. cit.*, no 50; Merlin, *loc. cit.*

8. — Les règles tracées par les art. 1082 et 1083, C. civ., pour la forme des institutions contractuelles et pour leurs effets, s'appliquent donc à la promesse d'égalité. — V. à cet égard DONATION PAR CONTRAT DE MARIAGE, nos 150 et suiv.

9. — L'ascendant qui, en mariant l'un de ses enfans, lui fait donation de sa part héréditaire à venir, ne peut plus disposer à titre gratuit des objets compris dans la donation, si ce n'est pour sommes modiques, à titre de récompense ou autrement. — *Limoges*, 29 fév. 1832, Jeannot.

10. — Jugé également que la promesse d'égalité de part héréditaire, faite par contrat de mariage à un enfant par ses père et mère, est une institution contractuelle qui ne permet pas à ceux-ci non seulement de disposer gratuitement d'aucune partie de leur succession, mais encore de grever de substitution, même partielle, la part héréditaire de l'enfant institué. — *Douai*, 26 mars 1835, Delattre de Lahute c. N...

11. — ... Et que les père et mère qui, dans le contrat de mariage de l'un de leurs enfans, passé sous la coutume de Paris, lui avaient assuré sur leurs successions une part égale à celle de chacun de ses frères et sœurs, ne peuvent faire, sous le droit actuel, des dispositions gratuites à titre ou particulier ou universel en faveur d'un enfant de ses frères et sœurs, sans contrevenir à la promesse d'égalité. — *Paris*, 26 janv. 1833, de Chélusson c. de Règbat; 11 mars 1834, mêmes parties.

12. — ... Que la promesse faite par un père et une mère en dotant leur fille de ne pas lui donner moins qu'à leurs autres enfans, constitue, aujourd'hui comme sous l'ancienne jurisprudence, une institution contractuelle qui donne à l'enfant un droit certain aux biens des instituans. — *Limoges*, 20 fév. 1844 (t. 1er 1846, p. 436), Valès et Camus c. Cérès.

13. — L'institution contractuelle résultant d'une promesse d'égalité ne peut être invoquée contre le père ou la mère de qui elle émane que par l'enfant dans le contrat de mariage duquel elle a été faite, car lui seul a été institué. — Duranton, t. 9, nos 656 et 698; Merlin, *Rép.*, *loc. cit.*, § 5, no 6; Coin-Delisle, *loc. cit.*; Rolland de Villargues, *ibid.*

14. — Jugé en ce sens que la promesse d'égalité faite à un enfant dans son contrat de mariage ne peut être invoquée par les autres. — *Bourges*, 18 flor. an XII, Guiller-Demont c. Guillier-Chaloron.

15. — Il en était autrement dans l'ancien droit, où l'on pensait généralement que l'obligation prise par le père de maintenir l'égalité entre tous ses enfans pouvait être invoquée contre lui par chacun d'eux, bien que cet engagement n'eût été pris que dans le contrat de mariage d'un seul. — Carondas, *Cout. Paris*, art. 310; Lelet, *Cout. Poitou*, art. 216; Brodeau sur Louet, lettre R., somm. 17, no 5. — On considérait cette stipulation comme un pacte de famille. — Cette doctrine était néanmoins combattue par Lebrun, *Des successions*, vol. 2, p. 17.

16. — La promesse d'égalité faite par un père à ses enfans ne le dépouille pas du droit de faire postérieurement entre eux le partage de ses biens: il doit seulement, en faisant ce partage, respecter l'égalité qu'il leur a promise. — *Cass.*, 24 juill. 1828, Riberolles c. Rudel.

17. — Si par ce partage un ou plusieurs enfans étaient lésés, mais de moins du quart, il y aurait lieu non à rescision de l'acte de partage, mais seulement à rectification de la partie faisant grief. — Même arrêt; — Duranton, t. 9, no 655.

18. — Mais la rescision devrait être admise contre un pareil partage s'il contenait une lésion de plus du quart au préjudice d'un des intéressés. — Duranton, *loc. cit.*

19. — La cour de Limoges a jugé toutefois qu'il suffisait que l'égalité fût blessée d'*une manière notable* pour que la rescision pût être prononcée. — *Limoges*, 29 fév. 1832, Jeannot.

20. — La stipulation, dite promesse d'égalité, n'étant valable que sous les conditions particulières imposées par la loi aux institutions contractuelles, on ne doit en reconnaître l'existence qu'autant qu'elle est clairement exprimée. — Merlin,

v° *Instit. contr.*, § 6, n° 4. — C'est aux tribunaux qu'il appartient de la constater.

21. — La clause d'un contrat de mariage qui soumet le donataire à rapporter l'objet donné à la succession du donateur, pour exercer ensuite sur cette succession des droits égaux à ceux de ses cohéritiers, ne peut être considérée comme une promesse de n'avantager aucun de ces derniers au préjudice du donataire. — *Pau*, 13 juin 1810, *los.*

22. — L'arrêt qui décide qu'une promesse d'égalité de partage, faite par les père et mère à un de leurs enfans dans son contrat de mariage, n'emporte pas à son profit donation, par préciput et hors part, d'une portion quelconque de la quotité disponible pour réaliser cette promesse d'égalité, ne se livre qu'à une appréciation du contrat, laquelle ne peut tomber sous la censure de la cour suprême. — *Cass.*, 22 mai 1833, de Joury c. de Boquestaml.

23. — L'institution contractuelle par laquelle le disposant institue le futur ou ses enfans, par représentation, son héritier mobilier et immobilier, pour avoir dans sa succession une portion égale à celle de *ses autres enfans*, ne comprend pas l'universalité de la succession de l'instituant dans le cas où les autres enfans décèdent avant l'institué. — *Cass.*, 15 déc. 1818, Delannoy c. Warin. — V. conf. Duranton, t. 9, n° 699.

24. — M. Rolland de Villargues (n° 53) pense avec raison que de ce qu'un père, en mariant son fils, lui fait une donation par préciput et hors part, il n'est pas censé lui promettre l'égalité et l'instituer contractuellement.

25. — Dans certains cas, il peut intervenir des promesses d'égalité qui ne se référant pas aux biens à venir constituent non des institutions contractuelles, mais des donations entre-vifs. « Si quelqu'un, dit Lebrun (vol. 2, p. 17 et suiv.), en mariant sa fille, promet seulement de ne point avantager ses autres enfans à son préjudice, cette promesse d'égalité semble être faite par forme d'institution contractuelle et être relative au temps de la mort; mais si quelqu'un promet à sa fille en la mariant que s'il avantage ses autres enfans au-delà de ce qu'il lui donne en mariage, il sera tenu de l'égaler; en ce cas la promesse d'égaler des donation conditionnelle, en sorte que quand le père aura avantagé un autre enfant, la fille aura action pour son également et hypothèque sur le jour de son contrat de mariage. » — V. Merlin; v° *Cit.*, n° 8.

## ÉGALITÉ COUTUMIÈRE.

On appelait ainsi la disposition de plusieurs des coutumes qui, pour maintenir le partage légal entre les héritiers et l'égalité qui en était ordinairement la suite, ne permettait pas à l'héritier de cumuler avec les part attribuée à sa qualité d'héritier les libéralités qu'il avait pu recevoir du défunt. — Ces coutumes étaient nommées *coutumes d'égalité*. — V. EXCLUSION COUTUMIÈRE.

## ÉGLISE.

### Table alphabétique.

pal de conserver au domaine public la libre disposition des biens des anciennes églises ou corporations religieuses, plutôt que celle des édifices religieux proprement dits; néanmoins, à raison de sa généralité, elle s'applique aussi aux églises.

9. — Ainsi, depuis le concordat, il convient de distinguer, quant à leur position légale, deux sortes d'églises: les unes affectées au culte, les autres qui n'ont pas le caractère et qui par ce motif portent le nom d'églises *supprimées.*

### § 2. — *Églises affectées au culte.*

10. — Le mot *église* est le terme générique usité pour désigner tout édifice consacré à la célébration du culte catholique.

11. — On distingue plusieurs sortes d'églises : 1° celles qui sont affectées au service diocésain; ce sont les *métropoles*, dans les archevêchés, les *cathédrales*, dans les évêchés. — V. CATHÉDRALE, MÉTROPOLE.

12. — ... 2° Les *églises paroissiales*, destinées à l'assemblée des fidèles dans chaque paroisse, cure ou succursale. — V. CURE, CURÉ.

13. — ... 3° Les *annexes* ou *chapelles publiques*, établies pour les besoins spirituels d'une fraction de cure ou de succursale. — V. ANNEXE, CHAPELLE, n° 7 et suiv.

14. — ... 4° Les *oratoires publics* ou *chapelles de secours*, établis par les mêmes motifs que les annexes, mais qui néanmoins en diffèrent sur beaucoup de points. — V. CHAPELLE, n° 10 et suiv.

15. — ... 5° Les *chapelles privées*, placées dans les établissemens publics, tels qu'un hospice, un établissement d'instruction, une communauté religieuse. — V. CHAPELLE, n° 16 et suiv.

16. — Mentionnons encore les *chapelles royales*. — V. CHAPELLE, n° 25 et suiv.; — et les *chapelles des agens diplomatiques*. — V. AGENS DIPLOMATIQUES, n° 217 et suiv.

17. — On connaissait encore autrefois des églises *collégiales*, églises non cathédrales, où était établi un chapitre. — Les églises collégiales ont été supprimées; cependant cette dénomination pourrait peut-être encore s'appliquer à l'église royale de Saint-Denis. — V. CHAPITRE ROYAL DE SAINT-DENIS, COLLÉGIALE.

18. — Tout ce qui concerne les églises annexes, ou chapelles publiques ou privées, ayant été traité sous les mots spéciaux ci-dessus indiqués, il nous reste à nous occuper de l'église proprement dite, c'est-à-dire de l'église qui est affectée au service métropolitain et diocésain, ou au service paroissial.

19.—Comme nous l'avons vu (*supra* n° 7) le concordat (art. 12) avait posé en principe que les édifices religieux non aliénés seraient remis à la disposition des évêques, s'ils étaient *reconnus nécessaires* au culte.

20. — Cette restitution ne pouvait, en ce qui concerne les métropoles et cathédrales, établies toujours, sauf le seul exemple de Versailles, dans d'anciennes villes métropolitaines ou épiscopales, (V. DIOCÈSE) devenir l'objet d'aucune difficulté.

21. — Une circulaire du ministre de l'intérieur du 24 germin. an X prescrivit aux préfets de faire remettre immédiatement aux évêques les anciennes églises cathédrales non aliénées ou employées à un autre service public, et de faire procéder sur-le-champ aux réparations. En cas d'aliénation ou d'entière dégradation, ces du reste fort rare, la même circulaire déclarait qu'il fallait affecter, à titre de remplacement pour la cathédrale, la principale église de la ville.

22. — Tout fut donc immédiatement et promptement réglé; et, en même temps qu'elle déterminait la circonscription et l'étendue des diocèses nouveaux, la bulle pontificale indiquait l'église qui devait être le siège du nouvel archevêché ou évêché.

23. — Au contraire, la désignation des édifices réputés nécessaires au culte paroissial, ne pouvait être immédiatement faite, et, en conséquence, l'art. 75 de la loi organique se borna à disposer que « les édifices anciennement destinés au culte catholique actuellement dans les mains de la nation, *à raison d'un édifice par curé et par succursale*, seraient mis à la disposition des évêques par arrêté du préfet du département. »

24. — Et, à ce sujet, il faut observer que l'art. 75 de la loi organique parle d'un édifice *par cure* ou par *succursale*, et non *d'un édifice par commune* d'où il suit que si dans une même commune il existait plusieurs paroisses ou succursales, comme à cet égard l'art. 19 du concordat porte que : le préfet devait attribuer pour chaque paroisse ou succursale un édifice particulier ; comme aussi, en sens inverse, que dans les paroisses ou succursales composées de plusieurs communes, ce qui se rencontre assez fréquemment dans les communes rurales, un seul édifice devenait nécessaire.

25. — Il faut observer encore que, quelque absolus que paraissent les termes du même art. 75 : *un édifice par cure ou par succursale*, ils doivent être entendus en ce sens, non pas que jamais il ne peut y avoir qu'un seul édifice religieux par cure ou par succursale, car des circonstances particulières peuvent justifier l'établissement de plusieurs édifices dans la même paroisse (V. ANNEXE, CHAPELLE), mais seulement qu'il doit y avoir au moins une église par paroisse ou succursale.

26. — Conformément aux prescriptions de la loi organique, les préfets des divers départemens procédèrent à la désignation des édifices anciens qui devaient être rendus à l'exercice du culte.

27. — Les décrets par eux pris et portant affectation de ces édifices au culte devaient (art. 75) être adressés au conseiller d'état chargé du culte ; mais, ainsi que le fait remarquer M. Vuillefroy (*Tr. de l'admin. du culte catholique*, v° *Église*, p. 302, note 6e), « ou ces envois n'ont pas été faits complétement, ou une partie en a été égarée, car les documens du ministère des cultes sont incomplets à cet égard, et l'on ignore le nombre des édifices ainsi restitués au culte, leur importance et leur valeur. »

28. — A l'égard des paroisses qui, soit à raison de la destruction ou de l'aliénation de leurs anciens édifices religieux, soit même parce qu'elles n'en avaient jamais possédés, se trouvaient en dehors de l'application possible de l'art. 75, l'art. 77 de la loi organique disposa en ces termes : « Dans les paroisses où il n'y aura point d'édifice disponible pour le culte, l'évêque se concertera avec le préfet pour la désignation d'un édifice convenable. »

29. — Mais, si l'on en excepte les anciennes églises devenues propriétés particulières, il était rare de pouvoir trouver un *édifice convenable* ; d'un autre côté, la location de ces édifices, en supposant qu'on pût en rencontrer, devait constituer pour les communes une charge permanente et souvent fort lourde, eu égard à la modicité de leurs ressources ; enfin, la dignité du culte et de la religion s'accorde mal, il faut le reconnaître, avec une pareille situation.

30. — Aussi l'état s'est-il toujours montré empressé de favoriser la construction d'églises là où le besoin s'en est fait sentir, soit parce que la paroisse n'en possédait aucune, soit parce que l'église existante devait être reconstruite par suite de son mauvais état, ou devenait trop exiguë, eu égard à l'importance de la population.

31. — Ces églises nouvelles sont construites le plus souvent aux frais des communes, soit à l'aide de leurs ressources ordinaires, soit au moyen d'impositions locales extraordinaires, d'autres fois aussi elles sont élevées par les fabriques sur leurs revenus propres, ou par suite d'oblations volontaires. Quelquefois encore ces constructions ont lieu par les efforts réunis de la commune, de la fabrique et des particuliers.

32. — En outre, l'état ne manque jamais, lorsque cette construction lui paraît justifiée par des besoins réels, de leur venir en aide au moyen de subventions ; et même depuis 1817, un secours annuel est voté à cet effet chaque année dans le budget des cultes, sauf au ministre à en opérer ensuite la répartition. — V. *infrà* nos 36 et suiv.

33. — Toute commune qui prétend devenir le siége d'une cure ou succursale nouvelle, doit, du reste, justifier de l'existence d'une église en bon état, ou de ressources suffisantes pour y pourvoir immédiatement. — Circ. min. 12 août 1836.

34. — Dans toute église, soit métropole ou cathédrale, soit paroissiale, il doit, aux termes de l'art. 76 de la loi organique, être établi un conseil, lequel porte le nom de *fabrique*, pour veiller à l'entretien et à la conservation des temples.

35. — C'est à la fabrique que sont imposées, en principe, les dépenses de construction, reconstruction et réparation de l'église, sauf, en cas d'insuffisance de revenus justifiée, l'assistance de l'état, s'il s'agit d'un édifice diocésain, et de la commune, s'il s'agit d'un édifice paroissial. — Décr. 30 déc. 1809, art. 37, §§ 4, 41, 46, 93, 94, 106, 107 ; L. 18 juill. 1837. — V. COMMUNE, nos 1199 et suiv., FABRIQUE.

36. — En outre, et depuis 1817, pour venir en aide tant aux fabriques qu'aux communes dont les ressources réunies sont souvent bien insuffisantes pour subvenir à des charges de cette nature, chaque année les chambres votent dans le budget des cultes une somme à titre de secours pour construction, reconstruction et réparation des édifices religieux et notamment des églises.

37. — La demande des communes et fabriques à l'effet d'obtenir ces secours est adressée avec les pièces à l'appui au préfet, qui propose l'allocation au ministre des cultes.

38. — De nombreuses circulaires ministérielles, et notamment celle du 22 mai 1833, ont indiqué aux préfets la marche à suivre en pareil cas, et la nécessité de repousser non seulement toute demande qui aurait pour objet des achats d'ornemens, vases sacrés, ou mobiliers quelconques, mais même des restaurations purement artistiques, et qui ne constitueraient pas des travaux de consolidation ou de conservation.

39. — Au surplus, nous nous bornerons ici à ces simples explications ; tout ce qui a trait à la construction, réparation, conservation de l'église, et en général à tous les travaux dont elle peut être l'objet, ainsi qu'au mode d'autorisation et d'exécution de ces travaux, devant plus naturellement être exposé lorsque nous traiterons des fabriques. — V. FABRIQUE.

40. — En effet, c'est au conseil de fabrique seul (conseil dont la composition varie suivant qu'il s'agit d'une fabrique de métropole ou cathédrale, ou d'une simple paroisse) qu'appartient l'administration temporelle des biens et revenus de l'église. — C'est notamment en vertu de ce droit qu'il procède à la location des bancs et chaises dans les églises (V. BANCS ET CHAISES DANS LES ÉGLISES), à la concession de chapelles particulières (V. CHAPELLE). — Il règle avec le curé ce qui a trait à la distribution intérieure de l'église. — Décr. 30 déc. 1809, art. 30.

41. — Mais il ne faut pas confondre l'administration temporelle de l'église et de ses revenus avec le droit de police intérieure, lequel n'appartient qu'à l'autorité spirituelle. — Décr. 30 déc. 1809, art. 29. — Tout ce qui concerne ce droit de police a été expliqué v° CULTE, nos 238 et suiv.

42. — On sait au surplus que, quels que soient les pouvoirs de la fabrique et du curé, ils ne sont pas absolus, même en ce qui concerne le droit de police et de distribution intérieure de l'édifice : c'est ainsi notamment que nulle inscription et monument ne peuvent y être placés sans l'autorisation du ministre des cultes, et que, sauf des exceptions fort rares, aucune inhumation ne peut y être pratiquée. — V. CIMETIÈRE, nos 19 et suiv., 26, 30 et suiv., et INHUMATION.

43. — On sait aussi que le droit de police intérieure attribué à l'autorité spirituelle n'irait point jusqu'à interdire l'action de la puissance sociale quant au maintien de l'ordre public et à la répression des crimes et délits ; les églises ne jouissant plus aujourd'hui du droit d'asile, du moins tel qu'on l'entendait autrefois. — V. au surplus à cet égard et sur l'interdiction portée en l'art. 781 du C. de proc. civ., quant aux arrestations dans les églises, v° ASILE, nos 15 et 17. — V. aussi CULTE, n° 244 et suiv.

44. — L'église est un lieu public : en conséquence les crimes et délits qui peuvent y être commis tombent, quant à la répression, sous l'application des lois pénales relatives aux crimes et délits commis dans un lieu public. — V. VOL.

45. — Autrefois, la sainteté du lieu avait paru devoir nécessiter des peines toutes spéciales relativement aux crimes commis dans les églises, et telle avait été aussi la pensée qui avait dicté la loi du 10 avr. 1825, dite du *sacrilége*. Cette loi est aujourd'hui abrogée ; et nous examinerons du reste les dispositions qu'elle renfermait sous le mot SACRILÉGE.

46. — D'après les anciens réglemens, il était défendu de mendier dans les églises. — M. Affre (*Tr. de l'administr. temp. des paroisses*, p. 333) enseigne qu'aucune disposition législative n'a révoqué ce réglement. — V. MENDICITÉ.

47. — Mais une question fort controversée et qui trouve nécessairement ici sa place, est celle de savoir à qui appartient la propriété des églises : est-ce aux fabriques, est-ce aux communes ? — La même question s'élève quant aux palais épiscopaux, presbytères, séminaires, etc. ; et dans tous ces cas, les raisons de décider et la solution à donner sont les mêmes. — V. ÉVÊCHÉ, PRESBYTÈRE, SÉMINAIRE.

48. — La question ne peut se présenter évidemment quant aux églises construites depuis le concordat ; il est évident que suivant que ces églises ont été bâties par l'état, les communes, sections de communes, les fabriques ou les particuliers, elles demeurent la propriété de ceux qui les ont construites, tant que ce droit n'est pas par eux aliéné.

49. — Mais le nombre des églises élevées depuis le concordat est bien minime eu égard au nombre total des églises de France, dont l'existence précède en général l'époque révolutionnaire. Or, en déclarant que toutes les églises métropolitaines, cathédrales, paroissiales et autres non aliénées seraient *remises à la disposition des évêques*, l'art. 12 du concordat avait-il entendu donner en toute propriété ces mêmes églises aux fabriques ?

50. — Cette question, soumise au conseil d'état, seulement à l'occasion des églises paroissiales, il est vrai, et non d'une manière absolue, reçut une solution favorable aux communes. — Avis cons. d'état 3 niv. an XIII, 4 pluv. an XIII. — Et ces avis, il faut le remarquer, ayant été approuvés, durent être considérés comme ayant force de loi.

51. — D'autres avis ou décisions ministérielles développèrent, depuis, le principe consacré par ces avis et repoussèrent les objections présentées dans l'intérêt des fabriques.

52. — Pendant plus de trente années à partir de la promulgation de ces avis, aucune discussion sérieuse ne s'engagea plus sur cette question, qui toutes les fois qu'elle fut portée devant l'administration reçut toujours une solution conforme aux avis du conseil d'état.

53. — Tel était aussi l'avis des auteurs. — V. Henrion de Pansey, *Pouvoir municipal*, p. 162 ; Dupin, *Introd. aux lois des communes*, p. 116 ; Toullier, *Droit civil*, t. 3, p. 32, n° 30. — Et M. Affre lui-même (*Traité de l'administr. temp. des paroisses*, p. 82, édition de 1827) s'exprimait ainsi : « C'est la commune et non la fabrique qui est propriétaire de l'église. La propriété d'une commune consiste dans le droit qu'ont les habitans de jouir d'une chose privativement à toute autre communauté ou établissement. Il nous paraît, d'après ce principe, qu'il faut regarder la commune comme propriétaire de l'église... » — V. encore Vuillefroy, v° *Église*, sect. 1re, n° 4.

54. — Cependant et depuis, en 1837, dans des circonstances bien connues, la question s'est agitée non plus à l'occasion d'une église paroissiale, mais du palais archiépiscopal de Paris, et en même temps qu'elle se présentait au conseil d'état, elle était devant les chambres législatives et surtout à la chambre des pairs l'objet d'un débat animé.

55. — A cette époque (le 23 février 1837) un projet de loi fut présenté aux chambres ayant pour but de transférer à la ville de Paris, moyennant certaines charges et conditions, la propriété des terrains sur lesquels s'élevait l'ancien palais archiépiscopal de Paris, dont une ordonnance du 13 août 1831 avait prescrit la démolition.

56. — L'archevêque de Paris, par une circulaire du 7 mars 1837 envoyée à tous les curés de son diocèse et revêtue de l'adhésion du chapitre métropolitain, protesta contre ce projet de loi, qui lui paraissait porter atteinte aux droits de propriété de son église.

57. — La déclaration de l'archevêque fut déférée par la voie d'appel comme d'abus au conseil d'état, et le rapporteur, M. Dumon, arrivant à l'examen de la question qu'elle soulevait, s'exprimait ainsi de manière à ne laisser aucun doute : « En 1801, tous les biens ecclésiastiques étaient devenus nationaux : les églises, les évêchés, les séminaires, les presbytères faisaient partie du domaine de l'état. L'état remit à la disposition des évêques d'anciens édifices ecclésiastiques ; mais s'il accorda le libre usage, *il n'accorda pas la propriété.* »

58. — Conformément aux conclusions du rapporteur, le conseil d'état reconnut formellement la propriété de l'état en même temps que par d'autres motifs il déclarait qu'il y avait abus dans la déclaration de l'archevêque et dans l'adhésion donnée par le chapitre. — *Cons. d'état*, 24 mars 1837, Min. des cultes c. archevêque de Paris.

59. — Presque en même temps le débat se renouvelait devant la chambre des pairs, où, à l'occasion de la loi proposée, divers orateurs, notamment MM. de Tascher, de Montalembert, de Brézé, soutenaient le droit de propriété de la fabrique métropolitaine.

60. — Tel n'était point du reste l'avis de la commission, et son rapporteur, M. le baron Fréteau de Pény, s'exprima à cet égard d'une manière non moins formelle que M. Dumon au conseil d'état. Abordant nettement la question telle qu'elle se présentait en face de l'art. 12 du concordat, il s'exprimait ainsi : « Par l'art. 12, l'état accorde la remise à la disposition des évêques des objets non aliénés nécessaires à l'exercice du culte. Est-ce là une disposition générale ? Cette stipulation contient-elle un abandon plein et entier, un dessaisissement absolu des objets même auxquels elle s'applique ? Y a-t-il aliénation de ces objets en faveur de tel ou tel individu, de tel ou tel établissement ? Nullement. C'est une simple affectation aux besoins du culte, des édifices nécessaires à ces besoins, faite par l'état comme propriétaire de ces édifices. L'état ne dit pas qu'il renonce à sa propriété ; il concède seulement l'usage ; il ne dit pas qu'il cède ces édifices d'une manière absolue ; il les consacre à l'exercice du culte, et c'est dans cette vue qu'il remet aux chefs du culte, c'est-à-dire aux évêques..... L'état s'est

toujours considéré, a toujours agi comme propriétaire de ces mêmes édifices..... Il les livre à l'exercice du culte sans condition d'aliénation, sans renoncement aux droits et aux charges de la propriété. »

61. — « Il a donc toujours été bien compris, continuait-il, et il faut encore reconnaître que, dans la remise faite par l'art. 12 du concordat, il n'avait été nullement question de transmission de propriété, mais seulement d'une concession d'usage, qu'il n'y avait eu aucune aliénation des édifices remis, mais seulement affectation de ces édifices à un service public. »

62. — Au résumé, l'opinion des pairs dissidens, combattue notamment par M. Barthe, garde-des-sceaux, et par M. Portalis, fut rejetée; et la chambre en adoptant le projet de loi tel qu'il lui était présenté, vint ainsi ajouter une sanction législative à la solution consacrée par les avis du conseil d'état de l'an XIII.

63. — Toutefois, il faut reconnaître que dans l'opinion contraire il ne manque point d'argumens sérieux, et dans son nouvel ouvrage (*Tr. de la propriété des biens ecclésiastiques*) publié à l'occasion des faits que nous venons de rappeler, M. Affre, alors membre du chapitre métropolitain, revenant sur l'opinion par lui précédemment embrassée, croit devoir soutenir que la propriété au profit des fabriques résulte : 1° de l'origine des biens; 2° de la législation actuelle sur la dotation des fabriques.

64. — Mais ces argumens avaient été combattus à l'avance, soit par le conseil d'état, soit par les ministres dans des circonstances où ils avaient déjà été présentés.

65. — Et d'abord, quant à l'origine de ces biens, un avis du conseil d'état du 10 oct. 1836 s'exprime en ces termes : « Il n'est rien moins que certain que les églises et presbytères avaient été autrefois la propriété des fabriques et non celle des communes. Au surplus, en admettant même que les églises aient été mises, en 1789, à la disposition de la nation à titre de biens ecclésiastiques, et non à titre de biens communaux, ce qu'il importe de savoir ce n'est pas à quelle condition l'état a acquis la propriété des presbytères, mais en faveur de qui il s'est dépouillé de cette propriété. Les avis du conseil d'état ci-dessus cités (V. avis des 6 pluv. an XIII, 24 oct. 1828, 12 juin et 6 nov. 1829, 24 oct. 1832, 9 janv. 1833, 5 juin 1834) établissent qu'il y a eu de la part de l'état abandon de la propriété des églises et presbytères par la loi du 18 germ. an X, et que cet abandon a eu lieu au profit des communes. Cet abandon ne pouvait même avoir lieu au profit des fabriques, puisqu'elles n'existaient pas lorsque la loi du 18 germin. an X a été rendue et qu'elles n'ont commencé à être dotées que par l'arrêté du 7 thermid. an XI. »

66. — « Ceci est d'autant plus incontestable, qu'il n'y a pas *eu restitution* dans l'esprit de la loi. Car *mettre à la disposition*, ce n'est pas donner en propriété ni rendre la propriété, ce n'est pas même rendre à la destination primitive ; car la loi ayant ordonné l'établissement de nouvelles paroisses c'est pour le service de ces nouvelles paroisses, seulement que les églises existantes dans les mains de la nation ont été mises à la disposition des évêques. » — Décis. min. 27 nov. 1823.

67. — Et quant aux divers décrets portant dotation des fabriques, un avis du conseil d'état du 3 juill. 1829 dispose ainsi : « On ne peut citer aucun texte positif de loi en faveur des fabriques. Le décret du 7 thermid. an XI leur a seulement rendu leurs anciens biens, qui n'avaient pas été aliénés; et, sans qu'il soit nécessaire de prouver ici que les églises et les presbytères ne faisaient pas autrefois partie des biens de ces établissemens (ce qu'on pourrait faire facilement), il est bien évident qu'un nouveau décret du 30 mai 1806 ayant paru nécessaire pour donner aux fabriques des églises conservées les églises et presbytères des succursales supprimées, on n'avait pas cru trouver cette disposition dans l'art. 2, décr. 7 thermid. an XI, quoiqu'il porte que les biens des fabriques des églises supprimées seront réunis à ceux des églises conservées. »

68. — « D'ailleurs, ajoute un autre avis du 3 nov. 1836, le décret du 30 mai 1806 n'étant d'ailleurs relatif qu'aux églises et presbytères supprimés, le droit de propriété qui peut en résulter pour les fabriques ne peut s'étendre aux églises et presbytères conservés. »

69. — « Dans tous les cas, ajoute encore un avis du 12 juin 1829, on devra remarquer que le décret du 7 thermid. an XI, rendant aux fabriques leurs biens non aliénés, ne leur avait pas rendu les églises et presbytères qui avaient déjà été aliénés au profit des communes par la loi du 18 germin. an X. »



70. — M. Affre invoque, il est vrai, comme rendu en faveur des fabriques un arrêt de la cour de Cassation, lequel aurait décidé que les églises doivent être regardées, en vertu du concordat et de la loi organique, comme propriété des fabriques, alors que la remise en a eu lieu sans aucune condition ni réserve. — *Cass.*, 6 déc. 1836 (t. 1er 1837, p. 102), de Galand c. comm. de Terraube.

71. — Et telle est, en effet, la solution donnée dans un des considérans de cet arrêt ; mais il faut remarquer que dans l'espèce il ne s'agissait pas d'une contestation entre une fabrique et une commune, mais entre une fabrique et la famille d'un ancien donateur.

72. — Quoi qu'il en soit, il semble difficile que la doctrine émise par cet arrêt puisse se reproduire depuis la discussion de la loi de 1837 ; d'où il faut conclure que le droit de propriété appartient à l'état ou aux communes, suivant qu'il s'agit d'églises métropolitaines ou cathédrales, ou d'églises paroissiales.

73. — Les églises servant à la célébration du culte paroissial sont devenues la propriété définitive des communes, quelle que fût d'ailleurs l'époque de leur affectation nouvelle au culte. — Ainsi, la commune devrait être considérée comme propriétaire lors même que l'ancienne église n'aurait été affectée au culte qu'en 1827, par exemple, et qu'elle serait antérieurement tombée sous le coup du décret du 30 mai 1806 qui attribuait aux fabriques la possession des églises supprimées, cette dernière disposition ayant dû cesser d'avoir son effet en vertu de l'art. 75, L. 18 germ. an X, et par suite de l'affectation nouvelle. — Avis cons. d'état 12 fév. 1841.

74. — C'est donc aux communes et non aux fabriques qu'il appartient de faire acte de propriétaires sur les églises ; et en conséquence une fabrique serait sans intérêt, et dès-lors sans qualité, pour réclamer, en cas de contestation, l'interprétation de la vente d'une église. — *Cons. d'état*, 15 juin 1832, fabrique d'Annebecq c. Morand.

75. — Toutefois, le droit de propriété des communes sur les églises n'a pas pour effet de leur permettre d'en changer arbitrairement la destination. « En effet, porte un avis du conseil d'état cité par M. Vuillefroy (v° *Eglise*, p. 305 et 306), la propriété leur en a été conférée par l'état, avec la condition expresse de les affecter au culte catholique. Cette affectation ne pourrait être changée que par la suppression *régulière* du titre d'église catholique, qui leur a été attribué. » — V. aussi Affre, *Traité de l'adm. temporelle des paroisses*, p. 86.

76. — « Il n'est donc pas à craindre que les communes puissent, en aucun cas, affecter leurs églises à la célébration d'un nouveau culte, sans la participation et l'autorisation spéciale du gouvernement. » — Même avis. — V. au surplus CULTE, nos 304 et suiv.

77. — Quant au principe qui veut que les églises ne puissent être affectées qu'à un seul culte, V. CULTE, nos 298 et suiv.

## § 3. — *Églises supprimées.*

78. — Le concordat n'ayant point prescrit la restitution absolue de toutes les anciennes églises, mais seulement de celles qui seraient jugées nécessaires pour l'exercice du culte ; il en résulta nécessairement qu'un grand nombre d'églises devaient rester en dehors de la circonscription nouvelle.

79. — « Or, dit M. Vuillefroy (v° *Eglises supprimées*), on désigne sous le nom *d'églises supprimées* les anciennes églises, qui étaient en possession d'un titre régulier sous l'ancien régime, mais qui ont cessé de le posséder par suite de la nouvelle organisation, qu'elles soient ou non, *de fait*, ouvertes ou fermées au culte. »

80. — L'état restait donc propriétaire de ces anciens édifices, églises ou presbytères, libre d'en disposer pour tel usage qu'il jugerait à propos ; néanmoins, dès les premiers jours il manifesta l'intention d'en faire profiter le culte catholique pour augmenter ses ressources.

81. — En conséquence, et dès l'an XI, il fut enjoint aux préfets de faire connaître, après la circonscription prescrite par l'art. 75 de la loi organique opérée, les églises et presbytères qui ne se trouveraient pas employés.

82. — Enfin, le décret du 30 mai 1806 fit l'attribution de ces édifices aux fabriques des paroisses nouvelles dans la circonscription desquelles ils se trouvaient, comme déjà le décret du 7 thermid. an XI avait rendu auxdites fabriques la propriété des rentes et biens non aliénés pouvant appar-

ÉGLISE, § 3.

tenir aux fabriques des paroisses et églises supprimées.

83. — Et un autre décret du 31 juill. 1806 dispose que « les biens des fabriques des églises supprimées appartiennent aux fabriques des églises auxquelles les églises supprimées sont réunies, quand même ces biens seraient situés dans des communes étrangères. »

84. — Postérieurement au décret de 1806, deux autres décrets des 17 mars 1809 et 8 nov. 1810, non insérés au Bulletin des lois et rapportés au *Recueil des circulaires et instructions relatives aux affaires ecclésiastiques*, ont augmenté sur ce point la dotation des fabriques.

85. — De ces divers décrets réunis il résulte qu'il faut reconnaître comme édifices supprimés attribués aux fabriques :

86. — ... 1° Les édifices non aliénés, qui servaient, sous l'ancienne organisation ecclésiastique, à l'exercice du culte dans les paroisses. — Décr. 30 mai 1806, art. 1er.

87. — ... 2° Ceux de ces mêmes édifices qui avaient été aliénés par la nation, mais qui étaient rentrés dans les mains du domaine pour cause de déchéance. — Décr. 17 mars 1809, art. 1er.

88. — Néanmoins, aux termes du même décret, art. 2, dans le cas de cédules souscrites par les acquéreurs déchus, à raison du prix de première adjudication, le remboursement du montant de ces cédules a dû rester à la charge de la paroisse à laquelle l'église et le presbytère ont été rendus ; comme aussi dans le cas où les acquéreurs déchus auraient commis des dégradations par l'enlèvement de quelques matériaux, ils ont dû être tenus de verser la valeur de ces dégradations dans la caisse de la fabrique, qui à cet effet a été mise au lieu et place du domaine. — Même décr. 17 mars 1809, art. 2.

89. — ... 3° Les chapelles des congrégations et les églises des monastères. — Décr. 17 mars 1809, art. 3. — Toutefois, M. Vuillefroy (*loc. cit.*, note c) fait observer qu'ici le droit des fabriques est moins direct et qu'elles ont plutôt un simple droit de demande qu'un droit formel de réclamer.

90. — ... 4° Les anciennes maisons vicariales. — Décr. 8 nov. 1810.

91. — Cette attribution a compris à la fois l'édifice et l'emplacement. — Décision min. 5 sept. 1806.

92. — Est pareillement compris dans cette dotation le mobilier qui pouvait se trouver dans les édifices. — Décr. 31 juill. 1806; circ. min. 18 oct. 1809.

93. — « Ce mobilier a été nationalisé comme l'église elle-même. S'il n'était pas compris dans la restitution voulue par le décret du 30 mai 1806, qui ne parle, il est vrai, que des églises et des presbytères, il serait resté propriété du domaine; mais le décret du 31 juill. 1806, ayant attribué aux fabriques des églises conservées les biens des fabriques supprimées, de toute manière le domaine n'a aucune prétention à élever sur les églises et presbytères, ni sur les biens meubles et immeubles provenant des fabriques, et le tout appartient aux fabriques des églises conservées. » — Rapp. au min. 1825.

94. — Il est bien évident, du reste, qu'il ne s'agit ici que des paroisses supprimées, dont les édifices étaient devenus propriété nationale. Ceux qui auraient été propriété particulière de la commune seraient restés sa propriété ; si, par exemple, depuis 1804 jusqu'en 1806, elle les avait construits dans l'espérance d'être rétablie en paroisse. — Rapp. au min. 1825.

95. — Pareillement n'ont pas dû être compris dans le nombre des édifices supprimés attribués aux fabriques les édifices qui, pendant qu'ils étaient entre les mains de la nation, ont été affectés à un service public (Décr. 17 mars 1809, art. 1er), car ils ne pouvaient être considérés comme biens nationaux à la disposition du gouvernement. — Avis cons. d'état 29 mai 1831.

96. — « Ainsi, si une église mise en l'an IV à la disposition des habitans d'une commune, en exécution de l'art. 1er, L. 11 prair. an III, a été dès cette époque mise par la commune à la disposition des protestans, et si ceux-ci en ont joui sans trouble jusqu'à ce jour, la réclamation de la fabrique du chef-lieu de la paroisse sur la propriété de cette église devrait être repoussée. » — Même avis.

97. — « Ainsi encore dans le cas où un édifice aurait été donné à un hospice, ne fût-ce que provisoirement, en remplacement de ses biens vendus nationalement, il n'a pas dû faire retour à la fabrique voisine, à moins que l'administration des domaines n'ait jugé à propos de l'enlever à l'hospice et de le donner à la fabrique par une décision spéciale. Mais si cette décision n'est pas intervenue avant la loi du 9 sept. 1807, qui a rendu la

propriété définitive pour l'hospice, la fabrique n'est plus admise à réclamer. »—Avis cons. d'état 1834.

98. — Doivent encore cesser d'appartenir aux fabriques les édifices situés dans les communes où l'exercice du culte a été régulièrement rétabli postérieurement au décret du 30 mai 1806, et quelle que soit, d'ailleurs, l'époque de ce rétablissement. En pareil cas, par le fait de la consécration nouvelle dont elles sont l'objet, ces églises deviennent la propriété des communes (décr. 30 mai 1806, art. 1er).—V. aussi Mr Affre (*Traité de l'admin. temporelle des paroisses*, p. 86), qui dit que, si la commune supprimée recouvrait son titre, elle recouvrerait aussi son église, et que cela a été pratiqué jusqu'ici.

99. — Et M. Vuillefroy ajoute (v° *Églises supprimées*, p. 326) que l'attribution faite originairement à la fabrique a cessé sans retour lors même que le titre ecclésiastique conféré à la commune lui aurait été ou lui serait enlevé depuis par suite de modifications nouvelles apportées à l'organisation ecclésiastique : il cite en ce sens trois avis du cons. d'état (12 déc. 1837, 5 fév. 1838, 12 fév. 1841. — V. au surplus le numéro qui suit.

100. — C'est une question assez grave que celle de savoir quel est le caractère de la disposition du décret du 30 mai 1806 qui attribue aux fabriques les églises *qui seront supprimées par suite de l'organisation ecclésiastique.* — Cette disposition doit-elle être réputée purement transitoire en ce qu'elle ne serait applicable qu'aux fabriques soient uniquement ceux qui, par suite de la réorganisation ecclésiastique faite à l'époque du rétablissement du culte, se sont trouvés supprimés, ou bien faut-il la considérer comme *permanents* et comme applicable à la fois aux édifices qui à cette époque ou ultérieurement viendraient à être supprimés par suite des modifications faites à l'organisation ecclésiastique ?

101. — A cet égard, le conseil d'état a décidé formellement que « le décret de 1806 n'a entendu parler que des édifices qui seraient supprimés par suite de la nouvelle organisation ecclésiastique qui s'élaborait alors, et qui, bien que généralement faite, était encore l'objet de modifications assez nombreuses, ne pouvait dès-lors être considérée comme entièrement terminée. » — Avis cons. d'état, 12 déc. 1837 ; 5 fév. 1838.

102. — Il serait aujourd'hui une paroisse venait à être supprimée, ce serait à la commune propriétaire, et non à la fabrique de la paroisse dans laquelle se trouverait comprise l'église supprimée, que cette église devrait être attribuée.—Car « dans ces circonstances, ce serait une prétention inadmissible de vouloir attribuer aux fabriques des églises voisines, au nom du décret du 30 mai 1806, les propriétés d'édifices conservés et souvent reconstruits aux frais des communes. » — Avis cons. d'état, 12 déc. 1837.

103. — Par suite, en effet, de ce droit de propriété qui leur a été donné sur les églises et presbytères conservés, les communes ont été assujetties aux charges des propriétaires, telles que les grosses réparations, et même la reconstruction de ces édifices. Elles ont constamment supporté ces charges depuis. » — Même avis.

104. — Toutefois, on peut se demander à quelle époque l'organisation ecclésiastique prescrite par la loi organique a dû être considérée comme complètement terminée, et à partir de quel moment, dès-lors, les églises ont dû être considérées comme définitivement consacrées au culte, et comme appartenant dès-lors aux communes, quelle qu'ait été leur destination ultérieure.

105. — Sur ce point, le conseil d'état a pensé qu'il était impossible de donner une solution générale, et qu'il fallait examiner sur chaque espèce quelle a été la situation particulière de l'église contesté, et les différens actes qui ont réglé sa position ; que cependant le décret du 30 sept. 1807 paraît devoir être considéré comme le seul qui ait arrêté l'organisation définitive des succursales. — Avis d'état, 5 fév. 1838 ; — Vuillefroy, verb. *cit.*, p. 326.

106. — Le décret du 30 mai 1806 , qui a statué en termes généraux des églises des paroisses supprimées seraient attribuées comme biens utiles aux fabriques, n'a pu avoir d'effet et d'application, comme tous ceux qui en termes généraux ont ordonné des restitutions de biens nationaux, qu'en vertu d'envois en possession par décisions spéciales régulièrement prononcées pour chaque cas. — Avis cons. d'état, 29 mai 1833 ; Déc. min., 14 mars 1841.

107. — A l'égard des anciens édifices paroissiaux, l'attribution a dû en avoir lieu par arrêté du préfet rendu sur l'avis du directeur des domaines, et avec approbation du ministre des finances. —

Quant aux chapelles ou aux églises de congrégation ou de corporation religieuse, cette même attribution n'a pu avoir lieu (Décr. 47 mars 1809, art. 3) que par décisions rendues sur le rapport du ministre des cultes, et sur l'avis des ministresde l'intérieur et des cultes.

108. — C'est donc, dit M. Vuillefroy (verb. *cit.*, p. 326), dans le premier car, au préfet et au ministre des finances que les fabriques devraient adresser les réclamations qu'elles auraient jusqu'ici négligé de faire valoir, et, dans le second cas, au ministre des cultes.

109. — Et un conseil de préfecture ne pourrait en connaître qu'autant que la fabrique lui représenterait un arrêté qui l'autoriserait à se mettre aux lieu et place de l'état. — Avis cons. d'état de 1834, cité par M. Vuillefroy, loc. cit.

110.—C'est aux tribunaux administratifs et non à l'autorité judiciaire qu'il appartient de statuer sur les contestations relatives à l'interprétation ou à l'application des actes administratifs qui auraient statué sur l'attribution d'église supprimée. — Cons. d'état, 7 mars 1838 (Implic.), Levacher c. fabrique de Tiergeville. — V. aussi Avis cons. d'état, 5 fév. 1838.

111. — Les églises supprimées peuvent être louées, échangées et aliénées au profit des églises conservées, c'est-à-dire au profit des fabriques. — Décret 30 mai 1806, art. 1er.

112. — Mais les échanges ou aliénations n'ont lieu qu'en vertu d'une ordonnance du roi, laquelle, dit M. Vuillefroy, n'est donnée que lorsque la conservation de l'édifice ne paraît pas nécessaire ou utile pour l'exercice du culte.

113. — Les baux à loyer doivent être approuvés par les préfets. — Même décret, art. 3.

114. — Et à ce sujet, M. Lebesnier (*Législation complète des fabriques des églises*, v° *Églises supprimées*) ajoute : « Lorsque ces édifices sont encore existans et sont susceptibles de réparations, ils continuent d'être immeubles et ne sont aliénés, échangés ou loués pour un terme plus long que neuf ans, qu'avec l'autorisation du roi ; mais s'ils sont dans un état de détérioration tel qu'ils ne puissent plus être envisagés que comme un amas de ruines, alors ils sont considérés comme étant mobilisés, et l'autorisation du préfet suffit. » — Le magistrat doit se tenir en garde contre les erreurs qu'on pourrait tenter de lui faire commettre à cette occasion, et employer les moyens nécessaires pour connaître le véritable état de l'édifice.

115. — « En effet, l'abandon aux fabriques a été fait, non seulement dans l'intention de leur créer des ressources financières, mais aussi et principalement afin qu'elles conservent ces biens pour être affectés au culte lorsque les ressources de la commune et les autres circonstances permettront d'en rétablir l'exercice. Aucune église supprimée ne peut donc être aliénée ou démolie avant qu'il ait été reconnu qu'elle n'est d'aucune utilité pour le culte. » — Décis. minist. 14 therm. an XII).

116. — Il a même été reconnu en principe que, lors même qu'un décret aurait autorisé la démolition ou la vente d'une église supprimée, si la commune demandait alors son érection en chapelle ou oratoire, on devrait surseoir à l'exécution du décret jusqu'à la décision sur la demande nouvelle.—Décis. minist. 26 oct. 1813.

117. — Il est évident, du reste, qu'une commune ne doit pas être autorisée à vendre une église supprimée; car, aux termes du décret du 30 mai 1806, elle appartient aux fabriques dans la circonscription desquelles elles sont situées. — Avis cons. d'état, 5 juill. 1833.

118. — Une décision ministérielle du 14 oct. 1817 rappelle que l'exercice du culte dans les églises supprimées est soumis aux conditions et autorisation préalable prescrites par l'art. 44 de la loi organique pour les chapelles domestiques et les oratoires particuliers.

V. au surplus CULTE, FABRIQUE.

## ÉGOUTS.

### Table alphabétique.

ÉGOUTS. — 1. — Ce mot désigne, en général, la chute et l'écoulement des eaux par la pente d'un édifice ou d'un sol incliné.

2.— Dans un sens plus restreint, les égouts sont des édifices destinés à recevoir des eaux et des immondices pour les diriger vers des points d'écoulement.

3. — On dit aussi *l'égout des toits* pour désigner la chute et l'écoulement des eaux pluviales.

SECT. 1re. — *Égouts destinés à l'écoulement des eaux et immondices* (n° 4).

§ 1er. — *Égouts publics* (n° 5).

§ 2. — *Égouts privés* (n° 31).

SECT. 2e. — *Égouts des toits* (n° 43).

### Sect. 1re. — *Égouts destinés à l'écoulement des eaux et immondices.*

4.—On distingue les égouts *publics* et les égouts privés.

#### § 1er. — *Égouts publics.*

5. — Ce sont ceux qui sont consacrés à l'utilité générale. De tous les édifices construits pour le bien public, les égouts peuvent sans contredit, dans les grandes villes, être rangés parmi les plus utiles, en ce qu'ils contribuent d'une manière nécessaire à la salubrité.

6. — Les égouts publics sont, au même titre que les rues, la propriété des communes, des départemens ou de l'état, suivant qu'ils sont établis dans un intérêt communal, départemental ou national. — Daviel, *Tr. des cours d'eau*, n° 860.

7. — L'ancienne jurisprudence du conseil attribuait au domaine municipal trois toises de terrain de chaque côté, à partir du point milieu de l'égout. — Daviel, *Tr. des cours d'eau*, t. 3, n° 890.

8.—Il faut conclure de cette jurisprudence que l'entretien des égouts doit être à la charge des communes, du département, ou de l'état, suivant les circonstances, et non à la charge des propriétaires riverains. — Daviel, loc. cit.

9. — Cette conséquence aurait été consacrée, à l'égard des égouts *découverts*, par un arrêt du conseil du 21 juin 1721.

10. — Pour ce qui est des égouts *couverts*, il paraît qu'un arrêt du conseil du 21 juin 1795 en avait mis le curage, et l'entretien à la charge des propriétaires sous les terrains desquels passent les égouts, à raison de l'utilité qu'ils en retirent. Le continuateur de Delamarre (t. 4, p. 273) professe encore la même doctrine. — V. aussi Elouin et Trébuchet, *Nouv. dict. de police*, v° *Égouts*.

11.— Et d'après M. Perrin (*Code des constructions*, n° 4427), lorsque les égouts publics traversent une maison ou autre héritage qu'ils avoisinent, les propriétaires de ces héritages sont tenus de *contribuer* à leurs réparations.

12. — Mais il nous semble plus juste de dire avec M. Daviel (*Des cours d'eau*, loc. cit.,) que l'entretien des égouts , sans distinguer entre les égouts couverts ou les égouts découverts, est à la charge de ceux à qui ils appartiennent, parce qu'en effet les avantages qu'ils procurent sont loin de compenser les inconvéniens qu'ils font naître à leur voisinage, et que d'ailleurs, établis dans un intérêt général, la dépense qu'ils nécessitent ne pèserait pas également sur tous ceux qui en profitent, si les frais d'entretien et de curage devaient rester exclusivement à la charge de ceux dont ils traversent les héritages.

13. — Au reste, il est certain que les propriétaires sous l'héritage desquels passent les égouts, doivent souffrir les visites de l'autorité compé-

ente. — Perrin, *ibid.* — V. aussi Fournel, *Tr. du voisinage*, v° *Egouts publics*.

14. — Un arrêt du conseil du 22 janv. 1785 fait défense à tout propriétaire de maisons dans Paris de pratiquer aucune ouverture ou communication avec les égouts publics, à moins d'une autorisation formelle qui déroge à cette prohibition. — Cette disposition est encore en vigueur et, quoique spéciale à la ville de Paris, peut être considérée comme loi de la matière.

15. — En outre, une ordonnance royale du 30 sept. 1814 indique avec détail les travaux à exécuter par ceux qui ont obtenu l'autorisation de faire écouler dans les égouts publics leurs eaux pluviales et ménagères.

16. — Il en résulte notamment (art. 3) que lorsque ces eaux ne peuvent, par défaut de pente, avoir un écoulement sur la voie publique, on peut permettre aux propriétaires d'établir une communication souterraine entre leurs maisons et l'égout le plus voisin pour y conduire lesdites eaux; — (art 4) que les travaux nécessités par ces communications sont surveillés par les ingénieurs préposés au service des égouts; — (art. 5) que cependant les propriétaires sont libres de faire exécuter ces travaux par qui bon leur semble; — (art 6) qu'en cas de reconstruction des maisons, ils sont tenus de relever leur sol de manière que l'écoulement des eaux puisse avoir lieu sur la voie publique; au moyen de quoi, ajoute l'article, « toute communication avec les égoûts leur sera interdite, même pour les cuisines, basses cours, buanderies, teintureries et autres établissemens qu'ils jugeraient à propos de construire dans les souterrains de ces nouvelles bâtisses. »

17. — L'autorisation peut imposer des charges à celui qui la sollicite. Ainsi, elle peut n'être accordée que sous la condition *expresse* que l'entretien du pavage et les autres réparations seront supportés par l'impétrant. — Elouin et Trébuchet, *ibid.*

18. — Il a même été jugé que la commune qui a concédé à certains habitans, pour une somme déterminée, le droit de pratiquer des canaux communiquant de leurs maisons aux égouts publics, a pu postérieurement, si ses besoins l'exigeaient, porter cette somme à un chiffre plus élevé, sans qu'il y ait eu de sa part violation d'un contrat. Elle n'a, en agissant ainsi, que modifié un tarif dont le caractère est essentiellement variable et qui doit s'élever en raison de l'augmentation des dépenses auxquelles il a pour but de pourvoir. — *Nancy*, 14 janv. 1845 (t. 1er 1846, p. 142), ville de Nancy c. Noël et Turck.

19. — Mais les habitans ont le droit de se soustraire à cette élévation de la taxe en renonçant à la concession qui leur avait été consentie. — Même arrêt.

20. — On ne peut acquérir par prescription le droit de verser les eaux dans un égout public, de manière qu'il ne soit plus possible à l'autorité de supprimer l'égout sans pourvoir à l'écoulement des eaux qu'on avait coutume d'y verser. — Daviel, n° 891. — V. aussi AQUEDUC, n° 23.

21. — En effet, dit M. Daviel (*loc. cit.*), s'il s'agit d'un aqueduc couvert, et s'il existe, comme pour les égouts de Paris, quelque réglement de police qui fasse défense à tout propriétaire de pratiquer aucune ouverture ou communication avec le canal à moins de concession formelle qui déroge à cette prohibition, la prescription ne pourra s'établir parce qu'on ne prescrit pas contre une loi de police. — Et en deuxième lieu, si pour arriver à l'égout, le conduit des eaux avait dû être établi au travers du sol d'une rue ou d'une place publique, comme la voie publique est essentiellement imprescriptible (V. PRESCRIPTION), la servitude n'aurait pu s'établir sur l'égout, puisque l'espace intermédiaire n'aurait pu être valablement prescrit.

22. — Ainsi jugé spécialement que celui qui, depuis longtemps, est en possession de faire écouler les eaux de son usine par un égout qui traverse une rue et les conduit à un fossé qui faisait autrefois partie des fortifications de la ville, ne peut se plaindre du comblement du fossé, ordonné pour cause de salubrité publique, sous prétexte que par sa longue possession il aurait acquis une servitude et sur la rue et sur le fossé. — *Cass.*, 13 févr. 1828, Hecht c. ville de Strasbourg.

23. — Mais M. Daviel ajoute qu'il en serait autrement s'il s'agissait d'un égout consacré à recevoir immédiatement les eaux des héritages voisins, et qu'une pareille destination ne pourrait être changée sans qu'il fût pourvu à un autre mode d'écoulement ou sans indemnité pour le propriétaire obligé à d'autres dispositions pour se débarrasser de ses eaux. C'est ainsi, dit-il, que lorsqu'une rue est supprimée, les portes, les fenêtres, les égouts



des toits continuent de subsister sur l'ancien emplacement de la voie publique, ou que, s'il faut les supprimer, une indemnité est due aux propriétaires.

24. — La police des égouts rentre dans les attributions de l'autorité administrative. — Puibusque, *Dict. municipal*, v° *Egouts*; Rolland de Villargues, *Rép. du notariat*, v° *Égouts*, n° 7 (2e édit.).

25. — Chaque habitant peut et doit même, en conformité des réglemens de police, jeter les immondices de sa maison dans les égouts publics, et, quels que soient les désagrémens que les voisins en puissent éprouver, ils ne peuvent s'en plaindre qu'alors que les réglemens de la police ont été transgressés. — Perrin, *ibid.*, n° 1428; Pardessus, n° 91.

26. — Mais, aux termes d'une ordonnance de police du 27 mars 1834 (art. 5), il est interdit de jeter ou de pousser dans les égouts des boues, neiges, glaces ou immondices solides et généralement tout corps ou matière qui pourrait les obstruer ou les infecter. — Puibusque, *ibid.*; Elouin et Trébuchet, *ibid.*

27. — M. Daviel (n° 709 *bis*) dit qu'une commune ne pourrait pas conduire les eaux d'un égout dans une rivière d'un assez faible volume pour que les eaux s'en trouvassent corrompues, et qu'une indemnité, en pareil cas, serait due aux riverains.

28. — On doit considérer comme obligatoire pour les tribunaux l'arrêté du maire qui défend d'obstruer le conduit du canal destiné à recevoir les eaux insalubres d'une ville, et qui enjoint aux propriétaires sur l'héritage desquels ces eaux se sont amassées dans des mares de les combler. — *Cass.*, 2 juin 1838 (t. 2 1838, p. 371), Collot. — Mais il en est autrement de la disposition du même arrêté qui enjoint aux riverains du canal de l'entretenir et de le recouvrir dans toute sa longueur; c'est aux tribunaux civils qu'il appartient de décider à la charge de qui incombe cet entretien, et le tribunal de simple police saisi de la prévention doit se déclarer incompétent. — Même arrêt. — V. AQUEDUC, nos 30 et suiv.

29. — Lorsque l'autorité administrative a pris les arrêtés et les mesures nécessaires pour obvier à la stagnation des eaux par un canal placé sous la maison d'un particulier et sans rien mettre à sa charge, le tribunal entreprend sur les pouvoirs de l'autorité administrative en condamnant ce particulier à l'amende et à faire disparaître le cloaque formé par le séjour des eaux devant sa maison. — *Cass.*, 18 flor. an IX (int. de la loi), Bonneau.

30. — A Paris, ce qui concerne les constructions des égouts et les autorisations de communication aux égouts publics est dans le ressort du préfet de la Seine. — Le préfet de police n'est chargé que de pourvoir à leur curage, et ce qui a trait à ce service est réglé par le cahier des charges de l'entreprise de nettoiement de la ville. — V. BALAYAGE ET NETTOIEMENT DE LA VOIE PUBLIQUE, nos 45 et suiv.

### § 2. — *Egouts privés.*

31. — Les égouts privés sont, comme l'indique le mot, ceux qui sont établis dans un intérêt particulier.

32. — En principe, tout propriétaire peut creuser un égout sur son propre fonds (arg. C. civ., art. 552); mais il doit observer la distance prescrite par les réglemens et usages particuliers pour éviter de nuire à autrui. — C. civ., art. 674.

33. — Et il est toujours dans l'esprit de la loi, dit M. Rolland de Villargues (n° 3), que si cette distance ne suffit pas, on doit prendre des précautions pour obvier aux inconvéniens ou supprimer l'égout et payer les dommages. — V. aussi Garnier, *Rég. des eaux*, t. 2, n° 153.

34. — Néanmoins, on peut acquérir par prescription le droit de conserver un égout creusé à une distance plus rapprochée que celle qui est fixée par les réglemens; mais alors il ne peut être employé pour l'écoulement d'autres eaux que celles pour lesquelles il a été construit, parce qu'aucune servitude ne peut être aggravée malgré celui qui la souffre. — Rolland de Villargues, *ibid.*, n° 8, ancienne édit. — V. à cet égard SERVITUDE.

35 — A plus forte raison, le même droit peut-il s'acquérir par une convention formelle.

36. — Si l'égout devait profiter à plusieurs propriétaires, ils pourraient s'entendre pour l'établir sur les confins de leurs propriétés respectives. — Garnier, t. 2, n° 157.

37. — Au surplus, sur les règles à suivre pour l'établissement des égouts particuliers, V. CLOAQUE, nos 5 et suiv.

38. — La police des égouts privés appartient, comme celle des égouts publics, à l'autorité administrative.

39. — A Paris, lorsqu'une personne veut, pour



son usage particulier, construire, au moyen de tranchées sur la voie publique, un égout qui communique à la rivière, elle doit obtenir l'autorisation du préfet de police. — Elouin et Trébuchet, *ibid.*

40. — Lorsque l'égout privé doit aboutir à l'un des égouts de la ville, l'autorisation rentre dans les attributions du préfet de la Seine.

41. — L'entretien et le curage des égouts privés sont à la charge des propriétaires qui les ont fait construire. — Elouin et Trébuchet, *loc. cit.*

42. — Et le préfet de police n'intervient que dans le cas où ces égouts répandraient, par défaut d'entretien et de curage, des odeurs incommodes. — Il leur serait fait alors sommation, en vertu d'un arrêté spécial, de procéder au curage de ces égouts. — Elouin et Trébuchet, *loc. cit.* — V. au surplus AQUEDUC et CLOAQUES.

## Sect. 2e. — *Égouts des toits.*

43. — Tout propriétaire doit établir ses toits de manière que les eaux pluviales s'écoulent sur son terrain ou sur la voie publique. — C. civ., art. 681.

44. — Il ne peut les faire verser sur le fonds de son voisin (même art.), que ce fonds soit clos, ouvert, vague ou bâti. — Garnier, *Régime des eaux*, t. 2, p. 344, n° 1030; Pardessus, *Servitudes*, t. 1er, p. 470, n° 213; Perrin, *Code des constructions*, n° 1393.

45. — …A moins d'enclave ou d'utilité publique, mais alors au moyen d'une juste indemnité. — Garnier, t. 2, nos 265 et 267.

46. — Il ne le pourrait pas davantage, alors même que le fonds voisin serait une propriété indivise ou un mur mitoyen. — En effet, par l'indivision, il ne possède particulièrement aucune partie du fonds. — Et à l'égard du mur mitoyen, l'art. 657, C. civ., règle les droits des copropriétaires sous les conditions imposées par l'art. 662 du même Code. — Garnier, *ibid.*, n° 1033; Favard de Langlade, *Rép.*, v° *Servitude*, sect. 2e, § 4, n° 15; Pardessus, *cod. verb.*, t. 1er, n° 212. — V. MITOYENNETÉ.

47. — Le propriétaire qui fait bâtir est obligé de laisser entre son mur et l'héritage voisin un espace suffisant pour recevoir l'égout de son toit. — Garnier, *ibid.*, n° 1031; Pardessus, *ibid.*, n° 213; Perrin, *ibid.*, n° 1395.

48. — La largeur de l'espace qu'il faut laisser est déterminée par les usages locaux et, à défaut d'usages, par des experts. Elle est ordinairement du double de l'avancement du toit. — Garnier, *ibid.*; Pardessus, *ibid.*; Perrin, *ibid.*, n° 1416. — Toullier (n° 538) dit qu'on la fixe assez généralement à trois pieds.

49. — Cependant, lorsque des gouttières ont été posées, il suffit que le terrain au-dessus duquel s'avancent le toit et la gouttière reste libre. *In suo hactenus facere licet, quatenus nihil in alienum immittat.* — L. 8, § 5, ff., *Si servit. vindic.* — Garnier et Pardessus, *ibid.*

50. — Mais aussi celui qui bâtit une maison à l'extrémité de son terrain ne peut pas même y placer des gouttières avancées pour recevoir ses eaux et les détourner sur lui-même, à moins qu'il n'ait acquis le droit de saillie, *jus projiciendi et protegendi* (V. SERVITUDE), parce qu'alors une portion du terrain voisin serait couverte: il doit placer ses gouttières sur son mur. — Toullier, t. 3, n° 537.

51. — Si l'héritage voisin consiste en une maison ou un mur, l'espace intermédiaire qui reçoit les eaux du toit doit être pavé pour empêcher l'eau de nuire aux fondemens de cette maison par l'infiltration. — Garnier, *ibid.*, n° 1032; Pardessus, *ibid.*; Desgodets, *Coutume de Paris*, art. 210, n° 14; Toullier, n° 538.

52. — Spécialement, un propriétaire peut être tenu de disposer le pavé de sa cour de manière que les eaux qui tombent de son toit ne puissent pas s'infiltrer dans une cave située immédiatement au-dessous et appartenant à un propriétaire. — *Cass.*, 13 mars 1827, Anglade c. Dumont; — Daviel, n° 753.

53. — Le terrain intermédiaire doit même être disposé en pente, afin que les eaux ne coulent pas sur le fonds voisin, qui n'est obligé de les recevoir que lorsqu'elles coulent naturellement et sans aucun fait de l'homme. — Toullier, *Dr. civ. franç.*, t. 2, p. 248, n° 538 (édit. Duvergier).

54. — Jugé, en vertu de ce principe, que l'obligation imposée à tout propriétaire inférieur de recevoir les eaux qui découlent naturellement de l'héritage supérieur ne comprend ni les eaux ménagères, ni l'égout des toits, encore que le propriétaire supérieur prétende qu'il reçoit lui-même ces eaux d'un fonds supérieur au sien. — *Cass.*, 15 mars 1830, Jousse c. Pesneau; *Colmar*, 5 mai 1819, Roth c. Ziegler; — Garnier, *ibid.*, n° 1029. —

V. aussi Pardessus, *ibid.*; Fremy Ligneville, *C. des architectes*, n° 470.

55. — Il ne faut pas confondre l'espace que le propriétaire doit laisser entre son toit et l'héritage voisin pour l'écoulement des eaux avec le *tour d'échelle.* — V. TOUR D'ÉCHELLE.

56. — Celui qui fournit le terrain destiné à recevoir l'égout de son toit en demeure propriétaire, et il peut dès-lors l'utiliser ainsi qu'il lui plaît, pourvu qu'il ne nuise pas au voisin. — Pardessus, *ibid.*, nos 213 à 215; Perrin, *ibid.*, n° 1396.

57. — Mais le droit d'égout pouvant exister à titre de servitude (V. *infrà* n° 63), si le propriétaire du terrain laissé en dehors de la construction ne veut pas courir le risque de se voir un jour contester la propriété de ce terrain, il doit en bâtissant faire, contradictoirement avec le voisin limitrophe, constater son droit de propriété. — Perrin, *ibid.*

58. — Mais s'il a négligé cette précaution et qu'il n'existe aucun signe de propriété en sa faveur, que faudra-t-il décider dans le cas où le voisin limitrophe prolongerait sa culture jusque sous l'avancement du toit? — Suivant M. Delvincourt, en l'absence de titre ni de preuve, la possession annale du terrain doit en faire supposer la propriété au possesseur, et celui qui a cette possession pour avoir labouré ou habituellement utilisé ce terrain doit en être déclaré propriétaire, à la charge de souffrir l'existence de la servitude d'égout. — V. aussi Perrin, *ibid.*; Solon, *Tr. des serv. réelles*, n° 309.

59. — Mais si le voisin n'est pas en possession du terrain de l'égout, M. Delvincourt et M. Perrin pensent que la présomption de propriété est en faveur du propriétaire de la construction dont le toit fait saillie, et que dès-lors c'est au voisin qui se prétend propriétaire de ce terrain à prouver son droit. — V. aussi Duranton, t. 5, nos 414 et suiv., 507 et suiv.

60. — Jugé en ce sens que le propriétaire d'un bâtiment dont le toit fait saillie au-delà du mur pour l'écoulement des eaux est présumé propriétaire du terrain compris entre le mur et la ligne à plomb à côté du stillicide, et qu'en conséquence c'est au voisin qui se prétend propriétaire de cet espace à fournir la preuve de son droit. — *Bordeaux*, 20 nov., Royer c. Guichard, et 14 déc. 1833, Rambaud c. Michaud; *Limoges*, 26 déc. 1839 (t. 2 1840, p. 160), Depomme c. Duchez.

61. — Les eaux d'un mur mitoyen doivent, à moins de stipulation contraire, être versées par moitié sur les deux héritages qu'il sépare. Aussi le mur mitoyen est-il ordinairement chaperonné des deux côtés. — Perrin, *ib.*, n° 1418. — V. MITOYENNETÉ.

62. — La prohibition de verser les eaux de ses toits sur l'héritage voisin cesse d'exister lorsqu'on a acquis, soit par titre, soit par prescription, le droit de gouttière et d'égout, appelé en droit romain *servitus stillicidii* et *fluminis*. — Toullier, *ibid.*, t. 2, p. 244, n° 540. — V., à cet égard, SERVITUDE.

63. — Dans l'usage, on fait dériver ses eaux sur la voie publique qui les reçoit, à moins que des réglemens de police ne renferment quelque disposition contraire. — Puibusque, *ibid.*; Garnier, *ibid.*, n° 1030.

64. — Toutefois, selon M. Husson (*Traité de la législation des travaux publics*, t. 1er, p. 391), on ne peut refuser à un propriétaire le droit de faire écouler les eaux des toits sur la voie publique. — Arg. C. civ., art. 681.

65. — Dans tous les cas, l'autorité administrative a le droit de réglementer, dans l'intérêt de la sûreté et de la commodité publiques, le mode d'établissement des moyens d'écoulement sur la voie publique.

66. — Et lorsqu'un réglement de police défend de faciliter l'écoulement des eaux pluviales sur la voie publique, à l'aide de godets, on doit établir un tuyau pour recevoir les eaux des gouttières et les conduire le long du mur jusque sur le sol public. — Lepage, *Des bâtimens*, t. 1er, p. 210; Perrin, *ibid.*, n° 1422. — V., au surplus, GOUTTIÈRES.

V., en outre, AQUEDUC, CLOAQUE, EAUX PLUVIALES.

## ÉHOUPER.

1. — Ce mot signifie couper la houpe ou le sommet des arbres, ce qui les empêche de s'élever.

2. — L'art. 2, tit. 32, ord. 1669, punissait, comme s'ils avaient abattu les arbres par le pied, ceux qui les auraient *éhoupés, ébranchés et deshonorés.*

3. — Cette disposition est reproduite par l'art. 196, C. forest., et ceux qui, dans les bois et forêts, dit cet article, auraient éhouppé des arbres, seraient punis comme s'ils les avaient abattus par le pied.

V. ARBRE, FORÊTS.

## ÉLAGAGE.

### *Table alphabétique.*



ÉLAGAGE. — 1. — Action de retrancher les branches des arbres ou des haies qui s'avancent sur le fonds d'autrui ou sur les voies publiques.

2. — Elaguer dit plus qu'ébrancher: ce n'est pas assez d'ébrancher l'arbre, il faut encore l'élaguer, c'est-à-dire enlever tout ce qui peut nuire à sa nourriture et à son développement. — Baudrillart, v° *Ebrancher*.

3. — Les art. 671 et 672, C. civ., ont fixé la distance à laquelle les arbres à haute tige, ainsi que les autres arbres et les haies vives, doivent être plantés.

4. — L'art. 672 ajoute que celui sur la propriété duquel avancent les branches des arbres du voisin peut contraindre celui-ci à couper ces branches; que si ce sont les racines qui avancent sur son héritage, il a le droit de les couper lui-même. — V. à cet égard PROPRIÉTÉ, SERVITUDE.

5. — Les communes à titre privé et comme propriétaires peuvent user du droit qui résulte de l'art. 672, C. civ.; mais si les arbres ou les haies avancent sur la voie publique, le pouvoir municipal à qui la loi du 24 août 1790, tit. 11, art. 3, n° 1er, confie le soin d'y maintenir la sûreté et la commodité du passage, a en outre le droit d'ordonner l'élagage de ces arbres ou de ces haies, et les arrêtés qu'il prendrait à cet égard donneraient lieu contre le contrevenant à l'application d'une amende de 1 franc à 5 francs inclusivement, en vertu de l'art. 471, n° 5, C. pén. — *Cass.*, 26 juill. 1827, Julien Renault; même jour, Fasné.

6. — L'autorité municipale ou administrative peut même faire entièrement abattre les arbres qui empiéteraient sur les chemins vicinaux et gêneraient la commodité du passage. — *Cass.*, 7 fév. 1824, Coutrie.

7. — Du reste, ni le Code rural, ni le Code pénal, ni aucune autre loi n'a déclaré punissable le fait de laisser les branches de ses arbres ou ses haies s'étendre sur la voie publique, et, en l'absence d'un réglement municipal qui le défende, le tribunal de police serait incompétent pour connaître d'un pareil fait. — *Cass.*, 24 (et non 29) oct. 1823 (int. de la loi); Piquot.

8. — Quand l'élagage est ordonné, il ne doit être fait qu'à l'époque de la taille des arbres. — V. cependant *infrà* n° 27.

9. — L'ordonnance de 1669, tit. 32, art. 2, défendait tout élagage des branches, lorsqu'il s'agissait des lisières de bois et forêts domaniaux.

10. — Mais, depuis la promulgation du Code civil et avant le Code forestier, la jurisprudence paraissait fixée en ce sens que l'art. 672, C. civ., était applicable aux bois domaniaux comme aux bois particuliers; et qu'ainsi cet article avait modifié la jurisprudence établie sous l'empire de l'ordonnance de 1669. — *Paris*, 16 fév. 1824, Forêts c. de Paris; *Cass.*, 31 juill. 1827, préf. d'Eure-et-Loire c. de Paris; — Proudhon, n° 2076.

11. — Le projet du Code forestier, adoptant le système de l'ordonnance de 1669, défendait pour toujours, et d'une manière absolue, l'élagage des branches.

12. — Mais la rédaction définitive de l'art. 150 de ce Code apporta une grave modification à cette prohibition en déclarant que « les propriétaires riverains des bois et forêts ne peuvent se prévaloir de l'art. 672, C. civ., pour l'élagage des lisières desdits bois et forêts, si ces arbres de lisières ont plus de trente ans. » Ce qui leur réserve la faculté résultant de l'art. 672, même pour les arbres des lisières des forêts, lorsque ces arbres ont moins de trente ans.

13. — A la chambre des pairs, il fut demandé si cet article contenait une disposition temporaire seulement ayant pour but de préserver les arbres de lisière âgés alors de plus de trente ans des dégradations, de la destruction même qu'entraînerait l'application subite du droit commun de l'élagage; en sorte que le droit commun dût reprendre sur les lisières des bois toute sa puissance, à mesure que ces arbres disparaîtraient. — M. Martignac répondit affirmativement. La chambre des députés, dit-il observer, a voulu maintenir seulement pour les arbres déjà âgés de trente ans au moment de la publication du Code l'espèce de droit acquis résultant de la possession, mais à cette exception près tous les arbres sont sujets à l'élagage, et les propriétaires doivent par conséquent choisir à une plus grande distance de la limite ceux qu'ils voudraient laisser monter en futaies. Tel est conséquemment le sens de l'art. 150. — V. au surplus FORÊTS.

14. — Il est bien entendu, dans tous les cas, que l'art. 671, C. civ., qui règle la distance du fonds voisin à laquelle peuvent être plantés les arbres, conserve son effet, même en ce qui concerne les lisières des forêts.

15. — La question de compétence, en ce qui concerne l'action civile relative à l'élagage des arbres entre voisins, donnait lieu, avant la loi du 25 mai 1838, à quelques difficultés.

16. — Ainsi, d'une part, un arrêt avait jugé que, sous l'empire de la loi du 16-24 août 1790, le juge de paix était compétent pour statuer sur les dommages causés aux récoltes par des branches s'avançant sur le voisin sans titre ni destination du père de famille. — *Cass.*, 9 déc. 1817, Chevolaye c. Gauchet.

17. — Jugé toutefois par un autre arrêt que celui sur le fonds duquel s'étendent depuis plusieurs années les branches des arbres du voisin ne peut porter devant le juge de paix son action en élagage des arbres et en dommages-intérêts, soit parce qu'il ne s'agit pas d'une action possessoire formée dans l'année, soit parce que l'action intentée ne rentre pas dans la classe de celles qui ont lieu pour dommages aux champs, fruits et récoltes. Dans l'espèce, il est vrai, le défendeur prétendait être fondé *en titre* à conserver ses arbres dans leur état. — *Cass.*, 29 déc. 1830, Dumoncel c. Bras.

18. — L'art. 5, L. 25 mai 1838, déclare le juge de paix compétent pour connaître, sans appel, jusqu'à la valeur de 100 fr., et à la charge d'appel, à quelque valeur que la demande puisse s'élever, des actions relatives à l'élagage des arbres ou haies, lorsque les droits de propriété ou de servitude ne sont pas contestés.

19. — Il était en effet regrettable, disait dans la séance du 15 janv. 1838 M. le garde des sceaux, de voir pour de telles causes introduire devant les tribunaux d'arrondissement des procès soulevés par l'amour-propre plutôt que par un véritable intérêt, et qui plus tard n'entretenaient la mésintelligence entre voisins qu'à raison des frais que chaque plaideur s'efforçait de rejeter sur son adversaire.

20. — La compétence du juge de paix pour statuer sur l'action en élagage cesserait si, s'agissant de l'élagage des arbres d'une forêt, le défendeur soutenait que ces arbres avaient déjà plus de trente ans lors de la publication du Code forestier, et réclamait en conséquence le bénéfice de l'art. 150 de ce Code. La question de servitude qui s'élèverait alors serait hors des attributions du juge de paix. — Curasson, t. 1er, p. 894.

21. — Le même auteur ajoute qu'il en serait autrement si le défendeur à la demande en élagage invoquait la prescription, en alléguant que les branches de ses arbres s'avancent depuis trente ans sur l'héritage du demandeur. — Mais cette opinion est susceptible de critique, car on peut se demander si l'action en élagage n'est pas imprescriptible. — V. PROPRIÉTÉ, SERVITUDE.

22. — Il a été jugé que celui sur le fonds duquel s'étendent depuis plusieurs années les branches des arbres du voisin ne peut porter devant le juge de paix une *action possessoire* en élagage. — *Cass.*, 29 déc. 1830, Dumoncel c. Bras.

23. — Comme nous l'avons dit, *suprà* n° 4, aux termes de l'art. 672, celui sur la propriété duquel avancent les branches des arbres du voisin, peut *contraindre celui-ci à couper ces branches*, mais il n'a pas le droit de les couper lui-même. — Toutefois, s'il procédait lui-même à l'élagage, cet acte n'emportant pas de prétention à la propriété des arbres, ne constituerait pas un trouble susceptible d'entraîner la complainte. — Mais ce serait une voie de fait qui pourrait, suivant les circonstances, le rendre passible d'une peine correctionnelle.

— Belime, n° 325. — V. DESTRUCTION DÉGRADATION ET DOMMAGE.

24. — Aux termes de l'art. 150, C. forest., « Tout élagage de lisière de bois qui serait exécuté sans l'autorisation des propriétaires des bois et forêts donnera lieu à l'application des peines portées par l'art. 196, C. forest. — V. au surplus FORÊTS.

25. — Les arbres existant sur le sol des routes royales, bien qu'appartenant aux particuliers, ne peuvent être élagués par eux qu'en vertu d'une permission de l'administration. — L. 12 mai 1825, art. 1er, n° 3; — *Cons. d'état*, 23 déc. 1844, Pons et Pinel.

26. — Les routes départementales sont, à l'égard des plantations (et partant de l'élagage), assimilées aux routes royales. — *Cons. d'état*, 28 mai 1835, d'Andlaw.

27. — L'élagage de ces arbres ne peut avoir lieu qu'aux époques et suivant les indications contenues dans l'arrêté du préfet et sous la surveillance de l'ingénieur des ponts et chaussées, sous peine de poursuites comme coupables de dommages causés aux plantations des routes. — Décr. 16 déc. 1811, art. 105; — Husson, *Législ. de la voirie et des travaux publics*, t. 2, p. 19; Bost, *Tr. de l'organ. et des attrib. municipales*, t. 2, p. 271.

28. — Le défaut d'autorisation donnerait lieu à l'application d'une amende égale à la triple valeur de l'arbre d'après l'art. 101, décr. 16 déc. 1811, entièrement conforme à l'art. 43, tit. 2, L. 28 sept.-6 oct. 1791 ainsi conçu : Quiconque aura coupé ou détérioré des arbres plantés sur les routes sera condamné à une amende triple de la valeur des arbres et à une détention qui ne pourra excéder six mois. Cependant la bonne foi du délinquant peut faire réduire l'amende à la simple valeur des arbres.

29. — L'ébranchement d'un arbre planté sur une route royale est un fait de la compétence des conseils de préfecture et non des tribunaux. — *Cons. d'état*, 22 juin 1825, Baudier.

30. — Jugé même que le fait, par un particulier, d'avoir coupé des branches sur un arbre planté sur une route royale ne constitue ni délit ni contravention, mais un simple dommage envers l'état. — Même ord.

31. — Mais cette décision ne saurait faire jurisprudence, car un individu qui élague un arbre dont il ne se prétend pas propriétaire commet une action blâmable qu'on ne peut ranger que dans la classe des délits ou contraventions. — Garnier, *Tr. des chemins*, p. 200; Proudhon, *Tr. du domaine public*, n° 595; Cotelle, *Cours de droit administr.*, t. 3, p. 294.

32. — Tous les arbres existant sur le bord des grandes routes, soit sur le terrain même de la route, soit sur les terres riveraines, ne pouvant être coupés ou arrachés sans autorisation, l'exception de propriété opposée par le prévenu d'une contravention de cette nature ne doit pas empêcher le conseil de préfecture de statuer sur la contravention. — *Cons. d'état*, 23 déc. 1844, Pons et Pinel.

33. — Les dispositions pénales portées par le décret du 16 déc. 1811 contre les contrevenans aux réglemens sur la plantation des routes n'ont point été abrogées par la loi du 12 mai 1825. — *Cons. d'état*, 28 mai 1835, d'Andlau.

34. — Mais lorsque les circonstances sont favorables, le conseil d'état peut réduire l'amende. — Même ord.

35. — L'élagage des arbres appartenant à l'état ou aux communes est exécuté au rabais et par adjudication publique. La vente des branches élaguées et des arbres en partie déracinés est également faite par voie d'adjudication. Le produit en est versé comme fonds spécial et affecté au service des ponts et chaussées, si ces arbres appartiennent à l'état, ou dans les caisses respectives des communes auxquelles ils appartiennent. — Décr. 16 déc. 1811, art. 103 et 104.

36. — Les dispositions que nous venons de rappeler ne contiennent aucune disposition relative à l'élagage des haies qui bordent les grandes routes.

37. — La loi du 21 mai 1836, relative aux chemins vicinaux, a chargé, par son art. 12, chaque préfet de faire, pour assurer l'exécution de cette loi, un réglement qui doit être communiqué au conseil général et transmis, avec ses observations, au ministre de l'intérieur, pour être approuvé s'il y a lieu. Ce réglement doit statuer sur ce qui est relatif à l'élagage des arbres plantés le long des chemins vicinaux.

38. — Ce réglement, d'après M. Dumay (*Comment. de la loi du 21 mai 1836, sur les chemins vicinaux*, t. 1er, p. 454), doit déterminer la période après laquelle l'élagage des arbres et haies devient obligatoire, la saison de l'année où il doit se faire, les moyens d'y procéder, en cas de refus ou de négligence des riverains, etc.

39. — La contravention à l'arrêté du préfet est passible des peines portées par l'art. 471, n° 15, C. pén., et, par suite, est de la compétence des tribunaux de simple police.

40. — L'art. 21, L. 21 mai 1836, donne au préfet la faculté absolue d'ordonner l'élagage des arbres plantés le long des chemins vicinaux selon les exigences de la viabilité de ces chemins, et nonobstant tout statut ou usage contraire. Dès-lors, le réglement préfectoral qui ne détermine pas par une disposition explicite et textuelle le mode de l'élagage est censé avoir laissé subsister l'usage en vigueur lors de sa publication. — *Cass.*, 29 mai 1846 (t. 2 1846), Pouvillion.

41. — En conséquence, lorsqu'un riverain a opéré l'élagage conformément à cet ancien usage, le juge de simple police ne peut se fonder sur l'art. 672, C. civ., pour décider qu'il n'y a pas lieu de s'arrêter aux usages locaux, et que le riverain était tenu d'effectuer l'élagage de manière à ce que, contrairement à l'ancien usage, les branches de la tête de ses arbres ne s'étendissent pas sur le chemin. — Même arrêt.

## ÉLARGISSEMENT.

V. EMPRISONNEMENT.

## ÉLASTIQUES (Fabricans d').

Fabricans d'élastiques pour bretelles, jarretières, etc. : — patentables de huitième classe. Droit fixe basé sur la population, et droit proportionnel du quarantième de la valeur locative de tous les locaux des patentables, mais seulement dans les communes de 20,000 âmes et au-dessus. — V. PATENTE.

## ÉLECTEUR.

V. ÉLECTIONS DÉPARTEMENTALES, ÉLECTIONS LÉGISLATIVES, ÉLECTIONS MUNICIPALES.

## ÉLECTEUR (Grand).

1. — Titulaire de l'une des grandes dignités de l'empire, instituées par le sénatus-consulte du 28 flor. an XII. — V. DIGNITAIRES, nos 9 et suiv.

2. — Le grand-électeur faisait les fonctions de chancelier : — 1° pour la convocation du corps législatif, des colléges électoraux et des assemblées de canton (Sénat.-cons. 28 flor. an XII, art. 39); 2° pour la promulgation des sénatus-consultes portant dissolution soit du corps législatif, soit des colléges électoraux. — *Ibid.*

3. — Il recevait le serment des présidens des colléges électoraux de département et des assemblées de canton. Il portait à la connaissance de l'empereur les réclamations formées par les colléges électoraux ou par les assemblées de canton, pour la conservation de leurs prérogatives. — *Ibid.*

4. — Lorsqu'un membre d'un collége électoral était dénoncé, conformément à l'art. 21 du sénatus-consulte organique du 16 thermid. an X, comme s'étant permis quelque acte contraire à l'honneur ou à la patrie, le grand-électeur invitait le collége à manifester son vœu, et il portait ce vœu à la connaissance de l'empereur. — *Ibid.*

5. — Le grand-électeur présidait, en l'absence de l'empereur, lorsque le sénat procédait aux nominations des sénateurs, des législateurs et des tribuns. — *Ibid.*

6. — Il présentait les membres du sénat, du conseil d'état, du corps législatif et du tribunat au serment qu'ils prêtaient entre les mains de l'empereur. — *Ibid.*

7. — Enfin il présentait les députations solennelles du sénat, du conseil d'état, du corps législatif, du tribunat et des colléges électoraux lorsqu'elles étaient admises à l'audience de l'empereur. — *Ibid.*

8. — Les fonctions de ce grand dignitaire ont cessé par l'abrogation du sénatus-consulte du 28 flor. an XII, résultant des événemens de la restauration.

## ÉLECTION (Juridiction).

1. — Ancienne juridiction royale subalterne qui jugeait en premier ressort la plupart des matières dont les cours des aides connaissaient sur l'appel. — Merlin, *Rép.*, v° *Élection* (ordre judiciaire); Guyot, *eod. verb.*; *Encycloped. méthod.*, *eod. verb.*

2. — Le nom d'élection venait de ce que dans le principe, les officiers qui remplissaient les fonctions d'élus avaient été établis par le choix des peuples ou des états assemblés. — Par suite, on appelait élus les officiers qui composaient l'élection. — Merlin, *ibid.*

3. — On n'est pas d'accord sur l'origine des élus. Les uns la font remonter au règne de Saint-Louis, sous lequel des prud'hommes ou élus procédaient, sous la foi du serment, à l'assiette de la taille. — V. Ord. de 1256, rapportée dans les mémoires des impositions en France (t. 2, p. 3, édit. de 1787); Denisart, v° *Élection*, § 1er, n° 2. — D'autres, au contraire, soutiennent que les élus ne datent que du règne du roi Jean. A cette époque, les états assemblés votèrent différens subsides qui devaient être régis par les élus des cités et par des généraux superintendans. — Ord. de 1355, rapportée *ibid.*, t. 3, p. 235; Denisart, *ibid.* — Enfin, suivant une autre opinion, ce fut Charles V qui établit en France, en 1373, une chambre d'élection, ainsi nommée parce que ceux qui devaient la composer furent élus parmi les personnes que l'on crut le plus en état de faire exactement la répartition des tailles, et de décider à peu de frais les questions de surcharge ou de dégrèvement.

4. — Quoi qu'il en soit, il est constant que Charles V établit dans chaque ville capitale ou épiscopale deux élus, dont il régla les fonctions par une ordonnance de 1374. Le même prince, par édit du mois de nov. 1379, confirma leur établissement. — Merlin, *ibid.*

5. — Charles VI, en 1383, augmenta le nombre des élus dans chaque siége. — En 1452, Charles VII créa de nouveaux siéges d'élection, fixa l'arrondissement de chacun de ces siéges, assigna un lieu aux élus pour tenir leur juridiction et borna leur ressort à cinq ou six lieues. — Denisart, *ibid.*

6. — Le même prince rendit la taille perpétuelle et érigea en titre d'office les élus, qui n'en conservèrent pas moins le nom d'élus, quoiqu'ils ne fussent plus choisis par voie d'élection. Leur juridiction conserva également le nom d'élection. — Denisart, *ibid.*

7. — Les élus étaient reçus aux cours des aides et y prêtaient serment après information de vie et mœurs, et après examen. Ils prêtaient aussi serment au bureau des finances de leur généralité, mais sans examen et sans information.

8. — Pour éviter aux plaideurs des déplacemens longs et dispendieux, les élus étaient tenus d'avoir un commis, à leurs risques et périls, dans les localités trop éloignées du siége de leur juridiction. — V. Ord. 19 juin 1445, et 26 août 1452; — Denisart, *ibid.*

9. — Sous le règne de François Ier, en 1543, ces commis furent remplacés par des élus particuliers. Deux édits, l'un du mois de mars 1587 et l'autre du mois de janv. 1598, confirmèrent cette nouvelle institution, qui fut successivement supprimée puis rétablie par édits de déc. 1627 et 1634, et enfin totalement supprimée et réunie aux élections en chef par édits d'août 1681 et de janv. 1685, à l'exception de quelques élections particulières qui furent réservées et qui depuis ont été érigées en élections en chef. — Merlin, *ibid.*

10. — Les élus jouissaient de plusieurs priviléges plus ou moins étendus, selon les besoins d'argent et les demandes des finances. — V. Edits de juill. 1766; fév. 1745; fév. 1771; décl. 22 sept. 1627; édit de déc. 1632 et 1635; — Denisart, *ibid.*, § 5, nos 1er et 2.

11. — Les élections ne furent point établies dans tout le royaume, parce que sans doute plusieurs provinces réunies à la couronne avant l'institution de cette juridiction, avaient retenu le droit d'accorder et régir elles-mêmes leurs impôts, et que, d'un autre côté, celles dont la réunion à la couronne était postérieure à cette même institution, avaient conservé le régime qu'elles avaient précédemment. — Denisart, *ibid*, n° 4. — Ainsi, le régime des pays d'états excluait, en général, celui des élections. Les pays conquis et cédés n'étaient pas non plus, pour la plupart, soumis à cette juridiction. — Denisart, *ibid.*

12. — Les élus cumulaient la juridiction gracieuse et la juridiction contentieuse; ils étaient asséeurs de la taille, faisaient les baux des aides et commettaient ou instituaient les receveurs. — Denisart, *ibid.*, § 2, n° 1er. — Ils procédaient à l'adjudication des octrois des villes, conformément au règlement du 14 juin 1689. — Denisart, *ibid.* — Ils devaient viser les contraintes des receveurs de tous deniers, et se transporter, à la réquisition des commis, partout où leur présence était nécessaire. — V. art. 14 et 19, décl. 6 déc. 1707, et 1er août 1721; — Denisart, *ibid.*, n° 10.

13. — Les élections recevaient le serment de tous les commis et préposés au recouvrement des impôts. — Denisart, *ib.*, n° 11. — Les élus avaient aussi la mission spéciale de protéger le peuple contre les vexations des collecteurs d'impôts. — Denisart, *ib.*, n° 9.

14. — Au contentieux, les élections connaissaient : 1° de toutes les questions relatives aux
tailles, aux aides et aux autres impositions ou subsides, ainsi qu'à la capitation des taillables.—Denisart, *ib.*, n° 2; Merlin, *ib.* — V. CAPITATION.

15. —... 2° Des difficultés nées à l'occasion de la
ferme du tabac, à moins qu'une attribution particulière ne les soumît à quelques sièges de traites
ou à quelque commission souveraine.—V. les lettres-patentes du 29 août 1775;—Denisart, *ib.*, n° 4.

16. —... 3° De la contrebande. Mais, à cet égard,
la compétence des élections se trouva restreinte
par suite de l'établissement des juges de traites,
des commissions souveraines, et enfin par l'attribution aux intendans des contestations relatives à
l'introduction des marchandises prohibées. — Denisart, *ib.*, n° 5.

17. —... 4° Des matières criminelles, en cas de
rébellion contre les commis aux aides et autres
préposés au recouvrement des impôts, de la vente
du tabac et des octrois des villes. — Denisart, *ib.*,
n° 6. —... Ainsi que des attroupemens et des rébellions d'habitans, arrivés à l'occasion de la levée de
ces mêmes impositions. — Merlin, *ib.*

18. —... 5° Des privilèges et exemptions des gen-
tilshommes et ecclésiastiques, des secrétaires du
roi et tous autres privilégiés, relativement aux
droits du roi. En cas de contestation sur la noblesse des uns et le privilège des autres, soulevée
incidemment aux matières de droits et d'impositions, les élus en décidaient à charge d'appel.
— Denisart, *ib.*, n 12.

19. —... 6° Des contraventions aux réglemens
concernant la formule et la distribution des papiers et parchemins timbrés.—Guyot et Merlin, *ib.*

20. — Ils pouvaient seuls décréter contre les
commis pour le fait de leurs commissions et emplois. — Ord. 1681, 1686 ; — Denisart, *ib.*, n° 7.

21. — Des affaires qui, par leur nature, auraient
dû être portées devant les tribunaux ordinaires,
devenaient souvent de la compétence des élections, par exemple, les contestations nées à l'occasion de saisies et oppositions à saisies, lorsque les
collecteurs des tailles y étaient opposans. —Déclar.
22 août 1695; Denisart, *ib.*, n° 15. — Du reste, la
compétence des élections cessait aussitôt que les
collecteurs saisissans ou opposans étaient complètement désintéressés. — Denisart, *ib.*, n° 16.

22. — La nature de la juridiction des élus était
telle, qu'elle l'emportait sur tout *committimus.* —
V. déclaration 24 juin 1690; cour des aides, arrêt
2 avr. 1784. — V. COMMITTIMUS.

23. — Les formes de procéder devant les élections avaient été réglées par plusieurs ordonnances et déclarations successives. — V. notamment
ord. 1667; déclarations 17 févr. 1688 ; 30 janv. 1717;
25 mars 1732 ; 8 sept. 1736, et enfin 30 avr. 1778.

24. — Lorsqu'il n'y avait pas de réglemens particuliers à la matière, et que les réglemens généraux étaient muets, on suivait la marche usitée
au parlement et aux sièges ordinaires. — V. arrêt
cour des aides, 12 mars 1784, au Code des tailles,
t. 5, p. 554 ; — Denisart, *ib.*, n° 3.

25. — Les élections devaient juger sommairement à l'audience, ou sur délibéré, sans épices ni
vacations. — Déclaration de 1688, art. 43 et 44; —
Denisart, *ibid.*, n° 4. — Les délibérés devaient être
jugés dans les trois jours et prononcés à l'audience
suivante. — Déclaration 17 févr. 1688, art. 45 ; —
3 juill. 1678 ; 27 mars 1700 ; 22 févr. 1706, art. 5 ; —
Denisart, *ibid.*, n° 5.

26. — Les causes dans lesquelles il s'agissait
d'amendes et de confiscation, et toutes celles qui
intéressaient les communautés et le roi, devaient
être communiquées au procureur du roi, sans les
conclusions duquel ces causes ne pouvaient être
jugées. — Denisart, *ibid.*, n° 7. — Il devait même
être fait mention sommaire, dans les jugemens,
des conclusions du ministère public. — A l'égard
de ses réquisitions, ils devaient y être insérées en
entier. — Arrêt cour des aides, 22 août 1783 ; —
Denisart, *ibid.*

27. — Les officiers des élections étaient tenus
d'assister à l'audience ainsi qu'à toutes les autres
fonctions de leurs offices, en costume, c'est-à-dire
en robe et en bonnet carré. — Denisart, *ibid.*, § 4,
n° 2; Guyot, *ibid.*

28. — Les sentences des élections étaient généralement susceptibles d'appel. — Cependant elles
pouvaient être en dernier ressort lorsqu'il s'agissait de demandes relatives aux droits des fermes
et aux droits d'octroi qui n'excédaient pas 30 livres, ou que la demande était réduite à 30 livres. — Déclaration 17 févr. 1688, art. 47; édit du
mois d'août 1764, art. 51 ; — Denisart, *ibid.*, n° 29.
— En ce qui concernait les tailles, les élections jugeaient en dernier ressort les demandes en sur-
taux, lorsque les cotes étaient au-dessous de 30
livres, ou que la demande était réduite à 50 livres.

---

Encore fallait-il, dans ce dernier cas, que la réduction provînt du demandeur et non pas qu'elle fût
prononcée par les magistrats. — Déclaration du
18 avr. 1690; Edit d'oct. 1743, art. 5 ; arrêt du conseil 4 avr. 1730; — Denisart, *ibid.*

29. — Mais les élections ne pouvaient juger qu'à
charge d'appel, lorsqu'il s'agissait d'abus en fait
de tailles, du fond du droit en matière d'impôts ou
de l'état des personnes, de leurs privilèges ou
de leur noblesse. — Déclaration précitée, art. 17 ;
Denisart, *ibid.* — Il y avait également lieu à l'appel lorsque les élections avaient omis d'ordonner
l'exécution provisoire du rôle pour la cote entière. — Edit d'oct. 1743, art. 5 ; — Denisart, *ioid.*

30. — La sentence devait contenir la mention
qu'elle était rendue en dernier ressort, sinon
elle était susceptible d'appel. — Déclaration 17
févr. 1688, art. 20 ; — Denisart, *ibid.*

31. — Lorsque la sentence était en dernier ressort, elle devait être rendue par cinq juges au
moins ; à défaut d'élus en nombre suffisant, on appelait des gradués ou praticiens autres que les
procureurs postulans au siège. — Déclaration précitée de 1688, art. 20 ; — Denisart, *ibid.*, n° 30.

32. — Mais dans les matières susceptibles d'appel, les sentences pouvaient être rendues par trois
juges au moins. — Arrêts cour des aides, 14 déc.
1683 ; 15 fév. 1729 ; 5 sept. 1789; —Denisart, *ibid.*,
§ 3, n° 9.

33. — Dans tous les cas, le jugement devait être
signé par les juges qui y avaient assisté , afin
qu'on pût vérifier s'il avait été rendu par le nombre de magistrats requis par les réglemens. — Mêmes arrêts.—V. aussi arrêt du conseil, 27 mars 1731.

34. — Les élus devaient liquider et remplir dans
leurs sentences les sommes auxquelles se mon-
taient les dépens. — Arrêt cour des aides 10 juill.
1746; — Denisart, *ibid.*, n° 11.

35. — Les sentences des élections pouvaient
être exécutées dans le territoire de toutes les juridictions du royaume sans *visa* ni *pareatis.* — Edit.
du mois d'avr. 1634. — Et l'ordonnance de 1667 ne
dérogeait point à cette disposition, puisqu'elle
était, en général, étrangère aux élections. — Denisart, *ibid.*, n° 12 ; — *Contrà* Guyot, *ibid.*

36. — Le président des élections qui , en cas
d'empêchement ou d'absence était remplacé par
le lieutenant ou le plus ancien officier, avait plusieurs attributions importantes. — Il pouvait notamment expédier seul les appointemens sur requête, sur informations, sur interrogatoires, tant
au civil qu'au criminel ; — délivrer les permissions d'informer, procéder lui-même aux informations, décréter, interroger ; rendre les jugemens à l'extraordinaire et les jugemens préparatoires; — répondre seul les requêtes qui n'étaient
pas sujettes à communication. Quant à celles qui
devaient être communiquées, elles étaient rapportées au bureau; — faire le rôle des audiences,
recueillir les voix, prononcer les jugemens, arrêter le plumitif et porter la parole à la tête du
corps. — Denisart, *ibid.*, n° 14.

37. — Les élections ont été supprimées par l'art.
14, décr. 7 sept. 1790.

### ÉLECTION D'AMI OU COM-<br>MAND.

V. DÉCLARATION D'ADJUDICATAIRE, D'AMI, DE
COMMAND, ENREGISTREMENT, VENTE.

### ÉLECTIONS COLONIALES.

V. CONSEIL COLONIAL.

### ÉLECTIONS COMMUNALES.

V. ÉLECTIONS MUNICIPALES OU COMMUNALES.

### ÉLECTIONS CONSULAIRES.

V. TRIBUNAL DE COMMERCE.

### ÉLECTIONS DÉPARTEMENTA-<br>LES ET D'ARRONDISSEMENT.

*Table alphabétique.*

---

**ÉLECTIONS DÉPARTEMENTALES ET D'ARRONDISSEMENT. — 1.** — Les élections départementales sont celles qui ont pour objet la formation des conseils généraux de département, les élections d'arrondissement ont lieu pour la formation des conseils d'arrondissemens.

2. — Les règles qui régissent l'une et l'autre de ces élections sont presque en tous points les mêmes: elles sont déterminées par la loi du 22 juin 1833.

3. — Cette loi ne fut, du reste, en ce qui concerne le mode de nomination pour les conseillers de département et d'arrondissement, que l'accomplissement du principe posé par l'art. 69 de la Charte de 1830, qui aurait prescrit qu'il serait pourvu, dans le plus court délai possible, à l'établissement d'institutions départementales fondées sur un système électif.

4. — Nous avons vu, en effet, (v° CONSEIL D'AR-RONDISSEMENT, nos 2 et suiv.; CONSEIL GÉNÉRAL

DE DÉPARTEMENT, nos 2 et suiv.), qu'avant la loi du 22 juin 1833, le choix des membres des conseils généraux et d'arrondissement appartenait au pouvoir exécutif.

5. — Il est vrai que le décret du 16 therm. an X, tit. 3, art. 28 et 30, attribuait aux assemblées électorales le droit de présentation de deux candidats pour chaque place vacante dans le conseil général de département ou dans celui d'arrondissement.

6. — Mais, en fait, cette disposition de la loi, qui restreignait el le pouvoir de nomination laissé au chef de l'état, ne fut jamais pratiquée: — De Gérando, Inst. de droit administ., t. 4er, n° 468, art. 453, p. 203.

7. — La loi du 22 juin 1833 a donc été entièrement introductive d'un droit nouveau pour ce qui a trait au mode de nomination des membres des conseils généraux et d'arrondissement; elle est véritablement la loi organique de ces conseils.

8. — Toutefois, la position spéciale du département de la Seine a nécessité une loi particulière en ce qui concerne l'organisation de ce département. — V. L. 20 avr. 4834.

9. — Nous n'avons point à revenir ici sur les dispositions de cette loi dont nous avons eu déjà occasion de parler (V. CONSEIL GÉNÉRAL, § 6), et qui sera encore l'objet d'un examen spécial. — V. PARIS (ville de).

10. — Rappelons seulement ici que les dispositions relatives à la formation des listes électorales pour le conseil général de ce département, et aux opérations électorales, différent en quelques points des prescriptions du droit commun posées par la loi du 22 juin 1833. — V. CONSEIL GÉNÉRAL DE DÉPARTEMENT, nos 342 et suiv.

CHAP. 1er. — *Des listes électorales et des conditions requises pour être électeur ou éligible* (n° 11).

SECT. 1re. — *Des électeurs* (n° 11).

SECT. 2e. — *Des éligibles* (n° 69).

§ 1er. — *Conditions d'éligibilité* (n° 69).

§ 2. — *Incompatibilités* (n° 100).

CHAP. II. — *Des opérations électorales* (n° 189).

SECT. 1re. — *Convocation et durée des assemblées électorales. — Présidence. — Bureau. — Pouvoirs du président et du bureau* (n° 489).

SECT. 2e. — *Du vote* (n° 210).

§ 1er. — *Droit de voter* (n° 240).

§ 2. — *Forme du vote* (n° 233).

§ 3. — *Dépouillement du scrutin; attributions des bulletins* (n° 269).

SECT. 3e. — *Majorité nécessaire pour être élu* (n° 329).

SECT. 4e. — *Procès-verbal des opérations électorales* (n° 350).

CHAP. III. — *Des réclamations en matière électorale* (u° 372).

SECT. 1re. — *Votes de recours. — Compétence de l'autorité administrative et de l'autorité judiciaire* (n° 372).

SECT. 2e. — *Votes de réformation contre les décisions rendues en premier ressort* (n° 419).

CHAPITRE Ier. — *Des listes électorales et des conditions requises pour être électeur ou éligible.*

Sect. 1re. — *Des électeurs.*

11. — Ont le droit de concourir à l'élection, soit des membres du conseil général, soit des membres du conseil d'arrondissement, les électeurs inscrits sur les listes pour la nomination des députés, les citoyens dont le nom figure sur la liste du jury, et ceux qui sont portés sur les listes supplémentaires et complémentaires dressées en exécution des art. 26 et suiv., L. 22 juin 1833. — Même loi, art. 8 et 22.

12. — La fait seul de l'inscription sur ces listes confère ce droit. L'électeur inscrit ne peut en être dépouillé que par une réclamation faite dans les formes et les délais déterminés par la loi. — Cons. d'état, 30 mai 1834, Allègre; 31 mars 1835, Barber et Laffore.

13. — Le premier projet de loi soumis à la chambre des députés avait proposé de composer les

listes électorales de la manière suivante: « Sont électeurs: 1° jusqu'à concurrence du deux-centième de la population de la circonscription cantonale, les citoyens qui sont dans celle-ci les plus imposés par la réunion de toutes les contributions directes qu'ils paient dans le département; 2° tous les citoyens inscrits sur la liste départementale du jury; 3° ceux qui n'ont point été portés sur cette liste à cause de l'incompatibilité de leurs fonctions judiciaires ou administratives avec ces fonctions de juré; 4° enfin les citoyens qui, dans un des départemens, sont inscrits sur la liste des députés. Les citoyens compris aux trois derniers paragraphes, qui seraient en même temps inscrits sur la liste des plus imposés de la circonscription, voteront en cette dernière qualité. »

14. — La commission de la même chambre avait modifié ce projet en appelant les électeurs et les jurés en sus du deux-centième, au lieu que le projet les comprenait pour former ce deux-centième; et la chambre des députés avait voté cette modification. — Duvergier, Collect. des lois, t. 33, p. 203, note.

15. — Mais la chambre des pairs la repoussa, et, sur les observations du rapporteur qu'il y aurait danger à créer un nouveau ban électoral, elle jugea plus convenable d'attribuer seulement aux citoyens composant les listes électorales et du jury, le droit d'élire les membres des conseils généraux. — Duvergier, ibid.

16. — La rédaction définitive du projet admet le même nombre d'électeurs que le projet ministériel, quoique elle ne soit pas la même que celle du projet. En effet, en général, dans les cantons de population urbaine, le nombre des citoyens portés sur les listes électorales et du jury dépasse le deux-centième de la population (nombre choisi par le projet), et dans les cantons ruraux, le deux-centième n'arrive pas à cinquante, d'où il suit que, dans les deux systèmes, il faut compléter ce nombre par les plus imposés. — Duvergier, etc.; Thibaul-Lefebvre, Constitution et pouvoirs des conseils généraux et des conseils d'arrondissement, p. 45.

17. — Le préfet doit dresser la liste des électeurs appelés à concourir à la nomination des membres du conseil général.

18. — Cette liste comprend les électeurs appelés à nommer les membres de la chambre des députés, sauf ceux qui ont déclaré vouloir profiter de l'art. 29, L. 22 juin 1833, et voter à leur domicile réel. Elle comprend aussi les citoyens inscrits sur la liste du jury et qui ne remplissent pas les conditions exigées pour concourir à l'élection des députés. — L. 22 juin 1833, art. 3.

19. — C'est sur une liste supplémentaire, dressée par le préfet, qu'on inscrit les électeurs qui ont déclaré vouloir voter à leur domicile réel, en profitant de l'art. 29, L. 22 juin 1833.

20. — Aux termes de cet article : « Si un électeur qui a choisi son domicile politique hors de son domicile réel veut néanmoins coopérer à l'élection des conseillers du département dans le canton de son domicile réel, il est tenu d'en faire, trois mois d'avance, une déclaration expresse aux greffes des justices de paix du canton de son domicile politique et de son domicile réel. »

21. — Cette double déclaration est exigée pour prévenir l'inconvénient du vote du même individu dans plusieurs cantons. — Circ. minist. 26 juin 1833. — Dufour, t. 3, n° 4631.

22. — Nous n'avons au surplus à entrer ici dans aucun développement, tout ce qui concerne le domicile politique ayant été déjà l'objet d'une étude spéciale. — V. DOMICILE. — V. toutefois infrà n° 62.

23. — On inscrit encore sur la même liste supplémentaire les citoyens qui n'ont pas été portés sur la liste départementale du jury, à cause de l'incompatibilité résultant de leurs fonctions avec celles de juré. C. instr. crim., art. 383; — L. 22 juin 1833, art. 30.

24. — L'inscription sur la liste supplémentaire des citoyens qui auraient été inscrits comme jurés, sans les motifs d'incompatibilité qui les empêchent de siéger en cette qualité, peut avoir lieu d'office sur la réclamation des citoyens. — L. 22 juin 1833, art. 30.

25. — Indépendamment des motifs d'incompatibilité mentionnés dans l'art. 383, C. instr. crim, il est d'autres causes qui peuvent exclure des fonctions de juré, par exemple, le défaut d'âge. Ces causes d'exclusion doivent agir également pour la confection de la liste supplémentaire; il n'y a donc pas lieu d'y porter les citoyens compris dans les catégories désignées par l'art. 2, L. 2 mai 1827, ou se trouvent au nombre des plus imposés après les électeurs, et qui, ayant moins de trente ans, n'auraient pas, par ce motif, été inscrits sur la seconde ou la troisième partie de la

liste générale du jury. — Circul. minist. du 28 juin 1833.

26. — Celui qui n'a pu être inscrit sur la liste du jury à raison de ce qu'il n'avait pas atteint au 21 octobre l'âge de trente ans accomplis, ne peut, en vertu de la disposition qui appelle les membres du jury aux élections cantonnales, prétendre participer à ces élections, encore qu'au moment où elles auraient lieu il eût atteint cet âge : l'art. 30, L. du 22 juin 1833, est inapplicable dans ce cas, s'agissant d'une question de capacité et non d'incompatibilité. — *Bastia*, 27 nov. 1833, Guelfucci c. préf. de la Corse et Gaffori ; 2 déc. 1833, Lazzarotti c. préf. de la Corse et Pierangeli. — *Contrà* Thibaut-Lefebvre, p. 125.

27. — Il s'est élevé une difficulté sur l'application de l'art. 30, L. 22 juin, en ce qui concerne les magistrats (juges, procureurs du roi, substituts, etc.). On a demandé si les magistrats qui ne remplissent pas la condition de dix ans de domicile réel exigée par la loi du 2 mai 1827 (art. 2, § 10) *des licenciés en droit*, peuvent jouir du droit accordé par l'art. 30 précité, et par conséquent être inscrits sur la liste supplémentaire mentionnée par l'art. 31. M. le ministre de l'intérieur a pensé avec raison que cette question devait être résolue affirmativement. — V. circul. 31 juill. 1833. — On ne saurait, en effet, exiger l'accomplissement de la condition de dix ans de domicile des citoyens pour lesquels les fonctions qu'ils exercent sont une garantie suffisante de maturité et de consistance sociale. Leur position ne peut pas être moins favorable que celle des avocats inscrits sur le tableau, des avoués, lesquels sont dispensés de cette condition. — M. le ministre de l'intérieur (même circulaire) étend cette exception non seulement aux membres des cours et des tribunaux, mais encore aux juges de paix et aux membres des tribunaux de commerce.

28. — L'expression générale *liste départementale du jury*, dont s'est servi l'art. 30, L. 22 juin 1833, comprend la troisième partie de cette liste, dans les départemens où il est nécessaire de lui donner ce complément. La troisième partie de la liste départementale du jury, formée afin de porter à *huit cents* le nombre total des jurés, se compose des citoyens âgés de trente ans au moins, les plus imposés après ceux qui figurent déjà sur les deux premières parties. Ceux de ces citoyens qui auraient été exclus de cette troisième partie de la liste du jury, pour cause d'incompatibilité, doivent, suivant l'art. 30, L. 22 juin, être portés sur la liste supplémentaire de leur canton.

29. — Les listes supplémentaires sont dressées par canton, dans les mêmes formes, dans les mêmes délais, et de la même manière que les listes électorales prescrites par la loi du 19 avr. 1831 *sur les élections politiques*. — L. 22 juin 1833, art. 31. — Ainsi, elles doivent être publiées le 15 août, soumises, du 15 août au 30 septembre aux réclamations que peut faire naître leur teneur, closes et arrêtées le 16 octobre. — Circul. minist. 28 juin 1833.

30. — Les indications contenues dans les listes *supplémentaires* doivent être fort peu compliquées. Pour les électeurs inscrits en vertu de l'art. 29, L. 22 juin, c'est leurs noms, prénoms, professions ou fonctions, domicile réel, avec l'indication du département ou de l'arrondissement auquel appartient le collége électoral dont ils sont membres. Pour les citoyens inscrits en vertu de l'art. 30, c'est leurs noms, prénoms, âge, professions ou fonctions, domicile réel, et, de plus, le titre qui les classe dans une des catégories désignées par l'art. 2, L. 2 mai 1827. L'indication de leurs fonctions ou professions fait suffisamment connaître pourquoi ils n'ont pu être inscrits en qualité de jurés, à raison de l'art. 383, C. instr. crim. — Circul. minist. 10 juill. 1833.

31. — Dans les cantons où les électeurs, pour la nomination des députés, les jurés et les citoyens portés sur les listes supplémentaires, ne forment pas un total de cinquante électeurs, il est dressé par le préfet, pour compléter ce nombre de cinquante, une liste *complémentaire* comprenant les citoyens les plus imposés dans le canton et qui ont dans ce canton leur domicile réel ou y ont établi un domicile spécial. — L. 22 juin 1833, art. 3 et 32, § 1er ; circul. ministér. 28 juin 1833.

32. — S'il y a concours entre citoyens qui soient également imposés dans le canton, c'est le plus âgé qui doit être porté sur la liste complémentaire. — Arg. de l'art. 2, L. 19 avr. 1831 ; — Dufour, t. 3, no 1636 ; Thibaut-Lefebvre, *Constitution et pouvoirs des conseils gén. et d'arr.*, p. 128.

33. — Dans le cas où, conformément à l'art. 3, § 2, L. 22 juin, plusieurs cantons sont réunis pour l'élection d'un membre du conseil général, le complément exigé par l'art. 32 de la même loi se fait toujours par *canton*, et non par *circonscription électorale*. Chaque canton doit donc avoir au moins cinquante électeurs départementaux. Les circonscriptions électorales ne doivent être prises en considération que pour la formation des assemblées. — Circul. ministér. 31 juill. 1833.

34. — Dans certains cas il peut y avoir lieu à une quatrième liste à dresser par le préfet. On la désigne sous le nom de *liste des supplémens* : elle est nécessaire toutes les fois que le nombre des électeurs compris sur toutes les autres listes est juste de cinquante, parce qu'il suffit alors du décès ou de toute autre cause qui enlève la capacité électorale à l'un des membres inscrits pour qu'on se trouve au dessous de la limite fixée par l'art. 3.

35. — C'est pourquoi le troisième alinéa de l'art. 32 porte : « Toutes les fois que le nombre des citoyens portés sur la liste électorale d'un canton et sur la liste supplémentaire mentionnée en l'art. 31 ne s'élèvera pas au dessus de cinquante, le préfet fera publier dans les communes du canton une liste dressée dans la même forme et contenant les noms des dix citoyens susceptibles d'être appelés à compléter le nombre de cinquante par suite des changemens qui surviendraient ultérieurement dans les listes électorales ou du jury. »

36. — Comme en matière d'élection législatives (V. ce mot), à la tête ou à la suite de ces listes, sont insérées les indications qui établissent la nécessité de porter ladite liste à tel nombre déterminé d'électeurs pour compléter un total de cinquante. Ces indications consistent dans le relevé des nombres d'électeurs, de jurés, d'électeurs supplémentaires, appartenant au canton, avec les retranchemens effectués dans les deux premières classes. — Circul. ministér. du 10 juill. 1833.

37. — Au surplus, les listes complémentaires étant subordonnées au résultat des listes pour la nomination des députés, du jury et des listes supplémentaires, il s'ensuit qu'elles doivent être dressées, rectifiées et arrêtées de la même manière, et que la publication et la révision doit en être faite dans les mêmes délais. L'ensemble des art. 29 et suiv., L. 22 juin 1833, établit suffisamment, en effet, que les dispositions de la loi du 19 avr. 1831 sur ce point sont applicables d'une manière générale aux listes complémentaires comme aux listes supplémentaires.

38. — Seulement au lieu de n'être affichées que dans les chefs-lieux de canton et dans les communes de plus de six cents ames de l'arrondissement électoral, les listes complémentaires le seront dans toutes les communes du canton. Cette dérogation à la loi du 19 avr. 1831 est consacrée formellement par l'art. 32, § 1er, L. 22 juin 1833. — V. Circul. ministér. 28 juin 1833, 10 juill. 1833.

39. — Chaque liste complémentaire doit être, en même temps que les listes des électeurs pour la nomination des députés et celles du jury, déposée dans les mairies, ainsi qu'aux secrétariats de la sous-préfecture et de la préfecture. Celle qui ne comprend qu'un petit nombre d'électeurs peut, lorsque d'ailleurs il n'y a dans le canton que peu de communes, être affichée et déposée manuscrite, afin d'épargner les frais d'impression et de lithographie. — Circul. ministér. 10 juill. 1833.

40. — Lorsque les listes complémentaires n'ont point été publiées ou affichées dans toutes les communes d'un canton, l'élection doit être annulée. — *Cons. d'état*, 20 août 1840, élect. d'Écouchée et de Mortrée.

41. — Jugé cependant que le défaut d'affiche des listes électorales dans quelques communes du canton n'est pas une cause de nullité des opérations électorales, lorsque cette irrégularité n'a eu aucune influence sur la sincérité de l'élection. — *Cons. d'état*, 19 juill. 1843, élect. de Sainte-Auban.

42. — Les citoyens qui ne figurent pas sur ces listes et qui auraient dû y être portés peuvent réclamer même après l'expiration du délai fixé par l'art. 24, L. 19 avr. 1831 (c'est-à-dire après le 30 sept). — *Cons. d'état*, 9 août 1837, élect. de Saissac.

43. — Comme aussi, en sens inverse, les électeurs inscrits sur les listes cantonales, même supplémentaires, dressées pour l'élection des membres des conseils généraux ou d'arrondissement, ont le droit de critiquer l'inscription faite sur les listes d'arrondissement des citoyens qui, en raison de cette inscription même, sont appelés à faire partie de l'assemblée cantonale. — *Cass.*, 9 avr. 1839 (t. 1er 1839, p. 513), préfet de la Corse c. Casabianca.

44. — Jugé cependant que, en matière d'élections départementales, le droit de demander la radiation d'un individu inscrit sur une liste de canton n'appartient qu'aux seuls individus inscrits sur la liste du même canton. Il ne suffirait pas d'être porté sur la liste d'un autre canton du même arrondissement, encore bien que les deux cantons soient appelés à élire concurremment un membre du conseil général. — *Bastia*, 14 nov. 1833, Tomasi c. Giuseppi ; 23 nov. 1833, Laurelli c. préfet de la Corse.

45. — En tous cas, après la clôture définitive des listes, il ne peut plus y être apporté aucun changement. Ainsi, le nombre d'électeurs réduit à quarante-huit par suite d'un décès et d'un double emploi ne peut être complété après la clôture définitive des listes par l'appel des deux premiers inscrits sur la liste complémentaire dressée conformément à l'art. 32, § 2, L. 22 juin 1833. — *Cons. d'état*, 23 juill., Leblanc, et 13 août 1840, Jalchert ; 6 sept. 1843, élect. de Saint-Avold.

46. — En règle générale, les opérations électorales ne peuvent être attaquées par le motif que les listes électorales auraient été incomplètes, lorsque les listes ont été affichées et publiées, et qu'elles n'ont pas été attaquées suivant le mode et dans les délais déterminés par la loi du 22 juin 1833. — *Cons. d'état*, 28 mai 1834, Cassaignard ; 23 août 1843, élect. de Vauvilliers.

47. — Par exemple, des élections ne peuvent être annulées sur le motif qu'un individu admis à voter se trouvait indûment porté sur la liste, lorsque l'inscription de cet individu n'a pas été attaquée dans les délais fixés par la loi. — *Cons. d'état*, 30 mai 1834, Allègre ; 11 juill. 1844, élect. de Saumur.

48. — La règle qui veut que les listes électorales contre lesquelles on n'a pas réclamé restent telles qu'elles ont été closes, s'applique même au cas où ces listes comprennent les électeurs d'une partie d'un canton voisin. — *Cons. d'état*, 2 sept. 1840, élect. de Tarbes ; 11 juill. 1844, élect. de Saumur.

49. — Ces principes étant bien posés, voyons quelles sont les conditions exigées pour être appelé à figurer sur une liste complémentaire. — Il faut jouir des droits civils et politiques, être âgé de vingt-cinq ans, avoir son domicile réel dans le canton, ou y avoir acquis un domicile spécial par une déclaration faite trois mois d'avance aux greffes des justices de paix des deux domiciles (Circul. ministér., 28 juin 1833), et justifier qu'on y paie la somme des contributions directes, qui donne place parmi les plus imposés. — Même circul. — V. aussi *Bastia*, 15 nov. 1833, Battesti c. préfet de la Corse.

50. — Pour exercer ses droits électoraux dans un canton où l'on n'a pas son domicile réel, il ne suffit pas de payer dans ce canton une somme de contributions quelconque, il faut qu'elle y soit assez élevée pour placer l'électeur foncier parmi les plus imposés du canton, indépendamment des contributions qu'il paie ailleurs. — En cela, la loi de 1833 est plus exigeante que celle de 1831, qui autorise à voter dans un arrondissement où l'on n'est pas domicilié, pourvu qu'on y paie une somme de contributions quelconque, même la plus minime. — *Nîmes*, 21 nov. 1842 (t. 1er 1843, p. 83), Astruc c. préfet de la Lozère.

51. — En matière d'élections départementales, les seules contributions dont un électeur puisse se prévaloir pour être inscrit sur les listes complémentaires sont celles qu'il paie dans le canton où il se propose de voter. — *Limoges*, 7 nov. 1842 (t. 2 1843, p. 650), Pichon c. préfet de la Creuse.

52. — C'est en effet par rapport au canton, et sous le point de vue de la représentation des intérêts cantonnaux, que les électeurs complémentaires sont appelés ; l'intention du législateur à cet égard n'est point douteuse. — V. le rapport de la commission de la chambre des pairs. — V. *Moniteur* du 5 avr. 1833, p. 939.

53. — Si un citoyen qui paie dans le canton une contribution insuffisante pour le placer sur la liste complémentaire des plus imposés avait la faculté de réunir à cet impôt la cote d'impositions payée dans d'autres cantons, il pourrait expulser de la liste des plus imposés les contribuables qui ont un plus grand intérêt que lui aux affaires locales. — *Bastia*, 15 nov. 1833, Battesti c. préfet de la Corse. — Thibaut-Lefebvre, p. 83.

54. — La justification du paiement, dans un canton, de contributions directes suffisantes pour être classé parmi les plus imposés ne suffit pas pour légitimer l'inscription sur une liste complémentaire, si cette justification n'est accompagnée, en outre, de la preuve de la possession annale des objets à raison desquels les impositions sont payées. Cette preuve ne résulte pas d'un jugement rendu au possessoire, uniquement motivé, en faveur de celui qui a été maintenu en possession, sur l'aveu et la reconnaissance de son adversaire. — *Cass.*, 8 août 1838 (t. 2 1838, p. 473), Colonna d'Istria.

55. — Celui qui conteste le cens de l'électeur n'est pas obligé, pour récuser l'influence d'un te[l]

jugement, de prouver qu'il est le résultat d'un concert frauduleux. — Même arrêt.

56. — Lorsque l'inscription d'un électeur sur la liste complémentaire est attaquée en ce qu'un autre citoyen, demandant à être inscrit, paie un cens plus élevé que lui, l'admission de ce citoyen entraîne la radiation de l'électeur moins imposé, à moins que celui-ci ne prouve que le cens qu'il paie est supérieur à celui du dernier inscrit non attaqué. — *Bastia*, 21 nov. 1842 (t. 1er 1843, p. 738), Albertini c. Maestracci et le préfet de la Corse.

57. — Cette preuve d'un cens supérieur peut être faite au moyen de la justification de pièces nouvelles, lesquelles peuvent être produites pour la première fois devant la cour, bien que devant le préfet l'électeur n'ait pas réclamé contre le cens qui lui était attribué dans une proportion d'ailleurs suffisante pour motiver alors son inscription. — Même arrêt.

58. — Les principes établis par la loi du 19 avr. 1831 pour déterminer et calculer le cens contributif des électeurs pour la nomination des députés doivent également servir à régler le cens de l'électorat en matière d'élections départementales et d'arrondissement. — *Rouen*, 29 juin 1842 (t. 2 1842, p. 689), Deglos c. Dumesnil; — Duvergier, t. 33, p. 208, note 1re. — V. encore circ. minist. 28 juin 1833.

59. — Spécialement, la délégation des impositions, autorisée par la loi du 19 avr. 1831 pour former le cens électoral en matière d'élection de députés, rend aussi le délégataire électeur aux conseils généraux de département. — *Cass.*, 19 fév. 1835, Destans-Devèse c. Lamarque. — V. ÉLECTIONS LÉGISLATIVES.

60. — La délégation d'impôt n'étant pas admise en matière de patente, la patente portée au nom du père ne peut être attribuée au fils. — *Cons. d'état*, 4 juill. 1834, Miquen.

61. — Les officiers en retraite peuvent cumuler leur pension de retraite et leur traitement de légionnaire pour concourir aux élections départementales, tout aussi bien que pour l'élection des députés. — *Cass.*, 2 mars 1840 (t. 1er 1840, p. 357), Vignes et Dayé c. Léglise.

62. — Tout citoyen qui paie une contribution suffisante pour se faire porter sur la liste électorale d'un canton peut réclamer son inscription, encore bien qu'il n'ait pas son domicile réel dans le canton, mais à la charge par lui de faire, trois mois à l'avance, une déclaration tant au greffe de la justice de paix de son domicile réel qu'au greffe de la justice de paix du canton où il paie ses contributions. — L. 22 juin 1828.

63. — Mais cette exception est la seule admise à la règle générale qui veut que le droit électoral ne puisse être exercé que par les électeurs qui ont leur domicile réel dans le canton où l'élection a lieu. — *Montpellier*, 13 nov. 1839 (t. 1er 1840, p. 329), Préfet de l'Hérault c. Genson; 18 fév. 1840 (t. 1er 1840, p. 370), préfet de la Meurthe c. de l'Espée.

64. — Ainsi, il n'est pas loisible au préfet d'appeler les électeurs à voter dans celui des cantons qu'il lui plaît de désigner. — *Cass.*, 18 fév. 1840 (t. 1er 1840, p. 370), Préfet de la Meurthe c. de Lespée.

65. — Toutefois, la faculté ci-dessus indiquée d'élire domicile dans un canton où l'on paie des contributions suffisantes, s'applique aussi bien aux citoyens qui ne sont appelés que comme plus imposés à élire les conseillers de département et ceux d'arrondissement, qu'à ceux qui sont appelés à concourir à cette élection en qualité d'électeurs inscrits sur les listes dressées pour la nomination des députés. Rien ne s'oppose, en effet, à ce que ces derniers renoncent au droit que leur donne, relativement à l'élection dont il s'agit, leur qualité d'électeurs, afin d'exercer ces droits dans tel canton où ils peuvent figurer sur la liste complémentaire. Sans cette faculté, ces électeurs seraient dans une position moins favorable, quant au domicile, que ceux qui, sans être électeurs, paieraient dans un canton des contributions suffisantes pour qu'ils pussent être portés sur la liste complémentaire. — Circ. min. 28 juin 1833.

66. — Le même droit appartient-il aux citoyens appelés à faire partie de la liste électorale en leur qualité de jurés? — La loi est muette sur ce point, et M. Duvergier en conclut que la négative doit être adoptée. La raison en est, suivant cet auteur, que celui qui possède dans un canton des propriétés importantes a intérêt à concourir à la nomination des membres du conseil de département, intérêt que n'a pas à un même degré le juré, à moins qu'il ne soit sur la liste du jury qu'en sa qualité d'électeur politique, auquel cas il peut invoquer l'art. 29, L. 22 juin 1833. — M. Thibaut-Lefebvre (p. 132) est d'un avis opposé. Il se fonde sur ce que l'opinion de M. Duvergier tend à exclure le plus imposé, *à cause même de la cote la plus considérable de ses contributions*, de l'exercice d'un droit accordé à un autre contribuant moins aux charges publiques. Nous ne saurions nous rendre à cette raison, puisque tout membre du jury qui serait tel à cause de sa cote de contributions, peut invoquer l'art. 29, L. 22 juin 1833, et nous partageons l'avis de M. Duvergier.

67. — Une autre question est celle de savoir si un électeur dans le sens de la loi du 19 avr. 1831, qui a séparé son domicile politique de son domicile réel, peut élire un troisième domicile dans le canton où il paie des contributions, pour y exercer son droit d'élection relativement à la nomination des conseillers de département ou d'arrondissement. Nous nous sommes prononcés pour la négative au mot DOMICILE. — Il résulte, en effet, des termes de l'art. 33 que tout électeur a le choix entre son domicile politique et son domicile réel; mais il ne pourrait pas voter dans un autre canton, alors même qu'il y paierait des contributions directes. On avait proposé à la chambre des députés de permettre à tout électeur de se choisir un troisième domicile pour les élections municipales, mais cette proposition n'a pas été accueillie.

68. — Toutefois, dans le cas où, contre notre avis, on admettrait qu'un électeur ayant un domicile politique séparé du domicile réel, peut encore user de la faculté résultant de l'art. 33, il faudrait que la double déclaration exigée par cet article se fît : 1° dans le canton du domicile (puisque c'est là qu'en droit commun l'électeur devrait coopérer à la nomination des conseillers de département ou d'arrondissement); 2° dans le canton où il désire être inscrit sur la liste complémentaire. Une déclaration dans le canton du domicile réel serait inutile, puisque, par la séparation de son domicile politique, l'électeur n'est plus susceptible d'être inscrit comme tel dans ce domicile réel. — V. Duvergier, t. 33, p. 221, note 1re. — V. DOMICILE.

## Sect. 2e. — *Des éligibles.*

### § 1er. — *Conditions d'éligibilité.*

69. — Nul ne peut être éligible au conseil général de département s'il ne jouit des droits civils et politiques; si, au jour de son élection, il n'est âgé de vingt-cinq ans, et s'il ne paie, depuis un an au moins, 200 fr. de contributions directes dans le département. — L. 22 juin 1833, art. 4, § 1er.

70. — Toutefois, si, dans un arrondissement de sous-préfecture, le nombre des éligibles n'est pas sextuple du nombre des conseillers de département qui doivent être élus par les cantons ou circonscriptions électorales de cet arrondissement, le complément est formé par les plus imposés de cet arrondissement. — Art. 4, § 2.

71. — Il faut entendre cette disposition en ce sens qu'on formera le complément en choisissant les plus imposés de l'arrondissement. Cela résulte des paroles du rapporteur à la chambre des pairs qui fit passer cette disposition telle qu'elle est écrite à la place de celle que la chambre des députés avait votée, et qui n'était pas suffisamment claire. « Sans cela, disait le rapporteur, les cantons d'un arrondissement pauvre et qui ne compteraient pas de grands propriétaires pourraient se voir contraints à choisir leurs délégués dans les autres arrondissemens, tandis que c'est justement pour être défendus contre les prétentions rivales qu'ils ont une élection à faire. » — Duvergier, *Coll. des lois*, t. 33, p. 204; Thibaut-Lefebvre, p. 43.

72. — Pour être élu à un conseil d'arrondissement, il faut jouir des droits civils et politiques, être âgé de vingt-cinq ans, avoir domicile réel ou domicile politique dans le département, et payer dans le département, depuis un an au moins, 150 fr. de contributions directes, dont le tiers dans l'arrondissement. — Si le nombre des éligibles n'est pas sextuple de celui des membres du conseil d'arrondissement, le complément est formé également par les plus imposés. — Art. 23.

73. — Les conditions exigées par cet art. 23 se rapportent, comme on le voit, à quatre objets : le cens, l'âge, les droits civils et politiques, le domicile; tandis que cette dernière condition n'est pas mentionnée par l'art. 4 pour les éligibles au conseil général.

74. — L'éligible complémentaire, à titre de plus imposé, peut-il se porter candidat au conseil général dans un arrondissement autre que celui où le nombre des éligibles a dû être complété par l'adjonction des plus imposés? — M. Thibaut-Lefebvre (p. 45) enseigne la négative, en se fondant 1° sur ce que la loi doit vouloir la réciprocité des imposés entre eux; — 2° sur ce que la solution donnée sur l'éligibilité est, par voie de conséquence, forcée pour l'électorat. Or, si la réciprocité est voulue par la loi, il faut, dit M. Thibaut, en admettant l'affirmative dans la question posée, autoriser les plus imposés au-dessous de 200 fr., dans les arrondissemens où le nombre des électeurs censitaires est suffisant, à se présenter dans le canton où l'on est contraint d'abaisser le cens; et si l'on admet qu'un éligible complémentaire peut se présenter dans les arrondissemens où les éligibles censitaires sont en nombre suffisant, il faut admettre les électeurs complémentaires à voter dans le canton où les électeurs censitaires sont suffisans, ce qui est inadmissible.

75. — Mais on peut répondre d'abord, en principe, que les éligibles, à la différence des électeurs, représentent le département, et non spécialement le canton qui les a investis de leurs mandats, d'où il suit qu'admettre les éligibles à se présenter dans le département entier, ce n'est pas nécessairement admettre les électeurs à voter dans tout le département. La preuve en est dans les dispositions positives de la loi qui autorisent l'éligible ordinaire à se porter candidat dans tout le département, sans cependant permettre à tout électeur censitaire de voter dans un canton quelconque du département, s'il n'y paie pas d'impositions. Nous ajouterons que la loi ne distingue pas deux classes d'éligibles, ceux qui le sont dans tel arrondissement, ceux qui le sont dans tel autre, mais qu'elle ne reconnaît que les éligibles du département, qui sont tels lorsqu'ils réunissent les conditions exigées par elle, à savoir d'être censitaires à 200 fr. ou plus imposés au-dessous, si le nombre des éligibles d'un arrondissement n'est pas sextuple des membres qu'il doit envoyer au conseil général; ne pas vouloir que l'arrondissement qui peut choisir ses candidats parmi les plus imposés ait le droit de les présenter dans tout le département, ce serait priver cet arrondissement de l'avantage que les autres ont sur lui de lui envoyer leurs candidats. Enfin, admettre l'éligible complémentaire à se porter candidat dans tout le département, au détriment de ceux qui sont plus imposés que lui dans un autre arrondissement que celui où l'on est contraint d'abaisser le cens, ce n'est pas violer le principe de réciprocité entre les plus imposés, puisque cet éligible complémentaire, une fois qu'il est porté sur la liste des candidats, y vient comme éligible, qualité que n'ont pas les plus imposés d'un arrondissement où le cens n'a pas dû être abaissé.

76. — D'après une circulaire du 16 sept. 1833, l'expression *domicile politique* doit s'entendre non seulement du *domicile politique* proprement dit, établi en vertu de l'art. 10, L. 19 avr. 1831, pour l'exercice des droits politiques, mais encore du domicile qui peut être élu par tout citoyen, en vertu de l'art. 33, L. 22 juin 1833, pour être inscrit comme *électeur départemental*, afin de porter à cinquante le nombre des électeurs d'un canton. Il n'y a aucune raison de priver du droit d'éligibilité les citoyens qui jouissent dans ce domicile du droit électoral. — Dufour, *Dr. admin. appliq.*, t. 3, n° 1664. — V. CONSEIL GÉNÉRAL, DOMICILE.

77. — On peut voir au mot DROITS CIVILS ET POLITIQUES en quoi consistent ces droits et dans quels cas ils se perdent et peuvent être suspendus.

78. — Pour ce qui concerne l'âge d'éligibilité, la loi du 22 juin 1833 ne porte pas, comme la loi du 19 avr. 1831, que les 25 ans doivent être *accomplis*. Néanmoins, il ne saurait être douteux que cette condition est exigée, car la loi du 22 juin 1833 exige aussi rigoureusement que celle du 19 avr. 1831 que le candidat satisfasse à la condition d'âge au jour de l'élection. Or, quand on n'a pas vingt-cinq ans à ce moment, on n'en a que vingt-quatre ans et quelques mois, d'où il suit qu'on n'est pas apte à être élu. — Thibaut-Lefebvre, p. 29.

79. — A l'égard des uns, une différence importante est établie pour l'éligibilité au conseil général et pour l'éligibilité au conseil d'arrondissement. Pour pouvoir être élu au premier, il faut que la totalité du cens soit payée dans le département; pour être nommé au second, il suffit que le tiers du cens soit acquitté dans l'arrondissement.

80. — Le rapporteur à la chambre des députés expliquait ainsi cette différence. « Le conseil général fonctionne seul, et il a le droit souverain de frapper le département d'impôts considérables, il faut donc trouver dans le conseil les garanties nécessaires; il faut que par lui-même et par lui seul il présente toutes les conditions capables de rassurer le pays sur le bon et sage emploi de son autorité, et c'est à la possession seule dans le département que cette garantie peut s'attacher. » — Thibaut-Lefebvre, p. 39.

81. — L'art. 23 exige, du reste, expressément, en

ce qui concerne l'éligibilité au conseil d'arrondissement, que les 150 fr. du cens soient payés dans le département.— Ainsi, doit être annulée l'élection d'un conseiller d'arrondissement qui ne paie pas dans le département depuis un an au moins 150 fr. de contributions directes, dont un tiers dans l'arrondissement.— *Cons. d'état*, 6 août 1843, élect. de Fénestranges; 14 déc. 1843, Colonna c. Castelli.

82. — Pour reconnaître si un individu paie le cens suffisant pour être élu membre du conseil de département ou d'arrondissement, il ne faut pas s'arrêter uniquement aux listes électorales, qui peuvent être inexactes; on doit, indépendamment des sommes qui y sont portées, compter à cet individu toutes les contributions dont il justifie légalement (par exemple par certificats en bonne forme ou extraits de contributions) effectuer le paiement depuis plus d'une année. — *Rouen*, 29 juin 1842 (t. 2 1842, p. 689), Deglos c. Dumesnil.

83. — Il n'est pas nécessaire, pour la validité d'une élection, que les individus qui peuvent être élus membres des conseils de département ou d'arrondissement soient inscrits sur des listes d'éligibilité dressées à cet effet : la loi du 22 juin 1833 n'exige que l'accomplissement des conditions qui se trouvent énumérées dans les art. 4 et 23 de cette loi. La réunion de ces conditions suffit pour conférer la qualité d'éligible. — V., en ce sens, *Paris*, 1er fév. 1839 (t. 1er 1839, p. 306), Chavaudon c. Mongis; — de Cormenin, t. 2, p. 154, nº 10.

84.—L'inscription sur une liste d'éligibles n'est pas nécessaire au cas où, le nombre des citoyens payant le cens électif étant insuffisant, il y a lieu de le compléter par ceux qui se trouvent le plus imposés au-dessous de ce cens. — *Cons. d'état*, 12 déc. 1834, Pulicani. — V. cependant circ. min. 16 sept. 1833.

85. — Il n'est même pas besoin, pour être éligible, d'être inscrit sur la liste des électeurs. — *Cons. d'état*, 12 déc. 1834, Arnaud.—V. Cormenin, *ubi suprà*; Thibaut-Lefebvre, p. 116.

86.—Quand un candidat réunit, au moment de son élection, le cens voulu, tout événement postérieur qui aurait pour résultat de lui enlever le cens ne saurait le faire déclarer incapable de siéger dans le conseil général ou d'arrondissement.

87. — En effet, d'après l'art. 11, il y a lieu de réunir l'assemblée électorale dans le délai de deux mois, en cas de vacance par option, décès, démission, perte des droits civils ou politiques.— On voit que cet article ne considère pas comme exclu du conseil l'éligible qui aurait cessé de payer le cens depuis son élection, puisqu'il ne parle pas de ce cas comme donnant lieu à réélection. — V. toutefois Thibaut-Lefebvre, p. 47. — V. CONSEIL GÉNÉRAL DE DÉPARTEMENT.

88. — La disposition des art. 4 et 23, L. 22 juin 1833, qui exige que le paiement du cens ait lieu *depuis une année*, veut dire que l'éligible doit, depuis un an, posséder la propriété, avoir fait la location, pris la patente et exercé l'industrie à raison desquelles il paie la quotité d'impôt déterminée par la loi. — Circul. minist. 16 sept. 1833; — Thibaut-Lefebvre, p. 38.

89.—Il y a nullité de l'élection d'un membre du conseil de département, si ce membre ne justifie de son cens qu'au moyen d'une patente, prise postérieurement à l'élection, et si, dans ce cas, il ne prouve pas avoir exercé depuis plus d'un an l'industrie patentée; il doit en être ainsi encore, bien que l'effet de la patente dût remonter à plus d'un an avant le jour de l'élection.—*Cass.*, 28 août 1834, Gauthier c. Clausel. — V. *contrà Cass.*, 8 août 1838 (t. 2 1838, p. 473), Colonna d'Istria.

90. — Jugé encore que, si la somme de 200 fr., formant le cens d'éligibilité au conseil général, peut être composée de plusieurs sortes de contributions, il faut du moins que chacun des élémens dont le tout se compose remonte, le jour de l'élection, à un an au moins. — *Cass.*, 24 juill. 1843 (t. 2 1843, p. 583), Bouteille c. Deberny.

91. — Cette décision est sans doute rigoureuse, car il pourra se faire que tel citoyen qui n'a pas cessé, depuis plus d'un an, d'être le plus imposé du département, ne soit pas cependant éligible au conseil général, parce que des combinaisons de vente et d'achat auront dérangé et modifié (sans en diminuer l'importance) l'économie de sa cote de contributions; mais elle est fondée sur le texte précis de la loi.

92. — Ainsi, le citoyen élu membre du conseil général ne peut compléter son cens avec la contribution d'une patente délivrée moins d'un an avant son élection, bien que, antérieurement à la délivrance de cette patente, il payât le cens au moyen de propriétés depuis aliénées, et qu'ainsi, en réalité, il puisse justifier d'un paiement annal et non interrompu d'une contribution de 200 fr.— *Cass.*, 24 juill. 1843 (t. 2 1843, p. 583), Bouteille c. Deberny.

93.—On ne doit pas non plus comprendre dans le cens de 200 fr., pour l'éligibilité au conseil général, des contributions qui, bien qu'établies depuis plus d'un an, n'ont pas cependant été payées pendant une année entière au jour de l'élection. —*Cass.*, 12 juin 1843 (t. 2 1843, p. 583), Voirin c. Désétangs.

94. — Lorsque, pour l'élection d'un membre du conseil général, il y a lieu de compléter le nombre des éligibles par les plus imposés, on doit appeler ceux qui l'étaient depuis plus d'un an, quel que soit le cens actuel exigé pour l'annalité, alors qu'il ne se trouve pas un nombre suffisant de citoyens payant ce dernier cens depuis plus d'un an.—*Bastia*, 16 avr. 1844 (t. 2 1844, p. 301), Peretti c. Pianelli.

95. — A l'égard des éligibles pris parmi les plus imposés, leur qualité d'éligible est constatée par une liste que le préfet dresse et arrête comme il est prescrit par une circulaire du 15 sept. 1833.

96.— Quant aux éligibles ordinaires, comme les conditions de leur éligibilité sont absolues, soit quant au cens, à l'âge, à la jouissance des droits civils et politiques, il n'est pas besoin d'en dresser une liste, puisque la constatation de ces conditions ne comporte ni rapprochement ni comparaison.—Dufour, *Dr. admin. appliqué*, t. 3, nº 1675.

97. — Les règles tracées par la loi du 19 avr. 1831 pour composer le cens de l'éligibilité en matière législative doivent être suivies également pour le calcul du cens d'éligibilité aux conseils de département et d'arrondissement. — *Rouen*, 29 juin 1842 (t. 2 1842, p. 689), Deglos c. Dumesnil.—Ainsi, l'attribution des contributions de la femme, des enfans mineurs, de celles que la mère, aïeule ou belle-mère a déléguées, des droits de diplome, des redevances des mines, etc., doit avoir lieu pour les élections départementales et d'arrondissement comme pour les élections à la chambre des députés. En un mot, les art. 4, 5, 8 et 9, L. 19 avril, l'art. 6, sauf l'admission des contributions payées hors du département, et la disposition de l'art. 7, qui dispense de toute condition de temps le possesseur à titre successif ou par avancement d'hoirie, sont applicables à l'éligibilité définie par les art. 4 et 23, L. 23 juin. Ce système est fondé sur la faveur due à l'extension de l'éligibilité, extension qui a toujours été dans la pensée de la chambre des députés et de la chambre des pairs. — La chambre des députés avait même inséré dans la loi du 22 juin 1833 un article duquel il résultait expressément que les dispositions contenues dans les lois portées pour l'élection des députés relativement à la formation du cens d'éligibilité étaient applicables aux élections départementales et d'arrondissement. La chambre des pairs n'a pu supprimer cet article qu'en considérant comme de droit commun la disposition qu'il avait pour objet de consacrer. D'ailleurs, les règles tracées par la loi du 19 avr. 1831 sont suivies pour les élections municipales. — L. 21 mars 1831, art. 41.—Or, il ne serait pas rationnel que les élections intermédiaires entre celles des députés et celles des conseillers municipaux fussent régies par d'autres principes et d'autres formes. Il est évident que l'intention du législateur a été de confondre dans un seul et même système ces trois sortes d'élections. — V. en ce sens circul. minist. 16 sept. 1833.— V. *contrà* Duvergier, t. 33, p. 203, note 1re.

98. — Jugé spécialement que, en matière d'élections départementales, la contribution qu'un propriétaire est temporairement et légalement dispensé de payer doit, comme lorsqu'il s'agit d'élections parlementaires, être évaluée pour être comprise dans le cens d'éligibilité. — ... Et que l'évaluation de cet impôt fictif ne doit être préalable que pour l'exercice des droits électoraux : mais qu'il n'en est pas de même pour l'éligibilité; en pareil cas, on peut ne faire l'évaluation qu'après l'élection si la suffisance du cens est contestée.—*Cass.*, 26 avr. 1843 (t. 1er 1843, p. 621), préfet de l'Oise c. Flye. — V. anal. *Rouen*, 29 juill. 1842 (t. 2 1842, p. 689), Deglos c. Dumesnil.

99. — ... Et encore, qu'on peut, en vertu de l'art. 7, L. 19 avr. 1831, faire entrer dans son cens d'éligibilité des contributions payées pour des biens transmis à titre successif ou par avancement d'hoirie, encore bien que la transmission n'ait été opérée que dans l'année de l'élection. — Même arrêt de *Rouen*.

## § 2. — *Incompatibilité.*

100. — La loi du 22 juin 1833 a, par son art. 5, déclaré quatre classes de fonctions incompatibles avec celles de membres d'un conseil général ou d'arrondissement.

101.— Mais parmi ces incompatibilités, les unes sont absolues, ce sont celles prévues par les deux premiers paragraphes de l'article, les autres, au contraire, résultant de fonctions déterminées dans les deux derniers paragraphes du même article, sont purement relatives. — Dufour, *Droit administratif*, t. 3, nos 1666 et 1668. —V. au surplus *infrà* nos 126 et suiv.

102.—Ainsi, ne peuvent être nommés membres d'un conseil général ou d'arrondissement : 1º les préfets, sous-préfets, secrétaires généraux et conseillers de préfecture.—L. 22 juin 1833, art. 5, § 1er, art. 23.

103.— L'expression de préfet doit ici se prendre dans un sens restrictif; il ne s'agit que des préfets de départemens : ainsi, l'incompatibilité ne saurait être étendue aux préfets maritimes.—Thibaut-Lefebvre, p. 52.

104. —... 2º Les agens et comptables employés à la recette, à la perception ou au recouvrement des contributions et au paiement des dépenses publiques de toute nature. — Art. 5, § 2, et art. 23.

105.— Cette cause d'incompatibilité est absolue, de même que la précédente, et ne peut cesser par la démission donnée par le fonctionnaire après son élection. — *Orléans*, 20 mars 1840 (t. 1er 1840, p. 762), Rance c. Arnault; *Cass.*, 30 juin 1841 (t. 2 1841, p. 76), mêmes parties.

106. — Il n'est pas non plus nécessaire, pour que l'incompatibilité soit appliquée, que les agens et comptables soient élus dans le département où ils exercent leurs fonctions.—*Cons. d'état*, 19 juill. 1843, élect. d'Embrun.

107.— M. Thibaut-Lefebvre (p. 51) adopte toutefois une opinion contraire. Cet auteur prétend que les fonctionnaires dont il est parlé dans le 1º et le 2º de l'art. 5 de la loi du 22 juin 1833 ne sont inhabiles à être élus membres du conseil général que dans la circonscription où ils exercent leurs fonctions, et qu'ils peuvent être élus partout ailleurs, sauf à eux, s'ils ne veulent être frappés par l'*incompatibilité*, à résigner leurs fonctions.

108. — Nous ne saurions admettre cette opinion, et nous n'hésitons pas à nous prononcer dans le sens de la jurisprudence. — V. conf. Dufour, t. 3, nº 1666.

109. — Mais quelles personnes faut-il considérer comme comprises sous la dénomination d'*agens et comptables employés à la recette, à la perception et au recouvrement des contributions, et au paiement des dépenses publiques de toute nature?* — Ce sont évidemment toutes celles qui ont pour mission de pourvoir soit par elles-mêmes, soit par leurs subordonnés, au recouvrement d'un impôt et à son versement, quelle qu'en soit du reste la nature.

110.—Ainsi, il y a incompatibilité entre les fonctions de receveur-entreposeur des contributions indirectes et la qualité de membre du conseil d'arrondissement ou du conseil général. — *Cons. d'état*, 19 juill. 1843, élect. d'Embrun.

111 — ... Entre les fonctions de receveur de l'enregistrement et celles de membre du conseil général. — *Cons. d'état*, 6 juin 1834, Chardoillet; 7 août 1843, électeurs de Ribiers;—Cormenin, t. 2, p. 154, note 4.

112. — ... Entre les fonctions de conservateur des hypothèques et la qualité de membre d'un conseil général. — *Cons. d'état*, 7 août 1843, élect. de Ribiers.

113. — Doivent être assimilés aux agens de l'administration salariés par l'état « les employés à l'assiette ou au recouvrement des contributions publiques qui sont payés par les agens qui recourent à leurs services; par exemple, les commis, caissiers, notoirement employés par un percepteur ou par un receveur dans son bureau. En effet, ils sont dans la dépendance des fonctionnaires financiers, qui ont un intérêt si personnel dans le vote de la partie des impôts qui est spéciale aux besoins du département. » — Rapport de M. Gillon à la chambre des députés.

114. — Toutefois, suivant M. Dufour (t. 3, nº 1667), la loi n'a voulu frapper d'exclusion que les fonctionnaires qui ont pour mission de pourvoir, par eux-mêmes ou leurs subordonnés, au recouvrement de l'impôt et à son versement dans les caisses du trésor, laissant en dehors : 1º tous ceux qui ne sont préposés qu'aux opérations relatives à l'assiette de l'impôt sans s'occuper de la perception; 2º ceux dont les attributions n'ont trait qu'à la gestion ou à l'emploi des fonds recueillis dans les coffres de l'état.

115 — En ce qui concerne ces derniers comptables, nous partageons l'opinion de M. Dufour; comme lui nous pensons que l'incompatibilité ne saurait être appliquée à ceux dont les attributions

n'ont trait qu'à la gestion et à l'emploi des fonds recueillis dans les coffres de l'état.

116. — C'est donc à tort, selon nous, qu'il a été jugé qu'il y a incompatibilité à l'égard des trésoriers receveurs des hospices. — *Bordeaux*, 7 janv. 1834, Roux c. préfet de la Gironde.

117. — Il faut, au contraire, dire que les receveurs et payeurs des hospices et bureaux de bienfaisance, n'étant point des comptables employés, soit à la recette, à la perception ou au recouvrement des contributions, soit au paiement des dépenses publiques, il n'y a pas incompatibilité entre leurs fonctions et celles de membres d'un conseil général ou d'arrondissement. — *Cons. d'état*, 31 juill. 1843, élect. de Bourbourg.

118. — Mais faut-il, avec M. Dufour, distinguer entre ceux qui sont chargés de la perception de l'impôt, et ceux qui ne sont préposés qu'à l'assiette de l'impôt, et déclarer ces derniers capables de faire partie d'un conseil général?

119.—L'affirmative a été adoptée par une ordonnance du conseil d'état, laquelle a validé l'élection, comme membre d'un conseil général, d'un contrôleur des contributions. — *Cons. d'état*, 13 août 1840, Lasale.

120. — Jugé aussi qu'il n'y a point incompatibilité entre les fonctions d'inspecteur des finances et celles de membre d'un conseil général de département. — *Paris*, 8 août 1840 (t. 2 1840, p. 704), Desforges c. Reboul.

121. — Un argument de texte sert, il est vrai, de base à cette opinion. En effet, le projet primitif étendait l'incapacité aux receveurs généraux et particuliers des finances, aux payeurs, agens ou *employés à l'assiette ou au recouvrement des contributions publiques de toute nature*; or, cette rédaction a été modifiée.

122. — Mais rien n'indique la cause de la modification subie, et nous croyons que les préposés à la recette et les préposés à l'assiette de l'impôt doivent être mis sur la même ligne et déclarés également incapables de faire partie des conseils généraux.

123. — Les paroles mêmes du rapporteur de la loi à la chambre des députés viennent appuyer ce système : « Les préposés à la recette des deniers publics, quel que soit le cercle étroit ou restreint de leurs fonctions, disait M. Gillon, sont inéligibles. La raison en est présente à tous les esprits : ils ne peuvent voter ni même donner un simple avis sur les impôts dont le recouvrement doit leur procurer des émolumens. *Il en est de même des agens ou employés à l'assiette des contributions directes ou indirectes*, tels que les directeurs, inspecteurs et contrôleurs de ces deux branches d'administration, les ingénieurs ou autres employés au cadastre. Tous se trouvent à l'égard des conseils généraux et même des conseils d'arrondissement dans une position de dépendance et de surveillance qui ne laisserait pas absolument libres leurs votes dans le sein de ces assemblées. »

124.—C'est donc avec raison qu'il a été jugé que les contrôleurs des contributions directes sont des agens employés au recouvrement des contributions dans le sens de la disposition de loi qui précède; qu'en conséquence, ils sont incapables d'être nommés aux fonctions de membres des conseils généraux. — *Orléans*, 20 mars 1840 (t. 1er 1840, p. 762), Bauce c. Arnault; *Cass.*, 30 juin 1841 (t. 2 1841, p. 76), mêmes parties. —V. conf. Duvergier, t. 33, p. 204, note 2e; Dumesnil, t. 1er, p. 60, no 10.

125. — Toutefois, l'incompatibilité existant entre les fonctions de membre du conseil général et celles de contrôleur des contributions cesse par la *mise en disponibilité* du fonctionnaire. — *Cons. d'état*, 16 août 1843, élect. de Chinon.

126. —... 3o L'art. 5, § 3, L. 22 juin 1833, déclare incapables d'être nommés membres des conseils de département ou d'arrondissement les ingénieurs des ponts et chaussées, et les architectes actuellement employés par l'administration dans le département. On conçoit très bien l'intérêt d'un département à n'avoir pas pour représentant celui auquel des comptes doivent être demandés par ce même département; au lieu qu'il n'y a pas les mêmes motifs d'exclure ces fonctionnaires d'un département pour le compte duquel ils ne travaillent pas.

127.—Les ingénieurs des mines sont laissés dans l'éligibilité. Rien ne justifiait leur exclusion des conseils, où leur savoir et leur expérience seront infailliblement d'un grand secours. Leur indépendance est égale à celle de toute autre classe de citoyens; car ils ne surveillent, dans l'intérêt de la sûreté publique, que des travaux dont l'entreprise est laissée à des spéculations privées. — Rapport de M. Gillon à la chambre des députés (V. *Moniteur* du 7 déc. 1832).—V. encore inst. min. 15 juill. 1833.

128. — Par le mot *administration* il faut entendre l'administration qui régit le département dans lequel les architectes sont employés. Ainsi la prohibition s'applique à l'architecte qui est salarié des deniers publics pour donner ses soins à la construction ou au bon entretien d'un édifice qui est ou départemental ou propriété de l'état. Mais elle ne saurait comprendre l'architecte employé pour la bâtisse ou la surveillance d'édifices appartenant à des communes ou à des établissemens de communes, comme colléges, hospices. Celui-ci est beaucoup moins dans la dépendance du sous-préfet et du préfet. Si la sévérité s'étendait jusqu'à lui, elle équivaudrait presque à l'exclusion des architectes prononcée en masse. — Cette opinion, développée par M. Gillon dans son *rapport*, a été aussi adoptée par M. Duvergier, t. 33, p. 205, note 1re.

129. — Les employés du cadastre, géomètres et autres, ne sont point exclus des conseils généraux; il en est de même des voyers départementaux. — Dumesnil, *De l'organisation des conseils généraux*, t. 1er, p. 604.

130. — ... 4o Enfin, sont inéligibles les agens forestiers en fonctions dans le département, et les employés des bureaux des préfectures et sous-préfectures. — L. 22 juin 1833, art. 5, § 4.

131.—Mais l'incapacité ne s'étend pas aux secrétaires des mairies.—*Cons. d'état*, 31 juill. 1843, élect. de Bourbourg.

132. — L'incompatibilité prononcée contre les employés des sous-préfectures et préfectures ne s'applique qu'au département où ils exercent leur emploi. — *Cons. d'état*, 28 nov. 1834, Fleury; — de Cormenin, t. 2, p. 154, no 11.

133. — Le projet de loi excluait « les militaires et employés des armées de terre et de mer en activité de service. » La chambre des députés n'a pas pensé qu'il y eût incompatibilité entre la qualité de militaires et les fonctions des membres des conseils généraux et des conseils d'arrondissemens. — Duvergier, t. 33, p. 205, note 2e.

134.—A la chambre des députés, M. Comte avait proposé de déclarer incompatibles *les fonctions de ministres du culte salariées par l'état.* — Admis par la chambre des députés, l'amendement échoua devant l'autre chambre, et définitivement il n'a pas été maintenu. — Ainsi un ecclésiastique peut être membre d'un conseil général ou d'un conseil d'arrondissement. —Duvergier, *ubi suprà*; Thibaut-Lefebvre, p. 30.

135. — Le projet du gouvernement contenait encore une disposition qui ne permettait pas aux parens, au degré de père, de fils, de frère, et aux alliés au même degré, d'être en même temps membres d'un même conseil. La chambre des députés l'avait rejetée pour les conseils de département, et l'avait, néanmoins, adoptée pour les conseils d'arrondissement. Mais la chambre des pairs a cru devoir la repousser, même pour les conseils d'arrondissement. « C'est aux électeurs eux-mêmes, a dit M. le rapporteur, à cette dernière chambre, le 22 juin 1833, à juger si l'homme de leur choix est capable de sacrifier à ses intérêts privés les intérêts qu'il est chargé de défendre. Nous n'avons point trouvé qu'il y eût analogie entre un conseil électif chargé de contrôler l'administration et un tribunal chargé de prononcer entre des parties. Cette prohibition est peut-être plus motivée lorsqu'il s'agit du conseil municipal d'une commune; mais de ce qu'elle a été insérée dans la loi municipale, il ne s'ensuit pas qu'un devoir d'uniformité oblige à la reproduire dans la loi que nous discutons. La chambre des députés l'a retranchée comme nous pour l'élection du conseil général. Nous croyons qu'elle n'est pas plus nécessaire quant au conseil d'arrondissement. »—Duvergier, *ubi suprà*; Dufour, t. 3, no 1672.

136. — Observons, en terminant, que nul ne peut être membre de plusieurs conseils généraux (L. 22 juin 1833, art. 6), ni de plusieurs conseils d'arrondissement, ni d'un conseil d'arrondissement et d'un conseil général (art. 24). — Dumesnil, t. 1er, p. 66, no 16; Thibaut-Lefebvre, p. 69.

137. — Le conseiller de département élu dans plusieurs cantons ou circonscriptions électorales est tenu de déclarer son option au préfet, dans le mois qui suit les élections entre lesquelles il doit opter. A défaut d'option dans ce délai, le préfet en conseil de préfecture et en séance publique, décide par la voie du sort à quel canton ou circonscription électorale le conseiller doit appartenir. — Il est procédé de la même manière lorsqu'un citoyen a été élu à la fois membre du conseil général et membre d'un ou plusieurs conseils d'arrondissement. — L. 22 juin 1833, art. 10.

138. — Il a été, en effet, reconnu de tout temps qu'à la différence du mandat ordinaire, le mandat politique ou administratif doit être spécial et exclusif. Le même mandataire ne pourrait, sans violer l'essence même du gouvernement représentatif, qui, en toutes choses, est le gouvernement libre de la majorité, représenter à la fois plusieurs circonscriptions électorales, ni posséder le droit de siéger tour à tour dans plusieurs assemblées investies des mêmes pouvoirs. — Dumesnil, t. 1er, p. 66, 3e édit.

## CHAPITRE II. — *Des opérations électorales.*

### Sect. 1re. — *Convocation et durée des assemblées électorales. — Présidence. — Bureau. — Pouvoirs du président et du bureau.*

139. — On a vu aux mots CONSEIL D'ARRONDISSEMENT et CONSEIL GÉNÉRAL DE DÉPARTEMENT, que trois causes peuvent donner lieu à la convocation d'une assemblée électorale, savoir : — 1o la dissolution du conseil; — 2o le renouvellement partiel ou triennal; — 3o une vacance par option, décès, démission, soit volontaire, soit d'office; perte des droits civils ou politiques d'un des membres du conseil.

140. — S'il s'agit de dissolution, il doit être procédé à une nouvelle élection avant la session annuelle, ou, au plus tard, dans le délai de trois mois, à partir du jour de la dissolution.— L. 22 juin 1833, art. 2.

141. — En ce qui concerne les renouvellemens triennaux, une ordonnance royale fixe le délai dans lequel ces opérations doivent s'accomplir sur tous les points du royaume.

142. — Enfin, au cas de vacance particulière, l'assemblée électorale doit être réunie dans le délai de deux mois. — L. 22 juin 1833, art. 11.

143. — « Toutefois, dit M. Dufour (t. 3, no 1685), on ne doit voir dans ces fixations de délais que des prescriptions réglementaires, que des mesures d'ordre. Le législateur n'a eu pour but que de mettre l'autorité en demeure de procurer promptement à chaque localité le représentant auquel elle a droit. Ce serait donc aller directement contre son intention que de s'armer de ses prescriptions pour nier la validité des élections par le motif qu'elles auraient eu lieu après les délais marqués, et soutenir par cela même que, les délais une fois expirés, l'élection n'est plus possible. »

144. — Il a été jugé, conformément à cette opinion, qu'au cas de vacances, les opérations électorales faites plus de deux mois après le délai établi par l'art. 11, ne peuvent être pour ce motif entachées de nullité. — *Cons. d'état*, 13 août 1840, Jalabert.

145. — Quelle que soit la cause qui donne lieu à réunir les électeurs, le droit de convoquer les assemblées électorales appartient au préfet. — Ces assemblées doivent, en général, être convoquées au chef-lieu de canton, ou dans l'un des chefs-lieux des cantons réunis, lorsque les assemblées comprennent plus d'un canton. — L. 22 juin 1833, art. 34.

146. — Néanmoins le préfet a la faculté de les convoquer dans une commune autre qu'un chef-lieu de canton, lorsque cette commune est plus centrale et de communications plus faciles par rapport au canton ou à la circonscription.

147. — La désignation faite par le préfet dans les limites de la circonscription électorale, ne peut, du reste, donner lieu à un recours en nullité des opérations électorales.— *Cons. d'état*, 18 juin 1834, Gabou; 19 déc. 1834, Dufour; 30 déc. 1843, élect. de Tisanges. — Cormenin, vo *Élections départementales*, § 5.

148. — On ne saurait même attaquer sa décision sous le prétexte que le lieu désigné pour la réunion ne serait pas un chef-lieu de commune, mais une section de commune. — *Cons. d'état*, 28 mai 1834, Carrié de Boissy.

149. — Cependant, quelque absolu que soit en ces matières le pouvoir du préfet, comme, en résumé, il ne lui est concédé que pour rendre plus facile la réunion électorale, il ne saurait l'exercer de telle sorte que cette réunion fût entravée, et nous pensons qu'il y aurait lieu de se pourvoir contre l'arrêté de convocation pour excès de pouvoirs, si la localité désignée se trouvait en dehors des limites de la circonscription électorale. — V. conf. Dufour, no 1687.

150. — Il est convenable que l'arrêté du préfet indique le lieu, le jour ou les jours, et l'heure ou les heures des réunions. Cet arrêté doit être affiché (Circul. minist. 16 sept. 1833). — Mais l'inobservation de ces formalités n'entraîne pas nécessairement la nullité des opérations électorales.

151. — Jugé que lorsque l'assemblée électorale a été convoquée dans la salle de la mairie de la

commune du chef-lieu du canton, la validité des opérations électorales ne peut être attaquée sous le prétexte que la salle de la mairie serait placée dans la maison du maire et en dehors de la commune. — *Cons. d'état*, 14 août 1837, élect. de Roquefort-le-Sault.

152. — Mais si le président, contraint de lever la séance par suite de tumulte, a convoqué les électeurs pour une autre réunion dans un local autre que celui désigné par l'arrêté du préfet, sans que sa convocation ait reçu une publicité suffisante, cette réunion est irrégulière et l'élection qui en a été la suite doit être annulée. — *Cons. d'état*, 1er août 1837, élect. de Bonnifaccio.

153. — A l'occasion de ce pourvoi, le ministre émettait l'avis que le président obligé de lever la séance aurait dû ajourner indéfiniment les opérations, et prendre les ordres du préfet pour une convocation nouvelle.

154. — Le grief résultant de ce que les électeurs n'auraient pas été prévenus du jour de l'élection ne peut être admis, lorsqu'il résulte de l'instruction qu'ils ont été suffisamment avertis, et que, long-temps avant les élections, des cartes d'électeurs ont été adressées au maire, qui leur en a donné avis. — *Cons. d'état*, 12 janv. 1835, Fleuriot; 31 mars 1835, Barber c. Laffore; 23 fév. 1841, élect. de Grignan.

155. — Le fait que quelques électeurs n'auraient pas reçu de cartes ne doit pas entraîner la nullité de l'élection, lorsque l'arrêté de convocation a été régulièrement affiché dans toutes les communes du canton, qu'il a reçu toute la publicité possible, et que d'ailleurs cette omission involontaire a été sans influence sur la sincérité de l'élection et le résultat du vote. — *Cons. d'état*, 7 août 1843, élect. de Salers.

156. — Jugé encore qu'il n'est pas nécessaire que l'ouverture des opérations soit annoncée par la cloche communale et que les électeurs soient prévenus du moment de la formation du bureau; qu'il suffit que l'arrêté de convocation soit régulièrement publié et affiché dans toutes les communes des cantons qui doivent concourir à l'élection, et qu'ainsi les électeurs aient été avertis, conformément à la loi, des jour, lieu et heure de l'assemblée électorale. — *Cons. d'état*, 16 août 1843, élect. de Guiscard.

157. — Le fait que les cartes distribuées aux électeurs n'auraient point indiqué l'heure fixée par l'arrêté de convocation n'est pas de nature à vicier l'élection. — *Cons. d'état*, 23 fév. 1841, élect. de Lubersac.

158. — Les opérations d'une assemblée électorale ne peuvent durer plus de deux jours. — L. 22 juin 1833, art. 49.

159. — Les élections départementales et d'arrondissement se font le plus souvent à des époques différentes. Mais il peut arriver qu'il y ait lieu d'élire tout à la fois un membre du conseil général et un conseiller ou des conseillers d'arrondissement. Alors, et dans le cas de la réunion de deux ou plusieurs cantons en une seule circonscription électorale, il faut convoquer d'abord les électeurs de la circonscription pour nommer le conseiller de département; puis séparément ceux de chaque canton pour nommer les conseillers d'arrondissement. — L. 22 juin 1833, art. 22; — circul. 16 sept. 1833.

160. — Lorsque les conseillers de département et d'arrondissement doivent être nommés par une seule assemblée composée des mêmes électeurs, cette assemblée peut être convoquée pour une seule session dans laquelle sera faite successivement, dans le délai de deux jours, conformément à l'art. 49 précité, la double élection des conseillers de département et d'arrondissement. Il est d'autant plus facile de procéder ainsi, qu'aux termes de l'art. 47 de la même loi, les deux scrutins, pour chaque élection, peuvent avoir lieu le même jour. — V. en ce sens circ. 16 sept. 1833.

161. — Mais, si les électeurs d'un canton, convoqués par le préfet pour nommer d'abord un membre du conseil général, puis, le lendemain, un membre du conseil d'arrondissement, ont procédé à cette double opération le même jour, l'élection du conseiller d'arrondissement doit être annulée comme contraire à l'arrêté de convocation. — *Cons. d'état*, 7 mars 1834, Darblay. — V. Cormenin, vo *Elections départementales*, t. 2, p. 151; Chevalier, *Jurisp. adm.*, vo *Elections départementales*, t. 2, p. 8; Dufour, t. 3, no 1687.

162. — Le préfet agit régulièrement en convoquant l'assemblée électorale qui doit nommer le conseiller de département et le conseiller ou les conseillers d'arrondissement, pour deux sessions distinctes et séparées, devant se tenir à un intervalle plus ou moins long l'une de l'autre, pourvu que chacune de ces sessions ne soit pas d'une durée supérieure à deux jours. Le préfet doit, pour savoir quel est celui de ces deux moyens qu'il importe d'employer, consulter les circonstances et les localités. — Même circul.



163. — Si le nombre des électeurs composant une assemblée électorale est supérieur à trois cents, le préfet doit, par un arrêté, diviser l'assemblée en sections. Aucune section ne peut comprendre moins de cent ni plus de trois cents électeurs. — L. 22 juin 1833, art. 35. — Le préfet doit avoir soin de réunir, autant que possible, dans une même section, les électeurs d'une même commune ou d'un même quartier. — Circul. du 16 sept. 1833.

164. — La présidence de l'assemblée électorale appartient au maire du chef-lieu de canton. S'il y a plusieurs sections, le maire préside la première; les adjoints et, à leur défaut, les conseillers municipaux, selon l'ordre du tableau, président les autres sections. — L. 22 juin 1833, art. 36, §§ 1er et 2.

165. — Cet article n'admet pas d'exception pour le cas où l'assemblée est convoquée dans une commune autre qu'un chef-lieu de canton. Ainsi, dans ce cas, la présidence appartient au maire du chef-lieu du canton où est située cette commune; et, s'il y a plusieurs sections, elles sont présidées par les maire, adjoints et conseillers municipaux du même chef-lieu. — Circul. du 16 sept. 1833.

166. — Seulement le maire du chef-lieu prend le plus ordinairement, dans ce cas, les mesures relatives à la disposition du local et à la tenue de l'assemblée de concert avec le maire de la localité. — Dufour, t. 3, no 1691, note.

167. — Les opérations électorales d'une assemblée ne peuvent être attaquées pour défaut de qualité du président de cette assemblée, lorsque elle a été présidée par le maire du chef-lieu du canton, régulièrement nommé en cette qualité. — *Cons. d'état*, 7 mars 1834, Dupuy.

168. — Si le maire est empêché de présider l'assemblée, la présidence appartient à l'adjoint. — *Cons. d'état*, 25 juill., Martin; 7 nov. 1834, Gianetti.

169. — Lorsqu'il résulte de l'instruction qu'un adjoint a présidé l'assemblée au lieu et place du maire empêché, l'élection ne peut être annulée par le motif que le maire n'avait pas eu motif valable d'empêchement. — *Cons. d'état*, 12 janv. 1844, élect. d'Acours.

170. — L'irrégularité résultant de ce que le deuxième adjoint a été appelé, au lieu du premier, à exercer la présidence de l'assemblée, ne peut vicier les opérations électorales, lorsqu'elle a été le résultat d'une erreur commise de bonne foi. — *Cons. d'état*, 16 août 1843, élect. de Decize.

171. — Dans le cas de vacance des fonctions de maire et d'adjoint, la présidence est dévolue de droit au conseiller municipal inscrit le premier sur le tableau, et, en cas de refus, successivement, suivant l'ordre du tableau. — *Cons. d'état*, 19 août 1837, élect. de Mezin (Lot-et-Garonne).

172. — Lorsqu'il est allégué que l'assemblée électorale a été présidée par le troisième conseiller municipal, bien qu'il fût sans qualité, attendu, d'une part, que le premier conseiller était présent et réclamait la présidence, et, d'autre part, que rien ne constatait le refus du deuxième conseiller, ce grief ne rentrant dans aucun des cas de nullité prévus par la loi, doit être rejeté, lorsqu'il n'est d'ailleurs allégué qu'aucune fraude ait été commise. — *Cons. d'état*, 19 déc. 1834, Bayron; — Cormenin, p. 154, no 12.

173. — Le président de chaque assemblée ou section d'assemblée appelle au bureau pour remplir les fonctions de scrutateurs, les deux plus âgés et les deux plus jeunes des électeurs, présens à la séance, sachant lire et écrire. — L. 22 juin 1833, art. 39.

174. — On ne peut attaquer la composition du bureau auquel ont été appelés les électeurs les plus âgés et les plus jeunes, sachant lire et écrire, présens au moment de l'appel. — *Cons. d'état*, 7 nov. 1834, Gianetti; 28 nov. 1834, Laborde c. Teulé et Maluaze; 31 mars 1835, Barber c. Laffore; 30 déc. 1843, élect. de Corte.

175. — Les élections ne peuvent être annulées parce qu'un électeur aurait été appelé au bureau comme scrutateur, quoiqu'il y eût dans l'assemblée un autre électeur plus âgé que lui, lorsqu'il résulte du procès-verbal que la formation du bureau a été légale et régulière, et qu'il ne s'est élevé dans l'assemblée aucune réclamation contre l'admission de ce scrutateur. — *Cons. d'état*, 28 nov. 1834, Piette c. Renard et True; 31 mars 1835, Barber c. Laffore.

176. — ... Ni par cela seul que l'un des scrutateurs ne savait ni lire ni écrire, alors qu'il ne s'est



élevé dans l'assemblée aucune réclamation contre son admission au bureau, et que, d'ailleurs, il n'y a aucun motif de suspicion contre la sincérité du dépouillement des votes. — *Cons. d'état*, 18 juin 1834, Rogelin c. Voisinet; 19 déc. 1834, Allard.

177. — Mais la présence au bureau, en qualité de scrutateur, d'un individu qui n'était pas inscrit sur la liste électorale d'un canton, ayant pu influer sur le résultat des élections, est une cause de nullité. — *Cons. d'état*, 15 juill. 1841, élect. de Vouillé.

178. — Il n'y a pas d'incompatibilité légale, pour cause de parenté, entre les membre du bureau des assemblées électorales. — *Cons. d'état*, 28 nov. 1834, Laborde; 16 août 1843, élect. de Guiscard.

179. — Le bureau une fois constitué désigne le secrétaire. — L. 22 juin 1833, art. 39. — Ce secrétaire doit être choisi à la majorité absolue et parmi les électeurs présens. Il n'a pas voix délibérative dans les décisions du bureau. — Circul. 16 sept. 1833.

180. — Le fait que le secrétaire aurait été choisi parmi les membres du bureau ne peut entraîner la nullité de l'opération lorsqu'il n'a donné lieu à aucune réclamation dans le sein de l'assemblée. — *Cons. d'état*, 12 janv. 1835, Fleuriot.

181. — Le bureau n'est point tenu de faire mention dans le procès-verbal du mode qu'il a suivi pour désigner le secrétaire. — *Cons. d'état*, 23 juill. 1838, élect. de Sauveterre.

182. — En l'absence du secrétaire nommé à l'ouverture de la séance, il doit être procédé à son remplacement. — *Cons. d'état*, 15 juill. 1842, élect. de Vorey.

183. — Aucune disposition de loi n'exige que les membres du bureau prêtent en cette qualité un serment spécial; il suffit qu'ils prêtent, avant de voter, le serment voulu par la loi du 22 juin 1833. — *Cons. d'état*, 7 août 1843, élect. de Carentan.

184. — Lorsque après l'élection d'un membre du conseil général il est procédé immédiatement et sans interruption à l'élection d'un membre du conseil d'arrondissement, il n'y a pas lieu, pour cette dernière opération, de former un nouveau bureau. — *Cons. d'état*, 4 juill. 1834, Richard; 28 nov. 1834, Laborde; 19 août 1837, élect. de Pontarlier.

185. — Cependant le renouvellement du bureau pour la seconde opération ne saurait être dans ce cas une cause de nullité. — *Cons. d'état*, 2 janv. 1835, Marlignac.

186. — Le bureau statue provisoirement sur les difficultés qui s'élèvent au sujet des opérations de l'assemblée. — L. 22 juin 1833, art. 48.

187. — La loi n'ayant point fixé l'époque à laquelle ces difficultés doivent être résolues, il s'ensuit qu'une élection ne peut être annulée par le motif que le bureau aurait sursis à statuer sur des bulletins attaqués jusqu'à l'entier dépouillement du scrutin. — *Cons. d'état*, 14 nov. 1836, Pauthier.

188. — On ne peut se faire non plus un moyen de nullité de la participation d'un membre du bureau à une décision qui intéresse son beau-frère. — *Cons. d'état*, 28 nov. 1834, Piette c. Renard et True. — C'est encore une conséquence de la généralité des termes de l'art. 48 précité.

189. — Mais c'est au président seul de chaque assemblée ou section d'assemblée qu'appartient la police de cette assemblée ou de cette section. — L. 22 juin 1833, art. 37. — En conséquence, il peut donner tous les ordres nécessaires pour l'emploi de la force armée, faire à cet effet toutes réquisitions, et ordonner l'expulsion de la salle de ceux qui troublent l'ordre.

190. — Il peut, si les circonstances l'exigent, suspendre et même lever la séance. Nous avons vu (*suprà* no 152) quelles sont les conséquences de cette décision en ce qui concerne la validité des opérations.

191. — Le refus fait par le président de communiquer l'instruction ministérielle sur la tenue de la session ne peut entraîner la nullité des opérations électorales. — *Cons. d'état*, 2 janv. 1835, Portefaix. — V. Cormenin, vo *Elections départementales*, t. 2, p. 153; Chevalier, vo *Elections départementales*, t. 2, p. 8.

192. — Aux termes de l'art. 37 de la loi du 22 juin 1833, les assemblées ne peuvent s'occuper d'aucun autre objet que des élections qui leur sont attribuées. Toutes discussions, toutes délibérations leur sont interdites. — Le président est encore chargé de veiller à l'exécution de ces prescriptions, qu'il faut, du reste, entendre dans un sens raisonnable.

193. — Ainsi, le fait que pendant l'ouverture du scrutin un candidat, prenant la parole, a déclaré se désister de sa candidature et prié ses amis de

reporter leurs suffrages sur un autre candidat qu'il a désigné, et qu'alors un troisième candidat, prenant la parole à son tour, a commencé un discours sur les fonctions et les devoirs des membres des conseils généraux n'est point une cause suffisante pour annuler le scrutin commencé. — *Cons. d'état*, 7 août 1843, élect. de Monnant.

194. — Jugé encore qu'il n'y a pas lieu d'annuler les opérations électorales par les motifs qu'un électeur aurait parlé à un autre électeur au moment où celui-ci écrivait son bulletin, et qu'un membre de l'assemblée aurait interpellé le bureau pendant la durée des opérations, lorsqu'il ne résulte pas de l'instruction que ces circonstances aient eu aucune influence sur la sincérité de l'élection et le résultat du vote. — *Cons. d'état*, 7 août 1843, élect. de Berneville et de Domart.

195. — Doivent être rejetés les griefs tirés de la publication d'une circulaire signée par un certain nombre d'électeurs, de la partialité reprochée au président dans la tenue de l'assemblée électorale, et des manœuvres attribuées au candidat élu, lorsqu'il ne résulte de l'instruction aucun fait de nature à vicier la liberté et la sincérité des suffrages. — *Cons. d'état*, 23 août 1843, élect. de Grandbourg.

196. — Le fait que le président de l'assemblée électorale aurait fait distribuer aux électeurs une circulaire en faveur des candidats élus n'est pas de nature à faire annuler les opérations électorales, lorsque d'ailleurs aucune atteinte n'a été portée à la liberté des votes. — *Cons. d'état*, 4 mai 1843, élect. de Cognac; 30 déc. 1843, élect. de Cambremer.

197. — Nul électeur ne peut se présenter armé dans l'assemblée. — L. 28 juin 1833, art. 38.

198. — Cette disposition a pour objet d'assurer l'indépendance du vote; en effet les opérations électorales doivent être annulées, lorsque les faits qui les ont précédées ou accompagnées ont été de nature à porter atteinte à cette indépendance. — *Cons. d'état*, 18 mars 1842, élect. de Saint-Laurent.

199. — Cependant la présence dans l'assemblée de l'appariteur de la mairie ne suffit point pour vicier les élections, encore qu'il fût armé, si d'ailleurs sa présence était justifiée par les besoins du service, et n'avait donné lieu à aucune réclamation. — *Cons. d'état*, 23 juill. 1838, élect. de Sauveterre.

200. — Il en est de même de la présence de tout employé de la mairie, appelé par le maire pour les besoins du service, s'il ne s'est élevé aucune réclamation, et qu'il ne soit pas établi que cette présence ait nui à l'indépendance et à la liberté des votes. — *Cons. d'état*, 28 juin 1842, élect. de Bordeaux; 6 sept. 1843, élect. de Saint-Avold.

201. — La présence de gendarmes dans le lieu de l'élection n'est point davantage un motif de nullité, lorsqu'il n'est pas allégué qu'elle ait eu aucune influence sur la liberté des suffrages. — *Cons. d'état*, 18 mai 1837, élect. de Beaumont; 14 août 1837, élect. de Vorey; 31 juill. 1843, élect. de Varilhet.

202. — Il en est de même de la présence de gardes nationaux dans la salle des élections lorsqu'il est établi qu'ils n'y sont entrés que sur les réquisitions du président et pour les besoins du service. — *Cons. d'état*, 16 août 1843, élect. de Soulaines.

203. — A plus forte raison l'élection n'est-elle pas viciée par la présence d'un poste de gendarmerie et de garde nationale dans une salle contiguë à celle des élections, s'il est constant qu'il n'a été porté aucune atteinte à l'indépendance des votes. — *Cons. d'état*, 11 juin 1834, Genay.

204. — En règle générale la présence dans l'assemblée de citoyens non électeurs ne peut non plus être une cause de nullité lorsqu'elle n'a donné lieu à aucune réclamation pendant le cours des opérations, et qu'il n'est point prouvé que ce fait ait nui à la liberté des votes. — *Cons. d'état*, 4 juin 1834, Lefebvre; 2 janv. 1835, Portefaix; 1er août 1837, élect. de Sauveterre; 19 août 1837, élect. de Bapeaume; 24 août 1837, élect. de Cadmet; 25 janv. 1838, élect. de Bourgibus; 20 août 1840, élect. d'Ecouchée; 27 fév. 1841, élect. de Larcher; 13 av. 1842, élect. de Montmirail; 16 août 1843, élect. de Guiscard; 6 sept. 1843, élect. de Vézelize; 12 janv. 1844, élect. d'Acours.

205. — Il en est surtout ainsi lorsque l'individu non électeur s'est retiré immédiatement sur les observations des électeurs. — *Cons. d'état*, 16 août 1843, élect. de Soulaines; 6 sept. 1843, élect. de Saint-Avold.

206. — Il a même été décidé qu'il n'y a pas nécessairement nullité des opérations électorales par le seul fait qu'un individu non électeur se serait introduit dans la salle de l'assemblée, et y aurait pris part à la discussion élevée au sujet du vote d'un électeur, s'il ne résulte pas de l'instruction que ce fait ait porté atteinte à la sincérité de l'élection. — *Cons. d'état*, 31 juill. 1843, élect. de Varilhet.



207. — Le grief tiré de ce qu'un électeur se serait emparé de la police de la salle et aurait prescrit de ne laisser entrer que les électeurs porteurs de leurs lettres de convocation, doit être rejeté lorsque ce fait est démenti par l'instruction, et que d'ailleurs il n'est pas allégué qu'aucun électeur ait été privé de l'exercice de son droit. — *Cons. d'état*, 30 déc. 1843, élect. de Cambremer.

208. — Le fait que des acclamations mêlées de propos injurieux auraient suivi la proclamation du conseiller élu, n'ayant pu porter atteinte à la liberté des votes, ne doit pas entraîner la nullité des opérations électorales. — *Cons. d'état*, 25 fév. 1841, élect. de Lubersac.

209. — Aucune disposition légale ne prescrivant que la clôture de la séance soit prononcée, il ne peut résulter de l'inexécution de cette formalité aucune nullité. — *Cons. d'état*, 4 juin 1841, élect. de Montbazens.

## Sect. 2e. — *Du vote.*

### § 1er. — *Droit de voter.*

210. — Nul électeur ne peut être admis à voter s'il n'est inscrit, soit sur la liste des électeurs pour la nomination des députés, soit sur celle du jury, soit sur la liste supplémentaire mentionnée en l'art. 31, soit enfin sur la liste complémentaire dressée en exécution de l'art. 32. — L. 22 juin 1833, art. 40.

211. — Mais tout citoyen inscrit sur les listes électorales doit être admis à voter. — *Cons. d'état*, 30 mai 1834, Allègre; 31 mars 1835, Barber c. Lafforre; 28 janv. 1841, élect. de Vauvilliers; 11 juill. 1834, élect. de Saumur. — V. conf. Cormenin, vo *Elections départementales*, t. 2, p. 7; Chevalier, vo *Elections départementales*, t. 2, p. 7.

212. — C'est l'inscription sur la liste électorale qui seule peut conférer ou enlever le droit de participer à l'élection. — V. toutefois *infrà* nos 218 et s.

213. — Toutefois, le bureau est tenu d'admettre à voter ceux qui se présentent munis d'un arrêt de la cour royale, ordonnant une inscription sur les listes, et ceux qui sont en instance, soit devant le tribunal, soit devant le conseil de préfecture, au sujet d'une décision qui aurait ordonné que leurs noms seraient rayés de la liste. Cette admission n'entraîne aucun retranchement sur la liste complémentaire des plus imposés. — L. 22 juin 1833, art. 40.

214. — En conséquence, une élection ne peut être annulée par le motif qu'un électeur incapable, à raison de ses facultés intellectuelles, a été admis à voter, si cet électeur était porté sur les listes électorales, et qu'il n'ait point été produit de jugement qui l'ait placé dans l'impossibilité légale d'exercer ses droits électoraux. — *Cons. d'état*, 23 fév. 1841, élect. de Lubersac.

215. — Un électeur inscrit sur les listes électorales doit être admis à voter, encore bien qu'il ait transféré son domicile dans un autre canton. — — Même décret. — V. DOMICILE.

216. — L'irrégularité existant dans l'indication des nom, prénoms, âge ou profession d'un électeur, n'est pas un motif suffisant pour l'exclure du vote, si du reste aucune incertitude ne s'élève sur son identité.

217. — En conséquence, on doit admettre un individu à voter comme électeur, encore bien qu'il ne soit inscrit sur la liste que sous un seul de ses prénoms qui lui était commun avec son père décédé, alors qu'il résulte des circonstances, et notamment de l'âge indiqué, que l'inscription ne pouvait s'appliquer qu'au fils. — *Cons. d'état*, 4 juin 1841, élect. de Montbazens.

218. — Une exception est apportée par la loi du 22 juin 1833 à la règle générale qui refuse le droit de suffrage à tout individu qui n'est pas porté sur les listes électorales.

219. — L'art. 36, § 3, accorde ce droit au président de l'assemblée et aux présidens de sections, encore bien qu'ils ne soient pas inscrits sur les listes.

220. — Le président d'une assemblée a le droit de suffrage comme président, quand même il aurait déjà voté dans un autre canton, soit comme électeur, soit comme président de section. — *Cons. d'état*, 12 déc. 1834, Auger c. Delagrange.

221. — Son admission n'entraîne aucun changement sur la liste complémentaire. — Circul. min. 16 sept. 1833.

222. — Le bureau de l'assemblée ne peut, pour compléter le nombre de cinquante électeurs, appeler à voter des citoyens qui figuraient sur la liste complémentaire préparatoire, mais qui en ont été retranchés, et ne figurent point sur la liste définitive. — *Cons. d'état*, 7 mars 1834, Desforges.



223. — Lors donc qu'un individu a été appelé à voter par le bureau pour compléter le nombre de cinquante électeurs, sans avoir été porté sur la liste supplémentaire définitive, et que le conseiller n'a été élu qu'à la majorité d'une voix, l'élection doit être annulée. — *Cons. d'état*, 13 fév. 1840, élect. de Bresles.

224. — Mais quand plusieurs personnes du même nom ont été portées sur les listes électorales, et qu'une autre personne du même nom aussi, qui, à une époque précédente, avait rempli les fonctions d'électeur, s'est présentée à l'assemblée, y a été admise sans difficulté, et a même été appelée à faire partie du bureau, l'erreur qui aurait été commise à son égard, en supposant que cette personne ne fût pas au nombre de ceux qui étaient portés sur la liste, erreur que toute l'assemblée aurait partagée, ne pourrait entraîner la nullité de l'opération. — *Cons. d'état*, 18 juin 1834, Gabou. — V. dans le même sens *Cons. d'état*, 12 janv. 1835, Fleuriot.

225. — Lorsqu'il n'est pas contesté que des individus fussent électeurs, le fait qu'ils auraient voté sans avoir retiré leur carte d'admission est sans aucune importance. — *Cons. d'état*, 18 janv. 1844, élect. de Montgiscard.

226. — Jugé également que l'irrégularité résultant de ce qu'un électeur a été empêché de voter ne doit pas entraîner la nullité des opérations, lorsqu'en ajoutant ce vote au nombre total des votans la majorité resterait encore à l'élu. — *Cons. d'état*, 5 août 1841, élect. de Balabre; 23 août 1843, élect. de Château-Giron.

227. — A plus forte raison en est-il de même quand on prétend qu'un électeur inscrit n'a pas été admis à voter, s'il n'y avait pas d'identité entre ce prétendu électeur et celui qui était inscrit, et si d'ailleurs ce fait n'a exercé aucune influence sur l'élection, à raison de l'unanimité des suffrages réunis par l'élu. — *Cons. d'état*, 7 nov. 1834, Gianetti.

228. — Réciproquement doit être rejeté le grief tiré de ce qu'une ou plusieurs personnes auraient voté sans droit lorsque, déduction faite de ces votes, le membre élu a obtenu la majorité des suffrages légalement exprimés. — *Cons. d'état*, 14 mars 1834, André; 11 juill. 1834, Alba-Lasource; 19 août 1837, élect. de Bapaume; 12 janv. 1844, élect. d'Acours.

229. — Il résulte des diverses décisions qui précèdent que les listes des électeurs doivent être soumises au contrôle des assemblées électorales. La loi du 22 juin 1833 (art. 40) exige elle même en effet que ces listes soient affichées dans la salle et déposées sur le bureau du président.

230. — Néanmoins les élections ne peuvent être attaquées pour défaut d'affiche des listes dans la salle des élections, si l'omission de cette formalité n'a donné lieu à aucune réclamation et que d'un autre côté il soit constant que des listes contenant les noms des électeurs ont été déposées sur le bureau et ont servi pour l'émargement. — *Cons. d'état*, 30 oct. 1834, Mongin-Roquefort; 19 août 1837, élect. de Bapaume; 2 sept. 1840, élect. de Bourg-Neuf; 16 août 1843, élect. de Saint-Bonnet.

231. — L'élection doit surtout être validée s'il résulte du procès-verbal même que les listes ont été affichées dans l'intérieur de l'assemblée, et qu'un exemplaire était déposé sur le bureau. — *Cons. d'état*, 12 janv. 1835, Fleuriot.

232. — Les opérations électorales ne peuvent être attaquées par le motif qu'on aurait porté par erreur sur la liste affichée dans la salle de l'assemblée un individu qui n'existait pas et n'a pas répondu à l'appel de son nom, et qu'ainsi le nombre des votans, au lieu de cinquante, se trouvait être de quarante-neuf seulement, si cet individu était réellement porté sur les listes, et si son inscription n'avait pas été attaquée dans les délais fixés par la loi. — *Cons. d'état*, 22 juin 1843, Chaigneau.

### § 2. — *Forme du vote. — Serment.*

233. — Avant de voter pour la première fois, chaque membre de l'assemblée prête le serment prescrit par la loi du 31 août 1830. — L. 22 juin 1833, art. 41.

234. — Le serment est régulièrement prêté au moment seulement du dépôt des bulletins dans l'urne. — *Cons. d'état*, 29 août 1834, Beauvais c. Dumont; — Cormenin, t. 2, p. 151, no 6, *in fine*. — Il n'est pas nécessaire qu'il soit prêté avant d'écrire le vote. — *Cons. d'état*, 28 juin 1842, élect. de Bordeaux.

235. — Au contraire, il pourrait y avoir nullité s'il était prêté après le dépôt du bulletin; car alors la prestation n'aurait pas eu lieu *avant de voter*,

ainsi que l'exige la loi. — Cormenin, t. 2, p. 152, note 6e.

236. — Toutefois cette nullité devrait être couverte, si, en annulant le vote de l'électeur, l'élu réunissait encore la majorité des suffrages. — *Cons. d'état*, 29 août 1834, Beauvais c. Dumont; — Cormenin, *ubi suprà*.

237. — On ne peut, du reste, attaquer une élection pour défaut de serment des électeurs, lorsqu'il est établi par le procès-verbal qu'ils l'ont prêté avant de voter. — *Cons. d'état*, 7 nov. 1834, Gianetti; 14 août 1837, élect. de Roquefort-de-Sault.

238. — Le serment doit être prêté purement et simplement, sans aucune restriction ni réserve. — *Cons. d'état*, 11 juin 1834, de Panat et Dumas.

239. — Le fait qu'un certain nombre d'électeurs l'ont accompagné d'une déclaration explicative entraîne la nullité des élections auxquelles ils ont concouru. — Même décret.

240. — Lorsque après avoir nommé un membre du conseil général, l'assemblée procède immédiatement et sans interruption à la nomination d'un conseiller d'arrondissement, il n'est pas nécessaire que les électeurs prêtent un nouveau serment. — *Cons. d'état*, 25 avr. 1834, Dauban; 4 juill. 1834, Richard.

241. — Mais, lorsque les élections pour les conseils de département et d'arrondissement ont été fixées à un jour d'intervalle, le serment des électeurs doit être exigé pour chacune des deux opérations. — *Cons. d'état*, 18 juin 1834, Lasnier.

242. — *Manière dont le vote doit être déposé.* — Chaque électeur appelé pour voter reçoit du président un bulletin ouvert, où il écrit ou fait écrire secrètement son vote, par un électeur de son choix, sur une table disposée à cet effet et séparée du bureau; puis il remet son bulletin écrit au président, qui le dépose dans la boîte destinée à cet usage. — L. 22 juin 1833, art. 42.

243. — Le fait que la boîte contenant les bulletins serait restée ouverte n'est pas de nature à vicier les élections, lorsque aucune manœuvre frauduleuse n'est alléguée. — *Cons. d'état*, 25 févr. 1841, élect. de Larcher.

244. — L'irrégularité résultant de ce que le président aurait remis à un électeur un bulletin écrit au lieu d'un bulletin blanc ne doit pas non plus entraîner la nullité des opérations électorales, comme ayant violé le secret des votes, lorsque ce fait a eu lieu de bonne foi et par erreur. — *Cons. d'état*, 16 août 1843, élect. de Neuille-Pont-Pierre.

245. — Jugé encore que le fait qu'un certain nombre de bulletins auraient été numérotés ou marqués ne vicie pas l'élection, lorsque rien ne justifie que ce fait ait porté atteinte au secret et à la liberté des votes. — *Cons. d'état*, 1er fév. 1844, élect. de Lannes.

246. — La circonstance qu'un suffrage a été écrit sur un bulletin autre que celui remis par le président est sans influence pour l'élection lorsque, ce bulletin annulé, la majorité absolue reste encore à l'élu. — *Cons. d'état*, 23 mai 1834, Cassaignard.

247. — Les électeurs ont le droit de choisir pour écrire leurs votes celui des membres de l'assemblée qu'ils jugeront convenable. — *Cons. d'état*, 19 déc. 1834, Allard.

248. Les membres du bureau peuvent, comme tous ceux qui font partie de l'assemblée électorale, être choisis pour remplir cette mission. — *Cons. d'état*, 14 août 1837, élect. de Guéret.

249. — Le fait qu'un membre du bureau, après avoir écrit le bulletin d'un électeur illettré, l'a montré à un autre électeur, ne doit pas entraîner la nullité des opérations électorales, s'il n'est pas justifié que cette circonstance ait porté atteinte à la liberté des votes. — *Cons. d'état*, 5 août 1841, élect. de Belabre.

250. — A plus forte raison en est-il ainsi dans le cas où l'électeur qui a écrit le vote d'un autre n'a fait connaître le nom du candidat qui lui avait été désigné que pour se justifier d'une inculpation de mauvaise foi, alors surtout que l'électeur dont le vote a été divulgué n'a formé aucune réclamation. — *Cons. d'état*, 8 juill. 1840, de Lartigue.

251. — Doit être également rejeté le grief tiré de ce que plusieurs électeurs auraient profité d'une erreur commise sur la carte d'un autre électeur pour nuire à l'une des candidatures, lorsque ce fait n'est pas justifié, et que, d'ailleurs, il ne pouvait exercer aucune influence sur le résultat. — *Cons. d'état*, 16 août 1843, élect. de Beynat.

252. — Jugé qu'une élection ne doit pas être annulée par le seul fait que la table sur laquelle les électeurs écrivaient leurs bulletins était placée dans un cabinet qui n'avait d'autre issue que la salle de l'assemblée, que la porte de communication était constamment restée ouverte, lorsque d'ailleurs il ne s'est élevé dans l'assemblée aucune réclamation contre ce mode de voter. — *Cons. d'état*, 11 juill. 1834, Boillot c. Pourcelot; 16 août 1843, élect. de Beynat.

253. — Mais ce n'est là qu'une exception justifiée par les circonstances; en règle générale, il y a nullité des opérations électorales, lorsque les bulletins ont été écrits en dehors de la salle. — *Cons. d'état*, 14 juill. 1841, élect. de Royan.

254. — N'est pas recevable la demande en nullité de l'élection fondée sur ce que la table où les électeurs écrivaient leurs bulletins n'aurait pas été disposée de manière à ce que le secret des votes fût observé, lorsqu'il résulte de l'instruction que les prescriptions de l'art. 42, L. 22 juin 1833, ont été observées. — *Cons. d'état*, 22 juin 1843, Chaigneau.

255. — ... Sur ce qu'un bulletin aurait été écrit sur le bureau par un des électeurs, s'il ne résulte pas la preuve, soit du procès-verbal, soit de l'instruction, que ce bulletin n'a pas été écrit secrètement. — *Cons. d'état*, 12 juill. 1836, élect. d'Embrun; 17 fév. 1843, élect. d'Exmes; 12 janv. 1844, élect. d'Acours.

256. — ... Sur ce que la table du bureau n'aurait pas été disposée de manière à ce que les électeurs pussent circuler à l'entour pendant le dépouillement du scrutin, si cette allégation se trouve contredite par le procès-verbal. — *Cons. d'état*, 11 juin 1834, Genay; 16 août 1843, élect. de Guiscard.

257. — En principe général, les opérations électorales ne peuvent être annulées en ce qu'il aurait été porté atteinte au secret des votes, quand ce grief ne se trouve établi ni par le procès-verbal ni par l'instruction. — *Cons. d'état*, 11 juin 1834, Fourcade et Pujo.

258. — Mais quand il résulte du procès-verbal de la séance et de l'instruction qu'un électeur a écrit et déposé lui-même dans l'urne les bulletins de plusieurs électeurs, il y a lieu d'annuler l'opération. — *Cons. d'état*, 22 août 1837, élect. de Saint-Laurent-de-Chamousset.

259. — En effet, comme l'observe avec raison M. Dufour (t. 3, no 1702): « Encore bien que la loi autorise l'électeur qui ne peut écrire son vote, à emprunter la main d'un autre électeur, on ne saurait le dispenser de remettre lui-même son bulletin. Si l'électeur chargé par un autre d'écrire son suffrage pouvait déposer le bulletin, ce serait se substituer entièrement à l'action du votant et ouvrir une porte aux abus. Le bulletin écrit et remis par un électeur autre que le votant doit être annulé. »

260. — *Constatation des votans.* — Les votans sont successivement inscrits sur une liste qui est ensuite annexée au procès-verbal des opérations, après avoir été certifiée et signée par les membres du bureau. — L. 22 juin 1833, art. 44.

261. — Le fait que la constatation des votes sur la liste du scrutin a eu lieu au moment de la remise des bulletins à chaque électeur par le président, et non au moment du dépôt desdits bulletins, doit entraîner la nullité de l'élection, lorsque cette irrégularité a été, à raison des circonstances particulières, de nature à en vicier la sincérité. — *Cons. d'état*, 23 août 1843, élect. de Giromagny.

262. — On ne peut opposer à un citoyen inscrit sur la liste électorale l'erreur provenant de ce que son nom a été irrégulièrement transcrit sur la liste des votans, lorsque les indications d'âge, de profession, de cens et de domicile qui lui sont exclusivement applicables, le désignent suffisamment. — *Cons. d'état*, 28 août 1837, élect. d'Aups.

263. — La décision par laquelle le président a refusé le vote de cet électeur, sans prendre l'avis du bureau, doit donner lieu à l'annulation de l'élection, si elle a eu pour effet de changer le chiffre de la majorité absolue et d'influer sur le résultat de l'élection. — Même décret.

264. — Si les noms des premiers votans n'ont pas été d'abord successivement inscrits sur la liste destinée à cet effet, le bureau peut, sur la demande de plusieurs électeurs, et du consentement unanime de l'assemblée, décider que les bulletins déjà déposés dans l'urne seront brûlés sans être dépouillés, et qu'il sera immédiatement procédé à un second scrutin. Si cette décision a été exécutée sans réclamation, on ne peut se prévaloir pour attaquer l'élection, de ce qu'elle n'a pas été mentionnée au procès-verbal. — *Cons. d'état*, 18 mai 1837, élect. de Ligné et Riaillé.

265. — La circonstance qu'il n'a été procédé à l'inscription des votans sur la liste prescrite par l'art. 44 précité, qu'à l'aide d'un réappel fait du consentement et sous le contrôle de l'assemblée, ne peut pas davantage être un grief de nullité contre l'élection, alors surtout qu'il n'est réclamé contre cette opération qu'après le dépouillement du scrutin, et que, d'ailleurs, il n'est allégué aucune fraude. — *Cons. d'état*, 18 mai 1837, élect. de Beaumont.

266. — L'irrégularité résultant de ce que la liste des votans n'a pas été certifiée et signée par les membres du bureau, comme l'exige l'art. 44 de la loi du 22 juin 1833, n'est pas de nature à entraîner par elle-même la nullité de l'élection. — *Cons. d'état*, 14 août 1837, élect. de Monistrol; 4 juin 1841, élect. de Montbazens.

267. — Il est suppléé suffisamment à l'omission de cette formalité par les circonstances suivantes, savoir: que les noms et le nombre des votans ont été relevés avec exactitude, que la liste des votans porte, en regard des noms des votans, la signature des quatre membres du bureau, que les faits sont en rapport avec les énonciations du procès-verbal, et qu'il n'est pas allégué qu'aucune fraude ait eu lieu. — *Cons. d'état*, 18 juin 1834, Marmasse; 11 juill. 1834, Boillot c. Pourcelot; même jour, Alba-Lasource; 19 déc. 1834, Calmès; 18 avr. 1835, Bermadou; 15 juill. 1842, élect. de Vorcy.

268. — Jugé encore que le défaut de constatation par le procès-verbal du nombre des électeurs qui ont pris part à l'opération, ne peut être une cause de nullité de l'élection, si ce nombre est établi par la liste des votans dressée et annexée au procès-verbal, conformément à l'art. 44 de la loi du 22 juin 1833. — *Cons. d'état*, 19 août 1837, élect. de Pontarlier.

269. — On ne saurait également voir une cause de nullité dans la circonstance que le nombre des votes exprimés s'est trouvé plus considérable que celui des votans, alors qu'il résulte des déclarations portées au procès-verbal que l'erreur provient de ce qu'un bulletin aurait été attribué à chacun des deux candidats. — Même décret.

270. — En tous cas, il n'y a pas lieu d'annuler une élection, par le motif qu'il se serait trouvé dans l'urne un suffrage exprimé en plus du nombre des votans, lorsque au moyen du nombre de voix obtenu par le candidat élu, cette circonstance se trouve avoir été sans influence sur le résultat des opérations. — *Cons. d'état*, 25 fév. 1841, élect. de Larcher.

271. — *Présence des membres du bureau.* — Pour que les opérations électorales soient régulières, il faut que trois membres du bureau, y compris le secrétaire, soient toujours présens. — L. 22 juin 1833, art. 47, § 2.

272. — Mais il n'est pas nécessaire qu'un plus grand nombre de membres du bureau assistent aux opérations. Cela résulte évidemment de la disposition de la loi qui exige la présence de trois membres seulement.

273. — Lors même qu'il s'est trouvé pendant quelque temps au bureau moins de trois membres, mais que pendant ce temps il n'a point été déposé de bulletin, les élections doivent être maintenues et déclarées valables. — *Cons. d'état*, 23 juill. 1840, d'Armoville; 25 fév. 1841, élect. de Larcher.

274. — Spécialement les élections ne peuvent être annulées en ce que l'absence d'un scrutateur aurait réduit le bureau à moins de trois membres, lorsqu'il est reconnu par les réclamans eux-mêmes que ce scrutateur n'a quitté le bureau qu'accidentellement et qu'il y a immédiatement repris sa place, lorsque d'ailleurs il n'est pas justifié qu'aucun bulletin ait été déposé pendant la durée de son absence. — *Cons. d'état*, 25 sept. 1834, Carratier. — V. Cormenin, vo *Elections départementales*, t. 2, p. 155.

275. — Le fait que deux membres seulement du bureau ont été présens pendant un intervalle qui s'est écoulé entre le réappel des électeurs et l'ouverture de la boîte renfermant les votes, ne constitue pas non plus une infraction de nature à vicier une élection contre la régularité de laquelle il n'est au surplus allégué aucun grief. — *Cons. d'état*, 23 fév. 1837, élect. de Condom.

276. — A plus forte raison doit être rejeté le grief fondé sur l'absence momentanée du secrétaire, lorsque le procès-verbal n'en fait pas mention, mais déclare que l'opération a été régulière. — *Cons. d'état*, 28 nov. 1834, Piette c. Renard.

277. — En effet, le fait que le secrétaire se serait absenté pendant les opérations électorales, n'est point une cause de nullité lorsqu'il est constant que trois membres au moins sont toujours restés au bureau. — *Cons. d'état*, 17 fév. 1843, élect. d'Exmes.

278. — Il a même été jugé qu'une élection ne peut être annulée sous prétexte qu'un bulletin aurait été déposé dans l'urne en l'absence d'un des membres du bureau, lorsque, ce bulletin annulé, le nombre des suffrages obtenus par l'élu excéderait encore la majorité. — *Cons. d'état*, 9 mai 1834,

Chaumont-Quétry c. Helix d'Hacqueville; 6 juin 1834, Beaurain de Moimont.

279. — *Nombre des scrutins.* — Il ne peut y avoir pour chaque élection que deux tours de scrutin, qui ont lieu, soit le même jour (L. 22 juin 1833, art. 47), soit en deux jours successifs (art. 49).

280. — Si l'assemblée électorale étant convoquée pour procéder le même jour à la nomination d'un membre du conseil général et d'un membre du conseil d'arrondissement, deux tours de scrutin ont été nécessaires pour la nomination du premier, peut-on procéder immédiatement à la nomination du conseiller d'arrondissement?

281. — Le texte de la loi est loin d'être explicite sur la question, et le conseil d'état, saisi de la difficulté, a évité de la trancher en rendant une décision uniquement motivée sur les circonstances du fait. — *Cons. d'état*, 11 juin 1834, Ménard.

282. — Par une autre décision, il est vrai, il a été jugé que, lorsque pour l'élection de plusieurs membres du conseil général de la Seine, il a été procédé à trois tours de scrutin qui n'ont pas donné de résultat, il y a lieu d'ordonner une nouvelle convocation des électeurs pour procéder à l'élection des membres qui restent à nommer. — *Cons. d'état*, 26 août 1835, Charlot. — Mais il s'agissait, comme on le voit, d'une matière toute spéciale, le conseil général de la Seine étant l'objet d'une législation particulière. — L. 20 avr. 1834.

283. — Nous n'hésitons pas, néanmoins, à adopter la même solution en ce qui concerne les élections départementales en général : lorsqu'en effet on se rappelle que le projet primitif ne permettait pas qu'il fût procédé dans le même jour à une double élection pour le conseil général et pour le conseil d'arrondissement, parce qu'on craignait, comme le disait le rapporteur de la loi, le scrutin du soir et les désordres qu'amène fréquemment une assemblée trop prolongée, il est évident qu'en autorisant deux scrutins le même jour, la loi a entendu déterminer un *maximum* et qu'elle a voulu que, dans aucun cas, il ne fût procédé le même jour à trois scrutins. — Dufour, t. 3, no 1710.

284. — D'un autre côté, bien que l'art. 49, L. 22 juin 1833, dispose que l'assemblée électorale ne peut durer plus de deux jours (V. *suprà* no 157) si l'assemblée a été convoquée tout-à-la fois pour la nomination d'un membre du conseil général et du conseil d'arrondissement, et si les deux tours de scrutin nécessités pour la nomination du conseil général ont occupé les deux jours, sans aucun doute il peut être, le troisième jour, procédé à la nomination du conseiller d'arrondissement. — Circ. 15 sept. 1833; — Dumesnil, t. 1er, p. 140, no 114; Dufour, t. 3, no 1711.

285. — Chaque scrutin doit rester ouvert pendant trois heures au moins. — L. 22 juin 1833, art. 47. — Il y a lieu d'annuler les opérations électorales lorsque le scrutin n'a pas été ouvert pendant ce laps de temps. — *Cons. d'état*, 16 août 1841, Amirault.

286. — Mais le fait que le scrutin serait resté ouvert plus de trois heures n'est pas de nature à vicier les élections. — *Cons. d'état*, 28 juin 1842, élect. de Bordeaux.

287. — Comme aussi, lorsqu'il résulte suffisamment du procès-verbal d'élection que le scrutin est resté ouvert pendant trois heures, et qu'aucune réclamation ne s'est élevée à cet égard dans l'assemblée, l'élection ne peut être annulée sous le prétexte d'inobservation de cette durée légale. — *Cons. d'état*, 26 juill. 1837, élect. de Commercy; 1er août 1837, élect. de Lens.

288. — Il y a lieu d'annuler les opérations électorales lorsqu'un scrutin commencé a été annulé par le bureau sans cause suffisante et que cette annulation a pu influer sur le résultat de l'élection. — *Cons. d'état*, 7 août 1843, élect. de Mornant.

§ 3. — *Dépouillement du scrutin, attributions des bulletins.*

289. — Lorsque tous les électeurs présens ont été appelés à voter, il est procédé à l'ouverture de la boîte dans laquelle ont été déposés les bulletins et à la vérification du nombre de ces bulletins. Un des scrutateurs prend ensuite successivement chaque bulletin, le déplie, le remet au président, qui en fait la lecture à haute voix et le passe à un autre scrutateur. — L. 22 juin 1833, art. 46, § 1er.

290. — L'irrégularité résultant de ce que le président, au lieu de recevoir les bulletins de l'un des scrutateurs, les a lui-même pris dans l'urne, n'est pas de nature à vicier les opérations, lorsqu'il est légalement établi qu'après les avoir lus, il les a remis ouverts aux scrutateurs et que, d'ailleurs, aucune réclamation ne s'est élevée dans le cours du dépouillement. — *Cons. d'état*, 16 août 1843, élect. de Neuillé-Pont-Pierre.



291. — De même, le fait que le président aurait ouvert quelques bulletins que lui aurait remis à demi dépliés un des scrutateurs, n'est pas de nature à entraîner la nullité des opérations lorsqu'il résulte de l'instruction que les bulletins ont été ensuite déposés sous les yeux des autres scrutateurs, qui ont pu les vérifier. — *Cons. d'état*, 30 déc. 1843, élect. de Fousseret.

292. — Comme aussi, l'inobservation de la disposition qui veut que les bulletins soient lus par le président, n'est pas de nature à entraîner la nullité de l'élection. — *Cons. d'état*, 27 août 1840, élect. de Salles-sur-Lhers.

293. — Le grief résultant de ce que le président après avoir proclamé les noms inscrits sur les bulletins, au lieu de passer ces bulletins au scrutateur placé à sa droite, les aurait déposés sur la table devant lui, ne constitue pas une irrégularité de nature à vicier l'élection. — *Cons. d'état*, 30 déc. 1843, élect. de Ciers-Lalande.

294. — Bien que lors du dépouillement d'un premier tour de scrutin les membres du bureau se soient momentanément retirés dans un cabinet attenant à la pièce où se tenait l'assemblée électorale pour délibérer sur un bulletin douteux, cette circonstance ne doit point entraîner la nullité des opérations électorales, alors que le candidat n'a été élu qu'au second tour de scrutin, et, qu'ainsi, le fait dont on se plaint n'a pu exercer aucune influence sur le résultat de l'élection, alors d'ailleurs qu'aucune réclamation ne s'est élevée avant la clôture du premier scrutin, et qu'il n'est pas allégué qu'aucune fraude ait été commise. — *Cons. d'état*, 7 août 1843, élect. de Sarralbe.

295. — Mais le refus par le président de communiquer les bulletins à un scrutateur qui les lui avait formellement demandés peut entraîner l'annulation des opérations électorales. — *Cons. d'état*, 6 sept. 1843, élect. de Vézelise.

296. — Dans les assemblées divisées en plusieurs sections, le dépouillement du scrutin se fait dans chaque section; le résultat en est arrêté et signé par les membres du bureau; il est immédiatement porté par le président de chaque section au bureau de la première section, qui fait, en présence des présidens de toutes les sections, le recensement général des votes. — L. 22 juin 1833, art. 46, § 3.

297. — *Attribution des bulletins.* — Des difficultés peuvent se présenter relativement à l'attribution des bulletins. Ces difficultés doivent toujours se résoudre d'après les règles de l'équité et de la bonne foi. Nous croyons utile de rapporter ici les diverses décisions qui sont intervenues à cet égard.

298. — Lorsqu'un candidat est le seul de son nom qui soit éligible, le bulletin portant son nom avec des qualifications illisibles doit lui être attribué. — *Cons. d'état*, 19 mai 1835, Rigal c. Vialas.

299. — Les bulletins sur lesquels le nom d'un candidat se trouve défiguré, inexactement écrit ou incomplètement indiqué, doivent cependant être appliqués à ce candidat, s'ils le désignent clairement et sans équivoque. — *Cons. d'état*, 25 avr. 1834, Clément; 23 mai 1834, Cassaignard; 26 août 1835, Charlot. — Cormenin, t. 2, p. 153, no 9.

300. — Doivent être attribués à un candidat les bulletins qui ne portent que son nom sans autre désignation spéciale, lorsqu'il résulte des circonstances que ces bulletins ne devaient s'appliquer qu'à lui. — *Cons. d'état*, 23 août 1843, élect. de Château-Giron et Liffré.

301. — Un bulletin portant le nom d'un candidat écrit par abréviation, mais avec son prénom et sa qualité d'adjoint, a pu valablement lui être attribué. — *Cons. d'état*, 14 août 1837, élect. de Guéret.

302. — Jugé encore que les questions d'attribution de nom étant toutes de bonne foi, on a pu justement attribuer à un candidat les bulletins qui ne portaient que son prénom, lorsqu'il est constant que ce candidat est presque toujours et partout désigné sous ce seul prénom. — *Cons. d'état*, 23 août 1843, élect. de Grandbourg.

303. — Si le nom porté sur un bulletin a quelque analogie avec celui d'un candidat, et qu'il ne puisse d'ailleurs être attribué qu'à un électeur non éligible, ce bulletin doit être compté à ce candidat. — *Cons. d'état*, 23 juill. 1840, Poitevin de la Rochette.

304. — Un seul membre restant à élire, on doit compter au candidat non élu le bulletin qui contient deux noms, le sien et celui du membre déjà élu. — *Cons. d'état*, 9 mai 1834, Colarey. — Cormenin, t. 2, p. 153, no 9.

305. — Un bulletin n'est pas nul par cela seul qu'il y a dans l'assemblée électorale plusieurs homonymes et qu'il ne porte que leur nom commun.



Il peut, suivant les circonstances, être attribué à l'un d'eux. — *Cons. d'état*, 12 juin 1835, élect. de Guéret; 11 mai 1838, élect. de Masc d'Agenais; 5 août 1841, élect. de Saint-Brieux; 16 juin 1841, élect. de Marmande; même jour, élect. d'Arpajon; 17 août 1841, élect. de Fleury sous Andelle; 16 août 1843, élect. de Soulaies; même jour, élect. d'Argelès; même jour, élect. de Neuillé-Pont-Pierre; 23 août 1843, élect. de Château-Chinon. — V. conf. Cormenin, *ubi suprà*.

306. — Lorsqu'il résulte de l'instruction et des circonstances de l'élection qu'un candidat était suffisamment désigné dans les bulletins qui lui ont été attribués, le conseil de préfecture ne peut lui refuser cette attribution, sous le prétexte que ces bulletins pouvaient s'appliquer aussi à un autre éligible portant les mêmes noms. — *Cons. d'état*, 6 juin 1834, Laget c. Maurin; 16 mai 1837, Rihouet; 19 août 1837, élect. de Mézin; 24 août 1837, élect. de Cadmel; 23 juill. 1840, Rolland.

307. — Mais lorsqu'on a attribué à un candidat des bulletins qui pouvaient également s'appliquer à un autre électeur portant le même nom, et faisant partie du bureau, et que, déduction faite de ces bulletins, le candidat n'a pas obtenu la majorité, son élection doit être annulée. — *Cons. d'état*, 11 juin 1834, Despréaux.

308. — Si les circonstances démontrent que des bulletins qui paraissent douteux désignent l'un des candidats, ils doivent être attribués à ce candidat. — *Cass.*, 19 mai 1835, Delafare c. Chabert; 28 juill. 1840, Rolland.

309. — Ainsi, il y a lieu d'attribuer au juge de paix du canton où se fait l'élection un bulletin qui porte uniquement ces mots : *Messient juges de pay* (Monsieur juge de paix), encore bien qu'au nombre des électeurs figure le juge de paix d'un canton voisin, lorsque le premier, conseiller sortant, est le seul candidat connu. — *Cons. d'état*, 6 juill. 1843, élect. de Vassy.

310. — A plus forte raison, le bureau peut compter à un candidat qui porte deux noms les bulletins qui ne contiennent que l'un de ces noms sans autre désignation, lorsqu'il n'existe dans le canton aucun autre électeur ou éligible auquel ce nom puisse s'appliquer. — *Cons. d'état*, 4 nov. 1836, Pauthier; 31 juill. 1843, élect. de Cérisy.

311. — Au contraire, il y a lieu d'annuler les bulletins ne contenant pas une désignation suffisante. — *Cons. d'état*, 14 juill. 1841, élect. de Royan.

312. — En conséquence, ne doit pas être compté à un électeur le bulletin qui ne porte ni son nom ni son prénom, mais seulement un sobriquet donné à son père, quand d'ailleurs cet électeur a un frère électeur et éligible. — *Cons. d'état*, 28 nov. 1834, Jérardet-Fombelle c. Marcoul-Lagorce.

313. — Cependant l'élection ne peut être annulée par le motif qu'on a attribué à un conseiller élu un bulletin qui, ne portant que son nom sans autre désignation, pouvait également s'appliquer à son frère, électeur dans la même commune, si, en retranchant ce bulletin, il n'en réunit pas moins la majorité des suffrages. — *Cons. d'état*, 12 juill. 1836, élect. d'Embrun.

314. — Quand deux électeurs seulement portant le même nom se trouvent inscrits sur la liste des électeurs du canton, et que ces deux électeurs sont frères, c'est avec raison que le bureau attribue au plus jeune un bulletin qui porte leur nom avec les mots *le cadet*. — *Cons. d'état*, 12 juill. 1836, élect. d'Embrun.

315. — S'il n'est point constaté que des bulletins pouvant être attribués à une autre personne aient été appliqués au membre élu, et si aucune réclamation n'a été faite au moment de l'élection contre sa nomination, cette élection doit être maintenue. — *Cons. d'état*, 20 fév. 1835, Bosmel.

316. — L'annulation de deux bulletins ne saurait être une cause de nullité, lorsqu'il résulte du procès-verbal que l'un d'eux était illisible, et que l'autre ne désignait point exclusivement l'un des candidats, mais qu'en appliquant même à ce candidat les deux bulletins annulés, le conseiller élu n'en aurait pas moins obtenu la majorité des suffrages. — *Cons. d'état*, 2 janv. 1835, Portefaix.

317. — Doit être au surplus rejeté le grief tiré de ce que des bulletins ne contenant qu'une désignation insuffisante ont été attribués au candidat élu, lorsqu'il résulte de l'instruction qu'ils lui ont été justement attribués. — *Cons. d'état*, 16 août 1843, élect. de Beynat.

318. — *Incinération des bulletins.* — Immédiatement après le dépouillement du scrutin, les bulletins doivent être brûlés en présence de l'assemblée. — L. 22 juin 1833, art. 46, § 2.

319. — Toutefois, l'incinération tardive des bulletins, et la mention par addition au procès-verbal qui en a été faite après sa rédaction, n'en-

traînent pas la nullité des élections, alors surtout que le secret des votes n'a pas été violé. — *Cons. d'état*, 27 août 1840, élect. d'Aillant-sur-Tholon. — V. encore *Cons. d'état*, 4 juin 1841, élect. de Montbazens.

320. — Une élection ne peut pas davantage être annulée par le motif que le procès-verbal ne mentionnerait pas si les bulletins d'un premier tour de scrutin ont été brûlés, lorsqu'il résulte de l'instruction qu'ils l'ont été immédiatement après le dépouillement de ce scrutin, et que ce fait n'est pas démenti par le procès-verbal. — *Cons. d'état*, 30 mai 1834, Berthault; 18 avr. 1845, Bernadou.

321. — Lorsqu'il est constant en fait que les bulletins ont été brûlés, l'irrégularité qui a pu exister dans le mode d'incinération ne saurait empêcher l'élection d'être valable, si l'opération s'est faite de bonne foi et sans qu'il en soit résulté aucune atteinte au secret des votes. — *Cons. d'état*, 26 août 1825, Charlot; — Cormenin, t. 2, p. 152, nº 7, *in fine*.

322. — Ainsi le grief résultant de ce que les bulletins, au lieu d'être brûlés en présence de l'assemblée, auraient été confiés par le président à un étranger pour être brûlés dans une pièce voisine, ne constitue pas une irrégularité de nature à entraîner la nullité des opérations électorales. — *Cons. d'état*, 30 déc. 1843, élect. de Ciers-Lalande.

323. — On ne doit avoir aucun égard au grief tiré de ce que l'assemblée aurait été renvoyée au lendemain sans que les bulletins eussent été brûlés, lorsque le président a été contraint par les discussions qui s'agitaient dans l'assemblée à lever la séance avant même l'ouverture du scrutin. — *Cons. d'état*, 7 nov. 1834, Gianetti.

324. — Jugé même que le défaut d'incinération des bulletins n'est pas de nature à vicier les opérations lorqu'il résulte de l'instruction que cette irrégularité doit être imputée aux réclamans eux-mêmes, qui se sont emparés des bulletins abandonnés par le bureau dans un moment de confusion. — *Cons. d'état*, 16 août 1843, élect. de Saint-Bonnet.

325. — S'il existe des bulletins douteux sur lesquels des difficultés se soient élevées, au lieu de les brûler, ils doivent en général être paraphés par les membres du bureau et annexés au procès verbal des opérations électorales.

326. — Il a cependant été décidé que les bulletins litigieux peuvent aussi être brûlés au lieu d'être paraphés et annexés au procès-verbal, lorsque d'ailleurs leur état matériel y a été décrit et constaté, et qu'il ne s'élève aucun doute sur leur contenu. — *Cons. d'état*, 23 mai 1834, Cassaignard; 4 nov. 1836, Pauthier; — Cormenin, vº *Elections départementales*, t. 2, p. 153, nº 9 *in fine*.

327. — Jugé de même à l'égard de bulletins illisibles sur lesquels aucune réclamation n'était élevée. — *Cons. d'état*, 16 août 1843, élect. d'Heuchiz.

328. — Au surplus, une élection ne peut être annulée pour inobservation des formalités relatives au dépouillement du scrutin, lorsqu'il résulte du procès-verbal que les formalités essentielles ont été remplies, et que d'ailleurs aucune réclamation contre les opérations n'a été formée par les membres de l'assemblée. — *Cons. d'état*, 3 avr. 1834, Soulignac-Saint-Rome.

## Sect. 3e. — *Majorité nécessaire pour être élu.*

329. — Au premier tour de scrutin, il faut nécessairement, pour qu'il y ait élection, la présence du tiers *plus un* des électeurs inscrits sur les listes, et la majorité absolue des votes *exprimés*. — L. 22 juin 1833, art. 45, § 1er.

330. — L'expression *électeurs inscrits sur les listes* ne doit pas être prise dans un sens trop restreint; elle comprend évidemment les électeurs qui seraient munis d'un arrêt de la cour royale, ou seraient en instance soit devant le tribunal, soit devant le conseil de préfecture. En effet, s'ils ne sont pas matériellement inscrits sur les listes déposées sur le bureau et affichées dans la salle, ils doivent y être *ajoutés* par suite de l'arrêt de la cour royale, ou *rétablis*, du moins momentanément, par l'effet du recours suspensif. — Circul. min. 15 sept. 1833.

331. — Mais il ne paraît pas que le président ou les présidens qui ont droit de suffrage en vertu de l'art. 36, § 3 (V. *suprà* nºs 218 s.), doivent compter dans le nombre total, d'après lequel s'établit le tiers plus un exigé par l'art. 45 précité. Leur droit résulte de leur qualité de président, et non de leur capacité électorale; ils ne sont pas inscrits sur la liste des électeurs. Cette dernière observation ne s'applique pas au fonctionnaire municipal qui, présidant une section, serait électeur dans une autre section de la même assemblée. Il devrait être compris parmi les électeurs présens. — Même circulaire.

332. — Pour que le candidat ait obtenu la majorité absolue, il n'est pas nécessaire qu'il ait obtenu la moitié des suffrages plus un; il suffit qu'il en ait obtenu plus de la moitié. — *Cons. d'état*, 4 juin 1841, élect. de Montbazens; 7 août 1843, élect. d'Angiare.

333. — Ainsi, lorsque le nombre des votans est impair, il n'est pas indispensable que le candidat ait réuni la moitié plus un des suffrages exprimés, il suffit qu'il en ait obtenu plus de la moitié. — *Cons. d'état*, 29 juin 1842, élect. de Montfort.

334. — Lorsqu'il est établi qu'un individu qui n'était pas inscrit sur la liste des électeurs a pris part au scrutin, on doit retrancher un suffrage à chacun des candidats. En conséquence, si le candidat élu n'avait été nommé qu'à la majorité d'une voix, comme, par suite de ce retranchement, il ne se trouve plus avoir obtenu la majorité absolue, son élection doit être annulée. — *Cons. d'état*, 7 août 1843, élect. de Saint-Jean-du-Mont. — *Secùs* au cas contraire (V. *suprà* nº 228).

335. — Quand, au premier tour de scrutin, aucun des candidats n'a obtenu la majorité absolue, même en comptant les bulletins annulés à celui qui les réclame, il doit être procédé à un nouveau tour de scrutin. — *Cons. d'état*, 16 mai 1834, Barré-Bertery.

336. — A ce second tour de scrutin, la majorité relative suffit, quel que soit le nombre des électeurs présens (L. 22 juin 1833, art. 45, § 2). Ce second scrutin n'est pas un ballotage : il est absolument indépendant du premier, quant aux candidats qui peuvent être portés sur les bulletins. — Circul. min. 16 sept. 1833. — V. aussi Dufour, t. 3, nº 1709.

337. — Si, au premier tour de scrutin, le nombre des votans était inférieur au tiers plus un des électeurs inscrits, le scrutin ne pouvant donner de résultat pour l'élection, il s'ensuit que le défaut de dépouillement n'est pas de nature à le faire annuler. — En conséquence, le tour suivant doit être considéré comme un second tour de scrutin, et la présence du tiers plus un des électeurs inscrits n'est plus nécessaire pour sa validité. — *Cons. d'état*, 6 sept. 1843, élect. d'Epignac.

338. — Si le nouveau tour de scrutin attribue la majorité relative à l'un des candidats, même en comptant à son compétiteur les bulletins annulés, son élection doit être maintenue. — *Cons. d'état*, 16 mai 1834, Barré-Bertery.

339. — Dans le cas où l'assemblée est partagée en sections, les deux conditions nécessaires au premier tour de scrutin, et la majorité relative qui suffit au second tour, se calculent pour l'ensemble des sections et d'après le recensement général des votes. Par conséquent, lors même qu'une ou plusieurs sections n'auraient pas terminé leurs opérations, ou n'en auraient fait que d'irrégulières, si les conditions exigées pour une élection étaient accomplies par le résultat des opérations des autres sections, ce résultat n'en serait pas moins valable, et le candidat qui aurait obtenu le nombre de voix nécessaire devrait être proclamé. — Circul. min. 16 sept. 1833.

340. — En cas d'égalité du nombre de suffrages, l'élection est acquise au plus âgé. — L. 22 juin 1833, art. 45, § 3.

341. — Le bulletin portant ces mots : *Ni l'un ni l'autre*, n'exprime aucun vote, et par conséquent ne peut être compté. — *Cons. d'état*, 19 mai 1835, Rigal c. Vialat; 22 juin 1843, élect. de Solliès-Pons.

342. — Il en est de même des bulletins blancs. — *Cons. d'état*, 23 fév. 1841, élect. de Lubersac; 30 déc. 1843, élect. de Cambremer.

343. — Le bulletin sur lequel ont été tracés des caractères dont l'arrangement ne forme pas de nom doit être retranché du nombre des suffrages exprimés, et considéré comme non avenu : dès-lors on ne doit pas le compter pour déterminer le chiffre de la majorité absolue. — *Cons. d'état*, 6 août 1843, élect. de Biemé.

344. — Mais un bulletin illisible doit être considéré comme suffrage exprimé, et, dès-lors, il doit servir à déterminer le nombre des votans et le chiffre de la majorité. — *Cons. d'état*, 30 mai 1834, Lagarde c. Lacaze.

345. — Le fait qu'un bulletin serait entaché d'une irrégularité grave ne peut entraîner la nullité des opérations, si, ce bulletin retranché, la majorité reste acquise au candidat. — *Cons. d'état*, 16 juin 1841, élect. de Neuillé-Pont-Pierre.

346. — La suppression d'un bulletin indûment faite ne doit pas entraîner la nullité des opérations, lorsque l'adjonction de ce bulletin eût été sans influence sur les résultats des élections. — *Cons. d'état*, 28 juin 1842, élect. de Bordeaux.

347. — Par la même raison, le fait qu'un bulletin aurait été attribué à tort au candidat élu ne doit pas entraîner la nullité des opérations électorales, lorsque, en déduisant ce bulletin du nombre des suffrages par lui obtenus, il lui resterait encore la majorité exigée par la loi. — *Cons. d'état*, 5 août 1841, élections de Bélabre.

348. — Mais il y a lieu d'annuler l'élection qui n'a été faite qu'à la majorité d'une voix, quand un électeur non inscrit a pris part aux opérations en déposant d'abord et en retirant ensuite son bulletin. — *Cons. d'état*, 22 août 1839, élect. de Précy-sous-Thil.

349. — Doit être encore annulée l'élection d'un membre du conseil général à qui on a par erreur compté deux fois le même bulletin, et à qui on a, en outre, attribué un autre bulletin qui devait être annulé comme signé par son auteur, si, en retranchant ces deux suffrages du nombre total des voix obtenues par le conseiller élu, il ne conserve plus la majorité absolue. — *Cons. d'état*, 6 sept. 1843, élect. de Cossé-le-Vivien.

## Sect. 4e. — *Procès-verbal des opérations électorales.*

350. — Les opérations de l'assemblée électorale doivent être constatées par un procès-verbal, lequel est dressé et rédigé par le bureau.

351. — Cependant le fait qu'un candidat non électeur aurait participé à la rédaction du procès-verbal ne doit pas entraîner la nullité de l'élection, lorsque ce procès-verbal a été régulièrement signé par les membres du bureau. — *Cons. d'état*, 15 juill. 1842, élect. de Norey.

352. — La marche la plus régulière à suivre pour la rédaction du procès-verbal est d'y procéder séance tenante ou dans le jour où les opérations ont eu lieu.

353. — Néanmoins, le fait qu'un procès-verbal n'a été rédigé que plusieurs jours après l'opération ne doit point entraîner la nullité de l'élection, si ce retard provient, par exemple, du refus du président de concourir à cette rédaction, et si, d'ailleurs, ce procès-verbal n'est que la reproduction des énonciations contenues dans celui qui a été dressé par le président seul. — *Cons. d'état*, 11 juin 1834, Grégoire et Badaroux.

354. — En effet, aucune disposition n'exige que le procès-verbal soit clos et signé séance tenante, et, dès-lors, il ne saurait résulter aucune nullité de l'inexécution de cette formalité. — *Cons. d'état*, 23 fév. 1843, élect. de Lubersac; 30 déc. 1843, élect. de Fousseret.

355. — Est régulier le procès-verbal rédigé séance tenante et lu à l'assemblée le jour même des opérations, encore bien qu'il n'ait été signé qu'après la clôture de l'assemblée et au retour des membres du bureau qui s'étaient momentanément absentés. — *Cons. d'état*, 12 déc. 1834, Darhaupé.

356. — Il n'est pas nécessaire que le procès-verbal soit signé par le bureau entier; il suffit qu'il le soit par la majorité des membres de ce bureau.

357. — Spécialement, le grief fondé sur ce que le procès-verbal n'aurait été signé que par le président et un des scrutateurs doit être rejeté lorsqu'il résulte de l'expédition qu'il a été signé par la majorité du bureau, et que, d'ailleurs, son exactitude n'est point contestée. — *Cons. d'état*, 19 déc. 1834, Dufour.

358. — Il n'y a pas lieu d'annuler le procès-verbal parce qu'une addition aurait été mise à la suite après sa clôture, alors qu'elle a lieu avant que la séance ne fût levée, et qu'elle a été signée, comme le procès-verbal lui-même, par tous les membres du bureau. — *Cons. d'état*, 15 juill. 1842, élect. de Vorey.

359. — Aucune disposition de loi ne prescrivant qu'il soit donné lecture du procès-verbal, l'omission de cette lecture n'entraîne aucune nullité. — *Cons. d'état*, 23 fév. 1841, élect. de Lubersac; 4 juin 1841, élect. de Montbazens.

360. — En tout cas, l'allégation, d'ailleurs contraire au procès-verbal, qu'il n'en aurait pas été donné lecture, doit être rejetée lorsqu'elle n'est pas justifiée. — *Cons. d'état*, 1er fév. 1844, élect. de Launes.

361. — Aucune disposition légale n'oblige le président, en prononçant la clôture de la séance, à avertir les électeurs qu'ils peuvent présenter leurs réclamations pour les consigner au procès-verbal. — *Cons. d'état*, 30 déc. 1843, élect. de Fousseret.

362. — Lorsqu'il a été procédé immédiatement et sans interruption, par la même assemblée, à l'élection d'un membre du conseil général et à

celle d'un membre du conseil d'arrondissement, il n'est pas nécessaire que cette double opération soit constatée par un double procès-verbal: elle peut l'être valablement par un seul. — *Cons. d'état*, 23 mai 1834, Cassaignard; 19 août 1837, élect. de Pontarlier.

363. — Le procès-verbal est destiné, comme nous l'avons dit (V. *suprà* n° 350), à constater l'accomplissement des opérations électorales et des circonstances qui les ont accompagnées.

364. — Toutefois, il ne suffit pas que l'accomplissement des formalités prescrites par la loi n'ait pas été mentionné au procès-verbal pour que l'élection puisse être annulée, s'il résulte de l'instruction que ces formalités ont été observées. — *Cons. d'état*, 14 août 1837, élect. de Monistrol.

365. — Le fait qui résulte de l'instruction et n'est pas démenti par le procès-verbal doit être tenu pour constant. — *Cons. d'état*, 11 juin 1834, Gratien de Savoye c. Colson; 7 août 1843, élect. de Salers.

366. — Ainsi, les opérations ne peuvent être annulées par le motif que le procès-verbal ne ferait qu'une mention incomplète et non détaillée de l'accomplissement des formalités et conditions légalement prescrites, lorsqu'il est établi par l'instruction que toutes ces formalités et conditions ont été remplies. — *Cons. d'état*, 14 août 1837, élect. de Monistrol; 4 juin 1841, élect. de Montbazens.

367. — Spécialement, les élections ne peuvent être annulées par le motif que l'heure de l'ouverture du scrutin n'a pas été mentionnée au procès-verbal, lorsque rien ne constate que la durée légale n'a pas été observée. — *Cons. d'état*, 15 juill. 1842, élect. de Vorey; 30 déc. 1843, élect. de Cambremer.

368. — Tout grief non justifié doit être rejeté. — *Cons. d'état*, 11 juin 1834, Gratien de Savoye; 17 juin 1835, élect. d'Aniane; 4 juill. 1838, élect. de Lanoallier; 23 fév. 1841, élect. de Lubersac; 17 fév. 1843, élect. d'Exmes; 22 juin 1843, Chaigneau; 7 août 1843, élect. de Sarrable; même jour, élect. de Benneville et d'Anglure; 16 août 1843, élect. de Beynat; 30 déc. 1843, élect. de Cambremer et de Corte.

369. — ... Surtout si au défaut de justification se joint la circonstance que le grief est contredit par le procès-verbal. — *Cons. d'état*, 25 avr. 1834, Schillings; 23 mai 1834, Cassaignard; 30 mai 1834, Labarre; 11 juin 1834, Genay; 4 juill. 1834, Richard; 2 janv. 1835, Marlignac; même jour, Portefaix; 20 fév. 1835, Bosmel; 31 mars 1835, Barber c. Lafforre; 17 juin 1835, élect. d'Amane; 4 juill. 1838, élect. de Lanouilles; 28 juin 1842, élect. de Bordeaux; 1er juin 1843, élect. de Bourgibus; 31 juill. 1843, élect. de Bourbourg; 16 août 1843, élect. de Guiscard; même jour, élect. d'Henchiz; 6 sept. 1843, élect. de Saint-Avold; 30 déc. 1843, élect. de Fousseret; 18 janv. 1844, élect. de Montgiscard; 15 mars 1844, élect. d'Aire.

370. — La foi due aux énonciations du procès-verbal est telle qu'une déclaration postérieure des membres du bureau ne peut prévaloir contre elles. — *Cons. d'état*, 23 juill. 1840, d'Armoville; 7 août 1843, élect. de Saint-Jean-du-Mont; 16 août 1843, élect. de Grand-Lemps.

371. — Les procès-verbaux des opérations des assemblées sont remis par les présidens au sous-préfet, qui les transmet au préfet. — L. 22 juin 1833, art. 50.

## CHAPITRE III. — *Des réclamations en matière électorale.*

### Sect. 1re. — *Voies de recours. — Compétence de l'autorité administrative et de l'autorité judiciaire.*

372. — *Recours.* — Le droit de réclamer contre les opérations des assemblées électorales ou les décisions du bureau appartient au préfet et à tout membre de ces assemblées. — L. 22 juin 1833, art. 50, 51 et 52.

373. — Jugé spécialement que le préfet a qualité pour demander à l'autorité compétente la nullité d'une élection, s'il croit que les conditions et formalités n'ont pas été observées et notamment que le candidat élu ne se trouvait pas dans les conditions d'éligibilité. — *Cons. d'état*, 7 août 1843, élect. de Ribiers.

374. — Tout électeur a le droit d'intervenir dans l'instance pour y défendre les opérations attaquées, mais à la charge de présenter immédiatement ses défenses. — V., en ce sens, *Cons. d'état*, 25 juill. 1834, Martin. — Cormenin, *Dr admin.*, v° *Élections départementales*, t. 2, p. 146 et 147.

375. — A plus forte raison le même droit appartient-il à l'élu dont l'élection est attaquée. — *Cons. d'état*, 9 mai 1834, Chaumont-Quétry c. Hélix d'Hacqueville. — V. Cormenin. *ibid.*, § 1er.

376. — ... Même lorsqu'il est inscrit sur la liste électorale d'un autre canton du même département. — *Cons. d'état*, 19 mai 1835, Rigal c. Vialas.

377. — Les électeurs qui ont concouru à un second tour de scrutin peuvent néanmoins protester contre les opérations du premier tour. Aucune disposition de loi ne les en empêche. — *Cons. d'état*, 22 août 1839, élect. de Bozouls.

378. — Un électeur qui a concouru à l'élection d'un membre du conseil général a qualité pour attaquer cette élection, quand bien même au moment où il a formé sa demande il aurait été rayé de la liste des électeurs complémentaires, s'il a été, postérieurement, et avant la clôture de la liste définitive, réintégré dans sa qualité d'électeur. — *Bastia*, 16 avr. 1844 (t. 2 1844, p. 301), Peretti c. Pianelli.

379. — *Compétence.* — L'autorité devant laquelle doivent être portées les réclamations est le conseil de préfecture, lorsqu'il s'agit des conditions et formalités légalement prescrites, et le tribunal civil, quand les réclamations ont pour objet l'incapacité légale d'un ou de plusieurs membres élus. — L. 22 juin 1833, art. 50, 51 et 52. — V. CONSEIL DE PRÉFECTURE, n° 192. — V. Bioche et Goujet, *Dictionn. de procéd.*, v° *Elections*, n° 59.

380. — Les limites respectives de la compétence de l'autorité administrative et de l'autorité judiciaire sont ainsi clairement déterminées: à l'administration appartient la connaissance de tout ce qui touche à la régularité de l'élection; aux tribunaux civils sont au contraire réservées les difficultés relatives à la capacité des candidats élus et, par conséquent, à la confection des listes. — *Cass.*, 18 fév. 1840 (t. 1er 1840, p. 370), préfet de la Meurthe c. de l'Espée. — V. encore *Bastia*, 25 avr. 1843 (t. 1er 1844, p. 650), Colonna-Lecca c. de Castelli.

381. — Les contestations sur la régularité de l'élection comprennent tout ce qui se rapporte aux *conditions* et *formalités* prescrites par les art. 34 et suiv. de la loi de 1833 pour la tenue des assemblées électorales. — Les difficultés sur la capacité de l'élu embrassent les questions de jouissance des droits civils et politiques, d'âge et de paiement du cens. — *Cass.*, 28 août 1834, Gauthier c. Clausel.

382. — Par suite, dans le cas où il y aurait eu protestation contre l'élection d'un membre du conseil général pour insuffisance du cens, et sur cette protestation arrêté du conseil de préfecture validant l'élection, cet arrêté n'a pu s'appliquer qu'à la légalité des opérations, et ne met pas obstacle, dès-lors, à ce que le tribunal civil soit saisi de la question d'éligibilité. — *Cass.*, 25 avr. 1843 (t. 1er 1844, p. 66), Colonna-Lecca c. de Castelli.

383. — Il est de jurisprudence constante au conseil d'état que les questions relatives à l'attribution de la contribution foncière sont réservées aux tribunaux par la loi du 22 juin 1833, art. 52; que dès-lors le conseil de préfecture commet un excès de pouvoir en y statuant. — *Cons. d'état*, 4 juill. 1834, Miquen; 14 nov. 1834, Beauvais Poque; 12 déc. 1834, Arnaud; 19 déc. 1834, Calmès; 27 fév. 1835, Miquen; 31 mars 1835, Barbier c. Laffore; 5 déc. 1837, élect. de Chateaumeillant; 9 janv. 1843, élect. de Campille; 6 sept. 1843, élect. de Conga.

384. — Spécialement, la question de savoir si un membre élu au conseil d'arrondissement paie, depuis un an au moins, dans le département et l'arrondissement, le cens exigé par la loi, est une question de capacité légale dont la connaissance appartient aux tribunaux civils. — *Cons. d'état*, 27 avr. 1841, élect. de Falaise.

385. — La solution doit être identique quand il s'agit de décider si un membre élu d'un conseil général de département doit profiter des contributions de sa femme, sans être tenu de la possession annale. — *Cons. d'état*, 5 déc. 1837, élect. de Chateaumeillant.

386. — ... Ou si les contributions qui grèvent des biens transmis par donation en avancement d'hoirie doivent être comptées pour le cens d'éligibilité à celui qui les a reçus depuis moins d'un an. — *Cons. d'état*, 27 févr. 1835, Miquen.

387. — C'est encore aux tribunaux exclusivement qu'il appartient de statuer sur la question de savoir: 1° si des contributions acquises par un membre élu, mais qui sont assises sur des immeubles dont il n'était plus propriétaire le jour de son élection, doivent lui être comptées; — 2° s'il peut compenser ces contributions par celles de biens qu'il a achetés, quoiqu'il n'en ait pas la possession annale. — *Cons. d'état*, 19 déc. 1834, Calmès.

388. — La question de savoir si un acte de vente produit pour justifier du cens d'éligibilité est sérieux ou simulé est une question d'attribution de contributions, dont la connaissance appartient aux tribunaux civils et non aux conseils de préfecture. — *Cons. d'état*, 18 mars 1842, élect. de Saint-Laurent.

389. — Il en est de même du point de savoir pour quelle partie doivent être comptées à un fils les contributions autrefois payées par son père, et s'il ne doit pas être fait déduction de l'impôt afférent à une propriété que les réclamans soutiennent avoir été vendue. — *Cons. d'état*, 12 déc. 1834, Amand.

390. — Dans le cas où un élu à qui l'on reproche de ne pas payer le cens se prévaut d'un acte de délégation de contributions de la part de sa belle-mère, la contestation se trouvant alors porter sur une question d'attribution de contributions, c'est aux tribunaux ordinaires qu'il appartient d'en connaître. — *Cons. d'état*, 31 mars 1835, Barber c. Lafforre; 16 août 1843, Laumondais.

391. — Il faut décider dans un sens analogue la question de savoir si les contributions qui complètent le cens d'éligibilité d'un électeur ont déjà profité à son père pour se faire inscrire sur la liste des électeurs, et celle de savoir si l'impôt des portes et fenêtres doit profiter aux locataires des maisons à l'exclusion du propriétaire et de l'usufruitier. — *Cons. d'état*, 30 déc. 1843, élect. de Corte et de Calacuccia.

392. — Jugé, toutefois, que lorsque la réclamation élevée contre l'élection d'un conseiller d'arrondissement est fondée sur le défaut de possession annale des propriétés propres à lui procurer le cens, les tribunaux ordinaires ne peuvent en connaître, si antérieurement un arrêté administratif a prononcé sur l'objet de cette réclamation. — Peu importerait que la demande eût été d'abord portée devant l'autorité judiciaire. — *Caen*, 28 janv. 1840 (t. 1er 1841, p. 128), Seraut c. Levrard.

393. — Si, dans ce cas, le réclamant déclare avoir l'intention de se pourvoir contre l'arrêté administratif, il y a lieu par le tribunal de lui accorder un délai pour revenir (ne fût-ce que pour être statué sur les dépens) devant la justice ordinaire, en cas de réformation de l'arrêté. — Même arrêt.

394. — Lorsqu'il ne s'élève aucune contestation sur l'attribution des contributions, c'est l'autorité administrative qui a le droit de faire le calcul de ces contributions et de décider si elles placent celui qui en est grevé au rang des éligibles. — *Cons. d'état*, 11 déc. 1834, Pulicani.

395. — L'autorité administrative doit seule aussi statuer sur les difficultés relatives à l'attribution de la patente. — *Cons. d'état*, 4 juill. 1834, Miquen; 14 déc. 1843, Colonna c. Castelli.

396. — C'est, au contraire, aux tribunaux, et non point aux conseils de préfecture, qu'il appartient de statuer sur les questions de domicile. — *Cass.*, 18 fév. 1840 (t. 1er 1840, p. 370), préfet de la Meurthe c. de l'Espée; *Cons. d'état*, 12 janv. 1835, Mallye. — V. DOMICILE. — ... Et autres conditions d'éligibilité. — *Cons. d'état*, 10 juin 1835, Beauvais-Poque.

397. — Une vive controverse s'est élevée sur le point de savoir à quelle juridiction doivent être déférées les questions relatives à l'incompatibilité de certaines fonctions avec la qualité de membre d'un conseil général ou d'arrondissement.

398. — Le conseil d'état les déclare de la compétence de l'autorité administrative. — *Cons. d'état*, 6 juin 1834, Chardoillet; 13 août 1840, Lasale; 7 août 1843, élect. de Ribiers.

399. — La cour royale de Paris juge, au contraire, que la connaissance en appartient à l'autorité judiciaire parce qu'elles constituent des questions de capacité. — *Paris*, 8 août 1840 (t. 2 1840, p. 704), Desforges c. Reboul. — V. conf. Cormenin, t. 2, p. 148; Foucart, t. 1er, n° 546. — V. encore *Bordeaux*, 7 janv. 1834, Roux c. préfet de la Gironde.

400. — Cette dernière opinion est combattue, avec raison, selon nous, par M. Serrigny (*Tr. de l'organ. de la comp. et de la procéd. en mat. cont. et adm.*, t. 13, n° 836). « Il me semble, dit cet auteur, que le conseil d'état est dans les vrais principes: il ne s'agit pas là d'une question de capacité, on ne dénie pas à l'élu ses droits politiques; mais on lui dit: vous remplissez une fonction qui met obstacle à l'exercice de vos droits de conseiller de département ou d'arrondissement; abdiquez cette fonction, ou renoncez à votre mandat de représentant de vos concitoyens. Si l'incompatibilité était fondée sur ce que l'élu est déjà membre d'un conseil général (art. 6) ou d'un conseil d'arrondissement (art. 24), dirait-on qu'il faut renvoyer aux tribunaux l'application de cette espèce d'incompatibilité? Non. — Donc il en doit être de même des causes d'incompatibilité établies par l'art. 5. »

401.—Lorsque les réclamans en constatant l'éligibilité d'un membre élu, n'ont point indiqué sur quels faits ils fondaient cette allégation, le conseil de préfecture, qui n'a pas été mis à même d'apprécier le caractère de l'incapacité, peut passer outre au jugement du fond. — *Cons. d'état*, 30 mai 1834, Alleyre.

402. — *Recours à l'autorité administrative.* — L'art. 51, L. 22 juin 1832, fixe le délai dans lequel le préfet peut déférer le jugement de la nullité au conseil de préfecture. Le recours doit être formé dans les cinq jours, à dater de la réception des procès-verbaux des assemblées électorales. Le conseil de préfecture doit prononcer dans le mois. Ce mois ne commence à courir que du jour où le préfet a formé sa réclamation.

403.—Lorsque l'attaque contre une élection ou une décision du bureau est dirigée par un membre de l'assemblée électorale, celui-ci peut faire consigner sa réclamation sur le procès-verbal même dressé pour constater l'opération ; et alors le délai d'un mois, dans lequel le conseil de préfecture doit statuer court du jour de la réception à la préfecture du procès-verbal. Si la réclamation n'est pas consignée au procès-verbal, l'art. 51 veut qu'elle soit déposée dans le délai de cinq jours, à partir du jour de l'élection, au secrétariat de la sous-préfecture, et jugée, sauf recours, dans le délai d'un mois, à compter de sa réception à la préfecture.

404. — Si la réclamation a été faite en présence des membres du bureau, avec demande de l'insérer au procès-verbal, et que ceux-ci aient négligé de faire l'insertion, cette omission pouvant être réparée par le renouvellement de la réclamation dans le délai prescrit par la loi, n'entraîne pas nécessairement la nullité des opérations électorales. — *Cons. d'état*, 11 juin 1834, Gonay.

405. — Du reste, que la réclamation soit élevée par le préfet ou par les électeurs, doit être annulé l'arrêté du conseil de préfecture, qui n'a statué définitivement sur les réclamations élevées contre les opérations électorales qu'après le délai d'un mois, à partir de la réception desdites réclamations à la préfecture. — *Cons. d'état*, 6 juin 1834, Mariot; 11 juin 1834, Dauzat; 18 juill. 1844, élect. de Verdun. — Cormenin, t. 2, p. 146.

406. — Peu importe qu'un conseil de préfecture ait, par un arrêté interlocutoire, ordonné une enquête; si les parties reviennent devant lui après l'expiration du délai d'un mois, à partir de la demande, c'est avec raison qu'il se déclare sans pouvoir pour statuer. — *Cons. d'état*, 18 juill. 1844, élect. de Verdun.

407. — A défaut par le conseil de préfecture d'avoir statué, dans le délai d'un mois, sur la protestation dirigée contre une élection, l'installation du conseiller élu doit avoir lieu de plein droit. — Même ord.

408.—Le conseil de préfecture n'est point obligé d'ordonner une enquête, à l'effet de vérifier l'exactitude des griefs articulés contre une élection, lorsqu'il ne juge point ce moyen d'instruction nécessaire.—*Cons. d'état*, 7 août 1843, élect. d'Anglure.

409.—Il n'excède pas ses pouvoirs quand, après avoir annulé la décision du bureau portant refus de compter à un candidat des suffrages qui ne contenaient que son nom, sans aucune autre désignation, et les lui avoir attribués, il déclare élu membre du conseil général le candidat qui, par suite de cette attribution, se trouve avoir obtenu au premier tour de scrutin la majorité absolue.— *Cons. d'état*, 23 août 1843, élect. de Château-Giron et Liffré.

410. — *Recours à l'autorité judiciaire.* — La nécessité d'une élection pour cause d'incapacité de l'élu peut être provoquée devant les tribunaux civils par les personnes qui ont qualité pour attaquer devant le conseil de préfecture la validité des opérations électorales, c'est-à-dire par le préfet et par les électeurs.

411.—En conséquence, lorsqu'une protestation a été faite sur le procès-verbal contre l'élection d'un membre du conseil d'arrondissement pour défaut de capacité de l'élu, le préfet peut valablement, si le constestant ne prend pas l'initiative, assigner le contestant et l'élu devant le tribunal pour faire statuer sur la protestation.— *Rouen*, 29 juin 1842 (t. 2 1842, p. 689), Deglos c. Dumesnil.

412.—Mais les délais fixés tant pour le recours que pour le jugement des réclamations fournies devant le conseil de préfecture sont-ils également applicables aux instances introduites devant les tribunaux civils?

413.— La cour de Nîmes avait pensé que la réclamation élevée contre l'élection d'un membre d'un conseil général, alors même qu'elle est fondée sur l'incapacité légale de l'élu, doit être faite dans les cinq jours, à partir du jour de l'élection, de même que dans le cas où la réclamation est motivée sur l'irrégularité des opérations électorales. — *Nîmes*, 19 mai 1840 (t. 1er 1840, p. 757), Arnaud-Coste c. Cherbal.

414.—Mais, sur le pourvoi contre cet arrêt, il fut jugé par la cour de Cassation que l'art. 51, L. 22 juin 1833, n'est applicable qu'au cas où ce sont les opérations électorales elles-mêmes qui sont attaquées, et non lorsque c'est la capacité légale de l'élu.— *Cass.*, 12 avr. 1842 (t. 1er 1842, p. 553), Arnaud c. Cherbal.

415.—...Que, dans ce dernier cas, il s'agit d'une réclamation *judiciaire*, pour laquelle la loi de 1833 ne fixe aucun délai spécial, et qui se trouve soumise aux seules règles prescrites pour cette nature d'action. — Même arrêt.

416. — La jurisprudence paraît constante en ce sens. — *Paris*, 8 août 1840 (t. 2 1840, p. 704), Desforges c. Reboul; *Bastia*, 16 avr. 1844 (t. 2 1844, p. 301), Peretti c. Pianelli.

417.—La cour de Nîmes elle-même est revenue sur la doctrine consacrée par l'arrêt ci-dessus rappelé, et elle a décidé que l'action judiciaire en nullité de l'élection d'un membre du conseil général pour cause d'incapacité légale (défaut de cens) ne peut être soumise, comme l'exercice de l'action administrative en nullité des opérations électorales, au délai de cinq jours à partir de l'élection. — *Nîmes*, 20 juill. 1843 (t. 1er 1844, p. 333), Artaud c. André.

418. — En tout cas l'exception de la tardiveté de la demande ne peut être proposée en appel pour la première fois. — *Bastia*, 16 avr. 1844 (t. 2 1844, p. 301), Peretti c. Pianelli.

## Sect. 2e. — *Voies de réformation contre les décisions rendues en premier ressort.*

419. — Toute décision rendue en matière d'élection départementale, soit par le conseil de préfecture, soit par le tribunal civil, est susceptible d'être attaquée devant le juge supérieur suivant la hiérarchie des pouvoirs.

420. — L'électeur qui devant le conseil de préfecture a contesté ou défendu la validité d'une élection a qualité pour se pourvoir devant le conseil d'état contre l'arrêté qui a statué sur le sort de cette élection. — *Cons. d'état*, 14 nov. 1834, Beauvais-Poque. — V. conf. Cormenin, v° *Élect. dép.*, t. 2, p. 147.

421. — Le recours au conseil d'état peut être formé même par l'électeur qui n'a pas figuré devant le conseil de préfecture et n'a pas été mis en demeure d'intervenir dans l'instance. — *Cons. d'état*, 25 juill. 1834, Martin.

422. — ... Ou par l'élu dont la nomination est attaquée. La circonstance qu'ayant eu connaissance de la protestation dirigée contre son élection, il n'y a pas défendu, ne le rend pas non plus recevable à se pourvoir ultérieurement contre l'arrêté du conseil de préfecture. — *Cons. d'état*, 30 mai 1834, Lagarde c. Lacase.

423. — Jugé toutefois que ceux qui n'ont pas signé la réclamation formée contre une élection sont sans qualité pour se pourvoir au conseil d'état contre l'arrêté du conseil de préfecture. — *Cons. d'état*, 1er fév. 1844, élect. de Lannes.

424. — Un particulier est non-recevable à former opposition à l'arrêté du conseil de préfecture rendu sur sa réclamation. — *Cons. d'état*, 27 avr. 1841, élect. de Falaise.

425. — Le recours peut être formé autrement que par le ministère d'un avocat aux conseils. — *Cons. d'état*, 6 juin 1834, Laget c. Maurin-Carnac.

426. — Il n'est même pas nécessaire que la signature du requérant soit légalisée par le maire de la commune où il a son domicile. Il suffit qu'elle soit certifiée par le sous-préfet de l'arrondissement, lorsque d'ailleurs elle n'est pas contestée. — Même ord.

427. — Cependant il a été jugé que le requérant dont l'élection a été annulée par arrêté du conseil de préfecture ne peut se pourvoir au conseil d'état par l'entremise d'un fondé de pouvoirs. — *Cons. d'état*, 27 déc. 1834, élect. de Villefranche.

428. — Cette solution, qui est uniquement fondée sur ce que le mandataire n'avait pas qualité pour se pourvoir au nom du réclamant, est tellement en dehors des règles ordinaires du droit, que nous ne pouvons penser qu'elle fasse jurisprudence dans les matières ordinaires où l'entremise d'un avocat est exigée. On conçoit que l'on refuse tout effet à la requête présentée par un simple fondé de pouvoirs; cela est parfaitement en harmonie avec les principes, qui défendent à tous autres qu'aux officiers ministériels régulièrement institués de postuler pour les parties devant les tribunaux. Le réglement du 22 juill. 1806 est d'ailleurs formel à cet égard. — Mais lorsque, par une exception toute favorable et qui tend à entourer des plus grandes facilités les réclamations qui tiennent à l'exercice des droits électoraux, la loi a permis aux parties de réclamer directement elles-mêmes devant le conseil d'état, par quel motif, à moins d'une prohibition formelle qui n'existe pas, leur interdirait-on de se faire représenter par un fondé de pouvoirs de leur choix? — La solution ci-dessus est d'autant plus inexplicable, que dans certaines matières où l'entremise d'un avocat aux conseils n'est pas non plus exigée, en matière de contributions indirectes par exemple, le conseil d'état lui-même admet les requêtes présentées par des mandataires toutes les fois que leurs pouvoirs sont régulièrement établis. Dans le silence que garde d'ailleurs sur ce point le réglement du 22 juill. 1806, on ne voit aucune raison pour qu'il n'en soit pas de même en matière électorale.

429. — Le délai du recours contre les arrêtés du conseil de préfecture est de trois mois, aux termes du décret du 22 juill. 1806, qui n'a pas été abrogé. — *Cons. d'état*, 2 mai 1834, Theuriès; 23 mai 1834, Cassaignard.

430. — Le pourvoi qui n'a été enregistré au secrétariat général du conseil d'état que plus de trois mois après que le réclamant a eu connaissance de l'arrêté attaqué doit être déclaré non-recevable. — *Cons. d'état*, 20 juill. 1836, Costel; 6 sept. 1843, élect. de Cossé-le-Vivien.—Il n'est pas nécessaire que l'arrêté ait été signifié pour faire courir les délais du pourvoi.

431. — Un second pourvoi régulièrement introduit ne saurait couvrir le vice d'un pourvoi précédent si le pourvoi nouveau a été présenté en dehors des délais du réglement. — *Cons. d'état*, 27 déc. 1844, élect. de Villefranche.

432. — Les habitans de la Corse ont un délai de cinq mois, à partir de la notification de l'arrêté du conseil de préfecture pour le déférer au conseil d'état. — *Cons. d'état*, 12 déc. 1834, Pulicani.

433. — Lorsque deux pourvois ont été dirigés contre le même arrêté, il y a lieu de joindre les instances et de statuer par la même ordonnance. — *Cons. d'état*, 11 juin 1834, Fourcade et Pujo; 23 août 1843, élect. de Grandbourg.

434. — Si plusieurs arrêtés du conseil de préfecture déférés au conseil d'état ont prononcé sur les mêmes griefs et sont attaqués par les mêmes moyens, il y a lieu également de les joindre pour y statuer par une seule et même ordonnance. — *Cons. d'état*, 19 déc. 1834, Bayron; 19 août 1837, élect. de Saissac.

435. — Les moyens qui n'ont pas été présentés devant le conseil de préfecture ne peuvent l'être pour la première fois devant le conseil d'état. — *Cons. d'état*, 6 juin 1834, Laget c. Maurin-Carnac; 28 nov. 1834, Piette c. Renard et True; même jour, Laborde c. Teulé et Maluaze; 31 mars 1835, Barber c. Lafforc; 4 juill. 1838, élect. de Lanoaille et Thivins; 23 juill. 1838, élect. de Sauveterre; 8 mai 1841, élect. de Corte; 28 août 1843, élect. de Granbourg.

436.—Cette règle est obligatoire non seulement pour les parties, mais pour le ministre lui-même lorsqu'il intervient. — *Cons. d'état*, 15 juill. 1842, élect. de Virey.

437. — Spécialement, il y a lieu d'écarter l'allégation que trois bulletins auraient été illisibles lorsqu'elle n'a pas été produite ni devant le bureau de l'assemblée, ni devant le conseil de préfecture, alors surtout que cette allégation est contredite par le procès-verbal. — *Cons. d'état*, 24 août 1837, élect. de Cadenet.

438. — Toutefois, les compétences étant d'ordre public, l'exception d'incompétence peut être proposé en tout état de cause. — *Cons. d'état*, 30 déc. 1843, élect. de Corte.

439. — Le recours doit être jugé publiquement et sans frais. — L. 22 juin 1833, art. 53.

440. — Doivent être rejetées par le conseil d'état les conclusions d'une partie tendant, en matière d'élections, à ce qu'il lui soit adjugé des dépens.—*Cons. d'état*, 18 juill. 1844, élect. de Verdun.

441. — Il n'y a lieu par le conseil d'état de statuer sur le pourvoi formé par un candidat élu contre un arrêté du conseil de préfecture qui, avant faire droit, a ordonné une enquête sur les faits consignés dans une protestation formée contre son élection, si, par un arrêté postérieur, le conseil de préfecture a maintenu ladite élection et conséquemment rendu sans objet le pourvoi du réclamant.—*Cons. d'état*, 19 juill. 1843, Fournier.

442. — En ce qui concerne l'appel des jugemens rendus par les tribunaux civils, il peut être interjeté par tous ceux qui ont le droit de former le recours devant le conseil d'état. Mais, à la différence du recours pour lequel, ainsi que nous l'avons vu, le délai est de trois mois, l'acte d'appel doit, sous peine de nullité, être notifié dans les

dix jours à la partie, quelle que soit la distance des lieux. La cause est jugée sommairement et conformément au § 4, art. 33, L. 19 avr. 1831. — L. 22 juin 1833, art. 52. — V. ÉLECTIONS LÉGISLATIVES.

443. — Les cours royales peuvent être saisies de questions électorales concernant les conseils de département ou d'arrondissement autrement que par appel des jugemens rendus en cette matière. Ainsi, les décisions du préfet relatives à la formation de la liste complémentaire des plus imposés dans les cantons qui ne comptent pas cinquante électeurs censitaires sont susceptibles d'être attaquées par voie de recours devant la cour royale. — Montpellier, 21 nov. 1839 (t. 1er 1840, p. 58), Bacon c. préfet de l'Hérault.

444 — Le recours devant le conseil d'état est suspensif lorsqu'il est exercé par le conseiller élu. — L'appel des jugemens des tribunaux n'est pas suspensif lorsqu'il est interjeté par le préfet. — L. 22 juin 1833, art. 54.

V. CENS ÉLECTORAL, CONSEIL D'ARRONDISSEMENT, CONSEIL GÉNÉRAL DE DÉPARTEMENT, CONSEIL DE PRÉFECTURE, DÉPARTEMENT, DOMICILE, DROITS CIVILS ET POLITIQUES, ÉLECTIONS LÉGISLATIVES, ÉLECTIONS MUNICIPALES, FRANÇAIS.

## ÉLECTION DE DOMICILE.
V. DOMICILE.

## ÉLECTION D'HÉRITIER.
V. INSTITUTION D'HÉRITIER.

## ÉLECTIONS LÉGISLATIVES (1).

Table alphabétique.

(1) Nous devons à l'obligeance de M. Grün la communication de son excellent ouvrage de la Jurisprudence parlementaire, qui nous a été d'une fort grande utilité dans différentes parties de cet article.

—

## CHAPITRE 1er. — *Notions générales.*

**2.** — La chambre des députés n'est pas le premier corps législatif formé par la voie de l'élection qu'ait été appelé à prendre une part directe aux affaires du pays. La chambre des députés ne date en effet que de 1814 : avant elle et sous divers noms, il avait existé d'autres assemblées législatives, à la formation desquelles le principe de l'élection prit une part plus ou moins grande, suivant les différens gouvernemens qui se succédèrent si rapidement en France.

**3.** — L'histoire de ces assemblées parlementaires, leur formation et leur organisation comme leur mode d'action trouveraient naturellement leur place en tête de cet article, si leur étude ne nous avait pas paru mériter un examen particulier, qui sera l'objet d'un travail tout spécial. — V. POUVOIR LÉGISLATIF.

**4.** — Nous devons en conséquence nous borner à indiquer ici aussi brièvement que possible les différentes lois organiques, dont l'indication chronologique est indispensable pour mieux saisir l'ensemble des dispositions de la loi actuelle sur les élections législatives.

**5.** — Ainsi que nous l'avons dit, la Charte de 1814 créa l'institution de la chambre des députés, formée par la voie de l'élection, et appelée concurremment avec le roi et la chambre des pairs à composer le pouvoir législatif.

**6.** — Mais la Charte n'avait fait que poser le principe, et après avoir déclaré le cens et l'âge de l'éligibilité et de l'électorat, la nécessité pour être électeur ou éligible d'un certain nombre d'éligibles ou d'élus ayant leur domicile politique dans le département, avait renvoyé sur tous les autres points à une loi organique des élections.

**7.** — Cette loi fut celle du 5 fév. 1817: elle détermina le domicile politique, les causes d'électorat et d'éligibilité, la confection des listes électorales et les réclamations dont elles pouvaient être l'objet, le nombre des collèges et la tenue des assemblées électorales, le président était nommé par le roi. — Merger, *Manuel de l'élect.*, p. 47.

**8.** — La loi du 25 mars 1818, qui intervint ensuite, n'eut d'autre but que d'assurer le principe que nul ne pouvait être à la fois mandataire de deux collèges électoraux, en préservant à tout élu par plusieurs collèges de déclarer son option à la chambre dans le mois d'ouverture de la session;

sinon il devait être procédé à cette détermination par la voie du sort.

**9.** — Mais la loi du 29 juin 1820 introduisit une modification grave dans les matières électorales en établissant deux sortes de collèges électoraux, les uns d'arrondissement, dits *petits collèges*, desquels faisaient partie tous les électeurs, au nombre de 258, nommant chacun un député; les autres collèges de département, ou *grands collèges*, formés du quart des électeurs les plus imposés du département, qui, exerçant ainsi un droit de double vote, nommaient par chaque collège départemental un ou plusieurs députés, formant en tout le chiffre total de 172.

**10.** — En outre, la loi de 1820 contenait des dispositions diverses sur les listes, le cens, les opérations électorales, l'incompatibilité de diverses fonctions avec le mandat de député, les réélections, dispositions dont les ordonnances du 4 sept. 1820 et 11 oct. 1820 eurent pour but d'assurer l'exécution.

**11.** — Enfin, la loi du 2 juill. 1828 avait établi un principe entièrement nouveau, et depuis longtemps désiré, celui de la permanence des listes révisées chaque année suivant des règles déterminées par elle et propres à garantir les droits des citoyens, règles que la législation actuelle n'a guère fait que reproduire.

**12.** — Tel était l'état de la législation en ces matières, lorsque survint la chute du gouvernement de la restauration, amenée principalement, comme on sait, par la publication des ordonnances du 25 juill. 1830, rendues à l'effet d'établir en France un système électoral entièrement nouveau. — V. POUVOIR LÉGISLATIF.

**13.** — La charte de 1830 vint reproduire les dispositions de celle de 1814, avec cette seule différence qu'elle abaissait l'âge de l'électorat et de l'éligibilité, et, sans déterminer la quotité du cens, renvoya à la loi organique à venir.

**14.** — Cette loi est celle du 19 avr. 1831, qui porte le nom spécial de *Loi sur les élections à la chambre des députés*, et qui forme véritablement le Code complet de cette matière, en y joignant celle du 12 sept. 1830 sur la réélection des députés promus à des fonctions publiques salariées.

## CHAPITRE II. — *Électeurs.*

**15.** — Quatre conditions positives sont imposées à tout individu qui réclame l'exercice du droit électoral : 1° il doit jouir de la qualité de citoyen français ; — 2° avoir un âge déterminé ; — 3° justifier qu'il est soumis à un chiffre de contributions nécessaire pour établir le cens électoral ; — 4° avoir son domicile politique dans l'arrondissement électoral où il prétend exercer ses droits.

**16.** — Quiconque remplit ces quatre conditions est de plein droit électeur ; la loi ne tient, du reste, aucun compte pour l'exercice des droits électoraux de la position sociale des citoyens.

**17.** — C'est ainsi qu'avant 1830 on avait jugé que les fonctions de pair de France n'ont été incompatible avec l'exercice des droits électoraux. — *Cass.*, 16 juin 1830, Perret c. Thomas — Ce qui, du reste, ne peut faire l'objet d'aucun doute, la chambre ayant rejeté, lors de la discussion de la loi de 1831, un amendement présenté par M. Isambert, et ayant pour but d'établir cette incapacité.

**18.** — Mais le défaut de justification de l'accomplissement des quatre conditions exigées par la loi entraîne nécessairement exclusion de la liste électorale, et par conséquent interdiction du droit de prendre part aux opérations électorales ; tout vote ainsi indûment déposé serait nul et pourrait même dans certains cas entraîner la nullité de l'élection elle-même.

**19.** — Cependant le vote d'un faux électeur est un délit contre la chose publique, et l'on doit être surpris de ne trouver dans le Code pénal aucune disposition qui le prévoie d'une manière spéciale. Aussi, des jurisconsultes, inspirés par le désir de voir le terme des manœuvres électorales, imaginèrent-ils d'étendre à ce genre de fraude l'application de l'art. 258, C. pén. — V. à cet égard, deux consultations de M. Odilon Barrot, dans la *Gazette des Tribunaux* des 16 déc. 1827 et 3 mars 1828, revêtues de plusieurs adhésions et approuvées par M. Duvergier (*Coll. des lois* 1828, p. 198, col. 2e). — Mais il est impossible d'assimiler l'usurpation du droit électoral à l'usurpation d'une fonction publique. — On entend par fonction publique, dans le sens le plus large, celle qui est conférée par le gouvernement ou en son nom, ou même celle que l'on tient de la délégation de ses concitoyens, celle enfin qui emporte une part quelconque d'autorité publique, ou qui suppose au moins une part d'action dans un corps constitué. Or, il est évident que rien de pareil ne se rencon-

tre dans l'exercice du droit électoral : ce n'est point le gouvernement qui fait les électeurs ; c'est la loi. Vainement cherche-t-on à voir en eux des représentans quelconques de la société : on confond l'électeur avec l'élu ; on crée fictivement une qualité dont il faudrait au contraire prouver l'existence réelle. Le droit de suffrage est personnel et facultatif : celui à qui il appartient ne doit compte qu'à lui-même de la manière dont il l'exerce ; personne n'a le pouvoir de le lui retirer. Est-il rien de plus incompatible avec l'idée d'un mandat légal ? Enfin un collège électoral n'est évidemment pas un corps constitué. — V. *infrà* n° 1476.

**20.** — MM. Chauveau et Hélie (*Théorie du C. pén.*, t. 3. p. 80) proposent un autre système : « L'art. 414, disent-ils, comprend dans une disposition répressive tous ceux qui *ajoutent* des billets à la masse; or, cette disposition doit s'appliquer à tous les billets illégalement ajoutés à la masse des billets des électeurs. Il y a donc addition d'un billet, dans le sens de la loi, lorsqu'un faux électeur vient déposer son vote; et si cette addition est le résultat, non d'une erreur, mais de la fraude, si l'individu qui a voté connaissait son incapacité politique, il nous semble que l'article peut lui être appliqué. » Cette opinion n'est pas plus soutenable que la première. Les art. 411 et 412, C. pén., ont prévu une fraude purement matérielle qui consiste non à augmenter le nombre des votes, mais à supposer des votes qui n'ont pas eu lieu en ajoutant des billets à la masse. Et qu'on ne dise pas qu'un vote et un billet c'est une même chose : le faux électeur est obligé de se montrer en déposant son suffrage, tandis qu'une addition de billets se fait dans l'ombre et à l'insu des électeurs. Dans la première hypothèse, tout se réduit à un défaut de qualité qui n'a qu'un rapport indirect avec la masse des billets ; dans la seconde, au contraire, c'est cette masse qui est altérée par une addition subreptice, comme elle le serait par une soustraction. Il n'est donc point permis de confondre deux actions qui, bien que toutes les deux immorales, diffèrent sous tous les rapports.

**21.** — On avait, il est vrai, demandé, lors de la discussion de la loi du 2 juillet 1828, une disposition pénale ; mais la proposition fut écartée, sur le motif que la nouvelle loi rendrait les fraudes tellement rares qu'il était superflu de s'en occuper. — V. Duvergier, *loc. cit.*

**22.** — Il reste donc toujours vrai, en principe, que le fait de la part d'un individu qui n'était pas inscrit sur les listes électorales d'avoir voté, en usant de la carte d'un électeur décédé, ne rentre dans l'application d'aucune disposition pénale. — *Amiens*, 26 juin 1822, Guinier.

**23.** — Il en serait autrement évidemment si, pour arriver à prendre part aux opérations électorales, un individu avait eu recours à des moyens constituant par eux-mêmes un délit ou crime prévu ; par exemple, s'il avait produit un faux acte de naissance.

### Sect. 1re. — *Jouissance de la qualité de citoyen Français.*

**24.** — La première et la plus essentielle des conditions exigées pour être électeur, c'est d'avoir la qualité de citoyen français. « Tout Français, porte l'art. 1er, L. 19 avr. 1831, *jouissant* des droits civils et politiques... est électeur s'il réunit d'ailleurs les autres conditions fixées par la loi. » La jouissance des droits civils et politiques s'entend de l'exercice de ces droits.

**25.** — Nous n'avons, au surplus, rien à ajouter ici de spécial ; tout ce qui est relatif à la manière d'acquérir et de perdre la qualité de Français et celle de citoyen, à la jouissance et à l'exercice des droits civils et politiques, est l'objet des mots CITOYEN FRANÇAIS, DROITS CIVILS, DROITS POLITIQUES ET CIVIQUES, FRANÇAIS ; il suffit de se reporter à ces divers mots.

**26.** — Sous la charte de 1814 (art. 40), et sous la loi du 5 fév. 1817 (art. 1er), nul ne pouvait être électeur s'il n'avait trente ans accomplis. Depuis la charte de 1830 (art. 34) et la loi du 19 avr. 1831 (art. 1er), l'âge électoral est fixé à vingt-cinq ans.

**27.** — Mais à quelle époque l'électeur doit-il avoir vingt-cinq ans accomplis ? — Sous l'empire de l'ancienne législation, c'était une question controversée que de savoir si la trentième année de l'électeur devait avant la clôture des listes électorales, ou s'il suffisait qu'elle le fût avant le jour fixé pour l'ouverture du collège. La dernière opinion avait prévalu. — *Montpellier*, 5 mai 1829, Raymond c. préfet de l'Aude.

**28.** — La loi du 19 avr. 1831 a consacré le système contraire. — L'art. 19, § 4, de cette loi

enjoint, en effet, au préfet d'inscrire sur la liste des électeurs ceux des individus qui, n'ayant pas atteint au 15 août vingt-cinq ans accomplis, devront les acquérir avant le 21 octobre, époque de la clôture de la révision annuelle. Les vingt-cinq ans requis pour être électeur doivent donc être accomplis avant cette époque; il ne suffit plus qu'ils le soient au moment de l'élection.

29. — Observons encore que la représentation de l'acte de naissance n'est pas, pour un électeur, le seul moyen de prouver son âge : il le justifie valablement par la représentation d'autres actes authentiques qui ne permettent pas de douter qu'il ait atteint cet âge, particulièrement par la production du contrat et de l'acte civil de son mariage, contenant à cet égard des indications précises. — *Bordeaux*, 18 juin 1830, Denoix c. préfet de la Dordogne.

## Sect. 3e. — *Cens électoral.*

30. — La propriété, et, par conséquent, la participation aux charges de l'état, a toujours été considérée dans notre législation, sinon comme la base unique, du moins comme la présomption la plus légitime de la capacité électorale, et celle sur laquelle il fallait avant tout s'appuyer.

31 — Du reste le taux du cens exigé pour l'électorat a varié suivant les divers systèmes de gouvernement qui ont régi la France.

32. — La Charte de 1814 (art. 40) et la loi du 5 fév. 1817 (art. 1er) avaient fixé à 300 francs le cens électoral. Il a été réduit à 200 francs par la loi du 19 avr. 1831 (art. 1er). — C'est là le cens ordinaire.

33.—De plus et comme sous la Charte de 1814, un cens exceptionnel est admis : « Dans le cas où le nombre des électeurs d'un arrondissement ne s'élève pas à 150, ce nombre doit être complété par les plus imposés au-dessous de 200 francs. » — L. 19 avr. 1831, art. 2, § 1er.

34. — Si parmi ces citoyens il s'en trouve plusieurs qui soient appelés concurremment, comme payant une contribution égale, à compléter la liste des électeurs, les plus âgés sont inscrits jusqu'à concurrence du nombre déterminé. — *Ibid.*, § 2. — V., quant à la manière dont s'opère cette adjonction, *infrà* nos 659 et suiv.

35. — Toutefois, et c'est en ce point que la loi de 1831 s'est écartée de la législation précédente, le cens n'est plus d'une manière absolue et sans dérogation aucune la base unique de la capacité électorale.

36. — Sont électeurs en payant 100 francs seulement de contributions : — 1o les membres et correspondans de l'Institut; — 2o les officiers des armées de terre et de mer jouissant d'une pension de retraite de 1,200 fr. au moins et justifiant d'un domicile réel de trois ans dans l'arrondissement électoral; les officiers en retraite peuvent compter pour compléter les 1,200 francs ci-dessus le traitement qu'ils touchent comme membres de la légion-d'honneur. — L. 19 avr. 1831, art. 3.

37. — Ainsi, comme on le voit, en faveur des personnes désignées en cet article, une capacité nouvelle et spéciale est créée, capacité résultant de leur position personnelle et de leur aptitude intellectuelle présumée; cependant cette capacité intellectuelle a besoin d'être accompagnée du paiement d'une contribution et n'a d'autre effet que d'abaisser le chiffre du cens exigé en le réduisant à moitié. C'est donc un cens mixte qui est accordé, et les électeurs ainsi constitués sont des électeurs à *demi-cens*, comme les qualifiait M. de La Rochefoucauld à la chambre des députés.

### ART. 1er. — *Contributions qui forment le cens électoral. — Règles générales sur leur imputation.*

38. — Les contributions directes peuvent seules servir à la composition du cens électoral. — Cela résulte formellement des art. 1er et 59 de la loi du 19 avr. 1831.

39. — Aux termes de l'art. 4 de la même loi : « Les contributions directes qui confèrent le droit électoral sont la contribution foncière, les contributions personnelle et mobilière, la contribution des portes et fenêtres, les redevances fixes et proportionnelles des mines, l'impôt des patentes et les supplémens d'impôts de toute nature connus sous le nom de centimes additionnels. »

40. — A cette énumération il faut ajouter le droit annuel de diplôme payé par les chefs d'institution et maîtres de pension. — Même loi, art. 5. — Nous traiterons d'une manière distincte de ce qui concerne chacune de ces contributions.

41.—Mais, avant tout, il convient de remarquer que l'énumération faite par les art. 4 et 5 de la loi de 1831 ne doit pas être prise dans un sens restrictif, le législateur n'ayant en vue que d'indiquer les contributions principales qui le plus ordinairement doivent former le cens électoral.

ÉLECTIONS LÉGISLATIVES, ch. 2, sect. 3e.

42.—C'est ce que déclarait formellement le ministre de l'intérieur lors de la discussion de la loi : « Il est, disait-il pour combattre un amendement tendant à compléter l'indication contenue dans l'art. 4, beaucoup d'autres contributions pour lesquelles il arrivera ce qui arrive ici, et je crois pouvoir ajouter qu'il faudrait plus de vingt amendemens pour les désigner toutes. Remarquez d'ailleurs que vous sembleriez exclure les autres en votant celles qui sont proposées.»

43. — Il faut donc tenir pour constant que les contributions indirectes sont seules exclues par l'art. 4, L. 19 avr. 1831, pour la formation du cens électoral. — *Montpellier*, 20 nov. 1845 (t. 2 1846, p. 141), Francès c. préfet de l'Hérault.

44. — Il en est de même des 5 centimes pour frais d'avertissement, joints à l'avis de payer donné au contribuable. Il est vrai que ces 5 centimes ne figurent point sur la matrice du rôle des contributions, et que seulement ils sont ajoutés aux extraits délivrés aux contribuables à l'effet d'opérer le recouvrement; mais, en réalité, ces centimes sont perçus en vertu de la loi des finances; ils figurent au budget à l'article des recettes; il font véritablement partie de la contribution. — *Cass.*, 29 juin 1846 (t. 2 1846, p. 88), Boquet c. préfet de la Somme.

45. — Le copropriétaire pourrait réclamer sa part dans ces 5 centimes, bien que l'avertissement n'ait été délivré qu'au nom de son copropriétaire; il en serait différemment de l'acheteur.

46. — Nous verrons (*infrà* nos 150 et s.) la solution que la jurisprudence a donnée en ce qui concerne le coût de la feuille de papier-timbré de la patente.

47.—Quoi qu'il en soit, les seules contributions directes *payées dans le royaume* (L. 19 avr. 1831, art. 6) peuvent contribuer à la formation du cens électoral.

48.—D'où il suit qu'il ne faut tenir aucun compte des contributions payées dans les colonies, quelles qu'en soient la quotité et la nature.

49.—Il est vrai qu'une instruction ministérielle de 1817 avait décidé le contraire avant la loi de 1831; mais quelques années plus tard une ordonnance de 1823 avait, comme l'a fait depuis la loi nouvelle, refusé d'asseoir sur ces contributions la capacité électorale.

50.—En effet, comme le fait observer cette ordonnance : « La nature, l'assiette, la quotité et la limite des contributions perçues dans les colonies, quoique établies légalement, puisqu'elles le sont en vertu de la charte, ne sont pas réglées directement par la loi, et varient suivant les besoins et la volonté de l'administration, ce qui est essentiellement contraire au caractère que doivent avoir les impôts pour constituer le cens électoral, et conférer les droits politiques dont il est la base.» —V. conf. Cormenin, t. 2, p. 164, notes.

51. — De plus, remarque M. Merger (p. 120), « comment les électeurs vérifieraient-ils les pièces justificatives dans le court délai que leur assigne la loi? Que de mutations auraient pu s'opérer et demeureraient inconnues à la métropole. »

52. — Les contributions coloniales ne peuvent donc servir que pour les nominations au conseil colonial. — L. 24 avr. 1833, art. 20. — V. COLONIES, CONSEIL COLONIAL.

53. — Un double principe qu'il faut encore reconnaître, c'est que nul ne peut faire entrer dans la composition du cens électoral que les impôts réellement payés, et dont il est le payeur légal.

54. — Cependant cette double règle n'est pas sans exception : ainsi nous verrons (*infrà* nos 235 et s.) que dans certains cas la loi attribue elle-même ou permet d'attribuer le bénéfice des contributions à d'autres qu'aux payeurs légaux.

55. — Et, d'une autre part, qu'elle permet, dans certaines circonstances, à celui qui est temporairement dispensé du paiement d'un impôt, de se prévaloir des contributions dont il serait le payeur légal sans l'exemption qui lui est accordée. — V. CONTRIBUTIONS DIRECTES, chap. 2, sect. 1re, § 2.

56. — De plein droit, et en considération des dépenses qu'occasionnent les constructions, la loi du 3 frimaire an VII accorde dispense du paiement de l'impôt foncier, pendant deux années, au propriétaire de toute maison nouvellement construite. — Quelquefois le délai d'exemption est encore prorogé à raison de circonstances particulières; c'est ainsi notamment qu'un décret du 11 août 1814 a exempté, pendant trente années, de l'impôt foncier les maisons à construire dans les rues de Rivoli et de Castiglione, à Paris. — Les propriétaires des maisons ainsi exemptées de l'impôt peuvent-ils se prévaloir pour la formation de leur cens électoral du montant de l'impôt, tant qu'ils ne le paient pas réellement?

57. — Avant la loi de 1831, la question était con-

ÉLECTIONS LÉGISLATIVES, ch. 2, sect. 3e.

troversée; néanmoins on avait fini généralement par se prononcer contre les propriétaires, et l'on décidait que l'imputation des contributions ne pouvait avoir lieu.

58. — Mais le sytème opposé a été formellement et avec raison consacré par la loi du 19 avr. 1831. « Les propriétaires des immeubles temporairement exemptés d'impôts, porte l'art. 4, § 2, de cette loi, pourront les faire expertiser contradictoirement et à leurs frais pour en constater la valeur de manière à établir l'impôt qu'ils payaient, impôt qui alors leur sera compté pour les faire jouir des droits électoraux. »

59. — En effet, comme le remarque M. Merger (p. 115), par l'exemption temporaire de l'impôt l'état a voulu s'associer à l'œuvre du propriétaire: c'est une prime d'encouragement qu'il lui accorde, et cet encouragement ne peut avoir pour effet de le priver d'un droit.

60. — Des motifs non moins justes ont dicté, dans la loi du 7 juill. 1833 sur l'expropriation pour cause d'utilité publique, la disposition de l'art. 64, aux termes duquel « les contributions de la portion d'immeuble qu'un propriétaire a cédé, ou dont il a été exproprié pour cause d'utilité publique, continueront à lui être comptées pendant un an à partir de la remise de la propriété pour former son cens électoral. »

61. — Un autre cas d'exemption temporaire du paiement de la contribution non seulement foncière, mais directe quelconque, a lieu lorsque, par suite de malheurs éprouvés, il est fait remise à un contribuable des contributions au paiement desquelles il est assujéti. — Il est évident qu'on ne saurait déduire du cens électoral le montant de la contribution dont il est accordé remise. — C'est au surplus ce qui était regardé comme constant, même avant la loi de 1831.

62. — Mais il faut bien se garder de confondre la remise temporaire avec le dégrèvement; car, dans ce dernier cas, le contribuable ne paie et ne doit réellement payer que le chiffre réduit de sa cote, et ce chiffre devient la mesure de sa capacité. — Favard de Langlade, nos 65 et 66.

63. — Toutes les fois donc que, par une cause quelconque, la contribution *légalement imposée* vient à s'abaisser, par cela même, le cens électoral diminue dans les mêmes proportions.

64. — D'où il suit que celui qui, *régulièrement imposé* à une contribution, cesse, dans l'intervalle de la mise en recouvrement des rôles à la révision annuelle des listes électorales, de posséder la chose ou la position à raison desquelles il a été imposé, ne peut compter cette contribution dans le calcul de son cens électoral, alors même qu'il l'aurait payée, ou qu'il ne pourrait plus l'en faire dégrever. — *Bourges*, 25 nov. 1840 (t. 1er 1841, p. 675), Delacour c. préfet de l'Indre.

65. — Si nous parlons d'*imposition régulière, légalement établie*, c'est qu'en effet le seul fait du paiement de l'impôt ne suffit pas; il faut que l'impôt soit légalement établi. — Ce point n'a jamais fait l'objet d'aucun doute.

66. — Ainsi, comme nous le verrons plus bas (nos 110, 148), un électeur imposé à tort à une double contribution mobilière, ou à une double patente, ne peut se prévaloir du double paiement qu'il a effectué réellement.

67. — De même, celui qui, par suite d'une erreur d'addition sur la matrice cadastrale, est imposé à raison d'un revenu supérieur au revenu véritable, ne peut se prévaloir, pour la formation de son cens électoral, de l'excédant de contributions résultant de l'erreur, alors même qu'il l'aurait payé sans réclamation. — *Grenoble*, 26 nov. 1845 (t. 1er 1846, p. 614), Viennois c. Marbos.

68. — En général, un contribuable ne saurait se prévaloir de ce qu'une décision administrative ultérieurement rendue aurait admis pour la formation de son cens certaines contributions, lorsque cette attribution serait mal fondée, un arrêté du préfet, relatif à une liste ancienne et non attaquée à cette époque, ne pouvant, lors de la publication d'une nouvelle liste, avoir l'autorité de la chose jugée. — *Lyon*, 16 janv. 1828, Boulot c. préfet du Rhône; *Agen*, 14 nov. 1828, Brugalières c. préfet du Lot; *Amiens*, 15 nov. 1828, Hérault c. préfet de l'Oise; *Paris*, 2 déc. 1828, Pegné-Tesseidre c. préfet de l'Aude.

69. — Toutes les fois qu'il y a doute sur le point de savoir si telles contributions sont de nature à être comptées pour la formation du cens électoral, il faut interpréter le doute en faveur du cens électoral. — C'est là un principe général qui domine toute la matière. — *Bordeaux*, 10 sept. 1829, Dumonteil-Lagrèze c. préfet de la Dordogne.

70. — Par exemple, un citoyen doit être admis à compter, pour composer le cens électoral, des contributions dont le rôle n'est pas encore en re-

ouvrement, alors d'ailleurs qu'il est certain qu'il sera imposé pour la somme dont il veut se prévaloir. — *Bourges*, 14 juin 1830, Grenouillet-Petrely c. préfet de l'Indre.

71. — Lorsqu'un contribuable est en réclamation pour faire réduire le montant de ses impôts, il peut, tant qu'il n'a pas été statué, se servir de la totalité desdits impôts pour former son cens électoral. — *Bourges*, 14 juin 1830, Cochon de Lapparent c. préfet de l'Indre.

72.— C'est, au surplus, aux cours royales seules qu'il appartient souverainement de décider les questions qui peuvent s'élever sur la sincérité des actes produits pour justifier des contributions devant former le cens électoral.— La jurisprudence est formelle sur ce point. — *Bastia*, 15 déc. 1835, Casabianca c. préfet de la Corse. — V. d'ailleurs *infrà* nos 1002 et suiv.

§ 1er. — *Contribution foncière.*

73. — De toutes les contributions, la contribution foncière est évidemment celle qui doit tenir le premier rang quant à la formation du cens électoral. — V. pour la nature et l'étendue de cette contribution, CONTRIBUTIONS DIRECTES, chap. 2, sect. 1re.

74. — Comme toute contribution, et plus que tout autre, la contribution foncière ne doit être, sauf les cas d'attribution, de délégation (V. *infrà* nos 305 et suiv.) ou d'exemption (V. *suprà* nos 56 et suiv.) et de remise (V. *suprà* nos 61 et suiv.), comptée qu'au *payeur légal* de cette même contribution, c'est-à-dire au propriétaire, et ce, nonobstant toute clause contraire.

75. — Le propriétaire d'un immeuble qui demande à être inscrit sur une liste électorale, à raison des contributions par lui payées pour cet immeuble, doit justifier de sa qualité de propriétaire par un acte authentique ou par un acte sous seing-privé ayant acquis date certaine.

76. — Nous verrons plus tard (*infrà* nos 1328 et suiv.) en traitant de la justification de la possession du cens, que la jurisprudence, depuis la loi de 1831, s'est montrée disposée à consacrer le titre d'électeur, et par conséquent à accueillir favorablement les titres produits pour justifier de la possession du cens. — V. notamment *Riom*, 24 janv. 1842, sous *Cass.*, 31 mai 1842 (t. 2 1842, p. 346), Duchamp c. Deman.

77. — Toutefois, quelque grande que soit la faveur due à l'extension du droit électoral, elle ne saurait être utilement invoquée, lorsque l'acte cache une illégalité ou renferme une simulation.

78. — Le préfet a qualité pour critiquer la légalité et la sincérité des actes de mutation en vertu desquels on réclame l'exercice des droits électoraux. — *Bastia*, 15 déc. 1835, Casabianca c. préfet de la Corse; 30 mars 1846 (t. 1er 1847), préfet de la Creuse c. Bruyreix.

79. — En conséquence, il peut rejeter comme simulé un acte de vente produit pour fonder un droit électoral, lorsqu'il résulte des faits et circonstances que cet acte, quoique revêtu de toutes les formes légales, n'est pas sérieux et n'a été fait que dans le but d'usurper des droits électoraux; et cela, encore bien que l'acte ne soit pas critiqué par des tiers. — Arrêt du 30 mars précité.

80. — Si, au contraire, l'acte était sérieux, le préfet ne pourrait, en l'absence de toute contestation de la part des intéressés, le repousser pour cause d'irrégularité dans la forme.

81. — Spécialement, l'irrégularité résultant de ce que l'un des doubles d'un acte de vente présenté par l'acquéreur n'est pas signé par le vendeur ne met pas obstacle à ce que cet acquéreur puisse, vis-à-vis de l'administration et pour l'exercice des droits électoraux, se prévaloir des contributions auxquelles le fonds est soumis, alors surtout que l'acte porte quittance du prix, et qu'il n'y a aucune réclamation de la part du vendeur. —*Bastia*, 25 nov. 1835, Solari c. préfet de la Corse.

82.—Le principe de droit commun qui veut que la ratification d'un acte remonte, pour ses effets, au jour de l'acte ratifié, reçoit son application en matière électorale.— *Cass.*, 6 avr. 1842 (t. 1er 1842, p. 632), Chauvin des Orières c. Legraverend.

83. — Dès lors, il suffit que celui au nom de qui un tiers s'est rendu acquéreur, en vertu d'un mandat verbal, ait ratifié l'acte d'acquisition, pour que son inscription sur la liste électorale, opérée en vertu de cette acquisition, doive être déclarée valable, bien que la ratification ne soit intervenue que postérieurement au jour où l'inscription a été arguée de nullité. — Même arrêt.

84. — Quand la propriété foncière est bien établie, que l'existence de la contribution payée par le propriétaire réclamant ne peut être déniée, le texte de la loi ne laisse plus de difficulté à résoudre; mais souvent cette propriété est démembrée, elle semble flottante entre tel qui supporte l'impôt foncier et tel autre qui retient sinon tous les droits, au moins certaines prérogatives du propriétaire. Tel acte est-il ou n'est-il pas translatif de propriété? Cette question embarrasse souvent la doctrine et la jurisprudence; alors naissent les indécisions.—Merger, p. 89.

85. —En règle générale, c'est au propriétaire que doivent profiter les impôts, parce que c'est lui qui en est le payeur légal. Il faut donc rechercher, à travers les modifications que la propriété a pu subir, où se trouvent ses caractères distinctifs, pour déterminer qui doit payer l'impôt et par conséquent en profiter pour le cens électoral.

86.—Une première application du principe que l'exercice du droit électoral est spécialement attaché au propriétaire comme payeur légal de la contribution foncière, c'est que la contribution sur un immeuble grevé d'une rente foncière compte au propriétaire de l'immeuble et non à celui de la rente, et ce, quand même il y aurait retenue sur le montant de la rente pour le paiement de la contribution. — Solut. 7 sept. 1820. — Duvergier, t. 31, p. 79, no 2; Cormenin, t. 2, p. 165; Merger, p. 90.

87. — Par les mêmes motifs, la contribution compte à l'acquéreur à réméré et non au vendeur. —Solut. 16 sept. 1820; — Duvergier, *loc. cit.*; Cormenin, *loc. cit.*, Merger, p. 93.

88. — ... Au débiteur des biens donnés en antichrèse, et non au créancier engagiste. — Même solution; mêmes auteurs.

89. — ... Au propriétaire, et non au fermier ou locataire, quel que soit, du reste, le titre de sa ferme ou location, qu'il soit fermier proprement dit, ou colon partiaire.

90.— Sans doute, ainsi que nous le verrons plus bas, la loi, dans certains cas et suivant certaines conditions, accorde au fermier le droit de se prévaloir du tiers de la contribution foncière, mais c'est sans aucune diminution pour le propriétaire. —V. *infrà* nos 336 et suiv.

91. — C'est au preneur à bail empythéotique et non au propriétaire que doit être attribué le profit de la contribution et non plus à celui qui lui a donné le fonds en emphytéose.—*Cass.*, 18 (et non 19) juill. 1832, Bouy c. Moréno de Mora.

92. — En effet, « l'emphythéose, ainsi que le fait observer la cour de Cassation dans l'arrêt précité, est un contrat ayant sa nature propre et qui ne doit être confondu ni avec le louage ni avec la vente. Ses effets sont divisés en deux parties, la propriété du domaine donné en emphytéose, l'une formée du *domaine direct*, dont la rente que se retient le bailleur est représentative; l'autre appelée *domaine utile*, qui se compose de la jouissance des fruits qu'il produit. Le preneur possède le domaine utile comme *propriétaire*, pouvant, pendant la durée du bail, en disposer par vente, donation, échange ou autrement, à la charge toutefois des droits du bailleur; il a l'action *in rem* pour se faire maintenir contre tous ceux qui le troublent, et contre le bailleur lui-même. » — V. conf. Cormenin, t. 2, p. 165; Merger, p. 91.

93. — Les juges conservent, du reste, le droit de rechercher si le bail emphytéotique, dont le preneur cherche à se prévaloir, est sérieux et sincère. — *Toulouse*, 30 nov. 1840 (t. 1er 1841, p. 102), Nartres c. Freiche. — V. EMPHYTÉOSE.

94. — Le preneur à *locatairie perpétuelle*, doit-il ou non profiter de la contribution foncière? M. Merger (p. 92) n'hésite pas à se prononcer pour l'affirmative, le droit du preneur à locatairie perpétuelle lui paraissant en tous points devoir être assimilé à celui de l'emphytéote : mais là, précisément, est la difficulté, car, ainsi que nous l'avons vu (V. BAIL A LOCATAIRIE PERPÉTUELLE, nos 22 et suiv.), c'est un point fort contesté que de savoir quelle est aujourd'hui la nature du droit conféré au preneur par le contrat de bail à locatairie perpétuelle, et si l'on ne doit pas y voir un simple contrat de bail, qui ne diffère du bail ordinaire que sous le rapport de la durée.

95. — Il a été jugé qu'un bail à ferme, fût-il de quatre-vingt-dix-neuf ans, ne peut être considéré à raison seulement de sa durée, comme un bail emphytéotique, et par suite, le preneur n'a, dans ce cas, comme pour les baux de neuf ans, le droit d'imputer à son cens électoral que le tiers des impôts. — *Cass.*, 23 juill. 1839 (t. 2 1839, p. 423), Malbos c. Bargeton.

96.—La même question que pour le bail à locatairie perpétuelle peut se présenter lorsqu'il s'agit de *baux à colonage perpétuel, à complant, à culture perpétuelle, héréditaire.* — V. ces divers mots.

97. — Quant aux baux à convenant ou à domaine congéable, usités dans certaines parties de la France, l'imputation de la contribution foncière entre le preneur et le bailleur a été réglée par l'art. 9, L. 19 avr. 1831, de la manière suivante :

98. — 1o Dans les *tenues* composées uniquement de maisons ou usines, les six huitièmes de l'impôt sont comptés au colon, et deux huitièmes au propriétaire foncier; — 2o dans les *tenues* composées d'édifices et de terres labourables ou prairies, et formant ainsi un corps d'exploitation rurale, cinq huitièmes comptent au propriétaire, et trois huitièmes au colon; — 3o enfin, dans les *tenues* sans édifices, dites *tenues sans étage*, six huitièmes sont comptés au propriétaire et deux huitièmes seulement au colon, sauf, dans tous les cas, la faculté aux parties intéressées de demander une expertise aux frais de celle qui la réclame.

99. — La question s'était présentée avant la loi de 1831, et l'on avait jugé que les contributions à la charge de fonds tenus en domaine congéable devaient compter au propriétaire du fonds, jusqu'à concurrence du cinquième de la rente convenancière, et au domainier pour tout l'excédant. — *Rennes*, 9 janv. 1829, Goyon. — V. aussi en ce sens une solution ministérielle du 18 août 1817. — V. BAIL A CONVENANT OU A DOMAINE CONGÉABLE.

100. — C'est encore parce que toute contribution doit, en principe, profiter au payeur légal de cette contribution, que celles qui sont imposées sur un immeuble dont l'usufruit et la nue-propriété ne résident pas sur la même tête, doivent être comptées, pour la fixation du cens électoral, à l'usufruitier, et non au nu-propriétaire. L'art. 608, C. civ., met en effet à la charge de l'usufruitier le paiement des contributions, et l'art. 597 lui accorde la jouissance de tous les droits généralement dont le propriétaire peut jouir. Aussi, cette solution a-t-elle été constamment adoptée par la jurisprudence. — *Cass.*, 9 avr. 1829, Main; *Aix*, 4 mai 1830, Amalbert c. préfet des Bouches-du-Rhône; *Bastia*, 25 nov. 1835, Damico c. préfet de la Corse. — Favard de Langlade, *loc. cit.*, p. 76; Merger, t. 1er, p. 64, t. 2, p. 165.

101. — Il en est ainsi, bien que, par une convention particulière passée entre l'usufruitier et le propriétaire, les contributions soient restées à la charge de ce dernier. — *Cass.*, 9 avr. 1829, Main; *Bastia*, 25 nov. 1835, Darnier c. préfet de la Corse. — Mêmes auteurs.

102. — ... Ou que le droit de l'usufruitier soit soumis à une condition résolutoire, tant que cette condition n'est pas accomplie. — Cormenin, *ubi suprà*.

103. — Jugé encore qu'il suffit que le légataire d'un usufruit n'y ait pas renoncé pour que les contributions de l'immeuble soumis à l'usufruit ne puissent être comptées au nu-propriétaire pour la formation de son cens électoral; et cela, alors même que celui-ci les aurait payées en son nom personnel, et qu'il n'existerait pas d'acte constatant la délivrance de l'usufruit. — *Pau*, 18 juin 1834, Danglade c. Lalapie.

104. — ... Que la cession de la jouissance d'un immeuble faite en compensation de la jouissance d'un autre domaine cédé en contre échange, mais qui était grevé d'usufruit au profit d'un tiers, peut être considérée comme un véritable usufruit, et que par conséquent le cessionnaire doit être admis à s'en prévaloir pour la formation de son cens électoral, alors surtout qu'il a été convenu entre les parties que cette jouissance cédée durerait autant que l'usufruit. — *Cass.*, 7 (et non 17) avr. 1846 (t. 1er 1847, ), préfet du Morbihan c. Morice.

105. — Cependant si un propriétaire en vendant un immeuble s'en était réservé la jouissance pour quelques mois seulement, en se chargeant d'en payer les contributions pendant ce laps de temps, il ne pourrait être admis à faire entrer le montant de ces contributions dans la composition de son cens électoral, car alors il ne serait pas véritablement usufruitier. — *Bourges*, 25 nov. 1839 (t. 2 1840, p. 174), Coeffard c. Claveau.

106. — Une condition absolue imposée à l'usufruitier, c'est la jouissance du bien donné en usufruit : si donc dans une donation il y avait réserve d'usufruit par le donateur, ce serait à ce dernier que les contributions devraient être imputées, nonobstant toute convention qui aurait mis les contributions à la charge du donataire nu-propriétaire. — V. conf. Merger, p. 95.

107. — Mais les contributions dont était grevé l'immeuble soumis à l'usufruit tombent à la charge du propriétaire, dès que l'usufruit a pris fin; et dès lors, elles doivent lui être comptées pour former son cens électoral, pourvu, bien entendu, qu'il justifie de sa possession, ainsi que le veut la loi. — *Bordeaux*, 18 juin 1830, Denoix c. préf. de la Dordogne.

108.—La loi du 14 nov. 1792, qui a aboli les substitutions faites et non encore ouvertes à l'époque de sa publication, n'ayant pas annulé l'institu-

tion même, et n'ayant eu pour effet que de consolider irrévocablement sur la tête des grevés la propriété des biens substitués, à l'exclusion des appelés, il s'ensuit qu'un électeur a droit de comprendre dans son cens électoral l'impôt d'un immeuble légué, avec substitution, dans les circonstances ci-dessus indiquées, soit que le legs lui ait été fait personnellement, soit que l'impôt lui ait été délégué par le légataire universel. — *Cass.*, 24 juill. 1839 (t. 2 1839, p. 251), Laserre c. Condat.

§ 2. — *Contribution personnelle et mobilière.*

109. — La contribution personnelle et mobilière est le second élément admis par la loi pour la formation du cens électoral. — Elle se compose de deux élémens distincts : la taxe personnelle et la taxe mobilière. — V. CONTRIBUTIONS DIRECTES, chap. 2, sect. 2e.

110. — Il a été jugé que cette contribution ne pouvant être payée qu'une fois, si un électeur a été imposé par erreur à deux contributions personnelles et mobilières, la plus forte seulement doit lui être comptée, les eût-il acquittées toutes deux. — *Rennes*, 18 nov. (et non déc.) 1828, N...; *Grenoble*, 4 août 1829, N...

111. — Toutefois, il faut remarquer que depuis la loi du 21 avr. 1832, la contribution mobilière étant due pour toute habitation meublée située soit dans la commune du domicile réel, soit dans toute autre commune, la taxe personnelle seule ne peut être exigée que dans une commune unique. — V. CONTRIBUTIONS DIRECTES, nos 300 et 303. — Il suit de là que le contribuable qui a plusieurs résidences peut donc compter plusieurs contributions mobilières pour former son cens électoral.

112. — La contribution mobilière ne peut, du reste, comme toute autre contribution directe, profiter à un contribuable qu'autant qu'elle repose sur un titre sérieux et sincère de droit et de possession. C'est donc à tort que ce contribuable prétendrait se prévaloir d'une contribution mobilière inscrite sous son nom si elle l'a été par erreur. — *Grenoble*, 26 nov. 1845 (t. 1er 1846, p. 614), Viennois c. Marbos.

113. — Mais aussi la taxe personnelle imposée par la loi doit être comptée même pour l'année courante à celui qui acquiert dans cette année un revenu personnel, quoique son nom ne soit pas inscrit sur les rôles. — *Cass.*, 30 sept. 1831, Mariotte c. le maire de Châtillon.

114. — Ainsi la contribution mobilière d'une maison doit être confiée à l'un des propriétaires, en proportion de la partie de cette maison qu'il habite, encore bien qu'au moment de la formation des listes il ne soit pas encore inscrit au rôle en son nom personnel. — Même arrêt.

115. — On a décidé que le père de famille dont les enfans habitent avec lui et sont admis à sa table, est censé possesseur de l'habitation entière, et la contribution mobilière lui doit être totalement attribuée pour la formation de son cens électoral. — *Rennes*, 21 déc. 1832, Jouanguy et Le Claire c. le préfet du Morbihan.

116. — Mais c'est plutôt là une décision d'espèce qu'une solution de droit ; si, en effet, un fils qui demeure avec son père a des moyens personnels d'existence, s'il occupe une portion distincte de l'habitation paternelle, il doit être soumis à la contribution et peut par conséquent s'en prévaloir. — V. CONTRIBUTIONS DIRECTES, no 264 et suiv.

117. — La contribution personnelle et mobilière à laquelle un individu a été imposé malgré son décès, ne peut profiter à ses héritiers pour former leur cens électoral, alors même qu'ils en ont payé le montant au trésor. — *Bordeaux*, 28 mai 1830, Mazeau c. préfet de la Dordogne. — Duvergier, t. 31, p. 179, note 2; Merger, p. 96, *in fine*. — Le motif en est, ainsi que l'indique sa dénomination, que cette contribution est essentiellement personnelle, et doit peser non seulement sur celui qui la paie, mais sur celui qui doit la supporter et la supporte en effet.

118. — Dans tous les cas, et à supposer qu'elle pût être considérée comme dette de la succession, elle serait divisible entre les héritiers, et dès lors profitable à chacun d'eux pour le cens électoral, quoiqu'elle eût été payée par un seul. — Même arrêt.

§ 3. — *Portes et fenêtres.*

119. — La contribution des portes et fenêtres, de même que la contribution foncière et la contribution personnelle et mobilière peuvent contribuer à la formation du cens électoral. — L. 19 avr. 1831, art. 4. — V. pour tout ce qui concerne l'établissement de cette contribution, CONTRIBUTIONS DIRECTES, ch. 2, sect. 2.

120. — Sous l'empire de la loi du 5 fév. 1817, c'était une question controversée que de savoir à qui du propriétaire ou du locataire devait compter la contribution des portes et fenêtres.

121. — A l'appui de l'opinion qui prétendait que la contribution des portes et fenêtres devait être comptée au propriétaire, on faisait remarquer que de sa nature cette contribution était inhérente à la propriété foncière et comme une sorte de supplément de l'impôt foncier, le propriétaire en étant tenu en cas d'insolvabilité du locataire et même lorsque la maison est vacante, sauf le cas de dégrèvement. — *Douai*, 20 nov. 1828, Couaillsac c. préfet du Nord; 23 déc. 1828, Laurent.

122. — En faveur du locataire, on faisait remarquer que la contribution des portes et fenêtres était, aux termes des art. 12 et 14 de la loi du 14 frim. an VII, qui l'avait créée, une *charge locative*, — *Amiens*, 15 nov. 1828, Hérault c. préfet de l'Oise; *Rennes*, 24 déc. 1828, Guillohan c. préfet des Côtes-du-Nord; *Paris*, 9 fév. 1829, Moreau.

123. — Cependant cette dernière opinion avait généralement prévalu. Elle se trouvait consacrée par un arrêt fortement motivé de la cour de Cassation rendu sur le pourvoi dirigé contre l'arrêt de Paris précité. — *Cass.*, 23 juin 1829, Moreau.

124. — Aujourd'hui plus de doute possible. L'art. 6, § 2, L. 19 avr. 1831, porte : « L'impôt des portes et fenêtres des propriétés louées est compté pour la formation du cens électoral aux locataires ou fermiers.

125. — On ne peut donc compter dans le cens électoral du propriétaire les contributions des portes et fenêtres des maisons louées. — *Bastia*, 14 (et non 24) nov. 1833, Forcioli c. préfet de la Corse.

126. — Toutefois, en ce qui concerne le fermier, cette attribution est abandonnée à la preuve du bail. Les lois des 21 mars et 19 avr. 1831 n'ont pas dérogé aux règles du droit commun sur la manière de prouver un bail dont l'existence est contestée. — *Cass.*, 30 mai 1834, maire de Corte c. Rossi; 11 juin 1834, mêmes parties.

127. — Et même si l'on ne peut profiter d'une part des contributions assises des immeubles dont on se prétend fermier qu'en justifiant de cette qualité de fermier par un acte authentique *ou ayant date certaine* (V. *infrà* nos 336 et suiv.), cette preuve n'est nullement exigée pour le locataire d'un appartement qui veut se servir de l'impôt des portes et fenêtres qu'il paie à raison de sa location. Le seul fait de l'habitation, suffisant pour rendre l'impôt exigible, donne au locataire le droit de le joindre à son cens électoral. — *Cass.*, 2 août 1843 (t. 2 1843, p. 594), maire de Danjoutin c. Fleur.

128. — La contribution des portes et fenêtres d'un appartement, même loué en garni, compte au locataire seul pour la formation du cens électoral. — *Pau*, 15 nov. 1834, Saintrailles c. préfet des Basses-Pyrénées. — Cormenin, t. 2, p. 166; Merger, p. 100.

129. — Cette contribution doit encore compter aux fermiers ou locataires quoique, par suite d'une convention particulière ou d'un usage local, elle soit acquittée par le propriétaire, car lorsque le propriétaire se charge de la payer, c'est après avoir calculé le prix de son bail en conséquence, de manière qu'en définitive elle pèse toujours sur le locataire. — *Cass.*, 5 avr. 1837 (t. 1er 1838, p. 158), Braccini. — Duvergier, t. 31, p. 180, note 8e; Merger, p. 99; Cormenin, t. 2, p. 166. — Ainsi jugé même sous l'empire de la loi de 1817. — *Amiens*, 15 nov. 1828, Hérault c. préfet de l'Oise.

130. — Mais le propriétaire doit profiter de l'impôt des portes et fenêtres qu'il paie personnellement alors qu'il n'est pas établi que les maisons imposées soient louées. — *Aix*, 4 mai 1830, Amalbert c. préfet des Bouches-du-Rhône; *Bastia*, 29 janv. 1834, Benedetti c. préfet de la Corse. — Duvergier, *loc. cit.*; Cormenin, *ubi suprà*, note 5.

131. — ...A plus forte raison en doit-il être ainsi, quand il occupe lui-même les lieux. — *Paris*, 21 oct. 1829, Cardet c. préfet de Seine-et-Marne.

132. — Il doit également en profiter lorsqu'il est reconnu qu'il a lui-même sa résidence dans sa propriété, qu'il exploite, si les locations partielles qu'il peut en faire (par exemple, des locations en garni, de quelques jours, pendant la durée de la saison des bains) sont de telle nature qu'elles ne présentent pas l'idée de locations entières et continues qui puissent soumettre les locataires à l'impôt. — *Montpellier*, 7 nov. 1838 (t. 2 1838, p. 680), Couder c. Escanyé.

133. — Jugé encore que la loi du 4 frim. an VII ayant établi deux classes de portes et fenêtres assujéties à l'impôt, savoir celle des locaux occupés par chaque locataire particulier d'une maison, et celle des locaux communs à l'usage de tous les locataires, et les propriétaires ayant un recours contre le locataire dans le premier cas, tandis que la loi ne le leur accorde pas dans le second, c'est au propriétaire et non au locataire que doit être compté l'impôt des portes et fenêtres des locaux servant à l'usage commun. — *Caen.*, 29 déc. 1828, Boislaunay.

134. — Ainsi la contribution d'une porte cochère servant à l'usage commun des locataires étant supportée par le propriétaire (L. 4 frim. an VII, art. 15), ne peut dès-lors être comprise dans le cens des locataires. — Même arrêt.

135. — Cette décision est vraie aussi bien pour le cas où le propriétaire habite une partie de la maison louée que pour celui où la maison est occupée exclusivement par plusieurs locataires (L. 4 frim. an IV, art. 15). Mais si elle l'était par un seul locataire, comme la contribution de la porte cochère devrait être acquittée par lui, lui seul alors aurait le droit d'en profiter.

136. — Jugé que le père de famille dont les enfans habitent avec lui, et sont admis à sa table, est censé possesseur de l'habitation entière, et que la contribution des portes et fenêtres doit lui être totalement attribuée pour la formation du cens électoral. — *Rennes*, 21 déc. 1832, Jouanguy c. préfet du Morbihan.

137. — Le fils qui habite avec son père ne peut être considéré comme locataire de son père, encore qu'il soit officier ministériel et marié, si l'on ne représente aucun bail authentique ou sous seing-privé. En conséquence on ne peut retrancher du cens électoral du père, pour la mettre à la charge du fils, une partie de l'impôt des portes et fenêtres. — *Cass.*, 31 (et non 3) mai 1842 (t. 2 1842, p. 346), Duchamp c. Deman. — *Contrà Riom*, 24 janv. 1842 (sous l'arrêt de Cassation), mêmes parties.

138. — ... Alors surtout que le fait du mariage est postérieur à la clôture des listes sur lesquelles le père prétend devoir être maintenu. — Même arrêt de Cassation.

139. — ... Qu'il ne suffit pas qu'une mère occupe un appartement dans une maison d'un de ses enfans pour qu'il y ait lieu de faire entrer dans son cens électoral la portion des contributions des portes et fenêtres afférentes à la partie par elle occupée. — *Cass.*, 7 juill. 1846 (t. 2 1846, p. 158), préfet de la Creuse c. Valery-Courty,

140. — D'où il suit que l'arrêt qui considère la délégation faite par cette mère à un autre de ses fils comme comprenant cette portion de contributions, doit être d'ailleurs cassé, alors qu'il ne constate ni l'existence d'un bail réel établi d'après les règles générales du droit, ni que la location ait été faite, conformément à l'art. 7, L. 19 avr. 1831, antérieurement aux opérations de la révision annuelle des listes électorales. — Même arrêt.

141. — La loi du 21 avr. 1832 ayant mis à la charge des fonctionnaires, des ecclésiastiques, des employés civils et militaires, logés gratuitement dans les bâtimens appartenant à l'état, aux départemens, aux arrondissemens, aux communes ou aux hospices, le paiement de la contribution des portes et fenêtres des parties de ces bâtimens qui servent à leur habitation personnelle, il en résulte, par application du principe que toute contribution doit profiter au payeur légal de cette contribution; que les fonctionnaires et autres ci-dessus désignés sont admis aujourd'hui à comprendre dans leur cens électoral l'impôt des portes et fenêtres des bâtimens dont il s'agit. — *Cass.*, 24 avr. 1838 (t. 1er 1838, p. 508), Thierry c. Noirot; 25 avr. 1838 (t. 1er 1838, p. 509), De Valon c. préfet de la Creuse. — *Contrà Besançon*, 28 oct. 1837 (t. 2 1837, p. 602), Noirot c. Thierry.

142. — Mais le régisseur d'un domaine n'a pas le droit de faire entrer dans son cens électoral les contributions des portes et fenêtres du logement qu'il occupe à ce titre dans l'habitation du propriétaire de ce domaine. — *Orléans*, 1er oct. 1845 (t. 2 1845, p. 504), Aubin c. préfet du Loiret.

143. — L'impôt des portes et fenêtres des constructions neuves doit être compté pour la formation du cens électoral à partir du jour où les bâtimens ont été achevés, pourvu que cette époque ait précédé les premières opérations de la révision des listes, et bien qu'une règle d'administration eût temporairement exempté le propriétaire de l'impôt. — *Angers*, 19 nov. 1845 (t. 1er 1846, p. 369), Girard c. Delavau; *Caen*, 8 déc. 1845 (t. 1er 1846, p. 367), Bertrand c. préfet du Calvados. — C'est l'application d'une règle générale déjà indiquée.

144. — Le propriétaire d'un immeuble dont une partie des portes et fenêtres a échappé à l'impôt ne peut pas, postérieurement au 1er juin, réclamer l'addition de cette contribution au paiement de laquelle il s'est volontairement soustrait, et compléter ainsi son cens électoral. — *Paris*, 12 nov. 1842

(t. 1er 1843, p. 597), Massibot-Lassire c. préfet de l'Aube.

145. — Quant à la contribution des portes et fenêtres établie sur un immeuble appartenant à une société, V. *infrà* nos 251 et suiv.

§ 4. — *Patentes.*

146. — La patente est la contribution spéciale imposée à un commerçant ou négociant à raison de son commerce et de son industrie; la comprendre au nombre des contributions susceptibles de former le cens électoral était une chose légitime. — V. CONTRIBUTIONS DIRECTES, ch. 2, sect. 4e. — V. aussi PATENTE.

147. — La patente se divise en *droits fixes* et en *droits proportionnels*; ces deux droits réunis forment le montant total de la patente et tous deux contribuent au cens électoral.

148. — Toutefois, il faut observer que, nul ne pouvant, à la différence de ce qui a lieu pour les droits proportionnels, être assujéti à deux droits fixes, celui qui, par erreur, paie ce double droit ne peut profiter que d'un seul. — Merger, p. 104.

149. — C'est un point hors de contestation que les 5 cent. de l'*avertissement* délivré à chaque patenté font partie du chiffre même de la patente. — V. au surplus *suprà* no 44.

150. — En est-il de même du coût (1 fr. 25 c.) de la *feuille de papier timbré* de la patente? — La jurisprudence s'est prononcée pour la négative. — *Cass.*, 10 mai 1837 (t. 1er 1837, p. 578), préfet du Tarn c. Pinet; *Rouen*, 22 nov. 1842 (t. 1er 1843, p. 177), Mallet c. préfet de la Seine-Inférieure; *Cass.*, 22 mai 1843 (t. 2 1843, p. 170), préfet des Vosges c. Guérard.

151. — On peut cependant objecter que, la loi exigeant que la patente soit constatée sur timbre, cela devrait suffire pour faire considérer le coût de la feuille sur laquelle elle est inscrite comme un accessoire de la contribution. — V. en ce sens *Toulouse*, 14 nov. 1836, sous *Cass.*, 10 mai 1837 (t. 1er 1837, p. 578), préf. du Tarn c. Pinet.

152. — Nous n'avons point, du reste, à examiner ici l'étendue et la nature de la contribution de la patente (V. CONTRIBUTIONS DIRECTES, chap. 2, sect. 4e; PATENTE), mais seulement ses effets quant au droit électoral.

153. — Or, un principe fondamental c'est que les patentes sont personnelles et ne peuvent profiter qu'à ceux qui les ont prises. — *Riom*, 26 nov. 1828, Descours; *Rennes*, 24 déc. 1828, Guillolohan c. préf. des Côtes-du-Nord; *Nancy*, 16 juin 1830, Leman c. préf. de la Meurthe; — Merger, p. 104.

154. — Une demande en inscription peut être rejetée pour défaut d'identité, lorsque la patente qui sert de base à cette demande porte *un prénom* différent de celui qui est attribué au réclamant par son acte de naissance et les autres pièces par lui produites. — *Bordeaux*, 19 juin 1830, Courrier c. préf. de la Gironde.

155. — La patente étant personnelle, celle payée par un négociant ne peut être comptée à celui qui succède à l'établissement de commerce, pour la formation de son cens électoral. — *Nancy*, 16 juin 1830, Leman c. préf. de la Meurthe; — Cormenin, t. 2, p. 167, note 1re.

156. — ... Quand même il justifierait que c'est réellement lui qui a succédé à l'industrie du dénommé, que c'est lui qui paie l'imposition, et que le nom de son prédécesseur n'est resté sur la patente que par erreur. — *Riom*, 26 nov. 1828, Descours.

157. — Jugé aussi, par application du même principe, qu'une patente, prise sous le nom du père, ne doit pas profiter aux enfans, pour former leur cens électoral, alors même que, dans la réalité, le commerce pour lequel la patente a été prise est exercé par eux seuls depuis plusieurs années. — *Rennes*, 24 déc. 1828, Guillolohan; — Merger, *ubi suprà*.

158. — Il faut non seulement que la patente soit payée, mais encore que celui qui prétend en profiter justifie de l'exercice véritable de l'industrie. — L. 17 avr. 1831, art. 7. — V. *infrà* nos 538 et suiv.

159. — D'où l'on a conclu (ce qui, du reste, n'est que l'application des principes généraux), que l'industriel qui a cessé d'exercer l'industrie par suite de laquelle il était soumis à la patente doit être rayé de la liste électorale, encore bien que d'après la loi il soit tenu d'acquitter jusqu'à la fin de l'année les termes échus et à échoir de cette patente. — *Orléans*, 20 fév. 1845 (t. 1er 1845, p. 184), Ducoux c. préfet de Loir-et-Cher.

160. — Il est vrai que les décisions que nous avons citées jusqu'ici ont été rendues sous l'empire de la loi du 25 brum. an VII, abrogée aujourd'hui par celle du 25 avr. 1844, et qu'entre ces deux lois il existe cette différence que, d'après la première, le commerçant qui cessait son commerce ne pouvait transférer sa patente à son successeur, et qu'il n'en devait pas moins acquitter les termes échus et à échoir jusqu'à la fin de l'année, tandis que d'après la seconde, non seulement il peut faire ce transfert, mais, si sa boutique ou ses magasins viennent à être fermés par suite de décès ou de faillite, la patente cesse d'être due à partir de l'expiration du mois courant.

161. — La question jugée par la cour d'Orléans ne peut donc plus se présenter que dans le cas très rare où un commerçant aurait cessé son industrie sans s'être donné un successeur. Mais dans ce cas la solution à donner nous paraîtrait devoir être la même qu'avant la loi actuelle.

162. — Quant aux droits qui peuvent résulter pour le successeur de la cession de patente, V. *infrà* nos 560 et suiv.

163. — D'après M. Merger (p. 105), la patente devant être réellement acquittée, celui qui soutient être imposé à tort ne saurait prétendre exercer le droit électoral en vertu de ce même impôt qu'il refuse de payer.

164. — Mais la cour de Cassation a consacré l'opinion contraire. Elle a jugé que le droit de patente auquel un citoyen est assujéti dans une commune doit, tant qu'il le paie, lui être compté pour la formation de son cens électoral, alors même qu'il aurait réclamé la décharge de cet impôt, si cette décharge n'avait pas encore été prononcée au moment où la contestation s'est élevée, et si rien ne prouve qu'il ait cessé son commerce pendant l'année à raison de laquelle la réclamation a eu lieu. — *Cass.*, 2 août 1843 (t. 2 1843, p. 594), maire de Danjoutin c. Fleur.

165. — Par exception au principe que nul ne doit profiter de la patente, si réellement il ne la paie, la loi du 19 avr. 1831, art. 4, § 3, porte encore : « La patente sera comptée à tout médecin ou chirurgien employé dans un hôpital, ou attaché à un établissement de charité, et exerçant gratuitement ses fonctions, bien que, par suite de ces mêmes fonctions, il soit dispensé de la payer. » — Cette disposition se justifie par elle-même.

166. — Toutefois, avant la loi de 1831, on pensait, au contraire, que le médecin exempté du paiement de la patente, comme attaché à un établissement de charité, ne pouvait s'en attribuer le profit pour la formation de son cens électoral. — Solut. du 3 nov. 1820; — Favard de Langlade, *ubi suprà*, sect. 2e, § 4, no 19.

167. — Aujourd'hui la question ne peut plus s'élever quant aux médecins et chirurgiens, puisque la loi nouvelle a affranchi la profession de l'art médical de l'impôt de la patente.

168. — Mais il n'en résulte pas pour cela abrogation complète de la disposition de la loi de 1831, en ce sens que le législateur avait eu en vue non seulement les médecins, mais encore toutes autres personnes ayant pour profession une des branches de l'art de guérir, et que la loi actuelle a laissées soumises à la patente.

169. — Ainsi, le pharmacien attaché à un établissement de santé, et exerçant gratuitement ses fonctions, doit profiter de la patente qu'il est dispensé de payer. — *Bourges*, 25 nov. 1839 (t. 1er 1841, p. 648), Auroux c. préfet du Cher.

170. — Une autre question d'une nature toute particulière s'est élevée : l'exercice du commerce ou négoce étant réputé incompatible avec certaines professions, celui qui exerce cette profession, et néanmoins se trouve, à raison d'une industrie qu'il exerce, soumis à une patente, peut-il la comprendre dans son cens électoral?

171. — Nous croyons qu'il faut distinguer, suivant que l'incompatibilité est ou non légalement établie; refuser le cens dans le premier cas, l'admettre dans le second.

172. — C'est ainsi que la cour de Colmar a décidé que, bien que des raisons de haute convenance s'opposent au cumul des fonctions de juge de paix avec l'exercice d'un négoce quelconque, néanmoins, ce cumul n'étant prohibé par aucune loi ou aucun règlement, un juge de paix peut comprendre dans la formation de son cens électoral le montant d'une patente qui lui a été délivrée comme négociant. — *Colmar* 1843, sous *Cass.*, 22 févr. 1843 (t. 1er 1843, p. 632), Bardot c. Simon.

173. — Le pourvoi dirigé contre cet arrêt a été rejeté. — V. *Cass.*, même arrêt. — V. JUGE DE PAIX.

174. — Au contraire, et en présence du texte de l'ordonnance qui défend le cumul de la qualité d'avocat avec celle de commerçant, il a été jugé qu'un avocat ne peut tout à la fois être porté sur la liste électorale comme avocat et comme meunier. — *Riom*, janv. 1842 (t. 1er 1847).

175. — Quant aux difficultés qui peuvent s'élever sur l'imputation des contributions de la patente en matière de société, V. *infrà* nos 251 et suiv.

176. — C'est aussi plus loin que nous examinerons ce qui a trait à la possession de la patente en ce qui concerne le cens électoral.

§ 5. — *Redevances des mines.*

177. — Les concessionnaires de mines paient à l'état, en exécution de la loi du 21 avr. 1810, deux redevances : l'une fixe, qui peut être considérée comme le prix de la concession; l'autre, proportionnée au produit des mines, et qui est comprise chaque année dans le budget. Ce n'est qu'à cette dernière redevance que la loi applique la dénomination de *contribution*. Aussi admettait-on, sous l'empire de la loi du 5 fév. 1817, qu'elle devait être comptée aux concessionnaires pour la formation de leur cens électoral.

178. — Mais il avait été décidé que la redevance fixe ne devait pas, comme la redevance proportionnelle, servir à former le cens électoral. — *Aix*, 4 mai 1830, Amalbert c. préfet des Bouches-du-Rhône; *Cass.*, 14 juin 1830, mêmes parties.

179. — Cette jurisprudence a été anéantie par la loi du 19 avr. 1831 (art. 4), qui met formellement au nombre des contributions directes propres à conférer le cens électoral les redevances *fixes* et *proportionnelles* des mines. — V. au surplus, pour tout ce qui concerne l'établissement de la redevance sur les mines, CONTRIBUTIONS DIRECTES, ch. 2, sect. 6e, § 1er, et MINES.

§ 6. — *Droit de diplôme.*

180. — L'art. 5, §§ 1er et 2, L. 19 avr. 1831, est ainsi conçu : « Le montant du droit annuel de diplôme établi par l'art. 29, décr. 17 sept. 1808, sera compté dans le cens électoral des chefs d'institution et des maîtres de pension, tant que les lois annuelles sur les finances continueront à en autoriser la perception. — Les chefs d'institution et les maîtres de pension justifieront de leur qualité par la représentation de leur diplôme; ils justifieront du paiement du droit par la représentation de la quittance que leur aura délivrée le comptable chargé de la perception de ce droit. »

181. — Il faut remarquer que le droit annuel de diplôme seul doit être compté aux chefs d'institution et aux maîtres de pension. Ils ne peuvent compter, pour former leur cens électoral, la rétribution universitaire imposée sur leurs élèves, quoiqu'ils soient garans envers l'état du paiement de cette rétribution. — *Paris*, 31 janv. 1843 (t. 1er 1843, p. 346), Boulet c. préfet de la Seine; 8 avr. 1844 (t. 1er 1844, p. 776), mêmes parties.

182. — Cette décision nous paraît incontestable. Il ne s'agit pas de savoir, en effet, si la rétribution est un impôt, ce qui est certain, mais bien de rechercher qui la paie. Or, évidemment, ce n'est pas le maître de pension, mais l'élève. Le premier, comme le reconnaît fort bien la cour, n'est que comptable envers le trésor. Il perçoit la rétribution pour l'état, et, comme receveur des deniers publics, il en doit compte au trésor. — V. au surplus CONTRIBUTIONS DIRECTES, ch. 2, sect. 6e, § 6; ENSEIGNEMENT, UNIVERSITÉ.

§ 7. — *Centimes additionnels.*

183. — L'art. 4 de la loi du 19 avril 1831 indique en dernier lieu, comme devant contribuer à la formation du cens électoral les supplémens d'impôt de toute nature compris sous le nom de *centimes additionnels*. — V. CONTRIBUTIONS DIRECTES, ch. 2, sect. 5e. — V. aussi CHEMINS VICINAUX.

184. — Or, sous l'empire de la loi du 5 fév. 1827, dont l'art. 2, conçu en termes généraux, se bornait à comprendre dans la masse des contributions nécessaires à la qualité d'électeur ou d'éligible les contributions directes que chaque Français payait dans tout le royaume, sans en désigner aucune, les centimes additionnels étaient comptés pour former le cens électoral. — *Pau*, 15 déc. 1828, Naude c. préfet des Basses-Pyrénées.

185. — On ne faisait à cet égard aucune distinction entre les centimes additionnels votés par une loi et ceux qui l'étaient par les conseils des départemens. Les uns comme les autres devaient entrer dans la composition du cens électoral. — *Cass.*, 23 juin 1829, Devaux; même jour, Moreau; *Bordeaux*, 14 juin 1830, Combret c. préfet de la Dordogne.

186. — On y comprenait également ceux qui étaient imposés pour dépenses locales ou communales. — *Rouen*, 13 déc. 1828, Rotour c. préfet de l'Eure; *Montpellier*, 30 avr. 1829, Barbara c. préfet de l'Aude; 5 mai 1829, Lacroix c. préfet de l'Aude; *Toulouse*, 1er juill. 1829, Darnaud c. préfet de l'Ariège; *Bordeaux*, 10 sept. 1829, Dumonteil c. préfet de la Dordogne; 14 juin 1830, Combret c. préfet de la Dordogne.

187. — ... Par exemple, pour frais de salaires de

RÉP. GÉN. — VI.

11

garde champêtre. — *Bourges*, 17 (et non *Douai*, 15) juin 1830, Martin c. préfet de la Nièvre.

188. — Il en était de même des centimes additionnels extraordinaires, exigibles en vertu de la loi du 28 juill. 1824, relative aux chemins vicinaux. — *Bourges*, même arrêt; *Cass.*, 26 juin (et non 2 juill.) 1830, préfet du Loiret c. Gibault.

189. — Ils devaient entrer dans le cens électoral, quoique les rôles ne fussent pas encore faits, s'il était certain d'ailleurs que le réclamant y serait porté. — *Bourges*, même arrêt.

190. — Jugé cependant, sous l'empire de la loi du 5 fév. 1817, que les centimes additionnels facultatifs, imposés pour contributions locales, ne devaient pas être comptés pour former le cens électoral. — *Amiens*, 19 déc. 1828, Moquet c. préfet de l'Oise; *Bourges*, 26 déc. 1828, Née Devaux c. préfet de la Nièvre; *Paris*, 20 nov. 1829, Perrot c. Fadatte de Saint-Georges.

191. — La loi du 19 avr. 1831, art. 4, en mettant au nombre des contributions directes qui confèrent le droit électoral les *supplémens d'impôt de toute nature connus sous le nom de centimes additionnels*, a fait cesser les incertitudes de la jurisprudence à l'égard des centimes additionnels. Les mots *de toute nature* embrassent aussi bien ceux votés par les chambres d'une manière générale que ceux perçus en vertu du vote des conseils généraux de département et des conseils municipaux. — Duvergier, *Collect. des lois*, t. 31, p. 178, note 7.

192. — L'imposition pour salaire des gardes champêtres étant comprise dans les supplémens d'impôt foncier connus sous le nom de centimes additionnels, profite pour le cens électoral au propriétaire et non au fermier. — *Paris*, 15 oct. 1845 (t. 2 1845, p. 737), Lesage c. préfet de Seine-et-Marne; même jour, *ibid.*, Pieste; *Cass.*, 4 mai 1846 (t. 1er 1847). — Il en est différemment pour les prestations en nature. — V. *infrà* nos 194 et suiv.

193. — Les contributions imposées en masse à une commune par un arrêté du préfet pour la réparation des chemins vicinaux ne peuvent être comptées pour aucune portion aux habitans, afin de former leur cens électoral, tant que la répartition n'en a pas été faite entre eux. — *Cass.*, 23 juill. 1839 (t. 2 1839, p. 423), Malbos c. Bargiton, Bonnet et Dugas.

§ 8. — *Contributions spéciales assimilées aux contributions directes. — Prestations en nature*, etc.

194. — Ainsi que nous l'avons établi plus haut (V. *suprà* no 39), les énonciations contenues en la loi de 1831 relativement aux contributions qui forment le cens électoral n'étant pas restrictives, il y a lieu d'examiner quelles sont parmi les contributions directes, non indiquées par la loi, celles qui peuvent entrer dans la composition du cens électoral.

195. — 1o *Prestations en nature.* — Les prestations en nature ont pour but de mettre les communes à même de subvenir aux charges relatives aux chemins vicinaux, comme les centimes additionnels. — V. CONTRIBUTIONS DIRECTES, ch. 2, sect. 6e, § 8. — V. aussi CHEMINS VICINAUX. — Or, si les centimes additionnels imposés pour la confection des chemins vicinaux doivent compter pour la formation du cens électoral, on doit comprendre dans cette même formation du cens les prestations en nature.

196. — Sous l'empire de l'ancienne législation, la question ne s'était présentée qu'une seule fois, et la solution affirmative avait été adoptée par la cour de Cassation. — *Cass.*, 26 juin 1830, préfet du Loiret c. Gibault.

197. — En effet, comme le disait la cour dans les motifs de son arrêt : « Les *prestations* et centimes additionnels sont accessoires de l'impôt principal, frappent les propriétaires portés sur un des rôles de contributions directes et dans la proportion de leurs moyens, enfin ils se perçoivent de la même manière et par les mêmes voies. »

198. — Mais depuis la loi de 1831, la question s'est présentée, notamment en 1837, où elle a donné lieu à une vive controverse. Les cours royales ont été divisées d'opinion.

199. — L'affirmative fut à cette époque consacrée par les arrêts suivans, qui se trouvent tous indiqués dans notre collection (t. 2 1837, p. 598 et suiv.). — *Amiens*, 12 (et non 21) oct. 1837, Bouteille; *Bourges*, 21 oct. 1837, Clair c. préfet de la Nièvre; *Colmar*, 23 oct. 1837, Wendling c. préfet du Haut-Rhin; *Douai*, 27 oct. 1837, Pac... c. préfet du Pas-de-Calais; *Besançon*, 28 oct. 1837, N...; *Poitiers*, même jour, N...

200. — D'autres cours, au contraire, se prononcèrent dans le sens de la négative, par les arrêts suivans, rapportés tous dans notre collection (t. 2 1837, p. 601 et suiv.) — *Nancy*, 13 oct. 1837, Villemain; *Montpellier*, 23 oct. 1837, N...; *Grenoble*, 26 oct. 1837, N...; *Paris*, même jour, Maudet c. préfet de Seine-et-Oise; *Toulouse*, 31 oct. 1837, N...

201. — Ces arrêts se basent sur deux motifs : le premier, le silence de la loi; mais, évidemment, et en présence des explications si nettes données par le ministre de l'intérieur, et que nous avons citées plus haut (V. *suprà* no 42), cet argument n'a rien de péremptoire, l'énonciation de contributions faite par la loi de 1831 n'étant pas limitative.

202. — L'autre objection est plus sérieuse : elle repose sur la différence fondamentale qui, toujours suivant ces mêmes arrêts, existerait entre les centimes additionnels et les prestations, et qui paraît consacrée par la circulaire du 26 avr. 1831, rendue pour l'exécution de la loi du 26 avr. 1831 par le ministre de l'intérieur : « Quant aux versemens faits en argent pour se racheter de la prestation en nature, porte cette circulaire, ils ne sont pas calculés au centime le franc du principal des contributions; ils sont la représentation d'un travail qui peut être fourni en nature, et n'ont jamais été compris dans les contributions additionnelles aux impositions. »

203. — Nous ne saurions, toutefois, approuver cette doctrine. Elle nous semble manifestement contraire à l'esprit de la loi de 1831 et au but que le législateur s'y est proposé. — En effet, l'élection étant devenue alors éminemment favorable, on voulait accroître le nombre des électeurs sans cependant l'étendre démesurément. Il fut bien entendu, lors de la discussion, que l'art. 4, en désignant comme conférant le cens électoral *les supplémens d'impôt de toute nature*, n'avait pour objet que d'embrasser les contributions *indirectes*; que par ces mots, *supplémens d'impôt de toute nature*, il embrassait tout impôt *direct* quel qu'il fût. Or, les prestations en nature dont il s'agit ont-elles un autre caractère que celui d'impôt direct? Non, évidemment. Comme l'impôt foncier, elles frappent le contribuable indiqué nominativement dans le rôle en raison de son revenu. La loi lui accorde la faculté de s'acquitter de ces prestations par le paiement de la somme à laquelle elles sont évaluées ou par l'exécution, par lui-même, des travaux pour lesquels elles ont été imposées. Mais ce n'est là qu'un allégement. Dans un cas comme dans l'autre, le contribuable n'en acquitte pas moins un impôt direct, c'est-à-dire un impôt qui le frappe en raison de la personne et de la propriété. Au contraire, l'impôt indirect n'arrive qu'*indirectement* à celui qui doit le supporter; il s'établit dans la proportion de ce qui est *produit* ou *consommé*. La loi du 21 mai 1836, *sur les chemins vicinaux*, qui a remplacé celle du 28 juill. 1824, n'a point changé ce caractère d'impôt direct qui appartient aux prestations dont il s'agit. Elle n'a fait qu'étendre le principe de ces prestations aux chemins de grande vicinalité : ce qui doit les rendre plus propres encore à conférer le cens électoral.

204. — Aussi, la cour de Cassation, persévérant dans la doctrine qu'elle avait admise sous la législation antérieure, a-t-elle, par application de la loi du 19 avr. 1831, constamment décidé que les prestations en nature ou l'appréciation en argent qui en est faite constituent une contribution directe qui doit être comprise dans la formation du cens électoral. — *Cass.*, 12 fév. 1838 (t. 1er 1838, p. 364), préfet de la Haute-Saône c. Bourgeois; 5 mars 1838 (t. 1er 1838, p. 508), préfet de la Nièvre c. Clair; 2 avr. 1838 (t. 2 1838, p. 52), préfet des Basses-Pyrénées c. Lamothe; 8 août 1838 (t. 2 1838, p. 473), Colonna d'Istria.

205. — Et, dans ces derniers temps, cette jurisprudence a été constamment suivie par les cours royales, même par celles qui, en 1837, avaient cru devoir adopter l'opinion contraire. — *Paris*, 12 oct. 1838 (t. 2 1838, p. 288), Jouannaut c. préfet de Seine-et-Marne; même jour, *ibid.*, Bourgeois c. préfet de Seine-et-Marne; *Rouen*, 21 oct. 1839 (t. 2 1839, p. 506), Pupin c. préfet de la Seine-Inférieure; même jour, *ibid.*, Hallé c. préfet de la Seine-Inférieure; *Bourges*, 25 nov. 1840 (t. 1er 1841, p. 675), Delacou c. préfet de l'Indre.

206. — Deux arrêts de la cour de Toulouse protestent seuls contre cette jurisprudence. — *Toulouse*, 11 nov. 1839 (t. 2 1839, p. 615), Tellier c. Tustry; 13 nov. 1839, *ibid.*, Gasc c. préfet de la Garonne.

207. — Mais cette cour elle-même n'a pas tardé à se ranger à l'opinion commune, car un de ses arrêts, postérieur de quelques jours à peine à ceux que nous venons de citer, décide formellement que la prestation en nature constitue une contribution directe qui doit être comprise dans le cens électoral pour la somme à laquelle elle a été évaluée. — *Toulouse*, 19 nov. 1839 (t. 1er 1840, p. 57), Lafont Loubères c. préfet de l'Ariége.

208. — C'est dans ce sens encore que s'est prononcée l'administration par une circulaire ministérielle du 16 juill. 1840, de telle sorte qu'aujourd'hui on doit regarder la solution donnée par la jurisprudence comme incontestable.

209. — Plus récemment encore la cour de Cassation a, par deux arrêts, maintenu la doctrine que les prestations payables en nature font partie du cens électoral comme celles qui sont payables en argent. — *Cass.*, 31 mai 1842 (t. 2 1842, p. 346), Duchamp c. Deman; 29 mars 1843 (t. 1er 1843, p. 593), Dupiget c. Laurent.

210. — En outre, et dans l'espèce du premier paragraphe de cet arrêt, se présentait ce cas particulier que les prestations en nature dont il s'agissait étaient dues par un chef de famille, non seulement pour son compte personnel, mais pour celui d'un de ses fils, officier ministériel et marié, qui demeurait chez lui. Or, la cour royale avait décidé que ce fils devait être considéré comme chef de famille, et qu'en conséquence il y avait lieu de retrancher du cens électoral du père, pour la mettre à la charge du fils, une partie des prestations en nature. — *Riom*, 24 janv. 1842, sous *Cass.*, 31 mai 1842 (t. 2 1842, p. 346), Duchamp c. Deman. — Mais la cour de Cassation, sur le pourvoi dirigé contre l'arrêt, adopta l'opinion contraire. — V. *Cass.*, même arrêt.

211. — Depuis elle a décidé dans le même sens : 1o Que le fils qui habite avec son père ne peut demander la division de ces prestations pour en faire entrer une partie dans son cens électoral, sous prétexte qu'il aurait lui-même des immeubles, et que marié il jouirait des biens personnels de sa femme. — *Cass.*, 7 juill. 1846 (t. 2 1846, p. 159), Peyras c. Peich.

212. — ... 2o Qu'il ne peut non plus demander cette division par le motif qu'il aurait des ressources indépendantes de celles de son père. — *Cass.*, 7 juill. 1846 (t. 2 1846, p. 159), Cathala c. Combes.

213. — Il faut donc tenir pour constant que les prestations pour les chemins vicinaux sont supportées personnellement par les chefs de famille, qui, dès-lors, ont seuls le droit de les comprendre dans leur cens électoral, même pour la part afférente aux membres de la famille. — Mêmes arrêts.

214. — On s'est demandé à qui, du propriétaire ou du fermier ou locataire, doivent être comptées, pour la formation du cens électoral, les prestations en nature imposées à raison d'un cheptel; et cette question a été résolue en faveur du fermier. — *Cass.*, 28 mai 1838 (t. 1er 1838, p. 614), Solheillet c. Chodebet.

215. — Par application du même principe, le propriétaire d'une métairie exploitée à moitié par un colon partiaire ne peut faire entrer dans la formation de son cens électoral la moitié de la taxe des prestations en nature imposée, sous le nom du colon, sur les bestiaux et charrettes attachés à la métairie. Cette taxe doit être comptée exclusivement au colon, quels que soient d'ailleurs les usages locaux ou les stipulations dont on pourrait faire résulter l'assimilation du colonage partiaire au contrat de société. — *Cass.*, 11 avr. 1842 (t. 1er 1842, p. 518), préfet de la Haute-Vienne c. Barbe Teyfond.

216. — Ces décisions sont une conséquence naturelle du principe que les contributions ne profitent qu'à ceux qui les paient; c'est le fermier ou le colon partiaire qui est soumis à la prestation en nature; c'est au contraire le propriétaire qui est soumis à payer les centimes additionnels (V. *suprà* nos 183 et suiv.). — De là la différence de solution dans les deux cas.

217. — Observons en terminant que lorsqu'un individu régulièrement imposé au rôle des prestations en nature cesse, dans l'intervalle de la mise en recouvrement des rôles à la révision annuelle des listes électorales, de posséder les domestiques, chevaux et voitures à raison desquels il avait été imposé, il ne peut plus compter cette contribution dans le calcul de son cens électoral, alors même qu'il l'aurait payée ou qu'il ne pourrait plus s'en faire dégrever. — *Bourges*, 25 nov. 1840 (t. 1er 1841, p. 675), Delacou c. préf. de l'Indre. — Ce n'est ici que l'application des règles générales.

218. — 2o *Contributions pour la conservation des travaux de desséchement, et pour les travaux d'entretien des digues et de curage des canaux et rivières non navigables.* — Ces contributions rentrent évidemment parmi celles qui doivent contribuer à la formation du cens électoral. — V. CONTRIBUTIONS DIRECTES, chap. 2, sect. 6e, § 2 et 8.

219. — 3o *Rétributions sur les eaux minérales.* — Ces contributions offrent la plus grande analogie avec la contribution foncière; elles doivent à

ce titre figurer dans le cens électoral. — V. CONTRIBUTIONS DIRECTES, chap. 2, sect. 6e, § 4.

220. — 4o *Contributions pour l'instruction primaire.* — Tout ce qui concerne cette contribution a déjà été exposé au mot CONTRIBUTIONS DIRECTES, chap. 2, sect. 6e, § 7, où nous avons vu qu'il fallait distinguer entre l'impôt relatif à l'établissement et à l'entretien de l'école et au traitement fixe de l'instituteur primaire, impôt obligatoire dans certains cas, aux termes de l'article 13, L. 28 juin 1833, et la rétribution mensuelle que les parens doivent à l'instituteur, et dont le taux est fixé par le conseil municipal. — V. INSTRUCTION PRIMAIRE.

221. — L'impôt relatif à l'école et au traitement de l'instituteur, établi sous la forme de centimes additionnels, entre dans la composition du cens électoral. — *Cass.*, 4 mai 1846 (t. 1er 1847). — Mais il en est différemment de la rétribution mensuelle.

222. — 5o *Contributions pour l'entretien des bourses et chambres de commerce.* — Ces contributions sont établies et perçues dans les mêmes formes que la contribution des patentes. — V. CONTRIBUTIONS DIRECTES, chap. 2, sect. 6, § 10. — A ce titre, elles doivent figurer dans le cens électoral. — *Rennes*, 21 déc. 1832, Jouanguy c. préfet du Morbihan.

223. — Au surplus il avait été décidé de même, sous l'empire de la loi du 5 fév. 1817, que les frais des chambres de commerce devaient être comptés pour le cens électoral. — *Orléans*, 24 déc. 1828, Lumier c. préfet d'Indre-et-Loire; *Cass.*, 26 mai 1830, Massey c. préfet de la Somme. — Ce dernier arrêt avait cassé un arrêt d'*Amiens*, du 25 sept. 1829 (mêmes parties), qui avait jugé en sens contraire.

224. — Mais l'art. 4, L. 19 avr. 1831, est restrictif en ce sens que toute contribution qui ne présente pas les caractères essentiels des contributions directes doit être exclue de la composition du cens électoral.

225. — En conséquence ne concourent pas au cens électoral : 1o *la rétribution payée pour la vérification et le poinçonnage des poids et mesures.* — V. CONTRIBUTIONS DIRECTES, chap. 2, sect. 6, § 8. — V. encore POIDS ET MESURES.

226. — Il est vrai que, sous l'empire de la loi de 1817, la question, qui ne s'était présentée qu'une seule fois, avait reçu une solution favorable au contribuable par ce motif que la contribution dont s'agit frappe directement sur la personne. — *Grenoble*, 19 juin 1830, Marlin c. préfet de l'Isère.

227. — Et depuis la loi de 1831, la cour de Toulouse avait également décidé que cet impôt devait être compris dans le cens électoral non seulement parce qu'il frappe directement la personne, mais encore par cette autre considération qu'il peut être considéré comme un accessoire de la patente. — *Toulouse*, 14 nov. 1836, sous *Cass.*, 10 mai 1837 (t. 1er 1837, p. 578), préfet du Tarn c. Pinet.

228. — Mais, sur le pourvoi dirigé contre cet arrêt, la cour de Cassation a décidé que, la vérification des poids et mesures ne constituant qu'une mesure de police et la rétribution fixée à cet égard n'étant, comme l'indique sa qualification même, que le paiement des frais de surveillance de l'opération dont il s'agit et dont la fixation est laissée par les lois de finance à l'autorité, cette rétribution ne peut entrer dans la composition du cens électoral. — *Cass.*, 10 mai 1837 (t. 1er 1837 p. 578), préfet du Tarn c. Pinet.

229. — Depuis, la jurisprudence s'est fixée dans ce dernier sens. — *Nîmes*, 22 fév. 1839 (t. 1er 1839, p. 192), Roussel c. préfet du Gard; *Douai*, 16 nov. 1840 (t. 1er 1841, p. 193), Petit-Cormon c. préfet du Nord; *Rouen*, 22 nov. 1842 (t. 1er 1843, p. 177), Mallet c. préfet de la Seine-Inférieure; *Nîmes*, 30 nov. 1842 (t. 1er 1843, p. 86), Hugonel c. préfet de la Lozère.

230. — Toutefois, M. Merger (*Supplément*) cite un arrêt inédit de la cour de Montpellier du 28 oct. 1837, et par conséquent antérieur aux arrêts que nous venons de citer, lequel aurait décidé en sens contraire.

231. — ... 2o *Les droits pour frais de visites chez les pharmaciens, les droguistes, les épiciers, les herboristes.* — Les raisons de décider sont les mêmes que dans le cas précédent. — *Rouen*, 22 nov. 1842 (t. 1er 1843, p. 177), Mallet c. préfet de la Seine-Inférieure. — V. CONTRIBUTIONS DIRECTES, chap. 2, sect. 6e, § 9.

232. — ... 3o *Le supplément d'octroi*, qui, dans certaines villes, peut être établi en remplacement de l'impôt mobilier. Il serait impossible d'évaluer exactement, pour chaque individu, la portion de paiement du supplément d'octroi qui devrait lui être attribuée, comme représentant son



impôt mobilier. — De Cormenin, t. 2, p. 164; Merger, p. 109.

233. — Ainsi, dans les villes où, d'après les usages locaux, l'entretien du pavé des rues est à la charge des propriétaires riverains, ceux-ci ne peuvent comprendre dans leur cens électoral la somme à laquelle ils ont été taxés par l'administration municipale pour l'exécution de cette obligation. — *Orléans*, 21 nov. 1845 (t. 1er 1846, p. 70), Séjourné c. préfet du Loiret. — Spécialement, la taxe des pavages des rues d'Orléans constitue, d'après les art. 257 et 258, cout. Orléans, une servitude imposée aux propriétaires riverains, et ni la loi du 11 frim. an VII, ni l'avis interprétatif du conseil d'état du 25 mars 1807, ni les lois de finance qui en ont autorisé le paiement en numéraire au lieu du paiement en nature (L. 25 juin 1841), n'en ont changé le caractère. On ne saurait dès-lors la considérer comme un impôt direct susceptible de concourir à la formation du cens électoral de celui qui la paie. — *Cass.*, 25 mai 1846 (t. 2 1846, p. 42), Séjourné-Dubois c. préfet du Loiret.

234. — 4o Enfin un arrêt de la cour royale de Montpellier a décidé que, les contributions indirectes étant seules exclues du sens électoral, la *cote cabaliste*, c'est-à-dire l'impôt qui frappe les têtes de bétail que dans chaque famille le chef de famille a le droit de faire paître dans les parages communaux, doit être compris dans le cens électoral. — *Montpellier*, 20 novembre 1845 (t. 2 1846, p. 151), Francès c. préfet de l'Hérault. — Mais est-il bien vrai que cette cote soit un impôt? Si, par le mode de son assiette, de sa perception, elle présente les caractères extérieurs d'une contribution directe, en réalité n'est-ce pas plutôt une redevance payée par les propriétaires de troupeaux pour prix de la dépaissance dont ils sont admis à jouir sur les pâturages communaux? L'impôt est un sacrifice purement gratuit fait à l'intérêt général; la prestation en nature, assimilée à l'impôt, présente en effet ce caractère; la cote cabaliste, au contraire, n'a rien de gratuit; c'est le prix d'une jouissance privée et personnelle à celui qui la paie. Cette cote n'a pas d'ailleurs, comme le dit l'arrêt de cassation du 25 mai 1846 (qui suit) à propos d'une autre taxe locale, le caractère de généralité et d'égalité qui est de l'essence des contributions directes, donnant naissance à un droit politique, nous ne saurions donc admettre la doctrine de l'arrêt de Montpellier.

ART. 2. — *Imputation des contributions en cas d'indivision.*

235. — En traitant de l'impôt foncier et de son attribution (V. *suprà*), nous avons déjà vu quelles questions peuvent s'élever lorsque la propriété, au lieu de reposer en entier sur la tête d'une seule personne, se trouve démembrée entre divers ayans-droit.

236. — D'autres difficultés se présentent lorsque la propriété, sans être divisée quant à ses attributs, se trouve cumulativement et indivisément appartenir à plusieurs, comme dans le cas de succession ou de copropriété, et en matière de société.

§ 1er. — *Succession. — Indivision.*

237. — En règle générale, dans le cas d'indivision résultant soit de succession, soit de toute autre cause, les contributions payées sur le bien indivis doivent profiter à chacun des copropriétaires dans la proportion de ses droits.

238. — Lors donc qu'il est démontré qu'il existe une copropriété entre plusieurs individus, tous doivent participer au bénéfice des contributions, lors même que, le changement sur le cadastre n'ayant pas été opéré, la propriété se trouverait imposée sous le nom d'un seul.

239. — ... Et, jusqu'à preuve contraire, chaque copropriétaire, étant censé posséder à titre égal, doit avoir part égale au bénéfice des contributions payées. — Solut. 18 sept. 1820; — Cormenin, t. 2, p. 166.

240. — De simples allégations seraient insuffisantes pour établir l'inégalité des parts dans une propriété indivise. La loi, en exigeant des justifications, a eu en effet pour but de se prémunir contre les déclarations mensongères et frauduleuses.

241. — Ces justifications ne peuvent être faites que par titres et ne sauraient s'induire de circonstances quelles qu'elles fussent.

242. — Ainsi, il a été jugé que le cens d'un électeur ne peut être réduit sous prétexte que les biens soumis à l'impôt qui le forme proviennent d'un legs excédant la quotité disponible, et dont les héritiers à réserve pourraient, par suite, demander la réduction. — *Bourges*, 3 oct. 1820, Durand-



Durand-Morimbault c. préfet de la Nièvre.

243. — On doit, dans le calcul du cens électoral, compter à un cohéritier sa portion intégrale des contributions de l'hérédité, bien que les autres cohéritiers aient un préciput en argent, attendu que ce préciput ne constitue qu'une créance sur les immeubles et n'empêche pas que le cohéritier ne soit propriétaire de sa part dans ces immeubles. — *Pau*, 10 déc. 1828, N...

244. — Décidé cependant que les conseils de préfecture peuvent, en l'absence même de toute contestation de la part des intéressés, par interprétation d'un testament, décider, contre un légataire réclamant l'inscription électorale, que le legs d'où naîtraient ses droits est primé par une disposition consentie en faveur d'un autre légataire. — *Cass.*, 14 (et non 6) déc. 1836 (t. 1er 1837, p. 77), Chevalier.

245. — En cas de renonciation de l'un des cohéritiers à la succession ou aux avantages résultant en sa faveur du testament du chef de famille, l'augmentation de cens qui peut en résulter au profit des autres cohéritiers qui ont accepté, doit leur compter, sans que cette renonciation et le partage qui l'a suivie puissent être réputés simulés. — *Toulouse*, 23 nov. 1829, N...; *Bordeaux*, 18 juin 1830, Lafaye c. préfet de la Dordogne.

246. — Il est, du reste, certain qu'en cas d'ouverture d'une succession à laquelle est appelé un individu dont l'existence n'est pas reconnue, l'héritier présent a le droit de demander que les contributions de la totalité des biens soient comptées exclusivement en sa faveur, pour former son cens électoral. — *Bordeaux*, 16 juin 1830, Chéri-Bellecouche c. préfet de la Gironde.

247. — Il est également hors de doute que le cohéritier d'une succession indivise auquel une portion virile ne conférerait pas le cens électoral n'en doit pas moins être maintenu sur la liste des électeurs, si, en défense à une demande en radiation, il produit un acte de partage qui lui attribue un lot suffisant pour conférer le cens électoral, encore que cet acte soit postérieur à la clôture du registre destiné à recevoir les demandes en radiation. — *Orléans*, 14 janv. 1829, Peau c. Just Blanc.

248. — Dans ce cas, en effet, l'acte de partage est, conformément au droit commun, seulement déclaratif de la propriété, qui, pour ses effets, est censé remonter au jour de l'ouverture de la succession. — Même arrêt.

249. — On doit juger de même à l'égard du copropriétaire d'un immeuble indivis. — Même arrêt.

250. — Enfin, et par les mêmes raisons, le cohéritier qui, après les premières opérations de la révision des listes électorales, se rend adjudicataire sur licitation d'un immeuble indivis avec ses cohéritiers peut, pour former son cens, se prévaloir de l'impôt qui grève cet immeuble, bien que son droit héréditaire soit antérieur à ces opérations de révision. — *Paris*, 6 oct. (et non nov.) 1836, Petit c. préfet de Seine-et-Oise.

§ 2. — *Société.*

251. — Aux termes de l'art. 6, § 3, L. 19 avr. 1831, « les contributions foncières des portes et fenêtres et des patentes, payées par une maison de commerce composée de plusieurs associés sont, pour le cens électoral, partagées par égales portions entre les associés; sans autre justification qu'un certificat du président du tribunal de commerce énonçant les noms des associés. »

252. — « Dans les cas où l'un des associés prétend à une part plus élevée, soit parce qu'il serait seul propriétaire des immeubles, soit à tout autre titre, il est admis à les justifier devant le préfet en produisant ses titres. » — *Ibid.*

253. — Sans aucun doute, la prescription de la loi actuelle a été de nature à faire cesser bien des difficultés; néanmoins, il est à regretter qu'elle n'ait pas été plus complète.

254. — Ainsi, elle ne mentionne que les contributions foncières, des portes et fenêtres et de la patente. Il est vrai qu'en ce qui concerne les contributions spéciales, telles que redevances de mines, centimes additionnels, comme elles sont soumises aux mêmes règles que la contribution foncière relativement à la formation du cens électoral, cette omission est sans importance; mais la loi de 1831 garde encore le silence quant à la contribution personnelle et mobilière.

255. — En second lieu, et cette omission est plus grave, l'art. 6, § 3, L. 19 avr. 1831, ne statue qu'à l'égard des sociétés en nom collectif; or, nous connaissons trois autres sortes de sociétés commerciales. La société en commandite, la société anonyme, la société en participation, qui a pour objet une opération particulière.

256. — Il importe donc d'étudier séparément ce qui a trait, dans chacune de ces quatre sociétés

commerciales, à l'imputation des quatre contributions foncière, personnelle et mobilière, des portes et fenêtres et des patentes.

257. — *Société en nom collectif.* — Comme nous l'avons vu, dans cette société, le partage de la contribution foncière a lieu par égales portions entre les associés : c'est là un principe absolu.

258. — Par application de cette disposition, il a été jugé, et avec raison, que, les immeubles mis en société ne pouvant plus être considérés comme étant la propriété de l'associé qui en a fait l'apport, les impôts dont ces immeubles étaient grevés devaient être partagés entre les divers associés pour former leur cens électoral. — *Cass.*, 17 janv. 1837 (et non 14 juin 1836) (t. 1er 1840, p. 285), Picard c. Lemaire; — De Cormenin, t. 2, p. 167, note 1re.

259. — ...Et que cette répartition devait avoir lieu entre tous les associés, quand même celui qui avait apporté les immeubles dans la société s'était obligé d'en passer plus tard, et s'il y en avait besoin, acte de vente au profit de ses coassociés. — Même arrêt.

260. — Le fait de l'existence ou de l'absence d'un acte de société est complétement indifférent pour ce qui tient à l'imputation des contributions, quelles que soient ces contributions.

261. — En conséquence, lors même qu'une société de commerce n'a pas été légalement établie et publiée en la forme voulue d'après les art. 42 et 43, C. comm., il suffit, tant que la nullité n'en a pas été demandée par les tiers intéressés, que son existence se trouve constatée par le certificat du président du tribunal de commerce, pour que l'un des associés ait le droit d'exiger qu'il lui soit tenu compte des contributions payées par la société suivant les proportions déterminées par la loi. — *Cass.*, 17 juin 1839 (t. 2 1846), Soullé c. Laffon.

262. — Il suffit même que deux frères soient associés de fait, sans avoir d'acte de société, et qu'ils aient acquis des immeubles en commun, pour que les contributions relatives à ces immeubles doivent leur être comptées par moitié dans leur cens électoral. — *Colmar*, 26 déc. 1829, Pernod c. préfet du Haut-Rhin.

263. — D'après la loi, la seule justification requise des associés pour prouver leurs droits, c'est un certificat du président du tribunal de commerce. Mais il faut bien prendre garde de donner à cette disposition de la loi une application trop étendue, et ne pas oublier qu'elle n'a trait qu'à la justification du titre d'associé.

264. — Ainsi c'est à tort, évidemment, qu'un arrêt de la cour de Bourges, inédit, du 6 nov. 1829, cité par Merger (p. 133), aurait décidé que l'associé qui réclame le bénéfice de la contribution foncière payée à raison des immeubles de la société, n'était pas tenu de justifier suivant les règles ordinaires des droits de la société sur ces mêmes immeubles.

265. — Comme aussi il est évident que, si la loi se contente pour la justification du titre d'associé d'un simple certificat du président du tribunal de commerce, c'est qu'en définitif le caractère de celui qui est appelé à délivrer ce certificat lui donne une authenticité que ne pourrait avoir l'attestation délivrée par un particulier quelconque.

266. — Celui donc qui prétend avoir, comme intéressé dans une société de commerce, le droit de profiter, pour former son cens électoral, d'une quotité proportionnelle des impôts payés par cette société, ne prouve pas suffisamment le droit qu'il invoque par la simple déclaration de son prétendu associé, ou par des certificats de tierces personnes. — *Bordeaux*, 15 juin 1829, Louy c. préfet de la Gironde.

267. — Par application de ces principes il a été jugé que l'électeur qui se prévaut d'une portion des contributions payées par des salins ne justifie pas suffisamment de son droit de propriété en produisant un certificat émané des syndics administrateurs desdits salins, et que dès-lors il ne peut être admis à faire entrer dans la formation de son cens électoral la part de contributions afférente à sa prétendue copropriété. — *Montpellier*, 14 nov. 1845 (t. 1er 1846, p. 242), de Vallat c. Cazalis.

268. — S'il en était autrement, les fraudes deviendraient trop faciles. Cependant, si le prétendu associé avait déjà pris ce titre ou cette qualité dans un acte auquel les formalités dont il est entouré donnassent une apparence de sincérité, comme, par exemple, dans un acte reçu par un officier public, et surtout si cet acte remontait à une date ancienne, la présomption qu'il est réellement associé pourrait, ce nous semble, prévaloir en sa faveur.



269. — Quoique la loi du 19 avr. 1831 ne s'occupe pas de la contribution mobilière payée par une société de commerce, il y a lieu cependant d'appliquer ici la disposition de cette loi relative à la contribution foncière, et de dire que cette contribution sera de droit partagée entre les associés par égales portions, sauf à celui qui prétend avoir droit à une plus forte part, à justifier par titres de ses prétentions.

270. — Si une société en nom collectif occupe, hors de son domicile, des magasins, pour lesquels elle est inscrite au rôle de la contribution personnelle et mobilière, cet impôt, bien que qualifié personnel, doit être comme une charge sociale et profiter à tous les associés. — Duvergier, t. 31, p. 180, note 4e; Merger, p. 97.

271. — Il est évident, du reste, que si, dans les bâtimens de la société, un des associés occupe, pour son usage personnel, une partie de bâtimens, la contribution personnelle et mobilière étant à sa charge et non à celle de la société, lui seul peut en revendiquer le profit.

272. — Comme la contribution foncière, et suivant les mêmes règles, dans une société en nom collectif, la contribution des portes et fenêtres doit être partagée entre les associés par égales portions, sauf les exceptions régulièrement justifiées.

273. — Il faut remarquer toutefois que le partage par égales portions ne s'applique qu'aux magasins, ateliers, dépôts, etc. — Si un associé occupait personnellement un appartement, ce serait à lui seul que devrait être attribué l'impôt des portes et fenêtres quant à la formation du cens. « Il en était ainsi avant la loi nouvelle, dit M. Merger (p. 101), et nous ne voyons pas qu'elle ait introduit à cet égard aucune innovation. »

274. — De même que les autres contributions, celle de la patente doit, sauf les justifications légalement établies, être partagée par égales portions entre les divers associés, pour la formation du cens électoral. Tel est le vœu de la loi, confirmé au surplus par la jurisprudence. — *Bordeaux*, 2 oct. 1832, Boudrot c. préfet de la Gironde; *Rennes*, oct. 1837 (t. 2 1837, p. 604), N...

275. — Il faut donc appliquer ici tout ce que nous avons dit sur l'imputation de la contribution foncière. — V. *suprà*. — La plupart des décisions judiciaires que nous avons citées comme solutions générales ont même été rendues dans des espèces où il s'agissait de la contribution de la patente.

276. — Il a été encore spécialement jugé que lorsqu'un citoyen, pour compléter son cens électoral, a compté le cinquième de la patente payée par une société de cinq personnes dont il est membre, il doit être rayé de la liste s'il est prouvé que son intérêt dans cette société n'est que d'un huitième. — *Montpellier*, 28 (et non 23) oct. 1837 (t. 2 1837, p. 604), N...

277. — Si cet arrêt se réfère uniquement au cas prévu par la loi de 1831, c'est-à-dire à celui où l'un des associés justifie d'une part plus élevée dans les contributions, la décision de la cour de Montpellier nous paraît fort logique. Mais si, dans l'espèce, cette cour a prétendu conférer aux tiers le droit de provoquer eux-mêmes, et de leur chef, cette réduction, nous croyons que la doctrine de l'arrêt doit être rejetée.

278. — En effet, la présomption légale établie par la loi, c'est le partage par égales portions, et, contre cette présomption, elle n'admet qu'une réclamation, celle du coassocié intéressé à obtenir une imputation établie sur d'autres bases. — C'est en ce sens qu'il a été jugé avec raison, suivant nous, que, si les intérêts des associés dans la société ne sont pas égaux, le tiers électeur qui conteste le cens de l'associé qui a le plus faible intérêt ne peut l'obliger à ne s'attribuer, dans le montant de la patente, qu'une quotité proportionnelle à son intérêt, lorsque les associés les plus intéressés n'ont pas réclamé contre le partage par tête. — *Rennes*, oct. 1837 (t. 2 1837, p. 604), N...

279. — Le même arrêt a été jusqu'à décider que le droit de réclamation établi par la loi est exclusivement personnel à l'associé plus fort intéressé. Mais cette distinction entre les divers associés n'existe pas dans la loi; rien, du reste, ne la justifie : elle n'est donc pas admissible.

280. — Une difficulté toute particulière en ce qui concerne la patente pourrait se présenter depuis la loi du 25 avr. 1844, laquelle, dans son art. 16, distinguant le droit fixe du droit proportionnel, veut que l'associé principal paye seul le droit fixe en entier, et que les autres associés ne soient imposés qu'à la moitié de ce droit, même quand ils ne résident pas tous deux dans la même commune que l'associé principal.



281. — Mais il est évident que la loi nouvelle n'a pour but qu'un intérêt purement fiscal, et qu'elle n'a entendu en rien modifier les règles établies par la loi du 19 avr. 1831 quant à l'imputation des contributions en matière de société. — V. conf. Merger, p. 12.

282. — 2° *Société en commandite.* — Deux sortes de personnes participent à cette société, les associés commanditaires et les gérans.

283. — Quant aux associés commanditaires, c'est un point constant que les règles ci-dessus indiquées sur le partage des contributions, en matière d'élections, ne leur sont pas applicables. — Circ. min. 20 avr. 1831.

284. — D'où il suit que les porteurs d'actions des sociétés en commandite ne peuvent compter pour la formation de leur cens électoral la portion correspondante à leur intérêt des impositions directes payées à raison des immeubles appartenant à la société dont ils font partie. — *Douai*, 20 (et non 18) nov. 1839 (t. 1er 1840, p. 19), de Villepin c. préfet du Nord; *Toulouse*, 18 nov. 1845 (t. 1er 1846, p. 818), comte de Caraman c. préfet de la Haute-Garonne.

285. — ...Ni aucune quotité de la patente payée par la société. — *Cass.*, 24 juill. 1840 (t. 2 1840, p. 405), de Villepin c. préfet du Nord.

286. — Par application des mêmes principes il a été jugé, avec raison, que celui qui a mis un établissement industriel dont il était propriétaire dans une société en commandite, et qui en a reçu le prix au moyen d'actions au porteur qui lui ont été conférées, ne peut, pour former son cens électoral, s'attribuer les contributions dont cet établissement était grevé. — *Douai*, 20 (et non 18) nov. 1839 (t. 1er 1840, p. 19), de Villepin c. préfet du Nord.

287. — Ces décisions, fondées sur le texte de la loi, sont, du reste, parfaitement justifiées. — En effet, sur quoi se base le bénéfice accordé aux associés en nom collectif de se prévaloir des contributions? Sur ce qu'ils sont personnellement engagés dans la société, solidairement tenus des faits des uns et des autres, même quand ils ne gèrent pas; obligés de se faire connaître officiellement au public; l'associé commanditaire, au contraire, n'entre pas, de sa personne, dans la société, il ne gère pas, et n'a qu'un intérêt déterminé jusqu'à concurrence de sa part ou action.

288. — Mais des difficultés sérieuses s'élèvent sur le point de savoir dans quels cas et jusqu'à quelles limites les gérans peuvent se prévaloir, pour la formation de leur cens électoral, des contributions payées par la société en commandite qu'ils représentent.

289. — Saisies de la question relativement à la contribution foncière, la cour de Bourges et, sur le pourvoi dirigé contre son arrêt, la cour de Cassation ont décidé qu'il fallait distinguer entre la part de contributions qui correspond à la part sociale attribuée au gérant dans l'acte de société, et celle qui excède cette part, accorder au gérant le bénéfice de la contribution dans le premier cas, et le lui refuser dans le second. — *Bourges*, 13 nov. 1829, Duplain c. préfet de l'Indre; *Cass.*, 10 mars, mêmes parties.

290. — D'où il suit que si le gérant n'a aucune part dans le fonds social, il ne peut prétendre en rien au bénéfice de la contribution payée sur les immeubles de la société.

291. — Bien que rendues sous l'empire de la loi de 1817, ces décisions nous semblent devoir encore être suivies sous la loi actuelle, qui fournit, même en leur faveur, un argument nouveau, en ce sens que si elle établit dans la société en nom collectif le partage égal des contributions, c'est qu'elle présume, sauf la preuve contraire, que tous les associés ont des droits égaux à la propriété sociale.

292. — Vainement objecte-t-on que si le gérant ne peut s'attribuer les contributions sociales, nul autre n'ayant qualité pour s'en prévaloir, il en résulterait que certaines contributions ne compteraient à personne pour le cens électoral, tandis que l'esprit de la loi du 19 avr. 1831 a été de laisser le moins possible de contributions sans emploi pour ce qui concerne la formation du cens électoral, que d'ailleurs il est juste que ceux qui supportent les charges d'une maison de commerce et qui en ont les tracas, qui surtout sont tenus personnellement de ses engagemens jouissent aussi des avantages qu'elle peut procurer.

293. — Quelle que soit la force de ces objections, susceptibles, du reste, d'une critique sérieuse, elles ne sauraient suppléer à l'absence d'un texte de loi. Aussi a-t-il été jugé depuis 1831, comme auparavant, que le gérant ne peut, en dehors de la portion correspondant à sa part sociale, s'attribuer pour la formation de son cens électoral une part quelconque de la contribution foncière payée

par la société. — *Douai*, 20 nov. 1839 (t. 1er 1840, p. 19), de Villepin c. préfet du Nord.

294. — Faut-il appliquer les principes que nous venons d'exposer aux contributions autres que la contribution foncière?

295. — L'affirmative a été consacrée par deux arrêts, qui ont décidé que le directeur d'un établissement appartenant à une société en commandite ne peut, pour la formation de son cens électoral, s'attribuer, dans les contributions mobilière, des portes et fenêtres, et de la patente, *payées par la société*, qu'une portion relative à sa mise dans le fonds social. — *Rennes* (et non *Pau*), 4 nov. 1834, Gougeon c. préfet d'Ille-et-Vilaine; *Douai*, 20 nov. 1839 (t. 1er 1840, p. 19), de Villepin c. préfet du Nord.

296. — C'est encore dans le même sens qu'avant la loi de 1831, un arrêt inédit de la cour de Metz du 10 fév. 1829, cité par M. Merger (p. 101), aurait décidé que l'impôt des portes et fenêtres ne devait être compté au gérant de la société en commandite, outre la portion afférente à son logement, que pour sa part proportionnelle dans le surplus.

297. — Mais toujours, suivant M. Merger (p. 97), le même arrêt aurait jugé qu'on doit compter au gérant la contribution mobilière imposée sur la totalité de l'usine. — Et cette décision s'appuierait spécialement sur le principe que, la contribution mobilière étant due par tout habitant et dans la proportion de son importance, il s'ensuit que le chef d'établissement habitant seul paie seul la contribution, et nécessairement doit seul s'en prévaloir.

298. — A cela on peut répondre que sans doute, si le gérant paie la contribution, il doit profiter de l'impôt; mais qu'il est fort contestable que ce soit au gérant qu'incombe l'obligation de satisfaire à l'impôt mobilier; que cet impôt pèse, au contraire, sur la société et est acquitté par elle; d'où il suit que le gérant ne peut s'en prévaloir.

299. — Restent donc uniquement contre la solution donnée par les cours de Rennes et de Douai les mêmes argumens que ceux que l'on produit lorsqu'il s'agit de la contribution foncière.

300. — Toutefois, un motif particulier peut être invoqué en ce qui concerne la patente. Le droit électoral n'est, en effet, attaché au paiement de la contribution que parce que ce fait révèle l'existence d'une industrie, et c'est plutôt l'exercice de l'industrie que l'acquittement de l'impôt qui donne la capacité électorale. Or, les actes individuels et journaliers du gérant constituent réellement la garantie que la loi a exigée pour conférer les droits électoraux; il y a lieu de lui en accorder le bénéfice.

301. — Cette dernière considération a prévalu devant la cour de cassation, qui, sur le pourvoi dirigé contre l'arrêt de la cour de Douai précité, a décidé que l'associé gérant et seul responsable d'une société en commandite par actions peut compter, pour la formation de son cens électoral, la patente prise en son nom, bien qu'elle soit payée par la société. — *Cass.*, 24 juill. 1840 (t. 2 1840, p. 403), de Villepin c. préfet du Nord.

302. — 3° *Sociétés anonymes.* — Par les mêmes motifs que dans la société en commandite, les propriétaires d'actions, dans une société anonyme, ne peuvent prétendre à une part de l'impôt assis sur les immeubles de la société pour former leur cens électoral, aucune portion de la propriété desdits immeubles n'étant considérée par la loi comme reposant sur la tête des actionnaires pris individuellement. — Circ. min. 20 avr. 1831. — V. encore *Cass.*, 5 mai 1845 (t. 2 1845, p. 612), Bellevue c. Suquet.

303. — Quant aux directeurs de ces sociétés, ils ne sauraient évidemment prétendre à s'attribuer le bénéfice d'aucune des contributions payées par la société; ils n'ont droit qu'au montant des contributions personnelle et mobilière, des portes et fenêtres, dont ils sont tenus individuellement s'ils demeurent dans les bâtimens de la société.

304. — 4° *Sociétés en participation.* — Les associations en participation ne constituent pas des êtres moraux distincts des associés; il faut donc appliquer aux associés co-propriétaires les règles sur l'imputation des contributions en cas de copropriété à un titre quelconque.

ART. 3. — *Imputation des contributions à d'autres qu'aux payeurs légaux.*

305. — « Le cens, dit M. Merger (p. 125), est un indice de propriété, la propriété est une garantie; cette garantie est personnelle. Tel est l'esprit de la loi. » — Nul n'est donc électeur qu'à raison des contributions qu'il paie personnellement.

306. — Néanmoins et quelque absolu que soit le principe que nul ne peut se prévaloir pour la formation du cens électoral que des contributions par lui payées, la loi elle-même en a fait fléchir la rigueur dans diverses circonstances.

307. — Ainsi, les contributions sont quelquefois attribuées, d'autres fois elles peuvent être déléguées à d'autres que ceux qui les paient, pour la formation du cens électoral.

308. — Mais il faut bien se garder de confondre la délégation de contributions avec l'attribution que la loi fait dans certains cas de ces mêmes contributions au profit de certaines personnes.

309. — L'attribution de contributions a lieu en vertu de la loi seule, et dans les proportions qu'elle détermine; la volonté personnelle du contribuable n'est nullement prise en considération, tandis que la délégation des contributions est toujours un acte entièrement volontaire.

310. — Il importe donc d'étudier séparément ce qui a trait à l'attribution de contributions et ce qui concerne leur délégation.

311. — Toutefois, et avant d'entrer dans cet examen séparé, remarquons qu'il est incontestable que dans l'un et l'autre cas on peut profiter des contributions attribuées ou déléguées non seulement pour compléter un cens électoral incomplet, mais pour former entièrement le cens au profit d'une personne qui ne paye personnellement aucune contribution susceptible de lui conférer la capacité électorale.

312. — L'attribution ou la délégation ont leur effet, soit en matière d'électorat ou d'éligibilité législative, soit en matière d'électorat ou d'éligibilité aux conseils d'arrondissement et de département. — *Cass.*, 19 fév. 1835, Destans-Devèze c. Lamarque.

313. — Lors de la discussion de la loi de 1833 sur les conseils généraux, la question fut agitée à la chambre des députés, et il fut répondu qu'elle était résolue par l'art. 38 du projet, lequel portait: « Les dispositions contenues dans les lois sur l'élection des députés relativement au domicile, *à la délégation et à l'attribution des contributions*, sont applicables aux citoyens qui doivent faire partie des listes organisées par la présente loi. »

314. — Cependant si la question n'est pas controversée en ce qui concerne l'électorat, il n'en est pas de même pour ce qui tient à l'éligibilité.

315. — Observons encore, et comme règle générale, que chaque fois que l'on réclame, pour composer son cens électoral, tout ou partie d'une contribution assise sur la tête d'un tiers, on doit, par la représentation de ses titres, justifier du droit que l'on a à cette contribution. — *Nîmes*, 6 déc. 1842 (t. 1er 1843, p. 89), Remise c. préfet de la Lozère.

316. — ...Et qu'on ne peut suppléer à la production de titres par des attestations du maire ou du percepteur qui constateraient qu'en effet, d'après tel ou tel acte, les contributions de tel citoyen doivent compter en tout ou en partie à tel autre. — Même arrêt.

§ 1er. — *Attribution. — Mari. — Père. — Fermier.*

317. — Trois classes de personnes peuvent, en vertu de la loi et suivant les proportions qu'elle détermine, se prévaloir des contributions qu'elles ne payent pas elles-mêmes. — Ainsi: 1° le mari peut compter pour la formation de son cens électoral les contributions payées pour les biens de sa femme; — 2° le père, les contributions qui frappent sur les biens de ses enfans; — 3° le fermier, les contributions perçues sur les biens qu'il tient à ferme.

318. — *Mari.* — En ce qui concerne le mari, la loi du 19 avr. 1831, art. 6, comme celle du 5 fév. 1817, lui accorde le bénéfice des contributions payées sur les biens personnels de sa femme, encore qu'elle ne soit pas commune en biens.

319. — Par là, ainsi que le disait M. Lainé à la chambre des députés (*Monit.* 6 janv. 1817), le législateur indiquait qu'il envisageait moins les droits du mari sur les biens de sa femme, qu'il ne voulait « rendre hommage à la puissance du père de famille que la société est intéressée à entourer de la plus grande autorité. »

320. — Cette considération avait d'abord paru tellement décisive à la chambre des députés, qu'elle avait même repoussé dans l'origine l'amendement depuis adopté, tendant à ce que l'attribution des contributions au mari cessât au cas de séparation de corps, le mariage n'étant point dissous par la séparation de corps comme il l'était par le divorce.

321. — Mais il est certain que, lorsque les époux ont été séparés de corps, s'ils se réunissent ultérieurement, le mari peut alors de nouveau former son cens électoral avec les contributions de sa femme. — Duvergier, t. 31, p. 180, note 2; Merger, p. 128.



322. — A plus forte raison, la séparation de biens ne prive pas le mari du droit de compter dans son cens les contributions de sa femme. Il en profite quand même elle ne serait qu'usufruitière. — Duvergier, *loc. cit.*; Cormenin, p. 167, n° 13.

323. — Ainsi encore, quand, sous le régime de la séparation de biens, un mari a vendu sa propriété à sa femme, il conserve comme mari le bénéfice des contributions qu'il avait acquittées jusque-là comme propriétaire. — Merger, p. 129.

324. — Il en est de même, ajoute cet auteur (*loc. cit.*), dans le cas où, aux termes de l'art. 1595, C. civ., il a cédé, donné en paiement à sa femme, pour lui tenir lieu de ses reprises, des biens dépendans de la communauté.

325. — Quand bien même les contributions assises sur les biens de la femme auraient été attribuées au frère de cette dernière, le mari pourrait réclamer contre cette attribution et se prévaloir du montant de ces contributions qui pèsent sur les biens de sa femme. — *Cass.*, 9 mars 1846 (t. 1er 1847), préfet des Landes c. Castel.

326. — Mais le mari ne profite point des contributions assises sur les immeubles dont sa femme n'a que la nue propriété, car ces contributions comptent pour l'usufruitier. — Duvergier et de Cormenin, *ibid.*; Merger, p. 127.

327. — Le second mari ne peut pas non plus faire entrer dans son cens électoral les contributions assises sur les biens des enfans de sa femme. Celle-ci n'en a point, en effet, la jouissance, encore bien qu'elle conserve la tutelle. — De Cormenin, t. 2, p. 168, note 1re; Merger, p. 128.

328. — Dans le cas où les époux se sont mariés sous le régime de la communauté, le mari veuf ne peut se prévaloir de la totalité des contributions afférentes à la succession indivise de sa femme, encore bien que ses héritiers se soient réservé la faculté d'accepter la succession ou d'y renoncer. Ces contributions se partagent suivant les règles déterminées par la loi, dès l'ouverture de la succession, entre les héritiers, proportionnellement à leurs droits successifs. — V. encore sur ce point Cormenin, *loc. cit.*; Merger, *ubi suprà*.

329. — *Père.* — Aux termes de l'art. 6, L. 19 avr. 1831, le père peut se prévaloir des contributions payées sur les biens personnels de ses enfans mineurs, lorsqu'il a la jouissance de ces mêmes biens.

330. — Ce droit est absolu; ainsi, nonobstant le décès de sa femme, le mari, pendant la minorité des enfans issus de son mariage, peut continuer à se prévaloir des contributions assises sur les biens donnés en avancement d'hoirie à sa femme, et que celle-ci lui avait apportés en dot. — *Cass.*, 4 mai 1846 (t. 1er 1847), Pingré de Guimécourt c. Deslaviers.

331. — Mais le père ne saurait prétendre au bénéfice des attributions assises sur les biens de ses enfans, s'il se trouvait dans un des cas où l'usufruit légal lui est refusé.

332. — Il cesse également d'avoir cette jouissance du moment où ces enfans arrivent à l'âge où cesse l'usufruit légal. — *Paris*, 21 nov. 1845 (t. 2 1845, p. 496), Bavoux c. Baudin.

333. — ...Ou dès l'instant qu'ils sont émancipés. — Solut. min. 18 oct. 1820.

334. — Jugé néanmoins que, bien que quelques uns de ses enfans aient atteint l'âge de dix-huit ans, et que, par suite de ce fait, il n'ait plus la jouissance légale de leur part dans un immeuble venant de la succession de la mère, néanmoins le père peut continuer à se prévaloir de la totalité de la contribution mobilière et de celle des portes et fenêtres, assises sur l'immeuble dont il s'agit, alors qu'aucun des enfans ayant atteint l'âge de dix-huit ans n'occupe un ménage séparé de celui du père. — *Poitiers*, 8 nov. 1839 (t. 2 1847), Chénier c. Roy et préfet de la Vienne.

335. — Du reste, le père seul ayant l'usufruit légal, le bénéfice des contributions ne pourrait être réclamé par aucun autre, fût-ce même un ascendant tuteur.

336. — *Fermier.* — L'exception faite en faveur du fermier au principe que nul ne peut se prévaloir pour le cens électoral d'autres contributions que celles par lui payées, est établie par l'art. 9, L. 19 avr. 1831, ainsi conçu: « Le fermier à prix d'argent ou de denrées qui, par bail authentique d'une durée de neuf ans au moins, exploite par lui-même une ou plusieurs propriétés rurales, a droit de se prévaloir du tiers des contributions payées par lesdites propriétés, sans que ce tiers soit retranché du cens électoral du propriétaire. »

337. — Cette attribution du tiers de la contribution faite au fermier, alors même qu'il ne la paie pas, est fondée sur cette considération que

le fermier offre toutes les garanties que la loi exige pour conférer la capacité électorale, à savoir un grand intérêt au maintien de l'ordre.

530. — Mais comme elle est dérogative au droit commun, la disposition de l'article 9 de la loi de 1831 doit être strictement appliquée et ne saurait être étendue par analogie.

539. — Ainsi, la loi ne parle que du fermier *à prix de denrées*, c'est-à-dire de celui qui exploite moyennant une quantité déterminée de fruits, cinquante pièces de vin, cinquante hectolitres, etc. Dès-lors, le bénéfice de l'exception qu'elle établit ne peut être étendu au colon *partiaire*, c'est-à-dire à celui qui exploite moyennant une quotité déterminée de fruits, la moitié, le tiers, le quart. On doit d'autant moins hésiter à adopter cette opinion, que la proposition qui avait été faite, lors de la discussion sur l'article 9, d'en appliquer les dispositions aux colons partiaires a été rejetée. — Duvergier, t. 31, p. 183, note 1re.

540. — A plus forte raison le locataire, même principal, d'une propriété urbaine ne peut se prévaloir, pour la formation de son cens électoral, de la contribution foncière qu'il est chargé de payer par son bail, en l'acquit du propriétaire. — *Paris*, 22 oct. 1846 (t. 2 1846, p. 609), Piétrement c. préfet de la Seine.

541. — Le tiers de la *contribution foncière* seulement, et non le tiers de toutes les contributions, est attribué au fermier, cela ressort évidemment des expressions de la loi qui parle de contributions payées par les *propriétés rurales*. — Il est vrai que dans le cens électoral du fermier se trouve aussi compris l'impôt des portes et fenêtres; mais, ainsi que nous l'avons vu (V. *suprà*), ce n'est plus par la faveur de l'attribution, mais par cette conséquence toute naturelle, que la contribution des portes et fenêtres est à la charge de celui qui habite les lieux, ce n'est que par l'application de la règle de droit commun que la contribution profite pour le cens électoral à celui qui l'acquitte.

542. — Un moulin à blé ne pouvant être qualifié de propriété rurale, son exploitation par un amodiateur constituant l'exercice d'une industrie sujette à patente, le fermier ne peut compter pour son cens électoral le tiers de la contribution foncière de ce moulin, bien que compris dans un même bail avec un domaine rural dont l'impôt foncier est compté pour un tiers à ce fermier. — *Cass.*, 18 mars 1844 (t. 1er 1844, p. 717), Péan c. préfet de la Sarthe.

543. — Toutefois le fermier peut se prévaloir, pour la formation de son cens électoral, du tiers des contributions assises non seulement sur les propriétés qui ont besoin du travail de l'homme pour produire des fruits, mais encore sur les propriétés dont les produits sont, pour ainsi dire, le résultat du travail de la nature seule, tels que les prés et les bois. — *Bourges*, 1er déc. 1840 (t. 1er 1841, p. 664), Peyret Pommereux c. préfet de l'Indre.

544. — Aux termes de l'art. 9, L. de 1831, pour que l'attribution de contributions prévue par cet article ait lieu en faveur du fermier, trois conditions sont nécessaires, savoir : 1° la justification du bail par acte authentique; 2° une durée de bail d'au moins neuf années; 3° l'exploitation par le fermier.

545. — 1° *Authenticité du bail*. — En exigeant que le bail soit authentique, le législateur a-t-il entendu exclure tous les autres genres de preuve établis par la loi; peut-il au contraire être suppléé à l'authenticité suivant les règles de droit commun en matière d'obligation?

546. — Les raisons pour décider dans ce dernier sens paraissent assez plausibles. Il semble en effet que, le législateur n'ayant exigé un bail authentique que pour prévenir les fraudes et les usurpations, dès lors doit être rempli et les scrupules de la magistrature satisfaits, lorsque le fermier se présente avec un bail ayant acquis date certaine par l'enregistrement, ou une espèce d'authenticité par son dépôt dans l'étude d'un notaire, et lorsqu'enfin son existence sérieuse et sa sincérité ne peuvent être mises en doute. Dans ces circonstances, en effet, la fraude n'est plus possible, toutes les conditions nécessaires pour la sincérité de l'exercice du droit électoral sont remplies, et le but de la loi est atteint.

547. — Telle est, du reste, la solution que la cour de Cassation a admise plusieurs fois en matière d'élections municipales. En effet, après avoir jugé, par arrêt du 25 fév. 1833 (préf. de la Côte-d'Or c. Royer) que le bail que le fermier produit pour justifier du droit de voter dans les élections municipales, doit avoir acquis date certaine par l'enregistrement, elle a décidé que les règles du droit commun relatives à la preuve des obliga-

tions, étaient applicables en ces matières. — *Cass.*, 11 juin 1834, maire de Corte c. Rossi.

548. — ... Et même que le fermier n'est pas tenu de justifier d'un bail ayant date certaine, et qu'il suffit que le fait de la jouissance soit reconnu ou constaté par l'autorité locale. — *Cass.*, 1er août 1837 (t. 2 1837, p. 172), maire de Boin c. Potel. — V. encore *Cass.*, 16 juin 1846 (t. 2 1846, p. 437), Dode c. Chardonnay; 18 juill. 1846 (t. 2 1846, p. 433), Noé Lévesque c. maire d'Alais. — V. ÉLECTIONS MUNICIPALES, n°s 208 et suiv.

549. — Mais une jurisprudence qui compte de nombreux arrêts repousse cette solution en matière d'élections législatives, par le motif que le droit consacré par l'art. 9, étant un privilège exorbitant, doit être admis avec beaucoup de réserve.

550. — On décide donc généralement que le fermier ne peut se prévaloir pour la formation de son cens électoral du tiers des contributions, qu'autant qu'il justifie d'un bail authentique. — *Nancy*, 27 oct. 1837 (t. 2 1837, p. 603), Beumel; *Bordeaux*, 18 nov. 1839 (t. 2 1840, p. 434), Labasse c. préfet de la Gironde; *Nîmes*, 9 nov. 1842 (t. 1er 1843, p. 418), Guilhen c. Privat; *Cass.*, 22 mai 1843 (t. 2 1843, p. 201), préfet de la Haute-Loire c. Bareyre; *Lyon*, 31 juill. 1844 (t. 2 1846, p. 134), mêmes parties; *Paris*, 25 (et non 29) oct. 1844 (t. 2 1844, p. 586), Tourcler c. préfet de Seine-et-Marne; *Montpellier*, 11 nov. 1845 (t. 1er 1846, p. 241), Bosc c. Cassignol; *Douai*, 18 nov. 1845 (t. 1er 1847), Vaucapel c. Choquel; même jour (t. 1er 1847), Beyart c. Choquel; *Caen*, 2 déc. 1845 (t. 1er 1846, p. 453), Morin c. préfet du Calvados; 15 déc. 1845 (t. 1er 1846, p. 579), Huet c. Patard. — V. cependant *contrà Riom*, 5 déc. 1842 (sous *Cass.*, 22 mai 1843 t. 2 1843, p. 201), préfet de la Haute-Loire c. Bareyre.

551. — ... Qu'un bail sous seing privé, fût-il même enregistré, ne peut remplacer le bail authentique. — *Nancy*, 27 oct. 1837 (t. 2 1837, p. 603), Beumel; *Cass.*, 22 mai 1843 (t. 2 1843, p. 201), préfet de la Haute-Loire c. Bareyre; *Lyon*, 31 juill. 1844 (t. 2 1846, p. 134), mêmes parties; *Paris*, 23 (et non 29) oct. 1844 (t. 2 1844, p. 586), Tourcler c. préfet de Seine-et-Marne; *Douai*, 18 nov. 1845 (t. 2 1846), Beyart c. Choquel.

552. — ... Quand même ce bail sous seing-privé est la continuation d'un bail authentique expiré. — *Caen*, 15 déc. 1845 (t. 1er 1846, p. 579), Huet c. Patard.

553. — ... Qu'il ne peut être suppléé à l'authenticité du bail par le dépôt chez un notaire. — *Nancy*, 27 oct. 1837 (t. 2 1837, p. 603), Beumel.

554. — ... Du moins si le dépôt a été fait hors de la présence du bailleur et par le fermier seul. — *Bordeaux*, 18 nov. 1839 (t. 1er 1847), Labasse c. préfet de la Gironde.

555. — Et encore qu'en admettant que le dépôt du bail chez un notaire pût suppléer au défaut d'authenticité qui entachait jusque là l'acte, ce ne serait qu'autant qu'il resterait encore neuf années au moins du bail à courir, à compter de ce dépôt. — *Douai*, 18 nov. 1845 (t. 1er 1847), Beyart c. Choquel.

556. — ... Qu'à plus forte raison on ne peut suppléer à la production d'un bail authentique par aucun renseignement en dehors du bail, et spécialement par un certificat du maire attestant que le fermier jouit depuis plus de neuf années des propriétés affermées. — *Caen*, 2 déc. 1845 (t. 1er 1846, p. 453), Morin c. préfet du Calvados.

557. — A plus forte raison le fermier, dont le bail authentique était expiré alors des opérations électorales, mais dont la jouissance se serait continuée par suite de la tacite reconduction, ne peut se prévaloir de cette jouissance ainsi continuée pour la formation de son cens électoral. — *Cass.*, 30 mars 1846 (t. 1er 1847), préfet de la Creuse c. Bessède.

558. — En effet, la production du bail authentique doit être faite avant l'époque de la révision des listes électorales, c'est-à-dire avant le 1er juin. — *Montpellier*, 11 nov. 1845 (t. 1er 1846, p. 241), Bosc c. Cassignol; *Douai*, 18 nov. 1845 (t. 1er 1847), Caboche c. Deberger. — C'est l'application de la règle générale.

559. — Et cette prescription est absolue : ainsi le fermier par tacite reconduction ne saurait se prévaloir de l'acte authentique, postérieur au 1er juin, en faisant remonter sa jouissance à l'époque de la cessation du premier bail authentique. — *Cass.*, 30 mars 1846 (t. 1er 1847), préfet de la Creuse c. Bessède.

560. — 2° *Durée du bail*. — La seconde condition exigée par l'art. 9, L. de 1831, pour que le fermier puisse se prévaloir pour la formation de son cens électoral du tiers de la contribution foncière, c'est que le bail soit d'une durée de neuf années au moins.

561. — Le cessionnaire d'un bail à ferme ne peut donc se prévaloir, pour la formation de son cens électoral, du tiers des contributions assises sur les biens affermés, si ce bail, quoique consenti originairement pour neuf années, n'a, plus, au moment de la cession, qu'une durée inférieure à cette période de temps. — *Orléans*, 22 oct. 1844 (t. 1er 1847; *Cass.*, 11 août 1845 (t. 1er 1846, p. 452), mêmes parties.

562. — La durée du bail doit être fixée par l'acte même du bail; tel est le prescrit formel de la loi de 1831 dans le même art. 9. — Tous les arrêts ci-dessus cités ont reconnu ce principe.

563. — Non seulement il faut que l'acte détermine la durée du bail; mais il faut remarquer que la fixation doit être irrévocable de telle sorte qu'il soit interdit aux parties de l'abréger ou de la réduire.

564. — Si le bail stipulé pour neuf années l'a été avec la faculté de le résilier au bout de trois ou six ans, il est évident que la condition d'une durée de *neuf années au moins* n'existe plus dans le sens de la loi électorale. La loi du 22 frim. an VII (art. 69, § 3, n° 2), *sur l'enregistrement*, considère bien, il est vrai, comme baux de neuf années ceux faits pour trois, six ou neuf ans. Mais on ne peut tirer aucune induction d'une loi fiscale, qui fait dépendre l'ouverture du droit de la seule éventualité d'une jouissance, pour l'interprétation d'une autre loi qui subordonne l'application de ses dispositions à une jouissance assurée, positive.

565. — Aussi est-ce un point constant en jurisprudence que le fermier qui exploite en vertu d'un bail qui est résiliable après trois ou six ans, ne peut profiter du tiers des contributions payées sur les propriétés affermées.

566. — Soit que la faculté de résiliation fût réciproque. — *Bourges*, 7 juin 1831, Giraud c. préfet du Cher; *Cass.*, 30 avr. 1838 (t. 2 1838, p. 132), préfet de la Lozère c. Bros; *Nîmes*, 30 nov. 1840 (t. 1er 1841, p. 19), de Narbonne Lara c. préfet du Gard; *Paris*, 20 oct. 1841 (t. 2 1841, p. 479), Guitard c. Mérenze Mondet; *Grenoble*, 17 nov. 1845 (t. 1er 1846, p. 612), Jourdanet c. préfet de l'Isère.

567. — ... Soit qu'elle fût réservée au bailleur seul. — *Montpellier*, 19 nov. 1845 (t. 1er 1846, p. 282), Galinier c. préfet de l'Hérault; *Cass.*, 30 juin 1846 (t. 2 1846, p. 41), Charcille c. préfet de la Creuse.

568. — ... Soit même qu'elle n'appartint qu'au preneur seul. — *Cass.*, 3 mars (et non mai) 1845 (t. 1er 1845, p. 322), préfet du Pas-de-Calais c. Hamelon; *Douai*, 18 nov. 1845 (t. 1er 1847), Treisnear c. Choquel; même jour (t. 1er 1847), Durie c. Choquel; même jour (t. 1er 1847), Vaneupel c. Choquel; même jour (t. 1er 1847), Adriensen c. Choquel.

569. — La solution devrait être la même, encore bien que le fermier eût accompli les deux premières périodes et fût entré dans la troisième et dernière. — *Cass.*, 20 oct. 1841 (t. 2 1841, p. 479), Guiter c. Mérenze-Mondet; *Grenoble*, 17 nov. 1845 (t. 1er 1846, p. 612), Jourdanet c. préfet de l'Isère.

570. — Mais quel serait l'effet de la renonciation à la faculté de résiliation? pourrait-elle avoir pour résultat de conférer au fermier le bénéfice de l'attribution du cens?

571. — Saisie de la question dans une espèce où la cour de Cassation avait décidé que le bail stipulé réciproque, la cour de Cassation avait décidé que le bail stipulé réciproque, la cour de Cassation avait décidé que le bail stipulé réciproque, la cour de Cassation avait décidé que le bail pas que les parties eussent, depuis le bail, renoncé à la faculté du résiliement; et s'il était stipulé, si cette renonciation n'était intervenue que postérieurement aux premières opérations de la révision annuelle des listes électorales. — *Nîmes*, 30 nov. 1840 (t. 1er 1841, p. 19), de Narbonne Lara c. préf. du Gard.

572. — Dans le cas où la résiliation appartient au preneur seul, la jurisprudence des cours royales paraissent incliner pour refuser tout effet à la renonciation, ou du moins ne lui en reconnaître qu'autant qu'elle avait précédé la confection des listes électorales, et que le bail avait encore à cette époque une durée de deux années. — V. les arrêts précités, et notamment ceux de la cour de Douai.

573. — La crainte de fraudes en matière électorale est indiquée dans les considérans de ces arrêts comme le motif déterminant de la solution par elles donnée dans ces hypothèses.

574. — Mais, sur le pourvoi dirigé contre un de ces arrêts, la cour de Cassation, au contraire, a décidé, avec raison, suivant nous, qu'il suffit que le fermier par bail authentique pour une durée de neuf années ait, avant l'époque fixée pour la révision des listes électorales, renoncé à la faculté de résiliation non réciproque que ce bail lui réser-

vait à l'expiration de l'une des périodes de sa durée, pour qu'il puisse comprendre dans son cens électoral le tiers des impositions payées par la propriété. — *Cass.*, 29 juin 1846 (t. 2 1846, p. 65), Audriesen c. Choquel.

375. — En vain dirait-on qu'il n'a agi ainsi qu'en vue des élections, alors d'ailleurs que l'acte de renonciation n'est argué ni de simulation ni de fraude. — Même arrêt.

376. — Le même arrêt a encore décidé que, lorsqu'il existe plusieurs bailleurs, peu importe que la renonciation à la faculté de résiliation n'ait été acceptée que par l'un des copropriétaires, si celui-ci s'est porté fort pour les autres. — Cette solution est contraire à celle qu'avait donnée la cour de Douai.

377. — Du reste, il faut bien comprendre qu'en exigeant que la durée du bail soit déterminée par l'acte, le législateur n'a pas entendu exiger qu'elle fût nécessairement établie par un acte unique. — *Douai*, 25 nov. 1845 (t. 1er 1847), Lefever c. préfet du Nord.

378. — Le vœu de la loi serait suffisamment rempli si la preuve d'une location de neuf années au moins d'une durée invariable et non interrompue, résultait de l'exhibition de deux baux. — Même arrêt.

379. — Il n'est pas non plus nécessaire que le bail ait réellement une durée de neuf années jour par jour, à partir de la date de l'acte de bail, si, en fait et en vertu de ce même acte, le fermier est appelé à percevoir neuf récoltes. — *Nîmes*, 17 déc. 1845 (t. 1er 1847), Soubrier c. préf. de la Lozère; *Cass.*, 14 mai 1846 (t. 1er 1847), Locteret.

380. — Mais il ne faudrait pas conclure de là qu'on pourrait valablement faire remonter la jouissance du fermier à une époque antérieure à l'acte; la loi exigeant neuf années à partir de l'acte. — *Douai*, 11 nov. 1845 (t. 1er 1847), Caboche c. Deberger.

381. — Toutefois la cour de Nîmes a décidé que lorsque, en fait, il n'existe qu'une légère différence entre l'entrée en jouissance et la passation de l'acte authentique, on ne saurait voir là qu'un seul et même bail, auquel se réfère l'acte pour toute sa durée, comme pour toutes les autres clauses qu'il renferme, et qu'il est naturel de penser qu'en ce cas la passation de l'acte authentique n'a été que l'accomplissement d'une condition apposée à la convention, accomplissement dont l'effet légal est de rétroagir au jour de l'entrée en jouissance. — *Nîmes*, 17 déc. 1845 (t. 1er 1847), Soubries c. préfet de la Lozère.

383. — 3° *Exploitation par le fermier.* — La troisième condition exigée par l'art. 9, L. 1831, pour l'attribution de la contribution foncière au fermier, c'est qu'il exploite par lui-même.

383. — Le fermier qui a cédé son bail, et qui, par suite, n'exploite plus par lui-même, ne peut plus être maintenu en cette qualité sur la liste électorale. — *Orléans*, 22 oct. 1844 (t. 2 1844, p. 422), Cheneau c. préfet du Loiret.

384. — Il ne suffit donc pas au fermier de représenter un bail authentique de neuf années, le bail établissant sans doute sa qualité de fermier, mais non le fait de l'exploitation.

385. — Le fermier doit en outre *prouver* qu'il exploite par lui-même les biens donnés à bail. — *Orléans*, 24 nov. 1836 (t. 2 1837, p. 604), Lambot de Fougères; *Cass.*, 11 juin 1838 (t. 2 1838, p. 316), mêmes parties; *Nîmes*, 7 nov. 1842 (t. 1er 1843, p. 118), Guilhem c. Privat.

386. — Mais comment doit-il faire cette preuve? — La loi de 1831 ne s'étant pas expliquée sur ce point, la cour d'Orléans avait d'abord pensé qu'on devait se contenter de la déclaration du preneur qu'il exploite par lui-même tant que cette déclaration n'était démentie par aucun document fourni par l'administration. — *Orléans*, 15 oct. 1836 (t. 2 1837, p. 603), Dutard.

387. — Mais cette décision était évidemment erronée; si elle était admise, le but que le législateur s'est proposé serait facilement éludé. D'une part, il pourrait dépendre de l'unique volonté des préfets d'inscrire sur les listes électorales de faux électeurs. De l'autre, les préfets seraient souvent réduits, par l'impossibilité de se procurer à cet effet les documens nécessaires, les preuves suffisantes, à l'impuissance d'écarter de faux électeurs. N'est-ce pas d'ailleurs un principe de droit commun, auquel il n'a été nullement dérogé en matière électorale, que celui qui réclame l'exercice d'un droit doit prouver qu'il lui appartient?

388. — Aussi, revenant bientôt sur sa jurisprudence, la même cour d'Orléans a reconnu que, tout en cette matière étant de droit étroit, il était nécessaire que le fermier justifiât de sa qualité, et apportât la preuve de son exploitation personnelle, attendu que le législateur n'avait pas entendu mettre à la charge de l'administration l'obligation de faire des justifications le plus souvent impossibles pour elle, et dont le soin entraverait la marche des opérations qui lui sont confiées. — *Orléans*, 24 nov. 1836 (t. 2 1837, p. 604), Lambot de Fougères.

389. — Par une circulaire du 20 avril, le ministre de l'intérieur a émis la pensée que la justification de l'exploitation personnelle ne pouvait être valablement établie que par certificat du maire.

390. — Et, conformément à cette circulaire, la cour de Bourges, confirmant un arrêté du préfet du Cher, a déclaré que le certificat, devant être donné par le maire, l'attestation délivrée par le percepteur était insuffisante. — *Bourges*, 12 oct. 1839 (t. 1er 1840, p. 325), Achet c. préfet du Cher.

391. — Toutefois, il nous paraît que, dans l'espèce, la cour de Bourges a été trop loin lorsqu'elle a ainsi donné force de loi à une circulaire ministérielle, et que, l'art. 9, L. 19 avr. 1831, ne s'étant point expliqué sur le genre de preuve à fournir, il est plus exact de reconnaître que l'intention du législateur a été de s'en rapporter à la sagesse des cours royales. — Sans aucun doute, le certificat du maire sera le plus ordinairement l'acte par lequel le fermier justifiera de son exploitation personnelle. Mais, en l'absence de ce certificat, les cours royales pourront se prononcer d'après toutes les circonstances, quelles qu'elles soient, propres à former leur conviction à cet égard, comme elles ont aussi le droit de ne tenir aucun compte des certificats les plus explicites des maires, s'il leur semble que ces certificats ne sont que l'œuvre d'un concert frauduleux entre les maires et les fermiers. Et leur décision, ne reposant que sur l'appréciation de faits, échappera nécessairement, dans le silence de la loi sur ce point, à la censure de la cour suprême. — V. à ce sujet *Cass.*, 11 juin 1834, maire de Corte c. Rossi.

392. — Que doit-on entendre par l'exploitation du fermier *par lui-même?* « Ce n'est pas sans doute, a dit à la chambre des pairs le rapporteur de la loi du 19 avr. 1831, que le fermier exploite par ses mains? » Non. Cette expression a été employée uniquement pour signifier que l'exploitation doit avoir lieu *sous la surveillance, sous la direction et aux frais du fermier.* — V. encore *Bourges*, 7 juin 1831, Giraud c. préfet du Cher; *Cass.*, 21 août (et non 17 août ou 17 juin) 1843 (t. 2 1843, p. 663), préfet de la Dordogne c. Labrousse-Fomballe.

393. — Le fermier n'est pas réputé exploiter par lui-même si la plus grande partie des fonds est louée à des sous-fermiers et exploitée directement par eux. — *Cass.*, 11 juin 1838 (t. 2 1838, p. 316), Lambot de Fougères c. préfet de Loir-et-Cher.

394. — Il en est de même lorsqu'il fait exploiter par des colons particuliers. — *Bourges*, 7 juin 1831, Giraud c. préfet du Cher; *Cass.*, 19 mars 1844 (t. 1er 1844, p. 692), Privat c. préfet de l'Ardèche; *Grenoble*, 18 nov. 1845 (t. 1er 1846, p. 613), Céos c. Amat; *Bourges*, 1er déc. 1845 (t. 1er 1847), Picot c. Collineau.

395. — ... A moins cependant que le sous-fermier ou colon partiaire n'occupe la ferme, non pour son compte personnel, mais dans l'intérêt direct et immédiat du fermier. — *Cass.*, 21 août (et non 17 août ou 17 juin) 1843 (t. 2 1843, p. 663), préfet de la Dordogne c. Labrousse-Fomballe.

396. — A ce sujet, M. le duc Decazes, rapporteur de la loi, s'exprimait de la manière la plus claire en parlant du fermier et de la nécessité de l'exploitation personnelle. « S'il ne lui était pas permis, disait-il, d'exploiter par des métayers ou colons partiaires, la disposition de la loi serait illusoire pour cette partie si étendue du royaume où ce dernier mode de culture est seul usité, et peut-être pendant long-temps le seul possible dans beaucoup de localités. »

397. — L'exploitation personnelle ne résulte pas de ce fait que l'on aurait nommé un garde pour la surveillance des biens affermés, et de cet autre fait que l'on aurait, par correspondance, donné des ordres pour la gestion de ces mêmes biens. — *Nîmes*, 9 nov. 1842 (t. 1er 1843, p. 118), Guilhem c. Privat.

398. — Au surplus, la question de savoir si le fermier doit être considéré comme exploitant par lui-même est soumise à l'appréciation souveraine des cours royales, dont les décisions sur ce point échappent évidemment à la censure de la cour de Cassation, ainsi que celle-ci l'a reconnu dans les arrêts précités.

### § 2. — *Délégation.*

399. — La faculté de déléguer des contributions n'est pas une innovation de la loi du 19 avr. 1831; la loi du 29 juin 1820 l'avait précédemment consacrée.

400. — L'art. 5 de cette loi était, en effet, ainsi conçu: « Les contributions foncières payées par une veuve sont comptées à celui de ses fils, à défaut de fils, à celui de ses petits-fils, et, à défaut de fils et petits-fils, à celui de ses gendres qu'elle désigne. »

401. — Aujourd'hui l'art. 8, L. 19 avr. 1831, porte: « Les contributions directes payées par une veuve ou par une femme séparée de corps ou divorcée seront comptées à celui de ses fils, petits-fils, gendres ou petits-gendres qu'elle désignera. »

402. — Quelles que soient les différences de rédaction entre ces deux articles, différences dont nous verrons bientôt les conséquences, ils consacrent un double principe commun, à savoir, que les femmes seules, et cela uniquement dans le cas où les contributions par elles payées ne pourraient profiter à leurs maris, sont autorisées à déléguer ces contributions, et que la délégation ne peut être faite qu'au profit de leurs descendans ou alliés dans la même ligne.

403. — En dehors de ces cas exceptionnels, aucune délégation n'est permise. Un père ne saurait donc aujourd'hui déléguer ses contributions à son fils, ainsi que cela fut autorisé pendant quelque temps sous l'empire de la loi de 1817.

404. — Il est vrai, comme l'observe M. Merger (tit. 1er, ch. 4, § 1er, n° 154), qu'on a exprimé le vœu que le droit de délégation fût étendu au père que l'âge ou les infirmités empêchent d'exercer ses droits; mais ce vœu n'a pas été consacré par le législateur.

405. — La loi du 19 avr. 1831, modifiant par son art. 8 la rédaction de l'art. 5 de la loi de 1820, n'a eu d'autre but que de mettre fin à des questions nombreuses d'application auxquelles avait donné lieu la législation précédente.

406. — Ainsi, en premier lieu, la loi de 1820 n'accordait le droit de délégation qu'à la femme *veuve*; d'où cette conséquence qu'elle le refusait à la femme simplement *séparée de corps.* — Cette différence dans les deux positions, alors incontestable, n'existe plus aujourd'hui: la loi de 1831 déclare que la délégation pourra être faite par la femme séparée de corps.

407. — Mais que fallait-il décider à l'égard de la femme divorcée non remariée? Fallait-il la comprendre dans le mot *veuve?* — Cette question était controversée. La cour de Rennes avait, il est vrai, consacré l'affirmative. — *Rennes*, 8 déc. 1828, Trottin c. préfet d'Ille-et-Vilaine.

408. — Au contraire, la cour de Bourges, et le pourvoi dirigé contre son arrêt avait été rejeté, se renfermant dans la lettre de la loi, refusait le droit de délégation à la femme divorcée non remariée. — *Bourges*, 3 oct. 1829, Reynier; 25 janv. 1830, mêmes parties. — Tel était aussi l'avis de Favard de Langlade (v° *Élections*, sect. 2, § 4, n° 29) et de M. de Cormenin, v° *Élect. parlement.*, t. 3, p. 56, 4e édit.

409. — La loi du 19 avr. 1831 (art. 8) a fait cesser cette controverse en accordant expressément non-seulement à la veuve, mais encore à la femme divorcée, le droit de déléguer ses contributions.

410. — Toutefois, s'il n'y a plus aujourd'hui de difficulté en ce qui concerne la femme divorcée, il peut s'en élever à l'égard de la femme du mort civilement. — M. de Cormenin (v° *Élect. parlement.*, t. 2, p. 168, 5e édit.) pense qu'elle ne saurait être assimilée à une veuve. — Mais M. Duvergier (t. 23, p. 15, note 1re) observe avec raison que, si dans ce cas la femme n'est pas veuve *naturellement*, elle l'est au moins *civilement*; or cela suffit pour qu'elle puisse user du droit de délégation surtout depuis l'art. 8 de la loi de 1831, qui a concédé ce droit à la femme *séparée de corps.* — V. conf. Merger, p. 156.

411. — Si la femme veuve, divorcée ou séparée de corps était interdite, il est évident que, n'ayant pas l'exercice de ses droits, elle ne pourrait déléguer ses contributions. — Cormenin, p. 168; Duvergier, *loc. cit.*; Merger, p. 160.

412. — Le conseil de famille ni le tuteur ne pourraient les déléguer en son nom. — Duvergier et Merger, *ibid.*

413. — Pas plus que la loi de 1820, celle de 1831 n'a parlé de la mère adoptive; mais la jurisprudence n'a jamais hésité à la considérer comme ayant les mêmes droits que la mère légitime.

414. — Ainsi, il a été jugé, sous l'empire de la loi de 1820, que le droit de délégation de contributions accordé à la veuve en matière électorale, peut être exercé par elle en faveur de son enfant adoptif. — *Nancy*, 9 sept. 1829, N....

415. — ...Et, depuis la loi de 1831, que la mère adoptive non mariée peut déléguer ses contributions à son gendre pour la formation du cens électoral de celui-ci. — *Cass.*, 7 déc. 1842 (t. 1er 1843, p. 122), préfet du Var c. N....

416. — Cette décision est parfaitement conforme à l'esprit de la loi. On argumentait, il est vrai, de la disposition de l'art. 8, L. 19 avr. 1831, qui n'accorde expressément la faculté de délégation qu'aux *veuves* et *femmes séparées* ou *divorcées*. Or, ajoutait-on, de ce que l'enfant adopté est assimilé à l'enfant légitime en tout ce qui regarde l'hérédité, il ne s'ensuit pas que l'adoptant puisse user utilement, pour l'adopté, ou le conjoint de celui-ci, de la faculté que confère la loi électorale, alors surtout que l'adoptant n'a jamais été marié. Mais on répondait avec beaucoup de raison que, si l'art. 8, L. 19 avr. 1831, ne parle pas de la *mère adoptive* et ne désigne expressément comme devant jouir de la faculté de la délégation que la *veuve* et la *femme séparée* ou *divorcée*, elle n'a pas entendu restreindre l'exercice de cette faculté aux personnes qu'elle indique ; que cette indication n'est que démonstrative et non limitative de la loi électorale interprétée comme elle doit l'être, c'est-à-dire dans un sens plus libéral, moins exclusif que l'ancienne législation. Il en résulte qu'elle n'a voulu excepter du droit de déléguer ses contributions que la femme en puissance de mari ; or, dans l'espèce, la mère adoptive, n'ayant jamais été mariée, se trouvait affranchie de la puissance maritale, et devait conséquemment profiter de la faveur introduite par la loi nouvelle.

417. — Ajoutons que ce serait à tort qu'on voudrait induire des mots *veuve* et *femme divorcée ou séparée de corps*, qu'elle n'a eu en vue de protéger que les rapports de maternité et de filiation réelles, fruit du mariage, et non ceux provenant de la maternité et de la filiation fictive qu'engendre l'adoption. En effet, il suffit de se pénétrer de l'esprit de cette loi pour rester convaincu que le motif déterminant de la faculté de délégation qu'elle consacre n'est autre que l'existence du lien de parenté ou d'alliance qui crée entre ceux qu'il unit au degré déterminé la réciprocité de certaines obligations et certains rapports de successibilité. Or, sous ces divers points de vue, la filiation adoptive est mise absolument sur la même ligne et produit les même effets que la filiation légitime. — V. en ce sens Cormenin, t. 2, p. 168.

418. — Mais c'est à tort qu'un arrêtiste cite ce même arrêt de la cour de cassation comme ayant décidé en même temps que le droit de délégation appartient à la mère *naturelle* : il est vrai que dans l'espèce la fille, épouse du gendre, était une fille *naturelle*, mais à ce titre elle joignait celui de fille *adoptive*, et c'est par cette dernière considération que la cour de cassation a rejeté le pourvoi, sans s'occuper de la question de filiation naturelle.

419. — Une jurisprudence constante a, au contraire, décidé que, l'art. 8, L. de 1831, ne parlant que des *veuves et des femmes séparées de corps et divorcées*, ce n'est qu'à la qualité de mère légitime que le législateur a entendu attacher le droit de délégation des contributions. — *Bourges*, 8 déc. 1834, Baroin. — V. conf. Cormenin, t. 2, p. 168, note 5, *in fine*. — *Contrà* Merger, p. 157.

420. — ...Spécialement, que l'art. 7, ord. 13 mai 1833 (rendue en faveur des colonies), qui permet aux veuves, femmes séparées de corps ou divorcées, de déléguer leurs contributions à leurs fils, petits-fils, gendres ou petits-gendres, pour la composition du cens électoral, n'est pas applicable à la mère d'un enfant naturel légalement reconnu. — *Cass.*, 4 nov. 1835, Suguin c. Directeur de la Martinique.

421. — ... Qu'en conséquence, la mère d'une fille naturelle ne peut déléguer son cens électoral au mari de cette dernière. — *Paris*, 22 fév. 1843, sous *Cass.*, 3 mai 1843 (t. 1er 1843, p. 388), Pauwels c. Sommelet.

422. — Toutefois, la cour de Cassation a décidé, dans un cas tout exceptionnel, que la délégation de contributions faite par une belle-mère à son gendre ne peut être critiquée, sous prétexte que la fille de celle-ci serait fille naturelle, si la possession d'état d'enfant légitime lui est acquise, et s'il n'apparaît pas que cet état lui ait été contesté. — *Cass.*, 24 juin 1846 (t. 2 1846, p. 143), préfet de la Lozère c. Velay.

423. — L'art. 5, L. 29 juin 1820, n'autorisant la délégation qu'au profit des gendres, il s'était élevé la question de savoir si cette délégation pouvait être valablement faite par une aïeule au mari de sa petite-fille, et elle avait été résolue diversement. — V., pour la validité de la délégation, *Grenoble*, 16 juin 1830, Pey c. préfet de l'Isère. — V. *contrà Bordeaux*, 14 juin 1830, Combret c. préfet de la Dordogne.

424. — Cette difficulté ne peut plus se représenter depuis la loi du 19 avr. 1831. — V. *suprà* no 401.



425. — L'ordre des dispositions établi par l'art. 5, L. 29 juin 1820, entre les fils, petits-fils et gendres, avait donné lieu aussi à d'assez grandes difficultés.

426. — La loi déclarait que la délégation ne pouvait avoir lieu au profit du petit-fils qu'à défaut de fils, au profit du gendre qu'à défaut de fils ou de petit-fils.

427. — Or, était-il nécessaire, pour que la délégation faite, par exemple, au profit d'un gendre, pût recevoir son effet, qu'elle énonçât ou qu'il fût prouvé par le délégataire que la veuve n'avait ni enfans ni petits-enfans ? — Deux arrêts avaient consacré l'affirmative. — *Bordeaux*, 17 juin 1830, Lessance c. préfet de la Gironde ; 22 juin 1830, Boucherie c. Rabar.

428. — L'arrêt précité de la cour de Bordeaux avait en outre jugé qu'à défaut de mention expresse de l'acte, les pièces propres à suppléer à son insuffisance ne pouvaient être produites devant la cour royale lorsqu'elles ne l'avaient pas été devant le préfet. — V. cependant *Nancy*, 9 juin 1830, Barbier c. préfet de la Meurthe.

429. — D'autres cours décidaient au contraire que la délégation de contributions par une femme veuve en faveur de son gendre devait avoir tout son effet, sans qu'on pût exiger du gendre la preuve que sa belle-mère n'avait ni fils ni petit-fils, et que la preuve de l'existence d'un fils ou d'un petit-fils était à la charge de celui qui voulait anéantir l'effet de la délégation. — *Cass.*, 6 juill. 1830, préfet du Loiret c. Loiseau. — V. encore dans ce sens l'arrêt de Nancy au numéro précédent.

430. — La généralité des termes de l'art. 5, L. 29 juin 1820, avait fait naître encore la question de savoir si l'incapacité des fils et petit-fils équivalait à l'absence de fils et de petit-fils, et si, par conséquent, une veuve pouvait, lorsqu'elle avait des fils et petit-fils, mais incapables, déléguer ses contributions à son gendre. — Le conseil d'état avait consacré la négative. — *Cons. d'état*, 14 oct. 1827, Desforges.

431. — Les cours royales s'étaient, au contraire, constamment prononcées en sens opposé. — *Limoges*, 13 sept. 1827, Gadon c. préfet de la Creuse ; *Amiens*, 27 sept. 1827, Feven c. préfet de la Somme ; *Rennes*, 28 sept. 1827, Boelle c. préfet du Finistère ; *Lyon*, 16 janv. 1828, Boulot c. préfet du Rhône ; *Montpellier*, 2 avr. 1828, Mirepoix c. préfet de l'Hérault ; *Paris*, 8 oct. 1828, Durand c. préfet d'Eure-et-Loir ; *Agen*, 14 nov. 1828, Brugallères c. préfet du Lot ; *Colmar*, 27 nov. 1828, Holtzapffel c. préfet du Bas-Rhin ; *Paris*, 2 déc. 1828, Peigné-Teisseidre c. préfet de l'Aube ; *Toulouse*, 1er juill. 1829, Darnaud c. préfet de l'Ariége.

432. — Depuis la loi du 19 avr. 1831, aucune de ces questions ne peut plus se représenter. Cette loi dispose, en effet (art. 8), que les contributions « seront comptées à celui des fils, petits-fils, gendres et petits-gendres qui seront désignés. » Ainsi la femme désignera qui il lui plaira ; son petit-fils par préférence à son fils ; son gendre, par préférence à l'un et à l'autre, selon qu'elle le croira convenable. — Duvergier, *Collect. des lois*, t. 31, p. 182, note 1re.

433. — La faculté accordée à la veuve de déléguer ses contributions à son gendre continue de subsister, si ce gendre reste veuf avec des enfans de son mariage. — Ainsi jugé, même sous l'empire de la loi de 1820. — *Paris*, 21 oct. 1829, Cardet c. préfet de l'Aude.

434. — ... Encore bien qu'après le décès de sa femme il ait contracté un second mariage. — Même arrêt.

435. — Jugé même que la délégation faite par une veuve à son gendre du montant des contributions nécessaires à la formation de son cens électoral est valable, alors même que celui-ci est resté veuf sans enfans. — *Grenoble*, 17 nov. 1845 (t. 1er 1846, p. 612), Penet c. préfet de l'Isère.

436. — Cette dernière décision, fondée sur ce que la loi du 19 avr. 1831 dispose d'une manière générale et sans distinction, est critiquée par M. de Cormenin (t. 2, p. 168, no 4), qui soutient que tout lien d'affinité étant rompu, la délégation n'est plus possible. — Mais il est incontestable que l'art. 8, L. 1831, ne dispose qu'en vue d'une affinité encore existante à raison de l'existence d'enfans. — V. ALLIANCE, no 10.

437. — De ce que l'art. 5, L. 29 juin 1820, n'autorisait la femme à ne déléguer que ses *contributions foncières*, on en concluait avec raison qu'elle ne pouvait déléguer ses contributions personnelle et mobilière. — *Bordeaux*, 23 juin 1830, Boucherie c. de Tauziac ; *Bourges*, 18 oct. 1830, Morizot c. préfet de la Nièvre.

438. — ... Ni sa contribution des portes et fenêtres. — *Caen*, 11 déc. 1828, Carel c. préfet du Calvados, et l'arrêt de Bordeaux précité.



439. — La loi du 19 avr. 1831 (art. 8) autorise, au contraire, la délégation des *contributions directes* : ce qui embrasse toutes les contributions indiquées dans l'art. 4. — Duvergier, *Collect. des lois*, t. 31, p. 182, note 1re ; Merger, p. 161.

440. — Il a, il est vrai, été jugé que le droit de délégation accordé à la femme veuve ne s'applique qu'aux impôts qu'elle paie à raison de ses biens personnels. — *Orléans*, 27 nov. 1843 (t. 1er 1844, p. 83), Hiault c. préfet de Loir-et-Cher.

441. — ... Qu'en conséquence, celle qui exploite la ferme d'autrui ne peut déléguer les contributions auxquelles cette ferme est imposée pour le tiers que la loi attribue au fermier. — Même arrêt.

442. — Mais cette solution, évidemment contraire à l'esprit de la loi, doit être rejetée ; il faut tenir pour constant que la femme veuve peut déléguer le tiers des contributions qui lui est attribué par la loi à titre de fermière. — *Douai*, 24 nov. 1841 (t. 1er 1847), Courmont c. préf. du Nord ; *Cass.*, 28 fév. 1842 (t. 1er 1847), mêmes parties ; *Douai*, 24 nov. 1845 (t. 1er 1847), Delot c. préf. du Nord.

443. — Il faut également reconnaître comme valable la délégation faite des impôts payés pour un immeuble grevé de substitution fidéi-commissaire. — *Cass.*, 24 juill. 1839 (t. 2 1839, p. 251), Lusserre c. Condal.

444. — La délégation faite par une veuve à son gendre de moitié des contributions assises sur des biens qui ont été possédés par son mari, doit être admise, encore qu'il ne soit pas établi par titres que ces biens étaient des acquêts ; il suffit au délégataire d'invoquer la présomption de l'art. 1402, C. civ., qui, jusqu'à preuve contraire, répute tous les immeubles acquêts de communauté. — *Cass.*, 7 juill. 1830, préf. d'Indre-et-Loire c. Froger.

445. — Lorsqu'une veuve en secondes noces a délégué à son fils du premier lit les trois quarts des impôts que payait son dernier mari aux droits duquel elle prétend être pour moitié, comme commune, et pour un quart, comme donataire, le délégataire n'est pas tenu, dans le silence du contrat de mariage, de prouver que sa mère était mariée sous le régime de la communauté, et que les biens grevés des impôts délégués en dépendaient. — *Bourges*, 6 nov. (et non 31 oct.) 1829, Aveline c. préf. de l'Indre.

446. — Mais le droit accordé à la veuve de déléguer ses contributions à l'un de ses enfans, petits-enfans ou gendres, ne s'appliquant qu'aux impôts des biens dont elle est propriétaire ou usufruitière, il en résulte qu'elle ne peut faire la délégation de la totalité de la contribution assise sur les biens composant la succession encore indivise de son défunt mari, alors même que les enfans auraient consenti à laisser jouir leur mère des revenus de cette succession. — *Paris*, 10 janv. 1846 (t. 1er 1846, p. 210), Bavoux c. Laurand.

447. — Une veuve remariée en secondes noces ne peut, même avec le consentement de son second mari, déléguer à son fils du premier lit les contributions d'un bien dont elle est usufruitière et dont le fils a la nu-propriété. Ces contributions sont comptées au second mari. — Duvergier, t. 31, p. 782, note 1re ; Cormenin, p. 168, note 5e ; Merger, p. 160.

448. — Au contraire, la veuve non remariée peut déléguer les contributions des biens dont elle a l'usufruit, quand même ses enfans n'en auraient pas la nu-propriété. — Cormenin, t. 2, p. 168.

449. — Elle pourrait aussi déléguer les contributions qu'elle paie pour les biens de ses enfans mineurs, dont elle a l'usufruit légal. — Duvergier, *ubi suprà* ; Merger, p. 161. — *Contrà* Cormenin, t. 2, p. 168, no 5. — Il en serait différemment si elle était remariée.

450. — Il est incontestable que le même individu peut recevoir simultanément des délégations de différentes femmes ; par exemple, de sa mère et de sa belle-mère. — Duvergier, t. 31, p. 182, note 1re ; Merger, p. 163.

451. — Mais la loi n'admet qu'une seule délégation des mêmes contributions ; en d'autres termes, une veuve ne peut faire deux délégations en même temps et produisant un effet simultané. — *Cass.*, 15 mai 1833, maire de Mende c. préfet de la Lozère ; *Bordeaux*, 28 oct. 1837 (t. 1er 1840, p. 735), Eymond c. préfet de la Gironde ; — Cormenin, t. 2, p. 168, note 5e.

452. — Ainsi une veuve qui a des fils de plusieurs lits ne peut déléguer proportionnellement les contributions des biens dont elle jouit par usufruit, et dont le fils de chaque lit a la nu-propriété ; elle ne peut que déléguer tout à un seul de ses fils. — Duvergier, t. 23, p. 15, note 1re, et t. 31, p. 182, note 1re ; Cormenin, *ubi suprà* ; Merger, p. 162.

453. — La veuve ne peut, lorsqu'un de ses fils

a été, en vertu d'une précédente délégation faite à son profit, porté sur la liste électorale où il est inscrit, et qu'il a été nommé membre du conseil d'arrondissement dont il doit faire partie durant six années, faire en faveur d'un autre de ses fils une seconde délégation qui produise un effet simultané, et rendre ce second enfant habile à se faire inscrire sur les listes électorales. — *Bordeaux*, 28 oct. 1837 (t. 1er 1840, p. 735), Eymoud c. préfet de la Gironde.

454. — De même, la veuve qui a fait à son fils une première délégation de ses contributions, en vertu de laquelle celui-ci avait été inscrit sur la liste électorale de la commune, n'a pu pendant l'existence de cette inscription, faire ultérieurement au profit de son gendre la délégation de ses contributions. — *Cass.*, 15 mai 1833, maire de Mende c. préfet de la Lozère.

455. — Jugé néanmoins, et par un arrêt récent, qu'une délégation donnée par une mère à son fils pour être inscrit sur la liste des électeurs communaux n'empêche pas qu'elle donne postérieurement la même délégation à son gendre pour compléter son cens électoral. — *Rennes*, 11 nov. 1845 (t. 1er 1846, p. 406), Higuard c. Veysseyre. — Mais il faut remarquer que la décision de la cour de Rennes s'appuie sur cette considération de fait que l'existence de la seconde délégation supposait en fait la révocation de la première. — V. au surplus *infrà* no 471.

456. — Il n'y a pas de délégation tacite. — Merger, p. 164. — Mais aucune forme spéciale n'est indiquée par la loi pour la validité de la délégation.

457. — D'où l'on a conclu avec raison qu'elle peut être valablement faite par acte sous seing-privé. — *Cass.*, 28 juin 1830, préfet du Loiret c. Patin-Didier; — Cormenin et Duvergier, *ubi suprà*; Merger, p. 165.

458. —... Qu'un pareil acte établit suffisamment, vis-à-vis de l'administration, la preuve de la délégation, alors surtout que la signature n'est pas contestée. — Même arrêt.

459. — ... Que la procuration donnée par la veuve pour passer un acte de délégation en faveur d'un de ses descendans équivaut même à une délégation, quoique le mandataire n'ait pas fait l'acte de délégation. — Cormenin, *ibid.*; Merger, *loc. cit.*

460. Il a même été jugé qu'il suffit qu'un jugement déclare qu'une délégation a été justifiée par un écrit produit à l'audience pour que le moyen de cassation tiré de ce qu'il n'existait pas de délégation expresse ne puisse être accueilli. — *Cass.*, 16 juin 1846 (t. 2 1846, page 137), Dode c. Chardonnay.

461. — A quelle époque les délégations de contributions, consenties par les veuves ou aïeules au profit d'un de leurs descendans, doivent-elles être faites?

462. — Il n'est pas nécessaire que ce soit antérieurement aux premières opérations de la confection annuelle des listes électorales. Il suffit qu'elles aient lieu avant la clôture définitive des listes, l'électeur délégataire pouvant, jusqu'à la clôture de ces listes, former sa demande à fin d'inscription. — *Cass.*, 15 janv. 1838 (t. 1er 1838, p. 422.), préfet de l'Eure c. Fondière; 6 janv. 1841 (t. 1er 1841, p. 123), Landes c. maire de Salles d'Aude. — V. ÉLECTIONS MUNICIPALES.

463. — Ainsi, la femme qui, soit en son nom personnel, soit comme commune, possédait des immeubles antérieurement aux premières opérations de la révision annuelle des listes électorales, a pu, devenue veuve depuis cette époque, déléguer valablement ses contributions à son gendre avant la clôture des listes. — *Paris*, 12 nov. 1842 (t. 1er 1843, p. 597), de Montangon c. Bour.

464. — L'électeur dont la belle-mère est imposée pour des propriétés foncières possédées par elle depuis un temps antérieur aux premières opérations de la révision des listes électorales a droit de compter la délégation qui lui a été faite par celle-ci, bien que cette délégation n'ait eu lieu qu'après la confection des listes provisoires, et même à une époque où l'électeur, si son nom eût été omis sur les listes, n'eût plus été à temps pour en réclamer l'inscription. Il suffit, pour faire maintenir le nom inscrit, que la délégation ait été consentie avant la clôture des listes. — *Paris*, 9 déc. 1844 (t. 1er 1845, p. 170), de Malard c. Onillon.

465. — Il est évident, du reste, que ceux en faveur desquels la loi autorise la veuve et la femme séparée de corps ou divorcée à faire la délégation de ses contributions, ne peuvent en profiter qu'autant qu'ils remplissent par eux-mêmes les autres conditions d'âge, de domicile, etc., exigées pour l'exercice des droits électoraux. — *Cass.*, 21 juin 1837 (t. 1er 1837, p. 608), Duquesne c. le directeur de l'admin. de la Guadeloupe.

466. — Spécialement, dans les colonies, où nul ne peut être électeur s'il n'y est né ou domicilié depuis deux ans, le petit-gendre, délégataire des contributions de sa belle-mère, ne peut s'autoriser du domicile plus que biennal de cette dernière, s'il ne remplit pas personnellement la condition imposée par la loi. — Même arrêt.

467. — Cependant celui qui se trouve électeur ou éligible, en vertu d'une délégation d'impositions, n'est pas tenu, pour pouvoir voter ou être élu, d'avoir la possession annale du cens. Il suffit que la personne dont il est délégataire ait la possession acquise des biens soumis à l'impôt. — *Cass.*, 19 fév. 1835, Destant-Devèse c. Lamarque. — V. au surplus *infrà* nos 481 et suiv., 511 et suiv.

468. — La délégation de contributions faite par une veuve n'a pas besoin d'être renouvelée chaque année. — Duvergier, t. 28, p. 15, note *in fine*.

469. — Elle subsiste tant qu'elle n'est pas révoquée. — *Nancy*, 21 juin 1830, Gillon c. préfet de la Meuse.

470. — Toutefois, lorsque le préfet, en décidant qu'une délégation faite par une veuve à son fils était temporaire et devait être renouvelée, a, par ce motif, réduit le cens de l'électeur, la délégation nouvelle que produit celui-ci constitue un droit nouvellement acquis qui autorise son inscription sur le tableau de rectification. — Cette délégation ne fait pas un double emploi; elle constitue un droit nouvellement acquis. — Même arrêt.

471. — La révocation d'une délégation de contributions peut être faite expressément par un acte particulier ou résulter d'une nouvelle délégation faite au profit d'un autre descendant. — Merger, p. 164. — V. *suprà* no 455.

472. — La délégation peut être révoquée jusqu'à la clôture des listes électorales. — *Toulouse*, 15 nov. 1845 (t. 1er 1846, p. 317), Boyer c. Delécourt.

473. — Mais elle ne peut recevoir son effet qu'à l'expiration de l'année, après le renouvellement des listes annuelles. — Autrement, il dépendrait d'une volonté capricieuse et versatile de changer à son gré la capacité d'un électeur et de modifier les listes électorales. — *Toulouse*, 30 oct. 1837 (t. 1er 1838, p. 214), Ricaumont c. Salvignac et le préf. du Tarn; — de Cormenin, t. 2, p. 168, note 5e, *in fine*; Merger, *loc. cit.*

474. — Cependant, si elle était notifiée au délégataire avant les premières opérations de la révision des listes, elle devrait, par exception, produire un résultat immédiat.

475. — Lorsque la capacité de déléguer vient à cesser dans la personne de la veuve, par son convol à de secondes noces par exemple, la délégation de contributions qu'elle avait faite cesse alors de plein droit. — Duvergier, t. 23, p. 15.

476. — Les délégations comme leurs révocations ne sont assujéties qu'à un droit d'enregistrement de 1 fr. — Décis. de la régie de l'enregistrem. du 10 juill. 1824. — V. en ce sens Duvergier, t. 31, p. 182, note 1re, *in fine*.

477. — Observons, en terminant, que ce fut long-temps une question controversée, de savoir quelle autorité était compétente pour statuer en dernier ressort sur la validité des délégations de contributions en matière électorale.

478. — Le conseil d'état revendiquait l'examen de ces difficultés. — *Cons. d'état*, 14 nov. 1827, Péan; 21 nov. 1827, Péan.

479. — Les cours royales, au contraire, maintenaient par leurs arrêts la compétence de l'autorité judiciaire. — *Limoges*, 13 sept. 1827, Gadon c. préf. de la Creuse; *Amiens*, 27 sept. 1827, Feven c. préf. de la Somme; *Rennes*, 28 sept. 1827, Boëlle c. préf. du Finistère.

480. — Aujourd'hui il ne peut plus y avoir de doute : l'art. 33, L. 19 avr. 1831, dispose en termes formels que l'appel de la décision rendue par le préfet devra être porté devant la cour royale du ressort.

### ART. 4. — *Possession du cens.*

#### § 1er. — *Nature de la possession.*

481. — Pour assurer la sincérité de la possession du cens électoral, et pour prévenir les fraudes, la loi du 29 juin 1820 avait proclamé en principe la nécessité d'une possession annale.

482. — Il fallait que la propriété foncière eût été possédée, la location faite, la patente prise et l'industrie sujette à patente exercée une année avant l'époque de la convocation du collége électoral.

483. — La possession annale ne s'étendait donc pas seulement jusqu'à la clôture des listes. — *Paris*, 20 nov. 1829, Perrot c. Fadatte de Saint-Georges.

484. — Celui qui ne l'avait acquise qu'après la clôture de ces listes n'en était pas moins fondé à se faire porter sur le tableau de rectification. — *Cass.*, 5 juill. 1830, préfet de la Sarthe c. Vielle.

485. — La loi du 19 avril 1831 (art. 7) s'est montrée moins exigeante en ce qui concerne la possession du cens résultant de la propriété foncière et des contributions personnelle, mobilière et des portes et fenêtres; cet article porte en effet que « les contributions foncière, personnelle et mobilière, et des portes et fenêtres, ne sont comptées que lorsque la propriété foncière a été possédée, ou la location faite, antérieurement aux premières opérations de la révision annuelle des listes électorales. »

486. — Ainsi se trouve supprimée la nécessité de la possession annale, sauf néanmoins en ce qui concerne la patente (V. *infrà* nos 537 et suiv.). Cette possession n'est plus exigée qu'antérieurement aux *premières opérations de la révision annuelle des listes électorales.*

487. — Mais la possession annale du cens a été maintenue en matière d'élections départementales. — L. 22 juin 1833, art. 4. — Toutefois la rigueur de cette prescription n'est pas exclusive de l'application des règles de la loi de 1831 au cas de contributions attribuées, déléguées ou assises sur des biens venant à titre successif ou par avancement d'hoirie. — *Cass.*, 16 juill. 1846 (t. 2 1846, p. 358, Gradet c. Dilhan. — V. ÉLECTIONS DÉPARTEMENTALES.

488. — Sous l'empire de la loi de 1820, le moment choisi comme celui où la possession devait être établie avec les caractères légaux était l'époque de la *convocation du collége.*

489. — Or, il s'était élevé des difficultés assez graves sur ce qu'il fallait entendre par ces mots : *convocation du collége.* — Fallait-il que la possession fût antérieure à l'*ordonnance de convocation?* — V. en ce sens, *Bourges*, 14 juin 1830, Grenouillet-Pétrely c. préfet de l'Indre; *Cass.*, 5 juill. 1830, Croisé c. préfet de la Seine-Inférieure.

490. — Suffisait-il au contraire qu'elle réunît les conditions requises *au jour fixé pour la convocation du collége?* — V., dans ce sens, *Nancy*, 14 juin 1830, Dorin c. préfet de la Meuse; *Bordeaux*, 17 juin 1830, Lunet-Lasfond c. préfet de la Dordogne.

491. — Depuis la loi du 19 avril 1831, cette difficulté ne peut plus se représenter : il suffit que la propriété foncière ait été possédée, ou la location faite antérieurement aux premières opérations de la révision annuelle des listes électorales, c'est-à-dire antérieurement au 1er juin.

492. — Du reste, la durée que doit avoir la possession antérieure aux opérations de la révision des listes électorales n'ayant point été déterminée, il s'ensuit que celle qui n'a commencé que le 30 mai, à la fin comme au commencement de la journée, a le même effet que la possession qui remonte à une époque plus reculée.

493. — Comme aussi il convient de remarquer que les opérations pour la révision annuelle des listes électorales ne commençant pas nécessairement le 1er juin (V. *infrà*, no 617), on doit admettre qu'il suffit que les actes de nature à donner lieu au paiement d'un impôt foncier aient une date antérieure au jour indiqué par l'administration pour la révision de la liste électorale dans le canton où le contribuable est inscrit, pour que le montant de cet impôt entre dans le cens de ce contribuable. — *Cass.*, 20 juillet 1841 (t. 1er 1846, p. 127), préfet de Lot-et-Garonne c. Minda; 8 juill. 1846 (*ibid.*), Grosbon c. Jouan; même jour (*ibid.*), Vallée c. Jouau.

494. — La possession court, lorsqu'il s'agit d'une vente, du jour où cette vente a eu lieu, si c'est par acte authentique, ou du jour où l'acte de vente a été enregistré, s'il est sous seing-privé. C'est en effet de ce moment-là que la possession est légalement acquise à l'acquéreur. — Ainsi, par le mot *posséder* dont se sert l'art. 7 de la loi de 1831, il ne faut point entendre une possession de fait, mais uniquement une possession de droit, laquelle court du jour où l'on est légalement investi du droit.

495. — En cas de vente faite au nom d'un individu pour lequel on s'est porté fort, la possession court au profit de l'acquéreur, non du jour de la vente, mais du jour de la ratification qui en est faite, si elle est authentique, ou du jour de l'enregistrement si elle est par acte sous seing-privé. Il y a lieu de reproduire ici la même distinction que dans le cas précédent. — *Paris*, 20 nov. 1829, Perrot c. Fadatte de Saint-Georges.

496. — On jugeait, sous l'empire de la loi du 29 juin 1820, que l'électeur qui avait échangé une propriété foncière qu'il possédait depuis plus d'un an contre d'autres biens immeubles, ne pouvait compter, pour former son cens électoral, les con-

tributions qui grevaient les immeubles par lui reçus en échange, lorsqu'il n'avait pas la possession annale de ces immeubles. — *Cass.*, 12 (et non 13) juill. 1830, Gestat c. préfet de la Nièvre.

497. — C'est ainsi encore qu'un arrêt de la cour de Paris, du 28 mai 1829, cité par M. Merger (p. 146), aurait décidé, toujours sous l'empire de la même loi, que dans le cas où un propriétaire vendant son bien venait à en acquérir un autre immédiatement, il ne pouvait joindre ces deux possessions pour l'établissement de la possession annale.

498. — L'abrogation de la disposition de la loi de 1820 relativement à la durée de la possession ne donne plus lieu aujourd'hui à soulever ces questions; néanmoins, il faut observer que la décision de la cour de Paris, logique en ce qui concerne le refus de la jonction de possession au cas de vente suivie d'achat nouveau parce qu'il y a là deux faits complétement distincts, devrait être suivie aujourd'hui s'il s'agissait de déterminer le fait de la possession avant les premières opérations de la révision des listes électorales.

499. — Mais la même approbation doit-elle être donnée à la solution adoptée par la cour de Cassation en matière d'échange? Cela nous paraît douteux. L'art. 4 de la loi de 1820 n'avait exigé la possession annale que pour prévenir les fraudes électorales : or, comment soupçonner de fraude celui qui, la veille du contrat d'échange, possédait des propriétés égales en valeur? Sans doute dans la loi il n'y avait pas d'exception à la règle de la possession annale pour l'échangiste; mais l'échangiste ne pouvait-il pas répondre qu'il accomplissait cette condition en vertu de son droit tout particulier : *subrogatum capit naturam subrogati?*

500. — C'est dans ce sens que la chambre des députés s'était prononcée elle-même, en validant une élection contestée, le 28 fév. 1828.

501. — Nous pensons donc qu'aujourd'hui l'échangiste pourrait se prévaloir des contributions payées sur un immeuble échangé, même depuis le commencement des opérations de révision des listes électorales, étant du reste constant, bien entendu, que l'immeuble donné en échange était soumis à une contribution au moins équivalente à celui actuellement possédé.

502. — Notons encore, et sous l'empire de la loi de 1820, qu'une circulaire ministérielle du 2 sept. 1822 dispensa de la possession annale dans le cas d'acquisition d'un immeuble par suite du remploi d'un propre de la femme, opéré conformément aux art. 1434 et 1135, C. civ. Cette solution devrait être suivie aujourd'hui pour l'acquisition postérieure au 31 mai.

503. — La possession ne commence, pour le nu-propriétaire, qu'au moment où cesse la jouissance de l'usufruitier. L'usufruit doit donc être réuni à la propriété avant le 1er juin. — Cormenin, *ubi suprà.*

504. — Jugé en conséquence qu'un électeur ne peut se prévaloir, pour la formation de son cens, de la renonciation à un usufruit faite à son profit, et être porté sur les listes de l'année, qu'autant que la date de cette renonciation est antérieure à la révision annuelle des listes électorales, c'est-à-dire au 1er juin. — *Rennes*, 9 mars 1846 (t. 1er 1846, p. 588), Larcher c. préfet du Morbihan.

505. — Par la raison inverse, le donateur qui s'est dépouillé de ses biens doit néanmoins être maintenu sur la liste électorale, si la donation qu'il a faite n'a été acceptée que postérieurement au 30 septembre. — *Orléans*, 21 fév. 1845 (t. 1er, 1845, p. 183), Jacques Hadou c. préfet de Loir-et-Cher et Gouté.

506. — Lorsque l'acquisition est antérieure au 1er juin, il importe peu que l'entrée en jouissance soit différée, pourvu qu'elle ait lieu avant la clôture des listes.

507. — Ainsi un électeur peut se prévaloir, pour former ou compléter son cens, et être porté sur les listes de l'année pour laquelle les listes sont dressées, d'une acquisition qui le fait entrer en jouissance de l'immeuble le 29 sept. seulement. — *Rennes*, 4 mars 1846 (t. 1er 1846, p. 586), Jean-Pierre Couan c. préfet du Morbihan.

508. — Mais celui qui n'est devenu propriétaire d'un immeuble que depuis le commencement de la révision des listes ne saurait se prévaloir des contributions payées pour un immeuble, quoique une clause de l'acte de vente fasse remonter fictivement la jouissance à une époque plus reculée. Une stipulation des parties est inefficace pour modifier les dispositions de la loi, et le législateur exige que la propriété soit acquise avant le 1er juin, à moins qu'elle n'eût été transmise par succession ou par avancement d'hoirie. — *Orléans*, 3 déc. 1842, (t. 1er 1843, p. 22), Jacquet-Hadou c. Vallon. — V. *infrà* nos 511 et suiv.

509. — Dans le cas où il s'agit d'un bail, il faut distinguer s'il est écrit ou s'il est verbal; s'il est écrit, il suffit qu'il ait acquis date certaine avant le 1er juin pour que les contributions que doit supporter le fermier ou le locataire puissent lui profiter; si, au contraire, il est verbal, il faut nécessairement qu'il soit suivi d'une habitation réelle avant le 1er juin, si le locataire veut jouir des contributions. Vainement on dira que la loi exige seulement que la location soit *faite*. La loi n'a eu en vue, en disposant ainsi, que le cas où le bail est écrit, mais non celui où il est verbal.

510. — L'individu qui, régulièrement imposé à une contribution, cesse, dans l'intervalle de la mise en recouvrement des rôles à la révision annuelle des listes électorales, de posséder la chose à raison de laquelle il a été imposé, ne peut compter cette contribution dans le calcul de son cens électoral, alors même qu'il l'aurait payée, ou qu'il ne pourrait plus s'en faire dégrever. — *Bourges*, 25 nov. 1840 (t. 1er 1841, p. 675), Delacou c. préfet de l'Indre.

### § 2. — *Dispense de la possession.*

511. — La loi du 29 juin 1820 (art. 4) exceptait de la règle de la possession annale ceux qui possédaient *à titre successif*. La disposition de l'art. 7 de la loi du 19 avril 1831, qui veut que la possession soit antérieure aux premières opérations de la révision annuelle des listes électorales, est également inapplicable aux possessions *à titre successif*.

512. — Mais une question fort controversée sous la loi du 29 juin 1820, était celle de savoir si le fils donataire de son père, *en avancement d'hoirie*, devait être considéré comme possesseur à titre successif, et si, dès lors, les contributions directes imposées sur les biens donnés pouvaient servir à former son cens électoral, quoique, à l'époque de la convocation du collége, il ne possédât pas ces biens depuis un an. La jurisprudence s'était le plus généralement prononcée pour l'affirmative. — *Montpellier*, 17 avril 1828, Tindel c. préfet de l'Hérault; *Douai*, 11 sept. 1829, Mahon c. préfet du Pas-de-Calais; *Cass.*, 13 juil. 1820, Legucy c. préfet de la Seine.

513. — La donation ou le partage par acte entre-vifs consentis par un père au profit de ses enfans, étaient aussi réputés faits à titre successif ou d'avancement d'hoirie, et, en conséquence, les enfans pouvaient, bien que leur possession remontât à moins d'un an, se prévaloir, pour former leur cens électoral, des contributions payées par les biens à eux attribués. — *Rouen*, 23 avril 1828, de Clercy c. préfet de la Seine-Inférieure; *Angers*, 20 mars 1829, Olivier c. préfet de la Mayenne.

514. — Certains arrêts cependant décidaient que la donation entre-vifs faite à un héritier présomptif en avancement d'hoirie ne pouvait être réputée faite à titre successif dans le sens de l'art. 4, L. 29 juin 1820, et que dès-lors elle ne pouvait être prise en considération dans la supputation des contributions pour l'exercice du droit électoral qu'autant qu'elle était soutenue de la possession annale. — *Caen*, 19 janv. 1829, Chédeville c. préfet de l'Orne; *Paris*, 25 août 1829, Isambert.

515. — La loi du 19 avr. 1831, (art. 7) a mis un terme à cette dissidence, en étendant formellement la dispense de posséder antérieurement aux premières opérations de la révision annuelle des listes aux possesseurs *par avancement d'hoirie*. Ce qui comprend aussi bien les donations faites à l'un des enfans que les partages anticipés faits entre tous par les père et mère.

516. — Mais il faut remarquer que si le donataire par avancement d'hoirie peut se prévaloir des contributions assises sur les biens donnés, encore bien que la donation soit postérieure aux premières opérations de la révision de la liste électorale, c'est à condition que le donateur remplira de son côté les conditions de possession à l'époque requise. — Comme le fait remarquer avec raison M. de Cormenin (*ubi suprà*), « par l'effet de l'hoirie ou de la donation à titre successif, il n'y a pas de solution de continuité dans la possession. Elle se transfuse de l'un à l'autre sans cesser d'être, comme si elle passait de la main droite à la main gauche de la même personne, tandis que si la possession n'était ni dans le donataire ni dans le donateur, elle ne serait nulle part. » Ce principe ne saurait être contesté.

517. — Du reste, les mots *par avancement d'hoirie* doivent se prendre dans un sens large. Ainsi, l'abandon d'un immeuble fait par des père et mère à leur fils dans son contrat de mariage, en paiement de la dot qu'ils lui ont constituée en argent, peut être considéré comme un délaissement immédiat en avancement d'hoirie, et non comme une vente; il y a donc lieu d'attribuer de suite au nouveau possesseur les contributions de cet immeuble pour la formation de son cens électoral. — *Cass.*, 21 mars 1842 (t. 2 1842, p. 451), préfet de la Haute-Vienne c. Lhermite.

518. — L'abandon que fait un père à son fils d'un immeuble en avancement d'hoirie, à la charge de certaines prestations et d'une rente viagère, peut, malgré l'existence de ces charges, être considéré comme une donation en avancement d'hoirie et non comme une vente déguisée; du moins, l'arrêt qui le décide ainsi ne tombe pas sous la censure de la cour de Cassation. — *Cass.*, 30 mars 1846 (t. 2 1846, p. 139), préfet de la Creuse et Bessède c. Delavalade.

519. — Jugé sous l'empire de la loi du 29 juin 1820, et cette solution serait encore applicable aujourd'hui, que la possession annale, à l'égard de l'objet soumis à l'usufruit, n'est pas nécessaire à celui qui l'a acquis à titre successif, par exemple, par suite d'une démission de biens et d'un partage fait par son auteur. — *Bordeaux*, 18 juin 1830, Denoix c. préfet de la Dordogne.

520. — Jugé depuis et dans le même sens qu'on doit considérer comme un avancement d'hoirie la renonciation d'un père au profit de son fils à l'usufruit qu'il avait conservé sur un immeuble dont il avait précédemment fait à ce fils donation entre-vifs de la nue-propriété. — *Rouen*, 29 juin 1842 (t. 2 1842, p. 689), Deylot c. Dumesnil.

521. — ...Que lorsque, relativement à cette renonciation, le demandeur défère le serment au défendeur sur le point de savoir si l'acte qui la constate est sincère, et si le renonçant ne continue pas à jouir de son usufruit ou d'une rente viagère équivalente, ce serment ne peut être considéré comme décisoire, et doit, dès lors, être rejeté. — Même arrêt.

522. — Mais, en matière d'élections, la donation entre-vifs qu'un frère, simple usufruitier d'un immeuble, a faite à son frère, d'une portion de cet usufruit pendant la vie du donateur, ne saurait constituer un avancement d'hoirie. En conséquence, pour pouvoir compter dans son cens les contributions dont est grevé l'objet donné, le donataire doit justifier d'une possession antérieure aux premières opérations de la révision des listes. — *Angers*, 27 nov. 1843 (t. 1er 1845, p. 561), Riandière-Laroche c. Salmon et préfet de la Mayenne.

523. — Le défaut de transcription d'une donation (contenue dans un partage anticipé) ne met pas obstacle à ce que le donataire soit, quant à l'exercice des droits électoraux et vis-à-vis de l'administration, considéré comme investi de l'objet donné. — *Grenoble*, 29 juin 1830, Morin c. préfet de la Drôme. — Merger, p. 143.

524. — Sous la loi du 29 juin 1820, le possesseur en vertu d'un partage était, par la fiction de l'art. 883, C. civ., dispensé personnellement de la possession annale. — *Cass.*, 12 juill. 1830, préfet de la Mayenne c. Paumard.

525. — En conséquence, le cohéritier devait, aussitôt après le partage fait avec ses cohéritiers, ou la vente que ceux-ci lui avaient consentie de leurs droits successifs, être considéré comme possédant à titre successif, et admis à se prévaloir, pour former son cens électoral, de la totalité des contributions payées par les immeubles dont il se trouvait propriétaire, bien qu'il ne possédât que depuis moins d'un an. — *Nancy*, 27 nov. 1828, Bontoux c. préfet de la Meurthe.

526. — L'acquisition sur licitation par l'un des héritiers des biens d'une succession était encore un titre successif, dans le sens de la même loi, lequel dispensait l'héritier qui se rendait acquéreur, de la possession annale, et le faisait profiter immédiatement de la totalité des contributions payées par cet immeuble, alors surtout que ses droits indivis dans l'immeuble remontaient à plus d'une année. — *Rouen*, 13 déc. 1828, Bougarel c. préfet de l'Eure.

527. — Le copropriétaire d'un immeuble indivis pouvait également, aussitôt après le partage qui lui attribuait l'usufruit de cet immeuble en totalité, se prévaloir, pour former son cens électoral, de la totalité des contributions dont il se trouvait tenu par l'effet du partage, si d'ailleurs ses droits indivis remontaient à plus d'un an. Dans ce cas, il devait être considéré comme ayant la possession annale de la totalité de l'immeuble. — *Amiens*, 11 déc. 1828, Oudin c. préfet de l'Aisne.

528. — On décidait encore que le cohéritier d'une succession indivise auquel une portion virile ne conférerait pas le cens électoral, n'en devait pas moins être maintenu sur la liste des électeurs, si, en défense à une demande en radiation, il produisait un acte de partage qui lui attribuait un lot suffisant pour conférer le cens électoral, encore que cet acte fût postérieur à la clôture du registre destiné à recevoir les demandes en radiation. — *Orléans*, 14 janv. 1829, Péau c. Just Blanc.

529. — Mais on jugeait qu'il n'en était pas du partage d'une société comme de celui d'une succession ; qu'en conséquence, la dispense de la possession annale ne pouvait s'étendre à celui qui était devenu propriétaire d'immeubles par le partage d'une société. — *Bourges*, 17 juin 1830, Parnajon-Duparc c. préfet du Cher.

530. — Les diverses décisions qui précèdent doivent être suivies aujourd'hui, en ce sens que le possesseur, placé dans les cas particuliers qu'elles prévoient, pourra se faire inscrire sur la liste électorale, bien qu'il n'ait point été en possession avant la première opération de la révision annuelle des listes.—Duvergier, t. 31, p. 181, note 1re.

531.—La faculté accordée au possesseur à titre successif de compter pour son cens électoral la contribution foncière des immeubles qu'il possède depuis moins d'une année est applicable à tous les individus qui, au moment de l'ouverture d'une succession, sont appelés à la recueillir, soit de plein droit, soit par la volonté du testateur.—*Cass.*, 25 avr. 1838 (t. 2 1838, p. 279), préfet de la Corse c. Carbucia.

532.—Mais les possesseurs à titres successifs ne peuvent, non plus que tous autres, réclamer leur inscription sur la liste électorale postérieurement à la clôture de ces listes, et avant l'époque de la révision annuelle, encore bien que lors de cette clôture ils fussent dans les délais pour faire inventaire et pour délibérer. — *Cass.*, 2 fév. 1835, préfet de l'Eure c. Cliquot et Dementque.

533.—Il en est de même des citoyens qui n'ont acquis que postérieurement à la clôture des listes électorales le droit d'être électeur à titre successif ou par avancement d'hoirie; comme ceux qui acquièrent leur droit à tout autre titre, ils ne peuvent réclamer leur inscription avant la révision annuelle.—*Limoges*, 5 août 1834, Robert et Garinot c. préfet de la Haute-Vienne.

534.—Jugé au contraire, mais à tort, que le donataire en avancement d'hoirie de l'usufruit d'un immeuble, a le droit, en se faisant attribuer les impositions qui grèvent cet immeuble, de demander à être inscrit sur les listes électorales, encore bien que la donation ne lui ait été faite que postérieurement à la clôture de ces listes.—*Caen*, 15 nov. 1842 (t. 1er 1843, p. 194), Lecorps c. préfet de la Manche.

535.—Un héritier qui, après les premières opérations de la révision des listes électorales, acquiert de ses cohéritiers une portion de l'immeuble indivis, n'est pas, dans le sens de la loi du 19 avr. 1831, un possesseur à titre successif, et ne peut, pour compléter son cens, compter les impôts de cette partie d'immeubles récemment acquis. — *Nancy*, 13 oct. 1837 (t. 2 1837, p. 605), Castara et de Cadini.

536.—Jugé également qu'un héritier, dans l'indivision, ne peut compter, pour la formation de son cens d'éligibilité, la totalité des impôts applicables aux immeubles qui lui ont été abandonnés par son cohéritier en vertu d'un acte postérieur à son élection, alors surtout que l'acte de cession porte qu'il n'entrera en jouissance de ces immeubles et n'en paiera les impôts qu'à dater du jour de l'acte: en pareil cas il ne saurait se prévaloir de la fiction établie par l'art. 883, C. civ.—*Cass.*, 3 mai 1843 (t. 2 1843, p. 388), Pauwels c. Sommelet.

§ 3. — *Possession de la patente et du diplôme.*

537. — *Patente.* — La nécessité de la possession annale, imposée par la loi du 29 juin 1820, n'a été reproduite dans l'art. 7 de la loi du 19 avr. 1831 qu'à l'égard de la patente. « La patente, porte cet article, ne comptera que lorsqu'elle aura été prise, et l'industrie exercée, un an avant la clôture de la liste électorale. » — V. toutefois encore *infrà* no 565, quant au droit de diplôme.

538. — Ainsi, suivant cet article, pour qu'une patente puisse compter dans le cens électoral, il faut, d'abord, que la *patente ait été prise*, ensuite, que l'*industrie ait été exercée* un an avant la clôture des listes électorales. — *Nîmes*, 20 fév. 1839 (t. 1er 1839, p. 208), Chevalier c. préfet de la Lozère.

539. — Ces mots *et l'industrie exercée* ont été ajoutés à l'article sur la proposition de M. Séran : « Il faut, disait-il, prévenir l'inconvénient qu'il y aurait à ce qu'une patente conférât le droit électoral sans avoir été prise pour exercer une industrie. Celui qui, sans en exercer aucune, prétendrait à une patente, ne devrait pas être admis à la faire entrer dans la composition de son cens électoral. »

540. — Toutefois, il n'est pas nécessaire que l'industrie ait été exercée pendant toute l'année sans interruption. — Arrêt de *Nîmes* précité (no 538).

541. — Spécialement, celui dont l'industrie, par sa nature même, n'est susceptible d'être exercée que pendant un certain temps de l'année, peut se prévaloir de sa patente pour former son cens électoral, et sa réclamation doit être admise si l'on reconnaît en fait que la patente a été prise dans un but sérieux, et que l'industrie a été exercée pour le temps où elle pouvait l'être. — Même arrêt.

542. — Comme aussi le changement de domicile ne peut avoir pour effet de faire perdre le bénéfice de la patente. — C'est au surplus ce qui a été déclaré formellement à la chambre des députés, lors de la discussion de la loi de 1831. — Duvergier, t. 31, p. 25.

543.—En matière d'élections départementales, il n'est pas nécessaire que la patente ait été prise et l'industrie exercée depuis plus d'un an avant l'élection.—Il en est de même en matière d'élections communales. — *Cass.*, 30 avr. 1838 (t. 1er 1838, p. 619), Tournal c. Mathieu ; 13 juill. 1846 (t. 2 1846, p. 331), Noé Levesque c. Maire d'Alais. — V. ÉLECTIONS DÉPARTEMENTALES, ÉLECTIONS MUNICIPALES.—*Cass.*, 8 août 1838 (t. 2 1838, p. 478), Colonna d'Istria.

544. — Lorsque l'augmentation de patente ne résulte que de l'extension d'une même industrie, elle doit, nonobstant l'absence de possession annale, être comptée. — *Bourges*, 14 juin 1830, Cochon de Lapparent c. préfet de l'Indre.

545. — De même, un négociant qui exerce une industrie depuis plusieurs années peut faire entrer dans la composition de son cens électoral l'augmentation de sa patente, lorsque cette augmentation résulte de l'accroissement de la valeur locative des ateliers à raison desquels la patente est payée, quoiqu'il n'ait point à cet égard de possession annale. — *Bourges*, 14 juin 1830, Grenouillet Petrely c. préfet de l'Indre.

546. — Il en est autrement si l'augmentation est fondée sur ce que le négociant occupe de nouveaux ateliers distincts des premiers. — Même arrêt.

547. — Cependant un arrêt assez récent a décidé, dans un sens spécial, qu'un citoyen peut compter dans son cens électoral la patente qu'il a prise comme entrepreneur de bâtimens, depuis le 1er janvier seulement, alors qu'il justifie avoir exercé cette profession avant le 20 octobre de l'année précédente, et avoir payé, pendant tout le cours de cette même année, en qualité de maître de forges, une patente supérieure à celle d'entrepreneur, en sorte qu'il n'y a eu aucune interruption dans la prise et le paiement des patentes. — *Poitiers*, 31 oct. 1845 (t. 2 1846, p. 354), Blondeau-Ingrand c. Fradin.

548. — .... Que par cette justification il est satisfait aux prescriptions de l'art. 7 de la loi de 1831, qui n'exige qu'une seule chose, la possession annale et non interrompue d'une patente quelconque représentant l'industrie. — Même arrêt.

549. — Il est certain que l'électeur dont la patente a été augmentée, doit être inscrit au tableau de rectification pour le montant de l'augmentation survenue, encore qu'il la paie depuis moins d'une année, si la patente est ancienne et si d'ailleurs la classe n'en a pas été changée.—*Bordeaux*, 28 juin 1830, Boudin c. Bermond.

550. — Si la classe de la patente était changée, l'industrie restant la même, la possession annale serait-elle nécessaire à l'égard de l'augmentation de la patente, pour que cette augmentation pût servir à compléter le cens électoral ? Pour la négative, on peut dire que l'objet de cette possession est uniquement de prévenir la fraude au moyen de laquelle on pourrait s'attribuer le droit électoral en prenant une patente la veille des élections. Or, comme le remarque M. Duvergier (t. 31, p. 182, aux notes, 1re col.), cette fraude n'est pas possible lorsque l'industrie est exercée depuis long-temps, et que c'est non la volonté du commerçant, mais la décision de l'autorité qui augmente le taux de sa patente. — V. en ce sens Merger, p. 149.

551. — Jugé, dans ce sens, sous l'empire de la loi de 1820, que de ce que l'administration aurait spontanément changé de classe la patente d'un négociant, il n'en résulte pas que les droits électoraux de ce négociant soient modifiés, si son genre de commerce n'a pas changé. — *Grenoble*, 14 juin 1830, Dubeux c. préfet de l'Isère.

552.—... Et, postérieurement à la loi de 1831, que le commerçant imposé depuis plusieurs années à une patente, profite, pour la formation de son cens électoral, de l'augmentation de cette patente, résultant de la loi, et non d'un changement d'industrie, encore bien qu'il n'ait pas à cet égard de possession annale. — *Dijon*, 21 nov. 1845 (t. 1er 1846, p. 655), Baron c. préfet de la Haute-Marne.

553. — Telle a encore été la doctrine consacrée par la cour d'Agen dans deux arrêts. — *Agen*, 17 nov. 1845, sous *Cass.*, 20 avril 1846 (t. 1er 1847); même jour, *ibid*....

554. — Jugé même par la cour de Cassation, mais en matière d'élections départementales, que les dispositions de l'art. 4 de la loi du 22 juin 1833, qui exigent que l'éligible soit en possession du cens depuis plus d'une année ne s'appliquent qu'aux modifications du cens survenues par mutation de propriété ou autres faits dépendant de la volonté de l'éligible, et non aux modifications provenant du fait de la loi, telles que les changemens survenus dans l'élément de l'impôt. — *Cass.*, 7 avr. 1846 (t. 2 1846, p. 136), Dauphinot c. Demoulin.

555. — .... Qu'ainsi, l'élection du citoyen qui a subi un retranchement sur ses contributions, un médecin, par exemple, dont la patente a été supprimée, mais dont les autres contributions ont été augmentées, de telle sorte que le total de ses impôts n'a pas cessé d'atteindre le taux du cens légal, ne peut être annulée sous le prétexte qu'il ne serait pas en possession depuis une année au moins. — Même arrêt.

556. — Néanmoins, il faut reconnaître que ces solutions sont vivement combattues, et que l'opinion contraire, d'après laquelle l'augmentation ne peut compter que lorsqu'elle remonte à plus d'une année, a été consacrée par diverses décisions de l'administration, et par la jurisprudence la plus récente de la cour de Cassation.

557. — Cette cour a, en effet, jugé qu'il ne suffit pas, pour qu'un patentable puisse comprendre dans son cens électoral l'augmentation de patente à laquelle il est assujéti par un changement de classe, qu'il jouisse de la possession annale de la patente ; qu'il est nécessaire, en outre, qu'il ait la possession annale de cette augmentation. — *Cass.*, 15 juin 1846 (t. 2 1846, p. 140), Soulhiac c. Goursat. — V. dans le même sens et sur le pourvoi des arrêts d'Agen précités *suprà*, no 533 ; *Cass.*, 20 avr. 1846 (t. 1er 1847); même jour, *ibid.*

558. — Du reste, elle n'a fait que persévérer dans une jurisprudence déjà adoptée par elle. — *Cass.*, 6 juill. 1830, préfet du Gard c. Sifflol.

559. — Toutefois, et par le même arrêt, elle avait admis le contribuable à se prévaloir de la patente, en l'absence de possession annale, attendu que, d'après les lois sur la matière (il s'agissait de l'industrie de fileur de coton), la patente nouvelle n'avait pu être déterminée avant le 1er janvier de l'année, et qu'il était constant, du reste, que l'industrie avait toujours continué d'être exercée.

560. — La loi du 25 avr. 1844, en établissant le principe de la cession de la patente dans le cas de transmission d'un fonds de commerce ou d'industrie, a fait naître la question de savoir si la patente pouvait profiter au successeur avant qu'il en ait acquis la possession annale.

561. — Jugé que le fils qui a succédé, conjointement avec ses deux frères, au commerce que le père commun exerçait depuis plus d'un an, et qui a acquitté avec eux la patente prise par ce dernier, peut pendant l'année de la durée de cette patente faire entrer le tiers de son montant dans la formation de son cens électoral. — *Orléans*, 8 nov. 1845 (t. 1er 1846, p. 74), Gaultier-Laricherie c. Bailly.

562.—... Mais qu'il ne peut y joindre le montant de la patente qu'il a prise l'année suivante pour son compte personnel. — Même arrêt.

563. — Ce dernier point est incontestable; il ne s'agit plus alors de transmission de patente, mais d'une patente personnelle, et qui par conséquent est soumise à la possession annale.

564. — Sur la première question tranchée par l'arrêt, nous ne saurions adopter la doctrine de la cour d'Orléans. Si le successeur d'un commerçant pouvait se prévaloir de la patente prise sous le nom de son prédécesseur, il en résulterait, en effet, qu'il dépendrait d'un individu de se composer un cens électoral quelques mois avant une élection imminente, et que la garantie résultant de la possession annale s'évanouirait complétement. Nous avons vu tout à l'heure que la cour de Cassation refuse à un commerçant de se prévaloir, avant une année, de l'augmentation apportée dans le taux de la patente par un nouveau classement fait par l'autorité compétente ; et cependant, quelle différence entre ce cas et celui qui nous occupe ? Dans la première hypothèse, le patentable qui réclame la dispense de la possession annale justifie, et de l'industrie exercée, et de la patente payée, depuis nombre d'années peut être. En outre, sa volonté reste complétement étrangère au changement survenu dans le chiffre de ses contributions, et la fraude n'est pas à redouter. — Dans la seconde hypothèse, il en est tout autrement : d'un côté la transmission du fonds de commerce ou d'industrie, et par conséquent l'assujétissement à la patente, est le résultat de la volonté de l'individu, qui d'un autre côté ne justifie jusque-là ni d'industrie exercée, ni de la patente payée, et qui par conséquent se trouve tout-à-fait en dehors

des conditions déterminées par la loi électorale. La loi sur les patentes ne s'est occupée que du point de vue fiscal, elle n'a pas entendu abroger les dispositions antérieures sur la nécessité de la possession annale de la patente.

565. — *Diplôme.* — Une disposition spéciale de la loi de 1831 veut que le montant du droit annuel de diplôme payé par les chefs d'institution et maîtres de pension ne soit compté dans leur cens électoral qu'autant que le diplôme aura au moins une année de date à l'époque de la clôture de la liste électorale. — L. 19 avr. 1831, art. 5, § 3.

### § 4. — *Justification de la possession.*

566. — Quiconque prétend à l'exercice d'un droit doit prouver qu'il est fondé à s'en prévaloir; celui qui réclame son inscription sur les listes électorales doit donc établir qu'il remplit, entre autres conditions, celle de la possession du cens, ainsi que le détermine l'art. 7 de la loi de 1831, c'est-à-dire avant l'ouverture des premières opérations électorales.

567. — Cette preuve doit être faite par un acte ayant date certaine à l'époque desdites opérations. — *Amiens*, 10 nov. 1842, sous *Cass.*, 2 janv. 1843 (t. 1er 1843, p. 490), Decourt c. Bouteille.

568. — Sous la loi du 29 juin 1820, on jugeait que la possession annale exigée pour l'exercice des droits électoraux n'était pas légalement prouvée par un simple acte de notoriété. — *Bordeaux*, 16 juin 1830, Godinet c. préfet de la Gironde.

569. — ... Qu'elle ne pouvait l'être que par un certificat du percepteur, attesté par le maire ou par l'adjoint. — Même arrêt.

570. — ... Que les cotes de contributions foncières qui n'étaient pas accompagnées d'un certificat de possession devaient être rejetées. — *Bordeaux*, 23 juin 1830, Boucherie c. Tauziac.

571. — Nous ne saurions admettre qu'il ait été dans la pensée du législateur de 1831 de laisser subsister cette jurisprudence. Sans doute il faut se mettre en garde contre la fraude. Par conséquent, si le certificat du maire pouvait infailliblement les prévenir, nous n'hésiterions pas à nous prononcer pour le maintien de la jurisprudence qui précède. Mais le certificat ne peut-il pas être lui-même l'œuvre d'un concert frauduleux? Dès-lors, pourquoi rendre inapplicables à ceux qui se prétendent électeurs les moyens ordinaires d'établir leurs droits? Une dérogation au droit commun ne peut avoir lieu qu'en vertu d'une disposition expresse, alors surtout qu'il s'agit d'une matière toute favorable. Il faut donc induire du silence de la loi de 1831 sur les modes de preuves à employer pour établir la possession antérieure aux premières opérations de la révision des listes, que le législateur a entendu abandonner à la sagesse de l'administration et des cours royales, relativement aux électeurs, et à la sévérité de la chambre des députés à l'égard des éligibles, l'appréciation des faits propres à constituer la preuve de cette possession.

572. — Jugé dans ce sens qu'un acte sous seing-privé pouvant acquérir date certaine par la mention qui est faite de sa substance dans une décision ministérielle, portant remise aux parties du double droit dont elles étaient débitrices pour défaut de paiement du droit simple dans le délai voulu, les contributions dues pour un immeuble dont la vente a fait l'objet d'un pareil acte, peuvent, à partir du jour où l'acte a ainsi acquis date certaine, être comptées pour former le cens électoral de l'acquéreur. — *Cass.*, 31 mai 1842, (t. 2 1842, p. 346), Duchamp c. Deman.

573. — ... Et encore que l'art. 1328, C. civ., qui détermine les actes sous seing-privé ayant date certaine, doit recevoir son application même en matière électorale, et spécialement à l'acte d'acquisition qui donne à l'acquéreur le droit de se prévaloir d'une contribution de 25 fr., conformément aux dispositions de la loi du 25 avr. 1845. — *Rennes*, 18 nov. 1845, (t. 1er 1846, p. 407), Walsh c. préfet du Morbihan.

574. — Toutefois, il a été décidé qu'un jugement rendu au possessoire, uniquement motivé, en faveur de celui qui a été maintenu en possession, sur l'aveu et la reconnaissance de son adversaire, ne pouvait prouver la possession exigée par la loi de 1831, et que, dans ce cas, celui qui contestait le cens de l'électeur n'était même pas obligé, pour récuser l'influence d'un tel jugement, de prouver qu'il est le résultat d'un concert frauduleux. — *Cass.*, 8 août 1838 (t. 2 1838, p. 473), Colonna d'Istria.

575. — Mais il nous a semblé résulter du texte même de l'arrêt qui précède que si le jugement avait été motivé sur des faits quelconques de possession, la cour de Cassation aurait rendu une décision entièrement différente.

576. — Il faut du reste reconnaître comme constant que, lorsque la durée de la possession d'un immeuble frappé de l'impôt nécessaire pour le cens électoral n'est pas suffisamment constatée par les certificats du maire, elle peut être justifiée au moyen des autres pièces produites. — *Rennes*, 10 mars 1846 (t. 1er 1846, p. 592), Dondel du Faouëdic c. préfet d'Ille-et-Vilaine.

577. — Si une cour royale déclare que les actes produits pour faire preuve de cette possession sont insuffisans, cette décision constitue une simple appréciation d'acte qui ne saurait tomber sous la censure de la cour de Cassation. — *Cass.*, 2 janv. 1843 (t. 1er 1843, p. 490), Decourt c. Bouteille.

578. — Jugé même, en matière de possession annale, que des certificats ayant pour but d'établir qu'un individu a été à tort porté sur la liste électorale, ne peuvent, s'ils constatent des faits contraires à ceux qui résultent de l'arrêt qui a ordonné l'inscription, être appréciés par la cour de Cassation, alors qu'il n'est pas prouvé qu'ils aient été soumis à la cour royale. — *Cass.*, 24 janv. 1838 (t. 1er 1838, p. 539), préfet de la Lozère c. Chevalier.

579. — Comme aussi les cours royales peuvent, même en l'absence de toute production d'extraits nominatifs du rôle des contributions, déclarer qu'un individu justifie suffisamment de ses droits au cens, par la production d'actes authentiques ou de certificats délivrés par le maire, alors même que ces certificats ne seraient pas écrits par ce fonctionnaire s'il les a signés. — *Cass.*, 30 mars 1846 (t. 1er 1847), préfet de la Creuse c. Labessière.

580. — La cour royale peut donc souverainement et contrairement à l'avis du préfet, tenir pour suffisamment justifiée la possession du cens, malgré l'opinion contraire du préfet. — Même arrêt.

581. — Il est vrai que nous avons vu (*suprà* nos 235 et s.) que chaque fois que l'on réclame, pour composer son cens électoral, tout ou partie d'une contribution assise sur la tête d'un tiers, on doit, par la représentation de ses titres, justifier du droit que l'on a à cette contribution; et qu'on ne peut suppléer à la production de titres par des attestations du maire ou du percepteur qui constateraient qu'en effet, d'après tel ou tel acte, les contributions de tel citoyen doivent compter en tout ou en partie à tel autre. — *Nîmes*, 6 déc. 1842 (t. 1er 1843, p. 89), Remise c. préfet de la Lozère.

582. — Néanmoins, ici comme toujours, les cours royales sont souveraines: ainsi, l'arrêt qui décide, par appréciation d'un acte de partage, qu'un père a un droit partiel d'habitation sur un immeuble porté sur la matrice du rôle sous le nom seul de son fils, échappe, comme statuant en fait, à la censure de la cour de Cassation. — *Cass.*, 1er juill. 1846 (t. 2 1846, p. 157), préfet de la Creuse c. Grosset.

583. — Un pareil arrêt ne viole non plus aucune loi, et se conforme d'ailleurs à l'art. 608, C. civ., lorsque, par suite de cette appréciation de l'acte de partage, il décide que les contributions auxquelles l'immeuble grevé du droit d'habitation est imposé, doivent être supportées par celui qui jouit de ce droit proportionnellement à sa valeur, et que dès-lors la portion de contributions qui grève la jouissance de l'usager doit figurer dans le cens électoral de celui-ci, et non dans celui du propriétaire. — Même arrêt.

584. — Une fois le principe ainsi posé, la cour peut, sans empiéter sur les attributions de l'autorité administrative, à laquelle appartient exclusivement la détermination officielle de la cote à exiger des contribuables, évaluer approximativement (et surtout en prenant la moindre part) la portion de contributions afférente au droit d'habitation, et en retrancher le montant du cens électoral du propriétaire inscrit. — Même arrêt.

585. — Il est, du reste, certain qu'une partie des contributions imposées à une habitation commune, payée par tel ou tel de ceux qui habitent en commun, peut entrer dans la composition de son cens électoral. — *Cass.*, 6 août 1838 (t. 2 1838, p. 324), maire d'Ecouis c. Cuisinier.

586. — Enfin, peut être encore considéré non comme un acte à titre onéreux, mais comme une donation, l'acte notarié d'où il résulte qu'un fils a reçu en avancement d'hoirie la totalité des biens paternels, à la charge de payer à ses frères et sœurs une somme déterminée. — *Cass.*, 30 mars 1846 (t. 1er 1847).

## Sect. 2e. — *Domicile politique.*

587. — La nécessité pour tout électeur d'avoir un domicile politique, en même temps qu'elle lui présente cet avantage, qu'il peut exercer ses droits électoraux dans un arrondissement autre que celui de son domicile réel, offre aussi, d'un autre côté, la garantie nécessaire pour prévenir l'abus du double vote par le même individu dans deux colléges électoraux.

588. — Nous n'avons, du reste, rien à ajouter sur tout ce qui a trait au domicile politique, qui a déjà fait l'objet de notre examen. — V. DOMICILE, sect. 3e.

# CHAPITRE III. — *Listes électorales.*

## Sect. 1re. — *Principes généraux.*

589. — Nul ne peut prétendre à l'exercice du droit électoral, s'il n'est régulièrement inscrit sur les listes dressées à cet effet; vainement justifierait-il qu'il remplit toutes les conditions voulues; s'il ne figure sur la liste, il ne peut avoir entrée dans l'assemblée électorale.

590. — L'impartialité dans la confection des listes est la condition première de la pureté et de la sincérité des élections. — Le vœu de la loi, c'est que les listes soient complètes et sincères: complètes, en admettant tous ceux qui ont droit d'y être portés; sincères, en excluant tous ceux qui ne remplissent pas les conditions de la loi. — Circul. min. 9 mai 1846.

591. — Ce but de la loi ne fut qu'imparfaitement atteint jusqu'en 1827; les lois du 5 fév. 1817 et 29 juin 1820 ne contenaient que des dispositions fort incomplètes sur la confection des listes.

592. — Sous leur empire, à chaque élection il y avait lieu de créer une liste entièrement nouvelle, et nécessité, par conséquent, pour tous ceux qui croyaient avoir droit de figurer sur la liste électorale de justifier auprès du préfet de leurs droits, et de réclamer leur inscription nouvelle.

593. — Or, d'après la loi de 1817, aucun délai n'étant imposé au préfet pour la confection de la liste, et le recours contre l'omission ne conférant pas capacité électorale, tant qu'il n'y avait pas été statué, il s'ensuivait que les électeurs pouvaient se trouver arbitrairement privés de l'exercice du droit électoral. — L. 5 fév. 1817, art. 5 etc.

594. — Pour remédier à cet inconvénient, la loi du 29 juin 1820 établit, sans doute, que la liste des électeurs serait publiée et affichée un mois avant l'ouverture des colléges électoraux. — Mais cette disposition, quoiqu'elle fût un progrès véritable sur celle de la loi de 1817, était loin cependant d'être une garantie suffisante contre le mauvais vouloir de l'administration; et comme le fait remarquer M. Merger (p. 209): « Dans plusieurs départemens, des électeurs, après avoir satisfait à toutes les formalités requises, et surmonté mille difficultés pour obtenir leur inscription, se voyaient, à la veille de la réunion des colléges, rayés des listes électorales. »

595. — La sincérité des élections pouvait, dans ce système, se trouver compromise non seulement par l'omission sur la liste électorale de citoyens qui avaient le droit d'y figurer, mais encore par l'inscription illégale de personnes ne réunissant pas les conditions exigées par la loi. Le court intervalle qui séparait la publication de la liste de l'époque de la réunion du collége électoral ne permettait guère, en effet, d'obtenir la radiation des faux électeurs, surtout aucun délai n'étant imposé au préfet d'abord, puis aux cours royales pour statuer sur les réclamations formées en matière électorale.

596. — Les bases d'un système entièrement nouveau furent posées dans la loi du 2 mai 1827, sur l'organisation du jury: « Le 1er août de chaque année, portait l'art. 2 de cette loi, le préfet de chaque département dressera une liste qui sera divisée en deux parties: la première partie sera rédigée conformément à l'art. 3, L. 29 juin 1820, et comprendra toutes les personnes qui rempliront les conditions requises pour faire partie des colléges électoraux du département. »

597. — Les art. 3, 4 et 6 précisaient ce qui avait trait à l'affiche et à la publication des listes, et aux demandes en rectification dont elles pouvaient être l'objet.

598. — Enfin l'art. 5 contenait cette prescription la plus importante de toutes: « Nul ne pourra cesser de faire partie des listes prescrites par l'art. 2, qu'en vertu d'une décision motivée ou d'un jugement, contre lesquels le recours ou l'appel auront un effet suspensif. »

599. — Nous n'avons point du reste à nous occuper en détail des dispositions de cette loi qui fera plus tard, et lorsque nous traiterons du jury, l'objet d'un examen spécial. — V. JURY. — Notons seulement ici qu'elle établissait un système complétement nouveau en consacrant la permanence des listes électorales, puisque nul, une fois porté sur ces listes, ne pouvait en être effacé qu'en

vertu d'une décision motivée ou d'un jugement.

600. — Cependant le mot *permanence* n'était pas prononcé par la loi; aussi argumentant de la disposition de l'art. 2 : « Le 1er de chaque année le préfet de chaque département *dressera* une liste, » l'administration en conclut que chaque année, et comme par le passé, la liste devait être renouvelée.

601. — Mais bientôt la loi du 2 juillet 1828 sur la révision annuelle des listes électorales et du jury vint lever tous les doutes et poser en principe formel la permanence des listes par un article ainsi conçu : « Les listes faites en vertu de la loi de 1827, sont permanentes, sauf les radiations et inscriptions qui peuvent avoir lieu lors de la révision prescrite par la loi. »

602. — Il est vrai que ce principe trouva de nombreux adversaires, qui objectèrent qu'on allait ainsi implicitement transformer les colléges électoraux en quatrième pouvoir; mais la chambre des députés ne fût pas arrêtée par cette considération.

603. — Lors de la discussion de la loi du 19 avr. 1831, ces objections ne furent plus présentées, et l'art. 13 porte : « La liste des électeurs dont le droit dérive de leurs contributions, et la liste des électeurs appelés en vertu de l'art. 3, sont permanentes, sauf les radiations et inscriptions qui peuvent avoir lieu lors de la révision annuelle. »

604. — Le principe de la permanence des listes doit s'entendre non seulement du nom des électeurs, mais encore du montant des contributions qui fixe leur capacité électorale. — *Bourges*, 14 juin 1830, Lepelletier d'Aulnay c. préfet de la Nièvre.

605. — Il est vrai qu'il avait été jugé précédemment que c'est seulement à l'inscription du nom des électeurs sur les listes électorales et non à la quotité des contributions qui leur sont attribuées (lesquelles sont variables d'une année à une autre), que doit s'appliquer le principe de la permanence de ces listes. — *Orléans*, 4 déc. 1828, Péan c. préfet d'Indre-et-Loire.

606. — Mais en supposant que le doute pût exister à l'époque où ces arrêts ont été rendus, aujourd'hui la difficulté ne saurait plus s'élever; car lors de la discussion de la loi de 1831 il a été expliqué à la chambre des pairs que la permanence s'appliquait non seulement au nom mais au titre que l'électeur peut avoir, et qu'en conséquence l'inscrit n'est pas obligé de justifier de nouveau, chaque année, de ses contributions.

607. — Toutefois, ainsi que le faisait observer avec raison M. Hyde de Neuville, ministre de la marine, lors de la discussion de la loi de 1828, il ne faut pas exagérer les conséquences du principe de la permanence des listes; ces listes, suivant l'expression de ce même ministre, ne donnant pas plus de droits à ceux qui y sont inscrits que n'en donne à ceux qui y sont portés la liste des vingt-cinq mille adresses qui court dans Paris.

608. — L'unique effet de ce principe est de dispenser l'électeur qui a été inscrit de faire aucune justification pour les années suivantes, mais l'inscription n'est qu'une présomption du droit, et non la preuve du droit lui-même.

609. — Sans doute, l'administration n'a point chaque année à demander de nouvelles pièces justificatives aux personnes déjà inscrites sur la liste; elle doit même s'en abstenir, chaque fois qu'elle n'a pas lieu de penser qu'un changement a été opéré dans la position de l'électeur. — Circ. min. 25 août 1828.

610. — Mais si, au contraire, il y a sujet de croire que la situation de l'électeur n'est plus la même, il est évident que le préfet a le droit de réclamer de lui des renseignemens que, d'ailleurs, l'électeur devrait spontanément offrir.

611. — L'électeur inscrit a même le *devoir de conscience*, ainsi que l'a déclaré M. le rapporteur, à la chambre des pairs, de la loi du 19 avr. 1831, de se faire rayer, lorsqu'il vient à perdre la capacité électorale, dans le cas où le préfet ignorant ce changement n'opère pas sa radiation. — V. Duvergier, t. 31, p. 185, note 2e.

612. — Si la permanence des listes électorales a été introduite en faveur de l'électeur, il faut encore reconnaître que d'un autre côté elle est le moyen le plus efficace de prévenir l'abus de l'inscription simultanée sur deux listes, et, par conséquent, l'exercice du droit électoral par le même individu dans deux colléges à la fois.

613. — C'est un point constant que quiconque figure sur une liste électorale ne peut être porté sur une autre qu'après justification évidente qu'il a été rayé de la première.

614. — Jugé en conséquence que l'électeur qui, malgré sa réclamation, a été maintenu sur la liste électorale de son arrondissement, ne peut se faire inscrire sur la liste d'un autre arrondissement tant qu'il n'a pas obtenu sa radiation de la première liste, et cela quoiqu'il ait fait la double déclaration prescrite par l'art. 104, C. civ. — *Orléans*, 7 oct. 1844 (t. 2 1844, p. 422), Migneron c. préfet du Loiret.

615. — La loi du 19 avr. 1831 a tracé elle-même les règles d'après lesquelles doit avoir lieu la révision annuelle des listes électorales. L'examen de ces règles fait l'objet des sections suivantes.

## Sect. 2e. — *Révision annuelle des listes par le préfet.*

### ART. 1er. — *Opérations préliminaires.*

616. — Comme la loi de 1828, dont en général elle n'a fait que rappeler les dispositions sur ce point, la loi du 19 avr. 1831 a confié les travaux préparatoires de la révision des listes à la vigilance et à la sincérité des autorités locales.

617. — Du 1er au 10 juin de chaque année, et aux jours indiqués par les sous-préfets, les maires des communes composant chaque canton doivent se réunir, assistés des percepteurs, à la mairie du chef-lieu, sous la présidence du maire de ce chef-lieu, à l'effet de procéder à la révision de la portion des listes qui comprend les électeurs de leur canton appelés à faire partie de ces listes. — L. 19 avr. 1831, art. 2.

618. — Il résulte de cette disposition que les opérations de révision ne commencent pas nécessairement le 1er juin pour chaque canton. — *Cass.*, 20 juill. 1841 (t. 2 1846, p. 127), préfet du Lot-et-Garonne c. Minda; 8 juill. 1846 (t. 2 1846, p. 127), Grosbon c. Jouan.

619. — Toutefois, par une circulaire récente du 9 mai 1846, le ministre fait remarquer aux préfets que « comme il y a un inconvénient réel à établir dans le même département autant d'époques différentes que de cantons, et qu'il peut être quelquefois difficile de constater le jour où la réunion a eu lieu, il convient de faire disparaître toute incertitude à cet égard, en recommandant à MM. les sous-préfets de fixer toujours la réunion au 1er juin. » Par là en effet se trouveraient supprimées toutes les difficultés qui peuvent s'élever sur ce que l'on doit entendre par possession antérieure aux premières opérations de la révision annuelle des listes électorales.

620. — Dans les villes qui forment à elles seules un canton, ou qui sont partagées en plusieurs cantons, la révision des listes est faite par le maire et les trois plus anciens membres du conseil municipal, selon l'ordre du tableau. Les maires des communes qui dépendent de l'un des cantons prennent part également à cette révision, sous la présidence du maire de la ville. — L. 19 avr. 1831, art. 15, § 1er.

621. — Il faut remarquer que les adjoints ne sont plus compris, comme sous la loi du 2 juill. 1828 (art. 8), parmi les membres du comité de révision.

622. — A Paris, les maires des douze arrondissemens, assistés des percepteurs, procèdent à la révision, sous la présidence du doyen de réception — L. 19 avr. 1831, art 15, § 2. — Cette disposition doit être entendue en ce sens que chaque maire, dans son arrondissement, fait d'abord son travail particulier, et qu'ensuite les douze maires présentent dans la révision générale leurs travaux partiels. — V Duvergier, t. 28, p. 186, note 1re.

623. — Les fonctions du comité cantonnal consistent à préparer le travail de la révision des listes; placés sur les lieux les membres de ce comité sont évidemment les plus aptes à recueillir les renseignemens nécessaires pour cette opération.

624. — Une circulaire ministérielle du 14 av. 1829, rendue en exécution de la loi de 1828, mais dont les dispositions sont encore applicables aujourd'hui, la loi de 1831 n'étant, sauf quelques légères modifications, que la reproduction de la loi de 1828, a déterminé avec détail les règles à suivre.

625. — Sur le vu de la liste des électeurs du canton, envoyée par le préfet, avec des extraits des rôles de contributions fournis par les électeurs l'année précédente, le comité comparant les contributions de l'année passée avec celles de l'année courante, détermine quant à chaque électeur s'il doit être maintenu sur la liste, et si son cens doit subir quelque modification.

626. — De plus, le comité doit porter sur la liste tout individu qui a nouvellement acquis la capacité électorale; chaque membre doit même d'office indiquer les personnes qui, à sa connaissance personnelle, se trouvent dans cette situation.

627. — Le rôle des contributions, la connaissance personnelle qu'ils peuvent avoir de ce qui concerne chaque citoyen, enfin les renseignemens, titres et pièces qui leur sont communiqués par les tiers, servent aux membres du comité pour accomplir leur travail.

628. — C'est dans ce but que chaque année vers le 1er mai, le préfet du département doit toujours, aux termes de la circulaire du 14 avr. 1829, publier un avis pour inviter les électeurs inscrits qui auraient perdu la capacité légale à le faire savoir au maire de la commune, où s'exercent leurs droits politiques, et ceux qui auraient été précédemment omis, ou qui auraient nouvellement acquis la capacité électorale à le faire également savoir au maire, en lui transmettant les pièces justificatives.

629. — Mais ces avis et communications doivent avoir lieu avant le 1er juin; passé cette époque, il serait trop tard de les envoyer au maire, les opérations du comité cantonnal devant être terminées dans un très-bref délai : il faut alors les remettre directement au sous-préfet.

630. — C'est en effet à ce fonctionnaire que le résultat de la révision des listes par les maires des communes doit être transmis; il y joint ses observations, et le fait parvenir avant le 1er juill. au préfet du département. — L. 19 avr. 1831, art. 16.

631. — Le mois de juin expiré, le sous-préfet est sans qualité pour recevoir tous avis ou réclamations des personnes intéressées. Il faut alors les adresser directement au préfet.

### ART. 2. — *Révision.*

632. — A partir du 1er juillet, le préfet doit procéder à la révision générale des listes électorales. — L. 19 avr. 1831, art. 17. — Telle était aussi la prescription de l'art. 5 de la loi de 1828.

633. — Au préfet seul est confié le soin de cette opération; il n'est pas tenu de consulter le conseil de préfecture.

634. — Les états et pièces préparés par les assemblées cantonnales et transmis par les sous-préfets, forment la base de son travail; il peut s'aider, en outre, de tous les documens qui peuvent être à sa disposition : tels sont ceux que lui transmettent les préfets des autres départemens relativement aux contributions payées hors du département, ou que les intéressés et les tiers peuvent lui adresser directement.

635. — En effet, et quoique jusqu'au 15 août le registre des réclamations ne soit pas encore ouvert au public (V. *infrà* no 733), on ne saurait douter que chaque particulier ait le droit d'envoyer directement au préfet tous les renseignemens dont il croit la transmission utile. C'est, au surplus, ce que M. Cuvier, comme commissaire du gouvernement, déclara formellement devant la chambre des députés lors de la discussion de la loi du 2 juill. 1828.

636. — Ces renseignemens, en général, seront des extraits du rôle des contributions; et à ce sujet l'art. 36, L. de 1831, reproduisant complétement l'art. 26 de la loi de 1828, veut, par une disposition, qui trouve son application dans toutes les phases de l'instance électorale, que les percepteurs des contributions directes soient tenus de délivrer sur papier libre et moyennant une rétribution de 25 cent. par extrait de rôles concernant le même contribuable, à toute personne portée au rôle, l'extrait relatif à ses contributions.

637. — Le percepteur doit de même fournir à tout individu ayant droit de former une réclamation en matière électorale, tout certificat négatif ou tout extrait des rôles des contributions. — Même loi, *ibid.*

638. — Ces extraits, ainsi délivrés, doivent être complets, c'est-à-dire que le percepteur ne doit pas se borner à indiquer comme le fait le préfet pour la publication générale de la liste l'arrondissement de perception; il est obligé d'indiquer séparément dans chaque extrait, alors que son arrondissement de perception se compose de plusieurs communes, celles où se trouvent situés les biens dont on veut connaître les coles partielles. — Merger, p. 265.

639. — Mais, comme le fait remarquer avec raison le même auteur, « le percepteur ne peut, pour augmenter ses droits, délivrer autant de certificats négatifs qu'il y a d'impôts directs, car son travail se borne à un simple et court compulsoire pour l'attestation d'un seul fait; et quoiqu'il ait plusieurs registres à ouvrir, il n'a rien à en extraire. »

640. — A l'aide des divers documens que nous venons d'indiquer le préfet ajoute aux listes les citoyens qu'il reconnaît avoir acquis les qualités requises par la loi, et ceux qui auraient été précédemment omis. — L. 19 avr. 1831, art. 18. — Cette inscription a lieu d'office. — *Bordeaux*, 22 juin 1830, Boucherie c. Dunoguès.

641. — Il en retranche, au contraire : 1o les individus décédés; — 2o ceux dont l'inscription a été déclarée nulle par les autorités compétentes. — Mais il indique seulement comme devant être retranchés : 1o ceux qui auront perdu les qualités requises; — 2o ceux qu'il reconnaîtrait avoir été indûment inscrits, quoique leur inscription n'ait point été attaquée.

642. — A la différence de la loi de 1831, celle de 1828 (art. 6) autorisait le préfet à retrancher de la liste électorale les individus qui auraient perdu les qualités requises, et ceux qu'il reconnaîtrait avoir été indûment inscrits, encore bien que leur inscription n'eût pas été attaquée.

643. — Mais cette faculté accordée au préfet d'écarter un individu par le motif ou sous le prétexte qu'il avait perdu les qualités requises ou qu'il avait été indûment inscrit, pouvait avoir sur les élections une influence dangereuse et décisive. Il pouvait dépendre du caprice du préfet d'enlever le droit électoral à un individu qui le possédait réellement. — De là la disposition de la loi nouvelle qui ne lui laisse que la faculté de signaler les retranchemens qui lui paraissent devoir être faits.

644. — Le préfet tient registre de toutes les décisions qu'il a prises, et fait mention de leurs motifs et de toutes les pièces à l'appui. — L. 19 avr. 1831, art. 18.

645. — Ainsi la décision du préfet ne serait pas suffisamment motivée par ces mots : *à rayer pour insuffisance de contributions*; il faut qu'elle mentionne la quotité et l'espèce des contributions pour chacun des départemens où elles peuvent se trouver assises.

ART. 3. — *Confection.*

646. — A l'époque où les électeurs étaient divisés en deux classes, électeurs départementaux et électeurs d'arrondissement, par une conséquence nécessaire, la liste électorale était dressée pour tout le département ; aujourd'hui que les colléges départementaux sont supprimés, il n'y a plus lieu d'établir que des listes d'arrondissement électoral.

647. — Ces listes sont dressées par canton avec indication des électeurs de chaque canton par ordre alphabétique. — Dans les villes formées de plusieurs cantons, il est procédé de la même manière.

648. — Les préfets doivent, sur les listes rectifiées, porter sans distinction et sous une seule série de numéros, tous les électeurs tant anciens que nouveaux, et avoir soin de faire disparaître le nom des électeurs retranchés.

649. — Néanmoins une circulaire ministérielle du 7 juill. 1840 a invité les préfets à suivre dans la confection des listes l'usage pratiqué dans le département de la Seine, et qui consiste à faire suivre les listes rectifiées de l'état des électeurs retranchés, qui doivent cesser d'y figurer.

650. — Les listes d'un arrondissement électoral doivent être divisées en deux et même trois parties, suivant que les électeurs sont censitaires proprement dits, censitaires désignés en vertu de l'art. 3, L. de 1831, ou supplémentaires dans l'hypothèse de l'art. 2, même loi.

651. — La liste des contribuables électeurs doit contenir en regard du nom de chaque individu inscrit, la date de sa naissance et l'indication des arrondissemens de perception où sont assises ses contributions propres ou déléguées, ainsi que la quotité et l'espèce de contributions pour chacun des arrondissemens. — L. 19 avr. 1831, art. 19, § 2.

652. — Quelques observations sont nécessaires pour ce qui concerne l'indication du cens.

653. — Et d'abord, ce que la loi prescrit d'indiquer, c'est l'énonciation exacte des contributions actuellement payées par l'électeur, et non celles qu'il pouvait payer l'année précédente.

654. — En second lieu, l'obligation d'indiquer la quotité et l'espèce des contributions existe sans doute aussi bien pour les contributions *déléguées* que pour les contributions *propres*; mais cette indication n'a pas besoin d'être divisée, et l'on peut porter ensemble les contributions propres et les contributions déléguées lorsqu'elles sont situées dans le même arrondissement de perception; peut-être eût-il mieux valu, comme on l'avait proposé dans la discussion de la loi, établir la règle de la division des deux contributions.

655. — Il convient encore de remarquer que l'indication de l'arrondissement de perception peut, en fait, être insuffisante pour indiquer la situation exacte des biens, sur lesquels sont assises les contributions, les arrondissemens de perception ruraux embrassant presque toujours plusieurs communes dans leur circonscription. — Aussi en fait les préfets ont-ils avec raison le soin de joindre dans ce cas à l'indication de l'arrondissement de perception celle de la commune.

656. — Outre les énonciations qui doivent être faites sur la liste des électeurs censitaires, celle des électeurs désignés en l'art. 3 de la loi précitée, c'est-à-dire des membres et correspondans de l'institut et des officiers des armées de terre et de mer retraités, doit contenir, en regard du nom



de chaque individu, la date de l'espèce de titre qui lui confère le droit électoral, et l'époque de son domicile réel. — L. 19 avr. 1831, art. 19, § 3.

657. — Le préfet inscrit encore sur les listes électorales ceux des individus qui, n'ayant pas atteint au 15 août les conditions relatives à l'âge, au domicile et à l'inscription sur le rôle de la patente, les acquerront avant le 21 octobre, époque de clôture de la révision annuelle. — Même art., § 4.

658. — Dans la discussion de la loi, et pour justifier cette dernière disposition, M. le duc Decazes fit remarquer que jusqu'au 19 octobre les élections doivent avoir lieu sur les listes de l'année précédente.

659. — Il peut arriver que le nombre des électeurs ainsi inscrits n'atteigne pas le chiffre déterminé par l'art., § 1er de la loi du 19 avr. 1831, c'est-à-dire celui de cent cinquante déterminé par la loi comme le minimum de tout collége électoral.

660. — L'art. 20 prévoyant ce cas porte : « S'il y a moins de 150 électeurs inscrits, le préfet ajoutera sur la liste qu'il publiera le 15 août, les citoyens payant moins de 200 fr. qui devront compléter le nombre de 150, conformément au § 1er de l'art. 2. » — Cette liste prend le nom de supplémentaire.

661. — Enfin, « toutes les fois que le nombre des électeurs ne s'élèvera pas au-delà de cent cinquante, le préfet devra publier, à la suite de la liste électorale, une liste complémentaire dressée dans la même forme et contenant les noms desdits citoyens susceptibles d'être appelés à compléter le nombre de cent cinquante, par suite des changemens qui surviendraient ultérieurement dans la composition du collége, dans les cas prévus par les art. 30, 32 et 35. » — L. 19 avr. 1831, art. 20. — C'est la liste *complémentaire*.

662. — Mais il importe de remarquer que l'adjonction ne doit avoir lieu que dans les limites voulues par la loi, et de manière à ne pas excéder le chiffre de 150. — Ainsi, le fait par le préfet d'avoir inscrit 152 électeurs au lieu de se borner à compléter la liste au nombre de 150 électeurs, doit faire annuler l'élection si elle n'a eu lieu qu'à la majorité d'une voix. — *Chambre des députés*, 28 juill. 1831, élect. Allier.

663. — De même, on ne peut plus augmenter de deux militaires pensionnés payant 100 francs d'impôts, la liste que l'adjonction d'électeurs complémentaires a portée à 150. Toutefois, cette irrégularité n'emporte pas nullité au cas où les adjonctions illégales étant retranchées du nombre des suffrages obtenus par l'élu, la majorité lui resterait encore acquise. — *Chambre des députés*, 2 août 1831, élect. Horace Sébastiani.

ART. 4. — *Publication.*

664. — Les listes composées et rectifiées, ainsi que nous venons de l'indiquer, doivent être publiées par le moyen d'affiches, et, en outre, déposées dans les endroits déterminés par la loi pour être communiquées à toutes personnes le requérant. — L. 19 avr. 1831, art. 19.

665. — Jusqu'en 1828 la publicité des listes électorales avait été fort insuffisante; ce fut pour y remédier que la loi de 1828, art. 7, prescrivit l'affiche dans toutes les communes du département, et le dépôt au secrétariat de la préfecture, des sous-préfectures et de toutes les mairies.

666. — Les colléges départementaux abolis, et, par conséquent, la liste départementale supprimée, la loi du 19 avr. 1831 ne devait plus prescrire l'affiche et le dépôt dans toute l'étendue du département, mais seulement dans celui de l'arrondissement électoral. — L. 19 avr. 1831, art. 19.

667. — Restreignant, en outre, les conditions de publicité établies par la loi de 1828, la loi de 1831 (même article) n'exige plus l'affiche et le dépôt dans toutes les communes de l'arrondissement électoral. — L'affiche et le dépôt ne sont ordonnés que dans les chefs-lieux de canton de l'arrondissement électoral ou les communes dont la population est au moins de 600 habitans, sauf, bien entendu, encore le dépôt au secrétariat de la préfecture.

668. — Jugé, en conséquence, qu'aujourd'hui on n'est point admis à se prévaloir du défaut d'affiche et publication dans les communes qui ont moins de 600 habitans et qui ne sont pas chefs-lieux de canton, la publicité quant à ces communes résultant des affiches et publications faites au chef-lieu du canton et dans les communes du canton ayant 600 habitans. — *Montpellier*, 2 nov. 1845 (t. 1er 1846, p. 242), Gazel c. Bertrand.

669. — La preuve que les listes ont été publiées conformément à la loi résulte de la production des arrêtés des préfets qui précèdent les listes, et qui, portant des dates, se référant aux époques indiquées par la loi, disent tous qu'ils seront affichés



conformément à la loi. Cette preuve légale de publicité ne peut être détruite par une attestation de maires. — *Chambre des députés*, 22 déc. 1837, élect. Gauthier d'Hauteserve. — Grün, p. 72.

670. — Du reste, il doit être donné communication des listes annuelles à tous les imprimeurs qui veulent en prendre copie. Il leur est permis de les faire imprimer sous tel format qu'il leur plaît de choisir et de les mettre en vente. — L. 2 juill. 1828, art. 27; 19 avr. 1831, art. 37. — Cette disposition s'applique également aux listes rectifiées.

671. — La liste originale et manuscrite arrêtée et signée par le préfet est évidemment celle qui doit être déposée au secrétariat de la préfecture; c'est elle qui forme le véritable titre de l'électeur.

672. — Ainsi, l'on ne saurait critiquer pour défaut de publicité l'inscription d'un électeur faite sur cette liste, encore bien que, par suite d'une erreur de l'imprimeur, le nom de cet électeur ait été omis sur les listes affichées et déposées dans les communes.

673. — A plus forte raison, lorsqu'un nom d'électeur a été omis sur une liste électorale lithographiée, cette omission peut-elle être réparée par l'insertion, écrite à la main du nom omis. — *Chambre des députés*, 30 juill. 1831, élect. Chasles.

674. — L'électeur dont le nom, inscrit sur les listes précédentes, a été omis sur la liste publiée lors de la révision annuelle par erreur de l'imprimeur, est recevable, même après le 30 sept., à réclamer le rétablissement de son nom, aucune notification ne lui ayant été faite, et la nouvelle liste ne pouvant être regardée comme publiée à son égard. — *Cass.*, 31 juill. 1834, préfet de l'Eure c. Dehors. — C'est là un point constant en jurisprudence.

675. — En principe, les diverses formalités que nous venons d'indiquer doivent être rigoureusement remplies à date fixe, le 15 août. — L. 19 avr. 1831, *ibid.* — La publication est, en effet, nécessaire pour faire courir les délais établis pour les réclamations et notifications.

676. — Cependant l'inexécution de ces formalités ou le retard apporté dans leur accomplissement ne doivent pas être considérés comme une cause de nullité des opérations faites sur ces listes, sauf à la chambre des députés à valider ou annuler l'élection, suivant qu'elle estime que le vice de cette composition a pu avoir ou non de l'influence sur la composition du collége électoral. — *Chambre des députés*, 28 juill. 1831, élect. Boyer de Pierreleau; 22 déc. 1837, élect. Gauthier d'Hauteserve.

ART. 5. — *Notification.*

677. — Les listes électorales ont besoin d'être portées à la connaissance de tous les intéressés; c'est pour cela que la publication en est faite; mais, évidemment, on ne saurait exiger une notification personnelle à chacun de ceux qui y sont portés pour les mettre en demeure de faire les réclamations qu'ils estiment convenables. Le grand nombre des électeurs inscrits rendrait pareille mesure impraticable.

678. — En ce qui concerne les tiers, l'accomplissement des formalités ci-dessus indiquées est regardé comme une véritable notification qui fait courir contre eux les délais pendant lesquels il leur est permis de former les réclamations qu'ils jugeraient à propos d'élever. — *Montpellier*, 12 nov. 1845 (t. 1er 1846, p. 242), Gazel c. Bertrand.

679. — Il en est de même à l'égard de ceux qui sont portés sur la liste électorale, soit qu'ils y soient maintenus, et c'est là le plus grand nombre, soit qu'ils y figurent pour la première fois.

680. — L'art. 21, L. 19 avr. 1831, conforme en cela à l'art. 8, L. de 1828, dispose expressément que « la publication prescrite par les art. 19 et 20 tiendra lieu de notification des décisions intervenues aux individus dont l'inscription aura été ordonnée.

681. — Mais les décisions provisoires du préfet, qui indiquent ceux dont le nom doit être retranché *comme ayant été indûment inscrit, ou comme ayant perdu les qualités requises*, doivent être spécialement notifiées à ceux qu'elles concernent. — L. 19 avr. 1831, art. 21, § 2.

682. — Il en était également ainsi sous l'empire de la loi de 1828, et l'on jugeait que l'électeur dont le nom avait été rayé d'office de la liste permanente, sans que cette décision lui eût été notifiée, avait le droit de demander son inscription sur le tableau de rectification, quoiqu'il n'eût pas réclamé avant le 30 sept. — *Bordeaux*, 17 juin 1830, Duvigneau c. préf. de la Gironde.

683. — La loi de 1828 exigeait même la notification de toute radiation, tandis que celle de 1831 ayant déterminé les causes de radiation qui rendent la notification indispensable.

684. — On en pourrait conclure que la notification n'est plus obligatoire, s'il s'agit de radiations par suite de décès, ou de décisions rendues par les autorités compétentes.

685. — Néanmoins, comme il pourrait se faire que dans ces deux dernières hypothèses, la radiation fût le résultat d'une erreur, une circulaire ministérielle du 11 août 1834 enjoignit aux préfets de notifier, sans aucune exception, toutes les radiations, quelle qu'en fût la cause. — Depuis, une nouvelle circulaire du 9 mai 1846 a renouvelé cette injonction dans les termes les plus formels : « Vous devez, écrit le ministre aux préfets, notifier toutes les décisions qui prescrivent des radiations, même celles d'électeurs décédés ou privés des droits civils ou politiques. Il y a eu des exemples de citoyens rayés mal à propos par suite d'erreurs, et qui, n'ayant pas réclamé avant le 1er oct., ont été obligés de se pourvoir en réintégration devant la cour royale. On ne saurait trop éviter de semblables erreurs. »

686. — Si la radiation a lieu pour cause de décès, la notification doit être faite aux héritiers de l'électeur décédé ou déclaré tel. — Même circulaire.

687. — La cour de Cassation juge, au surplus, que l'électeur qui a été rayé de la liste comme décédé, peut même, après le 30 septembre, réclamer le rétablissement de son nom, alors que l'arrêté de radiation ne lui a pas été notifié. — *Cass.*, 31 juill. 1834, préf. de l'Eure c. Leprince.

688. — Nous verrons (*infrà* n° 956) que c'est une jurisprudence constante que le défaut de notification dans les cas où cette notification était nécessaire, a pour résultat de conserver le droit de réclamation à l'électeur intéressé même après les délais déterminés pour ces réclamations.

689. — S'il s'agit non de la radiation d'un électeur, mais d'un simple changement ou d'une réduction faite à la quotité des contributions pour lesquelles il était précédemment inscrit, la notification devient-elle nécessaire ?

690. — Sous l'empire de la loi de 1828, la question avait été résolue en sens divers.

691. — Ainsi, tantôt l'on décidait que la notification n'était pas nécessaire. — *Orléans*, 4 déc. 1828, Péan c. préfet d'Indre-et-Loire; *Bordeaux*, 14 juin 1830, Cuzol c. préfet de la Gironde; 15 juin 1830, Coudert c. préfet de la Gironde.

692. — Tantôt, au contraire, que cette notification était indispensable. — *Bourges*, 11 juin 1830, Lepelletier-d'Aulnay c. préfet de la Nièvre.

693. — Toutefois, en se reportant aux circonstances de fait qui ont donné lieu à ces arrêts, on voit que la différence des solutions s'explique par la différence de position où se trouvaient les électeurs, et que les cours royales ont été conduites à se décider dans l'un ou l'autre sens, suivant que le changement opéré dans le chiffre du cens avait ou non pour effet d'enlever la capacité électorale.

694. — Cette distinction nous paraît devoir être établie en principe. Sans doute, la notification exigée par l'art. 21, L. 1831, ne concerne que les décisions prononçant une *radiation* de la liste électorale (*Montpellier*, 25 fév. 1839 (t. 1er 1839, p. 516), de Fournas c. préfet de l'Aude), et c'est pour cela, qu'en général, la simple réduction opérée sur le cens ne rend pas la notification nécessaire.

695. — Mais n'est-ce pas une véritable radiation, et par conséquent n'y a-t-il pas lieu à notification lorsque la réduction du cens est de telle nature qu'elle a pour résultat inévitable d'enlever la capacité électorale?

696. — C'est ce qui a été jugé depuis la loi de 1831 par un arrêt de la cour de Bastia, qui a déclaré valable, faute de notification, la réclamation portée devant elle après le 30 sept. par un électeur dont le cens avait été réduit au-dessous du chiffre nécessaire pour conférer la capacité électorale. — *Bastia*, 30 janv. 1834, Benedetti c. préfet de la Corse.

697. — Par suite du principe qu'il n'y a lieu à notification qu'au cas de radiation, la cour de Montpellier, dans son arrêt déjà cité, avait décidé qu'on ne doit point considérer comme opérant radiation le travail du préfet qui consiste à remanier les listes et à les rectifier en transportant, sans prendre de décision à cet égard, un électeur d'une liste sur une autre, attendu son changement de domicile réel sans déclaration d'intention de diviser les domiciles réel et politique. — *Montpellier*, 25 fév. 1839 (t. 2 1839, p. 515), de Fournas c. préfet de l'Aude.

698. — Mais la cour de Bourges a décidé, au contraire, et avec raison, suivant nous, que la mutation du nom d'un électeur faite par un préfet de la liste d'un arrondissement électoral sur celle d'un autre arrondissement, par exemple du collége *intrà-muros* d'une ville au collége *extrà-muros* de cette même ville, équivaut à une radiation et doit être notifiée. — *Bourges*, 27 fév. 1839 (t. 2 1839 p. 22), Perruchet c. préfet du Cher.

699. — Les motifs des décisions doivent être indiqués dans la notification. Il importe, en effet, de mettre l'électeur à même de se défendre. — *Toulouse*, 15 nov. 1827, Laromiguière c. préfet de la Haute-Garonne; — Duvergier, t. 28, p. 188, note 3e; t. 31, p. 187, note 3e; Merger, p. 227. — M. le ministre de l'intérieur, lors de la discussion de la loi de 1831, s'exprima de manière à ne laisser aucun doute : « Nous ne connaissons, disait-il, de décisions que celles qui sont motivées. »

700. — Cette exception peut, du reste, être couverte, et celui qui a conclu au fond à la réformation de l'arrêté de préfecture ne serait pas reçu à en demander la nullité pour défaut de notification. — *Bordeaux*, 17 juin 1830, Alafaure c. préfet de la Dordogne.

701. — Aux termes de l'article 21 de la loi de 1828, la notification doit être faite à l'électeur radié dans le délai de dix jours.

702. — Ce délai se compte à partir du jour des décisions et non à dater de la publication de la liste. — Cormenin, t. 2, p. 159, note 1re; Merger, p. 22.

703. — La notification de la radiation d'un électeur doit être faite à sa personne ou au domicile qu'il est tenu d'élire dans le département pour l'exercice des droits électoraux, s'il n'y a pas son domicile réel. A défaut de domicile élu, la notification peut être faite à la mairie de son domicile politique. — L. 19 av. 1831, art. 21, § 2.

704. — Ainsi que le font remarquer les instructions ministérielles des 25 août 1828 et 20 avril 1831, rendues en exécution des lois de 1828 et 1831, le domicile élu par l'électeur pour recevoir les notifications de l'autorité n'est pas nécessairement établi au lieu où se trouve son domicile politique. — L'électeur éloigné du pays et qui n'y a pas son domicile réel, peut souvent en outre se trouver en rapport plus sérieux avec un parent, un ami, un homme d'affaires ou correspondant quelconque, habitant hors du lieu de son domicile politique, et placé dans une ville voisine, qu'avec le fermier ou l'agent chargé dans une commune rurale de la gestion des biens qui lui confèrent le domicile politique.

705. — La loi du 19 av. 1831 n'a point du reste tracé la forme de l'élection de domicile qu'elle exige de la part de l'électeur dans le département où il exerce les droits politiques, lorsqu'il n'y a pas son domicile réel. Il nous semble qu'elle doit être annexée à l'acte qui contient la déclaration du domicile politique ou notifiée séparément au préfet par huissier. — Cependant, comme la loi ne prescrit rien, on devrait encore regarder comme établissant suffisamment l'élection de domicile la déclaration faite entre les mains du préfet.

706. — Lorsque le domicile réel et le domicile politique sont joints et qu'une déclaration de changement de domicile a été faite conformément à la loi, la notification d'un arrêté du préfet qui serait faite, par exemple, à la mairie de l'ancien domicile, serait nulle et ne ferait courir aucune déchéance contre l'électeur. — *Bordeaux*, 18 juin 1830, Lafisse c. préfet de la Gironde.

707. — Serait également nulle la notification qui serait faite à la mairie, sous le prétexte que le domicile de l'électeur n'est pas connu. Le domicile de tout électeur est réputé connu de l'administration. — *Bordeaux*, 17 juin 1830, Duvigneau c. préfet de la Gironde; même jour, Vilneau.

708. — Il a même été décidé que l'état civil de tout électeur était réputé connu de l'administration, et que, dès-lors, la notification d'un arrêté du préfet, portant radiation, était sans effet, lorsqu'au lieu d'être faite à personne ou à domicile, elle était faite à la mairie sous le prétexte du décès de l'électeur. — *Bordeaux*, 17 juin 1830, Videau c. préfet de la Gironde.

709. — Les mêmes arrêts ont jugé en conséquence que l'irrégularité de cette notification, de même que sa tardiveté, avait pour effet de maintenir le droit de réclamation de l'électeur en dehors des délais de la loi.

710. — Cependant, quelque rigoureuses que soient les prescriptions de la loi en ce qui concerne les formalités des notifications, l'irrégularité dans leur accomplissement peut dans certains cas se trouver couverte et par conséquent ne pas entraîner nullité. — V. *infrà* les nombreux arrêts rendus dans diverses hypothèses en cas de signification d'arrêt d'admission et dont les solutions sont évidemment applicables ici.

711. — Les notifications des décisions provisoires des préfets, comme toutes autres notifications en matière électorale, ne sont pas nulles faute d'enregistrement. — *Cass.*, 3 juill. 1830, préfet de la Seine c. Lamouroux.

712. — Elles sont faites suivant le mode employé jusqu'à présent pour les jurés, en exécution de l'art. 389, C. instr. crim. (L., 19 avr. 1831, art. 21, § 3), c'est-à-dire, par des huissiers ou par des gendarmes qui sont tenus de rapporter un reçu.

713. — Mais il est indispensable que copie de la notification soit laissée à l'intéressé pour que la notification soit régulière. — *Poitiers*, 14 nov. 1839 (t. 1er 1847), Vaucelle c. préfet de la Vienne.

714. — Cependant, d'après M. Merger (supplém. p. 35), si l'exploit se trouve égaré, l'administration peut établir la preuve que cette notification a été faite par les moyens de droit commun.

715. — Dans sa circulaire du 9 mai 1846, le ministre dit aux préfets : « Vous devez avoir soin de constater la réception des actes de notifications prescrites par l'art. 21, et d'en conserver la trace. Il est arrivé que des individus ont obtenu abusivement leur réinscription, parceque l'administration n'a pu prouver des notifications dont elle a retrouvé la preuve plus tard. »

ART. 6. — *Effets.*

716. — Après la publication de la liste rectifiée, il ne peut plus y être fait de changement qu'en vertu de décisions rendues par le préfet en conseil de préfecture. — L. 2 juill. 1828, art. 22.

717. — Jugé en conséquence sous l'empire de la loi de 1828, mais ces décisions sont encore applicables aujourd'hui, que le droit d'inscription d'office, lors de la révision annuelle des listes électorales, n'appartient au préfet qu'antérieurement à la publication de la liste rectifiée; mais qu'après la publication de cette liste, aucun électeur ne peut plus y être inscrit d'office par le préfet. — *Aix*, 4 mai 1830, Arnaud c. Fortou.

718. — ... Et aussi, qu'après la publication de la liste rectifiée, le préfet ne peut non plus éliminer d'office aucun électeur. — *Rouen*, 22 déc. 1828, Lecanu c. préfet de la Seine-Inférieure.

719. — Depuis la loi de 1831, il a été également décidé d'une manière générale qu'après la publication de la liste rectifiée faite le 15 août, le préfet ne peut plus opérer sur les listes électorales aucune rectification d'office. — *Nîmes*, 30 nov. 1842 (t. 1er 1843, p. 86), Velay c. préfet de la Lozère; 7 déc. 1842 (*ibid.*), Tardieu c. préfet de la Lozère.

720. — Il ne le pourrait pas même dans le cas où des demandes en inscription, formées postérieurement à cette date, viendraient lui faire connaître que des électeurs précédemment maintenus, ne paient plus le cens. — *Nîmes*, 30 nov. 1842 (t. 1er 1843, p. 86), Velay c. préfet de la Lozère.

721. — ... Ni sur le motif que l'électeur inscrit serait présumé avoir consenti à cette rectification, en remettant lui même à un tiers qui réclamait sa propre inscription un certificat par lequel il consentait qu'on attribuât à ce tiers une partie de ses contributions, ce qui les réduirait à un taux inférieur au cens légal. — *Nîmes*, 7 déc. 1842 (t. 1er 1843, p. 86), Tardieu c. préfet de la Lozère.

722. — Toutefois, M. Merger (p. 225) fait remarquer avec raison que, quelque absolu que soit le principe qui interdit au préfet de faire désormais aucun changement sur la liste électorale, néanmoins ce fonctionnaire devrait opérer le retranchement des individus décédés, ou dont la radiation viendrait à être prononcée par les autorités compétentes, attendu que, dans ce cas, il ne porte réellement aucune décision de son chef, ce que la loi a entendu défendre, mais qu'il se borne à enregistrer des faits.

723. — La circulaire du 9 mai 1846 ajoute encore que le préfet pourrait opérer d'office la radiation de l'électeur, si ce dernier venait à perdre la jouissance des droits civils et politiques.

## Sect. 3e. — *Réclamations devant le préfet en conseil de préfecture.*

724. — Si, les listes une fois révisées, il n'appartient plus aux préfets d'y faire aucun changement, les décisions prises par lui ne sont pas pour cela définitives, et les opérations relatives à la révision de la liste sont loin d'être à leur fin.

725. — La loi de 1831, conforme en cela à celle de 1828, ouvre, par ses art. 23 et suiv., contre la liste révisée, une première voie de recours devant le préfet en conseil de préfecture.

726. — Quelques unes des dispositions contenues en ces articles sont générales et s'appliquent à toute réclamation, quel que soit son auteur; d'autres sont spéciales et varient suivant la position de celui qui élève la réclamation.

727. — Mais, avant tout, il convient d'observer que les règles relatives à la réclamation contre la révision de la liste électorale, devant le préfet

en conseil de préfecture, s'appliquent non-seulement aux listes ordinaires, mais aussi à la liste complémentaire, dont la confection est prescrite dans le cas prévu par le dernier paragraphe de l'art. 20 de la loi de 1831.

728. — Le but du législateur, en admettant le droit de réclamation contre les listes, a été, en effet, d'en assurer la sincérité; c'est dans un intérêt d'ordre public, et non dans un intérêt privé, que l'intervention des particuliers a été admise; on ne pouvait donc distinguer entre la révision des différentes listes.

729. — C'est également par les mêmes motifs qu'il a été jugé que l'action accordée aux électeurs pour assurer l'exécution des lois électorales constitue une action d'ordre public qui ne peut être l'objet de transactions, de désistemens et de renonciations de la part de ceux à qui l'exercice en a été conféré; qu'en conséquence, ils sont recevables à la former malgré le désistement exprès qu'ils en auraient consenti. — *Nîmes*, 20 juill. 1843 (t. 1er 1844, p. 883), Artaud c. André.

730. — La cour royale a fait valoir avec raison, selon nous, les considérations d'ordre public qui s'attachent à la conservation des droits électoraux sur une transaction ou un désistement qui avait eu pour effet d'arrêter momentanément l'exercice de l'un de ces droits. En effet, pour se convaincre que le législateur, en créant l'action électorale, a uniquement songé à préserver de toute atteinte l'exercice des droits électoraux, mais nullement à servir des intérêts particuliers, il suffit de se reporter (dans le *Moniteur, premier semestre de* 1828, p. 360) à l'exposé des motifs de la loi du 2 juill. 1828, par M. de Martignac, et aux discours de MM. Favard (p. 489 et 551), Dumeillet (p. 523), His (p. 524), Grénedan (p. 547), Lainé (p. 806), Rouget (p. 875), Castel-Bajac (p. 874), Mounier (p. 881), de Broglie et d'Argout (p. 929).

731. — Au surplus, lors même que cette action pourrait être considérée comme action de nature privée dont un électeur pourrait valablement se désister, le désistement qu'il aurait donné par acte unilatéral non signifié à l'élu et non accepté formellement par lui, n'opérerait pas entre eux un lien de droit rendant l'action non-recevable. — *Nîmes*, 20 juill. 1843 (t. 1er 1844, p. 883), Artaud c. André.

ART. 1er. — *Formes générales des réclamations.*

732. — L'art. 23, L. 1831, qui (sauf une différence légère dont nous verrons plus bas le motif), est la reproduction de l'art. 10, L. 2 juill. 1828, a pour objet de tracer les formes générales des réclamations.

733. — D'après cet article, à compter du 15 août, jour de la publication, il est ouvert, au secrétariat général de la préfecture, un registre coté et paraphé par le préfet, sur lequel doivent être inscrites, à la date de leur présentation et suivant un ordre de numéros, toutes les réclamations concernant la teneur des listes (LL. 2 juill. 1828, art. 10, § 1er; 19 avr. 1831, art. 23, § 1er). — Ainsi se trouve expressément consacré le droit de réclamation.

§ 1er. — *Droit de réclamer par mandataire.*

734. — Nous verrons bientôt quelles personnes ont le droit de former des réclamations, et quelles règles spéciales leur sont imposées suivant leur qualité; mais il convient de constater avant tout l'existence d'un droit commun à tout réclamant, c'est celui de n'être pas tenu d'agir personnellement.

735. — Cette faculté est accordée, en effet, sans distinction aucune, par les articles précités. On ne saurait donc douter que le tiers qui attaque l'inscription d'un électeur puisse se faire représenter par un mandataire. La raison en est qu'il exerce alors un droit personnel susceptible de délégation, et non un mandat légal. — *Rennes*, 9 mars 1846 (t. 1er 1846, p. 588), Malherbe c. Hurel.

736. — La loi n'ayant astreint à aucune condition le choix de ce fondé de pouvoirs, il est également incontestable que le réclamant a une entière liberté à cet égard et qu'il peut donner mandat soit à une femme mariée, soit à un mineur, suivant les règles du droit commun.

737. — Mais la procuration doit être *spéciale*. On avait demandé, lors de la discussion sur l'art. 23, L. 19 avr. 1831, à la chambre des pairs, d'ajouter à cet article, après les mots *par son fondé de pouvoir*, celui de *spécial*; et c'est seulement sur la déclaration du ministre de l'intérieur qu'on l'avait toujours entendu ainsi, que la chambre jugea superflu d'admettre l'addition. — Duvergier, t. 28, p. 189, note 3e, et t. 31, p. 187, note 5e; Merger, p. 231.



738. — Du reste, la loi n'ayant point déterminé la forme que doit avoir la procuration, il en résulte que les principes du droit commun (C. civ., art. 1985) sont applicables à la forme du mandat comme au choix du mandataire.

739. — Ainsi, les réclamations tendant à obtenir l'inscription d'un citoyen sur les listes électorales sont valablement signées par un fondé de la procuration sous seing-privé du réclamant. — *Cass.*, 2 avr. 1838 (t. 1er 1838, p. 487), préf. de la Lozère c. Chaballier. — Merger, p. 232.

740. — Le mandat donné au fondé de pouvoir de faire la réclamation peut être même sous forme de lettre. — Circ. min. des 9 oct. 1827 et 25 août 1828. — Duvergier, t. 28, p. 189, note 3e.

741. — Il est dispensé de la formalité du timbre et de l'enregistrement; l'inscription sur le registre de la préfecture lui donne date certaine. — Mêmes circulaires.

742. — Il n'est pas nécessaire que la signature soit légalisée, il suffit qu'il n'y ait pas de doute sur la vérité de la procuration ou de la signature du mandant. — *Cass.*, 28 juin 1830, préfet de la Mayenne c. Freulon. — V. cependant *contrà* Merger, *ubi suprà*, qui cite à l'appui de son opinion un arrêt inédit de la cour de *Dijon* du 15 oct. 1829.

743. — Un simple mandat verbal donne même à tout individu le droit de former des réclamations relativement à la confection de la liste électorale; c'est ce qui, lors de la discussion de la loi de 1828, fut formellement déclaré à la chambre des pairs au nom de la commission.

744. — Et depuis la jurisprudence s'est constamment prononcée dans ce sens. — *Rouen*, 20 déc. 1828, Lefèvre c. préf. de la Seine-Inférieure; *Douai*, 18 nov. 1839 (t. 2 1842, p. 285), Camus-Lemaire c. préfet du Nord; *Bourges*, 19 nov. 1841 (t. 2 1842, p. 286), Chauveau Picard c. préfet de la Nièvre; *Douai*, 13 déc. 1841 (t. 1er 1842, p. 576), Monnier c. préfet du Nord.

745. — La preuve d'un tel mandat résulte suffisamment de l'énonciation qui en a été faite par le mandataire dans la réclamation. — *Cass.*, 2 avr. 1838 (t. 1er 1838, p. 487), préfet de la Lozère c. Chaballier.

746. — ... De l'existence des pièces du tiers électeur entre les mains du mandataire. — V. outre l'arrêt de *Cass.*, qui précède, *Rouen*, 20 déc. 1828, Lefèvre c. préfet de la Seine-Inférieure; *Bourges*. 13 nov. 1841 (t. 2 1842, p. 286), Chauveau Picard c. préfet de la Nièvre.

747 — ... Alors surtout que par l'action en recours devant l'autorité judiciaire contre le rejet de la réclamation faite en son nom, ce tiers électeur ratifie ce qui a été fait dans son intérêt. — V. l'arrêt de *Bourges*, ci-dessus, et *Douai*, 13 déc. 1841 (t. 1er 1842. p. 576), Monnier c. préfet du Nord.

748. — La cour royale qui le décide ainsi, ne viole ni l'art. 23 de la loi du 19 avr. 1831, ni les articles du Code civil prohibitifs de la preuve testimoniale, lorsque le mandat verbal a pour objet une valeur excédant 150 fr. — *Cass.*, 2 avr. 1838 (t. 1er 1838, p. 487), préfet de la Lozère c. Chaballier.

749. — En tout cas, il suffit qu'une demande en inscription sur les listes électorales soit faite au nom d'électeurs pour qu'elle doive être reçue, bien que formée par un soi-disant mandataire de ces électeurs qui ne justifie ni de ces pouvoirs ni des pièces nécessaires, sauf ensuite au préfet à statuer sur cette demande soit pour l'accueillir si elle est recevable et fondée, soit pour l'écarter si elle est irrecevable dans la forme ou inadmissible au fond. — *Cass.*, 25 mars 1844 (t. 1er 1844, p. 696), préfet du Morbihan c. électeurs de Vannes.

750. — Décidé, toutefois, qu'on ne peut considérer comme une demande régulière à fin d'inscription la procuration donnée à cet effet au chef de division chargé des opérations électorales, lorsque le dépôt de cette procuration dans les bureaux n'est pas justifié. — *Paris*, 17 nov. 1840 (t. 2 1840, p. 771), Cardon c. préfet de Seine-et-Marne (Sol. impl.)

§ 2. — *Signature de la réclamation.*

751. — La réclamation doit être signée par le réclamant ou par son fondé de pouvoirs. — Mêmes lois de 1828 et de 1831, mêmes articles.

752. — En conséquence la réclamation n'est pas nulle à défaut de signature du réclamant lorsqu'elle porte celle de son huissier, chargé de la remettre au préfet et de la notifier à qui de droit. — *Cass.*, 23 avr. 1838 (t. 2 1838, p. 13), préfet de la Corse c. Losinchi; même jour (*ibid.*), mêmes parties; même jour (*ibid.*), mêmes parties.

753. — La formalité de la signature, soit par le réclamant, soit par son fondé de pouvoir, doit-elle être exigée à peine de nullité? — La question est controversée.



754. — Jugé en effet que la réclamation formée après le 15 août pour provoquer l'inscription d'un électeur sur la liste électorale est nulle si elle n'est signée ni de la partie intéressée ni de son mandataire constitué verbalement ou par écrit. — *Douai*, 18 nov. 1839 (t. 2 1843, p. 558), Dufresne c. préfet du Nord.

755. — Décidé au contraire, et cette solution nous paraît plus conforme à l'esprit de la loi, que les dispositions de l'art. 23 de la loi du 19 avr. 1831, qui exigent que toute réclamation soit signée par le réclamant ou son fondé de pouvoir, ne sont pas prescrites à peine de déchéance; mais qu'il en résulte seulement pour le préfet le droit de refuser toutes pièces qui lui sont produites sans demande écrite et signée comme l'exige la loi. — *Nîmes*, 5 déc. 1842 (t. 1er 1843, p. 88), Laue c. préfet de la Lozère.

756. — ... Et que l'inscription de la réclamation sur le registre tenu à cet effet, le dépôt au secrétariat des pièces à l'appui et le récépissé donné par le préfet (V. *infrà* no 761), tant de la réclamation que des pièces justificatives constatent suffisamment l'existence de cette réclamation et suppléent au besoin à la production d'une demande signée par réclamant ou fondé de pouvoir. — Même arrêt.

257. — M. Merger (p. 235) cite encore un arrêt inédit de la cour de Paris en date du 19 juin 1830, lequel aurait décidé que, si la réclamation est faite par celui-là même qui se prétend électeur, le simple dépôt de pièces fait à la préfecture équivaut à une demande formelle d'inscription, et que le préfet est dès-lors tenu de l'inscrire s'il remplit les conditions requises.

§ 3. — *Délai et justification.*

758. — Il est encore imposé au réclamant des conditions de délai et de justifications à l'appui de sa demande. — Ces conditions seront tout à l'heure l'objet de notre examen.

759. — Le recours devant le préfet en conseil de préfecture est suspensif. — LL. 2 juill. 1828, art. 19; 19 avr. 1831, art. 34.

760. — Par suite, si le collége électoral se réunissait avant la décision que doit rendre le préfet, l'électeur dont l'inscription serait combattue ou que le préfet aurait cru devoir rayer d'office, lors des premières opérations, pourrait prendre part aux opérations du collége électoral.

§ 4. — *Récépissé de la réclamation.*

761. — Le préfet doit donner récépissé de chaque réclamation et des pièces à l'appui. Ce récépissé énonce la date et le numéro de l'enregistrement. — L. 2 juill. 1828, art. 10, § 2; L, 19 avr. 1831, art. 23, § 2. — La loi de 1828 indiquait que le récépissé devait être donné par le secrétaire général du conseil de préfecture. La suppression de ces fonctions opérée depuis (V. CONSEIL DE PRÉFECTURE, no 31) explique le changement survenu dans la rédaction de la loi de 1831.

762. — La nécessité du récépissé a pour résultat non seulement de constater la réclamation, mais aussi la remise des titres et pièces confiées à l'administration et qui doivent être restituées lorsque l'arrêt a été rendu.

763. — Dans le cas où le préfet refuserait de recevoir une réclamation régulièrement faite et d'en donner un récépissé conforme au vœu de la loi, il faudrait lui faire signifier ces réclamations par un huissier porteur des pièces. — Duvergier, t. 28, p. 189, note 4; Merger, p. 233.

764. — Il n'est pas nécessaire que l'huissier qui offre par exploit, au nom d'électeurs, les pièces qui ont pour objet de constater les droits électoraux soit porteur d'une procuration. Le préfet ne serait point encore fondé, sous ce seul prétexte du défaut de procuration, à refuser de recevoir les pièces. — *Toulouse*, 13 nov. 1827, Martin c. préfet de la Haute-Garonne.

765. — Le même arrêt a jugé en outre que, dans ce cas le refus du préfet n'était pas un simple *déni de justice* contre lequel il fallait recourir à l'autorité administrative supérieure, mais bien une *décision*, qui pouvait être déférée à la cour royale.

ART. 2. — *Réclamations par les parties intéressées.*

766. — Le droit de réclamation contre la teneur des listes électorales devait avant tout être accordé aux parties intéressées; l'art. 24 de la loi de 1831 leur reconnaît positivement ce droit, en même temps qu'il en détermine l'objet, et qu'il fixe le délai dans lequel il doit être exercé et les justifications qui doivent être faites.

767. — Cet article est ainsi rédigé : « Tout individu qui croirait avoir à se plaindre, soit d'avoir

a été indûment inscrit, omis ou rayé, soit de toute autre erreur commise à son égard dans la rédaction des listes, pourra, jusqu'au 30 sept. inclusivement, présenter sa réclamation, qui devra être accompagnée de pièces justificatives. » — L'art. 11 de la loi du 2 juill. 1828 était conçu dans les mêmes termes.

768. — Deux conditions sont donc imposées par la loi aux réclamations de la partie intéressée: 1° qu'elles soient faites en temps utile; 2° qu'elles soient accompagnées de pièces justificatives.

### § 1er. — *Délai.*

769. — La nécessité pour les parties intéressées de former leurs réclamations dans le délai fixé par la loi, c'est-à-dire avant le 30 sept., est absolue.

770. — Ainsi, après le 30 sept., aucune demande en inscription sur la liste électorale ne peut être admise soit par le préfet, soit par la cour royale, alors même que le réclamant n'aurait acquis les droits électoraux que dans l'intervalle du 30 sept. au 16 oct. — *Orléans*, 8 nov. 1845 (t. 1er 1846, p. 73), Rondeau c. préfet d'Indre-et-Loire.

771. — Les possesseurs à titres successifs ou par avancement d'hoirie ne peuvent non plus que tous les autres réclamer leur inscription sur la liste électorale postérieurement au terme fixé, bien que, lors de l'époque de la clôture des listes électorales, ils fussent encore dans les délais pour faire inventaire et délibérer. — *Limoges*, 5 août 1834, Robert c. préfet de la Haute-Vienne; *Cass.*, 2 fév. 1835, préfet de l'Eure c. Cliquot; *Nancy*, 13 oct. 1837 (t. 2 1837, p. 605), Castara.

772. — Sous l'empire de la loi 1828, on jugeait également que la déchéance prononcée par cette loi contre les électeurs qui avaient négligé de se faire inscrire sur la liste annale avant le 30 sept., était applicable même à celui qui, au 30 sept., n'avait pas la possession annale, lorsque la nature de son titre le dispensait de cette possession. — *Cass.*, 13 juill. 1830, Leguey c. préfet de la Seine.

773. — Cependant, la disposition de l'art 24, L. 19 avr. 1831, qui interdit à l'électeur rayé de la liste toute réclamation après le 30 sept., ne prononce point une déchéance tellement absolue, qu'il puisse en être relevé par le défaut de notification, conformément à l'art 21, § 2, de la même loi, de la décision portant sa radiation. — V. *infrà* nos 956 s. — Comment en effet imputer à l'électeur rayé de la liste de n'avoir point attaqué dans le délai voulu la décision qui l'élimine, alors qu'il ne saurait être réputé avoir eu légalement connaissance de cette décision avant l'expiration de ce même délai?

774. — Aussi a-t-il toujours été tenu pour constant, aussi bien sous l'empire de la loi de 1828 que depuis celle de 1831, que l'électeur dont le nom inscrit sur la liste électorale a été éliminé à tort, quelle que soit la cause de la décision qui l'élimine, ne peut être mis en demeure de l'attaquer que par la notification qui doit lui en être faite. Jusque-là, il conserve le droit de réclamer contre sa radiation. — *Bourges*, 14 juin 1830, Lepelletier-d'Aulnay c. préfet de la Nièvre; *Bastia*, 29 janv. 1834, Benedetti c. préfet de la Corse; *Poitiers*, 19 juin 1834, Pavie c. préfet de la Vienne; *Cass.*, 31 juill. 1834, préfet de l'Eure c. Leprince; 30 mars 1835, préfet de la Seine c. Rattier; 25 fév. 1839 (t. 1er 1839, p. 284), de Birzé c. préfet du Cher; 26 fév. 1839 (*ibid.*), Lebidois c. préfet de la Seine; même jour (*ibid*), Sevestre c. préfet de la Seine; 1er mars 1839 (*ibid*), Compoint c. préfet de la Seine.

775. — Il n'y a à cet égard aucune distinction à faire entre le cas où il aurait été rayé de la liste par suite d'une erreur émanant du préfet lui-même, et celui où son omission sur la liste proviendrait d'une erreur de l'imprimeur. — *Poitiers*, 19 juin 1834, Pavie c. préfet de la Vienne; *Cass.*, 31 juillet 1834, préfet de l'Eure c. Dehors. — V. cependant *contrà Lyon*, 16 fév. 1839 (t. 1er 1847, Cisterne c. préfet de la Loire.

776. — ... Ni entre le défaut de notification et une notification irrégulière. — *Bordeaux*, 17 juin 1830, Duvigneau c. préfet de la Gironde; 18 juin 1830, Lafisse c. préfet de la Gironde.

777. — Par application du même principe combiné avec celui de la permanence des listes, il a été jugé encore que l'électeur inscrit en 1832 et omis en 1837, sans qu'aucun arrêté prononçant sa radiation lui eût été notifié, pouvait réclamer contre cette omission, quoique dans l'intervalle, il n'eût pas usé du droit électoral et qu'il n'eût fait aucune protestation contre la radiation qui aurait eu lieu de son nom. — *Cass.*, 15 janv. 1839 (t. 1er 1839, p. 60), préfet de la Corse c. Marchetti.

778. — L'électeur qui a été rayé de la liste comme décédé peut même après le 30 septembre, réclamer le rétablissement de son nom, alors que, l'arrêté de radiation ne lui a pas été notifié. — *Cass.*, 31 juill. 1834, préfet de l'Eure c. Leprince.

779. — Nous avons vu plus haut (*suprà* no 698) que la notification est nécessaire non seulement dans le cas où le préfet a opéré une radiation véritable, mais encore dans celui où il ne s'agit que d'une modification ou rectification apportée par le préfet à la liste électorale, par exemple, d'une transmutation de listes. — *Bourges*, 27 fév. 1839 (t. 2 1839, p. 22), Perruchet c. préfet du Cher.

780. — Il en résulte que lorsqu'un arrêté du préfet portant radiation du nom d'un électeur sur les listes où il figure, et son inscription sur celles d'un autre arrondissement électoral, n'a été exécuté que dans sa première partie, l'électeur à qui cet arrêté n'a pas été notifié peut réclamer l'inscription de son nom, même après la clôture définitive et la publication des listes. — *Douai*, 14 mars 1842 (t. 2 1842, p. 393), Dorleucourt c. préfet du Pas-de-Calais; 13 juin 1842 (t. 2 1842, p. 394), de Beaulincourt c. préfet du Pas-de-Calais.

781. — Mais le recours tardif d'un électeur contre l'arrêté qui ordonne sa radiation de la liste n'est pas recevable lorsque cet arrêté lui a été notifié régulièrement. — *Bastia*, 27 déc. 1837 (t. 2 1842, p. 393), Paoli c. préfet de la Corse.

782. — Sous l'empire de la loi du 5 fév. 1817, dont l'art. 3, § 2, portait que la translation du domicile réel ou politique ne donnerait l'exercice du droit politique relativement à l'élection des députés qu'à celui qui, dans les quatre ans antérieurs, ne l'aurait point exercée dans un autre département, la déchéance résultant du défaut de réclamation avant le 30 sept. n'était pas applicable à celui qui, bien qu'il eût acquis le domicile réel et politique avant le 30 sept., était hors d'état de pouvoir exercer son droit politique pour la nomination des députés, comme l'ayant exercé dans les quatre ans antérieurs, cette circonstance ne lui ayant pas permis de requérir son inscription. — *Bordeaux*, 23 juin 1830, Boudin c. Gervaisais.

783. — Depuis l'abrogation de la loi de 1817, le cas dont s'agit ne peut sans doute plus se présenter; mais les principes sur lesquels il se base sont encore aujourd'hui applicables, et il faut distinguer encore les droits acquis et ceux qui ne le sont pas encore.

784. — Or, on entend par *droits acquis*, en matière électorale, non seulement les droits de l'exercice desquels on est investi actuellement, mais encore ceux qui, sans être complets pour le moment, se compléteront certainement avant l'époque fixée pour leur exercice. — *Nancy*, 14 juin 1830, Dorin c. préfet de la Meuse.

785. — On jugeait encore sous la loi de 1817 que l'art. 11 de cette loi n'ordonnait de réclamer avant le 30 sept., à peine de déchéance, que contre les omissions qui pouvaient priver l'électeur d'un droit acquis, mais non contre celles qui n'étaient pas de nature à changer sa position. — *Nancy*, 7 juin 1830, Drouot c. préfet de la Meurthe. — Cette décision et les conséquences qui en ont été tirées à cette époque doivent encore être tenues comme applicables, l'art 24, L. 1831 n'ayant fait que reproduire les dispositions de l'art. 11, L. 1828.

786. — Celui qui, inscrit sur la liste, en est retranché par le préfet sous prétexte que le cens déclaré sur cette même liste est réduit au-dessous du minimum déterminé par la loi, peut, par voie d'exception, et postérieurement par conséquent au 30 sept., se prévaloir de contributions dont il avait jusque-là négligé d'exciper. — *Nancy*, 7 juin 1830, Drouot c. préfet de la Meurthe.

787. — La déchéance dont la loi frappe celui qui n'a pas réclamé son inscription sur la liste n'atteint pas celui qui, déjà inscrit, demande à se faire porter sur la liste pour d'autres contributions. — *Cass.*, 29 juin 1830 (et non 1831), préfet de la Seine-Inférieure c. Dumesnil; même jour *ibid.*, préfet de la Seine-Inférieure c. Duval.

788. — ... Alors surtout que, par suite d'un arrêté du préfet, les contributions qui avaient motivé la première inscription ne suffisent plus pour composer le cens, et que les contributions nouvellement produites ont pour objet de le compléter. — Mêmes arrêts. — V. encore *Cass.*, 17 juill. 1830, préfet de la Seine c. Poullain.

789. — On jugeait également, sous l'empire de la loi de 1828, que l'électeur d'arrondissement qui réclame son inscription sur la liste des électeurs du grand collége peut, pour compléter son cens, joindre à ses contributions nouvellement acquises celles dont il ne s'est point prévalu avant la clôture des précédentes listes, parce qu'elles étaient insuffisantes pour lui donner l'entrée du collége départemental. — *Grenoble*, 4 août 1829, Chaper.

790. — Il est évident que le citoyen dont le droit ne s'est trouvé ouvert que par la nécessité où le préfet a été de composer une liste complémentaire, ne saurait être déchu pour n'avoir pas réclamé avant la clôture des listes.

791. — Dans tous les cas où la déchéance n'est pas encourue, si la réclamation formée après le 30 sept. l'est avant le 20 oct., c'est devant le préfet, en conseil de préfecture, qu'elle doit être portée, conformément à l'art. 27, L. 1831. Si c'est après, elle est de la compétence des cours royales. — Ce point est reconnu par tous les arrêts précités. — V. d'ailleurs *infrà* nos 988 et suiv.

### § 2. — *Production de pièces.*

792. — Aux termes de l'art. 24, la réclamation de la partie intéressée doit être accompagnée des pièces justificatives, et la déchéance prononcée contre l'électeur qui n'a pas formé sa demande en inscription avant le 30 sept. est applicable au défaut de production des pièces justificatives dans le même délai, c'est-à-dire dans l'intervalle du 15 août au 30 sept.

793. — Chaque fois, en effet, que l'on réclame, dans son intérêt, la rectification de la liste électorale, on doit être en mesure de justifier par titres du droit que l'on prétend avoir. — *Nîmes*, 6 déc. 1842 (t. 1er 1843, p. 89), Remise c. préfet de la Lozère.

794. — Par application de ce principe, on jugeait, sous l'empire de la loi de 1828, qu'il serait trop tard de présenter les pièces ou de les compléter après le délai du 30 sept., même pendant l'intervalle qui précède la clôture des listes. — *Rouen*, 20 déc. 1828, Rambure.

795. — Une circulaire du 28 août 1828, adressée aux préfets par M. de Martignac, alors ministre de l'intérieur, les autorisait à ne pas donner suite aux demandes non accompagnées de pièces avant le 1er oct.

796. — Mais cette solution était regardée comme trop rigoureuse, et, depuis la loi de 1831, la jurisprudence paraît s'accorder pour décider que le défaut d'annexe à la réclamation d'un électeur des pièces justificatives dont elle doit être accompagnée n'emporte contre lui aucune déchéance, et ne met pas obstacle à l'inscription. — *Amiens*, 24 oct. 1837 (t. 2 1837, p. 467), Philippy d'Estrées c. préfet de l'Aisne; *Douai*, 13 déc. 1841 (t. 1er 1842, p. 576), Monnier c. préfet du Nord; *Colmar*, 12 oct. 1843 (t. 1er 1847), N...; — Duvergier, t. 31, p. 188, note 2e.

797. — Nous adoptons cette dernière décision comme plus conforme à l'esprit de la loi du 19 avr. 1831; des pièces justificatives pourraient même, selon nous, être produites pour la première fois devant la cour royale. — V. *infrà* nos 1088 et suiv.

798. — Cependant on ne peut se dissimuler qu'une demande non accompagnée des pièces justificatives que les art. 24 et 28 prescrivent de produire à l'appui, n'est pas susceptible d'être jugée, et que la production qui en est faite tardivement a pour résultat de rendre inutiles les soins qu'a pris le législateur pour assurer un examen attentif, approfondi, exempt de toute précipitation, des demandes présentées à l'époque de la clôture. — — Circ. min. 9 mai 1846.

799. — C'est donc, suivant la même circulaire, un abus extrêmement grave que la présentation de demandes, même dans le délai légal, sans justifications suffisantes ou absolument dénuées de preuves justificatives, et qu'en conséquence les préfets doivent repousser. Toutefois, le ministre continue en ces termes : « Les intéressés qui ont ainsi agi, soit par négligence, soit par calcul, s'adressent alors à la cour royale en vertu de la décison de l'art. 33, qui permet de lui soumettre toutes pièces à l'appui, et la saisissent en première instance d'une action qui n'a pas subi le premier degré d'examen que la loi attribue à l'autorité administrative. C'est là une extension de l'admission de pièces nouvelles qui prolonge au-delà des quatre mois et demi déterminés par la loi (1er juin au 16 oct.) le travail de la confection des listes, qui en modifie considérablement quelquefois la composition après leur clôture, et qui fait du second degré de juridiction, au lieu d'une autorité chargée de réviser le travail, un pouvoir qui l'effectue en grande partie. Pour diminuer autant qu'il est en vous ces fâcheux résultats, vous pourrez, monsieur le préfet, inviter les réclamans qui auraient formé ces demandes insuffisantes à les compléter dans un court délai, et attendre, pour statuer, l'expiration du terme de dix jours fixé par l'art. 26. » — Même circulaire.

800. — Quoi qu'il en soit, on ne peut considérer une demande en inscription comme dépourvue de pièces justificatives, lorsque le réclamant se fonde sur des pièces qui sont entre les mains du préfet, telles que les rôles des contributions. — *Cass.*, 24 avr. 1838 (et non 28 avr. 1837) (t. 1er 1838, p. 16), le pret de la Corse c. Braccini.

801.—Le défaut de production dans le délai fixé de pièces justificatives du cens ne saurait non plus être opposable au réclamant, lorsque le retard ne provient pas de son fait, mais de celui des fonctionnaires auxquels il a été obligé de demander les certificats, ou entre les mains desquels ils sont restés déposés. —*Grenoble*, 19 juin 1830, Valentin c. préfet de la Drôme; *Amiens*, 24 oct. 1837 (t. 2 1837, p. 467), Philippy d'Estrées c. préfet de l'Aisne.

802.— Au surplus, il suffit qu'il soit constant que des pièces sont arrivées à la préfecture en temps utile pour que le préfet ait été obligé de statuer sur la réclamation de l'électeur, alors même que ces pièces n'auraient pas été inscrites sur le registre à ce destiné. — *Cass.*, 6 juill. 1830, préfet du Loiret c. Meslier.

803. — ... Ou non signées du réclamant qui aurait de plus négligé de demander récépissé du dépôt par lui fait. — *Poitiers*, 7 nov. 1839 (t. 1er 1847), Chenier c. préfet de la Vienne.

804. — Nous verrons encore (*infrà* no 885) que l'obligation de produire les pièces justificatives de son droit, dans le délai légal, n'est pas imposée à la partie lorsqu'elle est défenderesse à l'action dirigée par un tiers.

805. — C'est surtout en ce qui concerne le montant du cens et l'attribution qui peut en être faite que des difficultés peuvent s'élever, et que la production de pièces devient nécessaire.

806. — Or, en traitant de la possession du cens, nous avons établi que les pièces justificatives du cens sont les extraits des rôles des contributions délivrés par le percepteur et attestés par le maire. Nous n'avons pas besoin de revenir ici sur ces détails. — V. *suprà* nos 568 et suiv.

807. — Notons seulement, quant à la forme des pièces justificatives, que des extraits de rôles signés par le percepteur, vérifiés et attestés par le maire, dont la signature est légalisée par le sous-préfet, présentent une assez grande authenticité pour qu'on doive y ajouter foi, sans la légalisation du préfet, encore qu'il soit fait usage de ces extraits dans un département autre que celui dans lequel ils ont été délivrés. — *Bordeaux*, 15 juin 1830, Léonardon c. préfet de la Dordogne.

808. — ... Et encore que les pièces destinées à prouver le cens ne perdent rien de leur sincérité, en ce qu'il existe des ratures, alors que le relevé du rôle général délivré par le directeur des contributions directes donne un résultat conforme. — *Cass.*, 6 juill. 1830, préfet du Loiret c. Quetin.

ART. 3. — *Réclamations par les tiers.*

809.— L'art. 25, L. 19 avr. 1831, consacre le droit de réclamation accordé aux tiers par la législation antérieure : « Dans le même délai (c'est-à-dire du 15 août au 30 sept.), porte cet article, tout individu inscrit sur les listes d'un arrondissement électoral pourra réclamer l'inscription de tout citoyen qui n'y sera pas porté, quoique réunissant les conditions nécessaires ; la radiation de tout individu qu'il prétendrait indûment inscrit, ou la rectification de toute autre erreur commise dans la rédaction des listes. »

810. — Comme on le voit, le premier principe posé en cette matière est que le délai dans lequel l'action des tiers doit être exercée est le même que celui accordé aux parties intéressées (V. *suprà* nos 729 et s.); partout la déchéance est la même.

811.— Du reste, pendant le délai fixé par la loi, c'est-à-dire jusqu'au 30 sept., le droit des tiers est absolu. « Si, pendant le cours de la révision contentieuse, c'est-à-dire du 15 août au 30 sept., l'électeur inscrit sur la liste publiée le 15 août cesse de remplir les conditions en vertu desquelles il était inscrit, sa radiation peut être demandée par un tiers et prononcée par le préfet en conseil de préfecture. Ce principe résulte de l'économie de la loi et ne peut faire aucun doute. » — Circ. min. 9 mai 1846; — V. conf. *Bourges*, 25 nov. 1840 (t. 1er 1841, p. 641), Delacour c. préfet de l'Indre; *Paris*, 12 nov. 1842 (t. 1er 1843, p. 597), Massibot-Lassire c. préfet de l'Aube; *Besançon*, 14 nov. 1845 (t. 1er 1847), N...; *Orléans*, 20 fév. 1845 (t. 1er 1845, p. 184), Ducoux c. préfet de Loir-et-Cher.

812.— « La radiation peut même être demandée avant le 30 sept., pour une cause prévue et qui doit nécessairement se réaliser du 1er au 20 oct.; par exemple, l'accomplissement de l'âge de dix-huit ans à l'égard du fils d'une veuve qui a délégué à son gendre les contributions de ce fils mineur de dix-huit ans. » — Même circ. — V. conf. *Nîmes*, 16 déc. 1845 (t. 1er 1847), N....

813.— Évidemment encore la prescription de la loi est générale et s'applique à toutes les parties de la liste, même à celles qui n'ont pas trait à la liste des électeurs politiques.

814. — Il a en conséquence été jugé qu'on ne pouvait demander après le 30 sept. la réduction du cens d'un électeur inscrit sur la liste générale du jury. — *Bastia*, 28 nov. 1833, Biadelli c. préfet de la Corse et Zulezzi.



815.— Mais si la première disposition de l'art. 25 précité n'est susceptible d'aucune difficulté, il n'en est pas de même de ceux qui déterminent les personnes auxquelles appartient le droit de réclamation et le mode d'exercice de ce droit. Nous traiterons de tout ce qui concerne ces dispositions dans les trois paragraphes suivans.

§ 1er. — *Qui peut réclamer.*

816. — Le droit de réclamer appartient non-seulement aux personnes inscrites sur la liste générale, mais encore à celles qui sont appelées à composer la liste complémentaire. C'est pour exprimer cette idée que la commission de la chambre des pairs a substitué les mots *les listes* à ceux-ci : *la liste*, que contenait le projet de l'art. 25. — Duvergier, t. 31, p. 188, note 3e. — V. encore *Cass.*, 9 avr. 1839 (t. 1er 1839, p. 513), préfet de la Corse c. Casabianca.

817. — Sous l'empire de la loi de 1828, alors qu'il existait des colléges départementaux, cette loi (art. 12) accordait l'action à tout individu *inscrit sur la liste d'un département*, mais ne parlait pas des jurés non électeurs.

818. — Par une disposition nouvelle, l'art. 25, § 2, L. 1831, accordant le droit de réclamation à tout citoyen inscrit sur la liste des jurés non électeurs dans l'arrondissement, a fait cesser tous les doutes.

819. — Cette disposition s'étend à tous les jurés de l'arrondissement électoral, et non pas seulement aux jurés appartenant au même arrondissement communal que celui dont l'inscription est ouverte. — *Cass.*, 15 (et non 24) juin 1846 (t. 2 1846, p. 140), Soulhiac c. Goursal.

820. — Mais elle ne comprend pas l'électeur qui, ayant son domicile réel et son domicile politique dans deux arrondissemens électoraux du même département, prétendrait contester ou réclamer une inscription sur la liste de l'arrondissement de son domicile réel. Il ne peut exercer le droit de réclamation que dans l'arrondissement où il a fixé son domicile politique. — *Angers*, 19 nov. 1845 (t. 1er 1847), N...; — Circul. min. 9 mai 1846.

821. — Du reste, électeur ou non, nul ne peut exercer de réclamation que dans les limites de l'arrondissement électoral dans lequel il est porté. — Il n'y a plus en effet aujourd'hui de listes départementales.

822. — Suivant M. Merger (p. 289), le droit des jurés non électeurs dérive de l'intérêt qu'ils ont à diminuer les chances du tirage au sort, par l'augmentation du nombre des jurés. — Quant à nous, nous préférons voir dans cette disposition de la loi un but plus élevé, celui d'appeler le plus grand nombre possible de citoyens à contrôler la sincérité des listes électorales. — V. *suprà* no 728.

823. — D'un autre côté, il ne fallait pas tomber dans un excès contraire, et livrer la liste électorale aux attaques non motivées du premier venu. — C'est donc avec raison que tout individu non inscrit comme électeur ou comme juré n'est pas admis à élever des réclamations.

824. — Celui qui a puisé dans son inscription sur les listes électorales le droit de poursuivre la radiation d'un citoyen qui y aurait été indûment inscrit, perd, dès qu'il en est lui-même rayé, la faculté de donner suite à son action. — *Toulouse*, 14 nov. 1839 (t. 1er 1840, p. 78), Raymond-Bénech c. Gardès fils; *Montpellier*, 5 déc. 1845 (t. 1er 1846, p. 282), Fages c. préfet de l'Aveyron.

825. — Les tiers qui ont l'exercice de ce droit ne peuvent agir qu'*individuellement*. Ce mot est exclusif de l'action de toute corporation, de toute association, de toute réunion. La qualification collective telle que celle de président, de secrétaire, ou tout autre, est également prohibée. La réclamation n'est permise qu'à l'*individu*. — Circul. 21 oct. 1828.

§ 2. — *Production de pièces.*

826. — La loi du 2 juill. 1828, art. 12, § 2, voulait que le tiers qui réclamait pour ou contre l'inscription d'un citoyen, fût obligé de motiver sa demande et de l'appuyer des pièces justificatives. Mais cette disposition n'a point été reproduite dans l'art. 25, L. 19 avr. 1831. — On doit donc en conclure que la demande adressée au préfet dans les termes de cet article pour obtenir l'inscription d'un tiers sur la liste électorale, ou sa radiation, ne doit pas être nécessairement accompagnée de pièces justificatives, comme celle qui concerne personnellement le réclamant.

827. — Une jurisprudence, aujourd'hui constante, s'est prononcée en ce sens. — Une première fois, il est vrai, la cour de Cassation, saisie de la question, ne l'avait pas résolue, et s'était bornée expressément à rejeter, par d'autres motifs, le pourvoi dirigé contre un arrêt de la cour de la Martinique, qui par application de l'ordonnance de 1833, relative aux colonies, et dont les dispositions sont analogues sur ce point à celles de la loi de 1831, avait décidé que la production de pièces n'est pas nécessaire. — *Cass.*, 15 juin 1837 (t. 2 1837, p. 253), Filassier c. dir. de la Martinique.



828. — Mais bientôt sept arrêts de la même cour, rendus dans deux audiences consécutives, sur les pourvois dirigés contre des arrêts de la cour de Bastia, tranchèrent la difficulté de la manière la plus formelle. — *Cass.*, 23 avr. 1838, préf. de la Corse c. Losinchi ; même jour, mêmes parties ; même jour, préf. de la Corse c. Bruccini ; même jour, préf. de la Corse c. Losinchi ; même jour, préf. de la Corse c. Colonna d'Ornano ; 24 avr. 1833, préf. de la Corse c. Cecconi. — V. tous ces arrêts cités au t. 2 1838, p. 13 et suiv.

829. — On peut encore citer comme rendus depuis dans le même sens : *Paris*, 21 nov. 1845 (t. 2 1845, p. 696), Bavoux c. Bardin ; *Cass.*, 14 avr. 1846 (t. 1er 1846, p. 667), préf. de Loir-et-Cher c. Jacquet Hadon.

830. — Le défaut de production des pièces justificatives n'autorise donc pas l'administration à refuser de statuer sur la demande. — V. l'arrêt de *Cass.* précité (no 827) du 15 juin 1837. — Exiger du tiers réclamant d'accompagner nécessairement sa réclamation des pièces justificatives eût été en effet le mettre, le plus souvent, dans l'impossibilité d'agir, et l'on conçoit très bien que la loi lui permette de ne pas produire de pièces justificatives, quoiqu'elle exige une production de la partie intéressée. — V. *suprà* nos 792 et suiv.

831. — En tout cas, on doit considérer comme équivalent à une production l'argument tiré des pièces qui sont déjà entre les mains du préfet. — *Cass.*, 23 avr. 1838 (arrêts précités nos 828), préf. de la Corse c. Losinchi (4e espèce) ; préf. de la Corse c. Colonna d'Ornano (5e espèce) ; préf. de la Corse c. Braccini (6e espèce).

832. — Jugé encore, et par plusieurs des arrêts précités, que la réclamation contre l'inscription d'un tiers sur la liste électorale fondée sur *ce qu'il ne paie pas le cens voulu par la loi* est suffisamment motivée. — *Cass.*, 2 avril 1838 (arrêts précités no 828), préf. de la Corse c. Losinchi (2e espèce); préf. de la Corse c. Braccini (3e espèce); préf. de la Corse c. Losinchi (4e espèce).

833. — Tant qu'il n'a pas été statué sur la demande, le tiers est recevable à produire les pièces propres à la justifier. — *Orléans*, 3 déc. 1842 (t. 1er 1843, p. 22), Jacquet Gadon c. Vallon.

834. — En effet, si, aux termes de l'art. 26, L. 19 avr. 1831, aucune demande formée par un tiers en radiation d'un nom qu'il prétend indûment inscrit sur la liste des électeurs ne doit être reçue qu'autant que le réclamant y a joint la preuve que cette demande a été par lui notifiée à la partie intéressée (V. *infrà* nos 846 et suiv.), ni cet article ni aucun autre n'interdisent la production ultérieure de pièces tendant à justifier cette demande. — *Cass.*, 14 avr. 1846 (t. 1er 1846, p. 667), préf. de Loir-et-Cher c. Jacquet Hadon.

835. — En conséquence, la demande en radiation est valable, encore que la production des pièces justificatives n'aurait eu lieu que le 1er oct. et non le 30 sept. — Même arrêt.

836. — Cette faculté ne doit, au surplus, s'appliquer qu'à ce qui concerne les pièces justificatives du mérite de la réclamation au fond, et non à celles dont la production est essentielle pour la régularité de la demande, telle que la preuve de la notification à la partie (V. *infrà* nos 846 et suiv.) — *Cass.*, 28 août 1843 (t 2 1843, p. 386), de Laboissière Gérente.

837. — De ce que la loi n'exige pas que la production des pièces accompagne la réclamation du tiers réclamant, il ne faudrait pas non plus en conclure que ce tiers est dispensé de toute justification pour établir le bien fondé de sa réclamation, surtout s'il demande une radiation.

838. — En effet, l'inscription d'un citoyen sur la liste électorale constitue en sa faveur une présomption de capacité qui ne peut être détruite que par la preuve contraire. — *Orléans*, 2 déc. 1843 (t. 1er 1844, p. 80), Porcher Guibert c. Pou-Roché et préfet de Loir-et-Cher.

839. — En conséquence, le préfet est fondé à rejeter toute demande en radiation formée, *même* par un tiers, depuis la publication de la liste opérée en exécution de l'art. 19, L. 19 avr. 1831, lorsque cette demande n'est pas appuyée de pièces justificatives. — Même arrêt.

840. — Le tiers qui attaque une inscription

peut, pour justifier sa réclamation, se servir de preuves résultant des pièces produites par l'électeur inscrit. — *Bordeaux*, 22 juin 1830, Boucherie c. Rabar.

841. — Mais il ne saurait y avoir base légale à la décision du préfet dans la production d'un acte sous seing-privé non reconnu par l'électeur ou vérifié contre lui. — *Nîmes*, 19 (et non 9) nov. 1839 (t. 1er 1840, p. 459), Amand-Coste c. Chabot.

842. — Le tiers qui demande la radiation du nom d'un électeur de la liste électorale peut, suivant les circonstances, obtenir l'autorisation de se faire délivrer extrait des actes dont il entend faire résulter la preuve que cet électeur ne paie pas le cens. — *Orléans*, 5 déc. 1845 (t. 1er 1846, p. 71), Durand c. Cordelet.

843. — Toutefois, la faveur due à l'action des citoyens qui veulent empêcher d'illégales inscriptions sur les listes électorales ne peut aller jusqu'à donner aux tiers le droit de quereller, sous prétexte d'inégalités des lois, un acte de partage dont se contentent les parties qui y ont figuré ou leurs ayant-cause. — *Toulouse*, 14 nov. 1839 (t. 1er 1840, p. 94), Austry c. Auriol.

844. — Le tiers qui critique une inscription sur la liste électorale n'est donc pas admissible à demander, surtout d'une manière générale, l'autorisation de compulser les titres de propriété et actes de famille de l'électeur dont il conteste le droit. — *Angers*, 13 nov. 1844 (t. 1er 1845, p. 351), de Quatrebarbes c. préfet de Maine-et-Loire.

845. — Ce dernier arrêt a, en outre, jugé que le tiers réclamant n'est pas admissible à déférer à la partie intéressée le serment décisoire sur la légitimité de sa possession. — Même arrêt.

### § 3. — *Formalités spéciales (notification, preuve, défense).*

846. — *Notification.* — Si la loi de 1831 s'est montrée plus facile à l'égard des tiers que vis-à-vis de la partie intéressée en ce qui concerne la production de pièces justificatives, d'un autre côté elle leur impose pour l'exercice de leur action une formalité préalable dont ils ne sauraient se dispenser. C'est la notification de la réclamation à la partie intéressée, afin qu'elle puisse prendre part à la contestation.

847. — Aux termes de l'art. 26, L. 19 avr. 1831, aucune des demandes relatives à l'inscription ou à la radiation d'un citoyen ne sera reçue lorsqu'elle sera formée par des tiers, qu'autant que le réclamant y joindra la preuve qu'elle a été par lui notifiée à la partie intéressée, laquelle aura dix jours pour y répondre, à partir de la notification. — Cette disposition n'est que la reproduction de l'art. 13, L. 2 juill. 1828.

848. — La notification à la partie intéressée doit se faire par exploit d'huissier. Cet exploit doit contenir copie de la demande au préfet et des pièces qui la motivent, s'il en est produit.

849. — Lorsque plusieurs personnes réclament en même temps contre l'inscription d'un même individu, les frais des diverses significations sont à la charge de ceux qui les font. — Duvergier, t. 28, p. 191, note 1re, et t. 31, p. 189, note 1re.

850. — D'après l'intention bien prononcée du législateur, la notification préalable de la demande est une condition de rigueur sans laquelle celle-ci ne peut être admise, et de là il suit que le tiers qui est dans l'intention de provoquer la radiation du nom d'un citoyen de la liste électorale doit commencer par rédiger la réclamation qu'il veut adresser au préfet ; qu'il doit ensuite la notifier à la partie intéressée. — C'est le tiers réclamant lui-même qui est chargé du soin de cette notification.

851. — Il est vrai que lors de la discussion de la loi de 1828 un amendement fut présenté, tendant à faire décider que la demande serait notifiée par le préfet ; mais cette proposition fut rejetée, et la rédaction primitive du projet maintenue.

852. — La notification à la partie intéressée est indispensable dans le cas où l'on réclame son inscription sur la liste, comme dans celui où l'on demande sa radiation. Les termes de la loi de 1831 (de même que ceux de la loi de 1828 dont ils sont la reproduction) sont trop absolus, en effet, pour souffrir une exception. D'ailleurs, dès qu'il s'agit d'enlever ou de conférer l'exercice de droits politiques à une personne, la question est trop grave pour que cette personne ne soit pas mise en demeure de prendre part au débat.

853. — M. Merger (p. 241) croit, il est vrai, pouvoir établir une distinction et s'appuyer sur deux arrêts des cours de Rennes et de Rouen, rendus sous l'empire de la loi de 1828, lesquels, suivant lui, auraient consacré le principe que la réclamation ayant pour objet l'inscription d'un électeur doit être reçue, quoique elle n'ait pas été notifiée à la partie intéressée.

854. — Mais ces arrêts posent, au contraire, en règle formelle la nécessité de la notification. Ils ont, en effet, décidé qu'un tiers *agissant en cette qualité et non comme fondé de pouvoirs*, qui réclamait l'inscription de prétendus électeurs, était non-recevable s'il n'avait pas joint à sa demande, dans les délais légaux, la preuve de la notification faite à la partie intéressée. — *Rennes*, 16 déc. 1828, Tredern ; *Rouen*, 16 (et non 20) déc. 1828, N...

855. — On ne saurait donc douter que celui qui, inscrit sur les listes électorales, réclame l'inscription d'un tiers, doit, à peine d'être déclaré non-recevable, notifier sa demande à celui qu'elle concerne. — *Nîmes*, 7 déc. 1842 (t. 1er 1843, p. 90), Avesque c. préfet de la Lozère.

856. — Vainement alléguerait-il devant la cour qu'il a agi, non pas en son nom personnel, mais comme mandataire verbal de celui dont il demandait l'inscription ; vainement aussi celui dont l'inscription était demandée réclamerait-il lui-même son inscription devant la cour, en soutenant aussi que le tiers n'était que son mandataire verbal, et qu'il ratifie ce que la procédure pourrait avoir d'irrégulier devant l'administration, la fin de non-recevoir doit être maintenue s'il résulte des termes de la demande adressée au préfet que l'électeur inscrit n'a réellement agi qu'en vertu du droit que lui accorde l'art. 25, L. 19 avr. 1831. — Même arrêt de 1842.

857. — Il est vrai que, par un dernier arrêt, la cour de Nîmes avait décidé que le récépissé des pièces qu'un employé de la préfecture aurait délivré par erreur au nom de celui qu'on veut faire inscrire établit suffisamment le mandat verbal ; mais le pourvoi contre l'arrêt a été rejeté. — *Cass.*, 31 mars 1846 (t. 1er 1847).

858. — Mais que doit contenir la notification ? doit-elle être la reproduction de la demande formée ; peut-elle, au contraire, être conçue en d'autres termes ?

859. — Il a été jugé que le tiers qui provoque la radiation du nom d'un citoyen de la liste a suffisamment satisfait au vœu de l'art. 26, L. 19 avr. 1831, en lui notifiant les motifs de la demande qu'il lui déclare *être dans l'intention d'adresser au préfet*, et en lui faisant sommation *de défendre, si bon lui semble, à cette demande*, alors surtout qu'elle a été réellement déposée à la préfecture. — *Orléans*, 3 déc. 1842 (t. 1er 1843, p. 22), Jacquet-Gadon c. Vallon.

860. — ... Qu'une pareille notification ne doit pas être considérée comme une simple menace. — Même arrêt.

861. — ... Et le pourvoi dirigé contre cet arrêt a été rejeté. — *Cass.*, 4 avr. 1843 (t. 1er 1843, p. 555), Jacques-Gadon c. Vallon.

862. — Mais cette décision ne nous paraît pas à l'abri de justes critiques. En effet, si l'électeur attaqué, croyant qu'il n'est pas obligé de répondre à une menace, attend pour produire ses moyens de défense que la demande lui ait été notifiée, et si de son côté le préfet, prenant la sommation pour la notification prescrite par l'art. 26, L. 19 avr. 1831, statue sur la demande en l'absence de la réponse du défendeur, celui-ci, contre le vœu formel du législateur, pourra être rayé de la liste électorale sans avoir été entendu dans ses moyens de justification.

863. — Que l'on exige, au contraire, la notification de la demande elle-même, ainsi que le prescrit d'ailleurs la loi, et tous les intérêts seront garantis. Averti par cette notification que ses droits sont réellement et sérieusement contestés, l'électeur attaqué remet dans les dix jours sa réponse au préfet, et alors de deux choses l'une : ou le réclamant dépose sa demande même le dernier jour, c'est-à-dire le 30 septembre, ou il renonce à la présenter. Dans le premier cas, si les délais sont expirés, le préfet statue dans les cinq jours, conformément à l'art. 27 de la loi précitée. S'ils ne sont pas encore échus, il attend leur expiration, et ainsi toute latitude ayant été laissée à la défense, l'électeur qui n'aurait pas produit la sienne ne serait pas fondé à se plaindre. — Dans le second cas, la réclamation est réputée non avenue et l'électeur est maintenu sur la liste.

864. — Il a été décidé, en ce sens, par un arrêt postérieur de la cour royale d'Angers, que la notification, faite à la partie intéressée, par un tiers, de la demande tendant à obtenir la radiation de ce citoyen de la liste électorale, doit, à peine de nullité de la réclamation, contenir sinon la copie littérale de cette demande, au moins l'énonciation des motifs ou des griefs sur lesquels elle est fondée. — *Angers*, 23 nov. 1843 (t. 1er 1844, p. 555), Martin c. Demadden.

865. — Toutefois, l'art. 26 ne trouve pas son application dans le cas où, antérieurement au 30 sept., la partie intéressée s'est rendu personnelle la demande en inscription, et en justifie par un récépissé délivré par le secrétaire-général de la préfecture. — *Cass.*, 22 juin 1846 (t. 2 1846, p. 63), préfet du Gard c. Gargas.

866. — En conséquence, c'est à tort qu'à défaut de la notification exigée, le préfet refuse de statuer sur la demande en inscription. — Même arrêt.

867. — Et c'est avec raison que la cour royale, appréciant en fait les pièces et documens relatifs à l'intervention de l'électeur dans la demande, réforme un pareil arrêté. — Même arrêt.

868. — La notification faite par le tiers intervenant à la partie intéressée doit être établie d'une manière certaine, et justifiée devant le préfet. — Mais à quelle époque cette justification doit-elle être faite ? Faut-il que, comme la réclamation et la notification elle-même, elle soit antérieure au 1er octobre ?

869. — La difficulté s'était présentée sous l'empire de la loi de 1828, et l'on avait décidé que le tiers qui, en cette qualité, réclame ou attaque une inscription sur les listes électorales, est non-recevable, s'il n'a pas joint à sa demande, dans les délais pour la former, la preuve de la notification faite à la partie intéressée, quoiqu'il ait fait sa réclamation avant cette époque. — *Rennes*, 16 déc. 1828, Tredern ; *Rouen* 16 (et non 20) déc. 1828, N...

870. — Sous la législation actuelle, la jurisprudence de la cour de Cassation et des cours royales s'est montrée incertaine. — Par un de ses arrêts, la cour de Cassation alla d'abord jusqu'à décider que, quoiqu'il fût plus régulier de rapporter devant le préfet la preuve que la demande a été notifiée à la partie intéressée, cette preuve pouvait néanmoins se faire encore devant la cour royale, en exécution de l'art. 33, L. 19 avr. 1831, sans qu'il résultât de ce retard aucun moyen de nullité. — *Cass.*, 24 avr. 1838 (t. 2 1838, p. 16), préfet de la Corse c. Cecconi. — La cour de Bastia, contre l'arrêt de laquelle le pourvoi était formé, avait jugé dans le même sens.

871. — Mais depuis, la cour de Nîmes jugea, et avec raison, suivant nous, que si l'art. 33, L. 19 avr. 1831, autorise à produire devant la cour royale toutes pièces à l'appui du recours exercé contre les décisions du préfet en conseil de préfecture, cette disposition ne s'applique qu'aux pièces justificatives du mérite de la réclamation au fond, et non à celles dont la production est essentielle pour la régularité de la demande. — *Nîmes*, 8 nov. 1842 (t. 1er 1843, p. 85), de Laboissière c. Olivier de Gérente.

872. — ... Qu'en conséquence, si cette justification n'a pas été faite au premier degré de juridiction, on ne peut y suppléer devant la cour. — Même arrêt.

873. — Sur le pourvoi dirigé contre l'arrêt, la cour de Cassation, revenant sur sa première jurisprudence, n'hésita pas à confirmer l'arrêt attaqué, dont la doctrine sur ce point nous paraît incontestable. — *Cass.*, 28 août 1843 (t. 2 1843, p. 356), mêmes parties.

874. — Mais ces mêmes arrêts ont été plus loin en ce qu'ils ont décidé que la demande formée par un tiers en radiadiation du nom d'un électeur doit être considérée comme nulle, bien qu'introduite dans le délai légal, si la preuve de sa notification à la partie intéressée n'a été fournie que postérieurement à ce délai.

875. — Or, sur ce point, la jurisprudence est loin d'être unanime, et divers arrêts de cours royales, rendus depuis l'arrêt de cassation de 1843, ont au contraire décidé que, bien que l'art. 26, L. 19 avr. 1831, déclare qu'aucune réclamation formée par les tiers en matière électorale ne sera reçue qu'autant que le réclamant y joindra la preuve qu'elle a été par lui notifiée à la partie intéressée, cette disposition n'implique nullement l'obligation, à peine de déchéance, de joindre la preuve de la notification avant le 1er octobre. — *Limoges*, 9 janv. 1845 (t. 2 1845, p. 783), Legrand c. Hennequin-Lagarde ; 13 janv. 1845 (t. 1er 1845, p. 189), Tixier de la Chapelle c. préfet de la Creuse ; 20 fév. 1845 (t. 1er 1845, p. 190), Ducoux c. préfet de Loir-et-Cher.

876. — ... Qu'en conséquence, est recevable la demande formée par un tiers avant le 1er oct. en radiation du nom d'un électeur, quoique l'exploit de notification à la partie intéressée n'ait pas été joint à cette demande, et n'ait été remis au préfet que postérieurement au 30 sept. — Mêmes arrêts.

877. — ... Et qu'il suffit que la production en soit faite avant la décision du préfet, c'est-à dire avant le 10 octobre. — Mêmes arrêts.

878. — De graves raisons sont invoquées par ces arrêts à l'appui de la solution qu'ils consacrent ; ils se fondent notamment sur cette considération qu'exiger la preuve de la notification

dans le délai légal du 30 sept., ce serait quelquefois mettre le tiers dans l'impossibilité d'user du droit que lui confère si expressément la loi.

879. — Cependant, persévérant dans sa jurisprudence de 1843, la cour de Cassation, statuant par un arrêt récent sur le pourvoi contre l'arrêt d'Orléans précité, a de nouveau décidé que la demande formée par un tiers en radiation du nom d'un électeur doit être considérée comme nulle, bien qu'introduite dans le délai légal, si la preuve de la notification à la partie intéressée n'a été fournie que postérieurement à ce délai. — *Cass.*, 14 avr. 1846 (t. 1er 1846, p. 667), préfet de Loir-et-Cher c. Ducoux. — V. encore conf. *Cass.*, même jour, *ibid.*, mêmes parties; même jour, *ibid.*, préfet de Loir-et-Cher c. Jacquet Gadon.

880. — La circulaire ministérielle du 9 mai 1840 enjoint même aux préfets d'exiger la preuve de la notification du tiers en même temps qu'il dépose sa demande.

881. — Au surplus, et quel que soit le parti que l'on prenne sur cette difficulté, il faut remarquer qu'il est toujours plus prudent pour le tiers réclamant de faire parvenir sans aucun retard la preuve de la notification au préfet.

882. — En effet, le préfet peut, à défaut de preuve de cette notification, rejeter la demande sans attendre l'expiration du délai de dix jours accordé à l'électeur pour présenter ses moyens.— *Bastia*, 21 nov. 1833, Bladelli c. préfet de la Corse.

883. — Et, par suite, le recours formé par le même acte contre l'arrêté qui ordonnait l'inscription est nul, s'il n'a été fait dans les dix jours de la clôture et publication des listes. — Même arrêt.

884. — *Défense.* — La partie intéressée, prévenue par la notification qui lui a été faite de l'action du tiers, jouit, ainsi que nous l'avons vu (*suprà* n° 847), d'un délai de dix jours à partir de celui de la notification pour produire ses observations.

885. — Ce délai n'est pas fatal, et tant qu'il n'a pas été statué sur la réclamation, celui qui en est l'objet est recevable à fournir tous les documens et titres qu'il juge à propos de produire, même après l'expiration du délai fixé pour former les réclamations. — *Rennes*, 9 janv. 1829, Goyon; *Orléans*, 14 janv. 1829, Péan c. Just Blanc.

886. — Toutefois, la cour de Caen avait cru devoir apporter une restriction à ce principe, et tout en accordant la liberté de la défense à un électeur attaqué, elle avait déclaré que ce même électeur ne pouvait, postérieurement au délai légal, être admis à faire une production nouvelle tendant à obtenir une augmentation de cens. — *Caen*, 29 déc. 1828, Boislaunay.

887. — Mais cette distinction, que rien ne justifie, n'a jamais été reproduite. Elle se trouve d'ailleurs implicitement repoussée par un arrêt postérieur de la cour de Paris. — *Paris*, 20 nov. 1829, Perrot c. Fadatte de Saint-Georges. — V. conf. Merger, p. 242.

888. — Observons encore ici, et à l'occasion des productions faites par la partie intéressée, que sans doute, dans le cas où il y a diffamation ou calomnie de la part des tiers qui réclament contre l'inscription d'un électeur, les tribunaux ont le droit de prononcer les peines légales contre qui de droit, en prenant en considération la bonne ou la mauvaise foi du réclamant; mais que l'électeur, dont l'inscription a été critiquée, ne peut répéter les frais qu'il a faits pour la justification de sa qualité, par exemple, les droits d'enregistrement qu'il a été obligé de payer pour des actes qui, sans la réclamation, n'eussent pas été présentés à la formalité. Cela résulte formellement de la discussion à la chambre des députés sur la loi du 2 juill. 1828.

ART. 4. — *Arrêtés des préfets en conseil de préfecture.*

889. — Lorsque nous traiterons des élections municipales et du recours contre les décisions rendues par le maire en ce qui concerne la composition des listes des électeurs communaux, nous verrons que c'était devant les tribunaux civils que les réclamations devaient être portées. — V. ÉLECTIONS MUNICIPALES.

890. — Il en est autrement en matière d'élections politiques. — Toutes les réclamations contre la teneur des listes, soit de la part des électeurs indûment inscrits, omis ou rayés, soit de la part des tiers portés sur la liste électorale, sont de la compétence du préfet en conseil de préfecture (L. 2 juill. 1828, art. 14; L. 19 avr. 1831, art. 27). — — Cormenin, t. 2, p. 160, note 1re.

891. — C'est un point constant que les articles de la loi du 21 mars 1831, qui défèrent aux tribunaux civils la connaisance des difficultés relatives à la formation de la liste électorale doivent être rigoureusement restreints aux élections municipales. — *Paris*, 19 nov. 1842 (t. 1er 1843, p. 598), Grébaut c. préfet de Seine-et-Oise; *Rouen*, 19 nov. 1845 (t. 1er 1846, p. 238), de Verton c. préfet de la Seine-Inférieure.

892. — Spécialement, la décision par laquelle un préfet, au moment de la révision des listes électorales, prononce la radiation d'un électeur, est un acte provisoire d'administration susceptible d'être réformé par le préfet lui-même en conseil de préfecture. — *Bastia*, 20 mars 1837 (t. 2 1837, p. 295), Mariotti c. préfet de la Corse.

893. — Mais aussi, le préfet est tenu de prononcer en conseil de préfecture; et, par conséquent, il est incompétent pour statuer sur les réclamations d'inscription sur la liste. — *Cass.*, 26 (et non 25) juin 1830, préfet du Loiret c. Mègre.

§ 1er. — *Forme des arrêtés.*

894. — On sait que le préfet, en conseil de préfecture, ne fait que prendre l'avis des conseillers, et qu'il décide seul. — V. CONSEIL DE PRÉFECTURE. — Ce que la loi a voulu, c'est que le préfet s'éclairât des lumières du conseil avant de prendre une décision.

895. — Il eût été peut-être plus rationnel de laisser le conseil de préfecture statuer; mais cela n'allait pas avec le système judiciaire des lois de 1828 et de 1831. Les décisions du conseil de préfecture constituent de véritables jugemens administratifs de première instance. Or, c'eût été confondre les pouvoirs judiciaire et administratif que d'attribuer aux cours royales la connaissance de ces jugemens. Le législateur a reculé, avec raison, devant une pareille confusion. Tout doit donc se terminer administrativement devant le préfet seul, et ensuite devant le préfet en conseil de préfecture.

896. — Nous verrons plus loin (V. *infrà* nos 1010 et suiv.) que c'est seulement des décisions du préfet en conseil de préfecture que les cours royales sont autorisées à connaître par la voie d'appel. — *Rouen*, 19 nov. 1845 (t. 1er 1846, p. 238), de Verton c. préfet de la Seine-Inférieure.

897. — La loi n'ayant pas tracé d'autres règles que celles indiquées plus haut pour la forme des réclamations, la demande formée devant le préfet en conseil de préfecture par un tiers à fin de radiation ou inscription n'est point nulle, par cela seul qu'elle a été faite sur papier libre et par exploit non enregistré. — *Bastia*, 27 nov. 1833, Olmeia c. préfet de la Corse; même jour, Vernia c. préfet de la Corse.

898. — Le préfet, saisi d'une demande à fin de radiation ou d'inscription sur la liste électorale, est obligé de rendre une décision quelconque sur la réclamation; il ne peut s'abstenir de prononcer l'admission ou le rejet de la demande et renvoyer la décision de la question à la cour royale. — *Paris*, 25 août 1829, Isambert.

899. — Cependant si la réclamation était dirigée par un tiers et que celui-ci vînt à se désister de sa demande, le préfet ne serait plus tenu de statuer. — *Agen*, 26 nov. 1845 (t. 1er 1847), N... — V. toutefois *suprà*, quant au droit de reprendre l'action malgré le désistement.

900. — L'art. 27, § 2, L. 19 avr. 1831, porte que « la communication, sans déplacement, des pièces respectivement produites sur les questions et contestations, devra être donnée à toute partie intéressée qui la requerra. » L'art. 14, L. 2 juill. 1828, contenait une disposition semblable.

901. — Or, lors de la discussion de ce dernier article, il fut bien entendu qu'on ne devait comprendre par *parties intéressées* que celles figurant au débat, et qu'en conséquence un tiers resté étranger à la contestation n'avait pas le droit d'obtenir cette notification. — Il doit en être de même sous l'empire de la loi nouvelle. — Duvergier, t. 31, p. 189, n° 3; Merger, p. 243.

902. — Suivant M. Duvergier (*ubi suprà*), qui cite à l'appui de son opinion un arrêt inédit de la cour de Paris du 9 juin 1830, « un tiers ne peut exiger du préfet la communication des registres servant à constater les translations de domicile, ou du registre des réclamations pour parvenir à exercer son droit d'intervention; il doit former une demande spéciale contre tel électeur inscrit, ou à fin d'inscription de telle personne désignée. » — En effet, il faut que la réclamation ait un caractère net et bien déterminé, et qu'elle ne soit point au contraire vague et incertaine.

903. — Quand il s'agit de l'impôt des portes et fenêtres relativement au cens d'un locataire, comme cet impôt est d'ordinaire inscrit pour la totalité au nom du propriétaire, communication doit être donnée au réclamant de la déclaration du propriétaire ou du procès-verbal de l'agent des contributions, d'après lesquels la contribution a été assise. — Solut. minist. 14 janv. 1819.

904. — Le préfet, en conseil de préfecture, peut apprécier la sincérité et la légalité des actes qui sont invoqués à l'appui de la réclamation. Mais il est non-recevable, en l'absence de toute contestation de la part des tiers, à soulever des questions touchant aux intérêts privés.

905. — Il ne saurait non plus pour rendre sa décision recourir au serment, à la preuve testimoniale, à l'interrogatoire sur faits et articles, à la vérification d'écritures, etc. — *Nancy*, 21 juin 1830, Gilon c. Faillonnet; *Nîmes*, 19 (et non 9) nov. 1839 (t. 1er 1840, p. 459), Arnaud-Coste c. Chabot. — V. d'ailleurs *infrà* n° 1100.

906. — Le délai dans lequel le préfet doit statuer sur les réclamations qui lui sont déférées, en conseil de préfecture, est de cinq jours. Mais le point de départ de ce délai varie suivant que les réclamations sont formées, soit par les parties elles-mêmes ou leurs fondés de pouvoir, soit, au contraire, par des tiers. Au premier cas, il court à partir de la réception des demandes; dans le second, il ne commence qu'après l'expiration des dix jours accordés à l'électeur pour répondre aux réclamations qui lui sont notifiées. — L. 19 avr. 1831, art. 27, § 1er.

907. — Mais quel que soit le réclamant, le préfet, ainsi que le reconnaissait la commission de la chambre des pairs, doit nécessairement statuer avant le 20 oct., époque où les listes sont définitivement closes et publiées.

908. — Qu'arriverait-il donc si le préfet refusait ou négligeait de statuer avant cette époque? — La partie lésée par ce refus ou cette négligence aurait évidemment une action en déni de justice contre le préfet. — C'est l'opinion qui a été émise au nom de la commission de la chambre des pairs par son rapporteur, lors de la discussion de la loi de 1831.

909. — Mais si cette action seule était accordée à l'électeur lésé, il serait toujours, jusqu'au 20 oct. de l'année suivante, privé de l'exercice du droit électoral; telle n'a pu être l'intention de la loi. Il faut donc reconnaître que le réclamant pourra, dans ce cas, s'adresser directement à la cour royale. — V. *infrà* n° 120.

910. — Les décisions rendues par le préfet en conseil de préfecture doivent être motivées. — Même art.

911. — Un individu inscrit d'office sur la liste électorale ne pourrait en être valablement retranché pour défaut de justification de ses droits par une décision qui ne serait pas motivée et n'aurait point été légalement communiquée. — *Toulouse*, 15 nov. 1827, Laromiguières c. préfet de la Haute-Garonne.

912. — Le préfet en conseil de préfecture ne peut condamner aux dépens le tiers dont la réclamation est rejetée. — Sol. min. 14 avr. 1829. — Duvergier, t. 31, p. 189, note 2e. — V. au surplus *infrà* nos 1104 et suiv.

913. — La décision rendue par le préfet en conseil de préfecture doit sans doute, lorsqu'elle n'est pas attaquée dans les formes et délais voulus, acquérir quant à la réclamation l'autorité de la chose jugée; mais ce n'est toujours qu'en ce qui concerne la liste de l'année.

914. — Ainsi l'arrêté d'un préfet qui a rejeté la demande d'un individu tendant à être porté sur la liste électorale d'une année, n'a pas l'autorité de la chose jugée relativement à la réclamation que le même individu reproduit l'année suivante, en se fondant sur les mêmes actes lors de la publication d'une nouvelle liste. — *Agen*, 14 nov. 1828, Brugalières c. préfet du Lot.

915. — De même, l'arrêté du préfet qui, lors de la révision précédente de la liste des électeurs, a admis un particulier à compter, pour former son cens électoral, les contributions d'une certaine nature, ne peut avoir, lors de la révision suivante, l'autorité de la chose jugée sur l'admission des mêmes contributions. — *Amiens*, 15 nov. 1828, Hérault c. préfet de l'Oise.

§ 2. — *Publication. — Notification.*

916. — Les arrêtés du préfet une fois rendus doivent être rendus publics et notifiés à qui de droit, suivant les distinctions que nous avons posées plus haut.

917. — La loi du 19 avr. 1831, art. 29, reproduit sur ce point les dispositions de l'art. 15, L. 1828: « Il sera publié tous les quinze jours un tableau de rectification, conformément aux décisions rendues dans cet intervalle, et présentant les indications mentionnées en l'art. 19. »

918. — « Aux termes de l'art. 21, la publication de ces tableaux de rectification tiendra lieu de notification aux individus dont l'inscription aura été ordonnée ou rectifiée. » — *Ibid.*

919. — « Les décisions portant refus d'inscription, ou prononçant des radiations, seront notifiées, dans les cinq jours de leur date, aux individus

dont l'inscription ou la radiation aura été réclamée par eux ou par des tiers. » — *Ibid.*

920. — « Les décisions rejetant les demandes en radiation ou en rectification seront notifiées dans le même délai, tant au réclamant qu'à l'individu dont l'inscription aura été contestée. » — *Ibid.*

921. — « Il faut remarquer que, d'après ces dispositions, les décisions portant refus d'inscription ne doivent pas être signifiées au tiers, et cela, par la raison que le tiers n'a pas le droit d'appeler à la cour royale de la décision par laquelle le préfet a rejeté la demande d'inscription formée par ce tiers. » — Duvergier, t. 31, p. 189, note 5e. — V. conf. Merger, p. 248. — V. *infrà*, n° 930.

922. — Jugé au surplus que la notification faite après le délai de cinq jours, aux parties intéressées, des arrêtés des préfets portant refus d'inscription ou prononçant des radiations, n'entraîne aucune nullité, alors d'ailleurs que les parties ne prouvent point que le retard leur a été dommageable. — *Besançon*, 4 déc. 1844 (t. 2 1845, p. 319), Jacquerel c. préfet du Doubs.

923. — Celui qui a conclu au fond sur le recours dirigé contre l'arrêté du préfet n'est plus recevable à proposer la nullité de la notification dudit arrêté. — Il y a lieu d'appliquer ici la règle de l'art. 173, C. procéd. civ. — *Bordeaux*, 17 juin 1830, Alufaure c. préfet de la Dordogne.

924. — Comme complément aux dispositions ci-dessus rapportées, et pour conserver le nombre d'électeurs prescrits par la loi, l'art. 30 porte : « Le préfet en conseil de préfecture apportera, s'il y a lieu, à la liste électorale, en dressant les tableaux de rectification, les changemens nécessaires pour maintenir le collége au complet de 150 électeurs. Il maintiendra également la liste supplémentaire au nombre de dix suppléans. »

925. — Relativement à la désignation des électeurs suppléans, la circul. du 9 mai 1846 porte : « Je vous recommande, monsieur le préfet, d'apporter le même soin à la formation de cette liste de suppléans qu'à la formation de la liste principale, attendu qu'elle confère des droits éventuels d'inscription sur celle-ci ; droits limités toutefois au complément des nombres cent cinquante ou cinquante, dans l'intervalle compris entre le 15 août et le 20 octobre (art. 20 et 30), et au remplacement des électeurs rayés par arrêts de la cour royale, postérieurement au 29 oct. (art. 32 et 35). »

926. — « S'il n'a été formé aucun recours dans le délai déterminé par l'art. 33, § 1er, ou lorsque les recours sont définitivement jugés, la liste des suppléans n'a plus de valeur et doit être considérée comme n'existant pas. » — Rapp. à la ch. des pairs, 29 mars 1831. — Même circul.

## Sect. 4e. — *Clôture des listes.*

927. — Le 16 oct. le préfet doit procéder à la clôture des listes. Le dernier tableau de rectification, l'arrêté de clôture des listes des colléges électoraux du département doivent être publiés et affichés le 20 du même mois. — LL. 2 juill. 1828, art. 16 ; 19 avr. 1831, art. 31.

928. — L'arrêté de clôture de la liste est censé publié le jour fixé par un précédent arrêté. — *Bastia*, 23 nov. 1833, Rossi c. préfet de la Corse et Montera.

929. — A la rigueur, les listes devraient être closes le 30 sept. Cependant, l'intervalle de seize jours, du 1er au 16 oct., a été laissé au préfet en conseil de préfecture pour juger les demandes qui lui sont adressées dans les derniers jours de septembre, et qui sont ordinairement fort nombreuses vers ce terme fatal d'admission. — Circul. min. 9 mai 1846.

930. — « ... Mais après le 30 sept., aucune demande n'étant plus recevable, les circonstances qui feraient perdre à l'électeur la capacité électorale ne peuvent déterminer sa radiation, puisque le tiers ni l'intéressé lui-même n'ont plus d'action à exercer ni devant le préfet, ni devant la cour royale, qui n'a point à recevoir de réclamation, mais à juger celles qui ont été formées devant le préfet, sauf le cas exceptionnel d'inscription opérée sur les derniers tableaux de rectification. » — Même circul. — V. *infrà*.

### Art. 1er. — *Législation de 1828.*

931. — La loi du 2 juill. 1828 prescrivait, après la clôture annuelle des listes, la formation d'un tableau de rectification, pour le cas où la réunion du collége aurait eu lieu plus d'un mois après la publication du dernier tableau de rectification. Ce tableau avait pour objet de comprendre sur les listes électorales les individus qui depuis leur clôture, avaient acquis, soit par titre, soit par la possession annale, ou par succession, des droits électoraux, et d'en retrancher ceux qui avaient perdu leurs droits. — Le registre devait être ouvert immédiatement après que l'ordonnance de convocation avait été affichée, et les réclamations faites dans le délai de huit jours sous peine de déchéance. Le préfet statuait sur ces réclamations en conseil de préfecture. — L. 2 juill. 1828, art. 4.

932. — Ainsi, sous l'empire de cette loi, celui qui, depuis la clôture définitive de la liste annuelle, avait éprouvé une augmentation de contributions qui lui conférait le cens, devait être compris au tableau de rectification. — *Bordeaux*, 15 juin 1830, Léonardon c. préfet de la Dordogne.

933. — Le citoyen inscrit sur la liste annuelle pouvait demander à être porté sur le tableau de rectification pour de nouvelles contributions. — *Cass.*, 29 juin 1830, préfet de la Seine-Inférieure c. Dumesnil ; même jour, mêmes parties ; 17 juill. 1830, préfet de la Seine c. Poulain.

934. — On jugeait néanmoins que celui qui avait été porté sur la liste générale pour une somme moindre que celle indiquée par la cote contributive des immeubles qu'il possédait, n'était pas recevable à demander le redressement de cette erreur. — *Bordeaux*, 15 juin 1830, Coudert c. préfet de la Gironde ; 22 juin 1830, Boudin c. Duroy.

935. — L'augmentation d'impôts que les immeubles éprouvaient postérieurement à la clôture des listes devait seule, comme constituant un droit nouveau, être ajoutée à la cote établie sur la liste générale, sans qu'on pût y ajouter, en outre, les contributions précédemment omises. Peu importait, d'ailleurs, que l'électeur payât cette augmentation d'impôts depuis moins d'une année ; l'annalité du cens n'était pas exigée, lorsque, d'ailleurs, la possession annale de l'immeuble existait. — *Bordeaux*, 22 juin 1830, Boudin c. Duroy.

936. — Quoique l'art. 22, L. 2 juill. 1828, ne parlât que de réclamation, on reconnaissait néanmoins généralement au préfet en conseil de préfecture le droit, lors de la formation du tableau de rectification, d'effectuer d'office des radiations et des inscriptions. — *Nancy*, 7 juin 1830, Drouot c. préfet de la Meurthe ; *Bordeaux*, 22 juin 1830, Boucherie c. Dunogues ; même jour, Duvergier c. Guichon.

937. — Il pouvait porter sur un propriétaire défendeur à une demande en radiation les impositions attribuées à son copropriétaire, dont l'inscription n'avait point été attaquée dans les délais de la loi, lorsque cette rectification n'avait point pour effet de priver du droit électoral ce dernier dont le cens était resté suffisant. — *Orléans*, 14 janv. 1829, Péan c. Just Blanc.

938. — Jugé cependant que le préfet ne pouvait, en cas de réunion d'un collége, plus d'un mois après la publication de la dernière liste, rectifier une erreur qu'il aurait commise lors de la révision annuelle, et réduire le cens d'un électeur ; les seuls changemens qu'il pouvait faire étaient ceux résultant d'événemens postérieurs. — *Bourges*, 18 juin 1820, Dupin c. préfet de la Nièvre.

939. — Celui qui, réunissant au 30 sept. toutes les conditions exigées pour être porté sur la liste annuelle, n'avait fait aucune réclamation pour être porté sur cette liste, lors de sa clôture, était mal fondé, au cas d'élection faite plus d'un mois après la clôture de la liste annuelle, à requérir son inscription sur le tableau de rectification, ce tableau n'étant destiné qu'aux individus qui auraient acquis ou perdu la qualité d'électeur depuis la clôture des listes annuelles. Dans ce cas, l'art 6, L. 2 mai 1827, qui exigeait que les réclamations de ceux qui avaient acquis leurs droits électoraux antérieurement au 30 sept. ne fussent admises qu'autant qu'elles auraient été formées avant le 1er oct., n'avait pas été abrogé par la loi du 2 juill. 1828. — *Riom*, 25 juin 1829, Faurot c. préfet de la Haute-Loire ; *Cass.*, 25 sept. 1829, Courty, 22 oct. 1829, Salomon ; *Nancy*, 7 juin 1830, Denutz-Noblat c. préfet de la Meurthe ; *Bordeaux*, 11 juin 1830, N... ; *Cass.*, 1er juill. 1830, préfet de la Seine c. Lesage.

940. — La même décision était applicable au cas où un électeur, réunissant au 30 sept. les conditions nécessaires pour faire partie du collége départemental, n'avait pas réclamé à cette époque contre la teneur de la liste qui ne lui attribuait que le cens du petit collége. — *Nancy*, 9 juin 1830, Jeandel c. préfet de la Meurthe.

941. — Cette déchéance suivait l'électeur dans le nouveau domicile qu'il acquérait avant la révolution de l'année. Vainement il aurait prétendu que cette translation de domicile lui donnait, dans le département où il passait, des droits nouveaux, la capacité électorale étant indépendante du domicile, qui ne sert qu'à déterminer le lieu où elle peut être exercée. — *Nancy*, 7 juin 1830, Denutz-Noblat c. préfet de la Meurthe.

942. — Décidé, au contraire, que le droit de réclamation ouvert par la loi du 2 juill. 1828, dans le cas où la réunion d'un collége avait lieu plus d'un mois après la publication du tableau de rectification de la liste annuelle, pouvait être invoqué non seulement par ceux dont le droit électoral ne se serait ouvert que depuis la clôture de la liste annuelle, mais aussi par ceux qui, omis par le préfet, bien qu'ayant la capacité électorale, n'auraient pas réclamé avant la clôture. — *Montpellier*, 5 mai 1829, Janot c. préfet de l'Aude ; *Paris*, 29 mai 1830, Lesage c. préfet de la Seine.

943. — Celui qui n'aurait point réclamé avant le 30 sept., par le motif qu'il était incapable, aux termes de l'art. 3, § 2, L. 5 fév. 1817, d'exercer ses droits politiques dans le département où il avait transféré son domicile réel et politique, ayant exercé dans les quatre ans antérieurs les mêmes droits dans un autre département, pouvait également, sans qu'on pût lui opposer aucune déchéance, demander à être inscrit sur le tableau de rectification, si le collége électoral de son nouveau domicile était convoqué avant l'échéance des quatre années, par suite de la dissolution de la chambre des députés. — *Bordeaux*, 23 juin 1830, Boudin c. Gervaisais.

944. — L'électeur dont le nom avait été rayé d'office sur la liste permanente, sans que cette décision lui eût été notifiée, avait le droit de demander son inscription sur le tableau de rectification, quoiqu'il n'eût pas réclamé contre sa radiation avant le 30 sept. — *Bordeaux*, 17 juin 1830, Duvigneau c. préfet de la Gironde.

945. — Le jour de l'échéance n'était pas compté dans le délai de huit jours dans lequel devaient, à peine de déchéance, être présentées les réclamations d'inscription sur les listes de rectification. — *Cass.*, 26 juin 1830, préfet du Loiret c. Mègre.

946. — La décision du préfet prononçant la radiation du cens d'un électeur devait, à peine de déchéance, être attaquée, conformément à l'article 18 de la même loi, dans les dix jours de la publication du tableau de rectification sur lequel l'électeur avait été porté. — *Bordeaux*, 15 juin 1830, Coudert c. préfet de la Gironde.

### Art. 2. — *Législation de 1831.*

947. — Le système de la loi de 1828 n'a pas été reproduit par celle de 1831. Cette dernière loi (art. 32, § 1er) veut que la liste, une fois close, serve pour toute l'année ; qu'elle reste, jusqu'au 20 oct. de l'année suivante, telle qu'elle a été arrêtée au 16 oct. précédent, sauf néanmoins les changemens qui peuvent y être ordonnés par arrêts des cours royales et sauf aussi la radiation des noms des électeurs décédés, ou privés des droits civils ou politiques par jugemens ayant acquis force de chose jugée.

948. — L'élection, à quelque époque de l'année qu'elle ait lieu, doit se fait sur ces listes (même article, § 2). — D'où il suit que si des élections avaient lieu le 19 oct., il faudrait se servir des listes de l'année précédente.

949. — La clôture des listes arrêtant aujourd'hui définitivement le nombre des électeurs, il s'ensuit que si des radiations opérées postérieurement à cette clôture font descendre le nombre des électeurs d'un collége au-dessous du *minimum* de 150, le préfet ne peut compléter ce *minimum* en appelant des électeurs complémentaires à remplacer les électeurs radiés. — Cormenin, t. 2, p. 159.

950. — Lorsque le nombre des 150 électeurs n'est atteint que par l'adjonction d'électeurs supplémentaires, si des arrêts rendus postérieurement à la clôture de la liste ordonnent de nouvelles inscriptions, le préfet ne peut non plus, avant la révision annuelle, retrancher de la liste un nombre d'électeurs supplémentaires égal à celui des inscriptions ordonnées par la cour ; c'est le résultat autant de la permanence des listes que de la faveur due au droit électoral. — Cormenin, *ubi suprà*.

951. — L'électeur régulièrement inscrit sur la liste ne peut perdre la qualité que lui confère cette inscription que par l'omission de son nom sur la liste de l'année suivante. — *Cass.*, 24 fév. 1842 (t. 2 1842, p. 398), Massé-Dupré et Meyssirel.

952. — En conséquence, l'arrêté du préfet qui élimine un électeur de la liste dressée le 20 oct. précédent, par le motif que cet électeur a cessé de payer le cens, arrêté soumis d'ailleurs à un recours légal, ne saurait le priver du droit de jouir du droit électoral jusqu'au 20 oct. suivant, époque du renouvellement de la liste. — Même arrêt.

953. — Spécialement, l'électeur qui n'a acquis que postérieurement à cette clôture les six mois nécessaires pour opérer, conformément à la loi, la translation de son domicile politique, reste jusqu'au renouvellement de ces listes, par application du principe de leur permanence, forcé d'exercer ses droits électoraux dans l'arrondissement auquel il appartenait avant la translation. — *Paris*, 18 mai 1834, Lheureux ; *Cass.*, 5 juin 1834,

même partie. — V. *contrà Poitiers*, 19 juin 1834, Petit-Jean c. préfet de la Vienne.

934. — Comme on le voit, le système nouveau offrira quelquefois cette bizarrerie que des électeurs qui n'auront pas pris soin de se faire inscrire à temps seront privés de l'exercice du droit, quoiqu'ils aient le droit, tandis que ceux qui auront perdu le cens après la clôture n'en continueront pas moins à voter jusqu'à la révision annuelle. Mais cette bizarrerie n'est rien à côté des avantages immenses qui résultent de la fixité des listes.

935. — Toutefois, le principe de la permanence des listes ne met pas obstacle à ce que le préfet, statuant en conseil de préfecture, puisse, à quelque époque de l'année que ce soit, rayer de la liste où il était originairement porté l'électeur qui, ayant transféré son domicile politique dans un autre arrondissement, et demandé son inscription dans cet arrondissement, se trouve ainsi porté sur deux listes différentes. — *Cass.*, 23 déc. 1840 (t. 1er, 1841, p. 291), Durand c. préfet de la Nièvre.

936. — Rappelons aussi qu'en interdisant à tout électeur le droit de réclamation après la clôture définitive des listes, le législateur a supposé que l'électeur avait été légalement informé des modifications introduites à son égard lors de la révision. Mais si l'arrêté du préfet par lequel il est radié, par exemple, de la liste, ne lui a point été régulièrement notifié, il a le droit, même après la clôture définitive des listes, d'attaquer cet arrêté pour faire rétablir son nom. La jurisprudence est constante sur ce point. — *Cass.*, 30 mars 1835, préfet de la Seine c. Rattier; *Bourges*, 25 fév. 1839 (t. 1er 1839, p. 284), de Birzé c. préfet du Cher; *Paris*, 26 fév. 1839 (*ibid.*), Lebidois c. préfet de la Seine; même jour (*ibid.*), Sevestre c. préfet de la Seine; *Bourges*, 27 fév. 1839 (t. 2 1839, p. 22), Perruchet c. préfet du Cher; *Paris*, 1er mars 1839 (t. 1er 1839), p. 284), Compoint c. préfet de la Seine. — V. d'ailleurs *infrà* nos 988 et suiv.

## Sect. 5e. — *Recours devant la cour royale.*

937. — La clôture de la liste électorale, publiée et affichée le 20 octobre, met sans doute fin au pouvoir du préfet en ce qui concerne la confection et la révision des listes, mais elle n'a pas pour effet de rendre désormais toute action en rectification inadmissible.

938. — Il a toujours été reconnu comme constant que les arrêtés rendus par le préfet en conseil de préfecture étaient, sous certaines conditions et avec certaines formes, qui, du reste, ont pu varier, susceptibles d'être réformées.

939. — Comme la réclamation devant le préfet en conseil de préfecture, ce nouveau mode de recours a un effet suspensif, et, par conséquent, l'électeur dont l'inscription est attaquée, ou dont le préfet persiste à ordonner la radiation, conserve, tant qu'il n'a pas été prononcé sur sa réclamation nouvelle, le droit de prendre part aux opérations électorales qui pourraient avoir lieu.

960. — Mais à quelle autorité convient-il de s'adresser pour obtenir la réformation des arrêtés du préfet?

961. — La loi du 5 février 1817 (art. 6) faisait une distinction. Elle attribuait aux cours royales les difficultés relatives à la jouissance des droits civils et politiques, et au conseil d'état celles relatives au cens électoral et au domicile.

962. — De cette distinction surgissaient de nombreux conflits élevés par les préfets, sous prétexte que les questions soumises à la juridiction ordinaire étaient du nombre de celles réservées à l'autorité administrative.

963. — En pareil cas, l'arrêté de conflit dessaisissait-il nécessairement la cour, ou pouvait-elle, au contraire, passer outre si la revendication de l'affaire lui paraissait évidemment mal fondée?

964. — Nous avons vu (vo CONFLITS, nos 192 et suiv.) que la jurisprudence des cours royales s'était prononcée dans ce sens, si l'on en excepte un seul arrêt. — *Rouen*, 10 nov. 1827, N...; *Toulouse*, 15 novembre 1827, Laromiguières c. préfet de la Haute-Garonne; *Montpellier*, 16 nov. 1827, Pellet c. préfet de l'Hérault. — V. cependant *contrà Grenoble*, 29 janv. 1828, Bonnaud c. préfet de l'Isère.

965. — Le conseil d'état, au contraire, décidait comme la cour de Grenoble, qu'il y avait lieu à sursis. — *Cons. d'état*, 16 mars 1820, Bruccini; 25 avril 1828, préfet de l'Indre c. Muret de Bord.

966. — La loi de 1828 (art. 8) mit un terme à ces difficultés en attribuant d'une manière générale et sans exception aucune aux cours royales la connaissance de toutes les réclamations contre les arrêtés des préfets en matière électorale.

967. — Le conflit ne peut plus être élevé aujourd'hui dans aucun cas. Cela ressort formellement de la discussion qui eut lieu à la chambre des députés et des explications données par le ministre de la marine au sujet de la proposition faite par M. Dupin de mentionner expressément dans la loi que le conflit ne pourrait plus être élevé en matière électorale. — V. CONFLIT, no 191. — V. encore Taillandier, *Comment.* sur l'ord. de 1828, p. 127 et suiv.

968. — On annula en conséquence comme sans objet le conflit élevé sous l'empire de la législation précédente qui saisissait l'autorité administrative lorsque depuis était intervenue la loi nouvelle qui attribue les questions de même nature à l'autorité judiciaire. — *Cons. d'état*, 30 juill. 1828, Boulot; même jour, Duchange; même jour, Dubost; même jour, Guigoud; 27 août 1828, Tiret.

969. — Et l'on jugea que lorsque, sur un recours exercé contre un arrêté du préfet qui refusait d'inscrire un réclamant sur la liste électorale, l'autorité administrative avait élevé le conflit antérieurement à la loi du 2 juill. 1828, le réclamant pouvait depuis cette loi reproduire sa demande à fin d'inscription sans qu'on fût en droit de lui opposer la chose jugée par le conflit, ce conflit ne faisant que suspendre la décision du fond. — *Paris*, 8 oct. 1828, Durand c. préfet d'Eure-et-Loir.

970. — C'est ainsi que le conseil d'état a encore reconnu lui-même que la question de savoir si celui qui prétend se prévaloir pour former son cens électoral de tout ou partie des contributions imposées sur certains biens en est réellement propriétaire est une question d'attribution de contributions dont la connaissance ne peut appartenir désormais à l'autorité administrative. — V. notamment *Cons. d'état*, 14 juill. 1841, Jouvencel; 6 sept. 1843, élections de Coniza.

971. — Les cours appelées à statuer sur les inscriptions contenues dans les listes électorales sont nécessairement investies du droit de rechercher si les actes qui servent de fondement à l'inscription sont ou non sincères; elles ont sur ce point un droit souverain d'appréciation. — *Toulouse*, 30 nov. 1840 (t. 1er 1841, p. 102), Narires c. Freiche; *Cass.*, 5 avr. 1842 (t. 2 1842, p. 186), Gradit c. Narires; même jour (*ibid.*), Berdal c. Narires; même jour (*ibid.*), Dubuc c. Narires; même jour (*ibid.*), Peyrut c. Narires; *Grenoble*, 2 janv. 1843 (t. 2 1843, p. 309), de Bellegarde c. Ardoin. — V. encore *infrà* nos 1137 et suiv.

972. — La loi de 1831 n'ayant fait que reproduire en ce point par son art. 33 les dispositions de la loi de 1828, il suit que toutes les décisions rendues sous l'empire de cette loi sont encore aujourd'hui applicables.

973. — Or, lors de la discussion de la loi de 1828, il fut bien convenu que l'attribution faite aux cours royales de la connaissance de toutes les difficultés en matière électorale sur appel des décisions rendues par le préfet en conseil de préfecture ne pouvait aller jusqu'à investir les cours royales d'un pouvoir qui irait jusqu'à s'immiscer dans les actes d'administration. Telles seraient, par exemple, les questions d'assiette ou de contribution de cens soulevées par le réclamant.

974. — Ainsi l'électeur qui se plaint d'avoir été rayé de la liste électorale à raison de réductions qu'il soutient être illégales ne peut, en réclamant devant la cour royale contre l'arrêté du préfet, demander à cette cour la rectification de son bordereau de contributions; il doit pour cet objet se pourvoir administrativement. — *Paris*, 21 oct. 1829, Cardet c. préfet de Seine-et-Marne.

975. — A plus forte raison, l'arrêté du préfet relatif à la convocation du collége par sections est évidemment un acte purement administratif, non susceptible d'être réformé par la cour royale. — *Rouen*, 2 nov. 1837 (t. 2 1837, p. 606), N....

976. — Dans ces cas ou dans d'autres analogues, si la cour royale retenait la connaissance de l'affaire, malgré les observations que le préfet lui aurait présentées, le préfet pourrait élever valablement le conflit. — Merger, p. 259.

977. — Mais une cour royale pourrait, par une rectification de calcul, décider que des pièces produites devant le préfet, en conseil de préfecture, il résulte un cens différent de celui admis par le préfet, et ordonner en conséquence l'inscription du réclamant. — *Cass.*, 3 juill. 1830, préfet de la Seine-Inférieure c. Saillard; même jour, préfet de la Seine-Inférieure c. Revelle.

978. — Ces principes posés, nous allons examiner séparément : 1o qui peut exercer le recours devant la cour royale; — 2o quelle est l'étendue de la compétence de la cour royale; — 3o quelle est la procédure à suivre.

### ART. 1er. — *Personnes qui peuvent exercer le recours.*

979. — Aux termes de l'art. 33, L. 19 avr. 1831, toute partie qui se croit fondée à critiquer une décision rendue par le préfet, peut porter son action devant la cour royale de son ressort.

980. — Toutefois, cette règle souffre exception à l'égard des tiers, dans le cas où le préfet s'est borné à repousser une demande en inscription sur les listes. Le recours ne peut alors être exercé que par la personne dont l'inscription était réclamée. — L. 19 avr. 1831, art. 33, § 3.

981. — Ainsi, le recours ne peut être exercé par le tiers qu'autant qu'il s'agit d'un refus de radiation d'un électeur par lui demandée devant le préfet.

982. — Mais si les tiers ne sont recevables à saisir la cour que dans cette dernière hypothèse, n'ont-ils pas au moins la faculté d'intervenir dans l'instance d'appel engagée par la partie elle-même, par exemple dans celle introduite par un individu dont la demande à fin d'inscription a été rejetée par le préfet? — La jurisprudence est divisée.

983. — En faveur du droit d'intervention on peut citer deux arrêts de la cour de Toulouse. — *Toulouse*, 7 nov. 1839 (t. 1er 1840, p. 498), Benecis c. Gardès fils; 14 nov. 1845 (t. 1er 1846, p. 340), Gasc c. Terrancle.

984. — Il a, au contraire, été jugé en principe que les tiers ne peuvent intervenir devant la cour royale dans les réclamations de ceux qui prétendent devoir être inscrits par les arrêts suivans : — *Bastia*, 15 nov. 1833, Piétri c. préfet de la Corse; *Montpellier*, 21 nov. 1839 (t. 1er 1840, p. 98), Giniès fils c. préfet de l'Hérault et Rouvière.

985. — Et telle est au surplus la doctrine consacrée par trois arrêts récens de la cour de Cassation, — *Cass.*, 16 juill. 1846 (t. 2 1846, p. 505), Martin c. Bardou; même jour (*ibid.*), Martin c. Lolive; même jour (*ibid.*), Chambro c. Admiral.

986. — Ce dernier système nous paraît préférable. Pour le justifier, nous pourrions, nous attachant uniquement au mot *partie* employé par l'art. 33, § 1er, dire que le législateur n'a entendu donner le droit d'intervenir devant la cour qu'aux tiers qui ont figuré dans l'instance administrative. Mais il est une autre raison non moins décisive, c'est qu'il n'y a aucun inconvénient, aucun danger, pour la sincérité qui doit présider aux opérations de la révision des listes, à refuser aux tiers le droit d'intervention, puisque, si les tiers ont connaissance de faits propres à établir la simulation des actes dont se prévaut le réclamant, ils peuvent en informer l'administration qui est le contradicteur naturel du réclamant, qui alors les fera valoir devant la cour.

987. — Un électeur peut avoir été indûment inscrit. Les tiers sont-ils recevables à attaquer pour la première fois devant la cour l'arrêté du préfet qui a ordonné l'inscription?

988. — Cette question doit se résoudre, non par les mêmes principes que la précédente, mais par la distinction suivante : ou les tiers ont connu ou pu connaître l'arrêté avant la clôture définitive des listes, ou ils n'ont pu le connaître qu'après. Au premier cas, leur action devant la cour est non-recevable; ils devaient de toute nécessité faire au préalable leurs réclamations devant le préfet en conseil de préfecture. Dans le second, au contraire, aucune faute, aucun retard ne leur étant imputable, ils doivent être admis à se présenter devant la cour. Cette distinction est consacrée par la jurisprudence.

989. — Il a été jugé en effet que les tiers peuvent intervenir directement devant la cour alors que les électeurs à l'occasion desquels s'élève l'instance, ne figurant point sur la liste de l'année, il était impossible de se pourvoir au préalable devant le préfet. — *Bastia*, 27 déc. 1837 (t. 2 1842, p. 393), Paoli c. préfet de la Corse et Latour.

990. — ...Qu'ils peuvent se pourvoir directement devant la cour contre l'inscription faite sur un dernier supplément rectificatif des listes. — *Montpellier*, 18 nov. 1839 (t. 1er 1840, p. 97), Lautrec c. préfet de l'Hérault et Rouvière.

991. — ... Que l'action en radiation du nom d'un électeur porté sur un tableau électoral rectificatif, publié le 30 sept., peut être portée directement devant la cour. — *Cass.*, 24 juin 1846 (t. 2 1846, p. 66), Faux c. Pingré de Guémicourt.

992. — ... Que lorsqu'un individu n'a été inscrit sur la liste qu'au moyen d'une liste complémentaire arrêtée le 16 oct. et publiée le 20, l'électeur qui réclame contre cette inscription comme indûment faite, peut et doit porter sa réclamation directement devant la cour. — *Angers*, 21 nov. 1839 (t. 1er 1847), N...; 27 nov. 1845 (t. 1er 1845, p. 561), Riandière-Laroche c. Salmon et préfet de la Mayenne.

993. — ... Et encore que lorsqu'un individu n'a été inscrit comme électeur que sur les listes rectificatives publiées seulement le 30 oct., les tiers n'en doivent pas moins être admis à réclamer

contre cette inscription, et sont recevables à porter leur action directement devant la cour, bien qu'ils ne fussent point parties dans la décision rendue par le préfet. — *Cass.*, 11 août 1845 (t. 1er 1846, p. 107), Bernast c. Quenson; même jour (*ibid.*), Benoist c. de Coussemaher. — Ces deux arrêts portent cassation de deux arrêts de la cour de Douai rendus le 20 nov. 1844.

994. — Le délai de dix jours accordé par la loi pour attaquer l'inscription ne peut même courir que du jour où le supplément de liste a été affiché et connu, et non du 20 oct., jour auquel les listes doivent être publiées. — *Montpellier*, 18 nov. 1839 (t. 1er 1840, p. 97), Lautrec c. préfet de l'Hérault.

995. — Mais, dans tous les cas, les tiers ne doivent intervenir que par action principale et avant l'expiration des délais. — *Bastia*, 15 nov. 1833, Pietri c. préfet de la Corse.

996. — Cette intervention ne peut être formée sans une notification préalable faite à l'appelant des noms et de la prétention de son nouvel adversaire. — *Montpellier*, 21 nov. 1839 (t. 1er 1840, p. 98), Ginieis fils c. préfet de l'Hérault et Rouvière. — V. toutefois *contrà Toulouse*, 14 nov. 1845 (t. 1er 1846, p. 316), Gasc c. Terracle.

997. — La notification doit être faite non seulement à l'électeur dont l'inscription est attaquée, mais encore au préfet. — *Orléans*, 14 nov. 1845 (t. 1er 1846, p. 73), Huet c. préfet du Loiret et Laurent.

998. — En effet, le préfet doit toujours et dans toute instance électorale être appelé en cause, car il y est nécessairement partie, puisque la demande a toujours pour objet une rectification à opérer sur la liste par lui dressée. — *Nancy*, 27 nov. 1828, Boutoux c. préfet de la Meurthe; *Bordeaux*, 28 juin 1830, Galos c. Raveries; *Bourges*, 27 nov. 1841 (t. 2 1842, p. 268), de Chabannes c. Beugon.

999. — A ce sujet, la circulaire ministérielle déjà citée, du 9 mai 1846, adresse aux préfets les instructions suivantes qu'il importe de mentionner : « Il arrive quelquefois qu'une demande en radiation d'un électeur inscrit est portée devant la cour royale, et que cet électeur, indépendamment de sa qualité contestée, a droit de figurer sur la deuxième partie de la liste comme juré ou sur la liste supplémentaire d'électeurs départementaux. La cour royale, en prononçant sa radiation, ne le maintient pas toujours sur l'autre partie de la liste où il a droit de figurer, parce qu'elle n'est pas saisie d'une demande à cet effet. Vous pourriez y suppléer, monsieur le préfet, en intervenant pour demander subsidiairement cette inscription, ou en invitant le procureur général à la requérir. —(Il n'y a pas lieu d'agir de la sorte pour l'inscription subsidiaire sur la liste complémentaire des électeurs départementaux, parce que cette inscription est fondée sur un sens relatif dont la détermination par conséquence de l'arrêt à intervenir ne saurait être préjugée). »

1000. — « Semblablement, quand la cour est saisie d'une et surtout de plusieurs demandes en inscription sur la liste d'un arrondissement électoral qui ne renferme pas 150 électeurs censitaires à 200 fr., ou sur la liste d'un canton où il y a des électeurs départementaux complémentaires, il y aurait lieu d'intervenir par vous-même ou par le procureur général, pour que la cour ordonnât, soit nominativement, soit en termes généraux, et en vous laissant le soin de l'exécution, les radiations nécessaires pour réduire la liste à 150 ou à 50 noms. » — Même circulaire.

1001. — La circulaire ministérielle contient du reste et comme règle générale la prescription suivante : « Ainsi que l'ont recommandé les instructions sur la révision des listes électorales, notamment celle du 25 août 1828, vous ferez bien, quand une question importante sera portée devant la cour royale, d'adresser au procureur général un mémoire à l'appui de l'arrêté attaqué. »

ART. 2. — *Compétence.*

1002. — La loi du 5 fév. 1817, en attribuant aux cours royales le droit de juger définitivement les difficultés relatives à la jouissance des droits civils ou politiques des citoyens en matière d'élections, n'avait pas dit si elles étaient valablement saisies de ces difficultés par recours formé contre les décisions du préfet en conseil de préfecture.

1003. — Il avait par suite été jugé sous l'empire de cette loi qu'elles ne pouvaient connaître que comme *juges d'appel* des tribunaux de première instance. — *Paris*, 12 nov. 1827, Noel c. préfet de Seine-et-Marne.

1004. — Depuis la loi de 1828, dont la disposition se trouve reproduite par celle de 1831, il n'y a plus de doute possible sur la compétence de la cour royale.

1005. — Les réclamations contre les décisions du préfet doivent être portées devant la cour par action principale, et non par voie d'appel. Si le législateur avait voulu qu'il en fût autrement, il aurait dit : *l'appel des décisions sera porté*, etc. En se servant du mot *action*, son intention a été évidemment que la réclamation constituât une instance nouvelle; que, par une exception aux principes du droit commun, fondée sur la célérité qu'exigent les opérations électorales, la cour fût autorisée à juger en premier et dernier ressort.

1006. — Et cette opinion a été formellement consacrée, sous la loi de 1828, par la cour de Paris. — *Paris*, 8 oct. 1828, Durand c. préf. d'Eure-et-Loir.

1007. — La conséquence qu'il faut induire de là, c'est que les cours royales doivent, en statuant, s'abstenir de prononcer par voie de *confirmation* ou d'*infirmation*. Elles doivent, sans se préoccuper en aucune façon des décisions du préfet auxquelles elles n'ont pas le droit de toucher, ordonner ou refuser l'inscription ou la radiation demandée, suivant que les réclamans ont ou n'ont pas établi la légitimité de leurs prétentions.

1008. — Il faut encore remarquer que les cours royales ne peuvent connaître des décisions du préfet qu'autant qu'elles ont été prises en conseil de préfecture, la décision que prend le préfet seul et lors des premières opérations de révision de la liste électorale n'étant, en effet, que provisoire. — *Rouen*, 19 nov. 1845 (t. 1er 1846, p. 238), de Verton c. préf. de la Seine-Inférieure.

1009. — Sous la loi de 1828, il ne pouvait y avoir aucun doute à cet égard. On lisait, en effet, dans l'art. 18, § 1er de cette loi : « Toute partie qui se croira fondée à contester une décision rendue *par le préfet* EN CONSEIL DE PRÉFECTURE... » Ces derniers mots ont été, il est vrai, retranchés dans l'art. 33, § 1er, L. 19 avr. 1831. Mais cet article doit s'interpréter par l'art. 27 de la même loi, duquel il résulte, que toutes les réclamations relatives à la révision annuelle des listes doivent être portées devant le préfet en conseil de préfecture.

1010. — Aussi est-ce un point reconnu comme constant par la jurisprudence, même depuis la loi de 1831, qu'il n'est permis aux parties de recourir à la cour royale qu'après avoir épuisé le recours devant le préfet en conseil de préfecture. — *Paris*, 13 mai 1834, Lheureux ; *Bastia*, 20 mars 1837 (t. 2 1837, p. 295), Mariotti c. préf. de la Corse. — V. aussi Cormenin, t. 2, p. 460, note 1re.

1011. — Jugé spécialement que lorsqu'à défaut de désignation suffisante de ceux dont l'inscription est demandée par un tiers, l'administration a rejeté la demande, l'électeur ainsi écarté ne peut, en justifiant de ses droits et en produisant ses pièces, s'adresser directement à la cour pour obtenir son inscription. — *Cass.*, 15 juin 1837 (t. 2 1837, p. 253), Filassier c. direct. de la Martinique.

1012. — Toutefois, la question de savoir si la demande contient ou non indication suffisante de ceux en faveur de qui elle est formée est une question de fait dont l'appréciation échappe à la censure de la cour de Cassation. — Même arrêt.

1013. — Cette obligation est absolue ; ainsi le fait même de l'expiration des délais établis pour réclamer devant l'autorité administrative, n'aurait pas pour résultat de conférer à la cour royale le pouvoir de statuer par voie directe, quand bien même l'inscription eût dû avoir lieu d'office. — *Paris*, 21 oct. 1829 (et non 16 nov. 1889), Cardet c. préfet de l'Aube.

1014. — C'est par application de ce principe qu'il a été jugé que, les listes étant closes, des possesseurs à titres successifs ne peuvent se pourvoir devant la cour, à l'effet d'être inscrits, encore bien que, lors de la clôture, ils fussent encore dans les délais pour faire inventaire et délibérer. — *Cass.*, 2 fév. 1835, préf. de l'Eure c. Cliquot.

1015. — La rigueur des principes poussée à l'extrême, irait même jusqu'à faire décider que si le préfet avait refusé de statuer ou avait statué irrégulièrement, il ne resterait à l'électeur lésé d'autre recours qu'une action en déni de justice contre le préfet.

1016. — Mais, comme nous l'avons remarqué plus haut (V. *suprà* no 909), s'il en était ainsi, l'électeur obtînt-il gain de cause sur ce point devant le juge supérieur, n'en resterait pas moins privé du droit de participer aux opérations électorales jusqu'à la clôture de la révision à venir des listes, c'est-à-dire pendant une année.

1017. — Aussi la jurisprudence admet-elle comme légitime, dans ce cas, le recours direct devant la cour, le réclamant ne devant pas souffrir d'un retard ou d'une irrégularité qui n'est point de son fait.

1018. — Jugé en conséquence que, lorsque le préfet a refusé seul, et non en conseil de préfecture, l'inscription du réclamant, une cour peut déclarer qu'il était incompétent pour rendre cette décision. — *Cass.*, 26 (et non 25) juin 1830, préfet du Loiret c. Mègre.

1019. — ... Qu'une cour royale est compétente pour statuer sur la réclamation d'un électeur, quoique le préfet n'ait point statué sur cette réclamation, s'il est constant que les pièces de l'électeur ont été produites en temps utile. — *Cass.*, 6 juill. 1830, préfet du Loiret c. Maslier.

1020. — ... Que dans le cas où un préfet a refusé de recevoir les pièces offertes par exploit d'huissier, sous prétexte que l'huissier n'est pas porteur de procuration, son refus n'est pas un simple déni de justice contre lequel il faille recourir à l'autorité supérieure, mais bien une décision qui donne ouverture au recours devant la cour royale. — *Toulouse*, 13 nov. 1827, Martin c. préfet de la Haute-Garonne.

1021. — Ces décisions sont-elles applicables aujourd'hui? — Une raison grave fut produite lors de la discussion de la loi du 19 avr. 1831; la commission de la chambre des pairs s'était posé la question, et elle l'a résolue dans le sens de la négative; elle a pensé que la cour royale chargée de prononcer sur les réclamations contre les décisions du préfet ne pourrait le faire en l'absence de toute décision ; que par conséquent le réclamant n'aurait d'autre recours que celui d'une action en déni de justice dirigée contre le préfet. — V. *suprà* no 1109.

1022. — Quoi qu'il en soit, persévérant dans sa jurisprudence antérieure, la cour de Cassation a décidé et avec raison, suivant nous, que l'arrêté du préfet, portant simplement qu'il n'y a pas lieu de statuer sur une réclamation est une décision contre laquelle toute partie intéressée peut se pourvoir directement devant la cour royale et faire prononcer sur le fond même de la réclamation. — *Cass.*, 24 avr. 1838 (et non 28 avr. 1837), préfet de la Corse c. Braccini.

1023. — ... Que lorsque le préfet, saisi, en temps utile, d'une demande en inscription sur les listes électorales, a refusé de la recevoir comme irrégulièrement formée, l'électeur peut porter *de plano* sa réclamation devant la cour royale. — *Cass.*, 25 mars 1844 (t. 1er 1844, p. 696), préfet du Morbihan c. électeurs de Vannes.

1024. — Au surplus, quelque parti que l'on prenne sur la question, on est généralement d'accord, ainsi que nous l'avons vu plus haut (V. *suprà* nos 987 et suiv.), que s'il s'agit de réclamations contre l'inscription ou la radiation opérée sur un dernier supplément à la liste électorale, la cour royale peut être saisie *de plano* par le réclamant, fût-ce même un tiers, attendu qu'il ne pourrait plus évidemment s'adresser au préfet dont la juridiction est dessaisie, et à qui pourtant on ne peut imputer aucune négligence pour n'avoir pas réclamé jusque-là.

1025. — Par les mêmes motifs, mais dans d'autres circonstances, la jurisprudence a encore consacré le droit de recours direct devant la cour royale. — Ainsi, lorsqu'un électeur, qui a été radié de la liste par un arrêté du préfet qui ne lui a pas été notifié, ou qui lui a été notifié irrégulièrement, ne forme sa réclamation qu'après le 20 oct., c'est-à-dire après la clôture définitive des listes, la cour royale est même seule compétente pour connaître de cette réclamation. — *Poitiers*, 19 juin 1834, Pavie c. préfet de la Vienne.

1026. — Telle est encore la position de l'électeur inscrit sur les listes de l'année précédente, et omis lors de la révision annuelle par suite d'une omission de l'imprimeur, mais qui n'a reçu aucune notification. — *Cass.*, 31 juill. 1834, préfet de l'Eure c. Dehors. — V. *suprà* no 674.

1027. — ... Ou encore celle de l'électeur radié à tort comme décédé, quand une notification n'a été faite à ceux présumés ses héritiers. — *Cass.*, 31 juill. 1834, préfet de l'Eure c. Leprince.

1028. — Dans tous ces cas l'action peut être portée devant la cour royale non seulement dans les dix jours de la publication du dernier tableau de rectification, mais, à quelque époque de l'année que ce soit, et la cour doit ordonner immédiatement le rétablissement du nom de l'électeur, sans que celui-ci ait à faire aucune autre justification que celle de son inscription sur la liste précédente. — *Cass.*, 30 mars 1837, préfet de la Seine c. Ruttier; *Bourges*, 23 fév. 1839 (t. 1er 1839, p. 284), de Boizé c. préfet du Cher; *Paris*, 26 fév. 1839 (*ibid.*), Lebidois c. préfet de la Seine ; même jour (*ibid.*), Sevestre c. préfet de la Seine; *Bourges*, 27 fév. 1839 (t. 2 1839, p. 22), Perruchet c. préfet du Cher; *Paris*, 1er (et non 10) mars 1839 (t. 1er 1839, p. 284), Compoint c. préfet de la Seine.

1029. — Il en est ainsi alors même que la décision, non régulièrement notifiée, au lieu de s'être bornée à la radiation de l'électeur pour défaut de domicile dans la circonscription du collége électoral *intrà muros* d'une ville, aurait, en même temps, opéré l'inscription de ce même électeur sur la liste électorale du collége *extrà muros*. —

V. l'arrêt de *Bourges* précité du 27 fév. 1839 (t. 2 1839, p. 22), Perruchot c. préfet du Cher.

1030. — Et cela surtout si la liste affichée le 15 août n'a pas fait mention de l'inscription qui n'a été portée que sur un des tableaux de rectification qui sont publiés postérieurement de quinzaine en quinzaine, et qui ne doivent contenir d'autres rectifications à la liste affichée le 15 août que celles résultant de décisions rendues sur des réclamations faites contre cette liste. — Même arrêt.

1031. — Il entre également dans les attributions d'une cour royale, après la clôture des listes, de faire jouir immédiatement l'électeur qui réclame l'exercice du droit électoral que lui assure l'art. 10, L. 19 avr. 1831, lorsqu'il s'est écoulé six mois depuis la déclaration par lui faite de la translation de son domicile politique dans un arrondissement autre que celui de son domicile réel. — *Poitiers*, 19 juin 1834, Petit-Jean c. préfet de la Vienne.

1032 — En conséquence, la cour royale est compétente pour réformer, long-temps après la clôture des listes électorales, l'arrêté du préfet qui refuse à cet électeur le droit de voter. — Même arrêt. — V. toutefois *contrà Paris*, 13 mai 1834, Lheureux; *Cass.*, 5 juin 1834, mêmes parties.

1033. — Jugé encore spécialement que lorsque l'arrêté d'un préfet portant radiation du nom d'un électeur sur les listes où il figure, et son inscription sur celles d'un autre arrondissement électoral, n'a été exécuté que dans sa première partie, l'électeur à qui cet arrêté n'a pas été notifié peut réclamer l'inscription de son nom, même après la clôture définitive et la publication des listes, et que le préfet, ne pouvant plus réparer l'omission, le droit en appartient exclusivement à la cour royale. — *Douai*, 14 mars 1842 (t. 2 1842, p. 393), Dorlencourt c. préfet du Pas-de-Calais.

1034. — Mais, si l'électeur à qui cet arrêté a été notifié, n'a pas réclamé dans le délai légal, il ne peut plus tard, faire ordonner par la cour royale la réparation de cette omission. — *Douai*, 13 juin 1842 (t. 2 1842, p. 394), de Beaulincourt c. préfet du Pas-de-Calais.

1035. — Celui qui, provisoirement inscrit d'office, lors de la révision annuelle des listes électorales, pour un cens qui le faisait figurer parmi les plus imposés au-dessous de 200 fr., appelé à compléter le nombre de cent cinquante, a été depuis rayé de la liste pour insuffisance de cens, par un arrêté du préfet légalement notifié, ne peut non plus, alors qu'il n'a attaqué cet arrêté ni avant, ni après le 30 sept. se pourvoir *de plano*, devant la cour royale, en augmentation de cens. — *Bastia*, 13 janv. 1844, Marceili c. préfet de la Corse.

1036. — Une cour, en ordonnant sur la réclamation d'un tiers, la radiation d'un contribuable d'une liste électorale où il figure indûment, ne doit pas ordonner en même temps son inscription sur la liste du lieu où elle reconnaît qu'il a conservé son domicile politique, si aucune demande n'a été formée à cet effet. — *Cass.*, 23 avr. 1838 (t. 2 1838, p. 13), préfet de la Corse c. Braccini.

ART. 3. — *Procédure.*

1037. — *Assignation.* — L'exploit introductif d'instance doit, sous peine de nullité, être notifié dans les dix jours, quelle que soit la distance des lieux, tant au préfet qu'aux parties intéressées. — L. 19 avr. 1831, art. 33, § 2.

1038. — Ce délai court du jour de la notification de l'arrêté. Le ministre de l'intérieur l'a formellement déclaré lors de la discussion de la loi du 2 juill. 1828, dont l'art. 18, § 2, a été reproduit par la loi de 1831. Cela est d'ailleurs conforme aux règles du droit commun, qui ne fait courir les délais des recours en général qu'à compter de la signification. — Duvergier, t. 28, p. 193, note 1re, et t. 31, p. 191, note 2e.

1039. — Un électeur n'est donc plus recevable à se pourvoir contre l'arrêté du préfet portant refus de l'inscrire sur la liste après les dix jours de la signification qui a été faite personnellement de cet arrêté, et cela, quoique dix jours ne se soient pas encore écoulés depuis la notification qui a été faite ultérieurement du même arrêté au mandataire qui avait réclamé l'inscription de son nom sur cette liste. — *Orléans*, 14 nov. 1845 (t. 1er 1846, p. 75), Grandjean c. préfet du Loiret.

1040. — Cette fin de non-recevoir ne peut être relevée d'office, et elle n'est pas couverte par la défense et les conclusions prises au fond par le préfet dans un mémoire présenté à la cour. — Même arrêt.

1041. — Le préfet ne peut, en effet, être considéré comme une partie, et couvrir par ses actes les nullités ou déchéances acquises postérieurement à son arrêté contre l'électeur sur la demande duquel il a prononcé. — Même arrêt.

1042. — Le jour de la notification ne doit pas être compris dans le délai de deux jours, autrement dit le jour *à quo*. — *Nancy*, 16 juin 1830, Leman c. préfet de la Meurthe; — Duvergier, t. 31, p. 191, note 2e.

1043. — Un arrêt de la cour de Cassation, rendu sous l'empire de la loi 1828, avait décidé qu'on ne devait pas non plus compter le jour de l'échéance. — *Cass.*, 26 juin 1830, préfet du Loiret c. Mègre.

1044. — Mais évidemment cette solution était erronée; le jour de l'échéance doit être compris dans le délai, l'art. 1033, C. procéd., n'est pas applicable à cette matière exceptionnelle. — *Bastia*, 8 déc. 1845, Poggi c. préfet de la Corse; *Douai*, 13 nov. 1837 (t. 1er 1839, p. 321), Vaché c. préfet du Pas-de-Calais.

1045. — Par conséquent, le recours signifié le onzième jour seulement doit être non-recevable comme tardif. — *Bastia*, 8 déc. 1835, Poggi c. préfet de la Corse; *Montpellier*, 14 nov. 1845 (t. 1er 1846, p. 240), Vidalot c. préfet de l'Aube.

1046. — Peu importe que le dixième jour soit un jour férié. — Mêmes arrêts. — V. JOURS FÉRIÉS.

1047. — Cette jurisprudence, aujourd'hui constante, est conforme aux véritables principes et s'adapte parfaitement à l'ordre qui préside aux opérations de la révision des listes électorales. En n'accordant aucune augmentation de délai à raison des distances ou pour tout autre motif, conformément à l'art. 1033, C. procéd. civ., la loi a voulu le rendre invariable afin de ne point modifier les divers autres délais fixés pour la révision des listes, leur publication et leur clôture définitive. — V. conf. Berriat Saint-Prix, p. 417, n° 51; Carré, t. 1er, p. 58, n° 90, et p. 390, n° 652. — V. aussi la discussion de la loi du 19 avril 1431, qui ne peut laisser aucun doute à la solution.

1048. — Toutefois il est évident que lorsque l'action est dirigée contre l'inscription faite sur un dernier supplément rectificatif des listes, le délai de dix jours accordé par la loi pour attaquer cette inscription ne peut courir que du jour où ce supplément de liste a été effectivement publié et connu, et non du 20 oct., jour auquel les listes doivent être publiées. — *Montpellier*, 18 nov. (et non mai) 1839 (t. 1er 1840, p. 97), Lautrec c. préfet de l'Hérault.

1049. — Mais, même dans ce cas, où, comme nous l'avons vu (V. *suprà* nos 988 s.) l'action peut être portée directement devant la cour, l'exploit introductif de cette instance doit, à peine de déchéance, être notifié dans le délai de dix jours de la notification du tableau. — *Cass.*, 24 juin 1846 (t. 2 1846, p. 66), Fraux c. Pingré de Guémicourt.

1050. — Comme il s'agit ici non d'une prescription, mais d'une déchéance, c'est à tort que le demandeur qui aurait porté son action devant le préfet, au lieu d'en saisir la cour royale, prétendrait, en invoquant l'art. 2246, C. civ., que cette action, formée aussi devant un juge incompétent, a suffi pour conserver son droit. — Même arrêt.

1051. — Jugé encore que, quand bien même, contrairement aux prescriptions de la loi, la notification de l'arrêté en conseil de préfecture n'aurait eu lieu que postérieurement au délai déterminé par la loi, l'exploit introductif d'une instance en réclamation, devrait être signifié au préfet dans les dix jours de la notification tardive qui en aurait été faite. — *Besançon*, 4 déc. 1844 (t. 2 1845, p. 310), Jacquenet c. préfet du Doubs.

1052. — Si l'électeur intéressé doit nécessairement former son recours dans le délai de dix jours, à plus forte raison la demande formée par un tiers en radiation du nom d'un électeur est non-recevable si elle a été intentée après l'expiration des dix jours qui suivent l'affiche et la publication des listes. — *Montpellier*, 12 nov. 1845 (t. 1er 1846, p. 242), Gazel c. Bertrand.

1053. — En effet, cette affiche et cette publication doivent être considérées, quand il n'y a pas eu réclamation auparavant, comme une véritable notification faite à toute partie intéressée. — Même arrêt. — V. *suprà*, nos 664 et suiv.

1054. — Non seulement le tiers doit former son recours dans les dix jours, et, dans le même délai, le notifier au préfet, mais encore l'exploit introductif d'un tiers ne peut être reçu, devant la cour royale, qu'autant qu'il a été signifié à celui dont on demande la radiation. — *Bordeaux*, 23 juin 1830, Galos c. Ravezièς; *Bastia*, 28 nov. 1833, Franceschi c. préfet de la Corse.

1055. — La double notification est nécessaire alors même que le fait qui motive le recours est postérieur au 30 sept. — *Orléans*, 3 déc. 1845 (t. 1er 1846, p. 71), Durand c. Quentin.

1056. — Le tiers qui s'est borné dans l'exploit d'assignation par lui donné à un autre électeur à demander que ce dernier fût reporté d'un collége dans un autre, ne peut, si l'assigné ne se présente pas, changer sa demande originaire, et conclure, en son absence, à la réduction de son cens électoral ou à sa radiation. C'est là une nouvelle demande qui rend nécessaire une nouvelle assignation. — *Bordeaux*, 23 juin 1830, Vignes c. Gombaud.

1057. — La notification du recours doit être faite au domicile réel de la partie intéressée, quand cette partie a son domicile dans le département. Une pareille notification faite à la personne du maire, à défaut de la présence de la partie intéressée, est entachée de nullité. — *Cass.*, 12 mai 1846 (t. 2 1846, p. 138) Peyron c. Rion-Kerhalet; 22 juill. 1846 (t. 2 1846, p. 532), préfet du Morbihan c. de Querhoent.

1058. — En matière électorale, comme en toute autre matière, la remise à la partie intéressée d'une copie de l'acte notifié est une formalité substantielle, sans l'accomplissement de laquelle la notification ne peut être réputée dûment existante. — *Cass.*, 22 juill. 1846 (t. 2 1846, p. 532), préfet du Morbihan c. de Querhoent.

1059. — Quant aux préfets, ils sont nécessairement parties quand il s'agit de provoquer la réformation de leurs arrêtés, ils doivent donc être ajournés par le ministère d'huissier. — *Nancy*, 27 nov. 1828, Bontoux c. préfet de la Meurthe; *Bordeaux*, 23 juin 1830, Galos c. Ravenès; *Bourges*, 27 nov. (et non 3 déc.) 1841 (t. 2 1842, p. 268 et suiv.), de Chabannes c. Beuzon.

1060. — Toutefois, il convient de remarquer qu'en cette matière les exploits ne sont pas soumis aux formalités du Code de procédure, et qu'on doit, à cet égard, suivre les formes de l'art. 389, C. instr. crim. — *Cass.*, 6 juill. 1830, préfet de la Seine c. Leroy.

1061. — Il n'est pas nécessaire, à peine de nullité, que les ratures et renvois d'une assignation soient approuvés, lorsqu'ils ne nuisent pas à l'intelligence de l'acte, et n'ont pu causer aucune erreur préjudiciable au défendeur. — *Cass.*, 6 juill. 1830, préfet de la Seine c. Pinpernel.

1062. — *Nature de l'affaire.* — L'art. 33, L. 19 avr. 1831, veut que les réclamations portées devant la cour royale soient jugées sommairement, toutes affaires cessantes, et sans qu'il soit besoin du ministère d'avoué. — Le législateur a voulu épargner aux réclamans une double perte de temps et d'argent par suite des frais qu'entraîne toujours la procédure ordinaire.

1063. — Les réclamations en matière électorale requièrent célérité; elles peuvent par conséquent être jugées en vacations. — *Limoges*, 13 sept. 1827, Gadon c. préfet de la Creuse; *Rennes*, 28 sept. 1827, Boelle Cabri c. préfet du Finistère.

1064. — On conçoit en effet que l'approche d'élections, soit générales, soit partielles, exige une prompte solution et ne permette pas d'attendre l'époque de la rentrée; mais si l'urgence venait à disparaître, par exemple, parce que la convocation du collége se trouverait, par une circonstance quelconque, reportée à une époque plus éloignée, la cour royale pourrait renvoyer après vacations. C'est ce que la cour de Cassation a fait elle-même dans diverses circonstances. — V. notamment *Cass.*, 2 fév. 1835, préfet de l'Eure c. Cliquot.

1065. — De même, en prescrivant aux cours royales de juger sommairement et toutes affaires cessantes les contestations portées devant elles en matière électorale, l'art. 33 ci-dessus n'a fait que leur tracer une ligne de conduite, mais sans leur imposer pour cela le devoir de juger le jour des plaidoiries à peine de nullité de l'arrêt. — *Cass.*, 5 juin 1834, Lheureux c. préfet de la Seine.

1066. — En cette matière, comme dans toute autre, les juges peuvent, ou prononcer sur-le-champ, ou se retirer dans la chambre du conseil pour y recueillir les avis, ou continuer la cause à une prochaine audience pour prononcer le jugement. — Même arrêt. — Cormenin, t. 2, p. 161.

1067. — Les tiers assignés devant la cour royale, aux délais de la loi, par l'électeur dont ils ont fait ordonner la radiation, peuvent légalement, comme en matière ordinaire, obtenir, avant l'expiration de ces délais, un arrêt par défaut contre l'électeur qui ne se présente pas. — *Montpellier*, 25 oct. 1837 (t. 2 1837, p. 606), N...

1068. — Comme aussi, l'électeur dont un tiers a réclamé l'élimination devant la cour royale, et qui fait défaut, peut être maintenu sur la liste, malgré sa non-comparution. — *Cass.*, 12 juill. 1830, Delaunauy c. Delaquesnerie.

1069. — *Rapport.* — L'affaire est rapportée en audience publique par un des membres de la cour. — L. 19 avr. 1831. — Cette prescription doit être observée à peine de nullité. — *Cass.*, 26 janv. 1835, Pizot c. Mille; 2 fév. 1835, Vendelhau Desmoles c. Peu; 1er (et non 10) août 1837 (t. 2 1837, p. 281), d'Huart c. le préfet de la Moselle.

1070. — Un arrêt est même nul par cela seul que l'expédition ne constate pas l'exécution de

cette formalité. — *Cass.*, 23 nov. 1846 (t. 2 1846, p. 668), Hardrouyen c. Coignard; 24 avr. (et non mars) 1844 (t. 2 1846, *ibid.*), Cardi c. maire de Brando.

1071. — *Débat oral.* — Sous l'empire de la loi du 5 fév. 1819, qui n'avait tracé aucun mode spécial pour se pourvoir devant les cours royales, on décidait qu'il n'y avait pas lieu d'assujétir les réclamations à des formalités d'un autre ordre que les réclamations formées devant le conseil de préfecture. — *Rennes*, 28 sept. 1827, Boelle Cabri c. préfet du Finistère.

1072. — ... Et par conséquent qu'elles devaient être jugées sur simples mémoires et sans frais. — Même arrêt.

1073. — La loi du 2 juill. 1828 établit, par son art. 18, que l'arrêt ne pourrait être rendu par la cour qu'après que le ministère public aurait été entendu dans ses conclusions: mais elle ne fit nulle mention du droit, pour les parties ou les tiers, d'être verbalement entendus.

1074. — En raison de ce silence, la cour de Besançon (10 juin 1830, Defrène c. préfet du Doubs) avait pensé que les plaidoiries étaient interdites, et que l'avocat de l'électeur ne pouvait que remettre de simples notes au président.

1075. — Mais cette solution était loin d'être généralement adoptée, et, en fait, l'audition des avocats était considérée comme conforme, sinon à la lettre, du moins à l'esprit de la loi. — *Angers*, 20 mars 1829, Olivier c. préfet de la Mayenne; *Paris*, 25 août 1829, N...; *Angers*, 3 mai 1830, Gallet-Azémar c. préfet de Maine-et-Loire; *Orléans*, 9 juin 1830, Gravier-Dejean.

1076. — Depuis la loi de 1831 aucun doute n'est plus possible. — L'art. 33, § 4, *in fine*, porte que l'arrêt ne sera prononcé qu'après *audition de la partie ou de son défenseur.*

1077. — Mais l'avocat peut-il répliquer au ministère public? — La négative résulte de ce que le ministère public n'est point partie principale au procès. — *Bourges*, 27 nov. (et non 8 déc.) 1841 (t. 2 1842, p. 268), de Chabannes c. Beuzon; *Cass.*, 29 avr. 1846 (t. 2 1846, p. 140), Brunet de Privezac c. préfet d'Ille-et-Vilaine. — V. conf. Duvergier, t. 31, p. 191, note 5e; Merger, p. 253.

1078. — La jurisprudence s'était également prononcée en ce sens sous l'empire de la loi du 2 juill. 1828. — *Angers*, 20 mars 1829, Olivier c. préfet de Mayenne; *Paris*, 25 août 1829, N...; *Orléans*, 9 juin 1830, Gravier-Déjean. — V. cependant *Angers*, 3 mai 1830, Gallet-Azémar c. préfet de Maine-et-Loire.

1079. — Il a même été décidé que dans le cas où, en concluant, le ministère public a fait usage d'une pièce non communiquée, l'arrêt qui, sans admettre la partie ou son défenseur à répliquer, ordonne que la pièce lui sera communiquée, et l'autorise, en renvoyant la cause à une autre audience, à produire telles observations qu'il jugera convenables, respecte suffisamment le droit de la défense. — *Cass.*, 29 avr. 1846 (t. 2 1846, p. 140), Brunet de Privezac c. préfet d'Ille-et-Vilaine.

1080. — *Production de pièces.* — Sous l'empire de la loi de 1828, d'assez graves difficultés s'étaient élevées sur la question de savoir si les parties qui attaquaient devant la cour royale un arrêté du préfet rejetant la demande en inscription pouvaient produire des pièces et invoquer des preuves qui n'avaient pas été soumises au préfet.

1081. — Un premier arrêt émané de la cour de Grenoble avait d'abord décidé dans le sens de l'affirmative. — *Grenoble*, 4 août 1829, Chaper.

1082. — Mais depuis, la jurisprudence s'était constamment prononcée en sens contraire. — *Metz*, 30 nov. 1829, Aubert c. Leduchat; *Cass.*, 22 fév. 1830, Furchard; *Nancy*, 3 juin 1830, Barbier c. préfet de la Meurthe; *Bourges*, 17 juin 1830, Parnajon-Duparc c. préfet du Cher.

1083. — Plusieurs arrêts avaient même été jusqu'à juger que les parties ne pouvaient pas, en cour royale, présenter des pièces nouvelles, alors même que ces pièces n'avaient d'autre but que d'éclaircir d'autres pièces produites devant le préfet, et que ce fonctionnaire avait jugées insuffisantes. — *Bordeaux*, 15 juin 1830, Leroy c. préfet de la Gironde; 17 juin 1830, Lessunce c. préfet de la Gironde. — V. néanmoins *contrà Nancy*, 9 juin 1830, Barbier c. préfet de la Meurthe.

1084. — Toutefois, on reconnaissait que celui qui réclamait devant la cour royale contre l'arrêté du préfet qui l'avait rayé d'office, lors de la formation du dernier tableau de rectification, était recevable à produire devant la cour des pièces qui n'avaient pas été présentées au préfet, la production devant le préfet ayant été dans ce cas impossible. — *Cass.*, 28 juin 1830, préfet du Loiret c. Badinier.

1085. — C'était aussi un point constant que l'électeur dont l'inscription était attaquée par un tiers, pouvait, en tout état de cause, produire des pièces nouvelles pour justifier son inscription; le principe qui prohibait la production de pièces nouvelles devant la cour ne lui était pas applicable. — *Bordeaux*, 22 juin 1830, Duvergier c. Guichard; 23 juin 1830, Duvergier c. Marcellus.

1086. — Une cour royale devant laquelle un individu ne justifiait pas complètement de sa capacité électorale pouvait même ordonner son inscription à la charge par lui d'achever la justification dans un délai déterminé. — *Nancy*, 9 juin 1830, Barbier c. préfet de la Meurthe.

1087. — Ainsi, par exemple, la cour pouvait ordonner que celui qui produisait une délégation de contributions à lui faite par sa belle-mère prouverait dans un délai de... que sa belle-mère n'avait ni fils, ni petit-fils. — Même arrêt.

1088. — Lors de la discussion de la loi de 1831, et pour faire cesser tous les doutes, la chambre des pairs ajouta au § 1er de l'art. 33 de la loi ces mots: *et y produire toutes pièces à l'appui.*

1089. — C'est donc aujourd'hui un point incontestable que l'électeur qui attaque une décision du préfet devant la cour royale a le droit d'y produire de nouvelles pièces justificatives de son droit. — *Bastia*, 28 nov. 1836, Gabrielli c. préfet de la Corse; *Cass.*, 29 nov. 1837 (t. 2 1837, p. 605), préfet de la Meurthe c. Calais; *Bourges*, 12 oct. 1839 (t. 1er 1840, p. 325), Achet c. préfet du Cher; *Douai*, 13 déc. 1841 (t. 1er 1842, p. 576), Monnier c. préfet du Nord. — ... Tant qu'il n'a pas été statué sur la demande. — *Orléans*, 3 déc. 1842 (t. 1er 1843, p. 22), Jacques Hadou c. Vallon. — V. conf. en matière d'élections municipales, *Cass.*, 15 janv. 1838 (t. 1er 1838, p. 422), préfet de l'Eure c. Fondière.

1090. — Il suffit qu'un citoyen ait formé avant le 30 septembre sa demande à fin d'inscription pour qu'il ait droit de produire devant la cour royale toutes les pièces à l'appui de sa réclamation, même celles non présentées au préfet qui a rejeté la demande à défaut de justifications suffisantes. — En conséquence, la cour royale, sur la production des pièces nouvelles, peut ordonner l'inscription. — *Paris*, 17 nov. 1840 (t. 2 1840, p. 770), Houdaille c. préfet de Seine-et-Marne.

1091. — Mais celui qui ne justifie pas d'une demande régulièrement formée avant le 30 septembre doit être repoussé de son action, alors même qu'il produirait devant la cour royale les pièces justificatives de son cens électoral. — *Paris*, 17 nov. 1840 (t. 2 1840, p. 771), Cardon c. préfet de Seine-et-Marne.

1092. — L'art. 33, L. 19 avr. 1831, qui permet de produire devant la cour toutes pièces à l'appui du recours, ne s'applique pas en cette circonstance, où il s'agit, non pas d'une insuffisance de pièces relatives au fond même de la contestation, mais d'un vice substantiel dans le mode de prouver. — *Nîmes*, 8 nov. 1842 (t. 1er 1843, p. 85), Laboissière c. Olivier de Gerente.

1093. — Toutefois on ne peut considérer comme demande nouvellement formée devant la cour royale les conclusions qui tendent, comme celles soumises au préfet, à la radiation d'un électeur, alors que le moyen qui s'y trouve plus spécialement précisé résultait des titres déjà produits entre les mains du préfet et visés en son arrêté. — *Cass.*, 1er juill. 1846 (t. 2 1846, p. 157), préfet de la Creuse c. Grosset.

1094. — Celui qui conteste l'inscription d'un électeur a également le droit de produire devant la cour royale de nouvelles pièces justificatives à l'appui de sa demande. — *Limoges*, 31 oct. 1837 (t. 2 1840, p. 357), Valon c. Bédoch.

1095. — Sous la loi du 2 juill. 1828, il avait été jugé qu'en cas d'action de la part des tiers, la clôture de la liste étant suspendue à l'égard de celui dont l'inscription était attaquée jusqu'au jugement de l'action, ce dernier pouvait produire ses titres justificatifs, même après l'époque fixée pour cette clôture. — *Caen*, 29 déc. 1828, Boislaunay; *Paris*, 20 nov. 1829, Perrot c. Fadatte de Saint-Georges. — Cette décision devrait encore être suivie aujourd'hui.

1096. — Mais la partie qui ne produit une pièce (fût-ce même un arrêté de préfecture sur le litige) qu'après les conclusions du ministère public et la clôture des débats, n'est pas recevable à se plaindre que les juges aient refusé d'avoir égard à cette production tardive. — *Cass.*, 28 août 1834, Gauthier c. Clausel.

1097. — *Moyens de preuve.* — Ainsi que nous l'avons vu (*suprà* nos 577 et s.), les cours royales ont un pouvoir d'appréciation souverain pour statuer sur la sincérité ou la simulation des actes qui sont produits devant elles. — *Cass.*, 5 avr. 1842 (t. 2 1842, p. 189), Gradit c. Nartres.

1098. — Néanmoins il ne faut pas oublier qu'en matière électorale elles exercent une juridiction toute spéciale: elles ne peuvent faire et ordonner que ce qu'aurait pu faire et ordonner le préfet en conseil de préfecture. — *Nîmes*, 19 nov. 1839 (t. 1er 1840, p. 459), Arnaud-Coste c. Chabot.

1099. — Elles ne sauraient donc, comme en matière civile ordinaire, prescrire des vérifications d'écritures ou déférer des sermens. — Même arrêt. — *Angers*, 13 nov. 1844 (t. 1er 1845, p. 351), de Quatrebarbes c. préfet de Maine-et-Loire.

1100. — Il avait été jugé aussi, sous la loi du 2 juill. 1828, qu'on ne pouvait, en cette matière, faire dépendre la décision du serment ou d'une preuve testimoniale, ou d'un interrogatoire sur faits et articles. — *Nancy*, 21 juin 1830, Gillon c. Faillonnet et préfet de la Meuse.

1101. — *Rédaction de l'arrêt.* — Les arrêts rendus en matière électorale doivent, conformément à l'art. 141, C. procéd. civ., renfermer les points de droit et de fait et les conclusions des parties. Néanmoins, le ministère des avoués n'étant pas nécessaire (V. *suprà* no 1062), il est suffisamment satisfait aux dispositions de la loi, lorsque les conclusions des parties et les points de fait et de droit ressortent de l'arrêt, bien que n'étant pas rapportés dans des dispositions distinctes. — *Cass.*, 16 fév. 1842 (t. 1842, p. 424), Beisson c. préfet des Bouches-du-Rhône; 12 mai 1846 (t. 2 1846, p. 138), Peyron c. Rion-Kerbalet; 29 juin 1846 (t. 2 1846, p. 13), Helluin c. Devillers; 30 juin 1846 (t. 2 1846, p. 132), maire du Quesnoy c. Nédonchel; 2 juill. 1846 (t. 2 1846, p. 136), Jouan c. Pringué.

1102. — *Droits sur les actes.* — Les actes judiciaires auxquels l'instance judiciaire donne lieu sont enregistrés gratis. — L. 19 avr. 1831, art. 33, § 4.

1103. — Mais cette disposition ne s'étend point aux droits de timbre et de greffe. M. Isambert, lors de la discussion de la loi de 1831, avait proposé d'accorder aussi exemption de ces derniers droits. Mais sa proposition n'a pas été accueillie. — Duvergier, t. 31, p. 191, note 4e.

1104. — *Dépens.* — Le préfet dont un arrêté a été annulé par la cour royale, sur le recours de l'électeur que cet arrêté concernait, ne peut, sans excès de pouvoir, être condamné aux dépens. — *Nancy*, 27 nov. 1828, Bonloux c. préfet de la Meurthe; *Paris*, 2 déc. 1828, Peigné-Tesseidre c. préfet de l'Aude; *Toulouse*, 1er juill. 1829, Darnaud c. préfet de l'Ariége; *Cass.*, 20 avr. 1836, de Somville c. préfet des Ardennes; 15 janv. 1838 (t. 1er 1838, p. 503), préfet de la Corrèze c. Lafond; 14 nov. 1838 (t. 2 1839, p. 314), préfet de la Haute-Vienne c. Faucher; *Grenoble*, 26 nov. 1845 (t. 1er 1846, p. 614), Viennois c. Marbos. — V. encore Cormenin, t. 2, p. 161, note 4e.

1105. — On ne pourrait citer contre cette jurisprudence qu'un seul arrêt, qui remonte du reste à une date fort éloignée. — *Nancy*, 10 nov. 1828, N... — Et comme on le voit par un autre arrêt postérieur de quelques jours seulement (cité au numéro précédent), la même cour s'est empressée, avec raison, de revenir sur sa première décision.

1106. — En effet, le préfet ne procède pas comme partie au procès et comme exerçant les droits et actions soit du domaine public, soit de l'administration départementale, mais comme fonctionnaire de l'ordre administratif agissant dans l'intérêt général de la société et chargé de veiller à l'accomplissement des formes et conditions prescrites par les lois électorales. Il ne saurait être condamné aux frais alors même que ses arrêtés sont réformés.

1107. — Mais il n'en est pas de même du tiers qui intervient pour réclamer la radiation d'un électeur inscrit. A son égard, il y a lieu d'appliquer les principes du droit commun. Toutes les fois qu'il succombe dans sa demande, il doit être condamné aux dépens. — Ainsi jugé, soit sous l'empire de la loi de 1828 (*Nancy* et non *Cass.*, 21 juin 1830, Gillon c. Faillonnet); — soit depuis la loi de 1831. — *Angers*, 13 nov. 1844 (t. 1er 1845, p. 351), de Quatrebarbes c. préfet de Maine-et-Loire; *Grenoble*, 26 nov. 1845 (t. 1er 1846, p. 614), Viennois c. Marbos.

1108. — Un arrêt assez récent a même décidé, avec raison, que le tiers qui demande la radiation du nom d'un électeur de la liste électorale doit supporter les frais de cette demande lorsqu'elle n'a pas été contestée par l'électeur attaqué. — *Orléans*, 20 fév. 1845 (t. 1er 1845, p. 190), Ducoux c. préfet de Loir-et-Cher et Truchon.

1109. — Que doit-on décider à l'égard des parties? — La loi du 19 avr. 1831 est muette à cet égard; et cependant, en dispensant les parties de la nécessité de recourir au ministère d'un avoué, et en disposant que les actes judiciaires seront envoyés *gratis*, l'art. 33 semble décider implicitement qu'en cette matière il n'y a jamais lieu de prononcer aucune condamnation de dépens. — Cependant, il importe de distinguer.

1110. — Quand c'est un électeur qui agit dans son propre intérêt, il est évident que, s'il suc-

combe dans sa demande, il en supporte les frais sans qu'il soit même besoin de le dire.

1111. — Que, si l'action a été dirigée contre l'électeur par un tiers qui a obtenu gain de cause, évidemment encore, pour se couvrir des frais que lui a occasionnés cette action, il doit obtenir la condamnation aux dépens. — Merger, p. 255.

1112. — S'il n'a obtenu gain de cause que sur quelques points, et qu'il ait, au contraire, échoué sur les autres, les dépens doivent être compensés. — *Caen*, 29 déc. 1828, Boislaunay.

## Sect. 6e. — *Voies de recours contre les arrêts de la cour royale.*

1113. — L'arrêt rendu par la cour royale en matière électorale est sans doute souverain, en ce sens qu'il prononce en dernier ressort; mais il est susceptible d'être attaqué par certaines voies ouvertes par le Code de procédure contre les jugemens rendus, même en dernier ressort, en matière civile.

1114. — Ces voies sont l'opposition, lorsque l'arrêt est rendu par défaut: le pourvoi en cassation, la requête civile et la prise à partie.

1115. — La requête civile et la prise partie doivent évidemment être admises en matière électorale, comme en toute autre matière civile, et les règles que le Code de procédure trace pour l'exercice de ces recours doivent être observées; aucune difficulté ne saurait s'élever sur ce point. — V. PRISE A PARTIE, REQUÊTE CIVILE.

1116. — Mais un examen spécial est nécessaire en ce qui concerne la voie de l'opposition, et celle du pourvoi en cassation.

1117. — En matière ordinaire la loi permet à ceux qui n'ont pas été parties dans un jugement et auquel cependant ce jugement pourrait causer un préjudice de l'attaquer par une voie spéciale appelée tierce-opposition. Mais nous avons vu (*suprà* nos 823 s.) que la tierce-opposition ne devait pas être admise en matière électorale et que c'était en ce dernier sens que s'était fixée la jurisprudence après de nombreuses hésitations. — V. encore *Cass.*, 16 juill. 1846 (t. 2 1846, p. 504), Martin c. Bourdon; même jour (*ibid.*), Martin c. Lalive; même jour (*ibid.*), Chambe c. Admiral.

### ART. 1er. — *Opposition aux arrêts par défaut.*

1118. — C'est une question grave de savoir si les arrêts rendus par les cours royales en matière d'élection, lorsqu'ils sont par défaut, sont susceptibles d'être attaqués par la voie de l'opposition.

1119. — La loi du 2 juill. 1828 (art. 23, § 2) déclarait non susceptibles d'opposition les arrêts rendus à l'occasion du tableau de rectification dont elle autorisait la formation après la clôture annuelle des listes et gardait le silence à l'égard des autres. M. Duvergier (t. 28, p. 196, note 6) en concluait que, dans tous les autres cas, la voie de l'opposition était ouverte contre les arrêts par défaut.

1120. — Depuis la loi de 1831, qui n'a fait aucune mention du droit d'opposition, la question s'est souvent présentée, mais elle est loin d'avoir été unanimement résolue. Peu de difficultés ont, au contraire, partagé aussi complétement la jurisprudence; et, chose assez singulière, plus d'une fois la même cour a décidé successivement dans les deux sens à des époques très rapprochées.

1121. — Ainsi, le droit d'opposition a été dénié par les arrêts suivans. — *Toulouse*, 25 nov. 1836 (t. 2 1837, p. 606), Lagon-Lassalle c. Pujade; *Montpellier*, 30 oct. 1837 (*ibid.*), N.... (cité à tort par un auteur comme ayant décidé en sens contraire); *Douai*, 31 déc. 1840 (t. 1er 1841, p. 194), Norbert-Crassier c. préfet du Nord; même jour (t. 2 1842, p. 140), Crassier c. préfet du Nord; *Agen*, 30 nov. 1842 (t. 2 1843, p. 9), Commasse c. préfet de Lot-et-Garonne; 14 déc. 1843 (t. 1er 1844, p. 589), Pérès c. Bristol; *Montpellier*, 26 mars 1846 (t. 1er 1847), N...

1122. — Se sont au contraire prononcés en faveur du droit d'opposition les arrêts suivans des cours royales. — *Montpellier*, 29 nov. 1839 (t. 1er 1840, p. 337), Crozals c. Tudier; *Bourges*, 13 nov. 1841 (t. 2 1842, p. 140), Jules Miot c. préfet de la Nièvre; *Agen*, 2 déc. 1842 (t. 2 1842, p. 9), Lagarde c. Baze; *Bourges* (et non *Angers*), 2 déc. 1845 (t. 2 1846, p. 143), Bourdillon; *Bourges* (et non *Angers*), 24 déc. 1845 (t. 1er 1847), Payet.

1123. — Quant à la cour de Cassation, elle a constamment jugé, comme les derniers arrêts que nous venons de citer, que les arrêts rendus par défaut en matière électorale et qui ordonnent le maintien d'un électeur sur la liste ou sa radiation, sont susceptibles d'être attaqués par la voie de l'opposition. — *Cass.*, 29 nov. 1837 (t. 1er 1838, p. 157), préfet de l'Aude c. Estanave; 23 juin 1846 (t. 2 1846, p. 64), Cassignol c. Bosc.

1124. — Nous n'hésitons pas aussi à adopter cette dernière solution comme plus conforme au vœu et à l'esprit de la loi. En effet, la voie de l'opposition contre toute décision judiciaire est de droit commun. Elle appartient à toute partie contre laquelle elle a été rendue, à moins qu'une disposition expresse et formelle ne la lui ait interdite. Or, la loi du 19 avr. 1831 ne prohibe l'opposition que pour un cas transitoirement prévu dans son art. 73. Si le législateur avait voulu que cette prohibition s'étendit aux arrêts par défaut ordinaires rendus en matière électorale, il aurait formellement manifesté sa volonté à cet égard. Son silence est la meilleure preuve qu'il n'a point entendu déroger au droit commun.

1125. — Mais il faut reconnaître que l'opposition doit être formée et jugée de la même manière et sans autre délai que l'action introductive d'instance. — *Montpellier*, 29 nov. 1839 (t. 1er 1840, p. 337), Crozals c. Tudier.

1126. — En d'autres termes, l'opposition doit être notifiée dans les dix jours de l'arrêt par défaut, tout à la fois au préfet et à la partie intéressée, lesquels ne sont pas obligés d'appeler l'opposant à l'audience par avenir ou tout autre acte équivalent. — Même arrêt. — Par là les inconvéniens d'un défaut calculé se trouvent arrêtés ou singulièrement diminués.

### ART. 2. — *Pourvoi en cassation.*

#### § 1er. — *Qui peut se pourvoir.*

1127. — L'art. 33, § 4, L. 19 avr. 1831, fait mention expresse du pourvoi en Cassation dans les matières électorales.

1128. — Ce recours est ouvert tant aux parties intéressées qu'aux tiers, pourvu, bien entendu quant à ces derniers, qu'ils aient pris part à l'instance. — V. *suprà* no 1117. — *Cass.*, 16 juill. 1846 (t. 2 1846, p. 504), Martin c. Bourdon; même jour (*ibid.*), Martin c. Labit; même jour (*ibid.*), Chambe c. Admiral.

1129. — De même, le préfet est recevable à se pourvoir contre un arrêt de cour royale qui, contrairement à un arrêté pris en conseil de préfecture, a ordonné la radiation ou l'inscription d'un électeur. — *Cass.*, 1er (et non 2) juill. 1830, préfet de la Seine c. Lesage; 12 fév. 1838 (t. 1er 1838, p. 364), préfet de la Haute-Saône c. Bourgeois.

1130. — Il n'a pas besoin pour former ce pourvoi de recourir au ministère d'un avocat. — Mêmes arrêts. — Il doit seulement adresser au procureur général un mémoire à l'appui de son pourvoi. — Circ. min. 9 mai 1846.

1131. — Mais il ne saurait se pourvoir dans l'intérêt de la loi. — *Cass.*, 15 janv. (et non fév.) 1838 (t. 2 1845, p. 465), préfet de l'Hérault c. Pouget.

1132. — Le préfet, comme toute autre partie, est non-recevable pour défaut d'intérêt à se pourvoir en cassation contre l'arrêt qui aurait décidé une question préjudicielle, contrairement à ses conclusions, lorsque sur le fond le même arrêt lui a donné gain de cause.

1133. — Par la même raison doit être déclaré non recevable le pourvoi formé par un préfet contre un arrêt qui comprend, dans les contributions dont la cote électorale peut se composer, les prestations en nature que l'autorité administrative prétend ne pas devoir y être contenues, si, indépendamment de ces prestations en nature, le cens de ce citoyen excède encore la somme nécessaire pour lui conférer le droit électoral. — *Cass.*, 12 fév. 1838 (t. 1er 1838, p. 366), préfet de l'Oise c. Bouteille.

#### § 2. — *Compétence.*

1134. — L'art. 33, L. 19 avr. 1831, le seul qui s'occupe du pourvoi en cassation en matière électorale, ne parle que de la forme et du jugement du pourvoi, il reste complétement muet sur ce qui concerne le pouvoir de la cour de Cassation en cette matière. — Mais la jurisprudence a suppléé à cette lacune en même temps qu'elle a déterminé d'une manière plus précise certaines difficultés sur la forme du pourvoi et son jugement.

1135. — La compétence de la cour de Cassation en matière électorale ne diffère point de sa compétence ordinaire en matière civile. Le législateur en autorisant, par dérogation expresse aux règles qui établissent une démarcation entre l'autorité judiciaire et l'autorité administrative, à porter devant les cours royales les décisions rendues par les préfets en matière électorale, n'a point modifié les attributions de la cour de Cassation. — *Cass.*, 16 fév. 1842 (t. 2 1842, p. 421), Beisson c. préfet des Bouches-du-Rhône.

1136. — En conséquence, la cour royale qui déclare la simulation d'un bail ne fait qu'user de son droit, ce qui met, sous ce rapport, son arrêt à l'abri de la censure de la cour suprême. — Même arrêt.

1137. — En matière électorale comme en toutes autres, c'est aux cours royales qu'appartient l'appréciation souveraine des faits. La cour de Cassation, juge seulement des questions de droit, ne peut être transformée en un troisième degré de juridiction. — *Cass.*, 15 janv. 1838 (t. 1er 1838, p. 503), préfet de la Corrèze c. Lafond. — V. encore *Cass.*, 24 avr. 1838 (et non 28 avr. 1837), préfet de la Corse c. Braccini.

1138. — Une cour royale peut juger souverainement qu'une partie des contributions imposées à une habitation commune est payée par tel ou tel de ceux qui habitent en commun, et doit entrer dans la composition de son cens électoral. — *Cass.*, 6 août 1838 (t. 2 1838, p. 324), maire d'Ecouis c. Cuisinier.

1139. — ... Que des pièces produites devant le conseil de préfecture résulte un cens différent de celui admis par ce conseil. — *Cass.*, 3 juill. 1830, préfet de la Seine-Inférieure c. Saillard; même jour, préfet de la Seine-Inférieure c. Revelle.

1140. — Elle peut aussi juger souverainement sur les mêmes pièces, et par une rectification de calcul, qu'un citoyen devait être porté sur la liste. — Mêmes arrêts.

1141. — L'arrêt qui déclare que des pièces qui, d'ailleurs, ont été produites devant le préfet, justifient suffisamment le cens électoral, échappe, à raison de l'appréciation souveraine qu'il a faite, à la censure de la cour de Cassation. — *Cass.*, 30 juin 1830, préfet de l'Yonne c. Guy.

1142. — Il ne pourrait non plus être annulé pour défaut de motifs. — Même arrêt.

1143. — Jugé également que l'arrêt qui annule un arrêté qui refuse d'inscrire un citoyen sur la liste de rectification, en se fondant sur ce que ce citoyen justifie de la possession annale de sa patente et d'un cens suffisant, contient des motifs suffisans. — *Cass.*, 26 juin 1830, préfet de Seine-et-Marne c. Gilquin.

1144. — En tout cas, l'arrêt qui a compris à tort certaines sommes dans le cens d'un électeur ne doit pas être cassé, si, en les retranchant, l'électeur paie encore le cens voulu. — *Cass.*, 8 (et non 2) août 1838 (t. 2 1838, p. 473), Colonna d'Istria.

1145. — L'arrêt qui a reconnu que le cens payé par un électeur est insuffisant pour le faire maintenir sur la liste électorale ne peut être attaqué devant la cour de Cassation, sur la production de pièces nouvelles et qui n'ont pas été soumises à la cour royale. — *Cass.*, 15 juin 1842 (t. 2 1842, p. 361), Lamothe c. de Bordeu. — V. conf. en matière d'élections municipales, *Cass.*, 30 juin 1846 (t. 2 1846, p. 132), maire du Quesnoy c. Nédonchel.

1146. — Des certificats ayant pour but d'établir qu'un individu a été à tort porté sur la liste ne peuvent, s'ils constatent des faits contraires à ceux qui résultent de l'arrêt qui a ordonné l'inscription, être appréciés par la cour de Cassation, alors qu'il n'est pas prouvé qu'ils aient été soumis à la cour royale. — *Cass.*, 24 janv. 1838 (t. 1er 1838, p. 539), préfet de la Lozère c. Chevalier.

1147. — Lorsqu'il a été constaté par un arrêt qu'un étranger n'avait point encore obtenu de lettres de naturalité au moment de la clôture de la liste électorale, ce point de fait ne peut être détruit devant la cour de Cassation par la production d'une liste imprimée, et certifiée par le préfet, portant une date postérieure aux lettres. — *Cass.*, 27 juin 1831, Berthollet c. préfet du Cher.

1148. — Pareillement lorsqu'un arrêt a déclaré que le domicile réel d'un électeur est bien dans l'arrondissement électoral sur les listes duquel il est porté, et que les pièces par lui produites pour justifier d'un autre domicile ne peuvent établir sa prétention, attendu qu'elles peuvent s'appliquer à un autre que lui, cette décision rendue en fait ne peut justifier un pourvoi en cassation. — *Cass.*, 29 mars 1843 (t. 1er 1847), Dupizet c. Laurent.

1149. — Il y a lieu d'annuler pour excès de pouvoir, soit en ce qu'il statue sur chose non demandée, soit pour incompétence à raison de ce que la mesure qu'il prescrit eût dû d'abord être soumise à l'autorité administrative, l'arrêt d'une cour royale qui ordonne l'inscription d'un électeur sur la liste d'un autre arrondissement, lorsque cet électeur s'était borné à demander à être maintenu sur la liste où il avait été d'abord inscrit, et dont il avait été éliminé. — *Cass.*, 30 mars 1835, préfet de la Seine c. Rattier.

#### § 3. — *Procédure.*

1150. — Il doit être procédé sur le pourvoi sommairement et toutes affaires cessantes, comme devant la cour royale, avec la même exemption du droit d'enregistrement, sans consignation d'amende.

1151. — Toutefois, il ne faudrait pas induire de cette disposition que l'affaire peut être portée de suite à la chambre civile, sans admission préalable du pourvoi à la chambre des requêtes. — *Cass.*, 9 avr. 1829, Marin,

1152. — Les significations d'arrêts d'admission rendus en cette matière doivent être faites à la personne même de l'assigné, et, en cas d'absence, une copie doit être laissée à son domicile et une au maire ou à l'adjoint qui vise l'original. — *Cass.*, 1er (et non 2) juill. 1830, préfet de la Seine c. Lesage; 7 juill. 1830, préfet de la Seine c. Jonnard.

1153. — Il y a nullité si, en cas d'absence de l'électeur, la notification est faite à son domicile seulement, et non à celui du maire ou de l'adjoint. — Mêmes arrêts.

1154. — Néanmoins, la nullité résultant de ce qu'une copie n'a pas été laissée au maire, à défaut de remise à la personne même, ne peut être proposée par l'électeur qui comparaît devant la chambre civile sur la copie laissée à son domicile. — *Cass.*, 1er (et non 2) juill. 1830, préfet de la Seine c. Lesage; 5 juill. 1830, préfet de la Seine c. Ripault; même jour, préfet de la Seine c. Reveilhat; même jour, préfet de la Seine c. Goury; 6 juill. 1830, préfet d'Eure-et-Loir c. Brochant-Laboullaye.

1155. — De même, un électeur ne peut, alors qu'il comparaît devant la chambre civile et représente sa copie, demander la nullité de la signification de l'arrêt d'admission qui lui aurait été faite, sous prétexte qu'elle paraîtrait avoir été faite à la requête du préfet d'un autre département, et dans une ville autre que celle où elle aurait été réellement faite. — V. l'arrêt de *Cass.* précité du 6 juill. 1830, préfet d'Eure-et-Loir c. Brochant-Laboullaye.

1156. — L'électeur qui a signé l'exploit de signification d'un arrêt d'admission ne peut se prévaloir de ce que cet exploit ne mentionnerait pas le nom de la personne à laquelle il a été remis. — *Cass.*, 3 juill. 1830, préfet de la Seine c. Lamoureux; même jour, préfet de Seine-et-Oise c. Varin; 5 juill. 1830, préfet de la Seine c. Béranger; même jour, préfet de la Seine c. Best.

1157. — ... Ou de ce que son nom aurait été laissé en blanc dans la copie. — V. les arrêts de *Cass.* précités du 5 juill. 1830.

1158. — ... Ou de ce que l'exploit n'indiquerait pas son domicile. — *Cass.*, 5 juill. 1830, préfet de la Seine c. Chalain.

1159. — Celui qui comparaît devant la chambre civile ne peut demander la nullité de la signification qui lui a été faite de l'arrêt d'admission, en se fondant sur ce que ses nom et prénoms ne se trouvent pas dans le dispositif de l'arrêt d'admission, alors surtout que ses nom et prénoms sont énoncés dans les qualités de cette copie et de l'original. — *Cass.*, 5 juill. 1830, préfet de la Seine c. Ripault; même jour, préfet de la Seine c. Reveilhat; même jour, préfet de la Seine c. Goury.

1160. — Un électeur n'est pas recevable à se plaindre qu'il n'a pas reçu la copie de l'arrêt d'admission qui lui a été signifiée, sous prétexte qu'il n'a pas signé l'original, lorsqu'il se présente devant la chambre civile par le ministère d'un avocat, et que l'original de la signification porte qu'elle a été faite à sa personne. — Mêmes arrêts.

1161. — Mais il n'y a pas lieu à statuer sur un pourvoi formé, en matière électorale, par un préfet, lorsque le préfet a cité devant la chambre civile une autre personne que celle contre qui le pourvoi a été admis; dans ce cas, cette chambre n'a pas été valablement saisie. — *Cass.*, 5 juill. 1830, préfet de la Seine c. Levasseur.

1162. — Cependant la cour de Cassation peut alors, si les délais pour assigner devant la chambre civile ne sont pas expirés, ordonner que l'électeur soit réassigné. — *Cass.*, 7 juill. 1830, préfet de la Seine c. Jounard.

1163. — Les significations d'arrêts d'admission de la cour de Cassation et les assignations des défendeurs de la section civile peuvent être portées par des gendarmes. — *Cass.*, 1er (et non 2) juill. 1830, préfet de la Seine c. Lesage.

1164. — Les notifications ainsi faites ne sont pas soumises aux formalités du Code de procédure. — *Cass.*, 3 juill. 1830, préfet de la Seine c. Oger; 5 juill. 1830, préfet de la Seine c. Chalain; 6 juill. 1830, préfet de la Seine c. Leroy.

1165. — Ainsi il n'est pas nécessaire, pour que l'exploit de signification d'un arrêt d'admission soit valable, qu'il mentionne les nom, prénoms et demeure du gendarme qui a fait la signification; il suffit qu'il soit constant que l'exploit de signification a été remis à l'électeur assigné. — *Cass.*, 3 juill. 1830, préfet de la Seine c. Oger; 6 juill. 1830, préfet de la Seine c. Leroy.

1166. — Tel est, par exemple, le cas où l'électeur assigné se présente. — V. l'arrêt de Cass. précité du 3 juill. 1830, préfet de la Seine c. Oger.

1167. — ... Et surtout celui où à la circonstance qu'il comparaît devant la cour, se joint cette autre circonstance qu'il a signé l'exploit de signification. — *Cass.*, 3 juill. 1830, préf. de Seine-et-Oise c. Vorin.

1168. — Mais est nul l'exploit de signification d'un arrêt d'admission, s'il n'est signé ni par un huissier ni par un gendarme. — *Cass.*, 6 juill. 1830, préfet de la Seine c. d'Alligny.

1169. — ... Alors même que l'original aurait été signé par l'électeur. — *Cass.*, 13 juill. 1830, Destors c. préfet de Seine-et-Oise. — V. cependant *Cass.*, 3 juill. 1830, préfet de Seine-et-Oise c. Vorin; 5 juill. 1830, préfet de la Seine c. Chalain.

1170. — Il en est autrement si le gendarme a seulement omis de parapher des renvois, et si les mêmes mots placés aux renvois se retrouvent dans le corps de l'acte. — *Cass.*, 7 juill. 1830, préfet de Seine-et-Oise c. Marion.

1171. — L'électeur qui a signé l'original de la signification qui lui a été faite d'un arrêt d'admission ne peut se plaindre de ce que la copie qui lui a été laissée ne contient pas de date, alors surtout que la date est dans l'original. — *Cass.*, 6 juill. 1830, préfet de la Seine c. Pinpemel.

1172. — ... Ni de ce que l'exploit porterait une fausse date. — *Cass.*, 6 juill. 1830, préfet d'Eure-et-Loir c. Brochant-Laboullaye.

1173. — ... Ni de ce qu'il porterait deux dates différentes. — *Cass.*, 3 juill. 1830, préfet de Seine-et-Oise c. Vorin.

1174. — ... Par exemple, de ce que la signification serait dite avoir été faite le 16, quoique l'exploit fût daté du 17. — *Cass.*, 6 juill. 1830, préfet de la Seine c. Leroy.

1175. — ... Si, d'ailleurs, ces deux dates étaient dans les délais. — *Cass.*, 3 juill. 1830, préfet de la Seine c. Oger.

1176. — En ce qui concerne la dispense de l'enregistrement et de la consignation d'amende, aucune difficulté ne peut s'élever. — Déjà, au surplus, sous l'empire de la loi du 5 fév. 1817, il avait été décidé que les contestations en matière électorale, par exemple celles relatives au domicile d'un électeur, devaient être jugées sans frais; que dès lors, en cas de pourvoi en cassation, il y avait lieu, même s'il y avait eu rejet, à restitution de l'amende consignée. — *Cass.*, 21 fév. 1828, Noël.

1177. — Quelques explications sont au contraire nécessaires relativement à la disposition de l'art. 33 qui veut que le pourvoi soit jugé comme matière sommaire et toutes affaires cessantes.

1178. — Nous avons vu (*suprà* no 1151) que cette prescription n'avait pas pour objet de dispenser celui qui se pourvoit en cassation de se présenter d'abord devant la chambre des requêtes. — *Cass.*, 9 avr. 1829, Marin.

1179. — Ainsi encore, malgré la faveur accordée aux matières électorales, il faut distinguer avec soin le délai pour comparaître de celui de huitaine, pour prendre communication des pièces et préparer la défense.

1180. — Sans doute on doit tenir pour valable une citation donnée devant la chambre civile, en matière électorale, pour comparaître à la prochaine audience. — *Cass.*, 6 juill. 1830, préfet de la Seine c. Pinpemel; 7 juill. 1830, préfet de la Seine c. Bruzon.

1181. — ... Alors surtout que l'électeur comparaît. — Mêmes arrêts.

1182. — Mais le délai accordé par le réglem. de 1738, pour la défense, ne peut être abrégé. — *Cass.*, 21 juin 1830, préfet de la Seine c. Lesage.

1183. — A la différence du recours devant le préfet et de l'action portée devant les cours royales, le pourvoi en cassation n'est pas suspensif: « Cela, dit M. Duvergier (t. 31, p. 193, note 1re), résulte du texte même de l'art. 35, L. 1831, et cela est d'ailleurs conforme au principe général qu'en matière civile le pourvoi n'est pas suspensif; enfin l'intention formelle de réserver l'effet suspensif aux réclamations portées devant les préfets en conseil de préfecture, et aux actions devant les cours royales, a été exprimée de la manière la plus positive par M. le duc Decazes, au nom de la commission de la chambre des pairs. » — V. conf. Merger, p. 264.

**Sect. 7e. — *Rectifications opérées en vertu de décisions judiciaires.***

1184. — « Le préfet, sur la notification de l'arrêt intervenu, doit faire sur la liste la rectification qui a été prescrite. » — L. 19 avr. 1831, art. 35, § 1er.

1185. — « Si, par suite de la radiation prescrite par arrêt de la cour royale, la liste se trouve réduite à moins de cent cinquante, le préfet, en conseil de préfecture, complète ce nombre en prenant les plus imposés de la liste supplémentaire arrêtée le 16 oct., et seulement jusqu'à épuisement de cette liste. » — L. 19 avr. 1831, art. 35, § 2.

1186. — A cet effet, les arrêts qui ordonnent l'inscription d'un électeur doivent être notifiés directement au préfet; il ne suffirait pas qu'ils le fussent au ministère public. — *Bourges*, 27 nov. 1841 (t. 2 1842, p. 268), de Chabanne c. Beuzon.

1187. — Si le préfet refusait de faire la rectification ordonnée, il pourrait être passible de la peine de la dégradation civique, prononcée par l'art. 114, C. pén., contre tout fonctionnaire public ou préposé du gouvernement qui aurait fait quelque acte arbitraire ou attentatoire aux droits civiques d'un citoyen. — Cette opinion a été émise par M. Pardessus dans la discussion de la loi du 2 juill. 1828 (V. Duvergier, t. 28, p. 194, note 3e), et paraît aussi partagée par M. Duvergier (t. 31, p. 193, note 2e).

1188. — « Mais la question s'est élevée de savoir si le préfet est tenu d'effectuer, dans le cours de l'année, ces inscriptions ou radiations sans attendre la notification, et d'après la communication qui lui en est faite quelquefois par lettre du procureur général. Le texte de la loi exige *une notification*, et les communications officieuses ne sont souvent pas suffisantes, ne faisant pas connaître particulièrement le montant du cens électoral déterminé par l'arrêt obtenu. » — Circul. min. 9 mai 1846.

1189. — Le ministre ajoute, à l'appui de son opinion : « Un arrêt de la cour royale de Limoges du 8 déc. 1845 a déclaré que la notification de l'arrêt était absolument nécessaire. » — *Limoges*, 8 déc. 1845 (t. 1er 1847), N.... — Mais nous ne saurions adopter une doctrine aussi rigoureuse.

1190. — Sans doute, en principe, il faut tenir la notification pour indispensable; mais néanmoins les cours royales peuvent, vu l'urgence, ordonner l'exécution de leurs arrêts sur minutes. — Duvergier, t. 31, p. 191, note 5e *in fine*.

1191. — Cette doctrine a été consacrée sous l'empire de la loi de 1828 par la cour de Rennes. — *Rennes*, 9 janv. 1829, Goyon.

1192. — Et depuis la loi de 1831 il a été encore jugé que dans le cas où l'électeur qui a obtenu un arrêt ordonnant son inscription ne peut s'en faire remettre une expédition avant l'élection, vu l'époque rapprochée de celle-ci, il peut être autorisé par cet arrêt à voter sur le vu du certificat du greffier de la cour relatant le dispositif dudit arrêt. — *Caen*, 8 déc. 1845 (t. 1er 1846, p. 367), Bertrand c. préfet du Calvados; même jour (*ibid.*), Delorme c. préfet du Calvados.

1193. — Toutefois, quelque grande que soit la faveur accordée, elle ne va pas jusqu'à obliger les greffiers à fournir gratuitement aux parties les expéditions des arrêts des cours royales. — Circ. min. 7 juill. 1830.

1194. — Quant à la forme « les rectifications résultant de ces notifications doivent être mentionnées sur la matrice ou minute de la liste électorale. Il n'y a lieu de la publier au moyen d'un tableau de rectification, que si le collége est convoqué dans le courant de l'année. Quand il n'y a pas eu de convocation de collége, les citoyens inscrits seulement sur la minute de la liste, dont les noms ne figurent point par conséquent sur des listes imprimées, et qui viendraient à être rayés parce que leur position aurait changé depuis l'arrêt obtenu, doivent, comme ceux qui figurent sur des listes imprimées, être rayés par décisions motivées et notifiées. — Circ. min. 9 mai 1846.

1195. — Du reste, ainsi que nous l'avons observé plus haut (V. *suprà* no 670), il est libre à tout imprimeur de demander à toute époque communication de la liste électorale et de ses rectifications, de les imprimer sous tel format qu'il lui plaît et de les mettre en vente. — LL. 2 juill. 1828, art. 27; 19 avr. 1831, art. 37.

**Sect. 8e. — *Dispositions transitoires.***

1196. — Les art. 70 et suivans, L. 19 avr. 1831, avaient pour objet quelques dispositions transitoires sur les élections, et spécialement sur les listes électorales, certaines dispositions que nous n'aurions même pas à mentionner, si quelques-unes d'elles n'avaient donné lieu à des difficultés.

1197. — L'art. 71 autorisait le préfet en conseil de préfecture à dresser d'office, ou d'après les réclamations des intéressés ou des tiers, une liste additionnelle contenant les noms des citoyens qui auraient acquis le droit électoral et auraient négligé jusqu'à présent de se faire inscrire. Cette liste devait être affichée vingt-cinq jours au plus tard après la publication de la loi de 1831.

1198. — On a jugé que cet article était applicable tant à ceux dont les droits électoraux étaient acquis avant la clôture de la liste annuelle arrêtée le 30 sept. 1830, qu'à ceux qui ne les avaient acquis que depuis; qu'il a relevé les premiers de la déchéance par eux encourue d'après la législation précédente. — *Cass.*, 22 juin 1831, Duroselle c. Saint-Amand.

1199. — ... Mais qu'on n'a pu être inscrit sur la liste additionnelle dressée en exécution de la disposition transitoire de l'art. 71, L. 19 avr. 1831, qu'autant qu'on avait acquis le droit électoral

avant l'expiration du délai de quinze jours à partir de la publication de cette loi ou au moins avant la clôture des listes. — *Cass.*, 27 juin 1831, Berthollet c. préfet du Cher.

1200. — Jugé enfin que la disposition transitoire de l'art. 76, L. 19 avr. 1831, permettant à tout électeur domicilié dans un arrondissement qui, d'après la nouvelle loi, se trouverait divisé en plusieurs arrondissemens électoraux, d'opter entre ces arrondissemens, s'il payait des contributions dans l'un et l'autre, a dû être entendue en ce sens que le mot *arrondissement* signifiait tant l'arrondissement administratif que l'ancien arrondissement électoral, soit que ces arrondissemens aient été fractionnés, soit qu'ils n'aient éprouvé aucune division ou morcellement; qu'ainsi il a suffi que cet électeur payât des contributions dans les deux arrondissemens électoraux dont son arrondissement administratif était composé, pour qu'il eût le droit d'option, encore bien qu'en vertu de la loi nouvelle, cette circonscription n'eût pas été changée. — *Cass.*, 22 juin 1834, Duroselle c. St-Amand.

## CHAPITRE IV. — *Éligibles.*

1201. — Le titre 5, L. 19 avr. 1831, détermine les conditions d'éligibilité nécessaires pour être admis à faire partie de la chambre des députés.

1202. — De même que pour l'électeur, quatre conditions positives sont exigées pour être éligible : 1° la jouissance de la qualité de citoyen français; 2° l'âge; 3° le cens; 4° le domicile politique.

1203. — Nous traiterons séparément de chacune de ces conditions, en faisant toutefois remarquer que la plupart des règles que nous avons développées en traitant des conditions nécessaires pour être électeur, doivent recevoir leur application en ce qui concerne la question d'éligibilité.

1204. — Nous nous bornerons donc ici à examiner les décisions particulières qui ont pu intervenir sur les conditions d'éligibilité et de l'accomplissement desquelles la chambre des députés est seule juge. — L. 19 avr. 1831, art. 61.

1205. — Mais celui qui remplit ces conditions essentielles, sans lesquelles nul ne peut être appelé à la députation, n'est pas nécessairement, par cela seul, apte à être élu, quelle que soit, du reste, sa position. Quelques conditions accessoires sont, dans certains cas, exigées par la loi; quelques incompatibilités sont établies par elle.

1206. — Ainsi, l'exercice de certaines fonctions publiques crée des incompatibilités, les unes absolues, les autres relatives.

1207. — La loi du 12 sept. 1830 veut, sauf quelques rares exceptions qu'elle détermine, que l'acceptation de fonctions publiques salariées faite par un député entraîne nécessairement sa démission de membre de la chambre et le force à se présenter de nouveau devant les électeurs.

1208. — Enfin, chaque collége électoral devant nécessairement avoir un représentant devant la chambre, nul ne peut conserver le mandat législatif qui lui aurait été conféré simultanément par plusieurs colléges électoraux.

### Sect. 1re. — *Conditions positives d'éligibilité.*

#### ART. 1er. — *Jouissance de la qualité de citoyen français.*

1209. — Nulle part, ni dans la charte, ni dans aucune des lois électorales, ne se trouve indiquée d'une manière formelle l'obligation d'être citoyen français pour être admis à être revêtu du mandat législatif; mais cette condition est tellement évidente qu'elle n'avait pas besoin d'être consacrée par un texte formel.

1210. — Aucune difficulté ne peut s'élever en ce qui concerne les Français de naissance et d'origine; nous avons vu déjà dans quelles limites et sous quelles conditions ils sont revêtus de la qualité de citoyen français, et par conséquent de l'aptitude à l'exercice des droits politiques et civiques. — V. CITOYEN FRANÇAIS, DROITS CIVILS ET POLITIQUES.

1211. — La chambre a décidé, dans plusieurs circonstances, que les descendans des religionnaires expatriés, nés en pays étranger et réintégrés par la loi du 15 déc. 1790, sont placés, par rapport aux droits politiques, dans la même catégorie que que les Français d'origine. — *Chambre des députés*, 27 mars, 16, 21 et 23 mai 1824, élect. de Benjamin-Constant; 9 fév. 1828, élect. Roman; même jour, élect. Odier.

1212. — Une décision plus récente a encore jugé que le candidat élu justifie suffisamment de sa qualité de Français, s'il prouve qu'il est né en France avant la constitution de 1793, d'un étranger majeur qui y était domicilié et y avait épousé une Française. Dans ce cas, il n'y a pas lieu, suivant la chambre, de faire l'application des lois de



1814 sur les étrangers. — *Chambre des députés*, 24 déc. 1839, élect. Pauwels.

1213. — Mais ces solutions, rendues dans des circonstances tout-à-fait exceptionnelles, ne préjugent rien quant à la question de savoir s'il est nécessaire d'être né Français, pour être admis aux fonctions législatives.

1214. — Or, bien qu'aujourd'hui la qualité de Français emporte, en principe, et sauf les exceptions prévues par les lois, celle de citoyen (V. CITOYEN FRANÇAIS, § 1er), néanmoins, celui qui n'est devenu Français que par le bénéfice de la naturalisation ne peut être admis à siéger dans les chambres législatives qu'après avoir obtenu des lettres de grande naturalisation. — Ord. 14 juin 1814.

1215. — Cette prescription est absolue, la chambre ne pourrait, en admettant le candidat dans son sein, le dispenser de l'obtention de ces lettres, que d'ailleurs elle ne saurait accorder que concurremment avec le pouvoir royal et la chambre des pairs. — V. DROITS POLITIQUES ET CIVIQUES, n° 8.

1216. — C'est au surplus ce qui a été formellement reconnu par la chambre à l'occasion d'un amendement proposé sur l'art. 59 par M. Caumartin et tendant à faire insérer dans le texte de l'art. 59 ces mots : *S'il n'est pas né Français.*

1217. — La preuve de la nationalité résultera donc, s'il s'agit d'un Français de naissance et d'origine, de la production de l'acte de naissance; s'il s'agit d'un Français naturalisé, de la production des lettres de grande naturalisation.

1218. — Mais il peut arriver que l'élu, se prétendant né Français, n'ait à sa disposition qu'un acte de naissance incomplet, ou même qu'il soit dans l'impossibilité de produire aucun acte de naissance; que peut faire la chambre en pareil cas?

1219. — Ces diverses questions se sont présentées plusieurs fois devant la chambre à l'occasion de l'élection d'un de ses membres, M. Emile de Girardin; et après y avoir été diversement résolues, elles ont fini en dernier lieu pas être tranchées en faveur de l'élection.

1220. — En 1837, l'élection de M. Emile de Girardin, qui déjà avait fait partie de la chambre, fut attaquée pour la première fois pour défaut de justification de nationalité. L'élu produisait non pas un acte de naissance, mais un jugement de notoriété qui ne mentionnait pas le lieu de sa naissance.

1221. — La chambre pensa alors que lorsque des actes de notoriété ne s'expliquent pas sur le lieu de la naissance, le bureau de la chambre peut s'enquérir des faits qui tendent à fonder sur ce point sa conviction morale et déclarer, d'après des témoignages que des raisons particulières la portent à tenir secrets, que la commission est unanimement d'avis que l'élu justifie de la qualité de citoyen français. L'admission fut prononcée. — *Chambre des députés*, 23 déc. 1837, élect. Emile de Girardin. — V. Grün, n° 537.

1222. — En 1839, la question se représenta de nouveau, et contrairement aux conclusions de sa commission, sur les observations de M. Hennequin, la chambre revenant sur sa première décision, annula l'élection. — *Chambre des députés*, 13 avr. 1839, élect. Emile de Girardin.

1223. — Depuis, M. Emile de Girardin ayant obtenu un nouveau jugement qui rectifiait le premier et qui constituait le lieu de sa naissance, le fixait en France, la chambre valida l'élection par le motif qu'il ne lui appartenait pas de méconnaître l'autorité de la chose jugée, résultant du nouveau jugement rendu contradictoirement avec le ministère public. — *Chambre des députés*, 2 août 1842, élect. Emile de Girardin.

1224. — Une question plus générale avait été agitée devant la chambre, à savoir si la qualité de Français nécessaire pour être député, doit se prouver exclusivement par des actes, ou si elle peut s'établir à l'aide de circonstances de nature à constituer une *possession d'état politique.*

1225. — En 1837, la commission conclut par l'organe de M. Gillon, son rapporteur, à l'admission, en alléguant à l'appui de sa possession d'état politique des circonstances supposant nécessairement la qualité de citoyen français dans la personne de l'élu, telles que la gérance d'un journal, l'exercice de fonctions publiques et des droits électoraux, et surtout ce fait que déjà il avait fait partie de la chambre. — L'élection, bien que combattue par M. Martin (de Strasbourg), fut validée. — *Chambre des députés*, 23 déc. 1837, élect. Emile de Girardin.

1226. — En 1839, la commission de la chambre conclut à l'admission comme l'avait fait celle de 1837; mais ses conclusions, combattues par M. Hennequin, furent rejetées, malgré les observations de M. Amilhau, rapporteur. — *Chambre des députés*, 13 avr. 1839, élect. Emile de Girardin.

1227. — « Cette solution circonstancielle, dit



M. de Cormenin (*ubi suprà*, p. 186, note 3, *in fine*), appuyée sur un seul exemple, ne mérite point de passer en jurisprudence, surtout si la nationalité a été couverte par l'épreuve d'une première législature. — V. encore Grün, n° 538.

1228. — Aussi, depuis, la chambre des députés est-elle revenue à sa première jurisprudence. — *Chambre des députés*, 2 août 1842, élect. Emile de Girardin; 18 août 1842, même élection.

1229. — Il importe de remarquer qu'une nouvelle objection avait été produite dans ces dernières circonstances contre l'élection, objection résultant de l'existence d'un acte de naissance produit par les réclamans, comme s'appliquant au candidat élu, et qui fut repoussé par le moyen de la possession d'état politique du candidat. — Mêmes élect.

1230. — Il est évident que celui qui aurait encouru la perte de la qualité de Français par l'une des causes énoncées au titre 1er, C. civ., ne pourrait pas valablement être investi du mandat législatif tant qu'il n'aurait pas recouvré par les voies légales la qualité de Français.

1231. — Toutefois, la chambre des députés a décidé que le fait d'avoir pris du service militaire à l'étranger sans y avoir été autorisé, pouvait, d'après les circonstances, n'être pas considéré comme ayant pour effet de faire encourir la perte des droits politiques. — *Chambre des députés*, 12 janv. 1844, élect. de Sieyès. — Cette solution, qui paraît assez étrange au premier abord, s'explique en ce qu'elle fut basée sur ces circonstances de fait que le candidat élu avait toujours manifesté l'intention de rester Français, qu'ainsi il avait, quoique absent, satisfait à la loi du recrutement, qu'il s'était retiré du service de la puissance étrangère, alors que la continuation de ce service lui avait paru incompatible avec la conservation du titre de Français, et surtout enfin que depuis sa rentrée en France il avait exercé certains droits et rempli certaines fonctions supposant nécessairement l'exercice des droits politiques.

#### ART. 2. — *Age.*

1232. — L'âge est la seconde condition d'éligibilité dont doit justifier le candidat élu.

1233. — D'après la Charte de 1814, art. 38, les éligibles devaient avoir quarante ans. Aujourd'hui nul ne peut être admis à la chambre s'il n'est âgé de trente ans. — Charte de 1830, art. 32.

1234. — Sous la Charte de 1814, il s'était élevé la question de savoir à quelle époque la quarantième année devait être résolue. Jusqu'à la loi du 25 mars 1818, on pensa qu'il suffisait qu'elle le fût le jour de l'admission à la chambre. La loi du 25 mars 1818 vint mettre un terme à cette interprétation illogique, en décidant formellement que les quarante ans devaient être accomplis le jour de l'élection. C'est ce dernier système qui a été adopté dans la loi du 19 avr. 1831. L'art. 59 de cette loi porte en effet : « Nul ne sera éligible à la chambre des députés si, *au jour de son élection*, il n'est âgé de trente ans... » On a pensé que le texte de l'art. 32 précité de la Charte n'était pas assez formel pour qu'on pût considérer comme une dérogation à la Charte la disposition de la loi de 1831, qui veut que les trente ans soient accomplis au jour de l'élection. — Duvergier, t. 31, p. 195, note 3e.

1235. — Un extrait d'acte de naissance remontant à l'an VI, peut être admis pour justifier de l'âge, bien qu'il ait été délivré par le secrétaire en chef de l'administration du canton, parce que ce secrétaire avait un caractère public, et que la date seule de l'extrait prouve que le député a plus que l'âge requis pour l'éligibilité. — *Chambre des députés*, 25 juill. 1831, élect. Senez; — Grün, n° 540.

1236. — Décidé encore, dans une espèce où il s'agissait du fils d'un émigré, que la chambre peut admettre comme justifiant suffisamment de l'âge de l'éligible, un extrait des registres de naissance d'un pays étranger, reçu en langue étrangère, depuis traduit en français, et déposé dans l'étude d'un notaire de France, alors surtout que la force de cet extrait se trouve confirmée par des circonstances de fait, telles que l'exercice de fonctions publiques, et la déclaration de députés du même département. — *Chambre des députés*, 30 janv. 1835, élect. de Saint-Pern.

1237. — Bien que la production de l'acte de naissance soit, en principe, exigée du candidat élu, néanmoins il peut y être suppléé par un jugement de notoriété, rendu contradictoirement avec le ministère public et transcrit sur les registres de l'état civil. — *Chambre des députés*, 4 août 1834, élect. Emile de Girardin.

1238. — A plus forte raison un acte de notoriété peut valablement être produit pour la justification d'un prénom ajouté au prénom indiqué dans l'acte de naissance. — *Chambre des députés*, 20 déc 1837, élect. Galos.

1239.—Lorsque l'élu a déjà été député, on n'exige pas la représentation nouvelle de son acte de naissance ; et c'est avec raison. « L'acte de naissance, demeuré annexé au dossier de la précédente élection, en ferait foi matériellement au besoin. La preuve de cette justification résulte d'ailleurs de l'admission antérieure. La chambre est toujours pressée d'arriver à sa constitution définitive, et elle franchit l'ordre des preuves inutiles. » — De Cormenin, t. 2, p. 186, note 1re.

1240. — Il est superflu de donner ici la liste des décisions nombreuses par lesquelles la chambre, à chaque élection générale ou partielle, a consacré ce principe.—Notons seulement comme application la plus remarquable qu'en 1842 M. Grün constatait (nº 544 *in fine*) qu'à l'égard d'un seul député (M. Sapey), la dispense de reproduction de l'acte de naissance avait déjà eu lieu trente-cinq fois, c'est-à-dire sous toutes les formes de gouvernement et dans les diverses assemblées législatives où ce député a pu être appelé à siéger depuis de longues années.

ART. 3. — *Cens d'éligibilité.*

§ 1er. — *Quotité du cens.*

1241.—Sous l'empire de la charte de 1814, la loi du 25 mai 1818 avait fixé le chiffre d'éligibilité à 1,000 francs de contributions directes.

1542.—Comme la charte de 1814, celle de 1830 ne trancha pas la question du cens d'éligibilité dont elle renvoya la fixation à une loi ultérieure devenue depuis celle du 19 avr. 1831.

1243.—Peu d'articles donnèrent lieu, lors de la présentation de cette loi, à une discussion plus vive et plus animée que celui qui avait pour but de fixer le cens d'éligibilité.

1244.—Tout le monde convenait que le cens fixé par la loi de 1818 était trop élevé; mais on était loin d'être d'accord sur le taux qu'il convenait d'adopter.

1245.—Le gouvernement proposa le chiffre de 500 francs; mais la commission de la chambre des députés estimant que c'était abaisser d'une manière trop sensible le taux du cens, pensa qu'il y avait lieu de le déterminer à 750 francs.

1246.—Au contraire, la discussion vit surgir deux amendemens, l'un, de M. de Las Cases, établissant que tout électeur âgé de trente ans serait éligible; l'autre, de M. Eusèbe Salverte, appuyé par M. Odilon Barrot, et qui, plus large encore que le premier, voulait que tout Français âgé de trente ans et jouissant des droits civiques fût éligible.

1247.— La chambre repoussa ces divers amendemens de même que les conclusions de sa commission, et fixa, conformément au projet primitif, le cens d'éligibilité à 500 francs de contributions directes.—L. 19 avr. 1831, art. 59.

1248. — Par contributions directes, il faut entendre ici toutes celles que nous avons indiquées comme devant contribuer à la formation du cens électoral. — V. *suprà* nos 38 et suiv.

1249.—Il est vrai que lorsque le projet fut soumis à la chambre des pairs, celle-ci pensa, comme elle le faisait à l'égard du cens électoral, que le principal des contributions directes devait être seul compté, et en conséquence elle abaissa à 400 francs le cens d'éligibilité, de même qu'elle avait réduit à 150 francs celui de l'électorat. — Mais cette proposition, unanimement rejetée par la chambre des députés, n'a pas été maintenue dans la loi.

1250.—Un député, M. Anisson, avait encore proposé que l'on pût être admis à former son cens d'éligibilité en justifiant d'un capital mobilier, par la raison que le capitaliste est plus intéressé encore que le propriétaire foncier ou industriel au maintien de l'ordre public, puisque dans les époques de troubles il est exposé à voir disparaître sa fortune tout entière tandis que le propriétaire foncier ou industriel souffre sans doute beaucoup, mais qu'en définitive il conserve le bien qui le nourrit.—Il voulait en conséquence que l'on fût réputé justifier du cens d'éligibilité en immobilisant pour toute la durée du mandat législatif une inscription de rentes de 3,000 francs.—La proposition fut repoussée.—V. Merger, p. 321.

1251. —La chambre rejeta également un article additionnel présenté par le général Lamarque, et ayant pour but, par analogie de ce qui a lieu pour l'électorat ( V. *suprà* nº 36 ), de déclarer éligible tout officier des armées de terre et de mer en retraite, jouissant d'une pension directe de 3,000 fr. au moins, et payant une contribution de 250 fr.

1252. —Cependant, et par les mêmes causes que lorsqu'il s'agit de l'électorat, « s'il ne se trouve pas dans le département cinquante personnes de l'âge indiqué payant le cens d'éligibilité déterminé par la loi, leur nombre est complété par les plus imposés au-dessous du taux de ce cens, et ceux-ci peuvent être élus concurremment avec les premiers. » — Charte de 1830, art. 33.

1253.— L'éligibilité conférée, aux termes de cet article, dans certains départemens par un cens inférieur à 500 fr., rend éligible dans tout le royaume. — *Chambre des députés*, 17 avr. 1839, élect. Abbatucci. — Cormenin, p. 186, nº 28.

1254.— On a soulevé encore la question de savoir si le député qui, par un événement quelconque, cesse de payer, ou de pouvoir s'attribuer les contributions composant le cens d'éligibilité, doit continuer à siéger à la chambre. L'affirmative ne nous semble pas douteuse. Il faudrait un texte positif dans la loi pour écarter de la chambre un député dont l'élection a été régulière et qui réunissait, lorsqu'il a été élu, toutes les conditions voulues. La présomption qu'il continue de les remplir le suit jusqu'à la fin de la législature.—Duvergier, t. 31, p. 196, note 1re; Cormenin, *ubi suprà*.

1255. — Il en serait ainsi, suivant nous, alors même que le cens du député étant formé en tout ou partie par l'attribution qui lui aurait été faite d'un tiers de la contribution comme fermier, le bail viendrait à prendre fin pendant la durée de son mandat législatif. — V. conf. Duvergier, *ubi suprà*.

§ 2. — *Composition du cens.*

1256. — Les contributions directes doivent être seules comptées pour la formation du cens d'éligibilité, comme pour le cens électoral. — L. 19 avr. 1831, art. 60.

1257. — Les délégations et attributions de contributions autorisées pour les droits électoraux par les art. 4, 5, 6, 8 et 9, le sont également pour le droit d'éligibilité.

1258. — De là, il suit que toutes les règles que nous avons exposées plus haut en ce qui concerne le cens électoral doivent être en général regardées comme applicables au cens d'éligibilité.

1259. — Tel est l'esprit des décisions diverses de la chambre que nous allons citer.

1260. —Ainsi, lorsqu'à raison de biens autrefois communaux, et possédés depuis à titre de partage par l'élu, ce dernier ne se trouve tenu qu'à une redevance annuelle envers la commune, cette redevance n'ayant point les caractères légaux de l'impôt, et devant être considérée comme un prix de vente, ne peut compter dans le cens. — *Chambre des députés*, 17 avr. 1839, élect. Abbatucci.

1261.—Il en est autrement d'une redevance sur des mines parce que cette redevance constitue une contribution directe. — *Chambre des députés*, 11 août 1842, élect. Émile Girardin.

1262. —Peu importe que les rôles de contributions ne soient pas encore en activité, du moment où l'élu étant toujours propriétaire de la mine, il est établi que la redevance jusqu'ici régulièrement payée n'a pas subi et ne peut subir de variation, aucun changement n'ayant eu lieu dans l'étendue de la concession de la mine. — Même décision.

1263. —L'élection du même député a donné lieu encore à une autre difficulté en ce que l'élu se prévalait pour le complément de son cens d'une part dans la copropriété d'un journal. La chambre décida que l'association pour l'exploitation d'un journal ne pouvant être regardée comme une société commerciale, les dispositions de l'art. 6, § 3, L. 19 avr. 1831, cessaient d'être applicables, et qu'il y avait lieu de suivre les règles du droit communiquant à la formation du cens d'éligibilité. — *Chambre des députés*, 11 août 1842, élect. Émile de Girardin.

1264. — Par cela même la chambre reconnaissait que les règles sur l'attribution du cens en matière d'électorat le sont également lorsqu'il s'agit d'éligibilité.

1265. — En ce qui concerne la contribution mobilière imposée à une société industrielle, dirigée par un gérant, lorsque l'acte de société n'en a pas mis le paiement à la charge de la société, elle peut être attribuée au gérant, encore bien que celui-ci, n'ayant aucune propriété dans l'établissement, n'y justifie que d'un droit d'habitation personnelle. — *Chambre des députés*, 26 août 1846, élect. Cabrol.

1266. — La contribution personnelle et mobilière étant due pour toute l'année par celui qui occupe les biens loués au moment de la confection des rôles, à la différence des contributions foncière et des portes et fenêtres qui ne peuvent plus compter au propriétaire qui vend ou au locataire qui cesse d'habiter, il suit de là que le candidat élu a droit de se prévaloir du montant de cette contribution, pour toute l'année, quand même il aurait quitté les lieux par lui occupés.

1267. — C'est ce que la chambre a consacré en décidant : 1° Qu'un préfet maritime peut compter dans son cens d'éligibilité l'impôt qu'il a payé à raison de l'habitation qu'il occupait dans la préfecture, encore bien que dans le cours de l'année il ait cessé ces fonctions. — *Chambre des députés*, 11 août 1834, élect. Grivel.

1268.—... 2° Qu'il en est de même d'un procureur général changé de siége; surtout si la maison par lui occupée dans sa précédente résidence est restée à sa charge. — *Chambre des députés*, 22 déc. 1837, élect. Chéguray.

1269.— ... 3° Qu'en matière de contribution personnelle et mobilière, le député élu peut se prévaloir de l'intégralité de sa cote, lorsqu'il a sous-loué, postérieurement à la publication des rôles, une partie de la maison dont l'occupation par lui motivait l'impôt. — *Chambre des députés*, 22 déc. 1837, élect. Martin (de Strasbourg).

1270.—... 4° Que bien que l'usufruit s'éteigne par la mort, le mari est admis à se prévaloir, pour la formation de son cens d'éligibilité, de la contribution mobilière qu'il payait à raison de son habitation dans une maison, dont sa femme décédée dans le cours de l'année était propriétaire. — *Chambre des députés*, 21 août 1846, élect. Meslin.

1271. — La vente d'un bien avec la réserve d'usufruit a, sans doute, pour effet, en principe, de conserver le droit d'éligibilité au vendeur, ainsi que cela a lieu pour le cens électoral. —V. *suprà* nº 106.

1272. — Néanmoins cette solution doit être admise avec tempérament et lorsque réserve d'usufruit n'a eu lieu que pour un temps très court, l'acquéreur peut être appelé à profiter immédiatement du cens. — *Chambre des députés*, 28 juill. 1842, élect. David (du Calvados).

1273. — Il en serait ainsi alors même que le vendeur, pendant le temps de sa jouissance et en vertu du contrat, demeurerait chargé du paiement de l'impôt, ou ne toucherait pas les intérêts du prix de vente; ces conventions secondaires pouvant être considérées comme l'équivalent de la jouissance laissée au vendeur. — Même décision.

1274. — Ne peut être encore considérée comme vente avec réserve d'usufruit la vente d'un bois, avec droit pour le vendeur de conserver la jouissance de la superficie pendant plusieurs années. —*Chambre des députés*, 23 déc. 1837, élect. Renard.

1275. — Lorsque, malgré la clause d'un testament, qui avait déclaré incessible un usufruit légué, et malgré les stipulations d'une convention postérieure au décès du testateur, le légataire a fait cession de cet usufruit, mais qu'ensuite un nouvel acte a annulé la cession, la nullité de la cession remonte au testament et à la convention confirmative; en conséquence, la cession est réputée n'avoir jamais existé, et l'usufruitier est censé n'avoir jamais été dessaisi de l'usufruit qui lui confère l'éligibilité. — *Chambre des députés*, 9 nov. 1840, élect. Mesgrigny.

1276. — La vente à réméré étant véritablement translative de propriété à l'acquéreur, c'est à ce dernier que la propriété doit profiter pour le cens tant que le réméré n'est pas exercé. — *Chambre des députés*, 23 juill. 1831, élect. Teste.

1277. — De même la donation conditionnelle opérant la translation de propriété confère par cela même le bénéfice de la propriété, quant au cens d'éligibilité, au donataire. — *Chambre des députés*, 26 déc. 1837, élect. Chazot.

1278. — Peut encore conférer le cens d'éligibilité la donation cumulative faite par un homme remarié, à un fils de sa seconde femme, d'un usufruit constitué sur sa tête, et d'un bois faisant partie de la communauté, sauf à exiger de la part du donataire la possession voulue (V. *infrà* nos 1290 et s.); cette donation ne saurait en effet, dans son ensemble, être réputée avancement d'hoirie. — *Chambre des députés*, 15 avr. 1839, élect. Ressigeac.

1279. — Juge souverain en ces matières, la chambre a, du reste, le droit d'apprécier ce qui a trait à la possession du cens d'éligibilité (V. *infrà* nos 1324 et s.). — C'est ainsi qu'en 1831 un des bureaux chargé d'une vérification de pouvoirs, proposa l'annulation d'une élection, par le motif que dans le cens d'éligibilité se trouvait une délégation par la mère de l'élu, laquelle délégation n'avait eu lieu que cinq jours avant l'élection; et la chambre aurait adopté ces conclusions, sans la demande d'ajournement faite par l'élu qui s'engagea à justifier d'autres délégations antérieures. — *Chambre des députés*, 26 juill. 1831, élect. Chaillou.

1280. — Il est vrai qu'une décision rendue en 1828 avait validé une élection, bien que la délégation fût même postérieure à l'élection; mais depuis la loi de 1831, la question s'étant présentée à l'occasion d'une élection annulée d'ailleurs pour d'autres motifs, le rapporteur émit l'opinion qu'une pareille délégation ne pouvait être regardée comme valable.— *Chambre des députés*, 26 fév. 1841, élect. Pelletier-Dulas.

1281.—La chambre n'a pas à se prononcer sur le droit que pouvait avoir l'élu à comprendre dans

son cens d'éligibilité la totalité de la délégation à lui faite par sa mère d'une contribution inscrite sous le nom des héritiers du père et de la veuve, si ce député, en retranchant la moitié appartenant aux héritiers du père, justifie encore d'un cens d'éligibilité suffisant. — *Chambre des députés*, 10 janv. 1838, élect. Dugabé.

1282. — Comme le cens électoral, le cens d'éligibilité peut encore, et suivant les mêmes règles, être assis sur des biens qui se trouvent temporairement exempts de l'impôt. — C'est ce qui a été déclaré à la chambre, au nom du bureau chargé d'une vérification de pouvoirs déjà citée, et où la chambre eut à se déterminer, quant à la validité de l'élection, par d'autres considérations. — *Chambre des députés*, 17 avr. 1839, élect. Abbatucci.

1283. — Du principe qu'il faut compter dans le cens non seulement l'impôt payé, mais encore l'impôt qui aurait dû légalement être payé, il suit que la contribution que devrait payer une propriété qui n'a pas été imposée par erreur de l'administration, doit être comptée au propriétaire comme s'il l'acquittait; autrement, comme l'assiette de la contribution, appartient à l'administration, elle serait maîtresse, en ôtant ou diminuant arbitrairement la contribution d'un citoyen, de lui enlever son droit d'éligibilité. — *Chambre des députés*, 5 avr. 1828, élect. Guérin; — Cormenin, p. 187, nº 29.

1284. — Par la raison contraire, le droit à payer une contribution foncière plus élevée que la cote imposée n'équivaut pas, pour la justification de l'éligibilité, au paiement réel de l'impôt. La raison en est qu'il ne faut pas avoir un droit hypothétique, mais un droit réel et préexistant au paiement de l'impôt. — Même décision.

1285. — Du moment où il est constant que l'impôt est à la charge de l'élu, peu importe qu'il l'acquitte par lui-même ou qu'un autre l'acquitte en son nom. Lors donc que, par suite de conventions portées au contrat d'acquisition, la contribution foncière d'un bien est payée par une autre personne que le propriétaire actuel, mais en l'acquit de ce propriétaire, l'impôt est applicable à ce dernier. — *Chambre des députés*, 22 déc. 1837, élect. Carl.

1286. — Que si, au contraire, il résulte des circonstances que l'élu ne paie pas réellement des contributions auxquelles il peut paraître imposé, il y aurait lieu de les déduire de son cens d'éligibilité.

1287. — En conséquence, on ne doit pas compter à un élu les contributions locatives assises sur une maison dont il se prétend locataire en vertu d'un bail sous seing-privé, lorsque dans cette maison demeure son frère, autrefois locataire en son nom, et encore avoué propriétaire d'une partie du mobilier, et lorsqu'en outre il est constant que l'élu demeure autre part. — *Chambre des députés*, 1er juin 1839, élect. d'Houdetot. — En présence de ces faits, la chambre ne tint aucun compte de ce que l'élu produisait à l'appui de sa justification un extrait des contributions, un certificat du maire, les quittances du percepteur et du propriétaire, et même de ce qu'il prétendait que, lors d'une précédente vérification de pouvoirs, la chambre avait prononcé son admission sur les mêmes titres d'éligibilité.

1288. — A plus forte raison est-ce le devoir de la chambre de retrancher du cens de l'élu la part de la contribution mobilière qu'il déclare lui-même lui avoir été à tort attribuée, attendu que l'appartement qu'il occupe a été loué et se trouve habité collectivement par lui et ses sœurs. — *Chambre des députés*, 19 août 1831, élect. Fonfrède.

1289. — Toutefois, dans une autre circonstance, la chambre a décidé que lorsque la contribution mobilière est portée au nom d'un élu, il ne lui appartient pas de la diviser, sous le prétexte qu'il n'occupe pas seul les lieux loués. — *Chambre des députés*, 15 avr. 1839, élect. Debès.

§ 3. — *Possession du cens.*

1290. — La condition de possession du cens antérieure aux premières opérations électorales, imposée pour l'exercice du droit électoral, l'est également lorsqu'il s'agit du cens d'éligibilité. — L. 19 avr. 1831, art. 59.

1291. — Aucune difficulté ne peut s'élever quant à l'application du principe, lorsqu'il s'agit d'une élection postérieure au 21 octobre, époque de la clôture des listes électorales. — Mais que convient-il de décider alors que le collége électoral a été convoqué dans l'intervalle du 1er juin au 21 octobre?

1292. — Suivant M. de Cormenin (p. 187, nº 30), du principe que la possession est exigée avant les premières opérations électorales, il suit que « cette possession doit remonter au 1er juin de l'année précédente. »

1293. — « Ainsi, continue le même auteur, le *minimum* de la durée de la possession est de quatre mois vingt jours; le *maximum* peut être de seize mois et vingt jours. L'éligible doit justifier que sa possession est antérieure aux premières opérations de la révision des listes sur lesquelles se fait l'élection. On n'a pas voulu que le propriétaire du 30 mai fût l'éligible du 1er juin. Une fois le principe du cens de l'éligibilité admis, la conséquence est juste. » — Cormenin, p. 188, nº 1er.

1294. — Tel fut le système que la chambre consacra d'abord par plusieurs décisions, lors de la vérification générale des pouvoirs en 1834. — *Chambre des députés*, 11 août 1834, élect. Fumeron d'Ardeuil; même jour, élect. Grivel; même jour, élect. Pouyer; 14 août 1834, élect. Mathieu.

1295. — Mais en 1842, après une discussion nouvelle, conformément à l'avis du bureau, soutenu par MM. Berryer, Odilon Barrot et Billault, combattu par MM. Muret (de Bord), Amilhau et Hébert, la chambre, revenant sur sa jurisprudence, a décidé qu'alors qu'une élection a lieu dans l'intervalle qui sépare le 1er juin du 21 octobre, il suffit pour l'éligible de justifier de sa possession du cens avant le 1er juin de l'année courante. — *Chambre des députés*, 14 janv. 1842, élect. Bineau.

1296. — La considération qui paraît avoir déterminé la chambre est celle-ci: qu'il y a une grande différence entre l'électeur et l'éligible, l'électeur ne puisant son droit que dans l'inscription, et ne pouvant par conséquent prendre part à une élection, tant que son nom n'est pas définitivement inscrit sur la liste; l'éligible, au contraire, n'ayant point l'obligation de justifier de son inscription sur la liste, mais seulement du fait de sa possession, que la loi a déterminé devoir être prouvée comme existant au 1er juin de chaque année.

1297. — Depuis, de nouvelles décisions ont consacré ce changement de jurisprudence parlementaire, et validé les élections faites dans l'intervalle précité, toutes les fois que l'élu justifiait de sa possession avant le 1er juin de l'année où avait eu lieu l'élection. — *Chambre des députés*, 28 juill. 1842, élect. Teste fils; même jour, élect. David (du Calvados); 20 août 1842, élect. Dugabé.

1298. — Mais si l'élu peut être admis du moment où il justifie de la possession avant le 1er juin de l'année, il faut en outre qu'il soit établi que cette possession n'a pas eu d'intervalle entre le 1er juin et le jour de l'élection. — *Chambre des députés*, 20 déc 1837, élect. Marcombe; même jour, élect. Robineau; 21 déc. 1837, élect. Gauthier de Rumilly; 3 mars 1838, élect. Martell.

1299. — Néanmoins, et par une interprétation favorable, la chambre a décidé qu'il n'y avait pas interruption de possession, lorsque le bien sur lequel était assis l'impôt, n'avait été vendu par l'élu que postérieurement à l'acquisition par lui faite d'une autre propriété, suffisante pour lui conférer l'éligibilité. — *Chambre des députés*, 6 avr. 1839, élect. Piscatory.

1300. — ... Que pareillement on doit valider l'élection de celui qui, postérieurement à la révision des listes électorales, aurait aliéné la propriété qui lui conférait le cens d'éligibilité, alors qu'il en achète une autre qui lui confère également le cens. — *Chambre des députés*, 7 août 1834, élect. Charles Comte; 9 avr. 1839, élect. Pouillet.

1301. — ... Et ce alors même que l'acquisition nouvelle n'aurait eu lieu qu'après une ordonnance de dissolution de la chambre. — Mêmes décisions.

1302. — Bien plus, la chambre a été jusqu'à décider que si un citoyen qui ne complétait son cens d'éligibilité qu'au moyen de contributions assises sur les immeubles dotaux de sa femme, avait, par suite de licitation, vendu ces mêmes immeubles, mais que les retards de la liquidation ne lui eussent pas permis d'opérer le remploi pour l'époque prévue, cependant, comme la garantie de propriété voulue par la loi n'avait pas été légalement interrompue, les fonds destinés au remploi étant restés constamment entre les mains des acquéreurs, et n'ayant pu en sortir que pour servir à effectuer le paiement de la propriété acquise en remploi, l'élection devait être validée. — *Chambre des députés*, 12 août 1834, élect. Hébert.

1303. — Remarquons en terminant que de l'application faite au cens d'éligibilité des dispositions de l'art. 7 de la loi du 19 avril 1831, il résulte évidemment que le donataire en avancement d'hoirie est dispensé de justifier de la possession du cens d'éligibilité avant la révision des listes électorales : il suffit que la donation précède l'élection. — *Chambre des députés*, 22 déc. 1837, élect. Chegaray; 31 janv. 1842, élect. Persil fils.

1304. — Mais il est nécessaire que le donateur lui-même ait possédé depuis le temps voulu par la loi; ainsi, on ne peut compter, pour la formation du cens électoral, les contributions payées par l'immeuble donné, lorsqu'il est constant que le donateur n'a acquis ce bien que depuis les premières opérations de la révision de la liste. — *Chambre des députés*, 26 déc. 1837, élect. de Jussieu.

1305. — Si la chambre n'a pas à sa disposition les pièces nécessaires pour établir la possession du donateur à l'époque requise, elle doit surseoir à l'admission jusqu'à production de ces pièces. — *Chambre des députés*, 23 avr. 1842, élect. Demesmay; 30 avr. 1842, même élect.

§ 4. — *Nécessité de justifier du cens et de la possession.*

1306. — La nécessité, pour le candidat élu, d'apporter devant la chambre la preuve qu'il possède le cens d'éligibilité avec toutes les conditions voulues, notamment celle de possession, est imposée d'une manière absolue, et ne souffre aucune exception. Celui qui ne justifie pas du cens d'éligibilité et de la possession de ce cens, ne peut voir son élection validée par la chambre.

1307. — Cette obligation est imposée aussi bien à celui qui a déjà rempli le mandat législatif qu'à celui qui s'y trouve appelé pour la première fois, quand bien même il s'agirait d'un député réélu par suite de l'acceptation de fonctions publiques, et qui, par conséquent, faisait déjà partie de la chambre. — Il n'en est pas, en effet, du cens comme de l'âge : on peut l'avoir perdu après en avoir joui pendant plusieurs années.

1308. — Dans les premiers temps, il est vrai, la chambre valida deux élections, où les candidats ne justifiant pas de leur cens actuel, s'appuyaient sur les circonstances que déjà ils avaient fait partie de la chambre. — *Chambre des députés*, 11 sept. 1831, élect. Clausel; même jour, élect. Lobau.

1309. — Mais depuis, revenant sur ces décisions, la chambre, au contraire, a décidé qu'à chaque élection le candidat élu devait produire les pièces justificatives du cens. — *Chambre des députés*, 28 déc. 1836, élect. Bugeaud; 26 déc. 1840, élect. Paixhans; 18 août 1846, élect. Boissy d'Anglas.

1310. — Cependant en fait, et dans diverses circonstances où le cens lui paraissait suffisamment établi, la chambre, nonobstant l'absence de justification nouvelle, a validé les élections contestées.

1311. — C'est ainsi qu'elle a décidé : 1º que lorsque lorsque l'élu produit pour pièces justificatives de son cens d'éligibilité les pièces qui l'avaient fait admettre député l'année précédente, le bureau de la chambre peut, malgré l'insuffisance de cette production, et statuant comme jury, reconnaître que l'élu est toujours resté propriétaire des biens qui lui conféraient le cens d'éligibilité, alors qu'il déclare et que sa déclaration est confirmée par le témoignage des autres députés du même département, qu'effectivement il n'a aliéné aucun des biens dont s'agit; et qu'en outre il se trouve porté sur les listes électorales de l'année pour une quotité d'impôts supérieure à celle exigée pour la formation du cens d'éligibilité; lorsqu'enfin il produit des attestations du maire et du percepteur du lieu où sont situées ses propriétés, certifiant qu'il a participé à toutes les charges municipales, et pris part aux élections municipales. — *Chambre des députés*, 16 sept. 1831, élect. Ch. Dupin.

1312. — ... 2º Qu'il y a lieu de prononcer l'admission de l'élu, déjà membre de la législature et admis l'année précédente, sur le vu des pièces produites à cette époque, alors qu'il résulte des explications données par lui au bureau de la chambre, que le défaut de production n'est au fond qu'un oubli, et qu'au résumé il paie des impôts, dont la somme est supérieure au cens exigé, et, à raison de propriétés dotales, dont l'aliénation lui était interdite par la loi; qu'enfin, sur ce dernier point, il peut être cru sur son assertion, bien qu'il ne produise pas son contrat de mariage. — *Chambre des députés*, 17 janv. 1832, élect. Amilhau.

1313. — ... 3º Qu'alors que l'identité du bien possédé lors d'une élection nouvelle résulte de l'identité des désignations et de la cote indiquées lors de la première élection, il y a lieu d'admettre l'élu, bien que le certificat délivré et produit ne porte pas expressément que le bien possédé est toujours le même. — *Chambre des députés*, 18 août 1846, élect. de Courtais.

1314. — On ne peut également qu'approuver une autre solution, par laquelle la chambre a admis, nonobstant le défaut de légalisation, des extraits de contributions, conformes avec les extraits produits lors d'une précédente élection et déposés aux archives de la chambre. — *Chambre des députés*, 24 août 1846, élect. Granier.

1315. — A plus forte raison la chambre s'est-elle montrée facile lorsqu'il s'agissait, non pas du cens lui-même, mais seulement de la justification de la possession à l'époque prescrite.

1316. — Ainsi, alors qu'un candidat élu a déjà été admis précédemment sur le vu de certificats en règle, l'absence de justification régulière quant

à l'époque où la possession de l'élu doit exister, c'est-à-dire le 1er juin, n'empêche pas la chambre de valider l'élection, alors qu'il est établi que le candidat possède toujours le même immeuble, sur lequel est établi son cens d'éligibilité. — *Chambre des députés*, 20 janv. 1842, élect. de Salvandy.

1317. — Une solution récente a même posé en principe général qu'il peut être suppléé à la justification incomplète, et même au défaut de justification de la possession des biens sur lesquels sont assis les impôts, par les certificats déposés dans les archives de la chambre lors d'une précédente élection, alors qu'il est certain que le cens d'éligibilité repose toujours sur les mêmes biens. — *Chambre des députés*, 29 août 1846, élect. Mathieu.

1318. — C'est, au surplus, ce que la chambre avait déjà décidé dans deux circonstances, où les certificats produits, ne justifiaient pas de la possession. — *Chambre des députés*, 24 déc. 1839, élect. de Dalmatie; 21 avr. 1831, André Kœchlin.

1319. — Si les décisions que nous venons de rapporter peuvent faire l'objet d'une controverse, celles qui suivent n'ont pas besoin d'être justifiées.

1320. — Au cas d'élection multiple, il n'est pas nécessaire que le candidat élu produise devant chaque bureau saisi de l'examen de chacune des élections les pièces justificatives du cens d'éligibilité (il doit en être de même pour la justification de toutes les conditions d'éligibilité). Il suffit que ces pièces soient produites devant un seul bureau. — *Chambre des députés*, 25 juill. 1831, élect. Odilon Barrot; 2 août 1834, élect. Persil; même jour, élect. Jacques Laffitte; 19 déc. 1837, élect. de Thiard; 20 déc. 1837, élect. Arago.

1321. — Dans ce cas, les autres bureaux n'ont qu'à surseoir jusqu'à ce que le bureau dépositaire des pièces justificatives les ait transmises pour en prendre connaissance; et même il suffit que cette communication soit faite séance tenante entre les rapporteurs. — Mêmes décisions.

1322. — Lorsque l'élu produit plusieurs pièces distinctes (par exemple, plusieurs extraits de contributions), peu importe l'irrégularité de quelques unes de ces pièces, si des autres, dont la régularité n'est pas contestée, résulte suffisamment la preuve du cens et de sa possession. — *Chambre des députés*, 28 déc. 1841, élect. de Montesquiou.

1323. — En effet, il n'y a pas lieu pour la chambre d'examiner la valeur des actes produits pour justifier d'une partie du cens, si, par d'autres actes, l'élu justifie déjà du paiement d'un cens d'éligibilité suffisant. — *Chambre des députés*, 7 nov. 1831, élect. Limperani; 1er août 1834, élect. Lherbette; 26 août 1838, élect. Chazot.

§ 5. — *Pièces justificatives du cens et de la possession. — Appréciation par la chambre.*

1324. — Lors de la discussion de la loi de 1831, un député, M. de Salvandy, avait demandé que la liste des éligibles fût, au moment de la réunion du collége, affichée dans le lieu des séances. — Cette proposition fut rejetée; et il suffit à l'élu de justifier de son cens d'éligibilité devant la chambre, lorsqu'il demande à être admis à y siéger.

1325. — Devant la chambre, la preuve du cens d'éligibilité et de sa possession ne peut résulter que de la production de pièces. — On ne saurait suppléer par la notoriété au défaut de pièces justificatives : il s'agit ici d'une preuve matérielle. — *Chambre des députés*, 3 mars 1838, élect. Martel.

1326. — A plus forte raison la notoriété publique ne pourrait établir la jouissance du cens. — Il est vrai qu'immédiatement après la révolution de 1830 une élection fut validée, bien que l'élu ne justifiât pas par actes de la possession du cens; mais cette décision, qui s'explique tant par les circonstances politiques du moment que peut-être aussi par la position personnelle de celui qui en était l'objet, ne s'est pas renouvelée. — *Chambre des députés*, 4 août 1830, élect. Casimir Périer.

1327. — La loi n'ayant indiqué nulle part quelles devaient être les pièces produites et en quelle forme elles devaient être présentées, c'est uniquement dans les décisions de la chambre, seule juge des conditions d'éligibilité, qu'il faut rechercher quelles règles il convient de suivre en ce qui concerne la nature des pièces à produire.

1328. — En général, les pièces produites par les élus consistent dans des extraits de contributions délivrés par les percepteurs et établissant le montant des contributions ; ces certificats sont confirmés, quant à la possession, par le maire, dont la signature doit être légalisée par le préfet, etc. Mais toutes ces formalités doivent-elles être observées à peine de nullité? — La jurisprudence de la chambre paraît contraire à un pareil système; toutes les fois qu'il lui a paru qu'en fait il était suffisamment justifié du cens et de sa possession, elle a validé l'élection.

1329. — Sans aucun doute, la seule production des listes dressées par le préfet ne peut être considérée comme établissant suffisamment le cens; et si, à la suite de la révolution de 1830, on vit des élections confirmées sur la seule représentation des listes, ces décisions que pouvait expliquer l'urgence des circonstances ne devaient pas faire jurisprudence; depuis, jamais admission n'a eu lieu sur la simple représentation de la liste. — V. Grün, n° 593.

1330. — Mais, bien que le certificat de la possession émanant du maire soit le mode de justification le plus régulier, la preuve de la possession du cens peut être directement donnée par le préfet. — *Chambre des députés*, 2 mars 1836, élect. de Hunolstein; 28 juill. 1842, élect. Thil; même jour, élect. Tesnières.

1331. — Les pièces justificatives peuvent encore être signées par le sous-préfet. — *Chambre des députés*, 26 juill. 1831, élect. Audry de Puyraveau.

1332. — La signature du sous-préfet n'a même pas besoin d'être légalisée par le préfet comme doit l'être celle du maire. — Même décision.

1333. — La chambre a encore décidé que, bien que le certificat émanant d'un percepteur ne soit pas de nature à constater régulièrement la possession du cens, le percepteur n'ayant qualité, comme le fait observer M. de Cormenin (p. 186, note 4), que pour certifier le chiffre matériel de l'impôt, cependant, et sur la simple production de l'extrait délivré par le percepteur, l'admission peut être prononcée lorsqu'il est reconnu que la possession existe. — *Chambre des députés*, 6 avr. 1839, élect. Mauguin. — V. aussi *Chambre des députés*, 26 juill. 1831, élect. Girod de l'Ain.

1334. — Au lieu de simples certificats, l'élu pourrait encore produire devant la chambre ses titres de propriété aux biens qui lui confèrent le cens d'éligibilité, et c'est ainsi qu'une élection a été validée sur la double production faite par l'élu d'un acte de vente par son père, et d'une donation en avancement d'hoirie par sa mère. — *Chambre des députés*, 22 déc. 1837, élect. Chégaray.

1335. — Mais la production des titres de propriété est en principe facultative, et le droit de la chambre ne peut aller jusqu'à l'exiger pour établir le paiement de l'impôt. — Grün, n° 597.

1336. — Décidé en conséquence qu'alors même qu'il s'agit d'une propriété indivise, il n'est pas nécessaire de produire le titre de propriété, et qu'il suffit dans ce cas qu'il y ait conformité entre les certificats délivrés par les percepteurs et par les maires. — *Chambre des députés*, 6 nov. 1840, élect. Jollan.

1337. — En tous cas, il n'est pas nécessaire que le titre de propriété produit soit en forme authentique; ainsi, spécialement, la production d'un bail sous seing-privé, *même non enregistré*, suffit pour établir un droit de location, donnant lieu à l'imposition des portes et fenêtres. — *Chambre des députés*, 15 avr. 1839, élect. Débès.

1338. — ... On ne peut attaquer cet acte comme étant sans date, et comme le résultat d'une simulation complaisante, alors qu'il est constant que la mutation a eu lieu et que la contribution a été payée long-temps avant l'élection. — Même décision.

1339. — ... Enfin, un citoyen peut compter pour la formation de son cens l'impôt des portes et fenêtres d'une maison appartenant à son père, lorsqu'il produit un bail, bien que ce bail soit sous seing-privé et enregistré seulement à une époque voisine de l'élection; mais qu'il joint à ce bail des extraits de contributions portant qu'effectivement il a payé depuis l'époque du bail les contributions personnelles et mobilières à raison du loyer occupé par lui dans cette maison où demeurent, du reste, d'autres membres de sa famille; qu'il prouve par acte qu'il en a payé, depuis le temps du bail, toutes les réparations locatives; et, qu'enfin, il justifie encore par des actes de notoriété émanés de tous les voisins, que depuis la même époque il demeure avec sa famille dans cette maison. — *Chambre des députés*, 22 déc. 1834, élect. de Laboulie.

1340. — Bien plus, la chambre a été jusqu'à valider une élection où la possession du cens ne se trouvait établie que par un certificat émanant de deux habitans notables d'une ville. — *Chambre des députés*, 28 juill. 1831, élect. Bresson. — Il est vrai que les conclusions du bureau furent vivement combattues par M. Gaëtan de Larochefoucauld; mais, comme son bureau, la chambre se détermina, par des considérations de fait multipliées, à savoir : la bonne foi de l'élu, l'impossibilité où il était par suite de l'éloignement de se procurer à temps les pièces justificatives; la confiance due aux signataires du certificat, et leur position particulière qui leur permettait de bien connaître les affaires de la famille de l'élu; la conformité de l'extrait du rôle des impôts au certificat délivré, et, enfin, comme complément, le témoignage personnel de plusieurs députés devant la chambre.

1341. — Il a fallu, en effet, ce concours si extraordinaire de circonstances pour que la chambre rendît une pareille décision, évidemment inadmissible en règle générale, et contraire d'ailleurs à tous ses précédens.

1342. — Avant la loi de 1831, en effet, la chambre avait décidé, dans les séances des 9 et 11 fév. 1828, que la possession du cens ne pouvait être, à défaut du certificat du maire, attesté par le directeur des contributions directes. — Grün, n° 606. — Cependant l'attestation délivrée par un directeur de contributions directes offre bien plus de garanties de crédibilité que celle émanant de simples citoyens.

1343. — Ces extraits et certificats doivent être délivrés par les percepteurs et les maires, à une époque telle qu'il ne puisse y avoir aucun doute sur la possession du cens à l'époque exigée par la loi. La notoriété publique ne pourrait y suppléer.

1344. — Ainsi, un extrait des rôles de l'année courante qui ne constate pas la possession avant le premier juin et au jour de l'élection, n'est pas suffisant pour justifier du cens. — *Chambre des députés*, 21 déc. 1837, élect. Gaultier de Rumilly; 3 mars 1838, élect. Martell.

1345. — Néanmoins il a été décidé que si des certificats antérieurs de trois années à l'élection vérifiée, se rapportant identiquement à la maison dont l'élu justifiait payer les contributions ne présentaient pas une certitude légale et absolue de la possession, il pouvait en résulter une présomption assez forte pour déterminer l'admission. — *Chambre des députés*, 2 août 1834, élect. Dugas-Montbel.

1346. — Pour qu'aucun doute ne s'élève sur la véracité des certificats délivrés, la jurisprudence de la chambre exige encore que la signature du maire, légalisant déjà elle-même celle du percepteur, soit certifiée à son tour par celle du préfet; et faute de cette légalisation, dans plusieurs circonstances la chambre a ajourné l'admission. — *Chambre de sdéputés*, 1er août 1834, élect. Jamin; même jour, Legrand.

1347. — Toutefois cette légalisation n'ayant pour but que de donner un caractère d'authenticité à une signature souvent fort peu connue, on conçoit que la chambre se soit montrée plus facile, alors que la supposition de signature devient invraisemblable.

1348. — Nous avons déjà vu que par cette considération la chambre a décidé qu'il n'était pas nécessaire, alors que les pièces sont signées du sous-préfet, qu'elles soient légalisées par le préfet. — *Chambre des députés*, 26 juill. 1831, élect. Audry de Puyraveau.

1349. — Il en est de même quant aux certificats délivrés par les maires de Paris. — *Chambre des députés*, 18 août 1846, élect. Odilon-Barrot.

1350. — ... Et même, ainsi que nous l'avons vu plus haut (*suprà* n° 1328), alors que les pièces produites ne sont pas légalisées, s'il s'agit d'un élu ayant déjà fait partie de la chambre, et ayant déjà produit, lors des précédentes élections, des certificats réguliers, comme en consultant les archives de la chambre, le bureau peut s'assurer de la véracité des signatures, il y a lieu de valider l'élection. — *Chambre des députés*, 24 août 1846, élect. Granier. — V. conf. *Chambre des députés*, 4 avr. 1840, élect. Jollivet.

1351. — Il n'est pas nécessaire que les certificats délivrés soient manuscrits; la pratique a consacré, au contraire, l'usage de certificats d'impôts imprimés à l'avance, avec des blancs remplis à la main.

1352. — Or, quand même tous ces blancs ne seraient pas bien exactement remplis, il ne faudrait pas en conclure que par cela seul il y a lieu d'annuler l'élection. — *Chambre des députés*, 18 août 1842, élect. Lemercier; même jour, Ernest de Girardin.

1353. — La loi de 1831 ne s'est pas occupée du délai de la justification du cens. Il s'ensuit que tant qu'il n'a pas été prononcé sur l'élection, la justification peut être utilement faite.

1354. — ... Alors même qu'elle n'aurait eu lieu qu'entre les mains du rapporteur déjà à la tribune pour présenter son rapport, ou sur le point d'y monter. — *Chambre des députés*, 26 juil. 1831, élect. Lobau; 28 déc. 1836, élect. Rémusat.

1355. — Sur le vu de ces pièces, le rapport peut être immédiatement présenté, sans communication préalable au bureau, pourvu, bien entendu, que les pièces produites ne soient pas de nature à donner lieu à une contestation. — Mêmes décisions.

1356. — Toutefois, remarquons qu'il ne serait pas toujours prudent pour l'élu d'attendre jusqu'au dernier moment pour faire la production de pièces justificatives du cens d'éligibilité et de sa possession; il courrait risque de voir son élection annulée. — Grün, n° 609.

1357. — Décidé, en effet, que la chambre peut annuler une élection pour défaut de cens d'éligibilité en se fondant sur une protestation d'électeurs qui allèguent que l'élu n'avait point acquis dans le délai légal la propriété donnant le cens, si l'élu n'a point produit ses pièces, malgré cette protestation et deux ajournemens successifs qui lui ont été accordés, surtout s'il y a quelque présomption de calcul intéressé dans ce retard de production. — *Chambre des députés*, 14 août 1834, élect. Mathieu; — Grün, *ibid.*

1358. — Quelles que soient les pièces produites, il est indispensable que ces pièces s'appliquent identiquement à l'élu. — Grün, n° 599.

1359. — Ainsi, ne peut être validée l'élection de l'élu produisant deux certificats lui donnant des prénoms différens. Il y aurait lieu, dans ce cas, de prononcer l'ajournement. — *Chambre des députés*, 21 nov. 1832, élect. Debès.

1360. — Mais la différence de qualification donnée dans deux certificats n'est pas une cause d'ajournement, alors que la déclaration de l'élu que les deux certificats lui sont applicables se trouve confirmée par le témoignage des autres députés du même département, d'où il résulte qu'il n'existe pas dans la ville indiquée d'autre éligible ou électeur du même nom. — *Chambre des députés*, 24 déc. 1838, élect. Dusaussoy.

1361. — Si, dans la protestation déposée contre une élection, il y a contradiction entre la transcription faite d'un acte d'acquisition du bien sur lequel sont assises les contributions de l'élu, et l'extrait en forme de l'acte d'acquisition présenté en réponse par cet élu, c'est à cette expédition en forme qu'il convient de s'arrêter pour prononcer sur l'élection, sans tenir compte du contenu de la protestation, qui n'a aucun caractère d'authenticité. — *Chambre des députés*, 28 juill. 1842, élect. David (du Calvados).

1362. — D'autres cas offrant plus de difficultés se sont présentés devant la chambre. — Ainsi, dans une espèce où l'élu, ne pouvant produire qu'un extrait de rôles des contributions au nom de son père, apportait une déclaration du maire, attestant que les biens sur lesquels était assis l'impôt provenaient de la succession de la mère, et que ce n'était que par oubli que la mutation sur le rôle des contributions n'avait pas été opérée, la chambre sans doute n'annula pas *de plano* l'élection, mais elle sursit à statuer jusqu'à production de l'inventaire qui avait dû être dressé lors du décès de la mère. — *Chambre des députés*, 14 août 1834, élect. de Laboulie.

1363. — L'élu ayant fait cette dernière production sur le vu de l'inventaire, appuyé par la déclaration du maire, et nonobstant les énonciations du rôle des contributions, l'élection fut immédiatement validée. — *Chambre des députés*, 22 déc. 1834, même élection.

1364. — Depuis, et dans une circonstance à peu près analogue où il s'agissait d'un bien donné en avancement d'hoirie par la mère, la chambre valida encore l'élection, considérant que, bien que les extraits de contributions indiquassent les prénoms du père de l'élu comme propriétaire, néanmoins il résultait tant de la production de l'acte de donation que de l'attestation du percepteur mise au bas des extraits, que la transmission de propriété avait effectivement eu lieu; le défaut de mutation sur le rôle des contributions ne lui apparut pas devoir nuire au droit du véritable propriétaire. — *Chambre des députés*, 9 avr. 1839, élect. Chegaray.

1365. — On peut consulter encore à l'occasion des difficultés qui s'élèvent lorsque l'extrait des contributions délivré par le percepteur n'est pas, quant à la justification de l'impôt, d'accord avec le certificat délivré par le maire, la discussion qui eut lieu au sein de la chambre à l'occasion de l'élection de M. Pelletier-Dulas. — *Chambre des députés*, 26 fév. 1841, élect. Pelletier-Dulas.

1366. — Quelle que soit, du reste, la régularité des pièces produites par l'élu, il appartient à la chambre d'examiner au fond la sincérité de ces actes justificatifs, et par conséquent la sincérité du cens allégué.

1367. — C'est surtout en ce point que son pouvoir est souverain. — Aucun précédent ne peut lier la chambre, comme aussi aucune décision judiciaire ne peut avoir à son égard l'autorité de la chose jugée.

1368. — Ainsi, bien qu'une cour royale ait décidé qu'un citoyen devait être rayé de la liste par suite d'un acte qu'elle a considéré comme cession d'usufruit, la chambre peut, en appréciant de nouveau cet acte, décider, au contraire, que l'élu n'a pas cessé d'être éligible. — *Chambre des députés*, 9 nov. 1840, élect. de Mesgrigny.

1369. — La chambre, ainsi que nous l'avons dit (*suprà* n° 1337), peut, en fait, admettre comme



suffisamment justifié un bail sur lequel sont établies les contributions, encore que ce bail soit sous signature privée et sans date. — *Chambre des députés*, 15 avr. 1839, élect. Debès.

1370. — Mais elle n'est pas tenue de s'en rapporter à la production du bail; elle peut, au contraire, entrer dans l'examen des faits pour savoir si en réalité l'élu est ou non sérieusement locataire. — *Chambre des dép.*, 1er juin 1839, élect. d'Houdetot.

1371. — Réciproquement, la chambre peut n'attacher aucune importance à la déclaration faite par un maire sur le certificat de possession par lui délivré, et de laquelle il résulterait que le montant du cens d'éligibilité devrait être réduit à cause d'une aliénation faite par l'élu d'une propriété sur laquelle se trouvent assises les contributions, aliénation qui aurait été réalisée depuis plusieurs années par acte sous seing-privé, et dont la notoriété publique aurait établi l'existence. — *Chambre des députés*, 31 août 1846, élect. Chazot.

1372. — M. de Cormenin (t. 2, p. 186, n° 28) cite même deux précédens rendus avant la loi de 1831, lesquels auraient décidé, par application du principe, que l'impôt doit profiter au propriétaire apparent, que l'existence d'une vente sous seing-privé non enregistrée, lors même qu'elle est avouée par l'élu vendeur, ne l'empêche pas, pour établir son cens, de profiter de l'impôt payé par la propriété aliénée. — *Chambre des députés*, 12 fév. 1828, élect. Séguy; 14 fév. 1828, élect. Bérenger. — Mais ces solutions ne nous paraissent pas de nature à faire jurisprudence.

1373. — En effet, quelque absolu que soit le pouvoir de la chambre il doit cependant avoir ses limites, et la chambre ne saurait évidemment rendre, sur des présomptions plus ou moins fondées, des décisions contraires à l'évidence des faits.

1374. — Ainsi, un acte fait en famille, lorsqu'il est légal, ne peut être considéré comme frauduleux par cela seul qu'on supposerait, même avec fondement, qu'il n'a eu pour but que de créer un éligible. — *Chambre des députés*, 15 avr. 1839, élect. Ressigeac.

1375. — La chambre ne peut, dans le silence des parties intéressées, s'immiscer dans les affaires de famille et compulser des secrets qu'il ne lui appartient pas d'approfondir. — *Chambre des députés*, 15 avr. 1839, élect. Débès.

1376. — Le défaut de sincérité des actes de donation et des arrangemens de famille, en vertu desquels une personne a pu devenir éligible, ne peut être opposé que par les membres de la famille; les étrangers ne sauraient argumenter de cette prétendue simulation. — *Chambre des députés*, 9 avr. 1839, Chegaray.

1377. — Déjà précédemment la chambre avait décidé à l'égard du même élu que lorsqu'un citoyen se prévaut pour la formation de son cens d'éligibilité d'une donation par avancement d'hoirie, les étrangers ne peuvent être admis à critiquer devant la chambre cette donation, comme excédant la quotité disponible, ce droit étant exclusivement personnel aux cohéritiers de l'élu. — *Chambre des députés*, 22 déc. 1837, élect. Chégaray.

ART. 4. — *Domicile politique.*

1378. — Si nul ne peut être électeur dans deux colléges différens, il n'en est pas de même en ce qui a trait à l'éligibilité; celui qui remplit les conditions d'éligibilité peut être élu par tous les colléges de France, quel que soit son domicile politique.

1379. — Néanmoins, le domicile politique de l'élu doit être pris en considération dans un cas spécial, et prévu par l'article 36 de la charte ainsi conçu: « La moitié au moins des députés sera choisie parmi les éligibles qui ont leur domicile politique dans le département. » — On a voulu par là apporter au choix des candidats par les électeurs une restriction nécessaire pour assurer aux divers départemens, dans la représentation nationale, des mandataires qui, lui appartenant par un lien plus étroit, fussent à même mieux que d'autres, qui leur sont souvent étrangers, de connaître leurs intérêts et leurs besoins.

1380. — L'art. 62 de la loi du 19 avr. 1831 prescrit, en conséquence, que: « lorsque des arrondissemens électoraux ont élu des députés qui n'ont pas leur domicile politique dans le département, en nombre plus grand que ne l'autorise l'art. 36 de la charte, la chambre des députés tire au sort, entre ces arrondissemens, celui ou ceux qui doivent procéder à cette réélection. »

1381. — Les règles ordinaires sur le domicile politique (V. DOMICILE, sect. 3e), sont applicables à l'éligible comme à l'électeur; partant il semblerait résulter que toutes les difficultés relatives au domicile politique ayant été résolues lors de la révision des listes électorales, jamais



pour la chambre il n'y a lieu à prononcer sur le domicile politique des éligibles, et que ce domicile étant toujours constant, elle n'a mission que de procéder par la voie du sort à la désignation des élus dont le mandat ne peut être validé par suite de l'application de l'art. 36 de la Charte.

1382. — Mais cette conclusion ne serait pas exacte: la chambre juge souverainement les difficultés relatives au domicile politique des candidats élus, comme toutes les autres questions d'éligibilité, sans être liée par aucun précédent, quelle qu'en soit la nature. — *Chambre des députés*, 28 juill. 1831, élect. Gauthier d'Uzerches; 3 août 1831, même élect.

1383. — Ainsi c'est en vain que l'élu argumenterait de son inscription sur les listes d'un arrondissement du département et de son vote dans le collége de ce même département qui vient de l'élire; nonobstant la gravité de ces allégations, la chambre reste toujours libre d'examiner si cet élu est véritablement en possession du domicile politique qu'il prétend avoir. — Mêmes décisions.

1384. — Il ne faudrait pas cependant induire de là que l'inscription sur les listes d'un arrondissement demeure un fait indifférent pour la détermination du domicile de l'éligible: la chambre, au contraire, chaque fois qu'il s'est agi de statuer sur le domicile politique d'un élu, a toujours pris en considération ce fait de l'inscription.

1385. — C'est ainsi qu'il a été décidé qu'un citoyen doit être considéré comme ayant conservé son domicile politique dans le département où il a été élu, s'il y a eu son domicile réel, qu'il ne l'ait pas transféré depuis ailleurs, et que porté et maintenu sur les listes du département, il ait, peu avant l'élection, manifesté l'intention expresse d'y avoir son domicile réel quoiqu'il fût fonctionnaire public dans un autre département. — *Chambre des députés*, 1er mars 1834, élect. Valette des Hermeaux.

1386. — Peu importe que, l'élu ayant cessé de payer aucune contribution dans la commune où il prétend être domicilié, le préfet ait exprimé par lettre l'opinion qu'il ne devait plus figurer sur les listes de la dernière année, si toutefois il n'existe pas d'arrêté de radiation régulièrement notifié. — Même décision. — Néanmoins il faut remarquer que cette décision rendue en 1834 contient, en ce qui concerne le défaut de paiement du cens, des principes qu'il y aurait lieu de modifier d'après la loi du 25 avr. 1845 sur les translations du domicile politique. — V. DOMICILE, nos 516 et suiv.

1387. — Précédemment la chambre avait encore décidé que lorsqu'un élu, inscrit précédemment sur les listes d'un département, a demandé à être porté sur les listes d'un autre département, que l'administration a ajourné sa demande, mais qu'ensuite un autre préfet l'a admise sans aucune nouvelle démarche de l'impétrant, celui-ci ne peut pas être considéré comme étranger à son ancien département, alors surtout que se joint cette circonstance que non seulement il a pris part aux opérations du collége électoral qui lui a conféré le mandat législatif, mais encore qu'il a été appelé à la présidence du collége. — *Chambre des députés*, 25 juill. 1831, élect. Joly. — Ce n'était point du reste M. Joly lui-même qui se trouvait dans cette position; mais le département ne pouvant choisir qu'un seul candidat parmi les éligibles étrangers au département, et M. Joly se trouvant dans cette position, on argumentait de l'incertitude de la position de M. Pagès, élu par un autre collége.

1388. — L'élection de M. Joly fut validée par le motif que lorsqu'un département n'a le droit de choisir qu'un seul député étranger à sa circonscription, il n'y a pas lieu d'ajourner l'admission d'un député évidemment étranger sous prétexte qu'il pourrait se faire que l'élu d'un autre collége du même département eût cessé d'y avoir son domicile politique. — Même décision.

1389. — C'est en effet un point constant que lorsqu'il apparaît que le département a nommé des députes ayant leur domicile hors du département, la chambre peut prononcer immédiatement sur la validité de l'élection avant le tirage prescrit par l'art. 62 de la loi de 1831. — *Chambre des députés*, 4 août 1834, élect. Leroy-Myon.

1390. — Mais il faut remarquer que d'après la jurisprudence de la chambre à cette époque, il s'agissait uniquement de valider l'élection et non d'admettre immédiatement le candidat, en réservant l'application de l'art. 62 de la loi de 1831, s'il y avait lieu de penser que le département avait élu des députés étrangers au-delà du nombre fixé. — *Chambre des députés*, 28 juill. 1831, élect. départ. de la Corrèze (Gauthier d'Uzerche).

1391. — L'ajournement prononcé dans ces circonstances ne devait pas être limité à un délai fixe. — Même décision.

**1392.** — Depuis, au contraire, et dans diverses circonstances, la chambre, sur des rapports isolés, non seulement a statué sur la validité de l'élection, mais encore a prononcé immédiatement l'admission; d'où cette conséquence fâcheuse qu'un député peut se trouver dans cette singulière position qu'il a le droit de voter comme admis, quoique sous l'éventualité d'une annulation. — *Chambre des députés*, 18 août 1842, élect. Lemercier; même jour, Ernest de Girardin.

**1393.** — Toutefois, pour éviter la prolongation de cet état d'incertitude dans la position des nouveaux députés élus, il est convenable, et en fait tel est l'usage suivi, que les différens rapporteurs s'entendent, autant que possible, pour présenter leur rapport à la même séance; d'ailleurs, les vérifications des pouvoirs étant toujours de plein droit à l'ordre du jour, il entre dans le droit de chaque député de provoquer autant que possible la simultanéité des rapports. — *Chambre des députés*, 11 août 1842, élect. diverses.

**1394.** — Quoi qu'il en soit, lorsque les rapports faits sur les élections d'un département ont établi que le nombre des députés étrangers est supérieur à celui déterminé par la charte, aussitôt qu'il a été statué sur la validité des élections, et que le résultat en a été proclamé par le président, il doit être, sans plus de retard, procédé au tirage au sort prescrit par la loi. — *Chambre des députés*, 20 déc. 1837, élect. du dép. de la Marne.

**1395.** — Le tirage a lieu de plein droit, il n'est pas nécessaire de le mettre aux voix. — *Chambre des députés*, 3 août 1831, élect. du dép. de la Corrèze (Gauthier d'Uzerche).

**1396.** — Mais lorsqu'il est déjà constant, par suite des vérifications de pouvoirs consommées, que le nombre des élus n'ayant pas leur domicile politique dans le département se trouve atteint, et que la chambre est appelée, pendant le cours de la vérification des pouvoirs, à statuer relativement à un élu dont le domicile politique est constaté, le premier devoir de la chambre, avant de procéder au tirage au sort, est de statuer sur le domicile politique de l'élu. — Même décision.

**1397.** — Le tirage ne doit, en effet, avoir lieu qu'alors qu'il est bien constant que les députés étrangers au département élus en dehors du nombre prescrit, remplissent, du reste, toutes les conditions voulues pour la validité de leur élection.

**1398.** — Ainsi doit être suspendu le tirage au sort alors qu'un des élus n'a pas encore produit les pièces justificatives de son cens d'éligibilité. — *Chambre des députés*, 14 août 1834, élect. Dubois (Loire-Inférieure).

**1399.** — Pareillement, si parmi les élus il s'en trouvait plusieurs qui, nommés par plusieurs départemens, fussent encore dans les délais d'opposition, il y aurait lieu de surseoir au tirage d'élimination jusqu'à l'époque de cette option. — *Chambre des députés*, 11 août 1834, élect. Dubois (Loire-Inférieure); 14 août 1834, même élection.

**1400.** — D'où il suit qu'un député étranger à un département qui a choisi hors de son sein plus de représentans que la charte ne le lui permettait, peut être maintenu sans tirage, si, par l'effet d'options pour d'autres arrondissemens, le nombre fixé ne se trouve plus dépassé. — *Chambre des députés*, 2 déc. 1834, élect. Dubois; 6 déc. 1834, élect. Robineau.

**1401.** — Le cas d'élection par les colléges d'un même département d'un nombre de députés qui lui sont étrangers en dehors des prescriptions de la Charte ne se présente d'ordinaire que dans l'hypothèse d'élections générales; or, la chambre a décidé avec raison que le fait qu'un collége électoral aurait terminé ses opérations plus tôt qu'un autre, ne constitue pas en faveur de l'élu de ce collége un droit de priorité qui soit de nature à lui assurer le mandat législatif, et qui le préserve de l'application des dispositions précitées. — *Chambre des députés*, 25 fév. 1833, élect. Fould et-Garlé; 20 déc. 1837, élect. du départ. de la Marne.

**1402.** — Que si, au contraire, on suppose dans un même département des élections partielles, motivées par des circonstances spéciales et opérées par des colléges convoqués à des époques distinctes, et que la validité de ces élections se trouve soumise simultanément à la chambre (ce qui peut arriver facilement lorsque les élections ont eu lieu dans l'intervalle de la session close à la session à ouvrir), il nous paraît incontestable que le député premier élu a un droit de priorité, et que par conséquent, du moment où son élection est validée, l'élection du second élu devient nécessairement nulle; qu'il n'y a pas lieu de procéder au tirage.

**1403.** — Remarquons, en terminant, qu'à la différence de ce qui a lieu pour l'exercice du droit électoral (V. DOMICILE, sect. 3e), il n'est pas nécessaire que la translation du domicile politique de l'élu ait précédé de six mois l'époque de son élection, alors que cette translation n'a été que la conséquence de la translation de son domicile réel, translation opérée, du reste, suivant les formes prescrites par le Code civil. — *Chambre des députés*, 28 mai 1839, élect. de Loynes.

**1404.** — Ce ne fut pas cependant sans une vive contestation que cette décision fut rendue, conformément aux conclusions du bureau, conclusions combattues par M. Delespaul, soutenues par le rapporteur M. Dalloz, qui les appuyait même sur un précédent de la chambre. — *Chambre des députés*, 1er mars 1834, élect. Valette des Hermeaux, lequel aurait validé une élection, bien que la translation de domicile réel n'eût été déclarée que l'avant-veille de l'élection. — V. *Moniteur* 29 mai 1839, p. 805 et suiv. — V. conf. Grün, p. 613.

**1405.** — Mais en dehors du cas exceptionnel où la translation du domicile politique n'est que la conséquence de celle du domicile réel, il reste évident que l'élu demeure dans le droit commun, et que la translation du domicile politique est soumise à la règle générale de durée.

**1406.** — Toutefois, à quel moment faut-il fixer l'expiration des six mois? Cette condition doit-elle être accomplie au moment de l'élection? Suffit-il, au contraire, qu'elle le soit au jour de la vérification des pouvoirs? — Une première fois la question s'était présentée devant la chambre; toutefois, bien que l'élection eût été validée, la discussion avait été tellement mêlée de questions de fait qu'il était vraiment impossible de tenir cette décision comme résolvant d'une manière nette et formelle la difficulté. — *Chambre des députés*, 1er mars 1834, élect. Valette des Hermeaux. — V. Grün, p. 164.

**1407.** — Mais une décision postérieure a consacré d'une manière formelle que les six mois devaient être accomplis au jour de l'élection. — *Chambre des députés*, 27 janv. 1843, élect. Bouillaud.

## Sect. 2e. — *Incompatibilités.*

**1408.** — L'admission des fonctionnaires publics parmi les mandataires du pays, a toujours été une des questions les plus délicates qu'ait soulevées le système électif.

**1409.** — L'assemblée constituante avait cru devoir les exclure en règle absolue; l'assemblée législative, la convention nationale et le directoire conservèrent ce principe de l'incompatibilité de toutes fonctions publiques avec le titre de membre de la représentation nationale.

**1410.** — La rigueur du principe fut poussée à ce point que les juges revêtus du mandat législatif ne pouvaient exercer leurs fonctions pendant la durée de la session.

**1411.** — Le régime impérial, moins sévère que ceux qui l'avaient précédé, admit en principe les fonctionnaires publics à siéger dans le sein des assemblées législatives; toutefois il en excepta les préfets, les membres du ministère public, et généralement tous les comptables; et même jusqu'en 1813 les maires durent opter entre les fonctions législatives et les fonctions municipales.

**1412.** — La charte de 1814 ne reproduisit aucune des dispositions prohibitives des régimes précédens; d'où, par une conséquence nécessaire, il résulta que l'entrée de la chambre devint libre à tous les fonctionnaires publics sans distinction.

**1413.** — Toutefois, cette faculté ne résultait que du silence de la charte, qui du reste n'avait nullement tranché la question des incompatibilités; cette question se présenta de nouveau lors de la discussion de la loi du 5 fév. 1817.

**1414.** — On proposa alors de revenir au système d'exclusion absolue des fonctionnaires de la chambre; combattue par le gouvernement, la proposition fut rejetée; une seule disposition restrictive du droit d'éligibilité des fonctionnaires publics fut établi par l'art. 17 de la loi, ainsi conçu: « Les préfets et les officiers généraux commandant les divisions militaires et les départemens ne peuvent être élus députés dans les départemens où ils exercent leurs fonctions. » Quelques années après, une disposition analogue, qui fit l'objet de l'art. 8, L. 1er juill. 1820, établit que les sous-préfets ne pouvaient être élus députés par les colléges électoraux qui comprenaient la totalité ou une partie des électeurs de l'arrondissement de la sous-préfecture.

**1415.** — Telles furent, sous le gouvernement de la restauration, les seules dispositions restrictives du droit d'éligibilité des fonctionnaires publics. Comme on le voit, à part ces rares incompatibilités, purement *relatives*, l'entrée des fonctionnaires publics à la chambre restait complétement libre.

**1416.** — Cet état de choses provoquait d'unanimes réclamations, et une réforme législative était regardée comme indispensable et depuis longtemps réclamée, lorsque survint la révolution de 1830.

**1417.** — L'urgence des circonstances ne permettait point de trancher immédiatement dans la charte revisée toutes les questions relatives à l'éligibilité: l'art. 32 de la charte de 1830, après avoir posé l'âge de l'éligibilité, renvoya pour toutes les autres conditions d'éligibilité à la loi électorale, promulguée depuis à la date du 19 avril 1831.

**1418.** — Les opinions les plus diverses sur l'éligibilité des fonctionnaires publics se produisirent dans la discussion de cette loi. Un membre de la chambre, M. Bizien du Lézard, proposa que, hors les ministres, nul fonctionnaire public ne pût être élu député, et que même l'acceptation de toute fonction salariée par un député entraînât nécessairement l'exclusion du député de la chambre. — C'était le rétablissement du système introduit par l'assemblée constituante dans toute sa rigueur.

**1419.** — D'autres amendemens moins absolus furent encore proposés: il fut demandé par M. Malaret que nul ne pût, pendant la durée de ses fonctions législatives, accepter d'emploi rétribué, et par M. Ernouf qu'on déterminât le nombre des fonctionnaires publics que chaque département pourrait élire.

**1420.** — La chambre, rejetant ces diverses propositions, adopta un système mixte consacré par l'art. 64, L. 19 avr. 1831. Ce système a pour résultat d'établir, non un principe d'incompatibilité générale, mais des incompatibilités diverses, les unes absolues, les autres relatives.

**1421.** — On sait que depuis et à diverses reprises, notamment dans ces dernières années, plusieurs propositions ont été faites pour arriver à modifier la loi électorale en ce qui concerne les incompatibilités. Il ne nous appartient pas d'examiner le mérite de ces diverses propositions jusqu'ici toujours repoussées, et nous devons nous borner à examiner la loi telle qu'elle existe.

**1422.** — *Incompatibilités absolues.* — Il y a incompatibilité entre les fonctions de député et celles de préfet, sous-préfet, de receveurs généraux, de receveurs particuliers des finances et de payeurs. » — L. 19 avr. 1831, art. 64, § 1er.

**1423.** — Cette incompatibilité est absolue; il est impossible d'être à la fois préfet, sous-préfet, etc., et député. Les motifs qui ont déterminé le législateur sont, pour les préfets et sous-préfets, que leurs fonctions les obligent à une résidence tellement absolue qu'ils ne peuvent se soustraire à sa nécessité sans mettre en souffrance les intérêts qu'ils sont chargés de surveiller ou de défendre; et, pour les receveurs généraux, etc., qu'ils sont personnellement intéressés à l'augmentation de l'impôt.

**1424.** — L'exclusion prononcée contre les préfets ne s'applique qu'aux préfets de départemens, et non aux préfets maritimes, dont l'autorité exceptionnelle est circonscrite dans le port qu'ils administrent, sur certains objets et sur certaines personnes, et ne s'étend point sur la généralité des habitans. Ces officiers d'administration ont reçu, d'ailleurs, tantôt le nom de préfet maritime, tantôt celui d'intendant de la marine; il n'y a donc point incompatibilité entre les fonctions de préfet maritime et celles de député. Cela est conforme, en outre, au principe que l'éligibilité est le droit commun et que l'exception doit être restreinte aux cas qu'elle prévoit. — *Chambre des députés*, 2 août 1834, élect. de Rosamel; 11 août 1834, élect. Grivel. — V. dans le même sens Cormenin, p. 189, n° 32, et p. 190, note 1re; Merger, p. 338 et 339.

**1425.** — Les préfets, sous-préfets, receveurs généraux, receveurs particuliers des finances et payeurs peuvent, en renonçant à leurs fonctions, remplir celles de député; mais est-il nécessaire que ces fonctionnaires et employés ne soient plus en fonctions pour qu'ils puissent être valablement élus? — Non, il suffit que leur démission précède leur admission à la chambre. La loi ne les frappe point, en effet, de l'incapacité absolue d'être candidats; elle n'interdit que le cumul des fonctions de député et de préfet, sous-préfet, etc. — De Cormenin, p. 189, n° 32, et note 2e. — V. aussi Duvergier, t. 31, p. 196, note 3, et Merger, p. 338.

**1426.** — Ainsi décidé spécialement à l'égard des préfets. — *Chambre des députés*, 11 avr. 1839, élect. de l'Espée.

**1427.** — Les fonctionnaires et employés dont nous venons de parler ne peuvent cependant, tout en renonçant à leurs fonctions, être nommés députés que sous la condition qu'ils auront été élus dans un arrondissement hors du ressort de leur administration. Cela résulte de l'art. 64, § 2, L. 19 avr. 1831; autrement, ils auraient pu abuser de l'influence que leur position leur donne naturelle-

ment sur leurs administrés pour se faire élire. — V. au surplus *infrà* nos 1431 et suiv.

1428. — *Incompatibilités relatives.* — Les officiers généraux commandant les divisions ou subdivisions militaires, les procureurs généraux près les cours royales, les procureurs du roi, les directeurs des contributions directes et indirectes, des domaines et de l'enregistrement, et des douanes, dans les départemens, ne peuvent également, par la même raison, être élus députés par le collége électoral d'un arrondissement compris en tout ou en partie dans le ressort de leurs fonctions. — L. 19 avr. 1831, art. 64, § 2.

1429. — Les procureurs généraux près la cour de Cassation et la cour des comptes ne sont pas compris dans la disposition ci-dessus de la loi de 1831, non plus que les avocats généraux et les substituts du procureur général. — Duvergier, t. 31, p. 196, note 3 ; Merger, p. 340.

1430. — Le procureur du roi du chef-lieu judiciaire d'un département peut être élu député dans les autres arrondissemens du département. La raison en est qu'il ne remplit ailleurs que des fonctions accidentelles et purement judiciaires, qu'il ne procède qu'en qualité de substitut du procureur général, et que ses fonctions administratives, les seules qui puissent lui donner influence sur les électeurs, sont circonscrites dans les limites de son arrondissement. — *Chambre des députés*, 4 août 1834, élect. Tesnières ; 12 avr. 1839, même élect. ; 20 août 1846, élect. de Boulin ; — Cormenin, p. 189, no 32, *in fine*, et p. 190, note 2 ; Merger, *loc. cit.*

1431. — *Cessation de l'incompatibilité.* — Le législateur a prévu le cas où les fonctionnaires et employés dont il a supposé l'influence dangereuse voudraient échapper aux dispositions de la loi qui prohibent leur élection dans le département où ils ont exercé, en donnant leur démission la veille des élections, après avoir employé jusque là leur crédit et leur pouvoir à assurer leur élection. Il a voulu, à cet effet, qu'il y eût un intervalle de six mois au moins entre la cessation de leurs fonctions et le jour de l'élection. « Si, par démission ou autrement, porte l'art. 64, § 3, les fonctionnaires ci-dessus (ceux désignés dans le § 2) quittaient leur emploi, ils ne seraient éligibles dans les départemens, arrondissemens ou ressorts dans lesquels ils ont exercé leurs fonctions qu'après un délai de six mois à dater du jour de la cessation des fonctions.

1432. — Il faut bien remarquer que la loi n'exige qu'une seule chose, la démission des fonctions. Si donc le fonctionnaire dont s'agit avait cessé ses fonctions en temps utile, peu importerait que son remplaçant ne fût pas entré immédiatement en fonctions ; le retard apporté par l'administration au choix de son successeur ne peut lui préjudicier.

1433. — Mais il faut qu'il y ait cessation réelle des fonctions, c'est-à-dire dépouillement du titre. Ainsi, à l'égard d'un ancien sous-préfet, le délai de six mois ne peut courir que du jour de sa révocation ou démission dûment constatée, et non du jour où il aurait, en fait, cessé d'exercer par suite d'un congé obtenu. — *Chambre des députés*, 12 avr. 1839, élect. de Loynes.

1434. — Peu importerait que, durant ce congé, et en vertu d'un ordre ministériel, l'administration de l'arrondissement eût été confiée provisoirement par le préfet à un conseiller de préfecture spécialement délégué. — Même décis.

1435. — ... Surtout si le traitement du sous-préfet avait été réglé pendant la durée de son congé et jusqu'au jour de son remplacement. — Même décision. — V. encore *Chambre des députés*, 2 août 1834, élect. de Guizard.

1436. — Une solution récente de la chambre a déclaré qu'un certificat du ministre de l'intérieur fait foi de l'époque de cessation des fonctions d'un sous-préfet. — *Chambre des députés*, 20 août 1846, élect. Dutens.

## Sect. 3e. — *Réélection par suite d'acceptation de fonctions publiques.*

1437. — Si la charte de 1830 ne contenait aucune disposition relativement aux incompatibilités, l'art. 69 de la même constitution indiquait, entre autres lois organiques, une loi sur la réélection des députés promus à des fonctions publiques.

1438. — Ce vœu ne tarda pas à être rempli par la loi du 12 sept. 1830, qui n'a pas cessé d'être en vigueur depuis celle du 19 avr. 1831.

1439. — « La loi du 12 sept. 1830, dit M. Merger, p. 344, était réclamée par l'opinion publique, tellement que la chambre se crut obligée de lui donner, par l'art. 5, un effet rétroactif ; au moment de la révolution de 1830, la majeure partie des membres de la chambre était composée de fonctionnaires publics ; c'était rendre un éclatant hommage au principe électif que d'appliquer immédiatement une règle qui, en temps ordinaire, n'aurait pu être faite que pour l'avenir. »

1440. — Aux termes de cette loi, « tout député qui accepte des fonctions publiques salariées est considéré comme donnant par ce seul fait sa démission de membre de la chambre des députés. — L. 12-14 sept. 1830, art. 1er.

1441. — Toutefois, une disposition formelle excepte avec raison les officiers de terre et de mer qui reçoivent de l'avancement par droit d'ancienneté. — Même loi, art. 3.

1442. — Mais, à part ce cas unique, la prescription de l'art. 1er reste absolue. — Un député avait proposé une autre exception pour *les ministres du roi siégeant au conseil.* — L'amendement fut rejeté.

1443. — Une fois qu'un député s'est dépouillé de son caractère par l'acceptation de fonctions salariées, il ne dépend plus de lui de le faire revivre par la renonciation à ses fonctions. La démission par acceptation est un fait accompli ; le caractère de député a cessé d'exister ; une nouvelle élection peut seule le faire revivre. — Duvergier, t. 31, p. 197, note 2e *in fine.*

1444. — La loi soumet à la réélection, non seulement le député revêtu, pour la première fois, de fonctions publiques salariées, mais encore celui qui, déjà fonctionnaire, est promu ou changé. Cela a été formellement entendu lors de la discussion à la chambre des députés. En effet, dans un cas comme dans l'autre, la position du député vis-à-vis de ses mandans n'est plus la même que celle qu'il occupait le jour de l'élection. — Merger, p. 342.

1445. — Il ne pourrait même échapper à la nécessité de la réélection en déclarant renoncer au traitement attaché à l'exercice de ses fonctions. La considération du salaire n'a pas seule déterminé à regarder comme démissionnaire tout député qui a accepté des fonctions publiques salariées : le motif principal a été d'enlever au gouvernement un moyen d'influence et de corruption qui pouvait être dangereux pour le pays ; et l'on sait d'ailleurs qu'un grand nombre de fonctions sont fort importantes, quoique très peu rétribuées. Renoncer au salaire en conservant l'emploi et la position sociale qu'il donne serait donc un moyen facile d'éluder la loi. — Merger, p. 343.

1446. — C'est par application de ces principes qu'après une discussion des plus vives (*Moniteur* 31 mars 1835 et suiv.) la chambre déclara qu'il y a lieu de soumettre à la réélection le député qui, ayant accepté une simple mission du gouvernement, avait été investi des attributions d'un fonctionnaire public salarié, bien que ce ne fût que par intérim, et que son traitement momentané n'eût été par lui perçu qu'à titre d'indemnité. — *Chambre des députés*, 9 mai 1835, élect. Laurence.

1447. — Doit pareillement être soumis à la réélection le député qui, déjà ambassadeur, est appelé à une ambassade nouvelle où son traitement devient plus élevé, encore bien que cet accroissement de traitement soit établi n'être qu'une augmentation dans les dépenses et les frais de représentation du nouveau poste. — *Chambre des députés*, 9 mai 1835, élect. Sébastiani.

1448. — Néanmoins cette dernière décision ne fut rendue qu'à une très faible majorité, et, depuis, à l'occasion de circonstances analogues, la chambre a décidé au contraire que le commissaire général de la marine appelé à faire partie du conseil d'amirauté ne devait pas être soumis à la réélection, attendu que l'entrée au conseil d'amirauté constituait un emploi du grade du commissaire général et non un grade nouveau, et que le supplément de traitement n'était qu'une indemnité nécessitée par suite de la nouvelle position du commissaire général ainsi employé, et non un traitement véritable. — *Chambre des députés*, 10 mars 1845, élect. Lacoudrais. — La chambre s'est basée sur cette considération, qu'il en était du commissaire de marine appelé à faire partie du conseil d'amirauté comme du général qui, de la position de disponibilité, passe à un commandement actif.

1449. — Précédemment, et dans une espèce où il s'agissait du commandant général des gardes nationales de la Seine, la chambre, en rejetant la proposition faite par un de ses membres de soumettre le général Jacqueminot à la réélection, a décidé implicitement que la loi du 12 sept. 1830 n'était pas applicable lorsqu'il s'agit de la nomination nouvelle d'un député à une fonction dont il était déjà revêtu, mais qu'il devait nécessairement cesser d'occuper, la loi de son organisation l'ayant déclarée temporaire. — *Chambre des députés*, 13 juin 1843, élect. Jacqueminot.

1450. — Nous n'avons point à nous prononcer sur le mérite des décisions que nous venons de citer ; constatons seulement qu'il résulte de leur diversité qu'il est dans le pouvoir de la chambre de statuer souverainement sur les questions de réélection, comme sur toutes les autres questions d'éligibilité. — *Chambre des députés*, discussion des 30 mars 1835 et jours suivans précitée (V. *suprà* no 1446). Au surplus, ces questions, étant toujours à l'ordre du jour comme vérifications de pouvoirs, peuvent être soulevées par tout député et à un moment quelconque de la séance. — *Chambre des députés*, 10 mars 1836, élect. Lacoudrais. — V. d'ailleurs *infrà*, chap. 6.

1451. — Le député démissionnaire par l'acceptation de fonctions continue de siéger dans la chambre jusqu'au jour fixé pour la réunion du collége électoral chargé de l'élection à laquelle son acceptation de fonctions publiques salariées a donné lieu. — L. 12 sept. 1830, art. 2.

1452. — Il continue d'y siéger avec les mêmes pouvoirs qu'auparavant. Lors de la discussion sur l'article précité, un membre, M. Demarçay, fit remarquer que le gouvernement qui voudrait faire adopter une mesure importante obtiendrait des voix en donnant des places à des députés, que ces députés seraient, à la vérité, soumis à la réélection, mais que la mesure serait adoptée, le mal fait avant la réunion du collége électoral. Néanmoins, la faculté de siéger a été conservée afin que la chambre ne se trouvât point provisoirement privée des lumières et du concours du député soumis à la réélection. — Duvergier, *ubi suprà*, note 2 ; Merger, *loc. cit.*

1453. — Les députés qui, à raison de l'acceptation de fonctions publiques salariées, ont cessé de faire partie de la chambre des députés, peuvent être réélus. — L. 12 sept. 1830, art. 4.

## Sect. 4e. — *Elections multiples.*

1454. — Nul ne peut être à la fois mandataire de plusieurs arrondissemens électoraux ; cette prescription absolue ne peut subir aucune dérogation.

1455. — Le député élu par plusieurs arrondissemens électoraux est tenu de déclarer son option à la chambre, dans le mois qui suit la déclaration de validité des élections entre lesquelles il doit opter. A défaut d'option dans ce délai, il est décidé, par la voie du sort, à quel arrondissement ce député doit appartenir. — L. 19 avr. 1831, art. 33.

1456. — Toutefois, il ne peut être obligé d'opter avant le terme fixé par la loi, lorsque la chambre a été prorogée avant l'expiration du mois qui lui est accordé. Ce délai se trouve alors augmenté de toute la durée de la prorogation. La raison en est que la prorogation, suspendant les actes de la chambre, suspend, par cela même, les droits et les devoirs de chacun de ses membres. — *Chambre des députés*, 14 août 1834, élect. Sauzet. — V. conf. Cormenin, p. 190, no 33 ; Merger, *Supplém.*, p. 52.

1457. — La chambre a même implicitement consacré, en validant plusieurs élections, que la durée de la prorogation ne doit pas être comptée dans le délai accordé pour l'option, et qu'en conséquence un député qui n'aurait pas opté le premier jour de la rentrée de la chambre après une vérification de pouvoirs faite avant une prorogation qui a duré plusieurs mois, n'est pas pour cela déchu du droit d'option. — *Chambre des députés*, 2 déc. 1834, élect. Berryer ; même jour, élect. Persil ; 5 déc. 1834, élect. Lamartine ; 6 déc. 1834, élect. de Tracy.

1458. — L'option ne peut être exercée avant la vérification de pouvoirs. — *Chambre des députés*, 14 (et non 4) août 1834, élect. Dubois (de la Loire-Inférieure). — Autrement l'élu courrait risque d'opter pour une élection qui ne serait pas validée.

1459. — Mais du moment où l'une des élections a été vérifiée et validée, le député peut opter immédiatement, sans plus attendre, pour cette dernière élection. — *Chambre des députés*, 12 janv. 1838, élect. Sébastiani.

1460. — Bien plus, cette option résulterait du seul fait que le député a été admis après que la chambre a statué sur la validité de l'élection. — Dans ce cas, il n'y a plus lieu à l'option. — *Chambre des députés*, 22 déc. 1820. — V. conf. Duvergier, année 1831, note 2e ; Cormenin, p. 190, no 33, note 3e ; Merger, p. 332.

# CHAPITRE V. — *Opérations électorales.*

## Sect. 1re. — *Du collége électoral.*

1461. — Le collége électoral est la réunion des électeurs remplissant les conditions voulues pour prendre part à la nomination des députés.

### Art. 1er. — *Caractère du collége électoral.*

1462. — Avant 1830, ainsi que nous l'avons dé

jà dit (*suprà* n° 9), on connaissait en France deux sortes de colléges électoraux : les colléges de département et les colléges d'arrondissement.

**1463.** — Les colléges d'arrondissement ont été seuls conservés; la loi du 19 avr. 1831, par son art. 38, détermine le nombre de ces colléges à 459, suivant un tableau annexé à ladite loi et qui établit la circonscription de chaque collége.—Même loi, art. 30.

**1464.** — Bien des objections ont été présentées contre cette division établie par la loi de 1831 ; convient-il d'augmenter le nombre des colléges électoraux? faut-il, au contraire, abolir l'institution des colléges d'arrondissement pour y substituer un collége unique de département ? Il ne nous appartient pas d'entrer dans l'examen de cette difficulté : nous prenons la loi telle qu'elle existe, en faisant remarquer seulement que, les colléges électoraux n'ayant été établis que par la loi de 1831, et non par la Charte constitutionnelle, le pouvoir législatif reste toujours le maître d'apporter à leur composition tels changements qu'il jugerait à propos d'y introduire.

**1465.** — Dans l'état actuel, chaque collége n'élit qu'un député. — L. 19 avr. 1831, art. 39.

**1466.** — Les colléges électoraux ne peuvent s'occuper d'autres objets que de l'élection des députés; toute discussion, toute délibération leur est interdite (art. 40). — Toutefois, l'inobservation de cette prescription ne doit être une cause de nullité de l'élection qu'autant qu'elle a pu influer sur la sincérité de l'élection.

**1467.** — Ainsi, la lecture d'une adresse au roi faite par le président dans le sein du collége peut, sans contredit, faire encourir au président un blâme de la chambre, mais elle n'entraîne pas nécessairement la nullité de l'élection. — *Chambre des députés*, 18 août 1846, élect. de la Tourette.

**1468.** — Le collége électoral n'a pas d'existence permanente; chaque fois qu'il est appelé à opérer une élection, il doit être spécialement convoqué suivant les formes déterminées.

**1469.** — La session de chaque collége est de dix jours au plus (L. 19 avr. 1831, art. 57). — Il y aurait lieu d'annuler l'élection, s'il était prouvé que la session eût duré plus de dix jours. — V. Carnot, Cormenin, p. 476, n° 23, *in fine*.

**1470.** — Cependant, le principe de la permanence des colléges électoraux a fait naître la question de savoir si un collége électoral pourrait être considéré comme un corps constitué; mais c'est avec raison que cette question a été résolue négativement. En effet, les corps constitués sont ceux dont l'existence est permanente et la réunion toujours possible. Or, ces conditions de permanence et de réunion spontanée ne sauraient exister pour les colléges électoraux, qui ne peuvent se réunir qu'en vertu d'ordonnance royale et pour quelques jours seulement. — V. en ce sens *Rennes*, 15 fév. 1838 (1. 1er 1838, p. 299), les électeurs de Vannes c. Mangin ; *Cass.*, 25 mai 1838 (1. 2 1838, p. 406), mêmes parties. — *Contrà* Chassan, *Droit de la parole*, t. 3, p. 185. — V. DIFFAMATION, n°s 300 et 388.

**ART. 2.** — *Convocation, réunion, durée.*

**1471.** — *Convocation.* — Les colléges électoraux sont convoqués par le roi. — L. 19 avr. 1831, art. 40.

**1472.** — Deux causes peuvent donner lieu à la convocation des colléges électoraux : la dissolution de la chambre ou la vacance.

**1473.**—Lorsque la convocation des colléges électoraux a lieu par suite de la dissolution de la chambre, la convocation et les opérations électorales doivent avoir lieu de telle sorte que la nouvelle chambre soit rassemblée dans les trois mois. — Charte constitutionnelle, art. 42.

**1474.** — En cas de vacance, par option, décès, démission ou autrement (par exemple, par acceptation de fonctions publiques ou promotion à d'autres fonctions), le collége qui doit pourvoir à la vacance est réuni dans le délai de quarante jours : ce délai est de deux mois pour le département de la Corse. — L. 19 avr. 1831, art. 65.

**1475.** — Mais à compter de quel jour faut-il le faire courir? — Une distinction est nécessaire : s'il y a vacance par suite de *décès*, c'est du jour où le ministre en a été informé ; — par suite d'*option*, du jour où l'option a été faite dans le sein de la chambre — par suite de *démission*, du jour où la chambre a accepté la démission du député; — par suite d'*acceptation de fonctions salariées*, du jour de l'acceptation des fonctions. — *Chambre des députés*, 10 fév. 1851, élect. Bugeaud.

**1476.** — L'intervalle entre la réception de l'ordonnance de convocation au chef-lieu du département et l'ouverture du collége, doit être de vingt jours au moins, soit qu'il s'agisse d'une élection générale, soit qu'il s'agisse d'une élection partielle. — Art. 65, § 2.

**1477.** — La convocation étant, du reste, entièrement dans les attributions du gouvernement, on ne saurait, en principe, et sauf les circonstances, argumenter de la convocation tardive pour faire prononcer la nullité de l'élection.—*Chambre des députés*, 1er août 1834, élect. Champanhet; 28 déc. 1843, élect. Magne.

**1478.** — *Réunion.* — « Les colléges électoraux se réunissent dans la ville de l'arrondissement électoral ou administratif que le roi désigne. » — Art. 40. — Sauf au préfet à déterminer ensuite le local où se réuniront les électeurs.

**1479.**—Cette indication est faite par le préfet au moyen d'affiches; elle est, en outre, indiquée sur les cartes individuelles délivrées à chaque électeur (V. *infrà* n° 4502).—Toutefois, du moment où le lieu de l'assemblée a été régulièrement annoncé par les modes de publicité voulus et déterminés, les indications inexactes portées sur la carte, quant au lieu de l'élection, ne suffisent pas pour vicier l'élection.—La nullité ne résulte donc pas de l'indication sur les cartes adressées aux électeurs pour la réunion du collége d'un lieu autre que celui où il s'est réellement assemblé. — *Chambre des députés*, 5 mars 1833, élect. Bessières.

**1480.** — Le roi est toujours libre de changer la ville où se réunit le collége, lorsque ce changement puisse être l'objet d'un examen de la part de la chambre. — Grün, n° 4147. — V. cependant *Chambre des députés*, 5 août 1834, élect. Colomès.

**1481.** — Lorsqu'un arrondissement administratif composé d'une ville et de cantons ruraux se trouve divisé en deux arrondissements électoraux, et que dans l'un de ces arrondissements électoraux, il n'y a point de ville ou de bourg assez considérable pour que les électeurs puissent s'y réunir, le gouvernement peut convoquer dans la même ville les deux colléges électoraux, sauf à les réunir dans des lieux séparés.—Duvergier, t. 81, p. 193, note 3.

**1482.** — Les électeurs se réunissent en une seule assemblée dans les arrondissements où leur nombre n'excède pas 600. Dans les arrondissements où il y a plus de 600 électeurs, le collége est divisé en sections; chaque section comprend 300 électeurs au moins, et il concourt directement à la nomination du député que le collége doit élire. — Art. 41.

**1483.**—Si, depuis la clôture de sa liste électorale, le nombre des électeurs inscrits se trouve inférieur à 600, il n'est pas nécessaire de partager le collége en sections. — *Chambre des députés*, 20 août 1846, élect. de Ségur.

**1484.**—Sous l'empire de l'ordonnance du 4 sept. 1820, et aux termes de son art. 6, la division était faite en suivant l'ordre des numéros de la liste , c'est-à-dire l'ordre alphabétique des cantons. — La chambre a décidé que depuis la loi de 1831 il n'en est plus ainsi et que la distribution doit être faite de telle sorte que les électeurs de même canton et des cantons voisins votent ensemble. — *Chambre des députés*, 24 janv. 1842, élect. Persil fils.

**1485.** — Depuis, elle a décidé, dans des termes moins affirmatifs, que la division opérée en dehors des prescriptions de l'ordonnance précitée de 1820 ne pouvait entraîner la nullité de l'élection.

**1486.** — Enfin, que l'arrêté du préfet relatif à la division du collége électoral par sections est un acte purement administratif qui ne peut être réformé que la cour royale. — *Rouen*, 2 nov. 1837 (1. 2 1837, p. 605), N.

**1487.**—Nous verrons (*infrà* n°1561) que les opérations de chaque section d'un même collége sont entièrement indépendantes l'une de l'autre et n'ont pas besoin d'être simultanées, chaque section ayant son bureau séparé.

**1488.** — Le collége s'assemble au jour fixé par l'ordonnance de convocation; ce jour comme les jours suivants , la salle des séances doit s'ouvrir à huit heures du matin. — L. 5 fév. 1817, art. 12. — Instruct. minist. 29 sept. 1830.

**1489.** — Il n'est pas , au surplus, besoin qu'un appel extérieur soit fait , par exemple, par le son de la cloche de la ville ; il suffit que les portes de l'élection, alors du reste que les formalités indiquées par la loi, notamment quant à la durée du scrutin, ont été observées. — *Chambre des députés*, 24 août 1846, élect. Villeneuve-Bargemon.

**1490.**—Comme aussi le fait du retard dans l'ouverture d'une séance n'est pas une cause de nullité de l'élection, alors du reste que les formalités indiquées par la loi, notamment quant à la durée du scrutin, ont été observées. — *Chambre des députés*, 21 août 1846, élect. Villeneuve-Bargemon.

**1491.** — *Durée.* — Rappelons ici que la session de chaque collége électoral est de dix jours au plus. — L. 19 avr. 1831, art. 53. — (V. *suprà* n° 1469).

**ART. 3.** — *Composition du collége.*

**1492.** — Le collége électoral se compose de la réunion des électeurs de l'arrondissement électoral; eux seuls ont entrée dans la salle et peuvent prendre part aux opérations.

**§ 1er.** — *Nombre des électeurs.* — *Admission dans la salle des séances.*

**1493.**—*Nombre des électeurs.* — Pour être régulièrement constitué, chaque collége électoral doit compter au moins cinquante électeurs ou moins.

**1494.** — Afin que chacun puisse s'assurer si cette condition est accomplie, et faire toutes les vérifications qu'il sera utile, la liste des électeurs de l'arrondissement doit rester affichée dans la salle des séances pendant le cours des opérations. — L. 19 avr. 1831, art. 48.

**1495.** — M. Grün (n° 162) fait remarquer avec raison que la question du chiffre de cent cinquante sur les listes (V. *suprà*) peut offrir des difficultés, alors que ces événements dans lesquels les électeurs supprimés dans un sens ou dans un autre sur la liste électorale principale.

**1496.** — Ainsi, il peut se faire que, dans un arrondissement où le nombre des électeurs ne s'élevait pas à cent cinquante le préfet ait dû porter la liste à ce nombre au moyen d'inscriptions supplémentaires, et que, postérieurement à la clôture des listes, un arrêt de cour royale aient rétabli des électeurs supprimés. Dans ce cas, la chambre, après avoir varié, paraît s'être fixée en ce sens, que le préfet ne peut, à l'époque de l'élection, retrancher un nombre d'électeurs supplémentaires égal à celui des nouvelles inscriptions ordonnées. Tous peuvent prendre part à l'élection et compter dans le calcul de la majorité légale. — V. *Chambre des députés*, 11 avr. 1839, élect. Limpérani.—Tous les précédens de la chambre furent rappelés lors de cette dernière vérification de pouvoirs, qui, après une longue discussion, fut résolue à une grande majorité en faveur de la validité de l'élection.

**1497.** — En tous cas, il est certain que l'élection faite dans les circonstances ne pourrait être attaquée pour composition irrégulière du collége, alors qu'on déduirait les votes excédans, la majorité resterait encore à l'élu. — *Chambre des députés*, 2 août 1831, élect. Horace Sébastiani.

**1498.** — Réciproquement, la chambre a décidé qu'on ne saurait encore attaquer l'élection pour composition insuffisante du collége électoral, alors que la liste électorale contenait 450 noms d'électeurs payant le cens et électeurs complémentaires pris parmi les plus imposés, et qu'au moment des élections, la liste se trouve réduite à un nombre inférieur par suite de décès, notifiés ou non notifiés ; il n'est pas nécessaire que le préfet appelle un égal nombre d'électeurs complémentaires pour maintenir la liste au chiffre de 450. — V. en ce sens *Chambre des députés*, 7 nov. 1840, élect. Goury ; 28 juill. 1842, élect. Billault; 18 août 1842, élect. Émile de Girardin.

**1499.** — Il a encore été décidé qu'on ne peut faire annuler une élection faite par un collége dont le nombre s'élevait au-dessus d'électeurs inscrits, si, en supposant l'adjonction nécessaire pour compléter le chiffre légal, le nombre des suffrages obtenus par l'élu suffisait encore pour lui assurer la majorité. — *Chambre des députés*, 26 juill. 1831, élect. Muntz; 19 avr. 1820, élect. Goury, 7 nov. 1840, élect. Goury.

**1500.** — Ainsi, il n'y a pas nullité lorsque, dans un collége de 150 électeurs, un électeur a été inscrit par erreur dans la liste, où il réduit la liste à 149, si d'ailleurs le candidat élu a obtenu plusieurs voix de plus que la majorité des suffrages exprimés. — *Chambre des députés*, 25 juill. 1831, élect. Boissy-d'Anglas.

**1501.**— Des citoyens qui ont été retranchés, par arrêts de la cour royale, de la liste des électeurs, peuvent être portés parmi les plus imposés pour maintenir la liste au complet de 150 dans les départements où les électeurs au cens n'atteignent pas ce chiffre, si, par suite de radiations successives, le préfet a dû descendre jusqu'au cens que la cour royale a reconnu à ces citoyens. — *Chambre des députés*, 11 janv. 1838, élect. Horace Sebastiani.

**1502.** — *Admission dans la salle des séances.*— Pour être admis dans la salle des élections, tout électeur doit se présenter muni d'une carte spéciale destinée à justifier de son identité, et délivrée d'avance par le bureau de l'administration.

**1503.** — Toutefois, le fait par plusieurs électeurs de s'être introduits dans la salle du collége, sans être porteurs de leurs cartes, n'importe pour le motif.—*Chambre des députés*, 2 août 1831, élect. Tib. Sébast., 23 sept. 1837, élect. Arth. de Labourdonnaye.

**1504.** — C'est pour prévenir l'introduction de personnes étrangères dans la section que des cartes individuelles sont distribuées aux électeurs. Si l'un d'eux avait oublié ou perdu sa carte, le bureau devrait l'admettre, après s'être assuré de son identité et de son inscription sur la liste. — Instr. min. juin 1831. — La liste seule fait

foi, et c'est d'après elle qu'il est procédé à l'appel des électeurs.— V. *infrà* nos 1654 et suiv.

### § 2. — *Présence d'étranger.*

**1505.** — De ce que les électeurs seuls (sauf ce qui sera dit *infrà* nos 1526 et suiv. pour le président provisoire) ont entrée dans la salle des opérations électorales, il suit que, si des personnes étrangères pénètrent dans l'assemblée, le président doit les avertir, et au besoin leur enjoindre de quitter immédiatement la salle. »—Inst. min. 1er juin 1831.

**1506.** — On conçoit, en effet, de quelle importance il est pour la liberté des électeurs qu'aucune influence étrangère ne puisse venir entraver la sincérité des opérations; à ce titre, l'exclusion des étrangers doit être rigoureusement appliquée.

**1507.** — Néanmoins une jurisprudence constante de la chambre décide, avec raison, que la présence dans la salle d'individus non électeurs n'est pas nécessairement une cause de nullité, s'il est constant, en fait, que la liberté des votes n'en a souffert aucune atteinte. — *Chambre des députés*, 29 juill. 1842, élect. de Larochejacquelin; 28 déc. 1843, élect. Magne; 20 août 1826, élect. Hochet.

**1508.** — Une simple protestation ne suffirait pas pour établir cette influence de la présence d'un étranger, alors que cette présence n'a pas été assez notoire pour être signalée au bureau et constatée par lui au procès-verbal. — *Chambre des députés*, 22 déc. 1837, élect. de Labourdonnaye; 20 août 1846, élect. Feuilhade-Chauvin.

**1509.** — Par exemple, on ne saurait être admis à se prévaloir de la présence, pendant le vote, d'un maire non électeur, ou d'un gendarme en uniforme, alors que le procès-verbal constate que cette présence n'a pas été dénoncée au bureau.—*Chambre des députés*, 20 août 1846, élect. de Ségur.

**1510.** — A plus forte raison en est-il ainsi alors que, par déclaration annexée au procès-verbal, les membres du bureau affirment que ce n'est pas pendant le vote, mais lors du dépouillement, qu'a été signalée la présence d'un étranger, lequel est sorti immédiatement sur l'invitation qui lui en a été faite. — *Chambre des députés*, 31 août 1826, élect. Maget.

**1511.** — Par une décision récente, la chambre a même été jusqu'à déclarer qu'il n'y a pas nullité de l'élection si le bureau a autorisé la présence d'un étranger pendant le dépouillement du scrutin, quelque blâmable que soit cette irrégularité. — *Chambre des députés*, 20 août 1846, élect. Leyraud.

**1512.** — En principe, et lorsque, sur l'invitation ou l'ordre du président, l'étranger a quitté la salle des élections, surtout si l'expulsion a eu lieu immédiatement, l'incident doit être considéré comme sans importance. — *Chambre des députés*, 14 mars 1844, élect. Blin de Bourdon; 29 mars 1844, élect. de Larcy; 20 août 1846, élect. de Bontin.

**1513.** — Ainsi, on ne saurait se prévaloir de ce qu'un électeur infirme serait entré dans la salle appuyé sur le bras d'un parent ou ami, lequel se serait retiré immédiatement. — *Chambre des députés*, 19 déc. 1837, élect. De Portes; 28 juill. 1842, élect. Edmond Blanc.

**1514.** — Un étranger eût-il même, en se servant de la carte de l'électeur, pris part au vote, ce vote devrait être annulé, mais il n'y aurait pas nullité. —*Chambre des députés*, 27 août 1846, élect. Blanqui.

**1515.** — Spécialement encore, l'entrée dans la salle, au moyen d'une carte d'électeur, et avant la clôture du scrutin, d'un étranger qui aurait eu une courte conversation avec le président, son parent, ne forme pas un grief suffisant pour faire prononcer la nullité de l'élection. — *Chambre des députés*, 26 déc. 1839, élect. d'Hubert.

**1516.** — Il en serait de même au cas où un notaire non électeur aurait pénétré dans l'assemblée pour conférer avec un des électeurs, son client, alors surtout que ce fait se passait le jour de la constitution du bureau. — *Chambre des députés*, 18 août 1842, élect. Emile de Girardin.

**1517.** — Décidé également que l'introduction d'un employé de l'administration, non électeur, venu pour conférer avec le bureau exclusivement, à l'occasion d'un incident élevé dans une autre section du collége, ne vicie pas l'élection. — *Chambre des députés*, 22 déc. 1837, élect. Locquet.

**1518.** — Même solution dans une espèce où le sergent de ville placé à la porte extérieure pour recevoir les cartes avait été appelé dans l'intérieur de la salle pour les besoins du service. — *Chambre des députés*, 27 août 1846, élect. Blanqui.

**1519.** — Dans le cas où le collége est divisé en sections, l'interdiction faite aux étrangers d'entrer dans la salle de l'assemblée, doit-elle être entendue en ce sens que les électeurs d'une section sont considérés comme étrangers à l'autre?—L'affirmative est décidée par l'instruction ministérielle de juin 1831, laquelle porte : « Si le collége est partagé en sections, nul électeur ne peut voter que dans la section dont il fait partie. Aucun électeur étranger à une section ne peut entrer dans la salle des séances de cette section, si ce n'est les membres des bureaux qui, lors du dépouillement du scrutin pour l'élection du député, se rendent au bureau central. L'électeur qui aurait droit de voter en vertu d'un arrêt de la cour royale ou d'un recours suspensif, et qui ne serait porté sur la liste d'aucune section, devrait être admis dans la section à laquelle appartiennent les électeurs de son canton ou de son quartier, s'il est domicilié dans une ville dont les électeurs forment plusieurs sections.

**1520.** — La chambre a décidé, conformément à ce principe, que le président d'une section d'un collége peut interdire l'entrée du lieu de l'assemblée aux électeurs d'une autre section du même collége, sans qu'il résulte de ce fait un moyen de nullité contre l'élection. — *Chambre des députés*, 26 fév. 1834, élect. Gosse de Gorre.

**1521.** — Mais elle a également décidé, dans une autre circonstance, que l'entrée d'un électeur d'une section dans une autre section du collége, et sa participation, comme scrutateur, aux opérations de la première journée, bien que constituant une irrégularité, ne saurait porter atteinte à l'élection, surtout si, les jours suivans, cet électeur n'a plus pris part aux opérations de la section. — *Chambre des députés*, 27 déc. 1839, élect. d'Hubert.

**1522.** — D'où il faut conclure, comme le fait remarquer M. de Cormenin, qu'il n'y a nullité, ni à refuser, ni à admettre les électeurs d'une autre section du même collége; mais qu'il est convenable, comme un soin d'ordre et de police, que les électeurs restent dans leurs sections respectives.

### ART. 4. — *Bureau provisoire.*

**1523.** — La constitution du bureau provisoire est évidemment le fait qui doit précéder toute opération; la loi devait nécessairement prendre soin de régler elle-même cette composition préliminaire, formalité indispensable pour que l'assemblée puisse procéder avec ordre. — Grün, no 170.

**1524.** — Sous le gouvernement de la restauration et alors que le président du collége électoral était nommé par le roi (V. *suprà* no 7), il n'y avait pas lieu à s'occuper de la question de savoir à qui appartiendrait la présidence provisoire.

**1525.** — La loi du 22 sept. 1830, en même temps qu'elle conféra aux électeurs le droit de choisir le président, détermina que la présidence provisoire appartiendrait au plus âgé des électeurs présens.

**1526.** — Mais, lors de la discussion de la loi de 1831, on objecta avec raison que déférer ainsi la présidence provisoire du collége à l'électeur le plus âgé, c'était souvent conférer des fonctions au dessus de ses forces à un homme que ses infirmités ou sa faiblesse rendaient incapable de les remplir convenablement.

**1527.** — On décida, en conséquence, que les présidens, vice-présidens, juges et juges-suppléans des tribunaux de première instance, dans l'ordre du tableau, auraient la présidence provisoire des colléges électoraux, lorsque les colléges s'assembleraient dans une ville chef-lieu du tribunal. — L. 19 avr. 1831, art. 42, § 1er.

**1528.** — Dans une autre ville, comme dans le cas où, attendu le nombre des colléges et des sections, celui des juges est insuffisant, la présidence provisoire fut, à leur défaut, déférée au maire, à ses adjoints, et successivement aux conseillers municipaux de la ville où se fait l'élection, aussi dans l'ordre du tableau. — *Ibid.*

**1529.** — L'ordre du tableau, en ce qui concerne les conseillers municipaux, s'établit non par l'époque de la nomination, mais par le nombre des suffrages qu'ils ont obtenus lors de leur élection. — Avis cons. d'état, 22 fév. 1832.

**1530.** — Il faut bien remarquer que la présidence provisoire n'est déférée au président et aux membres du tribunal qu'autant que le collége électoral se réunit dans la ville où siége le tribunal; autrement la présidence appartient aux membres de l'administration municipale.

**1531.** — « Si le collége se divise en sections, la première doit être présidée provisoirement par le premier des fonctionnaires dans l'ordre du tableau; la seconde, par celui qui vient après, et successivement. » — L. 19 avr. 1831, art. 52, § 2.

**1532.** — « Si plusieurs colléges se réunissent dans la même ville, leur présidence est déférée de la même manière et dans le même ordre que celle des sections. » — Même art., § 3.

**1533.** — « Si plusieurs colléges réunis dans la même ville se subdivisent en sections, la première du premier collége est provisoirement présidée par le fonctionnaire le plus élevé ou le plus ancien dans l'ordre du tableau; la première section du second collége l'est par le deuxième; la seconde section du premier collége par le troisième; la seconde section du deuxième collége par le quatrième, et ainsi des autres. »— Même art., § 4.

**1534.** — « L'ordre dans lequel la loi indique les présidens provisoires des colléges doit être suivi, et ce n'est qu'à défaut du premier qu'on peut appeler successivement ceux que la loi désigne après lui. » — Grün, no 172.

**1535.** — « Si l'absence ou l'empêchement de quelqu'un des fonctionnaires désignés par la loi fait passer la présidence à un fonctionnaire placé plus bas sur le tableau, celui-ci fait connaître à l'assemblée comment il se trouve appelé à présider. A cet effet, il donne lecture de la lettre ou de l'avis qu'il a reçu soit du préfet, soit du sous-préfet, soit du maire. » — Instr. minist. juin 1831.

**1536.** — Spécialement, quand le bureau provisoire est présidé par un juge, au lieu de l'être par le président du tribunal civil, il doit être donné connaissance à l'assemblée des motifs de l'absence du président, sans que cependant le silence gardé à ce sujet soit de nature à entraîner la nullité des opérations électorales. — *Chambre des députés*, 19 déc. 1837, élect. Gaillard de Kerberlin.

**1537.** — Il n'y a pas non plus nullité de l'élection par le fait que le fonctionnaire à qui devait être confiée la présidence provisoire de l'assemblée électorale, s'est refusé, sans motifs légitimes, à remplir cette fonction, qui est plutôt un honneur qu'une obligation véritable. — *Chambre des députés*, 13 avr. 1839, élect. Emile de Girardin.

**1538.** — En déférant la présidence provisoire du collége électoral aux fonctionnaires ci-dessus désignés, la loi n'a pas entendu exiger que ces fonctionnaires fussent électeurs; cela a été formellement déclaré lors de la discussion de la loi électorale.

**1539.** — A plus forte raison, le fait que le président provisoire appartient comme électeur à une autre section du collége électoral, et même à un autre collége réuni dans la même ville, ne serait pas une cause d'exclusion.

**1540.** — Aussitôt qu'il a déclaré la séance ouverte, le président donne lecture de l'ordonnance qui convoque le collége, et des prescriptions de la loi sur la tenue des assemblées électorales. — Puis il procède immédiatement à la formation du bureau provisoire.

**1541.** — Ce bureau doit être composé, aux termes de l'art. 42, § 5, L. 1831, des deux électeurs les plus agés et des deux électeurs les plus jeunes de l'assemblée.

**1542.** — A cet effet, outre la liste générale de tous les électeurs qui doit rester affichée dans le sein du collége (V. *suprà* no 1496), deux autres listes doivent encore avoir été dressées et être affichées comme la précédente, contenant chacune vingt noms, l'une pour les électeurs les plus âgés, l'autre pour les plus jeunes, avec indication de la date de leur naissance.

**1543.** — « Le président appelle les électeurs les plus âgés, sur la liste dressée à cet effet, où ils sont inscrits par ordre en descendant du plus âgé au plus jeune. Les deux premiers qui répondent à l'appel prennent place au bureau comme premier et second scrutateurs. Il appelle de suite les électeurs les plus jeunes, sur la liste dressée à cet effet, où ils sont inscrits par ordre, en remontant du plus jeune au plus âgé. Les deux premiers qui répondent à l'appel prennent place au bureau comme troisième et quatrième scrutateurs. » — Instr. minist. juin 1831.

**1544.** — « Si quelqu'un des électeurs présens, inscrits sur l'une ou l'autre liste, ne pouvait, par quelque cause que ce fût, remplir les fonctions de scrutateur, il devrait le déclarer aussitôt, et il serait considéré comme absent. » — Même instr. — Les électeurs désignés sont libres de refuser.

**1545.** — Le président provisoire n'étant tenu que de consulter la liste pour la désignation des scrutateurs provisoires, il n'y a pas nullité des opérations électorales parce que, nonobstant la production d'un extrait de naissance établissant le droit d'âge en faveur d'un autre électeur, le président aurait maintenu l'électeur par lui désigné en s'appuyant sur les indications de la liste. — *Chambre des députés*, 2 août 1831, élect. Tiburce Sébastiani.

**1546.** — « Si l'appel des deux listes d'âge ne suffisait pas pour compléter les nombres respectifs des scrutateurs provisoires, le président inviterait les électeurs présens les plus âgés, ou les plus jeunes, en dehors des deux listes, à venir prendre place au bureau. L'époque de la naissance serait par eux déclarée et inscrite au procès-verbal. » — Instr. minist. juin 1831.

1547. — On ne saurait argumenter contre la validité des élections ce que le président aurait appelé deux parens à remplir les fonctions de scrutateurs. Nulle part dans la loi n'est inscrite la prohibition pour deux parens, fût-ce même deux frères, de faire partie ensemble du bureau provisoire. — *Chambre des députés*, 28 déc. 1844, élect. Hébert.

1548. — Mais, à la différence du président provisoire, les scrutateurs provisoires doivent être électeurs et faire partie des électeurs de la section, au cas où le collége est divisé en plusieurs sections.

1549. — Ainsi, lorsqu'un électeur, s'étant présenté à une autre section que celle à laquelle il appartient, y a été désigné comme scrutateur à raison de son âge, et que l'erreur n'a été reconnue qu'au moment de l'appel de la lettre à laquelle se rapporte le nom de cet électeur, le bureau provisoire doit annuler les opérations commencées et renvoyer au lendemain pour la discussion et régulière du bureau provisoire. — *Chambre des Députés*, 22 déc. 1837, élect. Locquet.

1550. — Toutefois, dans des circonstances analogues, alors que le scrutateur désigné par erreur avait pris part à la nomination du secrétaire, la chambre a validé l'élection, par ce double motif que l'erreur avait été réparée aussitôt que reconnue par la désignation d'un nouveau scrutateur, et qu'il était constant que depuis le commencement de l'opération, quatre membres avaient toujours été présens au bureau. — *Chambre des députés*, 21 déc. 1822, élect. Guizot.

1551. — Le président et les scrutateurs réunis choisissent le secrétaire, lequel n'a que voix consultative. — L. 19 avr. 1831, art. 42, § 5.

1552. — Le secrétaire doit-il, comme les scrutateurs, être nécessairement pris parmi les électeurs et faire partie de la section, ou, comme le président, peut-il être étranger au collége électoral ? — L'instruction ministérielle de juin 1831 se prononce dans le premier sens ; néanmoins M. Merger (*ubi suprà*, p. 279) pense au contraire qu'il n'est pas nécessaire que le secrétaire soit électeur, et il fonde son opinion sur la discussion de la loi de 1831 à la chambre des pairs, et notamment sur ces paroles de M. Portalis : « Il a le droit de voter s'il est électeur. »

1553. — Aussitôt que le bureau est régulièrement formé, il ne peut plus être apporté de changement à sa composition : la survenance d'électeurs plus âgés ou plus jeunes que les scrutateurs désignés devient un fait indifférent à la régularité de l'élection.

1554. — Les fonctions du bureau provisoire consistent à diriger les opérations relatives à la formation du bureau définitif : à cet effet, le président et les membres du bureau provisoire sont en principe investis des mêmes droits, comme aussi soumis aux mêmes obligations que le président et membres du bureau définitif. — V. *infrà* n°s 1606 s.

1555. — Notons seulement ici que le bureau provisoire ne pourrait, sans encourir un blâme sévère de la chambre, écarter de la délibération un de ses membres sous le prétexte que ce membre aurait un intérêt dans la question comme candidat au bureau définitif. — *Chambre des députés*, 2 août 1834, élect. Sauhat.

ART. 5. — *Bureau définitif.*

§ 1er. — *Composition.*

1556. — Comme le bureau provisoire, le bureau définitif est composé d'un président, assisté de quatre scrutateurs, et d'un secrétaire. C'est aux électeurs qu'appartient le choix du président et des scrutateurs ; ceux-ci désignent ensuite le secrétaire. — L. 19 avr. 1831, art. 44.

1557. — *Nomination du président et des scrutateurs.* — La loi se borne à poser le principe que le président et les scrutateurs seront nommés par le collége ou la section du collége à la majorité simple, sans indiquer aucune des formalités à suivre pour cette nomination.

1558. — Suppléant à cette lacune, l'instruction ministérielle de juin 1831 a prescrit de procéder par deux scrutins séparés, l'un pour le président, l'autre pour les scrutateurs, ajoutant du reste qu'il y a lieu de suivre les dispositions tracées par les art. 45, 46, 47, 48, 50, 51, 52 et 56, relatives à l'élection des députés par les colléges.

1559. — La nécessité d'un double scrutin ne peut faire l'objet d'aucune observation. « Le double scrutin, dit une note insérée dans l'instruction ministérielle, était prescrit par les ordonnances rendues sur les élections en 1817 et en 1820. Il y aurait des inconvéniens à faire l'élection du président et scrutateurs par un seul scrutin et portant cinq noms sur le même bulletin et désignant par

les mots *président, scrutateurs*, ou par l'ordre d'inscription les suffrages donnés pour les diverses fonctions du bureau. Ce dernier mode paraît plus simple et plus prompt, il peut donner lieu à des difficultés dans le calcul des suffrages. »

1560. — C'est également avec raison que l'instruction ministérielle a pensé qu'il y avait lieu de suivre pour la formation du bureau définitif et l'élection des députés de la loi les formalités tracées pour l'élection des députés (V. *infrà* n°s 1654 s.). — Néanmoins, et quelque sages que soient ces prescriptions, comme elles ne sont pas établies par la loi, elles n'ont pas toujours été suivies pour la formation du bureau définitif, et malgré leur inobservation, la chambre a validé les élections. — C'est ce qui a eu lieu notamment dans des circonstances où la réclamation portée devant la chambre était fondée sur le défaut de prestation de serment de l'électeur avant le dépôt de son vote pour la formation du bureau. — V. *infrà* n°s 1672 et suiv. — Merger, p. 281.

1561. — Chaque section procédant séparément part au scrutin relatif à la nomination du bureau définitif et la loi n'ayant point prescrit la simultanéité des opérations, il ne résulte aucune nullité de ce qu'une section a continué le scrutin pour la formation du bureau définitif, tandis qu'une autre section a été obligée, par suite d'un incident, de suspendre cette opération. — *Chambre des députés*, 22 déc. 1837, élect. d'Aragon.

1562. — Les électeurs seuls peuvent prendre part au scrutin relatif à la nomination du bureau provisoire ne peut concourir au vote qu'autant qu'il est non-seulement électeur et électeur du collége, mais encore électeur de la section, sauf à lui, s'il était électeur d'une autre section, à aller prendre part au vote de cette section, pour la formation du bureau définitif.

1563. — Mais s'il ne peut pas voter dans la section dont il préside le bureau provisoire, peut-il par le choix des électeurs être appelé à la présidence du bureau définitif ?

1564. — Saisie en 1834 de l'examen de cette question, la chambre, après une vive discussion, s'est prononcée en faveur de l'élection attaquée. — Toutefois il faut remarquer que, dans l'espèce, le président élu, s'il n'était pas électeur de la section, était néanmoins porté sur la liste du collége et faisait partie d'une autre section. — *Chambre des députés*, 20 août 1834, élect. Faiquerolles ; 20 août 1846, élect. d'Aragon.

1565. — Il est du reste hors de doute que le président ainsi nommé n'a point acquis le droit de prendre part au vote qui a lieu pour la nomination du député, sauf à lui à se rendre pour déposer son vote dans le sein de la section dont il fait partie comme électeur. — *Mêmes décisions.*

1566. — Mais pourrait-on admettre que la présidence définitive serait valablement continuée dans la personne du président provisoire, alors même qu'il ne ferait pas partie du collége électoral ? — Nous ne le pensons pas. La loi, en laissant aux électeurs le choix de leur président, a dû entendre, en effet, que ce choix aurait lieu parmi eux. C'est cette opinion qui a été formellement exprimée par le rapporteur de la commission à la chambre des pairs. — V. Duvergier, t. 34, p. 494, note 4e.

1567. — M. de Cormenin (*ubi suprà*, t. 1er, p. 481, n° 24) fait résulter la doctrine contraire du principe que l'on ne doit s'attacher qu'à l'observation des formes et des conditions essentielles de l'élection en elle-même. Mais, quel que soit l'auteur ne peut s'empêcher de faire remarquer (V. p. 482, note 6) que cette solution n'est pas très sûre. — « Il faut même dire, ajoute-t-il, que le président s'était permis de voter, s'il avait influencé l'élection d'une manière quelconque, s'il avait émis son vote avec le bureau sur une question grave, il y aurait lieu à l'annulation de l'élection pour excès de pouvoirs. Le président magistrat doit, moins que personne, prétexter l'ignorance de la loi que tous les citoyens sont censés connaître. Or, la loi n'admet dans le sein de ces colléges définitifs que les électeurs inscrits sur le tableau. »

1568. — La doctrine que nous soutenons a été au surplus consacrée en 1831, par un bureau de la chambre, qui déclara qu'un citoyen étranger au collége ne pouvait être choisi, non-seulement pour être président du bureau définitif, mais même pour y remplir les fonctions de scrutateur. — *Chambre des députés*, 30 juill. 1831, élect. Leroy-Myon.

1569. — Conformément aux dispositions de l'instruction ministérielle de juin 1831, deux boîtes séparées sont déposées sur le bureau, l'une pour recevoir les bulletins relatifs à la nomination du président, l'autre ceux qui ont pour objet le choix des scrutateurs.

1570. — Cependant, la loi n'ayant point exigé cette formalité de la distinction des urnes, il n'y

a pas nullité de l'élection par le seul fait qu'il n'existe qu'une seule boîte où ont été indistinctement mis les bulletins relatifs à la nomination du président, et ceux concernant l'élection des scrutateurs, lorsqu'il a été procédé à la constitution du bureau provisoire. — *Chambre des députés*, 20 août 1846, élect. Paul de Gasparin.

1571. — Deux boîtes étant déposées, il peut encore arriver que, par erreur d'un des votans, il y ait eu méprise dans les boîtes. La chambre a décidé qu'il n'y avait pas nullité des opérations électorales parce que le bureau provisoire n'aurait pas annulé le bulletin qui s'est trouvé placé dans une autre boîte. — *Chambre des députés*, 19 déc. 1837, élect. de Portes.

1572. — ... Qu'on ne doit d'ailleurs statuer sur une irrégularité de cette nature, qu'après le dépouillement du scrutin, et qu'il n'y a pas lieu de s'y arrêter, si en dehors de ces bulletins le candidat a obtenu la majorité voulue. — *Chambre des députés*, 14 fév. 1834, élect. Deslongrais.

1573. — Cependant il n'y a pas motif d'annuler l'élection par la raison que le président du bureau, s'étant aperçu qu'un électeur s'est trompé de boîte en déposant son vote, a immédiatement procédé à l'ouverture de la boîte afin que l'électeur retirât le bulletin qu'il y avait mis et le déposât dans l'autre boîte. — *Chambre des députés*, 28 juill. 1842, élect. Mater.

1574. — Décidé encore que, lorsque, par suite de confusion, il se trouve des bulletins portant cinq noms au lieu de quatre, il n'y a pas nullité de l'élection, quoique le cinquième nom n'ait pas été rayé, alors que celui des cinq candidats qui a obtenu le moindre nombre de voix en a réuni plus que le nombre voulu. — *Même décision.*

1575. — Mais le bureau provisoire ne peut compter que les bulletins portant une désignation véritable et personnelle des candidats. — On ne saurait donc attribuer aux membres du bureau provisoire un bulletin portant *les mêmes*. — *Chambre des députés*, 13 avr. 1839, élect. Emile de Girardin.

1576. — Il ne suffit pas que la désignation soit personnelle, il faut encore qu'elle ne puisse laisser aucun doute sur son application. — L'instruction ministérielle de juin 1831 enjoint aux bureaux de supprimer les bulletins qui ne désigneraient pas clairement l'individu auxquels ils s'appliquent.

1577. — Toutefois, cette prescription doit s'appliquer avec discernement. — V. *Chambre des députés*, 19 déc. 1837, élect. de Portes. — V. au surplus *infrà* n°s 1816 et suiv.

1578. — Quelque importance qu'il convienne d'attacher aux opérations relatives à la formation du bureau définitif, dont la composition doit attester les tendances de la majorité de l'assemblée, il ne faut pas cependant trop multiplier les formalités et prolonger les opérations électorales. On ne saurait, en cas d'égalité de suffrages, il n'est pas nécessaire de procéder à un nouveau tour de scrutin, ni même à un ballottage ; le plus âgé prend place au bureau. — Ainsi décidé spécialement à l'égard du président. — *Chambre des députés*, 25 août 1846, élect. Bacot.

1579. — Par les mêmes motifs, la chambre a décidé que lorsque le président désigné ne peut remplir les fonctions qui lui sont déférées ou s'y refuse, il n'y a pas lieu de procéder à un nouveau tour de scrutin, et que le bureau provisoire doit appeler à remplacer, non celui qui après l'élu défaillant a obtenu le plus de voix pour la présidence, mais le premier scrutateur dans l'ordre des suffrages, qui est préalablement, après le président nommé, celui que la majorité du collége appelle à faire partie du bureau, sauf à suppléer le scrutateur nommé par le cinquième candidat pour les fonctions de scrutateur. — *Chambre des députés*, 22 déc. 1837, élect. Arith. de Labourdonnaye ; même jour, élect. Sauzet ; 6 avr. 1839, élect. Pétiniaud. — Autrement, il pourrait dépendre d'un concert de quelques électeurs d'empêcher une élection. — V. au surplus un cas semblable, min. juin 1831.

1580. — Et même la chambre, usant du droit souverain d'appréciation, a été jusqu'à valider une élection où se présentait une réunion de circonstances dont la multiplicité et la singularité sont résumées ainsi par M. Grun (n° 492). — Le choix du président définitif avait été annulé ; les deux candidats ayant obtenu après lui le plus grand nombre de voix avaient successivement refusé la présidence ; le président provisoire, s'étant retiré du bureau, n'ayait à son tour refusé la présidence définitive, bien qu'elle lui fût offerte par les quatre scrutateurs, et qu'il fût au nombre des candidats ayant obtenu des voix ; enfin les scrutateurs avaient fini par déférer la présidence à l'un d'eux, non comme étant le premier scrutateur, mais comme ayant eu le plus de voix pour la présidence. — *Chambre des députés*, 30 juill. 1831,

élect. Leroy-Myon. — La chambre basa sa décision sur ces considérations de fait que la majorité obtenue par l'élu était telle qu'il était impossible de supposer que le choix du président pût avoir une influence sur le résultat de l'élection, que les électeurs signataires de la protestation avaient pris part au vote et qu'enfin le député élu n'avait pas fait partie du bureau. — Quel que soit le respect qui doive s'attacher aux décisions de la chambre, nous croyons que la solution précitée ne doit pas faire jurisprudence, et qu'en pareil cas le mieux serait que le bureau définitif ouvrît un nouveau scrutin.

1581. — Il y a lieu d'appliquer, en ce qui concerne les scrutateurs absens ou refusant de siéger, les règles applicables au cas d'absence ou du refus du président désigné.

1582. — Il est d'ailleurs évident que le membre élu ne pourrait être écarté du bureau sous prétexte qu'il a, comme candidat à la députation, un intérêt direct à l'élection. — Arg. *Chambre des députés*, 2 août 1834, élect. Saubat.

1583. — *Installation.* — Aussitôt le bureau définitif formé, le président provisoire peut procéder à son installation; autrement il déclare la séance levée et l'ajourne au lendemain, car il ne peut y avoir plusieurs séances par jour. — Merger, p. 283. — Dans l'usage, c'est en général au lendemain qu'est remise l'installation du bureau définitif.

1584. — Si néanmoins des difficultés s'étaient élevées lors du dépouillement du scrutin, le bureau provisoire devrait statuer sans désemparer, et la séance ne pourrait être levée qu'après décision rendue. — Circ. min. juin 1831.

1585. — L'installation du bureau définitif accomplie, les fonctions du bureau provisoire cessent immédiatement, et son président, s'il n'est pas électeur faisant partie du collége et de la section, doit quitter immédiatement la salle.

1586. — Aucune difficulté ne peut d'ordinaire se présenter lorsque l'installation du bureau définitif suit sans désemparer le dépouillement du scrutin; mais lorsque la séance est remise au lendemain, il peut arriver qu'un ou plusieurs de ceux qui ont été proclamés la veille comme devant faire partie du bureau, ne se présentent pas.

1587. — Or, la chambre a toujours décidé que dans ce cas on pouvait valablement suppléer aux scrutateurs absens en prenant sur la liste des scrutateurs celui ou ceux qui avaient obtenu le plus de suffrages après les élus, et qui se trouvent présens au moment de la séance. — *Chambre des députés*, 28 juill. 1831, élect. Blondeau; 22 déc. 1837, élect. Arthur de Labourdonnaye; 21 août 1846, élect. de Villeneuve-Bargemont; 25 août 1846, élect. Teisserenc.

1588. — Si c'était le président élu qui ne répondît pas à l'appel, il pourrait être valablement suppléé par le premier scrutateur dans l'ordre des suffrages. — *Chambre des députés*, 22 déc. 1837, élect. Arthur de Labourdonnaye; 22 déc. 1837, élect. Sauzet. — V. *suprà* n° 1579.

1589. — La chambre a même décidé que lorsqu'après avoir remplacé le président absent par le premier scrutateur, il a été en vain fait appel aux électeurs ayant obtenu le plus de suffrages sans qu'aucun d'eux ait répondu à l'appel, le bureau peut être considéré comme régulièrement constitué et procéder aux opérations électorales. — *Chambre des députés*, 22 déc. 1837, élect. Sauzet.

1590. — Le bureau une fois installé est irrévocablement constitué; la survenance postérieure d'un des électeurs élus scrutateurs, et qui n'aurait pas été présent au moment de l'installation, ne saurait apporter aucune modification à sa composition.

1591. — Mais il est nécessaire que l'installation ait été opérée. Ainsi, dans l'hypothèse où l'assemblée aurait été prévenue qu'il serait, séance tenante, procédé à l'installation du bureau définitif, et où, après le résultat du scrutin proclamé, on aurait, en l'absence d'un scrutateur élu, appelé le cinquième dans l'ordre des suffrages, quand même celui-ci aurait répondu à l'appel de son nom, le scrutateur élu conserverait le droit de siéger, s'il entrait dans la salle avant l'installation du bureau. —*Chambre des députés*, 20 août 1846, Deslongrais.

1592. — Néanmoins le fait que le président aurait, de l'avis du bureau, décidé que l'élu survenant était déchu de son droit et ne pouvait prendre place, bien que pouvant motiver un blâme de la part de la chambre, ne saurait vicier l'élection. — Même décision.

1593. — *Procès-verbal de nomination et d'installation.* — Comme dernier acte de ses fonctions, et pour en attester le sincère accomplissement, le bureau provisoire arrête et signe le procès-verbal que son secrétaire a dû rédiger et qui constate l'accomplissement des opérations relatives à la constitution du bureau définitif.

1594. — Le procès-verbal de la séance dans laquelle est nommé le bureau définitif, ne peut être signé par ce bureau sans l'intervention du bureau provisoire. La raison en est que c'est à ceux qui ont fait l'acte à certifier, par leur signature, que l'acte est sincère, régulier, authentique. — *Chambre des députés*, 8 avr. 1839, élect. Duvergier de Hauranne; — Cormenin, p. 173, note 1re, n° 1er.

1595. — Cependant, la loi n'ayant point fait, de la signature des membres du bureau provisoire, une condition indispensable pour la validité du procès-verbal, on ne saurait annuler l'élection par le seul motif que le procès-verbal n'a été signé que par les membres du bureau définitif. — Même décision.

1596. — Pareillement, il n'y aurait pas nullité de l'élection bien que le procès-verbal n'eût été signé que du président et du secrétaire du bureau provisoire et non des scrutateurs, aucun article de loi n'exigeant cette formalité. — *Chambre des députés*, 22 sept. 1831, élect. Voysin de Gartempe.

1597. — Il y a lieu, au surplus, d'appliquer au procès verbal du bureau provisoire tout ce qui a trait au procès-verbal du bureau définitif. (V. *infrà* nos 1646 et suiv.). — De même que ce dernier, il doit être rédigé de manière à constater l'accomplissement régulier de chacune des formalités prescrites.

1598. — Toutefois on ne saurait regarder comme un vice entachant l'élection le fait que sur le procès-verbal n'a pas été indiqué le nombre de voix obtenues par les membres composant le bureau définitif, et que le secrétaire s'est borné à mentionner le nombre des électeurs inscrits et celui des électeurs présens, en ajoutant que les électeurs nommés pour composer le bureau définitif ont obtenu la pluralité des suffrages. — *Chambre des députés*, 24 août 1846, élect. de Garraube.

1599. — Décidé que l'on doit tenir comme suffisante l'énonciation faite dans le procès-verbal du nombre de votes obtenus par chacun des scrutateurs définitifs, alors même qu'il n'y aurait pas constatation régulière du nombre des suffrages exprimés, eu égard à celui des votans, lorsque d'ailleurs le procès-verbal établit d'une manière formelle que les électeurs qui ont occupé le bureau définitif avaient obtenu le plus grand nombre de voix et avaient la majorité nécessaire, et en outre qu'il y avait corrélation entre le nombre des votans et celui des bulletins trouvés dans l'urne. — *Chambre des députés*, 20 août 1846, élect. Paul de Gasparin.

1600. — *Choix du secrétaire.* — Le bureau définitif, quoique installé, n'est pas encore complet; il ne peut procéder à aucune opération avant d'avoir fait connaître le choix qu'il a fait du secrétaire chargé de la rédaction du procès-verbal des séances.

1601. — La loi abandonne aux membres du bureau la nomination du secrétaire. — L. 19 avr. 1831, art. 4. — Le secrétaire n'a que voix consultative.

1602. — Mais c'est au bureau tout entier et non au président ou à la majorité de ses membres qu'il appartient de nommer le secrétaire. — Néanmoins il a été décidé qu'il ne fallait pas adopter ce principe avec trop de rigueur, et qu'ainsi l'absence d'un des scrutateurs n'empêche pas l'élection du secrétaire d'être régulière. — *Chambre des députés*, 6 déc. 1834, élect. Audry de Puyraveau.

1603. — Il nous paraît, du reste, incontestable que le bureau ne peut choisir le secrétaire que parmi les membres de l'assemblée. — Merger, p. 283.

1604. — La désignation de secrétaire définitif entrant dans les attributions du bureau définitif, c'est dans le procès-verbal dressé par ce bureau, et non dans celui du bureau provisoire, dont le mandat est expiré, qu'il convient que cette nomination soit mentionnée.

1605. — Le choix est suffisamment constaté par un renvoi en marge du procès-verbal signé ou paraphé du secrétaire seulement, si d'ailleurs le corps de ce procès-verbal fait mention de ce secrétaire en diverses circonstances. — *Chambre des députés*, 13 avr. 1839, élect. Em. de Girardin.

### § 2. — *Fonctions du bureau.*

1606. — *Fonctions du président.* — Le premier devoir imposé au président du bureau définitif est de donner connaissance à l'assemblée du choix du secrétaire, et de prévenir les électeurs qu'ils ont à élire un député, en leur rappelant sommairement les conditions imposées pour l'éligibilité. — Inst. minist. juin 1831.

1607. — Le président du collége ou de la section a seul la police de l'assemblée. — Nulle force armée ne peut être placée, sans sa réquisition, dans la salle des séances, ni aux abords du lieu où se tient l'assemblée. Les autorités civiles et les commandans militaires sont tenus d'obéir à ses réquisitions. — L. 19 avr. 1831, art. 45, § 1er.

1608. — L'élection est nulle si la force armée est entrée, sans la réquisition du président, dans la salle des séances (Cormenin, p. 176, n° 23), ou seulement si elle a été placée aux abords du lieu de l'assemblée. — Cormenin, p. 177, note 7.

1609. — Cependant il ne faudrait pas appliquer cette règle avec trop de rigueur; ainsi, la chambre, tout en blâmant l'irrégularité du fait, a néanmoins validé une élection où l'on argumentait de ce que, sans l'ordre du président, et pour faire sortir un étranger entré dans l'assemblée, un sous-officier de gendarmerie avait pénétré dans la salle du collége électoral. — *Chambre des députés*, 16 août 1842, élect. Em. de Girardin.

1610. — Le président doit veiller à ce que nul électeur n'entre armé dans le sein du collége électoral. — L. 19 avr. 1831, art. 58.

1611. — Le fait que des électeurs se sont présentés armés ne saurait toutefois faire annuler l'élection, s'il n'a pas été de nature à faire impression sur l'esprit des électeurs et à dominer leur liberté. — Cormenin, p. 178, note 3e.

1612. — En vertu de son droit de police, le président peut ordonner l'expulsion de tout individu non électeur qui se serait introduit dans la salle. V. au surplus *suprà* n° 1505.

1613. — Dans une récente vérification de pouvoirs, le rapporteur a même été jusqu'à déclarer, au nom de la majorité du bureau, qu'un président avait pu valablement et sans excès de pouvoir, alors que des clameurs séditieuses venues de dehors troublaient les opérations de l'assemblée, requérir la force armée à l'effet d'empêcher les étrangers de stationner aux abords du collége électoral. — *Chambre des députés*, 31 août 1846, élect. Lahaye-Jousselin.

1614. — Le président doit encore veiller avec soin à ce que l'assemblée ne s'écarte point des règles tracées par l'art. 40, L. 19 avr. 1831, c'est-à-dire qu'elle ne s'occupe point d'objets étrangers aux opérations électorales et qu'elle ne se livre à aucune délibération ou discussion.

1615. — « Si donc il s'élève des discussions dans le sein d'un collége ou d'une section, le président doit rappeler aux électeurs cette disposition de la loi. Si, malgré cette observation, la discussion continue, et si le président n'a pris d'autre moyen de la faire cesser, il prononce la levée de la séance et l'ajournement au lendemain au plus tard. Les électeurs sont obligés de se séparer à l'instant. » — Inst. minist. juin 1831.

1616. — Toutefois, le président doit appliquer avec discernement cette prescription de l'art. 40; ainsi il peut valablement autoriser un candidat à déclarer qu'il se désiste de sa candidature, et même on ne saurait argumenter de nullité par le seul fait que la séance se serait trouvée interrompue pendant qu'un électeur serait sorti pour aller chercher ce désistement. — *Chambre des députés*, 4 août 1834, élect. Moreau (de la Meurthe). — V. aussi Cormenin, *ubi suprà*.

1617. — Le président pourrait même déclarer comme tout autre électeur qu'il accepte la candidature. — On ne saurait donc annuler l'élection par cela seul qu'il aurait eu une conversation avec des électeurs. — Même décision.

1618. — Du reste, le président doit lui-même donner l'exemple de l'accomplissement de la loi et ne se permettre aucun discours politique; s'il enfreignait ce devoir, il encourrait de la chambre un blâme sévère, sans cependant, hâtons-nous de l'ajouter, que l'élection dût être nécessairement annulée. — *Chambre des députés*, 7 avr. 1839, élect. Vatout; 8 avr. 1839, élect. Duprat; 2 août 1834, élect. Duséré; même jour, élect. Pons; 4 août 1834, élect. Hernoux; 5 août 1834, élect. Fumeron d'Ardeuil; 28 juill. 1842, élect. Fulchiron; même jour, élect. Edmond Blanc.

1619. — Un devoir non moins rigoureux imposé au président est celui de ne jamais quitter sa place pendant la durée des opérations, à moins de nécessité véritable, auquel cas il doit être suppléé par le premier scrutateur, de telle sorte que le fauteuil de la présidence ne reste jamais vacant. — Inst. minist., juin 1831.

1620. — Cependant le fait que le président a quitté temporairement son siége sans y être remplacé ne peut être une cause de nullité si cette absence n'a duré que quelques instans, et si pendant son absence nul électeur ne s'est présenté pour voter. — *Chambre des députés*, 20 déc. 1837, élect. Lemarois; 28 juill. 1842, élect. Coste.

1621. — ... Alors surtout qu'il n'est pas prouvé qu'il se soit absenté pour déterminer des votes par son influence personnelle. — *Chambre des députés*, 2 août 1831, élect. Tiburce Sébastiani.

1622. — Il peut encore, sans vicier l'élection, quitter momentanément son siége pour faire sortir de la salle des étrangers qui s'y étaient introduits. — *Chambre des députés*, 29 juill. 1842, élect. Larochejaquelein.

1623. — Enfin, il a encore été décidé qu'il n'y a pas nullité parce que le président provisoire, maintenu président définitif, quoique étranger à la section (V. *suprà* n° 1569), quitte la salle pendant le temps nécessaire pour déposer son vote dans la section dont il faisait partie comme électeur. — *Chambre des députés*, 2 août 1834, élect. Falquerolles ; 20 août 1846, élect. Arago.

1624. — *Fonctions du bureau.* — Si au président seul est confiée la police de l'assemblée électorale, c'est au bureau qu'il appartient de décider sur les difficultés qui s'élèvent touchant les opérations du collége électoral, sauf, bien entendu, que ces décisions restent toujours essentiellement provisoires, la chambre des députés seule ayant le droit de prononcer souverainement. — L. 19 avr. 1831, art. 453.

1625. — Mais il faut remarquer avant tout que les pouvoirs du bureau ne sauraient s'étendre jusqu'à juger des questions de capacité; en pareil cas, le bureau ne peut que renvoyer à la chambre.

1626. — Le bureau délibère à part; sa décision est prise à la majorité, et le président la fait connaître à haute voix.

1627. — Quand le collége est divisé en sections, il n'y a lieu par le bureau de la section d'en référer au bureau central, que si la difficulté est de nature à influer sur le résultat général, et dans ce cas il est nécessaire que les présidens des sections prennent part à la délibération du bureau central. — Inst. min. de juin 1831.

1628. — Pour pouvoir prendre une décision, s'il y a lieu, et pour garantir en même temps la sincérité et la liberté du vote, trois membres doivent toujours être présens au bureau. — L. 19 avr. 1831, art. 45, § 3.

1629. — Mais il n'est pas indispensable que le bureau soit toujours au complet. Nous avons vu plus haut (*suprà* n° 1589) que le bureau même qui devient incomplet, sans qu'aucun électeur accepte de remplacer le membre défaillant, peut valablement ouvrir le scrutin relatif à la nomination du député. — *Chambre des députés*, 22 déc. 1837, élect. Sauzet.

1630. — Ce que la loi exige impérieusement, c'est la présence de trois membres du bureau ; et cependant la chambre a encore décidé qu'il ne résulte pas nullité de ce que pendant quelques minutes et entre les opérations de l'appel et du réappel, il ne s'est trouvé au bureau que le président et un scrutateur, si dans cet intervalle aucun vote n'a été déposé, aucun incident n'a eu lieu. — *Chambre des députés*, 1er août 1834, élect. Harlé père.

1631. — On ne saurait davantage arguer contre l'élection de ce que pendant un moment le bureau est resté avec deux scrutateurs seulement, alors que le troisième des membres présens ne s'est absenté que par nécessité, et est rentré immédiatement, sans que pendant son absence il ait été procédé par le bureau à aucune opération. — *Chambre des députés*, 10 avr. 1839, élect. Bonnefons. — Il est vrai d'ajouter que dans l'espèce il était, en outre, constant que l'endroit où s'était retiré le scrutateur était un couloir attenant à la salle, derrière le bureau, et que, la porte du couloir étant restée ouverte, il pouvait voir le bureau.

1632. — Même solution dans une circonstance où l'absence du scrutateur avait eu lieu pendant le dépouillement du scrutin. — *Chambre des députés*, 30 juill. 1831, élect. Jay.

1633. — Ainsi que nous l'avons dit plus haut (*suprà* n° 1620), fût-ce même le président qui se fût absenté quelques momens, il n'y aurait pas nécessairement nullité. — *Chambre des députés*, 20 déc. 1837, élect. Lemarois ; 28 juill. 1842, élect. Coste.

1634. — Si le procès-verbal constate que trois membres ont toujours été présens, on ne saurait se prévaloir de ce que tous les scrutateurs n'assistaient pas au commencement de la séance. — *Chambre des députés*, 21 nov. 1832, élect. Guizot.

1635. — Mais le secrétaire peut-il être compté parmi les trois membres du bureau, quant à la présence obligatoire? — Le doute naît de ce que le secrétaire n'a que voix consultative.

1636. — Saisie une première fois de la question, la chambre valida l'élection, mais par le motif que le bureau ainsi affaibli avait refusé de recevoir les suffrages des électeurs qui s'étaient présentés; d'où il suit que la chambre paraissait implicitement décider que, si le bureau avait reçu des votes, l'élection aurait été entachée de nullité. — *Chambre des députés*, 28 juill. 1831, élect. Pouliot.

1637. — « Mais, remarque M. de Cormenin, cette decision, fondée sur un motif circonstanciel, ne saurait faire règle. Le secrétaire est membre du bureau par son origine, car il émane du choix du bureau lui-même; par ses fonctions, car il rédige la pièce la plus importante de l'opération électorale, savoir : le procès-verbal. »

1638. — Aussi, depuis, et à l'occasion de plusieurs vérifications de pouvoirs, la chambre n'a pas hésité à considérer comme valables les opérations qui avaient eu lieu pendant que le bureau n'était composé que de deux scrutateurs et du secrétaire. — *Chambre des députés*, 4 août 1834, élect. Lacaze ; 20 déc. 1837, élect. de la Pinsonnière ; 6 avr. 1839, élect. Lebœuf.

1639. — Bien plus, elle a décidé qu'une élection n'est pas nulle par cela seul que le premier jour, le président et deux scrutateurs s'étant retirés dans une salle contiguë à celle des séances, deux électeurs se sont présentés et ont déposé leurs votes pendant qu'un des deux scrutateurs restans était allé rappeler les membres absens du bureau, et que par conséquent il ne se trouvait qu'un seul scrutateur et un secrétaire, alors que les autres membres du bureau pouvaient, de la salle où ils étaient, être témoins de ce qui se passait ; que, d'ailleurs, tout s'était passé de bonne foi, et que l'irrégularité n'avait pas été constatée le jour même. — *Chambre des députés*, 25 fév. 1833, élect. Harlé.

1640. — Tous les membres du bureau peuvent-ils valablement, lorsqu'il s'agit de l'examen d'une difficulté, se retirer dans une salle contiguë pour y délibérer plus à l'aise et suspendre ainsi le cours des opérations électorales sans qu'il résulte aucune nullité? — La chambre a résolu la question affirmativement à l'occasion d'une élection où cette circonstance se présentait relativement au bureau provisoire. — *Chambre des députés*, 8 août 1834, élect. Rivière de l'Arque.

1641. — Aurait-elle adopté la même solution s'il s'était agi du scrutin relatif à la nomination du député? — Cela peut être douteux ; en tous cas, en admettant qu'il en fût ainsi, il faut reconnaître que ce temps de suspension devrait être déduit de la durée exigée du scrutin. — V. *infrà* nos 1753 et s.

1642. — *Fonctions du secrétaire.* — Le secrétaire a pour charge principale la rédaction du procès-verbal des séances. — V. *infrà* nos 1646 et suiv.

1643. — Il n'a que voix consultative. — L. 19 avr. 1831, art. 42, § 5. — Toutefois, il ne faudrait pas conclure de là que le bureau peut refuser de l'entendre sur une difficulté, sous prétexte qu'il doit attendre que le bureau l'appelle à donner son avis. Un pareil refus, quoiqu'il n'affecte pas la validité de l'élection, ferait encourir au bureau un blâme sévère de la part de la chambre. — *Chambre des députés*, 2 août 1834, élect. Molin.

1644. — En effet, si le secrétaire n'a pas les mêmes pouvoirs que les autres membres du bureau, il n'en est pas moins partie intégrante dans les limites de ses attributions. C'est par application de ce principe que la jurisprudence de la chambre le considère comme pouvant compter au nombre des trois membres du bureau dont la présence est requise. — V. *suprà* n° 1678.

1645. — Sa présence à toutes les opérations est aussi indispensable que celle du président ; si donc il est obligé de quitter sa place, il doit être suppléé pendant son absence par un des scrutateurs. — Instr. minist., juin 1831.

### § 3. — *Procès-verbal.*

1646. — Il doit être dressé par le bureau définitif procès-verbal de toutes les opérations électorales, et ce procès-verbal doit mentionner l'accomplissement de chacune des formalités prescrites; il ne suffirait pas de relater en termes généraux qu'il a été satisfait à toutes les formalités requises par la loi. — *Chambre des députés*, 28 déc. 1836. élect. Roger (du Loiret).

1647. — Toutes les réclamations sont insérées au procès-verbal, ainsi que les décisions motivées du bureau. Les pièces ou bulletins relatifs aux réclamations sont paraphés par les membres du bureau et annexés au procès-verbal. — L. 19 avr. 1831, art. 45, § 8. — Il faut que la chambre des députés puisse statuer en connaissance de cause.

1648. — Par de nombreuses décisions citées dans le cours de cet article, la chambre, en présence du procès-verbal et des mentions qui y étaient contenues, n'a tenu aucun compte des allégations contraires produites par des électeurs qui attaquaient l'élection comme irrégulière.

1649. — Le procès-verbal, rédigé par le secrétaire et signé par les membres du bureau, doit être arrêté chaque jour ; un procès-verbal unique pour toute la durée des opérations ne suffirait pas.

1650. — Il doit être manuscrit et ne saurait être fait sur des imprimés à l'avance, sans toutefois que l'inobservation de cette prescription soit de nature à motiver l'annulation de l'élection. — *Chambre des députés*, 28 juill. 1842, élect. Duchâtel.

1651. — Tout électeur peut prendre communication du procès-verbal ; et même, en fait, les présidens sont dans l'habitude d'en donner aux électeurs lecture, afin que tous soient admis à faire les observations qu'ils jugeraient convenables; mais les circulaires ministérielles ayant seules prescrit cette lecture dont il n'est nullement question dans la loi, l'inobservation de cette formalité ne saurait entraîner nullité de l'élection. — *Chambre des députés*, 6 avr. 1839, élect. Vatout.

1652. — Il est incontestable que l'électeur a le droit de demander la consignation au procès-verbal de tous les faits et incidens qui lui paraissent de nature à influer sur l'élection ; c'est même pour lui un devoir.

1653. — Et il a été jugé en conséquence qu'un électeur poursuivi pour diffamation à raison d'un fait dont il avait demandé la consignation au procès-verbal, et qui, par sa nature, pouvait influer sur la validité de l'élection, peut être relaxé de la poursuite dirigée contre lui sur le motif qu'il a agi de bonne foi, pour remplir un devoir, et dans l'intérêt de la sincérité des élections, et qu'il était autorisé par l'art. 51, L. 22 juin 1833, à faire ce qu'il a fait. Le jugement qui le décide ainsi ne peut être considéré comme ayant admis la preuve des faits diffamatoires et comme ayant fondé sur la déclaration de leur vérité le renvoi du prévenu. — *Cass.*, 29 août 1846 (t. 1er 1847), Faure c. Largey.

## Sect. 2e. — *Du vote.*

### ART. 10. — *Conditions exigées pour être admis à voter.*

### § 1er. — *Justification de capacité. — Inscription sur la liste.*

1654. — C'est l'inscription sur la liste affichée qui constate le droit de voter. Nul ne peut être admis à voter, soit pour la formation du bureau définitif, soit pour l'élection du député, s'il n'est inscrit sur la liste affichée dans la salle et remise au président. — L. 19 avr. 1831, art. 46, § 2.

1655. — Toutefois, le bureau est tenu d'admettre à voter ceux qui se présentent munis d'un arrêt de la cour royale qui, réformant un arrêté du préfet, ordonne leur inscription sur la liste, et ceux qui justifient être dans le cas prévu par l'art. 34 de la même loi, c'est-à-dire ceux qui, rayés de la liste, ont porté leur réclamation devant le préfet en conseil de préfecture ou leur action devant la cour royale, l'une et l'autre ayant, jusqu'à la décision, un effet suspensif. — Même loi, *ibid.*

1656. — L'électeur qui veut justifier qu'il est dans le cas prévu par l'art. 34 ne doit pas se borner à présenter l'original de son assignation devant la cour; il doit aussi être porteur d'un certificat du greffier constatant qu'il n'y a pas eu arrêt rendu. Si l'on n'exigeait pas ce certificat, tout électeur qui aurait assigné le préfet devant la cour aurait un moyen sûr de voter dans les colléges, qu'il y eût ou qu'il n'y eût pas arrêt ; il présenterait l'original de son exploit et dirait que la cour n'a pas statué. — Duvergier, t. 31, p. 194, note 7e.

1657. — Mais il ne pourrait être admis à voter en présentant un arrêté du conseil de préfecture. Toutefois, sa participation aux opérations n'entraînerait pas nullité si elle n'avait pu avoir aucune influence sur l'élection. — *Chambre des députés*, 28 juill. 1831, élect. Junyen ; 5 août 1834, élect. Gauthier d'Hauteserve ; 2 déc. 1834, élect Garat.

1658. — Cependant si l'arrêté du conseil de préfecture n'avait eu pour but que de suppléer à une erreur matérielle d'impression qui aurait fait omettre l'électeur sur la liste affichée, l'électeur devrait être admis à prendre part au vote. — *Chambre des députés*, 30 juill. 1831, élect. Chasles.

1659. — Peuvent également voter les électeurs qui, rayés par un arrêt par défaut, justifient d'une opposition formée et non encore jugée. — *Chambre des députés*, 19 déc. 1837, élect. Azaïs.

1660. — En règle générale, le principe de la permanence des listes garantit le droit des électeurs régulièrement inscrits, et le bureau est tenu de recevoir leur vote dès que l'inscription a été régulièrement faite sur la liste : ce point ne peut faire l'objet d'aucun doute. — *Chambre des députés*, 5 mars 1833, élect. Bessières : 4 août 1834, élect. Lacaze ; 2 déc. 1834, élect. Charamaule ; 11 janv. 1835, élect. Horace Sébastiani ; 28 juill. 1842, élect. Toye.

1661. — Ainsi, il ne pourrait rejeter, soit d'office, soit sur la demande des électeurs, un individu régulièrement inscrit, sous prétexte que sa nationalité ne serait pas suffisamment établie. — *Chambre des députés*, 28 juill. 1842, élect. Berryer.

1662. — ... Qu'il ne jouit pas de la propriété donnant le cens depuis le temps prescrit par la loi. — *Chambre des députés*, 6 août 1834, élect. Charreyron ; 22 déc. 1837, élect. Armand.

1663. — ... Que son domicile politique n'est pas dans l'arrondissement. — *Chambre des députés*, 6 août 1834, élect. Charreyron ; 20 déc. 1837, élect. Marchal ; 20 déc. 1838, élect. Martin ; 29 juill. 1843, élect. Larochejaquelein.

1664. — ... Ou encore que l'inscription n'a eu lieu que le dernier jour et au moment de la clôture des listes, les réclamations n'ayant point été faites devant la juridiction compétente. — *Chambre des députés*, élect. Bonnefonds.

1665. — Le devoir du bureau dans ces circonstances est d'admettre l'électeur au vote, sauf à consigner les protestations au procès-verbal, en y joignant les pièces.

1666. — C'est à la chambre seule et sur le vu de ces pièces annexées au procès-verbal qu'il appartient de statuer.

1667. — Cependant lorsque, sur la question faite par un membre de l'assemblée, l'électeur interpellé est convenu lui-même être frappé de l'incapacité qui lui est reprochée, le bureau peut refuser de recevoir le vote. — *Chambre des députés*, 10 janv. 1838, élect. Paranque.

1668. — De même, si, en fait, il est évident que l'état physique ou mental de l'électeur inscrit n'offre point les garanties d'un suffrage intelligent et libre, le bureau peut évidemment refuser de l'admettre à voter. — *Chambre des députés*, 22 août 1846, élect. Bernard.

1669. — Tel serait l'état d'ivresse manifeste. — *Chambre des députés*, 28 juill. 1842, élect. Emile Giraud; 29 juill. 1842, élect. Larochejaquelein.

1670. — Mais il n'appartient pas au bureau de constater la capacité intellectuelle et morale d'un électeur, en lui faisant subir un interrogatoire préalable. — *Chambre des députés*, 24 août 1846, élect. Dussollier.

1671. — Au surplus, quelle que soit la décision prise par le bureau, soit qu'il ait refusé le droit de vote à un électeur, soit, au contraire, qu'il ait admis au vote celui qui était sans droit, l'élection n'en reste pas moins valable si, en dehors de ce vote, la majorité nécessaire reste toujours acquise à l'élu. — Des décisions nombreuses de la chambre ont fixé cette règle d'une manière invariable. — V. notamment, à l'occasion des dernières vérifications de pouvoirs, *Chambre des députés*, 19 août 1846, élect. de Larochejaquelein; 20 août 1846, élect. Mater; 21 août 1846, élect. Clappier; 21 août 1846, élect. Convers; 26 août 1846, élect. de Rainneville.

§ 2. — *Serment.*

1672. — Avant de voter pour la première fois, chaque électeur prête le serment prescrit par la loi du 31 août 1830. — L. 19 avr. 1831, art. 47. — Ce serment est ainsi conçu : « Je jure fidélité au roi des Français, obéissance à la charte constitutionnelle et aux lois du royaume. »

1673. — Si un électeur qui vote pour la première fois ne prêtait pas serment, l'élection serait nulle. — Cormenin, t. 2, p. 178.

1674. — D'après les instructions ministérielles des 29 sept. 1830 et juin 1831, la prestation du serment a lieu lors du scrutin pour la formation du bureau définitif si les électeurs concourent à cette opération, ou lors du scrutin pour l'élection des députés s'ils ne prennent part qu'à cette élection. — Cette opinion se fonde sur ce que la loi exige le serment de l'électeur avant qu'il soit admis à voter pour la première fois.

1675. — Toutefois, elle est combattue par certains auteurs, qui pensent que le premier vote dont la loi de 1831 a voulu parler est uniquement le vote pour la nomination du député. — V. Foucart, t. 1er, p. 8.

1676. — D'autres, au contraire, soutiennent, conformément à l'instruction ministérielle, qu'il faut entendre par premier vote celui qui a lieu pour la constitution du bureau définitif. — Merger, p. 292; Favard de Langlade, *Législ. élect.*, p. 277.

1677. — En tous cas, le dépôt du bulletin dans l'urne constituant seul le vote, il n'y a pas lieu de s'arrêter à la protestation fondée sur ce que le président n'a pas exigé le serment d'un électeur au moment où il lui remettait le bulletin blanc, mais seulement avant que cet électeur déposât son bulletin. — *Chambre des députés*, 1er août 1834, élect. Véjux.

1678. — « On a vu, dit M. de Cormenin (*ubi suprà*), des colléges électoraux pousser le rigorisme jusqu'à annuler des scrutins, parce qu'un électeur avait omis en votant de prêter serment, quoiqu'il eût proposé de valider rétroactivement son vote en prêtant serment. » — V. *Chambre des députés*, 26 juill. 1831, élect. de Drée. — Sur quoi le même auteur fait observer, avec raison, qu'un tel système est évidemment inadmissible, et que tout au plus, ce qu'il y aurait à faire en pareil cas serait de considérer le bulletin déposé comme nul, en retranchant un bulletin dans la supputation finale des votes.

1679. — Le serment doit être prêté purement et simplement, ainsi que le prescrit la loi, et sans



restriction aucune, ni commentaire. — *Chambre des députés*, 15 mars 1834, élect. de Rancé.

1680. — Néanmoins, il n'y a pas nullité par cela seul que des électeurs, au lieu de prêter le serment dans la rigueur de la formule prescrite par la loi, *je le jure*, ont répondu : *je le promets*, lorsqu'il est constant que cette variation dans la formule résulte de ce que la religion de ces électeurs prohibe le serment. — *Chambre des députés*, 30 déc. 1845, élect. Parandier. — V. SERMENT.

1681. — Il en serait de même si la croyance religieuse de l'électeur ne lui permettait pas de lever la main pour prêter le serment prescrit. — *Chambre des députés*, 2 août 1834, élect. Glais-Bizoin. — V. QUAKER, SERMENT.

1682. — En tous cas, l'irrégularité résultant soit du mode de prestation de serment, soit de ce qu'il a été précédé d'une protestation ou commentaire, peut sans doute entraîner un blâme de la chambre, mais elle n'est pas une cause de nullité de l'élection, si l'élu a obtenu plus que la majorité nécessaire. — *Chambre des députés*, 2 août 1834, élect. Glais-Bizoin; 15 mars 1834, élect. de Rancé.

1683. — A plus forte raison est-il évident qu'une élection ne serait pas viciée par le seul fait que, durant les opérations, un individu, au lieu de prêter le serment, aurait, en son nom personnel et au nom d'autres personnes, donné lecture ou fait le dépôt d'une protestation contre la prestation de serment. On n'est, en effet, admis à exercer ses droits électoraux qu'après la prestation du serment prescrit; il n'y a donc, dans cette protestation, qu'un fait étranger à l'élection. — *Chambre des députés*, 24 déc. 1833, élect. Drault; 13 janv. 1834, élect. Tupinier; 12 fév. 1834, élect. Rondeau.

1684. — Le président ne doit, du reste, jamais recevoir ni mentionner au procès-verbal une protestation contre le serment ou sa forme. — *Chambre des députés*, 2 août 1834, élect. Glais-Bizoin; même jour, élect. de Marmier; même jour, élect. Thiers.

1685. — Si pourtant cette irrégularité avait été commise, le bureau du collége électoral encourrait le blâme de la chambre, mais l'élection n'en serait pas moins valable. — Mêmes décisions.

1686. — L'accomplissement de la prestation du serment par les électeurs, suivant les formes prescrites, doit être constatée par le procès-verbal, qui fait foi complète de ses énonciations.

1687. — Ainsi, lorsque le procès-verbal du premier jour d'une élection constate, à l'occasion de la formation du bureau provisoire, que le serment a été prêté dans les termes prescrits, sans qu'aucune réclamation se soit élevée avant sa signature, mais que le lendemain seulement, un électeur a présenté une protestation motivée sur des irrégularités commises lors de la prestation du serment, notamment en ce que le président du bureau provisoire se serait borné à dire aux uns : *Vous allez prêter le serment voulu ou requis*, à d'autres : *Vous connaissez le serment, car vous l'avez déjà prêté plusieurs fois*, et même, à l'égard d'un électeur, se serait borné à lui *serrer la main en signe d'amitié*, et sans lui faire prêter serment, cette protestation ne peut être prise en considération, surtout si le bureau a reconnu que le président avait exigé de chaque électeur, soit de prêter le serment voulu, soit le serment prescrit par la loi, et que chaque électeur a répondu : Je le jure. — *Chambre des députés*, 9 avr. 1839, élect. Allier.

1688. — Au surplus, la loi n'ayant pas prescrit la mention expresse de la prestation de serment comme condition essentielle, la preuve de l'accomplissement de cette formalité résulte suffisamment de la mention générale que les formalités prescrites par la loi ont été remplies. — *Chambre des députés*, 28 déc. 1836, élect. Martin (du Nord).

1689. — En conséquence, bien qu'en principe le procès-verbal doive mentionner expressément la prestation du serment des électeurs qui n'ont paru qu'au réappel, cette formalité peut être tenue comme suffisamment remplie, lorsqu'il résulte de l'ensemble de la rédaction du procès-verbal que l'énonciation générale relative à la prestation du serment lors du premier appel, s'applique également au réappel. — *Chambre des députés*, 24 déc. 1833, élect. Dumon; 31 janv. 1842, élect. Persil fils.

1690. — Spécialement, quand on allègue que, le premier jour d'une élection, un père s'est présenté avec la carte de son fils et a prêté serment, et que le fils, venu le dernier jour, a pris part aux opérations, sans que le procès-verbal fasse mention de cette circonstance, il y a présomption que le serment a été prêté par le fils avant de déposer son vote, si le procès-verbal constate cette double circonstance que ce jour n'étaient entrés que des individus reconnus électeurs, et que les électeurs votant pour la première fois ont prêté le serment prescrit. — *Chambre des députés*, 11 avr. 1839, élect. de Larcy.



1691. — Bien plus, même en l'absence dans le procès-verbal de toute énonciation, soit expresse, soit générale, tendant à établir la prestation de serment, l'omission du procès-verbal n'entraîne pas nécessairement la preuve du défaut de prestation de serment, et, par conséquent, la nullité de l'élection, si le fait de la prestation résulte d'autres circonstances. — Cormenin, *ubi suprà*; Grün, no 237.

1692. — C'est ainsi que, toujours favorable à la validité de l'élection, la chambre a décidé : 1o qu'il y avait preuve suffisante de la prestation du serment par les électeurs, bien que mention n'eût pas été faite de l'accomplissement de cette formalité dans le procès-verbal originaire, dans une espèce où, les membres du bureau provisoire, s'étant refusés à remettre leur procès-verbal au bureau définitif, et l'ayant fait parvenir au préfet, qui l'avait renvoyé au bureau définitif, comme ne contenant pas mention de la prestation du serment, un procès verbal supplémentaire avait été dressé par le président et deux membres du bureau provisoire pour attester que le serment avait en réalité été prêté. — *Chambre des députés*, 8 août 1834, élect. Rivière de l'Arque.

1693. — ... 2o Que les explications données à la chambre par l'élu peuvent être regardées comme établissant suffisamment la prestation de serment des électeurs venus pour la première fois au second jour de l'assemblée électorale, bien que le procès-verbal de ce second jour, constatant la présence d'un plus grand nombre d'électeurs que la veille, n'ait pas fait mention de la prestation de serment par les nouveaux venus. — *Chambre des députés*, 26 juill. 1831, élect. Bernard.

1694. — ... 3o Qu'il peut encore être suppléé au silence du procès-verbal par une déclaration émanée des membres du bureau et attestant que le serment a été régulièrement prêté par tous les électeurs. — *Chambre des députés*, 25 juill. 1831, élect. Lascazes fils; 4 août 1834, élect. Hernoux; 6 avr. 1839, élect. Pétiniaud,

1695. — ... 4o Et qu'on ne saurait refuser d'admettre cette attestation par le motif qu'elle serait de beaucoup postérieure à l'élection, si elle n'a été délivrée que pour répondre à des attaques dirigées depuis contre l'élection. — *Chambre des députés*, 25 juill. 1831, élect. Lascases fils; 6 avr. 1839, élect. Pétiniaud. — Toutefois, il faut remarquer que cette décision, lors de la dernière vérification de pouvoirs précitée, ne fut rendue qu'après une discussion fort animée.

1696. — On ne saurait s'arrêter à la protestation alléguant que la formalité de la prestation du serment n'a pas été remplie, lorsqu'il se trouve constaté par le procès-verbal que la majorité des membres du bureau avait la connaissance certaine que le serment avait été prêté régulièrement. — *Chambre des députés*, 31 août 1846, élect. Lahaye-Jousselin.

ART. 2. — *Forme du vote.*

1697. — La forme du vote est évidemment une garantie essentielle du libre exercice du droit électoral; à ce titre elle devait attirer l'attention du législateur qui en a tracé avec soin les règles dans les art. 48, 49 et 50, L. 19 avr. 1831.

1698. — *Appel nominal.* — Si chaque électeur était admis à déposer son vote simultanément et sans ordre, il pourrait résulter de là une confusion véritable, et préjudiciable à la sincérité des opérations électorales. Aussi c'est avec raison que l'art. 48 de la loi électorale prescrit au président de faire l'appel des électeurs pour que chacun d'eux puisse voter successivement.

1699. — Cet appel a lieu d'après l'ordre des listes dont nous avons parlé plus haut, et qui doivent être affichées dans la salle du collége.

1700. — Toutefois il ne résulte aucune nullité de ce qu'antérieurement à l'appel nominal un électeur aurait déposé son vote. — *Chambre des députés*, 20 août 1826, élect. Plichon.

1701. — Spécialement, on ne saurait argumenter contre l'élection de ce que, au moment où le bureau définitif venait d'être installé, les membres ayant composé le bureau provisoire ont immédiatement déposé leur bulletin. — Même décision.

1702. — *Rédaction du bulletin.* — A l'appel de son nom chaque électeur s'approche du bureau et reçoit du président un bulletin ouvert sur lequel il écrit ou fait écrire son vote par un électeur de son choix.

1703. — On s'est d'abord demandé si, lorsque le votant fait écrire son vote, il faut que la personne qui l'écrit soit électeur. — La chambre des députés avait décidé en 1839 qu'on ne devait point admettre comme cause de nullité l'introduction dans le collége du fils non électeur d'un électeur octogénaire, qui avait écrit, non seulement le bulletin de son père, mais encore ceux de deux autres membres du collége, ses parens. — *Chambre des*

*députés*, 5 avr. 1839, élect. Jouvet. — Mais cette décision, justifiée, dans l'espèce, par la circonstance que les trois bulletins étaient l'expression sincère du vote, est une exception au droit commun, qui veut que les opérations électorales se concentrent entre les électeurs et ne soient faites que par eux. Elle ne saurait donc être invoquée comme une règle invariable et absolue.

1704. — En effet, une décision récente de la chambre a annulé une élection faite à une voix de majorité, et lors de laquelle deux électeurs avaient fait écrire leurs bulletins par leurs fils non électeurs, qui les avaient accompagnés. — *Chambre des députés*, 21 août 1846, élect. Convers.

1705. — Toutefois la chambre a pensé que, s'il est nécessaire que la personne qui écrit le vote soit électeur, il n'est pas également indispensable qu'elle appartienne à la même section. En conséquence, alors que sa présence ne soulève aucune réclamation, un électeur étranger à la section écrit valablement le vote de plusieurs électeurs. — *Chambre des députés*, 27 août 1846, élect. Blanqui.

1706. — On est toujours libre dans le choix de l'électeur à qui l'on confie la rédaction de son bulletin. On ne saurait donc argumenter de ce que ce choix se serait porté de la part de plusieurs électeurs sur des fonctionnaires publics. — *Chambre des députés*, 20 août 1846, élect. Persil fils.

1707. — ... Ou encore de ce que l'électeur a été amené à faire son choix par suite d'obsessions, pourvu bien entendu que sa volonté soit demeurée libre. — *Chambre des députés*, 6 avr. 1839, élect. Duprat; 29 mars 1844, élect. de Larcy.

1708. — La faculté de faire écrire son bulletin par un autre a été introduite principalement en vue de l'électeur illettré, qui sans cela se serait trouvé dans l'impossibilité d'exercer ses droits électoraux; c'est un droit formel que la loi lui réserve.

1709. — Mais ce droit appartient également à l'électeur qui sait écrire. — *Chambre des députés*, 28 juill. 1831, élect. Blondeau; 22 déc. 1837, élect. Arthur de Labourdonnaye; 29 juill. 1842, élect. de La Rochejaquelein; 18 août 1842, élect. Ernest de Girardin; 20 juin 1843, élect. de Pommeroy.

1710. — Il serait valablement exercé par l'électeur aveugle sans que l'on puisse s'arrêter à cette considération qu'il ne saurait pas lui-même vérifier si le nom qu'il dicte est effectivement sur le bulletin. — S'il était constant que l'électeur chargé d'écrire le bulletin eût abusé de la confiance qui lui avait été accordée, l'élection n'en demeurerait pas moins valable, si, le bulletin dont s'agit déduit, il restait encore à l'élu la majorité. — *Chambre des députés*, 28 juill. 1842, élect. Costé.

1711. — Mais l'électeur qui ne jouirait pas de la plénitude de sa raison, par suite notamment de l'état d'ivresse bien constaté, ne saurait déléguer le droit d'écrire son bulletin. — *Chambre des députés*, 28 juill. 1842, élect. Giraud.

1712. — Le bureau agit légalement en refusant de mentionner au procès-verbal le nom des électeurs qui, ne sachant pas écrire, ont eu recours à un tiers pour la rédaction de leur bulletin. — *Chambre des députés*, 21 août 1846, élect. Clappier.

1713. — *Secret du vote.* — Que l'électeur écrive son bulletin lui-même ou qu'il le fasse écrire par un autre électeur, une condition indispensable à observer, c'est le secret du vote.

1714. — On sait que la violation du secret des votes et le peu de protection qu'il trouvait dans la loi fut un des griefs les plus fréquemment articulés contre l'ancienne loi électorale, et lors des vérifications de pouvoirs qui accompagnèrent la constitution de la chambre nouvelle, immédiatement après la révolution de 1830, des protestations multipliées furent soumises à la chambre tendant à établir que dans de nombreuses élections, le secret des votes n'avait pas été conservé.

1715. — Aussi ne faut-il pas s'étonner si la loi nouvelle est entrée sur ce point dans les plus minutieux détails : « Le vote (L. 19 avr. 1831, art. 48), est écrit sur une table disposée à cet effet et séparée du bureau, après quoi l'électeur remet son bulletin écrit et fermé au président. »

1716. — Il y a nécessité que le vote soit écrit sur la table séparée du bureau, non seulement pour l'élection des députés, mais aussi pour la nomination des présidens et scrutateurs.

1717. — L'observation de ces formalités doit être mentionnée au procès-verbal; toutefois, et alors qu'aucune réclamation n'a été faite, il y a lieu de présumer qu'elles ont été exactement remplies, et l'on ne saurait objecter plus tard, devant la chambre, que la disposition de la table destinée à écrire les suffrages n'aurait pas été disposée de manière à assurer le secret du vote. — *Chambre des députés*, 19 août 1846, élect. Carayon-Latour; 21 août 1846, élect. Staplande.

1718. — Du reste, l'élection n'est pas nécessairement viciée, et même le bulletin annulé par le seul fait que quelques unes des prescriptions tracées n'ont pas été rigoureusement suivies, s'il est constant que le secret du vote a été conservé.

1719. — Plusieurs décisions de la chambre, rendues à diverses époques, établissent sur ce point une jurisprudence qui nous paraît conforme au véritable esprit de la loi.

1720. — Ainsi, lorsque la table était disposée de telle manière que le vote pût être écrit secrètement, comme le veut la loi, il n'y a pas nullité parce qu'un scrutateur a pu entendre le nom d'un candidat dicté par un électeur à un autre. — *Chambre des députés*, 20 août 1846, élect. Leyraud.

1721. — Il en est de même du fait que quelques électeurs, étant trop rapprochés du bureau destiné à écrire les bulletins, auraient pu prendre connaissance du vote et ne se seraient éloignés que sur l'ordre du président, alors que le procès-verbal constate que le président, aussitôt que la remarque lui en a été faite, a ordonné immédiatement aux électeurs trop rapprochés de se retirer, et que ceux-ci ont obéi à cette invitation. — *Chambre des députés*, 20 août 1846, élect. Quénault.

1722. — L'élection n'est pas viciée par cela seul qu'un électeur a surveillé le vote d'un de ses collègues, s'il est constaté que c'est du consentement et sur la demande de ce même électeur, et si d'ailleurs toute communication a cessé aussitôt l'avertissement donné par le président. — *Chambre des députés*, 2 août 1831, élect. Tiburce Sébastiani.

1723. — ... Ou si l'électeur interpellé déclare qu'il n'a communiqué avec un autre électeur que pour lui demander à qui il fallait remettre son bulletin, l'autre électeur surtout affirmant qu'il n'a pas pris communication du contenu du bulletin. — *Chambre des députés*, 20 août 1846, élect. Pilchon.

1724. — A plus forte raison en est-il ainsi lorsque les électeurs affirment que la communication qu'ils ont eue ensemble était complétement étrangère à l'élection. — *Chambre des députés*, 6 avr. 1839, élect. Duprat.

1725. — Lorsque le nombre des votans était considérable, un ou plusieurs électeurs ont pu valablement écrire leurs votes sur la table du bureau, s'ils ont procédé avec une entière liberté. — *Chambre des députés*, 2 août 1834, élect. Fulchiron.

1726. — On ne peut donc attaquer une élection par cela seul qu'un électeur fait écrire son bulletin sur le bureau quand l'élection a eu lieu à une forte majorité. — *Chambre des députés*, 11 avr. 1839, élect. Corne.

1727. — Le vote écrit sur la table du bureau doit être réputé secret, alors que les membres du bureau n'ont pu voir ce que l'électeur écrivait. — *Chambre des députés*, 30 juill. 1831, élect. Quinette.

1728. — Il n'y a pas lieu, du reste, de s'arrêter à une protestation, déclarant qu'en fait un électeur aurait montré son bulletin ouvert à l'un des scrutateurs, lorsque le procès-verbal constate en même temps que le bureau saisi de l'incident n'a pas cru devoir y donner suite. — *Chambre des députés*, 25 août 1846, élect. Quénault.

1729. — Mais il y a violation du secret du vote de la part de l'électeur qui signe son bulletin. — *Chambre des députés*, 3 août 1835, élect. Quinette; 24 août 1842, élect. Pauwels; 24 fév. 1845, élect. Dugabé.

1730. — Il en est encore de même quand plusieurs bulletins sont de formats ou couleurs différens de ceux délivrés par le président ou quand ils contiennent des annotations ou numéros particuliers. — *Chambre des députés*, 4 août 1842, élect. Allier; 24 août 1846, élect. Carayon-Latour.

1731. — ... Lorsqu'un électeur a prié à haute voix le président du collége d'écrire son bulletin, lui indiquant le nom du candidat, et que celui-ci, après l'avoir écrit sur le bureau, l'a montré à l'assemblée. — *Chambre des députés*, 14 août 1834, élect. de Laboulie.

1732. — ... Quand, également à haute voix, et devant le bureau, l'électeur a déclaré pour qui il votait. — *Chambre des députés*, 31 août 1846, élect. de la Haye-Jousselin.

1733. — ... Ou alors qu'un électeur, après avoir voté ostensiblement, a placé son bulletin sous les yeux des électeurs. — *Chambre des députés*, 28 juill. 1842, élect. Coste.

1734. — Au surplus, il faut bien remarquer que, si la violation du secret du vote, de la part d'un ou plusieurs électeurs isolés, doit entraîner la nullité des bulletins déposés par eux et une déduction dans le calcul des suffrages (V. *infrà* nos 1934 et s.), elle ne peut cependant en principe et d'une manière absolue être considérée comme entraînant la nullité de l'élection même, à moins que la liberté et la sincérité de l'élection aient été compromises (V. *infrà* nos 1792 et s.). — Telle est la jurisprudence constante de la chambre.

1735. — *Dépôt du bulletin.* — Comme la rédaction du bulletin, le dépôt qui en est fait par l'électeur doit être entouré de toutes les précautions nécessaires pour en assurer le secret : l'électeur « remet son bulletin écrit et fermé au président, qui le dépose dans la boîte destinée à cet usage. » — L. 19 avr. 1831, art. 48.

1736. — Toutefois, l'élection ne saurait être viciée par le seul fait qu'un électeur isolé aurait présenté son bulletin ouvert, cette circonstance pouvant s'expliquer par une inadvertance.

1737. — En disant que le bulletin doit être remis au président, la loi n'a pas entendu dire que ce fût au président lui-même, mais à celui qui en fait les fonctions, qu'il appartient de recevoir le bulletin de l'électeur et de le déposer dans l'urne, ce qui doit être fait sans retard.

1738. — Si, par mégarde, le bulletin avait été déchiré par un membre du bureau, cet incident n'aurait aucune influence sur l'élection, et l'électeur pourrait écrire un nouveau bulletin. — *Chambre des députés*, 20 déc. 1837, élect. de la Pinsonnière.

1739. — Une élection ne serait pas nulle évidemment, quoique, contrairement à la prescription de la loi, quelques électeurs eussent déposé eux-mêmes leurs bulletins dans l'urne, au lieu de les remettre au président. — *Chambre des députés*, 25 fév. 1833, élect. Bernard (de Rennes).

1740. — Si les bulletins ont été remis pliés, la circonstance qu'ils ont été déposés non dans une boîte ou une urne en métal, mais dans un vase en cristal, devient indifférente, puisqu'elle ne saurait constituer une violation du secret du vote. — *Chambre des députés*, 20 août 1846, élect. Clappier.

1741. — *Constatation du vote.* — Une précaution indispensable pour prévenir l'abus d'un double vote par le même électeur, comme aussi pour constater d'une manière certaine, lors du dépouillement du scrutin, le chiffre exact des votans (V. *infrà* nos 1793 s.), est la constatation du vote de chaque électeur, au moment de la remise du bulletin.

1742. — A cet effet, à mesure que chaque électeur dépose son bulletin, un des scrutateurs, ou le secrétaire, constate le vote, en écrivant son propre nom en regard de celui du votant, sur une liste à ce destinée, et qui contient les noms et les qualifications de tous les membres du collége ou de la section. — L. 19 avr. 1831, art. 50, § 1er.

1743. — Quand les colléges électoraux ou les sections renferment un grand nombre d'électeurs, le président peut faire appeler à la fois deux électeurs qui écrivent en même temps leurs votes sur la table à ce destinée, et qui remettent simultanément leurs bulletins. Deux des membres du bureau ont alors chacun un exemplaire de la liste des votans, sur lequel ils constatent par leur signature le vote des électeurs qui se trouvent placés de leur côté. — Inst. minist. 29 sept. 1830.

1744. — *Réappel.* — Il arrive toujours qu'à l'appel de leurs noms, un plus ou moins grand nombre d'électeurs n'ont pas répondu; ils ne sont pas pour cela déchus de leurs droits.

1745. — Après que l'appel a été terminé, le président doit faire faire un réappel des électeurs qui n'ont pas voté. Les électeurs qui, n'ayant pas répondu à l'appel et au réappel, se présentent ensuite pour voter, doivent être admis à déposer leurs bulletins jusqu'à l'heure fixée pour la clôture du scrutin. — Inst. minist. 29 sept. 1830.

1746. — La formalité du réappel n'étant pas, du reste, prescrite par la loi, son inexécution n'entraînerait pas la nullité de l'élection. — *Chambre des députés*, 4 août 1842, élect. Cabanon.

1747. — Le réappel est soumis aux mêmes formalités que l'appel; et le président, alors qu'un électeur se présente pour voter au moment où le réappel va être fait, peut engager ce même électeur à attendre un moment. — *Chambre des députés*, 1er août 1834, élect. Ballot.

1748. — Si même un second réappel était décidé, il pourrait se refuser à recevoir le vote d'un électeur avant l'appel de son nom. — *Chambre des députés*, 20 août 1846, élect. Vautier.

1749. — Recevoir, en effet, le vote avant un réappel, alors qu'il est arrêté et entrepris, serait exposer à des erreurs et permettre l'abus d'un double vote. — Mais le pouvoir du bureau ne peut aller jusqu'à priver l'électeur du droit de voter pour n'avoir pas répondu à l'appel ou aux réappels, pourvu qu'il se présente avant la clôture du scrutin.

1750. — Ainsi, lorsqu'un électeur se présentant pour voter, une vérification est nécessaire sur la liste d'émargement, le président ne peut, avant que la vérification ait été faite, fermer le scrutin sans violer le droit de l'électeur. — *Chambre des députés*, 4 août 1834, élect. Aug. Giraud. — En pareil cas, si l'élection n'avait été faite qu'à une simple voix de majorité, elle devrait être annulée. — Même décision. — *Secùs* au cas contraire. —

*Chambre des députés*, 30 déc. 1835, élect. de Bryas.

1751 — Notons en terminant qu'il n'y a pas nullité de ce qu'un électeur se présentant pour voter, et son nom ayant été trouvé déjà émargé sur les listes de contrôle, on a, pour s'assurer s'il y avait erreur, ouvert l'urne et compté les bulletins qui y étaient déposés, surtout si l'opération a eu lieu du consentement de l'assemblée entière, et quelques instans seulement avant la clôture du scrutin. — *Chambre des députés*, 22 déc. 1837, élect. Saunac.

## Sect. 3e. — *Durée, clôture et nombre des scrutins.*

1752. — Trois conditions sont imposées relativement à la durée du scrutin : chaque scrutin doit rester ouvert pendant six heures au moins, et être clos à trois heures. — L. 19 avr. 1831, art. 50. — Il ne peut y avoir qu'un seul scrutin par jour. — *Ibid.*, art. 57.

### ART. 1er. — *Durée du scrutin.*

1753. — La disposition qui exige que le scrutin reste ouvert pendant six heures au moins est rigoureuse. Son inobservation entraîne la nullité de l'élection, alors même qu'elle aurait eu lieu sans que l'élu eût de concurrent, et quoiqu'il eût obtenu plus des trois quarts des voix. — *Chambre des députés*, 21 août 1846, élect. Hallez-Claparède.

1754. — Il faut non seulement que la séance ait duré six heures, mais que le scrutin ait été ouvert pendant six heures.

1755. — Aussi, en supposant que le premier jour de la réunion du collége le bureau provisoire n'ait pu être fermé qu'à onze heures, si le scrutin pour la formation du bureau définitif a été fermé à trois heures et demie, comme il n'a en fait duré que quatre heures et demie au lieu de six, les opérations électorales sont viciées, et l'élection doit être annulée, encore bien qu'il soit constant que les opérations ont eu lieu régulièrement et de bonne foi. — *Chambre des députés*, 4 août 1834, élect. de Bastard.

1756. — Cependant, comme le remarque avec raison M. Grün (no 270), on doit comprendre dans les six heures le temps nécessaire pour l'accomplissement des formalités très peu nombreuses qui ouvrent la première séance, et pour la délibération sur les incidens relatifs au scrutin, pourvu toutefois que ces opérations ne prennent pas trop de temps, et qu'aucun électeur n'ait été privé de son droit de voter. — V. en ce sens *Chambre des députés*, 8 août 1834, élect. Rivière de l'Arque.

1757. — On ne saurait considérer comme suspension du temps du scrutin le fait que le président, l'appel terminé, aurait annoncé que le réappel n'aurait lieu que trois quarts d'heure après, si les électeurs qui s'étaient présentés dans l'intervalle de l'appel au réappel avaient voté effectivement au réappel. — *Chambre des députés*, 22 déc. 1837, élect. Bonnefond. — V. toutefois *Chambre des députés*, 10 avr. 1839, élect. d'Houdetot.

1758. — C'est le procès-verbal qui constate que le scrutin a été ouvert pendant six heures au moins; il doit à cet effet mentionner l'heure de l'ouverture et celle de la clôture.

1759. — Néanmoins cette double mention n'est pas indispensable, et du moment que le procès-verbal indique que le scrutin a duré pendant six heures et qu'il n'a été fermé qu'à trois heures, l'élection ne peut être attaquée par le motif que l'heure d'ouverture n'est pas mentionnée. — *Chambre des députés*, 19 août 1846, élect. Royer.

1760. — Si le procès-verbal porte que la séance a commencé à neuf heures et que le scrutin a été fermé à trois heures, on ne peut soutenir que le scrutin n'a pas été ouvert pendant six heures, parce qu'on aurait employé un certain temps à lire l'ordonnance de convocation du collége. — *Chambre des députés*, 20 déc. 1834, élect. Lemarois.

1761. — A plus forte raison, en est-il ainsi lorsque le procès-verbal constate que la séance a été ouverte avant neuf heures et fermée après trois heures, bien qu'il ne mentionne pas le temps consacré aux opérations préliminaires. — *Chambre des députés*, 28 déc. 1836, élect. Roger (du Loiret); 19 avr. 1839, élect. Emile de Girardin; 4 août 1842, élect. Cabanon.

1762. — Il a même été décidé que, dans le cas où le procès-verbal mentionne que les opérations ont commencé à neuf heures du matin et que, la séance ouverte, on a procédé à l'installation du bureau définitif, à la désignation du secrétaire, en un mot à toutes les opérations préliminaires du scrutin, et où il ajoute ensuite que le scrutin, ayant été ouvert pendant six heures, a été fermé à trois heures, l'élection peut être validée par le motif qu'en indiquant que les opérations ont commencé à neuf heures, le procès-verbal a voulu parler de l'ouverture du scrutin, et que, par conséquent, les opérations préliminaires mentionnées ont eu lieu avant neuf heures. — *Chambre des députés*, 28 juill. 1842, élect. Crémieux.

1763. — Enfin la chambre a été jusqu'à valider deux élections, bien que le procès-verbal ne constatât pas l'heure de la fermeture du scrutin, mais seulement que le scrutin avait été ouvert à huit heures; la chambre s'appuya sur cette considération que l'élection, faite de bonne foi devant un grand nombre d'électeurs (il s'agissait de deux colléges de Paris), n'avait été l'objet d'aucune réclamation ; d'où il fallait conclure que le scrutin avait été fermé à l'heure légale et par conséquent était resté ouvert pendant le temps voulu par la loi. — *Chambre des députés*, 28 juill. 1842, élect. Carnot; même jour, élect. Ganneron.

### ART. 2. — *Heure de clôture.*

1764. — Non seulement le scrutin doit rester ouvert pendant six heures, mais en second lieu la loi exige qu'il ne soit fermé qu'à trois heures du soir. — Cette prescription est rigoureuse; elle a pour but d'empêcher que, par une clôture anticipée, des électeurs se trouvent privés de l'exercice de leurs droits.

1765. — Il est vrai que la chambre a validé une élection, bien que le procès-verbal mentionnât la fermeture du scrutin à deux heures et demie, en se basant sur ce que l'élu avait obtenu une majorité telle qu'on ne pouvait admettre que des électeurs eussent été privés de leur droit. — *Chambre des députés*, 28 juill. 1842, élect. Gouin.

1766. — Mais depuis, et revenant à sa jurisprudence ordinaire, la chambre a décidé, avec raison suivant nous, que la fermeture du scrutin à deux heures et demie est une cause de nullité, quand bien même l'élu, n'ayant eu aucun concurrent, aurait obtenu les trois quarts des suffrages. — *Chambre des députés*, 21 août 1846, élect. Hallez-Claparède. — V. encore *Chambre des députés*, 22 déc. 1837, élect. Haguenot.

1767. — Le procès-verbal doit constater la fermeture du scrutin comme il doit en établir la durée; toutefois, son silence sur ce point n'est pas une cause de nullité, et il peut y être suppléé par d'autres moyens de preuve. — *Chambre des députés*, 13 avr. 1839, élect. Emile de Girardin.

1768. — Mais, alors que le procès-verbal porte expressément que le scrutin a été clos à deux heures et demie, la nullité de l'élection doit être prononcée, sans qu'on puisse argumenter d'un certificat du président du collége, déclarant que c'est par erreur que le procès-verbal a indiqué le scrutin comme clos à deux heures et demie, tandis qu'il ne l'a été qu'à trois heures. — *Chambre des députés*, 28 juill. 1842, élect. Gouin.

1769. — Si le scrutin ne peut pas être fermé avant trois heures, rien n'empêche qu'il ne soit fermé plus tard. L'élection ne pourrait être annulée pour la clôture tardive du scrutin. — *Chambre des députés*, 28 juill. 1831, élect. Gay-Lussac; 30 juill. 1831, élect. Gauthier d'Hauteserve; 4 août 1834, élect. de Frémicourt ; 20 déc. 1837, élect. Lemarois; même jour, élect. Bonnefons; même jour, élect. Lemestre; 28 déc. 1843, élect. Magne.

1770. — Il suffit que la fermeture ait lieu avant minuit ; ce que la loi défend en effet, c'est que le scrutin dure plus d'un jour (V. *infrà* no 1781); il serait valablement fermé à onze heures. — *Chambre des députés*, 5 avr. 1839, élect. de Guizard ; 20 fév. 1846, élect. Constan.

1771. — Le président doit, alors que des incidens en ont suspendu l'ouverture ou interrompu le cours, prolonger au-delà de trois heures le scrutin qui, sans cela, n'aurait pas la durée légale ; mention doit être faite en outre de ces circonstances dans le procès-verbal. — *Chambre des députés*, 4 août 1834, élect. David. — V. inst. min. juin 1831.

1772. — Comme nous l'avons vu plus haut (*suprà* no 1761), rien n'empêche que la séance et par conséquent le scrutin s'ouvre avant neuf heures. Ainsi notamment dans les colléges ruraux, on a soin de l'ouvrir à sept heures et même quelquefois à six heures, pour la commodité des habitans de la campagne.

1773. — Mais, en pareille circonstance, peut-il être clos avant trois heures ?

1774. — La chambre s'est prononcée pour l'affirmative en présence de circonstances de fait qui rendaient inadmissible la supposition que la fermeture du scrutin avant trois heures eût pu avoir quelque influence sur l'élection, et où il s'agissait en outre de la formation du bureau définitif. — *Chambre des députés*, 24 août 1846, élect. de Garraube.

1775. — Précédemment même, elle avait validé une élection, bien que le scrutin, qui du reste avait duré six heures, eût été fermé avant trois heures, par ce motif que l'élu avait obtenu une majorité telle, qu'en supposant même contre lui le vote des électeurs qui ne s'étaient pas présentés, il n'en aurait pas moins réuni la majorité. — *Chambre des députés*, 28 juill 1844, élect. Gay-Lussac.

1776. — Néanmoins, quelle que soit la faveur due aux circonstances, et l'appréciation souveraine qu'en fasse la chambre, nous n'hésitons pas à dire que les deux solutions précitées sont trop manifestement contraires à la loi pour faire jurisprudence. Ce que la loi exige en effet, ce n'est pas seulement que le scrutin soit ouvert pendant six heures, mais qu'il ne soit jamais fermé avant trois heures : jusqu'à cette heure, l'électeur a le droit de voter; il est encore dans le délai légal ; nul ne peut lui enlever ce bénéfice.

1777. — C'est au surplus ce que la chambre elle-même a décidé à l'égard d'une élection où le scrutin avait été fermé avant trois heures du soir, bien qu'il fût établi que non seulement il avait été ouvert pendant plus de six heures, mais encore que depuis long-temps nul électeur ne s'était présenté pour voter. — *Chambre des députés*, 3 janv. 1846, élec. Delzers.

1778. — Dès que le scrutin a duré six heures et que trois heures sont sonnées, le président peut valablement prononcer la clôture, et nul ne peut dès lors être admis à voter. — *Chambre des députés*, 20 déc. 1838, élect. Limperani.

1779. — Mais, avant de clore le scrutin, le président doit inviter les électeurs qui n'ont pas encore déposé leur vote à prendre part aux opérations électorales, sans que, du reste, le défaut de cet avertissement entraîne la nullité de l'élection. — *Chambre des députés*, 4 août 1842, élect. Cabanon.

### ART. 3. — *Nombre des scrutins.*

1781. — L'art. 57 de la loi de 1831 établit en termes formels qu'il ne peut y avoir deux scrutins dans le même jour.

1782. — Un collége électoral ne saurait donc le même jour procéder à la formation du bureau définitif et à la nomination du député.

1783. — Toutefois, en 1831, la chambre valida une élection où, le premier scrutin ayant été annulé pour défaut de prestation de serment d'un électeur, il avait été procédé immédiatement à un nouveau scrutin, ouvert régulièrement pendant six heures, et auquel avaient pris part tous les électeurs qui avaient paru lors du premier. — *Chambre des députés*, 26 juill. 1831, élect. Ledrée.

1784. — Depuis, elle a encore validé une élection dans une circonstance où le bureau, pendant la durée du vote, s'étant aperçu que, par suite d'erreurs faites sur la liste d'émargement, il devenait impossible de distinguer entre les votes donnés pour la formation du bureau définitif et ceux relatifs à l'élection du député, avait annulé le scrutin commencé et ouvert un second tour le même jour. — *Chambre des députés*, 29 juill. 1842, élect. Aylies.

1785. — Mais ces solutions sont exceptionnelles : en règle générale, lorsque le bureau annule l'élection, il doit renvoyer le nouveau scrutin au lendemain.

1786. — Ce que la loi défend, du reste, c'est uniquement d'avoir deux scrutins le même jour; d'où il suit que, si le dépouillement du scrutin ouvert et clos la veille n'a pu être terminé qu'après minuit, par conséquent, le lendemain, on ne peut procéder à un nouveau scrutin ce second jour. — *Chambre des députés*, 5 avr. 1839, élect. de Guizard.

## Sect. 4e. — *Dépouillement du scrutin.*

### ART. 1er. — *Formes du dépouillement.*

#### § 1er. — *Prescriptions générales.*

1787. — La clôture du scrutin prononcée par le président, le bureau doit, séance tenante et sans aucun retard, procéder au dépouillement du scrutin. — L. 19 août 1831, art. 50, § 2.

1788. — Peu importe que l'heure soit avancée et que le dépouillement ne puisse être terminé avant minuit. — *Chambre des députés*, 5 avr. 1839, élect. de Guizard ; 20 fév. 1846, élect. Pons.

1789. — Afin de prévenir de la part du bureau toute espèce de fraude dans le dépouillement du scrutin, la table placée devant le président et les scrutateurs doit être disposée de telle sorte que les électeurs puissent circuler alentour pendant le dépouillement. — L. 19 avr. 1831, art. 49.

1790. — Les électeurs ont non seulement le droit de circuler autour de la table pendant le dépouillement, mais encore la faculté de stationner derrière le bureau, pour s'assurer de la sincérité des opérations, tant que ce stationnement ne va pas jusqu'à une véritable usurpation de place au préjudice des autres électeurs. — *Chambre des députés*, 28 juill. 1842, élect. Valout.

1791. — Si cependant le bureau avait à tort refusé à des électeurs de les laisser stationner, sous prétexte du secret dû aux votes, il y aurait sans

aucun doute lieu de le blâmer, mais l'élection ne devrait pas pour cela être annulée. — *Chambre des députés*, 20 juin 1843, élect. de Pommeroy.

1792. — On ne saurait également attaquer une élection par le motif que le procès-verbal ne fait pas mention que la table était disposée de manière que les électeurs ont pu circuler autour pendant le dépouillement; il y a lieu de regarder cette formalité comme ayant été remplie, alors qu'aucune réclamation ne s'est élevée sur ce point. — *Chambre des députés*, 19 août 1846, élect. Carayon-Latour.

§ 2. — *Constatation du nombre des votans.*

1793. — La première opération à faire avant de procéder à l'ouverture des bulletins est d'en constater le nombre, et de vérifier s'il est en rapport avec celui des inscriptions faites sur la liste d'émargement, lors du dépôt de chaque vote.

1794. — A cet effet, après que la clôture du scrutin a été prononcée, le président fait d'abord constater le nombre des votans au moyen de la feuille d'inscription. Il ouvre la boîte du scrutin et compte le nombre des bulletins : ce nombre et celui des votans sont mentionnés au procès-verbal. S'ils ne sont pas identiques, le bureau statue, suivant les circonstances, sur la validité de l'opération; il est fait mention de la décision au procès-verbal. — Inst. min. 29 sept. 1830.

1795. — Cette opération a pour but de prévenir la fraude qui pourrait résulter de ce qu'un électeur viendrait une seconde fois, et en évitant de faire inscrire son nom sur la liste d'émargement, déposer de nouveau un vote.

1796. — Lorsqu'il n'y a pas concordance entre le nombre des votans et celui des bulletins, on ne doit compter comme suffrages exprimés que les bulletins déposés, quoique la liste émargée indique un suffrage de plus qu'il n'en a été reconnu par le dépouillement. — *Chambre des députés*, 4 août 1834, élect. Pontevès; 22 déc. 1837, élect. Toye.

1797. — Décidé qu'une élection est valable, quoiqu'il se soit trouvé, au moment du compte des votes, deux bulletins de moins qu'il n'y a eu d'électeurs émargés, et qu'au moment du dépouillement du scrutin la différence n'ait plus été que d'un bulletin, surtout si rien n'indique que cette différence provienne d'un fait volontaire de la part du bureau, présidé par un des candidats. — *Chambre des députés*, 22 déc. 1837, élect. Goupil de Préfeln.

1798. — Cette décision est rationnelle. « Il peut, en effet, ainsi que l'observe M. de Cormenin (p. 182, note 4), y avoir eu erreur par l'enroulement d'un bulletin dans l'autre, ou par l'oubli du scrutateur, de l'émargement. Ce n'est que d'après le chiffre donné par le dépouillement que le nombre des votans peut être établi. La bonne foi et la majorité reconnues trancheraient d'ailleurs la question ici comme dans tous les autres cas. » — V. conf. Grün, n° 358.

1799. — La décision doit être la même alors qu'au lieu de donner moins, le dépouillement du scrutin donne plus que le nombre des suffrages portés sur la liste d'émargement.

1800. — Ainsi, une élection n'est pas nulle parce que, par suite d'un oubli, il se trouve une voix de moins sur les listes d'émargement qu'il n'y a eu de billets déposés, si, d'ailleurs, il est constaté que le nombre des bulletins tirés de l'urne égale celui des électeurs qui ont été présens et appelés. — *Chambre des députés*, 4 août 1834, élect. Aroux.

1801. — Il en est de même pour le cas où, le nombre des votans et celui des bulletins ayant d'abord été reconnus égaux, le dépouillement des suffrages en a donné plusieurs en sus, surtout si, en défalquant les suffrages excédans, la majorité reste acquise à l'élu, et si l'on ne peut attribuer l'erreur qu'aux incidens du dépouillement et non à la mauvaise foi. — *Chambre des députés*, 6 août 1831, élect. Merlin; 11 avr. 1839, élect. Delbecque.

1802. — C'est en effet un principe constant que la différence qui existerait entre la liste d'émargement et le nombre des bulletins constatés ne peut avoir d'influence sur l'élection lorsque, déduction faite des votes excédans, la majorité reste toujours acquise à l'élu. — *Chambre des députés*, 30 juill. 1831, élect. Gauthier d'Hauteserve; 13 avr. 1839, élect. Decazes; 15 avr. 1839, élect. de Salvandy; 27 déc. 1844, élect. Ternaux-Compans; 25 août 1846, élect. d'Haussonville.

1803. — Comme aussi, lorsqu'au dépouillement du scrutin il se trouve des bulletins de plus que le nombre des votans inscrits, il n'y a pas lieu de s'arrêter à cet incident, si, même en comptant les suffrages exprimés en plus, aucun candidat n'a eu la majorité. — *Chambre des députés*, 4 août 1834, élect. David; 20 août 1846, élect. Abbattucci.

1804. — Si, au contraire, en retranchant au candidat un nombre de suffrages égal à celui des bulletins qui excèdent le nombre des votans inscrits, il ne reste pas une majorité suffisante pour l'élection, les opérations doivent être annulées.

1805. — Toutefois, il faut que l'on puisse soupçonner une fraude. Si donc les suffrages exprimés concordent avec la liste d'émargement, et qu'il se trouve en outre dans l'urne un ou plusieurs bulletins blancs, comme le dépôt de ces bulletins peut être le résultat de l'inattention d'électeurs qui, par mégarde, les ont pliés avec leur bulletin, l'élection doit être validée, surtout si aucune réclamation ne s'est élevée au moment du dépouillement du scrutin. — *Chambre des députés*, 20 déc. 1838, élect. Limpérani; 3 janv. 1846, élect. de Lasteyrie.

§ 3. — *Lecture des bulletins.*

1806. — Lorsque la boîte du scrutin a été ouverte et le nombre des bulletins vérifié, un des scrutateurs prend successivement chaque bulletin, le déplie, le remet au président, qui en fait lecture à haute voix, et le passe à un autre scrutateur; le résultat de chaque scrutin est immédiatement rendu public. — L. 19 avr. 1831, art. 51.

1807. — Toutefois, la disposition qui veut que ce soit le scrutateur qui prenne, déplie et remette les bulletins au président, n'est point prescrite à peine de nullité. Le président peut lui-même, suivant les cas, procéder à l'ouverture du bulletin. — *Chambre des députés*, 2 août 1834, élect. Thiers; 28 déc. 1843, élect. Magne; 14 mars 1844, élect. Mollet.

1808. — Il ne résulte, en tous cas, aucune nullité de ce que le procès-verbal ne fait pas mention que l'un des scrutateurs a pris les bulletins dans l'urne et les a remis au président, qui en a donné lecture. — *Chambre des députés*, 20 déc. 1837, élect. Lemarois.

1809. — ...Ni de ce que, pendant un recensement préalable des votes nécessité par un incident, le président, ayant trouvé un bulletin blanc qui renfermait un autre écrit, l'a montré aux électeurs, et, de leur consentement unanime, l'a mis de côté. — *Chambre des députés*, 22 déc. 1837, élect. Saunac.

1810. — « Si le bulletin, dit M. de Cormenin, portait le nom d'un personnage notoirement décédé, ou d'un étranger, ou d'une femme, ou d'un pair de France, ou d'un incapable, ou, par exemple, *tous les deux*, ou *ni l'un ni l'autre*, le président ne pourrait s'empêcher de lire le bulletin, soit parce qu'il faut respecter le droit de l'électeur, qui est d'exprimer sa volonté, soit parce qu'on pourrait supposer que le bulletin non lu renferme un suffrage sérieux et applicable qu'on veut faire disparaître, soit parce que c'est au bureau à juger, en cas de réclamation publique, si le bulletin doit compter au nombre des suffrages exprimés, soit enfin parce que la loi exige formellement, et sans distinction, lecture, à haute voix, du bulletin, dans sa partie du moins significative et nécessaire. »

1811. — Cependant le principe qu'il faut donner lecture à haute voix des bulletins doit être combiné avec le secret des votes.

1812. — En conséquence, lorsque, indépendamment des noms, prénoms et professions des candidats, figurent sur des bulletins des mots ajoutés, inutiles à la désignation des candidats, et même inconvenans, le bureau peut décider que ces mots ajoutés ne seront pas lus, afin de ne point porter atteinte au secret des votes, qui serait violé, si on reconnaissait les désignations individuelles écrites sur des bulletins. — *Chambre des députés*, 1er mars 1834, élect. Valette des Hermeaux.

1813. — De même, le bureau peut et doit refuser la lecture d'expressions obscènes ou injurieuses ajoutées sur des bulletins au nom d'un candidat, mais il ne doit pas détruire ces bulletins, il doit les conserver pour les soumettre à la chambre. — *Chambre des députés*, 19 déc. 1837, élect. Persil.

1814. — Le président devrait également omettre, en proclamant le nom, toutes les qualifications louangeuses, ces qualifications pouvant être blessantes pour les opinions contraires. Il ne doit sortir de l'urne que des noms et rien de plus. — Cormenin, p. 172, n° 17 et note 1re.

1815. — Dans le cas où un électeur a annoncé que l'on avait engagé plusieurs électeurs à placer sur leurs bulletins des chiffres ou des termes de convention, le bureau peut même décider, avant le commencement du scrutin, qu'on ne lira ni les chiffres ni les mots inutiles, mais seulement le nom et la profession du candidat. — *Chambre des députés*, 4 août 1834, élect. Dufaut.

ART. 2. — *Appréciation des bulletins par le bureau.*

1816. — Les fonctions du bureau consistent, avant tout, dans l'appréciation des divers bulletins, alors que cette appréciation peut donner lieu à des difficultés, soit en ce qui concerne leur valeur intrinsèque, soit aussi pour déterminer à quel candidat ils peuvent être attribués.

1817. — L'appréciation doit être faite sans aucun retard, aussitôt l'ouverture du bulletin. Sans doute il ne résulterait pas de nullité de ce que l'examen de la difficulté aurait été ajourné jusqu'à dépouillement complet du scrutin, mais cette forme de procéder est irrégulière. — *Chambre des députés*, 29 juill. 1842, élect. Aylies.

1818. — C'est au bureau et non au président seul qu'il appartient de statuer sur les difficultés relatives à l'appréciation des bulletins sur la valeur desquels un doute peut s'élever.

1819. — Toutefois, le fait que le président aurait statué seul et sans l'intervention du bureau n'est pas toujours cause de nullité. — Ainsi décidé dans une espèce où le président avait attribué à un candidat ayant des homonymes plusieurs bulletins ne portant que son nom. — *Chambre des députés*, 23 déc. 1837, élect. Renou.

1820. — Décidé encore, et à l'occasion de la même élection, que le fait par le président d'avoir rejeté, sans délibération du bureau, un bulletin presque illisible, et ne paraissant applicable à aucun des candidats, n'emporte pas nullité. — *Chambre des députés*, 23 déc. 1837, élect. Renou. — Ces solutions, motivées par les circonstances spéciales, ne doivent pas du reste servir de règles.

1821. — Quoi qu'il en soit, l'appréciation des bulletins par le bureau se présente dans deux cas très distincts : 1° le bulletin doit-il être compté comme un vote sérieux, c'est-à-dire comme *suffrage exprimé?* 2° le bulletin, bien que constatant un suffrage exprimé, est-il susceptible d'attribution à un candidat?

1822. — Cette appréciation n'est dans tous les cas que provisoire. Elle est soumise au contrôle souverain de la chambre, à qui l'on doit transmettre les bulletins prétendus illisibles, ou déclarés tels par un bureau du collége, ou présentant des noms différens du véritable nom d'un des candidats : la chambre examine et décide si, de bonne foi, ils doivent être attribués à ce candidat. — *Chambre des députés*, 5 août 1834, élect. Fumeron d'Ardeuil; 10 avr. 1839, élect. d'Houdetot; 11 avr., élect. Larcy; 13 avr. 1839, élect. Decazes.

§ 1er. — *Suffrages exprimés.*

1823. — Aux termes de la loi du 19 avr. 1831, les seuls suffrages qui comptent pour composer la majorité requise (V. *infrà* n° 1934) sont les suffrages exprimés. Mais que faut-il entendre par *suffrages exprimés?*

1824. — On doit, avant tout, bien se garder de confondre le bulletin qui ne peut être attribué faute de désignation suffisante (V. *infrà* nos 1849 et suiv.) avec le bulletin qui doit être annulé comme n'indiquant point un vote véritable.

1825. — En principe, ne sont pas nuls des bulletins portant des désignations jugées insuffisantes; ils doivent compter, pour la fixation de la majorité, comme des suffrages exprimés. — *Chambre des députés*, 4 août 1834, élect. David.

1826. — Un bulletin portant un nom et une qualité ne peut pas être considéré comme un suffrage non exprimé, par cela seul qu'il ne doit pas s'appliquer au candidat qu'il semble avoir indiqué. — *Chambre des députés*, 26 déc. 1837, élect. Dieudonné.

1827. — Décidé encore qu'un bulletin sur lequel est porté le nom d'un candidat, suivi d'une indication qui semble s'appliquer à l'électeur qui a déposé ce vote, doit être compté. — *Chambre des députés*, 3 mars 1838, élect. Viennet.

1828. — Remarquons, au surplus, que le rejet d'un vote comme n'étant pas légalement exprimé n'a d'influence sur l'élection qu'autant que ce retranchement a en même temps pour résultat de modifier le chiffre de la majorité. — *Chambre des députés*, 20 août 1846, élect. Paulmier.

1829. — Ces principes posés, examinons dans quels cas le bulletin déposé dans l'urne doit compter comme suffrage exprimé. De nombreux précédens peuvent servir de règles sur ce point.

1830. — Ainsi, il est de jurisprudence qu'on ne doit pas comprendre les billets blancs dans le compte des suffrages. — *Chambre des députés*, 30 juill. 1831, élect. Chasles; 17 août 1831, élect. Bourgeois; 25 fév. 1833, élect. Emmanuel Lascases; 21 déc. 1838, élect. Drouet; 3 mars 1838, élect. Flourens; 13 avr. 1839, élect. Decazes; 28 juill. 1842, élect. Reynard; 29 juill. 1842, élect. Aylies; 12 janv. 1843, élect. Behaghel; 29 juin 1843, élect. de Pommeroy; 21 août 1846, élect. Colombel.

1831. — De même, un bulletin sur lequel on n'a tracé que trois croix ne doit pas être compté comme exprimant un suffrage. — *Chambre des députés*, 3 mars 1838, élect. Flourens. — Il en serait différemment si ces marques n'existaient pas seules, mais à côté du nom. — Cette circonstance serait surtout sans valeur si la majorité existait encore en supposant les bulletins supprimés. — *Chambre des députés*, 2 déc.

1834, élect. Pataille; 30 août 1846, élect. Galos.

**1832.** — Doit être annulé, comme n'exprimant aucun suffrage, le bulletin qui ne contient qu'une seule lettre. — *Chambre des députés*, 21 déc. 1837, élect. Taillandier; 22 déc. 1837, élect. Toye.

**1833.** — Mais un bulletin déclaré illisible par le bureau du collége ne peut pas être retranché du nombre des voix; un pareil bulletin constitue un suffrage exprimé, il doit en être tenu compte dans le calcul des votes sur lesquels s'établit la majorité. — *Chambre des députés*, 28 juill. 1831, élect. Raimbaud; 23 déc. 1837, élect. Viennet.

**1834.** — De même, un bulletin dont le nom est maculé par une tache d'encre n'en est pas moins l'expression d'un suffrage dont on doit tenir compte pour former la majorité. — *Chambre des députés*, 6 avr. 1839, élect. Vatout.

**1835.** — Le principe qui domine toute la matière étant la bonne foi, un bulletin peut être attribué à un candidat quoiqu'il ne porte pas son nom, et qu'il contienne seulement une désignation suffisante pour ne laisser aucun doute sur son identité. — V. *infrà* nos 1855 et suiv.

**1836.** — Mais si la désignation n'était pas de nature à bien préciser le candidat qui en est l'objet, non seulement le bulletin ne pourrait recevoir aucune attribution, mais il ne saurait être considéré comme suffrage exprimé : la jurisprudence de la chambre est constante sur ce point.

**1837.** — Ainsi, est nul le bulletin portant ces mots : *au patron de la ville.* — *Chambre des députés*, 23 déc. 1837, élect. Flourens. — Ou *à l'homme de cœur et de conviction, sans prévention vieille et nouvelle, sincèrement dévoué à la patrie.* — *Chambre des députés*, 19 août 1846, élect. de La Guiche. — Ou *pour un candidat sage et progressif.* — *Chambre des députés*, 21 août 1846, élect. Convers.

**1838.** — A plus forte raison doit-on retrancher du calcul des voix un bulletin ne donnant aucune désignation de candidat, mais seulement ces mots : *ni légitimité ni république.* — *Chambre des députés*, 21 déc. 1837, élect. Drault.

**1839.** — ... Ou portant le seul mot : *rien.* — *Chambre des députés*, 3 mars 1838, élect. Flourens.

**1840.** — Il est évident qu'un bulletin portant ces deux négations : *ni l'un ni l'autre*, ne doit pas être compris au nombre des suffrages exprimés. — *Chambre des députés*, 30 juill. 1831, élect. Chasles; 21 déc. 1837, élect. Taillandier; même date, élect. Jacques Lefebvre; 3 mars 1838, élect. Flourens; 28 juill. 1842, élect. Dulimbert. — Il en est de même de celui portant *aucun des deux.* — *Chambre des députés*, 29 juill. 1842, élect. Aylies. — Ou encore ni M... ni M... (noms des deux candidats). — *Chambre des députés*, 29 juin 1843, élect. de Pommeroy.

**1841.** — La question de savoir si, sous la dénomination de *voix nulles*, les membres d'un bureau ont compris un bulletin portant *ni l'un ni l'autre*, est une question de bonne foi dans laquelle la chambre, jugeant comme jury, peut prononcer, en appréciant d'une part l'énonciation du procès-verbal parlant de *voix nulles*, d'autre part la déclaration de plusieurs membres des bureaux électoraux qui expliquent le sens de ces mots. — *Chambre des députés*, 21 déc. 1837, élect. J. Lefebvre.

**1842.** — Un bulletin portant *M...* ou *M...* ne doit pas non plus être compris parmi les suffrages exprimés. — *Chambre des députés*, 3 mars 1838, élect. Viennet. — Cette désignation, étant alternative, ne peut recevoir d'application, et ne peut, en conséquence, être tenue comme un suffrage exprimé.

**1843.** — Au contraire, un bulletin portant : *M... et moi*, doit être compté. — *Chambre des députés*, 3 mars 1838, élect. Flourens.

**1844.** — Doit-on compter dans le nombre des suffrages exprimés la désignation conditionnelle d'un candidat? — La chambre des députés, saisie de la question (21 déc. 1837, élect. Drault), a évité de se prononcer, l'élection présentant d'autres vices qui en décidèrent l'annulation; nous croyons, quant à nous, que ce bulletin, bien que ne pouvant recevoir d'attribution, doit néanmoins compter.

**1845.** — Lorsqu'un bulletin porte deux ou plusieurs noms, il ne doit être attribué à personne (V. *infrà* no 1900); mais faut-il le considérer comme vote nul?

**1846.** — L'affirmative n'a jamais fait l'objet d'un doute dans le cas où les noms des deux candidats se trouvent inscrits sur la même ligne. — *Chambre des députés*, 28 juill. 1842, élect. Reynard.

**1847.** — Mais, établissant une distinction d'après le contexte même du bulletin, la chambre, en 1837, a décidé qu'un bulletin sur lequel se trouvent deux noms de candidats écrits chacun sur une ligne différente, bien qu'il ne puisse être attribué à aucun des candidats désignés, doit être compté dans le calcul des suffrages exprimés. — *Chambre des députés*, 23 déc. 1837, élect. Flourens.

**1848.** — Toutefois, une décision récente a jugé qu'on ne doit pas considérer comme suffrage exprimé celui où le nom des deux candidats se trouvent écrits en sens inverse. — *Chambre des députés*, 20 août 1846, élect. de Lavergne.

### § 2. — *Attribution des bulletins.*

**1849.** — L'attribution des bulletins donne souvent lieu à des contestations de la plus haute importance. En effet, selon que ces bulletins sont ou ne sont pas comptés à telle personne, ils augmentent ou diminuent le nombre des suffrages qui peuvent lui procurer la majorité. — Grün, no 296.

**1850.** — Les circonstances de fait ont nécessairement une grande influence en pareille circonstance; néanmoins les bureaux des colléges peuvent, pour éclairer leur religion, recourir aux nombreuses décisions que la chambre a rendues à ce sujet, et que nous allons rapporter en prenant pour guide l'excellent résumé que M. Grün en a présenté dans sa *Jurisprudence parlementaire.*

**1851.** — Toutefois, remarquons avant tout que, quels que soient l'attribution ou le refus d'attribution de bulletins faits à un candidat, la décision prise par le bureau est sans importance quand, déduction faite des bulletins contestés, la majorité reste acquise à l'élu. — *Chambre des députés*, 1er août 1834, élect. Ballot; 4 août 1834, élect. David; 14 mars 1835, élect. Troy; 20 fév. 1836, élect. Monthierry; 19 déc. 1837, élect. Lherbette; 19 déc. 1837, élect. Mounier; 15 avr. 1839, élect. Doguereau; 31 janv. 1842, élect. Charlemagne; 10 janv. 1843, élect. Levavasseur; 20 juin 1843, élect. de Pommeroy.

**1852.** — ... Et qu'en tous cas, la chambre seule prononce d'une manière souveraine. La décision du bureau du collége n'a point ce caractère.

**1853.** — Ainsi, la chambre peut attribuer à un candidat des bulletins que le bureau du collége lui aurait refusés comme illisibles. — Elect. Deshameaux et Decazes (V. *Monit.* de 1839, p. 514 et 534); Cormenin, p. 169, no 15.

**1854.** — Elle peut, même après avoir annulé l'élection d'un candidat proclamé député par un collége électoral, proclamer à son tour le concurrent de ce candidat. — Elect. Deshameaux et d'Houdetot (V. *Monit.* de 1839, p. 514); Cormenin, *ibid.* et p. 185, no 26; Merger, p. 329.

**1855.** — *Altération du nom du candidat et des qualifications qui peuvent y être jointes.* — En principe, une seule chose est exigée pour que l'attribution soit prononcée, à savoir, que le bulletin porte le nom du candidat : « La loi n'oblige pas l'électeur à mettre sur son bulletin autre chose que le nom. L'addition des qualités, titres, ou prénoms et fonctions n'a pour objet que de rendre le suffrage plus expressif en le rendant plus nettement applicable. » — Cormenin, *ubi suprà.*

**1856.** — Les prénoms ou les qualifications ajoutés au nom du candidat ne sont d'aucune importance quant à la question de validité de l'élection et à la sincérité des votes. — *Chambre des députés*, 24 août 1846, élect. Desclozeaux.

**1857.** — Il n'est même pas indispensable que le candidat soit désigné par son nom véritable, alors qu'il est connu sous un autre nom. — Ainsi, la désignation par un nom de terre au lieu de la désignation par le nom de famille est valable, lorsque le candidat est connu notoirement sous ce double nom. — *Chambre des députés*, 6 juin 1839, élect. Peyramont; 21 août 1846, élect. Rondeau.

**1858.** — Si un candidat a un nom composé de deux noms, on doit lui attribuer le bulletin ne portant qu'un nom, pourvu que ce nom n'appartienne à aucune autre personne. — *Chambre des députés*, 4 août 1834, élect. Leroy-Myon.

**1859.** — Le fait même de l'altération du nom du candidat n'est pas essentiellement exclusif de toute attribution. — Ainsi il n'y a pas lieu d'avoir égard à une protestation dirigée contre l'altération du nom d'un candidat, si ce fait n'est pas constaté par le procès-verbal. — *Chambre des députés*, 4 août 1834, élect. Frémicourt.

**1860.** — Peu importe même que le fait soit constaté, si, d'une part déduction faite des bulletins contestés, la majorité existe encore, et si, d'une autre part, les membres des bureaux du collége attestent, dans un acte notarié, que les faits allégués sont faux et que tous les bulletins ont dû être attribués, sans aucun doute, au candidat élu. — *Chambre des députés*, 10 janv. 1838, élect. Puranque. — V. encore *Chambre des députés*, 10 janv. 1843, élect. Levavasseur.

**1861.** — Toutefois, même au cas de ballottage, on ne doit pas attribuer à un candidat le bulletin portant un nom très différent du sien, surtout si ce suffrage ainsi attribué détermine la majorité. — *Chambre des députés*, 8 janv. 1836, élect. Monthiéry.

**1862.** — Il a été décidé que, quoique plusieurs lettres d'un bulletin fussent effacées, par exemple couvertes d'une tache d'encre, ce bulletin doit être attribué à l'élu, alors que ces lettres peuvent être reconnues malgré la maculation. — *Chambre des députés*, 6 avr. 1839, élect. Vatout. — Il est vrai que, dans l'espèce, le bulletin ajoutait en toutes lettres la qualité de député sortant, applicable exclusivement au candidat désigné par le bulletin.

**1863.** — Mais la chambre avait décidé déjà, et d'une manière générale, que, dans une élection où il n'y a que deux candidats reconnus, l'altération du nom de l'un d'eux, qui laisse néanmoins reconnaître le nom ou une partie du nom, n'empêche pas que le bulletin ne soit attribué à ce candidat. — *Chambre des députés*, 28 juill. 1831, élect. Meynard; 5 et 11 août 1834, élect. Fumeron-d'Ardeuil; 6 août 1834, élect. Reybaud; 20 fév. 1836, élect. Monthiéry; 22 déc. 1837, élect. Durand de Corbiac.

**1864.** — ... Alors même que la maculation n'aurait laissé bien distincte que la lettre initiale du nom. — *Chambre des députés*, 28 juill. 1831, élect. Meynard.

**1865.** — A plus forte raison, l'omission d'une seule lettre dans le nom d'un candidat ne doit-elle pas empêcher de lui attribuer le bulletin qui contient cette omission, surtout s'il porte la qualification d'ancien député. — *Chambre des députés*, 30 juill. 1831, élect. Gauthier d'Hauteserve; 22 déc. 1837, élect. Leroy; 15 avr. 1839, élect. Cuny.

**1866.** — On ne doit pas non plus s'arrêter à l'omission, dans un bulletin, d'une lettre dont l'absence ne change pas la prononciation du nom du candidat, et ne constitue qu'une faute d'orthographe. — *Chambre des députés*, 30 juill. 1831, élect. Gauthier d'Hauteserve.

**1867.** — Il en est de même de l'addition d'une lettre. — *Chambre des députés*, 22 déc. 1837, élect. Toye.

**1868.** — En un mot, on attribue valablement à un candidat un bulletin, quelque mal écrit ou mal orthographié qu'il soit. — *Chambre des députés*, 28 juill. 1831, élect. Meynard; 11 août 1834, élect. Fumeron-d'Ardeuil; 6 août 1834, élect. Reybaud; 20 fév. 1836, élect. Monthierry; 22 déc. 1837, élect. Durand de Corbiac.

**1869.** — La chambre a été jusqu'à décider qu'on peut régulièrement attribuer à un candidat un bulletin portant un nom différent du sien, si le bureau explique comment ce suffrage ne saurait être compté qu'au candidat élu. — *Chambre des députés*, 6 avr. 1839, élect. de Montépin.

**1870.** — On ne doit pas annuler des bulletins employant des dénominations diverses pour la désignation d'un candidat, s'ils concernent d'une manière certaine ce candidat. — *Chambre des députés*, 6 avr. 1839, élect. Vatout.

**1871.** — Ainsi, on doit attribuer un bulletin portant *le député sortant* à celui des candidats qui était membre de la chambre à la dernière législature, alors même qu'il y aurait dans le collége un ancien député qui aurait eu quelques suffrages, surtout si l'attribution ainsi faite n'a soulevé aucune réclamation au moment même où elle a eu lieu. — *Chambre des députés*, 22 déc. 1837, élect. Goupil de Préfeln.

**1872.** — De ce que la qualification donnée à un candidat est erronée, il ne résulte pas encore impossibilité de lui attribuer le bulletin à ce candidat, si l'identité est d'ailleurs certaine. — *Chambre des députés*, 30 juill. 1831, élect. Gauthier d'Hauteserve.

**1873.** — En conséquence, lorsqu'un candidat, le seul de son nom qui se présente à l'élection, a été désigné par son nom et ses prénoms, avec une qualité qui appartient à son concurrent et non pas à lui, les bulletins ainsi rédigés peuvent lui être comptés. — *Chambre des députés*, 26 juill. 1831, élect. Dubois.

**1874.** — Quand un candidat n'a pas d'homonyme éligible dans le collége, on doit lui attribuer un bulletin le qualifiant du titre de comte au lieu de celui de baron qui est le sien. — *Chambre des députés*, 4 août 1834, élect. Roger.

**1875.** — ... Ou bien encore le bulletin qui porte à tort une particule nobiliaire. — *Chambre des députés*, 19 août 1846, élect. de Guiche.

**1876.** — A plus forte raison, les qualifications inutiles ajoutées au nom n'empêchent point, en principe, l'attribution du bulletin.

**1877.** — L'existence d'un grand nombre de bulletins portant diverses désignations ajoutées au nom d'un candidat, tandis que le bulletin imprimé distribué aux électeurs ne portait que le nom, ne peut être considérée comme une preuve de l'atteinte portée à l'indépendance des électeurs si la plupart des désignations sont naturelles en ce qu'elles énoncent les fonctions anciennes ou actuelles du candidat et servent ainsi à lever toute incertitude sur l'individualité, et si les autres, moins naturelles, sont en trop petit nombre pour pouvoir influer sur le résultat de l'élection. —

*Chambre des députés*, 15 avr. 1839, élect. Ressigeac.

**1878.** — Désigner d'une manière particulière un candidat sur plusieurs bulletins ne prouve pas une influence étrangère qu'on aurait voulu exercer sur les électeurs; il n'y a pas lieu surtout d'en faire un reproche à un candidat si des signes de ce genre se sont rencontrés aussi sur les bulletins attribués à son concurrent. — *Chambre des députés*, 1er juin 1839, élect. d'Houdetot.

**1879.** — Il n'y a pas nullité de ce que des qualifications diverses, telles que celles d'*excellent citoyen*, de *magistrat intègre* ou de *républicain*, portées sur des bulletins, se trouvent jointes au nom du candidat élu, si la majorité des bulletins ne portait pas de semblables qualifications. — *Chambre des députés*, 1er août 1834, élect. Bonnefous; 20 déc. 1838, élect. Limperani.

**1880.** — ... Ou encore de ce qu'un certain nombre d'électeurs ont ajouté sur leurs bulletins des qualifications diverses au nom d'un candidat, de manière à ce que leur vote fût reconnaissable, si à la fin des opérations les électeurs ont été interpellés par le président pour savoir s'il y avait des réclamations sur les bulletins, sur les opérations et les formes de la séance, qu'aucune réclamation ne se soit élevée et que le fait allégué ne soit aucunement constaté par le procès-verbal. — *Chambre des députés*, 22 déc. 1837, élect. Ardoin; 22 août 1846, élect. Calmon fils; 25 août 1846, élect. Dejean.

**1881.** — Mais peut-on attribuer à un candidat un bulletin portant des qualifications injurieuses? — La question n'a point été positivement décidée par la chambre; cependant il faut reconnaître que l'opinion des rapporteurs a d'ordinaire été pour l'affirmative. — *Chambre des députés*, 1er août 1842, élect. Pauwels; 27 avr. 1843, même élection. — V. cependant 28 juill. 1842, élect. Dulimbert.

**1882.** — *Homonymes.* — Bien qu'en principe elle soit facultative, et que même il vaille mieux s'en abstenir pour éviter toute contestation, l'addition au nom du candidat soit de prénoms ou d'un double nom, soit de qualifications particulières, devient fort utile quand il existe plusieurs personnes portant le même nom.

**1883.** — Toutefois, lorsqu'en pareille circonstance, le bulletin ne contient que le nom du candidat sans aucune désignation, on ne doit pas décider d'une manière absolue qu'il n'est pas admissible. Il faut à cet égard consulter la notoriété de candidature, les circonstances de localité, etc. L'attribution des bulletins doit ici comme toujours se déterminer par la bonne foi.

**1884.** — Aussi la chambre a-t-elle constamment décidé que des bulletins portant le nom d'un candidat sans autre désignation sont valables, quoiqu'il existe un homonyme éligible dans le même département, si l'intention des électeurs est constante sur la personne qu'ils entendaient nommer, comme, par exemple, dans le cas où le candidat élu était le seul qui se présentât à la députation. — *Chambre des députés*, 20 déc. 1837, élect. Bonnefons; 23 déc. 1837, élect. Renou; 9 avr. 1839, élect. Lavocat; 15 avr. 1839, élect. Bessières; 12 janv. 1843, élect. Behaghel; 18 août 1846, élect. Subervic.

**1885.** — Peu importerait que l'homonyme également éligible fût un proche parent, fût-ce même un père ou un fils. — *Chambre des députés*, 2 août 1834, élect. Molin; 6 août 1834, élect. Reybaud; 12 avr. 1839, élect. Goury; 28 juill. 1842, élect. Maingoval; 29 juill. 1842, élect. Larochejaquelein; 19 août 1846, élect. de Guiche; 21 août 1846, élect. de Slaplande; 21 août 1846, élect. Rondeaux.

**1886.** — Il doit en être ainsi, à plus forte raison, lorsque le candidat élu n'avait pour homonymes qu'un parent non éligible, par exemple, un pair de France, et un autre parent qui n'était ni électeur ni éligible, ou encore un électeur non éligible. — *Chambre des députés*, 1er août 1834, élect. Génot; 21 déc. 1837, élect. Bertin de Vaux; 16 avr. 1839, élect. de Praslin.

**1887.** — Si, par méprise, des bulletins portaient le titre nobiliaire du père ou frère, ils n'en devraient pas moins être attribués au candidat. — *Chambre des députés*, 21 déc. 1837, élect. Bertin de Vaux; 16 avr. 1839, élect. de Praslin; 19 août 1846, élect. de Guiche.

**1888.** — On doit aussi considérer comme concernant un candidat le bulletin portant son nom, mais précédé d'une initiale autre que celle de son prénom, si, dans l'arrondissement, il n'existe pas d'autre éligible du même nom, bien que ses fils figurent sur la liste, mais sans avoir le cens d'éligibilité. — *Chambre des députés*, 15 avr. 1839, élect. Cuny; 28 juill. 1842, élect. Maingoval.

**1889.** — Il suffit de désigner un candidat par un seul des deux noms qu'il porte, lors même que sur la liste électorale figurent deux autres personnes de ce nom, si, d'ailleurs, il est le seul candidat notoire, et que des bulletins portant un nom seulement aient été attribués de même à son concurrent. — *Chambre des députés*, 13 janv. 1841, élect. Pelletier-Dulas.

**1890.** — Spécialement, on a pu attribuer à un candidat portant un nom composé de deux noms les bulletins portant soit l'un, soit l'autre de ces deux noms, sans autre désignation, quoique ce candidat eût un frère éligible, qu'un autre éligible portât un des deux noms, que la majorité n'eût été que de quelques voix, et que le procès-verbal d'élection n'indiquât pas le nombre des bulletins qui pouvaient présenter quelque équivoque, lorsque d'ailleurs il n'y avait pas de doute sur l'identité de la seule personne qui se présentât notoirement à la candidature électorale. — *Chambre des députés*, 18 juin 1839, Poupard-Duplessis.

**1891.** — ...Que des bulletins portant le nom seul d'un candidat, sans autre désignation, doivent être considérés comme valables, quoique, à une époque voisine de l'élection, un journal répandu de Paris dans toute la France ait publié la candidature d'une personne de même nom, si la désignation faite par ce journal était générale et ne portait ni sur le département, ni sur l'arrondissement du candidat, où cette personne n'avait jamais été proposée à l'élection, et si l'élu ainsi contesté était le seul éligible de son nom dans le département, et avait déjà été nommé député. — *Chambre des députés*, 4 août 1834, élect. Roger.

**1892.** — A plus forte raison, lorsqu'il n'y a ni éligible ni électeur du même nom que le candidat dans l'arrondissement, ou quand il est le seul candidat de son nom dans le département, les bulletins portant son nom sans autre désignation doivent lui compter. — *Chambre des députés*, 1er août 1834, élect. Bonnefons; même jour, élect. Ballot; 2 août 1834, élect. Bedoch; 22 déc. 1837, élect. Troy; 28 juill. 1842, élect. Maingoval.

**1893.** — Pour résoudre la question de savoir si des bulletins ne portant que le nom seul d'un candidat doivent le concerner, malgré l'existence d'autres personnes de son nom, l'on ne doit pas admettre comme preuve de l'éligibilité des homonymes, des avertissemens de contributions, lorsque la liste officielle, affichée, n'indiquait aucun autre éligible du nom du candidat dont il s'agit. — *Chambre des députés*, 4 août 1834, Bernardi.

**1894.** — Il y a plus, la convention amiable faite publiquement par le bureau du collége et les électeurs, d'attribuer à deux candidats les bulletins sans indication de prénoms et de qualités, ne vicie pas l'élection. « C'est là, dit M. de Cormenin (p. 182, note 1re), un arrangement impartial et licite qui ne dépasse pas les bornes des pouvoirs du bureau et du collége. » — V. conf. Grün, no 312.

**1895.** — On ne peut donc refuser des bulletins à un candidat, sous le prétexte que la désignation est insuffisante, parce qu'ils portent des prénoms ou des qualifications différentes, s'il a été convenu, avant l'ouverture du scrutin, que l'on accorderait aux deux seuls candidats reconnus tous les bulletins qui porteraient leur nom, sans indication de prénoms ou de qualités. — *Chambre des députés*, 6 août 1834, élect. Merlin; 22 déc. 1837, élect. Goupil de Préfeln; 21 août 1846, élect. Rondeaux.

**1896.** — Décidé encore qu'on ne peut contester l'attribution d'un bulletin portant le nom seul, si devant le bureau il a été convenu que les bulletins qui portaient des noms sans qualification seraient attribués à ceux que cela concernait, et si, d'ailleurs, il n'y a eu aucune réclamation au moment de la lecture du bulletin. — *Chambre des députés*, 22 déc. 1837, élect. Goupil de Préfeln.

**1897.** — En tout cas, si un doute peut s'élever sur l'attribution de divers bulletins, ce doute doit cesser dès-lors qu'il s'agit de bulletins donnés dans un scrutin de ballottage où les suffrages ne pouvaient porter que sur deux personnes bien déterminées. — *Chambre des députés*, 1er août 1834, élect. Vernier; 6 août 1834, élect. Drault; 22 déc. 1837, élect. Durand de Corbiac; 11 avr. 1839, élect. Vigé.

**1898.** — En pareille circonstance, le nom tout court suffit, quoiqu'on ait décidé autrement pour les deux premiers tours; entre deux noms différens et deux candidats forcés, le doute ne peut plus s'élever. — Cormenin, p. 173, no 19, *in fine*.

**1899.** — Toutefois, si le ballottage avait lieu entre deux candidats portant le même nom, une qualification additionnelle deviendrait nécessaire. — Cormenin, p. 174, note 4e.

**1900.** — *Indication de plusieurs noms.* — Si un même bulletin porte le nom de plusieurs personnes, il ne peut compter à aucune.

**1901.** — Toutefois, l'attribution d'un pareil bulletin à un candidat ne saurait vicier l'élection lorsque l'élu a obtenu plus que la majorité. — *Chambre des députés*, 3 août 1835, élect. Quinette.

**1902.** — Un bulletin portant le nom du candidat, plus cette expression *et moi*, doit être attribué au candidat désigné; l'expression *et moi* ne pouvant s'appliquer à personne; le bulletin reste acquis au candidat désigné. — *Chambre des députés*, 3 mars 1838, élect. Flourens.

ART. 3. — *Clôture du dépouillement du scrutin.*

**1903.** — Le dépouillement des bulletins opéré, le président en proclame le résultat (V. *infrà* nos 1960 et suiv.), et arrête le procès-verbal des opérations. — V. *infrà* nos 1965 et suiv.

§ 1er. — *Destruction des bulletins.*

**1904.** — Aussitôt que le président a proclamé le résultat du scrutin, le bureau doit détruire les bulletins. — « Immédiatement après le résultat du scrutin, porte l'art. 52, L. 19 avr. 1831, les bulletins sont brûlés en présence du collége. »

**1905.** — Cette mesure a pour but principal de garantir le secret et l'indépendance des votes. Elle a encore pour résultat d'éviter la confusion des bulletins de divers scrutins; toute élection ayant au moins deux scrutins, l'un pour la formation du bureau, l'autre pour l'élection du député.

**1906.** — Cependant l'élection faite à un second tour de scrutin ne peut être annulée par le seul motif que le bureau a oublié de brûler les bulletins le premier jour. Peu importerait même que les bulletins des deux scrutins se fussent trouvés confondus, si des différences telles que la couleur du papier ont permis de les distinguer. — *Chambre des députés*, 20 déc. 1837, élect. de Gasparin; 15 janv. 1843, élect. Taillandier.

**1907.** — A plus forte raison ne résulterait-il pas une nullité de ce que le président n'aurait brûlé les bulletins qu'après avoir déclaré la séance levée, surtout si c'était de suite, en présence du bureau et de plus de cent électeurs, qu'il avait brûlé les bulletins. — *Chambre des députés*, 9 avr. 1839, élect. Allier.

**1908.** — En prescrivant que les bulletins seraient détruits après le dépouillement du scrutin, la loi a prescrit par cela même que, jusqu'à ce que cette opération fût complétement terminée, les bulletins devaient être conservés. — Grün, no 338. — Toutefois cette prescription ne doit pas s'appliquer avec rigueur. — V. *Chambre des députés*, 21 déc. 1837, élect. de Las Cases.

**1909.** — Ainsi que toutes les autres opérations électorales, le fait de l'incinération des bulletins doit être mentionné spécialement au procès-verbal, et cette énonciation fait preuve complète.

**1910.** — En conséquence, on ne doit point avoir égard à une protestation qui, lorsque le procès-verbal constate que les bulletins ont été brûlés après le scrutin, prétend induire une violation du secret des votes de ce qu'un électeur aurait fouillé dans les cendres et y aurait trouvé des fragmens de bulletins sur lesquels on prétendrait qu'on pouvait découvrir l'indication de l'électeur. — *Chambre des députés*, 20 déc. 1837, élect. Bonnefons.

**1911.** — Mais si le procès-verbal ne faisait aucune mention de l'incinération du bulletin, faudrait-il nécessairement déclarer l'élection nulle? — Ce serait là une disposition bien rigoureuse dans une matière où tout doit être d'interprétation favorable. — La chambre s'est au surplus prononcée en faveur de l'élection, mais dans une espèce, il est vrai, où il ne s'agissait que de la formation du bureau définitif. — *Chambre des députés*, 19 déc. 1837, élect. Janet.

§ 2. — *Annexe des bulletins au procès-verbal.*

**1912.** — Si l'incinération des bulletins est une mesure rationnelle alors qu'aucune contestation ne s'est élevée sur leur contenu, il n'en est pas de même quand leur contexte a donné lieu à des difficultés que le bureau n'a pu trancher que d'une manière provisoire et sauf le contrôle supérieur de la chambre. — V. *suprà* no 1822.

**1913.** — Dans ce cas, les bulletins contestés doivent être conservés et annexés au procès-verbal pour être envoyés à la chambre des députés. — L. 19 avr. 1831, art. 45.

**1914.** — Dès qu'il s'élève des réclamations sur l'attribution des bulletins et que surtout le sort de l'élection en dépend, le bureau ne saurait se refuser à les annexer au procès-verbal, sous le prétexte de la violation du secret des votes. — Cormenin, p. 176, note 1re. — V. *Chambre des députés*, 6 août 1834, élect. Drault.

**1915.** — Cette formalité doit être remplie d'office par le bureau, et s'il la néglige, son accomplissement peut être provoqué par tout électeur, pourvu, bien entendu, qu'il présente sa réclamation en temps utile, c'est-à-dire avant la destruction des bulletins.

1916. — Le défaut d'annexe ne peut être reproché lorsque ces bulletins n'ont été l'objet d'aucune critique le jour de l'élection et que l'appréciation qui en a été faite est attaquée dans une protestation signée seulement le lendemain, c'est-à-dire après que les bulletins avaient dû être brûlés. — *Chambre des députés*, 15 avr. 1839, élect. Bessières.

1917. — On ne doit pas, non plus, s'arrêter à une protestation alléguant qu'une réclamation d'un électeur avait été présentée contre l'attribution de deux bulletins, que le bureau avait refusé d'y faire droit, de l'insérer au procès-verbal et d'annexer les bulletins douteux, si un grand nombre d'électeurs et les membres du bureau déclarent, dans des actes notariés, que la réclamation avait été faite d'une manière très dubitative, long-temps après la clôture des opérations et la destruction des bulletins, et que, sur la réponse qu'il était dans l'erreur, l'électeur s'était lui-même désisté. Il y a lieu de s'en rapporter, de préférence, à ce dernier témoignage. — *Chambre des députés*, 10 janv. 1838, élect. Paranque.

1918. — Décidé encore qu'une élection n'est pas nulle parce qu'au moment où les bulletins étaient jetés au feu, un électeur ayant demandé que le procès-verbal fît mention des incidens auxquels avait donné lieu l'attribution et la réclamation d'annexe de certains bulletins, cette demande a été rejetée purement et simplement par le bureau. — *Chambre des députés*, 23 déc. 1837, élect. Renou.

1919. — Il est bien évident que, lorsqu'on a annulé des bulletins et qu'ils n'ont donné lieu à aucune réclamation, il ne résulte pas d'irrégularité de ce que ces bulletins n'ont pas été joints au procès-verbal. — *Chambre des députés*, 13 avr. 1839, élect. Emile de Girardin.

1920. — Le refus d'annexer au procès-verbal un bulletin contesté n'est même pas nécessairement une cause de nullité de l'élection. — *Chambre des députés*, 23 déc. 1837, élect. Renou.

1921. — La chambre peut, en effet, statuer sur un bulletin contesté, bien qu'il ait été brulé, si le procès-verbal explique suffisamment quel en était l'état. — *Chambre des députés*, 23 déc. 1837, élect. Viennet.

1922. — L'annexe n'est indispensable qu'autant que la difficulté soulevée exige pour sa solution l'examen du bulletin. — V. Grün, no 396.

1923. — Par exemple, il ne résulte pas nullité de ce qu'on n'a pas annexé au procès-verbal deux bulletins contestés, quant à leur attribution, à un candidat, parce qu'ils portaient son nom seulement (*Chambre des députés*, 23 déc. 1837, élect. Renou), sans autre désignation propre à constater son identité. — *Chambre des députés*, 13 janv. 1841, élect. Pelletier-Dulas; 21 août 1846, élect. Convers.

1924. — Peu importerait que ces bulletins, ayant été annulés le premier jour, eussent été le lendemain, sans différence de rédaction aucune, attribués par le bureau. — *Chambre des députés*, 21 août 1846, élect. Convers.

1925. — Il en serait de même si le refus était relatif à l'attribution d'un bulletin qui, au lieu d'indiquer le nom d'un candidat, portait une qualification constatée au procès-verbal. — Même élect.

1926. — Lorsqu'un tour de scrutin a été sans résultat, il n'est pas nécessaire que des bulletins annulés comme contenant des désignations insuffisantes ou des noms inconnus, soient conservés et annexés au procès-verbal, s'il a été fait mention expresse de leur état. — *Chambre des députés*, 30 juill. 1831, élect. Gauthier d'Hauteserve.

1927. — Il a même été décidé que, dans le cas où l'annexe des bulletins aurait dû avoir lieu par suite de la difficulté existant sur le contexte même des bulletins, l'omission de cette formalité n'entraîne pas nécessairement la nullité de l'élection. — *Chambre des députés*, 6 août 1834, élect. Drault.

1928. — Par exemple, si le bulletin contesté appartenait à un autre que le candidat élu. — Même décision.

ART. 4. — *Formalités particulières aux colléges divisés en sections.*

1929. — Dans les colléges divisés en plusieurs sections, le dépouillement du scrutin se fait dans chaque section, d'après les règles tracées ci-dessus ; le résultat en est arrêté et signé par le bureau ; il est immédiatement porté par le président de chaque section au bureau de la première section, qui fait, en présence de tous les présidens des sections, le recensement général des votes. — L. 19 avr. 1831, art. 53.

1930. — Si une ou plusieurs sections n'avaient pas terminé leurs opérations, ou n'en avaient fait que d'irrégulières, le recensement des votes des autres sections n'en aurait pas moins lieu valablement. — Grün, no 411.

1931. — Dans le cas où les difficultés sur lesquelles le bureau central doit statuer ne sont pas particulières à la première section, mais intéressent l'ensemble des opérations du collége, il est rationnel que les présidens des sections délibèrent avec les membres du bureau de la première section. — Instr. min. 29 sept. 1830.

1932. — Lorsque le recensement des voix d'une section indique des votes par la seule dénomination de *voix nulles*, *voix perdues*, les membres du bureau de cette section peuvent être appelés par le premier bureau pour expliquer si, sous la dénomination de *voix nulles*, on n'a pas compris un bulletin portant : *Ni l'un ni l'autre*. — *Chambre des députés*, 21 déc. 1837, élect. J. Lefebvre.

1933. — L'élection faite par un collége composé de plusieurs sections n'est pas nulle par cela seul que les procès-verbaux ne mentionnent pas que le recensement a été fait dans la première section, s'il résulte de l'addition des chiffres des votes dans les diverses sections, que l'élu avait obtenu plus que la majorité absolue, et qu'aucune réclamation ne serait élevée contre l'élection. — *Chambre des députés*, 20 déc. 1836, élect. Reynard.

## Sect. 5e. — *Majorité requise. — Ballottage. — Proclamation du candidat.*

### § 1er. — *Majorité requise.*

1934. — Nul n'est élu à l'un des deux premiers tours de scrutin s'il ne réunit plus du tiers des voix de la totalité des membres qui composent le collége et plus de la moitié des suffrages exprimés. — L. 19 avr. 1831, art. 54.

1935. — Une élection doit donc être annulée lorsque le procès-verbal constate que le candidat élu a été proclamé député comme ayant obtenu le tiers, plus un, du nombre des membres du collége, sans qu'il ait eu en même temps la moitié, plus un, des suffrages exprimés. L'explication d'une aussi flagrante irrégularité ne peut être cherchée dans des rumeurs, dans des bruits extérieurs, mais seulement dans le procès-verbal si aucune autre pièce n'a été produite. — *Chambre des députés*, 28 juill. 1831, élect. Auguste Portalis.

1936. — Si le nombre des membres du collége ne peut se diviser exactement par le tiers plus un, on calcule en prenant le tiers du multiple de trois immédiatement inférieur, et en y ajoutant une unité. Exemple : 194 électeurs, le tiers de 194 est 64 (tiers de 192), et le tiers plus un, 65. — Instr. min. juin 1831 ; — Merger, p. 304.

1937. — On doit considérer comme la moitié plus un d'un nombre impair le nombre pair qui en excède la moitié réelle. Ainsi, par exemple, avant la loi de 1831, lors de l'élection de M. Hocquart, dans la Haute-Garonne, il y avait 168 votans : trois bulletins avaient été déclarés nuls ; restait 165 suffrages. M. Hocquart, ayant réuni 83 voix, a été admis député par solution de la chambre du 15 mars 1828. — V. aussi Cormenin, p. 174, no 20, et p. 175, note 1re ; Merger, p. 303.

1938. — Depuis la loi de 1831, on a décidé de même que la majorité d'une demi-voix est insuffisante. — *Chambre des députés*, 21 déc. 1837, élect. Harlé père ; 28 juill. 1842, élect. Toye.

1939. — La majorité réelle seule des suffrages suffit pour valider l'élection. Dès-lors, il n'y a lieu qu'à examiner si, en défalquant les bulletins argués de nullité, le surplus donne au député élu une majorité réelle. Ainsi, le nombre des suffrages obtenus est de 300 ; le chiffre nécessaire pour être député est de 250 ; 40 bulletins sont argués de nullité. Comme il en reste 260 bons, l'élection est valable. — Cormenin, p. 184, no 25.

1940. — C'est par application de ce principe que la chambre a décidé que, lorsqu'au nombre des votes se trouvait celui d'un électeur inscrit par erreur dans deux cantons, le candidat qui avait obtenu plus que la majorité n'en devait pas moins être proclamé député. — *Chambre des députés*, 25 juill. 1831, élect. Boissy-d'Anglas.

1941. — Mais, au contraire, si des doutes résultant de l'incapacité présumée de quelques électeurs s'élevaient sur la majorité réelle, il y aurait lieu d'annuler l'élection. La raison en est qu'il n'apparaîtrait pas alors suffisamment que le député représentât avec une incontestable sincérité la majorité de son collége. — Cormenin, p. 184.

1942. — Il en serait de même si un électeur légitime avait été indûment privé par la faute, même involontaire, d'un membre du bureau, du droit de voter, et si la voix de cet électeur eût infirmé la majorité obtenue par le candidat élu. — *Chambre des députés*, 4 août 1834, élect. Pontevès.

1943. — En règle générale, s'il est reconnu qu'un individu a voté sans capacité, on ne doit pas, dans l'incertitude du vote qu'il a émis, compter sa voix au candidat qui a obtenu la majorité. — *Chambre des députés*, 20 juill. 1831, élect. Chasles.

1944. — Ainsi, est nulle l'élection faite à une voix de majorité, si deux personnes ont voté quoique leurs pères fussent seuls inscrits sur les listes, avec des prénoms et des domiciles différens de ceux de ces deux électeurs, si la carte électorale, renvoyée par le maire au sous-préfet, n'a été adressée à aucun d'eux, et si un troisième, qui avait encore son père vivant, a voté, quoique sur la liste il fût inscrit avec l'âge de son père, même avec son propre prénom. — *Chambre des députés*, 7 août 1834, élect. Berryer.

1945. — Lorsqu'un individu est porté sur la liste électorale, et que cependant la carte électorale a été adressée à son fils, qui avoue avoir voté, mais en soutenant en avoir le droit en vertu d'un abandon de biens fait par son père, ce suffrage n'est pas donné légalement, et doit être retranché du calcul de la majorité, s'il résulte d'un certificat du préfet que c'est le père qui a toujours figuré sur la liste, qu'il n'y a eu aucune radiation, aucune réclamation, aucune demande de mutation. — *Chambre des députés*, 11 avr. 1839, élect. de Larcy.

1946. — Toutefois, il a été décidé en même temps que lorsqu'un individu porté sur la liste électorale est décédé, et qu'un certificat du préfet déclare qu'il n'y a pas d'autre individu du même nom dans le canton, on doit néanmoins considérer comme ayant légalement exercé le droit électoral le fils qui se présente avec les mêmes noms et prénoms que cet électeur, qui paie le cens électoral, et produit son acte de naissance ainsi que l'extrait de ses impositions ; en conséquence, son suffrage ne doit pas être retranché. — Même décision.

1947. — Lorsqu'un père s'est présenté, avec la carte d'électeur de son fils, et a voté aux deux premiers scrutins, après avoir prêté serment, mais que c'est le fils qui, au scrutin de ballottage, est venu voter, en présence d'électeurs qui l'attestent, ce dernier vote est donné par un électeur légalement inscrit, et ne peut être retranché du nombre des suffrages attribués. — Même décision.

1948. — Il peut se faire, du reste, que dans la supputation des suffrages, le bureau ait commis une erreur ; si donc des électeurs s'en sont aperçus et élèvent immédiatement leur réclamation, bien que le président ait déjà proclamé le résultat du scrutin, une nouvelle rectification peut être faite.

1949. — Bien que le président ait déclaré qu'aucun candidat n'a obtenu la majorité, le bureau peut donc, sur la réclamation d'électeurs présens, examiner si des bulletins ne doivent pas, comme n'exprimant point de suffrages, être retranchés du calcul de la majorité, et, en conséquence, décider que la majorité est acquise à un candidat. — *Chambre des députés*, 21 déc. 1837, élect. J. Lefebvre ; 22 déc. 1837, élect. de Malleville.

1950. — Une élection n'est pas nulle parce qu'après la proclamation du dernier bulletin par le président, un des scrutateurs ayant soutenu que ce bulletin portait un autre nom que celui qui a été lu par le président, un recensement général des votes a eu lieu, et que de cette dernière opération il résulte qu'en effet la majorité appartenait à celui dont le nom n'a pas été proclamé. — *Chambre des députés*, 5 août 1834, élect. Dintrans.

1951. — M. de Cormenin va même plus loin, et soutient que « la proclamation du nom du député ne pourrait être opposée comme un fin de non-recevoir à toutes les réclamations. » La raison en est, suivant cet auteur, que la proclamation valide, mais ne termine pas l'élection (V. *infrà* no 1968), qui, en effet, ne peut être validée que par la chambre, juge souveraine en matière d'élection.

1952. — Pour que la chambre soit à même de juger si l'élu a obtenu la majorité requise, le procès-verbal doit faire mention du total des électeurs inscrits. Néanmoins l'inobservation de cette formalité n'entraîne pas nécessairement nullité. — *Chambre des députés*, 26 juin 1831, élect. de Jouvencel ; 19 déc. 1837, élect. Champanhet.

1953. — Le défaut de mentionner dans le procès-verbal d'élection le nombre total des électeurs inscrits peut être suppléé par un certificat délivré par le préfet du département. — *Chambre des députés*, 5 avril 1839, élect. Girod (de l'Ain).

### § 2. — *Ballottage.*

1954. — Si le premier tour de scrutin ne donne pas la double majorité du tiers plus un de tous les électeurs du collége et de la moitié plus un des votes, il est procédé à un second tour de scrutin.

1955. — L'absence au deuxième tour de scrutin d'un très grand nombre d'électeurs ayant voté au premier tour peut quelquefois vicier l'élection, bien qu'elle ait été faite par plus du tiers des électeurs inscrits.

1956. — Il a, par exemple, été décidé que, lorsque, malgré des réclamations d'électeurs, il a été

décidé qu'aucun candidat n'avait la majorité et qu'un nouveau scrutin aurait lieu le lendemain, si les électeurs ayant protesté la veille ne se présentent pas, que le nombre total des votans se trouve réduit de plus de moitié comparativement à la séance précédente et presque à la moitié des électeurs inscrits, et que le compétiteur ait moins de voix qu'il n'en avait eu la veille, l'élection faite le second jour peut être annulée. — *Chambre des députés*, 23 déc. 1837, élect. Flourens.

**1957.** — Dans le cas où après le second tour de scrutin l'élection n'est pas encore faite, le bureau proclame les noms des deux candidats qui ont obtenu le plus de suffrages; et au troisième tour de scrutin les suffrages ne peuvent être valablement donnés qu'à l'un de ces deux candidats. Alors la nomination a lieu à la pluralité des votes exprimés. — L. 19 avr. 1831, art. 55.

**1958.** — Lorsqu'il y a concours par égalité de suffrages, le plus âgé obtient la préférence. — Même loi, art. 56.

**1959.** — Du reste, si faible qu'ait été, aux deux premiers tours de scrutin, le nombre des électeurs présens, la nomination faite, au scrutin de ballottage, et à la majorité relative, est valable quel que soit le nombre des votans. — *Chambre des députés*, 18 av. 1834, élect. Pontevès.

§ 3. — *Proclamation du candidat élu.*

**1960.** — Lorsque du dépouillement du scrutin il résulte que le nom d'un candidat a obtenu la majorité voulue, le président doit immédiatement proclamer ce candidat député du collége.

**1961.** — Dans les colléges qui se divisent en plusieurs sections, c'est au président de la première section qu'il est réservé de faire cette proclamation, après que le voté de toutes les sections a été réuni suivant les règles prescrites.

**1962.** — Il n'appartient pas au bureau de se refuser à cette proclamation sous un prétexte quelconque, tel, par exemple, que l'incapacité notoire de l'élu; il n'est pas, en effet, juge des conditions d'aptitude pour l'éligibilité.

**1963.** — Lorsque, dans un collége obligé de choisir son député dans le département, les électeurs, faute de pouvoir s'entendre, ont nommé un personnage notoirement décédé depuis longtemps, le bureau du collége doit néanmoins proclamer ce député; il ne suffit pas qu'il énonce que le nom sorti de l'urne ne figurait ni sur la liste des électeurs ni sur celle des éligibles du département. La chambre seule a le droit de prononcer la nullité d'une élection. — *Chambre des députés*, 14 avr. 1838, élect. Pascal Paoli.

**1964.** — La proclamation définitive d'un député appartient seulement à la chambre, qui déclare quel était en réalité le résultat de l'élection. — *Chambre des députés*, 21 déc. 1837, élect. Jacques Lefebvre; 22 déc. 1837, élect. Edmond Blanc.

## Sect. 6e. — *Clôturé des opérations électorales.*

**1965.** — La proclamation du député met fin aux opérations du collége électoral. La séance est de suite levée, sauf les décisions à porter par le bureau sur les réclamations qui lui sont présentées au sujet du dépouillement, et sur lesquelles il est statué séance tenante. — L. 19 avril 1831, art. 57.

**1966.** — Néanmoins, comme il est nécessaire de rédiger et d'arrêter le procès-verbal, la clôture des opérations peut n'être pas immédiatement prononcée par le président.

**1967.** — Dans ce cas, le lendemain du jour où l'élection est terminée, le président du collége ou de la section fait donner lecture du procès-verbal de la séance précédente.

**1968.** — La lecture publique de ce procès-verbal n'est pas exigée à peine de nullité (V. au surplus *suprà* no 1651). — Dans l'usage, la séance du lendemain est publique, les portes du collége s'ouvrent, les électeurs sont absens, et le bureau ne lit que devant le bureau le procès-verbal de l'élection. — Cormenin, p. 178, no 2.

**1969.** — Après cette lecture, le président du collége ou de la section prononce la séparation du collége ou de la section. Il devrait également la prononcer le dixième jour au soir, encore bien que les opérations ne fussent pas terminées, la session ne pouvant, comme nous l'avons vu (V. *suprà* nos 1469 et s., 1491), excéder dix jours.

**1970.** — La séparation du collége prononcée, le procès-verbal ayant été dressé et signé régulièrement, le président ne pourrait retourner le lendemain dans la salle des séances et après y avoir donné lecture du procès-verbal, recevoir une observation qui y serait relative et dresser du tout nouveau procès-verbal. — *Chambre des députés*, 4 août 1834, élect. Aroux.

**1971.** — Le procès-verbal arrêté, le président adresse ensuite, immédiatement, au préfet les deux minutes du procès-verbal de chaque collége ou section, et le procès-verbal de recensement général pour les colléges qui sont divisés en sections. L'une des deux minutes reste déposée aux archives de la préfecture: l'autre est envoyée par le préfet au ministre de l'intérieur, qui la transmet aux questeurs de la chambre.

## Sect. 7e. — *Liberté et sincérité de l'élection.*

**1972.** — Le principe fondamental en matière d'élection c'est que le vote de chaque électeur doit être l'expression libre de sa volonté, et que le résultat du scrutin doit reproduire l'opinion sincère de la majorité des électeurs.

**1973.** — Vainement les opérations d'un collége seraient-elles régulières en la forme si tous les électeurs n'avaient pas joui d'une entière liberté pour la rédaction de leur vote, ou si ce vote avait été le résultat de la fraude et de la corruption.

**1974.** — Par de nombreuses décisions, la chambre a consacré de la manière la plus formelle qu'une élection est nulle alors qu'elle a été influencée par des manœuvres frauduleuses, des faits de corruption ou de violence de nature à porter atteinte à la liberté ou à la moralité des votes.

**1975.** — Juge suprême de la sincérité des opérations électorales, alors qu'elle a annulé une élection pour des faits de corruption ou de violence, la chambre peut pour les mêmes causes, et s'il lui paraît que l'influence illégitime est toujours restée la même, annuler de nouveau et indéfiniment les réélections du candidat. — C'est ainsi que pendant le cours de la dernière législature on a vu la chambre annuler quatre fois de suite l'élection d'un même candidat. — *Chambre des députés*, 20 janv. 1844, 9 mars 1844, 29 avr. 1844, 6 juin 1844, élect. Charles Laffitte.

**1976.** — Mais aussi, et quel que soit le nombre des annulations précédemment prononcées, le collége électoral persistant toujours dans le choix du même candidat, la chambre n'est pas liée par ses décisions antérieures et peut finir en dernier lieu par valider l'élection, alors qu'il lui paraît que l'élection a cessé d'être viciée par les faits qui jusque-là l'avaient entachée de corruption. — *Chambre des députés*, 18 juill. 1844, élect. Ch. Laffitte.

**1977.** — L'élection serait nulle, dit M. de Cormenin, s'il était prouvé que des votes ont été achetés à prix d'argent ou que la violence a dominé et déterminé les suffrages, ou que de faux électeurs se sont introduits dans le collége.

**1978.** — Ainsi, le fait par un sous-préfet de présenter son frère comme candidat aux électeurs de l'arrondissement et de faire des démarches en sa faveur peut faire annuler l'élection. — *Chambre des députés*, 17 août 1831, élect. Bourgeois.

**1979.** — Il peut en être de même des faits de menace envers un fonctionnaire par ses supérieurs, de mise en demi-solde d'un officier, de suppression d'un employé. — *Chambre des députés*, 6 août 1834, élect. Merlin.

**1980.** — Lorsqu'une lettre d'un sous-préfet à son préfet, par laquelle il intervient dans les élections en donnant le conseil de rejeter les pièces d'un électeur, a été produite au bureau de la chambre, il y a lieu de renvoyer une pareille lettre au ministre de l'intérieur, pour qu'il instruise sur la conduite de l'auteur de la lettre, et sur le déplacement qui l'a rendue publique. — *Chambre des députés*, 26 déc. 1837, élect. Chazot.

**1981.** — Mais le fait que des cartes d'électeurs, retirées de la mairie, auraient été déposées par des tiers chez un particulier, ne suffirait pas pour faire invalider une élection. — *Chambre des députés*, 13 avr. 1839, élect. Decazes.

**1982.** — On ne doit point admettre comme moyens de nullité des allégations de manœuvres et d'influences électorales illicites, si elles manquent de précision, et qu'aucune preuve ne soit administrée à l'appui: en pareil cas, la chambre n'est même pas mise sur la voie d'enquête, en supposant que la chambre puisse admettre une proposition d'enquête (V. POUVOIR LÉGISLATIF). — *Chambre des députés*, 20 déc. 1838, élect. Parès.

**1983.** — Par exemple, on ne doit point avoir égard à une protestation reprochant à une élection l'intervention des fonctionnaires publics et la corruption, si aucun fait n'est précisé, et si la protestation se borne à demander une enquête sans en fournir la base, sans énoncer les actes qui la rendraient opportune. — *Chambre des députés*, 26 déc. 1837, élect. Chazot; 11 avr. 1839, élect. l'Espée.

**1984.** — De même, il n'y a pas lieu de proposer d'annuler une élection fondée sur des manœuvres, sur des faits de corruption, si l'allégation est vague, et que dans les protestations qui attaquent l'élection on ne signale aucun fait positif. — *Chambre des députés*, 2 août 1821, élect. Tiburce Sébastiani; 20 déc. 1837, élect. Gasparin; même jour, élect. Bonnefons; 22 déc. 1837, élect. Goupil de Préfeln; même jour, élect. Gauthier d'Hauteserve; 26 déc. 1837, élect. Chazot; 14 mars 1844, élect. Mottet; 20 août 1846, élect. Paul de Ségur; même jour, élect. Legrand; même jour, élect. Réal; 21 août 1846, élect. Pascalis; 22 août 1846, élect. Lavocat; 25 août 1846, élect. Magne; 29 août 1846, élect. de Lavalette.

**1985.** — Il n'y a pas lieu non plus de s'arrêter à une protestation alléguant des faits de corruption, si les articulations renfermées dans cette protestation sont vagues, et si, quoique des noms aient été prononcés à l'appui dans le bureau, les faits ne sont pas suffisamment prouvés. — *Chambre des députés*, 15 avr. 1839, élect. Ressigeac.

**1986.** — Est sans importance la protestation attaquant une élection sous prétexte qu'à la suite d'une précédente élection du même candidat, des promesses d'exemption du service militaire auraient été tenues, et que de nouvelles promesses du même genre auraient été faites pour assurer une nouvelle élection de ce candidat. Une pareille allégation, ne précisant aucun fait, démentie d'ailleurs par son invraisemblance, par la nature du reproche et par la composition du conseil de révision, ne mérite aucune confiance. Il en serait autrement si on rencontrait dans une protestation des faits précis, avec indication des personnes qui se les seraient permis. — *Chambre des députés*, 26 déc. 1837, élect. Chazot; 18 avr. 1839, même élect.

**1987.** — La chambre peut ne pas s'arrêter à une protestation alléguant des faits d'offres d'argent à des électeurs pour obtenir ou empêcher leur vote, et des violences exercées pour les empêcher de se rendre au collége, si ces faits, réprimés par les lois pénales, n'ont été l'objet d'aucun débat contradictoire, d'aucune poursuite, ni même d'aucune plainte en justice. — *Chambre des députés*, 3 mars 1838, élect. Flourens.

**1988.** — Il n'y a pas lieu d'accueillir une protestation alléguant comme manœuvres électorales l'absence d'un grand nombre d'électeurs, l'arrivée de certains électeurs embrigadés sous la conduite de chefs, et défrayés dans les meilleurs hôtels de la ville; ou encore des menaces de chouannerie, lorsqu'on ne cite à l'appui aucune preuve, aucun nom propre, et qu'il résulte des explications données par le gouvernement que l'autorité n'a eu connaissance d'aucune agitation politique de nature à compromettre, dans ces contrées, la sûreté publique. — *Chambre des députés*, 22 déc. 1837, élect. Arthur de Labourdonnaye.

**1989.** — Il ne résulte aucune irrégularité de ce que le préfet serait entré dans l'enceinte d'un collége et se serait approché du bureau, s'il était lui-même électeur de ce collége. — *Chambre des députés*, 22 déc. 1837, élect. Saunac.

**1990.** — On ne peut considérer comme manœuvre frauduleuse une lettre écrite à un électeur en faveur d'un candidat par le sous-préfet de l'arrondissement, non comme fonctionnaire, mais comme ami de cet électeur et du candidat. — *Chambre des députés*, 2 août 1831, élect. Tib. Sébastiani.

**1991.** — Une lettre, même publique, par laquelle un sous-préfet, électeur lui-même, mais signant comme sous-préfet, a mêlé à une réponse à une attaque dirigée contre lui l'apologie d'un des candidats, élu depuis à la majorité d'une voix, n'entraîne pas la nullité de l'élection. — *Chambre des députés*, 7 août 1834, élect. Duchâtel.

**1992.** — Il n'y a pas non plus cause de nullité de ce qu'un président a fait lecture, pendant le vote, d'une dépêche télégraphique ministérielle, relative au résultat d'autres élections. — *Chambre des députés*, 26 juill. 1831, élect. Dugas-Montbel.

**1993.** — ... Ou de ce qu'on aurait lu, dans un lieu public, des lettres fausses attribuées à des députés, attestant que l'un des candidats, ancien député, n'avait, depuis son élection, assisté à aucune séance de la chambre, et engageant les électeurs à choisir un autre représentant. — *Chambre des députés*, 23 déc. 1837, élect. Renou.

**1994.** — ... Ou encore de ce que l'administration a fait distribuer des écrits contenant des menaces de guerre. — *Chambre des députés*, 11 avr. 1839, élect. l'Espée.

**1995.** — A plus forte raison, le fait qu'une polémique violente se serait engagée dans les journaux, ou encore que des placards ou affiches auraient été apposés dans la ville où se réunit le collége, ne peut être d'aucune influence sur l'élection, quelque blâmables que puissent être, du reste, les moyens employés, et quelque responsabilité qu'ils entraînent contre leurs auteurs devant les tribunaux ordinaires. — *Chambre des*

*députés*, 21 août 1846, élect. Blin de Bourdon.

1996. — Ces publications fussent-elles même injurieuses pour l'un des candidats, alors surtout qu'il est constant que l'élu n'y a pris aucune part, l'élection doit être validée. — *Chambre des députés*, 21 août 1846, élect. de Staplande.

1997. — Il est, du reste, incontestable qu'il appartient à un candidat de soumettre aux électeurs une profession de foi ou un compte-rendu de sa conduite parlementaire, sauf à ses adversaires à combattre ses déclarations par les mêmes moyens de publication. — *Chambre des députés*, 31 août 1846, élect. de la Haye-Jousselin.

1998. — Lorsque, pendant la durée des opérations, des candidats se sont désistés et qu'un nouveau s'est présenté, qui, en dernier lieu, a été élu, il ne résulte aucune nullité de ce qu'à l'appui de cette candidature improvisée et acceptée une déclaration a été distribuée le lendemain aux électeurs arrivant à la séance. — *Chambre des députés*, 31 août 1846, élect. Mazet. — V. encore *Chambre des députés*, 20 juin 1848, élect. de Pommeroy.

1999. — Enfin, de ce que sans l'aveu d'un électeur son nom aurait été porté sur une liste distribuée comme candidat à la présidence du bureau définitif, il ne résulte aucune nullité de l'élection elle-même. — *Chambre des députés*, 20 juin 1848, élect. de Pommeroy.

2000. — Une élection ne peut être annulée par le fait que des secours ou des dons auraient été obtenus du gouvernement par le candidat pour le département qui l'a nommé, ou que des places auraient été données ou rendues à des électeurs ou à leurs familles. — *Chambre des députés*, 5 mai 1838, élect. Emile de Girardin; 6 avr. 1839, élect. Vatout; 8 avr. 1839, élect. Duvergier de Hauranne; 10 avr. 1839, élect Vigier; 11 avr. 1839, élect. Delebecque; 12 avr. 1839, élect. Parès; 13 avr. 1839, élect. Decazes; 2 août 1842, élect. Dubois (Loire-Inférieure); 26 août 1846, élect. Fould.

2001. — Spécialement, le fait que sur la proposition d'un candidat un individu a été nommé avoué n'est pas de nature à entraîner la nullité des opérations électorales. — *Chambre des députés*, 18 août 1842, élect. Emile de Girardin.

2002. — Le fait qu'un candidat aurait, pour répondre à certains reproches, annoncé qu'il allait faire distribuer aux pauvres le montant de la valeur d'un certain nombre d'actions industrielles (par exemple dans une compagnie formée pour l'exploitation d'un chemin de fer) ne constitue pas une manœuvre viciant l'élection. — *Chambre des députés*, 21 août 1846, élect. Blin de Bourdon.

2003. — Mais précédemment la chambre avait décidé qu'il y avait corruption électorale de la part de l'élu qui, pour favoriser sa canditure, avait écrit au ministre et rendu publique la demande en concession d'un chemin de fer, dont l'arrondissement sollicitait vivement l'exécution. — *Chambre des députés*, 20 janv. 1844, élect. Charles Laffitte.

2004. — Il n'y a pas lieu d'annuler une élection parce qu'un certain nombre d'électeurs de la campagne ont été choyés et traités dans des auberges. — *Chambre des députés*, 6 avr. 1839, élect. Duprat. — A plus forte raison doit-il en être ainsi alors que les électeurs ont refusé. — *Chambre des députés*, 28 juill. 1831, élect. Blondeau.

2005. — Même solution dans une espèce où l'on argumentait de moyens de transport fournis gratuitement aux électeurs. — *Chambre des députés*, 2 août 1832, élect. Baude.

2006. — Si, à la demande adressée par le secrétaire du bureau à un électeur s'il n'était pas étranger, et comme tel non admis à voter, cet électeur a répondu qu'il se croyait électeur, et cependant s'est retiré sans voter, l'observation du secrétaire n'emporte pas une violence morale, surtout si le président a averti l'électeur qu'il avait le droit de voter. L'élection ne peut donc être viciée par la retraite volontaire de ce dernier. — *Chambre des députés*, 15 avr. 1839, élect. Bessières.

2007. — A plus forte raison ne doit-on pas s'arrêter à l'allégation de la prétendue violence, soit morale, soit même physique, exercée sur un ou plusieurs électeurs pour les empêcher de voter, si, en ajoutant le vote de cet électeur au nombre de ceux qui ont voté, l'élu aurait toujours eu la majorité. — *Chambre des députés*, 15 avr. 1839, élect. Bessières; 28 juill. 1842, élect. Roye.

2008. — On ne doit voir aucune intention d'intimidation dans le fait qu'un électeur, interpellé sur la question de savoir s'il n'était pas étranger non naturalisé, ayant répondu affirmativement, aurait été invité à ne pas voter et se serait volontairement retiré. — *Chambre des députés*, 10 janv. 1838, élect. Paranque.

2009. — La validité d'une élection ne peut être influencée en aucune manière par un fait de violence étranger aux opérations du collége électoral et non mentionné dans le procès-verbal. — *Chambre des députés*, 26 juill. 1831, élect. Dupin; 29 juill. 1843, élect. de la Rochejaquelein.

2010. — En conséquence, si, dans une ville où il y a plusieurs colléges, une force brutale envahit un de ces colléges, se jette sur le bureau, brise l'urne et déchire les bulletins, l'élection des autres colléges faite deux jours plus tard sans que l'ordre y ait été troublé, et sans qu'aucune autre violence ait été commise dans la ville, ne peut être annulée par cela que, le dernier jour seulement, un grand nombre d'électeurs se sont abtenus de voter et ont protesté, prétendant que les événemens arrivés le premier jour à un autre collége avaient exercé sur eux une violence morale qui les avait privés de leur liberté. — *Chambre des députés*, 30 juill. 1831, élect. Beaujour.

2011. — Décidé encore que l'allégation que la population était menaçante pour ceux des électeurs soupçonnés de voter d'une certaine manière; qu'un électeur aurait fait écrire son vote, à un second tour, par une main étrangère, déclarant que c'était pour se laver du reproche de s'être vendu; qu'un habitant aurait été menacé; qu'un électeur aurait dit avoir voté contre son opinion, ne porte pas sur des faits assez graves pour faire annuler l'élection. — *Chambre des députés*, 28 juill. 1831, élect. Blondeau.

2012. — Même solution a depuis été rendue à l'occasion d'une élection où l'on argumentait du fait qu'un percepteur ayant retiré les cartes de plusieurs électeurs, avait en outre écrit une note portant, en regard du nom de divers électeurs, des notes servant de contremarque, alors surtout que le procès-verbal ne fait mention d'aucuns de ces faits, auxquels il est certain, en outre, que le candidat n'a pris aucune part. — *Chambre des députés*, 28 août 1846, élect. Reynaud.

2013. — On ne saurait encore annuler une élection par le motif que les électeurs auraient été convoqués dans un ancien château-fort appartenant à un membre de la famille royale, alors qu'il résulte des circonstances que la liberté des votes ne pouvait en souffrir aucune atteinte. — *Chambre des députés*, 31 août 1846, élect. Lahaye-Jousselin.

2114. — ... Ou parce que quelques électeurs auraient été tenus enfermés, tandis que le collége était assemblé, s'il résulte de leur propre déclaration qu'ils avaient été enfermés volontairement, et si d'ailleurs ils ont voté, et voté contre le candidat dont l'élection était attaquée. — *Chambre des députés*, 6 avr. 1839, élect. Vatout.

2015. — ... Ou parce que des électeurs ont été empêchés de venir exercer leurs droits par une force majeure, par exemple par une tempête, surtout si la présence des électeurs empêchés n'eût rien pu changer au résultat des divers scrutins. — *Chambre des députés*, 22 déc. 1837, élect. Arthur de Labourdonnaye.

2016. — On ne saurait davantage s'arrêter à l'allégation que les partisans de l'un des candidats auraient, en s'emparant de toutes les voitures disponibles, empêché certains électeurs de venir prendre part à l'élection. — *Chambre des députés*, 29 juin 1843, élect. de Pommeroy.

2017. — Le fait que deux fonctionnaires électeurs auraient été illégalement retenus loin du collége par l'administration supérieure ne pourrait vicier l'élection, si l'élu avait obtenu plus que la majorité, indépendamment de leurs deux suffrages. — *Chambre des députés*, 22 déc. 1837, élect. Ardoin.

2018. — Décidé, avant la loi du 5 avril 1845, que l'intrusion abusive, quoique légale, d'électeurs qui n'avaient voté qu'au moyen d'une translation de domicile politique dans l'arrondissement où ils avaient acheté en commun une propriété pour payer un impôt quelconque, par exemple 48 cent., n'est pas une manœuvre frauduleuse qui pût faire annuler l'élection, si, en considérant leurs votes comme nuls, les suffrages restant à l'élu atteignaient et dépassaient encore la majorité. — *Chambre des députés*, 20 déc. 1838, élect. Parès.

2019. — Le retranchement ou le rétablissement, opéré par le préfet, d'un grand nombre d'électeurs, malgré des arrêts de la cour royale, ne peut donner lieu à attaquer l'élection, si ce retranchement se justifie par une dissidence, quant à des questions de droit, entre la jurisprudence du préfet et celle de la cour royale. — *Chambre des députés*, 26 déc. 1837, élect. Chazol; 11 avr. 1838, Pascal Paoli; 14 avr. 1839, élect. Limpérani.

2020. — On ne doit pas avoir égard à l'allégation que des électeurs rayés par arrêts ont été rétablis l'année suivante sur les listes électorales par l'autorité administrative, si aucune réclamation ne s'est élevée contre ces dernières listes. — *Chambre des députés*, 13 avr. 1839, élect. Chazol.

2021. — Observons en terminant que lorsque des faits de manœuvres électorales sont énoncés dans une protestation, le bureau de la chambre peut faire prendre des renseignemens par son rapporteur, lequel en fait part à la chambre si le bureau pense qu'ils ont assez de gravité, alors même que le rapporteur conclut à l'admission de l'élu. — *Chambre des députés*, 15 avr. 1839, élect. Doguereau.

2022. — Tout en concluant à la validité, le rapporteur peut, au nom du bureau, exprimer une opinion sur les abus d'administration publique qui se seraient manifestés à l'occasion de l'élection, tels que l'intervention de députés, surtout s'ils sont hauts fonctionnaires eux-mêmes, dans la dispensation des secours et des faveurs. — *Chambre des députés*, 11 avr. 1839, élect. Delebecque.

2023. — Lorsqu'on allègue des faits d'influence illégitime qu'on prétend avoir été exercée sur des électeurs par des agens de l'administration publique, le bureau peut se borner à déclarer qu'il n'a pas vu dans les faits articulés des motifs suffisans pour invalider l'élection. — *Chambre des députés*, 7 nov. 1840, élect. Goury.

2024. — Spécialement, une protestation alléguant des faits graves ne doit pas néanmoins entraîner la nullité des opérations, si elle a été tardive, non connue de la plupart des électeurs, et qu'elle se trouve démentie par les déclarations d'un très grand nombre d'électeurs et du bureau du collége, lesdites déclarations passées devant notaire. — *Chambre des députés*, 10 janv. 1838, élect. Paranque.

2025. — Un bureau qui n'a pas cru devoir s'arrêter à des reproches non spécifiés, et qui conclut à ce que l'élection soit valable, peut faire apprécier à la chambre des faits allégués comme manœuvres électorales. — *Chambre des députés*, 16 avr. 1839, élect. de Praslin.

## CHAPITRE VI. — *Pouvoirs de la chambre.*

2026. — Nous avons vu plus haut que la chambre des députés est seule juge des conditions d'éligibilité. — L. 19 avr. 1831, art. 61.

2027. — La chambre peut s'enquérir de la sincérité des actes produits devant elle pour établir la possession des propriétés sur lesquelles repose le cens de l'élu. — *Chambre des députés*, 15 avr. 1839, élect. Débès; même jour, élect. Ressigeac.

2028. — ... Et de la régularité des opérations électorales.

2029. — La non acceptation de la députation par l'élu ou sa promotion à la pairie n'enlève pas à la chambre le droit d'examiner les opérations du collége électoral. — M. de Cormenin (p. 170, note 1re) en donne pour raison que la chambre ne juge pas l'élu, mais l'élection; le promu à la pairie, mais le député; qu'elle ne tient pas compte des changemens d'état postérieurs, accidentels ou volontaires, et ne vérifie que des pouvoirs. — V. *Chambre des députés*, 23 déc. 1837, élect. Bouet; 9 avr. 1839, élect. de Rosamel.

2030. — Elle apprécie également d'une manière souveraine les faits qui lui sont dénoncés comme constituant des manœuvres, fraudes, corruptions ou violences de nature à porter atteinte à la liberté ou à la moralité de l'élection.

2031. — Quoiqu'il ne lui appartienne pas de statuer en ce qui concerne les conditions d'aptitude exigées des électeurs, elle ne peut cependant examiner la capacité des citoyens inscrits sur la liste électorale, afin d'en déduire la validité ou l'invalidité de l'élection. — V. notamment *Chambre des députés*, 10 avr. 1839, élect. Vigier; 15 avr. 1839, élect. Cuny; 1er avr. 1839, élect. d'Houdetot.

2032. — Elle ne procède, toutefois, que par admission ou rejet du candidat.

2033. — L'admission ou le rejet est prononcé, en séance publique, sur le rapport présenté par un commissaire au nom du bureau auquel a été confiée la vérification des pouvoirs du candidat élu.

2034. — Dans aucun cas, la chambre ne motive ses solutions. Sa jurisprudence n'est pas une jurisprudence de droit strict, mais d'équité. Elle doit s'attacher moins à la lettre qu'à l'esprit. Elle doit considérer surtout l'observation des formes, la bonne foi de l'opération et le vœu de la majorité. — Cormenin, *loc. cit.*

2035. — Au surplus, nous nous bornons ici à ces simples explications, renvoyant pour la marche à suivre par la chambre, en ce qui concerne les vérifications de pouvoirs, soit dans le cas d'élections générales, soit dans le cas d'élection partielle, aux mots CHAMBRE DES DÉPUTÉS, nos 27 et suiv., et surtout POUVOIR LÉGISLATIF.

V. CHAMBRE DES DÉPUTÉS, DOMICILE, DROITS POLITIQUES ET CIVIQUES, ÉLECTIONS DÉPARTEMENTALES, ÉLECTIONS MUNICIPALES, FRANÇAIS, POUVOIR LÉGISLATIF.

# ÉLECTIONS MUNICIPALES OU COMMUNALES.

## Table alphabétique.

ÉLECTIONS MUNICIPALES OU COMMUNALES.—1.— On appelle élections municipales celles qui se font pour la nomination des membres du conseil municipal et des candidats aux fonctions de maire et d'adjoints.

—

## CHAPITRE Ier. — *Historique.*

2. — De la commune, aggrégation de familles, surgit une concurrence d'intérêts opposés, et un intérêt général, celui de la masse des habitants. Les chefs des familles unies par les liens de l'association durent, dans l'origine, choisir, parmi les plus sages d'entre eux, des citoyens chargés de veiller à la défense des droits de tous. Cette marche est dans la nature; l'élection fut donc le premier mode de nomination des défenseurs de la commune.

3. — Lors de l'invasion des Francs, on comptait dans les Gaules, suivant quelques historiens, environ cent vingt villes municipales. Les deux premiers officiers municipaux, appelés décemvirs, étaient élus, tous les ans, par les décurions ou notables; la généralité des citoyens nommait d'abord tous les cinq ans, et plus tard tous les deux ans,

un troisième magistrat, le défenseur de la cité. Des documents historiques prouvent que les villes principales jouirent de ces privilèges. Ces institutions subsistèrent dans le même état, sauf quelques légères modifications, sous les rois de la première race. —Raynouard, *Hist. du droit municipal*; Bost, *Organ. et attribut. des corps municip.*, t. 1er, p. 3 et 4.

4. — Sous Charlemagne et ses successeurs immédiats, certains officiers municipaux étaient élus par le magistrat avec les principaux citoyens. — *Capitulaires*, années 788, 805, 809, 849, 829, 864, 867.

5. — Ces officiers municipaux, *capitouls, consuls, conseillers de ville, échevins, gouverneurs, jurats ou jurés, pairs, prévôts, syndics*, furent dans la suite tantôt soumis à l'élection et tantôt nommés par le roi ou les seigneurs. L'histoire du droit de nomination de ces officiers retrace celle d'une lutte continuelle entre le pouvoir et le peuple; c'est une succession non interrompue de violations ou de restitutions d'un droit préexistant ou reconnu.

6. — A Paris, les officiers municipaux furent nommés par le peuple jusqu'en 1254. Les rois s'attribuèrent seulement quelquefois le droit de confirmer leur élection.—*Encyclop. méth.*, v° Échevin.

7. — Dans les autres parties de la France, on porta souvent la main sur cette partie du droit public de nos pères; la féodalité absorba tout pouvoir, et le principe électif disparut complètement dans la cité. — Bost, t. 1er, p. 4.

8. — Toutefois, bientôt, comme à un signal donné, les villes s'insurgent de tous côtés contre les seigneurs; l'insurrection produit l'affranchissement des communes, et la France est inondée de chartes proclamant le principe d'élection des magistrats municipaux. — Augustin Thierry, *Lett. sur l'hist. de France*; Guizot, *Cours d'hist. moderne*, 7e leçon; Bost, t. 1er, p. 4.

9. — Ces officiers ou magistrats furent dès-lors élus par les bourgeois; il y eut pourtant quelque restriction. Les communes de Rouen et de Falaise, par exemple, avaient seulement le droit de présenter trois notables, parmi lesquels le roi choisissait le maire de la ville. — Ord. des rois de France, t. 2, préface.

10. — La cession de ce droit, ravi dans l'origine aux communes, ne fut pas communément gratuite. — Sous Louis VII, quelques communes l'achetèrent soit du roi, soit des seigneurs. Philippe-Auguste le vendit (1182 et 1188) aux villes de Chaumont, de Pontoise, de Meulan, de Mantes, d'Eu et de plusieurs autres. — *Encyclop. méthod.*, v° Maire.

11. — Sous saint Louis, les communes étaient généralement, soit par rachat, soit par restitution, en possession des droits d'élire leurs officiers municipaux. Les élections avaient lieu le lendemain de la Saint-Martin ou de la fête de Saint-Jean.—Ord. 1356.

12. — Dans certains pays, et pour certains officiers municipaux, le droit d'élection disparut en 1882. Il fut rendu par édit du 20 janv. 1411, par Charles VI. — *Encyclop. méthod.*, v° Échevins.

13. — Voici quel était à cette époque le mode d'élection des officiers municipaux de Paris : Les notables bourgeois étaient convoqués à l'hôtel de ville le jour de Saint-Roch ; on procédait d'abord à l'élection de quatre scrutateurs; ceux-ci devaient être pris : le premier parmi les magistrats, le deuxième entre les conseillers de la ville, le troisième entre les quarteniers, et le quatrième entre les notables bourgeois. Cette nomination faite, on passait à l'opération principale. Ces formes subsistaient encore le 20 avr. 1617. — *Encyclop. méth.*, v° Échevin.

14. — Plus tard, l'inamovibilité pénétra dans la commune. Les officiers municipaux devinrent perpétuels; le roi les nommait; les municipalités furent érigées en offices et constituèrent des charges vénales. — Édits d'août 1692 et de janv. 1704. — *Encyclop. méthod.*, v° Échevin, Maire.

15. — Paris et Lyon conservèrent néanmoins leurs droits. Il ne fut rien innové, dans ces villes, aux formes électorales. Elles furent soumises à la confirmation royale. — *Déclaration*, 16 avr. 1704.

16. — En 1765 apparaît une nouvelle organisation de la matière électorale. Le nombre des officiers municipaux se calcule d'après le chiffre de la population; il y a des formes d'élection, des conditions d'éligibilité. — Édit de mai 1765 ; — Duvergier, *Collect. des lois*, 1834, p. 44, note.

17. — D'après cette législation, l'ordre ecclésiastique, celui de la noblesse et celui d'une épée, les professions libérales et le corps des artisans étaient convoqués en assemblées séparées, ils procédaient, sous la présidence du chef du corps, à un premier ordre d'élections. Chacun de ces dif-

férens corps nommait ses députés. — Edit de mai 1765, art. 33 et 34.

18. — La veille de l'élection des officiers municipaux, tous les députés se réunissaient en assemblée à l'hôtel de ville ; là ils procédaient à l'élection des notables ; ceux-ci devaient être pris dans certaines classes de citoyens. Le maire présidait l'assemblée. — Edit de mai 1765, art. 32, 33 et 34.

19. — Nul ne pouvait être élu notable s'il n'était âgé au moins de trente ans accomplis, domicilié depuis dix ans dans la commune et non assujéti par ses fonctions à résider ailleurs. Les notables élus nommaient directement les officiers municipaux. — Edit de mai 1765 ; — Duvergier, *Collect. des lois*, 1831, p. 84, note.

20. — Sept ans après (1771), un édit dépouilla les citoyens du droit d'élire leurs officiers municipaux.

21. — Cette mesure était ainsi motivée. « Nous avions lieu d'espérer (préambule de l'édit nov. 1771) qu'en rendant aux villes et communautés la liberté de choisir et nommer leurs officiers municipaux, et d'après les mesures qui avaient été prises, les citoyens de tous les ordres se réunissant pour l'avantage commun dépouilleraient tout autre intérêt pour concourir au bien de la communauté ; mais, au lieu de ces avantages, il en est résulté des troubles, des cabales et des brigues dans les élections, qui ont souvent occasionné des procès ruineux pour les villes, et retardé l'expédition des affaires ; à quoi nous avons cru ne pouvoir mieux remédier qu'en créant des officiers municipaux qui, après avoir obtenu notre agrément, n'étant plus redevables de leurs charges aux suffrages des particuliers, et n'ayant plus rien à craindre de leurs successeurs, en *exerceront* les fonctions sans passion et avec la liberté nécessaire à la distribution des charges publiques.

22. — L'organisation du pouvoir municipal fut encore sujette à diverses vicissitudes.

23. — En 1789, une loi constitua les municipalités dans tout le royaume ; elle établit dans chacune un maire, un procureur de la commune, un corps municipal formé par des officiers municipaux et par un conseil général de notables. — L. 14-18 déc. 1789, art. 4, 26. — Duvergier, *Collect. des lois*, 1831, page 84, note.

24. — Furent électeurs municipaux d'abord les citoyens actifs, c'est-à-dire jouissant d'un certain revenu en qualité de propriétaires ou d'usufruitiers (L. 14-18 déc. 1789, art. 5 et 6), et plus tard tous les citoyens domiciliés dans la municipalité. — Constit. 5 fruct. an III. — V. CONSEIL MUNICIPAL, nos 31 et suiv.

25. — Cette faveur dura peu ; le pouvoir se centralisa ; une main puissante attira tout à elle comme vers un centre commun. Le droit d'élection fut confisqué au profit du gouvernement. La nomination des maires fut réservée au chef du gouvernement ou abandonnée aux préfets suivant l'importance des localités. Celle des conseillers municipaux fut confiée aux préfets. — L. 28 pluv. an VIII. — V. CONSEIL MUNICIPAL, nos 46 et suiv.

26. — Le 16 thermid. an X, un sénatus-consulte établit, il est vrai, une espèce d'élection et de candidature ; mais ce n'était qu'un simulacre de droit d'élection. — V. CONSEIL MUNICIPAL.

27. — Du reste, les dispositions du sénatus-consulte tombèrent bientôt dans l'oubli, si même elles furent jamais généralement exécutées. Elles étaient complètement inobservées lorsque la restauration, vers ses dernières années, songea à donner une loi municipale. Le projet fut présenté à la chambre des députés durant la session de 1828-1829 ; mais la loi fut ajournée à cause surtout des difficultés que souleva la partie du projet relative aux attributions.

28. — Cependant les communes ont une vie qui leur est particulière, des intérêts qui leur sont propres. De là découlent des droits qui doivent être respectés ; or, il n'y aurait pas de garantie suffisante pour la défense de ces droits, si le pouvoir municipal, appelé à la direction et à l'administration de la commune, ne puisait son origine et sa force dans le vœu des citoyens.

29. — La charte de 1830 promit des institutions municipales fondées sur un système électif. — Une loi du 21 mars 1831 a acquitté cette promesse ; elle forme en quelque sorte notre code municipal.

30. — Elle asseoit l'élection municipale sur des bases assez larges. La capacité n'est point toujours exprimée par l'impôt. On lui reconnaît le droit de se révéler par d'autres indices et d'offrir d'autres garanties.

31. — Une loi spéciale applique sur des bases particulières le système électif au conseil municipal de la ville de Paris. — V. PARIS (ville de).



## CHAPITRE II. — *Des listes électorales, des électeurs, des éligibles.*

### Sect. 1re. — *Des listes électorales.*

#### § 1er. — *Confection et publication des listes.*

32. — De même que pour les élections législatives et départementales, l'administration est tenue de dresser chaque année les listes des électeurs communaux.

33. — Ces listes se divisent en deux parties. L'une comprend les électeurs censitaires appelés à concourir à l'élection à raison des contributions par eux payées. — V. *infrà* nos 187 et suiv. — L'autre indique les électeurs adjoints à cause de leurs qualités ou professions. — V. *infrà* nos 223 et suiv.

34. — La première est dressée dans les premiers jours de janvier par le maire assisté du percepteur et des commissaires répartiteurs. (L. 21 mars 1831, art. 32.) — La seconde est rédigée par le maire. Elle contient l'indication de la date des diplômes, inscriptions, domicile et autres conditions exigées par l'art. 11, § 2e de ladite loi. — *Ibid.*, art. 38.

35. — Le maire qui, sur une liste destinée à recevoir les noms des électeurs communaux, et signée en blanc du percepteur, substitue frauduleusement aux noms de deux électeurs ayant la capacité voulue par la loi ceux de deux individus n'ayant pas cette capacité, se rend coupable du délit d'abus de blanc-seing. — *Cass.*, 17 mai 1845 (t. 2 1845, p. 569), Durel.

36. — La liste des censitaires se compose des citoyens les plus imposés de la commune.

37. — Le nombre des inscrits varie d'après la population de la commune.

38. — En conséquence, l'administration dresse le tableau de recensement de la population communale. La régularité et la légalité des opérations exigent que l'on suive le dernier recensement officiel. — Bost, t. 1er, no 118 ; Dufour, *Droit admin.*, t. 3, no 1487.

39. — Ensuite, d'après le chiffre de la population on détermine le nombre des contribuables les plus imposés qui doivent figurer sur la liste. — V. *infrà* nos 189 et suiv.

40. — Les contribuables les plus imposés sont inscrits sur la liste dans l'ordre décroissant de la quotité de leurs contributions. — L. 21 mars 1831, art. 32, § 2.

41. — La loi ne prescrit d'y porter que la quotité des contributions, sans qu'il soit besoin d'entrer dans le détail des contributions imposées sous leurs noms ; celles-ci, en effet, sont faciles à vérifier ; elles sont inscrites au rôle de la commune. Mais il serait nécessaire d'indiquer à quel titre on leur compte les contributions qui ne sont point inscrites sous leurs noms. — Bost, t. 1er, no 118.

42. — Il convient donc (Bost, t. 1er, no 118) d'établir sur la liste cinq colonnes indiquant : 1o un numéro d'ordre ; — 2o les noms, prénoms et surnoms ; — 3o la profession ; — 4o le total des contributions payées dans la commune ; — 5o dans une colonne d'observations, les contributions déléguées ou portées sous un autre nom que celui de l'électeur. — Dans les villes on ajoute une colonne de plus pour indiquer la demeure. Un astérisque ou tout autre signe est placé devant le nom de chaque censitaire domicilié au dehors. »

43. — Il n'est pas rare que deux contribuables paient la même cote contributive ; le plus âgé est alors inscrit de préférence ; tel est l'usage. — Circ. minist. 10 mai 1831.

44. — Le nombre des électeurs domiciliés dans la commune doit être de trente au moins (L. 21 mars 1831). Il s'ensuit qu'outre le nombre fixé par la proportion légale, on doit porter sur la liste un nombre de censitaires domiciliés suffisant pour parfaire le nombre de trente, en les prenant toujours parmi les plus imposés.

45. — Mais, ces nouvelles inscriptions ne peuvent avoir pour effet de faire rayer de la liste un nombre égal d'électeurs censitaires non domiciliés, pour que le nombre des électeurs fixé par la loi ne soit point, en définitive, augmenté. — *Cons. d'état*, 27 déc. 1844, élect. de Lignan.

46. — L'adjonction des plus imposés pour atteindre le nombre de trente électeurs *domiciliés* prescrit par la loi du 21 mars 1831 ne saurait priver les électeurs censitaires des droits qu'ils tiennent de la même loi, et qui leur sont assurés dès qu'ils se trouvent dans le dixième des plus imposés appelés à composer l'assemblée électorale. Il ne faut pas perdre de vue que la condition de domicile n'est qu'accessoire, et que la loi a seulement voulu que, par la présence d'un certain nombre de domiciliés, l'intérêt particulier de la localité fût suffisamment représenté.



47. — Il y a en outre des électeurs supplémentaires. Ces électeurs sont ceux qu'il faut porter sur la liste, pour le cas où, dans le cours des trois mois durant lesquels a lieu la révision des listes électorales, le nombre des électeurs censitaires deviendrait incomplet par suite de décès ou de radiation. La liste supplémentaire comprend les plus imposés au-dessous des électeurs censitaires dans l'ordre décroissant. — L. 21 mars, art. 11.

48. — Lorsque, pour compléter le nombre des domiciliés, on a ajouté un certain nombre d'électeurs supplémentaires, si avant la clôture définitive de la liste un arrêté du préfet ordonne l'inscription d'un électeur censitaire domicilié, indûment omis, il y a lieu de retrancher de la liste le dernier des électeurs supplémentaires. — *Cons. d'état*, 22 août 1842, élect. de Bricqueville.

49. — En conséquence, il n'appartient pas au maire de décider, après la clôture définitive, que cet électeur sera maintenu au lieu et place d'un électeur censitaire qui a cessé d'habiter la commune. — Même décision.

50. — Si l'électeur supplémentaire ainsi maintenu a été élu membre du conseil municipal, son élection doit être annulée. — Même décision.

51. — Mais il n'y a pas lieu d'annuler l'élection des autres conseillers, à raison de la part qu'il a prise aux opérations électorales, si, déduction faite de son vote, ces conseillers ont réuni la majorité absolue. — *Cons. d'état*, 22 avr. 1842, élect. de Bricqueville ; 16 juin 1841, élect. de Vaissac.

52. — *Publication des listes.* — Le 8 janvier les listes électorales doivent être publiées et affichées dans la commune et déposées au secrétariat de la mairie pour y être communiquées, durant un mois, à tout requérant. — L. 21 mars 1831, art. 33, 34 et 40.

53. — Ces diverses prescriptions tendent à donner à chaque citoyen de la commune la faculté de contrôler la désignation des citoyens appelés à exercer les droits électoraux, de réclamer son inscription, si elle a été omise indûment, ou la radiation des personnes qui lui paraîtraient ne point devoir figurer sur la liste ; elles garantissent ains la sincérité des élections et de la représentation communale. — Bost, t. 1er, no 129 ; Dufour, t. 3, no 1496.

54. — Les mêmes motifs demandent qu'il y ait, au moins, deux copies : l'une pour être affichée, et l'autre pour être communiquée au secrétariat de la mairie. — L. 21 mars 1831, arg. art. 33.

55. — Dans les communes importantes on en fait un plus grand nombre. Ces listes sont affichées dans les lieux destinés à la publication des actes de l'autorité ; autrement la publicité qu'elles doivent recevoir serait très imparfaite, et le but que s'est proposé le législateur serait complètement manqué.

56. — Peu importe, du reste, que les listes soient copiées à la main ou lithographiées (circ. min. 10 mai 1831), ou même imprimées. Le résultat voulu, la publicité, est obtenu par l'un comme par l'autre moyen.

57. — Les listes sont donc, en quelque sorte, provisoires durant un certain laps de temps ; on peut, en effet, les modifier, soit en y inscrivant des citoyens indûment omis, soit en retranchant les noms d'individus qui ne devaient pas y être portés. — L. 21 mars 1831, art. 34.

#### § 2. — *Rectification des listes. — Droit de réclamation.*

58. — Tout individu omis peut, pendant un mois à dater de l'affiche, présenter sa réclamation à la mairie. — L. 21 mars 1831, art. 24.

59. — Dans le même délai tout électeur inscrit sur la liste peut réclamer contre l'inscription de tout individu qu'il croirait indûment porté. — *Ibid.*

60. — Mais ces dispositions sont limitatives.

61. — Ainsi, la loi ne reconnaît qu'aux individus omis sur les listes le droit de réclamer leur inscription. — *Cons. d'état*, 6 juin 1844, Péchard-Oudin.

62. — ... Et aux électeurs inscrits celui de provoquer la radiation d'individus indûment inscrits. — *Cons. d'état*, 17 nov. 1843, élect. de Lastic-Saint-Jal. — Tous autres réclamans sont sans intérêt.

63. — Mais, du reste, il n'y a aucune distinction à faire entre les diverses questions que soulève la réclamation ; elles peuvent porter sur une erreur de fait, sur un faux calcul, sur une difficulté relative soit à l'attribution des contributions, soit à la jouissance des droits civiques ou civils, soit au domicile réel ou politique, soit au cens, soit enfin à toute autre matière. — Dufour, t. 3, no 1497.

64. — Toutefois, les réclamations fondées uniquement sur de prétendues irrégularités de formes qui auraient été commises dans la formation de ces listes doivent être rejetées. — *Cons. d'état*, 17 nov. 1843, Lastic-Saint-Jal.

65. — Les réclamations doivent être présentées à la mairie. — *Cons. d'état*, 12 avr. 1844, élect. de Lannoy Cuillère.

66. — Par conséquent, lorsque des individus qui se prétendent injustement omis sur la liste électorale, au lieu de porter d'abord leur réclamation devant le maire, sauf à appeler de sa décision devant le préfet, conformément aux art. 34 et 36, L. 21 mars 1831, réclament directement devant le préfet, celui-ci ne peut, sans excès de pouvoirs, statuer sur leur demande. — *Cons. d'état*, 7 avr. 1841, Maillard.

67. — Cependant, si une réclamation avait été déposée dans les délais au domicile de l'instituteur et secrétaire de la mairie, spécialement désigné à cet effet par l'arrêté du maire, il devrait y être fait droit. — *Cons. d'état*, 18 janv. 1844, Gougeon c. Lebesquier.

68. — Il n'est pas nécessaire que l'individu qui a été omis présente lui-même à la mairie sa réclamation ; il peut le faire par l'intermédiaire d'un mandataire.—*Cons. d'état*, 20 fév. 1835, Darmin ;— Cormenin, v° *Elections municipales*, t. 2, p. 120 et les notes ; Chevalier, *cod. verb.*, t. 2, p. 29.

69. — Celui-ci n'est même pas tenu de représenter un mandat spécial ; il n'a besoin que d'un mandat verbal ; et celui-ci est suffisamment justifié par les pièces dont le mandataire est porteur. — *Cons. d'état*, 20 fév. 1835, Darmin ;—Bost, t. 1er, n° 132.

70. — Les formes relatives à la réception des réclamations prévues par l'art. 34, L. 21 mars 1831, sont analogues à celles prescrites relativement aux réclamations en matière d'inscription sur les listes des colléges électoraux. — V. ÉLECTIONS LÉGISLATIVES.

71. — Dans les villes, surtout dans les villes importantes, les réclamations sont en général nombreuses ; il est nécessaire d'avoir un registre de réclamations et des récépissés signés du maire. — Mais dans les petites communes, où il y a peu de réclamations et moins de chances d'erreur, ces formes peuvent être simplifiées. — Bost, t. 1er, n° 133.

72. — Aucune disposition de loi n'exige que les demandes en radiation aient été notifiées par le réclamant aux parties intéressées. Dès-lors, le maire ne peut refuser de faire droit à ces réclamations à raison du défaut de notification. — *Cons. d'état*, 25 avr. 1842, élect. de Pourrières.

73. — Toutefois il convient de faire connaître à celui dont on réclame la radiation la demande formée contre son inscription, afin qu'il puisse présenter ses moyens de défense ; il y aurait même une sorte d'injustice à prendre une décision sans qu'il fût entendu. Le maire devra donc veiller à ce que la demande en radiation soit portée à la connaissance de la personne intéressée. — Bost, t. 1er, n° 132.

74. — Le délai d'un mois, à compter de l'affiche des listes, une fois expiré, toute réclamation est tardive.— *Cons. d'état*, 12 avr. 1844, élect. de Lannoy-Cuillère ; 6 juin 1844, Péchard-Oudin ; 17 mai 1844, élect. de Guizerix ; 30 mai 1844, élect. de Granville-Larrivière ; 9 juin 1842, élect. de Beaucaire.

75.— Toutefois, les délégations de contributions consenties par les veuves ou aïeules au profit d'un de leurs descendans, à l'effet de lui conférer le droit d'être inscrit sur les listes des électeurs municipaux, interviennent valablement jusqu'à la clôture des listes.— *Cass.*, 6 janv. 1841 (t. 1er 1841, p. 123), Landes c. maire de Salles-Aude ; 15 janv. 1838 (t. 1er 1838, p. 422), préf. de l'Eure c. Fondière ; — *Cons. d'état*, 9 juin 1843, Galine.

76. — En effet, l'art. 34, L. 21 mars 1831, qui déclare tardive toute réclamation postérieure au 8 fév., ne concerne que les réclamations pour omission ou pour inscription indûment faite, et ne peut être invoqué pour repousser, par fin de non-recevoir, la demande d'inscription résultant de délégations postérieures au 8 janv.

77. — Dans tous les cas, le délai d'un mois ne commence à courir que le lendemain du jour de l'affiche des listes. — *Cons. d'état*, 15 sept. 1843, Lebon.

78.— Ce délai n'est fatal que pour le recours devant le maire ; car l'art. 42, en disant que les difficultés relatives aux attributions de contributions seraient portées devant les tribunaux, ne fixe pas de délai ; il a donc voulu que le recours aux tribunaux fût ouvert jusqu'à la clôture définitive de la liste.

79.— En conséquence, les réclamations dirigées contre l'inscription d'un électeur communal pour insuffisance de cens peuvent être formées devant les tribunaux civils jusqu'à la clôture définitive des listes. — *Cass.*, 30 mai 1843 (t. 2 1843, p. 360), Suzzoni c. Favelli.

80. — *Compétence.*—L'autorité compétente pour juger le mérite de la réclamation varie selon les motifs sur lesquels repose le recours. Ainsi, l'autorité administrative est en général appelée à résoudre la difficulté. Mais cette règle reçoit exception dans le cas où il s'agit de questions relatives, soit à l'attribution des contributions, soit à la jouissance des droits civils ou civiques et au domicile réel ou politique. Ces questions doivent, en effet, être portées devant les tribunaux civils de première instance.

81. — *Compétence administrative.* — Le maire prononce sur la réclamation dans le délai de huit jours, après avoir pris l'avis d'une commission de trois membres du conseil, délégués à cet effet par le conseil municipal. — L. 21 mars 1831, art. 35.

82. — Il est compétent pour statuer sur les questions relatives à la confection des listes. — *Cons. d'état*, 21 juin 1833, Lamblin ; 22 fév. 1833, Montpeyroux ; 6 juin 1844, Péchard-Oudin.

83. — Ses décisions sont motivées ; il doit y être dit que la commission du conseil a donné son avis. — Bost, t. 1er, n° 133 ; Dufour, t. 3, n° 1499.

84. — Cependant le refus par le conseil municipal de désigner une commission de trois membres pour donner son avis sur les réclamations ne peut faire obstacle à ce qu'il soit statué par le maire. — *Cons. d'état*, 30 déc. 1843, élect. de Blanville ; 5 déc. 1837. Mathey.

85. — Celui-ci, dans ce cas, pourrait décider seul, après avoir pris l'avis d'une commission de trois conseillers municipaux nommés par lui. — *Cons. d'état*, 30 déc. 1843, élect. de Blanville.

86. — La décision du maire doit être notifiée dans le délai de huit jours, à compter de la réclamation. — L. 21 mars 1831, art. 35 ; — Bost, t. 1er, n° 133.

87. — La notification est faite par le garde champêtre, l'appariteur de la commune, ou, s'il n'y a ni appariteur ni garde champêtre, par le maire ou l'adjoint. Elle est portée à la résidence des parties intéressées, si elles habitent la commune, et à celle de son fermier, locataire ou correspondant habituel, s'il s'agit d'un contribuable forain. Elle peut aussi se faire par lettres.—Bost, t. 1er, n° 133 ; Dufour, t. 3, n° 1499.

88. — La décision intervenue sur une demande en radiation doit être notifiée au demandeur en radiation et à l'individu maintenu ou rayé (Circul. min. 10 mai 1831 ; — Bost, t. 1er, n° 133), afin qu'ils puissent, s'ils le jugent convenable, se pourvoir contre la décision.

89. — Les réclamations étant recevables pendant un mois, et le maire ayant huit jours pour statuer, il en résulte que ses pouvoirs durent trente-huit jours.—Bost, t. 1er, n° 135 ; Dufour, t. 3, n° 1501.

90. — Il peut arriver que pendant cet intervalle des électeurs inscrits viennent à décéder, ou à perdre les avantages d'où naissent les droits électoraux ; que d'autres acquièrent ces avantages, et que cependant telle personne ne réclame soit l'inscription, soit la radiation. Faut-il laisser les listes dans cet état d'imperfection, ou bien le maire peut-il les modifier d'office?

91. — A l'égard des citoyens qui, soit par succession, avancement d'hoirie, donation ou nomination à des fonctions désignées au § 2 de l'art. 11, acquerraient, dans cet intervalle, la capacité électorale, il est inutile que le maire les inscrive d'office ; ils peuvent réclamer eux-mêmes leur inscription.—Circul. min. 10 mai 1831 ;—Bost, t. 1er, n° 135.

92. — Mais quant aux radiations, elles peuvent, d'après l'administration, être opérées d'office par le maire, assisté de la commission du conseil municipal ; parce qu'il est raisonnable d'admettre que le maire ainsi assisté puisse rayer, par arrêtés motivés, les électeurs dont il s'agit. — Circul. min. 10 mai 1831 ; — Bost, t. 1er, n° 136.

93. — Toutefois, il est difficile de découvrir une base sur laquelle on puisse asseoir ce droit de radiation d'office. Le vœu de la loi est que les listes, une fois dressées, soient fixes et permanentes ; c'est pour cela qu'elle a expressément déterminé durant quel temps et dans quelle forme on pourrait procéder à la radiation. En dehors de ce temps et de ces formes, l'autorité préposée à leur confection est incompétente et sans pouvoir.—Dufour, t. 3, n° 1502.

94. — En outre on peut, en suivant les règles de l'analogie et de la logique, comparer, à cet égard, le travail du maire, en conseil municipal, à celui que fait, pour les listes des colléges électoraux, le préfet en conseil de préfecture ; or, le préfet ne peut opérer la radiation d'office ; le maire est donc incompétent pour y procéder ; d'ailleurs, ce pouvoir serait exorbitant ; et nul ne pourrait souvent présenter ses moyens pour s'opposer à cette radiation. — Il faudrait donc, ce nous semble, un texte précis et positif qui attribuât au maire un tel pouvoir ; or, il n'existe nulle part. Il y aura, sans doute, quelque chose d'anormal à voir figurer sur les listes le nom de tels individus ; mais cet inconvénient, cette anomalie peuvent survenir après la clôture des listes et néanmoins ils doivent alors être maintenus ; c'est une imperfection qui résulte de la nature des choses et contre laquelle on ne peut rien, à moins que les listes ne soient toujours en permanence et soumises à une vérification journalière.

95. — A plus forte raison le maire ne peut-il faire aucune rectification aux listes électorales après le 16 février ; et l'électeur qu'il aurait rayé après cette époque n'en devrait pas moins être admis à voter.—*Cons. d'état*, 14 juill. 1841, élect. de Pondaurat.

96. — Lorsque, sur une réclamation formée contre la liste électorale, le maire, au lieu de prononcer lui-même dans les huit jours, comme le veut la loi du 21 mars 1831, art. 35 et 36, s'est borné à décider qu'il en serait référé au préfet, et que, par suite, le réclamant a soumis à ce fonctionnaire ses moyens à l'appui de sa réclamation, le préfet se trouve régulièrement saisi, et statue valablement sur la réclamation. — *Cons. d'état*, 22 avr. 1842, élect. de Troo.

97. — Il est bon que tout changement opéré sur les listes soit manifesté par la voie de la publication ; tout soupçon d'erreur ou de fraude sera ainsi banni. Mais il n'est pas nécessaire que le maire affiche toutes ces décisions ; il doit réunir, dans un tableau de rectification, le résultat des décisions qu'il a rendues dans les trente-huit jours écoulés depuis la publication de la liste, ainsi que les arrêtés qui auraient été rendus par le préfet, en conseil de préfecture. L'opération, est du reste, purement matérielle.

98. — *Appel au préfet en conseil de préfecture.* — Toute partie qui se croit fondée à contester une décision rendue par le maire peut en appeler devant le préfet dans le délai de quinze jours.—L. 21 mars, art. 36.

99. — Jugé que ce délai commence à courir du jour de l'affiche du tableau de rectification. — *Cons. d'état*, 23 nov. 1832, Bassignot.

100. — Il s'applique à tous les électeurs, sans distinction, soit adjoints, soit censitaires, et spécialement aux officiers de la garde nationale.—*Cons. d'état*, 19 oct. 1837, Moulin.

101.—Le conseil de préfecture seul ne peut connaître des opérations relatives à la confection des listes électorales. — *Cons. d'état*, 2 juill. 1836, Feuliès et Marmès.

102. — Ce droit n'appartient qu'aux préfets en conseil de préfecture. — *Cons. d'état*, 22 fév. 1833, électeurs de Montpeyroux ; 21 juin 1833, Lamblin.

103. — On ne saurait adresser directement au préfet une réclamation ; elle doit être portée d'abord devant le maire. — *Cons. d'état*, 21 juin 1833, Lamblin ; 30 juin 1842, Astruck c. Maroy ; 1er août 1837, Baudot ;— Dufour, t. 3, n° 1504.

104. — Jugé qu'il y aurait lieu d'annuler l'arrêté du préfet qui aurait ordonné l'inscription sur la liste des électeurs communaux d'individus qui y avaient été omis, en se fondant sur un rôle supplémentaire des contributions irrégulièrement dressé. — *Cons. d'état*, 25 avr. 1842, élections de Pourrières.

105. — Mais le fait que, par un premier arrêté pris en conseil de préfecture, le préfet avait d'abord maintenu un électeur sur les listes électorales par le motif que les réclamations formées contre son inscription n'étaient pas suffisamment justifiées, ne fait point obstacle à ce que postérieurement, sur la production de nouveaux documens, et avant l'expiration du délai formé pour la clôture des listes, il ordonne la radiation de cet électeur. — *Cons. d'état*, 14 juill. 1841, Jouvencel.

106. — La réclamation formée contre une décision du maire qui a maintenu un individu sur la liste des électeurs municipaux doit être déclarée non-recevable si elle a été introduite hors des délais fixés. — En conséquence, il y a lieu d'annuler l'arrêté du préfet qui a fait droit à une telle réclamation. — *Cons. d'état*, 28 janv. 1841, Cabiran.

107. — La loi n'a tracé aux préfets aucune règle de procédure à suivre pour les réclamations qui leur sont soumises contre la teneur des listes. Voici les instructions que donnait à ce sujet le ministre de l'intérieur à ces fonctionnaires dans sa circulaire du 10 mai 1831.

108. — « Les réclamations qui seraient portées devant vous, et que vous auriez à juger en conseil de préfecture, devront être inscrites sur un registre, et vous leur appliquerez les garanties établies pour les listes des membres des colléges électoraux, par la loi du 19 avr., qui les a empruntées à celle du 2 juill. 1828 ; mais cette application n'étant

pas prescrite textuellement par la loi du 21 mars, ne pourra être faite que par voie administrative, et vous n'avez pas le droit de l'imposer aux parties. Ainsi, lorsqu'un tiers réclamera contre une décision du maire qui aura rejeté une demande en radiation qu'il aurait formée, vous ne devrez pas lui demander la preuve qu'il a notifié sa demande à l'intéressé, ainsi que le prescrit l'art. 26 de la loi du 19 avr., mais vous communiquerez vous-même cette demande à l'intéressé, en l'invitant à répondre dans le délai de dix jours. S'il s'agit d'un contribuable non domicilié dans votre département, vous ferez la communication au domicile ci-dessus, à moins qu'il ne vous paraisse plus prompt de lui écrire à sa résidence habituelle. »

**109.** — Les pièces sont communiquées sans déplacement; les arrêts motivés et puis notifiés au maire et aux parties intéressées. — Dufour, t. 3, n° 1505.

**110.** — Sur le vu de la notification de la décision préfectorale intervenue, le maire fait sur la liste la rectification prescrite. — L. 21 mars 1831, art. 37.

**111.** — Cette notification ne saurait être remplacée; elle est de rigueur; car elle seule peut motiver un changement sur la liste. Par conséquent les électeurs dont la radiation a été prononcée doivent être maintenus sur les listes, si le jugement n'a été notifié ni au maire ni aux parties intéressées. — *Cons. d'état*, 10 juin 1835, Rastout.

**112.** — Mais il n'est pas nécessaire, ce nous semble, que cette notification ait eu lieu en double; il suffit que la signification ait été faite soit au maire, soit à une des parties intéressées, car il y a raison suffisante d'opérer le changement, et la partie intéressée ne doit point souffrir du retard apporté aux autres envois.

**113.** — Si la rectification a pour objet l'application du § 2e de l'art. 11, le maire n'a qu'à rayer le nom de l'un des inscrits, ou à inscrire le nom d'un électeur omis. Dans le cas où la rectification est relative à un censitaire, le maire doit pourvoir à ce que, la radiation ou l'inscription du censitaire opérée, le nombre des censitaires et des domiciliés soit conforme au nombre exigé par les art. 11 et 12; et, assisté de la commission du conseil municipal, il désigne l'électeur qui sera inscrit ou rayé sur la liste pour céder sa place au nouveau venu ou occuper celle qu'il laisse vacante. Ensuite il notifie l'inscription ou la radiation aux parties intéressées. — Bost, t. 1er, n° 134.

**114.** — *Recours au conseil d'état.* — La nécessité d'une prompte décision, le silence de la loi qui règle les délais dans lesquels le préfet doit être saisi, tandis qu'elle ne s'est point occupée de donner un délai pour le recours, l'analogie avec ce qui a lieu dans certains cas de l'art. 42 pour les tribunaux qui jugent en dernier ressort après le maire, toutes ces raisons ont porté certains auteurs à penser que les arrêtés préfectoraux ne pouvaient point être attaqués par la voie du recours en conseil d'état.

**115.** — Néanmoins nous pensons que, malgré l'absence d'une disposition expresse de la loi, le principe général qui ne fait du préfet qu'un agent essentiellement subordonné pour toutes ses attributions, et qui donne aux citoyens la garantie du recours au conseil d'état contre ceux de ses actes qui conservent un caractère juridique doit ici rester intact et conserver tout son empire. Le conseil d'état lui-même a supposé l'existence de ce droit de recours.

**116.** — Ainsi il a décidé que le maire d'une commune a le droit, en sa qualité d'électeur de ladite commune, de se pourvoir contre les arrêtés du préfet qui ordonnent l'inscription sur la liste électorale d'individus qui y avaient été omis. — *Cons. d'état*, 7 avr. 1841, Maillard.

**117.** — Mais le maire qui a prononcé sur la réclamation d'un électeur, en vertu de l'art. 33 de la loi du 21 mars 1831, est sans qualité pour se pourvoir devant le conseil d'état contre l'arrêté qui a réformé sa décision. — *Cons. d'état*, 29 juin 1844, Barquet; 15 août 1834, Bigoy; 23 juill. 1840, Cheux; 5 déc. 1837, élect. de Tournay (Hautes-Pyrénées); 12 avr. 1844, Ferragus.

**118.** — Ce que la loi refuse au maire en cette matière, c'est de se pourvoir dans un intérêt administratif. Et ce droit lui est refusé, non seulement dans le cas où il aurait statué lui-même sur le point en litige, mais encore lorsqu'il n'y aurait pas statué. — *Cons. d'état*, 11 juill. 1844, élect. de Vieux d'Izenave.

**119.** — Mais pour que le pourvoi puisse être admis, il faut que les réclamations aient été portées d'abord devant le maire, puis devant le préfet en conseil de préfecture. A défaut de justification de l'accomplissement de cette prescription de la loi, le pourvoi au conseil d'état doit être rejeté. — *Cons. d'état*, 30 mai 1844, Dumon.



**120.** — Il n'y aurait pas lieu, par le conseil d'état, de statuer sur les moyens qui n'auraient été produits ni devant le maire, ni devant le préfet. — *Cons. d'état*, 25 avr. 1842, élect. de Pourrières; 8 mai 1841, élect. de Normanville.

**121.** — ... Ni par conséquent sur une demande nouvelle. — En conséquence, lorqu'après avoir demandé en première instance l'inscription sur les listes électorales d'individus qui y avaient été omis, et sur le pourvoi formé contre l'arrêté préfectoral qui a rejeté leur réclamation, des électeurs, sans reproduire devant le conseil d'état leur première demande, attaquent la confection desdites listes pour cause d'irrégularité, leurs conclusions doivent être rejetées comme constituant une demande nouvelle qui n'a point subi le premier degré de juridiction. — *Cons. d'état*, 16 août 1843, élect. de Maricourt.

**122.** — Le pourvoi devant le conseil d'état doit être formé dans le délai de quinze jours.

**123.** — Toute réclamation contre la teneur des listes électorales doit être rejetée lorsqu'elle n'est pas justifiée : la preuve est à la charge du demandeur. — *Cons. d'état*, 15 sept. 1843, Lebon.

**124.** — Des élections ne peuvent être querellées sous le prétexte que des arrêtés préfectoraux auraient indûment rayé plusieurs individus de la liste des électeurs, si ces arrêtés n'ont pas été attaqués en temps utile. — *Cons. d'état*, 26 avr. 1814, élect. de Méry-ès-Bois.

**125.** — *Compétence judiciaire.* — Si les réclamations soulèvent des difficultés relatives soit à l'attribution des contributions, soit à la jouissance des droits civiques et civils ou au domicile réel et politique d'un électeur, elles doivent être portées devant le tribunal civil de l'arrondissement qui statue en dernier ressort. — L. 21 mars, art. 42.

**126.** — C'est donc aux tribunaux civils, et non point à l'autorité administrative, qu'il appartient de prononcer sur la question de savoir : 1° si un électeur municipal a son domicile réel dans la commune où il veut exercer ses droits. — *Cons. d'état*, 14 juill. 1841, Jouvencel; 15 sept. 1843, Petit de Reimpré.

**127.** — ... Ou si un électeur domicilié dans une section est à tort désigné sur la liste comme domicilié dans une autre. — *Cass.*, 17 fév. 1836, maire de Toulouse c. Laffond et Duclos.

**128.** — Le préfet est incompétent pour opérer la radiation d'un individu de la liste des électeurs municipaux à raison de son changement de domicile. — *Cons. d'état.*, 15 sept. 1843, Petit de Reimpré.

**129.** — ... 2° Si celui qui prétend se prévaloir, pour former son cens électoral, de tout ou partie des contributions imposées sur certains biens, les cultive lui-même comme fermier ou en est réellement propriétaire. — *Cons. d'état*, 14 juill. 1841, Jouvencel.

**130.** — ... 3° Si les contributions qui ont été comptées à un individu, tant pour ses biens personnels que pour ceux qu'il possède par indivis avec sa sœur, ou qui ont pu lui être affermés par elle, doivent lui être attribuées. — *Cons. d'état*, 5 fév. 1841, Comerés; 14 juill. 1841, Jouvencel; 22 avr. 1842, élect. de Troo.

**131.** — ... 4° Si des individus peuvent se prévaloir de contributions d'immeubles à eux affermés; à qui appartient l'usufruit des biens d'un défunt; si des délégations faites au profit de certains individus doivent leur être comptées. — *Cons. d'état*, 25 avr. 1842, électeurs de Pourrières; 5 fév. 1841, Comerès; 14 juill. 1841, Jouvencel.

**132.** — ... 5° Quelle est la quotité d'impôts dont un individu peut se prévaloir pour la formation de son cens électoral, à raison de la part à lui affectée dans la succession de sa mère. — *Cons. d'état*, 8 mai 1841, Dubois.

**133.** — ... 6° Si un fermier exploite par lui-même les terres qu'il a affermées, et si, par conséquent, on doit lui compter pour son cens électoral le tiers des contributions qui grèvent ses terres. — *Cons. d'état*, 14 juill. 1841, Jouvencel.

**134.** — ... 7° Si les prestations en nature doivent être comptées pour former le cens électoral communal. — *Cass.*, 3 juin 1840 (t. 1er 1844, p. 779), Mathias c. maire de Mercin.

**135.** — Les juges peuvent décider, d'après les circonstances de la cause, qu'une partie des contributions imposées à une habitation commune est payée par tel ou tel de ceux qui habitent en commun, et doit entrer dans la composition de son cens électoral. — Leur décision, à cet égard, échappe à la censure de la cour de cassation. — *Cass.*, 6 août 1838 (t. 2 1838, p. 324), maire d'Ecouis c. Cuisinier.

**136.** — Les difficultés relatives aux attributions d'impôt peuvent être portées directement devant les tribunaux civils, sans qu'il faille atten-



dre la décision préalable du maire. — *Cass.*, 30 mai 1843 (t. 2 1843, p. 360), Suzzoni c. Savelli; 9 sept. 1832, Gauthier c. Chaillon; 23 juill. 1839 (t. 2 1839, p. 423), Malbos c. Bargeton.

**137.** — Mais on peut également attendre la décision du maire avant de porter la contestation devant l'autorité judiciaire qui maintient ou annule alors l'arrêté du maire.

**138.** — Le principe général qui attribue au préfet la connaissance comme juge d'appel de décisions municipales reçoit dans ce cas exception.

**139.** — Une circulaire ministérielle du 10 mai 1831 avait décidé que l'appel devant le préfet devait précéder le recours au tribunal civil; mais le ministre de l'intérieur est revenu lui-même sur cette opinion dans une seconde circulaire du 12 déc. 1831.

**140.** — Et la cour de Cassation s'est prononcée dans le même sens. — *Cass.*, 21 mai 1834, Villecroze; 15 juill. 1840 (t. 2 1840, p. 488), Corréa de Serra c. de Biville.

**141.** — Elle a même jugé que si la partie lésée, au lieu de profiter de la voie que la loi lui ouvre, a préféré celle administrative en soumettant son recours au préfet, la décision confirmative qui intervient, absorbant l'arrêté du maire, ne laisse plus de place à la compétence civile, laquelle n'existe qu'en vue (et spécialement) des arrêtés rendus par le maire. — *Cass.*, 6 avr. 1835, Benech.

**142.** — Ce n'est plus en effet l'arrêté du maire, mais la décision du préfet qu'il faut attaquer. — *Cass.*, 24 août 1843 (t. 2 1843, p. 657), Rousseau c. maire de la ville de Bois.

**143.** — Toutefois, lorsqu'un citoyen a obtenu par un arrêté du préfet la réformation d'une décision du maire qui l'avait rayé de la liste des électeurs communaux comme ne payant pas le cens, les tiers inscrits sur la liste peuvent, nonobstant l'arrêté du préfet, demander devant le tribunal de première instance la radiation pour défaut de cens, de l'inscription de ce citoyen. — L'existence de l'arrêté du préfet ne saurait être opposée aux tiers qui, pour premier exercice de leurs droits, saisissent les tribunaux des questions que l'art. 42, L. 21 mars 1831, leur a expressément réservées. — *Cass.*, 8 janv. 1838 (t. 1er 1838, p. 203), préfet de l'Hérault c. Moulin.

**144.** — *Procédure.* — L'exploit introductif d'instance doit être notifié dans les dix jours, tant au maire ou au préfet qu'aux parties intéressées. — L. 2 juill. 1828, art. 18.

**145.** — Ces dix jours ne courent que du jour d'une notification régulière. En conséquence, la déchéance ne pourrait être valablement prononcée contre celui qui aurait laissé passer plus de dix jours sans réclamer depuis la signification faite à son prétendu mandataire. — *Cass.*, 24 mai 1843 (t. 2 1843, p. 216), maire de Saint-Nazaire c. Blanc et Fouilhé.

**146.** — C'est contre le maire seul, et non contre le préfet, que doivent être dirigées les demandes relatives aux difficultés dont la connaissance est attribuée aux tribunaux civils, alors même que l'action ne serait intentée qu'après un arrêté du préfet par lequel ce magistrat, saisi d'abord de la réclamation, se serait déclaré incompétent. — *Cass.*, 6 août 1838 (t. 2 1838, p. 324), maire d'Ecouis c. Cuisinier.

**147.** — L'assignation devant le tribunal civil en radiation des listes communales contre le maire personnellement, est valablement donnée par une double copie laissée au maire lui-même, en sa double qualité de défendeur personnel et de représentant de la commune : on ne peut attaquer la procédure comme irrégulière en ce que la commune n'aurait pas été assignée en la personne de son adjoint, surtout si un avoué a été constitué pour elle, et a conclu en son nom. — *Cass.*, 23 juill. 1839 (t. 2 1839, p. 423), Malbos c. Bargeton.

**148.** — « La cause doit être jugée sommairement, toutes affaires cessantes, et sans qu'il soit besoin du ministère d'un avoué; les actes judiciaires auxquels elle donne lieu sont enregistrés gratis. L'affaire sera rapportée en audience publique et le jugement sera prononcé après que le ministère public aura été entendu. » — L. 2 juill. 1828, art. 2.

**149.** — Le maire dont la décision est déférée au tribunal civil conserve la qualité de fonctionnaire administratif, et ne peut être condamné aux dépens. — *Cass.*, 20 avr. 1836, Sémonville c. préfet des Ardennes; 22 juill. 1840 (t. 2 1840, p. 524), maire de Tocqueville c. Hue; 15 janv. 1838 (t. 1er 1838, p. 422), préf. de l'Eure c. Fondière.

**150.** — Les jugemens rendus par les tribunaux sont en dernier ressort. — L. 21 mars, art. 42. — Ils peuvent seulement être déférés à la cour de Cassation.

151. — Il n'y a pas ouverture à cassation en ce qu'un tribunal n'aurait pas statué sur les réserves faites par le procureur du roi, au nom du maire, de se pourvoir en cassation, le pourvoi étant de droit. — *Cass.*, 6 août 1838 (t. 2 1838, p. 324), maire d'Ecouis c. Cuisinier.

152. — Dans tous les cas, ce défaut de prononcer ne faisant aucun grief au maire, ne pourrait motiver un recours de sa part. Le procureur du roi aurait seul le droit de l'invoquer. — Même arrêt.

### § 3. — *Clôture des listes.*

153. — Le 31 mars, le maire, assisté de la commission du conseil municipal, sans se préoccuper des affaires encore pendantes, doit procéder à la clôture des listes. Il dresse, avec son concours, un tableau de rectification dans lequel il comprend tous les changemens survenus par suite des arrêtés du préfet ou des jugemens des tribunaux, complète ou réduit la liste des censitaires ou des domiciliés, la met en rapport avec la population et prend un arrêté qui prononce la clôture définitive des listes; cet arrêté doit énoncer le chiffre de la population de la commune. — Bost, t. 1er, no 143. — Dufour, t. 3, no 1518.

154. — Les listes une fois closes, il n'y est plus fait de changement pendant tout le cours de l'année; elles constituent pour ceux qui y sont inscrits un titre irréfragable que rien ne saurait détruire ou amoindrir. — L. 21 mars 1831, art. 40; — Dufour, t. 4, no 1519.

155. — En cas d'élections, tous les citoyens portés sur les listes ont droit de voter. — L. 21 mars 1831, art. 40. — Quiconque a la capacité électorale au 31 mars conserve le droit de suffrage pendant toute l'année. — Dufour, t. 3, no 1519; Bost, t. 1er, no 143.

156. — On ne peut donc attaquer une élection par le motif que les listes électorales auraient compris un nombre d'électeurs supérieur à celui fixé par la loi, lorsque aucune réclamation contre lesdites listes n'a été formée dans les délais déterminés par la loi. — *Cons. d'état*, 14 juill. 1841, élect. de Jarret; 9 juin 1842, élect. d'Ardres.

157. — En règle générale, ce qui confère à un individu le droit électoral, c'est l'inscription sur les listes électorales, pourvu toutefois que cette inscription soit devenue définitive faute d'avoir été attaquée dans les délais prescrits par la loi. Ainsi celui qui est inscrit peut élire, bien qu'il n'ait jamais rempli ou qu'il ait cessé de remplir les conditions exigées par la loi; et réciproquement celui qui n'est pas inscrit ne peut ni élire ni être élu, encore bien qu'il se trouve dans les conditions exigées par la loi. — Cormenin, *Dr. admin.*, vo *Elections municipales*, t. 2, p. 135; Bost, *Des corps municip.*, t. 1er, no 143; Dufour, t. 3, no 1519.

158. — Il a cependant été jugé qu'un individu inscrit sur la liste des électeurs municipaux sans aucune contestation, peut voir son élection, comme membre du conseil municipal, critiquée sur le motif qu'il ne paie pas la quotité d'impôts qui a motivé son inscription sur la liste. — *Trib. de Narbonne*, 14 juin 1837 (t. 1er 1838, p. 619), Tournal c. Mathieu.

159. — Ceux qui ont été privés de leurs droits civiques par un jugement n'ont pas droit de voter, encore qu'ils soient inscrits sur la liste définitive. — L. 21 mars, art. 40.

160. — Il y a encore une exception à l'irrévocabilité des listes. Les jugemens qui interviennent sur des actions pendantes à l'époque de la clôture des listes, ont pour effet de modifier ces listes. — Dufour, t. 3, no 1520; Bost, t. 1er, no 144.

161. — Mais « c'est une question (circul. min. 10 mai 1831) de savoir si, après l'époque de la clôture, le maire pourrait faire les changemens consécutifs résultant médiatement de jugemens des tribunaux: si par exemple il pourrait, en cas de radiation d'un censitaire, appeler le plus imposé en dehors de la liste, ou réciproquement exclure le dernier censitaire à raison de l'inscription d'un contribuable plus imposé que lui. »

162. — « Le texte de la loi paraît opposé à cette interprétation, puisqu'il porte qu'après la clôture il ne sera plus fait de changement aux listes dans le cours de l'année. Il semble donc résulter de là que, si des jugemens interviennent après le 31 mars, conformément à l'art. 42, ces jugemens ne doivent avoir d'autre suite que celle qui résulte immédiatement de leur dispositif, et qu'ainsi il y a lieu d'inscrire ou de rayer l'individu qui en est l'objet, sans avoir égard à la disproportion que cette inscription ou cette radiation établit entre les nombres effectifs d'électeurs et ceux qu'exigent les art. 11 et 12. »

163. — En effet, le droit des électeurs inscrits doit être indépendant et hors des atteintes des



agens du gouvernement: c'est l'intention du législateur. Or si le maire était autorisé à modifier les listes, il pourrait tout bouleverser sous le prétexte d'harmoniser les changemens avec les droits des citoyens. — Dufour, t. 3, no 1520.

164. — Ainsi on a jugé que les élections ne peuvent être attaquées à raison de l'irrégularité des listes électorales lorsque ces listes sont définitives par le défaut de réclamations en temps utile. — *Cons. d'état*, 10 juill. 1832, Boussard.

165. — ... Que des officiers de la garde nationale inscrits sur les listes électorales n'en doivent pas moins être seuls admis à voter, bien que depuis la clôture desdites listes, d'autres officiers aient été reconnus et aient prêté serment. — *Cons. d'état*, 24 fév. 1842, élect. de Saint-Clar.

166. — ... Que, lorsque l'inscription d'un citoyen sur la liste des électeurs municipaux n'a point été attaquée dans le délai voulu par la loi, l'éligibilité qu'elle lui confère lui est définitivement acquise, encore bien qu'il ait été inscrit comme électeur qualifié sans avoir les cinq ans de domicile exigés par l'art. 11, L. 21 mars 1831. — *Cons. d'état*, 28 janv. 1841, élect. de Cannes; 22 avr. 1842, élect. de Nage et de Sorlognes.

167. — ... Que *à fortiori* son inscription sur les listes ne vicie pas les opérations électorales. — *Cons. d'état*, 15 mars 1844, élect. de Cosne.

168. — V., dans le même sens, *Cons. d'état*, 27 déc. 1844, élect. d'Écouis; 22 avr. 1842, élect. de Nage et de Sorlognes; 28 janv. 1841, élect. de Cannes; 9 juin 1842, élect. d'Ardres; 10 juill. 1832, Boussard; 1er fév. 1833, Dourthe; 24 mai 1833, Chevalier; 21 juin 1833, Pellicot; 25 oct. 1833, Baldrant; 20 janv. 1835, Sève; 10 juin 1835, Pastre; 4 fév. 1836, Duclos; 9 mars 1836, Weiss; 28 mai 1838, élect. de Saint-Paler; 14 juill. 1841, élect. de Saint-Jarret; 16 août 1841, élect. de Beaumont. — Cormenin, vo *Élect. municip.*, t. 2, p. 142.

169. — Jugé encore qu'un électeur inscrit par erreur sur une liste comme faisant partie d'une section à laquelle il n'appartient pas ne peut plus voter dans la section à laquelle il appartient lorsqu'il n'a pas réclamé en temps utile. — *Cons. d'état*, 12 avr. 1844, élect. de Strasbourg.

170. — ... Et que la demande formée contre les inscriptions sur les listes électorales hors les délais fixés par la loi doit être rejetée. — *Cons. d'état*, 18 janv. 1844, élect. de Villez-Villers.

171. — Mais si les listes électorales ont été affichées moins d'un mois avant l'époque fixée pour leur clôture définitive, les électeurs n'ayant pas eu pour contester la confection desdites listes, les délais fixés par la loi, cette irrégularité doit entraîner la nullité des élections survenues depuis. — *Cons. d'état*, 23 juin 1841, élect. de Ciré.

172. — Les listes renferment deux classes d'électeurs: 1o les électeurs censitaires; — 2o les électeurs adjoints ou qualifiés.

173. — Comme tout système électoral, celui-ci a ses bornes. La loi soumet à de certaines conditions l'exercice des droits électoraux; les unes sont communes à tous les électeurs; les autres sont spéciales soit aux électeurs censitaires, soit aux électeurs adjoints ou qualifiés.

## Sect. 2e. — *Des électeurs.*

### § 1er. — *Conditions communes à tous les électeurs.*

174. — Tout électeur municipal est soumis à deux conditions. Il doit être âgé de vingt-et-un ans accomplis, et jouir des droits civils et politiques. — L. 21 mars 1831, art. 11, 32.

175. — *Age.* — La condition relative à l'âge ne souffre point de difficulté à l'égard des électeurs censitaires; c'est précisément au paragraphe qui les concerne que le législateur a inscrit cette condition. — L. 21 mars 1831, art. 11.

176. — Il se tait en ce qui concerne les électeurs adjoints; toutefois, ce silence ne saurait avoir un sens exclusif; rien n'indiquerait la raison de cette différence; la règle est faite pour tous; les électeurs des deux classes doivent être soumis à la même condition d'âge. — Dufour, t. 3, no 1498.

177. — Comment pourrait-on, en effet, admettre à l'exercice des droits politiques l'individu qui n'a pas l'exercice des droits civils, et permettre, par exemple, au mineur en tutelle l'usage d'une faculté qui réclame la plénitude et le libre exercice des droits du citoyen? Si donc le législateur n'a pas parlé de l'âge par rapport aux électeurs-adjoints, c'est qu'il a confondu, sous ce rapport, les deux classes d'électeurs, et qu'il a pensé qu'en général ces électeurs n'auraient pas acquis les qualités requises avant l'âge de vingt-et-un ans accomplis.

178. — Mais à quelle époque les vingt-et-un ans doivent-ils être accomplis? — Tout électeur peut être inscrit sur les listes tant que celles-ci ne sont pas



closes, c'est-à-dire jusqu'au 31 mars inclusivement. Il suffit donc que la vingt-et-unième année soit accomplie à cette époque; autrement on écarterait un droit acquis. — Bost, t. 1er, p. 63.

179. — C'est, du reste, dans ce sens que la question a été décidée par une circulaire ministérielle du 10 mai 1831, par assimilation à l'art. 19, L. 19 avr. 1831, concernant les élections parlementaires. — Dufour, *Droit administratif*, t. 3, no 1484.

180. — *Droits civils et politiques.* — Les Français qui ne jouissent point des droits civils et politiques ne peuvent concourir aux élections législatives (L. 22 avr. 1831, arg. art. 1er). Bien plus, le service de la garde nationale est interdit aux individus privés de l'exercice des droits civils. Or, il y a parité de motifs à exiger la jouissance de ces droits de la part des électeurs municipaux censitaires ou qualifiés. En effet, l'électeur municipal exerce, comme l'électeur des colléges, un droit public. L'un et l'autre concourent à la constitution des pouvoirs sociaux; ils font acte de souverains, il est donc nécessaire qu'ils jouissent de la plénitude des droits civils et politiques.

181. — A ces motifs d'analogie on peut encore en ajouter d'autres tirés du texte même de la loi. — Les contribuables, dit-elle, jouissant des *droits civiques*, ont seuls droit d'être inscrits sur les listes (L. 21 mars 1831, arg. art. 32). En cas d'élections, tous les *citoyens* qui y seront portés auront droit de voter, excepté ceux qui auraient été privés de leurs *droits civiques* (même loi, art. 40); et enfin, les difficultés relatives à la *jouissance des droits civiques ou civils*, seront portées devant le tribunal civil de l'arrondissement (même loi, art. 42). — Ce langage est clair, précis et impératif.

182. — Enfin, la discussion qui eut lieu à la chambre des députés, à l'occasion de l'art. 11, L. 21 mars 1831, prouve que l'on entendait que les électeurs devaient jouir des droits civils et politiques. — Duvergier, *Collect. des lois*, t. 31, p. 88, note 3; Bost, *Organis. et attrib. des corps municip.*, t. 1er, p. 62 et 63.

183. — Quant à l'acquisition et à la perte de la qualité de citoyen ou aux causes qui suspendent l'exercice des droits attachés à cette qualité, V. CITOYEN FRANÇAIS, nos 3 et suiv.

184. — Jugé spécialement que tout individu né en France d'un étranger est Français, s'il a rempli les conditions prescrites soit par l'art. 2, constitution 22 frim. an VIII, soit par l'art. 9, C. civ., et que dès-lors il a capacité pour concourir à l'élection municipale de sa commune, s'il réunit d'ailleurs les qualités exigées par les art. 11 et 13, L. 21 mars 1831. — *Cass.*, 19 août 1844 (t. 2 1843, p. 238), maire de St-Florent c. Malsati.

185. — ... Qu'un domestique est incapable d'exercer les fonctions d'électeur municipal. — *Cass.*, 14 août 1837 (t. 2 1837, p. 413), maire de Pressigny c. Bénard.

186. — Mais la condamnation pour escroquerie ne s'oppose point à ce que celui qui l'a subie soit électeur municipal, si, d'ailleurs, il paie le cens et jouit de l'exercice de ses droits civiques; ici ne s'applique pas l'exclusion prononcée par l'art. 13, L. 22 mars 1831, sur la garde nationale. — *Cass.*, 25 août 1834, Moissinac c. Jalenques.

### § 2. — *Des censitaires.*

187. — Les électeurs censitaires sont les citoyens les plus imposés aux rôles des contributions directes de la commune. — L. 21 mars 1831, art. 11.

188. — Le cens qui confère la faculté de concourir à l'élection n'est point fixe et déterminé. Il est au contraire essentiellement variable; il peut s'élever très haut dans une commune et descendre très bas dans une autre. Il n'y a pas de cote qui classe d'une manière absolue un électeur municipal; on n'est le plus imposé que par comparaison.

189. — En règle générale, les électeurs forment le dixième de la population dans une commune de 1,000 âmes et au-dessous. Ce dixième, en prenant pour unité une population de 1,000 âmes, s'accroît de *cinq* par *cent* habitans en sus de *mille jusqu'à cinq mille*; de *quatre* par *cent* habitans en sus de *cinq mille* jusqu'à *quinze mille*; de *trois* par *cent* au-dessus de *quinze mille*. — L. 21 mars 1831, art. 11, § 1er.

190. — Il y a donc 20 censitaires pour 200 âmes; 100 pour 1,000; 125 pour 1,500; 300 pour 5,000; 700 pour 15,000, et 850 pour 20,000.

191. — Mais l'effectif de la population n'est pas toujours représenté par un nombre rond de dizaines; la manière de calculer n'est pas alors différente. Supposons, en effet, qu'il y ait dans la commune: 1o 501, 502, 503 ou 504 habitans; 2o 505, 506, 507, 508 et 509 habitans. Dans la première hypothèse, les nombres sont plus près de

500 que de 510; on compte cinquante électeurs, comme si la population n'était que de 500 âmes; dans la seconde, les nombres sont plus près de 510 que de 500, si l'on en excepte 505, qui, étant aussi éloigné de 500 que de 510, participera également au calcul le plus favorable; et dans toutes les espèces de la seconde hypothèse, il y aura 51 électeurs, comme si la population comptait 510 habitans. Ce calcul est applicable aux autres nombres. — Bost, t. 1er, no 84.

192. — Lorsque le nombre des électeurs doit être calculé à raison de *tant par cent*, la centaine commencée est censée accomplie. — *Moniteur*, chamb. des députés, séance du 19 mars 1829. — Ainsi, on ajoute (Bost, t. 1er, no 84) : un électeur de plus, depuis 1,000 jusqu'à 1,010 habitans; deux depuis 1,010 jusqu'à 1,020; trois depuis 1,020 jusqu'à 1,030; quatre depuis 1,030 jusqu'à 1,040, et cinq depuis 1,040 jusqu'à 1,100. — Cependant, le calcul ne doit jamais donner un nombre de censitaires supérieur au dixième des habitans. — Arg. L. 21 mars 1831, art. 11.

193. — Tout impôt payé par le contribuable n'est point imputé à son cens électoral. La loi ne compte à chaque électeur que les contributions qu'il paie dans la commune et qui sont portées au rôle communal; celles qu'il paie ailleurs ne peuvent lui servir à composer le cens électoral. — Duvergier, *Collect. des lois*, 1831, p. 91, note 1re.

194. — En outre, de toutes les contributions qui peuvent être inscrites aux rôles de la commune, la loi n'admet que les contributions directes. — L. 21 mars, art. 11.

195. — Au nombre des contributions directes sont : les contributions foncière, personnelle et mobilière; celles des portes et fenêtres; l'impôt des patentes; les supplémens d'impôt de toute nature, connus sous le nom de centime additionnel; le droit de vérification des poids et mesures, et le droit fixe de 1 fr. 25 c., prix de la feuille des patentes; les prestations pour les chemins vicinaux. — LL. 21 mars 1831, art. 11 et 41; 19 avr. 1831, art. 4, combinées; Circ. min. 10 mai 1831.

196. — Le citoyen qui acquiert pendant l'année courante un revenu personnel peut se prévaloir, même pour cette année, de la taxe personnelle imposée par la loi du 21 mars 1831, quoique son nom ne soit pas inscrit sur les rôles. — *Cass.*, 30 sept. 1831, Mariotte c. maire de Châtillon.

197. — Mais ne doivent être comptées à l'un des propriétaires d'une maison, pour la formation de son cens municipal, qu'en proportion de la partie qu'il habite, et non en proportion de l'étendue de ses droits, les contributions des portes et fenêtres. — Même arrêt.

198. — Les contributions mobilières doivent être comptées au propriétaire, bien qu'au moment de la formation des listes il ne soit pas encore inscrit au rôle en son nom personnel. — Même arrêt.

199. — Le taux de la patente ne doit être compté, pour la formation du cens électoral, qu'à celui qui a été régulièrement porté au rôle de ladite patente, encore bien qu'en réalité la profession soit exercée par un autre. — *Cons. d'état*, 5 fév. 1841, Comerès.

200. — Jugé qu'il faut, en outre, que l'individu inscrit justifie que la patente a été prise et l'industrie exercée un an au moins avant la clôture des listes. — *Cons. d'état*, 25 avr. 1842, élect. de Pourrières; 30 mai 1844, Groricbard. — V. d'ailleurs ÉLECTIONS LÉGISLATIVES.

201. — La loi du 21 mars 1831 (art. 14) veut que le tiers de la contribution du domaine exploité par un fermier à prix d'argent ou à portion de fruits, lui soit compté pour être inscrit sur la liste des plus imposés de la commune, sans diminution des droits du propriétaire du domaine.

202. — Elle porte en outre (art. 41) que les dispositions relatives à l'attribution des contributions contenues dans la loi du 19 avr. 1831, concernant l'élection des députés, sont applicables aux élections municipales.

203. — Mais faut-il induire de cette disposition que le fermier qui veut se prévaloir du tiers de la contribution imposée sur la ferme qu'il exploite doive justifier d'un bail ayant acquis date certaine avant les élections. La négative est décidée par une circulaire portant que, à défaut de bail authentique, la notoriété et le fait de l'exploitation peuvent fournir, en faveur du fermier, une justification suffisante pour former le cens électoral. — Circul. min. de l'intérieur, 19 juill. 1831.

204. — Toutefois, la cour de Cassation a jugé, contrairement à cette opinion, que le fermier ne peut se prévaloir du tiers de la contribution imposée sur sa ferme qu'autant que son bail a date certaine avant les élections. — *Cass.*, 25 fév. 1833, préfet de la Côte-d'Or c. Royer.

205. — ...Et que la loi du 21 mars 1831, qui compte aux locataires l'impôt des portes et fenêtres pour former le cens électoral n'a point dérogé aux règles du droit commun sur la manière de prouver un bail dont l'existence est contestée. — *Cass.*, 11 juin 1834, Maire de Corte c. Rossi.

206. — En conséquence, le tribunal qui se borne à déclarer : 1o qu'un citoyen ne produit aucun acte susceptible de le faire considérer comme locataire, et 2o à écarter de simples allégations ou attestations qu'il qualifie d'officieuses, ne viole aucune loi. — Même arrêt.

207. — Cette décision était rigoureuse et bien éloignée, ce nous semble, de faire une saine interprétation de la loi. Mais, plus tard, la cour a fait retour aux véritables principes. D'après la dernière jurisprudence, l'administration n'est point tenue de s'en rapporter à un acte authentique exclusivement; elle peut appeler tout autre genre de preuve.

208. — Ainsi, jugé que le fermier ou colon partiaire peut se prévaloir du tiers de la contribution imposée sur la ferme qu'il exploite, sans être tenu, comme en matière d'élections parlementaires, de justifier d'un bail authentique ou ayant date certaine. Il suffit que le fait de la location soit constant. — *Cass.*, 1er août 1837 (t. 2 1837, p. 172), Maire de Boin c. Potel; 16 juin 1846 (t. 2 1846, p. 137), Dode c. Chardonnay; 17 fév. 1846 (t. 1er 1846, p. 542), Grangeon c. maire de Jonquières.

209. — Le fermier peut même se prévaloir du tiers des contributions payées pour les terres qu'il exploite, quelle que soit la durée du bail; l'art. 14, L. 21 mars, qui régit la matière, n'impose aucune condition de durée. — *Cass.*, 17 fév. 1846 (t. 1er 1846, p. 542), Grangeon c. maire de Jonquières. — L'arrêt de 1837 précité n'avait eu à s'expliquer positivement qu'en ce qui concerne la forme et la preuve du bail, tandis que celui-ci repousse nettement l'application de la loi du 19 avr. 1831 au sujet soit de la forme, *soit de la durée* du bail.

210. — Mais le preneur qui tient son droit d'un bail à ferme de 99 ans n'a droit d'imputer à son cens électoral que le tiers des impôts. — *Cass.*, 23 juill. 1839 (t. 2 1839, p. 423), Malbos c. Bargeton. — Un tel bail, en effet, d'après la cour de Cassation, ne peut être considéré, à raison seulement de sa durée, comme un bail emphytéotique ou comme une constitution d'usufruit.

211. — C'est aujourd'hui une jurisprudence constante que les prestations en nature doivent être comptées dans le cens électoral. — V. ÉLECTIONS LÉGISLATIVES.

212. — Toutefois, les contributions imposées en masse à une commune par un arrêté du préfet pour la réparation des chemins vicinaux ne peuvent être comptées pour aucune portion aux habitans, afin de former leur cens électoral, tant que la répartition n'en a pas été faite entre eux. — *Cass.*, 23 juill. 1839 (t. 2 1839, p. 423), Malbos c. Bargeton.

213. — Il n'est pas nécessaire, en matière d'élections municipales, de justifier du paiement de la quotité des contributions exigées pour la composition du cens électoral un an avant la formation ou la clôture des listes. — *Cass.*, 30 avr. 1838 (t. 1er 1838, p. 619), Tournal c. Mathieu-Antoine; — de Cormenin, t. 2, p. 185.

214. — Spécialement, les délégations de contributions peuvent être comptées pour la confection des listes d'une année, encore bien que ces délégations n'aient été faites que depuis le premier janvier de ladite année. — *Cons. d'état*, 25 avr. 1842, élect. de Pourrières.

215. — Les dispositions relatives à l'attribution des contributions contenues dans les lois concernant l'élection des députés sont applicables aux élections réglées par la loi municipale. — L. 21 mars 1831, art. 41. — V. ÉLECTIONS LÉGISLATIVES.

216. — En renvoyant aux lois concernant l'élection des députés pour l'attribution des contributions, la loi du 21 mars 1831 a entendu se référer aux dispositions générales de la loi du 19 avr. 1831, notamment en ce qui touche l'assignation de l'avancement d'hoirie au titre successif. — *Cass.*, 30 sept. 1831, Mariotte c. maire de Châtillon. — V. ÉLECTIONS LÉGISLATIVES.

217. — Mais lorsqu'un même individu paie dans plusieurs communes le cens suffisant pour y être compris parmi les électeurs, cet individu doit être inscrit sur les listes électorales de ces diverses communes, et exercer dans chacune d'elles les droits électoraux. — *Cons. d'état*, 4 fév. 1836, Duclos.

218. — Lors de la discussion de la loi municipale à la chambre des députés, M. Marchal proposa d'ajouter à l'art. 11 le mot *domiciliés* après les mots *contributions directes*. M. de Tracy appuya avec chaleur cet amendement. Ses objections étaient basées sur ce principe que les intérêts de la commune ne sont pas simplement matériels, mais qu'il y a encore à statuer sur des intérêts moraux.

219. — Mais il importait, surtout pour les petites communes, d'ouvrir le conseil municipal aux citoyens éclairés propriétaires dans la commune, mais qui n'y étaient pas domiciliés. Ces observations avaient frappé la commission; elles furent développées par M. Humblot-Conté devant la Chambre, qui repoussa l'amendement.

220. — Le domicile n'est donc point au nombre des conditions absolument requises pour l'électeur censitaire. Il peut y avoir des électeurs *non domiciliés* comme des électeurs *domiciliés*. La loi du 21 mars 1831, art. 12 et 15, qui spécifie ceux-ci, suppose par cela même les premiers.

221. — Cependant, il peut arriver que les contribuables les plus imposés soient tous forains ou que les domiciliés s'élèvent à un nombre presque insignifiant; il est possible en outre qu'il n'y ait point d'électeurs adjoints. Néanmoins, il n'est pas indifférent que les électeurs soient étrangers ou domiciliés. Ceux-ci connaissent mieux les besoins et les ressources de la commune; ils ont plus à cœur les intérêts de leur pays.

222. — C'est pourquoi, bien qu'il soit vrai de dire que nul électeur censitaire n'est soumis à la condition du domicile, la loi exige qu'un certain nombre d'électeurs soient domiciliés dans la commune; il ne peut être moindre de trente, sauf le cas où il ne se trouve pas un nombre suffisant de citoyens payant une contribution personnelle. — L. 21 mars 1832, art. 12.

### § 3. — *Des capacités ou électeurs adjoints.*

223. — Indépendamment des électeurs censitaires, la loi municipale admet des électeurs *qualifiés* auxquels elle confère les droits électoraux à raison de la capacité et des lumières que leur font supposer les fonctions qu'ils remplissent ou la profession qu'ils exercent.

224. — Tels sont : 1o « les membres des cours et tribunaux, les juges de paix et leurs suppléans. » — L. 21 mars 1831, art. 11. — Ici la capacité est certaine : la fonction la suppose ou la constate; en outre les services rendus à la société méritaient cette distinction. — Bost, t. 1er, no 87.

225. — Sous la dénomination de tribunaux sont compris les tribunaux de commerce; on voulait même, à cause de leur qualité de juges, interdire à leurs membres les fonctions de maires ou d'adjoints. — Duvergier, *Collect. des lois*, t. 31, p. 87, note 2e.

226. — Les juges suppléans sont aussi électeurs; ils sont membres d'une cour ou d'un tribunal. En effet, la loi municipale interdisant les fonctions de maire ou d'adjoint aux membres des cours, tribunaux ou justices de paix, ajoute que néanmoins les juges suppléans aux tribunaux de première instance et les suppléans des juges de paix peuvent être maires ou adjoints. — L. 21 mars 1831, art. 6 et 7. — Ils sont affranchis de la prohibition; ils y étaient donc compris sans cette dispense, ils sont donc membres des cours ou tribunaux. — Dufour, t. 3, no 1489; Bost, t. 1er, no 87.

227. — Les greffiers en chef, suivant une opinion, sont électeurs municipaux; ils ont, en effet, rang de membres des cours ou des tribunaux auxquels ils sont attachés. — Décr. 6 juill. 1810; 30 janv. 1811; 24 messid. an XII; arr. 2 niv. an XI; L. 27 vent. an VIII. — En outre, pour que le § 1er de l'art. 6, L. 21 mars 1831, leur fût applicable et qu'ils fussent ainsi exclus des fonctions de maires ou d'adjoints, la chambre des députés consacra, lors de la discussion (séance du 4 fév. 1831), l'expression *membres des cours et des tribunaux*, au lieu de dire les conseillers et les juges. — *Cons. d'état* (dans ses considérans), 11 août 1841, Rochon; — Dufour, t. 3, no 1490.

228. — Néanmoins, l'intention formelle de les exclure résulte de la discussion de l'art. 11 à la chambre des députés. — En effet, M. Jules de Larochefoucauld proposa, à la séance du 10 fév., d'ajouter après *leurs suppléans* ces mots les *greffiers*; mais ce sous-amendement fut rejeté. Le lendemain M. Martin (du Nord) demanda qu'on ajoutât; *les greffiers près les tribunaux et les justices de paix, lorsqu'ils seront licenciés en droit*. Le président lui répondit « M. Jules de Larochefoucauld a proposé d'ajouter : les greffiers des tribunaux; ce sous-amendement a été rejeté; vous ne pouvez pas le reproduire » et il n'y eut pas de réclamation.

229. — « Or, dit M. Bost (t. 1er, no 87), si dans l'intention de la chambre, les greffiers avaient été compris sous le titre de membres des cours et tri-

bunaux, on n'aurait pas manqué de le faire remarquer. Mais personne ne prend la parole. On se borne à rejeter purement et simplement la proposition, et lorsqu'elle est représentée on refuse de la mettre aux voix, parce que faite une première fois elle a été rejetée. Il nous semble que de ces circonstances ressort l'intention évidente de la chambre de ne pas appeler les greffiers aux assemblées communales. »

230. — Il y aura si l'on veut, contradiction apparente du moins à comprendre les greffiers sous la dénomination de *membres des cours et des tribunaux* dans l'espèce de l'art. 6 et à leur refuser cette dénomination dans l'hypothèse de l'art. 11. Mais l'intention du législateur de les exclure n'en est pas moins formelle.

231. — Quant aux commis-greffiers assermentés, il est incontestable qu'ils ne doivent pas être considérés comme membres des cours et tribunaux près desquels ils sont attachés ; ils ne peuvent réclamer en cette qualité leur inscription sur les listes des électeurs municipaux. — *Cons. d'état*, 11 août 1841, Rochon.

232. — ... 2° Les membres des chambres de commerce, des conseils de manufactures, des conseils de prud'hommes. — L. 21 mars 1831, art. 11.

233. — En admettant les chambres de commerce et les conseils de manufactures, la loi fait, d'un côté, une juste part aux intérêts que le commerce peut avoir à défendre dans la gestion des affaires communales, et, d'un autre côté, elle a récompensé les services rendus à l'industrie. Les conseils des prud'hommes appelés à décider des différends entre les maîtres et les ouvriers méritaient aussi de jouir du privilége accordé aux chambres de commerce ; leurs membres participent d'ailleurs du caractère du juge.

234. — ... 3° « Les membres des commissions administratives des colléges, des hospices et des bureaux de bienfaisance. » — L. 21 mars 1831, art. 11. — Voués à l'éducation de la jeunesse ou au soulagement des misères de l'humanité, ils justifient par leurs travaux utiles la distinction qu'ils ont obtenue.

235. — La loi appelle les membres du bureau de bienfaisance à faire partie de l'assemblée des électeurs communaux sans subordonner l'exercice de ce droit au paiement d'un cens quelconque dans la commune. — *Cons. d'état*, 23 mai 1844, Roussière.

236. — Mais le droit accordé aux membres de bureaux de bienfaisance de siéger dans les assemblées des électeurs communaux ne s'étend pas aux maires appelés à présider ces bureaux. — *Cass.*, 25 fév. 1833, préfet d'Ille-et-Vilaine c. Lebeschu.

237. — Ainsi, un maire n'a pas le droit, comme président d'un bureau de bienfaisance et par suite de cette seule qualité, d'être inscrit sur la liste des électeurs communaux. — Même arrêt.

238. — Mais la qualité de secrétaire de la mairie n'est pas, pour le membre du bureau de bienfaisance, nue cause d'incompatibilité qui doive empêcher cette inscription. — *Cons. d'état*, 14 août 1837, Souviron c. Mariné.

239. — ... 4° « Les officiers de la garde nationale. » — L. 21 mars 1831, art. 11.

240. — De quelle époque datera le privilége accordé aux officiers de la garde nationale ? — L'organisation de la garde nationale est permanente (L. 22 mars 1831, art. 5), à moins qu'elle ne soit dissoute ou suspendue par le roi ; or, ce principe reconnu, nous dirons : ou l'officier est élu pour la première fois ou bien il est réélu.

241. — Dans la première hypothèse, cet officier doit être maintenu sur les listes électorales, encore bien qu'il n'ait pas prêté un nouveau serment et n'ait pas été reconnu comme officier, s'il a toujours continué à remplir ses fonctions et n'a pas été remplacé. — *Cons. d'état*, 16 août 1832, Caillier ; 24 août 1832, Bordenave ; 19 mai 1835, Labarthe et Danizan ; 28 janv. 1841, Pujo-ju ; 30 mars 1842, Dupin.

242. — Peu importe qu'il ne soit pas armé, équipé et habillé dans le délai de la loi. — *Cons. d'état*, 22 fév. 1844, Savy ; 16 août 1832, Caillier ; 19 juin 1835, Labarthe et Danizan.

243. — ... Et que la garde nationale dont il fait partie ait cessé d'exister de fait. — *Cons. d'état*, 30 mars 1842, Dupin.

244. — Dans la seconde hypothèse, l'officier de la garde nationale nouvellement élu ne peut être compris dans les listes électorales qu'autant qu'il a prêté serment et a été installé. Dans ce cas, les officiers remplacés doivent être maintenus sur les listes jusqu'à ce que les nouveaux se soient conformés à la loi sur ce point. — *Cons. d'état*, 27 août 1840, élect. de Saint-Clar ; — Dufour, t. 3, n° 1491.

245. — Mais si un officier a prêté serment devant le maire, alors même qu'il n'a pas été reconnu en présence de la garde nationale assemblée, faute de réunion de ladite garde, quoique convoquée à cet effet, l'officier peut user des droits accordés à son grade, et se faire inscrire sur la liste des électeurs municipaux. — *Cons. d'état*, 22 févr. 1844, Savy.

246. — Jugé que le capitaine rapporteur d'un conseil de discipline doit, comme les autres officiers de la garde nationale, être porté en cette qualité sur les listes électorales municipales. — *Cons. d'état*, 11 juin 1834, Journé.

247. — M. Bost (t. 1er, n° 90) approuve cette décision, par la raison que les rapporteurs et secrétaires jouissent du rang et du titre d'officiers (L. 22 mars 1831, art. 101), d'où il résulte qu'ils en ont les prérogatives.

248. — Cependant, selon le même auteur, les majors et adjudans-majors, quoique officiers, ne sont point électeurs, parce qu'ils sont nommés par le roi et salariés par la commune. — Bost, t. 1er, p. 190. — Peut-être pourrait-on répondre que les rapporteurs et secrétaires sont nommés par le roi comme les majors, et que cependant le conseil d'état reconnaît à ces derniers la qualité d'électeurs, — et, d'un autre côté, que si la loi déclare incompatibles les fonctions d'agent salarié par la commune et celles de conseiller municipal, elle n'étend pas l'incompatibilité aux électeurs. — Toutefois nous admettons la solution de M. Bost, et nous serions plutôt porté à l'appliquer aux rapporteurs et secrétaires, qui, n'étant pas élus par leurs concitoyens, n'offrent pas les garanties qui ont fait admettre au rang des électeurs les officiers des compagnies.

249. — L'inscription d'un électeur en qualité d'officier de la garde nationale ne peut être contestée sous prétexte qu'au moment où cet électeur a été nommé officier, il exerçait des fonctions incompatibles avec cette qualité, lorsque sa nomination, régulièrement faite, est devenue définitive par le serment auquel il a été admis à titre d'officier. — *Cons. d'état*, 3 sept. 1844, Maurel c. Isnard.

250. — La protestation formée contre l'élection d'officiers de la garde nationale admis par suite à prêter serment en cette qualité ne peut avoir d'effet suspensif, relativement à leur élection et aux droits qui en résultent pour eux ; elle ne peut, en conséquence, empêcher leur inscription sur la liste des électeurs communaux. — *Cons. d'état*, 3 sept. 1844, élect. de Macqueville.

251. — ... 5° « Les membres et correspondans de l'Institut, les membres des sociétés savantes instituées et autorisées par une loi. » — L. 21 mars 1831, art. 11.

252. — Les membres des sociétés savantes de province non autorisées par une loi ne font point partie des électeurs. Il ne suffit pas d'être un homme d'esprit et d'avoir une certaine supériorité d'intelligence ; il faut encore prouver par des actes qu'on est apte à donner de bons conseils et utile à la société. — Bost, t. 1er, n° 91.

253. — ... 6° « Les docteurs de l'une ou de plusieurs des facultés de droit, de médecine, des sciences, des lettres, après trois ans de domicile réel dans la commune. » — L. 21 mars 1831, art. 11.

254. — Les médecins reçus suivant les anciennes formes ont, sous le rapport de l'exercice de leur profession, les mêmes droits que les docteurs ; ils doivent jouir des mêmes prérogatives ; c'est en même temps de la logique et de la justice.

255. — Par suite les maîtres en chirurgie reçus suivant les anciennes formes établies en France, et qui justifient de leur diplôme et de l'accomplissement des formalités mentionnées en l'art. 22 de la loi du 19 ventose an XI, sont de droit électeurs municipaux. — *Cons. d'état*, 2 août 1838, élect. de Cazouls-lez-Béziers.

256. — Le docteur en médecine doit justifier, comme les docteurs des autres facultés, de trois ans de domicile réel dans la commune. — L. 21 mars 1831, art. 11 2°, § 6.

257. — Toutefois, le docteur en médecine qui n'a quitté le domicile où il habitait avec sa famille que temporairement pour faire ses études, et qui est venu s'y fixer après sa réception, a droit d'être inscrit sur la liste des électeurs communaux sans avoir besoin de justifier de trois années de domicile depuis son établissement en qualité de médecin. — *Cass.*, 31 juill. 1843 (t. 2 1843, p. 364), maire de Châtellerault c. Coutreau.

258. — ... 7° « Les avocats inscrits au tableau, les avoués près les cours et tribunaux, les notaires, les licenciés de l'une des facultés de droit, des sciences, des lettres, chargés de l'enseignement de quelqu'une des matières appartenant à la faculté où ils auront pris leur licence, les uns et les autres après cinq ans d'exercice et de domicile réel dans la commune. » — L. 21 mars 1831, art. 11.

259. — Il existe dans plusieurs colléges royaux et communaux des cours de droit commercial ; les licenciés en droit qui les font sont compris dans les dispositions de la loi. — Duvergier, *Collect. des lois*, année 1831, p. 92, note 1re.

260. — ... 8° « Les anciens fonctionnaires de l'ordre administratif et judiciaire, les officiers de terre et de mer jouissant d'une pension de retraite. » — L. 21 mars, art. 11. — Des hommes qui pendant trente ans ont servi leur pays soit dans la profession des armes, soit dans les fonctions de juge ou d'administrateur, ont donné des preuves de leur amour de l'ordre et du bien public ; il est juste de leur conférer l'exercice des droits civiques dans la commune où ils ont fixé leur retraite.

261. — ... 9° « Les employés des administrations civiles et militaires jouissant d'une pension de retraite de 600 fr. et au-dessus. » — L. 21 mars, art. 11.

262. — Le traitement de membre de la Légion-d'Honneur ne présente pas le caractère d'une pension de retraite ; par conséquent il ne peut entrer comme élément dans la pension de retraite de 600 fr. et au-dessus, dont les employés des administrations civiles et militaires doivent jouir pour pouvoir être inscrits à ce titre sur les listes des électeurs municipaux. — *Cons. d'état*, 15 sept. 1843, Duponchel.

263. — ... 10° « Les élèves de l'école polytechnique qui ont été, à leur sortie, déclarés admis ou admissibles dans les services publics, après deux ans de domicile réel dans la commune ; toutefois, les officiers appelés à jouir du droit électoral en qualité d'anciens élèves de l'école polytechnique ne peuvent l'exercer dans les communes où ils se trouvent en garnison qu'autant qu'ils y ont acquis leur domicile civil ou politique avant de faire partie de la garnison. » — L. 21 mars, art. 11.

264. — ... 11° « Les citoyens appelés à voter aux élections des membres de la chambre des députés ou des conseils généraux des départemens, quel que soit le taux de leurs contributions dans la commune. » — L. 21 mars, art. 11. — V. ÉLECTIONS DÉPARTEMENTALES, ÉLECTIONS LÉGISLATIVES.

265. — On avait élevé la question de savoir s'il fallait être domicilié dans une commune pour pouvoir être électeur adjoint ; on disait, pour la négative, que le domicile ne devait point faire une condition pour cette classe d'électeurs, puisque les propriétaires forains étaient admis à faire partie des électeurs par le cens et qu'il fallait se décider par l'analogie. Mais une circ. 10 mars 1831 est venue trancher la question.

266. — « L'ensemble, y est-il dit, de la discussion de la loi du 21 mars établit suffisamment que le législateur, en autorisant des adjonctions, n'a eu en vue d'appeler dans l'assemblée communale que les *habitans de la commune*, que des citoyens ayant leur *domicile réel* sur son territoire. Quelques doutes pourraient s'élever à l'égard des électeurs qui concourent à l'élection des députés, mais en consultant la séance de la chambre des députés du 14 fév. (*Moniteur* du 15, p. 316), on reconnaît que l'auteur de l'amendement qui avait pour objet de comprendre ces électeurs dans le deuxième paragraphe de l'art. 11 et un autre membre qui a parlé après lui, ont formellement énoncé qu'il s'agissait d'appeler les membres des colléges électoraux à faire partie de l'assemblée des électeurs de la commune où *ils résident*. Ainsi, un membre du collége électoral ne peut être inscrit comme adjoint, indépendamment de la quotité de sa contribution, que dans la commune de son domicile réel. » — Dufour, t. 3, n° 1493 ; Bost, t. 1er, n° 96.

267. — S'il en était autrement, à quel titre l'électeur adjoint prétendrait-il voter dans une commune plutôt que dans une autre ? Pourquoi ne serait-il pas électeur dans deux, trois, vingt communes à la fois ? Sa qualité le suit partout ; or, cette qualité serait un titre suffisant dans l'espèce.

268. — Il a été jugé, dans ce sens, que les membres des cours et tribunaux, les juges de paix et leurs suppléans qui ne réclament qu'en cette qualité leur inscription sur les listes des électeurs d'une commune, ne doivent y être portés qu'autant qu'ils ont leur domicile réel dans cette commune. — *Cons. d'état*, 22 fév. 1844, Lecocq.

269. — Les électeurs adjoints ou qualifiés et spécialement les membres des bureaux de bienfaisance doivent être portés sur les listes électorales, encore bien qu'ils ne soient en possession des fonctions qui leur confèrent la capacité électorale que depuis le 1er janv. — *Cons. d'état*, 25 nov. 1843, Brunel.

270. — L'électeur domicilié inscrit sous un faux domicile et compris dans une section dont il ne doit pas faire partie, peut être considéré comme

indûment porté sur la liste dans le sens de l'art. 34 (L. 21 mars 1831, sur l'*organisation municipale*); dès-lors les tiers peuvent réclamer contre cette fausse inscription. — *Cass.*, 17 fév. 1836, maire de Toulouse c. Laffond et Duclos.

271. — Le nombre des électeurs adjoints est essentiellement variable ; pour le déterminer on ne peut établir aucune base. Ici il est nul ou à peu près, ailleurs il sera considérable et imposant. De fait, les communes rurales n'ont presque point d'électeurs adjoints.

## Sect. 3e. — *Éligibles.*

### § 1er. — *Conditions d'éligibilité.*

272. — Pour être éligible, il faut être porté sur la liste des électeurs communaux. — Dufour, t. 3, n° 1521.

273. — Ainsi, celui qui n'est point inscrit sur la liste des électeurs ne peut pas être nommé aux fonctions de conseiller municipal.— *Cons. d'état*, 12 avr. 1833, élect. de Weissembourg.

274. — L'élection de tout individu non inscrit sur les listes au moment de l'élection est radicalement nulle. — *Cons. d'état*, 28 août 1844, Coquerelle.

275. — ... Quand même l'individu élu se prévaudrait de son inscription sur les listes dressées pour les élections parlementaires ou pour la formation du jury. — *Cons. d'état*, 12 avr. 1838, élect. de Saint-Mihiel.

276. — Il faut, en outre, que l'électeur, pour être éligible, soit âgé de vingt-cinq ans accomplis. L. 21 mars, art. 17. — Le 31 mars, jour de la clôture des listes, l'éligible doit être, sous ce rapport, assimilé à l'électeur.

277. — La loi réserve les trois quarts des siéges du conseil municipal aux électeurs domiciliés dans la commune (L. 21 mars 1831, art. 15) et les deux tiers aux électeurs les plus imposés (Même loi, art. 16). L'autre tiers est accessible à tous les citoyens, quelle que soit leur qualité, ayant droit de voter. — Même loi, même article.

278. — Ces deux dispositions doivent être combinées, autrement il n'y aurait pas d'application possible.

279. — Ainsi, nous remarquerons d'abord que la loi qui dispose que les deux tiers des conseillers municipaux seront nécessairement choisis parmi les électeurs désignés au § 1er de l'art. 11, a eu pour objet de restreindre l'éligibilité seulement à l'égard des électeurs qualifiés et non pas à l'égard des électeurs censitaires, appelés, en vertu de l'art. 12, à compléter le nombre des électeurs domiciliés dans la commune; et qu'ainsi ces derniers peuvent faire partie des deux tiers dont parle l'art. 16. — *Cons. d'état*, 18 mars 1841, élect. de Saint-Sébastien.

280. — Par exemple, soient 90 électeurs classés de la manière suivante : 60 censitaires, 30 adjoints; 70 domiciliés et 20 forains ; supposons, en outre, qu'il y ait 12 conseillers à élire : 9 conseillers, au moins, doivent être domiciliés dans la commune (L. 21 mars 1831, art. 15). De ces 9 conseillers, 8 seront nécessairement choisis sur la liste des plus imposés (même loi, art. 16), et le 9e pourra être un censitaire ou adjoint. Les 3 autres conseillers qui restent à élire pourront être pris sur toute la liste des électeurs communaux soit censitaires, soit adjoints ou qualifiés, soit domiciliés, soit forains. — Bost, t. 1er, n° 100.

### § 2. — *Incompatibilités.*

281. — Il ne suffit pas, pour être éligible, de réunir les conditions énumérées dans le paragraphe précédent, il faut encore être exempt de certaines incompatibilités, de certains empêchemens établis par la loi et résultant soit de l'exercice de certaines fonctions, soit de la qualité de non-domiciliés ou non censitaires, des conseillers déjà élus, soit de la parenté ou de l'alliance avec un de ces conseillers.

282.— 1° *Fonctions exercées par l'élu.* — Les préfets, sous-préfets, secrétaires généraux et conseillers de préfecture, les ministres des divers cultes en exercice dans la commune, les comptables des revenus communaux et tout agent salarié par la commune, ne peuvent être membres des conseils municipaux. — L. 21 mars 1831, art. 18.

283. — La loi n'exclut des fonctions de conseillers municipaux que les ministres des cultes en exercice dans la commune. Dès-lors, un ministre du culte qui n'est pas en exercice dans la commune ne peut être membre du conseil municipal, si d'ailleurs il réunit les qualités exigées. Mais il ne pourrait être maire ni adjoint ; l'art. 6 de la même loi s'y oppose formellement. — Duvergier, *Collect. des lois*, année 1831, p. 87, n° 3, et p. 93, n° 2. — *Moniteur*, 17 fév. 1831, p. 184 ; Bost, t. 1er, n° 104.

284. — Doit être considéré comme comptable des revenus communaux le gérant provisoire de la recette municipale. — *Cons. d'état*, 16 août 1832, Torte-Ostalet c. Gauran.

285. — ... Le percepteur des revenus d'établissemens subventionnés par la commune. En effet, aux termes de l'art. 12 de l'ordonnance royale du 31 oct. 1831 et de l'art. 21, § 6, L. 18 juill. 1837, les conseils municipaux doivent donner leur avis sur les comptes de ces établissemens. Si l'on admettait que leurs receveurs pussent faire partie des conseils municipaux, il en résulterait que ces comptables pourraient être appelés à contrôler leurs propres comptes. — Bost, t. 1er, n° 105.

286. — .... Un principal de collége municipal, obligé par son traité avec la commune à verser, chaque trimestre, dans la caisse municipale le montant de la rétribution d'enseignement payée par chaque élève pour le cours d'études. — *Cass.*, 2 janv. 1838 (t. 1er 1838, p. 33), Bully c. Chappon.

287. — ... Mais non le locataire d'un immeuble communal. — *Cons. d'état*, 8 mai 1841, élect. de Manosque.

288. — Ne peuvent être appelés aux fonctions de conseiller municipal comme agens salariés par la commune, l'agent-voyer secondaire d'une commune. — *Cons. d'état*, 3 sept. 1844, élect. de Négrepélisse.

289. — ... Le bibliothécaire et archiviste d'une ville. — *Cons. d'état*, 3 mai 1844, élect. de Dieppe. — S'il touche un traitement de la commune. — Bost, t. 1er, n° 106.

290. — ... Les médecins des pauvres, les professeurs, qui touchent un traitement sur le budget communal. — Bost, t. 1er, n° 106.

291. — Mais ne sauraient être considérés comme agens salariés, et, comme tels, frappés d'incompatibilité : un percepteur des contributions directes chargé du recouvrement des centimes additionnels communaux, et auquel il est alloué une remise proportionnelle. — *Cons. d'état*, 17 sept. 1838, élect. d'Orange (Vaucluse).

292. — ...Un receveur du bureau de bienfaisance, si ce receveur n'est d'ailleurs ni comptable des deniers communaux, ni salarié de la commune.— *Cons. d'état*, 8 janv. 1836, Denombret.

293. — ...L'économe d'un hospice exerçant gratuitement ces fonctions. — *Cons. d'état*, 8 mai 1841, élect. de la Ferté-Gaucher.

294. — ...Un membre du conseil de fabrique. — *Cons. d'état*, 19 avr. 1838, élect. d'Encausse.

295. — ...L'inspecteur des eaux thermales, la nomination de ces inspecteurs et la fixation du traitement qui leur est attribué appartenant à l'état. — *Cons. d'état*, 19 avr. 1838, élect. d'Encausse.

296. — ...L'horloger qui s'est engagé, moyennant un salaire annuel, à remonter l'horloge d'une commune. — *Cons. d'état*, 19 août 1835, élect. de Clyon. — Cormenin, t. 2, p. 136, n° 12. — Ou d'une église communale. — *Cons. d'état*, 22 août 1844, élect. de St-Laurent-des-eaux.

297. — ... L'électeur dont la femme exerce un emploi rétribué sur les fonds communaux. — *Cons. d'état*, 18 mai 1837, élect. de Dieppe; — de Cormenin, *ubi suprà*.

298. — L'élection comme membre d'une commission syndicale, d'un commissaire de police démissionnaire, ne peut être critiquée sous le prétexte que, postérieurement à sa démission, il aurait continué son exercice, lorsque cette prolongation de fonctions, gratuite et provisoire, a d'ailleurs cessé avant l'élection. — *Cons. d'état*, 6 déc. 1844, Bély-le-Byassan.

299. — Un même individu ne peut être membre de deux conseils municipaux (L. 21 mars 1831, art. 19), quoiqu'il puisse être électeur municipal dans plusieurs communes.

300. — Mais tant que l'élu n'a pas été installé, il est le maître de faire cesser l'incompatibilité qui l'écarterait du conseil municipal en se démettant des fonctions qui causent cette incompatibilité. — Dufour, t. 3, n° 1530.

301. — Il n'y a donc pas lieu d'annuler l'élection d'un conseiller municipal par le motif qu'il exerçait déjà les mêmes fonctions dans un autre conseil municipal, si avant l'installation du conseil auquel il a été appelé en dernier lieu, il s'est démis des fonctions qu'il remplissait dans l'autre. — *Cons. d'état*, 4 fév. 1836, Niveau c. Boiron et Poujaud.

302. — *Domicile, cens.* — Lorsque plus du tiers des conseillers municipaux a été choisi parmi les électeurs non censitaires inscrits en vertu du paragraphe 2 de l'art. 11 de la loi du 21 mars 1831, ou plus du quart parmi les non domiciliés, et qu'il y a lieu par conséquent d'opérer un retranchement, la préférence doit être déterminée par l'antériorité des élections. — *Cons. d'état*, 30 nov. 1841, élections de Poitiers.

303. — Un conseiller qui se trouve ainsi retranché ne peut se prévaloir de ses contributions pour se faire considérer comme électeur censitaire, s'il a été inscrit sur la liste électorale, non pas en vertu desdites contributions, mais simplement comme électeur qualifié. — *Cons. d'état*, 30 nov. 1841, élect. de Poitiers.

304. — *Parenté, alliance.* — Dans les communes de cinq cents âmes et au-dessus, les parens au degré de père, de fils, de frère, et les alliés au même degré ne peuvent être en même temps membres du même conseil municipal. — L. 21 mars, art. 20.

305. — L'adoption, sans doute, ne produit, en général, d'effets qu'entre l'adoptant et l'adopté; elle laisse l'adopté étranger aux parens de l'adoptant; mais il en est autrement à l'égard de l'adoptant lui-même. L'adoption (art. 348) fait naître entre l'adoptant, son conjoint ou ses descendans, et l'adopté, et réciproquement, une prohibition absolue de mariage, l'obligation réciproque de se fournir des alimens (349), les droits de succession qu'aurait un enfant légitime (350), une aggravation dans les crimes et les délits commis par l'adopté contre la personne de l'adoptant (299 et 312). L'adoptant et l'adopté sont parens en ligne directe ; l'adoptant et le conjoint de l'adopté sont donc, par une conséquence nécessaire, alliés au même degré.

306. — Il a donc été décidé avec raison que l'adoptant et le mari de l'adoptée ne peuvent être en même temps membres du même conseil municipal. — *Cass.*, 6 déc. 1844 (t. 1er 1844, p. 244), préfet du Puy-de-Dôme c. Prieur.

307. — Mais dans le cas où deux personnes incompatibles ont été élues, comment doit se déterminer la préférence? — La loi n'a rien décidé à cet égard ; la jurisprudence du conseil d'état y a suppléé.

308. — Si les élections ont été successives, si, par exemple, elles émanent de deux sections différentes, la préférence est due à la première en date. — V. en ce sens *Cons. d'état*, 23 avr., Coudron-Vandelet; 2 nov., élections de Grenade; et 28 nov. 1832, Boulet-Monteil ; 25 janv., Deloutre ; 31 juill., élect. de Solignac ; 25 oct. 1833, Baldrant ; 27 nov. 1835, élect. de Lunel ; 27 nov. 1835, Baume ; 25 mai 1841, élect. de Pontarlier.

309. — Si, au contraire, les deux élections ont été faites simultanément, c'est-à-dire par le même scrutin, la préférence doit être déterminée par le plus grand nombre de suffrages.— *Cons. d'état*, 9 mars 1836, élect. de Glandières.

310. — Jugé cependant que, dans ce cas, l'élection du plus jeune doit être annulée. — *Cons. d'état*, 11 août 1841, élect. d'Auriébat.

311. — Mais, quelles que soient les circonstances respectives dans lesquelles les deux élections ont été faites, il n'y a plus qu'à déclarer valable celle de l'autre élu, lors même qu'elle aurait été postérieure, si l'un des parens au degré prohibé renonce au bénéfice de son élection. — *Cons. d'état*, 26 fév. 1832, Debar et Lacombe ; 23 avr. 1832, Vistorte; 3 mai 1833, Bouzinac; 5 août 1841, élect. de Wolschwiller ; 11 août 1841, élect. d'Auriébat ; — Cormenin, t. 2, p. 135 ; Tomart, *Élémens de droit public et admin.*, t. 1er, n° 470 ; Bost, t. 1er, n° 159.

312. — ...Car, cette renonciation valide l'élection de l'autre parent. — *Cons. d'état*, 26 fév., Debar ; 23 avr. 1832, Vistorte ; 3 mai 1833, Bouzinac ; 11 août 1841, élect. d'Auriebat ; — de Cormenin, t. 2, p. 135, n° 11.

313. — Il en est, par exemple, ainsi, quand le parent premier nommé a déclaré par écrit, avant l'élection du second élu, se démettre de ses fonctions de conseiller municipal. — *Cons. détat*, 11 août 1841, élect. d'Auriébat.

# CHAPITRE III. — *Des opérations électorales.*

## Sect. 1re. — *Convocation des électeurs. — Assemblées électorales. — Présidence. — Bureau. — Pouvoirs du président et du bureau.*

### § 1er. — *Convocation des assemblées électorales.*

314. — Trois causes d'élection peuvent réclamer la convocation des électeurs communaux, savoir : la nécessité de pourvoir aux vacances du conseil municipal, le renouvellement triennal et la dissolution du conseil municipal. La seconde de ces

causes apparaît à une époque périodique; les deux autres n'ont point de temps précis et sont variables de leur nature. La première est volontaire ou forcée; elle est produite par la mort, l'élimination ou l'exclusion et par la démission. La troisième procède de la volonté royale. — V. au surplus CONSEIL MUNICIPAL, sect. 3e, 4e, 6e et 7e.

315. — En cas de dissolution du conseil municipal, les intérêts de la commune sont en souffrance; il y a urgence de recourir à l'élection et la loi veut que l'ordonnance de dissolution fixe l'époque de la réélection. — L. 21 mars 1831, art. 27. — Ainsi, en même temps que le conseil est dissous, les électeurs sont convoqués.

316. — Mais le gouvernement n'use du droit de dissolution que dans des circonstances difficiles et pour des causes graves; la loi le suppose, du moins. Il est donc prudent de laisser au temps le soin de calmer les esprits avant de procéder à l'élection des nouveaux conseillers; aussi, l'époque de la réélection ne sera pas nécessairement très rapprochée; il suffira qu'elle se trouve (L. 21 mars 1831, art. 27), dans les trois mois qui suivent la dissolution. — Bost, t. 1er, no 211.

317. — En cas de vacances dans l'intervalle des élections triennales, il doit être procédé au remplacement dès que le conseil municipal se trouve réduit aux trois quarts de ses membres. — L. 21 mars 1831, art. 22.

318. — Lorsqu'une partie seulement des membres du conseil municipal ont donné leur démission, il doit donc être procédé, non pas au renouvellement intégral du conseil, mais seulement au remplacement de ceux de ses membres dont le préfet a reçu officiellement la démission. — *Cons. d'état*, 16 mars 1842, élect. de Saint-Malo-du-Bois.

319. — Les conseillers ainsi nommés en remplacement ne restent en fonctions que le temps durant lequel auraient été en exercice ceux qu'ils remplacent. — V. Duvergier, sur l'art. 22, L. 21 mars 1831.

320. — Mais l'administration est-elle ou n'est-elle pas sans droit pour convoquer l'assemblée des électeurs tant que les vacances n'atteignent pas le quart des membres du conseil municipal? La question a été vivement débattue.

321. — Pour l'affirmative on s'appuie sur l'exposé des motifs présenté à la chambre des députés le 9 février 1829. Ce projet annonçait hautement l'intention que les électeurs ne fussent pas convoqués dans le cas où le nombre des conseillers excéderait la limite des trois quarts. On alléguait pour motif principal la crainte de fatiguer les électeurs par des convocations trop fréquentes.

322. — Mais cette opinion n'avait envisagé qu'un seul côté de la question; d'ailleurs elle n'avait pas été mûrie et consacrée par une discussion spéciale.

323. — Toutefois l'art. 22, L. de 1831, est rédigé dans les mêmes termes que celui du projet de 1829, et il traversa la discussion sans qu'on s'occupât de sa portée. Ce fut même dans le sens de l'exposé des motifs du projet de 1829 que les premières circulaires expliquèrent l'art. 22, L. 21 mars 1831. — Circul. min. 30 nov. 1831.

324. — Mais cette restriction offrait de graves inconvéniens; on s'en aperçut bientôt. En examinant le texte de l'art. 22, on reconnut que, s'il prescrit de convoquer le conseil municipal réduit à cette limite, il ne défend pas de le compléter avant qu'elle soit atteinte.

325. — L'économie de la loi de 1829 était favorable au complètement quand il n'y avait qu'un petit nombre de vacances. L'art. 25 n'exige, pour la validité des délibérations, que la moitié plus un des membres en exercice, au lieu des deux tiers qu'exigeait le projet de 1829; et l'art. 44 a substitué, dans les communes de 2,500 ames et au-dessus, les choix par sections aux choix faits par tous les électeurs de la commune. Il y a donc plus de motifs qu'en 1829 de ne pas laisser les conseils municipaux se réduire aux trois quarts de leurs membres. — *Cons. d'état*, 21 juill. 1839, élect. de Mansle; 24 fév. 1842, élect. de Saint-Clément; 28 mai 1844, élect. de Lamballe. — Cormenin, t. 2, vo *Elections municipales*, p. 122, 5e édit.

326. — Quant au renouvellement triennal, il ne saurait y avoir de doute ni sur la nécessité ni sur l'époque de la convocation de l'assemblée électorale.

327. — Une ordonnance royale fixe le jour de l'élection.

328. — Aucun intervalle n'est déterminé par la loi entre le tirage au sort et l'opération de l'élection. — *Cons. d'état*, 4 déc. 1835, élect. de Marbotte.

329. — Lorsqu'une élection triennale se trouve annulée, on doit, sans attendre l'expiration des trois ans, procéder à une réélection. L'assemblée



des électeurs doit alors être convoquée dans le délai de quinze jours, à partir de l'annulation. — Art. 52, § 3.

330. — Dans les communes qui ont 2,500 ames et plus, les électeurs sont divisés en sections; le nombre et la limite des sections sont fixés par une ordonnance du roi, le conseil municipal entendu; leur réunion a lieu à deux jours de distance. — L. 21 mars 1831, art. 44, § 1, 4 et 5.

331. — Mais s'il n'est pas intervenu d'ordonnance, on doit s'en tenir à l'ancien ordre des choses; l'administration est incompétente pour opérer cette division, un tel pouvoir n'est confié qu'au roi. — Dufour, t. 3, no 1552.

332. — Lorsqu'une ordonnance royale a fixé la limite et le nombre des sections électorales dans les communes où il y a lieu d'en établir, un maire ne peut pas s'en écarter en faisant passer des électeurs d'une section dans une autre; les élections faites sur ces bases doivent être annulées. — *Cons. d'état*, 26 avr. 1844, élections de Pré-en-Pail.

333. — Toutefois, cette nullité ne doit porter que sur l'élection de la section illégalement composée et non sur les autres. — *Cons. d'état*, 26 avr. 1844, élections de Pré-en-Pail.

334. — ... Alors surtout que ces élections n'ont été l'objet d'aucune protestation dans le délai de la loi. — *Cons. d'état*, 26 avr. 1844, élections de Pré-en-Pail.

335. — Le législateur, en divisant en sections les assemblées d'électeurs communaux dans les villes de 2,500 habitans et au-dessus, n'a pas eu seulement pour but de prévenir le tumulte et le désordre qu'auraient pu entraîner des réunions trop nombreuses; il a voulu encore et plus particulièrement faciliter les opérations de ces assemblées, qui, sans cette mesure, eussent présenté des difficultés presque insurmontables.

336. — La loi municipale a attribué à chacune des sections dont se composent les assemblées d'électeurs communaux, la nomination directe d'un nombre égal de membres dans le conseil municipal. Il est impossible ici de réunir les sections le même jour, sans s'exposer à des choix identiques ou incompatibles, quelquefois même en assez grand nombre, qui eussent laissé le conseil municipal incomplet, et exigé souvent plusieurs réélections. C'est pour éviter ces graves inconvéniens que la loi a disposé que leur réunion aurait lieu successivement à deux jours de distance.

337. — Néanmoins, il a été jugé que la convocation des sections à un seul jour d'intervalle était licite. — *Cons. d'état*, 24 août 1832, Ladouze; — de Cormenin, t. 2, p. 132.

338. — Du reste, la prescription de la loi de convoquer les diverses sections à deux jours de distance ne fait point obstacle à ce qu'une assemblée qui doit nommer des conseillers dans deux séries procède à ces deux opérations successivement et le même jour. — *Cons. d'état*, 5 août 1841, élections de Cournon.

339. — La division se fait par quartiers voisins et de manière à répartir également le nombre des votans, autant que faire se peut, entre les sections. Le nombre des sections est tel, que chacune d'elles ait au plus huit conseillers à nommer dans les communes de 2,500 habitans, six dans celles de 10,000 à 30,000, et quatre dans celles dont la population excède ce dernier nombre. — L. 21 mars 1831, art. 44, §§ 2 et 3.

340. — Chaque section nomme un nombre égal de conseillers. — L. 21 mars 1831, art. 44, § 5.

341. — Toutefois si le nombre des conseillers n'est pas exactement divisible par celui des sections, les premières sections, suivant l'ordre des numéros, nomment un conseiller de plus. — L. 21 mars 1831, art. 4, § 5.

342. — L'ordre des numéros est déterminé pour la première fois par la voie du sort, en assemblée publique du conseil municipal. A chaque élection nouvelle la section qui avait le premier numéro dans l'élection précédente prend le dernier; celle qui avait le second prend le premier, et ainsi de suite. — L. 21 mars 1831, art. 44, § 6.

343. — Cette règle ne comporte aucune distinction pour le cas où le nombre ou la composition des sections a varié depuis le dernier renouvellement. La répartition est toujours effectuée de la même manière. On attribue une nomination de plus à la première ou aux premières sections qui doivent voter d'abord. — Dufour, t. 3, no 1553.

344. — Néanmoins l'irrégularité résultant de ce que les sections composant l'assemblée électorale n'ont pas été appelées à voter suivant le rang qu'elles devaient avoir, ne doit pas entraîner la nullité des opérations, lorsque cette irrégularité n'a eu lieu que par une erreur involontaire et a été



sans influence sur leur résultat. — *Cons. d'état*, 5 déc. 1842, élect. de la Souterraine.

345. — Lorsque les électeurs ont été réunis sur une seule assemblée, dans une commune de moins de 2,500 ames, on ne peut attaquer l'élection sous le prétexte qu'il existait un arrêté antérieur qui avait divisé ces électeurs en trois sections, alors qu'il résulte de l'instruction que cet arrêté a cessé de recevoir son exécution pour les élections subséquentes. — *Cons. d'état*, 12 janv. 1844, élect. de Bocquigny.

346. — Le partage en sections cesse de plein droit lorsque le recensement réduit la population de la commune au-dessous de 2,500 habitans. Il n'est besoin d'aucun acte préalable pour constater ce résultat. Car la division est l'exception et la réunion est la règle générale. — Circul minist. 5 avr. 1837.

347. — Dans les communes qui ont moins de 2,500 ames, les électeurs peuvent pourtant, sur la proposition du conseil général du département, et le conseil municipal entendu, être divisés en sections par un arrêté du préfet. — L. 21 mars 1831, art. 45.

348. — Le même arrêté fixe le nombre et la limite des sections et le nombre des conseillers qui devront être nommés par chacune d'elles. — *Ibid.*

349. — Lorsqu'il y a lieu à remplacer des conseillers municipaux dans la commune dont le corps électoral se divise en sections, les remplacemens sont faits par les sections qui avaient élu les conseillers. — L. 21 mars, art. 46.

350. — Quelle que soit la cause qui nécessite l'élection, l'assemblée des électeurs est convoquée par le préfet (L. 21 mars 1831, art. 43); elle ne peut l'être que par lui. — *Cons. d'état*, 18 fév. 1836, Foin; — Cormenin, t. 2, p. 120, vo *Elections*; Dufour, t. 3, no 1557.

351. — Mais le préfet n'est pas lié par son arrêté; il peut, par une décision ultérieure, indiquer une nouvelle époque pour la réunion de l'assemblée des électeurs. Il peut, en effet, exister des raisons d'ordre public ou d'intérêt communal qui exigent ce renvoi.

352. — Des électeurs ne sauraient donc se plaindre de ce que le jour des élections aurait été changé, lorsque ce changement a eu lieu en vertu d'un second arrêté du préfet, et lorsqu'ils n'allèguent pas que cet arrêté n'ait pas reçu la publicité nécessaire. — *Cons. d'état*, 28 août 1844, élect. de Grâces.

353. — Cette dernière considération est surtout décisive; car, du moment que la convocation a été suffisamment publique, les électeurs sont non recevables à se plaindre d'une modification de jour qu'il est du pouvoir de l'administration d'ordonner. — *Cons. d'état*, 16 juin 1840, Chanteloup.

354. — Mais il y aurait évidemment nullité si les électeurs n'avaient pas été clairement et sûrement avertis. — *Cons. d'état*, 25 fév. 1841, Ricaud.

355. — ... Par exemple, si l'arrêté de convocation n'avait été ni publié ni affiché. — *Cons. d'état*, 23 fév. 1844, élect. d'Uglas; 31 janv. 1845, élect. de Quasquarra; 23 fév. 1841, élect. d'Uglas.

356. — Un avertissement donné la veille à une partie des électeurs seulement ne peut suppléer au défaut de publication. — *Cons. d'état*, 21 juin 1843, élect. de St.-Front.

357. — Jugé, toutefois, que la publication n'est rigoureusement nécessaire que dans la commune chef-lieu. — *Cons. d'état*, 18 août 1842, élect. de Rousset.

358. — Il n'y a donc pas lieu d'annuler les élections par le motif que l'arrêté qui fixait le jour des élections n'a pas été publié dans un hameau, si cet arrêté a été publié et affiché au chef-lieu de la commune dont ce hameau dépend, et si, d'ailleurs, il résulte des circonstances que les électeurs ont été suffisamment avertis des jour et heure de la réunion électorale. — *Cons. d'état*, 18 août 1842, élect. de Rousset.

359. — On ne doit pas s'arrêter au défaut de publication suffisante d'un arrêté préfectoral qui fixait le jour des élections, lorsque cet arrêté a été rapporté quelques jours après par un autre arrêté fixant un jour différent. — *Cons. d'état*, 18 août 1842, élect. de Rousset.

360. — C'est, en général, le maire qui désigne le local de la réunion et l'heure de la séance. Il connaît, mieux que le préfet, les habitudes de la population communale, les facilités de transport et la commodité relative du lieu de la réunion. — Bost, t. 1er, no 146; Dufour, t. 3, no 1565.

361. — Il peut désigner comme lieu de réunion sa propre maison. — *Cons. d'état*, 19 juin 1838, élect. de Sauveterre.

362. — Il a même été décidé que, la loi ne désignant pas le local qui doit servir à la réunion des électeurs communaux, le président tient valable-

ment l'assemblée électorale dans son domicile. — *Cons. d'état*, 25 avr. 1842, élect. de Senozan.

363. — La loi n'indique pas de quelle manière la convocation doit être faite; mais en s'éclairant de son esprit, on peut dire qu'il faut recourir aux moyens les plus efficaces de publicité. Or ces moyens ne sont pas les mêmes pour toutes les localités. Ainsi les affiches doivent être apposées aux lieux les plus évidens ou ayant habituellement cette désignation; des lettres missives adressées aux électeurs, quelquefois une publication à son de tambour ou de trompe pourront encore être nécessaires dans les communes rurales, par exemple, dans lesquelles l'instruction est peu avancée. — Bost, t. 1er, no 145; Cormenin, t. 2, p. 132, vo *Élections municipales*.

364. — En général, il suffira que l'arrêté de convocation soit affiché et publié. — *Cons. d'état*, 24 oct. 1832, Boulanger; 17 juin 1835, élect. de Montromand; 19 mars 1844, élect. de Vissec.

365. — ... Pourvu que le jour et l'heure de la réunion y aient été indiqués. — *Cons. d'état*, 19 mars 1844, élect. de Vissec.

366. — ... Sans qu'il soit nécessaire que les électeurs soient convoqués à domicile. — *Cons, d'état*, 17 juin 1835, élect. de Montromand; 18 fév. 1836, Delieuvin; 19 janv. 1844, élect. de Saint-Thélo; 19 mars 1844, élect. de Vissec.

367. — ... Surtout si, le jour de l'élection, le maire a fait avertir à domicile les électeurs qui n'avaient pas reçu leurs cartes et qu'aucun d'eux n'ait élevé de réclamation. — *Cons. d'état*, 19 janv. 1844, élect. de Saint-Thélo; 7 juin 1832, Ducasting; 16 août 1832, Caillez; 24 oct. 1832, Boulanger.

368. — Peu importe dans ce cas qu'on n'ait pas indiqué sur les cartes l'heure à laquelle il serait procédé à l'élection, s'il est établi que les électeurs ont été suffisamment avertis du jour et de l'heure de la réunion. — *Cons. d'état*, 22 avr. 1842, élect. de Nage et de Sorlognes.

369. — La convocation à domicile n'est même pas indispensable à l'égard des électeurs forains. — V. la décision précitée du 24 oct. 1832 (*ubi suprà* no 367), et de Cormenin, *loc. cit.*, no 9.

370. — Mais il y a lieu d'annuler les opérations électorales lorsqu'il est établi que l'arrêté de convocation n'a été ni affiché ni publié dans les formes régulières, que les billets d'avertissement qui devaient suppléer à ce défaut de publication n'ont été distribués que tardivement; enfin que les opérations ont été fixées à une heure qui a pu rendre impossible à quelques électeurs toute participation auxdites opérations. — *Cons. d'état*, 28 fév. 1841, élect. d'Uglas.

371. — Au surplus, le mode de convocation doit être le même pour tous; la loi n'admet ni faveur, ni privilège: l'inégalité de publicité serait pour certains électeurs une sorte d'exclusion.

372. — Les opérations électorales peuvent donc être annulées lorsque les électeurs ont été convoqués la plupart par affiches seulement, et une partie par lettres de convocation. — *Cons. d'état*, 16 juill. 1840, Chanteloup et Blanchard.

373. — Toutefois, l'annulation des opérations électorales ne saurait être prononcée par cela seul que quelques électeurs seulement auraient été avertis à domicile, si l'arrêté de convocation avait reçu une publicité suffisante pour que tous les électeurs eussent pu en avoir connaissance. — *Cons. d'état*, 16 mars 1842, élect. de Saint-Malo-du-Bois; 26 juill. 1844, élect. de Verderel; 17 juin 1835, élect. de Montromand; 18 fév. 1836, Delienvil; — Cormenin, vo *Elections municipales*, t. 2, p. 132; Bost, t. 1er, no 145.

374. — L'arrêté préfectoral indique le nombre des conseillers à élire, la raison de chaque nomination et du contingent assigné à chaque section. C'est là une mission d'administration: elle incombe tout entière au préfet. — Dufour, t. 3, no 1557; Bost, t. 1er, no 145.

375. — C'est à lui seul qu'il appartient de fixer le nombre des conseillers à élire. — *Cons. d'état*, 10 juin 1835, Vart; 22 juill. 1835, élect. de Corbie; 5 déc. 1837, élect. de Limouse; — Cormenin, t. 2, vo *Elections municipales*, p. 121 et 122.

376. — Le conseil de préfecture doit rester étranger aux arrêtés pris en cette matière. — *Cons. d'état*, 17 août 1841, élect. de Verneuil; — Cormenin, vo *Elections municipales*, t. 2, p. 121 et 122.

377. — La décision par laquelle ce conseil annule des élections faites conformément à un arrêté du préfet, contient un excès de pouvoir, encore bien que les élections aient été faites en sus du nombre des membres que la section avait réellement à élire. — *Cons. d'état*, 17 août 1831, élect. de Verneuil; — Cormenin, vo *Elections municipales*, t. 2, p. 121 et 122.

378. — L'assemblée électorale doit se borner à élire le nombre de conseillers fixé par l'arrêté du préfet. Toute nomination qui serait faite au-delà serait nulle de plein droit. — *Cons. d'état*, 8 avr. 1842, Duclaud; 18 fév. 1836, Fouin.

379. — ... Bien que, depuis cet arrêté, un membre du conseil municipal ait donné sa démission et qu'il y eût lieu de procéder à son remplacement. — *Cons. détat*, 8 avr. 1842, Duclaud.

380. — Toutefois, si cette dernière nomination n'excitait, dans le délai légal, aucune réclamation et n'était déférée au conseil de préfecture ni par des tiers électeurs ni par le préfet, elle ne devrait point être annulée. — Même ordonnance. — Si le préfet négligeait ou violait ouvertement les prescriptions légales, on pourrait recourir du préfet au ministre de l'intérieur dans le délai accordé pour arguer les opérations de nullité et même directement au conseil d'état: ce recours est de droit; on ne saurait donc le dénier. On pourrait même, ce semble, appeler à ce conseil des décisions du ministre. Le silence de la loi, loin d'être contraire à cette opinion, lui est favorable. Les principes généraux gardent leur force et leur empire dès qu'il n'y a pas une exception formelle. — Dufour, t. 3, no 1558.

381. — Avec l'arrêté de convocation on publie la liste des conseillers sortans. Cependant les élections ne doivent point être annulées par le motif que cette liste n'aurait pas été publiée en même temps que l'arrêté de convocation, lorsqu'il n'est pas allégué que les électeurs n'aient point eu connaissance en temps utile des noms des conseillers sortans. — *Cons. d'état*, 8 avr. 1842, Duclaud.

### § 2. — *Des assemblées électorales.*

382. — Les électeurs se réunissent au lieu indiqué pour la convocation par l'arrêté du préfet ou par une décision du maire. — V. *suprà* no 360.

383. — Toutefois, le grief tiré de ce que l'assemblée a été tenue sous les halles, au lieu de l'être à la mairie, située en face, doit être rejeté, alors que ce fait n'a soulevé aucune réclamation et qu'il n'est pas justifié que par suite de ce changement aucun électeur ait été empêché de voter. — *Cons. d'état*, 3 mai 1844, élect. de Saint-Evroult-Notre-Dame-des-Bois.

384. — La loi n'a pas tracé de règles pour la tenue des assemblées électorales. Il y a donc lieu de se reporter aux autres lois électorales, et de suivre les formes prescrites soit pour l'élection des députés, soit pour celle des membres des conseils généraux ou d'arrondissement. — V. ÉLECTIONS DÉPARTEMENTALES, ÉLECTIONS LÉGISLATIVES.

385. — Par conséquent, la liste des électeurs doit être affichée dans la salle et y rester pendant le cours des opérations. Elle doit, en outre, être déposée sur le bureau. — L. 19 avr. 1831, art. 43 et 46.

386. — Il a été jugé qu'il n'était pas nécessaire qu'elle fût affichée au dehors avant l'élection. — *Cons. d'état*, 22 fév. 1844, élect. d'Esvres. — Mais cette décision nous paraît peu conforme à l'esprit général de la loi. — Dufour, t. 3, no 1564.

387. — Doit être rejeté le grief tiré de l'irrégularité de la liste électorale, lorsque celle qui a été affichée dans la salle des élections est conforme à celle qui avait été close le 31 mars et qu'elle n'a point été attaquée dans les formes et délais prescrits par la loi du 21 mars 1831. — *Cons. d'état*, 22 avr. 1842, élect. de Sigonce; 10 juill. 1832, Boussard.

388. — On ne peut même attaquer des opérations électorales, sur le motif que la liste des électeurs n'aurait pas été affichée, lorsqu'aucune réclamation n'a été faite à cet égard dans les délais et les formes déterminés par la loi. — *Cons. d'état*, 28 août 1844, élect. de Gavarret.

389. — La loi ne détermine pas le nombre des électeurs qui doivent être présens pour l'ouverture de la séance.

390. — Il est malgré cela convenable de ne point commencer la séance tant qu'il n'y a dans la salle qu'un petit nombre d'électeurs; on doit attendre, par exemple, la présence de trente électeurs au moins si la liste en porte plus de cent, de vingt si elle en compte de cinquante à cent, et de dix si elle était au-dessous de cinquante. — Circ. min. 22 avr. 1837; — Dufour, t. 3, no 1571; Bost, t. 1er, no 155, note.

391. — Néanmoins, si l'inexactitude des absens se prolongeait trop long-temps, la séance pourrait être déclarée ouverte. — Circul. 22 avr. 1837; — Dufour, t. 3, no 1571; Bost, t. 1er, no 155, note.

392. — Il a été jugé que des élections ne sont pas nulles par cela seul que le bureau aurait été constitué et la séance déclarée ouverte en présence de six électeurs seulement. — *Cons. d'état*, 3 sept. 1844, élect. de Soumons.

393. — ... Et quel que fût même le nombre des électeurs présens. — *Cons. d'état*, 23 juin 1841, élect. d'Hableville.

394. — Il n'en est pas des élections communales comme des élections à la chambre des députés, au conseil d'arrondissement, pour la validité desquelles la présence du tiers plus un des électeurs est indispensable. — *Cons. d'état*, 14 juill. 1841, Abbadie.

395. — La retraite volontaire d'électeurs avant que l'élection ait eu lieu ne peut entraîner la nullité des opérations électorales. — *Cons. d'état*, 28 août 1844, Courtin.

396. — A l'heure fixée, si la réunion est suffisante, ou après un laps de temps convenable, si les électeurs étaient peu nombreux, le fonctionnaire qui doit présider l'assemblée prend place au bureau, et déclare la séance ouverte; il donne lecture des art. 9, 10, 15, 16, 17, 18, 20, 43 et 52 de la loi.

397. — Les irrégularités résultant de ce que le président n'aurait pas déclaré la séance ouverte, et n'aurait pas donné lecture des articles de la loi relatifs à la tenue des assemblées électorales, ne sont pas de nature à vicier l'opération électorale. — *Cons. d'état*, 23 juin 1841, élect. de Montigny.

398. — Les assemblées ne peuvent s'occuper d'autres objets que des élections qui leur sont attribuées. Toute discussion, toute délibération, leur sont interdites. — L. 21 mars 1831, art. 48.

### § 3. — *Présidence.*

399. — Quand les électeurs communaux sont réunis en une seule assemblée, celle-ci est présidée par le maire, à son défaut par l'adjoint, et au défaut de l'adjoint par le premier conseiller municipal, et ainsi de suite dans l'ordre du tableau. — *Cons. d'état*, 25 avr. 1842, élect. de Senozan; — Bost, t. 1er, no 153.

400. — Mais ne sont point nulles les opérations électorales par le motif que l'adjoint aurait présidé l'assemblée, s'il résulte de l'instruction que cet adjoint n'a été appelé que par suite de l'empêchement du maire. — *Cons. d'état*, 19 avr. 1844, élect. de Saint-Bonnet-le-Château.

401. — ... Ou par le motif que cet adjoint a convoqué et présidé l'assemblée d'après l'ordre du préfet et sur le refus du maire de convoquer et présider l'assemblée, lors même que celui-ci n'étant ni suspendu, ni révoqué, fût présent et eût pris part à l'élection. — *Cons. d'état*, 15 juin 1841, élect. de Varennes.

402. — De même encore, les opérations électorales d'une section ne peuvent être annulées par le motif que l'assemblée n'aurait été présidée que par le conseiller second inscrit dans l'ordre du tableau, lorsque ce conseiller a été appelé à présider par suite du refus de celui qui le précédait dans l'ordre du tableau, et qui s'était excusé sur son grand âge. — *Cons. d'état*, 15 juill. 1841, élections de Verdun; — Cormenin, vo *Elections municipales*, t. 2, p. 132.

403. — Quand l'assemblée communale est divisée en sections, ces sections sont présidées, savoir: la première à voter, par le maire et les autres successivement; par les adjoints, dans l'ordre de leur nomination, et par les conseillers municipaux dans l'ordre du tableau. — L. 21 mars 1831, art. 44, § 6.

404. — De cette disposition il faut conclure qu'en cas d'empêchement ou d'absence du maire, ce magistrat est remplacé dans la présidence de la section par le premier adjoint, celui-ci par le second, et ainsi de suite à l'égard des fonctionnaires municipaux. — L. 21 mars 1831, arg. art. 5 et 44, § 7; Dufour, no 1568; Cormenin, t. 2, vo *Elections municipales*, p. 132.

405. — Le maire ne peut se faire remplacer par un adjoint de son choix et, par exemple, déléguer, pour présider à sa place, le second adjoint au lieu du premier. — *Cons. d'état*, 28 août 1844, de Coustin.

406. — L'adjoint même non réélu a qualité pour présider l'une des sections. — *Cons. d'état*, 4 sept. 1841, élect. d'Argentan.

407. — En effet, l'adjoint qui n'a point été réélu membre du conseil municipal continue néanmoins d'exercer ses fonctions tant que les conseillers élus en remplacement n'ont pas été installés de fait. — *Cons. d'état*, 4 sept. 1841, élect. d'Argentan.

408. — L'art. 52, L. 21 mars 1831, en disant que l'ancien conseil restera en fonctions jusqu'à l'installation du nouveau, entend parler de l'installation de fait, et non pas d'une installation de droit qui résulterait de ce que le conseil de préfecture n'aurait pas statué dans le délai d'un mois sur les réclamations formées contre les opérations.

409. — Lorsqu'un arrêté préfectoral a désigné, par suite de la démission des adjoints, un conseiller municipal pour remplir les fonctions d'adjoint

provisoire, ce conseiller municipal est apte à présider l'une des sections de l'assemblée électorale. — *Cons. d'état*, 25 avr. 1842. élect. de Senozan.

410. — Il n'est point permis au maire ou à tout autre conseiller municipal de présider successivement diverses fonctions. — Arg. L. 21 mars, art. 44, 57; Bost, t. 1er, nº 153; Dufour, t. 3, nº 1568.

411. — Toutefois, lorsque l'une des sections se trouve appelée, par suite de l'annulation de ses premières opérations, à procéder isolément à de nouvelles élections, c'est au maire qu'il appartient de la présider, encore bien que, lors des premières opérations, elle eût été présidée, aux termes de l'art. 44, L. 21 mars 1831, par un adjoint. — *Cons. d'état*, 5 août 1841, élect. de Cournon.

412. — A plus forte raison, dans le cas où le conseil municipal a été dissous et où le nombre des sections est plus considérable que celui des maires et adjoints, alors seuls fonctionnaires municipaux en exercice, il est indispensable que le maire et les adjoints président successivement plus d'une section. — Circ. min. 22 avr. 1837. — Bost, t. 1er, nº 1568.

413. — La fonction qui appelle le maire et les adjoints et, à leur défaut, les conseillers municipaux, est indépendante de leur qualité d'électeurs; il s'ensuit qu'ils doivent voter dans la section à laquelle ils appartiennent par leur domicile, et non dans celle qu'ils président.

414. — Le président fait connaître aux électeurs le nombre de conseillers à élire et fixé par l'arrêté de convocation qui enchaîne l'assemblée.

415. — Il est également convenable qu'il fasse observer aux électeurs qu'ils ne peuvent élire que des citoyens inscrits sur la liste communale, et âgés de vingt-cinq ans accomplis.

416. — Cet avertissement n'est pourtant pas indispensable pour la régularité des opérations électorales. — *Cons. d'état*, 3 mai 1844, élect. de St-Evroult-Notre-Dame-du-Bois.

417. — Il est encore utile que le président mette les électeurs en garde contre les incompatibilités et contre les limites posées par les art. 15 et 16, L. 21 mars 1831, exigeant que les trois quarts au moins des conseillers soient domiciliés dans la commune, et que les deux tiers au moins soient au nombre des électeurs les plus imposés ou censitaires.

418. — Il fait connaître, d'après l'indication fournie par l'administration, le chiffre des conseillers *non censitaires et non domiciliés* appartenant déjà au conseil et celui de ceux qui peuvent être choisis dans l'une ou l'autre de ces deux classes.

419. — Il est enfin désirable qu'après les élections d'une section, celle qui doit voter soit avertie des choix déjà faits. — Dufour, t. 3, nº 1579; Bost, t. 1er, nº 158.

420. — Jugé que des élections municipales ne peuvent être annulées sur le motif que le maire, en convoquant les électeurs, ne les aurait pas informés qu'après les élections à faire pour le renouvellement triennal. il y aurait à procéder, par une élection séparée, au remplacement d'un conseiller décédé, lorsque cet avis a été donné en termes généraux par l'arrêté du préfet portant convocation générale des électeurs, et que d'ailleurs le maire, après l'élection des conseillers à élire pour le renouvellement triennal, a prévenu à plusieurs reprises l'assemblée qu'il serait procédé le lendemain au remplacement de sa vacance. — *Cons. d'état*, 28 août 1844, élect. de Boulogne.

§ 4. — *Bureau.*

421. — Le président appelle au bureau, pour remplir les fonctions de scrutateurs, les deux plus âgés et les deux plus jeunes des électeurs présens sachant lire et écrire. — L. 21 mars, art. 44, §. 7.

422. — Des électeurs ne sachant ni lire ni écrire le français ne peuvent donc être appelés à faire partie du bureau. — *Cons. d'état*, 23 déc. 1844, élections de Vescovato.

423. — Mais doit être rejeté le grief tiré de ce qu'un des scrutateurs aurait été illettré, lorsque cette allégation n'est pas justifiée, et que d'ailleurs ce scrutateur a apposé sa signature sur le procès-verbal. — *Cons. d'état*, 20 juin 1844, élect. de Brionne; 7 juin 1836, Lacour.

424. — Il en est de même de celui tiré de ce que les membres du bureau auraient, durant le cours des opérations, remplacé un des scrutateurs absent par un scrutateur qui n'avait pas été choisi conformément aux prescriptions de la loi, alors que le remplacement du scrutateur absent a été fait de bonne foi, et n'a soulevé aucune réclamation durant les opérations. — *Cons. d'état*, 2 mai 1845, élect. de Nogaret.



425. — Il y a bien peu de ces trente-sept mille élections de villes et de villages, dit M. de Cormenin (vº *Elections municipales*, t. 2, p. 143, notes), qui ne renferment des nullités; mais il faut les juger intentionnellement, comme des jurys d'équité plutôt que comme des jurys de droit strict. La bonne foi couvre tout, à moins que la nullité ne soit grosse, flagrante, et qu'elle ne ressorte à plein de la loi.

426. — Jugé qu'il n'y a pas lieu d'annuler des opérations électorales sous le prétexte qu'on a admis au bureau deux individus qui ne seraient point électeurs, lorsqu'il est constant que ces deux individus étaient inscrits sur la liste électorale, l'un comme censitaire, l'autre comme officier de la garde nationale. — *Cons. d'état*, 25 mai 1841, élect. de Lantenay.

427. — ...Ou sous le prétexte que deux des scrutateurs étaient illettrés, lorsque, en ce qui concerne l'un des scrutateurs, l'allégation est démentie par sa signature apposée sur le procès-verbal, et, en ce qui concerne le second, son inaptitude n'a pas été soumise au conseil de préfecture. — *Cons. d'état*, 3 sept. 1844, élect. de Momères.

428. — ...Que l'on aurait admis comme scrutateur un électeur que ses infirmités empêchaient de prendre part aux opérations du bureau, lorsque, malgré ces infirmités, il était néanmoins en état de lire et d'écrire, et que sa présence au bureau n'a excité aucune réclamation durant le cours des opérations. — *Cons. d'état*, 25 mai 1841, élect. d'Evreux.

429. — ...Que l'on n'aurait pas désigné comme scrutateurs les deux plus jeunes des électeurs présens, lorsqu'il est établi que cette irrégularité, commise de bonne foi et sans réclamation durant le cours des opérations, n'a pu avoir d'influence sur les élections. — *Cons. d'état*, 5 août 1841, élect. de Tuffé. — V. Cormenin, vº *Elections municipales*, t. 2, p. 143.

430. — ...Que le président aurait refusé d'admettre au bureau l'électeur le plus jeune. — *Cons. d'état*, 25 avr. 1842, élect. de Senozan.

431. — ... Que le bureau a été irrégulièrement composé, lorsqu'il est établi que le président a désigné pour en faire partie les deux plus âgés et les deux plus jeunes des électeurs présens. — *Cons. d'état*, 11 août 1844, élect. de Marmande.

432. — ... Qu'on aurait refusé d'admettre au bureau, en qualité de scrutateur, l'électeur le plus âgé, lorsque déjà le bureau se trouvait formé au moment où cet électeur s'est présenté dans l'assemblée. — L. 21 mars 1831, art. 44; — *Cons. d'état*, 25 mai 1841, élect. de Lantenay.

433. — ... Qu'un individu non électeur a pris part aux opérations électorales et a même rempli les fonctions de scrutateur lorsque son vote n'a point influé sur le résultat des élections, et que sa présence au bureau n'a pas porté atteinte à la liberté des suffrages. — *Cons. d'état*, 5 août 1841, élect. de Marcq-en-Bareul.

434. — Mais il y a lieu d'annuler des opérations électorales lorsqu'un électeur, appelé par son âge à remplir les fonctions d'électeur, a été écarté du bureau sous le prétexte, reconnu non fondé, qu'il était illettré. — *Cons. d'état*, 29 juin 1844, élect. de Saint-Pierre-des-Cercueils.

435. — ... Ou qu'un individu non inscrit et encore mineur a remplacé son père comme scrutateur, qu'en cette qualité il a pris part aux opérations du bureau et a écrit les bulletins de plusieurs électeurs. — *Cons. d'état*, 8 mai 1841, élect. de Theil-Rabier.

436. — Les scrutateurs ne sont point tenus de prêter serment avant d'entrer en fonctions; mais ils doivent, avant de déposer leur vote, prêter le serment entre les mains du président.

437. — L'âge des scrutateurs et, s'il se peut, la date exacte de leur naissance seront mentionnés au procès-verbal. — Bost, t. 1er, nº 155.

438. — Le degré de parenté ou d'alliance des scrutateurs ne fait point obstacle à ce qu'ils siégent simultanément au bureau. — Bost, t. 1er, nº 155.

439. — Le père et le fils peuvent faire partie du même bureau. — *Cons. d'état*, 24 août 1832, Ladouze.

440. — Le président et les scrutateurs nomment de suite le secrétaire; ils doivent le choisir parmi les membres de l'assemblée. Le secrétaire doit donc être électeur.

441. — Toutefois, n'est pas de nature à vicier l'élection le fait qu'un individu non inscrit sur les listes électorales a été appelé à faire partie du bureau en qualité de secrétaire lorsqu'il n'est point établi que ce fait, qui a eu lieu par erreur, de bonne foi, et qui n'a été l'objet d'aucune réclamation dans le sein de l'assemblée, ait pu influer sur le résultat de l'élection. — *Cons. d'état*, 4 juin 1841, élect. de Tonneins.



442. — ... Ni le fait que l'individu appelé au bureau en qualité de secrétaire était illettré, s'il résulte de l'instruction que trois membres sachant lire et écrire ont toujours été présens pendant la durée du scrutin. — *Cons. d'état*, 19 avr. 1844, Carbillet-Valory.

443. — ... Ni le motif que le secrétaire n'aurait pas été nommé à la pluralité des voix, lorsqu'il est constaté par le procès-verbal qu'il a été désigné dans la forme prescrite par l'art. 44, L. 21 mars 1831. — *Cons. d'état*, 28 janv. 1841, élect. de Fontenay-Torcy.

444. — Le secrétaire doit être considéré comme faisant partie des trois membres du bureau dont la présence est exigée pour la validité du scrutin. — *Cons. d'état*, 14 fév. 1842, Melion; 15 juill. 1835, Callas; 22 fév. 1838, Siarroux; 22 juill. 1839, Cannet; — Cormenin, *Dr. administ.*, vº *Elections municipales*, t. 2, p. 134.

§ 5. — *Pouvoirs du président et du bureau.*

445. — S'il s'élève des difficultés sur les opérations de l'assemblée, le bureau les juge provisoirement. — L. 21 mars 1831, art. 50.

446. — Il délibère à part; le président prononce la décision à haute voix. Ses décisions sont soumises à l'examen de la juridiction supérieure. — *Cons. d'état*, 24 août 1832, Bordenave; — Solon, *Répert. des juridictions*, t. 3, vº *Elections communales*, nº 17.

447. — Le secrétaire de l'assemblée électorale communale ne peut concourir aux délibérations du bureau. — *Cons. d'état*, 24 août 1832, Bordenave; 7 juin 1836, Latour; — Cormenin, t. 2, vº *Elections municipales*, p. 134; Bost, *Organis. et attrib. des corps municip.*, t. 1er. nº 157. — Il n'a pas voix délibérative. — L. 19 avr. 1831, art. 42 et 44.

448. — La loi lui accorde seulement voix consultative, de même qu'en matière électorale législative. — L. 19 avr. 1831, art. 42 et 44.

449. — Par conséquent, le fait que le bureau ayant à statuer sur plusieurs votes aurait délibéré sans consulter le secrétaire, n'est pas de nature à entraîner la nullité des opérations électorales. — *Cons. d'état*, 17 août 1841, élect. de Saint-Pons.

450. — Le droit conféré au bureau des assemblées électorales de juger provisoirement les difficultés qui s'élèvent sur les opérations de l'assemblée ne s'applique qu'aux opérations confiées aux électeurs, et ne peut embrasser les questions relatives aux incapacités, incompatibilités et autres objets étrangers à l'opération elle-même, et pour lesquelles la loi a établi des juridictions spéciales. — *Cons. d'état*, 26 fév. 1832, Debar et Lacombe; 23 avr. 1832, Vistorte c. Clech Kerthomas; — Bost, t. 1er, nº 172.

451. — Ainsi, il ne peut, sans excès de pouvoir, annuler l'élection de l'un des incompatibles, et nommer en remplacement celui des candidats qui a obtenu le plus grand nombre de suffrages après lui. — V. la décision précitée du 23 avr. 1832.

452. — Il n'est pas défendu rigoureusement aux membres du bureau de connaître des difficultés qui les intéressent. — *Cons. d'état*, 22 juill. 1835, élections de Pavilly.

453. — Toutefois la loyauté leur commande de s'abstenir. — Solon, t. 3, vº *Elections communales*, nº 17.

454. — La loi municipale n'indiquant aucun mode de constatation des réclamations, il faut recourir sur ce point aux dispositions de la loi électorale du 19 avr. 1831. — V. ÉLECTIONS LÉGISLATIVES.

455. — Toutes les réclamations, toutes les décisions motivées du bureau doivent être insérées au procès-verbal. — L. 19 avr., art. 45.

456. — L'inobservation de cette règle n'entraîne pas dans tous les cas, la nullité de l'élection. — *Cons. d'état*, 24 août 1832, Ladouze.

457. — Mais elle la vicie lorsque la décision doit dépendre de l'examen d'un fait matériel. Le bureau n'est pas en effet juge en dernier ressort de la difficulté. — *Cons. d'état*, 7 août 1835, Rabastens; 13 juill. 1838, Fumel; — Solon, t. 3, vº *Elections communales*; Cormenin, t. 2, p. 134.

458. — Lorsque, sur l'observation que des irrégularités se sont glissées dans les opérations, le bureau a annulé lesdites opérations et renvoyé à une autre heure la suite des élections, il doit être dressé procès-verbal de la première opération. — *Cons. d'état*, 8 mai 1841, élections de Nordhausen.

459. — Le président seul a la police de l'assemblée. — L. 21 mars 1831, art. 48.

460. — S'il est maire ou adjoint il peut sans aucun doute requérir la force armée, si cela est nécessaire pour maintenir l'ordre. — *Cons. d'état*, 18

avr. 1845, élections de Merlemont ; —Dufour, t. 3, no 1er, 605.

461. — Dans le cas où il est simple conseiller municipal, M. Bost (t. 1er, no 162) pense qu'il doit s'adresser au maire. — Mais il nous semble qu'il tient de sa qualité de président le pouvoir de requérir lui-même la force armée pour maintenir l'ordre dans l'assemblée dont la police lui est confiée par la loi.

462. — On a vu plus haut que les assemblées ne peuvent s'occuper d'autres objets que des élections qui leur sont attribuées; que toute discussion, toute délibération, leur sont interdites. — L. 21 mars 1831, art. 48.

463. — Le président rappellerait donc les dispositions de l'art. 48 aux électeurs, s'il s'élevait dans le sein de l'assemblée une discussion étrangère, et, si malgré cet avis la discussion continuait, il lèverait la séance. Il pourrait même l'ajourner soit à une autre heure, soit au lendemain.

464. — Il a en effet été décidé que le fait que les opérations électorales n'ont pas eu lieu le jour fixé par l'arrêté de convocation, mais ont été renvoyées au lendemain par le président à raison de l'agitation qui régnait dans l'assemblée, n'est pas de nature à vicier l'élection, lorsque les électeurs ont été suffisamment avertis de ce renvoi. — *Cons. d'état*, 8 mai 1841, élect. de Saint-Santin. — Cormenin, vo *Elections municipales*, t. 2, p. 140.

## Sect. 2e. — *Du vote.*

### § 1er. — *Droit de voter.*

465. — Nul ne peut être admis à voter s'il ne justifie de sa qualité. — Dufour, t. 3, no 1586; Bost, t. 1er, no 162. — Il a encore été décidé que le président peut exiger, à peine d'exclusion, que l'électeur qui se présente pour voter, exhibe sa carte, alors même que cet électeur est bien connu de lui. — *Cons. d'état*, 4 fév. 1836, Mas.

466. — Mais cette décision est trop rigoureuse. La perte de la carte qui lui a été délivrée ne saurait, en effet, priver un électeur du droit de participer à l'élection s'il justifie de son identité. — V. ÉLECTIONS DÉPARTEMENTALES, ÉLECTIONS LÉGISLATIVES.

467 — Le refus par le président d'admettre à voter des électeurs qui sont portés sur la liste entraîne la nullité des opérations. — *Cons. détat*, 10 juin 1835, Rastoul; 28 août 1837, élect. de Loudéac.

468. — Le président de l'assemblée ne peut exercer, en cette qualité, le droit de suffrage. — *Cons. d'état*, 28 mai 1835, élect. de Saint-Dié.

469. — Ont le droit de voter : 1o ceux qui sont inscrits sur la liste électorale; — 2o les porteurs d'un jugement qui ordonne leur inscription. — *Cons. d'état.*, 16 mars 1842, élect. de Saint-Malo-du-bois.

470. — Ne peuvent par conséquent vicier les opérations électorales : — le motif qu'un individu non électeur aurait pris part au scrutin, lorsque cet individu est inscrit sur la liste des électeurs de la commune. — *Cons. d'état*, 8 mai 1841, élect. de la Ferté-Gaucher ; 26 juill. 1844, élect. de Séguret.

471. —... Alors même que cet individu aurait été indûment porté sur la liste, si son inscription n'avait pas été attaquée dans les délais fixés ou si elle a été maintenue sur la liste. — *Cons. d'état*, 5 août 1841, élect. de Cournon ; 11 juill. 1844, élect. de Saumur ; 26 juill. 1844, élect. de Séguret.

472. —...Le motif qu'un électeur qui aurait transporté son domicile dans une autre commune, si cet électeur était inscrit sur les listes électorales. —*Cons. d'état*, 11 août 1841, élect. de Saint-Victor-de-Reno.

473. —... Le prétexte que les fils auraient indûment voté au lieu et place du père, lorsque ces fils, inscrits sur la liste, ont voté en leur propre nom. — *Cons. d'état*, 28 août 1844, élect. de Jurix.

474. — Mais celui qui n'est ni inscrit sur la liste électorale ni porteur d'un jugement qui ordonne son inscription ne doit point être admis à voter. — *Cons. d'état*, 16 mars 1842, élect. de Saint-Malo-du-Bois.

475. — Il y a lieu d'annuler les opérations électorales lorsque le bureau a admis à voter des électeurs dont la radiation avait été prononcée par jugement du tribunal civil, et a, au contraire, refusé d'admettre d'autres électeurs dont les droits avaient été reconnus par jugement. — *Cons. d'état*, 18 mars 1842, élect. d'Omessa.

476. — Toutefois, n'entraînent pas la nullité des opérations électorales, lorsque le vote a été sans influence sur le résultat de l'élection, et qu'en retranchant ce vote du nombre des suffrages exprimés et de celui des votes obtenus, la majorité absolue resterait encore acquise aux conseillers proclamés : — le fait qu'un individu non électeur a été à tort admis à voter. — *Cons. d'état*, 16 juin 1841, élect. de Vaissac; 23 juin 1841, élect. de Callian; 23 juin 1841, Galez; 5 août 1841, Wolschwiller; 17 août 1841, Saint-Pons; 22 avr. 1842, Nage et Sorlognes; 24 fév. 1842, Saint-Clar; 22 avr. 1842, Bricqueville.



477. —...Le fait que deux individus auraient été indûment admis à voter au lieu des électeurs qui étaient inscrits sur la liste. — *Cons. d'état*, 17 août 1841, élect. de Saint-Pons; 12 janv. 1844, élect. de Champagne-sur-Vingeanne, Recours et Aramitz.

478. —...L'irrégularité résultant de ce qu'un individu aurait été admis à voter au lieu et place de son père, lorsque surtout cette irrégularité a été commise par erreur et de bonne foi. — *Cons. d'état*, 11 août 1841, élect. de Marmande; 14 mars 1834, André; 16 juin 1841, élect. de Vaissac.

479. — ... Le refus d'admettre à voter un électeur dûment inscrit, si le candidat élu ayant obtenu un nombre de voix supérieur à la majorité voulue, ce refus n'a pu influer sur le résultat de l'élection. — *Cons. d'état*, 27 nov. 1844, élect. de Nogent-sur-Vernisson; 4 sept. 1841, élect. de Francs; 27 nov. 1844, élect. de Nogent-sur-Vernisson.

480. — Jugé encore qu'on doit écarter le grief tiré de ce qu'un électeur aurait été injustement privé du droit de voter, quoique porté sur les listes, lorsqu'il est établi que l'inscription sur les listes ne s'appliquait point à lui, et que, d'ailleurs, l'addition de son vote eût été sans influence sur le résultat des opérations. — *Cons. d'état*, 9 juin 1842, élect. d'Ardres.

481. — Mais la participation aux opérations électorales d'un électeur non inscrit est une cause de nullité des élections, lorsqu'en retranchant son vote au conseiller élu, celui-ci ne réunit plus qu'un nombre de voix inférieur à la majorité. — *Cons. d'état*, 17 mai 1844, élect. d'Esplas. — C'est ce qui a été décidé spécialement à l'égard d'un électeur non inscrit qui a répondu au nom de son frère. — *Cons. d'état*, 20 juin 1844, élect. de Saint-Laurent-sur Sèvre.

482. — Les élections doivent également être annulées lorsque des individus non électeurs se sont introduits dans l'assemblée et que leur présence a été de nature à porter atteinte à la liberté des votes. — *Cons. d'état*, 6 déc. 1844, élect. de Foug.

483. — Mais la présence dans l'assemblée de quelques individus non électeurs ne peut entraîner la nullité des opérations lorsqu'elle n'a pu porter atteinte à la liberté des votes. — *Cons. d'état*, 24 août 1832, Ladouze; même jour, Dupuy; 21 oct. 1835, Duffo; 7 juin 1836, Berthelot; 25 janv. 1838, élect. de Mennecy; même jour, élect. de Crouseilhes; 15 juin 1841, élect. de Labouheyxes; 25 fév. 1841, élect. de Larcher; — Cormenin, t. 2, vo *Elections municipales*, p. 138.

484. — L'insolvabilité d'un électeur n'entraîne pas son exclusion de l'assemblée. Tous les citoyens inscrits sur ces listes ont le droit de voter lorsqu'ils n'ont pas été privés de leurs droits civiques par un jugement. — *Cons. d'état*, 6 déc. 1844, élect. de Sauveterre.

485. — La désignation inexacte des électeurs sur les listes, l'erreur dans les prénoms de quelques électeurs, ne peuvent les empêcher d'être admis à voter lorsqu'il est constant que les inscriptions de la liste ne peuvent s'appliquer qu'à eux. — *Cons. d'état*, 6 déc. 1844, élect. de Sauveterre; 27 déc. 1844, élect. de Chauné. — C'est, en effet, un principe que tout ce qui concerne les opérations électorales soit avant tout décidé par équité et avec bonne foi.

486. — Un électeur est donc valablement désigné sur les listes électorales par le surnom ou sobriquet sous lequel il est généralement connu. — *Cons. d'état*, 28 août 1844, Dubignon; même jour, Cuq.

487. — Et l'exclusion de cet électeur par le bureau entraîne la nullité des opérations, lorsque, d'après le nombre des votans et celui des votes émis, elle a pu influer sur le résultat de l'élection. — *Cons. d'état*, 28 août 1844, Dubignon.

488. — Les électeurs qui sont inscrits seulement sur la liste supplémentaire ne doivent pas être admis à voter, alors même qu'ils eussent dû être inscrits sur la liste électorale et qu'ils y ont été indûment omis. — *Cons. d'état*, 20 mai 1842, élect. de Thiron-Gardais.

489. — Toutefois, s'ils ont pris part aux opérations électorales, elles ne doivent être annulées qu'autant que, déduction faite de leurs suffrages, la majorité ne serait pas acquise aux conseillers élus. — *Cons. d'état*, 20 mai 1842, élect. de Thiron-Gardais.



490. — Sont nulles les élections où les femmes ont été admises à concourir. — *Cons. d'état*, 26 mai 1845, élect. de Sainte-Colombe.

### § 2. — *Forme du vote.*

491. — *Serment.* — Aucun électeur ne peut déposer son vote qu'après avoir prêté, entre les mains du président, serment de fidélité au roi des Français, d'obéissance à la charte constitutionnelle et aux lois du royaume. — L. 21 mars, art. 47.

492. — La prestation du serment est une formalité essentielle. — Bost, t. 1er, no 161. — Le serment doit être prêté purement et simplement sans restriction ni réserve. — *Cons. d'état*, 11 juin 1834.

493. — Il y aurait donc lieu d'annuler les opérations électorales si quelques électeurs avaient voté sans avoir préalablement prêté le serment voulu par la loi. — *Cons. d'état*, 4 sept. 1841, élect. de Saint-Jean-de-Bonnefond.

494. — Jugé néanmoins que l'omission par un électeur de prêter serment avant de déposer son vote n'entraîne pas la nullité des opérations, si, sur la réquisition du président, le votant la remplit immédiatement après cette formalité. — *Cons. d'état*, 22 août 1844, élect. d'Ordan-Larroque.

495. — Les électeurs qui ont voté pour le remplacement de membres appartenant à une première série ne sont pas obligés de répéter le serment à l'opération de la seconde série, lorsque les deux votes se sont succédé le même jour, immédiatement et sans interruption. — *Cons. d'état*, 12 janv. 1844, élect. de Puntous.

496. — La prestation préalable du serment doit être consignée au procès-verbal, et lorsqu'elle est ainsi constatée, on doit rejeter le grief tiré de ce que le serment n'aurait pas été prêté par les électeurs. — *Cons. d'état*, 17 août 1841, Doche; 19 avr. 1844, élect. de Relans.

497. — ... Ou celui qui n'aurait pas été régulièrement prêté. — *Cons. d'état*, 16 mars 1842, élect. de Saint-Malo-du-Bois.

498. — *Comment le vote est écrit et déposé.* — Les assemblées des électeurs communaux procèdent aux élections qui leur sont attribuées au scrutin de liste. — L. 21 mars, art. 49.

499. — Chaque électeur, après avoir été appelé, reçoit du président un bulletin ouvert sur lequel il écrit ou fait écrire secrètement son vote, par un électeur de son choix, sur une table disposée à cet effet et séparée du bureau. — L. 19 avr., art. 48.

500. — Mais l'allégation non justifiée qu'un électeur n'aurait pas écrit son vote sur le bulletin remis par le président, doit être rejetée. — *Cons. d'état*, 19 avr. 1844, Castex.

501. — Jugé qu'un bulletin ne doit pas être annulé par cela seul qu'il aurait été écrit sur un papier de dimension différente de celle adoptée par le président du bureau, alors d'ailleurs qu'il ne résulte pas de l'instruction que le vote n'ait pas été exprimé sur un bulletin remis par le bureau. — *Cons. d'état*, 20 juin 1844, élec. de Montmeyran. — V. toutefois 14 fév. 1838, élect. de Galez.

502. — Les électeurs qui ont usé du droit à eux conféré par la loi de faire écrire leur vote par un électeur de leur choix sont inadmissibles, après l'élection consommée, à désavouer l'usage qui a été fait de leur mandat. — *Cons. d'état*, 4 nov. 1845, élect. de Saint-Pierre-de-Tournon.

503. — Le secrétaire du bureau peut, comme tout autre membre de l'assemblée, être choisi par un électeur illettré pour écrire son bulletin. — *Cons. d'état*, 25 mai 1841, élect. de Saint-Jean-d'Angely.

504. — On doit appliquer ici cette règle générale en ce qui concerne la tenue des assemblées électorales; tout ce qui ne porte point atteinte à la liberté et à l'indépendance des votes ne saurait entraîner la nullité des opérations. — *Cons. d'état*, 24 août 1832, Ladouze.

505. — Ainsi, ne doit pas entraîner la nullité des opérations électorales, le fait qu'un électeur aurait fait écrire son bulletin par son fils, non électeur. — *Cons. d'état*, 8 juin 1842, élect. de Bernay.

506. — ...Ni le fait que deux électeurs auraient apposé leur signature sur leurs bulletins, lorsque ces faits n'ont pu porter atteinte à l'indépendance des votes, ni influer sur le résultat des élections. — *Cons. d'état*, 8 juin 1842, élect. dé Bernay.

507. — Lorsque les électeurs ont, sur l'invitation du maire, inscrit sur leurs bulletins un nombre de noms supérieur au nombre des conseillers à élire, l'erreur du maire, pouvant être réparée par le retranchement, sur chaque bulletin, des derniers noms qui excèdent le nombre véritable, ne peut entraîner la nullité des opérations élec-

torales. — *Cons. d'état*, 11 août 1841, élect. d'Auriébat.

508. — La loi est muette sur le mode d'exprimer les suffrages ; mais on applique en cette matière l'art. 48, L. 19 avr. 1831. — Dufour, t. 3, no 1582.

509. — Le vote doit être écrit dans la salle (Dufour, t. 3, no 1582), et le fait que plusieurs électeurs ont écrit leurs bulletins hors de la salle de l'assemblée ayant pu influer sur la sincérité des opérations, entraîne la nullité desdites opérations. — *Cons. d'état*, 15 avr. 1843, élect. de Marmande; 19 août 1832, Lambert-Dessartres ; 25 mars 1835, Navail; 18 fév. 1836, Aillaud ; 23 juill. 1841, élect. de Rhinau.

510. — Cependant n'entraînent point la nullité des opérations, lorsqu'il n'est pas allégué que cette circonstance ait porté atteinte à la sincérité des votes: — ...Le fait que les électeurs ont écrit leurs bulletins dans une salle où ne siégeait pas le bureau, lorsque le local destiné à la réunion de l'assemblée électorale se composait de deux salles communiquant entre elles.

511. — ... Ni le fait qu'un bulletin a été écrit dans une pièce attenante à la salle de réunion, lorsqu'il a eu lieu en vertu de l'autorisation accordée par le bureau à un électeur âgé, et sans qu'il se soit élevé de réclamation dans l'assemblée. — *Cons. d'état*, 14 fév. 1842, élect. de Mane.

512. — ... Le grief tiré de ce que plusieurs électeurs auraient écrit leurs bulletins hors de la salle de l'assemblée, et les auraient déposés eux-mêmes dans l'urne, lorsque surtout cette allégation, contraire aux énonciations du procès-verbal, n'est pas suffisamment justifiée par l'instruction, encore bien que le réclamant offre de prouver au besoin par témoins la vérité de son allégation. — *Cons. d'état*, 14 juill. 1841, élect. de Saint-Laurent-du-Bois.

513. — L'électeur votant plie le bulletin avant de le déposer dans la boîte du scrutin; un des scrutateurs ou le secrétaire constate ce vote. — L. 19 avr. 1831, art. 50.

514. — Mais il n'y a pas lieu d'annuler les opérations électorales par le motif que les votes ont été déposés directement dans l'urne par les électeurs, sans passer par les mains du président, si cette irrégularité a été commise de bonne foi et n'a pas été de nature à faire suspecter la sincérité des élections. — *Cons. d'état*, 17 mai 1844, élect. de Cauterets.

515. — ... Que les bulletins des votans, au lieu d'être reçus par le président lui-même, lui auraient été transmis par l'un des scrutateurs, lorsque ce mode de procéder n'a provoqué aucune réclamation dans le sein de l'assemblée, et qu'il n'est point allégué qu'il ait donné lieu à aucune fraude. — *Cons. d'état*, 23 juin 1841, élect. d'Habloville.

516. — ... Que l'un des scrutateurs a gardé quelque temps dans sa main, avant de le remettre au président, un bulletin qu'il avait reçu. — *Cons. d'état*, 14 fév. 1842, Melion.

517. — ... Lorsque ces irrégularités ont été commises de bonne foi, n'ont provoqué aucune réclamation au sein de l'assemblée, et qu'il n'est point allégué qu'elles aient donné lieu à aucune fraude. — *Cons. d'état*, 14 fév. 1842, Mélion; 17 mai 1844, élect. de Cauterets; 23 juin 1841, élect. d'Habloville.

518. — La loi dit que le scrutateur ou secrétaire, pour constater le vote, écrira son propre nom en regard de celui du votant sur une liste à ce destinée: toutefois on pense qu'il suffit d'un paraphe ou de tout autre écrit. — Bost, t. 1er, no 163.

519. — Il est bon, comme il peut y avoir deux tours de scrutin, d'ouvrir deux colonnes en blanc sur la liste destinée à constater le nom des votans. — Bost, t. 1er, no 163.

520. — Le vote doit être écrit secrètement; il y a lieu d'annuler les opérations électorales lorsqu'au jour de l'élection des individus non électeurs n'ont cessé de circuler dans le sein de l'assemblée électorale, et que leur présence a pu influer sur le résultat de l'élection. — *Cons. d'état*, 8 mai 1841, élect. de Poite. — V. dans le même sens 5 août 1841, élect. de Sénozan.

521. — Mais est inadmissible le moyen de nullité tiré de la violation du secret des votes lorsque ce grief n'est pas justifié. — *Cons. d'état*, 20 juin 1844, élect. de Saint-Bresson.

522. — Des opérations électorales ne sont pas nulles par cela seul qu'un bulletin a été lu à haute voix par l'électeur votant, et que deux autres bulletins ont été communiqués par ceux qui les ont écrits à d'autres électeurs, avant d'être déposés dans l'urne, lorsque dans les circonstances de l'affaire ces irrégularités n'ont pu vicier la sincérité de l'élection. — *Cons. d'état*, 28 août 1844, Cuq.

ÉLECTIONS MUNICIP., etc., ch. 3, sect. 2e.

523. — On ne peut demander la nullité des élections sur le motif que le secrétaire aurait déchiré le vote d'un électeur qui avait fait connaître son vote, lorsque cette circonstance n'a pas été de nature à vicier les opérations. — *Cons. d'état*, 26 juill. 1844, élect. de Verderel.

524. — Dans les cas de cette nature et ceux analogues, le conseil d'état examine surtout si, des circonstances invoquées, il résulte clairement qu'il y ait eu ou non atteinte portée à la liberté et au secret des votes. Dans le cas de la négative, il maintient les opérations, d'après le principe généralement suivi, que toute irrégularité qui n'est pas de nature à vicier le résultat de l'élection ne doit pas en entraîner la nullité.

525. — Ainsi est sans influence la circonstance que plusieurs électeurs se seraient approchés de la table servant à écrire les bulletins, lorsqu'il n'est pas justifié que le secret des votes ait été violé. — *Cons. d'état*, 23 juin 1841, élect. de Montigny.

526. — Au contraire, le fait que tous les bulletins remis aux électeurs étaient revêtus d'un numéro d'ordre porte atteinte au secret des votes et doit faire annuler l'élection. — *Cons. d'état*, 8 mars 1844, élect. de Villeneuve-au-Chemin.

527. — Les votes doivent être exprimés librement.

528. — Toutefois, les opérations électorales ne peuvent être annulées par le motif que l'un des membres du bureau aurait indiqué publiquement et recommandé le candidat de son choix, lorsqu'il n'est pas établi que ce fait a été de nature à porter atteinte à la liberté des votes. — *Cons. d'état*, 25 mai 1841, élect. de Pontarlier.

529. — Il en est de même dans le cas où un écrit a été distribué dans le but d'influencer l'opinion, si cet écrit n'était pas de nature à porter atteinte à l'indépendance et à la sincérité des élections. — *Cons. d'état*, 3 mai 1844, élect. de Saint-Evroult-Notre-Dame-du-Bois.

530. — Ne peut entraîner la nullité des opérations la présence dans l'assemblée de quelques individus non électeurs, lorsqu'elle n'a pu porter atteinte à la liberté des votes. — *Cons. d'état*, 19 mars 1845, élect. de Friolais; 15 juin 1841, Labouheyres. — Cormenin, vo *Elections municipales*, t. 2, p. 138. — Surtout lorsque le bulletin qu'il a écrit a été refusé par le bureau. — *Cons. d'état*, 8 mars 1844, élect. de Sainte-Bizaigue. — V. la note.

531. — Est sans importance la présence du garde champêtre dans la salle des élections, lorsque la présence de cet agent n'a été que momentanée et pour les besoins du bureau. — *Cons. d'état*, 27 déc. 1844, élect. d'Ecouis.

532. — Peu importe également qu'un gendarme ait stationné à la porte de l'assemblée, lorsqu'il résulte de l'instruction que cet agent de la force publique a été placé à la porte de l'assemblée sur l'ordre du maire pour la police extérieure. — *Cons. d'état*, 28 août 1844, élect. de Grand-Bourg.

533. — Mais la présence du sous-préfet à l'assemblée électorale doit entraîner la nullité des opérations lorsque, dans les circonstances de l'élection, elle a pu porter atteinte à la liberté et à l'indépendance des votes. — *Cons. d'état*, 16 juin 1841, élect. de Saon.

534. — Doit être maintenue l'élection municipale attaquée 1o parce que les électeurs auraient été circonvenus; 2o parce qu'on leur aurait fait des promesses ayant pour objet de déterminer leur vote en faveur d'un candidat désigné, si la preuve de ces deux griefs n'est pas rapportée. — *Cons. d'état*, 30 mars 1844, élect. de Beaufort; 19 mars 1845, élect. de Friolais; 31 juill. 1843, élect. de Bourbourg; 3 sept. 1844, élect. de Souons.

535. — *Présence des membres du bureau.* — Pendant les opérations trois membres du bureau, au moins, doivent toujours être présens. — L. 21 mars 1831, art. 49.

536. — Sont donc nulles les élections lors desquelles le bureau ne s'est trouvé composé que de deux membres (*Cons. d'état*, 28 juill. 1838, élect. de Castillon) ou d'un seul membre (*Cons. d'état*, 17 févr. 1843, élect. de Pillercy), pendant un espace de temps assez long pour qu'il ait pu être porté atteinte à la sincérité de l'élection. — Mêmes arrêts.

537. — Mais si dans l'intervalle aucun vote n'avait été admis ou qu'aucune fraude n'eût été commise, il ne résulterait pas de nullité de ce que le bureau serait resté momentanément composé de moins de trois membres. — *Cons. d'état*, 19 déc. 1838, élect. de Partel; 8 mai 1841, élect. de Hers; 14 juill. 1841, élect. de Pondaurat; 23 juill., élect. de Saint-Andréol; 18 mars 1842, élect. d'Ecouis; 31 janv. 1845, élect. de Nadillac; 16 janv. 1844, élect. de Bugard; 8 mai 1841, élect. de Normainville; 29 juin 1844, élect. de Talazac.

ÉLECTIONS MUNICIP., etc., ch. 3, sect. 2e.

538. — A plus forte raison, lorsqu'il n'est point allégué qu'il se soit trouvé moins de trois membres présens au bureau, les élections ne peuvent être annulées par ce motif que le maire a été momentanément absent. — *Cons. d'état*, 28 déc. 1844, élect. de Cinteaux.

539. — ... Par exemple, qu'il a quitté pendant quelques instans le bureau pour écrire les bulletins d'électeurs illettrés. — *Cons. d'état*, 20 juin 1844, élect. de Saint-Laurent-sur-Sèvre.

540. — ... Ou par le motif que le secrétaire se serait absenté durant une partie des opérations. — *Cons. d'état*, 20 mai 1842, élect. de Thiron-Gardais. — La loi n'exige point, en effet, la présence constante du secrétaire. Elle exige seulement que trois membres du bureau, au moins, soient toujours présens. — L. 21 mars 1831, art. 49.

541. — Le défaut de remplacement, au bureau, de l'un des scrutateurs, nommé secrétaire, n'est un motif de nullité qu'autant qu'il a eu pour but ou pour effet de porter atteinte à la sincérité des opérations. — *Cons. d'état*, 30 déc. 1843, élect. de Bergerac.

542. — *Durée du scrutin.* — Chaque scrutin doit rester ouvert pendant trois heures au moins. — L. 21 mars, art. 49. — A peine de nullité. — *Cons. d'état*, 8 fév. 1833, Marliave et Combes.

543. — Lorsqu'il résulte de l'instruction que le scrutin, soit au premier, soit au second tour, n'a pas duré trois heures, les élections doivent être annulées. — *Cons. d'état*, 31 janv. 1845, élect. de Villefranche. — C'est là, en effet, une formalité substantielle. — *Cons. d'état*, 23 juin 1841, élect. de Saint-Justin-Samuzan; 8 fév. 1833, Mortiarc; 23 fév. 1841, élect. d'Uglas.

544. — Cependant, il n'y a pas lieu d'annuler une élection opérée au second tour du scrutin, à raison d'irrégularités commises au premier tour, alors que ce premier tour n'avait donné la majorité à aucun des candidats, et que les irrégularités alléguées ont été sans influence sur ce résultat, alors d'ailleurs qu'il a été procédé sans réclamation au second tour de scrutin, contre les opérations duquel aucune irrégularité n'est alléguée. — *Cons. d'état*, 23 juin 1841, élections de Montauban.

545. — Aussitôt l'expiration de trois heures, le scrutin peut être déclaré clos. — Toutefois, s'il y avait, à ce moment, plusieurs électeurs présens qui n'eussent point voté, il y aurait injustice et irrégularité à refuser de recevoir leur suffrage; mais il n'y aurait pas obligation d'attendre les citoyens qui ne seraient point présens. S'ils n'ont pas voté, c'est leur faute; ils en sont seuls responsables; on leur avait donné tout le temps accordé par la loi. — Bost, t. 1er, no 164, note.

546. — Doit être rejeté le grief tiré de ce que le scrutin ne serait resté ouvert que pendant une heure, lorsqu'il est constaté qu'il est resté ouvert pendant trois heures. — *Cons. d'état*, 15 juill. 1841, élect. de Fourques. — V. dans le même sens *Cons. d'état*, 23 mai 1844, élect. de Saint-Victor-de-Buthon.

## § 3. — *Dépouillement du scrutin. — Attribution des bulletins.*

547. — Le scrutin déclaré clos, le président constate le nombre des votans au moyen de la feuille d'inscription tenue par le secrétaire ou le scrutateur; ensuite il ouvre la boîte et compte les bulletins. Le nombre des bulletins et celui des votans sont mentionnés sur le procès-verbal.

548. — Le dépouillement du scrutin doit avoir lieu publiquement, à peine de nullité. — *Cons. d'état*, 6 janv. 1837, élect. de Châteauneuf (Charente).

549. — Mais l'absence du président pendant une partie du dépouillement du scrutin ne vicie pas l'élection. — *Cons. d'état*, 8 fév. 1838, élect. de Cressy-Omancourt.

550. — N'est point non plus de nature à vicier l'opération électorale le fait que le président aurait deux fois vidé l'urne et compté les bulletins avant la clôture du scrutin, lorsqu'aucun bulletin n'a été ouvert, et qu'il n'est pas allégué qu'aucune fraude ait eu lieu. — *Cons. d'état*, 23 juin 1841, élect. de Montigny.

551. — Si le nombre des bulletins et celui des votans ne sont point identiques, le bureau annule ou valide l'opération; il se guide d'après les circonstances; le procès-verbal fait mention de la décision. — Bost, t. 1er, no 164; Dufour, t. 3, no 1590.

552. — Ainsi les élections doivent être annulées lorsqu'il est trouvé dans l'urne un bulletin en sus du nombre des votans, si entre deux candidats en concurrence, la différence n'est précisément que d'une voix. — *Cons. d'état*, 20 juin 1844, élect. de Montmeyran; 15 mars 1844, élect. de Lagor; mê-

me jour, élect. de Xertigny; 4 sept. 1844, élect. de Gensac.

553. — Le fait, au contraire, qu'il aurait été trouvé dans l'urne un nombre de bulletins excédant le nombre des votans, ne constitue pas une irrégularité de nature à vicier les opérations électorales, s'il est établi par l'instruction que ce fait a été le résultat d'une erreur commise dans l'émargement. — *Cons. d'état*, 19 avr. 1838, élect. d'Encausse; 15 mars 1844, élect. de Cosne et de Xertigny.

554. — ... Ou si, déduction faite des bulletins en plus, le candidat élu conserve encore la majorité voulue. — *Cons. d'état*, 27 déc. 1844, élect. de Chauné.

555. — Vainement prétendrait-on que la répartition des suffrages n'a pas été exactement constatée, s'il est établi, tant par le procès-verbal que par le relevé des votes annexé au dossier, que les conseillers élus ont l'un et l'autre obtenu plus de la majorité absolue des suffrages. — *Cons. d'état*, 8 juin 1842, élect. de Bernay.

556. — Ces préliminaires remplis et l'opération déclarée valable, le président ordonne le dépouillement du scrutin. Un des scrutateurs prend successivement chaque bulletin, le déplie et le remet au président; celui-ci en fait lecture à haute voix et le passe à un autre scrutateur. — L. 19 avr. 1831, art. 11.

557. — L'irrégularité résultant de ce que le président seul aurait pris successivement chaque bulletin, l'aurait déplié et lu sans le passer à aucun des scrutateurs, n'entraîne pas la nullité des opérations, lorsque cette irrégularité n'a, d'ailleurs, pas influé sur le résultat de l'élection. — *Cons. d'état*, 20 juin 1844, élect. de Brionne.

558. — Le fait que l'un des scrutateurs n'a pu, à cause de son grand âge, continuer, lors du dépouillement du scrutin, à tenir exactement la note des suffrages qu'il avait commencée, ne peut plus invalider les opérations électorales, lorsque la régularité en est suffisamment constatée par les notes de l'autre scrutateur et du secrétaire. — *Cons. d'état*, 11 août 1841, élect. de Marmande.

559. — Aucune disposition de loi n'exigeant que les relevés des votes soient certifiés et signés, il ne peut résulter aucune nullité des opérations électorales de l'omission de ces formalités. — *Cons. d'état*, 5 déc. 1842, élect. de Neufchâtel.

560. — *Attribution de bulletins*. — L'attribution des bulletins peut soulever de graves difficultés. Ces questions sont toutes de bonne foi, et l'on décide généralement que, lorsqu'un bulletin ne désigne un candidat que d'une manière inexacte ou incomplète, c'est d'après les circonstances qu'on doit apprécier s'il doit être annulé ou, au contraire, s'il doit être attribué à l'un des candidats. — *Cons. d'état*, 5 fév. 1845, Neufchâteau; 8 mai 1841, élect. de Gauhertin; 8 mai 1841, élect. de Clermont-Ferrand; 16 juin 1841, élect. d'Auxerre; 5 déc. 1842, élect. de Neufchâtel; 22 avr. 1842, élect. de Nage et de Sorlognes.

561. — Dans cette matière, dit M. Cormenin (t. 2, v° *Elections municipales*, p. 138, édit. 4e), on doit tenir compte au candidat des noms, surnoms, prénoms, sobriquets, désignations et bulletins homonymes qui peuvent évidemment s'appliquer à lui.

562. — Il est de jurisprudence constante que lorsqu'un bulletin peut s'appliquer à plusieurs homonymes, c'est d'après les circonstances que le bureau doit examiner quel est celui qu'on a voulu désigner. — *Cons. d'état*, 5 avr. 1841, élect. de Neufchâteau; 3 mai 1844, élect. de Toulon; 16 juin 1841, élect. d'Auxerre; 15 mars 1844, élect. d'Elbeuf; 8 juin 1842, élect. de Saint-Médard-sur-Mont.

563. — Un bulletin contesté doit être attribué à l'éligible dont la candidature est notoire, lorsqu'il résulte de l'instruction qu'il ne peut s'appliquer qu'à lui. — *Cons. d'état*, 19 avr. 1844, Castex.

564. — Il en est de même d'un bulletin qui le désigne seulement par son prénom, alors qu'il est conseiller sortant. — *Cons. d'état*, 20 juin 1844, élect. de Montmeyran; 29 juin 1844, élect. de Craon.

565. — ... Ou par son nom de famille, sans désignation spéciale, encore bien que son père soit également porté sur la liste. — *Cons. d'état*, 20 juin, élect. de Charmes; 23 juill. 1844, élect. de Pierre; 16 juin 1841, élect. d'Auxerre.

566. — ... Ou par son nom moins l'initiale. — *Cons. d'état*, 12 avr. 1844, élect. de Strasbourg.

567. — ... Et spécialement, le bulletin sur lequel est écrit *Ristenber-médecin*, quand le candidat est *Ristelhueber* et exerce également la qualité de médecin. — *Cons. d'état*, 12 avr. 1844, élect. de Strasbourg.

568. — ... Lorsque le seul électeur auquel le nom pourrait également s'appliquer n'a pas l'âge nécessaire pour pouvoir être élu. — *Cons. d'état*, 8 mai 1841, élect. de Gaubertin.

569. — ... Ou quand les homonymes n'ont été, ni au premier ni au second tour de scrutin, spécialement désignés par aucun bulletin. — *Cons. d'état*, 5 fév. 1841, élect. de Neufchâteau. — V. conf. *Cons. d'état*, 11 août 1841, élect. de Marmande; 30 nov. 1841, Honfleur.

570. — Les élections ne peuvent être annulées par le motif que le bureau aurait attribué à un électeur, seul de ce nom, des bulletins qui ne portaient que son nom, sans désignation spéciale, et aurait, au contraire, annulé des bulletins portant, toujours sans désignation spéciale, un nom commun à plusieurs individus, lorsqu'il n'est point établi qu'en décidant ainsi ledit bureau ait fait une fausse appréciation des circonstances de l'élection. — *Cons. d'état*, 22 avr. 1842, élect. de Falaise.

571. — Lorsqu'il est démontré par l'instruction qu'un particulier est généralement connu sous un nom, qu'il a été inscrit sous ce nom sur les listes électorales, les bulletins portant ce nom doivent lui être attribués, bien qu'il soit allégué que ce nom n'était pas celui sous lequel il avait été inscrit sur les registres de l'état civil. — *Cons. d'état*, 14 fév. 1845, élect. de Saint-Georges.

572. — Il y a lieu d'annuler les bulletins si rien n'indique qu'ils doivent s'appliquer à un candidat plutôt qu'à un de ses homonymes. — *Cons. d'état*, 28 mai 1835, Collin; 18 mars 1842, élect. d'Ecouis.

573. — Ainsi, un bulletin portant M. *Lemaire* est valablement annulé comme ne contenant pas de désignation suffisante, alors qu'un des candidats est maire de la commune, et que l'autre a pour nom *Lemaire*. — *Cons. d'état*, 18 juill. 1844, élect. de Champigny; 18 mars 1842, élect. d'Ecouis.

574. — Il y a lieu d'annuler un bulletin qui porte le nom d'un candidat sans autre désignation, lorsqu'il se trouve dans l'assemblée deux autres électeurs à qui ce nom appartient également, et dont l'un a même obtenu une voix au premier tour de scrutin. — *Cons. d'état*, 8 mai 1841, élect. de Gaubertin.

575. — Lorsqu'un individu a été admis à voter au lieu et place de son père, électeur inscrit, son vote, étant nul, doit être retranché du nombre total des suffrages exprimés et du nombre des suffrages attribués à chacun des candidats; et si, ce retranchement opéré, quelques uns des candidats se trouvent n'avoir plus la majorité absolue, leur élection doit être annulée. — *Cons. d'état*, 18 août 1842, élect. de Longratte.

576. — Mais l'attribution irrégulière d'un bulletin douteux à un candidat n'entache pas l'élection si, déduction faite de ce bulletin, l'élu a réuni plus de la majorité des suffrages. — *Cons. d'état*, 26 juill. 1844, élect. de Pourrain; 23 juin 1841, élect. de Montigny; 30 nov. 1841, élect. de Saint-Nicolas-lez-Citeaux; 18 mars 1842, élect. d'Ecouis. — L'électeur qui n'a pas réclamé dans le délai de la loi contre ce refus à lui fait par le bureau de lui compter plusieurs bulletins portant son nom, sans désignation, n'est pas admissible à réclamer devant le conseil d'état l'attribution de ces bulletins. — *Cons. d'état*, 20 juin 1844, élect. d'Andechy.

### § 4. — *Majorité nécessaire pour être élu.*

577. — La majorité absolue ou la moitié plus un des votes exprimés est nécessaire au premier tour de scrutin. — L. 21 mars 1831, art. 49.

578. — Lorsque le nombre des suffrages exprimés est impair, la majorité absolue se compte ainsi : on prend la moitié du nombre pair immédiatement inférieur à laquelle on ajoute une unité. Si, par exemple, le nombre des suffrages est quatre-vingt-dix-neuf, la majorité absolue sera quarante-neuf plus une ou cinquante. — Bost, t. 1er, n° 164.

579. — En général, on ne compte pas comme suffrages exprimés ceux qui ne contiennent aucun nom ou qui contiennent autre chose que des noms. — Bost, t. 1er, n° 164.

580. — Les bulletins blancs trouvés dans l'urne du scrutin ne doivent pas compter pour la fixation de la majorité. — *Cons. d'état*, 26 juill. 1844, élect. de Béville-la-Baignarde; 23 fév. 1841, élect. de Lubersac.

581. — Il en est de même de tout bulletin qui n'exprime aucun vote, par exemple du bulletin *ni l'un ni l'autre* (*Cons. d'état*, 22 juin 1843, élect. de Solliespont), ou du bulletin sur lequel ont été tracés des caractères dont l'arrangement ne forme pas de nom. — *Cons. d'état*, 7 août 1843, élect. de Bicrné.

582. — Mais il en est autrement des bulletins illisibles; ils doivent servir à déterminer le nombre des votans et le chiffre de la majorité. — *Cons. d'état*, 30 mai 1834, Lagarde.

583. — Lorsque l'omission d'un vote a été sans influence sur le résultat des élections, ces élections ne peuvent être attaquées à raison de l'omission de ce vote. — *Cons. d'état*, 31 janv. 1845, élect. de Nadillac.

584. — En cas de concours par égalité de suffrages, l'élection n'est pas acquise au plus âgé; il doit être procédé à un second tour de scrutin. — *Cons. d'état*, 22 fév. 1844, élect. de Pau; 3 mai 1844, élect. de Souppes; 7 fév. 1845, élect. de Falaise; — Dufour, t. 3, nos 494 et 1594.

585. — Mais lorsqu'au second tour du scrutin deux candidats obtiennent le même nombre de suffrages, la préférence est due au plus âgé. — *Cons. d'état*, 26 juill. 1844, élect. de Béville-la-Baignarde.

586. — Il peut arriver que le nombre des candidats qui obtiennent la majorité absolue excède le nombre des conseillers à élire. Dans ce cas, la préférence est déterminée par la pluralité des suffrages. S'il y a égalité de suffrages de part et d'autre, le candidat le plus âgé est préféré. — Bost, t. 1er, n° 167.

587. — En matière d'élections législatives, nul n'est élu à l'un des deux premiers tours de scrutin s'il ne réunit plus du tiers des voix de la totalité des membres qui composent le collége (L. 19 avr. 1831, art. 54); doit-il en être de même pour les élections municipales? — La négative résulte de ce que la loi du 21 mars 1831 ne contient aucune disposition analogue à celle de la loi du 19 avr. 1831; d'où il faut conclure qu'en matière d'élection municipale la majorité absolue des votans est suffisante, quel que soit le nombre des électeurs qui ont pris part au scrutin. — *Cons. d'état*, 23 déc. 1844, élect. de Vescovato; 3 mai 1844, élect. de Souppes; 14 juill. 1841, élect. de Jarret.

588. — La majorité relative suffit au second tour. — L. 21 mars, art. 49.

### § 5. — *Proclamation du résultat du scrutin. — Destruction des bulletins. — Second tour de scrutin.*

589. — *Proclamation du résultat du scrutin.* — Aussitôt que le dépouillement des bulletins est terminé, le résultat du scrutin est proclamé par le président en présence de l'assemblée. — Bost, t. 1er, n° 165.

590. — S'il résulte de l'instruction que le président a fait évacuer la salle au moment du dépouillement du scrutin, et si ce fait n'est point démenti par le procès-verbal, qui ne contient aucun renseignement à cet égard, il y a lieu de prononcer la nullité des opérations électorales, comme faites en violation des conditions de publicité exigées par la loi. — *Cons. d'état*, 6 janv. 1837, élect. de Châteauroux.

591. — Il n'y a pas lieu d'annuler des élections par le motif que le président de l'assemblée aurait lui même proclamé l'annulation du scrutin, lorsque, d'ailleurs, les opérations sont régulières. — *Cons. d'état*, 29 juin 1844, élect. de Talazac.

592. — *Incinération des bulletins.* — Immédiatement après la proclamation du résultat du scrutin, les bulletins doivent être brûlés en présence de l'assemblée. — L. 19 avr. 1831, art. 52.

593. — Toutefois, le défaut d'incinération des bulletins, séance tenante, et le fait que le maire les aurait emportés chez lui, ne vicient pas les opérations électorales antérieurement proclamées. — *Cons. d'état*, 4 déc. 1837, élect. de Vaux; 31 déc. 1838, élect. d'Hières; 27 avr. 1840, Hugol. — Alors surtout que ces irrégularités sont démenties par le procès-verbal. — *Cons. d'état*, 18 janv. 1844, élect. de Bugard.

594. — A plus forte raison, les élections ne sont-elles pas nulles par cela seul que les bulletins n'auraient été brûlés qu'en présence des membres du bureau. — *Cons. d'état*, 3 sept. 1844, élect. de Soumons.

595. — « L'incinération des bulletins, dit M. Dufour (n° 1595), n'est destinée qu'à garantir le secret des votes, et, conséquemment elle n'a pas si directement trait à la liberté et à la sincérité de l'élection qu'on doive en exiger, à peine de nullité, l'observation rigoureuse. »

596. — Le fait que le bureau a ordonné à tort l'incinération des bulletins du premier tour de scrutin avant d'en avoir fait le dépouillement et a annulé l'opération par le motif que l'un des scrutateurs était illettré, ne vicie pas l'élection faite au second tour du scrutin, si cette irrégularité a été sans influence sur le résultat, chacun des candidats ayant obtenu plus de la majorité absolue des suffrages sur le nombre total des électeurs

inscrits. — *Cons. d'état*, 15 juin 1841, élect. d'Autun.

597. — Doivent être réservés pour être paraphés par les membres du bureau et annexés au procès-verbal, au lieu d'être brûlés, les bulletins sur lesquels des difficultés se sont élevées. — Arg. L. 19 avr. 1831, art. 45.

598. — Le bureau doit en effet conserver les élémens sur lesquels il fonde ses décisions, afin de ne pas ôter aux électeurs qui veulent se pourvoir le moyen de les contester. — *Cons. d'état*, 7 août 1835, élect. de Rabastens.

599. — Il n'est pas, toutefois, indispensable que les bulletins contestés soient annexés au procès-verbal : il suffit qu'ils y soient décrits. — *Cons. d'état*, 7 août 1835, élect. de Rabastens; 18 juill. 1838, élect. de Fumel; 14 fév. 1842, élect. de Mane; 11 août 1841, élect. de Marmande; — Cormenin, t. 2, v° *Élections municipales*, p. 134.

600. — Mais on ne doit pas annexer au procès-verbal les bulletins qui n'ont pas été contestés lors du dépouillement du scrutin. — *Cons. d'état*, 3 mai 1844, élect. de Lunas.

601. — *Second tour de scrutin.* — Dans le cas où le premier scrutin n'a pas produit de résultat, on peut, si la journée n'est pas trop avancée, procéder à un second scrutin. — L. 21 mars 1831, art. 49.

602. — Si au contraire le temps nécessaire manque, l'opération est renvoyée au lendemain. Mais alors le président annonce l'ouverture de ce second scrutin et donne des ordres pour que les électeurs absens soient avertis. — Bost, t. 1er, n° 168.

603. — Toutefois il n'est pas nécessaire que les électeurs soient convoqués à domicile pour le second tour de scrutin, il suffit qu'ils soient suffisamment avertis. — *Cons. d'état*, 14 fév. 1842, élect. de Mane.

604. — Lorsque le président a annoncé le renvoi au lendemain des opérations commencées, et qu'en conséquence un grand nombre d'électeurs se sont retirés après cette déclaration, si néanmoins il a été procédé le soir même au second tour de scrutin, malgré ladite déclaration, le second tour doit être annulé. — *Cons. d'état*, 18 août 1842, élect. de Longratte.

605. — Le second tour de scrutin, s'il reste assez de temps, peut encore être ajourné à huitaine. — *Cons. d'état*, 7 juin 1836, Berthelot; 14 juill. 1838, élect. de Coulanges (Yonne); — de Cormenin, t. 2, p. 140.

606. — Il a même été jugé que le deuxième tour de scrutin était régulier, quoiqu'il n'ait eu lieu que quatorze jours après le premier. — *Cons. d'état*, 21 oct. 1835, Duffo c. Barrère.

607. — Lorsqu'au jour fixé pour le second tour de scrutin une partie des scrutateurs fait défaut, le président peut, après avoir attendu un certain temps depuis l'heure fixée pour la réunion, et après avoir constaté leur absence, procéder à leur remplacement en se conformant aux dispositions de l'art. 44, L. 21 mars 1831. — *Cons. d'état*, 13 avr. 1842, élect. de Marseille.

608. — Jugé que si, après un premier tour de scrutin, le président de l'assemblée électorale a renvoyé à un autre jour la continuation des opérations, l'arrêté par lequel le préfet convoque les électeurs pour un jour autre que celui indiqué par le président, et postérieur au terme prescrit par l'ordonnance royale pour le renouvellement triennal, est pris dans les limites de ses pouvoirs, et ne peut dès-lors être attaqué directement par la voie contentieuse. — *Cons. d'état*, 8 mai 1841, élect. de Villeneuve-de-Berg.

609. — Si donc les opérations ont été régulières, l'élection ne peut être attaquée à raison de la prétendue irrégularité de cette convocation. — *Cons. d'état*, 8 mai 1841, élect. de Villeneuve-de-Berg.

610. — Lorsque, dans le même jour, il a été procédé à quatre tours de scrutin tant pour le renouvellement de la série sortante du conseil municipal que pour le remplacement d'un conseiller décédé dans l'autre série, l'élection doit être déclarée nulle. — *Cons. d'état*, 18 janv. 1844, élect. de Damville.

611. — *Clôture de la séance.* — Avant de lever la séance, le président doit prévenir l'assemblée que les membres qui croiront avoir le droit d'arguer les opérations de nullité doivent déposer leur réclamation au secrétariat de la mairie dans le délai de cinq jours à compter du jour de l'élection. — Bost, t. 1er, n° 174.

§ 6. — *Procès-verbal des opérations électorales.*

612. — Le secrétaire doit rédiger un procès-verbal de toutes les opérations électorales.

613. — Lorsque le procès-verbal est régulier, la foi qui est due aux énonciations qu'il renferme ne peut être détruite par de simples allégations. — *Cons. d'état*, 24 oct. 1832, Boulanger et autres; 19 mai, Mosnier et Odin; 10 juin, Vast; 12 juin, Gilbert; 10 juill., Lagoanère; 7 août, élect. de Saint-Baudry; 21 oct., Orieuls, élect. de La Ferrière-Bochard, et Duffo; 4 déc., élect. de Richemond; 16 déc. 1835, Duperray; 13 mai, Trouette; 2 août, élect. de Tavel; 23 août 1836, Pierre Lagouelle; 15 mars, élect. de Clairvaux; 28 août 1837, élect. de Loudéac; 5 juin, élect. de Paris-l'Hôpital (Saône-et-Loire); 19 juin, élect. de Florentin (Aveyron); 17 sept. 1838, élect. d'Eysus (Basses-Pyrénées); 14 fév. 1842, Mélion; 13 avr. 1842, élect. d'Anor; 3 mai 1844, élect. de Lunas; — Cormenin, t. 2, p. 144, n° 15.

614. — Il n'y a pas lieu de s'arrêter à l'offre de prouver par témoins un fait qui serait de nature à vicier les opérations électorales lorsque la fausseté de cette allégation résulte tant des énonciations formelles du procès-verbal que des circonstances de l'élection. — *Cons. d'état*, 17 août 1841, Doche et Truchasson.

615. — ... Surtout par une déclaration contraire et postérieure du président seul. — *Cons. d'état*, 27 nov. 1835, élect. de Glomel; 23 juin 1841, élect. de Peyrollières; 20 juin 1844, élect. de Lion-Devantdun; 18 juill. 1844, élect. de Poulan-Pouzols.

616. — ... Ou des membres du bureau. — *Cons. d'état*, 22 avr. 1842, élect. de Nage et de Sorlogne; 25 mai 1841, élect. de Rozon.

617. — Mais on peut suppléer aux omissions du procès-verbal par des preuves extrinsèques.

618. — Ainsi il n'est pas indispensable à peine de nullité que le procès-verbal mentionne l'incinération des bulletins. Il suffit qu'il soit constant qu'elle a eu lieu. — *Cons. d'état*, 21 déc. 1837, élect. de Bellegarde (Aude).

619. — Le défaut d'insertion au procès-verbal des décisions provisoires du bureau n'est point une cause de nullité de l'élection, alors que cette omission peut être réparée par le pourvoi d'un électeur qui défère au conseil de préfecture les difficultés qui ont donné lieu aux décisions. — *Cons. d'état*, 24 août 1832, Ladouze; 26 déc. 1835, Duperray; — Cormenin, t. 2, p. 133.

620. — Il n'est même pas nécessaire que ce procès-verbal soit rédigé séance tenante. — *Cons. d'état*, 23 oct. 1835, Labitte; 31 déc. 1838, élect. d'Hyères (Var).

621. — Ce défaut de rédaction ne saurait entraîner la nullité lorsqu'il n'est point allégué qu'aucune fraude ait eu lieu dans la rédaction. — *Cons. d'état*, 15 juill. 1841, élect. de Fourques; — Cormenin, v° *Élections municipales*, t. 2, p. 139, notes.

622. — Le procès-verbal peut être écrit indistinctement par un des scrutateurs ou par le secrétaire : ce qu'il importe, c'est que toutes les formes et conditions légalement prescrites aient été observées. — *Cons. d'état*, 9 mars 1836, Béarn; — Cormenin, t. 2, p. 133.

623. — Ont même été validées des élections lors desquelles un individu non électeur avait été invité à assister le secrétaire dans la rédaction du procès-verbal, parce qu'il ne résultait pas de l'instruction que la présence de ce particulier eût influé sur la sincérité des opérations et sur le résultat de l'élection. — *Cons. d'état*, 19 avr. 1844, élect. de Vissec.

624. — La circonstance que le procès-verbal ne mentionne pas le nombre des suffrages obtenus au premier tour de scrutin par plusieurs candidats non élus, ne doit pas entraîner la nullité des opérations, alors que les candidats, n'ayant pas obtenu la majorité absolue, ne pouvaient, en aucun cas, être appelés à remplacer les conseillers proclamés. — *Cons. d'état*, 5 déc. 1842, élect. de Neufchâtel.

625. — Aucune disposition de loi n'exige que le procès-verbal soit lu en présence de l'assemblée. — *Cons. d'état*, 31 janv. 1845, élect. de Nadillac; 4 juin 1841, Rouds; 4 sept. 1841, élect. de Gensac; 3 mai 1844, élect. de Souppes; 28 janv. 1841, élect. de Fontenay-Torcy; — Dufour, t. 3, n° 1712.

626. — A plus forte raison, lorsque les opérations ont été renvoyées au lendemain, le président n'est point obligé, lors de l'ouverture de cette nouvelle séance, de donner lecture du procès-verbal des opérations de la veille. — *Cons. d'état*, 13 mai 1836, Castarède.

627. — La circonstance que le procès-verbal de la première séance n'a été lu qu'après la seconde, ne se rattachant pas aux formalités substantielles de l'élection, ne peut être un motif de nullité. — *Cons. d'état*, 15 mars 1837, élect. de Clairvaux (Jura).

628. — Le procès-verbal doit être signé par tous les membres du bureau : toutefois, le refus fait par quatre d'entre eux, et cela dans le but de faire annuler les opérations électorales, de signer le procès-verbal écrit en entier par un des membres du bureau, et sans qu'il se soit élevé la moindre réclamation, ne doit point entraîner la nullité desdites opérations, lorsque d'ailleurs toutes les conditions prescrites par la loi ont été accomplies. — *Cons. d'état*, 13 mai 1836, élect. d'Arvien. — V. dans le même sens *Cons. d'état*, 15 juill. 1841, élect. de Fourques.

629. — Jugé encore que les élections ne peuvent être annulées par le motif que, dans le procès-verbal, il existe un renvoi qui n'a été signé que par le président, lorsque ce renvoi a été approuvé dans le cours du procès-verbal signé par tous les membres du bureau, et que, d'ailleurs, il n'est présenté aucune allégation contre la sincérité des opérations électorales. — *Cons. d'état*, 13 avr. 1842, élect. de Marseille.

630. — ... Que l'omission au procès-verbal tant de sa date que de la date de l'arrêté préfectoral en vertu duquel la convocation des électeurs a eu lieu, n'est point une cause de nullité de l'élection. — *Cons. d'état*, 6 août 1840, Chamblant.

631. — ... Que le fait que le procès-verbal n'aurait pas été signé séance tenante ne saurait être une cause de nullité de l'opération électorale, lorsqu'il n'est pas allégué qu'aucune fraude ait eu lieu. — *Cons. d'état*, 23 juin 1841, élect. de Lagnian-Miélan; 4 juin 1841, élect. de Latresne.

632. — Mais lorsqu'il résulte de l'instruction que le procès-verbal de la séance n'a pas été signé le même jour, et que, d'ailleurs, l'assemblée ayant été convoquée de nouveau pour un jour ultérieur, le bureau n'a pas été reconstitué à la séance dudit jour, l'omission de ces formalités essentielles est de nature à vicier les opérations. — *Cons. d'état*, 12 juin 1835, Cosse.

633. — Une erreur de nom commise dans le procès-verbal ne fait point obstacle à ce que le conseiller élu sur lequel elle porte soit proclamé membre du conseil municipal. — *Cons. d'état*, 8 mai 1844, élect. de Lunas.

634. — Tout membre de l'assemblée a droit de faire insérer au procès-verbal les réclamations qu'il se croit en droit d'élever contre l'élection. — Arg. L. 21 mars 1831, art. 52.

635. — Le procès-verbal doit être remis au maire, qui le fait passer au préfet, par l'intermédiaire du sous-préfet, avant l'installation des conseillers municipaux. — L. 21 mars 1831, art. 51.

## CHAPITRE IV. — *Des réclamations en matière électorale.*

636. — Les réclamations en matière électorale sont dirigées soit contre la teneur des listes, soit contre les opérations de l'assemblée des électeurs.

637. — On a vu *suprà*, nos 58 et suiv., quelles personnes pouvaient réclamer contre la teneur des listes; dans quels délais, dans quelles formes et devant quelle autorité devaient être portées les réclamations.

638. — Le présent chapitre est exclusivement consacré à ce qui concerne les réclamations dirigées contre les opérations de l'assemblée des électeurs.

### Sect. 1re. — *Droit de recours.*

639. — Le droit de réclamer contre les opérations de l'assemblée des électeurs appartient : 1° au préfet; 2° à tout membre de l'assemblée.

640. — Celui qui n'est point électeur est sans qualité pour arguer de nullité les opérations électorales de sa commune. — L. 21 mars 1831, art. 52. — *Cons. d'état*, 23 juill. 1841, élect. de Duttlensheim.

641. — Mais tout électeur n'a pas le droit d'arguer de nullité les opérations électorales; ce droit n'est ouvert par la loi (L. 21 mars 1831, art. 52) qu'au profit des membres de l'assemblée. — *Cons. d'état*, 6 avr. 1836, Hernoux.

642. — Il faut décider par la même raison que les membres d'une section sont non recevables à critiquer les opérations d'une autre section de la même commune. — Dans le langage de la loi, le mot *assemblée* est, il est vrai, employé tantôt comme s'appliquant à l'assemblée des électeurs d'une commune (art. 45) et tantôt comme synonyme de section (art. 44). — Mais le législateur aurait pu, dans l'art. 12, employer l'expression *tout électeur*, qui se présentait plus naturellement à l'esprit que celle de *membre de l'assemblée*. — S'il ne l'a point fait, on doit en induire qu'il a voulu exclure tout électeur, soit de l'assemblée unique, soit de la section qui n'aurait pas pris part aux opérations; d'ailleurs, dans le système de la loi municipale, chaque section élit séparément et complétement

un certain nombre de conseillers municipaux; ces diverses élections sont donc indépendantes les unes des autres.

643. — De ces considérations il résulte que les électeurs d'une section sont sans qualité pour attaquer les opérations électorales d'une autre section. — *Cons. d'état*, 8 mai 1841, élect. de Simorre; — Cormenin, *Dr. admin.*, v° *Élections municipales*, t. 2, p. 131.

644. — Pour mettre le préfet à même d'user du droit de recours qui lui est accordé, le maire lui adresse, par l'intermédiaire du sous-préfet, les procès-verbaux d'élections avant l'installation des conseillers élus. — L. 21 mars 1831, art. 51.

645. — Si le préfet estime que les formes et conditions légalement prescrites n'ont pas été remplies, il défère le jugement de la nullité au conseil de préfecture dans le délai de quinze jours à dater de la réception du procès-verbal. — *Ibid.*

646. — L'arrivée du procès-verbal est constatée par l'inscription, soit sur le registre de la correspondance, soit sur un registre spécial. — Bost, t. 1er, n° 179.

647. — En vertu du même principe, et pour la supputation des délais, le préfet doit accuser réception au maire du procès-verbal des élections, des réclamations, et généralement de l'envoi qu'il lui a fait. — Bost, t. 1er, n° 180.

648. — Le préfet doit notifier au maire son recours contre les élections municipales; car dès-lors qu'une telle réclamation est formée, il y a lieu de surseoir à l'installation des conseillers élus. — Bost, t. 1er, n° 182.

649. — La réclamation des électeurs doit être consignée au procès-verbal, ou déposée dans le délai de cinq jours à compter du jour de l'élection au secrétariat de la mairie. — L. 21 mars 1831, art. 52.

650. — Il en est donné récépissé. — *Ib.*

651. — Le conseil rejette comme non recevables toutes réclamations contre une élection qui n'ont été ni insérées au procès-verbal des opérations électorales, ni déposées dans le délai de cinq jours déterminé par la loi. — *Cons. d'état*, 28 août 1844, Noguès; même jour, élect. de Porcheresse.

652. — Il a été décidé toutefois que l'irrégularité tirée de ce qu'une réclamation n'a été ni consignée au procès-verbal, ni déposée à la mairie dans le délai de cinq jours, n'est pas de nature à la rendre non recevable, si elle a été déposée en temps utile à la sous-préfecture. — *Cons. d'état*, 8 juin 1842, élect. de Sant-Mard-sur-le-Mont; 6 mars 1836, Duba.

653. — Si la réclamation est fondée sur l'incapacité légale d'un ou de plusieurs des membres élus, elle est portée devant le tribunal d'arrondissement. — L. 21 mars 1821, art. 52.

654. — S'il n'y a pas eu de réclamation portée devant le conseil de préfecture, ou si ce conseil a négligé de prononcer dans les délais déterminés par la loi, l'installation des conseillers élus a lieu de plein droit. — L. 21 mars 1831, art. 52. — V. CONSEIL MUNICIPAL, n°s 114 et suiv.

## Sect. 2e. — *Compétence administrative.*

655. — Les conseils de préfecture sont seuls compétens pour connaître de toutes les réclamations motivées sur l'inobservation des formes et conditions prescrites pour les opérations électorales. — L. 21 mars 1831, art. 51, 52.

656. — Un préfet ne peut, sans excéder ses pouvoirs, décider qu'une réclamation de cette nature a été formée hors du délai fixé par la loi. — *Cons. d'état*, 15 juill. 1841, élect. de Fourques.

657. — Mais le conseil de préfecture ne saurait se saisir d'office, pour annuler les opérations électorales, d'un grief qui ne lui a été soumis ni par les réclamans, ni par le préfet. — *Cons. d'état*, 23 mai 1841, élect. de Pontarlier. — V. Cormenin, *Dr. admin.*, v° *Elections municipales*, t. 2, p. 124, et Chevalier, *Jurisp. admin.*, v° *Elections municipales*, t. 2, p. 30.

658. — Le conseil de préfecture qui a prononcé définitivement sur la validité des élections, ne peut réformer sa décision, alors même qu'elle reposerait sur une erreur de fait qu'il a reconnue. — *Cons. d'état*, 13 avr. 1842, élect. d'Anor; 15 oct. 1832, Dourthe; 24 oct. 1832, élect. de Saint-Pée; — Cormenin, t. 1er, v° *Elections municipales*, p. 193, n° 8.

659. — Le conseil de préfecture saisi soit par le préfet, soit par un membre de l'assemblée, doit prononcer dans le délai d'un mois. — L. 21 mars, art. 51.

660. — Il commet un excès de pouvoirs en statuant sur la validité d'élections dont l'appréciation ne lui a pas été déférée. — *Cons. d'état*, 11 août 1841, élect. de la Trinité; 28 mai 1835, élect. de Saint-Dié; 13 mai 1836, élect. d'Arvieu. — V. Cormenin, *Dr. admin.*, v° *Elections municipales*, t. 2, p. 124; Chevalier, *Jurispr. admin.*, v° *Elections municipales*, t. 2, p. 30.

661. — La loi n'exprime pas en termes précis de quelle époque doit être compté le mois; mais son économie indique que ce délai doit partir du jour où les réclamations sont parvenues à la préfecture. — *Cons. d'état*, 28 janv. 1841, élect. de Mortagne. — V. conf. *Cons. d'état*, 1er mars 1842, élect. de Guéd'Hassus.

662. — Doit être annulé l'arrêté du conseil de préfecture qui n'a statué sur la réclamation devant lui formée contre des élections municipales que plus d'un mois après que ladite réclamation est parvenue à la préfecture. — *Cons. d'état*, 4 juin 1841, élect. d'Autricourt. — V. conf. 13 avr. 1842, élect. de Saint-Pierre-de-Bœuf.

663. — Si, sans casser toutes les opérations d'une assemblée, le conseil de préfecture annulle l'élection d'un ou plusieurs des conseillers élus, il y a lieu de distinguer la nature du motif d'annulation. Existe-t-il une erreur dans la supputation ou la répartition des suffrages ou toute autre erreur qui pourrait changer la majorité? le conseil peut substituer au conseiller proclamé le candidat qui, les opérations ainsi rectifiées, aurait obtenu la majorité (Bost, t. 1er, n° 183). L'opération est-elle annulée pour cause d'incapacité ou d'incompatibilité, ou de tout autre empêchement? la place du conseiller élu est vacante; on doit procéder à nouvelle élection. — Bost, *ibid.*

664. — Cette règle souffrirait une exception dans le cas où il y aurait plus de majorités absolues que de nominations à faire; car alors l'opération aurait été terminée au premier scrutin, et il n'y aurait plus besoin de recourir à une nouvelle convocation. — Bost, t. 1er, n° 183.

665. — Mais si toutes les opérations de l'assemblée sont annulées, cette même assemblée doit être convoquée dans le délai de quinze jours à partir de cette annulation. — L. 21 mars, art. 52, § 3.

666. — Il n'y a pas de contradiction entre cette disposition et celle de l'art. 22, aux termes duquel il doit être pourvu aux vacances survenues dans l'intervalle des élections triennales dès que le conseil se trouve réduit au tiers de ses membres. — L'art. 52 est applicable au cas où une élection est annulée, et l'art. 22, au contraire, aux cas où il y a une ou plusieurs vacances par tout autre cause qu'une annulation d'élection. D'ailleurs on peut procéder à l'élection dans l'espèce de l'art. 22, encore que le conseil municipal ne se trouve pas réduit aux trois quarts de ses membres. — Circul. min. 30 nov. 1831.

667. — L'arrêté de convocation est transmis au maire avec celui d'annulation. — Bost, t. 1er, n° 188.

668. — *Recours au conseil d'état.* — Toutes les décisions du conseil de préfecture sont sujettes au recours devant le conseil d'état. — Bost, t. 1er, n° 185.

669. — Ce recours peut être exercé par ceux-là seulement qui ont droit de se pourvoir devant le conseil de préfecture.

670. — En conséquence, sont non recevables à se pourvoir ceux qui ne sont pas électeurs communaux. — *Cons. d'état*, 11 juill. 1844, élect. de Montmoreau; 31 déc. 1838, élect. de Saint-Jean-Bonnefond; 10 janv. 1839, élect. de l'Eglise-aux-Bois; 23 juill. 1841, élect. de Buttlenheim; 18 juill. 1844, élect. de la Gresles.

671. — Un fils est sans qualité pour se pourvoir devant le conseil d'état, au nom de son père. — *Cons. d'état*, 29 juin 1844, élect. d'Ardizas.

672. — Un maire est non recevable *en sa qualité de maire*, à se pourvoir devant le conseil d'état contre un arrêté du conseil de préfecture qui a annulé les élections municipales faites dans sa commune. — *Cons. d'état*, 18 mars 1841, Ochs, maire de Niderhoff.

673. — Mais lorsque les opérations électorales d'une section ont été annulées par le conseil de préfecture, et que, par suite, il a été procédé à de nouvelles élections, si l'arrêté du conseil de préfecture est attaqué par quelques uns des candidats dont la nomination a été annulée, l'un des conseillers élus dans les dernières opérations a intérêt, et par conséquent qualité, pour intervenir dans l'instance, à l'effet de demander que l'arrêté du conseil de préfecture soit maintenu à l'égard des parties qui ne l'ont point attaqué. — *Cons. d'état*, 25 mai 1841, élect. de Pontarlier.

674. — Toutefois, si au nombre des conseillers dont la nomination se trouve annulée il en est un qui ne fasse point partie de l'assemblée électorale de la section, le pourvoi formé par lui seul contre l'arrêté du conseil de préfecture ne profite point aux autres. — Même décision.

675. — Par conséquent, si le pourvoi est reconnu fondé, l'arrêté du conseil de préfecture doit être annulé seulement en ce qui concerne l'auteur du pourvoi et maintenu à l'égard de ceux qui ne se sont point pourvus. — Même décision.

676. — Il ne suffit même pas d'être électeur pour pouvoir déférer au conseil d'état un arrêté du conseil de préfecture, il faut encore avoir été partie dans l'instance suivie devant ce conseil. — *Cons. d'état*, 19 avr. 1844, élect. de Saint-Bonnet-le-Château; 29 juin 1844, élect. de Nolay.

677. — Il a été jugé qu'on ne doit pas admettre la requête d'électeurs qui n'ont point signé la réclamation présentée au conseil de préfecture. — *Cons. d'état*, 28 août 1844, élect. de Gavarret; même jour, élect. de Chambort.

678. — L'acte par lequel un électeur substitue un autre électeur à l'effet de se pourvoir à ses risques et périls contre l'arrêté rendu ou à rendre par le conseil de préfecture ne saurait donner qualité à l'électeur substitué, pour former un pourvoi devant le conseil d'état. — *Cons. d'état*, 23 mai 1844, élect. de Saint-Laurent-de-Nesle.

679. — Le pourvoi formé contre un arrêté du conseil de préfecture qui maintient des élections, ne peut avoir pour effet de suspendre l'exécution de cet arrêté. — *Cons. d'état*, 26 août 1835, Belluez; 29 juin 1844, élect. d'Espéraunes; 11 juill. 1844, élect. de Dammartin.

680. — On ne peut, en conséquence, se plaindre devant le conseil d'état de ce que, sur la notification de l'arrêté, il a été immédiatement procédé à l'installation des conseillers élus. — *Cons. d'état*, 11 juill. 1844, élect. de Dammartin.

681. — Les moyens et les griefs qui n'ont pas été produits devant le conseil de préfecture ne peuvent être proposés directement devant le conseil d'état. — *Cons. d'état*, 8 mai 1841, élect. de Normanville; 25 mai 1841, Bezinghem; 25 mai 1841, Lantenay; 25 mai 1841, élect. de Saint-Jean-d'Angély; 23 juill. 1841, Saint-Andéal; 14 févr. 1842, Mane; 14 févr. 1842, Mellon; 24 févr. 1842, Saint-Clément; 24 févr. 1842, élect. d'Idrac-Respaillès; 8 avr. 1842, Ducland; 22 avr. 1842, élect. de Sigonce; 8 juin 1842, Bernay; 26 avr. 1844, élect. de Méry-ès-Bois; — Cormenin, v° *Elections municipales*, t. 2, p. 147.

682. — Par conséquent on ne saurait demander devant le conseil d'état l'annulation d'élections qui n'ont point été attaquées devant le conseil de préfecture, encore bien que cette annulation ne soit réclamée que comme la conséquence d'un arrêté contre lequel on se pourvoit. — *Cons. d'état*, 15 avr. 1843, élect. de Marmande; 13 mai 1836, élect. d'Arvieu.

683. — Doit être rejeté comme sans objet le pourvoi dirigé contre l'élection prétendue d'un candidat qui n'a pas été proclamé conseiller municipal. — *Cons. d'état*, 17 sept. 1844, élect. de Marcilly-la-Gueurce.

684. — Il en est de même du pourvoi formé contre un arrêté du conseil de préfecture qui a annulé les élections municipales, lorsque depuis le conseil municipal a été dissous. — *Cons. d'état*, 23 juill. 1841, élect. de Jau, Loirac et Dignac; — Et qu'il a été en conséquence procédé à de nouvelles élections. — *Cons. d'état*, 17 août 1841, élect. de Blaye.

685. — ... Et du recours formé par un conseiller municipal contre l'arrêté du conseil de préfecture qui a annulé son élection, lorsque, depuis cet arrêté, l'assemblée des électeurs ayant été de nouveau convoquée, le réclamant a été réélu. — *Cons. d'état*, 29 janv. 1841, élect. de Dozulé.

686. — ... Ou du pourvoi tendant à l'annulation des élections municipales, lorsque les conseillers élus ont donné leur démission. — *Cons. d'état*, 26 nov. 1841, élect. d'Omonville.

687. — Le ministre de l'intérieur n'est pas recevable à prendre devant le conseil d'état des conclusions tendant à l'annulation de l'installation d'un conseil municipal, à laquelle il aurait été indûment procédé. C'est là une opération purement administrative qui ne peut être soumise au conseil d'état par la voie contentieuse. — *Cons. d'état*, 23 déc. 1844, élect. d'Auriebat.

688. — ... Quand deux pourvois ont le même objet, il y a lieu d'y statuer par une seule et même ordonnance. — *Cons. d'état*, 8 mai 1841, élect. de Gaubertin; 25 mai 1841, élect. de Pontarlier; 17 août 1841, élect. de Verneuil; 30 nov. 1841, élect. de Poitiers; 18 mars 1842, élect. d'Ecouis; 9 juin 1842, élect. de Beaucaire. — V. aussi Cormenin, *Dr. admin.*, v° *Élections municipales*, t. 2, p. 147.

689. — Le recours doit être exercé devant le conseil d'état dans les trois mois de la notification de l'arrêté du conseil de préfecture. Il est non-recevable s'il a été déposé plus de trois mois

après cette notification, encore bien que les demandeurs aient déposé, dans les trois mois, au secrétariat général du conseil d'état, une copie non signée d'eux, de la protestation qu'ils avaient formée contre les élections qu'ils attaquent. — Cette copie n'a pu tenir lieu d'acte introductif du pourvoi. — *Cons. d'état,* 26 août 1842, élect. d'Auree.

690. — Mais un pourvoi ne doit point être frappé de déchéance comme tardivement formé lorsqu'il n'est pas établi que l'arrêté attaqué ait été notifié aux réclamants et qu'ils en aient eu connaissance suffisante plus de trois mois avant le jour où ledit pourvoi a été enregistré au secrétariat du conseil d'état. — *Cons. d'état,* 13 avr. 1842, élect. de Saint-Pierre-de-Bœuf.

691. — Le recours au conseil d'état est formé par une requête déposée et enregistrée au secrétariat général. — *Cons. d'état,* 1ᵉʳ avr. 1840, Michau.

692. — La signification au préfet du département et la transmission au secrétariat général du conseil d'état d'un acte extra-judiciaire par lequel un électeur déclare avoir déféré au conseil d'état les arrêtés du conseil de préfecture ne tient pas lieu de la requête introductive du recours annoncé. — *Cons. d'état,* 31 janv. 1838, Boyer c. Simonel; 2 mars 1839, Jarousse; 1ᵉʳ avr. 1840, Michau. — Cormenin, t. 4ᵉʳ, p. 44, note 2ᵉ, 3ᵉ édit.

693. — La décision est rendue sans frais; on est dispensé du ministère des avocats aux conseils du roi. — Dufour, t. 3, nᵒ 4692.

694. — Toutefois, une ordonnance contradictoire rendue en matière contentieuse ne peut être attaquée que dans les formes prescrites par l'art. 32, décr. 22 juill. 1806; et dans ce cas spécial le pourvoi doit être formé par le ministère d'un avocat aux conseils. — *Cons. d'état,* 1ᵉʳ avr., nᵒ 486.

695. — Au cas où des parties se désistent purement et simplement d'un pourvoi formé par elles contre un arrêté du conseil de préfecture relatif à des opérations électorales, il y a lieu, par le conseil d'état, de leur donner acte de leur désistement. — *Cons. d'état,* 23 juill. 1844, élect. de Pourrain; 28 août 1844, élect. de Chambort. — Mais si une des mêmes parties prétend non désistement, il y a lieu, à son égard, de statuer sur le pourvoi. — *Cons. d'état,* 28 août 1844, élect. de Chambort.

**Sect. 2ᵉ. — Compétence judiciaire.**

696. — Aux termes de l'art. 52, L. 21 mars 1831, doivent être portées devant les tribunaux civils de première instance les réclamations fondées sur *l'incapacité légale* d'un ou de plusieurs des membres élus.

697. — Mais que faut-il entendre par ces expressions *capacité légale?*

698. — La cour de cassation décide qu'elles comprennent non seulement l'absence des conditions d'âge, de cens, de domicile, de jouissance des droits civiques et de famille, mais encore les empêchements qui, créés par la loi, constituent pour l'élu une cause réelle d'incapacité à remplir les fonctions municipales. — *Cass.,* 10 mars 1845 (t. 1ᵉʳ 1845, p. 386), N... c. Champy; 4 mars 1844 (t. 1ᵉʳ 1844, p. 386), Jumigny c. Duchapt.

699. — Ainsi les tribunaux ordinaires sont compétents, à l'exclusion des conseils de préfecture : 1ᵒ pour connaître de l'incapacité résultant de la parenté ou de l'alliance qui existe entre deux citoyens élus ensemble au même conseil municipal. — *Cass.,* 10 mars 1845 (t. 1ᵉʳ 1845, p. 386), N... c. Champy.

700. — C'est là une question préjudicielle que le conseil de préfecture doit renvoyer aux tribunaux avant de passer outre au jugement du fond. — *Cons. d'état,* 5 juin 1845, élect. 21 oct. 1865, Ossenbach; 16 nov. 1835, Isaac; 6 janv. 1836, Boulot; 9 mars 1835, Glandières; 2 janv. 1838, Viennois; 5 mai 1844, élect. d'Issoire. — Cormenin, t. 2, vᵒ *Elect. municip.,* p. 126; Dufour, t. 3, nᵒ 1649.

701. — ... 2ᵒ Pour décider si les fonctions remplies par un individu et à lui conférées par arrêté du maire le constituent *agent salarié d'une commune,* et le rendent incapable de siéger au conseil municipal. — *Cass.,* 4 mars 1844 (t. 1ᵉʳ 1844, p. 645), Jumigny c. Duchapt. — V. dans le même sens implicitement *Cass.,* 28 août 1834, Gaulhier; 2 janv. 1838 (t. 1ᵉʳ 1838, p. 37), Bully; 30 nov. 1842 (t. 2 1842, p. 703), Prieur.

702. — Toutefois, cette jurisprudence paraît en opposition avec celle du conseil d'état. — Il a, en effet, été jugé que l'autorité administrative est compétente pour juger les questions d'incompatibilité.

703. — Par example, si l'on peut cumuler les fonctions de membre d'un conseil municipal et celles de fermier de l'octroi d'une commune. — *Cons. d'état,* 28 août 1844, Boudet.

704. — ... Ou d'agent-voyer communal. — *Cons. d'état,* 3 sept. 1844, élect. de Négrepelisse.

705. — ... Ou de receveur de l'enregistrement. — *Cons. d'état,* 6 juin 1844, Chardoillet. — La loi a été aussi interprétée dans ce sens par une circulaire ministérielle du 14 août 1822 et par une Instruction ministérielle du 25 avr. 1840.

706. — ... Ou de trésorier de la fabrique, et de secrétaire de la mairie d'une commune. — *Cons. d'état,* 28 août 1844, Biercadier.

707. — ... Que c'est au conseil de préfecture et non point au préfet statuant en conseil de préfecture qu'il appartient de statuer sur les questions d'incompatibilité. — *Cons. d'état,* 11 avr. 1834, Desbret-Duverger; 1ᵉʳ juill. 1839, élect. de Wallers.

708. — ... Et spécialement sur la question de savoir si l'instituteur d'une commune peut faire partie du conseil municipal de cette commune. — *Cons. d'état,* 11 avr. 1834, Desbret-Duvergier; 1ᵉʳ juill. 1839, élect. de Wallers; 19 mars 1845, Panzani.

709. — Au surplus, si la difficulté porte non pas sur la question d'incompatibilité en elle-même, mais sur la nature des fonctions exercées par l'élu, c'est à l'autorité administrative qu'il appartient de déterminer le caractère qui appartient à ses agents.

710. — Il a été décidé, d'après ce principe, que c'est à l'autorité administrative, et non aux tribunaux, qu'il appartient de statuer sur le point de savoir si des individus doivent être considérés comme officiers de la garde nationale en fonctions, et, à ce titre, inscrits sur la liste des électeurs communaux. — *Cons. d'état,* 29 juin 1844, Achard.

711. — Un grand nombre d'ordonnances résolvent implicitement la question dans le même sens, en prononçant dans des circonstances diverses sur des difficultés soulevées par l'admission de ces officiers sur la liste. — *Cons. d'état,* 11 juin 1834, Journac; 19 mai 1835, Labarthe; 19 mai 1837, Lutitte; 8 fév. 1838, Luc; 24 juin 1838, Dériquaire; 27 mai 1840, élect. de Saint-Clar; 28 janv. 1841, Préjolu; 24 fév. 1842, élect. de Saint-Clar.

712. — La demande doit être introduite et jugée dans la même forme que celles en radiation des listes électorales, dont la connaissance est attribuée aux tribunaux civils. — L. 21 mars 1831, art. 52.

**ÉLÈVE.**

1. — Les instituteurs sont responsables du dommage causé par leurs élèves pendant le temps qu'ils sont sous leur surveillance, à moins qu'ils ne prouvent qu'ils n'ont pu empêcher le fait qui donne lieu à la responsabilité. — V. RESPONSABILITÉ.

2. — Sur le droit pour les élèves d'un artisan ou d'un industriel d'indiquer sur leurs enseignes et étiquettes, lorsqu'ils s'établissent, le nom de leur maître, V. ENSEIGNE.

V. aussi ÉCOLES, ENSEIGNEMENT, INSTRUCTION PRIMAIRE, UNIVERSITÉ.

**ÉLÈVE CONSUL.**
V. CONSUL.

**ÉLEVEURS DE BESTIAUX.**

1. — Les propriétaires ou fermiers qui ne vendent que le bétail élevé, entretenu ou engraissé sur les terrains par eux exploités, sont exempts de la patente. — L. 25 avr. 1844, art. 43.

2. — Mais les propriétaires ou fermiers qui vendent des bestiaux autres que ceux que nous venons d'indiquer, et les engraisseurs qui n'exploitent aucun terrain, ne sauraient profiter de cette exemption. — Circ. min. 14 août 1844.

**ÉLIGIBILITÉ.**

V. ÉLECTIONS DÉPARTEMENTALES, ÉLECTIONS LÉGISLATIVES, ÉLECTIONS MUNICIPALES, GARDE NATIONALE, PRUD'HOMMES, TRIBUNAL DE COMMERCE.

**ÉMAILLEURS.**

1. — Émailleurs pour leur compte : — patentables de sixième classe. — Droit fixe basé sur la population, et droit proportionnel du vingtième de la valeur locative de l'habitation et des lieux servant à l'exercice de la profession.

2. — Émailleurs à façons : patentables de septième classe. — Droit fixe, et droit proportionnel du quarantième de la valeur locative de tous les locaux des patentables, mais seulement dans les communes de 20,000 âmes et au-dessus. — V. PATENTE.

*Table alphabétique.*

ÉMANCIPATION. — 1. — L'émancipation est l'acte en vertu duquel un mineur est dégagé, soit de la puissance paternelle, soit de la tutelle, et acquiert avant la majorité le droit de se gouverner lui-même et d'administrer ses biens dans les limites déterminées par la loi. — V. Toullier, t. 2, nᵒ 1284.

— —

### Sect. 1re. — *Historique.*

2. — En droit romain, l'émancipation n'était pas comme chez nous une manière de mettre fin à la tutelle, mais, au contraire, on résolvait la puissance paternelle, de rendre *sui juris* et, par suite, de faire entrer en tutelle le fils ou la fille de famille qui n'avait pas atteint l'âge de puberté ; la tutelle se prolongeait jusqu'à l'époque de la puberté et faisait place à une curatelle, sauf le cas où le mineur avait obtenu une dispense d'âge pour la libre administration de ses biens.

3. — L'émancipation, dans le principe, s'opérait au moyen de trois ventes fictives qui avaient pour résultat l'affranchissement de l'enfant par le père, affranchissement qui le dégageait de la puissance paternelle et lui conférait la qualité de *sui juris* ou père de famille, ainsi que la faculté d'acquérir pour lui-même. Plus tard, l'émancipation s'opéra par un rescrit du prince. Enfin à ces formalités Justinien substitua la simple déclaration du père devant le magistrat.—L. 6, Cod., *De emancipationibus.*

4. — L'ancienne législation française admettait deux sortes d'émancipation : l'émancipation tacite et l'émancipation expresse.

5. — Dans les pays de droit écrit, l'émancipation *expresse* résultait de la déclaration que le père faisait devant le juge de son domicile qu'il mettait son enfant hors de sa puissance, et le juge donnait acte de sa déclaration, qu'il était inscrite sur un registre à ce destiné.

6. — Cette émancipation pouvait avoir lieu, quel que fût l'âge du mineur ; auquel elle ne conférait pas le droit de disposer de ses biens; elle faisait seulement cesser la puissance paternelle à l'égard de l'enfant, qui restait soumis à la tutelle, s'il était impubère, et à la curatelle s'il était mineur.—Fréminville, *Tr. de la minorité et de la tutelle*, t. 2, p. 433.

7. — L'émancipation tacite résultait de l'habitation du fils séparée de celle du père pendant un temps prolongé. Cette émancipation, qui procédait de cette présomption que cette longue séparation dénotait le consentement du père, reposait sur la L. 1, Cod., *De patriâ potestate*. La durée de cette séparation, que la loi précitée exprimait par le mot *diù*, était fixée par la glose à dix ans, et c'est ce qu'admettaient les parlements de droit écrit. — Henrys, t. 2, liv. 4.

8.—Pan pays de droit écrit, l'émancipation faisait cesser la puissance paternelle, enlevait au père le droit d'acquérir par ses enfans, et rendait ceux-ci capables d'emprunter de l'argent sans le consentement de leur père, quand ils avaient atteint l'âge fixé pour cette capacité.

9. — En droit coutumier on faisait une distinction. Dans les coutumes qui n'admettaient pas que le père pût acquérir par ses enfans on ne reconnaissait que l'émancipation appelée *bénéfice d'âge*.

10. — Dans quelques localités, elle était prononcée par le juge d'après un avis de parens ; dans d'autres, elle ne pouvait être conservée que par des lettres du prince entérinées par le juge.

11.—Sous les coutumes qui reconnaissaient au

père le droit d'acquérir pour ses enfans, l'émancipation était expresse ou tacite.

12.—L'émancipation *expresse* s'effectuait par déclaration que le père faisait devant le juge de son domicile, ou même, d'après quelques coutumes, devant notaires.

13.—L'émancipation tacite résultait 1o de l'âge de la première puberté ou pleine puberté, ou de la majorité selon les coutumes ; — 2o du mariage ; — 3o de certaines dignités ou charges publiques conférées à l'enfant ; — 4o de l'habitation séparée, à laquelle plusieurs coutumes rattachaient la nécessité d'un âge qu'elles fixaient diversement, selon les conditions de noblesse ou de roture ; — 5o d'un négoce séparé.

14. — L'édit des tutelles ordonna que la tutelle durerait jusqu'à 25 ans, sauf aux mineurs à se faire émanciper à l'âge de 47 ans. — L'émancipation ne pouvait s'obtenir qu'en vertu de lettres du prince qu'on appelait lettres d'émancipation, ou lettres de bénéfice d'âge, par lesquelles le prince mandait au juge du lieu de la tutelle qu'après avoir pris l'avis des parens et amis du mineur s'ils étaient d'avis de l'émanciper, il l'habilitât à jouir de ses meubles et à gérer et recevoir les revenus de ses immeubles sans pouvoir les aliéner. — Denisart, vo *Emancipation*, no 3.

15. — On nommait aussi émancipation l'acte par lequel on faisait entériner ces lettres en justice.

16. — Du reste, l'émancipation ne dispensait pas le mineur d'avoir un curateur.

17.—Toutes ces dispositions ont fait place à des principes empruntés tout à la fois à la législation romaine et aux coutumes, qui ont été classés dans les art. 476 et suiv., C. civ., et dont nous allons présenter le résumé.

### Sect. 2e.— *A qui et par qui l'émancipation peut être accordée. — Comment elle s'opère.*

18.—Il y a deux sortes d'émancipation : l'émancipation *légale* ou *tacite*, et l'émancipation *expresse*.

19. — L'émancipation légale ou tacite est celle qui a lieu par la seule force de la loi et par les circonstances qu'elle précise ; elle s'opère de plein droit par le fait du mariage du mineur.—C. civ., art. 476.

20. — Admise comme une conséquence légale de la nouvelle position du mineur et comme une condition nécessaire de la puissance maritale que le mari doit seul exercer, et qui, pour la raison même, remplace la protection du tuteur, cette émancipation forme un droit acquis et par cela même irrévocable, puisque, d'après l'art. 485, C. civ., l'émancipation ne peut être révoquée que par les formes prescrites pour émanciper. — Fréminville, *Tr. de la minorité et de la tutelle*, t. 2, p. 435.

21.—Le mariage emporte l'émancipation d'une manière tellement nécessaire que, bien que l'émancipation ne puisse, ainsi qu'on le verra plus bas, avoir lieu qu'en faveur des mineurs de quinze ans au moins, cependant la femme qui se marierait avec dispense (art. 145) avant l'âge de quinze ans n'en serait pas moins émancipée. — Cass., 21 fév. 1821, Dusserre c. Duvernet ; — Duranton, t. 1er, no 653 ; Fréminville, *Tr. de la minorité et de la tutelle*, t. 2, p. 435.

22. — En pays de droit écrit, le fils de famille, à quelque âge qu'il fût parvenu, n'était pas émancipé par le mariage, et pouvait toujours opposer son état de fils de famille. — *Agen*, 10 mars 1813, Mandegous c. Dufour.

23.—L'émancipation expresse est celle qui résulte de la déclaration faite par les personnes auxquelles la loi donne le droit de la conférer.

24.—L'émancipation expresse est, selon les cas qu'il faut distinguer, soumise à des conditions différentes.

25. — Ou bien le mineur a encore ses père et mère ou l'un d'eux seulement, et alors la loi dit qu'il pourra être émancipé par son père, ou, *à défaut de père*, par sa mère. — C. civ., art. 477.

26. — Dans ce cas, il suffit que l'enfant ait quinze ans révolus (même article). Les formalités de cette émancipation consistent dans la seule déclaration du père et de la mère reçue par le juge de paix, assisté de son greffier.

27.—Ou bien le mineur est resté sans père ni mère, et alors l'émancipation peut lui être conférée par le conseil de famille. — C. civ., art. 479.

28. — Dans ce cas, l'émancipation ne peut être conférée qu'autant que le mineur a dix-huit ans accomplis. — Même article.

29. — En donnant à la mère le droit d'émanci-

per à défaut de père, la loi veut parler du cas où le père sera mort ou dans l'impossibilité d'exprimer sa volonté, et non de celui où il refuserait de donner son consentement. — Le droit, en effet, comme émanation de la puissance paternelle, appartient avant tout au père.—Delvincourt, t. 1er, p. 125, note 4e ; Duranton, no 655 ; Fréminville, t. 2, no 1022.

30. — Toullier (no 4288), en parlant de la mère, ajoute le mot *survivante* ; d'où l'on pourrait induire que, du vivant du père, la mère ne peut exercer le droit d'émancipation. — Mais l'impuissance légale de la mère au cas où le père, sans être mort, serait, par exemple, absent ou interdit, nous paraît inadmissible. — L'enfant (dans l'intérêt de qui l'émancipation est instituée) ne doit pas souffrir de l'état d'impuissance ou d'incapacité de son père. — Duranton, t. 1er, no 744.

31. — Toutefois M. Duranton (no 655) pense que la mère ne peut émanciper son enfant en cas d'absence ou d'interdiction du père, par autant que cet enfant a atteint dix-huit ans (arg. de l'art. 2, C. comm.), ou tout au moins que l'émancipation ne pourrait avoir lieu que sans préjudice de la jouissance légale attribuée au père. — Cette distinction n'est pas dans la loi. — L'art. 477 est formel quant à l'âge du mineur. — En outre, la cessation de l'usufruit légal est un effet nécessaire que la mère subit elle-même, et que dès-lors le père doit subir aussi. — Fréminville, t. 2, no 1028.

32. — De ce que le droit d'émancipation est une émanation de la puissance paternelle, et de ce qu'il est réservé exclusivement au père ou à la mère, lorsqu'ils sont vivans, il résulte : 1o qu'il appartient aux père et mère naturels, relativement à l'enfant qu'ils ont reconnu, comme aux père et mère légitimes. — *Limoges*, 2 janv. 1824, Adélaïde c. Fourneaux ; — Toullier, t. 2, no 4287; Delvincourt, p. 125, note 4e; Duranton, t. 1, no 637; Proudhon, t. 2, p. 252; Magnin, *Tr. des min.*, no 816.

33. — — 2o A la mère remariée et non maintenue dans la tutelle, ou qui y a renoncé. — *Colmar*, 17 juin 1807, Plicklin c. Brunn ; *Liège*, 6 mai 1808, Olivier c. Courard ; *Bordeaux*, 14 juill. 1828 (t. 1er 1889, p. 577), Billiard c. Prat ; — Duranton, t. 3, no 656; Magnin, *Tr. des min.*, t. 1er, no747; Proudhon, t. 2, p. 252; Fréminville, t. 2, no 1029.

34. — Delvincourt (t. 1er, p. 125, note 4e) est d'une opinion contraire : il va même jusqu'à soutenir que la mère remariée a par cela seul perdu le droit d'émancipation, alors même qu'elle aurait été maintenue dans la tutelle. — Et cela parce que la mère serait privée de la puissance paternelle par le fait de son second mariage.

35. — Mais cette opinion n'est pas admissible, car on ne peut raisonnablement soutenir que la puissance paternelle soit détruite par le convol de la mère; sans doute elle reçoit quelque atteinte, mais elle n'en continue pas moins de subsister, et ce qu'il le prouve, c'est que le consentement de la mère au mariage de l'enfant ne cesse pas d'être nécessaire.

36. — De ce que le droit d'émanciper est une émanation de la puissance paternelle, de ce que cette puissance n'est pas enlevée à la mère par son convol à de secondes noces, il suit que la mère n'a pas besoin de l'autorisation de son nouveau mari pour émanciper l'enfant qu'elle a eu d'un précédent mariage.— Rolland de Villargues, vo *Emancipation*, no 40; Fréminville, t. 2, no 1034.

37. — — 3o Au père et à la mère non tuteurs, soit qu'ils aient été dispensés, exclus ou destitués de la tutelle. — Duranton, no 656 ; Toullier, no 4287 ; Magnin, *Tr. des min.*, t. 1er, no 747; Fréminville, t. 2, no4029.

38. — Delvincourt (t. 1er, p. 125, note 4e) distingue entre le cas de *dispense* de la tutelle et celui d'*exclusion* ou de *destitution*. Dans le premier, suivant lui, le droit d'émancipation existe pour les père et mère; dans le deuxième, il est anéanti. — Nous ne pouvons encore admettre cette distinction en présence du principe qui conserve aux père et mère, même destitués de la tutelle, la puissance paternelle, et de cet autre principe que, du vivant des père et mère, le droit d'émancipation ne peut appartenir qu'à eux seuls. Il suffirait du système de Delvincourt que la destitution du père ou de la mère maintînt un obstacle absolu à l'émancipation de l'enfant. — Ce qui ne saurait être accepté.

39. — — 4o Aux père et mère contre lesquels la séparation de corps a été prononcée. — Toullier, no 4287; Duranton, no 653; Proudhon, t. 2, p. 252; Fréminville, t. 2, no 1029.

40. — Delvincourt (*loc. cit.*) distingue si les enfans ont été confiés au père, à la mère ou à un tiers. Dans le premier cas, dit-il, le père peut les émanciper seul et sans le concours de la mère;

dans le deuxième, le concours de la mère est nécessaire; dans le troisième, il faut le concours du tiers, sauf l'appréciation des tribunaux. — Il invoque à cet égard un arrêt de la cour royale de Paris du 1er mai 1813 (Bouvet c. Rennel).

41. — Mais cet arrêt juge seulement : 1° que le père divorcé peut, même sans le consentement de la mère, émanciper son enfant; — 2° que l'opposition de la mère, fût-elle recevable, ne le serait que dans l'intérêt de l'enfant. — Mais, comme on le voit, en admettant qu'il consacre le droit d'opposition motivée de la part de la mère, il ne consacre nullement celui du tiers, qui n'est, après tout, qu'un simple gardien.

42. — Quand l'émancipation est faite par le père ou la mère, elle s'opère par la seule déclaration de ceux-ci devant le juge de paix assisté de son greffier. — C. civ., art. 477.

43. — La déclaration ne peut être faite que devant le juge de paix du domicile du père ou de la mère, ou du domicile de la tutelle dative. — Magnin, n° 745.

44. — L'émancipation ne peut résulter que d'une déclaration expresse et formelle; ainsi, spécialement, elle ne peut résulter de la circonstance que le père tuteur a fait nommer un curateur à l'un de ses enfans en âge d'être émancipé, et demandé à être autorisé lui-même à former, comme tuteur de ses autres enfans au-dessous de cet âge, une action en partage. — *Riom*, 22 mars 1823, Peyrachon c. Molin.

45. — Mais, en cas de perte des registres du greffe de la justice de paix, l'émancipation est suffisamment prouvée par la mention qui en est faite sur les registres du receveur de l'enregistrement, et par d'autres énonciations de ce genre. — *Cass.*, 27 janv. 1819, Ogier c. Villard.

46. — Le droit des père et mère, quant à l'émancipation, est *absolu*; son exercice doit être *spontané*.

47. — Ainsi, les enfans n'ont, dans aucun cas, le droit de contraindre leurs père et mère à les émanciper. — Merlin, *Rép.*, v° *Emancipation*, § 1er, n° 4; Favard, v° *Emancipation*, § 1er, n° 3; Toullier, t. 2, n° 1290.

48. — Jugé de même que l'exercice du droit d'émancipation par le père ou la mère d'un enfant est absolu, et qu'il ne peut pas être soumis au contrôle des tribunaux. — *Bordeaux*, 14 juill. 1838 (t. 1er 1839, p. 577), Billiart c. Prat.

49. — L'émancipation peut-elle être faite par mandataire? — Aucun texte ne s'y oppose, pourvu que la procuration soit spéciale et authentique et ne laisse aucun doute sur les intentions du père ou de la mère. — Merlin, *Rép.*, v° *Puissance paternelle*; Fréminville, t. 2, n° 1030; Magnin, n° 746. — *Contrà* Bousquet, *Tr. des conseils de famille*, qui pense, mais à tort, que l'art. 477 exige la déclaration *personnelle* des parens. — V. aussi Malleville, art. 477.

50. — La loi ne permet pas au père ou à la mère l'émancipation testamentaire. — Il faut conclure de là que l'émancipation, contenue dans un testament, ne serait valable qu'autant que, soit l'époux survivant, soit le conseil de famille se l'approprieraient.

51. — Lorsque le mineur n'a ni père ni mère, le droit d'émancipation n'appartient pas au tuteur; seulement, le tuteur peut provoquer la convocation du conseil de famille pour délibérer sur le point de savoir s'il y a lieu ou non d'émanciper le mineur.

52. — A défaut du tuteur, et s'il garde le silence, la convocation du conseil de famille pourra être requise par un ou plusieurs parens ou alliés du mineur au degré de cousin-germain ou à des degrés plus proches. — Le juge de paix doit déférer à la réquisition qui lui sera faite à cet égard. — C. civ., art. 479.

53. — Lorsque la loi appelle les parens ou alliés à provoquer l'émancipation à défaut du *tuteur*, elle suppose évidemment qu'il s'agit d'un tuteur autre que le père ou la mère, puisque, de leur vivant, ceux-ci ont seuls, et sans contrôle, le droit d'émancipation.

54. — Le subrogé-tuteur n'a pas le droit de provoquer l'émancipation, car la loi ne parle que du tuteur et des parens et alliés à un certain degré. — Il ne pourrait donc tirer son droit que de sa parenté.

55. — Il en est de même du juge de paix et du ministère public. — Duranton, n° 661; Magnin, n° 749; Fréminville, t. 2, n° 1025. — *Contr.* Favard de Langlade, v° *Emancipation*, t. 2, p. 300 (par le motif que le mineur ne peut souffrir, soit de l'insouciance de ses parens, soit de l'absence de parens proches en degré).

56. — La considération sur laquelle se fonde M. Favard de Langlade pourrait porter à regretter que le législateur eût négligé de parler du juge de paix et du ministère public. — Mais outre qu'on ne peut suppléer au silence de la loi dont la rédaction est restrictive aux parens et alliés, il ne faut pas oublier que le jugement sur la capacité du mineur ne pourrait guère être porté par le procureur du roi, qui est étranger à la famille. — Delvincourt, t. 1er, p. 125, note 8; Duranton, *loc. cit.*



57. — Le mineur peut-il provoquer sa propre émancipation? — Toullier (t. 2, n° 1290), Proudhon (t. 2, p. 253) se prononcent pour l'affirmative (par le motif que le vœu de la loi est qu'il l'obtienne si elle est jugée utile pour lui). — MM. Duranton (n° 662) et Fréminville (t. 2, n° 1026) enseignent la négative, qui, dans le silence de la loi, nous paraît seule admissible. Il est vrai qu'autrefois, quand le mineur avait atteint l'âge auquel on était dans l'usage d'accorder des lettres d'émancipation, les parens ne pouvaient s'opposer sans cause à leur entérinement. — Nouv. Denisart, v° *Emancipation*, § 5, n° 4. — Mais bien loin d'en conclure avec Toullier que le droit de provoquer l'émancipation appartient au mineur lui-même, il faut en tirer la conséquence que, si le législateur qui connaissait l'usage auquel il est fait allusion ne l'a pas consacré, c'est qu'il ne l'a pas voulu. — Il s'explique d'ailleurs d'une manière bien catégorique lorsqu'il dit que les parens provoqueront l'émancipation *s'ils jugent* le mineur capable d'être émancipé; or, il n'ajoute pas que le mineur qui s'en jugera capable pourra lui-même la provoquer. L'opinion du parent est une garantie que le conseil de famille ne sera pas légèrement convoqué. — Celle du mineur n'est, au contraire, d'aucun poids. — V. les motifs d'un arrêt de Paris du 9 niv. an XII, Balainvilliers.

58. — Le conseil de famille est composé d'après les règles ordinaires; il doit s'assembler au lieu du domicile de la tutelle. — V. CONSEIL DE FAMILLE.

59. — L'émancipation conférée par le conseil de famille résulte de la délibération qui l'autorise et de la déclaration que fait, dans le même acte, le juge de paix, comme président du conseil de famille, *que le mineur est émancipé*. — C. civ., art. 478.

60. — Jugé en tout cas que la demande en émancipation intentée *par le mineur*, conformément aux lois antérieures au Code, et non encore jugée lors de la promulgation de ce Code, a pu, sans effet rétroactif, être jugée d'après ses dispositions. — *Paris*, 9 niv. an XII, Balainvilliers c. sa fille.

61. — Le conseil de famille peut accorder ou refuser l'émancipation sans que sa décision soit sujette à contrôle autrement que pour vice dans la composition du conseil.

62. — Jugé que l'émancipation peut être refusée à la mineure qui s'est laissé séduire. — *Paris*, 26 thermid. an IX, Bousquet c. Balainvilliers.

63. — L'émancipation accordée ou refusée par ceux auxquels la loi confère ce droit doit l'être d'une manière absolue : ainsi un mineur ne peut être émancipé *à temps, sous condition ou pour certains actes*. — Maleville, art. 477; Fréminville, t. 2, n° 1032.

64. — Toullier (n° 1300) soutient l'opinion contraire en invoquant l'ancienne jurisprudence (Duparc Poullain, *Princip. de droit*, t. 1er, p. 358) et le silence de la loi actuelle. — Il nous semble au contraire que ce silence va directement contre l'opinion de Toullier. Évidemment, lorsqu'on voit que le législateur, en s'occupant de l'émancipation, a déterminé quels seraient ses effets sur l'état du mineur, sans parler de la possibilité d'une émancipation restreinte et limitée, on doit en conclure qu'il ne l'a pas autorisée; et il a eu raison, car les tiers qui veulent traiter avec un individu ont besoin de connaître son état, et ils ne peuvent en acquérir une connaissance certaine qu'autant que cet état est quelque chose de fixe, de parfaitement déterminé par la loi, et non quelque chose de capricieux et de mobile.

## Sect. 3e. — *Effets de l'émancipation. — Nomination du curateur.*

65. — Les effets de l'émancipation sont relatifs à sa personne ou à ses biens.

66. — L'effet relativement à sa personne est de faire cesser la tutelle et même dans certaines limites les droits de la puissance paternelle : ainsi, par exemple, le droit de détention accordé au père contre ses enfans. — C. civ., art. 377; — Fréminville, t. 2, nos 1036 et 1037.

67. — Le mineur émancipé peut donc quitter la maison paternelle, disposer de sa personne, louer ses services et même prendre du service militaire,

ÉMANCIPATION, sect. 3e.

sans pouvoir néanmoins s'enrôler *volontairement* et de sa propre autorité avant l'âge de vingt ans, aux termes de l'art. 32, L. 21 mars 1832, qui modifie l'art. 374 du C. civ., qui permettait les enrôlemens volontaires des mineurs à dix-huit ans.

68. — Mais, selon M. Fréminville (t. 2, n° 1038), le mineur émancipé ne peut contracter un engagement volontaire sans le consentement de ses père et mère. — L'art. 374, C. civ., a été aussi en ce point modifié par l'art. 32, L. 21 mars 1832, portant qu'au-dessous de vingt ans, l'enfant qui voudra s'enrôler devra justifier du consentement de ses père et mère ou tuteur, et que le tuteur ne pourra consentir qu'avec l'autorisation du conseil de famille. L'art. 374, C. civ., ne parle pas du mineur, mais de l'*enfant*; ce n'est donc pas l'état de minorité mais la position d'enfant qui fait exiger un consentement que la loi ne réclame que comme conséquence des liens qui unissent le père et le fils. Il en est du consentement à son enrôlement volontaire comme du consentement au mariage. Dans ces deux cas, la loi veut qu'il soit obtenu du père, ou à son défaut de la mère, par l'enfant âgé de moins de vingt ans, émancipé ou non.

69. — Relativement au mariage du mineur émancipé, V. les règles générales indiquées v° MARIAGE.

70. — L'effet de l'émancipation quant aux biens est de faire cesser l'usufruit légal des père et mère (art. 384) et de donner au mineur qui en est l'objet une certaine capacité qui manque au mineur ordinaire.

71. — Jugé que le mineur émancipé acquiert pour lui et non pour son père. — *Cass.*, 9 vent. an VI, Causanca.

72. — Le mineur émancipé doit être pourvu d'un curateur.

73. — La loi ne défère la curatelle à personne. — Elle veut (art. 480) que le curateur soit nommé par le conseil de famille.

74. — Ainsi il faut, avec M. Fréminville (t. 2, n° 1044), tenir pour constant que les règles relatives à la tutelle légale ou légitime ne sont pas applicables en matière de curatelle. — Delvincourt (t. 1er, p. 126, note 3) émet l'opinion contraire en invoquant une raison d'analogie, mais insuffisante en présence du texte de l'art. 480. D'ailleurs la tutelle légitime du père et de la mère est une sorte de conséquence de la puissance paternelle; dès-lors il est rationnel de ne pas attribuer le même caractère à la curatelle, puisqu'elle résulte de l'émancipation qui a fait cesser cette même puissance.

75. — Cependant il paraît admis : 1° que le mari est curateur de droit de sa femme émancipée. — Arg. art. 506 et 2208 : — *Pau*, 11 mars 1811, Mondrau c. Gapharre; — Duranton, t. 3, n° 678; Pigeau, t. 1er, p. 86, et t. 2, p. 472; Vazeille, *Tr. du mariage*, t. 2, n° 349; Zachariæ, t. 1er, § 129.

76. — ... 2° Que le père et la mère (ou tout au moins le père) devraient, après avoir rendu, s'il y avait lieu, leur compte de tutelle, être investis de la curatelle, s'ils la réclamaient. — Duranton, t. 3, n° 678; Zachariæ, t. 1er, § 129. — Mais il n'existe à cet égard qu'une raison de simple convenance : car, en principe, le choix du conseil de famille est libre.

77. — Le père lui-même ne peut en émancipant son enfant lui nommer un curateur. — *Caen*, 27 juin 1812, Montalembert c. Gresson; *Limoges*, 2 janv. 1821, Adelaïde c. Fourneaux (Il s'agissait d'un père naturel).

78. — De même les dispositions relatives à la tutelle testamentaire ne s'appliquent pas à la curatelle, et le père ne peut, par testament, nommer un curateur à son enfant émancipé. — Zachariæ, t. 1er, § 129.

79. — Avant le Code civil, le tribunal saisi d'une instance dans laquelle se trouvait partie un mineur émancipé, mais dépourvu de curateur, pouvait lui désigner un curateur aux causes sans être obligé de renvoyer la nomination au juge de paix. — *Cass.*, 11 frim. an IX, Borelli c. Brezun. — Sous le Code civil, qui ne distingue pas les curateurs aux causes des curateurs ordinaires, la nomination doit toujours avoir lieu par le conseil de famille. — Merlin, *Rép.*, v° *Curateur*, § 1er, n° 5.

80. — Le tuteur, dont les fonctions cessent par l'émancipation, peut être nommé curateur : le doute à cet égard peut, il est vrai, venir de ce que l'art. 480, C. civ., dit que le compte de tutelle sera rendu *en présence du curateur* : or, l'ancien tuteur ne peut assister comme curateur à cette reddition de compte. — Mais cette considération ne devrait pas empêcher le conseil de famille de continuer à l'ancien tuteur la confiance qu'il aurait méritée; sauf à nommer pour l'objet spécial d'un compte de tutelle un curateur *ad hoc*, comme dans les cas

où les intérêts du mineur émancipé se trouvent en opposition avec ceux de son curateur. — C'est ce que paraît admettre Delvincourt (t. 1er, p. 126, note 8e).

81. — Les fonctions du curateur consistent à assister le mineur pour certains actes que la loi détermine; mais il n'a aucune administration : aussi n'est-il soumis à aucune responsabilité spéciale; seulement il encourt la responsabilité générale dont est tenu tout mandataire qui ne remplit pas son mandat. — Duranton, no 680; Zachariæ, t. 1er, § 128; Fréminville, t. 2, no 1041.

82. — De ce que le curateur n'administre pas, il résulte qu'il n'est pas soumis à l'hypothèque légale; — alors même que par le fait, et comme le suppose l'art. 126, C. procéd., il aurait touché des sommes et serait devenu comptable et contraignable par corps. — Duranton, t. 3, no 681. — V. HYPOTHÈQUE LÉGALE.

83. — Le jugement qui déclare qu'un individu a géré les affaires d'un autre, tant comme curateur après l'émancipation de ce dernier que comme mandataire après sa majorité, peut, par suite, condamner ce gérant à rendre compte et comme curateur et comme mandataire, bien qu'en la première de ces qualités il n'eût véritablement aucune gestion à diriger. — *Cass.*, 6 fév. 1843 (t. 2 1843, p. 674), Jouffrault c. Chasteau.

## Sect. 4e. — *Capacité de l'émancipé.*

### § 1er. — *Actes que l'émancipé peut faire seul.*

84. — Le mineur émancipé peut *seul* passer les baux qui n'excéderont pas neuf ans, recevoir ses revenus, en donner décharge et faire tous les actes qui ne sont que de pure administration, sans être restituable contre ces actes dans tous les cas où le mineur ne le serait pas lui-même. — C. civ., art. 481.

85. — Il peut donc traiter seul pour la réparation et l'amélioration de ses biens, vendre l'excédant des cheptels, les renouveler, vendre les denrées et même les coupes de bois ordinaires réputées fruits, la pêche des étangs, en recevoir le prix. — Duranton, no 668; Toullier, no 1296; Fréminville, t. 2, no 1053.

86. — Relativement aux baux, il a été jugé : 1o que la réception anticipée de fermages ne peut être considérée comme un acte d'administration permis au mineur émancipé. — *Poitiers*, 5 mars 1823, Josnet c. Tampon; — Fréminville, t. 2, no 1047. — V. aussi vo ANTICHRÈSE.

87. —...2o Que les dispositions du Code civil relatives à la durée des baux des biens des mineurs sont applicables aux baux que passent les mineurs émancipés; — qu'ainsi est nul le bail des biens ruraux consenti par le mineur émancipé plus de trois ans avant l'expiration du bail courant. — *Nîmes*, 12 juin 1821, Rovère c. Ferrier et Chabert; — Troplong, sur l'art. 1718; Zachariæ, t. 1er, § 131.

88. — Toutefois cette décision paraît susceptible de difficulté. Est-ce bien, en effet, par l'art. 1718, C. civ., que doivent être résolues les difficultés qui peuvent s'élever sur la durée des baux que passe un mineur émancipé? Cet article déclare *applicables aux baux des biens des mineurs* les dispositions du titre *du Contrat de mariage* relatives aux baux des biens des femmes mariées. Or, n'est-il pas permis de croire que l'art. 1718 n'a entendu parler que des baux des biens des mineurs qui sont encore en tutelle? C'est ce que semble prouver d'abord le texte des art. 1429 et 1430, placés sous le titre *du Contrat de mariage*, et auxquels se réfère l'art. 1718. Il s'agit dans ces articles de baux passés par le mari *seul* des biens de sa femme. La loi ne veut pas qu'*en cas de dissolution de la communauté* ils soient obligatoires au-delà de la période de neuf ans dans laquelle on se trouve. Or, à qui cette disposition doit-elle s'appliquer? Au tuteur *seul* qui passe des baux des biens de son pupille; et l'époque de la *cessation de la tutelle* correspond parfaitement ici à la dissolution de la communauté dont parlent les articles précités. N'est-ce pas dès-lors uniquement le pouvoir de *l'administrateur* que la loi a voulu limiter; et cela ne résulte-t-il pas de ce que sa disposition cesse lorsque la femme a concouru au bail avec son mari? Si d'ailleurs l'on consulte les discours des orateurs qui ont exposé les motifs de l'art. 1718, l'on voit que le rapporteur du tribunat disait : « Dans le titre *de la Tutelle* il n'avait été rien statué sur les pouvoirs des tuteurs relativement à la durée des baux des biens de leurs pupilles; le projet y supplée *en appliquant à ces baux les dispositions des art. 1429 et 1430.* » De là ne faut-il pas induire que c'est aux baux passés par les tuteurs des biens de leurs pupilles que doivent s'appliquer les articles précités, et que le législateur n'a nullement eu en vue, dans l'art. 1718, les baux qui seraient faits par des mineurs *émancipés?* Toute la difficulté, relativement à ces derniers baux, ne semble donc pouvoir venir que de l'art. 481, C. civ., qui limite la durée des baux passés par les mineurs émancipés à neuf ans. Cette disposition empêche-t-elle le mineur de renouveler un bail pour cette durée avant que celui existant soit expiré? Nous ne le pensons pas, mais nous réservons le droit qui appartiendrait aux tribunaux d'appliquer, s'ils jugeaient excessives les obligations contractées par l'émancipé relativement au louage de ses biens, la disposition salutaire de l'art. 484, C. civ. — M. Duvergier (*Tr. du louage*, t. 1er; contin. de Toullier, t. 18, nos 37 et suiv), en parlant de l'art. 1718, ne semble en faire application qu'au cas de baux passés par *un tuteur*. — Il ne parle pas du mineur émancipé.

89. — Le mineur émancipé peut-il seul, et sans l'assistance de son curateur, intenter une action mobilière ou y défendre. L'affirmative paraît résulter implicitement de l'art. 482 qui lui interdit d'ester sans cette assistance, soit comme demandeur, soit comme défendeur sur les actions immobilières. — Toullier, t. 2, p. 257. — V. *contrà* Malleville (sur l'art. 482, arg. de l'art. 484, attendu que plaider et administrer ne sont pas la même chose.)

90. — Plusieurs auteurs (tout en admettant en principe le droit du mineur) distinguent, et avec raison selon nous, entre le cas où il s'agit de choses mobilières dont le mineur émancipé a la libre administration; comme par exemple s'il s'agissait de plaider relativement au recouvrement de ses fermages, de ses revenus, etc., etc.; — et celui où il s'agit de choses qui, bien que mobilières, échappent à son administration, comme par exemple s'il y était question du recouvrement d'un *capital mobilier* : dans ce dernier cas, le mineur émancipé ne peut ester seul en justice; car de sa part une défense incomplète pourrait équivaloir à une aliénation ou à une décharge, tous actes pour lesquels il doit être assisté. — Duranton, t. 3, no 669; Delvincourt, p. 126, no 5; Zachariæ, t. 1er, § 131.

91. — Le mineur émancipé peut-il transiger et compromettre, relativement aux choses dont il a la libre administration? — Duranton (t. 3, no 668; Zachariæ, t. 1er, § 131) ont adopté l'affirmative; Toullier, no 1298, s'est prononcé pour la négative, en ce qui touche le pouvoir de compromettre. — La distinction que fait ce dernier auteur entre la transaction et le compromis est inadmissible; car s'il paraît résulter des art. 83 et 1004, C. procéd., que les *mineurs*, en général, ne peuvent compromettre, l'art. 1003 dit positivement que *toute personne* peut compromettre sur les objets dont elle a *la libre disposition*. — V. au surplus vo TRANSACTION.

92. — Le mineur émancipé peut faire seul tous actes conservatoires, former des saisies-arrêts, prendre des inscriptions hypothécaires. — Toullier, no 1296; Duranton, t. 3, no 668.

93. — Il peut requérir l'apposition des scellés, assister à leur levée et à l'inventaire. — Berriat-Saint-Prix, t. 2, p. 690, note 8e; Fréminville, t. 2, no 1031.

94. — Bien que le mineur émancipé ne puisse, aux termes de l'art. 483, faire d'*emprunts* sous aucun prétexte sans l'autorisation du conseil de famille, cependant il semble difficile d'admettre que les obligations qu'il aurait contractées directement pour l'entretien de sa maison et pour les nécessités de la vie, telles que loyer, nourriture, etc., etc., dans certaines limites, dussent être déclarées nulles, surtout s'il était marié, sauf aux juges le droit de réduction qui leur appartient en cas d'engagemens excessifs. — Duranton, t. 3, no 670; Toullier, no 1296; Locré, sur l'art. 484; Proudhon, t. 2, p. 262.

95. — Le mineur émancipé qui reçoit ses revenus peut assurément les employer comme bon lui semble sans l'assistance de son curateur : ainsi, il n'aurait pas besoin de cette assistance pour les employer même en acquisitions mobilières ou immobilières. — L'art. 482 ne reçoit d'application qu'autant qu'il s'agit de l'emploi d'un capital qui ne pouvait être reçu hors la présence du curateur. — Toullier, no 1296.

96. — Mais si l'emploi avait été fait en immeubles, ces immeubles cesseraient d'être à la libre disposition du mineur émancipé, sauf son droit d'administration. — Toullier, *loc. cit*; Proudhon, t. 2, p. 258.

97. — Si l'emploi avait été fait en un capital mobilier, pourrait-il recevoir ce capital sans l'assistance de son curateur? — Toullier (no 1296) semble adopter l'affirmative; mais il est plus juste de soutenir avec Proudhon (*loc. cit.*) et Duranton (no 683) qu'il en est de ce cas comme de celui où les économies auraient été employées en immeubles; une fois l'emploi effectué, les règles ordinaires reprennent leur empire sans distinction d'origine des deniers employés.

98. — Il résulte de l'art. 481, C. civ., que pour tous les actes qui y sont énumérés le mineur émancipé a toute la capacité du majeur et que ces actes ne peuvent être attaqués que dans les cas où ils seraient susceptibles de l'être par un majeur qui aurait contracté les engagemens qu'ils produisent. Ainsi l'émancipé ne pourra attaquer de tels actes par voie de rescision pour simple lésion. — Fréminville, t. 2, no 1054.

99. — Mais d'un autre côté, cependant, les tribunaux sont autorisés à réduire, *en cas d'excès*, les obligations qu'il aurait pu contracter par *voie d'achat* ou *autrement* : ils doivent prendre en considération la fortune du mineur et la bonne ou la mauvaise foi des personnes qui auront contracté avec lui, ainsi que l'utilité ou l'inutilité des dépenses. — C. civ., art. 484.

100. — En ajoutant au mot *achats* ceux *ou autrement*, le législateur embrasse nécessairement tous les actes de l'administration permise au mineur émancipé. — Duranton, t. 3, no 671.

101. — Le droit de *réduire* les obligations du mineur emporte-t-il, pour les tribunaux, celui de les annuler? — Oui, selon Zachariæ, t. 1er, § 131. — V. aussi Locré, t. 7, p. 195.

102. — Il est évident, dans tous les cas, que les juges ont plein pouvoir quant à la réduction, ce qui rend à peu près oiseuse la question relative à l'annulation.

103. — L'action en réduction des engagemens excessifs contractés par un mineur émancipé, préalable à la révocation de l'émancipation, peut être poursuivie par le père contre le mineur et son curateur seuls, sans mettre en cause les personnes avec lesquelles le mineur a contracté. Il suffit d'établir que les obligations sont excessives. — *Paris*, 19 mai 1838 (t. 1er 1838, p. 645), Singer.

### § 2. — *Actes pour lesquels l'assistance du curateur est à la fois nécessaire et suffisante.*

104. — Les actes pour lesquels l'assistance du curateur est à la fois nécessaire et suffisante sont : 1o la réception du compte de tutelle. — C. civ., art. 480. — V., sur la forme de ce compte, COMPTE DE TUTELLE.

105. — ... 2o La passation des baux qui excèdent neuf années. — Arg. art. 481; — Zachariæ, § 132. — De tels baux sont considérés comme participant de la nature de l'aliénation, et sous ce rapport ils sont soumis aux formalités prescrites par l'aliénation des biens des mineurs non émancipés. — Fréminville, no 1055.

106. — ... 3o L'exercice des actions immobilières ainsi que la défense à ces actions. — C. civ., art. 482. — *Pau*, 11 mars 1811, Mondrau c. Gapharre; — Duranton, t. 3, no 690. — *Contrà* Delvincourt (p. 126, note 5), qui pense que, dans ce cas, l'assistance du curateur ne suffit pas et qu'il faut l'autorisation du conseil de famille. — Mais cette opinion paraît repoussée par le texte de l'art. 482. — Fréminville, t. 2, no 1057.

107. — Mais il paraît aussi résulter de l'art. 484 qu'un acquiescement n'interviendrait valablement sur une action immobilière qu'autant que l'autorisation du conseil de famille aurait été obtenue; car, ainsi que le dit M. Duranton (no 690), ce serait peut-être aliéner un droit immobilier. M. Fréminville (t. 2, no 1057), qui est du même avis, ajoute que le mineur émancipé pourra très bien acquiescer seul à une action mobilière dirigée contre lui.

108. — Jugé, dans tous les cas, que le mineur émancipé, défendeur à une action immobilière, a capacité pour donner, avec l'assistance de son curateur, tout consentement judiciaire *qui tient à la défense de l'action* et notamment si ce consentement a pour objet d'éviter des frais. — *Cass.*, 27 mars 1832, Bioche c. Sève. — Dans l'espèce, il s'agissait du consentement à une enquête.

109. — ... 4o L'exercice des actions même mobilières qui peuvent avoir pour objet des choses qui sont en dehors de sa libre disposition, ainsi que la défense à ces actions. — V. *suprà* no 90.

110. — ... 5o L'introduction d'une demande en séparation de biens, ainsi que la défense à une pareille demande. — Zachariæ, t. 1er, § 132; Vazeille, *Traité du mariage*, t. 2, no 350.

111. — En ce qui touche la séparation de corps, V. SÉPARATION DE CORPS.

112. — ... 6o La *défense* à une action qui mettrait son état en question. — Mais s'il échouait en première instance, il est évident que le conseil de famille devrait être consulté sur la question de re-

nonciation à l'appel, qui n'est autre chose qu'un acquiescement tacite.

113. — Lorsqu'il s'agit d'une action que le mineur ne peut intenter ou à laquelle il ne peut défendre sans assistance d'un curateur, l'action ou la défense ne sont valables qu'autant que le mineur et le curateur sont tous les deux en cause. — *Cass.*, 24 juin 1809, Lamothe Lupiac c. Lamothe Paisant ; — Duranton, t. 3, n° 682.

114. — Dans ce cas, le mineur doit être assigné *en son nom personnel*, conjointement avec son curateur. — La citation donnée en la personne seule du curateur serait nulle. — *Cass.*, 24 juin 1809, Lamothe Lupiac c. Lamothe Paisant.

115. — Un arrêt de la cour de Cassation a, il est vrai, considéré comme suffisante la signification faite au mineur émancipé et à son curateur, par un seul et même exploit signifié au mineur au domicile du curateur, — mais dans une espèce où le mineur comparaissait et où le *parlant à* prouvait que le curateur avait connu la signification. — *Cass.*, 17 flor. an XIII, Richon ; — Merlin, *Rép.*, v° *Ajournement*, n° 19. — Néanmoins Pigeau (*Comment.*, t. 1er, p. 178) pense qu'en principe il faut une copie pour chacun d'eux.

116. — De même, jugé que les délais d'appel ne courent contre le mineur émancipé que du jour où le jugement a été signifié tant au curateur qu'à l'émancipé. — *Limoges*, 20 avr. 1842 (t. 1er 1843, p. 163), Delapomélie c. Dufaye.

117. — Le curateur d'un mineur émancipé n'a pas qualité pour intenter en son nom une action ou interjeter un appel dans l'intérêt du mineur ; il ne peut qu'assister ce dernier. — *Amiens*, 24 mai 1823, Horville.

118. — De même aussi, le mineur assigné seul et sans que le curateur ait été mis en cause, ne peut être condamné par défaut. — Merlin, *Rép.*, vis *Curateur*, § 1er, n° 8, et *Appel*, sect. 1re, § 5, n° 9.

119. — ... 7° La recette, la décharge ou l'emploi d'un capital mobilier. — C. civ., art. 482. — V. relativement à l'emploi des épargnes du mineur, *suprà* nos 95 et suiv.

120. — Ainsi le mineur émancipé reçoit valablement, avec la seule assistance de son curateur, le remboursement des rentes constituées. — C. civ., art. 1911. — C'est là un capital mobilier. — Toullier, n° 1297 ; Duranton, n° 684.

121. — Il en est de même des rentes foncières, pourvu toutefois que la liquidation en soit conforme au taux prescrit par la loi du 29 déc. 1790. — Toullier, n° 1297 ; Duranton, n° 685.

122. — En général, le débiteur qui paie n'est pas tenu de surveiller l'emploi. — Fréminville, t. 2, n° 1064. — Il en est autrement de celui qui rembourse une rente foncière. — Art. 2, L. 29 déc. 1790. — Mêmes auteurs.

123. — ... 8° L'aliénation des rentes sur l'état de 50 fr. de revenu et au-dessous (L. 24 mars 1806, art. 29) ou d'une action de la banque ou des parties n'excédant pas une action. — Décr. 25 sept. 1813 ; — Fréminville, t. 2, n° 1065.

124. — ... 9° Il en est de même, suivant M. Duranton (n° 688), des transferts de rentes sur particuliers n'excédant pas 50 fr., d'autant plus que le remboursement pourrait lui en être offert et qu'il devrait l'accepter. Cet auteur ne pense même pas qu'il soit nécessaire pour ce transfert d'observer les formes prescrites pour les mineurs non émancipés. Mais cela peut souffrir difficulté en présence de la disposition de l'art. 484 qui paraît formelle.

125. — ... 10° La défense à une action en partage (art. 465) ; mais le partage doit être fait en justice : autrement il ne serait que provisionnel. — C. civ., art. 840.

126. — ... 11° L'acceptation d'une donation entre-vifs. — Il est vrai que cette acceptation peut entraîner des obligations onéreuses. — Mais l'art. 935 ne laisse aucun doute : il établit une différence bien tranchée entre le mineur, qui ne peut accepter que conformément à l'art. 463 (c'est-à-dire, avec autorisation du conseil de famille), et le mineur émancipé, qui peut accepter avec l'assistance de son curateur. — Duranton, n° 689 ; Zachariæ, § 132. — V. *contrà* Proudhon, t. 2, p. 259, qui se borne à invoquer l'art. 463, sans parler de l'art. 935. — Toullier, n° 1298.

127. — Au surplus, et pour tous les actes que le mineur émancipé ne peut faire sans l'autorisation du conseil de famille, il faut remarquer que l'assistance du curateur est toujours nécessaire, indépendamment de cette autorisation.

§ 3. — *Actes que le mineur émancipé ne peut faire sans l'assistance de son curateur et l'autorisation du conseil de famille.*

128. — Les actes que le mineur ne peut faire sans l'assistance de son curateur et l'autorisation du conseil de famille sont : 1° les emprunts (art. 483. — V. toutefois *suprà* n° 94) relativement aux obligations qui rentrent dans les nécessités de l'administration.

129. — Le mineur même émancipé ne peut cautionner ; cela s'induit de ce qu'il ne peut emprunter. — Fréminville, t. 2, n° 1069.

130. — Ainsi, jugé que le mineur émancipé ne peut s'obliger pour autrui, par exemple souscrire des billets solidairement avec un tiers, sans autorisation du conseil de famille. — En ce cas, l'obligation est *nulle*, et non pas seulement *réductible*. — *Bourges*, 13 août 1838 (t. 2 1838, p. 520), Bordier c. Girard.

131. — Jugé toutefois qu'on a pu réputer valable le billet à ordre souscrit au profit d'une personne de bonne foi par un mineur émancipé, sans l'assistance du curateur ou l'autorisation du conseil de famille, lorsque cet engagement était inférieur aux revenus du mineur, et qu'il avait un but utile, tel que celui de conserver l'honneur de son père et le sien propre. — *Cass.*, 17 août 1841 (t. 1er 1842, p. 268), Salley et Herondelle c. Lemoine.

132. — Autrefois en Bretagne les mineurs émancipés pouvaient emprunter seuls *jusqu'à concurrence d'une année de revenu*, mais cette faculté est nécessairement proscrite par l'art. 483 ; — on s'en est au surplus expliqué au conseil d'état. — Locré, sur l'art. 484 ; Toullier, n° 1298 ; Delvincourt, p. 126, n° 7. — Toutefois, cet auteur pense qu'on pourrait peut-être valider l'emprunt fait avec délégation d'une partie des revenus *échus* et disponibles entre les mains du débiteur de ces revenus. Car, dit-il, de la part du mineur ce ne serait là que disposer de ces revenus, ce qui lui est permis. Cette distinction paraît admissible.

133. — Du reste, l'art. 483 n'exige pas, comme l'art. 457, que l'autorisation d'emprunter repose sur une *nécessité absolue* ou un *avantage évident* ; il suffit qu'il y ait espérance d'un avantage. — Locré, sur l'art. 484 ; Toullier, n° 1298 ; Zachariæ, § 133 ; Fréminville, t. 2, n° 1068.

134. — La délibération du conseil de famille qui autorise les emprunts doit être homologuée par le tribunal après avoir entendu le procureur du roi. — C. civ., art. 483.

135. — ... 2° L'aliénation des immeubles même provenant des économies du mineur, ainsi qu'il a été dit plus haut. — V. *suprà* n° 95.

136. — ... 3° La constitution d'une hypothèque, même pour la garantie et l'exécution des actes qu'il peut faire seul et sans autorisation ni assistance. La raison en est que l'hypothèque est un droit réel et immobilier, qu'elle contient un principe d'aliénation et n'a jamais été considérée comme un simple acte d'administration. — Or, pour tous les actes d'aliénation et pour ceux qui ne sont pas de pure administration, l'art. 484 exige l'accomplissement des formes prescrites au mineur émancipé. — Proudhon, t. 2, p. 259 ; Merlin, *Quest.*, v° *Hypothèque*, p. 411 ; Grenier, *Hypot.*, t. 1er, n° 37 ; Troplong, *Hypot.*, n° 483 ; Fréminville, t. 2, n° 1075.

137. — Ce système paraît consacré par un arrêt de la cour de Nîmes du 12 juin 1821 (Rovère c. Ferrier). Toutefois, il faut remarquer que dans cet arrêt il s'agissait d'un bail que la cour reconnaissait excéder les bornes de la simple administration du mineur émancipé.

138. — L'opinion contraire s'appuie, mais à tort suivant nous, sur ce que, l'hypothèque n'étant que l'accessoire de l'obligation principale, sa validité dépend nécessairement de celle de l'obligation elle-même. Elle se fonde, en outre, sur le silence de l'art. 484. — Toullier, n° 1296 ; Duranton, n° 678 ; Zachariæ, t. 1er, § 131.

139. — ... 4° L'acceptation ou la répudiation des successions. — Arg. art. 461 ; Duranton, n° 693 ; Zachariæ, § 133 ; Proudhon, t. 2, p. 259 ; Fréminville, t. 2, n° 1073.

140. — Il faut ajouter qu'il ne peut céder ses droits même dans une succession purement mobilière, car une telle cession emporterait acceptation de la succession. — Arg. 461 et 780, C. civ.

141. — Une succession ouverte au profit d'un mineur émancipé ne peut être acceptée que sous bénéfice d'inventaire. — Fréminville, t. 2, n° 1073.

142. — ... 5° Les transactions sur choses autres que celles dont il a la libre administration. — V. *suprà* n° 91 et v° TRANSACTION.

143. — ... 6° L'exercice d'une action qui intéresse son état, ou l'acquiescement tacite (l'acquiescement exprès est défendu par la loi) à une action de cette nature. Ce sont là choses trop graves pour que le conseil de famille ne soit pas consulté.

144. — Jugé que, si la femme mineure qui demande la nullité de son mariage peut agir sans l'assistance d'un tuteur comme émancipée de droit, elle doit être pourvue de l'autorisation du conseil de famille et de l'assistance d'un curateur à ce spécialement nommé par ce conseil. — *Turin*, 15 juill. 1807, Impérial c. Chabloz ; — Vazeille, *Tr. du mariage*, t. 1er, n° 257, et Merlin, *Rép.*, v° *Mariage*, t. 10, p. 665. — Toutefois, Vazeille pense que le mineur serait dispensé de se pourvoir à fin de nomination d'un curateur, si son père ou le parent qui avait autorité sur lui avant le mariage dirigeait les poursuites. — Cette opinion est combattue par Merlin.

145. — ... 7° L'acquiescement ou la transaction sur une action immobilière ou sur celles en dehors *du libre exercice du mineur*. — V. *suprà* n° .

146. — ... 8° L'introduction d'une action en partage, ainsi que la consommation d'un acte de partage. — Toullier, n° 1298 ; Magnin, *Des minorités*, n° 775. — C'est ce qui paraît résulter de la disposition générale de l'art. 465, C. civ.

147. — Toutefois M. Duranton (nos 691 et 693) semble distinguer entre la provocation et la consommation du partage, et penser que l'action en partage pourrait être introduite sans autorisation du conseil de famille. Il se fonde sur ce que l'art. 840 ne parle de cette autorisation qu'à l'égard du tuteur. — V. aussi Proudhon, t. 2, p. 259 ; Chabot, *Comm. succ.*, t. 3, p. 73. — Et c'est ce qui a été jugé. — *Bordeaux*, 25 janv. 1826, Pidoux c. Ducoux.

148. — Mais cette distinction ne nous semble pas admissible. Sans doute, la rédaction de l'art. 840 est équivoque ; mais cet article se réfère nécessairement à l'art. 465, et s'il fallait en tirer la conclusion à laquelle arrive M. Duranton, il faudrait aussi et nécessairement arriver à cette conséquence, que le partage peut être consommé par le mineur assisté du curateur, sans autorisation du conseil de famille. — Or, l'auteur ne va pas jusque-là, et il a raison, car le partage tient beaucoup de l'aliénation.

149. — ... 9° Les aliénations des inscriptions de rente sur l'état au-dessus de 50 c. — L. 24 mars 1806, art. 3.

150. — Indépendamment de l'obtention de l'autorisation du conseil de famille, le mineur émancipé est encore tenu, pour tous les actes autorisés, d'observer les formalités prescrites au mineur non émancipé. — C. civ., art. 484.

151. — Aussi, bien que l'art. 488 ne semble exiger l'homologation de la délibération du conseil de famille que lorsqu'il s'agit d'emprunts, cependant il faut dire que l'homologation doit être requise toutes les fois que, pour de pareils actes, elle serait nécessaire au tuteur. C'est ce qui s'induit de l'art. 484. — Zachariæ, t. 3, § 133.

§ 4. — *Des actes absolument interdits au mineur émancipé.*

152. — Les actes absolument interdits au mineur émancipé sont : 1° les donations entre-vifs. — C. civ., art. 904 et 907.

153. — Il faut toutefois excepter les donations par contrat de mariage dans les termes des art. 1309 et 1398. — Fréminville, t. 2, n° 1049.

154. — Il faut excepter encore les petites libéralités ou présens qu'il peut faire sur ses revenus ou économies. — Toullier, n° 1296.

155. — ... 2° Le compromis, alors du moins qu'il porte sur des objets dont le mineur émancipé n'a pas la *libre disposition*. — C. comm., art. 1004 ; C. civ., art. 83 ; — Fréminville, t. 2, n° 1077. — V. *suprà* n° 91.

156. — Quant aux dispositions testamentaires, la capacité du mineur émancipé est la même que celle des mineurs ordinaires. — C. civ., art. 903 et suiv. — V. TESTAMENT.

157. — Il a été jugé que le mineur émancipé ne peut être considéré comme majeur et réputé capable de disposer au profit de son tuteur. — *Bruxelles*, 14 déc. 1814, Lievens.

## Sect. 5e. — *De l'effet des actes passés par le mineur émancipé. — Recours.*

158. — Si le mineur émancipé a traité dans les limites de sa capacité, il n'est, comme nous avons déjà eu occasion de le faire remarquer, restituable qu'autant que le majeur le serait lui-même (C. civ., art. 481), c'est-à-dire pour dol, erreur, violence, etc., mais non pour lésion. — V. toutefois ce qui a été dit quant au droit de réduction des obligations du mineur, n° 94.

159. — S'il a traité hors de ces limites, il a les actions qui, dans un cas semblable, compéteraient au mineur non émancipé. — C. civ., art. 1305, 1306 et 1312. — V. LÉSION, NULLITÉ, RESCISION.

160. — Ainsi, jugé que les obligations contractées par un mineur émancipé, pour des acquisi-

tions immobilières, ne sont pas nulles, mais seulement réductibles en cas de lésion. — *Cass.*, 15 déc. 1832, Vinatier c. Lépine; *Colmar*, 31 janv. 1826, Rebstein c. Durb; *Toulouse*, 24 janv. 1825, Terrière c. Soucques; — Toullier, nº 1301.

161. — Jugé encore que la vente consentie par le mineur émancipé, sans observer les formalités requises, d'une action dans une usine, réputée meuble par la loi, n'est pas nulle de plein-droit : le mineur n'est restitué qu'autant qu'il a été lésé. — *Toulouse*, 19 mai 1818, Vieules c. Chiras.

162. — Jugé aussi que le défaut d'observation des formalités prescrites dans la vente faite par un mineur émancipé d'un de ses immeubles, n'étant pas une cause de nullité radicale, peut faire l'objet d'un cautionnement. — *Cass.*, 30 mai 1814, Fargès et Pontcarré c. Lagrange.

163. — Jugé en sens contraire que le mineur émancipé qui, sans autorisation du conseil de famille, a contracté des engagemens pour payer le prix d'une acquisition d'immeubles, est fondé à demander la nullité de ses engagemens, alors, surtout, que le prix de l'acquisition est excessif. — *Toulouse*, 14 déc. 1809, Peyranne c. Dufour et Malfré.

164. — Le mineur émancipé peut demander la nullité d'une adjudication qu'il a fait prononcer à son profit sans autorisation du conseil de famille, alors que le non-paiement l'expose à une poursuite de folle-enchère, et qu'il est constant qu'à l'époque de l'adjudication il était notoirement insolvable. — *Rouen*, 24 juin 1819, Couchaux c. Dutier.

165. — Il peut demander cette nullité, alors même que l'adjudication aurait été *ratifiée* par délibération postérieure du conseil de famille, surtout si cette délibération a été prise sans connaissance de cause. — *Rouen*, 24 juin 1819, Couchaux c. Outin.

166. — De même, le mineur ne peut se faire relever de l'acceptation d'une donation, irrégulièrement consentie, qu'autant qu'il a été lésé. — Duranton, nº 689.

167. — Si la nomination du curateur a été irrégulière, le mineur émancipé peut demander la nullité des actes passés sans son assistance. — *Limoges*, 2 janv. 1821, Adélaïde c. Fourneaux.

168. — Mais le vice de cette nomination ne peut être opposé que par le mineur et non par celui qui a plaidé contre lui sans se prévaloir de son incapacité. — *Cass.*, 11 frim. an IX, Dorelli c. Brezun; *Pau*, 11 mars 1811, Mondran c. Gapharre.

169. — De même, l'acceptation irrégulière d'une donation ne pourrait être critiquée par le donateur. — C. civ., art. 1125.

170. — Il est évident, au surplus, que toute personne qui veut traiter avec un mineur émancipé ou qui se trouve en sa présence devant la justice, peut exiger que ce mineur soit valablement assisté ou autorisé dans les cas où cela est nécessaire. — Duranton, nº 669.

171. — Si le mineur émancipé a esté en justice sans l'assistance de son curateur lorsque cette assistance était nécessaire, ou si le ministère public n'a pas été entendu, il peut se pourvoir par requête civile. — *Turin*, 21 mars 1812, Sallupoglia c. Rolando; — Duranton, nº 669.

## Sect. 6e. — *Cessation et révocation de l'émancipation.*

172. — L'émancipation cesse par la mort du mineur ou par sa majorité.

173. — Elle cesse encore si elle est révoquée.

174. — La révocation *peut* être prononcée lorsque les engagemens du mineur ont été réduits en vertu du droit que l'art. 484 confère aux tribunaux. C'est là, en effet, une preuve que le mineur n'était pas digne de l'émancipation. — C. civ., art. 485.

175. — Il semble même qu'elle doit pouvoir être prononcée, encore que les obligations du mineur n'auraient pas été réduites; car, ainsi que le prévoit l'art. 484, le maintien de ces obligations peut avoir eu pour cause *la bonne foi* de ceux qui ont contracté avec lui. Il est donc plus juste de dire qu'il suffira, pour que l'art. 485 reçoive son exécution, que la gestion du mineur ait été mauvaise. — Delvincourt, p. 126, note 8e; Zachariæ, § 134.

176. — La révocation est prononcée par ceux qui ont le droit d'émancipation.

177. — Elle s'opère, dit l'art. 485, *dans la même forme* que celle qui a été suivie pour l'émancipation. » Cette rédaction est mauvaise; car il semblerait en résulter qu'un mineur émancipé par son père (au moyen d'une déclaration pure et simple) ne pourrait, après la mort de celui-ci, être privé de l'émancipation par délibération du conseil de famille. Or, il est certain qu'il pourrait en être ainsi. — Duranton, nº 675; Zachariæ, § 134; Toullier, nº 1302; Delvincourt, p. 126, note 10e.

178. — Le mineur peut-il se pourvoir contre la déclaration, soit des père et mère, soit du conseil de famille, relative à la révocation? — Delvincourt soutient l'affirmative (p. 126, note 10e), du moins quant à la révocation prononcée par le conseil de famille. Il faut, dit-il, que le tribunal juge si le mineur se trouve dans le cas prévu par l'art. 484. Cette décision est peu en harmonie avec le texte des art. 485 et 478 combinés; dans tous les cas, elle ne serait pas applicable au cas d'une révocation prononcée par les père et mère; leur *déclaration* serait assurément à l'abri de tout contrôle.

179. — Le principe de la révocation de l'émancipation ne reçoit effet qu'au cas de l'émancipation *conférée*, et non lorsqu'il s'agit d'émancipation *par mariage*. — *Cass.*, 21 fév. 1821, Dussert c. Duverne; — Proudhon, t. 2, p. 264; Toullier, nº 1303; Duranton, nº 675; Vazeille, *Tr. du mariage*, t. 2, nº 465; Fréminville, t. 2, nº 1079. — On en donne une double raison : la première, c'est que l'état de pupille ne s'accorde pas avec celui de père ou d'époux; la seconde, c'est que la révocation serait impossible, puisque la loi veut qu'elle ait lieu *dans la même forme* que l'émancipation; or, en cas de mariage, l'émancipation a lieu de plein droit.

180. — Delvincourt est d'un avis contraire : il pense que, expresse ou tacite, l'émancipation peut être révoquée suivant les formes qui ont *ordinairement lieu* pour la conférer; ainsi la déclaration du père ou de la mère; et à leur défaut celle du père de famille (p. 126, note 10e); il excipe de ce que la première rédaction de l'art. 485 contenait ces mots : émancipé *autrement que par mariage*, et qu'ils ont été supprimés dans la rédaction définitive.

181. — Malgré cette circonstance, qui est réelle, l'avis de M. Delvincourt doit être repoussé; car il résulte des procès-verbaux que la rédaction primitive de l'art. 485 n'a été modifiée qu'en ce qu'elle paraissait contenir pour le conseil de famille une *obligation* de révoquer l'émancipation, tandis que, suivant la rédaction définitive, c'est pour lui une simple *faculté*. — Quant aux mots *autrement que par mariage*, c'est sans intention d'assimiler l'émancipation tacite à l'émancipation expresse qu'ils ont disparu. (Locré sur l'art. 484). L'opinion qui les distingue l'une de l'autre est donc préférable.

182. — L'émancipation produite par le mariage est tellement irrévocable qu'elle ne cesse pas par le fait de la viduité, et qu'elle ne saurait être retirée à celui qui, devenu veuf, se livrerait à des écarts de conduite. — Duranton, nº 675. — V. aussi les motifs de l'arrêt de *Cass.*, 21 fév. 1821, Dusserre c. Duvernal.

183. — Jugé même que la fille mineure, émancipée par le mariage qu'elle a contracté avant l'âge de quinze ans, en vertu de dispense du souverain, ne retombe pas de plein droit sous la tutelle de son père, si elle devient veuve avant d'avoir atteint sa quinzième année, qui est l'âge requis par la loi pour l'émancipation. — Même arrêt.

184. — La révocation de l'émancipation a pour effet de faire rentrer le mineur *en tutelle*. — C. civ., art. 486.

185. — La tutelle légitime reprend ses droits; parce que, dit M. Duranton (nº 676), la vocation de la loi subsiste toujours et confère aux individus qu'elle désigne de nouveaux pouvoirs. — Proudhon, t. 2, p. 266; Toullier, nº 1303; Fréminville, t. 2, nº 1082.

186. — Mais hors ce cas, il y a lieu à la tutelle dative, car la tutelle testamentaire et celle conférée une première fois par le conseil de famille est définitivement éteinte, l'inscription et la reddition du compte avaient complétement anéanti son existence. — Proudhon, Duranton, Toullier et Fréminville, *loc. cit.*

187. — Par l'effet de la révocation, le mineur rentre sous la plénitude de la puissance paternelle. — Proudhon, t. 2, p. 266; Fréminville, nº 1080. — V. PUISSANCE PATERNELLE.

188. — Mais l'usufruit légal éteint par l'émancipation revit-il par la révocation? — Proudhon, (t. 2, p. 267); Delvincourt (p. 126, note 11e); Zachariæ (§ 134) et Fréminville (t. 2, nº 1083) enseignent l'affirmative, par le motif que l'art. 485 prive expressément le mineur du *bénéfice* de l'émancipation et qu'il retombe sous la puissance paternelle. — Toullier (nº 1303) et Duranton (nos 396 et 676) ont embrassé la négative.

189. — Cette dernière opinion est préférable. — D'abord il n'est pas vrai, ainsi que le dit M. Duranton (nº 396) que l'usufruitier légal soit toujours inséparable (V. art. 1441.) — En outre, il faut remarquer que le but de la révocation est l'intérêt du mineur et non celui de ses père et mère. — Enfin il y aurait danger à donner un appât aux père et mère qui pourraient se repentir, dans un intérêt à eux personnel, d'avoir accordé l'émancipation.

190. — Le mineur rentré en tutelle y reste *jusqu'à sa majorité* (art. 486). Ce qui signifie qu'il ne peut pas être émancipé de nouveau. — Proudhon, t. 2, p. 265; Delvincourt, t. 1er, p. 126, note 11e; Fréminville, t. 2, nº 1081.

191. — Toutefois, cette prohibition ne concerne pas l'émancipation légale et tacite qui a lieu par le mariage : car ce serait ou défendre le mariage au mineur, ou constituer une personne mariée en tutelle : double conséquence également inadmissible. — Proudhon, t. 2, p. 266.

192. — Les créanciers des père et mère auraient-ils qualité pour faire annuler l'émancipation sous prétexte qu'elle leur nuirait et diminuerait leur gage en grevant les émancipans de l'usufruit légal? — Proudhon (*De l'usufr.*, nº 2399), Toullier (t. 6, nº 368), Fréminville (t. 2, nº 1038) professent la négative par la raison que ce n'est qu'indirectement que les créanciers profitent de l'usufruit légal des père et mère, et qu'ils n'ont pas dû le considérer comme leur gage; mais, au contraire, s'attendre qu'il finirait par la mort du débiteur, ou par celle du mineur ou par son émancipation.

193. — La question s'est présentée devant la cour de Cassation, mais n'a donné lieu qu'à un arrêt d'admission qui n'a pas eu de suites. — *Cass.*, 23 brum. an IX, Delachal. — M. Merlin avait conclu au rejet, attendu qu'on ne pouvait casser un arrêt qui jugeait *en fait* qu'une émancipation avait eu lieu *en fraude* des droits des créanciers.

194. — Tout, suivant nous, se réduit à un point de fait. Si l'émancipation est loyale et justifiée par l'état et la capacité du mineur, les créanciers doivent être repoussés. — Sinon leur action *peut* être accueillie : et il semble que la *déclaration de fait* des juges du fond échapperait à la censure de la cour de Cassation. — V. sous l'arrêt précité la controverse de Toullier et de Merlin.

## Sect. 7e. — *De l'émancipation pour fait de commerce.*

195. — L'émancipation pour fait de commerce est soumise à certaines règles spéciales et produit aussi des effets particuliers.

196. — Elle ne peut produire effet, même lorsqu'elle est conférée par les père et mère, qu'autant que le mineur a atteint l'âge de dix-huit ans. — C. comm., art. 2.

197. — L'autorisation de faire le commerce peut être limitée à un genre de commerce. — Toullier, nº 1300.

198. — Le mineur émancipé qui fait un commerce est réputé majeur pour les faits relatifs à son commerce. Mais à l'égard des autres actes il reste dans la classe des mineurs ordinaires. — V. sur les conditions nécessaires pour l'autorisation de faire le commerce et la capacité du mineur commerçant, vº COMMERÇANT.

# ÉMARGEMENT.

1. — Notes, écritures, mises en marge d'un acte, d'un état, d'un registre, d'un compte.

2. — Des émargemens faits sur un acte authentique de vente, ainsi que sur les expéditions, constatant qu'un mandataire a reçu les fonds provenant de la vente, peuvent être considérés comme des commencemens de preuve par écrit contre le contenu en l'acte de vente lui-même, qui énonce que c'est le mandant qui a reçu les fonds. — *Cass.*, 6 nov. 1828, Salles c. Salles. — V. PAPIERS DOMESTIQUES.

# ÉMAUX (Fabriques d').

Les fabriques d'émaux produisent une grande fumée et offrent des dangers d'incendie; elles sont rangées dans la première classe des établissemens insalubres.

V. ÉTABLISSEMENS INSALUBRES (nomenclature).

# EMBALLEURS.

Emballeurs non layetiers : patentables de sixième classe. — Droit fixe basé sur la population, et droit proportionnel du vingtième de la valeur locative de l'habitation et des lieux servant à l'exercice de la profession. — V. PATENTE.

## EMBARCATION.

1. — Terme générique qui indique toute construction employée à naviguer principalement sur mer.

2. — Généralement, toutes les embarcations de commerce employées à la navigation maritime doivent être marquées à la poupe en lettres blanches d'un décimètre de hauteur, sur un fond noir, des noms du bâtiment et du port auquel il appartient, sous peine d'une amende de 500 fr., solidairement encourue par les propriétaires, agent ou capitaine, et pour sûreté de laquelle le bâtiment peut être retenu. Il est défendu sous la même peine d'effacer, altérer, couvrir ou masquer lesdites marques. — L. 6 mai 1841, art. 21.

3. — Les embarcations étrangères employées en Algérie à la pêche du corail ou du poisson, aux transports comme allèges dans l'intérieur des ports, et les embarcations françaises attachées aux mêmes ports doivent porter un numéro d'ordre, ainsi que l'indication du nom des propriétaires et du port d'attache, sous peine de 500 fr. d'amende. — Ord. 16 déc. 1843, art. 5.

## EMBARGO.

1. — C'est un droit qu'un gouvernement de laisser partir les navires étrangers qui sont dans ses ports. — V. ARRÊT DE PRINCE.

2. — Ainsi, l'ordonnance royale du 7 nov. 1632 portait que l'embargo serait mis sur tous les navires hollandais qui se trouvaient dans les ports de France.

3. — Pour recourir à une pareille mesure, il faut que des intérêts vitaux d'un gouvernement en dépendent; mais alors il doit dédommager les intéressés de toutes les pertes qu'ils éprouvent. — Delamarre et Magnitot, Dict. de dr. admin., v° Embargo.

V. AVARIES, BAIL ADMINISTRATIF, CAPITAINE DE NAVIRE, COLONIES.

## EMBARRAS DE LA VOIE PUBLIQUE.

*Table alphabétique.*

EMBARRAS DE LA VOIE PUBLIQUE. — 1. — L'embarras de la voie publique est l'un des faits que la loi range parmi les contraventions de première classe. — C. pén., art. 471, §§ 4 et 15. — V. sur les principes généraux en matière de contravention, v° CRIMES, DÉLITS ET CONTRAVENTIONS.

2. — La loi romaine prohibait non l'encombrement de la voie publique, mais seulement les cas où le passage des voitures était empêché: *Studen‌t autem ædiles ut ante officinas nihil projectum sit vel propositum; præterquàm si fullo eximenta siccet, aut faber currus exteriùs ponat. Po-* nant autem et hi, ut non prohibeant vehiculum irr. — L. 1, § 4, ff., De viâ publicâ, et si quid in eâ factum dicatur.

3. — L'ordonnance de police du 3 février 1348, qui depuis a été suivie de beaucoup d'autres semblables, enjoint à tous ceux qui font construire d'enlever sur-le-champ les gravois et autres choses.

4. — La loi du 16-24 août 1790, sur l'organisation judiciaire, comprenait parmi les objets de police confiés par elle à la vigilance et à l'autorité des corps municipaux, tout ce qui intéressait la sûreté et la commodité du passage dans les rues, quais, places et voies publiques, ce qui comprenait *l'enlèvement des encombremens.* —Tit. 11, art. 3, n° 1er.

5. — Les infractions aux arrêtés pris à cet effet par le pouvoir municipal devaient être punies d'une amende pécuniaire ou d'un emprisonnement qui ne devait pas excéder trois jours dans les campagnes, et huit jours dans les villes. — Même titre, art. 5.

6. — Ces contraventions, comme toutes celles qui étaient commises en matière de police, ne pouvaient être jugées que par les corps municipaux. — Même titre, art. 5.

7. — La faculté que la loi du 24 août 1790 donnait aux corps municipaux de prendre des arrêtés pour interdire l'encombrement de la voie publique fut maintenue par la loi du 19-22 juill. 1791, sur l'organisation d'une police municipale et correctionnelle. — V. cette loi, tit. 1er, art. 46.

8. — Le Code pénal de 1810, qui régit actuellement les contraventions de cette espèce, punit de 1 à 5 fr. d'amende « ceux qui auront embarrassé la voie publique en y déposant ou y laissant sans nécessité *des matériaux ou des choses quelconques* qui empêchent ou diminuent la liberté ou la sûreté du passage. »

9. — Une première observation à faire c'est que la contravention prévue par l'art. 471, n° 4, n'a besoin de l'appui d'aucun règlement pour exister et être punie.

10. — Ce qui n'empêche pas que des règlements soient pris par l'autorité municipale pour déterminer certaines mesures propres à prévenir l'encombrement de la voie publique, et que ces règlemens ne soient obligatoires sans la même pénalité, conformément à l'art. 471, n°15, C. pén. (nous verrons plus bas à quelles conditions).

11. — C'est donc avec raison qu'il a été jugé que lorsqu'un arrêté du maire détermine le mode de stationnement de certaines voitures, dans les rues et places, certains jours de la semaine, le tribunal de police ne peut se dispenser de faire contrevenant l'application du § 15, art. 471, C. pén., sur le motif que la matière est régie par le § 4, même article, et par d'anciens réglemens, uniquement applicables au département de la Seine. — Cass., 21 mai 1835, Denier.

12. — La contravention prévue par l'art. 471, § 4, existe par la réunion des trois conditions suivantes: 1° que des *matériaux ou des choses quelconques* de nature à empêcher ou diminuer la liberté ou la sûreté du passage, aient été déposés; 2° que le dépôt ait eu lieu sur la voie publique; 3° qu'il ait été fait *sans nécessité.*

13. — Les mots *matériaux ou choses quelconques* s'appliquent nécessairement à tous les objets qui peuvent diminuer la liberté ou la sûreté du passage, quels que soient ces objets. — Chauveau et Hélie, *Théor. C. pén.*, t. 8, p. 303.

14. — Aussi verrons-nous que dans les diverses applications qu'elle a eu à en faire, la jurisprudence leur a donné une large extension, et qu'elle y a compris, notamment, le stationnement des voitures et celui des chevaux et des bestiaux. — V. *infrà.*

15. — MM. Chauveau et Hélie, loc. cit., font re- marquer qu'il ne suffit pas que les choses qui gênent le passage se trouvent momentanément sur la voie publique, et qu'il est nécessaire, pour qu'il y ait contravention, qu'elles y aient été *déposées.* « La voie publique, disent-ils, doit servir à tous: c'est le *dépôt* qui constitue l'empiétement, l'usurpation au profit d'un seul et au détriment des autres: on général, on doit considérer qu'il y a dépôt dans le sens de la loi, lorsque la chose est destinée, par la volonté du propriétaire, à demeurer et à séjourner un certain temps sur la voie publique. »

19. — Mais il a été jugé que le dépôt de matériaux sur la voie publique ne peut être excusé sous le prétexte qu'il n'est que *momentané*, et que l'inculpé a ordonné son enlèvement, qui n'a pas été effectué à temps. — Cass., 16 fév. 1833, Mussot et André.

20. — Au surplus, il résulte de l'art. 474 lui-même qu'il n'y aurait pas contravention si la liberté ou la sûreté du passage n'avait pas été diminuée.

21. — Et c'est ce que la cour de Cassation a reconnu par l'arrêt précité du 16 fév. 1833, en décidant que le contrevenant ne pouvait être relaxé des poursuites qu'autant que le tribunal de police reconnaîtrait qu'il y avait nécessité pour lui de laisser séjourner ce dépôt dans la rue, ou que ce fait n'a empêché ni diminué la liberté ou la sûreté du passage. —Cass., 16 fév. 1833, Mussot et André.

22. — Il a cependant été jugé d'une manière qui semble beaucoup trop absolue, que l'individu qui embarrasse la voie publique en y déposant des paniers de fruits, ne peut être renvoyé de la poursuite dirigée en vertu de l'art. 474, § 4, C. pén., sur le motif que ces paniers n'avaient pas diminué la sûreté et la liberté du passage. — Cass., 20 avr. 1844 (t. 2 1845, p. 572), Marie Bernard.

23. — Ainsi qu'on l'a vu, le troisième élément de la contravention c'est que le dépôt ait eu lieu sans nécessité. Mais que faut-il entendre par *voie publique ?*

24. — Suivant MM. Chauveau et Hélie, loc. cit., cette expression comprend évidemment toutes les rues et passages situés dans l'intérieur et dans les faubourgs des villes et des bourgs.

25. — Et il a été décidé que celui qui a déposé sans nécessité des tonneaux sur le trottoir d'une rue ne peut pas être acquitté, sous le prétexte que ces tonneaux n'embarrassaient pas la voie publique. Les trottoirs des rues sont une partie de la voie publique. — Cass., 2 juin 1825, Henri Sonnet.

26. — Quant à l'encombrement des chemins publics dans la campagne, la cour de Cassation a jugé que ce fait pouvait constituer un délit rural punissable par l'art. 2, 3 et 40, C. rural de 1791. — Cass., 1er déc. 1827, Audart Gourel; 24 avr. 1829, Geay.

27. — Et M. Bost (t. 4er, n° 873) dit que l'art. 474, n° 4, s'applique aussi bien aux chemins vicinaux que dans l'intérieur des villes et des bourgs.

28. — A l'égard des dépôts de matériaux faits sur la grande route, ils constituent, aux termes des art. 1er, 2, 3 et 4, L. 29 flor. an X, une contravention de grande voirie de la compétence des conseils de préfecture.

29. — Mais il a été jugé, que, dès que le même terrain situé dans l'intérieur d'une ville, d'un bourg ou d'un village sert à la fois de rue et de grande route, les contraventions aux réglemens de police qui s'y réfèrent peuvent être poursuivies concurremment par l'autorité administrative et par l'autorité judiciaire, et que, dès lors, le tribunal de simple police devant lequel un individu est poursuivi pour avoir laissé un amas de fumier devant la porte de sa maison, située sur rue, ne peut se déclarer incompétent et renvoyer la cause à l'autorité administrative, sous le prétexte que la voie embarrassée fait partie de la grande route. — Cass., 13 juin 1811, Richard. — Chauveau et Hélie, loc. cit.

30. — Jugé encore que le tribunal de simple police ne peut se déclarer incompétent pour connaître de la contravention commise par un habitant qui a embarrassé la voie publique dans l'intérieur d'une ville, d'un bourg ou d'un village, sous le prétexte que cette portion de la voie publique forme le prolongement d'une grande route, et est entretenue aux frais de l'état; la loi du 29 flor. an X n'étant pas restrictive des dispositions générales de police sur la voie urbaine. — Cass., 7 déc. 1826, Nenioux.

31. — Il est aujourd'hui constant en principe et reconnu par divers arrêts que les dispositions de la loi qui attribuent à l'autorité administrative la poursuite et la répression des contraventions commises sur les grandes routes ne s'appliquent pas à la partie des grandes routes qui traversent les villes et qui peuvent, en ce qui touche leur

commodité, sûreté et salubrité, devenir l'objet de réglemens municipaux. — Les contraventions à ces réglemens sont de la compétence des tribunaux ordinaires. — *Cass.*, 25 avr. 1839 (t. 1er 1840, p. 131), Double. — V. ROUTES.

32. — Si le prévenu soutenait que la partie de la voie publique embarrassée est sa propriété particulière, il y aurait lieu de surseoir au jugement de la contravention jusqu'au jugement de cette question préjudicielle. — « Mais, ajoutent MM. Chauveau et Hélie (*loc. cit.*), l'allégation d'une possession, même immémoriale, ne suffirait pas pour justifier ce sursis, car une possession immémoriale, lorsqu'elle est illégale, ne saurait affranchir des obligations que la loi impose, à moins que le prévenu ne prouvât le changement de destination, le déclassement légal du chemin qui serait alors devenu une propriété privée soit de l'état, soit d'un département, soit d'une commune. »

33. — Il a été jugé qu'un tribunal de répression peut, en ordonnant le sursis, à raison d'une exception préjudicielle, ordonner que le chemin faisant l'objet des poursuites sera désencombré, s'il y a nécessité absolue, pour que les communications ne soient pas interceptées. — *Cass.*, 10 mai 1811, N...

34. — Carnot (sur l'art. 3, C. inst. crim., t. 1er, p. 76, n° 22), qui rapporte cet arrêt, cherche à le concilier avec celui du 19 fév. 1808 (Lefebvre), qui décide qu'un tribunal incompétent pour prononcer sur le principal, l'est également pour prononcer sur le provisoire. Mais la conciliation semble difficile. — V. au surplus QUESTION PRÉJUDICIELLE.

35. — Jugé en tous cas que lorsqu'un arrêté du maire a défendu de conserver dans les propriétés particulières situées le long des rues et autres lieux publics des amas de fumier ou de matières infectes (arrêté pris dans le cercle des attributions municipales), le refus d'obtempérer à cet arrêté ne pouvant pas être excusé, sous le prétexte que le contrevenant est propriétaire du terrain où le fumier est déposé, cette allégation de sa part ne présente pas les caractères d'une exception préjudicielle qui doive nécessiter le sursis. — *Cass.*, 6 fév. 1823, Darrigrand. — V. conf. Mangin, *Tr. de l'action publique*, t. 1er, p. 518, n° 523.

36. — Il a été jugé avant le Code pénal que celui qui tient un amas de fumier devant la porte de sa maison, située sur une rue, encourt les peines prononcées contre ceux qui embarrassent la voie publique, quand même il n'existerait pas de réglement particulier prohibant un pareil dépôt, et quand même le soin de nettoyer les rues ne serait pas à la charge des habitans. — *Cass.*, 18 mai 1810, Serrin. — Cette décision est également applicable sous le Code pénal. — Merlin, *Rép.*, v° *Fumier*, n° 3.

37. — Le troisième élément de la contravention, est que les matériaux ou choses quelconques aient été déposés ou laissés sur la voie publique sans nécessité. Si donc il y a eu *nécessité*, cela suffit pour entraîner l'acquittement.

38. — Jugé dès-lors que le voiturier qui a embarrassé la voie publique en y laissant stationner sa voiture, n'est passible d'aucune peine *s'il n'a fait qu'obéir à la nécessité.* — *Cass.*, 8 juill. 1842 (t. 2 1842, p. 733), Tindel.

39. — ... Que celui qui expose des tonneaux sur la voie publique, pour les charger, se trouve dans un cas de nécessité, et n'est passible d'aucune peine. — *Cass.*, 1er juill. 1826, Brault.

40. — ... Que le tribunal de simple police fait une juste application de la loi, en renvoyant de la poursuite du ministère public l'individu qui n'a déposé que par une absolue nécessité des matériaux sur la voie publique. — *Cass.*, 21 nov. 1833, André.

41. — En général, disent MM. Chauveau et Hélie (*loc. cit.*), il y a nécessité quand le propriétaire des matériaux n'a pas été à même de prendre les dispositions nécessaires pour l'enlèvement des matériaux ou des choses déposées.

42. — Mais le simple exercice de la profession ne crée pas la nécessité. — Ainsi jugé que le carrossier qui a embarrassé la voie publique en y laissant stationner des voitures en réparation, ne peut pas être excusé sur une prétendue nécessité, ni sur ce qui se pratique dans d'autres localités. Les artisans ne doivent exercer leur profession que dans les lieux où ils peuvent le faire sans embarrasser la voie publique. — *Cass.*, 2 juill. 1824 (Int. de la loi), Lorain-Ducharne.

43. — Jugé encore que les maréchaux-ferrans qui embarrassent la voie publique en y ferrant, saignant et médicamentant des chevaux, sont passibles de peines de simple police. — *Cass.*, 30 frim. an XIII, Macey c. Lechene.

44. — Au surplus, c'est au juge de police qu'il appartient d'apprécier souverainement et de constater l'existence ou la non-existence du fait de la nécessité. — *Cass.*, 8 juill. 1842 (t. 2 1842, p. 733), Tindel; 13 août 1841 (t. 1er 1844, p. 347), Piffart; 21 fév. 1840 (t. 1er 1841, p. 64), N...

45. — La cour de Cassation semble cependant s'être approprié la connaissance de cette circonstance, lorsqu'elle a jugé que les voitures de vidange qui stationnent sur la voie publique pendant le temps nécessaire au curage des fosses ne peuvent être considérées comme embarrassant *sans nécessité* la voie publique. — *Cass.*, 28 juin 1839 (t. 2 1839, p. 465), Grataloup.

46. — Lorsque le juge reconnaît qu'il y a eu nécessité, il doit le déclarer dans son jugement. — Chauveau et Hélie, *loc. cit.*

47. — C'est ainsi que lorsqu'il est établi qu'un particulier a fait déposer des décombres dans une rue, et que les grosses pierres qui se trouvaient dans ces décombres embarrassaient la voie publique, le tribunal de simple police ne peut prononcer son acquittement sans une déclaration explicite de la nécessité du dépôt de ces décombres dans la rue. — *Cass.*, 28 oct. 1825, Valle.

48. — ... Que, de même lorsqu'il est établi qu'un particulier a laissé stationner une voiture dans la rue, devant sa maison, le tribunal de simple police ne peut le renvoyer des poursuites, sans une déclaration explicite de la nécessité du séjour de cette voiture dans la rue. — *Cass*, 8 oct. 1825, Pernette.

49. — Le jugement qui constate qu'un individu poursuivi pour avoir embarrassé la voie publique par un dépôt de matériaux *n'a pu les placer ailleurs*, constate suffisamment la nécessité de ce dépôt, et est à l'abri de toute critique. — *Cass*, 27 déc. 1828, Lebuhotel.

50. — Il a été toutefois jugé que lorsqu'il est établi par un procès-verbal régulier que le prévenu a obstrué la voie publique en y déposant sans nécessité des matériaux qui empêchaient la liberté du passage, le tribunal de police ne peut, sans violer la foi due au procès-verbal, acquitter le prévenu en l'absence de toute preuve contraire, soit écrite soit testimoniale, et même de toute articulation relative à la nécessité du dépôt, en se bornant à opposer à la déclaration de fait du procès-verbal sa déclaration personnelle qu'il y avait nécessité absolue, et qu'il ne paraissait pas d'ailleurs que le passage fût obstrué de manière à empêcher la circulation des voitures. — *Cass.*, 18 sept. 1828, Chesnel; même jour, Rageot.

51. — Ainsi qu'on l'a vu plus haut, l'autorité municipale tient des lois des 16-24 août 1790 et 19-22 juill. 1791 le droit de prendre des arrêtés sur cette matière, mais il faut bien observer que les maires excéderaient leurs pouvoirs, si par leurs arrêtés ils entendaient interdire ce que la loi n'a pas considéré comme punissable. Car il est de principe que lorsque la loi a statué sur des objets confiés à la vigilance de l'autorité municipale, les maires ne peuvent qu'ordonner l'exécution desdites lois, sans rien ajouter à leurs dispositions et sans rien en retrancher. — *Cass.*, 10 déc. 1824, Xavier Molly.

52. — ... Et que les arrêtés des maires, sur les objets confiés à leur vigilance et à leur autorité, ne sont obligatoires que dans le silence des lois ou lorsqu'ils rappellent à leur exécution. — *Cass.*, 26 mars 1825, Quenesson. — V. aussi sur ce principe, v^is POUVOIR MUNICIPAL et RÉGLEMENT DE POLICE.

53. — Jugé en conséquence que l'art. 471, n° 4, n'ayant attaché au dépôt de matériaux dans les rues le caractère de contravention que lorsqu'il a lieu *sans nécessité*, l'arrêté par lequel un maire astreint les citoyens à se munir de son autorisation préalable, ajoute aux dispositions de la loi, et n'est pas obligatoire. — *Cass.*, 10 sept. 1824, Xavier Molly; conf. *Cass.*, 16 fév. 1833, Stroboni; 10 avr. 1841 (t. 1er 1842, p. 640), Desmidt.

54. — ... Et que l'art. 471, n° 4, C. pén., ayant seulement défendu de déposer ou laisser *sans nécessité* des matériaux ou autres choses sur la voie publique, un maire ne peut y substituer la défense de laisser séjourner pendant plus de vingt-quatre heures des dépôts de terre, etc., sur la voie publique. — *Cass.*, 26 mars 1825, Quennesson.

55. — La contravention qui serait commise soit au § 4 soit au § 15 de l'art. 471 devrait, par cela seul qu'elle serait constatée, amener une condamnation contre son auteur à la peine prévue par cet article. C'est l'application de la règle générale aux termes de laquelle l'excuse tirée de la bonne foi du contrevenant ou de toute autre circonstance, peut seulement déterminer une atténuation de la peine de simple police, mais ne doit jamais être une cause d'acquittement. — V. CRIMES DÉLITS CONTRAVENTIONS.

56. — Jugé, en conséquence, que la contravention résultant de ce qu'un individu a laissé pendant la nuit des voitures sur la voie publique ne peut être excusée sur le motif que le contrevenant était de bonne foi, et qu'il croyait avoir droit d'agir ainsi. — *Cass.*, 30 mai 1844 (t. 2 1844, p. 507), Fromage.

57. — De même, le tribunal qui reconnaît l'inculpé coupable d'avoir obstrué la voie publique avec une table servant à battre des matelas, ne peut le renvoyer de l'action exercée contre lui en se fondant sur sa bonne foi et le concours de circonstances atténuantes. — *Cass.*, 20 déc. 1834, Ponçon.

58. — Celui qui a laissé une voiture sur la place publique un jour de foire ne peut pas être acquitté, sous le prétexte que c'est à la demande des marchands eux-mêmes qu'elle y est restée, et que d'ailleurs il a offert de la retirer, pourvu qu'une autre qui s'y trouvait également fût aussi retirée. — *Cass.*, 5 juill. 1822, Petit.

59. — Le fait d'avoir embarrassé la voie publique en y tuant un porc ne peut être excusé sur le motif que ce fait est conforme à un usage général qui a lieu avec le consentement tacite des agens préposés à la surveillance des rues, qu'il n'y a pas de réglement spécial à cet égard, et que le terrain dont il s'agissait était obstrué par des dépôts de pierres et des débris. — *Cass.*, 6 sept. 1844 (t. 2 1844, p. 505), Rivet.

60. — Le dépôt de terre et de fumier sur un chemin public ne peut être excusé sur le motif que ce dépôt ne nuirait pas à la viabilité du chemin, que plusieurs individus qui sont dans le même cas n'ont pas été poursuivis; que le silence gardé par l'autorité à cet égard a été considéré comme un consentement de sa part, et qu'enfin il eût été convenable d'engager les habitans, avant de les poursuivre, à enlever du chemin leur terre et leur fumier. — *Cass.*, 24 juin 1842 (t. 2 1842, p. 490) (int. de la loi), Loizeau.

61. — Les boulangers qui, en étalant leurs pains sur des tables et des bancs placés au devant de leurs boutiques, ont embarrassé la voie publique, ne peuvent pas être acquittés, sous le prétexte d'une possession immémoriale. — *Cass.*, 4 oct. 1823, boulangers de Colmar.

62. — Le fait d'avoir déposé des pierres sur la voie publique constitue une contravention qui ne saurait être excusée par le motif que ces pierres n'étaient pas la propriété de celui qui en a fait le dépôt. — *Cass.*, 28 janv. 1837 (t. 2 1840, p. 54), Landrieu.

63. — Le fait d'avoir laissé dans une rue une échelle qui pouvait compromettre la sûreté publique constitue la contravention prévue et punie par le n° 4, art. 471, C. pén., et cette contravention ne peut être excusée par le motif que le réglement local défend seulement de rien jeter par les lucarnes des greniers, et qu'il faut bien que les habitans aient un moyen d'en tirer leur provision de bois. — *Cass.*, 28 mars 1844 (t. 2 1844, p. 508), Morel.

64. — Les maires n'ayant pas le droit de dispenser les habitans de leurs communes de l'exécution des réglemens de police légalement établis, il en résulte que le tribunal de police ne peut renvoyer de la poursuite un individu inculpé d'avoir déposé du fumier sur un chemin vicinal sous prétexte qu'il n'a agi que par suite d'une permission à lui donnée par l'autorité locale. — *Cass.*, 1er juill. 1830, Guitton.

65. — Celui qui a contrevenu à un arrêté du préfet, portant défense d'amasser des matériaux et décombres auprès des bords des canaux et rivières, et dans les rues adjacentes, ne peut être acquitté sous le prétexte, soit qu'il est propriétaire du terrain sur lequel il a déposé des décombres, soit que ces décombres étaient placés sur le bord d'un bras de rivière non navigable. — *Cass.*, 22 juill. 1808, Liedts.

66. — Lorsqu'il est interdit par un arrêté municipal de déposer du fumier ou des décombres sur la voie publique, le tribunal de police ne peut en éluder l'exécution et refuser de punir les contrevenans, sous le prétexte que la commune n'ayant pas deux mille habitans, c'est une commune rurale qui n'est susceptible que de l'application des lois sur la police rurale. — *Cass.*, 19 prair. an XII, Berring.

67. — Un pareil arrêté, pris dans un intérêt de salubrité publique, ne peut être éludé dans son exécution sous le prétexte, soit que le terrain était la propriété du contrevenant, soit que l'exhalaison du fumier n'est pas nuisible dans un lieu ouvert, soit que la commune où la contravention a été commise est un lieu rural. — *Cass.*, 19 prair. an XII, Carel. — V. SALUBRITÉ PUBLIQUE.

68. — Jugé encore que la contravention à un arrêté municipal qui défend le stationnement des voitures sur la place et pendant la tenue du marché, ne peut pas être excusée, sous le prétexte que cet arrêté nuirait aux intérêts du commerce. — *Cass.*, 23 mars 1832, Labille.

69. — ...Que le réglement municipal qui ordonne que les voitures et bêtes de somme seront, aussitôt après leur déchargement, conduites hors des marchés, dans des auberges et lieux fermés, est légal et obligatoire, et que le tribunal de simple police ne peut refuser de punir l'infraction à ses dispositions, sous le prétexte notamment qu'il est d'usage, au su de l'administration, de laisser des chevaux et des voitures sur la place publique où les contrevenans ont été trouvés. — *Cass.*, 4 nov. 1841 (t. 1er 1842, p. 599), Simon. — V. aussi *Cass.*, 3 déc. 1841 (t. 1er 1842, p. 587), Lecoq.

70. — ... Que l'arrêté municipal qui défend aux conducteurs de voitures de donner à manger à leurs chevaux sur la place publique étant légal et obligatoire, une contravention à cet arrêté ne peut être excusée sur le motif qu'il existait un usage contraire. — *Cass.*, 17 sept. 1841 (t. 2 1842, p. 498), Pinel.

71. — ... Que lorsqu'il est établi par un procès-verbal régulier que, contrairement à un réglement de police, le prévenu a fait stationner devant sa porte des bêtes de somme qui diminuaient la sûreté de la voie publique, le tribunal de simple police ne peut le renvoyer de la plainte, sous le prétexte que son état de bourrelier exige qu'il ait des chevaux et des ânes attachés devant sa boutique pour les réparations à faire à leur harnachement. — *Cass.*, 9 fév. 1832, Rouard.

72. — ... Que le contrevenant à un réglement de police qui défend à tous conducteurs de laisser stationner leurs voitures et de donner à manger à leurs chevaux sur la voie publique ne peut être renvoyé de la poursuite, par le motif que la police n'aurait pas donné d'ordres pour le placement des voitures, alors que cette obligation, imposée par le réglement aux agens de la police municipale, n'est applicable qu'aux voitures en marche et en déchargement, mais non aux voitures déchargées et stationnées, et encore moins aux chevaux qui les ont conduites. Le prévenu ne peut non plus être renvoyé sous le prétexte d'une tolérance antérieure. — *Cass.*, 3 déc. 1841 (t. 1er 1842, p. 587), Lecoq; même jour, Louzet.

73. — ... Que nuls motifs ou excuses non autorisés par la loi, ne pouvant dispenser le juge d'appliquer aux contrevenans en matière de police les peines qu'elle prononce, le voiturier qui, contrairement à un réglement de police, a laissé stationner sa voiture et ses chevaux dans la rue d'une ville, hors sa présence, ne peut pas être acquitté, sous le prétexte qu'il était occupé dans ce moment au chargement, et qu'il n'est arrivé aucun accident ni aucune apparence d'accident. — *Cass.*, 24 fév. 1827, Delaunay.

74. — V. en outre, sur la légalité et les effets des ordonnances ou arrêtés qui défendent à certaines voitures, soit de ralentir leur marche, soit de stationner dans le but de prendre des voyageurs, et en général sur les diverses mesures prises relativement à la conduite des voitures dans le double intérêt de la commodité et de la sûreté de la voie publique, v° VOITURES.

75. — Il est de jurisprudence que celui qui s'oppose à l'enlèvement d'un objet embarrassant la voie publique commet la contravention prévue par l'art. 471, n° 4, C. pén., alors même que cet objet n'a été ni amené ni déposé par lui sur le chemin. — *Cass.*, 4 août 1837 (t. 2 1840, p. 39), Thuilier.

76. — Jugé que l'individu prévenu d'avoir, sans nécessité, embarrassé la voie publique, ne peut être renvoyé des poursuites par le motif que la contravention était ancienne, permanente, et dès-lors éteinte par la prescription. — *Cass.*, 30 août 1844, (t. 1er 1845, p. 395), Evrard.

77. — En effet, suivant l'arrêt, ce serait admettre une excuse non autorisée et appliquer la prescription à un fait qui consiste dans des actes successifs, c'est-à-dire commettre une double erreur. (Motifs de l'arrêt précité). — V. aussi DÉLIT SUCCESSIF.

78. — Il faut remarquer que le fait d'avoir intercepté, par l'établissement d'une haie, la circulation sur un chemin public est une contravention prévue et punie par le § 11 de l'art. 479, C. pén. — On ne saurait en conséquence, faire application à ce fait du § 4 de l'art. 471, qui prévoit seulement le cas d'embarras momentané par des choses quelconques déposées sur les chemins publics. — *Cass.*, 18 oct. 1836 (t. 1er 1837, p. 503), Bernot.

79. — Les frais d'enlèvement des matériaux qui causaient l'embarras rentrent dans la classe des restitutions et dommages-intérêts que le juge de police peut prononcer sans être obligé de se dessaisir au profit des tribunaux ordinaires. — *Cass.*, 21 mars 1832, Boppe.

80. — Une ordonnance du préfet de police du 8 août 1829 prescrit certaines mesures d'ordre relatives tant au déchargement et au dépôt dans les chantiers de construction des matériaux destinés à l'édification des maisons ou autres travaux, qu'au déchargement et sciage du bois sur la voie publique. — Elouin et Trebuchet, *Dict. de police municipale*, v° *Dépôt de matériaux* et *Bois de chauffage*, § 2; Delessert, *Ord. de police*, t. 2, p. 492.

81. — En voici les principales dispositions : — Il est défendu de former sur la voie publique des chantiers ou ateliers pour l'approvisionnement et la taille des matériaux : — Les chefs des administrations publiques, propriétaires, ingénieurs, architectes, entrepreneurs et tous autres construisant ou faisant construire, doivent former leurs chantiers et ateliers dans des terrains particuliers dont ils sont tenus de se pourvoir. — Il peut toutefois être accordé des autorisations pour déposer sur la voie publique des matériaux destinés à des contructions d'aqueducs, égouts, trottoirs, et autres établissemens à faire sur le sol même de la voie publique. — Ord. 8 août 1829, art. 17.

82. — Les matériaux transportés sur le lieu des constructions doivent être rentrés dans l'intérieur des emplacemens où l'on construit, au fur et à mesure du déchargement, sans qu'on puisse en laisser en dépôt sur la voie publique pendant la nuit. — Même ord., art. 18.

83. — Cependant, si par suite de circonstances imprévues, des matériaux doivent rester pendant la nuit sur la voie publique, les propriétaires et les entrepreneurs seront tenus d'en donner avis aux commissaires de police des quartiers respectifs, de pourvoir à l'éclairage des matériaux (V. ÉCLAIRAGE DE LA VOIE PUBLIQUE), et de prendre toutes les mesures de précautions nécessaires. — Même ordonnance, art. 19.

34. — Il est défendu à tous carriers, voituriers et autres de décharger ou faire décharger sur la voie publique, après la retraite des ouvriers, aucune voiture de pierres de taille ou moellons. — Même ord. art. 20.

85. — Il est défendu de scier et de tailler des pierres sur la voie publique; la même défense est applicable aux scieurs de long pour le sciage du bois. — Même ord., art. 24.

86. — Quant au déchargement et sciage du bois de chauffage à domicile, il est l'objet, dans l'ordonnance de police du 8 août 1829, des dispositions suivantes : Le bois destiné au chauffage des habitations n'est déchargé sur la voie publique et en y mettant la célérité nécessaire, qu'à défaut de cours ou de passages de portes cochères, ou bien si les cours et passages de portes cochères ne présentent pas les facilités convenables. Dans ce cas, les voitures doivent être rangées de manière à gêner la circulation le moins possible. — Art. 64 et 66.

87. — Lorsque les rues ont sept mètres de largeur et au-dessus, le déchargement du bois peut se faire sur la voie publique selon ce qui a été dit, il y est procédé de manière à ne pas interrompre le passage des voitures. Dans les rues au-dessous de sept mètres de largeur, il est toujours réservé un passage libre pour les gens à pied. Il est défendu de décharger simultanément deux voitures de bois destinées à des habitations situées en face l'une de l'autre : celle arrivée la dernière est rangée à la suite de la première et attend que celle-ci soit déchargée et le bois rentré. — Art. 67.

88. — Il est défendu de scier ou de faire scier du bois sur la voie publique. — Cependant lorsqu'on ne fait venir qu'une voie de bois à la fois le sciage est toléré, mais les scieurs doivent se placer le plus près possible des maisons, afin de ne pas accroître les embarras de la voie publique. — Le bois est rentré au fur et à mesure du sciage. — Même ord., art. 68.

80. — Il est expressément défendu de décharger ou scier du bois sur les trottoirs; on n'en peut fendre ni sur les trottoirs ni sur aucune partie de la voie pubblique. — Même ord., art. 69.

90. — V. POUVOIR MUNICIPAL, RÉGLEMENT DE POLICE, SALUBRITÉ PUBLIQUE, SURETÉ PUBLIQUE, VOITURES, CRIMES DÉLITS ET CONTRAVENTIONS.

## EMBAUCHAGE.

1. — Ce mot, dans le langage du droit pénal, s'entend, soit de l'action d'éloigner ou de tenter d'éloigner des soldats de leurs drapeaux pour les faire passer à l'ennemi, à l'étranger, ou dans un parti de rebelles, soit du fait d'avoir, dans la vue de nuire à l'industrie française, fait passer en pays étranger des directeurs, commis ou des ouvriers d'un établissement.

2. — Il ne sera question ici que de l'embauchage pris dans la première de ces deux acceptions : tout ce qui a trait à l'embauchage des ouvriers sera traité v° EMBAUCHAGE D'OUVRIERS.

3. — Sera réputé embaucheur, porte l'art. 2, L. 4 niv. an IV, celui qui, par argent, par des liqueurs enivrantes ou tout autre moyen, cherchera à éloigner de leurs drapeaux les défenseurs de la patrie pour les faire passer à l'ennemi, à l'étranger ou aux rebelles.

4. — Il ne faut pas confondre l'embauchage avec la simple provocation à la désertion. La distinction qui existe entre ces deux faits résulte nettement de la loi du 4 niv. an IV, art. 3. — *Cass.*, 5 août 1807, Avril; 21 mars 1823, Adelis; — Merlin, *Rép.*, v° *Embauchage*. — V., en ce qui concerne la provocation à la désertion, DÉSERTION, nos 71 et suiv.

5. — Ainsi, après l'acquittement sur l'accusation d'embauchage, il peut y avoir poursuite pour provocation à la désertion sans violation de la maxime *non bis in idem*. — *Cass.*, 21 oct. 1831, Thomas.

6. — De même, l'embauchage ne se confond pas avec les crimes prévus par les art. 77 et 92 du Code pénal, et qui consistent, soit dans des enrôlemens d'individus non militaires pour aller servir à l'ennemi, soit dans des enrôlemens et levées illicites de troupes pour lesquels l'agent s'adresse également à des citoyens non militaires. — V. CRIMES CONTRE LA SURETÉ DE L'ÉTAT, nos 57 et suiv., 62 et suiv., 190 et suiv., 191 et suiv.

7. — Le fait d'avoir cherché à éloigner de leurs drapeaux des militaires français pour les faire passer dans un pays étranger constitue le crime d'embauchage, bien qu'il n'y eût pour la France aucun ennemi à l'extérieur, ni aucun rebelle au dedans, et qu'elle fût en paix avec toutes les autres puissances. C'est ce qui résulte des termes généraux de la loi de l'an IV « à l'ennemi, à l'étranger ou aux rebelles. » — *Cass.*, 2 avr. 1831, Mazas.

8. — Tout embauchage pour l'ennemi, pour l'étranger ou pour les rebelles, sera puni de mort. — C. pén milit. 12 mai 1793, tit. 1er, sect. 1re, art. 11; C. des délits et des peines pour les troupes de la république, 21 brum. an V, t. 1er, art. 5, et tit. 4, art. 1er; L. 4 niv. an IV, art. 1er. — Ce dernier article prononce la confiscation des biens de l'embaucheur. Ces peines ont été rappelées et maintenues par une ordonnance royale du 11 mars 1815, rendue, ainsi que l'indique sa date, au moment où Napoléon marchait de Fréjus sur Paris.

9. — Et dans les motifs du réquisitoire présenté à la cour de Cassation lors de l'arrêt du 21 oct. 1831 (Thomas), réquisitoire dont les motifs ont été adoptés par l'arrêt lui-même, M. le procureur général Dupin disait que la loi du 4 niv. an IV a continué à régir le crime d'embauchage quant à la peine, et qu'elle n'a subi de changement que dans la disposition relative à la compétence.

10. — Quand le crime d'embauchage est commis par un militaire, nul doute qu'il ne soit de la compétence des conseils de guerre d'après les principes exposés, v° DÉLIT MILITAIRE.

11. — Mais c'est une question grave que celle de savoir à quelle juridiction appartient la connaissance du crime d'embauchage lorsque ce crime a été commis par un individu *non militaire*. Il importe à cet égard d'entrer dans quelques explications.

12. — La loi du 30 sept. 1791, dans ses art. 6 et 7, avait posé en principe « que tout individu qui n'appartient pas à l'armée ne peut être traduit devant les juges militaires. » Cependant l'art. 6, L. 4 niv. an IV, vint soumettre à la juridiction des conseils militaires tout individu prévenu d'embauchage : — mais cette disposition fut abrogée, en ce qui concerne les individus non militaires, par la loi du 22 messidor suivant qui, dans son art. 1er, consacra de nouveau le principe que « nul délit n'est militaire s'il n'a été commis par un individu faisant partie de l'armée : et que tout autre individu ne peut jamais être traduit, comme prévenu, devant les juges délégués par la loi militaire. »

13. — Toutefois, ce principe ainsi posé par la loi de messid. an IV, fut de nouveau méconnu par la loi du 13 brum. an V, dont l'art. 9 déféra aux conseils de guerre qu'il instituait la connaissance du crime d'embauchage, et comme l'attribution de juridiction résultant de cette dernière loi était faite *sans distinction aucune* et quelle que fût la qualité des auteurs, il en résultait que sous l'empire de la loi de l'an V les embaucheurs même non militaires étaient soumis à la juridiction militaire.

14. — Aussi est-ce en ce sens que la question fut résolue lorsque, quelques mois après la promulgation de la loi du 13 brum. an V, elle se pré-

senta dans des circonstances qui ont conservé quelque célébrité historique. Il s'agissait du jugement des sieurs Théodore Dunan, Charles Brottier et Berthelot de la Villeurnoy, renvoyés par arrêté du 14 pluv. an V devant le conseil de guerre, pour tentatives d'embauchage du commandant des grenadiers de la convention nationale, de celui du 21e régiment de dragons et de leurs corps respectifs. Ces trois prévenus n'étaient ni militaires, ni attachés à l'armée; aussi firent-ils publier un mémoire dans lequel ils attaquèrent la décision prise à leur égard par l'arrêté sus-énoncé, et où ils déclinèrent, à raison de leur qualité, la compétence du conseil de guerre.

15. — Le savant Merlin, alors ministre de la justice, fut chargé de faire au directoire exécutif un rapport sur ce mémoire. Il examina la question de savoir si la qualité des prévenus pouvait les soustraire à la compétence du conseil de guerre. Il rappela d'abord que le conseil des cinq-cents avait rejeté, le 17 pluv. précédent, une réclamation élevée dans son propre sein contre l'application de l'art. 9 de la loi du 13 brum. an V, à des citoyens non militaires prévenus d'embauchage. Il fit remarquer ensuite qu'alors même que ce précédent n'existerait pas, il suffirait du texte même de cet art. 9 pour décider la question. En effet, il soumet aux conseils de guerre : — 1o les *embaucheurs*; — 2e les *militaires*; — 3o etc. : « Faut-il, disait-il, que les embaucheurs soient militaires ou attachés à l'armée pour que cet article s'applique à leur égard? Non, car alors leur seule qualité de militaires ou d'attachés à l'armée les rendrait justiciables des conseils de guerre; il serait aussi ridicule qu'inutile de parler spécialement des embaucheurs, si ce n'était pas pour les assujétir comme tels, et indépendamment de toute autre circonstance, à la juridiction de ces conseils. »

16. — Ajoutons que le directoire exécutif, persistant dans son arrêté du 14 pluv. an V, ordonna que ce rapport serait imprimé et inséré au *Bulletin des Lois*. — Arrêté 4 vent. an V.

17. — Mais postérieurement intervinrent : 1o la loi du 18 pluv. an IX qui enleva la connaissance du crime d'embauchage aux conseils de guerre pour la déférer à des tribunaux spéciaux qui devaient être révoqués de plein droit deux ans après la paix générale (art. 11 et 31); — 2o un décret du 17 messid. an XII qui investit de cette connaissance les *commissions militaires spéciales* (art. 1er), et qui, dans son art. 11, disposa « qu'à compter de sa publication les *conseils de guerre permanens cesseraient* de connaître du crime d'embauchage. »

18. — Les commissions militaires spéciales ont été supprimées par la Charte de 1814; mais alors est née la question de savoir à quelle juridiction était retournée la connaissance du crime d'embauchage commis par des individus non militaires. Est-ce aux conseils de guerre, que la loi de l'an IX et l'arrêté de messid. an XII avaient dessaisis; est-ce, au contraire, aux tribunaux ordinaires?

19. — La cour de Cassation appelée à prononcer en 1820, a décidé en faveur de la compétence des conseils de guerre, et elle a donné pour motifs : — 1o que la loi du 13 brum. an V a maintenu et rangé l'embauchage parmi les délits militaires; — 2o que si le décret de l'an XII avait ordonné qu'au lieu d'être jugés par les conseils de guerre, les embaucheurs le seraient par des commissions militaires, cette disposition n'avait pas dépouillé la juridiction militaire, qu'elle n'avait fait qu'en modifier l'exercice, et que l'abolition de ce décret n'a pu avoir d'autre effet que de faire rentrer les conseils de guerre dans leurs attributions primitives; — 3o que les conseils de guerre étant les juges naturels des militaires et des délits auxquels la loi a imprimé le caractère de délit militaire, l'art. 62 de la Charte, qui veut que nul ne puisse être distrait de ses juges naturels, est sans application. — *Cass.*, 12 oct. 1820, Pereyre.

20. — Telle est également la doctrine consacrée par deux arrêts de la même cour. — *Cass.*, 2 août 1822, Caron; 22 août 1822, Roger.

21. — Et l'on peut encore considérer comme reconnaissant ce principe, l'arrêt qui juge que, de ce que sur une accusation principale de complot et d'attentat contre la sûreté de l'état il aurait été posé au jury une question à l'effet de savoir si, pour parvenir à l'exécution de ce complot, l'accusé n'aurait pas embauché des hommes, il ne peut résulter aucune violation des règles de compétence qui attribuent exclusivement aux tribunaux militaires la connaissance du crime d'embauchage. — *Cass.*, 3 oct. 1822, Berton.

22. — Mais cette jurisprudence a cessé d'être en vigueur, et, sur les conclusions conformes de M. le procureur général Dupin, la cour de Cassation a formellement décidé que « les prévenus, non militaires, du crime d'embauchage ne sont justiciables que des tribunaux ordinaires et non des conseils de guerre. — *Cass.*, 2 avr. 1831, Mazas; 17 juin 1831, Vicentino; 21 oct. 1831, Thomas. — Conf. Carnot, sur l'art. 5, C. pén., t. 1er, p. 32 et suiv., no 14 et suiv.; Legraverend, *Tr. de législ. crim.*, t. 2, p. 661.

23. — Est-il vrai, comme le prétendent MM. Chauveau et Hélie (*Th. C. pén.*, t. 1er, p. 72), que par ce changement de jurisprudence la cour de Cassation « *ait renversé la loi* parce qu'elle était injuste. » et qu'elle « se soit investie d'un *pouvoir presque législatif* pour réédifier un principe que la législation avait méconnu? » Nous ne pensons pas que la cour de Cassation ait donné ce funeste exemple, et il nous semble au contraire que la nouvelle jurisprudence n'est autre chose qu'un retour à des principes trop long-temps méconnus, et une application plus saine de la loi substituée à une application vicieuse.

24. — Il est difficile, en effet, de méconnaître que la loi du 13 brum. an V, en ce qui concerne la compétence en matière d'embauchage a été abrogée tant par la loi du 18 pluv. an IX que par le décret du 17 messid. an XII, dont l'art. 11 porte formellement, « qu'à partir de la publication du présent décret les conseils de guerre permanens *cesseront* de connaître des crimes d'embauchage et d'espionnage. » Or, comme le dit Merlin (*Rép.*, vo *Embauchage*, no 3), les tribunaux d'exception n'héritent pas les uns des autres par voie de retour. Une fois dépouillés ils ne peuvent plus être ressaisis que par une loi nouvelle, d'où il résulte qu'aucune loi depuis la Charte n'ayant consacré de nouveau la compétence exceptionnelle créée par la loi de l'an V, on est nécessairement revenu de plein droit à la loi du 22 messid. an IV, d'après laquelle tout individu qui ne fait pas partie de l'armée ne peut jamais être traduit comme prévenu devant les juges militaires. — V. sur ce dernier principe DÉLIT MILITAIRE.

25. — L'embauchage est un crime : celui qui en est accusé doit être traduit devant le jury, et, bien qu'il soit réprimé par une loi spéciale, la question relative aux circonstances atténuantes doit être posée. — C'est ce qui a été jugé formellement en matière de provocation à la désertion, et les principes sont ici les mêmes. — V. CIRCONSTANCES ATTÉNUANTES, nos 131 et suiv.

## EMBAUCHAGE D'OUVRIERS.

1. — L'art. 417, C. pén., punit d'un emprisonnement de six mois à deux ans et d'une amende de 50 fr. à 300 fr. quiconque, *dans la vue de nuire à l'industrie française*, aura fait passer en pays étranger des directeurs, commis ou des ouvriers d'un établissement français.

2. — L'exposé des motifs explique ainsi l'objet de cette disposition : « si chacun doit être libre de faire valoir son industrie et ses talens, partout où il croit pouvoir en retirer plus d'avantages, il convient de punir celui qui débauche les hommes nécessaires à un établissement, non pas, pour procurer à ces hommes un plus grand bien souvent incertain, mais pour assurer la ruine de l'établissement même. Ces actes de méchanceté sont punis de peines correctionnelles. »

3. — C'est donc l'intention de nuire à une industrie quelconque, et la fraude qui se manifeste par l'embauchage des ouvriers d'une fabrique, qui constituent le délit. Autrement et en l'absence de cette intention et de cette fraude, il est permis au fabricant français de fonder un établissement à l'étranger et d'y faire passer ses ouvriers. — Chauveau et Hélie, *Th. C. pén.*, t. 7, p. 454.

4. — En outre, pour que le délit existe, il faut que l'agent ait *fait passer* à l'étranger des directeurs, commis ou ouvriers d'un établissement français. Il ne suffirait pas qu'il en eût eu l'intention, et qu'il eût engagé ces directeurs, commis, etc. à y passer : « Il est nécessaire, disent les auteurs précités, non seulement que les conventions aient été consenties, mais suivies d'exécution. » — La loi ne punit pas, en effet la tentative d'embauchage, en pareil cas. — V. aussi Carnot, 2e édit., t. 2, art. 417, no 2, p. 416 et 417.

5. — Carnot (p. 417, no 3, t. 2) enseigne qu'il faut aussi, pour que le délit existe, que l'embauchage ait eu lieu dans l'intention de nuire *à l'industrie française*, et qu'il n'existerait pas si l'on avait agi uniquement dans la vue de nuire à un *simple établissement français*, « car, dit-il, c'est de l'industrie française considérée sous ses rapports généraux que le Code s'occupe, et non pas de quelques intérêts individuels. »

6. — Il est vrai que le projet primitif du Code portait ces mots : quiconque dans la vue de nuire à un établissement français, et qu'ils furent supprimés, sans observation, et remplacés par ceux-ci, « *industrie française*; » mais, selon les auteurs de la *Th. C. pén.*, (t. 7, p. 453), la restriction indiquée par Carnot est trop absolue : « En effet, disent-ils, les rapports entre l'intérêt général de l'industrie et l'intérêt d'un établissement industriel sont trop intimes pour qu'il soit facile de les distinguer. En voulant nuire à un seul établissement, on peut porter préjudice à l'industrie qu'il exploite, et cela doit même arriver dans le cas d'embauchage d'ouvriers à l'étranger, puisque cet embauchage prive de ses instrumens l'atelier auquel ils étaient attachés, et élève une concurrence à l'industrie elle-même en la faisant fleurir sur le sol étranger. Cette interprétation est confirmée par les paroles de l'exposé des motifs. » — V. *suprà* no 2.

7. — « D'ailleurs, ajoutent les mêmes auteurs, si l'on n'admettait pas que le préjudice porté à un seul établissement peut fonder la poursuite, il s'ensuivrait que le propriétaire de l'établissement lésé ne pourrait porter plainte et se constituer partie civile, puisque le préjudice qu'il aurait éprouvé ne suffirait pas pour constituer le délit. — Or, comment le priver d'un droit que la loi accorde à toute partie lésée par un fait prévu dans la loi pénale, lorsque aucune exception ne résulte de ses dispositions. — Ce point fut, au reste, positivement éclairé dans les discussions du conseil d'état. M. de Cessac demanda si on entendait priver la personne lésée de dommages-intérêts. M. Treilhard répondit que la réparation civile était de droit. » — Procès-verbaux du cons. d'état, séance du 3 déc. 1808.

8. — L'embauchage serait punissable alors même qu'en réalité il n'aurait pas nui à l'industrie française, car ce n'est pas le résultat qui constitue le délit, mais l'intention. — Carnot, p. 417, no 4.

9. — Les juges sont nécessairement souverains appréciateurs de l'intention qui a présidé à l'embauchage.

10. — Il importerait donc peu que l'ouvrier embauché eût quitté, depuis quelque temps seulement, l'établissement. Selon les circonstances, le délit pourrait exister en ce cas. — Carnot, p. 417, no 8.

11. — Quant aux directeurs, commis ou ouvriers embauchés, ils ne sont passibles d'aucune peine. « En effet, ils ne font que céder à l'appât d'un salaire plus élevé; ils ne se rendent coupables d'aucune fraude. — Chauveau et Hélie, *Th. C. pén.*, t. 7, p. 455. »

## EMBAUCHOIRS (Faiseurs d').

Patentables de septième classe; — droit fixe basé sur la population, et droit proportionnel du quarantième de la valeur locative de tous les locaux des patentables, mais seulement dans les communes de 20,000 âmes et au-dessus. — V. PATENTE.

## EMBLÈME.

1. — On doit entendre par emblème un objet, et le plus souvent un objet d'art, accompagné de sentences ou d'allusions et représentant une idée ou une chose dans un sens symbolique.

2. — Parmi les productions de l'esprit ou de l'art qui, aux termes de l'art. 20, L. 9 sept. 1835, ne peuvent être publiées, exposées ou mises en vente sans autorisation préalable, figurent les emblèmes de quelque nature ou espèce qu'ils soient.

3. — Un emblème peut donc être publié sous forme de dessin, de gravure, de médailles, de statuettes, etc.; et toujours la publication doit être précédée d'une autorisation préalable du ministre de l'intérieur à Paris et des préfets dans les départemens. Les formes dans lesquelles l'autorisation doit être demandée et obtenue sont déterminées par l'ordonnance royale du 9 sept. 1835, qui se réfère à la loi du même jour.

4. — Toutes les observations qui se rattachent à la police des dessins, gravures, etc., s'appliquent aux emblèmes. Nous en avons traité d'une manière complète sous le mot DESSINS.

5. — L'autorisation de publier donnée par le ministre de l'intérieur ou le préfet n'affranchit pas le publicateur de la responsabilité de sa publication. Ainsi, bien qu'autorisés, les emblèmes peuvent être incriminés comme contenant des infractions prévues par la législation spéciale à la presse. — V. L. 17 mai 1819, art. 1 et 3, et DÉLITS DE PRESSE ET DE PUBLICATION.

6. — Il est même une infraction de publication distincte qui peut se commettre spécialement à l'aide de symboles ou emblèmes. — L'art. 9, L. 25

mars 1822, punit d'un emprisonnement de quinze jours à deux ans et d'une amende de 100 fr. à 4,000 fr. « l'exposition dans les lieux ou réunions publics, la distribution ou la mise en vente de tous les signes ou symboles destinés à propager l'esprit de rébellion ou à troubler la paix publique. »

7.—Nous avons indiqué, sous le mot DÉLITS DE PRESSE ET DE PUBLICATION (nos 44 et suiv.), ce qu'il fallait entendre par *lieux ou réunions publics*. Il semble résulter du texte qui précède qu'à la différence des cas prévus par l'art. 1er, L. 17 mai 1819, la distribution et la mise en vente de signes ou symboles séditieux n'ont pas besoin d'être publiques pour être punissables. Dans ces deux hypothèses, l'infraction n'est pas, à proprement parler, un délit de publication, et si la loi du 8 oct. 1830 ne l'eût pas qualifiée *délit politique*, la juridiction correctionnelle en connaîtrait. L'*exposition* seule doit être publique pour constituer un délit. —De Grattier, *Comm. sur les lois de la presse*, t. 2, p. 96, no 6.—V. DÉLITS POLITIQUES.

8.— L'exposition de signes séditieux dans l'intérieur d'une maison n'a pas le caractère de publicité exigé par l'art. 9.— 22 sept. 1832, Debourg.

9.—Mais si l'exposition a eu lieu sur le toit d'une maison dans un lieu apparent, elle doit être réputée publique. Spécialement une girouette surmontée de fleurs de lis est un signe ou symbole destiné à propager l'esprit de rébellion.— Même arrêt.

10.— Les infractions prévues par l'art, 9, L. 25 mars 1822 étant de véritables délits, et non de simples contraventions, c'est avec raison qu'il a été jugé que l'exposition dans un lieu public d'un emblème séditieux ne constitue un délit punissable qu'autant qu'elle a été faite dans une intention coupable.— *Cass.*, 16 janv. 1830. Rommel.

11.— Conformément à la distinction que nous venons d'indiquer, la cour de Cassation décide que la distribution ou la mise en vente de signes ou symboles destinés à propager l'esprit de rébellion ou à troubler la paix publique, constituent le délit prévu par l'art. 9, L. 25 mars 1822, quoiqu'elles n'aient pas été précédées d'une exposition publique, et qu'elles n'aient pas eu lieu publiquement mais dans le magasin d'une boutique. — *Cass.*, 16 août 1833 , Alex. Léon et autres.

12.— On a considéré l'envoi dans un journal d'une gravure représentant Henri V, comme constituant le délit de distribution de signes ou symboles destinés à propager l'esprit de rébellion. — *Cass.*, 22 fév. 1834, Coulanges (aff. de la *Gazette du Bas-Languedoc*).

13.— Du reste la question de savoir si une gravure doit être considérée comme un signe ou symbole destiné à propager l'esprit de rébellion ou à troubler la paix publique est une question de fait et non de droit. — Même arrêt.

14.—Jugé qu'on ne peut comparer à l'exposition de gravures séditieuses la mise en vente de gravures se rattachant à la vie d'un homme décédé, et qui est sans cesse reproduite par les historiens, sans qu'aucune poursuite soit exercée contre eux. — (Rés. par la cour royale seulement.) —*Cass.*, 28 déc. 1827, Priston.

15.— L'arrêt qui prononcerait une condamnation pour l'exposition publique d'emblèmes séditieux doit prononcer la confiscation et ordonner la destruction de ceux de ces objets qui ont été saisis ou qui pourraient l'être par la suite.—L. 26 mai 1819. art. 26.

## ÉMENDER.

Vieux terme de pratique, qui est encore assez fréquemment usité par les cours royales dans leurs arrêts pour exprimer l'action de réformer, de corriger les jugemens dont l'appel leur est déféré.— V. APPEL.

## ÉMÉRI ET ROUGE A POLIR (Marchands d').

Patentables de huitième classe;—droit fixe basé sur la population, et droit proportionnel du quarantième de la valeur locative de tous les locaux qu'ils occupent, mais seulement dans les communes de 20,000 âmes et au-dessus. — V. PATENTE.

## ÉMEUTE.

V. ASSURANCES TERRESTRES, ATTENTAT, ATTROUPEMENS, MOUVEMENT INSURRECTIONNEL, RÉBELLION.

## ÉMIGRÉS.

### Table alphabétique.

**ÉMIGRÉS. — 1.** — Le mot *émigré*, dans son sens le plus général, s'applique à toute personne qui a quitté son pays pour se fixer dans un autre. — Mais à différentes époques des raisons politiques ayant fait défendre les émigrations, la qualification d'émigré a été donnée, dans un sens plus restreint, seulement à ceux qui avaient abandonné leur patrie sans l'autorisation du souverain. — Aujourd'hui on désigne spécialement par le mot *émigrés* ceux qui ont quitté le territoire français et se sont retirés à l'étranger par suite de la révolution de 1789.

## Sect. 1ʳᵉ. — *Historique et législation.*

**2.** — Pour présenter d'une manière complète l'historique de la législation sur les émigrés, il faudrait analyser les dispositions de 304 lois, décrets et autres actes émanés du pouvoir législatif, il faudrait rappeler les circonstances politiques qui ont donné naissance à chacun d'eux, il faudrait par conséquent faire l'histoire de l'émigration, c'est-à-dire faire presque l'histoire de la révolution française. On comprend qu'une matière aussi vaste ne peut entrer dans le cadre que nous nous sommes tracé, et pour n'en pas sortir, nous sommes forcés de nous borner à indiquer les phases principales de cette législation spéciale.

— Dès l'année 1790, les émigrations furent si nombreuses qu'elles éveillèrent l'attention du gouvernement. Bientôt elles prirent un caractère alarmant, et des mesures furent proposées pour les prévenir; mais les efforts de Mirabeau, qui réclamait comme un des droits les plus sacrés de l'homme la liberté d'aller et de venir, qui déclarait tyrannique toute loi qui violerait ce droit, et qui jurait de désobéir à cette loi si elle était portée, firent ajourner la discussion. — Décr. 25 et 28 fév. 1791.

**4.** — L'ajournement ne devait pas être de longue durée. Les émigrés s'étaient rassemblés sur la frontière autour du prince de Condé. Un décret du 13 (14 et)-15 juin 1791 enjoignit au prince de rentrer en France dans les quinze jours de la notification qui lui serait faite ou de s'éloigner des frontières avec serment de ne rien entreprendre contre la constitution et la tranquillité de l'état. Faute par lui d'obéir à cette injonction, il était déclaré rebelle et déchu de tous droits à la couronne, et ses biens devaient être séquestrés. Dans le cas où il se présenterait en armes sur le territoire, il était enjoint à tous citoyens de lui courir sus et de se saisir de sa personne. Enfin on déclarait traitre à la patrie quiconque correspondrait ou communiquerait avec lui ou ses adhérens.

**5.** — Ce n'était encore là qu'une mesure particulière; mais une circonstance nouvelle, la fuite de la famille royale, vint quelques jours après provoquer une mesure générale, et l'assemblée entra dès-lors dans une voie où elle avait jusque-là refusé de s'engager.

**6.** — Le décret du 21 juin 1791 ordonna au ministre de l'intérieur d'expédier à l'instant des courriers dans tous les départemens avec ordre à tous fonctionnaires publics, gardes nationaux ou troupes de ligne d'arrêter ou faire arrêter toutes personnes quelconques sortant du royaume, comme aussi d'empêcher toute sortie d'effets, armes et munitions, ou espèces d'or et d'argent, chevaux, voitures, etc. Et dans le cas où lesdits courriers joindraient quelques individus de la famille royale et ceux qui auraient pu concourir à leur enlèvement, lesdits fonctionnaires publics, gardes nationaux et troupes de ligne devaient prendre toutes les mesures nécessaires pour arrêter ledit enlèvement et les empêcher de continuer leur route.

**7.** — Des exceptions furent établies en faveur des étrangers et des négocians français, mais à la condition de se munir d'un passeport délivré par les autorités françaises. — Décr. 28-29 juin 1791.

**8.** — Ce n'était pas assez de prévenir les émigrations pour l'avenir: l'assemblée constituante voulut forcer à rentrer en France ceux qui déjà avaient émigré. En conséquence, par un décret du 9 juill. suivant, elle soumit à une triple imposition, par addition au rôle de 94, tout Français hors du royaume qui ne rentrerait pas dans le délai d'un mois, sauf à prendre en cas d'invasion des mesures ultérieures telles que les circonstances pourraient l'exiger, et par celui du 1ᵉʳ-8 août suivant elle mit sous la sauvegarde de la loi ceux qui rentreraient dans le mois, tout en prenant de nouvelles précautions et en prescrivant des nouvelles formalités pour la délivrance des congés ou permissions de s'absenter.

**9.** — Cependant la constitution avait été solennellement acceptée par le roi. On pouvait espérer qu'elle ramènerait l'union entre tous les partis, et l'assemblée constituante posa dans le décret du 14-15 sept. 1791 les principes généraux de l'amnistie. Le décret du 1ᵉʳ août fut révoqué, et l'on décida qu'il ne serait plus exigé aucune permission ou passeport dont l'usage avait été momentanément établi, et que, conformément à la constitution, il ne serait plus apporté aucun obstacle au droit de tout citoyen français de voyager librement dans le royaume et d'en sortir à volonté.

**10.** — Le roi lui-même, par une proclamation du 14 octobre, invita les émigrés à rentrer, et même déclara le leur ordonner au besoin.

**11.** — Cependant le mal était peu complètement entendu, l'assemblée législative, qui avait succédé à la constituante, en prit de l'ombrage, et elle crut devoir recourir à des mesures énergiques. En conséquence elle vota, à la date du 9 nov. 1791, un décret qui déclarait dès ce moment suspects de conjuration contre la patrie les Français rassemblés au-delà des frontières du royaume.

**12.** — Ce même décret ordonnait de poursuivre comme coupables de conjuration et de punir de mort: 1° tout Français qui serait encore en état de rassemblement au 1ᵉʳ janv. suivant (art. 2); 2° les princes français et tous fonctionnaires publics, civils et militaires qui seraient encore au même époque (art. 3); 3° tout Français

qui, hors du royaume, embaucherait et enrôlerait des individus pour qu'ils se rendissent aux rassemblemens sus-énoncés

**13.** — Les officiers militaires qui abandonnaient leurs fonctions sans congé ou sans démission acceptée devaient être considérés comme déserteurs. — Les fonctionnaires publics absens depuis l'amnistie, sans cause légitime, étaient déclarés déchus de leurs places et traitemens et de leurs droits de citoyen actif. — Art. 8 et 9.

**14.** — Il en était de même des officiers-généraux, officiers, sous-officiers et soldats, soit de ligne, soit de gardes nationales, en garnison sur les frontières, qui les auraient dépassées même momentanément et sous quelque prétexte que ce pût être. — Art. 10.

**15.** — Enfin les revenus, pensions et traitemens des princes français et ceux des conjurés condamnés par contumace devaient être séquestrés sans préjudice des droits des femmes, enfans et créanciers légitimes.

**16.** — Le roi, usant de la faculté que lui donnait l'acte constitutionnel, refusa sa sanction à ce décret. Puis le lendemain même de ce refus (12 nov.), il adressa une nouvelle proclamation aux émigrés; mais cette proclamation ne put empêcher qu'on ne considérât le *veto* comme une preuve des intelligences secrètes qu'on prétendait exister entre la cour et ceux qu'on avait voulu frapper.

**17.** — L'assemblée législative elle-même parut partager ces soupçons. Sur le rapport de son comité diplomatique, elle rendit un décret par lequel elle ordonnait que des représentations seraient faites au roi en son nom pour qu'il protestât énergiquement auprès des cercles du haut et du bas Rhin, des électeurs de Trèves, Mayence et autres princes d'Allemagne contre les rassemblemens qu'ils toléraient sur leur territoire (29 nov.).

**18.** — Presque en même temps (1ᵉʳ janv. 1792) et comme pour protester contre le *veto* opposé au décret du 9 nov., l'assemblée mettait en accusation Monsieur, frère du roi, le comte d'Artois, le prince de Condé, Calonne, Mirabeau jeune et le comte de Laqueuille, comme prévenus d'hostilités contre la France. On sait qu'un décret d'accusation n'était pas soumis à la sanction royale.

**19.** — Bientôt après (9 fév. 1792), l'assemblée reprenant en partie son décret du 9 nov., décréta que les biens des émigrés seraient mis sous la main de la nation et sous la surveillance des corps administratifs. Elle motiva sa décision sur la nécessité d'assurer à la nation l'indemnité qui lui était due pour les frais extraordinaires occasionnés par la conduite des émigrés et de prendre les mesures nécessaires pour les empêcher de nuire à la patrie, et le roi ne refusa pas sa sanction.

**20.** — Le principe du séquestre une fois admis, il s'agissait d'en régulariser l'application. Tel fut l'objet du décret du 30 mars-8 avr. 1792.

**21.** — Mais le séquestre lui-même fut bientôt regardé comme une mesure insuffisante, et le 27 juillet l'assemblée nationale décréta la confiscation et la vente, au profit de la nation, de tous les biens mobiliers et immobiliers des émigrés.

**22.** — En même temps (28-29 juillet) on décida qu'il ne pourrait plus être délivré de passeports à aucun citoyen, pour sortir du royaume, jusqu'à ce que l'assemblée eût déclaré que la patrie n'était plus en danger. Les passeports accordés jusqu'alors et dont il n'avait pas encore été fait usage, furent déclarés nuls, sauf quelques exceptions nécessaires. Les individus sortis du royaume sans passeports ou avec des passeports pris sous des noms supposés, furent réputés émigrés.

**23.** — Ces décrets indiquaient assez que le pouvoir royal n'existait plus en fait. Bientôt la royauté elle-même disparut dans la tempête révolutionnaire, et le régime de la terreur dirigea contre les émigrés ses rigueurs les plus grandes.

**24.** — Alors se succédèrent, avec une incroyable rapidité, ces nombreux décrets qui avaient pour but d'enlever aux émigrés non seulement leurs ressources actuelles, mais même celles qui n'existaient encore qu'en espérance.

**25.** — Ainsi, tous les biens, meubles et immeubles, pensions, rentes, créances, fermages, droits successifs, droits sociaux et indivis, tout était saisi, vendu ou employé au profit de la nation; et pour que rien n'échappât à la confiscation, on récompensait ceux qui faisaient connaître des biens d'émigrés non frappés de séquestre (28 mars et 12 juill. 1793), en même temps qu'on prononçait des peines sévères contre ceux qui auraient recélé des biens soumis à la confiscation, ou qui auraient aidé à les y soustraire.

**26.** — Le séquestre s'étendit même sur les biens des parens d'émigrés. On établit les partages de

présuccession dans lesquels les parts revenant aux enfans émigrés étaient attribuées à la république. — 9 flor. an III.

27. — On ne se bornait pas à atteindre les biens, on frappait les personnes. Avant même que les décrets des 9 fév. 1792, 27 brum. et 16 frim. an II, et 26 flor. an III, eussent fait connaître à quels caractères on pouvait distinguer l'émigration de l'absence licite, une série de lois pénales avait prononcé contre les émigrés et contre leurs complices le bannissement ou la mort, indépendamment de la mort civile.

28. — Leurs parens eux-mêmes étaient privés de la liberté (15 août 1792), frappés d'impositions spéciales (9 et 12 sept. même année), déclarés incapables d'exercer des fonctions publiques. — 5e compl. an III.

29. — A la vérité, les droits des tiers étaient respectés, mais alors seulement qu'ils se présentaient dans des conditions telles que leur sincérité ne pût être suspectée.

30. — La législation conserva ce caractère jusqu'en l'an IV; mais alors elle commença à s'adoucir sensiblement. Un instant encore, il est vrai, lors de la conjuration royale de fructidor an V, elle s'arma de toutes ses rigueurs; mais aussitôt le danger passé elle tendit de nouveau vers la clémence, et prépara lentement, avec prudence et sagesse, la grande mesure par laquelle le consulat s'efforça de consolider la paix intérieure, de rallier tous les Français, et de faire oublier les maux inséparables d'une longue révolution.

31. — L'amnistie fut proclamée par le sénatus-consulte du 6 flor. an X. Elle s'appliquait à tous les prévenus d'émigration, mais elle ne leur profitait qu'après l'accomplissement de certaines conditions tranquillisantes pour la sûreté publique. Elle maintenait les droits des tiers qui avaient traité avec la république, mais elle restituait les biens confisqués qui pouvaient se trouver encore entre les mains de la nation, sauf quelques exceptions.

32. — Le gouvernement de la restauration commença par abolir toutes les inscriptions que le sénatus-consulte du 6 flor. an X avait pu laisser subsister sur les listes d'émigrés. Il assura à tous les Français qui auraient été ou seraient encore inscrits sur lesdites listes la jouissance des droits politiques et des droits civils attachés à la qualité de citoyen, sous la réserve expresse des droits acquis à des tiers et sans y préjudicier.

33. — L'ordonnance royale du 20 août 1814, qui contenait ces dispositions et qui les plaçait, pour ainsi dire, sous l'égide de la charte elle-même, annonçait en même temps la présentation d'un projet de loi sur la restitution des biens non vendus.

34. — En effet, la loi du 6 déc. 1814 vint effacer les exceptions établies par le sénatus-consulte de l'an X, relativement à certaines espèces de biens.

35. — Survinrent les cent jours; la réaction fut violente. Trois décrets du 13 mars 1815 abrogèrent l'ordonnance et la loi de 1814, ordonnèrent l'expulsion des émigrés et le séquestre de leurs biens. Mais ces décrets furent considérés comme non avenus lors du second retour des Bourbons.

36. — Plus tard se présenta la question d'indemnité, et, avec le concours des chambres, parut la loi du 27 avr. 1825, qui affecta à cette indemnité trente millions de rente au capital d'un milliard.

37. — Cette loi et l'ordonnance du 1er mai 1825, qui en règle l'application, avaient presque reçu leur pleine et entière exécution lorsqu'éclata la révolution de 1830. Cet événement réagit sur la loi de 1825. Une loi du 5 janvier 1831 ordonna la restitution à l'état du fonds commun de l'indemnité, et vint, avec les lois du 21 avr. 1832 et 14 juin 1835 clore cette longue série d'actes législatifs sur une matière qui n'a plus guère aujourd'hui d'autre intérêt qu'un intérêt historique.

## Sect. 2e. — *Quelles personnes sont considérées par la loi comme étant en état d'émigration.*

38. — Ont été réputés émigrés : 1° tout Français de l'un et de l'autre sexe qui, ayant quitté le territoire de la république depuis le 1er juill. 1789, n'aurait pas justifié de sa rentrée en France dans le mois de la promulgation du décret du 30 mars-8 avr. 1792. — Décr. 28 mars 1793, art. 6; 25 brum. an III, art. 1er.

39. — ... 2° Tout Français de l'un et de l'autre sexe, absent du lieu de son domicile et ne pouvant justifier, dans les formes prescrites par les décrets des 28 mars 1793 et 25 brum. an III, d'une résidence en France, non interrompue depuis le 9 mai 1792. — Mêmes décrets et mêmes articles.



40. — ... 3° Tout Français de l'un et de l'autre sexe qui, quoique actuellement présent, s'était absenté du lieu de son domicile, et ne justifie pas d'une résidence en France sans interruption depuis le 9 mai 1792. — Mêmes articles.

41. — ...4° Ceux qui, sans passeports ou en vertu de passeports pris sous des noms supposés, seraient convaincus d'être sortis du territoire français. — Décr. 28 juill. 1792, art. 5; et 28 mars 1793, art 6.

42. — ...5° Tout agent du gouvernement qui, ayant été chargé d'une mission auprès des puissances étrangères, ne serait pas rentré en France dans les trois mois du jour de son rappel notifié. — Décr. 28 mars 1793, art. 6; et 28 brum. an III, art. 1er.

43. — ...6° Tout Français de l'un et de l'autre sexe qui, durant l'invasion faite par les armées étrangères, aurait quitté le territoire français non envahi pour résider sur le territoire occupé par l'ennemi. — Même décr.; décr. 25 pluv. an VI, art. 3.

44. — ...7° Ceux qui, quoique en pays étranger, avaient exercé les droits de citoyen en France, ou qui, ayant un double domicile, savoir, un en France et l'autre en pays étranger, ne justifiaient pas d'une résidence sans interruption en France depuis le 9 mai 1792. — Mêmes décrets.

45. — On ne pouvait opposer comme excuse ou prétexte d'absence la résidence à Malte ou sur le territoire de Bouillon, Monaco et autres lieux, qui, quoique limitrophes ou alliés par des traités et relations commerciales, ne faisaient pas partie intégrante de la France. A l'égard de la résidence dans les pays soumis à la république, elle ne pouvait être opposée comme excuse pour le temps antérieur à la réunion proclamée. — Mêmes décrets.

46. — .. 8° Ceux qui, n'étant pas compris dans les exceptions déterminées par la loi du 25 brum. an III, étaient sortis de l'île de Corse, et passés en pays étranger dans l'intervalle du 15 juill. 1789 à l'invasion des Anglais, sans qu'à cet égard il y eût aucune distinction à faire entre ceux qui, avant ou depuis cette époque, avaient été ou non inscrits, soit sur les listes particulières des émigrés des départemens du Golo et du Liamone, soit sur la liste générale des émigrés de toute la république. — Décr. 25 pluv. an VI, art. 4.

47. — ...9° Ceux qui, après l'invasion des Anglais, étaient sortis de l'île de Corse, soit pour porter la couronne de Corse à Londres, soit pour remplir une mission quelconque auprès du gouvernement britannique, soit pour remplir partout ailleurs une mission quelconque de ce gouvernement ou de ses agens. — Même article.

48. — ...10° Ceux qui avaient suivi les Anglais lors de leur expulsion de l'île de Corse, avant ou après l'arrivée des troupes républicaines, soit qu'ils se fussent rendus avec eux à Porto-Ferrajo, soit partout ailleurs. — Même article.

49. — ... 11° Les réquisitionnaires et conscrits qui s'étaient retirés en pays étranger. — Décr. 27 vendém. an VII.

50. — ... 12° Ceux qui avaient porté les armes contre la France. — Arr. 28 vendém. an IX, art. 3.

51. — ...13° Ceux qui, depuis le départ des ci-devant princes français, avaient continué à faire partie de leur maison civile et militaire. — Même article.

52. — ...14° Ceux qui avaient accepté des ci-devant princes français ou des puissances en guerre avec la France des places de ministres, d'ambassadeurs, de négociateurs et d'agens. — Même article.

53. — ...15° Ceux qui avaient été maintenus sur les listes par le gouvernement, d'après le travail de la commission établie en exécution de l'arrêté du 7 vent. an VIII. — Même article.

54. — .. 16° Ceux qui n'avaient pas réclamé avant le 4 niv. an VIII, ainsi qu'il était prescrit par la loi du 12 vent. an VIII, et par l'arrêté du 7 du même mois, à moins qu'ils ne se fussent trouvés dans l'une des exceptions prévues par l'arrêté du 28 vendém. an IX. — Même article.

55. — Le décret du 26 flor. an III réputait émigrés tous ceux qui, jusqu'au dit jour 26 flor., n'avaient point réclamé contre leur inscription sur les listes. — Art. 3.

56. — La mise en activité de l'acte constitutionnel de l'an VIII n'a rien changé à l'état de ceux qui étaient considérés comme émigrés à cette époque. En conséquence, les lois sur l'émigration sont restées applicables : 1° à ceux qui, inscrits sur les listes d'émigrés avant le 4 niv. an VIII, n'étaient pas encore définitivement rayés à cette époque; 2° à ceux contre lesquels il existait, à la même époque, des arrêtés, soit du directoire exécutif, soit des administrations centrales, qui ordonnaient l'inscription de leurs noms sur la liste des émigrés, pourvu que lesdits arrêtés aient été



publiés ou suivis du séquestre ou de la vente des biens. — L. 12 vent. an VIII, art. 1er et 2.

57. — Mais tout individu qui ne se serait absenté de France que depuis le 4 niv. an VIII, époque de la mise en activité de l'acte constitutionnel, n'a pu être réputé émigré. — L. 12 vent. an VIII, art. 3.

58. — De même, les marins et ouvriers soumis à l'inscription maritime qui avaient été portés sur les listes d'émigrés et qui sont rentrés en France avant le 1er germin. an XII, ont cessé d'être considérés comme émigrés. — Décr. 28 germin. an II, art. 1er.

59. — En outre, n'ont pas été réputés émigrés : 1° les enfans de l'un et de l'autre sexe qui, au jour de la promulgation du décret du 28 mars 1793, n'étaient pas âgés de quatorze ans, pourvu qu'ils n'aient pas été convaincus d'avoir porté les armes contre la patrie, et à la charge de rentrer en France dans trois mois à partir du même jour, et d'y résider. Le délai n'a couru pour les enfans au-dessous de dix ans qu'à compter du jour où ils ont atteint dix ans accomplis, et pour ceux âgés de dix ans et au-dessus, à compter du jour de la promulgation dudit décret. — Décr. 28 mars 1793, art. 7; décr. 25 brum. an III, art. 2.

60. — ...2° Les bannis à temps. — Mêmes articles.

61. — ... 3° Ceux qui ont été nominativement déportés en exécution du décret du 26 août 1792, ou par l'effet des arrêtés des corps administratifs, sans déroger néanmoins audit décret ni auxdits arrêtés, en ce qui concerne la déportation ou les peines prononcées contre les déportés. — Mêmes articles.

62. — ... 4° Ceux dont l'absence était antérieure au 1er juill. 1789, pourvu que, dans le cas où ils seraient rentrés depuis ladite époque, ils ne soient pas ressortis du territoire de la république, et encore pourvu qu'ils ne se soient pas retirés depuis les hostilités commencées sur le territoire des puissances en guerre contre la France. — Toutefois ceux qui, étant sortis de France avant le 1er juill. 1789, n'ont point habité d'autre territoire que celui des puissances en guerre contre la France, n'ont pu se prévaloir de l'exception précédente, s'ils se sont retirés dans les électorats et évêchés du Rhin, dans les cercles intérieurs de l'empire, ou dans le cercle de Bourgogne. — En outre, l'exception ci-dessus n'a pu être invoquée par les ambassadeurs et autres fonctionnaires publics chargés de missions du gouvernement hors du territoire de la république, quoiqu'ils aient été rappelés avant le 1er juill. 1789. — Mêmes articles.

63. — ... 5° Ceux qui tenaient de la nation une mission vérifiée par le pouvoir exécutif national existant lors du décret du 28 mars 1793, leurs épouses, frères, mères, enfans et domestiques, sans que ces derniers puissent être admis au-delà du nombre que chacun de ces fonctionnaires employait ordinairement, et encore à la condition que leur état de domesticité soit antérieur à leur départ. — Mêmes articles.

64. — ... 6° Les négocians, leurs facteurs et les ouvriers notoirement connus pour être dans l'usage de faire, en raison de leur commerce ou de leur profession, des voyages chez l'étranger, et qui en justifieraient par des certificats authentiques des conseils généraux des communes de leur résidence, visés par les directoires de district et vérifiés par les directoires de département; les épouses et enfans desdits négocians demeurant avec eux, leurs commis et leurs domestiques, dans le nombre que chacun d'eux en emploie habituellement, à la charge par ceux qui sont sortis de France depuis le décret du 9 fév. 1792, de justifier des passeports dans lesquels les épouses, enfans, commis et domestiques auront été dénommés et signalés. — Mêmes articles.

65. — ...7° Les Français qui n'ayant aucune fonction publique, civile ou militaire, justifieraient s'être livrés à l'étude des sciences, arts et métiers, avoir été notoirement connus avant leur départ pour s'être consacrés exclusivement à ces études, et ne s'être absentés que pour acquérir de nouvelles connaissances dans leur état. — N'ont pas été compris dans cette exception ceux qui n'avaient cultivé les sciences et les arts que comme amateurs, ni ceux qui, ayant quelque autre état, ne faisaient pas leur profession unique de l'étude des sciences et arts, à moins que, par des arrêtés des conseils généraux des communes de leur résidence, visés et vérifiés par les directoires de district et de département, antérieurs au 10 août 1792, ils n'eussent été reconnus être dans l'exception portée par l'art. 6, décr. 30 mars-8 avr. 1792, en faveur des sciences et des arts. — Mêmes art.

66. — ... 8° Les enfans que leurs parens, leurs tuteurs, ou ceux qui en étaient chargés, avaient envoyés en pays étranger pour apprendre le commerce ou pour leur éducation, à la charge de

fournir des certificats délivrés par les conseils généraux des communes de leur résidence, visés et vérifiés par les directoires de district et de département, constatant qu'il était notoirement connu que lesdits enfans avaient été envoyés pour le commerce ou leur éducation. — Mêmes articles.

67.—...9° Les ouvriers et laboureurs, non ex-nobles ou prêtres, travaillant habituellement de leurs mains aux ateliers, aux fabriques, aux manufactures ou à la terre, et vivant de leur travail journalier; leurs femmes et leurs enfans au-dessous de dix-huit ans, pourvu qu'ils ne soient sortis du territoire de la république que depuis le 1er mai 1793, qu'ils soient rentrés en France avant le 1er germ. an III, et que dans le mois suivant ils aient produit devant le directoire du district de leur dernière résidence une attestation de huit témoins, certifiée par le conseil général de leur commune et par le comité révolutionnaire, constatant la profession qu'ils exerçaient avant leur sortie de France, ainsi que l'époque de cette sortie. — Décr. 22 niv. an III, art. 4.

68. — Un décret du 4 germ. an II réputait émigrée toute femme ou fille d'émigré, divorcée ou non, qui aurait épousé un étranger, ou qui serait sortie du territoire de la république, ou qui aurait vendu ses biens. Mais ce décret a été abrogé par celui du 25 prair. an III.

69. — Les citoyens domiciliés dans le ci-devant comtat d'Avignon qui absens de ce pays depuis l'époque de sa réunion à la France n'étaient pas rentrés sur le territoire français dans le mois de la publication de la loi du 30 mars-8 avr. 1792, ont été considérés comme émigrés par le décret du 29 fructid. an III. — Mais ce décret a été abrogé par celui du 22 niv. an VI.

70. — Jugé qu'il n'y a point émigration dans le fait de la sortie de France, depuis le 8 mai 1792, s'il n'y a eu inscription sur la liste des émigrés ou acte administratif équivalent. —*Cass.*, 8 fév. 1810, de Roode c. de Berghes.

71. — On ne doit pas réputer émigré, encore qu'il ait quitté le territoire de France, que ses immeubles aient été saisis et qu'il ait cru devoir obtenir un certificat d'amnistie, celui qui n'a point été inscrit sur la liste des émigrés, et contre lequel il n'existe ni arrêté de séquestre, ni jugement criminel. —*Caen*, 3 fév. 1813, Montalembert c. Saint-Jean de Gresson.

72. — L'absent qui n'a été inscrit sur aucune liste et dont aucun arrêté n'a ordonné l'inscription n'a pu être réputé émigré, par cela seul que son ascendant avait fait un partage de présuccession. —*Poitiers*, 10 août 1809, Marsault-Quinteric.

73. — La simple inscription sur la liste des émigrés n'était qu'une présomption d'émigration : elle n'était considérée comme preuve de l'émigration que dans le cas où la personne inscrite n'avait point réclamé et justifié sa réclamation dans le délai prescrit, ou bien avait été définitivement maintenue sur la liste des émigrés. — *Cass.*, 27 flor. an VIII, Antoine Lafaye.

74. — A partir de la mise en activité de l'acte constitutionnel de l'an VIII, tout citoyen a pu s'absenter de France sans pouvoir être considéré comme émigré. — L. 12 vent. an VIII, art. 3.

75. — L'arrêté des consuls du 8 frim. an VIII n'a rien changé aux dispositions des lois suivant lesquelles le fait d'émigration était de la compétence administrative. — *Cass.*, 8 germ. an VIII, Couren; 10 fructid. an XII, Dasse c. Lastig; 18 pluv. an XII, Adam c. Leblanc; 23 juill. 1824, Vaudreuil c. Pauline de la Tour-d'Auvergne; 4 août 1824, de la Tour-d'Auvergne Lauraguais c. de Vaudreuil.

76. — Ainsi, c'est à l'autorité administrative seule qu'il appartient de statuer sur la question de savoir s'il y a émigration, et si une inscription sur la liste des émigrés concerne ou non une personne qui prétend y être étrangère. — *Cass.*, 10 fructid. an XII, Dasse c. Lastic.

77. — Jugé par suite de ce principe que les tribunaux sont incompétens pour prononcer sur le fait d'émigration d'un individu, si la question d'émigration est subordonnée à la question de régularité ou validité des actes administratifs invoqués pour établir l'émigration, encore que la question d'émigration soit née incidemment dans une question de succession de la compétence des tribunaux. — *Cass.*, 23 juill. 1821, Vaudreuil c. Pauline de Latour-d'Auvergne.

78. —... Et que, lors même que le fisc n'est pas intéressé à la contestation, et dans le cas, par exemple, où pour faire déclarer une personne incapable de succéder on produit des pièces constatant son émigration, mais dont la régularité et la validité sont contestées, l'autorité administrative est seule compétente pour statuer. —*Cass.*, 4 août 1824, de Latour-d'Auvergne Lauragais c. de Vaudreuil.

79. — Lorsque la validité d'un paiement fait entre les mains de l'état dépend de la question de savoir si le créancier qui réclame était ou non inscrit sur la liste des émigrés, et s'il n'y a pas eu confusion de noms et de personnes, cette dernière question étant de la compétence de l'autorité administrative, il y a lieu par les tribunaux de renvoyer préalablement devant cette autorité.—*Cass.*, 18 pluv. an XII, Adam c. Leblanc.

80. — Jugé au contraire que les tribunaux civils sont compétens pour décider si tel individu est le même que celui dont le nom est inscrit sur la liste des émigrés. — *Cass.*, 24 juin 1817, Duchailloux c. Richard.

81. — Du moins, les tribunaux peuvent, sans empiéter sur les attributions de l'autorité administrative, déclarer constant le fait d'émigration en se fondant sur les aveux consignés par une partie dans un acte de procédure. — *Cass.*, 18 mai 1835, Ménardeau c. Louisel.

82. — Dans le même sens, il a été jugé que les tribunaux civils sont compétens pour décider une question d'émigration, lorsqu'ils en sont saisis accessoirement à une contestation qui rentre dans leurs attributions, par exemple, accessoirement à une question de succession.—*Caen*, 3 fév. 1813 (et non 1812), Montalembert c. Saint-Jean de Gresson.

## Sect. 3e. — *Des listes d'émigrés.*

### § 1er. — *De la confection des listes.*

83. — La loi du 30 mars-8 avr. 1792 (art. 7, 8 et 9) avait ordonné la confection d'un état de tous les biens appartenant aux émigrés et soumis au séquestre. Celle du 12 mars 1793 (art. 2) prescrivit d'établir des listes des personnes, en même temps que des biens des émigrés.

84.—Les règles que l'administration devait suivre pour la confection et la publication de ces listes ont été tracées par les décrets des 28 mars 5 avr. 1793, art. 10 et suiv. et 72; 27-28 brum. an II; 16 frim. an II; 25 brum. an III, tit. 3; 18 pluv. an III; 17 prair. an IV, et 28 brum. an II.

### § 2. — *Des réclamations contre les listes.*

85.—C'était à celui qui prétendait avoir été inscrit à tort sur les listes d'émigrés, à justifier qu'il se trouvait dans l'une des exceptions déterminées par la loi, ou bien qu'il n'avait pas cessé de résider en France.—Décr. 28 mars 1793, art. 61.

86.—La résidence en France ne pouvait s'établir qu'au moyen de certificats délivrés dans les formes tracées par les art. 22 et suiv. du même décret, et produits dans le délai fixé par l'art. 64. — V. aussi arr. du direct. exécutif 26 fruct. an V; 20 vendém. et 25 germin. an VI, etc.

87.—Aux termes de l'art. 61, décr. 28 mars 1793, les émigrés qui n'avaient pas réclamé contre leur inscription avant que les listes en fussent arrêtées définitivement par les directoires de département, n'étaient plus admis à former aucune réclamation.

88.—Quant à ceux qui se trouvaient portés sur des listes non encore arrêtées définitivement, et à ceux qui se trouveraient portés sur les listes supplémentaires qu'on devait dresser par la suite, leurs réclamations devaient être portées devant les directoires de départemens, dans le mois qui suivrait la publication et l'affiche desdites listes dans l'arrondissement du département. — Même décr., art. 64.

89.—Cependant la loi du 28 pluv. an III autorisa le comité de législation à accorder des prorogations de délai pour produire les certificats de résidence; mais cette disposition fut abrogée par le décret du 26 flor. an III.

90.—La déchéance prononcée par cette dernière loi contre les prévenus d'émigration qui ne s'étaient pas pourvus à cette époque, n'a pu être opposée à ceux qui n'étant portés que sur des listes étrangères au département de leur domicile, ont déposé, dans les deux décades de la loi du 4 compl. an III, les pièces justificatives de leur résidence dans les bureaux du comité de législation.

91.—La loi du 4 fruct. an IV a également relevé de la déchéance qu'ils avaient pu encourir les défenseurs de la patrie.

92.—Enfin, la loi du 21 vent. an V a déclaré que la déchéance ne serait point applicable aux individus portés sur les listes d'émigrés après leur mort légalement constatée, et que leurs héritiers seraient admis à se pourvoir jusqu'au 1er vendém. an VI, pour en obtenir la radiation.

93. — La clôture des registres sur lesquels on inscrivait les réclamations des prévenus d'émigration portés sur les listes, a été ordonnée par l'arrêté du directoire exécutif du 1er vent. an V.—Mais la déchéance qui semblait devoir en résulter a été levée par différentes lois postérieures, et notamment par les arrêtés des 7 vent. et 29 messid. an VIII, dont le premier ordonna l'examen de toutes les demandes en radiation formées avant le 4 niv. an VIII, et le second, l'examen de toutes celles qui avaient été enregistrées au ministère de la police générale au 25 messid. de la même année.

94. — L'arrêté du 29 messid. an VIII déclara définitivement maintenus tous les individus inscrits sur les listes dont les réclamations n'avaient pas été enregistrées à ladite époque du 25 messid. an VIII.

95.—Sous l'empire du décret du 25 brum. an III, c'était aux directoires de district qu'il appartenait de prononcer provisoirement sur les réclamations des prévenus d'émigration, et c'était sur leurs arrêtés que le comité de législation statuait définitivement (art. 21 et 22). — La loi du 28 pluv. an IV chargea le directoire exécutif de statuer définitivement sur les demandes en radiation formées par les individus qui justifieraient avoir réclamé dans les délais et dans les formes voulues par la loi.

96. — Une exception aux règles générales a été établie par la loi du 5 vent. an IV, relativement à ceux qui avaient été exclus du corps législatif comme portés sur une liste d'émigrés. Leurs réclamations étaient portées devant le conseil des cinq-cents qui statuait sur le rapport d'une commission de cinq membres.

97. — Une autre exception a encore été introduite par l'arrêté du 11 vent. an VIII, relativement aux membres de l'assemblée constituante. Ils pouvaient demander leur radiation en présentant des attestations authentiques, constatant qu'après avoir voté pour l'établissement de l'égalité et l'abolition de la noblesse, ils n'avaient fait depuis aucune protestation ni aucun acte qui ait démenti ces principes. Leurs réclamations étaient soumises à la décision définitive des consuls, après examen préalable par une commission.

### § 3. — *De la radiation ou l'élimination et de ses effets.*

98. — Le décret du 28 vend. an IX ordonna d'éliminer des listes d'émigrés : 1° ceux qui avaient été définitivement rayés par le comité de législation de la convention nationale, la convention, le corps législatif et le directoire exécutif.—Art. 1er.

99. — ... 2° Les individus rayés provisoirement par les administrations locales à qui la loi en donnait le droit, depuis le mois d'avril 1792 jusqu'au 1er germin. an III, depuis le 1er brum. an IV jusqu'au 1er prair. an V et depuis le 1er vendém. an VI jusqu'au 4 niv. an VIII, à moins que les arrêtés de radiation n'aient été réformés par des actes de l'autorité supérieure.— Même article.

100. — ... 3° Les individus portés sous les qualifications de laboureurs, journaliers, ouvriers, artisans et tous autres exerçant une profession mécanique, domestiques et gens à gages, femmes et enfans de tous les individus ci-dessus dénommés, sans qu'on pût avoir égard, pour opérer ce retranchement, aux qualifications énoncées, dans des certificats et autres actes que l'inscription. — Même article.

101. — ... 4° Les individus inscrits collectivement et sans dénomination individuelle, tels que ceux indiqués, en général, comme héritiers ou enfans d'un individu dénommé. Néanmoins, la disposition ci-dessus n'avait pas pour effet d'effacer l'inscription individuelle qui aurait pu être faite séparément de l'inscription collective. — Même article.

102. — ... 5° Les femmes autres, premièrement que celles dont les maris et les enfans se trouvaient dans les cas prévus par les paragraphes 1er, 2 et 3 de l'art. 3, arr. 28 vendém. an IX; secondement que celles qui avaient émigré en abandonnant leurs maris. — Même article. — Néanmoins, le gouvernement avait la faculté de les expulser du territoire français, dans les cas où elles auraient troublé la tranquillité publique. — Art. 23.

103. — ... 6° Les individus qui étaient mineurs de seize ans au 4 niv. an VIII. — Même article.

104. — ... 7° Les chevaliers de Malte, présens à Malte lors de la capitulation de cette île. — Même article.

105. — ... 8° Les individus sortis de France avant le 14 juill. 1789. — Même article.

106. — ... 9° Les noms des invidus exécutés à mort par suite de jugemens des tribunaux révolutionnaires. — Même article.

107. — ... 10° Les ecclésiastiques qui, étant assujétis à la déportation, avaient quitté le territoire français pour obéir à la loi. — Même article.

108. — ... 11° Les individus rayés d'après le travail de la commission créée par l'arrêté du 7 vendém. an VIII, et qui n'avaient pas été écartés lors de la révision de ce travail. — Même article.

109. — Néanmoins, l'art. 2 du même arrêté annulait les éliminations qui auraient été faites en vertu de l'art. 1er, mais par une fausse interprétation de cet article. Il ordonnait aux agens du gouvernement d'en poursuivre la nullité devant les tribunaux civils, et dans le cas où cette nullité serait prononcée, le nom de l'individu condamné devait être rétabli sur la liste, sans que cependant la nullité de son élimination pût être opposée ni par la république ni par des particuliers, aux actes et contrats faits avec lui pendant le temps intermédiaire.

110. — La radiation définitive a eu pour effet de faire rentrer celui qui en était l'objet dans la jouissance de ceux de ses biens qui n'auraient pas été vendus, sans qu'il pût néanmoins prétendre à aucune indemnité pour ceux qui se trouveraient aliénés. — Arr. 28 vendém. an IX, art. 13.

111. — Il devait toutefois être indemnisé de la valeur de ceux de ces biens qui, n'ayant pas été aliénés, auraient été retenus pour être affectés à un service public. — Même article.

112. — Les individus rayés étaient obligés de faire la promesse de fidélité à la constitution, devant le préfet du département, ou devant le sous-préfet de l'arrondissement de leur résidence. Le séquestre de leurs biens ne pouvait être levé qu'en vertu d'une attestation du préfet constatant cette promesse. — Arr. 28 vendém. an IX, art. 16, 17 et 20.

113. — Ils demeuraient soumis à la surveillance du gouvernement pendant la durée de la guerre, et un an après la paix générale. — Même arrêté, art. 21 et 22.

114. — Jugé que les émigrés n'ont pu, même après leur radiation, exercer aucuns droits sur les successions ouvertes pendant leur mort civile. — *Cass.*, 27 messid. an XIII, Huin.

115. — La radiation définitive de la liste des émigrés d'un individu qui y avait été inscrit deux fois, et à deux époques différentes, a produit son effet à l'égard des deux inscriptions antérieures. — Dans ce cas, et lorsque cet individu avait été exécuté révolutionnairement avant sa radiation définitive, sa succession a dû être déclarée ouverte du jour de la mort naturelle, et non du jour de la mort civile qu'il avait précédemment encourue. — *Cass.*, 9 août 1825, Lenez-Cotty de Brécourt c. de Béthune-Charost.

116. — La créance d'un émigré sur un autre émigré, confisquée par l'état au préjudice du créancier, est rentrée dans les biens de ce dernier par le seul fait de son élimination prononcée en vertu de la loi du 28 vendém. an IX; dès-lors il a pu valablement en disposer sans que le débiteur ait le droit de prétendre que l'obligation s'est éteinte par confusion entre les mains de l'état. — *Cass.*, 3 fév. 1835, duc d'Havré c. Deurbroug et Petit.

117. — Les prévenus d'émigration qui ont été réintégrés dans tous leurs biens par suite d'une radiation définitive, n'ont pas été obligés d'exécuter les baux consentis par les corps administratifs pendant le séquestre provisoire. — Décr. 28 prair. an III; arr. 12 flor. an III.

118. — Les émigrés, du jour où ils ont été éliminés de la liste, ont pu agir contre les tiers et faire des actes conservatoires, et de ce jour aussi la prescription a pu courir contre eux. — *Montpellier*, 28 avr. 1836, sous *Cass.*, 12 mars 1838 (t. 1er 1838, p. 411), le bureau de bienfaisance de Campagnac c. de Roquefeuil.

119. — L'émigré rayé de la liste a pu se pourvoir en cassation d'une sentence rendue irrégulièrement contre l'état, par lequel il était représenté, sans qu'on pût lui opposer l'acquiescement exprès ou tacite donné par l'état depuis sa radiation. — *Cass.*, 27 juill. 1819, de Bauffremont c. comm. de Chargey-lès-Port; 19 mai 1819, de Bauffremont c. comm. de Vauchoux.

120. — L'individu qui, après sa radiation de la liste des émigrés, avait été réintégré dans ses anciennes propriétés, était en droit d'intervenir sur un pourvoi en cassation d'un jugement par lequel, en vertu de la loi du 28 brum. an VII, avait été admis l'appel interjeté au nom de l'état, d'un jugement arbitral investissant une commune de la propriété d'un bois que cet individu avait possédé avant l'émigration. — *Cass.*, 12 prair. an XI, comm. de Pressigny c. préfet de la Haute-Marne.

121. — Le jugement rendu contre l'état représentant un émigré pendant l'inscription de ce dernier sur la liste a force de chose jugée contre l'émigré rétabli dans ses droits. — *Rouen*, 11 messid. an XII, Costard c. Crottat.

122. — L'émigré rayé n'a pu se pourvoir par tierce-opposition contre un jugement rendu avant sa radiation, et lors duquel il avait été représenté par la république. — *Paris*, 21 pluv. an X, Lemuet.

123. — Un émigré rayé de la liste n'a pu, depuis le rétablissement des avoués, intervenir par simples conclusions verbales dans l'instance en expropriation de ses biens. — Il n'a pu non plus agir en justice sans rapporter la preuve de sa radiation. — *Cass.*, 21 vendém. an XI, de Beauveau c. Chiquet; — Merlin, *Quest. de droit*, v° *Intervention*.

124. — Jugé qu'il n'appartient à l'autorité judiciaire d'apprécier aucune décision administrative relative soit à l'inscription, soit à la radiation d'un individu de la liste des émigrés, et ce serait, de la part d'un tribunal, apprécier une pareille décision que de suspendre son jugement jusqu'à ce qu'il fût statué sur un pourvoi formé devant le conseil d'état contre un arrêté administratif produit dans la cause, et prétendu irrégulier. — *Cass.*, 24 déc. 1838 (t. 2 1838, p. 663), Rignou c. Martin Compan.

## Sect. 4e. — *Des peines contre les émigrés et leurs complices.*

### § 1er. — *Des peines corporelles contre les émigrés.*

125. — Les émigrés pris les armes à la main encouraient la peine de mort. — Décr. 9 oct. 1792, art. 1er.

126. — Il en était de même des étrangers qui, depuis le 14 juill. 1789, avaient quitté le service de la France, et s'étaient réunis aux émigrés ou aux ennemis, après avoir abandonné leur poste. — Même décr., art. 2.

127. — Ils étaient jugés par une commission militaire composée de cinq personnes, et nommée par l'état-major de l'armée. — Décr. 26 avr. 1793.

128. — Lorsque la commission déclarait qu'ils étaient émigrés et qu'ils avaient été pris les armes à la main, ou qu'ils avaient servi contre la France, ils devaient être livrés à l'exécuteur de la justice, et mis à mort dans les vingt-quatre heures. — Même art.

129. — Etaient réputés avoir servi contre la France, et comme tels compris dans les dispositions du décret du 9 oct. 1792, tous les Français émigrés qui avaient été pris ou seraient pris faisant partie des rassemblemens armés ou non armés, ou ayant fait partie desdits rassemblemens, ceux pris soit sur les frontières, soit en pays ennemis, soit dans les pays occupés par les troupes de la république, s'ils avaient été précédemment dans les armées ennemies, ou dans les rassemblemens d'émigrés; ceux enfin qui auraient été ou seraient trouvés saisis de congés ou de passeports délivrés par les chefs français émigrés ou les commandans militaires des armées ennemies. — Décr. 23-25 mars 1792.

130. — Sous la loi du 25 brum. an III, des Français arrêtés dans un bateau anglais capturé sur mer ne pouvaient pas être considérés comme émigrés pris les armes à la main, ni être traduits devant une commission militaire, si, d'une part, rien ne constatait qu'ils fussent inscrits sur des listes d'émigrés, et si, d'autre part, ils n'étaient ni armés ni en état d'hostilité contre la république. — *Cass.*, 9 pluv. an VIII, Defay et Laferrière.

131. — La peine du bannissement à perpétuité du territoire de la république a été prononcée contre tous les émigrés par le décret du 23-25 oct. 1792, sans dérogation aux décrets précédens qui condamnaient à la peine de mort les émigrés pris les armes à la main. — Cette disposition a été confirmée par l'art. 1er, décr. 28 mars-5 avr. 1793.

132. — Ceux qui, au mépris de ce décret, rentraient en France ou dans les colonies, devaient être punis de mort. — Décr. 23-25 oct., 8-9 nov. 1792, et 28 mars-5 avr. 1793.

133. — La peine du bannissement à perpétuité s'appliquait aux émigrés qui étaient rentrés en France avant le décret du 23 et 25 oct. 1792.

134. — Ils devaient sortir de Paris ou de toute autre ville de 20,000 âmes et au-dessus, dans les vingt-quatre heures du jour de la promulgation de la loi du 26 nov. 1792, et dans la quinzaine du même jour de toutes les autres parties de la république. Après ces délais, ils étaient censés avoir enfreint la loi du bannissement, et punis de mort. — Décr. 26 nov. 1792.

135. — Les enfans émigrés qui étaient rentrés ou rentraient sur le territoire de la république après les délais fixés par la loi pour leur rentrée, étaient déportés s'ils n'avaient pas atteint l'âge de seize ans, et punis de mort, s'ils enfreignaient leur bannissement sans être parvenus à cet âge. — Décr. 25 brum. an III, tit. 4, art. 3.

136. — Les émigrés rentrés en France qui, d'après le décret du 28 mars 1793, ne devaient pas être jugés par une commission militaire, devaient être renvoyés devant le tribunal criminel du département dans lequel ils avaient été arrêtés. — Décr. 13-16 sept. 1793.

137. — Il en était de même des émigrés qui étaient alors détenus. — Même décret.

138. — Néanmoins, le tribunal criminel extraordinaire était compétent pour juger, concurremment avec les tribunaux criminels de département, les émigrés prévenus d'infraction au décret qui leur défendait de rentrer en France. — Décr. 16 sept. 1793.

139. — Les filles émigrées, âgées de plus de quatorze ans et de moins de vingt-et-un ans, qui étaient rentrées en France avant le décret du 28 mars 1793 ou depuis le décret, devaient être déportées. — Décr. 28 mars 1793, art. 8.

140. — Celles qui, après avoir été déportées, étaient rentrées en France, encouraient la peine de mort. — Même article.

141. — Les émigrés transférés dans leurs départemens avant le décret du 13 sept. 1793, étaient jugés par le tribunal criminel, sans recours en cassation. — Décr. 29 vendém. an II.

142. — Aux termes de la loi du 25 brum. an III, les tribunaux criminels ne pouvaient connaître que de l'identité des prévenus d'émigration. La décision du fait d'émigration et de toutes autres exceptions appartenait à l'autorité administrative. — *Cass.*, 17 vent. an V (intér. de la loi), Galicet.

143. — La loi du 19 fruct. an V (art. 15) renouvela les dispositions du décret du 26 nov. 1792, et ordonna de traduire ceux qui y contreviendraient devant une commission militaire, pour y être jugés dans les vingt-quatre heures, d'après l'art. 2, tit. 4, L. 25 brum. an III, qui prononçait la peine de mort. — Les jugemens de la commission étaient sans aucun recours, et devaient être exécutés dans les vingt-quatre heures.

144. — Les dispositions qui précèdent étaient applicables aux individus qui, ayant émigré, étaient rentrés en France, quoiqu'ils ne fussent inscrits sur aucune liste d'émigrés. — L. 19 fruct. an V, art. 18.

145. — Il a été jugé que la loi du 19 fruct. an V n'attribuait aux commissions militaires le jugement des émigrés que dans le cas de l'art. 2, tit. 4, L. 25 brum. an III. En conséquence, une commission militaire était incompétente pour juger comme émigré un individu qui était sorti du territoire de la république à l'âge de huit ans, et qui y était rentré à treize ans et demi. — *Cass.*, 7 thermidor an VIII, Alexandre Cosnac.

146. — Tout individu porté sur une liste d'émigrés qui, après s'être pourvu dans le temps utile, n'avait pas encore obtenu sa radiation définitive, était obligé de se retirer devant la municipalité de son domicile, pour y demeurer en surveillance. En cas de contravention, il devait être traduit devant le tribunal de district, et condamné à un emprisonnement qui devait durer jusqu'à ce qu'il eût été statué définitivement sur sa demande en radiation. Le jugement n'était susceptible ni d'opposition ni d'appel.

147. — Les lois rendues contre les émigrés n'ont pas été abrogées par l'acte constitutionnel de l'an VIII. — Délib. cons. d'état, 5 pluv. an VIII.

148. — Les individus considérés comme émigrés avant le 4 niv. an VIII, époque de la mise en activité de l'acte constitutionnel, et qui sont restés soumis aux lois sur l'émigration, sont : 1° ceux qui, inscrits sur les listes avant le 4 niv. n'avaient point été rayés définitivement; — 2° ceux contre lesquels il existait, à la même époque, des arrêtés, soit du directoire exécutif, soit des administrations centrales qui ordonnaient leur inscription sur la liste des émigrés, pourvu que lesdits arrêtés eussent été publiés, ou suivis du séquestre et de la vente des biens. — L. 12 vent. an VIII, art. 1er.

149. — Les Belges qui ont quitté leur pays à l'époque de l'émigration ont été par cela seul soumis aux peines portées contre les émigrés par les lois françaises. — Cette question est résolue pour l'affirmative dans le réquisitoire du procureur général. — *Cass. belge*, 9 juill. 1834, Denorman.

150. — V. sur les effets de l'amnistie le sénatus-consulte du 6 flor. an X, et sur les effets de la Charte de 1814, l'ordonnance du 21 août 1814.

### § 2. — *De la mort civile.*

151. — Le décret du 28 mars-5 avr. 1793 (art. 1er) déclare les émigrés morts civilement.

152. — La mort civile étant une peine, elle ne peut être encourue et produire aucun effet que du

jour où la loi qui la prononce a été promulguée, car c'est surtout en matière pénale que les lois ne peuvent avoir d'effet rétroactif. Il semble donc certain que la mort civile n'a pu atteindre les émigrés que du jour de la publication de la loi du 28 mars 1793.

153. — Cependant il a été jugé que les émigrés sont, même à l'égard des tiers, réputés *morts civilement*, dès l'époque de leur sortie du royaume, et antérieurement à la loi du 28 mars 1793, qui les a frappés de mort civile; et que dès-lors le jugement obtenu par le créancier contre l'émigré avant la loi du 28 mars 1793 doit être considéré comme nul et non avenu. — *Riom*, 25 mars 1820, Choussy c. Desnoyers du Sauvage

154. — Les émigrés n'ont été réputés morts civilement que relativement à la France, mais leur mort civile n'a pas fait obstacle à ce qu'ils estassent en jugement dans les pays étrangers. — *Cass.*, 7 janv. 1806, Chaillet c. Nicolas; — Merlin, *Rép.*, v° *Jugement*, § 8.

155. — La mort civile de l'émigré dépendant uniquement de l'inscription que faisait le gouvernement de son nom sur la liste, les effets de la mort civile ont dû cesser pour l'émigré dont l'inscription sur la liste a été déclarée non avenue par le gouvernement. — *Cass.*, 24 déc. 1838 (t. 2 1838, p. 662), Rignon c. Martin-Compian.

156. — Les émigrés, bien que morts civilement, ont été capables de faire tous les contrats qui dérivaient du droit naturel et du droit des gens, tels que ventes, acquisitions, obligations, cautionnement, etc. — *Cass.*, 28 frim. an XIII, Mauléon c. Aygobère; 28 juin 1808, Jacob Salmon c. le trésor; 17 août 1809, Gauthier c. Brivazac de Beaumont; *Caen*, 10 août 1825, Richer c. Lechevallier.

157. — Ils ont pu valablement faire ces actes, même en France, soit par eux-mêmes, soit par fondés de pouvoirs. — *Caen*, 10 août 1825, Richer c. Lechevallier.

158. — Par suite ils ont pu exercer toutes les actions qui sont la conséquence de ces actes, notamment l'action en paiement, ou en rescision pour cause de lésion. — *Cass.*, 17 août 1809, Gauthier c. Brivazac de Beaumont.

159. — Une donation par contrat de mariage faite par un père, émigré, à son fils, est valable. — *Paris*, 3 mars 1826; *Cass.*, 14 juin 1827, de Luxembourg c. de Bérenger.

160. — Au surplus, le droit de réclamer les effets de la mort civile n'a pu appartenir à l'émigré lui-même ni à ses héritiers tenus de ses faits personnels. — *Cass.*, même arrêt.

161 — Ainsi jugé que les dispositions prohibitives des lois des 28 mars et 25 juill. 1793 contre les actes faits par les émigrés, ne sont relatives qu'à l'intérêt national, et ne peuvent être invoquées ni par l'émigré ni par ses représentans pour faire annuler ses actes, par exemple un contrat de vente par lui consenti. — *Cass.*, 28 frim. an XIII, Mauléon c. Aygobère.

162. — ... Et que la nullité portée par les lois du 8 avr. 1792 et 28 mars 1793 contre les paiemens faits à des émigrés n'était relative qu'à l'intérêt national, et qu'elle ne pouvait, dès-lors, être invoquée par l'émigré, après sa radiation. — *Cass.*, 15 vent. an XII, D'Hautefort c. Delahaye.

163. — Par suite du même principe, la nullité prononcée par la loi de 1792 contre les actes passés avec un émigré et n'ayant pas de date certaine, n'était relative qu'aux contrats onéreux à l'émigré aux droits duquel venait la nation: elle n'a pu être invoquée par la partie qui avait contracté avec l'émigré. — *Paris*, 22 pluv. an X, Leriche c. Gontard.

164. — De même, la nullité prononcée par l'art. 40, L. 28 mars 1793, des actes relatifs à des biens ou droits indivis avec des émigrés et passés sans le concours de la république, n'a pu être invoquée par un tiers pour détruire les effets d'une transaction dans laquelle il aurait cédé ses droits personnels sur une succession indivise avec un émigré. — *Cass.*, 20 fruct. an XI, Daussy c. Dadonville.

165. — De même encore, les émigrés qui avaient, avant leur émigration, constitué des mandataires, n'ont pu exciper de la mort civile dont ils ont été frappés pour faire annuler les actes faits par ces mandataires, pendant la durée de cet état. — *Cass.*, 2 sept. 1807, Dolle c. Dulac.

166. — Jugé toutefois que l'émigré représenté dans une instance par une personne sans qualité (notamment par un fondé de procuration dont la mort civile de l'émigré avait fait cesser les pouvoirs), est recevable à attaquer le jugement par voie de cassation. — *Cass.*, 19 janv. 1824, de Narbonne c. comm. de Chorey.

167. — Jugé aussi que les émigrés ont été, en raison de leur mort civile, incapables d'exercer les actes qui ont leur fondement dans le droit civil, tels que les assignations, les demandes en justice, les significations, alors surtout qu'ils agissaient en qualité d'héritiers pour réclamer une succession. La nullité du jugement ainsi obtenu par un émigré n'était pas seulement établie dans les intérêts du fisc; elle a pu, comme étant de droit public, être proposée en tout état de cause, même en appel, par ceux qui y avaient intérêt. — *Cass.*, 23 nov. 1808, de Feuillens c. de Rémigny.

168. — Néanmoins Merlin (*Quest. de dr.*, v° *Mort civile*, § 8, p. 473) fait observer que cet arrêt ne peut faire autorité, quant à la question générale de savoir si le mort civil peut ester en jugement, parce que, en réalité, ce n'était pas là la question du procès, et que la dame de Feuillens, sans repousser le *prétendu* principe que le mort civil ne peut ester en jugement, cherchait seulement à éluder l'application que lui en avait faite la cour de Bourges, et que la cour de cassation, trouvant les deux parties d'accord sur ce *prétendu* principe, l'avait regardé comme constant, et ne s'était plus occupée que de l'application qui en avait été faite à la dame de Feuillens, application qui ne présentait la violation d'aucune loi.

169. — La signification du jugement faite à l'état représentant un émigré, par l'émigré mort civilement, n'a pas fait courir les délais de l'appel. — Même arrêt.

170. — Les successions en ligne directe ou collatérale échues aux émigrés depuis leur émigration, ont été déclarées ouvertes au profit de la République, pendant cinquante années, à compter du jour de la promulgation du décret du 28 mars-5 avril 1793, sans que, pendant ledit temps, les cohéritiers pussent opposer la mort naturelle desdits émigrés. — Art. 3 dudit décret.

171. — Les individus inscrits sur les listes d'émigration et qui sont morts sans en avoir été éliminés ou rayés, sont réputés émigrés, alors même qu'ils étaient sortis de France avant le 14 juill. 1789. Ils ont, dès-lors, été incapables de recueillir aucune succession. — *Cass.*, 29 janv. 1834, Normand c. de Rohan.

172. — L'acte d'héritier fait par un émigré, pendant qu'il était encore frappé de mort civile, ne peut lui être opposé. — *Cass.*, 16 mai 1815, Caron c. Bontron.

173. — Un prévenu d'émigration n'a été capable d'accepter une succession que du jour de sa radiation définitive et non de sa radiation provisoire. — *Cass.*, 31 mars 1806, Thumin.

174. — Un émigré ou un prêtre déporté n'a pu, après avoir été rendu à la vie civile, réclamer une succession ouverte pendant sa mort civile. Il n'a pu attaquer par tierce-opposition les jugemens rendus avec l'état qui le représentait. — *Cass.*, 14 juin 1815, Ribes c. de Siran.

175. — Jugé toutefois que des co-héritiers ne peuvent opposer à un absent qui réclame une succession sa qualité d'émigré, lorsqu'ils ont reconnu auparavant qu'il n'était pas émigré, soit en l'admettant au partage d'une autre succession, soit en déclarant formellement, par un réglement de famille, qu'il n'avait jamais émigré. — *Poitiers*, 10 août 1809, Marsault-Quinterie.

176. — Les enfans d'un émigré marié avant son émigration, s'ils ont été conçus et nés en pays étranger durant sa mort civile, n'ont pas été habiles à succéder de son chef avant qu'il fût réintégré. — *Cass.*, 8 fév. 1810, de Rood c. de Berghes.

177. — L'enfant d'un émigré né avant l'émigration, succédant *jure proprio* ou par représentation, mais non par transmission, aux parens de son père, décédés pendant l'émigration de celui-ci, n'a pas été tenu des dettes de son père, s'il a renoncé à sa succession. — Même arrêt.

178. — Avant la loi du 12 vent. an VIII, la seule inscription sur la liste des émigrés ne constituait pas l'inscrit en état de mort civile s'il avait réclamé en temps utile. Dans ce cas il n'était sous le coup que d'une simple prévention, qui ne lui ôtait pas la faculté de tester. — *Cass.*, 27 flor. an VIII, Lafuge; 12 mai 1806, Meyer; 15 juill. 1833, Dallen c. Leclet; 14 juill. 1835, comm. d'Arbigny.

179. — On doit donc regarder comme valable le testament fait par un inscrit sur la liste des émigrés qui, ayant réclamé en temps utile, est mort avant la loi du 12 vent. an VIII. — *Cass.*, 12 mai 1806, Meyer.

180. — ... Alors même que la radiation définitive n'aurait été prononcée que postérieurement à cette loi. — *Paris*, 9 fév. 1818, Degange c. Dissez.

181. — Jugé encore que, suivant les lois des 28 mars 1793, et 25 brum. an III, et avant la loi du 12 vent. an VIII, laquelle n'a fait d'ailleurs que confirmer l'ancien état de choses, les individus inscrits sur la liste des émigrés, qui avaient réclamé en temps utile contre leur inscription sur cette liste, n'étaient réputés émigrés et morts civilement que par le jugement et le rejet de leurs réclamations. — Dès-lors, les individus rentrant dans cette catégorie ont été capables de recevoir les legs à eux faits par des personnes mortes antérieurement à la loi du 12 vent. an VIII, encore qu'eux-mêmes ne soient décédés que depuis. — *Cass.*, 15 juill. 1833, Dallen c. Leclet.

182. — Jugé de même que l'individu porté sur la liste des émigrés qui a réclamé en temps utile sa radiation avant la loi du 12 vent. an VIII (sans qu'il y ait eu rejet de sa réclamation) n'a jamais été considéré comme émigré, et, par suite, n'a pas été frappé de mort civile, encore que sa radiation soit postérieure à cette loi; et que, dès-lors, il est apte à recueillir les successions ouvertes à son profit antérieurement à sa radiation. — *Orléans*, 27 nov. 1833, de Previnquières c. Roquelaure; *Cass.*, 14 juill. 1835, mêmes parties.

183. — Toutefois, d'autres arrêts ont décidé qu'un émigré qui a réclamé en temps utile contre son inscription sur la liste, et qui a obtenu sa radiation provisoire, mais qui n'a été rayé définitivement qu'après la publication de la loi du 12 vent. an VIII, est resté sous le coup de la mort civile pendant toute la durée de l'inscription. — *Cass.*, 1er août 1811, Bereur de Malans c. Rigonaux.

184. — ... Que depuis la loi du 12 vent. an VIII, tous les individus inscrits sur la liste des émigrés, et non rayés avant le 4 niv. an VIII, ont été réputés émigrés, et, par suite, frappés de mort civile, alors même qu'ils avaient réclamé en temps utile. — *Cass.*, 10 juin 1806, Masson.

185. — ... Et qu'en conséquence, on a dû considérer comme nul le testament fait, même avant le 4 niv. an VIII, par l'inscrit qui n'a été rayé que depuis son décès, arrivé *postérieurement* à la publication de la loi du 12 vent. — *Cass.*, 28 germin. an XII, Maret. — V. Merlin, *Quest. de droit*, v° *Mort civile*, § 2.

186. — Le legs universel fait par un émigré en 1789 n'est pas nul, pour n'avoir pas été refait conformément aux lois des 5 brum., 17 niv. an II et 18 pluv. an V, si, par l'effet de sa mort civile, résultant de son émigration, le testateur a été incapable de le refaire. — *Paris*, 16 mars 1830, De Forval c. d'Aspremont.

187. — Les héritiers de l'émigré ont été exclus de sa succession par l'état jusqu'au moment de son amnistie: dès-lors, l'acceptation qu'ils pouvaient avoir faite de cette succession pendant la mort civile de l'émigré était nulle et ne pouvait leur être opposée par les créanciers, soit pour les obliger au paiement des dettes, soit pour les empêcher d'accepter la succession sous bénéfice d'inventaire après l'amnistie. — *Besançon*, 19 juill. 1809, Letournel c. Boulot; *Cass.*, 5 thermid. an XII, de Montmorency c. Esterno; 31 mars 1806, Thumin.

188. — Il a été jugé que les enfans d'un émigré, décédé en pays étranger où il n'était pas mort civilement, ont été ses héritiers, bien qu'ils fussent émigrés eux-mêmes à l'époque de son décès, et que dès-lors, ils ont pu après l'amnistie revendiquer contre les tiers détenteurs les biens appartenant à leur père. — *Cass.*, 26 janv. 1807, Ficheux c. Dutertre. — Le motif de cette décision est contraire au principe qui veut que l'incapacité de transmettre et de recevoir à titre de succession soit déterminée par les lois personnelles. Mais la décision n'en est pas moins juste en elle-même, et le bien-fondé de la revendication résulte de l'amnistie qui a conféré aux représentans de l'émigré les droits qui lui appartenaient, et notamment celui à la restitution des biens non vendus, dont l'émigré, s'il eût survécu, aurait profité.

189. — Les effets de la mort civile prononcée contre les émigrés ne pouvaient être opposés à la république; en conséquence, toutes les substitutions dont les émigrés étaient grevés ont été ouvertes au profit de la nation. — Décr. 28 mars-5 avr. 1793, art. 3.

190. — Celui qui de fait a émigré avant l'ouverture d'une substitution a été incapable de la recueillir, encore bien qu'il n'ait été inscrit sur la liste que postérieurement à cette ouverture, s'il n'a pas justifié de sa rentrée en France depuis sa sortie. — *Cass.*, 18 flor. an XIII, Clermont-Tonnerre. — V. Merlin, *Répert.*, v° *Substitution-fidéicommissaire*, sect. 1re, § 13, n° 5.

191. — Jugé que, alors même que l'état de mort civile dont les émigrés ont été frappés remonterait à une époque antérieure à la loi abolitive des substitutions, il ne s'ensuivrait pas que les biens grevés de substitution qui ont été confisqués sur leur tête dussent être considérés comme étant devenus, par suite de leur mort civile, la propriété des substitués, et qu'en conséquence, l'in-

demnité accordée à raison de ces biens dût être attribuée à ces derniers, en leur prétendue qualité de propriétaires dépossédés. A cet égard, l'effet de l'art. 3, L. 28 mars 1793, qui porte que *les substitutions dont les émigrés ont été grevés sont ouvertes au profit de la nation*, a dû remonter à l'époque même de l'abolition des substitutions pour saisir irrévocablement l'émigré, ou l'état en son nom, par préférence aux appelés, sans qu'on puisse invoquer le principe sur l'effet rétroactif consacré par l'art. 2, C. civ. — *Cass.*, 16 fév. 1831, Saint-Aignan c. Descages.

192. — L'institution contractuelle, faite avant 1789, sous la condition qu'elle serait résolue, s'il ne restait point d'enfans du mariage à l'époque où l'instituant viendrait à mourir, n'est pas devenue caduque par l'émigration de l'enfant de l'institué avant le décès de l'instituant. On n'a pas dû, dans ce cas, la loi n'ayant rien prévu à cet égard, assimiler la mort civile à la mort naturelle. — *Cass.*, 10 mars 1813, Piegeollot c. Dupuget.

193. — Quant au mariage contracté en pays étranger entre deux émigrés, la cour de Cassation a jugé qu'il était nul et qu'il ne pouvait produire d'effets civils en France; que la nullité d'un pareil mariage n'avait pas été couverte par l'amnistie prononcée par le sénatus-consulte du 6 flor. an X, et qu'elle pouvait être invoquée même par l'époux qui, en état de mort civile, avait reconnu l'existence et la validité du mariage. — *Cass.*, 16 mai 1808, Marotte c. Greffon. — V. cependant *Liège*, 3 (et non 5) messid. an XIII, mêmes parties.

194. — Jugé néanmoins que l'émigré ne peut, après sa radiation définitive, demander la nullité du mariage qu'il a contracté pendant son inscription sur la liste, lorsque depuis cette radiation il a continué de cohabiter (par exemple pendant plusieurs années) avec son épouse. — *Cass.*, 19 juin 1811, Gaillard-Dumontois; *Paris*, 30 août 1810, Gaillard-Dumontois. — V. Merlin, *Rép.*, vo *Mariage*.

195. — Et de même que le mariage d'un inscrit sur la liste des émigrés, contracté en France postérieurement à sa radiation provisoire, et suivi, depuis la loi d'amnistie, d'une cohabitation constante et d'une possession publique, doit produire les effets civils à l'égard des enfans qui en sont issus. — *Montpellier*, 15 janv. 1810, Loys c. Paradis.

196. — Dans tous les cas, l'enfant conçu avant l'émigration de son père est légitime, bien qu'il soit né pendant l'émigration. — On doit appliquer dans ce cas la maxime: *Infans conceptus pro nato habetur quoties de commodis ejus agitur.* — *Caen*, 3 fév. 1813, Montalembert c. Saint-Jean de Gresson.

197. — Il a été jugé que la bonne foi d'une femme qui a épousé un émigré frappé de mort civile, suffit pour que les avantages stipulés en sa faveur dans le contrat de mariage ne puissent lui être contestés. — *Paris*, 3 mars 1826, sous *Cass.*, 14 juin 1827, de Lukemberg.

198. — V. au surplus sur le point de savoir quels sont, relativement, soit aux époux, soit aux enfans, les effets d'un mariage contracté de bonne foi en état d'émigration, vo MARIAGE.

199. — L'émigration et la mort civile du mari n'ont point eu pour effet de dissoudre de plein droit le mariage, mais seulement de donner à la femme le droit d'en demander la dissolution.

200. — Celui qui, poursuivant le divorce, établissait par un acte authentique ou de notoriété publique, que son époux était émigré ou qu'il résidait en pays étranger ou dans les colonies, était dispensé de l'assigner au dernier domicile; et le divorce devait être prononcé sans aucune citation. — *Décr.*, 24 vendém. an III.

201. — Jugé que, depuis ce décret, le divorce a pu être prononcé contre un émigré sans citation préalable ni intervention judiciaire comme aussi sans que le fait de l'émigration eût été constaté devant des arbitres de famille et sans recours aux voies de conciliation. — *Paris*, 22 niv. an XII, de Lépinay c. Duvergier; *Cass.*, 5 thermid. an XII, mêmes parties.

202. — Le certificat délivré par un receveur des domaines, dûment visé par les administrations municipale et départementale, et portant que les biens d'une personne avaient été séquestrés pour cause d'émigration, a pu être considéré comme constituant l'acte authentique exigé de l'époux demandeur en divorce, pour constater l'émigration de son conjoint. — *Cass.*, 14 prair. an XIII, Dufraisne c. Duplès.

203. — Tous divorces prononcés par des officiers de l'état civil, ou autorisés par jugement avant la publication du titre du Code civil, relatif au divorce, ont dû produire leurs effets conformément aux lois qui existaient avant cette publication. — L. 26 germin. et 6 flor. an XI.



204. — A l'égard des demandes formées antérieurement à la même époque, elles ont dû continuer à être instruites, les divorces ont dû être prononcés, et avoir leurs effets, conformément aux lois qui existaient lors de la demande. — L. 26 germin. et 6 flor. an XI.

205. — La loi du 26 germin. et 6 flor. an XI ayant maintenu indistinctement tous les divorces antérieurs au Code civil, il n'a plus été permis de remettre en question ni les causes de ces divorces ni la régularité des actes de poursuite, si l'acte était revêtu de la forme extérieure et matérielle prescrite par les lois. — *Cass.*, 2 fév. 1807, Kerlero c. Prinsac. — V. DIVORCE.

206. — Jugé encore que la loi du 26 germin. an XI a mis à l'abri de toute atteinte les divorces obtenus pour cause d'émigration, encore que, sous la loi du 24 vendém. an III, ils eussent été prononcés non par l'officier de l'état civil du domicile du mari, mais par celui du domicile de la femme. — *Cass.*, 14 prair. an XIII, Dufraisne c. Duplès.

207. — Et un avis du conseil d'état du 18 prair. an XII a décidé que les émigrés et absens rentrés par suite de l'amnistie ne sont pas recevables à remettre en question le divorce prononcé contre eux et à en discuter les causes; mais qu'ils peuvent seulement être admis à examiner, en point de fait, s'il existe ou non un acte de divorce revêtu de sa forme extérieure et matérielle.

208. — L'émigration et la mort civile qui en a été la conséquence ont eu pour effet d'affranchir la femme de l'émigré de la puissance maritale, sans qu'elle eût besoin de recourir au divorce. — *Riom*, 15 juin 1820, Depierre c. Darcis; *Cass.*, 8 fév. 1830, Dieulouhec c. de Preissac; *Paris*, 20 mars 1817, Gaudet c. Contade; *Cass.*, 24 flor. an XIII, Joubert c. Rofœi; — Merlin, *Rép.*, vo *Autorisation maritale*, § 7, et *Quest. de droit*, vo *Emigré*.

209. — Mais l'obligation contractée sans autorisation par une femme d'émigré n'a pas dû être réputée valable, si elle a été souscrite avant que les émigrés fussent frappés de mort civile par la loi du 28 mars 1793. — *Cass.*, 8 fév. 1830, Dieulouhec c. de Preissac.

210. — L'arrêt du 20 mars 1817 décide, dans tous les cas, que les obligations ainsi souscrites par la femme affranchie de l'autorité maritale, n'engagent ni le mari ni ses héritiers, alors même qu'elles sont causées pour subsistance fournie à la femme. — *Paris*, 20 mars 1817, Gaudet c. Contade.

211. — Il a été jugé (mais cette décision est contraire à la jurisprudence) qu'une femme d'émigré n'a pas été affranchie de l'autorité maritale, par le seul fait de l'émigration et de la mort civile prononcée contre son mari par la loi du 28 mars 1793, tant que le divorce n'a pas été prononcé, et qu'elle n'a pas dû être considérée comme ayant recouvré l'exercice de ses droits civils. — *Paris*, 14 fructid. an XII, Rohan-Guemenée c. Rohan-Rochefort.

212. — La femme qui, pendant l'émigration de son mari, a traité de ses droits dans les successions de ses père et mère, a cessé de pouvoir ensuite demander des corps héréditaires, après qu'il a été amnistié. — *Besançon*, 16 fév. 1808, Masson d'Ivrey c. Magnin.

213. — Une femme divorcée d'avec un émigré peut poursuivre le recouvrement de sa dot, tant contre le gouvernement que contre les autres débiteurs solidaires avec l'émigré. — *Agen*, 20 juill. 1808, Carles c. Noailhan de Lamesens.

214. — La loi du 27 avr. 1825 ayant, par la restitution qu'elle ordonne, consommé l'exécution de l'ordonnance du 21 août 1814, l'émigration et ses effets, notamment en ce qui touche la mort civile des émigrés, sont effacés même à l'égard des actes antérieurs à ces lois. — *Cass.*, 14 juin 1827, de Luxembourg c. de Bérenger.

### § 3. — *De la privation des droits civiques.*

215. — Aucun individu porté sur la liste des émigrés du département de son domicile ne pouvait jouir des droits de citoyen jusqu'à ce que sa radiation définitive eût été prononcée. — L. 1er fructid. an V, art. 12; arrêté du directoire exécutif du 7 vent. an V.

216. — Les individus qui, ayant été bannis de France comme émigrés par des jugemens antérieurs à l'institution des jurés, se sont retirés à cette époque dans des pays réunis depuis à la république française, n'ont pas pu continuer à demeurer en France et y exercer les droits de citoyen. — Arrêté du directoire exécutif du 7 vent. an V.

217. — Tout individu porté sur une liste d'émigrés et non rayé définitivement était exclu de



toutes fonctions législatives, administratives, municipales et judiciaires, ainsi que de celles de haut juré près la cour nationale et de juré près les autres tribunaux. Ceux qui, se trouvant dans le cas ci-dessus, avaient accepté une des fonctions sus-énoncées, devaient s'en démettre dans les vingt-quatre heures, sous peine du bannissement à perpétuité. — Décr. 3 brum. an IV, art. 2 et 3.

218. — Il n'y avait d'exception à cette règle qu'en faveur de citoyens qui avaient été membres de l'une des trois assemblées nationales, de ceux qui, depuis l'époque de la révolution, avaient rempli sans interruption des fonctions publiques au choix du peuple, et de ceux qui obtiendraient leur radiation définitive. — Même décr., art. 4; L. 1er messid. an V, art. 1er; L. 19 fructid. an V, art. 8 et 9.

### § 4. — *Des peines contre les complices d'émigrés.*

219. — La loi répute complice des émigrés toute personne convaincue d'avoir, depuis le 9 mai 1792, 1o favorisé les projets hostiles des émigrés; — 2o de leur avoir fourni des armes, des chevaux, des munitions ou toutes autres provisions de guerre, ou des secours pécuniaires; — 3o d'avoir envoyé leurs enfans ou soudoyé des hommes sur terre étrangère; — 4o d'avoir provoqué à l'émigration et fait émigrer des citoyens par séduction, promesses ou sommes données; — 5o d'avoir sciemment recélé des émigrés, ou facilité leur rentrée sur le territoire de la république; — 6o d'avoir fabriqué de faux certificats de résidence pour les émigrés. — Décr. 28 mars et 5 avr. 1793, art. 54; 25 brum. an III, tit. 1er, art. 9.

220. — Les peines prononcées contre les émigrés étaient applicables aux complices des émigrés désignés dans les paragraphes 1, 2, 3 et 4 du numéro précédent — Décr. 28 mars et 5 avr. 1793, art. 54; 25 brum. an III, tit. 4, art. 5.

221. — Le décret du 28 mars-5 avr. 1793 n'a point dérogé, par son art. 54, aux dispositions de l'art. 4, sect. 1re, tit. 1er, 2e partie, C. pén. 25 sept. 1791. — En conséquence, les délits énoncés dans l'art. 54, décr. 28 mars 1793, qui sont en même temps compris dans l'article du Code pénal ci-dessus mentionné, ont continué à être passibles de la peine de mort prononcée par cette dernière loi, qu'ils fussent antérieurs ou postérieurs au 9 mai 1792. — Décr. 8-10 pluv. an II.

222. — Les jugemens rendus contrairement aux dispositions de la loi du 28 mars 1793 ont été annulés par cette loi. En conséquence les prévenus d'émigration qui avaient pu être absous ont dû être de nouveau mis en jugement. — Art. 81.

223. — Ceux qui avaient fabriqué de faux certificats de résidence pour les émigrés encouraient la peine de dix années de fers. — Décr. 25 brum. an III, tit. 4, art. 6.

224. — Etaient passibles de quatre années de la même peine ceux qui étaient convaincus d'avoir sciemment recélé des émigrés ou facilité leur rentrée sur le territoire français. — Décr. 28 mars-5 avr. 1793, art. 9; 25 brum. an III, tit. 4, art. 6.

225. — Ils étaient en outre responsables, sur leurs biens, des dommages que leur délit avait pu occasionner à la république. — Même article.

226. — La loi du 25 brum. an III, qui ordonnait la détention provisoire des émigrés renvoyés devant l'administration du département, n'ordonnait pas celle des prévenus de complicité qui restaient soumis au droit commun. — *Cass.*, 8 vend. an V, Latribouille.

227. — C'était aux tribunaux criminels qu'il appartenait de juger les complices d'émigrés, sous l'empire des lois des 28 mars-5 avr. 1793, art. 75, et 30 frim. an II, art. 4. Le décr. 25 brum. an III (tit. 5, art. 15) ordonna qu'ils fussent renvoyés devant les tribunaux révolutionnaires. Mais la loi du 12 prair. an III, ayant supprimé ce tribunal, les complices d'émigrés sont rentrés dans le droit commun. — *Cass.*, 15 frim. an VII, Matrot.

228. — Sous la loi du 12 prair. an III, les complices d'émigrés ne pouvaient être mis en jugement que sur une accusation légalement admise par un jury. — *Cass.*, 8 vendém. an V, Latribouille.

229. — L'art. 21, L. 19 fruct. an V, réputait complice d'émigré tout individu convaincu d'avoir entretenu une correspondance avec un émigré pour des objets, quels qu'ils fussent, autres que la radiation de celui-ci. En conséquence il le déclarait passible de la peine portée par l'art. 6, tit. 4, L. 25 brum. an III. Or, cet article prononce, suivant les cas, dix ou quatre ans de fers. — La loi du 19 fruct. an V n'ayant fait aucune distinction, c'est la peine la moins forte qui aurait dû être appliquée.

230. — La loi du 19 fruct. an V accordait bien aux commissions militaires le droit de juger les émigrés, mais elle ne leur attribuait pas celui de

juger leurs complices. — *Cass.*, 18 messid. an VII, Massoni; 19 fruct. an VII, Carletti.

**Sect. 5e.** — *Des peines et incapacités prononcées contre les parens d'émigrés, les officiers publics et les tiers par rapport à l'émigration.*

231. — Les pères et mères qui ne pouvaient justifier de la résidence en France de leurs enfans qui avaient disparu, ou de leur mort, ou de leur emploi en pays étranger pour le compte de la nation, étaient assujétis à fournir, à leurs frais, un soldat à la patrie pour chaque enfant dont la résidence n'était pas constatée dans le royaume, sauf répétition contre leurs enfans. — Décr. 9 sept. 1792.

232. — Cette obligation fut doublée par le décret du 12 du même mois. Les pères et mères furent tenus de fournir l'habillement, l'armement et la solde de deux hommes par chaque enfant, pour tout le temps de la guerre.

233. — La valeur des remplacemens était arbitrée par le directoire du département et versée dans la caisse du receveur de district, ainsi que le montant de la solde à raison de quinze sous par jour, à compter du 1er janv. 1792. — Décr. 28 mars-5 avr. 1793, art. 55.

234. — Deux exceptions seulement étaient établies en faveur 1° des pères et mères dont les enfans étaient mariés et avaient eu un domicile particulier avant le 1er juill. 1789; — 2° de ceux qui justifiaient n'avoir pas plus de mille francs de revenu par ménage. — Même décr., art. 57.

235. — Un décret de l'assemblée nationale du 15 août 1792 ordonne que les pères, mères, femmes et enfans des émigrés demeureraient consignés dans leurs municipalités respectives, sous la protection de la loi et la surveillance des officiers municipaux, sans la permission desquels ils ne pouvaient en sortir sous peine d'arrestation.

236. — Sous l'empire du décret du 3 brum. an IV, les femmes d'émigrés, même divorcées et non remariées à l'époque de la publication dudit décret; les mères, belles-mères, filles et belles-filles d'émigrés, non remariées et âgées de plus de vingt-un ans, étaient tenues de se retirer dans la huitaine de la publication dudit décret, et jusqu'à la paix générale, dans la commune de leur domicile habituel en 1792, pour y rester sous la surveillance de leur municipalité, et ce, à peine de deux années de détention. Etaient exceptées néanmoins celles dont les communes étaient au pouvoir des rebelles, dans les départemens de l'ouest. — Décr. 3 brum. an IV, art. 12.

237. — Ces dispositions étaient également applicables à tout citoyen dont la femme était émigrée, ou qui était parent d'émigré aux degrés de père, beau père, gendre et petit-fils. — Même décret, art. 13.

238. — Le décret du 30 août 1792 supprime la pension de tout pensionnaire qui avait son père ou son fils émigré.

239. — Le décret du 30 août 1792 prononce la destitution de tout fonctionnaire public dont le père ou le fils était émigré.

240. — La même mesure fut étendue aux frères, oncles, neveux, époux des émigrés, et alliés aux mêmes degrés, par celui du 5 compl. an III. Néanmoins le comité de salut public pouvait les mettre en réquisition, s'il jugeait utile de les conserver dans leur emploi, sans que cette exception pût s'étendre aux fonctions administratives et judiciaires. — Décr. 6 compl. an III.

241. — Il en était de même à l'égard de ceux qui avaient épousé des sœurs d'emigrés. — Arrêté du conseil des anciens, 6 prair. an IV.

242. — L'incapacité d'exercer des fonctions publiques prononcée contre les parens d'émigrés, ne frappait point ceux qui, depuis la révolution, avaient constamment exercé des fonctions publiques au choix du peuple, ni ceux qui depuis la même époque avaient constamment porté les armes pour la défense de la patrie, ou qui, ayant cessé leurs fonctions, n'avaient employé cette interruption que pour aller joindre les phalanges républicaines et combattre les ennemis de la patrie. — Décr. 3 brum. et 17 vent. an IV.

243. — Tout fonctionnaire public convaincu d'avoir conduit en pays étranger ses enfans mineurs, ou favorisé leur émigration d'une manière quelconque, ou d'avoir entretenu une correspondance coupable avec des émigrés encourait la destitution, et était, en outre, déclaré incapable de remplir aucune fonction publique. — Décr. 30 août-3 sept 1792.

244. — Les pères, fils et petits-fils, frères et beaux-frères, les alliés au même degré, ainsi que les oncles et neveux d'individus inscrits sur la liste des émigrés et non définitivement rayés, ont été exclus jusqu'à la paix générale, de toutes fonctions législatives, administratives, municipales et judiciaires, ainsi que de celles de haut-juré près la haute cour nationale, et de juré près les autres tribunaux. — Décr. 3 brum. an IV, art. 2; L. 9 mess. an V, art. 1er; L. 19 fruct. an V, art. 8 et 9.

245. — Ceux qui, se trouvant dans le cas prévu dans le numéro précédent, avaient accepté l'une des fonctions qui y sont indiquées, étaient obligés de s'en démettre dans les vingt-quatre heures, à peine de deux années de fers. — L. 3 brum. an IV, art. 2 et 3. — L. 19 fruct. an V, art. 8 et 9.

246. — Ils ne pouvaient non plus être admis à voter dans les assemblées primaires ni être nommés électeurs. — L. 19 fruct. an V, art. 10.

247. — Il n'était fait exception aux règles précédentes qu'en faveur 1° des citoyens qui avaient été membres de l'une des trois assemblées législatives: — 2° de ceux qui, depuis l'époque de la révolution, avaient rempli sans interruption des fonctions publiques au choix du peuple; — 3° et ceux qui obtiendraient la radiation définitive de leurs parens ou alliés. — L. 3 brum. an IV, art. 4; L. 19 fruct. an V, art. 9 et 10.

248. — Les lois du 3 brum. an III, 19 fruct. an V et 9 frim. an VI, qui excluaient de la participation aux droits politiques et de l'admissibilité aux fonctions publiques les parens d'émigrés et les ci-devant nobles, ont cessé d'exister par le fait de la constitution de l'an VIII. — Avis Cons. d'état, 4 niv. an VIII.

249. — Les administrateurs, officiers municipaux et tous autres fonctionnaires publics convaincus d'infidélité dans l'exercice de leurs fonctions relativement aux dispositions du décret du 28 mars-5 avr. 1793, étaient passibles de deux années de fers, et en outre responsables sur tous leurs biens présens et à venir, des torts que leur infidélité aurait occasionnés à la république ou aux particuliers. — Décr. 28 mars-5 avr. 1793, art. 60.

250. — Ceux qui n'étaient coupables que de négligence étaient seulement soumis à la destitution. — Même décret, art. 59. — V. aussi décr. 25 juill. 1793, art. 21.

251. — Ceux qui troublaient les administrateurs nationaux ou les acquéreurs des biens d'émigrés dans leur administration ou acquisition; ceux qui faisaient enlever les fruits et qui commettaient des dégradations dans les biens des émigrés vendus ou à vendre, étaient punis des peines prononcées par les lois correctionnelles. — Décr. 28 mars-5 avr. 1793, art. 50.

252. — Ceux qui nuisaient à la vente des biens des émigrés par des voies de fait ou des menaces, étaient passibles de la peine de quatre ans de fers, et en outre responsables, sur tous leurs biens présens et à venir, du tort que leur délit pouvait occasionner à la république. — Décr. 28 mars-5 avr. 1793, art. 52.

253. — Quand les délits énoncés dans les deux numéros qui précèdent avaient été commis par des parens ou agens des émigrés, ils encouraient la peine de six années de fers. — Même décr., art. 53.

254. — Les officiers municipaux ou autres fonctionnaires préposés à cet effet, qui avaient délivré des certificats de résidence sans s'être procuré l'attestation de deux citoyens actifs domiciliés, étaient personnellement responsables des sommes touchées indûment en vertu de ces certificats. — — Décr. 30 mars 1792, art. 10.

255. — Les citoyens convaincus d'avoir faussement attesté, devant les officiers préposés, la résidence d'un citoyen étaient punis des peines du faux en matière publique, et en outre responsables des sommes touchées en vertu des certificats délivrés sur leur attestation. — Décr. 30 mars 1792, art. 11.

256. — Les administrateurs qui refusaient, sous quelque prétexte que ce fût, de mettre en vente les biens des émigrés et autres domaines nationaux, étaient punis de dix années de fers. — Décr. 11 sept. 1793.

257. — Les préposés des domaines nationaux qui refusaient d'affermer lesdits biens sous prétexte que les soumissions étaient insuffisantes, ou sous tout autre prétexte, étaient passibles des mêmes peines. — Décr. 11 sept. 1793, art. 2.

**Sect. 6e.** — *Séquestre des biens des ascendans d'émigrés.*

258. — Le décret du 17-20 frim. an II ordonnait le séquestre des biens appartenant aux pères et mères qui avaient des enfans mineurs émigrés. Si les enfans étaient majeurs, le séquestre n'en devait pas moins être apposé à moins que les pères et mères ne prouvassent qu'ils avaient agi activement et de tout leur pouvoir pour empêcher l'émigration.

259. — Le séquestre apposé sur les biens d'un individu, père d'un émigré, ne privait pas celui-ci de l'exercice de ses actions. — *Cass.*, 25 thermid. an V, Gislain-Boutin c. comm. de La Ferté-Loupière.

260. — Jugé que l'individu dont les biens étaient séquestrés en sa qualité de père d'émigré, n'était pas légalement représenté par l'agent national du district; néanmoins cet individu n'était pas forcé d'attaquer, par la voie de la tierce-opposition, le jugement rendu contre l'agent national comme le représentant, et il était recevable à en demander la cassation. — Même arrêt.

261. — L'arrêté du 24 thermid. an IX, qui défendait de donner main-levée du séquestre des bois et forêts mis sous la main de la nation par suite d'émigration et déclarés inaliénables par la loi du 2 niv. an IV n'était pas applicable aux bois séquestrés sur les ascendans d'émigrés rayés, éliminés ou amnistiés. Ces bois devaient être restitués aux ascendans. — Décis. min. 24 frim. an XII.

**Sect. 7e.** — *Confiscation des biens d'émigrés.*

§ 1er. — *Séquestre, confiscation et vente des biens corporels.*

262. — La loi du 9-12 fév. 1792 mit les biens des émigrés sous la main de la nation, et les plaça sous la surveillance de l'autorité administrative. Le décret du 30 mars-8 avr. suivant affecta ces biens et leurs revenus à l'indemnité due à l'état par les émigrés. Enfin, le 27 juill. de la même année, l'assemblée nationale décréta la confiscation et la vente, au profit de la nation, de tous les biens mobiliers et immobiliers des émigrés. Le principe de la confiscation fut maintenu plus tard par les constitutions du 5 fructid an III, art. 373, et 22 frim. an VIII, art. 93.

263. — Pour assurer l'application de ce principe, il était nécessaire d'établir des règles différentes, suivant qu'il s'agissait de biens meubles ou immeubles, de créances, de droit indivis, etc. L'administration devait également varier suivant la nature des biens; enfin le mode de vente ou l'emploi de ces biens ne pouvait non plus être identique. Tout cela fut l'objet de lois tellement nombreuses qu'il serait impossible de présenter même une simple analyse de leurs dispositions. Nous nous contenterons de citer celles qui sont les plus importantes, en indiquant les difficultés auxquelles elles ont donné lieu.

264. — Les difficultés qui pouvaient s'élever sur la question de savoir si l'absence d'un citoyen était de nature à entraîner le séquestre de ses biens devaient être portées au directoire du département. — Décr. 30 mars-8 avr. 1792, art. 12.

265. — Et ce directoire devait également connaître des difficultés relatives à l'administration des biens séquestrés. — Même article.

266. — Le mode de vente des biens confisqués sur les émigrés a été réglé notoirement par les décrets des 14 août-2 sept.-24 oct.-11 nov. 1792; 2 janv.-1er fév.-24 avr.-25 juill.-13 sept. 1793; 12 flor. an II; 8 prair. an III, etc. — V. aussi BIENS NATIONAUX.

267. — Les lois spéciales relatives à la vente des biens des émigrés, qui n'ont reproduit ni expressément ni implicitement les dispositions de l'édit de 1551 sur les criées, et qui, d'ailleurs, ont réglé les formes particulières à suivre sur la matière, les déchéances encourues et les effets que ces ventes produisent à l'égard des tiers, sont seules applicables aux biens vendus nationalement. Plus spécialement, l'adjudicataire d'un bien d'émigré vendu par la nation ne peut se prévaloir des dispositions de l'édit de 1551 pour prétendre que l'immeuble lui a été vendu franc d'une servitude d'extraction de marne, à défaut de mention de cette servitude dans le procès-verbal d'adjudication. — *Orléans*, 31 déc. 1835, et *Cass.*, 20 déc. 1836 (t. 1er 1837, p. 46), Jousselin c. du Murget.

268. — Jugé que les tribunaux sont compétens pour prononcer sur le mérite d'un acte dont la nullité, si elle était prononcée, pourrait néanmoins avoir l'effet d'annuler des ventes de biens nationaux ou de dépouiller l'état des biens qu'il possède en vertu de cet acte, comme représentant un émigré. Spécialement, ils peuvent connaître de la demande en nullité d'un testament, encore qu'une partie des biens légués ait été recueillie par le gouvernement et affectée à la dotation d'une sénatorerie. — *Cass.*, 9 août 1809, Disses c. Berty-Fabry.

## § 2. — *Nullité et aliénations faites par les émigrés.*

269. — Après la promulgation du décret du 9 fév. 1792, les émigrés n'ont pu valablement disposer de la propriété, de l'usufruit, ou du revenu de leurs biens. — Décr. 30 mars-8 avr. 1792, art. 2 ; décr. 28 mars 1793, art. 40.

270. — Les actes authentiques émanés d'émigrés postérieurement à la loi du 9 fév. 1792 n'ont pu être considérés comme nuls, lorsqu'il est établi que les signataires de ces actes n'avaient émigré que depuis l'époque où leur authenticité avait été acquise. — *Cass.*, 12 mars 1838 (t. 1er 1838, p. 411), bur. de bienf. de Campagnac c. de Boquefeuil.

271. — Toutes donations entre-vifs ou à cause de mort, même celles faites par testament, codicille et contrat de mariage, et tous autres actes de libéralité faits par des émigrés ou leurs fondés de pouvoirs, depuis le 1er juill. 1789, sont nuls et de nul effet. — Décr. 28 mars 1793, art. 39.

272. — Une exception avait cependant été établie relativement aux dispositions rémunératoires contenues dans des actes authentiques en faveur des nourrices, instituteurs et domestiques, pour leurs services antérieurs au 9 fév. 1792, mais jusqu'à concurrence seulement de 1,000 liv. de rente ou pension viagère pour chaque donataire. — Décr. 28 mars 1793, art. 39.

273. — La nullité des donations faites par des émigrés, depuis le 1er juill. 1789, ne pouvait être opposée aux tiers qui avaient acquis des biens compris dans ces donations par acte ayant acquis date certaine antérieurement à la promulgation du décret du 9 fév. 1792. — Décr. 28 mars 1793, art. 39.

## § 3. — *Biens indivis.*

274. — L'art. 14, L. 13 vent. an III, accordait aux copropriétaires de biens indivis avec des émigrés la jouissance provisoire de ces biens. Mais cette disposition fut abrogée par le décret du 9 frim. an VII. En conséquence, les biens indivis avec la république, comme représentant des émigrés, furent séquestrés et administrés comme biens nationaux.

275. — Tout copropriétaire de biens indivis avec un émigré avait le droit de demander le partage en nature, lorsque ce partage était possible, pourvu toutefois qu'il eût justifié de sa qualité de copropriétaire dans les formes et dans les délais tracés par la loi. Faute de ces justifications, les biens étaient vendus en totalité, et les copropriétaires ne conservaient leurs droits que sur le prix. — Décr. 13-18 sept. 1793, art. 9; 1er flor. an III, art. 93 ; 29 flor.-30 thermid. an IV; 13 vent. an V.

276. — La loi du 1er flor. an III, dont les art. 95, 96 et 101 ont ordonné la vente des biens indivis avec des émigrés, sans partage préalable, si, dans les trois mois, le copropriétaire ne justifiait pas de ses titres de propriété, sauf les droits de ce copropriétaire *dans le prix de la vente*, n'a réglé que les rapports de l'état avec les propriétaires indivis et les créanciers d'émigrés, et non ceux des copartageans non émigrés ou rayés à l'égard desquels le droit commun a conservé son empire. — Dès-lors, si, après la radiation de l'émigré, le copropriétaire a demandé le partage des biens indivis dont partie seulement a été vendue par l'état sans partage préalable, les juges ont pu comprendre dans le lot de ce copropriétaire les immeubles non vendus au lieu du prix de ceux mis en vente, et faire entrer la partie vendue dans le lot de l'émigré rayé. — *Cass.*, 21 germin. an XIII, Vaudoré c. Remy de Caulin.

277. — A l'égard des propriétés indivises reconnues impartageables par le directoire du district, elles devaient être vendues en totalité, et l'acquéreur devait payer aux copropriétaires la quotité leur revenant dans le prix, d'après la reconnaissance qui en avait été faite par le directoire de district. — Décr. 13-18 sept. 1793, art. 8.

278. — Jugé que les acquéreurs d'immeubles indivis avec des émigrés n'ont pas dû verser dans la caisse nationale la portion du prix due au copropriétaire non émigré, lorsque, par une clause de l'adjudication, l'administration les avait assujétis à payer dans la forme prescrite par la loi du 13 sept. 1793, et que la production des titres l'avait mise à même de constater les droits dus au copropriétaire (L. 13 sept. 1793). — Ce mode de procéder a dû recevoir son exécution alors même que l'adjudication était antérieure à la loi du 1er flor. an III. — Sous cette dernière loi, le versement de la totalité du prix dans les caisses nationales ne devait avoir lieu que dans le cas où, à défaut de production de titres, la part des copropriétaires

ÉMIGRÉS, sect. 7e.

n'avait pu être déterminée. — *Cass.*, 1er frim. an XI, Mazard c. Cardinet.

279. — Sous l'empire du décret du 1er flor. an III, art. 112, les créances sur les biens indivis étaient liquidées par les corps administratifs, comme les autres créances sur les émigrés, mais pour la portion seulement qui concernait la nation, et après qu'elles avaient été préalablement discutées par les parties intéressées. Néanmoins les liquidations déjà faites, conformément à la loi, par les corps administratifs, étaient maintenues, sauf à répéter sur les copartageans les portions de ces créances qui avaient été acquittées à leur décharge, toute action de solidarité envers la nation à raison desdites créances demeurant éteinte.

280. — La liquidation et le partage faits par l'état, comme représentant des émigrés, avec des cohéritiers de ces émigrés, d'une créance indivise entre eux, ne peut être attaquée par les cohéritiers qui y ont concouru ou par leurs représentans. — *Limoges*, 1er juin 1837 (t. 2 1838, p. 516), Laramade de Friac c. l'hospice de Turenne.

281. — Lorsqu'un immeuble supposé appartenir pour moitié à un émigré a été frappé d'abord du séquestre national, et compris ensuite dans un partage intervenu entre la république et les autres ayant-droit, les enfans de l'émigré ne peuvent ultérieurement prétendre que la moitié de l'immeuble dévolue à l'état, comme représentant leur père, n'appartenait pas à ce dernier, mais à eux-mêmes, du chef de leur mère, et, sur ce motif, en revendiquer la propriété contre des tiers, sans être tenus de faire statuer préalablement par l'autorité administrative sur le mérite de la confiscation et du partage qui en a été la suite. — *Cass.*, 11 fév. 1829, commune de Colombier c. Rotalier.

## § 4. — *Créances sur l'état et sur les particuliers. Actions.*

282. — *Créances.* — Les créances des émigrés contre l'état se sont trouvées éteintes par compensation, du moment où les actions de l'émigré sont devenues la propriété de la nation.

283. — Les rentes et pensions dues par l'état à des émigrés ont été annulées par un décret du 12-13 sept. 1792.

284. — Celui qui était tenu, comme usufruitier ou comme mandataire, de faire liquider une rente due par l'état, ne peut être passible d'aucuns dommages-intérêts pour n'avoir pas fait faire cette liquidation, lorsqu'il est certain qu'elle était impossible à cause de l'émigration du propriétaire. — *Cass.*, 21 mai 1822, de Rohan c. de Latour-d'Auvergne.

285. — Les débiteurs des émigrés, à quelque titre que ce fût, ne pouvaient se libérer valablement qu'en payant à la caisse du séquestre. — Tout paiement fait aux émigrés ou à leurs représentans depuis la promulgation de la loi du 9 fév. 1792 était nul, ainsi que les paiemens faits par anticipation avant l'échéance des termes portés aux titres de créance, à moins que la preuve de ces paiemens anticipés ne fût consignée dans le titre même, ou dans un autre acte dont la date fût légalement certaine. — Décr. 30 mars et 8 avr. 1792, art. 14 et 15.

286. — Mais la nullité portée par les lois du 8 avr. 1792 et 28 mars 1793 contre les paiemens faits à des émigrés n'était relative qu'à l'intérêt national; elle ne pouvait dès-lors être invoquée par l'émigré après sa radiation. — *Cass.*, 15 vent. an XII, d'Hautefort c. Delahaye.

287. — Par suite du même principe, celui qui, ayant acquis un immeuble d'un individu porté depuis sur la liste des émigrés, a fait, postérieurement à la loi du 8 avr., des paiemens à un créancier hypothécaire délégué par le contrat, n'a pu être admis à s'en faire rembourser le montant par celui-ci lorsque, en raison de leur nullité, il a été obligé de payer une seconde fois entre les mains du fisc. — *Cass.*, 22 germin. an IX, Mainville c. Terray. — V. conf. Merlin, *Quest.*, v° *Émigré*, § 5.

288. — Encore que l'autorité judiciaire ait été saisie, par renvoi d'un arrêté préfectoral, de la question de la validité de paiemens faits à la nation comme représentant un émigré, les tribunaux doivent, si l'arrêté administratif a été frappé de recours au conseil d'état, s'abstenir de statuer jusqu'à ce qu'il ait été prononcé sur ce recours. — *Cass.*, 11 nov. 1811, Gaillot c. Giguet.

289. — Tout débiteur d'émigré était obligé de faire à l'autorité administrative la déclaration de sa dette. — L. 31 oct. 1792, art. 11, 16 et 17; 25 juill. 1793; 26 frim. an II, art. 8.

290. — ... Et ceux qui n'avaient point fait cette déclaration, conformément à la loi du 25 juill. 1793, devaient, par cela même, être réputés de

ÉMIGRÉS, sect. 7e.

mauvaise foi. — *Metz*, 28 avr. 1819, ci-devant communautés des juifs c. Tardif.

291. — Jugé encore que la prescription de vingt ans et vingt jours, établie par l'art. 8, tit. 14, cout. Metz, qui était fondée sur la présomption de paiement et sur la bonne foi de celui qui l'opposait, a pu être écartée par l'exception de mauvaise foi, et que la mauvaise foi peut résulter, par exemple, de ce que le débiteur d'un émigré n'aurait pas fait la déclaration de la dette, conformément à la loi du 25 juill. 1793. — *Metz*, 12 mars 1819, de Macklot c. de la Tournelle. — V. aussi *Cass.*, 24 août 1820, mêmes parties.

292. — Sous les lois des 31 oct. 1792 et 26 frim. an II, un débiteur d'émigré encourait les peines portées pour défaut de déclaration, si, au lieu de faire une déclaration formelle, il déposait une transaction établissant sa dette, en se présentant comme créancier d'un autre émigré. — *Cass.*, 4 vent. an VII, Delcasso.

293. — L'acceptation par l'état, représentant un émigré dont les biens ont été vendus nationalement, de compensation offerte par un débiteur de cet émigré, porteur de créances à recouvrer par cet émigré, n'a pas constitué une décision administrative sur la réalité des créances à répéter sur l'émigré. Si donc, il arrive que l'émigré rentré conteste à l'acquéreur de ses biens la légalité de la compensation; s'il soutient que les titres de créance étaient *simulés*, cette question de *simulation* et de *libération* peut être jugée par les tribunaux sans pour cela qu'ils portent atteinte aux décisions ou arrangemens de l'administration. — — *Cass.*, 5 fév. 1827, Tronche c. Sanzillon.

294. — La prescription n'a pas couru au profit d'un débiteur émigré, lorsque le créancier n'a pu agir contre le gouvernement, en ce qu'il n'avait qu'un titre sous seing-privé. — *Metz*, 22 mars 1819, de Macklot c. de Latournelle.

295. — *Actions.* — Les droits et actions d'un individu inscrit sur la liste des émigrés appartenaient à la nation et c'était contre elle que devaient être intentées les actions relatives aux immeubles séquestrés sur l'émigré. — *Cass.*, 15 messidor an XI, Poultier c. de Billey.

296. — L'état plaidant comme confiscataire des biens d'un émigré a été censé représenter tacitement les autres émigrés de la même famille, avec lesquels il avait identité d'intérêts et de moyens. — Dès-lors, l'émigré représenté tacitement a été non recevable après sa radiation à former tierce-opposition aux jugemens rendus contre l'état, exerçant dans le même intérêt que lui les droits d'un autre émigré de la même famille. — *Paris*, 5 pluv. an XIII, de Gestas.

297. — La décision rendue contre l'état représentant l'émigré et qui a annulé une donation faite à celui-ci, n'a profité qu'à ceux des héritiers du donateur qui y avaient été parties. Mais la validité de la donation recueillie par cette décision a pu être invoquée contre ceux avec lesquels elle n'avait pas été rendue. — *Cass.*, 28 juin 1808, préfet de l'Eure et Crotat c. Bois-Roussel.

298. — La nation n'a pas eu qualité pour représenter en justice un citoyen non encore inscrit sur la liste des émigrés. En conséquence, les jugemens rendus contre elle à ce titre avant l'époque de l'inscription ont pu être frappés de tierce-opposition par le prévenu d'émigration. — *Cass.*, 5 prair. an VIII, Plotho c. Lagrange.

299. — Lorsque deux frères ont émigré, il ne s'est pas opéré confusion de leurs droits héréditaires entre les mains de l'état, si celui-ci, procédant en vertu de la loi du 9 flor. an III, a déclaré renoncer aux droits qu'il aurait pu prétendre, du chef de l'un de ces émigrés, dans les biens de ses père et mère. — Dès-lors la prescription de l'action en partage et en supplément de légitime appartenant à l'émigré dont les droits étaient restés entre les mains de la nation a couru contre lui pendant la durée de l'émigration au profit des représentans de son frère émigré, du chef duquel l'état avait renoncé. — *Limoges*, 16 juin 1840 (t. 2 1840, p. 574), Decous c. Devillemonne et de Standack.

300. — Le domaine public a pu appeler, en vertu de la loi du 28 brum. an VII, d'un jugement rendu en arbitrage forcé, qui a évincé un ascendant d'émigré d'une forêt prétendue communale, s'il a agi comme héritier de l'ascendant quoiqu'il n'ait pas été partie dans le jugement, et bien que l'ascendant, avant la loi de prair. an IV, l'ait spontanément exécuté. — *Cass.*, 21 prair. an XIII, de Menou c. l'état et Damas.

301. — L'appel interjeté par le domaine public en vertu de la loi du 18 brum. an VII, d'un jugement arbitral qui a évincé un ascendant d'émigré d'une forêt prétendue communale, a profité aux héritiers non émigrés de celui-ci, quoique les

biens de l'ascendant eussent été divisés par un partage de présuccession entre lui et la nation et lors même qu'avant cet appel ils eussent formé pourvoi contre le jugement arbitral et que leur requête eût été rejetée. — *Cass.*, 21 prair. an XIII, de Menou c. l'état et Damas.

§ 5. — *Successions et partages de présuccessions.*

302. — Les successions échues aux émigrés pendant leur mort civile n'ont pas été dévolues au gouvernement de plein droit et sans que la main-mise nationale fût nécessaire sur les biens de la succession. — Le séquestre national était indispensable pour opérer la saisine du gouvernement. — A défaut de séquestre et de saisine légale du gouvernement, les héritiers au degré subséquent, appelés par la loi en cas d'incapacité ou d'abstention de l'héritier plus proche, ont pu recueillir la succession par un droit personnel. — *Riom*, 14 janv. 1820, Beau c. de Laval.

303. — Les cohéritiers d'un émigré qui, par suite d'un partage fait avec la nation qui le représentait, ont été mis en possession d'un bien dépendant de la succession du père commun, n'ont pas été tenus d'entretenir les baux consentis par la nation pendant la durée du séquestre. — *Paris*, 15 therm. an XI, Pradier c. Rochechouart.

304. — La forme de procéder, prescrite par la loi du 22 frim. an VII et par celle du 27 vent. an IX, n'a pas dû être suivie dans la poursuite faite par la régie des domaines des droits successifs d'un émigré. — *Rennes*, 12 août 1811, N.... c. le domaine.

305. — Le bureau du domaine national, établi à Paris et substitué à l'administration du département pour tout ce qui concernait les biens nationaux, avait droit et qualité pour représenter seul et sans aucune autorisation les émigrés dans toutes les successions ouvertes à leur profit, et pour défendre en justice à toutes actions relatives à ces mêmes successions. — *Paris*, 10 janv. 1808, Lag... c. Pont...

306. — Il avait qualité pour défendre dans un procès qui intéressait un prévenu d'émigration dans une succession ouverte à Paris, alors même que l'émigré eût été domicilié dans un autre département. — *Cass.*, 29 déc. 1809, Boniface c. Meaupou.

307. — La disposition de l'arrêté du 3 flor. an XI, qui affectait aux créanciers de l'émigré les successions échues pendant sa mort civile, n'a pas reçu son application au cas où le gouvernement déclarait qu'il n'avait aucun droit sur ces successions à défaut de séquestre apposé sur les biens. — *Riom*, 14 janv. 1820, Beau c. de Laval.

308. — Les tribunaux étaient incompétens pour admettre un émigré amnistié au partage d'une succession échue pendant son émigration, et à intervenir dans une instance relative à ce partage tant que l'autorité administrative ne lui avait pas reconnu la qualité d'héritier. — *Cass.*, 28 juin 1808, préfet de l'Eure et Crotat c. Bois-Roussel.

309. — L'autorité administrative était seule compétente pour connaître des contestations relatives aux successions indivises entre des républicoles et la nation représentant des émigrés. C'est donc devant cette autorité que les créanciers de ces successions ont dû poursuivre l'exercice de leurs droits, même en ce qui touche les républicoles. — *Paris*, 21 therm. an XIII, Rohan Guemene c. l'état; — Merlin, *Rép.* et *Quest. de dr.*, vis *Emigré*; Favard de Langlade; Cormenin, *Quest. de dr. administ.*, vo *Emigré*.

310. — Le même arrêt a décidé implicitement que l'arrêté d'un préfet qui fixait la part afférente à un républicole dans une succession indivise entre celui-ci et la nation représentant un émigré n'a pas fait cesser l'indivision à défaut d'être suivi d'un partage réel. — *Paris*, 21 therm. an XIII, Rohan-Guéménée c. l'état.

311. — Les tribunaux sont compétens pour statuer sur la question de propriété élevée par un tiers à l'égard d'un immeuble compris dans un partage fait administrativement entre la nation et les cohéritiers d'un émigré. — *Bourges*, 30 août 1809, de Chabannes c. comm. de Villiers.

312. — *Partage de présuccession.* — La confiscation ne frappait pas seulement les biens présens, elle s'étendait jusque sur les biens à venir, jusque sur les simples espérances. Le décret du 9 flor. an III contraignit les pères et mères d'émigrés restés en France à faire dès-lors et de leur vivant un partage anticipé de leur succession future, comme s'ils eussent été décédés, et à remettre à la nation la part de leurs biens qui serait revenue à leurs enfans émigrés.

313. — Faute par l'ascendant d'émigré d'avoir fait avec l'état le partage de présuccession exigé par la loi du 9 flor. an III, les successions collatérales à lui échues sous l'empire de la loi du 8 messid. an VII ont été dévolues à l'état, sans que cet ascendant fût apte à les recueillir; dès-lors, la prescription des actions qui pouvaient être intentées contre une telle succession de la part d'un autre émigré a été suspendue pendant tout le temps que les droits et actions des deux émigrés se sont trouvés confondus dans les mains de l'état. — *Cass.*, 18 mai 1835, Ménardeau c. Loisel.

314. — L'émigré n'a pas perdu tous ses droits dans les successions de ses père et mère, par l'effet du partage anticipé qu'ils ont fait avec la république, conformément à la loi du 9 flor. an III. — La renonciation en son nom contenue dans l'acte de partage; a été réputée n'avoir été faite par le domaine que dans l'hypothèse et pour le temps de la mort civile, mais elle est restée sans effet après sa réintégration.

315. — Jugé, en conséquence, que, lorsque l'ascendant n'est décédé que depuis la radiation ou l'amnistie générale prononcée par le sénatus-consulte de l'an X, il a dû être fait un nouveau partage entre l'émigré et les héritiers non inscrits, sauf l'imputation à la charge du premier, de la part afférente au fisc dans le partage de présuccession. — *Paris*, 8 janv. 1821, de Vioménil c. de Montmort.

316. — ... Jugé dans le même sens, alors même que ce partage et l'ouverture de la succession auraient eu lieu avant la radiation. — *Angers*, 8 flor. an X, René de Sarcé c. de Sarcé.

317. — Jugé encore que, bien qu'il y ait eu partage de présuccession entre le fisc et un ascendant d'émigré mort avant l'amnistie, l'émigré amnistié n'a pas été pour cela exclu de la succession de cet ascendant. Dans ce cas, si le père avait racheté la part prélevée par la nation en vertu de la loi du 9 flor. an III, sur les partages de présuccession, l'émigré n'a dû rapporter à la succession que le prix payé par celui-ci pour le rachat de cette part, et non la valeur réelle des fonds qui la composaient. — *Agen*, 4 janv. 1808, Marens.

318. — Lorsque, par un partage de présuccession, le père d'un émigré a fait remise à l'état d'une rente viagère qu'il avait sur le trésor public, l'émigré amnistié qui vient à la succession de son père, mort depuis son amnistie, doit rapporter le capital de cette rente viagère. — *Cass.*, 27 oct. 1812, Conet-Duvivier c. Dommartin.

319. — Le fils d'un émigré réintégré dans les biens de son père pouvait encore accepter la succession de son aïeul, sous bénéfice d'inventaire, quoique le domaine qui représentait l'émigré eût, dans le partage de présuccession, agi comme héritier pur et simple de l'auteur de l'émigré. — *En d'autres termes*, le fait du domaine qui a procédé comme héritier pur et simple d'un émigré, au partage de présuccession du père de ce dernier, ne peut être imputé au fils de cet émigré et l'empêcher d'être héritier bénéficiaire de son aïeul. — *Metz*, 5 août 1819, Wandal c. Gand et Davillé.

320. — Il a été jugé que l'émigré amnistié a pu réclamer dans une succession ouverte depuis l'amnistie le bénéfice d'une institution contractuelle faite en sa faveur, alors même que dans un partage de présuccession fait avec le domaine, le bénéfice n'en eût pas été réclamé. — *Cass.*, 18 (et non 15) avr. 1812, Vidart.

321. — Jugé cependant d'un autre côté que l'émigré amnistié n'a pu réclamer le bénéfice d'une institution contractuelle ouverte en sa faveur, lorsque, dans un partage de présuccession fait avec l'état, les agens de l'administration *ont renoncé expressément* à cette institution, et que d'ailleurs, sur la foi de cette renonciation, des droits ont été transmis à un tiers. — *Cass.*, 24 mars 1824, de Goisson. — Ces deux décisions peuvent, au premier abord, sembler contradictoires, mais il faut remarquer que, dans l'espèce de l'arrêt de 1812, l'institution contractuelle n'était pas *ouverte* à l'époque du partage de présuccession, et que d'ailleurs les agens du domaine s'étaient seulement abstenus de s'expliquer sur le sort de cette institution, sans y renoncer expressément. D'une autre part, nul n'avait, comme dans l'espèce qui a donné lieu à l'arrêt de 1824, *acquis* de droits sur la foi de ce partage. Cette observation peut aider à concilier les deux décisions.

322. — La loi qui ordonnait le partage de présuccession des biens des pères d'émigrés, n'enlevait pas aux tiers le droit d'actionner et de faire condamner en justice les pères d'émigrés sans être tenus d'appeler l'état dans l'instance. Dès-lors l'état a été sans qualité pour former tierce-opposition aux jugemens rendus contre les pères d'émigrés sous l'empire de cette loi. — *Cass.*, 14 juill. 1835, comm. d'Arbigny; 21 prair. an XIII, comm. de Menou c. l'Etat et Damas.

323. — L'acte par lequel le gouvernement a abandonné aux frères et sœurs légitimaires d'un émigré, légataire universel de son père, des biens de la succession de celui-ci, recueillis par ce fils émigré, sur qui ils avaient été confisqués, est une dation en paiement de légitime, et non un partage de succession, et à ce titre ces biens leur ont été transmis libres de dettes et d'hypothèques. — *Cass.*, 13 mai 1824, de Maynoncourt c. Aymonet de Contreglise.

324. — Les arbitres nommés par l'agent national pour le père de l'émigré étaient sans droit pour prononcer sur une contestation engagée contre lui par une commune. — *Cass.*, 25 thermid. an V, Gislain-Bontin c. comm. de la Ferté-Loupière.

325. — L'autorité administrative est seule compétente, à l'exclusion de l'autorité judiciaire, pour fixer sur la contestation qui s'élève entre des émigrés amnistiés, et leurs frères et sœurs, le sens et l'étendue d'un acte de partage fait par l'état à titre de présuccession. — *Cass.*, 18 avr. 1808, Henrion; — Merlin, *Rép.*, vo *Partage de présuccession.*

§ 6. — *Nullité des confiscations antérieures à la loi du 8 niv. an III. — Restitution.*

326. — Le décret du 21 prair. an III a déclaré nulles et non avenues toutes confiscations, autres que celles maintenues par les art. 2, 3, 4 et 5, prononcées par les tribunaux ou commissions révolutionnaires, militaires ou populaires, et même par les tribunaux ordinaires jugeant révolutionnairement, jusqu'au jour de l'installation du tribunal révolutionnaire réorganisé en exécution de la loi du 8 niv. an III. En conséquence, main-levée du séquestre a été opérée, et les biens ont été remis aux époux survivans et aux héritiers.

327. — Lorsque les biens meubles ou immeubles n'existaient plus en nature entre les mains de la nation, les héritiers ou l'époux survivant ne pouvaient réclamer que le prix moyennant lequel ils avaient été vendus. — Même décret, art. 19 et suiv.

328. — En ordonnant la restitution des biens des condamnés révolutionnairement, la loi du 21 prair. an III a soumis, de la manière la plus absolue, les héritiers à prendre les choses dans leur état actuel, sans leur laisser le droit de critiquer les ventes faites par les agens du trésor. En conséquence, l'exception de l'art. 18, qui réserve aux héritiers *les droits qu'ils pourront faire valoir devant les tribunaux contre les particuliers, administrateurs ou préposés qu'ils accuseront d'enlèvemens, de soustraction ou d'autres abus*, ne s'applique qu'aux tiers préposés ou agens infidèles à qui le gouvernement aurait confié la gestion des biens pendant sa jouissance, et non aux acquéreurs et à ceux qui ont traité avec le gouvernement. A l'égard de ceux-ci, on ne saurait admettre aucune preuve tendant à établir leur mauvaise foi, la soustraction et les abus qu'il ont pu commettre. — *Cass.*, 11 juill. 1826, Frachon c. Johannot.

329. — En déclarant *non avenues* toutes les confiscations prononcées depuis le 4 mars 1793, la loi du 21 prair. an III a eu pour effet de faire considérer les successions des condamnés révolutionnairement comme n'ayant jamais passé dans les propriétés nationales, et de maintenir à leur égard l'ordre de succéder qui existait à l'époque du décès. — En conséquence, la république n'a pu, en vertu de cette loi, être contrainte à restituer les biens des condamnés révolutionnairement, si elle représentait ceux qui, à l'époque du décès, étaient héritiers de ces condamnés. — *Cass.*, 28 thermid. an X, Dauxy c. préfet du Nord.

330. — Jugé que c'est aux héritiers des condamnés révolutionnairement, qui étaient appelés par la loi ou par leur volonté à les représenter au jour de leur décès, qu'a appartenu le droit de réclamer la restitution de leurs biens confisqués, ou l'indemnité qui leur a tenu lieu, par préférence à ceux qui se trouvaient héritiers, au moment où la confiscation des biens a cessé. — *Cass.*, 26 janv. 1832, de Cossé-Brissac c. Dubarry.

331. — Lorsque, par exception à la loi du 21 prair. an III, ordonnant la restitution des biens des individus condamnés révolutionnairement à leurs héritiers, la confiscation de ces biens a été maintenue contre certains de ces derniers, cette confiscation a été implicitement abrogée à leur égard par la loi du 27 avr. 1825, qui a accordé une indemnité aux héritiers de ces condamnés, sans distinction, à raison de leurs biens confisqués et vendus, ainsi qu'aux émigrés, déportés, ou à leurs héritiers. — *Cass.*, 26 janv. 1832, de Cossé Brissac c. Dubarry.

332. — En maintenant le séquestre sur les biens des fermiers généraux et autres comptables con-

damnés révolutionnairement, la loi du 21 prair. an III n'a pas mis obstacle à ce que leurs créanciers pussent, pour conserver leurs hypothèques, prendre inscription. La loi du 16 vent. an IX n'étant applicable qu'aux émigrés ou prévenus d'émigration, ces créanciers n'ont pu se relever de leur déchéance en invoquant la prorogation de délai accordée par cette loi. — *Cass.*, 26 avr. 1813, Foucaud et Rabec c. d'Aligre.

333. — Le détenteur d'un immeuble hypothéqué à un douaire préfix en a été affranchi par le paiement de la portion du prix retenue pour son service entre les mains de la nation héritière, à titre de confiscation, de l'époux condamné révolutionnairement. Il n'a pu, dès-lors, être inquiété par les douairiers depuis la restitution des biens du condamné, cette restitution n'ayant eu lieu que sauf les droits acquis aux tiers. — *Paris*, 2 fructid. an XI, et *Cass.*, 19 thermid. au XII, Aved Loiserolles c. Collineau; — V. Merlin, *Rép.*, vo *Confiscation*, § 1er, no 14.

## Sect. 8e. — *Droits des créanciers.*

334. — Les lois qui ont prononcé la confiscation des biens des émigrés ont cherché à ne porter aucune atteinte aux droits des tiers; elles ont voulu en conséquence que les biens confisqués restassent le gage des créanciers, et que les dettes de chaque émigré fussent acquittées, autant du moins que les biens confisqués, tant meubles qu'immeubles, pourraient suffire, et non au-delà. — Décr. 30 mars-8 avr. 1792, art. 19 et 20; décr. 2-6 sept. 1792, etc.

335. — Toutefois, pour éviter que les émigrés ne parvinssent à s'approprier la valeur des biens dont ils avaient été dépouillés, en créant des obligations supposées, on n'admit que les créanciers dont les droits avaient une existence certaine antérieure à la confiscation elle-même.

336. — En conséquence, on décida que les créanciers porteurs de titres authentiques antérieurs au 9 fév. 1792, les ouvriers et fournisseurs qui justifieraient de travaux et fournitures faits pour les émigrés avant la même époque, seraient payés de leurs créances sur les revenus des biens des émigrés échus avant ladite époque, en affirmant leur créance sincère et véritable devant le directoire du district du lieu où ils se trouveraient, et, à l'égard des ouvriers et fournisseurs, après vérification et réglement par experts de leurs travaux et fournitures, sans préjudice du droit que conservaient ces créanciers de faire vendre les biens pour l'acquit de leurs créances, dans la forme ordinaire pour les meubles, et dans celle prescrite par l'article suivant pour les immeubles. — Décr. 30 mars-8 avr. 1792, art. 19.

337. — Lorsqu'un créancier résidant en France était fondé, en vertu d'un titre authentique antérieur à la promulgation du décret du 9 fév. 1792, à faire vendre un immeuble appartenant à son débiteur émigré, il pouvait un mois après le commandement fait au dernier domicile connu du débiteur émigré et dénoncé au procureur-général-syndic du département, provoquer d'abord l'estimation et ensuite la vente de l'immeuble, dans la forme prescrite pour l'aliénation des domaines nationaux, en observant toutefois de faire publier chacune des affiches dans le lieu de la situation de l'immeuble et dans celui du dernier domicile connu de l'émigré. — Même décr., art. 20.

338. — Pour fixer préalablement à toute aliénation les droits, soit exigibles, soit éventuels, dont les biens pouvaient être grevés, la confiscation était proclamée par trois affiches et publications successives dans les municipalités de la situation des biens meubles et immeubles. — Décr. 2-6 sept. 1792, art. 5.

339. — Tout créancier ou ayant-droit, à quelque titre que ce pût être, devait faire sa déclaration et le dépôt de ses titres justificatifs au secrétariat de l'administration du district du dernier domicile connu de l'émigré, indiqué par les affiches. Le délai pour faire cette déclaration fut d'abord fixé à deux mois à partir de la première affiche, par le décret du 2-6 sept. 1792, art. 6, mais il fut prorogé, par les décrets des 20 niv. an II, 1er flor. et 22 thermid. an III, jusqu'au 1er vendém. an IV.

340. — Le créancier qui n'avait pas fait sa déclaration dans le délai fixé encourait la déchéance. — Décr. 2-6 sept. 1792.

341. — Les créanciers des émigrés ont été déclarés créanciers de la république, excepté ceux des émigrés en faillite ou notoirement insolvables. — Décr. 1er flor. an III (20 avr. 1795), tit. 1er, art. 1er.

342. — Tout ce qui concerne les productions de titres, les unions de créanciers, la liquidation des créances, la collocation et le paiement des créanciers, a été réglé avec le plus grand soin et d'une



manière très étendue par différentes lois, et notamment par celles des 2-6 sept. 1792, 25 juill. 1793, 1er flor. et 4e complém. an III, etc.

343. — La loi du 8 avr. 1792, qui admettait au paiement de leurs créances sur les biens des émigrés les créanciers porteurs de titres authentiques antérieurs au 9 février de cette année, a, par cela même, exclu les porteurs de titres non authentiques; et ces derniers n'ont pu être autorisés à prouver, tant par titres que par témoins, que la date de leurs obligations était antérieure à l'époque fatale. — *Cass.*, 6 sept. 1793 (int. de la loi).

344. — La déchéance prononcée contre les créanciers d'émigrés dont les titres n'avaient pas date certaine n'a eu lieu qu'au profit de l'état et n'a pu être invoquée par l'émigré amnistié. — *Agen*, 22 août 1809, Larsenne c. Lurde.

345. — Jugé de même que les lois qui fixaient le délai dans lequel les créanciers d'émigrés étaient tenus de se présenter et de déposer leurs titres ne prononçaient de déchéance que dans l'intérêt du trésor public; que dès-lors le créancier ne pouvait être privé de ses droits envers celui avec lequel il avait contracté qu'autant qu'il avait poursuivi l'état, obtenu et accepté de lui le paiement de sa créance. — *Rennes*, 12 mars 1823, Binel c. de Landal; *Colmar*, 15 juin 1831, Schauenbourg c. Bloch.

346. — Un arrêt de la cour de Cassation a décidé que celui qui avait une servitude active sur un bien d'émigré était tenu, pour la conserver, d'en faire, sous peine de déchéance, la déclaration, et d'en déposer les titres au secrétariat de l'administration dans le délai déterminé par la loi. — *Cass.*, 27 brum an VII, Lebouc c. Monville.

347. — Jugé, au contraire, que la déchéance prononcée par l'art. 6, L. 2 sept. 1792, relative à la vente des biens des émigrés contre les *créanciers ou ayant-droit* de ces derniers, *à quelque titre que ce puisse être*, qui n'auraient pas fait leur déclaration et le dépôt de leurs titres justificatifs, dans le délai fixé par cet article, au secrétariat de l'administration du district du dernier domicile connu de l'émigré, ne s'appliquait pas aux droits réels, et particulièrement aux servitudes qui pouvaient être prétendues sur les biens de ces émigrés. — *Orléans*, 6 déc. 1838 (t. 1er 1839, p. 137), Brucy c. Prochasson et Perronnet.

348. — Les créanciers des émigrés qui ont demandé la liquidation de leurs créances ont conservé leurs droits et actions contre leurs débiteurs, tant que la liquidation et le paiement n'ont pas été effectués. — *Paris*, 11 mai 1812, Chanu et Plastrier c. Ambert.

349. — La liquidation administrative d'une créance sur un émigré n'a pu être considérée comme ayant opéré l'extinction ou la novation de cette créance, lorsqu'il n'était pas justifié que le créancier l'eût acceptée ou en eût fait un usage quelconque à son bénéfice. — *Rennes*, 19 mai 1820, de Kerouartz c. Coatrneu.

350. — La prescription a couru contre les créanciers d'un émigré, alors qu'ils étaient porteurs d'un titre en vertu duquel ils pouvaient agir contre l'état. — *Agen*, 4 janv. 1827, Dossun c. Cassins et Lavolvène; *Cass.*, 15 avr. 1828, de Sarret c. Tauriac; 20 fév. 1834, mêmes parties.

351. — Jugé encore que la prescription peut être opposée par l'émigré au créancier qui, ayant encouru la déchéance envers l'état, représentant l'émigré, faute d'avoir produit à la liquidation, aux termes de la loi du 1er flor. an III, est resté sans agir pendant trente ans, depuis la date de son titre. — *Cass.*, 16 déc. 1829, Martineau c. de Lacoudraye.

352. — Mais la prescription n'a pas couru pendant l'émigration du débiteur contre le créancier porteur de titres sous-seing privé, sans date certaine avant l'émigration, et qui conséquemment ne pouvait agir. — *Paris*, 28 janv. 1828, Crémieu c. d'Autichamp.

353. — Jugé aussi que les émigrés sont tenus des arrérages de rente dont ils étaient débiteurs avant leur émigration, à compter seulement du jour de la remise de leurs biens confisqués, dans le cas, par exemple, où le titre de la créance étant sans date certaine a été vainement présenté à la liquidation. — *Amiens*, 10 mai 1823, Lamirault c. Lesur.

354. — La réclamation faite à l'état par le créancier d'un émigré du montant de sa créance, a eu pour effet d'interrompre la prescription vis-à-vis de cet émigré. — *Colmar*, 9 prair. an XIII, Barbaud c. Yves.

255. — Jugé aussi que le dépôt au secrétariat du district d'un titre de créance contre un émigré, afin d'en obtenir la liquidation, était équipollent à une action dirigée contre l'état, qui se trouvait alors complétement substitué à l'émigré, et que le fait seul du dépôt était interruptif de prescription.



— *Cass.*, 21 mars 1834, Dudresnay c. Debuire; *Colmar*, 9 prair. an XIII, Barbaud c. Yves; *Paris*, 14 nov. 1818, de Madary c. Bertin; 17 janv. 1823, Cornu de Balivière c. Decan; 31 juill. 1828, de Conflans c. Emmery; *Amiens*, 10 mai 1823, Lamirault c. Lesur; *Colmar*, 1er déc. 1828, Franck c. Reusson et Zollicoffre.

356. — Jugé toutefois, mais dans une espèce particulière, que la prescription n'a pas été interrompue par le dépôt que le créancier de l'émigré a pu faire de son titre entre les mains de l'état pour obtenir la liquidation de sa créance, alors que l'émigré n'étant pas obligé directement, mais seulement en qualité d'héritier, aucun acte tendant à établir cette qualité n'a été produit. — *Cass.*, 20 fév. 1834, de Sarret c. Tauriac.

357. — La réclamation faite par le créancier a suspendu la prescription pendant tout le temps qu'a duré l'instance administrative sur la liquidation. — *Colmar*, 15 juin 1821, Schauenbourg c. Bloch.

358. — ... Et le créancier d'émigré qui, par le dépôt de ses titres à fin de liquidation, avait interrompu la prescription de sa créance n'a pas détruit cette interruption de prescription, par le fait seul du retrait de ses pièces, si, toutefois, il ne les a retirées qu'après le décret du 25 fév. 1808, prononçant la déchéance, et, conséquemment, frappant d'inutilité tout dépôt de pièces. — *Paris*, 31 juill. 1828 (et non 14 nov.), de Conflans c. Emmery.

359. — La demande en liquidation d'une créance sur un émigré, formée administrativement, suivant les lois de 1793, n'a pas eu pour effet d'interrompre la prescription pour les intérêts courus du capital comme pour le capital lui-même. A l'égard des intérêts courus, la prescription quinquennale n'a été que suspendue par la demande en liquidation, et elle a recommencé à courir de nouveau après le moment où les pièces déposées à l'administration ont été retirées. — *Cass.*, 2 juin 1835, Sillac de la Pierre c. Giblain.

360. — Jugé encore que le cours de la prescription, interrompu par le fait du dépôt du titre d'une créance contre un émigré, a été rétabli par le sénatus-consulte du 26 avr. 1802, qui a réintégré les émigrés ou leurs héritiers dans leurs droits, et que les intérêts de la créance sont devenus prescriptibles par cinq ans, à partir du 15 mars 1804, date de la promulgation du titre du Code civ. sur la prescription. — *Cass.*, 21 mars 1834, Dudresnay c. Debuire.

361. — Si l'instance résultant du dépôt des titres par le créancier d'un émigré a été vidée par la liquidation de sa créance faite par l'administration du département, c'est du jour de cette liquidation et non du 1er janv. 1810, époque à laquelle a seulement cessé l'instance des créanciers liquidés, qu'a dû courir la prescription de cette créance. — *Cass.*, 23 déc. 1835, Dumonteil c. Desgorces.

362. — Les arrérages d'une rente due par un émigré, ont cessé de courir contre lui du jour où, sur la demande du crédirentier, la rente a été liquidée par l'état, encore bien que l'arrêté de liquidation n'ait été suivi, ni de l'avis donné au créancier de cette liquidation, ni de son inscription sur le grand-livre de la dette publique; en ce cas, les arrérages n'ont repris cours contre l'émigré, au profit du créancier non payé, que du jour où l'émigré est rentré en possession de ses biens. — *Paris*, 24 juill. 1826, Petitbled c. duc de Bourbon.

363. — Lorsqu'une lettre de change souscrite par un individu, depuis émigré, a été, sur le dépôt du créancier, comprise dans un arrêté de liquidation, on ne peut plus lui opposer la prescription trentenaire. — *Paris*, 14 avr. 1829, Lehman c. De Villiers.

364. — A supposer que l'état, substitué à l'émigré, ait eu le droit de faire déclarer la péremption d'instance contre son créancier, avant l'expiration des trois ans qui ont suivi la radiation de cet émigré, le même droit n'a pas appartenu à celui-ci. — *Bruxelles*, 30 frim. an IV, N...

365. — La double confiscation, par l'état, des biens du créancier et de ceux du débiteur, a opéré une confusion dont l'effet a été d'interrompre la prescription au profit du créancier. — *Agen*, 21 juill. 1827, de Sarrau c. de Montpezat; *Douai*, 31 août 1824, sous *Cass.*, 12 déc. 1826, de la Tour-d'Auvergne c. de Rohan.

366. — Encore bien que la loi du 9 juin 1795 ait eu pour effet d'interrompre la prescription d'une créance échue antérieurement contre un émigré condamné et arrêté, cette prescription ne doit pas moins être déclarée accomplie, si, depuis cette loi, plus de trente années se sont écoulées sans poursuite contre l'état. — *Cass.*, 17 août 1831, de Bonval c. de Valence.

367. — L'état, pendant la durée des lois de l'émi-

gration, a été, non pas héritier des parens d'émigrés, mais simple détenteur, à titre de confiscation, des portions héréditaires de ceux-ci dans les successions qui s'ouvriraient à leur profit. En conséquence, la confusion qui, par suite de la confiscation des biens, s'opérait momentanément dans la personne de l'état, qui réunissait souvent les qualités de créancier et de débiteur, de garanti et de garant, n'a pu étendre ses effets au-delà de la durée de la main-mise nationale. — *Cass.*, 14 août 1826, de Meyvières c. Chadapaud; 19 mai 1824, Pons Saint-Maurice c. de La Ferté-Sennectère.

368. — Il résulte de ces principes que la confusion qui s'est opérée par la double confiscation des biens du créancier et du débiteur, tous deux émigrés, n'a eu lieu que dans l'intérêt de l'état, et qu'elle n'a pu être opposée par le débiteur au créancier, depuis qu'ils ont été tous deux réintégrés dans leurs biens. — *Cass.*, 15 vent. an XIII, de Ludre c. d'Hofflize; 24 mars 1817, fabrique de Messimy c. Romanet et Moignot; 6 mai 1818, hospice de Dourdan c. Tassin de Villiers; *Metz*, 12 mars 1819, de Maklot c. de Latournelle; *Cass.*, 24 août 1820 (et non 1822), mêmes parties; 19 mai 1824, Pons Saint-Maurice c. de la Ferté-Senectère; 12 mars 1828, de la Ferté-Senectère c. de Pancemont; — Merlin, *Quest.*, vo *Emigré*, § 10, no 2.

369. — Ainsi jugé que la restitution a un émigré d'un immeuble grevé, dans l'origine, d'une rente envers une fabrique, n'a été faite qu'à la charge de servir la rente, et que l'émigré ne peut se prévaloir de ce que le gouvernement a représenté un instant la fabrique créancière de la rente, et le propriétaire de l'immeuble débiteur de la rente, et de ce que sa double qualité de créancier et de débiteur aurait opéré confusion. — *Cass.*, 24 mars 1817, fabrique de Merrigny c. Romanet et Demoignot.

370. — De même, de ce que l'état, représentant un émigré, aurait eu tout à la fois droit à intenter une action en nullité, et obligation de garantir l'effet de cette action en nullité; de ce que, par suite, l'action en nullité aurait été inefficace dans les mains du fisc, ou se serait éteinte, par confusion, relativement à l'état, il ne s'ensuit pas que l'émigré rentré ne puisse exercer l'action en nullité, qui existait de son chef, si, d'ailleurs, aucun droit n'a été acquis aux tiers, par aucun fait du gouvernement représentant l'émigré. — *Cass.*, 14 août 1826, de Meyvières c. Chardapaud.

371. — Jugé cependant que les arrérages d'une rente due par un émigré à un autre émigré ont été éteints par la confusion pendant le temps qu'à duré le séquestre simultané de leurs biens. Il y a eu, dans ce cas, exception au principe posé par l'art. 17 du sénatus-consulte, 6 flor. an X, que la confusion n'avait lieu qu'en faveur de l'état, et qu'elle ne pouvait être opposée par l'émigré débiteur à l'émigré créancier. — *Cass.*, 13 mai 1807, Gascherie c. Leclerc de Juigné; 24 mai 1808, de Cossé-Brissac c. d'Aligre.

372. — La raison de cette différence est que les arrérages de rente sont, à titre de prestations annuelles, des charges de la jouissance. Si l'état, détenteur des biens du débiteur, n'a pas payé annuellement les arrérages, c'est par le fait de l'émigration du créancier, et il ne serait pas juste que le débiteur auquel l'état ne rend pas les fruits perçus fût tenu d'arrérages qu'il eût payés avec ces fruits s'il eût été *integri statûs*, ou que le créancier eût touché des mains de l'état s'il n'eût pas émigré. — S'il s'agit, au contraire, d'un capital, la confusion ne saurait être prononcée sans injustice, puisque l'émigré débiteur qui recouvre ses biens recouvre ce qui lui est nécessaire pour s'acquitter.

373. — Le principe est le même en ce qui concerne les arrérages de rentes viagères; ces arrérages doivent être considérés comme revenus des biens formellement exceptés de la remise et réservés au profit de l'état par l'art. 17, sén.-cons. 6 flor. an X. — *Cass.*, 29 nov. 1826, Syassen c. min. de la maison du roi.

374. — ... Et les intérêts de créance, lorsque l'état a représenté à la fois deux émigrés qui se trouvaient, l'un débiteur, l'autre créancier. — *Limoges*, 1er juin 1837 (t. 2 1838, p. 516), Laramade de Friac c. hosp. de Turenne.

375. — Dans les divers cas qui précèdent, la confusion peut être opposée par le débiteur, mais seulement pour les arrérages échus jusqu'à la radiation du créancier, encore que la restitution n'ait eu lieu au profit du premier qu'à une époque plus éloignée. — *Cass.*, 13 mai 1807, Gascherie c. Leclerc de Juigné.

376. — Jugé que le séquestre national apposé sur les biens d'un émigré n'a pu interrompre la prescription qui courait contre le tiers possesseur, alors que ce séquestre n'a pas été notifié à ce dernier et n'a pas troublé sa possession réelle. — *Pau*, 2 juin 1841, sous *Cass.*, 15 nov. 1842 (t. 1er 1843, p. 583), de Cornulier et de Monti c. de Coudroy.

377. — Le créancier qui, ayant hypothèque sur différens biens passés en mains tierces, est devenu, par l'émigration de l'un des tiers-acquéreurs, créancier direct de l'état, n'a pas été privé par-là du droit d'exercer contre les autres et pour le tout son droit hypothécaire. — *Cass.*, 12 niv. an IX, Plantier et Sugier c. Boutin-Saint-Ange; 5 niv. an XIII, Dumas c. Lagoublaie; — Merlin, *Rép.*, vo *Emigration*, § 13, et *Quest. de dr.*, vo *Emigré*, §§ 9 et 10.

378. — De même les créanciers d'émigrés, en devenant, par la loi du 1er flor. an III, créanciers directs de l'état, n'en ont pas moins conservé leur action solidaire contre les co-obligés primitifs à leurs créances. L'art 112 de cette loi n'a éteint l'action de solidarité qu'au profit de l'état. — *Cass.*, 14 niv. an X, Lecomte c. Duval-Bonneval; 5 niv. an XIII, Dumas c. Lagoublaie.

379. — Il en serait ainsi alors même qu'ils auraient négligé de poursuivre administrativement la liquidation de leur créance pour la part à la charge de l'état. — *Cass.*, 5 niv. an III, Dumas c. Lagoublaie.

380. — Les cautions des émigrés sont restées obligées envers les créanciers, nonobstant les lois qui ont déclaré leurs dettes nationales. — *Paris*, 12 mai 1812, Chanu et Plastrier c. Ambert.

381. — Et la demande à fin de liquidation équivalait, à l'égard des cautions simples, à la discussion des biens du débiteur. — Même arrêt.

382. — La confiscation, pour émigration, d'un immeuble grevé de rente foncière n'a pas dégagé l'émigré de l'*obligation personnelle* de servir la rente, encore même qu'avant son émigration il n'eût été obligé qu'en qualité de détenteur. La confiscation n'a pas le même effet qu'aurait eu le *déguerpissement*. — *Paris*, 17 janv. 1823, Cornu de Balivière c. Decan.

383. — La loi du 16 vent. an IX n'étant applicable qu'aux émigrés ou prévenus d'émigration, les créanciers des fermiers généraux ou autres comptables condamnés révolutionnairement ne peuvent se relever de leur déchéance en invoquant la prorogation de délai accordée par cette loi, encore bien que le séquestre ait été maintenu sur les biens de ces condamnés par la loi du 21 prair. an III. Cette loi n'a pas fait obstacle au droit qu'avaient les créanciers de prendre inscription pour conserver leurs hypothèques. — *Cass.*, 26 avr. 1813, Foucaud et Rabec c. d'Aligre.

384. — Le créancier d'un émigré qui n'a pris, avant le Code civil, inscription qu'après la mort de son débiteur, dont la succession a été depuis déclarée vacante, et après le délai de trois mois fixé pour conserver son rang par la loi du 11 brum. an VII, a été relevé de la déchéance par la loi du 16 vent. an IX qui a prorogé le délai d'inscription jusqu'à trois mois, à partir de la radiation et de la levée du séquestre. Cette inscription conserve le rang d'hypothèque, alors même qu'elle aurait été prise avant l'ordonnance du 21 août 1814, équivalant à la levée du séquestre, et non dans les trois mois qui l'ont suivie. — *Cass.*, 1er déc. 1820, Franck c. Recusson et Zollicoffre.

385. — Jugé encore que les créanciers des émigrés rayés provisoirement ont pu valablement prendre inscription sur leurs biens, quoique ces biens fussent encore sous le séquestre national; seulement l'effet de l'inscription était subordonné au cas de la restitution des biens. Par suite, les créanciers inscrits n'ont pas été obigés, pour conserver leur créance, de renouveler cette inscription en exécution de la loi du 16 vent. an IX. — *Cass.*, 2 août 1814, Montpezat c. Peresve; 3 oct. 1814, Enregist. c. Dautil de Sigonès.

386. — La loi du 16 vent. an IX, qui prorogeait les délais pour l'inscription des hypothèques sur émigrés, était applicable même au cas où les biens de l'émigré n'avaient pas été, de fait, sous le séquestre. Et l'inscription prise en vertu de cette loi, dans les trois mois de la main-levée légalement prononcée de ce séquestre qui dans le fait n'avait point existé, a conféré à l'hypothèque la date du contrat, quoiqu'il existât une autre inscription prise antérieurement, en vertu de la loi du 11 brum. an VII. — *Cass.*, 28 juin 1808, Jacob Salom c. Trésor.

387. — Le cessionnaire d'une créance d'émigré cédée avant l'émigration avec promesse par le cédant de l'acquitter à son échéance en cas de retard de paiement, a pu, par le fait même de la publication de la loi du 24 frim. an VI, poursuivre son cédant, sans être tenu de faire contre l'état devenu son débiteur, les poursuites et mises en demeure qui, suivant le transport, auraient dû être dirigées contre le débiteur originaire. La promulgation de la loi qui donnait naissance au retard de paiement, à équivalu vis-à-vis du cédant à une mise en demeure. — *Cass.*, 5 therm. an XIII, Buthler c. Gourges. — *Contrà Toulouse*, 21 mai 1807, mêmes parties.

388. — Ce dernier arrêt du 21 mai 1807 décide, en outre, que le dépôt des titres au secrétariat du district et l'affirmation de la créance n'ont pu être considérés comme équivalant au commandement, surtout si ce dépôt, loin d'être notifié au cédant, a, au contraire, été retiré par le créancier qui s'est mis ainsi dans l'impossibilité d'être payé.

389. — Le créancier d'un émigré n'a pas pu, pour prix d'un immeuble qu'il avait vendu à celui-ci avant son émigration, obliger son propre vendeur, qui s'était réservé une hypothèque spéciale sur l'immeuble, à accepter en paiement un transfert de l'inscription provenant de la liquidation de la dette de l'émigré devenue dette de l'état. Ici ne s'appliquent pas les art. 66, L. 24 août 1793, et 3, L. 25 sept. suivant. — *Cass.*, 22 flor. an X, Guiot c. Bouheban.

390. — L'acquéreur d'un immeuble dont le vendeur est émigré, s'est valablement libéré, même à l'égard des créanciers de ce vendeur, par le dépôt qu'il a fait de son prix, conformément aux lois, dans la caisse de la régie de l'enregistrement. — *Cass.*, 1er août 1811, Montmorin de Tanc c. de la Roche-Lambert.

391. — Le dépôt a eu également pour effet d'éteindre à l'égard de l'émigré lui-même les créances de son vendeur et des créanciers hypothécaires de ce vendeur, et ceux-ci n'ont plus eu d'action que contre l'état pour se faire restituer ce qu'il aurait reçu pour eux, sans pouvoir invoquer, vis-à-vis de l'émigré, les dispositions de l'arrêté du 3 flor. an XI (non inséré au *Bulletin des lois*), lequel n'a eu en vue que ceux des créanciers des émigrés dont les créances n'étaient pas éteintes. — Même arrêt.

392. — L'acquéreur qui, après avoir payé une partie de son prix sans attendre l'obtention des lettres de ratification, mais en gardant entre ses mains une somme plus que suffisante pour désintéresser les créanciers qui pourraient se rendre opposans, a été contraint de payer le reliquat à la nation comme représentant son vendeur condamné révolutionnairement, peut-il, en cas de poursuites de la part des créanciers opposans au sceau desdites lettres de ratification, à fin de paiement de leur créance et de représentation de son prix, les renvoyer à se pourvoir préalablement sur les deniers versés entre les mains de la nation? — Neg. *Cass.*, 13 frim. an VII, Lecomte c. Bellanger. — Aff. *Cass.*, 6 vent. an X, mêmes parties (sect. réunies).

393. — Lorsque des reconnaissances de créance sur un émigré ne résultent que d'un pacte de famille fait entre les héritiers de l'émigré, pour arriver à obtenir la restitution de ses biens confisqués, si ce but n'ayant pu être atteint, le pacte est ainsi resté sans effet, les reconnaissances qu'il contient en faveur des créanciers peuvent aussi être considérés comme sans effet, sans que l'arrêt qui le décide ainsi tombe sous la censure de la cour de cassation. — *Cass.*, 29 janv. 1834, Normand c. de Rohan.

394. — La donation faite à l'état par une femme d'émigré, après son divorce, du montant de ses reprises matrimoniales, a opéré en faveur du mari une remise de la dette, et la femme n'a pu le poursuivre plus tard en répétition de ces reprises, sous prétexte qu'elle n'avait voulu donner qu'à l'état. — *Cass.*, 17 avr. 1807, Pétiniau c. Lestrade.

395. — La main-mise par l'état sur l'actif d'un émigré a eu pour effet de dissoudre l'union formée par les créanciers de cet émigré, pour en opérer la réalisation, surtout si l'état a vendu une partie des biens, et si les créanciers ont reconnu son droit de propriété. — *Cass.*, 29 janv. 1834, Normand c. de Rohan.

396. — Lorsque, devant les premiers juges, on s'est borné à soutenir l'existence d'une union de créanciers vis-à-vis d'un débiteur incapable par suite d'émigration, et de sa femme obligée solidairement pour lui, il suffit qu'on ne se soit pas prévalu de la solidarité à l'égard de la femme, pour qu'on ne soit plus recevable à prétendre, pour la première fois devant la cour de cassation, que l'arrêt qui déclare, d'une manière générale, l'union dissoute par suite de l'incapacité du mari et de la main-mise nationale, doit, à raison de la solidarité, être annulé à l'égard de la femme. — Même arrêt.

397. — Le fait de l'émigration du débiteur et du séquestre apposé sur ses biens étant étranger à son créancier, n'a pu autoriser les juges à décider qu'il n'avait été rétentionnaire, *par son fait*, que du jour de sa mise en liberté, pour ne fixer la

dette que suivant la valeur du papier-monnaie à cette dernière époque. — *Cass.*, 2 therm. an X, Rossigneux c. Belot.

398. — Les contestations relatives à des créances et droits à exercer sur les biens des émigrés ont dû être jugées conformément à la loi du 2 sept. 1792, sur mémoires et sans frais, et non en procès ordinaires. — *Cass.*, 7 sept. 1793 (int. de la loi), Lebrère.

399. — Les tribunaux sont compétens pour décider si une donation faite à l'état d'une créance sur un émigré a opéré une remise de la dette dont le débiteur puisse se prévaloir contre les poursuites ultérieures du créancier. — *Cass.*, 17 et non 7 avril 1807, Petiniau c. Lestrade.

400. — C'est à l'autorité administrative et non aux tribunaux qu'il appartient de juger des différens survenus entre un émigré et ses créanciers, lorsque ceux-ci ont obtenu leur titre de liquidation, bien que leur créance n'ait pas été inscrite sur le grand-livre. — *Limoges*, 2 mai 1821, Arzillier; 31 mars 1821, Pichon.

401. — ...Et par conséquent de connaître de la validité d'un remboursement autorisé par l'administration et fait par le débiteur d'un émigré à la nation, représentant celui-ci durant le séquestre de ses biens. — *Cass.*, 20 pluv. an XI, Pomelin.

402. — ... Et spécialement de la question de savoir si la quittance délivrée par la caisse de la trésorerie nationale, s'applique ou non à la créance de tel individu; alors surtout qu'il peut résulter de là une action en garantie ou en restitution contre l'état. — *Cass.*, 21 mars 1814, de Gramont; — Merlin, *Rép.* et *Quest.*, vo *Pouvoir judiciaire*, § 2, no 3.

403. — ... Ou bien encore s'il s'agit de savoir si celui au nom de qui le paiement a été effectué entre les mains de l'état était émigré lors du paiement. — *Cass.*, 28 oct. 1807, Desmeth.

404. — Les tribunaux sont aussi incompétens pour statuer sur la demande intentée par un émigré réintégré dans ses biens en nullité du remboursement d'une rente consentie par l'administration avant leur restitution. — *Cass.*, 16 flor. an VII, Duporzon; — Chevallier, *Jurisp. du conseil d'état*, vo *Émigrés*, no 40.

405. — Jugé en outre que la cour devant laquelle, sur une demande en déclaration d'hypothèque, s'élève la question de savoir si une créance se rattachant à l'émigration, a été liquidée et payée par le gouvernement, doit se dessaisir et renvoyer à l'autorité administrative, alors même que l'exception d'incompétence aurait été abandonnée en première instance et que, sur l'appel, cette cour aurait rendu un arrêt interlocutoire. — *Liège*, 9 mai 1811, Déclbaid c. d'Argentan.

406. — Jugé que l'arrêté administratif qui liquide contradictoirement les droits et reprises d'une femme sur les biens de son mari, confisqués pour cause d'émigration, constitue non pas un acte simplement récognitif de ces droits, mais bien un titre complet et définitif qui dispense de représenter les titres originaux. — *Cass.*, 22 mai 1844 (t. 2 1844, p. 631), Chastenet c. Beaucorps.

407. — ...Et que lorsque les créances de l'héritier bénéficiaire contre la succession résultent de titres complets et authentiques, tels que des arrêtés administratifs, il n'y a pas lieu de faire nommer un curateur pour répondre à la demande en paiement de cet héritier. — *Cass.*, 22 mai 1844 (t. 2 1844, p. 631), Chastenet c. de Beaucorps.

## Sect. 9e. — *De l'amnistie.*

408. — Amnistie a été accordée par le sénatus-consulte, 6 flor. an X, pour fait d'émigration, à tout individu qui en était prévenu et qui n'avait pas été rayé définitivement, à la charge pour ceux qui n'étaient point en France d'y rentrer avant le 1er vendém. an XI, en déclarant devant des commissaires délégués à cet effet, dans différentes villes frontières, qu'ils rentraient sur le territoire de la république en vertu de l'amnistie. — Art. 1er, 2 et 3.

409. — Cette déclaration devait être suivie du serment d'être fidèle au gouvernement établi par la constitution, et de n'entretenir, ni directement, ni indirectement, aucune liaison ni correspondance avec les ennemis de l'état. — Art. 4.

410. — Ceux qui avaient obtenu des puissances étrangères des places, titres, décorations, traitemens ou pensions, étaient tenus de le déclarer devant les mêmes commissaires et d'y renoncer formellement. — Art. 5.

411. — A défaut par eux d'être rentrés en France avant le 1er vendém. an XI, et d'avoir rempli les conditions ci-dessus énoncées, ils demeuraient déchus du bénéfice de l'amnistie, et définitivement maintenus sur la liste des émigrés, s'ils ne rapportaient la preuve en bonne forme de l'impossibilité où ils s'étaient trouvés de rentrer dans le délai fixé, et s'ils ne justifiaient en outre qu'ils avaient rempli, avant l'expiration du même délai, devant les agens de la république envoyés dans les pays où ils se trouvaient, les autres conditions qui leur étaient imposés. — Sénat.-cons. 6 flor. an X, art 6.

412. — Ceux qui, lors de l'amnistie, étaient sur le territoire français, ont été tenus également, sous peine de déchéance de l'amnistie et de maintenue sur la liste des émigrés, de faire, dans le mois, à dater de la publication du sénatus-consulte, devant le préfet du département où ils se trouvaient, les mêmes déclarations, serment et renonciation. — Art. 7.

413. — Il a été jugé que les émigrés amnistiés par le sénatus-consulte, 6 flor. an X, n'étaient réintégrés dans leurs droits civils qu'après avoir accompli les conditions qui leur étaient imposées par ce sénatus-consulte. — *Cass.*, 24 déc. 1823, Montmort c. Viomesnil.

414. — L'amnistie accordée à l'émigré coupable du crime de rébellion n'a pas équivalu en sa faveur à une radiation de la liste des émigrés. — *Cass.*, 5 thermid. an XII, de Lépinay c. Duvergier.

415. — Un certificat d'amnistie dressé par le ministre de la police et signé par le ministre de la justice, était délivré à tout émigré qui avait rempli les conditions ci-dessus émanées, pourvu qu'il ne se trouvât dans aucune des catégories d'individus exceptées de l'amnistie par l'art. 10 du sénatus-consulte. — Art. 8 et suiv.

416. — Les actes de l'état civil et autres que l'amnistié a pu faire depuis le sénatus-consulte 6 flor. an X, quoique antérieurement à la délivrance de son certificat d'amnistie, sont valables, quant aux capacités civiles, mais sans dérogation à l'art. 17 du même sénatus-consulte, concernant ses biens et les droits y relatifs. — *Cons. d'état*, 26 fructid. an XIII.

417. — Jugé à cet égard que l'émigré qui, pour profiter du sénatus-consulte du 6 flor. an X, a fait la déclaration et prêté le serment prescrits par les art. 3 et 4, a dû être considéré comme relevé dès-lors de la mort civile. Il a pu, en conséquence, disposer de ses biens par testament, bien que le certificat d'amnistie ne lui eût pas encore été délivré. — *Cass.*, 5 niv. an XIII, Costé de Triquerville c. Guéroult de Boulmont.

418. — Cette interprétation du sénatus-consulte nous paraît seule admissible. En effet, l'art. 1er dispose au présent : *Amnistie est accordée.* Les articles suivans prescrivent les conditions à remplir, mais sans retarder la jouissance du bienfait; enfin l'art. 6 prononce *la déchéance de l'amnistie* à défaut de l'accomplissement des conditions; donc l'amnistie était acquise auparavant; donc, pour en profiter, il n'était pas nécessaire d'avoir son certificat. Et, d'ailleurs, lors même que la question aurait été douteuse, ne fallait-il pas interpréter cette loi de paix et de clémence de la manière la plus favorable aux amnistiés, suivant cette belle maxime du Code : « *Beneficium imperatoris quod à divinâ scilicet indulgentiâ proficiscitur quàm plenissimè interpretari debemus.* » V. la loi 3, Cod., *Constitutionibus principum.*

419. — L'accomplissement des conditions prescrites par les art. 2, 3 et suivans du sénatus-consulte du 6 flor. an X, n'étant qu'une garantie relative au gouvernement, un particulier ne peut en opposer le défaut, dans son intérêt privé, lorsque le gouvernement ne les exige point, et laisse jouir des droits civils celui qu'il y prétend sujet. — *Poitiers*, 10 août 1809, Marsault-Quinterie c. Quinterie.

420. — La maintenue définitive sur la liste des émigrés étant la seule peine imposée à ceux qui ne rempliront pas les conditions d'amnistie du sénatus-consulte du 6 flor. an X, ce sénatus-consulte n'est pas applicable aux absens non inscrits; on ne peut donc pas leur opposer l'inexécution des formalités qu'il prescrit. — Même arrêt.

421. — La main-mise nationale sur les biens de l'émigré décédé en France avant l'amnistie, et dont les héritiers ne se sont pas conformés aux prescriptions du sénatus-consulte du 6 flor. an X pour la radiation de son nom de la liste de proscription, a duré jusqu'au 21 août 1814; et, par suite, les biens de cet émigré n'ont pas passé sur la tête de ces héritiers. — *Limoges*, 1er juin 1837 (t. 2 1838, p. 516), Laramade de Friac c. l'hospice de Turenne.

422. — Les émigrés amnistiés par le sénatus-consulte du 6 flor. an X n'ont pas eu droit aux successions ouvertes pendant leur mort civile, sans distinction des émigrés proprement dits et de ceux qui, avant la loi du 12 vent. an VIII, avaient réclamé en temps utile contre leur inscription sur la liste, mais n'en avaient été rayés que provisoirement. — *Cass.*, 29 déc. 1809 (et non 1808), Boniface c. de Meaupou.

423. — Jugé encore que l'amnistie de l'émigré, après sa mort naturelle, ne lui a pas rendu la capacité de recueillir les successions échues pendant sa mort civile. — Ses enfans qui possèdent ces successions de leur chef personnel ne sont pas, par le fait de cette possession, tenus d'acquitter ses dettes. — *Riom*, 14 janv. 1820, Beau c. de Laval.

424. — Ce n'est pas du jour du décès, mais seulement du jour de l'amnistie qu'a été censée ouverte la succession d'un émigré amnistié depuis son décès. Dès-lors, les biens de cet émigré ont été dévolus à ses héritiers les plus proches au moment de l'amnistie. — *Cass.*, 7 août 1820, Peschery c. N...

425. — La cour de Cassation avait, au contraire, jugé précédemment que l'émigré qui n'a été amnistié qu'après sa mort est censé, relativement à ses héritiers légitimes, être décédé *en état d'amnistie*, et que, dès-lors, ses biens ont été dévolus à ceux de ses héritiers qui, sans l'obstacle de la confiscation, les auraient recueillis *à l'époque de son décès*; et si ceux-ci sont eux-mêmes décédés, le droit aux biens de l'émigré amnistié doit être considéré comme faisant partie de leur succession, et peut être exercé par leurs héritiers ou donataires. — *Cass.*, 21 déc. 1807, Guillemette c. Deloncelles.

426. — Les individus amnistiés n'ont pu, en aucun cas, et sous aucun prétexte, attaquer les partages de présuccession, succession, ou autres actes et arrangemens faits entre la république et les particuliers avant l'amnistie. — Sénat., 6 flor. an X, art. 16.

427. — Le sénatus-consulte du 16 flor. an X, qui défendait (art. 16) aux émigrés amnistiés d'attaquer les actes et arrangemens faits entre l'état et les particuliers, relativement à leurs biens confisqués, a protégé spécialement la dévolution faite (fût-ce même à tort) au substitué des biens d'un prêtre déporté, grevés de substitution. — Et ses héritiers n'ont pu critiquer cette dévolution. — *Montpellier*, 16 mai 1839 (t. 2 1839, p. 232), Ribes c. Graulle et Salomo.

428. — Le sénatus-consulte du 6 flor. an X n'était pas applicable aux partages faits en vertu des lois des 5 brum. et 17 niv. an II, lesquels étaient réputés n'avoir jamais existé, par suite de la loi du 3 vendém. an IV, qui les a annulés. — *Rouen*, 5 mars 1829, Chabout c. Soret-Dufilleul.

429. — En défendant à l'émigré amnistié d'attaquer les partages faits entre l'état et les particuliers, le sénatus-consulte de l'an X ne disposait que dans l'intérêt du fisc. — Mais un émigré héritier contractuel de ses père et mère a été recevable, après son amnistie, à provoquer le bénéfice de la restitution contre une liquidation prétendue excessive de la légitime de ses frères et sœurs, faite en fonds héréditaires par l'autorité administrative pendant la durée du séquestre. — Cette réclamation était de la compétence des tribunaux ordinaires. — *Nîmes*, 25 flor. an XIII, Albaret c. Moré.

430. — L'émigré amnistié peut se présenter au partage d'une succession ouverte après son amnistie, bien qu'il y ait eu partage de présuccession. — Et les actions relatives à ce nouveau partage sont de la compétence des tribunaux. — *Cass.*, 27 oct. 1812, Couet-Duvivier c. Dommartin. — V. aussi *Cass.*, 18 avr. 1812, Vidart.

431. — L'émigré réintégré dans ses droits civils a pu, comme donataire entre-vifs antérieurement à son inscription, réclamer depuis son amnistie les biens non vendus compris dans la donation, alors même que la succession du donateur ne s'était ouverte que pendant la mort civile de lui, donataire. — *Cass.*, 4 mars 1806, Belussière c. Seysac.

432. — Des enfans naturels dont l'état a été fixé par des jugemens rendus avec l'autorité administrative, leur contradicteur légitime, et dont les droits à la succession de leur père ont été consommés par la remise définitive de tous les biens de ce dernier, consentie en leur faveur par le bureau du domaine, n'ont pu être troublés dans leur possession par les émigrés que la nation représentait alors, sous le prétexte que ces enfans avaient reçu au-delà de ce que leur accorde la loi sur les successions, et que l'état n'aurait consenti à la remise qui leur a été faite que dans l'ignorance des droits afférens à l'émigré. — *Paris*, 10 janv. 1818, Lag... c. Pont...; *Cass.*, 25 fév. 1819, mêmes parties.

433. — Le fait de la part de la famille d'un émigré, qui, après avoir soustrait à la confiscation de la république une terre appartenant à cet émigré, en s'en déclarant propriétaire, a restitué volontairement une portion de cette terre à cet émigré

rentré dans ses droits, constitue un paiement ayant une cause naturelle, et qui alors n'est pas sujet à répétition. Vainement elle se prévaudrait d'actes administratifs dans lesquels on lui aurait reconnu cette qualité de propriétaire : elle est censée y avoir renoncé ; et ce n'est pas, de la part de l'émigré, aller contre les dispositions du sénatus-consulte de l'an X. — *Nancy*, 9 fév. 1829, de Rennel c. de Roye.

434. — On a dû considérer comme un de ces actes et arrangemens passés entre la république et les particuliers qui, aux termes de l'art. 16, sénat.-cons. 6 flor. an X, ne pouvaient en aucun cas et sous aucun prétexte être attaqués par les amnistiés, le décret de la convention nationale qui, reconnaissant l'indue éviction d'un fermier par l'administration, ordonnait que des indemnités lui seraient adjugées, s'il y avait lieu. En conséquence, les héritiers amnistiés ont été tenus, sans être admis à prouver que l'éviction avait été régulière, de supporter l'indemnité sur les biens rendus. — *Cass.*, 13 avr. 1808, Bazile c. Duprat-Barbançon.

435. — L'émigré amnistié a été tenu d'exécuter les baux faits par ceux qui avaient obtenu, pendant son émigration, la jouissance provisoire de ses biens. — *Cass.*, 9 mai 1809, Thiroux de Medavy c. Duvrac.

436. — Ceux des biens des émigrés qui étaient encore dans les mains de la nation (autres que les bois et forêts déclarés inaliénables par la loi du 2 niv. an IV, les immeubles affectés à un service public, les droits de propriété ou prétendus tels sur les grands canaux de navigation, les créances qui pouvaient leur appartenir sur le trésor public, et dont l'extinction s'est opérée par confusion au moment où la république a été saisie de leurs biens, droits et dettes actives), leur ont été rendus sans restitution des fruits qui, en conformité de l'arrêté des consuls du 29 messid. an VIII, doivent appartenir à la république jusqu'au jour de la délivrance qui leur a été faite de leur certificat d'amnistie. — Sénat.-cons. 6 flor. an X, art. 17.

437. — C'est du jour de la délivrance du certificat d'amnistie et non du jour du sénatus-consulte du 6 flor. an X, que date la réintégration des émigrés dans la propriété de leurs biens non vendus. — En conséquence, si, au jour de la délivrance de ce certificat, les biens de l'émigré ont été possédés depuis trente ans par un tiers détenteur sans titres, la prescription a dû être réputée accomplie en sa faveur, encore bien que les enfans de l'émigré décédé aient été mineurs dans l'intervalle qui s'est écoulé depuis le 6 flor. an X jusqu'à la délivrance du certificat d'amnistie. L'état n'ayant pas cessé, pendant ce temps, de représenter l'émigré, la minorité n'a pu être d'aucun effet pour interrompre la prescription. — *Cass.*, 18 déc. 1826, Ducornet c. Lassaubatjeu.

438 — Un émigré amnistié a eu le droit de réclamer de l'acquéreur d'un immeuble vendu avant son émigration, outre le prix principal, tous les intérêts de ce prix, et ceux mêmes qui avaient couru pendant la mort civile, alors qu'ils n'avaient été ni perçus ni réclamés par l'état. — *Cass.*, 2 août 1810, Grenaud c. Morand.

439. — Jugé que, l'état ayant remis, sans condition ni réserve, soit aux évêques, soit aux fabriques, les églises confisquées, les émigrés rentrés en France et amnistiés depuis cette remise n'ont pas recouvré, par la restitution de leurs biens invendus, les droits de servitude, d'usage ou de copropriété qu'ils pouvaient avoir sur ces églises avant la révolution. — *Cass.*, 6 déc. 1836, de Galard c. comm. de Téraube.

440. — Le décret du 29 messid. an VIII et l'art. 17, sénat.-cons. 6 flor. an X, ont eu pour but de mettre l'état à couvert de toutes demandes en restitution ou indemnité, et non de libérer les débiteurs des sommes par eux dues. — *Cass.*, 2 août 1810, Grenaud c. Morand.

441. — La prescription a couru contre les émigrés pendant leur absence du territoire français, la nation les ayant représentés tant activement que passivement. — *Cass.*, 16 prair. an XII, Desvignes ; 3 flor. an XIII, Villeroi c. Lafaudraye ; *Grenoble*, 30 mars 1832, Martel c. comm. de Saint-Symphorien-d'Ozon.

442. — Mais les délais fixés pour l'accomplissement des obligations imposées par un contrat n'ont pas couru contre l'individu mal à propos inscrit sur la liste des émigrés pendant tout le temps de cette inscription. — *Paris*, 22 pluv. an X, Leriche c. Gontard.

443. — Jugé aussi que le délai de dix ans pendant lequel, suivant l'ancienne jurisprudence, l'appel des sentences était recevable n'a pas couru contre une succession dont les biens étaient sous le séquestre et pendant la minorité des tiers. — *Paris*, 9 juin (et non juillet) 1811, Bomier des Terrières c. de Luynes et d'Albert.

444. — Les émigrés sont restés obligés aux dettes qu'ils avaient contractées avant leur émigration, alors même qu'ils n'auraient recouvré aucun de leurs biens confisqués. Ils n'ont pu invoquer la déchéance prononcée au profit de l'état contre leurs créanciers. — *Caen*, 7 août 1817, Parabœuf c. N. ; 31 mars 1824, Goudard c. Douville et Gallin ; 12 juill. 1824, de Baupte de Moon c. Baupte ; *Cass.*, 15 nov. 1808, Regnier c. Lambrunière ; 17 mai 1809, Nublat c. Labretonnière ; 15 avr. 1828, de Sarret c. de Touriac ; *Toulouse*, 4 juin 1833, Quinquiry d'Olive c. Boutes. — V. en sens contraire *Toulouse*, 20 août 1824, Castellane c. Deville.

445. — Jugé aussi que la remise faite par l'état aux enfans d'émigrés amnistiés des biens confisqués sur leur père, a eu lieu plutôt à titre de *restitution* que de *donation* ; que dès-lors les biens rendus sont restés affectés aux dettes du père. — *Paris*, 7 juin 1814, Monaco ; *Caen*, 8 août 1809, Trefen c. Délamotte.

446. — L'émigré rayé provisoirement a pu, après le sénatus consulte du 6 flor. an X, faire des actes conservatoires, et notamment requérir une inscription hypothécaire avant d'avoir obtenu un certificat d'amnistie. — *Paris*, 28 août 1808, de Crussol d'Uzès c. Duclusel ; *Cass.*, 5 sept. 1810, mêmes parties.

447. — Réciproquement, l'inscription prise sur les biens d'un émigré depuis le sénatus-consulte du 6 flor. an X a dû être réputée valable, alors même qu'il n'aurait pas encore obtenu son certificat d'amnistie. — *Rouen*, 21 mai 1812, Régie c. Tassin.

448. — L'émigration de l'héritier, postérieure à son acceptation sous bénéfice d'inventaire, ne l'a pas rendu débiteur personnel des créanciers de la succession. En conséquence, cet héritier n'a pu, s'il n'a été d'ailleurs réintégré dans aucun des biens qui composaient l'hérédité, être tenu, après son amnistie, d'acquitter les dettes non payées par la nation. — *Cass.*, 22 janv. 1807, Barbey de Longbois c. Syrcsme.

449. — Pendant tout le temps qu'a duré la confiscation, l'état représentait les émigrés et exerçait toutes leurs actions relativement à leurs biens. En conséquence, l'émigré amnistié en vertu du sénatus-consulte du 6 flor. an X n'a pu attaquer par voie d'appel ou de tierce-opposition les jugemens auxquels l'état a acquiescé comme exerçant ses droits. — *Cass.*, 22 vent. an XIII, Susemain c. comm. de Flammesans ; 28 juin 1808, préfet de l'Eure et Crotat c. Bois-Roussel ; 29 déc. 1809, Boniface c. de Maupeou ; 19 fév. 1811, de Brossia c. Vauban et d'Hugon ; *Paris*, 10 janv. 1818, Lag. c. Pont ; *Cass.*, 24 avr. 1826, Damblar c. comm. de Saint-Orens ; — Merlin, *Rép.*, v° *Acquiescement*, n° 5.

450. — ... Alors même qu'il s'agirait d'une succession ouverte depuis sa réclamation. — *Cass.*, 29 déc 1809, Boniface c. Meaupou.

451. — L'émigré amnistié ou ses héritiers ne peuvent non plus se pourvoir en cassation contre une décision judiciaire rendue contre l'état, comme les représentant, alors que l'état y a acquiescé. — *Cass.*, 24 avr. 1826, Damblar c. comm. de Saint-Orens ; 4 avr. 1826, de Montbarrey c. comm. de Brussey.

452. — Spécialement, lorsque l'état, aux droits d'un émigré, a exécuté une sentence arbitrale qui adjugeait à une commune la propriété d'un terrain, le recours en cassation contre cette sentence n'est ouvert ni à l'émigré ni à ses héritiers. — *Cass.*, 24 avr. 1826, Damblar c. comm. de Saint-Orens.

453. — Spécialement encore, lorsqu'en exécution d'une sentence arbitrale qui a ordonné au profit d'une commune la réintégration d'une forêt possédée par l'état comme représentant un émigré, et après l'expiration des délais accordés par les lois des 28 brum. an VII et 11 pluv. an IX, pour appeler de ces sortes de sentences, il est intervenu des arrêtés du gouvernement qui ont ordonné l'arpentage et l'aménagement des bois adjugés à la commune, laquelle par suite s'est mise en possession, il résulte de ces actes un acquiescement de la part de l'état à la sentence arbitrale, de telle sorte que l'émigré ou ses héritiers sont non-recevables à l'attaquer en cassation. — *Cass.*, 4 (et non 14) avr. 1826, de Montbarrey c. comm. de Brussey.

454. — Les jugemens rendus avec l'état, comme représentant un émigré, ayant force de chose jugée contre celui-ci après sa radiation, l'émigré rayé n'a pu les attaquer, même sur le fondement de pièces nouvellement découvertes, mais non retenues par la partie adverse, sans prendre la voie de la requête civile. — *Cass.*, 28 juin 1808, préfet de l'Eure et Crotat c. Bois-Roussel.

455. — L'émigré amnistié a pu attaquer les jugemens rendus contre la nation qui le représentait, si, lors de l'amnistie, la nation était encore en droit de les attaquer. — *Cass.*, 23 nov. 1808, de Feuillans c. de Rémigny.

456. — Il peut aussi attaquer les jugemens dans lesquels la nation qui exerçait ses droits n'a pas été régulièrement représentée. — *Rennes*, 22 janv. 1821, de Kerouartz c. Clequin ; *Cass.*, 4 fév. 1823, comm. d'Armieux-Saint-Gervais c. Blanchet.

457. — Ainsi, il peut former tierce-opposition au jugement rendu contre l'état représenté par l'administration de l'enregistrement, au lieu de l'être par le préfet qui seul a le droit d'exercer les actions ayant pour objet la propriété des domaines de l'état. — *Rennes*, 22 janv. 1821, de Kerouartz c. Clequin.

458. — Il en est de même d'une sentence arbitrale rendue sur la réclamation d'une commune contre l'agent national du district. — *Cass.*, 4 fév. 1823, comm. d'Armieux-Saint-Gervais c. Blanchet.

459. — Cependant il a été jugé qu'un émigré est non-recevable à attaquer, par voie de tierce-opposition, un jugement même irrégulier, rendu pendant l'émigration contre l'état, son représentant légal, et que l'émigré a seulement le droit d'attaquer ce jugement dans les formes et dans les délais prescrits par la loi. — *Cass.*, 16 juin 1835, comm. de Nièvres c. Guignard de Saint-Priest.

460. — Après son amnistie, un émigré n'a plus été valablement représenté par l'état ; dès-lors il a pu frapper de tierce-opposition les jugemens rendus avec l'état comme le représentant. — *Cass.*, 16 mai 1815, Caron c. Bontron.

461. — L'état ne représentait les émigrés que relativement à leurs biens, et non relativement à leurs droits de famille. — *Cass.*, 21 avr. 1835, Montchenu ; *Montpellier*, 24 janv. 1822, de Saint-Lieux c. Pagèze.

462. — En conséquence, l'acquiescement que l'état aurait donné à un jugement par lequel un individu aurait été déclaré frère légitime d'un émigré ne peut être opposé à l'émigré, lorsqu'il vient ensuite attaquer la légitimité de son frère. — *Montpellier*, 24 janv. 1822, de Saint-Lieux c. de Pagèze. — V. aussi *Cass.*, 9 mai 1821, N...

463. — De même l'émigré est recevable à former tierce-opposition au jugement rendu pendant son émigration, qui a reconnu un individu pour enfant naturel, et lui a attribué les droits attachés à cette qualité. — *Cass.*, 21 avr. 1835, Montchenu.

464. — L'émigré amnistié est recevable à former tierce-opposition à un jugement rendu pendant son émigration contre sa femme, et qui a reconnu pour leur fils un enfant qu'elle a désavoué et que lui-même méconnaît. — *Cass.*, 7 déc. 1808, et non 6 janv. 1809, Voyneau c. Auguste.

465. — Le droit pour l'émigré de contester l'état d'un enfant qui lui a été attribué par jugement a fait partie des droits personnels qui lui ont été rendus par le sénatus-consulte de flor. an X. — Même arrêt.

466. — Des émigrés français ont dû, pendant le temps de leur émigration, être considérés comme étrangers ; dès-lors ils n'ont pu, depuis l'amnistie, demander la révision des jugemens rendus contre eux pendant cette émigration. — *Cass.*, 7 janv. 1806, Chaillet c. Nicolas.

467. — Un émigré dont la femme avait divorcé et convolé en secondes noces pendant son absence a été recevable, après l'amnistie, à réclamer la garde et l'éducation de ses enfans, préférablement à la mère. Les art. 12 et 13 du sénatus-consulte du 6 flor. an X qui l'assujétissaient pendant dix ans à la surveillance du gouvernement n'ont pas fait obstacle à l'exercice de ce droit. — *Paris*, 26 pluv. an XI, Brisson c. Rioust.

468. — La communauté conjugale dissoute par l'émigration du mari, n'a pas été rétablie de plein droit, pour le passé, par l'effet de la radiation de ce dernier, opérée en vertu du sénatus-consulte du 6 flor. an X, et par la réintégration de l'émigré dans ses droits. — *Cass.*, 10 juin 1806, Masson ; 12 nov. 1810, Enregist. c. Jaurias.

469. — En conséquence, les biens acquis par la femme pendant l'émigration de son mari ont dû être considérés comme à elle propres, et dès-lors les héritiers du mari n'ont pu être tenus d'aucun droit de mutation par décès sur ces biens. — *Cass.*, 12 nov. 1810, Enregist. c. Jaurias.

470. — Mais la communauté a été rétablie de plein droit pour l'avenir. — *Cass.* (impl.), 11 août 1812, de Courville c. Dubost ; 10 juin 1806, Masson.

471. — Ici ne s'applique pas l'art. 16 du sénatus-consulte du 6 flor. an X, qui ordonne à l'émigré de respecter les droits acquis pendant l'émigration, ni l'art. 1451, C. civ., d'après lequel la communauté, dissoute par séparation de corps ou de biens, ne peut être rétablie que par acte authentique. — *Cass.*, 11 août 1812, de Courville

c. Dubost; *Besançon*, 16 fév. 1808, Masson d'Ivrey c. Magnin.

472. — En conséquence, la femme n'a pu s'engager valablement sans le consentement de son mari, à partir de la radiation de celui-ci. — *Cass.*, 11 août 1812, de Courville c. Dubost.

473. — L'amnistie a eu pour effet de rendre au mari la disposition des actions mobilières et des deniers dotaux. — *Besançon*, 16 fév. 1808, Masson d'Ivrey c. Magnin.

474. — Jugé cependant que la communauté dissoute par l'émigration du mari et par la liquidation des droits de la femme faite contradictoirement avec l'état représentant de l'émigré n'a pas été rétablie de plein droit, même pour l'avenir, par la radiation de ce dernier, opérée en vertu du sénatus-consulte du 6 flor. an X, et que la communauté ainsi dissoute n'a pu être rétablie que du consentement des deux époux. — *Paris*, 8 flor. an XII, d'Hervault de Pleumartin.

475. — Jugé dans tous les cas que si la communauté conjugale dissoute par l'émigration a été rétablie de plein droit pour l'avenir par le seul effet de la réintégration de l'émigré dans ses droits civils, ce rétablissement de la communauté n'a pu en rien préjudicier aux droits antérieurement acquis et expressément réservés par l'acte d'amnistie au profit des tiers, au nombre desquels on doit comprendre la femme de l'amnistié. — *Toulouse*, 22 juin 1844 (t. 2 1844, p. 219), de Fotmont c. Gobert et de Surval.

476. — Jugé aussi que la renonciation faite par la femme à la communauté produit tous ses effets, nonobstant la cohabitation des époux postérieure à cette renonciation et à la radiation de l'émigré. — *Cass.*, 22 pluv. an XIII, Delcroix c. de Carondelet.

477. —...Et que la femme d'un émigré qui a renoncé à la communauté en vertu de la loi du 1er flor. an III peut opposer cette renonciation aux créanciers de la communauté. — Même arrêt.

478. — L'amnistie prononcée par le sénatus-consulte du 6 flor. an X n'a pas eu pour effet de faire revivre en faveur de la femme émigrée les droits de survie ouverts pendant son émigration, et devenus caducs par sa mort civile. — *Cass.*, 13 juin 1808, Beschais.

479. — Toutes créances de la république contre un rayé, éliminé ou amnistié, antérieures à son amnistie, sont demeurées éteintes s'il était justifié que le trésor public avait reçu, soit par le versement du prix de ses biens vendus, soit par la valeur des bois et autres propriétés affectées à un service public, soit par l'effet de la confusion des créances ou droits qui lui appartenaient, une somme égale au montant desdites créances; il y avait seulement lieu à compensation jusqu'à concurrence de ce dont avait profité la république, si ces créances s'élevaient à une somme plus forte. — Arrêté 3 flor. an XI, art. 3.

480. — La compensation établie par l'arrêté du 3 flor. an XI, entre l'état et l'émigré, n'a dû s'appliquer qu'aux créances résultant de contrats ordinaires. — Mais elle n'a pas eu lieu entre les droits de mutation par décès dus par un émigré, et les sommes dues par l'état à raison de la vente de ses biens. — *Cass.*, 8 vendém. an XIV, Enregist. c. Leroi de Neuville.

481. — A partir du 1er messid. an XI, les successions auxquelles la république était appelée par représentation d'émigrés ont été dévolues aux parens républicoles de l'émigré. — Arr. 3 flor. an XI, art. 1er et 2.

482. — Les contestations qui peuvent avoir lieu entre les amnistiés et leurs parens républicoles, pour les successions ouvertes avant la délivrance du certificat d'amnistie, mais postérieurement au 1er messid. an XI, sont du ressort de l'autorité judiciaire. — Avis cons. d'état 26 fructid. an XIII.

483. —...Encore qu'il y ait eu partage de présuccession avec le domaine. — *Paris*, 8 janv. 1821, de Vioménil c. de Montmort; *Cass.*, 24 déc. 1823, mêmes parties; 18 avr. 1812, Vidart.

484. — Cependant il a été jugé que l'autorité judiciaire est incompétente pour prononcer sur des réclamations élevées par un émigré amnistié, relativement à une succession en ligne directe ouverte avant le 1er messid. an XI, et réglée entre l'état et les héritiers républicoles, lors même que l'émigré, reconnaissant le partage fait avec la république, et respectant les arrêtés administratifs, n'attaque ses cohéritiers que pour cause de prétendues spoliations ou soustractions. — *Cass.*, 10 nov. 1812, Dufraisse c. Teytut et Deroyère; — Merlin, *Rép.*, v° *Pouvoir judiciaire*, § 2, n° 9 *bis*.

485. — L'arrêté du conseil d'état du 26 fructid. an XIII, qui attribuait à l'autorité administrative la connaissance des contestations sur les successions ouvertes avant le 1er messid. an XI, n'était pas applicable aux contestations jugées antérieurement à cet arrêté par les tribunaux, alors surtout qu'il s'agissait moins de droits successifs que de l'exécution d'une donation faite à un émigré par contrat de mariage, antérieurement à son émigration. — *Cass.*, 4 mars 1806, Belussière c. Peysac; *Paris*, 18 avr. 1808, Henrion.

486. — Les tribunaux sont compétens, à l'exclusion de l'autorité administrative, pour connaître des difficultés élevées à l'occasion des successions ouvertes dans l'intervalle du 6 flor. an X au 1er messid. an XI, et dans lesquelles des émigrés amnistiés sont intéressés. — *Cass.*, 24 déc. 1823, de Montmort c. de Vioménil.

## Sect. 10e. — *Annulation des listes d'émigrés. — Restitution des biens. — L. du 5 déc. 1814.*

487. — Toutes les inscriptions sur les listes d'émigrés encore subsistantes, à défaut d'élimination, de radiation ou d'exécution des conditions imposées par le sénatus-consulte du 6 flor. an X, ou à quelque autre titre que ce soit, sont demeurées abolies, à compter du jour de la publication de la charte constitutionnelle. — Ord. 21-24 août 1814, art 1er.

488. — En conséquence, tous les Français qui auraient été ou étaient encore inscrits sur lesdites listes, à quelque titre que ce soit, ont été admis à exercer les droits politiques que cette charte leur garantissait, et à jouir des droits civils attachés à la qualité de citoyen, sous la réserve expresse des droits acquis à des tiers, et sans y préjudicier. — Art. 2.

489. — En outre, l'art. 1er, L. 5 sept. 1814, a déclaré maintenus pour sortir leur plein et entier effet, soit envers l'état, soit envers les tiers, tous jugemens et décisions rendus, tous actes passés, tous droits acquis avant la publication de la charte constitutionnelle, et qui seraient fondés sur des lois ou des actes du gouvernement relatifs à l'émigration.

490. — Les lois qui ont interdit aux émigrés toutes réclamations contre les partages de succession ou autres actes faits avec le gouvernement, ne s'étendaient pas aux droits sur lesquels les actes de partage n'auraient rien statué. — *Rennes*, 27 juill 1819, Tranchant des Tulays c. Martin de la Bigotière; *Cass.*, 23 nov. 1829, de Kéridec c. Destulais.

491. — Ainsi, lorsqu'un partage de biens d'émigrés a été fait en opérant en masse, et sans distinction d'origine, sur des biens provenant de deux successions, dont l'une devait un compte à l'autre, la non-reddition du compte étant considérée, non comme une lésion irréparable, aux termes des lois sur la matière, mais comme une simple omission, laquelle pouvait être réparée par un partage supplémentaire, le droit de demander ce compte est resté intact pour l'émigré. — *Cass.*, 23 nov. 1829, de Kéridec c. Destulais.

492. — Lorsqu'une succession échue à un émigré pendant son émigration a été recueillie par sa fille, comme représentant son père, et non par le fisc, qui y avait droit, l'émigré peut, en vertu de la loi du 5 déc. 1814, revendiquer les biens recueillis, et qui se trouvent dans les mains des héritiers de sa fille décédée. — *Paris*, 24 fév. 1823, de Puysaye.

493. — Lorsque l'état, qui s'était emparé d'une succession échue à un émigré, sous l'empire de la loi du 28 mars 1793, l'a abandonnée à un tiers, reconnu par jugement héritier de cette succession par priorité à l'émigré, celui-ci ne peut intenter l'action en pétition d'hérédité contre ce tiers, cette action est rendue non recevable par le sénatus-consulte du 6 flor. an X, et la loi du 5 déc. 1814. — L'émigré n'est pas recevable à former tierce-opposition au jugement qui a déclaré ce tiers saisi de la succession par priorité à l'émigré, et dans lequel l'état avait été partie. — *Cass.*, 12 déc. 1832, de Kerouartz c. Sirey.

494. — Du principe qu'il est interdit aux anciens émigrés d'attaquer les actes que l'état, pendant qu'il a exercé leurs droits, a passés avec des tiers, il résulte que celui dont la dette a été fixée par un arrêté de liquidation en suite duquel le paiement a eu lieu, ne peut, plus tard, recourir contre le créancier en répétition des à-compte qu'il prétendrait avoir payés antérieurement à cet arrêté. — En vain dirait-il qu'il ne s'agit là que d'une action *condictione indebiti*, laquelle, ne portant que sur la restitution des à-compte payés antérieurement à l'arrêté, et non compris dans la liquidation, n'atteint point l'arrêté lui-même. — *Cass.*, 21 fév. 1842 (t. 1er 1842, p. 298), de Roquefeuil c. de Pradt.

495. — On invoquait à l'appui du système contraire un arrêt de la cour de Cassation du 23 nov. 1829 (V. *suprà* n° 491), décidant que les lois qui interdisent aux émigrés toutes réclamations contre les actes passés entre l'état et les particuliers ne s'étendent pas aux droits restés intacts et qui n'ont pas été réglés par ces actes. Or, disait-on, puisque l'arrêté de liquidation ne parle pas des à-compte que le comte de Pradt prétend avoir payés antérieurement, les droits résultant pour lui du paiement de ces à-compte sont restés intacts, et rien ne s'oppose à ce qu'il les exerce. — Mais la cour a considéré qu'en réalité la prétention du sieur de Pradt consistait à établir la fausseté des déclarations et les erreurs de comptes et documens en vertu desquels la liquidation avait eu lieu, et, par suite, à faire tomber les effets de l'arrêté administratif, ce qui rentrait dans les prohibitions des lois de l'an X et de 1814.

496. — Et il a été jugé, par suite du renvoi prononcé par cet arrêt, que la défense portée par l'art. 16 du sénatus-consulte du 6 flor. an X et par l'art. 1er de la loi du 5 déc. 1814, d'admettre aucune réclamation des anciens émigrés contre les actes passés entre des tiers et l'état pendant qu'il exerçait leurs droits, est absolue. L'émigré soutiendrait vainement qu'il n'attaque pas les actes administratifs, qu'il veut au contraire leur exécution, mais leur exécution loyale par la restitution de ce qui, en présence de ces actes, a été payé deux fois à ses anciens créanciers. — Du moment que sa demande doit avoir pour conséquence nécessaire de modifier d'une manière quelconque le résultat des actes administratifs, elle doit être déclarée non recevable. — *Nîmes*, 19 déc. 1842 (t. 1er 1843, p. 560), de Pradt c. de Roquefeuille.

497. — Des enfans naturels dont l'état se trouvait fixé par des jugemens rendus avec l'autorité administrative, leur contradicteur légitime, et dont les droits à la succession de leur père ont été consommés par la remise définitive de tous les biens de ce dernier, consentie en leur faveur par le bureau des domaines, n'ont pu être troublés dans leur possession, en vertu de la loi du 5 déc. 1814, par les émigrés que l'état représentait alors, sous prétexte que ces enfans auraient reçu au-delà de ce que la loi leur accorde, et que l'état n'aurait consenti à la remise qui leur a été faite, que dans l'ignorance des droits afférens à l'émigré. — *Cass.*, 25 fév. 1819, Lag... c. Pont...

498. — L'émigré ou son héritier, auquel ses biens confisqués et non aliénés ont été restitués en vertu de la loi du 5 déc. 1814, a pu revendiquer contre les riverains d'une route royale les arbres à lui originairement concédés par le roi qui les avait fait planter sur les fonds riverains, mais attribués depuis aux riverains par le décret du 16 déc. 1811. — *Paris*, 6 janv. 1829, de Rohan c. Deshays.

499. — Un propriétaire émigré à qui des bois ont été rendus en vertu de la loi du 5 déc. 1814 n'a pas été recevable à provoquer directement et par lui-même le récolement des coupes adjugées avant sa réintégration. — Cette action n'a pu être intentée que par l'état, alors même que l'émigré devait profiter de l'indemnité obtenue par suite de cette action. — *Cass.*, 3 avr. 1822, de Vichy c. Laliche.

500. — Les arrêtés de préfecture qui, en vertu du décret du 28 vent. an XI, ont maintenu les communes dans les droits d'usage sur les forêts de l'état, n'ont pu être considérés comme des actes ou arrangemens faits avec l'état représentant l'émigré, et constituant, au profit des communes, des droits acquis que l'émigré rentré en France serait obligé de respecter, conformément à l'art. 16, sénat.-cons. 6 flor. an X, et à l'art. 1er, L. 5 sept. 1814. — *Cass.*, 6 fév. 1838 (t. 1er 1838, p. 231), comm. de Beaudinard c. duc de Sabran; 27 fév. 1838 (t. 2 1838, p. 194), comm. de Nesterowille c. de Rohan.

501. — Les droits d'usage afférens à un émigré se sont éteints par la réunion qui en a eu lieu dans les mains de l'état avec la propriété sur laquelle ils s'exerçaient, provenant d'un autre émigré. En conséquence, si, postérieurement, l'état a revendu la propriété sans faire revivre l'usage qui en était primitivement une dépendance, l'ancien usager n'a pu puiser dans la loi du 5 déc. 1814 le droit de le revendiquer. — *Cass.*, 23 mai 1837 (t. 1er 1837, p. 478), le préfet des Pyrénées-Orientales c. Montferré.

502. — L'émigré qui a obtenu, en vertu de la loi du 5 déc. 1814, la remise de bois non vendus, ne doit pas compte des contributions foncières, depuis la promulgation de la loi de 1814 jusqu'au jour où la remise a été effectuée, lorsque les bois n'ont pas été imposés au rôle pendant cet espace de temps; le jugement qui le décide ainsi ne viole ni les lois des 19 vent. an IX, art. 1er et 2, ni celles du 23 sept. 1814, art. 18, et 5 déc. 1814. — *Cass.*, 3 janv. 1832, Domaines c. de Gestas.

503. — L'émigré rentré en possession des biens à lui restitués en vertu de la loi du 5 déc. 1814,

peut invoquer la destination du père de famille pour revendiquer l'exercice d'une servitude existante lors de la restitution, au profit de ces biens, sur un immeuble appartenant à l'état, alors que cette servitude a été établie par l'état lui-même au moment où il était possesseur des biens restitués. — *Paris*, 28 déc. 1835, Préfet de la Seine c. Caillard.

504. — Les tribunaux étant incompétens pour expliquer ou interpréter des actes émanés de l'autorité administrative, encore que la contestation n'ait pour objet que des intérêts privés, il en résulte que, lorsqu'un émigré rentré dans ses biens demande à son fermier les fermages échus durant le séquestre et que celui-ci prétend que la nation lui a fait remise de ces fruits, les tribunaux doivent surseoir à prononcer jusqu'à ce que l'administration ait statué sur le sens de l'acte administratif invoqué par le fermier. — *Agen*, 27 sept. 1809, Espinet c. Faget.

505. — Jugé que, le paiement fait par l'état, représentant un émigré, du prix d'un immeuble qui avait été acquis par cet émigré et se trouvait grevé du douaire de la femme et des enfans du vendeur, a libéré l'émigré, quoique ce paiement ait été fait en l'absence des ayant-droit au douaire, si ce paiement n'a eu lieu qu'après les formalités et la publicité prescrites pour la liquidation des dettes d'un émigré. — Dès-lors, les douairiers n'ont plus eu d'action contre l'émigré réintégré, en vertu de la loi du 5 déc. 1814, dans la propriété de ses biens et notamment de l'immeuble originairement affecté au douaire. — *Cass.*, 10 juin 1844 (t. 2 1844, p. 119), Duc d'Aumale c. de Brancas-Lauragais.

506. — L'art. 2, L. 5 déc. 1814, a disposé, art. 560, que « tous les biens immeubles séquestrés ou confisqués pour cause d'émigration, ainsi que ceux advenus à l'état par suite de partage de successions ou présuccessions, qui n'avaient pas été vendus et faisaient actuellement partie du domaine de l'état, seraient rendus en nature à ceux qui en étaient propriétaires, ou à leurs héritiers ou ayant-cause. — Les biens qui auraient été cédés à la caisse d'amortissement, et dont elle était actuellement en possession, devaient être rendus lorsqu'il aurait été pourvu à leur remplacement.

507. — En réintégrant les émigrés dans la propriété de leurs biens non vendus, alors existant dans les mains de l'état, la loi du 5 déc. 1814 n'a pas voulu seulement les réintégrer dans ceux dont l'état était en possession de fait, mais aussi dans toutes les actions que l'état aurait pu exercer lui-même pour recouvrer des biens contre des tiers détenteurs; ainsi, dans le cas où une commune se serait fait adjuger un bois par une sentence arbitrale rendue contre l'état aux droits de l'émigré, faute d'avoir opéré le dépôt de cette sentence à l'administration du département, dans les délais fixés par les lois des 28 brum. an VII et 11 frim. an IX, l'émigré a pu, comme l'état l'aurait pu lui-même, exercer l'action en revendication de ces bois, et faire déclarer la sentence non avenue. — Les lois des 28 brum. an VII et 11 frim. an IX, applicables aux bois ou forêts, ne s'appliquaient pas à de simples pâtures. — *Cass.*, 10 août 1829, comm. de Leurey c. de Galiffet.

508. — La loi du 5 déc. 1814 n'a fait cesser que pour l'avenir les effets du séquestre apposé sur les biens des émigrés; elle assimile les deux cas du séquestre et de la confiscation quant à leurs effets. — *Paris*, 28 mai 1821, Dutillet c. Malafosse; *Cass.*, 18 fév. 1824, mêmes parties.

509. — Lorsque, sur une question de propriété intéressant un émigré, on oppose à celui-ci son défaut de qualité, fondé sur le séquestre qui a frappé ses biens, et que, pour y répondre, il soutient que jamais ses biens n'ont été séquestrés de fait, et demande qu'il soit sursis à faire droit au fond, jusqu'après la décision du conseil d'état sur la remise de la propriété en litige, qu'il a sollicitée en vertu de la loi du 5 déc. 1814, il y a lieu d'accueillir cette demande en renvoi. — *Rennes*, 19 juin 1821, De Sérent et Lemounier c. Questel et Leporho.

510. — L'art. 3 de la même loi est ainsi conçu : « il n'y aura lieu à aucune remise des fruits perçus; néanmoins les sommes provenant de décomptes faits ou à faire, et les termes échus et non payés ainsi que les termes à échoir du prix des ventes de biens nationaux provenant d'émigrés, seront perçus par la caisse du domaine, qui en fera la remise aux anciens propriétaires desdits biens, à leurs héritiers ou ayant-cause. »

511. — Les articles suivans de la même loi disposent, savoir : Art. 4. « Seront remis, ainsi qu'il est dit dans l'art. 2, L. 5 déc. 1814, les biens qui, ayant été déjà cédés ou vendus, se trouveraient cependant actuellement réunis au domaine, soit par l'effet de la déchéance définitivement prononcée contre les acquéreurs, soit par toute autre voie qu'à titre onéreux. »

512. — Il a été jugé que la concession d'un immeuble faite par la loi à un citoyen à titre de récompense nationale, n'a pu être considérée comme faite à titre onéreux; que dès-lors elle a été révoquée par la loi de 1816, relative aux bannis, et que les biens qui en dépendaient ont pu être restitués, en vertu de la loi du 5 déc. 1814, à l'émigré, ancien propriétaire. — *Cons. d'état*, 23 mars 1836, Sieyès c. de Choiseul.

513. — Art. 5. « Dans le cas seulement prévu par l'art. 4, L. 5 déc. 1814, les anciens propriétaires, leurs héritiers ou ayant-cause, seront tenus de verser dans la caisse du domaine, pour être remis à l'acquéreur déchu, les à-compte qu'il aura payés. La liquidation de ces à-compte sera faite administrativement au domaine même, suivant les règles accoutumées.

514. — Art. 6. « Les biens que l'état a reçus en échange de biens d'émigrés et qui se trouvent encore en sa possession, seront rendus, sous les réserves et exceptions énoncées dans la présente loi, aux anciens propriétaires de biens échangés, à leurs héritiers ou ayant-cause. »

515. — Art. 7. « Sont exceptés de la remise les biens affectés à un service public, pendant le temps qu'il sera jugé nécessaire de leur laisser cette destination, sauf indemnité à raison de la jouissance de ces biens. »

516. — Art. 8. « Sont encore exceptés de la remise les biens dont, par des lois ou des actes d'administration, il a été définitivement disposé en faveur des hospices, maisons de charité et autres établissemens de bienfaisance, en remplacement de leurs biens aliénés ou donnés en paiement des sommes dues par l'état. »

517. — Le même art. 8 ajoute : « Mais, lorsque par l'effet de mesures législatives ces établissemens auront reçu un accroissement de dotation égal à la valeur des biens qui n'ont été que provisoirement affectés, il y aura lieu à remise de ces derniers biens en faveur des anciens propriétaires, leurs héritiers ou ayant-cause. — Dans le cas où les biens donnés, soit en remplacement, soit en paiement, excéderaient la valeur des biens aliénés et le montant des sommes dues à ces établissemens, l'excédant sera remis à qui de droit. »

518. — Jugé que les hospices qui ont reçu des biens d'émigrés en remplacement de ceux dont ils avaient été dépouillés, n'ont été dispensés, par la loi du 5 déc. 1814, de restituer ces biens aux émigrés dont ils sont provenus, qu'autant que la valeur des biens qu'ils avaient reçus n'excédait pas la valeur de l'ancienne dotation dont ils avaient été dépouillés. — *Cons. d'état*, 21 oct. 1818, Hospices de Limoges c. Lachat et Carbonnières. — V. HOSPICES.

519. — En rendant aux émigrés ou à leurs héritiers ou ayant-cause les biens non vendus qui avaient été frappés de confiscation et réunis au domaine de l'état, la loi du 5 déc. 1814 a entendu consacrer, non pas une restitution en entier, mais un acte de pure libéralité, qui n'a rien eu de rétroactif. — *Cass.*, 25 janv. 1819, d'Espinay Saint-Luc c. Duclaux; 3 janv. 1821, de Carnin c. de Béthune; 9 mai 1821, Bazire c. Deslongchamps; 10 fév. 1823, de Reculot c. héritiers de Salans; 4 juill. 1825, Dupille c. de Biencourt; 18 fév. 1824, Malafosse c. Dutillet; 19 mai 1824, Pons Saint-Maurice c. de Laferté Sennatore; *Limoges*, 1er juin 1837 (t. 2 1838, p. 516), Laramade de Friac c. l'hospice de Turenne; *Rouen*, 22 juill. 1819, d'Espinay Saint-Luc c. Duclaux; — Merlin, *Quest. de droit*, v° *Confiscation*, § 2.

520. — Dès-lors, cette remise a profité aux héritiers les plus proches de l'émigré au moment où elle est faite, et non aux héritiers qui étaient les plus proches au jour de son décès. — *Cass.*, 3 janv. 1821, Bazire c. Deslongchamps; 18 fév. 1824, Malafosse c. Dutillet; *Limoges*, 1er juin 1837 (t. 2 1838, p. 516), Laramade de Friac c. l'hospice de Turenne; *Bordeaux*, 25 août 1841 (t. 1er 1842, p. 24), de Sivrac c. de Calemberg.

521. — Il en doit être ainsi, que l'émigré ait été amnistié ou rayé, si la radiation n'a eu lieu que postérieurement à l'arrêté du 29 messid. an VIII. — *Cass.*, 18 fév. 1824, Malafosse c. Dutillet.

522. — Jugé que la disposition d'un arrêté de radiation d'un émigré par laquelle il a été autorisé à rentrer en possession de ses biens ne lui donne aucun droit sur un immeuble attribué à l'état en vertu d'un partage de présuccession fait avec l'ascendant de cet émigré; et qu'en conséquence, si cet immeuble a été rendu par application de la loi du 5 déc. 1814, il est devenu la propriété des plus proches héritiers de l'émigré qui existent à l'époque de la restitution. — *Bordeaux*, 25 août 1841 (t. 1er 1842, p. 24), de Sivrac c. de Calemberg.

523. — Par la même raison, si l'émigré est décédé avant la loi du 5 déc., c'est à ses plus proches parens existans lors de la restitution, et non au légataire universel de celui qui, s'il eût vécu, eût été le plus proche héritier, que la remise a dû profiter. On ne peut dire que l'héritier le plus proche au moment de son décès, et qui a recueilli le surplus de sa succession ait été également saisi du droit de recueillir des biens restitués, et qu'il ait pu transmettre ce droit à son légataire universel. — *Cass.*, 25 janv. 1819, d'Espinay-Saint-Luc c. Duclaux; *Rouen*, 22 juill. 1819, mêmes parties; *Cass.*, 10 fév. 1823, de Reculot c. héritiers de Salans.

524. — Les biens rendus par l'état en vertu de la loi du 5 déc. 1814 doivent toujours appartenir aux héritiers naturels de préférence aux légataires même depuis la loi du 27 avr. 1825, relative à l'indemnité à accorder aux émigrés; cette dernière loi n'ayant disposé qu'à l'égard des biens vendus, sans rien innover quant aux biens rendus. — *Cass.*, 4 juill. 1825, Dupille c. de Biencourt.

525. — Jugé encore que la remise des biens d'émigrés, ordonnée par la loi du 5 sept. 1814, profite aux héritiers *ab intestat*, et non au légataire à titre universel ou particulier que l'émigré décédé avant cette loi aurait institué après son amnistie, alors même que ce legs serait fait par une condition expresse pour le cas de la remise, soit des biens, soit d'une indemnité promise par le gouvernement à la place de ces biens. — *Amiens*, 6 juin 1821, Dupille c. de Biancourt.

526. — Le consentement donné par un héritier à la délivrance de legs ayant pour objet une chose qui ne se trouve actuellement, ni dans son domaine, ni dans celui du défunt, ne pouvant avoir d'effet, ni priver cet héritier de l'exercice des droits qui, postérieurement, lui échoient sur la chose léguée, il en résulte que l'héritier naturel d'un ancien émigré qui, avant la loi de 1814, a consenti l'exécution pleine et entière d'un testament, par lequel l'émigré léguait, avec d'autres biens dont il était en possession, ceux confisqués sur lui, pour le cas où ils lui seraient rendus en nature ou autrement, est demeuré en droit, malgré ce consentement, de réclamer les biens restitués. — Même arrêt.

527. — ... Et alors même que postérieurement à la loi de 1814 il aurait, en qualité de créancier de la succession, obtenu une condamnation contre le légataire mis en possession des biens restitués. — Même arrêt.

528. — Du principe que les biens remis en vertu de la loi du 5 déc. 1814 aux représentans des émigrés sont réputés n'avoir jamais fait partie de la succession de ces derniers morts antérieurement, il résulte que les enfans naturels, même reconnus (lesquels n'ont de droit que sur la succession de leurs auteurs), ne peuvent réclamer aucuns droits sur les biens provenant de cette remise. — *Poitiers*, 30 mars 1832, de la Carre c. Prevel.

529. — Contrairement à tous les arrêts énoncés dans les numéros qui précèdent, il avait été jugé par des arrêts qui ont été cassés que la remise des biens d'émigrés ordonnée par la loi du 5 déc. 1814 a opéré une véritable restitution en faveur des anciens propriétaires et effacé toutes les traces de confiscation, en sorte que l'héritier le plus proche au moment du décès de l'émigré, et qui a recueilli le surplus de sa succession, a été également saisi du droit de recueillir les biens restitués, et qu'il a pu transmettre ce droit à son légataire universel. — *Paris*, 29 juill. 1816, Despinay Saint-Luc c. Duclaux; *Besançon*, 28 nov. 1820, de Reculot c. Labirey de Virey.

530. — Et la cour de cassation elle-même semble avoir abandonné la jurisprudence et s'être prononcée dans ce dernier sens, par arrêt du 22 juillet 1833 (Bonnafoux c. Bournel); mais cette décision a été rendue, ainsi que le dit la cour de cassation elle-même, pour un cas particulier.

531. — Cet arrêt décide que les biens rendus par la loi du 5 déc. 1814 doivent appartenir exclusivement à l'héritier naturel au jour du décès, lorsque cet héritier était déjà, à ce titre, entré en possession d'autres biens faisant partie de l'hérédité de l'émigré, et restitués en vertu du sénatus-consulte du 6 flor. an X, et non aux plus proches parens au jour de la promulgation de la loi de 1814.

532. — Il ajoute qu'en disposant que les biens invendus seraient restitués aux émigrés ou à leurs héritiers la loi de 1814 a entendu comprendre sous ces mots, *leurs héritiers*, ceux qui, d'après les principes généraux, avaient capacité et droit à l'époque de l'ouverture de la succession, et non pas seulement les parens les plus proches au moment de la promulgation de cette loi.

533. — Le droit de rentrer dans la propriété des biens restitués aux émigrés par la loi du 5 déc.

1814 s'apprécie en se reportant à l'époque de la promulgation de la loi, et non à l'époque des actes administratifs rendus en conséquence de cette loi et qui prononcent l'envoi en possession. Dès-lors, en cas de décès d'une personne ayant droit à la restitution de biens non vendus, en vertu de la loi du 5 déc. 1814, survenu postérieurement à la promulgation de cette loi, mais avant l'arrêté administratif ordonnant l'envoi en possession, les biens rendus doivent être réputés s'être trouvés dans sa succession, encore que l'arrêté administratif d'envoi en possession n'ait pas été rendu en son nom, mais au nom de son héritier. — *Caen*, 26 févr. 1825, de la Bonnevallière c. Tuquetil. — V. Cormenin, *Quest. de droit administr.*, t. 3, p. 111 et 112, 4e édit.

534. — Dans le cas d'une donation faite à un individu qui émigra après avoir eu la saisine des biens donnés, et lorsque ces biens ayant été séquestrés pour cause de son émigration n'ont pas été vendus, la remise doit en être faite à ce donataire, et non aux héritiers naturels du donateur. Les héritiers naturels du donateur ne sont pas, dans ce cas, préférables au donataire. — *Paris*, 27 avr. 1824, d'Ordre c. de Rougé.

535. — Les biens non vendus remis, en vertu de la loi du 5 déc. 1814, aux héritiers des émigrés, doivent être imputés sur leur légitime; dès-lors, ces héritiers ne peuvent demander la réduction des donations faites par l'émigré qu'autant que les biens remis sont insuffisans pour les remplir de cette légitime. — *Cass.*, 26 mars 1833, de Rohan; *Paris*, 26 juin 1826, de Rohan.

536. — Par une conséquence nécessaire, la quotité de cette légitime doit être calculée d'après la masse des biens héréditaires, augmentée des biens remis et des indemnités accordées. — *Paris*, 26 juin 1826, de Rohan.

537. — La vente de droits successifs ne comprenant que les choses sur lesquelles les parties ont eu l'intention de traiter, il en résulte que c'est à l'héritier de l'émigré qu'a dû profiter la remise des biens invendus ordonnée par la loi du 5 déc. 1814 par préférence à l'acquéreur des droits successifs de cet héritier; du moins, l'arrêt qui décide en fait que les parties n'ont pas eu l'intention de traiter sur les biens remis qui lors de la vente étaient sous le séquestre, et que conséquemment ces biens ne doivent pas profiter à l'acquéreur des droits successifs, ne viole aucune loi. — *Cass.*, 18 fév. 1819, Maynaud de Pancemont c. de La Ferté-Senectère; *Paris*, 30 déc. 1817, mêmes parties; *Cass.*, 25 janv. 1819, Grenier c. Delespinasse; *Riom*, 3 mars 1817, Grenier c. Delespinasse.

538. — L'état, en donnant main-levée du séquestre des biens d'un émigré afin qu'un tiers pût jouir de l'usufruit de ces biens, n'est pas censé, par cela même, s'être dessaisi de la nue-propriété. — *Cass.*, 24 janv. 1828, Desrois c. Bournet.

539. — Les héritiers des émigrés ont pu valablement, après la loi du 5 déc. 1814, accepter ou répudier les successions de leurs auteurs, qui avaient été dévolues à l'état en vertu des lois sur l'émigration. — *Bordeaux*, 13 juill. 1829, Desgranges et de Méric c. de Luchet.

540. — Pour obtenir la remise ordonnée par la loi du 5 déc. 1814, les ayant-droit ont dû se pourvoir par-devant le préfet du département où les biens étaient situés. — L. 5 déc. 1814, art. 11.

541. — Mais il a été jugé que, la loi du 5 déc. 1814 étant exclusivement relative aux biens séquestrés ou confisqués pour cause d'émigration qui n'avaient pas été vendus et qui faisaient alors partie du domaine de l'état, ce n'est que pour la remise de ces sortes de biens, et non pour la revendication d'immeubles non vendus et se trouvant entre les mains d'un tiers, que doivent être suivies les formalités prescrites par les art. 11, 12 et 13 de cette loi. — *Cass.*, 20 mai 1844 (t. 1er 1844, p. 763), de Lussac c. Alamichelle.

542. — ... Et que dès-lors cette demande en revendication formée contre le tiers-détenteur et ayant pour objet une question de propriété a dû être portée de prime-abord devant les tribunaux et non préalablement devant le préfet et le ministre des finances. — Même arrêt.

543. — Jugé aussi que c'est à l'autorité judiciaire qu'appartient le droit de statuer sur les questions de propriété que soulèvent les réclamations faites par les émigrés en vertu de la loi du 5 déc. 1814. — Ainsi cette autorité est seule compétente pour décider si un droit d'usage réclamé par un émigré s'est ou non éteint par la confusion, invoquée par l'état. — *Cass.*, 23 mai 1837 (t. 1er 1837, p. 478), le préfet des Pyrénées-Orientales c. Montferré, Escampé et Teulière.

544. — Ce n'est qu'à l'égard du fisc et dans son intérêt exclusif que les lois sur l'émigration ont d'abord affranchi les biens confisqués des hypothèques qui les grevaient et ensuite prononcé la déchéance des créanciers qui ne s'étaient pas fait liquider dans le délai prescrit. En conséquence, l'action hypothécaire sur les biens invendus a repris toute sa force au profit des créanciers non désintéressés du moment de la remise qui en a été faite aux émigrés en vertu de la loi du 5 déc. 1814. — *Paris*, 23 juill. 1821, de Castries c. de Masseran; *Cass.*, 30 juill. 1822, mêmes parties; 12 août 1823, d'Asnières; 14 déc. 1826, hérit. Ferrette c. Leu; 24 avr. 1827, princesse de Chalais c. hérit. Malafosse.

545. — Ainsi la femme divorcée d'un émigré qui, après l'amnistie accordée à celui-ci, a transigé avec lui sur ses reprises dotales et en a consenti la réduction en considération des malheurs et des pertes éprouvés par son mari, sous la réserve toutefois d'exercer ses droits pour le surplus sur les autres biens qui pourraient lui advenir par la suite, a conservé son hypothèque pour ce surplus sur les biens ayant appartenu à ce dernier qui, n'ayant point été vendus par le gouvernement, ont été rendus soit à lui, soit à ses héritiers. — *Cass.*, 12 août 1823, d'Asnières.

546. — Il a été jugé que les émigrés restent obligés aux dettes qu'ils avaient contractées avant l'émigration, quand bien même *ils ne rentrent en possession d'aucuns biens*, par suite de la loi du 5 déc. 1814. Ils ne peuvent invoquer la déchéance prononcée au profit de l'état contre leurs créanciers. — *Poitiers*, 18 août 1821, Marconnay c. Marconnay.

547. — Jugé au contraire que les émigrés rendus à la vie civile en 1814 et qui n'ont rien recouvré, en vertu de la loi du 5 déc. 1814, ne sont pas restés tenus personnellement des dettes antérieures à leur émigration. Ils peuvent invoquer contre leurs créanciers la déchéance acquise à l'état. — *Dijon*, 12 avr. 1821, Mallard c. Picard; 4 avr. 1821, de Bévy c. de la Guiche.

548. — L'héritier de l'émigré, n'ayant droit à la remise de ses biens invendus, en vertu de la loi du 5 déc. 1814, qu'à la charge de payer ses dettes, est tenu d'en rembourser sa part aux héritiers qui les auraient acquittées en appréhendant la succession; le recours de ceux-ci est fondé sur la subrogation légale. — *Cass.*, 24 avr. 1827, princesse de Chalais c. hérit. Malafosse.

549. — L'héritier naturel qui a été appelé, par préférence au légataire universel, à recueillir des biens remis par l'état en vertu de la loi du 5 déc. 1814, doit contribuer avec le légataire universel, et proportionnellement à la valeur de ces biens, aux dettes et charges de la succession. — *Paris*, 5 août 1823; *Cass.*, 26 juill. 1826, Duclaux et Lemonnier c. d'Espinay-Saint-Luc; 24 avr. 1827, princesse de Chalais c. hérit. Malafosse.

550. — Le créancier d'un émigré qui a refusé de réduire sa créance au tiers consolidé et qui, même après avoir envoyé son titre à la liquidation générale, l'a retiré et conservé par devers lui n'a encouru de déchéance qu'envers l'état et n'est pas non recevable à poursuivre son paiement contre l'émigré sur les biens qui lui ont été remis par la loi du 5 déc. 1814. Les arrêtés du 23 pluv. an XI et le décret du 11 oct. 1812 n'y mettent pas obstacle. — *Colmar*, 1er déc. 1830, Franck c. Recurson et Zollicoffre.

551. — Dans ce cas, et si en lui remettant son titre, l'administration a certifié qu'il ne lui avait été payé aucuns arrérages d'inscription sur le grand-livre, la question de savoir si la créance a été liquidée est de la compétence des tribunaux. — Même arrêt.

552. — L'émigré n'a pu, après sa rentrée en France en 1814, opposer la prescription à son créancier, qui n'a été déchu vis-à-vis de la nation que pour n'avoir pas voulu consentir à la réduction de sa créance au tiers. — *Colmar*, 1er déc. 1820, Franck c. Recusson et Zollicoffre; *Amiens*, 10 mai 1823, Hérit-Lamirault c. Lesur.

553. — Les importantes questions qui précèdent s'étaient élevées déjà lors de la restitution des biens opérée en vertu du sénatus-consulte du 6 flor. an X.

554. — L'élimination a produit un effet plus étendu que l'amnistie, quant à la restitution des biens confisqués sur les personnes prévenues d'émigration. Ainsi, la restitution opérée par suite de l'élimination a dû être considérée comme pleine et entière, et comme comprenant dans sa généralité tous les biens, tous les droits incorporels non vendus. — *Cass.*, 12 mars 1828, et *Orléans*, 7 mai 1829, sous *Cass.*, 8 déc. 1830, de la Ferté Senectère c. de Pancemont.

555. — ...Même les rentes éteintes par la confusion, en sorte que le droit de réclamer ces rentes, la confusion venant à cesser, a fait partie de la succession de l'éliminé, mort avant la loi du 5 déc. 1814, et que son héritier a pu transmettre ce droit par testament. — Mêmes arrêts de 1828 et 1829.

556. — De même, des créances sur un émigré, confisquées au préjudice du créancier, aussi émigré, sont rentrées dans les biens de ce dernier par le seul fait de son élimination, prononcée en vertu de l'arrêté du 28 vendém. an IX, encore que l'état ne s'en soit dessaisi que plus tard, par suite de la loi du 5 déc. 1814; et dès-lors ces créances ont pu être transmises par le créancier décédé avant 1814, et doivent être attribuées à son légataire universel, à l'exclusion de ses héritiers légitimes. — *Cass.*, 8 déc. 1830, de la Ferté-Senectère c. de Pancemont.

557. — La loi du 5 déc. 1814 avait sursis, jusqu'au 1er janv. 1816, à toutes actions de la part des créanciers des émigrés, sur les biens rendus, en autorisant toutefois les actes conservatoires de leurs créances. Ce délai a été prorogé plusieurs fois, et en dernier lieu jusqu'au 1er janv. 1820, par la loi du 12 avr. 1818.

558. — Le sursis accordé par la loi du 5 déc. 1814 aux émigrés remis en possession de leurs biens invendus, pour le paiement des dettes qui affectent ces biens, a pu être invoqué, non seulement par l'émigré lui-même, mais encore par les héritiers et ayant cause, même par l'héritier sous bénéfice d'inventaire. — *Douai*, 1er mai 1819, de Rohan c. d'Asbeck.

559. — Dans le sens des lois des 5 déc. 1814 et 16 janv. 1816, qui ont accordé un sursis aux émigrés pour le paiement de leurs dettes, sauf le droit pour les créanciers de faire des actes conservatoires, on a pu considérer comme une mesure conservatoire la demande d'un créancier tendant à ce que son débiteur ne pût couper annuellement que le vingtième d'un bois taillis sur lequel il avait pris inscription. — *Cass.*, 10 mai 1820, De Joviac c. Roman.

560. — Un propriétaire foncier réintégré dans la partie de ses biens, *comme émigré*, ne peut opposer contre la demande en remboursement du colon une fin de non-recevoir fondée sur la loi du 5 déc. 1814. — *Rennes*, 17 juill. 1818, Kerouartz.

561. — Il a été jugé que la loi du 16 vent. an IX, qui a prorogé, en faveur des créanciers des émigrés, les délais accordés par la loi de brum. an VII, pour faire inscrire leurs hypothèques anciennes, dans le cas où lesdits émigrés seraient rayés de la liste fatale, et n'a fait courir ces délais qu'à compter du jour de la levée du séquestre par le préfet, doit encore recevoir son application relativement aux biens restitués en vertu de la loi du 5 déc. 1814. — *Cass.*, 11 août 1824, de Nouy c. de Bouthilier; 31 juill. 1827, Dubois de la Motte c. Coigny.

562. — En conséquence, le délai de trois mois accordé pour former l'inscription a commencé à courir du jour seulement où l'émigré a obtenu la remise de ses biens. — *Cass.*, 11 août 1824, de Mory c. Bouthilier.

563. — Mais cette remise a-t-elle date du jour de l'arrêté de la commission qui l'a *ordonnée*, ou du jour de l'arrêté du préfet qui l'a *effectuée?* — Les motifs du jugement de première instance par suite duquel est intervenu l'arrêt qui précède semblent favorables à cette dernière opinion.

564. — Lorsqu'un immeuble d'abord rendu à un émigré a été remis momentanément sous le séquestre, puis ensuite rendu définitivement à l'émigré en vertu de la loi du 5 déc. 1814, c'est à partir de la restitution définitive et non de la restitution provisoire que court le délai de trois mois accordé par la loi du 16 vent. an IX aux créanciers de l'émigré pour requérir inscription sur cet immeuble. — *Cass.*, 31 juill. 1827, Dubois de la Motte c. Coigny.

565. — Il n'y a pas eu exception, en faveur de l'émigré, au principe posé dans la loi du 11 brum. an. VII, qui ne permettait pas aux créanciers anciens de faire inscrire leurs hypothèques, après la transcription de la vente de l'immeuble hypothéqué. En conséquence, on a dû considérer comme nulle l'inscription prise par l'émigré après cette transcription. — *Bruxelles*, 24 brum. XIII, Lichtervelde c. Vanhoorebecke et Sibille.

566. — L'art. 116 de la loi du 28 avril-4 mai 1816 a disposé que la condition mise par la loi du 5 déc. 1814 à la restitution des biens provenant d'émigrés qui avaient été cédés à la caisse d'amortissement, était révoquée, et que ces biens seraient rendus aux propriétaires, lorsqu'ils auraient rempli les formalités prescrites par cette loi. — A l'égard des biens à restituer consistant en domaines engagés, le même article a ajouté que la loi du 11 pluv. an XII et le § 2 de l'art. 15 de celle du 14 vent. étaient rapportés, et que les possesseurs réintégrés ne seraient assujétis qu'à l'exécution des autres dispositions de cette dernière loi.

567. — Remise a été faite aux héritiers et représentans des propriétaires émigrés dont les biens

ont été confisqués des droits de mutation par décès, dus à raison des biens appartenant à leur auteur, et dans la propriété desquels lesdits héritiers et représentans ont été réintégrés en vertu des lois du 5 déc. 1814 et du 28 avr. 1816. — L. 25-26 mars 1817, art. 78.

568. — Ont été déclarés pleinement libérés tous les acquéreurs de domaines nationaux, quelles que fussent l'origine des biens et l'époque des ventes, qui, conformément à l'art. 5 du décret du 22 oct. 1808, ayant, à l'époque de ce décret, quittance pour solde ou dernier terme des préposés du domaine chargés de recevoir leurs paiemens, n'auraient reçu, dans les six années écoulées depuis ce décret, aucune notification de décompte. Les mentions inscrites sur les registres des préposés ont dû tenir lieu des quittances non représentées. — L. 12-17 mars 1820, tit. 1er, art. 1er.

569. — La même loi de 1820 a également déclaré pleinement libérés tous acquéreurs de domaines nationaux qui, conformément à l'art. 5 du décret du 22 oct. 1808, auraient, postérieurement à ce décret, reçu quittance pour solde ou dernier terme des préposés du domaine chargés de recevoir leurs paiemens, et auxquels il n'aura été notifié aucun décompte dans les six années échues et à échoir depuis la date de cette quittance. — Art. 2. — V. art. 3, 4, 5 et 6. — V. BIENS NATIONAUX.

570. — L'art. 7 du tit. 2 portait que l'administration des domaines ferait signifier aux propriétaires détenteurs de domaines provenant de l'état à titre d'engagement, concession ou échange, auxquels seraient applicables les dispositions des lois des 14 vent. an VII (4 mars 1799), 28 avr. 1816 et 15 mai 1818, et qui n'y auraient pas satisfait, qu'ils eussent à se conformer auxdites lois, relativement aux domaines engagés ou échangés dont ils seraient actuellement en possession. — Tit. 2, art. 7. — V. DOMAINES ENGAGÉS ET ÉCHANGÉS.

571. — A l'égard des domaines provenant d'engagemens ou d'échanges restant à remettre aux anciens propriétaires, en exécution des lois des 5 déc. 1814, 28 avril 1816 et 15 mai 1818, dont l'origine domaniale était connue, l'administration des domaines devait faire ses réserves dans l'acte de remise, et imposer aux propriétaires l'obligation de se conformer aux dispositions de la loi du 14 vent. an VII (4 mars 1799). — Art. 8.

572. — A l'expiration de trente années, à compter de la publication de la loi du 14 vent. an VII, les domaines provenant de l'état, cédés à titre d'engagement ou d'échange antérieurement à la loi du 1er déc. 1790, autres que ceux pour lesquels auraient été faites, ou seraient faites jusqu'à l'expiration desdites trente années, les significations et réserves réglées aux articles ci-dessus 7 et 8, sont devenus propriétés incommutables entre les mains des possesseurs actuels, sans distinction de ceux qui se seraient conformés ou non aux dispositions des lois des 14 vent. an VII (4 mars 1799), 11 pluv. an XII (1er févr. 1804), 28 avr. 1816 et 15 mai 1818.

573. — En conséquence, portait l'art. 9, les possesseurs actuels desdits biens, engagistes, échangistes ou concessionnaires, ou leurs représentans, seront quittes et libérés par l'effet seul de la présente loi, et sans qu'ils puissent être tenus de fournir aucune justification, sous prétexte que lesdits biens proviendraient d'engagemens, d'échanges ou de concessions, avant ou depuis le mois de février 1566, avec ou sans clause de retour. — Art. 9. — V. DOMAINES ENGAGÉS ET ÉCHANGÉS.

574. — L'arrêté du 24 therm. an IX, qui allouait une indemnité à ceux qui auraient des droits à faire valoir pour raison des bois et forêts séquestrés par suite d'émigration et déclarés inaliénables par la loi du 2 niv. an IV, et qui défendait de donner main-levée du séquestre, sous quelque prétexte que ce fût, a été abrogé par la loi du 5 déc. 1814.

575. — L'indemnité dont parle cet arrêté n'était réservée qu'aux *tiers* qui pouvaient avoir des droits sur ces bois, et non pas au propriétaire ; en conséquence n'est pas valable le legs de cette indemnité fait par l'émigré antérieurement à la loi du 5 déc. 1814. — *Cass.*, 4 juill. 1825, Dupille c. de Biencourt.

576. — Mentionnons, en terminant sur ce point, qu'une ordonnance du 6-24 mars 1828 a prescrit le rétablissement dans les dépôts publics des titres relatifs aux biens dans la possession desquels sont rentrés les émigrés, et a réglé les conditions de la remise des expéditions de ces titres aux anciens propriétaires. — Duvergier, *Collect.*, t. 28, p. 33.

577. — Les lois sur l'émigration ont, lors des événemens de 1814, perdu leur empire en Belgique. — *Cass. belge*, 9 juill. 1834, Denorman.

578. — Jugé aussi, par le même arrêt, que, d'après les traités de Campo-Formio et de Lunéville, et le décr. du 28 août 1811, les Belges absens lors de ces traités n'ont pas été atteints par les lois sur l'émigration. — En conséquence, les enfans nés de leur mariage, durant leur absence, ont la qualité de Belges.

## Sect. 11e. — *De l'indemnité.*

### § 1er. — *De l'allocation et de la nature de l'indemnité.*

579. — Sous la restauration, les émigrés réclamèrent énergiquement la restitution de leurs biens confisqués. En principe, on admettait assez généralement dans les chambres législatives que l'état devait réparer leurs pertes, mais on différait sur la nature de cette réparation. Les uns voulaient que les biens fussent rendus en nature, sauf à en restituer le prix aux nouveaux possesseurs. Tout autre système, selon eux, avait pour résultat de consacrer législativement une odieuse spoliation. — L. 27 avr. 1825.

580. — Les autres répondaient que la restitution en nature atteindrait un nombre infini de nouveaux propriétaires qui avaient contracté sous la sauvegarde de la loi, et jetterait ainsi la perturbation la plus profonde dans la société. Ils proposaient en conséquence d'accorder aux émigrés une simple indemnité pécuniaire. Ce système prévalut.

581. — Mais l'indemnité devait-elle être intégrale ou partielle? En d'autres termes, devait-elle avoir le caractère d'une *restitution* ou d'une *juste libéralité?* La première opinion était soutenue par les partisans de la restitution en nature, et on ne pouvait plus leur opposer la raison d'état. Cependant l'opinion contraire fut adoptée.

582. — Aux termes de l'art. 1er, L. 27 avr. 1825, « Trente millions de rente, au capital d'un milliard, ont été affectés à l'indemnité due par l'état aux Français dont *les biens-fonds, situés en France*, ou qui faisaient partie du territoire de la France au 1er janv. 1792, ont été confisqués et aliénés, en exécution des lois sur les émigrés, les déportés et les condamnés révolutionnairement ; » et l'article ajoutait : « Cette indemnité est définitive. »

583. — La loi du 27 avr. 1825 a reçu aujourd'hui sa complète exécution : nous devrons donc nous borner, sans entrer dans des détails désormais sans intérêt, à rappeler les principales dispositions dont elle se composait, ainsi que les plus importantes des applications qui en ont été faites par la jurisprudence.

584. — Cette loi a par cela même reconnu la légalité des ventes nationales, et consacré définitivement le droit de propriété des acquéreurs. — Duvergier, *Collect. des lois*, sur l'art. 1er ; — L. 27 avr. 1825, note 1re.

585. — Aussi la cour de Cassation a-t-elle déclaré qu'on ne peut, sans violer l'art. 9 de la charte constitutionnelle de 1814, qui consacre l'inviolabilité de toute propriété, juger que l'acquéreur d'un domaine national n'a fait qu'acquitter une obligation naturelle, en rétrocédant ce domaine à ceux sur lesquels il avait été confisqué. — *Cass.*, 11 avr. 1820, Dayme c. Royer d'Eguilles.

586. — Quoique l'indemnité ne fût pas une restitution, elle était néanmoins représentative des biens confisqués. Ainsi la condition que le légataire ne recueillerait qu'une partie de la libéralité, dans le cas où il rentrerait dans ses biens de France, a pu s'accomplir après son décès, et a dû être réputée accomplie par l'événement de la loi du 27 avr. 1825, qui l'a appelé, comme émigré, à recueillir une indemnité. — *Cass.*, 15 juill. 1833, Dallen c. Leclet.

587. — Cependant il a été jugé que la condition de son rétablissement dans ses biens, apposée par un émigré à un cautionnement qu'il a souscrit, peut être déclarée non accomplie par l'obtention de l'indemnité. — *Cass.*, 10 nov. 1834, Raymond c. Dugas.

588. — La loi de 1825 n'a pas eu pour objet d'abroger les dispositions principales de celle du 5 déc. 1814 ; au contraire, elle a décidé (art. 24) que l'art. 1er de cette dernière loi continuerait de sortir son plein et entier effet, et qu'en conséquence il n'était apporté aucun préjudice aux droits acquis avant la publication de la Charte, et maintenue par ledit article, soit à l'état, soit à des tiers.

589. — Jugé que lorsque, par exception à la loi du 21 prair. an III, ordonnant la restitution des biens des individus condamnés révolutionnairement à leurs héritiers, la confiscation de ces biens a été maintenue contre certains de ces derniers, cette confiscation a été implicitement abrogée à leur égard par la loi du 27 avr. 1825, qui accorde une indemnité aux héritiers de ces condamnés, sans distinction, à raison de leurs biens confisqués et vendus, ainsi qu'aux émigrés, déportés, ou à leurs héritiers. — *Cass.*, 26 janv. 1832, Delassé-Brissac c. Dubarry.

590. — Aux termes de la loi du 27 avr. 1825 (art. 2), l'indemnité a dû consister, savoir : 1° « pour les biens-fonds vendus en exécution des lois qui ordonnaient la recherche et l'indication préalable du revenu de 1790 ou du revenu valeur de 1790, en une inscription de rente 3 % sur le grand-livre de la dette publique, dont le capital devait être égal à dix-huit fois le revenu tel qu'il était constaté par les procès-verbaux d'expertise ou d'adjudication. »

591. — ... 2° « Pour les biens-fonds dont la vente avait eu lieu en vertu des lois antérieures au 12 prair. an III, qui ne prescrivaient qu'une simple estimation préalable, l'indemnité a dû consister en une inscription de rente 3 % sur le grand-livre de la dette publique, dont le capital devait être égal au prix de vente réduit en numéraire au jour de l'adjudication, d'après le tableau de dépréciation des assignats en exécution de la loi du 5 messid. an V, dans le département où était située la propriété vendue. »

592. — En outre, aux termes du même article, « lorsque le résultat des liquidations aurait été connu, les sommes restées libres sur les trente millions de rente affectés à l'indemnité devaient être employés à réparer les inégalités résultant des bases fixées par ledit art. 2, suivant le mode qui serait fixé par une loi. » — C'était là ce qu'on appelait le *fonds commun*. Mais on sait que la loi du 5 janv. 1831 a ordonné la restitution de ce fonds commun à l'état.

593. — En outre, les articles suivans de la loi de 1825 disposaient en ces termes : Art. 3. « Lorsqu'en exécution de l'art. 20, L. 9 flor. an III, les ascendans d'émigrés auront acquis au prix de l'estimation déclarée les portions de leurs biens-fonds attribuées à l'état par le partage de présuccession, le montant de l'indemnité sera égal à la valeur réelle des sommes qui auront été payées.. »

594. — ... « L'indemnité sera délivrée à l'ascendant, s'il existe, et, à son défaut, à celui de ses héritiers qui, par les arrangemens de famille, aura supporté la perte. » — Même article.

595. — ... Lorsque l'état aura reçu d'un aîné ou autre héritier institué le prix des légitimes que des légitimaires frappés de confiscation avaient droit de réclamer en bien-fonds, le montant réduit de la somme payée pour prix de cette portion légitimaire sera restitué à ceux qui y avaient droit ou qui le représentent. — Même article.

596. — Art. 4. — « Lorsque les anciens propriétaires seront rentrés en possession des biens confisqués sur leur tête après les avoir acquis directement de l'état ou par personnes interposées, l'indemnité sera fixée sur la valeur réelle payée à l'état conformément aux règles établies par l'art. 3. »

597. — Le même article ajoutait : « Lorsque par les mêmes moyens ils les auront rachetés à des tiers, l'indemnité sera égale aux valeurs réelles qu'ils justifieront avoir payées, sans que, dans aucun cas, elle puisse excéder celle déterminée par l'art. 2. — A défaut de justification, ils recevront une somme égale aux valeurs réelles formant le prix payé à l'état. — Dans les deux cas ci-dessus, les ascendans, descendans ou femme de l'ancien propriétaire seront reputés personnes interposées. »

598. — « Lorsque les héritiers de l'ancien propriétaire seront rentrés directement dans la possession des biens confisqués sur lui, l'indemnité à laquelle ils auraient droit sera fixée de la même manière. » — Même article.

599. — Les rentes affectées à l'indemnité ont dû être inscrites au grand-livre de la dette publique et délivrées à chacun des anciens propriétaires ou à ses représentans par cinquième et d'année en année depuis le 22 juin 1825.

600. — Ainsi qu'on l'a vu, l'indemnité n'était due que pour les *biens-fonds* ; de là on a conclu avec raison qu'elle ne pouvait être réclamée à raison de la confiscation des choses mobilières. — *Cons. d'état*, 16 mai 1827, Letellier.

601. — Ainsi, elle ne s'appliquait pas aux rentes et créances qui seraient, par suite de partage, entrées dans le lot de l'état comme représentant l'émigré. — *Cons. d'état*, 2 mai 1827, Forlin et de Saqui-Destours. — V. aussi *Cons. d'état*, 11 avr. 1827, de la Roche du Maine ; 2 mai 1827, Forlin.

602. — ... Ni aux rentes foncières dont le capital avait été remboursé à l'état. — Instr. min. 7 juill. 1825.

603. — Les actions d'un canal, quoique répu-

tées immobilières avant la révolution, n'ont pu être considérées comme *biens-fonds* ; dès-lors il n'a pas été dû d'indemnité à raison de leur confiscation. — *Cons. d'état*, 14 déc 32, Leboulanger.

604. — Jugé encore que les actions dans les sociétés industrielles ne rentrant pas dans la classe des biens-fonds, si les immeubles d'une société concessionnaire de mines n'ont été ni séquestrés ni vendus, mais que seulement l'état ait saisi et aliéné les actions appartenant à ceux des membres de la société qui étaient émigrés, les héritiers de ces derniers ne peuvent, à raison de ces actions, prétendre droit à l'indemnité. — *Cons. d'état*, 4 nov. 1836, Decroix-Decordier.

605. — Il a été jugé qu'il n'était pas dû d'indemnité pour les arbres de haute futaie qui se trouvaient sur le fonds à l'époque de la confiscation.—*Cons. d'état*, 16 fév. 1827, Grimoult de Moyon ; 28 fév. 1827, Rosny Vincu de Père ; 20 juin 1827, de Graindorge.

606. — ... Non plus qu'à l'usufruitier pour la perte isolée de son usufruit. Dans ce cas, l'indemnité est due au nu-propriétaire, mais seulement pour la nue-propriété. — *Cons. d'état*, 5 juill. 1826, de Tott. — V. aussi le n° suivant et les décisions qui y sont citées.

607. — Cependant lorsque la vente avait été faite sans aucune distinction de la nue-propriété et de l'usufruit et que le réclamant réunissait dans sa personne la qualité de nu-propriétaire et d'usufruitier dépossédé, l'indemnité a dû être accordée intégralement comme s'il n'eût pas existé d'usufruit. — *Cons. d'état*, 31 oct. 1827, de Ternay ; 1er juin 1828, de Rosnay ; 15 mars 1829, Fitz-James.

608. — Par des motifs analogues à ceux qui concernent l'usufruit, il n'a été dû aucune indemnité pour la confiscation et la vente du droit de jouissance limité à soixante-treize ans, terme de la durée d'un bail emphytéotique. — Ce n'était pas là un bien-fonds. — *Cons. d'état*, 5 août 1829, Mesnard de Choury ; 12 mai 1830, Maussion.

609. — Jugé encore que, lorsqu'une maison confisquée avait été démolie pour cause de vétusté avant l'aliénation, l'indemnité n'était due que pour le sol vendu et non pour les matériaux. — *Cons. d'état*, 1er sept. 1831, Lhorte de Beaulieu.

610. — Il n'a pas été dû, non plus, d'indemnité à l'émigré pour les biens qu'il avait vendus avant l'émigration, et dont le prix seul avait été confisqué, encore bien que par suite du défaut de paiement de la part de l'acquéreur, l'état eût fait prononcer la révocation de la vente et revendu l'immeuble. La jurisprudence du conseil d'état est constante sur ce point.

611. — Mais, d'après cette jurisprudence, l'indemnité a été due pour les cheptels qui n'avaient pas été vendus séparément du fonds.—*Cons. d'état*, 9 juin 1830, de Castellane ; 14 juin 1836, de Brossard.

612. — ... Et en général pour les immeubles par destination.

613. — Comme on l'a vu plus haut, l'indemnité ne pouvait être réclamée que pour les biens confisqués et aliénés en vertu des lois sur les émigrés, les déportés et les condamnés révolutionnairement. — L. 27 avr. 1825, art. 1er.

614.—Ainsi, elle n'était pas due pour les biens aliénés en exécution des lois sur la suppression des établissemens religieux en France. — *Cons. d'état*, 13 avr. 1828, Communauté des dames anglaises.

615. — ... Ni à raison des édifices détruits par ordre d'un représentant du peuple en mission. — *Cons. d'état*, 4 juill. 1827, de Grailhe. — V. *infrà* n° 620.

616. — Jugé encore que l'indemnité n'était pas due à l'égard des biens qui n'ont pas été confisqués et aliénés en exécution des lois relatives à l'aliénation des biens d'émigrés, mais, au contraire, soumissionnés et vendus comme biens engagés en vertu de la loi du 28 vent. an IV. — *Cons. d'état*, 1er juill. 1829, de Beauveau.

617. — Jugé de même pour le cas où la dépossession a eu lieu en vertu de la loi du 3 sept. 1792 qui a révoqué les échanges faits avec l'ancien gouvernement. — *Cons. d'état*, 14 mai 1828, Angeson d'Alleray.

618. — Jugé encore que la loi de 1825 n'a pas dû recevoir son application lorsque les biens sont devenus la propriété de l'état et ont été vendus en vertu des lois autres que celles sur l'émigration. — *Cons. d'état*, 7 avr. 1835, de Bonelton ; 1er août 1834, mêmes parties ; 6 mars 1835, de Rohan.

619. — Mais il a été jugé que l'indemnité pour les immeubles provenant d'engagement ou d'échange des domaines de l'état confisqués et aliénés sur les émigrés en exécution de la loi du 3 juin 1793, relative à la vente des biens d'émigrés, est due

ÉMIGRÉS, sect. 11e.

sous la déduction du quart. — *Cons. d'état*, 1er févr. 1829, Leroi de Sorecour.

620. — L'indemnité n'ayant eu en vue que les biens fonds *confisqués et aliénés*, on n'a pu l'appliquer aux autres propriétés foncières qui ont pu périr dans les troubles révolutionnaires. Ainsi les habitans de Lyon dont les maisons ont été rasées, les Vendéens dont les champs ont été ravagés et les habitations brûlées, n'ont pu y prétendre aucun droit. Une proposition faite à cet égard a été repoussée. — V. Duvergier, *Coll. des lois*, année 1825. — V. *suprà* n° 615.

621. — Enfin le bénéfice de la loi de 1825 n'a pu être réclamé à raison des biens qui auraient été vendus comme biens nationaux, par suite d'une erreur de l'administration, alors que les propriétaires n'étaient en réalité ni émigrés, ni condamnés révolutionnairement. — *Cons. d'état*, 22 févr. 1826, Gail.

622. — ... Sauf le droit de répéter contre l'état la somme pour laquelle les biens sont entrés dans la vente. — Même décision.

623. — On sait que les biens appartenant aux hospices et autres établissemens de bienfaisance durent être vendus aux termes des lois des 19-24 mars 1793 et 23 messid. an II. — Ces lois furent abrogées par celle du 16 vendém. an V, qui ordonna que les biens des hospices fussent remplacés *en biens nationaux* du même produit. En exécution de cette disposition, des biens d'émigrés ont été donnés aux hospices, soit à titre définitif, soit à titre provisoire, et dès lors ils devaient donner lieu à indemnité. L'art. 16, L. 25 avr. 1825 consacre formellement le droit des anciens propriétaires de ces biens, et cet article a disposé que l'indemnité à raison de ces biens serait égale au montant de l'estimation en numéraire faite avant la cession.

624. — S'il n'y avait pas eu d'estimation, la valeur des biens remplacés et le montant des dettes acquittées ont dû servir à déterminer la valeur des biens donnés en remplacement ou en acquittement. — Duvergier, *Coll. des lois*, note sur l'art. 16, L. 27 avr. 1825.

625. — En ce qui concerne les biens qui n'ont été que *provisoirement* affectés aux hospices et autres établissemens de bienfaisance, et qui, aux termes de l'art. 8, L. 5 déc. 1814, devaient être restitués lorsque ces établissemens auraient reçu un accroissement de dotation égal à la valeur de ces biens, la loi du 27 avr. 1825 (art. 17) a autorisé les anciens propriétaires ou leurs représentans à en demander la remise aussitôt qu'ils auraient transmis à l'hospice détenteur une inscription de rente 3 % dont le capital serait égal au montant de l'estimation qui leur était due à titre d'indemnité.

626. — La remise des biens devait être ordonnée par arrêté du préfet, approuvé par le ministre de l'intérieur. — Ord. 1er mai 1825, art. 57 et 58.

627. — En cas de contestation sur le titre, et si l'administration de l'établissement prétendait ne pas jouir à titre provisoire, la contestation devait être portée devant le ministre de l'intérieur, sauf recours au conseil d'état. — Même ord., art. 59.

628. — En ce qui concerne les biens définitivement concédés par l'état à titre gratuit, soit à d'autres établissemens publics, soit à des particuliers, l'indemnité a dû être réglée comme pour les biens concédés définitivement aux hospices. (V. *suprà* sur l'art. 16.) A défaut d'estimation desdits biens antérieure à la cession qui en avait été faite, ils devaient être estimés contradictoirement et par experts, valeur de 1790. — L. 27 avr. 1825, art. 16 et 17.

### § 2. — *Quelles personnes ont pu réclamer l'indemnité.*

629. — Ont été seuls admis à l'indemnité ceux dont les biens avaient été confisqués et aliénés en exécution des lois sur les émigrés, les déportés et les condamnés révolutionnairement. — L. 27 avr. 1825, art. 1er. — V. le mot PRÊTRES DÉPORTÉS.

630. — Par condamnés révolutionnairement il faut entendre tous ceux qui par des actes spéciaux ou collectifs ont été proscrits et frappés de confiscation, tels que les vendéens, ou autres désignés par les lois du temps sous le nom de *rebelles*. — Rapport de M. Pardessus.

631. — Le droit à l'indemnité n'appartient *qu'aux Français seuls*. Les étrangers ne peuvent le réclamer, parce que ce droit ne constitue qu'une créance et que la France a réglé tout ce qui concernait les droits des créanciers étrangers, par des traités conclus avec leurs gouvernemens respectifs. — L. 27 avr. 1825, art. 1er ; rapport de M. Portalis ; Traités 30 mai 1814 et 20 nov. 1815.

632. — Ainsi jugé que les étrangers, même naturalisés, n'ont pas droit à l'indemnité accordée

ÉMIGRÉS, sect. 11e.

aux émigrés par la loi du 27 avr. 1825. Le bénéfice de cette loi a été exclusivement réservé aux Français. — *Paris*, 8 juill. 1833, duc de Bavière c. Procureur du Roi de Vitry.

633. — A plus forte raison devrait-on le décider ainsi à l'égard de l'étranger qui aurait simplement été autorisé à établir son domicile en France, conformément aux dispositions de l'art. 13, C. civ. — Duvergier, *Collect. des lois*, notes sur l'art. 1er, L. 27 avr. 1825.

634. — A supposer que l'émigré qui, durant son émigration, s'est fait recevoir *grand bourgeois d'Hambourg*, a par là acquis une naturalisation en pays étranger et perdu la qualité de Français, cependant si, rentré en France sous l'empire de la loi du 22 frim. an VIII, il s'y est constamment soumis aux diverses charges imposées aux Français, et a continué de résider en France, il est ainsi redevenu Français. En tous cas, il a recouvré de plein droit sa qualité de Français par la réunion de la ville d'Hambourg à l'empire français en 1809, et il l'a conservée nonobstant la distraction ultérieure de cette ville du territoire français, lorsque, d'ailleurs, il a déclaré que son intention était de fixer en France son domicile ; par suite, il est admis à prendre part, selon son rang, à l'indemnité accordée aux émigrés par la loi du 27 avr. 1825. — *Paris*, 14 mars 1829, Murat.

635. — La qualité d'étrangère ou d'étranger n'a pu et ne peut être opposée aux Françaises, veuves ou descendantes d'émigrés, de déportés, ou de condamnés révolutionnairement, lesquelles auraient contracté mariage à l'étranger avec des étrangers antérieurement au 1er avr. 1814, ni à leurs enfans nés de pères ayant joui de la qualité de Français. — *Montpellier*, 26 fév. 1829, sous *Cass.*, 13 avr. 1830, Cremadels.

636. — Néanmoins, il ne suffisait pas que le mariage eût eu lieu antérieurement au 1er avr. 1814, il fallait encore qu'il eût eu lieu postérieurement au 1er janv. 1792. Cette dernière circonstance, d'après le rapport de M. Portalis, a dû être regardée comme implicitement exigée par la loi pour recueillir l'indemnité.

637. — Il a été jugé que l'art. 23, L. 27 avr. 1825, qui, par exception au principe général écrit dans les art. 1er et 7, dispose que la qualité d'étrangère ne pourra être opposée aux veuves ou descendantes d'émigrés qui ont contracté mariage avec des étrangers antérieurement au 1er avr. 1814, pourrait être invoqué par la fille d'un émigré, alors même que ce serait, non du chef de son père ou de son mari, mais comme nièce d'un émigré, qu'elle réclamerait l'indemnité. Il en serait de même, dans ce cas, si l'indemnité était réclamée en vertu d'un testament. — *Cass.*, 16 mars 1830, Bizot c. de Siracé.

638. — Jugé que l'art. 23 ne s'appliquait qu'aux Françaises mariées avec un étranger pendant et par suite de l'émigration ; mais qu'il ne pouvait être invoqué par celle qui s'était mariée antérieurement avec un étranger. — *Cons. d'état*, 1er sept. 1831, Goertz.

639. — L'indemnité accordée par la loi du 27 avr. 1825 n'a pu être réclamée par l'héritier de l'ancien propriétaire dépossédé, lorsque cet héritier, bien qu'il fût Français au moment du décès de son auteur, n'avait plus cette qualité à l'époque de la promulgation de la loi. — *Paris*, 26 janv. 1828, Planès c. de Lagarde. — V. aussi *Cons. d'état*, 4 juill. 1827, de Cauterac.

640. — Quand par la perte de la qualité de Français, l'héritier de l'ancien propriétaire est exclu du bénéfice de la loi du 27 avr. 1825, l'indemnité profite-t-elle à l'héritier du degré subséquent demeuré régnicole, au fonds commun ou à l'état ? — Cette question s'est présentée dans une affaire Planès c. de Lagarde et de Montlezun (V. *Paris*, 26 janv. 1828), mais le tribunal de la Seine et la Cour royale de Paris ont pensé qu'elle n'appartenait pas aux tribunaux, mais bien à la commission de liquidation.

641. — Le ministre des finances, dans sa circulaire du 26 sept. 1825, s'exprimait ainsi qu'il suit : « La loi du 27 avr. 1825 n'a pas dérogé aux règles du droit commun sur le mode de succéder : ainsi, comme aux termes de l'art. 768, C. civ., la succession ne pourrait être vacante et acquise au domaine que s'il ne se présentait pas de parens au degré successible, il faut en conclure que les co-héritiers d'un ayant-droit à l'indemnité devenu incapable par sa qualité d'étranger sont appelés à recueillir l'indemnité à son lieu et place. A défaut d'héritier, l'état ne serait pas fondé à se prévaloir du droit général de déshérence qui lui est attribué par la législation, puisque les 30,000,000 de rente affectés par lui à indemniser les anciens propriétaires dépossédés doivent y être employés dans leur intégralité. »

642. — Et c'est en effet en ce sens que la jurisprudence du conseil d'état s'est d'abord établie. —

V. notamment *Cons. d'état*, 21 janv. 1829, Cagarigge.

643. — Mais cette jurisprudence a depuis été abandonnée, et par de nombreuses ordonnances le conseil a décidé que les héritiers régnicoles ne profitent pas par droit d'accroissement de la portion d'indemnité à laquelle les cohéritiers étrangers ne peuvent participer. — V. notamment *Cons. d'état*, 15 juill. 1832, Duchâtel; même jour, Millet; 24 oct. 1832, Lichtemberg; 14 déc. 1832, Engelhart; 21 déc. 1832, Rapinat, etc. — V. aussi, sous la décision du 15 juillet, les observations conformes du ministre des finances.

644. — Celui qui, non de son chef, mais comme représentant l'un des héritiers de l'émigré, réclame une part dans l'indemnité allouée à la succession de ce dernier, doit être débouté de sa demande, bien qu'il ait la qualité de Français, si l'héritier qu'il entend représenter n'avait pas cette qualité à l'époque de son décès. — *Colmar*, 8 juill. 1829, de la Merlière c. d'Arbois.

645. — Mais jugé que le représentant de l'héritier d'un émigré a droit à l'indemnité due à la succession de celui-ci, bien que celui qu'il représente soit mort ayant la qualité d'étranger, si, d'ailleurs, il a lui-même la qualité de Français. — *Paris*, 20 mars 1830, de Saint-Clair.

646. — Dans tous les cas, le conseil d'état a jugé que la loi du 27 avr. 1825 n'a exclu du droit à l'indemnité que les héritiers des émigrés qui, au jour de la publication, n'étaient pas français, et qu'ainsi lorsque l'héritier de l'émigré était, au jour de son décès, saisi du droit à l'indemnité et qu'il l'avait exercé, son héritier ne pouvait en être privé par le changement survenu dans son état civil. — *Cons. d'état*, 11 juin 1828, Scheppard.

647. — Jugé en outre que l'héritier qui réclame l'indemnité *non jure suo*, mais comme succédant aux droits d'un émigré décédé postérieurement à la loi de 1825, et conséquemment en possession de ses droits, ne peut être repoussé sous prétexte qu'il serait étranger. — *Cons. d'état*, 31 août 1828, Regis.

648. — L'art. 7, L. 1825, a admis à réclamer l'indemnité l'ancien propriétaire, et à son défaut les Français qui étaient appelés par la loi ou par sa volonté à le représenter à l'époque de son décès, sans qu'on pût leur opposer aucune incapacité résultant des lois révolutionnaires.

649. — En conséquence, les émigrés ou leurs représentans ne peuvent être privés du droit de recueillir l'indemnité des biens vendus à leur préjudice, sous le prétexte que la mort civile les a dépouillés de leurs biens. — *Cass.*, 16 fév. 1831, Saint-Aignan c. Descages.

650. — La loi du 27 avr. 1825, en disposant qu'on ne pourrait opposer, soit à l'ancien propriétaire, soit à ses héritiers, aucune incapacité résultant des lois révolutionnaires, a rendu leur force aux titres qui, par l'effet de ces lois, étaient frappés d'impuissance. — Et, spécialement, elle a rendu le droit à un enfant naturel, reconnu comme tel par un testament fait par l'émigré pendant sa mort civile, de réclamer l'état résultant de ce testament, et de faire rectifier, en conséquence, son acte de naissance, dans le but de prendre part à l'indemnité, sauf à celui-ci à respecter les droits *acquis* à des tiers, quant aux intérêts pécuniaires, portant sur des choses autres que l'indemnité. — *Cass.*, 27 fév. 1839 (t. 1er 1839, p. 218), Delille c. Dusillet et de Lampinet.

651. — Le jugement qui a déclaré un individu non recevable à se prétendre fils naturel d'un autre, en ce que la reconnaissance n'était contenue que dans un testament fait à une époque où le prétendu père était, comme émigré, frappé de mort civile, n'a pas mis obstacle, alors même qu'il aurait été exécuté, à ce que ce même individu réclamât la même qualité d'enfant naturel, depuis la loi du 27 avr. 1825, pour demander à ce titre sa part dans l'indemnité accordée par cette loi à la succession de son auteur. On ne saurait considérer le premier jugement comme ayant force de chose jugée sur la question d'état, même au regard de l'indemnité; et au contraire, la loi de 1825 a dû être réputée *cause nouvelle* de demande en ce qui concerne l'indemnité, puisqu'elle levait l'obstacle résultant de la législation précédente. — Même arrêt.

652. — La loi d'indemnité du 27 avr. 1825, en ordonnant qu'on ne pourrait opposer aux personnes admises à recueillir l'indemnité aucune incapacité résultant des lois révolutionnaires, n'a voulu que relever les émigrés de toutes les lois qui les frappaient de mort civile, et non anéantir une loi qui, comme celle du 25 oct. 1793, a déterminé pour tous les Français le mode de dispositions entre-vifs ou par testament. — *Lyon*, 6 août 1840 (t. 1er 1841, p. 227), Cortey; — Duvergier, *Collection des lois*, notes sur l'art. 7, L. 27 avr. 1825.

653. — Il a été jugé que les créanciers des rois Louis XVIII et Charles X n'ont pas eu le droit de réclamer, du chef de leurs débiteurs, l'indemnité accordée par la loi du 27 avr. 1825 : « Attendu qu'en admettant que la loi fût applicable à ces princes, le droit à l'indemnité aurait dû, conformément à la loi de 1814, être réuni au domaine de l'état de la même manière que ladite réunion eût eu lieu si les biens qu'elle représentait n'eussent pas été aliénés. » — *Cons. d'état*, 15 juill. 1832, Harel la Vertu.

654. — Les renonciations faites par les émigrés ou représentans d'émigrés ne pouvaient leur être opposées que par ceux qui, à leur défaut, ont accepté la succession. — L. 1825, même art. 7.

655. — Jugé que, pour que l'héritier qui a accepté la succession de l'émigré soit recevable à se prévaloir de la renonciation de son cohéritier, afin de l'exclure du partage de l'indemnité accordée par la loi du 27 avr. 1825, il n'est pas nécessaire que cette renonciation ait été faite au greffe, conformément à l'art. 784, C. civ. Une renonciation par suite d'une transaction sur les droits héréditaires du renonçant ne saurait être réputée sans effet. — *Cass.*, 9 avr. 1829, de Folleville c. Duvergier.

656. — L'héritier qui avait accepté, sous bénéfice d'inventaire, la succession de l'émigré était recevable, comme l'héritier pur et simple, à opposer à ses cohéritiers leur renonciation, afin de les exclure du partage de l'indemnité accordée à la succession de leur auteur, en vertu de la loi du 27 avr. 1825. — *Caen*, 5 janv. 1829, Bouchard c. de Pierrepont et de Tournely; *Paris*, 13 avr. 1829, de Rougrave c. Hublon; *Bordeaux*, 13 juill. 1829, de Granges et de Méric c. de Luchet; *Colmar*, 16 août 1843 (t. 2 1844, p. 479), de Gail. — V. aussi jugement du tribunal de Rocroy sous *Metz*, 18 juill. 1828, de Flotte c. Franq.

657. — Il a été jugé qu'en disposant que la renonciation du représentant de l'émigré ne pourra lui être opposée que par l'héritier qui, à son défaut, aura accepté la succession, la loi du 27 avr. 1825, art. 7, n'a pas entendu que la renonciation pourrait être opposée seulement par l'héritier d'un degré subséquent; qu'elle peut l'être également par l'héritier du même degré que l'héritier renonçant. — *Aix*, 8 nov. 1827, Henri Rasque de Laval; *Caen*, 5 janv. 1829, Bouchard c. Pierrepont et de Tournely; — Duvergier, *Collect. des lois*, notes sur l'art. 7, L. 27 avr. 1825. — V. *contrà Metz*, 18 juill. 1828, Deflotte c. Francq; *Colmar*, 16 août 1843 (t. 2 1844, p. 479), de Gail.

658. — L'héritier qui a renoncé avant la loi de 1825 à la succession de l'émigré ne peut se faire restituer contre sa renonciation, afin d'être admis au partage de l'indemnité accordée par cette loi, sous prétexte qu'il y a eu de sa part erreur de fait, en ce qu'il ignorait et ne pouvait prévoir, lorsqu'il a renoncé, que la succession présenterait un actif par suite de la loi sur l'indemnité. — *Aix*, 8 nov. 1827, Rasque de Laval; *Caen*, 5 janv. 1829, Bouchard c. de Pierrepont et de Tournely; *Bordeaux*, 13 juill. 1829, de Granges et de Méric c. de Luchet.

659. — Le fait par un héritier qui avait droit à la totalité de l'indemnité accordée à la succession de son auteur émigré, de ne s'être présenté à la liquidation que pour en toucher la moitié, ne le rend pas non-recevable à réclamer l'autre moitié, si d'ailleurs il n'y a pas autrement renoncé, encore qu'un autre héritier ait déjà touché les deux cinquièmes de cette portion de l'indemnité. — *Cass.*, 23 fév. 1831, de Joviac c. de Rougrave.

660. — La clause d'un acte passé en 1822, et par laquelle l'héritier d'un émigré déclare que, s'il arrive que les émigrés obtiennent à ce titre quelques avantages du gouvernement, sous le nom d'indemnité ou autrement, son cohéritier profitera seul de ces avantages, et qu'il renonce à y prendre part, contient une renonciation à l'indemnité accordée par la loi du 27 avr. 1825. — *Bordeaux*, 2 mai 1829, Texier c. Thomasson.

661. — L'héritier d'un émigré a pu, en 1822, renoncer valablement, en faveur de son cohéritier, à prendre part dans l'indemnité qui a été plus tard accordée à la succession de l'auteur commun, en vertu de la loi du 27 avr. 1825. — Même arrêt.

662. — Il a été jugé (mais il ne faut voir là qu'une décision d'espèce) que la qualité d'*héritier*, dans le sens de la loi du 27 avr. 1825, art. 3, peut, selon les circonstances, être attribuée au successible qui a renoncé; ainsi, par exemple, elle peut être invoquée par l'émigré qui, rentré en France, a renoncé à la succession de son ascendant, pour ne pas être tenu au rapport des biens que l'état avait reçus en son nom de cet ascendant, dans un partage de *présuccession*. En un tel cas, l'indemnité représentative de la portion ainsi reçue par l'état a pu être attribuée au successible qui avait renoncé, à l'exclusion de ceux qui avaient accepté. — *Cass.*, 10 mars 1830, Henrion de Magnoncourt.

663. — Le sénatus-consulte du 6 flor. an X n'a pas restitué aux émigrés les successions qui, échues pendant leur émigration, avaient été recueillies par l'état. Cette restitution n'a eu lieu que par la loi du 5 déc. 1814; dès-lors on a dû considérer comme nulle (en ce qu'elle avait pour objet une succession non encore acquise) la renonciation faite par l'émigré *avant la loi de* 1814 à une succession échue pendant son émigration, et cette renonciation n'a pas mis obstacle à ce qu'il réclamât l'indemnité accordée par la loi de 1825, conjointement avec ceux de ses cohéritiers qui avaient accepté purement et simplement avant cette loi de 1814. — *Caen*, 13 déc. 1826, sous *Cass.*, 4 fév. 1829, Godard de Donville.

664. — L'indemnité accordée par la loi du 27 avr. 1825 a dû être attribuée, en cas de prédécès de l'ancien propriétaire, au légataire universel de son héritier légitime, aussi décédé, à l'exclusion de ses plus proches parens, au moment de la promulgation de la loi. — *Paris*, 3 mars 1829, Quarré de Villers c. de Vérac.

665. — On a vu (*suprà* nos 531 et 532) que la cour de Cassation a jugé contrairement pour le cas de la restitution prononcée par la loi du 5 déc. 1814. — La différence entre ces solutions provient de ce que cette restitution était considérée comme *une libéralité*, laquelle devait profiter au plus proche parent au moment de la promulgation de la loi, tandis que l'indemnité fut considérée comme l'acquittement d'une dette.

666. — Lorsqu'un émigré a été représenté par l'état dans le partage d'une succession, sa qualité d'héritier ainsi reconnue est devenue irrévocable à l'égard de ses cohéritiers, soit régnicoles, soit émigrés, qui ont figuré au partage ou qui y ont été représentés par l'état. — Par suite, ces cohéritiers sont non-recevables à opposer à l'émigré sa renonciation ultérieure à la succession, afin de l'exclure du partage de l'indemnité accordée par la loi du 27 avr. 1825. — *Paris*, 11 juill. 1829, de Lannoy.

667. — L'héritier ainsi admis au partage de l'indemnité doit supporter la déduction de sa part dans les dettes de la succession, et notamment rapporter les sommes par lui reçues en qualité de créancier de la succession. — Même arrêt.

668. — Lorsque la famille d'un émigré a volontairement consenti à partager la perte que la confiscation avait fait peser sur lui seul, c'est à la famille et non à l'émigré seul qu'appartient l'indemnité accordée par la loi de 1825. — *Nancy*, 9 fév. 1829, de Rennel c. de Roye.

669. — Une cour royale a pu juger, sans que sa décision tombât sous la censure de la cour de Cassation, qu'une transaction passée avant 1814 (en 1809) entre les héritiers d'un émigré, lors du partage des biens alors existans dans la succession, et réglant dans quelle proportion chacun des héritiers doit y prendre part, contenait réglement des droits de ces mêmes héritiers sur les biens remis en vertu de la loi du 27 avr. 1825. — *Cass.*, 16 janv. 1834, Desnoyers c. de Lillers.

670. — Jugé que le droit à l'indemnité accordee par la loi du 27 avr. 1825 a pu entrer dans un partage fait entre les héritiers de l'émigré long-temps avant cette loi, et que la clause d'un acte de partage portant que l'un aura dans son lot tous les droits mobiliers et immobiliers compétant au père commun de son chef, et l'autre, tous les droits mobiliers et immobiliers du chef de tel individu émigré, a pu être déclarée comprendre exclusivement au profit du dernier copartageant, l'indemnité attribuée postérieurement par la loi de 1825 à la succession de l'émigré, sans que cette décision tombât sous la censure de la cour suprême. — *Cass.*, 21 mai 1833, Verguet c. Wendel.

671. — L'arrêt de la cour royale qui, interprétant des arrangemens de famille, juge que l'émigré qui avait donné lieu à un partage de présuccession, n'a point seul supporté la perte résultant de la confiscation, et qui, par suite, attribue l'indemnité à tous les héritiers de l'ascendant, fait une juste application de la loi à des faits qu'il lui appartenait d'apprécier souverainement. — *Cass.*, 25 mai 1830, Manneville c. Letellier.

672. — La transaction par laquelle les héritiers d'un émigré ont partagé par égale portion tels ou tels biens déterminés dépendant de la succession de leurs père et mère, n'est réputée comprendre que ces biens et ne peut s'étendre à l'indemnité accordée par la loi du 27 avr. 1825 : cette indemnité ne doit profiter qu'à celui sur qui la confiscation a pesé. — *Cass.*, 23 fév. 1831, de Joviac c. de Rougrave.

673. — Celui qui, dans une transaction relative à des biens vendus en vertu du sénatus-consulte

du 6 flor. an X, a déclaré renoncer indéfiniment et pour toujours à la qualité de donataire de l'un des héritiers de l'émigré, a pu être déclaré par arrêt non-recevable à réclamer, en cette même qualité, une portion de l'indemnité accordée à la succession de l'émigré par la loi du 27 avr. 1825; en vain dirait-on qu'aux termes des art. 2148 et 2149, C. civ., la renonciation à tous droits, actions et prétentions, insérée dans une transaction, ne peut s'entendre que de ce qui est relatif au différend qui a donné lieu à la transaction.—Du moins, l'arrêt qui a décidé ainsi d'après l'appréciation des actes et des circonstances de la cause, échappe à la censure de la cour de Cassation.—*Cass.*, 9 avr. 1829, de Folleville c. Duvergier.

674.—L'indemnité créée en faveur des émigrés par la loi du 27 avr. 1825, ayant son principe dans la vente des biens frappés de confiscation, constituait, dès avant cette loi, un droit réel et transmissible, en telle sorte qu'elle a pu dès-lors être l'objet d'une donation à titre singulier.—Lorsqu'un arrêt décide en fait, et par interprétation des clauses de l'acte, qu'une donation comprend l'indemnité accordée au donateur par la loi du 27 avr. 1825, on ne peut se pourvoir en cassation de cet arrêt, sur le motif que l'indemnité est mobilière de sa nature, tandis que la donation ne comprend que les immeubles.—*Cass.*, 23 nov. 1830, de Vaulserre c. Laurens; *Grenoble*, 27 août 1829, mêmes parties.

675.—En règle générale, la cession ou vente de ses droits successifs, consentie antérieurement à la loi du 27 avr. 1825, par l'héritier d'un émigré, ne peut, à moins de stipulation expresse, être réputée comprendre l'indemnité accordée par cette loi.—*Besançon*, 3 juill. 1828, de Saporta c. Guillot; *Colmar*, 2 mai 1827, Thomassin.

676.—Ainsi la cession faite en 1815, par l'héritier d'un émigré, de tous ses droits successifs alors connus, ne comprend pas l'indemnité accordée à la succession, en vertu de la loi du 27 avr. 1825.—*Cass.*, 21 mai 1828, Audouy.

677.—Par suite du même principe, il a été jugé que la cession ou vente faite en 1811 de tous les droits et prétentions quelconques, de quelque nature qu'ils fussent, afférens aux cédans dans une succession foncière, a pu, sans qu'une telle décision pût donner ouverture à cassation, être déclarée ne pas comprendre l'indemnité accordée à cette succession par la loi de 1825, pour ceux des immeubles qui avaient été vendus en vertu des lois révolutionnaires.—*Cass.*, 16 juin 1831, Thevenez c. Sivrac.

678.—Jugé également que la cession faite en 1821, par l'héritier d'un émigré, de tous ses droits successifs, mobiliers et immobiliers, même de ceux qui pourraient être découverts par la suite, ne comprend pas l'indemnité accordée à la succession en vertu de la loi du 27 avr. 1825.—Du moins, l'arrêt de cour royale qui le décide ainsi par interprétation des termes de la cession, est à l'abri de la censure de la cour suprême.—*Cass.*, 8 fév. 1830, Folin c. Blanc-Subé.

679.—Il a été jugé par la cour de Paris que l'espérance de l'indemnité accordée depuis aux émigrés par la loi du 27 avr 1825 a pu, avant la promulgation de cette loi, faire la base d'un transport valable, et que dès-lors le cessionnaire a été également saisi par la signification faite au trésor depuis cette promulgation.—*Paris*, 26 août 1841, sous *Cass.*, 18 juill. 1843 (t. 2 1843, p. 681), Delarivière c. Riccardo.

680.—Jugé dans tous les cas, et en admettant qu'un pareil transport soit nul, que sa validité ne pourrait être critiquée que par le cessionnaire, et non par les créanciers du cédant, alors que celui-ci l'a confirmé depuis la loi de 1825.—Même arrêt.

681.—L'émigré dont les biens ont été confisqués et aliénés a droit à l'indemnité, encore bien que la confiscation n'ait pas eu lieu sous son nom, mais sous celui de son fermier. Il suffit qu'il ait été dépossédé en vertu des lois sur l'émigration.—*Cons. d'état*, 13 avr. 1828, Clebsattel et Duhamel.

682.—L'état a recueilli au préjudice d'un enfant de l'émigré, né avant l'émigration, les effets d'une institution contractuelle faite en faveur de l'émigré, et ouverte sous l'empire de la loi du 28 mars 1793.—Par suite, cet enfant a été non-recevable à réclamer, de son chef, le bénéfice de cette institution, et le père, rentré dans ses biens par les lois de la restauration, a eu seul le droit de les reprendre, s'ils existaient encore en nature, ou d'en recevoir l'indemnité, s'ils avaient été vendus.—*Cass.*, 29 avr. 1828, de Villers-Vaudey.

683.—Lorsqu'il existe plusieurs donations successives, les donataires premiers inscrits doivent exercer leurs droits dans l'ordre de leur inscription, de telle sorte que l'indemnité accordée en



vertu de la loi de 1825 doit être distribuée entre eux, suivant le rang de leurs priviléges et hypothèques.—*Cass.*, 13 juin 1833, Bresson c. de Mondreville et Septeuil.

684.—Il a été jugé que lorsque les biens confisqués et vendus sur un émigré étaient grevés d'une légitime, l'indemnité accordée à sa succession par la loi du 27 avr. 1825 a dû être considérée comme appartenant, jusqu'à concurrence de cette légitime, au légitimaire ou à ses représentans; en conséquence, l'héritier universel de l'émigré n'a pu leur opposer la prescription, bien que trente ans se soient écoulés depuis l'ouverture de la succession.—*Cass*, 16 avr. 1834, d'Espinay Saint-Luc c. de Montvallat.

685.—... Et que les héritiers naturels d'un condamné révolutionnaire mort sous l'empire de la loi du 5 brum. an II, qui prohibait toute disposition ou institution au profit d'un successible, ont été, même après trente années écoulées depuis l'ouverture de la succession de leur auteur, recevables à réclamer le partage égal de l'indemnité attribuée à sa succession en vertu de la loi du 27 avr. 1825, et cela malgré un testament émané de celui-ci, et renfermant une telle institution, alors que tous les biens du défunt ayant été confisqués et vendus, les héritiers n'ont eu aucun droit à exercer jusqu'à la loi d'indemnité. A cet égard, le légataire universel ne peut opposer aux héritiers aucune prescription antérieure à la loi d'indemnité.—*Cass.*, 12 mars 1834, Lagoutte c. Rossary.

686.—Jugé encore que la prescription de la demande à fin d'indemnité n'a commencé à courir qu'à dater de la promulgation de la loi de l'indemnité, et non à partir de l'époque du décès de la personne dont les biens avaient été vendus révolutionnairement.—*Lyon*, 6 avr. 1840 (t. 1er 1841, p. 227), Cortey.

687.—L'héritier qui avait commencé avant son émigration à prescrire, au préjudice de ses cohéritiers, un immeuble de la succession commune, ne peut prétendre avoir droit à l'indemnité accordée en vertu de la loi du 27 avr. 1825, par suite de la vente de cet immeuble, encore qu'il se soit écoulé plus de trente ans depuis l'époque où la prescription a commencé en sa faveur jusqu'à la demande des autres héritiers.—*Cass.*, 11 fév. 1835, Goyon c. de Laqueuille.

688.—Il a été décidé que l'héritier qui a été solidairement contraint de payer en totalité les dettes d'une succession dont il n'a recueilli que la moitié, l'état ayant confisqué le surplus au préjudice de l'autre héritier émigré, n'a pu, lorsqu'une indemnité a été accordée à cet héritier, en vertu de la loi du 27 avr. 1825, réclamer sur le montant de cette indemnité le remboursement de la moitié des dettes qu'il a acquittées, nonobstant une transaction passée en l'an X, et par laquelle il s'engageait à ne jamais rien demander à son cohéritier à raison de ces dettes.—*Amiens*, 30 mai 1827, sous *Cass.*, 22 juill. 1829, de Bellegarde c. de la Brunerie.

689.—Jugé qu'en pareil cas l'appréciation des clauses de la transaction étant dans le domaine souverain de la cour royale, sa décision est à l'abri de toute critique de la part de la cour de cassation.—Même arrêt.

690.—Il a été jugé que la loi du 27 avr. 1825, sur l'indemnité accordée aux émigrés, n'a pas dérogé au principe du droit commun, d'après lequel le légataire universel est tenu de toutes les dettes de la succession, même de celles qui grèvent l'immeuble faisant l'objet d'un legs particulier.—Ainsi, le légataire particulier d'un immeuble a droit à la totalité de cette indemnité, sans déduction des dettes que l'état aurait payées à la décharge du propriétaire de cet immeuble.—*Cass.*, 10 mars 1830, la Rochejacquelin c. d'Haussonville.—V. aussi *Cass.*, 15 mai 1829, mêmes parties.

691.—Jugé aussi que le légataire à titre particulier, déclaré franc et quitte des dettes et des charges de la succession, ne peut participer, avec le légataire universel, au bénéfice de l'indemnité accordée à la succession de l'émigré par la loi de 1825.—*Riom*, 31 août 1829, de Capony c. hospices de Riom.

692.—La question de savoir si l'indemnité accordée par la loi de 1825, était mobilière ou immobilière de sa nature, si elle a dû appartenir au légataire des meubles ou au légataire des immeubles, était controversée. MM. Delacroix-Frainville, Lacalprade et Tripier ont, dans une consultation, résolu la question en faveur du légataire des immeubles. Le système contraire a été adopté par deux autres consultations signées de MM. Legrand, Billecoq, Dupin, Mérilhou et Parquin.

693.—Quant à la jurisprudence, tout en reconnaissant le caractère mobilier de l'indemnité, elle a décidé que cette indemnité étant représentative



des immeubles confisqués devait, par suite, être dévolue au légataire universel, ou au légataire des immeubles, ou enfin à l'héritier naturel, à l'exclusion du légataire des meubles.—*Cass.*, 26 juin 1832, Laujamet c. Montmurand; *Caen*, 13 mai 1829, Godard de Coudeville c. Desilles; *Cass.*, 26 janv. 1830, de Laytou c. de Vauban, de Sarcus c. Lencénager de la Dufferie; *Limoges*, 25 mai 1831, hospice d'Ossel c. Lapommerie.

694.—M. Duvergier (*Collect. des lois*, t. 25, p. 164, édit. 1re) adopte le système consacré par la jurisprudence. « Les jurisconsultes, dit-il, qui ont soutenu que l'indemnité est mobilière se sont trop attachés aux principes du droit civil ordinaire et n'ont pas saisi la pensée de la loi du 27 avr. 1825. Ils ont dit: L'émigré a un droit, de quelle nature est ce droit? Pour l'apprécier il faut voir ce qu'il produit. Il produit une indemnité mobilière, donc il est mobilier. Il faut répondre: L'émigré n'est pas reconnu avoir tel ou tel droit à telle ou telle chose immobilière ou mobilière; la loi proclame seulement que le principe sacré de la propriété ayant été méconnu par les confiscations révolutionnaires, si des intérêts politiques ne s'y opposaient, il faudrait rendre la propriété aux propriétaires; soit à ceux entre les mains de qui, par succession ou toute autre voie, seraient passés les immeubles, si la confiscation n'avait pas eu lieu; aussi, sans examiner de quelle nature est le droit à l'indemnité, disons: Là où serait l'immeuble confisqué, là doit être placée l'indemnité réparatrice de la confiscation. »—V. *Gazette des Tribunaux* des 10 et 24 mai 1827, qui rapporte en ce sens deux jugemens des tribunaux de Paris et d'Alençon.

695.—Peu importe d'ailleurs que l'émigré soit rentré dans la propriété de ses immeubles, au moyen de rachat: cette circonstance n'a d'autre effet que de changer le mode de liquidation de l'indemnité et non de changer son caractère.—*Cass.*, 26 juin 1832, Lanjamet c. Montmuron.

696.—Antérieurement aux décisions précitées, un arrêt de la cour royale de Lyon a déclaré l'indemnité immobilière, et c'est par ce motif qu'on en avait exclu le légataire du mobilier.—*Lyon*, 18 août 1826, de Laylon c. de Vauban.

697.—Jugé aussi que l'indemnité accordée aux émigrés par la loi du 27 avr. 1825, étant représentative des biens-fonds vendus, a dû être réputée immobilière, et que dès-lors à ce titre elle a été soumise aux lois françaises, quant à sa transmission par succession. Ainsi la femme étrangère qui a épousé un émigré ne peut, en cas de décès de son mari, sans enfans, prétendre à l'indemnité, sous prétexte que les lois de son pays lui attribuent dans ce cas des droits sur la succession de son mari; aucuns droits à cet égard ne lui étant accordés par les lois françaises.—*Bordeaux*, 10 août 1831, de Bellegarde c. Marie-Anne Burkart.

698.—Jugé, d'un autre côté, que les rentes créées par la loi du 27 avr. 1825, pour indemniser les émigrés dont les biens avaient été vendus nationalement, doivent être considérées comme meubles et que dès-lors si la femme a inséré dans son contrat de mariage une clause par laquelle elle ameublit ses biens immobiliers, cette clause n'a pu atteindre l'indemnité qui lui a ensuite été accordée par la loi de 1825.—*Caen*, 18 août 1842 (t. 1er 1844, p. 66), Hubert c. Trolley.

699.—L'indemnité accordée au mari émigré, représentant ses immeubles propres confisqués, a conservé le caractère de propre du mari.—*Toulouse*, 22 juin 1844 (t. 2 1844, p. 219), Folmont c. Gobert et de Surval.

700.—L'indemnité accordée pour les biens qui avaient été affermés par *bail à domaine congéable*, doit être allouée au bailleur qui seul peut être réputé propriétaire du fonds, et non pas au fermier.—Rapport de M. Pardessus.

701.—De même l'indemnité allouée pour un bien grevé d'usufruit doit être allouée au propriétaire et non pas à l'usufruitier; c'est ce que nous avons indiqué plus haut.—*Cons. d'état*, 5 juill. 1826, de Toit.

702.—Lorsqu'il s'agit, pour l'application de l'art. 23, L. 27 avr. 1825, relative à l'indemnité des émigrés, de décider si une personne a ou non émigré, les tribunaux ordinaires sont compétens pour prononcer sur cette question d'après les règles ordinaires du droit, si pour cela il n'est pas nécessaire d'interpréter des actes administratifs. Dans ce cas, ils peuvent déclarer, d'après les circonstances, qu'un individu décédé en pays étranger où il résidait depuis plus de sept ans, depuis la const. de l'an III, était émigré quoique non inscrit sur les listes, et par suite n'avait pas perdu la qualité de Français, sans que leur décision puisse tomber à cet égard sous la censure de la cour de cassation.—*Cass.*, 13 avr. 1830, Cremadels.

703.—Jugé qu'on n'a pu opposer au proprié-

taire dépossédé ou à ses ayant-cause l'exception résultant de la déchéance acquise au profit de l'état, par suite des lois de finances. — Les exceptions de cette nature n'ayant été établies que dans l'intérêt de l'état ne sauraient profiter au fonds commun qu'en vertu d'une disposition spéciale qui ne se trouve pas dans la loi de 1825. — *Cons. d'état*, 13 avr. 1828, Clebsattel Duhamel.

§ 3. — *Des droits des créanciers sur l'indemnité.*

704. — L'art. 18, L. 27 avr. 1825, a reconnu et consacré au profit des créanciers des anciens propriétaires, porteurs de titres antérieurs à la confiscation, non liquidés et non payés par l'état, le droit de former, dans certaines limites, opposition sur l'indemnité due à leur débiteur.

705. — Et il a été expliqué que les délais fixés par l'art. 19 pour la réclamation de l'indemnité, n'ont pas été applicables à l'exercice du droit d'opposition : les créanciers ont pu user de ce droit tant que l'indemnité n'était pas délivrée. — Duvergier, *Coll.*, sur l'art. 19, L. 1825.

706. — Le seul droit qui leur appartenait était celui de former opposition à la délivrance de l'indemnité allouée à leur débiteur. — *Colmar*, 15 sept. 1831, Dolfus c. Cointet.

707. — Et il a été jugé qu'ils ont été non recevables à demander la subrogation aux droits de leur débiteur sur l'indemnité. — Même arrêt. — V. toutefois *Cons. d'état*, 16 août 1832, Saint-Clar.

708. — Mais il a été également reconnu que l'héritier bénéficiaire d'un émigré qui a réclamé en cette qualité l'indemnité à laquelle son auteur avait droit, conserve sa propre créance sur la succession, sans avoir à former opposition entre les mains du ministre des finances, comme un créancier ordinaire. — *Cass.*, 22 mai 1844 (t. 2 1844, p. 631), Chastenet c. Beaucorps.

709. — Ces oppositions devaient être signifiées à Paris au ministère des finances (bureau des oppositions), dans les formes prescrites par les lois des 19 fév. 1792 et 30 mai 1793, et par le décret du 18 août 1807. — Ord. 1er mai 1825, art. 56.

710. — Aux termes de l'art. 18, L. 1825, les oppositions formées à la délivrance de l'indemnité par les créanciers des émigrés, porteurs de titres antérieurs à la confiscation, non liquidés et non payés par l'état, ne devaient avoir d'effet que pour le capital de leurs créances.

711. — Toutefois, cette disposition en refusant tout effet aux oppositions en ce qui concerne les intérêts, n'a eu en vue que les intérêts non réglés par le débiteur et qui ne seraient que la conséquence immédiate de son obligation principale; mais lorsque ces intérêts ont été réglés, lorsqu'ils ont fait l'objet d'une convention séparée, il s'est opéré une novation qui leur a fait perdre leur nature première pour les changer en capital, et qui a donné à la créance, en ce qui la concernait, une date postérieure à la confiscation.

712. — Ainsi l'art. 18, L. 27 avr. 1825, a été déclaré inapplicable au cas où ces intérêts ont été payés par un héritier bénéficiaire aux créanciers de la succession antérieurement à cette loi. — En conséquence, l'héritier bénéficiaire subrogé aux droits des créanciers qu'il a payés a été fondé dans ce cas à comprendre au passif de la succession les intérêts acquittés par lui, et à s'en faire rembourser sur l'indemnité. — *Cass.*, 11 janv. 1831, Dupœy c. Claverie-Cailleau.

713. — De même l'art. 18 n'était pas opposable à la caution de l'émigré qui avait été obligée de rembourser capital et intérêts, une dette de ce dernier, postérieurement à la confiscation de ses biens, et qui, d'ailleurs, ne réclamait que les intérêts qu'elle avait remboursés elle-même, et non les intérêts qui avaient couru depuis le remboursement. — *Cass.*, 15 nov. 1831, Vellheim c. d'Aumont. — *Contrà Paris*, 27 janv. 1829, mêmes parties (c'est l'arrêt cassé par celui du 15 nov. 1831); *Montpellier*, 13 juill. 1827, de Sarret c. de Planard.

714. — Ce dernier arrêt a même jugé que la disposition de l'art. 18, L. 27 avr. 1825, qui ne permet aux créanciers porteurs de titres antérieurs à la confiscation, de former opposition que pour le capital de leurs créances, met obstacle à ce qu'une opposition puisse être formée, même en vertu d'une obligation souscrite depuis la confiscation, si cette obligation a pour cause des intérêts d'une créance antérieure.

715. — Il a été décidé que lorsqu'un créancier a été subrogé par jugement dans les droits à l'indemnité appartenant à son débiteur tant pour le principal de sa créance que pour les intérêts et frais, la commission ne pouvait refuser l'allocation desdits intérêts et frais, et qu'il n'y avait dans ce cas que l'émigré ou ses ayant-cause qui eussent qualité pour contester cette allocation. — *Cons. d'état*, 16 août 1832, Saint-Clar.

716. — Le créancier d'un émigré pour dette *postérieure* à la confiscation des biens de celui-ci, n'a-t-il pu réclamer, par voie d'opposition, sur l'indemnité revenant à l'émigré, que le capital et non les intérêts de sa créance? — V. *Cass.*, 15 nov. 1831, Vellheim c. d'Aumont. — Les motifs de cet arrêt semblent préjuger cette question en ce sens que les intérêts d'une pareille créance pourraient être réclamés.

717. — Jugé que, lorsqu'un émigré a été rétabli provisoirement dans ses biens confisqués, les dettes par lui contractées pendant cette possession provisoire n'en ont pas moins été réputées postérieures à la confiscation, si plus tard il a été maintenu définitivement sur la liste des émigrés. — En conséquence le créancier a pu former opposition à la délivrance de l'indemnité, non seulement pour le capital de sa créance, mais encore pour les intérêts. — *Paris*, 21 mai 1831, Forestier c. de Coubert.

718. — L'art. 18, L. 27 avr. 1825, qui prohibait l'opposition pour arrérages de créances antérieures à la confiscation s'appliquait aux arrérages du douaire de l'épouse de l'émigré. — Même arrêt.

719. — De même, les intérêts non capitalisés de la dot d'une femme n'ont pu être alloués à elle ou à ses représentans sur les fonds de l'indemnité accordée par la loi du 27 avr. 1835. — *Cass.*, 8 juill. 1835, de Fitz-James c. Walter-Boyd.

720. — On n'a pu assimiler à des oppositions sur saisie mobilière celles relatives à la délivrance des indemnités pour cause d'émigration ; ces oppositions ont pu et dû être admises, et produire leur effet tant que l'indemnité n'avait pas été délivrée et existait encore au trésor. — *Cass.*, 10 déc. 1833, Chastel d'Oriocourt c. Turner.

721. — Les créanciers opposans, dont les titres étaient antérieurs à la confiscation, ont dû exercer leurs droits suivant le rang des priviléges et hypothèques qu'ils avaient sur les immeubles confisqués. — L. 27 avr. 1825, art. 18.

722. — Jugé qu'un ordre a pu être ouvert pour la distribution de l'indemnité, bien qu'il n'y eût pas plus de trois créanciers hypothécaires. — *Cass.*, 10 déc. 1833, Chastel d'Oriocourt c. Turner.

723. — L'ordre ou la distribution entre les créanciers devaient être faits, s'il y avait lieu, quel que fût le juge de la situation des biens, devant le tribunal du domicile de l'ancien propriétaire ou devant le tribunal dans le ressort duquel la succession s'était ouverte. — Même art. 18.

724. — Jugé que l'indemnité accordée aux émigrés n'était vis-à-vis des créanciers *postérieurs* à la confiscation qu'une rente mobilière qui, par conséquent, devait être distribuée entre ces créanciers, sans distinction entre les hypothécaires et les chirographaires. — *Limoges*, 21 fév. 1828, Montbas.

725. — La loi du 27 avr. 1825 n'a pas relevé les créanciers des émigrés de la prescription encourue contre leurs titres. — *Orléans*, 30 mai 1827, de La Roche-Vernay c. Quirit de La Motte ; *Douai*, 24 janv. 1828, de Maisères c. Leroy ; *Cass.*, 16 déc. 1829, Martineau c. de La Coudraye; 30 août 1830, Mazelière c. Dulong ; 17 août 1831, de Bouval c. de Valence; *Agen*, 4 juin 1831, de Raussat c. de Grammont ; *Cass.*, 22 nov. 1831, de Mitry c. Gormand; 3 janv. 1832, Vouzeau c. de Vigneulles; 19 janv. 1832, Saint Marsault et de Compiègne c. Lestrade; 23 déc. 1835, Dumonteil c. Desgorces; *Bordeaux*, 25 août 1829, maire de Saint Félix c. de Chabans ; *Poitiers*, 27 mars 1827, sous *Cass.*, 24 juillet 1829, de La Blottais c. Dulandreau.

726. — ... Alors surtout qu'ils étaient porteurs de titres authentiques, qui leur donnaient le pouvoir d'agir contre l'état. — *Cass.*, 22 nov. 1831, de Mitry c. Gormand.

727. — Cette prescription a été suspendue tant que les droits respectifs du créancier et du débiteur ont été confondus dans la main de l'état. Mais elle a repris son cours à compter des décrets d'amnistie rendus en faveur du débiteur et du créancier. — *Bordeaux*, 25 août 1829, maire de Saint-Félix c. de Chabans.

728. — Au reste, le dépôt pendant l'émigration du titre constitutif de la créance entre les mains de l'état, afin d'en obtenir la liquidation, a interrompu la prescription et le bénéfice de cette production n'a pas été anéanti par le décret du 25 fév. 1808, qui frappe de déchéance les créances non encore liquidées. — *Douai*, 24 janv. 1828, de Maisères c. Leroy.

729. — Jugé encore que la demande en liquidation formée contre l'état aux droits de l'émigré débiteur d'une rente foncière a interrompu la prescription trentenaire, comme l'eût fait une citation en justice. — *Paris*, 17 janv. 1823, Cornu de Bulisière c. Decau.

730. — Jugé néanmoins que le dépôt fait par le créancier d'un émigré, afin d'établir ses droits, et un arrêté d'instruction rendu par le préfet à la suite de ce dépôt, ont pu être considérés comme non interruptifs de la prescription qui courait au profit du débiteur, sans que l'arrêt qui le décide ainsi donne ouverture à cassation. — *Cass.*, 19 janv. 1832, Saint-Marsault et de Compiègne c. Lestrade.

731. — Jugé que, lorsque après le dépôt de ses titres entre les mains de l'administration, le créancier d'un émigré a obtenu la liquidation de sa créance, ce n'est pas à partir du dépôt, mais à partir de la liquidation que la prescription commence à courir contre lui. — *Agen*, 10 juin 1831, de Raussat c. Grammont.

732. — Contrairement au principe posé plus haut, il a été jugé qu'en appelant les créanciers des émigrés à faire valoir leurs droits sur l'indemnité qu'elle accordait, la loi du 27 avr. 1825 les a relevés, relativement à l'indemnité, de toutes prescriptions qui auraient pu courir contre eux. — *Agen*, 4 janv. 1827, Dossun c. Cassins et Lavolvène ; *Toulouse*, 1er mai 1827, Couston-Lengagne c. Delfau-Bouillac; 23 janv. 1828, Manaud c. Gilède-Pressac; *Nancy*, 15 janv. 1828, Delneau c. d'Ambly ; 31 mars 1829, de Mitry c. Germand ; *Colmar*, 4 mai 1827, Gaspard Gast c. Seyder ; *Pau*, 13 déc. 1827, Martin-Dupoey; *Agen*, 31 janv. 1828, Dulong c. Mazelière.

733. — ... Mais aussi qu'elle ne les a relevés que pour le capital de leur créance, et que dès-lors ils ont été non-recevables, après avoir formé opposition à la délivrance de l'indemnité pour le montant du capital, à exercer un recours sur les autres biens de leurs débiteurs pour le paiement des intérêts. — *Pau*, 13 déc. 1827, Martin-Dupoey c. Dupoey.

734. — En autorisant les créanciers des anciens propriétaires, porteurs de titres antérieurs à la confiscation, à former opposition à la délivrance des inscriptions de rente, et à exercer leurs droits suivant le rang des priviléges et hypothèques qu'ils avaient sur les biens confisqués, l'art. 18, L. 27 avr. 1825, a fait revivre les hypothèques et priviléges de ces créanciers, et leur a donné le droit d'en suivre les effets sur l'indemnité, comme représentative du prix des immeubles affectés à leurs créances ; dès-lors, tant que les inscriptions de rente n'ont pas été délivrées, des tiers n'ont pu les acquérir de l'ancien propriétaire qu'à la charge des oppositions qui pourraient y être formées par les créanciers *hypothécaires*. — *Cass.*, 16 nov. 1831, Bontour c. Chabert ; *Paris*, 2 mars 1830, mêmes parties.

735. — Jugé, au contraire, que le créancier *chirographaire* même antérieur à la confiscation, qui n'a formé opposition sur l'indemnité qu'après la cession faite par le propriétaire et régulièrement notifiée au trésor, n'a pu réclamer la distribution par contribution des cinquièmes de l'indemnité non encore délivrés au cessionnaire. — *Cass.*, 16 nov. 1831, Fabre c. Bontoux.

736. — Jugé que les créanciers de l'émigré prenant part à l'indemnité n'ont pas été tenus de diviser leur créance par cinquième pour ne l'exercer que sur chaque cinquième de liquidation. — *Toulouse*, 28 mai 1827, Soulage c. Murat.

737. — Les anciens propriétaires ou leurs représentans ont eu droit de se libérer des causes des oppositions formées à la délivrance de leur indemnité, en transférant à leurs créanciers, sur le montant de la liquidation, en rentes 3 %, un capital nominal égal à la dette réclamée. — L. 27 avr. 1825, art. 18.

738. — Jugé qu'il n'y a eu lieu à l'application de l'art. 18, L. 27 avr. 1825, relatif au paiement des créances, que lorsque le créancier de l'émigré avait formé opposition à la délivrance de l'indemnité. — *Cass.*, 21 mars 1834, Dudresnay c. Dehuire.

739. — La libération intégrale acquise par l'émigré, au moyen du transfert consenti à son créancier opposant, sur le montant de sa liquidation, et en rentes 3 %, d'un capital nominal égal à la dette réclamée, a dû profiter à ses cautions solidaires ; dès-lors, par l'effet de ce transfert, les cautions ont cessé de pouvoir être recherchées, quand même en l'acceptant le créancier se serait réservé tous ses droits contre les cautions. — Toutefois, le créancier a conservé contre les cautions le droit de réclamer les *intérêts* échus avant le transfert, ce transfert se trouvant, dans son objet, restreint au *capital* de la dette. — *Nancy*, 17 déc. 1827, Baudouin c. Gérard et Marchand.

740. — Les anciens propriétaires émigrés se sont libérés en transférant à leurs créanciers, sur le montant de leur indemnité, une inscription de rentes 3 %, au capital nominal égal à la dette

ÉMIGRÉS, sect. 11e.
ÉMIGRÉS, sect. 11e.

réclamée, sans que ces créanciers aient eu le droit de réclamer postérieurement le paiement de la différence entre le capital nominal et le capital réel, lors même que leurs débiteurs seraient rentrés dans quelques unes de leurs propriétés non aliénées par l'état. — *Agen*, 29 juin 1833, de Saint-Martin c. de Béon.

741. — Jugé cependant que le créancier d'un émigré qui a formé opposition à la délivrance de l'indemnité accordée à son débiteur par la loi du 27 avr. 1825, conserve, malgré le dépôt fait à la caisse des consignations d'un capital en rentes 3 % égal à la dette réclamée, le droit de poursuivre le paiement intégral de sa créance sur les autres biens de son débiteur, et qu'il a pu, nonobstant ce dépôt, se désister de son opposition pour poursuivre le paiement intégral. — *Cass.*, 3 fév. 1835, d'Havré c. Deurbrouq et Petit.

742. — L'héritier bénéficiaire d'un émigré a-t-il pu, comme le pouvait l'émigré lui-même ou un héritier pur et simple, se libérer envers les créanciers de la succession, opposans sur l'indemnité accordée en vertu de la loi du 27 avr. 1825, en leur transférant sur le montant de cette indemnité une rente 3 %, en capital nominal égal à leurs créances? Ou bien devait-il, au contraire, rendre compte de l'indemnité jusqu'à parfait paiement de ces créances?

743. — La jurisprudence s'était d'abord prononcée dans ce dernier sens. — *Rennes*, 27 juin 1831, Dudresnay c. d'Ormesson; *Cass.*, 10 nov. 1834, Raymond c. Dugat.

744. — Mais un arrêt postérieur de la cour de Cassation, rendu en chambres réunies, s'est prononcé, dans le premier sens, contrairement aux conclusions de M. le procureur général Dupin. — *Cass.*, 12 déc. 1839 (t. 1er 1840, p. 36), Bellon c. Dugas.

745. — Jugé que l'arrêt qui a condamné le fils de l'émigré, en sa qualité d'héritier bénéficiaire, à payer toutes les dettes de la succession, en capital et intérêts, n'a rien jugé, quant à la faculté à laquelle il pourra prétendre d'opérer sa libération en valeurs de l'indemnité, et dès-lors ne l'empêche pas de le faire s'il n'y avait pas d'autres biens dans la succession. — *Cass.*, 21 mars 1834, Dudresnay c. Debuire.

746. — Mais jugé aussi que lorsque l'héritier bénéficiaire déléguait au créancier opposant, en rentes 3 %, un capital nominal égal à la dette réclamée, ce créancier ne perdait pas par là le droit de poursuivre sur les autres biens de son débiteur le paiement de sa créance et des intérêts. — *Paris*, 30 janv. 1827, Mollerat c. de Vogué. — V. *suprà* les arrêts *Agen*, 29 juin 1833 et autres cités nos 740 et s.

747. — Il a été jugé que la remise que l'état a faite aux créanciers d'un émigré, postérieurement à la loi du 3 flor. an XI, d'une reconnaissence de liquidation définitive de sa créance, a dû être considérée comme un paiement dont l'effet a été de libérer son débiteur, et cela, encore bien qu'il ne soit pas justifié que ce créancier ait donné quittance lors du retrait de cette reconnaissance; que le fait de la remise entraîne présomption légale que quittance a été donnée, et qu'il suffit que le créancier ait reçu la reconnaissance de liquidation définitive pour que l'émigré ait été libéré, alors même que ce créancier n'aurait pas utilisé cette reconnaissance, soit en acquisition de biens nationaux, soit en se faisant inscrire sur le grand-livre de la dette publique. — *Cass.*, 22 déc. 1835, de Pradt c. de Planhol.

748. — Jugé encore que le créancier d'un émigré qui s'est fait liquider par l'état, et qui, après avoir reçu la reconnaissance définitive de liquidation, a négligé d'utiliser cette reconnaissance et de se faire inscrire sur le grand-livre de la dette publique, ne peut poursuivre le paiement de sa créance contre l'émigré et former opposition à la délivrance de l'indemnité, alors surtout que dans le bordereau de l'indemnité il a été fait, par l'état, déduction du montant de la créance liquidée. — *Toulouse*, 3 mars 1828, Carrère c. d'Araignon de Villeneuve.

749. — Et cette jurisprudence est conforme à la jurisprudence du conseil d'état qui décide que la seule délivrance d'une reconnaissance de liquidation définitive vaut paiement, et qu'en conséquence il a dû être fait à l'émigré déduction du montant de la liquidation dans le bordereau de l'indemnité, encore que le créancier n'eût pas fait emploi de la reconnaissance et n'en ait pas requis inscription au grand-livre de la dette publique. — *Cons. d'état*, 11 avr. 1827, Delong; 26 mars 1829, Lacroux; 8 avr. 1829, Jouffroy; 27 mai 1831, Ehon.

750. — ... Encore que l'émigré eût lui-même payé volontairement ou en vertu d'arrêt le créancier qui n'avait pas fait emploi lui-même de la reconnaissance de liquidation. — *Cons. d'état*, 16 mai 1827, de Montaignac; 24 oct. 1827, Duchamps de la Geneste.

751. — Jugé d'un autre côté que lorsqu'un décret spécial reconnu inattaquable a décidé que la délivrance d'une reconnaissance de liquidation faite par l'état au créancier d'un émigré n'a pas constitué un paiement définitif, et qu'en vertu de ce décret l'émigré a été poursuivi en paiement de la créance liquidée, il n'y a pas lieu à déduire de l'indemnité le montant de cette créance. — *Cons. d'état*, 11 avr. 1827, Portels.

752. — ... Et qu'il en a été de même lorsque le créancier, après avoir reçu la reconnaissance de liquidation, l'a rendue à l'administration, qui lui a restitué son titre, et que sur la production de ce titre, le débiteur a été condamné à payer. — *Cons. d'état*, 2 mai 1827, Lepainteur de Normeny.

753 — ... Ou bien lorsqu'il n'est pas prouvé que le créancier ait retiré la reconnaissance de liquidation et qu'ainsi il y ait eu paiement. — *Cons. d'état*, 24 juin 1829, d'Escayrac.

754. — Un arrêt de la cour de Lyon a décidé que les créanciers d'émigrés n'ont perdu le droit de poursuivre directement leurs débiteurs qu'autant qu'ils ont été inscrits sur le grand-livre comme créanciers de l'état, et qu'il ne suffit pas pour leur enlever ce droit qu'ils aient obtenu une liquidation. — *Lyon*, 5 avr. 1824, de Sarron c. Trémollet.

755. — Jugé encore que la liquidation par l'état d'une créance sur un émigré ne saurait être considérée comme un paiement, et que dès-lors le créancier a été fondé à s'opposer à la délivrance de l'indemnité allouée à l'émigré, alors surtout qu'il n'avait pas été fait déduction sur cette indemnité du montant de sa créance. — *Agen*, 10 juin 1831, de Raussat c. Grammont.

756. — Dans tous les cas, il a été jugé que le créancier de l'émigré qui s'est fait liquider par l'administration, mais à qui le bordereau de liquidation n'a point été délivré, n'est pas censé définitivement payé par l'état; et que dès-lors ce créancier peut, nonobstant l'arrêté de liquidation, poursuivre le paiement de sa créance contre l'émigré. — *Bordeaux*, 31 janv. 1828, Nétumière c. Gilbert; *Paris*, 14 nov. 1818, de Médary c. Bertin.

757. — L'arrêt qui décide que le fait à la charge du créancier d'un émigré d'avoir, après le dépôt de ses titres au bureau de liquidation, obtenu d'abord un certificat de liquidation provisoire, puis échangé ce certificat contre une reconnaissance de liquidation définitive, et que de plus le fait de son inscription sur le grand-livre de la dette publique pour le capital nominal de sa créance doivent le faire considérer comme ayant reçu son paiement, échappe, comme statuant en fait, à la censure de la cour de Cassation. — *Cass.*, 13 juill. 1830, Darancey c. Depons-Praslin.

758. — Jugé, contrairement à la loi de 1825, que le créancier de l'émigré qui s'est fait liquider par l'administration, mais qui n'a pas retiré le montant de son bordereau, peut, nonobstant l'arrêté de liquidation, poursuivre le paiement de sa créance contre l'émigré alors que la portion liquidée n'a pas été payée et que la portion rejetée ne l'a été que par des motifs particuliers à l'état. — *Paris*, 14 nov. 1818, de Médavy c. Bertin.

759. — C'est à l'autorité administrative et non aux tribunaux qu'appartient le jugement des différends élevés entre un émigré et ses créanciers lorsque ceux-ci ont obtenu leur titre de liquidation, bien que leur créance n'ait pas été inscrite sur le grand-livre. — *Limoges*, 31 mars 1821, Pichon de La Celle.

760. — Une rente due à une fabrique par un émigré a été éteinte par confusion lorsque l'état, débiteur de la rente par suite de la confiscation à son profit des biens de l'émigré, en est devenu créancier en vertu de la loi qui lui attribuait tout l'actif des fabriques. — L'aveu de l'émigré, qu'il ne lui a pas été fait déduction du capital de cette rente sur la liquidation qui a eu lieu en sa faveur, en vertu de la loi d'indemnité, n'autorise pas contre lui l'action en continuation de cette rente. Dès-lors la fabrique ne saurait être admise à rejeter l'offre qu'il fait de lui en déléguer le capital en rentes 3 % sur l'indemnité à lui due. — *Caen*, 27 fév. 1827, de Vassy c. fabrique de Saint-Saturnin.

761. — Une rente foncière appartenant à la république, comme provenant d'une corporation religieuse à qui elle était due, et constituée sur un immeuble devenu aussi sa propriété pour fait d'émigration, a été éteinte par la confusion des qualités de créancier et de débiteur imprimées à l'état par l'effet de cette double confiscation. — On ne peut dire que cette rente originairement due par l'émigré ait été rétablie au préjudice de celui-ci, au moyen de l'indemnité créée en sa faveur par la loi du 27 avr. 1825. — Ainsi, celui qui, en vertu du décret du 23 janv. 1806, a révélé l'existence d'une rente présumée appartenir à l'état, représentant l'émigré, n'a pas, après la liquidation de son indemnité, droit à la prime du *quart* accordée par ce décret, et action contre l'indemnitaire, soit pour la continuation du service de cette rente, soit pour le paiement du capital et des arrérages. — *Cass.*, 2 juill. 1832, Lescuyer c. Blondel d'Azincourt. — V. aussi *Cons. d'état*, 20 mars 1828, Dorat.

§ 4. — *De la liquidation de l'indemnité. — Commission de liquidation.*

762. — Les réclamations tendant à obtenir l'indemnité ont dû être formées à peine de déchéance, savoir : dans un an à partir de la promulgation de la loi du 27 avr. 1825, pour les habitans du royaume; — dans dix-huit mois pour ceux qui se trouvaient dans les autres états de l'Europe; — dans deux ans pour ceux qui se trouvaient hors d'Europe. — L. 27 avr. 1825, art. 19.

763. — Cette déchéance n'était établie qu'au profit de l'état. — En conséquence, l'héritier qui avait obtenu, en vertu de la loi du 27 avr. 1825, l'indemnité due pour tous les biens de la succession, n'a pu opposer à son cohéritier, qui réclamait sa part des valeurs allouées, la déchéance résultant de ce qu'il n'avait pas formé, dans les délais de la loi, sa demande en indemnité. — *Besançon*, 20 juill. 1827, Vienney.

764. — Il a été jugé, au sujet de la déchéance prononcée par ledit art. 19 : — 1° que la réclamation faite en temps utile par des héritiers *de leurs parts afférentes* dans l'indemnité, n'a pu profiter et devenir commune aux héritiers qui se présentaient tardivement. — *Cons. d'état.*, 31 juill. 1832, Baillet; 4 janv. 1833, Oriault; 11 juin 1834, Barbadelle; 4 juill. 1834, Roquefeu.

765. — ... 2° Mais aussi que la réclamation *de la totalité* de l'indemnité faite en temps utile par l'un des héritiers ayant droit à une succession indivise, a conservé les droits des autres héritiers. — *Cons. d'état*, 15 mars 1832, de Boiscudu; 24 oct. 1827, Remy; 12 avr. 1832, Raincourt; 16 août 1832, Clebsattel.

766. — ... A la condition toutefois que la demande de la totalité de l'indemnité ait été faite par le cohéritier dans un intérêt commun. — *Cons. d'état*, 21 déc. 1832, Eicheinger.

767. — Jugé aussi que la demande en indemnité formée par les héritiers naturels postérieurement à l'envoi en possession des héritiers testamentaires, n'a pu conserver les droits de ces derniers à l'indemnité, sous prétexte qu'ils auraient été subrogés dans cette demande par un arrêt de la cour royale. — *Cons. d'état*, 16 fév. 1832, de Pons Saint-Maurice.

768. — Jugé encore que le légataire universel de l'émigré qui n'avait pas formé sa demande en indemnité en temps utile, ne pouvait se prévaloir de celle qui avait été faite par un autre légataire universel reconnu sans droit et sans qualité. — *Cons. d'état*, 14 déc. 1832, Vergniaud.

769. — Les demandes devaient être adressées avec toutes les pièces justificatives au préfet du département où sont situés les biens-fonds vendus. — Elles étaient ensuite transmises au directeur des domaines qui dressait le bordereau de l'indemnité. — Le bordereau, après avoir été communiqué au réclamant, était adressé par le préfet, avec toutes les pièces produites, au ministre des finances, qui donnait son avis, et transmettait le tout à une commission de liquidation nommée par le roi. — L. 27 avr. 1825, art. 8, 9 et 10; ord. 1er mai 1825, art. 1er et suiv.

770. — Jugé que lorsque le réclamant avait omis de parler dans sa demande d'un immeuble pour lequel il lui était dû une indemnité, la demande supplémentaire formée après qu'il avait définitivement statué sur la première demande, devait être rejetée comme non-recevable si les délais de la loi étaient expirés. — *Cons. d'état*, 14 déc. 1832, Sens de Morsan.

771. — ... Et que la demande formée par un créancier ou par un usufruitier, dans son intérêt personnel, n'a pu suspendre les délais de la déchéance en faveur de l'ancien propriétaire dépossédé ou de ses héritiers ayant-droit à l'indemnité. — *Cons. d'état*, 16 août 1832, Saint-Clar.

772. — La commission devait procéder d'abord à la reconnaissance des qualités et droits des réclamans. — L. 27 avr. 1825, art. 11.

773. — Si elle jugeait la justification irrégulière ou insuffisante, elle renvoyait les réclamans devant les tribunaux pour faire statuer sur leur qualité, contradictoirement avec le procureur du roi. — Même article.

774. — Le ministre des finances ou le préfet du département, son délégué, n'étaient pas recevables à former tierce-opposition à un jugement qui, contradictoirement avec le ministère public, avait statué sur la qualité d'un réclamant. Au ministère public seul appartenait le droit d'attaquer cette décision par la voie de l'appel. — *Poitiers*, 22 juin 1832, préfet de la Charente-Inférieure c. de Traversey.

775. — S'il s'élevait entre les réclamans des contestations sur leurs droits respectifs, la commission les renvoyait également à se pourvoir devant les tribunaux pour faire prononcer sur leurs prétentions, le ministère public entendu. — L. 27 avr. 1825, art. 11.

776. — Les difficultés relatives à l'indemnité, qui étaient de la compétence de l'autorité judiciaire, devaient être jugées comme affaires sommaires, à moins qu'il ne s'élevât quelque question d'état. — *Cass.*, 21 mai 1828, Audouy.

777. — ... Et les tribunaux pouvaient juger ces contestations sur le simple renvoi des préfets, et sans en avoir été saisis par la commission de liquidation. — *Cass.*, 21 mai 1828, Audouy.

778. — Quand la justification des droits et qualités avait été reconnue suffisante, ou quand il avait été statué par les tribunaux, la commission procédait à la liquidation de l'indemnité d'après les bases fixées par la loi du 27 avr. 1825.

779. — Les ayant-droit pouvaient se pourvoir contre la liquidation de la commission devant le roi en son conseil d'état, dans les formes et dans les délais fixés pour les affaires contentieuses. — La même faculté était attribuée au ministre des finances. — L. 27 avr. 1825, art. 14.

780. — La liquidation opérée, la commission donnait avis de sa décision aux ayant-droit, et la transmettait au ministre des finances qui faisait opérer l'inscription de rente pour le montant de l'indemnité liquidée, dans les termes et délais fixés par l'art. 18, L. 27 avr. 1825.

781. — Au sujet de la compétence, il a été jugé, entre autres décisions, que la commission de liquidation était compétente pour juger si malgré son mariage avec un étranger, contracté avant l'émigration, une Française pouvait se prévaloir de l'exception prévue par l'art. 23, L. 27 avr. 1825. — *Cons. d'état*, 1er sept. 1831, Giers.

782. — ... Que l'autorité judiciaire n'était pas compétente pour statuer sur la question de déchéance d'une demande en indemnité. — *Cons. d'état*, 16 févr. 1832, Pons Saint-Maurice.

783. — ... Que la commission était seule compétente pour décider si les biens des rois Louis XVIII et Charles X, vendus à leur préjudice, étaient du nombre de ceux auxquels la loi accorde indemnité. — *Cons. d'état*, 15 juill. 1832, Harel la Vertu.

784. — ... Que, lorsqu'il s'agissait, non pas de remettre en question une liquidation opérée, mais seulement de réparer une erreur matérielle consistant dans l'omission d'une dette payée par l'état à la décharge de l'émigré, la commission de liquidation devait statuer ; — et si elle refusait et que le paiement fût incontestable, le conseil d'état en ordonnait la déduction. — *Cons. d'état*, 2 mai 1827, Mercier; 8 mars 1827, de Pons.

785. — ... Que, lorsque deux parties réclamant, en vertu de la loi du 27 avr. 1825, la même indemnité, le procureur du roi avait conclu à ce qu'elles fussent toutes deux déclarées n'y avoir aucun droit, il n'appartenait pas au tribunal, après avoir rejeté la prétention de l'une des parties, de statuer sur l'attribution réclamée par l'autre; il devait renvoyer celle-ci à la commission de liquidation. — *Paris*, 26 janv. 1828, Planes c. de Lagarde et de Montlezun.

786. — En matière d'indemnité, les tribunaux ne pouvaient connaître que des incidens relatifs soit aux qualités des réclamans, soit à leurs droits respectifs, et qui leur étaient renvoyés par la commission liquidatrice; mais ils étaient incompétens pour prononcer sur la composition des bordereaux, la délivrance des inscriptions, et notamment sur la déduction des dettes. En conséquence, la commission n'était pas liée par la décision qu'ils auraient pu rendre sur ces divers points, alors même qu'elle leur en aurait renvoyé expressément la connaissance. — *Cass.*, 29 janv. 1839 (t. 1er 1839, p. 112), de Rohan-Rochefort.

787. — Dès-lors, si, sans avoir égard à l'arrêt d'une cour royale portant qu'une indemnité serait délivrée sans déduction de dettes, l'autorité liquidatrice avait décidé que les dettes seraient imputées sur l'indemnité, la cour royale qui, postérieurement à cette décision, se saisissait de nouveau de l'affaire, et ordonnait de plus l'exécution de son précédent arrêt et la délivrance de l'indemnité sans déduction, commettait un excès de pouvoir, usurpait les attributions de l'autorité administrative, et violait la chose souverainement jugée par cette autorité. — Même arrêt.

788. — Néanmoins, cet excès de pouvoir ne pouvait donner lieu qu'à l'annulation de l'arrêt, et n'était pas répressible, dans les termes de l'art. 80, L. 27 vent. an VIII. — *Cass.*, 6 avr. 1837 (t. 1er 1837, p. 282), Rohan-Rochefort.

789. — Mais lorsque la nationalité d'un réclamant était contestée, la commission devait renvoyer aux tribunaux la connaissance de la question, et elle ne pouvait, sans excès de pouvoir, la juger elle-même, et déclarer, par exemple, que la qualité d'étranger résultait des qualifications données à l'indemnitaire dans son acte de décès. — V., entre autres décisions, *Cons. d'état*, 31 janv. 1834, Tullier de Montjoie; 13 mai 1836, Rescanton de Montblanc.

790. — La décision prise par la commission de liquidation qui, en l'absence de toute contradiction et sur le vu d'une renonciation émanée de l'une des branches d'héritiers, avait attribué à l'autre branche la totalité accordée par la loi du 27 avr. 1825, ne mettait pas obstacle à ce qu'en décidant qu'il n'y avait pas eu renonciation et en ordonnant le partage, les tribunaux décidassent que l'indemnité y serait comprise. — *Cass.*, 25 mars 1840 (t. 1er 1840, p. 708), Forbin la Barben c. Rosières de Soran.

791. — Il a été jugé que la commission de liquidation ne portait pas atteinte à la chose jugée en renvoyant devant les tribunaux une question de qualité déjà soumise aux tribunaux dans une précédente liquidation, lorsqu'il n'avait pas été statué sur cette question d'une manière formelle, le jugement portant seulement que le réclamant ne pouvait être privé de l'indemnité. — *Cons. d'état*, 14 déc. 1832, de Beauffort.

792. — Lorsque le réclamant produisait un jugement rendu contradictoirement avec le procureur du roi, prononçant sur son état civil, la commission ne pouvait, sans excès de pouvoir, apprécier cet acte extrajudiciaire, et sous prétexte qu'il n'avait pas été rendu contradictoirement avec le préfet, et qu'il ne lui avait pas été notifié, ajourner la liquidation de l'indemnité jusqu'à ce qu'il fût justifié d'une notification à ce magistrat et de l'absence de recours dans le délai légal. — *Cons. d'état*, 14 déc. 1832, Lefrère de Maison.

793. — L'héritier reconnu judiciairement avoir droit à l'indemnité n'a pas été recevable à attaquer les paiemens déjà faits à un héritier apparent en vertu d'une décision de la commission de liquidation, alors surtout qu'ayant dû connaître ces paiemens, il n'y a apporté aucun obstacle légal. — *Cons. d'état*, 15 juill. 1832, Reculot.

794. — La loi de 1825, comme on l'a vu, prescrivait, à peine de déchéance, un délai dans lequel on devait réclamer; mais elle n'en prescrivait aucun pour l'instruction et demandes en indemnité. — Il a donc été jugé que celui qui avait réclamé en temps utile ne pouvait être déclaré déchu faute d'avoir produit, dans le délai déterminé, des pièces justificatives. — *Cons. d'état*, 18 août 1831, Bertrand ; 14 déc. 1832, Donat.

795. — ... Et que l'ordonnance du 1er mai 1825, rendue en exécution de la loi, n'avait pu à cet égard créer de déchéance. — Même ord. de 1832.

796. — Mais la loi du 21 avr. 1832 a déclaré dissoute, à partir du 1er janv. 1833, la commission instituée pour la liquidation de l'indemnité. — La même loi ajoutait : « Les réclamans qui ayant formé leur demande dans les délais prescrits par la loi de 1825, n'auraient pas produit avant *le 1er juill.* 1832 toutes pièces justificatives et déclarations exigées par les ordonnances des 1er mai 1825 et 8 mars 1829 ou par des décisions interlocutoires de la commission de liquidation, seraient déchus. »

797. — Ainsi, toute production faite postérieurement au 1er juill. 1832 a été frappée de déchéance. — *Cons. d'état*, 22 nov. 1833, Bodard de la Jacopière et Delaunoy.

798. — On a fait remarquer, dans le cours de la discussion, qu'il existait une contradiction entre les deux dispositions de la loi de 1832, puisque la commission étant maintenue jusqu'au 1er *janv.* 1833, et pouvant, jusqu'à cette époque, rendre des décisions même interlocutoires, il était impossible de frapper de déchéance ceux qui n'auraient pas fait, avant le 1er *juill.* 1832, les justifications ordonnées par elle *postérieurement*. — Néanmoins, la rédaction ne fut pas modifiée. — De là, dit M. Duvergier (*Collect. des lois*, sur l'art. 16, L. 21 avr. 1832), il faut conclure que la loi a défendu d'ordonner des justifications nouvelles, à partir du 1er juill. 1832, ou que, si des justifications ont pu être ordonnées, on a dû laisser aux parties le temps nécessaire pour les présenter.

799. — En supprimant la commission de liquidation, la loi du 21 avr. 1832 n'a rien changé aux attributions du conseil d'état, et ne lui a pas conféré, notamment le droit de procéder à la liquidation des indemnités, lorsque cette liquidation n'a pas été opérée en première instance par la commission. — *Cons. d'état*, 31 oct. 1833, Limourier de Neuwich.

800. — Et il a été jugé que lorsque la commission de liquidation a sursis à statuer sur la liquidation d'une portion de l'indemnité, et que, depuis, il n'est intervenu aucune décision relative à ladite indemnité, le ministre des finances est fondé à en refuser le paiement. — Depuis la suppression de la commission de liquidation il n'a plus existé d'autorité qui eût pouvoir de remplir les fonctions dont elle était chargée. — *Cons. d'état*, 5 déc. 1834, Champion de Cice.

801. — Plus tard la loi du 14 juin 1835, dans ses art. 11, 12 et 13, a statué ainsi qu'il suit: — Art. 11. — « Le ministre des finances, après avoir pris l'avis du comité des finances du conseil d'état, statuera, sauf appel au conseil d'état, sur les demandes en indemnités formées en exécution de la loi du 27 avr. 1825 qui, après avoir été rejetées ou ajournées par la commission de liquidation chargée de l'application de cette loi, ont été ou seraient ultérieurement admises par ordonnance royale sur pourvoi au conseil d'état. »

802. — Art. 12. — « Les parties qui se trouvent dans le cas prévu par l'article précédent seront tenues, sous peine de déchéance, de fournir dans les six mois de la publication de la présente loi, ou dans les six mois de la date des ordonnances royales à intervenir, toutes les pièces qui seraient encore nécessaires pour opérer la liquidation autorisée par ces ordonnances, sans préjudice de la déchéance prononcée par l'art. 16, L. 21 avr. 1832. »

803. — Art. 13. — « Les indemnisés, leurs représentans ou ayant-cause dont la liquidation aura été opérée, et qui n'auront pas fourni les pièces nécessaires pour retirer leurs inscriptions de rentes, seront déchus de leurs droits après un délai d'un an, lequel courra à partir de la promulgation de la présente loi, pour les liquidations faites antérieurement, et, pour les liquidations ultérieures à partir de la notification des décisions non déférées au conseil d'état, ou de la date des ordonnances royales rendues sur pourvoi. »

## ÉMOLUMENT.

1. — Honoraires dus à un officier ministériel pour ses actes, soins et vacations.

2. — Les avoués doivent, lorsqu'ils veulent faire taxer leurs dépens, faire un état dont chaque article doit être divisé en deux parties, l'une comprenant les *déboursés* et la seconde l'*émolument*. — Décr. add. 16 fév. 1807, *Frais de taxe*, art 1er, § 4. — V. FRAIS ET DÉPENS.

## EMPARLIER.

C'est ainsi que ce mot qui, dans notre vieux langage, est pris pour *avocat* et quelquefois même pour procureur (V. AVOUÉ, no 6), se trouve écrit dans le *Glossaire du droit français*; mais on disait plus généralement *amparlier*. — V. ce mot et AVANT-PARLIER.

## EMPÊCHEMENT.

V. ABSTENTION DE JUGE, AUDIENCE SOLENNELLE, AVOCAT, AVOUÉ, COLONIES, CONCILIATION, COUR ROYALE, COUR D'ASSISES, COUR DES COMPTES, COUR DES PAIRS, DÉPORT DE JUGE, ENQUÊTE, JUGEMENT, MARIAGE, RÉCUSATION.

## EMPHYTÉOSE.

*Table alphabétique.*

Déchéance, 26. 62 s.
Dégradation, 64.
Déguerpissement, 119.
Détérioration, 47, 49.
Domaine direct, 27 s. — utile, 27 s.
Donation, 15, 91.
Droit ancien, 32 s. — nouveau, 70 s. — romain, 2 s.
Durée, 43, 81 s., 99.
Effet rétroactif, 125 s.
Echange, 91.
Election, 131.
Enregistrement, 92 s.
Esclave, 14.
Eviction, 111.
Expropriation pour utilité publique, 109.
Fruits, 14, 44.
Hypothèque, 46 s., 88 s., 91 s., 99.
Impôts, 52.
Jouissance, 90, 114 s.
Lésion, 105.
Mine, 47 s.
Mise en demeure, 121 s.
Modification, 47, 49.
Obligation, 17 s.
Pêche, 44.
Perte de la chose, 58 s.
Plantation, 51.
Possession, 86.
Prescription, 40 s.
Rachat, 82 s,
Redevance, 36 s., 101 s.
Réparation, 65, 103, 113, 132.
Rescision, 105.
Résiliation, 115 s.
Résolution, 117, 121 s.
Retenue, 53 s.
Services fonciers, 90.
Servitude, 46.
Tacite reconduction, 57, 134.
Testament, 40.
Trésor, 45.
Vente, 16, 22 s., 61, 91 s.

EMPHYTÉOSE. — 1. — L'emphytéose est un contrat par lequel un propriétaire concède à perpétuité ou pour un long temps un terrain, à l'effet, par le preneur, d'en jouir moyennant une modique redevance annuelle et de ne pouvoir en être privé par le concédant qu'en cas de non-paiement de cette redevance qui prend le nom de *canon*. — Doneau, *Comm.*, lib. 9, chap. 13, nº 3; Cujas, sur la loi 1, Cod., *De jure emphyt.*; Dumoulin, *sur Paris*, § 73, nº 33; Troplong, *Louage*, nº 32.

§ 1er. — *Origine de l'emphytéose. — Ce qu'elle était dans le droit romain* (nº 2).

§ 2. — *De l'emphytéose dans l'ancien droit français* (nº 32).

§ 3. — *De l'emphytéose dans notre droit actuel* (nº 70).

—

### 1er. — *Origine de l'emphytéose. — Ce qu'elle était dans le droit romain.*

2. — Le mot *emphytéose* vient d'un mot grec qui signifie planter, améliorer une terre. C'est qu'en effet, dans l'origine, le bail emphytéotique avait pour objet le défrichement et la mise en culture de terres nues et stériles.

3. — Ce contrat était usité à Rome; c'est de là qu'il nous est venu. Mais comment y avait-il pris naissance? Les auteurs ne sont pas d'accord sur ce point.

4. — Quelques écrivains ont cru trouver dans l'*ager publicus* et dans les concessions qui en étaient faites aux patriciens l'origine de l'emphytéose. — V. notamment l'ouvrage remarquable de M. Vuy: *De originib. et naturâ juris emphyteot.*

5. — Mais M. Troplong (*Louage*, nº 31) ne voit dans ces possessions, purement précaires, toujours révocables, et qui suscitèrent tant d'orages au sein de la république romaine, rien qui ressemble à la paisible tenure emphytéotique, dont le propre a toujours été de ne pouvoir être légalement troublée tant que le conducteur paie exactement son canon. — D'ailleurs, ajoute-t-il, « démembré par les guerres civiles, jeté comme une proie à l'avidité des factions, l'*ager publicus* disparaît presque en entier avant de nous offrir aucun vestige d'emphytéose, et ses faibles et derniers restes sont bientôt éclipsés par l'opulente étendue du domaine impérial. »

6. — D'après ce savant jurisconsulte, c'est dans le régime de l'*ager vectigalis* qu'il faut chercher la véritable origine de l'emphytéose; et voici en résumé comment il établit son opinion à cet égard.

7. — Dans l'empire romain, les villes avaient des terres communes, ce que nous appellerions aujourd'hui des biens communaux. Une portion de ces terres était purement et simplement affermée; l'autre était concédée moyennant une redevance appelée *vectigal*, et, en conséquence, cette seconde portion était appelée *ager vectigalis*. — Paul, L. 1, ff., *Si ager vectig.*; Cicer., *Ad familiar.*, XIII, 7, 11; VI, 1; VIII, 9. — C'est dans ces concessions qu'il faut voir le berceau de l'emphytéose; et pour se convaincre de leur identité, il suffit de comparer la définition de l'*ager vectigalis* donnée par Paul (*loc. cit.*), avec celle de l'*ager emphyteuticarius* qui se trouve aux Institutes, lib. 3, tit. 25, § 3. — Troplong, *Louage*, nº 31.

8. — Telle est aussi l'origine attribuée à l'emphytéose par M. Blondeau (*Chrestomathie*, p. 396, note 3º), qui cite Burmann, *De vectigalib. pop. rom.*, Cod., 1, 2, 3.

9. — Les véritables concessions vectigaliennes étaient perpétuelles. Il y avait cependant quelquefois des concessions purement temporaires; mais ces concessions, qui sortaient des habitudes ordinaires, n'étaient point à proprement parler vectigaliennes. — Paul, LL. 1 et ult., ff., *Si ager vectigal.*

10. — De ce caractère de perpétuité, qui distinguait les concessions de l'*ager publicus*, il résultait que le possesseur ne pouvait être troublé dans sa jouissance tant qu'il payait régulièrement son canon. Cette règle s'appliquait également à l'emphytéose. — Paul, L. 1, ff., *Si ager vectig.*; — Instit., lib. 3, tit. 25, § 3; — Troplong, *Louage*, nº 31.

11. — L'usage de ces sortes de concessions ne fut pas, dans l'empire romain, restreint aux terres communes des cités. Lorsque les biens immenses composant le domaine impérial furent devenus vacans et improductifs, par suite de cette dépopulation graduelle qui transformait en solitudes les provinces naguère les plus florissantes, les empereurs cherchèrent à y attirer les travailleurs par l'appât des concessions territoriales; et ce fut alors que le mot *emphytéose* fut introduit dans la langue juridique pour caractériser ce mode d'engagement. — Le mot était nouveau, mais la chose ne l'était pas, ce n'était que l'application du contrat vectigalien aux biens du fisc. — Troplong, *loc. cit.*

12. — Ce système de baux emphytéotiques embrassait, sous Dioclétien et Maximien, la plus grande partie du domaine personnel; il s'étendit et se généralisa sous leurs successeurs, ainsi que l'attestent de nombreuses constitutions insérées au Code Théodosien. — V. notamment les LL. 3, *Ad. sen. cons. Claud.*; 1, *De itinere muniendo*; 2, *De extraord.*; 3, *De adm. et peric. tutor.*; 4, *De annonâ*; 9, *De extraord.*; 3, *De conlat. fundor.*; 17, *De extraord., etc., etc.*

13. — Pour encourager les emphytéotes à faire des améliorations sans craindre d'en perdre le fruit par une dépossession soudaine, les concessions emphytéotiques, comme les concessions vectigaliennes furent faites à perpétuité. — LL. 1, Cod., *De collatione fundorum*; 5, Cod., *De fund. patrim.*; 4, Cod., Théod., *De collat. fund.*; — Godefroy, *Cod. Théod., De collat. fund.* — Et M. Troplong (nº 32) dit que, c'est par erreur que des jurisconsultes éminens, notamment Dumoulin (*sur Paris*, § 73, nº 29, et § 78, glose 4, nº 14; Loyseau, *Des rentes*, liv. 1er, ch. 4, nº 27), et M. Duvergier (Contin. de Toullier, t. 3, nº 146) enseignent que les emphytéoses furent d'abord temporaires, et que ce ne fut que plus tard qu'elles devinrent perpétuelles.

14. — Le droit de l'emphytéote s'étendait à tout l'émolument de la chose; il profitait des esclaves attachés au domaine et pouvait même les affranchir (Godefroy, *Paratit.*; Cod. Théod., *De locat. fundor. jurid. emphyt.*; L. 12, Cod., *De fund. patrim.*); enfin, il transmettait son droit à ses descendans à perpétuité. — L. 8, Cod., *De locat. prædior. civil.*; — Troplong, *Louage*, nº 51, p. 156.

15. — L'emphytéote pouvait librement aussi céder son droit par donation, sans avoir besoin pour cela d'une permission du juge, sauf toutefois à répondre du paiement du canon. — L. 1er, Cod., *De fundis patrimonial.*

16. — Mais pouvait-il le vendre? — Cujas (sur la loi 1 ci-dessus), pense qu'il ne le pouvait qu'avec le consentement du procureur de l'empereur. Mais cette opinion, adoptée par MM. Nothomb (*Specimen juris emphyt.*, p. 17 et 36) et Vuy (*De origin. et naturâ jurid. emphyt.*, p. 122 et 123), est contestée par M. Troplong (*Louage*, nº 31).

17. — L'emphytéote était assujéti au paiement d'un canon qui consistait partie en denrées, partie en or. Le paiement des denrées s'effectuait tous les quatre mois, celui de l'or en un seul paiement. — Cod. Théod., lib. 11, t. 19, L. 3; — Godefroy, sur cette loi.

18. — L'emphythéote était obligé de réunir aux terres fertiles de sa tenure les fonds stériles voisins et de supporter pour cette adjonction une augmentation de canon. — L. 9, Cod., *De omni agro descrto*; — Godefroy, sur la L. 4, Cod. Théod., *De locat. fund. jur. emphyt.* — Cette mesure avait été inspirée, comme la création de l'emphytéose elle-même, par le désir d'arrêter les progrès toujours croissans de la décadence agricole. — Troplong, *Louage*, nº 31.

19. — Au reste, les empereurs, par diverses constitutions, avaient accordé aux emphytéotes de leurs domaines l'exemption de charges qui pesaient très lourdement sur les autres citoyens. — V. notamment LL. 1 et 2, Cod., *De collat. fundor. patrimon.*; 2, Cod. Théod., *De auctorib. procur.*; 4, Cod. Théod., *De collat. fundor. patrim.*; 15, Cod. Théod., *De extraordin. muner.*; 15, Cod. 7, *De excusat. muner.* — V. aussi Vuy, p. 137 et 141; Troplong, *Louage*, nº 31.

20. — Ce fut seulement vers la seconde moitié du cinquième siècle que l'emphytéose commença à se répandre parmi les simples particuliers. Mais comme la nature et les effets de ce contrat n'avaient été ni législativement ni scientifiquement déterminés, l'autorité impériale dut y suppléer pour mettre un terme aux conflits que cet état d'incertitude avait fait naître.

21. — Des doutes s'étaient élevés d'abord sur les questions de savoir si l'emphytéose était une vente ou un bail, et si la perte partielle de la chose entraînait une réduction proportionnelle du canon. — Ces deux questions furent tranchées par une constitution de Zénon (L. 1, Cod., *De jur. emphyt.*), qui décida que l'emphytéose n'était ni une vente, ni un bail, mais un troisième contrat tenant de l'un et de l'autre, et en conséquence, mit la perte totale à la charge du propriétaire principal, et la perte partielle à la charge de l'emphytéote qui ne pourrait, de ce chef, demander une réduction du canon. — Troplong, *Louage*, nº 31; Duvergier, contin. de Toullier, t. 3, nº 144. — V. aussi Vinnius, *Ad instit.*, lib. 3, tit. 25.

22. — La prétention élevée par l'emphytéote d'aliéner la chose sans la volonté du propriétaire direct avait été également une source de difficultés. — Justinien, par une constitution insérée au Code (L. 3, *De jure emphyt.*), la trancha en faveur du propriétaire, et toutefois décida que, faute par lui d'exprimer sa volonté dans le délai de deux mois à partir de la notification qui lui aurait été faite du contrat, l'emphytéote pourrait passer outre à l'aliénation. — Troplong, *loc. cit.*

23. — L'emphytéote qui ne dénonçait pas l'aliénation au propriétaire direct en était puni par la déchéance de son droit. — Justinien, *Dict. leg.*, Cod., *De jure emphyt.*; Troplong, *loc. cit.*

24. — Le propriétaire pouvait, dans ledit délai de deux mois, déclarer qu'il prenait la vente pour son compte, en offrant le prix porté au contrat; dans ce cas, il devait être préféré à tout autre acquéreur. — Justinien, *Dict. leg.*, Cod., *De jure emphyt.*; Troplong, *loc. cit.*

25. — Lorsque le propriétaire accordait son consentement à l'aliénation, l'emphytéote était obligé de lui payer pour récompense la cinquantième partie du prix ou de l'estimation de la chose, à moins cependant que le bail emphytéotique n'eût fixé un autre taux. — Justinien, *Dict. leg.*, Cod. *De jure emphyt.*; Troplong, *loc. cit.*

26. — L'emphytéote qui restait trois ans sans payer son canon encourait la déchéance de son droit. — L. 2, Cod., *De jure emphyt.*; — Troplong, *loc. cit.* — Cette déchéance portait le nom de commise emphytéotique.

27. — Mais quelle était la nature du droit dérivant, pour le preneur, du bail emphytéotique? — Ce qui jette quelque obscurité sur cette question, c'est que, par suite de l'incertitude qui plana longtemps, dans le droit romain, sur le véritable caractère de l'emphytéose, divers textes s'expriment en termes qui semblent contradictoires. Ainsi certains passages (LL. 2 et 3, Cod., *De jure emphyt*, et § 3, tit. 25, lib. 3, Instit. Justin.) donnent au bailleur le titre de propriétaire; d'autres, au contraire (Code LL. 4 et 12, *De fund. patrim.*, et 5, *De divers præd. urban.*) semblent considérer le droit de l'emphytéote comme un droit de propriété. Ces contradictions avaient, parmi nos anciens auteurs, donné naissance à des divergences d'opinion que nous devons faire connaître.

28. — Les uns s'attachant à la distinction du domaine direct et du domaine utile, soutenaient que le domaine utile seul était transféré par l'emphytéose, mais que le domaine direct restait sur la tête du bailleur. — D'Argentré, *Sur Bretagne*, art. 299; Domat, liv. 1er, tit. 4, sect. 10e, nº 6.

29. — D'autres, admettant la même distinction entre le domaine direct et le domaine utile, pensaient toutefois que ce dernier n'était transmis qu'à l'emphytéote perpétuel. C'est ainsi qu'ils expliquaient l'antinomie qui existait entre les textes, et qu'ils conciliaient les opinions des docteurs. — Dumoulin, *sur Paris*, § 78, glose 4, nº 5; Loyseau, *Tr. du déguerpissement*, liv. 1er, ch. 5, nº 1er. — Leur opinion a été admise par M. Duvergier (Contin. de Toullier, t. 3, nº 145).

30. — Mais Cujas repoussait cette distinction du domaine direct et du domaine utile comme inconnue en droit romain. Ce jurisconsulte n'attribuait à l'emphytéote qu'un *jus in re*, un quasi domaine qui, du reste, lui appartenait, soit que l'emphytéose fût perpétuelle, soit qu'elle fût purement temporaire. — Cujas, sur la loi 74, ff., *De rei vindic.*; Doneau, IX, 13, §§ 1, 2 3.

31. — Cette dernière opinion est admise par M. Troplong (*Louage*, n° 33), comme reposant seule sur la véritable intelligence du droit romain et comme seule conforme aux constitutions du Code de Justinien, qui ont donné à l'emphytéose son caractère définitif.

§ 2. — *De l'emphytéose dans l'ancien droit français.*

32. — L'emphytéose fut de bonne heure connue et pratiquée dans les Gaules, surtout pour les biens appartenant aux établissemens religieux. — Loi des Lombards, lib. 3, t. 3. cap. 1; Capitulaires du 9 fév. 877 (Baluze, t. 2, p. 241, n° 10, et p. 341, n° 43). —Troplong, *Louage*, n° 31.

33. — Mais, lorsque le régime féodal se fut établi sur toute la surface de notre sol, l'emphytéose perdit son caractère primitif, et voici comment s'opéra cette sorte de métamorphose.

34. — Au nombre des institutions issues de la féodalité se trouvait un contrat, le bail à cens, qui, malgré de notables différences, présentait avec l'emphytéose des ressemblances capitales (V. BAIL A CENS). Or, par suite de ces ressemblances, on en vint peu à peu à confondre les deux contrats, de telle sorte que ces expressions *emphytéose* et *bail à cens* furent indifféremment employées pour désigner une seule et même chose. L'emphytéose ainsi altérée se trouva dès-lors englobée dans le système féodal. —V. à cet égard Fonmaur, n° 120; Duparc-Poullain, t. 3, p. 262. — Aussi Dumoulin décidait-il que quand, dans un contrat, le mot *emphytéose* avait été employé, on ne devait pas présumer que les particuliers eussent entendu par là une véritable emphytéose, selon les principes du droit romain, à moins qu'elles ne s'en fussent expressément et clairement expliquées.— Dumoulin, *sur Paris*, § 73, n^os 37, 42, 43. —V. aussi Troplong, n° 31.

35. — Plus tard, des esprits éclairés s'efforcèrent de détruire cette confusion qui s'était introduite dans la langue du droit, et, en conséquence, dans les localités où les coutumes ne s'y opposaient pas, on employait plus à propos le mot de *bail à cens* quand il s'agissait d'un héritage noble, tandis que le mot *emphytéose* convenait mieux à la concession des fonds roturiers. — Durand de Maillane, *Dict. de dr. canon*, v° *Emphytéose*; Hervé, *Matières féodales*, t. 2, p. 329; Troplong, *Louage*, n° 31.

36. — La redevance emphytéotique qui, dans l'origine, avait dû évidemment représenter la valeur des fruits des héritages, devint sans importance par suite des altérations que subirent les monnaies, et dès-lors on s'accoutuma à la regarder, non plus comme le prix de la jouissance concédée à l'emphytéote, mais comme une simple reconnaissance de la supériorité du bailleur. — Argou, t. 1er, p. 146; d'Olive, liv. 2, chap. 9; Dunod, *Prescriptions*, p. 341; Coquille, *Instit.*, *Dr. franç.*, *Des cens*; Troplong, n° 34.

37. — De là il advint que les jurisconsultes finirent par considérer la modicité du canon et sa disproportion avec la valeur de la jouissance comme un caractère naturel de l'emphytéose. — Argou, *loc. cit.*; Dunod, *loc. cit.*; Doneau, lib. 9, cap. 13, n° 51; Voët, *De jure emphyt.*, *quæst.* 1, n° 13; Dumoulin, *Sur Paris*, § 68, gl. 4; —Troplong, *Louage*, n° 34.

38. — Toutefois, lorsque telle était la volonté des parties, la redevance était fixée à une somme proportionnée à la valeur des fruits; mais alors l'emphytéose se rapprochait du bail ordinaire à longues années. —Voët, *loc. cit.*; Favre, Cod., lib. 4, tit, 43, def. 36.

39. — L'emphytéose pouvait avoir pour objet, non seulement des terrains incultes à défricher, mais des fonds déjà mis en culture, et même des bâtimens. — Domat, liv. 1er; tit. 4, sect. 10e, n° 2; Duvergier, t. 3. n° 151.

40. — L'emphytéose pouvait s'établir de trois manières : 1° par contrat; 2° par acte de dernière volonté; 3° par prescription. — Troplong, *Louage*, n° 35.—V. aussi Voët, *Si ager vectig.*, n° 4; Blondeau, *Chrest.*, p. 398; Despeissses, *Des dr. seign.*, art. 4, t. 3, p. 213, n° 10.

41. — L'emphytéose s'établissait par prescription, soit que le détenteur eût possédé la chose d'autrui à titre d'emphytéote, soit qu'il eût possédé sa propre chose au même titre en payant à un tiers un canon annuel. Dans ce dernier cas, la continuité de paiement pendant le temps voulu conférait au tiers la qualité de propriétaire direct.

42. — Le délai de cette prescription était de trente ans. — Voët, *Ad pandect.*, *Si ager vectig.*, n° 4; Troplong, *Louage*, n° 35.

43. — La durée de l'emphytéose n'était pas toujours la même; elle variait au gré des conventions des parties. Le plus ordinairement, elle était créée à perpétuité; d'autres fois, elle était établie pour quatre-vingt-dix-neuf ans, et même pour une durée moindre; mais elle devait cependant être faite pour une longue série d'années. — Cujas, sur la loi 74, ff., *De rei vindic.*; Vinnius, *Inst.*, liv. 3, tit. 25, § 3; Godefroy, sur la loi 3, ff., *Si ager vectig.*; Duvergier, t. 3, n° 149; Troplong, *Louage*, n° 37.

44. — L'emphytéote n'avait pas seulement le droit de recueillir les fruits du fonds, il profitait de la chasse, de la pêche, de l'alluvion.— Despeisses, t. 3, p. 111, n° 4; Voët, *Si ager vectig.*, n° 11; Duvergier, t. 3, n° 161; Troplong, *Louage*, n° 38.

45. — Quant au trésor trouvé sur le fonds emphytéosé, Voët (*loc. cit.*) prétendait que l'emphytéote pouvait le réclamer; mais cette doctrine a été repoussée par d'autres jurisconsultes par le motif que le droit au trésor est attaché à la propriété et que l'emphytéote n'est pas propriétaire. — Vuy, *De origin. et naturâ jur. emphyt.*, p. 171, Troplong, *Louage*, n° 38.

46. — L'emphytéote pouvait hypothéquer sans en instruire le bailleur, il pouvait également créer des servitudes; mais lorsque le fonds retournait au propriétaire, ce dernier le reprenait franc et libre de toute charge réelle par application de la maxime : *Resoluto jure dantis resolvitur jus accipientis.* — L. 16, § ult., ff., *De pignoral. act.*; L. 31, ff., *De pignor. et hypoth.*; L. 1, § ult., ff., *De superficieb.*; —Voët, *Si ager vectig.*, n° 24.

47. — Il y avait de graves dissentimens entre les auteurs sur l'étendue des droits de l'emphytéote par rapport au fonds emphytéotique, et notamment sur les points de savoir s'il pouvait ouvrir des mines et carrières, démolir les maisons, abattre les arbres de haute futaie, changer la superficie du sol, etc. Et les mêmes dissentimens s'étaient reproduits dans la jurisprudence. On peut consulter, à cet égard, Dumoulin, *sur Paris*, § 74, gl. 2; d'Argentré, *sur Bretagne*, art. 61, note 3e; Coquille, *Quæst.*, p. 30; Basnage, *sur Normandie*, art. 204; Auzanet, *sur Paris*, art. 74; Cambolas, liv. 4, ch. 10; Laroche, *Des droits seigneuriaux*, ch. 2, art. 1er; Boutaric, *Tr. des droits seigneuriaux*, ch. 14, n° 4.

48. — Toutefois, en ce qui concerne particulièrement les mines et les carrières non ouvertes, M. Troplong (n° 28) dit que la jurisprudence la plus reçue ne l'investissait pas du droit de les fouiller, par le motif que l'emphytéote ne prenait la chose qu'à la condition de l'améliorer ou tout au moins de ne pas la rendre en plus mauvais état, et que c'eût été appauvrir le fonds que d'en extraire les produits dont il s'agit.—Et que dès-lors, en cela, l'emphytéote était assimilé à l'usufruitier.— « C'est encore, dit-il, ce que fait l'art. 768 du Code hollandais, ainsi conçu : Il lui est défendu d'en extraire des pierres, de la houille, de la tourbe, de l'argile et autres matières semblables faisant partie du fonds, à moins que l'exploitation n'en ait déjà été commencée à l'époque de l'ouverture de son droit. »

49. — Cette règle, ajoute le même auteur, que l'emphytéote ne peut détériorer le fonds (V. aussi Voët, n° 11) répond suffisamment à la question de savoir si l'emphytéote pouvait changer la superficie. — Oui, il pouvait se permettre les modifications superficielles qui n'altéraient pas le fonds, et c'est ce que décide l'art. 1686, C. des Deux-Siciles : mais les changemens aggravans tels que démolition de maison, abattis de futaie et autres actes qui diminuaient la richesse et la valeur de la chose, tout cela était en dehors de son pouvoir : si la jurisprudence s'est écartée quelquefois de cette règle, c'est dans des cas où l'emphytéose se confondait avec le bail à fief ou à cens. — On peut consulter sur cette question spéciale M. Duvergier, n° 180.

50. — L'emphytéote pouvait exercer soit l'action réelle, soit l'action possessoire contre les tiers et même contre le véritable propriétaire. — Carondas, *Respons.*, L. 7, cap. 173.

51. — L'emphytéote, obligé d'apporter à l'exploitation et à la conservation de l'héritage tous les soins d'un bon père de famille, n'était obligé d'améliorer, de construire, de planter, qu'autant qu'il s'y était expressément engagé. —Loyseau, *Du déguerpissement*, liv. 4, ch. 5, n° 5; Duvergier, t. 3, n° 152.

52. — L'emphytéote supportait toutes les charges de la propriété. C'était également lui qui payait les impôts.—Toutefois lorsque le canon, au lieu d'être, comme à l'ordinaire, fixé à une somme insignifiante, était proportionné à la valeur des fruits, les principes de l'emphytéose se combinaient, pour la répartition des charges, avec les principes du bail. — Troplong, *Louage*, n° 39. — V. aussi Voët, *Si ager vectig.*, n° 12.

53. — La loi du 1er déc. 1790 (t. 2, art. 6) alla plus loin; elle voulut que le propriétaire contribuât avec l'emphytéote au paiement des contributions foncières, quel que fût d'ailleurs le montant de la redevance. Elle autorisa en conséquence l'emphytéote à faire sur cette redevance une retenue qui fut fixée, par des lois ultérieures, d'abord au quart, puis au cinquième de la contribution. — LL. 3 frim. an VII et 11 frim. an VIII; avis du conseil d'état du 4 janv. 1809.

54. — Jugé que les redevances emphytéotiques étaient, à moins de stipulation expresse, sujettes à la retenue autorisée par la loi pour les prestations foncières. — L. 1er déc. 1790, tit. 2, art. 6; L. 3 frim. an VII. —L'obligation vague imposée au preneur de jouir, *ainsi que cela était de droit et d'usage*, n'équivalait pas à la clause de non-retenue foncière, alors même que, dans le pays où s'exécutait le bail, il était d'usage que les emphytéotes payassent leur redevance sans retenue. — *Cass.*, 2 vent. an XI, Spinner c. Voyer.

55. — Jugé de même que l'obligation imposée au preneur à bail emphytéotique de ne pouvoir dans aucun cas, hors celui où il éprouverait les ravages de la guerre, demander une diminution du canon emphytéotique, n'équivalait pas à la cause de non-retenue de la contribution foncière. — *Colmar*, 27 mars 1806, Kehrling c. Lacombe.

56. — Le bail emphytéotique finissait soit par l'expiration du temps pour lequel il avait été fait, soit par l'extinction de la famille ou du degré appelé à en profiter. — Voët, *Si ager vectig.*, n° 14.

57. — La tacite reconduction n'était point applicable en cette matière. — Voët, *loc. cit.*; Fachin, *Controv.*, lib. 1er, c. 84; Rousseaud de Lacombe, v° *Emphytéose*, n° 9.

58. — La perte totale de la chose mettait également fin au bail et affranchissait l'emphytéote pour l'avenir du paiement du canon. — Quant à la perte partielle elle n'autorisait pas l'emphytéote à demander une réduction proportionnelle du canon, à moins cependant que ledit canon ne fût représentatif des revenus de la chose, car alors l'emphytéose participant de la nature du bail, on appliquait les règles de ce dernier contrat. — Voët, *Si ager vectig.*, n° 16; Favre, Cod., lib. 4, def. 36. — V. toutefois Fachin, lib. 1er, cap. 89.

59. — Lorsque la partie du fonds qui avait échappé à la destruction ne produisait plus de fruits en suffisante quantité pour payer le canon, le preneur pouvait délaisser la chose pour le tout, à moins toutefois que la perte n'eût eu lieu par sa faute. — Favre, *Cod.*, lib. 4, t. 43, def. 11 et 36; Tiraqueau, *De retract. gentil*, § 34, glose 1er, n^os 3 et 4; Voët, *Si ager vectig.*, n^os 17 et 18; Loyseau, *Du déguerpissement*, liv. 4, chap. 9, n^os 3 et suiv.

60. — Lorsque le canon, à raison de sa modicité, n'était considéré que comme une reconnaissance du droit du bailleur, l'emphytéote ne pouvait en demander la remise pour cause de stérilité inaccoutumée, ou d'invasion ou de charges extraordinaires imposées par l'état; mais il en était autrement lorsque la redevance représentait la valeur de la jouissance, parce qu'alors, comme nous l'avons déjà vu, l'emphytéose participait de la nature du bail. Tel était, du moins, l'avis adopté par certains auteurs. — Zénon, L. 1, Cod., *De jur. emphyt.*; Voët, *Si ager vectig.*, n° 19; Favre, *Cod.*, lib. 4, t. 43, def. 36; Vinnius, *Inst. loc. cond.*, § 3; Troplong, *Louage*, n° 43. — V. toutefois *contrà* Fachin, *Controv.*, lib. 1er, cap. 89; Duvergier, t. 3, n° 165.

61. — Nous avons vu ci-dessus que, dans le droit romain, l'emphytéote ne pouvait vendre le fonds sans avoir préalablement dénoncé le projet au bailleur en lui offrant la préférence, et que, faute par lui de se conformer à cette prescription, il encourait la déchéance de son droit. — Cette disposition n'avait point passé dans l'ancienne jurisprudence; on y reconnaissait à l'emphytéote le droit d'aliéner librement, sans le consentement du bailleur. — Dumoulin, *sur Paris*, § 20, glose 5, n° 7, § 78, gl. 2, n° 1, § 82, gl. 1, n° 11; Charondas, *Pandect.*, liv. 2, chap. 15 et 57; Despeisses, *Des droits seigneuriaux*, tit. 4, art. 4, n° 6; Argou, liv. 3, chap. 28, n° 3; Nouveau Denisart, v° *Emphytéose*, § 3, n° 1er; Troplong, *Louage*, n° 44; Duvergier, t. 3, n° 164.

62. — Nous avons vu également que, d'après la loi 2, Cod., *De jure emphyt.*, l'emphytéote qui restait trois ans sans payer le canon encourait la commise emphytéotique. — En France, cette disposition n'était point appliquée avec rigueur; l'emphytéote était toujours admis, même dans les pays de droit écrit, à purger la demeure, encore bien qu'il y eût renoncé par une clause expresse du bail. Après la citation en paiement, le juge fixait un délai pour le paiement des canons arriérés, et c'était seulement après l'expiration de ce délai sans paiement qu'il prononçait la commise. —

Loyseau, *Offices*, liv. 1er, chap. 13, no 4; Serres, liv. 3, t. 25; Catelan, liv. 3, chap. 7; Domat, liv. 1er, tit. 4, sect. 10, no 10; Troplong. *Louage*, no 46.

63. — Jugé que, sous l'ancienne jurisprudence, le pacte commissoire inséré dans un contrat de bail emphytéotique, faute par le preneur de payer sa redevance aux époques déterminées, ne pouvait recevoir son exécution sans l'intervention de la justice. — Toutefois si, sur la citation en justice à lui donnée, le preneur s'était exécuté en déguerpissant, il ne pouvait plus tard revendiquer le bénéfice du bail. — *Cass.*, 1er thermid. an XI, Bournichon c. Thévenon.

64. — L'emphytéose prenait fin encore par suite des abus et des dégradations que l'emphytéote commettait dans sa jouissance. Dans ce cas le propriétaire avait le choix, ou de faire prononcer la résolution du contrat, ou d'actionner l'emphytéote pour le contraindre à faire les réparations nécessaires pour maintenir la chose en bon état. — Voët, *Si ager vectig.*, no 46; Favre, *Cod.*, lib. 4, t. 43, defin. 52; Nouveau Denisart, vo *Emphytéose*, § 3, no 8; Duvergier, t. 3, no 172; Troplong, *Louage*, no 47.

65. — Lors de la cessation du bail, par quelque cause que ce fût, l'emphytéote était obligé de remettre la chose au propriétaire en bon état; toutefois, il n'était pas responsable de la destruction des bâtimens par force majeure, car on a toujours distingué les réédifications des réparations. — Loyseau, *Du déguerpissement*, liv. 5, ch. 6, nos 13, 19, 20; Duvergier, t. 3, no 179; Troplong, no 48.

66. — Il était également obligé de livrer au propriétaire, sans indemnité, les améliorations qu'il s'était engagé à faire lors de la constitution de l'emphytéose. — Fachin, *Controv.*, lib. 1, cap. 92; Voët, *Si ager vectig.*, no 52; Troplong, *Louage*, no 48.

67. — Quant aux constructions purement volontaires que l'emphytéote avait opérées durant sa jouissance, la plupart des anciens auteurs enseignaient que, lorsque l'emphytéose finissait naturellement par l'expiration de sa durée, l'emphytéote pouvait retirer ses constructions, mais que lorsqu'elle finissait par l'effet d'une déchéance, le preneur ne pouvait ni répéter ses améliorations, ni en demander le remboursement. — V. notamment Dumoulin, *Sur Paris*, § 1er, gl. 5, no 80; § 3, gl. 1, no 101; Loyseau, *Du déguerpissement*, liv. 6, ch. 6, no 6; Coquille, *Sur Nivernais*, t. 6, art. 15.

68. — Fachin (*Controv.*, lib. 1, cap. 92) allait plus loin; il prétendait que, dans tous les cas, la prétention de l'emphytéote devait être repoussée, attendu qu'en améliorant la chose, il n'avait fait que se conformer à l'objet de l'emphytéose, et que d'ailleurs le propriétaire se trouvant hors d'état de rembourser les améliorations, se verrait souvent obligé de laisser l'emphytéose se prolonger indéfiniment.

69. — La jurisprudence du parlement de Paris penchait vers ce sentiment. — Brodeau, sur Louet, lett. E, somm. 10. — Mais Argou (t. 2, p. 298) trouvait cette jurisprudence *extrêmement rude*.

### § 3. — *De l'emphytéose dans notre droit actuel.*

70. — La loi du 18-29 déc. 1790 reconnaissait formellement l'existence légale du bail emphytéotique; en effet, après avoir déclaré rachetables toutes les rentes foncières perpétuelles, soit en nature, soit en argent, ainsi que les champarts de toute espèce, et défendu de créer à l'avenir aucune redevance foncière non remboursable, l'art. 1er de cette loi ajoutait : « Sans préjudice des baux à rente ou *emphytéoses non perpétuels*, qui seront exécutés pour toute leur durée, et pourront être faits à l'avenir pour quatre-vingt-dix-neuf ans et au-dessous, ainsi que les baux à vie, même sur plusieurs têtes, à la charge qu'elles n'excèdent pas le nombre de trois. »

71. — Le Code civil ne parle point de l'emphytéose; que faut-il conclure de son silence?

72. — M. Delvincourt (t. 3, p. 185, notes) enseigne que ce contrat n'existe plus aujourd'hui, du moins avec le caractère qu'il avait dans l'ancien droit ou même sous l'empire de la loi du 18-29 déc. 1790, qu'il ne diffère plus en rien d'un simple bail à ferme, et qu'il ne donne pas le *jus in re*. — V. aussi Zachariæ, § 198, t. 1er, p. 415.

73. — Mais cette doctrine est rejetée par la généralité des commentateurs du Code civil. En effet, le silence de la loi ne suffit point pour proscrire un contrat dont les principaux élémens n'ont rien de contraire à ses dispositions. — V. à cet égard Merlin, *Quest.*, vo *Emphytéose*, § 3, no 2; Favard de Langlade, *Rép.*, vo *Emphytéose*; Duranton, t. 4, no 80; Proudhon, *Usufruit*, t. 1er, no 97; Toullier, t. 3, no 101; Duvergier, t. 3, no 154; Troplong, *Louage*, no 50. — V. aussi sénat.-cons. 30 janv. 1810, art. 14; L. 8 nov. 1814, art. 15; ord. 8 août 1821, art. 2, LL. 21 juin 1826, 28 juin 1829, art. 8, et 21 avr. 1832.

74. — C'est aussi ce qu'admettent les divers arrêts qui ont eu à statuer sur les effets et l'exécution de pareils contrats.

75. — M. Duvergier (no 143) fait sur les baux emphytéotiques les réflexions suivantes : « La science économique n'a encore rien découvert de mieux combiné et de plus ingénieux. Le propriétaire de la terre considérée comme capital, en confie l'exploitation à celui qui, par sa capacité industrielle et par la possession de capitaux mobiliers, est en mesure de la faire valoir. La liberté d'emprunter sur le fonds, de l'aliéner même, est un attrait de plus et un moyen nouveau de rendre la spéculation profitable. La position du propriétaire est à peu près celle d'un associé commanditaire, et je crois que, dans l'intérêt de l'industrie agricole, tous les baux devraient tendre à ce but. On comprend que des améliorations importantes ne peuvent être faites par les fermiers que lorsqu'ils sont assurés d'une longue jouissance; et il est évident que plus ils auront de liberté dans la disposition du capital qui leur est confié, plus ils en tireront d'avantage pour eux et pour les bailleurs : cette liberté n'est pas d'ailleurs incompatible avec les garanties que doivent chercher les propriétaires contre les fraudes ou contre les spéculations aventureuses auxquelles voudraient se livrer les fermiers. C'est donc à tort que M. Say (t. 2, p. 74) blâme l'usage des baux emphytéotiques : « Avec quelques perfectionnemens ils me paraissent devoir produire les meilleurs résultats. »

76. — En réponse à ces réflexions, M. Troplong (nos 50 et 51) s'exprime en ces termes : « ... En quoi donc ces sortes de contrats seraient-ils incompatibles avec les principes modernes? Pourquoi vouloir entraver par des gênes inutiles la liberté des conventions? — Toutefois, je ne voudrais pas qu'on se fît illusion sur le degré d'utilité qu'on peut attendre de l'emphytéose dans les temps où nous vivons, et je ne crois pas avec M. Duvergier qu'elle soit appelée à jouer un grand rôle dans les progrès de notre industrie agricole. L'époque de prédilection du contrat emphytéotique, c'est celle où règnent de vastes domaines, où la propriété, frappée d'une sorte d'immobilité se perpétue de générations en générations dans les mêmes mains. Mais quand le sol est soumis au mouvement rapide d'une division indéfinie, quand les détenteurs des domaines fonciers se serrent les uns sur les autres avec tant de presse qu'il y a place à peine pour les nouveaux venus; quand enfin la propriété est emportée par une circulation incessante, le bail emphytéotique ne peut être que rare, accidentel; il ne répond pas aux plus impérieux besoins du moment, car il ne fonctionne pas avec assez de promptitude et demande trop à l'avenir pour une génération qui dévore le présent. En un mot, il n'est bon que dans certains cas exceptionnels et pour certaines natures de propriété : c'est ce qui fait qu'il tient un rang très secondaire aujourd'hui dans la vie pratique. Cependant il se rencontre des circonstances où ce débris du passé peut procurer au temps actuel une certaine utilité, et cela suffit pour que nous réclamions une place pour lui dans notre jurisprudence. »

77. — Lorsque les parties ont manifesté l'intention de faire un bail emphytéotique, le contrat produit de plein droit tous les effets qui lui étaient attribués par l'ancienne jurisprudence, à l'exception toutefois de ceux qui seraient en opposition avec quelques dispositions des lois actuelles; mais il ne serait pas nécessaire que chacun des effets du contrat fît l'objet d'une stipulation expresse. — Duvergier, t. 3, no 155. — V. aussi Troplong, no 51.

78. — C'est ce qui résulte des termes d'un arrêt de la cour de Cassation, qui, après avoir dit que « l'emphytéose est un contrat qui a sa nature et produit les effets qui lui sont propres, » et après avoir indiqué quelques uns de ces effets et les lois romaines qui les leur attribuaient, ajoute « *que ces dispositions des lois romaines ont été admises en France*, tant en pays de droit écrit qu'en pays de droit coutumier, *et que le Code civil, qui n'a pas traité du bail emphytéotique ne les a changées ni modifiées.* » — *Cass.*, 26 juin 1822, Bournizieu-Dubourg c. Despagna.

79. — « Il est vrai, dit M. Duvergier qui cite cet arrêt, que le bail dont la cour avait à déterminer le caractère et les effets, avait été passé antérieurement au Code civil, mais la rédaction de l'arrêt ne peut laisser aucun doute sur la pensée qui l'a dicté. On y trouve nettement exprimée cette opinion qu'un bail emphytéotique est, maintenant comme autrefois, un contrat spécial régi par des règles particulières. » — D'ailleurs, ajoute le même auteur, en admettant que l'emphytéose est susceptible d'hypothèque sous le Code civil (V. *infrà* nos 88 et suiv.), la jurisprudence suppose nécessairement que les effets de ce contrat sont ce qu'ils étaient autrefois.

80. — Il faut donc aujourd'hui combiner les règles puisées dans le droit romain et dans l'ancienne jurisprudence avec celles que notre droit nouveau a consacrées pour se rendre compte des règles qui sont applicables aux baux emphytéotiques. — Duvergier, no 155.

81. — Bien que maintenus par la législation en vigueur, les baux emphytéotiques ne le sont que sous la limitation contenue en l'art. 1er, L. 18-29 déc. 1790, c'est-à-dire qu'ils ne pourraient être consentis pour une durée excédant quatre-vingt-dix-neuf ans. — Duvergier, t. 3, no 156; Troplong, *Louage*, no 50.

82. — Toutefois, un bail emphytéotique fait postérieurement au décret du 29 déc. 1790 n'est pas nul, par cela seul que, contre la prohibition de ce décret, il a été consenti à perpétuité; seulement, les bailleurs peuvent, nonobstant cette clause, user de la faculté de rachat. — *Cass.*, 15 déc. 1824, Hergott-Levieux c. Schauenbourg. — V. Fœlix et Henrion, *Rentes foncières*, p. 22; Rolland de Villargues, *Rép. du not.*, vo *Bail emphytéotique*, no 9; Troplong, *Louage*, no 50; Duvergier, no 148.

83. — Jugé que, en admettant que la rente emphytéotique soit susceptible de rachat, elle ne peut l'être qu'à l'égard des preneurs réguliers, et non en faveur de détenteurs précaires. — *Colmar*, 16 août 1820, Thiébaut Durringer c. Reynach.

84. — En se renfermant dans les limites tracées par la loi du 18-29 déc. 1790, les parties peuvent donner à l'emphytéose telle durée qu'il leur plaît. Toutefois, il ne faudrait pas que cette durée fût trop modique, que, par exemple, elle fût moins longue que celle des baux ordinaires. Cette brièveté répugnerait à la nature de l'emphytéose. — Duvergier, t. 3, no 149.

85. — La stipulation dans un bail emphytéotique ecclésiastique qu'il est concédé jusqu'à la troisième génération, doit être entendue en ce sens que la troisième génération est comprise dans la concession, alors surtout que le bailleur lui-même a interprété de cette manière d'autres concessions conçues dans les mêmes termes. — — *Angers*, 6 mars 1830, Robineau c. hospices d'Angers.

86. — Lorsque l'existence d'un bail emphytéotique a été limitée à la vie de deux époux preneurs et de leur descendance mâle, les enfans d'un précédent mariage du mari, s'ils se sont emparés des biens affermés, n'ayant eu qu'une possession précaire, ne peuvent jamais légitimer leur détention. — *Colmar*, 16 août 1820, Thiébaut Durringer c. Reynach.

87. — M. Pépin-Lehalleur (*Hist. de l'emphytéose*, p. 351) pense que si les parties n'ont pas fixé la durée du bail emphytéotique, il conviendrait d'en fixer la durée à quatre-vingt-dix-neuf ans, un usage immémorial ayant fait adopter ce terme plutôt que tout autre.

88. — La question s'est élevée de savoir si le bail emphytéotique créait au profit du preneur un droit immobilier, *jus in re*, qui pût être hypothéqué? Elle a été résolue affirmativement par la jurisprudence et par le plus grand nombre des auteurs.

89. — Ainsi, jugé que, sous le Code civil comme anciennement, l'emphytéose est un droit immobilier susceptible d'hypothèque de la part du preneur. — *Paris*, 10 mai 1831, Bony c. Moreno de Mora; *Cass.*, 18 juill. 1832, mêmes parties; *Douai*, 15 déc. 1832, Huard. — V. conf. Merlin, *Rép.*, vo *Emphytéose*, § 3; Persil, *Rég. hypothéc.*, t. 1er, p. 814, no 15; Battur, *Tr. des privil. et hypoth.*, t. 2, no 246; Duranton, t. 4, nos 75 à 81 et t. 19, no 268; Favard de Langlade, *Rép.*, vo *Hypothèque*, no 2; Carré, *Lois de la compét.*, t. 2, p. 331; Troplong, *Privil. et hypoth.*, t. 2, no 405; Hervieu, *Résumé de jurispr. hypoth.*, vo *Hypothèque en général*, no 7; Duvergier, t. 3, no 150.

90. — La raison en est qu'aux termes de l'art. 543, C. civ., on peut avoir sur les biens, ou un droit de propriété, ou un simple droit de jouissance, ou seulement des services fonciers à prétendre. Or, l'emphytéose, telle qu'elle était dans l'ancien droit, était un droit de jouissance, un démembrement de la propriété, et puisque aucune disposition du Code civil ne lui a enlevé ce caractère, nous en devons conclure qu'elle l'a conservé. — Troplong, *Louage*, no 50. — V. toutefois *contrà* Delvincourt, t. 3, p. 185, notes; Proudhon, *Usufruit*, t. 1er, no 99; Grenier, *Privil. et hypoth.*, t. 1er, no 143; Toullier, t. 3, no 101; V. aussi Zachariæ, *loc. cit.*

91. — ... Et l'arrêt précité, du 18 juillet 1832,

ajoute : « qu'un tel droit est immobilier, et que l'emphytéote a la faculté de disposer de tout ce qu'il possède à ce titre par vente, échange ou donation et par affectation hypothécaire à la charge des droits du bailleur. »

92. — La cour de Cassation a également jugé (en matière d'enregistrement) que le bail emphytéotique, alors même qu'il est limité à quatre-vingt-dix-neuf ans, doit être considéré comme *un acte translatif de propriété d'un bien immeuble*, et comme soumis, à ce titre, au droit proportionnel d'enregistrement établi sur tous les actes de cette nature; l'emphytéose étant, sous le Code civil, une *aliénation temporaire de la propriété* et le preneur possédant *comme propriétaire*.—*Cass.*, 1er avr. 1840 (t. 1er 1840, p. 645), enregist. c. Donat-Demessine.

93. — ...Et, par un autre arrêt du même jour (même page) que le droit à un bail emphytéotique, passé en 1780, est un droit immobilier dont la mutation par décès donne ouverture au droit fixé pour la transmission des immeubles par l'art. 4, L. 22 frim. an VII.

94. — « Le premier de ces deux derniers arrêts, dit M. Troplong, p. 480 (no 32 en note), a été l'objet de vives critiques. — Championnière, *Contrôl. de l'enreg.*, t. 6, p. 113, no 5715. — Il se sert en effet d'expressions que l'emphytéote temporaire doit être bien étonné de se voir appliquer!!! L'autre arrêt du même jour assimile aussi l'emphytéose à une transmission d'immeubles et la déclare passible des mêmes droits de mutation; mais les motifs en sont beaucoup plus réservés, ils se bornent à dire que dans l'ancien droit l'emphytéose transportait une portion de la propriété appelée *domaine utile*. Du reste, de la comparaison de ces deux arrêts, il semble résulter que, dans la pensée de la chambre civile, le bail emphytéotique a pris, sous le Code civil, qui garde le silence le plus complet sur ce contrat et doit tout au moins se combiner avec la législation de la révolution, qui n'admet que des emphytéoses temporaires, un caractère plus absolu et plus indépendant que dans l'ancien droit qui autorisait des emphytéoses à perpétuité. Au reste, il faut reconnaître que si le premier arrêt de la chambre civile laisse beaucoup à désirer sous le rapport de sa rédaction, il peut se défendre, sous le rapport de la décision, par des raisons meilleures et plus juridiques.

95. — M. Pepin-Lehalleur (p. 362) apprécie de même les arrêts du 1er avril 1840, qu'il approuve au fond : ils auraient pu, dit-il, donner gain de cause à la régie sans supposer, comme ils l'ont fait, que le bail emphytéotique transportait au preneur soit la propriété utile du fonds, soit même la propriété temporaire.

96. — Quoi qu'il en soit, par un arrêt plus récent encore, rendu également en matière d'enregistrement, la cour de Cassation a posé de nouveau en principe que le bail emphytéotique a pour effet d'aliéner à temps la propriété de l'immeuble baillé au profit du preneur qui, devenu ainsi propriétaire pour un temps déterminé, peut, pendant la durée du bail emphytéotique, disposer de l'immeuble qui en fait l'objet, le vendre, le céder et même l'hypothéquer, sauf l'exercice des droits du bailleur à l'expiration du bail emphytéotique. — *Cass.*, 24 juill. 1843 (t. 2 1843, p. 270), enregist. Lemaire.

97. — L'emphytéose temporairement constituée conformément à la loi du 18-29 déc. 1790 se distingue du bail à ferme en ce qu'elle transmet au preneur un *jus in fundo*, un quasi-domaine différent du droit dont le simple bail investit le fermier. — *Cass.*, 12 mars 1845 (t. 1er 1845, p. 525), Laporte c. Lévesque.

98. — La clause d'un acte d'albergement par laquelle l'albergataire s'oblige à entretenir une allée traversant l'immeuble albergé n'emporte pas nécessairement réserve de la propriété du sol de cette allée au profit de l'albergateur : du moins l'arrêt qui le décide ainsi, par appréciation des actes, échappe à la censure de la cour de Cassation. — *Cass.*, 15 fév. 1842 (t. 1er 1842, p. 503), Duvivier c. Poulet. — Le contrat connu en Dauphiné sous le nom *d'albergement* n'était autre chose que le bail emphytéotique.—V. Ferrière, *Dict. de droit*, vo *Albergement*.

99. — Un bail n'est pas nécessairement emphytéotique par cela seul qu'il est à longues années. Dès-lors celui qui a pris un terrain à ferme pour vingt-sept ans et y a élevé des constructions en vertu d'une clause du contrat, n'a sur les constructions qu'un droit de jouissance mobilière par sa nature, et par conséquent non susceptible d'hypothèque. — *Cass.*, 15 janv. 1824, Livache c. Robert. — V. conf. Duvergier, t. 3, no 150.

100. — L'acte dans lequel il est dit que, dans le cas même où le bailleur viendrait à aliéner ou à échanger les fonds, le preneur ne pourrait être expulsé, excluant toute idée d'aliénation du domaine utile en faveur du preneur, ne présente que les caractères d'un bail à ferme et non ceux d'un bail emphytéotique. — *Cass.*, 23 niv. an VII, Robelin c. Belon.

101. — La redevance annuelle connue anciennement sous le nom de canon emphytéotique n'est pas essentielle à la perfection du bail emphytéotique. — *Paris*, 3 fév. 1836, Trésor public c. Testard. — « Rien n'empêche, dit M. Duranton (t. 4, no 75), de stipuler pour le bail emphytéotique un prix déterminé, car ce contrat n'a plus d'autres règles que celles que lui impriment les conventions des parties; » mais alors ce serait plus spécialement un droit de superficie.

102. — Jugé que de ce que dans un bail dit emphytéotique la redevance stipulée, au lieu d'être modique, approcherait du produit de la propriété; de ce qu'en outre la force majeure et la perte partielle auraient été mises à la charge du bailleur, ou que le preneur n'aurait été tenu d'aucune amélioration du fonds, il n'en résulte pas que l'emphytéose ait été convertie en un simple bail à ferme, de pareilles clauses n'étant pas nécessairement contraires à l'essence de l'emphytéose. — *Cass.*, 12 mars 1845 (t. 1er 1845, p. 525), Laporte c. Lévesque.

103. — La concession d'un terrain faite par une commune pour soixante-dix ans, à la condition pour le preneur d'y faire construire un marché, et de demeurer chargé de tous les travaux d'entretien, grosses et menues réparations, et du paiement de tous les impôts et de l'acquittement de toutes les charges grevant la propriété, doit être considérée comme un véritable bail emphytéotique, encore qu'aucune redevance particulière n'ait été stipulée au profit de la commune, cette redevance consistant dans les charges imposées au preneur. — *Paris*, 3 fév. 1836, Trésor public c. Testard.

104. — La prestation uniforme du canon pendant quarante ans ne donne au débiteur le droit d'emphytéose qu'autant qu'il ne conste pas d'un bail temporaire passé sous le même canon avec les auteurs des fermiers. — *Colmar*, 16 août 1820, Thiebaut, Durruiger c. Reynach.

105. — Jugé que les baux emphytéotiques ne sont pas sujets à la rescision pour cause de lésion. — *Bruxelles*, 28 thermid. an IX, Vandamme c. Vandoorne. — V. *contrà* Duvergier (*Louage*, t. 1er, no 162), qui cite Voët, *Ad Pand.*, tit. *De rescind. vend.*, no 13, et le Nouveau Denisart, vo *Emphytéose*, no 2.

106. — Le preneur à emphytéose a qualité pour intenter l'action possessoire en son nom personnel. — *Cass.*, 26 juin 1822, Bournizien c. d'Espagnac; — Duvergier, no 160; Pépin-Lehalleur, p. 352.

107. — Il peut exercer cette action, non seulement contre les tiers, mais même contre le propriétaire, si celui-ci le trouble dans sa jouissance. Duvergier, t. 3, no 160.

108. — L'emphytéote peut, comme l'usufruitier, exercer l'action en bornage. — V. BORNAGE, nos 53 et suiv.

109. — Jugé qu'en cas d'expropriation pour utilité publique d'un bien donné à emphytéose, les juges chargés d'apprécier l'étendue du droit de l'emphytéote sur l'indemnité allouée n'exagèrent pas cette étendue en assimilant l'emphytéote à un usufruitier, et en lui accordant dès-lors la jouissance intégrale de cette indemnité pendant toute la durée de l'emphytéose. — *Cass.*, 12 mars 1845 (t. 1er 1845, p. 526), Laporte c. Lévesque. — V. EXPROPRIATION POUR UTILITÉ PUBLIQUE.

110. — L'emphyteote profite de l'alluvion, sans être obligé d'augmenter le canon, alors même que l'étendue du fonds aurait été déterminée dans le bail. — Duvergier, t. 3, no 161.

111. — Lorsque l'emphytéote est évincé ou troublé dans sa jouissance, il a le droit de réclamer contre le bailleur des dommages-intérêts et même, selon les circonstances, la restitution des redevances qu'il aurait déjà payées. En effet, l'emphytéose présente aujourd'hui tous les caractères d'un contrat à titre onéreux. — Duvergier, t. 3, no 176.

112. — Sous le Code civil comme sous l'ancienne jurisprudence, la charge pour l'emphytéote d'améliorer le fonds n'est pas de droit, il faut qu'elle soit stipulée. — Duvergier, t. 3, no 158.

113. — Mais l'emphytéote est obligé à faire toutes les améliorations auxquelles il s'est engagé par son bail. — Il est également tenu de toutes les réparations tant grosses que menues; s'il néglige de les faire à ce point que l'héritage éprouve une détérioration notable, il peut être contraint par le bailleur à les exécuter, même avant l'expiration du bail. Il n'est pas nécessaire d'attendre l'époque où le contrat doit cesser de produire son effet pour que l'une des parties ait le droit de réclamer l'accomplissement des obligations qui sont imposées à l'autre. — V. M. Duvergier (no 172), qui cite un arrêt du grand conseil du 12 nov. 1740, rapporté au Nouveau Denisart, vo *Emphytéose*, § 3, no 8

114. — Il a été jugé que le preneur d'un bail emphytéotique est tenu, comme tout fermier ordinaire, sous peine de résiliation, d'user des biens loués, en bon père de famille, sans pouvoir les dénaturer ni en altérer la substance. — *Metz*, 27 déc. 1826, N... — V. *suprà* § 2.

115. — Toutefois cette condition du bail emphytéotique, et même une clause expresse de ce genre, ne peuvent être considérées que comme comminatoires, et les tribunaux ont le droit de surseoir à prononcer la résiliation lorsqu'il est reconnu que le preneur, en altérant la chose, a agi sans méchanceté ni mauvaise foi, et que son fait n'a pas nui d'une manière notable aux biens loués; et les tribunaux peuvent, dans ce cas, fixer au preneur un temps déterminé pour rétablir les lieux, en déclarant le bail résilié faute d'exécution de leur jugement dans le délai fatal. — Même arrêt.

116. — En cas de violation des conditions essentielles d'un bail emphytéotique, notamment en cas de détérioration notable des biens, le bailleur originaire conserve l'action en résolution du bail et en réintégration des biens amodiés. — Cette action est réelle, et peut être exercée directement contre le possesseur actuel de ces biens. — Dès-lors, la résiliation consentie en faveur du bailleur par le dernier sous-preneur, volontairement et sur une simple sommation extra-judiciaire, pour éviter un procès, doit être considérée comme valable, quoique le preneur primitif et les sous-bailleurs intermédiaires, qui avaient stipulé des prestations particulières, indépendamment du canon emphytéotique, n'aient point été mis en demeure. On dirait en vain que le preneur primitif avait conservé une action réelle sur le fonds amodié pour le service des prestations particulières stipulées en sa faveur. — *Cass.*, 30 août 1827, Coens c. Bouvier.

117. — D'après les anciens principes, l'albergataire qui ne payait pas la rente était soumis au déguerpissement des immeubles albergés, lors même que le pacte commissoire n'avait pas été stipulé dans l'acte. — *Grenoble*, 13 fév. 1833, Bergoin c. Vargoz. — V. conf. Domat, *Lois civ.*, liv. 1er, tit. 4, sect. 10e, no 9; Merlin, *Rép.*, vo *Commise emphytéotique*, no 1er; Duvergier, *Louage*, t. 1er, nos 166 et suiv.

118. — Les acquéreurs successifs de l'immeuble albergé étaient soumis aux mêmes obligations que l'albergataire, et le possesseur actuel de l'immeuble soumis à la rente est passible des arrérages échus et de tous les frais faits par le créancier contre les possesseurs antérieurs. — *Grenoble*, 13 fév. 1833, Bergoin c. Vargoz.

119. — La redevance emphytéotique constitue aujourd'hui une obligation purement personnelle et non pas une charge du fonds; dès-lors l'emphytéote ne peut s'en affranchir par le déguerpissement. — Duvergier, t. 3, no 175.

120. — L'action personnelle et l'action hypothécaire appartiennent également au bailleur, propriétaire d'un fonds concédé à bail emphytéotique perpétuel, contre le cessionnaire par subrogation du preneur, lorsque ce cessionnaire s'est obligé personnellement au service de la rente envers le bailleur. — *Cass.*, 27 mars 1833, Besson c. Clemaron.

121. — Il a été jugé que la clause résolutoire pour défaut de paiement du canon, exprimée dans un bail emphytéotique, doit avoir son effet *pro jure* et sans qu'*il soit besoin de mise en demeure*, à l'événement de la condition. — *Colmar*, 16 août 1820, Thiébaut et Durringer c. Reynach. — V. conf. Troplong, *Louage*, no 46.

122. — Jugé de même que si le contrat porte qu'à défaut de paiement de trois annuités consécutives de la redevance stipulée, le bail emphytéotique sera résilié de plein droit, et que le bailleur rentrera en possession, sans recourir à aucune voie juridique, il n'est pas nécessaire de mettre le preneur en demeure, avant d'user du bénéfice de cette clause. — Du moins, l'arrêt qui le décide ainsi échappe à la censure de la cour de Cassation. — *Cass.*, 13 déc. 1820, Petit c. Titon.

123. — Quant à M. Duvergier (t. 3, no 167), il pense aussi que, lorsque la clause résolutoire a été exprimée, l'expiration du délai stipulé entraîne de plein droit la résolution du contrat; mais il exige que le bailleur mette le preneur en demeure par une sommation. — Arg. de l'art. 1656. — V. aussi Zachariæ, § 302, note 47; Pepin-Lehalleur, p. 358

(à moins que la convention ne porte que, *par la seule échéance du terme*, le débiteur sera en demeure, cas auquel l'art. 1139 trouverait son application).

124. — Dans le cas où la clause résolutoire n'est pas exprimée, la résolution doit être demandée en justice, et le juge peut, suivant les circonstances, accorder un délai au défendeur. — Arg. de l'art. 1184, 956, 1655; — Troplong, nº 46; Duvergier, nº 167; Pepin-Lehalleur, *loc. cit.*

125. — Que doit-on décider en ce qui concerne l'exercice de l'action résolutoire, lorsqu'il s'agit d'un contrat emphytéotique antérieur au Code civil ?

126. — On peut, sur ce point, prévoir deux hypothèses. — Ou bien le contrat ne stipule pas de déchéance, et alors on doit appliquer l'art. 1184 avec d'autant plus de confiance qu'il est conforme à l'ancienne jurisprudence sous l'empire de laquelle le contrat aurait été passé. — « Y eût-il, d'ailleurs, dit M. Troplong (*Du louage*, nº 46), dissidence entre la jurisprudence en vigueur lors de la passation de l'acte et le Code civil, l'art. 1184 devrait prévaloir. L'exécution des contrats se règle par la loi nouvelle, par la loi vivante, quand cette exécution est réclamée. » — V. aussi Merlin, *Rép.*, vº *Effet rétroactif*, t. 16, nº 260; Duvergier, nº 169.

127. — ... Ou bien le contrat stipule la commise d'une manière expresse faute de paiement dans deux ou trois ans. — Pour ce cas il y a controverse.

128. — Dans une espèce où une pareille clause avait été stipulée, la cour de Cassation a décidé que cette stipulation n'étant que comminatoire, le preneur peut, même après une mise en demeure, échapper à la résolution du bail en offrant les arrérages échus. — *Cass.*, 19 mai 1819, Jobert c. Badant.

129. — Mais cet arrêt, approuvé par M. Troplong (nº 46), est vivement critiqué par Merlin (*Quest.*, vº *Emphytéose*, § 3) et par M. Duvergier (nº 169). — V. au surplus sur les clauses résolutoires renfermées dans des contrats antérieurs au Code civil, et sur l'influence du Code civil sur l'effet de ces clauses, LOI et RÉSOLUTION.

130. — L'emphytéote est tenu du paiement des contributions, même de la contribution foncière, parce qu'elles sont une charge inséparable de la propriété utile dont il jouit. — Duvergier, nº 170; Rolland de Villargues, *Rép. du notar.*, vº *Bail emphytéot.*, nº 46. — Avis cons. d'état 2 fév. 1809. — Sauf, dit M. Troplong (nº 39), à moins de convention contraire, le cinquième qui reste à la charge du propriétaire. — V. en ce sens Pepin-Lehalleur, p. 356.

131. — Par une juste réciprocité, c'est à lui et à lui seul que les contributions doivent être comptées pour la formation du cens électoral. L'art. 9, L. 19 avr. 1831, qui n'attribue au fermier, même par bail de neuf ans et au-dessus, que le tiers des contributions n'est pas applicable à l'emphytéote. Cette différence s'explique par celle qui existe entre la nature de son droit et celle des droits du fermier. — Duvergier, *loc. cit.*; Rolland de Villargues, *loc. cit.*; Pepin-Lehalleur, *loc. cit.* — V. ÉLECTIONS LÉGISLATIVES.

132. — A l'expiration du bail, le preneur doit rendre en bon état les biens qu'il a reçus du preneur et les constructions qu'il s'était engagé à faire; mais il n'est pas tenu de réparer les bâtimens qu'il n'était pas obligé de construire. — *Parlem. Paris*, 21 août 1399; — Duvergier, t. 3, nº 173. — V. aussi Brodeau, sur Louet, lett. E, somm. 11; Argou, liv. 3, ch. 28, nº 3.

133. — Lorsque l'emphytéote a fait sur le fonds des améliorations et constructions auxquelles il n'était pas tenu en vertu de son bail, M. Duvergier (t. 3, nº 174) pense qu'il y a lieu d'appliquer l'art. 555, C. civ., et, en conséquence, le bailleur peut à son gré contraindre le preneur à enlever les constructions, ou les conserver en lui remboursant la valeur des matériaux et le prix de la main-d'œuvre. Au contraire, M. Pepin-Lehalleur (p. 356) écarte l'application de cet article pour s'en tenir aux règles suivies à cet égard dans l'ancienne jurisprudence.

134. — La tacite reconduction n'a pas lieu en matière d'emphytéose. — *Colmar*, 16 août 1820, Thiébaut Durringer c. Reynach. — V. conf. Duvergier, t. 3, nº 181; Troplong, *Louage*, nos 40 et 460; Merlin, *Rép.*, vº *Emphytéose*, § 1er, nº 6. — V. en outre le paragraphe qui précède.

V. aussi USUFRUIT, CHASSE, CAUTIONNEMENT.

## EMPIRE.

1. — C'est le nom donné à la forme de gouvernement instituée par le sénatus-consulte du 28 flor. an XII, qui confia le gouvernement de la république à un empereur.

2. — On sait que cette forme de monarchie cessa d'abord le 2 avril 1814, par suite de l'acte du sénat qui, s'emparant de l'initiative des destinées de l'état, prononça la déchéance de Napoléon Bonaparte et de sa famille, et que renouvelée le 20 mars 1815 par le retour de Napoléon de l'île d'Elbe, elle cessa définitivement en juin 1815 par l'abdication de l'empereur Napoléon.

## EMPIRE DE GALILÉE.

1. — Titre sous lequel on désignait, avant 1789, la basoche des clercs de procureurs de la chambre des comptes.

2. — C'est au commencement du quinzième siècle que cette juridiction fut établie; son président prenait le titre d'*empereur de Galilée*, titre qui fut remplacé par celui de chancelier sous le règne de Henri III. — V. BASOCHE.

3. — Les suppôts de l'empire de Galilée ne jouissaient pas des mêmes prérogatives que les clercs du parlement; ils ne procédaient pas chaque année, comme ceux-ci, à la plantation d'un *mai* pris dans la forêt de Bondi, mais ils solennisaient la fête de Charlemagne et distribuaient un gâteau des rois aux conseillers maîtres de la chambre des comptes. A cet effet, il leur était délivré une certaine somme à prendre sur le fermier de l'ordinaire de Paris, afin de subvenir aux frais qu'entrainait la cérémonie.

4. — Les fonctionnaires de l'empire de Galilée étaient au nombre de quinze, savoir : le chancelier, le procureur-général, six maîtres des requêtes, deux secrétaires des finances, un trésorier, un contrôleur, un greffier et deux huissiers. — On ne pouvait nommer aux charges de l'empire deux clercs d'une même étude, à moins d'en avoir obtenu dispense.

5. — Ceux qui étaient nommés aux charges ne pouvaient les refuser à peine d'amende : on leur expédiait des lettres de provision scellées et visées par le chancelier.

6. — Par les anciens comptes du domaine, on voit que les officiers de l'empire avaient droit de prendre tous les ans 200 livres sur le domaine, mais au dix-huitième siècle ce droit n'existait plus.

7. — C'était à la chambre des comptes que la basoche se réunissait tous les jeudis : les officiers qui se dispensaient du service, sans excuse légitime, payaient une amende de 5 livres par séance au trésorier. — V. BASOCHE.

## EMPIRIQUE.

1. — Le mot *empirique*, dans sa vraie acception, se dit de celui qui ne s'attache qu'à l'expérience dans la médecine et qui ne suit pas la méthode ordinaire de l'art.

2. — Mais dans l'acception la plus vulgairement reçue, on nomme empirique celui qui exerce la médecine, la chirurgie ou la pharmacie sans avoir les connaissances exigées et sans être reconnu légalement. C'est le synonyme de charlatan. — V. CHARLATAN.

V. aussi MÉDECINE, MÉDICAMENS, CHIRURGIE, PHARMACIE.

## EMPLOI.

V. COMMUNAUTÉ, DOT, ÉMANCIPATION, PAIEMENT, SÉPARATION DE BIENS, SUBROGATION, TUTELLE.

## EMPLOIS PUBLICS.

1. — Terme générique sous lequel on comprend toutes les fonctions dont les titulaires sont à la nomination du roi ou d'un de ses délégués.

2. — Les emplois publics peuvent-ils, quant à leur cession ou leur exploitation, faire l'objet d'une convention licite ? — Cette question est, pour éviter des redites, traitée avec l'espèce particulière d'emploi connue sous le nom d'*offices*. — V. OFFICES.

## EMPLOYÉ.

1. — Ce mot désigne en général tous ceux qui ont engagé leurs services à autrui, moyennant un salaire. — Toutefois, dans l'usage, il ne s'applique ni aux domestiques, ni aux ouvriers.

2. — Les employés comme toutes autres personnes travaillant à gages sont exempts de la patente. — L. 25 avr. 1844, art. 15, nº 1er.

V. ENQUÊTE, FAILLITE, LOUAGE D'INDUSTRIE, PENSION, PRIVILÉGE.

## EMPOISONNEMENT.

### Table alphabétique.

Achat de poison, 24 s.
Attentat à la vie, 17 s.
Caractère, 2 s.
Cour spéciale, 13.
Crime consommé, 35 s.
Droit (ancien), 2 s. — (étranger), 7 s.
Homicide, 46.
Immixtion, 21 s.
Imprudence, 18.
Jury, 14, 47 s., 50 s., 54 s.
Mandat, 28 s.
Médecin, 18.
Mélange, 42 s.
Peine, 4 s.
Poison, 24 s., 53 s.
Préméditation, 12 s., 21 s.
Quantité, 47, 52.
Substance innocente, 41, 48.
— mortifère, 39 s.
Tentative, 27 s., 52.
Vente de poison, 24 s.
Verre pilé, 49.
Volonté, 12, 19.

EMPOISONNEMENT. — 1. — Est qualifié *empoisonnement* tout attentat à la vie d'une personne, par l'effet de substances qui peuvent donner la mort plus ou moins promptement, de quelque manière que ces substances aient été employées ou administrées, et quelles qu'en aient été les suites. — C. pén., art. 301.

SECT. 1re. — *Notions générales, pénalité* (nº 2).
SECT. 2e. — *Caractères constitutifs de l'empoisonnement* (nº 16).
§ 1er. — *Attentat à la vie par le poison* (nº 17).
§ 2. — *Emploi d'une substance mortifère* (nº 39).

### Sect. 1re. — *Notions générales, pénalité.*

2. — L'empoisonnement a presque toujours été considéré comme plus grave que l'assassinat lui-même, soit par la loi romaine, soit par nos anciens criminalistes, ou par les législations étrangères, ou enfin par les auteurs de notre Code pénal. — L. 1, Cod., *De malef. et math.*; L. 13, ff., *Ad leg. cornel. de sicariis*; — édit 1682; déclar. 14 mars 1780; arr. de réglem. 13 fév. 1681, 15 déc. 1732, et 18 août 1741, 27 sept. 1783.

3. — En effet, dit Muyart de Vouglans (*L. crim.*, p. 186), la trahison que renferme ce crime et l'espèce d'impossibilité qu'il y a de s'en garantir parce qu'il est souvent administré par ceux qui nous approchent de plus près et dont on croit avoir moins lieu de se défier, le rend sans contredit des plus graves et des plus punissables.

4. — La gravité du crime d'empoisonnement avait fait autrefois admettre des mesures extraordinaires pour sa répression, soit sous le rapport de la compétence, soit sous celui de la peine. — Ainsi, en 1680, une commission devenue célèbre sous le nom de chambre ardente (V. CHAMBRE ARDENTE), avait été chargée de la recherche de cette nature de crime, et les coupables étaient condamnés à être brûlés vifs. — MM. Chauveau et Hélie (t. 5, p. 319) citent comme exemples les arrêts de sept. 1764 (Roy de Valène); du 3 mars 1732 (Eugénie Plcq); du 15 déc. 1732 (Marie Texier); du 7 oct. 1734 (Pierre Guenel).

5. — Il peut être intéressant sous le rapport historique de donner le texte de l'arrêt rendu, le 16 juillet 1676, dans la plus célèbre affaire d'empoisonnement que présentent les annales criminelles, celle de la marquise de Brinvilliers: La cour, etc., « a condamné et condamne la dame d'Aubraye de Brinvilliers à faire amende honorable au-devant de la principale porte de l'église de Paris, où elle sera menée dans un tombereau, nu-pieds, la corde au col, tenant en ses mains une torche ardente du poids de deux livres; et là, étant à genoux, dire et déclarer que méchamment et par vengeance, et pour avoir leurs biens, elle a fait empoisonner son père, ses deux frères, et attenté à la vie de défunte sa sœur, dont elle se repent, en demande pardon à Dieu, au roy et à la justice, et, ce fait, menée et conduite dans ledit tombereau en la place de Grève de cette ville, pour y avoir la tête tranchée sur un échaffaut, qui, pour cet effet, sera dressé en ladite place, son corps brûlé et les cendres jetées au vent, icelle préalablement appliquée à la question ordinaire et extraordinaire pour avoir révélation de ses complices; la déclare déchue des successions de sesdits père, frères et sœur du jour desdits crimes par elle commis, et tous ses biens acquis et confisqués à qui il appartiendra, sur iceux et autres non sujets à confiscation, préalablement pris la somme de 4,000 livres d'amende envers le roy, 500 livres pour faire prier Dieu pour le repos des ames desdits défunts frères,

père et sœur, en la chapelle de la conciergerie du palais. » — Berryer, *Leçons et modèles d'éloquence judiciaire*, p. 177.

6. — Le Code de 1791 (tit. 1er, art. 4) ordonnait que les coupables d'empoisonnement fussent conduits au lieu de leur exécution revêtus d'une chemise rouge.

7. — Le Code prussien veut qu'ils y soient traînés sur une claie. — Art. 856.

8. — ... La loi napolitaine, qu'on les y conduise les pieds nus, vêtus de noir et le visage voilé. — Art. 6 et 352.

9. — Le Code de 1810 n'a accueilli aucun de ces accessoires : le coupable, chez nous, est simplement puni de mort. — Art. 302.

10. — La législation antérieure ne définissait point l'empoisonnement : — L'art. 5, édit de juill. 1682, portait simplement : « L'empoisonnement est l'attentat à la vie d'une personne par vénéfice et poison. » — L'art. 12, tit. 2, liv. 2, Code de 1791 : « L'homicide commis volontairement par poison, sera qualifié *empoisonnement*. » — Ce vague avait donné naissance à un grand nombre de difficultés que l'art. 301 du Code de 1810 a eu pour but de faire cesser.

11. — Toutefois, il existait encore dans l'art. 301 une lacune qu'a comblée la loi du 28 avril 1832, en ajoutant à l'art. 317 une disposition nouvelle relativement aux simples maladies que pourrait causer l'empoisonnement.

12. — L'empoisonnement est un assassinat : il en a tous les caractères, homicide, volonté, préméditation. Il n'en est qu'un mode spécial de perpétration, et si on lui a consacré une qualification distincte, c'est pour en mieux définir les caractères propres. — Chauveau et Hélie, *Th. du C. pén.*, t. 5, p. 318.

13. — Cependant, sous la loi du 18 pluv. an IX, les cours spéciales étaient incompétentes pour connaître du crime d'empoisonnement, qui n'était pas compris dans la classe *des assassinats prémédités* dont parlait cette loi, mais faisait l'objet d'une qualification spéciale. — *Cass.*, 4 août 1808, Taly ; 8 juill. 1808, Taly ; 19 avril 1810, Thomas ; 8 fruct. an IX, Sermet ; 28 therm. an IX, Lemierre.

14. — Sous le Code du 3 brum. an IV, il ne suffisait pas de demander au jury si un accusé de complicité d'empoisonnement avait aidé et assisté volontairement l'auteur du crime dans les faits qui en avaient préparé l'exécution, il fallait poser aussi la question de savoir s'il avait agi sciemment. — *Cass.*, 22 août 1806, Plesse. — La question ne pourrait plus se présenter sous le Code d'instruction criminelle, d'après lequel on demande au jury si l'accusé est coupable. — Carnot, *C. pén.*, art. 300, n° 2.

15. — Lorsqu'un crime d'empoisonnement résultant de faits commis à des époques différentes sur la même personne ne forme, d'après l'arrêt de renvoi, qu'un seul chef d'accusation, le président de la cour d'assises n'est pas tenu de poser une question distincte pour chacun de ces faits. — *Cass.*, 12 déc. 1840 (t. 2 1842, p. 622), Lafarge. — L'art. 313, C. pén., dispose que si les crimes et délits prévus par les art. 295 à 318, ont été commis en réunion séditieuse, avec rébellion et pillage, ils sont imputables aux chefs, auteurs, instigateurs et provocateurs de ces réunions, rébellions ou pillages, qui seront punis comme coupables de ces crimes ou de ces délits, et condamnés aux mêmes peines que ceux qui les auront personnellement commis. — Le crime d'empoisonnement étant prévu par un des articles précités, s'il venait à se produire avec les caractères indiqués par l'art. 313, cet article deviendrait nécessairement applicable.

## Sect. 2e. — *Caractères constitutifs de l'empoisonnement.*

16. — D'après l'art. 301, C. pénal, l'empoisonnement pour être criminel doit réunir deux caractères dans lesquels, du reste, se confondent les élémens de l'assassinat : 1° Il faut qu'il y ait attentat à la vie par le poison ; — 2° la substance employée doit être mortifère.

### § 1er. — *Attentat à la vie par le poison.*

17. — L'attentat à la vie comprend la volonté de tuer ; — toutes les règles relatives à cette volonté dans le meurtre et l'assassinat lui sont donc applicables, et, dès lors, si celui qui a administré le poison n'avait pas l'intention de donner la mort, il résultera de son action, non le crime d'empoisonnement, mais seulement le délit d'homicide ou de blessures involontaires, selon qu'il en sera résulté la mort ou une simple maladie de la victime. — V. ASSASSINAT, MEURTRE.

18. — Par exemple, le médecin qui par impéritie tuerait son malade en lui administrant une trop forte dose de poison ne commettrait pas un empoisonnement, mais pourrait, suivant les circonstances, être poursuivi seulement pour homicide par imprudence. — Chauveau et Hélie, *ibid.*, p. 321. — V. à cet égard et en ce qui concerne la responsabilité médicale, MÉDECINE.

19. — La volonté de tuer qui se traduit par le fait d'administrer le poison suppose nécessairement la préméditation, car il est impossible que le coupable apporte la matière mortelle et la mêle aux alimens de sa victime sans avoir conçu d'avance, arrêté le dessein du crime.

20. — C'est ainsi qu'on l'envisageait sous l'ancien droit, et c'est ce qui résulte formellement de l'exposé des motifs du Code. L'empoisonnement, disait Muyard de Vouglans, est le crime de ceux qui, *de propos délibéré*, attentent à la vie d'autrui par poison, et l'exposé des motifs portait que l'empoisonnement suppose *nécessairement* un dessein *antérieur*. — Chauveau et Hélie, *Th. C. pén.*, *ibid.*, p. 321.

21. — C'est en partant de ce principe que l'on a considéré comme contradictoire et nulle la déclaration du jury portant que l'accusé est convaincu d'avoir mêlé de l'arsenic dans les alimens de son frère, volontairement et dans le dessein de l'empoisonner, *mais sans préméditation*. — *Cass.*, 26 vendém. an IV, Bourdaric.

22. — Cependant M. Rossi (*Tr. de dr. pén.*, t. 2, p. 118) enseigne qu'il peut se rencontrer des empoisonnemens commis sans préméditation, et il cite le cas où un domestique, maltraité par son maître, au moment où il lui donnerait une potion, en augmenterait volontairement la dose, de manière à occasionner la mort.

23. — Mais de semblables faits, d'ailleurs fort rares, prouvent qu'aucune règle ne peut exister sans exception, mais ne détruisent aucunement la portée que la loi a entendu donner à ce crime. — Chauveau et Hélie, *ibid.*, p. 323.

24. — D'après la loi romaine, le seul fait d'avoir *acheté*, *vendu*, *eu* du poison dans le dessein de donner la mort, constituait le crime d'empoisonnement. — L. 3, ff., *Ad leg. cornel.*, *de sicariis* : « *Qui venenum necandi hominis causâ fecerit, vel vendiderit, vel habuerit, plectetur.* »

25. — Nos anciens criminalistes avaient adouci cette disposition trop rigoureuse, et n'appliquaient à ce fait qu'une simple amende. — Menochius, *De arbit. jud.*, cas. 360, n° 47 ; Farinacius, quæst. 122, n° 40 ; Jousse, t. 4, p. 43.

26. — Chez les juifs, il était même défendu à tout individu de conserver du poison dans sa maison, sous peine d'être condamné à l'avaler et à subir ainsi la mort, que l'on présumait qu'il avait eu l'intention de donner à d'autres. — Carnot, *C. pén.*, art. 301, n° 1er.

27. — Dans notre droit, ces actes, simplement préparatoires, ne pourraient en aucune façon constituer la tentative ou l'attentat exigés par la loi. — Rossi, *ibid.*, t. 2, p. 301. — Cette tentative doit se régler par les dispositions de l'art. 2, C. pén. — V. TENTATIVE.

28. — Il a même été jugé que le mandat donné pour commettre un empoisonnement ne constitue pas un acte d'exécution de la tentative d'empoisonnement, alors même que le mandant a fourni le poison au mandataire. — *Cass.*, 13 juill. 1837 (t. 1er 1843, p. 12), N...

29. — ... Et que l'achat des substances vénéneuses dans le but avoué d'empoisonner quelqu'un, et la remise de ces substances à un tiers pour qu'il commette le crime, ne constituent pas un commencement d'exécution de la tentative d'empoisonnement et ne peuvent, dès-lors, être incriminés comme tels. — *Amiens*, 2 avr. et 10 juin 1840 (t. 1er 1843, p. 16), Lombart c. Rousselle.

30. — Mais il y a tentative d'empoisonnement lorsque le poison a été *préparé* et jeté dans les alimens destinés ou présentés à la victime. — Rossi, *Tr. dr. pén.*, t. 2, p. 301 ; Chauveau et Hélie, p. 326.

31. — La loi de 1791 avait une disposition qui prévoyait expressément le cas de la tentative d'empoisonnement et celui où l'empoisonneur arrêtait l'exécution de son crime. — Art. 15, sect. 1re, tit. 2, part. 2e. — Il en devait être ainsi, puisque la tentative de crime n'était point alors prévue ; mais le Code de 1810 ayant réparé cette omission et défini les caractères légaux de la tentative, la disposition spéciale à l'empoisonnement est devenue dès-lors inutile.

32. — Il y a donc tentative d'empoisonnement dans le fait d'un individu qui jette du poison dans une fontaine dans laquelle il présume que la personne qu'il veut empoisonner viendra puiser. — Chauveau et Hélie, *ibid.*, p. 327 ; Farinacius, quæst. 122, n° 12.

33. — Mais si, revenant sur son projet, l'agent empêche la personne à la vie de laquelle il voulait attenter d'user de l'eau empoisonnée, le crime, qui ne serait encore que préparé, disparaîtrait, à moins que, dans l'intervalle, une autre personne, venant à s'en servir, n'en fût elle-même victime : alors il y aurait à son égard crime consommé. — Chauveau et Hélie, *ibid.*, p. 328.

34. — Et il résulte d'un arrêt de la cour d'assises de la Seine du 11 mai 1811 (sous *Cass.*, 13 juill. 1837, cité n° 28), que la tentative d'empoisonnement manifestée par des actes extérieurs, même suivie d'un commencement d'exécution, n'est pas punissable si la consommation du crime a été suspendue par la volonté de son auteur, bien que la cause impulsive de cette volonté puisse paraître n'avoir été que la crainte de ne pas réussir ou du danger qu'il y avait à poursuivre l'exécution. Dans ce cas, il n'y a pas tentative criminelle dans le sens de l'art. 2, C. pén.

35. — Le crime est consommé dès que le poison a été administré et pris, alors même que la quantité ou la force n'en seraient pas suffisantes pour causer la mort. — *Cass.*, 7 juill. 1814, Turteret ; — Discours de M. Monseignat au corps législatif (Locré, t. 30, p. 581).

36. — Il en serait de même encore que, par une circonstance ignorée de l'empoisonneur, par l'effet d'un médicament administré à la victime, le crime n'aurait pas d'effet. — Chauveau et Hélie, t. 5, p. 329.

37. — Il en serait également ainsi, alors même que le coupable, poussé par le remords, aurait voulu, mais tardivement, s'opposer à ce que la victime prît le poison, ou bien encore, alors même qu'il aurait, une fois l'empoisonnement consommé, cherché à arrêter et même arrêté ses effets par des antidotes. — Rossi, *ibid.*, t. 3, p. 37 ; Chauveau et Hélie, *ibid.*, p. 329.

38. — Dans son rapport au corps législatif, M. Monseignat émet une opinion contraire (Locré, t. 30, p. 501 et 502), en se fondant sur la disposition de l'art. 16, sect. 2e, tit. 2, part. 2e, L. 1791, qui portait que, « si avant l'empoisonnement effectué ou avant que l'empoisonnement des breuvages eût été découvert, l'empoisonneur arrêtait l'exécution du crime, soit en supprimant lesdits alimens et breuvages, soit en empêchant qu'on en fît usage, l'accusé devrait être acquitté » ; mais il suffit de lire les termes précités de la loi de 1791 pour rester convaincu qu'elle n'a entendu parler que du cas où l'empoisonnement n'est pas encore effectué, et non celui où, le fait une fois commis, l'agent cherche à en empêcher les résultats. — Dans ce dernier cas, ses efforts pour empêcher les effets de son action peuvent bien faire admettre en sa faveur des circonstances atténuantes, mais sont insuffisans pour effacer le crime. — Haus, *Obs. sur le proj. du C. pén. belge*, t. 3, p. 194 ; Chauveau et Hélie, *ibid.*, p. 331.

### § 2. — *Emploi d'une substance mortifère.*

39. — Le second élément du crime d'empoisonnement est que l'attentat à la vie ait eu lieu par l'effet d'une substance capable de donner la mort, c'est-à-dire d'une substance qui pouvait donner la mort d'après la manière dont elle a été administrée et dans la forme sous laquelle elle a été donnée. — Chauveau et Hélie, t. 5, p. 332.

40. — Il résulte de là que, si un individu donnait une substance innocente croyant présenter du poison, il ne serait coupable ni d'empoisonnement, ni même de tentative de ce crime, car alors, le fait matériel disparaissant, l'incrimination manquerait d'un de ses élémens essentiels. — Chauveau et Hélie, *ibid.*, p. 333 ; Rauter, *Droit crim.*, n° 450.

41. — Cette proposition, conforme aux principes rigoureux du droit, laisse, il est vrai, quelque chose à regretter au point de vue moral : aussi est-elle critiquée par M. Marc dans ses *Annales d'hygiène et de médecine légale* (juill. 1830).

42. — De même, si la substance mortifère a été mélangée à une autre substance qui en a neutralisé l'effet, il n'y a point empoisonnement, quand même celui qui l'a présentée aurait eu l'intention d'attenter à la vie de la personne qui a pris le mélange. — Chauveau et Hélie, *ibid.*, p. 334 ; Bourguignon, *Jurispr. C. crimin.*, *C. pén.*, art. 301, n° 3.

43. — MM. Chauveau et Hélie (t. 5, p. 334) citent comme résolvant la question en ce sens un arrêt de la cour spéciale du Tarn, rendu dans une espèce où une certaine dose d'acide sulfurique, mélangée avec du vin, avait été offerte par un mari

à sa femme, qui en avait bu. — Il fut établi, disent-ils, que cet acide ainsi mélangé avait cessé d'être un poison, et l'accusé fut acquitté.

44. — Il n'y a point non plus empoisonnement ni délit, si, en administrant à quelqu'un une substance incapable de nuire, on lui avait persuadé qu'elle est mortelle, et que cette personne en soit morte, ou ait contracté une maladie. — Rauter, *Dr. crim.*, t. 2, n° 450.

45. — D'un autre côté, si le coupable mélange deux substances isolément innocentes, croyant que l'une d'elles peut donner la mort, mais que, par le résultat du mélange, la chose administrée soit devenue réellement, quoiqu'à l'insu de l'agent, mortelle, il y a crime d'empoisonnement. — MM. Chauveau et Hélie (*ibid.*, p. 335) citent le cas où un individu met de l'antimoine métallique en poudre dans du vin ; cette substance prise de suite et avant la dissolution de l'antimoine ne serait pas nuisible ; mais le hasard veut qu'il ne trouve pas l'occasion de faire prendre *immédiatement* ce mélange à la personne qu'il a le dessein d'empoisonner ; l'antimoine se transforme peu à peu en une matière vénéneuse ; il y a dès-lors crime d'empoisonnement, parce que la substance a été capable de donner la mort au moment où elle a été administrée.

46. — Si quelqu'un sachant qu'une personne a l'habitude de certains poisons et des antidotes, lui administre une substance mortifère, soit pour éprouver la puissance de cette habitude ou de l'antidote, soit même dans la conviction qu'elle n'en éprouvera aucun mal, et que cependant cette personne soit morte, le fait manque de la volonté nécessaire pour qu'il constitue le crime d'empoisonnement, mais il pourra bien, selon les circonstances, constituer un délit d'homicide involontaire. — V. sur ce sujet Rauter, *Dr. cr.*, n° 450, à la note. — V. *infra*.

47. — Pour qu'il y ait tentative d'empoisonnement, il n'est pas nécessaire que les substances qu'on a voulu administrer soient en quantité suffisante pour donner la mort. — C'est assez qu'elles soient mortifères, c'est-à-dire de nature à pouvoir la donner. — En sorte qu'il n'est pas nécessaire d'interroger le jury sur le point de savoir si la quantité était suffisante. — *Cass.*, 7 juill. 1824 ; Turleret. — Bourguignon, *Jur. C. crim.*, *C. pén.*, art. 301, n° 4. — *Contrà* Chauveau et Hélie, *ibid.*, p. 387 ; Morin, *Dict. dr. crim.*, v° *Empoisonnement*, n° 2.

48. — Il n'est pas nécessaire non plus que la substance employée soit *précisément* un poison, si elle est de nature à donner la mort. En conséquence, tout attentat à la vie d'une personne par l'effet de substances, *même non vénéneuses*, mais pouvant donner la mort, constitue un empoisonnement, et doit, dès-lors, être puni comme tel. — *Cass.*, 16 juin 1835, Gaudon.

49. — On peut citer comme exemple de ces substances le *verre pilé*. En effet, bien que le verre pilé ne soit plus rangé par la médecine dans la classe des poisons (Devergie, *Médecine légale*, t. 2, p. 426), on ce sens qu'il n'est pas vénéneux par lui-même, cependant d'autres faits ont prouvé (V. Orfila, *Toxicologie générale*, t. 1er, p. 675) qu'il pouvait, dans quelques cas au moins, blesser les voies alimentaires, et donner lieu à tous les accidens propres aux poisons irritans ; que par conséquent l'impossibilité des empoisonnemens par cet agent mécanique ne saurait être admise d'une manière absolue. — Morat et de Lens, *Dict. mat. médicale et de thérap. générale*, v° *erre*.

50. — Le mot *empoisonnement* signifie l'emploi d'une substance capable de donner la mort. Ainsi il a été jugé que, si le jury déclare l'accusé coupable d'empoisonnement, il déclare suffisamment que la substance qui a été donnée pour empoisonner pouvait causer la mort. — *Cass.*, 24 janv. 1814, Pelletier. — Bourguignon, *Jur. C. crim.*, *C. pén.*, art. 301, n° 2.

51. — Carnot (*C. pén.*, art. 300, n°s 4 et 5) pense au contraire, mais à tort suivant nous, que l'emploi du mot *empoisonnement* n'exprimerait pas suffisamment que le fait a été produit par des substances capables de donner la mort, et que dès-lors, pour être complète, la déclaration du jury doit être explicite sur ce point.

52. — S'il s'agissait de poisons qui inoffensifs à faibles doses, deviennent mortels quand les doses sont répétées, il y aurait tentative d'empoisonnement alors même que le fait aurait été découvert avant qu'aucun effet mortel pût être produit par la substance déjà prise, pourvu que la volonté de donner la mort fût, du reste, constante. — Chauveau et Hélie, *ibid.*, p. 336.

53. — La loi ne s'est pas servie du mot *poisons*, mais du mot *substances pouvant donner la mort* ; et elle n'a pas indiqué ces substances. — L'indica-

tion précise de ces substances était d'ailleurs chose impossible, car dans la science il n'existe pas de démarcation précise ni même réelle entre les poisons et les médicamens. La dose, l'idiosyncrasie, les circonstances pathologiques décident souvent de l'action ou médicamenteuse ou toxique d'un même corps ; les alimens eux-mêmes, dans certains cas, peuvent agir, soit comme remèdes, soit comme poisons, en sorte que ce n'est souvent qu'à *posteriori*, c'est-à-dire d'après le résultat que telle substance en particulier peut être exactement qualifiée *aliment*, *médicament* ou *poison* (*Dict. de mat. médic. et thérap. génér.* de MM. Merat et de Lens, v° *Poisons*). C'est donc une pure question de fait que celle de savoir si telle substance, administrée dans tel cas donné, est ou n'est pas, dans le sens de la loi, une substance capable de donner la mort. Mais on peut comme piège adopter la définition qui qualifie poison « toute substance qui, introduite en petite quantité dans les êtres vivans, y détermine un trouble profond susceptible de se terminer par la mort. » — de Lens et Merat, *loc. cit.*

54. — C'est donc aux jurés seulement à se prononcer sur cette question. — Bourguignon, *Jurisp. C. crim.*, *C. pén.*, art. 301, n° 5 ; Chauveau et Hélie, *ibid.*, p. 339 ; Rauter, *Dr. crim.*, n° 454, note.

55. — Toutefois, Carnot (*C. pén.*, art. 301, n° 5) est d'un avis opposé. Il pense que ce n'est pas aux jurés qu'il appartient de décider si telle ou telle substance est vénéneuse ou non ; le seul point qui, suivant lui, rentre dans leurs attributions, est de décider si ces substances ont été employées ou administrées, sauf aux juges du droit à en apprécier le véritable caractère. Mais cette opinion est victorieusement réfutée par Bourguignon, qui se fonde sur ce que les juges du droit ne pourraient, en l'absence de toute disposition légale, se baser que sur les indices résultant de l'instruction ; — Or, le jury est tout aussi à même que les juges de décider d'un simple point de fait d'après les élémens de l'instruction.

56. — C'est également dans ce dernier sens que paraît s'être décidée la cour de Cassation au jugeant que sous le Code du 3 brum. an IV, lorsqu'un accusé détentative d'empoisonnement de moutons avait toujours fondé sa défense sur ce que la substance par lui employée (la saumure d'anchois) n'était pas un poison pour les moutons, le jury devait être interrogé sur ce point à peine de nullité. — *Cass.*, 3 août (et non 17 juin) 1810, Gérard.

57. — Toutefois, la solution d'une semblable question exigeant des connaissances spéciales, il est utile de faire observer que toujours la déclaration du jury devra avoir été précédée de rapports des gens de l'art. — S'il n'en était pas ainsi, la justice restant dans les ténèbres, ne pourrait-elle point épargner le coupable et frapper l'innocent ?

58. — Les questions d'empoisonnement présentent le plus souvent de fort graves questions de médecine légale, et il n'est pas rare de voir la cour d'assises devenir une sorte de champ clos, dans le quel les hommes de l'art se donnent rendez-vous, pour formuler leurs théories et leurs systèmes. L'existence du poison constatée par des analyses chimiques est sans doute un puissant indice d'empoisonnement, mais ce n'en est pas toujours une preuve complète. D'un autre côté, l'empoisonnement peut être certain sans que le poison ait laissé de traces qui viennent en fournir la démonstration matérielle ; ce n'est donc autant dans les circonstances et les preuves morales que dans les preuves matérielles que les jurés devront puiser leurs élémens de conviction. Les données de la science leur seront assurément fort précieuses, mais ils ne pourraient en faire la base exclusive de leur appréciation.

59. — Quant aux simples maladies que l'agent a volontairement causées par l'emploi de substances nuisibles, V. le mot BLESSURES ET COUPS.

V. DOISSONS ET SUBSTANCES NUISIBLES, COMESTIBLES ET DENRÉES CORROMPUES OU NUISIBLES.

# EMPREINTE.

1. — En droit forestier, on nomme *empreinte* la marque faite à un arbre au moyen d'un marteau et sur une entaille, pour que l'adjudicataire ait à ne pas à couper cet arbre.

2. — L'empreinte du marteau national sur des baliveaux forme de droit une déclaration authentique de la réserve qui en est faite en faveur du domaine public. — *Cass.*, 16 août 1814, Gossart.

V. en ce qui concerne la destruction des empreintes forestières et sur le point de savoir sous l'application de quelles dispositions pénales ce fait peut tomber, CONTREFAÇON DES SCEAUX, TIMBRES MARTEAUX ET POINÇONS DE L'ÉTAT, n° 19 et suiv.

Terme employé sous la coutume de Douai pour indiquer un acte judiciaire par lequel le légataire universel ou l'exécuteur testamentaire se soumettait à la dernière volonté du défunt. — Merlin, *Rép.*, v° *Emprise de testament*.

# EMPRISONNEMENT.

## Table alphabétique.

**EMPRISONNEMENT** (voie d'). — t. — Exécution par laquelle un créancier prive son débiteur de sa liberté pour le contraindre au paiement d'une obligation.

2. — On a vu sous le mot CONTRAINTE PAR CORPS dans quels cas un créancier est autorisé à poursuivre l'emprisonnement de son débiteur, soit en matière civile ou commerciale, soit en matière criminelle. Le présent article traite exclusivement des formalités prescrites pour l'exercice de la contrainte.

CHAP. Ier. — *Formalités qui précèdent l'arrestation du débiteur* (nº 3).
 SECT. 1re. — *Signification du jugement* (nº 10).
 SECT. 2e. — *Commandement* (nº 29).
 SECT. 3e. — *Intervalle entre le commandement et l'exécution* (nº 46).
 SECT. 4e. — *Commission d'huissier* (nº 53).
 SECT. 5e. — *Itératif commandement* (nº 73).
 SECT. 6e. — *Élection de domicile* (nº 77).
 SECT. 7e. — *Pouvoir spécial pour opérer l'arrestation* (nº 82).
CHAP. II. — *Arrestation* (nº 96).
 SECT. 1re.— *Personnes qui peuvent procéder à l'arrestation.—Temps et lieu où elle peut être opérée* (nº 96).
 SECT. 2e. — *De l'assistance du juge de paix* (nº 115).
 SECT. 3e. — *Sauf-conduit* (nº 139).
 SECT. 4e. — *Procès-verbal d'emprisonnement* (nº 159).
 SECT. 5e. — *Écrou* (nº 188).
CHAP. III. — *Prison dans laquelle le débiteur doit être conduit et retenu* (nº 247).
CHAP. IV. — *Consignation d'alimens* (nº 240).
 SECT. 1re. — *Droit ancien* (nº 240).
 SECT. 2e. — *Droit actuel* (nº 247).
  § 1er. —*Nécessité de la consignation.—Sa quotité* (nº 247).
  § 2. — *Par qui les alimens peuvent être consignés* (nº 263).
  § 3. — *Concours de plusieurs créanciers* (nº 263).
  § 4. — *Conséquences du défaut de consignation* (nº 280).
CHAP. V. — *Référé* (nº 299).
CHAP. VI. — *Recommandation* (nº 316).
CHAP. VII. — *Nullité de l'emprisonnement* (nº 339).
 SECT. 1re. — *Cause de nullité. — Fins de non-recevoir* (nº 339).
 SECT. 2e. — *Formes de la demande en nullité* (nº 386).
 SECT. 3e. — *Effets de la nullité* (nº 408).
  § 1er. — *Mise en liberté du débiteur. — Réincarcération* (nº 408).
  § 2. — *Responsabilité de l'huissier* (nº 413).
  § 3. — *Dommages-intérêts au profit du débiteur* (nº 419).
CHAP. VIII. — *Élargissement* (nº 342).

**CHAPITRE Ier.** — *Formalités qui précèdent l'arrestation du débiteur.*

3. — Une mesure aussi rigoureuse que la contrainte par corps ne peut être employée sans que le débiteur ait été mis en demeure de remplir ses engagements, et prévenu des voies d'exécution autorisées contre lui. — V. infra chap. 1er, sect. 1re et 2e.

4. — Des formalités protectrices de la liberté individuelle sont en outre prescrites pour lui laisser le temps de chercher des ressources, et lui fournir les moyens de se soustraire à une arrestation illégale. — V. infra, sect. 3e et suiv.

5. — Ces formalités ont dû être observées aussitôt après la promulgation du Code de procédure, même pour les emprisonnemens effectués en vertu de condamnations antérieures.

6. — En conséquence, la demande en nullité d'un emprisonnement faite avant le Code de procédure, est soumise aux règles tracées par ce Code, lorsqu'elle a été formée depuis sa mise en activité. Et par suite c'est le tribunal entier et non le président seul qui soit statuer sur cette demande. — Bruxelles, 27 juin 1807, Lippman c. Ventusol.

7. — En vertu du même principe, il a été jugé que c'est par le Code de procéd. que doivent être réglées les formes de l'emprisonnement effectué depuis sa mise en activité, quoique le commandement préalable soit antérieur à la promulgation de ce Code. — Même arrêt.

8.—Cependant, lorsqu'avant la mise en activité du Code de procéd. un créancier a fait à son débiteur un commandement tendant à contrainte par corps, il n'est pas tenu d'en faire un nouveau depuis ce Code. — Bruxelles, 18 juin 1807, Vanderbogt c. Dehaen.

9. — L'art. 33, L. 17 avr. 1832, qui veut que les décisions portant en matière criminelle, correctionnelle, ou de police, condamnation à des amendes, restitutions ou dommages-intérêts et frais envers l'état, ne puissent être exécutées par la voie de la contrainte par corps que sur les poursuites du receveur de l'enregistrement et des domaines, n'est applicable qu'au cas où les frais ont été avancés par l'état, conformément au décret du 18 juin 1811, et non lorsqu'ils ont été avancés par une administration financière (telle que celle des contributions indirectes), que l'art. 458 de ce décret assimile, quant à ce, à une partie civile. — Montpellier, 11 mai 1841 (t. 1er 1842, p. 445), Contrib. indir. c. D...

### Sect. Ire. — *Signification du jugement.*

10. — Aucune contrainte par corps ne peut être mise à exécution qu'un jour après la signification avec commandement du jugement qui l'a prononcée. — C. procéd., art. 780.

11. — Si la contrainte par corps a été prononcée par un jugement sans que la dette ait été liquidée en argent, on ne peut l'exécuter qu'après cette liquidation. Le débiteur doit savoir pour quelle somme il est contraint par corps et pouvoir payer au moment de l'exécution. — Coin-Delisle, sur l'art. 2069, nº 6.

12. — Le jugement qui doit être signifié est celui en vertu duquel la contrainte est exercée. Ainsi la contrainte par corps prononcée par jugement contradictoire, confirmatif d'un jugement par défaut, ne peut être exercée qu'après la signification du jugement contradictoire. L'emprisonnement serait nul si le jugement par défaut avait seul été signifié. — Limoges, 24 mai 1823, Larnac Chegrons c. Villeneuve; Caen, 14 déc. 1824, Godefroy d'Osberg c. Lesauvage;— Bioche et Goujet, 2e édit., vº Emprisonnement, nº 126; Coin-Delisle, sur l'art. 2069, nº 9; Bioche, 3e édit., vº Contrainte par corps, nº 497.

13.—De même, lorsqu'il a été formé opposition à l'ordonnance d'exequatur d'une sentence arbitrale, on doit signifier non seulement la sentence et l'ordonnance d'exequatur, mais encore le jugement qui a rejeté l'opposition à l'ordonnance d'exequatur. — Paris, 30 nov. 1836, Girard c. Desblocks;— Coin-Delisle, sur l'art. 2069, nº 9.

14. — Toutefois, si la signification du premier jugement était antérieure à l'opposition, l'emprisonnement pourrait être valablement fait après la seule signification du jugement de débouté d'opposition; ce jugement en effet remet les choses dans l'état où elles étaient avant que l'opposition eût été formée. L'opposition une fois tombée, l'exécution qu'elle empêchait reprend son cours. — Aix, 9 nov. 1829, Audiffret c. Laperrière; Rouen, 9 janv. 1826, Houzard c. Bulard;— Coin-Delisle, sur l'art. 2069, nº 9, et addit., ibid. — Contra Bioche, vº Contrainte par corps, nº 497.

15.— Même décision dans le cas de débouté d'opposition à une ordonnance d'exequatur. — Paris, 14 nov. 1825, Delagrange c. Longlet.

16. — Appliquant ces principes en matière d'appel, on a déclaré valable l'emprisonnement fait après la signification avec commandement d'un jugement de première instance suivi d'un appel déclaré non recevable par la cour. Ce dernier arrêt avait été signifié par commandement. Mais ce n'était pas en vertu de cet arrêt que la contrainte s'exerçait, puisque la cour s'était bornée à déclarer l'appelant non recevable; c'était en vertu du premier jugement dont l'effet, suspendu par l'appel, avait repris son cours après la signification de l'arrêt d'appel. — Bruxelles, 24 juill. 1819, B... c. Lombard-Van-Lierde.

17. — L'emprisonnement n'est pas nul parce que l'expédition du jugement mis à exécution ne porte pas l'empreinte du sceau du tribunal qui l'a rendu. C'est ce qu'a très bien jugé la cour de Lyon, 7 mai 1825, Châtelard c. Cavetier. — Contra Rouen, 4 fév. 1819, Talon c. Petit.

18. — Mais l'emprisonnement est nul lorsque le jugement, quoique rendu avant le Code de procédure, n'a pas été revêtu de la formule exécutoire prescrite par l'art. 146 de ce Code. On doit en effet, comme on l'a vu *suprà* nos 6 et 7, suivre, en matière d'arrestation, les lois en vigueur au moment où elle a lieu. — *Besançon*, 13 mars 1813, Bas c. Caignet.

19. — L'emprisonnement en vertu d'un jugement qui ordonne l'exécution provisoire, à la charge de donner caution, est nul, encore que la caution ait été fournie, s'il n'a pas été fait sommation préalable au défendeur de prendre communication des titres de la caution, ou, dans le cas contraire, d'assister à l'audience pour y voir discuter sa caution et prononcer sur son admission dans le cas où elle doit en fournir. — *Paris*, 20 oct. 1813, Dejuge et Debez c. Césan.

20. — Le jugement doit être signifié en entier, et non par parties; le débiteur a intérêt de connaître toutes ses dispositions. Ainsi seraient nuls la signification et l'emprisonnement qui a suivi, si l'on avait omis dans la signification la disposition du jugement qui n'ordonne l'exécution provisoire qu'à la charge de donner caution. — *Nîmes*, 22 mars 1813, Tignières c. Degarron.

21. — Mais de ce que le nom de la ville où siége le tribunal qui a rendu le jugement serait faussement indiqué dans un procès-verbal de carence antérieur à l'emprisonnement, il ne résulterait pas que la signification du jugement qui énoncerait exactement le nom de cette ville cessât d'être valable. — *Paris*, 19 mai 1825, Beautier c. Lepouzé.

22. — A plus forte raison n'y a-t-il pas nécessité pour le créancier de signifier des pièces qui ne sont pas indispensables pour donner au débiteur connaissance de toutes les obligations qu'il est tenu de remplir. Telles sont, par exemple, la copie de l'acquiescement du débiteur au jugement qui l'a condamné par défaut (*Paris*, 17 sept. 1829, Lenoir c. d'Haronville); ou celle du certificat de non-opposition au gardien qui n'a pas représenté les objets saisis — *Besançon*, 22 mars 1809, N... — Chauveau, sur Carré, quest. 2629 *bis*.

23. — Il semble résulter des expressions de l'art. 780, C. procéd., que les significations du jugement et du commandement doivent avoir lieu en même temps. Cependant on a décidé avec raison que ces deux actes pouvaient être signifiés séparément, et que le débiteur n'avait pas le droit de se plaindre de ce qu'on lui avait notifié le jugement d'abord et le commandement ensuite. — *Rennes*, 18 août 1810, Lambert c. Offeun; *Limoges*, 18 janv. 1811, N... — *Contrà* Coin-Delisle, sur l'art. 2069, no 8; Pigeau, t. 2, p. 312, 4e édit.; Chauveau, sur Carré, quest. 2629.

24. — Allant même plus loin, on a jugé que la signification avec commandement prescrite par l'art. 780 ne dispensait pas d'une signification simple et antérieure du jugement; qu'en effet la signification du jugement doit toujours précéder l'exécution; que le commandement est le premier acte d'exécution et que l'emprisonnement serait nul sans cette double signification du jugement. — *Nancy*, 23 juill. 1817, Bégason c. Lorrain. — C'était exagérer évidemment les garanties accordées par la loi au débiteur.

25. — En tout cas la signification du jugement doit être faite par huissier commis; si elle avait été faite avant le commandement par un huissier non commis, elle devrait être renouvelée lors du commandement à peine de nullité. — *Caen*, 14 déc. 1824, Godefroy d'Osberg c. Le Sauvage.

26. — Réciproquement, la signification du jugement seule faite par un huissier commis n'empêcherait pas la nullité du commandement fait postérieurement par huissier non commis. — *Colmar*, 31 mai 1808, Rhin c. N...

27. — Le créancier porteur d'un jugement de condamnation avec contrainte par corps contre une veuve qui a ensuite contracté un deuxième mariage n'est pas tenu, lorsqu'il veut le faire exécuter, de notifier ses poursuites au mari. — *Paris*, 25 fév. 1808, Ruelle c. Lemoine.

28. — La signification avec commandement, faite par le créancier originaire, ne dispense pas celui qui devient ultérieurement subrogé à ses droits de faire en son nom personnel la signification et le commandement au débiteur avant d'exercer la contrainte par corps contre lui. — *Paris*, 30 janv. 1833, Cavalier c. Dat.

## Sect. 2e. — *Commandement.*

29. — L'art. 780, C. procéd., exige non seulement, comme on l'a vu (*suprà* no 10), que l'emprisonnement soit précédé de la signification du jugement qui prononce la contrainte, mais encore que cette signification soit accompagnée d'un commandement.



30. — Aux termes de la loi du 17 avr. 1832, les arrêts, jugemens et exécutoires portant condamnation, au profit de l'état, à des amendes, restitutions, dommages-intérêts et frais en matière criminelle, correctionnelle ou de police, ne peuvent être exécutés par la voie de la contrainte par corps que cinq jours après le commandement qui sera fait aux condamnés à la requête du receveur de l'enregistrement et des domaines. — Art. 33.

31. — Le commandement doit contenir en tête un extrait du jugement de condamnation si ce jugement n'a point été signifié. Sur le vu du commandement et sur la demande du receveur de l'enregistrement et des domaines, le procureur du roi adresse les réquisitions nécessaires aux agens de la force publique et autres fonctionnaires chargés de l'exécution des mandemens de justice. — L. 17 avr. 1832, art. 33. — Si le débiteur est détenu, la recommandation peut être ordonnée immédiatement après la notification du commandement.

32. — Le commandement tendant à contrainte par corps est le premier acte d'exécution contre le débiteur. Il diffère de la signification en ce que celle-ci, quoique nécessaire à l'exercice de la contrainte, peut aussi avoir un autre but, tandis que le commandement n'a pour effet que de permettre au créancier l'arrestation du débiteur. De ce caractère de voie d'exécution, qui appartient au commandement, on a tiré la conséquence que, dès qu'il avait été fait, le débiteur pouvait se pourvoir en référé pour arrêter l'exécution. — *Bruxelles*, 20 déc. 1810, Crabé c. Lambrelchs.

33. — ... Et que, comme l'ordonnance de référé qui ordonne la discontinuation des poursuites rend nulles celles qui seraient faites contrairement à ses dispositions, le commandement fait nonobstant cette ordonnance exécutoire par provision ne peut plus tard servir de base à l'arrestation du débiteur. — *Cass.*, 16 déc. 1839 (t. 2 1839, p. 630), Maget c. Fayard; *Nancy*, 29 mai 1840 (t. 2 1840, p. 678), mêmes parties; — Coin-Delisle, add. sur l'art. 2069, no 9.

34. — Mais M. Coin-Delisle fait remarquer, avec raison (*ibid.*), que si le commandement avait été valablement signifié avant l'ordonnance de référé, l'exécution faite par suite de ce commandement après que l'ordonnance aurait été réformée sur l'appel, ou après l'expiration du sursis qu'elle avait accordé, serait inattaquable.

35. — Le commandement fait en vertu d'un jugement revêtu de la forme exécutoire est valable quoiqu'il ne contienne pas les mots: *de par le roi, la loi et justice*. — *Bordeaux*, 24 nov. 1829, Gaussens c. Bussière. — V. *contrà Besançon*, 13 mars 1813, Bas c. Caignet.

36. — Mais le commandement est nul lorsque la copie n'indique pas la date du jour où il a été signifié, quand même cette date se trouverait dans l'original. — *Paris*, 17 déc. 1817, Carville c. Dosseville.

37. — La signification est nulle si elle a été faite au débiteur *en parlant à son épouse* dans un hôtel où il ne résidait que momentanément. — *Bruxelles*, 24 oct. 1808, Scholten c. Reindergans.

38. — Quand le domicile du débiteur est inconnu, elle peut être valablement faite au parquet du procureur du roi. — *Metz*, 30 déc. 1817, Arnoult c. N...

39. — ... Ou à un ancien domicile que le débiteur a quitté depuis long-temps, quoiqu'il en ait acquis un autre dans un lieu où il a même exercé des fonctions publiques. — *Paris*, 25 janv. 1808, Estellé c. Lemercier. — V. *contrà Paris*, 28 fév. 1807, Vacher-Lacour c. Berthot.

40. — La seconde signification faite ensuite à personne au nouveau domicile ne prouve pas que le créancier fait connu l'insuffisance de la première. — *Paris*, 25 janv. 1808, Estellé c. Lemercier.

41. — La seule déclaration de changement de domicile, sans indication d'un nouveau domicile, ne fait pas obstacle à la validité du commandement signifié à l'ancien domicile. — *Bruxelles*, 29 juin 1808, Delavallée c. Brady.

42. — Lorsque le créancier au nom duquel un commandement avait été fait vient à mourir, ce commandement subsiste, et l'héritier n'a besoin que de notifier le titre qui établit sa qualité pour mettre la contrainte à exécution. Cette notification de qualité a paru suffisamment faite par un légataire universel qui avait signifié le testament au débiteur, quoique sans acte de délivrance par les héritiers à réserve, ni sans acte de notoriété constatant que le créancier n'avait pas laissé d'héritiers réservataires. — *Paris*, 19 mai 1825, Beautier c. Lepouzé.

43. — Sous la loi du 15 germin. an IV, il n'était pas nécessaire que la notification qui devait précéder l'exercice de la contrainte par corps fût visée par le juge de paix du canton où la contrainte s'exerçait; il suffisait du visa du juge de paix du canton où le débiteur avait son domicile. — *Cass.*, 21 prair. an XIII, Boyer-Fonfrède c. Adam.



44. — A Paris, le visa pouvait être donné par un juge de paix autre que celui de l'arrondissement dans lequel s'exerçait la contrainte. — *Paris*, 9 niv. an XII, Gayde c. Meille.

45. — Cette formalité, destinée à constater l'authenticité de la notification, n'est point exigée par le Code de procédure; elle pouvait, dans beaucoup de circonstances, rendre impraticable l'exercice de la contrainte par corps. Le débiteur qui craint pour sa liberté fuit le plus souvent l'atteinte des poursuites de ses créanciers; loin d'attendre paisiblement au lieu de son domicile qu'on vienne le saisir, il cherche à faire perdre sa trace en se confondant parmi la foule des grandes villes, et en changeant sans cesse de résidence. S'il fallait dans celle de ses résidences où ses créanciers sont parvenus à le découvrir une notification préalable, visée par le juge de paix du canton, averti par cette notification, il passerait bientôt dans un autre canton, et échapperait infailliblement à toutes les recherches; il pourrait ainsi promener ses créanciers dans toute la France, et les ruiner en frais de commandemens.

## Sect. 3e. — *Intervalle entre le commandement et l'exécution.*

46. — Sous la loi du 15 germ. an VI, le commandement fait au débiteur en vertu de condamnation judiciaire, emportant prise de corps, devait précéder l'emprisonnement d'une décade, à peine de nullité. — *Turin*, 27 brum. an XI, Bouchet c. Leclerc.

47. — Le Code de procéd., art. 780, a beaucoup abrégé ce délai en permettant de mettre la contrainte par corps à exécution un jour après la signification avec commandement du jugement qui l'a prononcée.

48. — Il faut entendre par là que si la signification avec commandement a lieu le 1er, l'arrestation du débiteur ne pourra être opérée que le 3, c'est-à-dire, en d'autres termes, que l'intervalle entre le commandement et l'exécution est d'un jour franc, et non de vingt-quatre heures. — *Rouen*, 17 mai 1818, Cathenc c. Lefèvre.

49. — L'huissier n'est pas tenu, par conséquent, d'énoncer dans la signification du commandement l'heure à laquelle elle a eu lieu. — *Contrà Rouen*, 27 juill. 1813, Debarc c. Dauge.

50. — Ce délai de un jour est encore nécessaire lorsque la contrainte est exécutée non en vertu du jugement qui l'a prononcée, mais de l'arrêt confirmatif. On doit laisser passer un jour à peine de nullité et de dommages-intérêts entre la signification de l'arrêt et l'exécution de la contrainte par corps. — *Colmar*, 20 août 1808, Scheving c. Helds.

51. — Mais lorsque la contrainte par corps est exécutée par suite d'un arrêt qui déclare tardif et non recevable l'appel du jugement qui le prononce, il n'est pas nécessaire d'observer le délai d'un jour entre la signification de l'arrêt et l'exécution de la contrainte, si le jugement a été précédemment signifié avec commandement. — *Bruxelles*, 22 juill. 1819, B... c. Lombard-van-Lierde; — Coin-Delisle, sur l'art. 2069, no 14.

52. — Dans le cas de commandement fait en vertu d'arrêt, jugement ou exécutoire portant condamnation au profit de l'état à des amendes, restitutions, dommages-intérêts et frais, en matière criminelle, correctionnelle ou de police, l'intervalle entre le commandement et l'emprisonnement doit être de cinq jours au moins. — L. 17 avr. 1832, art. 33.

## Sect. 4e. — *Commission d'huissier.*

53. — La signification avec commandement qui précède l'exercice de la contrainte par corps doit être faite par un huissier commis par le jugement, ou par le président du tribunal du lieu où se trouve le débiteur. — C. procéd., art. 780.

54. — Cette formalité doit être accomplie à peine de nullité. — *Montpellier*, 19 juin 1807, Ribes c. Carrière.

55. — Dans le cas où la commission d'huissier est faite par le jugement qui prononce la contrainte par corps, elle est valable, quel que soit le tribunal qui ait rendu le jugement, et quoiqu'en général ce tribunal ne doive pas connaître de l'exécution de ses jugemens. — Coin-Delisle, sur l'art. 2069, no 10; Thomine, t. 2, no 901; Bioche et Goujet, vo *Emprisonnement*, no 138.

56. — Le pouvoir de commettre l'huissier pour faire le commandement tendant à contrainte par corps a été ainsi reconnu aux tribunaux de commerce. — *Rouen*, 20 juill. 1814, Fayel c. Carpentier; *Toulouse*, 28 juill. 1824, Boudet c. N...; *Lyon*, 22 août 1826, Chavet c. Millet; *Aix*, 23 août 1826, Meyer c. Suchet Moncorgé; *Lyon*, 23 mai 1827, Girod c. Caillot; *Douai*, 19 fév. 1828, Decroix-Dupire c. Pedro-Virnot; *Liége*, 11 sept. 1833, B... c. L...; *Aix*, 6 déc. 1834, Michel c. Meunier. — *Contrà Toulouse*, 21 mai 1824, Clavé et Viélajus c. Souge; *Lyon*, 10 avr. 1826, Robert et Desplagues c. Barge; — Goujet et Merger, *Dict. de dr. comm.*, vo *Emprisonnement*, no 6.

57. — Est régulièrement commis l'huissier immatriculé hors de l'arrondissement du tribunal qui le désigne. — *Douai*, 19 fév. 1828, Decroix-Dupire c. Pedro-Virnot.

58. — Lorsque le jugement emportant contrainte est rendu par défaut, une commission spéciale est-elle nécessaire pour notifier le commandement, ou la simple commission donnée à l'huissier pour signifier ce jugement suffit-elle? — Cette dernière solution, implicitement adoptée par la plupart des arrêts qui précèdent (V. *Rouen*, 20 juill. 1814, Fayel c. Carpentier; *Douai*, 19 fév. 1828, Decroix-Dupire c. Pedro-Virnot), est repoussée par MM. Carré (*Analyse*, quest. 2422e, et *Lois de la procéd.*, no 2680), et Coin-Delisle (sur l'art. 2069, no 11), qui se fondent sur l'importance spéciale de la commission d'huissier autorisée par l'art. 780, C. procéd.

59. — Au surplus, en admettant que l'huissier commis seulement pour la signification du jugement par défaut n'ait pas qualité pour notifier le commandement, il est incontestable que le tribunal peut lui donner tout à la fois mission par une seule et même disposition, de procéder à la signification du jugement et au commandement tendant à contrainte par corps. — Bioche, vo *Contrainte par corps*, no 218.

60. — La commission d'huissier contenue dans un jugement auquel le débiteur a formé opposition ou dont il a interjeté appel, reprend sa force lorsque le jugement qui déboute de l'opposition, ou l'arrêt confirmatif ne contiennent pas une nouvelle commission. — *Aix*, 6 déc. 1834, Michel c. Meunier. — Coin-Delisle, sur l'art. 2069, no 12, et addit., *ibid.*

61. — Mais la nomination d'un nouvel huissier dans le jugement ou l'arrêt emporterait révocation de la première commission. — Coin-Delisle, *ibid.*

62. — Lorsque le jugement qui prononce la contrainte n'a pas commis d'huissier pour faire la signification avec commandement, l'huissier est commis par le président du tribunal de première instance du lieu où se trouve le débiteur (C. procéd., art. 780), c'est-à-dire soit du domicile du débiteur, soit du lieu où il se trouve momentanément; autrement l'exécution de la loi serait impossible. — Coin-Delisle, sur l'art. 2069, no 13.

63. — Cependant, la jurisprudence a varié sur ce point, et tandis que des arrêts ont décidé que le président du tribunal du lieu où se trouve réellement et même passagèrement le débiteur, était seul compétent pour commettre l'huissier (*Aix*, 25 juin 1825, F... c. P...; *Toulouse*, 28 juill. 1828, Bos c. Passios), d'autres arrêts ont attribué au président du tribunal du domicile du défendeur une compétence exclusive. — *Bordeaux*, 3 déc. 1828, Longchamps c. Pazuengos; *Toulouse*, 11 août 1828, Talazac c. Senans. — Coin-Delisle, no 13.

64. — Le président du tribunal civil est compétent pour commettre un huissier à l'effet de signifier le commandement prélable à la contrainte par corps, même lorsqu'elle a lieu en vertu d'un jugement correctionnel. — *Caen*, 15 avr. 1812, Frélaire c. Foret.

65. — Il faut ajouter sans hésiter qu'il est exclusivement compétent. Une fois dessaisis par le jugement, les tribunaux correctionnels, de commerce ou de paix, sont sans pouvoir pour commettre l'huissier chargé de signifier le commandement tendant à contrainte par corps, en vertu de leurs jugemens.

66. — Il n'est pas nécessaire que l'ordonnance du président qui commet l'huissier pour faire les significations dont il s'agit, soit revêtue de la formule exécutoire. — *Besançon*, 13 mars 1813, Bas c. Coignet; *Montpellier*, 22 août 1827, Salaguier c. Cazagne.

67. — ... Ni qu'elle soit signée par le greffier. — *Aix*, 15 nov. 1824, Gaston c. Boucne. — *Contrà Toulouse*, 17 juin 1822, Boumengons c. Sabé.

68. — Du moins, l'assistance du greffier n'est-elle pas requise à peine de nullité, lorsque l'ordonnance du président est rendue par lui dans sa demeure, attendu l'urgence — *Nîmes*, 4 mai 1824, Verdilhan c. Signol; *Toulouse*, 1er sept. 1824, Feraud c. Peline; *Riom*, 5 août 1837 (t. 2 1838, p. 329), Joubert.

69. — Mais l'ordonnance dont il s'agit peut-elle être dans tous les cas rendue par le président dans sa demeure? En d'autres termes, n'y a-t-il pas toujours urgence en pareille matière? C'est ce que soutient avec beaucoup de raison M. Coin-Delisle (addit. sur l'art. 2069, no 13); contrairement aux dispositions de l'arrêt de la cour de Toulouse du 1er sept. 1824 (Férand c. Péline), qui a annulé, en se fondant sur le défaut d'urgence, l'ordonnance rendue par le président dans sa demeure, sans l'assistance du greffier, et quoique ce dernier eût délivré une expédition de l'ordonnance de lui signée.

70. — A Paris, l'ordonnance est toujours et sans difficulté délivrée par le président sans assistance du greffier. — Coin-Delisle, addit. sur l'art. 2069, no 13.

71. — L'opposition à l'ordonnance qui commet l'huissier pour faire commandement, ne peut arrêter l'exécution de la contrainte par corps. — *Montpellier*, 22 août 1827, Salagnier c. Cazagne.

72. — Les tribunaux civils sont compétens, dans tous les cas, pour connaître de la validité du commandement, même quand la commission d'huissier sur laquelle repose la difficulté, émane d'un tribunal de commerce. Il s'agit, en effet, d'une difficulté d'exécution et le tribunal de commerce ne peut en connaître. — *Lyon*, 22 août 1826, Chavet c. Millet. — *Contrà Bruxelles*, 17 oct. 1815, Bruyneel c. Moreels.

## Sect. 5e. — *Itératif commandement.*

73. — S'il s'est écoulé une année entière depuis le commandement, la loi le frappe de péremption et en exige un nouveau (C. procéd., art. 784) en vertu d'une nouvelle commission. Le premier huissier n'est plus compétent pour faire le nouveau commandement. — *Rennes*, 28 déc. 1814, Depincée c. N...; *Grenoble*, 29 août 1820, Vial c. Trolliet. — Coin-Delisle, sur l'art. 2069, no 15; Pigeau, liv. 2, part. 5, tit. 4, chap. 1er, sect. 4, div. 2, no 4; Delaporte, t. 2, p. 559; Carré, *Anal.*, quest. 2457, et *Lois de la procéd.*, quest. 2670.

74. — Le deuxième commandement qu'il signifierait après le délai d'un an serait nul. Il en serait de même de la recommandation du débiteur incarcéré faite à la suite de ce second commandement. — *Poitiers*, 8 janv. 1845 (t. 1er 1845, p. 361), Chevalereau c. Vineau.

75. — Mais doit-on en même temps faire une nouvelle signification du jugement? — Nous pencherions pour la négative, car il y a toujours des inconvéniens à augmenter sans texte précis les formalités exigées par la loi; puisqu'on multiplie ainsi les frais et les moyens de nullité, — *Toulouse*, 11 fév. 1808, Girodet et Courbon c. Magnard; — Berriat Saint-Prix, p. 631, note 13; Carré, *Anal.*, quest. 2455, et *Lois de la procéd.*, quest. 2668; Coffinières, *Journ. des avoués*, édit. Chauveau, *Contrainte par corps*, no 57. — *Contrà Bourges*, 23 avr. 1825, Preugnat c. Burat Dubois; — Coin-Delisle, sur l'art. 2069, no 15.

76. — Quelque recevable que soit le commandement fait avec la signification du jugement, un second ou itératif commandement doit toujours être adressé au débiteur au moment de l'arrestation. Nous examinerons les questions relatives à ce commandement en même temps que celles soulevées par le procès-verbal d'emprisonnement. — V. *infrà* nos 159 et suiv.

## Sect. 6e. — *Élection de domicile.*

77. — La signification avec commandement doit contenir aussi élection de domicile dans la commune où siége le tribunal qui a rendu le jugement si le créancier n'y demeure pas. — C. procéd., art. 780. — Cette disposition a pour but de faciliter le jugement des contestations qui pourront s'élever sur l'exécution. — Coin-Delisle, sur l'art. 2069, no 16.

78. — De là est née la question de savoir si l'élection de domicile doit encore être faite dans le lieu où siége le tribunal qui a rendu le jugement, lorsque le tribunal appelé à connaître des difficultés d'exécution ne siége pas dans la même ville; le texte de la loi étant formel, l'élection de domicile dans le lieu où siége le tribunal qui a rendu le jugement doit suffire. — *Nîmes*, 4 mai 1824, Verdilhan c. Silbol; *Montpellier*, 22 août 1827, Jalagnier c. Cazague.

79. — Néanmoins, la plupart des auteurs pensent que l'élection de domicile dans le lieu où siége le tribunal civil serait valable, quoique le tribunal de commerce qui a rendu le jugement siége dans un autre lieu. En se conformant ainsi un peu moins rigoureusement au texte de la loi, on atteint beaucoup moins le but qu'elle se propose. — Coin-Delisle, sur l'art. 2069, no 16; Delvincourt, *Inst. du dr. comm.*, 2e édit., t. 2, p. 497; Pigeau, *ubi suprà*; Carré, *Anal.*, quest. 2426; *L. de la procéd.*, no 2633; Favard de Langlade, *Rép.*, vo *Contrainte par corps*, t. 4, no 3.

80. — Quand l'élection de domicile a été faite par le créancier avant le commandement, il n'est pas tenu de la réitérer dans cet acte. — *Rennes*, 18 août 1810, Lambert c. Offenn. — *Contrà* Chauveau, sur Carré, quest. 1632.

81. — L'élection de domicile dont il s'agit ne peut, au surplus, profiter qu'au débiteur, et non aux tiers. — *Cass.*, 17 juill. 1810, Croisier c. N... — Favard, *ubi suprà*; Thomine, t. 2, p. 360; Bioche, vo *Contrainte par corps*, no 222. — *Contrà* Chauveau sur Carré, art. 2634.

## Sect. 7e. — *Pouvoir spécial pour opérer l'arrestation.*

82. — Quoique, en général, la remise de l'acte ou du jugement à l'huissier vaille pouvoir pour les exécutions, le législateur a exigé pour l'exercice de la contrainte par corps un pouvoir spécial. — C. procéd., art. 556.

83. — Ce pouvoir est exigé aussi bien pour l'arrestation d'un étranger que pour celle d'un Français. — *Rouen*, 10 août 1822, Tonvers c. Delpenches.

84. — Il importe de remarquer qu'un pouvoir semblable étant exigé par la loi, dans le même article, pour la saisie immobilière, les décisions rendues relativement au pouvoir spécial en matière de saisie immobilière s'appliquent nécessairement à la contrainte par corps. — Coin-Delisle, sur l'art. 2069, no 17. — V. SAISIE IMMOBILIÈRE.

85. — L'emprisonnement opéré sans ce pouvoir spécial est radicalement nul. — *Lyon*, 4 sept. 1810, Charul c. Vincent. — Coin-Delisle, sur l'art. 2069, no 17. — *Contrà Riom*, 14 oct. 1808, Pezeyre c. Chastagnon; *Paris*, 25 janv. 1810, Camille c. Brisseau. — Pigeau, t. 2, part. 5, tit. 3, 10e règle.

86. — ...Quand même le créancier ratifierait l'emprisonnement après l'arrestation. — Coin-Delisle, sur l'art. 2069, no 17.

87. — Cependant si le créancier était mort, l'emprisonnement opéré de bonne foi par l'huissier, dans l'ignorance du décès, serait valable; il faudrait appliquer la règle que ce qui est fait par le mandataire dans l'ignorance du décès du mandant est valable. — *Paris*, 13 fév. 1826, Bouloup c. Legrip et Lemercier.

88. — La forme n'en a pas été réglée, et on a conclu que la remise du titre à l'huissier, *avec pouvoir de le mettre à exécution dans toutes les formes exécutoires* contenait pouvoir suffisant pour l'exercice de la contrainte par corps. — *Bruxelles*, 18 juin 1806, Vandenborgt c. Dehaen.

89. — ...Qu'il n'était pas nécessaire que ce pouvoir fût donné par acte authentique. — Même arrêt.

90. — Mais jugé qu'il doit être enregistré, à peine de nullité. — *Orléans*, 4 nov. 1812, Laboissière c. Forest. — V. *contrà Rennes*, 12 juill. 1809, N... — Cet arrêt ne contient pas de motifs. — V. cependant aussi Coin-Delisle, sur l'art. 2069, no 18, qui soutient que le pouvoir spécial n'a pas besoin d'avoir date certaine antérieure à l'arrestation.

91. — L'emprisonnement est nul lorsque l'huissier qui y a procédé a substitué dans le pouvoir spécial son nom à celui d'un autre huissier, postérieurement à l'enregistrement. — *Rouen*, 4 fév. 1819, Talon c. Petit.

92. — Mais l'huissier qui fait un acte nul, par exemple, le commandement qui précède l'exécution de la contrainte, peut recommencer cet acte sans un nouveau pouvoir. — *Cass.*, 26 nov. 1840 (int. de la loi), Laplène.

93. — L'huissier n'est pas tenu de signifier ni même de représenter son pouvoir spécial au débiteur. — *Montpellier*, 19 juin 1827, Ribes c. Carrière; *Rennes*, 9 août 1809, N..., et 31 mars 1814, Mahé c. Danel. — Coin-Delisle, sur l'art. 2069, no 18.

94. — ...Surtout quand cette exhibition n'a pas été formellement requise, et que l'huissier n'est pas désavoué par le créancier. — *Bruxelles*, 29 juin 1808, Delavallée c. Brady.

95. — A Paris, les gardes du commerce sont-ils tenus, comme les huissiers, d'être munis d'un pouvoir spécial du créancier pour procéder à l'arrestation du débiteur? — M. Coin-Delisle, sur l'art. 2069, no 19, enseigne l'affirmative en se fondant sur ce que le décret de 1808, organique des gardes du commerce, ne contient aucune exception à la règle posée par l'art. 556, C. procéd., quoiqu'il traite avec un grand soin toutes les dérogations qu'il a entendu apporter à ce code. Mais on répond que les gardes du commerce étant uniquement

instilués pour opérer l'arrestation ou la récommandation des contraignables par corps, la remise entre leurs mains des titres emportant contrainte implique nécessairement de la part du créancier le mandat de procéder à l'emprisonnement, puisque cette remise ne saurait avoir un autre objet ; un pouvoir spécial devient donc superflu. Telle est, au surplus, la jurisprudence du tribunal de la Seine. — V. notamment un jugement du 4 avr. 1845, rapporté dans le journal *le Droit* du 8 avr. 1845. — V. aussi dans le même sens Goujet et Merger, *Dict. de droit commercial*, vo *Jurisprudence de droit commercial*, no 18.

## CHAPITRE II. — *Arrestation.*

### Sect. 1re. — *Personnes qui peuvent procéder à l'arrestation.—Temps et lieu où elle peut être opérée.*

96. — *Personnes qui peuvent procéder à l'arrestation.*—Le droit de mettre à exécution la contrainte par corps a été confié par la loi aux huissiers. Cependant, à cause de l'importance de cette fonction à Paris, des officiers spéciaux ont été institués, pour la remplir, sous le nom de gardes du commerce. — V. GARDE DU COMMERCE. — Ces officiers doivent, en général, et sauf les dérogations contenues dans le décret de leur institution, se conformer aux règles imposées aux huissiers.

97. — S'il s'agit de mettre à exécution un arrêt ou un jugement rendu en matière criminelle, correctionnelle ou de police, et prononçant des condamnations en faveur des particuliers pour réparation de crimes et délits ou contraventions, l'arrestation peut aussi être opérée par des agens de la force publique. Cela résulte des termes de l'art. 38, L. 17 avr. 1832, portant que ces jugemens seront signifiés et exécutés à la diligence des particuliers *suivant les anciennes formes et voies de contrainte avec les jugemens portant des condamnations au profit de l'état.* — *Paris*, 22 mai 1845 (t. 2 1845, p. 48), Pequignon c. Chaptal; *Cass.*, 5 août 1846 (t. 2 1846), mêmes parties.

98. — Cependant M. Coin-Delisle combat cette opinion dans une consultation produite lors des débats de l'affaire précitée. Selon lui, l'art. 38, L. 1832, a uniquement entendu parler du mode de signification des jugemens, et l'on ne saurait induire de sa disposition que des agens de la force puque soient tenus d'agir dans l'intérêt privé de simples particuliers. —V. dans le même sens Goujet et Merger, *Dict. de droit comm.*, vo *Garde du commerce*, no 17.

99. —Quoi qu'il en soit, l'arrestation par voie de contrainte par corps d'un condamné pour délit forestier est illégale et nulle lorsqu'elle a été opérée par des gardes forestiers. — *Liége*, 14 mars 1825, Dony c. de Fréron. — Les gardes forestiers sont, en effet, des officiers de police auxiliaires du procureur du roi (V. C. inst. crim., art. 9), et non des agens de la force publique, dans le sens de l'art. 211, C. forest. Le défaut de caractère pour opérer une arrestation est incontestablement une cause de nullité.

100. — *Temps.* — Le débiteur ne peut être arrêté : 1o avant le lever et après le coucher du soleil (C. procéd., art. 781). — Cette disposition diffère de celle de l'art. 1037 sur l'heure à laquelle les exécutions peuvent ordinairement être faites, et la conciliation de ces deux articles offre quelque difficulté. D'une part, comment fixera-t-on l'heure du lever et du coucher du soleil ? et si le débiteur ne peut être arrêté avant le lever et après le coucher du soleil, peut-il au moins toujours être arrêté dans tout l'intervalle qui sépare ces deux momens l'un de l'autre ?

101. — La jurisprudence et les auteurs conviennent généralement que l'heure du lever et du coucher du soleil doit être fixée à l'aide des calculs astronomiques et que l'arrestation faite une seule minute avant le lever ou après le coucher réel du soleil serait nulle. — *Colmar*, 16 therm. an XII, Sochelikopff c. Ettinger ; 31 août 1810, Boos c. Knodorer ; *Bruxelles*, 1er mars 1813, Borembroeck c. Moors.

102. — De plus, il faut concilier l'art. 781 avec l'art. 1037 et défendre l'arrestation du débiteur même après le lever du soleil, si l'on n'est pas encore arrivé à une heure où l'exécution soit permise par l'art. 1037. L'art. 781 n'accorde pas un droit, il exprime une défense qui doit se concilier avec l'art. 1037. — Coin-Delisle, sur l'art. 2069, no 35, et additions, *ibid.*; Berriat-Saint-Prix, *sur la contrainte par corps*, note 5, p. 628 ; Pigeau, liv. 2, part. 5, tit. 4, ch. 1er, sect. 4, div. 3, no 3 ; Demiau, p. 447. — *Contrà* Carré, *Anal.*, quest. 2428 ; *Lois de la procéd.*, quest. 2635 ; Bioche et Goujet, vo *Emprisonnement*, nos 154 et 155 ; Souquet, *Dict. des temps légaux*, vo *Emprisonnement*, tabl. 140, coll. 5, no 14 ; Goujet et Merger, *Dict. de droit comm.*, vo *Emprisonnement*, no 28.



103. — Un tribunal, dans l'incertitude sur l'heure de l'arrestation, peut ordonner une enquête pour savoir si elle a eu lieu avant ou après le coucher du soleil. — *Nîmes*, 4 mai 1824, Verdilhan c. Silhol.

104. — L'arrestation est valable lorsqu'elle a eu lieu avant le coucher du soleil, quoique l'emprisonnement n'ait eu lieu qu'après le soleil couché. — *Grenoble*, 9 nov. 1825, Moutet c. Champin et Muguet ; — Coin-Delisle, no 59 sur l'art. 2069.

105. — ...2o Les jours de fête légale (C. procéd. art. 781, 2o). — L'art. 1037 permet les exécutions en vertu de permission du juge, les dimanches et jours de fêtes légales, quand il y a péril en la demeure. En pourrait-il être de même pour la contrainte par corps ? — Non, suivant MM. Coin-Delisle, sur l'art. 2069, no 36 ; Demiau-Crouzilhac, p. 477 ; Goujet et Merger, no 32. — Oui, d'après Berriat-Saint-Prix, p. 144, note 3e ; Carré, *Anal.*, quest. 2452e, et *Lois de la proc.*, no 2639 ; Chauveau, *Contr. par corps*, no 213 ; Favard, *cod. verb.*, § 4.

106. — Les jours de réjouissance ordonnés par le gouvernement ne peuvent être assimilés aux fêtes légales, et l'arrestation serait valablement faite un de ces jours. — Coin-Delisle, sur l'art. 2069, no 36. — V. *contrà* Pigeau, liv. 2, partie 5e, tit. 3, ch. 1er, sect. 4e, div. 3e, no 2.

107. — *Lieux.* — L'arrestation ne peut être opérée : 1o dans les édifices consacrés au culte et pendant les exercices religieux seulement. — C. procéd., art. 781. — Mais sans qu'on puisse distinguer la nature de ces exercices. — Coin-Delisle, sur l'art. 2069, no 21.

108. — ... 2o Dans le lieu et pendant la tenue des séances des autorités constituées. — C. procéd., art. 781, 4o. — L. 15 germin. an VI, tit. 3, art. 4, § 6. — Il faut entendre par ce mot *autorités constituées* toutes les autorités légalement établies, quoique leur pouvoir ne découle pas immédiatement de la constitution ; tels sont les conseils de guerre et de prud'hommes. — Coin-Delisle, sur l'art. 2069, no 23 ; Merlin, *Rép.*, vo *Autorités constituées* ; Carré, *Anal.*, quest. 2438 ; *L. de la procéd.*, no 2645.

109. — Il faut assimiler aux autorités les colléges et assemblées électorales de toute nature institués par les lois. — Coin-Delisle, no 24, et Carré, *Anal.*, quest. 2438, et *L. de la procéd.*, quest. 2645.

110. — L'exception, au surplus, n'existe qu'en faveur du lieu même où se tiennent les séances, et non de ses dépendances, cours, enceinte, et même des bureaux. — Pardessus, t. 5, no 1514 ; Carré, *Anal.*, quest. 2436 ; *L. de la procéd.*, no 2643 ; Coin-Delisle, no 22, sur l'art. 2069 ; Goujet et Merger, no 36.

111. — On ne peut arrêter un débiteur au moment où il exerce une fonction publique extérieure ; par exemple, un officier commandant un poste ou un peloton. — Pardessus, no 1514 ; Carré, *Anal.*, quest. 2449 ; *L. de la procéd.*, no 2647 ; Coin-Delisle, sur l'art. 2069, no 37.

112. — ... Un professeur dans sa chaire. — Thomine, no 911.

113. — Pigeau ne permet pas même d'arrêter un pâtre, ni un voiturier, messager, cocher ou postillon de voiture dans l'exercice de ses fonctions. — En repoussant cette opinion, M. Coin-Delisle fait remarquer avec raison qu'on devrait rendre l'huissier passible de dommages-intérêts, s'il ne pourvoyait pas à la sûreté des bestiaux, chevaux et voitures. — V., d'ailleurs, CONTRAINTE PAR CORPS, nos 93 à 105.

114. — Dans aucune maison, même dans son domicile, le débiteur ne peut être arrêté qu'en vertu d'une autorisation du juge de paix du lieu, lequel juge doit alors se transporter dans la maison avec l'officier ministériel. — C. procéd., art. 781. — V. *infrà* nos 115 et suiv.

### Sect. 2e. — *Assistance du juge de paix.*

115. — Avant le Code de procédure, il n'existait aucun texte de loi relatif à l'arrestation du débiteur dans la maison d'un tiers, et on avait invoqué, pour l'empêcher sans l'autorisation du juge, l'art. 76 de la constitution de l'an VIII, qui déclarait que la maison de toute personne habitant le territoire français était un asile inviolable. Mais la jurisprudence, se fondant sur la disposition du même article qui permettait d'entrer pendant le jour dans la maison des citoyens, pour exécuter les ordres des autorités constituées, avait repoussé la prétention des débiteurs. — *Paris*, 9 niv. an XII, Gayde c. Meille.

116. — Aux termes de l'art. 781 C. procéd., l'arrestation ne peut plus être opérée dans une maison, même celle du débiteur, sans l'autorisation et l'assistance du juge de paix du lieu.



117. — Le décret du 14 mars 1808 (art. 15), dérogeant à cet article en faveur des gardes du commerce seulement, les a autorisés à arrêter le débiteur dans son propre domicile, sans l'intervention du juge de paix.

118. — Il a été jugé, en conséquence, qu'un débiteur logé dans un hôtel garni peut y être arrêté par un garde du commerce, sans assistance du juge de paix, parce que cet hôtel doit être considéré comme son domicile. — *Paris*, 5 janv. 1810, Durand c. Longayron ; — Goujet et Merger, *Dict. dr. comm.*, vo *Emprisonnement*, no 48.

119. — Une seconde cour close est une dépendance de la maison, et le débiteur n'y peut être arrêté sans l'assistance du juge de paix. — *Lyon*, 10 juin 1824, Beloffet ; — Coin-Delisle, sur l'art. 2069, no 30.

120. — Il ne peut non plus être procédé sans l'assistance du juge de paix à l'arrestation du débiteur lorsque celui-ci se trouve non dans le logement par lui occupé dans les bâtimens de la maison de commerce qui l'emploie en qualité de commis, mais dans les magasins de l'établissement. — *Paris*, 30 nov. 1844 (t. 2 1844, p. 570), Laval c. Vandelle.

121. — Les édifices consacrés au culte, les lieux des séances des autorités constituées sont des maisons dans le sens de la loi, et les arrestations n'y peuvent avoir lieu, aux heures où elles sont permises, sans l'assistance du juge de paix. — Coin-Delisle, sur l'art. 2069, no 28 ; Pardessus, *Dr. comm.*, no 1514 ; Carré, *Anal.*, quest. 2441r, et *Lois de la proc.*, no 2648.

122. — Un huissier a-t-il besoin de l'assistance du juge de paix pour arrêter le débiteur qu'il a rencontré par hasard dans une prison ? L'affirmative semblerait résulter de la jurisprudence qui appelle *maison* les édifices publics. — Coin-Delisle, addit. sur l'art. 2069, no 27. — Cependant le contraire a été jugé par la cour de Grenoble le 30 août 1839 (t. 2 1846).

123. — Il a été décidé que l'intervention du juge de paix n'est pas nécessaire pour opérer l'arrestation d'un débiteur sur un navire revenant de voyage et admis à l'entrée dans le port (*Bastia*, 26 août 1826, Anziani c. Orenga). — Peut-être se conformerait-on mieux au vœu de la loi et à la nature des choses en assimilant un navire à une maison ; mais il est clair qu'en cette matière, où tout est de droit étroit, on doit hésiter à augmenter les nullités sans nécessité évidente.

124. — Dans les maisons royales et dans leurs dépendances, une ordonnance du 10 août 1817 oblige l'huissier à se présenter chez le gouverneur ou chez la personne à laquelle, en son absence, appartient la surveillance de la maison. Mais cette mesure d'ordre ne rend pas moins indispensable la présence du juge de paix. — Coin-Delisle, no 28.

125. — D'après un règlement de police, les bouchers de Paris ne peuvent être arrêtés dans le marché par un garde du commerce qu'autant qu'il est accompagné de l'inspecteur du marché. — Mais l'inobservation de ce règlement n'entraîne pas la nullité de l'arrestation. — Coin-Delisle, no 51 ; Bioche, vo *Contrainte par corps*, no 257.

126. — Lorsque le procès-verbal constate que le débiteur a été arrêté dans la rue, on peut être admis à prouver par inscription de faux que l'arrestation a eu lieu dans une maison pour la faire déclarer nulle. — *Rennes*, 1er juin 1818, Gallon.

127. — L'assistance du juge de paix n'est nécessaire que pour l'arrestation du débiteur, et l'huissier muni des pouvoirs du créancier peut entrer dans la maison pour pratiquer une saisie-exécution et y faire en même temps la perquisition du débiteur. — *Rennes*, 27 janv. 1808, N... ; — Coin-Delisle, sur l'art. 2069, no 31.

128. — Mais lorsque le débiteur déjà arrêté s'enfuit, l'huissier ne peut, sans l'assistance du juge de paix, pénétrer dans la maison où il s'est réfugié, même pour le cerner et l'empêcher de fuir jusqu'à l'arrivée du magistrat. — *Limoges*, 27 mars 1828, N... c. R... ; *Riom*, 22 juin 1837 (t. 2 1838, p. 328), Joubert c. C... ; — Coin-Delisle, sur l'art. 2069, no 30.

129. — L'huissier a seulement la faculté d'établir des personnes aux portes pour surveiller l'évasion du débiteur, tandis que lui-même va requérir l'assistance du juge de paix pour pénétrer dans la maison, à la condition toutefois que ces personnes n'empêcheront pas le débiteur de sortir s'il le veut ; autrement il y aurait violation de la liberté individuelle. — *Toulouse*, 20 août 1827, Biffié c. Lacombe ; — Coin-Delisle, sur l'art. 2069, no 31.

130. — Lorsque l'huissier s'est introduit dans la maison sans l'assistance du juge de paix et par la force, la survenance de ce magistrat n'empêche

pas la nullité des opérations. — *Paris*, 22 juin 1809, Martin c. Merlinge et Frottier.

131. — Les formalités qui doivent être remplies par le juge de paix n'ont pas été tracées par la loi. De là la question de savoir si, avant de se transporter sur les lieux à la requête de l'huissier, il doit rendre une ordonnance qui permette son transport. Il nous paraît certain, avec M. Coin-Delisle, qu'exiger cette ordonnance c'est ajouter aux dispositions de la loi, et qu'il suffit que la réquisition de l'huissier, le transport du juge de paix, sa présence au moment de l'arrestation, soient mentionnés sur le procès-verbal d'arrestation. — *Colmar*, 10 déc. 1819, Bloch c. Ackermann; *Lyon*, 7 mai 1825, Chatelard c. Cavetier; — Coin-Delisle, sur l'art. 2069, no 32. — V. *contrà Paris*, 22 juin 1809, Martin c. Merlinge et Frottier; *Metz*, 11 oct. 1816, Baudrillard c. Cambico.

132. — Il n'est pas non plus nécessaire que le juge de paix signe le procès-verbal d'arrestation. — *Paris*, 25 fév. 1808, Ruelle c. Lemoine; — Coin-Delisle, sur l'art. 2069, no 32. — V. *contrà Metz*, 9 oct. 1816, Baudrillard c. Cambier.

133. — A plus forte raison l'arrestation est-elle valablement faite lorsque le juge de paix a rendu une ordonnance qui annonçait son transport, mais sans autoriser expressément l'entrée dans la maison. — *Metz*, 30 déc. 1817, Arnault.

134. — Puisque le juge de paix n'est pas obligé de rendre ordonnance, l'huissier ne saurait être tenu de l'exhiber au moment de l'arrestation. La présence du juge suffit à tout. — *Nancy*, 22 juin 1813, Dormer c. Speri.

135. — Les huissiers peuvent-ils, en cas de refus ou d'empêchement du juge de paix et de ses suppléans, requérir le juge de paix d'un canton voisin? — L'affirmative, fondée sur ce que l'art. 15, décr. 14 mars 1808, le permet aux gardes du commerce, a été adoptée par Carré (*Lois de la proc.*, quest. 2652e) et M. Pardessus (no 1514); mais elle est énergiquement repoussée par M. Coin-Delisle (sur l'art. 2069, no 33). — Que l'huissier n'use pas sans nécessité de cette faculté, nous le comprenons; mais nous aurions quelque peine à annuler l'arrestation lorsque le recours au juge de paix d'un autre canton a été indispensable; la négligence ou la mauvaise volonté d'un juge de paix ne peut paralyser les droits du créancier.

136. — Il est certain qu'à Paris la présence de l'un quelconque des juges de paix suffit pour valider l'arrestation. — Coin-Delisle, *ibid.*

137. — Le suppléant du juge de paix peut le remplacer en cas d'absence, sans qu'il soit besoin de constater cette absence autrement que par l'ordonnance et par le transport dans la maison du débiteur. — *Colmar*, 12 mars 1828, Boeringer c. Stierlin.

138. — L'absence du juge est suffisamment constatée par l'ordonnance du suppléant, sa signature et son transport dans la demeure du débiteur. — Bioche, vo *Contrainte par corps*, no 267.

## Sect. 3e. — *Sauf-conduit.*

139. — Avant 1789, le roi seul pouvait accorder des saufs-conduits, et usait rarement de son pouvoir à cet égard. On les demandait par mémoire remis au secrétaire d'état dans le département duquel se trouvait le demandeur. — Un arrêt du conseil d'état du roi du 27 janv. 1781 avait voulu que les saufs-conduits accordés aux bouchers fussent sans effet pour les dettes qu'ils auraient contractées sur les marchés de Sceaux et de Poissy.

140. — La loi du 15 germ. an VI, tit. 3, art. 8, posa le principe de la délivrance des saufs-conduits par l'autorité judiciaire, et modifia ainsi complétement la nature même du sauf-conduit. — Avant 1789, le sauf-conduit était une espèce de suspension de la loi, laquelle ne pouvait être accordée que par le législateur. Depuis la loi de germinal, le sauf-conduit n'est qu'une dispense temporaire, autorisée par la loi, d'un mode déterminé d'exécution des jugemens.

141. — La loi de l'an VI permettait à tous juges en matière civile, de police, ou criminelle, de délivrer des saufs-conduits aux individus appelés comme témoins devant eux. Il paraît que de nombreux abus en résultèrent, et que les juges de paix surtout délivraient des saufs-conduits pour un temps trop long, les renouvelaient sous différens prétextes, et souvent sans autre motif que de soustraire un débiteur aux poursuites de ses créanciers — Circul. du min. de la justice aux juges de paix, 5 messid. an VIII.

142. — Aussi n'était-il pas question de sauf-conduit dans le projet du Code de procédure. L'art. 782 y fut inséré sur les observations de la section de législation du tribunat. — Locré, *Esprit du Code de procéd. civ.*, sur cet article.

143. — Aux termes de cet article, le débiteur ne peut être arrêté lorsque appelé comme témoin devant un directeur du jury (aujourd'hui un juge d'instruction), ou devant un tribunal de première instance, ou une cour royale ou d'assises, il est porteur d'un sauf-conduit. — C. procéd., art. 789. — Tout sauf-conduit délivré hors ces cas ne suspend pas l'exercice de la contrainte par corps. — *Cass.*, 17 fév. 1807, Leroi c. N... — Dans l'espèce de cet arrêt, le sauf-conduit avait été accordé au débiteur pour être présent au rapport d'une affaire qui le concernait. — Merlin, *Rép.*, vo *Sauf-conduit*, no 3; Berriat Saint-Prix, p. 629; Coin-Delisle, sur l'art. 2069, no 43.

144. — Les saufs-conduits peuvent être accordés par les juges d'instruction et par le président du tribunal ou de la cour où les témoins doivent être entendus. — C. procéd., art. 782.

145. — En vertu du sauf-conduit le débiteur ne peut être arrêté ni le jour fixé pour la comparution ni pendant le temps nécessaire pour aller et revenir. — C. procéd., art. 782.

146. — Le sauf-conduit ne suspend que la contrainte par corps en matière civile, et n'empêche point l'arrestation en vertu de mandat d'amener, de dépôt ou d'arrêt, d'ordonnance de prise de corps, ou de jugement de condamnation.

147. — Quelle marche faut-il suivre, lorsqu'on veut faire entendre un témoin en état de contrainte par corps devant un juge de paix ou un tribunal de commerce? — Une circulaire du ministre de la justice de sept. 1807 veut que, conformément à un avis du conseil d'état du 30 avr. de la même année, le sauf-conduit puisse être accordé par le président du tribunal civil de l'arrondissement sur la représentation du jugement d'enquête. — Favard, *Rép.*, vo *Contrainte par corps*, § 4, sur l'art. 782; Carré, *Anal.*, quest. 2445e; *L. de la procéd.*, no 2653; Pardessus, no 1515. — M. Coin-Delisle (sur l'art. 2069, no 43 conteste l'existence de cet avis du conseil d'état.

148. — Les conclusions du ministère public sont nécessaires à peine de nullité. — C. procéd., art. 782; — Pardessus, no 1515; Coin-Delisle, sur l'art. 2069, no 43.

149. — Le sauf-conduit règle la durée de son effet à peine de nullité. — C. procéd., art. 782. — Il serait également nul s'il n'était pas limité d'une manière fixe, comme s'il était accordé à un témoin pour le temps nécessaire pour recevoir son témoignage. — *Cass.*, 5 vendém. an XI, min. publ. c. B...; — Merlin, *Quest.*, vo *Sauf-conduit*.

150. — S'il était accordé pour un temps plus long que la loi ne le permet, il serait nul pour l'excédant. — Pardessus, no 1515; Coin-Delisle, no 43, sur l'art. 2069.

151. — Quand le sauf-conduit est conditionnel, le débiteur ne peut s'en prévaloir s'il n'a pas accompli les conditions qui lui sont prescrites. — *Paris*, 28 fév. 1810, Dupont c. M...

152. — Lorsqu'un sauf-conduit a été accordé en dehors des cas prévus par la loi, quels moyens doit-on employer pour le faire tomber? Est-il nécessaire d'obtenir la réformation de l'ordonnance de sauf-conduit et par quelle voie?

153. — Interjeter appel de l'ordonnance de sauf-conduit ne saurait être nécessaire : le créancier n'a été ni entendu ni appelé, et ne peut, en supposant qu'une réforme de l'ordonnance soit possible, être privé du premier degré de juridiction. La cour de Paris a consacré ce principe. — *Paris*, 28 fév. 1810, Dupont c. M...

154. — Mais, dans les considérans de son arrêt, elle paraît supposer que le créancier aurait dû se pourvoir par opposition à l'ordonnance de sauf-conduit pour la faire réformer. Cette voie ne nous semble pas plus régulière que la première. Elle repose aussi sur une fausse appréciation de la nature de cet acte. Le sauf-conduit n'est point, en effet, une décision judiciaire, mais un acte de procédure étranger au créancier, qu'il doit respecter s'il a été accompagné des formes exigées par la loi, et si l'on se trouve dans l'un des cas où elle l'autorise, mais devant lequel autrement il n'est pas tenu de s'arrêter.

155. — Le créancier doit donc, après avoir examiné, à ses risques et périls, la validité du sauf-conduit, faire procéder à l'arrestation du débiteur si le sauf-conduit ne lui paraît pas valable, et c'est sur la question de validité d'arrestation que le tribunal juge la régularité du sauf-conduit. — *Cass.*, 17 fév. 1807, Leroi c. N...; — Pardessus, no 1515; Merlin, *Rép.*, vo *Sauf-conduit*; Coin-Delisle, sur l'art. 2069, no 49 *in fine*; Berriat, p. 629; Thomine, t. 2, p. 356; Bioche, vo *Contrainte par corps*, no 271. — V. *contrà* Carré, *Lois de la procéd.*, nos 2655 et 2656.

156. — Par conséquent, ce sont toujours les tribunaux civils qui jugent de la validité des saufs-conduits, et les tribunaux correctionnels ne peuvent, sans excès de pouvoirs, annuler les emprisonnemens faits au préjudice des saufs-conduits qu'ils ont accordés. — *Cass.*, 5 vendém. an XI, S...

157. — Le sauf-conduit n'est pas nul pour avoir été accordé depuis l'emprisonnement (*Paris*, 28 fév. 1810, Dupont c. M...); il est clair seulement qu'il devra être sans utilité tant que durera l'emprisonnement.

158. — Le Code de commerce permet aux tribunaux de commerce d'accorder au failli, sur la proposition du juge commissaire, un sauf-conduit. Cette matière est réglée par les art. 472 et 473, C. comm. — V. FAILLITE.

## Sect. 4e. — *Procès-verbal d'emprisonnement.*

159. — Au moment de l'emprisonnement du débiteur, l'huissier ou le garde du commerce chargé d'opérer l'arrestation en doit dresser procès-verbal. Cet acte contient, outre les formalités ordinaires des exploits : 1o itératif commandement; — 2o élection de domicile dans la commune où le débiteur est détenu, si le créancier n'y demeure pas. — C. procéd., art. 783.

160. — Le nom et le domicile du créancier et du débiteur sont une des formes générales des exploits et le procès-verbal d'emprisonnement doit les contenir. Cependant il ne serait pas nul, parce qu'il ne contiendrait pas l'indication de la rue et du numéro où le débiteur avait sa demeure, si d'ailleurs la ville était exactement indiquée. — *Bruxelles*, 23 août 1823, Deroy c. Roland.

161. — Mais le défaut du prénom du débiteur peut entraîner la nullité, surtout lorsque l'arrestation est faite en vertu d'un jugement qui condamne deux frères solidairement au paiement d'une même somme. — *Bordeaux*, 20 mars 1829, Bouvier c. Maurin.

162. — On doit encore mentionner dans le procès-verbal l'heure à laquelle il est fait; toutefois, on a validé un procès-verbal qui ne contenait pas cette indication, après avoir constaté par une enquête que l'arrestation avait eu lieu après le lever et avant le coucher du soleil. — *Nîmes*, 4 mai 1824, Verdilhan c. Silhol.

163. — ...Et un autre procès-verbal daté de onze heures *de relevée*, parce qu'il était constant par les actes postérieurs qu'il avait été fait à onze heures du matin. — *Riom*, 14 oct. 1808, Pezeyre c. Chastagnon. — Peut-être ferait-on bien de ne valider le procès-verbal, à défaut d'une énonciation substantielle, qu'autant qu'on trouverait dans cet acte même le moyen d'y suppléer.

164. — On a annulé un procès-verbal d'emprisonnement commencé un jour par la réquisition adressée au juge de paix de se transporter au domicile du débiteur et continué le lendemain pour constater l'arrestation du débiteur en présence du juge de paix, mais sans rappeler ni la réquisition ni l'ordonnance de la veille. — *Riom*, 21 sept. 1821, Regnard c. Fauque et Picard. — Cette décision sévère est critiquée avec raison dans une note insérée sous l'arrêt rapporté dans notre collection.

165. — L'itératif commandement fait connaître au débiteur les causes de la contrainte par corps et le met en demeure d'y satisfaire. Il n'est pas du reste nécessaire que son refus de payer soit mentionné; l'emprisonnement immédiat est une preuve suffisante que le débiteur n'a pas satisfait à la réclamation de son créancier. — Carré, *L. de la procéd.*, quest. 2661, note 2e; Coin-Delisle, sur l'art. 2069, no 47.

166. — Jugé que l'itératif commandement est valable, quoiqu'il n'énonce pas littéralement la somme due, s'il la rappelle implicitement en ordonnant au débiteur de payer le montant des causes du précédent commandement, dont il relate la date. — *Nancy*, 21 août 1838 (t. 2 1838, p. 412), Masson c. Thellot. — *Contrà* Bioche, vo *Contrainte par corps*, no 312.

167. — Le procès-verbal n'est pas non plus nul si le créancier, en y énonçant le montant de la somme principale et le jour à partir duquel les intérêts sont dus, n'a pas formellement exprimé le montant de ces intérêts, car il a donné au débiteur tous les élémens nécessaires pour le connaître. — *Aix*, 15 nov. 1834, Gaston c. Bouche.

168. — Le créancier peut faire élection de domicile où il lui plaît, et n'est pas tenu de constituer avoué; par conséquent l'élection de domicile faite chez un avoué sans constitution de celui-ci, n'en est pas moins valable. — *Rennes*, 12 juill. 1809, N...

169. — Mais aussi réciproquement, la constitution d'un avoué n'emporterait pas de droit élection de domicile chez lui (C. procéd., art. 61) et le procès-verbal serait nul s'il ne contenait pas d'autre élection de domicile. — *Lyon*, 9 mai 1828, Dumaine c. Roulet.

170. — L'élection de domicile dans le procès-

verbal d'emprisonnement révoque celle antérieurement faite dans le commandement, une seule élection de domicile suffisant pour atteindre le but de la loi et le débiteur n'ayant pas d'intérêt à en exiger deux. — Coin-Delisle, sur l'art. 2069, n° 48; Pardessus, *Dr. comm.*, n° 1516; Delvincourt, *Inst. du dr. comm.*, t. 2, p. 498; Carré, *Quest.*, n° 3768, note, et *Lois de la procéd.*, quest. 2663. — *Contrà* Pigeau, liv. 2, part. 5, tit. 4, chap. 1er, sect. 4e, div. 11, n° 2; Berriat-Saint-Prix, *Sur la contrainte par corps*, 16, et Chauveau, n° 217.

171. — L'huissier qui dresse le procès-verbal d'emprisonnement doit être assisté de deux recors; et il est fait mention de cette assistance dans le procès-verbal. — Coin-Delisle sur l'art. 2069, n° 49.

172. — Leur nom doit être indiqué sur le procès-verbal à peine de nullité; et la nullité n'a pas moins lieu quoiqu'ils aient signé l'original et que leurs noms soient mentionnés dans l'acte d'écrou. — *Riom*, 6 mai 1819, Charmaison c. Saurel; — Coin-Delisle, sur l'art. 2069, n° 49.

173. — Jugé au contraire qu'il n'est pas indispensable que le procès-verbal d'emprisonnement soit signé d'eux. — *Nancy*, 21 août 1838 (t. 2 1838, p. 412), Masson c. Thellot; — Coin-Delisle, sur l'art. 2069, n° 47, et additions, *ibid.* — *Contrà* Pardessus, n° 1516; Carré, *Quest.*, n° 3771, et *L. de la procéd.*, quest. 2666.

174. — Il est bon cependant de remarquer que dans l'espèce de l'arrêt de Nancy du 21 août 1838, les recors avaient signé le procès-verbal d'écrou rédigé à la suite du procès-verbal d'emprisonnement et ne faisant avec lui qu'un seul et même contexte. Mais ils n'avaient pas signé la copie des deux procès-verbaux remise au débiteur.

175. — Il n'est pas nécessaire, à peine de nullité, que leur profession soit mentionnée dans le procès-verbal. — *Rennes*, 18 août 1810, Lambert c. Offenn.

176. — Les recors doivent être Français, majeurs, non parens ni alliés de l'huissier jusqu'au degré de cousin issu de germain inclusivement, ni ses domestiques (C. procéd., art. 585). Cependant on a validé un procès-verbal d'emprisonnement dans lequel figurait comme témoin un étranger non naturalisé, mais depuis long-temps domicilié et marié en France. La bonne-foi de l'huissier couvrait l'erreur qui avait été commise. — *Grenoble*, 9 nov. 1825, Montet c. Champin.

177. — Les rapports entre le témoin et toute personne autre que l'huissier sont indifférens; ainsi, le fait que l'un des témoins était mandataire de plusieurs créanciers et clerc d'un avoué remplissant les fonctions de syndic dans la faillite, n'a pas fait déclarer nul l'emprisonnement d'un failli. — *Amiens*, 20 août 1839 (t. 2 1840, p. 652), Duchenne.

178. — Un gendarme peut assister l'huissier comme recors. — *Rennes*, 12 juill. 1809, N...; 31 mars 1814, Mahé c. Danet; *Nîmes*, 12 juill. 1826, Hilaire c. Marcellin; *Bordeaux*, 2 avril 1833, Baudin c. Mariette.

179. — Outre les deux témoins ou recors, l'huissier peut se servir de gendarmes dans une arrestation, mais les frais occasionnés par leur présence sont à la charge du créancier incarcérateur. — *Metz*, 20 juill. 1827, Richard c. Rolland.

180. — L'huissier n'est pas tenu d'exhiber au débiteur les titres dont il est porteur, ni, s'il en a été requis, de mentionner qu'il a conduit le débiteur chez l'avocat de son créancier. — *Rennes*, 1er juin 1818, Gallon.

181. — On ne peut pas rejeter *de plano* un procès-verbal d'emprisonnement lorsque ses énonciations ne sont pas contredites par un aveu formel de l'huissier. C'est le cas d'attendre le résultat de l'inscription de faux formée par le débiteur. — Même arrêt.

182. — Mais le procès-verbal doit mentionner la réquisition du débiteur d'être conduit en référé, et l'ordonnance rendue par le président; la rebellion du débiteur et l'appel de la force armée s'il y a lieu; enfin la consignation de la somme réclamée faite par le débiteur pour empêcher son emprisonnement.

183. — Il y a rebellion du moment que le débiteur résiste avec violence à l'exécution d'un titre emportant contrainte par corps, quand même les formes requises pour l'arrestation ne seraient pas observées. Le débiteur ne saurait, en effet, se constituer juge de l'observation ou de l'inobservation de ces formes. Son droit se borne à exiger qu'on le conduise en référé. — *Cass.*, 27 vendém. an XIV, Geneste; 14 avr. 1820, Costersote; 5 janv. 1821, Bernard.

184. — La rebellion donne lieu à des poursuites plus ou moins graves selon les circonstances. — C. pén., art. 209.

185. — L'huissier peut alors établir garnison



aux portes et requérir l'assistance de la force armée. — C. pén., art. 787.

186. — Le simple refus d'obéir, sans voie de fait, ne saurait constituer une rebellion. Dans ce cas l'huissier peut facilement, avec l'aide de ses recors, s'emparer de la personne du débiteur. — Thomine, t. 2, p. 361; Pigeau, t. 2, p. 273; Bioche, v° *Contr. par corps*, n° 296.

187. — Copie du procès-verbal d'emprisonnement doit être remise au débiteur. Cette copie peut-elle être jointe à celle de l'écrou? Comment la remise doit-elle en être constatée? — V. *infrà* nos 200 et suiv.

## Sect. 5e. — *Écrou.*

188. — Ecrouer est un vieux mot qui signifie retenir. Il exprime, dit Merlin, *Rép.*, v° *Ecrou*, l'action du geôlier de faire passer le prisonnier d'entre les deux guichets dans l'intérieur de la prison. Cette acception primitive est complètement hors d'usage maintenant, et écrouer signifie simplement dresser un acte d'écrou. On appelle ainsi (Guyot, *Rép.*, v° *Ecrou*) l'article du registre des emprisonnemens contenant le jour et la cause pour laquelle on a constitué quelqu'un prisonnier.

189. — On dresse un acte d'écrou quelle que soit la cause de l'emprisonnement, aussi bien lorsqu'il a lieu en vertu d'un mandat d'amener, de dépôt ou d'arrêt, d'une ordonnance de prise de corps ou d'un jugement de condamnation, que s'il est la suite d'une arrestation pour dettes. Mais c'est de ce dernier écrou seulement, dont les formes sont déterminées par l'art. 789, C. procéd., que nous nous occuperons ici.

190. — Nous examinerons par qui l'écrou peut être dressé, et quelles mentions y sont exigées.

191. — L'écrou ne peut avoir lieu qu'après l'arrestation effective du débiteur par le créancier. — *Paris*, 3 avr. 1845 (t. 1er 1845, p. 452), Nollet c. Sauphar.

192. — Anciennement il était rédigé par l'huissier; et l'intention des commissaires a été, dit Pigeau, que l'écrou fût fait par l'officier qui emprisonne; l'art. 53 du tarif confirme cette interprétation en accordant un salaire à l'huissier pour l'acte d'écrou. Toutefois l'art. 790, C. procéd., semble supposer que l'écrou est rédigé par le geôlier. Plusieurs arrêts ont jugé que l'acte d'écrou devait être rédigé à peine de nullité par l'huissier, et que la signature de cet officier ne suffisait pas. — *Besançon*, 23 juill. 1812, Adès c. Galmiche; *Bruxelles*, 6 mai 1813, Dufai c. Ardache; *Besançon*, 5 juill. 1814, Thiébaut c. Villard. — Mais en général la jurisprudence paraît tendre à valider l'acte d'écrou aussi bien lorsqu'il a été rédigé par l'huissier (*Paris*, 14 déc. 1807, Floriot c. Bochette; 23 janv. 1808, Roullet c. Goujon), que lorsqu'il a été dressé par le geôlier. — *Toulouse*, 1er sept. 1824, Ferand c. Péline; 11 janv. 1825, Fonade c. Artigues; *Paris*, 19 mai 1825, Beautier c. Lepeuzé; *Nancy*, 21 août 1838 (t. 2 1838, p. 412), Masson c. Thellot; — Coin-Delisle, sur l'art. 2069, n° 61.

193. — On a même validé un procès-verbal quoiqu'il ne portât pas la signature du geôlier. — *Toulouse*, 11 févr. 1808, Girodet et Courbon c. Maynard.

194. — L'écrou du débiteur doit énoncer : 1° le jugement en vertu duquel l'arrestation est opérée (C. procéd., art. 789). Faute par l'huissier de représenter ce jugement, le geôlier doit refuser de recevoir le débiteur et de l'écrouer. (C. procéd., art. 790). Cette mesure a pour objet d'empêcher une arrestation arbitraire. — Constitution de l'an VIII, 22 frim., art. 78.

195. — 2° ... Les noms et domicile du créancier. (C. procéd., art. 789.) Les mots : *habitant telle commune*, sont une indication de domicile suffisante. — *Pau*, 16 fév. 1813, Touzet.

196. — ... 3° Election de domicile, si le créancier ne demeure pas dans la commune. — C. procéd., art. 789. — Jugé que cette élection est exigée à peine de nullité, et que le défaut n'en est pas couvert par l'élection de domicile déjà faite dans le procès-verbal d'emprisonnement. — *Aix*, 23 août 1826, Meyer Cadet c. Suchet Moncorgé; *Nîmes*, 15 juin 1829, R... c. Dubief.

197. — Mais l'élection de domicile dont il s'agit est prescrite exclusivement dans l'intérêt du débiteur. Ainsi serait nulle l'assignation donnée à ce domicile au créancier par le geôlier, par un pharmacien et un médecin, pour obtenir le paiement de médicamens et de soins donnés au débiteur incarcéré et tombé malade en prison. — *Cass.*, 17 juill. 1810, Croisier c. N...

198. — 4° ... Les noms, demeure et profession du débiteur. — C. procéd., art. 789.

199. — 5° ... La consignation d'un mois d'alimens au moins. — C. procéd., art. 789.



200. — ... 6° Enfin mention de la copie qui est laissée au débiteur, parlant à sa personne, tant du procès-verbal d'emprisonnement que de l'écrou qui est signé par l'huissier. — C. procéd., art. 789.

201. — Cette disposition a soulevé d'assez nombreuses difficultés qu'on n'évitera qu'en accomplissant scrupuleusement toutes les formalités prévues par le texte de l'art. 789. Le premier soin consiste à bien distinguer la remise du procès-verbal d'emprisonnement et de l'acte d'écrou au débiteur, de la mention de remise qui doit se trouver sur cet acte.

202. — L'acte d'écrou doit mentionner la remise qui en est faite au débiteur, à peine de nullité; sans que cette nullité puisse être couverte soit par la signification expresse de cet acte d'écrou au débiteur par un exploit de l'huissier, soit par la mention de remise de l'écrou, contenue au procès-verbal d'emprisonnement. — *Riom*, 28 avr. 1808, Liset c. Guillaume; *Pau*, 16 fév. 1813, T... c. Touzet; *Bruxelles*, 6 mai 1813, Dufai c. Ardache; *Pau*, 29 juill. 1814, N... c. N...; *Nîmes*, 29 juill. 1829, Barillon c. Laurent; *Lyon*, 10 mai 1832, Beaurepaire c. Ferial et autres; *Poitiers*, 8 janv. 1845 (t. 1er 1845, p. 276), Grollean c. Chevallereau. — Thomine-Desmazures, t. 2, n° 928; Coin-Delisle, p. 59, n° 64; Bioche et Goujet, *Dict. de procéd.*, 2e éd., v° *Emprisonnement*, nos 224 et 256.

203. — Jugé que l'écrou serait également nul si au lieu d'y mentionner la remise du procès-verbal d'emprisonnement, on avait constaté que cette remise n'avait pu avoir lieu et avait été reportée au lendemain, attendu l'heure avancée et l'absence entre les mains de l'huissier de l'ordonnance de référé qui devait être consignée sur son procès-verbal. — Rien n'est plus juste que cette décision, car autrement on aurait pu retenir un débiteur en prison pendant une nuit, sans un écrou régulier. — *Cass.*, 16 déc. 1839 (t. 2 1839, p. 630), Maget c. Fayard; *Nancy*, 29 mai 1840 (t. 2 1840, p. 678), mêmes parties.

204. — Les procès-verbaux d'emprisonnement et d'écrou doivent toujours, à peine de nullité, être rédigés et notifiés le jour même de l'arrestation. On ne peut scinder l'opération sous prétexte que l'heure est trop avancée. — *Bastia*, 26 août 1826, Anziani c. Orenga; *Cass.*, 16 déc. 1839 (t. 2 1839, p. 630), Pierre Maget c. Fayard. — Coin-Delisle, sur l'art. 2069, n° 59, et add., *ibid.*

205. — ... Ni se borner à dresser un écrou provisoire lorsque, par suite du temps nécessaire à la translation du débiteur, il est conduit dans la prison un jour férié. C'est une règle absolue qu'un écrou régulier doit nécessairement être dressé au moment de l'entrée du débiteur dans la prison. — *Bourges*, 26 août 1823, Bardon c. Pournin, Delalande et Roy.

206. — La cour royale de Toulouse a décidé que le procès-verbal d'écrou doit être signifié au débiteur par l'huissier. Cette signification est exigée à peine de nullité, nonobstant la mention de remise qui se trouve déjà sur le procès-verbal d'écrou. — *Toulouse*, 21 mai 1824, Clavé et Vielajus c. Longe.

207. — D'autres cours ont au contraire jugé que la notification n'avait pas besoin d'être faite dans la forme ordinaire des exploits; et que la mention, insérée au procès-verbal d'emprisonnement, que copie de l'acte d'écrou avait été remise au débiteur suffisait. — *Riom*, 14 oct. 1808, Pezeyre c. Chastagnon; 14 juill. 1819, Perrin c. Gigouzac; *Toulouse*, 11 janv. 1825, Fonade c. Artigues.

208. — Au surplus, le procès-verbal d'emprisonnement et l'écrou peuvent être rédigés par l'huissier dans le même acte et notifiés en même temps et par un seul exploit au débiteur. On obtient ainsi l'avantage d'éviter des erreurs en réunissant dans un seul acte le commencement et la fin d'une même opération. — *Paris*, 23 janv. 1808, Roullet c. Goujon; *Riom*, 25 nov. 1830, Souchère c. Jallat; *Paris*, 30 janv. 1833, Cavalier c. Dat; *Nanci*, 21 août 1838 (t. 2 1838, p. 412), Masson c. Thellot; *Rouen*, 1er mars 1842 (t. 2 1842, p. 368), Dubourdonné c. Scelles. — Coin-Delisle, sur l'art. 2069, n° 63; Goujet et Merger, *Dict. de dr. comm.*, v° *Emprisonnement*, n° 66. — *Contrà Riom*, 24 mai 1809, Vergne c. Pichot-Duclos.

209. — Toutefois la cour de Paris a annulé un emprisonnement, nonobstant la mention comprise au procès-verbal d'emprisonnement qu'il avait été remis copie de l'écrou au débiteur, par le motif que de la représentation de cette copie il résultait qu'elle ne contenait pas le texte de l'écrou, et s'en référait aux énonciations du procès-verbal d'emprisonnement. — *Paris*, 18 janv. 1842 (t. 1er 1842, p. 90), de Fouchécouo c. Millet. — *Contrà Rouen*, 1er mars 1842 (t. 2 1842, p. 368), Dubourdonné c. Scelles.

210. — Déjà, avant le Code de procédure, et sous

l'empire de la loi du 15 germinal an VI, on avait jugé qu'il n'était pas nécessaire que le procès-verbal d'écrou et celui d'arrestation fussent laissés au débiteur par copies séparées. — *Paris*, 9 niv. an XII, Gayde c. Meille; *Cass.*, 9 prair. an XIII, Gayde c. Petit.

211. — La nullité d'un écrou ne peut être couverte par un nouvel écrou dressé le lendemain avant que le débiteur ait formé sa demande en élargissement. — *Bourges*, 26 août 1823, Bardon c. Pournier-Delalande et Roy.

212. — La copie de l'acte d'écrou tenant lieu d'original pour la partie incarcérée, on peut arguer des vices qui s'y trouvent, lors même que l'original serait régulier. — *Paris*, 9 germ. an XIII, Gaudin c. Bavoue; — Bioche, vº *Contrainte par corps*, nº 347. — V. cependant, en sens contraire, Carré, quest. 2692.

213. — Indépendamment des formalités ci-dessus prescrites, le geôlier doit transcrire sur son registre le jugement qui autorise l'arrestation. — C. procéd., art. 790.

214. — Cette transcription peut être faite par un commis, la signature du geôlier en assure suffisamment l'exactitude. — *Caen*, 19 fév. 1823, Tison c. Nicollet.

215. — Sa signature même n'est pas exigée à peine de nullité. — Coin-Delisle, sur l'art. 2069, nº 60.

216. — Le geôlier n'est pas tenu non plus à peine de nullité de copier en entier la formule exécutoire qui termine le jugement et l'intitulé qui le précède. — *Toulouse*, 11 août 1828, Talazac c. Senans; — Bioche et Goujet, vº *Emprisonnement*, nº 222.

## CHAPITRE III. — *Prison dans laquelle le débiteur doit être conduit et retenu.*

217. — Si le débiteur ne requiert pas qu'il en soit référé, ou si en cas de référé le président ordonne qu'il soit passé outre, le débiteur doit être conduit dans la prison du lieu, et s'il n'y en a pas, dans celle du lieu le plus voisin. L'huissier et tous autres qui conduiraient, recevraient ou retiendraient le débiteur dans un lieu de détention non légalement désigné comme tel, seraient poursuivis comme coupables du crime de détention arbitraire. — C. procéd., art. 788.

218. — Outre ces poursuites à diriger contre l'huissier, le débiteur pourrait faire prononcer la nullité de l'emprisonnement pour défaut des formalités prescrites par la loi. — *Bordeaux*, 20 nov. 1829, Lasson c. Esperon. — V. *contrà* Bioche, vº *Contrainte par corps*, nº 305.

219. — Toutefois, la règle de l'art. 788, quelque absolue qu'elle soit, et quelque soin que l'huissier doive prendre de s'y conformer, doit nécessairement recevoir des explications et des limitations exigées par la nature des choses et par la bonne foi. Ainsi, la règle que le débiteur sera conduit dans la prison la plus voisine doit signifier seulement qu'il sera conduit dans la prison de l'arrondissement où son arrestation sera opérée, car l'huissier, ne pouvant instrumenter en dehors de cet arrondissement, serait dans l'impossibilité de le conduire ailleurs. — Coin-Delisle, sur l'art. 2069, nº 56; Bioche, nº 305.

220. — M. Coin-Delisle critique avec raison un arrêt approuvé par Carré (*Anal.*, quest. 2465e, *Lois de la procéd.*, nº 2681), qui a décidé qu'un huissier avait pu indifféremment conduire le débiteur dans la prison de Toulouse plutôt que dans celle de Castel-Sarrazin, dans l'arrondissement duquel il avait été arrêté. Il est clair qu'en effet, ce pouvoir laissé à l'huissier, en supposant même qu'il ne violât pas les lois qui lui défendent d'instrumenter hors du ressort de son arrondissement, donnerait naissance à un arbitraire fâcheux. — *Toulouse*, 9 janv. 1809, Lugasc c. Fontané.

221. — Si le débiteur ne peut être conduit immédiatement à la prison, soit à cause de son éloignement, soit à raison de l'état de maladie de ce débiteur lui-même, l'huissier doit le déposer ou dans la prison la plus voisine, ou dans un lieu désigné par le maire. Tout autre lieu choisi par l'huissier le rendrait coupable de détention arbitraire. — *Bourges*, 26 août 1823, Bardon c. Pournin; — Pardessus, nº 1517; Coin-Delisle, sur l'art. 2069, nº 57; Carré, *Lois de la procéd.*, quest. 2682 et suiv.

222. — L'arrestation serait donc nulle si le débiteur avait été déposé, pour passer la nuit, dans une maison particulière ou dans une auberge non désignée par l'autorité. — *Toulouse*, 1er sept. 1824, Ferand c. Peline; *Bordeaux*, 20 nov. 1829, Lasson c. Esperon. — ... Quand même il y aurait consenti. — *Bordeaux*, 17 juill. 1811, Espayent.

223. — L'urgence cependant comme l'humanité pourraient, dans certaines circonstances, justifier la conduite de l'huissier et s'opposer à ce que la nullité fût prononcée. C'est ainsi qu'on l'a décidé dans un cas où l'huissier avait fait avec le débiteur une station momentanée dans une auberge pour s'y reposer. — *Colmar*, 10 déc. 1819, Block c. Ackerman. — M. Coin-Delisle (p. 58, nº 58) critique, à tort, selon nous, cette décision.

224. — ... Et dans une autre espèce ou avant de conduire le débiteur en prison, l'huissier l'avait mené sur sa demande dans une maison particulière pour y proposer un arrangement avec ses créanciers. — *Grenoble*, 9 nov. 1835, Montet c. Champia et Muguet.

225. — Lorsque le débiteur est déposé provisoirement, attendu l'heure avancée ou son état de maladie, dans une prison pour y passer la nuit, il n'est pas nécessaire de l'écrouer. Cette formalité ne doit être remplie que dans la prison où le débiteur devra définitivement rester. — *Rennes*, 12 juill. 1809, N...; *Bourges*, 26 août 1823, Bardon c. Pournin.

226. — Une fois écroué dans la maison d'arrêt pour dettes, le débiteur ne peut en sortir sans un jugement qui l'ordonne. Dans le cas de maladie, les tribunaux peuvent simplement permettre sa translation à ses frais, soit dans un hospice, soit dans une maison de santé, encore même que sa vie ne soit pas en danger. — *Paris*, 4 mai 1812, Audenet c. Swan; 7 janv. 1814, Minel c. Chateauneuf-Randon; *Trib. de la Seine*, 6 avr. 1832, Montignac c. détenus pour dettes; *Nîmes*, 27 août 1838 (t. 1er 1839, p. 119), Truech c. Moustardier.

227. — Mais pourrait-on autoriser le débiteur à se faire soigner dans son propre domicile, même en donnant caution? — L'affirmative adoptée par Carré (*Lois de la procéd.*, p. 102), et Pigeau (*Proc.*, t. 2, p. 335), est repoussée par Merlin (*Rép.*, vº *Elargissement*, nº 2). M. Coin-Delisle (sur l'art. 2069, nº 109) hésite sur cette question. Il nous semble avec Merlin que la négative doit être adoptée, autrement on substituerait à l'emprisonnement un état nouveau qui ne saurait être considéré comme une épreuve de solvabilité à l'égard du créancier. On peut ajouter d'ailleurs que l'humanité est satisfaite par la translation du débiteur sans caution, soit dans un hospice, soit dans une maison de santé. Telle est enfin la jurisprudence constante de la cour de Paris. — *Paris*, 7 janv. 1814, Minel c. Chateauneuf-Randon.

228. — Soit que le débiteur reste dans la prison, soit qu'il obtienne sa translation dans une maison de santé ou dans un hospice, le créancier n'est pas passible des frais de maladie. — *Cass.*, 18 juill. 1810, Croisier

229. — En dehors des cas de maladie, des affaires urgentes peuvent exiger la présence du débiteur hors de la prison. Les tribunaux devront-ils l'autoriser? En général, cette permission sera difficilement accordée, et dans le cas d'urgence seulement. — *Douai*, 7 déc. 1830, Lemaire.

230. — On l'a refusée à un débiteur qui demandait à comparaître devant un arbitre rapporteur dans une contestation qui l'intéressait personnellement. — *Paris*, 5 déc. 1828, Séguin c. Ouvrard.

231. — ... A un débiteur qui demandait à assister aux plaidoiries d'un procès dans lequel il était intéressé. — *Douai*, 7 déc. 1830, Lemaire.

232. — On a refusé également et avec plus de raison encore la liberté provisoire sous caution demandée par des débiteurs, pour pouvoir accélérer leur liquidation. — *Paris*, 1er juin 1810, Dupont; 26 fév. 1819, Dommerc.

233. — Mais on a accordé au débiteur qui demandait la nullité de son emprisonnement la permission de se présenter lui-même à l'audience sous la garde d'un huissier pour y défendre sa cause et prendre communication des pièces déposées au greffe. — *Bruxelles*, 25 août 1808, Vandermoot c. Deron. — V. *contrà Paris*, 24 mai 1817, Ladanois. — V, Carré, *Lois de la procéd.*, nº 2723; Pigeau, *Proc.*, t. 2, p. 335, 2e édit.; Delvincourt, p. 192, note 114, édit. 1844.

234. — Lorsqu'il s'agit non plus de sortir de prison, mais de transférer le débiteur d'une prison dans une autre, c'est l'autorité judiciaire et non l'autorité administrative qui est compétente pour statuer à l'égard des détenus pour dettes. — *Agen*, 4 déc. 1830, James c. Cassan.

235. — Les créanciers sont recevables à s'opposer à la translation de leur débiteur. — Même arrêt.

236. — Cependant les tribunaux peuvent ordonner cette translation soit dans la prison du lieu où le débiteur avait son domicile, soit dans celle de tout autre lieu où le débiteur a intérêt à être transporté. — *Paris*, 20 janv. 1813, Taupin; *Agen*, 17 nov. 1838 (t. 1er 1837, p, 382), Goulard c. Blavignac; *Bordeaux*, 5 fév. 1839 (t. 2 1839, p. 533), Dupont c. Manau.

237. — Mais ils sont libres de refuser cette permission s'ils ne jugent pas l'intérêt du débiteur suffisant. — *Montpellier*, 31 juill. 1836 (t. 2 1839, p. 207), Giron c. de Brossard.

238. — La translation, lorsqu'elle a lieu, ne doit pas être opérée par les agens de la force publique, mais par le ministère des huissiers, seuls compétens pour arrêter et détenir un individu pour dettes. — *Montpellier*, 31 juill. 1839 (t. 2 1839, p. 207), Giron c. de Brossard.

239. — Toutefois, lorsqu'un débiteur incarcéré a été, sur sa demande et malgré ses créanciers, transféré d'une prison dans une autre, à la requête du procureur général et en vertu d'un arrêt de la cour, il n'est pas fondé à demander son élargissement sur le motif 1º que l'huissier n'avait pas qualité pour instrumenter; — 2º que ses créanciers n'avaient pas fait une nouvelle élection de domicile sur le second écrou. — Ces irrégularités ne peuvent être opposées aux incarcérateurs restés étrangers à la translation. — *Agen*, 22 fév. 1837 (t. 2 1842 p. 315), David, Valette et Saignes.

## CHAPITRE IV. — *Consignation d'alimens.*

### Sect. 1re. — *Droit ancien.*

240. — Sous l'ancien droit, la taxe des alimens était variable. Le juge qui avait la police des prisons devait la fixer tous les ans, le dernier jour de décembre, sur les conclusions des procureurs du roi ou fiscaux, aux termes de l'art. 29 d'un arrêté de réglement du 1er sept. 1717. — Fournel, sur l'art. 14, tit. 3, L. 15 germin. an VI.

241. — Ces dispositions, quelque sages qu'elles fussent à une époque où les variations dans le prix des vivres étaient fréquentes, offrait des difficultés d'exécution que la loi de germin., an VI a prévenues en fixant une fois pour toutes la somme à consigner par le créancier à titre d'alimens. Elle était de vingt livres par mois, et devait être consignée d'avance. Le débiteur élargi à défaut de consignation, sur la représentation du certificat du geôlier, ne pouvait plus être réincarcéré pour la même cause. — L. 15 germin. an VI, tit. 3, art. 14.

242. — Cette fixation était faite en livres, et sous le calendrier équinoxial la substitution des francs aux livres, en même temps que le retour au calendrier grégorien donnèrent naissance à de nombreuses difficultés que le législateur de l'an VI n'avait pu prévoir.

243. — Ainsi, était-ce 20 francs ou 20 livres que le créancier devait consigner? — Un arrêt de la cour d'Amiens du 14 déc, 1823 (Delettre c. Dourleur) avait jugé que les alimens à consigner étaient seulement de 19 fr. 75 cent., tandis que la cour de Rouen, s'appuyant sur la loi du 7 flor. an VII, jugeait le contraire le 7 avr. 1827 (Vaché c. Boucher), et soutenait que le créancier avait dû consigner 20 fr.

244. — La somme de 20 fr. devait-elle suffire pour un mois de trente-un jours, ou au contraire ne devait-elle, dans tous les cas, que représenter une période de trente jours conformément au calendrier équinoxial? — Le premier sens avait été adopté par les arrêts de : *Paris*, 28 fév. 1819, Delaunoy c. Dammeron; *Douai*, 24 fév. 1820, Lionnet c. Vrais; *Rouen*, 7 fév, 1821, Delaunois c. Daumezon, et repoussé par ceux de : *Toulouse*, 16 mars 1818, Loumagne; *Paris*, 20 oct. 1819, De Riaro Sforza c. Chouvet. *Cass.*, 21 nov. 1820, Delaunoy c. Daumezon; 14 mars 1821, Daloz c. Deoin; 9 juill. 1821, Walson c. Bernard; *Riom*, 3 déc. 1821, Harte c. Chassan; *Douai*, 1er sept. 1824, N...; *Cass.*, 11 juill. 1832, Vedel c. Sales.

245. — Une troisième interprétation voulait que la consignation d'alimens fût faite toujours d'avance pour un mois, selon le calendrier grégorien, et qu'elle fût de 20 fr. et un trentième en sus pour les mois de trente-un jours. — *Bruxelles*, 28 juin 1821, Diderik-Willing c. Vandevelde.

246. — Au surplus, on validait généralement la consignation quoique insuffisante, lorsqu'avant qu'elle fût épuisée le créancier avait fait une nouvelle consignation d'alimens, de sorte que le débiteur n'avait jamais pu en manquer. — *Rouen*, 10 vend. an XIV, Ducroy c. Boisquérard; *Cass.*, 22 juin 1821, Beerembrock c. d'Eichtal; 11 juin 1822, Pioc-Dufrey c. Lisfranc; 7 août 1822, De Bonneville c. Desjardins; 20 août 1822, Renoud c. Bellecal; *Grenoble*, 16 déc. 1824, Sibert c. Descambres; *Metz*, 20 juill. 1827, Richard c. Rolland; *Bordeaux*, 19 janv. 1830, Figeron c. Gimont. — V. *contrà Cass.*, 27 août 1821, Hellot c. Juglet; *Bordeaux*, 10 sept. 1829, Bertrand et Bechet c. Gallouin.

## Sect. 2e. — *Droit actuel.*

### § 1er. *Nécessité de la consignation. — Sa quotité.*

247. — La contrainte par corps est une épreuve établie dans l'intérêt du créancier; c'est donc à lui de se charger de nourrir le débiteur pendant tout le temps qu'il passe dans la prison. Les alimens doivent être consignés par l'huissier entre les mains du geôlier au moment de l'emprisonnement. — Ord. de 1670, tit. 13, art. 23; déclaration du 10 janv. 1680; L. 15 germin. an VI, tit. 3, art. 14; Code procéd., art. 789, 791, 800, 4°; L. 17 avr. 1832, art. 28 et 29.

248. — Toutefois, le recommandataire d'un débiteur détenu pour délits ne doit point d'alimens, tant que dure l'incarcération pour cette cause, il n'en doit qu'à partir du moment où l'autorité publique a ordonné la mise en liberté du prévenu. — *Paris*, 2 messid. an XII, Fontaine de Biré c. Zuercher.

249. — Les détenus à la requête de l'agent du trésor public, ou de tout autre fonctionnaire public pour cause de dette envers l'état, doivent recevoir la nourriture comme les prisonniers retenus à la requête du ministère public. Aucune consignation d'alimens n'est donc nécessaire pour eux. — Décr. 4 mars 1808, art. 1er et 2.

250. — Jugé en conséquence que l'administration des contributions indirectes, qui poursuit par la voie de la contrainte par corps le recouvrement des condamnations prononcées à son profit, n'est pas tenue, comme le particulier, de consigner des alimens. L'emprisonnement a lieu dans ce cas dans l'intérêt de l'état qui pourvoit à la nourriture des prisonniers. Un président ne saurait, sans excès de pouvoir, ordonner la mise en liberté d'un détenu à défaut de consignation. — *Cass.*, 12 mai 1835, Contrib. ind. c. Isac; *Montpellier*, 11 mai 1841 (t. 1er 1842, p. 145), Contrib. indir. c. D...

251. — Mais il en est autrement des communes et des établissemens publics. — Coin-Delisle, p. 109, n° 3; Bloche, v° *Contrainte par corps*, n° 359.

252. — *Quotité de la consignation.* — Les principales difficultés qui se présentaient sous le Code de procéd. et la loi de germ. an VI, ont été résolues par les art. 28 et 29, L. 17 avr. 1832. — La consignation d'alimens doit avoir lieu d'avance et pour trente jours au moins; les consignations pour plus de trente jours ne valent que lorsqu'elles sont d'une seconde ou de plusieurs périodes de trente jours.

253. — Lorsque le créancier consigne pour le mois une somme supérieure à celle exigée par la loi, il est censé vouloir attribuer le surplus au débiteur, et ne peut l'appliquer sur le mois suivant pour faire valoir une consignation tardive. Ce serait là une consignation partielle qui est impossible. — *Montpellier*, 23 fév. 1832, Seret c. de Voisins; *Paris*, 26 fév. 1845 (t. 1er 1845, p. 423), Nay c. Tesnière.

254. — On ne peut considérer comme consignation valable le dépôt fait au greffe de fractions de sommes qui, bien que réunies, formeraient une période complète, si ces fractions ont été versées sans destination, ou avec une destination autre que celle exigée par la loi. — Même arrêt.

255. — La consignation devant avoir lieu d'avance, doit être renouvelée avant l'expiration de la première période de trente jours, et il faut calculer la consignation par jours et non par heures. Ainsi, par exemple, la consignation alimentaire faite le 2 mai après midi, serait tardivement renouvelée le 2 juin suivant à midi. — *Douai*, 13 juill. 1820, Hennecart c. Arnoud; *Paris*, 6 déc. 1836 (t. 2 1827, p. 184), L... c. N...; — Coin-Delisle, sur l'art. 28, L. 17 avr., n° 1er; Bioche, v° *Contrainte par corps*, n° 354. — *Contrà Paris*, 8 oct. 1834, Valin c. Lefèvre; — Chauveau, sur Carré, quest. 2695 *bis*.

256. — La somme à consigner pour les alimens est maintenant de 30 fr. à Paris et de 25 fr. dans les autres villes. Il a commencé à en être ainsi un mois après la promulgation de la loi du 17 avr. 1832. Lors donc que des alimens avaient été consignés conformément à la loi de germ. an VI dans le courant d'avril, ou dans les premiers jours de mai 1832, la consignation s'est trouvée insuffisante à Paris le 20 mai, et si elle n'a pas été complétée de façon que le débiteur ait eu 1 fr. par jour, il a pu demander son élargissement faute de consignation d'alimens. — *Paris*, 13 sept. 1832, Duchesne c. compagnie du *Phénix*; *Bordeaux*, 19 avr. 1833, Angonet c. Hervé.

257. — Jugé que la consignation des alimens doit, à peine de nullité de l'emprisonnement, comprendre le laps de plusieurs jours employés pour



transférer le débiteur dans la maison de détention. — *Bourges*, 26 août 1823, Bardon c. Pournin-Delalande et Roy.

258. — M. Bioche (n° 351) combat avec raison, selon nous, cette décision. — Il est certain, dit-il, que le créancier doit nourrir le débiteur depuis le moment de son arrestation jusqu'à son incarcération; mais l'obligation de fournir une période d'alimens de trente jours ne peut commencer qu'à partir de l'incarcération.

### § 2. — *Par qui les alimens doivent être consignés.*

259. — La consignation d'alimens doit être faite par le créancier ou en son nom. Cependant, lorsqu'il a transporté la créance, la consignation peut encore être valablement faite par lui jusqu'à la signification du transport. Jusqu'à cette signification, en effet, le transport est comme non avenu à l'égard du débiteur. — *Paris*, 15 oct. 1829, Bertin c. Drouard.

260. — Il n'est pas nécessaire que celui qui consigne des alimens pour le créancier soit muni d'un pouvoir spécial, il suffit que la consignation faite au nom du créancier ne soit pas désavouée par lui. — *Bruxelles*, 6 juin 1821, Brugninck c. Defrance. — Le tiers en consignant des alimens dans l'espèce de cet arrêt n'avait pas même déclaré agir au nom du créancier. — *Paris*, 1er déc. 1834, Billard c. Loritz; *Limoges*, 3 sept. 1835, Durut de Lassalle c. Valette.

261. — Mais quand le créancier vient à mourir, les consignations faites par son mandataire, sans pouvoir spécial des héritiers, ne sont pas valables. — *Paris*, 17 mars 1826, Hamoir c. Jannet.

262. — ...A moins qu'elles n'aient été faites à une époque très rapprochée du décès, parce qu'alors il y avait péril en la demeure et que le mandataire a dû continuer l'exécution du mandat. — *Paris*, 31 août 1841 (t. 2e 1841, p. 411), André c. Catonnet et Moulinneuf.

### § 3. — *Concours de plusieurs créanciers.*

263. — Le débiteur emprisonné peut l'être à la requête de plusieurs créanciers, ou, s'il est emprisonné à la requête d'un seul créancier, être recommandé par d'autres. Il est juste alors que l'emprisonnement servant à tous les créanciers, les alimens du débiteur ne soient pas supportés par un seul d'entre eux. En cas de refus, la loi permet au créancier qui a fait emprisonner de se pourvoir contre le recommandant devant le tribunal du lieu où le débiteur est retenu, afin de le faire contribuer au paiement des alimens par portion égale. — C. procéd., art. 793.

264. — Dès que le recommandant peut être contraint à supporter une part des alimens, il est naturel de supposer que la consignation volontaire faite par lui l'a été dans le but de se conformer à l'art. 793, et par conséquent le débiteur doit être censé vivre par portions égales sur les différentes consignations. — *Paris*, 18 août 1836, Hewit c. Gratiot; 27 fév. 1837 (t. 1er 1837, p. 197), Soupé c. Parker.

265. — La division des alimens entre le créancier incarcérateur et le recommandant existe de plein droit et par la seule force de la loi, en telle sorte que, dès le jour de la consignation, les alimens doivent être imputés contributoirement tant sur la consignation du recommandant que sur celle faite par le créancier incarcérateur. — *Paris*, 1er sept. 1843 (t. 2 1843, p. 696), Belloni c. Turquet.

266. — Habituellement les créanciers s'entendent entre eux pour consigner des alimens, chacun pour une période de temps distincte, par exemple en convenant que l'un des créanciers consignera pour le premier mois, l'autre créancier pour le second et ainsi de suite. Mais que décider lorsque le droit d'un de ces créanciers vient à cesser, ou lorsqu'il juge à propos de ne plus consigner ou même de retirer des alimens qu'il a déjà déposés?

267. — Si l'un des créanciers cesse de consigner, les autres créanciers n'ont pas le droit de s'en plaindre, c'est à eux à veiller à cet égard. Le débiteur peut demander et obtenir sa mise en liberté, s'il se trouve un seul jour sans alimens.

268. — Il est évident que la disposition de la loi qui permet de faire contribuer le recommandant au paiement des alimens du débiteur serait un piège pour les autres créanciers, si la nullité de la recommandation, entraînait la nullité de la consignation d'alimens faite par le recommandant. Chaque créancier, en effet, ne peut contrôler les droits des autres et le débiteur n'a rien à dire dès qu'il ne manque pas d'alimens. Cependant on a décidé que la nullité de la recommandation entraînait la nullité des consignations fai-



tes par le recommandant; et que le débiteur devait être élargi si les autres créanciers n'avaient pas assuré une consignation particulière dans leur intérêt. — *Paris*, 25 sept. 1834, Gouffé c. Guibout; 24 août 1836 (t. 1er 1837, p. 196), Roger de Baumont c. Farmer.

269. — Mais la cour de cassation a jugé avec plus de raison que les alimens ayant été consignés par chacun des créanciers dans l'intérêt et en quelque sorte par l'ordre de tous, devaient profiter à tous; et qu'en conséquence si la mise en liberté du détenu est ordonnée à l'égard d'un des créanciers pendant le mois dans lequel la consignation d'alimens a été faite par lui, le débiteur ne sera pas fondé à demander son élargissement pour défaut de consignation valable de l'autre créancier, surtout si celui-ci avait déjà consigné des alimens pour le mois suivant. — *Cass.*, 19 nov. 1838 (t. 2 1838, p. 448), Tempier c. prince de Kaunitz; — Coin-Delisle, additions sur l'art. 2069, n° 84. — *Contrà Paris*, 26 déc. 1835, mêmes parties.

270. — Il faut donc reconnaître que la consignation faite par un créancier et appliquée par le greffier à une période distincte, peut très bien s'appliquer à une autre période si l'intérêt du créancier incarcérateur l'exige ainsi. — *Cass.*, 19 nov. 1838 (t. 2 1838, p. 448), Tempier c. prince de Kaunitz. — *Contrà Paris* 26 déc. 1835, mêmes parties.

271. — En tous cas les alimens consignés par un créancier recommandant sont valablement consignés par lui à l'égard des autres créanciers jusqu'au jour de l'arrêt qui annulle la recommandation et en donne main-levée, et le recommandant ne peut dans ce cas retirer les alimens qu'à partir de ce jour. — *Paris*, 18 juill. 1838 (t. 2 1838, p. 133), de Riario c. Besson.

272. — Lorsque l'incarcérant et le recommandant ont consigné chacun séparément les alimens du premier mois et ont ensuite contribué par portions égales pour les alimens des mois suivans, ils sont fondés à soutenir que les alimens qu'ils ont fournis chacun de leur côté pour le premier mois, doivent compter pour deux mois et à repousser par ce moyen la demande en élargissement du débiteur pour consignation incomplète. — *Bruxelles*, 28 juin 1821, Diderik Willing c. Vandevelde.

273. — Les alimens consignés par le créancier incarcérateur ne peuvent être retirés par lui lorsqu'il y a recommandation, si ce n'est du consentement du recommandant. — C. procéd., art. 791.

274. — Il faut même aller plus loin et poser en principe que les alimens consignés par le recommandant ne peuvent être retirés par lui que du consentement du créancier incarcérateur, nonobstant l'argument à *contrario* qui ressort de l'art. 791, C. procéd. Ainsi que le fait remarquer dans ses additions sur l'art. 2069, n° 82, M. Coin-Delisle qui avait d'abord soutenu l'opinion contraire, la consignation faite par le recommandant devient commune à l'incarcérateur, et, par suite, les alimens ne peuvent être retirés que du consentement de tous (C. civ., art. 1372, 1373). C'est au surplus ce que décide aujourd'hui la jurisprudence. — *Paris*, 12 juill. 1838 (t. 2 1838, p. 133), Riari c. Besson; *Cass.*, 19 mars 1838 (t. 2 1838, p. 448), Tempier c. Kaunitz. — *Contrà Colmar*, 27 mars 1817, Murer c. Busch; *Paris*, 7 janv. 1836, Claudin c. Darnoul; — Favard, v° *Contrainte par corps*, § 4; Carré, n° 2747.

275. — En admettant que le recommandant pût retirer les alimens par lui consignés sans le consentement de l'incarcérateur, on a jugé que ce dernier n'avait pas le droit de demander au recommandant des dommages-intérêts, quoique le retrait des alimens par le recommandant eût entraîné l'élargissement du débiteur. — *Colmar*, 27 mars 1817, Murer c. Busch; — V. Coin-Delisle, additions sur l'art. 2069, nos 80 à 84.

276. — Si l'incarcérateur ne peut pas retirer les alimens qu'il a consignés sans le consentement du recommandant, il ne peut pas non plus être tenu de fournir des alimens dans l'intérêt d'un tiers, il a donc une action contre le recommandant en restitution des alimens non encore consommés le jour où il a donné main-levée de son emprisonnement.

277. — Il en est de même du recommandant, il a également le droit, s'il donne main-levée de la recommandation, d'exiger de l'incarcérateur, comme *negotiorum gestor*, la restitution des alimens non consommés lors de la main-levée de la recommandation.

278. — Une semblable distinction doit être faite quand la nullité de la recommandation est prononcée par les tribunaux. S'il est vrai que ni le recommandant ni l'incarcérateur ne puissent retirer les alimens qu'ils ont consignés, et si l'on ne doit pas s'occuper des alimens consommés; au

moins le créancier dont l'exécution est annulée peut se faire restituer par les autres créanciers qui en profitent les alimens non consommés au moment de l'arrêt. — Coin-Delisle, *loc. cit.*

279. — Jugé que lorsqu'un détenu pour dettes s'est évadé et a été ensuite arrêté de nouveau à la requête d'autres créanciers, ceux-ci ne peuvent être considérés comme des recommandans et par suite leur consentement n'est pas nécessaire pour que les premiers incarcérateurs ou recommandans puissent retirer les alimens qu'ils avaient originairement déposés. — *Paris*, 9 janv. 1832, Perret c. Diego-Correa.

### § 4. — *Conséquence du défaut de consignation d'alimens.*

280. — Faute par les créanciers de consigner d'avance une période d'alimens de trente jours, l'élargissement du débiteur doit être ordonné sur le certificat de non consignation délivré par le geôlier et annexé à la requête présentée au président sans sommation préalable. Si cependant le créancier en retard de consigner les alimens fait la consignation avant que le débiteur ait formé sa demande en élargissement, cette demande n'est plus recevable. — C. procéd., art. 803.

281. — On a ordonné l'élargissement d'un débiteur quoique le certificat de non-consignation d'alimens ait été délivré, non par le geôlier mais par son frère qui le remplaçait en son absence. — *Riom*, 31 août 1814, Chambon c. Chopin-Bouche.

282. — Le Code de procéd., art. 803, employait à la fois le mot *requête* et le mot *demande*, de sorte qu'on avait pu douter s'il suffisait d'une requête présentée au président pour faire ordonner l'élargissement, ou si le créancier ne devait pas être appelé. Le premier sens comme plus favorable à la liberté avait été adopté par la jurisprudence. — *Riom*, 7 juill. 1817, Perrot c. Jarrier; *Douai*, 1er sept. 1824, C... c. N...; *Rouen*, 7 avr. 1827, Vaché c. Boucher; *Nancy*, 18 mai 1829, Derousse c. Kern. — *Contrà Riom*, 1er avr. 1814, Mancel c. Guillemot.

283. — Les art. 28 et 29, L. 1832, ont confirmé cette opinion en ne laissant plus subsister aucun doute. Le créancier ne doit pas être appelé. — *Toulouse*, 30 nov. 1836, Pezet c. Guillard; — Coin-Delisle, sur l'art. 29, L. 17 avr., n° 2; Carré, quest. 2745; Berriat, p. 640; Bioche, v° *Contrainte par corps*, n° 436.

284. — Il suffit que la requête soit signée par le détenu et par le gardien de la maison d'arrêt pour dettes, ou même certifiée par le gardien si le détenu ne sait pas signer. Le ministère d'avoué n'est plus nécessaire. La communication au ministère public ne sert pas même davantage, quoique à Paris elle soit en usage. — L. 17 avr., art. 30; — Coin-Delisle, sur cet article.

285. — La requête est présentée en duplicata et l'ordonnance du président, rendue aussi par duplicata, est exécutée sur l'une des minutes qui reste entre les mains du gardien. L'autre minute est déposée au greffe du tribunal et enregistrée gratis. — L. 17 avr. 1832, art. 30.

286. — La consignation faite par le créancier après que le débiteur a présenté sa requête au président est tardive; à dater de la présentation de la requête l'incarcéré a un droit acquis à son élargissement. — *Cass.*, 27 août 1821, Hellot c. Suglet; *Nancy*, 18 mai 1829, Derouke c. Kern; — Berriat-Saint-Prix, *Tit. de la contrainte par corps*, note 53.

287. — Cet élargissement doit être maintenu, lors même qu'il aurait eu lieu sur une ordonnance irrégulière. — ... Notamment, sur l'ordonnance rendue par l'avocat le plus ancien en l'absence ou par suite de l'empêchement momentané du président et des juges. — *Cass.*, 15 janv. 1845 (t. 1er 1845, p. 404), Darru c. Baudrand.

288. — Jugé toutefois qu'après la délivrance du certificat par le geôlier, mais avant la demande en élargissement, le créancier peut encore valablement consigner. — *Paris*, 18 juin 1836, Sayssel c. Leray; — Berriat-Saint-Prix, *ibid.*

289. — Il faut remarquer que dans l'espèce le débiteur n'avait pas pu manquer d'alimens. Il avait pris le certificat à quatre heures du matin, et présenté sa requête au président à six heures. Mais le créancier avait fait une consignation nouvelle à cinq heures.

290. — Si le président renvoie les parties à l'audience, la consignation postérieure à la requête n'empêche pas le tribunal d'ordonner l'élargissement. — *Nancy*, 18 mai 1829, Dérouke c. Kern.

291. — Il résulte de ce qui précède que lorsque la demande en élargissement et la consignation d'alimens ont été faites le même jour, il importe beaucoup de déterminer laquelle précède l'autre. Si la demande en élargissement énonce l'heure à laquelle elle a été signifiée, c'est au créancier à prouver l'antériorité de sa consignation. — *Toulouse*, 15 mars 1828, Bastini c. Brigati.

292. — Selon MM. Thomine (t. 2, p. 387) et Chauveau (sur Carré, quest. 2746), il en est de même dans le cas où aucun exploit n'est daté de l'heure. Mais M. Carré (n° 2746) est d'une opinion contraire. Nous pensons, quant à nous, que les juges doivent se décider d'après les circonstances de la cause, et, dans le doute, se prononcer en faveur de l'élargissement; le créancier est, en effet, en faute dès qu'il n'a pas consigné les alimens un jour d'avance.

293. — C'est par appel devant la cour royale, et non par action devant le tribunal de première instance, que doit être attaquée l'ordonnance de mise en liberté pour défaut de consignation d'alimens. — *Toulouse*, 30 nov. 1836 (t. 2 1837, p. 260), Pezet c. Guillard.

294. — L'incompétence du tribunal de première instance étant, dans ce cas, *ratione materiæ*, peut être opposée pour la première fois en appel. — Même arrêt.

295. — S'il était justifié que les sommes consignées n'ont pas cessé d'être au complet, le débiteur élargi devrait être réincarcéré. — *Bruxelles*, 28 juin 1821, Diderick-Willing c. Vandevelde.

296. — Le débiteur élargi faute de consignation d'alimens ne peut plus être incarcéré pour la même dette. — L. 17 avr. 1832, art. 31. — Cette disposition est empruntée à l'art. 14, tit. 3, L. 15 germin. an VI, lequel avait été modifié par l'art. 804, C. procéd. Ce dernier article permettait la réincarcération, mais en obligeant le créancier à rembourser au débiteur les frais faits pour son élargissement, et à consigner six mois d'alimens. On a mieux fait de revenir simplement à la règle absolue de la loi de l'an VI, qui punit le créancier de sa négligence.

297. — Dans aucun cas aujourd'hui le débiteur élargi faute de consignation d'alimens ne peut être réincarcéré pour la même dette. On doutait, sous le Code de procédure, si cette règle ne s'appliquait pas encore, nonobstant l'art. 804, C. procéd., aux matières commerciales qui avaient continué à être réglées par la loi de germin. an VI; l'affirmative, adoptée par les cours de *Paris* (5 avr. 1817, Pourin c. Labry et Julienne) et *Bourges* (14 déc. 1818, Leblanc c. Perandin), avait été repoussée par arrêt de *Caen* (19 nov. 1824, Desmares c. Ménage).

298. — On se demandait, sous le Code, si les recommandans pour faire réincarcérer le débiteur élargi faute de consignation d'alimens étaient tenus de remplir les conditions imposées à l'incarcérateur. La même question peut se représenter, quoique dans des termes un peu différens. Il s'agira de savoir si le recommandant peut faire incarcérer de nouveau le débiteur élargi faute de consignation d'alimens. M. Coin-Delisle se prononce pour la négative, par la raison que les recommandans doivent s'imputer l'élargissement aussi bien que le créancier incarcérateur. — V. *Montpellier*, 17 août 1827, Roquefeuil c. Bousquet; — Coin-Delisle, sur l'art. 31, L. 17 avr., n° 3; Bioche, n° 444. — V. cependant, en sens contraire, *Toulouse*, 24 vent. an XI, Labic c. Lebattut et Aertric; *Bourges*, 3 août 1821, Derangère c. Cas. — Fœlix, *Contr. par corps*, sur l'art. 31, L. 17 avr.

## CHAPITRE V. — *Référé.*

299. — L'huissier ne pouvait être constitué juge des difficultés qui s'élèveraient sur l'arrestation; le débiteur, d'autre part, a un trop grand intérêt à conserver sa liberté pour qu'il ne fût pas nécessaire d'aviser au moyen d'obtenir une solution provisoire prompte et sûre de ces difficultés; le législateur en a abandonné l'appréciation au président du tribunal de première instance; si le débiteur requiert qu'il en soit référé, porte l'art. 786, C. procéd., il sera conduit sur-le-champ devant le président du tribunal de première instance du lieu où l'arrestation aura été faite, lequel statuera en état de référé; si l'arrestation est faite hors des heures de l'audience, le débiteur sera conduit chez le président. — C. procéd., art. 786.

300. — Le droit d'exiger qu'on le conduise en référé appartient au débiteur au moment de l'arrestation, et dure jusqu'à ce que l'arrestation soit complétement opérée, c'est-à-dire jusqu'à la signification du procès-verbal d'emprisonnement et de l'écrou. — *Toulouse*, 30 avr. 1825, Brincourt c. Réguier; — Demiau, p. 482; Carré, *Anal.*, quest. 2475; *L. de la procéd.*, n° 2694; Coin-Delisle, sur l'art. 2069, n° 52.

301. — On a même jugé que le débiteur menacé d'emprisonnement pouvait, attendu l'urgence, assigner son créancier en référé devant le président du tribunal avant l'exécution de la contrainte par corps. — *Bruxelles*, 20 déc. 1810, Crabé c. Lambrechts; 20 déc. 1820, Crabé; — Carré, *L. de la procéd.*, n° 2679.

302. — Tout huissier, garde du commerce ou exécuteur de mandement de justice qui, lors de l'arrestation d'un débiteur, se refuse à le conduire en référé devant le président du tribunal de première instance, est condamné à 1000 fr. d'amende, sans préjudice des dommages-intérêts. — L. 17 avr. 1832, art. 22.

303. — Le refus peut être prouvé par témoins. — Demiau, p. 482; Carré, quest. 2694; Thomine, t. 2, p. 362; Coin-Delisle, p. 56; Bioche, v° *Contrainte par corps*, n° 300.

304. — L'écrou rédigé et achevé nonobstant une réquisition de référé est nul. — *Douai*, 23 nov. 1839 (t. 2 1840); *Toulouse*, 30 avr. 1825, Brincourt c. Régnier; — Coin-Delisle, *ibid.*

305. — Quoique la loi ne l'ait pas dit, le refus de l'huissier de conduire le débiteur en référé rend nul l'emprisonnement. L'art. 794, C. procéd., qui prononce la nullité pour omission des formalités prévues par les articles précédens, comprend l'art. 786 dans ses termes. — *Bourges*, 30 nov. 1821, Flageol c. Tuv.

306. — Cependant on a jugé, mais à tort selon nous, que l'arrestation provisoire d'un étranger ne pouvait être déclarée nulle sur le motif que l'huissier avait refusé de le conduire en référé. Lorsque la demande en avait été faite, l'écrou était déjà rédigé; mais nous avons dit que le débiteur peut requérir le référé jusqu'à la signification du procès-verbal d'emprisonnement et de l'acte d'écrou. — V. *Douai*, 12 janv. 1832, Bloqué c. Prior.

307. — En matière de contrainte par corps, le juge des référés n'est valablement saisi que sur l'opposition du débiteur à son incarcération, et sur la demande par lui faite d'être conduit devant le président, ou par assignation donnée par le créancier au débiteur. — Dans le cas où le concierge d'une maison d'arrêt refuse de recevoir une recommandation concernant un garde national détenu disciplinairement, le garde de commerce ne peut se retirer devant le président du tribunal pour faire statuer immédiatement en référé. — *Paris*, 3 avr. 1845 (t. 1er 1845, p. 452), Nollet c. Sauphar.

308. — Lorsque le président et le premier juge n'ont pas été trouvés dans leur demeure, l'emprisonnement ne peut être effectué avant qu'on se soit adressé aux autres juges. Si tous étaient absens, il faudrait suspendre l'incarcération à peine de nullité. — *Riom*, 20 déc. 1815, Tible c. Lapeyce.

309. — Le pouvoir du juge de référé a surtout pour objet l'examen de la régularité de la procédure d'emprisonnement. Il peut donc juger de la validité du commandement tendant à contrainte par corps. — *Paris*, 17 déc. 1817, Carville c. Dosseville; — Coin-Delisle, sur l'art. 2069, n° 53.

310. — Il doit aussi statuer sur l'identité du débiteur, comme sur la compensation qu'il pourrait opposer pour des causes postérieures au jugement, ou sur les paiemens qu'il prétendrait avoir faits depuis la même époque. — Coin-Delisle, sur l'art. 2069, n° 53; Pardessus, n° 1518.

311. — Mais il est incompétent pour examiner le mérite de la condamnation ou pour statuer sur des exceptions nées avant le jugement. — Carré, quest. 2678e; Bioche, n° 102.

312. — L'ordonnance de référé est consignée sur le procès-verbal de l'huissier et exécutée sur-le-champ. — C. procéd., art. 787.

313. — Elle peut même être suppléée par la mention que l'huissier insère dans son procès-verbal qu'il a conduit le débiteur en référé, et que, sur les observations des parties, le président a ordonné qu'il serait passé outre. — *Nancy*, 6 mai 1828, Collignon c. Henri et Delavoevre.

314. — C'est ainsi également que le juge peut, sans rendre une ordonnance, dire que le débiteur soit conduit dans la chambre du conseil, en annonçant qu'il s'y transportera dans une heure, et il suffit que cet ordre soit consigné par l'huissier sur le procès-verbal d'arrestation. — *Riom*, 19 déc. 1814, Champaresse c. Cohendi.

315. — Le créancier, comme le débiteur, peut interjeter appel de l'ordonnance de référé dans les délais ordinaires, à partir de la signification qui lui en est faite. Mais cette signification, lorsqu'elle est faite au créancier, surtout à la requête du débiteur, n'est pas un acte d'exécution; elle doit, pour faire courir les délais d'appel, être faite au domicile réel du créancier et non à son domicile élu dans le commandement. — *Bordeaux*, 1er août 1828, Besse c. Mouru-Lacotte.

## CHAPITRE VI. — *Recommandation.*

316. — On appelle *recommandation* l'acte par le-

quel les créanciers d'un individu déjà détenu, qui auraient le droit de le faire emprisonner, s'opposent à sa mise en liberté. — Deux conditions sont essentielles à la validité de la recommandation; il faut : 1° que le débiteur soit détenu; 2° que le créancier ait contre lui la contrainte par corps.

317. — Quant à la détention du débiteur, on n'a pas à examiner quelle en est la cause. Ainsi, on peut recommander l'individu arrêté comme prévenu d'un délit (C. procéd., art. 792), et cet individu sera retenu par l'effet de la recommandation, encore que son élargissement ait été prononcé et qu'il ait été acquitté du délit. Ce n'est même qu'à ce moment que la recommandation produira effet. Jusque-là, retenu par l'état et nourri par l'état, sa détention aura été indépendante de la recommandation. — V. *suprà* n° 248.

318. — Jugé cependant que l'incarcération par voie de recommandation du débiteur détenu à la prison de la garde nationale ne saurait être valablement faite à la prison pour dettes...... l'emprisonnement qu'il subit, opéré en vertu d'une condamnation à une peine disciplinaire, et dans une maison autre que la maison de la dette, n'ayant aucun effet à l'égard du créancier. — *Paris*, 3 avr. 1845 (t. 1er 1845, p. 452), Nollet c. Sauphar. — Ne peut-on pas néanmoins objecter que lorsque le débiteur est détenu à la maison d'arrêt de la garde nationale, on ne conçoit pas que le créancier ait d'autre soin à prendre que celui de le recommander. — L'art. 792, C. procéd., porte expressément que « celui qui est arrêté comme prévenu d'un délit peut être recommandé..... » Le mot *délit* doit être entendu dans un sens générique; peu importe donc qu'il s'agisse d'un crime, d'un délit ou d'une contravention : il suffit qu'il y ait incarcération pour qu'elle profite au créancier, et pour que celui-ci ne soit plus tenu que d'agir par voie de recommandation. — V. dans ce sens Goujet et Merger, *Dict. de droit comm.*, v° *Recommandation*, n° 14.

319. — On pouvait déjà, avant le Code de procédure, recommander l'individu arrêté comme prévenu d'un délit.—*Paris*, 22 frim. an XII, Beausset c. de la Rochefoucauld; *Cass.*, 8 pluv. an XIII, Bertifort c. Sapihea.

320. — Si l'on peut recommander le débiteur prévenu d'un délit, à plus forte raison peut-on recommander celui qui est prévenu d'un crime. — *Toulouse*, 30 mars 1824, Hue c. Calmettes et Cassan.

321. — Il en est ainsi quoique l'arrestation du débiteur ait eu lieu sur la dénonciation du créancier recommandant, pourvu qu'il n'y ait eu de sa part ni dol ni fraude. — *Toulouse*, 16 avr. 1823, Dardignac c. Souquet.

322. — Mais si le créancier avait, par des manœuvres et artifices, surpris à l'autorité publique l'emprisonnement de son débiteur, celui-ci pourrait obtenir la nullité de la recommandation. — *Cass.*, 15 juin 1819, Bouville c. Boileau.

323. — On a même annulé, non une recommandation, mais un emprisonnement, en se fondant sur ce que le créancier avait fait arrêter son débiteur par l'autorité publique, pour avoir le temps de lui faire un commandement et de s'emparer de sa personne à la sortie de prison. — *Rouen*, 27 juill. 1813, Debars c. Dauge.

324. — Mais le failli emprisonné comme banqueroutier simple, ne peut être valablement recommandé s'il est en même temps sous le poids du dépôt ordonné par l'art. 455, C. comm.—*Riom*, 25 mai 1829, Busset c. Begon.—Aucune contrainte par corps ne peut, en effet, être exercée dans l'intérêt individuel d'un créancier pendant la procédure de faillite. — V. FAILLITE.

325. — Sous la loi du 15 germ. an VI, la nullité de l'emprisonnement entraînait celle des recommandations. — *Paris*, 9 germ. an XIII, Gaudin c. Bavoue.—Cette jurisprudence avait l'inconvénient de punir le recommandant d'une faute qui ne pouvait lui être imputée; car le débiteur étant déjà emprisonné, quoique illégalement, la recommandation était le seul moyen d'exercer la contrainte contre lui. Le Code de procéd. a donc, avec raison, prévenu la difficulté pour l'avenir.

326. — La nullité de l'emprisonnement, pour quelque cause qu'elle soit prononcée, n'entraîne plus la nullité des recommandations.—C. procéd., art. 796. — Un jugement du tribunal de la Seine avait jugé, avant la loi de 1832, que cette règle s'appliquait même aux matières commerciales. — *Paris*, 13 fév. 1826, Bouloup c. Legrip-Lemercier; *Toulouse*, 11 janv. 1825, Fonade c. Artigues; *Paris*, 22 mars 1827, Grangent c. Bossy.—Aujourd'hui que la contrainte par corps en matière de commerce n'est plus réglée par la loi de germ. an VI, la question ne pourrait plus même être élevée.

327. — Lorsqu'un détenu pour dettes a formé une demande en élargissement, il ne cesse pas pour cela d'être détenu, et à ce titre il peut être recommandé par ses créanciers. Il est superflu d'examiner, pour apprécier la validité de la recommandation, si la nullité de l'emprisonnement a été ou non prononcée. — *Cass.*, 2 août 1822, Spencer c. Cavelier; *Pau*, 24 janv. 1834, Feraud c. Vic; — Carré, quest. 2718*; Pigeau, t. 2, p. 382. — *Contrà* Delaporte, t. 2, p. 367.

328. — On a même déclaré valable la recommandation faite après le jugement qui annulait l'emprisonnement. — *Caen*, 16 juill. 1827, d'Arthenay c. Bénard-Porée.

329. — Mais la recommandation postérieure à l'évasion du débiteur est sans aucun effet, et ne pourrait, par exemple donner au recommandant droit de demander des dommages-intérêts au chef de la maison de santé dans laquelle le débiteur était détenu lors de son évasion. — *Paris*, 3 juill. 1832, Reboul c. Laury.

330. — Les règles précédentes ne sont applicables qu'aux créanciers autres que le créancier incarcérateur. Quant à ce dernier, le législateur déclarant (C. procéd., art. 797) qu'en cas de nullité d'emprisonnement, le débiteur ne peut être arrêté pour la même dette qu'un jour au moins après sa sortie de prison, il en résulte nécessairement que le débiteur ne peut être recommandé par le créancier incarcérateur. — *Colmar*, 31 août 1840, Roos c. Khodérer; *Limoges*, 26 mai 1828, Lornac Chegrons c. Villeneuve; *Toulouse*, 30 nov. 1839 (t. 1er 1840, p. 210), Ramoniech c. Bardou; *Nancy*, 29 mai 1840 (t. 2 1840, p. 678), Maget c. Fayard; — Goujet et Merger, v° *Recommandation*, n° 24; Coin-Delisle, p. 64, n° 95; Demiau, p. 484; Thomine, t. 2, p. 929.

331. — Toutefois, lorsque le débiteur n'a pu, malgré l'annulation de l'emprisonnement, être mis en liberté à cause de recommandations faites à la requête d'autres créanciers, le premier incarcérateur peut valablement le recommander, soit pour la même dette (*Colmar*, 25 juin 1830, Traut c. Lehman; *Riom*, 3 août 1837 (t. 2 1838, p. 329), Joubert); soit pour d'autres dettes. — *Toulouse*, 11 janv. 1825, Fonade c. Artigues; — Goujet et Merger, v° *Recommandation*, n° 24.

332. — Il faut observer pour la recommandation les formes prescrites pour l'emprisonnement; néanmoins l'huissier n'est pas assisté de recors, et le recommandant est dispensé de consigner des alimens s'ils ont été consignés. — C. procéd., art. 793; — Coin-Delisle, sur l'art. 2069, n° 71. — Il existe, il est vrai, un arrêt critiqué par tous les auteurs, rendu avant le Code de procéd., et qui semble juger que les formalités exigées pour l'emprisonnement ne sont pas nécessaires pour la recommandation. On ne pourrait dans tous les cas tirer de cet arrêt aucun argument aujourd'hui.— Coin-Delisle, *ibid.* — *Cass.*, 8 pluv. an XIII, Bertifort c. Sapitrer.

333. — On doit donc signifier au débiteur le jugement qui prononce la contrainte avec commandement un jour avant la recommandation.—Coin-Delisle, sur l'art. 2069, n° 11. Mais il n'est pas nécessaire de signifier au débiteur son acquiescement à ce jugement. — *Paris*, 17 sept. 1829, Lenoir c. d'Haronville.

334. — L'huissier doit être porteur d'un pouvoir spécial à peine de nullité. — *Lyon*, 4 sept. 1810, Charul c. Vincent; — Coin-Delisle, sur l'art. 2069, n° 70. — *Contrà Toulouse*, 30 janv. 1812, Castel c. Bonnet.

335. — L'ordonnance qui commet un huissier pour recommander un débiteur peut être rendue par le juge dans sa demeure et sans l'assistance du greffier, attendu l'urgence. — *Riom*, 3 août 1837 (t. 2 1838, p. 329), Joubert; — CoinDelisle, sur l'art. 2069, n° 13, addit. finales.

336. — Le débiteur recommandé peut requérir un référé. Mais il ne doit pas être conduit devant le président. Il faut, ou qu'il se fasse représenter par un avoué, ou qu'il déduise ses motifs sur le procès-verbal de recommandation.—Coin-Delisle, sur l'art. 2069, n° 75; Carré, *Lois de la procéd.*, art. 2700. — *Contrà Paris*, 17 sept. 1829, Lenoir c. d'Harouville. — Mais tout en jugeant que le refus de conduire le débiteur en référé était irrégulier, cet arrêt n'a pas annulé la recommandation sur ce motif.

337. — L'huissier qui aurait omis d'énoncer dans le procès-verbal de recommandation la remise de la copie de son acte au débiteur recommandé ne peut réparer cette omission dans le procès-verbal d'écrou.— *Riom*, 27 avr. 1816, Boyer c. Courbeyre.

338. — Si le débiteur incarcéré refuse de venir recevoir la copie du procès-verbal de recommandation, quelle marche faut-il suivre? — Carré (quest. 2701), pense qu'on peut alors avoir recours à la force armée comme dans le cas de rébellion au moment de l'arrestation. — Mais M. Coin-Delisle (p. 60, n° 76) enseigne avec plus de raison, selon nous, qu'il suffit de constater le refus du débiteur et de remettre la copie au geôlier. — V. dans le même sens Bioche, n° 377; Goujet et Merger, *Dict. de comm.*, v° *Recommandation*, n° 13.

## CHAPITRE VII. — *Nullité de l'emprisonnement.*

### Sect. 1re.—*Cause de nullité.— Fins de non-recevoir.*

339. — *Cause de nullité.* — A défaut d'observation des formalités prescrites par la loi, le débiteur peut demander la nullité de l'emprisonnement.

340. — L'observation des formalités prescrites est exigée à peine de nullité, et les tribunaux ne sont pas maîtres d'accueillir ou de repousser sa demande. — Dans une matière aussi importante, rien ne doit être laissé à l'arbitraire. — *Lyon*, 9 mai 1828, Dumaine c. Roulet et Colomb; *Nîmes*, 15 juin 1829, Dubief; —Coin-Delisle, sur l'art. 2069, n° 87; Pigeau, liv. 2, part. 5e, tit. 4, chap. 1er, sect. 4e, n° 2; — *Contrà Nîmes*, 12 juill. 1826, Hilaire c. Marcellin.

341. — Le créancier ne saurait se rendre juge du mérite des actes tendant à faire réformer le jugement qui prononce la contrainte par corps, l'exercer nonobstant ces actes, même quand ils sont nuls. Ainsi l'emprisonnement fait au préjudice d'un appel entaché de nullité évidente doit néanmoins être annulé. — *Agen*, 27 niv. an XIII, Cavaillé c. Pellegarie.

342. — Il en est de même de celui auquel on a procédé en vertu d'un jugement par défaut frappé d'opposition, quoique cette opposition ait été annulée par un jugement subséquent pour vice de forme. — *Turin*, 1er fév. 1813, Bosio c. Reviale.

343. — Mais l'emprisonnement effectué en vertu d'un jugement par défaut, après les six mois, est valable quoique le créancier n'ait pu faire autre chose qu'un procès-verbal de carence contre le débiteur, parce que celui-ci n'avait aucun bien, et s'était retiré en un lieu inconnu. — *Caen*, 3 août 1815, Lelièvre-Desnoyers c. Fribois.

344. — Jugé que l'audition du ministère public est requise en matière d'arrestation d'étrangers. — *Cass.*, 22 mars 1809, Swan c. Lubbert. — *Contrà Paris*, 23 déc. 1808, Swan c. Lubbert.

345. — *Fins de non-recevoir.* — Les nullités résultant de vices de formes ne sont pas couvertes par le silence gardé par le débiteur lors de son emprisonnement; il peut encore les invoquer, quoiqu'il n'ait fait aucune protestation dans le procès-verbal d'emprisonnement, et se soit fait conduire en référé. — *Rennes*, 28 déc. 1814, Depincée; *Metz*, 30 déc. 1817, Arnault.

346. — Il a même été décidé que le silence gardé par le débiteur pendant quelque temps après l'incarcération, n'élève pas une fin de non-recevoir contre lui. — *Bordeaux*, 4 août 1840 (t. 2 1840, p. 709), Duchet c. Léger.

347. — Il peut encore invoquer les vices de forme lorsqu'il a succombé sur ceux du fond. — *Montpellier*, 19 juin 1807, Ribes c. Carrière.

348. — ... Surtout lorsque les causes de nullité d'emprisonnement sont mentionnées dans les premières conclusions. — *Bourges*, 30 nov. 1821, Flageot-Fleury c. Tuo.

349. — Lorsque les exceptions qui devaient mettre le débiteur à l'abri de la contrainte n'ont pas été proposées en première instance, elles peuvent l'être pour la première fois en appel. — *Bordeaux*, 9 mars 1809, Godefroy c. Gasquet; — Coin-Delisle, sur l'art. 2063, n° 5.

350. — Elles pourraient même l'être pour la première fois en cassation, si elles étaient de telle nature que la cour royale ou le tribunal eussent dû les appliquer d'office comme dans le cas où un tribunal de commerce avait condamné un notaire par corps au paiement d'un simple billet à ordre. — *Cass.*, 20 flor. an XI, Péan de Saint-Gilles c. Saint-Maure; — Coin-Delisle, *ibid*, n° 6.

351. — Tel serait encore le cas où une femme non marchande publique aurait été condamnée par corps par un arrêt de cour royale. — *Cass.*, 24 janv. 1842 (t. 1er 1842, p. 145), propriét. du navire les *Trois-Frères* c. Lecarpentier.

352. — Le pourvoi en cassation n'étant pas suspensif, la partie condamnée par corps qui acquitte le montant de la condamnation ne se rend pas, par cela seul, non-recevable à poursuivre le jugement de son pourvoi contre la disposition de l'arrêt qui a prononcé contre elle la contrainte par corps, alors surtout qu'elle a expressément

réservé les effets de ce pourvoi. — Même arrêt.

353. — Il en serait même ainsi quand la partie, en exécutant l'arrêt, n'aurait pas fait de réserve expresse. L'exécution étant forcée, on n'en peut induire une renonciation à faire valoir contre l'arrêt les moyens de droit.

354. — Mais si l'arrêt qui a été exécuté n'est cassé que quant au chef relatif à la contrainte par corps, et est maintenu quant à la condamnation, le défendeur au pourvoi ne peut être tenu à aucune restitution, nonobstant la cassation. — *Cass.*, 24 janv. 1842 (t. 1er 1842, p. 145), propriét. du navire les *Trois Frères* c. Lecarpentier.

355. — Un mineur peut valablement demander en justice, en son nom propre, la nullité de l'emprisonnement prononcé contre lui. — *Colmar*, 20 nov. 1840 (t. 2 1841, p. 683), Hauser c. Dreyfus.

356. — C'est un principe certain, et à l'abri de toute contestation dans notre droit, que les conventions qui auraient pour objet de permettre la contrainte par corps en dehors des cas prévus par la loi sont nulles et sans effet. — C. civ., art. 2063. — Cette proposition ne saurait s'appliquer exclusivement aux conventions antérieures aux jugemens, et par conséquent tout acquiescement qui aurait pour résultat de fermer au débiteur les voies qui lui appartenaient pour faire réformer le jugement prononçant la contrainte est nul en ce qui la concerne. — Coin-Delisle, sur l'art. 2063, no 11, et add. fin., *ibid.* — V. *Paris*, 12 juill. 1825, Lemaire c. Lelizeux; *Bordeaux*, 21 déc. 1825, Renaud c. Lopès et Muscat; *Rouen*, 5 nov. 1827, Feret c. Levillain; *Paris*, 19 déc. 1832, Boode c. Cartier; *Cass.*, 18 juill. 1833, Bouteille c. Sudenne; *Paris*, 10 fév. 1836 (t. 1er 1837, p. 471), N...; 21 avr. 1838 (t. 1er 1838, p. 634), Houseal c. Colin; 28 mai 1839 (t. 1er 1839, p. 583), Sirieys de Mairenhac c. Pelletier; 2-30 janv. 1840 (t. 1er 1840, p. 161), Sainte-Aldegonde c. Assire-Deschamps. — *Contrà Paris*, 2 juin 1827, Chatrau c. Deschamps; *Caen*, 30 août 1836, L...; — Coin-Delisle, addit. sur l'art. 2063, no 17. — V. ACQUIESCEMENT, nos 139 et suiv., CONTRAINTE PAR CORPS, no 55.

357. — Il en est ainsi, que l'acquiescement soit formel ou tacite, ou qu'il résulte d'un fait d'exécution, tel que le paiement des dépens. — Coin-Delisle, sur l'art. 2063, no 12.

358. — Le fait par le débiteur de s'être laissé emprisonner en vertu d'un jugement ne constitue pas un acquiescement qui le rende plus tard non-recevable à interjeter appel de ce jugement. — *Lyon*, 26 déc. 1832, Alvernias c. Bertholat.

359. — L'acquiescement ne rend pas l'appel non-recevable; à plus forte raison en est-il de même de la consignation faite par le débiteur, aux termes de l'art. 800, 2°, C. procéd., pour obtenir sa liberté, surtout lorsque dans la déclaration énoncée au procès-verbal de consignation le débiteur a déclaré qu'il n'entendait la faire que comme contraint et sous la réserve de tous ses droits. — *Cass.*, 4 mai 1818, Baloffet-Buffe c. Olivier.

360. — Toutefois, il faut se garder de donner au principe une trop large extension. Il est vrai sans doute que le débiteur condamné peut, nonobstant son acquiescement, interjeter appel du jugement qui le condamne par corps; mais cela ne s'applique que quant au chef relatif à la contrainte par corps. La condamnation au paiement est devenue irrévocable par l'acquiescement et ne peut plus être réformée par aucun moyen.

361. — L'acquiescement peut même aussi, quant à la contrainte, produire quelque effet. Lorsque le débiteur a acquiescé, par exemple, à un jugement de défaut, il ne peut évidemment se prévaloir du défaut d'exécution pendant les six mois, pour empêcher l'exercice de la contrainte par corps contre lui, en vertu de ce jugement. Le créancier, dans ce cas, invoque moins l'acquiescement du débiteur que la connaissance incontestable qu'il a eue du jugement de défaut et qui le rend non-recevable à y former opposition. — *Bourges*, 8 mai 1837 (t. 1er 1837, p. 400), Trumeau c. Leloup.

362. — On a assimilé à un acquiescement le serment déféré par le défendeur au demandeur sur le montant de la dette, et on a décidé que le défendeur n'était pas moins recevable devant la cour à contester la disposition qui prononçait la contrainte par corps. Le serment n'ayant été déféré que sur le montant de la dette, tout ce qui concernait la contrainte par corps restait entier. — *Pau*, 24 juill. 1837 (t. 2 1838, p. 254), Cailleba c. Superg.

363. — Si la contrainte a été prononcée par un tribunal de commerce, parce qu'il jugeait la dette commerciale, la cour peut, malgré l'acquiescement, et tout en maintenant la condamnation, infirmer le jugement quant à la contrainte, sur le motif que la dette ne serait pas commerciale. La conséquence de cette décision c'est que le tribunal de commerce était incompétent, même pour condamner au paiement; mais on peut répondre que cette contrariété entre les jugemens doit être imputée au débiteur qui a acquiescé. — *Bordeaux*, 21 déc. 1825, Renaud c. Lopès et Muscat; *Rouen*, 5 nov. 1821, Feret c. Levillain.

364. — Même en ce qui concerne la contrainte par corps, si l'acquiescement seul ne suffit pas pour empêcher le débiteur condamné d'interjeter appel, il n'en résulte pas que l'appel puisse être interjeté indéfiniment et que le jugement ne puisse pas acquérir, en ce qui concerne la contrainte par corps, l'autorité de la chose jugée. — Coin-Delisle, sur l'art. 2063, no 12.

365. — Reste seulement à savoir dans quels délais l'appel pourra être interjeté. Malgré la diversité des arrêts sur cette question, elle nous semble en principe assez facile à résoudre. D'abord, en admettant que l'acquiescement, en ce qui concerne la contrainte par corps, ne peut nuire au débiteur, il faut reconnaître aussi que cet acquiescement ne peut lui servir, et que si le jugement a été signifié avant l'acquiescement, le débiteur ne pourra interjeter appel que dans les délais ordinaires, à partir de la signification. — Coin-Delisle, addit. sur l'art. 2063, no 12. — V. ACQUIESCEMENT, nos 150 et suiv., CONTRAINTE PAR CORPS, nos 56 et suiv.

366. — Quand, au contraire, le jugement n'a point été signifié au débiteur avant l'acquiescement, il n'est pas possible de considérer cet acquiescement comme une déclaration suffisante du débiteur qu'il connaît le jugement. — V. CONTRAINTE PAR CORPS, no 57.

367. — Nous avons jusqu'ici supposé un jugement contradictoire. Si le jugement était par défaut, l'acquiescement rendrait-il le débiteur immédiatement non recevable à y former opposition et ne permettrait-il plus à ce débiteur que d'employer la voie de l'appel pour arriver à la réformation du jugement ou ce qui concerne la contrainte? — L'affirmative est soutenue par M. Coin-Delisle (additions sur l'art. 2063, no 12), par la raison que l'acquiescement constitue un acte d'exécution et équivaut à une déclaration du débiteur qu'il regarde le jugement comme contradictoire. — Mais la jurisprudence repousse ce système. — V. ACQUIESCEMENT, no 143.

368. — Avant la loi du 17 avril 1832, c'était une question très contraversée de savoir si, lorsque le jugement qui prononçait la contrainte était en dernier ressort, on pouvait néanmoins en interjeter appel quant au chef relatif à la contrainte? — V. pour l'affirmative *Bourges*, 6 mars 1807, Lag.. c. trib. de N...; *Lyon*, 23 août 1811, Baudrico c. Viala; *Grenoble*, 28 fév. 1815, Meynal c. Guessier; et pour la négative: *Bruxelles*, 26 nov. 1811, N...; *Paris*, 11 sept. 1812, Devernet c. Grangeret; *Bourges*, 29 juill. 1814, Charlot c. Girard; *Grenoble*, 3 juin 1817, Richard c. Couturier.

369. — L'art. 20, L. 1832, a levé tous les doutes en décidant que dans les affaires où les tribunaux civils ou de commerce statuent en dernier ressort, la disposition de leur jugement relative à la contrainte par corps sera sujette à l'appel, mais que cet appel ne sera pas suspensif.

370. — Cette disposition s'applique non seulement au jugement qui prononce la contrainte, mais encore à ceux qui statuent sur la régularité d'un emprisonnement opéré en exécution d'un jugement contenant une condamnation en dernier ressort. — *Aix*, 6 déc. 1834, Michel c. Meunier.

371. — Déjà avant la loi de 1832 on avait déclaré recevable l'appel interjeté par le débiteur d'un jugement qui rejetait sa demande en nullité d'emprisonnement, quoique l'emprisonnement eût été opéré pour une dette inférieure à 1,000 fr. Dans l'espèce, il est vrai, une demande de 3,000 fr. de dommages-intérêts était jointe à la demande en élargissement et permettait moins le doute. — *Nancy*, 21 nov. 1831, Reydelet c. Delorcy.

372. — L'art. 20, L. 1832, qui permet l'appel de tous les jugemens qui prononcent la contrainte est établi dans l'intérêt de la liberté, c'est à dire dans l'intérêt du débiteur. Lui seul, en effet, peut dire que l'accessoire est pour lui plus important que le principal, et qu'il ne s'agit pas seulement d'une somme ou d'une valeur inférieure au taux du dernier ressort, mais encore de l'existence de ses enfans, et peut-être de la sienne propre. La conséquence nécessaire, c'est que le créancier ne peut, lorsque sa demande est inférieure au taux du dernier ressort, interjeter appel du chef relatif à la contrainte. La cour royale de Paris paraît avoir méconnu ces principes dans les considérans d'un arrêt du 11 août 1841 (t. 2 1841, p. 334, David c. Housseau). Mais cet arrêt est justement combattu par M. Coin-Delisle dans les dernières additions qu'il a faites à son traité de la contrainte par corps. L'argument tiré de l'art. 20, L. 17 avril, le seul que la cour de Paris ait fait valoir, tombe devant une double considération. La première, c'est que cet article a eu pour but de trancher les doutes qui existaient sur le point de savoir si le débiteur pouvait dans tous les cas interjeter appel du chef relatif à la contrainte par corps, et que jamais encore on n'avait eu à examiner la prétention du créancier à laquelle, par conséquent, le législateur ne devait pas songer. La seconde considération se tire de la fin même de l'art. 20. Cet appel, dit l'art. 20, ne sera pas suspensif. N'est-ce donc pas évidemment du débiteur seul que le législateur s'est occupé, et en disant que l'appel ne serait pas suspensif, ne prévoyait-il pas exclusivement le cas où on interjetterait appel d'un jugement qui prononcerait la contrainte. Le texte de la loi ne s'oppose donc pas, comme le prétend la cour de Paris, à cette solution réclamée par la raison et par l'humanité. — Coin-Delisle, sur l'art. 20, no 3, L. 17 avr.; et additions, *ibid.*

373. — M. Coin-Delisle (sur l'art. 20, no 3, L. 17 avr. et additions sur le même art.) pense aussi que quoique le créancier ne puisse pas interjeter appel du jugement rendu en dernier ressort qui refuse la contrainte par corps, il peut interjeter appel du jugement qui prononce la nullité de l'emprisonnement du débiteur. L'objet de la demande, en effet, dans ce cas est indéterminé. C'est au surplus ce qu'a jugé la cour de Paris dans l'arrêt dont nous venons de critiquer les considérans. — *Paris*, 11 août 1841 (t. 2 1841, p. 334), David c. Houseau.

374. — Si l'on peut, dans tous les cas, interjeter appel du chef du jugement qui prononce la contrainte, il faut au moins que l'on soit encore dans les délais d'appel. Si le débiteur les a laissés passer, s'il a laissé le temps à la condamnation d'acquérir l'autorité de la chose jugée, elle est devenue irrévocable, même quant à la contrainte par corps, et l'appel est impossible. La stabilité des jugemens et l'ordre public exigent qu'il en soit ainsi. — *Toulouse*, 28 janv. 1831, Soulié c. Bonnecarrère.

375. — Il n'est pas non plus possible de faire réformer le jugement qui prononce la contrainte en l'attaquant par voie principale, lorsqu'il a acquis l'autorité de la chose jugée. Il faut nécessairement qu'il y ait un terme au procès, et si le débiteur a laissé procéder contre lui par défaut, il ne peut se créer, à l'aide de sa négligence, un moyen de renouveler éternellement une instance. — *Paris*, 3 août 1838 (t. 2 1838, p. 476), Bellecolo c. Decquevilley; *Rouen*, 26 fév. 1839 (t. 2 1839, p. 553), Jeannotte et Duval; — Coin-Delisle, sur l'art. 2063, no 7; Toullier, t. 10, no 113; Merlin, *Rép.*, vo *Nullité*, § 7, no 4. — X. *contrà Caen*, 29 pluv. an X, Boulanger.

376. — On ne peut pas davantage se pourvoir par requête civile, quoique la cour de Toulouse ait paru le croire dans une affaire (Soulié c. Bonnecarrère, 28 janv. 1831), à moins qu'on ne se trouve par exception dans un des cas prévus par l'art. 480, C. procéd.

377. — L'appel, quant au chef relatif à la contrainte d'un jugement rendu en dernier ressort, ne remet pas en question le sort de la dette. La cour n'est saisie que du point de savoir si l'on devait ou non prononcer la contrainte par corps.

378. — Toutefois l'appel, admissible seulement quant à la disposition du jugement qui prononce la contrainte par corps, défère au juge supérieur l'appréciation complète de toutes les questions desquelles dépend le bien ou le mal-jugé de cette disposition spéciale, telles par exemple que la légalité et l'existence de la dette, bien qu'au fond ces questions soient souverainement jugées. — *Aix*, 26 janv. 1841 (t. 1er 1842, p. 251), Mouren.

379. — L'art. 20, L. 17 avr., déclare l'appel non suspensif lorsque les jugemens sont rendus en dernier ressort. C'est déjà une garantie et un privilège important accordé au débiteur de pouvoir interjeter appel du chef relatif à la contrainte. Cependant on a voulu lui en accorder un second, et un jugement du tribunal de la Seine a jugé que la contrainte ne pourrait être exercée nonobstant l'appel qu'autant que le jugement prononcerait l'exécution provisoire, ou que le créancier offrirait caution ou justifierait d'une solvabilité suffisante, conformément à l'art. 439, C. procéd. Mais la cour royale de Paris a réformé cette décision qui exagérait évidemment le principe posé dans l'art. 20, L. 17 avr. Le jugement rendu en dernier ressort est exécutoire sans qu'il soit nécessaire que l'exécution provisoire ait été prononcée. L'art. 20 permet d'interjeter appel quant à la contrainte, et déclare que cet appel ne sera pas suspensif; c'est dire simplement qu'il n'y a rien de modifié quant à l'exécution, que seulement l'appel est possible quant au chef relatif à la contrainte. — Aller au-

delà c'est faire la loi. — *Paris*, 27 août 1836, Menu c. Thibault.

380. — Les jugemens même rendus en premier ressort peuvent, dans certains cas, être déclarés exécutoires nonobstant appel. — L'art. 2068, C. civ., porte que l'appel ne suspend pas la contrainte par corps prononcée par un jugement provisoirement exécutoire en donnant caution. Il en faut conclure qu'en matière civile, l'exécution provisoire, si elle a été ordonnée sous caution, ne peut se faire que sur les biens, et que l'appel suspend la contrainte par corps sans entraver les autres moyens d'exécution. — Coin-Delisle, sur l'art. 2068, no 1er.

381. — L'appel suspend l'exercice de la contrainte par corps quand le jugement a été déclaré exécutoire sous caution, même lorsque la contrainte est prononcée, non plus en vertu des dispositions du Code civil, mais aux termes de l'art. 126, C. procéd. — *Pau*, 24 juill. 1823, Limendons c. Delchandy. — V. Coin-Delisle, add. sur l'art. 20, no 1er.

382. — Mais en matière de commerce, l'exécution provisoire, ordonnée avec ou sans caution, s'étend à la contrainte par corps aussi bien qu'à tous les autres moyens d'exécution. — C. civ., art. 2070; C. procéd., art. 439; C. comm., art. 647. — Pigeau, liv. 2, part. 5, tit. 4, chap. 1er, sect. 4e, div. 3, no 11, 2o; Carré, *Anal.*, quest. 2462e, et *Lois de la Proc.*, no 2676; Coin-Delisle, sur l'art. 2068, no 3, et add. *ibid.* — *Contrà Rennes*, 6 avr. 1835, Landaluze c. Sarmento.

383. —... Ce qui a lieu, même quand les tribunaux de commerce n'ont pas ordonné l'exécution provisoire, parce que cette exécution est de droit dès que le demandeur a donné caution. — C. procéd., art. 439. — Coin-Delisle, *ibid.*

384. — Dans les cas où l'appel est suspensif, l'individu déjà emprisonné qui interjette appel doit obtenir sur-le-champ son élargissement provisoire, car sa maintenue en prison serait une exécution du jugement. — Coin-Delisle, sur l'art. 2068, no 4; Carré, *Anal.*, quest. 2490e, et *Lois de la procéd.*, no 2706. — *Contrà* Lepage, *Quest.*, p. 530.

385. — L'opposition formée par un débiteur condamné par corps, au bureau du garde du commerce à l'exécution de la contrainte par corps, sans jonction de pièces justificatives, ne suspend point cette exécution. — *Paris*, 7 juin 1810, Perdonnel.

## Sect. 2e. — *Formes de la demande en nullité.*

386. — Le débiteur irrégulièrement incarcéré doit être remis en liberté dans le plus court délai possible; la loi simplifie en conséquence les formes à suivre pour obtenir l'annulation de l'emprisonnement.

387. — Dans tous les cas, porte l'art. 795, C. procéd., la demande pourra être formée à bref délai, en vertu de permission du juge et l'assignation donnée par huissier commis au domicile élu par l'écrou. La cause sera jugée sommairement sur les conclusions du ministère public. — C. procéd., art. 795.

388. — On n'est pas tenu d'avoir égard à la distance entre le domicile réel du créancier et le lieu où la cause sera jugée. La loi dit que la demande sera formée à bref délai, sans distinction. — *Cass.*, 20 mars 1810, Berthot et Caillé c. Vacher-Lacour; *Toulouse*, 13 janv. 1823, Manan c. Bessan; *Bordeaux*, 1er déc. 1831, Martini c. Peyraguey; — Coin-Delisle, sur l'art. 2069, no 89; Chauveau sur Carré, quest. 2715; Pardessus, no 1522.

389. — Toutefois le débiteur peut renoncer au droit établi en sa faveur et donner l'assignation au domicile du créancier et avec l'augmentation des délais à raison de la distance; et, dans ce cas, elle sera valable, quoique non donnée par un huissier commis. — Pigeau, liv. 2, part. 5, tit. 4, chap. 1er, sect. 4, div. 5; Carré, *Anal.*, quest. 2498, et *Lois de la procéd.*, no 2714; Coin-Delisle, sur l'art. 2069, no 89.

390. — La demande en nullité doit être portée aux tribunaux du lieu où le débiteur est détenu. — Si elle est fondée sur des moyens de fond, elle est portée devant le tribunal de l'exécution du jugement. — C. procéd., art. 794.

391. — Il ne s'agit ici que des débiteurs contraints en vertu de jugemens. Quant à ceux contre lesquels la contrainte est exercée en vertu d'arrêtés administratifs, les tribunaux ne sont compétens que pour ce qui concerne l'observation des formes, et ne peuvent examiner le fond du droit. — C. civ., art. 2070. — C'est en ce sens que doit être entendu un arrêt de la cour de *Riom*, 13 janv. 1809, Tardif c. Durieux.

392. — La demande en nullité de l'emprisonnement ne peut jamais être jugée en référé. — *Bruxelles*, 27 juin 1807, Lipinann c. Ventusol.



393. — Il est difficile de préciser les cas dans lesquels la contrainte pourra être annulée pour vices de forme, et où, par conséquent, la demande devra être portée devant le tribunal de l'exécution. La meilleure règle à poser, c'est que le tribunal du lieu de l'exécution sera compétent toutes les fois qu'il ne s'agira pas d'examiner le bien ou le mal jugé de la première décision, mais seulement d'en apprécier les conséquences.

394. — Ainsi, lorsque le débiteur prétendra que la dette est éteinte par une compensation ou par un paiement postérieur au jugement qui prononce la contrainte, le tribunal du lieu de l'exécution sera compétent pour en connaître. Il en serait de même si le débiteur avait été admis au bénéfice de cession ou était devenu septuagénaire. — Coin-Delisle, sur l'art. 2069, no 86.

395. — On a même annulé un emprisonnement fait en vertu d'un jugement de tribunal de commerce qui prononçait la contrainte par corps contre un mineur non commerçant sans obliger le débiteur à se pourvoir contre le jugement du tribunal de commerce. — *Rouen*, 15 nov. 1825, Amyot c. Bonvoisin.

396. — Le tribunal du lieu de l'exécution doit statuer sur la validité de l'emprisonnement sans pouvoir surseoir, parce qu'il y aurait appel du jugement en vertu duquel la contrainte est exercée, ni renvoyer devant le tribunal saisi de cet appel pour cause de litispendance. — *Paris*, 28 fév. 1807, Vacher c. Berthot; *Cass.*, 20 mars 1810, mêmes parties.

397. — L'appel interjeté par le débiteur du jugement qui repousse sa demande en nullité d'emprisonnement peut être signifié au domicile élu par le créancier dans le procès-verbal d'emprisonnement. On ne peut mieux faire, en effet, que de suivre pour l'appel les règles que la loi elle-même a tracées pour la demande principale. — *Cass.*, 20 mars 1810, Berthot et Caillor c. Vacher Lacour.

398. — Il n'est pas nécessaire d'ajouter au délai de l'assignation un délai supplémentaire à raison de la distance du domicile réel de l'intimé, plus que pour la demande introductive d'instance. — Même arrêt.

399. — En se fondant sur l'urgence, on a déclaré valable l'appel signifié par le débiteur écroué chez le mandataire du créancier lorsque celui-ci a négligé de faire l'élection de domicile prescrite par les art. 783 et 789 précités. — *Bordeaux*, 1er déc. 1831, Martini Peyraguey.

400. — L'appel peut aussi être interjeté avant la huitaine, quoique le jugement n'ordonne pas l'exécution provisoire lorsque le débiteur est déjà emprisonné. — Même arrêt.

401. — Quant à l'appel du jugement en vertu duquel un débiteur a été emprisonné, il doit être signifié suivant les règles ordinaires pour la signification d'appel. La loi ne contient aucune disposition à cet égard, et comme les élections de domicile exigées dans le commandement tendant à contrainte par corps et dans le procès-verbal d'emprisonnement ont un but spécial, on pouvait douter qu'il fût permis de faire à ces domiciles la signification de l'acte d'appel. Cependant il importe au débiteur de faire connaître sur-le-champ son appel au créancier pour arrêter ses poursuites, et la cour de Nîmes a validé un appel signifié au domicile élu par le créancier dans le commandement. — *Nîmes*, 15 nov. 1824, Chabaud c. Chalel.

402. — Il a été jugé que l'urgence n'autorise jamais les juges à ordonner l'exécution provisoire du jugement qui annule un emprisonnement. — *Nancy*, 21 nov. 1831, Reydelet c. Delorcy.

403. —... Et réciproquement, que le tribunal ne peut, en déclarant nul l'emprisonnement, n'ordonner l'élargissement que sous caution. — *Rennes*, 3 fév. 1818, N...

404. — Quoi qu'il en soit, si un jugement qui a annulé l'emprisonnement a ordonné l'exécution provisoire et si le débiteur a été mis en liberté, le créancier peut faire de nouveau remplir les formalités nécessaires pour l'emprisonnement du débiteur et le faire écrouer sans qu'il soit permis d'en conclure qu'il a acquiescé au premier jugement, et élever pour ce motif une fin de non-recevoir contre l'appel qu'il en a interjeté. — *Agen*, 10 janv. 1811, Pugens c. Courtès.

405. — A plus forte raison le droit de demander la nullité de l'emprisonnement devant le tribunal du lieu de l'exécution ne prive pas le débiteur de ses autres moyens de faire réformer le jugement en vertu duquel il est emprisonné; et, par exemple, de former opposition à l'ordonnance d'exéquatur d'une sentence arbitrale qui prononce la contrainte par corps contre lui. Cette opposition peut être formée en tout état de cause, parce que la nullité est d'ordre public. — *Colmar*, 3 déc. 1840 (t. 1er 1841, p. 562), Hattenberger c. Meyer.



406. — Avant la loi du 17 avr. 1832, la question de liberté et de nullité d'écrou pour une dette surtout inférieure à 1,000 fr., était considérée comme moyen d'exécution, et susceptible d'être jugée en dernier ressort, nonobstant l'exception d'incompétence alléguée par le défendeur à la demande en nullité. — *Cass.*, 18 (et non 17) juill. 1833, Bouteille c. Judenne.

407. — Le débiteur peut, sans attendre la fin du procès, obtenir sa liberté en consignant entre les mains du geôlier de la prison les causes de son emprisonnement et les frais de la capture. — C. procéd., art. 798. — Si le jugement rejette la demande en nullité, la somme consignée doit être adjugée au créancier. — Si, au contraire, l'arrestation est annulée, le créancier n'a aucun droit à cette somme, il rentre seulement dans l'exercice de son droit de contrainte. — Pigeau, *ibid.*; Coin-Delisle, sur l'art. 2060, no 99; Berriat Saint-Prix, note 33e, no 2; Carré, *Anal.*, quest. 2507e, et *L. de la procéd.*, no 2722; Pardessus, no 1522.

## Sect. 3e. — *Effets de la nullité.*

### § 1er. — *Mise en liberté du débiteur, réincarcération.*

408. — Le débiteur dont l'emprisonnement est annulé, doit être de suite mis en liberté.

409. — Toutefois, la nullité de l'emprisonnement, pour quelque cause qu'elle soit prononcée, n'emporte point la nullité des *recommandations*. — C. procéd., art. 796.

410. — Le débiteur dont l'emprisonnement est déclaré nul ne peut être arrêté pour la même dette qu'un jour au moins après sa sortie. — C. procéd., art. 797. — V. RECOMMANDATION.

411. — On avait déjà jugé avant le Code de procédure que le débiteur n'était pas mis en liberté lorsqu'au moment de sa sortie de prison, il était arrêté de nouveau à la requête du même créancier par des huissiers apostés tout exprès, et que le second emprisonnement dans ce cas devait être nul. — *Bruxelles*, 12 fruct. an XIII, Daniel dit Bellicour c. Gillot.

412. — Dans le cas d'une recommandation faite par le créancier incarcérateur dans le but de réparer la nullité de l'emprisonnement opéré à sa requête en vertu de la même dette, la demande que forme le débiteur en nullité de cette recommandation n'est pas une demande nouvelle. Elle peut dès-lors être être formée pour la première fois en appel et soumise à la cour saisie par le renvoi de la cour de Cassation de l'appel principal. — *Nancy*, 29 mai 1840 (t. 2 1840, p. 678), Maget c. Fayard.

### § 2. — *Responsabilité de l'huissier.*

413. — Tout fait quelconque de l'homme qui cause à autrui un dommage oblige celui par la faute duquel il est arrivé à le réparer. — C. civ., art. 1382. — L'huissier chargé d'exécuter un emprisonnement et dont le ministère est nécessaire est responsable de l'irrégularité de cet emprisonnement et envers le débiteur incarcéré et envers le créancier, tenu lui-même de dommages-intérêts à l'égard du débiteur. Il peut de plus être suspendu de ses fonctions. — *Paris*, 22 juin 1809, Martin c. Merlinge et Frottier.

414. — Ces principes ne peuvent être posés cependant d'une manière absolue, et les tribunaux devront nécessairement apprécier la faute qui lui est imputée. — Ainsi lorsque le créancier lui a indiqué une constitution d'avoué à faire dans le commandement au lieu d'une élection de domicile et que la nullité de l'emprisonnement a été pronononcée pour ce motif, les juges peuvent refuser au créancier les dommages-intérêts qu'il demande contre l'huissier. — *Lyon*, 9 mai 1828, Dumaine c. Boulet et Colomb.

415. — Mais quand la nullité a été prononcée parce que la signification du jugement ne contenait pas la formule exécutoire et parce que le commandement ne portait pas l'élection de domicile prescrite par l'art. 780, C. procéd., l'huissier signataire est responsable de la nullité, bien que ces actes lui aient été remis entachés de ces omissions par l'avoué du créancier. — *Besançon*, 24 juin 1826, Girard c. Bernard.

416. — Les tribunaux, pour fixer les dommages-intérêts dus au créancier, ont du reste égard à l'état d'insolvabilité dans lequel se trouvait le débiteur et à l'espoir que le créancier pouvait avoir d'être payé. — *Montpellier*, 23 mai 1839 (t. 2 1840, p. 297), Baron c. Norbert-Pujol.

417. — Jugé que le tribunal saisi d'une demande en nullité d'emprisonnement est compétent pour connaître des demandes en garantie formées par le créancier contre les officiers ministériels qui y

ont procédé. — *Nancy*, 21 nov. 1831, Reydelet c. Delorcy.

418. — Mais l'huissier a droit aux deux degrés de juridiction et ne peut être assigné de prime-abord devant la cour saisie de l'appel du jugement qui a annulé l'emprisonnement pour garantir le créancier d'une condamnation éventuelle à des dommages-intérêts. — *Bruxelles*, 25 mai 1822, Cohen-Coenract c. Vanalstein.

§ 3. — *Dommages-intérêts au profit du débiteur.*

419. — On ne peut se jouer impunément de la liberté des citoyens, et le législateur, en menaçant le créancier de dommages-intérêts, a voulu le rappeler à l'observation stricte et rigoureuse de la loi. — Lorsque l'emprisonnement sera déclaré nul (art. 799, C. pén.), le créancier pourra être condamné en des dommages-intérêts envers le débiteur.

420. — Il résulte des termes de cet article que c'est une faculté qu'il accorde aux juges et non un devoir qu'il leur impose. Ils doivent avoir égard à l'existence de la dette, à la bonne foi du créancier, aux causes qui ont fait prononcer la nullité, et ils peuvent dans certains cas refuser tous dommages-intérêts. — *Bruxelles*, 25 mai 1822, Cohen-Coenract c. Vanalstein; *Aix*, 25 juin 1825, F... c. G...; Pigeau, *ibid.*; Carré, *Anal.*, quest. 2509e; *L. de la procéd.*, n° 2725; Coin-Delisle, sur l'art. 2069, n° 91.

421. — En général, les dommages-intérêts doivent être refusés lorsque la dette est incontestée, lorsqu'elle entraîne la contrainte, et que l'annulation n'est prononcée que pour vice de forme. — *Paris*, 22 juin 1809, Martin c. Merlingo et Frottier; *Florence*, 12 août 1809, Terreni c. Kerfbyl; *Agen*, 10 janv. 1811, Pugens c. Courtès; *Nancy*, 23 juill. 1813, Bégason c. Lorrain; *Rennes*, 28 déc. 1814, Depincée; *Bruxelles*, 25 mai 1822, Cohen Coenroct c. Vanalstein; *Toulouse*, 18 janv. 1823, Manau c. Bessan; *Caen*, 15 janv. 1823, Domainse c. Mesnel.

422. — Mais on doit en accorder lorsque le débiteur ne pouvait pas être contraint par corps, comme dans une espèce où la contrainte avait été prononcée par une ordonnance de référé. — *Montpellier*, 19 juin 1807, Ribes c. Carrière.

423. — ... Et lorsque la contrainte a été précédée de significations faites dans les formes prescrites pour ceux qui n'ont aucun domicile connu, quoique le créancier poursuivant connût le domicile de son débiteur. — *Bordeaux*, 3 déc. 1828, Bordeaux c. Pazuengos.

424. — ... Quand le détenu pour dettes n'était pas débiteur, quoiqu'il y ait eu négligence de sa part à ne pas se pourvoir en temps utile par voie d'opposition au jugement. — *Rouen*, 11 fructid. an XII, Signol c. Loiseau.

425. — Des dommages-intérêts ont aussi été prononcés contre un créancier qui n'avait pas laissé écouler un jour entre la signification de l'arrêt prononçant la contrainte par corps et l'exercice de cette contrainte. — *Colmar*, 20 août 1808, Schwing c. Helds.

426. — ... Contre un créancier qui avait, par un appel du jugement prononçant la nullité, prolongé de huit mois la détention du débiteur. — *Colmar*, 31 août 1810, Roos c. Knodérer.

427. — ... Et contre un autre créancier qui avait omis, dans la signification du jugement, la partie qui obligeait le créancier à fournir caution. — *Nîmes*, 22 mars 1813, Tiquérer c. Degarron.

428. — Au contraire, la négligence de l'individu emprisonné à requérir un référé, lors de l'arrestation, pour faire constater qu'il n'était pas le débiteur jointe à d'autres circonstances qui autorisaient l'erreur de l'huissier sur l'identité, ont suffi pour faire repousser une demande en dommages-intérêts. — *Paris*, 19 janv. 1808, Cornu-Beaufort et Carré c. Garnico.

429. — Quand le débiteur n'a que tardivement demandé la nullité de l'emprisonnement, les dommages-intérêts doivent être adjugés sans qu'on ait égard à la durée de l'emprisonnement. — *Bordeaux*, 4 août 1840 (t. 2 1840, p. 709), Duchet c. Léger.

430. — Les gardes forestiers qui ont arrêté un condamné forestier par l'ordre de leurs supérieurs, et le geôlier qui l'a reçu ne sont point passibles de dommages-intérêts. On n'en peut réclamer que contre l'agent forestier et l'officier du ministère public qui ont donné l'ordre d'arrestation. — *Liége*, 14 mars 1825, Douy c. de Fréron.

431. — Lorsqu'à défaut de paiement d'une lettre de change à son échéance, la contrainte par corps est prononcée et exercée contre l'endosseur, celui-ci n'a aucuns dommages-intérêts à réclamer contre le tireur, pour raison de son emprisonnement. — *Limoges*, 13 août 1811, Cisterne c. Mollnier.

## CHAPITRE VIII. — *Élargissement.*

432. — Le débiteur légalement incarcéré obtient son élargissement : 1° par le consentement du créancier qui l'a fait incarcérer et du recommandant, s'il y en a; — 2° par le paiement ou la consignation du montant de la dette; — 3° par le bénéfice de cession; — 4° à défaut par les créanciers d'avoir consigné d'avance les alimens; — 5° par le bénéfice de l'âge, de la parenté ou de l'alliance; — 6° par l'expiration de la durée légale de la contrainte. — C. procéd., art. 800; L. 17 avr. 1832, art. 6, 13, 18 et 23.

433. — *Consentement du créancier.* — Le consentement à l'élargissement du débiteur doit être donné par tous les créanciers incarcérateurs et recommandans. — C. procéd., art. 800.

434. — Ce consentement est valablement constaté, soit devant notaire, soit sur le registre d'écrou. — C. procéd., art. 801.

435. — ... Et même par acte sous seing-privé. Mais dans ce dernier cas, le geôlier pourrait se refuser à mettre le débiteur en liberté en se fondant et sur le texte de l'art. 801, et sur le danger de fraude que cette sorte d'acte pourrait offrir. — Coin-Delisle, sur l'art. 2069, n° 97; Goujet et Merger, *Dict. de dr. comm.*, v° *Elargissement*, nos 26 et 27.

436. — Si le consentement émane d'un mandataire du créancier, le geôlier est également fondé à exiger que la procuration soit authentique. — Carré, quest. 2740; Goujet et Merger, n° 6.

437. — La mise en liberté pure et simple du débiteur doit nécessairement être considérée comme une renonciation de la part du créancier à la contrainte par corps, car il y aurait quelque chose de cruel à permettre ainsi au créancier de faire subir à son débiteur des alternatives de liberté et d'emprisonnement. Mais aussi le créancier peut, en consentant à l'élargissement, se réserver le droit d'user de nouveau de la contrainte, et cette condition, si elle est acceptée par le débiteur, sera valable.

438. — Mais si elle a été simplement consignée par le créancier sur le registre d'écrou sans acceptation du débiteur et même à son insu, on rentrera dans les principes généraux, et la condition sera sans effet; le débiteur ne pourra plus être emprisonné pour la même dette. — *Paris*, 6 juill. 1826, Grangent c. Caseau.

439. — On a considéré comme une acceptation expresse du débiteur le paiement d'un à-compte que le créancier avait imposé comme condition à l'élargissement. Dans l'espèce, d'ailleurs, le débiteur avait souscrit, avant son élargissement, et pour l'obtenir, des lettres de change qu'il n'acquittait pas. — *Paris*, 27 mars 1838 (t. 1er 1838, p. 525), Bourlier c. Susini.

440. — Jugé que la caution d'un débiteur emprisonné, donnée sous la condition qu'il serait élargi, cesse d'être obligée dans le cas où ce débiteur ne payant pas à l'expiration du délai à lui accordé, est réincarcéré à la requête du créancier. — *Paris*, 29 août 1812, B... c. Y...

441. — *Paiement de la dette.* — Le Code ne parle que de paiement de la dette, mais il est évident que cette expression est prise dans un sens générique et désigne l'extinction de la dette, de quelque manière qu'elle s'opère. Il en serait ainsi quand même la dette ne serait éteinte que par novation, c'est-à-dire par la substitution d'une dette nouvelle à l'ancienne. La contrainte par corps accessoire de l'ancienne dette s'éteint avec elle, et ne renaît point au profit de celle qui lui succède. — C. civ., art. 1271 et suiv.; — Coin-Delisle, n° 98.

442. — *Consignation du montant de la dette.* — Aux termes de l'art. 801, C. procéd., le débiteur devait obtenir son élargissement en consignant les sommes dues tant au créancier qui l'a fait emprisonner qu'aux recommandans, les intérêts échus, les frais liquidés, ceux d'emprisonnement et la restitution des alimens consignés.

443. — Cette consignation, espèce de paiement, devait se faire entre les mains du geôlier et ne pouvait être conditionnelle. — Berriat Saint-Prix, note 41; Carré, *Anal.*, quest. 2514e, et *Lois de la procéd.*, n° 2732; Coin-Delisle, sur l'art. 2069, n° 98.

444. — Ce dernier auteur va même plus loin, et se fondant sur l'impossibilité pour le geôlier de se constituer juge de la légalité des conditions imposées par le débiteur à la consignation, il décide que le geôlier devrait refuser de mettre le débiteur en liberté lors même que les conditions imposées par lui à la consignation seraient justes; tel serait le cas où le débiteur en consignant s'opposerait à la remise des sommes au créancier, tant qu'il ne rapporterait pas un gage qu'il détiendrait ou ne donnerait pas main-levée des inscriptions hypothécaires prises à son profit. — *Cass.*, 27 mai 1807, Winther c. Reverdun.

445. — Jugé que sous le nom de frais liquidés il faut comprendre même les frais extraordinaires de poursuite alloués au créancier, car ils sont comme tous autres l'accessoire de la condamnation et doivent jouir des avantages accordés par l'art. 800. — *Toulouse*, 26 avr. 1819, Foulcher c. Bouzinac.

446. — Aux termes de la loi du 17 avr. 1832, les frais liquidés que le débiteur doit consigner ou payer pour empêcher l'exercice de la contrainte par corps ou pour obtenir son élargissement ne sont jamais que les frais de l'instance, ceux de l'expédition et de la signification du jugement et de l'arrêt, s'il y a lieu, ceux enfin de l'exécution relative à la contrainte par corps seulement. — Art. 23.

447. — L'obligation pour le débiteur de payer les frais liquidés afin de se soustraire à l'exercice de la contrainte par corps, quoique la contrainte n'ait pas lieu pour les frais, est une conséquence du principe qui permet au créancier de refuser tout paiement qui ne serait pas intégral. Les frais accessoires de la créance se confondent avec elle, et le créancier peut refuser le paiement qui ne les comprendrait pas. — Coin-Delisle, additions sur l'art. 23, L. 17 avr. 1832.

448. — Mais si le créancier avait reçu le paiement du principal de la dette, le débiteur pourrait-il exiger son élargissement? — M. Coin-Delisle se prononce pour l'affirmative. — V. cependant en sens contraire *Paris*, 19 sept. 1839 (t. 2 1839, p. 389), Bidecott c. Léger; et CONTRAINTE PAR CORPS, nos 133 et 134.

449. — La loi du 15 germin. an IV (tit. 3, art. 18), plus libérale en ce point que le Code de procédure, autorisait l'élargissement du débiteur au moyen du paiement du tiers de la dette et d'une caution pour surplus.

450. — La loi du 17 avr. 1832, art. 24, est revenue au principe posé par la loi de germinal avec une restriction toutefois et avec quelques légères modifications. La restriction porte sur les dettes commerciales qui ne jouissent pas de ce bénéfice et restent réglées par les dispositions du Code de procédure.

451. — La loi de germin. an VI voulait que le débiteur payât le tiers de la dette et donnât caution pour le surplus. Le mot *dette* était équivoque. S'agissait-il de la dette primitive, ou de cette dette augmentée de ses accessoires? L'art. 24, L. 17 avr. a tranché la question dans ce dernier sens; le débiteur devra consigner le tiers de la dette principale et de ses accessoires.

452. — On se demandait aussi, sous la loi de germin. an VI, si les à-compte déjà payés par le créancier compteraient dans le tiers qui doit être payé ou consigné par le débiteur pour obtenir son élargissement. Fournel, sur cet article (note 8e), adoptait l'affirmative en invoquant les principes d'humanité qui s'opposent à ce que les paiemens partiels faits par le débiteur tournent en quelque sorte contre lui, puisqu'ils lui auraient servi à obtenir sa liberté s'ils n'avaient déjà été faits. Cette décision pourrait peut-être s'appuyer encore aujourd'hui sur les termes de l'art. 24, L. 17 avril, qui parle du principal de la dette et de ses accessoires.

453. — Toutefois, M. Coin-Delisle (p. 106, n° 3) enseigne que les à-compte payés doivent seulement être pris en considération pour réduire le montant de la dette, et qu'on ne saurait les imputer sur le tiers dont la consignation est exigée. — Cette dernière opinion nous paraît conforme à l'esprit de la loi. — V., dans le même sens, Bioche, *Dict. de procéd.*, 3e édit., v° *Contrainte par corps*, n° 114.

454. — La loi de germin. an VI et le Code de procédure avaient laissé une lacune importante en ne fixant pas l'étendue que devrait avoir l'engagement de la caution. Devait-elle s'engager comme le débiteur lui-même et, par conséquent, être tenue de payer sur-le-champ, ou au contraire devait-elle avoir des délais? Mais, dans ce cas, comment les déterminer? — V. Fournel, sur l'art. 18, tit. 3, L. 15 germin. an VI.

455. — La caution aujourd'hui doit être acceptée par le créancier, ou reçue par le tribunal civil dans le ressort duquel le débiteur sera détenu. Elle doit s'obliger solidairement avec le débiteur à payer dans un délai qui ne peut excéder une année les deux tiers qui restent dus. — Art. 24 et 25, L. 17 avr.

456. — Si le geôlier refuse la consignation, il est assigné à bref délai devant le tribunal du lieu,

en vertu de permission et par huissier commis.—
C. pr., 802. — Il est convenable de faire mettre le
créancier en cause, car c'est en réalité contre lui
qu'il importe de juger si **a** consignation est ou
n'est pas suffisante.— Coin-Delisle, sur l'art. 2069,
n° 101. — Cette procédure n'est cependant pas indispensable. — Carré, quest. 2742e; Goujet et Merger, n° 40.

457.— La consignation entre les mains du geôlier diffère de la consignation ordinaire en ce
qu'elle n'a pas besoin d'être précédée d'offres réelles. Le geôlier connaît le montant de la dette, et
s'il avait fallu faire des offres réelles et appeler le
créancier, l'élargissement du débiteur aurait été
retardé, contrairement au vœu de la loi.— Coin-
Delisle, sur l'art. 2069, n° 101; Goujet et Merger,
v° *Elargissement*, n° 36; Carré, quest. 2744e.

458.— Au surplus, ces conditions, déjà favorables au créancier, ne doivent pas être exagérées,
et les tribunaux ne pourraient, sans violer la loi
et commettre un excès de pouvoir, autoriser l'é-
largissement d'un détenu pour dettes, à la charge
par lui de donner caution de se représenter. Le
but de la contrainte par corps serait complètement faussé par une décision de ce genre, dont il
existe pourtant un exemple. Le jugement qui la
contenait fut réformé par la cour royale de Paris,
1er juin 1810 (Dupont c. ses créanciers).

459.— *Bénéfice de cession.*— Le débiteur malheureux et de bonne foi peut se faire décharger de
la contrainte par corps en abandonnant tous ses
biens à ses créanciers.— V. CESSION DE BIENS.

460.— Les juges peuvent, pendant l'instance en
cession de biens, suspendre l'exercice de la contrainte par corps.— Grenoble, 22 mai 1834, Desgranges c. Chavanne.

461.— Mais il n'est pas permis aux tribunaux
de détruire l'effet des poursuites déjà exercées, et
de faire remettre en liberté le débiteur déjà incarcéré. — *Paris*, 11 août 1807, Jadoas c. Bellecote;
*Toulouse*, 17 nov. 1808, Delhom; — Berriat, note 42;
Carré, *Anal.*, quest. 2806e, et *Lois de la procéd.*,
n° 2046; Coin-Delisle, sur l'art. 2069, n° 103. —
V. CESSION DE BIENS, n°s 443 et suiv.

462.— Le débiteur commerçant n'est plus aujourd'hui admissible au bénéfice de la cession des
biens. Toutefois, il peut obtenir son élargissement
soit par une stipulation du concordat, soit par une
déclaration d'excusabilité. — Le seul fait de la faillite paralyse, du reste, l'exercice de la contrainte
par corps dans l'intérêt individuel des créanciers.
— V. FAILLITE.

463.— Jugé que la convention suivant laquelle
un débiteur avait été affranchi de la contrainte
par corps par le consentement des trois quarts en
somme de ses créanciers chirographaires seulement, n'était pas, sous l'ordonnance de 1673, obligatoire pour les créanciers hypothécaires.— *Rouen*,
21 janv. 1809, Déal c. Desgoffes.

464.— *Défaut de consignation d'alimens.*—Le débiteur ne saurait être détenu un seul instant sans
qu'il soit pourvu à sa nourriture. Si ses créanciers
omettent un seul jour de consigner la somme
prescrite pour les alimens, il a droit d'exiger sa
mise en liberté. — V. *supra* n° 247 et suiv.

465.— *Age.* — Le débiteur obtient son élargissement, s'il a commencé sa soixante-dixième année,
à moins qu'il ne soit solidaire. — C. procéd.,
art. 800 (L. 17 avr. 1832, art. 6, 12 et 18.— V. CON-
TRAINTE PAR CORPS, n°s 7 et suiv.; 452, 549 et suiv.;
642.

466.—*Parenté, alliance.*— La parenté ou l'alliance, au degré prévu par la loi, survenue entre le débiteur et le créancier ou son représentant depuis
l'incarcération, donne également lieu à l'élargissement.—V. CONTRAINTE PAR CORPS, n°s 444 et suiv.;
416.

467.— *Expiration de la durée légale de la contrainte.*— La durée de la contrainte varie suivant
la nature et l'importance de la dette.—Mais, dans
tous les cas, le débiteur doit être immédiatement
élargi lorsqu'il est resté sous les verrous pendant
le temps fixé soit par la loi, soit par le jugement
de condamnation.— V. CONTRAINTE PAR CORPS,
n°s 247, 286, 348, 433, 437, 477, 534, 541, 591, 602,
605, 611, 619, 623, 628, 631, 637.

468.— *Forme de la demande.* — La demande en
élargissement est portée au tribunal dans le ressort duquel le débiteur est détenu. Elle est formée
à bref délai au domicile élu dans l'écrou en vertu
de permission du juge sur requête présentée à cet
effet. Elle est communiquée au ministère public,
et jugée sans instruction à la première audience,
préférablement à toutes autres causes, sans remise ni tour de rôle.— C. procéd., art. 805.

469.— Cette demande devant subir les deux degrés de juridiction ne peut être portée directement
devant la cour incidemment à une instance d'appel. — *Rennes*, 20 avr. 1818, N...

470. — Il est utile de distinguer les demandes
en nullité d'emprisonnement des demandes en
élargissement, les premières ne devant être portées devant le tribunal du lieu où le débiteur est
détenu qu'autant qu'elles ne sont pas fondées sur
des moyens du fond, et les autres y devant être
portées dans tous les cas. — C. procéd., art. 794 et
805.

471.— Jugé que la demande motivée sur l'appel
du jugement qui a prononcé la contrainte par
corps, et dont l'exécution provisoire n'a pas été
ordonnée, est une demande en élargissement
dans le sens de l'art. 805, et doit être portée devant
le tribunal du lieu où le débiteur est incarcéré.—
*Nancy*, 7 juill. 1831, Archailet c. Lanneau.

472.— L'âge avancé d'un prisonnier et la faiblesse de sa santé sont des motifs d'urgence suffisans pour autoriser le juge à accorder l'exécution
provisoire sur minute et sans caution du jugement
qui ordonne son élargissement. — *Nîmes*, 1er août
1838 (t. 1er, 1839, p. 13), Borberet c. Vigne.

## EMPRISONNEMENT (Peine).

*Table alphabétique.*

—

## Sect. 1re. — *Notions générales.*

1. — L'emprisonnement n'était admis autrefois,
en matière criminelle, que comme mesure préventive, pour la garde des accusés, pendant l'instruction de leur procès (V. L. 8, ff., § 9, *De pœnis*),
et ne pouvait guère, dit Jousse (*Inst. crim.*, t. 4er,
p. 81, n° 424), être considéré comme une peine.
— Un arrêt du parlem. du 20 juill. 1685 avait
même fait défense au lieutenant criminel d'Amiens
de l'infliger.

2. — Aujourd'hui, l'emprisonnement a un double but; il tend ou à s'assurer de la personne d'un
prévenu ou à punir un coupable.

3. — Nous avons déjà donné sous les mots ABUS
D'AUTORITÉ, ARRESTATION, ARRESTATION ARBI-
TRAIRE, DÉTENTION PRÉVENTIVE, et nous complé-
terons sous les mots INSTRUCTION CRIMINELLE,
LIBERTÉ PROVISOIRE, MANDATS D'EXÉCUTION, etc.,
tout ce qui se rattache à l'emprisonnement considéré sous le premier de ces points de vue. —

Nous ne le considérerons donc ici que sous le se
cond rapport.

4. — La loi du 19-22 juill. 1791 rangea pour la
première fois l'emprisonnement parmi les peines
proprement dites. Toutes les lois qui se sont succédé depuis cette époque lui ont conservé ce
caractère et en ont même tellement multiplié l'application qu'il est aujourd'hui la peine la plus en
vigueur. Il réunit, en effet, ainsi que le font observer MM. Chauveau et Hélie (*Th. C. pén.*, t. 1er,
p. 128), l'avantage de pouvoir être modifié dans
sa durée, selon les nécessités de chaque application qui en est faite, et d'enlever au condamné les
moyens de nuire en même temps qu'elle se prête
à des essais d'amendement moral; c'est surtout
parce qu'il est peu sévère qu'on l'a étendu à
toutes les infractions les moins graves qui sont
nécessairement aussi les plus nombreuses.

5.— L'emprisonnement est une peine commune
aux *délits* et aux *contraventions;* il devient une
peine correctionnelle, lorsqu'il est prononcé pour
*plus de cinq jours;* il n'est qu'une peine de simple
police, quand, au contraire, il n'est prononcé que
*pour cinq jours ou plus.* — C. pén., art. 465.

## Sect. 2e. — *Emprisonnement en matière correctionnelle et de simple police.—Nature.— Durée.*

### § 1er. — *Emprisonnement correctionnel.*

6.— Quiconque, porte l'art. 40, C. pén., aura été
condamné à la peine d'emprisonnement, sera en-
fermé dans une maison de correction.... La durée
de cette peine sera au moins de six jours et de cinq
années au plus, *sauf les cas de récidive ou autres
où la loi aura déterminé d'autres limites.*

7.— En cas de *récidive*, la loi permet au juge,
dans les cas déterminés par l'art. 58, d'élever la
peine du délit à une durée double de celle qu'elle
prononçait. Ainsi, si le délit commis en matière
était du nombre de ceux que la loi punit d'un
maximum de cinq ans d'emprisonnement, les tribunaux correctionnels pourraient élever la peine
à dix ans. — V. RÉCIDIVE.

8.— Le maximum ordinaire de l'emprisonnement peut encore se trouver dépassé de beaucoup
dans les cas prévus par l'art. 67. Aux termes de
cet article, s'il est décidé que l'accusé mineur de
seize ans a agi avec discernement, les peines seront prononcées ainsi qu'il suit : « S'il a encouru
la peine de mort, des travaux forcés à perpétuité
ou de la déportation, il sera condamné à la peine
de dix à vingt ans d'emprisonnement dans une
maison de correction.—S'il a encouru la peine des
travaux forcés à temps, de la détention ou de la
réclusion, il sera condamné à être renfermé dans
une maison de correction, pour un temps égal au
tiers au moins et à la moitié au plus de celui pour
lequel il aurait pu être condamné à l'une de ces
peines. » — V. DISCERNEMENT.

9.— La peine d'un jour d'emprisonnement est
de vingt-quatre heures; celle à un mois est de
trente jours. — Art. 40.

10.— Il ne faut pas croire que les juges aient
en général à opter entre le minimum et le maximum de six jours et cinq ans, comme ils ont à opter, dans les matières criminelles, entre le minimum et le maximum de cinq et vingt ans. — Les
limites déterminées par l'art. 40 sont des limites
légales plutôt que des limites judiciaires.—Quant
aux limites judiciaires, le législateur a pris soin
de les déterminer pour chaque délit séparément.

11.— Remarquons aussi que l'art. 463 permettant aux tribunaux correctionnels, lorsqu'ils reconnaissent l'existence de circonstances atténuantes, de réduire indéfiniment la durée de l'emprisonnement,ces tribunaux auraient la faculté, malgré tous les degrés de minimum que le législateur
a pu fixer en matière correctionnelle, de descendre au-dessous de ce minimum et de réduire la
peine de l'emprisonnement au dessous même de
six jours, même en cas de récidive. — V. CIRCONS-
TANCES ATTÉNUANTES.

12.— Au surplus sur le point de savoir si la
faculté accordée aux tribunaux par l'art. 463 de
réduire la peine de l'emprisonnement, lorsque
les circonstances atténuantes paraissent militer
en faveur du prévenu déclaré coupable, est applicable uniquement aux cas où il s'agit de la répression d'un délit prévu et puni par le Code pénal, ou si elle peut être étendue aux matières réglées par des lois spéciales, CIRCONSTANCES ATTÉ-
NUANTES, n° 180.

13.— Les seuls accessoires qui peuvent se joindre à l'emprisonnement sont l'interdiction partielle ou totale de l'exercice de certains droits civiques, civils ou de famille énumérés dans l'art.

42, C. pén., et la surveillance de la haute police. Mais il faut remarquer que ces accessoires ne résultent pas nécessairement de toute condamnation à l'emprisonnement, comme il arrive au cas de peine afflictive ou infamante; il est nécessaire qu'ils aient été prononcés expressément par les tribunaux de répression, et ceux-ci ne peuvent le faire que dans les limites et les circonstances fixées par la loi elle-même. — C. pén., art. 43 et 50.

14. — L'emprisonnement étant une peine purement correctionnelle, n'emporte pas infamie : par suite le condamné qui a subi la peine n'a pas besoin de recourir au bénéfice de la réhabilitation. — V. RÉHABILITATION.

15. — Tantôt l'emprisonnement est prononcé cumulativement avec l'amende, tantôt au contraire, il est prononcé seul.

16. — Lorsque la loi prononce la peine de l'emprisonnement *ou* de l'amende, le tribunal qui se trouve saisi commettrait un excès de pouvoir s'il prononçait concurremment l'une et l'autre de ces peines; mais aussi lorsque la loi les prononce l'une *et* l'autre, les tribunaux sont tenus de les appliquer simultanément.

17. — Cependant, aux termes de l'art. 463, si les circonstances paraissaient atténuantes, les juges seraient autorisés à prononcer séparément l'une ou l'autre de ces peines, et même à substituer l'amende à l'emprisonnement. Mais alors ils devraient motiver leur jugement sur cet article. — V. Carnot, sur l'art. 9, C. pén., no 5.

18. — Les tribunaux pourraient aussi, en prononçant l'emprisonnement au maximum, ne prononcer l'amende qu'au minimum, et *vice versâ*. — Carnot, *ibid*, no 6.

19. — Quelquefois les tribunaux doivent appliquer le maximum de l'emprisonnement prononcé par la loi; c'est ce qui a lieu notamment dans les cas prévus par les art. 281 (V. MENDICITÉ, VAGABONDAGE); 438 (V. TRAVAUX AUTORISÉS PAR LE GOUVERNEMENT [opposition à]); 450 (V. DESTRUCTION ET DÉVASTATION DE RÉCOLTES, ARBRES ET PLANTS); 453 et 454 (V. ANIMAUX).

20. — Quelquefois aussi l'application de la peine d'emprisonnement est purement facultative pour les tribunaux. Ainsi, aux termes de l'art. 35, « toutes les fois que la dégradation civique sera prononcée comme peine principale, elle *pourra* être accompagnée d'un emprisonnement dont la durée fixée par l'arrêt de condamnation n'excédera pas cinq ans. » — V. à cet égard DÉGRADATION CIVIQUE.

21. — Si la loi portait que le prévenu serait condamné à des peines de police correctionnelle, sans faire *aucune autre précision*, il rentrerait, dit Carnot (*ibid.*, no 7), dans le pouvoir discrétionnaire des tribunaux de les appliquer toutes concurremment ou de n'appliquer que celles de l'amende ou de l'emprisonnement, mais toujours sans pouvoir excéder, sous quelque prétexte que ce fût, le maximum du genre de peine appliqué, ni réduire la peine au-dessous du minimum, à moins que le fait ne rentrât, d'après ses circonstances, dans l'application de l'art 463. Au surplus, ajoute cet auteur, dans le cas où la loi n'aurait pas précisé le genre de peine applicable, ce ne serait que la peine de l'amende ou de l'emprisonnement qui pourrait être légalement prononcée, et non pas celles de l'interdiction des droits civils et de la mise en surveillance, qui ne peuvent l'être que dans les cas où la loi en renferme une disposition spéciale. — V. DÉGRADATION CIVIQUE, SURVEILLANCE DE LA HAUTE POLICE, DROITS CIVILS, nos 39 et suiv.

### § 2. — *Emprisonnement de simple police.*

22. — L'emprisonnement pour contravention de police ne peut être moindre d'un jour, ni excéder cinq jours. — Art. 465.

23. — Ce n'est pas seulement par la durée que l'emprisonnement de simple police se distingue de l'emprisonnement correctionnel. Il en diffère aussi dans l'exécution; ainsi, le condamné n'est astreint à aucun travail. — C. pén., art. 465 et 40 comb.; — Bauter, *Dr. crim.*, t. 1er, no 177.

24. — « Les jours d'emprisonnement sont des jours complets de vingt-quatre heures. » — C. pén., art. 465. — Le législateur a ainsi tranché la difficulté qui s'était élevée sur cette matière. Quelques uns, en effet, pensaient qu'un jugement portant condamnation, par exemple, à trois jours d'emprisonnement, aurait été pleinement exécuté par l'entrée du condamné en prison le soir du premier jour, et sa sortie le matin du troisième; d'autres, au contraire, pensaient que le *jour* devait s'entendre du lever et du coucher du soleil. — Carnot, sur l'art. 465, C. pén., no 2.

25. — Il en était de même sous l'empire du Code du 3 brum. an IV. Ainsi, jugé sous ce Code qu'un tribunal de simple police ne pouvait réduire à douze heures la durée d'une peine d'emprisonnement. — *Cass.*, 30 janv. 1807 (intérêt de la loi).

26. — Lorsqu'il y a contravention pour récidive, et que le maximum de la peine qui peut être appliquée excède cinq jours d'emprisonnement, c'est devant le tribunal correctionnel que la prévention doit être portée; c'est ce qui a lieu notamment dans les cas prévus par le deuxième alinéa de l'art. 478. — V. JEUX, LOTERIE. — Mais si la peine, même au cas de récidive, ne peut excéder le maximum de cinq jours d'emprisonnement, ce n'en est pas moins, malgré la récidive, devant le tribunal de police que le prévenu doit être traduit. — Carnot, sur l'art. 465, C. pén., *Observ. addit.*, no 1er.

27. — L'emprisonnement, en matière de simple police est prononcé par les art. 473, 474, 476, 478, 480, 482. Il est *facultatif* dans certains cas et *obligatoire* dans d'autres. — V. à cet égard CRIMES DÉLITS ET CONTRAVENTIONS, nos 376 et suiv.

28. — Toutefois, bien que la loi, dans les art. 474, 478 et 482, dise que la peine de l'emprisonnement devra *toujours* être prononcée en cas de récidive, il ne faut pas oublier que l'art. 483, dans son deuxième paragraphe, a déclaré l'art. 463 « applicable à toutes les contraventions ci-dessus indiquées. » — V. CRIMES DÉLITS ET CONTRAVENTIONS, nos 383 et suiv.

29. — L'art. 480 ne dit pas, comme les art. 473 et 476, que l'emprisonnement, dans les cas qu'il prévoit, pourra être prononcé *outre l'amende*. Les tribunaux de police pourraient-ils, dans ces cas, cumuler l'emprisonnement et l'amende? — La cour de Cassation, par arrêt du 29 déc. 1815 (intérêt de la loi, Rémy), a jugé que quand les tribunaux de police prononçaient la peine de l'emprisonnement par application de l'art. 480, ils n'en devaient pas moins condamner les prévenus à l'amende « attendu, porte l'arrêt, que c'est d'une manière absolue que l'art. 479, C. pén., veut que les auteurs des tapages nocturnes soient punis d'une amende de 11 à 15 fr.; que les tribunaux de police ne peuvent donc se dispenser de prononcer cette peine au cas de culpabilité reconnue et déclarée; que si l'art. 480 porte que la peine d'emprisonnement pourra aussi être prononcée suivant les circonstances, il ne s'ensuit pas que les tribunaux de police ont la faculté de ne prononcer que l'une ou l'autre peine, mais seulement qu'ils sont autorisés à les cumuler, suivant que le fait de la contravention présenterait plus ou moins de gravité; en sorte que ce n'est qu'accessoirement à la peine de l'amende que celle de l'emprisonnement peut avoir lieu, et que dans aucuns cas cette dernière ne peut être prononcée seule. » — V. dans le même sens, *Cass.*, 13 mai 1831, Marcelin. — Cette jurisprudence est vivement critiquée par Carnot, sur l'art. 480, C. pén., no 4. — V. CRIMES DÉLITS ET CONTRAVENTIONS, nos 386 et suiv.

30. — Il a aussi été jugé que la faculté d'appliquer cumulativement la peine de l'amende et celle de l'emprisonnement n'est interdite aux tribunaux de simple police que lorsque la loi l'a ainsi ordonné. — *Cass.*, 19 déc. 1807, N...

## Sect. 3e. — *Exécution de la peine d'emprisonnement.*

### § 1er. — *Lieux où cette peine doit être subie.*

31. — Quiconque, porte l'art. 40, C. pén., aura été condamné à la peine d'emprisonnement sera renfermé dans *une maison de correction*.

32. — Cette sage disposition, qui a fait nommer la peine *correctionnelle*, n'est pas exécutée. C'est à peine si dans quelques chefs-lieux de département il existe des maisons de correction. — « L'administration, disent MM. Chauveau et Hélie (t. 1er, p. 350), se fondant sur ce que le Code pénal a établi, pour l'application des peines de récidive, une différence essentielle entre les condamnés à un an de prison et les condamnés à plus d'un an, a séparé avec raison ces deux classes de condamnés; mais malheureusement elle ne les a distinguées que pour les confondre avec d'autres catégories non moins distinctes de détenus. »

33. — Les condamnés à *moins d'un an de prison* subissent la plupart du temps leur peine dans les maisons d'arrêt et de justice, mêlés avec les prévenus ou les accusés, malgré le vœu formellement exprimé par l'art. 604, C. instr. crim., pour la séparation de ces deux classes de détenus. — Les condamnés à *plus d'un an* sont confondus dans les maisons centrales de détention avec les condamnés à la réclusion ou aux travaux forcés.

34. — Il est vrai que l'ordonnance du 2 avril 1817, qui, en instituant les maisons centrales de détention, avait réuni dans ces établissemens les maisons de force et les maisons de correction, avait en même temps prescrit la séparation des condamnés à des peines afflictives et infamantes, et de ceux qu'un simple emprisonnement correctionnel de plus d'une année avait frappés; mais cette division importante n'a pas reçu d'exécution.

35. — « L'organisation des maisons de correction, disent MM. Chauveau et Hélie (*loc. cit.*), ne serait pas seulement la stricte exécution du Code pénal, elle serait encore une œuvre d'humanité et de morale : elle ferait la gloire du ministre qui l'entreprendrait. »

36. — D'après les ordonnances des 2 avr. 1817 et 6 juin 1830, les condamnés à plus d'un an d'emprisonnement peuvent seuls être conduits dans les maisons *centrales* de détention.

37. — On s'est demandé si l'individu que frappent deux condamnations, qui réunies excèdent un an de prison, doit être transféré dans une maison centrale. « La négative, disent MM. Chauveau et Hélie (t. 1er, p. 351), résulte des motifs sur lesquels repose l'ordonnance du 6 juin 1830 : les condamnés à plus d'un an ne sont transférés dans les maisons centrales que parce qu'ils sont passibles des peines aggravantes de la récidive, et que sous ce rapport ils forment une classe à part parmi les condamnés correctionnels. Or, deux ou plusieurs condamnations successives ne produisent pas cet effet, encore bien qu'elles excèdent un an : le condamné qui les a encourues doit donc les subir dans la prison départementale. »

38. — Mais il devrait sans doute en être autrement, si le condamné à trois ou six mois de prison se trouvait déjà détenu par suite d'une autre condamnation dans une maison centrale; car il n'y aurait, disent les mêmes auteurs (*ibid.*), aucun danger à le laisser avec une classe de condamnés à laquelle il appartient déjà, et on éviterait ainsi les inconvéniens et les dépenses d'une translation. — V. conf. Berriat-Saint-Prix, *Exécut. des jugem. et arr. en mat. crim.*, p. 79.

39. — La translation à la maison centrale des condamnés à plus d'une année d'emprisonnement se fait par les soins de l'administration et non du ministère public. — A cet effet, le procureur du roi adresse au sous-préfet un extrait du jugement de condamnation. — Circ. min. 26 juill. 1817; — Massabiau, *Man. du procureur du roi*, no 2423; Teulet, d'Auvilliers et Sulpicy, *Codes annot.*, sur l'art. 40, C. pén. — V., au surplus, TRANSFERT DES CONDAMNÉS.

40. — Des condamnés obtiennent souvent, sous prétexte de maladie, leur translation dans des maisons particulières appelées maisons de santé. — C'est là une mesure que des considérations d'humanité peuvent justifier quelquefois, mais qui n'en constitue pas moins, même dans ce cas, une infraction grave à la loi. — Chauveau et Hélie, t. 1er, p. 352; de Molènes, t. 2, p. 59; Berriat-Saint-Prix, *ibid.*, p. 105.

41. — En effet, la loi du 4 vendém. an VI, qui a prévu le cas de maladie des détenus, ne permet leur translation que dans les hospices, et à la charge qu'il sera pourvu à leur garde (art. 15 et 16). — V. à cet égard Massabiau, no 2425.

42. — Néanmoins, M. Massabiau (no 2428) dit que, à défaut d'infirmerie dans la maison d'arrêt ou de place à l'hospice du lieu, le procureur du roi peut permettre au détenu malade d'aller se faire soigner dans sa famille, sauf à lui à revenir subir ensuite le reste de sa peine. Mais il ajoute que cette mesure, qui ne peut être admise que dans des cas tout-à-fait exceptionnels et dans des circonstances urgentes, ne pourrait être appliquée à des détenus poursuivis ou condamnés pour crimes, ou à des condamnés correctionnels sans domicile; alors, dit-il, il faut que le ministère public se concerte avec l'autorité municipale pour faire donner à ces détenus malades les secours dont ils ont besoin. — Lettre proc. gén. de Rennes, 8 janv. 1812.

43. — Le ministère public, dit encore le même auteur, ne peut permettre qu'un détenu sorte habituellement de prison pour vaquer à ses affaires personnelles ou à celles d'autrui, ni qu'il soit attaché au concierge comme guichetier pendant sa détention ou chargé par lui de faire des commissions en ville pour les autres détenus, ni qu'il soit momentanément élargi pour reprendre plus tard l'exécution de sa peine. « Nous avons vu, ajoute-t-il, un condamné, abusant de la condescendance qu'on avait eue à sa prière de le laisser libre pendant un mois, profiter de cet intervalle de liberté pour commettre un délit plus grave que celui à raison duquel il était détenu. » — Lettre proc. gén., Rennes, 3 juin 1824.

44. — Les peines doivent être subies dans la prison du lieu où elles ont été prononcées, ou dans la maison de correction du département, s'il en a été établi. « Cette règle, disent MM. Chauveau et

Hélie (*loc. cit.*), est une conséquence de l'exemplarité dont le législateur a voulu douer la peine; car ce but ne serait pas atteint si l'exécution n'avait pas pour témoins les lieux mêmes où le délit a été commis, si ce délit n'était pas expié sous les yeux qui l'ont vu commettre. »—Ajoutons, avec les mêmes auteurs (car il est possible que la condamnation soit prononcée dans un lieu autre que celui où le délit a été commis), qu'elle est une conséquence aussi de l'art. 197, C. inst. crim., qui veut que les procureurs du roi puissent surveiller l'exécution.

45.—Mais cette règle ne peut être exécutée qu'à l'égard des peines de moins d'un an; car tous les départemens n'ont pas de maisons centrales de détention. — Chauveau et Hélie, t. 1er, p. 352.

46. — Lorsque la condamnation émane d'un tribunal d'appel, est-ce dans la prison de la résidence de ce tribunal ou dans celle de la résidence des premiers juges que la peine doit être subie? — Il faut distinguer :

47. — ... Ou les juges d'appel n'ont fait que confirmer purement et simplement le jugement de première instance; et alors la peine doit être subie dans la prison de la résidence des premiers juges, car c'est, en définitive, leur jugement qu'il s'agit d'exécuter. — Chauveau et Hélie, t. 1er, p. 353; Berriat-Saint-Prix, *ibid.*, p. 87.

48. — ... Ou, au contraire, le jugement de première instance a été modifié en quelque partie par les juges d'appel; la condamnation est alors le fait de ces juges, elle leur appartient, et c'est alors dans la prison de leur résidence que le condamné doit être écroué. — Chauveau et Hélie; Berriat-Saint-Prix, *loc. cit.*

49. — Malgré le principe posé plus haut, si, pour quelque motif que ce soit, un condamné demande à subir sa peine dans une autre prison du même ordre située dans le même département ou dans une prison située dans un autre département, cette faveur peut lui être accordée, pourvu toutefois qu'il y ait accord à cet égard entre l'autorité judiciaire et l'autorité administrative. — Décr. 18 juin 1811, art. 3, no 9; circ. min. 10 sept. 1822.

50. — Mais, ainsi que le disent MM. Chauveau et Hélie (*loc. cit.*), les considérations qui ont fait établir la règle démontrent qu'il ne doit y être dérogé qu'avec une grande circonspection et pour les motifs les plus graves.

51. — Si la peine prononcée n'excède pas un mois, et que le condamné ait été arrêté dans un lieu éloigné de celui où il a été jugé, le magistrat du ministère public du lieu de l'arrestation peut, dans le cas où il apercevrait des inconvéniens graves à ordonner le transfèrement, le suspendre et adresser au ministre de la justice un extrait du jugement avec des observations sur ce qu'il est convenable de faire; et alors c'est au ministre à décider. — Circul. min. 17 juill. 1822; — Ortolan, t. 2, p. 243.

52. — Mais dans la pratique, dit M. Massabiau (no 2412), quand la durée de la peine est si courte, comme la réponse du ministre pourrait se faire attendre long-temps, le procureur du roi du lieu de l'arrestation en donne avis à celui du lieu de la condamnation, lequel lui transmet un extrait du jugement, en le priant d'en assurer l'exécution, et de le lui renvoyer ensuite, avec mention au pied du lieu où la peine aura été subie et de l'époque précise de sa libération.

53. — Dans tous les cas, il est évident qu'il suffit que le condamné ait été détenu dans une maison de détention légalement instituée pour que la durée de la privation de sa liberté doive être imputée sur sa peine : et il a été jugé qu'on doit compter pour l'expiation d'une peine correctionnelle la durée de la détention dans la maison de correction du lieu de l'arrestation, quoique ce ne soit pas celle du lieu où la condamnation a été prononcée. — *Cass.*, 23 fév. 1833, Puylaroque.

54. — Les soldats et les sous-officiers condamnés par la cour d'assises, ou par la juridiction correctionnelle à un emprisonnement de plus de trois mois, doivent être remis à l'autorité militaire pour être détenus, suivant la durée de la peine, dans certaines prisons militaires. — Berriat-Saint-Prix, *Exécut. des jugem. et arr. en mat. criminelle, etc.*, p. 79.

55. — Toute maison de correction, porte l'art. 5, tit. 2, L. 22 juill. 1791, est une maison de *travail*; mais l'art. 40, C. pén., laisse au condamné le choix des travaux établis dans la maison.

56. — Les produits du travail de chaque détenu pour délit correctionnel sont appliqués partie aux dépenses communes de la maison, partie à lui procurer quelques adoucissemens, s'il les mérite, partie à former pour lui, au temps de sa sortie, un fonds de réserve; le tout ainsi qu'il est ordonné par les réglemens d'administration. — Art. 41.

57. — Si l'administration n'avait pas jugé devoir faire profiter le condamné, en tout ou en partie, du tiers des produits de son travail, pour lui procurer quelques adoucissemens, il faudrait en accroître son fonds de réserve. — Le condamné peut bien, en effet, en être privé pendant la durée de sa peine, puisque l'art. 41 autorise l'administration à en user ainsi; mais ce n'en est pas moins une chose qui lui appartient, puisque la loi de 1791 lui a réservé cette partie des produits de son travail, et que l'art. 41, C. pén., n'a pas dit qu'il en serait *définitivement* privé. — Carnot, sur l'art. 41, C. pén., t. 1er, p. 148.

58. — Les réclamations des condamnés au sujet de l'emploi, de la répartition et de la remise du produit de leurs travaux doivent être adressées à l'autorité administrative, qui seule est compétente pour y statuer. — Teulet, d'Auvilliers et Sulpicy, *Codes annotés*, sur l'art. 41, C. pén.

59. — Malgré la prescription de l'art. 40, C. pén., comme la peine d'emprisonnement pour moins d'une année, est souvent subie dans la maison d'arrêt du lieu où le jugement a été prononcé, et que dans la plupart de ces maisons il n'existe aucun atelier de travail, il en résulte que, pour ce cas, la peine de l'emprisonnement se borne à la simple privation de la liberté.

60. — Ainsi que nous l'avons vu plus haut (no 23), les condamnés à la peine de l'emprisonnement par voie de simple police, ne peuvent être assujétis à aucun travail. Dès-lors, s'ils s'y livrent, tout le produit qui en provient doit leur être remis. — Carnot, sur l'art. 41, t. 1er, p. 148.

61. — V. au surplus, pour plus amples détails sur l'exécution de la peine d'emprisonnement. PEINES (exécution des), PRISONS.

§ 2. — *Calcul de la durée de l'emprisonnement.*

62. — Aux termes de l'art. 23, la durée des peines temporaires doit compter du jour où la condamnation est devenue irrévocable.

63. — Cet article, dans la généralité de ses expressions et sauf la modification exprimée en l'art. 24 (V. *infrà* no 69), est applicable aux matières correctionnelles comme aux matières criminelles.

64. — Il a été jugé par application de l'art. 23 précité que l'arrestation étant une mesure de police judiciaire, ne peut faire partie de la peine. Par suite, un tribunal excède ses pouvoirs en ordonnant que la peine d'emprisonnement qu'il prononce courra à compter du jour de *l'arrestation du prévenu*. — *Cass.*, 1er mai 1812, Auguste Prunier; 15 oct. 1813, Bernadas; 22 nov. 1816, Aurussi; 4 mars 1825, Autard; 2 mars 1827, Migout; — Merlin, *Rép.*, vo *Emprisonnement*.

65. — Cette jurisprudence est critiquée par Carnot (sur l'art. 201, C. pén., t. 1er, p. 598, no 6), « C'est bien, à la vérité, dit cet auteur, par mesure provisoire de police judiciaire et de sûreté, que le prévenu est détenu jusqu'à sa condamnation, mais ce n'en est pas moins à raison du délit qu'il a commis, et sa peine ne s'en trouve pas moins aggravée, sans qu'il y ait rien à lui imputer du retard que son jugement a pu éprouver. »

66. — Et, à ce propos, Legraverend (t. 2, chap. 5, sect. 3e, p. 363, no 2) s'exprime en ces termes : « Si l'emprisonnement qui a précédé la condamnation ne peut être imputée sur la durée de celui qui est prononcé, la justice et l'humanité indiquent qu'il doit être pris en considération, pour fixer la durée de la condamnation, toutes les fois que la loi laisse aux juges la faculté d'arbitrer la peine entre un maximum et un minimum déterminés. »

67. — Mais il est évident que ces réflexions ne peuvent être prises que comme un conseil dont les juges sont libres de profiter, dans le for intérieur, et qu'il faut bien se garder d'y voir un point de doctrine, car il serait difficile de le concilier avec les dispositions de l'art. 23, C. pén.

68. — Sous le Code pénal et avant la loi du 28 avr. 1832, lorsque le ministère public avait appelé d'un jugement de police correctionnelle, la peine d'emprisonnement prononcée contre le prévenu qui se trouvait en état d'arrestation préalable ne pouvait commencer à courir qu'à compter du jour du jugement de l'appel, quoique le condamné eût acquiescé au jugement de première instance. — *Cass.*, 9 avr. 1813, Henri Liessem.

69. — Il en est autrement aujourd'hui, ainsi qu'il résulte de l'art. 24, C. pén., ainsi conçu : « Néanmoins, à l'égard des condamnations à l'emprisonnement prononcées contre les individus en état de détention préalable, la durée de la peine, si le condamné ne s'est pas pourvu, comptera du jour du jugement ou de l'arrêt, nonobstant l'appel ou le pourvoi du ministère public, et quel que soit le résultat de cet appel ou de ce pourvoi. — Il en sera de même dans le cas où la peine aura été réduite sur l'appel ou le pourvoi du condamné.

70. — Il a été jugé (par interprétation du mot *pourvu* contenu dans l'art. 24) que la disposition de cet article, d'après laquelle la durée des condamnations à l'emprisonnement prononcées contre des individus en état de détention préalable se compte du jour du jugement ou de l'arrêt, *si le condamné ne s'est pas pourvu*, nonobstant l'appel ou le pourvoi du ministère public, s'applique non seulement au cas où le condamné n'a point formé *de pourvoi en cassation*, mais aussi à celui où il n'a point *interjeté appel* lorsque la condamnation pouvait être attaquée par cette voie. — *Cass.*, 12 mai 1837 (t. 1er 1838, p. 194), Perroteau.

71. — Il résulte de cette disposition que le condamné qui a lui-même appelé du jugement ne peut invoquer le bénéfice de l'art. 24, et faire entrer le temps de la détention préalable dans la supputation de l'exécution de la peine, que dans le cas où il aurait obtenu une réduction de peine.

72. — Un amendement avait été proposé, lors de la discussion de la loi de 1832, pour faire remonter, dans tous les cas, la peine au jour du jugement; mais il fut repoussé, soit parce que le prévenu qui succombe dans son appel ou dans son pourvoi, est mal fondé à se plaindre d'une prolongation de détention, occasionnée par son propre fait, soit parce qu'on a voulu éviter la multiplicité d'appels et de pourvois en cassation, qui eût été la conséquence inévitable d'une disposition de cette nature.

73. — En parlant des condamnations à l'emprisonnement, l'art. 24 ne fait aucune distinction; dès-lors il les embrasse toutes, de quelque juridiction qu'elles émanent. La règle qu'il pose s'applique donc aux condamnations qui sont prononcées par les cour d'assises, comme à celles que rendent les tribunaux correctionnels. — Chauveau et Hélie, t. 1er, p. 350.

74. — Cependant cette règle ne s'applique pas en matière de simple police; l'art. 129, C. inst. crim., veut que le prévenu renvoyé en simple police soit remis en liberté s'il est détenu. — La jurisprudence refuse d'ailleurs au ministère public le droit de se pourvoir par appel. D'un autre côté, l'appel et même le pourvoi du condamné ne rentrent pas dans la disposition de l'art. 24, et le laissent sous l'application de l'art. 23, encore bien qu'il se soit mis en état pour satisfaire à l'art. 421, C. inst. crim. — Teulet, d'Auvilliers et Sulpicy, sur l'art. 24, C. pén.

75. — Il a été jugé que lorsqu'un prévenu s'est désisté de son appel, la peine prononcée par les premiers juges ne commence à courir que du jour où il a été donné acte de son désistement. — *Cass.*, 11 juin 1829, Callois.

76. — Cette proposition paraît fondée, puisque le prévenu qui se désiste succombe par cela même dans son appel. — Mais elle n'est pas de nature à favoriser le désistement, car le prévenu a, sans contredit, plus d'intérêt à courir les chances d'un jugement contradictoire qu'à se soumettre au résultat le plus défavorable qu'il ait à attendre, à moins qu'il ne craigne un appel *à minimâ* de la part du ministère public près le tribunal supérieur ou la cour royale, et qu'il n'espère désarmer sa sévérité par un désistement.

77. — M. Berriat Saint-Prix (*ibid.*, p. 81) fait une distinction. « Si, dit-il, le désistement est antérieur à l'audience ou formulé au moment de l'appel de la cause, la peine devra courir *du premier jugement*, parce que le recours du condamné pourra être considéré comme non avenu... Mais si le désistement n'était formulé que l'instruction du procès d'appel commencée, par exemple, après le rapport de l'affaire, ou, à plus forte raison, après les plaidoiries, le tribunal pleinement saisi, en cet état, du fond du procès, devrait y statuer et ne pourrait plus donner acte pur et simple du désistement, de sorte qu'à moins d'infirmation, emportant réduction de peine, le prévenu aurait réellement succombé dans son appel, et que son emprisonnement ne courrait plus que du jour du jugement en dernier ressort. »

78. — Jugé que le tribunal qui n'est saisi par la citation du ministère public que pour lui donner acte du désistement fait par le prévenu, de son appel, ne peut diminuer la peine en ordonnant qu'elle courra du jour du jugement de première instance. — *Cass.*, 11 juin 1829, Callois.

79. — La détention préalable compte dans la durée de cette peine à partir du premier jugement, nonobstant l'appel ou le pourvoi du ministère public, lors même que cette détention a pour cause, non le fait qui a motivé la condamnation, mais un fait différent qui a donné lieu à une prise de corps. — *Cass.*, 26 sept. 1839 (t. 2 1839, p. 560), Grosse; — Massabiau, no 2207.

80. — En effet, le motif d'humanité qui a porté le législateur à abréger la durée de l'emprisonnement est pris dans le fait matériel de la détention, abstraction faite de sa cause et de sa nature.

81. — Jugé dans le même sens que, en cas de plusieurs condamnations successives à l'emprisonnement pour différens délits, il suffit qu'il y ait détention préalable à la première condamnation, pour que la peine soit comptée du jour du premier arrêt ou jugement. — Peu importe que la détention, opérée originairement en vertu d'un simple mandat de dépôt du juge d'instruction, ait conservé, après la première condamnation, son caractère purement préventif, par l'appel du ministère public et le défaut d'écrou de sa part. — *Cass.*, 12 mai 1837 (t. 1er 1838, p. 194), Perroteau.

82. — Mais, la détention par suite de la mise en état du demandeur en cassation ne compte pas pour la durée de la peine prononcée contre lui par l'arrêt attaqué. — Dès-lors, il n'a pas purgé sa condamnation à dix jours de prison par une détention de quinze jours qu'il a subie par suite de sa mise en état. — Il doit, s'il forme un nouveau pourvoi contre le second arrêt rendu dans la même affaire, se constituer de nouveau prisonnier. — *Cass.*, 30 juin 1837 (t. 2 1837, p. 365), Durand-Vaugeron.

83. — Lorsque le ministère public a seul appelé, si à son tour le condamné se pourvoit contre l'arrêt et échoue dans son pourvoi, la peine comptera-t-elle du jour du jugement ou de l'arrêt? — Du jour de l'arrêt seulement; car, il a perdu par ce pourvoi le bénéfice de son premier acquiescement. — Chauveau et Hélie, t. 1er, p. 349.

84. — Si, au contraire, l'arrêt a été cassé et que la peine ait été réduite par les juges saisis par le renvoi de l'affaire, cette peine devra courir encore du jour de l'arrêt attaqué, car par ces mots de l'art. 24, *à compter du jour du jugement ou de l'arrêt*, la loi évidemment a voulu parler du jugement ou de l'arrêt contre lequel l'appel ou le pourvoi a été dirigé. — Chauveau et Hélie, *ibid.*

85. — Enfin, si, après cassation, la peine a été aggravée ou maintenue, elle ne courra que du jour de l'arrêt qui la maintient ou l'aggrave. — Chauveau et Hélie, *ibid.*

86. — La disposition de l'art. 24 qui fait courir la durée de la peine en faveur du condamné, nonobstant l'appel du ministère public, ne s'applique qu'aux condamnés qui sont en état de détention préalable. — Ceux qui ont conservé leur liberté demeurent sous l'empire du droit commun; la loi n'a dû abréger les lenteurs de cette détention qu'en faveur de ceux qui la subissent; la peine à l'égard des autres ne peut compter que du jour de l'écrou. — Chauveau et Hélie, t. 1er, p. 346; Berriat Saint-Prix, *ibid.*, p. 80.

87. — Cependant, M. de Molènes (*Tr. prat. des fonct. du procureur du roi*) pense qu'à leur égard la peine court de l'instant où l'arrestation s'effectue. Mais cette opinion est combattue avec raison par M. Berriat Saint-Prix (*loc. cit.*). Une peine d'emprisonnement ne peut s'exécuter entre les mains de la force publique : il faut que le condamné soit au moins entré dans une prison pour peines.

88. — On doit compter pour l'expiation d'une peine correctionnelle la durée de la détention subie dans la maison de correction du lieu de l'arrestation, quoique ce ne soit pas celle du lieu où la condamnation a été prononcée. — *Cass.*, 23 fév. 1833, Puylaroque. — De même, on doit compter toute la durée du transfèrement, pendant lequel, en effet, le condamné a été privé de la liberté. — Teulet, d'Auvilliers et Sulpicy, *Cod. annot.*, sur l'art. 41, C. pén.

89. — Les peines doivent être subies sans aucune interruption. — La loi ne le dit pas expressément, mais il suffit qu'elle n'ait autorisé par aucune disposition le ministère public à suspendre le cours de l'exécution des peines pour qu'il n'en ait pas le droit. — V. conf. Chauveau et Hélie, t. 1er, p. 331; Berriat Saint-Prix, *Exécution des jugemens et arrêts et des peines*, p. 80; Massabiau, no 2429; de Molènes, t. 2, p. 57; — Circ. min. 17 mai 1806.

90. — Le Code ne s'est expliqué que sur la durée du jour ou du mois de prison. — La peine à un jour d'emprisonnement est de vingt-quatre heures, celle à un mois est de trente jours. — Il n'y a à cet égard aucune équivoque possible.

91. — Mais il n'en est pas de même à l'égard des condamnations à plusieurs mois de prison. — A cet égard, il s'est élevé une sérieuse controverse, et deux interprétations du paragraphe dernier de l'art. 40 se sont produites.

92. — D'après la première, les mois devraient être comptés par intervalles de trente jours; d'après la seconde, ils devraient être comptés au contraire selon le calendrier grégorien.

93. — Cette dernière interprétation, consacrée par des instructions ministérielles (décisions du garde des sceaux des 12 déc. 1835, 16 mai 1840 et 28 oct. 1841), est professée par Mangin (*Act. publique*, t. 2, p. 154 et suiv.). — « Je ferai remarquer, dit cet auteur, que la dérogation du paragraphe dernier, art. 40, C. pén., ne s'applique qu'au cas où la condamnation est prononcée pour *un mois*; car si elle était prononcée pour plusieurs mois, il faudrait revenir à la règle générale et calculer quantième par quantième. »

94. — Nous ne saurions adopter cette opinion. L'application ordinaire du calendrier grégorien en matière de condamnation à l'emprisonnement nous paraît évidemment contraire à la justice : il ne faut pas qu'en cas de condamnation à trois mois, à quatre mois d'emprisonnement, une circonstance tout-à-fait accidentelle vienne varier la position du condamné. — D'ailleurs il nous paraît résulter de la contexture et des termes de l'art. 40 que la règle posée par cet article est une règle générale. — En effet, après avoir dit dans le paragraphe 1er en quoi consiste la peine de l'emprisonnement, l'art. 40 en fixe le maximum dans le paragraphe 2. Puis, comme dans les limites qu'il pose, six jours à cinq ans, se rencontrent des divisions de l'année dont la mesure est variable et peut paraître incertaine, le paragraphe 3 dit ce que l'on doit entendre par un *jour* et le paragraphe dernier par un *mois* d'emprisonnement.

95. — Dès-lors, il nous semble que tant que la peine d'emprisonnement n'atteint pas une année, elle doit se composer d'autant de fois trente jours que le jugement prononce de mois. — En sorte que celui qui est condamné à trois mois qui ont pris cours le 30 juin doit être élargi le 27 septembre et non le 30, car c'est le 27 qu'expire la troisième période de trente jours. — Cette opinion est aussi professée par MM. Berriat Saint-Prix, *ibid.*, p. 85; de Molènes, *ibid.*, p. 21; Boitard, *Leçons sur le Code pénal*, p. 161; Massabiau, *ibid.*, p. 2, no 2208.

96. — Si la condamnation est prononcée par *année*, M. Massabiau (*loc. cit.*) pense avec raison, selon nous, que dans ce cas le condamné devra demeurer détenu pendant autant de périodes annuelles qu'il y a d'années dans la condamnation, sans s'inquiéter d'ailleurs si cette condamnation comprend ou non des années bissextiles.

97. — M. de Molènes (*ibid.*, p. 21) enseigne au contraire que l'année doit toujours s'entendre de l'année ordinaire de trois cent soixante-cinq jours.

98. — Mais que décider lorsque la condamnation comprend *une année* et en outre *plusieurs mois* de prison? Deux hypothèses peuvent se présenter : ou bien le jugement énonce en même temps des *années* et *des mois*, et alors point de difficulté, à notre avis. Chaque année sera de trois cent soixante-cinq ou trois cent soixante-six jours, et chaque mois d'excédant sera de trente jours, conformément à la loi. — Massabiau, *ibid.*

99. — Ou bien le jugement au lieu d'énoncer des années et des mois, porte, par exemple, *quinze mois, dix-huit mois*; et dans ce cas, la difficulté peut naître. — La condamnation ainsi prononcée signifiera-t-elle, comme l'enseigne M. Massabiau (*loc. cit.*), quinze ou dix-huit périodes de trente jours; ou bien, suivant l'opinion de M. de Molènes (p. 24), *une année* augmentée de trois ou six périodes de trente jours; ou bien enfin une année et trois ou six mois, tels qu'ils se présenteront suivant le calendrier grégorien, comme le prétend M. Berriat Saint-Prix (p. 80)?

100. — La première de ces opinions, celle de M. Massabiau, nous paraît seule admissible. — Elle est plus conforme au texte de l'art. 40, plus favorable aux condamnés et a en outre l'avantage de ne pas interpréter des expressions dont la clarté ne permet pas d'ailleurs l'interprétation.

101. — L'individu condamné à plusieurs mois ou à plusieurs années d'emprisonnement doit être libéré la veille du jour qui correspond à celui où la peine a commencé. Le jour de la condamnation ou de l'incarcération, quand le condamné n'est pas détenu préventivement, doit être utile, quelle que soit l'heure de la prononciation du jugement ou de l'entrée en prison; car les peines par mois ou par année ne se comptent pas par heures. — Ainsi le détenu condamné à un an de prison ou l'individu incarcéré le 1er avril pour subir cette peine, en sera libéré le 31 mars de l'année suivante. — V. circulaire du procureur général de Paris, du 30 oct. 1841, sur décision ministérielle. — Teulet, d'Auvilliers et Sulpicy, sur l'art. 40, C. pén.

V. PEINES, PRISONS.

## EMPRUNT.

1. — Action par laquelle on demande ou reçoit en prêt de l'argent ou toute autre chose.

2. — On appelle encore emprunt la chose ou la somme d'argent empruntée ou à emprunter.

3. — Pour pouvoir emprunter il faut avoir la capacité de contracter.

4. — Les emprunts sont soumis à des règles différentes suivant qu'ils sont contractés par les particuliers, les communes, les départemens ou établissemens publics.

5. — Celles qui sont relatives aux emprunts contractés par des particuliers se trouvent retracées aux mots CONSEIL JUDICIAIRE, ÉMANCIPATION, FAILLITE, INTERDICTION, PRÊT, SUBROGATION, TUTELLE. — V. aussi MONT-DE-PIÉTÉ, MAISON DE PRÊT SUR GAGE.

6. — Quant aux règles qui régissent les emprunts contractés par l'état, les villes, les communes et les établissemens publics, elles sont exposées aux mots COMMUNE, CONSEIL GÉNÉRAL DE DÉPARTEMENT, DÉPARTEMENT, ÉGLISES, EMPRUNT PUBLIC, ÉTABLISSEMENS PUBLICS ET RELIGIEUX, FABRIQUES. — V. ces mots.

## EMPRUNT A LA GROSSE.

V. PRÊT A LA GROSSE.

## EMPRUNT PUBLIC.

1. — On appelle ainsi les emprunts contractés au nom de l'état pour faire face à des besoins urgens auxquels les ressources ordinaires de l'impôt et des revenus publics ne permettent pas de satisfaire.

2. — Les emprunts auxquels l'état est dans la nécessité de recourir sont, comme ceux des particuliers, des contrats essentiellement volontaires de la part des prêteurs comme de la part de l'état.

3. — Dans les temps passés néanmoins et à certaines époques de crise, l'état a plus d'une fois prélevé sur les classes aisées de la société, comme un impôt et à titre d'*emprunt forcé*, les capitaux qui lui étaient nécessaires.

4. — Mais ce moyen de ressource, dont le seul emploi révélait et la pénurie du trésor et le peu de confiance qu'inspirait l'état, a toujours froissé tellement l'opinion publique, que même sous l'ancien régime, on a dû parfois, après l'avoir tenté, y renoncer sans en avoir obtenu les subsides dont on avait besoin.

5. — C'est ainsi que sous Louis XIII et pendant le ministère du cardinal de Richelieu, on tenta vainement d'obtenir de cette manière les finances qui étaient nécessaires pour fournir à l'entretien des nombreuses armées que la France avait alors en Savoie, en Espagne, dans les Pays-Bas et en Alsace, ainsi qu'aux autres besoins financiers qu'avait fait naître la politique de Richelieu. « La voie des emprunts volontaires, dit Bailly (*Hist. financière de la France*, t. 1er, p. 372), était épuisée. On créa 600,000 livres de rentes dont le capital devait être fourni par les personnes aisées du royaume. Sous Henri IV, au commencement des réformes dont s'occupait Sully et à l'issue des guerres civiles, la France avait répondu en peu de jours à un semblable appel. On y fut sourd cette fois, parce que l'administration inspirait peu de confiance. Il fallut recourir au placement des rentes par taxes arbitraires; mais des clameurs et des résistances plus puissantes que n'avait été l'opposition du parlement en firent révoquer la création. On eut recours à de nouvelles impositions..... »

6. — Le gouvernement révolutionnaire et après lui le directoire essayèrent aussi, mais sans que le succès répondît à leurs vues, de combler par des emprunts forcés le déficit du trésor. Nous sortirions de notre cadre si nous suivions ici dans leurs motifs et dans leurs résultats les diverses mesures qui furent prises à ce sujet. Citons seulement le décret du 20 mai 1793, qui disposait qu'il serait fait un emprunt forcé d'un milliard sur tous les citoyens riches; la loi du 19 frim. an IV, portant également qu'il serait fait un appel de fonds par forme d'emprunt sur les citoyens aisés; enfin celle du 10 messid. an VII, qui ordonnait un nouvel emprunt forcé de 100 millions sur les mêmes citoyens. Cette dernière loi fut du reste bientôt abandonnée, et une autre loi du 27 brum. an VIII, en substituant à l'emprunt qui en avait été l'objet une subvention de guerre à répartir dans la forme des impôts ordinaires, vint enfin remettre le gouvernement dans une voie plus conforme aux droits des citoyens comme aux intérêts bien entendus de l'état.

7. — Il est en quelque sorte inutile d'établir que le recours à de pareils moyens constituerait au-

jourd'hui une violation manifeste de la charte constitutionnelle. Cet acte fondamental a en effet posé pour principes que tous les citoyens contribuent indistinctement dans la proportion de leur fortune aux charges de l'état (art. 2), et que toutes les propriétés sont inviolables (art. 8). Sous quelque point de vue que l'on envisage les emprunts forcés, il est donc évident qu'ils sont complétement en opposition avec ces principes d'égalité et de justice.

8. — L'état peut contracter des emprunts de deux manières différentes, soit en affectant un gage à la sûreté de ses prêteurs, soit en usant du crédit que la confiance publique peut lui accorder.

9. — « Dans l'état d'incertitude et de désordre où se trouvaient autrefois les différentes parties du service général, il était indispensable de garantir les promesses de l'administration par la foi des engagemens privés et de leur donner pour gage spécial et immédiat toutes les contributions à percevoir sur les peuples. Ainsi s'était établie cette onéreuse intervention des compagnies de finances qui séparait les redevables et les créanciers du trésor des administrateurs délégués par le souverain et qui livrait ordinairement les plus chers intérêts du pays à la cupidité des traitans. » — D'Audiffret, rapport au roi sur l'administration des finances en 1830.

10. — Pour qu'il en fût autrement, même sous un régime constitutionnel, il fallait à la confiance publique le temps de s'établir. Aussi voit-on dans la loi de finances, 23 sept. 1814, qu'en indiquant un emprunt comme le moyen préférable de faire face aux embarras de cette époque, le législateur crut avoir besoin de donner pour gage à cet emprunt les trois cent mille hectares de bois domaniaux, dont il ordonnait en même temps la vente. — L. précitée, art. 31.

11. — Mais, « aujourd'hui que le gouvernement a repris la direction immédiate des finances du royaume, qu'il a soumis les diverses parties de l'administration à un ordre sévère et méthodique dont les résultats se révèlent à tous les yeux par une comptabilité prompte, exacte et publiquement contrôlée; que les services sont constamment à jour; que tous les engagemens sont accomplis avec une ponctualité sans exemple; que les recettes et les dépenses sont votées par l'assentiment national; enfin, que la situation générale des ressources et des besoins est expliquée dans tous ses détails à la sollicitude du prince et des sujets, les secours du crédit sont venus s'offrir à toutes les exigences de nos charges extraordinaires, et ont ouvert pour l'avenir de nouvelles sources à la richesse publique. » — d'Audiffret, *loc. cit.* — C'est donc au crédit public que l'état demande généralement aujourd'hui les emprunts dont il a besoin.

12. — Deux formes différentes se présentent au choix de l'administration pour réaliser ces emprunts; tantôt elle se procure les fonds qui lui sont nécessaires par des prêts qu'elle s'oblige à rembourser à des termes convenus, presque toujours faciles à renouveler et qui constituent une dette flottante du trésor jusqu'au jour de sa libération définitive; tantôt elle reçoit les versemens des prêteurs à des conditions habituellement fixées par une adjudication publique, avec la clause expresse de n'acquitter que la rente annuelle de ces capitaux, et de ne pas contracter pour leur restitution un engagement formel et exigible à une époque déterminée. — d'Audiffret, *Syst. financier de la France*, p. 163.

13. — Nous ne parlons pas ici des cautionnemens de fonctionnaires qui, bien que d'une autre nature que les emprunts contractés dans les circonstances ordinaires, n'en constituent pas moins, ainsi que nous avons déjà eu l'occasion de le faire remarquer ailleurs, de véritables emprunts qui rendent le trésor débiteur, en capital et intérêts, des fonds qu'il reçoit à titre de dépôts et qu'il emploie aux dépenses générales. — « Dans tous les temps, dit M. d'Audiffret (Rapport au roi sur l'adm. des finances en 1830), il a été fait usage de cette ressource spéciale qui a été considérée comme un gage nécessaire à la sécurité de l'administration, et comme un moyen de service applicable aux nécessités publiques. » — V. CAUTIONNEMENT, DETTE PUBLIQUE.

14. — Les emprunts que le gouvernement contracte avec stipulation de remboursement à échéance fixe sont effectués, dans l'état actuel des choses, par la négociation des bons royaux, que les lois annuelles de finances autorisent le ministre des finances à mettre en circulation. — V. BONS ROYAUX.

15. — Les emprunts de la seconde catégorie sont contractés au moyen d'une émission de rentes perpétuelles mises ordinairement, comme nous l'avons dit tout à l'heure, en adjudication publique, en vertu de l'autorisation du pouvoir législatif.

16. — D'ordinaire, et dans l'intérêt même du trésor, les conditions auxquelles ces emprunts doivent être contractés sont abandonnées à la prudence du pouvoir exécutif et de l'administration. C'est ainsi que dans la loi de finances, 25 juin 1841, qui autorise l'émission de la somme de rentes nécessaire pour former un capital de 450 millions, il est dit que « ces rentes pourront être aliénées dans le fonds aux taux et aux conditions qui concilieront le mieux les intérêts du trésor avec la facilité des négociations. » — Art. 35.

17. — Ainsi, c'est le pouvoir exécutif qui détermine, au moyen d'ordonnances royales, de quelle nature, parmi les diverses sortes de rentes sur l'état, seront les rentes émises pour la réalisation de l'emprunt, ainsi que l'époque à partir de laquelle elles devront porter intérêt.

18. — Le taux de l'émission est fixé par le résultat de l'adjudication; mais il ne peut être au-dessous d'un *minimum* qui est fixé par le ministre des finances, et dont il n'est donné connaissance que lors que l'adjudication est terminée.

19. — Les conditions de l'adjudication sont fixées, dans l'usage, par un cahier des charges dressé par le ministre des finances. Elles ont principalement pour objet de déterminer quelle quotité de valeurs les adjudicataires seront tenus de déposer pour garantie de leurs engagemens; dans quels termes les versemens successifs devront être effectués; enfin, les obligations réciproques de l'état et des adjudicataires.

20. — Mais l'administration ne saurait, de sa seule autorité, adopter des conditions qui tendraient à compromettre les droits de l'état, dont la loi peut seule disposer.

21. — C'est ainsi que, lors de la discussion de la disposition de la loi précitée du 25 juin 1841, relative à l'emprunt des 450 millions, M. le ministre des finances a déclaré que l'administration ne saurait adopter dans le cahier des charges une condition dont l'objet serait de faire déclarer les rentes émises non remboursables pendant une série d'années, par le motif que ce serait là compromettre les droits de l'état et prendre une décision qui n'appartient qu'à la loi.

22. — Dans la Charte constitutionnelle, non plus que dans les différentes constitutions qui se sont succédé depuis 1789, on ne trouve aucune disposition positive qui réserve textuellement au pouvoir législatif la faculté exclusive d'ouvrir des emprunts.

23. — L'acte additionnel du 22 avr. 1815 est le seul qui se soit, à cet égard, formellement expliqué. « Aucun impôt direct ou indirect, dit cet acte (art. 35), ne peut être perçu, *aucun emprunt ne peut avoir lieu....* qu'en vertu d'une loi, » — et l'art. 36 ajoute : « Toute proposition d'impôt, *d'emprunt*, de levée d'hommes, ne peut être faite qu'à la chambre des représentans. »

24. — Mais, outre que la faculté de consentir des emprunts ne peut, en quoi que ce soit, être considérée comme compromise dans les attributions confiées au pouvoir exécutif par l'art. 13 de la Charte, il est de toute évidence que les dispositions relatives à l'établissement des impôts, sont, de tous points, applicables à la création des emprunts qui, en aliénant les droits de l'état, en grevant la fortune publique, doivent être tôt ou tard, d'une manière ou d'une autre, se traduire en impôts.

25. — On doit donc tenir pour constant qu'aucun emprunt ne peut être contracté s'il n'a été consenti par les deux chambres et sanctionné par le roi (Charte constitutionnelle, art. 40), et que toute loi d'emprunt doit être d'abord votée par la chambre des députés. — *Ibid.*, art. 15.

26. — Le Code pénal de 1791 disposait (2e part. tit. 1er, sect. 3e, art. 11) : « Si quelque acte portant établissement d'un impôt *ou emprunt national*, était publié sans que ledit impôt eût été décrété par le corps législatif, et que ledit acte fût extérieurement revêtu d'une forme législative différente de celle prescrite par la constitution, le ministre qui aura contresigné ledit acte, donné ou contresigné des ordres pour percevoir ledit impôt *ou recevoir les fonds dudit emprunt*, sera puni de mort. Tout agent du pouvoir exécutif qui aura exécuté lesdits ordres, soit en percevant ledit impôt, soit en recevant les fonds dudit emprunt, sera puni de la peine de la dégradation civique. »

27. — Le Code pénal actuel ne contient pas une semblable disposition analogue, mais à raison de la similitude que nous avons indiquée tout à l'heure comme existant entre l'impôt et les emprunts, on devrait appliquer à la négociation et à la réalisation d'un emprunt illicite les dispositions de l'art. 174, relatives à la concussion des fonctionnaires publics. Dans les deux cas, il y a établissement illégal et perception illégale d'un impôt, il y a emploi abusif de l'autorité et de la force publique, et partant concussion. — V. CONCUSSION.

28. — La négociation et la réalisation d'un emprunt non autorisé rentrent aussi dans les cas de responsabilité ministérielle à la définition et à la répression desquels l'art. 69 de la Charte a promis de pourvoir, et pourraient, en outre, motiver l'application, s'il y avait lieu, de l'art. 114, C. pén., relatif aux actes arbitraires ou attentatoires à la Charte, commis par les fonctionnaires publics.

## ENCAUSTIQUE (Marchands d').

Patentables de septième classe. — V. CIRAGE (Marchands de), PATENTES.

## ENCHÈRE.

1. — Offre d'un prix supérieur à celui proposé par une autre personne pour une chose qui se vend ou s'afferme au plus offrant.

2. — Toutes les ventes soit mobilières, soit immobilières, qui se font en justice, ont lieu aux enchères. — V. LICITATION, SAISIE-EXÉCUTION, SAISIE IMMOBILIÈRE, VENTE JUDICIAIRE DE BIENS IMMEUBLES, VENTE DE BIENS DE MINEUR.

3. — Les ventes volontaires des mêmes biens peuvent aussi, en général, être faites aux enchères. — V. VENTES PUBLIQUES.

4. — Toutefois cette règle souffre exception à l'égard des marchandises neuves, qui ne sauraient être vendues à la criée que dans certains cas et avec certaines autorisations indiquées par la loi. — V. VENTE DE MARCHANDISES NEUVES.

5. — Des fonctionnaires ou des officiers publics sont institués pour présider aux ventes aux enchères ordonnées par justice. — V. COMMISSAIRE PRISEUR, COURTIER, HUISSIER, LICITATION, SAISIE-EXÉCUTION, SAISIE IMMOBILIÈRE, VENTE JUDICIAIRE DE BIENS IMMEUBLES, VENTE DE BIENS DE MINEUR.

6. — Leur ministère est-il obligatoire pour les ventes faites volontairement par des particuliers? — V. VENTE PUBLIQUE.

7. — Dans les ventes judiciaires, l'enchère constitue un contrat passé par l'enchérisseur avec la justice. Il en résulte qu'après qu'elle est faite, elle ne peut plus être rétractée, quand même l'enchérisseur alléguerait une lésion de plus de moitié de la juste valeur. — Merlin, *Rép.*, v° *Enchère*, n° 111.

8. — Mais du moment qu'une enchère vient à être couverte, celui qui l'avait faite est définitivement délié de son engagement. — C. procéd., art. 705. — V. SAISIE IMMOBILIÈRE.

9. — Dans une vente volontaire le vendeur est-il libre de retirer l'immeuble mis aux enchères si le prix offert par le dernier enchérisseur ne lui convient pas? ou est-il contraint de laisser prononcer l'adjudication? — V. VENTE PUBLIQUE.

10. — On appelle *folle-enchère* celle qui est faite par un enchérisseur insolvable.

11. — Faute par l'adjudicataire de satisfaire aux conditions de son adjudication dans les délais prescrits, on procède à la revente de l'immeuble à sa folle-enchère. — V. FOLLE-ENCHÈRE.

12. — En matière de ventes immobilières, les créanciers inscrits, ou même toutes personnes, selon la nature de la vente, sont admis, dans un certain délai, à fournir une *surenchère*, c'est-à-dire à exiger la remise en vente de l'immeuble adjugé, en donnant caution d'en élever le prix dans une proportion déterminée. — V. SURENCHÈRE.

13. — Des peines sont prononcées contre ceux qui entraveraient la liberté des enchères. — V. ENTRAVES A LA LIBERTÉ DES ENCHÈRES.

14. — Lorsque les ventes ont lieu à l'audience du tribunal de première instance, les avoués seuls sont admis à enchérir.

15. — Lorsque la vente a lieu par devant notaire, toute personne munie d'un pouvoir régulier doit être admise à enchérir.

16. — Cependant, pour les ventes faites devant notaire, il peut être expressément stipulé par le cahier des charges qu'on n'admettra à enchérir dans l'intérêt de tiers que des notaires ou autres officiers ministériels : telle est la pratique de la chambre des notaires de Paris.

17. — Des lois et réglemens particuliers déterminent la forme des enchères pour les adjudications ou les baux administratifs. — V. BAIL ADMINISTRATIF.

18. — La concurrence appelée en matière d'ad-

judication des travaux publics ayant pour objet de procurer l'abaissement du prix à payer par l'état ou par les établissemens publics, cette adjudication se fait au moyen d'une opération qui est l'inverse de l'enchère et que l'on désigne par le nom de soumission au rabais. — V. MARCHÉS ET FOURNITURES, TRAVAUX PUBLICS.

### ENCISE.

1. — Meurtre d'une femme enceinte ou de l'enfant dont elle était grosse. — Les coutumes du Maine et d'Anjou donnaient (art. 51 et 44) à ce crime le nom d'encis. — V. aussi Somme rurale, titre De l'action criminelle; Nouveau Denisart, v° Encis; Encyclopédie méthodique (Jurispr.), v° Encise.

2. — Il ne paraît pas qu'aucune loi prononçât de peines particulières contre l'auteur ou les auteurs de ce crime; on lui appliquait les lois générales sur l'homicide et l'assassinat. — Nouveau Denisart, Collect. de jurisprudence, v° Encis.

3. — Les seigneurs hauts justiciers s'en réservaient généralement la connaissance à titre de supériorité lorsqu'ils inféodaient la justice d'un territoire. — Nouveau Denisart, ibid.

4. — On comprenait encore dans le crime d'encise celui des femmes et filles qui, ayant célé leur grossesse et leur accouchement, faisaient périr leur enfant. — Guyot, Rép., v° Encise.

5. — L'encise, de même que l'avortement, était un cas royal; c'est ce qui résulte d'un édit de Henri II, du mois de fév. 1556, qui suppose que la connaissance en appartient aux juges royaux. — Guyot, loc. cit.

6. — L'encise pourrait constituer, d'après notre système pénal actuel, soit le crime d'assassinat ou de meurtre s'il avait lieu sur la femme enceinte, soit un avortement, s'il s'agissait d'un enfant seulement conçu, soit enfin le crime d'infanticide si l'enfant avait vu le jour.

V. ASSASSINAT, AVORTEMENT, HOMICIDE, INFANTICIDE, MEURTRE.

### ENCLAVE.

1. — L'enclave est l'isolement de la voie publique, d'un fonds entouré de tous côtés par d'autres fonds. — On donne aussi le nom d'enclave au terrain enclavé lui-même.

2. — En matière féodale on entendait par enclave une circonscription déterminée dans laquelle le seigneur était fondé à exercer la justice ou à percevoir un droit général. Le droit exercé par le seigneur s'appelait droit d'enclave. On distinguait deux sortes d'enclaves, celle de la directe et celle de la justice. — V. à cet égard Merlin, Rép., v° Enclave.

3. — L'intérêt public exigeant que toutes les propriétés puissent être possédées et exploitées, la législation s'est occupée de tout temps d'assurer aux propriétaires de fonds enclavés les moyens d'obtenir une issue pour y avoir accès.

4. — En droit romain, le service sur l'héritage continu du fonds enclavé n'avait lieu qu'autant qu'il y avait impossibilité physique d'arriver à ce fonds; s'il existait un autre moyen d'issue sur la voie publique, sans permdre le passage sur autrui, quelque pénible qu'il fût, l'obligation de subir le passage disparaissait. ff., De servit. præd. urb.; L. Si quis sepulcrum, ff., De religiosis et sumptibus funerum; L. 9, § 1, in fine, ff. Ad exhibendum.

5. — C'est aussi ce qu'enseignait dans notre ancien droit le jurisconsulte Mazuer. — V. sa Pratique, tit. 30. — Pailliet, sur l'art. 682, C. civ. — V. aussi Coquille, Des servitudes réelles, quest. 74.

6. — Dans la plupart de nos coutumes on admit le même principe, mais on le modifia néanmoins en tenant compte de certaines circonstances qui pouvaient rendre le passage naturel par trop pénible ou trop dangereux, et les fonds auxquels on ne pouvait avoir accès de cette manière furent assimilés à des héritages enclavés. — Pailliet, loc. cit.

7. — Même lorsqu'il s'agissait de fonds complétement enclavés et sans issue sur une voie publique, le droit de passage forcé sur les héritages voisins n'était pas considéré comme un droit absolu, et les coutumes variaient entre elles sur la manière dont il pouvait se constituer.

8. — En Normandie il n'existait aucune disposition spéciale sur l'acquisition du droit de passage en cas d'enclave, mais ce droit avait été consacré par l'usage, bien qu'aux termes de l'art. 607 de la coutume aucune servitude ne pût s'acquérir par titre.

9. — On tenait pour certain dans cette province que tant que le propriétaire du fonds enclavé n'avait pas exercé le droit de passage en justice, ou ne l'avait pas obtenu par titre, l'usage qu'il en faisait était précaire et de tolérance, et qu'il ne pouvait prescrire l'indemnité par lui due au propriétaire du fonds sur lequel s'exerçait le passage. — Cass., 27 juin 1832, Marchand c. Lequernay.

10. — La coutume de Toulouse ne s'expliquait pas sur la durée et les conditions de la possession requise pour acquérir la prescription du droit de passage en cas d'enclave; mais le parlement de Toulouse jugeait constamment que la servitude de passage nécessaire pour le service d'un fonds enclavé, ainsi que l'indemnité à laquelle elle donnait lieu étaient prescriptibles par la possession de trente ans, sans que le possesseur fût tenu de prouver qu'il avait possédé au su et au vu du propriétaire du fonds sur lequel le passage était établi. — Cass., 10 juill. 1820, Pecastaing c. Fourcade et Belin.

11. — La coutume de Ponthieu permettait d'acquérir par prescription le droit de passage en cas d'enclave. — Amiens, 19 mars 1824, Pappin et Aurcher c. Gayet.

12. — Il en était de même sous les statuts du pays de Bresse. — Lyon, 12 juin 1824, Depin c. Soupe.

13. — Les art. 395 et 659 de la cout. de Bretagne et l'art. 449 de la cout. d'Anjou établissaient d'une manière précise le droit du propriétaire du fonds enclavé à passer sur l'héritage contigu indépendamment de toute prescription. — V. Duparc-Poullain, sur la Cout. de Bretagne; Pocquet de Livonière, sur celle d'Anjou. — Le même principe était consacré par la cout. d'Autun, art. 203, et par celle d'Auxerre, art. 147.

14. — C'est en faisant allusion à ces coutumes que Loysel dit « si quelques terres sont tellement enclavées dans celles d'autrui qu'on n'y puisse entrer sans passer dedans, on le peut faire sans aucun dommage. » — Instit. coutumières, liv. 2, tit. 3, n° 16, règle 298.

15. — Un édit du mois de mai 1769 contenait une disposition analogue pour la province de Champagne. — Toullier, t. 3, n° 553.

16. — Celle de Paris appliquait la maxime nulle servitude sans titre (V. art. 186), et sous l'empire de cette coutume une servitude de passage ne pouvait être acquise par prescription même au profit d'un fonds enclavé. — Cass., 7 fév. 1811, Vauzelle c. Dufémoux. — Poitiers, 22 juin 1825, Lagarde c. Garçon. — La cour d'Amiens a jugé à tort le contraire. — Amiens, 19 juin 1824, Pappin; — Solon, Traité des servitudes, n°s 314 et suiv.

17. — Le droit de passage forcé était également imprescriptible aux termes des coutumes de Lorraine et d'Allemagne. — Cass., 28 août 1817, Schneider c. Ortlieb.

18. — Quant à l'action en indemnité appartenant au maître de l'héritage traversé à raison du préjudice que lui occasionnait le passage qu'il devait subir, le principe était généralement que cette action était personnelle et prescrivait par trente ans, à compter du jour où le passage était devenu nécessaire. — Cass., 14 août 1824, Aubin c. Pineau.

19. — L'art. 682 du Code civil donne au propriétaire dont le fonds est enclavé, et qui n'a aucune issue sur la voie publique, le droit de réclamer un passage sur les fonds de ses voisins pour l'exploitation de son héritage, à la charge d'une indemnité proportionnelle au dommage qu'il peut occasionner.

20. — Comme autrefois l'action en indemnité est prescriptible, et le passage doit être continué, quoique l'action en indemnité ne soit plus recevable. — Art. 685.

21. — Le droit de passage pour le service des fonds enclavés est donc maintenant une servitude légale qui n'a besoin d'être justifiée par aucun titre. « Son titre, dit Toullier (t. 3, n° 552), est dans la loi, dans le fait prouvé de l'enclave et de la nécessité. » — V. aussi Pardessus, Des servitudes, n° 218; Fournel, Tr. du voisinage, t. 2, p. 802.

22. — Un grand nombre de règles relatives aux servitudes s'appliquent nécessairement au passage en cas d'enclave. Plusieurs difficultés se sont élevées en outre à propos de l'étendue du droit et de son mode d'exercice. Nous nous en occuperons en traitant du droit de passage en général. — V. SERVITUDES.

### ENCLOS.

V. ANIMAUX, CHASSE, CIMETIÈRE, CLOTURE, COMMUNE, FORÊTS, VAINE PATURE.

### ENCLUMES.

Considérées comme ustensiles nécessaires à l'exploitation des forges, les enclumes sont incontestablement immeubles si elles ont été établies par les propriétaires du fonds pour le service et l'exploitation de ce fonds. Mais les enclumes apportées dans les lieux loués par un forgeron ou un serrurier, sont réellement et seulement destinées à l'exercice de la profession du locataire, et dès-lors elles doivent demeurer ce qu'elles sont par leur nature, c'est-à-dire meubles. — Duranton, Cours de droit civ. franç., t. 4, n° 64. — V. BIENS.

### ENCLUMES, ESSIEUX ET GROS ÉTAUX (Manufacturiers d').

Patentables; — droit fixe de 25 fr. par feu jusqu'au maximum de 150 fr., et droit proportionnel du vingtième de la valeur locative de l'habitation, des magasins de vente complètement séparés de l'établissement, et du quarantième de l'établissement industriel. — V. PATENTE.

### ENCOMBRÉ (Mariage).

V. MARIAGE ENCOMBRÉ.

### ENCRE.

1. — Les fabricans et marchands d'encre à écrire, en gros et en détail, sont rangés, les premiers dans la troisième classe, et les seconds dans la sixième classe des patentables, et, par suite, imposés à un droit fixe basé sur la population, et à un droit proportionnel du vingtième de la valeur locative de l'habitation et des lieux servant à l'exercice de la profession.

2. — Les fabricans d'encre d'impression sont soumis à un droit fixe de 25 fr. pour cinq ouvriers et au-dessous, plus 3 fr. par chaque ouvrier en sus jusqu'au maximum de 200 fr., et à un droit proportionnel du vingtième de la valeur locative de l'habitation, des magasins de vente complètement séparés de l'établissement, et du vingt-cinquième de l'établissement industriel. — V. PATENTE.

3. — Les fabriques d'encre d'imprimerie produisant une odeur très désagréable et présentant des dangers de feu, sont rangées dans la première classe des établissemens insalubres.

4. — Les fabriques d'encre à écrire présentant très peu d'inconvéniens, font partie de la troisième classe seulement. — V. ÉTABLISSEMENS INSALUBRES (nomenclature).

### ENCROUÉ.

1. — On dit qu'un arbre est encroué, lorsqu'il s'est, quand on l'abattait, accroché dans les branches d'un autre.

2. — L'art. 43, tit. 15, ord. 1669, enjoignait aux marchands de veiller à ce que les arbres fussent abattus de manière à tomber dans les ventes sans endommager les arbres retenus, à peine de tous dépens, dommages et intérêts. Il s'arrivait cependant que quelqu'un de leurs arbres demeurait encroué, ils ne pouvaient faire abattre l'arbre auquel il était accroché, sans la permission du grand-maître ou des officiers des eaux et forêts, qui n'avaient le droit de l'accorder qu'après avoir pourvu à l'indemnité du roi. — V. FORÊTS.

### ENDIGUEMENS.

V. DIGUES.

### ENDORMEURS.

1. — On appelait ainsi les criminels qui, à l'aide de poudres ou de liquides soporatifs mis dans des boissons, endormaient les personnes qu'ils voulaient arriver plus facilement à dépouiller.

2. — La coupable industrie des endormeurs prit un tel développement vers la fin du dix-huitième siècle, que l'on fut contraint d'employer contre eux les dernières rigueurs de la loi.

3. — En conséquence, intervint la déclaration du roi du 14 mars 1780, qui, faisant revivre l'édit de juillet 1682, punit de mort tous ceux qui étaient convaincus de vendre ou d'administrer des breuvages assoupissans ou stupéfians.

4. — Le Code pénal n'a pas cru devoir s'occuper spécialement du fait de vol par suite de l'emploi de substances soporatives; cependant, si des moyens pareils étaient employés, ils pourraient, suivant les circonstances, donner lieu spéciale-

ment à l'application de la loi pénale. — V. EMPOISONNEMENT, SUBSTANCES VÉNÉNEUSES.

# ENDOSSEMENT.

## Table alphabétique.

**ENDOSSEMENT.** — 1. — On appelle ainsi l'ordre écrit au dos d'un effet négociable par lequel on donne à quelqu'un le droit d'en exiger le paiement. On entend également par endossement l'action de donner cet ordre.

2. — Savary (Parf. nég., parère 82) dit que l'usage des endossemens ou clause à ordre s'est établi de 1620 à 1642. — Cependant Maréchal (Traité des changes et rechanges), qui écrivait en 1625, n'en fait pas mention.

3. — L'endossement est régulier ou irrégulier.

4. — Parmi les endossemens irréguliers, on remarque principalement l'endossement en blanc.

5. — Nous considérerons donc : 1° l'endossement régulier ; 2° l'endossement irrégulier, en général ; 3° et l'endossement en blanc.

SECT. 1re. — Endossement régulier (n° 6).

§ 1er. — Quels actes sont négociables par l'endossement (n° 8).

§ 2. — Formes de l'endossement (n° 41).

§ 3. — Temps pendant lequel l'endossement peut avoir lieu (n° 93).

§ 4. — Effets (n° 126).

SECT. 2e. — Endossement irrégulier (n° 214).

§ 1er. — Effets de l'endossement irrégulier (n° 214).

§ 2. — Qui peut s'en prévaloir (n° 262).

SECT. 3e. — Endossement en blanc (n° 283).

§ 1er. — Effets de l'endossement en blanc (n° 285).

§ 2. — Qui peut s'en prévaloir (n° 357).

—

## Sect. 1re. — Endossement régulier.

6. — L'endossement régulier est un acte contenant certaines énonciations spécialement requises, par lequel le propriétaire d'un effet de commerce, ou celui qui exerce ses droits, le cède à la personne qu'il dénomme, et en garantit le paiement à l'échéance.

7. — Nous allons voir : 1° quels actes sont négociables par l'endossement ; 2° quelles sont les formes de l'endossement régulier ; 3° pendant quel temps il peut être donné ; 4° et enfin quels sont les effets de l'endossement régulier.

### § 1er. — Quels actes sont négociables par l'endossement.

8. — Les actes qui peuvent être négociés par la voie de l'endossement sont en premier lieu les lettres de change et les billets à ordre. — C. com., art. 186 et 187.

9. — La propriété des billets à ordre se transmet par un endossement régulier, lors même que les individus entre lesquels la négociation a lieu ne sont ni marchands ni commerçans.—Liège, 18 déc. 1810, Termonia c. Deloncin; Cass., 18 nov. 1821, Durand-Teisset c. Douet; 28 nov. 1821, de Nettancourt c. Lambert de Bathilier.

10. — ... Ou bien encore alors même que la cause n'est point commerciale. — Cass., mêmes arrêts.

11. — Avant le Code de commerce, les billets à ordre pouvaient être valablement endossés, quoiqu'ils ne fissent pas mention de la valeur fournie. — Cass., 4er déc. 1823, Delaunay c. Prudhomme.

12. — Jugé également, d'après le Code, que les lettres de change ou billets à ordre qui n'énoncent pas la nature de la valeur fournie sont également transmissibles par la voie de l'endossement, à la valeur.1825, Levrier et Jacquemet c. Mercier et Goujon; Rouen, 19 juill. 1826, Heudron c. Grimpart; Pau, 25 juin 1836, Bernard c. Despérbasque.

13. — Jugé encore qu'un billet à ordre souscrit par un non négociant, et qui n'énonce pas la valeur fournie, peut, quoiqu'il ne soit qu'une simple promesse, être transmis par la voie de l'endossement. — Bruxelles, 18 juill. 1810, Vanneste c. Sibille.

14. — Tel serait le cas d'un billet à ordre causé valeur en quittance d'immeubles. — Favard, Rép., v° Billet à ordre, n° 8.

15. — Jugé au contraire qu'un billet à ordre causé simplement valeur reçue ne devant être transféré que comme simple promesse, la propriété ne peut en être transférée par voie d'endossement, mais seulement par une cession faite dans les formes prescrites pour les conventions ordinaires.—Besançon, 21 déc. 1814, Pouguel c. Voisard.

16. — ...Qu'une simple reconnaissance n'est pas transmissible à un tiers par voie d'endossement, comme le serait un billet à ordre. — Cass., 11 janv. 1827, Dumonteil c. Pierdhouy.

17. — ... Que la simple reconnaissance d'un prêt n'est pas négociable par la voie de l'endossement. — Cass., 1er fév. 1842 (t. 4er 1842, p.181), Gerardot-Fombelle c. Dumont-Lamillerie.

18. — Jugé, dans tous les cas, qu'à l'égard du débiteur, la propriété d'une obligation civile ou d'un billet ordinaire peut être transférée par un simple endossement. — Toulouse, 19 juin 1832, Duchêne c. Comère.

19. — ... Que le souscripteur ne saurait être admis à critiquer la forme qu'il a convenu au cédant et au cessionnaire d'adopter pour opérer la cession. — Colmar, 5 nov. 1839 (t. 1er 1840, p. 268), François c. Bœsler et Pardessus, Contrat de change, n° 445.

20. — Mais la cour de Colmar a décidé qu'à l'égard des tiers, le transport ne vaut qu'autant qu'il a été signifié au débiteur ou accepté par lui. — Même arrêt.

21. — Une traite, nulle comme lettre de change à défaut de remise de place en place, pouvant, si elle réunit tous les autres caractères de la lettre de change, valoir comme billet à ordre, la propriété en est transmissible par la voie de l'endossement. — Bruxelles, 20 janv. 1830, Attenelle c. Kessel.

22. — Un billet portant qu'il est payable au bénéficiaire ou en sa faveur, au lieu de ou à son ordre, n'est pas transmissible par la voie de l'endossement. — Douai, 24 oct. 1809, Parent c. Virnot.

23. — La propriété d'un effet de commerce négocié par un endossement qui n'énonce pas la nature de la valeur fournie, est ensuite valablement transmise en vertu d'un endossement régulier. — Bruxelles, 30 mars 1809, Rousseau c. Masquelier; 21 mars 1810, Allard c. Vanmaider; Cass., 30 janv. 1814, Deroi-Powis c. Deman; 18 janv. 1825, Levrier et Jacquemet c. Mercier et Goujon; Lyon, 22 mars 1825, Bellati c. Beau-Larat; Toulouse, 4 juin 1825, Pomarède c. Cassaing.

24. — La créance résultant de l'effet de commerce pourrait-elle être cédée pour partie?—La loi ne le défend pas; mais la pratique opposerait une foule d'empêchemens. — Gaulier-Menars, Études de dr. comm., n° 766; Nouguier, Lettr. de ch., t. 1er, p. 233.

25. — Il a été jugé que des lettres de change et billets à ordre faits par actes notariés sont transmissibles par la voie de l'endossement, sans que la voie de la cession ordinaire soit nécessaire. — Grenoble, 47 nov. 1836, Magand c. Génard.

26. —...Il en est de même, que le billet à ordre souscrit devant notaire, avec stipulation d'hypothèque, est transmissible par voie d'endossement, de telle manière que l'on ne peut opposer au porteur l'exception, soit de paiement, soit de compensation, dont son titre ne ferait aucune mention. — Lyon, 8 juin 1830, sous Cass., 18 nov. 1833, Chalambel et Chalcat c. Thomas.

27. — Jugé au contraire qu'une obligation notariée, constitutive d'hypothèque, n'est point, quoique stipulée payable au créancier ou à son porteur d'ordre, transmissible par la voie du simple endossement, et que, dès-lors, le cessionnaire doit, pour être saisi à l'égard des tiers, notifier son transport au débiteur. — Grenoble, 6 juill. 1818, Bouvard c. Brun-Pain.

28. — ... Et encore, qu'une obligation notariée stipulée payable à ordre, ne peut être transmise, à l'égard des tiers, par un simple endossement non enregistré. — Dans ce cas, le cessionnaire n'est saisi, à l'égard des tiers, que par la signification de la cession faite au débiteur, ou par l'acceptation de ce dernier dans un acte authentique. — Lyon, 22 mars 1830, Poncet c. Nesme.

29. — Jugé de même qu'une obligation notariée, quoique stipulée payable à ordre, ne peut point être cédée par un simple endossement mis au bas de la grosse. — Du moins, tant qu'il n'y a pas eu

signification du transport, le débiteur peut opposer au porteur toutes les exceptions qu'il aurait pu opposer au cédant. — *Grenoble*, 7 fév. 1835, Doyon c. Ravat.

30.—Si, par suite de convention, une obligation notariée peut être transportée par voie d'endossement, un pareil endossement ne constitue cependant qu'une cession civile ordinaire. En conséquence, en cas de non paiement, l'endosseur ne répond de la solvabilité du débiteur que lorsqu'il s'y est engagé, et jusqu'à concurrence seulement du prix qu'il a retiré de la créance. — *Lyon*, 26 août 1816, Rhenter c. Drat et Gauthier.

31.— Jugé cependant que, lorsqu'une obligation à ordre notariée, passée entre négocians sous l'ord. de 1673, pour vente de marchandises, a été transmise par voie d'endossement, l'endosseur, aussi bien que le souscripteur, peuvent, sans qu'il y ait violation d'aucune loi, et spécialement des art. 1693, 1694 et 1695, C. civ., être solidairement condamnés au paiement en faveur du tiers porteur. Vainement la négligence du porteur aurait-elle laissé perdre un recours utile contre le souscripteur, cette négligence ne saurait être imputée au porteur qui agit dans sa propre chose, et non comme mandataire de l'endosseur. — *Cass.*, 30 juill. 1828, Godefroy c. Gauthier.

32.— Jugé qu'une obligation hypothécaire à ordre, stipulée transmissible par voie d'endossement et ayant pour cause une dette commerciale, peut ne pas constituer un acte commercial, et, dans ce cas, ne doit produire que les effets d'un contrat purement civil; qu'en conséquence, s'il est fait cession pour partie de cette obligation, la clause de garantie et de solidarité souscrite par le cédant vis-à-vis des cessionnaires, et l'engagement de payer lui-même le capital et les intérêts, sauf son recours contre le débiteur, n'a point pour effet d'altérer le caractère de cession appartenant aux actes qui la constatent, et de la faire considérer comme un simple nantissement. La cession a pour effet de déposséder immédiatement le cédant au profit du cessionnaire, qui, en signifiant son titre au débiteur, se trouve valablement saisi à l'égard des tiers, si, au moment de la signification, aucun autre créancier n'a acquis de privilége ou préférence sur la somme cédée. Et en cas de faillite du cédant postérieurement à la cession, la signification du contrat est réputée faite avant tout dessaisissement du failli au profit de la masse, alors qu'elle a eu lieu avant le jugement déclaratif de la faillite. — *Lyon*, 17 mars 1842 (t. 2 1842, p. 708), de Pigmier, Ponnet c. Benoit-Coste.

33. — On peut consentir une hypothèque au profit d'une personne pour une somme égale au montant de billets à ordre souscrits en faveur de la même personne, avec stipulation que cette hypothèque appartiendra, jusqu'à concurrence, aux tiers porteurs des billets. Dans ce cas, les billets à ordre ont pu être transmis par la voie de l'endossement, et transférer l'hypothèque aux tiers porteurs de bonne foi, bien qu'il soit constant en fait que celui au profit duquel ils ont été souscrits n'en a pas fourni la valeur, si cette simulation n'a pas été faite en fraude des droits d'autrui, et si nul autre créancier n'a été inscrit dans l'intervalle qui s'est écoulé entre les obligations et la négociation des billets. — *Rouen*, 9 mars 1830, Julienne c. Cavelau; *Cass.*, 10 août 1831, mêmes parties.

34. — Un arrêt ne viole aucune loi, lorsque, reconnaissant, d'une part, la sincérité d'une obligation notariée et transmissible par voie d'endossement, et, d'autre part, la sincérité et la validité de l'endossement qui en a eu lieu sous seing-privé, il déclare que la qualité de créancier est suffisamment justifiée pour le cessionnaire. — *Cass.*, 12 mars 1828, Lemarrois c. Gall.en.

35. — La négociation par voie d'endossement n'est pas exclusivement réservée aux lettres de change et aux billets à ordre, que la loi y a assimilés. — Pardessus, *Dr. comm.*, nº 464.

36. — Ainsi la propriété d'une police d'assurance peut se transmettre par la voie de l'endossement. — *Bruxelles*, 15 juin 1826, Ozy c. Vandermaeren.

37. — Jugé de même à l'égard de la propriété d'une lettre de voiture. — *Lyon*, 10 janv. 1826, Verrier c. Viallet.

38.—Toutefois M. Pardessus (*Dr. comm.*, nº 313) fait une distinction. « Qu'on admette, dit-il, la faculté de stipuler dans une lettre de voiture qu'elle sera transmissible *par ordre*, rien de plus juste : en pareil cas, il y a analogie entre la lettre de voiture et le connaissement que l'art. 281, C. comm., déclare formellement susceptible d'être *à ordre* ou *au porteur*, et cette analogie est dans la nature des choses. Mais accorder la possibilité d'opérer le transport d'une lettre de voiture par endossement lorsqu'elle n'est pas stipulée payable *à ordre*, n'est-ce pas lui attribuer des effets plus étendus qu'au connaissement lui-même et aux billets ou mandats, qui ne sont négociables par *endossement* qu'autant qu'ils sont *à ordre*. »

39. — Jugé que l'art. 93, C. comm., qui accorde un privilége pour les avances faites par le commissionnaire sur lettres de voiture ou connaissemens suppose que les marchandises lui ont été expédiées directement et que le connaissement ou la lettre de voiture a été fait à son profit de l'une des manières indiquées dans l'art. 281, même Code. Mais hors ce cas le connaissement à ordre ne peut conférer de privilége au commissionnaire qu'autant qu'il lui est transmis régulièrement. Cette transmission n'est régulière qui si l'endossement qui l'opère renferme toutes les conditions exigées par les art. 137 et 138, C. comm. (lesquels posent en matière d'endossement des règles générales applicables à tous les actes susceptibles de transmission par cette voie). Spécialement l'endossement doit, à peine de ne valoir que comme procuration, indiquer la valeur fournie. — *Cass.*, 1er mars 1843 (t. 1er 1843, p. 367), Muller c. Tissot et Prévost. — V. CONNAISSEMENT, LETTRE DE VOITURE.

40. — Le nantissement d'une créance commerciale résultant d'un effet à ordre peut valablement s'opérer par le simple endossement de l'effet au profit du créancier. *En d'autres termes*, l'art. 2075, C. civ., qui impose l'obligation d'un écrit enregistré, pour la validité d'une créance mobilière remise à titre de gage, n'est point applicable aux billets de commerce. — *Paris*, 17 mai 1832, Laurent c. Aigon. — V. NANTISSEMENT.

## § 2. — *Formes de l'endossement.*

41. — L'endossement doit être écrit sur la lettre même. Celui qui serait donné par acte séparé ne vaudrait que comme un transport ordinaire, c'est-à-dire qu'il devrait être signifié. — Pothier, *Contr. de change*, nº 165; Pardessus, *Contr. de change*, nº 105.

42.— ... Et encore cette signification ne pourrait-elle être opposée au porteur de la lettre en vertu d'un endossement régulier, quoique d'une date postérieure. — Pardessus, *Dr. comm.*, nº 345.

43. — Le transport qui serait fait par acte séparé pourrait être prouvé par témoins, bien qu'il n'y eût pas de commencement de preuve par écrit. — *Cass.*, 17 déc. 1827, Desbays c. Fontaine.

44. — Lorsque la multiplicité des négociations a couvert l'effet de commerce d'endossemens, il est d'usage d'ajouter, pour faciliter de nouveaux endossemens, une feuille de papier qu'on appelle *allonge*, et qui ne fait qu'un tout avec le titre primitif. — Pardessus, *Dr. comm.*, nº 343. — V. ALLONGE.

45. — L'endossement peut-il avoir lieu par acte notarié? — M. Pardessus (*Contr. de change*, nº 105; *Dr. comm.*, nº 343) soutient la négative.— Au contraire, M. Nouguier (*Lettr. de change*, t. 1er, p. 284) soutient l'affirmative, attendu que la loi ne le défend pas. — On conçoit difficilement la possibilité d'un pareil endossement.

46. — Il n'est pas nécessaire que l'endosseur écrive lui-même l'endossement. Il suffit qu'il y appose sa signature sans qu'il soit besoin de la faire précéder d'une approbation de la somme. — Merlin, *Rép.*, vº *Endossement*, nº 13; Pardessus, *Contr. de change*, nºs 114 et 459, et *Dr. comm.*, nº 343.

47. —L'approbation de la somme n'était pas non plus exigée sous l'ord. de 1673.—*Cass.*, 7 thermid. an XI, Rayé c. Paugaert.

48. — Aussi, lorsque l'endosseur en apposant sa signature l'a fait précéder d'un *bon pour la somme de...*, l'inscription de faux ne peut être admise contre l'endossement rempli par une main étrangère.—*Riom*, 21 nov. 1816, Bellut c. Valicon.

49. — Un endossement n'est pas nul, en ce qu'il n'est pas écrit en entier de la même main. — *Bruxelles*, 5 mars 1825, Vanlangenhoven c. Vanhægenbeke.

50. — L'endossement doit être daté (C. comm., art. 137). Cette condition a pour objet d'empêcher les fraudes au préjudice des créanciers d'un failli.

51. — Sous l'empire de l'ord. de 1673, l'endossement d'un effet de commerce, pour transférer la propriété au porteur, devait être daté.—Il en était de même de l'endossement d'une police d'assurance. — *Bruxelles*, 15 juin 1826, Ozy c. Vandermæren.

52. — Cependant il y a un cas où l'endossement n'a pas besoin d'être daté. C'est lorsqu'il s'agit d'une lettre de change souscrite à l'ordre du tireur lui-même et qu'il négocie à un tiers. En pareil cas, la date de la lettre de change suffit pour l'endossement. — Pardessus, *Contr. de change*, nº 112.—Ainsi jugé sous l'ord. 1673.—*Cass.*, 2 prair. an XIII, Lanchère c. Worms.

53. — Ne peut être considéré comme régulier, quant à la date, l'endossement revêtu d'une date évidemment fausse, par exemple, si à l'époque indiquée l'endosseur était dans un pays éloigné hors du royaume. En pareil cas la fausseté de la date peut se prouver par des actes et des faits, sans qu'il soit besoin de s'inscrire en faux. — *Colmar*, 18 janv. 1823, N...

54. — La date d'un endossement n'est pas suffisamment exprimée par les termes autrefois en usage *ut retrò, ut suprà.*—*Cass.*, 23 juin 1817, Fauveau et comp. c. Lagrange et Depras; 14 nov. 1821, Roussel c. Dumoustier; *Colmar*, 5 fév. 1826, Stahl c. Rist; —Pardessus, *Dr. comm.*, nº 345; Persil, *Lettre de change*, art. 137, nº 3. — *Contrà Aix*, 9 fév. 1815, Fauveau c. Lagrange et Depras.

55. — ... Et cela quand bien même il s'agirait de l'endossement mis par le tireur sur une lettre de change tirée à son ordre.—*Cass.*, 14 nov. 1821, Roussel c. Dumoustier.—*Contrà* Pardessus, *Dr. comm.*, nº 345, par le motif que la lettre et l'endossement ne sont qu'une seule et même chose qui se complètent respectivement.

56. — Il est défendu d'antidater les ordres à peine de faux.—C. comm., art. 139.

57. — Il en était de même sous l'ord. 1673, tit. 5, art. 26.

58. — Toutefois, pour qu'il y ait lieu à l'application des peines du faux, il est nécessaire qu'il y ait intention et possibilité de nuire.—V. FAUX.

59. — L'endossement doit encore exprimer la valeur fournie.— C. comm., art. 137.

60. — N'est point régulier l'endossement causé simplement *valeur vraie*, sans indiquer la nature de cette valeur. — *Bruxelles*, 9 août 1810, Vandamme c. Verstræten; *Liége*, 18 déc. 1810, Termonia c. Deloncin; *Besançon*, 14 août 1811, Bourdenet c. Racine; *Cass.*, 24 juin 1812, Tardif c. Dantignac; *Bruxelles*, 19 nov. 1812, Luppens c. Pausch; *Cass.*, 18 mai 1813, Royanel c. Chevalier; *Pau*, 18 juill. 1837 (t. 1er 1838, p. 105), Barret c. Boué et Dessacs.

61. — Mais l'endossement causé *valeur reçue comptant* est régulier et transmet la propriété. — *Cass.*, 13 nov. 1821, Durand-Teisset c. Doucet.

62. — L'endossement causé *valeur en compte* est régulier et translatif de propriété. — *Cass.*, 27 nov. 1827, Valois c. Desbordes; *Bordeaux*, 1er mai 1830, Gouges c. Metayer; *Colmar*, 5 nov. 1839 (t. 1er 1840, p. 268), François c. Bæsler.

63. — Il en était de même sous l'ord. de 1673. — *Cass.*, 14 flor. an IX, Hayaert c. Aget.

64. — Il est à remarquer cependant qu'une pareille énonciation ne porte aucune idée de quittance, et que même elle l'exclut. Elle signifie qu'il existe ou qu'il existera un compte où cette valeur sera comprise. —Vincens, *Législ. com.*, t. 2, p. 229.

65. — Un endossement causé *valeur en compte* est immédiatement translatif de propriété, sans qu'on puisse prétendre qu'il n'est translatif que sous la condition que le cessionnaire justifiera qu'il est créancier de l'endosseur, et qu'à défaut de cette preuve, l'endosseur doit être considéré, même vis-à-vis des tiers, comme n'ayant jamais cessé d'être propriétaire des effets endossés. — *Cass.*, 25 juill. 1832, Fould c. Ardouin.

66. — Par la même raison lorsque l'endossement émane du tireur et qu'il est causé valeur en compte, l'accepteur n'est point recevable à demander qu'il soit sursis à statuer sur la demande en paiement de la traite, formée par le tiers porteur, jusqu'à l'apurement du compte entre celui-ci et le tireur. — *Paris*, 9 nov. 1825, de Saint-Sauveur c. Taillepied de Bondy.

67. — Le porteur d'un billet à ordre au profit duquel a été passé un endossement causé *valeur en compte* est dispensé de prouver qu'un compte existait réellement entre lui et le souscripteur de l'endossement. Seulement, il pourrait y avoir lieu d'admettre ce dernier à prouver, à l'aide d'un compte appuyé de pièces, qu'il ne doit pas, en tout ou en partie, les sommes portées dans l'endossement. — *Bordeaux*, 1er mai 1830, Gouges c. Métayer.

68. — Une lettre de change endossée sans exprimer la valeur reçue a pu être transportée valeur en compte, et ce dernier transport ouvre au profit de l'endosseur une action de compte représentative de la valeur fournie. — *Rennes*, 29 avr. 1816, Soymié c. de la Varangerie.

69. — Le tribunal de commerce ne peut se dispenser de condamner le débiteur à payer les billets à ordre à celui au profit duquel est le transport *valeur en compte*, quoique celui-ci déclare n'avoir pas reçu les fonds. — Même arrêt.

70. — L'énonciation *valeur en garantie* dans

l'endossement d'un billet à ordre remplit le vœu de la loi aussi bien que celle de *valeur en compte*, et le porteur de ce billet en est propriétaire, sauf aux parties à fixer par un règlement ultérieur leur situation respective. — *Cass.*, 6 août 1845 (t. 2 1845, p. 774), Launay c. Jolly.

71. — La négociation *valeur en garantie* ne constitue pas le contrat de gage ou de simple nantissement, pour lequel il soit indispensable de se conformer aux formalités que prescrit le Code civil. — Même arrêt.

72. — Sous l'ord. de 1673, l'endossement d'un billet à ordre causé *valeur en bons offices* était valable et translatif de propriété. — *Cass.*, 13 vent. an XIII, De Choiseul-Stainville c. Sevestre.

73. — Il en serait de même sous le Code de comm., art. 110 et 137. — V. Persil, *De la lettre de change*, sur l'art. 137; Pardessus, *Contrat de change*, t. 2, n° 455.

74. — Il a été jugé que l'endossement causé *valeur entendue* est irrégulier et ne constitue qu'une simple procuration. — *Bastia*, 4 janv. 1832, Cagnazolli c. Aschero.

75. — Toutefois, M. Pardessus (*Contr. de change*, n° 108) est d'un avis opposé. « La loi, dit-il (n° 84), ne limite pas à telle ou telle sorte de valeurs celles qui peuvent être données par le preneur d'une lettre de change. Elle s'est bornée à poser une règle générale dans laquelle doivent rentrer toutes les questions particulières; c'est que la matière de la convention de change soit une somme à payer dans un lieu autre que celui d'où la lettre est tirée. De quelque manière que la lettre soit fournie par le preneur, qu'il la compte effectivement, qu'il s'acquitte en marchandises, par la compensation d'une créance même non commerciale qu'il aurait sur le tireur, ou même qu'il donnerait à celui-ci à prendre sur un de ses débiteurs, il fournit toujours une valeur. Cette valeur peut donc être entendue entre les parties sans autre spécification. »

76. — Ces mots *valeur à lui appartenant*, apposés dans un endossement, n'indiquent pas que, la valeur appartenant au cessionnaire, le cédant a entendu par là s'affranchir de toute garantie vis-à-vis du tiers porteur. — *Saint-Pierre* (Martinique), 9 mai 1834, sous *Cass.*, 12 août 1835, Mallet c. Cage.

77. — L'endossement ainsi conçu : *Payez à l'ordre de M...., valeur lui appartenant*, n'indique pas que l'endosseur ne doit être considéré que comme mandataire de celui à qui il a endossé l'effet. Dès-lors, cet endosseur a pu être condamné à la garantie envers les endosseurs subséquens. — *Cass.*, 11 déc. 1833, Bayon c. Salomon.

78. — En 1784, la jurisprudence n'étant pas uniforme sur la nécessité d'exprimer, dans les endossemens, la contre-valeur fournie, un arrêt a pu décider, sans donner ouverture à cassation, qu'un endossement à cette époque est valable, quoiqu'il n'énonce pas la valeur fournie. — *Cass.*, 13 juillet 1819, Carra Saint-Cyr et Bruno c. Bonfils.

79. — L'art. 137, C. comm., qui veut que *l'endossement exprime la valeur fournie* ne s'applique pas aux billets à ordre qui ont le caractère d'obligations purement civiles. L'endossement de ces sortes de billets, qui est causé *valeur reçue*, et qui n'énonce pas la nature de cette valeur, suffit pour en transmettre la propriété, lors surtout qu'il est reconnu que la valeur a été réellement fournie. — *Cass.*, 12 juill. 1820, Tissié c. Cathala.

80. — Enfin l'endossement doit énoncer le nom de celui à l'ordre de qui il est passé. — C. com., art. 137.

81. — Cette énonciation *pour moi, paierez à un tel* ne constituerait qu'un endossement irrégulier. — Merlin, *Rép.*, v° *Endossement*, n° 1er.

82. — Jugé de même que la propriété d'un billet n'est pas réputée transmise au profit d'un individu, par cela qu'outre qu'il en est porteur, cet effet porte la mention de *bon pour* à son profit, écrite et signée par le propriétaire. — *Agen*, 15 mai 1833, Lafontan c. Malartic.

83. — La déclaration du tiers porteur d'une lettre de change qu'il n'est que le prête-nom d'une personne qu'il désigne ne peut avoir pour cette dernière les effets d'un endossement et le constituer ainsi propriétaire de la lettre de change. — *Paris*, 19 nov. 1831, Jaffa c. Vieyra-Molina.

84. — C'est d'après le Code de comm. qu'on doit juger de la validité d'un endossement apposé depuis le 1er janv. 1808 sur une lettre de change d'une date antérieure. — *Riom*, 14 mars 1809, Astorg c. Chardon.

85. — C'est dans l'endossement même d'une lettre de change que doit se trouver la preuve de sa régularité, et la loi n'admet, ni distinction, ni équivalent, ni élémens étrangers au titre. — *Rennes*, 6 déc. 1827, Gossard c. Cormier; *Cass.*, 15 juin 1831, Friedlein c. Vivien; — Pardessus, *Contrat de change*, n° 128; E. Persil, *Lettre de change*, art. 137, n° 6.

86. — Ainsi jugé que lorsque l'endossement n'énonce pas la nature de la valeur fournie, cette omission ne saurait être suppléée par la preuve résultant des livres des parties. — *Cass.*, 23 juin 1817, Fauveau c. Lagrange et Depras. — *Contrà Aix*, 9 fév. 1815, mêmes parties.

87. — Jugé encore que le défaut de date ne peut être suppléé par des actes postérieurs, ni remplacé par des équivalens. — *Besançon*, 14 août 1811, Bourdenet c. syndics Racine.

88. — ...Par exemple, par un aval mis au bas de l'effet de commerce ou par un protêt fait depuis l'endossement. — Savary, *Parf. négoc.*, parère 16; Pothier, *Contr. de ch.*, n° 40; Pardessus, *Contr. de ch.*, n° 113.

89. — On ne peut considérer comme tiers porteur d'un effet de commerce celui qui, au lieu d'en être saisi par la voie de l'endossement, le tient du débiteur de son débiteur, lequel l'a créé directement à son ordre. — *Bruxelles*, 23 juill. 1817, Horgniès-Renier c. Deceuleneer.

90. — Jugé également que de ce qu'un individu est déclaré tiers et légitime porteur d'une lettre de change il ne s'ensuit pas qu'il en soit proprétaire, s'il n'est pas saisi en vertu d'un endossement régulier. — *Cass.*, 22 avr. 1828, Stiessberger c. Hémard.

91. — ... Que la remise d'un billet à ordre que le créancier fait manuellement à un tiers, sans lui souscrire un endossement régulier, est insuffisante pour transférer à celui-ci la propriété de l'effet, encore bien qu'aucun d'eux ne soit commerçant. — *Cass.*, 17 juill. 1828, Darenne c. Lanoix.

92. — Par la même raison, le don d'une lettre de change ou d'un billet à ordre ne peut se faire manuellement; il faut qu'il y ait un endossement ou un transport. — *Toulouse*, 15 juin 1818, Roullen c. Fanjan; *Metz*, 14 juill. 1818, Marchal c. Cognon; *Colmar*, 20 juill. 1819, N...

§ 3. — *Temps pendant lequel l'endossement peut avoir lieu.*

93. — Jusqu'à l'expiration de son échéance une lettre de change ou un billet à ordre peuvent être négociés par la voie de l'endossement, à moins qu'on ne se trouve dans quelques cas exceptionnels dont nous parlerons tout-à-l'heure.

94. — Mais cette négociation peut-elle avoir lieu après l'échéance et quels en sont les effets? La jurisprudence et les auteurs sont partagés à cet égard.

95. — Pour l'affirmative, qui paraît plus généralement adoptée, il a été jugé que les lettres de change et les billets à ordre ne perdant point leur caractère par l'échéance, la propriété en est transmissible par la voie de l'endossement. D'ailleurs, la loi ne fait aucune distinction entre les effets échus et non échus. — *Paris*, 6 avr. 1809, Barbazan et Hupais c. Adam; *Toulouse*, 22 mars 1810, Bélesta c. Barrère; *Bruxelles*, 30 avr. 1812, Lefebvre c. Bonnard; 14 nov. 1818, Dumortier Vuillaumez c. Flacsh; 25 mai 1819, N...; *Cass.*, 28 nov. 1821, de Nattancourt c. Lambert de Bathilier; *Bruxelles*, 14 janv. 1822, Heathcole c. Grutler; *Paris*, 18 juin 1822, Restout c. Legras; *Toulouse*, 29 nov. 1822, Mercadier c. Bardon; *Metz*, 18 janv. 1823, Gobron c. Delahaut-Chatenay; *Cass.*, 5 avr. 1826, Avias c. Plancher; *Lyon*, 29 juill. 1826, Reverdy et Buisson; *Lyon*, 1er déc. 1828, Humbert c. Bouquet; *Paris*, 31 août 1831, Inglée c. Détape; *Cass.*, 26 janv. 1833, Inglée c. Détape; *Toulouse*, 26 juill. 1832, Malgouyre c. Bories; *Cass.*, 28 janv. 1834, Bories c. Malgouyre; *Paris*, 15 fév. 1838 (t. 1er 1838, p. 447), Sasse c. Demussy; *Bourges*, 23 nov. 1840 (t. 2 1841, p. 583), Giraut c. Duchesne-Pinaut et Fournet-Marcilly; *Caen*, 20 avr. 1844 (t. 2 1844, p. 454), Denoiret c. Cardoze; *Paris*, 26 avr. 1843 (t. 1er 1843, p. 690), Huau c. Cannel; — Persil, *Lettres de change*, art. 136, n° 6.

96. — ... Et qu'une pareille transmission est valable, même après protêt. — *Paris*, 31 août 1831, Inglée c. Détape; *Cass.*, 26 janv. 1833, mêmes parties; *Paris*, 15 fév. 1838 (t. 1er 1838, p. 447), Sasse c. Demussy; *Bourges*, 23 nov. 1840 (t. 2 1841, p. 583), Giraut c. Duchesne-Pinaut et Fournet-Marcilly.

97. — D'où l'on a conclu, 1° que les signataires depuis l'échéance restent soumis à la juridiction commerciale et à la contrainte par corps. — *Paris* 6 avr. 1809, Barbazan et Hupais c. Adam; *Bruxelles*, 14 nov. 1818, Dumortier Vuillaumez c. Flacsh; *Bruxelles*, 25 mai 1819, N...; *Toulouse*, 29 nov. 1822, Mercadier c. Bardon; *Caen*, 20 avr. 1844 (t. 2 1844, p. 454), de Noirel c. Cardoze.

98. — ... 2° Que le souscripteur d'un billet à ordre peut-être poursuivi devant le tribunal de l'endosseur, lors même que l'endossement a eu lieu après l'échéance. — *Paris*, 24 nov. 1807, Laurent c. Angouillant.

99. — ... 3° Que le souscripteur ne peut opposer au tiers-porteur de bonne foi les exceptions qu'il aurait pu opposer à l'endosseur au moment de l'échéance. — *Toulouse*, 22 mars 1810, Belesta c. Barrère; *Cass.*, 28 nov. 1821, de Nettancourt c. Lambert de Bathilier.

100. — ... Et notamment, l'exception résultant du paiement de la traite faite au cédant depuis l'échéance. — *Cass.*, 28 janv. 1834, Bories c. Malgouyre.

101. — En pareil cas, le souscripteur doit s'imputer sa négligence de n'avoir pas retiré du commerce son billet lorsqu'il le payait. — *Bourges*, 23 nov. 1840 (t. 2 1841, p. 583), Giraut c. Duchesne-Pinaut et Fournet-Marcilly.

102. — Jugé cependant que le souscripteur peut refuser de payer s'il prouve qu'antérieurement à l'échéance il s'était libéré, au moyen d'arrangemens particuliers pris avec l'endosseur. — *Metz*, 18 janv. 1823, Gobron c. Delahaut-Chatenay.

103. — Il ne peut opposer non plus : l'exception résultant de la compensation. — *Lyon*, 1er déc. 1828, Humbert c. Bouquet.

104. — Toutefois, jugé que la compensation serait admissible, à moins que le souscripteur ne fût devenu créancier de l'endosseur que depuis la demande en paiement. — *Paris*, 18 juin 1822, Restout c. Legras.

105. — Jugé au contraire que la compensation n'est pas admissible lorsque le souscripteur d'un billet à ordre est devenu, depuis l'échéance, créancier de celui au profit de qui il l'a souscrit, alors surtout que l'acte en vertu duquel il est devenu créancier n'a point été notifié. — *Lyon*, 29 juill. 1829, Reverdy et Buisson.

106. — Lorsque la lettre de change a été endossée après son échéance, le porteur n'est pas tenu de la faire protester dans un délai déterminé. — *Grenoble*, 27 germin. an IX, Johamis c. Besson.

107. — Pour l'opinion contraire, qui paraît plus conforme aux principes, on ne nie pas que la propriété de la lettre de change puisse, entre le cédant et le cessionnaire, être transmise par la voie de l'endossement, car la loi ne défend pas ce mode de transmission. Mais on soutient que le sort de la lettre est irrévocablement fixé au moment de l'échéance. La cession ne saurait donc avoir lieu au préjudice du droit, soit du débiteur, soit des tiers. — Savary, *Parf. négoc.*, parère 75; Delvincourt, *Instit. de droit comm.*, t. 2, p. 108; Pardessus, *Contr. de ch.*, nos 132 et suiv.; *Droit comm.*, n° 351; Horson, *Quest. sur le C. comm.*, nos 87, 88 et 89; Nouguier, *Lettre de change*, t. 1er, p. 289.

108. — Jugé, conformément à ces principes, que la propriété d'une lettre de change échue ne peut plus être transmise par voie d'endossement. — *Paris*, 4 janv. 1817, Delarue c. Alliette; *Rennes*, 15 juill. 1844 (t. 2 1844, p. 292), Dufresne Legue c. Louyer Villermay.

109. — En pareil cas, l'endosseur doit, pour en réclamer le paiement, justifier de son titre de propriété ou de son pouvoir de poursuivre, s'il est constant qu'à son échéance la lettre était entre les mains d'un autre porteur qui a fait le protêt et des poursuites. — *Paris*, même arrêt.

110. — ... Que le billet à ordre, acquitté à son échéance, non par le débiteur, mais par le premier endosseur, qui ensuite l'a passé à l'ordre d'un autre individu, a cessé d'être un effet de commerce. En ce cas, le souscripteur poursuivi par le porteur peut opposer la compensation du montant du billet avec ce qui lui est dû par l'endosseur. — *Paris*, 24 janv. 1809, Daubrée c. Chesneau-Beausire.

111. — ... Que le souscripteur d'un billet à ordre qui n'a été endossé que depuis son échéance est fondé à opposer au porteur toutes les exceptions qu'il pouvait avoir contre celui au profit de qui le billet a été consenti. — *Rennes*, 18 janv. 1820, Pascaud c. Leguen et Perrier.

112. — ... Que l'endossement d'un billet à ordre, après son échéance, ne vaut que comme un transport ordinaire. — *Limoges*, 13 juill. 1820, Pillé Grenet c. Rigonneau.

113. — ... Que le souscripteur d'un billet à ordre ne peut être soustrait, au moyen d'un endossement tardif, à la juridiction qui lui était acquise au moment de l'échéance. — Même arrêt.

114. — ... Qu'on ne peut transmettre par voie d'endossement une lettre de change protestée. — *Grenoble*, 14 juill. 1824, Dijon c. Gaudin; *Rennes*, 15 juill. 1844 (t. 2 1844, p. 292), Dufresne Lègue c. Louyer Villermay.

115. — ... Que des effets de commerce protestés et retirés par celui qui les a souscrits ne peuvent

revivre en passant dans les mains d'un tiers après leur échéance. — *Cass.*, 28 mars 1811, Magro c. Christich.

116. — Jugé dans tous les cas, et qu'à supposer qu'un effet de commerce soit négociable après son échéance au moyen d'un simple endossement et même quand il y a eu protêt, une pareille jurisprudence ne saurait être invoquée dans le cas où, après protêt, l'effet a donné lieu entre les endosseurs à des recours, à des assignations, et à une instance suivie de jugement et d'inscription hypothécaire, et que c'est près de quinze mois après l'échéance que des endosseurs qui avaient remboursé ont remis l'effet en circulation avec un nouvel endossement pour échapper aux exceptions que leur auraient opposées les endosseurs précédens en cas d'action récursoire de leur part. — *Rennes*, 15 juill. 1844 (t. 2 1844, p. 292), Dufresne-Legne c. Louyer-Villermay.

117. — D'après l'art. 368 du Code portugais, l'endossement des lettres de change échues n'a que l'effet civil des cessions ordinaires.

118. — Lorsque le souscripteur d'une lettre de change est tombé en faillite antérieurement à l'endossement, la cession est nulle, comme s'appliquant à une créance qui n'existait plus avec la même étendue et les mêmes droits. — Persil, *Lettres de change*, art. 136, n° 7.

119. — Jugé que la négociation d'une traite, faite à une date postérieure au jugement de déclaration de faillite du tireur par le porteur d'un endos en blanc sans date de ce dernier, est nulle à l'égard même du tiers porteur. — *Paris*, 7 nov. 1840 (t. 2 1840, p. 643), Gallay c. Laffitte; — Nouguier, *Lettres de change*, t. 1er, p. 291.

120. — Aussi le porteur peut, nonobstant le défaut de protêt à l'échéance, s'en faire rembourser le montant par son endosseur. — *Cass.*, 20 déc. 1821, Pelletier c. Marquèze et Dauphinot.

121. — L'endossement d'une lettre de change au profit d'une maison qui est en état de faillite et qui n'en a pas fourni la valeur, n'est point translatif de propriété. Un pareil endossement ne peut non plus être considéré comme valant procuration. — *Bruxelles*, 30 déc. 1829, Warocqué c. Blanc.

122. — Le propriétaire d'une lettre de change qui, pour en faire le recouvrement, l'a transmise à un failli postérieurement à sa faillite, peut la revendiquer entre les mains d'un tiers porteur en vertu d'un endossement du failli. Ou du moins l'arrêt qui a décidé que, d'après les circonstances de la cause, il en devait être ainsi, échappe à la censure de la cour de Cassation. — *Paris*, 25 janv. 1830, Warocqué c. Pongerard; *Cass.*, 24 juin 1834, Pongerard c. Warocqué.

123. — Le souscripteur d'un billet à ordre dont la cession a été faite par un failli a qualité pour contester le titre du porteur. — *Paris*, 24 mai 1808, Gallot c. Garnery.

124. — Des effets endossés par un négociant au profit d'une maison de commerce avec laquelle il était en compte courant demeurent la propriété de cette maison après la faillite de l'endosseur, encore que ces effets, passés d'abord au crédit de ce dernier, aient été, avant la faillite, contre-passés à son débit, à défaut de paiement aux échéances. On ne peut induire de ce contre-passement que la maison de commerce a renoncé à la propriété des effets, lorsqu'elle en est demeurée nantie et qu'elle s'en prévaut. — *Cass.*, 27 nov. 1827, Valois c. Desbordes.

125. — Celui qui a payé une lettre de change par intervention ne peut ensuite en transmettre la propriété par la voie de l'endossement. — *Paris*, 30 juill. 1833, Rey c. Schuyt-Vancastricum.

§ 4. — *Des effets de l'endossement régulier.*

126. — Tant que l'endosseur ne s'est pas dessaisi de l'effet de commerce, il peut biffer l'endossement qu'il y a apposé. — Pardessus, *Dr. comm.*, n° 349; E. Vincens, *Législ. comm.*, t. 2, p. 249, Nouguier, *Lettres de change*, t. 1er, p. 293. — *Contrà* Savary, *Parfait comm.*, parère 14.

127. — Cette mesure est plus prudente que de faire faire une contrepassation de l'ordre par celui au profit de qui l'endossement avait été fait à tort; à moins toutefois que l'endosseur n'insère qu'il ne sera tenu d'aucune garantie.

128. — La lettre une fois sortie des mains de l'endosseur, si elle y rentre par suite de négociations, il ne peut biffer son premier endossement au préjudice des signataires ultérieurs. Cette rature à leur égard serait considérée comme non avenue.

129. — Mais l'endosseur qui acquitte un effet non payé à l'échéance, a droit, avant de demander le remboursement à son cédant, de biffer sa signature et celle des endosseurs postérieurs. — Pardessus, *Dr. comm.*, n° 349.

130. — Les parties étant libres d'ajouter à leurs conventions les restrictions que la loi n'interdit pas, l'endosseur pourrait déclarer qu'il n'entend pas être tenu des garanties. — Pardessus, *Dr. comm.*, n° 348.

131. — Les endosseurs peuvent également indiquer des *au besoin*, en cas de non acceptation ou de non paiement. — V. PROTÊT.

132. — Toutes ces clauses, si elles sont écrites dans l'endossement, obligent le porteur; si elles sont dans un acte séparé, elles ne lient que le preneur par endossement envers l'endosseur. — Pardessus, *Dr. comm.*, n° 346.

133. — Un endossement régulier fait foi, par lui-même et jusqu'à preuve contraire, des faits qu'il énonce. — *Bordeaux*, 1er mai 1830, Gonges c. Métayer.

134. — La véritable date de la transmission d'un effet de commerce est celle de l'endossement. En conséquence, lorsque l'endossement est antérieur à la faillite de l'endosseur, peu importe que la remise de la lettre de change et son paiement aient eu lieu dans les dix jours qui ont précédé cette faillite, si l'effet a pour cause une dette échue: il ne pourrait être invalidé que pour cause de faux concerté entre le débiteur et le créancier. — *Paris*, 6 nov. 1838 (t. 1er 1839, p. 38), syndics Bourdon c. Guillochin.

135. — Cependant bien qu'un endossement soit régulier, les tribunaux de commerce peuvent admettre la preuve testimoniale et même de simples présomptions, pour établir que l'endosseur est étranger à la négociation de l'effet. — *Cass.*, 28 mars 1821, Poullain-Dumesnil c. Bouteiller.

136. — L'endossement régulier a pour effet de transmettre la propriété de la lettre de change. — C. comm., art. 136.

137. — L'ord. de 1673, tit. 5, art. 24, ajoutait: *sans qu'il soit besoin de transport et de signification.* — Et on jugeait sous cette ordonnance que l'ordre d'un billet à ordre était translatif de propriété, sans qu'il fût besoin de signification. — *Paris*, 3 niv. an X, Tabuteau c. Roy.

138. — Mais cette disposition n'a pas été reproduite dans le Code de commerce, sans doute comme étant surabondante. — Favard, *Rép.*, v° *Lettre de change*, sect. 3e, § 1er, n° 4.

139. — La simple détention d'un billet n'en attribue pas la propriété à celui qui en est porteur, lorsque la personne qui est censée en avoir fourni la valeur, ne reconnaît pas le prêt. — *Besançon*, 20 flor. an XI, Clerc c. Combladoz.

140. — Lorsqu'un billet à ordre a été remis entre les mains d'un tiers, avec déclaration que la valeur de ce billet a été fournie par ce tiers et lui appartient, celui-ci se trouve saisi de la propriété du billet à l'égard du souscripteur, sans qu'il soit nécessaire de lui en notifier le transport. — *Toulouse*, 28 mars 1832, Cassan c. Esquilat.

141. — Par l'effet de l'endossement, le porteur est saisi, au moment même, de la plénitude des droits que le cédant avait contre le débiteur principal et contre les autres garans.

142. — Ainsi, lorsque le tireur d'effets de commerce s'est obligé hypothécairement à leur remboursement, l'endossement transmet le bénéfice de cette hypothèque, aussi bien que la créance dont elle est la garantie spéciale. En cas de protêt, le tiers porteur qui a obtenu un jugement tant contre le tireur que contre l'endosseur peut seul exercer dans l'ordre le droit attaché à cette hypothèque, à l'exclusion de l'endosseur ou de ses créanciers, encore que le transport de l'hypothèque n'ait pas été notifié à ces derniers, conformément à l'art. 1690, C. civ. — *Cass.*, 11 juill. 1839 (t. 2 1839, p. 425), Waiss c. Rodrigues et Salzédo.

143. — Jugé également que le porteur d'une traite, pour sûreté du paiement de laquelle l'accepteur a affecté un immeuble, est saisi du droit hypothécaire, en vertu de l'endossement même, et sans qu'il soit besoin d'un autre acte de cession, ni de signification au débiteur. Dès-lors, il peut requérir l'inscription et poursuivre le débiteur en expropriation. — *Bruxelles*, 14 juin 1819, Degoes c. David.

144. — Jugé cependant que, quand une hypothèque a été consentie pour garantie d'un crédit, l'endossement des billets émis pour l'exercice de ce crédit ne donne pas aux tiers porteurs le droit de requérir collocation pour leur montant en leur nom personnel. — Ils peuvent seulement, comme exerçant les droits du donneur de crédit, demander à être colloqués jusqu'à concurrence des sommes dont il est créancier. — *Paris*, 25 juin 1836 (t. 1er 1837, p. 393), Royer et Salleron c. Drevun.

145. — Les droits et actions résultant de l'adjudication, que l'état est dans l'usage de se réserver contre les adjudicataires, en acceptant d'eux des lettres de change, ne se transmettent point par le simple effet de l'endossement aux personnes à qui les lettres de change sont négociées. — Dès-lors le porteur des lettres de change qui n'a pas fait faire de protêts à l'échéance, et qui est resté plus de cinq ans sans exercer de poursuites contre les endosseurs, ne peut prétendre qu'en vertu des conventions particulières du cahier des charges, il a le droit, comme étant à la place de l'état, de recourir contre la caution de l'adjudicataire pendant trente ans. — *Cass.*, 8 nov. 1825, Germain c. Gley et Antoine.

146. — L'endossement peut avoir pour objet de transporter la propriété non seulement à titre onéreux, mais encore à titre gratuit.

147. — Ainsi le don du montant d'un billet à ordre peut se faire par la voie de l'endossement. — *Paris*, 6 mai 1815, Georget c. Gardera.

148. — Cependant, il peut arriver que l'endossement, quoique régulier dans sa forme, ne transmette pas au porteur la propriété de l'effet de commerce. C'est lorsque les parties ont eu l'intention de ne constituer qu'un mandat ou une commission. Alors il doit en produire les effets entre le cédant et le cessionnaire. — Pardessus, *Contr. de ch.*, nos 120 et 383; *Dr. comm.*, n° 350; E. Vincens, *Législ. comm.*, t. 2, p. 225.

149. — Ainsi, jugé que l'endossement n'a pas transmis la propriété à celui au profit de qui l'ordre est passé, s'il résulte des circonstances de la cause que celui-ci a refusé la négociation. — Dès-lors, ce dernier ne peut se prévaloir plus tard de cet endossement pour réclamer la propriété de l'effet. — *Nîmes*, 8 mars 1819, syndics Vigne, Aigon c. Gaillard.

150. — Le propriétaire d'un effet de commerce par lui endossé au profit d'un tiers pour le négocier et lui en procurer la valeur, peut le revendiquer entre les mains du porteur à qui il a été remis avec un endossement en blanc. — Le porteur ne peut remplir cet endossement après la faillite de celui qui lui a transmis l'effet. — *Cass.*, 18 nov. 1812, Petou et Soymier c. Delarue.

151. — Dans le cas où une lettre de change restée la propriété du tireur a été par lui endossée à un mandataire pour en obtenir le paiement, et que ce mandataire a lui-même, dans ce but, endossé la traite au profit d'un tiers, bien que le tiers puisse valablement verser entre les mains du mandataire le produit de la traite acquittée, tant que le mandat n'a pas pris fin, cependant, si ce mandataire tombe en faillite, le tiers ne peut payer le porteur d'une traite tirée par le mandataire et non acceptée avant la faillite. Le paiement fait en pareil cas, après cessation du mandat, ne saurait être opposé au tireur. — *Bordeaux*, 18 juill. 1832, Albouyn c. Changeur.

152. — L'endossement oblige celui qui le souscrit, envers tous ceux qui, par suite des négociations, deviendront porteurs de la lettre, à la même garantie du paiement que celle qu'il contracte envers son cessionnaire direct. — Pardessus, *Dr. comm.*, n° 347.

153. — L'endosseur d'une lettre de change est, à l'égard du tiers porteur, réputé débiteur solidaire, avec le tireur, du montant de la lettre, et non simple caution de ce dernier. — Dans ce cas, le tiers porteur a pu faire au tireur la remise d'une partie de la dette, et même de la contrainte par corps, sans préjudicier à ses droits particuliers contre l'endosseur, lors surtout qu'il se les est formellement réservés. — *Cass.*, 11 fév. 1817, Videau c. Lassalle.

154. — Sous l'ord. de 1673, ceux qui avaient endossé une lettre de change, ne pouvaient en refuser le paiement, sous le prétexte qu'ils n'en avaient pas reçu la valeur. — *Paris*, 12 nov. 1808, Delance et Belin c. Lapeyrière.

155. — Toutefois il en serait autrement si une lettre ayant été remise conditionnellement, le cessionnaire qui n'en veut pas, la transmettait à un autre pour le compte du cédant, avec cette énonciation, *sans ma garantie*, *sans ma responsabilité*. Une pareille réserve exclut nécessairement toute garantie. — E. Vincens, *Législ. comm.*, t. 2, p. 217.

156. — Lorsqu'un jugement du tribunal de commerce qui condamne plusieurs endosseurs d'un billet envers le porteur a été annulé pour incompétence, sur l'appel interjeté par quelques-uns des endosseurs, cette annulation ne profite pas aux endosseurs, qui n'ont point interjeté appel; le jugement conserve à leur égard la force de chose jugée, encore bien qu'ils aient été assignés par les appelans en déclaration d'arrêt commun. — *Lyon*, 21 juin 1826, Poncet et Gauthier c. Chazelle et Chalmas.

157. — Les endosseurs sont garans les uns envers les autres de la vérité des ordres et de la lettre de change dont ils signent le transport. — *Aix*, 5 juin 1818, Portarlier et Lieutaud c. Buzoni.

158. — Mais chaque endosseur n'est tenu de

ENDOSSEMENT, sect. 1re.
ENDOSSEMENT, sect. 1re.

faire connaître que son cédant immédiat; ici ne s'applique pas l'art. 1693 du C. civ., qui oblige de garantir l'existence de la créance au jour de la cession. — *Lyon*, 26 mars 1828, Pascal c. Duplay; *Cass.*, 17 mars 1829, Juif c. Brolemann; — Pardessus, *Contr. de change*, nº 395; Horson, *Quest. sur C. de Comm.*, nos 95 et 96; Nouguier, *Lettres de change*, t. 1er, p. 467.

159. — Ainsi l'endosseur n'est pas tenu de prouver l'existence et le domicile du tireur, lorsqu'il ne tient pas immédiatement l'effet de lui. — *Paris*, 25 avr. 1808, Grainville c. Dumesnil.

160. — Jugé au contraire que chacun des endosseurs étant tenu de garantir l'existence de la créance au moment du transport, il en résulte que, si le souscripteur est un être imaginaire, le porteur ou les endosseurs ont un recours contre tous ceux qui le précèdent, lors même que le porteur n'aurait pas fait de protêt en temps utile. Il en est surtout ainsi si l'endosseur avait indiqué un *au besoin* chez lui pour le cas de non paiement de l'effet. — *Lyon*, 15 mars 1826, Brolemann c. Juif. — Mais cet arrêt a été cassé le 17 mars 1829. — V. *suprà* nº 158.

161. — Jugé que lorsqu'un banquier cède de la main à la main, et sans endossement, à un tiers un billet à ordre revêtu d'endossemens successifs, il est garant non seulement de la vérité de la dernière signature, mais encore de la vérité de la signature du souscripteur. — En pareil cas ce sont les règles du droit civil qu'il faut appliquer, et non les dispositions exceptionnelles de la loi commerciale. — Et même, dans le cas de cession par voie d'endossement régulier, le cédant ne serait pas moins soumis à la même garantie, puisque la vérité de la signature du souscripteur est nécessaire pour l'existence de la dette. — *Montpellier*, 11 mars 1845 (t. 1er 1845, p. 548), Cavallier c. Mourgues.

162. — Bien que l'aval d'un billet à ordre n'ait été apposé qu'au-dessous de l'endossement, l'endosseur actionné en paiement a néanmoins son recours contre le donneur d'aval s'il est établi que ce dernier a, en signant, entendu garantir la signature du souscripteur sans aucune restriction. *Cass.*, 3 mars 1845 (t. 2 1845, p. 497), Belluot c. Froyer et Barrat.

163. — Les endosseurs d'un billet à ordre, assignés au tribunal du domicile du souscripteur par actions principales et séparées, ne peuvent, pour cette cause, demander le renvoi devant le tribunal de leur domicile. — *Bourges*, 30 août 1846, Jubert c. Plauque et Guenean.

164. — Quand l'endossement est régulier, on ne peut opposer au tiers porteur qui demande le paiement de son titre, aucune exception personnelle à l'un des signataires qui le précèdent. Il faut pour cela que les exceptions concernent la substance même de l'acte, ou qu'elles résultent des énonciations du titre, ou enfin que le porteur soit de mauvaise foi.

165. — Par la même raison, le porteur ne peut se prévaloir des droits ou exceptions qui résulteraient en faveur des signataires précédens, non des termes du titre, mais d'actes étrangers.

166. — Ainsi jugé que le tiers porteur et les endosseurs d'un billet à ordre ne peuvent exercer les actions et exceptions du créancier vis-à-vis du débiteur que tout autant qu'elles découlent du billet lui-même, et non d'une cause étrangère. — *Rennes*, 18 août 1845 (t. 2 1845, p. 509), Ragueneau c. Blot.

167. — On trouve l'application des principes ci-dessus posés dans les espèces suivantes :

168. — Lorsqu'au sujet d'un opération de crédit, une garantie hypothécaire a été donnée pour sûreté du paiement final des effets de commerce que le créditeur accepterait ou endosserait pour le débiteur, les tiers porteurs de ces effets ne sont pas recevables à attaquer le transport sans fraude fait par le créditeur de ses droits, ni à revendiquer le bénéfice de la garantie hypothécaire. — *Cass.*, 12 janv. 1837 (t. 1er 1837, p. 169), Roulland c. Dufresne-Pinel.

169. — Dans le cas où la signature d'un billet à ordre a été extorquée par violence, le tiers porteur qui a connu la violence, et qui par là est constitué de mauvaise foi, n'est pas fondé à réclamer le paiement du billet. — Il peut même dans ce cas être, en outre, condamné à des dommages-intérêts envers le souscripteur. — *Cass.*, 26 janv. 1819, Petit c. Belloncle.

170. — Lorsque la propriété d'un billet à ordre a été transmise par un endossement régulier, on ne peut poursuivre correctionnellement le porteur comme coupable d'abus de confiance, en ce qu'il prétend s'approprier la valeur de l'effet, et se faire admettre à prouver par témoins que l'endossement fait à son profit n'était, dans la réalité, qu'un mandat pour négocier le billet et rapporter le montant de la négociation. — *Cass.*, 16 mai 1829, Armand c. Estelle.

171. — Le jugement portant condamnation au paiement d'un effet de commerce doit être annulé sur l'appel, s'il est alors établi que celui qui l'a obtenu n'était qu'un prête-nom du dernier endosseur. — Celui-ci ne peut intervenir en cause d'appel pour demander que le jugement de condamnation soit déclaré exécutoire en sa faveur. — *Limoges*, 17 août 1811, Darlot c. Vuageux.

172. — Le prêteur qui a reçu à titre de gage et de nantissement des lettres de change revêtues d'un endossement régulier à son profit en est réputé tiers-porteur. Il peut à l'échéance les faire protester et en poursuivre le paiement même contre le dernier endosseur qui les lui avait données en nantissement. — *Paris*, 11 mai 1810, Perdonnet c. Desprez.

173. — Lorsque pour garantir son créancier de traites qu'il lui a souscrites, un débiteur lui a fait la remise d'autres traites qu'il a endossées à son profit, une cour a pu décider qu'il y avait là non un nantissement, mais une véritable transmission de propriété en cas de non paiement des premières traites, et cela quand bien même le créancier aurait déclaré par écrit que les traites ne lui avaient été remises qu'en nantissement et qu'il les rendrait après le paiement de celles souscrites par le débiteur. — *Cass.*, 17 mars 1829, syndics Laussel c. Peyré.

174. — Lorsqu'un effet à ordre a été volé, que le voleur l'a passé ou fait passer à son ordre par un faux endossement souscrit du nom du dernier porteur, qu'en vertu de cet endossement il l'a depuis négocié au profit d'un tiers et que ce dernier l'a lui-même transmis à un autre qui lui en a fourni la valeur, le propriétaire a une action civile en paiement de la somme portée au billet et en dommages-intérêts contre le cessionnaire du voleur, alors même qu'une ordonnance de la chambre du conseil a déclaré qu'il n'est pas suffisamment prouvé qu'il ait agi frauduleusement, et qu'il n'y a pas lieu à le poursuivre quant à présent par la voie extraordinaire. — Cette solution doit surtout s'appliquer à un changeur qui ne tient pas les registres prescrits par la loi du 27 mai 1791 et qui ne peut donner aucun renseignement sur l'individu qui lui a cédé le billet. — *Paris*, 6 déc. 1821, Joseph c. Barker.

175. — Sous l'ordonnance de 1673, le débiteur d'un billet à ordre ne pouvait opposer au tiers-porteur la compensation de ce que lui devait l'endosseur sous prétexte que l'ordre n'avait été passé que pour nantissement. — *Paris*, 12 mai 1806, Tesseidre c. Letort.

176. — Le mandataire ne peut pas compenser avec ce qui lui est dû par son commettant le montant d'un billet à ordre que celui-ci l'a chargé de recevoir au nom du tiers-porteur, lorsque ce tiers a fait un endossement direct au profit du mandataire qui n'ignorait pas d'ailleurs que l'effet n'appartenait point à son commettant. — *Cass.*, 27 déc. 1819, Rechacq c. Zébelin et Philippy.

177. — Le vice d'une acceptation de lettre de change résultant de ce qu'elle aurait été surprise par dol ne peut être opposé au tiers-porteur de bonne foi. — *Cass.*, 6 août 1807, Bigot c. Gaujac.

178. — Le transport souscrit à raison de lettres de change et pour en assurer le paiement aux tiers doit recevoir son exécution à leur égard, bien que les traites soient annulées pour cause de fraude entre le tireur et l'accepteur. — *Paris*, 19 nov. 1831, Jaffa c. Vieyra Molina.

179. — Le souscripteur d'un billet à ordre ne peut opposer au tiers-porteur de bonne foi de ce billet les exceptions qu'il serait en droit d'invoquer contre celui au profit de qui il l'a souscrit, notamment l'exception de dol et de fraude. — *Orléans*, 17 janv. 1843 (t. 1er 1843, p. 284), Cordeiro de Silva c. Palissot.

180. — L'étranger qui dans un billet à ordre par lui souscrit s'est déclaré domicilié en France est non-recevable à opposer au tiers-porteur la nullité de son engagement, prise de ce qu'à l'époque où il l'a contracté, il était encore mineur d'après les lois de son pays. — *Paris*, 15 oct. 1834, Selles c. Knapp.

181. — Jugé au contraire que la nullité de l'acceptation résultant de ce que l'accepteur était pourvu d'un conseil judiciaire peut être opposée au tiers-porteur de bonne foi, car en pareil cas il n'y a réellement pas d'acceptation. — *Orléans*, 3 juill. 1835, Gillet c. Devesvres.

182. — Le souscripteur d'un billet à ordre causé *valeur reçue en immeuble* ne peut opposer au tiers-porteur le défaut de cause résultant de ce que la vente serait nulle, ni par suite se refuser au paiement. — *Paris*, 6 févr. 1830, Laforest c. Ferrel.

183. — De même, le souscripteur d'un billet à ordre causé *valeur en reste du prix de vente d'un immeuble* ne peut opposer au tiers-porteur les exceptions qu'il pourrait faire valoir contre le premier bénéficiaire et, par exemple, se refuser à payer tant qu'il ne lui aura pas été donné mainlevée des inscriptions hypothécaires grevant l'immeuble qui lui avait été vendu comme libre. — *Grenoble*, 2 mai 1835, David c. Foriel.

184. — Jugé au contraire qu'un billet à ordre causé *valeur en quittance de prix d'immeuble* n'ayant pas le caractère d'un effet de commerce, le souscripteur d'un pareil billet peut opposer au tiers-porteur les mêmes exceptions qu'il aurait pu opposer à celui au profit de qui il avait souscrit l'effet. — *Bordeaux*, 18 thermid. an VIII, Racle c. Muratel.

185. — ... Qu'un billet à ordre causé *valeur en contractant à l'effet de la vente notariée passée tel jour* n'étant point un effet de commerce, une pareille énonciation avertit les tiers que le billet a pour cause la vente d'immeubles et qu'il ne peut être payé que dans le cas où le vendeur pourra exiger le prix du contrat. — *Caen*, 28 janv. 1817, Adeline c. Descoqs.

186. — Le souscripteur d'un billet à ordre causé *pour vente de biens-fonds* est tenu de payer le tiers porteur de bonne foi, encore bien qu'il existe des inscriptions sur les immeubles, et qu'il ait même été obligé de payer son prix entre les mains des créanciers inscrits. — *Cass.*, 2 mai 1836, Chatelain c. Chanteclair.

187. — De même, le souscripteur d'un billet à ordre causé *valeur reçue en immeubles vendus suivant acte de tel jour*, ne peut se refuser de payer le tiers porteur, lors même qu'il existerait sur les immeubles des inscriptions dont le vendeur, au profit de qui les billets ont été souscrits, se serait engagé à rapporter main-levée. — *Bourges*, 6 août 1825, Sadron c. Gaigneau.

188. — Jugé, au contraire, que le souscripteur d'un billet à ordre causé *pour vente de biens-fonds* ne peut être contraint au paiement, même vis-à-vis du tiers porteur, s'il a juste sujet de craindre l'action hypothécaire des créanciers inscrits sur l'immeuble, et alors surtout que les créanciers hypothécaires ont appréhendé le prix de l'immeuble. — *Bourges*, 17 avr. 1832, Chanteclaire c. Chatelain.

189. — Le débiteur d'un billet à ordre causé *valeur en contractant* peut opposer au tiers porteur les exceptions que le contrat l'autorisait à opposer au créancier primitif. — *Caen*, 15 janv. 1813, Douesnel c. Coueslin; 21 janv. 1813, Douesnel c. Leroy.

190. — Ainsi, lorsqu'un pareil billet a été créé pour le prix de la vente d'un immeuble, le souscripteur peut se refuser au paiement envers le tiers-porteur, sur le motif que le vendeur n'a pas rempli les conditions de la vente, par exemple, qu'il n'a pas rapporté main-levée des inscriptions, ainsi qu'il s'y était obligé. — *Caen*, 15 janv. 1818, Douesnel c. Coueslin.

191. — Un billet à ordre causé *valeur en vente d'un office d'huissier* devant être réputé sans cause, si le souscripteur n'est point investi de la charge, dans ce cas, le souscripteur du billet peut opposer aux tiers-porteurs les mêmes exceptions qu'au bénéficiaire. — *Paris*, 1er fév. 1837 (t. 1er 1837, p. 223), Bergunion c. Guillon.

192. — Si l'acte auquel un billet causé *valeur entendue en un acte* se réfère est conditionnel, le souscripteur du billet peut opposer au tiers-porteur les mêmes exceptions qu'au bénéficiaire. — *Paris*, 31 janv. 1833, Dubarry c. Dumanoir.

193. — Le souscripteur d'un billet à ordre causé *valeur reçue comptant* ne peut point opposer au tiers porteur qu'il a été trompé par celui au profit de qui il a souscrit l'effet, et qu'il n'en a point réellement reçu la valeur; en conséquence, il ne saurait être admis à la preuve de ce fait, et les juges ne peuvent suspendre les poursuites dirigées contre lui par le tiers-porteur. — *Bruxelles*, 12 fév. 1829, Vercken c. Brépols.

194. — Dans un billet ainsi causé : *Valeur reçue comptant par ma reconnaissance du 16 septembre*, ces mots, *par ma reconnaissance*, ne constituent pas une énonciation qui ait un rapport direct à la disposition, de sorte qu'elle doive faire foi contre le porteur et rejeter sur lui la charge de prouver que la reconnaissance avait une cause distincte de celle du billet : c'est au contraire au débiteur à prouver que le billet n'a été créé qu'en remplacement de la reconnaissance et qu'il fait double emploi avec elle. — *Paris*, 14 janv. 1832, Gerfaud.

195. — Lorsqu'un billet à ordre causé *valeur reçue en marchandises*, est nul en ce qu'il a eu réellement pour cause une opération de contrebande, cette nullité peut être opposée au tiers-porteur qui prouve avoir reçu le billet en paie-

ment de sommes dues, et n'avoir point participé aux faits de contrebande, s'il a su que la cause du billet était illicite. — *Cass.*, 25 mars 1828, Couture c. Jacquet.

196. — De même, les billets souscrits pour prix de remplacement dans le service militaire, au profit d'une société qui se livre à de pareilles opérations sans y être autorisée par le roi, étant nuls comme faits sans cause licite, cette nullité peut être opposée même aux tiers-porteurs de bonne foi, parce qu'en pareil cas, ils ont dû connaître l'origine des billets. — *Bordeaux*, 25 nov. 1831, Raull c. Merle.

197. — Le souscripteur d'un billet payable à l'échéance à celui au profit de qui il est souscrit ou à quiconque en sera alors porteur, ne peut, à défaut de signification de la cession qui en aurait été faite, opposer au cessionnaire, porteur de la promesse, le paiement qu'il aurait fait au cédant avant l'échéance. — *Bruxelles*, 8 juin 1825, F...

198. — Des paiemens à compte faits par le souscripteur d'un billet à ordre au créancier peuvent, d'après les circonstances de la cause, être valablement opposés au tiers-porteur. — Dans cet état, le tribunal a pu, sans violer notamment l'art. 139, C. comm., duquel il résulte que la date des ordres est valable jusqu'à inscription de faux, déclarer la date de l'endossement du billet dont il s'agit, simulée et postérieure aux à-compte. — *Cass.*, 21 avr. 1829, Arlbert c. Desvaute.

199. — Celui qui a reçu de la justice mandat de poursuivre le recouvrement d'une lettre de change dans l'intérêt des créanciers du propriétaire de cette lettre ne peut être considéré comme tiers-porteur et réclamer les priviléges afférens à ce titre. — En conséquence, on peut lui opposer les conventions passées entre le débiteur de la lettre et le propriétaire. — *Bordeaux*, 5 juin 1833, Fort c. de Saint-Cyr.

200. — L'accepteur d'une lettre de change peut, à l'échéance, se refuser à en payer le montant au porteur, en soutenant que celui-ci n'est pas porteur de bonne foi. En pareil cas, il est recevable à discuter les droits et qualités de ce porteur. — *Paris*, 4 août 1825, Alli-Perret c. Vignerie.

201. — L'endosseur d'une lettre de change qui demande la nullité de son endossement pour cause de dol ou de la fraude du tireur peut être déchargé de la garantie vis-à-vis du tiers porteur de mauvaise foi. — Les faits qui constituent la mauvaise foi rentrent exclusivement dans l'appréciation des juges du fond. — *Cass.*, 14 avr. 1836, Gugenheim c. Schmerber.

202. — L'endossement, par une femme non autorisée, d'un billet à ordre appartenant à la communauté, est nul à l'égard des endosseurs subséquens, et ne peut constituer ni un acte transmissif de la propriété du billet, ni un mandat de le négocier, alors d'ailleurs que ces endosseurs ont su que, lors de l'endossement, la femme qui l'a souscrit était mariée. — En conséquence, le mari peut valablement former opposition entre les mains du souscripteur pour obtenir le paiement direct du billet. — *Cass.*, 7 août 1843 (t. 2 1843, p. 724), Delachaume c. d'Ancla.

203. — Lorsque la preuve de la cause non commerciale d'un billet à ordre est rapportée, cette preuve produit son effet, non seulement contre celui au profit de qui le billet a été créé, mais encore contre le tiers-porteur. — *Metz*, 22 mars 1839 (t. 2 1840, p. 371), Wari c. Thirion-Laure.

204. — C'est aux juges du fait qu'il appartient d'apprécier, d'après les termes de l'endossement, l'étendue de l'engagement que le cédant d'un effet de commerce a pris vis-à-vis du cessionnaire et des tiers-porteurs. — *Cass.*, 12 août 1835, Maillet c. Cagé.

205. — La déclaration faite par le porteur de billets à ordre causés *valeur en compte* d'avoir réglé et soldé son compte avec son endosseur, et qu'il ne lui importe plus que d'obtenir ses dépens, n'empêche pas la cour de décider si celui au profit duquel les billets ont été consentis peut en exiger le paiement. — *Rennes*, 29 avr. 1816, Soymié c. de la Varangerie.

206. — Sous l'ordonn. de 1673, le tiers-porteur d'un billet à ordre, signé de deux noms, n'a pu être admis à prouver par témoins que l'individu dont le nom a été accolé à celui du signataire était associé de ce dernier, surtout si ce tiers-porteur ne présentait aucun commencement de preuve par écrit qui fit présumer l'existence de la société. — *Bruxelles*, 9 janv. 1812, Nathau c. Vanmeerlen.

207. — La qualité de *porteur* prise dans un concordat par le détenteur de billets à ordre, fait présumer jusqu'à preuve contraire que la propriété de ces billets lui a été régulièrement transmise. — *Bordeaux*, 19 mars 1841 (t. 2 1843, p. 192), Chantecaille c. Lazare.

208. — Le tiers-porteur a le droit d'exiger le paiement sans pouvoir être tenu d'affirmer qu'il ne prête point son nom au tireur, avec lequel l'accepteur prétend qu'il y a compte à faire. — *Metz*, 15 juill. 1817, Pillard c. Jobert-Ternaux.

209. — De même, le tiers-porteur d'une lettre de change, en vertu d'un endossement régulier, n'est pas tenu de justifier qu'il en a réellement fourni la valeur. Un semblable endossement ne peut être attaqué que par la voie extraordinaire de dol ou de fraude. — *Paris*, 8 avr. 1826, Joyeux c. Guillaume.

210. — En pareil cas, si les juges n'ont aucun doute sur la bonne foi du porteur, ils peuvent rejeter la demande à fin d'interrogatoire et même de prestation de serment formée contre ce porteur par le débiteur de la traite. — *Cass.*, 2 fév. 1819, Pillart c. Jobert-Ternaux.

211. — Jugé cependant que l'endosseur d'un billet à ordre ne peut refuser de prêter le serment décisoire que lui défère le souscripteur, sur le point de savoir si les valeurs énoncées au billet ont été réellement fournies. — *Bruxelles*, 9 nov. 1809, Dumont c. Leva.

212. — ... Que le tiers-porteur d'un billet à ordre auquel le souscripteur oppose la fausse cause du titre peut être contraint, pour prouver sa bonne foi, d'affirmer par serment qu'il n'a pas prêté son nom, et qu'il ignorait la cause illicite du billet. — *Aix*, 6 janv. 1830, Ducimetière-Monod c. Chapel.

213. — Celui qui se trouve propriétaire, par voie d'endossement, d'une lettre de change tirée sur lui-même, peut exercer tous les droits attachés à la qualité de tiers-porteur, et par conséquent faire constater le refus de paiement par un protêt, s'il n'a point donné son acceptation sur cette lettre. — *Bordeaux*, 6 août 1844 (t. 1er 1845, p. 782), Larrieu c. Labrousse.

## Sect. 2e. — *De l'endossement irrégulier.*

### § 1er. — *De ses effets.*

214. — Est *irrégulier* tout endossement non revêtu des formes prescrites par la loi. Un pareil endossement n'opère pas le transport de l'effet de commerce; il n'est qu'une procuration. — C. comm., art. 138.

215. — Sous l'ord. 1673, on distinguait entre l'ordre et l'endossement. On appelait *ordre* l'acte régulier qui constatait la négociation; mais, si la date ou la valeur n'était pas exprimée, il ne servait que de quittance ou d'*endossement*.

216. — L'endossement causé simplement *valeur reçue*, sans indiquer la nature de cette valeur, étant irrégulier, ne transfère pas la propriété de l'effet de commerce, et ne vaut que comme procuration. — *Bruxelles*, 9 août 1810, Vandamme c. Verstraeten; *Liége*, 13 déc. 1810, Termonia c. Deloncin; *Besançon*, 14 août 1811, Bourdenet c. Racine; *Cass.*, 24 juin 1812, Tardif c. Dantignac; 10 sept. 1812, Dubois Jubainville c. Royer et Maillard; *Bruxelles*, 19 nov. 1812, Luppens c. Pausch; *Cass.*, 18 mai 1813, Royanel c. Chevalier; 9 nov. 1836, Allard et Hartmann c. Kern; *Pau*, 18 juill. 1837 (t. 1er 1838, p. 105), Barrel c. Boué et Dessacs.

217. — Sous l'ord. 1673, il en était de même de l'endossement d'une police d'assurance. — *Bruxelles*, 15 juin 1826, Ozy c. Vandermaeren.

218. — L'endossement irrégulier ne vaut que comme procuration, lors même qu'il n'est irrégulier que pour défaut de date. — *Cass.*, 29 mars 1813, Maes c. Serruys.

219. — ... Encore bien qu'il exprime la valeur reçue. En conséquence, le porteur peut être déclaré non-recevable à demander le paiement de l'effet au tireur, si l'endosseur désavoue le mandat, en prétendant n'avoir pas fourni la valeur de la lettre à ce même tireur. — *Colmar*, 18 juin 1810, Lœvel c. Knoderer et Mahler.

220. — Sous l'ord. 1673, lorsqu'un endossement ne contenait point la mention de la valeur fournie, les juges du fait ont pu décider que la lettre de change n'avait été remise au porteur que pour sûreté d'une autre créance. — *Cass.*, 27 vendém. an XI, Lesage c. Deshaies.

221. — Puisque l'endossement irrégulier vaut comme procuration, il s'ensuit que le débiteur d'un effet de commerce ne peut se refuser de payer le porteur, à moins qu'il n'ait quelque exception à faire valoir contre l'auteur de l'endossement. — Pardessus, *Dr. comm.*, n° 354.

222. — Ainsi jugé que, dans le cas où l'endossement ne vaut que comme procuration, le signataire du billet ne peut refuser le paiement réclamé par le mandataire, et que dès-lors le paiement effectué, dans ce cas, au porteur, n'est pas moins valable que s'il était fait à l'endosseur lui-même. — *Bordeaux*, 19 mars 1841 (t. 2 1843, p. 192), Chantecaille c. Lazare.

223. — Sous l'ord. 1673, comme sous le Code de comm., la procuration résultant pour le porteur d'un endossement irrégulier, s'étend au droit de transmettre la propriété de l'effet par un endossement régulier. — *Cass.*, 20 janv. 1814, Deroi Powis c. Deman; *Liége*, 2 nov. 1815, Vincent c. Jacques; *Paris*, 29 fév. 1816, Bourdon et Dupuis c. Saillard; *Cass.*, 12 août 1817, Saillard c. Bourdon et Dupuis; *Bruxelles*, 4 mars 1820, Buyse-Deslée c. Delarue; *Cass.*, 14 juill. 1823, Gautreau c. Toscany; *Rouen*, 19 juill. 1826, Heudron c. Grimpart; *Bordeaux*, 28 déc. 1840 (t. 1er 1841, p. 353), Pergaud c. Chaperon. — Merlin, *Quest.*, v° *Endossement*, § 1er; Pardessus, *Contr. de change*; Vincens, *Législ. comm.*, t. 2, p. 222; Fremery, *Études du dr. comm.*, chap. 20, p. 133; *contrà*; Pothier, *Contrat de change*, n° 89.

224. — Jugé, au contraire, que l'endosseur reste toujours propriétaire, encore bien qu'en vertu de cette procuration, il y ait eu ensuite un endossement régulier, et que, dès-lors, l'accepteur peut tout aussi bien qu'un tiers créancier exciper de l'irrégularité de l'endossement, pour prétendre qu'il a des comptes à faire avec le premier endosseur. — *Bruxelles*, 30 juin 1810, Brépols c. Cléène.

225. — L'individu à qui le porteur d'un billet à ordre, en vertu d'un endossement irrégulier, l'a transmis par un ordre régulier, en devient légitime propriétaire à l'égard de tous les endosseurs et du souscripteur. — Il importerait peu que le porteur régulier n'eût payé qu'une partie de la valeur du billet, et que le complément l'eût été par un tiers. — *Bordeaux*, 28 déc. 1840 (t. 1er 1841, p. 353), Pergaud c. Chaperon.

226. — Il a été jugé qu'aucune compensation ne peut être opposée du chef *du mandant* soit au porteur régulier, parce qu'il est *tiers porteur*, soit au tiers auquel, avant l'échéance, le mandant a transféré la propriété du surplus des billets par voie de compte courant. — Même arrêt.

227. — Toutefois cette décision n'est pas à l'abri de la critique. Qu'on ne puisse opposer de compensation au porteur d'un endossement régulier, cela est certain; mais que la propriété de tout ou partie d'un billet à ordre transféré par toute autre voie que l'endossement donne les droits de *tiers porteur* au cessionnaire, c'est ce qui ne peut être facilement admis : la cession par voie de compte-courant n'a pas de privilége particulier, et ne donne pas plus de droits ou ne produit pas plus d'effet que toute autre cession ordinaire.

228. — Mais l'endossement irrégulier ne vaut pas pouvoir pour transporter la propriété de la lettre, quand les termes de l'endossement sont limités au simple droit de recevoir. — Pardessus, *Contr. de change*, n° 131; *Dr. comm.*, n° 354.

229. — Ainsi l'endossement d'une lettre de change causé *valeur en recouvrement* n'est qu'un simple mandat qui ne donne point au porteur le droit de transmettre la propriété de la lettre. — *Paris*, 23 déc. 1806, Mony d'Herbisse c. Laurent.

230. — Le porteur d'un billet à ordre est non-recevable, pour défaut de qualité, à en poursuivre le paiement en son nom personnel, lorsqu'il ne représente qu'un endossement irrégulier et un acte de transport séparé qui n'a pas une date certaine antérieure à la demande. — *Cass.*, 10 juill. 1822, Hubert c. Druchert.

231. — Et la fin de non-recevoir tirée du défaut de qualité, au moment où la demande est formée, n'est pas couverte par l'aveu de la dette fait en conciliation par le débiteur du billet. Il ne reste, dans ce cas, au porteur que le droit de renouveler sa demande par action régulière. — Même arrêt.

232. — De même, le porteur d'une lettre de change en vertu d'un endossement qui n'indique pas la nature de la valeur fournie n'a aucune action de son chef contre le tireur; il ne peut agir qu'au nom de son auteur, et toutes les exceptions opposables à celui-ci peuvent être invoquées contre lui. — *Cass.*, 9 nov. 1836 (t. 1er 1837, p. 23), Allard et Hartmann c. Kern.

233. — Le vice d'un billet à ordre causé seulement *valeur entendue* étant apparent, peut être opposé au tiers porteur aussi bien qu'au souscripteur. — *Colmar*, 1er mars 1823, Elles c. Borach.

234. — S'il s'agit d'un billet à ordre, le porteur en vertu d'un pareil endossement ne peut non plus poursuivre en son nom personnel le paiement, bien que ce billet ne constitue en lui-même qu'une obligation purement civile. — *Pau*, 18 juill. 1837 (t. 1er 1838, p. 105), Barrel c. Boué et Dessacs.

235. — Il ne peut pas non plus opposer au souscripteur la compensation de ce qu'il lui doit personnellement avec le montant de l'effet. — *Cass.*, 10 sept. 1812, Dubois-Jubainville c. Royer et Maillard.

236. — Jugé, au contraire, que le porteur d'un effet de commerce, en vertu d'un endossement irrégulier, peut en poursuivre le recouvrement, en son nom personnel, contre le souscripteur, sans que celui-ci puisse lui opposer l'irrégularité de l'endossement.—*Bruxelles*, 5 mai 1820, N..; *Amiens*, 6 mars 1822, Dutilloy c. Dubois-Caresmel; *Bruxelles*, 18 mai 1822, N...

237. — Jugé également qu'un billet à ordre qui n'énonce pas la nature de la valeur fournie étant néanmoins transmissible par la voie d'endossement, le tiers porteur n'est point passible des exceptions que le souscripteur pourrait opposer au cédant —*Pau*, 25 juin 1836, Bernard c. Desperbasque.

238. — Le porteur d'une lettre de change dont tous les endossemens sont irréguliers doit être considéré seulement comme mandataire du tireur, et par suite est passible des mêmes exceptions. — Ainsi, il ne peut pas poursuivre en son nom et pour son compte le paiement de la lettre de change contre l'accepteur auquel la provision n'a pas été faite, lorsque le tireur lui-même ne pourrait en exiger le remboursement de cet accepteur. —*Cass.*, 22 avr. 1828, Stiessberger c. Hémard.

239. — Lorsque le porteur d'un effet de commerce en vertu d'un endossement irrégulier en a payé le montant, la propriété lui en est acquise à l'égard des tiers, quand bien même son cédant aurait tenu l'effet, en vertu d'un endossement simulé. Ici ne s'applique point la disposition de l'art. 138, C. comm., aux termes duquel l'endossement irrégulier ne peut valoir que comme procuration. —*Nimes*, 23 août 1827, Soulier c. Misery.

240. — Le porteur d'un effet de commerce en vertu d'un endossement irrégulier, peut-il établir par des preuves extrinsèques qu'il en a fourni la valeur et qu'ainsi il est propriétaire et non simplement mandataire? Il le peut, s'il s'agit de faire seulement cette preuve contre son endosseur.

241. — Ainsi, jugé qu'un endossement irrégulier pour défaut de date, ne peut être réputé simple procuration à l'égard de l'endosseur vis-à-vis du porteur lorsque l'endossement énonce la valeur fournie. —*Grenoble*, 3 fév. 1836, Martin c. Nugues.

242. — De même, quoiqu'un endossement irrégulier ne vaille que comme procuration, s'il est établi que l'endosseur en a touché la valeur, il peut être poursuivi en paiement par le porteur.—*Lyon*, 21 mars 1811, Souchay c. Fournier; *Liége*, 16 déc. 1812, de Coulenor c. Lefèvre.

243. — Ainsi encore, jugé que le porteur en vertu d'un endossement irrégulier, peut être admis à prouver que l'endosseur a eu l'intention et la volonté de lui transmettre la propriété de l'effet de commerce, et que lorsque cette intention et cette volonté résultent de la preuve qui est faite, il doit être décidé que la transmission de l'effet s'est opérée entre l'auteur de l'endossement et celui au profit de qui il est fait, sauf, toutefois, les droits des tiers. — *Amiens*, 12 août 1830, Mareschal c. de Pougens; *Cass.*, 25 janv. 1832, mêmes parties.

244. — Jugé encore que l'art. 138, C. comm., ne constitue qu'une simple présomption qui peut être détruite par la preuve contraire; qu'en conséquence, la lettre de change tirée par un individu à son ordre, devient parfaite par l'endossement consenti au profit d'un tiers, encore bien que cet endossement ne contienne ni la date ni la valeur fournie, lorsqu'il est établi que l'endosseur a voulu non pas donner pouvoir de négocier ou de recouvrer pour lui le montant de l'effet mais bien en transférer la propriété, et, qu'en pareil cas, l'endossement et le corps de l'acte, formant les deux élémens constitutifs de la lettre de change, ne doivent point être isolés dans l'appréciation du point de savoir si les conditions auxquelles la loi a subordonné sa validité ont été remplies, et notamment s'il y a remise de place en place.—*Toulouse*, 3 août 1843 (t. 2 1843, p. 687), Lamouroux c. Arnal.

245. — L'endosseur qui a reçu la valeur de la lettre de change n'est pas recevable à prétendre que le porteur n'est que son mandataire, et que la lettre de change lui appartient toujours. — *Rennes*, 27 août 1819, N...

246. — La réalité du transport peut, entre le porteur et l'endosseur dont il tient ses droits, être établie par des preuves extrinsèques à l'endossement lui-même. — *Cass.*, 30 déc. 1840 (t. 1er 1843, p. 55), Dujat c. Bazire-Longueville.

247. — Jugé encore, que celui qui appose sa signature au dos d'un billet, même non négociable, peut, à raison des circonstances, être considéré comme ayant eu l'intention de transmettre la propriété de la créance résultant de ce billet, et même d'en garantir personnellement le remboursement. — On devrait le décider ainsi, par exemple, si l'endosseur, connaissant l'état d'insolvabilité du souscripteur, avait effectué la remise des billets pour obtenir le renouvellement d'obligations par lui souscrites. — *Cass.*, 8 nov. 1842 (t. 1er 1843, p. 161), Guyard c. Gaspard.



248. — Mais, à l'égard des tiers et dans leur intérêt, aucune preuve ne peut être admise contre le texte de l'endossement. — Pardessus, no 355.

249. — ... Alors même que le tiers serait le souscripteur même de l'effet.

250. — Ainsi jugé que le porteur d'un billet à ordre en vertu d'un endossement incomplet ne peut être considéré comme légitime propriétaire à l'égard du souscripteur, alors même qu'il justifierait par un bordereau de négociation signé de son endosseur, et ayant acquis date certaine avant l'échéance, en avoir fourni la valeur à ce dernier. Dès-lors, le souscripteur peut lui opposer, comme simple mandataire de l'endosseur, toutes les exceptions, et notamment la compensation qu'il aurait pu invoquer contre celui-ci. — *Cass.*, 30 déc. 1840 (t. 1er 1841, p. 55), Dujat c. Bazire-Longueville; 15 juin 1831, Friedlein c. Vivien.

251. — Jugé encore que le porteur d'un billet à ordre en vertu d'un endossement irrégulier et incomplet (*non daté*) n'est pas admissible à établir à l'égard des tiers, et *par exemple du souscripteur*, qu'il est propriétaire sérieux de cet effet. — Il reste vis-à-vis de lui simple mandataire et passible dès-lors de toutes les exceptions opposables par le souscripteur à l'endosseur. — *Cass.*, 5 juill. 1843 (t. 2 1843, p. 711), Delcros c. Verilion; 15 déc. 1841 (t. 1er 1842, p. 224), Masselin c. Picard; — *Paris*, 29 juin 1842 (t. 1er 1843, p. 156), Kosp c. Guyot.

252. — Jugé au contraire, en général, que le tiers-porteur d'une lettre de change dont l'endossement est irrégulier peut prouver par des moyens extrinsèques à l'acte qu'il a réellement fourni la valeur de la traite, et qu'il en a par conséquent acquis la propriété. — *Paris*, 18 (et non 8) juin 1831, Beaulieu c. Graimberg.

253. — ... Et spécialement qu'il peut être admis à prouver aussi bien à l'égard du souscripteur qu'à l'égard de l'endosseur, son cédant, qu'il a fourni la valeur et qu'il est porteur sérieux. — *Paris*, 8 avr. 1837 (t. 1er 1837, p. 494), Bazire-Longueville c. Dujat.

254. — Jugé encore que le tiers-porteur d'un effet de commerce en vertu d'un premier endossement qui n'énonce pas la valeur fournie peut., même vis-à-vis du souscripteur, établir par témoins qu'il a réellement fourni la valeur de cet effet, et que, dès-lors, il ne doit pas être considéré simplement comme mandataire de l'endosseur. — *Amiens*, 8 mars 1840 (t. 1er 1842, p. 254). Devienne c. Mélaye-Pasquier.

255. — Et cette jurisprudence paraît également résulter d'un premier arrêt de la cour de Cassation du 17 déc. 1827, Deshayes c. Fontaine. — — Mais elle a, comme on le voit, été abandonnée par la cour suprême.

256. — De la négociation au moyen d'un endossement irrégulier il résulte : 1° que comme l'endosseur n'avait pas reçu à titre de propriété l'effet dont il a disposé, il est comptable du montant qu'il a recouvré envers son commettant; 2° et que comme d'un autre côté, en disposant de l'effet il a agi en qualité de commissionnaire, il est soumis aux actions en garantie du cessionnaire, sauf son recours contre son commettant. — Pardessus, *Dr. comm.*, no 354.

257. — Celui qui, par un ordre non daté, a transporté à un tiers une lettre de change, peut en poursuivre en son nom le paiement contre l'accepteur, lorsqu'à l'échéance il l'a remboursée après protêt, faute de paiement.—*Trèves*, 27 avr. 1808, Kistner c. Stoppel Kamp.

258. — En pareil cas, l'endosseur qui l'a remboursée, lors du protêt, est subrogé aux droits du porteur, de telle sorte qu'il peut se prévaloir, vis-à-vis de l'accepteur, de son endossement, quoique irrégulier, lorsqu'il justifie qu'il a réellement fourni la valeur de la lettre de change à celui qui la lui a cédée.—*Cass.*, 15 mars 1826, Briot c. Laurent.

259. — Jugé au contraire que le souscripteur d'un effet de commerce, assigné en paiement par un endosseur qui a reçu le titre du bénéficiaire par un endossement irrégulier, et qui l'ayant négocié, a été obligé de rembourser faute de paiement, peut opposer à cet endosseur toutes les exceptions qu'il pourrait opposer au bénéficiaire lui-même.—*Bruxelles*, 17 janv. 1817, Brugner c. Coppé. —V. conf. Nouguier, *Lettres de change*, t. 1er, p. 304.

260. — On peut faire le don d'un billet à ordre par le moyen d'un endossement irrégulier.—*Cass.*, 25 janv. 1832, Mareschal c. de Pougens.

261. — On ne peut corriger un endossement auquel il manquerait ou la date ou la mention de valeur; car celui qui a fait un endossement avec telle énonciation plutôt qu'avec telle autre, est présumé n'avoir pas voulu le rédiger autrement. — Pardessus, *Dr. comm.*, no 346.



### § 2. — *Qui peut se prévaloir de l'endossement irrégulier.*

262. — Il est de principe que l'absence des conditions requises pour la régularité de l'endossement des billets à ordre ou des lettres de change peut être opposée par toute personne intéressée à s'en prévaloir. — *Cass.*, 20 août 1845 (t. 1er 1846, p. 209), Henri c. Buisson.

263. — Jugé de même que l'irrégularité d'un endossement qui n'énonce pas la nature de la valeur fournie peut être opposée par toute partie intéressée et par l'endosseur lui-même. — *Cass.*, 18 mai 1813, Royanet c. Chevalier.

264. — Il a été jugé, sous l'ord. de 1673, que l'endosseur était recevable à opposer lui-même au porteur l'irrégularité de l'endossement. — *Cass.*, 27 vend. an XI, Lesage c. Deshaies.

265. — Jugé, d'un autre côté, que l'endosseur n'était pas recevable à exciper d'un défaut de date dans l'endossement pour se soustraire à l'observation du délai prescrit pour l'exercice de l'action en garantie. — *Bruxelles*, 7 janv. 1808, Solvyns-Gambier c. Vandennesle.

266. — ... Et, sous l'ord. de 1673, que le défaut de date d'un endossement ne pouvait être invoqué que par les tiers. — *Cass.*, 14 juill. 1823, Gautreau c. Toscany.

267. — De même, sous le Code comm., le défaut de date ne peut faire considérer l'endossement comme une simple procuration qu'à l'égard des tiers intéressés à soutenir que l'endosseur n'avait plus capacité de le transmettre à l'époque où il l'a remis au porteur. — *Grenoble*, 3 fév. 1836, Martin c. Nugues.

268. — Sous l'ord. de 1673, le souscripteur d'un effet de commerce ne pouvait opposer au porteur l'irrégularité de l'endossement pour prétendre qu'il n'en était pas propriétaire. —*Cass.*, 29 brum. an XIII, Belot c. Fubert.

269. — Le tireur d'une lettre de change ne pouvait refuser de payer le montant au porteur, sous prétexte de l'irrégularité de l'endossement. — *Cass.*, 2 prair. an XIII, Lanchère c. Worms.

270. — Sous le Code comm., le souscripteur d'un billet à ordre est recevable à contester l'endossement de ce billet, s'il a intérêt à le faire, soit pour n'être pas distrait de ses juges naturels, soit pour opposer des exceptions à l'endosseur. — *Bordeaux*, 19 nov. 1827, Daumy c. Chastaignet.

271. — Les vices des ordres mis au dos d'un effet de commerce peuvent être opposés au porteur, soit par le tireur, lorsqu'il est créancier d'un des endosseurs, soit par les premiers endosseurs, lorsqu'ils sont créanciers d'un des endosseurs subséquens. — *Besançon*, 14 août 1811, Bourdenet c. Racine.

272. — Celui qui avoue qu'un billet à ordre a été souscrit purement dans son intérêt, et qu'il en est le débiteur direct, n'est pas recevable à critiquer son endossement parce qu'il n'énonce pas la valeur reçue.—*Nancy*, 22 juin 1813, Dormer c. Spéri.

273. — La preuve acquise que la valeur réelle d'un billet à ordre a été fournie par le porteur, rend inutile et sans objet la preuve offerte par le souscripteur de l'irrégularité des endossemens et avals. — *Cass.*, 8 nov. 1826, Doubler c. Durand.

274. — L'irrégularité d'un endossement pour défaut de date peut être opposée, non-seulement par l'endosseur, mais encore par le tireur ou l'accepteur. — *Cass.*, 29 mars 1813, Maes c. Serruys.

275. — Jugé, au contraire, que la date de l'endossement n'est exigée que dans l'intérêt des endosseurs ou de leurs créanciers. Dès-lors, si ceux-ci ne se plaignent pas, l'accepteur ne peut opposer l'absence ou l'irrégularité de la date.—*Bruxelles*, 20 août 1812, Depaepe c. Dubois.

276. — L'accepteur ne peut exciper contre les tiers porteurs de l'irrégularité qui existe dans l'endossement pour défaut de date, lorsqu'il est constant que les tiers porteurs ont réellement fourni la valeur. — *Cass.*, 15 mars 1826, Briot c. Laurent.

277. — L'accepteur n'a pas qualité pour opposer au tiers porteur le défaut d'indication, dans l'endossement, de la valeur fournie. Ce moyen ne pourrait appartenir qu'à celui qui a passé l'effet à l'ordre de l'endosseur. — *Paris*, 22 déc. 1825, Driwer-Cooper c. Dagosta.

278. — Jugé de même, au sujet du défaut d'énonciation dans la lettre même. — *Paris*, 15 mars 1826, Goddes-Dumesnil c. Chancerel.

279. — L'accepteur de lettres de change tirées à l'ordre du tireur est non recevable à exciper de l'irrégularité de l'endossement qui n'énonce pas la nature de la valeur fournie. — *Rouen*, 19 juill. 1826, Heudron c. Grimpart.

280.—Le souscripteur d'un billet à ordre, poursuivi en paiement par un porteur en vertu d'un endossement irrégulier, ne peut opposer à celui-ci qu'il est sans qualité pour agir, surtout lorsque l'auteur de l'endossement irrégulier reconnaît n'avoir aucun droit à la propriété du billet. — *Colmar*, 11 mars 1812, Merian Kouder c. Bucher.

281. — Le souscripteur d'un billet à ordre ne peut opposer au porteur en vertu d'un endossement irrégulier que son mandat est nul pour cause de démence du cédant, si ce dernier n'a été frappé d'aucune interdiction.—*Paris*, 7 janv. 1815, Triquot c. Raoult.

282. — Lorsqu'il est constant que l'endosseur s'est réellement dessaisi de l'effet en faveur du porteur, le tireur et l'accepteur ne peuvent se refuser au paiement, sous prétexte de l'irrégularité de l'endossement.— *Bourges*, 16 fév. 1816, Serreau c. Poulin.

283. — Par la signification du protêt d'un billet endossé, quoique non à ordre, il y a transmission régulière en faveur du tiers-porteur, en ce sens que le souscripteur ne peut lui opposer le défaut de cause de ce billet, et refuser de lui en payer le montant. — *Paris*, 6 fév. 1830, Laforest c. Perret.

284. — Le tiré qui a payé une lettre de change sans exiger un endossement régulier est non-recevable à recourir contre les endosseurs, sous prétexte qu'à l'échéance il n'avait pas de provision. — *Aix*, 15 fév. 1832, Grue c. Garcin.

## Sect. 3e. — *De l'endossement en blanc.*

### § 1er. — *De ses effets.*

285. — D'après l'art. 23 (tit. 5), ord. 1673, les signatures au dos des lettres de change ne servaient que d'endossement et non d'ordre. Cependant l'usage avait fini par l'emporter sur la loi, et on considérait les endossemens en blanc comme translatifs de propriété en faveur du porteur. — Lettre de d'Aguesseau au procureur général du parlement de Toulouse, 8 sept. 1747.— Merlin, *Rép.*, vº *Endossement*, nº 1er.

286. — Aussi jugé qu'avant le Code de commerce, les endossemens en blanc ont toujours été considérés comme s'ils eussent été remplis aux noms des porteurs. — *Paris*, 12 nov. 1808, Delance et Belin c. Lapeyrière.

287. — ...Que, sous l'ord. de 1673, la propriété d'un effet de commerce était valablement transférée par un endossement en blanc. — *Orléans*, 10 fév. 1809, Beaumarié c. Gombault; *Bourges*, 11 avr. 1809, Huel c. Rabuteau; *Cass.*, 10 août 1814, Debonne Dessomes c. Damiens et Gorlier.

288. — Cependant, jugé que, sous l'ord. 1673, la signature en blanc mise au dos d'une lettre de change n'en constituait nécessairement ni l'acquit ni la négociation. — *Cass.*, 2 brum. an X, Enregistr. c. Déona.

289. — ...Que la simple signature en blanc apposée au dos d'une lettre de change avait pu être déclarée n'en pas conférer la propriété au porteur.—*Cass.*, 27 vendém. an XI, Lesage c. Deshaies.

290. — Une loi du 20 vendém. an IV, avait interdit les négociations en blanc des lettres de change et autres effets de commerce; mais cette loi, toute de circonstance, doit être considérée comme tombée depuis longtemps en désuétude.— Pardessus, *Dr. comm.*, nº 346.

291. — Depuis le Code de commerce l'endossement en blanc n'est point translatif de la propriété du titre, et ne vaut que comme procuration.—C. comm., art. 138.

292. — Ainsi jugé relativement à l'endossement en blanc d'un billet à ordre. — *Cass.*, 27 juin 1812, Marlin c. Jobey.

293. — Et il a été jugé qu'en matière de lettres de change, l'endossement qui ne renferme pas la date, la valeur fournie et le nom de celui à l'ordre de qui la lettre de change est passée, n'opérant pas de transport et ne valant que comme procuration, le mandat qui en résulte ne peut produire aucun effet après la mort du mandant. —*Cass.*, 9 nov. 1842 (t. 1er 1843, p. 117), Delpon c. Rouys et Lautier.

294. — Toutefois, un endossement en blanc peut, d'après les circonstances, être considéré, non comme simple mandat, mais comme une garantie, sans que l'arrêt qui le décide ainsi puisse être censuré par la cour de Cassation. — *Cass.*, 11 juill. 1826, Clavel c. Petit.

295. — Bien qu'en principe, l'endossement en blanc apposé sur une lettre de change ne soit considéré que comme procuration, cette présomption cesse dans le cas où il est prouvé que le souscripteur de l'endossement en blanc n'a pas seulement voulu donner un pouvoir, mais a eu pour but de faciliter la négociation du titre; cet endossement est alors un véritable aval qui rend celui qui l'a souscrit débiteur solidaire du montant de la traite. —*Bordeaux*, 26 fév. 1842 (t. 1er 1842, p. 653), Vivie, Duranthon et comp. c. Lasserre.

296. — La signature en blanc apposée au dos d'une lettre de change, sans date, sans énonciation de valeur fournie, sans endossement au profit d'une personne désignée, ne peut en opérer le transport; dans ce cas, le tiers porteur ne pourrait en exiger le paiement qu'autant qu'il justifierait que celui dont il tient la lettre de change avait mandat de l'individu qui a donné la signature en blanc, et que ce dernier a profité de tout ou partie des valeurs remises. — *Paris*, 30 janv. 1840 (t. 1er 1840, p. 161), de Gricourt c. Terré.—Pardessus, *Dr. comm.*, nº 346.

297. — Il a été jugé que la remise d'un effet de commerce avec endos en blanc constitue un véritable mandat, et que dès-lors le mandant ne peut réclamer la remise de cet effet de la part du tiers porteur, qui ne le tient également qu'en vertu d'un simple endossement en blanc, s'il est établi que le porteur a réellement payé le prix de la négociation au mandataire, et que celui-ci en a versé une partie au mandant. — *Paris*, 30 juin 1843 (t. 2 1843, p. 262), Faultrier c. Oudart.

298. — En effet, si l'endossement en blanc d'un effet de commerce ne vaut que comme procuration, et si à ce titre le mandant est obligé, tant qu'il n'a pas révoqué le mandat; à plus forte raison en doit-il être ainsi lorsqu'il a lui-même profité de l'exécution du mandat.

299. — Une signature en blanc peut avoir été apposée non à titre d'endossement, mais pour acquit. En pareil cas, le porteur n'a pas le droit de négocier l'effet; mais s'il le fait, la négociation est valable à l'égard des tiers; le propriétaire en remettant l'effet pour le toucher, aurait dû faire précéder sa signature des mots *pour acquit*.

300. — C'est aux juges du fond qu'appartient l'appréciation des faits et circonstances desquels il résulterait que le porteur d'un effet de commerce a converti frauduleusement en un endos la signature apposée *pour acquit* sur ce billet, afin de se créer une action en recours contre le prétendu endosseur.—*Cass.*, 14 mars 1842 (t. 2 1842, p. 232), Aigoin c. Coulogne.

301. — C'est également aux juges du fond qu'il appartient de décider souverainement si l'exécution d'un acte, et spécialement d'un endos de billet à ordre, a été volontaire, et si elle peut élever ainsi une fin de non-recevoir contre la demande en nullité de cet acte. —Même arrêt.

302.—Des effets de commerce souscrits en blanc étant assimilés au numéraire, sont valablement transmis par la tradition manuelle. —*Montpellier*, 19 nov. 1840 (t. 2 1841, p. 74), préfet de l'Aude c. G...—Toutefois, il faut ajouter, à la charge des exceptions qui peuvent être opposées au cédant.

303.—Des effets de commerce endossés en blanc peuvent faire l'objet d'un don manuel.—*Cass.*, 12 déc. 1815, Bonguyot c. Regaud et Grelier; *Lyon*, 6 fév. 1833, Félix c. N... —V. DONATION DÉGUISÉE.

304. —Alors, il n'est pas même nécessaire pour la validité de la cession que le cédant appose sa signature. — *Cass.*, 21 août 1837 (t. 2 1837, p. 218), Poujol; *Paris*, 25 janv. 1840 (t. 1er 1840, p. 285), Dunand c. Vaudey.

305. — Jugé cependant que le détenteur de lettres de change d'une valeur excédant 150 fr., ne peut être admis à prouver, en l'absence d'un acte légal, qu'elles lui ont été transmises par don manuel. — *Pau*, 10 mars 1840 (t. 1er 1841, p. 434), Rumeau c. Bazerque.— Et que le don manuel d'un billet à ordre ne peut être réalisé au moyen d'un endossement en blanc, lequel n'opère pas de transport et ne vaut que comme procuration. — *Douai*, 3 déc. 1845 (t. 1er 1856, p. 522), Desbrosses c. de la Bucquière.

306. — Lorsque l'endossement est en blanc, le nom peut être rempli n'importe de quelle main, et même de celle de la personne au profit de qui l'endossement est fait. — *Nîmes*, 19 fév. 1810, Barjeton-Montaisse c. Vincent; *Orléans*, 10 fév. 1809, Beaumarié c. Gombault; *Paris*, 30 avr. 1812, Marchand c. Souchu ; — Savary, *Parfait négoc.*, parères 8e et 62e; Pothier, *Contr. de change*, nº 40; Rogne, *Jurispr. consul.*, t. 2, p. 346 : Merlin, *Rép.*, vº *Endossement*, nº 1er; Pardessus, *Contr. de ch.*, nº 115; *Dr. comm.*, nº 346; Nouguier, *Lettres de change*, t. 1er, p. 296.

307.—Toutefois, le porteur ne peut valablement remplir l'ordre à son profit que quand il le fait sans fraude et sans porter préjudice au créancier du cédant.—*Bruxelles*, 12 juill. 1809, Léva c. Bounder.

308.—Ainsi, un endossement écrit d'une autre main que celle de l'endosseur, peut être considéré comme n'existant pas, s'il est établi que cet endossement a été apposé, sans la participation de l'endosseur, au-dessus de sa signature en blanc. —*Cass.*, 28 mars 1821, Poullain-Dumesnil c. Bouteiller.

309.—Ainsi encore, le porteur d'un effet de commerce, en vertu d'un ordre en blanc, ne devient pas propriétaire, en remplissant l'endossement d'un ordre régulier, postérieurement à la faillite de l'endosseur. — *Amiens*, 29 juin 1813, Pelou et Soymier c. Delarue; — Pardessus, nº 346.

310. — Si le porteur d'une lettre de change en vertu d'un endossement en blanc peut, lorsqu'il en a réellement fourni le montant, régulariser l'endossement pour l'utiliser à son profit, on ne saurait lui reconnaître, à moins d'intention contraire résultant des faits et circonstances, le droit de changer la nature de l'obligation de l'endosseur, et de transformer le cautionnement limité résultant de l'endossement en un aval indéfini avec dispense de protêt. — En conséquence, dans ce cas, le défaut de protêt est opposable au porteur, alors même qu'il s'agirait d'un banquier, et sans que l'usage contraire qui pourrait exister à cet égard dans la banque soit de nature à modifier la position de l'endosseur. — *Limoges*, 10 mai 1844 (t. 2 1845, p. 364), Sénemaud c. Boudet et Beaulieu. — V. AVAL.

311. — Si la lettre perdue, l'endossement en blanc a été rempli par celui qui l'a trouvée, le propriétaire ne peut prétendre, à moins de fraude, qu'on ait mal payé. Il ne doit s'en prendre qu'à lui-même de sa négligence. — Pardessus, *Contr. de change*, nº 115; Vincens, *Législ. comm.*, t. 2, p. 175.

312. — Lorsque après avoir tiré une lettre de change à son ordre, le tireur l'a remise à un tiers avec un endossement en blanc pour la négocier, il est tenu d'en payer le montant au porteur à qui ce tiers l'a transmise, encore bien que l'ordre ait été rempli par le porteur lui-même, et que le tiers mandataire n'ait pas remis au tireur, son mandant, le montant de la lettre de change. —*Cass.*, 11 fév. 1833, Pinel-Fournier c. Jobin.

313.—Lorsque le porteur d'une lettre de change endossée en blanc devient ensuite créancier de son endosseur, toutefois, antérieurement à l'échéance et à la présentation de la traite, il a pu, par là, et au moyen de la procuration résultant de l'endossement en blanc, s'en transférer à lui-même la propriété. — *Cass.*, 24 avr. 1827, Driver-Cooper c. Dacosta.

314. — La lettre de change tirée à l'ordre du tireur lui-même ne devient parfaite que par l'endossement régulier à l'ordre d'un tiers; et cet endossement n'est régulier qu'autant qu'il est daté, qu'il exprime la valeur fournie, et qu'il énonce le nom de celui au profit de qui il est fait. Mais si l'endossement par le tireur a eu lieu en blanc, cet endossement n'opérant pas transport et ne valant que comme mandat de négocier, il en résulte que le porteur ne peut remplir l'endos au profit d'un tiers après le décès du signataire. Et le tiers porteur de cet endossement ainsi rempli est sans droit, quelle que soit sa bonne foi, pour recourir, en cas de non-paiement, contre les héritiers du tireur. — *Cass.*, 9 nov. 1842 (t. 1er 1843, p. 117), N...; 6 janv. 1845 (t. 1er 1845, p. 267), Malavialle c. Delpont.

315. — Le porteur d'effets de commerce à qui ils ont été transmis par des endossemens en blanc est-il recevable à prouver qu'il en a fourni la valeur et qu'il en est réellement propriétaire? La jurisprudence est divisée à cet égard. Des arrêts décident que la preuve peut toujours être faite par le porteur. — Au surplus, il faut voir *suprà* nos 240 et suiv., ce qui a été dit à cet égard relativement à l'endossement irrégulier en général.

316. — Ainsi décidé que le porteur d'effets de commerce, en vertu d'endossement en blanc, ne peut en être déclaré propriétaire qu'autant qu'il prouve d'une manière incontestable qu'il en a fourni les valeurs; et qu'il est surtout astreint à cette preuve, lorsque le propriétaire originaire des effets de commerce prétend avoir été dépouillé par celui qui a donné les endossemens en blanc. — *Paris*, 8 fév. 1817, liste civile c. Barandon.

317. — ... Que l'endossement en blanc est une procuration donnée au porteur *in rem suam*, s'il est prouvé qu'il a fourni la valeur de la traite.—*Nîmes*, 19 fév. 1810, Barjeton-Montaise c. Vincent.

318.— ... Que les juges peuvent, d'après de simples présomptions, décider que la valeur a été réellement fournie et déclarer que, dans ce cas, le porteur est véritablement propriétaire. — *Cass.*, 10 mars 1824, Lallemand c. Clicuot.

319. — ... Que la preuve est admissible soit contre l'endosseur, soit contre le tireur et le tiré, soit contre les créanciers du signataire des endossemens tombé en faillite. — *Angers*, 18 fév. 1838, Chesneau c. syndics Mayer; *Toulouse*, 18 juill. 1838 (t. 1er 1839, p. 434), Duboul c. Sens et Authier.

320. — Lorsqu'un billet de grosse porte un endossement en blanc, et qu'en vertu de deux endossemens réguliers il a été ultérieurement transmis à un tiers porteur, celui-ci, pour établir qu'il est devenu propriétaire de cet effet par la négociation faite à son profit et le paiement qui en a été la suite, peut suppléer à l'insuffisance de l'endossement par des preuves extérieures et directes, telles que des lettres des précédens endosseurs revêtues du timbre de la poste et ayant ainsi une date certaine et non suspecte. — *Aix*, 28 fév. 1839 (t. 1er 1839, p. 376), Sacher et Giraud c. Levavasseur.

321. — Et en supposant même qu'on ne dût pas admettre en faveur de la propriété du porteur une preuve écrite prise en dehors de la lettre de grosse, et que l'endos irrégulier ne pût valoir que comme procuration, le souscripteur de cet endossement irrégulier doit être considéré comme le mandant de l'endosseur qui le suit immédiatement, et, à ce titre, il est responsable des faits de ce mandataire qu'il s'est donné, et qui a vendu la lettre et en a touché le prix des mains du tiers porteur. — Même arrêt.

322. — D'autres arrêts décident avec raison, ce semble, qu'il faut distinguer entre la preuve à faire vis à vis du cédant du porteur et la preuve à l'égard des autres signataires.

323. — Ainsi jugé que le principe suivant lequel un endossement en blanc ne vaut que comme procuration et n'opère pas le transport de l'effet, n'est qu'une simple présomption qui cède à la preuve contraire, lorsque la contestation s'agite entre l'endosseur et le preneur. — *Cass.*, 31 juill. 1833, Estève c. syndics Mas. — V. *infrà* nº 332.

324. — ...Que le porteur d'un billet par endossement en blanc ne peut être admis à établir par des preuves extrinsèques, contre le syndic de la faillite de l'endosseur, représentant la masse des créanciers, que la propriété du billet lui a été réellement transférée, parce qu'il en a fourni la valeur. Dans tous les cas, les juges ne pourraient faire résulter d'un serment supplétoire déféré d'office au porteur la preuve de la valeur fournie qu'autant que, après avoir constaté que la demande du syndic en restitution de l'effet n'est ni complétement justifiée, ni complétement dénuée de preuve, ils feraient la même déclaration relativement à l'exception de valeur fournie opposée par le porteur. — *Cass.*, 15 déc. 1841 (t. 1er 1842, p. 324), syndic Masselin c. Picard.

325. — ... Que le porteur d'un billet à ordre en vertu d'un endossement en blanc, ne pouvant agir contre le souscripteur qu'à titre de mandataire de l'endosseur, doit nécessairement subir les fins de non-recevoir qu'on peut opposer à cette qualité. Vainement il prouverait la réalité du transport; *à l'égard de tout autre que l'endosseur*, cette réalité ne peut résulter que de l'endossement. — *Cass.*, 23 juin 1845 (t. 2 1845, p. 755), Bardet c. Bordier.

326. — ...Que la preuve que le porteur d'une lettre de change, en vertu d'un endossement en blanc, en a fourni la valeur, ne peut résulter, à l'égard de l'accepteur ou du tireur, que d'un endossement régulier. — *Caen*, 26 févr. 1827, Durand c. Delamare.

327. — ... Que l'accepteur d'une lettre de change peut opposer à celui auquel le tireur l'a transmise par un endos en blanc toutes les exceptions qu'il pourrait opposer au tireur lui-même, encore bien que le tiers porteur justifie par des preuves extrinsèques qu'il a fourni la valeur au tireur, et que celui-ci a entendu lui transmettre la propriété de la lettre de change, et non pas lui donner un simple mandat. — *Paris*, 21 déc. 1843 (t. 1er 1844, p. 386), Chapsal c. Perrin et Bouchot.

328. — ... Que le porteur n'est pas recevable à présenter ses livres et registres pour prouver qu'il a fourni la valeur. — *Amiens*, 29 juin 1813, Pelou et Soymier c. Delarue; *Caen*, 26 févr. 1827, Durand c. Delamarre.

329. — ... Que l'irrégularité résultant de ce que l'endossement a eu lieu en blanc ne peut, à l'égard du souscripteur, être réparée par la preuve, prise en dehors du billet, que le porteur en a réellement fourni le montant. — *Orléans*, 18 déc. 1837 (t. 1er 1838, p. 297), Goujon c. Foucher-Darondeau et Salomon.

330. — N'est point soumis à la censure de la cour de cassation l'arrêt qui décide en fait, sous l'ord. de 1673, que, d'après les circonstances, le tiers porteur d'une lettre de change endossée en blanc en devait être réputé le propriétaire et pouvait en poursuivre le paiement. — *Cass.*, 24 févr. 1806, Moulon c. Bruneau et Duvadan.

331. — Lorsqu'il a été décidé par les juges du fond que la propriété d'un effet de commerce n'avait pas été transportée au porteur par un endossement en blanc, on ne peut se faire un moyen de cassation de ce qu'il n'a point été statué sur la question de savoir si, comme le porteur le prétendait, la preuve du transport de propriété ne résultait pas des registres, comptes et autres titres des parties. — *Cass.*, 8 janv. 1812, Maclagan c. Mallet.

332. — Bien qu'en thèse générale l'endossement en blanc d'un effet de commerce ne doive être considéré que comme procuration, cette disposition ne constitue entre le porteur et son cédant immédiat, souscripteur de l'endos en blanc, qu'une présomption qui cède à la preuve contraire; et le porteur est admis, à l'égard de cet endosseur, à établir par toute espèce de preuve que l'effet lui a été transmis à titre de propriété, et qu'il en a fourni la valeur. — *Montpellier*, 27 juin 1844 (t. 1er 1845, p. 69), Lacostrie c. Morineau.

333. — Le porteur d'un billet à ordre en vertu d'un endossement en blanc peut être reconnu propriétaire de ce billet, et il a le droit d'en exiger le remboursement de son endosseur, en prouvant qu'il en a réellement fourni la valeur au souscripteur, et que l'endosseur en blanc a donné sa signature à titre de cautionnement. — *Metz*, 3 juill. 1823, Bouchier-Toutain c. Desroches.

334. — Jugé encore que l'endosseur qui a été contraint de rembourser au tiers-porteur le montant d'une lettre de change peut exercer son recours contre son propre cédant, encore bien qu'il n'ait reçu et possédé cette lettre qu'en vertu d'un ordre en blanc, s'il établit, même par des preuves en dehors de l'acte, qu'il en avait fourni la valeur à ce dernier. — *Bordeaux*, 6 août 1844 (t. 1er 1845, p. 782), Larrieu c. Labrousse.

335. — L'endossement en blanc d'un billet à ordre n'ayant pas pour effet d'en transmettre la propriété et ne valant que comme procuration, il en résulte que le souscripteur peut opposer au porteur, qui n'est saisi que par un endossement de cette nature, et qui, dès lors n'est que simple mandataire, toutes les exceptions qu'il serait en droit d'invoquer contre le bénéficiaire du billet, son mandant. Spécialement, s'il n'est pas commerçant et que le billet n'ait pas une cause commerciale, il peut, vis-à-vis de ce tiers porteur, décliner la juridiction commerciale, alors même que celui-ci serait commerçant. — *Orléans*, 18 déc. 1837 (t. 1er 1838, p. 297), Goujon c. Foucher-Darondeau et Salomon.

336. — L'endosseur en blanc d'un billet est tenu, en qualité de mandant, d'indemniser son mandataire des avances par lui faites ou des pertes par lui essuyées, et, par conséquent, de lui en rembourser le montant, s'il l'a payé. Cette obligation de l'endosseur ne pourrait être réduite à moitié, sur le motif que le mandataire, ayant aussi donné une signature en blanc pour faciliter la négociation du billet, aurait contracté, ainsi que lui, un cautionnement solidaire dont l'effet serait de diviser entre eux la dette. — *Rennes*, 13 déc. 1841 (t. 1er 1842, p. 463), Bretault-Billion c. de Larochefoucault.

337. — Sous l'ord. de 1673, le porteur d'une lettre de change endossée en blanc a pu, par un ordre régulier, en transmettre la propriété à un tiers. — *Cass.*, 17 août 1807, Ventre c. Ferrandi. — *Contrà* Savary, *Parf. nég.*, parère 41; Pothier, *Contr. de change*, nº 41.

338. — Toutefois, lorsqu'une lettre de change endossée en blanc était cédée par un ordre régulier à un tiers qui était estimé, d'après les circonstances, n'en avoir pas compté la valeur, un pareil ordre n'était pas translatif de propriété. — *Cass.*, 25 nov. 1807, Emeric c. Martin et Régis.

339. — Sous le Code de commerce, un endossement en blanc vaut procuration à l'effet de négocier l'effet, tout aussi bien qu'à l'effet de recevoir. — *Toulouse*, 28 mai 1825, Pomarède c. Fazeuille; — Favard, *Rép.*, vº *Lettre de change*, sect. 3, § 2, nº 1er; Persil, *Lettres de change*, art. 138, nº 3; Nouguier, *Lettres de change*, t. 1er, p. 303. — Il en est ainsi, comme des endossemens irréguliers. — V. nºs 221 et suiv.

340. — Un marchand auquel un billet à ordre a été remis avec un endossement en blanc peut, après avoir passé ce billet à un autre marchand avec un pareil endossement, lui en transférer la propriété par un acte extrinsèque à cet endossement. — *Cass.*, 17 déc. 1827, Deshays c. Fontaine.

341. — Celui qui, après avoir reçu une lettre de change, en vertu d'un endossement en blanc, en transmet, par un endossement régulier, la propriété à un tiers qui lui en paie la valeur, est garant du paiement à l'échéance, sans qu'il puisse s'en affranchir, sous prétexte qu'il n'a négocié l'effet que comme mandataire du premier endosseur. — *Cass.*, 1er déc. 1829, Dubus c. Lefort.

342. — Quoique l'endossement irrégulier des effets de commerce ne soit point translatif de propriété, néanmoins si l'endosseur est forcé de convenir qu'il n'a point entendu donner une procuration, et qu'il n'a aucun titre pour revendiquer l'effet, il est censé par là même avoir voulu en garantir le paiement envers le porteur. — *Paris*, 20 mars 1813, Laisné c. Veron.

343. — L'endossement en blanc d'un effet de commerce vaut procuration pour en poursuivre le paiement. — *Douai*, 3 août 1814, Soyer c. Wallers; *Cass.*, 20 fév. 1816, Nabon c. Laurence.

344. — Jugé encore que l'endossement en blanc d'une lettre de change confère au tiers porteur de cette lettre un titre suffisant pour qu'il en puisse réclamer le paiement et faire faire ensuite le protêt si le paiement est refusé. — *Bordeaux*, 6 août 1844 (t. 1er 1845, p. 782), Larrieu c. Labrousse.

345. — Toutefois, comme le porteur n'est que mandataire, il ne peut en poursuivre le paiement en son propre nom. — *Rouen*, 28 mars 1809, Béché c. Alexandre.

346. — Jugé de même que le porteur d'un effet de commerce en vertu d'un endossement en blanc étant réputé simple mandataire de son cédant, n'a pas le droit de poursuivre de son chef, et à titre de propriétaire, le recouvrement du billet, et est passible de toutes les exceptions opposables à son mandant. — *Cass.*, 20 août 1845 (t. 1er 1846, p. 209), Henri c. syndics Buisson.

347. — Mais lorsque le porteur d'un effet de commerce, en vertu d'un ordre en blanc, est reconnu en avoir payé la valeur, il a le droit de poursuivre en son propre nom les souscripteurs et les endosseurs médiats, et ceux-ci ne peuvent lui opposer l'irrégularité de son endossement, alors surtout qu'en ce qui les concerne l'effet a été transmis par des endossemens réguliers. — *Bruxelles*, 2 fév. 1820, Hainelink c. Depotter Vanderhaeger.

348. — Jugé au contraire qu'en pareil cas le porteur n'a d'action que contre son cédant et contre le souscripteur et non contre les autres endosseurs en blanc, et notamment le bénéficiaire du billet. L'effet ainsi transmis ne doit pas être restitué au bénéficiaire. — *Paris*, 31 déc. 1840 (t. 1er 1841, p. 57), Regnault c. Desvaux.

349. — Il a été jugé que le tiers porteur en vertu d'un endossement en blanc reste simple mandataire de son endosseur, *alors même qu'il aurait remboursé le montant du billet* à un tiers auquel il l'aurait transmis en vertu d'un endos régulier. Il est censé avoir remboursé en sa qualité de mandataire. — *Amiens*, 6 juin 1826, Fournier c. Dumoulin; *Caen*, 26 févr. 1827, Durand c. Delamarre; *Orléans*, 18 déc. 1837 (t. 1er 1838, p. 297), Goujon c. Foucher, Darondeau et Salomon. — Nouguier, *Lettres de change*, t. 1er, p. 304.

350. — ... Et que, dès-lors, il n'a point de recours contre le souscripteur du billet. — *Rouen*, 28 fév. 1814, Biard c. Pugt et Robertson.

351. — ... Et qu'on peut lui opposer les mêmes exceptions et compensations qu'à son cédant. — *Amiens*, 6 juin 1826, Fournier c. Dumoulin; *Caen*, 26 fév. 1827, Durand c. Delamarre.

352. — Jugé de même que le tiers porteur d'un billet à ordre en vertu d'un endossement en blanc, qui a lui-même transmis le billet par un endossement régulier, et qui a remboursé après protêt, ne convertit pas, par le fait de ce remboursement, sa qualité de mandataire en celle de propriétaire de l'effet, et reste passible des mêmes exceptions que son mandant. — *Bourges*, 18 avr. 1842 (t. 2 1843, p. 265), Desvareilles c. Berthaud.

353. — Jugé au contraire, et avec plus de raison, que bien que le porteur, en vertu d'un endossement en blanc, ne soit considéré que comme mandataire, il a pu cependant en devenir légitime propriétaire, si, après avoir négocié l'effet, il l'a remboursé, après protêt, à celui qui en était alors porteur en vertu d'un endossement régulier; car alors son titre est, non plus dans l'endossement en blanc, mais dans le remboursement qu'il a fait. Il a donc le droit de poursuivre en son propre nom le souscripteur et les endosseurs. — *Colmar*, 11 mars 1812, Bachoffen c. Buchet; *Cass.*, 20 fév. 1816, Nabon c. Laurence; *Bourges*, 6 août 1825, Sadron c. Gaigneau; *Cass.*, 26 avr. 1826, Tissot c. Deshayes; *Rouen*, 24 fév. 1827, Lenfant c. Berthelot; *Bordeaux*, 26 fév. 1842 (t. 1er 1842, p. 655), Vivie, Duranthon c. Lasserre. — Merlin, *Quest.*, vº *Endossement*, § 1er; Pardessus, *Dr. comm.*, nº 354; Persil, *Lett. de ch.*, art. 138, nº 3.

354. — Par suite, les endosseurs ne peuvent se prévaloir contre le porteur des exceptions qu'ils auraient pu opposer à celui qui a donné son endossement en blanc. — *Cass.*, 20 fév. 1816, Nabon c. Laurence; *Rouen*, 24 fév. 1827, Lenfant c. Berthelot; *Caen*, 14 juill. 1845 (t. 2 1845, p. 372), Moblin et Lerougel c. Ménage.

355. — Jugé de même que celui qui, porteur

d'un billet à ordre en vertu d'un endossement en blanc, l'a transmis à un tiers par un endos régulier, se trouve, dans le cas où il est forcé d'en rembourser le montant en raison de l'obligation personnelle résultant de l'endossement par lui consenti, subrogé aux droits du tiers qui a été remboursé tant contre son endosseur immédiat que contre le souscripteur; et ceux-ci ne sauraient lui opposer que l'endossement en blanc l'ayant constitué simple mandataire, cette qualité n'a pu s'effacer par le fait de la subrogation. — *Cass.*, 12 nov. 1845 (t. 2 1845, p. 683), Maimbourg c. Romand ; 20 fév. 1843 (t. 2 1843, p. 84), Lasserre c. Vivie.

**556.** — Lorsque l'endossement d'un effet de commerce ne consiste que dans une signature en blanc, on ne peut lui supposer d'autre date que celle du jour où l'effet est produit en justice, au jour du protêt. — *Riom*, 19 août 1812, Enjolvy c. Chaumell.

**§ 2.** — *Qui peut se prévaloir de l'endossement en blanc.*

**557.** — Sous l'ord. de 1673, la propriété d'un billet à ordre pouvant être valablement transférée par un endossement en blanc , le souscripteur ne pouvait opposer au porteur le paiement qu'il aurait pu faire à l'endosseur. — *Bourges*, 11 avr. 1809, Huet c. Rabuteau.

**558.** — L'accepteur d'une lettre de change ne pouvait en refuser le paiement au porteur sous prétexte que l'ordre était en blanc. Il n'y avait que les endosseurs et leurs créanciers qui pussent exciper de ce moyen. — *Paris*, 23 brum. an XII, Murray c. Desmousseaux.

**559.** — Le débiteur d'un billet à ordre souscrit sous l'ord. de 1673, et qui ne porte qu'un endossement en blanc, peut opposer au porteur les mêmes exceptions dont il aurait pu se prévaloir contre l'endosseur. — Les juges peuvent, d'après les circonstances, déclarer que l'effet dont le porteur réclame le paiement n'a été souscrit que par complaisance et sans que la valeur en ait été fournie. — *Paris*, 24 juill. 1813, Desprez c. Ardent; *Cass.*, 9 juin 1814, Ardent c. Cottin de Juney.

**560.** — L'absence des conditions qui constituent un endossement régulier peut être opposée par toutes personnes intéressées à s'en prévaloir; ainsi, cette irrégularité peut être invoquée, non seulement par l'endosseur resté propriétaire de l'effet, mais encore par le tireur ou l'accepteur , à l'effet d'opposer à celui-ci la compensation du montant de la traite avec ce qu'ils doivent. — *Cass.*, 45 juin 1831, Friedlein c. Vivien.

**561.** — Le souscripteur d'un billet à ordre ne peut refuser de le payer au porteur auquel il a été transmis par un endossement en blanc, s'il ne justifie pas qu'il a acquitté l'effet entre les mains de l'endosseur, ou qu'il a d'autres créances sur celui-ci. — *Cass.*, 4 mars 1826, Lefebvre c. Louchet.

**562.** — Le porteur même de bonne foi d'une acceptation en blanc soustraite et remplie frauduleusement ne peut obliger l'accepteur au paiement de la lettre de change. — *Bruxelles*, 4 mai 1822, Meulemans c. Longis.

V. APPROBATION DE SOMME, ASSURANCE SUR LA VIE, AVAL, CAUTIONNEMENT, COMPÉTENCE COMMERCIALE, PRÉSOMPTION , PREUVE TESTIMONIALE, SERMENT JUDICIAIRE ET EXTRAJUDICIAIRE.

## ENDOSSEUR.

On appelle ainsi le preneur, le bénéficiaire qui cède la lettre à un tiers par voie d'endossement ; ce tiers, lorsqu'il la transmet à un autre cessionnaire de la même manière, prend aussi le nom d'endosseur. — V. ENDOSSEMENT.

## ENDUIT CONTRE L'OXIDA-TION (Applicateurs d').

Patentables de sixième classe.—Droit fixe basé sur la population. — Droit proportionnel du vingtième de la valeur locative de l'habitation et des lieux servant à l'exercice de la profession.

## ENFANT.

**1.** — Ce mot s'applique à l'homme considéré dans ses relations avec ses père et mère et quelquefois à ses autres descendans.

**2.** — On nomme aussi *enfant* un garçon ou une fille en âge peu avancé.

**3.** — On distingue les enfans légitimes, légitimés, naturels simples, adultérins, incestueux, adoptifs.

**4.** — Le mot *enfant*, employé dans les dispositions de l'homme et de la loi, ne comprend généralement pas les enfans adoptifs (L. 76, ff., *De condit. et dem.*; Pothier, *Pand.*, sur tit. 16 et 17), ni les enfans naturels. — L. 48, § 4, et L. 77, § 18, ff., *De condit. et dem.*; Pothier, *loc. cit.*

**5.** — Ainsi jugé que le legs fait au fils ou au petit-fils d'un individu doit être réputé s'appliquer au fils légitime par préférence au fils naturel, alors même qu'à l'époque du testament le fils légitime serait décédé depuis plusieurs années, surtout si le testateur n'a pu ignorer le décès. — *Paris*, 9 mai 1831, Dugommier.

**6.** — Cependant, M. Duranton (t. 11, n° 51) pense que la condition : si je meurs *sans enfans*, peut être considérée comme comprenant aussi les naturels légalement reconnus aussi bien que les enfans légitimes.

**7.** — Le mot *enfant*, employé dans les dispositions de l'homme et de la loi, comprend généralement les petits-enfans : *Liberorum appellatione nepotes et pronepotes continentur*.—L. 220, ff., *De verb. sign.*;—arg. C. civ., art. 38, 205, 914, 960, 1080, 1084, 1098; C. proc., art. 592; C. inst. crim., art. 475 ;—Dumoulin, *Cout. Paris*, tit. 4er, § 11, n° 4er; Ricard, *De substit.*, n° 483; Furgole, *Des testamens*, ch. 7, sect. 6e, n° 425, Merlin, *Rép.*, v° *Enfant*, § 2; Coin-Delisle, *Des donations*, sur l'art. 914, à la note ; Rolland de Villargues, *Dict. not.*, v° *Enfant*, n° 6; — V. aussi *Cass.*, 5 janv. 1807, Dupuy ; *Douai*, 4 mai 1827, Lemeître ; *Grenoble*, 41 août 1834. Gros.

**8.** — On avait tenté, ajoute M. Rolland de Villargues (v° *Enfant*, n° 9), de borner cette interprétation du mot *enfant* au cas où la libéralité aurait été faite en ligne directe; mais Furgole, Merlin (*loc. cit.*) et Ricard (n° 506) l'ont admise, même quand le testateur était parent en ligne collatérale ou même étranger à la famille.

**9.** — Cependant les petits-enfans ne paraissent pas devoir être compris dans le mot *enfans*, lorsqu'il s'agit de leur appliquer une incapacité que la loi ne prononce expressément contre eux.

**10.** — C'est ainsi qu'il a été décidé que l'art. 908 du C. civ., qui défend à l'enfant naturel de rien recevoir au-delà de ce qui lui est attribué au titre des successions, n'est pas applicable à ses descendans légitimes, alors d'ailleurs que le prédécès de l'enfant naturel rend inapplicable la présomption d'interposition de personnes. — *Douai*, 9 mai 1836, et *Cass.*, 43 avr. 1840 (t. 4er 1840, p. 660), Normand et Brismontier c. Gosselier ; — *contrà* Duranton, t. 8, n° 247.

**11.** — Jugé d'un autre côté que dans une disposition ainsi conçue : *Je substitue à tel ou tel, mon héritier, le premier enfant mâle qui naîtra de son mariage* », ces mots : *Le premier enfant mâle* » ne désignent pas d'une manière générale tout individu de la descendance de l'héritier qui, à l'époque de l'ouverture de la succession, se trouvera être le premier enfant mâle de cette descendance, mais bien l'enfant mâle qui naîtra le premier du mariage du grevé. — *Cass.*, 11 frum. an X, Clercy c. Noérie.

**12.** — Jugé aussi que le mot *enfant* dont se sert l'art. 1100, C. civ., relativement aux donations entre époux faites par personnes interposées (V. DONATION ENTRE ÉPOUX), comprend toute la ligne directe descendante, et s'applique aussi bien aux petits-enfans et arrière petits-fils qu'aux enfans proprement dits.— *Caen*, 6 janv. 1845 (t. 4er 1845, p. 608), Ceffray.

**13.** — En général, tant qu'il n'est pas né, l'enfant conçu ne compte pas parmi les enfans. — L. 9, § 4er, ff., *Ad leg. falcidian;* 129, ff., *De reg. jur.* — Ainsi, il ne peut faire nombre pour servir à exempter le père de la tutelle (V. TUTELLE), ni être compté (du moins d'une manière définitive) pour opérer le calcul de la quotité disponible : car s'il ne naît pas viable ou s'il meurt en naissant, il ne sera censé n'avoir été procréé, ni être né.— L. 129,ff., *De verb. signif.*

**14.** — Toutefois, il est de principe que l'enfant conçu est réputé né lorsqu'il s'agit de son intérêt: *infans censetur pro nato habetur quoties de commodis ejus agitur.*

**15.** — Ainsi, dans l'intérêt de sa vie, le législateur punit les avortemens (V. AVORTEMENT), et ne permet pas que la peine de mort prononcée contre une femme enceinte soit exécutée avant sa délivrance. — V. MORT (peine de).

**16.** — D'un autre côté, la loi conserve à l'enfant les successions qui peuvent lui échoir avant sa naissance. C. civ., art. 725.—V. SUCCESSION.

**17.** — Et de même, l'on veut que, jusqu'à la naissance de l'enfant, on nomme un curateur au ventre dont la mission consiste à veiller à la conservation de ses droits éventuels. — V. CURATEUR AU VENTRE.

**18.** — La loi naturelle et la loi positive établissent des droits et des devoirs mutuels entre les enfans et les auteurs de leurs jours.

**19.** — Ainsi d'une part, les enfans restent sous l'autorité de leurs père et mère jusqu'à leur majorité ou leur émancipation.—V. PUISSANCE PATERNELLE, MAJORITÉ, ÉMANCIPATION.

**20.** — La puissance paternelle confère notamment le droit de faire mettre en prison l'enfant contre lequel il existe de graves sujets de mécontentement. — V. PUISSANCE PATERNELLE.

**21.** — Le père est, durant le mariage, l'administrateur des biens de ses enfans mineurs, et, après la dissolution du mariage, c'est au survivant des père et mère qu'échoit légalement la tutelle. — V. PUISSANCE PATERNELLE et TUTELLE.

**22.** — D'un autre côté les père et mère sont tenus de prendre soin de l'éducation de leurs enfans soit légitimes, soit naturels et de leur fournir des alimens jusqu'à ce qu'ils soient en état de gagner leur vie. — V. ALIMENS, ÉDUCATION, ENTRETIEN.

**23.** — Les enfans doivent également des alimens à leurs père et mère et autres ascendans qui sont dans le besoin. — V. ALIMENS.

**24.** — La contrainte par corps ne peut être exercée par les enfans contre leurs ascendans ni réciproquement. — V. CONTRAINTE PAR CORPS, n°s 147 et suiv.

**25.** — Les enfans ont dans la succession de leurs ascendans des droits que la loi détermine, Des droits semblables sont également attribués aux ascendans dans la succession de leurs enfans. — V. SUCCESSION.

**26.** — Les enfans suivent la condition de leur père.—V. ÉTRANGER, FRANÇAIS.

**27.** — La loi prévoit et réprime d'une manière spéciale les crimes et délits commis contre les enfans, soit qu'ils tendent à empêcher ou à détruire la preuve de leur état civil, ou à compromettre leur existence. — V. ENFANS (Crimes et délits contre les).—V. aussi INFANTICIDE, AVORTEMENT.

**28.** — On voit aussi une preuve de l'intérêt que l'enfance inspire au législateur dans les mesures spéciales renfermées dans la loi qui régle le travail des enfans dans les manufactures. — V. TRAVAIL DES ENFANS DANS LES MANUFACTURES.

V. en outre ABSENCE CONFIANCE, ADOPTION, ATTENTAT A LA PUDEUR, CONTRAINTE, DISCERNEMENT, ÉMANCIPATION, ENFANS ADULTÉRINS ET INCESTUEUX, ENFANT NATUREL, ENFANT TROUVÉ, ENGAGEMENT MILITAIRE, LÉGITIMITÉ, LÉGITIMATION, MINORITÉ, SUCCESSION, SUCCESSION IRRÉGULIÈRE, TUTELLE, VOL.

## ENFANT (Crimes et délits contre l').

*Table alphabétique.*

Mutilation, 214.
Ordre, 193, 208 s.
Peine, 47 s., 44 s., 48; 61 s., 139, 146 s., 212.
Père, 68, 196 s. — et mère, 179 s.
Poursuite, 90 s.
Prescription, 46.
Présentation à l'officier de l'état civil, 13.
Procès-verbal, 184.
Question d'état, 83 s. — préjudicielle, 105.
Recélé d'enfant, 18 s.
Recèlement de grossesse, 16 s.
Religieuse, 176.
Représentation de l'enfant (refus de), 12, 61 s. —
Responsabilité, 189 s., 215.
Séquestration de personne, 40.
Substitution d'enfant, 11, 42 s. — d'enfant (caractères), 54 s. — de part, 43, 47 s.
Suppression d'enfant, 11, 18 s., 117 s., d'état, 20 s., 58 s., 83 s., 119 s. — de part, 14.
Sursis, 107, 111.
Tentative, 182.
Tour, 176. — d'hospice, 31 s., 160, 170 s.
Tuteur, 194 s., 212.
Viabilité, 28.
Viol, 2.


ENFANT (Crimes et délits contre l'). — 1. — Toutes les dispositions du Code pénal attestent sa prévoyance et sa sollicitude pour les enfans.

2. — C'est ainsi que le crime d'avortement est puni avec une grande sévérité (C. pén., art. 317 (V. AVORTEMENT); — que le simple meurtre d'un enfant nouveau-né est considéré comme assassinat (C. pén., art. 302 (V. INFANTICIDE); — que l'enlèvement d'un mineur est réprimé avec plus ou moins de rigueur suivant les circonstances (C. pén., art. 354 et suiv. (V. DÉTOURNEMENT ET ENLÈVEMENT DE MINEURS); — que l'âge est considéré comme une circonstance aggravante des crimes d'attentat à la pudeur et de viol. — C. pén., art. 331 et suiv. — V. ATTENTAT A LA PUDEUR, nos 58 et suiv.; VIOL.

3. — « Mais il ne suffisait pas, disent MM. Chauveau et Hélie (*Th. du C. pén.*, p. 320), de punir sévèrement l'attentat dont un enfant peut être victime, il fallait protéger sa frêle existence contre tous les actes qui peuvent la menacer, et empêcher que l'intérêt personnel ou la négligence ne pût le priver de connaître la famille dont il est membre. »

4. — De là, diverses dispositions pénales renfermées dans les art. 345 à 353 du Code, et qui sont destinées, les unes à conserver à l'enfant sa famille, son état, les droits que lui donne sa naissance, les autres à éloigner les dangers matériels auxquels l'abandon et le délaissement peuvent exposer ses jours.

5. — Nous devrons donc, suivant en cela la marche indiquée par la loi elle-même, diviser la matière en deux sections : la première comprendra les crimes et les délits relatifs à l'état civil de l'enfant, et la seconde ceux qui tendent à compromettre son existence même.


SECT. 1re. — *Crimes et délits relatifs à l'état civil des enfans* (no 6).

§ 1er. — *Enlèvement, recélé et suppression d'enfant* (no 14).

§ 2. — *Substitution et supposition d'enfant* (no 42).

§ 3. — *Refus de représenter un enfant confié. — Dépôt dans un hospice* (no 61).

§ 4. — *De l'action en matière de crimes ou délits relatifs à l'état des enfans* (no 80).

SECT 2e. — *Crimes et délits contre la personne de l'enfant. — Exposition et délaissement* (no 134).

§ 1er. — *Notions générales* (no 134),

§ 2. — *Exposition dans un lieu non solitaire* (no 187).

§ 3. — *Exposition dans un lieu solitaire* (no 203).


—

## Sect. 1re. — *Crimes et délits relatifs à l'état civil des enfans.*

6. — La loi du 25 sept. 1791 ne contenait qu'une seule disposition relative à l'état civil des personnes. L'art. 32, tit. 2, sect. 1re, était ainsi conçu : « Quiconque sera convaincu d'avoir volontairement détruit la preuve de l'état civil d'une personne, sera puni de la peine de douze ans de fer. »

7. — Jugé, sous l'empire de cette législation, que la destruction volontaire de l'état civil d'une personne ne pouvait s'entendre que de la destruction matérielle d'un corps constatant cet état, et que l'art. 32 était inapplicable à l'exposition d'un enfant, lors même que la perte de son état civil aurait dû s'ensuivre ; enfin, que ce fait n'était prévu par aucune loi avant celle du 25 frim. an V, dont l'art. 5 a puni de détention celui qui portait un enfant abandonné ailleurs qu'à l'hospice le plus voisin. — *Cass.*, 28 germin. an V, Guyot.

8. — L'exposé des motifs du Code pénal porte que l'expérience fit reconnaître que la disposition de la loi de 1791 était trop vague, et qu'il convenait de spécifier les différens cas dans lesquels se produisait la suppression d'état, tels que le *recélé ou la suppression d'un enfant, la substitution d'un enfant à un autre* et la *supposition* d'un enfant à une femme qui n'est point accouchée.

9. — En conséquence, la loi pénale incrimine deux ordres de faits : les uns qui ont pour *but direct* d'altérer l'état civil de l'enfant, les autres qui n'ont ce résultat *qu'indirectement* et par le fait de tierces personnes auxquelles l'enfant a été confié, ou qui, ayant pu faire constater son état, ont négligé de le faire lorsque la loi le leur prescrivait.

10. — Le premier ordre de faits est prévu par l'art. 345, C. pén. ; l'autre par les art. 346, 347 et 348.

11. — Ce sont 1° l'enlèvement, le recèlement ou la suppression d'un enfant, la substitution d'un enfant à un autre, ou la supposition d'un enfant à une femme qui n'est point accouchée. — C. pén., art. 345.

12. — ... 2° Le refus de représentation d'un enfant, par les personnes qui en sont chargées, à celles qui ont le droit de le réclamer. — Même art. 345. — 3° Le dépôt d'un enfant dans un hospice par la personne à qui cet enfant a été confié. — Art. 348.

13. — ... 4° Le défaut de déclaration de naissance ou de présentation d'un enfant trouvé à l'officier de l'état civil. — Art. 346 et 347.

### § 1er. — *Enlèvement, recélé, suppression d'enfant.*

14. — La suppression d'enfant était connue, dans l'ancien droit, sous le nom de *suppression de part.*

15. — Jousse (*Traité des mat. crim.*, t. 4, p. 146) définit la suppression de part le crime de celui ou de celle qui ôte la connaissance de l'existence d'un enfant ou de son état, soit pour se procurer une succession, ou pour quelque autre motif.

16. — L'ancienne jurisprudence ne confondait pas la suppression de part avec le *recèlement de grossesse*, c'est-à-dire avec l'action d'une fille qui, non seulement n'avait pas déclaré sa grossesse (V. DÉCLARATION DE GROSSESSE), mais encore après s'être délivrée de son fruit, l'avait fait périr. Aux termes de l'édit de Henri II, de 1556, et de la déclaration de Louis XIV, du 25 fév. 1708, il fallait pour constituer ce dernier crime que le corps de l'enfant fût représenté, qu'il y eût preuve de la grossesse et de l'accouchement, que l'un et l'autre eussent été célés, qu'enfin l'enfant eût été privé de baptême et de la sépulture chrétienne. — Chauveau et Hélie, t. 6, p. 322.

17. — Dans la suppression de part on ne voyait qu'une fraude ayant pour objet de dissimuler la naissance. Le recèlement de grossesse, au contraire, faisait présumer l'infanticide, et la peine de ces deux crimes indiquait elle-même la distance qui les séparait. — Ainsi, le chatiment du premier était laissé à l'arbitraire des juges qui condamnaient ordinairement au fouet et au bannissement. Au contraire, la peine du second était le dernier supplice, *de telle rigueur que la qualité particulière du cas le méritera.* — Chauveau et Hélie, *ib.*, p. 321.

18. — Le législateur de 1810 a emprunté à l'ancien droit son incrimination, il a même reproduit ses termes en punissant les coupables *d'enlèvement, de recélé ou de suppression d'un enfant.* — La peine applicable est celle de la réclusion (Art. 345).

19. — MM. Chauveau et Hélie, p. 324, enseignent qu'il ne s'agit dans cette disposition que de l'enlèvement, du recélé ou de la suppression d'enfant n'ayant pour but que d'arriver à *une suppression d'état civil*, et ils citent, comme démontrant l'intention du législateur, les paroles de M. Faure : « Les expressions du nouveau code, disait-il, ne laisseront point de doute que ceux-là seront condamnés à la réclusion, qui par de fausses déclarations donneront à un enfant une famille à laquelle il n'appartient pas, et le priveront de celle à laquelle il appartient, ou qui par un moyen quelconque lui feront perdre l'état que la loi lui garantissait. »

20. — M. Carnot (*Code pén.*, t. 2, p. 126) dit également : « Ce n'est pas de l'enlèvement, du recélé ni de la suppression des enfans *en général* que s'occupe l'art. 345, mais des enfans nouveaux-nés à qui l'on aurait cherché, par un des moyens énoncés audit article, à enlever leur état ou à leur en donner un qui ne serait pas conforme à celui de leur naissance. Supprimer l'état d'un enfant c'est l'assassiner moralement. — En parlant de la suppression d'un enfant le code n'a pas supposé que ce fût pour le faire périr, il y aurait infanticide. — L'art. 345 ne peut être entendu que dans un sens relatif à la privation de l'état qui appartient à l'enfant, aux moyens employés pour lui en procurer un qui n'est pas celui de sa naissance. »

21. — Et il a été posé en principe par la cour de Montpellier que la suppression d'enfant et l'infanticide sont deux crimes distincts qui diffèrent quant à leur nature et quant à leur objet, l'un n'ayant d'autre but que d'attenter à la vie de l'enfant nouveau-né et l'autre à son état civil seulement; que dès-lors la qualification légale du fait incriminé dépend surtout en pareil cas de la question intentionnelle. — *Montpellier*, 12 mai 1841 (t. 1er 1842, p. 138), L....

22. — Toutefois, par un arrêt récent, la Cour de cassation a décidé que le crime de suppression d'enfant ne se confond pas nécessairement avec la suppression d'état, et elle a cassé un arrêt qui avait refusé de mettre accusation sur le chef de suppression d'enfant en donnant pour motif de cette relaxe que ce crime ne pouvait exister qu'autant qu'il y aurait eu de la part de la prévenue intention de priver de son état l'enfant dont elle était accouchée. — *Cass.*, 4 août 1842 (t. 2 1842, p. 615), Lafis. — V. aussi en ce sens *Cass.*, 1er oct. 1842 (t. 1er 1843, p. 62), Plancheron.

23. — Ces arrêts ont été rendus au sujet du point de savoir si le crime de suppression d'enfant doit toujours et nécessairement subir, quant à l'action criminelle, l'influence de l'art. 327 du Code civil. — Mais quoi qu'il en soit, le principe posé par MM. Chauveau et Hélie et Carnot ne semble pas moins conforme à l'esprit de la loi.

24. — Pour que *l'état civil* d'un enfant ait été compromis, il faut nécessairement que cet enfant ait pu avoir un état civil. Or l'enfant né mort ou non viable ne pouvant avoir cet état, il en résulte que le mot *enfant* employé par le législateur ne doit s'entendre que d'un être organisé et vivant. — Carnot, *ibid.*, p. 126; Rauter, t. 2, p. 76; Merlin, *Rép.*, vo *Suppression de part.*

25. — C'est ce qu'enseignent également MM. Chauveau et Hélie, p. 324 : « Comment expliquer, disent-ils, la disposition rigoureuse de l'art. 345 étendue au recélé de la naissance d'un fétus ou à l'inhumation clandestine d'un enfant mort-né? Ces faits sont sans doute répréhensibles; mais ils ne portent aucun préjudice, et s'ils doivent être punis, ce n'est pas par une peine afflictive et infamante. La suppression ou le recélé ne suppose qu'un seul fait, c'est qu'un être qui avait reçu la vie et qui pouvait vivre a disparu sans laisser de trace par l'effet d'une volonté criminelle. C'est le fait de cette disparition clandestine que la loi punit, abstraction faite de tout autre crime. » — V. aussi les conclusions de M. le proc. gén. Dupin sous l'arr. *Cass.* du 21 fév. 1835, cité au no suivant.

26. — La Cour de cassation avait, il est vrai, par plusieurs arrêts, décidé que l'art. 345 s'applique à la suppression d'un enfant mort comme à celle d'un enfant vivant, attendu que « cet article ne distingue pas, et que le principe qui a dicté cette disposition pénale ayant pour objet de garantir la famille contre toute atteinte portée à l'ordre légal des transmissions d'héritages, il en résulte qu'elle est applicable à toute suppression d'enfant vivant ou mort, par suite de laquelle les droits qui se rattachent au fait de son existence peuvent être compromis. » — *Cass.*, 5 sept. 1834, Zimmerman; 21 fév. 1835, Zimmerman; 15 juill. 1836 (t. 2 1837, p. 205), Remaud.

27. — Mais, depuis, la cour revenant en audience solennelle sur sa jurisprudence antérieure, a décidé que l'art. 345, C. pén., ne s'applique pas à la suppression d'un enfant mort-né. — *Cass.*, 1er août 1836, Reignier; 8 nov. 1839 (t. 1er 1841, p. 85), Delclaux; 4 juill. 1840 (t. 2 1840, p. 578), Benel; 28 sept. 1838 (t. 2 1838, p. 653) dans ses motifs], Groffe.

28. — Jugé aussi que la question posée dans les termes de l'art. 345 impliquant nécessairement avec elle l'existence de l'enfant que la mère a fait disparaître, il n'est pas nécessaire de poser une question particulière sur la viabilité de l'enfant. — *Cass.*, 7 juill. 1837 (t. 2 1839, p. 424), Veillon.

29. — Mais jugé que la suppression du cadavre d'un enfant *ayant eu vie* constitue le crime de suppression d'enfant. — *Cass.*, 28 sept. 1838 (t. 2 1838, p. 653), Groffe.

30. — MM. Chauveau et Hélie (*loc. cit.*), tout en approuvant le principe posé par cet arrêt, le combattent néanmoins en ce sens qu'il ne constate pas suffisamment à la charge de l'accusé les élémens du crime de suppression d'état.

31. — Jugé que le fait par une femme d'avoir déposé au tour d'un hospice l'enfant dont elle était accouchée, sans l'avoir préalablement présenté à l'état civil et sans aucune indication qui lui permît jamais de réclamer son état, peut constituer le crime de suppression d'état. — *Cass.*, 21 juill. 1831, Bernard.

32. — Mais le dépôt d'un enfant dans le tour d'un hospice, avec un papier indiquant qu'il a été inscrit tel jour à la mairie, qu'il porte tel prénom, et enfin que ses parens le réclameront un jour, ne constitue pas le délit de suppression d'enfant. — *Orléans*, 4 juin 1841 (t. 2 1841, p. 207), Lambert.

33. — Il en est ainsi surtout lorsque le papier trouvé sur l'enfant a été détaché d'une feuille dont les parens ont conservé la contre-partie, et que ceux-ci ont déclaré, dès l'origine des poursuites dirigées contre eux, quel était le lieu où ils avaient déposé leur enfant. — *Cass.*, 25 mai 1837 (t. 1er 1838, p. 373), Marce. — Dans l'espèce, la naissance de l'enfant n'avait point été déclarée à l'officier de l'état civil.

34. — Mais jugé que, lorsqu'un individu a été renvoyé devant la cour d'assises pour suppression d'un enfant, la criminalité du fait ne disparaît pas par cela seul qu'il aurait été énoncé dans l'ordonnance, confirmée par l'arrêt, que l'accusé *a porté l'enfant dans un hospice*. — *Cass.*, 17 août 1837 (t. 2 1839, p. 557), Blancher.

35. — Ce qui distingue les espèces des deux arrêts qui précèdent, c'est que, dans la première, on voyait de la part des parens la pensée de réclamer un jour leur enfant et de lui conserver son état, circonstance qui ne se rencontrait pas dans la deuxième.

36. — Lorsque, dans les termes mêmes de l'acte d'accusation, une femme est accusée d'avoir *fait disparaître* l'enfant dont elle était accouchée, le président peut poser au jury la question subsidiaire de suppression d'enfant. Ce n'est pas, de sa part, porter une nouvelle accusation sur un autre fait; et cette question subsidiaire, bien qu'elle constitue, si elle est résolue affirmativement, un crime différent de celui qui était l'objet du crime principal, ne présente cependant qu'une modification du fait complexe qui était l'objet de l'accusation. — *Cass.*, 7 juill. 1837 (t. 2 1839, p. 424), Veillon.

37. — Mais le président de la cour d'assises ne peut, dans une accusation d'infanticide, poser, comme résultant des débats, une question de suppression d'enfant, ce dernier crime ne pouvant pas être considéré comme une modification du premier. — *Cass.*, 20 août 1825, Perichon; 19 avr. 1839 (t. 1er 1839, p. 670), Alexandre; — Chauveau et Hélie, *ibid.*, p. 333. — V. aussi (dans ses motifs) 28 sept. 1838 (t. 2 1838, p. 653), Groffe.

38. — Jugé que, l'art. 345, C. pén., qui prévoit et punit la suppression d'enfant, ne précisant pas les caractères constitutifs de ce crime, il n'est pas nécessaire d'énoncer dans la question posée au jury les circonstances particulières dont la suppression a été accompagnée; et que, dès-lors, lorsque la question de suppression a été résolue affirmativement par le jury, le condamné ne peut, devant la cour de Cassation, soutenir que, l'enfant ayant été déposé dans le tour d'un hospice, le fait ne peut, en raison aussi des circonstances relevées par l'acte d'accusation, présenter les caractères du crime de suppression. — L'appréciation de ces circonstances appartenait souverainement au jury, et ne peut être révisée par la cour de Cassation. — *Cass.*, 7 fév. 1840 (t. 2 1846), Dumont.

39. — Jugé qu'on ne peut pas restreindre l'application de l'art. 345, C. pén., à l'enlèvement ou recélé d'un enfant nouveau-né : cet article s'applique à tout enlèvement ou recélé d'un enfant mineur (fait qui, d'ailleurs, tomberait également sous l'application de l'art. 354, lequel prononce la même peine). — *Cass.*, 18 nov. 1824, Breugnot. — V. *contrà* Carnot, *C. pén.*, t. 2, p. 148.

40. — Il n'y a pas suppression d'état par cela seul qu'il y a enlèvement d'un enfant, par exemple, si on l'abandonnait après l'avoir enlevé, ou si on le séquestrait sans lui donner d'autre nom ou sans le dire inconnu. Mais, dans ce dernier cas, il y aurait séquestration de personne, ce qui constituerait un crime plus grave que la suppression d'état. — Rauter, t. 2, p. 78. — V. SÉQUESTRATION DE PERSONNE.

41. — On s'est demandé si l'art. 345 protége l'état des enfans naturels comme celui des enfans légitimes. — M. Mangin (*Tr. de l'act. publ.*, no 187) soutient l'affirmative, par le motif que l'état d'enfant naturel confère des droits à celui à qui il appartient, comme il impose des obligations, et que d'ailleurs l'art. 345 ne distingue pas. — Cette opinion nous paraît seule admissible, et nous en trouverons plus bas la consécration par la jurisprudence lorsque nous parlerons de l'exercice de l'action publique relativement aux crimes prévus par l'art. 345. — V. *infrà* nos 96 et suiv.

§ 2. — *Substitution d'un enfant à un autre. — Supposition d'enfant.*

42. — L'art. 345 comprend dans son incrimination et punit de la même peine que la suppression d'enfant (la réclusion) la supposition d'un enfant à une femme qui n'est pas accouchée. — Ces faits ont pour but, comme la suppression d'enfant, de changer l'état civil de l'enfant; mais MM. Chauveau et Hélie (p. 334) font remarquer qu'il est différent, en ce qu'il s'agit moins de supprimer l'état de l'enfant que de le créer par la fraude, et d'attribuer à un enfant étranger les droits et les avantages d'un membre de la famille.

43. — Ce crime, connu autrefois sous le nom de *supposition de part*, consiste à faire attribuer un enfant à une personne qui ne lui a pas donné le jour. C'est, suivant Merlin (*Rép.*, vo *Supposition de part*), une sorte de crime de faux.

44. — Le crime de supposition d'enfant a toujours été l'objet d'une pénalité sévère. A Rome, par exemple, où l'on montrait la plus vive sollicitude pour tout ce qui tendait à maintenir la pureté des descendances et à prévenir les criminelles entreprises de la cupidité sur la légitimité des citoyens (*Publici enim interest partus non subjici, ut ordinum dignitas familiarumque salva sit* [L. 1, ff., *De inspic. vent.*, § 13]), la supposition d'enfant était assimilée au crime de faux : *Qui partum supponit, falsum committit.* — Farinacius, quæst. 150, no 239.

45. — L'auteur de la supposition était puni de la peine de mort : *Obstetricem quæ partum alienum attulit ut supponi possit, summo supplicio affici placuit.* — *Pauli Sent.*, nup. lib. 2, 24, § 9; Praxis, *Ad leg. Corn. de falsis*, no 21.

46. — On ne pouvait, sous prétexte d'attendre la puberté de l'enfant, retarder l'accusation, qui, du reste, ne se prescrivait par aucun laps de temps : *Accusatio suppositi partûs nulla temporis prescriptione depellitur.* — L. 19, § 1er, ff., *Ad leg. Corn. de falsis*; — Chauveau et Hélie, t. 6, p. 335.

47. — L'ancien droit français, adoptant les principes de la loi romaine, rangeait aussi la supposition de part au nombre des crimes de faux. — Jousse, t. 4, p. 142; Muyart de Vouglans, *Lois crim.*, p. 269.

48. — Et un arrêt du parlement de Provence a condamné à mort, le 28 juin 1672 une femme qui, de concert avec son mari, s'était supposé un enfant.

49. — Cependant, en France, le crime de supposition d'enfant n'était pas imprescriptible, et la pénalité n'était pas la même qu'à Rome. — MM. Chauveau et Hélie (*ibid.*) disent que le silence de la législation laissait le juge arbitre souverain de la peine, mais que la jurisprudence avait adopté l'amende honorable et le bannissement perpétuel.

50. — Ainsi, par arrêt du parlement de Paris du 11 mars 1730, une veuve atteinte et convaincue de supposition de part neuf mois après la mort de son mari, a été condamnée à faire amende honorable et au bannissement perpétuel; elle a été en outre déclarée déchue de ses reprises et conventions matrimoniales.

51. — Un autre arrêt du 17 déc. 1757 condamna également la femme Guillon et sa sœur, pour le même crime, à l'amende honorable et à un bannissement de neuf années.

52. — Mais une femme ne pouvait être accusée du crime de supposition d'enfant, lorsqu'elle rapportait un extrait de baptême en bonne forme, *signé du père*, et la preuve contraire devait être déclarée non recevable. — *Parlem. Paris*, 14 fév. 1713 (*Journal des audiences*).

53. — Et même, d'après Merlin (*ibid.*, § 2, no 3), lorsque la mère représentait un extrait de baptême, il aurait fallu des preuves bien précises et bien puissantes pour faire accueillir, contre elle, l'accusation de supposition de part, encore bien que l'acte qu'elle rapportait ne fût pas *signé du père*.

54. — Jousse (t. 4, p. 142) énumère ainsi qu'il suit les différentes hypothèses dans lesquelles la supposition d'enfant peut se produire. Elle a lieu : 1o lorsqu'une femme, après avoir feint une grossesse, présente au temps de l'accouchement un enfant qu'elle dit être de son mari; 2o lorsqu'une femme grosse substitue un enfant à celui dont elle est accouchée; 3o lorsqu'un mari et sa femme, sans enfant, en supposent un étranger qu'ils prétendent issu de leur mariage; 4o lorsque des étrangers substituent à des père et mère un enfant étranger au lieu de leur enfant légitime.

55. — On voit, comme le font observer MM. Chauveau et Hélie (*loc. cit.*), que ces hypothèses rentrent dans les termes de l'art. 345.

56. — Peu importe d'ailleurs, comme il a été dit plus haut, en matière de suppression d'enfant, qu'il s'agisse d'enfant légitime ou naturel. — L'art. 345 ne contient à cet égard aucune distinction. — V. aussi *Cass.*, 25 nov. 1808, Jourdain. — V. en outre *infrà* nos 96 et suiv.

57. — La cour de Cassation a jugé (mais sans donner aucun motif de sa décision) que le fait, par un mari, d'avoir supposé un enfant à sa femme qui n'en serait point accouchée, et d'avoir, à cet effet, fait successivement de fausses déclarations de naissance et de décès de ce prétendu enfant aux officiers de l'état civil, constitue le crime de supposition d'enfant prévu par l'art. 345, C. pén. — *Cass.*, 7 avr. 1831, N...; — Chauveau et Hélie, t. 6, p. 336.

58. — MM. Chauveau et Hélie approuvent cet arrêt : « à la vérité, disent-ils, l'enfant supposé n'est qu'un être imaginaire, et il a été dit, au sujet du crime de suppression d'état, que ce crime ne pouvait exister qu'autant qu'il s'appliquait à un enfant ayant eu vie. Mais telle est l'une des différences qui séparent ces deux crimes! on ne peut concevoir la suppression d'état sans l'existence préalable d'un état d'enfant, et, par conséquent, sans un enfant qui ait joui de cet état; mais la supposition n'exige pas la même condition; elle allègue frauduleusement un état chimérique, et, le plus souvent, il est vrai, elle produit un enfant à l'appui de ses allégations; mais la production de cet enfant n'est qu'une preuve et qu'un moyen : le crime est dans la supposition même de l'état; si donc elle a été faite en alléguant l'existence d'un être qui n'a jamais eu vie, le crime n'existe pas moins, et, dans l'un comme dans l'autre cas, en effet, ses résultats sont les mêmes, le préjudice et le trouble apportés dans la famille sont identiques. »

59. — Ces principes sont vrais et ne nous paraissent susceptibles d'aucune contradiction; néanmoins il faudra distinguer si parmi les moyens employés pour consommer ce crime, il n'en est pas qui, par eux-mêmes, et indépendamment du but auquel ils tendent, constitueraient un crime distinct. En pareil cas, bien que ce second crime ne soit qu'un moyen, il n'en contient pas moins son caractère criminel et doit être compris dans la poursuite comme chef spécial. — Aussi, dans l'espèce dudit arrêt, la cour de Cassation a-t-elle vu, indépendamment du crime de supposition d'enfant, celui de faux. Cette distinction est consacrée par l'arrêt du 7 avr. 1831, précité (no 57).

60. — Jugé aussi que la femme qui fait inscrire sur les registres de l'état civil un enfant étranger comme provenu de ses œuvres, commet le crime de faux, en ce que cette inscription a pour résultat d'opérer une filiation autre que celle de la nature, et doit être punie à raison de ce crime. — *Cass.*, 25 nov. 1808, Jourdain.

§ 3. — *Refus de représenter un enfant confié. — Dépôt dans un hospice.*

61. — La peine (de réclusion) édictée par l'art. 345 est également applicable à ceux qui, étant chargés d'un enfant, ne le représenteraient point à ceux qui ont le droit de le réclamer. — Même art., § 2.

62. — Quelque vague que puisse paraître le second paragraphe de l'art. 345, la gravité de la peine ne laisse aucun doute qu'il a pour objet de prévenir un attentat autre que le simple refus de le représenter à première réquisition. — Chauveau et Hélie, *ibid.*, p. 3, 39. » — L'art. 345, dit M. Carnot (t. 2, p. 149), suppose nécessairement qu'il y aura eu séquestration ou que la personne à laquelle l'enfant aura été confié en aura disposé de manière à ne pouvoir le représenter ni donner connaissance de ce qu'il serait devenu. »

63. — Suivant Rauter (*ibid.*, t. 2, p. 79), il faut que le refus ou l'omission de représenter l'enfant soit fait avec l'intention *de nuire à l'état de l'enfant*. Mais MM. Chauveau et Hélie (*ibid.*, p. 339) repoussent cette opinion en faisant remarquer que sans doute cette intention peut bien accompagner le refus, mais que rien n'indique qu'elle soit une condition essentielle du crime ; que, lorsqu'il s'agit d'un enfant nouveau-né, le refus de le représenter peut, sans aucun doute, porter atteinte à son état civil; mais que, si le refus s'applique à un enfant régulièrement inscrit sur les registres de l'état civil, son état n'en peut éprouver aucun préjudice. Le but de cette disposition, suivant eux, n'est donc pas seulement de prévenir une atteinte à l'état de l'enfant; il est plus général, il punit un

abus de confiance commis sur la personne de l'enfant au préjudice des parens qui l'ont confié à des mains étrangères. — Conf. Carnot, *ibid.*

64.—Cependant, lorsque la personne chargée de l'enfant déclare qu'elle ne peut le représenter, parce qu'il est déposé dans un hospice, et que ce fait est vérifié, l'abus de confiance est moins grave et la peine moins sévère.

65. — L'art. 348, C. pén., qui prévoit ce cas, punit d'un emprisonnement de six semaines à six mois et d'une amende de 16 à 50 fr. ceux qui portent à un hospice un enfant au-dessous de l'âge de sept ans accomplis qui leur aurait été confié afin qu'ils en prissent soin, ou pour toute autre cause.

66. — Mais, en même temps, l'art. 348, apportant une exception au principe qu'il vient de poser, déclare qu'aucune peine ne sera prononcée, si ceux qui ont porté l'enfant à l'hospice n'étaient pas tenus ou ne s'étaient pas obligés de pourvoir gratuitement à la nourriture et à l'entretien de l'enfant si personne n'y avait pourvu. Cette disposition repose sur ce que, dès qu'il n'y a pas d'engagement, il n'y a plus abus de confiance, il n'y a plus de délit. — Chauveau et Hélie, p. 341.

67. — Il faut toutefois, disent les mêmes auteurs, excepter le cas où l'obligation dérive, non pas d'un engagement, mais des liens du sang; l'excuse n'existe pas à l'égard de ceux sur qui pèse une pareille obligation.

68. — La jurisprudence a reconnu en principe que l'art. 348, C. pén., ne s'applique point aux père et mère qui auraient porté ou fait porter leur enfant à un hospice, et qu'il ne concerne que les tiers auxquels cet enfant aurait été confié pour en prendre soin ou pour toute autre cause. — *Orléans*, 4 juin 1841 (t. 2 1841, p. 207), Chaumuzeau et Lambert; *Cass.*, 16 déc. 1843 (t. 1er 1843, p. 674), Burlot. — V. aussi *Cass.*, 7 juin 1834, Touchard.

69. — Jugé également que le dépôt d'un enfant dans le tour d'un hospice ne constitue pas le délit prévu par l'art. 348 à l'égard de la mère qui a ordonné et non effectué ce dépôt, ni à l'égard du déposant qui n'était pas tenu de pourvoir aux besoins de l'enfant. — *Grenoble*, 5 mai 1838 (t. 2 1838, p. 601), Goujon.

70. — Mais il a été jugé aussi que la femme qui, à sa sortie de l'hospice où elle est accouchée, a reçu des administrateurs une somme moyennant laquelle elle s'est chargée de son enfant, s'engageant à le soigner et à le garder, commet le délit prévu par l'art. 348, C. pén., lorsqu'elle le dépose dans un tour. — *Limoges*, 28 août 1845 (t. 1er 1846, p. 146), Martinet.

71. — On peut néanmoins douter que la circonstance que dans l'espèce la mère avait, à sa sortie de l'hospice, reçu une somme d'argent pour soigner et garder son enfant, fût de nature à modifier l'interprétation généralement admise de l'art. 348; car, dès qu'il est constant que cet article n'a pas pour but d'atteindre le père ou la mère de l'enfant, et qu'il est seulement applicable *aux tierces personnes* qui auront pu recevoir d'eux cet enfant, il est permis de penser que la promesse faite par le père ou la mère de conserver l'enfant, moyennant la somme par eux acceptée dans ce but, seraient insuffisans pour les soumettre à une pénalité qui n'a pas été édictée contre eux.

72. — Pour éviter tout ce qui pourrait nuire aux intérêts de l'enfant, le législateur a prévu jusqu'aux simples omissions ou négligences qui seraient de nature à produire un pareil résultat. Tel est l'objet des art. 346 et 347, C. pén.

73.—L'art. 346, qui sert de sanction aux art. 55 et 56, C. civ., dispose que « toute personne qui, ayant assisté à un accouchement, n'aura pas fait la déclaration à elle prescrite par l'art. 56, C. civ., et dans les délais fixés par l'art. 55 du même Code, sera punie d'un emprisonnement de six jours à deux mois et d'une amende de 16 fr. à 300 fr. »

74. — Tout ce qui concerne l'explication de cette disposition a été traité vo ACTES DE L'ÉTAT CIVIL, nos 251 et suiv. Nous rappellerons seulement que, bien que l'obligation existe pour chacun des assistans, en ce sens que chacun d'eux est responsable de l'omission, cependant, si la déclaration a été faite par un seul dans les formes légales, le vœu de la loi étant rempli, tous les autres sont déliés de leur responsabilité.

75. — On s'est demandé si lorsque l'omission de déclaration a eu lieu *dans le but de favoriser l'enlèvement et la suppression de l'enfant*, cette intention imprime à ce fait le caractère du crime prévu par l'art. 345.

76. — Suivant M. Carnot (t. 2, p. 153), l'art. 345 deviendrait applicable, lors même que le non déclarant n'aurait pas coopéré activement à l'enlèvement, au recélé ou à la suppression de l'enfant, s'il était constaté *qu'il a favorisé sciemment* par son silence la consommation du crime.—Au contraire, MM. Chauveau et Hélie refusent de voir dans cette omission un acte de complicité dans le sens légal, et ils pensent que le fait prévu par l'art. 346, étant un délit *sui generis*, ne change pas de nature, quelle que soit l'intention de son auteur, et que la simple omission qui constitue ce délit ne saurait prendre la gravité d'un acte matériel et remplacer cet acte nécessaire pour l'existence du crime. Peut être l'opinion de Carnot doit-elle être préférée, et est-il juste de considérer comme applicable au cas prévu l'art. 60, C. pén., qui déclare complices « ceux qui auront, avec connaissance, aidé ou assisté l'auteur ou les auteurs de l'action dans les faits qui *l'auront préparée ou facilitée.* »

77. — Quant à l'art. 347, il prononce la même peine contre toute personne qui, ayant trouvé un enfant nouveau né, ne l'aura pas remis à l'officier de l'état civil dans les délais prescrits par l'art. 58, C. civ. — V. ACTES DE L'ÉTAT CIVIL, nos 316 et suiv.

78. — MM. Chauveau et Hélie (p. 348) font observer que l'obligation prescrite par les art. 58, C. civ., et 347, C. pén., ne pèse que sur les personnes qui, *ayant trouvé* un enfant nouveau-né, ne l'ont pas remis à un officier de l'état civil; qu'ainsi, la personne *qui a trouvé l'enfant* et l'a remis à un tiers, est seule passible de la peine; mais que, si ce tiers, à qui la remise a été faite, a le devoir de le présenter à l'officier de l'état civil, sa négligence ne l'expose à l'application d'aucune disposition pénale.

79. — La disposition de l'art. 347 n'est pas applicable à celui qui aurait consenti à se charger de l'enfant et qui aurait fait sa déclaration, à cet égard, devant la municipalité du lieu où l'enfant a été trouvé. — Même article. — V. à cet égard ACTES DE L'ÉTAT CIVIL, no 318.

### § 4. — *De l'action en matière de crimes ou délits relatifs à l'état des enfans.*

80. — Dans l'ancien droit, les parens qui y avaient intérêt pouvaient seuls suivre l'action en supposition ou en suppression d'enfant : *De partu supposito soli accusant parentes, aut hi ad quos ea res pertineat; non quilibet ex populo ut publicam accusationem intendat.*— L. 30, § 1, ff., *De leg. Corn. De falsis.*

81. — ... Et encore fallait-il avoir des droits acquis pour être recevable dans son action.

82.—Un arrêt du parlement de Paris avait jugé, conformément à ces principes, que les héritiers *présomptifs* ne pouvaient intenter cette action du vivant du mari et de la femme.—V. *Journ. des aud.*, 16 juin 1639; recueil de Soëfve, 18 juin 1648.

83. — Des considérations d'un ordre supérieur ont engagé le législateur à tracer, pour les cas où il s'agirait de l'état des enfans, c'est-à-dire de ce qui touche le plus intimement au repos des familles, des règles spéciales. Aussi le Code civil, après avoir disposé dans l'art. 326 que les tribunaux civils sont seuls compétens pour statuer sur les réclamations d'état, ajoute-t-il (art. 327) que l'action criminelle contre un délit de suppression d'état ne peut commencer *qu'après le jugement définitif sur la question d'état.*

84.—Il en était différemment dans l'ancienne jurisprudence, où il a été jugé que l'action criminelle contre un délit de suppression d'état était recevable avant le jugement définitif de la question d'état par les tribunaux civils. — *Cass.*, 25 brum. an XIII, Sirey c. Roquelaure.

85.— Les termes dans lesquels ces deux articles sont conçus, ainsi que les dispositions qui les précèdent et celles qui les suivent, démontrent que l'attribution exclusive qu'ils donnent aux tribunaux civils pour connaître des réclamations d'état, ne doit s'entendre que de l'état des enfans, et que la suspension dont ils frappent l'action publique n'a lieu que lorsqu'elle a pour base une question de filiation. — Mangin, t. 1er, no 182.

86. — Leur but a été d'empêcher qu'on n'arrivât, au moyen d'une action criminelle, à faire juger, à l'aide de la preuve testimoniale seule, des questions de filiation pour lesquelles le Code civil a établi un genre de preuve moins incertain et plus rassurant pour l'ordre social et pour la sécurité des familles. — *Cass.* (motifs), 9 juin 1838 (t. 2 1838, p. 546), Paillet.

87. — C'est au surplus ce qui résulte d'une manière formelle des discours prononcés tant par l'orateur du conseil d'état présentant au corps législatif le titre *De la paternité et de la filiation*, que par l'orateur du tribunat. Nous croyons utile d'en reproduire quelques passages. — « La loi a craint tellement, a dit l'orateur du conseil d'état, de faire dépendre entièrement les questions d'état de simples témoignages, qu'elle impose aux juges le devoir de proscrire les moyens indirects que l'on voudrait prendre pour y parvenir. Telles seraient les plaintes en suppression d'état que l'on porterait devant les tribunaux criminels avant qu'il y ait eu par la voie civile un jugement définitif; toujours de pareilles plaintes ont été rejetées comme frauduleuses, et les parties ont été renvoyées devant les juges civils. Cette décision est contraire à la règle générale qui, considérant la punition des crimes comme le plus grand intérêt de l'état, suspend les procédures civiles quand il y a lieu à la poursuite criminelle. — Mais lorsqu'il y a un intérêt autre que celui de la vengeance, intérêt dont l'importance fait craindre que l'action criminelle n'ait pas été intentée de bonne foi, lorsque cette action est présumée n'avoir pour but que d'éluder la règle de droit civil qui, sur les questions d'état, écarte comme très dangereuse la simple preuve par témoins, lorsque la voie civile qui rejette cette preuve même pour des intérêts civils serait en opposition avec la loi criminelle qui l'admettrait, quoiqu'elle dût avoir pour résultat le déshonneur et une peine afflictive. Il ne peut rester aucun doute sur la nécessité de faire juger les questions d'état devant les tribunaux civils avant que les poursuites criminelles puissent être exercées. »

88. — Et l'orateur du tribunat, après s'être exprimé à peu près dans les mêmes termes sur la nécessité de ne pas permettre au réclamant de remplacer ainsi une enquête impossible par une information indispensable, et présenté la faculté qui serait laissée à cet égard comme « un instrument fatal mis à la portée de tout le monde pour ébranler dans leurs fondemens les familles les plus pures et les plus respectées, » ajoutait, pour justifier la disposition « *exceptionnelle et uniquement applicable à ce cas* » de l'art. 327, que si l'intérêt de la société est que les crimes soient réprimés et que les preuves qui conduisent à leur répression ne dépérissent pas, un plus grand intérêt commande que le repos de la société ne soit pas troublé sous prétexte de l'affermir.

89. — L'art. 327 s'applique à la fois à la partie civile et à la partie publique; car il est général et absolu.—*Cass.*, 10 messid. an XII, Bergeret; même jour, Houel; 2 mars 1809, Jourdain; 21 juill 1831, Bernard; — Duranton, t. 3, no 165.

90. — Ainsi, le ministère public ne peut poursuivre d'office, par la voie criminelle, le délit de suppression ou de supposition de l'état d'un enfant lorsqu'il n'existe aucun jugement civil sur la question d'état et que même aucune réclamation civile n'a été élevée à cet égard.—*Cass.*, 10 messid. an XII, Bergeret; même jour, Houel; 25 nov. 1808 et 2 mars 1809, Jourdain; 9 fév. 1810, Desrozier; 30 mars 1813, M...; 24 juill. 1823, Boussac; 21 juill. 1831, Bernard; 9 juin 1838 (t. 2 1838, p. 540), Paillet; — Carnot, *ibid.*, p. 150; Duranton, t. 3, no 165.—V. aussi d'autres arrêts rendus d'après le même principe.—V. les nos qui suivent.

91. — M. Le Sellyer dit aussi que le ministère public resterait désarmé lors même qu'il n'y aurait ni contestation liée au civil, ni plainte portée, l'art. 327 ne faisant aucune distinction; une solution contraire aurait d'ailleurs pour résultat d'autoriser le tribunal criminel à prononcer incidemment sur la question d'état et on arriverait à violer indirectement l'art. 327.—Le Sellyer, *ibid.*, no 1503.—Peu importerait, d'ailleurs, que le ministère public eût un commencement de preuve par écrit. — *Ibid.*, no 1504.

92. — M. Merlin est loin d'approuver la jurisprudence que nous avons exposée : il prétend « que, lorsque le ministère public agit seul et d'office, ce n'est pas l'état supprimé qu'il réclame; qu'il n'a et ne peut avoir eu en vue que la suppression de l'état même; que rien ne peut donc arrêter son action si l'état dont la suppression le fait agir n'est pas encore réclamé ou contesté devant les tribunaux civils ». — Il se fonde en outre sur les art. 326 et 327 du C. civ., et sur les discours des orateurs du gouvernement et du tribunat (V. *suprà*) pour conclure que le législateur n'a eu en vue que les plaintes en suppression d'état formées par les parties civiles : enfin il fait remarquer qu'il peut arriver que la question d'état ne soit jamais portée devant les tribunaux civils, et il demande s'il n'est pas déraisonnable de prétendre que le crime à l'aide duquel la suppression d'état a été commise doit rester perpétuellement impuni (V. *Quest.*, vo *Question d'état*, § 3). Puis, après avoir cité la jurisprudence de la cour de Cassation et notamment l'arrêt du 30 mars 1813, il s'écrie : « Je ne crains pas de dire que l'arrêt du 30 mars 1813 a ôté toute croyance aux autres, par l'excès scandaleux jusqu'où il a été forcé d'aller

pour ne pas s'écarter de la route qu'ils lui avaient tracée. » — « Plus je réfléchis sur cet étrange arrêt, ajoute-t-il (*Rép.*, v° *Supposition de part*, § 2, n° 2), plus je me félicite d'avoir combattu dès le principe la jurisprudence dont il est le résultat. »

93. — Mangin (*Tr. de l'act. publ.*, t. 1er, p. 322, n° 188) dit que ces observations sont fort justes en ce qu'elles démontrent l'imperfection de la loi; mais que le premier devoir du magistrat est de l'appliquer telle qu'elle est, et que le système de Merlin est incompatible avec elle. « Ce système, ajoute-t-il, avait été proposé au conseil d'état; la commission proposa une modification qui restreignait la poursuite au cas où il existerait un commencement de preuve par écrit, et qui exigeait la présence des parties intéressées. Tous les articles proposés ont été rejetés, et on y a substitué une défense absolue au ministère public de poursuivre l'action criminelle avant le jugement de la question d'état. Dans le système de Merlin, le principe général qui donne autorité à la chose jugée au criminel, sur l'action civile, même lorsque le jugement est rendu en l'absence des parties intéressées, exercerait tout son empire, même en matière de filiation; or, c'est précisément ce que le législateur n'a pas voulu et ce qu'il n'a pas dû vouloir. D'après les raisons exposées par les orateurs du gouvernement et du conseil d'état, je suis persuadé, dit toujours Mangin, que cette dernière réflexion, si elle se fût offerte à l'esprit de Merlin, l'aurait décidé à abandonner son opinion. »

94. — On sait au surplus que le Code civil belge a cru devoir ajouter à l'art. 327, qu'il nous a emprunté, l'alinéa suivant : « Néanmoins, le ministère public pourra, dans le silence des parties intéressées, intenter l'action criminelle, *pourvu qu'il y ait un commencement de preuve par écrit sur lequel il sera préalablement statué.* Dans ce dernier cas, l'action publique ne sera pas suspendue par l'action civile. » — Code Guillaume, t. 13, art. 18.

95. — Quant à Legraverend (t. 1er, ch. 1er, p. 36), il soutient que, dans l'espèce jugée par l'arrêt de 1813, il ne pouvait pas y avoir lieu à poursuite, parce qu'il se rencontrait un dénonciateur qui donnait l'impulsion au ministère public, et dans l'intérêt duquel il paraissait agir. Cette observation n'a rien de concluant. Si la dénonciation faite par le frère du prévenu ne conférait pas au ministère public la faculté de poursuivre, elle ne le dépouillait pas non plus du droit qu'il pouvait avoir.

96. — Les art. 326 et 327, qui interdisent l'exercice de l'action publique à raison d'une suppression d'état avant le jugement de la question d'état par le tribunal civil, s'appliquent-ils à la suppression d'état des enfans naturels comme à celle des enfans légitimes? — M. Mangin (n° 187) soutient l'affirmative, et dit, à l'appui de son opinion, que les art. 326 et 327, C. civ., font partie du titre *De la paternité et de la filiation*, qui comprend tout à la fois la filiation légitime et la filiation naturelle, et que d'ailleurs l'art. 345, C. pén., protége aussi bien l'état d'enfant naturel que celui d'enfant légitime. — V. *suprà* n° 41.

97. — M. Lesellyer, au contraire (*ibid.*, p. 295, n° 1517), combat cette solution par le motif que les art. 326 et 327 renferment des dispositions exceptionnelles qui ne doivent point être étendues; d'où il tire la conséquence qu'on ne saurait appliquer ces articles à la suppression d'état d'un enfant naturel, ces articles d'ailleurs, par la place qu'ils occupent au Code civil, n'étant relatifs qu'aux questions d'état d'enfant légitime.

98. — Mais la cour de Cassation, proscrivant la distinction indiquée par M. Lesellyer, a adopté le système de M. Mangin en déclarant les art. 326 et 327 applicables à la suppression d'état d'enfans naturels comme à celle des enfans légitimes. — — *Cass.*, 25 nov. 1808, Jourdain; *Ass. Haute Garonne*, 12 mai 1823 (impl.), Deschamps.

99. — Quant aux questions d'état, en matière d'adoption, on ne peut pas appliquer les art. 326 et 327; on ne retrouve pas, pour ce cas, une disposition analogue aux art. 323 et 341, C. civ. — Lesellyer, *ibid.*, n° 1518; Merlin, *Rép.*, v° *Parricide*, n° 3.

100. — La disposition de l'art. 327 n'est pas simplement facultative, elle est prohibitive; en outre, elle ne dit pas que l'action criminelle sera *suspendue* jusqu'au jugement définitif sur la question d'état, mais bien que cette action *ne pourra commencer*. D'où il suit qu'il existe dans ce cas, non pas seulement une question préjudicielle, mais une fin de non-recevoir contre la poursuite. — M. Treilhard, dans la séance du conseil d'état, du 29 fruct. an X, avait formellement proposé qu'on se bornât à suspendre l'action criminelle « parce que la plainte peut être rendue et les preuves recueillies, sans que, jusqu'au jugement de la question d'état, la sûreté du prévenu soit compromise. » Mais cette proposition ne fut pas admise. — V. aussi Mangin, n° 189. — Lesellyer, n° 1506; Chauveau et Hélie, *Th. Code pén.*, p. 338.

101. — De là la conséquence : 1° que les juges mal à propos saisis doivent même d'*office* se déclarer incompétens. — Le Sellyer et Mangin, *ibid.*

102. — ... 2° Que l'arrêt rendu en violation de l'art. 327 peut être cassé d'*office*, alors même que ce moyen ne serait pas invoqué à l'appui du pourvoi. — Mangin, *ibid.*; Le Sellyer, *ibid.*, n° 1507.

103. — ... 3° Que, lorsque la cour de Cassation annule l'arrêt par lequel une cour royale a mis en accusation un prévenu de suppression d'état avant le jugement de la question d'état, il n'y a pas lieu à ordonner le renvoi devant un autre tribunal. — *Cass.*, 24 juill. 1823, Boussac.

104. — ... 4° Que le prévenu ne peut être arrêté, et que, s'il l'a été, il doit être mis en liberté. — Le Sellyer, *ibid.*, n° 1508; Mangin, *ibid.*; Chauveau et Hélie, *ibid.*, p. 338.

105. — C'est donc à tort que M. Carnot (*Instr. crim.*, t. 1er, p. 82 et 83) a écrit que, « s'il y avait action commencée, il y aurait réellement *question préjudicielle*, et que ce serait le cas du *sursis* jusqu'à ce que les tribunaux civils eussent définitivement statué sur la question d'état. » En effet, dit M. Mangin (n° 189), si cette opinion était admise, il suffirait que l'instance se trouvât liée pour que le prévenu pût être poursuivi et arrêté, car l'effet d'un simple sursis est *de maintenir* ce qui existe en empêchant que l'on ne passe outre; or, c'est précisément ce que la loi n'a pas voulu.

106. — Néanmoins M. Mangin admet et il a été jugé que lorsqu'un individu accusé de suppression d'état a laissé passer le délai qui lui était accordé pour se pourvoir en cassation contre l'arrêt qui l'a mis en accusation avant le jugement de la question d'état, il y a lieu de passer outre aux débats sur l'accusation, sans attendre le jugement de cette question. — *Ass. de Maine-et-Loire*, 27 nov. 1829, Lepoudray.

107. — Mais un accusé de suppression d'état est recevable à demander le sursis devant la cour d'assises, jusqu'à ce qu'il ait été statué par le tribunal civil sur la question d'état, quoiqu'il ait laissé passer le délai de la loi sans se pourvoir en cassation contre l'arrêt de renvoi. — *Ass. Haute-Garonne*, 12 mai 1823, Deschamps.

108. — Ce dernier arrêt décide même que, dans le cas ainsi prévu, la cour d'assises peut déclarer l'action criminelle prématurée et *ordonner la mise en liberté de l'accusé.* — Même arrêt.

109. — Jugé au contraire que la cour d'assises peut bien, sur la demande de l'accusé, qui ne s'est pas pourvu contre l'arrêt de mise en accusation suivi de l'ordonnance de prise de corps, surseoir à l'ouverture des débats, jusqu'au jugement de la question d'état, mais qu'elle ne peut pas annuler l'ordonnance de prise de corps, ni ordonner la mise en liberté de l'accusé. — *Cass.*, 22 juin 1820, Delahaye.

110. — On ne peut néanmoins s'empêcher de faire remarquer que dans l'hypothèse de ce dernier arrêt, le sursis pourra être indéfini et la détention fort longue. « Que seront devenus les accusés, dit M. Mangin (*loc. cit.*), s'il ne s'est trouvé personne qui eût un droit ouvert pour provoquer des tribunaux civils le jugement de la question d'état? — Ils ont dû s'affliger amèrement de s'être prévalus d'une exception que la loi avait cependant créée en leur faveur : c'est ce qui démontre davantage l'imperfection de l'art. 327, C. civ. C'est ce qui fait regretter que la modification proposée par la commission au principe qu'il consacre (V. *suprà* n° 100) n'ait pas été adoptée. »

111. — Au reste, d'après Mangin (*ibid.*, n° 189), la cour d'assises ne pourrait pas surseoir d'office à l'ouverture des débats d'une affaire dont elle se trouverait saisie par un arrêt de renvoi; seulement, si l'accusé requérait lui-même le sursis, ses droits étant encore entiers, elle ne pourrait se dispenser de l'ordonner.

112. — Dans le cas où il n'y aurait pas question d'état, parce que l'enfant dont le titre aurait été supprimé serait en possession de son état, on n'en devrait pas moins appliquer les art. 326 et 327, la question d'état pouvant s'élever d'un jour à l'autre et la possession d'état n'être point établie suivant les conditions exigées par la loi. — Duranton, t. 3, n° 166.

113. — Mais le même auteur ajoute (*loc. cit.*) que, si toutes les parties intéressées se plaignent de la suppression d'état, par exemple : les père et mère quand l'enfant est encore mineur, ou tous deux de concert quand il est majeur, le motif de la loi, en suspendant l'action du ministère public, cesse entièrement, puisqu'il n'y aura pas de question d'état, et le principe général que le ministère public doit poursuivre la répression des crimes et des délits reprend son empire.

114. — Les motifs qui ont dicté la disposition exceptionnelle de l'art. 327 indiquent que l'action criminelle ne se trouve arrêtée qu'autant que la filiation *est nécessairement liée à la poursuite*, et qu'au contraire elle doit suivre son cours ordinaire toutes les fois que le délit commis à l'égard de l'enfant est punissable, quel que soit l'état de celui-ci, quand même ce délit pourrait influer sur cet état.

115. — Ainsi jugé que l'art. 327, C. civ., ne peut recevoir son application lorsqu'il s'agit de l'exposition d'un enfant; c'est là, en effet, un délit indépendant de la question de filiation. — Discuss. au conseil d'état, séance du 29 fruct. an X; — Chauveau et Hélie, *ib.*, p. 338; Le Sellyer, *ib.*, n° 1519; Mangin, n° 190.

116. — Il en est de même lorsqu'il s'agit de l'émission de la déclaration de naissance prévue par l'art. 329, C. pén. En effet, dit M. Mangin (*loc. cit.*), c'est parce qu'un enfant a été exposé, c'est parce qu'une naissance n'a pas été déclarée dans le délai fixé que la loi prononce des peines, et ces peines sont encourues quelle que soit la filiation de l'enfant et abstraction faite de l'influence que ces délits peuvent avoir sur son état.

117. — Enfin la cour de cassation a reconnu que les art. 326 et 327 ne sont pas applicables au cas de la suppression *de la personne même de l'enfant*, qui diffère essentiellement par sa nature et par ses effets de la suppression d'état et n'implique pas nécessairement cette suppression. — *Cass.*, 17 août 1837 (t. 2 1839, p. 557), Blancher. — V. aussi *Cass.*, 26 sept., Roger; 12 déc. 1823, Boulaud; 8 avr. 1826, Bonnet; 4 août 1842 (t. 2 1842, p. 614), Lafis; 1er oct. 1842 (t. 1er 1843, p. 62), Plancheron. — Carnot, *ibid.*, t. 1er, p. 22, n° 12.

118. — Il ne s'agit pas, en effet, dit Mangin (*loc. cit.*), dans un délit de ce genre, de rechercher à quels parens l'enfant supprimé devait sa naissance, mais de savoir si l'accusé a ou non supprimé un enfant. — V. aussi Le Sellyer, *ib.*, p. 291, n° 1514; Chauveau et Hélie, *ib.*, p. 338; Duranton, *Droit civil*, t. 3, n° 166.

119. — Toutefois, si les délits dont il vient d'être parlé étaient poursuivis *comme constituant une suppression d'état*, il semble juste de dire avec Mangin que, quoique punissables en eux-mêmes, ils ne pourraient motiver une action de ce genre qu'après le jugement de la question d'état.

120. — Au surplus, la cour de Cassation a reconnu que, lorsqu'il s'agit de crimes qui *se rattachent essentiellement à la supposition* ou *suppression d'état*, l'art. 327 est applicable. — *Cass.*, 9 juin 1838 (t. 2 1838, p. 546), Paillet c. Dubarret.

121. — ... Et qu'ainsi, lorsqu'un faux a eu *pour objet de donner à l'enfant une filiation qui ne lui appartient pas*, la question d'état se trouvant ainsi liée intimement à la poursuite criminelle, cette poursuite ne peut avoir lieu qu'après que les tribunaux civils ont statué sur l'état de l'enfant. — V. même arrêt. — V. aussi *Cass.*, 10 mess. an XII, Bergeret; 25 nov. et 2 mars 1809, Jourdain; 21 mai 1813, Mangis; 21 août 1812, Goorhaud; 24 juill. 1823, Boussac.

122. — Jugé de même que le faux commis sur les registres de l'état civil, pour créer une filiation, ne peut pas être poursuivi par le ministère public avant le jugement de la question d'état, lors même que, laissant de côté l'acte de naissance, le ministère public restreindrait sa poursuite aux faux commis dans les actes de mariage et de décès. — *Cass.*, 30 mars 1813, M...

123. — M. Legraverend (t. 1er, ch. 1er, n° 39) ne semble pas approuver cette décision, attendu que les faux ou altérations, commis sur les registres de l'état civil, qui ne concernent que les mariages et les décès, ne sont pas compris dans l'exception créée par l'art. 327. — Mais Mangin répond (n° 186) que la cour de Cassation ne pouvait adopter cette distinction. « Un faux, dit-il, n'est criminel que quand il a été commis avec l'intention de nuire et qu'il peut en résulter un préjudice. Or, dans l'espèce, l'intention et le préjudice se rattachaient trop intimement à l'état de l'enfant pour qu'on pût les apprécier, abstraction faite de cet état.

124. — Jugé aussi que le faux consiste, de la part d'un individu, à présenter à l'officier de l'état civil, comme né de lui et de sa légitime épouse, alors décédée, l'enfant qu'il a eu de son commerce avec une autre femme, ayant pour objet de donner à l'enfant une filiation qui ne lui appartient pas, l'action criminelle est régie par l'art. 327. — *Cass.*, 9 fév. 1810, Desroziers.

125. — Jugé aussi que, lorsque la poursuite exercée à raison d'un faux qui aurait été commis dans un acte de mariage tend à faire supprimer

l'état d'enfant légitime que donne cet acte à un enfant issu de ce mariage, il doit être sursis à l'action criminelle jusqu'à ce qu'il ait été statué par les tribunaux civils sur la question d'état. — *Grenoble*, 9 août 1822, Bouzon c. Guy et Deroux. — V. cependant Mangin, no 192.

126. — Mais lorsque la criminalité d'un faux commis dans un acte de naissance peut résulter d'une cause étrangère à l'enfant, de manière à ce que sa filiation ne soit pas nécessairement mise en question, l'action publique n'est pas suspendue. C'est ce qui résulte de plusieurs arrêts.

127. — Ainsi jugé que le faux commis par un individu en prenant faussement dans l'acte de naissance d'un enfant né de sa concubine les noms et prénoms du mari, peut être poursuivi, encore bien que la question d'état n'ait pas été jugée. — *Cass.*, 28 déc. 1809, Franchoi. — Car, dans ce cas, le faux est indépendant de la question d'état. — Carnot (*Inst. crim.*, t. 1er, p. 88, no 39), et Mangin (*loc. cit.*) disent que le faux imputé à l'accusé, bien loin de tendre à supprimer l'état véritable de l'enfant, tendrait à l'y maintenir, puisque l'enfant né pendant le mariage a pour père le mari.

128. — Jugé encore que les art. 326 et 327 ne sont pas applicables aux cas du faux commis par un individu en faisant inscrire sur les registres de l'état civil comme vivant son enfant légitime mort dans l'accouchement. — *Cass.*, 8 juill. 1824, Desprez. — « Attendu, porte l'arrêt, que, de quelque manière que fût décidé le point de savoir si l'enfant était né mort ou vivant, il ne pouvait être question de la filiation, ni conséquemment de la question d'état. » — Mangin, no 190.

129. — Jugé encore que, lorsqu'un individu a été renvoyé devant la cour d'assises comme accusé du crime de faux pour avoir pris, dans l'acte civil de son mariage, le nom d'un autre individu, la poursuite ne présente aucune question préjudicielle ni réclamation d'état, ni une action criminelle poursuivie contre un délit de suppression d'état, mais une simple question d'identité intimement liée avec l'accusation ; et qu'en conséquence la cour d'assises ne peut se déclarer, quant à présent, incompétente ni renvoyer devant les tribunaux civils. — *Cass.*, 8 mai 1828, Fourneyron ; — Mangin, no 192.

130. — C'est également parce que la filiation d'un enfant n'est pas mise en question que l'art. 327 est inapplicable au cas d'un faux commis en faisant dresser l'acte de décès d'un enfant qui n'a pas existé. — *Grenoble*, 19 fév. 1831, Marcellin ; *Cass.*, 7 avr. 1831, même aff. ; — Chauveau et Hélie, et Mangin, *loc. cit.*

131. — Jugé encore que le fait par un individu d'avoir pris de faux noms dans l'acte de naissance de son enfant, dont la mère, sa femme légitime, est désignée sous ses noms véritables, n'implique point le délit de suppression d'état : que dès-lors, ce fait peut être poursuivi sans qu'il ait été statué au préalable sur l'état civil de l'enfant. — *Cass. belge*, 29 janv. 1836, Doby.

132. — De même, lorsque l'individu dont l'état a été supprimé est mort, et que son action n'a pas été transmise à ses héritiers, le ministère public a le droit de poursuivre directement les auteurs et les complices de la suppression d'état. — C. civ., art. 327. — *Cass.*, 2 juill. 1819, Fressange-Dubal ; Le Sellyer, t. 4, p. 283, no 1510.

133. — En effet, dit M. Mangin (*Tr. de l'act. publ.*, t. 1er, no 190), on n'a plus à craindre que l'action publique ait pour résultat de faire préjuger l'état par le jugement auquel elle donne lieu, et d'arriver à une preuve testimoniale, malgré les prohibitions de la loi. — Nous ajouterons que l'opinion contraire assurerait à jamais l'impunité au coupable, puisqu'elle subordonnerait l'exercice de l'action publique au jugement d'une action éteinte.

## Sect. 2e. — *Crimes et délits contre la personne de l'enfant. — Exposition et délaissement.*

### § 1er. — *Notions générales.*

134. — Anciennement, chez les Grecs, les Romains et chez la plupart des nations héroïques et barbares, on déposait l'enfant aux pieds du père, qui pouvait le relever ou l'abandonner. — Michelet, *Origines du droit français*, p. 2.

135. — A Rome, la loi des douze tables obligeait le père à détruire immédiatement l'enfant qui naissait difforme. : « *Pater insignem ob difformitatem puerum necato.* »

136. — A Sparte, la conduite du père était tracée par le magistrat, qui faisait précipiter du mont Taygète dans un gouffre nommé *Apotèke* les enfans débiles et difformes. Mais la famille se décidait difficilement à un pareil acte de cruauté : elle préférait, quand elle le pouvait, exposer l'enfant, dans la pensée qu'il serait sans doute sauvé par les dieux. — Michelet, *ibid.*

137. — En consultant M. Michelet (*loc. cit.*), on voit que l'usage d'exposer les enfans, usage à peu près universel, continua de subsister jusqu'à l'époque où, l'établissement du christianisme ayant fait prévaloir et passer dans la législation des idées plus humaines, des lois vinrent imposer à chaque citoyen l'obligation de nourrir ses enfans.

138. — Toutefois, bien qu'à dater du christianisme les Romains regardassent l'exposition d'un enfant comme un crime plus odieux que l'homicide lui-même, cependant, ils ne le punirent pas immédiatement d'une peine spéciale. — Chauveau et Hélie, *Th. C. pén.*, t. 6, p. 349.

139. — La loi 4, ff., *De agnosc. lib.*, compare l'exposition d'enfant à un homicide : « *necare videtur, non tantùm is qui partum perfocat, sed et is qui abjicit, et qui alimonia denegat, et qui publicis locis, misericordiæ causâ, exponit, quam ipse non habet.* » Mais, pour avoir ce caractère, l'exposition devait avoir été faite dans un lieu désert tel, que la vie de l'enfant eût été mise en péril.

140. — Justinien (nov. 153) n'avait prononcé qu'une amende de 5 liv. d'or contre ceux qui exposaient ou qui permettaient d'exposer des enfans.

141. — Pour arriver à supprimer entièrement la coutume d'exposer les enfans, la loi 2, Cod., *De infant. exposit.*, ne permettait plus aux parens de les réclamer à ceux qui les avaient recueillis, réclamation que la loi unic., C. Théod., lib. 5, tit. 8, avait jusque là autorisée.

142. — Un édit d'Honorius (daté de Ravenne, 13 avr. 412), reproduit en langue barbare dans une charte des premiers temps de la monarchie française, défendait également aux maîtres de l'enfant exposé de le reprendre dès qu'il avait été recueilli et élevé par des étrangers.

143. — En France, sous la première et la deuxième race, les nouveaux-nés étaient ordinairement exposés à la porte des églises ; ils étaient ensuite recueillis par des gardiens et inscrits sur un livre appelé matricule, puis mis en vente et adjugés après le dixième jour à l'acquéreur qui se présentait. — Concile d'Arles, canon 32, reproduit dans l'art. 142, liv. 6, capit. des rois de France. — L'enfant ne pouvait ensuite être repris par son père que du consentement de l'acheteur ou de celui qui l'avait nourri, qui pouvait en exiger le prix qu'il demandait. — V. les formules de Sirmond, art. 11, *apud* dom Bouquet, t. 4, p. 973.

144. — Plus tard, quand on eut aboli l'esclavage, les achats d'enfans devinrent moins fréquens ; on essaya même de sévir contre ceux qui les exposaient ; mais on aggrava le mal au lieu de le corriger. Bientôt les enfans exposés et trouvés, considérés comme épaves, revinrent de droit au seigneur haut-justicier sur le territoire duquel on les avait abandonnés et qui était chargé de les nourrir. — V. *Parlem. Paris*, 1547 et 1552, et 5 juill. 1594 ; — Bacquet, *Tr. des droits de justice*, ch. 33 ; Morin, *Dict. dr. crim.*, vo *Enfant* (exposition et délaissement d').

145. — Les anciens auteurs ont défini en termes très précis le crime d'exposition d'enfant. « Ce crime, dit Jousse (t. 4, p. 23), se commet lorsqu'un père ou une mère, après l'accouchement, exposent ou font exposer leurs enfans pour se délivrer de la honte que cet accouchement pourrait leur causer, ou pour ne pas les nourrir, attendu leur pauvreté. »

146. — Cependant, ainsi que le disent MM. Chauveau et Hélie (p. 349), il n'existait d'autres règles pour la punition de ce crime que celle établie par la jurisprudence des arrêts : la peine ordinaire était le fouet et le bannissement ; mais cette peine devenait plus grave si l'enfant avait été exposé dans un état de nudité, sans ligature et avec des circonstances de nature à compromettre sa vie. — V. *infrà* § 3.

147. — Et encore Muyart de Vouglans (*Lois crim.*, p. 181) atteste que la nécessité de prévenir un plus grand mal a fait qu'on s'est un peu relâché de la rigueur des peines que ce crime paraissait mériter, et même que les exemples de punition sont devenus fort rares depuis l'établissement des hôpitaux destinés à recueillir les enfans abandonnés. — V., en ce qui concerne ces hôpitaux, ENFANS TROUVÉS.

148. — La loi de 1791 était restée muette relativement à l'exposition des enfans. Le Code pénal a comblé cette lacune. Sous l'empire de ce Code, et ainsi que cela résulte des art. 349 et suiv., l'exposition d'enfant est le fait de celui qui expose et délaisse un enfant *au-dessous de l'âge de sept ans accomplis.*

149. — Aussi n'est-ce pas très exactement que M. Morin (*ibid.*) définit l'exposition l'acte de porter et délaisser un enfant *nouveau-né*, etc.

150. — Le législateur a cru devoir graduer les peines suivant le danger qu'aurait couru l'enfant et suivant l'intention présumée de celui qui l'aurait exposé ; aussi punit-elle différemment l'exposition des enfans suivant qu'elle est faite dans un lieu *solitaire* ou *non solitaire*.

151. — La distinction entre les lieux solitaires et non solitaires se trouve reproduite dans le Code autrichien (art. 134 et 135), lequel exige, en outre, qu'on examine si l'exposition pouvait laisser l'espérance qu'on arriverait promptement à découvrir et à sauver l'enfant.

152. — Le Code prussien (art. 969 et 971) veut non seulement que l'instruction porte sur la circonstance du lieu fréquenté, mais encore qu'elle énonce si l'exposition a eu lieu avec la disposition ou la pensée de conserver la vie à l'enfant.

153. — Mais dans quel sens doit être interprété le mot *solitaire?* — MM. Chauveau et Hélie (p. 351) enseignent que la distinction entre les lieux solitaires et non solitaires ne doit pas se prendre dans un sens absolu ; que la solitude du lieu est relative et dépend des circonstances ; que tel lieu n'est pas solitaire dès qu'il y a lieu de présumer que l'enfant peut y trouver des secours, et le devient si on peut croire qu'il n'en devait trouver aucun. — « Il était impossible, disait M. Faure dans l'exposé des motifs, que la loi donnât une explication précise à cet égard ; elle s'en rapporte aux juges ; car le lieu le plus fréquenté peut quelquefois être solitaire, et le lieu le plus solitaire être très fréquenté : cela dépend des circonstances. »

154. — Jugé, cependant, que c'est par la destination du lieu qu'on doit reconnaître qu'il est solitaire ou non solitaire, et non par la circonstance qu'au moment de l'exposition le lieu était fréquenté ou ne l'était pas. — *Limoges*, 6 juill. 1838 (t. 1er 1839, p. 217), Marie Laverdand.

155. — ... Et que l'exposition d'un enfant dans une rue ne saurait être réputée une exposition en un lieu solitaire. — Même arrêt.

156. — V. aussi *infrà* les arrêts *Cass.*, 16 déc. 1843 ; 27 janv. 1820 ; 30 oct. 1812 ; *Bruxelles*, 11 mai 1833, cités aux nos 161, 174 et 179.

157. — Nous examinerons l'incrimination de l'exposition dans un lieu solitaire ou non sous chacun de ces deux points de vue ; mais il importe d'abord d'indiquer quels sont les caractères communs à l'une et à l'autre.

158. — La première remarque à faire c'est qu'il faut que l'enfant soit âgé de moins de sept ans accomplis pour que l'exposition puisse être incriminée. Lorsqu'il a passé cet âge, son exposition et son délaissement exercent rarement sur ses jours une influence funeste : « Le but de l'exposition, disent MM. Chauveau et Hélie (p. 350), ne peut être que de compromettre son état civil et d'exposer sa destinée au hasard ; or cet effet peut être plus facilement prévenu par les renseignemens qu'un enfant de sept ans accomplis est en état de donner sur ses premières années. » — « Passé cet âge, lit-on dans l'exposé des motifs, la loi présume que l'enfant peut faire connaître les personnes entre les mains desquelles il se trouve, et le lieu de leur demeure ; qu'il peut, en un mot, fournir les renseignemens nécessaires pour qu'il soit possible de retrouver la trace qu'on a voulu perdre. »

159. — D'un autre côté, la loi exige, pour qu'il y ait lieu à l'application d'une peine, le concours de deux circonstances : *exposition et délaissement.* — C. pén., art. 349 et 352.

160. — La jurisprudence a reconnu la nécessité de cette double circonstance. — Ainsi, il a été jugé que pour que l'exposition d'un enfant dans le tour d'un hospice rentre sous l'application de l'art. 352, C. pén., il faut qu'elle ait été accompagnée *du délaissement* de l'enfant. — *Cass.*, 7 juin 1834, Touchard ; 30 avr. 1835, Jossier.

161. — Le principe de la nécessité du délaissement joint à l'exposition est aussi consacré par arrêts des 27 janv. 1820, Beraud ; 19 juill. 1838 (t. 2 1838, p. 261), Darmagnac ; 16 déc. 1843 (t. 1er 1844, p. 675), Burlot.

162. — Mais quand peut-on dire qu'il y a eu *délaissement* dans le sens légal de ce mot ?

163. — A cet égard il a été posé en principe par la cour de Cassation qu'il y a délaissement toutes les fois que l'enfant exposé a été laissé seul, et que, par ce fait d'abandon, il y a eu cessation, quoique momentanée, *ou interruption des soins et de la surveillance qui lui sont dus.* — *Cass.*, 27 janv. 1820, Béraud.

164. — Jugé de même que l'exposition d'un enfant âgé de moins de sept ans accomplis dans un lieu non solitaire ne constitue le délit prévu par

l'art. 352, C. pén., *qu'autant qu'elle est* accompagnée de délaissement dans le sens de cet article, *c'est-à-dire qu'il y a eu interruption des soins dus à l'enfant.*—*Cass.*, 16 déc. 1843 (t. 1er 1844, p. 674), Burlot.

165. — ...Et qu'il n'y a *délaissement* dans le sens légal de ce mot qu'autant qu'il y a cessation de toute surveillance sur cet enfant et impossibilité de le secourir dans les dangers qui peuvent être la suite de l'exposition. — *Cass.*, 19 juill. 1838 (t. 2 1838, p. 261), Darmagnac.

166. — ... Qu'ainsi le délaissement n'existe pas lorsque l'enfant a été déposé dans une forge en présence et sous les yeux de plusieurs ouvriers et qu'il y a eu, par conséquent, pour lui, *continuité de surveillance et certitude de conservation.*—*Cass.*, 19 juill. 1838 (t. 2 1838, p. 261), Darmagnac.

167. — ... Mais aussi qu'on doit réputer coupable du délit d'exposition et de délaissement d'enfant dans un lieu non solitaire celui qui, après avoir exposé un enfant nouveau-né à la porte d'une maison où il a vu de la lumière, frappe à la porte et se retire aussitôt qu'il entend qu'on l'ouvre *sans s'assurer que l'enfant a été recueilli* par d'autres personnes qui se soient chargées de veiller à sa sûreté. — *Cass.*, 27 janv. 1820, Beraud.

168. — Jugé de même qu'il y a lieu à l'application de la loi pénale, par cela même qu'à l'exposition se trouve joint le délaissement, c'est-à-dire l'interruption ou cessation des soins et de la surveillance dont l'enfant a besoin; et que ce caractère ne disparaît pas nécessairement par cela seul que l'enfant a été laissé dans une maison habitée, *si, au moment du délaissement, aucune personne ne se trouvait dans la pièce où il a été déposé pour lui continuer les soins nécessaires.*—*Cass.*, 22 nov. 1838 (t. 2 1839, p. 652), Bertaud.

169. — Quant à MM. Chauveau et Hélie (p. 355), précisant encore les termes de cette jurisprudence, ils enseignent que le délaissement existe toutes les fois que l'exposant a abandonné l'enfant *sans s'être assuré qu'il a été recueilli.*

170.— On s'est demandé si le dépôt dans le tour d'un hospice d'un enfant né de parens connus et auxquels on peut recourir pouvait constituer le délit d'exposition dans un lieu non solitaire, et si ce fait emportait avec lui l'idée *de délaissement* que la loi juge nécessaire pour l'application de la disposition pénale. — Et la question se présente notamment lorsque l'exposition a lieu par les père et mère eux-mêmes.

171. — La raison de douter se tire de ce que le décret du 19 janv. 1811, qui, dans certains cas, a autorisé le port des enfans au tour d'un hospice, n'a étendu sa faveur qu'aux enfans trouvés ou abandonnés et aux orphelins, et que même l'art. 23 de ce décret déclare punissable, *conformément aux lois*, l'exposition d'un enfant qui n'appartient à aucune de ces trois catégories; d'où l'on conclut que l'enfant dont les père et mère sont connus et auxquels on peut recourir n'étant pas de ceux qui doivent recevoir des soins dans l'hospice, son exposition dans le tour de cet hospice emporte nécessairement *délaissement.*

172.—Aussi, par un premier arrêt, la cour de Cassation a-t-elle décidé que, dans ce cas, il y avait *délaissement* par le double motif qu'il n'y a pas, relativement aux lieux non solitaires dans lesquels l'enfant aura été exposé et délaissé, à distinguer entre la porte d'un hospice et celle d'une maison particulière; et en outre que, dans l'espèce, il s'agissait d'un enfant légitime dont les père et mère étaient connus, et qui, dès-lors, n'était pas susceptible d'être reçu à l'hospice, conformément au décret du 19 janv. 1811. — *Cass.*, 30 oct. 1812, N...

173.—Jugé encore que, le décret de 1811 n'ayant pas dérogé à l'art 352, on doit déclarer passible des peines portées en cet article l'individu qui expose dans le tour d'un hospice un enfant à la mère duquel il est facile de recourir, et qui par conséquent ne peut pas être réputé enfant trouvé ou abandonné. — *Metz*, 28 fév. 1823, Geneviève Fontaine.

174. — Mais on peut répondre, pour écarter le décret du 19 janv. 1811, que l'art. 23 précité, qui déclare dans certains cas l'exposition punissable, *conformément aux lois*, n'a pu avoir en vue que les art. 349 et 352, C. pén., lesquels ne punissent le fait d'exposition soit dans un lieu solitaire, soit dans un lieu non solitaire, qu'autant que l'enfant a été complètement abandonné et laissé exposé à tous les dangers qui résultent d'un pareil abandon. Toute la question semble donc être de savoir si l'enfant, quels que soient son origine et sa qualité, déposé dans le tour d'un hospice, demeure dans cet état de *délaissement* que la loi a voulu prévenir et réprimer. Or, pour la solution de cette question, il n'est pas indifférent de faire remarquer, d'une part, que les tours des hospices sont disposés de manière que le simple poids de l'enfant met en mouvement une sonnette qui correspond à l'intérieur et avertit de sa présence, en sorte qu'il est immédiatement retiré (V. à cet égard ENFANS TROUVÉS), et d'autre part, que le mouvement du tour et de la sonnette, ainsi que le fait de recueillir l'enfant, qui en est la conséquence, a lieu pour tous indistinctement.

175. — « Comment, ajoutent avec raison MM. Chauveau et Hélie (p. 357), la qualité de l'enfant pourrait-elle avoir quelque influence sur la nature d'un acte purement matériel, du délaissement? Cet acte, qui consiste, dans l'esprit de la loi, à laisser un être faible privé de toute assistance, n'a-t-il pas nécessairement le même caractère, soit que l'enfant soit naturel ou légitime? Il est plus odieux, sans doute, dans ce dernier cas, parce que le devoir est plus sacré. Mais la loi n'a pas puni l'infraction du devoir moral; elle a jeté un voile sur l'immoralité de l'abandon; elle n'a puni qu'un acte inhumain qui pouvait causer la mort ou compromettre la santé d'un enfant nouveau-né, et ce délit est, dès-lors, le même à l'égard de tous les enfans. »

176. — Aussi la cour de Cassation a-t-elle jugé d'une manière très explicite que le fait d'avoir déposé un enfant dans le tour d'un hospice ne présente pas les caractères d'un délaissement, si la personne qui l'a déposé *ne s'est retirée qu'après avoir entendu la religieuse préposée à ce service prendre l'enfant dans le tour.* — *Cass.*, 7 juin 1834, Touchard; 30 avr. 1835, Jossier. — V. aussi *Grenoble*, 5 mai 1838 (t. 2 1838, p. 601), Goujon; *Orléans*, 4 juin 1841 (t. 2 1841, p. 207), Chaumuseau et Lambert.

177. — Jugé encore que la circonstance de délaissement qui ne disparaîtrait pas parce que le père, en exposant son enfant, l'aurait muni d'un billet propre à établir sa filiation est détruite lorsque le dépôt a eu lieu dans le tour d'un hospice, *où il était certain que l'enfant déposé recevrait immédiatement les soins nécessaires.* — *Cass.*, 16 déc. 1843 (t. 1er 1844, p. 674), Burlot.

178. — Toutefois on pourrait, d'après la rédaction un peu amphibologique de cet arrêt, se demander si, comme dans les espèces qui précèdent, la cour a écarté la circonstance du *délaissement* par le motif que le déposant *s'était assuré* que l'enfant avait été recueilli, ou bien seulement parce que la nature même du lieu de l'exposition rendait certain que cet enfant *serait recueilli* et soigné.

179. — C'est en se préoccupant uniquement de la circonstance du lieu de l'exposition que la cour de Bruxelles a jugé que l'exposition d'un enfant dans le tour d'un hospice, sur la demande de la mère, ne présente pas les caractères du délaissement dans un lieu solitaire et ne constitue pas le délit prévu par l'art. 352, C. pén.—*Bruxelles*, 11 mai 1833, Cardinal. — Cet arrêt repose sur ce que « les tours, par leur objet et leur destination, sont nécessairement soumis à des communications et à des surveillances fréquentes et obligées des agens de l'intérieur de l'hospice, de sorte qu'il y a certitude que l'enfant déposé est recueilli immédiatement après le dépôt; qu'ainsi, l'enfant passant en quelque sorte instantanément de la possession de ceux qui déposent en la possession des agens intérieurs de l'hospice, on ne saurait voir là une véritable cessation, une suspension ou interruption réelle de soins et de surveillance qui caractérisent le délaissement.

180.—Dans tous les cas, il faut dire avec MM. Chauveau et Hélie (*loc. cit.*) que si l'exposition d'un enfant dont les père et mère sont connus a précédé la déclaration de sa naissance, ou si elle a été faite de manière à faire perdre les traces de sa famille, il y a crime de suppression d'état (V. *suprà* nos 18 et suiv.).

181.—Tous ceux qui, quoique étrangers à l'enfant, et lors même qu'ils ne l'auraient en leur pouvoir que volontairement et gratuitement, l'auraient exposé et délaissé, commettent le délit d'exposition d'enfant. — Rauter, t. 2, p. 81.

182. — La tentative d'exposition et de délaissement ne saurait constituer le délit prévu par les art. 349 et 352, C. pén.; pour que la peine soit applicable, il faut qu'il y ait eu exposition et délaissement effectué. — Carnot, *Code pénal*, t. 2, p. 157.

183.—Lorsqu'un enfant a été exposé et délaissé, c'est à l'officier de police qui en a acquis la connaissance à se transporter de suite sur le lieu où l'enfant a été trouvé pour en dresser procès-verbal. — L. 25 sept. 1792, tit. 3, art. 9.

184. — Ce procès-verbal doit être transmis immédiatement au juge d'instruction.—C. inst. crim., art. 53.

185. — L'enfant doit être envoyé à l'hospice le plus prochain, lorsque la personne qui l'a exposé n'est pas connue. — L. 27 frim. an V. — V. d'ailleurs ENFANS TROUVÉS.

186. — Ces principes posés, reprenons chacune des deux incriminations légales, en commençant par celle que la loi considère comme présentant moins de gravité.

### § 1er. — *Exposition dans un lieu non solitaire.*

187. — Lorsque l'exposition et le délaissement ont eu lieu dans un endroit non solitaire, il y a présomption que l'agent n'avait pas l'intention de compromettre l'existence de l'enfant et qu'il ne voulait que faire perdre les traces de sa naissance. Aussi la loi, dans ce cas-là, punit-elle avec modération et se borne-t-elle à prononcer un emprisonnement de trois mois à un an et une amende de 16 à 100 fr. — C. pén., art. 352.

188. — Mais si les débats ou les aveux du prévenu avaient révélé de sa part une intention homicide, le fait changerait-il de nature? Non, répondent MM. Chauveau et Hélie (p. 358), car l'intention ne peut être incriminée qu'autant qu'elle est unie à un fait matériel d'exécution; or, l'exposition dans un lieu fréquenté ne met point ordinairement les jours de l'enfant en danger; il ne reste donc que l'intention coupable non suivie d'exécution, et dès-lors elle échappe à la répression.

189. — Toutefois, si l'exposition dans un lieu non solitaire avait été suivi soit de blessures, soit de mort pour l'enfant exposé, le prévenu ne pourrait-il pas être déclaré responsable de ces accidens, à raison de sa négligence et de son imprudence? Ce qui peut sembler faire difficulté, c'est que la loi qui détermine les règles et les limites de la responsabilité en cas d'exposition dans un lieu solitaire, a gardé tout à fait le silence pour le cas d'exposition dans un lieu non solitaire.

190. — Néanmoins, il est juste de dire avec MM. Chauveau et Hélie, *ib.*, p. 359, que malgré le silence de la loi sur la responsabilité en matière d'exposition en un lieu non solitaire, l'agent n'en doit pas moins être déclaré responsable des suites éventuelles de son action, suites qu'il pouvait prévoir et qui doivent entrer dans l'imputabilité du fait.

191. — Mais alors la qualification légale se modifie, et il a été jugé que lorsque, par suite de l'abandon dans un lieu non solitaire, l'enfant vient à mourir, c'est là une circonstance constituant le délit d'homicide involontaire, puni par l'art. 319, C. pén., et non pas une circonstance aggravante du délit d'exposition, puni par l'art. 352 du même code. — *Limoges*, 6 juill. 1838 (t. 1er 1839, p. 217), Marie Laverdand.

192. — Il a été, au surplus, expliqué au paragraphe qui précède dans quel sens devait être prise la distinction faite par la loi entre les lieux *solitaires* et *non solitaires.*

193. — Aucune peine n'est infligée à ceux qui auraient ordonné l'exposition d'un enfant dans un lieu non solitaire. (Il n'en est pas de ce cas comme de celui prévu par l'art. 349). Ainsi *l'ordre* donné par un père d'exposer son enfant dans un lieu non solitaire ne le rend pas complice de l'auteur de l'exposition. — *Orléans*, 4 juin 1841 (t. 2 1841, p. 207), Chaumuseau et Lambert.

194. — L'art. 353, C. pén., aggrave la peine et prononce un emprisonnement de six mois à deux ans et une amende de 25 fr. à 200 fr. lorsque le délit d'exposition dans un lieu non solitaire a été commis par les *tuteurs* et *tutrices*, *instituteurs* ou *institutrices* de l'enfant.

195. — Cette disposition est-elle simplement démonstrative ou limitative, et dès lors peut-elle ou non être étendue par voie d'assimilation à des classes de personnes autres que les tuteurs, tutrices, instituteurs et institutrices?

196. — La question s'est présentée dans une espèce où il s'agissait *des père et mère* de l'enfant exposé: et à cet égard il a été formellement jugé que l'aggravation de peine prononcée par cet article ne reçoit d'application *aux père et mère* qu'autant qu'ils sont légalement *revêtus de la tutelle.* — *Cass.*, 4 mai 1843 (t. 2 1843, p. 499), Rabion.

197. — Nous avons cru, en rapportant cet arrêt, devoir en approuver la décision; le texte de l'art. 353 est, en effet, positif, et nous verrons plus bas que l'art. 350, qui punit, par aggravation, le délit d'exposition dans les lieux solitaires, s'exprime exactement dans les mêmes termes. Or, pour étendre l'application de ces articles aux père et mère non revêtus légalement de la tutelle, il faut sortir de la loi et se livrer à une interprétation contraire aux termes dont elle s'est servie.

198. — Cependant un auteur, M. Dalloz (t. 12, p. 975, n° 8), pour démontrer que les mots *tuteurs et tutrices, instituteurs et institutrices*, sont applicables, en thèse absolue, aux père et mère, soutient qu'ils sont *les tuteurs et instituteurs nés de leurs enfans*. — V. aussi Rauter, t. 2, p. 80. — Cela est vrai en ce sens que, même alors que la tutelle n'est pas, à proprement parler, ouverte, le père et mère exercent sur leurs enfans un pouvoir et une protection tutélaires, et qu'ils puisent en outre dans leur qualité même le droit et le devoir de diriger l'éducation de ces enfans. — Mais dans le langage du droit on ne considère comme tuteurs que ceux qui sont chargés d'une tutelle ouverte, et comme instituteurs que ceux auxquels la confiance des père et mère a remis la garde de l'enfant et son éducation.

199. — Nous devons toutefois le reconnaître, l'esprit de la loi paraît venir en aide à l'interprétation contraire. « Plus la loi, disait l'orateur du corps législatif, environne le tuteur et l'instituteur *de pouvoirs et de droits* sur l'être impuissant et faible qu'elle leur confie, plus elle doit punir en eux un délaissement qui réunit un abus de confiance à la culpabilité qu'ils partagent avec ceux qui ne sont pas liés par des obligations particulières. » Or, il n'est aucun de ces motifs qui ne s'applique aux père et mère, lesquels, chargés par la loi de droits et de pouvoirs sur leurs enfans, se rendent, s'ils les exposent et délaissent, coupables aux premiers chefs de ce délit d'abus de confiance qui vient aggraver le délit d'exposition. — Mais le texte de la loi est muet à leur égard, et, en matière pénale, on ne saurait ajouter au texte de la loi.

200. — Ajoutons qu'essayer de sortir de ce texte, ce serait s'exposer à aller beaucoup trop loin, car il est d'autres personnes que semble désigner aussi le discours de l'orateur au corps législatif, et qui cependant ne sont pas comprises dans ce texte. Telles sont, par exemple, les nourrices. Or, en l'absence d'un seul texte, appliquerait-on aux nourrices la disposition aggravante de l'art. 353? Nous ne le pensons pas, et MM. Chauveau et Hélie (p. 859) sont du même avis, car ils disent que le législateur « *aurait* de placer les nourrices à côté des tuteurs et instituteurs, et faire ainsi de cette qualité une circonstance aggravante. »

201. — Il est certain, au reste, que les gouverneurs et gouvernantes auxquels les enfans sont confiés doivent être compris dans la dénomination générique des art. 350 et 353, C. pén., car ce sont de véritables instituteurs. — Carnot, *ib.*, p. 158, obs. 1re, p. 159.

202. — Le Code pénal ne contient, pour le cas d'exposition en un lieu non solitaire, aucune disposition analogue à celle de l'art. 351, relatif à l'exposition dans un lieu solitaire (V. *infrà* n° 214). — Chauveau et Hélie, *ib.*, p. 365.

§ 3. — *Exposition dans un lieu solitaire.*

203. — Lorsque l'exposition a eu lieu dans un endroit solitaire, le délit devient plus grave. « Car, dans ce cas, dit l'exposé des motifs, l'abandon dénote l'intention de détruire jusqu'à l'existence de l'être infortuné destiné à perdre la vie par un crime, après l'avoir reçu le plus souvent par une faute. »

204. — Aussi, pour être en harmonie avec la criminalité, la pénalité a-t-elle dû devenir plus rigoureuse. Ceux donc qui exposent et délaissent en un lieu solitaire un enfant au-dessous de l'âge de sept ans accomplis sont, pour ce seul fait, condamnés à un emprisonnement de six mois à deux ans, et à une amende de 16 à 200 fr. — C. pén., art. 349.

205. — L'ancien droit avait également des dispositions plus rigoureuses, lorsque, par les circonstances dont elle était environnée, l'exposition présentait des dangers plus graves pour la personne de l'enfant. Ainsi, suivant Jousse (t. 4, p. 23 et 24), si l'enfant était exposé où à un grand froid, et sans qu'on lui eût fait la moindre chaleur, et qu'il vînt à mourir ou à être dévoré par quelques bêtes, les peines du fouet et de la flétrissure étaient remplacées par la peine de mort, et il en était de même si l'enfant était abandonné dans des lieux où il pouvait mourir.

206. — L'art. 969 et 970 du Code prussien prononcent dix ans de réclusion contre la mère qui a exposé ou fait exposer vivant son enfant dans un lieu où il n'était pas facile à découvrir.

207. — Quant au Code autrichien (art. 434), il punit de cinq ans de prison dure l'exposition de l'enfant dans un lieu éloigné, ordinairement peu fréquenté, ou bien avec des circonstances telles qu'il ne pût être promptement découvert et sauvé.

208. — La peine édictée par l'art. 349 doit être appliquée à ceux qui ont donné l'ordre d'exposer l'enfant, si cet ordre a été exécuté. — Même article.

209. — Mais quel est le sens du mot *ordre* employé dans l'art. 349, C. pénal?—Dans son acception propre, l'ordre suppose le droit de commander et le devoir d'obéir. C'est dans ce sens que l'on trouve dans la loi romaine : *Sive quis manifestus cœdat, sive imperet servo, hâc actione tenetur : idem et si filio imperet* (L. 7, § 4, ff., Arb. furt.). Mais cette interprétation est tellement restreinte que, si on l'admettait, l'utilité de la disposition deviendrait assez douteuse. N'est-il pas plus conforme à l'esprit de la loi d'appliquer l'art. 349 à tout ordre, qu'il émane d'un supérieur à son inférieur, ou qu'il n'y ait point subordination de la part de celui qui l'a donné, peu importe. L'ordre en effet n'étant qu'une sorte de mandat (*jussus ferè eadem est ratio quæ mandati*), il est difficile de comprendre que celui qui l'aurait donné fût à l'abri de la peine, par cela seul que l'agent serait son égal, et qu'il aurait donné une commission et non un ordre. Tel est l'avis de MM. Chauveau et Hélie, *ibid.*, p. 363.

210. — Mais le simple conseil ne peut être assimilé à l'ordre dont il est fait mention dans l'article 349, C. pén., pour constituer la complicité.—Carnot, *ib.*, p. 437.

211. — Remarquons, au surplus, que pour que *l'ordre* constitue légalement en faute celui qui l'a donné, il faut qu'il ait été exécuté.

212. — La peine prononcée par l'art. 349 est de deux à cinq ans, et l'amende de 50 à 400 fr., lorsque le crime qu'il prévoit a été commis par les tuteurs ou tutrices, instituteurs ou instituteurs, ou par leur ordre. C. pén., art. 350.

213. — Les observations que nous avons faites plus haut sur le point de savoir si l'art. 353 est ou non limitatif, s'appliquent également au cas prévu par l'art. 350, dont la disposition est identique. — V. *supra* nos 194 et suiv.

214. — Aux termes de l'art. 354, C. pén., si, par suite de l'exposition et du délaissement prévus par les art. 349 et 350, l'enfant est demeuré *mutilé et estropié*, l'action est considérée comme blessures volontaires à lui faites par la personne qui l'a exposé et délaissé; et si la mort s'en est suivie, l'action est considérée comme meurtre; au premier cas, les coupables subiront la peine applicable aux blessures volontaires, et au second cas, celle du meurtre. — C. pén., art. 351.

215. — L'exposé des motifs donne pour raison de cette disposition que l'exposant ne pouvait se dissimuler que la privation absolue où il laissait l'enfant de toute espèce de secours, l'exposait à cet événement, et qu'il ne tenait qu'à lui de l'en préserver.

216. — La loi, dans l'art. 351, exige que l'enfant exposé soit resté *mutilé* ou *estropié*, pour que l'aggravation de la peine ait lieu. Des souffrances ou des maladies passagères ne suffiraient pas. — Chauveau et Hélie, *ibid.*, p. 633.

217. — MM. Chauveau et Hélie (p. 365) font remarquer avec raison que l'exposition, assimilée au meurtre, est celle dans laquelle l'agent *n'a pas voulu directement* donner la mort à l'enfant; mais que, si l'exposition avait eu lieu avec le dessein constaté de faire périr l'enfant, par exemple, s'il avait été laissé nu, la nuit, pendant les froids d'hiver, et dépouillé de ses langes, il y aurait infanticide.

# ENFANS ADULTÉRINS ET INCESTUEUX.

*Table alphabétique.*

## ENFANS ADULTÉRINS ET INCESTUEUX.—1.—L'enfant adultérin est celui dont les père et mère étaient, au moment de la conception, mariés à un tiers, ou seulement l'un d'eux. — L'enfant incestueux est celui dont les père et mère ne pouvaient se marier entre eux, par suite de parenté ou d'alliance.

SECT. 1re. — *Quels enfans sont adultérins ou incestueux (n° 2).*

SECT. 2e. — *Leur état sous l'ancien droit et la législation transitoire (n° 7).*

SECT. 3e. — *Leur état sous le code civil (n° 30).*

§ 1er. — *Principes généraux (n° 30).*

§ 2. — *Nécessité de la reconnaissance volontaire (n° 35).*

§ 3. — *Prohibition de la recherche de paternité ou maternité (n° 71).*

§ 4. — *Transaction sur les droits (n° 82).*

Sect. 1re. — *Quels enfans sont adultérins ou incestueux.*

2. — Pour savoir si un enfant est incestueux ou adultérin, il faut se reporter à l'époque de sa conception, et non pas à celle de sa naissance.—Toullier, t. 2, n° 917; Duranton, t. 3, n° 194.

3. — Si donc, depuis la conception, mais avant la naissance de l'enfant, l'epère épousait une autre femme que la mère, l'enfant ne serait pas adultérin, quoique né pendant le mariage de son père. — Au contraire, si le père était marié au moment de la conception, l'enfant resterait adultérin, quoique le père fût libre au moment de sa naissance. — Toullier, n° 917.

4. — Mais comment se fixe l'époque de la conception? Il semble juste d'avoir recours aux présomptions établies par la loi en matière de filiation légitime. — En conséquence, devrait être considéré comme naturel simple : l'enfant né d'une femme mariée avant le cent quatre-vingtième jour de son mariage et désavoué par le mari (art. 312 C. civ.); ou même celui qui, né d'une autre que l'épouse dans les trois cents jours de la célébration du mariage, serait reconnu par le mari, ou encore celui qui serait né d'une autre que l'épouse, mais plus de cent quatre-vingts jours après la dissolution du mariage, et que le mari avouerait pendant.—Duranton, t. 3, n° 194; Vazeille, sur l'art. 725, C. civ., n° 9. — V. LÉGITIMITÉ.

5. — Jugé cependant que la présomption de naissance accélérée, établie par l'art. 312 et 314, C. civ., ne peut être invoquée par l'enfant né hors mariage, qui par conséquence l'enfant naturel, né six mois et quelques jours après la dissolution du mariage dans lequel son père ou sa mère était engagée ne peut pas prétendre qu'il n'a pas été conçu pendant l'existence de ce mariage et qu'il n'est pas le fruit de l'adultère. — Dijon, 29 avr. 1818, Guillot de Villars c. Joséphine Désirée.

6. — Doit-on considérer comme adultérins ou incestueux 1° les enfans d'une personne engagée dans les ordres sacrés; 2° les enfans de personnes qui, parentes au degré prohibé, ont obtenu, depuis la conception de ces enfans, des dispenses de mariage? — V. LÉGITIMATION.

Sect. 2e. — *Leur état sous l'ancien droit et la législation transitoire.*

7. — Le droit romain allait jusqu'à refuser la qualité d'enfans aux enfans adultérins, comme si la nature elle-même les eût désavoués. Justinien leur interdisait le droit de réclamer des alimens de leurs père et mère. *Nec alendi; nec naturales nominandi erant* (Auth. 7 Complexu.)—Merlin, Rép., v° *Adultérin* (enfans).

8. — Les dispositions des lois romaines, dit Mer-

lin, n'étaient pas suivies parmi nous. Elles furent d'abord adoucies par les interprètes et par le droit canonique, qui accordèrent des alimens aux enfans adultérins. — Merlin, *cod. verb.*; Loyseau, *Tr. des enf. nat.*, p. 46 et 47.

9. — Il s'établit en jurisprudence: 1° que l'enfant adultérin pouvait être reconnu par ses père et mère.

10. — ... 2° Qu'il avait même le droit de rechercher sa filiation, et de la faire rechercher en justice.

11. — ...Que, sa filiation une fois constatée, il avait droit à des alimens.

12. — La preuve de la filiation adultérine résultait suffisamment de ce que le père déclaré dans l'acte de naissance de l'enfant s'étoit fait délivrer un extrait de cet acte et l'avait lui-même remis à l'enfant. Peu importe que le père ne soit décédé que depuis le Code civil. — *Cass.*, 24 déc. 1832, Robin.

13. — Le principe d'après lequel nul ne peut réclamer un état contraire à celui que lui donnent son titre de naissance et la possession conforme à ce titre s'appliquait alors aux bâtards et aux adultérins qui avaient titre et possession conformes. — *Paris*, 11 mars 1826, Bucheron c. Soret; *Cass.*, 22 janv. 1840 (t. 1er 1840, p. 86), Delair c. Deschamps.

14. — Une cour royale a pu, d'après le rapprochement des titres produits au procès, d'après les faits qui lui ont été soumis et d'après les déclarations des parties, juger qu'un enfant inscrit comme né d'une femme non mariée et d'un père inconnu, était l'enfant adultérin d'un individu marié, qui n'a pu l'adopter valablement sous la loi de 1792. — *Cass.*, 23 déc. 1816, Thiéry c. Delisle.

15. — La loi du 12 brum. an II a interdit pour l'avenir la recherche de la paternité. — Elle a assimilé les enfans naturels aux enfans légitimes, quant aux droits de successibilité. — Mais « ont été exceptés ceux de ces enfans dont le père ou la mère étaient, lors de leur naissance, engagés dans les liens du mariage. Il leur était seulement accordé, à titre d'alimens, le tiers en propriété de la portion à laquelle ils auraient eu droit s'ils étaient nés dans le mariage. » — L. 12 brum. an II, art. 13.

16. — Ainsi, les enfans nés pendant une instance en divorce, n'en étant pas moins adultérins, n'avaient droit qu'au tiers de la succession de leurs père et mère. — *Cass.*, 5 niv. an IX, Blanquart Labarrière c. Dumas. — V. Loiseau, *Enf. nat.*, p. 142.

17. — Cependant, si le tiers de la succession ne suffisait pas à l'entretien et à la nourriture de l'enfant, les juges devaient arbitrer la quotité d'alimens dus par les héritiers légitimes et pouvaient même abandonner à l'enfant adultérin, à titre d'alimens, la totalité de la succession. — *Rouen*, 8 germin. an XI, Leroy c. Lemercier.

18. — Mais à quelles successions peut s'appliquer l'art. 13, L. 12 brum. an II?

19. — Jugé 1° qu'il n'est point applicable aux successions ouvertes avant la loi, même depuis le 14 juill. 1789. — La disposition rétroactive de cette loi qui admettait les enfans nés hors mariage aux successions de leurs père et mère ouvertes depuis le 14 juill. 1789, ne s'étendait qu'aux enfans naturels simples et non aux adultérins; de telle sorte que les enfans adultérins nés sous l'ancienne législation n'avaient pas le droit de réclamer la quotité d'alimens déterminée soit par l'art. 13 L. 12 brum. an II, soit par l'art. 3, L. 15 thermid. an IV, sur des successions ouvertes même depuis le 14 juill. 1789, mais avant le 12 brum. an II. — *Cass.*, 8 mars 1825, de Fossainville c. de Rohan.

20. — ... 2° Qu'il n'est pas applicable aux successions ouvertes depuis la loi du 12 brum. an II jusqu'à la promulgation du Code civil. — En effet, la loi transitoire du 14 flor. an XI, qui a décidé que l'état des enfans nés hors mariage et leurs droits sur les successions ouvertes depuis la loi du 11 brum. au II seraient réglés par le Code civil, comprenait dans sa disposition générale les enfans incestueux et adultérins et les enfans naturels simples; de telle sorte que les droits d'un enfant adultérin dont les père et mère sont morts sous la loi de l'an II doivent être réduits aux proportions déterminées par le Code civil. — *Bordeaux*, 16 pluv. an XII, Superville; *Limoges*, 9 juin 1838 (t. 2 1838, p. 466), Courty c. Pambet.

21. — ... 3° Qu'il n'est pas applicable, à plus forte raison, aux successions ouvertes depuis la promulgation du Code civil. — *Cass.*, 28 juin 1815, Lanchère; *Agen*, 5 fév. 1824, Geneste c. Duverger; *Limoges*, 8 juin 1838 (t. 2 1838, p. 466), Courty c. Pambet; *Cass.*, 3 fév. 1841 (t. 1er 1841, p. 369), Carbonity.

22. — La loi transitoire du 14 flor. an XI fait en quelque sorte rétroagir le Code civil jusqu'à la loi du 12 brum. an II, en ce qui concerne l'état des



enfans adultérins; d'où il suit qu'il faut considérer comme nulle pour et contre l'enfant la reconnaissance d'un enfant adultérin faite sous la loi du 12 brum. an II, soit que les père et mère soient décédés sous l'empire de cette loi. — *Limoges*, 8 juin 1838 (t. 2 1838, p. 466), Courty c. Pambet.

23. — ... Quoiqu'ils aient survécu à la promulgation du Code civil. — *Cass.*, 28 juin 1815, Lanchère; 3 fév. 1841 (t. 1er 1841, p. 369), Carbonety.

24. — ... Ou que cette reconnaissance soit accompagnée d'une longue possession d'état. — *Angers*, 8 déc. 1824, Cordelet.

25. — ... Ou que l'enfant ait pris et reçu cette qualité dans plusieurs actes et jugemens et notamment dans un contrat de mariage par lequel il accepte une pension alimentaire de celui qui l'a reconnu pour son fils et en raison de cette qualité. — *Agen*, 5 fév. 1824, Geneste c. Duverger.

26 — ... Que le principe qui prohibe la recherche de la paternité est applicable à l'enfant adultérin, né sous l'ancienne législation, lorsque sa mère n'est décédée que depuis le Code civil; de telle sorte que celui qui demande la nullité d'une adoption postérieure au Code civil, en se fondant sur une déclaration de grossesse et sur un acte de baptême antérieur au code et qui désignent comme père de l'enfant adopté un homme marié, est repoussé par le principe des art. 340 et 342, C. civ. — Il ne peut dire que sa demande est fondée, non pas sur une recherche de paternité, mais sur des actes qui, avant le code, pouvaient établir et établissent encore la filiation de l'adopté. — *Cass.*, 6 fév. 1833, Pigot c. Bessiat.

27. — Jugé cependant que la reconnaissance d'un enfant adultérin et les donations faites à son profit dans un testament olographe sont valables à l'effet de lui assurer des alimens, quoique le père, auteur de ces dispositions, soit décédé dans l'intervalle de la loi du 12 brum. an II au Code civil. — *Cass.*, 28 prair. an XIII, Brunel c. Appoline.

28. — ... Et que l'enfant adultérin qui a en sa faveur un aveu de paternité antérieur à la loi du 12 brum. an II, peut réclamer des alimens sur la succession de son père décédé depuis cette loi. — *Paris*, 22 mars 1828, Adèle c. de Coligny; *Cass.*, 24 déc. 1832, Robin. — Alors surtout qu'il en a constamment reçu pendant la vie de celui-ci. — *Cass.*, 24 déc. 1832, Robin.

29. — ... Et même que la filiation d'un enfant adultérin né sous l'ancien droit peut être établie suivant la loi de sa naissance, quoique le père de cet enfant soit décédé dans l'intervalle de la loi de brum. an II au Code civil. — *Grenoble*, 5 août 1829, sous *Cass.*, 24 déc. 1832, Robin.

## Sect. 3e. — *Leur état sous le Code civil.*

### § 1er. — *Principes généraux.*

30. — Sous le Code civil, les enfans nés d'un commerce incestueux ou adultérin ne peuvent pas être reconnus (art. 335, C. civ.), ils ne peuvent être admis à la recherche, soit de la paternité, soit de la maternité (art. 342, C. civ.)

31. — De ce double principe résulte que les enfans adultérins ou incestueux n'existent pas comme tels, aux yeux de la loi; qu'ils sont complétement étrangers à leurs père et mère, ne jouissent d'aucun des droits, mais ne sont frappés d'aucune des incapacités des enfans naturels simples.

32. — Cependant, et dans certains cas exceptionnels, la filiation adultérine ou incestueuse peut se trouver acquise par la seule force des choses, sans recherche de paternité et sans reconnaissance volontaire.

33. — Ainsi la filiation adultérine peut se trouver établie: 1° par suite d'un désaveu de paternité (art. 312, C. civ.); 2° par la nullité d'un second mariage contracté avant la dissolution du premier. — La filiation incestueuse peut se trouver constatée dans le cas où un mariage contracté entre parens au degré prohibé est déclaré nul, etc. — Duranton, t. 3, n° 195.

34. — Dans ces différentes hypothèses, les enfans adultérins et incestueux n'ont droit qu'à des alimens. — C. civ., art. 762. — Ils n'ont aucuns droits héréditaires; ils ne peuvent même rien recevoir de leurs père et mère par donation ou par testament. — C. civ., art. 908. — V. DISPOSITION À TITRE GRATUIT, SUCCESSION.

### § 2. — *Nullité de la reconnaissance volontaire.*

35. — La nullité de la reconnaissance est absolue. Ainsi, la reconnaissance et la légitimation d'un enfant adultérin né de deux Français en pays



étranger quoique déclarées par rescrit du prince étranger, sont réputées non avenues en France, comme contraires aux lois françaises. — *Rouen*, 25 mai 1813, Champeaux-Grammont c. Cardon.

36. — La filiation adultérine d'un enfant né avant la loi du 12 brum. an II ne peut être prouvée par des reconnaissances de paternité faites depuis la publication du Code civil, bien que l'enfant soit né sous l'empire d'une législation qui permettait ces reconnaissances. — *Grenoble*, 6 fév. 1845 (t. 2 1845, p. 769), Bouchayer c. Girard.

37. — Elle ne lui donne pas le droit de porter le nom du père qui l'a reconnu: *Nec familiam, nec gentem habet.* — *Angers*, 8 déc. 1824, Cordelet; *Paris*, 22 mars 1828, Adèle c. N...; *Aix*, 12 déc. 1839 (t. 1er 1840, p. 349), Laffé.

38. — Elle ne lui attribue aucun droit de successibilité, même en l'absence de tout autre héritier. — C. civ., art. 762.

39. — Elle ne peut même servir de titre pour réclamer des alimens. — *Cass.*, 28 juin 1815, Lanchère; 6 avr. 1820, Dioli c. Pamel; *Rouen*, 6 juill. 1820, Bellot c. Legros; *Montpellier*, 19 janv. 1832, Azéma c. Antoine; *Cass.*, 4 déc. 1837 (t. 2 1837, p. 564), Milliardet c. Grosset; *Limoges*, 9 juin 1838 (t. 2 1838, p. 466), Courty c. Pambet; — Locré, *Espr. du C. civ.*, t. 4, p. 181; Duranton, t. 3, n° 209; Chabot, sur 762, n° 4; Grenier, *Donat.*, n° 130; Favard de Langlade, v° *Enfant adultérin*; Zachariæ, t. 4, p. 90.

40. — ... Alors même qu'elle serait authentique et faite dans l'acte de naissance de l'enfant. — *Montpellier*, 19 janv. 1832, Azéma c. Antoine; *Limoges*, 9 juin 1838 (t. 2 1838, p. 466), Courty c. Pambet.

41. — ... A plus forte raison, si elle n'a été faite que par acte sous seing-privé. — *Cass.*, 4 déc. 1837 (t. 2 1837, p. 564), Milliardet c. Grosset. — Ou si elle résulte de simples lettres attribuées au père; la demande en vérification de ces lettres est non-recevable autant qu'elle a pour objet d'obtenir une reconnaissance de paternité prohibée par la loi. — *Cass.*, 6 avr. 1820, Dioli c. Pamel. — V. dans le même sens *Angers*, 16 fév. 1843 (t. 1er 1843, p. 402), Milliardet c. Grosset.

42. — L'art. 762, C. civ., qui accorde des alimens aux enfans adultérins, ne détruit pas la prohibition de l'art. 335, et n'est applicable qu'au cas où la preuve de la paternité adultérine est indépendante de toute reconnaissance volontaire et résulte d'actes de poursuites et de jugemens qui n'ont pas pour objet la recherche de cette paternité. — *Montpellier*, 19 janv. 1832, Azema c. Antoine; *Cass.*, 4 déc. 1837 (t. 2 1837, p. 564), Milliardet c. Grosset; *Limoges*, 9 juin 1838 (t. 2 1838, p. 466). Courty c. Pambet.

43. — Jugé, au contraire, mais à tort selon nous, que si la reconnaissance d'un enfant adultérin est nulle en ce qui concerne les droits de famille et de succession, elle n'en donne pas moins à cet enfant le droit de réclamer des alimens. — Anal. *Cass.*, 28 prair. an XIII, Brunel c. Appoline; *Bruxelles*, 29 juill. 1811, Nieuwinckel c. Vanhegelson; *Nancy*, 20 mai 1816, N...; *Rennes*, 31 déc. 1834, Milliardet c. Grosset; *Paris*, 22 juin 1839 (t. 2 1839, p. 94), Ducanoy c. Charles-Joseph; — Siméon et Jaubert, au cons. d'état; Merlin, *Rép.*, v° *Filiation*, et v° *Alimens*, § 1er, art. 2; Toullier, t. 2, n° 967; Vazeille, *Succ.*, sur 762; Richefort, t. 2, n° 819.

44. — ... Alors même que la reconnaissance n'est que sous seing-privé. — *Nancy*, 20 mai 1816, B... c. N...; *Rennes*, 31 déc. 1834, Milliardet c. Grosset; — Toullier, t. 2, n° 968; Richefort, t. 2, n° 819.

45. — ... De telle sorte que les alimens dus à l'enfant adultérin peuvent, à défaut d'autres biens, être pris sur la succession mobilière du père qui l'a reconnu, encore bien que ces meubles appartiennent à la communauté, et que la communauté entière soit dévolue à la veuve par la loi protectrice de son mariage. — *Bruxelles*, 29 juill. 1811, Nieuwinckel c. Vanhegelson.

46. — ... Et que la promesse faite au profit de l'enfant adultérin, dans l'acte de reconnaissance, de lui fournir des alimens jusqu'à ce qu'il soit en état de gagner sa vie, est valable et obligatoire, quoiqu'elle ait été contractée sous une condition qui n'a point été remplie. — *Grenoble*, 20 janv. 1831, B... c. C... — V. aussi *Rennes*, 31 déc. 1834, Milliardet c. Grosset.

47. — L'art. 762, C. civ, qui n'accorde à l'enfant adultérin et incestueux que des alimens, n'est applicable que dans les cas où la preuve de la filiation adultérine ou incestueuse résulte de la force même des choses et de jugemens. — *Cass.*, 8 fév. 1836, Pierret c. Gauthier; 3 fév. 1841 (t. 1er 1841, p. 369), Carbonety; 4 déc. 1837 (t. 2 1837, p. 564), Milliardet c. Grosset.

48. — Si la reconnaissance d'un enfant adultérin ou incestueux est tellement nulle, qu'elle ne peut jamais lui profiter, elle ne peut non plus jamais

lui nuire et notamment lui être opposée pour le priver de donation ou de legs fait en sa faveur par celui qui l'a reconnu. — *Cass.*, 28 juin 1815, Lanchère; 11 nov. 1819, Devillars c. Désirée; *Riom*, 6 août 1821, Terrasse c. Loubaresse; *Cass.*, 9 mars 1824, Gengout c. Bataille; *Poitiers*, 7 avr. 1824, Pellerin c. Augier; 11 déc. 1824, Restard c. Berthomé; *Bordeaux*, 21 déc. 1835, Rencroy c. Chapelle; *Cass.*, 3 fév. 1836, Pierret c. Gauthier; 3 fév. 1841 (t. 1er 1841, p. 369), Carbonety.

49. — ... Ni être opposée à la mère de l'enfant adultérin, pour la faire considérer comme personne interposée et la priver d'une donation ou d'un legs à elle fait par le prétendu père. — *Cass.*, 1er août 1827, Malterre c. Pellerin; 18 mars 1828, Lemerle c. Cordelet. — Anal. *Cass.*, 10 nov. 1836 (t. 1er 1837, p. 210), Miron c. David. — *Contrà Paris*, 31 août 1827, Mouffle c. Rateau; *Lyon*, 25 mars 1835, Trollion c. Angélier.

50. — ... Alors surtout que, le mariage ayant suivi la naissance de l'enfant, le legs paraît être le résultat de l'affection conjugale. — *Cass.*, 18 mars 1828, Lemerle c. Cordelet. — Anal. *Cass.*, 10 nov. 1836, Miron c. David.

51. — La reconnaissance ne peut être opposée à l'enfant, soit qu'elle résulte de son acte de naissance. — *Cass.*, 8 fév. 1836, Pierret c. Gautier.

52. — ... Ou du contrat de mariage de ses père et mère avec déclaration qu'elle n'est faite que dans l'intérêt de l'enfant et par affection pour lui. — *Poitiers*, 7 avr. 1824, Pellerin c. Augier et Duval.

53. — ... Soit qu'elle ait été accompagnée de la possession d'état, la possession d'état n'étant d'aucune valeur en matière de filiation adultérine, surtout lorsque l'enfant a réclamé contre elle depuis sa majorité. — *Poitiers*, 7 avr. 1824, Pellerin c. Augier et Duval.

54. — ... Ou confirmée par un conseil de famille qui aurait qualifié l'enfant d'adultérin, et par l'enfant lui-même qui se serait déclaré né du père qu'on lui attribue dans son contrat de mariage passé en minorité avec l'assistance du conseil de famille. — *Poitiers*, 7 avr. 1824, Pellerin c. Augier et Duval.

55. — ... Soit même qu'elle ait été consignée dans un testament ou dans tout autre acte contenant une libéralité au profit de l'enfant. La reconnaissance doit alors être réputée non écrite, s'il n'y a point de doute sur l'identité du donataire. — *Riom*, 6 août 1821, Terrasse c. Loubaresse.

56. — ... A moins toutefois qu'elle n'apparaisse comme cause déterminante de la donation ou du legs, ce qui constituerait une cause illicite. — *Cass.*, 13 juin 1826, d'Anthenelle; 18 mars 1828, Cordelet c. Lemerle; 4 janv. 1832, Pendaries c. Dubourg; 7 déc. 1840 (t. 1er 1841, p. 32), Chaix c. Benoit; 3 fév. 1841 (t. 1er 1841, p. 369), Carbonety

57. — Peu importe que la reconnaissance soit invoquée contre l'enfant par voie d'action ou par voie d'exception.

58. — D'après le même principe, l'acte de reconnaissance d'un enfant adultérin par un père marié et une mère libre, quoique nul pour lui imprimer le caractère d'adultérinité du chef du père, serait cependant valable pour constater la filiation à l'égard de la mère. — *Dijon*, 29 août 1818, de Villars c. Joséphine Désirée.

59. — L'enfant qui, après avoir été long-temps en possession de l'état d'enfant né de père inconnu, a été d'abord reconnu et ensuite adopté par un homme marié, est fondé à repousser l'acte qui lui confère une filiation adultérine pour s'en tenir à l'acte d'adoption. — On dirait en vain que le premier acte contenant à la fois une reconnaissance et une adoption est indivisible et doit être annulé pour le tout. — *Toulouse*, 15 mai 1827, Pradère c. Albin.

60. — Décidé au contraire que la reconnaissance d'un enfant faite dans le contrat de mariage de ses père et mère, dont l'un était à l'époque de la naissance engagé dans les liens du mariage avec une autre personne, bien qu'elle soit nulle, a cependant pour effet d'établir le fait d'adultérinité de l'enfant; mais qu'elle ne peut valoir comme reconnaissance d'enfant naturel à l'égard de celui qui était libre au moment de la naissance et lui attribuer des droits à la succession de cet enfant. — *Bourges*, 4 janv. 1839 (t. 2 1843, p. 441), Chevannes c. Michot. — V. dans le même sens *Paris*, 7 avr. 1825, Saint-Romain c. Sénart.

61. — D'après M. Zachariæ (t. 4, p. 9), lorsqu'un enfant a été reconnu dans le même acte par deux personnes de sexe différent, dont l'une était mariée à l'époque de la conception, la reconnaissance est nulle, même à l'égard de celle qui n'était pas mariée, parce que la déclaration de cette dernière, étant corrélative à celle de la personne mariée, ne peut en être séparée.

62. — Mais M. Cadrès (no 63) fait observer, avec raison selon nous, que le motif donné par M. Zachariæ à l'appui de son opinion est évidemment erroné, car l'enfant peut très bien avoir pour mère la femme qui est désignée dans l'acte et ne pas avoir pour père l'homme qui y est dénommé, *et vice versâ*.

63. — Toutefois, dans le cas où un enfant aurait été reconnu par un homme et une femme parente au degré prohibé pour le mariage, si la reconnaissance avait eu lieu par un seul et même acte, l'une et l'autre serait nulle. — Zachariæ, t. 4, p. 90; Cadrès, no 64.

64. — Si la reconnaissance de la mère était postérieure à celle du père, celle-ci serait valable et celle-là serait nulle, à moins qu'on ne prouvât la maternité; car alors la maternité de la mère l'emporterait sur la reconnaissance du père qui devrait être écartée comme contraire à l'art. 335. — Zachariæ, *loc. cit.*

65. — La jurisprudence ci-dessus analysée ne s'est pas établie sans opposition. Ainsi, il a été jugé : 1o que la simple déclaration faite par un testateur que ceux qu'il institue ses légataires sont ses enfans adultérins suffit pour annuler les dispositions que le testament renferme en leur faveur. — *Liége*, 31 déc. 1823, Simon c. Tassin.

66. — ... 2o Que la reconnaissance d'un enfant adultérin peut lui être opposée pour faire annuler les libéralités qu'il aurait reçues de son père. — *Lyon*, 25 mars 1835, Trollion c. Angelier; 17 mai 1837 (t. 2 1837, p. 523), Carbonety. — Et pour le réduire à de simples alimens. — *Paris*, 14 déc. 1835, Dupuis c. Carron.

67. — ... 3o Que la donation déguisée d'une somme d'argent faite par les père et mère à l'enfant adultérin peut être maintenue, à titre d'alimens, si elle n'est pas excessive, eu égard au nombre des héritiers légitimes. — *Toulouse*, 30 avr. 1828, Fontêtes c. Capmartin.

68. — ... 4o Que l'enfant adultérin qui a été reconnu par ses père et mère ne peut, tout en écartant comme nulle la reconnaissance du père, soutenir que celle de sa mère subsiste et lui confère des droits à sa succession. La reconnaissance est indivisible. — *Paris*, 7 avr. 1825, Saint-Romain c. Senart.

69. — ... 5o Que si un père, en adoptant son enfant adultérin, a reconnu, dans l'acte même d'adoption, le vice de la naissance de cet enfant, un arrêt qui se fonde sur cette reconnaissance pour annuler l'adoption ne viole pas la loi qui défend la recherche de la paternité. — *Cass.*, 13 juill. 1826, Couppie c. Barneron.

70. — Mais, dans tous les cas, ce serait à l'héritier du sang, qui opposerait à l'enfant naturel reconnu l'invalidité de son titre et sa filiation adultérine, à prouver son allégation. — *Paris*, 27 fév. 1819, Delpeyron c. Lothiers.

### § 3. — *Prohibition de la recherche de paternité ou de maternité.*

71. — La recherche de la paternité, ou même de la maternité adultérine ou incestueuse, est formellement prohibée (C. civ., art. 342), même dans les cas d'enlèvement, et quoique l'époque de cet enlèvement se rapporte à celle de la conception. — Duranton, no 235; Zachariæ, t. 4, p. 94; Cadrès, no 68. — *Contrà* Loiseau, p. 735; Favard, *Rép.*, vo *Enf. adult.*, no 1er.

72. — La recherche de la paternité ou de la maternité adultérine ou incestueuse est interdite à l'enfant, même pour se procurer des alimens. Ainsi la preuve de la paternité et par suite l'obligation de fournir des alimens ne peut être considérée comme résultant de lettres missives ou d'actes sous seing-privé que le prétendu père ne voudrait ni reconnaître ni désavouer. — *Cass.*, 4 déc. 1837 (t. 2 1837, p. 564), Milliardet c. Grosset.

73. — Elle est interdite contre l'enfant comme à son profit; de telle sorte que les héritiers d'un testateur ne peuvent être admis à prouver que le légataire institué à titre universel ou particulier est un enfant adultérin de ce testateur. — *Paris*, 6 juin 1809, Blet c. Bande; *Bourges*, 7 mai 1810, Duvernoy c. Bavillot; *Cass.*, 14 mai 1810, Lemur c. Dubois; 14 mai 1811, N...; 17 déc. 1816, Gillet c. Lemoyne; 1er avril 1818, de Mervé c. René Gustave; *Grenoble*, 26 juin 1821, Dubois c. François Robin; *Toulouse*, 15 avr. 1834, Saint-Germain c. Mouchet; *contrà Limoges*, 31 mars 1808, Lemur c. Dubois.

74. — ... Alors même que le légataire universel serait indiqué comme fils de père inconnu. — *Paris*, 9 juin 1809, Blet c. Bande.

75. — ... Et que la filiation adultérine résulterait de diverses présomptions (*Cass.*, 17 déc. 1816, Gillet c. Lemoyne), ou d'une lettre confidentielle jointe au testament (*Cass.*, 1er avr. 1818, de Mervé c. René Gustave), ou de reconnaissances plus ou moins directes renfermées dans des lettres missives. — *Amiens*, 20 fév. 1819, Jégu c. Sérans.

76. — Ainsi on ne peut se livrer à des investigations tendant à établir l'identité d'un enfant naturel reconnu avec un enfant dont l'acte de naissance serait postérieur au mariage du père. — *Pau*, 13 déc. 1836, Saint-Aubin d'Hernani c. Brice.

77. — ... Ni attaquer la reconnaissance d'un enfant naturel faite par son père, en alléguant qu'il résulte de cet acte et d'autres pièces que cet enfant est adultérin du côté de sa mère. — *Pau*, 27 juill. 1822, Darnandat.

78. — Peu importe que la preuve en soit offerte par voie d'action (*Bourges*, 7 mai 1810, Duvernoy c. Barillot), ou par voie d'exception. — *Paris*, 6 juin 1809, Blet c. Bande; *Cass.*, 14 mai 1810, Lemur c. Dubois; 14 mai 1811, N...; 17 déc. 1816, Gillet c. Lemoyne; 1er avr. 1818, de Mervé c. René Gustave; — Toullier, t. 2, no 939; Merlin, *Rép.*, vo *Filiation*, no 18.

79. — Jugé toutefois qu'on ne peut dire qu'il y ait recherche de la paternité ou de la maternité adultérine, lorsque cette paternité ou maternité émanant d'actes de reconnaissance du père ou de la mère, il n'y a plus qu'à la déclarer. En conséquence, la preuve d'adultérinité d'un enfant naturel peut résulter de la reconnaissance de cet enfant faite dans son acte de naissance par son père et dans un acte extrajudiciaire par sa mère; et cette reconnaissance doit produire effet pour et contre l'enfant. — *Lyon*, 25 mars 1835, Trollion c. Angelier.

80. — En principe, ce n'est pas rechercher une maternité adultérine que de se prétendre l'enfant d'une femme mariée et par suite l'enfant du mariage même. Un enfant, inscrit d'abord à l'état civil comme né de père et mère inconnus, pourrait revendiquer ainsi une filiation légitime, quoique antérieurement il eût été reconnu par un tiers. Cette reconnaissance ne peut faire obstacle à sa prétention, parce que la maxime que nul ne peut réclamer un état contraire à celui que lui donnent son titre de naissance et la possession conforme à ce titre, n'est pas applicable à la filiation des enfans naturels. Si donc la preuve de la maternité est acquise, l'enfant est présumé né dans le mariage, et cette présomption subsiste jusqu'à preuve contraire de la part du mari. — *Cass.*, 13 fév. 1839 (t. 1er 1840, p. 84), Tronquoy c. Dutiers.

81. — Cependant, si l'état d'un enfant naturel était fixé par la déclaration du père dans son acte de naissance et par la possession conforme, et que cet état fût reconnu hors de toute contestation, cet enfant serait non recevable à rechercher la maternité pour l'attribuer à une femme mariée et se dire en conséquence issu du mariage. — Le concours du mari lui-même, s'il était l'œuvre de la collusion, n'enlèverait pas à cette recherche de maternité son caractère illicite. — En vain dira-t-on que l'art. 322, C. civ., n'est applicable qu'à la filiation légitime, l'enfant naturel, légalement reconnu, a un état; et si cet état peut être contesté par tous ceux qui y ont intérêt, c'est aux juges d'apprécier la nature de la contestation. — *Cass.*, 22 janv. 1840 (t. 1er 1840, p. 86), Delair et Deschamps c. Crugnes; *Paris*, 11 mars 1826, Hucheron c. Hugnot et Soret.

### § 4. — *Transactions sur les droits des enfans adultérins ou incestueux.*

82. — L'état des personnes ne peut jamais être l'objet d'une transaction; mais il en est autrement des intérêts pécuniaires qui en dépendent. — *Cass.*, 12 juin 1838 (t. 2 1838, p. 366), Martin c. Deferrand.

83. — Ainsi, les enfans légitimes qui ont reconnu comme légitime un enfant adultérin et l'ont admis en cette qualité au partage de la succession du père commun, quoiqu'ils connussent le vice de sa naissance, peuvent toujours revenir sur cette reconnaissance, empêcher l'enfant adultérin de porter le nom de sa famille, et faire rectifier les actes dans lesquels ce nom lui a été attribué; mais ils ne peuvent revenir sur le partage et exiger la restitution de la portion de biens qui a été recueillie. — *Aix*, 12 déc. 1839 (t. 1er 1840, p. 349), Leffé; *Orléans*, 6 mars 1841 (t. 2 1841, p. 241), Grandvilliers c. Legendre.

84. — Jugé qu'une convention qui porte tout à la fois sur l'état civil d'une personne et sur les droits civils attachés à cet état n'est pas tellement indivisible qu'elle ne puisse être annulée pour une partie et maintenue pour l'autre. — *Orléans*, 6 mars 1841 (t. 2 1841, p. 241), Grandvilliers c. Legendre. — Si toutefois les clauses de l'acte sont indépendantes les unes des autres. — V. cependant ENFANT NATUREL.

# ENFANT NATUREL.

*Table alphabétique.*

ENFANT NATUREL.— 1. — On appelle ainsi l'enfant né hors mariage.

2. — L'enfant né ou plutôt conçu hors mariage est *naturel simple*, si, au moment de la conception, ses père et mère pouvaient contracter entre eux un mariage valable ; *adultérin*, s'ils étaient engagés l'un ou l'autre dans les liens du mariage avec un autre ; *incestueux*, s'ils étaient parens au degré prohibé. — V. ENFANS ADULTÉRINS ET INCESTUEUX.

3. — Le droit romain divisait les enfans naturels en deux classes : les enfans nés du concubinage, *liberi naturales*, et les enfans nés en dehors de toute union licite, *spurii*. — Il traitait ceux-ci avec la dernière rigueur et leur refusait même tout droit à des alimens. — L. 144, ff., *De verb. signif.*

4. — Notre ancien droit permettait aux enfans naturels de demander des alimens à celui qui les avait spontanément ou judiciairement reconnus ; mais il ne les admettait pas dans la famille. *Nec genus, nec gentem habent.* — Merlin, Rép., v° *Bâtard.*

5. — Nos lois révolutionnaires leur accordèrent des droits égaux à ceux des enfans légitimes. — LL. 7 mars, 4 juin et 31 juill. 1793 ; 12 brum. an II ; ordre du jour, 4 pluv. an II ; LL. 4er complém. an II ; 3 vendém. an IV, art. 12 ; 15 thermid. an IV ; arrêté 42 vent. an V ; LL. 2 vent. et 42 thermid. an VI ; 2 germin. an XI ; 14 flor. an XI. — Le Code civil a pris un sage milieu. Il a déterminé avec précision 1° comment s'établit la filiation des enfans naturels ; — 2° quel est leur état dans la famille ; — 8° quels sont leurs droits.

—

## CHAPITRE Ier. —*Législation ancienne, intermédiaire.*

6. — Aux yeux de la loi, les enfans naturels n'ont ni père ni mère, tant qu'ils n'ont pas été reconnus par eux. Ce n'est que par la reconnaissance volontaire ou forcée du père et de la mère que ces enfans peuvent prouver leur filiation. — Toullier, t. 2, n° 935.

7. — Sous l'ancienne jurisprudence, la reconnaissance volontaire des enfans naturels n'était soumise à aucune forme particulière. La recherche de la maternité et celle de la paternité était permise. On avait même admis la dangereuse maxime : *Creditur virgini prægnanti.* — Toullier, n° 937.

8. — On accueillait comme preuves de la paternité, non seulement des écrits, des faits directs, mais aussi de simples présomptions. De là des procès scandaleux, des jugemens fondés sur les preuves les plus incertaines, des transactions arrachées par la crainte de fâcheux débats. — Merlin, Rép., v° *Filiation*, n° 2 ; Toullier, n° 937.

9. — Ainsi, avant 1789, l'acte de baptême non signé du père, mais confirmé par la correspondance et par la possession d'état d'enfant naturel, équivalait à une reconnaissance valable et conférait à l'enfant un droit à des alimens. — Montpellier, 28 janv. 1806, Mahul.

10. — Si la mère seule était connue, l'enfant naturel prenait son nom et restait à sa charge. — S'il y avait reconnaissance volontaire ou forcée de la part du père, celui-ci donnait son nom à l'enfant et était obligé de lui fournir des alimens. — *Qui fait l'enfant doit le nourrir*, disait Loysel. — Montpellier, 28 janv. 1806, Mahul ; — Loiseau, p. 65.

11. — Mais, dans la plupart de nos provinces, cette filiation naturelle n'établissait entre les père et mère et l'enfant aucun droit de successibilité. Entre eux, tous avantages directs ou indirects, entre-vifs ou testamentaires étaient prohibés ou sujets à réduction dans la proportion de simples alimens. — Nouveau Denisart, v° *Bâtard* ; Merlin, Rép., v° *Bâtard* ; Loiseau, p. 65 à 83.

12. — La loi du 4 juin 1793 décréta le principe de successibilité au profit des enfans naturels.

13. — La loi du 12 brum. an II fit plus : 1° elle attribua aux enfans naturels des droits successifs semblables à ceux des enfans légitimes ; 2° elle abolit toute recherche de paternité pour l'avenir, *bienfait immense que le Code civil a de nouveau consacré !*

14. — Elle distingua néanmoins entre les enfans nés et ceux à naître ; entre ceux dont les parens étaient décédés et ceux dont les parens vivaient encore au moment de sa promulgation ; entre les successions directes et les successions collatérales. — V. art. 1er, 2, 8, 9 et 10.

15. — Quant aux enfans dont le père et mère étaient décédés avant la loi du 4 juin, an II, leur filiation pouvait être établie d'après les principes de l'ancienne jurisprudence. Ainsi : l'enfant naturel dont le père est décédé en 1780, a dû, même postérieurement à la loi du 12 brum., être admis à prouver par témoins sa filiation. — Cass., 14 thermid. an VIII, Lavarde c. Dethoury. — Mais cette preuve faite ne lui donnait droit qu'à des alimens.

16. — L'action en déclaration de paternité naturelle formée avant la loi du 12 brum. a dû être jugée d'après les règles de l'ancienne jurisprudence, même depuis cette loi. — Cass., 21 prair. an X, Coulan c. Lecouvreur.

17. — Cependant s'il n'y avait eu, avant la loi de brumaire, qu'une simple citation en conciliation, c'est d'après la législation nouvelle que l'action aurait dû être jugée. — Cass., 26 mars 1806, Martel c. Linsiruiseur.

18. — Si les père et mère étaient décédés avant la loi du 12 brum. an II, mais depuis le 14 juill. 1789, les enfans naturels, prétendant droit à leur succession, devaient prouver leur possession d'état. — « Cette preuve ne pouvait résulter que de la représentation d'écrits publics ou privés du père ou de la suite des soins donnés à titre de paternité sans interruption, tant à leur entretien qu'à leur éducation. » — La même disposition avait lieu pour la succession de la mère. — Art. 8, L. 12 brum. an II.

19. — Cette preuve ainsi faite, les enfans naturels avaient les mêmes droits que les enfans légitimes sur les successions de leurs père et mère ouvertes depuis le 14 juill. 1789 et sur les successions de leurs parens collatéraux ouvertes depuis le 12 brum. an II. — Art. 4er, 2 et 9.

20. — La possession devait être constante. Ainsi le fait de la part d'un enfant naturel d'avoir pris,

dans divers actes et notamment dans son contrat de mariage passé en présence de son prétendu père, un autre nom que le sien, devait être considéré comme une cessation de la possession d'état, et suffisait pour faire rejeter la demande en déclaration de paternité. — *Cass.*, 3 pluv. an V, Haitre c. Devanceux.

21. — Quoique la filiation de l'enfant naturel ne pût pas être établie par témoins, une enquête qui en faisait preuve pouvait être invoquée, s'il y avait été procédé du consentement de toutes les parties. — *Bordeaux*, 30 pluv. an XII, Dusuquet c. Jeanne.

22. — Quant aux enfans dont les père et mère existaient au moment de la promulgation de la loi du 12 brum. an II, cette loi ne s'était pas nettement expliquée; son art. X disait seulement qu'à l'égard des enfans nés hors du mariage dont les père et mère seraient encore existans lors de la promulgation du Code civil, leur état et leurs droits seraient en tous points réglés par les dispositions de ce Code. On pensait alors que le Code civil serait immédiatement publié.

23. — Mais le Code civil n'ayant été publié que longtemps après, il s'est agi de savoir par quelle loi devaient être réglés l'état et les droits des enfans naturels *dont les père et mère étaient décédés dans l'intervalle de la loi du 12 brum. au Code civil.*

24. — On a prétendu qu'ils devraient l'être par la loi du 12 brum. an II. — *Paris*, 6 flor. an X, Cousin-Méricourt c. Fliége.

25. — Mais une jurisprudence constante a établi que cette loi n'était applicable qu'aux enfans naturels dont les père et mère étaient décédés avant sa promulgation, et que l'état et les droits des enfans dont les père et mère existaient encore à cette époque devaient être régis par le Code civil; qu'ainsi les juges devaient surseoir au réglement des successions ouvertes dans l'intervalle. — *Cass.*, 24 prair. an VII, Banis c. Lepeigneux; 4 pluv. an VIII, Olivier c. Joseph; 4 niv. an X, Brunel c. Florine; 4 germin. an X, Deleduque c. Laloi; 23 messid. an X, Lemaire c. Mourlot; 7 fructid. an X; Cousin-Méricourt c. Morinval; 24 frim. an XI, Hénon c. Huré; 4 vent. an XI, Neuville c. Jean; 4 prair. an XI, Lecourt; 26 prair. an XI, Damback c. Gandram; 12 fructid. an XI, Lemaître; 13 fructid. an XI, Lalo; 10 vendém. an XII, Petit; *Amiens*, 9 niv. an XII, Hénon c. Huré; *Cass.*, 2 vent. an XII, de la Vacquerie c. Auguste; 8 messid. an XII, Mioche c. Carles; 2 brum. an XIII, Taintenier c. Hannick; 20 germin. an XIII, Solon c. Duclercq; *Paris*, 27 flor. an XIII, de la Vacquerie c. Picard; *Cass.*, 15 fructid. an XIII, l'Hermite c. Desroys-Desportes; *Bordeaux*, 16 juin 1806, Février c. Texandier; *Cass.*, 18 nov. 1806, Vanderbranden.

26. — Cette jurisprudence a d'ailleurs reçu la sanction de la loi : « L'état et les droits des enfans nés hors mariage dont les père et mère sont morts depuis la promulgation de la loi du 12 brum. an II jusqu'à la promulgation des titres du Code civil sur la paternité et la filiation et sur les successions, sont réglés de la manière prescrite par ces titres. » — Art. 1er, L. 14 flor. an II.

27. — D'où il suit : 1° que sous la loi du 12 brum. an II la reconnaissance de l'enfant dont les père et mère sont décédés depuis cette loi doit être authentique, qu'elle est donc nulle, si elle ne résulte que de soins donnés à titre de paternité. — *Grenoble*, 24 déc. 1812, Solder c. Maillefand.

28. — ... Ou de simples lettres missives, alors même que l'écriture en a été reconnue en justice. — *Amiens*, 9 niv. an XII, Hénon c. Huré.

29. — Mais on doit considérer comme authentique la reconnaissance faite dans l'acte de baptême de l'enfant, bien qu'elle n'ait pas été renouvelée depuis le Code civil. — *Cass.*, 14 flor. an XIII, Cousin-Méricourt; *Amiens*, 27 messid. an XII, mêmes parties; — Merlin, v° *Bâtard*, sect. 2, § 2. — *Contrà Cass.*, 7 fructid. an X, Cousin-Méricourt.

30. — ... 2° Que, sous l'empire de cette loi, la recherche de la paternité est interdite, alors même qu'il ne s'agit, dans l'intérêt de l'enfant, que d'une demande d'alimens. — *Cass.*, 19 vendém. an VII, Garand c. Manton; *Paris*, 17 thermid. an X, Blanquet c. Léchalat; *Cass.*, 3 vent. an XI, Sprimont c. Desforges; 5 niv. an XII, Gallard c. Fougens; 26 mars 1806, Marthe c. Linstruiseur; — Loiseau, p. 398 et suiv.; — Merlin, *Rép.*, v° *Filiation*, § 2.

31. — ... Et à plus forte raison s'il s'agit pour la mère d'une demande en dommages-intérêts contre l'auteur prétendu de sa grossesse. — *Cass.*, 19 vendém. an VII, Garand c. Manton; *Paris*, 17 therm. an X, Blanquet c. Léchalat. — Loiseau, p. 398; Merlin, *Rép.*, v° *Fornication*, § 2.

32. — Jugé cependant, mais à tort, que, sous la loi de brumaire, celui qui, après s'être avoué par écrit père de l'enfant dont une femme est enceinte et avoir donné procuration de reconnaître cet enfant en son nom, a signifié avant la naissance une révocation de cette procuration, a pu être obligé à fournir des alimens. — *Paris*, 13 vent. an X, Marchand Peterson c. Brocard.

33. — ... 3° Que la reconnaissance d'un enfant naturel faite par l'un des époux, pendant le mariage, est inopposable aux enfans de ce mariage, quoiqu'elle soit antérieure au code civil et qu'elle émane de l'époux décédé dans l'intervalle de la loi du 12 brumaire au code. — *Cass.*, 18 flor. an XIII, Richon-Grammont c. Richon; *Toulouse*, 6 mai 1826, Mesplès.

34. — Dès lors l'enfant ainsi reconnu ne peut demander, soit contre la veuve, soit contre les enfans issus du mariage, l'exécution des dispositions testamentaires que le père aurait faites en sa faveur. Il ne peut pas même leur demander des alimens. — *Toulouse*, 6 mai 1826, Mesplès.

35. — Cependant si la reconnaissance avait été faite avant la loi nouvelle par un père qui s'est marié depuis et qui n'est décédé que sous le code, l'enfant ainsi reconnu pourrait demander à l'enfant du mariage communication des pièces relatives à la succession du père commun. En vain, dirait-on qu'anciennement les enfans naturels n'avaient droit qu'à des alimens. — *Cass.*, 24 nov. 1830, Gabriel.

36. — Toutes ces conséquences sont à plus forte raison applicables, si les père et mère de l'enfant naturel ont survécu à la promulgation du code civil. — *Bruxelles*, 27 juill. 1827, M... c. d'A...; impl. *Cass.*, 24 nov. 1830, Gabriel.

37. — Au surplus, l'art. 10. L. 12 brum. an II qui renvoie au code civil le réglement de l'état et des droits des enfans nés hors mariage, dont les père et mère seront encore existans lors de la promulgation du code, ne concerne que les enfans qui avaient encore à cette époque la qualité d'enfans naturels et non ceux qui étaient devenus légitimes par le mariage antérieur de leurs père et mère. — *Paris*, 15 déc. 1834, Cousin c. Letissier; *Cass.*, 5 mai 1836, mêmes parties.

38. — Mais des lettres de légitimation entérinées sans le consentement des collatéraux n'ont pas eu pour effet de conférer à l'enfant naturel le droit de succéder à son père au préjudice de ces collatéraux, surtout si la légitimation ne lui a été accordée que sous la condition restrictive de ne succéder à son père que du consentement des héritiers légitimes. — *Bordeaux*, 16 juin 1806, Février c. Tixandier.

39. — La loi transitoire du 14 flor. an XI n'a été faite que dans l'intérêt des enfans naturels et non dans celui des père et mère qui lui ont survécu. Ainsi, lorsqu'un enfant naturel dont la prétendue mère était décédée sous la loi de l'an II, est décédé lui-même sans avoir réclamé aucun droit sur sa succession, le père naturel de cet enfant ne peut être admis à faire preuve de la maternité, pour exercer ensuite les droits de l'enfant dans la succession maternelle. — *Aix*, 25 vent. an XII, Rey c. Pons.

40. — L'art. 2 de cette loi décide que les dispositions entre vifs ou testamentaires antérieures au code civil et dans lesquelles on aurait fixé les droits des enfans naturels seront exécutées, sauf réduction ou augmentation, s'il y a lieu. — Art. 757, C. civ. — V. SUCCESSION.

41. — L'art. 3, restreignant les effets rétroactifs de l'art. 1er, dispose : « Néanmoins les conventions et les jugemens passés en force de chose jugée, par lesquels l'état et les droits desdits enfans auraient été réglés, seront exécutés selon leur forme et teneur. »

42. — Ainsi, lorsque antérieurement à la loi du 14 flor. an XI, les enfans naturels d'un condamné révolutionnairement ont été mis en possession de la succession de leur père, en vertu *d'un jugement qui les a reconnus*, et d'une décision administrative, les collatéraux du condamné ne peuvent réclamer aucun droit à sa succession. — *Paris*, 9 déc. 1808, Grenard.

43. — Lorsqu'une sentence arbitrale rendue entre les enfans légitimes et un enfant naturel a reconnu à ce dernier les droits résultant de la loi du 12 brum. an II, bien que le père commun ne fût décédé que depuis cette loi, un tribunal ne peut, sans violer l'autorité de la chose jugée, paralyser l'exécution de la sentence en renvoyant au Code civil pour la fixation des droits de l'enfant. Peu importe qu'après le premier arbitrage il ait été question d'un autre, si le projet de ce nouvel arbitrage n'a pas reçu son exécution. — *Cass.*, 26 prair. an XI, Baxffelde c. Gandrum.

44. — Celui qui, par jugement passé en force de chose jugée, a été déclaré père d'un enfant, et condamné à ce titre à lui payer une pension alimentaire jusqu'à la publication du Code civil, n'a pas pu, depuis cette publication, remettre en question sa paternité, sous prétexte que le Code exige une reconnaissance authentique, et que celle dont on excipe contre lui est sous seing-privé. — *Cass.*, 16 nov. 1808, Peterson c. Brocard.

45. — Ainsi encore, l'irrévocabilité des conventions intervenues avant la loi du 14 flor. an XI s'applique à un acte de partage par lequel un enfant naturel a été admis comme successible des parens de ses père et mère. — *Cass.*, 15 janv. 1811, Domaine c. Canroy.

46. — Mais, 1° les dispositions de la loi du 14 flor. an XI qui maintiennent les transactions et les jugemens sur l'état des enfans naturels, ne doivent s'entendre que des transactions intervenues entre ces enfans et les héritiers de leur père sur des droits ouverts, et non de celles qui auraient eu lieu antérieurement au décès du père. — *Cass.*, 18 flor. an XIII, Richon-Grammont c. Richon; 1er messid. an XIII, Renon c. Lalo. — En tout cas, ces transactions ne pourraient avoir pour l'enfant des effets autres que ceux qui résultent des actes eux-mêmes. — *Cass.*, 1er messid. an XIII, Renon c. Lalo.

47. — ... 2° Elles ne sont point opposables aux héritiers qui n'ont pas été parties à la convention. — En conséquence, une transaction faite sous la loi du 12 brum. an II, entre la veuve du testateur et l'enfant naturel reconnu par un simple testament olographe, n'a pas pu nuire aux héritiers légitimes. Ces héritiers ont le droit de critiquer l'état de l'enfant et de lui faire restituer les biens dont il a été saisi en sa fausse qualité d'enfant reconnu, alors même qu'étant mineurs, ils l'auraient admis comme jouissant des droits de famille et de successibilité au partage d'une autre succession. — *Angers*, 25 thermid. an XIII, Jacques Marie c. Cintré.

48. — ... 3° Elles ne s'appliquent qu'aux jugemens passés en force de chose jugée, et par conséquent n'excluent pas la faculté de se pourvoir par les voies de droit contre les autres jugemens. — *Cass.*, 18 nov. 1806, Vandenbranden.

49. — ... 4° Elles n'autorisent pas l'enfant naturel à faire valoir contre des tiers acquéreurs une transaction par laquelle les héritiers légitimes lui auraient abandonné dans la succession de son père, non seulement la portion que le Code lui a depuis assignée, mais la totalité même des biens de cette succession. — *Cass.*, 20 mai 1806, Lefèvre c. Lassale.

50. — 5° ... Et quoiqu'il y ait chose jugée relativement à l'état de l'enfant naturel, il ne s'ensuit pas qu'il y ait également chose jugée sur les droits de cet enfant. Les droits peuvent donc et doivent même être réglés par le Code civil. — *Cass.*, 15 fructid. an XIII, Lhermite c. Desoys-Desportes.

## CHAPITRE II. — *Filiation des enfans naturels.*

51. — Sous le Code civil, la filiation naturelle peut être prouvée à l'égard de la mère par une reconnaissance volontaire ou forcée; à l'égard du père, elle ne peut, en général, résulter que d'une reconnaissance volontaire. Cette règle souffre néanmoins quelques exceptions. — V. *infrà* nos 283 et s.

### Sect. 1re. — *Quelles personnes peuvent reconnaître.*

52. — Toute personne capable de contracter peut, sans aucun doute, faire une reconnaissance valable.

53. — Ceux-là même auxquels la loi ne reconnaît pas la capacité de s'obliger, ont, dans certains cas, qualité pour signer une reconnaissance produisant tous les effets légaux.

54. — Ainsi, avant le Code, un *mineur* parvenu à l'âge de puberté pouvait reconnaître un enfant naturel, même sans l'assistance de son curateur. — La promulgation du Code, postérieure à l'époque de puberté, n'a pas changé sa capacité de pubère, du moins quant au droit de faire cette reconnaissance. — *Aix*, 3 déc. 1807, Etienne c. Mourre.

55. — Sous l'empire du Code, il en est de même. Cette reconnaissance est une obligation résultant d'un quasi-délit, contre laquelle le mineur n'est pas restituable. — *Bruxelles*, 4 fév. 1811, Nuylen c. Carlon; *Toulouse*, 19 janv. 1813, Lafitte c. Darnaud; *Cass.*, 22 juin 1813, Nuylen c. Carlon; *Rouen*, 18 mars 1815, Duthil-Vermont c. Hocquerel; *Cass.*, 4 nov. 1835, Goëly c. Mainvielle; *Douai*, 17 mars 1840 (t. 1er 1840, p. 625), L... c. R...; — Delvincourt, t. 1er, p. 238; Loiseau, p. 483 et 510; Toullier, t. 2, n° 962; Duranton, t. 3, n° 258; Favard, v° *Reconnaissance d'enfant naturel*, sect. 1re, § 1er; Richefort, *De la paternité*, p. 265; Cadrès, *Des enfans naturels*, n° 32.

56.—Il le peut, bien qu'il ne soit pas émancipé. — *Douai*, 17 mars 1840 (t. 1er 1840, p. 625), L... c. R...

57.—Il suffit qu'il soit pubère.—*Aix*, 3 déc. 1807, Etienne c. Mourre; — Rieff, *Actes de l'état civil.*, no 149; Malpel, *Revue de législ.*, t. 4, p. 43; Magnin, *Des minorités*, t. 1er, no 213.

58.—...Et qu'il jouisse de la plénitude de sa raison. — *Bruxelles*, 4 janv. 1821, Nuyten c. Carton; *Toulouse*, 19 janv. 1813, Lafitte c. Darnaud.

59.—Ces questions de capacité morale et physique sont abandonnées à l'appréciation des tribunaux. — Ainsi, il leur appartient d'annuler la reconnaissance, si elle n'a pas eu le caractère de liberté et de spontanéité désirables, et si elle n'a jamais été suivie d'aucun effet. — *Rouen*, 18 mars 1815, Duthil-Vermont c. Hecquerel.

60. — L'inconduite de la mère, quelque grave qu'on la suppose, est insuffisante par elle-même, pour établir *à priori* que la reconnaissance du père mineur a été le résultat de l'erreur ou de la fraude. Cette circonstance, jointe à l'incertitude de la paternité et à la minorité du prétendu père, doit seulement être prise en considération, de même que les actes qui ont suivi la reconnaissance. Ainsi, l'envoi de lettres écrites à la mère par le mineur devenu majeur, dans lesquelles on s'entretient de l'enfant reconnu, des secours en argent qui lui ont été adressés et de ceux qui seront expédiés par la suite, sont des élémens de preuve suffisante que la reconnaissance a été l'expression d'une volonté ferme et réfléchie.—*Douai*, 17 mars 1840 (t. 1er 1840, p. 625), L... c. R...

61.—Celui qui est soumis à un conseil judiciaire n'en a pas moins capacité pour reconnaître un enfant naturel. —*Douai*, 23 janv. 1810, Boulanger c. Poulet. — V. CONSEIL JUDICIAIRE, no 90.

62. — Un interdit peut également faire une reconnaissance valable, sauf aux parties intéressées à prouver que cette reconnaissance n'a pas été faite dans un intervalle lucide. — Rieff, no 149.

63. — A plus forte raison la reconnaissance d'un enfant naturel faite par un individu antérieurement à son interdiction, mais à une époque où la démence existait notoirement, peut être déclarée valable si cette reconnaissance paraît se justifier par les circonstances, et constituer dès-lors un acte raisonnable. — *Caen*, 28 janv. 1843 (t. 1er 1844, p. 176), Sillas Lenormand c. Bisson.

64. — Un *religieux* a pu, depuis la suppression de ses vœux, reconnaître un enfant qu'il aurait eu pendant leur existence.—*Grenoble*, 14 vent. an XII, Brunel. — V. aussi *Bourges*, 14 mars 1809, Virgile c. Rebugni; *Cass.*, 22 janv. 1812, Virgile c. Rebugni.— V. LÉGITIMATION.

65.— Mais un individu *frappé de mort civile* ne pourrait pas reconnaître l'enfant naturel qu'il aurait eu avant sa condamnation. — Richefort, no 267.

66. —Il en serait autrement de celui qu'il aurait depuis cette condamnation.—Zachariæ, t. 4, p. 42; Cadrès, no 33.

67. — *Une personne mariée* peut valablement reconnaître l'enfant naturel conçu ou né d'elle avant son mariage. La femme mariée peut même faire cette reconnaissance sans l'autorisation de son mari. — Touillier, t. 2, no 961; Duranton, t. 3, no 257; Malleville, t. 1er, p. 334; Cadrès, no 33.

68.—La reconnaissance est régulièrement faite par un mandataire porteur d'une procuration authentique. En est-il de même du porteur d'une procuration sous seing-privé? — V. *infrà*, nos 131 et suiv.

69. — Mais la parenté même la plus rapprochée ne donne pas pouvoir de faire une reconnaissance pour un autre. Ainsi de ce qu'un individu a présenté un enfant à l'état civil, l'a reconnu au nom de son fils décédé au moment où il devait épouser la mère de cet enfant enceinte de ses œuvres; de ce qu'il a donné à cet enfant son nom et celui du défunt et l'a élevé dans sa famille; enfin, de ce que par un acte fait sous la loi de 1792 en présence des témoins, il a reconnu cet enfant pour son petit-fils, il ne résulte ni reconnaissance de paternité ni adoption valable. — *Cass.*, 11 juill. 1826, Manté.

## Sect. 2e. — *Quelles personnes peuvent être reconnues et à quelle époque.*

70. — Les enfans nés hors mariage peuvent être reconnus par leurs père et mère. Il n'y a d'exception que contre les enfans adultérins ou incestueux. — V. ENFANS ADULTÉRINS ET INCESTUEUX.

71. — Un enfant naturel peut être reconnu avant sa naissance. — *Paris*, 25 prair. an XIII, Peterson c. Brocard; *Aix*, 10 fév. 1806, Déodati c. Causse; 3 déc. 1807, Étienne c. Mourre; *Cass*, 16 déc. 1811, Buisseret c. Maistriaux; *Paris*, 1er fév. 1812, Chrétin c. Choppart; *Colmar*, 11 mars 1819, Schmitt c. Beck; *Metz*, 19 août 1824, Henriette L... c. Bouxin; — Delvincourt, t. 1er, p. 235; Loiseau, p. 421; Toullier, t. 2, no 955; Duranton, t. 3, no 211; Rolland de Villargues, *Rép.*, vo *Enfant naturel*, no 27; Favard de Langlade, vo *Reconnaissance d'enfant*, sect. 1re, § 2, no 5; Richefort, p. 266.

72. — Ainsi, la déclaration de grossesse faite par la mère devant un notaire équivaut à la reconnaissance expresse de l'enfant.— *Grenoble*, 13 janv. 1840 (t. 2 1840, p. 234), Cheval c. domaine.

73.—Cette reconnaissance est valable, bien que, loin d'être renouvelée depuis la naissance de l'enfant, elle ait été l'objet d'un désaveu. — *Aix*, 10 fév. 1806. Déodati c. Causse.

74. — Jugé que ce désaveu n'est pas proposable en appel lorsqu'en première instance on s'est borné à contester la quotité de la pension alimentaire réclamée par la mère de l'enfant; surtout si cet enfant n'est pas en cause et si son acte de naissance conforme à sa possession n'est pas attaqué. — *Colmar*, 11 mars 1819, Schmitt c. Beck.

75. —Mais la reconnaissance antérieure à la conception de l'enfant serait nulle. — Richefort, t. 2, no 262.

76. — Ainsi, dans le cas d'une reconnaissance *de l'enfant qui naîtra dans les six mois environ*, on doit considérer comme fatal le terme assigné à la naissance; et si ce terme est dépassé, la reconnaissance est réputée non avenue, sans que l'on puisse exciper de la règle posée dans l'art. 312, C. civ. — *Douai*, 13 mars 1841 (t. 2 1841, p. 497), Caulet c. Meriaux.

77.— Un enfant naturel peut être reconnu après son décès. — Loiseau, p. 444; Malpel, *Des succ.*, p. 465; Favard, vo *Reconnaissance d'enfant*, p. 732; Rolland, *id.*, no 28; Richefort, t. 2, no 263; Cadrès, no 35.

78. — ...Alors du moins qu'il a laissé des enfans auxquels cette reconnaissance profite. — *Paris*, 25 mai 1835, Rolland c. Hospices de Paris; — Delvincourt, t. 1er, p. 381.

79.—La mère d'un enfant naturel qui ne l'a pas reconnu de son vivant n'en est donc pas moins fondée à lui succéder en prouvant sa maternité. —*Douai*, 23 janv. 1819, Boulanger c. Poulet; *Cass.*, 22 juin 1813, Carton c. Nuytten. — V. *contrà Pau*, 9 juill. 1844 (t. 1er 1845, p. 145), Séchas c. Salps; *Cayenne*, 5 janv. 1820, sous *Cass.*, 26 avr. 1824, Chambeau c. Foing.

80. — A plus forte raison la reconnaissance par elle faite dans une requête à l'effet d'être envoyée en possession des biens de son enfant naturel déclaré absent ne saurait être réputée tardive et inutile, en ce qu'elle n'aurait eu lieu que depuis l'absence de l'enfant et à une époque où son existence n'était plus certaine. — *Nîmes*, 11 juill. 1827, Anne Ville c. Monnier.

81. — Cependant il a été jugé que la reconnaissance faite après le décès de l'enfant ne donne pas au prétendu père, dont elle émane, le droit de recueillir sa succession. — *Paris*, 25 mai 1835, Rolland c. hospices de Paris; — Delvincourt, t. 1er, p. 220; Duranton, t. 3, nos 263 et 264.

82. — Mais cet arrêt n'est pas, selon nous, en contradiction avec ceux ci-dessus cités. Il y a, en effet, lieu de distinguer entre la reconnaissance faite par la mère et celle émanée du père. La mère peut réclamer la succession de son enfant naturel, bien qu'elle ne l'ait reconnu qu'après son décès, mais ce droit doit être refusé au père. — En effet, la maternité est un fait qui peut s'établir autrement que par de simples conjectures et qui prête bien moins à la fraude que la reconnaissance purement volontaire du père. — V. Duranton, t. 3, nos 263 et 264; Belost-Jolimont, sur Chabot, art. 765.

83. — L'enfant naturel né d'un Français et d'une étrangère en pays étranger, peut être valablement reconnu par son père. — Magnin, *des minorités*, t. 1er, no 216.

84. — Toutefois c'est la maxime : *Partus ventrem sequitur* qui sert à déterminer la nation à laquelle appartient l'enfant naturel né en France ou à l'étranger, d'une mère française ou étrangère, quelle que soit d'ailleurs la nation du père qui l'aura reconnu. — Duranton, t. 1er, no 124 et 125.

85. — Jugé que l'enfant naturel né d'un blanc et d'une femme de couleur peut être reconnu dans un acte fait en France par son père qui y a son domicile, quoique lui-même réside à la Guiane et que les lois de cette colonie prohibent une pareille reconnaissance. — Il acquiert par cet acte des droits sur les biens du père situés dans la colonie, comme sur ceux situés en France.—*Cass.*, 15 mars 1831, Verneau c. Flavin.

# CHAPITRE III. — *Reconnaissance des enfans naturels.*

86. — La preuve de la filiation des enfans naturels résulte de la reconnaissance volontaire des père et mère ou du jugement qui en tient lieu.

## Sect. 1re. — *Reconnaissance volontaire.*

### ART. 1er. — *Formes de la reconnaissance.*

87. — La reconnaissance volontaire doit être faite par acte authentique, lorsqu'elle ne l'a pas été dans l'acte de naissance. — C. civ., art. 334.

#### § 1er. — *Reconnaissance dans l'acte de naissance.*

88. — La reconnaissance la moins équivoque est celle qui est faite dans l'acte de naissance de l'enfant.

89. — Toutefois l'acte de naissance d'un enfant naturel n'établit la filiation paternelle de cet enfant qu'autant que le père s'est lui-même déclaré dans l'acte.

90. — L'indication du père faite par un tiers ne saurait produire d'effet, à moins que ce tiers ne fût porteur de la procuration du père. — Arg. C. civ., art. 36, 319, 334, 340.

91. — A l'égard de la mère, il en est autrement, la déclaration de maternité, faite avec son aveu, suffit pour établir la filiation. — C. civ., art. 336.

92. — La reconnaissance émanée du père doit être claire, précise et formelle. — Cadrès, no 2.

93. — Elle est du reste valable, bien que le père ait en même temps signé dans l'acte de naissance en qualité de témoin. — *Poitiers*, 28 août 1810, Cadorge.

94. — ... Et, bien qu'on n'y ait pas fait mention de la lecture qui en a été donnée aux parties et aux témoins, non plus que de leurs professions. — *Amiens*, 12 juin 1829; sous *Cass.*, 12 juill. 1832, Lépine.

95. — Mais est nulle la reconnaissance d'un enfant naturel qui résulte seulement : 1o ou de sa qualité d'enfant légitime de tel individu donnée à un enfant dans son acte de naissance, lorsque cet acte n'est pas signé par le prétendu père.— *Bourges*, 17 mars 1830, Saxy.

96.—...2o Ou du consentement donné par un individu à être indiqué comme père dans l'acte de naissance d'un enfant naturel, lorsque ce consentement n'est établi que par des lettres missives ou par un testament olographe. — *Paris*, 27 flor. an XIII, de la Vacquerie c. Picard.

97.—...3o Ou de l'inscription sur les registres de l'état civil, d'un enfant naturel comme fils d'un père désigné, lorsque celui-ci n'est ni présent ni signataire et que la paternité n'est établie que par la correspondance et par les soins donnés à l'enfant. — *Montpellier*, 28 juin 1806, Mahul.

98.—... 4o Ou de la mention faite dans l'acte de naissance non signé du père, d'un aveu par écrit de paternité, lorsque cet écrit n'est ni annexé à l'acte de naissance ni même représenté. — *Cass.*, 11 août 1808, Blanc c. Molinier.

99. — ... 5o Ou de la mention faite dans l'acte de naissance d'une reconnaissance sous seing privé, lorsque cette mention est faite hors la présence et sans le consentement de celui qui y est indiqué comme père. — *Limoges*, 27 août 1811, Pericaud c. Lachassaigne; *Cass.*, 4 oct. 1812, mêmes parties.

#### § 2. — *Reconnaissance dans un acte authentique.*

100. — Si la reconnaissance n'a pas été faite dans l'acte de naissance, elle peut avoir lieu par acte authentique. Dans ce cas, l'acte doit être inscrit sur les registres de l'état civil, à sa date, et il en est fait mention en marge de l'acte de naissance, s'il en existe un. — C. civ., art. 62.

101.—En conséquence, la reconnaissance, antérieure ou postérieure à l'acte de naissance, peut être passée devant l'officier de l'état civil. — Duranton, nos 211 et 212; Merlin, *Rép.*, vo *Filiation*, no 6.

102. — Elle est valable dans ce cas : 1o quoiqu'elle n'ait point été appuyée de la présence et de la déclaration de deux témoins, la loi ne l'exigeant pas. — Anal. *Paris*, 1er fév. 1812, Chrétin c. Choppart; — Richefort, no 246.

103. — ... 2o Quoique l'officier de l'état civil l'ait reçue hors de son bureau et que la signature de celui qui reconnaît l'enfant ne soit pas lisible sur l'un des registres. — *Bourges*, 10 août 1809, Sanst c. Garon.

104. — ... 3o Quoiqu'elle ait été inscrite sur le registre des délibérations de la commune, au lieu de l'être sur le registre des actes de l'état civil. —

*Amiens*, 12 juin 1829, sous *Cass.*, 3 juill. 1832, Lépine.

105. — ... 4° Quoiqu'elle n'ait été inscrite sur aucun registre, mais rédigée seulement sur une feuille volante, en un seul original remis depuis à la mère de l'enfant, alors surtout que cet acte a été déposé chez un notaire et qu'aucune altération n'est alléguée. — *Metz*, 19 août 1824, L... c. Bouxin; — Favard, *Rép.*, t. 4, p. 735; *contrà* Richefort, n° 247.

106. — Il a même été jugé qu'une reconnaissance produit effet, quoiqu'elle ne soit pas signée par le père, si elle résulte d'une lettre adressée par celui-ci à l'officier de l'état civil, avec prière d'inscrire l'enfant sous son nom, alors d'ailleurs que l'existence de cette lettre n'est pas déniée ou qu'elle se trouve annexée au registre de l'état civil. — *Bruxelles*, 11 juill. 1808, Esselens. — V. cependant n° 132.

107. — La reconnaissance peut encore être faite devant notaire. — Art. 1er, L. 25 niv. an XI; disc. au cons. d'état (Locré, sur l'art. 334, n° 2); — Richefort, n° 242; Duranton, n° 212, note 2e; Merlin, *Rép.*, v° *Filiation*, n° 6.

108. — ... Et, par exemple, dans le contrat de mariage des père et mère (*Rennes*, 30 juill. 1812, N...), ou dans celui de l'enfant. — *Riom*, 29 juill. 1809, de Mozac c. Delachapelle; — Duranton, n° 213.

109. — ... Ou dans un testament authentique. — *Bastia*, 17 août 1829, N... c. Piétra; *Paris*, 2 janv. 1819, de Compigny c. Piétra; — Merlin, *Rép.*, v° *Filiation*, n° 7.

110. — ... Ou même dans un testament mystique, le dépôt qui en est fait par le testateur lui donnant l'authenticité. — Duranton, n° 217; Loiseau, p. 467; Richefort, n° 254.

111. — La reconnaissance étant de sa nature irrévocable, celle faite dans un testament continue de subsister malgré la révocation de ce testament. — *Bastia*, 5 juill. 1826, G. c. Suzzanna; 17 août 1829, N. c. Maria Pietra; — Zachariæ, t. 4, p. 62; Rolland de Villargues, v° *Enfant naturel*, n° 237; Duranton, t. 3, n° 219; Cadrès, n° 21. — *Contrà* Loiseau, p. 468; Merlin, *Rép.*, v° *Filiation*, n° 7; Favard, v° *Reconnaissance d'enfant naturel*, sect. 1re, § 3, art. 2, n° 6.

112. — La reconnaissance ne perd pas son caractère d'authenticité, par cela seul que l'acte notarié n'a pas été enregistré dans le délai légal. — *Bruxelles*, 12 janv. 1812, Maistriaux c. Buisseret; — Richefort, n° 243.

113. — ... Ou que l'acte ayant été d'abord enregistré dans le délai, le receveur a bâtonné l'enregistrement à défaut de paiement des droits. — *Cass.*, 16 déc. 1811, Maistriaux c. Buisseret; — Merlin, *Rép.*, v° *Hypothèques*, sect. 2e, § 3, art. 6. — V. ENREGISTREMENT.

114. — ... Ou bien encore que l'acte a été rédigé en brevet. — L'authenticité résulte, en effet, du caractère de l'officier public qui a reçu l'acte. — Il y a d'ailleurs même raison de décider qu'à l'égard de la reconnaissance constatée par un officier de l'état civil sur une feuille volante (V. *suprà* n° 105) ou de celle faite en vertu d'une procuration en brevet.

115. — La reconnaissance peut aussi être faite devant un juge de paix. — *Grenoble*, 14 vent. an XII, Brunel; — Loiseau, p. 457; Duranton, t. 3, nos 212 et 221; Malleville, sur l'art. 334; Richefort, n° 244.

116. — ... Soit, lorsqu'il siége comme juge. — Mêmes auteurs.

117. — ... Soit, lorsqu'il tient le bureau de conciliation. — *Pau*, 5 prair. an XIII, Picot; *Grenoble*, 15 thermid. an XIII, Pison c. Amar; — mêmes auteurs.

118. — ... Soit même lorsqu'il n'exerce pas, à l'égard des parties, un acte de juridiction contentieuse auquel se rattache la reconnaissance. — Mêmes auteurs. — V. *contrà* Merlin, *Rép.*, v° *Filiation*, n° 6.

119. — La reconnaissance peut même être faite devant le greffier de la justice de paix, hors la présence et sans le concours du juge, et sans témoins; « Attendu que les greffiers sont dans la catégorie des officiers publics qui ont le droit d'instrumenter dans le lieu, et qui sont préposés à la garde d'un dépôt public. » — *Amiens*, 2 août 1821, Lamotte c. Bedin; *Cass.*, 15 juin 1824, mêmes parties. — V. *contrà* Merlin, *Rép.*, v° *Filiation*, n° 6.

120. — Mais un sous-préfet et même un préfet ne pourraient pas recevoir un acte de reconnaissance d'enfant naturel, parce que leurs fonctions sont limitées aux actes purement administratifs. — Loiseau, p. 452.

121. — Est donc nulle à défaut d'authenticité: 1° la reconnaissance d'un enfant naturel reçue par un commissaire de police. — *Dijon*, 24 mai 1817, Joly c. Griffon; — Merlin, *Rép.*, v° *Filiation*, n° 6.

122. — ... 2° La déclaration de paternité contenue



dans une pétition adressée au maire et au préfet par un individu à l'effet d'être dispensé de rapporter, avant de se marier, l'acte de décès de son auteur, alors même que cette pétition serait restée déposée au secrétariat de la mairie, surtout s'il est incertain que la pétition ait été rédigée par le pétitionnaire et en sa présence. — *Rouen*, 18 fév. 1809, Hurel c. Teston.

123. — ... 3° La déclaration de paternité faite par forme d'énonciation dans un écrit sous signature privée ayant un autre objet et destiné cependant à être reçu dans un dépôt public, mais auquel un officier public n'a pas imprimé le caractère d'authenticité voulu par la loi. — *Cass.*, 16 mai 1809, Daurian c. Gombault; *Pau*, 18 juill. 1810, mêmes parties.

124. — Mais un aveu judiciaire équivaut à un acte authentique. — *Colmar*, 24 mars 1813, Gilmann c. Mussel; — Zachariæ, t. 4, p. 50; Merlin, *Rép.*, v° *Filiation*; Favard, *Rép.*, v° *Reconnaissance d'enfant naturel*, sect. 1re, § 3, art. 2, n° 4; Loiseau, p. 459; Cadrès, n° 23. — V. anal. *Grenoble*, 15 thermidor an XIII, Pison c. Amar; *Nîmes*, 11 juill. 1827, Ville c. Monnier.

125. — Il a, en conséquence, été décidé qu'il y a reconnaissance de la part de celui qui demande à être envoyé en possession provisoire des biens d'un absent en qualité de père naturel de cet absent. — *Nîmes*, 11 juill. 1827, Ville c. Monnier.

126. — On ne peut considérer comme faite par acte authentique: 1° la reconnaissance d'un enfant naturel faite dans un acte de baptême dressé par un ministre du culte. — *Paris*, 22 avr. 1833, Genevois c. Ozil; *Lyon*, 31 déc. 1835, Despeisse c. Blanchet.

127. — Il en serait autrement si l'acte de baptême avait été dressé sous l'ancienne législation. — *Cass.*, 14 flor. an XIII, Cousin Méricourt.

128. — ... 2° La reconnaissance faite par testament olographe. — *Cass.*, 27 flor. an XIII, Delavacquerie c. Picard; *Angers*, 25 thermid. an XIII, Jacques-Marie c. Cintré; *Limoges*, 27 août 1811, Pericaud c. Lachassaigne; *Rouen*, 30 juin 1817, Caplat c. Paon; *Limoges*, 6 juill. 1832, Manrouzac c. Cramourand; *Nîmes*, 2 mai 1837 (t. 2 1837, p. 285), Chaix c. Benoît; 1er fév. 1843 (t. 1er 1843, p. 299), Descattes et Tertian c. Vivet et Bigot; — Loiseau, p. 464 et 465; Chabot, *Succ.* sur l'art. 756; Duranton, t. 3, n° 215; Proudhon, t. 2, p. 211; Favard, v° *Reconnaissance d'enfant naturel*; *Dict. du not.*, v° *Reconnaissance d'enfant naturel*; Cadrès, n° 20. — V. *contrà* Merlin, v° *Filiation*, n° 8; Toullier, t. 2, n° 953.

129. — ... Alors même que le testament aurait été déposé chez un notaire. — *Rouen*, 30 juin 1817, Caplat c. Paon; — Loiseau, p. 464. — V. Cependant Toullier, t. 2, n° 954; Merlin, *ibid.*; Duranton, t. 3, nos 215 note et 218.

130. — Il en serait autrement s'il s'agissait d'un testament fait sous la coutume de Paris, qui réputait solennel le testament olographe, et si le testateur l'avait confié à un notaire pour le placer, après le décès, au rang de ses minutes. — *Cass.*, 8 sept. 1806, Duston d'Arsse c. Andrieu; — Merlin, *Quest. de dr.*, v° *Testament*, § 7 et 8.

131. — Lorsque la reconnaissance d'un enfant naturel est faite par un fondé de pouvoir du père, le pouvoir doit-il être authentique? — Il faut distinguer la reconnaissance faite devant l'officier de l'état civil et celle reçue par un notaire.

132. — La première est nulle, si la procuration est sous seing-privé (*Paris*, 2 janv. 1819, de Compigny; — Duranton, n° 222); alors même que la lettre qui contient cette procuration est annexée à l'acte de reconnaissance. — *Riom*, 26 fév. 1817, Destaing. — V. cependant *Bruxelles*, 11 juill. 1808, Esselens.

133. — Mais la reconnaissance faite en vertu d'une procuration notariée est valable, quoique la procuration soit en brevet. — *Paris*, 1er fév. 1812, Chrétin c. Choppart.

134. — Lorsque la reconnaissance est reçue par un notaire, on reste dans les termes généraux du droit, et, par conséquent, le pouvoir sous seing-privé, même par lettre, suffit pourvu qu'il soit spécial; et conformément à la loi de ventôse an XI, il doit être annexé à l'acte. — Duranton, t. 3, n° 222; — *contrà* Rieff, n° 149.

135. — Il faut encore considérer comme valables: 1° la reconnaissance résultant de lettres de légitimation dûment enregistrées, accordées par le roi sur la demande du père. — *Paris*, 4 germin. an XIII, Papillon de la Ferté c. Mursault.

136. — ... 2° Celle faite par acte authentique en pays étranger. — *Colmar*, 9 mai 1812, Moser.

137. — Mais l'enfant naturel né en France d'un père étranger n'a de droits à exercer dans la succession paternelle ouverte en France depuis le Code civil, qu'autant qu'il a été reconnu dans les formes prescrites; alors même que par des tran-



sactions postérieures et sous seing-privé le père lui aurait assuré des alimens. Dans ce cas, la preuve par témoins n'est pas admissible. — *Liége*, 20 août 1812, Valbury c. N...

### § 3. — *Reconnaissance par acte sous seing-privé.*

138. — La reconnaissance sous seing-privé est nulle, quoique la loi ne prononce pas expressément sa nullité. Cela résulte de ce qu'elle n'autorise que la reconnaissance par acte authentique. — Loiseau, p. 464; Duranton, nos 224 et suiv.; Proudhon, p. 98; — *contrà* Toullier, n° 951.

139. — Elle ne donne pas même droit à des alimens. — *Rouen*, 18 fév. 1809, Hurel c. Teston; *Pau*, 18 juill. 1810, Gombault c. Daurian; *Paris*, 22 juill. 1811, Lévêque c. Duburcq; *Limoges*, 27 août 1811, Pericaud c. Lachassaigne; *Cass.*, 4 oct. 1812, mêmes parties; *Dijon*, 24 mai 1817, Joly c. Griffon; *Montpellier*, 7 déc. 1843 (t. 2 1848, p. 291), Lechadoit c. L...; — Loiseau, p. 561; Merlin, v° *Alimens*, § 1er, art. 2, n° 8, Duranton, n° 231; Chabot, *Success.*, art. 756 n° 43.

140. — ... Alors même qu'elle est confirmée par la possession d'état. — *Limoges*, 27 août 1811, Péricaud c. Lachassaigne.

141. — Jugé, au contraire, mais à tort, qu'une reconnaissance non authentique suffit à l'enfant pour réclamer des alimens. — *Paris*, 25 prair. an XIII, Peterson c. Brocard; *Angers*, 25 thermid. an XIII, Jacques Marie c. Cintré — V. encore *Montpellier*, 28 janv. 1806, Mahul; *Nancy*, 20 mai 1816, B... c. N...; — Proudhon, t. 2, p. 112.

142. — Toutefois, l'obligation que prend le père de nourrir son enfant naturel doit recevoir son exécution; de telle sorte que l'acte sous seing-privé, nul comme reconnaissance de paternité ou de maternité, est valable comme engagement alimentaire. — *Cass.*, 10 mars 1808, Mayre c. Monty; *Dijon*, 24 mai 1817, Joly c. Griffon; *Grenoble*, 29 août 1818, Milliat; *Agen*, 9 nov. 1823, S... M... c. Rotis; 24 fév. 1825, Cayre c. Lamothe; — Loiseau, p. 571; Duranton, nos 229 à 231. — V. *contrà Paris*, 22 juill. 1811, Lévêque c. Duburcq; — Merlin, *Rép.*, v° *Alimens*, § 1er, art. 2, n° 9.

143. — Ainsi, lorsque le père s'est engagé par lettres à donner à l'enfant des alimens et de l'éducation, les juges peuvent avoir égard à cet engagement et condamner le père à rembourser à la mère les dépenses qu'elle a faites pour son enfant. — *Dijon*, 24 mai 1817, Joly c. Griffon.

144. — L'individu qui, sans reconnaître un enfant, dont il ne dénie cependant pas la paternité, s'engage par acte sous seing-privé à subvenir aux frais d'entretien et d'apprentissage de cet enfant, est tenu de remplir son obligation. — On objecterait vainement que l'acte contient une obligation sans cause: il y a en pareil cas une obligation naturelle, laquelle est une cause légitime et suffisante d'obligation civile. — Mais une pareille obligation doit cesser à l'époque où l'enfant a terminé son apprentissage et trouve dans son travail des moyens de subvenir à ses besoins. — *Bourges*, 3 août 1844 (t. 2 1845, p. 165), Bidault c. Allegrain; *Montpellier*, 7 déc. 1843 (t. 2 1844, p. 291), Lehadoit c. L...

145. — Il n'y a pas ouverture à cassation contre l'arrêt qui en l'absence de toute reconnaissance formelle de paternité, condamne un individu à fournir des alimens à un enfant, en se fondant, non pas sur des présomptions de paternité, mais sur des faits, des circonstances et même des offres d'où il résulte qu'il en a pris l'engagement. — *Cass.*, 10 mars 1808, Mayre c. Monty; — Toullier t. 10, n° 229.

146. — ... De même, sous l'empire des coutumes prohibitives de toutes dispositions en faveur des enfans naturels, il n'était pas défendu de leur léguer des alimens. — *Paris*, 19 janv. 1810, Lenormand c. Delabarre.

147. — Mais ces engagemens doivent se renfermer dans certaines limites. — Ainsi, l'arrêt qui, sans attribuer le caractère d'une reconnaissance légale à la déclaration faite par un testateur, dans son testament olographe, que le légataire qu'il institue est son fils naturel, se borne à déclarer en fait que le legs a eu pour cause unique la conviction où était le testateur de la réalité de la qualité par lui attribuée au légataire, ne commet ni une violation des règles relatives à la reconnaissance des enfans naturels, ni une fausse application des art. 1131 et 1133, C. civ., en réduisant, par suite de cette déclaration, l'effet du legs à la quotité fixée par l'art. 757. — *Cass.*, 7 déc. 1840 (t. 1er 1841, p. 32), Chaix c. Benoît; *Agen*, 24 fév. 1825, Cayre c. Lamothe. — V. d'ailleurs ENFANS ADULTÉRINS ET INCESTUEUX.

148. — La reconnaissance sous seing-privé devient elle authentique par le dépôt qui en est fait

chez un notaire ou par la vérification en justice?

149. — Le dépôt de l'acte chez un notaire ne confère pas par lui-même à la reconnaissance l'authenticité voulue par la loi, surtout si ce dépôt n'est ni fait ni signé par l'auteur de la reconnaissance. — Richefort, nº 252.

150. — Mais la reconnaissance sous seing-privé devient authentique, si elle est déposée au rang des minutes d'un notaire par son auteur lui-même, avec acte du dépôt signé de lui. — Merlin, *Rép.*, vº *Filiation*, nº 12; Toullier, nº 951; Duranton, nºs 215 note et 218; Richefort, nº 252, Chabot, *Quest. transit.*, vº *Enfant naturel*, § 4, nº 4.

151. — Une simple vérification d'écriture ne confère pas à la reconnaissance sous seing-privé le caractère d'authenticité exigée par la loi. — *Amiens*, 9 niv. an XII, Huré c. Héron; — *Cass.*, 16 mai 1809, Danrian c. Gombault. — Loiseau, p. 470; Merlin, vº *Filiation*, nºs 9 et 10; Richefort, nº 250; Duranton, nº 226. — *Contrà Paris*, 25 prair. an XIII, Péterson c. Brocard. — Toullier, nº 951.

152. — Mais il en est autrement lorsque l'auteur de la reconnaissance sous seing-privé déclare positivement en justice qu'il l'a souscrite de sa pure et libre volonté, et qu'il y persiste. — Dans ce cas, la reconnaissance ne dérive plus de l'acte privé, mais du jugement dans lequel elle est renouvelée et par conséquent d'un titre authentique. — Merlin, *Rép.*, vº *Filiation*, nº 11; Richefort, nº 251; *contrà* Loiseau, p. 459 et 460.

153. — On ne pourrait pas conclure contre celui qui a fait un aveu de paternité sous seing-privé à la reconnaissance ou à la vérification de l'écriture; ce serait rechercher indirectement la paternité. — Duranton, nº 226.

154. — Mais il en serait autrement vis-à-vis de la mère, parce que la recherche de la maternité n'est pas interdite. L'acte sous seing-privé ne prouve pas, il est vrai, par lui-même la maternité; mais il donne à l'enfant le droit de conclure à la reconnaissance ou vérification d'écriture, et l'écriture reconnue, la maternité en sera la conséquence si l'identité est prouvée. — Duranton, nº 227.

ART. 2. — *Caractères essentiels de la reconnaissance.*

§ 1er. — *Caractères extrinsèques.*

155. — Il n'est pas nécessaire que l'acte qui contient la reconnaissance soit dressé spécialement dans ce but et pour cet objet, qu'il soit *ad hoc*. — Richefort, nº 249; Duranton, t. 3, nº 213. — Ni en présence et du consentement de l'enfant. — Richefort, nº 238; Proudhon, t. 2, p. 117.

156. — La loi n'ayant pas prescrit de termes sacramentels pour la rédaction des actes de reconnaissance d'enfans naturels, l'appréciation des expressions de l'acte et de la volonté de celui dont il émane est abandonnée aux lumières des juges. — *Bastia*, 17 août 1829, N... c. Maria-Piétra; *Agen*, 16 avr. 1822, Michel c. David. — Cadrès, nº 31.

157. — La reconnaissance peut résulter de termes purement énonciatifs. — Ainsi : 1º de ce que dans un acte authentique un individu a donné à un autre le titre de son enfant naturel et a stipulé avec lui en cette qualité, surtout si cette qualité est conforme à celle que lui confère l'acte de naissance. — *Bruxelles*, 17 juin 1807, Pastrelle c. Caroline.

158. — ... 2º De ce qu'un testateur a, dans son testament authentique, qualifié d'enfant naturel un de ses légataires. — *Bastia*, 17 août 1829, G... c. Maria-Piétra.

159. — ... 3º De ce que, dans une procuration générale et authentique, le mandant a qualifié de fils naturel le mandataire. — *Agen*, 16 avr. 1822, Michel c. David.

160. — ... 4º De ce que, dans son contrat de mariage, l'enfant s'est attribué pour père un individu qui a signé, surtout si à cette signature se joint la possession d'état. — *Riom*, 29 juill. 1809, de Mozac c. de La Chapelle.

161. — ... 5º De ce qu'un individu a pris la qualité de père de l'enfant en signant l'acte de naissance, encore bien que cet acte garde le silence à cet égard. — *Colmar*, 24 mars 1813, Gillmann c. Mussel.

162. — ... 6º Et à plus forte raison de ce que, présent à l'acte de naissance dans lequel il est déclaré père de l'enfant, il a signé cet acte avec les témoins sans aucune réclamation. — *Bruxelles*, 4 juill. 1811, Viemersch c. Denoker.

163. — La reconnaissance peut encore résulter d'une procuration authentique émanée du père qui, partant pour l'armée, charge son mandataire de payer, à une femme qu'il désigne par son nom, une pension annuelle jusqu'à son décès ou jusqu'à celui de l'enfant qu'il a eu d'elle. — *Riom*, 13 juin 1817, Estion c. Benoît.

164. — Il est évident d'ailleurs que l'irrégularité résultant de ce que, dans l'acte de reconnaissance d'un enfant naturel, le père aurait à tort qualifié cet enfant de légitime, ne rend pas la reconnaissance nulle. — *Cass.*, 24 nov. 1830, Gabriel.

165. — Il faut seulement que l'acte de reconnaissance ne présente aucune incertitude sur la volonté de celui qui reconnaît ni sur l'identité de celui qui est reconnu.

166. — Jugé en conséquence que la reconnaissance ne saurait résulter de ce qu'un individu assistant à l'acte de naissance d'un enfant naturel aurait, sans se reconnaître le père, permis à l'officier de l'état civil de lui donner son nom patronimique et l'un de ses prénoms, et aurait en outre signé l'acte de naissance. — *Poitiers*, 28 août 1810, Jousbert.

167. — ... Ni de ce que l'officier de l'état civil, après avoir constaté la naissance déclarée par le maître de la maison où l'accouchement a eu lieu, aurait qualifié celui-ci de père de l'enfant et aurait en même temps certifié que le déclarant n'a pas su signer. — *Poitiers*, 11 déc. 1824, Testard c. Berthomé.

168. — Ainsi, la déclaration par laquelle un individu aurait reconnu dans un acte notarié de 1773, qu'une fille a eu un enfant de ses œuvres et se serait engagé à payer à cette fille une certaine somme, est trop vague et trop incertaine pour donner à l'enfant le droit de réclamer une part d'enfant naturel dans la succession du déclarant décédé sous le Code civil. — *Liége*, 29 avr. 1811, Bruyninx c. Servais.

169. — Cependant l'individualité de l'enfant naturel reconnu est suffisamment déterminée, quoiqu'il n'ait pas été désigné dans la reconnaissance ni par son sexe, ni par la date de sa naissance, lorsqu'il est d'ailleurs certain que la mère n'a pas eu d'autre enfant, et lorsque, par des lettres à elle postérieurement adressées, le père parle de leur enfant, avec recommandation de le rappeler au souvenir de la nourrice. — *Riom*, 12 juin 1817, Estion c. Benoît.

170. — L'identité d'un individu qui se prévaut d'une reconnaissance d'enfant naturel avec l'enfant désigné dans cette reconnaissance, peut être établie par indices ou présomptions : une preuve écrite d'identité n'est pas nécessaire. — *Bastia*, 17 août 1829, G... c. Pietra.

171. — Si cette identité est constante, la différence qui existerait entre les noms énoncés en l'acte de reconnaissance et ceux donnés à l'enfant dans son acte de naissance ne vicie pas cette reconnaissance. — *Aix*, 10 fév. 1806, Déodati c. Causse.

172. — Mais la preuve de soins donnés par le prétendu père à un enfant ne serait pas admissible pour établir l'identité de cet enfant avec l'enfant reconnu. — *Lyon*, 29 vent. an XII, Rivière c. Vallon.

§ 2. — *Caractères intrinsèques. — Liberté, irrévocabilité.*

173. — La reconnaissance doit être libre et spontanée.

174. — Comme tout autre contrat, elle peut être attaquée par celui-là même qui l'a consentie pour cause d'erreur, de violence ou de fraude ; par exemple, sous le prétexte qu'il n'est pas le père de l'enfant, et que sa déclaration n'a été déterminée que par les manœuvres artificieuses de la mère et par l'état de concubinage qui existait entre elle et lui. — *Paris*, 14 déc. 1833, Soymier c. Boucher.

175. — C'est aux juges du fait qu'il appartient d'apprécier souverainement jusqu'à quel point la reconnaissance a été libre et volontaire.

176. — La reconnaissance provoquée par des poursuites judiciaires serait-elle valable? — Il faut distinguer.

177. — La reconnaissance d'un enfant naturel résultant d'une transaction sur poursuites judiciaires consentie par le père, avant la loi du 2 frim. an II, n'a pas un caractère de liberté et de spontanéité suffisant pour conférer à l'enfant ainsi reconnu les droits de successibilité établis par cette loi. — La recherche de la paternité étant alors permise, un individu pouvait se laisser entraîner par des menaces, ou, pour éviter le scandale, à avouer une paternité qui n'était pas son fait. — Décr. C. des anciens, 13 thermid. an VI; — *Cass.*, 13 vendém. an V, Dumesnil c. Leboucher; 5 thermid. an V, Enzières c. Ganjoux; *Amiens*, 11 flor. an XII, Frémont c. Calais; *Poitiers*, 28 messid. an XII; Malroye c. Gilbert; *Montpellier*, 9 flor. an XIII, Moulins c. Bascon; *Cass.*, 18 flor. an XIII, Richon Grammont c. Richon; *Amiens*, 4 thermid. an XIII, Marie Madeleine c. d'Haudoire; *Cass.*, 1er messid. an XII, Penom c. Lalo; 5 août 1807, Manchouard c. d'Hegreville; 11 août 1808, Blanc c. Molinier; *Grenoble*, 5 mars 1810, André c. Masson et Millet; *Angers*, 17 juill. 1828, Lefaucheux c. Maurat; — Merlin, *Rép.*, vº *Filiation*, nº 14, et vº *Bâtard*, sect. 2e, § 3.

178. — ... Surtout si la reconnaissance a eu lieu pour faire cesser des poursuites criminelles et a été signée entre deux guichets. — *Cass.*, 1er messid. an XIII, Penom c. Lalo.

179. — ... Alors même que le père aurait, dans un testament, reconnu de nouveau cette paternité, si ce testament lui-même n'avait pas été libre. — *Cass.*, 18 flor. an XIII, Richon-Grammond c. Richon.

180. — ... Et que l'enfant aurait reçu des soins dans la maison de son prétendu père, depuis la transaction. — *Amiens*, 4 thermid. an XIII, Marie Madeleine c. d'Haudoire.

181. — Il en est autrement si la transaction n'a été provoquée que par de simples menaces de poursuites. — *Bordeaux*, 18 flor. an XIII, Guérin. — Ou s'il ne s'agit pour l'enfant que des alimens à payer par la succession. — *Grenoble*, 5 mars 1810, André c. Masson et Millet; — Merlin, *Rép.*, vº *Alimens*, § 1er, art. 2, nºs 4 et suiv.

182. — Celui qui, poursuivi en reconnaissance d'un enfant naturel à une époque où cette poursuite était permise, a été, suivant ses offres, condamné à se charger de l'enfant et a exécuté la condamnation, ne peut être, par cela seul, réputé l'avoir reconnu. — *Riom*, 1er août 1809, Védrines c. Louis.

183. — Mais sous la nouvelle législation, la crainte d'un procès serait chimérique et ne saurait faire impression sur un homme raisonnable, puisque le prétendu père peut repousser l'action intentée par une fin de non-recevoir qui l'étouffe à son origine. Si donc, dans ce cas, il transige, c'est volontairement; la reconnaissance résultant de la transaction est, par conséquent, valable. — *Pau*, 5 prair. an XIII, Picot; impl. *Grenoble*, 15 thermid. an XIII, Pison c. Amar; *Cass.*, 6 janv. 1808, Picot; — Merlin, vº *Filiation*, nº 14; Toullier, t. 2, nº 963; Duranton, t. 3, nº 220; Favard, vº *Reconnaissance d'enfant naturel*; Rolland de Villargues, *Tr. des enf. nat.*, p. 305.

184. — A plus forte raison la reconnaissance est valable, quoiqu'elle ait été provoquée par l'enfant naturel. Dans ce cas elle ne peut être révoquée sur d'autres motifs que ceux qui peuvent opérer la nullité ou la rescision des actes. — *Cass.*, 27 août 1811, Carayon c. Cabanon; — Merlin, *Rép.*, vº *Filiation*, nº 15.

185. — Cependant il a été jugé que depuis comme avant la loi prohibitive de la recherche de paternité, on doit réputer nulle, comme n'ayant pas le caractère de spontanéité nécessaire, la transaction par acte public dans laquelle un individu déclare être l'auteur de la grossesse d'une fille envers laquelle il s'oblige au paiement d'une somme d'argent, en considération du désistement de l'action judiciaire qu'elle avait intentée contre lui. — *Agen*, 27 nov. 1828, Lignac c. Feneuil; — Loiseau, p. 462 et 463.

186. — La reconnaissance, valable dans son principe, est irrévocable. — *Toulouse*, 24 juill. 1810, Cavayon c. Cabanon; *Cass.*, 27 août 1811, mêmes parties. — Anal. *Aix*, 10 fév. 1806, Déodati c. Causse; — Duranton, t. 3, nº 219; Richefort, nº 257.

187. — Elle est irrévocable, quel que soit le caractère de l'acte qui la renferme, fût-ce même un testament. — *Bastia*, 5 juill. 1826, Félix G... c. Suzanna; 17 août 1829, G... c. Maria Piétra; *Pau*, 5 prair. an XIII, Picot; — Duranton, t. 3, nº 219; Richefort, nº 258; Zachariæ, t. 4, p. 62; Cadrès, nº 21; Rolland de Villargues, vº *Enfans naturels*, nº 237. — *Contrà* Merlin, *Rép.*, vis *Filiation*, nº 7, et *Révocation de testament*, § 7; Loiseau, p. 468; Favard, *Rép.*, vº *Reconnaissance d'enfant naturel* sect. 1re, § 3, art. 2, nº 6.

188. — Mais si la reconnaissance d'un enfant naturel contenue dans un testament ne peut être réputée révoquée par l'acte qui révoque le testament lui-même, au moins est-il certain que l'enfant ne peut s'en prévaloir pendant la vie du testateur. Les dispositions d'un testament, quel que soit leur objet, ne peuvent faire titre avant le décès de celui qui a disposé. — *Amiens*, 9 fév. 1826, Finot c. Bordeaux; — Duranton, nº 219; Cadrès, nº 21.

189. — Jugé, au contraire, mais à tort, selon nous, que les dispositions du testament peuvent être invoquées, même pendant la vie du testateur, par celui qu'il a reconnu dans ce testament, et l'autorisent à réclamer des alimens. — *Bastia*, 5 juill. 1826, G... c. Suzzanna; 17 août 1829, G..., c. Maria Piétra.

ART. 3. — *Effets de la reconnaissance.*

§ 1er. — *Effets de la reconnaissance faite hors mariage.*

190. — La reconnaissance légalement faite confère à l'enfant naturel des droits importans. Ainsi il porte le nom du père ou de la mère qui l'a reconnu. — V. NOM.

191. — Il peut réclamer à ses parens des alimens. — V. ALIMENS.

192. — Il recueille tout ou partie des biens qu'ils laissent à leur décès. — V. SUCCESSION IRRÉGULIÈRE.

193. — Et même il exerce un droit de réserve sur les biens dont ses parens auraient disposé à titre gratuit. — V. RÉSERVE.

194. — Enfin, il est légitime par le fait seul du mariage postérieur de ses père et mère. — V. LÉGITIMATION.

195. — Par suite l'enfant se trouve placé sous la puissance de son père ou de sa mère naturel. — V. PUISSANCE PATERNELLE, ÉMANCIPATION, MARIAGE, TUTELLE.

196. — Il ne peut contracter mariage avec ses ascendans ou descendans naturels et ses alliés dans la même ligne, ni avec ses frères et sœurs et ses alliés au même degré. — V. MARIAGE.

197. — Il est incapable de recueillir soit par donation soit par testament une quotité plus forte de la fortune de ses père et mère que celle qui lui est assignée par la loi. — V. DISPOSITIONS À TITRE GRATUIT, SUCCESSION IRRÉGULIÈRE.

198. — Peut-il être adopté par ses père et mère? — Cette question a été l'objet de la plus vive controverse. La chambre civile de la cour de Cassation elle-même a changé trois fois d'opinion ; ainsi, après l'avoir résolue affirmativement le 28 avr. 1841 (t. 1er 1841, p. 737, Boirot), elle l'a décidé négativement le 16 mars 1843 (t. 1er 1843, p. 539, Thorrau) ; puis elle est revenue au premier système par elle consacré dans un troisième arrêt du 1er avr. 1846 (t. 2 1846) ; c'est, du reste, dans ce dernier sens que se sont prononcés la plupart des cours royales et des auteurs. — *Bordeaux*, 30 janv. 1845 (t. 1er 1845, p. 607), Pons c. Peyrol ; *Montpellier*, 24 avr. 1845 (t. 1er 1845, p. 497). — V. ADOPTION, nos 79 et suiv.

199. — Le père et la mère naturels ont droit de réclamer des alimens à leurs enfans, s'ils sont dans le besoin. Ont-ils aussi un droit de succession sur les biens laissés par ceux-ci ? — V. RÉSERVE, SUCCESSION IRRÉGULIÈRE.

§ 2. — *Effets de la reconnaissance faite pendant le mariage.*

200. — Les droits de l'enfant naturel reconnu sont gravement modifiés, lorsqu'il n'a été reconnu que depuis le mariage de celui ou de celle qui le reconnaît : « La reconnaissance faite pendant le mariage par l'un des époux au profit d'un enfant naturel qu'il aurait eu avant son mariage d'un autre que de son époux, porte l'art. 337, C. civ., ne pourra nuire ni à celui-ci ni aux enfans nés de ce mariage. Néanmoins elle produira son effet après la dissolution de ce mariage, s'il n'en reste pas d'enfans. »

201. — Pour produire tous ses effets, il faut donc que la reconnaissance de l'enfant naturel ait une date certaine antérieure au mariage. Ainsi : — 1° un acte de reconnaissance sous seing-privé, portant une date antérieure à la loi du 12 brum. an II, ne peut être opposé par un enfant naturel aux enfans issus du mariage contracté par son père sous l'empire du Code civil, lorsque cet acte n'a acquis de date certaine que postérieurement au mariage ; peu importerait que la recherche de la paternité ou la reconnaissance sous seing-privé fussent autorisées par les lois en vigueur à l'époque de la naissance. — *Cass.*, 2 mai 1822, François c. André.

202. — ... 2° L'acte de baptême d'un enfant naturel, signé par la mère qui depuis s'est mariée, ne peut, à l'égard des enfans issus de son mariage, être considéré comme un commencement de preuve par écrit, ayant une date certaine antérieure au mariage ; dès-lors il ne saurait autoriser, vis-à-vis d'eux, la preuve testimoniale de la filiation de l'enfant. — *Lyon*, 31 déc. 1835, Despraisses c. Blanchet.

203. — ... 3° La déclaration de paternité faite dans l'acte de naissance d'un enfant naturel, en l'absence du père, n'autorise pas celui-ci, pendant un mariage postérieur, à ratifier cette déclaration et à conférer ainsi à l'enfant des droits sur sa succession, alors même que la naissance et même la reconnaissance ont eu lieu sous l'ancienne législation. — *Cass.*, 24 nov. 1830, Gabriel.



204. — Mais l'art. 337 est inapplicable : — 1° lorsqu'il s'agit simplement de rectifier et de confirmer la reconnaissance d'un enfant naturel faite dans l'acte de naissance, mais d'une manière irrégulière en ce qu'elle laisse du doute sur l'identité du père. — Même arrêt.

205. — ... 2° Quand il s'agit d'une reconnaissance forcée.

206. — ... 3° Lorsque la reconnaissance est postérieure à la dissolution du mariage. Un paragraphe disposant que, même dans ce cas, la reconnaissance de l'enfant naturel ne pourrait nuire aux enfans légitimes, a été écarté. Les prohibitions d'ailleurs ne doivent pas être étendues. — *Pau*, 5 prair. an XIII, Picot ; *Cass.*, 6 janv. 1808, Picot ; — Toullier, no 959 ; Duranton, no 254 ; Cadrès, no 42 ; Zachariæ, t. 4, p. 63 et 65 ; Loiseau, p. 436. — V. *contrà* Richefort (no 282) qui se fonde sur ce qu'il y a même raison de décider.

207. — ... 4° Lorsque la reconnaissance est antérieure au mariage, quoiqu'elle ait été cachée au conjoint. — Duranton, no 247.

208. — ... 5° Lorsque l'enfant naturel est reconnu, même pendant le mariage, par les deux époux. — Duranton, no 248 ; Zachariæ, t. 4, p. 65 ; Loiseau, p. 435 ; Toullier, no 960 ; Delvincourt, t. 1er, p. 242 ; Cadrès, no 42.

209. — Si la reconnaissance a été faite par l'un des époux, mais d'un enfant qu'il a eu de son conjoint, l'effet de la reconnaissance se règle par une distinction. — La reconnaissance de la femme est sans effet à l'égard du mari et des enfans issus du mariage, parce que la recherche de la paternité est interdite. — La reconnaissance du mari pourra au contraire produire effet à l'égard de tous, lorsque l'enfant aura recherché et prouvé sa maternité. — Duranton, no 249 ; Cadrès, no 42.

210. — Au surplus, l'art. 337 ne fait pas obstacle à ce que l'enfant naturel reconnu pendant le mariage réclame des alimens contre la succession de son père, quoiqu'il existe des enfans légitimes ou légitimés. — *Paris*, 13 juin 1809, Bougault c. Gauthier ; *Rennes*, 22 mars 1810, Coron c. Hamelin ; *Cass.*, 27 août 1811, Marie c. Carayon ; *Agen*, 17 mars 1817, Cayrol ; — Toullier, t. 2, no 957 ; Duranton, t. 3, no 252. — V. *contrà* Loiseau, p. 435. — *Toulouse*, 6 mai 1826, Mespliès.

211. — ... Alors surtout que les alimens sont pris sur les revenus du père qui a reconnu. — *Cass.*, 27 août 1811, Marie c. Carayon.

212. — ... Ou que la reconnaissance étant antérieure au Code civil, l'enfant a déjà obtenu des alimens contre son père par jugement fondé sur la législation ancienne. — *Paris*, 13 juin 1809, Bougault c. Gauthier.

213. — Il ne s'oppose pas non plus à ce que l'enfant ainsi reconnu exerce tous ses droits d'enfant naturel vis-à-vis des collatéraux et des ascendans de l'époux qui l'a reconnu et même des enfans nés d'un mariage antérieur ou postérieur, encore qu'il en existe de celui pendant lequel la reconnaissance a eu lieu. — Duranton, no 251, 253 ; Zachariæ, t. 4 p. 162 ; Toullier, no 958 ; Cadrès, n. 42.

§ 3. — *Effets de la reconnaissance du père ou de la mère vis-à-vis l'un de l'autre.*

214. — La reconnaissance est individuelle, en ce sens qu'elle n'engage que celui qui l'a faite. Ainsi, la reconnaissance de la mère ne peut engager le père, ni celle du père engager la mère. « La reconnaissance du père, sans l'indication et l'aveu de la mère, n'a d'effet qu'à l'égard du père. » — C. civ., art. 336.

215. — L'aveu doit-il être exprès et authentique comme la reconnaissance? Peut-il résulter seulement de lettres missives ou même de la possession d'état ? — Il faut distinguer entre le père et la mère : *mater certa*, *pater incertus*.

216. — Vis-à-vis du père, le seul titre que puisse invoquer l'enfant naturel est une reconnaissance ou un aveu authentique et formel. Admettre la possession d'état ou tout autre aveu non authentique en matière de filiation naturelle, ce serait violer le principe qui prohibe la recherche de la paternité.

217. — La possession d'état jointe à la preuve de la perte des registres est donc insuffisante pour établir à l'égard du père la filiation d'un enfant naturel, surtout si cette preuve n'est point accompagnée de l'offre de prouver que dans les registres perdus ou détruits se trouvait un acte de naissance dans lequel le prétendu père aurait formellement reconnu l'enfant. — *Cass.*, 13 mars 1827, Florentin c. Dubourg.

218. — Il en est autrement vis-à-vis de la mère. Si la recherche de la paternité est interdite, la recherche de la maternité est admise, même sans indication de la mère de la part du père. Comment



donc, en présence de cette indication, ne pas permettre la preuve des faits qui constatent une possession d'état ou tout autre aveu de maternité ?

219. — Un aveu peut se manifester de plusieurs manières ; et souvent mieux par une conduite qui est le résultat d'une conviction profonde et permanente que par un écrit qui peut avoir été arraché ou surpris. — Richefort, no 278 ; Delvincourt, t. 1, p. 389 ; Locré, t. 4, p. 221 ; Proud'hon, t. 2, p. 100 ; Duranton, t. 3, no 245 ; Cadrès, no 10 ; Zachariæ, t. 4, p. 54.

220. — Ainsi lorsqu'il y a eu reconnaissance authentique faite par le père avec indication de la mère dans l'acte de naissance, l'aveu de la mère n'a pas besoin, pour avoir effet, d'être consigné dans un acte authentique. Il résulte suffisamment : 1° de ce qu'elle a pris la qualité de mère dans des actes judiciaires. — *Bruxelles*, 4 févr. 1811, Nuytten c. Carlon ; *Cass.*, 22 juin 1813, mêmes parties ; *Nîmes*, 11 juill. 1827, Ville c. Mounier.

221. — ... 2° De ce qu'elle s'est qualifiée de mère et tutrice dans une procuration enregistrée avant le décès de l'enfant, et ayant pour objet de lui faire nommer un subrogé-tuteur. — *Douai*, 23 janv. 1819, Boulanger c. Poulet.

222. — ... 3° De ce qu'elle a comparu personnellement dans l'inventaire auquel il a été procédé après le décès du père, et qu'elle y a fait divers dires et réclamations qui confirment l'indication de maternité faite par le père dans l'acte de naissance de l'enfant. — *Cass.*, 26 avr. 1824, Chambeau c. Foing ; *Bordeaux*, 15 fév. 1832, mêmes parties.

223. — ... 4° De ce qu'elle a élevé ou fait élever l'enfant sous ses yeux, et l'a toujours traité comme tel. — *Douai*, 23 janv. 1819, Boulanger c. Poulet ; *Bordeaux*, 19 janv. 1830, Cyriand Desvergnes ; 15 fév. 1832, Chambeau c. Foing ; *Paris*, 15 déc. 1834, Letissier c. Cousin ; *Cass.*, 5 mai 1836, mêmes parties ; 22 janv. 1839 (t. 1er 1839, p. 74), Boul c. Leloup ; *Paris*, 20 avr. 1839 (t. 1er 1839, p. 537), Margraff c. Dumesnil ; 27 avr. 1839 (t. 1er 1839, p. 537), Vaucher c. Cullerier.

224. — Jugé au contraire, mais à tort, que l'aveu de la mère indiquée par le père n'a d'existence légale que s'il est formel et consigné dans un acte authentique, et que la possession d'état ne suffit pas vis-à-vis de la mère naturelle, alors même qu'elle serait conforme à l'acte de naissance. — *Bourges*, 2 mai 1837 (t. 1er 1838, p. 493), Alaphilippe c. Champagne ; — Toullier, t. 2, nos 970 et 971.

225. — Aucun délai n'est déterminé pour l'aveu de la mère. Il suffit qu'il résulte d'actes émanés d'elle avant son décès pour que l'enfant puisse s'en prévaloir. — *Bruxelles*, 4 fév. 1811, Nuytten c. Carlon ; — Cadrès, no 9.

## Sect. 2e. — *Reconnaissance forcée.*

§ 1er. — *Recherche de la maternité.*

226. — La maternité se révèle par des signes certains et incontestables..., *mater certa*. Aussi toutes les législations ont-elles permis à l'enfant naturel comme à l'enfant légitime de rechercher sa mère et d'établir, même par témoins, sa filiation maternelle. « La recherche de la maternité est admise. » — C. civ., art. 341.

227. — Il fallait mettre à cette faculté des conditions qui en empêchassent l'abus. — L'enfant qui réclame sa mère est tenu de prouver qu'il est identiquement le même que l'enfant dont elle est accouchée. Il n'est admis à faire cette preuve qu'autant qu'il a déjà un commencement de preuve par écrit. — C. civ., art. 341.

228. — Il y a donc deux faits à établir : 1° L'accouchement de la mère ; 2° l'identité de l'enfant.

229. — L'enfant doit d'abord prouver l'accouchement de celle à qui il attribue sa naissance ; ce n'est qu'après avoir prouvé l'accouchement qu'il peut être admis à la preuve de son identité. — *Amiens*, 9 août 1821, Bellengreville c. Caron ; anal. *Cass.*, 12 juin 1823, mêmes parties ; — Merlin, *Quest. de droit*, vo *Maternité* ; Toullier, t. 2, no 942 ; Richefort, no 327.

230. — Comment le fait de l'accouchement doit-il être prouvé? Selon les uns, la preuve testimoniale est admissible, la loi n'exigeant de commencement de preuve par écrit que pour établir l'identité. — Delvincourt, t. 1er, p. 93, note 10e. — D'autres soutiennent qu'une preuve écrite est seule recevable parce que les accouchemens doivent toujours être constatés par un acte écrit. — Arg. *Paris*, 31 mars 1826, de M... c. Arnoult ; *Amiens*, 9 août 1821, Bellengreville c. Caron ; — Toullier, no 942 ; Zachariæ, t. 4, p. 79 ; Cadrès, no 47. — Enfin, un troisième système consiste à exiger un commencement de preuve par écrit, qui se réfère tant à l'accouchement qu'à l'identité. — Duranton, no 240 Richefort, no 329 ; Merlin, *Quest. de droit*, vo *Mater-*

*nité* ; *Rép.*, *ibid*, nº 4. — Cette dernière opinion nous paraît préférable.

231. — La loi, dit M. Cadrès (nº 47), n'avait pas à s'expliquer sur la nécessité, pour l'enfant qui réclame sa mère, d'avoir un commencement de preuve par écrit, pour prouver que la femme qu'il dit être sa mère est, en effet, accouchée à une époque qui se rapporte à la naissance, du moment qu'il n'est admis à prouver son identité qu'autant qu'il a un commencement de preuve par écrit de son état d'enfant naturel de cette femme. Cette dernière condition dispense de la première, et mieux encore elle implique l'accomplissement de la première, par la force même des choses, sans que la loi ait eu besoin de la prescrire.

232. — Dans tous les cas, l'acte de naissance dressé dans les formes voulues par la loi, et notamment sur la déclaration de la sage-femme, fait preuve complète de l'accouchement de la mère qui y est indiquée, quoique celle-ci ne l'ait pas signé. — *Rouen*, 20 mai 1829, Burnel c. Edain ; *Paris*, 7 juill. 1838 (t. 2 1838, p. 139), Lamarre c. Parent ; — Toullier, nº 948. — V. *contrà*, à moins que la mère ne soit intervenue à l'acte par elle-même ou par un fondé de pouvoirs. — Duranton, nº 237 ; Richefort, nº 335 ; Merlin, *Rép.*, vº *Maternité*, nº 4.

233. — Quant à l'identité, il faut, sans aucun doute, soit une preuve écrite, soit un commencement de preuve par écrit. — *Cass.*, 28 mai 1810, Coron c. Hamelin ; — Merlin, *Rép.*, vº *Maternité*, nos 2 et 3 ; Toullier, nos 944 et suiv. ; Duranton, nº 237.

234. — ... Surtout de la part de collatéraux qui prétendent rechercher la maternité contre l'enfant. — *Paris*, 31 mars 1826, Sens c. Arnould ; *Cass.*, 7 avr. 1830, mêmes parties.

235. — Ainsi, la preuve testimoniale n'est pas admissible, par cela seul qu'il existe des présomptions et indices graves et résultant de faits dès-lors constans, l'art. 323, C. civ., n'étant applicable qu'à la filiation légitime et non à la filiation naturelle dont la preuve doit être plus difficilement accueillie. — *Cass.*, 28 mai 1810, Coron c. Hamelin. — V. *contrà Rennes*, 31 août 1808, Mêmes parties.

236. — Le commencement de preuve par écrit nécessaire à l'enfant est défini par l'art. 324, C. civ. — Il résulte des titres de famille, des registres et papiers domestiques du père ou de la mère, des actes publics et même privés émanés d'une partie engagée dans la contestation ou qui y aurait intérêt si elle était vivante.

237. — Zachariæ fait observer avec beaucoup de raison qu'il ne saurait à la rigueur exister de commencement de preuve par écrit de l'identité, car quelque précises que soient les énonciations de l'écrit invoqué comme tel, il sera toujours possible de soutenir que cet écrit ne concerne pas celui auquel on prétend l'appliquer. Le seul moyen de sortir de cette difficulté, c'est d'admettre le réclamant qui produit un écrit dont il entend faire résulter un commencement de preuve de son identité avec l'enfant dont la prétendue mère est accouchée, à prouver, au moyen de la possession d'état dont il jouissait à l'époque où cet écrit a été fait, qu'il s'applique réellement à lui.

238. — Peuvent être considérés comme autorisant la preuve testimoniale : 1° des actes émanés d'une des parties engagées dans la contestation, alors même que cette partie ne serait en cause que comme défenderesse à une demande en partage et viendrait à la succession, non comme héritière de la mère de l'enfant naturel, mais comme donataire d'un autre héritier. — *Paris*, 7 juill. 1838 (t. 2 1838, p. 139), Lamarre c. Parent.

239. — ... 2° L'acte de naissance auquel a concouru une personne qui, si elle était encore vivante, aurait intérêt dans la contestation. — *Rouen*, 20 mai 1829, Burnel c. Edain ; — Richefort, nº 335.

240. — ... 3° Des actes dans lesquels l'enfant a pris la qualité de fils de la mère qu'il réclame, et auxquels ont participé ceux qui contestent son état. Par exemple, les publications des bans d'un mariage projeté entre un enfant naturel et la nièce de la femme dont il se prétend le fils, dans lesquelles cet enfant a pris cette qualité prétendue, doivent être considérées comme commencement de preuve par écrit de son identité avec celui dont la femme est accouchée, lorsque la nièce, qui conteste cette identité, a requis elle-même la publication des bans. — *Rouen*, 21 août 1812, Boulanger c. Leclerc.

241. — ... 4° Des lettres missives attribuées à la personne que l'enfant naturel réclame pour sa mère, lorsqu'elles ont été reconnues et vérifiées. — *Rennes*, 30 janv. 1815, Barbier c. Mathilde.

242. — ... Et pourvu qu'elles soient produites du consentement de celui à qui elles ont été écrites : « Des lettres confidentielles écrites à un tiers ne pouvant être présentées en justice et devenir pièces du procès contre le vœu de celui à qui elles sont adressées et qui en est dépositaire. — *Cass.*, 12 juin 1823, Belleugreville c. Coron ; 4 avr. 1821, Merlin, *Rép.*, vº *Lettre*, nº 5. — V. aussi LÉGITIMITÉ.

243. — Mais l'acte de naissance d'un enfant naturel ne peut lui servir ni de preuve ni de commencement de preuve par écrit pour établir son identité avec l'enfant dont la femme qu'il réclame pour mère est accouchée. — *Cass.*, 28 mai 1810, Coron c. Hamelin. — Merlin, *Rép.*, vº *Maternité*, nº 4 ; Locré, t. 4, p. 221 ; Toullier, nº 948 ; Duranton, nº 237 ; Richefort, nº 330. — *Contrà Rennes*, 31 août 1808, Coron c. Hamelin.

244. — ... Alors même que cette femme serait désignée dans l'acte comme mère de l'enfant. — *Bourges*, 2 mai 1837 (t. 1er 1838, p. 193), Alaphilippe c. Champagnat. — V. aussi *Paris*, 16 mai 1809, Blaye c. Champion.

245. — ... Et que cette désignation émanerait du père même de l'enfant. — *Bastia*, 31 mars 1840 (t. 2 1846), Pinzuti c. Savelli.

246. — ... Surtout, si le nom de la femme réclamée pour mère différait du nom de la femme inscrite dans l'acte de naissance et si, sous ce rapport, on était obligé de faire rectifier cet acte. — *Paris*, 5 mars 1814, Marie-Louise c. Hautraye.

247. — ... Et si cette femme était, au moment de l'acte de naissance, mariée à un autre que celui qui est indiqué comme père de l'enfant.

248. — Ainsi, l'acte de naissance qui attribue un enfant à une femme désignée sous les noms et prénoms d'une personne mariée et à un individu autre que le mari, ne saurait faire preuve ni même commencement de preuve par écrit pour établir par témoins l'identité de la mère donnée à l'enfant avec la femme de celui que cet enfant réclame pour père. — *Paris*, 15 juill. 1810, Chady c. de Gosse ; *Cass.*, 22 janv. 1811, mêmes parties ; — Toullier, nº 863.

249. — Jugé cependant que la désignation faite par une sage-femme de la mère de l'enfant qu'elle présente à l'officier de l'état-civil peut servir à l'enfant comme indice dans la recherche de maternité. — *Bourges*, 4 janv. 1839 (t. 2 1843, p. 441), Charannes c. Michot.

250. — Au surplus, ce n'est que quand l'enfant naturel n'a pas la possession constante de sa filiation qu'il ne peut être admis à la recherche de la maternité sans un commencement de preuve par écrit. Si l'enfant a cette possession d'état, il n'a plus rien à prouver : car elle porte avec elle la preuve de l'accomplissement et la preuve de l'identité, il n'a rien à rechercher, puisqu'il possède son état. — Delvincourt, t. 1er, p. 92, note 10 ; Duranton, nº 238 ; Proudhon, t. 2, p. 100 ; Richefort, nº 338 ; Locré, t. 4, p. 221 ; *contrà* Toullier, t. 2, nos 970 et 971. — *Bourges*, 2 avr. 1837 (t. 1er 1838, p. 193), Alaphilippe et Laurent c. Champagnat.

251. — Ainsi, la possession d'état peut être invoquée en matière de filiation naturelle comme en matière de filiation légitime vis-à-vis de la mère. — *Paris*, 17 juill. 1841 (t. 2 1841, p. 187), Brigaux c. Bresson ; *Rouen*, 19 déc. 1844 (t. 1er 1845, p. 320), Aubert ; *Grenoble*, 13 janv. 1840 (t. 2 1840, p. 234), Cheval c. le Domaine.

252. — Et cette possession d'état suffit à l'enfant naturel pour établir sa filiation à l'égard de la mère. — *Bastia*, 17 déc. 1834, Petrucci c. Gatti.

253. — ... Surtout quand elle est confirmée par les énonciations de l'acte de naissance et par les aveux des parens de la mère. — *Paris*, 27 juin 1812, Connay c. Bourgeois.

254. — Si, en raison des circonstances qui accompagnent la possession d'état, les tribunaux croient pouvoir reconnaître, le fait de l'accouchement de la femme étant prouvé, l'identité du réclamant avec celui dont elle est accouchée, ils ont le droit de déclarer la filiation naturelle constante sans qu'il soit nécessaire d'ordonner la preuve testimoniale. — *Rouen*, 20 mai 1829, Burnel c. Edain.

255. — Mais la possession d'état doit être bien constante : les soins bienfaisans et les dons d'une affection soutenue ne sont pas une présomption suffisante pour faire déclarer la femme qui les a prodigués mère naturelle de l'enfant qui les a reçus. — *Besançon*, 1er mai 1806, Martin c. Maréchal.

256. — Dans le cas où la possession d'état est contestée, elle ne peut être prouvée par témoins qu'autant qu'il y a un commencement de preuve par écrit ; la possession se confond avec la preuve d'identité. — *Bastia*, 31 mars 1840 (t. 2 1846), Pinzuti c. Savelli.

257. — La possession d'état n'a aucune valeur en matière de filiation paternelle. Cela résulte évidemment de ce que la recherche de la paternité est interdite et de ce que la loi n'admet de reconnaissance valable que celle faite par acte authentique.

258. — Cependant cette doctrine est combattue par M. Demolombe, professeur à la faculté de droit de Caen, dans la *Revue de législation et de jurisprudence*, t. 1er, p. 427. Cet auteur voit dans la possession constante de l'enfant naturel une preuve suffisante soit de la maternité, soit même de la paternité naturelle. — Voici en résumé les motifs sur lesquels il fonde son opinion : — 1° La possession d'état résultant du nom que le père ou la mère ont fait porter à leur enfant, des soins qu'ils lui ont donnés en cette qualité, et de la position qu'il a constamment occupée dans la société et dans la famille, constitue une reconnaissance plus péremptoire que celle dont s'occupe l'art. 334, car elle est éminemment publique ; elle est en outre réitérée et persévérante, et enfin elle a sur l'acte authentique l'avantage de prouver l'identité de celui à qui elle s'applique. — 2° La doctrine proposée ne tend nullement à violer la règle qui interdit d'une manière absolue, sauf dans un cas, la recherche de la paternité, et qui subordonne celle de la maternité à l'existence d'un commencement de preuve par écrit, car il ne peut être question de la recherche d'un état de la part de celui qui en a la pleine possession. — 3° On ne peut prétendre que, si les faits de possession d'état sont déniés en tout ou en partie, la preuve que la personne intéressée prétend en faire constituera une recherche de la paternité ou de la maternité. — En effet, la possession d'état étant un véritable titre, et même, comme l'a dit Portalis, le plus puissant des titres, en prouver l'existence n'est pas autre chose que prouver l'existence de son titre. On peut donc dans le même sens argumenter de la loi du 12 brum. an II, qui, ayant aboli la recherche de la paternité, n'a cependant nullement songé à abolir la preuve résultant de la possession d'état, et l'a au contraire reconnue et consacrée dans son art. 8. Le silence du Code civil dans le chap. 3, sur la possession d'état d'enfant naturel, s'explique très facilement si l'on réfléchit que ce chapitre serait évidemment défectueux et incomplet si l'on n'avait soin de le compléter à l'aide des dispositions du chap. 2, auxquelles on n'a point dérogé d'une manière expresse en s'occupant de la filiation naturelle ; on se trouve ainsi conduit à appliquer à la possession d'état d'enfant naturel les art. 320, 321 et 322.

259. — M. Valette, dans ses observations sur Proudhon (t. 2, p. 153), déclare adopter l'opinion de M. Demolombe. En effet, dit ce jurisconsulte, si se prévaloir de la possession d'état est la même chose que rechercher la maternité ou la paternité, il est de toute évidence qu'on ne peut, sans violation de la loi, considérer la possession d'état comme suffisant toute seule à prouver la filiation à l'égard de la mère, puisque, pour rechercher la maternité naturelle, il faut d'abord s'appuyer sur un commencement de preuve par écrit (art. 341). Il nous est impossible d'admettre une distinction tout-à-fait arbitraire.

260. — Ce système nous paraît exagéré. Sans doute la possession d'état ne peut être assimilée à la recherche de la paternité ou de la maternité ; c'est plutôt une preuve qui est suffisante à l'égard de la mère, qui a allaité, nourri et élevé son enfant, mais qui manque de la même certitude à l'égard du père, dont la reconnaissance doit toujours être expresse et authentique.

261. — Le serment décisoire peut être déféré par l'enfant naturel à sa prétendue mère, même sans commencement de preuve par écrit. Les articles 1358 et 1360, C. civ., sont conçus dans des termes tellement généraux qu'on ne saurait se refuser à admettre le serment comme moyen de preuve toutes les fois que la loi ne soumet pas à des formes spéciales l'acte dont on veut prouver l'existence. — *Rennes*, 16 déc. 1836, (t. 2 1837, p. 320), de Montcontour c. de K.. ; — Cadrès, nº 49, *contrà* Richefort, nº 338.

262. — L'art. 322, C. civ., aux termes duquel nul ne peut réclamer un état contraire à celui que lui donnent son acte de naissance et la possession conforme à ce titre, ne concerne que la filiation légitime, et ne peut, par conséquent, être opposé à l'enfant qui réclame une maternité naturelle. — *Cass.*, 13 fév. 1839 (t. 1er 1840, p. 84), Tronquoy c. Dutier.

263. — Le droit de l'enfant naturel de rechercher la maternité est un droit qui lui est purement personnel. — Duranton, nº 242.

264. — Il lui est personnel 1° en ce sens qu'il ne peut être transmis à ses successeurs ou ayant-cause et spécialement à l'administration d'un hospice dans lequel cet enfant est décédé. — *Paris*, 13 mars 1837 (t. 1er 1840, p. 255), le domaine c. hospices de Paris.

265. — ...Ni à l'héritier de l'enfant naturel, lors même qu'il existe un commencement de preuve par écrit. — Implic. *Paris*, 16 déc. 1833, Fanon c. préfet de la Seine.

266. — ...Ni au père ou aux héritiers du père qui a reconnu l'enfant. — *Bastia*, 31 mars 1840, (t. 2 1846), Pinzuti c. Savelli.

267. —...A moins que cet enfant n'ait eu la possession constante de l'état d'enfant naturel de la femme qu'on lui attribue pour mère. — Même arrêt.

268. — Jugé même que la possession d'état pouvant être invoquée par l'enfant naturel, mais non par sa mère ni ses ascendans, ne peut, dès-lors, suppléer, dans l'intérêt de la mère, à la reconnaissance voulue par la loi. — *Bourges*, 4 janv. 1839 (t. 2 1843, p. 441), Chevannes c. Michot.

269. — Mais celui qui a reconnu un enfant déposé à l'hospice des enfans trouvés a qualité, en vertu de la puissance paternelle, pour intenter au nom de l'enfant une demande en recherche de maternité, quoique l'enfant ne lui ait pas encore été remis et n'ait pas même encore été réclamé par lui. — *Colmar*, 5 avr. 1838 (t. 1er 1839, p. 606), F. c. H.

270. —...2° En ce sens, surtout, que ce droit n'appartient pas aux tiers contre l'enfant et, notamment, à des collatéraux qui n'attaquent l'état de l'enfant que pour faire réduire ses droits de successibilité ou les libéralités dont il aurait été gratifié. — *Amiens*, 9 août 1821; sous *Cass.*, 12 juin 1823, Bellengreville c. Caron; — Duranton, n° 242; Marcadé, *Élémens de dr. franç.*, t. 2, p. 489.

271. — Il en est ainsi alors même que la femme serait indiquée comme mère de l'enfant dans les actes de l'état civil, si cette déclaration, étrangère à la mère, a été faite par la sage-femme seule. Une telle mention ne peut tenir lieu de la reconnaissance authentique prescrite par l'art. 334. — *Colmar*, 4 mai 1844 (t. 2 1844, p. 285), Wolf. — V. dans le même sens *Bourges*, 4 janv. 1839 (t. 2 1843, p. 441), Chevannes c. Michot.

272. — Dans tous les cas, l'enfant légitime ne peut, à l'occasion de la succession d'un individu qu'il prétend être son frère naturel, être admis à la recherche de la maternité naturelle, et attribuer ainsi à sa mère un enfant naturel qu'elle n'a pas reconnu. — *Paris*, 16 déc. 1833, Fanon c. préfet de la Seine; *Cass.*, 20 nov. 1843 (t. 1er 1844, p. 88), mêmes parties.

273. — Toutefois, cette théorie est vivement contredite; les termes de l'art. 341, dit-on, sont généraux et absolus comme ceux de l'art. 340. La recherche de la maternité semble donc permise à tous comme la recherche de la paternité est interdite à tous. — V. impl. *Paris*, 31 mars 1826, Sens c. Arnoult; *Cass.*, 7 avr. 1830, mêmes parties; — Merlin, *Rép.*, v° *Maternité*, n° 5; Richefort, nos 336 et 337; Chardon, *Dol et fraude*, n° 392.

274. — On peut ajouter que les motifs donnés par la cour de Cassation dans l'arrêt précité ne jettent que fort peu de jour sur les principes qui doivent déterminer la solution de la difficulté. La cour se borne à dire qu'il n'existe aucun article de loi qui autorise la recherche de la maternité pour le cas prévu par l'art. 766; cela est vrai. Mais la raison de décider ne saurait être dans le silence de la loi; car la loi pourrait être muette sur ce cas, et cependant le droit de rechercher la maternité découle du principe général résultant de l'art. 341, C. civ.. C'est donc à la combinaison des deux droits créés par les art. 341 et 766 qu'il faut s'attacher pour découvrir quel est le véritable sens de la loi.

275. — Peut-être cette question est-elle une de celles dans lesquelles l'appréciation de l'espèce particulière aura toujours et nécessairement influence sur la solution du point de droit; mais, dans tous les cas, il semble assez difficile de poser en principe que le droit de rechercher la maternité est exclusivement attaché à la personne de l'enfant naturel, car l'art. 759, C. civ., appelle, en cas de prédécès de l'enfant naturel, ses enfans et descendans à réclamer ses droits successifs dans la succession de ses père et mère tels qu'ils sont fixés par les art. 756 et suiv.; et cet article, dans sa généralité, ne dispose pas uniquement en faveur des enfans ou descendans de l'enfant naturel *reconnu*, ce qui suppose en faveur de ces descendans le droit de rechercher et de faire constater l'état de leur auteur.

276. — Mais en admettant que le droit de rechercher la maternité, selon nous, soit transmissible, c'est seulement dans certaines limites et au profit des héritiers qui représentent l'enfant naturel. Or, celui qui prétend exercer en qualité de frère de l'enfant naturel le droit successoral ouvert par l'art. 766, C. civ., ne saurait, à bon droit, se dire héritier et représentant de cet enfant tant qu'une reconnaissance ou la constatation préalable de la maternité n'a pas établi le lien qui les rattacherait l'un à l'autre. En vain dirait-on que la recherche de la maternité aurait précisément pour effet de prouver l'existence de ce lien, et par conséquent de lui conférer le titre d'héritier. Ce n'est pas à lui que peut appartenir le droit d'y procéder, puisque ce droit suppose la préexistence du titre qui lui manque; autrement ce serait lui reconnaître comme héritier possible de l'enfant naturel un droit que l'héritier certain peut seul revendiquer, et l'autoriser à se faire un moyen de succéder à cet enfant de ce qui ne peut être que la conséquence de la qualité de successible. — D'ailleurs, le droit de rechercher la maternité, par cela même qu'il dérive de l'enfant naturel, ne doit pouvoir être exercé que par celui qui revendique en son nom et par représentation les prérogatives attachées à sa qualité méconnue, tandis qu'au contraire, dans l'hypothèse ci-dessus posée, ce n'est pas par représentation de l'enfant naturel et comme exerçant un droit trouvé dans sa succession que l'enfant légitime prétend user du bénéfice de l'art. 341, mais bien en son nom personnel, pour arriver à conquérir un droit qui lui sera propre, et dans le seul but de se créer, pour son intérêt individuel, un droit successoral.

277. — M. Marcadé (*loc. cit.*) examine une question qui n'est pas sans analogie avec celle que nous discutons, et la résout ainsi qu'il suit : « Quand une femme, dit-il, a disposé entre-vifs ou par testament, au profit d'un enfant, d'une portion de biens plus grande que celle que la loi permet aux parens de donner à leurs enfans naturels (art. 908), les héritiers de cette femme peuvent-ils agir contre l'enfant pour prouver que cette femme est sa mère, et faire réduire par suite la donation ou le testament?... Nous n'hésitons pas à répondre non; et voici, selon nous, les raisons de droit qui commandent de rejeter la prétention des héritiers de la femme. — Quand la loi, dans les art. 757, 758 et 908, empêche l'enfant naturel de rien recevoir en plus de la fraction de biens par elle déterminée, ce n'est pas dans l'intérêt privé des héritiers qu'elle le fait, c'est dans un but d'intérêt social et pour punir le désordre des auteurs de l'enfant : ce n'est pas dans l'intérêt privé des héritiers, puisque la portion de biens qu'on ne peut donner à l'enfant naturel, on peut la donner à tout étranger et en priver ses héritiers. Mais, s'il en est ainsi, les héritiers ne peuvent donc pas raisonner en partant de leur intérêt particulier pour prétendre droit à l'action, ils ne peuvent argumenter que d'idées touchant à l'intérêt social et rentrant dans la question de punition. Donc, des diverses raisons qu'on pourrait mettre dans leur bouche la seule qui puisse être écoutée est celle-ci : « La mère, au moyen de la précaution de ne pas reconnaître son enfant, a fait fraude à la loi; elle échapperait ainsi, et le ferait échapper lui-même, en lui assurant la transmission de ses biens, à la punition que cette loi a voulu lui infliger. — Or, la fraude, la violation de la loi, ne peuvent jamais être tolérées, et ceux aux intérêts privés desquels nuit cette violation ont le droit de la critiquer. » — Eh bien! cet argument des héritiers, le seul qu'ils puissent faire, est sans force aucune, ou plutôt il va complètement en sens contraire des théories du Code. — En effet, nous avons vu que la loi (qui, heureusement, est plus spiritualiste que certains ne l'ont cru) regarde la punition morale résultant du défaut de constatation légale de filiation comme plus sévère pour les auteurs et les enfans, comme plus conforme à l'intérêt des mœurs (parce qu'elle cache les désordres), comme plus digne de la loi dès-lors, que la punition matérielle frappant par l'argent. La loi, à tort ou à raison, a eu foi aux sentimens moraux de l'homme; et dès-lors elle a regardé la punition morale comme la première et la plus forte, et l'autre comme subsidiaire seulement. En conséquence, pour les grandes fautes, l'adultère et l'inceste, elle a frappé de la première; pour les autres, elle a permis aux parens et aux enfans d'échapper à la première en subissant la seconde. — Mais quand ces parens et ces enfans subissent bénévolement la peine la plus sévère, de quel droit viendrait-on y ajouter la seconde? Quand la mère, par pudeur, s'est condamnée à présenter son enfant comme un étranger, et que le fils, pour sauver l'honneur de celle à qui il doit le jour, a bien voulu ne pas réclamer son titre de fils, qui donc aura le droit de venir faire du scandale en divulguant des désordres que la loi préfère tenir cachés?... Quand l'intérêt social est pleinement satisfait, arrière l'intérêt privé, dont la loi ne se préoccupe pas ici, et qui contredirait le premier. Le scandale, la loi le tolère quand c'est l'enfant qui réclame sa mère, parce que cet enfant a un intérêt moral, un droit sacré; mais le permettre contre l'enfant et contre l'intérêt social! ce serait un singulier travestissement de la pensée du législateur. — V. ENFANS ADULTÉRINS ET INCESTUEUX.

### § 2. — *Recherche de la paternité.*

278. — La paternité, et surtout la paternité naturelle est couverte d'un voile impénétrable; il n'y a donc, du moins en principe, qu'un acte de reconnaissance volontaire, émané du père, qui puisse l'attester : *pater incertus*.

279. — La loi du 12 brum. an II avait prohibé la recherche de la paternité. Le Code civil a renouvelé cette prohibition, tant à cause de l'incertitude qui reste toujours sur le fait de la paternité qu'à cause des abus et des scandales qu'entraînait une pareille recherche dans l'ancien droit. — C. civ., art. 340. — Toullier, nos 937 et 938; Duranton, n° 232.

280. — La prohibition est absolue. La recherche de la paternité est interdite, sans distinction entre la voie d'action et la voie d'exception, soit en faveur de l'enfant, lors même qu'elle n'a pour but que d'obtenir des alimens : — *Bastia*, 3 fév. 1834, F... c. R...; *Cass.*, 26 mars 1806, Morthis Linstruiseur. — Zachariæ, t. 4, p. 68; Cadrès, n° 45.

281. —... Soit contre l'enfant pour faire annuler un legs universel qui lui est fait par son prétendu père, alors surtout que le légataire est inscrit comme légitime sur les registres de l'état civil. — *Limoges*, 7 déc. 1809, Blondet. — Toullier, n° 939; Duranton, n° 233. — V. ENFANS ADULTÉRINS ET INCESTUEUX. — *Contrà* Delvincourt, t. 1er, p. 385.

282. — Le principe qui défend la recherche de la paternité confère à celui dont le nom de famille aurait été donné comme prénom à un enfant naturel le droit de demander la suppression de ce nom avec dommages-intérêts, surtout si le nom paraît n'avoir été ainsi donné que pour désigner le réclamant comme père de l'enfant. — L'action doit être dirigée contre la mère de l'enfant et non contre l'aïeul qui aurait requis et fait faire l'inscription sur les registres de l'état civil. — *Bruxelles*, 5 janv. 1807, Bory c. Riga.

283. — La recherche de la paternité n'est permise que dans un seul cas : celui où le père a enlevé la mère de l'enfant à une époque qui se rapporte à celle de la conception. — C. civ., art. 340. — Toullier, n° 940; Duranton, n° 234. — A moins qu'il n'en résulte une filiation adultérine ou incestueuse. — Duranton, n° 234.

284. — La réunion de deux circonstances est donc indispensable pour autoriser la recherche de la paternité.

285. — Il faut : 1° qu'il y ait eu *enlèvement*. — Le droit romain et l'ancien droit français distinguaient le rapt de séduction, et le rapt de violence et punissaient même plus sévèrement le premier. Le Code a voulu faire disparaître cette distinction.

286. — Le mot *enlèvement* est générique, il s'applique au rapt par suite de séduction, comme au rapt de violence, lorsqu'il s'agit d'une personne encore mineure et sous la puissance paternelle. — Anal. *Cass.*, 14 nov. 1811, Lenoir; *Paris*, 28 juill. 1821, Montlegier c. Auguste. — Toullier, n° 941; Richefort, n° 304.

287. — Mais il en est autrement dans le cas où la femme est majeure, il n'y a alors enlèvement dans le sens de la loi que s'il s'agit d'un rapt de violence. — Richefort, n° 303.

288. — Les juges civils ne sont pas, au surplus, liés en cette matière par les qualifications données aux mots *enlèvement* et *ravisseur* par la loi pénale. L'enlèvement est considéré sous deux points de vue tout-à-fait différens lorsqu'il s'agit, d'une part de la criminalité absolue de l'acte, et d'autre part de la présomption de paternité. D'ailleurs, le Code civil a été rédigé avant le Code pénal, et dès-lors on ne peut supposer à ses rédacteurs l'intention de se référer à la définition de la loi pénale. — Valette sur Proudhon, t. 2, p. 138; Cadrès, n° 44.

289. — Malgré l'énergie du mot *enlèvement*, il n'est pas nécessaire qu'il y ait eu soustraction et déplacement de la fille du lieu de sa demeure ordinaire et détention en charte privée dans un autre lieu. — Richefort, n° 306.

290. — Le viol peut être assimilé à l'enlèvement. — Loiseau, p. 418; Valette, *ubi suprà*; Toullier, t. 2, n° 941; Delvincourt, t. 1er, p. 93, note. — *Contrà* Zachariæ, t. 4, p. 72.

291. — ... 2° Il faut que le fait de l'enlèvement coïncide avec l'époque de la conception. — C. civ., art. 340.

292. — L'enlèvement dure jusqu'au jour où la personne enlevée est devenue libre. Il n'est donc pas nécessaire, pour que la paternité puisse être recherchée et déclarée, que l'époque du fait même de l'enlèvement coïncide avec celle de la concep-

tion ; il suffit qu'à l'époque présumée de la conception, la fille séduite et son ravisseur fussent toujours dans les mêmes rapports. — *Paris*, 28 juill. 1821, Montlégier c. Auguste.

293. — La loi n'exige pas que l'enlèvement ait été préalablement constaté par un jugement de condamnation contre le ravisseur. Les juges civils saisis de l'action en déclaration doivent seulement commencer par examiner la question d'enlèvement. — Richefort, n° 306. — V. cependant Toullier, n° 941.

294. — Mais l'action ne peut être formée qu'après l'accouchement ; car il faut savoir s'il y a coïncidence entre l'époque de la conception, qui ne peut être indiquée que par celle de l'accouchement, et l'époque de l'enlèvement ou du viol. — Richefort, n° 307.

295. — Au surplus, le fait de l'enlèvement et sa coïncidence avec l'époque de la conception autorisent bien la recherche, mais n'entraînent pas nécessairement la déclaration de paternité. Le ravisseur ne doit pas être par cela seul déclaré père de l'enfant. — Disc. au cons. d'état. — Toullier, n° 941 ; Richefort, n$^{os}$ 303 et 305 ; Duranton, n° 234.

### § 3. — *Effets de la reconnaissance.*

296. — Les effets produits par la reconnaissance forcée sont les mêmes que ceux qui résultent de la reconnaissance volontaire.

297. — Le jugement déclaratif de maternité équivaut à une reconnaissance volontaire et donne droit, non pas à de simples alimens, mais à une part dans la succession de la mère. — *Paris*, 27 juin 1812, Connay c. Bourgeois ; *Rouen*, 17 mars 1813, Boullanger ; *Rennes*, 25 nov. 1816, Barbier ; — Toullier, n$^{os}$ 972 et 978 ; Duranton, n° 255. — *Contrà* Merlin, *Rép.*, v$^{is}$ *Maternité*, n° 9, et *Succession*, sect. 2$^{e}$, § 2, art. 1$^{er}$.

298. — Dans ce cas, il n'y a même pas lieu de distinguer entre la reconnaissance faite pendant le mariage et celle antérieure au mariage du père ou de la mère naturelle. L'existence de ce mariage ne saurait en effet paralyser les droits de l'enfant et l'empêcher de rechercher la maternité ou la paternité dans les circonstances où cette recherche est autorisée par la loi. — *Rouen*, 20 mai 1829, Burnel c. Edain ; — Duranton, t. 3, n$^{os}$ 255 et 256 ; Toullier, t. 2, n° 958 ; Zachariæ, t. 4, p. 65 ; Valette sur Proudhon, t. 2, p. 146 ; Cadrès, n° 42.

299. — Ainsi le mariage de la mère d'un enfant naturel, postérieurement à la naissance de l'enfant, ne fait pas obstacle à la recherche de la maternité. — *Paris*, 17 juill. 1841 (t. 2 1841, p. 187), Brigan c. Besson.

## CHAPITRE IV. — *Droit de contester la reconnaissance.*

300. — Toute reconnaissance de la part du père ou de la mère, de même que toute réclamation de la part de l'enfant peut être contestée par tous ceux qui y ont intérêt. — C. civ., art. 339.

301. — « La reconnaissance d'un enfant naturel, disait M. Duveyrier au corps législatif, peut nuire à tout autre qui aurait plus de tendresse et plus de raisons pour se dire le père de l'enfant ; elle peut nuire à l'enfant qui a déjà trouvé ou qui réclame un autre père ; la reconnaissance faite par le père ou la réclamation élevée par l'enfant peuvent l'une aussi bien que l'autre nuire à des héritiers légitimes. Ces divers intérêts, et tous autres qu'il est impossible de prévoir et de désigner, ont indiqué la justice et la nécessité d'une disposition générale qui donne à tous ceux qui y ont intérêt le droit de contester soit la reconnaissance faite par le père ou la mère, soit la réclamation élevée par l'enfant.... C'est l'acte qu'il s'agira d'attaquer : sa forme, si elle n'est point authentique ni régulière ; son texte, si le mensonge ou la fraude l'a dicté. »

302. — Il a même été jugé que la légitimation d'un enfant naturel par le mariage subséquent de ceux qui l'ont reconnu, n'empêche pas les tiers qui y ont intérêt de contester la reconnaissance. — *Bordeaux*, 10 avr. 1843 (t. 2 1843, p. 734), Lambert c. Matral ; *Paris*, 23 déc. 1844 (t. 2 1846), Robelin c. Leroux.

303. — Et cette décision nous paraît parfaitement juridique. Tous les motifs, en effet, qui ont déterminé le législateur à permettre de contester la simple reconnaissance d'un enfant naturel, s'appliquent avec la même force à la reconnaissance suivie de légitimation. Décider autrement serait d'ailleurs annuler pour un grand nombre de cas le bienfait de l'art. 339 : car la reconnaissance peut précéder la légitimation d'un laps de temps considérable, et dès qu'elle serait attaquée il dépendrait très souvent de son auteur de faire tomber les poursuites en la transformant en légitimation. Toutefois, comme la stabilité des familles présente un intérêt d'ordre public qui ne saurait être trop ménagé, nous estimons en même temps que, si l'enfant légitimé avait acquis une possession d'état conforme à son titre de légitimation, nul ne serait plus admis à lui contester cet état (art. 322), et qu'alors les priviléges et les droits de l'enfant né légitime lui seraient acquis sans restriction. — Art. 333.

304. — Il résulte de ces principes que l'enfant naturel est recevable à contester la reconnaissance faite en sa faveur. — Il peut se faire que cette reconnaissance, surtout si elle est postérieure à la naissance de l'enfant, n'ait pour but que de se faire attribuer, avec la tutelle, l'administration de la fortune qui pourrait être survenue à cet enfant. — *Rouen*, 15 mars 1816, Lhomme c. Sidoine ; *Nîmes*, 2 mai 1837 (t. 2 1837, p. 285), Chaix c. Benoît ; *Douai*, 7 juin 1842 (t. 2 1842, p. 209), Bernier c. Defresne ; — Merlin, v$^{is}$ *Bâtard*, sect. 2$^{e}$, n° 3, et *Filiation* ; Toullier, t. 2, n° 694 ; Duranton, t. 3, n° 260.

305. — La mère est également du nombre des personnes intéressées, et peut contester la reconnaissance de paternité contenue dans l'acte de naissance de son enfant. — *Douai*, 7 juin 1842 (t. 2 1842, p. 209), Bernier c. Defresne.

306. — Mais il faut avoir un intérêt certain et légal. Ainsi, les père et mère d'une fille qui vient de se marier malgré eux ne sont pas recevables à prouver que le futur époux, qui confesse n'avoir point les avantages de la légitimité, n'appartient pas au père naturel dont il se dit issu. — *Bordeaux*, 22 mai 1806, Crouzeilles c. sa fille.

307. — Si une contestation s'élève sur la sincérité d'une reconnaissance, la dénégation de l'enfant ne doit pas être péremptoire ; mais la déclaration du père ou de la mère ne doit pas non plus faire foi par elle-même. — V. LÉGITIMATION.

308. — Ainsi, la reconnaissance d'un enfant naturel ne peut détruire l'état et les droits que conférait à cet enfant une adoption antérieure, lorsque d'ailleurs l'enfant n'a pas acquiescé à la reconnaissance. — *Paris*, 11 vent. an XII, Hesse c. Saint-Valentin.

309. — L'acte de reconnaissance n'établit sur la paternité qu'une simple présomption qui peut être détruite par d'autres présomptions de même nature. La preuve de la paternité ou de la non-paternité ne doit pas être mise à la charge exclusive de l'une ou de l'autre partie ; les juges doivent se déterminer d'après les circonstances. — *Rouen*, 15 mars 1816, Lhomme c. Sidoine.

310. — C'est dans les faits et documens de la cause que les tribunaux doivent rechercher les élémens qui peuvent les déterminer à maintenir ou à annuler la reconnaissance. — *Douai*, 7 juin 1842 (t. 2 1842, p. 209), Bernier c. Defresnes.

311. — On comprend que la conduite de la mère aura sur la reconnaissance du père la plus grande influence. Si elle approuve cette reconnaissance soit expressément, soit même par son silence, l'enfant parviendra difficilement à en repousser l'effet. Si elle se joint à son enfant pour la contester, ou même si elle la conteste seule, son désaveu pourra faire loi. — Mais toutes ces considérations sont des moyens de fait abandonnés entièrement à la prudence des tribunaux. — Duranton, n$^{os}$ 261 et 262.

312. — Si deux personnes se disputent la paternité d'un enfant, la priorité de la reconnaissance ne décidera pas la question. Ce sera la déclaration de la mère, les soins donnés à l'enfant, les probabilités, les circonstances et, à toutes choses égales, l'intérêt de l'enfant, qui dicteront la décision des magistrats. — Duranton, n° 263.

313. — On pourra même, selon les circonstances, préférer la reconnaissance faite en second lieu par un individu, à celle faite antérieurement par celui qui a épousé la mère de l'enfant et lui a ainsi attribué l'état d'enfant légitime. — *Paris*, 23 déc. 1844 (t. 2 1846), Robelin c. Leroux.

314. — Ces principes ont été contestés. Le Code, a-t-on dit, n'exige pas le consentement de l'enfant pour valider les reconnaissances faites par les père et mère ; et s'il permet de contester la reconnaissance, c'est à celui qui conteste à prouver que sa contestation est fondée. Il n'y a pas exception en faveur de l'enfant. — Toullier, n° 965 ; Favard de Langlade, t. 4, p. 737.

315. — On a fait une distinction et jugé que, lorsque la reconnaissance est contenue dans l'acte de naissance, ses effets ne peuvent être détruits que par la preuve de sa fausseté ; et cette preuve incombe à l'enfant qui conteste. — Il en est autrement lorsque la reconnaissance est postérieure à l'acte de naissance ; dans ce cas, cette reconnaissance, si elle est contestée, doit être appuyée de preuves qui viennent attester la sincérité du fait qu'elle contient. — *Montpellier*, 11 avr. 1826, Gourbal c. Clara.

316. — Mais l'aveu que l'enfant aurait fait dans une lettre relativement à la maternité, pourrait faire opérer à la reconnaissance preuve complète de cette maternité ; ou, si l'effet de cette lettre est paralysé à raison de l'aliénation mentale dans laquelle est tombé, dans un temps voisin, l'enfant qui l'a écrite, elle pourrait au moins servir de commencement de preuve par écrit. — Même arrêt.

317. — Au surplus, il n'est pas nécessaire d'avoir un commencement de preuve par écrit pour contester la reconnaissance d'un enfant naturel dans son acte de naissance et pour être admis à la preuve des faits contraires à la filiation qui s'y trouve énoncée. L'art. 323 n'est relatif qu'à la filiation légitime. — *Paris*, 21 déc. 1839 (t. 1$^{er}$ 1840, p. 33), Denns c. Desjardins ; — Richefort, n° 299.

318. — Les jugemens qui interviennent sur les contestations soulevées en matière de filiation naturelle ne règlent l'état de l'enfant que vis-à-vis des personnes qui étaient parties dans l'instance. L'état qui lui était précédemment attribué subsiste à l'égard des autres. Cela résulte nécessairement des principes relatifs à la chose jugée, et de l'art. 100, C. civ., aux termes duquel les jugemens de rectification des actes de l'état civil ne peuvent jamais être opposés aux parties intéressées qui ne les ont pas requis ou qui n'y ont pas été appelées. — Valette, sur Proudhon, t. 2, p. 66 ; Duranton, t. 3, n$^{os}$ 101, 102 ; Zachariæ, t. 3, p. 650, 667 ; Merlin, *Rép.*, v° *Question d'état*, § 3, art. 1$^{er}$, n$^{os}$ 11 à 14. — *Contrà Pau*, 20 janv. 1837 (t. 1$^{er}$ 1837, p. 514), Fouron c. Clerc et Perrin.

## CHAPITRE V. — *Droit de transiger sur l'état d'enfant naturel.*

319. — L'enfant naturel a, comme l'enfant légitime, un état qu'il tient de la nature et de la loi, état que la volonté des parties peut reconnaître, mais non créer ; état qui, par conséquent, est imprescriptible, inaliénable, au-dessus de toute transaction. — *Cass.*, 12 juin 1838 (t. 2 1838, p. 366), Martin c. Deferrand ; *Grenoble*, 18 janv. 1839 (t. 2 1840, p. 461), mêmes parties. — V. LÉGITIMITÉ.

320. — Est donc nulle : 1° La renonciation faite par un enfant au droit de se qualifier enfant naturel d'un individu. — *Limoges*, 6 juill. 1832, sous *Cass.*, 7 mai 1833, Maurouzac c. Cramouzaud.

321. — ... 2° La transaction qui contient renonciation, moyennant une somme d'argent, à réclamer l'état d'enfant naturel. — *Grenoble*, 18 janv. 1839, sous *Cass.*, 22 avr. 1840 (t. 2 1840, p. 461), Martin c. de Conférand ; *Cass.*, 27 fév. 1839 (t. 1$^{er}$ 1839, p. 218), Delisle c. Dusillet et de Lampinet.

322. — L'enfant naturel peut bien transiger sur les résultats pécuniaires de son état admis et reconnu, mais son état lui-même ne peut faire l'objet d'une transaction. — *Cass.*, 12 juin 1838 (t. 2 1838, p. 366), Martin c. de Ferrand.

323. — Si la transaction porte tout à la fois sur la réclamation d'état et sur les droits qui en dérivent, elle doit être réputée indivisible et par conséquent nulle pour le tout ; — alors surtout qu'il est reconnu que le prix stipulé dans l'acte est le prix de sa renonciation à la réclamation d'état. — *Cass.*, 22 avr. 1840 (t. 2 1840, p. 461), Martin c. de Conférand. — V. ENFANS ADULTÉRINS ET INCESTUEUX, TRANSACTION.

324. — Lorsqu'un seul prix a été stipulé pour la renonciation à l'état d'enfant naturel et aux avantages qui en dérivent, les juges ne peuvent se borner à ne prononcer la nullité qu'en ce qui concerne la renonciation à l'état et maintenir l'acte pour le surplus en disant qu'elle n'est entrée que secondairement dans la convention dont elle fait cependant partie intégrante. — *Cass.*, 27 fév. 1839 (t. 1$^{er}$ 1839, p. 218), Delisle c. Dusillet et de Lampinet.

325. — Il a cependant été jugé : 1° que la qualité d'enfant naturel et les droits pécuniaires qui en dérivent peuvent faire l'objet d'une transaction valable ; et que le caractère d'imprescriptibilité attaché par l'art. 328 du C. civ. à l'action en réclamation d'état ne concerne que le cas de filiation légitime. — *Aix*, 16 juin 1836 (t. 1$^{er}$ 1837, p. 192), Martin c. de Ferrand.

326. — ... 2° Que le désistement sur une question d'état rend le demandeur non recevable dans une action ultérieure ; qu'ainsi, l'enfant naturel qui, parvenu à sa majorité, a désavoué les pour-

suites dirigées par son tuteur en recherche de maternité n'est pas recevable à suivre lui-même plus tard ces poursuites. — *Paris*, 8 juill. 1812, de Brionde c. Angélique Sophie.

327. — Mais ces décisions sont évidemment erronées. — Cadrès, n° 50.

328. — Toutefois, si c'est un tiers ou un membre de la famille qui renonce à contester l'état de l'enfant, il résulte, contre eux, de cette renonciation, une fin de non-recevoir personnelle, parce qu'alors la renonciation n'est que déclarative et non constitutive de l'état de l'enfant. — *Cass.*, 13 avr. 1820, Remy c. Lecamus; 18 avr. 1820, Mogon de Saint-Elier c. Emma; 27 déc. 1831, Expert c. de Bruglière; 24 juill. 1835, Mos-Saint-Maurice c. Boscary. — Cadrès, n° 50 ; Zachariæ, t. 3, p. 633. — V. LÉGITIMITÉ.

## ENFANS DE TROUPE.

1. — On donne ce nom à des fils de militaires élevés dans les casernes et compris dans les cadres de l'armée.

2. — Nous avons indiqué au mot ARMÉE (n° 252 et suiv.) les principales dispositions de l'ord. du 14 avr. 1832, et de celle du 10 juill. 1837, en ce qui concerne la condition d'admission, le classement et les obligations des enfans de troupe.

3. — Nous rappellerons qu'aux termes de cette dernière ordonnance, les enfans de troupe âgés de moins de huit ans demeurent au corps avec leurs parens, ou, à défaut de parens, avec les personnes désignées par le colonel pour en prendre soin (art. 2); et qu'à l'égard des enfans de troupe âgés de plus de huit ans, l'art. 3 dispose qu'ils seront réunis autant que possible, et placés sous la surveillance de l'officier chargé de l'école régimentaire auquel le colonel adjoindra le moniteur militaire quelconque, tant qu'ils n'ont pas atteint leur quatorzième année.

4. — L'art. 5 de l'ord. du 14 avr. 1832 porte: — 1° que dès qu'ils auront atteint leur quatorzième année, et jusqu'à ce qu'ils soient en âge de contracter un engagement volontaire, les enfans de troupe seront tenus de servir comme tambours, clairons, trompettes ou musiciens; — 2° qu'après quatorze ans nul enfant ne pourra être admis qu'à cette condition, que les enfans de troupe qui se refuseraient à faire ce service sont immédiatement rayés des contrôles. 14 avr. 1832, art. 5, §§ 4, 2 et 3.

5. — Il résulte de cette disposition que les enfans de troupe sont libres de tout engagement militaire quelconque, tant qu'ils n'ont pas atteint leur quatorzième année.

6. — En 1818, une personne qui désira rester inconnue, fit offrir, par l'entremise de M. le comte Daru, d'une somme de 5,000 fr., destinée à fonder à perpétuité un prix annuel en faveur des enfans de troupe; une première ordonnance du 21 janv. 1818 autorisa le ministre de la guerre à accepter cette offre, et une deuxième ordonnance du même jour régla le placement de la somme de 5,000 fr. qui en formait le montant.

7. — Aux termes de la deuxième de ces ordonnances, la somme de 5,000 fr. a été versée à la caisse des consignations et placée en rentes sur l'état. — Art. 1er et l'art. 3 dispose que le revenu provenant de ce placement serait tenu à la disposition du ministre de la guerre pour être employé annuellement au profit d'un enfant de troupe appartenant à un des corps de l'armée, et qui serait désigné ainsi qu'il suit :

8. — Chaque année, avant l'époque des inspections générales, le ministre de la guerre doit faire tirer au sort, entre les légions et les régimens de ligne français des différentes armes, le corps destiné à présenter pour ladite année un enfant de troupe âgé de dix ans au moins, né d'un mariage légitime, et dont le père soit en activité de service ou décédé au service militaire. — Art. 3.

9. — Les officiers du corps ainsi désigné nomment, parmi les enfans de troupe qui lui appartiennent, celui qui est jugé avoir le plus de droit au prix. — Art. 4. — Le même article ajoute que ce choix est déterminé par la conduite habituelle de l'enfant, son âge, les dispositions et les espérances qu'il paraît donner. On peut aussi prendre en considération les services et la situation du père.

10. — Le montant du prix consistant en une année de la rente constituée comme il est dit ci-dessus, n'est remis à l'enfant de troupe désigné qu'à l'époque où il est devenu apte à contracter et s'il contracte, en effet, un engagement militaire. Dans l'intervalle, la caisse des dépôts et consignations fait valoir au profit particulier de l'enfant la somme qui doit lui revenir pour être remise à l'époque indiquée avec les accroissemens qu'elle

aura reçus par l'accumulation successive du produit. — Art. 5.

11. — Si l'enfant de troupe décède avant d'être apte à contracter un engagement, ou bien encore si, parvenu à cet âge, il n'en contracte pas, pour quelque cause que ce soit, il est censé renoncer à toucher le prix, et il doit être, dès-lors, procédé à de nouvelles désignations suivant les règles précédemment établies. — Art. 6.

12. — L'art. 7, ord. 21 janv. 1818, dispose que le directeur de la caisse des dépôts et consignations fera reconnaître au ministre de la guerre, toutes les fois qu'il en sera requis, ainsi qu'à la commission de surveillance de ladite caisse, la situation des fonds appartenant à ladite fondation.

13. — Aux termes de l'art. 5, ord. 10 juill. 1837, tout enfant de troupe parvenu à l'âge de quatorze ans qui a obtenu le prix annuel, et qui a l'aptitude nécessaire, est admis, à son choix, soit dans le bureau des officiers comptables, soit dans les ateliers des corps. Les mêmes destinations peuvent être données, par la désignation des inspecteurs généraux, à d'autres enfans de troupe de même âge et choisis parmi les plus méritans, lorsque, d'ailleurs, dans le régiment, le nombre de tambours, clairons, musiciens et trompettes a atteint son complet réglementaire.

14. — Quant aux enfans de troupe au-dessous de quatorze ans qui satisfont à l'une des conditions énoncées dans l'art. 5 précité, ils sont admis à prendre des leçons de musique, sans toutefois être classés comme musiciens. — Art. 6.

15. — Nous avons dit (V° ARMÉE, n° 257) quelles étaient les dispositions, en ce qui concerne les enfans de troupe, de la donation de 100,000 fr. faite à l'armée par M. le général baron de Feuchères. — V. aussi ord. 27 déc. 1842.

16. — On s'est demandé si les enfans de troupe de plus de huit ans et inscrits sur les rôles du régiment, mais âgés de moins de quatorze ans sont réputés attachés à l'armée dans le sens des art. 9 et 10, L. 13 brum. an V, et si dès-lors ils sont ou non justiciables des conseils de guerre à raison des délits qu'ils commettent soit dans le lieu de la garnison soit dans la caserne-même du régiment dont ils font partie.

17. — Une ordonnance de la chambre du conseil du tribunal de Douai avait décidé que les enfans de la compétence des tribunaux ordinaires par le double motif: 1° que l'art. 10, L. 13 brum. an V, qui énumère les individus qui doivent être réputés attachés à l'armée ou à sa suite ne mentionne point les enfans de troupe; 2° que, les enfans de troupe ayant le droit de quitter leur position militaire avant leur quatorzième année sans être poursuivis, il en résulte que jusqu'à cet âge ils ne font pas réellement partie de l'armée.

18. — Mais cette ordonnance a été infirmée par un arrêt de la chambre des mises en accusation de la cour de Douai : cet arrêt, dont il importe de résumer les motifs, considère « qu'en sa qualité d'enfant de troupe âgé de plus de huit ans et inscrit sur les rôles du régiment, le prévenu avait droit à des prestations et recevait une solde, et qu'en retour des avantages il était assujéti aux exercices et soumis à la discipline militaire; que la jurisprudence a reconnu que l'art. 10, L. brum. an V, est purement démonstratif, et qu'il suffit de lire les ord. de 1832 et de 1837, postérieures à cette loi, pour se convaincre que les enfans de troupe ont été placés sous le régime et l'autorité militaire; — qu'enfin il importe peu que le prévenu ait eu la faculté de quitter sa position militaire avant sa quatorzième année sans être poursuivi, puisqu'il n'avait en aucune manière usé de cette faculté avant la perpétration du délit faisant l'objet de la poursuite; — d'où l'arrêt conclut que la connaissance des délits par eux commis, soit dans le lieu de la garnison, soit dans la caserne du régiment dont ils font partie, est de la compétence exclusive des tribunaux militaires. — *Douai*, 2 janv. 1845 (t. 1er 1845, p. 729),N...

## ENFANS TROUVÉS.

*Table alphabétique.*

SECT. 6e. — *Reconnaissance et réclamation de l'enfant trouvé; succession de l'enfant* (n° 173).

§ 1er. —*Reconnaissance et réclamation de l'enfant trouvé* (n° 173).

§ 2.—*Succession de l'enfant trouvé* (n° 178).

—

## Sect. 1re. — *Historique et législation.*

ENFANS TROUVÉS.—1.—Dans l'antiquité, l'abandon des enfans nouveaux-nés était chose fréquente; il était même permis de les tuer, s'ils naissaient débiles (V. ENFANT (crimes et délits contre l') ou difformes. — Michelet, *Origines du dr. franç.*, p. 2.

2. — Le christianisme sema sur le vieux monde la morale divine. Le Maître avait dit : *Sinite parvulos venire ad me*; et dès-lors on considéra comme meurtrier non seulement celui qui détruisait l'enfant dans le sein maternel, mais encore celui qui l'abandonnait ou qui lui refusait des alimens, ou qui l'exposait dans un lieu public. — L. 4, ff., *De agnoscendis et alendis liberis*; L. 2, *De infantibus expositis*.

3. — Malgré le progrès des mœurs, on ne parvint pas à empêcher complétement les expositions d'enfans; mais la charité était éveillée.

4. — Toutefois, ce ne fut que tardivement que s'élevèrent des établissemens spéciaux pour recevoir et élever les enfans trouvés.

5.—Dans le principe, les enfans étaient à la charge des églises et des monastères, astreints par la loi religieuse à consacrer une partie de leurs revenus à nourrir les pauvres. — Trolley, *Cours de droit admin.*, t. 3, n° 1501.

6. —L'art. 73 de l'ordonnance de Moulins, de 1566, ayant obligé les communautés d'habitans à nourrir leurs pauvres, les monastères et les églises firent juger que les paroisses contribueraient dans une certaine proportion à la nourriture des enfans exposés. — *Parlem. Paris*, 22 avr. 1599; Trolley, *ibid*.

7.—Quelques actes du pouvoir royal exhortaient bien à la charité envers ces enfans, mais ils ne prenaient pas de mesures pour leur assurer des secours permanens. Ils les excluaient même avec une intention bien marquée des hôpitaux que certaines confréries avaient fondés pour les orphelins et les enfans légitimes, pauvres ou abandonnés.— Rapport au roi du 5 avr. 1837.

8.—Cette exclusion n'était pas seulement, comme on pourrait le penser, dictée par la défaveur qui s'attachait à l'origine impure de ces infortunés; elle avait un motif qui pour son temps attestait une haute prudence et une prévision remarquable. — Rapport au roi.

9. — On voit, en effet, dans les lettres patentes du roi Charles VII, en date du 11 août 1445, que l'hôpital du Saint-Esprit, fondé à Paris, vers 1363, par une confrérie, avec l'approbation du dauphin, alors régent, en faveur des orphelins, et dans lequel les magistrats avaient voulu faire admettre les enfans trouvés, ne devait recueillir que les enfans nés en légitime mariage, par la raison « qu'il pourrait advenir qu'il y en aurait grande quantité, parce que moult de gens s'abandonneraient et feraient moins de difficultés de eux abandonner à pécher, quand ils verraient que tels enfans bâtards seraient nourris davantage, et qu'ils n'en auraient pas de charge première ni sollicitude. » Rapport au roi.

10. — François Ier, qui, en 1536, fonda, sous le titre d'Enfans-Dieu, depuis appelés Enfans-Rouges, un hôpital pour les enfans délaissés de leurs père et mère décédés à l'Hôtel-Dieu, maintint la même exclusion à l'égard des enfans trouvés.— Rapport au roi.

11.— Les lettres patentes voulaient, par conséquent, qu'on continuât à livrer les enfans trouvés aux secours de la charité privée : « Et ja soit, y est-il dit, ce que de toute ancienneté c'en est accoutumé pour les enfans trouvés et inconnus quêter en l'église de Paris, en certain lit étant à l'entrée de ladite église, par certaines personnes que des aumônes et charités qu'ils en reçoivent, ils les ont accoutumés gouverner et nourrir, en criant publiquement aux passans par devant le lieu où lesdits enfans sont, ces mots : Faites bien à ces pauvres enfans trouvés! » — Rapport au roi.

12. — Cependant les quêtes étaient loin de suffire, et à diverses époques, notamment par l'arrêt du 13 août 1452, il fut ordonné que les seigneurs hauts-justiciers se chargeraient des enfans trouvés sur leur territoire. Cette disposition n'était pas abrogée au moment de la révolution de 1789. — Rapport au roi.

13. — Vers le milieu du dix-septième siècle, un prêtre qu'animait un immense esprit de charité, et qui compte parmi les saints de l'église, se fit le patron des enfans trouvés, les recueillit et les éleva, en arrachant de nombreuses aumônes aux grands et aux riches. En 1670, un hôpital spécial leur fut ouvert à Paris, auquel on affecta une dotation considérable en biens-fonds, rentes sur le domaine et sur les fermes, et en taxes sur les propriétaires et les seigneurs de Paris et des environs.

14. — Dès le début, le nombre des enfans admis dans cet établissement fut de 312. En 1680, il était de 890; en 1700, il montait à 1,738; en 1740, il fut de 3,140; en 1750, de 3,789; en 1760, de 5,032; en 1770, de 6,918.

15. — Il résulte du rapport fait par Larochefoucault-Liancourt à l'assemblée constituante que leur nombre était, en 1790, de 5 à 6,000, dont 7 à 800 des départemens. Les deux tiers mouraient dans le premier mois. — *Moniteur*, année 1790, n° 299.

16. — Dès 1779, de graves abus avaient été signalés. Chaque année la province envoyait à la maison des Enfans-Trouvés de Paris plus de 2,000 enfans dont près des neuf-dixièmes périssaient avant l'âge de trois mois des fatigues du voyage. La plupart d'entre eux étaient légitimes. Un arrêt du conseil du 10 janv. 1779 défendit aux voituriers, ou à toute autre personne, de transporter un enfant abandonné ailleurs qu'à l'hôpital le plus prochain, ou à tel autre de la généralité désigné particulièrement pour ce genre de secours, et si cette disposition obligeait quelque maison de charité de province à une augmentation de dépense qui surpassât ses revenus, le roi devait y pourvoir la première année au moyen des ressources de son trésor royal.

17. — En 1784, Necker signalait encore à l'attention publique l'abandon croissant des nouveaux nés par leurs père et mère légitimes.

18. — On a vu plus haut que les seigneurs hauts-justiciers étaient chargés du soin des enfans trouvés sur leur territoire, et qui leur appartenaient, par suite, à titre d'épaves. Ainsi jugé en parlement de Paris, en 1547 et 1552 (Chopin, *In consuet. andeg.*, L. 1re, art. 40) et le 5 juill. 1594 (Bacquet, *Tr. des dr. de just.*, chap. 33). Par un édit de fév. 1674, les hautes justices de Paris furent exonérées de ce soin. Mais ce ne fut qu'après la révolution de 1789 que les seigneurs hauts justiciers en province furent également exonérés et que le décret du 29 nov. et 10 déc. 1790 mit provisoirement à la charge de l'état la nourriture et l'entretien des enfans trouvés.

19. —Les dépenses des enfans trouvés figurèrent dans le budget de 1791 (décr. 18 et 25 fév. 1791), et dans la répartition d'une somme de 4,000,000 affectée à l'entretien des enfans trouvés, des dépôts de mendicité, et aux secours à donner à certains hôpitaux.—Décr. 29 mars et 3 avr. 1791. —Les lois postérieures les rangèrent parmi les dépenses de l'état. — V. notamment celles des 8 et 25 juill. 1791; 4 et 12 sept 1791; 19 et 21 janv. 1792; — Durieu et Roche, *Rép. de l'administ. et de la compt. des établ. de bienf.*, v° *Enfans trouvés*, n° 3.

20. — Le décret des 28 juin et 8 juill. 1793, en même temps qu'il autorisait les filles enceintes à se retirer, à quelque époque de leur grossesse qu'elles voudraient, dans les maisons établies à cet effet, dans chaque district, pour y faire leurs couches, donnait aux enfans trouvés le nom d'orphelin, toute autre dénomination étant interdite. Enfin, un simple décret du 4 juill. voulut qu'ils portassent désormais le nom d'enfans de la patrie.

21. — Le directoire, rentrant sur ce point dans la voie de la modération, publia le 30 vent. an V, en exécution de la loi du 27 frim. an V, un réglement encore en vigueur dans plusieurs de ses dispositions.

22. — Deux lois du 26 fructid. an VI, relatives aux dépenses des hospices et des enfans trouvés, reproduisirent l'ancienne dénomination d'enfans de la patrie qui paraissait tomber en désuétude. Elle reparut encore une fois dans celle du 6 vendém. an VIII, mais le gouvernement consulaire la supprima; il convenait, en effet, de la réserver pour les enfans de ceux qui honorent leur pays par leurs travaux ou de grands sacrifices. Il était à craindre qu'en la donnant à ces êtres infortunés qui doivent l'existence au désordre, ce ne fût beaucoup moins relever le malheur des enfans qu'ennoblir et encourager la faute des parens. — Durieu et Roche, t. 2, n° 9.

23. — La loi du 15-25 pluv. an XIII pourvut à la tutelle des enfans trouvés, et en régla l'exercice et les droits.



24. — Enfin, le décret du 19 janv. 1811 organisa dans son ensemble le service des enfans trouvés et abandonnés, et les mit à la charge des hospices, moyennant une subvention de 4,000,000 fr. que leur accordait l'état, sauf, en cas d'insuffisance, aux communes à contribuer à la dépense.

25. — Les lois de finances du 25 mars 1817 et 15 mai 1818 ont mis également la dépense de ces enfans à la charge des départemens; cette innovation a été confirmée par la loi de finances du 17 juill. 1819, aux termes de laquelle (art. 25) il doit être prélevé 17 cent. 1/2 sur les centimes additionnels à la contribution foncière et à la contribution personnelle et mobilière pour les dépenses départementales, fixes, communes et variables, dont 16 cent. 1/4 sont destinés, entre autres affectations, à pourvoir aux frais des enfans trouvés et abandonnés, sans préjudice du concours des communes.

26. — La loi du 10 mai 1838, sur les attributions des conseils généraux, a maintenu ces dispositions vis-à-vis du département en plaçant, par son art. 12, dans la première section du budget départemental les dépenses des enfans trouvés et abandonnés.

27. — La loi du 18 juill. 1837, relative à l'organisation municipale, les a maintenues vis-à-vis des communes en rangeant, par son art. 30, parmi les dépenses obligatoires le contingent assigné à la commune conformément aux lois dans les dépenses des enfans trouvés et abandonnés.

28. — Tel est l'ensemble de la législation sur les enfans trouvés. Bien que l'art. 22, décr. 19 janv. 1811, voulût qu'il fût immédiatement fait des réglemens d'administration publique sur diverses parties de cet important service, ces réglemens n'existent pas encore. Le seul document à consulter à cet égard est une instruction du ministre de l'intérieur du 8 fév. 1823.

29.—Pour bien se rendre compte des effets de la législation que nous venons d'indiquer, il importe de savoir que le nombre des enfans trouvés, qui, en 1784, au rapport de Necker, n'était que de 40,000, et en 1790 de 23,000 seulement, suivant Fleurigeon (*C. admin.*, t. 2, p. 642), dépassa en l'an VIII le chiffre de 60,000. En 1811, le chiffre n'était encore que de 60,000. En 1821, quand la paix fut rétablie, il s'éleva à 106,000, à 123,000 en 1831, et à 130,000 en 1834.

## Sect. 2e.—*De l'enfant et de son admission à l'hospice.*

30. — Les enfans trouvés sont ceux qui, nés de père et mère inconnus, ont été trouvés exposés dans un lieu quelconque ou portés dans les hospices destinés à les recevoir.—Décr. 19 janv. 1811, art. 2; inst. min. intér. 8 fév. 1823.

31. — Les enfans abandonnés sont ceux qui, nés de père et mère connus, et d'abord élevés par eux ou par d'autres personnes, à leur décharge, en sont délaissés sans qu'on sache ce que les père et mère sont devenus, ou sans qu'on puisse recourir à eux. — Même décret, art 5.

32. — Suivant l'art. 6 du décret, les orphelins sont ceux qui n'ont ni père ni mère, ni aucun moyen d'existence.

33. — Les enfans nés dans les hospices, de femmes admises à y faire leurs couches, sont assimilés aux enfans trouvés si la mère est reconnue dans l'impossibilité de s'en charger. — Circul. min. intér. 8 fév. 1823. — Il serait plus logique de classer ces enfans parmi les enfans abandonnés, puisque leur mère est connue.

34. — L'instruction ministérielle du 8 fév. 1823 porte encore que l'on ne doit comprendre au rang des enfans abandonnés, assimilés, pour leur régime et le mode de paiement de leur dépense, aux enfans trouvés, que les enfans délaissés dont les père et mère sont disparus, détenus ou condamnés pour faits criminels ou de police correctionnelle : l'indigence ou la mort naturelle des père et mère n'est pas une circonstance qui puisse faire admettre leurs enfans au rang des enfans abandonnés; ils ne peuvent être classés que parmi les orphelins pauvres et les enfans de familles indigentes à la charge exclusive des hospices ou secours à domicile.

35.—MM. Trolley (*Dr. admin.*, n° 1511), et Durieu Roche (n° 16) critiquent cette distinction qui avait déjà été faite par la circulaire du 17 juill. 1811, en ce qu'elle énonce que les orphelins pauvres sont à la charge exclusive des hospices ou des secours à domicile; d'où il résulterait que les départemens, qui supportent une part dans les dépenses de l'entretien des enfans trouvés, ne devraient pas contribuer à celles des orphelins pauvres. Mais le dé-

cret du 19 janvier 1811, comme le prouve la rubrique du titre 5e, range la dépense des orphelins pauvres sur la même ligne que celle des enfans trouvés et abandonnés. Le silence que gardent sur les orphelins les articles qui composent le titre 5 du décret, s'explique parfaitement quand on sait comment a été préparée et arrêtée la rédaction définitive de ce décret. Le projet du décret présenté au conseil d'état ne faisait participer l'état qu'aux dépenses des enfans trouvés et des enfans abandonnés; un titre particulier consacré aux orphelins portait qu'ils étaient élevés au moyen de la dotation des établissemens spéciaux chargés de les recueillir, sans aucun secours pécuniaire de l'état. Le conseil ne fut pas d'avis de soustraire l'état à toute participation à la dépense des orphelins pauvres, que, dans le titre 1er, il rangea sur la même ligne que les enfans trouvés et abandonnés. L'addition des mots *orphelins pauvres*, faite en beaucoup d'endroits de la main du rapporteur, et notamment dans la rubrique du titre 5, relatif aux dépenses, fut mise dans les articles qui composent ce titre. La loi du 10 mai 1838 se réfère aux lois antérieures, parmi lesquelles se trouve le décret du 19 janvier 1811, qui, sainement entendu, repousse la distinction que font les instructions ministérielles entre les orphelins pauvres et les enfans trouvés et abandonnés. Cette interprétation a été au surplus adoptée par un avis du conseil d'état soigneusement motivé, en date du 20 juillet 1842, rapporté au *Courrier des Communes*, tit. 15, p. 68.

36. — Les enfans pauvres qui, à défaut de père ou de mère, ont des ascendans, ne peuvent être rangés dans la classe des enfans abandonnés ou dans celle des enfans orphelins qu'autant que leurs ascendans les auraient eux-mêmes abandonnés, ou qu'on ne pourrait pas recourir à eux pour en obtenir les alimens qu'aux termes des art. 205, 206, 207 et suiv., C. civ., les ascendans sont tenus de fournir à leurs descendans. — Durieu et Roche, no 17.

37. — L'instruction ministérielle de 1823 répète, d'après l'art. 4 du décret du 18 janvier 1811, qu'il doit y avoir au plus, dans chaque arrondissement, un hospice où les enfans trouvés pourront être reçus. Sous la loi du 27 frim. an V, art. 4, les enfans trouvés devaient être portés à l'hospice le plus voisin. Tous les hospices pouvaient donc recevoir des enfans trouvés. Cette disposition favorisait l'abandon des enfans et rendait plus difficile la surveillance de l'administration; c'est donc avec raison que le décret de 1811 a aboli la loi du 27 frim. an V, en ce point.

38. — Les hospices qui offrent à la fois une situation plus centrale et plus de ressources, soit par leurs revenus propres, soit par les allocations qu'ils peuvent obtenir des villes où ils sont situés, doivent être choisis de préférence pour servir de dépôts; et, dans les villes où il existe plusieurs hôpitaux, on doit, autant que possible, éviter de placer les dépôts dans les hôpitaux de malades, et les établir dans les hospices de vieillards où leur santé et leur existence sont exposées à moins de dangers. — Instr. min. intér. 8 fév. 1823.

39. — Si, dans quelques départemens, les préfets jugent qu'il y a plus d'avantages et qu'il est sans inconvénient d'avoir pour tout le département un seul hospice, ils peuvent proposer cette mesure au ministre. — *Ibid.*

40. — Il a été décidé que la suppression d'un dépôt d'enfans trouvés établi dans un hospice et sa translation dans un autre hospice, sont des mesures administratives dans les attributions du préfet et ne peuvent donner lieu à aucun recours par la voie contentieuse. — *Cons. d'état*, 29 août 1834, hospices d'Apt c. le préfet de Vaucluse. — Cormenin, vo *Hospices*, t. 2, p. 277.

41. — Durieu et Roche (no 20) observent que, si la question de compétence du préfet eût été soumise à la décision du conseil d'état à une époque contemporaine au décret de 1811, elle eût dû recevoir une autre solution, mais qu'en l'absence des réglemens promis par l'art. 22 de ce décret, il a fallu pourvoir aux besoins du service, et que le conseil d'état se trouvait dans l'alternative ou de méconnaître une loi existante ou d'atteindre par ses décisions un passé de trente ans. — Trolley (*Dr. admin.*, t. 3, no 1507) pense aussi que le préfet n'avait ni qualité ni attribution pour prendre une pareille mesure.

42. — Le décret du 19 janv. 1811 portait : « Dans chaque hospice destiné à recevoir des enfans trouvés, il doit y avoir un tour où ils puissent être exposés. »

43. — Les tours sont des cylindres en bois, convexes d'un côté et concaves de l'autre, qui tournent sur eux-mêmes avec une grande facilité. Celui de leurs côtés qui est convexe fait face à une rue ; l'autre s'ouvre dans l'intérieur d'un appartement; une sonnette est placée à l'extérieur, auprès du tour. Une femme veut-elle exposer un enfant nouveau-né, elle avertit la personne de garde par un coup de sonnette; aussitôt, le cylindre, décrivant un demi-cercle, présente au dehors, sur la rue, son côté vide, reçoit le nouveau-né et l'apporte dans l'intérieur de l'hospice en achevant son évolution ; ainsi la personne qui expose l'enfant n'est vue par aucun des servans de la maison. — Terme et Monfalcon, *Hist. des enf. trouvés*, p. 234.

44. — Quelquefois, le tour est formé au moyen d'une petite fenêtre percée dans le mur de l'hospice, garnie de deux portes, l'une extérieure, l'autre intérieure; entre les deux portes, dans l'épaisseur du mur, se trouve un petit berceau, et, dès qu'une personne qui dépose un enfant ouvre la porte extérieure, le mouvement même qu'elle lui donne agite une sonnette.

45. — Les tours nous viennent d'Italie; ils ont remplacé les crèches qui, autrefois, étaient placées à la porte des églises; celles-ci avaient pour but de diminuer les chances de mort des enfans exposés, en empêchant qu'ils ne fussent délaissés dans la fange ou dans la neige. Les tours ont voulu, de plus, préserver la réputation de la mère. — Remacle, *Des hospices d'enfans trouvés*, p. 206.

46. — L'art. 58, C. civ., porte : toute personne qui aura trouvé un enfant nouveau-né sera tenue de le remettre à l'officier de l'état civil, ainsi que les vêtemens et autres effets trouvés avec l'enfant, et de déclarer toutes les circonstances du temps et du lieu où il aura été trouvé ; il en sera dressé un procès-verbal détaillé qui énoncera, en outre, l'âge apparent de l'enfant, son sexe, les noms qui lui seront donnés, l'autorité civile à laquelle il sera remis. Ce procès-verbal sera inscrit sur les registres de l'état civil.

47. — La sanction pénale se trouve dans l'art. 347, C. pénal, ainsi conçu : « Toute personne qui, ayant trouvé un enfant nouveau-né, ne l'aura pas remis à l'officier de l'état civil, sera punie de six jours à six mois d'emprisonnement et de 16 à 300 fr. d'amende. La présente disposition n'est point applicable à celui qui aurait consenti à se charger de l'enfant et qui aurait fait cette déclaration à cet égard devant la municipalité du lieu où cet enfant aura été trouvé. — V. ENFANT (crimes et délits contre l').

48. — Selon l'instruction ministérielle du 8 fév. 1823, l'admission des enfans trouvés ne doit avoir lieu que dans les circonstances suivantes : 1o par leur exposition au tour; — 2o au moyen de leur apport à l'hospice immédiatement après leur naissance, par l'officier de santé ou la sage-femme qui a fait l'accouchement ; — 3o sur l'abandon de l'enfant de la part de sa mère, si, admise dans l'hospice pour y faire ses couches, elle est reconnue dans l'impossibilité de s'en charger; — 4o sur la remise du procès-verbal dressé par l'officier de l'état civil, pour les enfans déposés dans tout autre lieu que dans l'hospice.

49. — Durieu et Roche, no 24, font ressortir les inconvéniens de cette mesure, en ce qui concerne les sages-femmes et les officiers de santé. Non seulement, l'état civil des enfans qui leur sont remis est à leur merci, mais encore la place des enfans trouvés peut être occupée par l'enfant légitime, et celle de l'orphelin sans ressources par l'enfant d'une famille aisée.

50. — L'art. 378 (C. pén.) défend de demander au médecin ou à la sage-femme le nom de la mère, c'est le secret de leur profession ; mais comment concilier avec cet article les art. 55 et 56 du C. civ., qui obligent celui qui assiste à un accouchement à déclarer la *naissance*? — La cour de Cassation a décidé que c'est le fait et non pas les circonstances de la naissance qu'on est tenu de déclarer. — Trolley, *Droit admin.*, t. 3, no 1507 ; Demolombe, *C. de Droit civ.*, t. 1er, no 94. — V., au surplus, ACTES DE L'ÉTAT CIVIL, nos 291 et suiv.

51. — Quant à la question de savoir si le père ou la mère qui dépose son enfant dans un tour se rend coupable du délit d'exposition d'enfant, V. ENFANT (crimes et délits contre l').

52. — Voyez aussi sur l'exposition et le délaissement de l'enfant, vo ENFANT (crimes et délits contre l').

53. — Aux termes d'une circulaire du 31 janv. 1840, sur le réglement du service intérieur, on doit se montrer difficile à garder les enfans des femmes admises à faire leurs couches dans les hospices. On doit recourir à tous les moyens de persuasion pour obtenir de la mère qu'elle garde son enfant, et notamment lui assurer des secours en argent jusqu'à ce qu'elle puisse reprendre ses travaux, enfin l'engager à donner son sein à l'enfant dans l'espoir qu'elle éprouvera ensuite plus de peine à s'en séparer.

54. — Des registres tenus dans les hospices doivent constater jour par jour l'arrivée des enfans dans l'établissement, leur sexe, leur âge apparent, et décrire les marques naturelles et les langes qui peuvent servir à les faire reconnaître. — Déc. 19 janv. 1811, art. 4.

55. — A l'arrivée d'un enfant, l'employé de l'hospice préposé à la tenue de ces registres doit dresser procès-verbal de l'admission, et indiquer les circonstances, soit des expositions, soit de l'apport à l'hospice. — Instr. minis. 8 févr. 1823.

56. — Il doit nommer l'enfant, s'il n'a déjà été nommé par l'officier de l'état civil, ou si, en l'exposant, on n'a pas déposé avec lui des papiers indiquant ses noms. Les noms donnés à chaque enfant doivent être tels, que, s'il n'y en a que deux, le premier soit considéré comme nom de baptême, et l'autre devienne pour l'enfant qui le reçoit, un nom de famille transmissible à ses propres descendans ; quant au nom de famille, il faut avoir soin de ne pas donner ce même nom à plusieurs enfans et éviter de leur donner des noms connus pour appartenir à des familles existantes. Il faut donc chercher un nom soit dans l'histoire soit dans les circonstances particulières à l'enfant, comme sa conformation, ses traits, son teint, le pays, le lieu où il a été trouvé, en rejetant toutefois les dénominations qui seraient ou indécentes ou ridicules, ou propres à rappeler en toute occasion que ceux à qui on les donne sont des enfans trouvés. — Circ. min. int. 8 fév. 1823.

57. — Le préposé doit adresser dans les vingt-quatre heures qui suivent l'inscription de l'enfant, un extrait du registre d'inscription, en ce qui le concerne, à l'officier de l'état civil pour être immédiatement transcrit sur le registre des actes de naissance. — Instr. 8 févr. 1823.

58. — Cet envoi n'a lieu que dans le cas, bien entendu, où l'enfant a été porté à l'hospice avant d'avoir été présenté à l'état civil.

59. — Quant à l'officier de l'état civil, l'extrait du registre de l'hospice ne suffit pas pour qu'il dresse l'acte de naissance. L'enfant doit lui être présenté. — Art. 55, C. civ. — Voyez au surplus vo ACTES DE L'ÉTAT CIVIL, nos 310 et suiv.

60. — Les circulaires du 27 juill. 1818, 8 fév. 1823, avaient recommandé de sceller au cou de chaque enfant un collier avec un morceau d'étain, au moyen d'une presse. L'étain portait pour empreinte la désignation des hospices auxquels appartenait l'enfant, l'année dans laquelle il avait été exposé et son numéro d'ordre. Une circulaire du 20 mai 1826 voulut rendre obligatoire cette précaution, qui a produit d'heureux résultats; mais l'expérience démontra qu'elle n'était pas sans inconvéniens; en effet, l'application du collier n'avait pas toujours lieu sans accident, il pouvait être facilement ôté et l'on était quelquefois obligé de le couper parce qu'il blessait l'enfant qui le portait. En conséquence, une circulaire du 12 janv. 1842 a engagé les administrations à remplacer le collier par une ou deux petites boucles d'oreilles d'argent qui se scellent de manière à ne pouvoir se détacher sans être coupées et qui portent les mêmes indications que les colliers. Le modèle de ces boucles d'oreilles a été envoyé aux préfets par une circulaire du ministre de l'intérieur du 12 mars 1843 (*Courrier des communes*, t. 15, p. 183). De cette façon on prévient la fraude de certaines nourrices qui substituaient leurs propres enfans à ceux qui leur avaient été confiés, lorsqu'ils venaient à décéder, afin de continuer à toucher la rétribution.

61. — Quant aux enfans abandonnés, l'instruction du 8 fév. 1823 porte qu'ils ne doivent être admis dans les hospices que 1o d'après l'acte de notoriété du juge de paix ou du maire constatant l'absence de leurs père et mère ; 2o sur l'expédition des jugemens correctionnels ou criminels qui les privent de l'assistance de leurs parens.

62. — Aucun enfant abandonné ne peut être admis s'il a atteint sa douzième année. — Même instr.

63. — Il doit être tenu, pour l'inscription des enfans abandonnés, un registre analogue au registre des enfans trouvés. — Même instr.

64. — Dans le cas, ajoute l'instruction, où des parens, après avoir abandonné leur enfant momentanément et à dessein de le faire admettre frauduleusement dans un hospice, reparaîtraient ensuite dans la commune, le maire doit en informer le sous-préfet, qui ordonnera la remise de l'enfant aux parens, et ceux-ci seront tenus au remboursement des frais occasionnés par l'enfant à l'hospice. — Arg. déc. 19 janv. 1811, art. 21.

65. — Le préfet est chargé de prononcer sur l'admission des enfans. Cependant, dans la pratique, la commission administrative admet seule les enfans trouvés, tandis que c'est bien le préfet qui

ouvre l'hospice aux enfans abandonnés et aux orphelins pauvres.

66. — Maintenant, des inspecteurs-généraux et départementaux ont mission de vérifier tous les trois mois les titres d'admission des enfans compris au nombre des enfans trouvés ou abandonnés. Les enfans qui sont reconnus avoir été admis contre les règles et les principes ci-dessus doivent être rendus à leurs familles ou aux personnes qui en étaient chargées.

67. — Les rapports des inspecteurs départementaux doivent être transmis par les préfets au ministre de l'intérieur pour le réglement des prévisions de la dépense des enfans trouvés. — Circ. min. 12 sept. 1845.

68. — Pour diminuer la dépense résultant de l'entretien des enfans trouvés, la fermeture d'un grand nombre de tours a été arrêtée depuis quelques années. Dans l'origine, cinq départemens refusèrent d'ouvrir des tours dans leurs hospices d'enfans trouvés : ce furent le Doubs, le Bas-Rhin, le Haut-Rhin, la Meurthe et Seine-et-Oise. Deux-cent-cinquante tours furent ouverts par les autres. Divers conseils généraux réclamèrent la réduction du nombre des hospices dépositaires et la réduction ou même la fermeture des tours. Depuis 1830, deux cent treize tours ont été fermés dans cinquante départemens. Il n'existe donc plus en France que cent quarante-six hospices ayant un tour. Dans huit départemens, les hospices dépositaires n'ont pas de tours.

69. — Un grand nombre d'auteurs sont d'avis que le tour favorise les abandons et n'empêche pas l'infanticide (V. J. B. Say, *Écon. polit.*, t. 5, p. 360; Terme et Montfalcon (*Histoire des enfans trouvés*, p. 245; M. de Gérando, *De la bienfaisance publique*, 2e part., liv. 1er, chap. 8). M. de Lamartine prononça, en 1838, devant la société de la Morale chrétienne, un discours remarquable contre la mesure que M. Trolley (*Dr. adm.*, t. 3, nº 1507) critique aussi comme illégale et contraire à l'art. 3 du décret du 19 janv. 1811, dont l'art. 3 veut que dans chaque hospice il y ait un tour, en ajoutant que c'est un acte d'inhumanité gratuite; car, dit-il, si l'on n'a pas un tour pour déposer l'enfant, on le jettera à la porte de l'hospice.

70. — Sous le rapport de la légalité, on répond que le ministre de l'intérieur, qui avait fixé dans chaque département le nombre des hospices dépositaires, a pu le réduire sur la demande des localités intéressées ; qu'en effet, d'une part, le ministre peut toujours revenir sur ses résolutions administratives, et que, d'autre part, l'art. 4 du décret n'exige pas qu'il y ait un hospice dépositaire dans chaque arrondissement, mais veut seulement qu'il n'y en ait qu'un au plus. On ajoute que la réduction du nombre des hospices dépositaires a eu pour effet nécessaire d'amener la fermeture des tours qui s'y trouvaient; mais que cette conséquence est parfaitement légale, puisque l'art. 3, décr. 15 janv. 1811, ne prescrit l'établissement du tour que dans *les hospices destinés à recevoir des enfans trouvés*.

71. — Quoi qu'il en soit, soixante et onze départemens ont approuvé la réduction des tours et même leur suppression totale, onze seulement l'ont blâmée et trois se sont abstenus. — Durieu et Roche, nº 32.

72. — A Paris, le tour n'a pas été supprimé, mais l'usage en a été rendu plus difficile par un arrêté de l'administration des hospices du 25 janv, 1837, approuvé par le ministre de l'intérieur. Il est fermé pendant le jour, et les enfans ne sont reçus qu'après l'accomplissement de certaines formalités, mais il reste ouvert pendant la nuit (Durieu et Roche, nº 32, à la note). Quant aux femmes pauvres qui accouchent dans les hospices, on leur fait prendre l'engagement d'allaiter pendant un certain temps et d'emporter à leur sortie l'enfant dont elles seront accouchées.

73. — Le déplacement des enfans ou leur échange entre départemens est autorisé par la loi du 15 pluv. an XIII, dont l'art. 2 prévoit le cas où l'enfant est placé dans un lieu éloigné de l'hospice où il a été élevé, et par les art. 9, 10 et 16, décr. 19 janv. 1811, qui déclarent que les enfans trouvés élevés par l'état sont à la disposition du gouvernement.

74. — La mesure du déplacement des enfans, bien que conseillée par une circulaire du ministre de l'intérieur, du 21 juill. 1827, ne reçut qu'en 1834 un commencement d'exécution. Le rapport au roi du 5 avr. 1837 énonce que 36,493 enfans avaient été déplacés, et 16,339 retirés, c'est-à-dire près de la moitié, et que par suite l'administration avait réalisé une économie de 1,086,500 fr. Soixante-huit conseils généraux ont approuvé la mesure, et dix-huit l'ont blâmée. — Durieu et Roche, nº 33.

75. — Cependant, des conseils généraux, après en avoir fait l'essai, ont conclu au retrait de la mesure comme illusoire et immorale. Il est de fait qu'une partie des enfans retirés sont de nouveau déposés dans l'hospice.

## Sect. 3e. — *De l'enfant à l'hospice et en dehors de l'hospice.*

### § 1er. — *Mise en nourrice et placement des enfans à la campagne.*

76. — Les enfans nouveaux-nés doivent être mis en nourrice aussitôt que faire se peut. Jusque-là, ils doivent être nourris au biberon, ou même au moyen de nourrices résidant dans l'établissement. S'ils sont sevrés ou susceptibles de l'être, ils doivent également être mis en nourrice ou en sevrage. — Décr. 19 janv. 1811, art. 7; circul. min. 8 fév. 1823.

77. — Ils doivent être baptisés avant leur départ pour la campagne ; car la circulaire du ministre de l'intérieur du 8 fév. 1823, qui est encore exécutée, prescrit de les élever dans la religion catholique, en réservant toutefois à l'autorité le droit d'autoriser pour certaines localités des exceptions à cette règle.

78. — Ils doivent aussi être vaccinés dès leur admission à l'hospice, à moins que l'état de leur santé ou leur prompt départ ne s'y oppose. Dans ces cas, les nourrices doivent les faire vacciner dans les trois premiers mois qui suivent la remise qui leur en a été faite, et doivent justifier d'un certificat de vaccination pour pouvoir être payées du premier trimestre des mois de nourrice. — *Ibid.*

79. — On doit exiger des nourrices et autres personnes qui viennent prendre des enfans dans les hospices un certificat du maire de leur commune, constatant qu'elles sont de bonnes vie et mœurs, et qu'elles sont en état d'élever et soigner leurs enfans. — *Ibid.*

80. — Ces certificats sont dispensés de timbres, comme délivrés dans un but de police et dans l'intérêt d'enfans indigens. — Circul. min. 12 mars 1841 ; conf. décis. min. fin.

81. — Dans quelques villes du premier ordre, où le nombre très considérable des enfans trouvés à la charge des hospices rend nécessaire de s'assurer d'un grand nombre de nourrices et de se les procurer dans un rayon fort étendu, on a établi, sous le nom de *meneurs*, des employés chargés d'engager les nourrices pour le compte des hospices, de les ramener au lieu de leur domicile et d'effectuer leurs paiemens tous les trois mois. — Circul. min. int. 8 fév. 1823.

82. — A leur arrivée, les nourrices sont visitées par les officiers de santé de l'hospice, pour constater leur santé, l'âge de leur lait et sa qualité. Ce n'est que dans le cas où elles sont reconnues saines et propres à allaiter avec succès que les enfans doivent leur être remis avec la layette. — *Ibid.*

83. — Au départ de la nourrice, il doit être fait mention, sur le registre matricule à ce destiné, de la mise de l'enfant en nourrice. Il doit lui être délivré une carte ou livret contenant le nom de l'enfant, son âge, le numéro du registre matricule, le folio du registre du paiement, le nom de la nourrice et la date de la remise du nourrisson. Ce livret doit présenter des blancs sur lesquels s'inscrivent successivement les paiemens faits à la nourrice, les vêtures qui lui sont remises, et le décès de l'enfant s'il avait lieu. — *Ibid.*

84. — Les enfans doivent rester en nourrice jusqu'à l'âge de six ans. Ils sont ensuite, autant que faire se peut, mis en pension chez des cultivateurs ou des artisans. — Décr. 7 janv. 1811 ; circul. min. 8 fév. 1823.

85. — Les nourrices peuvent conserver jusqu'à l'âge de douze ans les enfans qui leur ont été confiés, à la charge de les nourrir et entretenir convenablement, aux prix et conditions déterminés conformément aux règles ci-après, et de les envoyer aux écoles primaires pour y recevoir l'instruction morale et religieuse donnée aux autres enfans de la commune ou du canton. — Circul. min. intér. 8 fév. 1823.

86. — Leur admission dans les écoles est de droit, puisque la commune doit donner cet enseignement gratuitement à tous les indigens qui habitent sur son territoire. — V. INSTRUCTION PRIMAIRE.

87. — Les enfans qui ne peuvent être mis en pension, les estropiés et infirmes, doivent être élevés dans l'hospice et occupés dans les ateliers à des travaux qui ne soient pas au-dessus de leur âge. — Décr. 19 janv. 1811, art. 10.

88. — Tout placement à l'étranger des enfans est sévèrement interdit. Cette décision du ministre de l'intérieur a été prise le 13 août 1841, à l'occasion de quelques départemens voisins des frontières, qui envoyaient les enfans en nourrice en pays étrangers.

89. — Cette circulaire du 13 août 1841 n'a attaché et ne pouvait attacher aucune pénalité à l'inobservation de sa prohibition; mais MM. Durieu et Roche (*Rép. des établ. de bienfaisance*, vº *Enfans trouvés*, nº 43) pensent que la commission administrative qui persisterait à placer des enfans à l'étranger engagerait sa responsabilité, et que la dépense occasionnée par ces enfans pourrait encore être rayée de ses comptes comme illégalement opérée. Nous admettons le principe de cette décision; mais nous ne croyons pas pouvoir l'appliquer dans toute l'extension qu'ils lui ont donnée. La responsabilité de la commission administrative nous paraît devoir couvrir l'hospice de toutes les sommes payées à raison du placement de l'enfant à l'étranger, mais sous la déduction toutefois d'une somme égale à celle qu'aurait nécessitée le placement de l'enfant sur le territoire français.

### § 2. — *Layettes et vêtures.*

90. — Il doit être remis à chaque nourrice une layette au moment où on lui confie un enfant nouveau-né. — Circul. min. int. 8 fév. 1823.

91. — Les vêtures qui remplacent les layettes sont données aux enfans d'année en année jusqu'à l'âge de six ans accomplis.

92. — Les préfets, sous l'approbation du ministre de l'intérieur, ont le pouvoir de régler, suivant les usages des lieux et les produits des fabriques du pays, la composition des layettes et vêtures, qui doivent toujours être fournies en nature et jamais en argent. — Circul. 13 août 1841.

93. — Comme dans beaucoup de départemens les layettes et vêtures étaient insuffisantes, et ne comprenaient pas des objets indispensables à la santé même des enfans, le ministre de l'intérieur par sa circulaire du 21 juill. 1843 (*Courrier des communes*, t. 16, p. 90), a transmis aux préfets un état des layettes et vêtures qu'il est nécessaire de fournir aux enfans des divers âges.

94. — Ces layettes doivent être fournies par les hospices désignés. Dans quelques départemens, cette obligation était éludée ou mal remplie. La circulaire du 13 août 1841 a prescrit de nouveau aux préfets de fixer la composition des layettes et vêtures ; et en cas d'insuffisance de ressources, d'informer les conseils généraux de l'état des choses et solliciter des secours sur les centimes facultatifs.

95. — Les hospices doivent fournir, outre les layettes, les vêtures nécessaires lorsque l'enfant sort du premier âge. Cette dépense ne regarde pas les départemens. — Décr. 19 janv. 1811, art. 11 et 12 : — Durieu et Roche, nº 47.

96. — Les nourrices sont responsables des layettes et vêtures. Elles doivent les rendre si les enfans viennent à décéder avant l'expiration de la seconde année qui en suit réception, et dans le cas où les enfans seraient retirés avant ce terme. — Circul. min. 8 fév. 1823.

97. — A défaut de cette remise, il doit leur être fait une retenue sur leurs salaires ; et si la remise était insuffisante, les nourrices devraient la compléter. — *Ibid.*

### § 3. — *Mois de nourrices, pensions et indemnités diverses.*

98. — L'instruction de 1823 divisait les enfans en trois classes : les enfans de premier âge, c'est-à-dire ceux qui se trouvent encore dans la première année ; les enfans de second âge, ou ceux entrés dans leur seconde année et n'ayant pas accompli leur sixième année ; les enfans de troisième âge, ou ceux qui, entrés dans leur septième année, n'ont pas accompli douze ans. Le maximum des mois de nourrice et de pension ne devait pas excéder dix myriagrammes de grain par trimestre.

99. — Mais l'insuffisance des tarifs fut reconnue par la circulaire du 13 août 1841, et le ministre invita les préfets à en vérifier les prix et à les augmenter le cas échéant.

100. — Il arrive très fréquemment que des enfans d'un département soient placés dans un autre. Le tarif de ce département doit servir de règle pour tous les placemens en général qui y sont faits par les départemens voisins ; et si, pour aller chercher les enfans, les nourrices sont obligées à un déplacement plus long et plus difficile, une indemnité peut leur être allouée. — *Ibid.*

101. — D'après les nouveaux tarifs, et dans le but d'arriver à une plus exacte rémunération des

soins des nourrices, la classification d'âge doit être remplacée par la classification par années.

102. — Une circulaire du préfet des Landes, de 1846, approuvée par le ministre de l'intérieur, a prescrit de ne payer les nourrices que sur le vu du certificat de vie des enfans qui leur sont confiés. Les maires doivent exiger que les enfans leur soient présentés, et ils ne doivent délivrer le certificat de vie qu'après avoir acquis la certitude matérielle de l'existence de l'enfant. Tout paiement de mois de nourrice qui, par leur faute, aurait été indûment opéré après la mort de l'enfant, retomberait à leur charge.

103. — L'instruction de 1823 porte, en conformité de l'arrêté du gouvernement du 30 ventose an V, que les nourrices ou autres personnes, lorsqu'elles présentent des certificats constatant que l'enfant qui leur a été confié existe et qu'il a été traité avec soin et humanité, ont droit, pour les neuf premiers mois de la vie de l'enfant, indépendamment des mois de nourrice, à une indemnité de 18 fr., payables par tiers, de trois mois en trois mois.

104. — Celles qui ont conservé des enfans jusqu'à l'âge de douze ans, et qui les ont préservés, jusqu'à cet âge, d'accidens provenant de défaut de soins, doivent recevoir à cette époque, sur la représentation des certificats qui viennent d'être rappelés, une indemnité de 50 fr. — *Ibid.*

105. — L'art. 15 de l'arrêté du gouvernement, du 30 vent. an V, alloue une indemnité de 50 fr., que les préfets peuvent réduire cependant, dans les départemens où elle paraîtrait trop forte aux cultivateurs ou manufacturiers chez lesquels sont placés des enfans ayant atteint l'âge de douze ans, ou à ceux qui, les ayant élevés jusqu'à cet âge, les conserveraient aux conditions déterminées par l'administration. Cette somme est destinée à procurer aux enfans les vêtemens qui leur sont nécessaires.

106. — Les indemnités ci-dessus ont été dans quelques départemens ou supprimées ou réunies aux mois de nourrice et pensions. La circulaire ministérielle du 13 août 1841 a blâmé les décisions prises à ce sujet et a invité à rétablir l'ancien état de choses par une nouvelle circulaire du 21 juill. 1843. — *Courrier des communes*, t. 16, p. 90. — Le ministre de l'intérieur a rappelé qu'il regardait comme obligatoire le paiement aux nourrices des indemnités réglées par l'arrêté du 30 vent. an V.

107. — L'indemnité de 50 francs mentionnée *suprà* no 105 peut, sous l'approbation du ministre, au lieu d'être payée en argent, être fournie en nature; c'est à-dire qu'elle peut être remplacée par la délivrance d'une dernière vêture dont la composition doit être réglée par arrêté du préfet. — Circul. min. int. 21 juill. 1843.

108. — Aux termes de la circulaire, ces tarifs et réglemens ne sont pas applicables aux enfans infirmes ou estropiés, âgés de plus de six ans, que les hospices placent dans des familles au lieu de les garder. Le prix doit être augmenté en ce cas.

109. — Des commissions administratives avaient demandé l'autorisation de faire rentrer dans les hospices les enfans trouvés placés sous leur tutelle qui n'ont pas atteint l'âge de douze ans pour les occuper et les instruire, sous la condition que les pensions aux nourrices leur seraient remises; mais le ministre de l'intérieur, par une décision du 29 nov. 1837 (*Bulletin officiel du min. de l'intér.*, t. 1er, p. 184), a répondu que le décret du 19 janv. 1811 s'y oppose : qu'il prescrit en effet d'une part de placer les enfans trouvés et abandonnés en nourrice et en pension jusqu'à l'âge de douze ans accomplis, et défend d'un autre côté d'indemniser les hospices de la dépense que ces mêmes enfans peuvent y occasionner lorsqu'ils y séjournent pour quelque cause que ce soit.

§ 4. — *Apprentissage et retour des enfans à l'hospice.*

110. — Les enfans âgés de douze ans doivent autant que possible être mis en apprentissage, les garçons chez des laboureurs ou des artisans, les filles chez des ménagères, des couturières ou des ouvrières, ou dans des fabriques ou manufactures. — Décr. 19 janv. 1811, art. 17.

111. — Les commissions administratives des hospices peuvent également, lorsque les enfans manifestent le désir de s'attacher au service maritime, contracter sous l'approbation des préfets, des engagemens pour le placement de ces enfans sur des vaisseaux de l'état ou du commerce. — Arrêté du gouvernement 30 vent. an V, art. 13.

112. — Les nourrices et autres personnes qui ont élevé des enfans jusqu'à l'âge de douze ans peuvent les conserver de préférence à tous autres en prenant l'engagement de leur faire apprendre un métier ou de les appliquer à l'agriculture. — Instr. min. int. 8 fév. 1823.

113. — Les contrats d'apprentissage ne doivent stipuler aucune somme en faveur du maître ou de l'apprenti. Ils doivent seulement garantir au maître les services gratuits de l'apprenti jusqu'à un âge qui ne peut excéder vingt-cinq ans, et à l'apprenti la nourriture, l'entretien et le logement. — Décr. 19 janv. 1811, art. 18.

114. — Le décret doit s'entendre en ce sens qu'avant tout on doit se préoccuper de faire acquérir à l'enfant toutes les connaissances de l'état auquel on le destine, mais non pas qu'il soit défendu de stipuler pour lui un salaire à l'époque où il le méritera. — Durieu et Roche, no 58.

115. — L'appel sous les drapeaux fait cesser les obligations de l'apprenti. — Décr. 19 janv. 1811, art. 19.

116. — Les art. 16 et 24 (décr. 1811) déclaraient que les enfans trouvés étaient à la disposition de l'Etat et particulièrement du ministre de la marine. D'après d'anciennes ordonnances de la marine (10 janv. 1730, 15 août 1732), les capitaines étaient tenus de prendre leurs mousses dans les hôpitaux. L'ordonnance de 1836, sur la marine de l'état, n'a pas renouvelé ces dispositions, incompatibles d'ailleurs avec la liberté individuelle. — Beaussant, *C. maritime*, t. 1er, no 261; Durieu et Roche, t. 1er, no 59; Terme et Montfalcon, *Hist. des enf. trouv.*, p. 309.

117. — Quant aux enfans estropiés ou infirmes qui ne peuvent être mis en apprentissage, ils restent à la charge de l'hospice qui doit les occuper, si l'on ne trouve pas à les placer hors de l'hospice, dans les ateliers. — Instruct. 8 fév. 1833; décr. 19 janv. 1811, art. 10.

118. — Les enfans qui, par leur inconduite ou la manifestation de quelques inclinations vicieuses seraient reconduits dans les hospices, doivent y être placés dans un local particulier, et les administrations doivent prendre les mesures convenables pour les ramener à leur devoir, en attendant qu'elles puissent les rendre à leurs maîtres ou les placer ailleurs. — Instr. min. 8 fév. 1823.

§ 5. — *Revue des enfans.*

119. — L'art. 14, décr. 19 janv. 1811, veut que les commissions administratives des hospices fassent visiter, au moins deux fois l'an, chaque enfant, soit par un commissaire spécial, soit par les médecins ou chirurgiens vaccinateurs ou des épidémies. — Les revues fréquentes des enfans placés en nourrice ou en pension sont nécessaires pour s'assurer si ces enfans sont traités avec les soins dus à leur âge et à la protection que la loi leur accorde, et si les nourrices ou autres personnes auxquelles ils sont confiés ne commettent à leur égard aucun abus. — Circul. 8 fév. 1823.

120. — Dans les départemens où il existe des inspecteurs départementaux des établissemens de bienfaisance, en conformité de la circulaire du 12 mars 1839, ce soin leur est également confié.

121. — Les commissions administratives peuvent cependant visiter elles-mêmes ou faire visiter par des médecins de la localité les enfans, pourvu qu'il n'en résulte aucune dépense à la charge des fonds affectés aux mois de nourrice. Il n'y a que les indemnités accordées aux inspecteurs pour frais de tournée qui puissent être prélevées sur ces fonds, sur le règlement du préfet. — Instr. 8 fév. 1823 et circul. 12 mars 1839.

## Sect. 4e. — *Des dépenses par rapport à l'hospice, au département et aux communes.*

122. — On a vu qu'aux termes du décret du 19 janv. 1811, les enfans trouvés et abandonnés étaient mis à la charge des hospices, auxquels l'état accordait une subvention de 4 millions, sauf, en cas d'insuffisance, aux communes à contribuer à la dépense; et que l'art. 52, L. 25 *mars* 1817, rangea la dépense des enfans parmi les dépenses variables du département.

123. — Quel est le département, l'hospice, et quelles sont les communes chargés de la dépense? Pour les enfans trouvés, c'est le département dans lequel ils ont été exposés et l'hospice dépositaire ou l'hospice le plus voisin. — Trolley, t. 3, no 1510.

124. — Les enfans abandonnés sont à la charge du département dans lequel ils ont leur domicile de secours. C'est la loi du 24 vendém. an II qui détermine ce domicile, — Trolley, *ibid.*

125. — Quant à l'enfant dont la mère est accouchée à l'hospice, d'après un usage constant, c'est l'hospice où elle est accouchée et le département où se trouve l'hospice qui supportent la dépense. — Trolley (*ibid.*) critique cette pratique comme contraire aux principes de la loi du 24 vendém. an II, l'accouchement et la résidence de la mère étant des faits accidentels et momentanés qui ne changent pas le domicile de secours.

126. — D'après l'art. 88 du réglement de comptabilité du ministre de l'intérieur, les enfans de parens condamnés à la détention sont à la charge du département où les parens ont été jugés. Si l'enfant est né en prison, ce réglement le met à la charge du département où il est né; mais, selon Trolley (t. 3, no 1510), Durieu et Roche (vo *Domicile de secours*, no 10), ces enfans sont domiciliés, conformément à la loi du 24 vendém. an II, dans le département où ses père et mère avaient leur résidence habituelle avant la détention et avant le jugement.

127. — A propos de la circulaire ministérielle du 8 fév. 1823, on a vu que le département était obligé de concourir à la dépense des pauvres orphelins tout aussi bien qu'à celle des enfans trouvés et abandonnés. — Trolley, t. 3, no 1511; Durieu et Roche, no 16.

128. — Les dépenses relatives aux enfans trouvés se partagent en dépenses intérieures et en dépenses extérieures.

129. — Les premières comprennent les layettes et vêtures, ainsi que les frais d'entretien et de nourriture des enfans dans l'intérieur de l'hospice.

130 — Les secondes comprennent les mois de nourrice et la pension, ainsi que les indemnités à accorder en vertu de l'arrêté du 30 vent. an V.

131. — Les dépenses intérieures sont à la charge des hospices dépositaires. — Art. 11, décr. 19 janv. 1811.

132. — Si les hospices dépositaires se trouvent dans l'impossibilité de pourvoir à la totalité de cette dépense, les autres hospices du département ne peuvent légalement être appelés à y contribuer; mais il est arrivé souvent que le ministre de l'intérieur, en supprimant un dépôt pour en centraliser les enfans dans un autre hospice, a fait consentir une subvention au nouveau dépôt par l'hospice qui cessait d'être dépositaire, afin de l'indemniser de la charge nouvelle. Quant à certains hospices, qui ne sont pas liés par une convention de cette nature, et qui se sont refusés à concourir à la dépense que les enfans trouvés occasionnent aux hospices dépositaires, le ministre de l'intérieur, reconnaissant qu'il n'a pas le droit d'exiger ce concours, a annoncé l'intention de prendre sur ce sujet une détermination; mais, avant de l'arrêter définitivement, il a, par sa circulaire du 12 août 1844 (*Courrier des communes*, t. 16, p. 308), demandé l'avis du préfet et des conseils généraux, sur la mesure qu'il convient de prendre.

133. — S'il existe une fondation au profit des enfans trouvés, l'hospice non dépositaire ne saurait dans aucun cas se dispenser de faire l'emploi conforme des fonds, et en cas de refus, le ministre pourrait inscrire la dépense d'office à son budget.

134. — Les dépenses extérieures, c'est-à-dire les mois de nourrice et la pension des enfans, sont acquittées, 1o avec le tiers des amendes et confiscations prononcées par les tribunaux de police correctionnelle. — Art. 466, C. pén.; ord. 30 déc. 1823. — 2o Au moyen des contingens assignés sur les revenus des communes. — V. COMMUNE, no 1210. — 3o Avec les allocations votées par le conseil général.

135. — La part pour laquelle les communes peuvent être taxées n'est pas déterminée. C'est une dépense départementale. Le conseil du département ne peut donc accorder aux communes qu'un secours dont le maximum est fixé au cinquième de la dépense totale. — Circul. 13 août 1841. — Ce contingent assigné à toutes les communes réunies est ensuite réparti entre les diverses communes, en prenant pour base le chiffre de la population de chacune d'elles, avec ses revenus, car il ne serait pas possible de savoir exactement quel est le nombre d'enfans envoyés à l'hospice par chaque commune.

136. — Les conseils généraux pourraient cependant dispenser les communes de tout concours dans les dépenses; mais cette faculté ne doit être exercée qu'avec une grande réserve, parce qu'il importe que les communes ne restent pas sans intérêt dans cette dépense. — Circul. 21 août 1839, 3 août 1840, 13 août 1841 et 30 juill. 1845.

137. — Une fois même la répartition arrêtée, une commune qui a subi une perte ou une dépense imprévue, peut même être dispensée du concours en tout ou en partie, dans ce cas le préfet doit faire connaître les motifs de dégrèvement au ministre de l'intérieur qui statue.

138. — La délibération prise par le conseil gé-

néral, pour régler la répartition de ces dépenses, est soumise à l'approbation du ministre de l'intérieur. — Circul. 3 fév. 1823.

139. — Le budget départemental doit pourvoir au surplus de la dépense, c'est-à-dire aux quatre cinquièmes au moins. — Durieu et Roche, n° 66.

140. — Quand la somme provenant des allocations ci-dessus est insuffisante pour couvrir la dépense réelle, les préfets proposent au ministre de combler le déficit par imputation sur les bonis des autres articles de dépense des budgets départementaux.

141. — L'excédant au contraire est appliqué aux dépenses de l'année suivante.

142. — Le paiement des mois de nourrice et pensions est fait par le receveur de l'hospice ou par les percepteurs dans les communes autres que celle où est situé l'hospice dépositaire. — Ord. royale 28 juin 1833, art. 6.

143. — Une circulaire du ministre des finances du 19 août 1833 porte : « Il serait peu convenable que les percepteurs tirassent avantage du mandat qui leur est déféré et qu'ils prélevassent, sans le consentement de la nourrice, sur la somme dont ils sont momentanément nantis le montant des contributions qui pourraient leur être dues. Si l'intérêt du trésor semblait nécessiter une mesure aussi rigoureuse, elle ne devrait être exercée qu'après que tous les autres moyens auraient été épuisés. Au surplus, le ministre de l'intérieur a décidé avec M. le ministre des finances que dans les cas de ce genre qui pourraient se présenter, le percepteur devrait en référer au receveur général, qui s'entendrait avec le préfet au sujet de la décision qu'il conviendrait de prendre. »

## Sect. 5e. — *De la tutelle de l'enfant trouvé.*

144. — D'après la loi du 15 pluv. an XIII (art. 1er), les enfans admis dans les hospices, à quelque titre et sous quelque dénomination que ce soit, sont sous la tutelle des commissions administratives de ces maisons, lesquelles désignent un de leurs membres pour exercer, le cas advenant, les fonctions de tuteur, et les autres forment le conseil de tutelle.

145. — Les termes de cet article ne permettent pas de douter que les enfans orphelins ne soient comme les autres soumis à cette tutelle.

146. — ... Même quand ils auraient des ascendans; car la loi du 15 pluv. an XIII déroge à l'art. 402, C. civ. — Durieu et Roche, n° 79.

147. — ... Quand bien même encore un tuteur leur aurait été nommé, la tutelle de la commission administrative étant au-dessus de toute autre. — Durieu et Roche, *ibid.*

148. — Quand l'enfant sort de l'hospice pour être placé comme ouvrier, serviteur ou apprenti dans un lieu éloigné de l'hospice où il a été placé d'abord, la commission de cet hospice peut, par un simple acte administratif, visé du préfet, déférer la tutelle à la commission administrative de l'hospice du lieu le plus voisin de la résidence actuelle de l'enfant. — Art. 2, L. 15 pluv. an XIII. — Voyez aussi v° ALIÉNÉS, n° 209.

149. — Le tuteur qui cesse ses fonctions rend administrativement son compte de tutelle au nouveau tuteur désigné par la commission administrative de l'hospice de la nouvelle résidence de l'enfant, chaque fois que la tutelle est déférée par la commission administrative de l'hospice où l'enfant a été primitivement déposé, à la commission administrative de l'hospice de la nouvelle résidence de l'enfant.

150. — Mais la commission administrative ne pourrait, en passant un contrat d'apprentissage pour un enfant, attribuer au maître la tutelle de cet enfant. — Durieu et Roche, n° 79.

151. — En conséquence, le maître est non recevable à se constituer partie civile dans l'intérêt de l'enfant. — *Bordeaux*, 28 nov. 1833, Laville c. Hervé.

152. — La règle qu'en toute tutelle il sera nommé un subrogé-tuteur par le conseil de famille (C. civ., art. 420) s'applique aux tutelles que régit le droit commun, et non aux tutelles que régissent des lois exceptionnelles. Dans l'économie de la loi du 15 pluv. an XIII sur les tutelles des commissions administratives, on peut dire, suivant Magnin (*Tr. des minorités, tutelles et curatelles*, t. 2, p. 400), que les membres de ces commissions, ainsi que les receveurs des hospices, sont les véritables contradicteurs des tuteurs de cette classe d'enfans et par conséquent les subrogés-tuteurs naturels de ce genre de tutelle. — Arg. art. 5, où l'on prend pour exemple les fonctions des curateurs que les receveurs remplissent à l'émancipation de ces enfans.

153. — La tutelle des enfans admis dans les hospices dure jusqu'à leur majorité ou émancipation par mariage ou autrement. — Art. 3, même loi.

154. — Cette tutelle cesse aussi par le décès de l'enfant.

155. — La tutelle qui appartient aux administrateurs des enfans trouvés cesse de plein droit lorsque les parens se présentent ou sont connus ; cette règle est applicable en matière de paternité naturelle comme lorsqu'il s'agit de paternité légitime. — *Colmar*, 5 avr. 1838 (t. 1er 1839, p. 606), F.

156. — La tutelle des hospices sur l'enfant qui y a été admis cesse par la tutelle officieuse dont cet enfant a été l'objet. Cette première tutelle ne tenant pas à l'ordre public ni aux rapports essentiels de famille, et concernant uniquement l'intérêt de l'enfant, elle ne revit pas par la mort du tuteur officieux, arrivée avant la majorité ou l'émancipation de cet enfant, alors surtout que celui-ci a des revenus plus que suffisans pour pourvoir à ses besoins. — En pareil cas, il y a lieu de lui nommer un tuteur et un subrogé tuteur en la forme ordinaire. — *Angers*, 26 juin 1844 (t. 2 1844, p. 281), Richou et Biolay c. hospice d'Angers.

157. — Les commissions administratives des hospices jouissent, relativement à l'émancipation des mineurs qui sont sous leur tutelle, des droits attribués aux père et mère par le Code civil. — L'émancipation a lieu sur l'avis des membres de la commission administrative, par celui d'entre eux qui a été désigné tuteur et qui seul est tenu de comparaître, à cet effet, devant le juge de paix. — L'acte d'émancipation est délivré sans autres frais que ceux d'enregistrement et de papier timbré. — Art. 4, même loi.

158. — Les commissions administratives peuvent user des voies de répression autorisées par les art. 376 et 377, C. civ. — V. aussi circul. min. int. 31 janv. 1831.

159. — Si les enfans admis dans les hospices ont des biens, le receveur de l'hospice remplit, à cet égard, les mêmes fonctions que pour les biens des hospices. — Toutefois, les biens des administrateurs-tuteurs ne peuvent, à raison de leurs fonctions, être passibles d'aucune hypothèque. La garantie de la tutelle réside dans le cautionnement du receveur chargé de la manutention des deniers et de la gestion des biens. — En cas d'émancipation, il remplit les fonctions de curateur. — Art. 5.

160. — Ainsi, les tuteurs membres des commissions des hospices ne sont donc comptables que du compte moral de la gestion de la tutelle dont ils ont été chargés, puisque les fonds, de quelque nature qu'ils soient, doivent toujours entrer dans la caisse des hospices. — Magnin, *Tr. des minorités, tutelles et curatelles*, t. 1er, p. 402.

161. — Les capitaux qui appartiennent ou échoient aux enfans admis dans les hospices sont placés dans les monts-de-piété; dans les communes où il n'y a pas de mont-de-piété, ces capitaux sont placés à la caisse d'amortissement, pourvu que chaque somme ne soit pas au-dessous de 150 fr., auquel cas il en serait disposé selon que réglerait la commission administrative. — Art. 6.

162. — A l'égard des sommes au dessous de 150 fr., M. Magnin (*ibid.*, p. 403) pense, d'après la contexture de cet art. 6, que la commission administrative a le droit d'en régler l'emploi pour en conserver la valeur au mineur jusqu'à sa majorité, ou qu'elle en peut appliquer l'emploi à ses dépenses personnelles pendant sa minorité; car cette expression *auquel cas il en sera disposé ainsi que réglera la commission*, emporte le pouvoir d'en disposer autrement que par un placement.

163. — Les revenus des biens et capitaux appartenant aux enfans admis dans les hospices sont perçus jusqu'à leur sortie desdits hospices, à titre d'indemnité des frais de leur nourriture et entretien. — Art. 7, même loi.

164. — L'enfant trouvé recueilli par un hospice n'est pas réputé sorti de cet hospice par son placement en apprentissage, mais seulement par son émancipation, sa majorité ou la réclamation de ses parens. — *Bordeaux*, 11 mars 1840 (t. 2 1846), hosp. de Bordeaux c. Beau.

165. — Les revenus des biens personnels à cet enfant sont, nonobstant le placement de l'enfant en apprentissage, acquis à l'hospice jusqu'au jour de son émancipation, par exemple, comme une indemnité des frais faits pour sa nourriture et son entretien, et sans qu'il y ait aucun compte à établir entre l'enfant et l'hospice. — Même arrêt.

166. — Mais si les fruits sont inférieurs aux dépenses faites pour l'enfant, et que la commission administrative veuille user de son droit de répétition contre les parens ou héritiers, elle doit imputer les fruits par elle perçus sur ses dépenses, et ne peut exiger que l'excédant. — Durieu et Roche, n° 85.

167. — L'art. 4, L. 15 pluv., a conféré au tuteur tous les pouvoirs qui appartiennent aux père et mère. Celui-ci, pour exercer les actions de son pupille, n'a donc pas à requérir l'autorisation préalable exigée lorsqu'il s'agit de celles de l'hospice. Il ne doit se pourvoir que de l'autorisation de la commission ou de celle des tribunaux, dans les cas où les tuteurs ne pourraient agir sans l'autorisation des conseils de famille ou de justice.

168. — De même, si une libéralité était faite à un enfant trouvé, la commission administrative de l'hospice n'aurait besoin d'aucune autorisation administrative pour l'accepter, elle devrait seulement remplir les formalités imposées au tuteur par le Code civil.

169. — Investie de l'exercice des actions de l'enfant, la commission a par conséquent le droit de poursuivre dans les cas prévus par la loi la recherche de la maternité. On trouve un exemple d'une pareille action dans les arrêts de la cour royale de Bordeaux du 18 fév. 1846 (t. 2 1846), Tiburce Géry, et 19 fév. 1846 (t. 2 1846), Mathieu c. Jordonet.

170. — Les actions intentées au nom du pupille ne sauraient, dans aucun cas, réfléchir contre l'hospice. Ou le tuteur a agi dans les limites de ses pouvoirs de tuteur, et les conséquences de ses actions retombent alors sur le pupille dont la loi l'a constitué mandataire ; ou il a excédé ses attributions, et en ce cas il est *personnellement* responsable.

171. — L'enfant devenu majeur a le droit de se mettre en possession non seulement des capitaux dont parle l'art. 6, L. 15 pluv. an XIII, mais même de tous ses biens, sur la simple déclaration de la commission administrative de l'hospice où il a été élevé, de l'identité de sa personne. — Magnin, t. 1er, p. 403.

172. — Aucune forme n'est imposée pour la reddition du compte de tutelle qui doit avoir lieu, sans frais, sur simple quittance ou décharge, après approbation du préfet. — Durieu et Roche, n° 80.

## Sect. 6e. — *Reconnaissance et réclamation de l'enfant trouvé; succession de l'enfant.*

### § 1er. — *Reconnaissance et réclamation de l'enfant trouvé.*

173. — Chez les Romains, celui dont l'enfant avait été exposé pouvait toujours le réclamer; mais il était obligé de restituer au possesseur toutes les dépenses de nourriture et d'éducation. — L. 1, Cod., *De infant. expositis* ; — Durieu et Roche, n° 86.

174. — L'art. 21 décr. 19 janv. 1811 porte que les enfans ne doivent être remis aux parens qu'autant qu'ils rembourseraient les dépenses.

175. — Il ne peut être fait d'exception que s'il s'agit de parens pauvres. Les exceptions ne peuvent avoir lieu qu'autant qu'elles sont autorisées par les préfets qui doivent prendre toutes les mesures nécessaires pour constater la position réelle des réclamans. — Instr. 8 févr. 1823.

176. — La remise ne doit avoir lieu que sur un certificat de moralité délivré aux parens par le maire de la commune, en attestant qu'ils sont en état d'élever leurs enfans. — *Ibid.*

177. — Suivant MM. Durieu et Roche (n° 87), le mot *parens*, employé par l'art. 21 du décret de 1811, ne doit s'entendre que du père, de la mère et des ascendans de l'enfant. Des collatéraux nous paraissent à nous avoir aussi qualité suffisante pour réclamer l'enfant ; mais la commission administrative devrait examiner si ces parens, d'un degré un peu éloigné, agissent dans l'intérêt de l'enfant. Il est incontestable que le tuteur légalement nommé à l'enfant aurait droit, en justifiant de sa qualité, de réclamer l'enfant.

### § 2. — *Succession de l'enfant trouvé.*

178. — Le droit d'hérédité, qui autrefois appartenait exclusivement aux hôpitaux, a été, par la loi du 15 pluv. an XIII, consacré au profit des hospices sur les biens laissés par les enfans trouvés.

179. — Aux termes de l'art. 8 de cette loi, si l'enfant décède avant sa sortie de l'hospice, son émancipation ou sa majorité, et qu'il ne se présente pas d'héritiers, les biens appartiennent en propriété à l'hospice, lequel doit être envoyé en possession, à la diligence du receveur, sur les conclusions du ministère public.

180. — Après le décès de l'enfant, le receveur de l'hospice fera sagement de faire constater par un inventaire l'état de sa succession, afin de pouvoir établir d'une manière régulière ce qui pourra revenir aux héritiers qui se présenteraient par la suite. — Magnin, t. 1er, p. 404.

181. — S'il se présente ensuite des héritiers, ils

ne peuvent répéter les fruits que du jour de la demande. — *Ibid.*

182. — Ils doivent, en ce cas, indemniser l'hospice de toutes les dépenses faites pendant que l'enfant est resté à sa charge, sauf la compensation des revenus que l'hospice aurait perçus.—Art. 9.

183.—Les difficultés qui pourraient s'élever sur ces comptes seraient de la compétence des tribunaux. Cependant la fixation des dépenses de nourriture et d'entretien ne pouvant résulter que de l'appréciation générale des dépenses de l'établissement pour cet objet, ce serait à l'autorité administrative à la faire.—Durieu et Roche, n° 89.

# ENFOUISSEMENT.

V. ANIMAUX, n°s 23,et suiv., COMESTIBLES ET DENRÉES CORROMPUES OU NUISIBLES, n°s 35 et suiv., ÉPIZOOTIE, PROPRIÉTÉ, TRÉSOR.

# ENGAGEMENT.

1.—Ce mot est synonyme d'obligation.—V. OBLIGATION.

2. — Les engagemens se forment en vertu de convention ou sans convention.

3.—Comme exemples d'engagemens qui se forment en vertu d'une convention, V. entre autres C. civ., art. 1271, sur la manière dont s'opère la novation; art. 1744 sur les engagemens du bailleur et du preneur; art. 2017 sur l'engagement de la caution; C. comm., art. 2 et 6, sur les engagemens des mineurs en matière de communes. — V. BAIL, CAUTIONNEMENT, NOVATION, OBLIGATION.

4.—Quant aux engagemens qui se forment sans convention, V. *infrà* n°s 16 et suiv.

§ 1er. — *Diverses espèces d'engagemens* (n° 15).

§ 2. — *Engagemens qui se forment sans convention* (n° 16).

## § 1er. — *Diverses espèces d'engagemens.*

5.—Bien que les termes d'*engagement* et d'*obligation* soient synonymes en jurisprudence (Toullier, *Dr. civ.*, t. 6, n° 6), cependant l'usage a consacré de se servir exclusivement du mot *engagement* dans certains cas.

6.—Tels sont les cas, par exemple, où il s'agit du traité par lequel des matelots ou gens d'équipage louent leurs services à un capitaine de navire. — V. ÉQUIPAGE.

7. — ... du traité de la même nature qui intervient entre les acteurs et les directeurs de théâtre. — V. THÉÂTRE.

8. — ... De l'enrôlement volontaire d'un soldat. — V. ENGAGEMENT MILITAIRE.

9. — ... De l'obligation contractée par les ministres du culte de se vouer au service religieux. — V. DIACRE, PRÊTRE.

10.—Dans ces différens cas, c'est la personne qui est principalement obligée; mais l'engagement peut aussi avoir principalement les biens pour objet.

11. — L'engagement des biens est en général l'acte par lequel on cède à quelqu'un la jouissance pour un temps, soit de meubles (V. GAGE), soit d'immeubles.

12.— Il y a deux sortes d'engagemens d'immeubles : l'un, synonyme d'*antichrèse*, en vertu duquel le créancier jouit des biens de son débiteur et en perçoit les revenus pour lui tenir lieu d'intérêts jusqu'à ce qu'il soit remboursé. — Merlin, *Rép.*, v° Engagement d'immeuble, n° 1er. — V. ANTICHRÈSE, ENREGISTREMENT.

13.— C'est à cette espèce d'engagement que se rapporte ce qu'on appelait dans notre ancienne législation l'*engagement du domaine de la couronne.* « Qu'est-ce qu'un contrat d'engagement, dit d'Aguesseau (t. 7, p. 278), si ce n'est une convention par laquelle le roi, ou tout autre obligé, abandonne la jouissance d'un de ses domaines pour tenir lieu des intérêts de l'argent qu'on lui prête, jusqu'à ce qu'il puisse le rendre à son créancier ? » — Merlin, *Rép.*, *ibid.*, n° 2. — V. DOMAINES ENGAGÉS ET ÉCHANGES.

14.— L'autre espèce d'engagement d'immeubles, synonyme de *vente à réméré*, transfère à l'engagiste la propriété de l'immeuble qu'il a pour objet, sous la condition que cette propriété sera résolue en cas de rachat de la part du vendeur.— Merlin, *ibid.*, n° 1er. — V. RÉMÉRÉ.

15.— Enfin, il y a encore une sorte d'engagement d'immeubles dans l'hypothèque qui les grè-

ve; et c'est dans ce sens qu'on dit *engager son bien.* — Rolland de Villargues, *Rép. du not.*, v° *Engagement d'immeubles.* — V. HYPOTHÈQUE.

## § 2. — *Engagemens qui se forment sans convention.*

16. — Ce sont des obligations que la loi impose à l'homme sans qu'il intervienne aucune convention ni de la part de celui qui s'oblige ni de la part de celui envers qui il est obligé. — C. civ., art. 1370.

17. — Ces engagemens ont deux causes différentes : les uns résultent de l'autorité seule de la loi; les autres naissent d'un fait personnel à celui qui se trouve obligé. — C. civ., art. 1370.

18. — Les premiers sont les engagemens formés involontairement, tels que ceux entre propriétaires voisins ou ceux des tuteurs et des autres administrateurs qui ne peuvent refuser la fonction qui leur est déférée. — Même article.

19. — Outre ces deux exemples d'engagemens résultant immédiatement de la volonté de la loi il en est beaucoup d'autres. On peut citer notamment comme ayant ce caractère ceux qui résultent de la constitution du pays, c'est-à-dire les obligations ou les devoirs des gouvernans et des gouvernés les uns à l'égard des autres. — Toullier, t. 11, n° 12; Duranton, t. 10, n° 26.

20. — Il faut remarquer que l'art. 1370, en parlant d'engagemens qui *naissent d'un fait personnel* de l'homme, n'entend pas dire que ces engagemens n'ont pas aussi leur principe dans la loi; car il n'existe en réalité que deux sources pour les obligations, les conventions et la loi; seulement l'existence d'un fait est nécessaire pour donner naissance aux engagemens de cette espèce qui dépendent de ce fait comme d'une condition. — Toullier, t. 11, n° 8.

21.—Les engagemens qui naissent d'un fait personnel à celui qui se trouve obligé résultent ou des quasi-contrats ou des délits ou quasi-délits. — C. civ., art. 1370.

22. — « Les quasi-contrats sont les faits purement volontaires de l'homme dont il résulte un engagement quelconque envers un tiers, et quelquefois un engagement réciproque des deux parties.—C. civ., art. 1371. — V. QUASI-CONTRAT.

23. — Ainsi, lorsque volontairement on s'est chargé de gérer l'affaire d'autrui, ce fait soumet à certaines obligations, tant le gérant qui doit administrer en bon père de famille, que le maître de la chose qui doit garantir le premier de toutes les conséquences d'une gestion utilement faite. — C. civ., art. 1372 et suiv. — V. GESTION D'AFFAIRES.

24. — De même, lorsqu'une chose a été payée par erreur à celui qui n'était pas créancier, il résulte de ce paiement un droit de répétition contre lui, droit qui peut être exercé plus ou moins rigoureusement, selon qu'il était de bonne ou de mauvaise foi. — C. civ., art. 1376 et suiv. — V. RÉPÉTITION DE L'INDU.

25. — Les délits sont, en général, tous les actes ou omissions contenant infraction à une loi pénale.—V. CRIMES, DÉLITS ET CONTRAVENTIONS.

26.—Les quasi-délits sont tous les faits quelconques de l'homme qui, sans être des délits, causent à autrui un dommage. — V. QUASI-DÉLIT.

27.—Les faits constituant des délits ou des quasi-délits qui causent à autrui un dommage, obligent celui par la faute duquel il est arrivé à le réparer. —C. civ., art. 1382.—V. DOMMAGES-INTÉRÊTS, RESPONSABILITÉ.

28.—Et l'on est responsable non seulement du dommage causé par son fait ou par sa négligence ou imprudence, mais encore de celui causé par le fait des personnes dont on doit répondre ou des choses que l'on a sous sa garde. — C. civ., art. 1383 et 1384.—V. RESPONSABILITÉ.

29. — En reconnaissant les engagemens qui se forment par le seul effet de la volonté de la loi, le Code civil abandonne évidemment la doctrine qui fait dériver toutes les obligations : 1° des contrats; — 2° des quasi-contrats ; — 3° des délits; — 4° des quasi-délits. On peut ajouter que la théorie du droit romain, qui n'expliquait qu'à l'aide de *quasi-contrats* supposés les obligations du tuteur à l'égard du pupille et autres semblables. — V. QUASI-CONTRAT.

30. — Les engagemens qui se forment indépendamment de toute convention diffèrent essentiellement des obligations conventionnelles, quant aux conséquences juridiques. Ces dernières ont pour effet d'opérer une transmission de propriété. —C. civ., art. 711.—Les obligations de la première catégorie n'engendrent au contraire qu'une action personnelle contre celui qui se trouve obligé. —Toullier, t. 11, n° 7.

## ENGAGEMENT D'IMMEUBLES.

V. ENGAGEMENT, ENREGISTREMENT.

## ENGAGEMENT, RENGAGEMENT MILITAIRE.

### *Table alphabétique.*

ENGAGEMENT, RENGAGEMENT MILITAIRE. — 1. — Au nombre des moyens à l'aide desquels les armées se recrutent (V. RECRUTEMENT) se trouvent les engagemens volontaires et les rengagemens.—L. 21 mars 1832.

2. — Mais l'art. 31 de cette loi dispose « qu'il n'y aura dans les armées françaises ni prime ni argent, ni prix quelconque d'engagement. »

3. — Les engagemens et rengagemens sont, indépendamment de la loi du 21 mars 1832, régis par l'ordonnance du 28 avr. 1832, rendue en exécution de cette loi. — Voici les principales dispositions combinées de ces lois et ordonnances.

4. — *Engagemens volontaires.* — Tout Français, dit l'art. 32, L. 21 mars 1832, sera reçu à contracter un engagement volontaire aux conditions suivantes : 1° s'il entre dans l'armée de mer, avoir seize ans accomplis, sans être tenu d'avoir la taille prescrite par la loi, mais sous la condition qu'à l'âge de dix-huit ans il ne pourra être reçu s'il n'a pas cette taille.

5. — ... 2° S'il entre dans l'armée de terre, avoir dix-huit ans accomplis, et au moins la taille de 1 mètre 56 millimètres.

6. — ... 3° Jouir de ses droits civils.

7. — ... 4° N'être ni marié, ni veuf avec enfans.

8. — ... 5° Être porteur d'un certificat de bonne vie et mœurs, délivré dans les formes prescrites par l'art. 20, L. 21 mars 1832, en matière de remplacement militaire (V. REMPLACEMENT MILITAIRE), et s'il a moins de vingt ans, justifier du consentement de ses père, mère ou tuteur, ce dernier autorisé par délibération du conseil de famille.

9. — Il faut remarquer à cet égard : 1° que l'art. 274, C. civ., suivant lequel le mineur pouvait, *après l'âge de dix-huit ans révolus,* quitter la maison paternelle, même sans permission de son père, pour enrôlement volontaire, se trouve ainsi abrogé; — 2° que la délibération du conseil de famille, exigée par le tuteur pulisse consentir à l'enrôlement, n'a pas besoin d'être homologuée par le tribunal : c'est ce qui résulte de la discussion qui a eu lieu à la chambre des députés.—Duvergier, *Coll. des lois,* sur l'art. 32, L. 21 mars 1832.

10. — Il a été jugé, sous l'empire de l'art. 274 C. civ., qu'un conseil mineur, âgé de plus de dix-huit ans, pouvait, sans l'assistance de son tuteur, s'engager pour un autrepar vote d'échange de numéros, stipuler le prix de son engagement, donner une procuration à l'effet de toucher le montant de ce prix.—*Toulouse,* 14 mars 1848, Condy c. Tournié. — Sur l'échange de numéros, V. RECRUTEMENT.

11. — Outre ces conditions, l'ordonnance du 28 avr. 1832 (art. 1er) exige que tout Français qui demande à contracter un engagement volontaire pour servir dans l'armée de terre : 1° soit sain, robuste et bien constitué ; — 2° n'ait pas plus de trente ans révolus ; — 3° ait, selon l'arme à laquelle il se destine et le corps dans lequel il veut entrer, le minimum au moins et le maximum au plus de la taille fixée pour cette arme et pour ce corps; — 4° remplisse l'une des conditions d'aptitude ou exerce l'une des professions indiquées pour entrer dans le corps ou qu'il aura désigné s'il est nécessaire de savoir ses professions.

12. — On trouve joint à l'ordonnance du 28 avr. 1832 un tableau faisant connaître la taille que doivent avoir les engagés volontaires suivant le corps dans lequel ils demandent à entrer et les conditions d'aptitude ou les professions exigées.

13. — Les Français qui ont déjà servi sont, jusqu'à trente-cinq ans révolus, reçus à s'engager pour l'arme dont ils ont fait partie. — Passé trente ans, ils ne sont admis dans une autre arme que s'ils exercent une profession utile à cette arme. — Ord. 28 avr. 1832, art. 1er.

14. — Les anciens militaires âgés de plus de trente-cinq ans ne peuvent contracter d'engagement volontaire que pour les compagnies de vétérans, et ils n'y doivent être reçus que jusqu'à l'âge de quarante-cinq ans accomplis. — Art. 3.

15. — Les individus servant dans les troupes comme gagistes peuvent faire compter, dans le temps d'un engagement volontaire contracté par eux postérieurement, le temps qu'ils ont passé en qualité de gagistes, mais seulement à partir de dix-huit ans. — Art. 4.

16. — L'engagement volontaire est toujours contracté pour l'arme à laquelle l'engagé se destine. — Art. 5.

17. — Tout Français qui demande à s'engager doit faire constater qu'il a les qualités requises pour l'arme à laquelle il se destine. A cet effet, il doit se présenter devant le chef du corps dans lequel il désire prendre du service, ou devant l'officier de recrutement du département, ou l'officier de gendarmerie le plus voisin de sa résidence. — Art. 6.

18. — Après vérification faite, et si le résultat en est satisfaisant, il lui est délivré un certificat constatant qu'il remplit les conditions exigées, et ce certificat est présenté au maire d'un chef-lieu de canton, qui seul est appelé à dresser l'acte d'engagement. — Art. 7 et 8; L. 21 mars 1832, art. 34. — Les douze arrondissemens de Paris étant considérés comme cantons, les maires de ces arrondissemens peuvent recevoir les engagemens volontaires. — Ord. 28 avr. 1832, art 20.

19. — Les engagemens volontaires sont contractés dans les formes prescrites par les art. 34, 35, 36, 37, 38, 39, 40, 42 et 44, C. civ. (V. ACTES DE L'ÉTAT CIVIL). — L. 21 mars, art. 34. — L'ordonnance du 28 avril donne un modèle de ces actes d'engagement.

20. — Le maire, après production de l'acte de naissance et du certificat de bonne vie et mœurs, constate l'identité du contractant et lui fait déclarer, en présence de témoins, qu'il n'est ni marié, ni veuf avec enfans, qu'il n'est lié au service de terre ou de mer ni comme engagé volontaire ou rengagé, ni comme appelé ou substituant, ni comme remplaçant ou inscrit maritime. — Ladite déclaration doit être insérée dans l'acte d'engagement. — Ord. 28 avr. 1832, art. 9.

21. — Si l'engagé a déjà servi, il doit justifier qu'il est dégagé des obligations qui lui étaient imposées en produisant le titre en vertu duquel il est rentré dans ses foyers, ou a été congédié ou licencié. Les inscrits maritimes doivent présenter un acte de déclassement signé par le commissaire des inscriptions maritimes de leur quartier. — Art. 10.

22. — Les jeunes gens désignés par le sort pour faire partie du contingent de leur classe peuvent être reçus à s'engager jusqu'au jour de la clôture de la liste du contingent de leur canton. — Art. 11.

23. — Avant la signature de l'acte, le maire qui le reçoit doit donner lecture à l'engagé : 1° des art. 2, 31, 32, 33, 34, L. 21 mars 1832; — 2° des art. 16 et 17, ord. 28 avr., relatifs aux peines encourues par ceux qui ne rejoignent pas leur corps (V. *infrà* nos 29 et 30); — 3° de l'acte d'engagement lui-même (ord. 28 avr., art. 14), — le tout à peine de nullité. — L. 21 mars 1832, art 34.

24. — Les conditions relatives à la durée des engagemens doivent être insérées dans l'acte même. — Même loi, art. 34.

25. — La durée de l'engagement volontaire est de sept années, sauf le cas où il serait contracté en temps de guerre par un Français n'appartenant à aucun contingent, ayant déjà satisfait à la loi du recrutement, auquel cas il pourra n'être que de deux ans; mais les engagemens ainsi formés pour deux ans ne donnent pas lieu à l'application des nos 6 et 7, art. 13, L. 1832, qui déclarent exemptés du service : 1° celui dont un frère sera sous les drapeaux à tout autre titre que celui de remplaçant; — 2° celui dont un frère sera mort en activité de service, ou aura été réformé ou admis à la retraite pour blessures reçues dans un service commandé ou infirmités contractées dans les armées de terre ou de mer. — V. REMPLACEMENT MILITAIRE.

26. — L'engagement date du jour où il a été contracté. — Ordonnance 28 avr. 1832, art. 12.

27. — Dans aucun cas, les engagés volontaires ne peuvent être envoyés en congé sans leur consentement. — L. 21 mars 1832, art. 33.

28. — L'engagé volontaire reçoit, immédiatement après la signature de son acte d'engagement, une expédition de cet acte et une feuille de route pour se rendre à son corps par la voie la plus directe. — Ord. 28 avr. 1832, art. 15.

29. — Lorsqu'un engagé volontaire est trouvé par la gendarmerie hors de la route qui lui a été tracée, il doit être conduit devant le commandant de la gendarmerie de l'arrondissement, qui, suivant l'examen des motifs, le fait remettre sur le chemin qu'il devait suivre ou conduire à son corps de brigade en brigade. — Art. 16.

30. — Si un mois après le jour où l'engagé volontaire aurait dû arriver au corps il ne s'y est pas rendu, et si le chef du corps n'a pas été informé de son entrée à l'hôpital ou de son décès en route, l'engagé volontaire doit être poursuivi comme insoumis, et puni, conformément à l'art. 39, L. 21 mars 1832, d'un emprisonnement qui ne peut être moindre d'un mois ni excéder une année. — Même ord., art. 17. — V. au surplus sur les *Insoumis*, v° RECRUTEMENT.

31. — Si l'engagé prétend que l'acte qui le lie au service est illégal ou irrégulier, il doit adresser sa réclamation au préfet du département, tant qu'il n'est pas sous le drapeau; s'il a rejoint le corps, il doit adresser cette réclamation au lieutenant général commandant la division. — Ces réclamations sont transmises au ministre de la guerre, qui statue, s'il y a lieu, ou renvoie devant les tribunaux. — Même ord., art. 18.

32. — Mais dans quels cas le ministre sera-t-il compétent, dans quels cas devra-t-il renvoyer devant les tribunaux? — M. Duvergier (*Coll. des lois*, sous l'art. 18, ord. 28 avr. 1832) pense que toutes les fois que la validité de l'acte sera subordonnée à une question relative à l'état ou aux droits civils, les tribunaux devront juger, et que, dans tous les autres cas, le ministre prononcera, sauf le recours au conseil d'état, en ce que c'est là du contentieux administratif : « Cette solution, dit-il, est fondée sur les règles ordinaires touchant la compétence des tribunaux et sur l'art. 26, L. 21 mars 1832, qui dispose pour le cas de réclamation de la part des jeunes gens désignés par leur numéro pour faire partie du contingent cantonnal. » — V. au reste RECRUTEMENT.

33. — Le seul fait de la signature de l'acte d'engagement imprime-t-il au signataire la qualité de militaire, et le rend-il justiciable de la juridiction militaire? Quels sont également, quant à la juridiction, les conséquences de la nullité de l'engagement d'un citoyen inscrit sur le registre matricule d'un régiment? — V. à cet égard DÉLIT MILITAIRE, nos 39, 41 et suiv.

34. — L'engagé volontaire reconnu impropre au service de l'arme qu'il a choisie, n'est contraint de servir dans un autre corps qu'autant qu'il fait partie du contingent de sa classe et que son numéro a été appelé à l'activité. — Ord. 28 avr. 1832, art. 19.

35. — L'état sommaire des engagemens volontaires de l'année précédente est communiqué aux chambres, lors de la présentation de la loi du contingent. — L. 21 mars 1832, art. 35.

36. — *Des rengagemens.* — La loi du 21 mars 1832 ne contient que deux articles sur les rengagemens : ces articles contiennent les principes développés et expliqués par le titre 2, ord. 28 avr. 1832. Cette partie de l'ordonnance est relative aux engagemens contractés par des militaires déjà admis sous les drapeaux soit par la voie d'un premier engagement, soit par la voie des appels annuels de contingens.

37. — Les rengagemens sont contractés pour deux, trois, quatre ou cinq ans au plus. — L. 21 mars 1832, art. 36; ord. 28 avr. 1832, art. 21.

38. — Nul n'est admis à se rengager s'il n'est dans le cours de sa dernière année de service. — L. 21 mars 1832, art. 36; ord. 28 avr. 1832, art. 21.

39. — Il faut en outre être sain, robuste, en état de faire encore un bon service et n'avoir pas cinquante ans d'âge ou trente ans de service accomplis. — Même ordonnance, même article.

40. — Tout militaire doit, pour être reçu à se rengager, adresser sa demande soit au chef du corps auquel il appartient, soit au chef du corps dans lequel il a l'intention de continuer de servir. Si sa demande est accueillie, il lui est délivré une attestation portant : 1° qu'il réunit les qualités requises pour faire un bon service; 2° qu'il a toujours tenu une bonne conduite pendant son séjour au corps; qu'il peut rester ou être admis dans le corps pour lequel il se présente. — Même ord., art. 22.

41. — Muni de cette attestation le militaire se présente devant le sous-intendant militaire, et contracte le rengagement pour l'arme à laquelle il se destine et dans les formes prescrites pour les engagemens. — Art. 23 et 24.

42. — Un modèle d'acte de rengagement se trouve joint à l'ord. du 28 avr. 1832.

43. — Le militaire en congé temporaire dans ses foyers peut être admis à contracter un rengagement devant le sous-intendant militaire de son département, s'il produit : 1° Un certificat d'aptitude délivré par l'officier de recrutement, portant que le militaire réunit les qualités requises pour faire un bon service; — 2° un certificat du chef de son corps constatant qu'il a toujours tenu une bonne conduite; — 3° si le militaire est absent de son corps depuis plus de trois mois, un certificat pareil du maire de la commune; — 4° un certificat du chef du corps dans lequel il demande à entrer, constatant qu'il peut y être admis. — Art. 25.

44. — Le militaire en congé temporaire dans ses foyers, qui a contracté un rengagement, doit être immédiatement mis en route pour le corps dans lequel il a demandé à continuer à servir. — Art. 26.

45. — Quelle que soit la date du rengagement, le nouveau service auquel s'obligera le rengagé, ne comptera qu'à partir du jour où aura cessé le service auquel il était précédemment tenu. — Art. 27.

46. — Tout militaire auquel il a été délivré un congé définitif de service actif, n'est plus admis à se rengager. Il ne peut rentrer dans les rangs de l'armée qu'en contractant un engagement volontaire dans les formes ci-dessus indiquées. — Art. 28.

47. — L'art. 36, L. 21 mars 1832, dispose qu'à l'expiration de la dernière année de service les rengagés ont droit à une haute paie, et l'art. 29, ord. 28 avr. 1832, ajoute que la haute paie n'est allouée qu'à l'expiration de cette dernière année, quel que soit le titre en vertu duquel ils sont liés au service.

48. — Cette haute paie est réglée par l'art. 30, ord. 28 avr. 1832, qui distingue entre l'infanterie, les sous-officiers et fusiliers vétérans, d'une part, et les autres armes d'autre part.

49. — Pour ce qui concerne les engagemens de matelots, V. ÉQUIPAGE.

50. — Le fait d'avoir engagé ou enrôlé, fait engager ou enrôler des soldats, sans ordre ou autorisation du pouvoir légitime, est classé par l'art. 92, C. pén., parmi les crimes contre la sûreté de l'état, et puni de mort. — Nous avons expliqué ce qui concerne l'art. 92 sous le mot CRIMES CONTRE LA SURETÉ DE L'ÉTAT, nos 191 et suiv.

V., en outre, ARMÉE, RECRUTEMENT, REMPLACEMENT MILITAIRE.

## ENGAGISTES.

V. DOMAINES ENGAGÉS ET ÉCHANGÉS.

## ENGIN PROHIBÉ.

V. CHASSE, PÊCHE.

## ENGRAIS.

1. — On appelle ainsi les matières que les cultivateurs répandent sur la terre pour la féconder. — V., en ce qui concerne les rapports du bailleur et du fermier relativement aux engrais, BAIL, nos 1283 et suiv., 1286, 1455 et suiv.

2. — Les dépôts de matières provenant de la vidange des latrines ou des animaux et destinés à servir d'engrais, sont, à raison de l'odeur très désagréable et insalubre qu'ils produisent, rangés, par l'ordonnance royale du 9 févr. 1825, dans la 1re classe des *établissemens insalubres*. — V. ÉTABLISSEMENS INSALUBRES.

3. — A Paris, le préfet de police, considérant qu'il est habituellement formé dans les campagnes, aux environs de Paris, un nombre considérable de dépôts d'engrais composés de boues, d'immondices ou débris de matières animales qui répandent des exhalaisons infectes, et qu'il importe de préserver les habitans et même les grandes routes de l'influence insalubre que peuvent produire ces exhalaisons, sans nuire aux avantages que les cultivateurs retirent de l'emploi de ces engrais, a rendu, le 31 mai 1824, une ordonnance rapportée dans le nouveau *dict. de police* d'Elouin et Trebuchet (V. ENGRAIS) et qui statue ainsi qu'il suit :

4. — Art. 1er. — Aucun dépôt d'engrais composés de débris d'animaux provenant soit des abattoirs et des boyauderies ou des clos d'écarissage, soit des fabriques de colle-forte ou autres ateliers du même genre, ne peut être formé dans toutes

les communes du ressort de la préfecture de police, à une distance moindre de deux cents mètres de toute habitation et de cent mètres des grandes routes.

5. — Art. 2. — Si ces engrais n'ont pas été employés dans l'espace de deux jours à compter du jour où le dépôt a été fait, les cultivateurs, en attendant un moment plus favorable pour s'en servir, sont tenus de les placer dans une fosse recouverte d'une couche de terre de deux pouces d'épaisseur au moins.

6. — Art. 3. — Les dépôts de boues et d'immondices destinées à être vendues, autres que les voiries affectées à cette destination par l'autorité pour le service public doivent être éloignés de deux cent cinquante mètres des habitations et de cent mètres des grandes routes.

7. — Art. 4. — Les dispositions prescrites par les articles précédens ne sont pas applicables aux dépôts de fumier ordinaire de cheval, de vache et de mouton.

8. — Art. 5. — Les contraventions sont constatées et poursuivies, devant les tribunaux compétens, conformément aux lois et réglemens.

9. — Les marchands d'engrais sont patentés et soumis au droit fixe de 25 fr. et à un droit proportionnel du 20e de la valeur locative de l'habitation et des magasins de vente complétement séparés de l'établissement, et du 25e de l'établissement industriel.

10. — Quant au vol des engrais, V. DÉLIT RURAL, nos 76 et suiv. — V. aussi VOL.

## ENGRAISSAGE DES OIES (Établissemens pour l').

Les établissemens en grand pour l'engraissage des oies sont rangés, à cause de leur mauvaise odeur et de leur incommodité, dans la troisième classe des établissemens insalubres. — V. ce mot (nomenclature).

## ENJOAILLER UNE FILLE.

C'est la gratifier par contrat de mariage de bijoux et joyaux pour le jour de ses noces. — V. DOUER UNE FILLE.

## ENJOLIVEURS.

1. — Fabricans enjoliveurs soit pour leur compte, soit à façon : — patentables, les premiers de septième et les seconds de huitième classe. — Droit fixe basé sur la population et droit proportionnel du quarantième de la valeur locative de tous les locaux des patentables, mais seulement dans les communes de 20,000 âmes et au-dessus.

2. — Marchands enjoliveurs. — Patentables de sixième classe. — Droit fixe et droit proportionnel du vingtième de la valeur locative de l'habitation et des lieux servant à l'exercice de la profession.

## ENLÈVEMENT DE GAZONS, PIERRES ET MATÉRIAUX.

1. — L'enlèvement de gazons, pierres ou matériaux sur les chemins publics ou dans les lieux appartenant aux communes, constitue une contravention réprimée par la loi pénale lorsqu'il a eu lieu sans autorisation.

2. — Ce fait était prévu par la loi du 28 sept.-6 oct. 1791, dite Code rural. Aux termes de l'art. 44 de cette loi, les gazons, les terres et les pierres des chemins publics ne pouvaient être enlevés, en aucun cas, sans l'autorisation du directoire du département. Les terres ou matériaux appartenant à des communautés ne pouvaient également être enlevés si ce n'était par suite d'un usage général établi dans la commune pour les besoins de l'agriculture et non aboli par une délibération du conseil général. Celui qui s'était rendu coupable d'un de ces délits devait être condamné, suivant les circonstances, à une amende qui ne pouvait excéder 24 livres, ni être moindre de 3 livres outre la réparation du dommage. Il pouvait, de plus, être condamné à la détention de police municipale. — V. DÉLIT RURAL, nos 44, 45.

3. — Nous avons expliqué sous le mot DÉLIT RURAL, nos 4 et suiv. comment les faits incriminés par le Code rural de 1791 avaient été régis depuis cette époque, soit quant à la compétence, soit quant à la pénalité. Nos observations, à cet égard, s'appliquent aux contraventions qui font l'objet du présent article.

4. — On a jugé, sous l'empire du Code des délits et des peines du 3 brum. an IV, que l'amende pour enlèvement de gazons et de pierres sur les chemins publics pouvant s'élever à 24 fr., ce n'était pas au tribunal de simple police qu'il appartenait de connaître de cette infraction, mais au tribunal correctionnel. — *Cass.*, 8 vendém. an X, N...; 4 août 1809, Leverryer; 16 frim. an XII, Chauvin; 3 brum. an XIV, N...

5. — Le Code pénal de 1810 ne contenait aucune incrimination semblable; aussi l'art. 44 du Code rural a-t-il continué à régir les infractions de cette espèce jusqu'à la loi du 21 avr. 1832, qui a introduit dans l'art. 479 du premier de ces codes une disposition nouvelle et spéciale s'appliquant à ces infractions.

6. — Cet art. 479, C. pén., relatif aux contraventions de troisième classe, punit de 11 à 15 fr. d'amende, et soumet (§ 12) à la même pénalité « ceux qui, sans y être dûment autorisés, auront enlevé des chemins publics les gazons, terres ou pierres, ou qui, dans les lieux appartenant aux communes, auraient enlevé les terres ou matériaux, à moins qu'il n'existe un usage général qui l'autorise. »

7. — La prescription de ce § 12 de l'art. 479 se confondant presque littéralement avec celle du Code rural (art. 44), on doit en conclure nécessairement que cette dernière disposition est actuellement abrogée par la loi du 21 avr. 1832 et l'art. 479. La raison de la substitution de la disposition nouvelle de ce dernier article à celle du Code rural est qu'on a voulu attribuer à la juridiction de simple police une contravention qui, à raison du maximum de l'amende qui la frappait, ne pouvait auparavant être jugée que par les tribunaux correctionnels (V. *suprà* no 4). — Chauveau et Hélie, *Théor. du Code pénal*, t. 8, p. 416; Bost et Daussy, *Législation de simple police*, p. 199.

8. — Comme on l'a vu, la contravention n'existe qu'autant que l'enlèvement n'a pas été dûment autorisé : — mais, en ce qui concerne cette autorisation, il y a lieu de distinguer.

9. — S'il s'agit d'enlèvement de gazons, terres et pierres des chemins publics (par exemple, des chemins vicinaux), l'autorisation doit émaner du préfet, car la loi du 21 mai 1836, art. 21, confie aux préfets la surveillance et la conservation de ces chemins. — *Cass.*, 21 fév. 1845 (t. 2 1845, p. 685), Gaussen.

10. — Au contraire, s'il s'agit d'enlever des terres ou matériaux dans les lieux appartenant aux communes, les maires seuls ont compétence pour délivrer ces autorisations. — Chauveau et Hélie, *loc. cit.*

11. — Du reste, en punissant ceux qui, sans y être autorisés, enlèvent des chemins publics les gazons, terres ou pierres, l'art. 479 (§ 12) s'applique aussi bien aux voies publiques intérieures ou rues des bourgs ou villages, qu'aux chemins publics proprement dits. — *Cass.*, 17 nov. 1838 (t. 1er 1839, p. 323), Beaussier.

12. — Mais il a été décidé, par un jugement rapporté sous *Cass.*, 2 déc. 1837 (t. 1er 1840, p. 250, Gounelle), que par enlèvement de terres sur les chemins publics la loi pénale n'entend que les terres qui y sont placées par les communes pour leur réparation ou entretien.

13. — En outre, dans une espèce où il s'agissait du fait, par un individu, d'avoir, sans autorisation, enlevé la boue déposée sur la crête d'un fossé bordant la voie publique et provenant du curage d'un fossé, la cour de Cassation, en présence de la constatation faite dans le jugement qu'il était d'usage dans la commune que les propriétaires riverains des fossés enlevassent le limon qui s'en trouvait extrait, et que d'ailleurs les terres ou limons enlevés n'étaient pas partie inhérente à la voie publique, a décidé que l'acquittement du prévenu ne contenait aucune violation de l'art. 479, no 12, C. pén. — *Cass.*, 15 nov. 1838 (t. 1er 1839, p. 323), Gamare.

14. — Jugé de même que l'enlèvement, sur un chemin public, de terres provenant du curage annuel des fossés établis sur le territoire des communes, n'est pas une contravention, alors qu'il est autorisé par un usage général. — *Cass.*, 2 déc. 1837 (t. 1er 1840, p. 250), Gounelle.

15. — Du reste, c'est à celui qui invoque un *usage général* de nature à faire disparaître la contravention à prouver l'existence de cet usage. Et il ne lui suffirait pas de rapporter la preuve que quelques individus isolés auraient enlevé sur le terrain de la commune des terres ou matériaux sans avoir été poursuivis pour ce fait. — Carnot, *C. pén.*, sur l'art. 479, t. 2, p. 623, no 14.

16. — En dehors de l'excuse tirée soit de l'autorisation, soit de l'existence d'un usage général, la contravention prévue par l'art. 479, no 12, ne peut être excusée sous aucun prétexte. Spécialement elle doit être punie, même dans le cas où l'enlèvement, sans autorisation, des gazons, terres ou pierres a plutôt amélioré que dégradé la voie publique. — *Cass.*, 17 nov. 1838 (t. 1er 1839, p. 323), Beaussier.

17. — Jugé que celui qui a fait enlever d'une place publique des pierres et des plâtres que l'autorité municipale y avait fait transporter pour l'exhausser et l'embellir ne peut pas être relaxé de l'action du ministère public, sur l'unique motif qu'il a échangé ces pierres et ces plâtres avec d'autres qu'il avait chez lui, s'il ne justifie pas d'une autorisation du maire ni d'un usage général qui le dispensât de l'obtenir. — *Cass.*, 19 mars 1836, Labille.

18. — Lorsque l'enlèvement abusif de gazons, pierres ou matériaux, a lieu dans les bois ou forêts, ce n'est plus une contravention punissable par l'art. 479, § 12, mais un délit forestier.

19. — L'art. 144, C. forest., punit, entre autres choses, l'extraction ou enlèvement non autorisé de pierre, sable, terre ou gazon dans les bois et forêts. Les délinquans doivent être condamnés à des amendes fixées ainsi qu'il suit : Par charretée ou tombereau de 10 à 30 fr. par chaque bête attelée; par chaque charge de bête de somme, de 5 à 15 fr.; par chaque charge d'homme, de 2 à 6 fr. — Les tribunaux correctionnels sont compétens dans tous les cas pour connaître de l'infraction. — C. forest., art. 171. — V. FORÊTS.

## ENLÈVEMENT DE MINEURS.

V. DÉTOURNEMENT ET ENLÈVEMENT DE MINEURS.

## ÉNONCIATION.

1. — Mention faite dans un acte.

2. — Les officiers de l'état civil ne peuvent, dans les actes qu'ils reçoivent, rien insérer, par énonciation quelconque, que ce qui doit être déclaré par les comparans. — C. civ., art. 35. — V. ACTES DE L'ÉTAT CIVIL.

3. — Les énonciations qui sont insérées dans les actes ont une autorité plus ou moins grande, selon leur caractère et les circonstances auxquelles elles se réfèrent.

4. — Entre les parties, l'acte, soit authentique, soit sous seing-privé, fait foi, même de ce qui n'y est exprimé qu'en termes énonciatifs, pourvu que l'énonciation ait un rapport direct à la disposition. Les énonciations étrangères à la disposition ne peuvent servir que d'un commencement de preuve. — C. civ., art. 1320.

5. — La raison de la dernière disposition de cet article est que, les parties n'ayant pas un intérêt à contester des énonciations étrangères à l'objet de l'acte qu'elles consentaient, on ne peut prétendre d'une manière absolue contre aucune d'elles qu'en laissant insérer ces énonciations dans l'acte elle leur a donné une approbation tacite. — Pothier, *Oblig.*, no 703; Rolland de Villargues, *Rép. du not.*, vo *Acte authentique*, no 59; Favard de Langlade, *Rép.*, vo *Acte notarié*, § 7; Toullier, *Dr. civ.*, t. 8, nos 157 et suiv.; Duranton, *Dr. franç.*, t. 19, no 97. — V. ACTE AUTHENTIQUE, nos 151 et suiv.

6. — Il a été décidé que dans un billet à ordre causé *valeur reçue comptant par ma reconnaissance d'un tel jour*, l'énonciation *par ma reconnaissance d'un tel jour* peut être déclarée n'avoir pas un rapport direct à la disposition du billet dans le sens de l'art. 1320; — Que du moins les juges du fond ont pu, sans violer aucune loi, le décider ainsi et condamner le souscripteur à payer à la fois le montant du billet à ordre et de la reconnaissance. — *Cass.*, 4 mars 1834, Gerfaud.

7. — Jugé aussi qu'en écartant une fin de non-recevoir fondée sur un acte non représenté mais simplement énoncé dans un autre acte, une cour d'appel ne fait qu'user du pouvoir discrétionnaire qu'elle tient de la loi d'apprécier les faits et les actes, et que sa décision sur ce point ne peut être cassée par la cour suprême comme contenant une violation de l'art. 1320. — *Cass.*, 14 nov. 1826, Fonignet c. Dupin.

8. — A l'égard des tiers, il est certain que les énonciations contenues dans les actes sous seing-privé dans lesquels ils n'ont figuré ni par eux ni par leurs auteurs, ne sauraient avoir contre eux aucune valeur probante.

9. — Mais une distinction est nécessaire relativement aux énonciations insérées dans les actes authentiques.

10. — Dans ces derniers actes, l'énonciation ou la relation de tous les faits qui se sont passés en présence du notaire et des témoins au moment de la rédaction de l'acte font preuve jusqu'à inscription de faux *contrà omnes*. — Toullier, t. 8, nos 146, 147; Rolland de Villargues, nos 62, 63 et 70.

11. — Mais l'authenticité ne s'attache pas aux énonciations relatives aux faits que le notaire rap-

porte, non comme en ayant été témoin, mais seulement comme narrateur des explications qui lui ont été données par les parties. Ces énonciations n'ont aucune force probante contre les tiers, car c'est pour eux *res inter alios acta quæ non nocet nec obligat nec facit jus inter alios.* — Dumoulin, n° 40, rubric. Cod. lib. 7, tit. 60 ; Merlin, *Rép.*, v° *Preuve*, sect. A , § 2 , art. 1er ; Teste, *Encycl. du dr.*, v° *Acte authentique*, n° 24 ; Meyer , *Institut. judic.*, t. 5, p. 237; Rolland de Villargues, v° *Enonciation*, n°s 5 et 8. — V. ACTE AUTHENTIQUE, n° 121 et suiv.

12. — C'est ainsi que si Paul, se prétendant mandataire de Pierre en vertu d'une procuration, vend à Jacques un immeuble qu'il déclare appartenir à son mandant comme l'ayant recueilli de la succession de son père , cette déclaration ne fera pas foi contre les tiers. — Toullier , t. 8, n° 450 ; Rolland de Villargues, v° *Enonciation*, n° 6.

13. — Il faudrait décider ainsi quand même la procuration aurait été passée devant le même notaire, qui l'a copiée dans son acte, si la procuration délivrée en brevet n'était pas représentée. — L'énonciation par le notaire que la procuration lui a été représentée et qu'il l'a annexée ne dispenserait pas non plus la partie d'en justifier. — Toullier, art. 18, n° 454.

14. — Et l'on pourrait nier l'existence de la procuration, lors même qu'elle aurait été transcrite dans l'acte notarié, tant que l'original ne serait pas produit. Dumoulin (*sur la coutume de Paris*, (§ 8, gl.1er, n° 57) rapporte un arrêt du parlement de Paris, qui l'avait jugé ainsi. On demandait au duc de Nivernais une rente qui aurait été créée par un prétendu mandataire d'Engelbert de Clèves, son auteur. La procuration spéciale avait été copiée en entier dans le contrat de constitution; mais le demandeur, n'ayant pas produit d'autre preuve, perdit son procès. — Toullier, t. 8, n° 451 ; Rolland de Villargues, v° *Enonciation*, n° 7.

15. — Il résulte encore du principe que les énonciations qui ne sont que des déclarations personnelles aux parties ne sont pas opposables au tiers ; que, dans le cas où il serait énoncé dans un acte de vente que le vendeur a un droit de servitude sur la maison voisine, cette déclaration ne saurait faire preuve contre ce propriétaire. — Pothier, *Obl.*, n° 704.

16. — De même encore, la relation dans un inventaire des actes et titres trouvés à la mort d'un défunt ne suffit pas pour prouver leur réalité s'ils ne sont pas représentés. — Pothier, n° 706 ; Toullier, t. 8, n° 253 ; Rolland de Villargues, *loc. cit.*, n° 12.

17. — Néanmoins, si depuis l'inventaire les titres du défunt avaient été détruits dans un incendie, la relation d'un brevet d'obligation porté dans l'inventaire pourrait prouver la dette, surtout si les circonstances prouvaient qu'il n'y a pas eu de paiement. — Pothier, n° 706.

18. — Les observations qui précèdent s'appliquent aux arrêts de condamnation qui énonceraient le titre de créance sur lequel ils seraient fondés. L'arrêt ne fait foi de l'existence de l'acte qu'il énonce ni à l'égard des tiers, ni même entre les parties, et il ne dispense pas de produire cet acte, excepté dans l'hypothèse particulière où il y aurait eu soustraction du titre ou impossibilité complète d'en justifier. — Toullier , t. 8, n° 456; Duparc Poullain, *Principes de droit*, t. 9, p. 234; Rolland de Villargues, *loc. cit.*, n° 43.

19. — La doctrine fait cependant une exception pour les actes anciens, qui sont réputés faire foi contre les tiers même pour les énonciations qu'ils contiennent, suivant la maxime *ne antiquis enunitiativa probant*. — V. ACTE AUTHENTIQUE, n° 457; ACTE ANCIEN, n°s 46 et suiv.

20. — Du reste, on est recevable à prouver qu'une énonciation contenue dans un acte authentique est fausse, sans que les juges civils, dans le cas même où les auteurs du faux seraient vivans et où le délit ne serait pas prescrit, soient tenus de surseoir jusqu'à après le jugement du criminel. — Cass., 10 avr. 1827, Brocard c. comm. de Jasney ; 2 avr. 1828, Mourgues c. Théron. — V. FAUX INCIDENT.

V. aussi AVEU, CHOSE JUGÉE, CLAUSE, CLAUSE DE STYLE, COMMENCEMENT DE PREUVE PAR ÉCRIT, ENREGISTREMENT, EXPLOIT.

## ENQUÊTE.

### Table alphabétique.

— —

## CHAPITRE Ier. — *Historique.*

2. — Dans l'enfance des sociétés, la preuve tes-
timoniale a été un moyen d'instruction fort usité, il était presque le seul auquel les magistrats pussent avoir recours pour arriver à la vérité.

3. — Mais dès que, par les progrès du temps, l'usage de l'écriture est devenu plus général, la preuve testimoniale a été restreinte dans des limites de plus en plus étroites, et la preuve par écrit a obtenu, malgré ses dangers, une préfé-
rence parfaitement justifiée.

4. — Le droit romain fut toujours favorable à la preuve testimoniale, il l'admettait en matière de conventions comme en matière de donations, enfin dans presque tous les cas. — LL. 4 et 5, ff., *De Fide Instrum.*; 9 et 12, Cod., *eod. tit.*, et L. 4, *De Probatione.*

5. — Les variations dont on vient de parler se remarquent partout et doivent être signalées dans la procédure française.

6. — C'était en effet une très ancienne maxime du droit français que l'autorité des témoignages verbaux devait être préférée à l'autorité des té-
moignages écrits. « Scachez que la vive voix passe rigueur de lettres, et les témoins sont contraires aux lettres; et se doit lors le juge arrester à la déposition des témoins qui de saine mémoire déposent et rendent sentence de leur déposition, que à la teneur des lettres qui ne rendent cause. » Bouteiller, *Somme rurale*, chap. 106.

7. — Plus tard, on renversa la maxime et l'on dit : *Lettres passent témoins.*—Boitard, t. 1er, p. 549, n° 663.

8. — C'est au seizième siècle surtout que les abus de la preuve testimoniale se firent sentir avec le plus de force, et que la justice eut à gémir des scandales auxquels donnaient lieu la corruption et la vénalité des témoins.

9. — Le parlement de Toulouse, pour mettre fin à un état de choses si déplorable, députa son premier président et un ancien conseiller près du chancelier de L'Hôpital et des états-généraux et leur fit parvenir ses justes remontrances. — Boncenne, t. 4, p. 150.

10.—Elles furent immédiatement prises en considération, et l'art. 54 de l'ordonnance de Moulins (1566) introduisit dans notre législation un principe nouveau. Voici cette disposition : « Pour obvier à la multiplication des faits que l'on a vu ci-devant être mis en avant en jugement, sujets à preuve de tesmoins et reproches d'iceux dont adviennent plusieurs inconvéniens et involutions de procès, avons ordonné et ordonnons que dorénavant, de toutes choses excédant la somme ou valeur de cent livres pour une fois payer, seront passés contrats pardevant notaires et témoins, par lesquels contrats seulement sera faite et reçue toute preuve desdites matières, sans recevoir aucune preuve par témoins outre le contenu audit contrat, ni sur ce qui serait allégué avoir été dit ou convenu avant iceluy, lors et depuis ; en quoi n'entendons exclure les conventions particulières et autres, qui seraient faites par les parties, sous leurs seings, sceaux et écritures privées. »

11. — Ce principe, mal accueilli d'abord par les praticiens, mais nécessaire, fut consacré de nouveau par l'ordonnance de 1667, et est resté inscrit dans nos codes presque sans modification. — C. civ., art. 1341, 1347 et 1348.

12. — La forme de la procédure a également beaucoup varié. Avant l'ordonnance de 1667, lorsque les parties litigantes ne s'accordaient pas sur les faits, on était dans l'usage, dit Merlin (v° *Enquête*, § 1er, n° 1er), de les appointer en faits contraires. En conséquence de cet appointement, celui qui avait avancé les faits fournissait à l'appui des écritures qu'on appelait *intendits* ; l'autre, à son tour, y fournissait des réponses. Ensuite, il intervenait un jugement qui admettait ou rejetait la preuve des faits et dans le premier cas les particularisait.

13. — Les témoins faisaient-ils défaut, ils étaient mis en demeure plusieurs fois de comparaître, sous peine d'une amende arbitrée, et l'amende était recouvrable même par l'emprisonnement.

14. — L'ordonnance de 1667 modifia cette procédure. Ainsi, l'instruction par écrit ou préparatoire à l'enquête fut abrogée, et il ne dut plus y avoir qu'un seul jugement pour ordonner l'enquête et en spécifier les faits (art. 22). L'amende fut encourue de plein droit par le défaut de comparution du témoin, sans qu'il y eût nécessité de le constituer davantage en demeure. Au lieu d'être abandonnée à l'arbitraire, elle fut fixée à 10 livres, et sauf le cas de désobéissance manifeste, elle ne fut plus recouvrable par la contrainte par corps.

15. — L'ordonnance de Blois avait abandonné aux juges le soin de déterminer les délais pour la confection de l'enquête. L'ordonnance de 1667, au contraire, dans le cas où l'enquête devait se faire dans le lieu même où le jugement avait été rendu, ou dans la distance de dix lieues, voulait qu'elle fût commencée dans la huitaine de la signification du jugement à partie ou à son procureur, et parachevée dans la huitaine.

16. — On faisait entendre de nombreux témoins sur un même fait. L'ordonnance en limita le nombre à dix.

17. — L'usage était encore d'envoyer les expéditions des enquêtes dans un sac clos et scellé au greffe de la juridiction saisie. Ensuite, on fournissait des moyens de nullité et de reproches contre les témoins, en exécution d'un appointement donné à cet effet. Après cela on demandait la réception de l'enquête à l'audience, ce qui s'appelait publier l'enquête. L'art. 26, tit. 22 de l'ordonnance, abolit les formalités inutiles et coûteuses et leur substitua l'obligation de signifier l'enquête. — V. Merlin, v° *Enquête*, § 1er, n° 14.

18. — Enfin, l'ordonnance abolit l'enquête dite *à futur*, qui se faisait par avance, sans qu'il y eût procès commencé, lorsqu'on craignait le dépérissement de la preuve, soit que les témoins fussent vieux ou valétudinaires, soit qu'ils fussent sur le point de s'absenter (Merlin, *Rép.*, v° *Enquête à futur*), et l'enquête dite *par turbes*, appelée ainsi parce que les dispositions se faisaient toutes ensemble et non l'une après l'autre.

19. — L'ordonnance ne fut pas enregistrée par les parlemens de Navarre, de Flandre et de Lorraine. On suivit donc dans le ressort de ces cours des formes différentes.

20. — En Lorraine, devant le parlement de Nancy, la matière des enquêtes était réglée par l'ordonnance civile du duc Léopold de novembre 1707, tit. 5. Elle différait peu cependant de l'ordonnance de 1667.

21. — Dans la Navarre, les enquêtes se faisaient devant les commissaires désignés sous le nom de *commissaires enquêteurs*, et les parties qui se défiaient de ces commissaires pouvaient demander qu'il leur fût donné un adjoint, espèce de surveillant ; mais cette disposition de la coutume fut abrogée par un usage contraire. — Merlin, v° *Enquête*, § 2, art. 1er. — Nul délai n'était departi pour la confection des enquêtes.

22. — Dans le ressort du parlement de Flandre, la loi ne prescrivait pas aux juges de spécifier les faits dont la preuve devait être faite. Le délai pour procéder à l'enquête était d'un mois (art. 1er et 4, chap. 70, chartes générales du Hainaut). Du reste, la partie qui avait laissé expirer le délai légal, pouvait, en levant à la chancellerie des lettres qu'on appelait improprement *requête civile*, se relever de la déchéance. Le commissaire à l'enquête était assisté d'un adjoint, qui était ordinairement un des greffiers du siége. — Merlin, *Rép.*, v° *Enquête*, sect. 2e, art. 1er, 2, 3 et 4.

23. — Pendant la révolution, les avoués furent supprimés (art. 2, L. 3 brum. an II). Il fut ordonné qu'il serait statué dans tous les tribunaux et dans toutes les affaires, sans aucuns frais, sur défenses verbales. — Art. 9.

24. — La loi du 7 fructid. an III, interprétative de la loi de l'an II, décida que l'audition des témoins aurait toujours lieu à l'audience.

25. — Les avoués ne furent rétablis que par la loi du 27 vent. an VIII. Alors s'éleva la question de savoir si la loi nouvelle avait fait revivre pour les enquêtes les formalités prescrites par l'ordonnance de 1667. Un arrêté des consuls du 18 fructid. an VIII décida que, jusqu'à ce qu'il eût été statué par une loi sur la simplification de la procédure, la loi du 20 mars 1791, relative aux attributions des avoués, celle du 6 mars 1791, qui fixe les émolumens des greffiers, avoués et huissiers, et qui ordonne que, par provision, les avoués suivraient exactement la procédure établie par l'ordonnance de 1667 et réglemens postérieurs, seraient exécutées.

26. — L'arrêté du 4 pluv. an XI trancha définitivement la question dans le même sens.

27. — Trois ans après la publication du Code civil, parut le Code de procédure civile que l'article 1041 déclara exécutoire à dater du 1er janv. 1807.

28. — Ce code emprunta un grand nombre de dispositions à l'ordonnance de 1667, qu'il simplifia cependant en plusieurs points.

## CHAPITRE II. — *Diverses espèces d'enquêtes.*

29. — On divise les enquêtes en plusieurs espèces.

30. — Ainsi l'on distingue l'enquête verbale et l'enquête par écrit.

31. — L'enquête verbale se fait à l'audience. Elle a lieu principalement devant les juges de paix, les tribunaux de commerce, et devant les tribunaux civils, dans les affaires sommaires.

32. — L'enquête par écrit a lieu en la chambre du conseil, par devant un juge commissaire assisté du greffier. Les dépositions des témoins sont rédigées dans un procès-verbal. Elle est pratiquée dans les affaires ordinaires devant les tribunaux de première instance.

33. — On appelle *enquête directe* celle faite à la requête du demandeur en preuve ; *enquête contraire* ou *contre-enquête* celle qui a lieu de plein droit de la part du défendeur ; et *enquête respective* celle qui se fait, tant de la part du demandeur que de celle du défendeur en preuve, lorsque des faits différens, articulés et contestés de la part de chacun d'eux, ont été respectivement l'objet d'un appointement. — Carré, *Lois de la procéd.*, 3e édit., t. 2, p. 478.

34. — En général, l'enquête est faite par le demandeur, sauf au défendeur à faire une contre-enquête. Mais cette règle est loin d'être absolue, *Onus probandi incumbit ei qui dicit, non qui negat.* Lorsque le demandeur ayant prouvé l'existence de l'obligation, le défendeur allègue sa libération, ce dernier devient demandeur à l'exception, et c'est à lui à prouver les faits qu'il allègue. Dans ce cas, par conséquent, l'enquête est faite par le défendeur et la contre-enquête par le demandeur.

## CHAPITRE III. — *Formalités qui précèdent l'enquête en matière ordinaire.*

### Sect. 1re. — *Articulation des faits.*

35. — Les faits dont une partie demande à faire preuve doivent être articulés succinctement par un simple acte de conclusions, sans écriture ni requêtes. — C. procéd., art. 252.

36. — Le mot *succinctement* signifie que les faits doivent être indiqués article par article, brièvement, sans raisonnemens et sans questions ni moyens de droit. — Rodier, sur l'art. 1er, tit. 20 de l'ord. de 1667 ; Perrin, *Disc. au tribunal*, édit. Didot, p. 100.

37. — Jugé, en conséquence, que pour être pris en considération, les faits dont une partie demande à faire la preuve doivent être articulés et circonstanciés et non conçus en termes vagues et généraux. — *Cass.*, 7 mars 1834, Gastineaux c. Ecot.

38. — Cependant, en matière de recélé, l'articulation des faits généraux du recélé serait admissible contre l'héritier bénéficiaire. On conçoit, en effet, que le créancier demandeur puisse ignorer toutes les circonstances de la soustraction, de même que le nombre et le détail des objets mobiliers détournés. — Carré et Chauveau, quest. 967 ; Thomine, t. 1er, p. 432 ; Bioche, v° *Enquête*, n° 63.

39. — La smple allégation des faits n'équivaut pas à l'articulation des faits ; les tribunaux ne sauraient s'y arrêter. — *Rennes*, 9 mai 1834, Gapais ; — Carré et Chauveau, sur l'art. 252.

40. — Les conclusions doivent être minutées et ne former qu'un seul acte, pour lequel le tarif n'accorde qu'un droit fixe qui ne peut être augmenté, quels que soient l'importance de la cause, le nombre et l'étendue des faits articulés. — Carré ; *Lois de la procéd.*, sur l'art. 252, note 2e, 3e édit.

41. — Toutefois, l'art. 252 ne s'applique ni aux matières sommaires, ni aux matières commerciales ; dans les affaires de ce genre, les faits sont articulés verbalement et à l'audience. — C. proc., art. 407 et 432.

42. — Si la partie avait omis de préciser dans l'acte de conclusions quelques faits décisifs, elle pourrait être admise à en faire ordonner la preuve en les articulant dans un acte additionnel. — Favard de Langlade, t. 2, p. 343 ; Demiau-Crouzilhac, p. 199 ; Pigeau, *Comment.*, t. 1er, p. 542 ; Carré et Chauveau, quest. 966.

43. — Il a même été jugé que la preuve peut être offerte en tout état de cause, par de simples conclusions posées à la barre et sans qu'il soit nécessaire de les signifier, sauf à la partie adverse à demander une remise de la cause pour dénier les faits ou contester leur admissibilité. — *Colmar*, 25 juill. 1835, Cappaunet c. Schrenier ; *Cass.*, 21 mai 1837 (t. 2 1837, p. 314), Delépine et Serbonère ; — Carré et Chauveau, *ibid.* — *Contrà Rennes*, 9 mai 1834, Gapais.

44. — En matière de séparation de corps, la requête introductive d'instance doit contenir l'articulation des faits (art. 875, C. procéd.). La question s'est élevée de savoir si l'omission dans la requête de faits antérieurs à l'instance pouvait être réparée par une articulation postérieure. L'affirmative a prévalu. — V. *Limoges*, 15 janv. 1817, Martin ; *Dijon*, 11 fév. 1819, Maret ; *Bordeaux* 29 déc. 1829, Line ; — Vazeille, *Traité du mariage*, t. 2, n° 582 ; Duranton, t. 2, n° 600 ; Favard, t. 5, n° 516 ; Chauveau sur Carré, quest. 966 ; Bioche, v° *Séparation de corps*, n° 94 ; Massol, p. 111, n° 16. — *Contrà Riom*, 18 niv. an XII, Chapelle ; *Paris*, 28 juill. 1809, Dodon ; *Rouen*, 12 janv. 1842 (t. 2 1842, p. 126), Martin ; — Carré, n° 966. — V. au surplus SÉPARATION DE CORPS.

45. — Quant aux faits postérieurs à l'instance, l'articulation en est toujours admissible. — *Cass.*, 26 mai 1807, Lapourielle ; *Besançon*, 9 avr. 1808, Fauchet ; 15 janv. 1817, Martin ; *Metz*, 8 janv. 1824 ; Martinet ; *Poitiers*, 18 fév. 1825, Goguel et Morin. — V. aussi *Paris*, 25 mai 1837 (t. 1er 1837, p. 536), C.. ; — Duranton, t. 2, n° 601 ; Bioche, v° *Séparation de corps*, n° 94. — *Contrà Riom*, 18 niv. an XII, Chapelle. — V. SÉPARATION DE CORPS.

46. — Après la confection de l'enquête, est-il possible d'articuler de nouveaux faits ? — Carré (nos 966 et 1136) se décide pour la négative. M. Chauveau, dans ses annotations (sous le n° 1136), tout en reconnaissant qu'il y aurait danger à multiplier à l'infini les enquêtes, reconnaît cependant qu'il est du devoir et de la sagesse des tribunaux de s'entourer de toutes les lumières qui peuvent être à leur portée, d'où il conclut que l'articulation pourrait être admise, selon les circonstances. — Cette opinion, qui nous semble préférable, a été sanctionnée par un arrêt de la cour de Turin du 15 mars 1806, Baneffo c. Chiarella. — V. aussi *Poitiers*, 12 fév. 1829, Godin. — On peut, en outre, invoquer

par analogie, et un arrêt de la cour de *Cass.* du 18 avr. 1821 (Langlois c. Morin), et les arrêts ci-dessus rapportés, rendus en matière de séparation de corps.

47. — Nous pensons même que l'articulation serait proposable en appel. — V. conf. *Cass.*, 21 juin 1837 (t. 2 1837, p. 314), Delépine c. Gerbouin; *Dijon*, 11 fév. 1819, Maret; *Bordeaux*, 29 déc. 1829, Line.—V. aussi *Metz*, 23 août 1831, Decker c. Lacour; *Cass.*, 20 déc. 1832, Guiraud c. de Baunoy;—Chauveau sur Carré, quest. 1136; Vazeille, t. 2, no 582. — *Contrà Rouen*, 12 janv. 1842 (t. 2 1842, p. 126), Martin;—Carré, quest. 1136; Duranton, t. 2, no 800. — D'après l'arrêt de Rouen ci-dessus rapporté, l'exception de tardiveté pourrait être prononcée d'office.

48. — Il est, du reste, certain qu'en appel la preuve doit être rejetée si la partie qui l'offre a laissé procéder à l'enquête demandée en première instance par son adversaire, sans protestations ni réserves. — *Cass.*, 18 avr. 1821, Langlois c. Morin. — La preuve contraire était, en effet, de droit. Elle pouvait être administrée en première instance.

49. — Dans les trois jours de la signification des conclusions la partie adverse doit reconnaître ou dénier les faits articulés. — C. procéd., art. 252.

50. — ...Ou simplement contester leur pertinence et leur admissibilité. — Boncenne, t. 4, p. 222; Favard, t. 2, p. 344; Carré, quest. 969; Bioche, no 70; Berriat, p. 283, no 3, et p. 285; nos 1er et 2.—Pigeau (t. 1er, p. 492) soutient, néanmoins, que les faits doivent nécessairement être ou reconnus ou déniés. Il se fonde sur l'art. 253, en disant que la partie qui plaiderait l'inadmissibilité des faits, sans scrupule de conscience, parce que sa sincérité serait à l'abri sous une fin de non-recevoir légale, pourrait reculer devant une dénégation qui engagerait sa loyauté. M. Chauveau fait remarquer que cette raison a du poids, et il paraît, en définitive, se ranger à l'opinion de Pigeau.

51. — Le jour de la signification ne compte pas dans le délai de trois jours.— Bioche, vis *Enquête*, nos 71, et *Délai*, no 36; Berriat, p. 149.

52. — Ce délai, au surplus, n'est pas fatal, et les faits articulés peuvent être déniés tant que le tribunal n'a point prononcé. — Delaporte, t. 1er, p. 249; Favard, t. 2, p. 344; Thomine, t. 1er, p. 433; Pigeau, t. 1er, p. 250 et 491; Carré et Chauveau, quest. 968; *Annales du notariat*, t. 2, p. 114. — *Contrà* Demiau-Crouzilhac, p. 186.

53. — Si le jugement était par défaut susceptible d'opposition, on pourrait dénier les faits après le jugement rendu, mais en y formant opposition. — Pigeau, t. 1er, p. 491; Chauveau sur Carré, quest. 968.

54. — On le pourrait encore après un débouté sur l'appel. —Carré, *ibid.*

55. — Si les faits sont reconnus, il est impossible de procéder à l'enquête, sauf le cas où la cause intéresse des tiers, des mineurs, des interdits ou l'ordre public, comme une question d'état. — Pigeau, t. 1er, p. 331; Thomine, t. 1er, p. 434; Carré et Chauveau, quest. 973; Bioche, no 85; Boncenne, t. 4, p. 222; Boitard, t. 2, p. 169 et 170.

56. — L'audience est poursuivie sur un simple acte appelé *avenir*.

57.—Faute de dénégation, les faits peuvent être tenus pour confessés ou avérés (C. proc., art. 252). Mais l'enquête peut-elle néanmoins être ordonnée? — V. *infrà* no 87.

58. — Quoi qu'il en soit, la dénégation n'étant exigée que quand il y a une articulation formelle, le silence de la partie adverse ne pourrait être interprété contre elle si les faits étaient simplement allégués. — V. *suprà* arg. *Rennes*, 14 août 1815, Lacoste c. N...; — Merlin, *Rép.*, vo *Partage*, Carré et Chauveau, quest. 971; Berriat, p. 287, no 19; Favard, vo *Enquête*, p. 344; Bioche, no 73.

59. — L'avoué qui n'oserait pas prendre sur son compte de dénier ou de reconnaître les faits, sans autorisation de son client, pourrait conserver les droits de celui-ci en faisant connaître par un simple acte contenant réserves l'impossibilité où il serait de recevoir à temps les instructions nécessaires. — Carré et Chauveau, quest. 970; Demiau, p. 186; Thomine, p. 433; Favard, vo *Enquête*, p. 345; Boitard, t. 2, p. 168; Bioche, no 83.

60. — Selon Carré (*ibid.*), cette décision s'applique seulement au cas où l'avoué a pu se concerter avec son client, mais non à celui où il connaîtrait déjà les faits, par exemple par le libellé de l'assignation. — M. Chauveau, dans son annotation, abandonne ce cas à la prudence des juges. Cette dernière opinion paraît préférable.

61. — A défaut d'aveu ou de dénégation, les faits ne sont pas tenus pour confessés de plein droit. Seulement, ils peuvent être tenus pour tels. C'est une question d'appréciation abandonnée à la sagesse des tribunaux. — Carré et Chauveau, *ibid.*; Thomine, t. 1er, p. 432; Boitard, t. 2, p. 168; Boncenne, t. 4, p. 222; Bioche, no 73.



## Sect. 2e. — *Admissibilité et pertinence des faits.*

62. — Le tribunal, après avoir entendu les parties, examine séparément chacun des faits articulés, et considère s'il y a lieu d'en admettre ou d'en rejeter la preuve. — Rapp. au corps législatif.

63. — Trois conditions sont requises pour que la preuve soit ordonnée; il faut : 1o que les faits soient admissibles; — 2o que les parties soient contraires en faits; — 3o et enfin que les faits soient au nombre de ceux dont la loi ne défende pas la preuve.—C. procéd., art. 853.

64. — *Faits admissibles.* — Le fait à prouver doit être positif. Car la preuve d'un fait négatif est impossible, à moins qu'il ne comporte implicitement une affirmation. Par exemple, la preuve que Paul n'a pas acheté une montre à Pierre est négative, et par conséquent impossible à administrer; il est très possible, au contraire, de prouver que tel jour, dans tel lieu, la vente alléguée n'a pas eu lieu. — Boncenne, t. 4, p. 238; Bonnier, *Preuves*, no 29.

65. — Mais le défendeur qui a offert de prouver un fait négatif, et qui, d'après cette offre, a été admis à faire enquête ne peut pas se plaindre ensuite que la preuve directe n'ait pas été mise à la charge du demandeur. — *Cass.*, 16 mai 1836, Renouard c. de Zinsviller.

66. — De même, si la preuve n'est pas rejetée d'office dans un cas où elle aurait dû l'être, l'acquiescement du défendeur rend le non-recevable à se plaindre qu'elle ait été admise.—*Cass.*, 15 juin 1831, Melk c. Wernet; *Bourges*, 16 déc. 1826, Archambault c. Bernier; 21 avr. 1830, Perroncel c. Mingasson;— Carré et Chauveau, quest. 976; Demiau, p. 195; Thomine, t. 1er, p. 431; Bonnier, no 105; Boitard, t. 2, p. 173. — V. *contrà Caen*, 24 vent. an IX, Fizel c. Cottelle; — Boncenne, t. 4, p. 225; Toullier, t. 9, nos 26 et suiv.; Rolland, vo *Preuve*, nos 40 et suiv.

67. — Toutefois, l'acquiescement doit être exprès et formel.—Carré et Thomine, *ibid.*

68. — Une partie ne serait donc pas réputée avoir acquiescé à l'admission de la preuve testimoniale par cela seul qu'elle aurait provoqué l'exécution du jugement admettant vaguement son adversaire à prouver ses allégations sans spécifier qu'il prouverait par témoins. —*Bruxelles*, 4 mars 1811, Versmerch c. N...

69. — La nullité serait encore couverte par l'expiration des délais de l'appel sans qu'un appel ait été interjeté.—Carré, *ibid.*

70. — Mais l'exécution du jugement par la contre-enquête ne suffirait pas.—Carré, *ibid.*—V. *contrà* Chauveau.

71. — *Parties contraires en faits.* — Si les parties étaient d'accord sur les faits, la preuve serait inutile, sauf ce qui a été dit plus haut, relativement aux causes intéressant les mineurs, l'ordre public, etc. — V. *suprà* no 55.

72. — De ce que les faits doivent être déniés ou reconnus dans les trois jours, faut-il conclure que la preuve ne puisse en être ordonnée dans le cas où la partie adverse garde le silence? Non, car ce serait mettre une partie à la discrétion de l'autre. Il y aurait plus d'avantage à ne pas s'expliquer sur un fait peu croyable quoique vrai. — Chauveau sur Carré, quest. 974; Demiau, p. 184; Bioche, vo *Enquête*, no 75. — *Contrà* Carré, no 974.

73. — *Faits dont la loi autorise la preuve.* — Pour les cas dans lesquels la preuve d'un fait peut être constatée par des dépositions de témoins, V. PREUVE.

74. — Au surplus, quoique les faits réunissent tous les caractères régis par la loi, il faut conclure des termes de l'art. 253 que le juge peut se dispenser d'ordonner l'enquête s'il trouve dans les autres élémens du procès des moyens d'asseoir son jugement.—*Cass.*, 9 mai 1813, Peyselle c. Cordon; 18 août 1836 (t. 1er 1837, p. 472), de Gagnac c. Danlon;—Carré et Chauveau, quest. 973; Berriat, p. 287; Favard, t. 2, p. 344; Thomine, t. 1er, p. 437; Boncenne, t. 4, p. 224. — V. aussi un arrêt de *Riom*, 3 nov. 1809 (Bougier c. Bec), qui paraît au premier abord contraire. — *Contrà* Pigeau, *Comm.*, t. 1er, p. 495.

75. — ...Même en matière de possession d'état.— *Cass.*, 19 mai 1830, Baître c. David.

76. — Il est laissé à la prudence du juge d'ordonner ou de refuser une enquête, de même qu'une vérification d'écriture, une expertise, une descente sur les lieux. — *Cass.*, 6 déc. 1827, Beauval c. Hébert; 11 déc. 1827, Meriel c. Mabille; 12 déc. 1827,



Lyons c. Laguens; 18 août 1836 (t. 1er 1837, p. 472), de Gagnac c. Danlon; 14 mars 1837 (t. 1er, p. 200), Goublin c. Gouvard.—V. aussi *Cass.*, 16 déc. 1823, Primat.

77. — A plus forte raison, peut-il admettre pour partie la preuve et la refuser pour partie. — *Rennes*, 10 janv. 1820, Orinel c. Guihane.

78. — Il a été jugé, d'après ces principes, qu'un juge de paix peut maintenir une partie en possession sans être obligé de recourir à une enquête lorsque sa religion est suffisamment éclairée. — *Cass.*, 25 juill. 1826, Clergeaux c. Longloux; 28 juin 1830, Escoffier c. Cauvin.

79. — La preuve testimoniale peut encore être refusée par le seul motif que les faits articulés sont invraisemblables.—*Limoges*, 21 nov. 1826, B...; *Cass.*, 21 juin 1827, Dornier c. Vintel.

80. — ...Ou que la preuve serait impossible à faire. — *Cass.*, 18 avr. 1832, comm. de Nasbinals c. Granier.

81. — ...Ou bien encore lorsque les titres produits au procès établissent le contraire des faits articulés. — *Cass.*, 18 août 1836 (t. 1er 1837, p. 472), de Gagnac c. Danlon.

82. — Au surplus, l'appréciation des faits appartenant exclusivement aux tribunaux, leurs décisions ne peuvent donner ouverture à cassation. —*Cass.*, 2 mars 1808, de Cordey; 22 mars 1824, Pruès c. Menet; 8 janvier 1832, Brougues c. Aveillé; 24 août 1831, Humbert c. Chemis; 20 déc. 1832, Guérard c. de Beaucy; 7 mars 1834, Gastineau c. Ecot; 19 août 1834, Macaisson c. Camouin; 19 mai 1830, Naitze c. David; 6 fév. 1843 (t. 1er 1843, p. 569), Imbault c. Reneufve.

83. — ... S'agirait-il même de la preuve d'une filiation. — *Cass.*, 16 nov. 1825, de Cairon.

84. — En conséquence, la décision qui déclare inconcluants et inadmissibles des faits articulés à l'effet de prouver un dommage, ne viole pas les art. 1382 et 1383, C. civ., et 247 C. comm. Ce n'est là qu'une application toute légale des art. 253 et 254, C. procéd. — *Cass.*, 8 mars 1832, Placel c. Levillani.

85. — Mais le rejet d'une preuve doit être motivé, et le jugement qui se borne à dire qu'elle n'est pas admissible est sujet à cassation. — *Cass.*, 21 août 1840 (t. 2 1840, p. 271), Survile c. Coquart.

86. — La cour de Poitiers (11 janv. 1827, Lavarenne c. Jousseaume) a décidé qu'un arrêt qui enjoignait à une partie d'avouer ou de dénier certains faits, n'en déclarait pas, par cela seul, la pertinence, ni l'admissibilité, et qu'un arrêt postérieur pouvait écarter quelques-uns de ces faits. — M. Chauveau (no 973 *bis*) critique avec force cette décision dont le résultat serait, dans la plupart des cas, un circuit d'actions et de procédures. — Sans aucun doute, les juges peuvent exiger d'une partie la reconnaissance ou la dénégation des faits articulés; c'est un moyen d'instruction; mais avant tout ils doivent apprécier le mérite de l'articulation, car cette articulation peut porter sur des faits dont la preuve soit prohibée par la loi.

87. — De même encore, le défaut de la partie adverse ne ferait pas obstacle à la preuve, car le défaut équivaut à contestation. — Favard, t. 2, p. 344; Carré et Chauveau, quest. 975. — M. Thomine (t. 1er, p. 434) enseigne, au contraire, que s'il est vrai que le défaut emporte contestation, cela ne doit s'entendre que du droit et non du fait, et que par conséquent les faits doivent être tenus pour avérés, n'étant pas déniés. — Boncenne (t. 3, p. 29) se range à cet avis; mais cette opinion semble trop absolue. Le juge a un pouvoir discrétionnaire en pareille matière. S'il est suffisamment éclairé et convaincu par l'exposé de la demande, par les présomptions qui l'entourent, il doit se dispenser d'ordonner l'audition de témoins; mais si les faits sont invraisemblables, étranges, il doit recourir à une instruction.

88. — Toutefois, ce pouvoir abandonné aux tribunaux, ne s'étend pas jusqu'à leur permettre de se fonder sur la connaissance personnelle qu'ils auraient des faits pour décider un point sur lequel les parties sont contraires. — *Riom*, 3 nov. 1809, Bougier c. Bec; — Carré et Chauveau, quest. 975 *ter*; Thomine, t. 1er, p. 437.

89. — La plupart des auteurs s'accordent même avec la jurisprudence pour décider qu'une instruction criminelle ou une enquête reçue dans une autre instance civile, ne sauraient être considérées comme faisant preuve dans un procès civil. — *Montpellier*, 15 juin 1830, Jean François c. vo R.; *Rennes*, 12 juill. 1811, N. c. N.; *Colmar*, 28 juill. 1811, Clavey c. Moroge; — Merlin, vo *Chose jugée*, § 15; Toullier, t. 8, nos 50 et suiv.; nos 244 et suiv.; Carré, quest. 975 *quater*. — Il a même été jugé en ce sens : — 1o que l'enquête ordonnée pour la vérification de la signature apposée sur une obligation ne peut être lue dans une instance où

celle obligation est attaquée pour tout autre motif que la fausseté de la signature, par exemple pour l'immoralité de la cause, ou pour violence. — *Paris*, 19 mai 1843 (t. 2 1843, p. 101), Parinet c. Mignon. —...2o Que, lorsqu'une enquête a été déclarée non avenue comme n'ayant pas eu lieu entre toutes les parties qui devaient être mises en cause, les juges ne peuvent en autoriser la lecture en même temps que celle de l'enquête recommencée, sauf à y avoir tel égard que de raison. — *Cass.*, 24 déc. 1839 (t. 1er 1840, p. 103), Sainte-Marie c. Bonnesœur.

90. — M. Chauveau, sur Carré, *ib.*, combat cette opinion et admet les interrogatoires et les procès-verbaux d'enquêtes appartenant à d'autres instances, comme pièces du procès, pouvant motiver la décision du juge. — V. à l'appui arg. *Cass.*, 27 janv. 1830, Pingot c. Roy, et *Bourges*, 2 juin 1831, Moracbe c. Boussard.

91. — Quant à nous, il nous semble impossible d'accorder à une instruction faite au dehors d'une instance la même force qu'à une enquête ordinaire dans cette instance, mais nous pensons qu'une pareille instruction peut être consultée comme simple renseignement et que les juges ont la faculté d'y avoir tel égard que de raison.

## Sect. 3e. — *Enquête ordonnée d'office.*

92. — Le tribunal peut ordonner d'office une enquête, s'il remarque dans les plaidoiries ou dans les défenses écrites quelques faits qui lui paraissent concluans; pourvu, bien entendu, que la loi n'en défende pas la preuve et que les parties ne soient pas d'accord sur ces faits. — C. procéd., art. 254 ; — rapp. au corps législatif.

93. — Il a, à cet égard, un pouvoir discrétionnaire et peut éclairer sa religion comme il le juge convenable. — *Rennes*, 25 août 1807, N...

94. — Il a le droit de mettre la preuve à la charge de telle ou telle partie.

95. — La partie ne pourrait se refuser à procéder à l'enquête, car il en serait pris avantage. Vainement alléguerait-elle l'absence de moyens pécuniaires, si son adversaire lui offrait d'avancer les frais. — Carré et Chauveau, quest. 977; Demiau, p. 200; Favard, t. 2, p. 344; Thomine, t. 1er, p. 437; Bioche, no 48.

96. — De ce principe que les juges ont un pouvoir discrétionnaire, il faut conclure que l'enquête peut être ordonnée d'office en tout état de cause et encore bien que des titres soient produits dans la contestation, si, d'ailleurs, il ne s'agit pas de prouver outre ou contre leur contenu. — Bioche, no 49.

97. — Enfin, les tribunaux, en déclarant une partie déchue de la faculté de faire enquête pour avoir laissé expirer les délais sans se mettre en mesure (C. procéd., art. 257), ont également le pouvoir d'ordonner d'office la preuve des faits qui leur paraissent concluans. La négligence d'une partie ne saurait restreindre les pouvoirs qu'ils tiennent de la loi. — *Toulouse*, 23 août 1822, Buissas c. Bertin; *Bourges*, 10 avr. 1826, Boizet; *Lyon*, 13 mai 1820, Guyot c. Blanc; *Cass.*, 12 déc. 1825, Pertin c. Buissas; *Toulouse*, 28 août 1834, Milan c. Dencalibert; 13 mars 1825, Duhale c. Daubèze; — Carré et Chauveau, quest. 977 *bis*; Thomine, t. 1er, p. 437. — V. *contrà Rouen*, 6 mars 1828, Dubois c. Jahan; *Grenoble*, 18 août 1828, Romieux c. Guichard; *Rennes*, 13 janv. 1826, Favennet c. Plassard; *Bourges*, 30 mai 1831, Guillot c. Vacher; *Nîmes*, 3 août 1832, Sinègre c. H. de Trelans; — Bioche, no 541. — Mais il en est autrement dans le cas où l'enquête, faite à la requête d'une partie, est annulée par suite d'une irrégularité commise par elle : l'art. 293, C. procéd., défendant expressément de recommencer l'enquête en pareille circonstance, le juge ne saurait en ordonner d'office une nouvelle. — V. *infrà* nos 1003 et suiv.

98. — Au reste, du moment qu'y a lieu de recourir à la preuve testimoniale, ce n'est que par la voie de l'enquête qu'il faut procéder. La comparution de tiers à l'audience ne saurait être ordonnée. — *Bordeaux*, 19 janv. 1836, Bonnet c. Boyer; *Amiens*, 26 janv. 1822, Brégeaux c. Ledoux; *Cass.*, 29 brum. an XI, Guerrier c. Cuel. — V. cependant *Cass.*, 18 janv. 1831, Lambert c. Hua.

## Sect. 4e. — *Jugement qui ordonne l'enquête; énonciations qu'il doit contenir.*

99. — Toute enquête doit être ordonnée par jugement.

100. — Ce jugement doit contenir, indépendamment des formalités communes à tous les jugemens : 1o les faits à prouver; — 2o la nomination du juge devant qui l'enquête sera faite. — C. procéd., art. 255.

101. — Si l'enquête est faite à une distance de plus de trois myriamètres, il doit de plus fixer le délai dans lequel l'enquête sera commencée.

102. — C'est là un jugement interlocutoire, car il préjuge le fond. Il est donc susceptible d'être attaqué par la voie de l'appel avant qu'il ait été statué sur le fond.

### Art. 1er. — *Faits à prouver.*

103. — Les faits dont la preuve est autorisée doivent être consignés d'une façon succincte et précise dans le jugement, et ces faits seuls doivent faire l'objet de la preuve. — *Orléans*, 22 déc. 1809, N...

104. — Serait par conséquent nul le jugement qui ordonnerait une preuve sans exprimer ce qui est à prouver. — Favard, t. 2, p. 345; Pigeau, *Comment.*, t. 1er, p. 496; Thomine, t. 1er, p. 438; Boitard, t. 2, p. 175; Boncenne, t. 4, p. 230; Bioche, no 89; Carré et Chauveau, quest. 978.

105. — Spécialement, le jugement qui ordonne enquête pour établir la postulation, doit préciser et articuler les faits particuliers de postulation. — *Montpellier*, 6 mars 1826, C...

106. — Sous l'ordonnance de 1667, le jugement qui admettait une commune à la preuve de la possession d'un pré qu'elle revendiquait devait qualifier et caractériser cette possession, et déterminer son commencement, l'époque de sa durée et le temps où elle avait pris fin. — *Cass.*, 18 germin. an V, Labriffe c. comm. de Notray.

107. — Il en est de même aujourd'hui. Le jugement qui ordonne la preuve d'une possession doit exprimer pendant quel temps la possession a dû se continuer. — *Colmar*, 17 juill. 1811, Springinsfeld c. Nusbaum.

108. — Il a cependant été décidé qu'un jugement ordonnant la preuve qu'un individu fait habituellement le commerce contient une indication suffisante des faits sur lesquels les témoins auront à déposer. — *Cass.*, 9 fév. 1813, Poscheur c. Launay. — M. Chauveau (quest. 978) critique cette désignation comme insuffisante et trop vague. Il est, en effet, difficile à la partie adverse d'administrer, en pareil cas, la preuve contraire.

109. — Mais les faits sont, sans aucun doute, suffisamment précisés lorsqu'il s'agit de la délimitation d'un lot d'adjudication, si le jugement dit que l'enquête aura lieu pour parvenir à la connaissance de la portion du terrain formant le lot adjugé. — *Cass.*, 10 fév. 1836, Benet c. Bille.

110. — Les juges n'ordonnent pas, à proprement parler, une enquête, lorsqu'en déléguant un membre du tribunal pour visiter les lieux contentieux, ils lui donnent mission de faire application des titres, et de s'entourer de tous documens, indications et dépositions nécessaires. — Même arrêt et *Cass.*, 25 mai 1836, de Latour c. comm. de Lalanne, et 10 juin 1835, comm. de Lignac.

111. — La preuve contraire étant de droit et sans articulation préalable, les faits de la contre-enquête ne doivent pas être insérés au jugement.

112. — L'article 260 du Code de procédure veut que les témoins reçoivent copie du dispositif du jugement en ce qui concerne les faits admis; il résulte évidemment de cette disposition que le vœu du législateur a été que l'articulation des faits à prouver se trouvât dans le dispositif. — Mais est-il indispensable, à peine de nullité, de procéder ainsi, à tel point qu'on ne puisse se contenter de se référer, dans le dispositif, à une articulation contenue dans les motifs du jugement, ou même dans le point de fait?

113. — Quelques auteurs et quelques arrêts se sont prononcés pour l'affirmative. — *Bruxelles*, 5 juill. 1809, D.; *Orléans*, 22 déc. 1809, N.; 5 fév. 1817, N.; *Colmar*, 4 juin 1835, Strolh; — Pigeau, t. 1er, p. 476; Carré, quest. 978; Boncenne, t. 4, p. 230. — Mais nous ne saurions adopter cette opinion. S'il est vrai que le dispositif doive contenir les faits à prouver, ce n'est pas à peine de nullité; et le but de la loi est atteint du moment que l'articulation des faits se trouve dans une partie quelconque du jugement, soit dans les motifs (*Cass.*, 6 mars 1844 (t. 2 1844, p. 230), Hubert c. Beldent; 16 juill. 1844 (*ibid.*, p. 231), de Villette c. C. de Sarron); — soit dans les qualités (*Cass.*, 17 juill. 1827, Leroy). — La nullité ne pourrait résulter que du défaut de signification des faits aux témoins; et on la prévient en donnant copie de la portion du jugement qui renferme l'indication des faits à prouver. — Thomine, no 297; Chauveau, quest. 978 *bis*; Bioche, no 96.

114. — Il a été jugé, par application de ce principe, que lorsque le jugement et les faits articulés sont détaillés dans la requête présentée au juge-commissaire, et que copie de cette requête et de l'ordonnance a été signifiée aux témoins, il n'est pas nécessaire, à peine de nullité, de leur donner en outre copie du dispositif du jugement. — *Bourges*, 14 nov. 1826, Lhoste c. Baron.

115. — Le jugement doit, d'ailleurs, former un titre complet par lui-même. Toutefois, le jugement ne pourrait s'en référer soit à l'assignation, soit aux conclusions prises au cours de l'instance; car cette pièce pourrait s'égarer ou être altérée, et, dans ce cas, la preuve deviendrait impossible ou frauduleuse. — C'est à tort que dans un ouvrage de procédure on a cité l'arrêt de rejet du 17 juill. 1827 (Leroy) comme consacrant la solution contraire. Cet arrêt a simplement décidé qu'il suffisait que les faits articulés dans une requête introductive d'instance fussent consignés dans le point de fait. — *Colmar*, 4 juin 1835, Strolk; — Pigeau, *Comm.*, t. 1er, p. 496; Chauveau, quest. 978 *bis*; Bioche, no 96, *in fine*.

116. — La nullité d'un pareil jugement serait néanmoins couverte par l'exécution qu'en consentiraient les parties. — V. aussi *suprà* no 66 ce qui a été dit sur l'acquiescement donné à un jugement ordonnant une preuve contrairement à la loi.

117. — Ainsi, la partie qui produit des témoins dans une enquête se rend par là non-recevable à proposer la nullité de l'enquête, sous le prétexte qu'elle n'aurait pas été ordonnée par un jugement préalable, fixant les faits sur lesquels elle devait porter. — *Cass.*, 27 mars 1832, Roche c. Fave.

118. — Dans le cas où certains faits dont la preuve a été offerte, ont été omis dans le jugement, Carré (quest. 979) et Favard (t. 2, p. 345) pensent que le demandeur est recevable à solliciter du tribunal, avant l'enquête seulement, la réparation de cette omission, sur un simple acte de conclusions. Mais M. Bioche combat avec raison, selon nous, cette opinion. Le tribunal a, en effet, épuisé sa juridiction par le jugement qu'il a rendu; il ne s'agit plus, comme dans l'hypothèse précédente, d'interpréter sa décision, mais bien de la modifier et y ajouter, ce qui excède ses pouvoirs. — Arg. *Bordeaux*, 26 juin 1830, Gariley.

119. — Par suite, il a été jugé que l'enquête ne pouvait porter que sur les faits énoncés au jugement, quand même toutes les parties consentiraient à la preuve d'autres faits, et qu'il s'agirait de faits dont la non-insertion au jugement serait le résultat d'une omission. En pareil cas, il faut se pourvoir par appel contre le jugement. — *Bordeaux*, 26 juin 1830, Gariley. — V. aussi *Bourges*, 6 juill. 1840 (t. 1er 1841, p. 379), Roumier c. Tricot.

120. — S'il ne s'agissait toutefois que d'une erreur matérielle dans l'indication des faits, par exemple, d'une erreur sur le nom ou la personne d'un témoin, elle serait rectifiable par le tribunal qui a ordonné l'enquête. — *Cass.*, 14 fév. 1827, Vimeux c. Beuvrier.

121. — Dans le cas où l'enquête aurait porté sur des faits non insérés dans le jugement, les juges ne devraient y avoir aucun égard. — *Bourges*, 6 juill. 1840 (t. 1er 1841, p. 379), Roumier c. Tricot; — Carré et Chauveau, quest. 980; Favard, t. 2, p. 345; Bioche, no 99. — V. *contrà Cass.*, 4 fév. 1836, Lemée c. Digne.

122. — Nous avons dit plus haut que les juges pouvaient, en tout état de cause, ordonner d'office une enquête, même après une première enquête. Si des faits importans avaient été omis, ce serait le cas d'user de ce pouvoir.

### Art. 2. — *Nomination du juge-commissaire.*

123. — Le jugement qui ordonne l'enquête doit contenir la nomination du juge devant lequel elle sera faite. — C. procéd., art. 255.

124. — Toutefois, malgré les termes exprès de cet article, il est évident que la nomination d'un juge commissaire est inutile quand l'enquête se fait devant le tribunal tout entier en matière de commerce ou en matière sommaire. — Carré, no 982.

125. — En matière ordinaire, cette nomination n'est même pas ordonnée à peine de nullité. — *Trèves*, 8 janv. 1808, Bories; — Favard, p. 347; Thomine, t. 1er, p. 439; Boitard, t. 2, p. 176; Carré et Chauveau, quest. 980 *bis*; Bioche, no 102.

126. — Seulement, le jugement ne produit aucun effet jusqu'à ce que l'omission soit réparée. Ainsi, la signification ne ferait pas courir les délais de l'enquête.

127. — En pareil cas, la partie qui veut profiter de l'enquête doit s'adresser au tribunal qui a ordonné l'enquête pour faire nommer un juge. — *Paris*, 2 janv. 1815, Bobée c. Larpenteur; — Carré et Chauveau, *ibid.*

128. — Elle n'est déchue de ce droit qu'autant que l'adversaire en a fait déclarer la déchéance. —

ENQUÊTE, ch. 3, sect. 4e.
ENQUÊTE, ch. 3, sect. 4e.

C... c. T. C...; — Berriat, p. 676, n° 6; Chauveau, Carré sur Chauveau, *ibid.*

**129.** — Il n'est pas nécessaire que le juge commis ait assisté au jugement qui a ordonné l'enquête. — Arg. art. 255 *in fine*, et 412; Bioche, n° 103; Favard, v° *Enquête*, p. 345; Thomine, t. 1er, p. 439; Boitard, t. 2, p. 177; Boncenne, t. 4, p. 234.

**130.** — L'avocat appelé à siéger dans une affaire peut, dans cette même affaire, être nommé juge-commissaire à l'enquête. — *Grenoble*, 22 juin 1832, sous *Cass.*, 21 août 1835, Bonne c. Azac. — V. conf. Bioche, v° *Avocat*, n° 147.

**131.** — ... Du moins, à supposer que cette nomination constituât une nullité, cette nullité serait couverte par le fait d'avoir concouru à l'enquête sans faire de protestations. — *Cass.*, 21 août 1835, Bonne c. Arsac.

**132.** — Si les témoins sont trop éloignés, il peut être ordonné que l'enquête sera faite devant un juge commis par un tribunal désigné à cet effet. — C. procéd., art. 255 et 1035.

**133.** — Le jugement peut même commettre immédiatement un juge d'un autre tribunal ou un juge de paix. — C. procéd., art. 1015.

**134.** — C'est là, du reste, une pure faculté abandonnée à la prudence des tribunaux et non pas une obligation. — Pigeau, *Comm.*, t. 1er, p. 479; Carré et Chauveau, nos 986 et 987. — *Contrà* Delaporte, t. 1er, p. 255. — Cet auteur décide que les juges ne sauraient se refuser d'ordonner le renvoi sans se mettre sous le coup d'une prise à partie pour déni de justice, du moment que les parties concluent au renvoi; mais cette opinion n'est pas admissible. L'art. 255 se sert, en effet, du mot *pourra*, et ce n'est pas sans motifs; on comprend qu'une partie ait quelquefois intérêt à ce que la preuve ne se fasse pas sur les lieux même, soit parce qu'elle a à redouter des préventions locales, soit parce que les témoins sont circonvenus, intimidés.

**135.** — Par conséquent encore, il n'est pas nécessaire que le renvoi de l'enquête devant un tribunal étranger soit requis par les parties. — Carré et Chauveau, *ibid.*

**136.** — La délégation peut indifféremment être conférée à une cour royale, à un tribunal de première instance ou à un juge de paix. La loi s'exprime, en effet, en termes généraux et ne fait aucune distinction.

**137.** — Il en était de même sous l'empire de la loi du 7 fructid. an III. — *Paris*, 9 niv. an X, N...

**138.** — Ainsi, une cour royale peut commettre un juge de paix pour une enquête. — *Cass.*, 17 janv. 1826, Blin c. Buon; arg. *Orléans*, 17 août 1839 (t. 2 1839, p. 395), Joly.

**139.** — ... Alors même que l'enquête serait faite au lieu où siége la cour. — *Rennes*, 18 janv. 1834, de Chartres c. de Janzé.

**140.** — Le juge de paix ainsi commis ne saurait se déclarer incompétent, ni exiger, sous prétexte que le local de son audience est trop petit et son greffier empêché, qu'on lui procure un autre local et un greffier de la cour. — Même arrêt.

**141.** — De même, le président d'un tribunal de première instance délégné par une cour royale ne peut, à son tour, commettre pour le remplacer l'un des juges de ce tribunal. — *Toulouse*, 5 mars 1819, Couchon c. Béray.

**142.** — Quand les tribunaux, en commettant un juge de paix pour procéder à une enquête, le chargent en même temps de faire sur les lieux l'application des titres d'après les renseignemens qu'il est autorisé à se procurer, ce n'est pas là une expertise soumise pour son exécution aux formes établies en cette matière par le Code de procédure. — *Cass.*, 25 mai 1836, de Latour c. de Salannes.

**143.** — M. Chauveau (quest. 881) n'hésite pas à admettre qu'un juge de tribunal de commerce peut, quoique ce ne soit pas l'usage, être nommé commissaire à une enquête, parce qu'il a le caractère de juge.

**144.** — Mais il en est autrement d'un arbitre. Un tribunal de commerce ne pourrait renvoyer une enquête devant un arbitre. — *Toulouse*, 16 juill. 1827, Troy c. Barbé.

**145.** — Lorsqu'une enquête doit être faite en pays étranger, les juges qui l'ordonnent ne sont pas tenus de renvoyer à cet effet devant le consul de France. Ils délèguent valablement pour procéder les juges du pays. — *Cass.*, 18 août 1836 (t. 1er 1838, p. 453), Tête c. Germain; *Bruxelles*, 26 mars 1836, Delcrange. — Raviot, cout. Bourgogne, quest. 256, nos 16, 17 et 18; Émérigon, chap. 4, sect. 8e; Carré et Chauveau, quest. 988 *ter*; Bioche, n° 119.

**146.** — Dans le cas où l'enquête doit être faite par le juge d'un autre tribunal, le président de ce tribunal n'a pas le pouvoir de nommer seul le juge-commissaire. Il faut, à peine de nullité de l'enquête, que la nomination soit faite par le tribunal entier. — *Limoges*, 3 juin 1828, G. C.... — Thomine, t. 1er, p. 441; Bioche, n° 112; Pigeau, *Comment.*, t. 1er, p. 296.

**147.** — On présente donc requête au tribunal désigné. — Chauveau, tarif, n° 280.

**148.** — ... A moins, bien entendu, que le tribunal déléguant n'ait désigné lui-même un juge nommément.

**149.** — Le juge commis pour l'enquête l'est également pour la contre-enquête.

**150.** — Carré (quest. 981) enseigne que le tribunal pourrait néanmoins commettre deux juges, l'un pour l'enquête et l'autre pour la contre-enquête, s'il y avait lieu de croire que la confection de ces enquêtes n'exigeât un laps de temps tellement long qu'un seul juge ne pût les terminer dans le délai légal. — V. conf. Favard, t. 2, p. 345; Thomine, t. 1er, p. 439; Bioche, n° 104; Pigeau, t. 1er, p. 258. — Malgré l'autorité de ces auteurs, l'opinion contraire paraît préférable, car l'intention de la loi est évidemment que toutes les dépositions soient reçues par le même magistrat. Cela importe à la découverte de la vérité. Toutefois l'infraction de cette disposition de la loi n'entraînerait pas la nullité de la procédure. — *Bourges*, 31 août 1829, Guillot c. Vacher.

**151.** — Si les témoins sont empêchés ou trop éloignés pour se rendre devant le juge commissaire, celui-ci peut déléguer le président du tribunal de leur domicile pour recevoir leurs dépositions.

**152.** — Jugé qu'un tribunal qui a nommé un commissaire et fixé un délai pour l'enquête, peut, s'il y a lieu, nommer par un autre jugement de nouveaux commissaires et fixer un autre délai. — *Metz*, 7 juill. 1820, Michel c. Carni.

**153.** — La cessation des fonctions d'un juge commis pour procéder à une enquête rend nulles sa nomination et la procédure qui s'en est suivie jusqu'à son remplacement. En conséquence, il devient nécessaire de renouveler les formalités d'ouverture de l'enquête, et elle n'est censée commencée que par l'ordonnance du nouveau juge-commissaire à l'effet d'assigner les témoins. — *Cass.*, 3 juill. 1837 (t. 2 1837, p. 54), commune de Burkenval c. Arth.

**154.** — En cas d'empêchement légitime, il doit être pourvu au remplacement du juge-commissaire.

**155.** — Comment doit-on procéder au remplacement? Indistinctement, par une requête présentée au président du tribunal, ou par un simple avenir pour l'audience la plus prochaine. L'ordonnance du président ou le jugement qui intervient sont signifiés à la partie adverse ou à son avoué. On est dans l'usage de suivre le second mode. — *Angers*, 19 juill. 1822, sous *Cass.*, 18 juill. 1838, Hoisnard c. de Modoré, et cet arrêt. — Carré et Chauveau, quest. 984; Favard, t. 2, p. 345, n° 6; Thomine, t. 1er, p. 439; Boitard, t. 2, p. 176; Bioche, n° 105.

**156.** — Boncenne, t. 4, p. 237, insiste sur la nécessité de signifier le jugement portant nomination du nouveau juge-commissaire. — Arg. C. procéd., art. 147.

**157.** — La signification doit en avoir lieu avant l'ordonnance du nouveau juge qui permet d'assigner les témoins. — Bioche, n° 104; Boncenne, *ibid.*

**158.** — ... Et non pas en même temps que cette ordonnance, à peine de nullité. — *Cass.*, 3 juill. 1837 (t. 2 1837, p. 54), commune de Burkenval c. Arth.

**159.** — Lorsqu'une cour royale a infirmé un jugement qui refusait une prorogation d'enquête, et que plus tard il y a lieu de nommer un autre juge-commissaire à l'enquête, c'est au tribunal saisi de l'enquête, et non à la cour qui a rendu l'arrêt infirmatif, à faire cette nomination. — *Amiens*, 20 fév. 1824, communes de Dorcayt et de la Neuville c. Demont.

**160.** — Il a été jugé que lorsqu'un jugement commet le président ou le juge le plus ancien du tribunal, l'enquête peut être commencée par le premier, et continuée par le second en l'absence du premier, après une prorogation de délai, sans qu'il soit besoin de nouvelle délégation. — *Toulouse*, 6 janv. 1835, Lacombe c. Sarrante.

**161** ... — Et même qu'en cas d'empêchement du juge commis pour l'enquête, il peut y être procédé d'office par un autre juge, sans qu'il soit besoin d'un jugement qui le nomme. — V. la décision rapportée sous l'arrêt du 15 janv. 1830. Rignon.

**162.** — ... Enfin, que la délégation d'un juge de paix étant essentiellement adressée à la justice de paix du canton, l'enquête est valablement reçue par le suppléant du juge de paix, en cas d'empêchement de ce dernier. — *Liége*, 20 fév. 1812, Herbertz c. Stansweg; *Toulouse*, 6 janv. 1835, Lacombe c. Surrante; — Carré et Chauveau, quest. 984 *bis*. — V. en sens contraire *Cass.*, 17 mars 1819, Brédart; *Nîmes*, 28 avr. 1828, Lauzun c. Gineston. — D'après ces arrêts, le juge délégué ne peut en déléguer un autre, et le système contraire rend illusoire le droit de récusation soumis aux délais de l'art. 383. On ne peut se dissimuler la gravité de l'objection, Mais nous n'en croyons pas moins que le système de ces deux arrêts ne doit pas être adopté.

**163.** — Les deux arrêts précités ont jugé que la nullité résultant du remplacement du juge par son suppléant était d'ordre public et, comme telle, n'était pas couverte par l'acquiescement des parties. Cette solution n'est que la conséquence de la première.

**164.** — Ce qui a été dit ci-dessus ne s'applique qu'au cas où l'empêchement survient avant le commencement de la procédure, car, si l'enquête était commencée, il pourrait y avoir lieu, suivant les circonstances, à demander une prorogation. — Carré, quest. 984, note; Bioche, n° 108.

**165.** — Un juge ne peut jamais procéder à une enquête hors du ressort du tribunal dont il fait partie, car hors de leur territoire les juges ne sont que de simples particuliers. — Poncet, t. 1er, n° 121, 2°; Carré et Chauveau, quest. 988 *bis*; Bioche, n° 111.

**166.** — Il a cependant été décidé qu'un juge de paix commis par arrêt d'une cour royale pouvait procéder hors de l'étendue de son canton, parce qu'alors il n'agissait plus en sa qualité de juge de paix, mais comme commissaire de la cour. — *Amiens*. 22 fév. 1822, Lavisse c. Debove; *Cass.*, 27 mai 1823, mêmes parties. — Il nous semble difficile d'admettre même, dans l'espèce, que la délégation d'un tribunal supérieur suffise pour étendre les pouvoirs et la juridiction du tribunal inférieur. C'est ce qu'a jugé un arrêt de Toulouse du 2 janv. 1841 (t. 1er, 1841, p. 449), de Galard c. Moussel.

**167.** — L'enquête devant les juges de paix par suite de commission rogatoire, est soumise aux mêmes formalités que les enquêtes devant les tribunaux ordinaires. — *Limoges*, 4 juill. 1827, Thomas c. Guyonie, 6 août 1822, Barrière c. Bernard; *Orléans*, 17 août 1839 (t. 2 1839, p. 395), Joly; — Favard, p. 372; Demiau, p. 206; Thomine, n° 59; Augier, *Encycl. des juges de paix*, v° *Enquête*. p. 77; Boncenne, t. 4, p. 235; Carré et Chauveau, quest. 985; Bioche, n° 114. — *Contrà Caen*, 10 nov. 1827, Delaurière c. Nicolle; *Paris*, 26 juin 1809, Desgrignons c. Clément.

**168.** — Il a même été jugé qu'en matière sommaire, les formalités exigées par l'art. 413, C. proc., doivent être observées par le juge de paix délégué. — *Cass.*, 22 juill. 1827, Montegrenard c. Gonon.

**169.** — Mais avant le Code de procédure, le juge de paix commis par un tribunal à l'effet de procéder à une enquête était dispensé de suivre les formalités prescrites pour ce tribunal — *Rennes*, 5 avr. 1808, N...

**170.** — Le tribunal peut ordonner l'apport à son greffe du procès-verbal de l'enquête pour laquelle il a délégué un juge de paix. — *Bruxelles*, 25 fév. 1813, N...

**171.** — Le juge commissaire peut être récusé pour les mêmes causes que les autres juges. — V. RÉCUSATION.

**172.** — La récusation doit être proposée, aux termes de l'art. 383, dans le délai de trois jours.

**173.** — Si le jugement est contradictoire, le délai court du jour de sa prononciation; s'il est par défaut, du jour de l'expiration de la huitaine accordée pour l'opposition, lorsque le défaillant n'a pas usé de ce droit; sinon, en cas d'opposition, du jour de la prononciation du jugement de débouté. — C. procéd. civ., art. 383.

**174.** — Dans le cas où il est procédé à une enquête, non par le juge titulaire, mais par son suppléant à raison de l'empêchement du titulaire, la récusation contre le suppléant est recevable, même après l'expiration du délai, pour la proposer contre le titulaire. — *Nîmes*, 28 avr. 1828, Lauzun c. Gineston.

### ART. 3. — *Appel et opposition.*

**175.** — *Appel.* — Le jugement qui ordonne l'enquête étant interlocutoire, les parties peuvent en interjeter appel sans attendre le jugement sur le fond. — V. *suprà* n° 102.

**176.** — L'appel peut-il en être interjeté avant la huitaine? Carré (quest. 1014) enseigne la négative en se fondant sur ce que ce jugement n'est pas exécutoire par provision. Toutefois, le contraire a été jugé par la cour de Bourges (5 mai 1831, Feuillet c. Crazon). Et la cour de Cassation

(8 mars 1816, Heymann c. Studer) a même décidé que l'art. 450 n'était pas applicable aux jugemens interlocutoires. — Chauveau, quest. 1014.

177. — Les principes de l'appel s'appliquent tous à cette matière. — V. APPEL. — Ainsi, pour que l'appel soit recevable, il est nécessaire que la partie n'ait pas acquiescé au jugement.

178. — Elle y acquiesce en demandant à prouver des faits contraires à ceux allégués par son adversaire, ou en sollicitant une prorogation de délai pour faire contre-enquête. — *Metz*, 22 oct. 1817, Veler c. Meunier.

179. — ... Ou bien encore lorsque son avoué conclut à ce que les témoins soient entendus sans citation préalable, et si elle-même a assisté à l'enquête sans aucune protestation. — *Agen*, 17 août 1810, Durats c. Guichené.

180. —... Enfin si, après avoir assisté à l'enquête sans protestations ni réserves, elle a procédé à une contre-enquête. — *Poitiers*, 3 janv. 1832, de Rochebrune c. Valerien.

181. — Toutefois, la partie qui a fait signifier le jugement interlocutoire ordonnant l'enquête, et qui a assisté à cette enquête, n'est pas non recevable à appeler de ce jugement, en même temps que du jugement définitif, lorsque la signification et la comparution à l'enquête n'ont eu lieu que sous toutes réserves et protestations d'appel. — *Limoges*, 18 avr. 1837 (t. 1er 1838, p. 42), village de la Villaureix c. le hameau de Lacombe.

182. — ...Ou si elle n'a procédé à une contre-enquête que comme contrainte et forcée. — *Douai*, 15 déc. 1819, Wasservas c. Tison.

183. — Il a encore été décidé qu'une partie n'est pas irrecevable à appeler du jugement qui a ordonné une enquête par le motif que son avoué a été présent à l'audition des témoins, et qu'il s'est borné à faire des protestations. — *Rennes*, 18 déc. 1812, Coausson c. B... ; *Bordeaux*, 24 janv. 1832, Charriot c. Assurances; *Toulouse*, 8 août 1832, Panassia c. Redon.

184. — De même, lorsqu'un jugement exécutoire par provision a ordonné une enquête, et que la partie qui en a interjeté appel s'est présentée depuis à l'enquête pour y récuser des témoins, sans faire de réserves, on ne peut lui opposer qu'elle n'est plus recevable dans son appel. — *Metz*, 28 avr. 1818, Charbonneau c. Guillaume.

185. — La simple présentation par l'avoué, d'une requête au juge commissaire, pour obtenir jour pour faire entendre des témoins n'emporte pas non plus acquiescement au jugement qui a ordonné l'enquête, parce que ce fait n'émane pas de la partie elle-même. Il n'est pas nécessaire, pour rendre son appel recevable, qu'elle désavoue son avoué. — *Metz*, 10 fév. 1814, Herbain c. Béraud.

186. — Même solution si la requête est présentée avec toutes protestations et réserves. — *Limoges*, 18 avr. 1837 (t. 2 1837, p. 456), Riblerre c. Meuniers de Chambon ; *Agen*, 2 déc. 1830, préfet de Lot-et-Garonne c. Jarousse.

187. — On a jugé cependant qu'une partie acquiesce à un jugement ordonnant une enquête, lorsqu'elle présente au juge commissaire une requête tendant à obtenir la permission d'assigner les témoins ; que les réserves faites par cette partie lors de l'audition de ses témoins et de ceux de son adversaire ne détruisent pas cet acquiescement et ne rendent pas recevable l'appel du jugement interlocutoire. — *Agen*, 7 juill. 1824, de Ferragut c. Laberon; *Paris*, 14 nov. 1840 (t. 2 1840, p. 656), Guillaume c. Fèvre et Croissant ; *Bordeaux*, 4 avr. 1846 (t. 2 1846, p. 210), Denoy c. Mothes.

188. — Quant aux effets de l'appel, V. *infrà* nos 341 et suiv.

189. — *Opposition.* — L'opposition au jugement par défaut qui ordonne une enquête en suspend nécessairement l'exécution, et permet à la partie de dénier les faits articulés et d'en plaider la non pertinence. — V. *suprà* n° 58.

190. — Elle n'est recevable également qu'autant qu'il n'y a pas eu acquiescement au jugement.

191. — ... Ou, si le défaut est contre partie, qu'autant que le jugement n'est pas exécuté ou réputé tel (art. 158). La signification à partie de l'ordonnance du juge-commissaire portant permis d'assigner les témoins constitue, selon nous, un acte d'exécution suffisant. — V. *infrà* n° 218.

### Sect. 5e. — *Contre-enquête.*

192. — La position des parties ne serait pas égale, si, en admettant une partie à faire la preuve des faits qu'elle allègue, la preuve contraire n'était pas, dans tous les cas, réservée à la partie adverse. Aussi cette preuve est de droit (C. procéd., art. 256), et n'a pas besoin d'être autorisée par le jugement qui ordonne l'enquête.

193. — Il n'est pas nécessaire d'articuler les faits de la contre-enquête. — *Poitiers*, 25 janv. 1828, Prunier c. Baudry ; — Favard, v° *Enquête*, p. 345; Bioche, *ibid.*, n° 69; Thomine, t. 1er, p. 441 ; Carré et Chauveau, quest. 989 ; Pigeau, *Comment.*, t. 1er, p. 497 ; Boncenne, t. 4, p. 238.

194. — Aussi, lorsque le juge de paix, en ordonnant une enquête au profit du demandeur, n'a pas réservé la preuve contraire, et qu'ensuite, l'enquête parachevée, il a prononcé immédiatement la sentence, sans que le défendeur eût renoncé à faire entendre ses témoins, celui-ci peut encore être admis à ouvrir une contre-enquête devant le tribunal d'appel. — *Cass.*, 13 janv. 1836, Cailleteux et Liégeois c. Robinet-Limbourg.

195. — Mais la contre-enquête ne pourrait avoir lieu en appel, si le défendeur avait assisté à l'enquête sans procéder à la contre-enquête. — *Poitiers*, 25 janv. 1828, Langlois c. Morin ; — Carré et Chauveau, quest. 989 et 1136.

196. — Le tarif ne passe rien en taxe pour obtenir l'admission des faits de la contre-enquête. Ainsi, toute procédure serait frustratoire. — *Poitiers*, même arrêt ; — Favard, t. 2, p. 342 ; Thomine, Boncenne, Carré, Chauveau, Bioche, *ut suprà*.

197. — Même avant le Code de procédure, le jugement qui, en ordonnant une enquête, omettait de prononcer la contre-enquête n'était pas nul, cette contre-enquête étant de droit. — *Cass.*, 18 messid. an X, Plane c. Morin.

198. — Lorsque des faits ont été déclarés pertinens et admissibles, la partie qui doit les reconnaître ou les dénier ne peut articuler des faits contraires et être admise spécialement à en faire la preuve; la preuve contraire est de droit ; il devient dès-lors inutile de l'autoriser. — *Poitiers*, 26 août 1828, N...

199. — Cette preuve porte sur tout ce qui est de nature à établir la fausseté ou l'invraisemblance des faits de l'enquête. Le juge-commissaire ne pourrait donc se refuser à entendre les témoins de la contre-enquête par les motifs que leurs dépositions ne seraient pas concluantes. C'est aux tribunaux seuls qu'il appartient d'apprécier le mérite des témoignages.

200. — Ainsi, la faculté de prouver des faits de provocation est comprise dans l'admission générale à la preuve contraire. — *Bruxelles*, 5 juill. 1809, D...

201. — Celui contre lequel on demande à faire une enquête par commune renommée est admissible à faire preuve contraire par une enquête ordinaire. — *Bourges*, 19 juin 1808, Chassy c. Landrevie.

202. — Mais le défendeur qui n'a pas été autorisé à la preuve n'est pas recevable à établir les faits d'une demande reconventionnelle, car ce serait là une enquête directe. — Bioche, n° 57.

203. — On a vu *suprà* que le juge de l'enquête était celui de la contre-enquête. Quant à la question de savoir si le tribunal commettra deux juges, l'un pour l'enquête et l'autre pour la contre-enquête, V. *suprà* nos 149 et suiv.

204. — La partie contre laquelle on a fait une contre-enquête a le droit de s'en prévaloir, alors surtout qu'elle lui a été notifiée, nonobstant la déclaration de l'autre partie qu'elle renonce formellement à cette contre-enquête et qu'elle entend qu'elle soit considérée comme non avenue. — *Orléans*, 29 fév. 1840 (t. 1er 1840, p. 490), Thévard c. Radet; — Thomine, t. 1er, p. 142; Demiau-Crouzilhac, p. 215 ; Lepage, p. 200.

## CHAPITRE IV. — *Confection de l'enquête en matière ordinaire.*

### Sect. 1re. — *Délais de l'enquête et de la contre-enquête.*

205. — La loi fixe, à peine de nullité, des délais très courts pour commencer et terminer les enquêtes, afin de soustraire les témoins aux tentatives de subornation. — Rapport au Corps législatif.

#### ART. 1er. — *Délais dans lesquels l'enquête doit être commencée.*

206. — L'art. 257, C. procéd., distingue si l'enquête est faite au lieu même où le jugement a été rendu ou dans la distance de trois myriamètres, ou au contraire si elle est faite à une plus grande distance.

207. — Dans le premier cas, l'enquête doit être commencée, à peine de nullité, dans la huitaine du jour de la signification à avoué, et si le jugement a été rendu contre une partie qui n'avai point d'avoué, dans la huitaine du jour de la signification à personne ou domicile. Enfin, si le jugement est susceptible d'opposition, les délais courent du jour de l'expiration des délais de l'opposition. — C. procéd., art. 257.

208. — Dans le second cas, le jugement qui ordonne l'enquête doit fixer le délai dans lequel elle sera commencée. — C. procéd., art. 258.

209. — Nulle difficulté ne saurait s'élever quand le jugement est contradictoire. Le délai court de la signification à avoué. Cependant le défendeur peut ne pas avoir d'avoué, quoique l'enquête ait été contradictoirement ordonnée, par exemple, si son avoué est mort ou interdit, s'il s'est démis de ses fonctions, après que les qualités ont été posées, c'est-à-dire après que la cause était en état (Boitard, t. 2, p. 191) ; le délai ne court alors que par la signification à domicile. Telle est la disposition finale du § 1er, art. 257.

210. — On voit par cet exemple que le § 1er, art. 257, n'est pas en contradiction avec le § 2, même article, quand il dit que si la partie n'a pas d'avoué, le délai ne court que de la signification à partie, tandis que le § 2 porte au contraire que, si le jugement est susceptible d'opposition, l'expiration des délais de l'opposition fait seule courir le délai.

211. — MM. Carré et Chauveau (quest. 1002) et Bioche (n° 164) citent de plus le cas où un jugement adjuge contre une partie n'ayant pas d'avoué le profit du défaut précédemment joint au fond. En ce cas, il est vrai, le jugement est contradictoire quoique la partie ait continué de faire défaut ; mais, pour que le délai ne coure que du jour de la signification à domicile, il faut que l'enquête n'ait été ordonnée que contre cette partie ; car, si elle l'a été contre toutes les parties de la cause, la signification doit avoir lieu le même jour à avoué et à domicile.

212. — M. Bioche indique encore le cas où une partie s'est laissé débouter sans comparaître sur son opposition à un jugement par défaut ; mais il ne faut pas oublier que l'opposition au jugement par défaut doit contenir constitution d'avoué. Ce n'est donc qu'au cas où cette formalité serait omise qu'il y aurait lieu d'appliquer l'art. 257 dans son premier paragraphe.

213. — A plus forte raison ne peut-on admettre un autre exemple cité par MM. Carré et Chauveau d'un jugement qui déboute d'une opposition formée à un jugement qui a déjà débouté d'une première opposition (art. 165). Car, dans ce cas encore, il doit y avoir constitution d'avoué, et ce n'est pas en vertu de ce jugement que l'enquête a lieu, mais bien en exécution du jugement auquel l'opposition est formée ; c'est donc la signification de ce jugement seule qui règle les délais de l'enquête.

214. — En résumé, tout se réduit à examiner si le jugement ordonnant l'enquête est ou non susceptible d'opposition. — *Bordeaux*, 13 juin 1829, Bassoulet ; *Pau*, 11 déc. 1819, Dupuy. — V. aussi *Poitiers*, 12 fév. 1829, Sodin ; *Bordeaux*, 18 avr. 1831, Durolleau ; — Favard, t. 2, p. 349 ; Boncenne, t. 4, p. 244 ; Boitard et Chauveau, *ubi suprà*.

215. — Quant aux délais pendant lesquels l'opposition doit être formée, on distingue le jugement rendu par défaut contre avoué de celui rendu par défaut contre partie.

216. — Dans le premier cas, l'opposition n'est valable que pendant la huitaine de la signification du jugement à avoué.

217. — Par conséquent, le délai pour commencer l'enquête ne court que du jour de l'expiration de cette huitaine, c'est-à-dire qu'il se trouve circonscrit entre le huitième et le quinzième jour qui suivent la signification ; si donc elle était commencée avant cette huitaine, elle serait nulle. — *Poitiers*, 12 fév. 1829, Godin.

218. — Si le défaut a été, au contraire, prononcé contre partie, l'opposition est recevable jusqu'à l'exécution du jugement (C. procéd. civ., art. 158). Or, comment exécuter un jugement interlocutoire qui ordonne une enquête et réserve les dépens? Est-ce par la confection de l'enquête? Evidemment non, car l'on arriverait à ce résultat absurde que l'opposition serait possible tant que l'enquête n'aurait pas eu lieu, et que l'enquête ne pourrait avoir lieu tant que l'opposition serait possible. L'art. 159 règle l'exécution des jugemens par défaut ; il est vrai qu'il n'indique aucun moyen d'exécution applicable à l'espèce, mais les termes sont simplement indicatifs et non limitatifs. Il suffit donc, pour que le jugement soit réputé exécuté, qu'il y ait un acte duquel il résulte nécessairement que l'exécution en a été connue de la partie défaillante. Or, ce but est atteint lorsque l'ordonnance du juge commissaire lui a été signifiée. — Favard, p. 349 et 350 ; Demiau, art. 257 ; Bon-

ENQUÊTE. ch. 4, sect. 1re.

cenne, t. 4, p. 247; Bioche, nº 166.—*Contrà* Chauveau sur Carré, quest. 1004; Boitard, t. 2, p. 196; Pigeau, t. 1er, p. 500; Lepage, p. 195.

219.—Ainsi, huitaine après que le jugement a été signifié à domicile (car l'art. 155, C. proc., reçoit son application en matière d'enquête), le demandeur peut obtenir du juge commissaire l'ordonnance dont la signification fera courir le délai de l'enquête; mais rien ne l'y oblige et son droit est entier tant que le jugement n'est pas périmé, c'est-à-dire pendant six mois.

220. — M. Chauveau sur Carré (quest. 1004) ne voit, avec Thomine (art. 257), dans ces mots *délais de l'opposition*, que le temps pendant lequel l'attente de l'opposition suspend l'exécution du jugement, aux termes de l'art. 155, C. procéd. civ.; mais cette doctrine n'est pas en harmonie avec l'art. 257, § 2.

221. — De son côté, Boitard (t. 2, p. 196) suppose que les rédacteurs de ces articles ont oublié de distinguer les jugemens par défaut contre avoué des jugemens par défaut contre partie, et comme autrefois le délai de l'opposition était de huitaine dans les deux cas, il en conclut que leur intention a été que dans les deux cas aussi le délai de l'enquête fût le même. — V. dans ce sens Rodière, t. 2, p. 127.

222. — Au surplus, l'antagonisme n'est guère qu'apparent entre la plupart des auteurs, car ils décident presque tous que l'enquête pourra et devra être commencée dans la quinzaine de la signification du jugement; il ne s'agit donc plus que de savoir si, l'enquête étant commencée, la partie défaillante aura conservé le droit de former opposition au jugement, et quel est l'effet de l'opposition quant à la contre-enquête, question dont la solution est indiquée plus bas.

223. — De même que le délai de l'enquête est suspendu quand le jugement est susceptible d'opposition pendant la huitaine qui en suit la signification, de même, quand le jugement est contradictoire, l'enquête ne peut être commencée, aux termes de l'art. 450, C. procéd. civ., dans la huitaine de la prononciation. — *Pau*, 11 déc. 1819, Dupuy; *Bordeaux*, 13 avr. 1831, Durolleau. — V. cependant *suprà* nº 176.

224.—M. Bioche (nº 189) soutient que la signification du jugement contradictoire peut être faite dans la huitaine de la prononciation; mais il est, sur ce point, en contradiction avec ce qu'il enseigne sous les nºs 167, 168 et 169. Si l'adversaire, dit-il (nº 167), fait signifier le jugement avant l'expiration de cette huitaine, les délais pour commencer l'enquête sont suspendus; le demandeur ne pouvant agir, la déchéance ne peut non plus courir contre lui.—V. conf. Boitard, nºs 208 et 209; Carré et Chauveau, quest. 990 *bis*.—Tel est aussi notre avis, mais il a au moins le mérite de concorder avec notre opinion bien arrêtée que toute signification du jugement est interdite en ce cas pendant la huitaine.

225.— Avant le Code de procédure, le délai pour faire enquête ne courait contre celui qui l'avait obtenu que du jour de la sommation à lui faite par son adversaire.—*Cass.*, 7 flor. an X, Castelly c. Allègre; *Turin*, 11 janv. 1806, Gay c. Trèves; — Merlin, *Rép.*, vº *Enquête*, § 3, art. 1er et suiv.

226. — L'art. 257, C. procéd., a voulu, au contraire, que la signification du jugement fît courir les délais même contre celui qui l'a faite. Toutefois, cette disposition ne doit point être entendue d'une manière trop absolue; la signification, en effet, ne doit faire courir le délai d'enquête que lorsqu'elle est précisément faite dans ce but.

227. —Ainsi, quand un jugement accorde à une partie le droit de faire enquête et celui de demander une provision, cette partie peut, en signifiant le jugement, déclarer qu'elle n'entend, quant à présent, s'en servir que quant au chef qui concerne la provision; et elle peut plus tard le signifier une seconde fois pour faire courir le délai de l'enquête. — *Metz*, 20 juill. 1826, Plagneux c. Campanella.

228. — La signification d'un jugement qui ordonne une enquête faisant courir les délais contre toutes les parties en cause, le garant qui a pris fait et cause ne peut pas se prévaloir de ce que ce n'est pas lui, mais bien le garanti, qui a fait faire la signification. — *Cass.*, 8 mars 1816, Heymann c. Studer et Rueff.

229. —Dans une instance où il y a eu recours en garantie et en sous-garantie, quand il a été ordonné qu'une enquête ne serait commencée qu'après un certain délai, à compter de la dernière signification du jugement qui l'autorise, l'enquête est nulle si elle est commencée avant que le jugement ait été signifié à l'une des parties appelées en garantie ou sous-garantie. En pareil cas, la nullité a lieu, même à l'égard des parties vis-à-vis desquelles le délai prescrit a été observé. — *Bourges*, 30 mai 1831, Guillot c. Vacher; — Carré et Chauveau, quest. 1005 *bis*.

230. — Ce n'est qu'à partir de la dernière signification que le délai court.

231. — La signification à avoué du jugement est dispensée des formalités de l'art. 61 du Code de procéd. civ. — *Metz*, 11 fév. 1819, Heymann c. Studer; *Nîmes*, 17 déc. 1819, Bord c. Hébrard. — Carré et Chauveau, quest. 282; Bioche, nº 138.

232. — La cour royale de Metz (24 fév. 1831, Banrel c. Verdol) a cependant décidé que, lorsque la signification à l'avoué d'une partie de l'arrêt qui ordonne une enquête n'est pas donnée dans la forme ordinaire des exploits, et qu'elle n'est, par exemple, conçue que dans ces termes, non écrits même par l'huissier : « *Signifié et laissé copie à Me ....., avoué adverse, en son étude, parlant à son clerc, par moi, huissier,* » une pareille signification ne fait pas courir contre cette partie le délai accordé pour la contre-enquête.

233. — Quoi qu'il en soit, le garant qui a pris le fait et cause du demandeur originaire qui a commis la nullité dans la signification ne peut invoquer cette nullité, surtout s'il a exécuté le jugement dans l'une de ses parties après la signification irrégulière. — *Metz*, 11 fév. 1819, Heymann c. Studer.

234. — Est valable l'affirmation par extrait du jugement, pourvu que l'extrait contienne le dispositif du jugement, les faits à prouver et le nom du juge-commissaire. — *Bruxelles*, 6 avr, 1831, Gérard c. Lelong.

235. — ... Ou bien encore celle dont la date ne fait pas mention du mois, lorsque cette date résulte d'autres actes également signifiés, si d'ailleurs l'avoué de la partie qui propose la nullité a pris part à l'enquête. — *Riom*, 19 août 1817, Chaumont.

236. — L'omission dans la copie signifiée de la mention de la signature du greffier n'entraîne pas la nullité de la signification et par suite celle de l'exécution qui a eu lieu de l'arrêt par l'enquête et la contre-enquête. — ... Surtout si la partie qui se plaint de l'omission a elle-même exécuté l'arrêt en procédant à la contre-enquête. — *Cass.*, 16 août 1836 (t. 2 1837, p. 42), dame d'Hervilly c. comm. de Blye.

237. — Mais il y a nullité si le jugement qui ordonne l'enquête n'a été signifié qu'après l'enquête commencée.—Toutefois la nullité est couverte si la partie qui a assisté à l'enquête et a reproché des témoins, quoiqu'elle ait fait des réserves.— *Bourges*, 9 janv. 1828, Aurousseau c. de Feuillens; *Pau*, 11 déc. 1819, Duruy; *Limoges*, 14 déc. 1826, Morel c. Peyroche; *Bourges*, 14 juill. 1828, comm. de Neuvy c. Moreaux. — *Contrà Angers*, 19 juill. 1832; sous l'arrêt de *Cass.*, 18 juill. 1833, Hoisnard c. Marion.

238. — ... Ou s'il n'a été signifié qu'après l'ordonnance du juge-commissaire. — *Limoges*, 14 déc. 1811, Morel c. Peyroche; *Besançon*, 2 mars 1815, N..... — Carré-Chauveau, quest. 990 *bis*. — V. aussi *Bourges*, 30 mai 1831, Guillot c. Vacher.

239. — Jugé cependant qu'une enquête est régulièrement commencée par la signification du jugement qui l'ordonne, quoique faite en même temps que celle de l'ordonnance du juge-commissaire. — *Metz*, 19 avr. 1811, Macheray c. Delviche.

240. — La disposition de l'art. 257, relative au délai dans lequel l'enquête doit être commencée n'est plus applicable si le jugement a omis de commettre un juge pour y procéder. La partie admise à la preuve n'est pas alors tenue, sous peine de déchéance, de demander dans un délai déterminé que l'omission soit réparée.— *Bruxelles*, 26 fév. 1824, V... c. C...; *Paris*, 2 janv. 1815, Bobée c. Larpenteur;— Favard, t. 2, p. 247; Carré-Chauveau, quest. 990 4º.

241. — Lorsqu'il y a avoué en cause et que le jugement qui ordonne une enquête fixe le délai pour la commencer à partir de *sa signification*, sans ajouter *à avoué* ou *à domicile*, le délai court de la signification à avoué, soit que l'enquête doive être faite dans la distance de trois myriamètres, soit qu'elle doive être faite à une plus grande distance. — *Bourges*, 10 avr. 1826, Boizet.

242.—Quand en ordonnant une enquête pour le cas où certains faits allégués par l'une des parties seraient déniés par l'autre, un arrêt a décidé que le délai de l'enquête courrait du jour de la dénégation, cela suppose une signification préalable du jugement; dès-lors, bien que la dénégation ait lieu auparavant, le délai de l'enquête ne commence à courir que du jour de la signification ultérieure du jugement. — *Poitiers*, 28 juin 1833, Guillonnet.

243. — Dans le cas où un arrêt ordonne que dans le délai de trois mois à dater de la signification une partie prouvera certains faits par témoins devant un juge dont la résidence est à moins de trois myriamètres du siége de la cour, l'enquête n'en doit pas moins être commencée dans la huitaine de la signification du jugement. — *Limoges*, 17 juill. 1822, Bonnet c. Maury.

244. — L'art. 257 est applicable à l'enquête par commune renommée.—*Bourges*, 2 juin 1824, Chaumier c. Boucle.

245. — ...Et en matière de vérification d'écriture.—*Cass.*, 8 mars 1816, Heymann c. Studer.

246. — Le délai de l'art. 257 ne peut être prorogé. — *Cass.*, 13 nov. 1816, Lafont c. Gouuon; *Nancy*, 15 janv. 1813, Lebrun c. Margadat; — Berriat, p. 288; Favard, t. 2, p. 350; Bioche, nº 142.

247. — Mais il est suspendu dans les cas où il y a lieu à reprise d'instance et constitution de nouvel avoué. — Bioche, nº 189. — La solution ci-dessus n'est applicable qu'au cas où la partie qui poursuit l'enquête vient à perdre son avoué, car on a vu (*suprà*) qu'un jugement pouvait être contradictoire quoique le défendeur fît défaut, et que la seule conséquence du défaut était que le délai de huitaine ne commençait à courir que de la signification du jugement à domicile.

248. — Si donc l'avoué du défendeur décède après le jugement, ses significations relatives à l'enquête sont valablement faites à la partie elle-même. — Bioche, nº 135.

249. — Jugé, toutefois, qu'il y a lieu à reprise d'instance lorsque l'avoué s'est démis de ses fonctions avant le jour fixé pour l'audition des témoins. — *Toulouse*, 5 août 1839 (t. 2 1839, p. 611), Daigny c. Ville-Renier. — V. *contrà Bruxelles*, 15 avr. 1832, Dovochet c. Driessens; — Chauveau et Carré, quest. 1018.

250. — Il est encore suspendu dans les cas de force majeure. — Bioche, *ibid.*

251. — Mais il ne l'est pas pendant les vacations, sauf, dans le cas où le juge-commissaire ne ferait pas partie de la chambre des vacations, à le faire remplacer. — *Cass.*, 21 avr. 1812, Cilis c. Dol; *Rouen*, 15 juin 1818, Chevalier. — V. *contrà Grenoble*, 20 nov. 1812, N...

252. — ... Ni pendant les jours fériés, lors même que l'échéance de la huitaine aurait lieu l'un de ces jours. D'ailleurs, la partie peut obtenir du juge la permission de procéder un jour férié (C. procéd., art. 1037). — *Cass.*, 7 mars 1814, Saller c. maire de Curey; — Merlin, *Rép.*, vº *Délai*, sect. 1re, § 3; Berriat, p. 288; Favard, t. 2, p. 346 et 364; Bioche, nº 191.

253. — En présence de l'art. 257, § 1er, un tribunal peut-il dire que la huitaine pour commencer l'enquête ne courra qu'après quinzaine de la signification du jugement à domicile; en un mot, peut-il reculer le point de départ du délai? — Non; l'art. 258 permet seulement d'augmenter les délais de l'enquête quand ceux de la loi sont insuffisans. — Chauveau sur Carré, quest. 1008 *bis*; Bioche, nº 157.

254. — Mais cette faculté accordée, il y a nullité si l'enquête est commencée avant le délai.— Chauveau et Bioche, *ibid.* — V. *contrà Bourges*, 27 mars 1832, Bonnamy c. Pecquet.

255. — On examinera plus bas quelle est l'influence de l'appel et de l'opposition sur les délais de l'ouverture de l'enquête, et sur la procédure même de l'enquête.

256. — On sait déjà que la signification du jugement à la partie, en l'étude de son avoué, ne fait pas courir le délai du pourvoi en cassation. Il faut que la signification soit faite à domicile. — Bioche, nº 134.

257.— Avant le Code de procédure, on ne devait compter, dans le delai donné pour faire une enquête, ni le jour de la signification du jugement qui ordonnait cette opération, ni le jour de l'échéance. — *Cass.*, 28 brum. an II, Proux c. Roses.

258. — Aujourd'hui, ce délai ne comprend pas le jour de la signification du jugement.—*Pau*, 6 déc. 1809, Cambail c. Manaud; — Carré et Chauveau, quest. 997; Favard, p. 349; Pigeau, *Comment.*, t. 1er, p. 491; Bioche, nº 140.

259. — Mais il comprend le jour de l'échéance. —Favard, t. 2, p. 349; Pigeau, t. 1er, p. 499; Thomine, t. 1er, p. 443; Carré et Chauveau, quest. 651 *bis*.

260. — L'enquête est censée commencée pour chacune des parties respectivement par l'ordonnance qu'elle obtient du juge-commissaire à l'effet d'assigner les témoins aux jour et heure par lui indiqués. — C. procéd., art. 258.

261. — L'enquête doit être commencée dans la huitaine de la signification du jugement qui l'ordonne; mais comme aux termes de l'art. 259 l'enquête, ainsi qu'on vient de le voir, est censée commencée pour chacune des parties par l'ordonnance qu'elle obtient du juge-commissaire, il résulte de ces dispositions combinées que les parties ne sont

pas libres de commencer l'enquête quand elles le veulent, et que la négligence du juge peut les exposer à voir prononcer la nullité de l'opération.

262. — Aussi un arrêt a-t-il décidé que, lorsque la partie a, dans les délais, présenté requête à l'effet d'assigner les témoins et fait toutes les diligences nécessaires, elle n'est pas déchue de la faculté de faire enquête par cela seul que le juge n'a pas cru devoir obtempérer à cette requête. — *Metz*, 7 juill. 1820, Michel c. Curin.

263. — Si l'on admettait que la partie fût déchue de son droit de faire enquête par le seul fait du refus du juge d'obtempérer à sa requête, il faudrait nécessairement réserver à cette partie une action en dommages-intérêts contre le juge.

264. — Nous pensons d'ailleurs, avec la cour de Bourges, que la circonstance que le magistrat auquel on s'est adressé pour commencer une enquête a élevé des difficultés sur les pièces à lui produites, que ces pièces se sont adirées au greffe, et que, pendant ce temps, le délai pour commencer l'enquête a expiré sans qu'on ait pu se mettre en mesure, ne peut pas être considérée comme un cas de force majeure. — *Bourges*, 10 avr. 1826, Boizet.

265. — Il n'est pas nécessaire, pour satisfaire à l'art. 257, C. procéd., c'est-à-dire pour que l'enquête soit commencée, de faire entendre des témoins dans la huitaine de la signification du jugement qui l'ordonne. — *Paris*, 28 déc. 1812, Alstorphins c. Texier.

266. — Mais l'ordonnance doit être mise à exécution, c'est-à-dire que les témoins doivent être assignés pour le jour indiqué. — *Bruxelles*, 31 déc. 1811, Crepy.

267. — Selon MM. Chauveau et Carré (quest. 1011), pourvu que la partie se trouve dans les délais légaux, elle peut réparer, en les recommençant, les fausses démarches dans lesquelles elle s'est engagée. Si donc elle n'a pas assigné les témoins ou si elle en a découvert de nouveaux, elle peut réclamer une seconde ordonnance, pourvu toutefois que, dans ce dernier cas, le juge-commissaire soit convaincu de l'utilité de nouvelles assignations. De même, si le juge-commissaire a, par erreur, indiqué pour la comparution des témoins un jour férié, une ordonnance rectificative doit être délivrée, et ce ne serait pas le cas de solliciter une prorogation de délai. — V. *infrà Turin*, 10 avr. 1811, Belvedère c. Salla; *Nîmes*, 14 août 1828, Albignac; — Pigeau, *Comm.*, t. 1er, p. 541; Favard, t. 2, p. 351; Thomine, t. 1er, p. 449.

268. — Jugé par suite que, lorsque l'audition des premiers témoins est nulle, le juge-commissaire peut délivrer une ordonnance pour permettre d'en faire assigner de nouveaux, pourvu que le jour de cette nouvelle audition soit dans la huitaine de la première. — Peu importe que cette seconde audition et l'ordonnance qui l'a permise soient éloignées de plus de huitaine du jour de la signification du jugement qui a ordonné l'enquête. La première audition, quoique nulle, a rempli les délais, et l'on ne peut pas dire que l'enquête n'a été commencée que par la seconde ordonnance. — *Cass.*, 5 déc. 1815, Moisson et Leroy c. Pauthin-Beauchamp; — Carré et Chauveau, quest. 1011.

269. — Mais la simple fixation que fait le juge d'un jour pour procéder à l'enquête ne supplée pas l'ordonnance. — *Bruxelles*, 18 déc. 1811, Caudron c. Boulanger.

270. — ... Surtout si cette indication n'est pas suivie de l'autorisation d'assigner les témoins. — *Bruxelles*, 22 fév. 1821, Willems c. P...

271. — Il en est autrement lorsqu'un juge-commissaire auquel est présentée une requête, afin de faire entendre les témoins d'une contre-enquête par voie de commission rogatoire, a déclaré dans son ordonnance l'ouverture du procès-verbal de la contre-enquête, bien que le procès-verbal n'ait pu être matériellement ouvert qu'après lesdits délais par le juge chargé de la commission rogatoire. — *Paris*, 15 mars 1841 (t. 1er 1841, p. 411), Fournier.

272. — Ce serait en vain que, pour se dispenser de commencer son enquête dans la huitaine de la signification du jugement, la partie déclarerait se désister de sa signification; ce désistement serait sans effet et n'empêcherait pas les délais de courir. Il ne peut être au pouvoir d'une partie de proroger par sa seule volonté des délais qui ne pourraient pas même être prorogés par le juge. — *Limoges*, 22 juin 1822, Beygaud c. Hinard. — *Contrà* Chauveau sur Carré, quest. 1011.

273. — Le délai de huitaine fixé par l'art. 257 pour le cas où l'enquête se fait sur les lieux ou dans une distance de trois myriamètres, ne peut être augmenté par le juge. — *Nancy*, 15 janv. 1813, Lebrun c. Margadat; *Cass.*, 13 nov. 1816, Lafont c. Gounon; *Limoges*, 22 juin 1822, Beygaud c. Hinard; 17 juill. 1822, Bonnet c. Maury.

274. — C'est seulement lorsque l'enquête doit se faire à une plus grande distance que l'art. 258 lui accorde la faculté de fixer le délai qu'il croit nécessaire.

275. — La fixation de ce délai est alors abandonnée à son arbitrage et sa décision échappe à la censure de la cour de Cassation. — *Cass.*, 18 août 1836 (t. 1er 1838, p. 453), Tête c. Germain.

276. — Dans le cas où des témoins éloignés doivent être entendus par un juge étranger, les tribunaux peuvent fixer un délai pour commencer l'enquête à l'égard de ces témoins, et un autre délai plus court à l'égard de ceux qui peuvent être entendus dans la ville où siége le tribunal qui a prescrit l'enquête. — Carré et Chauveau, quest. 1006; Bioche, n° 158.

277. — Ils ont le droit, suivant les circonstances, après avoir fixé un premier délai, d'en accorder un second. — *Metz*, 7 juill. 1820, Michel c. Curin.

278. — Le délai imparti peut également être prorogé seulement en faveur d'une des parties dont les témoins sont éloignés. — Carré, *ibid.*; Favard, p. 351.

279. — Le point de départ du délai est valablement fixé à compter seulement de la signification du jugement à domicile, bien qu'il y ait avoué en cause de part et d'autre, car l'art. 257 n'est pas applicable en pareil cas. — *Cass.*, 21 juill. 1836, Ravion c. Béguin.

280. — Mais si le jugement garde le silence à cet égard, le délai court de la signification à avoué — *Bourges*, 10 avr. 1826, Boizet.

281. — Jugé que, le délai de deux mois accordé par un jugement pour faire une enquête ne commençant à courir que du jour de la signification du jugement, tant que la signification n'a pas eu lieu l'enquête est valablement faite, quoique plus de deux mois se soient écoulés depuis le jugement. — *Metz*, 8 mars 1826, Creton c. Lambeaux.

282. — Les art. 122 et 123 du Cod. de proc. civ. ne sont pas applicables à l'enquête, dans le cas d'un jugement contradictoire. — *Limoges*, 27 déc. 1822, Darfeuille c. Corceix; — Chauveau sur Carré, quest. 1007; Bioche, n° 156. — *Contrà* Favard, t. 1er p. 616, v° *Compte*, n° 4.

283. — Le seul délai légal pour commencer l'enquête est celui qu'a fixé le jugement. — Même arrêt; *Bourges*, 4. déc. 1839 (t. 2 1840, p. 249), Monin c. Vincent.

284. — Le droit de déterminer ce délai appartient exclusivement au tribunal commis pour recevoir une nouvelle enquête et non à la cour royale qui, après avoir annulé la première enquête, en ordonne une seconde. — *Cass.*, 15 juill. 1818, Cadena c. Marre; — Bioche, n° 149.

285. — Le tribunal qui a reçu commission rogatoire pour procéder à une enquête ne peut pas fixer le délai dans lequel cette enquête sera commencée, lorsque le jugement qui a ordonné l'enquête a omis de remplir cette formalité. — *Metz*, 14 mai 1834; sous *Cass.*, 28 fév. 1838 (t. 1er 1838, p. 275), Venger c. Thiriet.

286. — Le délai fixé en conformité de l'art. 258 est fatal aussi bien que celui de l'art. 257. — *Rennes*, 9 mai 1810, Brouillard c. Bourcard; *Grenoble*, 17 juin 1817, N.; *Nîmes*, 2 avr. 1830, Auriole c. Guichard; *Orléans*, 11 nov. 1830, Nau; — Boitard, t. 2, p. 298; Carré sur Chauveau, quest. 1008; Favard, t. 2, p. 351; Berriat, p. 288; Bioche, n° 153. — *Contrà* Lepage, p. 195.

287. — Mais si les juges ont omis de déterminer le délai dans lequel l'enquête devra être faite, leur jugement se trouve-t-il vicié? — La négative résulte évidemment de ce que l'art. 258 n'attache pas la peine de nullité à l'inobservation de ses prescriptions. — *Liége*, 27 juin 1811, Schlaass c. Hermatul; *Bordeaux*, 13 juin 1830, Rondeau c. Roy; *Cass.* 28 fév. 1838 (t. 1er 1838, p. 275), Venger c. époux Thiriet; *Bourges*, 4 déc. 1839 (t. 2 1840, p. 249), Monin c. Vincent.

288. — Il faut alors revenir devant le tribunal pour faire fixer le délai par un second jugement. — *Rennes*, 4 févr. 1809, N. c. N.; — Pigeau, *Comm.*, t. 1, p. 502; Bioche, n° 150. — V. aussi *Bordeaux*, 13 juin 1830, Rondeau c. Roy.

289. — Il est rendu sur un simple acte contenant avenir pour la prochaine audience. — Pigeau, *Comm.*, t. 1er, p. 502; Chauveau, quest. 1001.

290. — Par conséquent, le demandeur n'encourt aucune déchéance à l'expiration du délai de huitaine, tant que le second jugement n'a pas été rendu. — *Liége*, 27 juin 1811, Schlaass c. Hermatul; *Cass.*, 28 févr. 1838 (t. 1er 1838, p. 275), Venger c. Thiriet.

291. — L'enquête close, une partie ne serait pas recevable à en plaider la nullité par le motif qu'aucun délai pour la commencer n'aurait été fixé. — Bioche, n° 160.

292. — La nullité résultant de l'inobservation du délai fixé par l'art. 257 ou de celui fixé en conformité de l'art. 258, doit être prononcée lors même que toutes les diligences nécessaires ont été faites par la partie et que la faute est personnelle au juge-commissaire. — Bioche, n° 161. — *Contrà* arg. *Metz*, 7 juill. 1820, Michel c. Curin.

293. — ... Sauf, suivant les circonstances, recours contre le juge. — V. *infrà* nos 980 et suiv.

294. — Dans le cas de l'art. 257 comme dans celui de l'art. 258, la signification du jugement fait courir le délai non seulement contre la partie qui le signifie, mais encore contre celle à qui la signification est faite.

295. — Cependant, le délai ne peut courir que par une double signification quand le jugement admet les deux parties à prouver des faits différens. — Bioche, n° 163.

296. — Quant aux nullités résultant soit de l'inobservation des délais pour commencer l'enquête, soit de l'inobservation des formalités prescrites par la loi, elles doivent, aux termes de l'art. 173, C. procéd. civ., être proposées avant toute défense ou exception autre que les exceptions d'incompétence. Nous aurons occasion de revenir sur ce principe et sur la valeur des réserves que peut faire une partie de proposer ces exceptions.

297. — Nous nous bornons à indiquer qu'il a été jugé que la nullité prononcée par l'art. 257 est couverte si elle n'est proposée avant toute procédure ultérieure, même avant l'audition des témoins, et cela nonobstant toutes protestations, si celles-ci sont vagues et indéterminées. — *Rennes*, 15 nov. 1820, Masson c. Bergot.

298. — Jugé aussi que la partie qui reproche les témoins produits contre elle dans une enquête et qui procède à une contre-enquête ne cesse pas d'être recevable à demander la nullité de la première de ces opérations pour inobservation des délais légaux, si elle a invoqué cette nullité devant le juge-commissaire et s'est réservé de la faire valoir devant le tribunal. — *Colmar*, 15 juill. 1833, Denis M... c. Zénon G...

299. — Toutefois, il a été décidé que le moyen de nullité pris de ce qu'une enquête ou une contre-enquête n'a été commencée qu'après l'expiration des délais, ne constitue pas une simple exception préjudicielle ou omission d'une formalité de procédure, mais un moyen du fond, proposable, par conséquent, pour la première fois en appel. — *Toulouse*, 8 août 1832, Panassier c. Redon.

ART. 2. — *Délais dans lesquels l'enquête doit être terminée.*

300. — L'enquête, dit l'art. 278, C. procéd. civ., sera respectivement parachevée dans la huitaine de l'audition des premiers témoins, à peine de nullité, si le jugement qui l'ordonne n'a fixé un plus long délai.

301. — On doit entendre cet article en ce sens que le délai de l'enquête ne court, pour chaque partie, que du jour de l'audition de ses propres témoins. — *Metz*, 26 mai 1820, Jaclot c. Claude.

302. — Ce délai n'est pas franc. — Thomine, t. 1er, p. 479; Bioche, n° 460.

303. — Il court du jour de l'audition réelle des témoins et non du jour indiqué par le juge-commissaire. — Art. 278.

304. — ... Quand même une première assignation aurait été donnée inutilement. — *Turin*, 19 avr. 1811, Belvédère c. Salla; — Pigeau, *Comment.*, t. 1er, p. 530; Bioche, n° 461; Carré et Chauveau, quest. 1011 et 1087. — *Contrà* Thomine, t. 1er, p. 479; Boitard, t. 2, p. 219.

305. — Ce délai est fatal; cependant il peut être suspendu en cas de force majeure, de même que celui accordé pour l'ouverture de l'enquête. — V. *suprà* n° 250.

306. — ... Ou dans le cas où il y aurait lieu à reprise d'instance. — V. *suprà* n° 247.

307. — La continuation d'une enquête ou d'une contre-enquête, de même que l'enquête ou la contre-enquête, doit être achevée dans la même huitaine. — *Toulouse*, 8 août 1832, Panassier c. Redon.

308. — Mais la partie qui a déclaré consentir à la continuation d'une enquête, sauf les moyens de reproche et de nullité de l'enquête, le cas échéant, n'est pas recevable à demander la nullité de cette continuation. — *Colmar*, 19 mars 1806, N... — V. aussi *Cass.*, 8 oct. 1808, Morel c. Carbonel; — *Praticien franç.*, t. 2, p. 180; Carré et Chauveau, note sur l'art. 278. — V. cependant arg. *Cass.*, 9 mars 1836, Bonhomme c. de Varennes; — Bioche, n° 467.

309. — De même, si, au cours d'une enquête, il intervient un compromis d'arbitrage entre les parties, et que les arbitres ne prononcent pas, il y a lieu d'accorder un délai nouveau pour parachever l'enquête et même pour faire entendre de nouveaux témoins. — *Grenoble*, 28 déc. 1818, Genet c. Garagnolle. — V. aussi, par analogie, *Paris*, 14 août 1809, Haller c. Ducater; — Carré et Chauveau, *ibid.*

310. — V. d'ailleurs pour les autres questions, *infrà* art. 4 et 5.

ART. 3. — *Influence de l'appel du jugement qui ordonne l'enquête sur les délais d'enquête et de contre-enquête.*

311. — L'enquête devant être commencée dans des délais déterminés, sous peine de nullité, il importe beaucoup d'examiner les événemens qui peuvent modifier ce délai. L'appel est le plus fréquent de tous. Plusieurs distinctions sont nécessaires.

312. — D'abord, le délai de trois mois accordé pour l'appel n'est pas suspensif. — *Paris*, 23 mars 1810, Hurel; *Cass.*, 25 janv. 1820, Brunet c. Dupeyron; *Agen*, 20 juill. 1824, Brunet c. Dupeyron; *Cass.*, 9 mars 1836, Bonhomme c. de Varenne; *Aix*, 6 déc. 1837 (t. 1er 1838, p. 146), Cauvi; *Paris*, 18 juin 1840 (t. 2 1840, p. 742), Sauvineau; — Carré et Chauveau, quest. 991; Berriat, p. 289, no 27; Thomine, t. 1er, p. 445; Favard, t. 2, p. 348, no 3; A. Chauveau, *Dict. de procéd.*, vo *Enquête*, no 1848. — V. *contrà Toulouse*, 21 juill. 1817, sous l'arrêt de *Cass.*, 25 janv. 1820, ci-dessus.

313. — Ainsi, l'enquête et la contre-enquête devant être faites dans les mêmes délais, aux termes de l'art. 256, l'appel que le défendeur interjetterait, après la confection de l'enquête, ne le relèverait pas de la déchéance encourue, s'il n'avait pas de son côté procédé à la contre-enquête, car prétendre le contraire, ce serait dire que le délai de l'appel suspend celui de l'enquête. — Carré et Chauveau, quest. 1005; Boncenne, t. 4, p. 255; Thomine, t. 1er, p. 445; Bioche, no 174. — V. *contrà Paris*, 15 janv. 1830, Bignon; 13 mars 1832, Tillier c. Cathelin.

314. — Jugé également et à plus forte raison que la partie admise à faire une enquête, qui a laissé expirer le délai sans faire entendre ses témoins, n'est pas relevée de cette déchéance par l'appel que son adversaire interjette en suite du jugement qui a ordonné l'enquête. — *Riom*, 15 mars 1830, Soubries c. Delseryes.

315. — Il en serait autrement si l'appel était interjeté avant l'ouverture de l'enquête. — *Paris*, 18 juin 1840 (t. 2 1840, p. 742), Sauvineau.

316. — L'appel, au contraire, a un effet suspensif, non seulement à l'égard du délai pour commencer l'enquête, mais encore à l'égard de la procédure. — *Rouen*, 30 mai 1807, Huillard c. Morel; *Poitiers*, 22 janv. 1828, Pignon; — Boitard, t. 2, p. 189; Bioche, no 173. — V. en outre les auteurs et les arrêts cités *suprà* no 312.

317. — Il n'est même pas nécessaire de dénoncer l'appel au juge commissaire.

318. — Cependant, l'enquête ordonnée par un jugement non exécutoire par provision n'est pas nulle, quoiqu'elle ait été faite depuis l'appel, si les assignations ont été données aux témoins et au défendeur avant cet appel. — *Metz*, 18 juin 1817, Hilt c. Gérardin.

319. — Nous avons déjà dit (nos 170 et suiv.) que le jugement qui ordonne une enquête n'est pas exécutoire par provision, et nous en avons tiré cette double conséquence : 1o que le délai de l'ouverture de l'enquête est suspendu pendant la huitaine qui suit la prononciation; — 2o que l'appel en est également prohibé pendant cette huitaine. — C. procéd., art. 450.

320. — S'il était exécutoire par provision, il faudrait, pour arrêter le cours de la procédure, se pourvoir en cour royale et obtenir des défenses. — V. EXÉCUTION PROVISOIRE.

321. — Au surplus, l'exécution provisoire ne doit être prononcée que conformément à l'art. 135, C. procéd. civ. Un jugement ne pourrait donc pas ordonner par provision une enquête, en se fondant sur ce qu'il y aurait à craindre le dépérissement de la preuve dans le cas d'un appel. — *Rennes*, 10 mars 1810, Leteurnel c. Durocheret; — Pigeau, *Comment.*, t. 1er, p. 499; Boitard, t. 2, no 165; Boncenne, t. 4, p. 238; Carré-Chauveau, quest. 992; Bioche, no 177. — *Contra Nîmes*, 5 janv. 1808, Causse; 29 mars 1808, Chavagnac c. N...; *Rennes*, 21 déc. 1809, N...

322. — Il est à remarquer que l'autorisation de procéder provisoirement à l'enquête a été accordée en appel seulement, sans préjudice du fond, par ces deux derniers arrêts qui, pour cela, n'ont pas jugé toutefois que le jugement d'enquête était exécutoire par provision.

323. — Lorsque le jugement qui ordonne l'enquête a été confirmé sur appel, les délais suspendus par l'appel interjeté recommencent à courir, mais à compter seulement du jour de la signification de la décision d'appel, et non à partir du jour où cette décision est rendue.

324. — La procédure ne doit donc être commencée ou reprise qu'après la signification de l'arrêt confirmatif, sans cependant qu'il en résulte une déchéance, si la partie est encore dans les délais.

325. — L'arrêt est signifié par l'avoué d'appel de l'intimé à l'avoué d'appel de l'appelant, à peine de nullité. — *Paris*, 18 juin 1835, Lavialle.

326. — Il doit être également signifié à l'avoué de première instance, car la signification à l'avoué d'appel n'a d'autre but que de faire connaître à ce dernier que sa mission est terminée. L'exécution est renvoyée devant le tribunal de première instance. Or, l'avoué, qui n'est, en définitive, que le mandataire de sa partie, n'a légalement connaissance de l'arrêt que par cette signification. — C. procéd. civ., art. 14. — *Trèves*, 16 déc. 1811, Schmitt c. Wurtzweiller; *Limoges*, 26 fév. 1840 (t. 2 1840, p. 54), Fontange c. Redon; — Boncenne, t. 4, p. 256; Thomine, no 521; Berriat, p. 289, note 27; Bioche, no 181; Carré-Chauveau, quest. 994.

327. — C'est donc avec raison que la cour de Turin (4 déc. 1809, Bonfante) a décidé que, si une partie se désiste de l'appel d'un jugement qui ordonne une enquête, le délai pour la commencer ne court que du jour où l'acceptation du désistement a été signifiée à l'avoué de première instance, sans égard à la signification antérieure faite à l'avoué d'appel.

328. — La cour de Rouen (30 mai 1817, Huillard c. Morel) a jugé aussi que le poursuivant devait être préalablement mis en demeure par une sommation de son adversaire.

329. — Mais son opinion a été condamnée par la cour de Cassation le 17 déc. 1823 (Bosfant c. Larigaudie). — V. en ce sens *Bordeaux*, 28 août 1829, Rouzeau c. Quinquette; *Paris*, 15 janv. 1830, Reynon. — Il est à remarquer que, dans les espèces de ces arrêts, l'arrêt avait été signifié à partie, et que l'on a fait courir le délai du jour de cette signification. — V. conf. *Grenoble*, 22 janv. 1831, Boissier c. Brunet. — Cette circonstance nous touche peu, car ce n'est pas au client d'avertir l'avoué des exigences de la loi, mais bien à celui-ci à guider son client.

330. — Jugé aussi que, lorsqu'à défaut de constitution d'avoué, le jugement qui ordonne une enquête a été signifié à partie, et que son exécution se trouve suspendue, soit par l'appel, soit par le pourvoi en cassation; il suffit, pour donner suite à l'enquête, que les arrêts confirmatifs aient été signifiés, soit à l'avoué d'appel, soit à l'avocat qui a occupé en cassation, sans qu'il soit besoin d'une signification particulière à l'avoué de première instance constitué dans l'intervalle. — *Cass.*, 30 juill. 1828, Lavie. — Cet arrêt, comme on le voit, n'est nullement contraire à notre doctrine.

331. — Si, sur l'appel d'un jugement qui rejette une enquête, il intervient un arrêt infirmatif, ou la cour en retient l'exécution, et il n'y a plus de question, ou elle renvoie l'exécution devant un autre tribunal, et ici, dit Carré (quest. 994 *bis in fine*), reviennent tous les motifs qui rendent nécessaire la signification à l'avoué de première instance.

332. — Jugé que l'arrêt qui, tout en infirmant sur un chef le jugement attaqué, maintient néanmoins ce jugement dans ses dispositions fondamentales, peut renvoyer l'enquête au tribunal dont est appel. Mais, dans ce cas, l'enquête devant être faite au lieu même où le jugement a été rendu, le délai établi par l'art. 257 du Code de procédure civile pour la commencer doit être seul observé, et l'arrêt ne peut le fixer conformément à l'art. 258. — *Cass.*, 21 mars 1842 (t. 1er 1842, p. 412), Mestre c. Monier.

333. — Le nouveau délai est de huitaine. Autrement, c'est-à-dire s'il était seulement du laps de temps qui restait à courir au moment de l'appel, il serait souvent illusoire. Ainsi, un appel interjeté le dernier jour de la huitaine ne laisserait aucun jour utile pour commencer l'enquête. — *Turin*, 4 déc. 1809, Bonfante; arg. *Cass.*, 17 déc. 1823, Bosfant et Larigaudie; — Bioche, no 186.

334. — Jugé cependant que la loi ne fixe aucun délai fatal pour la reprise de l'enquête. — *Bordeaux*, 28 août 1829, Rouzeau c. Quinquette. — Mais cette doctrine est tout-à-fait contraire à l'esprit de l'art. 257.

335. — De ce que l'arrêt doit être signifié à l'avoué de première instance, il ne s'ensuit pas que l'enquête ne puisse être reprise avant cette signification. Elle peut l'être, au contraire, après la signification à l'avoué d'appel. — *Cass.*, 17 déc. 1823, Bosfant c. Larigaudie.

336. — La procédure ne doit pas être recommencée, mais simplement reprise et continuée. — Même arrêt.

337. — Si les témoins n'ont pu être entendus, le poursuivant obtient une nouvelle ordonnance du juge-commissaire. — *Poitiers*, 22 janv. 1828, Pignon.

ART. 4. — *Prorogation d'enquête.*

338. — L'art. 2, tit. 22, ord. 1667, était ainsi conçu : « Si l'enquête est faite au même lieu où le jugement a été rendu, ou dans la distance de dix lieues, elle sera commencée dans la huitaine du jour de la signification du jugement faite à la partie ou à son procureur, et parachevée dans la huitaine suivante. S'il y a plus grande distance, le délai sera augmenté d'un jour pour dix lieues. Pourra néanmoins le juge, si l'affaire le requiert, donner une autre huitaine pour la confection de l'enquête, sans que le délai puisse être prorogé. » — De là la question de savoir, dans le cas où le délai avait été réglé par le juge, s'il devait être divisé en deux moitiés, l'une pour commencer l'enquête, l'autre pour la finir, à peine de nullité. La cour de Bruxelles (22 messid. an XIII, N...) a décidé la négative.

339. — Le Code de procédure, après avoir déclaré que l'enquête doit être parachevée dans la huitaine, permet au tribunal d'accorder une prorogation de délai, pourvu qu'elle soit demandée avant l'expiration de celui fixé pour la confection de l'enquête. — C. procéd., art. 279.

340. — Les parties peuvent également consentir à ce que les délais de l'enquête soient prorogés. — V. *suprà* no 308.

341. — En conséquence, les parties auxquelles un juge de paix a donné acte de leur consentement à la prorogation d'une enquête ne peuvent rétracter plus tard ce consentement, sous prétexte qu'elles ne l'ont pas signé. — *Cass.*, 3 oct. 1808, Morel c. Carbonel.

342. — Pour que la prorogation soit accordée par le tribunal, il faut en général que la partie poursuivante n'ait à se reprocher aucune faute, aucune négligence, et que sa demande n'ait pas pour but de couvrir une nullité. — Bioche, no 468.

343. — Ainsi, quand le délai dans lequel une enquête devait être effectuée expire sans qu'elle ait été commencée, le juge ne peut, sur la demande de la partie, accorder un renouvellement de délai pour y faire procéder. — *Toulouse*, 18 août 1818, Belon c. Dolivier.

344. — Il n'y a pas lieu d'accorder une nouvelle permission de faire contre-enquête, lorsque, d'une part, on a négligé d'y faire procéder dans le délai fixé par l'arrêt, et que, de l'autre part, l'enquête fournit aux magistrats un élément suffisant de conviction sur les faits du procès. — *Grenoble*, 27 août 1829, Ageron c. Marchand.

345. — La cour de Cassation a néanmoins jugé (7 déc. 1831, Baurain c. Psalmory) que la prorogation d'une enquête peut être ordonnée sur la demande d'une partie, alors même qu'elle est nécessitée par la faute de la partie ou de son avoué, parce que, par exemple, l'assignation donnée à la partie adverse pour assister à l'enquête serait entachée de nullité.

346. — La loi, au surplus, a abandonné aux tribunaux l'appréciation des cas où il convient d'accorder une prorogation. Ils ont, à cet égard, un pouvoir discrétionnaire. — *Toulouse*, 13 juin 1825, Carayon-Latour c. Sablayroles.

347. — Ils sont également libres de déterminer l'étendue du nouveau délai. — Carré et Chauveau, quest. 1097; Demiau, p. 212.

348. — Ils ne doivent user de cette faculté qu'avec la plus grande réserve. Mais la prorogation peut être accordée dans les cas suivans : 1o quand il s'agit de reproduire de nouveaux témoins. — *Colmar*, 16 nov. 1810, Heymann c. Studer; 6 fév. 1816, N...; *Paris*, 31 janv. 1811, Fontan c. Gestas; *Colmar*, 2 mai 1820, maire de Segolshim c. Reubert; 3 août 1820, comm. de Rambach c. Audiguier; — Carré et Chauveau, quest. 1092; Favard, t. 2, p. 352; Thomine, t. 1er, p. 180; Bioche, no 488. — *Contrà Paris*, 18 mai 1810, Montmorency; *Turin*, 12 janv. 1811, Pistonne c. Belezza.

349. — En effet, la prorogation d'enquête n'a pas seulement pour objet de permettre à la partie qui l'a obtenue de faire réassigner les témoins défaillans; elle l'autorise à produire des témoins nou-

veaux. — *Poitiers*, 30 juin 1843 (t. 1er 1844, p. 804), Micheau c. Fort.

350. —... 2° Quand parmi les témoins cités il en est qui n'ont pu se présenter, et dont les dépositions paraissent devoir être utiles. — *Nîmes*, 14 août 1828, Albignac. — Jugé dans le même sens, bien que les témoins eussent pu être réassignés à la rigueur, mais lorsque la partie avait de justes motifs de craindre d'être empêchée pour le jour de leur réassignation. — *Caen*, 28 juin 1846 (t. 2 1846, p. 211), Vaucy.

351. —... 3° Quand l'enquête n'a pu avoir lieu par suite du refus de la part des témoins de prêter serment. — *Pau*, 11 mai 1830, Suarez c. Taurich.

352. — Jugé encore que, lorsqu'il y a erreur dans l'indication d'un fait dont la preuve est ordonnée, les juges peuvent, même après l'expiration des délais fixés pour l'enquête, rectifier cette erreur et proroger les délais sans qu'aucune partie puisse s'en plaindre, surtout celle en faveur de qui la prorogation a été prononcée. — *Cass.*, 14 fév. 1827, Vimeux c. Beuvrier et d'Hallut.

353. — Si entre la mise hors d'état de la cause et le jour fixé pour l'enquête il n'y a pas un délai suffisant pour que l'instance puisse être judiciairement reprise, et pour que les autres formalités préliminaires de l'audition puissent être remplies, il y a lieu de demander une augmentation de délai. — *Toulouse*, 5 août 1839 (t. 2 1839, p. 611), Daiguy c. Ville-Teynier.

354. — Un arrêt de Turin (19 avr. 1811, Belvédère c. Salla) a décidé qu'un nouveau délai peut être accordé en cas d'irrégularité ou d'omission dans l'ordonnance du juge-commissaire, pourvu que l'on soit dans les délais. La cour de Pau (6 déc. 1808, Cambeil c. Manaud) s'est prononcée dans le même sens dans une espèce où les témoins avaient été assignés pour une heure autre que celle indiquée par l'ordonnance; mais ce ne sont pas des cas de prorogation si l'on admet avec nous que la partie puisse se pourvoir d'une seconde ordonnance.

355. — Jugé que la prorogation ne doit pas être accordée à la partie qui allègue une indisposition sans justifier que cette indisposition l'ait empêchée d'assigner les témoins. — *Bruxelles*, 29 juin 1813, Clipelle c. N....

356. —... Ni à celle qui se fonde sur l'ignorance où elle était du nouveau domicile des témoins depuis l'ordonnance. — Bioche, n° 487.

357. — Il n'en doit pas être non plus accordé pour appeler des témoins à venir expliquer et préciser leurs dépositions précédentes; car en cas d'obscurité les parties ont droit d'adresser aux témoins des interpellations au moment de leur déposition. — *Turin*, 12 janv. 1811, Pistonne c. Belezza; — Carré-Chauveau, quest. 1093; Bioche, n° 491. — *Contrà* Pigeau, *Comment.*, t. 1er, p. 468.

358. — La partie qui a d'abord demandé sur le procès-verbal d'enquête une prorogation de délai n'est pas non-recevable à reproduire cette demande après avoir signifié des conclusions au fond. — *Limoges*, 13 juin 1818, Taphalescas c. Penaud.

359. — De même, lorsqu'une partie, après avoir demandé une prorogation d'enquête sur le procès-verbal du juge-commissaire, a devant le tribunal conclu d'abord au fond et n'a renouvelé que subsidiairement sa demande en prorogation, elle ne peut être considérée comme ayant renoncé à cette demande. — *Bourges*, 6 juill. 1840 (t. 1er 1841, p. 380), Roumier c. Tricot.

360. — De ce que le demandeur en prorogation d'enquête a dans sa sommation conclu à l'homologation du procès-verbal déjà dressé et, *vu ce qui en résulte*, à l'adjudication des conclusions principales, il ne s'ensuit pas qu'il ait renoncé à sa demande en prorogation, s'il s'est en outre expressément réservé de prendre telles conclusions qu'il avisera. — *Cass.*, 30 mars 1841 (t. 2 1843, p. 149), Cestrières c. Monjaux.

361.—Mais les parties qui, après avoir demandé une prorogation de délai pour faire enquête, ne se présentent point à l'audience indiquée pour le rapport du juge-commissaire, et font postérieurement signifier les enquêtes auxquelles il a été procédé, sont présumées avoir renoncé à toute prorogation, et ne peuvent plus en solliciter une. — *Riom*, 8 juin 1820, Brunet c. Dery.

362. — La demande à fin de prorogation de contre-enquête n'enlève pas à la partie le droit de plaider la nullité des enquêtes, surtout si des réserves ont été faites. — *Orléans*, 17 août 1839 (t. 2 1839, p. 395), Joly.

363. — Le délai dans lequel l'enquête doit être commencée étant tout-à-fait indépendant de celui dans lequel elle doit être parachevée, il en résulte que la partie qui, en vertu de l'art. 258, a obtenu un délai de plus de huitaine, est recevable à demander une prorogation de délai pour mettre à fin la procédure. — *Paris*, 31 janv. 1811, Fontan c. de Gestas; — Carré et Chauveau, quest. 190; Pigeau, t. 1er, p. 532; Berriat, p. 290; Favard, t. 2, p. 353, n° 10.

364. — La partie adverse ne serait pas fondée à contester cette prorogation, par le motif que, l'enquête se faisant devant le tribunal même qui l'a ordonnée, il n'y avait lieu d'augmenter le délai pour la commencer. — Même arrêt. — Carré et Chauveau, *ibid.*

365. — Rien ne s'oppose à ce que la prorogation soit sollicitée avant la huitaine qui suit l'audition du premier témoin, l'art. 279 n'exigeant pas que la demande soit formée dans la dernière partie du délai de l'enquête. — Thomine, t. 1er, p. 480; Bioche, n° 47; Carré et Chauveau, quest. 1089.

366. — Il y a, en effet, des cas dans lesquels, même avant le commencement de l'enquête, l'insuffisance des délais est constante. Or, il n'existe aucune raison pour priver une partie du droit de régulariser de suite sa position. — Carré et Chauveau, Bioche, *ibid.*; Favard, p. 352.

367. — Carré (*ibid.*) ajoute que, dans certaines circonstances, il est même indispensable de requérir immédiatement, et préalablement à l'audition des témoins, la prorogation de l'enquête. Tel serait le cas, dit-il, où il se serait glissé dans l'ordonnance du juge-commissaire quelque irrégularité ou omission qui en eût empêché l'exécution. Mais M. Chauveau ne voit pas là un cas de prorogation. En effet, il n'y a lieu qu'à prendre une nouvelle ordonnance. — Chauveau, quest. 1011. — V. *suprà* nos 267 et suiv.

368. — Après la quinzaine, il ne serait plus temps de demander la prorogation. — *Nîmes*, 17 déc. 1819, Bord c. Hébrard; *Paris*, 10 juin 1812, Sadorge c. Lemerle.

369. — La prorogation doit être demandée sur le procès-verbal du juge-commissaire. — C. procéd., art. 280.

370. — Toutefois, il n'est pas nécessaire, à peine de nullité, que la demande en prorogation soit consignée sur le procès-verbal même du juge commissaire, il suffit qu'elle soit présentée avant l'expiration du délai pour la confection de l'enquête. La disposition finale de l'art. 280, indicative du premier mode, est séparée par deux points de la disposition finale, qui seule prononce la nullité pour un autre cas. Ainsi, elle peut être formée par une requête adressée au président, ou par requête d'avoué à avoué. — *Turin*, 12 janv. 1811, Pistonne c. Bellezza; *Orléans*, 17 fév. 1841 (t. 1er 1841, p. 397), Pichon c. Mérat; — Carré et Chauveau, quest. 1094; Pigeau, *Comm.*, t. 1er, p. 532; Berriat, p. 291, n° 33; Favard, t. 2, p. 263; Thomine, t. 1er, p. 480; Bioche, n° 473. — *Contrà* *Nîmes*, 17 déc. 1819, Bord c. Hébrard; *Bourges*, 22 fév. 1839 (t. 2 1839, p. 21), Rabotin.

371. — Jugé aussi que, tant que le délai n'est pas expiré, la partie qui a laissé clore le procès-verbal d'enquête, sans en demander la prorogation, a le droit d'y conclure, sur le procès-verbal de la contre-enquête. — *Toulouse*, 1er déc. 1825, Dangereux c. Sage.

372. — L'arrêt de Bourges ci-dessus rapporté, en jugeant que la prorogation n'est pas valablement demandée au greffe, alors même que l'enquête est terminée avant la huitaine fixée par l'art. 278, dit qu'en pareil cas il y a lieu d'obtenir du juge-commissaire la réouverture du procès-verbal pour recevoir la demande en prorogation; mais, si la doctrine de l'arrêt est vraie, l'expédient qu'il indique ne peut évidemment être admis.

373.—Au reste, dit M. Chauveau (quest. 1089), la prorogation accordée à l'une des parties profite à son adversaire, bien qu'il n'ait pas fait sa demande dans le délai qui lui appartient. C'est une suite du droit de la défense, et de ce principe, consacré par l'art 256, que la preuve contraire est toujours de droit; mais ce n'est juste qu'autant qu'il s'agit de la preuve contraire. — *Bastia*, 7 mai 1827, Fondacci c. Vincenti.

374. — Il a cependant été jugé, dans une espèce où les faits allégués par les parties étaient différens, et où chacune d'elles procédait par conséquent à une enquête particulière, que la prorogation accordée à une partie profitait à l'autre, bien qu'elle ne l'eût pas demandée dans les délais. — *Bourges*, 13 fév. 1827, Menuet c. Enfert. — Mais nous n'adoptons pas cette doctrine, qui nous semble contraire à tous les principes de la matière.

375. — Il n'est pas nécessaire que la demande soit motivée; les juges ne peuvent la repousser, sous le seul prétexte que le motif n'en a été indiqué, ni dans le procès-verbal, ni dans les plaidoiries, puisqu'il est virtuellement inhérent à la demande même qui tend à compléter la preuve ordinaire. — *Colmar*, 1er juin 1822, Ortlieb c. Schneider; *Bruxelles*, 18 déc. 1823, N...; — Bioche, n° 475; Thomine, t. 1er, p. 480; Carré et Chauveau, quest. 1094. — *Contrà* *Turin*, 20 août 1808, Delavalle c. Ferroglio.

376. — La loi n'exige pas non plus que la demande insérée au procès-verbal contienne indication d'un jour où il en sera référé au tribunal. En cas d'omission, elle est valablement portée à l'audience sur un simple avenir. — *Cass.*, 30 mars 1841 (t. 2 1843, p. 149), Cistrières c. Monjaux.

377. — La demande en prorogation est jugée sur le référé qui en est fait à l'audience, au jour indiqué par le juge-commissaire sans sommation ni avenir, si les parties ou leurs avoués sont présens. — C. procéd., art. 280.

378. — A part ce cas, le juge-commissaire ne peut surseoir à ses opérations et renvoyer les parties devant le tribunal. Il doit mener l'enquête à fin, sauf aux parties à proposer à l'audience leurs moyens de nullité. — *Cass.*, 9 mars 1836, Bonhomme c. de Varenne; — Carré et Chauveau, quest. 1098 *bis*; Bioche et Goujet, n° 483. — *Contrà* Pigeau, *Comm.*, t. 1er, p. 508.

379. — Cependant il a été décidé, à propos d'une enquête dont les délais n'étaient pas expirés, que le juge commis à une enquête peut prononcer ou renvoyer à l'audience, sur la demande d'une des parties qui requiert la continuation de cette opération pour faire entendre des témoins dans la huitaine de l'audition des premiers (C. proc., art. 279). Selon nous, le renvoi à l'audience n'est possible qu'autant que le délai est insuffisant; car, s'il y a moyen d'entendre les témoins, le juge commissaire doit délivrer une seconde ordonnance à la partie. — *Poitiers*, 22 janv. 1834, Vaillant c. Véron.

380.—Si, par exemple, il s'agit d'une déchéance du droit de faire contre-enquête, le juge commissaire doit donner suite à l'audition des témoins, sauf le droit pour la partie opposante de reproduire son exception lors du jugement sur le fond. Mais la nullité tirée de ce que le juge aurait, contrairement à la loi, renvoyé au tribunal, en état de référé, la connaissance d'une demande en déchéance du droit de faire contre-enquête, ne peut être opposée pour la première fois devant la cour de Cassation. — *Cass.*, 9 mars 1836, Bonhomme c. de Varenne.

381. — La cour de Bourges a décidé (le 4 mai 1808, Grand-Jacquet c. Jacquemet) que, si le juge-commissaire est étranger au tribunal, il y a lieu de se pourvoir par requête signifiée par acte d'avoué à avoué et non par voie de référé. — Mais rien dans la loi n'autorise cette procédure dans le cas dont il s'agit; le procès-verbal doit renvoyer les parties à l'audience, sans qu'il y ait même lieu de remplacer le juge-commissaire par un juge-rapporteur. — Bioche, n° 479.

382. — Le tribunal qui a ordonné l'enquête est seul compétent pour statuer sur l'incident. — Même arrêt. — Pigeau, *Comment.*, t. 1er, p. 532; Favard, t. 2, p. 353; Boitard, t. 2, p. 221; Carré-Chauveau, quest. 1096.

383. — Le juge-commissaire ne pourrait donc accorder un nouveau délai, ne s'agirait-il que de réassigner des témoins défaillans, à moins que le jour de la nouvelle audition ne se trouvât dans la huitaine de la première. — *Bruxelles*, 7 juill. 1819, Vanoverschelde c. Degellenck; *Cass.*, 17 déc. 1823, Bosfant c. Larigaudie; — Carré-Chauveau, quest. 1094 *bis*.

384. — Toutefois, lorsqu'un juge de paix chargé d'une enquête en a mal à propos prorogé le délai, cette irrégularité n'entraîne pas la nullité complète de l'enquête, mais seulement de la partie de l'enquête qui a été faite hors les délais légaux. — *Grenoble*, 27 août 1829, Ageron c. Marchand; — Pigeau, t. 1er, p. 356; Favard, *Rép.*, v° *Enquête*, p. 352.

385. — Le Code n'exige pas que l'incident soit vidé dans la huitaine. — Carré-Chauveau, quest. 1095.

386. — D'où la conséquence que, la demande une fois faite sur le procès-verbal, un arrêt par défaut peut infirmer pour vice de forme un jugement qui accorde une prorogation à la partie, sans que celle-ci soit déchue du droit de la réclamer de nouveau, quel que soit d'ailleurs le temps écoulé depuis. — *Colmar*, 4 mars 1831, Floesser c. Bayez; — Carré-Chauveau, *ibid.*; Bioche, n° 482.

387. — Quand une cour royale infirme un jugement qui refuse une prorogation d'enquête, doit-elle renvoyer l'exécution devant le même tribunal? — L'affirmative a été décidée par la raison que la disposition de l'art. 472, C. procéd. civ., ne s'applique qu'aux jugemens définitifs. — *Bourges*, 19 janv. 1823, Grazon.

388. — Une demande en prorogation d'enquête

n'est pas nulle pour avoir été formée, sous l'empire de la charte de 1830, un jour de fête légale, et spécialement le jour du 21 janvier, déclaré férié par la loi du 19 janv. 1816. — *Bordeaux*, 24 janv. 1832, Charriol c. compagnie d'Assurances générales. — V. au surplus JOURS FÉRIÉS.

389. — Le jugement qui proroge une enquête est, comme celui qui l'a ordonnée, un jugement interlocutoire, et comme tel susceptible d'appel avant le jugement définitif. — *Orléans*, 13 juill. 1843 (t. 2 1843, p. 377), héritiers Coustard c. Debrunier.

390. — Les dispositions des art. 257 et 278, qui fixent les délais pour commencer et achever l'enquête et la contre-enquête, s'appliquent au cas d'une prorogation de délai. — *Toulouse*, 8 août 1832, Panassier c. Redon.

391. — Le jugement qui a fixé pour la continuation d'une enquête un délai plus long que ne permet la loi, ne peut être réformé, si néanmoins la continuation a eu lieu avant l'expiration du délai légal. — *Poitiers*, 22 janv. 1834, Vaillant c. Véron.

392. — Le nouveau délai court du jour de la signification du jugement à avoué ou à partie suivant les cas. — Chauveau et Carré, note sous l'art. 279; Bioche, n° 497.

393. — La cour de Toulouse (8 août 1832, Panassier c. Redon) a néanmoins décidé, mais à tort selon nous, que la signification du jugement faite par la partie qui procède à l'enquête, ne dispense pas de cette signification la partie au profit de laquelle se fait la contre-enquête.

394. — Le jugement qui déclare que le délai court du jour de sa prononciation, à la différence de celui qui ordonne l'enquête, n'a pas besoin d'être signifié. — *Bordeaux*, 13 juin 1834, Voisin c. Pierre Fixe.

395. — Du moins, la nullité résultant du défaut de signification ne peut être invoquée par la partie qui a assisté à l'audition des témoins, sans protestations ni réserves. — Même arrêt.

396. — Il suffit que la continuation de l'enquête soit commencée avant le nouveau délai, quand le jugement qui l'accorde ne dit pas qu'elle sera terminée dans ce délai. — *Montpellier*, 12 mai 1829, préf. des Pyrénées-Orientales c. comm. d'Odeille. — Cet arrêt n'est pas en contradiction avec ce qui vient d'être dit relativement à l'application des art. 257 et 278 en cette matière, car, dans l'espèce l'enquête avait été commencée dans la huitaine de la signification de l'arrêt, et terminée dans la huitaine de l'audition des premiers témoins.

397. — Il ne peut être accordé qu'une seule prorogation, à peine de nullité. — C. procéd., art. 280.

398. — L'audition d'un témoin malade faite à son domicile par le juge-commissaire ne peut être considérée comme une prorogation de l'enquête. — *Colmar*, 3 août 1820, comm. de Rambach c. Audiguier; *Besançon*, 25 janv. 1822, N...

399. — Thomine (t. 1er, p. 481) introduit une autre exception pour le cas où le premier délai aurait été accordé, non sur une demande formée pendant le cours de l'enquête, en vertu des art. 279 et 280, mais par le jugement de preuve, en vertu de l'art. 278. — Chauveau (quest. 1098) approuve cette doctrine, ainsi que celle de l'arrêt précédent.

400. — Carré (*ibid.*) se borne à rappeler que la cour de Caen, dans ses observations sur l'art. 283 du projet, avait dit qu'il fallait excepter les cas où les témoins n'auraient pas comparu, et où il aurait fallu, soit se transporter chez eux, soit commettre des juges pour les entendre, mais que le législateur n'a pas eu égard à cette observation.

401. — Nous croyons, en effet, que les termes de l'art. 280 sont trop précis pour souffrir la moindre exception.

402. — La cour de Bourges a jugé dans ce sens (30 nov. 1830, Aufrère c. Debèze) que la prohibition de la loi est absolue, et qu'aucune circonstance ne peut autoriser un tribunal à l'enfreindre.

ART. 3. — *Délais de la contre-enquête.*

403. — La contre-enquête doit être commencée et terminée dans les délais fixés par les art. 257 et suiv., C. procéd. civ., c'est-à-dire dans les mêmes délais que ceux de l'enquête. — V. *suprà* nos 206 et s.

404. — En effet, les mêmes raisons militent en faveur de la brièveté des délais dans l'une et l'autre procédure. Les mêmes formalités leur sont également imposées.

405. — La signification du jugement qui ordonne l'enquête fait également courir les délais de l'enquête et ceux de la contre-enquête. Les deux procédures marchent de front. — Carré et Chauveau, quest. 995; Demiau, sur l'art. 257. — V. aussi *Rouen*, 15 juin 1818, Chevalier.

406. — On ne peut, en conséquence, attendre, comme autrefois, pour commencer la contre-enquête, que l'enquête soit achevée. — Carré et Chauveau, quest. 995; Boncenne, t. 4, p. 250; Boitard, t. 2, p. 185 et 187; Pigeau; t. 1er, p. 271; Demiau, p. 201. — V. aussi *Cass.*, 8 mars 1816, Heymann c. Studer; *Bruxelles*, 11 déc. 1823, B...

407. — Un tribunal ne saurait ordonner que le délai d'une contre-enquête ne courra que du jour de la signification de l'enquête. — *Grenoble*, 11 déc. 1821, Margouiller c. Pagnoud.

408. — Il peut être procédé à la contre-enquête, encore bien qu'au jour indiqué à cet effet par le juge-commissaire, l'enquête ne soit point encore terminée. — *Bruxelles*, 11 déc. 1823, B...

409. — Au surplus, tout ce qui a été dit ci-dessus à propos des délais pour commencer ou parachever l'enquête, de leur point de départ, de la signification du jugement à domicile ou à avoué, de l'influence de l'appel et de l'opposition sur les délais de l'enquête, enfin sur la prorogation des délais, s'applique sans distinction à la contre-enquête.

## Sect. 2e. — *Formes de l'enquête.*

ART. 1er. — *Législation ancienne.*

410. — Il serait superflu d'entrer dans la discussion de l'ordonnance de 1667, dont nous avons d'ailleurs indiqué les dispositions principales, et de rappeler les législations antérieures au Code de procédure. Nous nous bornerons à rapporter quelques arrêts rendus sous l'empire de ces législations.

411. — Ainsi, il a été jugé, sous l'empire de l'ord. de 1667, qu'il fallait, à peine de nullité, que la partie qui voulait faire procéder à une enquête prît des lettres ajournatoires du juge-commissaire, quoique ce juge eût concouru au jugement qui avait ordonné l'enquête; mais qu'elle pouvait être admise sous la même loi à refaire l'enquête ainsi annulée. — *Montpellier*, 5 janv. 1824, Marty.

412. — Le tit. 22, ord. 1667, relatif aux formes des enquêtes, a été abrogé par la loi du 7 fructid. an III. — *Cass.*, 1er fructid. an IX, Coissat c. Forgeron.

413. — Sous la loi du 7 fructid. an III, une enquête ne pouvait être faite en l'hôtel d'un juge-commis. Elle était nulle lorsqu'elle avait été reçue, hors de l'audience. — *Cass.*, 19 brum. an XI, Blondel c. Martin; 2 frim. an XI, Brouville c. Corbie; — Merlin, *Rép.*, v° *Enquête*, § 3, art. 5 et 6. — V. cependant, en sens contraire, *Cass.*, 4 vent. an XI, Bertrand Barry.

414. — Sous la loi du 7 fructid. an III, on ne pouvait demander la nullité d'une enquête, ni parce que l'un des témoins n'avait point déclaré s'il était serviteur de l'une des parties, ni parce que le ministère public n'y avait point assisté quoique la cause fût communicable, ni parce que le jugement définitif n'avait été rendu ni à l'audience où les témoins avaient été entendus, ni à l'audience suivante. — *Cass.*, 7 flor. an X, Castelly c. Allègre.

415. — Sous la loi du 9 vendém. an VI, une enquête n'était pas nulle par cela seul que le jugement qui l'avait ordonnée n'avait pas été enregistré. — *Cass.*, 8 brum. an XII, Monfrenelle c. Lefèvre.

416. — Avant le Code de procéd., les juges pouvaient, en matière commerciale, déterminer le délai dans lequel une enquête serait commencée et achevée, le délai n'étant pas fixé par la loi. — *Cass.*, 7 avr. 1806, Havard c. Huart.

417. — C'est la loi ancienne et non le Code de procédure qui a dû régler l'instruction des enquêtes ordonnées depuis le Code dans des instances commencées auparavant. — *Cass.*, 20 oct. 1812, Pagès c. Clara; *Toulouse*, 26 juill. 1813, N...; *Cass.*, 26 fév. 1816, Clara c. Pagès. — *Contrà Riom*, 13 juill. 1810, N...

ART. 2. — *Requête et ordonnance du juge-commissaire à l'effet d'assigner les témoins. — Ouverture du procès-verbal.*

418. — La partie qui veut faire entendre des témoins doit présenter requête au juge-commissaire à l'effet d'obtenir l'indication d'un jour et d'une heure auxquels seront assignés les témoins. — C. procéd., art. 259.

419. — Cette requête (non grossoyée. — Tarif, art. 76) est signée d'un avoué.

420. — Le juge-commissaire met au pied l'ordonnance indicative des jour et heure auxquels il procédera à l'audition des témoins.

421. — MM. Carré et Chauveau (quest. 1009) et Pigeau (*Comm.*, t. 1er, p. 506) pensent que l'ordonnance peut être demandée verbalement, sauf à l'insérer sur le procès-verbal du juge-commissaire. Rien dans la loi ne s'oppose à ce qu'il en soit ainsi; mais cette marche n'est jamais adoptée dans la pratique.

422. — Aux termes de l'art. 259, C. procéd., le juge-commissaire ouvre les procès-verbaux respectifs d'enquête par la mention de la réquisition des parties et de la délivrance de son procès-verbal.

423. — Il résulte de cette disposition que l'ouverture du procès-verbal peut avoir lieu le jour même où la requête afin d'indication de jour est présentée par la partie.

424. — Il est plus régulier, cependant, de renvoyer cette ouverture au jour de l'audition des témoins; « car, dit Boncenne (t. 4, p. 267), si l'art. 259 porte que l'enquête est aussi commencée du jour de l'ordonnance, ce n'est là qu'une fiction relative au délai pour l'ouverture de l'enquête, et, dans la deuxième partie, cet article se sert du mot *ouvrira*, qui exprime l'idée de l'avenir et indique que l'ouverture réelle doit avoir lieu le jour de l'audition des témoins, en faisant mention de la requête et de l'ordonnance. — Chauveau et Carré, quest. 1060. — V. conf. *Caen*, 10 nov. 1827, Delaurière c. Nicolle; *Paris*, 28 déc. 1813, Alstorphins c. Texier.

425. — L'ordonnance doit être datée, à peine de nullité; car la date fait seule preuve qu'elle a été obtenue dans les délais; mais il n'est pas nécessaire que cette date soit rappelée au procès-verbal d'ouverture. — Carré et Chauveau, quest. 1013; Bioche, n° 204.

426. — Pour l'indication du jour de la comparution des témoins, le juge doit se baser sur la distance du domicile le plus éloigné. — Carré et Chauveau, quest. 1010; Pigeau, *Comment.*, t. 1er, p. 505; Thomine, t. 1er, p. 449.

427. — Par conséquent, il est utile de lui indiquer le domicile des témoins.

428. — Néanmoins la partie dont l'enquête est annulée par le motif que l'assignation à partie n'a pas été signifiée au domicile légal ne peut en rendre responsable le juge-commissaire et lui reprocher que l'ordonnance n'indiquait pas à quel domicile l'assignation serait donnée. — *Cass.*, 17 déc. 1811, Vidal c. Caylus.

429. — L'ordonnance est inattaquable par la voie de l'opposition. — Un juge-commissaire à enquête n'est pas un simple délégué mandataire du tribunal, et l'appel est également non recevable, car la fixation du délai pour entendre les témoins ne constitue pas un acte contentieux. — Bioche, n° 206; Carré et Chauveau, quest. 1013 *bis*.

430. — Il y aurait seulement lieu à une demande en prorogation, si le délai était trop court. — Si, au contraire, il était trop long, le juge pourrait, selon les cas, être pris à partie. — Carré et Chauveau, quest. 1013 *bis*.

431. — L'ordonnance doit contenir l'indication du jour et de l'heure de la comparution des témoins; ainsi donc une enquête est nulle lorsque le juge commissaire n'a indiqué le jour et l'heure auxquels les témoins seraient assignés que par ces mots: *aux jour et heure qui seront fixés par les exploits.* — *Besançon*, 14 août 1826, comm. de Bouverans c. Claudet; — Carré, quest. 1010.

432. — L'ordonnance d'un juge de paix portant indication de jour pour l'ouverture d'une enquête a le caractère d'un simple interlocutoire, et peut être rétractée par une seconde ordonnance indiquant un autre jour sans porter atteinte à l'autorité de la chose jugée. — *Cass.*, 19 juin 1832, Gomiecourt c. Bauquel.

433. — A plus forte raison, tant que l'ordonnance qui fixe le jour auquel il doit être procédé à l'enquête n'a pas été notifiée, le juge peut, sur la réquisition de la partie qui est encore dans les délais, et alors surtout que la première fixation présente des inconvéniens, la rétracter et indiquer, par une seconde ordonnance, un autre jour pour l'audition des témoins. — *Nîmes*, 14 août 1828, Albignac.

434. — Mais la partie qui a pris l'ordonnance du juge commissaire et qui, après avoir désigné les témoins, ne les a pas tous fait assigner au jour fixé pour leur audition, ne peut obtenir une nouvelle ordonnance d'assignation si elle n'allègue pas d'ailleurs de justes motifs qui l'aient empêchée d'appeler à la fois tous les témoins. — *Turin*, 20 août 1808, Dellavalle c. Ferroglio.

435. — Une enquête ne peut être annulée quoique le juge commissaire, au lieu d'ouvrir son procès-verbal le jour même fixé par son ordonnance et par l'assignation donnée aux témoins, ait ren-

ENQUÊTE, ch. 4, sect. 2e. ENQUÊTE, ch. 4, sect. 2e. ENQUÊTE, ch. 4, sect. 2e. 255

voyé à commencer leur audition à un autre jour. — *Metz*, 15 janv. 1811, Chamé c. N...

436. — Lorsqu'une enquête doit être faite dans le lieu où le jugement a été rendu, si l'ordonnance d'ouverture reste sans exécution parce que les témoins n'ont pas été entendus au jour indiqué, et qu'alors une seconde ordonnance soit rendue pour suppléer la première, celle-ci n'est point annulée par la nouvelle ordonnance; car, la seconde n'ayant pour but que de continuer l'enquête censée commencée pour chacune des parties respectivement, il n'y a aucune nullité à faire valoir. — *Orléans*, 2 août 1811, Lemaigre Villoreau c. Grillon.

ART. 3. — *Assignation à partie.*

§ 1er. — *A quel domicile doit être donnée l'assignation; sa forme.*

437. — La partie, porte l'art. 261, C. procéd., sera assignée pour être présente à l'enquête, au domicile de son avoué, si elle en a constitué un, sinon à son domicile, le tout trois jours au moins avant l'audition.

438. — Ces dispositions ont donné lieu à de nombreuses difficultés. Ici, toutes les formalités sont rigoureuses et fatales; c'est le législateur qui a pris le soin de le dire. S'en tenir au texte, sans rechercher le plus ou moins de convenance de cette sévérité, tel est le but vers lequel la pratique doit tendre.

439. — Ainsi, en cas d'assignation irrégulière à la partie, toute l'enquête est nulle; tandis qu'en cas d'irrégularité dans l'assignation des témoins sont nulles seulement les dépositions des témoins irrégulièrement assignés.

440. — La première formalité à observer, c'est d'assigner la partie afin qu'elle soit présente à l'enquête. Il est juste, en effet, qu'elle entende elle-même les preuves qu'on produit contre elle, et puisse se mettre en mesure de les repousser, soit en reprochant les témoins, soit en leur adressant des interpellations.

441. — Au reste, la nullité d'une enquête ne saurait résulter de ce qu'une partie n'y aurait pas assisté, ou n'y aurait pas été représentée, mais seulement de ce qu'elle n'aurait pas été mise en demeure d'y comparaître. — *Cass.*, 12 juin 1838 (t. 2 1838, p. 11), Gellas.

442. — L'assignation doit être donnée à la partie au domicile de son avoué. Cette disposition s'explique aisément par cette double considération que la partie elle-même a intérêt à assister à l'enquête, et que néanmoins elle a besoin d'un guide éclairé. Si l'exploit était signifié au domicile réel, il serait à craindre qu'elle ne compromît ses intérêts, dans l'ignorance où elle serait des exigences de la loi.

443. — De là il ressort que l'assignation donnée à la partie elle-même en son domicile est nulle. — *Liége*, 26 nov. 1808, Schlosser c. Hermann; *Cass.*, 17 déc. 1811, Vidal c. Caylus; *Bordeaux*, 9 mai 1834, Dutheil.

444. — ... Lors même que l'enquête doit se faire en vertu d'une commission rogatoire dans un lieu éloigné du tribunal. — *Paris*, 26 juin 1809, Desgrignons c. Clément; *Cass.*, 17 déc. 1811, Vidal c. Caylus; *Rennes*, 24 août 1811, Denay c. de Cheffontaine; *Limoges*, 23 mai 1812, Dimons c. Granier; *Riom*, 28 janv. 1815, Soulier c. Gires; *Montpellier*, 20 juin 1814, Loubes c. Farine; *Rennes*, 11 août 1817, Rivet c. N...; — Favard, t. 2, p. 356; Boncenne, t. 4, p. 271; Thomine, t. 1er, p. 452; Boitard, t. 2, p. 202; Carré et Chauveau, quest. 1018; Bioche, no 213; Berriat, p. 289, no 30; Pigeau, *Comm.*, t. 1er, p. 509; Merlin, vo *Enquête*, § 1er, no 3. — V. *contrà Bourges*, 4 mai 1812, Baroin c. Laborde.

445. — Peu importe que l'assignation soit donnée en parlant à la partie elle-même. En effet, le but de la loi n'est pas atteint. — *Cass.*, 19 avr. 1826, Veniard c. Duval.

446. — Plusieurs auteurs citent un arrêt de la cour de Nancy (10 janv. 1812, Petit c. Voisin) comme ayant jugé que la signification de l'assignation au domicile de la partie est valable; mais cet arrêt a simplement décidé que la signification à l'avoué, avec notification du nom des témoins *et sommation de se trouver* à leur audition et d'y faire trouver ses parties, équivalait à assignation, surtout alors qu'une assignation avait été donnée à la partie aux mêmes fins.

447. — Est nulle l'assignation donnée, non pas au domicile de l'avoué, mais à la personne même de l'avoué trouvée hors du ressort du tribunal près lequel il exerce. — *Angers*, 16 janv. 1823; Dreux de Brézé c. de Hucil.

448. — C'est, en effet, à la partie au domicile de son avoué, et non à l'avoué lui-même, que doit être donnée l'assignation. — *Turin*, 24 août 1810, Boglio c. Massarie; *Rennes*, 5-15 avr. 1813, Leprieur c. Berthois.

449. — Lorsque c'est en appel que l'enquête est ordonnée, il faut distinguer le cas où la cour a retenu l'exécution de son arrêt, de celui où elle a commis l'un des juges de première instance. Dans le premier, l'assignation doit être donnée en l'étude de l'avoué d'appel; dans le second, en l'étude de l'avoué de première instance. — *Montpellier*, 22 juin 1824, Sicard c. Phalip. — V. *contrà Riom*, 12 août 1820, Viallard c. Roux; *Toulouse*, 19 mars 1831, Acoquat c. Lagarde.

450. — Jugé qu'en ce dernier cas l'assignation peut être indistinctement donnée à la partie elle-même ou à son avoué de première instance, au lieu de l'être à son avoué près la cour, si ce dernier est éloigné du lieu de l'enquête et si le premier en est voisin. — *Liége*, 20 fév. 1812, Herbetz c. Siemweg.

451. — Quoi qu'il en soit, quand l'enquête doit avoir lieu devant un tribunal autre que celui qui l'a ordonnée, et que la partie défenderesse a constitué pour occuper sur l'enquête un des avoués du tribunal qui doit y procéder, elle doit être assignée au domicile de cet avoué, et non au domicile de l'avoué constitué sur la demande originaire. — *Paris*, 21 mars 1837 (t. 2 1837, p. 389), Drouhet.

452. — En conséquence, lorsque, par suite d'un arrêt infirmatif qui ordonne une enquête et commet un juge du tribunal de première instance pour y procéder, le défendeur a fait présenter requête à fin d'indication de jour par un avoué près ce tribunal, et élu domicile chez cet avoué dans l'assignation donnée à l'autre partie pour assister à la contre-enquête, le demandeur peut le faire assigner au domicile dudit avoué pour assister à l'enquête. — *Amiens*, 28 mars 1840 (t. 1er 1842, p. 259), Barrué.

453. — Quand un avoué occupe pour plusieurs parties, l'assignation doit être donnée au domicile de cet avoué en autant de copies qu'il y a de parties représentées par l'avoué et devant assister à l'enquête. Il en est surtout ainsi lorsque ces parties ont des intérêts distincts. — *Dijon*, 14 mars 1818, Duris c. Thévenet; *Limoges*, 8 fév. 1823, Leblanc c. Audilier; *Cass.*, 28 juill. 1823, Duboys c. Jahan; 28 janv. 1826, mêmes parties; *Bordeaux*, 18 déc. 1827, Jean c. Foucaud; *Rouen*, 6 mars 1828, Duboys c. Jahan; *Colmar*, 25 août 1829, Haffen c. Hoffmann; — Boncenne, t. 4, p. 274; Bioche, vo *Enquête*, no 217; Chauveau sur Carré, quest. 1018 *ter*; Thomine, t. 1er, p. 453; Favard, t. 2, p. 335. — *Contrà Paris*, 29 mai 1824, Duboys c. Jahan. — V. dans ce dernier sens un arrêt de la cour royale de Riom qui décide qu'en tous cas la nullité serait couverte si, après une première protestation non renouvelée, les cliens de l'avoué ont assisté à l'enquête et ont proposé des reproches contre les témoins. — *Riom*, 8 juin 1822, Allezard c. Boubille.

454. — Peu importe même que les parties représentées par un seul avoué aient toutes un intérêt identique. — *Bordeaux*, 18 déc. 1827, Jean c. Foucaud.

455. — Le mari qui ne figure au procès que pour assister sa femme, doit être assigné par copie séparée. — *Bordeaux*, 17 mai 1831, Blanc c. Durand; — MM. Carré et Chauveau (quest. 1018 *ter*) blâment cette décision comme trop rigoureuse.

456. — Il a été décidé qu'il suffit d'une seule copie au tuteur, alors même que le mariage de la mineure serait dénoncé avant l'audition des témoins. — *Nîmes*, 6 nov. 1826, Soulages c. Roujiac. — MM. Carré et Chauveau (*ibid.*), tout en adoptant cette solution, ne dissimulent pas que la circonstance de la notification du mariage aurait pu en amener une contraire.

457. — Lorsqu'une enquête a été ordonnée en faveur de deux parties, et que l'une d'elles seulement la poursuit, l'obligation que la loi impose à celle-ci, à peine de nullité, de faire assigner la partie pour être présente à l'audition des témoins, doit s'entendre de la partie adverse exclusivement, et dans le cas où ce défaut d'assignation produirait une nullité, la partie non assignée pourrait seule l'invoquer. — *Bourges*, 10 juin 1831, comm. de Saint-Germain et de Talon c. Perret.

458. — V. au surplus, par analogie, ce qui a été dit plus haut relativement aux personnes à qui le jugement ordonnant l'enquête doit être signifié.

459. — Lorsque, après avoir d'abord indiqué les noms des parties assignées au domicile de leur avoué, pour être présentes à une enquête, un exploit est terminé ainsi : *Laissé ces présentes, avec copie de ladite requête et ordonnance, auxdits Granger, Aubert, etc., parlant et au domicile dudit Me Prieur, leur avoué,* un tel exploit a pu être considéré comme constatant suffisamment qu'il avait été signifié à chacun des défendeurs, au domicile de leur avoué commun, et non comme n'indiquant que la remise d'une seule copie pour tous les assignés. — *Cass.*, 23 nov. 1831, Guillaume c. fabrique de Saint-Calais.

460. — L'art. 261, en obligeant d'assigner la partie au domicile de son avoué, ajoute : si elle en a constitué, sinon à son domicile. Cette disposition trouve encore son application lorsque l'avoué constitué par la partie a cessé d'occuper pour elle.

461. — En conséquence, le défendeur à une enquête peut être assigné à son propre domicile, si, depuis le jugement, l'avoué qui occupait pour lui s'est démis de ses fonctions. — *Cour supérieure de Bruxelles*, 15 avr. 1832, Dovochet c. Driessens.

462. — Cependant il a été décidé que, lorsque l'avoué du défendeur s'est démis de ses fonctions avant le jour indiqué pour l'audition des témoins, il ne peut pas y être procédé avant que l'instance n'ait été reprise, et qu'il ne suffisait pas que la partie fût assignée à domicile. — *Toulouse*, 5 août 1839 (t. 2 1839, p. 611), Daiguy c. Ville-Teynier. — Mais nous ne saurions adopter cette doctrine. — V. conf. à notre opinion Carré-Chauveau, quest. 1018; Bioche, quest. 222.

463. — L'assignation doit remplir les formalités exigées habituellement pour la validité des ajournemens. — Pigeau, *Comment.*, t. 1er, p. 511; Berriat, p. 289; Favard, t. 2, p. 353 et suiv.; Thomine, t. 1er, p. 453; Boncenne, t. 4, p. 273; Carré-Chauveau, quest. 1018 *bis*; Bioche, no 231. — *Contrà Turin*, 5 août 1811, Gianotti c. Spinelli.

464. — Elle serait nulle si elle était faite dans la forme d'un simple acte d'avoué à avoué. — *Rouen*, 17 mai 1810, Lebourgeois c. Foucher; *Cass.*, 4 janv. 1813, Delard c. époux Lespinasse; *Bruxelles*, 11 mars 1813, commune de Waguelie c. de Montmorency.

465. — Ainsi, elle doit contenir 1o constitution d'avoué, de même que les assignations à personne ou à domicile, bien que celui qui fait donner l'assignation ait déjà avoué constitué dans l'instance. — *Orléans*, 5 mars 1830, Leroi-Beronet c. Piedfort. — *Contrà* Carré-Chauveau, quest. 1018 *bis*.

466. — ... 2o La signature de l'huissier sur la copie, quoiqu'il ait signé l'original, et mis de sa main son immatricule dans la copie. — *Riom*, 26 avr. 1816, Redon c. Picard.

467. — ... 3o Le parlant à... La nullité résultant de l'omission de cette indication ne peut être couverte, ni par l'aveu de l'avoué que la copie lui aurait été remise et qu'il l'aurait transmise à son client, ni par la circonstance qu'il aurait été procédé à la contre-enquête sans protestations ni réserves. — *Cass.*, 24 déc. 1811, Remond c. Dussautoir.

468. — Mais il n'est pas indispensable d'indiquer le nom du clerc de l'avoué auquel la copie a été laissée, il suffit de le désigner par sa qualité. — *Besançon*, 2 juin 1812, N...

469. — De même, l'assignation afin d'assister à l'enquête, donnée à la partie, en son domicile élu chez maître un tel, avocat-avoué, remplit le vœu de la loi, si d'ailleurs la personne au domicile de laquelle la partie est ainsi assignée est réellement son avoué en cause. — *Cour supér. de Bruxelles*, 12 mai 1824, L...

470. — ... 4o La mention de la demeure et de l'immatricule de l'huissier. — *Cass.*, 4 janv. 1813, Delard c. Espinasse.

471. — ... 5o L'indication des jour, mois et an. — *Nancy*, 27 mars 1827, Thouvenot.

472. — ... 6o Les noms de tous les défendeurs. — *Colmar*, 25 août 1829, Haffen c. Hoffmann.

473. — Mais l'indication du domicile du défendeur n'est pas indispensable, pourvu que la partie ait été désignée de façon à ce que le doute ne soit pas permis.

474. — Jugé, en conséquence, qu'une partie avait pu être assignée au domicile de son avoué comme demeurant à *Saint-André-le-Désert*, tandis qu'elle demeurait *aux Henrys*, commune de Presses-sous-Dun. — *Cass.*, 27 déc. 1808, Percherencier c. Deshenrys.

475. — ... 7o Le jour, l'heure et le lieu où l'enquête sera faite.

476. — On peut néanmoins, pour cette indication, en référer à l'ordonnance. Par exemple, lorsque l'ordonnance a indiqué en même temps un jour pour une descente sur les lieux contentieux et le lendemain pour l'audition des témoins, est valable l'assignation donnée à la partie *pour être présente* tel jour (celui de la descente) aux opérations de la descente et à l'audition des témoins. — *Poitiers*, 20 août 1823, Revillé c. Gouraud.

477. — La loi ne s'oppose pas à ce que l'exploi

contienne à la fois signification de l'arrêt confirmatif qui a ordonné l'enquête et assignation. — Arg. *Cass.*, 17 déc. 1823, Dosfant c. Larigaudie.

### § 2. — *Délai de l'assignation.*

478. — L'assignation est donnée, à peine de nullité, trois jours au moins avant l'audition des témoins. — C. procéd. civ., art. 261.

479. — Ce délai est franc. — *Bruxelles*, 10 déc. 1811, Bogaerts c. Leleu; — Berriat, p. 289; Pigeau, *Comm.*, t. 1er, p. 511; Thomine, t. 1er, p. 453; Boncenne, t. 4, p. 270; Carré et Chauveau, quest. 1019; Bioche, no 224.

480. — Il y a lieu à augmenter les délais à raison de la distance lorsque l'exploit est signifié au domicile de la partie. — C. pén., art. 1033.

481. — Mais c'est une question fort controversée de savoir s'il en doit être de même lorsqu'il est signifié en l'étude de l'avoué.

482. — Plusieurs arrêts ont jugé qu'en prescrivant l'assignation de la partie au domicile de son avoué, la loi avait voulu abréger les délais, et que, pour cette raison, il n'y aurait jamais lieu à augmentation à raison des distances. — *Bruxelles*, 23 fév. 1809, Serrarens c. Paulier; *Cass.*, 22 nov. 1810, Pleumartin c. Sallet; *Bruxelles*, 1er mars 1812, N...; *Limoges*, 11 avr. 1812, N...; *Bourges*, 17 janv. 1815, Marotte-Bussy c. Bourceret; *Paris*, 29 mai 1824, Duboys c. Jahan; *Bourges*, 17 juin 1825, N...; *Poitiers*, 9 mars 1842 (t. 2 1842, p. 48), Billiard; — Hautefeuille, t. 1er, p. 154; Boitard, no 435, *in fine*. — On dit à l'appui de cette opinion que la loi veut, pour plus de célérité, que l'acte, quoique s'adressant à la personne, soit remis à son avoué, chargé de l'avertir quand il pourra et comme il le pourra. Or, le but de la loi serait manqué si l'on appliquait l'art. 1033. — Mais on répond, avec raison selon nous, que le but de l'assignation est de faire connaître à la partie le nom des témoins, de lui donner la faculté d'assister à l'enquête, d'y faire ses observations et d'y produire ses reproches. Il faut donc que l'avoué ait le temps de prévenir sa partie. — *Paris*, 29 sept. 1808, Rollet c. Hubert; *Cass.*, 23 juill. 1823, Dubois c. Jahan; *Montpellier*, 22 juin 1824, Sicard c. Boutat; *Metz*, 20 juill. 1826, Plageux c. Campanella; *Rennes*, 8 fév. 1833, de Mercy c. Kervasdoné; et les arrêts cités. — Merlin, *Quest. de dr.*, vo *Enquête*, § 3; Boncenne, t. 4, p. 275; Favard, t. 2, p. 356; Pigeau, *Comment.*, t. 1er, p. 511; Thomine, t. 1er, p. 453; Carré et Chauveau, quest. 1020; Bioche, no 226.

483. — Selon les uns, l'augmentation d'un jour par trois myriamètres doit se calculer en raison de la distance entre le domicile de l'avoué et le lieu où doit se faire l'enquête. — *Cass.*, 11 janv. 1815, Grellet c. Dupic; *Toulouse*, 12 janv. 1819, Suspène c. Rozes; *Rennes*, 25 fév. 1820, Gibé c. Supiot.

484. — Selon d'autres, il faut prendre en considération la distance existant entre le domicile de la partie et celui de son avoué. — *Cass.*, 23 juill. 1823, Dubois c. Jahan; 28 janv. 1826, Dubois c. Jahan; *Rouen*, 6 mars 1828, Duboys c. Jahan; *Riom*, 28 nov. 1828, Courby c. Courby-Cognord; *Paris*, 10 fév. 1830, ville de Dreux c. Presson; *Cass.*, 28 juin 1834, Chauvin c. Quénichet.

485. — Cette augmentation doit avoir lieu, à peine de nullité, même dans le cas où l'assignation a été donnée en France pour assister à une enquête dans les colonies. — *Cass.*, 28 mai 1834, Chauvin c. Quénichet.

486. — Enfin une dernière opinion veut que les délais soient augmentés d'un jour par trois myriamètres de distance entre le domicile réel de la partie assignée et le lieu où se fait l'enquête. — *Caen*, 16 janv. 1827, Mochon c. Collibaux; *Rennes*, 23 avr. 1827, Daviais c. Harscouet; *Riom*, 17 août 1827, Vières c. Loudes; *Nîmes*, 31 août 1827, Deydier c. Gabriac; *Cass.*, 7 déc. 1831, Baurain c. Psalmon; *Nîmes*, 11 janv. 1832, Brun c. Delmas; *Colmar*, 15 juill. 1833, Denis M... c. Zénon G...; *Toulouse*, 30 mars 1844 (t. 2 1844, p. 209), de Pelosneau c. de Riols.

487. — Nous pensons qu'on doit combiner ces décisions, et qu'aux termes de l'art. 1033, le délai de trois jours doit être augmenté d'un jour par trois myriamètres de distance: 1o entre le domicile de l'avoué et celui de la partie; — 2o entre le domicile de cette partie et le lieu où se fait l'enquête. Il en résulte que la partie assignée a le temps d'être prévenue et de se rendre au lieu où se fait l'enquête. — *Paris*, 29 sept. 1808, Rollet c. Hubert; *Colmar*, 25 août 1829, Haffen c. Hoffmann; *Nîmes*, 18 juill. 1838 (t. 2 1838, p. 164), Abran c. Valguillier; — Boncenne, t. 4, p. 275; Favard, t. 2, p. 356; Thomine, t. 1er, p. 453; Chauveau, quest. 1020. — *Contrà Nîmes*, 11 janv. 1832, Brun c. Delmas.

ENQUÊTE, ch. 4, sect. 2e.

488. — Jugé que l'augmentation se calcule conformément au dernier paragraphe de l'art. 1033, c'est-à-dire comme dans les cas où il y a lieu à envoi et retour. — *Limoges*, 15 fév. 1837 (t. 1er 1838, p. 141), Poral c. de Brégeas; *Nîmes*, 18 juill. 1838 (t. 2 1838, p. 175), Abran c. Valguillier; — Boncenne, t. 4, p. 280; Souquet, *Dict. des Temps*, no 55; Chauveau, quest. 1020.

489. — Il ne faut avoir aucun égard aux fractions de myriamètres. — *Poitiers*, 21 août 1839 (t. 2 1840, p. 490), Dutour c. Gelin; *Cass.*, 14 août 1840 (*ibid.*), Cristol c. Pardaillé, et *Limoges*, cité au no qui précède.

### Art 4. — *Notification des noms des témoins.*

490. — Le poursuivant de l'enquête est tenu de notifier à la partie adverse les noms, professions et demeure des témoins à produire contre elle, à peine de nullité. — C. procéd., art. 261.

491. — Cette notification doit-elle avoir lieu trois jours à l'avance, de même que l'assignation? — Certaines cours royales ont induit la négative de la construction de l'art. 261. C'est, en effet, dans un dernier paragraphe et après avoir prescrit un intervalle de trois jours entre l'assignation et l'audition des témoins, que cet article ajoute : « Les noms, professions et demeures des témoins à produire contre elle, lui seront notifiés ; le tout à peine de nullité, comme ci-dessus, » sans rappeler la nullité d'un délai quelconque entre la signification et l'audition des témoins. — *Metz*, 22 avr. 1813, Chavigny c. Duhoux; *Cass.*, 16 fév. 1815, Guillebon et Duhoux; *Angers*, 21 mars 1815, H. d'Ernée c. Foulon; *Poitiers*, 28 nov. 1822, Bouquet c. Gaulier; *Poitiers*, 7 mars 1823, Pageaud de Vouillé; *Poitiers*, 16 juin 1825, Mourgaud c. comm. de Cornet. — Mais cette opinion nous semble inadmissible, car elle tendrait à établir que la notification des noms des témoins serait valablement faite le matin même du jour fixé pour leur audition. Or, il est évident que l'intention du législateur a été de laisser à la partie un laps de temps suffisant pour prendre ces renseignemens sur les personnes que son adversaire veut faire entendre, ce qui deviendrait impossible si l'on interprétait l'art. 261 dans le sens que nous combattons.

492. — « Les témoins, dit fort bien Boncenne (t. 4, p. 287), ne sont assignés que pour déposer : un jour de délai leur suffit. Il en faut davantage à la partie, parce qu'elle n'est pas appelée simplement pour faire acte de comparution. — V. en ce sens, Pigeau, t. 1er, p. 512; Favard, t. 2, p. 360; Thomine, t. 1er, p. 454; Boitard, t. 2, p. 201; Carré et Chauveau, quest. 1023.

493. — L'esprit de la loi est trop manifeste pour qu'il puisse être étouffé. Il faut nécessairement appliquer au second paragraphe de l'art. 261, relatif à la notification des noms des témoins, la disposition du premier paragraphe de cet article, qui exige un intervalle de trois jours au moins entre l'assignation et le jour fixé pour la comparution des témoins; si l'on n'a pas rejeté cette disposition, c'est qu'on a pensé que cela était superflu; la notification du nom des témoins se faisait, en général, sur le même acte que l'assignation. — *Turin*, 25 juin 1810, Allara c. N...; *Cass.*, 12 juill. 1819, Ducayla; *Bruxelles*, 18 avr. 1831, Nautjans et Vermeulen; *Bourges*, 31 déc. 1833, Montagu c. Marchais.

494. — La notification de la liste des témoins à produire dans une enquête peut néanmoins être faite séparément de l'assignation à comparaître à leur audition. — *Metz*, 16 nov. 1819, Dolcy c. N... *Cass.*, 16 fév. 1815, Guillebon c. Duhoux; *Liége*, 22 nov. 1831, Douffet c. Gérard.

495. — Il y aurait tout au plus lieu de rejeter de la taxe le second acte. — *Liége*, 22 nov. 1831, Douffet c. Gérard; — Carré, quest. 1023.

496. — A plus forte raison a-t-il pu être décidé qu'il n'est pas nécessaire que la désignation des témoins se trouve dans le corps de l'exploit d'assignation, et qu'une liste au bas de laquelle l'exploit se trouverait sur la feuille suffirait pour satisfaire au vœu de l'art. 261. — *Bruxelles*, 12 mai 1824, L.

497. — Quand il ne s'est pas écoulé trois jours entre la notification des noms des témoins et l'ouverture du procès-verbal d'enquête, il n'y a de nul que les dépositions reçues avant l'expiration de ces trois jours, les autres sont valables. — *Turin*, 25 juin 1810, Allara c. N...

498. — On a jugé que, si le délai de trois jours n'a pas été observé, les tribunaux peuvent accorder une prorogation lors de l'audience dans laquelle on devait entendre les témoins. — *Bruxelles*, 18 avr. 1831, Nautjans et Vermeulen. — Mais nous persistons dans l'opinion que la prorogation ne

ENQUÊTE, ch. 4, sect. 2e.

peut être accordée lorsqu'il s'agit de couvrir une nullité provenant du fait de la partie et même du juge-commissaire, sauf aux tribunaux à ordonner d'office la preuve de certains faits s'ils le jugent convenable.

499. — Lorsque la notification du nom des témoins est faite par acte séparé, il n'est pas nécessaire d'observer les formalités prescrites pour les ajournemens. — *Metz*, 16 nov. 1819, Doley c. N...

500. — Mais l'exploit doit, comme celui d'assignation, être signifié en l'étude de l'avoué constitué, sous peine de nullité. — *Cass.*, 19 avr. 1826, Veniard c. Duval.

501. — Les exploits de notification des témoins n'ont pas besoin de contenir leurs prénoms. Toutefois il faut que ces témoins soient désignés de telle sorte que la partie ne puisse se méprendre sur leur individualité. — Par conséquent, lorsque deux individus habitant une même ville portent le même nom et exercent la même profession, la simple désignation du nom n'est pas suffisante. — *Bruxelles*, 22 juin 1833, N... c. N....

502. — Hors ce cas et autres analogues, on ne saurait se refuser à l'audition d'un témoin sous prétexte que l'on a omis l'un de ses prénoms dans la notification. — *Amiens*, 22 nov. 1822, d'Hervilly c. Lematte.

503. — ... Ou que dans cette notification on a mis un prénom qui n'était pas le sien, alors surtout qu'il devait être suffisamment connu par les indications données. — *Poitiers*, 16 juin 1825, Mourgaud c. Cornet et Raboin-Descombes.

504. — Le vœu de la loi est suffisamment rempli par la qualification de *propriétaires* donnée aux témoins, encore bien que ces témoins exercent une profession, quand du reste la partie assignée n'a pu être induite en erreur sur leur identité. — *Nancy*, 22 janv. 1827, comm. de Grand c. Biez.

505. — Il n'est pas nécessaire, à peine de nullité, de notifier la demeure des témoins à produire dans une enquête; la notification du domicile suffit. — *Turin*, 25 juin 1810, Allara c. N....

506. — Pour que le domicile d'un témoin soit légalement indiqué, il suffit d'énoncer la commune où il réside. Il n'y a pas nullité si, lorsqu'on a nommé le canton, on a commis une erreur. — *Poitiers*, 16 juin 1825, Mourgaud c. Cornet et Raboin-Descombes.

507. — Mais est nulle la déposition d'un témoin indiqué dans l'enquête sous un nom différent de celui que réfère l'exploit de notification des noms, professions et demeures des témoins. — *Rennes*, 21 janv. 1813, N... c. N....

508. — A plus forte raison la déposition d'un témoin est-elle nulle si l'on n'a pas signifié ses nom, profession et demeure à la partie contre laquelle on l'a produite. — *Orléans*, 31 août 1810, N... c. N....

509. — Au surplus il s'agit en pareille matière d'une question de bonne foi, et les juges doivent valider ou annuler la déposition selon qu'il leur est démontré que la partie a pu ou n'a pu être induite en erreur sur l'identité du témoin qui n'a pas été désigné d'une manière régulière.

510. — On a jugé d'après ce principe que l'omission involontaire des noms, professions et demeures des témoins dans la notification qui est faite à la partie ou dans le procès-verbal du juge commissaire n'entraîne pas la nullité de l'enquête, alors surtout que le témoin a exercé la profession qui lui a été donnée dans l'assignation en même temps que celle qui est consignée dans le procès-verbal, et que, dans tous les cas, l'erreur n'a pas empêché que sa personne fût suffisamment reconnue. — *Liége*, 15 fév. 1813, Luriper c. Schonnartz.

511. — Les parties intéressées à un même droit, et qui sont admises à prouver par enquête leur jouissance individuelle, peuvent notifier ensemble, et par le même exploit, les noms de témoins qu'elles veulent faire entendre. — *Bourges*, 5 mai 1813, Gauthé c. Lepelletier d'Aulnay.

512. — Les formalités ci-dessus doivent être observées dans le cas de prorogation d'enquête, comme dans le cas d'enquête.

### Art. 5. — *Assignation aux témoins.*

513. — Les témoins sont assignés à personne ou domicile. — C. procéd., art. 260.

514. — Ceux domiciliés dans l'étendue de trois myriamètres du lieu où se fait l'enquête le sont au moins un jour avant leur audition. — *Ibid.*

515. — Il est ajouté un jour par trois myriamètres pour ceux domiciliés à une plus grande distance. — *Ibid.*

516. — ... Le tout à peine de nullité. — *Ibid.*

517. — Le délai est franc. — Carré et Chauveau,

quest. 1016; Hautefeuille, p. 153; Demiau, p. 203; Commaille, t. 1er, p. 158; Bioche, no 253.

518. — L'assignation doit être signifiée dans la forme ordinaire des ajournemens, contenir l'immatricule de l'huissier, le parlant à, enfin être conforme aux dispositions des art. 61 et 68, C. procéd. civ.; — Carré et Chauveau, no 1014; Favard, t. 2, p. 853; Bioche, no 253.

519. — Avant le Code de procédure civile, une enquête n'était pas nulle à défaut de constitution d'avoué dans les assignations données aux témoins et à la partie pour les voir jurer. — *Bourges*, 7 août 1806, Regibier c. Champignet.

520. — On doit, autant que possible, selon M. Bioche (no 254), ne faire qu'un original, afin d'économiser les frais.

521. — Il est donné copie à chaque témoin du dispositif du jugement, seulement en ce qui concerne les faits admis, et de l'ordonnance du juge commissaire, le tout à peine de nullité des dépositions des témoins. — *Orléans*, 22 déc. 1809, N...; *Bruxelles*, 22 fév. 1821, Wellems.

522. — Ce n'est que d'une manière authentique, c'est-à-dire par la lecture même du jugement que les spécifie, que les témoins doivent connaître les faits à prouver. — *Orléans*, 22 déc. 1809, N...; — Carré et Chauveau, no 1016 *bis*.

523. — Lorsqu'un jugement ordonne une enquête et spécifie les faits admis pour chacune d'elles, chaque témoin, quelle que soit la partie qui l'assigne doit, à peine de nullité de sa déposition, recevoir copie du dispositif du jugement, en ce qui concerne tous les faits admis en preuve, tant pour l'enquête que pour la contre-enquête. — *Cass.*, 20 mai 1840 (t. 2, 1840, p. 329), de Mondragon c. Foulon. — *Contrà* Thomine, t. 1er, p. 450.

524. — Toutefois il a été jugé que lorsque le jugement qui ordonne une enquête, et les faits articulés sont détaillés dans la requête présentée au juge commissaire, et que copie de cette requête et de l'ordonnance a été signifiée aux témoins, il n'est pas nécessaire, à peine de nullité, de leur donner en outre, copie du dispositif du jugement. — *Bourges*, 14 nov. 1826, Lhoste c. Baron. — Mais cette doctrine est critiquée par Carré et Chauveau, quest. 1016 *bis*; Pigeau, *Comm.*, t. 1er, p. 509; Boitard, t. 2, p. 200; Thomine, t. 1er, p. 451; Bioche, no 262, par le motif qu'en pareil cas il dépend de la partie de changer ou modifier, dans une requête, les dispositions du jugement. S'il doit être uniquement donné copie du dispositif du jugement aux témoins, c'est pour éviter des frais. Ce n'est là qu'une question de taxe.

525. — Il n'y a pas contravention à l'art. 260, touchant l'obligation où l'on est de faire connaître aux témoins les faits interloqués, lorsqu'on ne leur donne copie que du dispositif du jugement qui ordonne la preuve, bien qu'il en ait été interjeté appel, si l'arrêt confirmatif n'ajoute ni ne retranche rien aux faits sur lesquels doit porter l'enquête. — *Limoges*, 26 fév. 1840 (t. 2 1840, p. 54), Fontanges c. Redon; — Carré et Chauveau, quest. 1017.

526. — Si l'arrêt a retranché quelques-uns des faits admis, ou en a ajouté qui avaient été rejetés, il y a nécessité de donner copie de son dispositif, au moins en cette partie. — Bioche, no 265.

527. — Lorsque par erreur l'avoué a assigné les témoins pour une heure autre que celle indiquée dans l'ordonnance, le juge-commissaire peut surseoir et attendre l'heure fixée dans l'exploit; car une enquête n'est pas nulle pour n'avoir pas été commencée à l'heure déterminée. — *Rennes*, 12 janv. 1810, N...; — Carré et Chauveau, quest. 1012. — V. cependant *Pau*, 6 déc. 1809, Cambiel c. Manaud, et nos observations, *suprà* no 476, et *infrà*, no 904.

ART 6. — *Quand doivent être proposées et comment se couvrent les nullités de la procédure antérieure à l'audition des témoins.*

528. — Il faut distinguer entre les nullités dont la partie a nécessairement connaissance, parce qu'elles résultent des actes qui lui sont directement signifiés, et celles dont elle ne peut avoir immédiatement connaissance.

529. — Les premières doivent être présentées avant l'audition des témoins. — C. procéd., art. 275.

530. — La nullité résultant de la non signification du jugement, ou de sa signification tardive et celle des exploits d'assignation ou de notification du nom des témoins doivent être rangées dans cette catégorie. — V. *suprà* nos 237 et suiv., 437 et suiv., 490

531. — Bien que le juge-commissaire n'ait pas qualité pour apprécier ces nullités, la partie doit cependant faire consigner l'exception qu'elle entend en tirer dans le procès-verbal, comme elle y articule contre les témoins des reproches dont le juge-commissaire ne peut connaître le mérite. — *Trèves*, 20 mars 1811, Muller c. Basen.

532. — Autrement sa comparution ou celle de son avoué la rend, sans aucun doute, non recevable à les proposer à l'audience. — *Besançon*, 9 déc. 1808, Caire c. Dauphin; *Metz*, 16 nov. 1819, Doley c. N...; *Caen*, 16 janv. 1827, Mochon c. Collebeaux; *Cass.*, 4 août 1827, Veniard c. Blin; et 30 juill. 1828, Lavie, et les arrêts déjà cités.

533. — ... Quand même la nullité porte sur la nomination du juge-commissaire. — *Cass.*, 21 août 1835, Bosne c. Arsac.

534. — Il faut, dans tous les cas, que des réserves spéciales aient été insérées au procès-verbal. — *Poitiers*, 13 août 1819, Duchastenier c. Guery; *Bourges*, 30 mars 1821, Guillot c. Vacher; *Nîmes*, 31 août 1827, Deydier c. Gabriac.

535. — En effet, la comparution pure et simple de la partie à l'enquête que dirige contre elle son adversaire ne saurait être considérée comme une défense séparée, indépendante de la procédure qu'elle entend attaquer. — Chauveau et Carré, no 1022; Boncenne, t. 4, p. 291.

536. — Il en est ainsi, non par le motif que la partie est libre de ne pas comparaître, de ne pas interpeller et de ne pas reprocher, comme le dit Boncenne (*ibid.*), mais parce qu'il il y a dans son silence une ratification de la procédure. — Chauveau, *ibid*.

537. — D'ailleurs, en précisant ses griefs, elle éclaire son adversaire et souvent l'empêche de donner suite à une procédure nulle.

538. — En conséquence, la partie qui, avant l'audition des témoins, a déclaré qu'elle comparaissait au désir de l'ajournement à elle signifié pour être présente à l'enquête, et qu'elle n'empêchait pas d'y procéder, ne peut plus tard demander la nullité de l'enquête sous prétexte qu'elle n'a été sommée que par un simple avenir. — *Liége*, 8 mai 1815, Delborn c. N...

539. — Mais la nullité de l'assignation n'est pas couverte par la contre-enquête à laquelle fait procéder la partie, car ce n'est pas là une suite nécessaire de l'assignation. — *Cass.*, 24 déc., 1811, Remond c. Dussautoir; *Colmar*, 15 juill. 1833, Denis c. Zenon; — Carré et Chauveau, no 1021; Merlin, *Quest. de droit*, vo *Nullité*, § 3, no 8; Boncenne, t. 4, p. 292. — V. *contrà Paris*, 19 août 1808, Dufort.

540. — Il faut que les griefs soient nettement articulés et précisés pour être valables. Une réserve vague et de style ne suffirait pas. — *Paris*, 19 août 1808, Dufort; *Amiens*, 18 août 1826, Beauvain; *Bourges*, 8 mai 1829, Pinoteau c. Nivet; — Pigeau, *Comment.*, t. 1er, p, 505; Carré et Chauveau, *ibid*.

541. — Ainsi, lorsque plusieurs parties assignées, pour être présentes à une enquête, y ont assisté en personne (ou par leur avoué non désavoué par elles), et y ont fait des interpellations aux témoins, elles sont non-recevables à demander la nullité de l'enquête, sous prétexte qu'il n'aurait été donné qu'une copie pour toutes. — Cette fin de non-recevoir ne saurait être couverte par des réserves générales. — *Cass.*, 9 nov. 1825, Mariotti c. Gavini; *Riom*, 28 nov. 1828, Gourby.

542. — La nullité résultant de ce que l'une des parties représentée par un avoué n'aurait pas été valablement assignée pour assister à l'enquête, est couverte par la comparution à l'audition des témoins de cet avoué qui a déclaré n'avoir aucun moyen d'empêcher qu'il fût procédé à l'enquête, et cela quand bien même il aurait fait des protestations générales et de style contre l'enquête. — *Nancy*, 29 mars 1825, Gouvion, Gaillard c. comm. de Sanzey; 20 mai 1840 (t. 2 1840, p. 329), comm. de Mondragon c. Faucon.

543. — De même l'irrégularité provenant de l'inobservation des délais de distance, dans une assignation donnée à une partie pour comparaître à l'enquête, est couverte par la comparution de cette partie à l'enquête, les reproches que son avoué a articulés contre certains témoins, et les interpellations qu'il a adressées à d'autres; et cela, alors même qu'au moment de l'enquête cet avoué aurait expressément réservé tous droits et moyens de son client, tant en la forme qu'au fond. — *Poitiers*, 21 août 1839 (t. 2 1840, p. 490), Dutour; — Boncenne, t. 4, p. 291.

544. — La cour d'Aix (6 déc. 1837 [t. 1er 1838, p. 146], Cauvi) a, il est vrai, validé des protestations et réserves générales, mais par le motif que précédemment la partie avait signifié des conclusions tendant à ce que l'adversaire fût déchu du droit de procéder à la contre-enquête, d'où elle a tiré la conséquence que les dites protestations et réserves se référaient nécessairement à ces conclusions.

545. — Quoi qu'il en soit, celui qui a contesté la demande en prorogation du délai pour faire une enquête, ne cesse point pour cela d'être recevable à demander la nullité de cette opération, fondée sur ce qu'on ne l'a pas assigné à y comparaître, ni instruit du nom des témoins trois jours avant de les faire entendre. — *Agen*, 26 août 1829, Flourens c. Monié et Montesquiou.

546. — Dès qu'une partie a eu le soin de se réserver précisément de proposer telle ou telle nullité, elle peut reprocher des témoins et adresser à d'autres telle interpellation qu'elle juge convenable sans compromettre ce droit. — *Riom*, 17 août 1827, Vières c. Loudes; *Nancy*, 10 fév. 1833, Oudinot c. Simonet; *Colmar*, 15 juill. 1833, Denis c. Zenon. — *Contrà Rennes*, 29 nov. 1820, Lescouères c. syndics Lecudon.

547. — En effet, la procédure devant être mise à fin nonobstant tous moyens de nullité, il y a nécessité pour la partie de veiller à ce que la vérité ne soit pas altérée.

548. — A plus forte raison, n'y a-t-il pas déchéance, par céla seul que l'avoué de la partie comparait uniquement pour déclarer que l'assignation donnée à sa partie est nulle. — *Bordeaux*, 26 juill. 1831, Baillie c. Rouzet.

549. — On a jugé que lorsqu'une partie n'est pas assignée à une enquête dans le délai légal, elle peut, au lieu de laisser procéder à cette enquête, demander la nullité de la citation par action incidente. — *Montpellier*, 15 juin 1827, Jean-François.

550. — Mais cette décision ne nous semble pas devoir être suivie. La partie qui croit avoir une nullité à proposer doit indiquer d'une manière précise ses prétentions et passer outre à l'enquête.

551. — La cour impériale de Turin a jugé, conformément à ce principe, que la partie qui comparaît à une enquête ne peut s'opposer à ce qu'il y soit procédé sous prétexte qu'elle n'y a été appelée que par acte d'avoué. — *Turin*, 5 déc. 1810, Bonansea c. Fasoletto.

552. — Celle qui plaide au fond devient non recevable à se prévaloir des irrégularités commises à son égard. — *Rennes*, 12 janv. 1810, N...

553. — Quant aux nullités qui infectent les exploits étrangers à la partie, par exemple, celles de l'assignation aux témoins, elles ne peuvent se trouver couvertes par la présence et le concours de la partie à l'enquête, quand même cette partie n'y aurait fait aucune réserve. — *Cass.*, 20 mai 1840 (t. 2 1840, p. 329); *Nîmes*, 4 juill. 1839 (t. 2 1839, p. 228) de Mondragon c. Faucon.

554. — On peut donc les proposer avant toute défense ou exception au fond. — Mêmes arrêts.

555. — Les nullités résultant de l'inobservation des prescriptions relatives aux témoins sont opposables par la partie.

556. — Il a cependant été jugé que la partie contre laquelle une enquête se fait ne peut se prévaloir de la nullité résultant de ce qu'un témoin a été assigné par un acte dont la copie ne contenait pas de date; ce témoin seul pouvait invoquer cette nullité. — *Liége*, 21 juin 1818, Charles c. Clerbois.

ART. 7. — *Audition des témoins. — Peines contre les défaillans. — Dispenses. — Reproches.*

§ 1er. — *Déposition des témoins.*

557. — L'enquête a lieu en la chambre du conseil ou dans une des salles du tribunal.

558. — ... A moins que le tribunal n'ordonne qu'elle ait lieu sur les lieux contentieux. — *Amiens*, 29 déc. 1821, Maintenay.

559. — En ce dernier cas, il y aurait nullité si elle était faite ailleurs. — *Grenoble*, 11 déc. 1821, Margouiller c. Pagnouel.

560. — *Enquête.* — En cas d'absence du juge-commissaire nommé pour procéder à une enquête au jour fixé par lui pour l'audition des témoins, la partie poursuivante doit, à peine de forclusion, s'adresser au président du tribunal pour faire procéder à cette audition, ou présenter à cette fin dans la huitaine une requête nouvelle au juge-commissaire. — *Besançon*, 25 janv. 1845 (t. 1er 1846, p. 350), Guilleminot c. Delavis. — Carré et Chauveau, *Lois de la procéd.*, quest. 984.

561. — Les témoins doivent être entendus séparément, tant en présence qu'en l'absence des parties. — Chaque témoin, avant d'être entendu, déclare ses noms, profession, âge et demeure, s'il est parent ou allié de l'une des parties, à quel degré, s'il est serviteur ou domestique de l'une d'elles; il fait serment de dire la vérité, le tout à peine de nullité. — C. procéd., art. 262.

562. — Ces dispositions, dit Carré, admettent un juste tempérament entre l'ordonnance de 1667

et la loi du 3 brum. an III. La première isolait le juge et le témoin, de telle sorte que c'était dans le secret le plus impénétrable que le premier recevait la déposition du second; l'autre, par un système tout opposé, voulait que, dans tous les cas, les témoins fussent entendus à l'audience, en présence les uns des autres, de même qu'en présence des parties et du public.

563. — Les parties peuvent se faire assister de leurs avoués.

564. —...Et même de leurs avocats. — V. AVOCAT, no 410; — Carré et Chauveau, quest. 1025 *bis*; Bioche, vo *Avocat*, no 97.

565. — Mais une enquête n'est point viciée, par cela que la partie contre laquelle elle a eu lieu y a comparu sans être assistée de son avoué. — *Caen*, 27 août 1827, Leroy; — Thomine, t. 1er, p. 46; Chauveau sur Carré, quest. 1020 *bis*.

566. — Il n'existe qu'un cas où un tribunal puisse ordonner que l'enquête ait lieu hors la présence du défendeur. C'est en matière d'interdiction. — C. procéd. civ., art. 893. — Carré et Chauveau, quest. 1031. — V. INTERDICTION.

567. — La nullité de l'enquête résultant de ce que les témoins n'ont pas été entendus séparément, ne s'applique pas au cas où une des parties assignée comme témoin assiste à l'enquête avant et après sa déposition. — *Rennes*, 22 janv. 1827, Hamon c. Tréhorel. — V. Carré et Chauveau, quest. 1025 *ter*. — Il s'agissait dans l'espèce d'un fonctionnaire public. Cette circonstance a dû influer sur la décision.

568. — Les témoins produits dans une enquête doivent déclarer qu'ils ne sont ni serviteurs ni domestiques de l'une des parties. Il ne suffirait pas qu'ils déclarassent n'être pas aux gages des parties. — *Metz*, 19 juin 1811, Gillot et d'Hon c. Desrives.

569. — Mais la déclaration de non parenté d'un témoin ne doit pas émaner nécessairement de sa bouche même; elle peut se trouver consignée en récit dans le procès-verbal d'enquête. — *Limoges*, 1er août 1814, Navarron.

570. — Toute déposition doit être faite sous la foi du serment.

571. — La cour de Cassation a jugé (19 avr. 1810, Leguyader c. Lefur) que la promesse au lieu du serment de dire la vérité, de la part d'un témoin, produit devant la justice de paix, n'opère pas la nullité de l'enquête. — Carré (quest. 1128) pense qu'il en devrait être autrement dans l'espèce de l'art. 262, car promesse et serment ne sont pas synonymes. — Nous partageons entièrement cette opinion.

572. — Quant à la forme dans laquelle le serment doit être prêté, et à la question de savoir si l'on doit avoir égard à la religion professée par le témoin, V. SERMENT.

573. — En cas de refus de serment de la part du témoin, il doit être considéré comme défaillant, et condamné à l'amende. — Carré et Chauveau, quest. 1029; Favard, t. 2, p. 363; Thomine, t. 1er, p. 457. — V. aussi Serpillon, sur l'art. 9, tit. 22, ordon. 1667.

574. — Les peines de l'art. 263 sont également applicables au témoin qui refuse de répondre. — Carré, quest. 1036; Favard, t. 2, p. 364; Thomine, p. 467; Boitard, t. 2, p. 203. — V. *contrà* Chauveau. Cet auteur n'accorde à la partie qu'une action en dommages-intérêts.

575. — Quel que soit le domicile du témoin, la demande en dommages-intérêts, ajoute avec raison M. Chauveau, doit être portée devant le tribunal où se fait l'enquête, puisque ce tribunal a déjà connaissance de la contumace du témoin et des causes qui ont donné occasion à ces frais.

576. — Lorsqu'il est constaté par un procès-verbal d'enquête que les témoins ont prêté individuellement le serment prescrit par la loi, cette énonciation ne saurait être détruite par un certificat de quelques témoins d'où il résulterait que le serment aurait été prêté collectivement. En pareil cas, l'inscription de faux est la seule voie légale. — *Nancy*, 3 août 1826, Humblot c. Dérize.

577. — Le témoin dépose sans qu'il lui soit permis de lire aucun projet écrit. Sa déposition est consignée au procès-verbal, elle lui est lue, et il lui est demandé s'il y persiste, le tout à peine de nullité. — C. procéd., art. 271.

578. — Ainsi, la déposition doit être orale; car, ne devant attester que des faits dont il a parfaite connaissance, le témoin n'a besoin ni d'art ni de préparation. — Carré, sur l'art. 271.

579. — Toutefois, il n'y a pas nullité, alors même que le témoin présente un projet écrit, s'il a été empêché de le lire. — Thomine, t. 1er, p. 472; Bioche, no 427.

580. — Le témoin sourd ou muet devait autrefois écrire sa déposition en présence du juge-commissaire. — Duparc-Poullain, t. 9, p. 381 et 382.

ENQUÊTE, ch. 4, sect. 2e.

581. — Maintenant, il faut observer par analogie l'art. 333, C. inst. crim. Le juge commissaire désigne un interprète qui prête serment et transmet au témoin les questions. — Bourguignon, p. 275; Pigeau, *Comm.*, t. 1er, p. 526; Thomine, t. 1er, p. 472; Favard, t. 2, p. 368, no 15; Carré et Chauveau, quest. 1067.

582. — Il est, du reste, hors de doute qu'un sourd et muet peut être entendu comme témoin dans un procès civil. — *Nîmes*, 21 août 1821, Aillaud c. Delormes.

583. — Si le témoin ne parle pas français, un interprète doit être également nommé. Il prête serment, et il est fait mention du tout au procès-verbal, à peine de nullité. — Carré et Chauveau, quest. 1031 *bis*; Pigeau, *Comm.*, t. 1er, p. 526.

584. — On a cependant décidé que le juge commis à une enquête n'est pas tenu d'appeler un interprète pour traduire les dépositions des témoins qui ne parlent pas français, si lui-même et son greffier entendent leur idiome. — *Metz*, 18 juin 1817, Hill c. Gérardin.

585. — Dans tous les cas, la déposition doit être lue en français aux parties pour qu'elles puissent faire des interpellations si elles le croient utile à leur intérêt. — Carré et Chauveau, *loc. cit.*

586. — Le témoin reproché est entendu dans sa déposition. — C. procéd., art. 284.

587. — Il ne peut s'abstenir. — *Paris*, 31 janv. 1811, Fontan c. Degertas; — Carré et Chauveau, quest. 1120 *bis*; Berriat, p. 294.

588. — Les questions sont faites par le juge commissaire.

589. — Lorsque plusieurs chefs de preuve sont énumérés dans un jugement interlocutoire, le juge chargé de l'enquête peut les lire séparément aux témoins, et recevoir aussi leurs dépositions sur chacun de ces chefs séparément. — *Montpellier*, 26 avr. 1831, Payre c. Viguier.

590. — Il n'y a pas nullité lorsque le témoin a été interrogé par le juge commissaire sur une série de questions rédigées à l'avance par la partie elle-même, et dont lecture lui a été donnée. — *Cass.*, 5 mars 1829, Villa c. André.

591. — La déposition est consignée sur le procès-verbal telle qu'elle est dictée par le témoin.

592. — Le juge commissaire doit conserver à la déposition non seulement son sens, mais encore sa couleur, et même ces incorrections, lorsque ses incorrections servent à peindre plus intimement la pensée du témoin. — Boncenne, t. 4, p. 301; Carré et Chauveau, quest. 1071.

593. — Lors de la lecture de sa déposition, le témoin peut faire tels changemens et additions que bon lui semble. Ils sont écrits à la suite ou à la marge de sa déposition, car il peut être utile de connaître sa première déposition; il lui en est donné lecture ainsi que de la déposition et mention en est faite, le tout à peine de nullité. — C. procéd., art. 272.

594. — Si le juge commissaire refusait de faire, à la déposition, les changemens indiqués par le témoin, ce dernier serait en droit de refuser de signer, ou de protester, en apposant sa signature, contre la rédaction. — Carré et Chauveau, quest. 1074.

595. — Toutefois, il ne faut pas oublier que le juge est le régulateur de l'instruction, et qu'un témoin ne peut abuser de sa patience par des longueurs ou des divagations sans résultat. — Mêmes auteurs; Thomine, t. 1er, p. 473.

596. — Le juge-commissaire peut soit d'office, soit sur la réquisition des parties ou de l'une d'elles, faire au témoin les interpellations qu'il croit convenables pour éclaircir sa déposition. Les réponses du témoin sont signées de lui après lui avoir été lues, et mention est faite s'il ne veut ou ne peut signer; elles sont également signées du juge et du greffier; le tout à peine de nullité. — C. procéd., art. 273.

597. — Les interpellations doivent porter sur les faits dont la preuve est admise ou sur des faits qui ont un rapport intime avec la déposition du témoin. — Carré et Chauveau, quest. 1078.

598. — En conséquence, il a été décidé que le juge commis à une enquête peut interpeller un témoin sur des faits non compris parmi ceux sur lesquels l'enquête a été ordonnée, si cette interpellation tend à faire cesser le vague de sa déposition et à la mettre en rapport avec les faits à prouver. — *Liége*, 22 nov. 1831, Douffet c. Gérard.

599. — Si l'une des parties soutient que le témoin est entendu sur un fait dont la preuve n'a pas été autorisée, le juge n'est pas tenu de suspendre l'enquête. — Même arrêt.

600. — ...Sauf à la partie à soutenir devant le tribunal la non-pertinence des informations demandées. — *Bruxelles*, 8 nov. 1828, N...

601. — Autrefois, selon Duparc-Poullain (t. 9, p. 370, no 110), le juge commissaire ne pouvait empêcher le témoin de mettre tout ce qu'il voulait dans sa déposition. Il ne pouvait en retrancher les faits étrangers. — Carré (quest. 1079) admet cette solution. — Cependant, le juge pourrait interrompre le témoin si les faits sur lesquels il déposerait étaient absolument étrangers à la cause. En ce cas, la déposition serait sans utilité. — Bioche, no 441.

ENQUÊTE, ch. 4, sect. 2e.

602. — Les parties ne peuvent interrompre ni questionner le témoin pendant qu'il dépose. — Carré et Chauveau, no 1076.

603. — Elles ont seulement le droit de lui adresser des interpellations par l'organe du juge, lorsqu'il a terminé sa déposition.

604. — Thomine (t. 1er, p. 474) pense, au contraire, que la question d'opportunité des interpellations est abandonnée par la loi à la prudence du juge.

605. — La déposition une fois signée, ou mention faite de l'impossibilité de la signer, le témoin ne peut être admis à déposer de nouveau, ou à faire des changemens et additions à ses précédentes dépositions, n'importe sous quel prétexte. — Carré et Chauveau, quest. 1075; Thomine, t. 1er, p. 476; Favard, t. 2, p. 368, no 16.

606. — Il ne saurait même être rappelé d'office par le juge. — Mêmes auteurs.

607. — M. Chauveau (no 1035 *bis*) permet à la partie de renoncer à l'audition d'un témoin lorsqu'il se présente pour déposer. Cette décision est hardie, mais elle semble légale, sauf à l'adversaire qui aurait négligé de faire citer le témoin à demander une prorogation de délai.

608. — Les ordonnances du juge commissaire sont exécutoires par provision.

609. — Quant au mode d'audition des témoins constitués en dignité, V. DIGNITAIRES (no 15), FONCTIONNAIRES PUBLICS, et surtout TÉMOINS. — V. aussi L. 20 thermid. an IV, 21 fruct. an VII; arr. 7 thermid. an IX; décr. 20 juin 1806, et 4 mai 1812.

### § 2. — *Taxe des témoins.*

610. — Lorsque le témoin a terminé sa déposition, le juge commissaire lui demande s'il requiert taxe. — C. procéd., art. 271.

611. — Si le témoin requiert taxe, elle est faite par le juge commissaire sur la copie de l'assignation, et vaut exécutoire. — C. procéd., art. 277.

612. — Le témoin peut donc contraindre par toutes les voies de droit la partie qui l'a appelé en témoignage.

613. — Mais il n'a pas de recours contre la partie adverse, qu'elle gagne ou non son procès.

614. — La taxe a pour base le déplacement et les frais de voyage. — V. au surplus FRAIS ET DÉPENS, TARIF.

615. — La partie qui fait entendre plus de cinq témoins sur un même fait ne peut répéter les frais des autres dépositions. — C. procéd., art. 281.

616. — Jugé cependant qu'il peut, suivant les circonstances, être admis en taxe plus de cinq témoins. — *Bordeaux*, 24 juill. 1835, David c. Durepaire.

617. — Quoi qu'il en soit, lorsqu'un témoin dépose sur le même fait que les cinq premiers et sur d'autres faits, l'art. 281 n'est plus applicable. — Favard, t. 2, p. 369; Carré et Chauveau, quest. 1098 *ter*; Bioche, no 270.

### § 3. — *Peines contre les témoins défaillans.*

618. — Les témoins défaillans sont condamnés par ordonnance du juge commissaire, exécutoire nonobstant opposition ou appel, à une somme qui ne peut être moindre de dix francs, au profit de la partie, à titre de dommages-intérêts; ils peuvent de plus être condamnés par la même ordonnance à une amende qui ne peut excéder la somme de 100 fr. — Les témoins défaillans sont réassignés à leurs frais.

619. — Ces condamnations ne sont prononcées qu'après que les témoins présens ont déposé, afin de donner le temps à tous les témoins de se présenter. — Carré et Chauveau, quest. 1039; Thomine, t. 1er, p. 461; Delaporte, t. 2, p. 262; Bioche, no 288.

620. — La condamnation à l'amende est facultative; mais celle en dommages-intérêts est obligatoire; peu importerait que le défaut ne causât aucun préjudice à la partie. — Favard, t. 2, p. 364, no 3; Pigeau, *Comm.*, t. 1er, p. 515; Carré et Chauveau, quest. 1033 et 1034; Thomine, t. 1er, p. 461; Bioche, no 290.

621. — Mais il n'y a lieu à aucune condamnation lorsque la partie renonce à l'audition du témoin.

— Carré et Chauveau, quest. 1035; Thomine, Bioche, *ibid.*

622. — Les père et mère du témoin âgé de moins de quinze ans, sont civilement responsables des dommages-intérêts (Thomine, t. 1er, p. 488); mais non de l'amende, car l'amende est une peine, et toute peine est personnelle.—Favard, t. 2, p. 388, nº 14; Carré et Chauveau, quest. 1123. — *Contrà* Thomine, *ubi suprà*.]

623. — La condamnation à l'amende n'entraîne pas la contrainte par corps; les mots *par corps* qui se trouvaient dans la rédaction proposée au conseil d'état, ont été retranchés. — Locré, t. 1er, p. 481; Carré et Chauveau, quest. 1040; Bioche, nº 292.

624. — L'exécution provisoire a lieu sans caution.

625. — Jugé toutefois que les dispositions précédentes ne sont point applicables aux témoins étrangers, domiciliés hors du royaume. — *Bruxelles*, 18 oct. 1826, N...

626. — C'est devant le tribunal et non devant le juge commissaire que doit être portée l'opposition à l'ordonnance. — Pigeau, *Comm.*, t. 1er, 515; Bioche, nº 294.

627. — L'ordonnance est sujette à appel, non seulement de la part du témoin défaillant, mais encore de la partie qui a obtenu les dommages-intérêts, si elle les trouve insuffisans.— Bioche, nº 295; Chauveau, quest. 1041; Favard, t. 2, p. 366; Pigeau, *Comm.*, t. 1er, p. 515.

628. — L'appel doit être porté devant la cour royale, soit que l'enquête ait lieu devant un juge d'un tribunal de première instance, soit qu'elle ait lieu devant un juge de paix. — Chauveau sur Carré, quest. 1032 *bis*; Bioche, nº 297.

629. — Selon Carré (sur l'art. 263), l'appel ne serait recevable à l'égard des dommages-intérêts qu'autant que la condamnation excéderait le taux du premier ressort. Cette doctrine ne nous paraît pas admissible. Le taux du premier ou du dernier ressort est déterminé par les conclusions de la partie; mais si la partie n'a pas conclu à des dommages-intérêts contre le témoin défaillant, comme la loi n'en limite pas le chiffre, l'appel est recevable, quelle que soit la condamnation.

630. — Il a été jugé que lorsque plusieurs des témoins assignés n'ont point comparu, le juge commissaire peut ordonner qu'ils seront réassignés pour le jour qu'il indique, sans que la partie ait besoin de demander une prorogation de délai. En tout cas, la nullité de la seconde enquête ne saurait entraîner celle de la première. — *Riom*, 13 juin 1820, Dosfant.

631. — Cela n'est vrai qu'autant que le jour fixé par le juge commissaire n'excède pas le délai prescrit pour la clôture de l'enquête. Autrement, on l'a vu *suprà*, il n'appartient pas au juge commissaire de proroger l'enquête, et par conséquent, en cas d'insuffisance du délai, la partie doit requérir une prorogation. — Arg. art. 279 et 280. — Chauveau sur Carré, quest. 1044; Thomine, t. 1er, p. 461; Bioche, nº 303; — V. *contrà* Carré, *ibid*.

632. — La réassignation du témoin défaillant, à ses frais, est de droit.

633. — ...A moins que la partie ne déclare au juge commissaire qu'elle renonce à l'audition de ce témoin. — Carré et Chauveau, quest. 1035; Favard, t. 2, p. 365.

634. — Mais ce n'est toujours qu'à la condition que les délais de l'enquête ne soient pas expirés. — V. *suprà* nº 267.

635. — La partie peut compenser les frais de réassignation avec la taxe accordée au témoin. — Arg. C. proc. civ., art. 320; — Pigeau, *Comm.*, t. 1er, p. 516.

636. — La taxe de ces frais pourrait même être faite, sans désemparer, par le juge. — Pigeau, *ibid*.

637. — Au reste, la comparution du témoin pourrait avoir lieu, sans nouvelle citation, s'il se présentait volontairement. — Arg. C. procéd., art. 331. — Pigeau, *loc. cit.*; Bioche, nº 300.

638. — Il n'est utile d'assigner de nouveau le défendeur à l'enquête qu'autant que lui ou son avoué font défaut. Autrement, ils sont suffisamment mis en demeure par l'invitation que leur fait le juge commissaire et qu'il a le soin d'insérer au procès-verbal. — Arg. C. procéd., art. 267. —Carré et Chauveau, quest. 1043; Bioche, nº 302.

639. — En cas de nouveau défaut de la part des témoins défaillans, ils sont condamnés à une amende de 100 fr. — C. procéd., art. 264... — Par corps. — *Ibid*.

640. — ...Le tout sans préjudice de l'action en dommages-intérêts de la partie. — Pigeau, *Comment.*, t. 1er, p.516; Carré et Chauveau, quest. 1046; — V. *contrà* Bioche, nº 309. — Nous comprenons, disent ces auteurs, une nouvelle condamnation à l'amende, parce qu'il y a eu une nouvelle désobéissance à la loi; mais il n'y a pas eu nouveau préjudice. Cette réflexion est juste; cependant, lors du premier défaut, la partie aurait pu renoncer provisoirement aux dommages-intérêts.

641. — Le juge commissaire peut décerner contre un défaillant un mandat d'amener. — C. procéd., art. 284.

642. — Mais ce mandat ne saurait être converti en un mandat de dépôt. — Pigeau, *Comm.*, t. 1er, p. 511; Boncenne, t. 4, p. 293; Chauveau, *ibid*.

643. — La délivrance du mandat est facultative. — Carré et Chauveau, quest. 1047; Bioche, nº 306.

644. — Il n'en est pas de même de la condamnation à l'amende, le juge la prononce d'office, et la partie, en renonçant à l'audition du témoin, ne peut arrêter la condamnation. — Carré et Chauveau, quest. 1046; Thomine, t. 1er, p. 459; Bioche et Goujet, nº 305.

645. — Les frais d'exécution du mandat d'amener sont à la charge du témoin. — Carré et Chauveau, quest. 1048.

646. — La partie qui en aurait fait l'avance, disent MM. Carré et Chauveau (quest. 1048), n'a contre le témoin qu'une action qui doit être portée devant le tribunal du domicile du défendeur.—Selon M. Chauveau, au contraire, c'est devant le tribunal de l'enquête. Mais nous ne voyons pas comment d'une part il peut arriver qu'une partie rembourse ces frais, rien ne l'y obligeant, et d'autre côté l'ordonnance du juge commissaire qui prononce l'amende contre le témoin défaillant devant le condamner aux dépens. La partie qui rembourserait les frais, serait subrogée aux droits de l'état. La question ne peut donc guère se présenter dans la pratique.

647. — Le juge commissaire a le droit de prononcer la contrainte par corps. — Pigeau, *Comment.*, t. 1er, p. 516; Favard, vº *Enquête*, t. 2, p. 265; Berriat, p. 292, nº 35; Delaporte, t. 1er, p. 265; Bioche, nº 308. — V. *contrà* Carré, quest. 880 et 1045.

648. — Si le témoin justifie qu'il est dans l'impossibilité de se présenter, le juge commissaire lui accorde un délai suffisant qui néanmoins ne peut excéder celui fixé pour l'enquête, ou se transporte pour recevoir sa déposition. Si le témoin est éloigné, le juge commissaire renvoie devant le président du tribunal du lieu, qui entend le témoin ou commet un juge : le greffier de ce tribunal fait parvenir de suite la minute du procès-verbal au greffe du tribunal où le procès est pendant, sauf à lui à prendre exécutoire pour les frais contre la partie à la requête de qui le témoin a été entendu. — C. procéd., art. 266.

649. — En ce cas, le juge commissaire le décharge, après sa déposition, de l'amende et des frais de réassignation. — C. procéd., art. 265.

650. — ... Et même des dommages-intérêts. — Carré et Chauveau, quest. 1049; Bioche, nº 312; Demiau, art. 265; Hautefeuille, p. 162; Delaporte, p. 266.

651. — L'absence, une maladie, des fonctions publiques, telles sont en général les causes d'excuses. Le témoin peut aussi invoquer les nullités de l'assignation. — Pigeau, *Comment.*, t. 1er, p. 518; Carré et Chauveau, t. 2, p. 603, note 2e.

652. — Quant à la justification de l'excuse alléguée par le témoin, la loi ne trace aucune règle. Elle s'en rapporte entièrement à la discrétion du juge commissaire. Les parties ont, du reste, le droit de contester le dire du témoin.

653. — Une simple lettre du témoin, un avis donné par son mandataire, une observation émanée d'un autre témoin, ou même la notoriété publique, peuvent être pris en considération par le juge-commissaire, et l'empêcher de prononcer une condamnation.

654. — Si le juge fixe un autre jour pour l'audition du témoin, ou s'il consent à se transporter près de lui, le demandeur doit avoir soin de lui signifier l'ordonnance, en le sommant de s'y conformer. Il doit également assigner la partie adverse, mais seulement au cas où l'ordonnance n'est pas contradictoire.

655. — Quand le juge a donné commission rogatoire au président d'un autre tribunal, le demandeur obtient préalablement de ce magistrat ou du juge qu'il a délégué une ordonnance indicative du jour, du lieu et de l'heure auxquels le témoin sera entendu, et la notifie au témoin avec assignation. — La partie adverse doit, dans ce cas, être mise en demeure, encore bien qu'elle n'ait pas fait défaut, car elle ignore nécessairement l'indication faite par le magistrat qui a reçu la commission rogatoire.

656. — Si le témoin est sous le coup d'une contrainte par corps, il y a lieu, par le tribunal de l'arrondissement où se fait l'enquête, de lui accorder un sauf-conduit. — C. procéd. civ., art. 782. — Ce sauf-conduit s'obtient sur requête.

657. — Selon Carré (t. 2, p. 603, nº 2), l'excuse fondée sur le motif ci-dessus n'est pas admissible, par le motif que le témoin doit s'imputer à faute de n'avoir pas requis un sauf-conduit, mais il nous semble que c'est se montrer trop rigoureux. Pour qu'il en soit ainsi, il faudrait, selon nous, qu'il y eût eu, en outre, mauvais vouloir de la part du témoin.

§ 4. — *Témoins dispensés de déposer.*

658. — En matière civile, non plus qu'en matière criminelle, toute personne ne peut être tenue de déposer des faits qui sont à sa connaissance : ceux qui, par état, sont dépositaires des secrets d'autrui, manqueraient au premier de leur devoir s'ils révélaient ce qui leur a été confié.

659. — Tels sont évidemment : 1º les avocats et les avoués, les notaires, les médecins, chirurgiens et autres officiers de santé, ainsi que les pharmaciens et sages-femmes ; — les ecclésiastiques. — V. au surplus COUR D'ASSISES, nºs 820 et suiv.

660. — ... 5º Le président d'un tribunal, lorsqu'il s'agit des aveux faits par l'un des époux, dans la comparution qui a eu lieu devant lui en matière de séparation de corps. — V. SÉPARATION DE CORPS.

661. — Ainsi jugé qu'en matière civile, un notaire n'est pas tenu de déposer des faits qui se sont passés dans son étude, et lui ont été révélés en sa qualité de notaire.— *Bordeaux*, 16 juin 1825, Olard c. Espinasse.

662. — ...Que l'avocat qui a reçu des révélations à raison de sa profession ne peut, sans violer ses devoirs, déposer de ce qu'il a appris de cette manière, et une pareille déposition ne doit pas être reçue. — *Rouen*, 7 mars 1835, Maubert c. Boudet et Denoyelle.

663. — Toutefois, un avoué chez lequel des accords sous seing-privé ont été déposés du consentement des deux parties ne peut, en sa qualité de dépositaire, refuser de s'expliquer sur l'existence de ces conventions, lorsqu'il en est sommé par une des parties. — *Aix*, 28 fév. 1832, Sanson c. Méjanelle.

664. — Une partie peut assigner en témoignage l'avoué de son adversaire.—*Grenoble*, 15 fév. 1810, Perrotin c. Faure.

665. — L'avoué qui a obtenu le jugement en vertu duquel il est procédé à une expropriation forcée et l'huissier qui a fait des actes de poursuite peuvent être entendus comme témoins, à la requête du poursuivant, dans l'instance relative à la validité de cette expropriation. — *Bruxelles*, 10 nov. 1825, Goris c. Jacobs.

666. — Un individu ne peut être dispensé de déposer comme témoin dans une enquête, sous prétexte qu'à l'époque où s'est passé le fait sur lequel porte l'enquête, il était le commis et le fondé de pouvoirs du négociant contre qui l'instance est poursuivie. — *Aix*, 24 avr. 1826, Giraud c. Mallez et Rousset.

§ 5. — *Témoins qui ne peuvent être assignés.*

667. — Nul ne peut être assigné comme témoin s'il est parent ou allié en ligne directe de l'une des parties ou son conjoint même divorcé.—C. procéd., art. 268.

668. — La prohibition de la loi est absolue. — Par conséquent, jamais la déposition de ces personnes ne peut être reçue. C'est donc à tort que Carré (quest. 1103) pense que l'art. 285 leur est applicable, pour le cas où elles auraient été néanmoins assignées. Le témoin reproché dépose provisoirement, sauf à faire juger le mérite du reproche. Mais le parent en ligne directe doit être repoussé d'office par le juge commissaire, quand bien même les parties n'invoqueraient pas l'art. 268. — Toullier, nº 1108; t. 9, p. 434, nº 266; Boitard, t. 2, p. 227.

669. — Les tribunaux ne peuvent, hors les cas d'exception, formellement prévus par la loi, se dispenser d'admettre la prohibition absolue d'entendre comme témoins, dans une enquête, les parens ou alliés en ligne directe de l'une des parties. — *Toulouse*, 7 janv. 1835, Lacombe c. Surraute.

670. — Sont compris dans la prohibition de l'art. 268 les père et mère et les enfans et les descendans naturels.

671. — ... Les père et mère et seulement les enfans incestueux ou adultérins.— *Cass.*, 6 avr. 1809,

Ferrand. —Chauveau, quest. 1106; Boncenne, t. 4, p. 437.

672. — … Les père et mère et les enfans et descendans adoptifs. — Mêmes auteurs.

673. — Le mort civilement, aux termes de l'art. 25, C. civ., ne peut être admis à porter témoignage en justice.

674. — Cette incapacité ne peut être également couverte par les parties et doit être suppléée par les juges.—Boncenne, t. 4, p. 327. — *Contrà* Carré et Chauveau, quest. 1118.

675. — Il ne peut donc être entendu, même à titre de renseignemens. — V., au surplus, MORT CIVILE, et *infrà* quest. 885.

676. — Il en est de même des individus privés, par suite de condamnations criminelles, de l'exercice des droits civils, civiques et de famille. — C. pén., art 42. —V. DROITS CIVILS, nos 48 et suiv.

### § 6. — *Témoins âgés de moins de quinze ans révolus.*

677. — Aux termes de l'art. 285, C. procéd., les individus âgés de moins de quinze ans peuvent être entendus, sauf à avoir à leurs dépositions tel égard que de raison.

678. — Au-dessous de quinze ans révolus, la loi ne fixe pas un âge auquel l'enfant ne pourra être entendu ; c'est là une question de discernement qui appartient au tribunal, selon Carré; au juge commissaire, selon Chauveau (quest. 1122).

679. — Mais le serment doit-il être exigé des témoins au-dessous de quinze ans? Non, selon Pigeau (*Comm. sur l'art.* 285, no 1er), Thomine (t. 1er, p. 448), et Boncenne (t. 4, p. 330). Mais cette opinion est combattue par Carré (quest. 1121) et Favard (t. 2, p. 368). Ces auteurs font remarquer que le Code de procédure admet ces témoins, non pas seulement, comme en matière criminelle, à faire de simples déclarations qui supposent la dispense du serment, mais à déposer; or, toute déposition doit être assermentée.

680. — Une distinction paraît nécessaire à M. Chauveau. Exiger un serment, dit-il, d'un enfant de cinq ans, ce serait évidemment profaner un acte qui, surtout dans l'enfance, se rattache essentiellement aux idées religieuses; mais lorsque l'enfant a passé l'âge où l'on a pu l'initier aux mystères de la religion, pourquoi ne pas le lui faire prêter? Ce sera donc au magistrat à apprécier le degré d'intelligence de l'enfant.

681. — Quant à nous, nous pensons que l'intention de la loi n'a pas été d'admettre les enfans âgés de moins de quinze ans au serment; si elle n'a pas déclaré, en effet, comme en matière criminelle, qu'ils ne seraient entendus qu'à titre de renseignemens, elle a dit, à peu de chose près, l'équivalent, en invitant les juges à n'avoir que tel égard que de raison à leur déposition.

682. — Au surplus, il résulte de son silence sur ce point qu'il n'y a jamais nullité, soit que le serment ait ou n'ait pas été prêté.

683. — L'âge des témoins ne doit être considéré qu'au moment où ils sont entendus. Si, à cette époque, ils ont plus de quinze ans, il importe que les faits dont ils déposent se soient passés avant qu'ils fussent parvenus à cet âge.

684. — Ainsi, la déposition des témoins entendus dans une enquête peut faire foi, bien qu'à l'époque où se rapportent les faits dont ils rendent compte, ils aient été âgés de moins de quatorze ans. — *Pau*, 18 août 1834, Lacroix c. Dubroca.

### § 7. — *Causes de reproche contre les témoins.*

685. — On a vu (*suprà* § 5, nos 667 et suiv.) que certaines personnes ne peuvent être appelées à déposer dans une enquête à cause des liens qui les unissent à l'une des parties.

686. — Hors ce cas, tout individu peut être assigné comme témoin, sauf le droit des parties de le reprocher s'il existe de justes causes de suspecter son impartialité.

687. — L'art. 283, C. procéd., énumère un certain nombre de causes de reproches. Nous allons les examiner successivement en indiquant les difficultés auxquelles elles ont donné lieu. Nous rechercherons ensuite si d'autres causes de reproches peuvent être proposées par les parties et accueillies par les tribunaux, ou si, au contraire, l'art. 283 doit être considéré comme limitatif.

688. — 1o *Parens ou alliés.* — Peuvent être reprochés les parens ou alliés de l'une ou de l'autre des parties, jusqu'au degré de cousin issu de germain inclusivement; les parens et alliés des conjoints au degré ci-dessus, si le conjoint est vivant, ou si la partie ou le témoin en a des enfans vivans; en cas que le conjoint soit décédé et qu'il n'ait pas laissé de descendans, peuvent être reprochés les parens et alliés en ligne directe, les frères, beaux-frères, sœurs et belles-sœurs. — C. procéd., art. 283.

689. — L'ordonnance de 1667 frappait d'une prohibition absolue non seulement tous les parens ou alliés en ligne directe, mais encore tous les parens ou alliés en ligne collatérale jusqu'au huitième degré.

690. — Quant aux moyens de reproches, elle les abandonnait à la conscience des juges.

691. — Le législateur moderne, comprenant que le danger d'entendre des personnes attachées aux parties par les liens du sang ou de l'affinité, diminue avec ces mêmes liens, a permis aux parties de rendre hommage à la probité du témoin en ne s'opposant pas à sa déposition.

692. — Les parens naturels ne peuvent être reprochés que jusqu'au degré de père et mère (sauf ce qui vient d'être dit *suprà*), de frères et sœurs naturels ou descendans d'eux. — Argum. art. 756 et suiv., C. civ. — Carré-Chauveau, quest. 1106; Thomine, t. 1er, p. 484.

693. — En cas de parenté adoptive, le reproche ne s'étend que jusqu'au degré de frères et de sœurs. — Arg. art. 348 et suiv. — Pigeau, *Comm.*, t. 1er, p. 537; Chauveau sur Carré, quest. 1106; Boncenne, t. 4, p. 437.

694. — Le témoin parent des deux parties peut être reproché par l'une d'elles. — *Bruxelles*, 31 janv. 1829, Bekaert; 23 juill. 1832, N...

695. — Il importe peu aussi que le témoin produit ne soit parent que de la partie contre laquelle il est cité. Les termes de l'art. 283 sont absolus. — *Rennes*, 22 avr. 1825, Salmon c. Desbois; 6 janv. 1830, Fechet c. Lefort; *Riom*, 8 fév. 1830, Delaval c. Comte. — Carré-Chauveau, quest. 1107 *bis*; Pigeau, t. 1er, p. 281; Thomine, t. 1er, p. 333.

696. — Toutefois on a jugé que les tribunaux peuvent refuser d'admettre les reproches d'une partie contre des témoins produits contre elle, et fondés sur ce qu'ils sont ses propres parens, sauf à avoir tel égard que de raison à leurs dépositions. — *Grenoble*, 4 fév. 1832, Cordonnery c. Brémont.

697. — Mais la parenté réciproque des témoins n'est pas un motif de reproches. Il en était autrement sous l'ordonnance. — *Bruxelles*, 25 mai 1806, Pierret. — Berriat, p. 294, no 43; Thomine, t. 1er, p. 484; Carré-Chauveau, quest. 1107.

698. — C'est une question délicate de savoir si, dans une instance intéressant une faillite, les parens des créanciers de la faillite sont reprochables. — Bien que la faillite soit un être moral, nous croyons cependant que la négative doit être adoptée. — V. conf. *Bruxelles*, 16 juill. 1830, Devaerce c. Verricken. — Carré-Chauveau, quest. 1107 *ter*. — *Contrà Poitiers*, 30 déc. 1828, syndic Fleuriau c. Jarriaud.

699. — La cour de Cassation juge, par application de ce principe que, dans une contestation qui intéresse une commune, les parens au degré prohibé des habitans de cette commune, leurs héritiers ou leurs domestiques ne sont pas reprochables. — *Cass.*, 30 mai 1825, comm. de Migueret c. Laurel; *Poitiers*, 16 nov. 1826, comm. de Chef-Boutonne c. comm. de Lussay; *Bourges*, 4 avr. 1829, Fontenoy c. comm. de Fleury; 19 mai 1829, habit. de Gelles c. comm. de Sainte-Outrille; 20 juill. 1829, comm. de Thizay c. *id.*; *Bourges*, 10 janv. 1831, comm. de Devai c. Lebas. — Carré-Chauveau, quest. 1101 *quater*. — *Contrà Bourges*, 7 déc. 1824 et 14 nov. 1825, préfet du Cher c. comm. de Verneuil; *Toulouse*, 4 juin 1828, Bressolles c. comm. de Montagrès.

700. — La cour de Bourges a décidé que les parens, au degré prohibé, des habitans d'une commune, ne peuvent point être reprochés comme témoins dans une instance où cette commune est partie, mais sauf à avoir tel égard que de raison à leurs dépositions. — *Bourges*, 14 avr. 1829, Fontenoy c. comm. de Fleury. — C'est là une espèce de transaction que la loi nous semble repousser.

701. — Nous croyons encore que c'est avec raison qu'il a été jugé que lorsque plusieurs habitans d'une commune plaident *ut singuli*, ils forment alors une espèce de communauté, et que dans une enquête dans laquelle ils sont partie, on ne peut récuser des témoins par eux produits, sous prétexte de parenté avec plusieurs des intéressés. — *Riom*, 19 mai 1829, habitans de Gelles c. habitans de Péroles.

702. — En se servant de ces mots : *parens et alliés* des conjoints, la loi a entendu frapper non seulement les parens et alliés de la partie, mais encore les parens et alliés du conjoint de la partie. Ainsi, les maris de deux sœurs ne sont pas alliés entre eux, car *affinitas non parit affinitatem*; ils sont néanmoins reprochables. — Carré-Chauveau, quest. 1104.

703. — Il en est autrement de l'allié de la partie, par exemple, de celui qui a épousé la belle-sœur de la femme de la partie adverse. — *Cass.*, 5 prair. an XIII, Bechon; — Carré-Chauveau, quest. 1104; Thomine, t. 1er, p. 184.

704. — Le frère du premier mari de la femme décédée de l'une des parties peut être reproché comme témoin s'il existe un enfant issu de ce premier mariage de ladite femme, alors même qu'il n'en serait point né de son second mariage avec la partie en cause. — *Cass.*, 2 fév. 1842 (t. 1er 1842, p. 407), Thibout.

705. — Mais le défendeur originaire qui forme une demande en garantie ne peut proposer, contre les témoins appelés par le demandeur, des reproches fondés sur ce qu'ils seraient parens du garant au degré prohibé, alors que le recours en garantie n'avait encore été admis, ni à l'époque du jugement d'appointement de preuve, ni à celle de l'enquête qui est demeurée étrangère au garant. — *Cass.*, 24 juin 1828, Trumeau c. Mignot et Patureau.

706. — De même, le défendeur qui, après jugement ordonnant une enquête, appelle en garantie un tiers, parent de l'un des témoins, ne peut reprocher ce témoin pour cause de parenté. — *Bourges*, 5 janv. 1827, Trumeau c. Mignot; — Bioche, vo *Enquête*, no 193.

707. — Le parent d'un témoin reprochable comme partie intéressée au procès n'est pas par cela seul reprochable lui-même. — *Montpellier*, 13 mars 1839 (t. 1er 1839, p. 498), Pomier c. Cantaloube.

708. — En matière de séparation de corps, les parens des parties, à l'exception de leurs enfans, ne sont pas reprochables du chef de la parenté, non plus que les domestiques des époux en raison de cette qualité; mais le tribunal a tel égard que de raison à leurs dépositions. — C. civ., art. 251.

709. — Cette disposition tout exceptionnelle est nécessitée par la nature même des faits qui font l'objet de l'enquête; ils sont presque toujours entourés de mystère.

710. — A cet égard, les tribunaux ont un pouvoir discrétionnaire. Ils peuvent donc, selon les circonstances, écarter la déposition des parens et des domestiques entendus dans une enquête sur une demande en séparation. — *Bordeaux*, 7 mai 1833, Ballet. — V. SÉPARATION DE CORPS.

711. — 2o *Héritiers présomptifs.* — Peut être reproché le témoin héritier présomptif de l'une des parties. — C. procéd., art. 283.

712. — 3o *Donataire.* — Le donataire de l'une des parties est également reprochable. — C. procéd., art. 283.

713. — … Soit qu'il s'agisse d'une donation de biens présens, soit qu'il s'agisse de biens à venir. — Pigeau, t. 1er, p. 346.

714. — 4o *Personnes qui ont bu ou mangé avec la partie.* — Peut être reproché celui qui a bu ou mangé avec la partie, et à ses frais, depuis la prononciation du jugement qui a ordonné l'enquête. — C. procéd., art. 283.

715. — Mais il résulte des termes mêmes de cette disposition qu'on ne saurait reprocher le témoin qui a bu ou mangé avec la partie, soit chez un ami, soit dans une maison tierce, soit dans une auberge. — Carré et Chauveau, quest. 1109.

716. — Jugé qu'il en est de même du témoin chez qui la partie a bu ou mangé en qualité de pensionnaire. On objecte, à tort, que celui qui prend un pensionnaire vit au moins pour partie aux dépens de ce pensionnaire. — *Paris*, 10 mars 1809, Serot c. Jeanne Sophie; — Carré et Chauveau, quest. 1109; Pigeau, t. 1er, p. 270.

717. — Le reproche fondé sur le fait d'avoir bu et mangé chez des habitans de la commune partie au procès n'est pas un motif suffisant de reproche lorsque les témoins sont obligés de séjourner dans la commune. — *Bourges*, 10 janv. 1831, comm. de Devai c. Lebas; — Carré et Chauveau, *ibid.*

718. — *Personnes qui ont donné des certificats.* — Peut être reproché celui qui a donné des certificats sur les faits relatifs au procès. — C. procéd., art. 283.

719. — Ainsi, le médecin qui a délivré un certificat attestant que le vendeur était malade et dans une espèce d'état de démence à l'époque du contrat de vente, peut être reproché par l'acquéreur dans l'enquête à fin d'annulation de cette vente. — *Rennes*, 30 avr. 1841 (t. 2 1841, p. 480), Triquet c. Bonain.

720. — On peut reprocher, comme ayant donné un certificat sur les faits à prouver, le témoin qui, ne sachant écrire, a simplement apposé sa marque au bas du certificat, mais qui recon-

naît cette marque pour être la sienne. — *Metz*, 23 fév. 1821, N...,

721. — Lorsque, sur la demande d'une partie, un individu a donné par écrit à l'avoué de celle-ci le récit de ce qui s'était passé devant lui, et a fait des démarches dans l'intérêt de cette même partie, relativement à l'objet du procès, il ne peut plus être entendu comme témoin. Il s'est constitué l'agent d'affaires, le conseil de la partie, et son écrit a plus d'importance qu'un simple certificat. — *Poitiers*, 6 juin 1828, Grand'Jon c. Dabadie.

722. — Toutefois, pour que les certificats soient une cause de reproche, il faut qu'ils émanent de la libre volonté du témoin, qu'ils constituent un acte spontané, enfin que le témoin ait, en quelque sorte, agi *proprio motu*.

723. — Une partie est non-recevable à reprocher un témoin pour avoir donné des certificats sur les faits du procès, alors que lesdits certificats n'ont été donnés que sur la provocation de cette partie et dans le but d'arriver à une transaction. *Paris*, 2 mars 1846 (t. 1er 1846, p. 487), Deflers c. Desfourneaux.

724. — On ne doit pas considérer comme certificat motivant un reproche la réponse faite par le témoin à une lettre où on lui demandait s'il avait connaissance de tels faits. — Toullier, t. 9, p. 476; Carré et Chauveau, *ibid.*

725. — Par conséquent, la déclaration extra-judiciaire qui interviendrait à la suite d'une sommation sur quelques faits du procès n'équivaudrait pas à un certificat. — Carré et Chauveau, *ibid.*

726. — Il a cependant été jugé que des lettres écrites par l'un des témoins aux parties sur les faits relatifs au procès, peuvent, suivant les circonstances, être considérées comme ayant le caractère de certificat. — *Cass.*, 12 déc. 1831, Brugnière c. Blanc.

727. — Le moyen de reproche contre un témoin, fondé sur ce qu'il aurait souscrit un certificat pour l'une des parties, étant établi dans l'intérêt de la partie contre laquelle le certificat a été donné, celle-ci peut s'opposer au reproche, et, s'en rapportant à la foi du certificateur, ou se prévalant de son certificat, le faire entendre en témoignage, sous la religion du serment, et lui demander des explications sur le fait par lui attesté. — *Rennes*, 22 avr. 1825, Salmon c. Desbois.

728. — Sont assimilés à ceux qui ont délivré des certificats, les témoins qui, avant le procès commencé, ont volontairement déposé des faits y relatifs devant un fonctionnaire public. — *Angers*, 28 juin 1823, Gilbert.

729. — Mais le fonctionnaire public, tel qu'un percepteur, qui a délivré, en ce qui concerne le procès, un extrait des registres dont il est dépositaire, ne peut être reproché par le motif qu'il aurait donné un certificat. Il a en effet rempli le devoir de sa fonction. — *Amiens*, 22 nov. 1822, d'Hervilly c. Lematte.

730. — Les témoins qui ont vu écrire l'acte dont la vérification est ordonnée, et même l'ont signé avec la personne dont on méconnaît la signature ne peuvent être reprochés comme ayant donné des certificats sur l'affaire. — *Rennes*, 18 avr. 1816, Cornilles c. Ruellan; *Cass.*, 23 nov. 1812, Salomon c. Gfelt; *Metz*, 8 mars 1821, Dominé c. Adnet; *Caen*, 15 janv. 1823, Levêque c. Noyer; *Bruxelles*, 12 mai 1824, N...; *Cass.*, 12 juill. 1825, Vigneron c. Desprez; *Bordeaux*, 20 fév. 1830, Dubarry c. Laborrie; *Cass.*, 12 août 1834, Lecomte c. Baussan; *Pau*, 23 déc. 1836 (t. 1er 1837, p. 573), Lasserre c. Saint-Martin; *Cass.*, 12 mars 1838 (t. 1er 1838, p. 400), Lasserre c. Saint-Martin; — Carré et Chauveau, no 926; Boncenne, t. 4, p. 112 à 126; Thomine, t. 1er, p. 418; Toullier, t. 9, p. 314. — *Contrà Douai*, 9 déc. 1828, Carpentier c. Boucher; *Toulouse*, 26 mai 1829, Blavignac c. Gafago.

731. — Néanmoins, si les témoins instrumentaires d'un testament authentique peuvent être admis à déposer dans l'instance en inscription de faux contre ce testament, ces dépositions ne doivent être admises qu'avec la plus grande circonspection. Il faut qu'elle soient réunies à des preuves distinctes de leur témoignage et corroborées par un concours de circonstances propres à faire prévaloir leur second témoignage sur le premier. — *Bruxelles*, 16 mars 1833, Dieu.

732. — Jugé encore qu'on ne peut reprocher, comme ayant donné un certificat sur les faits soumis à l'enquête, le témoin appelé à déclarer si l'auteur d'un testament mystique savait lire, par la raison que ce témoin est celui-là même qui a écrit le testament, et qu'il y est dit que le testateur l'a lu et relu. — *Metz*, 8 mars 1821, Dominé c. Adnet.

733. — Lorsqu'un testament notarié est attaqué pour cause de démence du testateur, le notaire qui a reçu l'acte, et les témoins instrumentaires ne peuvent, à raison de ce fait, être reprochés dans l'enquête tendant à établir la démence, comme ayant donné un certificat sur les faits de la cause. — *Cass.*, 2 fév. 1842 (t. 1er 1842, p. 407), Thibout; 23 nov. 1812, Salomon c. Gfelt; — Rolland de Villargues, no 239, vo *Notaire*.

734. — Le notaire qui a reçu un acte attaqué par la voie de faux peut néanmoins déposer dans l'affaire. — *Caen*, 8 août 1844 (t. 2 1844, p. 595), Comm. de Bricqueville c. Fremin-Desprès.

735. — Jugé cependant, mais à tort, selon nous, que dans une enquête tendant à faire annuler un contrat de vente comme consenti par un individu en état d'imbécillité, on est fondé à repousser comme témoin le notaire qui a reçu le contrat. — *Caen*, 25 brum. an XI, Fossard.

736. — ...Que si les témoins instrumentaires d'un acte notarié peuvent être entendus comme témoins dans l'enquête en matière de faux incident dont cet acte est l'objet, il n'en est pas de même du notaire qui a reçu l'acte argué de faux. — *Liége*, 3 janv. 1827, Hardu.

737. — ... Que dans une enquête ordonnée pour constater l'état d'ivresse d'une partie au moment de la signature dans l'acte argué de nullité, pour défaut de consentement, on peut reprocher le notaire qui a reçu cet acte. — *Bourges*, 6 juin 1825, Lambert c. Bazin.

738. — En tous cas, on ne saurait reprocher le clerc qui a écrit l'acte sous la dictée du notaire. — Même arrêt.

739. — Les individus qui ont fait des déclarations sur un procès-verbal d'experts autorisés à recevoir les déclarations des personnes qu'on leur présenterait ou qu'ils appelleraient d'office, peuvent être appelés comme témoins dans l'enquête ordonnée par suite de cette expertise. — *Orléans*, 22 fév. 1811, N... — Conf. Carré et Chauveau, quest. 1114; Berriat, p. 294, no 46; Hautefeuille, p. 157.

740. — On pourrait même entendre les experts. — Thomine, Carré et Chauveau, *ibid.*

741. — Pareillement, les rédacteurs d'un procès-verbal faisant foi jusqu'à inscription de faux, peuvent être entendus sur des faits consignés dans le procès-verbal. — *Cass.*, 1er mars 1822, Dufour. — V. conf. *Cass.*, 3-24 fév. 1820, Blanc et Teillon; 21 juill. 1820, Meneret; *Metz*, 26 fév. 1821, Belval; *Cass.*, 6 juill. 1821, Jusseraud.

742. — L'huissier qui, en cette qualité, a signifié divers actes d'un procès, et dont l'exploit a énoncé de prétendus aveux et déclarations émanés de la personne à laquelle il a fait des significations, ne peut être soumis au reproche comme témoin. Toutefois, la déposition ne doit être accueillie qu'avec réserve par les magistrats. — *Bordeaux*, 13 juin 1837 (t. 2 1840, p. 289), Seure c. Berger.

743. — La qualité d'avocat de la partie qui invoque le témoignage n'est pas une cause suffisante de reproche, mais la justice doit avoir à ce témoignage tel égard que de raison. — *Caen*, 8 août 1844 (t. 2 1844, p. 595), Briqueville c. Desprès.

744. — V. d'ailleurs (*suprà* nos 658 et suiv.) ce qui a été dit de l'avoué, de l'huissier, ainsi que de l'avocat des parties.

745. — Selon Hautefeuille (p. 158), le témoin qui a donné des certificats sur les faits relatifs au procès, peut être reproché, quand même il ne se serait pas expliqué sur les faits qui doivent être prouvés; mais cette opinion est avec raison combattue par Chauveau (quest. 1112), et par *Paris*, 24 mai 1811, Fostan c. Dégestas.

746. — Les membres des conseils généraux, les conseillers municipaux, les conseillers de préfecture, les membres du comité consultatif, les conseillers d'état, en matière d'autorisation de plaider, rentrent, selon Chauveau (quest. 1101 *ter*), dans la nomenclature des personnes reprochables, parce qu'il y a eu de leur part connaissance et appréciation du litige. En vain allègue-t-on qu'ils remplissent un devoir légal en délibérant sur les intérêts litigieux des communes ou des établissemens publics; si cette raison était accueillie, les juges aussi pourraient être entendus, ce qui ne saurait être admis en règle générale. — Conf. *Bourges*, 10 janv. 1831, comm. de Devai c. Lehas; — *Contrà Cass.*, 25 juill. 1826, comm. de Montcault c. de Laurieu; *Limoges*, 6 mai 1835, Trompat c. comm. de Leyrat.

747. — Toutefois, ajoute M. Chauveau, il n'y aurait pas motif à cassation en cas d'audition de ces fonctionnaires, parce que l'art. 283 ne les a pas nommément désignés. — C'est là, en effet, une question d'appréciation; mais, en principe, l'opinion de M. Chauveau nous paraît devoir être suivie. — *Ibid.*

748. — Jugé qu'on ne peut rejeter d'une manière absolue la déposition d'un conseiller municipal qui dans le conseil de la commune aurait émis un avis sur l'objet litigieux. Il y a lieu seulement d'avoir à cette déposition tel égard que de raison. — *Caen*, 8 août 1844 (t. 2 1844, p. 595), Briqueville c. Desprès.

749. — ...Mais que les conseillers municipaux qui, dans une délibération prise sur un procès qui intéresse la commune, ont personnellement attesté les faits à prouver, peuvent être reprochés comme témoins dans l'enquête ordonnée à ce sujet. — *Cass.*, 2 juill. 1835, comm. de Cérences c. Canivet.

750. — L'individu qui, en qualité de membre du conseil de famille, a concouru à une autorisation à l'effet d'intenter un procès, est aussi reprochable. — Chauveau, no 1113. — *Contrà Paris*, 10 mars 1809, Sirot c. Sophie; — Carré, *ibid.*

751. — Quant aux juges, il faut distinguer. S'agit-il de faits sur l'exactitude desquels leur décision se soit prononcée expressément ou implicitement, leur déposition serait une violation de toutes les règles; mais s'il s'agit d'autres faits, par exemple de faits postérieurs au jugement, ou bien étrangers au procès, il en est autrement. — *Paris*, 17 juill. 1829, Belle c. Platarel.

752. — Quoi qu'il en soit, lorsqu'un juge a été commis pour recevoir une enquête et qu'il y a procédé, aucune des parties n'est recevable à demander son remplacement pour le faire entendre comme témoin sur des faits antérieurs à sa nomination de juge-commissaire. — *Grenoble*, 20 août 1825, Eymonot.

753. — Un juge n'est pas reprochable parce qu'il a fait l'office de conciliateur. — *Orléans*, 4 avr. 1810, Decoinces c. Lauson.

754. — A plus forte raison un juge peut-il être témoin dans l'affaire de la connaissance de laquelle il s'est abstenu volontairement. — Même arrêt. *Cass.*, 24 juin 1828, Trumeau c. Mignot et Patureau.

755. — Le juge de paix qui, en transmettant au procureur du roi les pièces d'une procédure correctionnelle, a fourni des renseignemens tant sur la moralité du plaignant et du prévenu que sur les circonstances de l'affaire en elle-même, ne peut pas être reproché comme ayant donné un certificat sur les faits relatifs au procès lorsque plus tard il est appelé à déposer dans une instance civile fondée sur les mêmes causes que l'instance correctionnelle. — Ce serait à tort également que ce témoin serait reproché pour avoir, dans l'étude d'un des avoués de la cause, déclaré, sur l'interpellation de celui-ci, que son client jouissait d'une bonne réputation, et que sa moralité était également bonne. — *Colmar*, 19 nov. 1841 (t. 1er 1842, p. 353), Fegers c. Speisser et Samuel Lévy; — *Amiens*, 22 nov. 1822, D'Hervilly c. Lematte.

756. — 6o *Serviteurs ou domestiques.* — Peuvent être reprochés les serviteurs et domestiques de la partie (C. procéd., art. 283), sauf ce qui a été dit pour le cas de séparation de corps.

757. — On entend par ces mots non seulement les serviteurs à gages, mais encore ceux qui vivent à la même table, gratuitement, à raison des services qu'ils rendent à la maison. — Toullier, t. 9, p. 314; Carré et Chauveau, quest. 1115.

758. — Les commis salariés doivent être mis sur la même ligne que les serviteurs et domestiques. — *Bruxelles*, 27 avr. 1824, M... c. Chandelles. — *Contrà Aix*, 24 avr. 1826, Giraud c. Mallez.

759. — Il en est de même des commis non salariés. — *Bruxelles*, 1er mai 1830, Delforges-Claes c. Delplanque.

760. — ... Des maîtres ouvriers de fabrique, des employés, même de ceux qui ne reçoivent que le dîner pour salaire. — *Bruxelles*, 16 juill. 1829, Delforges c. Devos.

761. — ... Et de celui qui travaille habituellement comme journalier chez la partie qui veut le faire entendre comme témoin. — *Bruxelles*, 29 avr. 1830, comm. de Wommelghem c. d'Oultremont.

762. — Selon Carré (quest. 1115), il est difficile de donner une règle spéciale en cette matière, tout pouvant dépendre de la position particulière où se trouve le commis dans la maison du négociant.

763. — Mais le pensionnaire est indépendant, dit Pigeau (t. 1er, p. 270), puisqu'il paie sa nourriture. Il n'est donc pas compris dans cette dénomination.

764. — L'instituteur qui ne reçoit aucun salaire de la commune habitée par lui ne peut être reproché dans une affaire intéressant cette commune. — *Caen*, 8 août 1844 (t. 2 1844, p. 595), Briqueville c. Desprès.

765. — Au contraire, il n'y a nul doute à l'égard d'un sergent de ville ou d'un garde champêtre. Ils sont reprochables. — *Amiens*, 26 nov. 1825, Floquet c. ville de Saint-Quentin.

766. — Même solution à l'égard du jardinier

loué à l'année. — *Cass.*, 18 avr. 1831, Treulé c. Lemoine.

767. — ... Ou à l'égard des gens gagés pour les travaux de la campagne, tels qu'un charretier, ou de ceux qui rendent des services à la personne du maître. — *Cass.*, 6 fév. 1830, Bousquet c. Olivier.

768. — Mais ne sont pas reprochables... le garde particulier d'une partie; il est fonctionnaire public et non serviteur à gages. — *Besançon*, 29 nov. 1827, Lemire c. Graud.

769. — ... Celui qui a été précepteur dans une maison. — *Riom*, 28 nov. 1828, Gourby.

770. — ... Le cocher de fiacre vis-à-vis de l'entrepreneur qui l'emploie. — *Cass.*, 30 déc. 1825, Gorre c. Beaufils. — Il est plutôt un préposé qu'un homme à gages.

771. — ... Le fermier ou colon partiaire vis-à-vis du propriétaire. — *Amiens*, 22 nov. 1822, Dervilly c. Hernalte; *Poitiers*, 16 juin 1825, Mourgaut c. Cornet.

772. — ... Le tonnelier de profession qui a travaillé chez une des parties. — *Colmar*, 28 fév. 1824, contr. indir. c. Brouner.

773. — ... Ceux qui ne travaillent chez la partie qu'à la journée. — *Poitiers*, 6 fév. 1833, Cousin c. Jassain. — L'arrêt de Bruxelles du 29 avril 1830, cité ci-dessus, n'a décidé le contraire que parce que le témoin travaillait habituellement à la journée chez la partie. — Carré et Chauveau, quest. 1115.

774. — ... Ceux qui travaillent pour une partie à la pièce. — *Bruxelles*, 7 juill. 1834, Coppens c. Lemaire.

775. — Quant aux secrétaires d'un avocat, aux clercs d'un avoué ou d'un huissier, ils ne sauraient évidemment être considérés comme des serviteurs. — Thomine, t. 1er, p. 485.

776. — Ainsi jugé à l'égard des clercs d'un notaire. — *Bourges*, 6 juin 1823, Lambert c. Bazin.

777. — L'art. 251, C. civ., qui admet le témoignage des domestiques des parties, en matière de divorce ou de séparation de corps, ne peut être étendu à d'autres matières, et par exemple, aux contestations qui existent entre un maître et l'un de ses domestiques. — *Cass.*, 18 avr. 1831, Treulé c. Lemoine

778. — La déposition d'un témoin qui s'est déclaré domestique de l'une des parties, et a été entendu dans une enquête civile, quoique reproché par l'autre, doit être rejetée, à peine de nullité, bien que les faits se soient passés à la campagne, non dans l'intérieur de l'habitation, mais à l'extérieur. — *Cass.*, 8 fév. 1830, Bousquet c. Olivier.

779. — Le reproche serait recevable, quand même le témoin serait produit contre la partie au service de laquelle il est engagé. — Pigeau, *Comment.*, t. 1er, p. 538.

780. — Mais on ne peut reprocher un témoin pour cause de domesticité, si, avant son audition, il a cessé d'être au service de l'une des parties. — *Bruxelles*, 9 nov. 1818, Vanimschoot c. Monnier; *Bourges*, 30 nov. 1830, Aufrère c. Debize; — Carré et Chauveau, quest. 1116; Thomine, t. 1er, p. 485; Boncenne, t. 4, p. 361.

781. — ... Quand même ce ne serait que depuis le jugement qui ordonne l'enquête. — *Rouen*, 25 fév. 1843 (t. 2 1843, p. 51), Lehoutre c. Massiel.

782. — 7° *Individu en état d'arrestation.* — Peut être reproché le témoin en état d'accusation. — C. procéd., art. 283. — Ces mots doivent être pris à la lettre. Ils désignent seulement le témoin renvoyé devant la cour d'assises par un arrêt de la chambre des mises en accusation de la cour royale.

783. — Ainsi, il n'y a pas lieu à reproche si le témoin mis en accusation est acquitté avant le jugement du procès dans lequel il a témoigné. — Pigeau, *Comment.*, t. 1er, p. 530; Boncenne, t. 4, p. 376; Carré et Chauveau, quest. 1117.

784. — 8° *Condamné.* — Peut être également reproché comme témoin, l'individu qui a été condamné à une peine afflictive ou infamante; ou même à une peine correctionnelle pour cause de vol. — C. procéd., art. 283.

785. — Mais celui qui, déclaré coupable d'un fait emportant une peine afflictive et infamante, par exemple d'un faux, n'a cependant été condamné qu'à une peine correctionnelle à raison de l'admission de circonstances atténuantes, n'est pas reprochable. — *Cass.*, 18 fév. 1845 (t. 1er 1845, p. 476), Poinsel.

786. — Entre le condamné à une peine afflictive et infamante et un condamné pour vol, il y a cette différence que le premier ne peut témoigner en justice qu'autant qu'il a été réhabilité, tandis que l'autre ne pouvant être interdit des droits mentionnés en l'art. 42, C. pén., que pendant un certain temps (dix ans au plus, cinq ans au moins), se trouve, à l'expiration de sa peine, capable de déposer en justice.



787. — Pour que le condamné pour vol ne puisse déposer pendant qu'il subit sa peine, il faut même qu'il lui ait été fait application de l'art. 42, C. pén.

788. — Du reste, l'un et l'autre, quand ils sont aptes à déposer, ne peuvent être entendus qu'à titre de simples renseignemens et sans serment. — Carré et Chauveau, quest. 1119.

789. — Si leur déclaration avait été faite sous serment, les tribunaux ne la devraient considérer que comme renseignement. — Mêmes auteurs.

790. — Les parties conservent au surplus, dans tous ces cas, le droit de les reprocher. Avant la réhabilitation ou la peine subie, il y a incapacité; au contraire, après cette réhabilitation ou cette peine, l'incapacité est levée, mais la cause du reproche subsiste. — *Caen*, 23 juill. 1840 (t. 2 1840), Berthelot c. de Rimoutiers; — Chauveau sur Carré, quest. 1120; Favard, t. 2, p. 367, n° 13; Boncenne, t. 4, p. 331; Bioche, n° 364.

791. — On peut reprocher un témoin condamné pour vol, bien que sa condamnation soit ancienne et ait été prononcée en pays étranger. — *Colmar*, 6 août 1814, Henna c. Spony.

792. — 9° *Causes de reproches non prévues par la loi.* — L'art. 283 soulève une question importante qui a donné naissance à de nombreux arrêts. C'est celle de savoir si cet article est limitatif ou simplement énonciatif, de telle sorte qu'il soit permis aux juges d'admettre des causes de reproches qui n'aient pas été expressément prévues par la loi.

793. — Cette question paraît aujourd'hui tranchée par la jurisprudence, et avec raison, dans un sens favorable à la liberté des reproches. On ne peut reconnaître, en effet, que l'art. 283, s'il était limitatif, serait évidemment incomplet; c'est ainsi qu'il ne prévoit ni le cas où le témoin aurait un intérêt indirect ou médiat au gain du procès par l'une des parties, celui où il serait en procès avec l'une d'elles, le cas enfin où il existerait entre le témoin et l'une des parties une inimitié capitale.

794. — Ainsi, jugé que l'art. 283 n'est pas limitatif. — *Cass.*, 3 juill. 1820, Carrez c. Fauvelle; *Amiens*, 31 janv. 1823, de Querrieux c. Cozette; *Angers*, 28 juin 1823, Gilbert; *Rennes*, 7 janv. 1828, Jacquin c. Salmon et Blanchard; *Bourges*, 20 juill. 1831, Bossel c. Paillard; *Cass.*, 12 déc. 1831, Brugnière c. Blanc; *Bruxelles*, 9 juill., 1832, Van Santen c. Daams; 17 mars 1834, Pellenberg c. Maes; *Cass.*, 15 fév. 1837 (t. 1er 1837, p. 172), Hanaire, Hubert c. Rousseau; *Poitiers*, 12 déc. 1837 (t. 2 1838, p. 249), Gillet c. Lemaire; *Limoges*, 22 fév. 1839 (t. 1er 1839, p. 582), Corret c. Margaine et Larivière; *Montpellier*, 13 mars 1839 (t. 1er 1839, p. 498), Pomier c. Cantaloube; *Limoges*, 27 juin 1839 (t. 1er 1840, p. 55), Loirat c. Marchandon; *Bourges*, 29 nov. 1839 (t. 2 1840, p. 221), Michot c. Lemoine; *Limoges*, 26 fév. 1840 (t. 2 1840, p. 54), Fontange c. Redon; *Colmar*, 22 juin 1840 (t. 2 1840, p. 448), Auscher c. Meyer; *Cass.*, 7 juill., 1840 (t. 2 1840, p. 476), N... — Toullier, t. 9, n° 291; Duranton, t. 13, n° 382; Carré et Chauveau, quest. 1101 et 1102; Favard, *Rép.*, t. 3, p. 366; Pigeau, *Comm.*, p. 535; — *Contrà Paris*, 24 mai 1811, Fontan c. de Gestas; *Rennes*, 21 juill. 1813, Guégan c. Trauront; *Paris*, 11 fév. 1815, Labarre c. P...; *Rennes*, 30 juill. 1817, Salanin c. Sebert; 24 janv. 1821, Duterire et Desbois c. Auffray; *Bourges*, 21 mars 1820, Buteau c. Fitz-James; *Cass.*, 25 juill. 1826, Montcaut c. de Laurière; *Limoges*, 6 mai 1835, Trompat c. comm. de Legrat; — Locré, t. 4, p. 313; Berriat, p. 293, n° 2; Thomine, n° 334; Bioche, v° *Enquête*, n° 378.

795. — Les différentes causes de reproche qu'il faut ajouter à celles prévues par l'art. 283, C. proc. civ., sont impossibles à prévoir toutes, on peut seulement en parcourant la jurisprudence se rendre compte des causes de reproche qui sont le plus fréquemment admises.

796. — La première de ces causes est l'intérêt personnel du témoin au gain du procès. — *Amiens*, 31 janv. 1823, de Querrieux c. Cozette.

797. — Les causes de reproche fondées sur l'intérêt personnel du témoin sont évidemment trop nombreuses pour pouvoir être prévues. Les différentes espèces qui se sont présentées et dans lesquelles la jurisprudence a fait une sage application des principes peuvent seulement servir de guide pour l'avenir.

798. — Avant tout, il importe de remarquer, qu'il appartient aux juges du fond d'apprécier les motifs d'intérêt personnel qui peuvent rendre un témoin suspect de partialité et reprochable, sans qu'une pareille appréciation puisse donner ouverture à cassation. — *Cass.*, 12 déc. 1831, Brugnière c. Blanc; 15 fév. 1837 (t. 1er 1837 p. 172), Hanaire c. Rousseau.



799. — Ils peuvent donc, sans que leur décision à cet égard puisse faire l'objet d'un pourvoi en cassation, déclarer qu'un reproche doit être admis en raison de la nature du service du témoin auprès de la partie, *et de l'intérêt* qu'il a à l'issue du procès. — *Cass.*, 15 fév. 1837 (t. 1er 1837, p. 172), Hanaire et Hubert c. Rousseau.

800. — En conséquence, un témoin peut, d'après les circonstances, être reproché s'il est l'avocat de la partie qui l'a fait assigner ou l'exécuteur testamentaire de l'auteur des faits sur lesquels il doit déposer, ou l'administrateur d'une succession que le procès concerne. — *Bruxelles*, 17 mars 1834, Pellenberg c. Maes. — V. cependant *suprà* n° 743.

801. — ... Ou bien enfin le mandataire d'une des parties. — *Poitiers*, 12 déc. 1837 (t. 2 1838, p. 249), Gillet c. Lemaire.

802. — On peut reprocher un témoin par le motif qu'il a un intérêt indirect à la vérification du fait litigieux, qu'il plaide avec l'une des parties ou qu'il en est le débiteur. — *Cass.*, 3 juill. 1820, Carrez-Vacherias et Bertry-Durost c. Fauvelle; *Colmar*, 19 nov. 1841 (t. 1er 1842, p. 353), Fegers c. Speisser et Samuel Lévy (trois arrêts).

803. — Dans d'autres circonstances, la simple qualité de débiteur d'une partie n'est pas contre un témoin un motif suffisant de reproche; il faut du moins qu'elle soit prouvée. — *Rennes*, 4 juill. 1814, Roullier c. Aussan.

804. — Le témoin qui, à l'occasion d'une contestation à laquelle il était étranger, a été frappé d'un blâme par le jugement intervenu, bien qu'il ne fût point partie au débat, ne peut pas, lorsqu'il est appelé à déposer dans cette contestation, être reproché comme ayant intérêt à faire infirmer la décision. — *Colmar*, 19 nov. 1841 (t. 1er 1842, p. 353), Fegers c. Speisser et Samuel Lévy (trois arrêts).

805. — Celui qui a un intérêt dans une maison de commerce ne peut être entendu comme témoin dans un procès que cette maison soutient. — *Bruxelles*, 1er mai 1830, Delforge-Clues c. Delplanque.

806. — Par exemple, les sociétaires d'une compagnie d'assurances mutuelles sont reprochables comme témoins dans une enquête intéressant l'association. — *Douai*, 19 août 1835, Bourbourg c. comp. d'assurances mutuelles.

807. — Jugé, quant à un employé ou sous-directeur de cette compagnie, qu'il peut être entendu comme témoin dans une enquête intéressant la société, sauf à avoir tel égard que de raison à sa déposition. — Même arrêt.

808. — On ne peut appeler son ancien associé comme témoin dans une instance concernant la société. — *Liége*, 21 mai 1818, Jacob c. Hacha.

809. — Mais le rejet du reproche dirigé contre un témoin en ce qu'il serait associé de la partie qui l'a produit ne donne pas ouverture à cassation. — *Cass.*, 4 janv. 1808, Deloy c. Chavelin.

810. — Est reprochable le témoin qui a intérêt à ce qu'une partie obtienne gain de cause en ce qu'il a acquis partie des immeubles litigieux sur lesquels on réclame un droit de servitude. — *Cass.*, 11 juill. 1831, de Bonneval c. Picquot.

811. — Les créanciers qui composent la masse d'une faillite ont un intérêt direct dans un procès tendant à faire annuler comme frauduleuse une vente consentie par le failli, et ils doivent être considérés comme parties à ce procès par leurs syndics. En conséquence, ils sont reprochables comme témoins dans une enquête à faire dans ce procès entre les syndics de la faillite et un tiers. — *Bordeaux*, 5 juin 1834, Valette et comp. c. Villeneuve et Lusserve.

812. — Toutefois, un témoin ne peut être reproché comme créancier d'une faillite, s'il n'existe aucun titre justificatif de sa qualité de créancier, et s'il a déclaré n'entendre se porter créancier de cette faillite. — *Rennes*, 29 nov. 1820, Lescouezer c. Lecudon.

813. — L'agent provisoire d'une faillite, qui a cessé de l'être long-temps avant son audition, peut être valablement entendu comme témoin dans une affaire concernant la même faillite. — Même arrêt.

814. — Jugé, au contraire, que la garantie éventuelle à laquelle un témoin peut être exposé par l'issue du procès où il est appelé en témoignage n'est point une cause suffisante de reproche. — *Bruxelles*, 9 juill. 1832, Van Santen c. Daams.

815. — Dans une enquête tendant à vérifier si l'auteur d'un testament était sain d'esprit quand il l'a fait, on ne peut reprocher le témoin qui aurait été le fermier du testateur, sur le motif qu'il est intéressé à ménager le légataire universel, dont il deviendrait aussi le fermier, si le testa-

ment était maintenu. — *Amiens*, 10 nov. 1835, Michault c. Macquet.

816. — Mais l'ingénieur d'une ville qui a été chargé de faire des ouvrages ne peut être entendu comme témoin dans une enquête qui a pour objet la question de savoir si ces ouvrages doivent être détruits. — *Amiens*, 26 nov. 1825, Floquet c. ville de Saint-Quentin.

817. — Lorsqu'une commune soutient un procès, chacun des membres qui la composent étant intéressé au succès de l'affaire, il pourrait paraître raisonnable de considérer comme reprochable chacun des membres de l'universalité; cependant la jurisprudence la plus récente de la cour de Cassation tend à n'admettre le reproche qu'autant que l'habitant a un intérêt direct et immédiat.

818. — Ainsi, il a été décidé que les habitans et propriétaires d'une commune ne peuvent être témoins dans un procès où la commune est intéressée. — *Liége*, 22 oct. 1817, Thonus c. comm. de Grune; *Angers*, 16 janv. 1823, Dreux de Brezé c. comm. de Nueil; *Poitiers*, 7 mars 1823, Pageaud c. comm. de Vouillé; *Rouen*, 9 mai 1823, N...; 9 déc. 1823, N...; *Bourges*, 7 déc. 1824, Mazières de Chambon c. comm. de Baudres; *Rouen*, 4 mai 1825, comm. de Butot c. d'Hugleville; *Poitiers*, 10 mai 1825, Réveillant c. comm. de Saint-Généroux; *Bourges*, 14 nov. 1825, préf. du Cher c. comm. de Verneuil; *Cass.*, 17 mai 1827, comm. de Bourg-balles c. Delcourt; *Toulouse*, 4 juin 1828, Bressoles c. comm. de Moulagrès; *Cass.*, 2 déc. 1835, comm. de Sourbourg c. Venger; 30 mars 1836, Pécuchet c. comm. de Hautot-le-Vatois.

819. — On a, au contraire, jugé que les habitans d'une commune qui soutient un procès ne peuvent être reprochés qu'autant qu'ils ont un intérêt propre et individuel à la contestation. — *Agen*, 8 janv. 1833, de Bouillon c. comm. de Baumejan; *Cass.*, 2 déc. 1835, comm. de Bourbourg c. Venger; *Aix*, 12 déc. 1838 (t. 1er 1839, p. 446), de Colbert c. comm. du Luc; *Montpellier*, 13 mars 1839 (t. 1er 1839, p. 498), Pomier c. Cantaloube; *Cass.*, 16 nov. 1842 (t. 1er 1843, p. 115), comm. de Gouberge c. Buffet.

820. — Enfin, d'autres arrêts veulent que les habitans de la commune en procès ne puissent pas, pour ce seul fait, être reprochés, sauf aux juges à avoir à leur déposition tel égard que de raison. — *Bruxelles*, 12 fév. 1818, Van Boynegom c. comm. de Lacken; *Cass.*, 28 mai 1827, Magné-Lalonde c. comm. de Moulins-la-Marche; *Grenoble*, 31 janv. 1829, comm. de la Verpillière c. Gérin; *Montpellier*, 1er mai 1829, préf. des Pyrénées-Orientales c. comm. d'Odeillo; *Bourges*, 20 juill. 1829, comm. de Thizay c. comm. de Sainte-Outrille; 10 janv. 1831, comm. de Devai c. Lebas; 10 juin 1831, comm. de Saint-Germain et de Talon c. Perret; *Cass.*, 29 juin 1831, Saint-Maure c. comm. de Belon.

821. — Les cours royales ont un pouvoir discrétionnaire pour admettre ou rejeter de l'enquête les dépositions des habitans d'une commune, suivant que l'intérêt des habitans dans la contestation leur paraît plus ou moins direct et personnel. — Il n'est pas nécessaire qu'elles constatent spécialement cet intérêt direct et personnel. — Par exemple, lorsqu'une enquête a pour objet de prouver que les habitans d'une commune ont depuis plus de trente ans coupé toute sorte de bois et fait pacager leurs bestiaux dans une forêt, les juges peuvent rejeter comme intéressées les dépositions de ces habitans. — *Cass.*, 10 juin 1839 (t. 2 1839, p. 458), comm. de Bénéjacq et de Bordères c. comm. de Labatmale.

822. — Au contraire, dans une contestation entre une commune et un particulier, ayant pour objet la propriété d'un pré donné à bail par la commune, les habitans sont considérés comme n'ayant pas un intérêt personnel et immédiat, et, par suite, ils ne peuvent être reprochés comme témoins. — *Cass.*, 29 juin 1831, Saint-Maure c. comm. de Belon.

823. — Lorsqu'une contestation s'élève entre un particulier et une commune, les dépositions des habitans de la commune, faites dans une contre-enquête, ne doivent pas être rejetées d'une manière indéfinie, si les juges pensent que les habitans n'ont pas un intérêt personnel très direct dans l'affaire. — *Cass.*, 28 mai 1827, Magné-Lalonde c. comm. de Moulins-la-Marche.

824. — En tout cas, en ordonnant une enquête dans une instance où une commune est partie, un tribunal ne peut pas décider en même temps que les habitans de cette commune ou de telle autre ne seront pas entendus. — *Nancy*, 20 mars 1825, Grand et Maget c. comm. de Liouville.

825. — Bien que ces habitans puissent être reprochés, leur déposition ne doit pas moins être reçue. — Même arrêt.

826. — La circonstance qu'un témoin assigné dans une enquête est en procès avec la partie contre laquelle il est appelé à déposer, peut être réputée de nature à motiver un reproche contre ce témoin et à faire écarter sa déposition. — *Limoges*, 22 févr. 1839 (t. 1er 1839, p. 582), Correl c. Margaine et Larivière; *Montpellier*, 13 mars 1839 (t. 1er 1839, p. 498), Pomier c. Cantalonbe.

827. — Mais ne peut être reproché par le motif qu'on est en procès avec lui, le témoin contre lequel on a intenté une action, depuis l'instance donnant lieu à l'enquête. — *Bourges*, 30 nov. 1830, Aufrère c. Debize.

828. — L'arrêt qui décide qu'une demande en garantie n'a été imaginée que dans la vue de proposer des reproches contre des témoins, afin de les écarter, et qui rejette ces reproches, ne viole pas l'art. 283, C. procéd. — *Cass.*, 24 juin 1828, Truneau c. Mignot et Patureau.

829. — La qualité d'étranger n'est pas une cause de reproche contre les témoins produits dans une enquête. — *Cass.*, 2 févr. 1841 (t. 2 1841, p. 26), Thérade et Poulin c. Houzelle.

830. — La mendicité n'est pas un motif suffisant pour reprocher un témoin, sauf au juge à apprécier sa déposition. — *Rennes*, 12 janv. 1810, N...

831. — Un juif n'est pas récusable comme témoin même dans une enquête intéressant un autre juif. — *Colmar*, 26 juill. 1814, Lang c. Lesyer.

832. — Un sourd-muet de naissance peut être entendu comme témoin dans un procès civil. — *Nîmes*, 21 août 1821, Aillaud c. Delorme.

833. — Le fait de la part de deux témoins de vivre en concubinage n'est pas une cause de reproche. — *Paris*, 11 fév. 1815, Lubarre; 24 mai 1811, Fontan c. Degestas.

834. — La signification des considérans de l'arrêt n'est point un motif de reproche contre le témoin qui l'a reçue. — *Bourges*, 10 janv. 1831, comm. de Devai c. Lebas.

835. — Les témoins déjà entendus dans l'enquête ne sont pas, pour cela, incapables de déposer dans la contre-enquête. — *Bordeaux*, 20 juin 1837 (t. 2 1837, p. 553), Petit c. Quichaud-Desgrois.

836. — Mais le témoin une fois entendu dans l'enquête ne peut l'être de nouveau dans la prorogation d'enquête. — S'il l'a été, sa déposition ne doit point être lue. — *Limoges*, 11 janv. 1834, André c. Martin.

837. — Jugé pourtant que le témoin déjà entendu dans la contre-enquête peut l'être de nouveau dans la prorogation de contre-enquête nécessitée par la prorogation de l'enquête. — *Colmar*, 19 nov. 1841 (t. 1er 1842, p. 353), Fegers c. Speisser et Samuel Lévy.

838. — Le témoin qui a déposé dans une instance correctionnelle peut être entendu dans une instance civile fondée sur les même causes. — Même arrêt.

§ 8. — *Comment doivent être proposés et jugés les reproches.*

839. — Aux termes de l'art. 270, C. procéd., les reproches doivent être proposés, par la partie ou son avoué.

840. — Sous l'ordonnance de 1667, le procureur de la partie avait besoin d'un pouvoir spécial et par écrit, pour présenter un reproche. Il n'en est plus ainsi aujourd'hui. — Carré et Chauveau, quest. 1064; Thomine, t. 1er, p. 468; Bioche, no 389; Pigeau, *Comm.*, t. 1er, p. 523; Favard, t. 2, p. 366.

841. — Cependant, il est toujours prudent à l'avoué de se munir d'un pouvoir dans la crainte d'un désaveu.

842. — L'assistance d'un avoué n'étant pas exigée de la partie, eût-elle fait défaut lors du jugement, il devait lui être également permis de produire elle-même les reproches. — Thomine, t. 1er, p. 456; Bioche, no 390.

843. — Les reproches doivent être présentés avant la déposition du témoin qui est tenu de s'expliquer sur iceux. — C. procéd., art. 270.

844. — ... A moins qu'ils ne soient justifiés par écrit. — C. procéd., art. 282.

845. — On entend par reproches justifiés par écrit ceux qui sont établis par des titres authentiques ou sous seings-privés. — Carré, quest. 1100.

846. — Les reproches et les explications du témoin sont consignés au procès-verbal. — C. procéd., art. 270.

847. — Un témoin ne peut donc plus être reproché, même pour cause de parenté, quand le reproche n'a pas été proposé avant la déposition, ni consigné sur le procès-verbal d'enquête, sauf toutefois le cas où ce reproche serait justifié par écrit. — *Cass.*, 17 juin 1839 (t. 2 1843, p. 785), Chamblant c. comm. de Thenay.

848. — La preuve en est alors valablement offerte jusqu'au jugement, et par conséquent après la déposition du témoin. — C. procéd., art. 282 et 289.

849. — La partie qui a laissé lire à l'audience la déposition d'un témoin est recevable à le reprocher. — *Bruxelles*, 16 juill. 1829, Delforges c. Devos.

850. — Mais, dans toute autre circonstance, les moyens de reproches qui n'ont été proposés qu'après la déposition du témoin ne peuvent plus être admis. — *Rennes*, 13 juin 1814, Plaine.

851. — Peu importe que le fait articulé n'ait été découvert qu'après l'enquête et ne soit pas de nature à être justifié par écrit. — *Riom*, 28 nov. 1828, Courby.

852. — Jugé cependant que lorsque les causes de reproche n'ont été révélées que par la déposition du témoin, l'art. 270, C. procéd. civ., qui impose l'obligation de formuler le reproche avant la déposition, devient sans application, alors surtout qu'il s'agit d'un motif de suspicion non énuméré dans l'art. 283. — *Colmar*, 19 nov. 1841 (t. 1er 1842, p. 353), Fegers c. Speisser et Samuel Lévy.

853. — L'assistance à la déposition d'un témoin ne rend pas non-recevable à attaquer cette déposition s'il a été fait des protestations contre l'audition de ce témoin. — *Bourges*, 30 nov. 1830, Aufrère c. Debize.

854. — Le juge-commissaire ne peut suppléer d'office les reproches. C'est une faculté abandonnée aux parties.

855. — On a vu, toutefois, que le juge doit refuser d'entendre les témoins, dans le cas de parenté directe, de mort civile et de privation des droits civils.

856. — Lorsqu'une partie a plaidé en première instance sur le mérite des reproches proposés contre des témoins, sans opposer aucune fin de non-recevoir contre leur présentation tardive, elle ne peut, sur l'appel, soutenir qu'ils n'étaient pas recevables pour n'avoir pas été proposés avant la déposition des témoins. — *Amiens*, 26 nov. 1825, Floquet c. ville de Saint-Quentin.

857. — Les reproches doivent être circonstanciés et pertinens et non en termes vagues et généraux. — C. procéd., art. 270.

858. — L'équivoque dans le reproche s'interprète contre la partie qui le propose. Ainsi, la simple allégation qu'un témoin a bu et mangé avec la partie ne suffit pas pour fonder un reproche contre lui. — *Rennes*, 4 juill. 1814, Roullier c. Aussan.

859. — L'insuffisance du reproche proposé contre un témoin d'avoir bu et mangé avec la partie depuis l'arrêt qui a ordonné l'enquête ne peut pas être suppléée ou couverte par des conclusions signées depuis, et dans lesquelles il est articulé que c'est aux *frais de la partie* que ce témoin a bu et mangé. — *Paris*, 7 août 1841 (t. 2 1841, p. 425), Berncastel c. Béchem. — La raison de le décider ainsi c'est que le témoin ne peut plus s'expliquer sur cette circonstance principale qui rend seule le reproche admissible, que c'est *aux frais* de la partie qu'il a bu et mangé avec elle.

860. — Lorsque les reproches ne sont pas justifiés par écrit, la partie doit-elle, sous peine de déchéance, en offrir immédiatement la preuve et désigner les témoins? — Oui, selon Thomine, p. 443; Demiau, p. 213; Hautefeuille, p. 156; Commaille, t. 1er, p. 303. — Ce système est appuyé par trois arrêts: — *Orléans*, 4 avr. 1810, Descoinces c. Lanson; *Rennes*, 4 avr. 1814, Roullier c. Aussan; *Toulouse*, 21 juin 1831, Vignardon c. David. — Mais cette opinion ne nous paraît pas devoir être fondée. L'art. 289 ne fixe nullement, en effet, une époque pour la déchéance. L'art. 290 est muet également, bien que c'eût été sous cet article que le législateur eût dû imposer à la partie l'obligation d'offrir la preuve *hic et nunc*. Peu importent les termes de l'art. 289; il n'est que le corollaire des art. 286, 287 et 288. — V. en ce sens *Montpellier*, 28 juin 1831, Payre c. Vignier; *Limoges*, 26 août 1838 (t. 2 1838, p. 468), Desport et Hugonnaud; — Carré et Chauveau, quest. 1066; Favard, t. 2, p. 366; Berriat, p. 295, no 50; Delaporte, t. 1er, p. 283; Pigeau, *Comment.*, t. 1er, p. 344; Bioche, no 395.

861. — La preuve du fait articulé comme cause de reproche, s'il échet, est ordonnée par le tribunal. — C. procéd., art. 290.

862. — Cette nouvelle enquête a lieu dans la forme des enquêtes sommaires, c'est-à-dire à l'audience. — C. procéd., art. 290.

863. — Aucun reproche ne peut y être proposé que par écrit. — C. procéd., art. 290.

864. — Il est prononcé sommairement sur les reproches. — C. procéd., art. 287.

865. — L'incident peut être jugé par d'autres magistrats que le fond du procès. — Carré, quest. 1127.

866. — Il est, en général, vidé avant l'instance principale. — *Rennes*, 18 avr. 1816, Cornillet c. Ruellan.

867. — Si néanmoins le fond de la cause est en état, il peut être prononcé sur le tout par un seul jugement. — C. procéd., art. 288.

868. — Cette disposition s'applique même au cas où la double décision ne serait pas rendue à la même audience. L'intervalle qui a séparé les deux prononcés n'est pas un motif pour en conclure que les deux jugemens auraient dû être expédiés séparément et sur des qualités distinctes. L'art. 147, C. procéd. civ., qui exige avant toute exécution la signification à avoué, ne s'applique pas au jugement qui statue sur les reproches. — *Poitiers*, 24 août 1843 (t. 1er 1844, p. 804), Pasquier c. Falardeau.

869. — Il y a nullité lorsque le tribunal, après avoir statué sur les reproches faits à l'enquête, ordonne immédiatement de plaider sur le fond qui n'est pas encore en état et y fait droit. Mais cette nullité est couverte par la plaidoierie faite sans protestation. — *Trèves*, 20 mars 1811, Muller c. Hasen.

870. — Au surplus, il n'y a pas lieu d'examiner le mérite des reproches si d'ailleurs les faits sont établis par le témoignage d'autres témoins non reprochés. — Carré et Chauveau, quest. 1126; Rodier, art. 4, tit. 23; ord. 1667, no 1er.

871. — Pour qu'il intervienne jugement, il faut que les parties poursuivent en l'audience sur l'incident. Les tribunaux ne peuvent statuer d'office. — *Rennes*, 25 fév. 1820, Gibé c. Supiot; *Bruxelles*, 5 juill. 1809, D.; 14 oct. 1820, B.; 16 juill. 1829, Delforges c. Devos; — Carré et Chauveau, quest. 126 *bis*; Thomine, t. 1er, p. 490; Bioche, no 399; — *Contrà Cass.*, 28 mars 1837 (t. 2 1837, p. 23), compag. d'Aren c. Cappeau; — Boncenne, t. 4, p. 490; Boitard, t. 4, p. 292.

872. — Si donc la partie ne reproduit pas le reproche à l'audience, elle est réputée y avoir renoncé, et n'est plus recevable à le faire valoir devant la cour royale. — *Douai*, 2 fév. 1841 (t. 2 1841, p. 392), Masquelier c. Masquelier-Brogniart; *Caen*, 21 août 1844 (t. 1er 1845, p. 573); Lecoq et Guérin; *Cass.*, 9 nov. 1841 (t. 1er 1842, p. 213), Gindicelli; *Rennes*, 12 janv. 1826, Becheux.

873. — On n'est pas recevable en appel à conclure pour la première fois à l'admission de reproches contre les témoins d'une enquête, encore qu'on les ait proposés lors de l'enquête, et qu'on les ait rappelés dans les écritures, et même dans l'exploit d'appel, si l'on n'a pas pris, en première instance, de conclusions relatives à ces reproches. — *Bourges*, 5 août 1822, Boizot c. Martin.

874. — La cour royale ne peut s'occuper du mérite de la déposition d'un témoin, lorsqu'il n'a été pris aucune conclusion à cet égard devant les premiers juges. — *Rennes*, 25 fév. 1820, Gibé c. Supiot.

875. — La cour de Cassation a pourtant décidé, contrairement à cette doctrine, que lorsque, dans une enquête, des reproches circonstanciés et pertinens ont été proposés contre des témoins, le tribunal ou la cour peut statuer sur ces reproches, encore bien qu'ils n'aient point été renouvelés dans des conclusions expresses. — *Cass.*, 28 mars 1837 (t. 2 1837, p. 23), compag. du plan d'Aren c. Cappeau.

876. — Mais lorsqu'un jugement rejette des reproches, et que la partie qui les avait proposés plaide sur le fond en se réservant la faculté d'interjeter appel, cette partie n'est pas censée avoir acquiescé au jugement qui a statué sur les reproches. — *Poitiers*, 10 mai 1825, Reveillant c. comm. de Saint-Généroux.

877. — La demande de remise de la cause après un jugement qui, rejetant des reproches proposés contre des témoins, a ordonné de plaider au fond, n'emporte pas acquiescement à ce jugement. — *Amiens*, 26 nov. 1825, Floquet c. ville de Saint-Quentin.

878. — Lorsque des témoins ont été reprochés dans une enquête, et que des conclusions pertinentes ont été prises à l'effet de faire rejeter leurs déclarations du procès, il faut nécessairement que le juge statue sur les conclusions qui ont ces reproches pour objet. — *Bruxelles*, 25 juin 1828, Delforges c. Devos; *Cass.*, 13 avr. 1840 (t. 2 1840, p. 111), Biadelli c. Tomassi.

879. — Il ne peut se borner à se réserver d'avoir tel égard que de raison en appréciant les dépositions des témoins aux nullités et reproches proposés, ces dépositions ne pouvant être lues si les reproches ou nullités sont fondés. — Même arrêt.

880. — Si les causes de reproches proposées contre des témoins ont été reconnues par eux et se trouvent mentionnées au procès-verbal d'enquête, il n'est pas nécessaire, sur l'appel du jugement qui a rejeté les reproches, que l'appelant fasse de nouveau connaître par écrit, dûment signifié, quelles sont les causes sur lesquelles il entend fonder les mêmes reproches, et qu'il les justifie aussi par écrit. — *Bruxelles*, 1er mai 1830, Delforge-Claes c. Delplanque.

881. — Quand une partie a fait entendre des témoins contre lesquels l'adversaire a élevé des reproches, elle ne peut obtenir le rejet de leurs dépositions en reconnaissant, dans le cours de l'instance, que ces reproches sont fondés, si la partie qui les a proposés n'y persiste pas et déclare même y renoncer. — *Orléans*, 29 fév. 1840 (t. 1er 1840, p. 490), Thévard c. Radel et Martin.

882. — Dans le cas où les reproches sont admis, la déposition du témoin reproché n'est pas lue. — C. procéd., art. 291.

883. — Mais les juges sont-ils contraints d'admettre le reproche quand il est motivé sur une cause prévue par une loi, ou bien, au contraire, ont-ils un pouvoir discrétionnaire pour l'accueillir ou le rejeter selon qu'ils l'estiment convenable? — Le doute naît de ce que l'art. 283 se sert des mots *pourront être reprochés*. Toutefois, on répond avec raison, selon nous, que ces mots n'indiquent une faculté que pour les parties; dès qu'elles usent de cette faculté, les juges doivent nécessairement admettre le reproche? — *Rennes*, 20 janv. 1812, Tardiveau c. Pécaudière; *Bruxelles*, 16 juill. 1829, Desforges c. Devos; *Rennes*, 6 janv. 1830, Fléchet c. Letort; *Riom*, 20 fév. 1830, Laroche c. Morel; *Nîmes*, 10 janv. 1832, Fayolle c. Rieux; *Grenoble*, 4 fév. 1832, Cordonnery c. Bremont; *Bourges*, 15 fév. 1832, Bonnerot c. Bondoux; *Nancy*, 1er juin 1837 (t. 2 1838, p. 260), T... c. N...; *Caen*, 1er juin 1839 (t. 1er 1840, p. 639), Dajon c. James; *Cass.*, 22 juin 1839 (t. 2 1839, p. 403), Rochette c. Bénézit; *Montpellier*, 4 avr. 1840 (t. 2 1840, p. 74), Joulia c. Brédy; *Cass.*, 13 avr. 1840 (t. 2 1840, p. 111), Biadelli c. Tomasi; — Chauveau, quest. 1102; Locré, *C. de comm.*, t. 9, p. 307 et 308; Thomine, no 334; Bioche, no 378.

884. — Nous ne saurions cependant dissimuler que de nombreux arrêts ont adopté l'opinion contraire. — V. *Cass.*, 4 janv. 1808, Deloy c. Clavelin; *Douai*, 23 fév. 1828, Douai c. Lavillette; *Grenoble*, 16 fév. 1829, Puzin; *Riom*, 21 déc. 1829, Charasse c. Marions; *Cass.*, 12 déc. 1831, Bruguière c. Blanc; *Toulouse*, 7 janv. 1835, Lacombe c. Sarrante; *Cass.*, 15 fév. 1837 (t. 1er 1837, p. 172), Nanaire c. Rousseau; *Limoges*, 27 juin 1839 (t. 1er 1840, p. 55), Loirat c. Marchandon; *Colmar*, 22 juin 1840 (t. 2 1840, p. 448), Anscher c. Meyer; *Cass.*, 2 janv. 1843 (t. 1er 1843, p. 644), Lapoujade c. Amouroux; *Toulouse*, 29 avr. 1843 (t. 1er 1845, p. 112), Moutaud c. Langanet; *Riom*, 30 mai 1844 (t. 2 1844, p. 489), Rahon c. Laurent; *Paris*, 2 mars 1846 (t. 1er 1846, p. 487), Deflers c. Desfourneaux; — Carré, *ibid*; Delaporte, t. 1er, p. 281; Toullier, t. 9, p. 301.

885. — Lorsque le reproche élevé contre le témoin ne repose pas sur un texte de loi, il appartient aux tribunaux d'apprécier les circonstances de nature à faire suspecter le désintéressement de son témoignage, et, par suite, d'ordonner que sa déposition ne sera lue que sauf à y avoir tel égard que de raison. — *Caen*, 21 août 1844 (t. 1er 1845, p. 573), Lecoq c. Guérin.

886. — Ainsi, en cas de reproche d'un témoin, en ce qu'il aurait intérêt au procès, il appartient aux juges du fonds d'apprécier souverainement la pertinence et la gravité du reproche, d'après l'intérêt du témoin. — *Cass.*, 17 mai 1827, comm. de Bourghelles c. Delcourt; 2 fév. 1842 (t. 1er 1842, p. 407), Thibout; 16 nov. 1842 (t. 1er 1843, p. 115), comm. de Souberge c. Buffet; 25 janv. 1843 (t. 1er 1843, p. 524), comm. de Boisguillaume c. Loisiel.

887. — Par exemple, dans un procès relatif à la propriété d'une lande entre une commune et un particulier, une cour royale peut, sans violer la loi, admettre les dépositions de certains habitans de la commune et de leurs parens, et rejeter celles des autres habitans et de leurs parens comme ayant un intérêt dans la décision à intervenir. — *Cass.*, 17 juin 1839 (t. 2 1843, p. 785), Chamblant c. comm. de Thenay.

888. — En rejetant les reproches proposés contre des témoins, un tribunal peut, sans violer la loi, déclarer qu'il aura égard *à l'influence que l'intérêt personnel de ces témoins pourrait avoir sur leurs déclarations*. — *Cass.*, 8 juill. 1819, Ferrand c. Mangin-Lépine.

889. — En général, les témoins qui ont intérêt dans le procès peuvent néanmoins être entendus, sauf aux juges à avoir tel égard que de raison à leurs dépositions. — *Bordeaux*, 20 fév. 1830, Dubarry c. Ladorie Chatenet; *Limoges*, 26 fév. 1840 (t. 2 1840, p. 54), Fontanges c. Redon. — V. *suprà* no 796.

890. — Jugé, dans une espèce où aucun reproche n'avait été articulé contre les témoins, qu'il appartient aux juges d'apprécier le mérite des dépositions produites devant eux suivant leurs lumières et leur conscience; ils peuvent, en conséquence, rejeter des dépositions sans être tenus de se conformer aux articles du Code de procédure, relatifs aux reproches des témoins. — *Cass.*, 7 juill. 1840 (t. 2 1840, p. 476), N...

891. — La disposition d'un arrêt portant que l'*on n'aura que tel égard que de raison* à la déposition des témoins contre lesquels les reproches n'ont pas été admis, ne préjugeant rien sur la foi due aux dépositions ne saurait être considérée comme une violation de la loi. — *Cass.*, 2 fév. 1842 (t. 1er 1842, p. 407), Thibout.

892. — La disposition d'un jugement qui rejette les reproches administrés contre les témoins dans une enquête, en déclarant que ces reproches ne sont fondés ni sur la loi ni sur la jurisprudence, est suffisamment motivée. — *Cass.*, 14 nov. 1832, Mélissent c. comm. d'Ecouis.

893. — Le jugement qui statue sur le mérite des reproches présentés contre des témoins entendus dans une enquête est définitif. En conséquence, l'appel peut en être interjeté avant le jugement qui statue sur le fond de la contestation. — *Rennes*, 12 janv. 1826, Bécheux.

### ART. 8. — *Rédaction du procès-verbal d'enquête.*

894. — Les procès-verbaux d'enquête doivent contenir : 1o la date des jour et heure des opérations.

895. — ... 2o Les comparutions ou défauts des parties et des témoins.

896. — ... 3o La représentation des assignations.

897. — ... 4o Les remises à autres jour et heure, si elles sont ordonnées.

898. — Le tout à peine de nullité. — C. procéd., art. 269.

899. — Cependant il ne faut pas conclure de cette disposition que toute omission entraîne la nullité de l'enquête entière; pour qu'il en soit ainsi, il est nécessaire que l'irrégularité touche à la substance même de l'acte.

900. — Ainsi l'omission qui porte sur la déposition d'un témoin ne vicie que cette déposition. — Carré, sur l'art. 269.

901. — Dans la pratique, le procès-verbal d'audition des témoins est mis à la suite du procès-verbal d'ouverture de l'enquête.

902. — On a vu néanmoins que le juge-commissaire peut n'ouvrir son procès-verbal que le jour même de l'audition des témoins. — V. *suprà* no 424.

903. — Par conséquent, le procès-verbal d'enquête et l'enquête elle-même peuvent être faits dans un seul acte. — *Grenoble*, 25 juill. 1810, Jacolin c. Fayot; — Berriat, p. 298.

904. — Rien ne s'oppose à ce que les opérations commencent après l'heure qui a été indiquée dans l'ordonnance. — *Rennes*, 12 janv. 1810, N...

905. — Le but du législateur en exigeant la représentation des assignations délivrées aux témoins a été de faire constater par cette exhibition l'identité de la personne qui se présente devant le juge commissaire avec celle de l'individu assigné.

906. — Il ne suffit donc pas que les procès-verbaux mentionnent la date de ces assignations ni la représentation des originaux. — *Cass.*, 4 janv. 1813, Delard c. de Lespinasse; *Limoges*, 4 juill. 1827, Thomas c. Guyonnie; *Poitiers*, 22 avr. 1830, comm. de Pers c. Charruyer.

907. — Le témoin doit justifier de sa copie. — *Bourges*, 22 mai 1829, Mozer c. Mourat.

908. — Toutefois on peut se contenter de la représentation de l'original faite par le demandeur lorsque le témoin n'a plus sa copie et qu'aucune doute ne s'élève, du reste, sur son individualité. — *Bourges*, 10 janv. 1831, comm. de Devai c. Lebas; — Carré sur Chauveau, quest. 1059; Pigeau *Comm.*, t. 1er, p. 522; Favard, t. 2, p. 361; Thomine, t. 1er, p. 465.

909. — Quant aux assignations à parties, le motif n'est plus le même; la simple représentation de l'original est donc valable.

910. — Il ne suffit pas que les noms, profession et âge des témoins soient relatés au procès-verbal,

il faut encore qu'il y soit exprimé que l'indication en est faite sur la déclaration du témoin. — Chauveau, quest. 1027; Favard, t. 2, p. 363. — *Contrà Bruxelles*, 5 juill. 1809, D.; *Limoges*, 1er août 1814, Navarron; *Bourges*, 10 juin 1831, comm. de St. Germain c. Perret; — Carré, *ubi suprà*.

911. — L'erreur dans la mention du domicile d'un témoin n'annule pas sa déposition, s'il a réellement été assigné à son véritable domicile. — *Bruxelles*, 9 nov. 1818, Vaninschott c. Monnier.

912. — Jugé qu'une enquête n'est pas nulle, par cela que dans le procès-verbal du juge qui y a procédé il n'est pas fait mention expresse des nom, profession et demeure des témoins, lorsque d'ailleurs les exploits d'assignation donnés à la partie et aux témoins pour assister à l'enquête étaient réguliers et ont été visés et relatés par le juge dans son procès-verbal. — *Cass.*, 27 mai 1823, Lavisse c. Denoves.

913. — Le procès-verbal doit en outre contenir : 1° les reproches de la partie contre les témoins, les explications de ceux-ci et les moyens de nullité proposés. — C. procéd., art. 270 et 275.

914. — ... 2° La mention que les témoins ont prêté serment de dire la vérité. — C. procéd., art. 262 et 275.

915. — ... 3° Celle qu'ils ont déposé sans lire aucun projet écrit. — *Rennes*, 28 juill. 1814, Talhouet c. N.; *Orléans*, 13 avr. 1821, Syndics F... c. Mercenil; *Limoges*, 4 juill. 1827, Thomas c. Guyonie; *Orléans*, 17 août 1839 (t. 2 1839, p. 395) Joly; — Carré, quest. 1068; Bioche, n° 426.

916. — La preuve que les témoins ont déposé oralement ne résulte pas nécessairement de la mention contenue au procès-verbal d'enquête qu'ils ont répondu aux demandes du juge et des parties. — *Orléans*, 17 août 1839 (t. 2 1839, p. 395), Joly.

917. — Toutefois, il a été jugé que le procès-verbal d'enquête ne devait pas, à peine de nullité, mentionner que les témoins avaient déposé oralement et sans écrit. — *Metz*, 19 avr. 1811, Macheray c. Deloiche; *Rennes*, 12 mars 1812, N...; *Limoges*, 1er août 1814, Navarron c. N...; *Rennes*, 11 avr. 1815, N...; 12 mars 1816, N...; 23 mars 1820, Nidelet c. Blond; *Caen*, 4 août 1827, Véniard c. Blin; (ce dernier arrêt a été aussi rapporté sous la date du 4 août 1829). — Chauveau, quest. 1068; Berriat, p. 297; Thomine, t. 1er, p. 275.

918. — A l'égard du témoin sourd et muet, il est indispensable d'indiquer que sa déposition a été écrite par lui en présence du juge-commissaire. — Carré et Chauveau, quest. 1067.

919. — ... Ou qu'elle a été écrite par le greffier, sur la déclaration d'un interprète. — Carré et Chauveau, *ibid.*

920. — S'il est nommé un interprète au témoin étranger, mention doit encore en être faite à peine de nullité. — Pigeau, *Comment*, t. 1er, p. 526; Carré et Chauveau, quest. 1081 *bis*.

921. — La déposition d'un témoin est nulle, si le procès-verbal d'enquête porte que ce témoin a fait la même déposition que les précédens. — *Trèves*, 3 juill. 1812, Hauter c. administ. du culte réformé.

922. — Est également nulle la déposition d'un témoin dans la continuation d'une première enquête, si, sur la réquisition du juge commissaire, il s'en réfère à la déposition par lui faite dans l'enquête, déposition qui a été frappée de nullité. — *Montpellier*, 15 déc. 1830, Boyer c. Peyre.

923. — ... 4° Celle que les témoins ont été entendus séparément. — C. procéd., art. 262 et 275.

924. — ... 5° Celle que la déposition a été lue au témoin et qu'il lui a été demandé s'il y persistait. — C. procéd., art. 271 et 275.

925. — A peine de nullité, les réponses du témoin sont signées de lui, ou mention est faite s'il ne veut ou ne peut signer. — C. procéd., art. 273.

926. — Mais il est inutile que le témoin appose une double signature, l'une à la déposition qui précède ses réponses aux interpellations, l'autre à ses réponses. — Carré et Chauveau, quest. 1077; Demiau, p. 210; Pigeau, t. 1er, p. 278; Bioche, n° 446.

927. — Il ne suffit pas que le témoin déclare ne pas savoir écrire. Il peut savoir signer. — *Cass.*, 14 août 1807, Douanes c. Bouveret; — Carré et Chauveau, quest. 1082; Favard, t. 2, p. 368 et 369, n° 16; Bioche, n° 447.

928. — La déclaration que la partie a fait sa marque ordinaire, une croix, par exemple, n'équivaut pas à la déclaration de ne savoir signer. — *Colmar*, 4 mars 1817, Diebold.

929. — Rien ne doit être écrit en interlignes. — Ord. 1667, art. 18, tit. 22. — Arg. C. proc., art. 272.

930. — ... Mais on peut écrire à la marge. — En ce cas, les renvois doivent être signés en toutes lettres, par les témoins, le juge et le greffier. — C. procéd., art. 274.

931. — ... A peine de nullité des renvois. — Carré, quest. 1081.

932. — La mention qu'il a été demandé au témoin s'il requérait taxe n'est pas indispensable. — Carré et Chauveau, quest. 1072; Favard, t. 2, p. 368; Thomine, n° 324; Bioche, n° 449. — V. *contrà* Hautefeuille, p. 164; Pigeau-Crivelli, t. 1er, p. 361; Pigeau, *Comm.*, t. 1er, p. 526.

933. — L'art. 275 veut d'une manière générale, dit M. Chauveau (quest. 1083), que les procès-verbaux fassent mention de l'observation des formalités prescrites par les art. 261, 262, 269, 270, 271, 272, 273 et 274. D'un autre côté, il est tel de ces articles qui exige aussi spécialement la mention de la formalité qu'il prescrit. S'ensuit-il que cette mention doive avoir lieu deux fois : 1° en rendant compte de la déposition de chaque témoin; — 2° en clôturant le procès-verbal? — Poser la question dans des termes aussi simples, c'est la résoudre. Il est évident que la loi n'a pas voulu imposer au juge un travail inutile, et qu'il importe peu que la mention soit faite au commencement, dans le corps ou à la fin du procès-verbal. — *Caen*, 27 août 1827, Leroy; *Poitiers*, 31 déc. 1822, Damono c. Groleaux; *Grenoble*, 27 août 1829, Ageron c. Marchand.

934. — Cependant, suivant un arrêt de la cour d'Orléans, il y a nullité si à la fin du procès-verbal il n'est pas mentionné que tous les articles énoncés en l'art. 275 ont été observés, resultât-il de l'examen des diverses parties du procès-verbal que les formalités de la procédure ont été remplies. — *Orléans*, 10 janv. 1821, Petard c. Denevos; 11 janv. 1822, N...

935. — Mais M. Chauveau combat avec raison cette doctrine. Le procès-verbal, dit-il, doit contenir, à peine de nullité, la mention de l'exécution de toutes les formalités, mais peu importe que cette mention soit faite séparément pour chacune d'elles, ou collectivement pour toutes par l'énumération des articles qui les prescrivent. La loi n'exige pas l'emploi cumulatif de l'un ou de l'autre de ces modes.

936. — Toutefois, il est prudent que la mention soit faite au fur et à mesure de l'accomplissement de chaque formalité et pour chaque déposition, car il serait à craindre, autrement, qu'une mention générale ne devînt de style. M. Bioche (n° 454) pense que c'est toujours ainsi qu'il doit être procédé; mais est-ce à peine de nullité? Il ne le dit pas. Il condamne, au surplus, l'opinion (Boncenne, t. 4, p. 312) qui exige, à peine de nullité, la mention générale *in fine* et enseigne qu'elle suffit aux exigences de la loi et supplée toute autre mention.

937. — Jugé qu'il suffit que le procès-verbal énonce d'une manière générale l'accomplissement des formalités prescrites par tels et tels articles sans qu'il soit nécessaire d'expliquer en quoi elles consistent. — *Bordeaux*, 30 avr. 1828, Dumas.

938. — ... Et qu'une enquête, quoique faite à divers intervalles, ne forme, dans son ensemble, qu'un tout, un seul et même procès-verbal, de telle sorte qu'il n'est pas nécessaire de mentionner à la fin de chaque séance que les formalités prescrites par la loi ont été observées, et qu'il suffit qu'une clause finale contienne cette mention. — *Cass.*, 9 déc. 1828, Dumas.

939. — Néanmoins, il y a, sans aucun doute, nullité, si le procès-verbal, au lieu de mentionner que les formalités légales ont été remplies, porte seulement : *La présente enquête a été par nous (juge-commissaire) rédigée en conformité du Code de procédure, surtout de l'art.* 275. — *Turin*, 27 avr. 1813, Deninotti.

940. — Les procès-verbaux doivent être signés à la fin par le juge, le greffier et les parties, si elles le veulent ou le peuvent. — C. pr., art. 275.

941. — La lecture de tout le procès-verbal aux parties n'est pourtant pas exigée à peine de nullité. — Carré, quest. 1084.

942. — Dans le cas où une partie refuse de signer, il en est fait mention à peine de nullité. — C. procéd., art. 275.

943. — Cette disposition est applicable à la partie contre laquelle l'enquête est faite, comme à celle qui y fait procéder. — *Limoges*, 4 juill. 1827, Thomas c. Guyonie.

944. — C'est à la fin du procès-verbal d'enquête et non dans le corps de l'acte que doit être placée la mention que la partie ne peut signer. — *Toulouse*, 5 déc. 1821, Bourret.

945. — Non seulement les parties peuvent se refuser à signer, mais elles ont encore le droit de faire toutes protestations et réserves sur le procès-verbal. — *Limoges*, 4 juill. 1827, Thomas c. Guyonie; — Carré et Chauveau, quest. 1085.

946. — L'inscription de faux est nécessaire pour infirmer l'authenticité du procès-verbal d'enquête. — Carré, quest. 10069.

947. — Le silence de la partie lors des opérations ne la rendrait pas non-recevable à prendre cette voie. — Chauveau, quest. 1059 et 1069. — Signer n'est pas approuver. — Boncenne, t. 4, p. 313.

## CHAPITRE V. — *Procédure après l'enquête.*

948. — Le délai pour faire enquête étant expiré, la partie la plus diligente fait signifier à avoué copie des procès-verbaux et poursuit l'audience sur un simple acte. — C. procéd., art. 286.

949. — Par enquête, il faut entendre évidemment l'enquête et la contre-enquête.

950. — Si le défendeur n'a pas constitué avoué, la signification doit lui en être faite à son domicile.

951. — Mais il n'est pas nécessaire d'observer les formes de l'ajournement. L'assignation première subsiste, en effet, dans toute sa force.

952. — Par la même raison, il n'y a pas lieu aux délais de l'ajournement; ceux à raison des distances sont seuls obligatoires. — Pigeau, *Comm.*, t. 1er, p. 542, n° 3; Carré, quest. 1125 *bis*; Bioche, nos 505, art. 349 et 350; — arg. C. procéd. civ., art. 349 et 350.

953. — La signification des procès-verbaux est facultative. La partie peut s'en dispenser si elle renonce à profiter des déclarations de l'enquête. On ne saurait craindre un calcul de sa part, parce que l'adversaire a le droit de faire lui-même la signification dans le cas où il voudrait se prévaloir de l'enquête. — *Cass.*, 5 fév. 1828, Duteil c. Audoury; *Agen*, 5 avr. 1824, mêmes parties; — Chauveau et Carré, quest. 1125; Thomine, t. 1er, p. 493; Bioche, n° 506. — V. *contrà* Demiau, art. 286.

954. — La partie contre laquelle on a fait une enquête a, en effet, le droit de s'en prévaloir, nonobstant la déclaration de l'autre partie qu'elle y renonce formellement. — *Orléans*, 29 fév. 1840 (t. 1er 1840, p. 490), Thévard c. Radet.

955. — Dans la pratique, chaque partie lève expédition de son enquête et la signifie à son adversaire.

956. — La loi parle cependant de la signification des procès-verbaux... Aussi, d'estimables auteurs pensent-ils que cette signification embrasse l'enquête et la contre-enquête qui forment un tout indivisible. — Thomine, t. 1er, p. 489; Boncenne, t. 4, p. 315; Favard, t. 2, p. 369; Boitard, t. 2, p. 236. — Mais nous croyons que c'est trop s'attacher au texte. L'art. 286, en employant le pluriel, a voulu dire que le poursuivant pouvait tirer parti des deux enquêtes, sans attendre la signification de celle de son adversaire. — Chauveau sur Carré, quest. 1125; Delaporte, t. 1er, p. 282; Pigeau, *Comm.*, t. 1er, p. 542, note E; Bioche, n° 507.

957. — Celui qui signifie l'enquête de son adversaire doit donc avoir soin de faire des réserves, sans quoi il devient non-recevable à se prévaloir plus tard des nullités qui ont été commises. — Chauveau, quest. 1125.

## CHAPITRE VI. — *Quand doivent être proposées les nullités postérieures à l'audition des témoins.*

958. — Nous avons énuméré dans les chapitres précédens les nombreuses causes qui peuvent vicier l'enquête, et nous avons indiqué celles qu doivent être proposées sur les procès-verbaux. Ce sont, en résumé, toutes les nullités antérieures à l'audition des témoins, sauf, toutefois, celles dont la partie n'a pu avoir une connaissance immédiate.

959. — Quant aux nullités postérieures à l'audition des témoins, elles ne peuvent, évidemment, être présentées qu'à l'audience; mais la partie doit les proposer avant toute défense au fond. — Art. 173.

960. — Il en est de même des nullités qui, bien qu'antérieures à l'audition des témoins, peuvent encore être opposées parce que la partie n'en avait pas connaissance au moment où a été dressé le procès-verbal d'enquête. — V. *suprà* nos 528 et s.

961. — Une défense au fond équivaut, en effet, à une renonciation formelle aux moyens de nullité; cette renonciation constitue même une fin de non-recevoir contre les moyens qui figurent dans le dire de la partie sur les procès-verbaux, et qui ont été proposés avant l'audition des témoins, à moins qu'ils ne touchent à l'ordre public. — *Rennes*, 1er juin 1823, L...; *Agen*, 8 janv. 1806, Gaubour c. Couture; *Paris*, 3 juin 1813, B... c. G...

962. — Ainsi le moyen de nullité tiré de ce que l'ordonnance du juge-commissaire fixant l'ouver-

ture d'une enquête a été rendue sans l'assistance du greffier est non-recevable lorsqu'il n'est pas proposé avant toute défense au fond. Ce n'est pas là une nullité d'ordre public qui ne puisse pas être couverte. — *Cass.*, 19 août 1841 (t. 2 1843, p. 158), Gaujoux c. Pugezy et Barreau. — V. aussi *suprà*, n° 961, *Agen*, 8 janv. 1806, Gaubour c. Couture; *Paris*, 3 juin 1843, B... c. G...; *Rennes*, 1er juin 1823, L...

963. — Les nullités sont encore couvertes, soit par l'acquiescement des parties, soit par l'exécution volontaire qu'elles consentent de l'enquête. — *Cass.*, 13 juin 1834, Cabanac c. Gensac; *Douai*, 27 mai 1836, sous *Cass.*, 27 mai 1839 (t. 1er 1839, p. 593), Arnoult c. Honoré.

964. — ... Ou du jugement qui ordonne l'enquête quand la nullité est relative à ce jugement. Ainsi, la partie qui a laissé passer en force de chose jugée le jugement qui détermine le mode d'une enquête, ne peut demander la nullité de cette opération pour inobservation des formes légales. — *Cass.*, 4 frim. an X, Paulay c. Cornereau.

965. — Au surplus, les formalités prescrites par la loi n'ayant été établies que dans l'intérêt des parties, ces moyens de nullité ne peuvent être suppléés par les juges. — Thomine, t. 1er, p. 493.

966. — Lorsque l'objet d'une enquête est indivisible, chaque partie a le droit d'opposer les nullités qui ne lui sont pas personnelles. — *Colmar*, 25 août 1829, Haffen c. Hoffmann.

967. — Mais une partie ne peut demander la nullité de son enquête, pas plus qu'elle ne peut y renoncer, à moins toutefois qu'elle soit dans les délais pour la recommencer. — Carré et Chauveau, quest. 1130; Thomine, t. 1er, p. 493 et 495; Pigeau, *Comment.*, t. 1er, p. 547; Bioche, n° 516. — V. *suprà* nos 267 et 327.

968. — Les juges ne sont obligés de statuer sur les nullités qu'autant que l'enquête et la contre-enquête sont closes. La raison est la même en ce cas que pour les reproches. Il est indispensable aussi que les procès-verbaux aient été levés et signifiés. — *Rennes*, 18 avr. 1810; Leblant c. Yves; *Limoges*, 19 mai 1812, Montazod c. N...

969. — Par conséquent aussi la partie qui a été renvoyée par jugement devant le juge commissaire pour faire clore son enquête, et qui ne s'est point présentée, ne peut point, lorsque l'enquête n'est point close par suite de sa non comparution, en demander la nullité, sous prétexte qu'elle ne mentionne pas l'observation des formalités prescrites par la loi. — *Cass.*, 9 déc. 1828, Dumas; *Bordeaux*, 30 avr. 1828, Dumas.

970. — Si la nullité d'une enquête n'a été demandée en première instance que pour un vice du procès-verbal des dépositions des témoins, on ne peut fonder cette nullité en instance d'appel sur un nouveau moyen tiré du vice de l'exploit d'assignation sur lequel les témoins ont déposé. — *Trèves*, 28 avr. 1813, Perard c. Hulen.

## CHAPITRE VII. — *Cas où l'enquête peut être recommencée.*

971. — On a vu plus haut que les nullités commises vicient, selon leur nature, l'enquête entière, ou seulement une portion de l'enquête.

972. — Ainsi, au nombre des nullités de la première espèce, on peut citer celles qui résultent du jugement même qui ordonne la preuve du défaut de signification de ce jugement, des inobservations des délais pour commencer l'enquête, de l'assignation à parties, de la dénonciation du nom des témoins, de l'omission de la date ou de la signature du juge ou du greffier sur le procès-verbal, etc.

973. — Il en est autrement quand la nullité ne concerne, par exemple, que l'assignation d'un témoin, la dénonciation de son nom, ou sa déposition. En pareil cas, le vice n'affecte que la portion de l'enquête sur laquelle il porte. C'est encore par application de ce principe que lorsque l'enquête a été faite pour partie en temps utile et pour partie hors du délai légal, il n'y a qu'une nullité partielle.

974. — La nullité d'une ou de plusieurs dépositions n'entraîne pas celle de l'enquête. — *Nancy*, 15 avr. 1813, Hurlin.

975. — On le jugeait déjà ainsi avant le Code de procédure. — *Cass.*, 5 flor. an XI, Morrellon c. Vauchaussade.

976. — L'enquête qui a pour objet d'établir un fait indivisible dans son exécution est elle-même indivisible, tellement que si cette enquête est valable à l'égard de l'une des parties, elle ne peut être annulée à l'égard d'une autre ayant le même intérêt. — *Toulouse*, 20 mars 1844 (t. 2 1844, p. 209), Peslonau c. de Riols; *Cass.*, 9 août 1831, Gand c. comm. de Liouville.

ENQUÊTE, ch. 7.

977. — L'enquête nulle doit être rejetée et ne point faire état au procès. — *Montpellier*, 15 juin 1827, Jean François c. R...

978. — Cependant, les tribunaux peuvent, avant de statuer sur la demande en nullité d'une enquête, ordonner que cette enquête sera lue. — *Agen*, 1er juin 1818, Godefroy c. Ibert.

979. — Lorsque l'enquête est annulée, il est de principe que ceux par la faute desquels la nullité est prononcée doivent en supporter les conséquences. Mais la loi établit une notable différence entre le cas où la nullité est prononcée par la faute du juge, et celui où elle est prononcée par la faute de l'avoué.

980. — L'enquête déclarée nulle par la faute du juge commissaire doit être recommencée à ses frais. — C. procéd., art. 292.

981. — Il en est de même quand la faute est imputable au greffier; car le greffier est l'homme du juge et n'est censé écrire que ce que le juge lui dicte. — Carré, sur Chauveau, quest. 1129; Favard, t. 2, p. 369, § 6, n° 2; Thomine, t. 1er, p. 494; Bioche, n° 521.

982. — Toutefois, la responsabilité du juge n'est engagée qu'au cas où l'enquête est annulée pour vice de forme. — *Nîmes*, 28 avr. 1828, Lauzun c. Gineston.

983. — Ainsi, l'enquête annulée pour défaut de capacité du juge ne doit pas être recommencée à ses frais. — Même arrêt.

984. — A plus forte raison est-il de même lorsque l'irrégularité provient du fait de la partie. — *Metz*, 5 fév. 1811, N...; *Nîmes*, 31 août 1827, Deydier c. Gabriac.

985. — Mais si les délais d'assignation n'ont pas été observés, la faute en est imputable au juge et non à l'avoué qui a donné l'assignation, lorsque celui-ci, dans la requête présentée aux juges, a eu le soin d'indiquer le domicile de la partie adverse. — *Rennes*, 9 fév. 1833, de Mercy c. Kervasdoué.

986. — Pareillement, le défaut de signature de la partie sur le procès-verbal, ou de la mention qui doit la remplacer, est imputable au juge. — *Bordeaux*, 28 août 1829, Rouzeau c. Quinquette.

987. — Une solution identique doit être admise lorsque le procès-verbal ne mentionne pas l'observation des articles énoncés en l'art. 275, C. proc. civ. — *Orléans*, 11 déc. 1811, N.

988. — Néanmoins, pour que l'enquête soit recommencée aux frais du juge, il faut que la partie ait pris des conclusions formelles à cet égard; les tribunaux ne peuvent l'ordonner d'office. — Même arrêt.

989. — Le jugement qui ordonne qu'une enquête déclarée nulle par la faute du juge sera recommencée, sans prescrire qu'elle le sera aux frais de ce juge, est à l'abri de la cassation, si cette violation de l'art. 292, C. procéd., n'a pas été opposée, devant les premiers juges. — *Cass.*, 8 juill. 1819 p. 383), Ferrand c. Mangin-Lépine.

990. — Il n'y a pas nécessité pour les juges d'ordonner une nouvelle enquête, lorsqu'il est possible de statuer sur le fond, d'après les nouveaux élémens survenus depuis le jugement qui a autorisé la preuve. — *Cass.*, 17 mars 1819, Brédart.

991. — Mais une troisième enquête peut être ordonnée aux frais du juge si la seconde est nulle. — Bioche, n° 526.

992. — Jugé dans ce sens qu'on peut faire entendre pour la troisième fois un témoin dont la seconde déposition est nulle par la faute du juge-commissaire, et que les frais de cette troisième audition sont à la charge de ce magistrat. — *Montpellier*, 15 déc. 1820, Boyer c. Peyre.

993. — Selon Pigeau (*Comm.*, t. 1er, p. 547), il n'est pas nécessaire que le juge soit mis en cause, ni que le jugement soit rendu avec lui. Mais cette opinion n'est pas admissible. En effet, d'une part, le tribunal doit apprécier et juger l'acte du magistrat, et le premier, même le seul intéressé à le défendre est précisément ce magistrat. Il est donc juste de ne pas le condamner en quelque sorte par défaut. D'autre part, le droit de former tierce opposition au jugement qui le condamnerait sans qu'il ait été appelé ne saurait être refusé au magistrat. De là, un circuit d'actions. Enfin, il pourrait arriver que sur la tierce opposition, le jugement fût rapporté, et que cependant la partie aurait procédé à la nouvelle enquête et se trouverait ainsi exposée à des frais coûteux et inutiles. — Carré et Chauveau, quest. 1135 *bis*; Bioche, n° 527.

994. — Lorsque la nullité provient du tribunal entier, il y a lieu également de recommencer l'enquête. Cette solution découle de l'art. 292; ce serait, au surplus, une souveraine injustice que

ENQUÊTE, ch. 7.

de décider le contraire. — Bioche, n° 529. — V. en ce sens *Cass.*, 15 juill. 1818, Codena c. Maire.

995. — Mais, dans ce cas, les dépens de la nouvelle enquête ne sont pas supportés par les membres du tribunal, car les juges ne répondent pas de leurs sentences. — Bioche, n° 530.

996. — La nouvelle enquête est soumise aux mêmes formes et aux mêmes délais que la première.

997. — Les délais d'ouverture ou de clôture commencent donc à courir du jour de la signification du jugement ou de l'audition des premiers témoins.

998. — Le juge qui a reçu la première enquête peut-il être de nouveau commis? — Non (selon Carré et Chauveau, quest. 1133; Hautefeuille, p. 166; Pigeau, *Comm.*, t. 1er, p. 281; Favard, t. 2, p. 360). Toutefois, sa nomination ne serait pas une cause de nullité. — Chauveau, *ibid.*; Bioche, n° 535.

999. — Les parties sont recevables à faire entendre les mêmes témoins. — C. procédure, art. 292.

1000. — Mais peuvent-elles en faire entendre de nouveaux? — Sous l'empire de l'ordonnance, la négative était enseignée par la plupart des commentateurs, et les termes de l'art. 292, C. procéd. civ., prouvent que la législation a entendu maintenir l'ancienne prohibition. On y lit, en effet, *que l'enquête sera recommencée*, et que dans le cas où certains témoins ne pourront être entendus, *les juges auront tel égard que de raison aux dépositions faites dans la première enquête*, ce qui indique bien qu'il ne s'agit pas de recevoir de nouvelles dépositions. — *Rennes*, 28 juill. 1814, Talhouet c. N...; *Grenoble*, 10 mai 1817, Duman c. Roux. — Carré-Chauveau, quest. 1131; Favard, t. 2, p. 369; Pigeau, *Comm.*, t. 1er, p. 548; Thomine, t. 1er, p. 495; Boncenne, t. 4, p. 318; Bioche, n° 37. — *Contrà Limoges*, 13 juin 1818, Tuphalescas c. Penaud. — Demiau, art. 216.

1001. — Cependant, observe avec raison M. Bioche (*ut suprà*), si de nouveaux témoins paraissent nécessaires à la manifestation de la vérité, le tribunal peut ordonner leur audition. Dans ce cas, l'audition n'est pas de droit, mais résulte de l'autorisation donnée par le tribunal

1002. — La partie adverse ne peut évidemment ouvrir de son côté une contre-enquête par cela seul que le demandeur est admis à recommencer son enquête. Elle serait superflue, puisque les premiers témoins doivent seuls être entendus. La contre enquête à laquelle elle a dû procéder suffit complétement à sa défense. Si, au contraire, elle a négligé d'administrer la preuve contraire, comme c'était son droit, la déchéance qui en résulte est son fait, elle n'en subit que les conséquences. En pareil cas, la prorogation de délai accordée au demandeur ne lui profiterait pas non plus, ainsi que nous l'avons démontré *suprà*. Ce ne serait donc qu'au cas où le jugement autoriserait l'audition de nouveaux témoins, qu'une contre-enquête serait possible. — Pigeau, t. 1er, p. 281; Carré et Chauveau, quest. 1134; Boncenne, t. 4, p. 324; Bioche, n° 538. — *Contrà* Demiau, p. 216.

1003. — Quand l'enquête est déclarée nulle par la faute de l'avoué ou par celle de l'huissier, elle ne peut être recommencée. — C. procéd. art. 293.

1004. — Peu importe qu'elle n'ait pas été précédée d'une signification régulière du jugement qui l'a ordonnée. — *Trèves*, 29 mai 1812, Hames c. Genon.

1005. — Il a même été jugé que le tribunal qui a déclaré nulle, par la faute des parties, l'enquête qu'il les avait autorisées à faire, ne peut en ordonner d'office une nouvelle sur les mêmes faits. — *Grenoble*, 11 déc. 1821, Margouiller c. Pagnoud; *Bourges*, 30 mai 1831, Guillot c. Vacher; 20 nov. 1838 (t. 1er 1839, p. 522), de Saisseval c. comm. de Germiny sur-Loire; *Toulouse*, 5 août 1839 (t. 2 1839, p. 611) Daigny c. Ville-Teynier.

1006. — Cependant la cour de Cassation admet qu'il en est autrement dans le cas où la partie a négligé de procéder dans les délais légaux à la preuve ordonnée sur sa demande. — V. *suprà* n° 97.

1007. — La raison de cette différence entre deux cas qui, au premier abord, paraissent analogues, est que l'art. 293 défend seulement de recommencer une enquête nulle, et non pas d'ordonner d'office une enquête qui avait été antérieurement autorisée, mais à laquelle on n'a pas procédé. Sans doute, il peut paraître rigoureux, dans la première hypothèse, d'empêcher les juges de prescrire d'office une enquête qu'ils estiment nécessaire à la découverte de la vérité. Mais, s'il en était autrement, la disposition de l'art. 293 ne produirait presque jamais de résultat; car le juge ayant reconnu par la première décision l'utilité de l'enquête en ordonnerait une seconde d'office,

lorsque celle faite à la requête de la partie se trouverait annulée pour vice de formes.

1008. — Quoi qu'il en soit, on peut recommencer l'enquête qui a été déclarée nulle comme faite dans un temps où l'exécution du jugement qui l'ordonnait était suspendue par l'appel. — *Rouen*, 30 mai 1817, Huillard c. Morel.

1009. — ... Ou lorsqu'elle a été faite comme en matière sommaire, tandis qu'il aurait dû y être procédé comme en matière ordinaire. Le délai dans lequel cette nouvelle enquête doit être recommencée ne doit pas être fixé par l'arrêt qui l'ordonne, mais par le tribunal commis pour la recevoir. — *Cass.*, 15 juill. 1818, Cadena c. Marre.

1010. — M. Thomine (t. 1er, p. 494 et 495) enseigne néanmoins que la règle de l'art. 293 doit fléchir lorsque la cause intéresse l'ordre public, par exemple, en cas de séparation de corps, d'inscription de faux ou de question d'état. — M. Chauveau, quest. 1136 *bis*, adopte cet avis.

1011. — Il a été décidé, conformément à ce principe, que la prohibition de recommencer une enquête nulle ne peut s'appliquer aux matières qui tiennent en même temps à l'ordre public et à l'état des personnes, telles que sont les demandes en séparation de corps. Au surplus, le tribunal peut dans ce cas autoriser d'office la preuve des faits... il suffit qu'ils lui paraissent concluans. Il en doit être ainsi surtout lorsqu'aux faits anciens viennent se joindre des faits d'injures graves survenus depuis l'enquête. — *Dijon*, 29 mai 1845 (t. 2 1845, p. 742), Raviaud.

1012. — Lorsque les vices de l'enquête sont imputables, les uns au juge commissaire, les autres à l'avoué, l'enquête ne doit pas être recommencée, par la raison que les formalités de l'enquête sont prescrites en faveur de la partie adverse; d'où suit qu'elle doit profiter des avantages d'une nullité admise. — Bioche, no 542; Carré, quest. 1125 *bis*.

1013. — La partie a le droit de répéter les frais de l'enquête contre l'avoué et l'huissier par la faute desquels la nullité est prononcée. — C. procéd. civ., art. 293.

1014. — En cas de manifeste négligence, elle peut même répéter des dommages-intérêts, ce qui est laissé à l'arbitrage du juge. — C. procéd., art. 293.

1015. — Mais la partie, avertie par le juge de l'irrégularité des actes préliminaires de l'enquête, et qui néanmoins fait procéder à l'enquête, ne peut actionner en garantie l'huissier qui a signifié ces actes. — *Metz*, 5 fév. 1811, N...

1016. — Les officiers ministériels sont responsables même de la nullité d'une déposition isolée. — Carré et Chauveau, quest. 1135 *bis*; Favard, p. 370; Bioche, no 546.

1017. — Ils doivent être mis en cause pour que le jugement prononçant la nullité de l'enquête soit commun entre toutes les parties intéressées. — V. *suprà* no 993.

1018. — Le jugement qui décide de la nullité ou de la validité de l'enquête est définitif, de même que celui qui statue sur les reproches. Par conséquent, tout ce qui a été dit (*suprà* nos 869 et 892) est applicable ici.

1019. — En matière ordinaire, l'appel est toujours recevable, puisque le jugement qui intervient sur le fond est rendu en premier ressort seulement.

1020. — Lorsqu'une enquête a été déclarée non avenue comme n'ayant pas eu lieu entre toutes les parties qui devaient être mises en cause, les juges ne peuvent en autoriser la lecture en même temps que celle de l'enquête recommencée, sauf à y avoir tel égard que de raison. L'arrêt qui autorise cette lecture doit être cassé ainsi que celui intervenu sur le fond. — *Cass.*, 24 déc. 1839 (t. 1er 1840, p. 103), Sainte-Marie c. Bonnesœur.

## CHAPITRE VIII. — *Influence de l'enquête sur le fond.*

1021. — Les juges du fond ont un pouvoir discrétionnaire pour apprécier les résultats de l'enquête et décider si les parties ont ou n'ont pas justifié leurs prétentions par les témoignages produits.

1022. — Le législateur n'a posé aucune règle suivant laquelle le juge doive considérer la preuve comme parfaite et suffisante.

1023. — La règle de l'ancien droit, *testis unus testis nullus*, n'a point passé dans le droit nouveau. Les magistrats ne se décident plus que d'après leur conviction intime, sans égard au plus ou moins grand nombre de témoins. — *Cass.*, 22 nov. 1815, Montarcher c. N...; *Metz*, 10 juin 1820, M. c. N.; — Berriat, p. 291, no 84; Carré et Chauveau, quest. 1099; Toullier, t. 9, no 317; Merlin, *Rép.*, vo *Preuve*, sect. 2e, no 1er, et sect. 3e, no 5; Thomine, t. 1er, p. 482; Locré, *Espr. C. procéd.*, t. 1er, p. 449; Boncenne, t. 4, p. 215. — *Contrà* Demiau, art. 293; Pigeau, *Comm.*, t. 1er, p. 483.

1024. — Ainsi un tribunal opère régulièrement en s'étayant de la moralité et de la bonne réputation de quelques témoins pour apprécier leurs dépositions. — *Cass.*, 2 déc. 1808, Didier c. Kraeser.

1025. — Les juges qui ont ordonné la preuve de certains faits, peuvent même par un jugement déclarer ces faits insignifians, et statuer au fond, sans que la preuve en ait été faite. — En effet, le premier jugement est interlocutoire et ne lie pas les juges. — *Bourges*, 13 déc. 1820, Robin de la Cotardière c. Poquet.

1026. — Les magistrats peuvent également se décider en définitive, par d'autres motifs que ceux qui résultent des dépositions des témoins. — *Bourges*, 15 mars 1820, Gabillaud c. Tortat.

1027. — Mais après avoir rendu un jugement ordonnant une enquête et exécuté par les parties, ils ne sauraient statuer sur le fond contrairement aux résultats de cette enquête, en se fondant sur ce que la preuve testimoniale n'était pas admissible. — *Cass.*, 27 juin 1831, Vachez c. Dufour.

1028. — Jugé qu'un fait attesté dans une enquête peut, bien qu'il n'ait pas été indiqué par le jugement interlocutoire, servir de base à la décision des juges. — *Cass.*, 4 fév. 1836, Lemée c. Digne.

1029. — Cependant on a vu plus haut que l'enquête ne doit porter que sur les faits articulés. — V. *suprà* nos 107 et 597.

1030. — Aussi a-t-il été décidé que des faits articulés, encore bien qu'ils aient été prouvés par l'enquête, et qu'ils puissent avoir une certaine influence dans la cause, ne peuvent pas être pris en considération par le juge. — Ainsi, lorsqu'un cohéritier, assigné en restitution des jouissances de la chose commune, a offert de prouver que chacun des ayant-droit avait eu successivement une possession exclusive à peu près égale, il ne peut repousser la demande en restitution en se fondant sur ce qu'il résulte de l'enquête que les cohéritiers avaient possédé en commun avec lui, si ce fait n'a point été préalablement articulé. — *Bourges*, 6 juill. 1840 (t. 1er 1841, p. 379), Roumier c. Tricot. — V. dans le même sens *Bordeaux*, 26 juin 1830, Saritey.

1031. — C'est uniquement lorsqu'une des parties a, sans réclamation, lors de l'enquête, laissé déposer de faits étrangers à ceux de la demande principale que l'autre partie peut en tirer avantage pour justifier sa conduite, et que les juges ont la liberté de les consulter pour reconnaître quel est le degré de culpabilité. — *Cass.*, 7 mars 1838 (t. 1er 1838, p. 350), Titon; *Cass.*, 14 mars 1839 (t. 1er 1839, p. 474), mêmes parties.

1032. — Dans le cas où des témoins produits dans une contre-enquête ont été mal à propos écartés par le juge, le tribunal d'appel peut, tout en reconnaissant que les reproches n'étaient pas admissibles, se dispenser d'entendre ces témoins s'il trouve dans la cause des élémens suffisans de décision. — *Cass.*, 2 fév. 1841 (t. 2 1841, p. 26), Thérade et Poulin c. Houzelle.

1033. — Le juge qui n'a pris aucune part au jugement qui a ordonné une enquête peut néanmoins concourir au jugement sur le fond. — *Cass.*, 18 avr. 1810, Quenin-Reynaud c. Dalbey.

1034. — La cassation du jugement qui valide l'enquête entraîne l'annulation du jugement sur le fond lorsqu'il est fondé sur les preuves résultant de l'enquête. — *Cass.*, 13 oct. 1812, Rémond c. Dusautoir.

1035. — Mais il en est autrement lorsque le jugement est basé sur des preuves prises en dehors de l'enquête. — *Cass.*, 28 fév. 1838 (t. 1er 1838, p. 276), Venger c. Thiriet.

## CHAPITRE IX. — *Enquête en matière sommaire ou commerciale.*

1036. — Les formalités longues et dispendieuses de l'enquête en matière ordinaire ne pouvaient convenir aux affaires sommaires. Aussi, le législateur a-t-il pris soin de tracer des règles spéciales pour ces sortes d'affaires.

1037. — Ces règles sont applicables aux enquêtes faites devant les tribunaux de commerce. — *Bordeaux*, 31 mars 1830, Theulon c. Préantboine.

1038. — Il a même été jugé que les parties peuvent consentir à ce qu'une enquête à faire devant un tribunal de commerce en vertu d'une commission rogatoire, ait lieu suivant des formes plus simples que celles tracées par la loi. — *Rennes*, 30 août 1817, Donon c. Donesteau.

1039. — Il n'y a pas ouverture à cassation de ce qu'un tribunal, après avoir ordonné, pour s'éclairer sur la perte d'un objet confié à un commissionnaire, non une enquête proprement dite, mais la simple comparution des parties en personne, aurait reçu des déclarations, soit de ces parties, soit de leurs préposés, sans suivre les règles tracées pour les enquêtes sommaires par les art. 407 et 408, C. procéd. — *Cass.*, 4 déc. 1837 (t. 1er 1838, p. 284), Boscher B. Levasseur.

1040. — La seule différence entre les enquêtes sommaires devant les juges civils et celles devant les juges consulaires consiste en ce que devant les derniers les parties peuvent se présenter et conclure elles-mêmes, tandis que devant les autres le ministère de l'avoué est toujours obligatoire. — V. cependant *infrà* no 1116.

1041. — En matière civile, si, par suite d'une demande qui requiert célérité, il y a lieu d'ordonner une enquête, cette enquête doit nécessairement être sommaire. — *Bordeaux*, 5 fév. 1830, Guérin c. Bigot. — Pour ce qu'on entend par affaires sommaires, V. au surplus MATIÈRE SOMMAIRE.

1042. — Une demande en résiliation de bail peut être considérée comme une affaire sommaire et requérant célérité. — En conséquence, on ne peut se pourvoir contre l'arrêt intervenu sur une enquête reçue à l'audience sur cette demande, surtout après y avoir procédé sans réserves ni protestations. — *Cass.*, 27 juin 1810, Delelis c. Dubois.

1043. — Ainsi, lorsque dans une instance en reddition de compte et sur la réquisition, tant des parties que du juge-commissaire, des tiers sont appelés à présenter des explications relativement à des articles qui les concernent dans le compte, il ne doit pas être procédé à leur audition d'après les règles prescrites en matière d'enquête sommaire. — *Cass.*, 18 janv. 1831, Lambert c. Hua.

1044. — Il n'est pas nécessaire d'articuler les faits à l'avance et de les signifier. — C. procéd., art. 407.

1045. — Ils sont articulés à l'audience ou consignés dans des conclusions écrites, que l'on remet au juge et que l'on appelle conclusions d'audience. Ce dernier mode est généralement suivi dans la pratique.

1046. — De son côté, le défendeur n'est tenu que de dénier faits à l'audience, quand même ils les lui auraient été signifiés préalablement. — Carré, quest. 1450; Thomine, t. 1er, p. 632; Boitard, t. 2, p. 461; Bioche, no 562; — *contrà* Demiau, art. 407.

1047. — Le jugement qui ordonne la preuve doit contenir les faits à prouver. — C. procéd., art. 407.

1048. — En matière de commerce, les juges peuvent ordonner subsidiairement la preuve d'autres faits que de ceux articulés. On ne peut pas dire que ce soit prescrire successivement deux enquêtes par jugement interlocutoire. Sans doute il résulte de la combinaison des art. 407, 408, 409 et 432, C. procéd., que le législateur a voulu que les preuves à faire en pareil cas fussent promptes. Le mot *subsidiaire* placé dans le jugement est sans doute une locution vicieuse, mais il ne peut entraîner la nullité des opérations ordonnées. Il est, en effet, de principe que les tribunaux consulaires ont le droit d'ordonner d'office la preuve de tout ce qui tend à éclairer leur religion et à éclairer les procès. — *Orléans*, 28 août 1823, N. — V. PREUVE.

1049. — Même en matière disciplinaire, par exemple, dans le cas où un instituteur primaire est assigné, conformément à l'art. 7, L. 8 juin 1833, si la preuve des faits est admise, la preuve contraire est de droit comme tenant au droit sacré de la défense. Toutefois, lorsque les témoins produits par cet instituteur ont été entendus, s'il demande à être admis à un supplément d'enquête sur les faits imputés, cette demande peut être refusée sans qu'il y ait violation des droits de la défense. L'appréciation de la pertinence et de l'admissibilité des faits dont on demande à faire preuve par enquête principale ou supplémentaire étant abandonnée souverainement aux cours royales. — *Cass.*, 1er déc. 1836, Hubert.

1050. — Le jugement doit indiquer aussi les jours et heures où les témoins seront entendus. — C. procédure, art. 407.

1051. — Cette fixation est abandonnée à l'arbitrage des juges; mais elle est généralement très rapprochée, à moins que les témoins ne soient éloignés.

1052. — L'enquête est nécessairement faite à l'audience. — C. procéd., art. 407.

1053. — Ainsi, un tribunal de commerce qui ordonne une enquête, ne peut pas commettre un de ses membres pour la recevoir. — *Bordeaux*, 19 août 1811, Dupuch c. Comet.

1054. — Toutefois il n'y aurait pas nullité si les témoins avaient été entendus hors l'audience. D'une part, en effet, l'art. 407 ne prononce pas cette peine et, d'un autre côté, les garanties légales seraient plutôt augmentées que diminuées. — *Besançon*, 9 déc. 1808, Caire c. Dauphin; *Bruxelles*, 21 nov. 1814, Bodart c. de Fleurus; *Cass.*, 13 juin 1834, de Cabanac c. Gensac; *contrà Cass.*, 1er août 1832, Lafforce c. Penin.

1055. — En tout cas, la coopération volontaire à l'enquête ou le fait de procéder à une contre-enquête rendent la partie non-recevable à se prévaloir de l'irrégularité. — *Cass.*, 13 juin 1834, de Cabanac c. Gensac; *Besançon*, 9 déc. 1808, Caire c. Dauphin; *Douai*, 9 janv. 1836 sous *Cass.*, 27 mai 1839 (t. 1er 1839, p. 593), Arnoult c. Honoré. — *Contrà Cass.*, 1er août 1832, Laforce c. Penin.

1056. — Si les témoins sont éloignés ou empêchés, le tribunal peut commettre le tribunal ou le juge de paix de leur résidence. — C. procéd., art. 412.

1057. — Les cours d'appel peuvent, de même que les tribunaux de première instance, ordonner qu'une enquête en matière sommaire sera faite ou devant le juge de paix du domicile des parties ou devant celui de la résidence des témoins. — *Orléans*, 4 nov. 1807, N...

1058. — Le tribunal délégué doit alors commettre l'un de ses membres, car il n'existe plus de motifs d'entendre les témoins à l'audience. — Carré et Chauveau, quest. 1486; Bioche, no 579; Favard, t. 2, p. 371, no 3; Pigeau, t. 1er, p. 286.

1059. — Mais le juge délégué procède à l'enquête, en observant les formalités des art. 408 et suivans, et non pas les formalités prescrites pour les enquêtes ordinaires. — *Cass.*, 22 juill. 1828, Monteyremard c. Gonori. — Chauveau et Bioche, *ibid.* — *Contrà* Carré, *ut suprà*.

1060. — L'enquête doit toujours être rédigée par écrit. Il en est dressé procès-verbal. — C. procéd., art. 412.

1061. — La partie la plus diligente signifie ce procès-verbal. — *Besançon*, 18 juin 1818, N...; — Carré et Chauveau, quest. 1484 6o; Bioche, no 578.

1062. — Quant aux commissions rogatoires délivrées à l'étranger, V. *suprà* no 145.

1063. — Aucun délai n'étant fixé par la loi pour la confection de l'enquête, on ne peut appliquer les dispositions relatives aux délais des enquêtes en matière ordinaire. — *Aix*, 3 juin 1826, Pascal c. Fabre; *Riom*, 6 avr. 1827, Binon c. Legay. — V. cependant en sens opposé : *Lyon*, 30 août 1825, Beaud c. Brun.

1064. — Les art. 407 et 413 n'exigeant pas la signification à partie du jugement contradictoire qui ordonne l'enquête, en matière sommaire, on doit en conclure que cette signification n'est pas nécessaire, à peine de nullité. Cependant elle a lieu dans la pratique. — *Turin*, 18 nov. 1807, Ferrero c. N..; *Paris*, 10 juin 1812, Ladorge c. Lemerle; *Cass.*, 22 déc. 1840 (t. 1er 1841, p. 62), Vergniais c. Collier. — Carré et Chauveau, quest. 998 et 1481 *bis*; Pigeau, *Comment.*, t. 1er, p. 702; Favard, t. 2, p. 370; Bioche, no 564. — *Contrà Bruxelles*, 2 juill. 1829, Verheren c. Vanstribos. — Thomine, t. 1er, p. 632.

1065. — ... Peu importe que l'enquête doive être faite à une distance éloignée. — *Cass.*, 22 déc. 1840 (t. 1er 1841, p. 62), Vergniais c. Collier.

1066. — Il n'est pas nécessaire non plus de signifier le second jugement qui fixe le délai de l'enquête. — Même arrêt.

1067. — Il en est autrement si le jugement est par défaut. — V. les auteurs cités au no 1064.

1068. — En matière commerciale l'exécution provisoire du jugement qui ordonne l'enquête est toujours de droit, mais il en est autrement en matière civile.

1069. — Les témoins sont assignés au moins un jour avant leur comparution. — C. proc. civ., art. 408.

1070. — Ce jour est franc, à peine de nullité. — Locré, t. 21, p. 528, no 212; Bioche, no 565; Carré et Chauveau, quest. 1482; Favard, t. 2, p. 370, no 2; Demiau, p. 298; Delaporte, t. 1er, p. 376; Pigeau, t. 2, p. 285. — *Contrà Metz*, 25 fév. 1814, Baratte c. Fribourg.

1071. — Il y a lieu évidemment à l'augmentation à raison des distances, à peine de nullité. — Mêmes auteurs.

1072. — Il doit être donné, également à peine de nullité, 1o copie aux témoins du dispositif du jugement. — C. proc. civ., art. 413.



1073. — ... 2o Copie à la partie des noms des témoins. — C. proc. civ., art. 413.

1074. — ... Trois jours au moins avant l'audition des témoins. — *Trèves*, 6 juin 1812, N...; *Metz*, 9 août 1823, N...; *Cass.*, 30 déc. 1828, Bouligues et Laenf; *Bruxelles*, 18 avr. 1831, Hantjens c. Vermeulen; — Carré et Chauveau, quest. 1486 *bis*; Pigeau, *Comm.*, t. 1er, p. 703. — *Contrà Bourges*, 29 fév. 1812, Prévotas c. Magneaux; *Metz*, 25 fév. 1814, Baratte c. Fribourg; *Rouen*, 28 fév. 1815, Lamplin c. Bobée; *Liége*, 15 janv. 1816, Meiskens c. Hendrikc.

1075. — ... En observant les délais à raison des distances, à peine de nullité. — *Agen*, 26 août 1829, Flourens c. Monnié.

1076. — Lorsqu'un tribunal a remis l'audition des témoins à une prochaine audience, la notification du nom des témoins faite postérieurement au jour fixé pour leur audition par le jugement qui a ordonné cette enquête, mais avant celui qui a été désigné pour sa continuation, doit être déclarée nulle, cette continuation ne pouvant être assimilée à une prorogation dont le but est d'éviter la déchéance prononcée par la loi. — *Rouen*, 25 fév. 1843 (t. 2, 1843, p. 51), Letoutre c. Massiel.

1077. — Cette signification doit être faite au domicile de l'avoué, quand la partie en a constitué un, comme en matière ordinaire, à peine de nullité. — *Riom*, 14 août 1818, Bergoin c. Pontanier; *Montpellier*, 20-21 juin 1814, Loubes c. Farines.

1078. — Les tribunaux de commerce peuvent-ils accorder aux témoins un sauf-conduit? Non, évidemment. — Avis *Cons. d'état*, 30 avr. 1807, app. le 30 mai 1807; circ. du garde des sceaux du 8 sept. 1807. — Favard, t. 1er, p. 686; Pigeau, t. 2, p. 46; Pardessus, no 1515; Carré et Chauveau, quest. 2653; Bioche, vo *Contrainte par corps*, no 270. — Il en est de même du juge de paix. — V. EMPRISONNEMENT, no 147.

1079. — En matière commerciale, les parties qui comparaissent, doivent, aux termes de l'art. 420, C. proc., faire élection de domicile dans le lieu ou siège le tribunal, si elles n'y sont pas domiciliées, à moins qu'il n'intervienne jugement à la première audience. A défaut de cette élection, toute signification, même celle du jugement définitif est valablement faite au greffe du tribunal.

1080. — On a jugé cependant, mais à tort selon nous, que la peine de nullité n'est pas attachée à l'omission de ces formalités. — *Metz*, 25 fév. 1814, Baratte c. Fribourg; *Bruxelles*, 18 avr. 1831, Hantjens c. Vermeulen. — *Contrà* Chauveau, quest. 1486 *bis*.

1081. — La partie doit-elle être en outre assignée, à peine de nullité, pour l'enquête? Selon M. Chauveau (quest. 1486 *bis*) l'art. 413 ne prescrit pas cette formalité, par la raison que le jugement indique nécessairement le jour de la comparution. Cette raison nous semble décisive. — V. pourtant en sens contraire *Agen*, 26 août 1829, Flourens c. Monié.

1082. — Les témoins doivent prêter serment à peine de nullité. — *Cass.*, 13 août 1832, Jounart c. Hannotin.

1083. — Ils doivent être entendus séparément, mais non à peine de nullité. Sous l'ordonnance de 1667, les enquêtes sommaires étaient formellement dispensées de cette précaution. — Tit. 22, art. 15 de l'ordonnance. — Carré et Chauveau, quest. 1484-4o; Thomine, t. 1er, p. 632; Bioche, no 570.

1084. — Jugé que les témoins peuvent, du consentement des parties, être entendus à l'audience en présence les uns des autres. — *Orléans*, 22 mars 1820, Mesnier c. Meaupin.

1085. — Les témoins qui n'ont pas été assignés ne peuvent être entendus en vertu d'un prétendu pouvoir discrétionnaire, sauf à avoir à leur déposition tel égard que de raison. — *Cass.*, 25 juin 1839 (t. 2 1839, p. 403), Rochette c. Bénézit.

1086. — L'amende et les peines portées contre les témoins défaillans en matière ordinaire sont applicables en matière sommaire. — C. pén., art. 413.

1087. — Il en est de même : 1o de la prohibition d'entendre les conjoints des parties ou les parens et alliés en ligne directe. — C. pén., art. 413.

1088. — ... 2o Des reproches, de la manière de les juger, des interpellations, de la taxe. — *Nîmes*, 1er juin 1819, N...

1089. — ... 3o De la faculté d'entendre les individus âgés de moins de quinze ans révolus. — Art. 413.

1090. — La partie doit proposer les moyens de nullité avant la déposition des témoins, à peine d'être déclarée non-recevable.

1091. — Ainsi, la nullité résultant de l'omission du domicile du demandeur dans l'assignation donnée au défendeur pour paraître à l'enquête est couverte par sa comparution. — *Besançon*, 9 déc. 1808, Caire c. Dauphin.



1092. — Mais la nullité provenant de ce que la partie n'a point été assignée, pour être présente à l'*enquête*, n'est pas couverte par la simple comparution de son avoué à l'audience où les témoins sont entendus. — *Rouen*, 17 mars 1810, Bourgeois c. Faucher et Jouise.

1093. — Lorsque l'affaire est en dernier ressort, le témoin contre lequel un reproche est admis ne peut être entendu dans sa déposition. — *Cass.*, 3 juill. 1820, Carrez c. Bertry; 25 juin 1839 (t. 2 1839, p. 403), Rochette c. Benezit.

1094. — Toutefois, il n'y a pas nullité du jugement interlocutoire qui ordonne l'audition de témoins reprochés, sauf à statuer ultérieurement sur les reproches dirigés contre eux, si par un jugement définitif le tribunal décide que ces reproches sont sans fondement. — *Cass.*, 29 juin 1831, Saint-Maur c. comm. de Belon.

1095. — Il a été jugé par la Cour de Cassation (2 juill. 1835, com. de Cérences c. Canivet) que le juge de paix ne doit pas entendre dans les affaires en premier ressort les témoins qu'il considère comme reprochables, sauf au tribunal d'appel à ordonner l'audition des témoins s'il juge les reproches mal fondés. Dans les motifs du jugement du tribunal de Coutances (3 juill. 1833), qui confirme celui du juge de paix et contre lequel a été dirigé le pourvoi, on voit que cette doctrine est applicable également en matière sommaire. Nous l'approuvons entièrement.

1096. — Toutefois, il a été jugé que le tribunal devait entendre les témoins, en ce cas, mais sans avoir égard à leur déposition. — *Bruxelles*, 15 avril 1816, Desandromis c. Radelet; 16 juin 1832, Franck c. Dessamplines.

1097. — Lorsque le jugement n'est pas susceptible d'appel, il n'est pas dressé procès-verbal de l'enquête. — Art. 410, C. procéd.

1098. — Il est seulement fait mention dans le jugement du nom des témoins et du résultat de leurs dépositions. — Art. 410, C. procéd.

1099. — ... Ainsi que de leur prestation de serment. — Arg. art. 410, C. procéd. — Chauveau, quest. 1484 *bis*. — Boitard, t. 2e, p. 362; Bioche, no 572. — vo aussi *Cass.*, 13 août 1832, Jounart c. Hannotin. — *Contrà Besançon*, 18 juin 1818, N... — Pigeau, *Comm.* t. 1er, p. 705.

1100. — Toutefois l'énonciation du nom des témoins n'est pas prescrite à peine de nullité, elle ne constitue pas en effet une formalité substantielle comme celle de l'énonciation du serment. — *Cass.*, 18 avril 1810, Guenin c. Dalbey; 15 fév. 1832, Danton c. Brunesseaux; 21 mai 1833, Desportes c. Richier; 30 juill. 1833, Roblot c. Viel. — Carré sur Chauveau, quest. 1484 3o; Pigeau *Comm.* (t. 1er, p. 705); Favard (t. 2e, p. 371).

1101. — La cour de Cassation a même décidé qu'en l'absence d'une disposition expresse, on ne pouvait annuler le jugement pour défaut d'indication du résultat des dépositions des témoins. — *Cass.*, 15 fév. 1832, Danton c. Brunesseaux. — *Contrà* Carré, quest. 1784-3o.

1102. — En tout cas, c'est le résultat en masse des dépositions des témoins qu'il faut constater, et non pas le résultat de chaque déposition en particulier. — Carré-Chauveau, quest. 1484; Pigeau, *Comment.*, t. 1er, p. 705; Favard, t. 2, p. 371, no 3; Thomine, t. 1er, p. 633; Boitard, t. 2, p. 362.

1103. — Et il suffit que ce résultat se trouve indiqué dans les motifs du jugement. — *Cass.*, 14 avr. 1836, Gugenheim c. Schmerber.

1104. — Il a encore été jugé qu'il n'est pas nécessaire que le jugement constate l'observation des diverses formalités prescrites si la preuve de cette observation résulte d'un procès-verbal du greffier. — *Besançon*, 18 juin 1818, N...

1105. — Si le jugement est susceptible d'appel, il est dressé procès-verbal, qui contient : 1o le serment des témoins; 2o leurs déclarations s'ils sont parens, alliés, serviteurs ou domestiques; 3o les reproches formés contre eux; 4o le résultat de leurs dépositions. — C. procéd. civ., art. 411.

1106. — ... Le tout à peine de nullité, car le but du législateur serait manqué si les juges d'appel ne pouvaient apprécier les dépositions de l'enquête. — *Rennes*, 4 août 1815, Lombard et Pincé; 19 fév. 1821, Chevalier c. Callet; *Toulouse*, 29 nov. 1819, Descoins c. Biellec; *Poitiers*, 17 déc. 1840 (t. 1er 1843, p. 234), Béchet c. Rolland. — Carré et Chauveau, quest. 1484-5o; Thomine, t. 1er, p. 634; Bioche, no 574. — *Contrà Bordeaux*, 6 mai 1831, Clucher c. Jeanneau.

1107. — Jugé cependant qu'il n'est pas indispensable de constater l'interpellation faite aux témoins de déclarer s'ils sont serviteurs ou do-

mestiques de l'une ou de l'autre des parties, ou leur déclaration qu'ils n'en sont ni parens ni alliés. — *Trèves*, 28 avr. 1848, Pérard c. Hulen.

**1108.** — Dans ces sortes d'affaires, il ne suffit pas d'énoncer le résultat des dépositions considérées en masse, ainsi que nous l'avons dit relativement aux jugemens rendus en dernier ressort. Les juges d'appel ne peuvent être convaincus que par l'analyse exacte de chaque déposition. — Carré-Chauveau, quest. 1485; Favard, t. 2, p. 370; Thomine, t. 1er, p. 634; Boitard, t. 2, p. 364.

**1109.** — Il n'est pas nécessaire de signifier le procès-verbal de l'audition des témoins produits. — *Besançon*, 18 juin 1818, N...

**1110.** — Lorsque le jugement sur le fond n'intervient pas de suite, et que dans l'intervalle un nouveau juge est appelé à siéger, l'audition des témoins doit être recommencée. — Carré-Chauveau, quest. 1481; Bioche, n° 570. — *Contrà* Thomine, t. 1er, p. 633.

**1111.** — Lors même que dans une affaire sommaire il n'a point été dressé de procès-verbal des dépositions des témoins, la cour d'appel n'en doit pas moins rester saisie de la connaissance du jugement définitif qui a été rendu sur le fond. — En pareil cas elle peut et elle doit ou statuer au fond si la cause se trouve en état de recevoir décision, ou ordonner avant faire droit tel moyen d'instruction qu'elle juge nécessaire, par exemple qu'il sera procédé devant elle à une nouvelle enquête. — *Douai*, 27 déc. 1843 (t. 1er 1844, p. 208), Prévost c. Thuillez.

**1112.** — Mais si en matière sommaire un procès-verbal d'audition des témoins est nécessaire dans les causes susceptibles d'appel, il n'en résulte pas qu'en l'absence d'un tel procès-verbal, les juges d'appel doivent toujours ordonner une nouvelle enquête. Les juges restent libres d'apprécier les faits reconnus constans, indépendamment de toute enquête, et de statuer en prenant ces faits pour base de leur décision. — *Cass.*, 2 avr. 1845 (t. 1er 1845, p. 431), Martin c. Gouziau de Souchy.

**1113.** — Dans la discussion qui a précédé cet arrêt, les demandeurs en cassation invoquaient un arrêt du 24 janv. 1827 (Lemaître c. Levagner) qui a reconnu au procès-verbal d'audition des témoins le caractère de formalité substantielle et qui a annulé une enquête lors de laquelle cette formalité n'avait pas été observée. — Mais il est à remarquer que dans l'espèce qui a donné naissance à cet arrêt, le juge d'appel avait déclaré se trouver, en l'absence du procès-verbal d'enquête, sans élémens pour apprécier la décision qui lui était soumise. — La position était différente dans l'espèce actuelle, où la cour royale, sans statuer sur le moyen tiré de la nullité de l'enquête, et sans paraître se préoccuper de l'existence ou de la non-existence légale de cette voie d'instruction, avait prononcé au fond, ce qui devait faire supposer qu'elle avait trouvé dans les circonstances de la cause, et indépendamment de l'enquête, des élémens suffisans d'appréciation. — Or il ne paraît résulter d'aucune disposition de loi qu'en cas de nullité de l'enquête à laquelle il a été procédé devant le premier juge, le juge d'appel doive nécessairement, avant de statuer, ordonner une enquête nouvelle.

**1114.** — Lorsqu'une enquête a eu lieu en cause d'appel, il suffit, pour qu'il soit satisfait aux prescriptions de l'art. 410, C. procéd., que l'arrêt se borne à reproduire les noms des témoins entendus et à énoncer dans ses motifs le résultat des dépositions sur lesquelles est fondée la décision. — *Cass.*, 14 avr. 1836, Gugenheim c. Schmerber; 23 juin 1841 (t. 2 1841, p. 526), Marandet c. Robert.

**1115.** — Les dispositions précédentes, desquelles il résulte que dans les causes susceptibles d'appel il doit être dressé procès-verbal de l'enquête qui a servi de base au jugement, sont applicables aux sentences arbitrales en matière de société. — Cette formalité est substantielle, et son omission doit entraîner la nullité de la sentence qui a suivi. — *Rouen*, 23 nov. 1842 (t. 1er 1843, p. 648), Mayer.

**1116.** — En matière commerciale, l'art. 432, C. procéd., veut que le procès-verbal soit signé par les témoins, et qu'en cas de refus, mention en soit faite. Mais ce n'est pas à peine de nullité. — *Metz*, 13 nov. 1818, Charbonneau c. Guillaume.

**1117.** — Il en est autrement devant les tribunaux civils. — Carré et Chauveau, quest. 1486 6°; Lepage, p. 270; Thomine, t. 1er, p. 634.

**1118.** — Si l'une des parties demande prorogation, l'incident est jugé sur-le-champ. — C. procéd., art. 409.

**1119.** — D'après un grand nombre d'arrêts et d'auteurs, la prorogation doit être demandée le jour même de l'audition des témoins et non après. — *Turin*, 18 nov. 1807, Ferrero c. N...; *Paris*, 10 juin 1812, Sadorge c. Lemerle; *Lyon*, 30 août 1825, Beand c. Brun; *Toulouse*, 29 juill. 1828, Anoulth c. Siadoux; — Carré, quest. 1483; Delaporte, t. 1er, p. 276; Demiau, p. 299; Favard, t. 2, p. 371; Pigeau, *Comment.*, t. 1er, p. 704.

**1120.** — Cependant, la solution contraire a été adoptée par les arrêts suivans : — *Bruxelles*, 16 janv. 1813, Luvin c. Vestevens; 6 mars 1813, Carron c. Brexis; *Cass.*, 9 mars 1819, Belliot c. Bousquier; *Orléans*, 30 juin 1819, N...; *Riom*, 6 avr. 1827, Benon c. Leguy; *Bruxelles*, 2 juill. 1829, Vecharen c. Vanstribos; 6 nov. 1833, Delestrée c. N... — V. aussi Chauveau, quest. 1483.

**1121.** — Quant aux motifs d'accorder la prorogation, les tribunaux ont, à cet égard, un pouvoir discrétionnaire. — Carré et Chauveau, quest. 1483.

**1122.** — Jugé aussi que lorsqu'une enquête a lieu devant un tribunal de commerce, les parties peuvent, même après y avoir fait procéder, articuler de nouveaux faits et le tribunal en admettre la preuve. — *Poitiers*, 7 janv. 1829, Rémérand c. Sororeau.

## CHAPITRE X. — *Enquête devant les juges de paix.*

**1123.** — En général, la preuve testimoniale était admissible en toute matière de la compétence de la justice de paix, avant la loi du 25 mai 1838, pourvu toutefois qu'elle ne tendît pas à prouver contre et outre le contenu aux actes; mais la loi nouvelle a élevé le taux de la juridiction de ces tribunaux, et il n'en est plus de même aujourd'hui.

**1124.** — La loi du 26 oct. 1790 prescrivait aux juges de paix, avant d'ordonner une enquête, d'avertir les parties qu'il y avait lieu à procéder par voie d'enquête, de les interpeller sur le point de savoir si elles voulaient faire preuve de leurs faits, et de n'ordonner l'enquête que sur la réquisition de l'une d'elles. Le Code n'exige plus ni l'avertissement, ni l'interpellation, ni la réquisition.

**1125.** — Toutefois, l'enquête ne doit être ordonnée qu'autant que la preuve est utile et admissible. — Art. 34, C. procéd.; — Carré et Chauveau, quest. 147.

**1126.** — Mais il n'est pas nécessaire que les parties soient contraires en faits. Le juge peut ordonner l'enquête d'office. — Carré et Chauveau, quest. 150; Pigeau, *Comment.*, t. 1er, p. 93; Curasson, t. 1er, p. 105; Bioche, n° 593; discussion au conseil d'état et rapport au tribunat (Locré, t. 21, p. 560).

**1127.** — Et réciproquement il peut la refuser, quoiqu'elle soit réclamée, s'il se trouve suffisamment éclairé. — V. *suprà* n° 74.

**1128.** — Le jugement qui ordonne la preuve doit en fixer précisément l'objet. — Art. 34, C. procéd.

**1129.** — ... Et indiquer les jours, lieu et heure auxquels les témoins seront entendus. — Art. 35, C. procéd.

**1130.** — La preuve contraire est de droit. — Art. 256, C. procéd.

**1131.** — Ainsi, lorsqu'en ordonnant une enquête, le juge n'a pas réservé la preuve contraire, et que, l'enquête parachevée, il a prononcé immédiatement sa sentence, sans que le défendeur ait renoncé à faire entendre ses témoins, celui-ci peut encore être admis à ouvrir une contre-enquête devant le tribunal d'appel. — *Cass.*, 13 janv. 1836, Cailleteux c. Robinet; — Bioche, n° 596.

**1132.** — Si l'un ou plusieurs des témoins sont éloignés, le juge a la faculté de déléguer le juge de paix du lieu. En ce cas, l'enquête est rédigée par écrit, et la minute en est envoyée au tribunal. — V. *supra* n° 133; Carré, *Justice de paix*, t. 4, p. 113, n° 2874; Pigeau, *Comment.*, t. 1er, p. 103; Carré et Chauveau, quest. 171 *bis*; Bioche, n° 598 *bis*.

**1133.** — A propos de la notification du nom des témoins, la question s'est élevée de savoir si les formalités exigées pour les enquêtes ordinaires, par exemple celles de l'art. 261 et celles de l'art. 413, étaient applicables aux enquêtes en justice de paix. — Pigeau (*Comment.*, t. 1er, p. 94 et 95) enseigne l'affirmative en se fondant sur ce que dans les art. 34 et suiv. le législateur n'a pu tracer qu'une partie des règles à suivre.

**1134.** — La cour de Cassation (2 juill. 1835, com. de Cérences c. Canivet), a jugé, au contraire, dans le sens le plus absolu que les art. 34 et suiv. contiennent tout ce qui doit être observé en matière d'enquête devant les juges de paix. — V. conf. Carré et Chauveau, quest. 152 3°.

**1135.** — Par un autre arrêt du 13 juill. 1836 (Cailleteux c. Robinet), la cour suprême a encore consacré cette doctrine en décidant que les délais, prorogations et déchéances mentionnés dans les art. 256 et suiv. ne s'appliquent pas non plus aux enquêtes en justice de paix.

**1136.** — M. Bioche (n° 591) pense avec raison que le principe posé dans le premier de ces arrêts est trop absolu, et qu'il faut avoir soin de distinguer les formalités substantielles telles que le droit de fournir la preuve contraire et de reprocher les témoins des dispositions purement accessoires et accidentelles. Les premières seules sont du domaine de la justice de paix. — *Contrà* Augier, t. 3, p. 70.

**1137.** — Le juge de paix délivre à chaque partie cédule pour faire citer les témoins. — C. procéd. civ., art. 29.

**1138.** — La cédule fait mention de la date du jugement, du lieu, du jour et de l'heure de l'enquête. — C. procéd. civ., art. 29.

**1139.** — Aucune forme, aucun délai ne sont prescrits pour la réquisition de la cédule. — Chauveau et Carré, quest. 152 *bis*; Bioche, n° 600. — Cependant, selon Pigeau (*Comment.*, t. 1er, p. 86), le délai ne serait que de trois jours, à partir soit de la prononciation du jugement contradictoire, soit de la signification ou de l'expiration du délai de l'opposition, dans le cas où le jugement est par défaut. — Art. 20 et 28.

**1140.** — Nous ne saurions adopter ce dernier système. — Toutefois, il est du devoir du juge de paix de ne délivrer cédule qu'après l'expiration du délai de l'opposition, quand le jugement qui ordonne la preuve est par défaut. — Arg. art. 55.

**1141.** — Copie de la cédule est donnée en tête de la citation. — Chauveau, *Tarif*, n° 152 *bis*.

**1142.** — Si le jugement est par défaut, il doit être signifié. La partie a trois jours pour y former opposition. Pendant ce délai, l'exécution du jugement est suspendue.

**1143.** — S'il a été rendu contradictoirement en présence des parties, il est inutile de le signifier. — Art. 28.

**1144.** — Si, au contraire, il n'a pas été prononcé en leur présence, quoiqu'il soit contradictoire, la signification doit en être faite à partie. — Art. 28.

**1145.** — Les témoins peuvent être invités par simple lettre à venir déposer. — *Cass.*, 2 juill. 1835, com. de Cerences c. Canivet.

**1146.** — Mais, en pareil cas, l'art. 263 n'est pas applicable; pour que le témoin défaillant soit condamné à l'amende, il faut une citation.

**1147.** — De ce qui a été dit *suprà* (nos 1134 et s.), il résulte que la notification à partie des noms des témoins trois jours à l'avance n'est pas nécessaire, non plus que l'assignation à partie. — V. en ce sens Levasseur, *Man. des juges de paix*, n° 133; Chauveau, quest. n° 152.

**1148.** — Au jour indiqué, les témoins comparans déclinent leurs nom, profession, âge et demeure. — C. procéd., art. 35.

**1149.** — ... Et font serment de dire vérité. — *Ibid.*

**1150.** — Il a été jugé que le serment n'est pas prescrit à peine de nullité. — *Cass.*, 19 avr. 1810, Lecuyader c. Lefur. — Il nous semble cependant que c'est là une formalité substantielle. — V. *suprà* n° 1105.

**1151.** — Les témoins doivent, en outre, déclarer s'ils sont parens ou alliés des parties, à quel degré, et s'ils sont leurs serviteurs ou leurs domestiques. — C. procéd., art. 33.

**1152.** — Est-ce à peine de nullité? L'affirmative est enseignée par Carré (quest. 154) et par M. Demiau (p. 40). Selon ces auteurs, la réformation du jugement devrait donc être prononcée, à moins que l'omission n'eût porté aucun préjudice à la partie. Mais cette doctrine est condamnée par la cour de Cassation. — V. *Cass.*, 10 juin 1832, Gomiecourt c. Bauquet.

**1153.** — Les témoins sont entendus séparément, mais il n'y a pas nullité dans le cas contraire. — Carré et Chauveau, quest. 156 *bis* et 157; Thomine, t. 1er, p. 109; Curasson, t. 1er, p. 104; Levasseur, *Man. des juges de paix*, n° 134; Bioche, n° 607.

**1154.** — Ils sont entendus en présence des parties si elles comparaissent. — Art. 36.

**1155.** — Si, au jour indiqué pour l'audition des témoins, aucune des parties ne se présente, il n'y a pas de doute, disent Carré et M. Chauveau (quest. 155), que le juge ne doive procéder à l'enquête, si la cause est sujette à appel.

**1156.** — Selon ces auteurs, Lepage (p. 87) et Thomine (t. 1er, p. 109), il en est de même dans les causes qui sont jugées en dernier ressort. Dans ce cas, au contraire, selon M. Bioche (n° 609), le juge est libre ou de procéder à l'enquête ou de voir dans le défaut du demandeur une renonciation à ses prétentions.

1157. — Il nous semble que dans l'un et l'autre cas le juge a la faculté de s'abstenir; c'est aux parties à veiller à leurs intérêts.

1158. — Les causes de reproches énumérées en l'art. 283, C. procéd., sont applicables par analogie. — *Cass.*, 8 déc. 1830, Bousquel c. Olivier; — Locré, t. 21, p. 387; Pigeau, *Comm.*, t. 1er, p. 97; Lepage, *Introd.*, p. 49; Carré et Chauveau, quest. 160; Bioche, no 610.

1159. — Les parens au degré prohibé par l'art. 268 ne doivent pas être entendus. — Chauveau, quest. 153; Bioche, no 605. — *Contrà Annales du notar.*, t. 1er, p. 71.

1160. — Le juge de paix n'a pas le droit d'accorder un sauf-conduit au témoin. — V. *suprà* no 1078.

1161. — Selon Curasson (t. 1er, p. 404), Thomine (t. 1er, p. 110), Carré (quest. 156), Berriat (p. 275 et 296), Favard (t. 2, p. 272), les formalités prescrites pour l'audition des témoins en justice de paix ne le sont pas, en général, à peine de nullité.

1162. — L'audition d'un greffier de justice de paix dans une enquête ordonnée par ce tribunal n'est ni une cause de nullité du jugement définitif, auquel il aurait pris part comme greffier, ni même une cause de récusation contre lui, alors qu'il n'a dressé ni signé en cette qualité le procès-verbal de l'enquête. — *Cass.*, 21 mars 1843 (t. 2 1843, p. 217), Burard c. comm. de Champeaux.

1163. — Les reproches doivent être fournis avant la déposition du témoin. — C. procéd. civ., art. 36 et 282.

1164. — La partie qui ne s'est pas présentée à l'enquête n'est donc pas recevable à proposer ultérieurement des reproches. — Carré et Chauveau, quest. 161.

1165. — Cependant si la partie se trouvait dans un des cas prévus par l'art. 21, et qu'elle justifiât de son ignorance de la procédure dirigée contre elle, la règle ci-dessus recevrait une exception. — Chauveau, quest. 261; Demiau, p. 40.

1166. — Les reproches doivent être signés. — C. procéd., art. 36.

1167. — Si les parties ne savent ou ne peuvent signer, il en est fait mention. — Art. 36.

1168. — Cette disposition de l'art. 36 n'est applicable qu'aux affaires susceptibles d'être jugées en premier ressort, puisque dans les autres il ne doit pas y avoir de procès-verbal. — C. procéd., art. 40.

1169. — Il suffit, dans les affaires de dernier ressort, de mentionner au jugement que la partie a formulé tel ou tel reproche. — Carré et Chauveau, quest. 158; Lepage, p. 86; Dumoulin, *Biblioth. du barreau*, 1810, 1re partie, p. 233; Bioche, no 613. — *Contrà* Pigeau, *Comm.*, t. 1er, p. 33 et 34.

1170. — Les reproches ne peuvent être reçus après la déposition qu'autant qu'ils sont justifiés par écrit. — C. procéd. civ., 36 et 282; Bioche, no 614.

1171. — Le témoin reproché doit-il être entendu? — La négative est enseignée avec raison, même dans le cas où la cause est sujette à appel, par Levasseur, *Manuel des juges de paix*, t. 1er, p. 57; Carré et Chauveau, quest. 159; Bioche, no 616. — V. aussi *Cass.*, 2 juill. 1835, comm. de Cérence c. Canivet. — V. *contrà* Commaille, t. 1er, p. 91; Favard, t. 2, p. 372; Augier, *Encycloped. des juges de paix*, t. 3, p. 70; Pigeau, *Comm.*, t. 1er, p. 77.

1172. — ... Sauf à la partie à interjeter appel dans le cas où la cause est jugée en premier ressort.

1173. — Le juge peut adresser aux témoins d'office ou sur la réquisition des parties les interpellations qu'il estime convenables.

1174. — Si le témoin fait défaut, les dispositions de l'art. 263 lui sont applicables. — Carré et Chauveau, quest. 165; Bioche, no 619.

1175. — En cas de comparution, il peut requérir taxe.

1176. — Le montant de la taxe entre dans les dépens. — Arg. art. 24, tarif; — Carré et Chauveau, quest. 162; Pigeau, *Comm.*, t. 1er, p. 97. — V. *contrà* Dumoulin, *Biblioth. du barreau*, 1810, 1re part., p. 232.

1177. — Lorsque le juge de paix procède à l'enquête, en vertu d'une commission rogatoire, les témoins sont taxés conformément à l'art. 176 et non à l'art. 24. — Chauveau, *Tarif*, p. 30.

1178. — Dans tous les cas où la vue des lieux peut être utile pour l'intelligence des dépositions, spécialement dans les actions en déplacement de bornes, usurpations de terres, arbres, haies, fossés ou autres clôtures, et pour entreprises sur les cours d'eau, le juge de paix peut se transporter sur les lieux et ordonner que les témoins y soient entendus. — Art. 38. — V. DESCENTE SUR LES LIEUX, nos 111 et suiv.

1179. — Il faut que l'une des parties requière le déplacement et que mention en soit faite au procès-verbal, pour qu'il y ait lieu à frais de transport. — Tarif 8; — Carré et Chauveau, quest. 170; Pigeau, *Comm.*, t. 1er, p. 101.

1180. — Dans les causes sujettes à appel, le greffier dresse procès-verbal de l'audition des témoins. — Art. 39.

1181. — Cet acte contient leurs noms, profession et demeure, le serment de dire vérité, leur déclaration s'ils sont parens, alliés, serviteurs ou domestiques des parties et les reproches qui ont été fournis contre eux. — Art. 39.

1182. — Lecture de ce procès-verbal est faite à chaque témoin pour la partie qui le concerne. — Art. 39.

1183. — Le témoin signe sa déposition, ou mention est faite qu'il ne sait ou ne peut signer. — C. procéd., art. 39.

1184. — Le procès-verbal est, en outre, signé par le juge et le greffier. — Art. 39.

1185. — Il est immédiatement procédé au jugement ou à la prochaine audience dans les causes sujettes à appel comme dans celles qui sont en dernier ressort. — C. procéd., art. 39; — Carré et Chauveau, quest. 168; Levasseur, *Manuel des justices de paix*, p. 59, no 107.

1186. — La cause doit être jugée dans les quatre mois du jour de l'interlocutoire qui a ordonné l'enquête, même sous peine de dommages et intérêts contre le juge, suivant les circonstances. — C. procéd., art. 15.

1187. — Si l'une des parties ne termine pas son enquête au jour fixé, le juge peut lui accorder une prorogation. Cette solution est conforme à celle que nous avons donnée à propos de la prorogation des enquêtes en matière sommaire. — Carré et Chauveau, quest. 169; Levasseur, no 140. — V. *contrà* Pigeau, *Comm.*, t. 1er, p. 98.

1188. — Toutes les décisions relatives à la prorogation des délais en matière sommaire s'appliquent ici. — V. *suprà* nos 1118 et suiv.

1189. — Ainsi, lorsqu'une des parties ne comparaît pas au jour fixé pour l'enquête, et ne fait pas assigner de témoins, le juge de paix qui a déclaré l'enquête close peut, sur l'opposition, refuser au défaillant la faculté de faire une contre-enquête. — *Cass.*, 19 juin 1832, Gomiecourt c. Bauquet.

1190. — Lorsque les parties consentent volontairement à ce que les délais soient prorogés, il n'est pas nécessaire qu'elles signent ce consentement. — Carré et Chauveau, quest. 169 *bis*. — Sous la loi de 1790, la cour de Cassation (3 oct. 1808, Morel c. Carbonel) le décidait ainsi.

1191. — L'omission par le greffier de dresser procès-verbal de la déposition des témoins ne constitue pas une nullité, du moment qu'il est possible au juge d'appel de se former une conviction par les notes du plumitif. — *Cass.*, 24 janv. 1827, Lemaître c. Levagneur; — Carré et Chauveau, quest. 169, 3o; Thomine, t. 1er, p. 112.

1192. — Les frais de la minute du procès-verbal ne consistent que dans le prix du timbre et de l'enregistrement. Il n'est rien dû au greffier ni au juge de paix. — Chauveau, *Tarif* 1er, p. 31; Bioche, no 626.

1193. — Dans les causes de nature à être jugées en dernier ressort, il n'est pas dressé de procès-verbal. Le jugement énonce les noms, âge, profession et demeure des témoins, leur serment, leur déclaration s'ils sont parens, alliés, serviteurs ou domestiques des parties; les reproches et le résultat des dépositions. — Art. 40.

1194. — A l'égard des nullités qui pourraient vicier l'enquête, il faut distinguer le cas où le jugement est sujet à appel et celui où il a été rendu en dernier ressort. — Dans le premier cas, les nullités ne peuvent être invoquées qu'en appel; dans le second, le juge n'est obligé à les admettre qu'autant qu'il reconnaît que la partie intéressée en souffre dommage, c'est-à-dire que la forme n'emporte pas le fond. — Carré, quest. 1694.

1195. — L'enquête nulle doit-elle être recommencée aux frais du juge de paix? — Oui, selon Carré et Chauveau (quest. 169, 4o). Mais nous ne saurions adopter cette opinion : une disposition aussi rigoureuse que celle de l'art. 292 ne peut être étendue par analogie; d'ailleurs le juge de paix ne doit pas être assimilé au juge-commissaire; il constitue un tribunal, et jamais un tribunal n'est responsable de ses actes. — V. *suprà* no 995.

1196. — Doit-il s'abstenir si la nullité de l'enquête est demandée pardevant lui? — La négative est certaine, si l'on admet avec nous qu'il n'est pas responsable de la nullité. — Il en serait autrement si l'on adoptait l'opinion contraire.

1197. — Aux termes de l'art. 15, L. 1838, les jugemens rendus en justice de paix ne peuvent être attaqués par la voie du recours en cassation que pour excès de pouvoir. — V. JUSTICE DE PAIX.

1198. — Rappelons en terminant que, dans le cas où le juge de paix procède à l'enquête non plus comme juge du fond, mais en vertu d'une commission rogatoire, toutes les dispositions qui précèdent cessent d'être applicables, et il faut se conformer aux règles tracées pour les enquêtes en matière ordinaire. — V. *suprà* no 167.

## ENQUÊTE DE COMMODO ET INCOMMODO.

1. — Enquête administrative faite dans le but d'éclairer, d'après l'état de l'opinion publique, l'autorité supérieure sur les avantages et les inconvéniens que peuvent présenter certains établissemens ou certains actes, travaux ou entreprises d'intérêt public.

2. — Dès qu'un projet quelconque peut intéresser les habitans d'une commune, il est du devoir de l'autorité de s'entourer de tous les renseignemens, de recueillir tous les documens propres à la convaincre qu'il n'est pas nuisible; les habitans, qui sont les tiers intéressés à l'adoption ou au rejet de ce projet, doivent donc être consultés et mis à même de s'expliquer librement; aussi la plus grande publicité est-elle nécessaire.

3. — L'enquête *de commodo et incommodo* doit se faire dans la commune où doivent être exécutés les projets qui y donnent lieu : c'est là seulement, en effet, que les avantages et les inconvéniens qui doivent résulter de cette exécution peuvent être bien appréciés. — Dufour, *Dr. admin.*, t. 1er, no 371.

4. — Elle est annoncée d'avance, un dimanche, à son de trompe et de tambour, et par la voie d'affiches : les habitans, admis sans distinction à faire connaître leur opinion sur l'objet de l'enquête, s'expliquent avec la plus entière liberté, individuellement et successivement : leurs déclarations sont mentionnées au procès-verbal séparément, avec leurs raisons respectives et autant que possible dans les termes mêmes où elles ont été faites, elle est signée par eux ou certifiée par le commissaire-enquêteur qui est, soit le maire, soit le juge de paix, soit tout autre fonctionnaire délégué.

5. — L'enquête terminée, le procès-verbal est remis au sous-préfet qui y joint son avis et l'expédie à l'autorité qui a prescrit l'enquête. — Quant aux formes suivant lesquelles il doit y être procédé, elles offrent quelques variantes suivant les cas dans lesquels on y a recours. — V. à cet égard COMMUNES, ÉTABLISSEMENS INSALUBRES, EXPROPRIATION POUR CAUSE D'UTILITÉ PUBLIQUE, TRAVAUX PUBLICS.

6. — L'enquête *de commodo et incommodo* est prescrite dans un assez grand nombre de cas. Elle peut aussi être ordonnée par l'administration toutes les fois qu'elle le juge utile.

7. — Elle est surtout nécessaire en matière d'établissemens insalubres, dangereux ou incommodes de première ou de deuxième classe, lorsqu'il s'agit d'en autoriser l'établissement (Décr. 15 oct. 1810, art. 7), ou la translation (art. 13), ou la reprise des travaux après une interruption de six mois (art. 13), ou quand les concessionnaires sont restés un mois sans faire usage de l'autorisation (art. 11).

8. — Elle doit précéder encore toute expropriation pour cause d'utilité publique. — L. 3 mai 1841, art. 1er, 2 et 3.

9. — ... Ainsi que les grands travaux publics, routes royales, canaux, chemins de fer, canalisations de rivières, bassins et docks, entrepris par l'état, les départemens ou les communes, soit directement, soit au moyen de concessions, avec ou sans péage, avec ou sans subsides du trésor, avec ou sans aliénation du domaine public. — LL. 7 juill. 1833, art. 3, et 3 mai 1841, art. 3.

10. — ... Le vote d'un conseil général classant une route au nombre des routes départementales. — L. 24 mars 1835, art. 1er.

11. — ... Les acquisitions, aliénations et échanges concernant les chemins vicinaux. — L. 28 juill. 1824, art. 10; L. 21 mai 1836, art. 10.

12. — ... Les ventes, échanges et acquisitions d'immeubles par les communes. — Arrêté 7 germin. an IX.

13. — ... La concession à bail à longues années d'un bien rural appartenant aux hospices, aux établissemens d'instruction publique, aux communautés d'habitans. — L. 7 germin. an IX, art. 1er.

14. — ... Tout bail des biens communaux et patrimoniaux des communes pour une durée excédant neuf années. — L. 26 oct. 1818.

15. — Mais la formalité préalable de l'enquête

*de commodo et incommodo* n'est pas applicable aux travaux militaires ni aux travaux de la marine royale. — Arg. L. 3 mai 1841, art. 75.

16. — ...Non plus qu'à l'établissement d'une usine. — Rolland de Villargues, *Rép. du notar.*, v° *Etablissemens insalubres*.

17. — Cependant lorsque des tiers se prétendent lésés dans leurs droits par une ordonnance autorisant l'établissement d'une usine, le conseil d'état, avant de statuer sur l'opposition, peut ordonner une enquête s'il n'a pas des notions précises sur le fait. — *Cons. d'état*, 30 mai 1821, Tocart c. Montault.

18. — L'enquête *de commodo et incommodo* est une opération administrative ; les tribunaux ne peuvent donc, sans sortir du cercle de leurs attributions, vérifier sa régularité, ni rechercher si les prescriptions ordonnées ont été fidèlement respectées. — Dufour, t. 3, n° 1754 ; Delalleau, *Tr. de l'expr. pour cause d'utilité publ.*, n° 806.

19. — Mais le juge est tenu d'exiger la constatation qu'il a été procédé à une enquête. Toutefois, la simple mention dans l'acte déclaratif de l'utilité publique qu'il y a eu enquête préalable, constitue une preuve suffisante. — Lors donc que cette mention existe, l'autorité judiciaire ne pourrait dire que l'enquête n'a pas eu lieu, sans usurper le droit de contrôler les actes administratifs. — Dufour, t. 3, n° 1754 ; Duvergier, t. 41, p. 126, note 1re.

20. — On ne peut, par conséquent, être admis à s'inscrire en faux devant l'autorité judiciaire contre l'ordonnance royale qui, en déclarant certains travaux d'utilité publique, vise, dans son préambule, l'enquête administrative, et les tribunaux excèdent leurs pouvoirs en examinant le mérite de cette ordonnance et en en vérifiant les énonciations. — Duvergier, t. 41, p. 125, note 1re.

21. — Cependant M. Delalleau (*Tr. de l'exprop. pour cause d'utilité publ.*, n° 806) enseigne que les tribunaux peuvent rechercher si en fait l'enquête a eu lieu. S'il en était autrement, ajoute-t-il, la disposition de l'art. 3, L. 7 juill. 1833, qui exige que l'enquête ait lieu, n'aurait aucune sanction que la responsabilité du ministre qui contresigne l'ordonnance. — Mais M. Duvergier (*Collect. des lois*, t. 41, p. 126, note 1re) rejette cette solution; il pense, au contraire, que le contre-seing du ministre et sa responsabilité offrent des garanties égales au moins à celles que présente un simple tribunal de trois juges.

22. — Jugé en ce sens que les tribunaux n'ont pas compétence pour examiner le mérite des actes dont l'accomplissement est confié par la loi à l'administration pour la période antérieure à la déclaration d'utilité publique. — *Cass.*, 14 déc. 1842 (t. 1er 1843, p. 33), Maillier c. préf. de la Manche; 25 août 1841 (t. 1er 1843, p. 33), Lenormand c. comp. chemin de fer de Paris à Rouen.

23 — ...Et que lorsqu'une ordonnance royale a déclaré certains travaux d'utilité publique, les tribunaux chargés de prononcer l'expropriation ne peuvent rechercher si les formalités préalables d'enquête ont été remplies suivant le vœu de la loi. — *Cass.*, 14 déc. 1842 (t. 1er 1843, p. 33), Maillier c. préf. de la Manche.

## ENQUÊTE D'EXAMEN À FUTUR.

1. — On appelait ainsi une enquête faite par précaution, avant même que le procès fût commencé, afin d'éviter le dépérissement de la preuve.

2. — Quand on voulait faire cette espèce d'enquête, il fallait obtenir des lettres de chancellerie adressées au juge qui devait y procéder.

3. — La demande devait être formée dans l'année de la confection de l'enquête.

4. — L'enquête d'examen à futur ne pouvait avoir lieu qu'en matière civile ; elle n'était autorisée ni en matière criminelle ni en matière bénéficiale.

5. — Ce qui rendait ce genre de procédure fort dangereux, c'est que le défendeur ne pouvait faire la preuve contraire tant que l'affaire n'avait pas pris son cours.

6. — L'enquête d'examen à futur fut abrogée, en France, par l'ordonnance de 1667 ; elle le fut, en Lorraine, par l'ordonnance de Léopold du mois de nov. 1707.

7. — En Flandre, les enquêtes d'examen à futur ont continué d'avoir lieu jusqu'à la révolution, parce que l'ordonnance de 1667 n'avait pas été enregistrée au parlement de cette province.

## ENQUÊTE A FUTUR.

V. PREUVE.

## ENQUÊTE PAR TURBES.

1. — On appelait ainsi, dans l'ancien droit, une espèce d'information que les cours souveraines ordonnaient autrefois lorsque, dans un procès, il s'élevait des difficultés, soit sur le sens d'une coutume non écrite, soit sur la manière d'appliquer une coutume rédigée par écrit, soit sur le style d'une juridiction, soit enfin sur quelque point de fait important.

2. — Cette dénomination d'*enquête par turbes* venait de ce que les dépositions se faisaient toutes ensemble, et non l'une après l'autre, comme cela se pratique dans les enquêtes ordinaires.

3. — Les enquêtes par turbes ne pouvaient être ordonnées que par les cours souveraines; les présidiaux ne pouvaient y faire procéder.

4. — Lorsqu'une enquête par turbes était ordonnée, le commissaire délégué se transportait dans le siége principal de la coutume ou de la juridiction, y faisait assembler les avocats, procureurs et praticiens du bailliage, et leur communiquait les faits et articles.

5. — Sur cette communication, les personnes appelées se concertaient entre elles, puis elles envoyaient au commissaire un délégué qui lui faisait connaître leur avis.

6. — Chaque turbe devait être composée au moins de dix témoins, et il fallait au moins deux turbes pour établir un fait.

7. — Les enquêtes par turbes occasionnaient de grands frais et ne méritaient pas toujours la confiance qu'elles inspiraient; elles furent supprimées par l'ordonnance de 1667, et remplacées par des actes de notoriété.

V. ACTE DE NOTORIÉTÉ, PARÈRE.

## ENREGISTREMENT. — ENREGISTREMENT (Droit d').

*Table alphabétique.*

Abandon de biens, 1433, 1479, 1824 s., 1859, 1914, 1936, 2053, 2123, 2127, 2298 s., 2306 s., 2309, 2437, 2460, 2551, 2620, 2999, 3135, 3234, 3280, 3285, 3299, 3310 s., 3318, 3381, 3447, 3451, 3483, 3938, 4196, 4198, 4206, 4276, 4364. — de jouissance, 2459. — de succession, 4179 s. — d'usufruit, 2456, 2645.
Abandonnement, 1876 s., 2052, 2108, 3364. — de biens, 1408 s.
Absence (déclaration d'), 2822.
Absent, 779, 948, 2881 s., 2942, 3200 s., 4024, 4427 s., 4949. — (militaire), 3942.
Abstention, 1747, 3473, 4173, 4175 s., 4183.
Abus de confiance, 2780.
Acceptation, 1452, 1573, 1655, 1840, 1869, 1879, 1998, 2018, 2161, 2187, 2244, 2601 s., 2610, 3440, 3585, 4192, 4194, 4448, 4573. — de délégation, 1411 s., 2074, 2082 s. — de donation, 116 s. — de legs, 1410. — d'offres, 169. — de succession, 1410, 1443, 1717, 3104, 4176. — de transport, 1410 s., 1854.
Acceptilation, 2220.
Accessoire, 3700 s., 3765 s., 3799 s., 3802.
Achalandage, 3000, 3643, 3745, 3817, 3859.
A-compte, 3442, 4120, 4123, 4127, 4130.
Acquéreur, 578, 1639, 2013, 3520, 3623 s., 4006, 4059, 4071, 4076 s., 4080, 4129 s., 4236, 4272 s., 4289 s., 4293, 4308.
Acquêts, 2461, 2589, 3029. — (société d'), 3309.
Acquiescement, 1413 s., 1439, 3003, 4638 s., 4758 s., 4807.
Acquisition, 711, 713, 715 s., 729 s., 3001, 3026 s., 3030 s., 3033, 3037, 3039, 3043, 3046 s., 3075. — antérieure, 1254. — collective, 1715. — d'immeubles, 3328 s.
Acquit, 842, 883, 885, 979.
Acte, 94, 134, 138 s., 657, 664, 666 s, 972, 2232 s., 4003 s., 4207.
Actes (nature des), 242.
Acte administratif, 41, 1086 s., 1097, 1286, 4333, 4599. 1179. — de l'administration publique, 800 s. — authentique, 652 s., 895, 980 s., 3971, 4163 c. — des autorités administratives, 903. — civiles, 54, 350, 1169, 3386, 3637, 4262. — de complément, 1257, 1416 s., 1781, 1956, 2060, 2257, 2253, 2551 s., 3381. — en conséquence, 136, 660, 808, 978, 985, 989, 998, 1002, 1116, 1238 s., 2148, 3641, 3884, 4240 s., 4633, 4976. — conservatoire, 1440, 4946. — du corps législatif, 799. — corresnectif, 3766 s. — de dépôt, 1345 s. — de l'état civil, 774, 781, 852 s., 1181, 1619, 2704 s., 4909 s., 4915, 4918, 4934, 4940 s. — d'exécution, 1416, 1429. — extrajudiciaire, 54, 1169, 2981, 4064, 4066, 4070, 5003. — de formalité, 1440. — du gouvernement, 799. — imparfait, 111 s., 1046, 1449. — incomplet, 210. — innommé, 1447 s. — judiciaire, 54, 350, 658, 680, 782, 1170 s., 1464, 1670, 1672, 3386, 3637, 4262. — notarié, 88, 205, 628 s., 658, 660, 812, 820, 892, 984, 991, 1031 s., 1138 s., 1312 s., 2660, 2662, 4178, 4231 s., 4645, 4987. — de notoriété, 777 s., 781, 918, 1436 s., 4371, 4915. — de pays étranger, 4257. — de procédure, 781. — public, 3535 s., 3556 s. — refait, 1465. — respectueux, 1453. — séparé, 2069. — sous seing-privé, 71 s., 112, 124 s., 135, 137, 438, 628 s., 654, 658, 660, 895; 973, 1034, 1100 s., 1164, 1182, 1244, 1271, 1707, 2326, 2560, 2660, 2986, 3278, 3423, 3427 s., 3519, 3536, 3556 s., 3620 s., 3883, 4090, 4165, 4178, 4257 s., 4270 s., 4801. — 4787, 4973 s. — séparé, 2610, 2639, 3333. — subséquent, 2585. — successif, 3482. — de suscription, 1056. — synallagmatique, 2325.
Action, 3181, 3215, 5002. — de la banque, 301, 2036, 2047, 2969. — commerciale, 2949, 2971. — de compagnie, 839 s., 1291, 2033 s. — de société, 1822, 3644.
Action criminelle, 4993. — en restitution, 4483 s. — en revendication, 3249. — de société, 1823, 3644.
Adhésion, 1423 s., 1835 s.
Adiré (acte), 1295 s.
Adjudicataire, 1065 s., 2804, 4156, 4291.
Adjudication, 411 s., 761 s., 1132 s., 1466 s., 2216, 2400, 3001, 3291, 3450 s., 3508 s., 3638, 4011, 4015, 4126, 4129, 4169, 4277, 4835, 4837, 4843 s., 4868 s., 4877. — de construction, 1881 s. — définitive, 3108 s. — immobilière, 350, 1843, 3316, 3386, 3388 — à jours différens, 3341 s. — en justice, 2789 s., 2828, 3579, 3788, 4348 s., 4423. — mobilière, 3637. — préparatoire, 1459, 3109, 3843. — séparée, 3777 s. — volontaire, 4351, 4394.
Administrateur, 28 s., 34, 3180, 3183, 3200.
Administration centrale, 38 s., 49, 4255. — départementale, 33, 38 s. — de l'enregistrement, 23 s, 4505 s. — forestière, 645. — locale, 1890 s., 1893. — de la marine, 1098, 1379. — militaire, 1091. — municipale, 4255. — publique, 3642, 3827.
Adoption, 2700 s., 2857 s., 3065, 3101.
Affectation, 2726. — hypothécaire, 1262, 1419, s., 1690, 1956 s., 1975 s., 2004, 2007, 2015 s., 2019 s., 2143 s., 2148, 2150 s., 2186.
Affiche, 853, 4843.
Affirmation, 4522. — de créance, 1328, 1483, 1701. — de procès-verbal, 879 s. — de voyage, 1439.
Affouage, 920.
Agent, 4839. — de change, 825, 3686. — diplomatique, 2903 s., 2912. — des douanes, 1083, 1776. — de faillite, 1800, 2699. — forestier, 683 s., 801, 920, 1017, 1152, 1730. — des ponts et chaussées, 689. — rural, 1730. — voyer, 691.
Agréé, 1790.
Agrès, 2334.
Aïeul, 2599.
Algérie, 18, 1008 s.
Alimens, 406, 2759.
Altération, 3849.
Ambassadeur, 2904.
Amende, 698, 769, 1023 s., 1047, 1076, 1187 s., 1190 s., 1239, 1241, 1314, 1345, 1377, 1384, 1387, 2826, 2830 s., 3236, 3259, 3635, 3805, 3814, 3840, 3849 s., 4217 s., 4238 s., 4242, 4252, 4297 s., 4321, 4345, 4511 s., 4516, 4526, 4606, 4701, 4788 s., 4790, 4889 s., 4894, 4896, 4914, 4961, 4984 s., 4989. — criminelle, 4991. — forestière, 4991. — multiple, 1279.
Ameublissement, 1550, 2537.
Amodiation, 3725, 3727.
Amortissement, 292, 308, 312 s., 315 s.
Analogie, 86 s.
Animaux, 3127 s.
Annexe, 1241, 1244, 1342 s., 1598, 3590, 4240.
Annulation, 122 s., 1323, 2491, 3632, 4017, 4087 s., 4337, 4348 s., 4439 s., 4477, 4537, 4868 s., 4877, 4880, 4958. — des actes, 122 s. — de donation, 2590, 3070.
Antichrèse, 349, 2123 s.
Appel, 634, 1064, 1298, 1484 s., 1624, 2310, 2717, 2786 s., 2789 s., 3115 s, 4200, 4264, 4355, 4392 s., 4634, 4780, 4735 s., 4847. — correctionnel, 694, 1489. — incident, 1488.
Apport, 1264, 2174, 2176, 2179.
Appréciation, 106, 140, 264, 2271, 2348, 2584, 3424, 3429, 3441, 3516, 3772, 3776, 3904, 4005, 4024, 4043 s., 4050, 4825, 5015.
Approbation, 4333. — administrative, 1038, s., 1041, 1091, 1277, 1307.
Arbitre, 1316, 1485, 1670, 2676, 2682, 2686, 2716, 4255 s. — (nomination d'), 1492.
Arbre, 526, 3729, 3780, 3829.
Archiviste, 35 s., 38,
Arpentage, 1698 s,
Arrangement, 2244.
Arrérages, 4128, 4134.
Arrêt, 94, 793, 987 s., 1433, 1663, 2669 s., 3491. — d'admission, 633. — définitif, 2688 s. — interlocutoire, 2678 s. — préparatoire, 2678 s.
Arrêté, 1317, 1460. — administratif, 905 s. — de compte, 1432, 1903 s., 1908, 1911, 2212, 2763, — du conseil de préfecture, 706, 849, 915. — préfectoral, 786, 908, 910,
Arrhes, 3442, 4128.
Arrondissement, 2429, 3408.
Arrosement, 1900.
Ascendant, 2593, 2595, 3099.
Assignat, 179.
Assignation, 547, 583, 1289 s., 1298, 1599, 1724, 4538, 4574, 4576, 479, 4804, 4998, 5001. — de part, 2597.
Associé, 1625, 1709, 1822, 1824 s., 1981, 2064, 2181, 2777 s., 3361 s., 3365 s., 3641, 3948, 4007, 4009 s., 4269.
Assurance, 163, 1876, 1920, 1923 s. — (police d'), 1927. — maritime, 1493 s., 1922. — mutuelle, 1642, 1710, 1712, 1820 s., 1925 s.
Atermoiement, 1495 s., 1928 s., 2154.
Attestation, 1497, 1514.
Attribution de lot, 2614, 2619. — de part, 2630 s. — de propriété, 2504.
Autorisation, 807, 1498, 2156, 2872, 2955, 4045,

ENREGISTREMENT. ENREGISTREMENT. ENREGISTREMENT. 278

Décharge, 791, 864, 950, 1028, 1273, 1552 s., 1573, 1602 s., 1727, 1911, 2092, 2198, 2206, 2216, 2219, 3468. — de prix, 3863 s.
Déchéance, 3456 s.
Décime de guerre, 63, 1189.
Décision administrative, 5012. — de maire, 915. — ministérielle, 32, 4508. —
Déclaration, 280, 342, 366, 441, 480, 496, 1571 s., 1917, 2066, 2164, 2204, 2572 s., 3565 s., 3575, 3612, 3895 s., 3900, 4023. (rectification de), 556. — affirmative, 1450, 1519, 1577, 2189. — estimative, 243 s., 294 s., 298, 334, 392, 426, 514, 521, 658, 974, 1120, 1968, 2655. — insuffisante, 463, 522, 532, 550, 622 s., 3246 s., 3261 s., 4223. — 1166 s. — des parties, 130, 210, 239, 4371. — de succession, 551, 556, 625 s., 1010, 1395, 2877 s., 3236 s., 3313, 4025 s., 4028, 4199, 4305, 4541, 4592, 4785, 4852, 4899 s., 4906, 4909, 4947 s. — (biens), 2998. — (formes), 2980 s. — (rectification de), 3264 s. — supplémentaire, 3253, 3253. — préalable de vente, 1162, 3814 s.
Déclinatoire, 4398.
Découverte, 4818, 4820, 4914, 4968 s. — d'acte, 1354 s., 4976.
Dédit, 2798, 3435.
Déduction, 291, 304, 455 s., 512, 2147, 3066 s., 3071, 3139, 3141, 3146.
Défaut d'enregistrement, 628 s., 658, 4188.
Défaut (profit joint), 4720.
Défendeur, 1636 s., 1807.
Défense, 4289, 4601.
Défenseur de la patrie, 2893, 2944.
Défrichement, 712.
Degré de juridiction, 4731 s.
Délai, 260, 534 s., 568, 571, 634, 660, 812 s., 820, 973 s., 977, 1012 s., 1239, 1242, 1752, 2249 s., 2403, 2565, 2761, 2797, 2886, 2938 s., 3167 s., 3267, 3508 s., 3519, 3560 s., 3576 s., 3590 s., 3596 s., 3610 s., 3616, 3618, 3855, 3860 s., 3992 s., 4163 s., 4188, 4208, 4239, 4277 s., 4301, 4343, 4391, 4404 s., 4556, 4601, 4640 s., 4682, 4686 s., 4818, 4832, 4856, 4858, 4866, 4875 s., 4879, 4884 s., 4888, 4890, 4899, 4906, 4912 s., 4918, 4924, 4928 s., 4932, 4935, 4951, 4953 s., 4972, 4980, 4994, 4997, 5005 s. — (computation de), 1130 s. — de distance, 1129.
Délaissement maritime, 288.
Délégation, 1231, 1539, 1855, 2239, 2460, 2722, 3111, 3296. — de contributions, 1461. — de fonctions, 30. — de pouvoirs, 50 s. — de rentes, 2064, 2236, 2241, 2244. — de sommes, 1966 s., 2065 s.
Délibération de chambre d'avoués, 959. — de chambre de commissaires-priseurs, 960. — de notaires, 958. — du conseil d'administration, 31 s. — du conseil de famille, 780 s., 790. — du conseil municipal, 703.
Délibéré, 941.
Délit, 859. — forestier, 675, 681 s. — rural, 675, 681.
Délivrance de bois, 1473. — de legs, 229, 1422, 1588 s.
Demande, 1806, 4999 s., 5004. — incidente, 4632. — nouvelle, 4768 s. — provisoire, 3206 s.
Demandeur, 1636 s.
Demeure (mise en), 4974.
Demi-droit, 3218. — en sus, 60, 1129, 3236 s.
Démission de biens, 501, 540 s., 2417, 2502, 2593, 2598, 2622, 3970, 4027, 4035 s., 4074, 4106.
Démonstration, 177 s.
Deniers d'entrée, 335, 338, 2372, 2391, 2393.
Dénonciation de réglement provisoire, 1811.
Denrées, 261 s., 317, 331, 429.
Département, 729, 731, 733, 749, 1893, 2429, 2869, 3408, 3821.
Dépens, 118, 2781 s.
Déporté, 3406, 4927.
Dépôt, 1439, 1558 s., 1603. — d'acte, 1113, 1241, 1311, 1342, 1345 s., 4849, 4913, 4936. — de bilan, 1440. — au bureau, 3565 s. — à la caisse des consignations, 1673. — de contrat de mariage, 958. — de dessins, 785. — d'empreintes de marteaux, 911. — d'extrait, 1738. — au greffe, 855, 971. — de jugemens, 958. — pour minutes, 1182, 3536, 3568. — chez un notaire, 1048, 1104, 3428. — de pièces, 222, 1230 s., 1397 s. — de registres, 1440. — de répertoire, 955 s. — de sommes, 1003, 1440, 2090 s., 2184, 2219. — de sommes et effets, 1602.
Dernier ressort, 2791.
Désaveu, 1439, 4258, 4307.
Déshérence, 2854. — (succession en), 2900, 4951.
Désistement, 1604 s., 2208, 2308, 2369, 3661, 4570 s., 4635, 4848.
Dessaisissement, 2472, 2477 s., 2482, 2488, 2500 s., 2533, 2554.
Destitution, 3710, 4322.
Détérioration, 4139.
Dettes, 304, 365 s., 2159 s., 2513, 2626, 3054, 3179. — (déduction des), 449, 3312. — (paiement des), 3315. — publiques, 809, 837, 842.
Devis, 1606.
Digue, 1470.
Diplôme, 805, 1445.
Dire, 4082. — (procès-verbal de), 1459.
Directeur, 38 s., 48, 4505 s., 4627, 4779. — général, 25 s., 34, 48, 50 s.
Direction de créanciers, 1871.
Direction générale, 5006, 5009.
Dispense d'âge, 775. — de garantie, 1567. — de parenté, 669. — de rapport, 1421, 1576.
Disposition accessoire, 207, 222. — gratuite à cause de mort, 305. — entre-vifs, 305. — indépendante, 223 s., 1114, 1187, 1327, 1500 s., 1538, 1572, 1596, 1611, 1649 s., 1698, 1955, 1974, 2227 s., 2245, 2324 s., 2339 s., 2389 s., 2399, 2592, 2817 s., 3296, 3374, 3382. — particulière, 4785, 4855.
Dissimulation, 345, — de prix, 4309.
Distraction, 302, 311, 450, s., 3143. — de biens, 3945, 4356. — de dépens, 2832.
Distribution par contribution, 944, 1528, 1561, 2158.
Divertissement, 4903 s.
Divorce, 1619, 2460, 2702 s., 2848. — (acte de), 1607 s. — (jugement de), 1609.
Dol, 434, 2812, 4150, 4377.
Domaine, 4214. — de la couronne, 680, 720, 3828. — engagé, 3454 s., 4992. — de l'état, 41, 749, 3411, 3609 s., 3820, 3829, 3862, 4366, 4527 s. — militaire, 715. — national, 3456 s., 4604. — privé, 3405.
Domicile, 580, 1685 s., 4557 s., 4586, 4588. — (changement de), 916, 1578 s. — élu, 4564, 4574, 4577, 4756, 4781.
Dommages-intérêts, 1971, 2098 s., 2359, 2746, 2752 s., 2766, 2810, 4058, 4139, 4155, 4408, 4517.
Don manuel, 2570, 2572 s., 2731, 3093. — mutuel, 2536.
Donataire, 1048, 3165, 4295.
Donation, 423, 454, 500, 518, 749, 830, 1347, 2076, 2200, 2399, 2424, 2920, 3314, 3894, 3984, 4016, 4026, 4140 s., 4183 s., 4190 s., 4193, 4842, 4845. — (acte de), 116, 118. — (résolution de), 2668. — (transcription de), 4089, 4097. — alternative, 2462 s., 3057. — de biens présens et à venir, 2511 s., 2524 s., 3058 s., 3244. — de biens à venir, 2473, 2479, 2521. — à cause de mort, 107, 1396, 1610 s., 2414, 2478, 2926. — par contrat de mariage, 174, 455 s., 552, 624, 831, 834, 1421, 2416, 2419, 2493 s., 2531 s., 2666, 4194, 4374, 4376, 4883. — 1060 s., 2531 s., 2567, 2928, 3044, 3131. — éventuelle, 2483 s., 2521, 2540, 2542, 2567, 3072 s., 3085. — immobilière, 230, 2295, 2302, 2553 s. — mobilière, 2245, 2295, 2544 s., 2549 s. — mutuelle, 1059. — à titre onéreux, 501 s. — 2467 s. — verbale, 2560, 3898. — entre-vifs, 84, 99, 107, 300 s., 445, 539, 552 s., 760, 832 s., 1422, 1451, 2096, 2414 s., 2419, 2490, 2501, 2503, 2925, 3065 s., 3136, 3380, 4379 et suiv.
Dos d'un acte, 279.
Dot, 460, 1429, 1551, 1574, 1576, 1918, 2000 s., 2015, 2171 s., 2175, 2178, 2193, 2197, 2275, 2290, 2589, 2612 s., 2616, 2808, 2825, 3076, 3459 s., 3469 s., 3472, 3479 s., 3485 s., 3689, 4100, 4841. — (constitution de), 2397, 2436, 2505 s., 2555, 2575.
Dotal (régime), 3075.
Douaire, 1426, 2454, 2730, 3008 s., 3296, 4952.
Douanes, 716, 794, 867, 1019, 1395, 1509, 1860, 2672, 2745, 3655, 3667, 3827, 3831, 3862. — (préposés des), 1154.
Double droit, 61, 89, 133, 260, 615 s., 623, 627, 1332, 2116, 3427 s., 3519, 3633, 3706, 3708, 3897 s., 4188, 4220, 4230, 4238, 4243, 4266, 4304, 4341 s., 4537, 4813 s., 4817, 4892.
Double écrit, 977, 1110, 1184, 1215, 4090.
Double minute, 1143 s., 1184.
Droit d'amortissement, 7. — d'auteur, 2054. — de condamnation, 988. — distinct, 2546 s. — fixe, 10, 53 s., 65 s., 131, 1405 s., 2414, 2674 s., 3104. — de greffe, 12. — multiple, 2548, 2545. — de nouvel acquêt, 7. — proportionnel, 10, 53 s., 66 s., 111, 144, 166, 212, 241 s., 1405 s., 1874 s., 2414, 2889, 3164, 4170 s. — réservé, 7. — de sceau, 7, 12. — simple, — 3634 s., 4789, 4813 s., 4816 s., 4894, 4897. — en sus, 59 s., 1108, 1120 s., 1129, 3218, 3246 s. — de titre, 2590, 3293 s., 4407.
Droit acquis, 238, 372, 439, 458, 488, 2502, 2667, 2808, 4091, 4099, 4339, 3635, 5017 s. — litigieux, 1859, 3924, 4206. — de passage, 1861. — seigneurial, 146. — successif, 4149, 4378, 4410. — de succession, 3930. — de suite, 3821. — de vendre, 2515, 2518, 2554.
Droit écrit (pays de) 3936.
Droit (cession de) 365, 1106, 2057, 2222, 2296 s., 3281, 3289, 3461 s., 3791.
Droits réunis, 844.
Duplicata, 1184.
Ecclésiastique, 2320.
Echange, 56, 90, 340 s., 485, 529 s., 559 s., 627, 711, 717, 1259, 1897, 2097 s., 2646, 3279 s., 3290, 4014, 4135, 4294, 4385 s., 4860 s., 4872.
Ecrit, 4153.
Ecriture, 2327, 2360 s., 2996, 4648.
Effet, 141. — de commerce, 1646. — négociable, 883, 890, 1034, 1240, 1261 s., 1291, 1941, 1943, 2033, 2153. — public, 2911.
Effet rétroactif, 3885 s., 3888, 3892.
Effet militaire, 3322.
Eglise, 1895, 3102.
Electeur, 1644.
Election, 782, 1578 s.
Emancipation, 1615. — (acte d'), 1613 s., 1616.
Emigré, 823 s., 963, 2864 s., 2902, 2945, 3038, 3406 s., 4181 s., 4276, 4310 s., 4920, 4922 s., 4925.
Emploi, 1918, 2175, 3119. — (obligation d'), 1427.
Employé, 36 s., 677, 1694, 1730, 1765, 1797 s.
Empreinte de marteau, 1446.
Emprisonnement, 1652.
Emprunt, 1984 s.
Enchère, 1439, 1837, 3851.
Endossement, 842, 883, 885 s., 979, 1940.
Endosseur, 1646, 2291.
Enfant, 797, 2593, 2595, 3100, 3185, 4426, 4436. — naturel, 2597, 2847, 2849 s., 2880, 3211, 3466. — unique, 2596.
Engagement d'immeubles, 348 s., 973, 1105, 2121 s., 4085.
Engagement militaire, 790, 881.
Enonciation, 1101, 1111, 1185, 1187 s., 1242, 1264 s., 1317, 1428, 1635, 1906, 1908 s., 2159 s., 2210 s., 2347, 2587, 3293 s., 3890. — de dette, 2077 s.
Enquête, 1124, 1674, 3878, 4631, 4650, 4916.
Enregistrement, 2984. — (droit d'), 3 s. — sur minute, 4263. — simultané, 1242 s., 1246.
Entrepreneur, 1463. — des ponts et chaussées, 3525. — de transport, 2776.
Envoi en possession, 2796, 4939.
Epoux, 2843, 2847 s., 2899, 2932, 3024, 3029, 3031, 3271, 4185, 4194.
Erreur, 483, 609, 793, 1065, 1229, 1232, 1354, 2043, 2813, 3244, 3265, 3268, 3542, 3965, 3978, 3980 s., 3984, 3990, 4006, 4169, 4172, 4344 s., 4356, 4377, 4381, 4383 s., 4386, 4425, 4445, 4482, 4561, 4857, 4864, 4875. — de calcul, 3256. — de fait, 3254, 3257, 3271, 4424, 4495.
Escroquerie, 2779.
Etablissement public, 680, 685, 698, 700, 702, 729, 769, 807, 930, 1041, 1307, 1391 s., 1890 s., 2319, 2429, 2670, 2869, 2920 s., 3408, 4959.
Etat, 240, 711, 713 s., 1728, 2670 s., 2744, 2746, 2944, 3187, 3215, 3412, 3637, 4813.
Etat descriptif de meubles, 1760. — détaillé, 1661. — des dettes, 2512, 2523 s. — estimatif, 219 s., 295, 1451, 2980, 2996, 3782 s. — des frais, 1248.
Etranger, 810, 827, 883, 2678, 2903 s., 2938, 2940, 2974 s., 2978. — (pays), 231, 543, 895, 972 s., 1117, 1129, 1164, 1241, 1310, 1312, 1339, 1853, 2130, 2751, 3323 s., 4257, 4936, 4938 s.
Evaluation, 210 s., 241 s., 245, 398, 443 s., 467 s., 485, 491, 502, 505 s., 524 s., 3262, 3367, 4422, 4432 s. — erronée, 89. — (fausse), 551, 4785, 4808. — insuffisante, 482, 2056, 2997, 5013.
Evêché, 1392.
Excédant de prix, 3487 s.
Exception, 2663, 4566, 4568, 4597, 4617, 4675 s.
Excuse, 1087, 4221.
Exécuteur testamentaire, 1048, 2215, 2918.
Exécution, 1172, 2780, 4551, 4780, 4733. — (acte d'), 2551 s. — de jugemens, 40, 987.
Exécutoire, 2717, 4258 s., 4492, 4546 s., 4579. — de dépens, 1301, 1435.
Exemption, 679. — d'enregistrement, 64, 980, 1002, 1276, 1489, 1578, 1587, 1677, 1746, 1886, 2713, 3839.
Fxigibilité des droits, 64 s.
Exoine, 865.
Expédient (jugement d'), 4148, 4150 s.
Expédition, 781, 903, 968, 970, 1170, 1176, 1180, 1190 s., 1239, 1241, 1525, 1619, 2705 s., 4718, 4985.
Expéditionnaire, 35 s.
Experts, 566, 572, 574 s., 579, 593, 605, 607, 1501, 1635, 1730 s., 1763, 1791 s., 2827, 3437. — (avis des), 587 s., 594 s. — (nomination d'), 1068, 1620 s., 1794.
Expertise, 58, 248, 343, 345 s., 350, 362, 375, 392, 398, 436, 440 s., 469 s., 943, 1168, 1204, 3204, 3246, 3252, 3261, 3266. 3423, 3441, 3785, 4587, 4647, 4749, 4795. — (conséquence de l'), 610. — nouvelle, 589, 598 s., 609.
Exploit, 632 s., 638, 658, 660, 768, 862, 1012 s., 1131, 1147 s., 1210 s., 1240, 1623 s., 1627, 1629 s., 1724, 1808, 4218, 4252, 4839, 4930, 5006.
Expropriation, 1643, 2079, 3931 s. — forcée, 2773, 2786 s., 2804, 3110, 3225, 3587, 3599, 4082. — pour utilité publique, 727 s., 3125, 3415, 4387.
Extrait, 1, 655, 781, 848, 852 s., 968, 971, 1180, 1217 s., 1241, 1387. — d'actes, 1096. — 1369, 1377. — de demande, 1070, 1362. — de jugement, 1070, 1077, 1085, 1302, 1362, 1377 s., 4243 s., 4247, 4562.
Fabrique, 930, 1394, 2445, 2449, 3408, 3750, 3764, 3822.
Facteur, 1585, 1801.
Failli, 271, 1932, 1934, 2218, 4364, 4480, 4583.
Faillite, 951 s., 1072 s., 1080, 1328, 1359, 1399, 1483, 1495, 1659, 1701, 1726 s., 1759, 1930, 1937, 2735 s, 3052, 3243, 3656 s., 3811, 4481.
Fait de police, 664.
Faute, 4275, 4284.
Faux, 1193, 1344.
Femme, 1573 s., 1988 s., 2154 s., 2198, 2290, 2306, 2803, 3007, 3030, 3032 s., 3055, 3075 s., 3131, 3483 s., 4354, 4543. — normande, 1971, 3077 s., 4101.
Fermage, 327, 436.
Fermier, 326, 1566, 1714, 2185, 2345 s., 2351, 2354, 2357, 2362, 3020 s., 3221 s., 3959 s., 3969, 3998, 4038, 4085, 4324.
Fin de non-recevoir, 203, 206, 424, 436, 3085, 3182, 4550, 4567, 4593, 4630, 4767.
Fol appel, 4990.
Folle enchère, 1007, 1466, 3002 s., 3388, 3458, 3487 s., 3638, 3930, 3941, 4214, 4277, 4360, 4368, 4365, 4846.
Fonctionnaire administratif, 1150.
Fondation pieuse, 2449.
Fonds, 3545 s., 3615. — de commerce, 2225, 3660 s., 3804, 3817.
Force majeure, 1206 s.
Forcement en recette, 1230 s.
Forêt, 688 s., 699 s., 703, 723, 769, 912 s., 1018, 3775, 3827, 4606.
Formalité, 565, 4518, 4569, 4898. — de l'enregistrement, 1138 s.
Forme de procéder, 4602 s., 4610 s., 4631, 4688, 4719, 4780 s.
Foudre, 3787.
Fournisseur, 1584.
Fourniture, 1475, 1728, 1902.
Fraction de centime, 211. — de somme, 211.
Frais, 381 s., 385 s., 389, 611, 614 s., 617, 619, 621 s., 627, 698, 860, 1673, 2256, 2838, 3246, 3554, 3869, 4226, 4503, 4616, 4703 s., 4774, 4960, 4962. — criminels, 4510 s., 4516, 4605.
Fraude, 58, 104, 434, 578, 620, 1305, 2104, 3289, 3488, 3595, 3632, 3763 s., 3766, 3770, 3773 s., 3778, 3785, 3800, 4219.
Fruits, 3106, 3766, 3805.
Fumier, 3668.

**ENREGISTREMENT. — ENREGISTREMENT (droit d').**
— 1. — L'enregistrement est l'action d'enregistrer.
ou de mettre une chose sur un registre en entier
ou par extrait, soit pour la rendre plus authentique ou lui donner plus de force, soit seulement
pour constater la perception d'un impôt.

— 2. — L'enregistrement diffère de l'ancienne formalité appelée *insinuation*, et de la formalité actuelle de la *transcription*, en ce que, dans ces
deux formalités, l'acte est transcrit ou copié littéralement sur le registre public, tandis que dans
l'enregistrement, on se borne, sauf quelques exceptions, à inscrire une simple mention sur le registre public. — Toullier, *Droit civil*, t. 5, n° 230.

— 3. — Le droit d'enregistrement est le droit qui
se perçoit lors de l'enregistrement des actes et
des déclarations des mutations de biens immeubles.

— 4. — Le droit d'enregistrement est tout à la fois
un impôt et le salaire de l'enregistrement.

**CHAP. I<sup>er</sup>.—Historique. — Organisation de l'ad-
ministration** (n° 5).

SECT. 1<sup>re</sup>. — *Historique* (n° 5).

SECT. 2<sup>e</sup>. — *Organisation de l'administration
de l'enregistrement* (n° 24).

**CHAPITRE Ier. —*Historique.—Organisation de l'administration.***

**Sect. 1re. — *Historique.***

5. — L'établissement des impôts sur les actes et sur les mutations remonte à plusieurs siècles. Ils avaient été successivement établis par des édits, des déclarations du roi et des arrêts du conseil.

6. — Les principales branches des impôts sur les actes et mutations étaient le *contrôle*, l'*insinuation* et le *centième denier*. — V. ces mots.

7.—Il y avait encore d'autres droits, tels que les *droits réservés sur les procédures*, le *droit de sceau* ou *de scel*, le *droit d'amortissement*, le *droit de nouvel acquêt* et le *droit de franc-fief*, dont quelques-uns se rattachaient plus spécialement à la féodalité.

8. — La multiplicité des impôts donnait lieu à des difficultés sans nombre. Dans des remontrances, faites en 1775, la cour des aides disait que les droits de contrôle, d'insinuation, de centième denier, etc., étaient établis par des lois si obscures et si incomplètes, que celui qui payait ne pouvait jamais savoir ce qu'il devait, et que le fermier ne le savait guère mieux, de sorte que tout était arbitraire. *Dict. de l'enreg.*, v° *Enregistrement*, n° 2.

9. — Tous ces droits ont été abolis par la loi du 5-19 déc. 1790, qui a établi en leur place la *droits d'enregistrement*.

10. — D'après cette loi, les actes et titres soumis à l'enregistrement étaient divisés en trois classes : le droit de la première classe était proportionnel à la valeur des objets stipulés; celui de la seconde était payé en raison du revenu présumé des contractans; enfin, le droit de la troisième consistait en une *somme fixe* suivant le degré d'utilité de l'acte soumis à la formalité. — Masson Delongpré, *Cod. de l'enreg.*, n° 5.

11. — Le nouveau système établi par cette loi pour la perception des droits opérait une grande amélioration. Aussi, l'assemblée constituante s'est-elle applaudie de son ouvrage. Ces taxes, disait-elle dans son adresse aux Français, ne sera que des contributions du 24 juin 1791, n'exigent pas que le percepteur ailé troubler la paix du citoyen. Elles donnent, au contraire, à celui-ci motif et intérêt d'aller chercher le percepteur dont il reçoit un service public. Elles unissent à une imposition une fonction de magistrature que l'on paie seulement plus qu'elle ne vaudrait par elle-même, afin d'établir sur l'excédant du salaire des agens une recette nationale qui atteigne les capitalistes et qui ne porte point sur les citoyens indigens, et qui diminue d'autant les autres contributions publiques. — *Dict. des dr. d'enreg.*, v° *Enregistrement*, n° 21.

12. — Les événemens de la révolution, les besoins de l'état, peut-être même d'anciens préjugés, ou des idées politiques, ont fait rendre, depuis 1790 jusqu'à ce jour, un grand nombre de lois qui ont successivement amélioré ou affaibli le système des droits d'enregistrement, et qui ont rétabli des droits que la loi de 1790 avait supprimés, tels que les *droits de greffe*, les *droits de sceau des titres*, ou en ont créé de nouveaux, tels que ceux perçus pour la transcription des contrats aux hypothè-

ques. — V. ces différens mots, *Dict. de l'enreg.*, vº *Enregistrement*, nº 22.

13. — La loi du 5-19 déc. 1790 fut d'abord suivie de plusieurs autres dispositions législatives, entre autres des lois des 29 sept.-9 oct. 1791, 9 pluv. et 14 thermid. an IV, 9 vendém. an VI, et de l'arrêté du directoire du 5 fructid. an VII.

14. — Mais toutes les dispositions des lois précédentes furent abrogées par la loi du 22 frim. an VII, art. 73, qui a établi l'enregistrement sur de nouvelles bases, et sert encore aujourd'hui de base à la perception des droits, sauf quelques modifications introduites principalement en ce qui concerne le taux des droits.

15. — Depuis la loi du 22 frim. an VII, les lois rendues sur l'enregistrement et contenant des dispositions d'un intérêt pour ainsi dire plus général sont : LL. 22 pluv. an VII, 6 prair. an VII; 27 vent. an IX; 15 nov. 1808; 28 avr. 1816; 25 mars 1817; 15 mai 1818; 16 juin 1824; 8 sept. 1830; 18 avr. 1831; 21 avr. 1832; 24 mai 1834; 18 juill. 1836; 25 juin 1841. — La plupart de ces lois font partie des lois de finances ou budgets.

16. — Indépendamment de ces lois, il existe une foule d'autres dispositions législatives qui s'appliquent à des cas particuliers. Nous les citerons chacune en son lieu.

17. — L'enregistrement a été établi aux colonies, savoir : à la Martinique, à la Guadeloupe et à la Guiane, par une ordonnance royale du 31 déc. 1828, et à l'île Bourbon par une autre ordonnance du 19 juill. 1829. — Ces ordonnances ont été complétées par deux autres des 1er juill. 1831, 22 sept. 1832.

18. — Les lois, décrets et ordonnances sur l'enregistrement ont été, sauf quelques modifications, déclarés exécutoires en Algérie par deux ordonnances des 19 oct. 1841 et 10 janv. 1843. — V. au surplus *infrà* nos 1008 et suiv.

19. — Quant à ce qui concerne l'administration de l'enregistrement en elle-même, il y a lieu de remarquer principalement 1º le décr. du 23 mai 1810, qui fixe la remise ordinaire des receveurs des droits d'enregistrement, de timbre, de greffe, d'hypothèques, des amendes et des domaines et bois; — 2º les ordonnances des 12 janv. 1821 et 17 déc. 1844, relatives à l'organisation de l'administration de l'enregistrement et des domaines.

20. — Les impôts sur les actes et mutations, d'abord vendus ou affermés étaient perçus, en 1790, par une *régie intéressée*. Ce mode d'administration était le plus avantageux qu'il parût alors possible d'établir. L'intérêt des administrateurs dans les produits n'était pas assez grand pour qu'ils missent dans la perception toute la rigueur dont on avait accusé les fermiers, et il l'était assez pour qu'ils veillassent à ce que le trésor ne perdît rien des droits qui lui étaient acquis. — *Dict. des droits d'enreg.*, vº *Enregistrement*, nº 84.

21. — Aussi, l'assemblée constituante fit-elle peu de changemens à ce mode de perception. Une loi du 27 mai 1791 confia également la perception à une régie. Une remise générale lui fut accordée, et cette remise était répartie entre tous les préposés.

22. — Quelques modifications, cependant, furent apportées à la loi de 1791 par une autre loi du 14 août 1793, et un arrêté du comité des finances de la convention du 4 brum. an IV. Néanmoins, des remises générales furent conservées aux administrateurs et employés supérieurs. Mais elles furent supprimées par le gouvernement en 1817 (ord. 17 mai 1817), et les administrateurs comme les employés, autres que les receveurs, n'eurent plus qu'un traitement fixe. — *Dict. des droits d'enreg.*, vº *Enregistrement*, nº 85.

23. — Bien que la perception des droits d'enregistrement et de timbre ne soit plus confiée à une régie intéressée, on n'a pas moins continué, dans l'usage, de donner le nom de *régie* à l'administration de l'enregistrement.

## Sect. 2e. — *Organisation de l'administration de l'enregistrement.*

24. — En maintenant provisoirement l'ancienne organisation de l'enregistrement, l'art. 71, L. 22 frim. an VII, avait dit qu'il serait établi de nouvelles bases pour cette administration par une loi particulière. — Mais cette nouvelle organisation a été faite par le pouvoir exécutif seul, suivant un arrêté du 3 complémentaire et des ord. des 25 déc. 1816, 17 mai 1817, 3 janv. 1821, 12 janv. 1831 et 17 déc. 1844.

25. — L'administration de l'enregistrement et des domaines est dirigée et surveillée sous l'autorité du ministre des finances, par un directeur-général. — Ord. 17 déc. 1844, art. 26.

26. — La dénomination de *directeur général* créée par l'arrêté des consuls du 3 complém. an IX, et maintenue par les ordonnances subséquentes, fut changée en celle de *directeur* par l'ordonnance du 12 janv. 1831; mais elle a été rétablie par l'ordonnance du 17 déc. 1844.

27. — Le directeur général dirige et surveille, sous les ordres du ministre des finances, toutes les opérations relatives à la perception; il travaille seul avec le ministre des finances; il correspond seul avec les autorités militaires, administratives et judiciaires; il a seul le droit de recevoir et d'ouvrir la correspondance; il signe seul les ordres généraux de service. — Ord. 3 janv. 1821, art. 2.

28. — Des administrateurs placés chacun à la tête d'une division forment, avec le directeur général, et sous sa présidence, le conseil d'administration. — Ord. 17 déc. 1844, art. 28.

29. — Le nombre des administrateurs a varié suivant que d'autres branches d'administration ont été jointes à celles de l'enregistrement et des domaines ou en ont été détachées; il est aujourd'hui de quatre. — Ord. 12 janv. 1831 et 17 déc. 1844. — Leur ancienne dénomination d'*administrateurs*, changée en celle de *sous-directeurs* par l'ordonnance du 12 janv. 1831, a été rétablie par l'ordonnance du 17 déc. 1844.

30. — Le directeur général peut, en cas d'empêchement, déléguer la présidence du conseil d'administration. En cas d'absence du directeur général, le ministre des finances désigne celui des administrateurs qui en remplira les fonctions; il appelle aussi près de lui, dans les occasions où il le trouve convenable, le conseil d'administration. — Ord. 3 janv. 1821, art. 4.

31. — Le conseil d'administration délibère, sur le rapport qui lui est fait par l'un des administrateurs : 1º sur le budget général des dépenses de l'administration sur lequel il donne son avis motivé; — 2º sur le contentieux administratif et judiciaire; — 3º sur le contentieux de la comptabilité, les débets des comptables, les contraintes à exercer contre des redevables; — 4º sur les demandes en remboursement, remise ou modération de doubles droits et amendes de contraventions; — 5º sur la liquidation des pensions de retraite de tout grade; — 6º sur les suppressions, divisions et créations d'emplois; — 7º sur les projets, devis, marchés et adjudications à passer pour le service de la régie; — 8º sur les révocations, destitutions et mises à la retraite des employés; — 9º sur les questions douteuses dans tous les cas d'application des lois, ordonnances et réglemens, dans tous ceux qui ne sont pas prévus ou qui ne sont pas suffisamment définis par lesdites lois, ordonnances et réglemens, et sur les instructions générales relatives à leur exécution; — 10º sur les autres affaires sur lesquelles le ministre des finances juge convenable d'avoir son avis, et sur celles qui lui sont aussi, à cet effet, renvoyées par le directeur général. — Ord. 3 janv. 1821, art. 5.

32. — Les délibérations du conseil d'administration sont prises à la majorité des voix; en cas de partage d'opinions, la voix du directeur général est prépondérante; il peut, lorsqu'il le juge nécessaire, suspendre l'effet d'une délibération pour en référer au ministre des finances, qui statue; mais, dans ce cas, il fait préalablement part de ses motifs au conseil, pour le mettre à même de modifier sa délibération, s'il y a lieu, ou de l'appuyer de nouvelles observations qui soient jointes par le directeur général à son rapport au ministre. — Ord. 3 janv. 1821, art. 6.

33. — L'administration de l'enregistrement se divise en centrale et départementale.

34. — Le travail de l'administration centrale est partagé entre deux bureaux placés sous les ordres immédiats du directeur général, et quatre divisions. Le bureau du personnel et celui du contentieux restent sous les ordres immédiats du directeur général. Un administrateur est placé à la tête de chaque division composée chacune de quatre bureaux. — Ord. 17 déc. 1844, art. 32.

35. — Le personnel de l'administration centrale se compose, outre le directeur général et les administrateurs, de chefs et sous-chefs de différentes classes, d'un archiviste, de commis principaux, de commis d'ordre et d'expéditionnaires également de différentes classes. — Art. 33.

36. — Ce personnel est divisé en deux catégories; la première comprend, indépendamment du directeur général, les quatre administrateurs, les chefs et les sous-chefs; la deuxième comprend l'archiviste, les commis principaux, les commis d'ordre, les expéditionnaires et les surnuméraires expéditionnaires; les employés de la deuxième catégorie ne peuvent passer dans la première. — Art. 34.

37. — Le mode d'avancement et de recrutement est réglé ainsi qu'il suit, savoir : 1º pour les employés de la première catégorie : les administrateurs sont choisis parmi les chefs de première classe de l'administration centrale et parmi les directeurs de première et de deuxième classe des départemens; les chefs de troisième classe sont choisis parmi les sous-chefs de première classe; les sous-chefs ne peuvent être pris que parmi les employés supérieurs des départemens; et, quel que soit leur grade antérieur, ils ne peuvent entrer à l'administration centrale qu'en qualité de sous-chef de quatrième classe; — 2º pour les employés de la deuxième catégorie : l'archiviste, les commis principaux et les commis d'ordre sont choisis dans les employés du grade immédiatement inférieur; à mérite égal, l'ancienneté prévaut. — Art. 35.

38. — L'administration départementale de l'enregistrement se compose de quatre-vingt-sept directeurs de première, deuxième, troisième et quatrième classe; cent cinquante inspecteurs de première, deuxième et troisième classe; trois cent dix vérificateurs de première, deuxième, troisième, quatrième et cinquième classe; trois cent soixante-trois conservateurs des hypothèques; deux mille deux cent trente-un receveurs de première, deuxième et troisième classe; quatre-vingt-sept premiers commis de direction; un archiviste; quatre-vingt-six gardes-magasins, contrôleurs du timbre; cinquante-un timbreurs; vingt-quatre tourne-feuilles, et enfin quatre cent cinquante surnuméraires. — Inst. gén. 1465, 1470 et 1805.

39. — Les directeurs, chefs de service dans les départemens, sont chargés, en cette qualité, du maintien des règles de l'administration et des principes de la perception. A ce sujet, ils s'assurent de l'exactitude et de la régularité des opérations des receveurs, vérificateurs et inspecteurs; ils émargent de leurs observations les rapports que ces employés fournissent périodiquement à l'administration; ils font connaître leurs droits à l'avancement, et provoquent, au besoin, leur changement ou révocation.

40. — Les directeurs instruisent, d'après les ordres et sous la direction de l'administration, les instances et réclamations qu'elle forme ou auxquelles elle défend; ils assurent l'exécution des jugemens et décisions, et ils en rendent compte. — Circ. 73; inst. gén. 494, 970, 1304, 1358.

41. — En ce qui concerne le domaine, les directeurs font tous les actes d'administration, et ils fournissent aux préfets, avec leur avis motivé, tous les renseignemens possibles pour défendre les intérêts de l'état devant les tribunaux. De plus ils sont délégués par le ministre des finances, lorsqu'il s'agit de conserver aux départemens la propriété d'immeubles domaniaux. — V. DOMAINES.

42. — Les inspecteurs se transportent, sur l'ordre des directeurs, partout où le besoin du service l'exige, et au moins une fois par an dans tous les bureaux de leur division; ils s'assurent de l'exactitude de toutes les opérations des receveurs et des vérificateurs; ils procèdent même, s'il y a lieu, à des contre-vérifications, et ils rendent compte du tout à l'administration par des rapports sur lesquels les directeurs consignent leurs observations. On ne peut être nommé inspecteur qu'après avoir franchi les différentes classes de la vérification. — Inst. gén. 1298, 1304, 1305, 1360 et 1392.

43. — Les vérificateurs vérifient chaque année tous les bureaux et les dépôts publics; ils s'assurent de la régularité des perceptions et relèvent celles qui sont vicieuses; ils examinent les répertoires, les actes des notaires, les actes et registres des greffiers et des huissiers, et ils constatent les contraventions échappées aux receveurs. Ils dressent du tout des procès-verbaux de vérification qui sont transmis à la cour des comptes, et des rapports détaillés qui sont soumis, quand il y a lieu, au conseil d'administration. Les vérificateurs commencent la série des employés supérieurs, et on ne peut parvenir à ce grade qu'après avoir été cinq ans au moins receveur ou premier commis. — Inst. gén. 809, 1304, 1351.

44. — Les premiers commis de direction sont établis auprès de chaque direction pour préparer, sous les ordres du directeur, le travail de la correspondance et du contentieux; ils surveillent aussi la tenue des sommiers. Cet emploi est un de ceux qui exigent les connaissances les plus générales. Les premiers commis, créés par une décision du ministre des finances du 14 août 1815, sont nommés sur la présentation des directeurs; ils sont choisis parmi les receveurs et suivent la même ligne d'avancement qu'eux. — Circ. 17 août 1815; inst. gén. 745, 759, 769, 1304.

45. — Les receveurs sont chargés de donner la formalité aux actes, de percevoir les droits et de

constater les contraventions dans certains cas (V. *infrà* nos 1160 et suiv., 1194 et suiv.). Obligés d'analyser les actes pour apprécier l'effet des conventions et initiés aux secrets des familles, ils doivent justifier d'une instruction solide, d'un travail consciencieux et d'une conduite sans reproche. Les receveurs passent, à titre d'avancement, des bureaux de chefs-lieux de canton à ceux de chefs-lieux d'arrondissement et de département, ou aux emplois de premier commis de direction, de vérificateur ou de conservateur des hypothèques. — Ord. 25 déc, 1816, art, 7, 8 et 9; inst. gén., 759.

46. — Relativement aux fonctions : 1° des conservateurs des hypothèques, V. CONSERVATEUR DES HYPOTHÈQUES; — 2° et des employés du timbre, V. TIMBRE.

47. — Les surnuméraires doivent être bacheliers ès-lettres; pour être nommés receveurs, ils doivent justifier d'un surnumérariat d'au moins trois ans dans les bureaux des receveurs et avoir subi trois examens sur les principaux titres des Codes civil, de procédure et de commerce, sur les lois dont l'exécution est confiée à l'administration, et sur les règles de la manutention et de la comptabilité. — Inst. 1465, 1470. — Les conditions d'admission au surnumérariat sont réglées par un arrêté du ministre des finances du 8 janv. 1846. — Inst. 22 du même mois.

48. — Sont nommés par le roi, sur la proposition du ministre des finances : le directeur général de l'administration, les administrateurs, le directeur du timbre de Paris, les directeurs des départemens. — Ord. 17 déc. 1844, art. 36.

49. — Sont nommés par le ministre des finances : les chefs de toutes classes de l'administration centrale, les inspecteurs de l'enregistrement et des domaines, les conservateurs des hypothèques, les receveurs de l'enregistrement et des domaines, conservateurs des hypothèques. — Art. 37.

50. — Les titulaires de tous les autres emplois inférieurs sont nommés par le directeur général, en vertu de la délégation du ministre des finances. — Art. 38.

51. — Les commissions délivrées par le directeur général le sont au nom du roi et en vertu de la délégation du ministre des finances. — Art. 31.

52. — Le directeur général révoque, destitue et met à la retraite les employés dont la nomination lui est attribuée, après avoir pris l'avis du conseil d'administration. — Il peut aussi suspendre les autres employés, sauf à en rendre compte immédiatement au ministre des finances qui statue. — Ord. 3 janv. 1821, art. 9.

## CHAPITRE II. — *Nature, exigibilité et liquidation des droits.*

### Sect. 1re. — *Nature des droits.*

53. — Les droits d'enregistrement se divisent en deux classes; les uns sont *fixes;* c'est-à-dire, qu'ils n'augmentent ni ne diminuent de quotité; les autres sont *proportionnels*, c'est-à-dire qu'ils sont en proportion des valeurs sur lesquelles ils sont assis.

54. — Le droit fixe s'applique aux actes soit civils, soit judiciaires ou extrajudiciaires qui ne contiennent ni obligation, ni libération, ni condamnation, ni collocation ou liquidation de sommes et valeurs, ni transmission de propriété, d'usufruit ou de jouissance de biens meubles ou immeubles. — L. 22 frim. an VII, art. 3.

55. — Le droit proportionnel est établi pour les obligations, libérations, condamnations, collocations ou liquidations de sommes et valeurs, et pour toute transmission de propriété, d'usufruit ou de jouissance de biens meubles et immeubles, soit entre-vifs, soit par décès. — L. 22 frim. an VII, art. 4.

56. — Le droit proportionnel ne pouvait être assis que sur les valeurs. — L. 22 frim. an VII, art. 4. — Mais comment déterminer ces valeurs? — La loi du 22 frim. an VII a admis implicitement deux bases. Pour tous les contrats qui portent transmission à titre onéreux, c'est sur le prix convenu ou sur la *valeur vénale* des choses que s'établit la perception, et c'est le *revenu* des biens qui lui sert de base pour tout ce qui est transmis à titre gratuit ou par décès. — Cependant, il y a des exceptions à ces règles générales. Ainsi, bien que l'échange soit un contrat à titre onéreux, c'est sur le revenu des biens échangés que s'établit la perception. Ainsi, les transmissions de meubles à titre gratuit donnent lieu au droit sur la valeur vénale. — *Dict. de l'enreg.*, vo *Enregistrement*, nos 42 et 43.

57. — Après avoir assis les droits sur les valeurs, il fallait encore établir une différence sur ces valeurs, en raison du mode de transmission et de la nature des biens transmis. C'est là l'objet du tarif. On verra plus loin à quel droit donne lieu chaque espèce de mutation, et chaque nature de biens. — V. *infrà* nos 469 et suiv.

58. — Les droits proportionnels étant assis sur les prix ou sur les valeurs, il peut arriver que l'on veuille se soustraire à une partie de ce qui est dû, en ne mentionnant pas dans les actes la totalité du prix ou des valeurs. La loi, pour prévenir ou punir cette fraude, accorde à la régie la voie de l'expertise. — V. *infrà* nos 469 et suiv.

59. — De plus, pour assurer le paiement des droits, il fallait frapper d'une sorte d'amende ou de peine ceux qui se soustrairaient à ce paiement. Cette amende ou peine consiste dans l'impôt du *droit en sus.* Il y a le demi droit en sus, le droit en sus ou double droit, et le triple droit.

60. — Le demi droit en sus ne se perçoit que dans un cas, celui de défaut de déclaration des successions dans les six mois du décès. — V. *infrà* nos 2236 et suiv.

61. — Le droit en sus ou double droit se perçoit sur les actes non enregistrés dans les délais, sur la valeur des biens omis dans les déclarations, sur le supplément d'évaluation en cas d'expertise ou autrement, sur les actes produits au cours d'instance et non enregistrés avant l'ajournement.

62. — Enfin, le triple droit est exigible sur les contre-lettres sous signature privée qui ont pour objet une augmentation du prix énoncé dans des contrats précédemment enregistrés. — V. *infrà* nos 3620 et suiv.

63. — En sus des droits d'enregistrement soit fixes, soit proportionnels, il doit être perçu un décime par franc à titre de subvention extraordinaire de guerre. — L. 6 prair. an VII, art. 1er. — Cette subvention qui n'avait été établie que provisoirement a été maintenue par les lois annuelles des finances. — V. DÉCIME DE GUERRE.

### Sect. 2e. — *Exigibilité des droits.*

64. — Tout acte soumis à la formalité doit nécessairement acquitter un droit d'enregistrement, s'il n'en est expressément affranchi.

65. — Le droit fixe est la règle générale de la perception, et tout acte doit être enregistré moyennant celui de 1 fr., à moins qu'il ne soit formellement exempté de tout droit, ou expressément tarifé, soit à un autre droit fixe, soit à un droit proportionnel. — Championnière et Rigaud, *Tr. des dr. d'enreg.*, t. 1er, nos 57 et 371.

66. — L'exigibilité du droit proportionnel est soumise à quatre règles fondamentales auxquelles se rattachent toutes les perceptions : 1° le droit n'est dû sur une disposition qu'autant que la quotité en est expressément déterminée par la loi; — 2° le droit n'est exigible que d'une convention parfaite; — 3° il n'est dû que pour une stipulation dont l'effet est actuel; — 4° enfin, une même disposition ne peut donner ouverture qu'à un seul droit. — Championnière et Rigaud, t. 1er, no 31. — Le plus souvent ces règles sont également applicables pour l'exigibilité du droit fixe.

67. — *Première règle. — Le droit n'est dû sur une disposition qu'autant que la quotité en est expressément déterminée par la loi.* — Championnière et Rigaud, t. 1er, no 33.

68. — Toute chose, tout avantage ou toute convention, dont le nom n'est point textuellement inscrit dans le tarif échappe à la perception. — Championnière et Rigaud, t. 4, no 3581.

69. — Le tarif applicable est en général celui du jour où la convention ou la mutation se sont opérées. — Championnière et Rigaud, t. 1er, no 45 et suiv.

70. — Aussi, l'art. 73, L. 22 frim. an VII, en abrogeant pour l'avenir toutes les lois et dispositions de loi sur les droits d'enregistrement, avait-il dit qu'elles continueraient néanmoins d'être exécutées à l'égard des actes faits et des mutations par décès effectuées avant sa publication.

71. — Jugé, en conséquence, que c'est d'après le taux fixé par la loi du 14 messid. an IV que doivent être perçus des droits d'enregistrement sur un acte sous seing-privé translatif de propriété d'immeubles, passé avant la loi du 19 déc. 1790, mais qui n'a été enregistré que depuis la loi du 22 frim. an VII. — *Cass.*, 4 niv. an X, Castillon.

72. — ... Qu'un acte de vente sous seing-privé, dont la date est antérieure à la publication de la loi du 28 avr. 1816, mais qui n'a été présenté que depuis à l'enregistrement, est soumis, pour la perception du droit, non à la loi nouvelle, mais à celle du 22 frim. an VII. — *Cass.*, 13 (et non 23) janv. 1818, Cerf.

73. — ... Que les droits d'enregistrement dus à raison des mutations par décès doivent être perçus d'après la loi existante au moment de la déclaration, et non d'après la loi en vigueur lors de l'ouverture de la succession. — *Cass.*, 26 frim. an XIII, Chevalier.

74. — ... Que les droits d'enregistrement d'un acte de mutation antérieur à la loi du 28 avr. 1816, mais qui n'a été enregistré que depuis, doivent être perçus, non d'après les bases nouvelles établies par cette loi, mais d'après la loi du 22 frim. an VII. — Un tribunal a pu l'ordonner ainsi d'office, et à plus forte raison sur la demande de la partie, quoique cette exception n'eût point été signifiée à la régie. — *Cass.*, 6 (et non 7) juill. 1818, Godin.

75. — ... Que la liquidation des droits de mutation doit, comme celle de tous autres impôts, être faite conformément à la loi existante à l'époque où le droit s'est ouvert et a été acquis au fisc et non conformément à la loi existante au moment de la perception, les lois sur l'enregistrement n'ayant pas dérogé d'une manière générale au principe absolu de non rétroactivité consacré par l'art. 2, C. civ. — *Cass.*, 4 fév. 1834, hospices de Cambrai; 4 fév. 1834, Institut. des sourds-muets; 4 fév. 1834, hospices de Lyon; — Solut. 21 mars 1834, instr. 1454.

76. — Cependant l'opinion contraire avait prévalu pendant quelque temps; elle se fondait sur l'art. 1er, L. 27 vent. an IX, ainsi conçu : « A compter du jour de la publication de la présente, les droits d'enregistrement seront liquidés et perçus suivant les fixations établies par la loi du 22 frim. an VII et celles postérieures, quelle que soit la date ou l'époque des actes et mutations à enregistrer, sauf les modifications et changemens ci-après. »

77. — Par suite, la régie proclamait comme règle qu'un tarif faisait loi, du jour de sa promulgation, pour toutes les perceptions, sans exception. — Instr. 1362; — *Dict. des droits d'enregistr.*, vo *Enregistrement*, no 37.

78. — Et la cour de Cassation avait jugé en principe que l'art. 2, C. civ., sur la non rétroactivité des lois, ne s'appliquait qu'au droit privé, et était étranger aux matières d'enregistrement. — *Cass.*, 13 déc. 1809, Gicqueau; 11 sept. 1811, Mangin.

79. — ... Qu'en conséquence, les tribunaux devaient se conformer à l'art. 1er, L. 27 vent. an IX, qui ordonne que les droits d'enregistrement seront perçus suivant les fixations établies par la loi du 22 frim. an VII, même pour les actes et mutations antérieurs à cette loi. — *Cass.*, 13 déc. 1809, Gicqueau.

80. — ... Qu'ainsi un acte de vente sous seing-privé antérieur à la loi du 14 thermid. an IV n'en était pas moins passible des droits fixés par cette loi s'il n'avait été enregistré que depuis sa publication. — *Cass.*, 11 flor. an IX, Ricœur.

81. — Mais cette disposition de la loi du 27 vent. an IX, contraire au principe de la non-rétroactivité, a été modifiée par la législation subséquente. — L. 28 avr. 1816, art. 59; 21 avr. 1832, art. 33.

82. — Comme une commune ne peut acquérir qu'après avoir été autorisée par ordonnance du roi, c'est la loi en vigueur à l'époque de l'autorisation qui règle le droit à percevoir.

83. — Ainsi, décidé : 1° pour une promesse de vente faite en oct. 1830 et réalisée en vertu d'une autorisation du 29 avr. 1831. — Déc. min. fin. 13 janv. 1832; avis comm. fin. 14 déc. 1831, appr. le 20 janv. 1832.

84. — ... 2° Pour une donation du 8 nov. 1830, acceptée le 22 juin 1831, en vertu d'une autorisation du 2 juin précédent. — Mêmes décision et avis.

85. — Comme le supplément de droit à payer, pour insuffisance de perception, n'est que le complément des droits résultant de l'acte, il doit être liquidé d'après la loi en vigueur lors de son enregistrement. — Solut. 2 germ. an X.

86. — Le tarif d'un contrat ne peut être appliqué qu'à la convention, qui est précisément le contrat; il ne peut l'être à une autre, sous prétexte de similitude ou d'analogie dans le caractère ou les effets. — Championnière et Rigaud, t. 1er, nos 39 et suiv.

87. — Jugé, en conséquence, qu'en matière fiscale il n'est pas permis, sous prétexte d'interprétation ou d'analogie, d'induire d'une disposition de la loi sur des cas explicites et déterminés, pour l'appliquer à d'autres non prévus. — *Cass.*, 11 déc. 1820, Koblaas; 1er mars 1825, notaires de Lyon; 26 déc. 1826, Carmoy; 3 janv. 1827, Audé; 25 janv. 1827, Doncau.

88. — Ainsi, la loi du 28 avr. 1816, qui porte à 2 fr. le droit dû sur les actes des huissiers, étant muette sur les protêts faits par les notaires, ces actes doivent rester passibles du droit fixe de 1 fr., comme ils l'étaient sous l'empire de la loi du 22 frim. an VII. — *Cass.*, 1er mars 1825, notaires de Lyon. — Déc. min fin. 11 janv. 1822; — Championnière et Rigaud, t. 1er, no 42, et t. 4, no 3738.

89. — De même, le double droit d'enregistrement est une peine qui ne peut s'étendre d'une espèce à laquelle la loi l'applique à une autre contre laquelle elle n'en prononce pas; dès-lors, il ne peut être exigé pour erreur dans l'évaluation qui est faite des dettes d'une communauté, dans la cession à forfait à laquelle donne lieu, puisque la loi ne le prononce point dans ce cas, mais seulement en matière de déclaration à faire de la part des héritiers, donateurs ou légataires. — *Cass.*, 14 déc. 1812, Lenglu.

90. — La crainte de quelques inconvéniens qui pourraient résulter de la stricte exécution de la loi fiscale ne peut être, pour les magistrats, un motif de s'en écarter; tel était le cas de la loi du 16 juin 1824, qui dispensait du droit proportionnel les échanges d'immeubles ruraux contigus. — *Cass.*, 18 déc. 1828, Talmier et Pontier.

91. — Tout droit proportionnel suppose une convention; l'exigibilité et la quotité en sont déterminées par la nature de la convention et le nom qui lui convient, dès lors, au moyen des règles distinctives des contrats et des signes caractéristiques de leurs espèces. — Championnière et Rigaud, t. 1er, no 58.

92. — Le droit fixe doit également être appliqué aux différens actes, suivant leur nature et la dénomination qui leur convient. — Championnière et Rigaud, t. 4, no 3738.

93. — La perception du droit d'enregistrement des actes doit être basée sur la nature de ces actes et l'effet que la loi leur attribue au moment où ils sont présentés à la formalité, à moins de dispositions expresses contraires. — *Cass.*, 19 juin 1826, Dumaine.

94. — Et d'abord, que faut-il entendre par *actes?* — Dans la loi du 22 frim. an VII, le mot *acte* est un terme générique par lequel la loi désigne non seulement les conventions des parties, mais en outre les arrêts et jugemens. — *Cass.*, 14 avr. 1834, Stacpoole.

95. — Hors le cas d'inscription de faux, la régie est obligée de prendre les actes notariés tels qu'ils sont définitivement rédigés, et non tels qu'ils étaient projetés, c'est-à-dire qu'elle doit les prendre avec leurs renvois et leurs ratures dûment approuvés. — *Cass.*, 19 déc. 1837 (t. 1er 1838, p. 139), Erhardt.

96. — Ce n'est pas seulement dans la qualification donnée à un acte par les parties qu'il faut chercher son véritable caractère, mais surtout dans les stipulations elles-mêmes de l'acte, et dans la nature des choses qui en font l'objet. — *Cass. belge*, 25 fév. 1835, de Renesse; *Cass.*, 22 août 1842 (t. 2 1842, p. 329), Higonet; 17 janv. 1844 (t. 1er 1844, p. 171), Albert; 19 mars 1845 (t. 1er 1845, p. 406), Rondolphi.

97. — Ainsi, un acte, bien que qualifié d'amodiation du droit d'extraire de la houille, doit être considéré non comme bail, mais comme vente mobilière, s'il réunit les caractères de cette dernière espèce de contrat. — *Cass.*, 17 janv. 1844 (t. 1er 1844, p. 171), Albert.

98. — Lorsque les dispositions d'un acte impliquent contradiction avec la qualification qui lui a été donnée par les parties, les tribunaux doivent notamment, en ce qui concerne la perception des droits d'enregistrement, rendre à cet acte sa qualification véritable. — *Cass.*, 3 déc. 1832, Simon.

99. — En pareil cas, les dispositions des actes doivent être appréciées d'après les effets qu'ils peuvent produire plutôt que par le sens littéral des termes dont les parties se sont servies. Ainsi, lorsque, par un acte qualifié de donation entre-vifs, les donateurs se sont obligés de remettre à leurs enfans une somme déterminée lors de l'établissement, de leur vivant, de chacun de leurs petits-enfans, une pareille donation, bien que renfermant la stipulation d'un droit de retour au profit des donateurs en cas de prédécès de chacun de leurs petits-enfans, doit être considérée comme une simple promesse de payer en cas d'événement de la condition prévue, et non comme ayant opéré un dessaisissement actuel de la part des donateurs. Il n'y a pas lieu dès-lors de percevoir le droit proportionnel pour mutation. — *Cass.*, 14 déc. 1840 (t. 1er 1841, p. 60), Norès.

100. — C'est alors qu'on dit que la substance de l'acte doit l'emporter sur sa qualification. Toutefois, la règle que les actes doivent être interprétés et les droits perçus d'après la qualification donnée à ces actes, à moins que leur substance ne résiste à leur qualification, donne lieu à beaucoup de difficultés dans l'application. Il n'est pas trop facile de préciser ce qui résiste à la qualification d'un acte. Pour être fondé à dire qu'un contrat dégénère véritablement de la dénomination qui lui est donnée, il faut que son exécution paraisse en général être subordonnée aux règles établies pour



une autre espèce, et que les parties l'aient voulu ainsi. — Proudhon, *De l'usufruit*, no 107.

101. — Mais une fois que la substance des actes se trouve d'accord avec leur qualification, les droits doivent être perçus, abstraction faite des conventions secrètes des parties. Et ce n'est pas le cas d'appliquer l'art. 116, C. civ., d'après lequel on doit dans les conventions rechercher quelle a été la commune intention des parties plutôt que de s'arrêter au sens littéral des termes.

102. — Jugé en ce sens que la perception des droits d'enregistrement se détermine d'après la substance des actes et leur forme extrinsèque, abstraction faite des intentions secrètes des parties. — Dès-lors, la simulation même de ces intentions ne peut faire obstacle à la perception. — *Cass.*, 28 fév. 1824, Lamazère; 26 mai 1836, Allut; 9 juill. 1839 (t. 2 1839, p. 381), Gentils.

103. — Ainsi un acte qualifié de vente à réméré par les parties, qui en contient tous les élémens, qui a été exécuté comme tel, et à ce titre donne lieu au droit de vente, ne peut être représenté comme ne constituant, dans l'intention des parties, qu'un contrat pignoratif, passible seulement du droit de 2 %. — *Cass.*, 9 juill. 1839 (t. 2 1839, p. 381), Gentils; 8 nov. 1843 (t. 1er 1844, p. 256), Lajarthe de Saint-Amand.

104. — Toutefois les tribunaux peuvent et doivent rechercher s'il n'y a pas eu simulation dans le but de faire fraude à la loi fiscale. — *Cass.*, 9 juill. 1839 (t. 2 1839, p. 381), Gentils.

105. — Mais, pour cela, il faut que la régie réclame; les tribunaux ne peuvent point, dans les actes soumis à leur examen, rechercher s'il n'y a pas des clauses sujettes à des droits autres que ceux que le receveur a réclamés, et sur lesquels il n'a pas même fait de réserves expresses. — *Bruxelles*, 29 juin 1830, Coppens.

106. — Les tribunaux étant maîtres d'apprécier les faits et les actes, il n'y a pas lieu de casser un jugement qui, après avoir déclaré invraisemblable une transmission dont la régie argumente, refuse de lui appliquer la loi. — *Cass.*, 11 nov. 1809, Revel.

107. — Le caractère des actes étant bien constant, il ne s'ensuit pas que ces actes doivent toujours, en matière d'enregistrement, produire les mêmes effets que dans le droit civil. — Pour asseoir les bases du tarif de la perception de l'impôt, le législateur n'a pas pris en considération les théories et les définitions du droit civil, et les caractères que ce droit imprimait aux divers actes. Par exemple, en matière de libéralité, il ne considère pas, pour l'exigibilité du droit proportionnel, si, d'après l'ordre civil, il y a droit acquis et irrévocable pour le donataire; il ne s'arrête qu'à ces deux grandes circonstances : la transmission actuelle et définitive des objets donnés, ou la transmission éventuelle subordonnée à l'événement du décès d'une des parties. Au premier cas, il a appliqué la perception immédiate du droit proportionnel sur l'acte même de donation, et d'après les règles qu'il a fixées à cet égard. Pour le deuxième cas, il a établi un droit de mutation qui ne doit être perçu qu'à l'époque du décès à l'éventualité duquel la transmission définitive de propriété est subordonnée, et d'après les règles propres aux mutations par décès. — *Cass.*, 23 mars 1840 (t. 1er 1840, p. 520), Bellaton de Beaumont et Hardouin.

108. — C'est en ce sens qu'il faut dire, avec MM. Championnière et Rigaud, no 1358, que les droits d'enregistrement sont établis sur les contrats à raison de leur nature, et non pas à raison des effets qu'ils produisent.

109. — En un mot, la loi du 22 frim. an VIII sur l'enregistrement, est une loi spéciale à laquelle les principes du droit commun ne peuvent être opposés que dans les cas non prévus par cette loi. — *Cass.*, 2 août 1843 (t. 2 1843, p. 421), Béchaud.

110. — *Deuxième règle. — Le droit n'est exigible que d'une convention parfaite.* — Championnière et Rigaud, no 110.

111. — La loi n'a tarifé que des conventions parfaites; et dès-lors celle à laquelle il manque un des élémens de sa perfection échappe nécessairement au droit proportionnel. — Championnière et Rigaud, no 110. — *Consuetudo*, dit Dumoulin (*Des fiefs*, § 33, nos 32 et suiv.), *loquens de venditione vel mutatione, intelligitur de validâ.* — V. conf. d'Argentré, *Des droits du prince*, art. 59, no 2.

112. — Ainsi, un acte sous seing-privé, non signé de l'un des contractans qui ne sait pas écrire, mais certifié à sa place par deux témoins, ne saurait donner lieu à des poursuites pour droits de vente. — *Cass.*, 30 oct. 1809, Benard. — En effet, avant la signature, l'acte ne peut être considéré que comme un projet qui n'a point encore reçu sa perfection. — Toullier, t. 8, no 260.

113. — De même est imparfaite, même à l'égard de la régie, la vente qui a pour objet un immeuble



appartenant par indivis à plusieurs propriétaires, et qui est verbalement faite par un seul d'entre eux, sans le consentement des autres. — *Cass.*, 12 juill. 1836, Weber.

114. — Par conséquent, lorsqu'il est constant, par acte authentique, qu'un quart seulement d'un domaine a été l'objet d'une mutation, la perception du droit d'enregistrement ne saurait être faite sur la totalité. — *Cass.*, 22 fév. 1831, Challès.

115. — Quant aux projets de vente et aux promesses de vente, V. *infrà* nos 3430 et suiv.

116. — A la différence des vices purement relatifs donnant lieu simplement à la rescision des actes, on peut opposer à la régie les vices radicaux résultant de l'inaccomplissement des formalités constitutives des actes, tel que le défaut ou l'irrégularité d'acceptation d'une donation. — Délib., 29 nov. 1837.

117. — Ainsi, la donation entre-vifs faite à une femme mariée qui accepte sans autorisation de son mari ni de justice n'est point passible du droit proportionnel. — *Cass.*, 1er août 1836, Barnier.

118. — Cependant il ne peut être au pouvoir des parties, en se dispensant de remplir les formalités prescrites par le Code civil pour la validité d'un acte de donation, de se soustraire au paiement des droits fiscaux. — *Cass.*, 12 fév. 1844 (t. 1er 1844, p. 337), Cottin.

119. — La femme mariée qui prend dans un acte une qualité qui la rend passible d'un droit d'enregistrement, ne peut prétendre que le droit n'est pas dû, par cela seul qu'elle n'a pas été autorisée par son mari à prendre la qualité dont s'agit. — *Cass.*, 30 avr. 1821, Renous.

120. — Valide ou non, il suffit qu'un acte existe pour donner ouverture aux droits d'enregistrement. — *Cass.*, 3 vent. an VIII, Renault.

121. — Jugé également qu'il suffit pour la perception du droit de mutation d'un immeuble, qu'il existe un acte translatif de propriété, sans qu'il soit nécessaire d'examiner la validité du titre, et sauf la restitution du droit perçu, en cas de rescision pour cause de nullité absolue. — *Cass.*, 9 fév. 1814, Cagnien.

122. — ... Que la perception des droits est établie sur les dispositions matérielles des actes judiciaires, indépendamment des motifs qui ont pu déterminer les parties à les provoquer, ou à faire prononcer ultérieurement leur annulation. — *Cass.*, 15 nov. 1828, Hélie de Combray.

123. — ... Que la perception doit avoir lieu suivant la teneur des actes transmissifs de propriété et d'usufruit, sans qu'il puisse être question entre la régie et les redevables des droits, du mérite des actions appartenant à ces derniers pour faire annuler les actes ou en faire restreindre les effets. — *Cass.*, 19 nov. 1835, Regnault-Bretel.

124. — Réciproquement la régie de l'enregistrement n'a point qualité pour critiquer la validité des formes des actes; par exemple, elle ne peut exciper de ce qu'une donation portant partage d'ascendans serait faite sous seing-privé, au lieu de l'être par acte authentique. — *Cass.*, 21 déc. 1831, Rouard; 9 août 1836, c. Kail.

125. — Mais les actes sous seings-privés doivent-ils, à l'égard de la régie, être considérés comme des actes parfaits, soit quant à leur date, soit quant à la vérité des signatures? — Oui; car ils ont toujours pour eux l'*apparence des actes*, jusqu'à ce qu'ils aient été jugés faux; et cela suffit pour autoriser la perception des droits. — *Dict. des dr. d'enreg.*, vo *Actes sous seing-privé*, § 3, no 17.

126. — Ainsi la perception des droits d'enregistrement peut avoir lieu sur des actes sous seing-privé, bien que ces actes n'aient pas été préalablement reconnus par leur auteur ou vérifiés en justice. L'art. 1322, C. civ., est ici inapplicable. — On ne peut d'ailleurs se faire un moyen de cassation du prétendu défaut de reconnaissance, lorsque la signature n'a pas été déniée devant le tribunal de première instance. — *Cass.*, 28 mars 1810, Despagnac.

127. — Mais la date des actes sous seing-privé peut être opposée à la régie pour la prescription des droits et peines encourues, à moins que ces actes n'aient acquis une date certaine par le décès de l'une des parties ou autrement. — L. 22 frim. an VII, art. 62.

128. — Dans ce cas, les actes sous seing-privé font foi de leur date. — *Cass.*, 12 sept. 1810, Gramond.

129. — Lorsqu'un acte de vente sous seing-privé, n'ayant point de date certaine, est présenté pour recevoir la formalité, on doit, pour juger si la chose vendue est meuble ou immeuble, consulter uniquement la législation existante au moment où l'acte est présenté à l'enregistrement, sans égard à la législation en vigueur à la date que porte ce

même acte. — *Cass. belge*, 16 avr. 1825, N...

130. — Quant aux conventions verbales donnant lieu à des droits, leur date ne peut résulter que des circonstances judiciairement établies ou de la déclaration de bonne foi des contribuables. — *Cass.*, 12 juill. 1836, Weber.

131. — De même que le droit proportionnel, le droit fixe d'une convention ne peut être appliqué que si la convention est parfaite. — Championnière et Rigaud, t. 4, n° 3740. — Toutefois, il y a lieu d'admettre les restrictions établies *suprà* nos 118 et suiv.

132. — Pour une mutation de biens immeubles en propriété ou en usufruit, le droit est exigible sur toute convention écrite ou verbale, produite ou dissimulée; il suffit que la preuve soit faite par la régie. — Championnière et Rigaud, t. 1er, n° 124.

133. — Les dispositions législatives concernant les simples et doubles droits pour mutation immobilière s'appliquent aux conventions verbales comme aux conventions écrites. — *Cass.*, 12 juill. 1836, Weber.

134. — Sous l'empire de la loi du 19 déc. 1790 et avant la loi du 9 vendém. an VI, les mutations d'immeubles n'avaient d'existence vis-à-vis de la régie qu'autant qu'elles étaient constatées par un acte. — *Cass.*, 12 brum. an IX, Arnaut.

135. — Dans l'ancienne province de Lorraine, les actes de vente sous seing-privé étaient nuls et ne produisaient aucune translation de propriété des immeubles, s'ils n'étaient suivis d'un acte authentique passé dans les quinze jours de leur date. — Cette contravention à la loi civile était punie d'une forte amende; mais le droit de mutation n'était point dû sur l'acte annulé. — Ce droit n'est pas dû non plus depuis les lois des 17 déc. 1790 et 22 frim. an VII, parce que ces lois n'ont pas soumis aux droits des actes qui, suivant la loi civile de tel ou tel pays, n'opéraient pas de mutation. — *Cass.*, 27 nov. 1815, Viriot.

136. — Les actes sous seing-privé translatifs de propriété ou d'usufruit, quoique passés avant la loi du 5 déc. 1790, doivent être enregistrés, encore bien qu'ils ne soient ni produits en justice ni relatés dans un acte public. Ce n'est qu'aux actes passés dans l'intervalle des lois des 5 déc. et 9 vendém. an VI que s'applique l'exception prononcée par cette dernière loi, et cette exception ne saurait être étendue aux actes antérieurs, attendu que la déclaration du 20 mars 1738 les soumettait à l'insinuation. — *Cass.*, 19 juin 1809, Merland-Laguichardière.

137. — Les actes sous seing-privé portant mutation d'immeubles d'une date antérieure à la loi du 22 frim. an VII sont passibles du double droit. — Décis. min. fin. 6 et 8 juill. 1806; Instr. 366, n° 2.

138. — Pour une mutation de biens immeubles en jouissance seulement, le droit n'est exigible que si la convention a été rédigée par écrit; cette circonstance doit être prouvée; mais il n'est pas nécessaire que l'acte soit représenté. — Championnière et Rigaud, t. 1er, n° 124.

139. — Pour toute autre convention, quel qu'en soit l'objet, le droit n'est exigible que si la convention a été rédigée par écrit et l'acte représenté. — Championnière et Rigaud, *ibid.*

140. — Les droits devant être perçus suivant la nature, le caractère et les effets des actes, et le receveur étant le premier juge de la perception, c'est à lui qu'il appartient d'apprécier la nullité ou la validité de l'acte, en tant que ces circonstances doivent influer sur le droit à percevoir. — Championnière et Rigaud, t. 1er, n° 268.

141. — 3e *règle.* — *Le droit n'est dû que sur stipulation dont l'effet est actuel.* — Championnière et Rigaud, t. 1er, n° 685.

142. — Une convention n'a pas d'effet actuel lorsqu'elle n'existe pas encore, ou lorsqu'elle n'existe plus. — Championnière et Rigaud, *ibid.*

143. — La convention dont l'effet n'est pas actuel est celle que les parties subordonnent à une condition suspensive. — Championnière et Rigaud, n° 686.

144. — Tant que la condition n'est pas accomplie, le contrat n'existe point; il n'y a ni obligation, ni mutation. Le droit proportionnel n'est donc pas exigible sur un acte dont l'effet est soumis à une condition suspensive, tant que cette condition n'est pas accomplie. — Championnière et Rigaud, nos 688 et suiv.

145. — La loi du 22 frim. an VII ne contient pas de disposition explicite sur les effets de la condition suspensive à l'égard de la perception. Cependant il résulte d'un de ces articles que l'effet de la condition est de suspendre la perception du droit jusqu'à l'événement prévu. C'est la disposition de l'art. 68, § 3, n° 5, qui n'assujétit qu'au droit fixe les actes de libéralité qui ne contiennent que des dispositions soumises à l'événement du décès. — La loi du 5-19 déc. 1790 (sect. 4e, n° 3, 13e classe) avait une disposition semblable.

146. — « Il était également de principe autrefois, disent MM. Championnière et Rigaud (n° 693), que les droits seigneuriaux ne pouvaient être exigés sur un contrat soumis à une condition suspensive. » — « *In venditione conditionali*, dit Dumoulin (§ 78, glos. 1, n° 40), *non incipiunt deberi laudimia, nisi conditione extante.* » — « D'Argentré, ajoute Henrion de Pansey (*Analyse*, p. 170, à la note), et tous ceux qui ont écrit depuis, se sont conformés à la doctrine de notre auteur. » — « Dans les ventes conditionnelles, dit Sudre (*Des lods*, § 11, n° 17), il n'est dû des lods qu'après la condition arrivée, parce que jusque-là il n'y a point encore de vente. » — Faber (*in Cod.*, lib. 4, tit. 43, definit. 28) assimile entièrement, à l'égard des droits de mutation, le contrat conditionnel, *pendente conditione*, au contrat nul. — V. aussi Poquet de Livonnières, liv. 3, chap. 4, sect. 4e; Fonmaur, n° 357; Pothier, *Des fiefs*, chap. 5, sect 3e, § 1er.

147. — Ainsi, il faut dire que la condition stipulée agit à l'égard de la régie comme à l'égard des parties : de même que le contrat conditionnel ne rend pas le stipulant créancier ou propriétaire, mais lui attribue seulement l'espérance de le devenir : de même il ne rend pas la régie créancière de l'impôt, mais il lui donne l'espoir de l'être plus tard : *Spes debitum iri.* L'événement change son droit *d'espérer* en celui *d'exiger* le paiement; mais l'acte est également la source de l'un et de l'autre; il forme le titre de la régie pour demander l'impôt, comme il est celui du contractant pour obtenir l'exécution du contrat. — Championnière et Rigaud, n° 696.

148. — Si la condition suspensive vient à manquer, alors, d'après la maxime *Actus conditionalis, defectâ conditione, nihil est* (L. 8. ff., *De peric. et comm. rei vendit.*; — Toullier, t. 6, n° 547), la régie voit s'évanouir l'espérance de percevoir le droit auquel l'accomplissement de la condition aurait pu donner lieu. — Championnière et Rigaud, n° 697.

149. — Jugé, en conséquence, que lorsque des stipulations ne renferment que des obligations subordonnées à un événement incertain, et par conséquent à une condition suspensive, il n'y a pas lieu jusqu'à cet événement de percevoir le droit proportionnel. — *Cass.*, 19 juin 1826, Dumaine; 12 juill. 1832, Berthelin.

150. — Tel est le cas où le vendeur d'un immeuble qui en a été reconnu propriétaire par un arrêt de la cour royale s'engage, si cette propriété lui est enlevée par suite de la cassation de l'arrêt, à rembourser à l'acquéreur le prix de son acquisition et une somme déterminée pour ses impenses et pour dommages-intérêts. — *Cass.*, 12 juill. 1832, Berthelin.

151. — Jugé également que si la cession du droit d'exploiter une mine, est soumise à la condition d'obtenir l'autorisation du gouvernement, elle n'est passible jusque-là que du droit fixe. — *Cass.*, 19 juin 1826, Dumaine.

152. — ...Qu'une promesse de crédit de banque et d'acceptation au profit d'une maison de commerce, pour une somme déterminée, et soumise à la condition suspensive de l'émission des traites, ne donne pas lieu, quant à présent, à la perception du droit proportionnel. — Le droit n'est dû que lors de la réalisation du crédit. — *Cass.*, 10 mai 1831, Beulé; 9 mai 1832, Beulé; 29 avr. 1844 (t. 1er 1844, p. 680), Beaudenom de la Mare; — Décis. min. fin. 16 janv. 1822 et 21 juill. 1824, solut. 18 oct. 1832, délib. 23 juill. 1835; instr. 1410 § 10.

153. — ... Qu'il en est de même de la livraison de valeurs par le crédité en garantie du crédit qui lui est ouvert, cette garantie étant subordonnée à la même éventualité que l'obligation principale et devant en suivre le sort. — *Cass.*, 29 avril 1844 (t. 1er 1844, p. 680), Beaudenom de Lamaze.

154. — Par la même raison, si l'acte ultérieur qui constate la réalisation du crédit jusqu'à concurrence d'une somme déterminée donne lieu à la perception du droit d'obligation, et même, par supposition, à celle du droit de garantie sur cette somme, il n'est dû aucun droit proportionnel sur la remise consentie par le crédité, dans le même acte, de nouvelles valeurs pour garantie d'un nouveau crédit. — Même arrêt.

155. — Lorsqu'un jugement prononce la résolution d'une vente, mais sous la condition expresse que le vendeur remboursera à l'acquéreur son prix ainsi que les frais et loyaux-coûts du contrat, faute de quoi il demeurera déchu du droit de reprendre les biens, il n'y a pas lieu de percevoir immédiatement le droit proportionnel de mutation; et ce n'est qu'au moment de l'accomplissement de la condition que la régie est recevable à l'exiger. — *Cass.*, 27 mai 1823, Vidal.

156. — C'est une clause suspensive que celle qui est apposée à l'adjudication volontaire d'un fonds de commerce, que cette adjudication ne produira son effet et qu'il n'y aura transmission qu'autant que les frais auront été payés dans un délai déterminé et que l'adjudicataire aura fourni caution. — *Cass.*, 8 juill. 1822, Chapuis.

157. — Lorsque dans un contrat de vente d'immeubles indivis, la vente n'est parfaite qu'à l'égard de l'un des copropriétaires vendeurs, et qu'à l'égard des autres elle n'a lieu que sous une condition suspensive, le droit de mutation ne doit être perçu que sur la portion de la vente qui est parfaite et définitive. — *Cass.*, 13 juin 1827, Anthoine.

158. — Quand un tribunal estime, d'après les faits de la cause, qu'une vente n'a été que conditionnelle ou imparfaite, il s'ensuit qu'elle n'est point passible du droit proportionnel. — *Cass.*, 6 janv. 1813, Allagnies; 24 juill. 1815, Fabre; 13 nov. 1815, Caston; 4 fév. 1839 (t. 1er 1839, p. 245), Thiébaut.

159. — Comme autres exemples de ventes faites sous une condition suspensive, soit quant à la perfection du contrat, soit quant à la perfection de l'acte, il faut de plus consulter les décisions rapportées *infrà* nos 3422 et suiv.

160. — La stipulation faite en faveur d'un tiers n'a d'effet à son égard qu'autant qu'il a manifesté l'intention d'en profiter. Ainsi, s'il est décédé sans avoir accepté une acquisition faite en son nom, l'immeuble ne fait point partie de la succession, et le droit de mutation par décès ne doit point être perçu. — *Cass.*, 15 mai 1827, Ligny; — Merlin, *Quest.*, v° *Stipulation pour autrui*, § 8; *Dict. des dr. d'enregistr.*, v° *Succession*, n° 385; Roland et Trouillet, *Dict. d'enregist.*, v° *Succession*, § 6, n° 24; Championière et Rigaud, n° 213.

161. — Lorsque dans un acte de vente l'acquéreur s'oblige à payer une rente à des créanciers du vendeur désigné, et à la charge par eux de justifier de leurs titres, il y a là une condition suspensive, qui ne permet pas de percevoir le droit proportionnel de 1 p. 100, sous prétexte que les titres des créanciers ne seraient pas énoncés dans l'acte. — Solut. 19 déc. 1832.

162. — Mais l'acte par lequel un tiers s'engage envers le débiteur à payer le montant d'une obligation contractée par un acte antérieur, sous la condition qu'il sera subrogé à tous les droits et hypothèques du créancier, ne peut être considéré comme renfermant une condition suspensive. En conséquence, cet acte donne immédiatement ouverture au droit de 1 p. 100. — *Cass.*, 2 mars 1835, Giraud.

163. — L'acte de prêt par lequel l'emprunteur s'est engagé à faire assurer les propriétés hypothéquées au prêteur, et à justifier de l'extinction des hypothèques préexistantes, renferme une condition résolutoire, et non une condition suspensive. En conséquence il est actuellement passible du droit proportionnel d'enregistrement. — *Cass.*, 2 avr. 1845 (t. 1er 1845, p. 712), Ribeyrol.

164. — Il suit donc de tout ce qui précède que lorsqu'un négociant ouvre un crédit de banque et d'acceptations à un autre négociant, qui affecte ses biens par hypothèque, pour sûreté des sommes qui pourront lui être avancées, le droit proportionnel n'est exigible qu'après que l'on a fait usage du crédit ouvert, par l'émission et l'acceptation des lettres de change. — *Cass.*, 10 (et non 31) mai 1831, Naegely. — V. d'ailleurs *suprà* n° 152.

165. — L'acte qui par l'effet de la clause suspensive qui s'y trouve renfermée, n'est passible, au moment de l'enregistrement, que du droit fixe de 1 fr., donne ouverture au droit proportionnel de 1 p. 100 réglé par l'art. 69, § 3, n° 3, L. 22 frim. an VII, aussitôt l'événement de la condition, et la régie, pour établir sa réclamation, peut se fonder sur des actes qui sont affranchis de la formalité de l'enregistrement, si, étant soumis au timbre, il y avait nécessité de les lui représenter. — Spécialement, l'emprunt fait par une commune, mais qui n'a d'abord pu autoriser que la perception appliquée à l'acte simple, parce que le débiteur s'était réservé la faculté de n'en pas user et de faire connaître sa volonté à cet égard durant une certaine époque, est néanmoins soumis au droit proportionnel, lorsque, par la vérification des registres du receveur municipal, par l'inspection de ses comptes et des quittances à l'appui, la régie a acquis la preuve que la somme empruntée doit être réalisée. — *Cass.*, 5 août 1840 (t. 2 1840, p. 293), ville de Tours.

166. — La condition potestative de la part de celui qui s'oblige empêche toute obligation de prendre naissance; il n'y a rien de fait et aucun

droit proportionnel ne peut être perçu. — Championnière et Rigaud, n° 706.

167. — Dans ce cas, l'accomplissement de la condition potestative n'a pas d'effet rétroactif et le contrat ne prend naissance que du jour de l'événement. Il en résulte que, s'il s'agit d'un droit d'acte, la régie ne pourra percevoir qu'autant qu'un nouvel acte formant titre de la convention sera soumis à la formalité, et que, s'il s'agit d'un droit de mutation, elle devra faire les preuves que la loi l'autorise à faire, pour établir l'existence d'une transmission immobilière. — Championnière et Rigaud, n° 707.

168. — Dans les contrats synallagmatiques, la condition potestative suspensive de la part de l'une des parties empêche nécessairement le contrat de se former; la convention n'est pas conditionnelle, mais nulle. Il en résulte que le droit proportionnel ne doit pas être perçu sur l'acte qui contient la stipulation. — Cependant une solution du 17 mars 1832 (Contr n° 2482) porte à penser que la régie restreint le principe appliqué par elle à la donation à la seule espèce de ce contrat; elle a du moins refusé d'en faire l'application au cas d'une vente sous condition potestative de la part de l'acheteur « attendu qu'une convention nulle est sujette aux mêmes droits d'enregistrement que si elle n'était entachée d'aucun vice. » — Championnière et Rigaud, nos 718 et 719.

169. — La règle d'après laquelle la régie ne peut pas toujours percevoir, à titre de supplément, sur l'acte enregistré, le droit de la convention à laquelle l'accomplissement de la condition donne naissance, est applicable dans plusieurs cas, par exemple aux acceptations d'offres réelles, aux ratifications d'actes nuls. — Championnière et Rigaud, n° 721.

170. — Il faut en dire autant des actes qui ne forment que de simples projets. Le droit proportionnel n'en est point exigible, parce que les parties n'y manifestent point la volonté de contracter actuellement et que l'existence de la convention est subordonnée à une condition purement potestative de la part des deux contractans. — Lorsque ultérieurement, les parties réalisent leur projet soit verbalement, soit par écrit, l'acte contenant le projet ne devient pas le titre de l'obligation; dès-lors il n'est passible d'aucun supplément et demeure soumis au droit fixe qu'il a subi. — Championnière et Rigaud, n° 722.

171. — La même raison de décider s'applique aux promesses de faire un contrat; comme elles ne sont pas le contrat lui-même, elles ne donnent pas ouverture au droit proportionnel. — Championnière et Rigaud, n° 723.

172. — La promesse de prêter, est passible du droit proportionnel, quand les termes de paiement de l'obligation sont fixés d'une manière formelle. — Solut. 18 oct. 1832. — Toutefois cette décision ne doit pas être suivie d'une manière absolue. Il faudrait que la promesse de prêter constituât une véritable obligation, et ne dépendît pas pour sa réalisation de la volonté d'une des parties.

173. — Les conditions tacites suspendent la perception, comme les conditions expresses. — Cependant la régie perçoit presque constamment le droit proportionnel sur les contrats soumis à des conditions de cette espèce, par exemple sur les contrats de mariage, sauf restitution, s'il y a lieu. Mais ce système est arbitraire; rien dans la loi ne l'autorise. — Championnière et Rigaud, n° 727.

174. — Décidé cependant qu'il n'est point dû de droit d'enregistrement pour la donation, par contrat de mariage, d'un trousseau livrable au jour de la célébration, et d'une pension payable durant la vie de la donatrice, si celle-ci est décédée avant la célébration du mariage. — Délib., 6 avr. 1841.

175. — De ce que toute condition d'une chose impossible, ou contraire aux bonnes mœurs, ou prohibée par la loi est nulle et rend nulle la convention qui en dépend (C. civ., art. 1172), il en résulte nécessairement l'affranchissement du droit proportionnel; car si l'acte n'est pas nul, il ne peut être considéré que comme portant condition suspensive. — Quant à la condition de ne pas faire de chose impossible, comme elle ne rend pas nulle l'obligation contractée (C. civ., art. 1173), mais qu'elle la suspend, ce qui revient à peu près au même dans l'intérêt des contractans, la perception est également suspendue. — Championnière et Rigaud, n° 728.

176. — « La mauvaise rédaction des actes, disent MM. Championnière et Rigaud (n° 732), laisse souvent incertaine la volonté des parties; de là la difficulté de reconnaître la condition suspensive et de distinguer des clauses qui, comme elles, peuvent se rencontrer dans les contrats et les modifier. — Pour arriver à la bien discerner, il est utile de la comparer avec certaines stipulations, telles que la démonstration, l'assignat, le mode et le terme.



177. — La *démonstration* est la désignation, par une circonstance ou une qualité, soit de la partie avec laquelle on contracte, soit de la chose qui fait l'objet de la stipulation. On la distingue en : 1° *abondante*, quand elle consiste dans l'indication superflue d'une circonstance, à l'égard d'une personne ou d'une chose suffisamment désignée; 2° et *nécessaire*, quand elle tombe sur la substance de la chose et la fait connaître, ou sur la désignation de la personne. — Dans le premier cas, la démonstration diffère essentiellement de la condition et ne suspend pas le contrat; c'est le contraire dans le second cas. — Il en résulte que l'existence d'une démonstration nécessaire suspend la perception, comme la condition suspensive qu'elle constitue ou dont elle est l'équivalent, tandis que la démonstration abondante ne suspend ni l'obligation, ni la perception du droit. — Championnière et Rigaud, t. 1er, n° 735.

178. — Le relatif *qui* ou *que* ne forme ordinairement qu'une démonstration abondante quand il se rapporte à un temps présent ou passé. — Toullier, t. 6, n° 521. — Mais lorsque le relatif *qui* se rapporte à un temps futur, il forme condition suspensive : *relativum qui adjectum verbo futuri temporis facit conditionem et perindè est atque si dictum fuisset si*. — D'Argentré, sur l'art. 221, glos. 4, n° 7; Merlin, *Rép.*, v° *Qui*; Championnière et Rigaud, t. 1er, nos 736 et 737.

179. — Quand la démonstration de l'objet doit servir à l'acquittement de l'obligation, elle prend le nom d'*assignat*. — L'assignat est *démonstratif* lorsque le relatif joint à un verbe futur se rapporte à l'exécution du contrat; alors il ne forme pas condition et n'empêche pas l'ouverture de la perception. — L'assignat est *limitatif* quand on limite la chose à un objet désigné, sans entendre obliger les autres biens du débiteur. Dans ce cas, l'obligation est conditionnelle et la perception suspendue. — Championnière et Rigaud, t. 1er, nos 738 et 739.

180. — Le *mode* est un pacte nécessaire ou une clause ajoutée à la convention principale, ou pour imposer aux contractans certaines obligations, certaines charges qui modifient le contrat; par exemple, en vous vendant, je stipule qu'outre le prix du contrat, vous paierez 300 fr. à Titius. — Le mode ne suspend point, comme la condition, l'accomplissement ni l'exécution de la convention. — Merlin, *Rép.*, v° *Mode*, n° 4. — Il en résulte qu'il n'est point un obstacle à la perception du droit proportionnel. — Il importe donc beaucoup de distinguer si une clause est modale ou conditionnelle. En règle générale, toutes les fois que la convention ne doit être exécutée qu'après la charge, la clause est conditionnelle; mais toutes les fois que l'exécution de la convention doit précéder celle de la charge, la disposition est modale. — Merlin, *ibid.*; Toullier, t. 6, n° 515; Championnière et Rigaud, t. 1er, n° 740.

181. — Le *terme* ne suspendant point l'engagement (C. civ., art. 1185) ne suspend point par conséquent non plus la perception. — Championnière et Rigaud, n° 741.

182. — Lorsque la condition est casuelle, c'est-à-dire qu'elle dépend du hasard et qu'elle n'est nullement au pouvoir du créancier ni du débiteur (C. civ., art. 1169), ou bien encore lorsqu'elle dépend de la volonté d'un tiers, la perception du droit proportionnel est nécessairement suspendue. — Championnière et Rigaud, n° 702.

183. — Ainsi, la stipulation qui ne contient aucun engagement actuel, mais seulement des prévisions sur un événement futur, incertain et indépendant de la volonté des parties, ne peut, avant l'événement de la condition, être considérée comme opérant une obligation passible de droits proportionnels d'enregistrement. Telle est l'obligation de garantie avec hypothèque, consentie au profit d'un individu, pour le cas où un tiers exercerait une action en répétition contre lui. — *Cass.*, 10 janv. 1833, Aumont.

184. — La condition résolutoire ne suspendant pas l'exécution de la convention (C. civ., art. 1183) ne suspend pas non plus la perception du droit proportionnel. — Championnière et Rigaud, n° 459 et 747.

185. — La condition résolutoire diffère de la nullité radicale en ce que la nullité, infectant la convention d'un vice originaire, fait supposer qu'elle n'a jamais existé, tandis que la condition résolutoire ne l'empêche pas d'avoir subsisté valablement. — Championnière et Rigaud, n° 460.

186. — Dans le contrat sous condition résolutoire, il y a deux conventions, l'une pure et simple, et dont le droit est immédiatement exigible; l'autre qui est la résolution, laquelle est soumise



à une condition suspensive. L'exigibilité actuelle du droit proportionnel est donc suffisamment justifiée. — Championnière et Rigaud, n° 747.

187. — C'est, au reste, ce qu'enseignaient les anciens auteurs. — « La condition, dit Boutaric, (*Des lods*, chap. 11, n° 1er), ne tombe point sur la vente, c'est-à-dire qu'il dépend de l'événement de la condition, non point que la vente soit nulle ou valable, mais que la vente soit résolue ou non : *magis est sub conditione resolvi empto, quam sub conditione contracta videatur.* » — L. 1, ff., *De leg. commis.* — Autrefois, les droits de mutation étaient perçus sur les transmissions soumises à des conditions résolutoires sans espoir de répétition, et il ne paraît pas que cette décision ait jamais fait difficulté. — Tiraqueau, *Du retrait conventionnel*, § 6, glos. 2, n° 19; Dumoulin, § 20, glos. 5, n° 24; d'Argentré, art. 64, note 1re, n° 12; Championnière et Rigaud, n° 747.

188. — Toutefois, il y a exception à cette règle : 1° quand l'événement pris pour condition n'est point futur, mais présent ou passé; 2° quand la condition est potestative de la part de celui qui s'oblige. — Championnière et Rigaud, nos 748 et 749.

189. — Mais, dans ce dernier cas, il faut qu'il s'agisse d'un contrat unilatéral; car alors, l'obligation étant nulle, le droit proportionnel ne saurait être exigible. — Il n'en est plus de même à l'égard des contrats synallagmatiques; si l'on ne peut pas faire dépendre de la volonté future de l'une des parties la naissance actuelle du contrat, on peut en faire dépendre la résolution, qui alors se trouve future comme la volonté. Tel est le cas de la clause de réméré. En ce cas, les droits d'enregistrement sont actuellement exigibles; mais ils ne le seront point sur la résolution, quoique résultant de la volonté des parties. — Dumoulin, § 78, glos. 1er, n° 98; Sudre, *Des lods*, § 10, n° 23; Championnière et Rigaud, t. 1er, n° 750.

190. — La faculté de résoudre un contrat ne doit point être confondue avec la faculté de ne point l'exécuter. Leur signe distinctif, assez difficile à saisir, consiste le plus souvent dans l'exécution; ainsi, l'obligation est-elle actuellement exécutée, la condition sera résolutoire et n'empêchera point l'existence du contrat, ni la perception du droit proportionnel. Mais si la convention n'est pas immédiatement suivie d'exécution, elle est nulle; car la condition résolutoire consiste dans la faculté de ne pas exécuter le contrat. — Championnière et Rigaud, n° 751.

191. — Dans les obligations alternatives, il faut distinguer le cas où le choix des choses promises appartient au créancier de celui où il appartient au débiteur. — Championnière et Rigaud, n° 756.

192. — Dans le premier cas, toutes les choses sont dues, mais elles ne le sont toutes et chacune que sous une condition suspensive; d'où il suit que le droit proportionnel n'est point actuellement exigible. — Vainement, on ferait observer que le créancier peut exiger celle des deux choses qu'il lui convient de demander, comme si l'obligation était pure et simple. Cette objection n'aurait rien de concluant : 1° parce que c'est ce qui a lieu toutes les fois que la condition est purement potestative de la part du créancier, et qu'il n'en résulte ni suspension de l'obligation, ni suspension du droit proportionnel; 2° parce que la demande d'une des choses suppose nécessairement le choix fait et arrêté, et par conséquent la condition accomplie, ce qui rend pure et simple l'obligation du débiteur, mais n'empêche pas qu'elle ait été conditionnelle jusque-là. — Championnière et Rigaud, n° 756.

193. — Les mêmes principes doivent s'appliquer à tous les actes où une option est laissée à un créancier; car toute option est nécessairement suspensive de l'obligation jusqu'à ce qu'elle soit exercée. — Championnière et Rigaud, n° 757.

194. — Dans le cas où le choix appartient au débiteur, l'ouverture de la perception est subordonnée à la question de savoir si toutes les choses comprises dans la stipulation le sont également dans l'obligation, de sorte que le débiteur doit chacune d'elles sous la condition suspensive qu'il ne donnera pas les autres. — Si la question est résolue affirmativement, la perception devra être la même que pour le cas où le choix appartient au créancier. Mais si la question est résolue négativement, la perception ne dépend plus des effets de la condition suspensive; car, dans ce système, l'obligation est pure et simple. Il n'y a rien d'incertain quant à son existence; le droit proportionnel est donc actuellement exigible, sauf toutefois la difficulté dans la fixation de la quotité du droit. — Championnière et Rigaud, n° 758 et 759.

195. — Au surplus, quel que soit le système qu'on adopte, le droit proportionnel devient inconstes-

tablement exigible aussitôt que l'obligation cesse d'être alternative. Ainsi, la régie peut réclamer le droit dès que le débiteur ou le créancier ont manifesté le choix. — Championnière et Rigaud, no 760.

196. — Les obligations facultatives diffèrent des obligations alternatives, en ce que dans celles-ci l'obligation est indéterminée, et qu'on ne peut pas dire qu'une chose soit due plus que l'autre; tandis que dans les obligations facultatives une seule chose est due, et la dette est certaine. D'où il suit que dans les obligations facultatives le droit proportionnel est actuellement exigible sur l'obligation principale, mais qu'il ne l'est point sur celle qui est stipulée *in solutionis causâ.* — Championnière et Rigaud, no 762.

197. — Dans les obligations avec clause pénale, il y a deux obligations, l'une actuelle et certaine, l'autre éventuelle, mais dont la condition est telle que le créancier a le droit d'en empêcher l'accomplissement autant que sa nature le permet. Il suit de là que le droit proportionnel n'est actuellement exigible que sur l'obligation principale. — Championnière et Rigaud, nos 763 et 765.

198. — Lorsque l'obligation principale n'est pas exécutée, la condition de l'obligation secondaire s'accomplit; par conséquent celle-ci prend naissance. Il existe alors deux obligations; mais l'exigibilité du droit sur la seconde n'en est pas la conséquence nécessaire. En effet, 1o ou la peine a été stipulée pour simple retard, et alors le créancier peut exiger à la fois et le principal et la peine (C. civ., art. 1229) : dans cette hypothèse, le droit est actuellement exigible sur l'obligation qui constitue la peine; — 2o ou la clause pénale n'a été ajoutée que pour servir de dommages-intérêts, et dans ce cas le créancier ne peut réclamer à la fois la peine stipulée et l'exécution de l'obligation ; il faut qu'il choisisse entre l'une ou l'autre. La perception sur l'obligation accessoire est donc subordonnée au choix du créancier. Si celui-ci renonçait à l'obligation principale et à la peine, il n'y aurait remise qu'à l'égard de la première, à moins qu'il n'eût précédemment opté pour la seconde. —Championnière et Rigaud, t. 1er, no 764.

199. — ... 4o Règle. — *Une même disposition ne peut donner ouverture qu'à un seul droit.* — Championnière et Rigaud, t. 1er, no 772.

200.—Une convention qui, dans un acte, a subi le droit proportionnel, ne peut plus, dans un nouvel acte, donner ouverture à ce droit. — Championnière et Rigaud, no 946.

201. — Dans le concours de plusieurs droits à percevoir sur des mutations dont les unes sont la conséquence des autres, c'est le droit le plus élevé qui doit être perçu. — Solut., 1er déc. 1831.

202.—Mais MM. Championnière et Rigaud (t. 1er, no 38) rejettent une pareille décision par ces motifs : — 1o que le droit d'une convention est perçu selon sa nature, qui ne peut être double; — 2o et que la perception des droits n'est point pour l'administration une faculté, mais un devoir, et l'exécution de la loi dont les dispositions rigoureuses ne laissent rien à l'arbitraire des employés du fisc. Or, en supposant qu'un acte fût susceptible de donner également ouverture à deux droits, un seul étant exigible, on pourrait dire tout au plus qu'il y a doute. Mais alors on devrait prononcer en faveur des contribuables, c'est-à-dire ordonner la perception la moins élevée. L'administration, dans les solutions qu'elle doit prendre, n'est point dispensée de suivre cette règle, parce qu'aux termes de l'art. 63 de la loi de frimaire elle est juge des difficultés; elle cesserait de l'être si, agissant comme partie intéressée, elle se prononçait pour une perception, par cela qu'elle est plus avantageuse au trésor.

203. — De ce que la régie n'aurait, dans le principe, perçu que le droit simple sur une donation par contrat de mariage qui était passible du double droit, il n'en résulte pas contre elle une fin de non-recevoir pour exiger ce double droit. —*Cass.*, 2 mai 1820, Chrestien de Chanteloup.

204. — La perception irrégulière d'un droit de mutation sur des immeubles qui n'avaient pas changé de main, et encore bien que l'action en restitution du droit indûment perçu soit prescrite, ne fait pas obstacle à la perception régulière d'un nouveau droit, lorsque la transmission réelle des mêmes immeubles vient à avoir lieu. — Dans ce cas, la régie n'est pas tenue de souffrir la compensation du droit indûment perçu et non restituable avec celui qui fait l'objet d'une perception régulière. — *Cass.*, 5 juill. 1820, Dibars.

205. — Dans le cas où une vente d'immeuble, faite d'abord par acte sous seing-privé, moyennant un prix déterminé, a été, avant l'expiration des trois mois accordés pour l'enregistrement, réitérée pour un prix moindre, par un acte notarié, sur lequel les droits ont été perçus, la régie n'est pas fondée à exiger l'enregistrement du premier de ces actes, qui se trouve anéanti par le second. — Seulement la régie pourrait, dans les deux ans de la présentation de l'acte notarié à l'enregistrement, demander une expertise à l'effet d'exiger un supplément, dans le cas où le prix énoncé lui semblerait dissimulé et inférieur à la valeur vénale des immeubles. — *Cass.*, 12 août 1829, Noirot.

206. — Par cela que la régie a faussement qualifié un droit par elle réclamé, sa demande ne saurait être rejetée, si d'ailleurs le taux du droit réellement dû est le même que celui exigé. Tel est le cas où la régie réclame, sur la clause d'un acte de partage, le droit de 2 % à titre de soulte mobilière, tandis que la clause contient une dation en paiement qui est passible du même droit. — *Cass.*, 31 juill. 1833, Romanet.

207. — Lorsque les dispositions accessoires ou les conséquences se trouvent dans le même acte que la convention principale, il n'est dû que le droit de cette convention, et les dispositions dépendantes ne donnent ouverture à aucun droit fixe ou proportionnel. — Championnière et Rigaud, t. 2, no 947. — V. le paragraphe suivant.

208. — Dans tout contrat synallagmatique le droit n'est dû que sur l'engagement principal; les obligations corrélatives ne peuvent donner ouverture à un droit proportionnel. En d'autres termes, les divers engagemens des contrats synallagmatiques sont compris sous l'application du droit auquel le contrat est tarifé, et ne peuvent être séparés pour qu'un droit soit perçu sur chacun d'eux. — Championnière et Rigaud, t. 2, no 1554, et t. 3, nos 2362 et 2364.

## Sect. 3e. — *Liquidation des droits.*

209. — Il ne suffit pas qu'une chose ait une valeur pour être soumise au droit; il faut encore que cette valeur soit connue et susceptible d'être exprimée en une somme d'argent, sinon elle échappe à l'impôt. — Championnière et Rigaud, t. 3, no 3143.

210. — Lorsqu'un acte présenté à la formalité ne contient pas les indications suffisantes pour asseoir la perception des droits, les droits doivent compléter par une déclaration ce défaut d'indication. — V. *infrà* no 243.

211. — D'après l'art. 5, L. 22 frim. an VII, il n'y avait point de fraction de centime dans la liquidation du droit proportionnel, et lorsqu'une fraction de somme ne produisait pas un centime de droit, le centime était perçu au profit de la république.

212. — Mais cette disposition a été modifiée par l'art. 2, L. 27 vent. an IX, qui porte que « la perception du droit proportionnel suivra les sommes et valeurs, de 20 fr. en 20 fr., inclusivement et sans fraction. »

213. — Sous la loi du 19 déc. 1790, le droit proportionnel, assis sur chaque série de 100 liv., était dû pour toute la série, par cela seul qu'elle était commencée. — *Cass.*, 16 fév. 1793, Carlet.

214. — Il ne peut être perçu moins de 25 centimes pour l'enregistrement des actes et mutations dont les sommes et valeurs ne produiraient pas 25 centimes de droit proportionnel. — L. 27 vent. an IX, art. 3.

215. — Et cela s'applique non à chaque disposition d'un même acte, mais à l'acte pris dans son ensemble. Ainsi, un bail aux enchères et par lots peut ne donner ouverture sur chaque lot, au taux de 20 cent. par 100 fr., qu'à 4 ou 8 cent. de droit; il suffit que la perception sur l'acte entier produise au moins 25 cent. — Solut. 5 oct. 1825; inst. 1187, § 3.

216. — Les droits des actes dont le prix est stipulé payable en monnaie étrangère, doivent être liquidés et perçus sur le pied du change au jour de la passation des actes. — Déc. min. fin., 24 mai 1793; circ. 27 mai 1793, no 416.

217. — Si la valeur des monnaies étrangères relativement aux monnaies nationales a été réglée par le gouvernement, c'est cette valeur légale qui sert pour la perception des droits et non la valeur ou cours de la bourse ou du commerce. — Déc. min. fin., 27 juill. 1812.

218.—Lorsque, d'après la loi du 9 vendém. an VI, le tribunal a déterminé le montant d'une contrainte pour droit de mutation à raison de l'acquisition d'un domaine soumissionné, il a dû déclarer en même temps que cette somme devait être réduite d'après la valeur des mandats à l'époque de la mutation. — *Cass.*, 25 niv. an XII, Desgoulin.

219. — Lorsqu'un acte translatif de propriété ou d'usufruit comprend des meubles et immeubles, le droit d'enregistrement est perçu sur la totalité du prix, au taux réglé pour les immeubles, à moins qu'il ne soit stipulé un prix particulier pour les objets mobiliers, et qu'ils ne soient désignés et estimés, article par article, dans le contrat. — L. 22 frim. an VII, art. 9. — Nous verrons l'application de cette disposition *infrà* nos 3782 et suiv.

220. — Toutefois, il est à remarquer que l'art. 9 de la loi du 22 frimaire n'a pour objet que les transmissions à titre de *vente*, comme l'indique le mot *prix* dont il se sert. Ainsi une donation de meubles et d'immeubles n'est assujétie qu'aux droits fixés pour chaque nature de biens sur l'évaluation en masse des uns et des autres. — Délib. 1er juill. 1837.

221. — Dans le cas de transmission de biens, la quittance donnée ou l'obligation consentie par le même acte, pour tout ou partie du prix entre les contractans, ne peut être sujette à un droit particulier d'enregistrement. — L. 22 frim. an VII, art. 10.

222. — Ainsi, lorsque dans un contrat de vente il est stipulé que, pour s'acquitter du prix, l'acquéreur a déposé entre les mains du notaire des billets à ordre souscrits par lui, lesquels doivent être remis au vendeur après l'accomplissement des formalités hypothécaires, il n'y a pas de droit à percevoir sur le montant de ces billets qui forment un mode de paiement du prix de la vente. Il n'est dû que le droit fixe de 2 fr. à raison du dépôt. — Solut. 30 nov. 1825; instr. 1187, § 13.

223. — Mais lorsque, dans un acte quelconque, soit civil, soit judiciaire ou extrajudiciaire, il y a plusieurs dispositions indépendantes ou ne dérivant pas nécessairement les unes des autres, il est dû, pour chacune d'elles et selon son espèce, un droit particulier. — L. 22 frim. an VII, art. 11.

224. — Pour qu'une disposition dérive nécessairement de la disposition principale et ne soit point passible d'un droit particulier, il faut qu'elle tienne essentiellement à sa nature et à sa validité, en sorte qu'elle en soit une conséquence nécessaire et indispensable; qu'on ne puisse, en un mot, scinder les deux dispositions sans détruire la contexture même de l'acte. — Masson de Longpré, *Code de l'enregistr.*, no 96.

225. — Lorsque les diverses stipulations d'un même acte ont le même caractère et sont passées entre les mêmes parties, elles ne doivent être considérées comme ne formant qu'un seul objet pour l'enregistrement. — Championnière et Rigaud, t. 4, no 3152.

226. — La ratification donnée par trois cohéritiers parvenus à leur majorité à un acte de partage fait pendant leur minorité avec d'autres héritiers n'est passible que d'un seul droit, attendu que les ratifians n'ont qu'un droit unique. — Solut. 8 oct. 1841.

227. — Lorsque des enfans interviennent dans un acte de vente consenti par leur père à leur frère, ce consentement ne donne pas lieu à un droit particulier, attendu qu'il se lie intimement à la vente, et forme une clause inhérente au contrat. — Solut. 23 avr. 1830, Roland et Trouillet, *Dict. d'enregistr.*, vo *Vente d'immeubles*, § 3, no 21.

228. Les valeurs doivent être séparément soumises à la perception, lorsque les stipulations d'un même acte ont une nature diverse et relativement à l'impôt, ou sont passées entre des parties différentes.—Championnière et Rigaud, *ibid.*

229. — Ainsi, lorsque l'héritier de divers testateurs fait la délivrance d'une somme déterminée par le montant de différens legs qu'ils ont faits à la même personne, il doit être perçu autant de droits fixes qu'il y a de legs ou de testateurs. Car la délivrance de chaque legs étant indépendante de celle des autres, elle peut avoir lieu par acte séparé.—Délib. 7 fév. 1834.

230. — L'acte qui contient tout à la fois une vente d'immeubles et donation du tiers du prix de ces immeubles à l'acquéreur, n'est pas réputé contrat de vente jusqu'à concurrence seulement des deux tiers, et donation d'immeubles pour l'autre tiers. — Au contraire, cet acte renferme tout à la fois une vente pour la totalité, et puis une donation mobilière du tiers du prix, de telle sorte qu'il est d'abord passible, pour le total du prix, du droit d'enregistrement établi sur les ventes, et, pour la donation du tiers, du droit établi sur les donations mobilières. — *Cass.*, 14 (et non 19) mai (et non mars) 1817, Moreau.

231. — Dans les cas où les immeubles situés en pays étrangers sont vendus en France par lots, il doit être perçu autant de droits qu'il y a d'acquéreurs.—Solut. 27 oct. 1836.

232. — Quant à ce qui concerne l'application de l'art. 11, L. 22 frim. an VII, aux dispositions contenues dans des jugemens. — V. *infrà* nos 2817 et suiv.

253. — On ne peut syncoper la perception des droits d'un acte, c'est-à-dire percevoir ceux d'une disposition, et laisser en suspens ceux des autres. — Arg. L. 22 frim. an VII, art. 11 et 57.

254. — La perception des droits d'enregistrement est indivisible; en conséquence l'un des acquéreurs de biens indivis, acquis par un même contrat mais sans solidarité, peut être valablement poursuivi en paiement de la totalité des droits. — *Cass.*, 7 nov. 1821, Decoucy.

255. — Ainsi encore depuis la loi du 28 avr. 1816, les droits d'enregistrement et de transcription auxquels donne ouverture une mutation immobilière sont tellement indivisibles qu'ils doivent supporter simultanément le double droit encouru par le redevable, qui n'a pas rempli la formalité de l'enregistrement dans le délai légal. — *Cass.*, 11 juill. 1836, Cousin-Joly; 21 nov. 1836, Berton; — instr. 1528, § 16, et 1539, § 10.

256. — Une perception peut n'être que provisoire, c'est lorsque les droits perçus ne sont pas liquidés définitivement, et qu'ils peuvent être diminués ou augmentés par suite de circonstances prévues. — *Dict. des dr. d'enreg.*, v° *Perception*, n° 1er.

257. — Mais la perception n'est pas provisoire, quoique les droits puissent être restituables, lorsque l'acte contient tout ce qui est nécessaire pour le réglement de ces droits. Ainsi, bien que l'on restitue les droits perçus sur un contrat de mariage, lorsque ce contrat devient caduc par le défaut de célébration du mariage, la perception n'était pas provisoire; elle était définitive. — *Dict. des dr. d'enregistr.*, v° *Perception*, n° 1.

258. — Les perceptions résultent des actes qui sont présentés aux receveurs, et les droits sont acquis à l'instant même, tels qu'ils ressortent des conventions du contrat, et sans pouvoir être subordonnées à la réalisation éventuelle et plus ou moins éloignée de stipulations renvoyées à des actes postérieurs. — Ainsi, lorsqu'un partage contient inégalité de lots entre les copartageans, le droit de soulte est exigible, nonobstant la clause que l'égalité sera rétablie au moyen de compensation sur le prix de vente d'immeubles indivis. — *Cass.*, 12 nov. 1844 (t. 1er 1845, p. 192), Roger.

259. — Une perception est régulièrement faite, toutes les fois que le receveur a fait une exacte application du tarif et de la loi aux actes présentés ou aux déclarations faites par le contribuable. — *Cass.*, 7 avr. 1840 (t. 1er 1840, p. 730), de Goulles et de Rozières.

240. — En général les droits d'enregistrement ne peuvent se compenser avec les sommes que peuvent avoir à réclamer contre l'état les débiteurs de ces droits, sauf ceux-ci à se pourvoir auprès du gouvernement pour se faire payer. — V. *infrà* nos 4310 et suiv.

## CHAPITRE III. — *Évaluation pour l'assiette du droit proportionnel.*

### Sect. 1re. — *Valeurs sur lesquelles le droit proportionnel est assis.*

241. — En règle générale, le droit proportionnel est assis : 1° pour toutes les transmissions *à titre onéreux* de propriété, d'usufruit ou de jouissance soit de meubles, soit d'immeubles (l'échange excepté), sur le *prix* et le montant des *charges* qui y ajoutent; 2° et pour toutes les transmissions *à titre gratuit* ou *par décès*, sur une *évaluation* de la chose transmise *sans distraction des charges*.

242. — La quotité de l'évaluation varie, comme on va le voir plus bas, suivant la nature des actes et mutations, et le droit est perçu d'après les sommes et valeurs déterminées dans les actes et jugemens, sans préjudice de la faculté qu'a la régie de provoquer une expertise pour insuffisance des sommes et valeurs énoncées.

243. — Si les sommes et valeurs ne sont pas déterminées dans un acte ou jugement donnant lieu au droit proportionnel, les parties sont tenues d'y suppléer, avant l'enregistrement, par une déclaration estimative certifiée et signée au pied de l'acte. — L. 22 frim. an VII, art. 16.

244. — Ainsi la somme que par un concordat le failli s'oblige à payer à ses créanciers étant indéterminée, le droit doit être perçu sur la déclaration des parties. — Solut. 26 avr. 1830.

245. — Les parties ne sont plus obligées de déclarer dans tous les actes translatifs de propriété la valeur des biens, et si elles le font, il ne leur est pas interdit d'exprimer que l'estimation a pour objet l'établissement du droit. — Championnière et Rigaud, *Tr. des dr. d'enregistr.*, t. 4, n° 3268.

246. — Lorsque le prix convenu est moindre que la valeur vénale, les parties doivent être admises à déclarer cette dernière valeur pour servir de base à la liquidation du droit. — Championnière et Rigaud, t. 4, n° 3265.

247. — La déclaration doit être faite par celle des parties qui présente l'acte à l'enregistrement, par un mandataire, par les notaires rédacteurs des actes, par les greffiers et secrétaires qui ont reçu le montant des droits, par les avoués qui requièrent l'enregistrement du jugement et des actes de procédure. — Championnière et Rigaud, t. 4, n° 3267.

248. — La déclaration faite par une partie ne saurait lier la régie. — Jugé dès-lors que l'évaluation faite par les parties d'une charge de vente, même éventuelle, est susceptible du recours à l'expertise. — *Cass.*, 24 juin 1811, Carles.

249. — En cas de refus par les parties de faire et de signer la déclaration dans les cas où elle est prescrite, le receveur peut refuser la formalité. — Délib. 24 mars 1824.

250. — Le receveur pourrait encore, s'il le jugeait préférable, donner la formalité en percevant le droit le plus élevé d'après la nature de l'acte présenté. Tel serait par exemple le cas où un récépissé de sommes n'énonçant pas à quel titre il a été donné, les parties refusaient de déclarer si c'était à titre de prêt ou à titre de libération. Le receveur devrait percevoir le droit d'obligation. — *J. de l'enregistr.*, art. 1897.

251. — Jugé, en ce sens, qu'à défaut de déclaration des parties, la régie peut fixer le montant des droits qu'elle réclame sur des immeubles transmis par décès. — *Cass.*, 19 nov. 1835, Regnauld-Bretel.

252. — A défaut d'évaluation, par les parties, d'une revente même éventuelle, la plus-pétition de la part de la régie ne donne pas lieu d'annuler la contrainte qu'elle a décernée. — *Cass.*, 24 juin 1811, Carles.

253. — Les contraintes signifiées par la régie, et les évaluations par elles faites de la valeur des biens qu'elle soutient être l'objet de mutations secrètes, peuvent servir de base à une condamnation définitive lorsque cette condamnation n'est prononcée que sauf aux parties à passer dans la huitaine du jugement les déclarations exigées par les art. 16 et 17, L. 22 frim. an VII, et 4 de celle du 27 vent. an IX. — *Cass.*, 18 nov. 1835, Furet.

254. — Il suit de là, ajoutent MM. Championnière et Rigaud (t. 4, n° 3400), que les contraintes dans lesquelles le montant du droit est fixé, et même les jugemens prononçant une condamnation au paiement du montant de la contrainte, n'enlèvent pas aux parties le droit de faire une déclaration sur laquelle le droit sera de nouveau liquidé, sauf à la régie à faire la critique par les voies légales.

255. — Par la même raison, quand la perception des droits faite sur un jugement n'a été que provisoire, faute par les parties d'avoir fait, avant l'enregistrement, la déclaration estimative prescrite, la régie peut exiger dans les deux ans du jour de l'enregistrement, la déclaration nécessaire pour établir définitivement les droits dus. — *Cass.*, 4 mars 1823, N...

256. — En tout cas, l'évaluation ne saurait émaner que des parties, ou au moins de la régie, à titre provisoire; les tribunaux seraient sans qualité pour la faire.

257. — Jugé, en ce sens, qu'un tribunal ne peut pas, pour fixer la quotité du droit proportionnel, évaluer d'office un immeuble non estimé par la partie poursuivie en paiement du droit, et qu'il doit simplement ordonner l'exécution de la contrainte décernée par la régie, sauf à la partie à se pourvoir en restitution de droits, s'il y a lieu. — *Cass.*, 24 juill. 1810, Labarre.

258. — ... Qu'un jugement doit être cassé pour avoir évalué arbitrairement les prestations annuelles stipulées dans un bail d'immeubles, et déterminé, d'après cette basse arbitraire, la quotité du droit de mutation par décès. — *Cass.*, 22 fév. 1831, Chaliès.

259. — Jugé également, sous l'empire de la loi du 5 déc. 1790, que lorsqu'un acte énonçait des valeurs déterminées donnant ouverture à un droit proportionnel, et en outre des valeurs indéterminées, les juges ne pouvaient fixer pour le tout un droit provisoire, surtout lorsque le montant de cette évaluation était moindre que le droit à percevoir sur les valeurs déterminées. — *Cass.*, 2 vent. an II, Corsange.

260. — Sous l'empire de la même loi du 5 déc. 1790, le délai d'un an accordé pour faire à l'enregistrement la déclaration de la vraie valeur d'objets donnés par contrat de mariage, et qu'on avait omis d'estimer, ne s'appliquait pas au cas d'une évaluation inexacte. Alors il y avait lieu au double droit. — *Cass.*, 11 vent. an VII, Pidal.





261. — Une autre difficulté se présentait pour la liquidation du droit; c'est quand les valeurs qui doivent servir de base à cette liquidation, se trouvent consister non en une somme d'argent, mais en une quantité de grains ou de denrées.

262. — Des décisions du ministre des finances, des 10 messid. an X et 8 vendém. an XIII, établirent que pour les rentes perpétuelles ou viagères, et pour les baux à loyer ou à ferme, lorsque ces rentes ou baux étaient stipulés payables en nature, ainsi que pour les transmissions, par décès, des biens dont les baux étaient également stipulés payables en nature, l'évaluation, soit du montant des rentes, soit du prix des baux, devait être faite d'après le taux commun résultant des mercuriales des trois dernières années. — Ces décisions furent depuis approuvées et maintenues par un décret du 26 avr. 1808.

263. — Puis est venue la loi du 15 mai 1818, dont l'art. 75 porte : — « Pour les rentes et baux stipulés payables en quantité fixe de grains et denrées dont la valeur est déterminée par des mercuriales, et pour les donations entre-vifs et les transmissions par décès de biens dont les baux sont également stipulés payables en quantité fixe de grains et denrées dont la valeur est également déterminée par des mercuriales, la liquidation du droit proportionnel d'enregistrement sera faite d'après l'évaluation du montant des rentes ou du prix des baux résultant d'une année commune de la valeur des grains ou autres denrées, selon les mercuriales du marché le plus voisin. — On formera l'année commune d'après les quatorze dernières années antérieures à celle de l'ouverture du droit : on retranchera les deux plus fortes et les deux plus faibles; l'année commune sera établie sur les dix années restantes. »

264. — A défaut de mercuriales dans un marché, ou s'il y avait des lacunes, il faut y suppléer en faisant constater par l'autorité locale des appréciations, soit sur le rapport des marchands de chaque espèce de denrées, soit d'après tout autre renseignement, et faire approuver ces appréciations par le préfet. — Délib. 31 mai 1820. — Cette décision est applicable au paiement des rentes dues au domaine. — *Dict. des dr. d'enreg.*, v° *Valeur*, n° 38.

265. — Quand les biens affermés sont situés hors de l'arrondissement du bureau où la perception est faite, et que les parties ne justifient pas des mercuriales du lieu, on doit prendre provisoirement pour base de la perception les mercuriales en usage dans le bureau. — Circul. 926; — Roland et Trouillet, *Dict. d'enreg.*, v° *Mercuriales*, n° 10.

#### § 1er. — *Meubles.*

266. — La valeur de la propriété, de l'usufruit et de la jouissance des biens meubles, est déterminée, pour la liquidation et le paiement du droit proportionnel, ainsi qu'il suit : — L. 22 frim. an VII, art. 14.

267. — ... 1° Pour les baux et locations, le droit est dû sur le prix annuel exprimé en y ajoutant les charges imposées au preneur. — L. 22 frim. an VII, art. 14, n° 1er.

268. — ... 2° Pour les créances à terme, leurs cessions et transports, et autres actes obligatoires, le droit est dû sur le capital exprimé dans l'acte. — L. 22 frim. an VII, art. 14, n° 2.

269. — La perception du droit proportionnel sur une créance s'effectue sur le capital exprimé dans l'acte, quelle que soit la valeur intrinsèque de ce capital, et sans qu'il soit permis de rechercher si la créance se compose de billets de caisse dont le taux est au-dessous du prix. — *Cass.*, 3 nov. 1807, Francq.

270. — Le droit d'enregistrement sur une cession de créance doit être perçu, non sur le prix de la cession, mais sur le capital transporté. — déc. min. fin. 8 germin. an VIII; délib. 16 juin 1829 et 16 avr. 1833.

271. — Il en est de même de la cession d'une créance litigieuse. — Délib. 2 oct. 1829. — Toutefois, relativement à la cession d'une créance sur un failli, il a été statué que la perception serait provisoirement établie sur l'intégralité de la créance, sauf réduction ultérieure, s'il était justifié qu'elle a été diminuée par suite de la liquidation de la faillite. — Délib. 25 sept. 1829.

272. — Lorsqu'une créance est cédée en paiement d'un prix de vente, bail à nourriture ou autre convention, comme la cession n'est alors qu'un mode de paiement, il en résulte que si le capital de la créance cédée est supérieur au prix, ce n'est cependant que sur ce prix que le droit doit être perçu, et non pas sur le capital. — Solut. 14 mars 1837.

273. — Si la cession d'une créance comprend les intérêts échus, le droit se liquide sur le capital et sur ces intérêts. — Décis. min. fin. 1er fév. 1822.

274. — Le droit de 1 0/0 à percevoir sur l'hypothèque supplémentaire doit être liquidé sur le capital entier de la créance, lors même que les immeubles affectés seraient d'une valeur inférieure à ce capital. — Délib. 11 fév. 1834.

275. — Lorsque la nue-propriété d'une créance forme seule l'objet du transport, c'est encore sur le capital de la créance et non sur le prix de la cession que le droit doit être perçu. — Délib. 9-17 mai 1834.

276. — Le droit de la cession de l'usufruit d'une créance doit être liquidé sur un capital formé de dix fois la rente ou l'intérêt, quel que soit le prix du transport. — Délib. 10 mai 1833.

277. — ... 3° Pour les quittances et tous autres actes de libération, le droit est dû sur le total des sommes ou capitaux dont le débiteur se trouve libéré. — L. 22 frim. an VII, art. 14, n° 3.

278. — Bien que la quittance d'un capital donnée sans réserve des intérêts en fasse présumer le paiement, cependant le droit n'est point exigible sur ces intérêts, attendu qu'une simple présomption n'exclut pas la preuve contraire, et qu'ensuite en supposant que la libération existe, elle ne vient pas de la quittance; or, le droit ne saurait être perçu au-delà de ce que le titre exprime. — *Journ. de l'enreg.*, art. 179; Décis. min fin., 28 juin 1808, Solut. 27 mars 1827; Instr. 390, nos 11 et 1229, § 9.

279. — La quittance partielle mise au dos d'un billet n'est passible du droit d'enregistrement qu'autant que les parties réclament la formalité pour cette quittance même; car l'enregistrement des actes non translatifs de propriété ou d'usufruit d'immeubles est toujours facultatif. Mais si l'enregistrement est requis, il n'y a pas lieu, comme on le faisait autrefois, de ne percevoir le droit proportionnel que sur ce qui reste dû. — Délib., 29 prair. an VII.

280. — La déclaration d'un créancier que le montant d'un billet ne lui est plus dû équivalant à quittance, il s'ensuit que le droit est exigible sur ce montant. — Solut. 16 janv. 1833; Délib. 27 août 1833.

281. — La libération qui s'opère par compensation (C. civ., art. 1289 et suiv.) est passible du droit de quittance sur le montant d'une seule des dettes éteintes. — Délib. 8 sept. 1821.

282. — Lorsqu'il résulte d'un consentement à radiation que la cause de l'inscription ne subsiste plus, sans qu'il soit fait mention d'une quittance enregistrée, il y a lieu de percevoir le droit de quittance, mais point de droit fixe sur le consentement qui n'est qu'une suite de la libération. — Décis. min. fin. 25 sept. 1827; Instr. 1229, § 9.

283. — ... 4° Pour les marchés et traités, le droit est dû sur le prix exprimé ou l'évaluation des objets qui en sont susceptibles. — L. 22 frim. an VII, art. 14, n° 4.

284. — ... 5° Pour les ventes et autres transmissions à titre onéreux, le droit est dû sur le prix exprimé et le capital des charges qui peuvent ajouter au prix. — L. 22 frim. an VII, art. 14, n° 5. — Il en est de même pour les transmissions à titre onéreux des offices. — L. 25 juin 1841, art. 7.

285. — Si, dans une vente aux enchères d'objets mobiliers faite à terme, le procès-verbal porte que les acquéreurs qui ne se libéreront pas dans le délai indiqué, paieront une indemnité de 5 p. 0/0 de la somme par eux due, ces 5 p. 0/0 ne doivent pas être ajoutés au montant de la vente pour la perception du droit; car c'est là une sorte de compensation du retard apporté dans le paiement, et non une charge qui ajoute au prix de la vente. — Délib. 19 janv. 1837.

286. — Tout ce qui excède cinq centimes par franc pour droits, honoraires et frais de vente, dans les ventes de meubles, objets mobiliers, récoltes et coupes de bois, doit être ajouté au prix. — Solut. 19 avr. 1826; instr. 1200, § 21. — En ce qui concerne les ventes d'immeubles, V. *infrà* nos 350 et suiv.

287. — La réserve d'usufruit, dans une vente d'immeubles, ne donne lieu à aucune addition au prix stipulé pour la perception. — Décis. min. fin. 11 août 1812.

288. — Le droit proportionnel sur l'abandon par suite de sinistre, que l'assuré fait à l'assureur maritime pour obtenir le paiement de la somme convenue par la police d'assurance, est liquidé, non sur la valeur de la chose assurée, mais seulement sur celle des objets abandonnés. — Délib. 11 déc. 1832.

289. — ... 6° Pour les créations de rentes, soit perpétuelles soit viagères, ou de pensions, aussi à titre onéreux le droit est dû sur le capital constitué et aliéné. — L. 22 frim. an VII, art. 14, n° 6.

ENREGISTREMENT, ch. 3, sect. 1re.

290. — Lorsqu'une rente stipulée remboursable en argent ou en grains à la volonté du prêteur, est constituée moyennant un capital déterminé, le droit doit être liquidé sur ce capital, bien que la valeur des grains, d'après les mercuriales, excède le capital en argent. — Décis. min. fin., 5 fév. 1830.

291. — La retenue faite par le débiteur sur le paiement des arrérages d'une rente ne diminue pas le capital nominal de la rente, et par conséquent ne peut être déduite pour la perception des droits. — Solut. 16 mars 1822; — *Dict. des dr. d'enreg.*, v° *Valeur*, n° 33.

292. — ... 7° Pour les cessions ou transports des rentes ou pensions constituées à titre onéreux, ou pour leur amortissement ou rachat, le droit est dû sur le capital constitué, quel que soit le droit stipulé pour le transport ou l'amortissement. — L. 22 frim. an VII, art. 14, n° 7.

293. — La valeur d'une rente aliénée par vente forcée en justice, après expertise, sur la tête d'un curateur à une succession vacante, est déterminée pour la liquidation du droit proportionnel, par le prix d'adjudication et non par le capital de la rente. — *Cass.*, 1er avr. 1816, Mathieu. — Car alors on ne peut supposer une dissimulation de prix. — *Dict. des dr. d'enreg.*, v° *Rente*, n° 23. — Décidé de même quand la cession est faite par adjudication devant un notaire commis. — Délib. 29 mars 1823, et 16 mai 1837; Solut. 8 déc. 1829; Instr. 1307, § 1er.

294. — ... 8° Pour les transmissions entre-vifs, à titre gratuit, et celles qui s'opèrent par décès, le droit est perçu sur la déclaration estimative des parties, sans distraction des charges. — L. 22 frim. an VII, art. 14, n° 8.

295. — Le plus souvent on considère comme déclaration estimative: 1° dans le cas de transmission entre-vifs à titre gratuit, l'état estimatif annexé à l'acte de donation entre-vifs; 2° et dans le cas de mutation par décès, l'inventaire fait à la requête des héritiers ou ayant-droit.

296. — Lorsque la déclaration d'objets mobiliers transmis après décès n'a lieu qu'après qu'ils ont été vendus aux enchères, le droit de succession se règle sur le prix de la vente, et non sur le montant de leur estimation dans l'inventaire. — Délib. 5 nov. 1833. — V. *contrà* jug. trib. de la Seine, 15 janv. 1835; — délib. 12 mai 1835.

297. — Lorsque, par transaction avec le débiteur, l'époux survivant, donataire en usufruit d'une rente viagère, renonce à son usufruit moyennant un prix moindre que le capital, il doit payer le droit de mutation par décès sur ce capital et non sur le prix de la renonciation. — Délib. 19 nov. 1833.

298. — Le droit de mutation par décès sur les rentes constituées doit être réglé d'après les capitaux de constitution, et non sur la déclaration estimative de l'héritier. — *Cass.*, 28 messid. (et non 23 ni 27) an XIII, Stalpaert.

299. — ... Ni d'après leur prix vénal ou d'estimation. — *Cass.*, 4 mai 1807, Stréobault.

300. — Lorsque, d'après la loi du 18 juill. 1836, il y a lieu à la perception du droit proportionnel sur la donation entre-vifs de rentes sur l'état, le droit est liquidé sur la valeur réelle de la rente d'après *le cours moyen* de la bourse de Paris au jour de la donation (art. 6). — Ce cours moyen de la rente doit être formé du cours le plus bas et du cours le plus élevé de la bourse de Paris, selon le *Moniteur* au jour de la donation. — Instr. 18 juil. 1836.

301. — Relativement aux actions de la banque de France, on avait d'abord pensé que leur valeur devait être déterminée, 1° par le capital primitif de ces effets; 2° et par le montant des accroissemens résultant, lors du décès, du droit accordé à chaque action sur les fonds de réserve. — Déc. min. fin., 21 sept. 1810; instr. 520, n° 1er. — Mais décidé depuis qu'on devait prendre la valeur de ces actions d'après le cours moyen de la bourse de Paris au jour du décès ou la veille de ce jour, s'il n'y avait pas eu de bourse. — Et ce même mode est applicable aux transmissions de ces effets par acte entre-vifs. — Décis. min. fin., 27 août 1816; instr. 747.

302. — Lorsque des valeurs mobilières, soumises à la jouissance de l'usufruit, ne se retrouvent pas en nature dans la succession de celui-ci, le montant de ces valeurs réclamé par le nu-propriétaire est une charge de la succession; il ne peut être distrait des valeurs héréditaires et doit être compris dans les biens à déclarer par les héritiers de l'usufruitier. — Délib., 8 fév. 1831.

303. — De même, quand une créance a été léguée à la charge d'un usufruit dont la grevait en même temps le testateur, le droit de mutation doit être perçu sur le capital intégral de cette créance, sans distraction de la valeur de l'usufruit; cet usufruit est une charge de la créance léguée. — *Cass.*, 4 août 1842 (t. 21843, p. 20), Bourgeois.



304. — Mais un fonds social ne pouvant être évalué que déduction faite des dettes dont la société est grevée, il en résulte qu'en cas de dissolution d'une société commerciale par le décès de l'un des associés, les droits de mutation pour la part revenant à cet associé dans le fonds social, ne doivent être calculés et perçus que déduction faite des dettes de la société. — *Cass.*, 3 (et non 6) mars 1829, Rabot.

305. — Dans le cas de transmission d'un office et des objets en dépendant par suite de disposition gratuite entre-vifs ou à cause de mort, le droit est perçu sur l'acte ou écrit constatant la libéralité, d'après une évaluation en capital. — L. 25 juin 1841, art. 8.

306. — Lorsque l'office transmis par décès passe à l'un des héritiers, le droit est évalué d'après le prix exprimé dans l'acte de cession et le capital des charges qui peuvent ajouter au prix. — L. 25 juin 1841, art. 9. — Quand l'office passe à l'héritier unique du titulaire le droit est perçu d'après une déclaration estimative de la valeur de l'office et des objets en dépendant. — *Ibid.*

307. — Décidé, avant la loi du 25 juin 1841, que bien qu'un office ait été vendu par les héritiers à un prix supérieur au montant de l'estimation portée dans la déclaration qu'ils en ont faite après le décès du titulaire, la régie ne peut réclamer à cet égard un supplément de droit. — Décis. min. fin., 13 août 1832.

308. — ... 9° Pour les rentes et pensions créées sans expression de capital, leurs transports et amortissemens, le droit est perçu à raison d'un capital formé de vingt fois la rente perpétuelle, et de dix fois la rente viagère ou la pension, et quel que soit le prix stipulé pour le transport ou l'amortissement. — Il n'est fait aucune distinction entre les rentes viagères et pensions créées sur une tête et celles créées sur plusieurs têtes, quant à l'évaluation. — Les rentes et pensions stipulées payables en nature sont évaluées aux mêmes capitaux, d'après l'estimation des objets suivant les dernières mercuriales du canton de la situation des biens ou de celles du canton où l'acte a été passé. — L. 22 frim. an VII, art. 14, n° 9.

309. — Ainsi, c'est sur le capital au denier dix, et non sur le prix stipulé, que doit être assis le droit de cession ou transport d'une rente viagère, lorsque le capital n'en est pas indiqué. — Délib. 15 mai 1838.

310. — Le droit dont est passible la cession de l'usufruit d'une rente viagère, doit être perçu sur un capital formé de dix fois la rente, quel que soit le prix de la cession. — Délib., 10 mai 1833.

311. — Lors même que le transport d'une rente constituée a eu lieu avec réserve d'usufruit au profit du cédant, le droit proportionnel n'en est pas moins dû sur le capital entier, sans aucune distraction pour la valeur de l'usufruit réservé. — *Cass.*, 1er sept. 1806, Lallier.

312. — Une pension annuelle constituée par le père dans le contrat de mariage de sa fille, avec réserve et faculté de l'éteindre par le paiement d'un capital exprimé, et stipulation de retour dans le cas de prédécès de la donataire et de ses enfans sans postérité, doit être considérée, non comme une rente personnelle, mais comme une rente viagère dont la valeur doit être déterminée, pour le paiement du droit proportionnel, à raison d'un capital formé de dix fois la rente. — *Cass.*, 22 fév. 1832, Vachin. — Délib. 8 mai 1833; — Rigaud et Championnière, *Dict. dr. d'enreg.*, t. 4, n° 3653.

313. — La donation d'une rente annuelle de 500 fr. payable pendant la vie des donateurs, sans expression de capital, mais pouvant être éteinte par le paiement d'une somme de 10,000 fr., rapportable à la succession des donateurs, est passible du droit proportionnel sur cette dernière somme. — Délib., 26 déc. 1834.

314. — Le droit dû sur une constitution de pension par un père à son fils pour le temps qu'il sera auditeur au conseil d'état, ne doit être assis que sur un capital formé de six fois cette pension, attendu que le stage des auditeurs ne peut se prolonger au-delà de six ans. — Délib., 18 mai 1825.

315. — La valeur d'une rente créée pour prix d'immeubles est réputée meuble, et doit être déterminée, pour la liquidation du droit proportionnel d'enregistrement, à raison d'un capital formé de vingt fois la rente, quel que soit le prix stipulé pour son amortissement. — *Cass.*, 19 mai 1834, Martel.

316. — Le droit d'enregistrement pour rente perpétuelle créée sans expression de capital est dû à raison d'un capital formé de vingt fois cette même rente, quel que soit d'ailleurs le prix stipulé entre les contractans, en cas de rachat ou amortissement. — *Cass.*, 17 déc. 1834, Benazech et Carayon. — V. les observations de MM. Championnière

nière et Rigaud (*Tr. dr. d'enreg.*, n° 3208) sur cet arrêt et le précédent.

317. — Lorsque les rentes et pensions consistent en grains et denrées, l'évaluation doit s'en faire d'après les mercuriales, suivant le mode tracé *suprà*, nos 262 et suiv.

318. —... Pour les actes et jugemens portant condamnation, collocation, liquidation ou transmission, le droit est dû sur le capital des sommes et des intérêts et dépens liquidés. — L. 22 frim. an VII, art. 14, n° 10.

319. — Le droit d'un jugement qui condamne des enfans au paiement d'une pension alimentaire, doit être réglé sur le capital au denier dix de la pension allouée. — Décis. min. fin. 14 juin 1808; instr. 390, n° 7.

320. — Il en est de même du droit dû sur un jugement qui condamne un mari à payer à sa femme une provision annuelle pendant la durée du procès en séparation. — Solut. 13 nov. 1830.

321. —... 11° L'usufruit de biens meubles transmis à titre gratuit s'évalue à la moitié de la valeur entière de l'objet. — L. 22 frim. an VII, art. 14, n° 11. — Il faut de plus consulter ce qu'on dit, *infrà*, nos 466 et suiv., au sujet des immeubles.

§ 2. — *Immeubles.*

322. — La valeur de la propriété, de l'usufruit et de la jouissance des immeubles, est déterminée, pour la liquidation et le paiement du droit proportionnel, ainsi qu'il suit. — L. 22 frim. an VII, art. 15.

323. —... 1° Pour les baux à ferme ou à loyer, les sous-baux, cessions et subrogations de baux, le droit est dû sur le prix annuel exprimé, en y ajoutant les charges imposées au preneur. — L. 22 frim. an VII, art. 15, n° 1er.

324. — Le paiement de la contribution foncière par le fermier ou locataire constitue une charge qui doit être ajoutée au prix. A défaut de justification, la quotité de cette contribution s'évalue au quart du prix annuel, sauf restitution, s'il y a lieu, dans les deux ans de la perception. — Délib., 9 brum. an VII, et 19 juin 1825.

325. — Mais les réparations locatives, la contribution mobilière et celle des portes et fenêtres constituant une obligation personnelle au preneur ne doivent point être ajoutées au prix du bail. — Masson de Longpré, *Code de l'enreg.*, n° 293.

326. — Lorsqu'un fermier s'est obligé, indépendamment du prix de son bail, d'élever à ses frais des constructions sur les biens affermés, sans que le bailleur se soit engagé à rembourser aucune portion du prix à l'expiration du bail, cette clause doit être considérée, non comme un marché, mais comme un accroissement réel du prix du bail pour le preneur. En conséquence, la valeur de ces constructions doit être ajoutée au montant du loyer. — Solut. 21 mars 1833; délib. 14 mars 1834. — Mais si un prix devait être payé pour ces constructions, il y aurait là un marché passible d'un droit proportionnel particulier, indépendamment du droit de bail. — Délib. 19 oct. 1827 et 17 avr. 1829.

327. — Lorsque de deux individus associés pour l'exploitation d'un bail à ferme, l'un cède à l'autre, moyennant une somme, ses droits dans l'association, le droit proportionnel de cession doit être perçu, non seulement sur l'indemnité stipulée, mais encore sur la portion de fermages que le cédant aurait été tenu de payer pendant tout le restant du bail. — *Cass.*, 30 juin 1806, Giacomotti.

328. — Lorsque la cession d'un bail à domaine congéable est faite moyennant une somme d'argent et à la charge d'une rente convenancière due par le cédant, le droit proportionnel d'enregistrement doit être perçu tant sur la somme à payer que sur la charge d'acquitter la rente convenancière. — *Cass.*, 13 (et non 8) nov. 1836, Mazurié.

329. — Si le bail est stipulé payable en nature, il en est fait une évaluation d'après les dernières mercuriales du canton de la situation des biens à la date de l'acte, à l'appui duquel il doit être rapporté un extrait certifié des mercuriales. — L. 22 frim. an VII, art. 15, n° 1er. — En ce qui concerne les mercuriales, V. *suprà*, nos 262 et suiv.

330. — Les dispositions ci-dessus sont également applicables aux baux à portion de fruits, pour la part revenant au bailleur, dont la quotité doit être préalablement déclarée, et sur la valeur de laquelle le droit d'enregistrement sera perçu. — L. 22 frim. an VII, art. 15, n° 1er.

331. — Le décret du 26 avr. 1808 et la loi du 15 mai 1818 n'ont pas modifié la législation antérieure en ce qui concerne l'évaluation des denrées dans les baux à portions de fruits. On doit donc prendre pour base de l'estimation, dans ce cas, l'art. 15, L. 22 frim., qui prescrit de s'arrêter aux



dernières mercuriales du canton de la situation des biens, et non celles des trois dernières années. — Roland et Trouillet, *Dict. d'enreg.*, v° *Mercuriales*, n° 5.

332. — Toutefois, comme la loi du 22 frim. an VII ne détermine pas le nombre de mercuriales à consulter, un jugement a pu, sans encourir la cassation, décider que le droit d'enregistrement dû sur les baux à colonage ou portion de fruits devait être liquidé en prenant pour base seulement les mercuriales des trois années précédentes, conformément à l'art. 15, L. 22 frim. an VII, et au décret du 26 avr. 1808, et non d'après l'année commune des quatorze années antérieures, suivant l'art. 75, L. de finances 15 mai 1818. — *Cass.*, 9 mai 1826, Deyres et Fourcade.

333. — Le droit d'enregistrement d'un bail à portion de fruits ne doit être assis que sur la valeur de la portion de fruits à revenir au propriétaire. — Délib. 11 avr. 1832.

334. — Enfin, s'il s'agit d'objets dont la valeur ne puisse être constatée par les mercuriales, les parties en doivent faire une déclaration estimative. — L. 22 frim. an VII, art. 15, n° 1er.

335. —... 2° Pour les baux à rentes perpétuelles et ceux dont la durée est illimitée, le droit est dû sur un capital formé de vingt fois la rente ou le prix annuel et les charges aussi annuelles, y compris les autres charges en capital, et les deniers, s'il en est stipulé. Les objets en nature s'évaluent comme ci-dessus. — L. 22 frim. an VII, art. 15, n° 2.

336. — Quant à ce qui concerne l'évaluation des rentes payables en grains, V. ce qu'on a dit *suprà* nos 262 et suiv., au sujet des mercuriales.

337. — L'évaluation à vingt fois la rente n'a lieu que pour le cas où le bail n'exprime point de capital; mais si ce capital est exprimé, comme le preneur n'est tenu que de le rembourser, c'est ce capital qui forme le prix et qui doit servir de base à la perception. — Solut. 22 messid. an VIII.

338. —... 3° Pour les baux à vie, sans distinction de ceux faits sur une ou plusieurs têtes, le droit est dû sur le capital formé de dix fois le prix et les charges annuelles, en ajoutant les deniers d'entrée et autres charges, s'il s'en trouve d'exprimées. Les objets en nature s'évaluent pareillement comme il est prescrit ci-dessus. — L. 22 frim. an VII, art. 15, n° 3.

339. — Doivent être réputés baux à vie les baux stipulés pour un nombre d'années déterminé, et ensuite pour autant d'années qu'il plaira aux parties, suivant les conditions exprimées dans l'acte, parce qu'alors ils sont censés n'avoir pour terme de leur durée que le décès de l'une des parties. — Solut. 22 pluv. an VIII.

340. —... 4° Pour les échanges, le droit est dû sur l'évaluation en capital d'après le revenu annuel multiplié par 20, sans distraction des charges. — L. 22 frim. an VII, art. 15, n° 4.

341. — Lorsque, dans un contrat d'échange fait sans soulte ni retour, les immeubles échangés sont déclarés de la même valeur, toutes charges comprises, et que, néanmoins, l'un est grevé de plus de charges que l'autre, on doit percevoir le droit proportionnel sur l'excédant, indépendamment de celui dû sur le prix déclaré. — *Cass.*, 14 vent. an XIII, Roques et Berscilles.

342. — Lorsque les parties déclarent, dans un contrat d'échange, que le revenu des immeubles échangés est de valeur égale, attendu qu'on n'a point distrait de l'un des revenus la charge de payer un créancier hypothécaire, le receveur de l'enregistrement n'est pas obligé de s'en rapporter à cette déclaration ou de demander une expertise. Dans ce cas, la combinaison des diverses clauses de l'acte établissant qu'il y a eu soulte ou retour, le receveur peut, sans égard pour la déclaration des parties, percevoir sur cette soulte un droit proportionnel de 5 1/2 %. — *Cass.*, 28 avr. 1830, Boissard.

343. — En matière d'échange d'immeubles, le droit proportionnel d'enregistrement relatif à la plus-value composée en argent doit être liquidé d'après une évaluation en capital du revenu, multiplié par 20, lequel, en cas d'expertise, doit seul servir de base. — *Cass.*, 29 avr. 1811, Morlet.

344. — La plus-value des biens compris dans un acte d'échange se constate d'après le revenu annuel multiplié par 20, et non d'après le prix exprimé au contrat. Ces mots : *comme pour vente*, qu'on lit dans le n° 3, § 5, art. 69, L. 22 frim. an VII, veulent dire que l'échange doit être assimilé à la vente, quant à la fixation seulement des droits en cas de retour, mais non quant au mode d'évaluation des biens; à cet égard, l'art. 69 ne déroge pas à l'art. 15, n° 4, même loi. — *Cass.*, 22 fév. 1843 (t. 2 1843, p. 31), de Lorge.

345. — Pour fixer le montant du droit de muta-



tion sur un échange fait avec retour ou plus-value, la régie ne peut être forcée de recourir à l'expertise, dans le cas où elle prétend qu'il y a eu dissimulation de prix. — *Cass.*, 13 déc. 1809, Quentin; 29 avr. 1812, Morlet.

346. — Dans ce cas, elle peut fonder son évaluation sur un bail courant, sans être obligée de recourir à l'expertise. — *Cass.*, 13 déc. 1809, Quentin.

347. — ...Ou bien faire l'évaluation d'après la comparaison du revenu des deux immeubles multiplié par 20. — *Cass.*, 29 avr. 1812, Morlet.

348. — ... 5° Pour les engagemens, le droit est dû sur les prix et sommes pour lesquels ils sont faits. — L. 22 frim. an VII, art. 15, n° 5.

349. — L'antichrèse, telle que la définit l'art. 2085, C. civ., est un engagement; toutefois il n'y a antichrèse que jusqu'à concurrence de la valeur des biens dont la jouissance est accordée au créancier. — Déc. min. fin. 3 nov. 1820.

350. —... 6° Pour les ventes, adjudications, cessions, rétrocessions, licitations et tous autres actes civils ou judiciaires portant translation de propriété ou d'usufruit à titre onéreux, le droit est dû sur le prix exprimé, en y ajoutant toutes les charges, en capital, ou par une estimation d'experts dans le cas autorisé par la loi. — L. 22 frim. an VII, art. 15, n° 6.

351. — Une charge même éventuelle imposée à un acquéreur, doit être évaluée et ajoutée au prix pour la perception des droits. — *Cass.*, 24 juin 1811, Carles.

352. — Le droit de mutation pour une vente doit se percevoir sur la totalité du prix exprimé au contrat, et non sur ce qui en reste dû au moment où l'acte est présenté à l'enregistrement. — *Cass.*, 6 (et non 8) frimaire an XII, Zimmermann.

353. — Le droit proportionnel sur une vente étant dû dès le jour du contrat, en raison de la valeur réelle et vénale de l'objet vendu, et non pas seulement d'après le prix porté dans l'acte, il en résulte que si, sur la poursuite de la régie, il est constaté que la valeur de cet objet excède le prix stipulé, la régie peut exiger un supplément de droit pour plus-value, lors même qu'à cette époque la vente aurait été rescindée pour lésion de plus de sept douzièmes. — *Cass.*, 18 fév. 1829, Goll.

354. — Lorsque la régie ayant formé, comme créancière hypothécaire, une surenchère sur un immeuble vendu amiablement, l'acquéreur a transigé avec elle et s'est obligé de payer le supplément du prix résultant de la surenchère, il y a lieu de percevoir sur ce supplément le droit proportionnel de vente. — *Cass.*, 17 mars 1806, Lacis.

355. — Le droit proportionnel pour vente doit être perçu, non seulement sur le prix stipulé en argent, mais encore sur la valeur donnée dans l'acte aux marchandises faisant partie de ce prix. — *Cass.*, 14 mai 1823, Dufour et Salabert.

356. — Lorsque l'acte de vente contient un prix d'achat plus considérable en raison de réparations que le vendeur s'est obligé à faire à l'immeuble, ces réparations faisant corps avec cet immeuble, en augmentent la valeur; par conséquent le droit proportionnel de vente doit être également perçu sur la portion du prix correspondant à ces réparations. — Avis cons. d'état, 12 fév. 1811, app. le 27; instr. 512.

357. — Lorsque des constructions ont été élevées sur un immeuble appartenant à plusieurs communistes, il y a présomption que ces constructions ont été faites par tous et qu'elles leur appartiennent. Et cette présomption ne saurait être détruite, à l'égard de la régie, par la simple déclaration des communistes que les constructions ont été faites pour le compte d'un seul et payées par lui. — *Cass.*, 26 juin 1837 (t. 2 1837, p. 84); 22 avr. 1840 (t. 2 1840, p. 65), Ledoux.

358. — En conséquence, c'est eu égard à l'augmentation de valeur que ces mêmes constructions ont donnée à l'immeuble que doit être perçu le droit de mutation sur la vente que l'un des communistes a faite de sa part dans l'immeuble à celui qu'on déclarait avoir fait les constructions. — *Cass.*, 26 juin 1837 (t. 2, 1837, p. 84), Ledoux.

359. — Toutefois la présomption que les constructions ont été faites par tous les communistes, cesse si indépendamment de la déclaration des communistes que les constructions ont été faites pour le compte d'un seul, il est reconnu en fait, 1° que le communiste acquéreur a seul payé les fournisseurs et ouvriers, qui n'ont traité qu'avec lui et ne se sont adressés qu'à lui; — 2° qu'il a soutenu seul un procès à l'occasion d'une fourniture de matériaux; — 3° qu'il a seul demandé et obtenu un alignement; — 4° qu'enfin des registres et extraits délivrés par le percepteur des contributions constatent aussi qu'il était seul intéressé

dans les constructions. — *Cass.*, 22 avr. 1840 (t. 2, 1840, p. 65), Ledoux.

360. — Lorsque le propriétaire d'un terrain sur lequel des constructions ont été élevées par un tiers n'a pas exercé le droit de rétention consacré par l'art. 555, C. civ., la vente ultérieure qu'il fait du terrain à ce tiers n'est pas réputée comprendre les constructions élevées par celui-ci. — Par suite, le droit de mutation n'est exigible que sur la valeur du sol vendu, sans y ajouter la valeur des constructions. — *Cass.*, 31 janv. 1842 (t. 1er 1842, p. 543), Périer.

361. — La réserve que fait à son profit le vendeur d'un immeuble d'une somme d'argent que doit lui compter le fermier de cet immeuble, aux termes du bail qu'il en avait précédemment consenti à ce dernier, ne peut être considérée comme *une charge de la vente*, et comme formant un supplément du prix qui doive servir à fixer la valeur vénale sur laquelle le droit doit être perçu. — *Cass.*, 8 fév. 1832, Allaine.

362. — Dans le cas où la régie supposerait que cette réserve a été un motif entre le vendeur et l'acquéreur de ne porter l'immeuble vendu qu'à un prix inférieur à celui qui lui appartient, elle n'a qu'à requérir une expertise pour faire constater la véritable valeur qu'elle lui attribue. — Même arrêt.

363. — Lorsque dans une vente d'immeubles il est dit que le vendeur a sur le prix stipulé tenu compte à l'acquéreur d'une somme déterminée pour loyers payés d'avance par les locataires, le droit de vente doit néanmoins être perçu sur la totalité du prix exprimé, sans avoir égard à la somme retenue, laquelle n'est véritablement qu'un à-compte payé par l'acquéreur sur son prix. — *Cass.*, 19 fév. 1845 (t. 1er 1845, p. 220), Aubry.

364. — De même s'il est stipulé, indépendamment du prix, que l'acquéreur laissera jouir pendant la dernière année de son bail le locataire, qui se trouve avoir payé une année d'avance, sans exiger de lui de loyer pour raison de cette jouissance, et sans aucune répétition contre le vendeur, le montant de cette dernière année de loyer doit être ajouté au prix exprimé pour la fixation de la valeur vénale de l'immeuble et la perception du droit de vente. — *Cass.*, 19 fév. 1845 (t. 1er 1845, p. 221), Pain.

365. — L'acquéreur de droits successifs étant passible des dettes de la succession, le montant de ces dettes doit être ajouté au prix de la vente pour la liquidation du droit d'enregistrement. — *Cass.*, 20 niv. an XII, Daumont et Grimaldi-Monaco.

366. — D'où il suit que toutes les fois qu'une cession de droits successifs est présentée à la formalité, le receveur doit exiger la déclaration des dettes lors même que le contrat n'en fait pas mention. — Instr., 30 déc. 1825, 1180, § 2, et 9 juin 1827-1209, § 1er.

367. — Mais lorsqu'il résulte des stipulations d'un acte de cession de droits successifs que le cessionnaire n'est tenu qu'en qualité de mandataire des héritiers d'acquitter les dettes de la succession avec les deniers provenant de l'aliénation des biens, pour profiter ensuite de la cession limitée au reliquat effectif après ladite libération, ces dettes ne pouvant être considérées comme charges de la cession, il n'y a pas lieu d'en ajouter le montant au prix exprimé dans l'acte pour la perception du droit. — *Cass.*, 5 mars 1833, de Rohan.

368. — Lorsque, après avoir acquis plusieurs biens meubles et immeubles, un individu troublé dans sa possession par les héritiers de son vendeur, se rend acquéreur de leurs droits successifs moyennant un prix plus élevé que celui stipulé dans le premier contrat, il doit être perçu un droit de mutation sur le second prix, surtout lorsqu'il apparaît que les prix stipulés par l'un et l'autre des deux titres sont inférieurs à la valeur vénale des seuls immeubles aliénés. — *Cass.*, 4 flor. an XIII, Isnard.

369. — Les rentes, même foncières, dont est grevé l'immeuble vendu, doivent être ajoutées au prix pour la perception du droit d'enregistrement de la vente. — *Cass.*, 9 fructid. an XII, Fierlundts; même jour, Gobiert.

370. — A plus forte raison en est-il de même quand l'acquéreur a été chargé d'acquitter ces rentes. — *Cass.*, 12 (et non 18) niv. an XII, Fouache; 9 vendém. an XIII, Vandercappen et Vancools; 20 messid. an XIII, Rullier; 7 fév. 1827, Rivière.

371. — De même le prix proportionnel de vente doit être perçu sur le prix, et les cens et rentes dont l'immeuble est grevé, sans qu'il y ait lieu de faire aucune distinction entre les charges actives et passives. — *Cass.*, 14 messid. an XIII, Hauzen Baudinet.



372. — ... Et il n'y a pas lieu de distraire les charges, lors même qu'elles se composent de redevances que l'on prétend supprimées comme féodales. Cette question de suppression ne se présentant que subsidiairement au procès, n'est pas de nature à changer la forme dans laquelle il doit être suivi, et, fût-elle même jugée en faveur du débiteur des redevances, la perception n'en devrait pas moins être maintenue au profit du trésor comme lui étant légitimement acquise. — *Cass.*, 23 avr. 1813, Lassale de Louis End'hal.

373. — Jugé cependant que la rente foncière dont est grevé un immeuble vendu ne doit point être ajoutée au prix principal pour la perception des droits d'enregistrement, si l'acquéreur n'a pas été chargé par le contrat d'acquitter cette rente. — *Cass.*, 4 vent. an X, Jacquier et Lacroix.

374. — Il est dû un supplément de droit sur l'acte par lequel un adjudicataire, pour éviter l'effet de la surenchère, consent à servir une rente viagère dont le capital est supérieur au prix d'adjudication. — Délib., 17 fév. 1832.

375. — Lorsqu'avant toute exécution d'une vente d'immeubles faite par acte sous seing-privé depuis moins de trois mois, cette vente est réalisée par un acte public énonçant un prix inférieur à celui mentionné dans le premier acte, la régie ne doit percevoir le droit proportionnel que sur le prix exprimé dans l'acte authentique, si elle ne préfère recourir à une expertise pour vérifier la sincérité de ce prix. — Délib., 24 déc. 1836.

376. — Lorsque, indépendamment du prix stipulé dans un contrat de vente, l'acquéreur est chargé de servir à un tiers étranger au contrat une rente viagère à lui due par le vendeur, le droit proportionnel d'enregistrement doit être perçu, non sur le capital de la constitution, mais sur le capital auquel la charge est évaluée par les parties. — *Cass.*, 21 déc. (et non 31) 1829, Delafond. — Instr., 27 mars 1830, 1307, § 13.

377. — Si cette évaluation n'est pas exprimée dans le contrat, le receveur doit requérir la déclaration estimative des parties. — Instr., 24 déc. 1836.

378. — La contribution foncière n'ajoutant rien au prix de l'immeuble, n'est point une charge qui doive être ajoutée pour la liquidation du droit de mutation.

379. — Toutefois la charge imposée à l'acheteur d'acquitter une portion de l'impôt échue au moment du contrat, constitue une augmentation du prix de la vente, donnant lieu à une augmentation proportionnelle du droit. — *Cass.*, 19 mai 1819, Wengler.

380. — Il en est de même quand l'acquéreur est obligé de payer les intérêts du prix antérieurement à la date de la vente. — Délib., 19 mars 1823.

381. — Les émolumens de l'avoué ou du notaire enchérisseur doivent toujours être ajoutés au prix comme faisant partie essentielle des charges de l'adjudication soit volontaire, soit judiciaire; il en est de même des sommes que le notaire rédacteur de l'acte reçoit à tout autre titre que pour ses honoraires, telles que les sommes destinées à payer les frais d'affiches et de publication; mais les honoraires ne doivent pas entrer dans la liquidation des droits. — Déc. min. instr., 23 mai 1809.

382. — Décidé depuis que les frais, droits et honoraires du notaire enchérisseur, dont les adjudicataires sont tenus d'après le cahier des charges, ne donnent lieu au droit proportionnel de vente qu'en ce qu'ils excèdent de dix pour cent ce prix. Il en est de même à l'égard de l'avoué enchérisseur. — Solut. 28 juill. 1824 et 16 sept. 1833; Instr. 1150, § 2, et 1200, § 21.

383. — Lorsque les frais d'une adjudication à payer par l'acquéreur sont fixés en masse à un nombre déterminé de centimes par franc, il y a lieu de faire déclarer le montant de ceux de ces frais qui forment charge. — Délib., 22 fév. 1823.

384. — Jugé également que si, dans un acte d'adjudication, la somme allouée pour honoraires au notaire et mise à la charge de l'adjudicataire paraît exorbitante, la régie de l'enregistrement peut la faire réduire par le président du tribunal à ce qui est légitimement dû, à l'effet de percevoir sur l'excédant les mêmes droits que sur le prix principal de la vente. — *Cass.*, 10 déc. 1816, Rodriguez.

385. — Lorsque l'acquéreur, en rétrocédant à son vendeur l'immeuble acquis, s'oblige, en outre, à lui rembourser une certaine somme pour les frais de vente, le droit proportionnel doit être également perçu sur cette somme comme faisant partie du prix. — *Cass.*, 14 brum. an X, Gougy.

386. — Mais si les droits d'enregistrement pour les ventes doivent être fixés par le prix exprimé et le capital des charges qui peuvent ajouter au prix, il ne s'ensuit pas qu'ils doivent être fixés par les charges qui peuvent le diminuer; en conséquence, il faut retrancher du prix énoncé dans un contrat de vente les sommes dues, tant pour enregistrement que pour transcription, lorsqu'il est déclaré que ces sommes doivent être supportées par le vendeur et venir en déduction du prix. — *Cass.*, 9 pluv. an XIII, Fouchard; 25 germin. an XIII, Dinglemaré et Bachelier.



387. — Pour parvenir à la liquidation du droit proportionnel sur les charges faisant partie d'un contrat de vente, et consistant en une somme évaluée en assignats, il n'est besoin de recourir ni à une expertise ni à une déclaration de l'acquéreur. Il suffit d'opérer la réduction d'après les tableaux de dépréciation du papier-monnaie. — *Cass.*, 12 messid. an XIII, Selis et Loubienne.

388. — Si l'acquéreur est chargé de payer cette même somme en assignats, à la décharge du vendeur, la réduction devra se faire pour la perception du droit, non au cours du jour où l'obligation a été contractée par le vendeur, mais à celui du jour où l'acquéreur s'est engagé à payer la dette en l'acquit de ce même vendeur. — Même arrêt.

389. — Le jugement qui, dans la liquidation des droits dus sur la résolution d'une vente d'immeubles, n'ajoute pas au prix les charges auxquelles cette vente est assujétie, viole les art. 15 et 60, L. 22 frim. an VII. — *Cass.*, 14 mai 1813, Dufour et Salibert.

390. — Lorsqu'un acte de vente avec faculté de rachat contient la condition d'un supplément de prix, dans le cas où la faculté ne serait pas exercée, le droit doit être acquitté tant sur le prix que sur ce supplément. — Décis. min. fin. 7 juin 1808; instr. 386, nº 40.

391. — Mais si le vendeur à pacte de rachat s'oblige à rendre à l'acquéreur, dans le cas de l'exercice du réméré, une somme plus forte que le prix stipulé, le droit ne doit pas moins n'être assis que sur ce prix, sauf expertise, s'il y a lieu. — Délib. 5 germin. an X.

392. — Quand le prix n'est pas énoncé dans un contrat de vente et que le montant de la somme à payer au vendeur, pour la véritable valeur vénale, doit être ultérieurement réglé par des experts, la perception doit être assise sur la valeur effective des biens, d'après une déclaration estimative dûment certifiée, sauf double droit en cas d'inexactitude dans cette déclaration. — Décis. min. fin. 10 et 11 janv. 1812; Instr. 566.

393. — Mais si la vente est faite à tant la mesure, avec la clause que d'après l'arpentage le prix sera augmenté ou diminué dans la proportion du moins de contenance constaté, le droit de vente doit être perçu provisoirement sur le prix exprimé; et la restitution, sur la somme qui sera ultérieurement diminuée de ce prix, doit être demandée dans les deux ans de l'enregistrement. — Solut. 10 juin 1834; instr. 1467, § 9.

394. — Si l'usufruit est réservé par le vendeur, il est évalué à la moitié de tout ce qui forme le prix du contrat, et le droit est perçu sur le total; mais il n'est dû aucun autre droit pour la réunion de l'usufruit à la propriété : cependant, si elle s'opère par un acte de cession, et que le prix soit supérieur à l'évaluation qui en aura été faite pour régler le droit de la translation de propriété, il est dû un droit, par supplément, sur ce qui se trouve excéder cette évaluation. Dans le cas contraire, l'acte de cession est enregistré pour le droit fixe. — L. 22 frim. an VII, art. 15, nº 6.

395. — La clause par laquelle le vendeur se réserve la jouissance de la superficie des immeubles vendus, pour en user et en jouir comme il croira bon être, sauf à donner aux acquéreurs les facilités qui seront reconnues nécessaires pour jouir et profiter du fonds, ne doit pas être considérée comme transmettant seulement la nu-propriété du fonds aliéné, avec réserve de la propriété de la superficie pour le vendeur et ses héritiers. — Elle exprime plutôt une réserve d'usufruit simulée et donnant lieu à la perception totale des droits sur la nu-propriété, en même temps que sur l'usufruit. — *Cass.*, 24 juin 1829, Jacquot.

396. — Lorsque le vendeur du fonds et de la superficie d'un bois se réserve une certaine quantité de coupes, en stipulant qu'elles ne sont pas comprises dans la vente, cette clause ne doit pas être regardée comme une réserve d'usufruit, imposant une charge à l'acquéreur, et donnant ainsi ouverture à la perception d'un droit proportionnel. — *Cass.*, 1er fév. 1831 (et non 1830), Gailly. — Délib. 27 août 1833.

397. — La vente faite avec réserve d'usufruit donne lieu, sans exception ni distinction, au droit proportionnel, tant sur le prix stipulé pour la nu-propriété que sur l'usufruit évalué à la moitié de ce prix. — *Cass.*, 25 niv. an XII, Dumolard.

398. — Dans un contrat de vente avec réserve d'usufruit, le prix de la nu-propriété vendue est celui exprimé au contrat ou celui de cette nu-propriété exprimée par des experts, et l'on ne peut dire que le prix de ce contrat se compose du prix de l'usufruit, puisque cet usufruit n'est pas vendu. — Dès-lors, si la régie a fait ordonner une expertise pour la fixation du prix seul de la vente, le droit de mutation devra être perçu sur la valeur donnée à la nu-propriété et sur une moitié en sus pour l'estimation de l'usufruit, et non point sur la valeur intégrale de la pleine propriété. — *Cass.*, 10 juill. 1810, Prevost de Borde.

399.—Lorsqu'un acte de vente contient réserve de l'usufruit, l'acquéreur est tenu d'acquitter le droit de mutation non seulement sur la nu-propriété qu'il acquiert, mais encore et par anticipation sur l'usufruit qui se réunira plus tard à sa propriété. Alors l'usufruit ne s'évalue pas, comme dans le cas de transmission de la nu-propriété à titre gratuit, à la moitié de la valeur entière de l'immeuble, mais à la moitié de tout ce qui forme le prix du contrat, c'est-à-dire à la moitié du prix stipulé pour la nu-propriété. · Décis. min. fin. 8 août 1818.

400. — Le droit pour la vente de la nu-propriété d'un immeuble, grevé d'un bail emphytéotique de quatre-vingt dix-neuf ans, doit être perçu, non sur la valeur entière de l'immeuble, mais sur sa valeur vénale, c'est-à-dire dans le cas où l'estimation de l'immeuble est ordonnée, en ayant égard, pour en déterminer la valeur, à la dépréciation résultant de la privation de jouissance pendant quatre-vingt-dix-neuf ans. — *Cass.*, 26 (et non 23) nov. 1833, Petit-Bergons.

401. — Le droit de mutation pour vente de la nu-propriété d'un immeuble dont, par un acte séparé, on a cédé à un tiers les domaine utile et jouissance pour quatre-vingt-dix neuf ans, est dû uniquement à raison du prix de nu-propriété. En d'autres termes, l'expertise ordonnée pour fixer ce droit de mutation ne doit pas porter sur la valeur vénale de cet immeuble, sans distraction de la jouissance qui est l'objet du bail emphytéotique. —*Cass.*, 30 (et non 14) avr. 1834, de la Fresnaye.

402.—La perception d'un droit particulier pour la réunion de l'usufruit à la nu-propriété n'est autorisée qu'au cas de vente avec réserve d'usufruit au profit du vendeur.—*Cass.*, 8 janv. 1822, Barge; 20 mars 1826, Girard-Duclos; 26 déc. 1826, Carmoy; 3 janv. 1827, Audé; 11 août 1835, Vassal de Sineuil.

403.—Jugé, dès lors, que si par un seul et même acte, la nu-propriété est vendue à une personne et l'usufruit à une autre, et que les droits proportionnels ont été perçus, tant sur le prix de la nu-propriété que sur le prix de l'usufruit, il n'y a pas lieu à la perception d'un autre droit pour la réunion future de l'usufruit à la nu-propriété. — *Cass.*, 8 janv. 1822, Barge; 20 mars 1826, Giard-Duclos; 26 déc. 1826, Carmoy.

404. — ... Que lorsque le propriétaire de la nu-propriété d'un immeuble dont l'usufruit appartient à un tiers a vendu sa nu-propriété, et que le droit proportionnel a été perçu sur le prix stipulé, il n'y a pas lieu à la perception d'un autre droit pour la réunion future de l'usufruit à la nu-propriété. — *Cass.*, 3 janv. 1827, Audé.

405. — ... Que lorsque la nue-propriété et l'usufruit ont été vendus par le même acte à des acquéreurs différens, et qu'un droit proportionnel a été perçu sur la vente de la nu-propriété, et un autre sur celle de l'usufruit, la régie ne peut, lors de la réunion de l'usufruit à la nu-propriété, par suite, soit du décès, soit de la renonciation de l'usufruitier, exiger un autre droit. — *Cass.*, 11 août 1835, Vassal de Sineuil.

406. — Jugé cependant que, lorsque la nu-propriété et l'usufruit d'un immeuble ont été vendus à deux personnes distinctes pour des prix séparés et que, depuis, l'acquéreur de la nu-propriété s'est engagé envers l'usufruitier, pour lui tenir lieu de l'usufruit, à lui payer une pension viagère ou à lui fournir des alimens, il y a là une nouvelle transmission à titre onéreux et entre-vifs de cet usufruit, et non pas seulement une simple cessation de l'usufruit ayant pour effet de consolider la propriété sur la tête du nu-propriétaire. En conséquence, l'acte donne ouverture à un droit proportionnel de cession, bien que ce droit ait déjà été perçu lors de la première vente. — *Cass.*, 27 août 1844 (t. 2 1844, p. 598), Castéra.

407. — Lorsqu'en cas de vente ou donation de la nue propriété d'un immeuble, avec réserve d'usufruit, un droit a été perçu par anticipation pour la réunion future de l'usufruit à la nu-propriété, il n'y a pas lieu de percevoir un nouveau droit pour cette réunion, soit qu'elle s'opère au profit de l'acquéreur ou donataire lui-même, soit qu'elle s'opère en faveur d'un tiers, devenu concessionnaire de ses droits. — *Cass.*, 29 mai 1832, Mille.

408. —Jugé néanmoins qu'encore bien que, lors de la vente de la nu-propriété d'un immeuble à une personne et de l'usufruit à une autre, le droit proportionnel ait été perçu tant sur la valeur de la nu-propriété que sur celle de l'usufruit, cependant le nu-propriétaire doit un nouveau droit de mutation, lors de la consolidation ou réunion de l'usufruit à la nu-propriété, par le décès de l'usufruitier. — *Cass.*, 25 nov. 1829, Cottais.

409. — La cession d'un usufruit, consentie par l'usufruitier au profit du nu-propriétaire, mais postérieurement à l'aliénation que celui-ci a faite de la nu-propriété, donne ouverture au droit proportionnel. — *Cass.*, 17 mars 1835, de Lussac.

410.—Le paragraphe 17 de l'instruction générale (n° 1200), portant que celui qui remet la nu-propriété de l'usufruit ne paie le droit de mutation que sur la moitié du prix de la valeur de la propriété entière, ne s'applique pas à l'acte par lequel le donataire de la nu-propriété d'un immeuble rétrocède ses droits au donateur qui s'était réservé l'usufruit; dans ce cas le droit de rétrocession ou de donation est dû sur vingt fois le revenu des biens. — Solut. 11 avr. 1836.

411. — Dans le cas où l'usufruitier de la moitié d'immeubles indivis se rend adjudicataire d'une partie de ces biens, si, pour la perception du droit de mutation qu'il doit il y a lieu de déduire du montant de son adjudication, la valeur de son usufruit sur la moitié des biens qu'il a acquis, c'est-à-dire le quart, il n'en est pas de même à l'égard du prix des autres biens adjugés à des étrangers. L'usufruitier étant réputé vendeur relativement à ces biens, il ne peut déduire le quart de ce prix sur le montant de son adjudication pour ne payer de droit proportionnel que sur le reste. — *Cass.*, 30 mars 1841 (t. 1er 1841, p. 682), Delaremanichère.

412. —L'adjudication par suite de saisie de la nu-propriété d'un immeuble dont l'usufruit est laissé ou saisi, est passible du droit proportionnel non seulement sur le prix de l'adjudication, mais encore sur la moitié en sus pour l'usufruit réservé. Il en serait autrement si l'usufruit appartenait à un tiers, ou s'il lui était vendu par le même acte. En pareil cas, le droit ne serait exigible pour cet usufruit, qu'au moment de sa consolidation à la propriété. — Inst. 24 déc. 1836, art. 1528, § 18.

413. — Lorsque dans le cas de transmission d'un immeuble grevé d'usufruit au profit d'un tiers le droit d'enregistrement a été acquitté sur la valeur de la nu-propriété et celle de l'usufruit, il n'est plus dû, en cas de transmission postérieure de la nu-propriété par décès ou autrement, mais avant l'extinction de l'usufruit, un nouveau droit sur celui-ci.—*Cass.*, 9 avr. 1845 (t. 2 1845, p. 640), Lallart.

414. — Lorsqu'un acte de vente de la nu-propriété dont l'usufruit est réservé par le vendeur, n'est passible du droit proportionnel que sur le prix de l'immeuble vendu, la régie ne peut exiger le droit de mutation pour l'usufruit lors de sa consolidation à la nu-propriété s'il s'est écoulé plus de deux ans depuis que l'acte de vente de cette nu-propriété a été présenté à l'enregistrement. — Délib. 12 fév. 1836; inst. 1528, § 18.

415. — L'acquéreur de la nue-propriété d'un immeuble qui n'a payé le droit que sur le prix porté au contrat, doit acquitter un nouveau droit lorsque l'usufruit s'éteint. Ce droit est dû, non au taux fixé pour les successions, mais comme supplément à la perception sur l'acte de vente de la nu-propriété. — Solut. 5 juin 1829; instr. gén., 1307, § 12.

416. — Lorsque l'acquéreur de la nu-propriété d'un immeuble n'a payé le droit d'enregistrement que sur le prix de cette nu-propriété, la prescription des droits dont est passible la réunion de l'usufruit à la nu-propriété ne court que du jour de cette réunion. — Solut. 24 déc. 1831.

417. — L'acquéreur de la nu-propriété d'un immeuble qui n'a payé le droit que sur le prix de la vente n'est pas tenu d'acquitter un supplément de droit au décès de l'usufruitier, si le vendeur a lui-même payé le droit sur la totalité comme donataire ou légataire. — *Cass.*, 12 août 1834, Pelletier.

418. — En cas de vente de la nu-propriété d'un immeuble, moyennant la nu-propriété d'une somme d'argent, le droit porportionnel doit être liquidé comme si le prix consistait dans la toute propriété de cette somme. — *Cass.*, 30 avr. 1839 (t. 1er 1839, p. 566), Blain.

419. — ... 7° Pour les transmissions de propriété entre-vifs, à titre gratuit, et celles qui s'effectuent par décès, le droit est dû sur l'évaluation portée à vingt fois le produit des biens, ou le prix des baux courans, sans distraction des charges.—L. 22 frim. an VII, art. 15, n° 7.

420. — Le droit se perçoit non sur la valeur vénale déclarée par les parties, mais sur le montant du denier vingt du revenu, quoique plus faible que le capital attribué, sauf à requérir l'expertise s'il paraît insuffisant (Solut. 19 germin. an XII, 19 nov. 1812 et 28 juill. 1815). Ainsi, quoiqu'un immeuble déclaré à 1,800 fr. de revenu, soit évalué 68,000 fr. dans l'acte de donation, le droit ne peut toujours être assis que sur le capital au denier vingt de ce revenu (délib. 20 mars 1817). — Seulement, il y aurait lieu à demander l'expertise, si le revenu paraissait insuffisamment évalué. — Délib. 1er sept. 1824.

421. — Jugé, en conséquence, que lorsqu'il s'agit de liquider et de payer le droit de mutation sur des biens transmis par décès, la valeur de la propriété ne peut être indéterminée que d'après le produit même des biens, calculé à raison de vingt fois le produit, ou d'après le prix des baux courans. — *Cass.*, 23 (et non 25) mars 1812, Wanden-Plassche.

422. — ... Que pour la perception du droit de mutation ouvert par le décès de l'un des époux les immeubles dépendant de la communauté et soumis au prélèvement des reprises du survivant, doivent être évalués, non d'après leur valeur vénale, mais d'après un capital formé de vingt fois leur revenu. — Délib. 5 mars, 1835.

423.—...Que l'évaluation pour la perception du droit proportionnel d'immeubles transmis à titre de donation, doit être faite, non en capital seulement, mais par le produit annuel ou le prix des baux courans multiplié par vingt.—*Cass.*, 19 déc. 1809, de Laurens.

424. —Le vice de la perception ne saurait être couvert par cela que le receveur se serait contenté de l'estimation donnée par les parties. —Et lors même que la déclaration aurait été régularisée depuis le jugement, cette décision n'en devrait pas moins être cassée comme contraire à la loi. — *Cass.*, 19 déc. 1809, de Laurens.

425. — Pour évaluer le revenu annuel d'un bois non aménagé sur lequel il s'agit de percevoir le droit de mutation par décès, il faut supposer ce bois arrivé à l'âge auquel on le coupe dans la localité, puis répartir le produit qu'on trouve entre les années d'intervalle entre chaque coupe. — On ne saurait prétendre qu'il y a évaluation, non en revenus, mais en capital, en ce que les produits annuels du bois, successivement accumulés, se trouveraient à la fin capitalisés. —*Cass.*, 24 mai 1843 (t. 2 1843, p. 732), Rozet.

426. — Comme on doit considérer comme donation en ligne directe tout acte par lequel des pères et mères abandonnent leurs biens à leurs enfans, à la charge par ceux-ci de les nourrir ou de leur payer une rente viagère, ou sous d'autres conditions, la perception doit porter non sur le capital de la rente ou des stipulations onéreuses qui grèvent les donataires, mais sur la valeur des biens résultant soit de l'évaluation portée à vingt fois le produit des immeubles ou le prix de baux courans sans distraction des charges, soit de la déclaration des parties s'il s'agit d'effets mobiliers. — Décis. min. fin. 8 mai 1810; instr. 476; délib. 1er sept. 1824.

427. — Lorsqu'un bail fait au temps de paix contient deux prix, l'un pour le temps de paix, l'autre pour le temps de guerre, c'est le prix du temps de paix qui représente la valeur. Il en serait de même si le bail était fait et enregistré en temps de guerre. — *Dict. de l'enregistr.*, v° *Valeur*, n° 47.

428. — Si le prix du bail pour les dernières années était supérieur au prix des premières, il faudrait prendre pour base l'année commune, d'après la cumulation du prix de toutes les années du bail. — Solut. 18 fév. 1836.

429. — Si le bail a été stipulé payable en grains et denrées, l'évaluation du revenu doit être faite sur une année commune prise d'après les mercuriales du marché le plus voisin. — *Cass.*, 22 fév. 1831, Chaliès.

430. — L'évaluation des biens ne saurait avoir pour base des locations verbales, lesquelles ne présentent rien de certain; il faut des baux écrits. — *Cass.*, 30 mars 1808, Poulain.

431. — ... Il faut de plus que ce soient des *baux courans*. — Le bail expiré ou non encore commencé n'est pas le bail courant; il en est de même du bail résilié. — Championnière et Rigaud, t. 4, nos 3426 et 3429.

432. — Ainsi on ne peut prendre pour bases d'évaluation des immeubles soumis au droit de mutation par décès, un bail qui ne doit plus être

regardé comme bail courant, non plus qu'une ventilation qui avait eu lieu dans un autre but surtout lorsque depuis ces actes il y a eu augmentation ou diminution dans l'importance des biens. — *Cass.*, 9 vendém. an XIII, Gehard.

433. — Les baux courans doivent servir de base à l'évaluation lors même qu'ils pourraient être présumés fictifs. — *Cass.*, 9 déc. 1835, Duprat.

434. — Cependant lorsqu'un bail d'immeubles fait *in extremis* est argué de dol et de fraude par la régie, les tribunaux ont pu déclarer, d'après les circonstances, que ce bail ne saurait être considéré comme bail courant. — *Cass.*, 1er déc. 1835, Naucaze.

435. — Bien plus, des baux écrits peuvent servir de base à l'évaluation lors même qu'ils ne seraient pas, au moment de la mutation, des baux *courans*, si cependant ils commencent à une époque très rapprochée du décès. — *Cass.*, 30 mars 1808, Poulain.

436. — Toutefois une simple quittance de fermages, qui ne renferme ni les époques de durée ni toutes les conditions du bail, ne peut être assimilée à un bail même et par suite motiver une fin de non-recevoir contre la demande en expertise. — *Cass.*, 12 fév. 1835, Millochau.

437. — Le bail courant une fois bien constant, il fait la loi des parties. D'où il suit :

438. — ... Que lorsque des immeubles ont été affermés par un bail sous seing-privé enregistré, qui se trouve être bail courant lors du décès du propriétaire, on ne peut pas être admis à prouver contre la régie que ce bail avait été depuis longtemps interrompu. — *Cass.*, 21 janv. (et non 11 mars) 1812, Rame.

439. — ... Que comme les droits de succession sont acquis au trésor au moment même du décès, la perception doit être réglée d'après les baux courans à cette époque, quelle que soit d'ailleurs celle de la déclaration des héritiers et du paiement des droits. — Déc. min. fin. 12 germin. an XIII; Instr. 290, n° 69.

440 — ... Que les juges ne peuvent écarter un bail courant dont se prévaut la régie, sous prétexte que le prix en est supérieur au véritable revenu de l'immeuble, et prendre pour base d'évaluation le revenu de l'immeuble, induit soit d'une expertise faite pour en opérer la vente en justice, soit du produit de cette vente. — Dans ce cas, le tribunal ne peut refuser de prendre le bail pour base d'évaluation en se fondant sur le consentement donné par le redevable à ce que la régie fasse procéder à une expertise, afin de déterminer le revenu de l'immeuble. — *Cass.*, 19 (et non 18) août 1829, Kayser.

441. — A défaut de représentation d'un bail des immeubles dépendant d'une succession, la régie ne peut attaquer la déclaration faite par les héritiers du produit annuel ou de la valeur locative en opposant une déclaration contraire que le fermier de ces biens aurait faite contre le gré et à l'insu de l'une des parties. Cette déclaration, ne faisant pas connaître légalement le véritable revenu des biens, ne forme pas contre le bailleur un titre suffisant. Dans ce cas, si la déclaration des héritiers paraît irrégulière, la valeur des immeubles ne peut être constatée que par une expertise, — *Cass.*, 21 janv. 1812, Auchemin.

442. — A défaut de baux courans, la régie peut exiger une expertise pour fixer le revenu d'immeubles soumis au droit de mutation par décès encore qu'il soit représenté d'autres actes à l'appui d'une évaluation qui lui paraît insuffisante. — *Cass.*, 6 déc. 1836 (t. 1er 1837, p. 166), Chamblain. — V. *infrà* nos 469 et suiv.

443. — Lorsqu'à défaut de déclaration des parties, la régie fixe le montant des droits qu'elle réclame sur des immeubles transmis par décès, elle peut prendre pour base les évaluations contenues dans les actes d'acquisition de ces biens; elle n'est pas tenue de ne déterminer son évaluation que d'après le prix des baux et en cas d'insuffisance d'après une expertise. — *Cass.*, 19 nov. 1835, Regnauld.

444. — A défaut de baux courans et de demande en expertise de la part de la régie de l'enregistrement, les juges peuvent, pour fixer la quotité du droit de mutation à percevoir sur un immeuble dépendant d'une succession, prendre pour l'évaluation telle autre base que d'autres actes ou une loi analogue leur indiquent. Ainsi s'agissant d'un bois, ils ont pu l'arrêter à la valeur, en capital, donnée à ce bois par un partage antérieur au décès et au revenu tel qu'il est déterminé pour les bois non aménagés par la loi du 3 frim. an VII pour l'assiette de la contribution foncière. — *Cass.*, 31 déc. 1823, de Beaumarchais.

445. — A défaut de justification du montant réel de la contribution à laquelle est assujéti un immeuble objet d'une donation entre-vifs dont l'acte est présenté à l'enregistrement, le receveur peut ajouter le quart du revenu déclaré, sauf aux parties à produire un extrait en forme du rôle de la contribution pour faire réduire la perception si elle est exagérée. Peu importe que l'évaluation de cette contribution ait été faite dans l'acte séparément de celle du revenu. — Solut. 27 juill. 1837.

446. — De ce que l'évaluation a lieu sur le produit des biens transmis *sans distraction des charges*, il suit :

447. — ... Que le droit de mutation par décès doit être payé sur la valeur entière des immeubles de la succession sans distraction du capital des rentes foncières dont ces immeubles sont grevés. — *Cass.*, 19 prair. an XI, Maigue.

448. — Décidé de même sous l'empire de la loi du 5 déc. 1790. — *Cass.*, 13 niv. an XI, Bacon.

449. — ... Que le droit de mutation dû sur les biens d'une succession vacante doit être acquitté sans déduction des dettes. — *Cass.*, 4 flor. an XIII, Bauwens.

450. — ... Que lorsque la veuve renonce à la communauté, le droit de mutation par décès doit être payé, par les héritiers du mari, sur la totalité de la communauté, sans distraction des reprises de la femme, qui doivent être considérées comme des charges de la succession, dans le sens de l'art. 15, n° 7, L. 22 frim. an VII. — *Cass.*, 10 août 1830, Thurmann.

451. — ... Que lors de la liquidation des droits de mutation par décès dus par une veuve comme héritière de son mari, il ne doit point être fait distraction de ses reprises sur la succession de ce dernier. — *Cass.*, 2 oct. 1810, Chambré; — Décis. min. just. et fin. 24 sept. 1808; Instr., 405, n° 3.

452. — « Toutefois depuis, dit M. Masson-Delongpré (*C. de l'enreg.*, n° 697), d'autres principes ont prévalu : il a été reconnu que, lors de la dissolution de la communauté, l'époux survivant et les héritiers du prédécédé se trouvent respectivement investis d'un droit de propriété dans les biens communs, et non d'une simple créance sur ces biens; que ce droit, consacré par l'art. 1474, C. civ., ne peut être confondu avec les *charges* dont parle l'art. 15, L. 22 frim.; que dès-lors la propriété des héritiers du prédécédé dans la communauté ne se compose que de la portion qui leur revient après les reprises du survivant, et que les droits de mutation ne doivent être acquittés que sur la portion ainsi déterminée; d'où il résulte que, dans les déclarations de biens de la communauté après le décès de l'un des conjoints, il y a lieu d'admettre, sur la masse commune, la distraction des reprises de l'époux survivant, et de ne percevoir les droits de succession que sur la portion des biens de la communauté qui revient aux héritiers après ces prélèvemens. — Décis. min. just. et fin. 18 juill. 1817; Instr., 809.

453. — Jugé néanmoins que si les art. 1436 et 1472, C. civ., accordent à la femme commune en biens, lors de la dissolution de la communauté, et en cas d'insuffisance des biens immeubles de cette communauté, un recours subsidiaire sur les biens personnels de son mari, pour la remplir de ses reprises, ce recours ne constitue pas dans sa main un droit de propriété sur les biens personnels du mari, mais une simple action hypothécaire qui ne peut donner lieu à aucune distraction dans l'évaluation des biens à déclarer par les héritiers du mari, pour le paiement des droits de mutation. — *Cass.*, 18 mai 1824, de Colignon.

454. — Mais à la différence des charges imposées au donataire, les réserves faites par le donateur sur les biens donnés doivent être déduites du montant de la donation, pour déterminer la perception du droit. — *Cass.*, 28 janv. 1818, Harnepont.

455. — Ainsi, lorsque le donateur par contrat de mariage s'est réservé la faculté de disposer de quelques uns des biens donnés, il doit être fait distraction de la valeur de ces biens pour la perception du droit. — *Cass.*, 15 juin 1808, Grac.

456. — Ainsi, encore, lorsque le donateur d'un immeuble par contrat de mariage avec réserve de disposer d'une somme à prendre sur cet immeuble, a effectivement disposé de cette somme en faveur d'un tiers, les droits de mutation à payer par le donataire à raison de cet immeuble ne sont dus que déduction faite de la somme dont le donateur a disposé. — *Cass.*, 17 août 1831, Régnier.

457. — De ce que la perception doit se faire sur la valeur des biens, sans distraction des charges, il suit encore que l'héritier qui recueille seulement la nu-propriété d'un immeuble ne doit pas moins le droit de mutation par décès sur la valeur entière des biens. D'ailleurs, en pareil cas, l'héritier recueille non seulement la nu-propriété, mais encore l'expectative de l'usufruit. — Délib. 24 sept. 1830.

458. — Jugé, en ce sens, que, dans toute transmission de propriété à titre gratuit entre-vifs ou par décès, le droit de mutation est dû sur la valeur entière des biens à l'instant du contrat ou du décès, encore bien que l'usufruit soit séparé de la propriété. — *Cass.*, 31 juill. 1815, Harostegny.

459. — Ainsi, lors d'une déclaration de mutation par suite de décès, la propriété doit être évaluée à vingt fois le produit des biens, sans égard à la charge de l'usufruit. — *Cass.*, 18 déc. 1811, Lambrechtz.

460. — Jugé également, sous l'empire de la loi du 19 déc. 1790, que lorsqu'un immeuble grevé d'usufruit est constitué en dot, le droit d'enregistrement est dû sur la pleine propriété, sans qu'on puisse réserver la moitié des droits pour être perçus à l'époque de la consolidation de l'usufruit. — *Cass.*, 21 flor. an VIII, Duchateau; — L. 19 déc. 1796, art. 1er, sect. 2e.

461. — Il n'est rien dû pour la réunion de l'usufruit à la propriété, lorsque le droit d'enregistrement a été acquitté sur la valeur entière de la propriété. — L. 22 frim. an VII, art. 15, n° 7.

462. — Cette disposition est applicable, soit que la réunion ait eu lieu au profit du donataire ou légataire, soit qu'elle ait eu lieu au profit d'un tiers cessionnaire de leurs droits. — *Cass.*, 27 mai 1834, Dupuis.

463. — ... Et cela quand même la perception aurait été faite sur une déclaration reconnue depuis insuffisante, mais à l'égard de laquelle on peut invoquer la prescription acquise. — *Cass.*, 19 avr. 1809, Vandeuvielle.

464. — Mais la réunion de l'usufruit à la nu-propriété n'est affranchie du droit de mutation qu'autant que le droit a été acquitté par anticipation sur la *valeur entière* de la propriété. — Dès-lors, si, par un partage entre un père et ses enfans, sur lequel il n'a été perçu qu'un droit fixe, tous les biens de la communauté ont été attribués en usufruit au père et en nu-propriété aux enfans, ces derniers sont tenus, au décès de leur père, d'acquitter le droit de mutation à raison de la cessation de l'usufruit. — *Cass.*, 2 août 1841 (t. 2 1841, p. 308), Darblay.

465. — Lorsque, dans le cas de transmission d'un immeuble grevé d'usufruit au profit d'un tiers, le droit a été perçu sur la valeur entière de la propriété, à raison de vingt fois le revenu des biens, il n'est dû sur les transmissions ultérieures soit par décès, soit autrement, de cette nu-propriété, avant sa réunion à l'usufruit, qu'un droit proportionnel calculé sur la valeur de la nu-propriété, c'est à-dire à raison de dix fois le revenu seulement. — *Cass.*, 30 mars 1841 (t. 1er 1841, p. 673), Decorneau.

466. — Pour les transmissions d'usufruit seulement soit entre-vifs à titre gratuit, soit par décès, la valeur est déterminée par l'évaluation portée à dix fois le produit des biens ou le prix des baux courans, sans distraction des charges. — Lorsque l'usufruitier qui a acquitté le droit d'enregistrement pour son usufruit acquiert la nu-propriété, il paie le droit d'enregistrement sur sa valeur, sans qu'il y ait lieu de joindre celle de l'usufruit. — L. 22 frim. an VII, art. 15, n° 8.

467. — Quand l'usufruit est conféré à vie à titre gratuit, il est évalué à la moitié de la valeur de l'objet, quel que soit l'âge ou l'état de santé de celui sur la tête de qui cet usufruit repose. — Proudhon, *De l'usuf.*, t. 4, p. 337.

468. — Quand l'usufruit est conféré à temps, il faut distinguer : s'il est légué pour dix ans ou plus, le droit est exigible sur moitié de la valeur du fonds; si l'usufruit est légué pour un moindre espace de temps, il ne doit être évalué que sur le revenu du fonds multiplié par le nombre d'années pour lequel il est légué. — Proudhon, *De l'usuf.*, t. 4, p. 337. — Les rédacteurs du *Journal de l'enreg.* (art. 758) pensent, et à tort, ce nous semble, qu'il n'est dû en pareil cas que le droit de bail.

## Sect. 2e. — *Expertise.*

469. — Autrefois, quand un immeuble vendu valait réellement plus qu'on ne l'estimait, les seigneurs en faveur de qui existaient les droits de *lods* et *ventes* pouvaient se le faire adjuger; c'est ce qu'on appelait le droit de *retrait*. Cette mesure a été proscrite en matière d'enregistrement; on a pensé que l'expertise suffisait pour atteindre la fraude. — *Dict. des dr. d'enreg.*, v° *Expertise*, n° 2.

470. — L'expertise n'était point autorisée par la loi du 5-19 déc. 1790; elle l'a été par celle du 9 vendém. an VI, art. 22, mais seulement par les fausses évaluations d'immeubles dans les transmissions à titre gratuit ou par décès. — Un nouvel

état de choses a été établi par la loi du 22 frim. an VII, comme on va le voir.

§ 1er. — *Quand et par qui l'expertise peut être requise. — Mode d'évaluation.*

471. — Si le prix énoncé dans un acte translatif de propriété ou d'usufruit de biens immeubles, à titre onéreux, paraît inférieur à leur valeur vénale à l'époque de l'aliénation, par comparaison avec les fonds voisins de même nature, la régie peut requérir une expertise, pourvu qu'elle en fasse la demande dans l'année, à compter du jour de l'enregistrement du contrat. — L. 22 frim. an VII, art. 17.

472. — Il y a également lieu à requérir l'expertise des revenus des immeubles transmis en propriété ou usufruit, à tout autre titre qu'à titre onéreux, lorsque l'insuffisance dans l'évaluation ne peut être établie par actes qui puissent faire connaître le véritable revenu des biens. — L. 22 frim. an VII, art. 19.

473.—Les mesures de vérification prescrites par les art. 17, 18 et 19, L. 22 frim. an VII, sont exclusivement relatives aux transmissions de biens immeubles.—*Cass.*, 1er fév. 1832, Gendron.—V. conf. Championnière et Rigaud, t. 4, nos 3422 et 3270.

474. — L'expertise ne saurait donc être employée relativement aux objets mobiliers. — *Dict. des dr. d'enreg.*, vo *Expertise*, no 11; Championnière et Rigaud, t. 4, no 3270.

475. — Ainsi, pour liquider le droit d'une obligation, ni la régie, ni les tribunaux ne pourraient recourir à l'expertise, ni se livrer à aucune opération ou calculs équivalens. — Championnière et Rigaud, t. 4, no 3603.

476. — De plus, comme l'expertise n'est accordée qu'en cas de transmission de propriété ou d'usufruit des immeubles, il s'ensuit qu'elle ne l'est pas en cas de simple transmission de jouissance. — *Dict. des dr. d'enregist.*, vo *Expertise*, no 11.

477. — Ainsi, l'expertise ne peut être requise pour constater la fausse évaluation dans un bail à portion de fruits qui n'est qu'une simple transmission de jouissance. — Délib. 2 oct. 1806; — Championnière et Rigaud, t. 4, no 3549.

478.—Mais si le bail était translatif de propriété, l'expertise serait admissible; la valeur vénale serait alors établie en une rente. — Championnière et Rigaud, t. 4, no 3550.

479. — L'expertise ne peut jamais être requise que par la régie et dans son intérêt.—*Cass.*, 27 (et non 7) avr. 1807, Colin.

480. — Jugé également que l'expertise à l'effet de régler la valeur du revenu des immeubles transmis par décès, n'a été introduite qu'en faveur de la régie et pour le cas seulement où elle ne voudrait pas se contenter de la déclaration des héritiers. En conséquence, ceux-ci sont non-recevables à réclamer l'expertise, après avoir fait une déclaration que la régie veut bien prendre pour base de la perception du droit. — *Cass.*, 1er avr. (et non 30 mars) 1820, Briant de Laneuville.

481. — D'un autre côté, la régie ne peut établir la plus-value d'un immeuble sur le prix exprimé, que par la voie de l'expertise; tout autre genre de preuves lui est interdit. — Championnière et Rigaud, t. 4, no 3279.

482. — Décidé également qu'en cas d'insuffisance présumée dans l'évaluation des revenus d'immeubles donnés, la régie n'a que la faculté de requérir l'expertise dans les formes tracées par la loi; la contrainte qu'elle décernerait en pareil cas serait nulle. — Délib. 13 fév. 1844.

483. — L'allégation d'une erreur non prouvée légalement, ni l'offre du droit simple sur un supplément d'évaluation, ne peuvent arrêter l'expertise.— *Dict. des dr. d'enregist.*, vo *Expertise*, no 74.

484.—Les tribunaux ne peuvent surseoir à une expertise demandée par la régie, sous prétexte qu'un partage à faire avec un mineur nécessitant lui-même une autre expertise, il y aura lieu de procéder à une seule expertise pour le tout. — *Cass.*, 4 fév. 1807, Sarton.

485. — *Mode d'évaluation.* — On a vu que la loi a établi deux modes de perception pour les transmissions de propriétés foncières. Pour les transmissions à titre onéreux la valeur vénale sert de base à l'assiette des droits; pour les transmissions à titre gratuit, c'est le revenu annuel. C'est également le revenu qui sert de base pour les échanges. — Puisqu'il y a deux modes de perception, il y a nécessairement deux modes d'évaluation, en raison du mode de perception; il y a donc lieu de rechercher et d'apprécier soit la valeur vénale des biens, soit leur revenu.—*Dict. des dr. d'enregist.*, vo *Expertise*, nos 9 et 10.

486. — *Transmissions à titre onéreux.* — L'expertise peut être provoquée pour constater l'insuffisance de la fixation provisoire du prix d'une vente à déterminer ultérieurement par des experts. — Solut. 24 juill. 1828; Instr. 566 et 1537, sect. 2, no 253.

487. — Les dispositions de la loi du 22 frim. an VII étant générales, sont par conséquent applicables aussi bien au cas où les biens dont la propriété est transférée sont litigieux, qu'à celui où ils ne le sont pas, lors de l'acte qui en transfère la propriété. — *Cass. belge*, 24 mars 1827, Goffin.

488. — Si avant la demande en expertise ou pendant l'instance, le contrat de vente est rescindé ou annulé par jugement, la demande ne doit pas être abandonnée; car il y avait droit acquis pour le trésor. — *Dict. des dr. d'enregist.*, vo *Expertise*, no 47. — V. *contrà Journ. de l'enregist.*, art. 1950.

489. — L'expertise pour fixer la véritable valeur d'un immeuble vendu, doit être ordonnée, encore bien qu'il soit survenu une surenchère susceptible d'entraîner l'adjudication de l'immeuble. — *Cass.*, 8 mai 1809, Riquebourg; 27 juin 1809, David; 6 juill. 1812, Dumet.

490. — La régie a le droit de demander l'expertise des ventes d'immeubles faites avec réserve d'usufruit, aussi bien que de celles faites en toute propriété. — *Cass.*, 6 juil. 1843 (t. 2 1843, p. 727), Imbert; — instr. 26 sept. 1829, no 1293, § 11.

491.—Toutefois, l'estimation d'une nu-propriété devant être appréciée d'après les probabilités du plus ou moins de durée de l'usufruit, le calcul de ces probabilités doit aussi déterminer ou empêcher les propositions d'expertise relatives aux ventes sous réserve d'usufruit. — Solut. 1er avr. 1835.

492. — Lorsqu'un acte de vente d'un immeuble porte que la vente est consentie moyennant une somme déterminée et une rente viagère, avec mention que l'acquéreur a consenti que cette rente fût constituée au denier douze, la régie peut, sans être tenue de mettre l'acquéreur en demeure de fournir une nouvelle déclaration estimative, provoquer l'expertise de l'immeuble à l'effet d'en faire connaître la valeur vénale. — *Cass.*, 3 (et non 23) août 1836, Legenvre.

493. — Lorsque, dans une cession de droits successifs moyennant une rente viagère, le prix paraît inférieur à la valeur vénale, la régie peut, comme dans le cas de vente pour un prix déterminé, requérir l'expertise pour fixer le montant des droits.— *Cass.*, 1er juin 1808, Lanteri.—V. conf. Délib. 17 sept. 1807.

494. — En cas d'insuffisance de déclaration des dettes, dans une cession de droits successifs immobiliers, on ne peut constater que par la voie de l'expertise si la valeur des droits immobiliers cédés est supérieure au prix total composé du prix stipulé et du montant des charges, lors même qu'il aurait été découvert des créances sur la succession supérieures à celles déclarées. — Décis. min. fin. 7 déc. 1814; solut. 6 mars 1827; instr. 1180, § 2; 1210, § 10; 1537, sect. 2e, no 254.

495. — Lorsqu'il y a contestation sur le droit de mutation de deux ventes successives du même domaine, un jugement a pu décider que la régie de l'enregistrement était fondée à invoquer contre le second acquéreur le procès-verbal d'expertise qui établit la valeur de cet immeuble à l'égard du premier acquéreur, et qu'il n'y a pas lieu de recourir à une nouvelle expertise, si le second acquéreur a garanti le paiement des droits dus pour la première vente, et qu'il a été à ce titre appelé dans l'instance où l'expertise a été ordonnée; si la seconde vente a eu lieu peu de temps après la première, s'il n'a été procédé à l'expertise qu'après la seconde vente et toutes les parties dûment appelées; et enfin si le second acquéreur ne prouve ou même n'articule aucun préjudice résultant du refus d'une double expertise. Peu importerait que la seconde vente ne comprît pas certains objets qui faisaient partie de la première, si l'estimation du domaine ayant été faite article par article, il y a eu ainsi évaluation distincte pour les objets exceptés. — *Cass.*, 5 avr. 1831, Ridray.

496. — La déclaration faite devant un juge de paix par un acquéreur qu'il a payé un prix supérieur à celui porté au contrat autorise la régie à exiger un supplément au droit perçu, sans avoir recours à une expertise. — Solut. 18 avr. 1835.

497. — En matière de vente à réméré, comme en matière de toute transmission des biens à titre onéreux, la régie peut demander l'expertise, si le prix énoncé au contrat lui paraît inférieur à la valeur réelle de l'immeuble. — *Cass.*, 5 nov. 1811, Chesnel.

498. — Mais alors les experts doivent rechercher la valeur vénale de l'immeuble dans les conditions du contrat. — Championnière et Rigaud, t. 4, no 3277.

499. — Une expertise peut être demandée par la régie lors même qu'aucun prix n'est énoncé dans l'acte reconnu vente. — *Cass.*, 20 mars 1839 (t. 1er 1839, p. 464), Lobgeois et Thuret.

500. — Dans les différentes espèces qui précèdent nul doute qu'il ne s'agisse que de transmissions à titre onéreux. — Mais une donation ne peut-elle être elle-même à titre onéreux? — V. à cet égard no 537 et suiv.

501. — Jugé à ce sujet qu'on doit réputer contrat à titre onéreux, plus qu'à titre gratuit, une démission de biens faite par une mère au profit de ses enfans, mais avec réserve d'une jouissance viagère qui s'étend sur les biens personnels de ceux-ci; que dès-lors, la régie n'a que la voie de l'expertise pour établir la prétendue insuffisance d'évaluation des biens compris dans une pareille démission. — *Cass.*, 2 (et non 27) sept. 1812, Bigault.

502. — ... Qu'un tribunal fait une juste application de l'art. 1106, C. civ., lorsqu'il décide qu'une donation est à titre onéreux, quand les biens qui y sont évalués à un produit de 250 fr. sont donnés moyennant une rente de 400 fr. à fournir au donateur. Si la régie de l'enregistrement pense que cette évaluation est inférieure à leur véritable valeur, elle n'a pour la constater que la voie de l'expertise, suivant l'art. 17, L. 22 frim. an VII, et si cette évaluation a pour objet, tant des biens affermés que d'autres qui ne le sont pas, il ne lui est pas permis de la porter sur les premiers seulement, et de restreindre son expertise sur les seconds. — *Cass.*, 18 juill. 1821, Dumarel.

503. — Un partage d'immeubles étant translatif de propriété, lorsqu'il est fait avec soulte, et étant comme tel soumis aux règles et aux mêmes droits que les autres mutations à titre onéreux, il y lieu à l'expertise pour connaître la véritable valeur de cette soulte, si elle n'est pas constante. — *Cass.*, 8 fév. 1818, Sabatier.

504. — L'estimation d'un immeuble vendu doit, pour la fixation du droit de mutation, être faite, non à raison des revenus, mais d'après sa valeur vénale par comparaison aux fonds voisins. — *Cass.*, 28 mars 1831, Boscaff. — Championnière et Rigaud, t. 4, no 3284.

505. — Les experts chargés de l'estimation d'un domaine considérable doivent, s'il y a lieu, estimer séparément chaque partie de nature différente dans l'immeuble à apprécier, et comparer chacune de ces parties avec les fonds voisins de même nature. — *Cass.*, 8 brum. an XIV (et non 9 niv. an IX), Mayer Leroux et Barbier.

506. — Lorsque les tribunaux ordonnent une expertise pour déterminer la valeur vénale d'un immeuble vendu, dont le prix paraît avoir été dissimulé, ils ne peuvent prescrire que l'estimation sera faite d'après le revenu de l'immeuble multiplié par vingt. En pareil cas, l'estimation ne peut avoir lieu que par comparaison avec les fonds voisins de même nature. — *Cass.*, 23 mars (et non 27 mai) 1812, Bonnecarère.

507. — Lorsqu'une vente est faite avec réserve d'usufruit, l'expertise ne peut avoir lieu qu'à l'égard du prix de la nue propriété vendue; il n'en est pas de même à l'égard du prix de l'usufruit, puisque cet usufruit n'est pas vendu. — *Arg. Cass.*, 10 juill. 1810, Borde.

508. — Dans les transmissions à titre onéreux, l'estimation d'un usufruit n'a pas pour base nécessaire le revenu multiplié par dix. Les experts doivent apprécier le produit des biens et la durée présumable de l'usufruit, et sur cette base asseoir une valeur vénale. — Championnière et Rigaud, t. 4, no 3480.

509. — Si les juges chargent des experts d'estimer la valeur vénale d'une nue propriété d'immeuble, ils peuvent leur prescrire d'estimer d'abord la valeur vénale de l'immeuble en pleine propriété, et de déduire ensuite de cette valeur celle de l'usufruit d'après sa durée présumée. — *Cass.*, 24 janv. 1844 (t. 1er 1844, p. 590), Marais.

510. — La valeur vénale d'un immeuble vendu n'étant que celle dont profite le vendeur, il y a lieu, en cas d'expertise pour la fixation du prix, de faire déduction des impôts, des frais d'acte et des droits d'enregistrement payés par l'acquéreur. — *Cass.*, 7 mars 1833, Brunet.

511. — Les experts doivent également tenir compte des charges dont l'immeuble est grevé et qui en diminuent la valeur, telles que les servitudes, les baux, l'usufruit, etc. — Championnière et Rigaud, t. 4, no 3287.

512. — Dans l'estimation requise par la régie pour fixer le juste prix d'un immeuble vendu et la quotité du droit proportionnel dont il est passible, les experts sont tenus de déduire, sur ce prix estimatif, les impenses de l'acquéreur et de prendre en considération sa valeur vénale à l'époque de l'aliénation.—Le procès-verbal d'expertise où cette constatation de la valeur vénale

gernit comme est nul, et les juges ne pourraient se borner à ordonner une plus-value acquise à l'immeuble. — *Cass.*, 45 (et non 46) mai 1832, Brondin.

**315.** — Lorsque, sur la demande de la régie à fin d'expertise d'un terrain vendu et des constructions qui y sont élevées, il n'y a de contestation de la part de l'acquéreur que relativement aux constructions, soit qu'il prétend ne pas faire partie de la vente, les juges ne peuvent, en accueillant ce dernier système, et en déclarant, par suite, la demande d'expertise non recevable quant aux constructions, se dispenser de l'ordonner relativement au terrain. — *Cass.*, 31 janv. 1842 (1. er 1842, p. 543), Périer.

**314.** — *Transmissions à titre non onéreux.* — L'expertise autorisée par l'art. 19, L. de frim., n'a pas pour objet de prouver l'insuffisance des évaluations établies par les baux, mais celle des déclarations estimatives seulement. Les premières sont une base légale qu'il n'est pas permis de critiquer, sauf le cas de fraude. — Championnière et Rigaud, t. 4, n° 3425.

**315.** — La régie peut requérir l'expertise, pour l'évaluation des immeubles soumis au droit de mutation par décès, lors même que ces immeubles sont évalués par quinze fois la valeur du revenu établi au rôle de la contribution foncière. — *Cass.*, 4 août 1807, Bonnert.

**316.** — Lorsqu'à l'époque du décès il y a un bail courant pour des immeubles assujétis au droit de mutation, les héritiers ne peuvent prendre aucune autre base pour la déclaration du revenu des immeubles, et il n'y a pas lieu d'ordonner que ce revenu soit constaté par une expertise. — *Cass.*, 7 germin. an XII, Assaguel-Laborde; 5 avr. 1808, Garnier.

**317.** — Le bail courant doit donc servir de base à la perception du droit de mutation par décès, sans que les héritiers puissent, sous prétexte que la prestation est excessive, demander une estimation par experts. — *Cass.*, 18 fév. 1807, Lascaris; 3 fév. 1809, Baron; 14 juin 1809, Target.

**318.** — Lorsque, pour fixer le droit à percevoir sur une donation, la régie produit un bail authentique et courant, elle ne peut être obligée de subir l'expertise, ou de prouver par titres ou par témoins que ce bail existait de fait au moment de la donation, par cela que l'adversaire produirait de son côté un jugement rendu entre lui et un tiers, postérieurement à l'action de la régie, et duquel il résulterait que ce tiers était fermier des immeubles donnés en vertu d'un bail verbal, et par conséquent, que le bail authentique invoqué par la régie avait cessé d'exister. — *Cass.*, 7 fév. 1821, Vallée.

**319.** — Les héritiers d'une veuve qui, dans la déclaration faite après le décès de celle-ci, ont compris un immeuble provenant de la communauté qui avait existé entre cette veuve et son mari, ne peuvent opposer à la demande qui leur est faite du double droit d'enregistrement pour fausse évaluation, que le bail courant d'où résulte la preuve de cette fausse évaluation leur était inconnue lors de la déclaration, qu'il n'était pas signé de leur auteur, et n'avait pas date certaine à son décès, et enfin que la régie devait procéder par voie d'expertise. — *Cass.*, 3 mars 1840 (1. er 1840, p. 703), Bacquet.

**320.** — Les baux courans ne sont pas les seuls actes qui forment obstacle à l'expertise, mais encore tous ceux qui peuvent faire connaître le véritable revenu. — Championnière et Rigaud, t. 4, n° 3435.

**321.** — Au cas d'une déclaration d'immeubles dépendant d'une succession, l'expertise faite à l'égard de ces immeubles avec l'auteur de celui qui fait la déclaration peut, à défaut d'un bail courant et à la demande d'une nouvelle expertise, être prise pour base de l'évaluation des droits et comme établissant l'insuffisance de la déclaration. — *Cass.*, 14 déc. 1835, Nadeaze.

**322.** — De même, l'insuffisance du revenu des biens, objet d'une donation ou d'une déclaration de succession, peut être constatée à l'aide d'une expertise faite pour parvenir à une licitation ou à un partage. — Solut. 25 nov. 1807. — *Contrà* délib. 8 nov. 1888.

**323.** — La régie ne peut demander l'expertise partielle d'un domaine dont les revenus sont déclarés en bloc. — Championnière et Rigaud, t. 4, n° 3451.

**324.** — La loi n'a point tracé de règles aux experts pour constater le revenu; elle s'en remet dès-lors à leurs lumières et à leur appréciation, sans qu'ils soient tenus de se conformer aux prescriptions de la régie à l'égard de certains biens. — Championnière et Rigaud, t. 4, n° 3443.

**325.** — Jugé, en ce sens, que la loi n'ayant point

déterminé d'une manière précise les bases d'évaluation des immeubles, les experts peuvent choisir celles que leurs lumières et leur conscience leur suggèrent, sauf aux juges à les apprécier. — *Cass.*, 9 (et non 7 ou 8) juill. 1815, N...

**326.** — Si dans le cas d'une expertise autorisée par l'art. 19, un jugement ordonne que les experts évalueront un fonds sans distinction des arbres de bordure, et du tout de l'art. 15 qui veut que le droit soit perçu d'après tous les revenus de tous les biens composant la succession se trouve atteint; car, en vertu du jugement, le produit des arbres doit entrer dans l'évaluation des experts, tout aussi bien que celui du sol auquel ils sont attachés. — *Cass.*, 15 juill. 1812, Freté.

**327.** — En un mot, tout ce qui compose l'immeuble est peut en augmenter le revenu doit entrer dans l'évaluation. — Championnière et Rigaud, t. 4, n° 3445.

**328.** — Il n'y a pas lieu de déduire du revenu fixé par les experts le cinquième pour les impositions. — *Dict. des dr. d'enreg.*, v° *Expertise*, n° 74.

**329.** — *Échanges.* — Bien que l'échange soit un contrat à titre onéreux, comme les droits acquittent par un capital formé du revenu, c'est à une exception à la règle générale. Le revenu seul peut donc faire l'objet de l'expertise, lorsqu'il s'agit de constater une plus-value. — *Dict. des dr. d'enreg.*, v° *Expertise*, n° 30.

**330.** — Lorsque le retour stipulé dans un contrat d'échange, est inférieur à la valeur réelle de l'objet qui donne lieu à la soulte, la régie peut fonder son évaluation sur un bail courant, sans être obligée de recourir à l'expertise. — *Cass.*, 13 déc. 1809, Quenilin; — Instr. 5 juin 1837, 1507, sect. 2°, n° 239.

**331.** — Un tribunal a pu, sans violer la loi, ordonner une expertise afin de constater le revenu de biens échangés, quoique ces biens fussent affermés par bail produit. — *Cass.*, 4e niv. an XIII, Linard et Lacoste.

**332.** — De même, dans le cas où la régie prétend qu'il y a déclaration insuffisante du revenu d'un immeuble cédé en échange, le tribunal peut ordonner l'expertise pour déterminer le véritable revenu de cet immeuble, nonobstant l'existence d'un bail courant. Ce n'est pas comme l'époque ou par décès, cas auxquels la loi n'autorise l'expertise qu'à défaut de baux courans ou autres actes constatant le véritable revenu des biens. — *Cass.*, 27 déc. 1820, François.

**333.** — Lorsque la régie requiert l'expertise de l'un des immeubles, elle ne peut se refuser à l'expertise de l'autre. — Championnière et Rigaud, t. 4, n° 3458; — *Trib. de la Seine*, 24 fév. 1830.

**§ 2.** — *Délai dans lequel l'expertise doit être requise.*

**334.** — Le délai accordé à la régie pour provoquer l'expertise varie suivant qu'il s'agit de transmission à titre onéreux ou à titre onéreux.

**335.** — *Transmissions à titre onéreux.* — Le délai est d'une année à partir du jour de l'enregistrement du contrat, s'il s'agit d'immeubles transmis à titre onéreux. — L. 22 frim. an VII, art. 17.

**336.** — Ainsi, la régie n'est pas recevable à demander l'expertise pour l'évaluation d'un immeuble, après l'année de l'enregistrement de l'acte d'aliénation à titre onéreux. — *Cass.*, 2 germ. an XI, Cezeau.

**337.** — Mais que doit-on entendre par transmission à titre onéreux? — La cour de cassation a décidé en dernier lieu que pour être réputé translatif de propriété à titre onéreux en matière d'enregistrement, il ne suffit pas qu'un acte puisse être qualifié tel d'après les principes du droit civil; il faut encore que la transmission de propriété ait été faite moyennant un prix énoncé au contrat; qu'ainsi ne peut être considéré comme contrat à titre onéreux un partage anticipé fait par un père à ses enfans, encore qu'il ait lieu à charge par ceux-ci de payer une pension au donateur, et d'acquitter ses dettes. — *Cass.*, 15 janv. 1844 (1. er 1844, p. 167), Molère. — Championnière et Rigaud, t. 3, n° 2247.

**338.** — En cela elle est revenue sur une jurisprudence qu'on pouvait croire établie, car elle avait plusieurs fois décidé qu'on devait considérer comme translatif de propriété à titre onéreux, et par conséquent ne pouvant être l'objet d'une expertise que dans l'année. — *Cass.*

**339.** — ...Une donation entre-vifs, faite par un père à ses enfans, à la charge par ceux-ci de le nourrir et l'entretenir. — *Cass.*, 22 nov. 1808, Liège.

**340.** — ...L'acte par lequel un père et une mère abandonne ses biens à ses enfans, à la charge par ceux-ci de lui payer une pension viagère qui,

comparativement à la valeur des biens, est modique. — *Cass.*, 1er mars 1809, Diot.

**341.** — ...L'acte de démission de biens consenti par une mère au profit de ses enfans, à la charge par ceux-ci de lui payer une rente viagère. — *Cass.*, 20 janv. 1817, Sabouret.

**342.** — La régie doit requérir l'expertise dans l'année de la vente à titre onéreux. — Solut. 2 juill. 1807.

**343.** — Lorsqu'une ventilation du prix est nécessaire pour déterminer les droits dus sur un acte de vente comprenant des biens situés en France et d'autres situés en pays étranger, le délai pour provoquer l'expertise ne court que du jour où cette ventilation a été constatée du dedans de la déclaration qui en a tenu lieu. — Délib. 10 mars 1827.

**344.** — La prescription annale contre la demande à fin d'expertise n'est pas interrompue par la seule présentation de la requête par la régie; et faut de plus que cette requête ait été signifiée au redevable dans l'année. — *Cass.*, 7 germ. an XI, Davan; 18 germ. an XIII, Guyel. — Merlin, *Quest.*, v° *Enregistrement* (droits d'), § 10.

**345.** — Quand la requête de la régie a été notifiée au défendeur dans l'année, celui-ci ne peut prétendre que l'action de la régie est prescrite, par le motif qu'il n'a été assigné qu'après l'expiration de l'année. — *Cass.*, 5 déc. 1820, Simon.

**346.** — De même, il suffit que la régie ait dans l'année notifié sa requête, avec indication de l'expert qu'elle a choisi, et sommation au défendeur de nommer le sien. Il n'est pas nécessaire que le jugement qui ordonne l'expertise ait encore été notifié dans le même délai. — *Cass.*, 21 (et non 22) fév. 1809, Carné.

**347.** — Jugé que l'action de la régie n'est interrompue par la signification de la requête, qu'autant que cette signification renferme sommation à la partie de nommer son expert ou citation devant le tribunal. — *Cass.*, 16 (et non 27) nov. 1833, Guibal.

**348.** — *Transmissions à titre non onéreux.* — Le délai accordé à la régie pour requérir l'expertise en cas d'insuffisance d'évaluation dans une transmission d'immeubles à tout autre titre qu'à titre onéreux est de deux ans. — L. 22 frim. an VII, art. 46, § 1er.

**349.** — Jugé en ce sens que le délai d'un an accordé à la régie pour requérir l'expertise ne concerne que les contrats à titre onéreux; mais pour les actes à titre gratuit le délai est de deux ans. En d'autres termes l'expertise peut être requise tant que dure l'action en recouvrement du droit. — *Cass.*, 26 fév. 1812, Montesquiou de la Bouronne; 12 fév. 1835, Millochau.

**350.** — Par conséquent la régie a deux ans pour requérir l'expertise en cas d'insuffisance de déclarations lors de la transmission d'un immeuble à tout autre titre qu'à titre onéreux. — *Cass.*, 12 fév. 1835, Millochau.

**351.** — ...En cas de fausse évaluation des biens dans une déclaration de succession. — *Cass.*, 10 déc. 1806, Wanloo.

**352.** — ...En cas d'une donation entre vifs d'immeubles faite par contrat de mariage. — *Cass.*, 31 août 1844 (1. 2 1844, p. 683), Bonifi-Cambournac.

**353.** — ...Ou de biens formant l'objet d'une donation entre vifs faite à la charge de payer une rente viagère au donateur. — *Cass.*, 19 fév. 1845 (1. 1er 1845, p. 550), Dubaze.

**354.** — Jugé également qu'un partage anticipé fait par un père à ses enfans ne pouvant être considéré comme un contrat onéreux, bien que les enfans soient chargés de payer une pension au donateur et de payer ses dettes, la régie qui prétend qu'il y a eu fausse évaluation du revenu des biens abandonnés, peut demander l'expertise dans les deux ans, et non pas seulement dans l'année. — *Cass.*, 15 janv. 1844 (1. 1er 1844, p. 167), Molère.

**355.** — Le délai de deux années court à partir du jour du contrat. — *Cass.*, 26 fév. 1812, Montesquiou de la Bouronne; 7 août 1844 (1. 2 1844, p. 683), Bonifi-Cambournac; 19 fév. 1845 (1. 1er 1845), p. 550), Dubaze.

**356.** — Par la même raison, bien qu'une déclaration de succession ait été postérieurement rectifiée par les héritiers, le délai de deux ans pour requérir l'expertise, court du jour de la déclaration et non de celui de la rectification. — Délib. 23 oct. 1816.

**357.** — On ne doit point appliquer au délai fixé à la régie pour demander l'estimation de biens d'une succession, la disposition de l'art. 25, L. 22 frim. an VII, qui porte que le jour de la date de l'acte ou celui de l'ouverture de la succession n'est point compté dans les délais fixés pour l'enregistrement des actes et des déclarations. — *Cass.*, 12 (et non 11) oct. 1814, Lelièvre de Lagrange.

558.—Il y aurait lieu au surplus d'appliquer, au délai de deux ans, pendant lequel la régie peut requérir l'expertise au sujet de transmissions à titre non onéreux, les décisions que nous avons rapportées plus haut relativement à l'interruption de la prescription au sujet des transmissions à titre onéreux.

559. — *Echanges.* — Comme l'art. 17, L. 22 frim. an VII, relatif seulement aux actes à titre onéreux, sur lesquels le droit est perçu d'après le prix exprimé au contrat, ne concerne point les échanges, sur lesquels le droit est perçu d'après le revenu annuel des biens, il s'ensuit que le délai accordé à la régie pour requérir l'expertise relativement à un échange d'immeubles, est de deux ans, conformément à l'art. 61, no 1er. — *Cass.*, 1er juill. 1840 (t. 2 1843, p. 740), de Poudeux. — Arg. *Cass.*, 13 déc. 1809, Quentin.

560. — Cependant la régie avait antérieurement décidé : 1o qu'elle n'avait qu'un an, à partir de l'enregistrement, pour provoquer une expertise tendant à obtenir un supplément de droit sur un acte d'échange, par le motif que l'arrêt de cassation du 27 déc. 1820 (V. *suprà* no 352), avait regardé l'art. 17, de la loi de frimaire, comme également applicable aux ventes et aux échanges.— Délib. 27 juill. 1822;—Roland et Trouillet, *Dict. de l'enregist.*, vo *Expertise*, § 2, no 7. — V. *contrà Dict. des dr. d'enreg.*, vo *Expertise*, no 30.

561. — ... 2o Que lorsque plus d'un an s'était écoulé depuis l'enregistrement d'un échange, l'aveu fait dans le testament de l'une des parties que la soulte n'avait pas été portée dans le contrat à sa véritable valeur, ne pouvait faire revivre l'action éteinte de la régie. — Délib. 11 mai 1836.

### § 3. — *Procédure en expertise.*

562. — Si le Code de procédure est la loi commune à suivre en matière d'expertise, on sent que cela ne peut être que dans les différends entre simples particuliers. Mais dans les affaires qui intéressent le gouvernement, il a toujours été regardé comme nécessaire de s'écarter de la loi commune par des lois spéciales, soit en simplifiant la procédure, soit en prescrivant des formes différentes. Or, le Code de procédure ne renferme aucune disposition qui puisse suppléer ou remplacer ces réglemens spéciaux. — Il y aurait donc nécessité de rétablir ces réglemens spéciaux et de leur rendre force de loi, si on pouvait supposer qu'ils l'eussent perdue.—Avis cons. d'état, 12 mai 1817 (approuvé le 1er janvier suivant).

563.— Mais jugé que l'art. 1041, C. procéd., portant abrogation de toutes lois, usages et réglemens antérieurs relatifs à la procédure, ne s'applique pas aux règles de l'expertise en matière d'enregistrement. — Ainsi, ce sont les formes spéciales établies par l'art. 18, L. 22 frim. an VII, et non celles tracées dans les art. 303 et suiv., C. procéd., qu'il faut suivre en pareil cas. — Avis cons. d'état, 1er juin 1807 ;—*Cass.*, 25 oct. 1808, Calvière; 30 janv. 1809, Monteillet; 9 oct. 1809, Siau; 2 mai 1810, de Langeac; 24 juill. 1810, Raygot la Gouillère.

564. — Toutefois, les dispositions du Code de procédure sont applicables pour toutes les formalités qui sont compatibles avec les lois spéciales sur la matière. — *Cass.*, 16 juill. 1822, Garrel; *Bruxelles*, 26 juin 1828, Crombez-Lefèvre.

565. — Et même les dispositions spéciales de la loi du 22 frim. an VII n'excluent l'application des règles de la procédure ordinaire que dans les cas prévus par cette loi. — Dès-lors, comme il est de la nature des expertises que les parties connaissent le jour, le lieu et l'heure des opérations, et qu'elles y soient présentes, ou dûment appelées, ainsi qu'à la rédaction du procès-verbal pour faire tels dires et observations que de besoin, une expertise doit être déclarée nulle, si ces formalités n'ont pas été observées. — *Bruxelles*, 30 janv. 1824, N...

566. — La demande en expertise est portée devant le tribunal civil de l'arrondissement dans lequel les biens sont situés, par une pétition portant nomination de l'expert de la nation. — L. 22 frim. an VII, art. 18.

567. — La requête présentée au nom de la régie à fin d'expertise des biens compris dans une déclaration de succession n'est pas nulle pour avoir été signée par un inspecteur, en l'absence du receveur, la loi n'attribuant pas exclusivement à ce dernier le droit de donner cette signature.—*Cass.*, 29 fév. 1832, Paussine.

568. — Lorsque la régie demande l'expertise dans l'année de la présentation d'un acte à l'enregistrement, cette expertise doit être ordonnée dans le délai fixe de dix jours sans qu'aucune contestation puisse s'engager sur cette demande et sans qu'il soit besoin d'appeler les parties intéressées pour présenter leurs moyens. — *Cass.*, 11 fév. 1835, de Préfort.



569. — Lorsqu'il y a plusieurs coacquéreurs, la demande est indivisible; par conséquent, la requête à fin d'expertise n'a besoin d'être signifiée qu'à un seul d'entre eux. — Inst. 1282, § 10; 1537, sect. 2e, no 279.

570.— L'expertise doit être ordonnée dans la décade de la demande. — L. 22 frim. an VII, art. 18.

571. — Toutefois, ce délai n'est pas prescrit à peine de déchéance; ce n'est là qu'une disposition purement réglementaire. — *Cass.*, 24 nov. 1841 (t. 1er 1842, p. 529), Jorel.

572.— En cas de refus par la partie de nommer son expert, sur la sommation qui lui a été faite d'y satisfaire dans les trois jours, il lui en est nommé un d'office par le tribunal. — L. 22 frim. an VII, art. 18.

573. — S'il y a empêchement de la part de l'expert nommé d'office par un jugement par défaut, il peut être remplacé également d'office par le jugement contradictoire qui ordonne l'exécution du précédent, sans qu'il soit nécessaire de faire sommation à la partie de nommer son expert, car alors le remplacement d'office n'est que la continuation ou le complément de la nomination d'office. — *Cass.*, 6 juill. 1843 (t. 2 1843, p. 727), Imbert.

574. — Mais lorsque le tribunal a agréé l'expert choisi par la régie, il ne peut, sans violer la chose jugée, en nommer un autre d'office. — *Cass.*, 27 (et non 7) avr. 1807, Colin.

575.—MM. Championnière et Rigaud (t. 4, p. 4020) pensent même que le tribunal n'a pas le droit de choisir l'expert de la régie en cas de refus par celle-ci et qu'il peut seulement refuser d'ordonner l'expertise si la requête ne contient pas la nomination exigée par la loi.

576. — Chaque partie ayant le droit de nommer son expert, ce n'est qu'en cas de refus par l'une d'elles, après sommation, que le tribunal peut lui en nommer un d'office.— Ainsi, lorsque la régie a fait choix d'un expert contre lequel des moyens de récusation ont été proposés, le tribunal ne peut, sans juger ni admettre ces moyens, nommer d'office un autre expert à la place de celui qui a été récusé. — *Cass.*, 26 oct. 1813, Boileau.

577. — Lorsque, sur la demande en expertise formée par la régie, la partie adverse a nommé elle-même son expert, il n'est pas nécessaire qu'un jugement ordonne l'expertise.—*Cass.*, 8 août 1836, Karcher.

578. — Lorsque la régie veut obtenir l'expertise d'une propriété dont l'évaluation, dans un acte de vente, lui paraît frauduleuse, elle n'est pas obligée d'appeler l'acquéreur au jugement qui doit l'ordonner. Il suffit qu'elle ait fait à l'acquéreur sommation de nommer un expert. — *Cass.*, 6 juill. 1825, Daure.

579. — Dans les cas autres que ceux où il s'agit de l'expertise d'immeubles dont la mutation s'opère par décès (L. 15 nov. 1808, art. 2), lorsque les immeubles sont situés dans le ressort de plusieurs tribunaux, la demande doit être portée au tribunal dans le ressort duquel se trouve le chef-lieu de l'exploitation, ou à défaut de chef-lieu, la partie des biens qui présente le plus grand revenu d'après la matrice du rôle. Ce même tribunal ordonne l'expertise partout où elle est jugée nécessaire, à la charge néanmoins de nommer pour experts des individus domiciliés dans le ressort des tribunaux de la situation des biens, et il prononce sur leur rapport. — L. 15 nov. 1808, art. 1er.

580. — Les juges ne sont tenus de choisir l'expert parmi les personnes domiciliées dans l'arrondissement de la situation des biens qu'autant qu'il s'agit de biens situés dans le ressort de plusieurs tribunaux; il n'en est pas de même quand les biens sont situés dans le ressort du même tribunal. — *Cass.*, 6 juill. 1843 (t. 2 1843, p. 727), Imbert.

581. — Les experts doivent être renvoyés pour la prestation de serment devant le juge de paix du canton où les biens sont situés. — L. 15 nov. 1808, art. 1er.

582. — Mais il en est autrement lorsque l'expertise ne doit porter que sur un seul immeuble. — *Cass.*, 8 août 1836, Karcher.

583. — Il y a nullité de l'expertise toutes les fois que l'une des parties n'a pas été assignée pour assister à la prestation de serment des experts. — *Cass.*, 14 thermid. an XIII, de Caigny. — V. aussi *suprà* (no 565) *Bruxelles*, 30 janv. 1824.

584. — Les experts, en cas de partage, appellent un tiers-expert : s'ils ne peuvent en convenir, le juge de paix du canton de la situation des biens y pourvoit. — L. 22 frim. an VII, art. 18.

585. — Le choix du tiers-expert à faire par le juge de paix ne saurait être circonscrit dans une liste particulière d'experts dressée par les juges de paix de l'arrondissement. — *Cass.*, 30 déc. 1822, Gueniveau-Delaraye.



586. — Lorsque la partie n'a pas assisté à la visite des lieux contentieux par le tiers expert, et que le procès-verbal est rédigé ailleurs que sur les lieux, il n'est pas nécessaire, à peine de nullité, que le procès-verbal indique ce changement, ni que la partie défaillante en soit avertie par un acte extrajudiciaire. — *Cass.*, 19 juin 1838 (t. 1er 1838, p. 664), Lentz.

587. — Aucune disposition de loi n'obligeant le tiers expert nommé, en cas de partage des deux premiers experts, à adopter l'estimation de l'un ou de l'autre, les juges commettraient un excès de pouvoir et violeraient l'art. 18, L. 22 frim. an VII, s'ils annulaient l'estimation du tiers expert sous prétexte qu'au lieu de se ranger à l'avis de l'un ou de l'autre des deux experts, il avait émis un nouvel avis qui concilierait leur opinion ou même qui en différerait. — *Cass.*, 18 fév. 1806, Verts.

588. — De même, le tiers expert, nommé dans le cas de discord de deux premiers experts chargés de l'estimation des immeubles dont la mutation donne lieu à un droit proportionnel, n'est pas tenu d'adopter l'estimation de l'un ou de l'autre de ces experts, au lieu d'énoncer son opinion personnelle. — *Cass.*, 18 août 1823, Thibert.

589. — Lorsqu'un tiers expert a été nommé pour lever le dissentiment des deux premiers, s'il ne s'est pas formé un seul avis à la pluralité des voix, il n'est pas nécessaire qu'une nouvelle expertise soit ordonnée.—Les dispositions de l'art. 18, C. procéd., ne sont point applicables en matière d'enregistrement. — *Cass. belge*, 19 fév. 1833, Guilmot.

590. — La régie ne peut récuser l'expert nommé par elle, pour des causes existant à l'époque de sa nomination et qu'elle pouvait connaître. — *Cass.*, 16 juill. 1822, Garret.

591. — C'est le juge de paix seul qui est compétent pour statuer en premier ressort sur la récusation formée contre le tiers expert qu'il a nommé dans le cas prévu par l'art. 18, L. 22 frim. an VI. — *Cass.*, 30 déc. 1822, Gueniveau-Delaraye.

592. — Le procès-verbal d'expertise doit être rapporté, au plus tard, dans le mois qui suivra la remise faite aux experts de l'ordonnance du tribunal, ou dans le mois après l'appel d'un tiers expert. — L. 22 frim. an VII, art. 18.

593. — En matière d'enregistrement, les juges ne peuvent se dispenser de suivre l'avis des experts sur les estimations. — *Cass.*, 7 mars 1808, Elsberg; 17 avr. 1816, Chaléat; 28 mars 1831, Boscaff; 17 déc. 1844 (t. 1er 1845, p. 54), Gérard.

594. — Toutefois cela suppose que les deux experts sont d'accord. En cas de partage des deux experts, les juges ne peuvent adopter arbitrairement l'avis isolé d'un des deux experts. — *Cass.*, 17 déc. 1844 (t. 1er 1845, p. 54), Gerard.

595. — Cependant, en cas de dissentiment entre l'expert de la régie et celui de la partie, le tribunal n'est pas tenu de nommer un tiers expert, alors qu'une expertise nouvelle est devenue impossible par le fait de la partie qui a changé les lieux. — *Cass.*, 24 mai 1843 (t. 2 1843, p. 732), Rozet.

596. — Lorsqu'il y a eu partage et par suite nomination d'un tiers expert, les juges sont obligés de suivre l'avis de la majorité des experts.—*Cass.*, 17 déc. 1844 (t. 1er 1845, p. 54), Gerard.

597. — Dans aucun cas et sous aucun prétexte, les juges ne peuvent faire par eux-mêmes l'évaluation des immeubles litigieux. — Même arrêt.

598. — Lorsque les juges pensent que l'estimation d'un immeuble faite par des experts, à l'effet d'en vérifier la valeur vénale, est fautive ou incohérente, ils peuvent ordonner une nouvelle expertise. — *Cass.*, 17 avr. (et non août) 1816, Chaléat.

599. — Il en est de même quand le rapport des premiers experts leur paraît défectueux ou insuffisant. — *Cass.*, 24 juill. 1815, de Varicourt.

600. — ... Ou bien encore quand l'expertise ordonnée n'a pas été faite de manière à éclairer suffisamment leur religion. — *Cass.*, 18 juill. 1815, Beguin.

601. — Et cette nouvelle expertise, les juges peuvent l'ordonner, même d'office.—*Cass.*, 17 déc. 1844 (t. 1er 1845, p. 54), Gérard.

602. — Mais lors même que les experts, dans l'estimation qu'ils ont été chargés de faire d'un immeuble, n'ont pas déclaré avoir opéré par comparaison avec les fonds voisins de même nature, il n'y a pas lieu d'ordonner une nouvelle expertise, si le tribunal juge sa religion suffisamment éclairée par la première. — *Cass.*, 6 avr. (et non 18 juill.) 1815, Demangeon.

603. — Le refus fait par les juges d'ordonner une nouvelle expertise demandée ne donne pas

lieu d'attaquer leur jugement, surtout lorsqu'il est établi que la première expertise suffisait pour que le tribunal pût prononcer en connaissance de cause. — *Cass.*, 9 juill. 1815, N...

604. — Dans le cas où des procès-verbaux d'experts en matière d'enregistrement, sont déclarés irréguliers ou nuls ou bien les opérations irrégulières ou insuffisantes, le tribunal doit ordonner que l'expertise sera recommencée par de nouveaux experts. — *Cass.*, 29 fév. 1832, Saussine; *Cass. belge*, 6 mai 1833, Duval de Beaulieu.

605. — Mais les juges ne pourraient pas, pour cette nouvelle expertise, nommer *d'office* les experts qui doivent y procéder. L'art. 18, L. 22 frim. an VII, est applicable à ce cas, et non l'art. 322, C. procéd.— *Cass.*, 16 juin 1823, Finet; 16 avr. 1845 (t. 1er 1845, p. 602), Marcou-Tixier; — *Contrà Cass. belge*, 6 mai 1833, Duval de Beaulieu.

606. — Pour cette seconde expertise, comme pour la première, ce n'est qu'en cas de refus par chaque partie de désigner son expert, que le tribunal le nomme d'office; et, s'il y a lieu de recourir à un tiers expert, ce dernier doit être désigné par les experts eux-mêmes, ou, en cas de partage, par le juge de paix. — *Cass.*, 16 avr. 1845 (t. 1er 1845, p. 602), Marcou-Tixier; — Inst. 436, §§ 23 et 1537, nos 247 et 306.

607. — Cependant, le tribunal qui reconnaît quelque irrégularité dans un rapport d'experts peut, s'il croit un supplément de rapport nécessaire pour réparer ces irrégularités, charger les mêmes experts de dresser et de lui transmettre ce supplément. — *Cass.*, 3 (et non 23) août 1836, Legenvre.

608. — De même, bien qu'au sujet d'une vente avec réserve d'usufruit, des experts aient, en vertu d'un précédent jugement, constaté seulement la valeur vénale de la nue propriété, sans faire connaître ni celle de la pleine propriété ni celle de l'usufruit, les juges peuvent, sans leur prescrire d'estimer d'abord la valeur vénale de l'immeuble en pleine propriété et de déduire ensuite de cette valeur celle de l'usufruit d'après sa durée présumée.—En cela, ils ne violent ni l'autorité de la chose jugée, ni la règle qu'en matière fiscale les juges ne peuvent substituer leur opinion propre à celle des experts.—*Cass.*, 24 janv. 1844 (t. 1er 1844, p. 590), Marais.

609. — Par cela que l'expert de la partie contre laquelle la demande était formée, aurait procédé à l'expertise sur une base erronée et différente de celle adoptée par l'expert de la régie, le tribunal n'est pas autorisé à remplacer ce premier expert par un expert nommé d'office. Il doit, en ce cas, se borner à ordonner une nouvelle expertise, en fixant la base qui doit être adoptée par les experts. — *Bruxelles*, 26 juin 1828, Crombez-Lefebvre.

### § 4. — *Conséquences de l'expertise.*

610. — L'expertise a nécessairement pour résultat de constater ou qu'il n'y a point de plus-value ou qu'il y en a une.

611.—Dans le premier cas, la régie succombant dans sa demande, doit être condamnée aux frais.

612. — S'il résulte de l'expertise qu'il y a plus-value, il faut distinguer entre les transmissions à titre onéreux et les transmissions à titre non onéreux.

613. — *Transmissions à titre onéreux.*—Lorsque, dans une transmission à titre onéreux, une plus-value est constatée par le rapport des experts, les frais de l'expertise sont à la charge de l'acquéreur si l'estimation excède d'un huitième au moins le prix énoncé au contrat. — Dans tous les cas, l'acquéreur est tenu d'acquitter le droit sur le supplément d'estimation.—L. 22 frim. an VII, art. 18.

614 — Ainsi, aucune peine n'était établie pour le cas où le prix d'une vente d'immeuble était au-dessous de la valeur vénale. Les parties n'étaient tenues qu'aux frais de l'expertise (et encore seulement au cas d'excédant d'un huitième) et au paiement d'un supplément de droit simple.

615. — Delà cette disposition de l'art. 5, L. 27 vent. an IX, portant que, dans tous les cas où les frais de l'expertise tombent à la charge du redevable, il y a lieu au double droit sur le supplément de l'estimation.

616. — Jugé en conséquence que lorsqu'il est reconnu par le résultat d'une expertise que l'estimation d'un immeuble vendu excède d'un huitième ou plus le prix stipulé dans le contrat, l'adversaire de la régie doit être condamné au paiement du double droit sur le supplément, indépendamment des frais. — *Cass.*, 7 mars 1808, Elsberg; 2 oct. 1810, Vanderstockt; 23 déc. 1817, Charrein.

617. — Lorsque, pour rectifier un acte de vente immobilière, les parties déclarent, dans un acte postérieur un prix plus élevé que celui énoncé dans le premier contrat, on ne peut exiger le double droit, non plus que les frais de l'expertise provoquée par la régie, si la valeur de l'immeuble fixée par les experts n'excède pas d'un huitième le prix indiqué dans l'acte rectificatif. Il importe peu que cet acte n'ait été dressé qu'après la demande d'un supplément de droits et du double droit, s'il a d'ailleurs précédé la demande en expertise formée par la régie. — Délib. 19 août et 18 sept. 1837.

618. —Si une expertise provoquée par la régie a constaté une plus-value dans une vente d'immeubles, l'acquéreur doit être condamné à payer le supplément de droits, bien que la vente ait été rescindée pour lésion de plus de sept douzièmes. — *Cass.*, 18 fév. 1829, Goll.

619. — Lorsque aucun prix n'est énoncé dans l'acte reconnu vente, le contribuable, quelle que soit l'évaluation faite par les experts, doit être condamné aux dépens.—*Cass.*, 20 mars 1839 (t. 1er 1839, p. 464), Lobgeois et Thuret.

620. — Si les immeubles, objet de l'expertise, avaient été vendus en justice, l'acquéreur ne pouvant en pareil cas être soupçonné de fraude, il n'y aurait pas lieu à appliquer la peine du double droit, quel que fût le résultat de l'expertise. — Solut. 17 fév. 1829; — Roland et Trouillet, *Dict. d'enregistr.*, vo *Expertise*, § 5, no 5.

621. — *Transmissions à titre non onéreux.* — Comme l'art. 18, L. 22 frim. an VII, qui met à la charge de la régie les frais d'expertise lorsque l'estimation excède d'un huitième au moins la valeur déclarée au contrat, ne parle que des transmissions *à titre onéreux*, il s'ensuit que cet article n'est pas applicable aux transmissions à titre non onéreux. — *Cass.*, 11 mai 1824, Bourgois; 20 déc. 1837 (t. 1er 1838, p. 28), Schnetz; — Circ. 17 germin. an IX.

622.—De plus, il résulte de l'art. 39 de la même loi que les insuffisances constatées dans les estimations des biens déclarés donne lieu à une peine d'un droit en sus de celui qui se trouvera dû sur l'insuffisance d'estimation; et que si l'insuffisance est établie par un rapport d'experts, les contrevenans doivent payer en outre les frais de l'expertise.

623. — Enfin, l'art. 5, L. 27 vent. an IX, porte que dans tous les cas où les frais de l'expertise autorisée par l'art. 19, L. 22 frim. an VII (c'est-à-dire pour les transmissions à titre non onéreux), tomberont à la charge du redevable, il y aura lieu au double droit sur le supplément de l'estimation.

624. — Jugé en conséquence qu'en matière de transmissions à *titre gratuit* (par exemple, de donation entre-vifs par contrat de mariage), il suffit qu'il y ait insuffisance dans la déclaration, pour qu'il y ait lieu, par le donataire, au paiement des frais d'expertise; indépendamment du droit et du double droit sur la valeur non déclarée. — *Cass.*, 20 déc. 1837 (t. 1er 1838, p. 28), Schnetz; — Circ. 17 germin. an IX.

625. — ... Que les héritiers qui, dans la déclaration de succession qu'ils ont faite, ont donné aux biens une valeur démontrée insuffisante par une expertise, sont passibles du double droit sur l'excédant, ainsi que des frais d'expertise, encore bien que l'insuffisance n'excède pas un huitième de la valeur déclarée.—*Cass.*, 11 mai (et non mars) 1824, Bourgois; 9 mai 1826, Deyres et Fourcade.

626. — En cas d'insuffisance dans une déclaration de succession, l'offre d'augmenter les valeurs déclarées ne peut écarter la peine du double droit, lorsque cette offre n'est faite que postérieurement au jugement qui ordonne l'expertise, et qu'elle n'a d'ailleurs pour objet que le tiers de l'immeuble précédemment déclaré pour la totalité. — *Cass.*, 4 déc. 1821, Beaumarchais.

627. —*Échanges.* —Dans les échanges d'immeubles à l'égard desquels la régie a requis l'expertise, les échangistes sont passibles des frais d'expertise et du double droit, dès qu'une différence d'estimation est constatée, de même que par suite d'une expertise en matière de transmission à titre gratuit; il n'est pas besoin que la différence de valeur excède d'un huitième celle qui a été déclarée. — Délib. 3 sept. 1841.

## CHAPITRE IV. — *Nécessité et effets de l'enregistrement.*

628. — Les anciens édits, et notamment l'édit du contrôle de juin 1581 refusaient tout effet obligatoire aux actes non enregistrés; et l'art. 9, L. 5-19 déc. 1790, portait qu'à défaut d'enregistrement dans les délais prescrits un acte passé devant notaire ne pouvait valoir que comme acte sous seing-privé. D'ou l'on concluait qu'il ne pouvait en cet état conférer hypothèque.

629. — La loi du 22 frim. an VII n'ayant pas reproduit ces dispositions, il s'ensuit que les actes notariés et sous seings-privés tirent toute leur force et tous leurs effets d'eux-mêmes. D'ailleurs, et en ce qui concerne les actes notariés, du moment que l'enregistrement est à la charge du notaire, on ne saurait punir les parties de sa négligence ou de son infidélité, en privant leur convention de l'authenticité qu'elles ont voulu lui donner.—*Dict des dr. d'enreg.*, vo *Enregistrement*, no 68.

630. — Aussi a-t-il été constamment jugé que le défaut d'enregistrement d'un acte notarié dans les délais ne privait nullement l'acte de son effet, sauf amende contre le notaire.— V. ACTE NOTARIÉ, nos 552 et suiv. — V. aussi ACTE, no 102.

631. — Par conséquent, bien qu'un acte notarié n'ait point été enregistré, l'hypothèque qui y est consentie est valable et prend rang du jour même de l'acte. — *Toulouse*, 12 déc. 1835, Bezy c. Catusse.

632. — Toutefois l'art. 34, L. 22 frim. an VII, déclare nuls, à défaut d'enregistrement dans les délais, les exploits ou procès-verbaux émanés des huissiers ou de tous autres ayant pouvoir de les faire, à l'exception des procès-verbaux de vente de meubles et autres objets mobiliers, et de tout autre acte du ministère des huissiers sujet au droit proportionnel.

633. — Ainsi, jugé que l'exploit de signification d'un arrêt d'admission est nul à défaut d'enregistrement, et que cette nullité entraîne la déchéance du pourvoi.—*Cass.*, 23 flor. an IX (et non an VI), Mathevot c. Brachet.

634.—Est nul l'exploit d'appel enregistré plus de quatre jours après sa date, lors même qu'il l'aurait été bien avant l'expiration des trois mois dans lesquels il devait être signifié. — *Riom*, 6 déc. 1830, Jurie c. Mercier.

635. — ... Et l'exploit non enregistré dans le délai fixé par la loi, lors même que le retard proviendrait du fait du receveur de l'enregistrement. — *Bourges*, 23 déc. 1816, Ferrand c. Grangier.

636. — Si, d'après la date énoncée à la copie d'un exploit, cet exploit n'a pas été enregistré dans le délai de quatre jours, la partie peut en proposer la nullité, lors même qu'en consultant la date donnée à l'original, on voit que l'enregistrement a eu lieu dans le délai de rigueur.— *Caen*, 25 avr. 1826, Barbel c. Jean.

637. — Mais la nullité des procès-verbaux pour défaut d'enregistrement n'est prononcée que dans le cas où il s'agit de jugemens à rendre en faveur des particuliers; et la loi a voulu leur conserver toute leur force quand ils intéressent l'ordre et la vindicte publique.— *Cass.*, 27 juill. 1827, Loyson (V. la note sous cet arrêt.); 4 janv. 1834, Mazantès; — Mangin, *Des procès-verbaux*, no 24.

638. — En conséquence, ont été déclarés n'être pas nuls à défaut d'enregistrement, les exploits faits en matière correctionnelle ou criminelle à la requête du ministère public. — *Cass.*, 23 vent. an XIII, Maugré; 1er fév. 1816, Maisonneuve.

639. — ... Par exemple, l'exploit de notification de la liste du jury.—*Cass.*, 7 janv. 1826, Tranchant.

640. — ... Les procès-verbaux des commissaires de police constatant des contraventions de police. — *Cass.*, 3 sept. 1808, Saumade; 31 mars 1809, Devos; 10 mai 1810, N...; 5 mars 1819, Taillandier; — Legraverend, t. 1er, chap. 5, § 4, p. 215; Merlin, *Rép.*, vo *Procès-verbal*, § 2.

641. — Mais ils ne peuvent servir de base à la poursuite qu'après avoir été enregistrés. — *Cass.*, 3 sept. 1808, Saumade; — Legraverend, t. 1er, chap. 4, p. 215.

642. — ... Les procès-verbaux de la gendarmerie qui intéressent l'ordre et la vindicte publique. — *Cass.*, 23 fév. 1827, Fuin; 2 août 1828, Gary.

643. — ... Le procès-verbal d'un garde forestier constatant un délit de chasse.—*Cass.*, 27 juill. 1827, Loyson.

644. — ... Le procès-verbal d'un garde champêtre constatant un délit de chasse, lorsqu'il est produit dans l'intérêt de la vindicte publique. — *Cass.*, 16 janv. 1824, Trocme.

645. — ... Un procès-verbal de récolement fait à la requête de l'administration forestière.—*Cass.*, 1er sept. 1809, Dugier.

646. — Par suite, les jugemens rendus sur de pareils procès-verbaux ne sont pas nuls. — *Cass.*, 1er mai 1818, habit. de Charleville.

647. — Jugé, au contraire, que les procès-verbaux dressés par les gardes champêtres sont nuls à défaut d'enregistrement dans le délai fixé par la loi, sans qu'il y ait lieu de distinguer à cet égard entre ceux qui n'intéressent que les particuliers et ceux qui doivent servir de base à l'action publique. — *Metz*, 20 mars 1820, Parant; *Bourges*, 12 mai 1837 (t. 2 1837, p. 401), Logeron.

648. — Un arrêt de la cour de Cassation du

18 fév. 1820 (Soufland) fait une distinction. Il décide que la nullité pour défaut d'enregistrement dans le délai n'est applicable qu'aux procès-verbaux qui font foi en justice jusqu'à inscription de faux, et non à ceux qui tendent uniquement à constater une contravention de simple police.

649. — Au surplus, toutes ces questions ne pourraient s'agiter qu'à l'égard des actes et mutations soumis à l'enregistrement. Et l'on va voir qu'il y a exception de la formalité à l'égard de beaucoup.

650. — Quant aux jugemens rendus en conséquence d'un acte non enregistré, ils ne sont pas nuls pour cela. — V. *infrà* nos 1318 et suiv.

651. — Mais, ainsi qu'on le verra *eod. loc.*, si les jugemens ne sont pas nuls, les tribunaux sont responsables des droits pour n'avoir pas sursis à statuer jusqu'à ce que les actes aient été enregistrés.

652. — Les actes ou mentions émanés des agens de l'administration de l'enregistrement dans l'exercice de leurs fonctions, constituent des actes authentiques relativement à ce qu'ils constatent. — Toullier, t. 8, no 54. — V. ACTE AUTHENTIQUE, nos 13 et 87.

653. — Ainsi la date de l'enregistrement d'un acte fait foi que cet acte a été présenté à la formalité le jour même où il a été enregistré. — *Cass.*, 23 déc. 1835, Bidault c. Texier et Ernoult.

654. — Ainsi encore l'enregistrement donne aux actes sous seing-privé une date certaine contre les tiers. — C. civ., art. 1328.

655. — Mais les mentions ou transcriptions faites par les préposés ne sauraient avoir aucune authenticité quant à la sincérité des actes en eux-mêmes. Les copies ou extraits de ces mentions et transcriptions délivrés par les préposés ne peuvent donc suppléer aux actes eux-mêmes ou aux copies par lesquelles ces actes peuvent, dans certains cas, être remplacés. — C. civ., art. 1335.

656. — Cependant la transcription en tout ou en partie d'un acte sur les registres de l'enregistrement peut-elle au moins servir de commencement de preuve par écrit? — C. civ., art. 1336. — V. à ce sujet COMMENCEMENT DE PREUVE PAR ÉCRIT, nos 74 et suiv.

## Sect. 1re. — *Actes et mutations soumis à l'enregistrement.*

657. — La loi du 22 frim. an VII ne contient point de règle générale à l'égard des actes et mutations sujets à l'enregistrement.

658. — La loi du 5-19 déc. 1790 était plus explicite à cet égard. Elle porte, art. 4 : « Les actes des notaires et les exploits des huissiers seront assujétis, dans toute l'étendue du royaume, à un enregistrement pour assurer leur existence et constater leur date. Les actes judiciaires seront soumis à la même formalité, soit sur la minute, soit sur l'expédition. Les actes passés sous signature privée y seront pareillement sujets, dans tous les cas prévus par l'art. 11. Enfin le titre de toute propriété ou usufruit de biens immeubles, réels ou fictifs, sera de même enregistré. — A défaut d'actes en forme ou sous signature privée contenant translation de nouvelle propriété, il sera fait enregistrement de la déclaration que les propriétaires et usufruitiers seront tenus de fournir de la consistance et de la valeur de ces immeubles, soit qu'ils les aient recueillis par succession ou autrement, en vertu des lois et coutumes, ou par l'échéance des conditions attachées aux dispositions éventuelles. — A raison de cette formalité, il sera payé un droit dont les proportions seront déterminées suivant la nature des actes et les objets des déclarations. »

659. — Or ces dispositions, si elles ne sont textuellement reproduites dans la loi du 22 frim. an VII, s'y retrouvent néanmoins dans le rapprochement des titres 1, 2 et 3.

660. — Il en résulte que tous les actes des notaires, huissiers et autres ayant le droit d'instrumenter, ainsi que ceux des administrations, tous actes judiciaires, tous actes sous seing privé, toutes mutations d'immeubles en propriété, usufruit ou jouissance, entre vifs ou par décès, doivent être soumis à l'enregistrement, les uns dans un délai déterminé, les autres avant qu'il puisse en être fait usage, soit en justice, soit par acte public, soit devant toute autorité constituée. — *Dict. des dr. d'enreg.*, vo *Enregistrement*, no 70.

661. — Cependant cette règle a reçu de nombreuses exceptions, soit quant à la nécessité de l'enregistrement, soit relativement aux paiemens des droits. — V. les paragraphes qui suivent.

662. — Un acte produit en justice donne ouverture au droit d'enregistrement, quand bien même il s'agit d'en prononcer la nullité. — *Cass.*, 10 germ. an VI, Durousseau.



663. — Lors même qu'un acte peut n'être considéré que comme un projet, s'il est produit en justice, l'enregistrement est obligé. — *Dict. des dr. d'enreg.*, vo *Projet*, no 3.

### § 1er. — *Actes à enregistrer en débet.*

664. — Doivent être enregistrés en débet : 1o les actes et procès-verbaux des juges de paix pour faits de police. — L. 22 frim. an VII, art. 70, § 1er, no 1.

665. — Décidé de même au sujet des procès-verbaux dressés par les juges de paix et commissaires de police pour constater les morts violentes ou présumées telles et contenant l'inventaire des effets trouvés sur les personnes décédées. — Décis. min. fin. 18 niv. an X ; inst. 72. — Ainsi qu'on le verra plus bas, ces procès-verbaux seraient exempts de l'enregistrement, s'ils avaient uniquement pour objet de constater la mort violente. — V. *infrà* nos 858 et suiv.

666. — ... 2o Les actes et procès-verbaux faits à la requête des procureurs du roi près les tribunaux. — L. 22 frim. an VII, art. 70, § 1er, no 2.

667. — Cette disposition est applicable aux actes de poursuite d'office, en matière civile. — Inst. 24 vendém. an XII, 169.

668. — Ainsi sont enregistrés en débet les actes et procédures de poursuite d'office par le ministère public : 1o en demande d'interdiction (C. civ., art. 491) ; — 2o En condamnation pour défaut des formes légales en matière d'actes de l'état civil et en rectification de ces mêmes actes ; — 3o pour contravention à la loi sur le notariat ; — 4o et généralement dans tous les cas où le ministère public agit dans l'intérêt de la loi. — Décr. 18 juin 1821 ; instr. 531.

669. — Par la même raison, l'ordonnance du président relative à une dispense de parenté ou d'âge pour mariage s'enregistre en débet, sauf à recouvrer le droit sur les parties. — Décis. min. just. et fin., 25 mars 1829 ; inst. 1282.

670. — Mais il n'y a lieu d'enregistrer en débet que les seuls actes dans lesquels les procureurs du roi agissent comme partie publique, et non ceux dans lesquels ils représentent une partie civile. Tel est le cas où la loi du 4 vent. an IX les charge de faire des poursuites pour la rentrée des rentes et domaines nationaux usurpés, affectés aux hospices. — Avis cons. d'état, 5 niv. an XII ; inst. 201.

671. — La faveur de la disposition a été étendue même aux juges de paix dans de certains cas où la loi les considère en quelque sorte comme les délégués du ministère public.

672. — Ainsi, peuvent être enregistrés en débet, les actes d'apposition et de levée des scellés dans lesquels les juges de paix agissent d'office (C. proc., art. 911), quand des successions sont ouvertes au profit d'héritiers absens et non représentés ou de mineurs qui n'ont ni tuteur ni curateur. — Décis. min. fin. 20 fructid. an X, et 1er prair. an XIII ; inst. 290, no 3.

673. — ... Ou bien encore quand le juge de paix agit d'office soit pour une nomination de subrogé-tuteur dans une tutelle antérieure au Code, soit pour provoquer le retrait de la tutelle dans le cas de l'art. 421, C. civ. — Déc. min. fin. 28 juin 1808 ; inst. 28 juill. 1808, 390, no 1er.

674. — ... 3o Les actes et procès-verbaux des commissaires de police. — L. 22 frim. an VII, art. 70, § 1er, no 3.

675. — ... 4o Ceux des gardes établis par l'autorité publique pour délits ruraux et forestiers. — L. 22 frim. an VII, art. 70, § 1er, no 4.

676. — Ces deux dispositions ont été complétées par l'art. 74, L. 25 mars 1817, portant que les actes et procès-verbaux des huissiers, gendarmes, préposés, gardes champêtres ou forestiers (autres que ceux des particuliers), et généralement tous actes et procès-verbaux concernant la police ordinaire, et qui ont pour objet la poursuite et la répression des délits et contraventions aux réglemens généraux de police et d'impositions, doivent être enregistrés en débet, lorsqu'il n'y aura pas de partie civile poursuivante, sauf à suivre le recouvrement des droits contre les condamnés.

677. — Les inspecteurs de la salubrité publique se trouvent compris sous les dénominations de *préposés* et *d'employés* dont se sert la loi ; en conséquence leurs procès-verbaux sont assujétis à l'enregistrement en débet. — *Cass.*, 22 juin 1842 (t. 2 1842, p. 588), Rieux et Sège.

678. — Les procès-verbaux des sous-officiers de gendarmerie et gendarmes pouvant donner lieu à des poursuites judiciaires sont préalablement enregistrés en débet ou gratis, suivant les distinctions établies par la loi du 22 frim. an VII et l'ordonn. du 22 mai 1816. — Ordonn. 29 oct. 1820, art. 308.



679. — Avant la loi du 22 frim. an VII, les procès-verbaux des gardes champêtres et forestiers n'étaient pas assujétis à l'enregistrement. — L. 23 thermid. an IV ; circ. 7 fructid. an IV, 940.

680. — Aujourd'hui, ils doivent être enregistrés en débet, lorsque les délits et contraventions intéressent l'état, le domaine de la couronne, ou les communes et les établissemens publics. — C. for., art 170 ; — solut. 28 oct. 1828 ; décis. min. fin. 18 oct. 1829 ; instr. 44, 68, 1265 § 9, et 1409.

681. — Jugé en ce sens que les procès-verbaux des gardes champêtres, constatant des délits ruraux ou forestiers, sont, comme tous les actes ayant pour but la poursuite et la répression des délits et contraventions, soumis au visa pour timbre et à l'enregistrement en *débet*, et le coût de ce visa et de cet enregistrement doit être compris dans la liquidation des frais. — *Cass.*, 24 juin 1842 (t. 2 1842, p. 461), Bourge et Rouault.

682. — Doivent également être enregistrés en débet les procès-verbaux de délits commis dans les bois vendus par l'état, lorsque ces procès-verbaux sont dressés par les agens forestiers, avant que le prix en ait été soldé ; car l'adjudicataire n'est propriétaire incommutable qu'après le paiement intégral de son prix. — Solut. 2 août 1832.

683. — ... Les procès-verbaux d'assiette, d'arpentage, de balisage, réarpentage et récolement des coupes de bois de l'état et des coupes de bois communaux, sauf le recouvrement des droits contre les adjudicataires. — Décis. min. fin. 19 germin. an XIII ; instr. 281 et 475.

684. — ... Les procès-verbaux des agens forestiers relatifs aux délivrances en nature dans les forêts de l'état ; mais le recouvrement des droits doit, dans tous les cas, se faire sur les usagers. — Décis. min. fin. 7 nov. 1834 ; solut. 7 juill. 1835 ; instr. 1481, § 11, et 1504, § 5.

685. — ... Les actes et procès-verbaux relatifs aux coupes et arbres délivrés en nature dans les bois des communes et des établissemens publics, parce qu'il n'y a lieu à la perception des droits que dans le cas de poursuite devant les tribunaux. — C. forest., art. 104 ; instr. 10 févr. 1836, 1504, § 5.

686. — Les garde-pêche sont assimilés aux agens forestiers pour la formalité d'enregistrement de leurs actes et procès-verbaux. — Instr. 63 et 246.

687. — Les procès-verbaux des gardes des particuliers, lors même qu'ils ont pour objet des délits poursuivis d'office par le ministère public, ne peuvent être enregistrés en débet ; à cet égard la prohibition de la loi du 25 mars 1817 est formelle. — Décis. min. fin. 2 mai 1828.

688. — Doivent aussi être enregistrés en débet les procès-verbaux des gardes du génie pour contraventions relatives aux servitudes imposées à la propriété pour la défense de l'état, sauf recouvrement ultérieur des droits sur les contrevenans. — L. 29 août 1806 ; ordonn. 1er août 1821 ; instr. 998.

689. — ... Les procès-verbaux des agens des ponts-et-chaussées, lesquels sont, relativement à leurs fonctions, assimilés aux gardes forestiers et ruraux. — Décis. min. fin. 16 frim. an XI, et 15 déc. 1812.

690. — ... Ceux pour contravention en matière de grande voirie, sauf recouvrement des droits sur les parties condamnées ou par lesquelles les délits auront été reconnus. — Décis. min. fin. 11 frim. et 4 germin. an XI ; instr. 290, no 61, et 415, no 1er.

691. — ... Ceux des agens voyers (L. 21 mai 1836, art. 11), et de tous autres officiers de police judiciaire, constatant des délits ou contraventions commis sur les chemins vicinaux. — Décis. min. fin. 3 juill. 1837 ; instr. 18 juin 1838, 1562. — *Contrà* instr. 27 janv. 1841.

692. — ... En matière de roulage, tous les actes postérieurs aux procès-verbaux de contravention ainsi que les poursuites faites dans les tribunaux ; et les droits sont recouvrés sur les condamnés. — Ordonn. 30 déc. 1822 ; décis. min. fin. 14 mai 1838 ; instr. 845 et 1498, § 8.

693. — ... 5o Les actes et jugemens qui interviennent sur les actes et procès-verbaux ci-dessus énoncés. — L. 22 frim. an VII, art. 70, § 1er, no 5.

694. — Sont aussi enregistrés en débet les déclarations d'appel de tous jugemens rendus en matière correctionnelle, lorsque l'appelant est emprisonné. — L. 25 mars 1817, art. 74.

695. — ... Les cautionnemens ou soumissions de représenter à justice, lorsqu'il n'y a pas de partie civile. — Délib. 6 nov. 1822.

696. — Autrefois, les actes de poursuites, jugemens et autres actes ayant pour objet le recouvrement des droits, revenus et capitaux dont est char-

gée l'administration de l'enregistrement et des domaines, s'enregistraient en débet. — Instr. 15 niv. an XI, 115.

697. — Mais à partir du 1er janv. 1838 ce mode a cessé et les droits sont acquittés au moment de la formalité par les receveurs, sur les fonds de leur caisse, à titre d'avance à la charge de recouvrement ou de régularisation. — Décis. min. fin. 21 nov. 1837 ; instr. 1551.

698. — Les actes de poursuites afin de recouvrement, soit d'amendes et de frais dus à l'état, soit de restitutions et dommages-intérêts prononcés au profit des communes et des établissemens publics pour délits commis dans leurs bois doivent être enregistrés en débet. Le droit est de 1 fr. (en débet) lorsque les sommes à recouvrer s'élèvent au-dessus de 100 fr. — Décis. min. fin. 7 mars 1828 ; instr. 1265, § 4.

699. — Les significations des jugemens par défaut en matière forestière sont toujours et sans distinction soumises à la formalité en débet. — Solut. 13 mars 1832 ; instr. 1401, § 6.

700. — Les actes de signification des arrêtés des préfets relatifs à la délimitation des bois des communes et des établissemens publics (C. forest., art. 10), peuvent être enregistrés en débet, sauf le recouvrement des droits contre les communes et les établissemens propriétaires des bois. — Décis. min. fin. 7 nov. 1828 ; instr. 1265, § 1er.

701. — Lorsque les maires ou autres fonctionnaires poursuivent seuls et d'office, et dans l'intérêt de la commune, on avait pensé que celle-ci était censée partie civile, et qu'elle devait faire l'avance des droits. — Instr. 30 sept 1808, art. 400, no 2.

702. — Mais décidé que la formalité devait être donnée en débet, attendu que, dans la poursuite des délits qui intéressent leurs propriétés, les communes et les établissemens publics, bien que considérés comme parties civiles, sont néanmoins dispensés de consigner le montant des droits et frais. Ces frais sont acquittés à titre d'avance sur les caisses de l'administration. — Décis. min. fin. 31 janv. et 29 août 1821 ; instr. 1001.

703. — Doivent être encore enregistrées en débet : les délibérations des conseils municipaux portant nomination d'entrepreneurs pour l'exploitation des coupes affouagères délivrées aux communes, lorsqu'elles ne contiennent aucune autre convention arrêtée entre la commune et l'entrepreneur. Elles seraient assujéties au paiement immédiat des droits si elles renfermaient, en outre, une convention de salaire accordée à cet entrepreneur. — Décis. min. fin. 17 avr. 1843 ; instr. 1697, § 1er.

704. — ... Les actes de poursuites en matière de pêche à la diligence de l'administration des forêts. — Instr. 16 thermid. an XII, 246 ; circ. 36 sept. 1812.

705. — ... Les notifications des procès-verbaux des gardes du génie, ainsi que les significations des jugemens de condamnation faites par les mêmes gardes. — Ord. 1er août 1821 ; instr. 998.

706. — ... Les actes de poursuite et les arrêtés de condamnation en matière de grande voirie, sauf répétition des droits contre les condamnés. — Décis. min. fin. 20 déc. 1808 ; instr. 415, nos 1er et 3.

707. — La régie avait d'abord décidé que les jugemens en matière de douanes devaient être enregistrés en débet dans les vingt jours de leur date. — Décis. min. fin. 1er juill. et 17 sept. 1816, et 13 janv. 1817 ; instr. 766, no 3. — Mais cette jurisprudence a été depuis modifiée. — V. *infrà* no 2672.

708. — Les actes des procédures suivies dans l'intérêt de l'université ne peuvent être admis à l'enregistrement en débet. — Décis. min. fin. 2 fév. 1813 ; instr. 621.

709. — Il en est de même des actes des procédures suivies dans l'intérêt des indigens. — Décis. min. fin. 16 mai 1812, et 18 août 1829 ; instr. 1303, § 2.

### § 2. — *Actes à enregistrer gratis.*

710. — En règle générale, les actes qui doivent être enregistrés gratis sont tous ceux dont les droits tomberaient à la charge de l'état. — *Dict. des dr. d'enreg.*, vo *Acte judiciaire en mat. civile*, § 13, art. 1er, no 1er.

711. — Doivent être enregistrés gratis : *Premièrement* les acquisitions et échanges faits par l'état, les partages de biens entre lui et des particuliers, et tous autres actes faits à ce sujet. — L. 22 frim. an VII, art. 70, § 2, no 1er.

712. — La disposition de la déclaration du 13 août 1766 portant, en faveur de tous ceux qui défricheraient des terres incultes, exemption du droit proportionnel de contrôle sur tous les actes passés par eux relativement à ces biens, a cessé d'être applicable depuis la loi organique du 22 frim. an VII. — *Cass.*, 2 avr. 1806, Société Peruche.

713. — L'acte d'acquisition d'un immeuble dont l'état est, à défaut d'enchérisseurs, resté adjudicataire sur l'expropriation poursuivie par lui-même doit être enregistré gratis. — Instr. 21 pluv. an XII, 202.

714. — Décidé dans le même sens à l'égard de l'acte de cession, consenti au profit de l'état, d'une créance pour éteindre le debet d'un comptable. — Décis. min. fin. 17 mai 1808 ; instr. gén. 28 juill. 1808, 390, no 3. — Il en est de même de l'acte par lequel un comptable consent à ce qu'une partie de son cautionnement soit retenue au profit du trésor. — *Dict. des dr. d'enreg.*, vo *Acquisition*, § 1er, nos 6 et 7.

715. — Doivent également être enregistrées gratis les acquisitions pour le compte du domaine militaire, ainsi que tous les actes de procédure. — Ord. 1er août 1821 ; instr. 998.

716. — ... Les acquisitions d'immeubles par l'administration des douanes pour l'établissement des bureaux de ses préposés. — Décis. min. fin. 13 janv 1807.

717. — ... Les acquisitions et échanges par la Légion d'honneur. — Circ. 11 sept. 1807.

718. — Il en était de même des acquisitions et échanges par le sénat. — Décis. min. fin. 28 mars 1806 ; circ. 1er avr. 1806.

719. — ... Les actes d'échange entre les particuliers et le domaine de l'état. Toutefois la soulte, si elle est payable à l'état, est passible du droit de 2 % établi sur les aliénations de biens du domaine, et ce droit est à la charge de l'échangiste. — Ord. 12 fév. 1827 ; instr. 1233.

720. — ... L'enregistrement d'un contrat d'échange avec le domaine de la couronne. — Décr. 11 juill. 1812 ; instr. 598.

721. — Il faudrait décider de même en ce qui concerne la liste civile. — Masson de Longpré, *C. de l'enreg.*, no 3362.

722. — ... Les baux d'immeubles dans lesquels l'état est preneur et dont le prix est payé avec les fonds du trésor public ; cette disposition est particulièrement applicable aux baux passés pour le compte du ministre de la guerre. — Décis. min. fin. 24 juin 1814, 5 déc. 1821, 17 sept. 1823 et 13 août 1829 ; instr. 1425, § 3.

723. — Les procès-verbaux d'estimation des bois de l'état, dont l'aliénation a été autorisée par les lois des 23 sept. 1814, 25 mars 1817 et 25 mars 1831, ont dû être enregistrés gratis. — Décis. min. fin. 27 mars 1831 ; instr. 663, 819 et 1361.

724. — Une loi du 9 mai 1806 a exempté la ville de Lyon des droits d'enregistrement dus pour la première vente des terrains non bâtis et pour la première vente des maisons qu'elle aurait fait reconstruire sur la place Bellecour.

725. — Jugé que cette exemption ne concerne que les ventes consenties à la ville de Lyon par les anciens propriétaires et les reventes par elle faites des mêmes terrains bâtis et non bâtis ; qu'elle ne s'applique pas aux ventes de constructions élevées par un individu sur le terrain que la ville lui aurait concédé. — *Cass.*, 7 fév. 1814, Hotelard, Anglacier et Yvon ; 10 oct. 1814, Hotelard ; 29 juin et 27 août 1816, Hotelard, Anglacier et Yvon ; 27 (et non 26) janv. 1818, Hotelard.

726. — Et il en serait de même, encore bien que l'acte émané de la ville n'eût pas, à proprement parler, le caractère de vente, en tant qu'il n'emporterait stipulation d'aucun prix, si du reste il renfermait des conditions qui en fissent évidemment une transmission à titre onéreux. — *Cass.*, 7 fév. 1814, Hotelard, Anglacier et Yvon ; 10 oct. 1814, Hotelard.

727. — D'après l'art. 26, L. 8 mars 1810, sur les expropriations pour cause d'utilité publique, toutes les fois qu'il y avait lieu de recourir au tribunal, soit pour faire ordonner la dépossession, soit pour faire statuer sur les conséquences, l'enregistrement des actes qui y étaient sujets devait avoir lieu gratis.

728. — Jugé en conséquence que le jugement portant condamnation de sommes à titre de supplément d'indemnité par suite d'expropriation pour travaux militaires, doit être enregistré gratis. — *Cass.*, 31 mai 1836, Harnegaray.

729. — Mais s'élevait la question de savoir s'il y avait expropriation pour utilité publique toutes les fois qu'une acquisition pouvait, en raison de la qualité de l'acquéreur et de la destination qu'on se proposait pour l'objet acquis, être réputée faite dans un intérêt public. — Un avis du conseil d'état du 12 fév. 1811 a reconnu que les acquisitions faites pour le compte des départemens, arrondissemens et communes, étaient passibles du droit proportionnel comme les ventes entre particuliers. — Puis vint la loi du 16 juin 1824, dont l'art. 7 n'assujétit qu'à un droit fixe les acquisitions faites à titre onéreux ou gratuit par les départemens, communes, hospices, séminaires, etc., et tous autres établissemens légalement autorisés, lorsque les immeubles acquis devaient recevoir une destination d'utilité publique et ne pas produire de revenu. — En 1831, cette disposition a été abrogée par l'art. 17, L. 18 avr., qui a déclaré ces acquisitions soumises aux droits proportionnels ordinaires.

730. — L'acquisition d'une maison, faite par une ville, afin de la démolir pour l'embellissement d'une place et l'agrandissement des rues adjacentes, est passible du droit proportionnel. — Il en doit être ainsi quand bien même la démolition de la maison se lierait à un plan plus étendu, ayant pour objet de faciliter l'accès et le passage d'une voie publique à la charge de l'état, si la destination principale et immédiate de cette mesure n'intéresse directement que la ville qui a fait l'acquisition. — Seulement dans ce cas la ville peut faire rejeter, s'il y a lieu, sur l'état une partie du droit proportionnée à l'intérêt qu'il peut avoir dans l'acquisition. — *Cass.*, 18 nov. 1823, ville de Lyon.

731. — Relativement aux acquisitions de terrains pour l'alignement et le prolongement des routes départementales, on avait d'abord décidé que les actes passés dans l'intérêt des départemens étaient assujétis au droit d'enregistrement, et que si la formalité n'avait point eu lieu, les départemens ne seraient tenus de faire enregistrer que ceux de ces actes qui avaient été passés depuis le 1er janv. 1824, sans amende. — Décis. min. fin. 29 mars et 10 oct. 1825 ; instr. 1249, § 1er.

732. — Depuis il a été reconnu que ces actes devaient être enregistrés gratis. — Décis. min. fin. 7 janv. et 21 mai 1828 ; instr. 1249, § 1er.

733. — Ces dispositions n'ont point été modifiées par l'art. 17, L. 18 avr. 1831, relativement aux acquisitions faites au profit des départemens ; les décisions qui précèdent ont été motivées sur ce que les routes départementales font partie du domaine public. — Décis. min. fin. 6 août 1834 ; instr. 1460.

734. — Par cela que les entrepreneurs d'un chemin de fer ont été subrogés par l'état dans son droit d'exproprier pour cause d'utilité publique les terrains sur lesquels ce chemin devra être établi à leurs frais, il n'en résulte pas qu'ils aient été subrogés dans le privilége accordé à l'état de faire enregistrer gratis ses actes d'acquisition ou d'échange, pour éviter un inutile circuit dans les opérations de comptabilité. — Dès-lors, ils ne sauraient être affranchis du paiement du droit proportionnel sur le prix de leurs acquisitions, et n'être tenus que du droit fixe. — *Cass.*, 18 (et non 17) janv. 1831, Séguin ; — avis. cons. d'état 31 août 1829 ; instr. 29 déc. 1829, 1303, § 1er, et 25 juin 1831, 1370, § 1er.

735. — L'art. 58, L. 7 juill. 1833, sur l'expropriation pour cause d'utilité publique, porte : « Les plans, procès-verbaux, certificats, significations, jugemens, contrats, quittances et autres actes faits en vertu de la présente loi, seront enregistrés gratis, lorsqu'il y aura lieu à la formalité de l'enregistrement. » — L'art. 58 de la nouvelle loi du 3 mai 1841 reproduit textuellement cette disposition.

736. — La disposition de la loi du 7 juill. 1833 est générale ; elle ne fait aucune distinction entre les actes de procédure et contrats qui ont lieu à la requête de l'état ou des concessionnaires de l'état, et ceux qui sont faits à la requête des propriétaires dont on poursuit l'expropriation. L'exemption des droits s'applique donc aux uns comme aux autres. — Instr. 26 janv. 1834, 1448 ; délib. 25 oct. 1836 ; instr. 7 juin 1837, 1539, § 4.

737. — Toutefois, l'exemption des droits ne s'applique qu'aux actes nécessaires pour entreprendre et compléter l'expropriation pour utilité publique, et non à ceux qui sont en dehors de l'expropriation ou faits uniquement dans l'intérêt des parties. — De là les décisions suivantes :

738. — Lorsqu'un entrepreneur de travaux publics achète, sans y être contraint, une quantité de terrain plus considérable que celle nécessaire à son entreprise, le droit de mutation est exigible sur la totalité du prix. Il n'y a lieu d'appliquer la loi du 7 juill. 1833 que quand il est passé deux actes, l'un pour le terrain nécessaire aux travaux et l'autre pour l'excédant. — Décis. min. fin. 29 juin 1836.

739. — L'exemption des droits est applicable aux actes d'acquisition amiable de bâtimens et terrains faits dans les circonstances prévues par l'art. 50, L. 7 juill. 1833. — Toutefois il faut, outre la réunion des circonstances exigées par cet arti-

clc, qu'on justifie de la déclaration adressée au magistrat directeur du jury dans le délai énoncé en l'art. 24 de cette loi. — Décis. min. fin. 17 août 1838; instr. 31 août 1838, 1571, no 3.

740. — Mais l'exemption de droits n'est point applicable aux actes d'acquisition de terrains voisins du tracé des travaux publics et sur lequel des fouilles ont été pratiquées pour se procurer les matériaux de remblais nécessaires à ces travaux. — Décis. min. fin. 13 oct. 1837; instr. 10 août 1838, 1571, no 4.

741. — Il n'y a lieu à exemption des droits que pour les contrats d'acquisition passés postérieurement à l'arrêté du préfet, prescrit par les art. 2 et 11, L. 7 juill. 1833, et ayant pour objet des immeubles expressément désignés dans cet arrêté, lequel seul consomme la déclaration d'utilité publique. — Si le droit proportionnel avait été perçu sur une acquisition consentie avant cet arrêté, il ne serait point restituable par suite de l'arrêté, qui est un événement ultérieur ne pouvant rétroagir sur la perception. — Délib. 17 août 1838; instr. 31 août 1838, 1571, no 1er.

742. — Les seules acquisitions exemptées des droits ou admises, conformément à l'art. 58, L. 3 mai 1841, à la restitution de ceux qui ont été précédemment payés, sont celles qui se réfèrent aux propriétés désignées dans l'arrêté préfectoral pris en vertu des art. 2 et 11, L. 3 mai 1841. — Instr. 14 mars 1842, 1660.

743. — Les contrats d'acquisition passés amiablement par une compagnie de chemins de fer relativement à des immeubles qui sont, quant à présent, en dehors du tracé et des dépendances indiquées dans l'arrêté du préfet comme soumises à l'expropriation, mais qui serviront ultérieurement à l'établissement de travaux se rattachant au chemin de fer, doivent-ils profiter de l'exemption des droits de timbre et d'enregistrement accordée par l'art. 58, L. 7 juill. 1833? — V. la discussion de cette question sous *Cass.*, 16 août 1843 (t. 1er 1844, p. 179), comp. du chemin de fer de Versailles (rive droite).

744. — L'exemption de droits n'est pas applicable aux procurations données à des tiers par les propriétaires contre lesquels on poursuit l'expropriation, non plus qu'aux certificats de propriété constatant leurs droits aux prix de l'expropriation. — Décis. min. fin. 20 janv. 1835; instr. 1539, § 3.

745. — Elle ne l'est pas non plus au transport ou à la cession par le vendeur exproprié, au profit d'un tiers, du prix à recevoir et de ses droits et priviléges résultant de l'expropriation, encore bien que le maire de la commune au profit de laquelle l'expropriation a lieu interviendrait pour consentir. — Délib. 26 oct. 1838.

746. — Mais l'exemption est applicable : 1o aux actes relatifs à une expropriation pour cause d'utilité publique, autorisée par une ordonnance royale antérieure à la loi de 1833; 2o aux transactions amiables entre l'état ou la compagnie qui le représente et les fermiers des terrains sujets à l'expropriation, par lesquelles est fixée l'indemnité de dépossession. — Solut. 13 nov. 1835; instr. 1513, § 2.

747. — Il en est de même des quittances et des main-levées données aux concessionnaires par les créanciers inscrits sur les terrains objets de l'expropriation. — Solut. 3 fév. 1838.

748. — L'exemption des droits est même applicable à l'acquisition faite par une commune pour l'élargissement d'une place publique, bien que l'ordonnance royale qui a autorisé cette acquisition n'ait pas été précédée des formalités prescrites par la loi. — Solut. 24 mars 1837.

749. — Décidé de même à l'égard des acquisitions faites par les départemens pour des travaux d'utilité publique; mais les acquisitions faites dans une autre forme et pour une autre cause, dans l'intérêt des départemens, et les legs et donations à leur profit, demeurent régis par la loi du 18 avr. 1831. — Décis. min. fin. 15 déc. 1835; instr. 1502.

750. — Décidé que l'exemption s'applique aux acquisitions faites par les communes à l'amiable, pour des travaux d'utilité publique, et relatant la loi spéciale ou l'ordonnance d'autorisation de ces travaux, et la poursuite en expropriation des propriétaires. — Décis. min. fin. 21 mai 1835; instr. 1485.

751. — ... Qu'il en est de même au sujet des acquisitions amiables que fait une ville, pour l'exécution immédiate de son plan d'alignement précédemment arrêté et dûment autorisé, alors que, les propriétaires des bâtimens sujets à retranchement voulant les reconstruire, la ville se voit ainsi obligée d'acheter le terrain délaissé. — *Cass.*, 19 juin 1844 (t. 2 1844, p. 104), ville d'Evreux.

752. — ... Ou encore à l'égard des acquisitions faites par une ville des terrains de propriétaires qui démolissent volontairement ou sur injonction faite par suite de vétusté, quand le plan d'alignement a été approuvé par ordonnance royale. Si le propriétaire vendait avant le temps où la vétusté l'obligerait à démolir, il faudrait, pour que l'acquisition jouît de l'exemption des droits, qu'une ordonnance royale antérieure eût autorisé l'acquisition pour cause d'utilité publique. — Délib. 20 sept. 1844; instr. 1720.

753. — Jugé cependant que, bien que les acquisitions amiables faites pour les communes, départemens et établissemens publics, aient pour cause une utilité publique, et qu'elles soient autorisées par une ordonnance royale, elles ne jouissent pas de l'exemption des droits d'enregistrement accordée par la loi du 7 juill. 1833 aux contrats faits en vertu de cette loi. — *Cass.*, 23 août 1841 (t. 1er 1842, p. 279), préfet de la Dordogne.

754. — De même, il y aurait lieu à la perception du droit proportionnel, si la ville, dans une vue d'embellissement et d'agrandissement de la voie publique, avait, volontairement et sans y être obligée, acheté une maison dont l'ordonnance royale approbative du plan d'alignement admettait bien l'achat et la démolition, mais n'emportait pas le droit de l'exiger immédiatement. — *Cass.*, 19 juin 1844 (t. 2 1844, p. 104), villes d'Evreux, de Montpellier et de Saint-Etienne.

755. — Il en serait spécialement ainsi dans le cas où une ville se rendrait adjudicataire d'une maison vendue sur licitation entre héritiers bénéficiaires, afin d'opérer l'agrandissement d'un marché. — *Cass.*, 19 juin 1844 (t. 2 1844, p. 104), ville de Montpellier.

756. — ... Et dans le cas où les acquisitions faites par la ville n'ont pas été précédées de la déclaration d'utilité publique. — *Cass.*, 19 juin 1844 (t. 2 1844, p. 104), ville de Saint-Etienne.

757. — Les acquisitions à l'amiable faites par les départemens, telles que des terrains nécessaires pour les routes départementales, sont soumises aux droits ordinaires d'enregistrement, lorsqu'elles sont antérieures à l'arrêté du préfet qui détermine les propriétés soumises à l'expropriation, sauf la restitution de ces droits, si, dans le délai de deux ans, à partir de l'acquisition, les immeubles acquis se sont trouvés compris dans ces arrêtés. — L. 3 mai 1841, art. 58; décis. min. fin. 20 nov. 1843; instr. 1698.

758. — Les communes n'ont pas droit à l'enregistrement en débet ou gratis, pour des actes relatifs aux chemins vicinaux. — Décis. min. fin. 8 janv. 1841; instr. 1627.

759. — L'exemption de droits en matière d'expropriation pour utilité publique, n'est point applicable aux acquisitions, significations et autres actes qui sont le résultat d'une procédure en expropriation concernant les chemins vicinaux; ces actes restent sujets au droit fixe de 1 fr. — L. 21 mai 1836, art. 26; décis. min. fin. 12 janv. 1843; instr. 1684.

760. — La donation entre-vifs faite à une commune d'un immeuble pour une destination d'utilité publique ne peut être assimilée à une vente par un propriétaire qui ne pourrait s'opposer à l'expropriation. Par conséquent, elle n'est point exempte des droits. — Délib. 19 déc. 1837.

761. — L'exemption de droits ne s'applique pas à un jugement d'adjudication, par suite d'une saisie immobilière faite à la requête d'un particulier, d'une maison destinée au logement d'un instituteur communal et à la tenue de l'école, l'expropriation n'ayant point alors une cause d'utilité publique et étant faite d'ailleurs dans les formes ordinaires. — Décis. min. fin. 29 juin 1837; instr. 1562, § 5.

762. — Décidé de même au sujet de l'adjudication à une commune de biens provenant d'un bureau de bienfaisance autorisé par ordonnance royale *à vendre* (sans autres conditions), attendu que cette ordonnance est spéciale pour le bureau de bienfaisance, qui pouvait vendre à tout autre qu'à la commune. Une seconde ordonnance approuvant l'adjudication ne peut avoir pour effet de faire rentrer l'acte dans l'application de la loi du 7 juill. 1833. — Délib. 9 fév. 1838.

763. — Le marché fait avec une ville pour opérer l'achèvement d'une rue, est soumis au droit de 1 % sur la somme que la ville doit payer, et ce droit n'est pas restituable, encore que les travaux aient été déclarés d'utilité publique, et qu'une partie de cette somme ait servi à acquérir les immeubles nécessaires à l'achèvement de la rue. — *Cass.*, 12 nov. 1838 (t. 2 1838, p. 575), Pène.

764. — ... *Secondement*. Les actes de poursuites et tous autres actes, tant en action qu'en défense, ayant pour objet le recouvrement des contributions publiques et de toutes autres sommes dues à l'état, ainsi que des contributions locales; le tout, lorsqu'il s'agira de cotes, droits et créances non excédant en total la somme de 100 fr. — L. 22 frim. an VII, art. 70, § 2, no 2 (elle ne fixait les cotes et droits qu'à 25 fr.); L. 16 juin 1824, art. 6.

765. — Cette disposition a été déclarée applicable aux sommes dues pour mois de nourrices. — L. 16 juin 1824, art. 6.

766. — Lorsqu'il s'agit de sommes au-dessus de 100 fr., il y a lieu à la perception du droit fixe de 1 fr. — LL. 22 frim. an VII, art. 68, § 1, no 30; 28 avr. 1816, art. 43, no 13.

767. — Le chiffre de 100 fr. ne se rapporte qu'à la quotité de la cote, et non à celle du terme échu ou du reliquat. Dès-lors, toutes les fois qu'une cote s'élève à plus de 100 fr., le droit de 1 fr. est exigible, quelque modique que soit la somme réclamée. — Décis. min. fin. 5 germ. an XIII; instr. 290, no 8.

768. — Doivent être enregistrés gratis les exploits pour le recouvrement des rôles dressés pour les travaux de curage et d'entretien des canaux et rivières non navigables, et des digues et ouvrages d'art qui y correspondent, bien que les cotisations à recouvrer ne soient pas dues à l'état et ne se rapportent pas à des contributions locales proprement dites. — Solut. 18 déc. 1824; instr. 1156, § 5.

769. — Il en est de même des actes de poursuites pour recouvrement soit d'amendes forestières et de frais dus à l'état, soit de restitutions et de dommages-intérêts prononcés au profit des communes et des établissemens publics, à raison de délits dans leurs bois. — Décis. min. fin. 7 mars 1828; instr. 1265, § 4.

770. — Comme la loi ne distingue point entre la défense qui a lieu à la requête du trésor et celle qu'exige la partie, il s'ensuit que l'opposition à une contrainte ayant pour objet le recouvrement d'une somme au-dessous de 100 fr. doit être enregistrée gratis, et moyennant 1 fr. si la somme excède 100 fr. — Solut. 2 sept. 1831.

771. — Doivent être enregistrées gratis les significations de procès-verbaux dressés par les préposés de la régie des contributions indirectes. — Lettre direct. gén. 11 déc. 1828. — Mais l'enregistrement ne peut avoir lieu gratis si l'amende encourue est éventuellement supérieure à 100 fr. — Solut. 13 août 1831.

772. — ... Les ventes de meubles auxquelles il est procédé pour le recouvrement des contributions directes ou de toute autre somme due à l'état, lorsque la créance est au-dessous de 100 fr., à quelque somme d'ailleurs que s'élève la vente. — Délib. 2 avr. 1823.

773. — ... *Troisièmement*. Les actes des huissiers et gendarmes dans les cas spécifiés par le § 3, no 9, art. 70, L. 22 frim. an VII (même article, § 2, no 3). — V. *infrà* nos 868 et suiv. — C'est-à-dire tout ce qui a rapport à la police générale de sûreté et à la vindicte publique, ce qui comprend tous les actes de ces agens en matière criminelle, correctionnelle ou de police, notamment les notifications des mandats d'amener, d'arrêt ou de dépôt, faites par les gendarmes. — Décis. min. fin. 20 frim. an XIII, et 5 avr. 1808; instr. 290, no 7; 386, no 3; 400, no 2, et 613.

774. — Doivent de plus être enregistrés gratis les actes de procédure et les jugemens à la requête du ministère public, ayant pour objet : — 1o de réparer les omissions et faire les rectifications sur les registres de l'état civil, d'actes qui intéressent les indigens; — 2o de remplacer les registres de l'état civil perdus ou incendiés par les événemens de la guerre, et de suppléer aux registres qui n'auraient pas été tenus. — L. 25 mars 1817, art. 75.

775. — ... Les lettres patentes de dispense d'âge pour mariage, délivrées aux personnes reconnues indigentes. — L. 15 mai 1818, art. 77.

776. — ... Les actes de reconnaissance d'enfans naturels appartenant à des individus notoirement indigens. — L. 15 mai 1818, art. 77.

777. — Par la même raison, on doit enregistrer gratis, lorsqu'ils concernent des individus qui justifient par un certificat du maire de leur commune, légalisé par le sous-préfet, qu'ils sont dans l'indigence : 1o l'acte de notoriété rédigé dans la forme prescrite par les art. 70 et 71, C. civ., pour remplacer l'acte de naissance de chacun des futurs époux. — Décis. min. fin. et just. 11 nov. 1824, 4 oct. 1839, 24 fév. 1840 et 23 août 1841; inst. 1699.

778. — ... 2o Le jugement d'homologation de cet acte de notoriété, exigé par l'art. 72, C. civ., ainsi que les actes de procédure auxquels le jugement peut donner lieu, à la requête du ministère public. — Mêmes décis. et inst.

779. — ... 3o L'acte de notoriété prescrit par l'art. 255, C. civ., dans le cas d'absence des pères et mères des futurs époux. — Mêmes décis. et inst.

780. — ... 4o La délibération du conseil de famille

portant consentement au mariage des fils ou filles mineurs de vingt-un ans, conformément à l'art. 160, C. civ. — Mêmes décis. et inst.

781. — Les différentes dispositions qui précèdent concernant les indigens ont été consacrées par l'art. 8, L. 3 juill. 1846, qui déclare devoir être enregistrés gratis les extraits des registres de l'état civil, les actes de notoriété, de consentement, de publication, les délibérations des conseils de famille, les actes de procédure, les jugemens et arrêts dont la production est nécessaire pour la célébration du mariage des personnes indigentes, et pour la légitimation de leurs enfans, lorsqu'il y a lieu à l'enregistrement. Les actes, extraits, copies ou expéditions ainsi délivrés ne peuvent servir que pour les causes ci-dessus indiquées. — L. 3 juill. 1846, art. 8.

782. — Sont également enregistrés gratis les actes judiciaires auxquels peut donner lieu la révision annuelle des listes électorales. — L. 2 juill. 1828; circul. 8 juin 1830; L. 19 avr. 1831.

783. — ... En matière de garde nationale, tous actes de poursuite devant les conseils de discipline, tous jugemens, recours et arrêts rendus en vertu de la loi d'organisation. — L. 22 mars 1831, art. 121; inst. 1357. — Cette disposition concerne tous les actes de procédure tant en action qu'en défense. — Décis. min. fin. 5 janv. 1832; inst. 1442.

784. — ... Les actes de procédure et les jugemens rendus dans toutes les causes portées devant les juges des droits de navigation du Rhin. — Les parties n'ont à supporter d'autres frais que ceux portés aux art. 21 à 25, décr. 16 fév. 1811. — L. 21 avr. 1832, art. 2.

785. — Il y a lieu d'enregistrer gratis comme ayant pour objet l'intérêt général : les certificats de dépôt de dessins délivrés par le conseil des prud'hommes (décis. min. fin. 20 juin 1809) et les procès-verbaux de contraventions qu'ils dressent. — Inst. 437.

786. — ... Le certificat contenant les pouvoirs nécessaires pour assurer et exiger le service des rentes aliénées par la caisse d'amortissement, et délivré à l'acquéreur par le directeur des domaines. — Décr. 9 déc. 1809; circul. 11 janv. 1810.

787. — ... Les arrêtés pris par les préfets pour réintégrer, en exécution de la loi du 5 déc. 1814, les anciens propriétaires dans les biens non vendus. — Décis. min. fin. 10 sept. 1816; inst. 765.

788. — ... Les notifications faites, par les gardes du génie, de l'extrait du plan et de l'état descriptif des terrains soumis aux servitudes pour la défense des places de guerre, quand on veut leur donner une date certaine. — Ord. 1er août 1821; inst. 998.

789. — ... Les actes du ministère public ayant pour objet l'exécution des commissions rogatoires émanées des tribunaux étrangers et transmis par les voies diplomatiques. — Décis. min. fin., 27 mars 1829; inst. 1274.

790. — ... Les délibérations des conseils de famille ayant pour objet d'autoriser les tuteurs à consentir à l'engagement volontaire des mineurs âgés de moins de vingt ans. — Décis. min. fin. 9 nov. 1832; inst. 1422, § 3.

791. — ... Les actes contenant purement et simplement quittance et décharge de la part des parties, en faveur de la caisse des dépôts et consignations; mais si ces actes contenaient des dispositions particulières étrangères à la caisse, le droit serait exigible d'après la nature de ces dispositions. — Décis. min. fin. 4 août 1836; inst. 1519.

792. — ... Les décharges données à la caisse des consignations par les créanciers des déposans ou de leurs héritiers. — Décis. min. fin. 14 août 1843; inst. 1712.

793. — ... Les arrêts rendus par la cour de Cassation dans l'intérêt de la loi pour rectifier une erreur de jurisprudence. — *Dict. des dr. d'enregist.*, v° *Acte judiciaire* (mat. civ.), § 13, art. 1er, n° 4.

794. — ... Les prestations de serment de membres du jury créé près le ministère de l'intérieur pour vérifier l'origine des tissus saisis dans l'intérieur du royaume. — Décis. min. fin. 27 janv. 1817.

795. — ... Celles des gardes jurés institués à Alençon pour vérifier la qualité et la dimension des toiles exposées en vente. — Délib. 6 nov. 1824.

796. — ... Celles des médecins nommés pour exercer les fonctions gratuites auprès d'un conseil de recensement de la garde nationale. — Solut. 5 déc. 1831.

797. — ... Celles des inspecteurs chargés de la surveillance du travail des enfans dans les manufactures. — Déc. min. fin. 11 oct. 1841.

798. — ... Les procès-verbaux, jugemens et actes de prud'hommes, lorsqu'ils constatent que l'objet du litige n'excède pas en total la somme de 25 fr. — Décis. min. fin. 20 juin 1809; inst. 437.

§ 3. — *Actes et mutations exempts de l'enregistrement.*

799. — Sont exempts de la formalité de l'enregistrement : 1° les actes du corps législatif et ceux du gouvernement. — L. 22 frim. an VII, art. 70, § 3, n° 1er.

800. — ... 2° Les actes d'administration publique non désignés nommément dans la loi du 22 frim. an VII. — Même loi, art. 70, § 3, n° 2.

801. — On doit considérer comme actes d'administration publique : les commissions des préposés de l'enregistrement et des domaines et des agens et gardes forestiers. — Circul. 3 vent. an VII, art. 1500.

802. — ... Les actes et procès-verbaux des porteurs de contrainte. — Arrêté du gouv. 16 therm. an VIII; instr. 363.

803. — ... Les procès-verbaux d'établissement des garnisaires. — Décis. min. fin. 7 frim. an VI; circ. 1460; L. 15 mai 1818, art. 80.

804. — ... Les paraphes des registres tenus en vertu des réglemens de police, par les logeurs, brocanteurs, maîtres d'hôtels garnis et autres. — Solut. 17 janv. 1834.

805. — ... Les diplômes de sages-femmes et leur enregistrement au secrétariat des préfectures. — Décis. min. fin. 17 déc. 1811; instr. 204 et 558.

806. — ... Les autorisations de plaider contre une commune, accordées en conformité de l'arrêté du 27 vendém. an X. — Instr. 8 brum. an X, art. 2. — Il en est de même des autorisations données par les préfets aux communes, hospices et autres établissemens publics, pour recevoir des remboursemens de rentes. — Décis. minist. fin. 9 juin et 8 sept. 1812; instr. 605.

807. — ... Les pièces produites par les parties dans une instance devant le conseil d'état. — Mais la dispense ne s'étend pas aux pièces dont il serait en outre fait usage ailleurs, non plus qu'aux actes produits devant le conseil, contenant des dispositions soumises par leur nature à l'enregistrement dans un délai fixe. — Décr. 22 juill. 1806, art. 48; instr. 366, n° 3, et 542.

808. — ... 3° Les inscriptions sur le grand-livre de la dette publique, leurs transferts et mutations, les quittances des intérêts qui en sont payés, et tous les effets de la dette publique inscrits ou à inscrire définitivement. — L. 22 frim. an VII, art. 70, § 3, n° 3.

809. — Les créances des fournisseurs de l'état, pour les années VI, VII et VIII, devant, d'après la loi du 30 vent. an IX, être acquittées en inscriptions sur le grand-livre de la dette publique, la cession qui en était faite ne pouvait être considérée comme une cession ordinaire, et, par suite, donner lieu à un droit proportionnel : elle en était, au contraire, exempte, comme étant un transport d'effets publics. — *Cass.*, 27 niv. an XI, Hubert.

810. — L'acte par lequel un étranger cède la portion qui doit lui revenir dans la répartition d'une inscription de rente inscrite sur le grand-livre de la dette publique en France, et attribuée au gouvernement de cet étranger, par le traité du 25 avr. 1818, pour acquitter les dettes contractées par les princes français durant leur émigration, contient un véritable transfert de rentes sur l'état, et à ce titre est exempt de la formalité de l'enregistrement, alors surtout qu'à l'époque du transfert le gouvernement de cet étranger était nanti des rentes à distribuer, et que rien ne justifiait qu'il en eût autrement disposé. — *Cass.*, 14 déc. 1820, Marceaux.

811. — L'exemption du droit proportionnel établie en faveur des inscriptions de rente sur le grand-livre de la dette publique, leurs mutations et transferts, n'est pas applicable à des stipulations qui ne seraient pas la conséquence naturelle et nécessaire des transferts, mais qui auraient un caractère particulier. Il y a lieu, dans ces cas, de percevoir l'un des droits proportionnels établis par l'art. 69 de la loi du 22 frim. an VII. — Décis. minst. fin. 14 sept. 1825; instr. 1180, § 4; — Roland et Trouillet, *Dict. d'enregistr.*, v° *Transfert*, n° 4.

812. — Jugé, en ce sens, qu'il y a lieu au droit proportionnel lorsqu'à l'occasion d'un transfert de cette nature passé devant notaire, il est accordé au cessionnaire terme et délai soit pour payer le prix, soit pour restituer une rente de pareille quotité; et que, de plus, on stipule des intérêts payables annuellement, et une garantie hypothécaire de la part du cessionnaire. — *Cass.*, 29 juin 1835, Perregaux.

813. — ... Que le droit proportionnel d'obligation de sommes est régulièrement perçu sur un acte notarié contenant transfert d'une inscription de rente moyennant un prix payable à terme, soit en argent, soit en rentes, au choix du cédant, avec stipulation d'intérêts jusqu'à l'expiration du terme, et garantie hypothécaire. Ces sortes de conventions donnent à l'acte le caractère d'un prêt hypothécaire, et non d'un simple transfert de rentes. — *Cass.*, 24 avr. 1839 (t. 1er 1839, p. 575), Perregaux; — Délib. 6 déc. 1833.

814. — ... Que la même perception a été régulièrement faite sur un acte notarié contenant transfert d'une inscription de rente moyennant un prix payable à terme, avec stipulation d'intérêts, garantie hypothécaire, subrogation dans une hypothèque légale. — *Cass.*, 5 mai 1840 (t. 1er 1840, p. 682), de Sassenay.

815. — ... Que si, pour prix d'un transfert, le cessionnaire transmet au cédant un immeuble, ou lui constitue une rente, la mutation de cet immeuble ou la constitution de cette rente ne sera pas, à la faveur du transfert, exempte des droits dont la loi frappe les actes de cette nature. — *Cass.*, 7 nov. 1826, Chrétien; — Instr. 1205, § 12.

816. — ... Que la cession de rentes sur l'état en paiement d'une dette préexistante est passible du droit proportionnel, attendu qu'une pareille cession ne peut être considérée comme un simple transfert exempt de la formalité de l'enregistrement. — *Cass.*, 31 (et non 30) déc. 1834, Puy du Roseil.

817. — Décidé, cependant, qu'il n'y a pas lieu de percevoir le droit de quittance sur l'acte contenant le paiement d'une dette, au moyen d'un transfert de rentes sur l'état. — Solut. 2 oct. 1830.

818. — Lorsque des objets mobiliers ou immobiliers et des rentes sur l'état sont vendus moyennant une rente viagère, il y a lieu de percevoir le droit de mutation mobilière pour la partie de la rente formant le prix du mobilier, celui de mutation immobilière pour celle formant le prix des immeubles, et le droit de constitution de rente pour celle formant le prix des rentes sur l'état dont le transfert est exempt du droit. — *Cass.*, 20 févr. 1839 (t. 1er 1839, p. 292), Langevin; — Délib. 21 janv. 1834.

819. — Cependant, en ce qui concerne cette dernière espèce surtout, on peut dire que la jurisprudence de la cour de Cassation n'est pas à l'abri de la critique. — La constitution de la rente n'est point une disposition indépendante du transfert de la rente sur l'état; il y a vente d'inscription. Or, il ne peut y avoir de vente sans prix; ce prix peut consister en une somme payée comptant, à terme ou par fractions annuelles. Le prix payé comptant ou au moyen d'une rente viagère est donc dépendant de la vente, dont il forme une partie nécessaire. — L'art. 10 de la loi du 22 frim. an VII l'a reconnu lorsqu'il a dit que « dans le cas de transmission de biens la quittance donnée ou l'obligation consentie par le même acte pour tout ou partie du prix entre les contractans ne peut être sujette à un droit particulier d'enregistrement. » Or, la loi ne contient point exception à cet article pour le cas où le bien vendu est une rente sur l'état.

820. — Jugé, en ce dernier sens, que la disposition de la loi qui exempte des droits les transferts de rente sur l'état s'applique aux stipulations qui sont une conséquence naturelle de ces transferts; que, dès-lors, il n'y a pas lieu au droit proportionnel, lorsqu'à l'occasion d'un transfert de cette nature, passé devant notaire, il est accordé terme et délai pour le paiement du prix, avec stipulation d'intérêts payables annuellement, et garantie hypothécaire de la part du cessionnaire — *Cass.*, 28 août 1837 (t. 2 1837, p. 216), Ligier.

821. — Jugé encore que la cession d'une rente sur l'état, bien que faite moyennant une somme payable dans un délai déterminé, sans intérêts, est exempte de tout droit de mutation. — Délib. 17 avr. 1838.

822. — Un prêt en rentes sur l'état, remboursable en mêmes valeurs, est-il passible du droit proportionnel? Non. — Solut. 12 oct. 1832; délib. 28 mai 1833. — Oui. — Délib. du 6 déc. 1833.

823. — Relativement aux cessions de rentes faites par les émigrés à leurs créanciers pour obtenir leur libération, il faut distinguer : 1° si la dette est antérieure à la confiscation, le droit n'est pas dû sur le transfert, attendu que, dans cette hypothèse, l'art. 18, L. 27 avr. 1825, accorde aux émigrés la faculté de se libérer en rentes. — Décis. du direct. gén. 22 mai 1826; délib. 30 janv. et 13 avr. 1827; solut. 2 oct. 1830; — 2° si la dette est postérieure, le droit proportionnel est exigible, parce qu'il n'y a pas de motif de s'écarter du droit commun. — Délib. 27 juill. 1827, 31 juill. 1829; solut. 16 août 1830). — Ces deux principes résultent aussi d'une délibération du 2 août 1831 prise en thèse générale. — Instr. 1388, § 8. — Mais MM. Roland et Trouillet pensent que cette distinction n'est pas fondée. — *Dict. d'enregistr.*, v° *Transfert*, n° 8.

824. — On ne peut considérer comme trans-

fert, exempt du droit proportionnel, une collocation de sommes dues par un émigré et payables en rentes sur l'état. — Délib. 26 avr. 1833.

825. — Les transferts de rentes sur l'état sont exempts de l'enregistrement alors seulement qu'ils sont faits par l'intermédiaire d'un agent de change. S'ils sont passés devant notaires, ils ne donnent pas ouverture au droit proportionnel; mais l'acte doit être enregistré moyennant le droit fixe. — Décis. minist. fin. 18 août 1820.

826. — On ne peut assimiler aux effets publics remboursables par le trésor les actes de prêts faits par la caisse des dépôts et consignations sur dépôts d'effets publics; ces actes sont donc assujétis au droit proportionnel comme les transactions de même nature faites entre particuliers. — Déc. min. fin. 1er fév. 1832.

827. — Une délib. du 3 juin 1817 avait décidé que les transferts de rentes ou effets publics étrangers étaient passibles du droit proportionnel, non sur le prix de la cession, mais sur le cours légalement constaté des effets cédés. Aujourd'hui, d'après l'art. 4, L. 16 juin 1824, ces transports ne sont passibles que d'un droit fixe. — Roland et Trouillet, *Dict. d'enreg.*, vo *Transfert*, no 12.

828. — L'exemption de tout droit d'enregistrement a été appliquée aux mutations par décès de rentes sur l'état, antérieures à la loi du 22 frim. an VII. — Déc. min. fin. 10 fructid. an XII; inst. 290.

829. — Quant à la manière dont les rentes sur l'état transmises par décès doivent être considérées, relativement à la liquidation des droits de succession sur les autres biens, V. *infrà* nos 3140 et suiv.

830. — Avant la loi du 18 juill. 1836, on avait décidé que la donation d'une somme payable en une inscription de rente sur l'état, devait, pour être dispensée du droit proportionnel, constater que l'inscription était en la possession du donateur au moment du contrat. — Solut. 24 oct. 1828; délib. 8 oct. 1830; instr. 1272, § 6.

831. — Jugé également que si le futur faisait, par son contrat de mariage, donation à sa future épouse de l'usufruit d'une rente sur l'état pour la livraison et l'immatricule de laquelle il lui conférait l'action nécessaire, une pareille stipulation ne pouvait être considérée comme un transfert de rente affranchi de tous droits d'enregistrement. — *Cass.*, 14 juill. 1830, Ferrand.

832. — En cet état a été rendue la loi du 18 juill. 1836, dont l'art. 6 porte : « A compter du 1er janv. 1837, les donations entre-vifs de rentes sur l'état ne seront exemptes du droit proportionnel qu'autant que l'inscription de la rente donnée existera sous le nom du donateur ou de celui auquel il a succédé, depuis plus d'un an, et que l'acte de donation en indiquera le numéro, la date et le montant. Le droit proportionnel sera perçu, si, lors de la donation, la rente donnée est déjà inscrite sous le nom du donataire, à moins qu'il ne soit énoncé dans l'acte et dûment justifié qu'elle était précédemment inscrite depuis plus d'un an sous celui du donateur. Ce droit sera liquidé sur la valeur réelle de la rente, d'après le cours moyen de la Bourse de Paris au jour de la donation.

833. — Cette loi de 1836 est applicable, alors même que la date de l'inscription n'est pas énoncée dans l'acte, si, d'ailleurs, un certificat du directeur de la dette inscrite constate que l'inscription existe depuis plus d'un an sous le nom du donateur ou de l'auteur de celui-ci. — Délib. 18 mai 1838.

834. — Décidé de même que la donation entre-vifs faite par contrat de mariage d'une rente sur l'état inscrite depuis plus d'un an sous le nom du donataire, sans l'avoir jamais été sous celui du donateur, donne lieu au droit proportionnel. — Délib. 1er oct. 1841.

835. — Mais n'est pas soumise au droit proportionnel la donation entre-vifs d'une inscription de rente sur l'état faite sous le nom du donateur depuis moins d'une année, mais provenant de la réunion de plusieurs inscriptions acquises par lui depuis plus d'une année. — Délib. 21 nov. 1837.

836. — Le droit proportionnel perçu sur la donation d'une rente sur l'état, parce que la date de l'inscription n'était pas énoncée dans le contrat, est restituable dans le délai de deux ans, lorsqu'il justifie que, lors du contrat, cette donation était dans les conditions exigées par la loi du 18 juill. 1836, pour être exempte de ce droit proportionnel. — Délib. 18 mai 1838.

837. — Sont encore exempts de l'enregistrement : les actes sous seing-privé tendant uniquement à la liquidation de la dette publique et en tant qu'ils servent aux opérations de la liquidation ; il en est de même des actes des administrations et com-



missaires liquidateurs, relatifs auxdites liquidations. — L. 26 frim. an VIII, art. 1er et 2.

838. — ... La procuration donnée par les sous-officiers et soldats en retraite à l'effet de toucher pour eux à la caisse du payeur les arrérages de pension qui leur sont dus, pourvu qu'elle ne concerne pas d'autres intérêts à régler. — Décr. 21 déc. 1808; instr. 419, no 1er.

839. — ... Les actions de la tontine ou caisse Lafarge, leurs cessions et mutations. — Décr. 18 pluv. an X; instr. 604.

840. — ... Les actions des salines de l'Est et leurs transferts au profit de la compagnie par ses employés comptables et ses traitans. — Décis. min. fin. 17 mars 1810.

841. — ... Les titres constitutifs des rentes et obligations que la ville de Paris a été autorisée à créer en vertu des ord. des 13 sept. 1815 et 14 mai 1817.

842. — ... 4o Les rescriptions, mandats et ordonnances de paiement sur les caisses nationales, leurs endossemens et acquits. — L. 22 frim. an VII, art. 70, § 3, no 4.

843. — Sont rangées dans cette classe : les obligations souscrites par les receveurs généraux. — Elles peuvent donc être protestées, signifiées ou produites en justice, sans être enregistrées; mais les protets sont soumis à la formalité et au droit. — Délib. 25 prair. an XIII; instr. 290, no 40.

844. — ... Les obligations souscrites par les directeurs des droits réunis à l'ordre du receveur général de leur régie. — Décis. min. fin, 4 thermid. an XIII; instr. 290, no 41.

845. — ... 5o Les quittances de contributions, droits, créances et revenus payés à la nation; celles pour charges locales, et celles des fonctionnaires et employés salariés par l'état, pour leurs traitemens et émolumens. — L. 22 frim. an VII, art. 70, § 3, no 5.

846. — Tels sont tous les certificats que délivrent les conservateurs des hypothèques relativement aux formalités. — Déc. min. fin. 21 mars 1809; instr. 433, no 5.

847. — Tels sont encore les registres que ces mêmes conservateurs doivent tenir sur papier timbré, et faire coter et parapher par un des juges du tribunal. — C. civ., art. 2201 ; déc. min. fin. 14 déc. 1816; instr. 758, § 6.

848. — ... 6o Les ordonnances de décharge ou de réduction, remises ou modération d'impositions, les quittances y relatives, les rôles et extraits d'iceux. — L. 22 frim. an VII, art. 70, § 3, no 6.

849. — Les recours dirigés contre les arrêtés des conseils de préfecture en matière de contributions directes, ne sont soumis qu'au droit de timbre, lorsque ces recours sont transmis par l'intermédiaire des préfets. — LL. 26 mars 1831, art. 29; 21 avr. 1832, art. 30 ; *Cons. d'état*, 2 janv. 1835, Fage; 3 fév. 1835, Teulade; 27 fév. 1835, Leclerc c. Durieu de Souzy; 17 mars 1835, de Fenouillet.

850. — ... 7o Les récépissés délivrés aux collecteurs, aux receveurs de deniers publics et de contributions locales, et les comptes de recettes ou gestions publiques. — L. 22 frim. an VII, art. 70, § 3, no 7.

851. — L'exemption a lieu lors même que le versement a été fait par un tiers au nom du receveur. — Déc. min. fin. 30 nov. 1821; 4 sept. 1824; délib. 16 fév. 1825; solut. 8 fév. 1837.

852. — ... 8o Les actes de naissances, sépultures et mariages, reçus par les officiers de l'état civil, et les extraits qui en sont délivrés. — L. 22 frim. an VII, art. 70, § 3, no 8.

853. — L'exemption est applicable : — Au procès-verbal d'affiche de la promesse qui précède le mariage, rédigé par l'officier de l'état civil, et à l'extrait qui en est affiché. — Circ. 27 brum. an VIII, art. 1692.

854. — ... Aux procès-verbaux de cote et paraphe des registres de l'état civil. — C. civ., art. 41 ; déc. min. fin. 16 déc. 1816 ; instr. 758, § 6.

855. — ... Aux actes de dépôt au greffe des registres de l'état civil (déc. min fin. 24 sept. 1808 ; instr. 405, no 5), ainsi qu'aux certificats de dépôt délivrés aux maires. — Délib. 1er mai 1822.

856. — ... Aux certificats des maires constatant la non-existence des actes sur les registres de l'état civil ou l'absence même des registres, lors même qu'ils sont délivrés aux parties et produits par elles dans le cours d'une instance. — Délib. 30 sept. 1815 ; décis. min. fin. 4 juill. 1820.

857. — ... Aux certificats que les greffiers, en qualité de dépositaires des registres de l'état civil, peuvent avoir à délivrer pour constater soit la non-inscription d'actes sur ces registres, soit l'absence même de ces registres. — Décis. min. fin., 25 juin 1823 ; inst. 1086, no 2.

858. — ... 9o Tous les actes et procès-verbaux (excepté ceux des huissiers et gendarmes, qui doivent être enregistrés, ainsi qu'il est dit *suprà*



nos 773 et suiv.), et jugemens concernant la police générale et de sûreté et la vindicte publique. — L. 22 frim. an VII, art. 70, § 3, no 9.

859. — Ainsi, le procès-verbal d'un adjoint au maire constatant un délit de vol, n'est pas soumis à la formalité de l'enregistrement. — *Cass.*, 4 janv. 1834, Mazantès.

860. — En disposant que tous les frais avancés par l'état pour la recherche, poursuite et punition des délits seront remboursés par ceux contre qui les condamnations ont été prononcées, la loi du 18 germin. an VII n'a pas dérogé à l'exemption des droits d'enregistrement pour les actes concernant la police générale et de sûreté et la vindicte publique, sauf l'enregistrement gratis des actes et procès-verbaux des huissiers et gendarmes. — Décis. min. fin. 5 avr. 1808 ; circ. min. just. 8 avr. 1808 ; inst. 386, no 3.

861. — Ont été reconnus exempts de l'enregistrement : — Les procès-verbaux, actes et jugemens, soit en matière de crimes, soit en matière de délits, lorsqu'il n'y a pas de partie civile. Cette exemption comprend les procès-verbaux des procureurs du roi, des juges d'instruction, des juges de paix, des commissaires de police, des maires et de leurs adjoints, des officiers de gendarmerie et autres officiers de police judiciaire; les rapports des médecins, chirurgiens et autres personnes chargées par le ministère public d'apprécier la nature du crime ou du délit; les procès-verbaux d'enquête, les mandats d'amener et de dépôt, les ordonnances du juge d'instruction, celles rendues en la chambre du conseil, y compris celle qui détermine la nature de la poursuite et qui règle la compétence des tribunaux, soit qu'il s'agisse de crimes ou de délits. — Circ. min just., 24 sept. 1823 ; inst. 1102.

862. — ... Les procès-verbaux et actes destinés à constater et réprimer simultanément un délit et une contravention de simple police. Toutefois, en matière de délit, restent maintenues les dispositions spéciales qui ont assujéti à la formalité de l'enregistrement en débet ou gratis les jugemens correctionnels, les procès-verbaux des gardes ruraux et forestiers, et les exploits des huissiers et gendarmes. — Décis. min. fin. 13 fév. 1829; inst. 1271.

863. — ... Les copies collationnées et le procès-verbal de vérification de ces copies, dressées conformément à l'art. 455, C. inst. crim., lors même qu'il y a partie civile en cause, à moins qu'ils n'aient été faits à la requête spéciale ou personnelle de cette partie civile. — Décis. min. fin. 26 août 1842; inst. 1723.

864. — ... Les décharges de pièces de conviction données par des particuliers en matière criminelle, et lorsqu'il n'y a pas de partie civile en cause. — Décis. min. fin. 11 août 1820; inst. 952.

865. — ... Les exoines ou certificats attestant que des citoyens cités comme témoins ou appelés à remplir les fonctions de jurés, se trouvent dans l'impossibilité de comparaître ou de se rendre, par empêchement admis par la loi. — Déc. min. fin. 7 niv. an VIII ; circ. 17 niv. an VIII, 1740.

866. — Il en est autrement quand ces certificats sont produits dans des affaires civiles, où les parties agissent en leur nom. — Décis. min. fin. 4 juill. 1820.

867. — Suivant la loi du 9 flor. an VII, les rapports en matière de douanes ont été dispensés de l'enregistrement, lorsqu'il n'y a pas de bureau dans la commune du dépôt de la marchandise, ni dans celle où est placé le tribunal qui doit connaître de l'affaire. Le droit pour ces procès-verbaux ne doit pas même être perçu sur les jugemens ultérieurement rendus. — Décis. min. fin. 1er sept. 1820.

868. — Les procès-verbaux de saisie relative à l'octroi, sont dispensés de l'enregistrement lorsque la valeur des objets saisis est présumée de 10 fr. et au-dessous. — Déc. min. fin. instr. 5 juin 1809, art. 432, no 6.

869. — ... 10o Les cédules pour appeler au bureau de conciliation, sauf le droit de la signification. — L. 22 frim. an VII, art. 70, § 3, no 10.

870. — On avait d'abord pensé que l'exemption ne comprenait pas les cédules ayant pour objet de citer en justice. — Déc. min. fin. 28 germin. an VII; circ. 11 flor. an VII, art. 1565.

871. — Mais la loi du 18 therm. an VII a exempté généralement de l'enregistrement les cédules délivrées par les juges de paix pour citer, soit devant la justice de paix, soit devant le bureau de conciliation. — Sauf le droit sur la signification desdites cédules. — Circul. 27 therm. an VII, art. 1639.

872. — Est exempt de l'enregistrement, l'avertissement imprimé adressé par le juge de paix et remis par l'huissier, mais non signé par lui. — Délib. 7 flor. an X.

873. — Dans le cas où, par suite de l'empêchement de l'huissier ordinaire, la citation devant le juge de paix est notifiée par un huissier commis par le juge, la mention de cette commission ne donne ouverture à aucun droit. — Décis. min. just. et fin., 13 juin 1809; instr. 436, no 1er.

874. — ... 11o Les légalisations de signature d'officiers publics. — L. 22 frim. an VII, art. 70, § 3, no 11.

875. — On a par suite considéré comme n'étant pas soumis à l'enregistrement : — Le visa du greffier sur l'original de la signification de l'acte par lequel le juge de paix est récusé (C. procéd., art. 45), non plus que le dépôt au greffe de la copie de cette signification, s'il n'en est pas dressé acte. — Décis. min. just. et fin., 13 juin 1809 ; instr. 436, no 8.

876. — ... Les visa donnés sur des actes d'huissiers, en exécution des Codes civil et de procédure, par les maires, les juges de paix, les procureurs du roi, etc., en leur qualité de magistrats ou fonctionnaires, ayant pour but de prévenir toute inexactitude de la part des huissiers, et prescrites dans l'intérêt des absens, des mineurs, du public ou du trésor de l'état. — Mêmes décision et instruction.

877. — ... Le visa du greffier, sur l'exploit des demandeurs en partage (C. procéd., art. 967), pour constater quelle a été la partie la plus diligente. — Mêmes décisions et instructions.

878. — ... Le visa du greffier sur le pouvoir écrit de celui qui se présente en justice pour un autre. — Déc. min. fin. 2 nov. 1813.

879. — ... 12o Les affirmations de procès-verbaux des employés, gardes et agens salariés par l'état, faits dans l'exercice de leurs fonctions. — L. 22 frim. an VII, art. 70, § 3, no 12.

880. — Cette exemption est applicable aux affirmations des procès-verbaux rédigés par les gardes ou agens des particuliers. — Déc. min. fin. 9 mai 1809 ; instr. 432, no 1er.

881. — ... 13o Les engagemens, enrôlemens, congés, certificats, cartouches, passe-ports, quittances de prêt et fourniture, billets d'étape, de subsistance et de logement, tant pour le service de terre que pour le service de mer; et tous autres actes de l'une et l'autre administration, non compris dans les articles précédens ; les rôles d'équipages et les engagemens de matelots et gens de mer de la marine marchande et des armemens en course. — L. 22 frim. an VII, art. 70, § 3, no 13.

882. — ... 14o Les passe-ports délivrés par l'administration publique. — L. 22 frim. an VII, art. 70, § 3, no 14.

883. — ... 15o Les lettres de change tirées de place en place; celles venant de l'étranger ou des colonies françaises; les endossemens et acquits de ces effets, et les endossemens et acquits des billets à ordre et autres effets négociables. — L. 22 frim. an VII, art. 70, § 3, no 15. — Les lettres de change ont été assujéties au droit de 25 c. pour 100 fr. par l'art. 50, L. 28 avr. 1816, quand elles sont protestées faute de paiement. — V. *infrà* no 2180.

884. — Comme on avait donné la forme de lettres de change aux traites souscrites par les adjudicataires des bois de l'état pour l'exercice de 1813, il a été décidé, avant la loi du 28 avr. 1816, que ces traites, étant de véritables lettres de change, devaient, en cas de protêt, être exemptées de l'enregistrement. — Déc. min fin. 1er juin 1813; instr. 640.

885. — Sont exempts de l'enregistrement les endossemens et acquits des lettres de change, billets à ordre et autres effets négociables, soit qu'ils résultent de la mention de paiement faite dans les protêts, soit qu'ils aient été mis sur les effets eux-mêmes. — Déc. min. fin. 28 sept. 1821.

886. — L'endossement d'un billet à ordre n'énonçant pas la valeur reçue n'est pas moins exempt de l'enregistrement. — Solut. 17 juill. 1838; instr. 1577, § 1er.

887. — Il en est de même de l'endossement en blanc bien qu'il ne vaille que comme procuration. — Décis. min. just. et fin., 10 et 18 mai 1813.

888. — Mais la disposition de la loi n'est pas applicable à l'endossement d'une obligation notariée, quoique stipulée payable à ordre et entre négocians. — *Cass.*, 5 pluv. an XI, Leroux-Guaisière.

889. — L'endossement d'une police d'assurance, alors surtout qu'elle n'est point à ordre, constituant non une cession, mais un simple pouvoir, n'est point passible du droit proportionnel de cession. — Solut. 20 sept. 1830.

890. — L'aval donné sur un effet de commerce est dispensé de l'enregistrement. — Décis. min. fin. 7 août 1840 ; inst. 488.

891. — Il en est de même depuis la loi du 28 avr. 1816, bien qu'elle ait assujéti à l'enregistrement les lettres de change, qui en étaient autrefois exemptes. — Délib. 21 déc. 1830. — En pareil cas l'aval n'est point soumis au droit de cautionnement, ni à aucun autre droit particulier. — Délib. 21 janv. 1834.

892. — L'aval apposé sur des lettres de change passées devant notaire n'est point soumis comme celles-ci au droit de 25 cent. p. 100; attendu que l'aval n'est tarifé par aucune loi, et qu'il peut d'ailleurs, quant à la garantie solidaire qui en résulte, être comparé à l'endossement des effets négociables. — Délib. 20 mars 1835.

893. — Les quittances des fournisseurs, ouvriers, maîtres de pension et autres de même nature produites comme pièces justificatives d'un compte sont dispensées de l'enregistrement. — C. procéd., art. 537.

894. — Comme la disposition de la loi est conçue en termes généraux, il s'ensuit qu'il n'y a pas lieu de distinguer entre les comptes judiciaires et ceux rendus à l'amiable devant notaires. — Décis. min. fin. 22 sept. 1807; décis. min. just. et fin. 13 juin 1809; instr. 346 et 436, no 42.

895. — ... 16o Les actes passés en forme authentique avant l'établissement de l'enregistrement dans l'ancien territoire de France, et ceux passés également en forme authentique, ou sous signature privée, dans les pays réunis, et qui ont acquis une date certaine suivant les lois de ces pays, ainsi que les mutations qui se sont opérées par décès avant la réunion desdits pays. — L. 22 frim. an VII, art. 70, § 3, no 16.

896. — Jugé en conséquence que les actes sous seing-privé passés dans les pays réunis ne sont dispensés de la formalité de l'enregistrement qu'autant qu'ils ont acquis date certaine avant l'établissement de l'enregistrement dans ces pays. — *Cass.*, 6 (et non 8) frim. an XII, Zimmermann.

897. — Ainsi, les actes sous seing-privé passés dans la Belgique n'ont été exempts de la formalité qu'autant qu'ils avaient acquis une date certaine lors de la réunion. — *Cass.*, 12 janv. 1814, Boone.

898. — En pareil cas, l'art. 70, § 3, no 16, L. 22 frim. an VII, exige une certitude de date absolue et opposable même aux tiers. — *Cass. belge*, 19 mars 1833, Rapsaet et de Cooman ; même arrêt, Chaboceau.

899. — Un acte passé avant l'ouverture des bureaux d'enregistrement dans les pays réunis n'en doit pas moins des droits s'il est postérieur à la publication des lois sur l'enregistrement. — *Cass.*, 14 niv. an VIII, Leveaux ; 23 flor. an VIII, Jacquinet; même jour, Lions.

900. — Les anciennes constitutions du Piémont n'accordant les effets de l'authenticité aux actes sous seing-privé qu'autant qu'ils seraient insinués et munis du sceau de l'insinuation, on n'a pu poursuivre la reconnaissance ou l'exécution d'un tel acte qu'après l'avoir fait enregistrer. Si l'instance a été introduite après la publication de la loi sur l'enregistrement, ce n'est pas le cas d'appliquer l'exception de l'art. 70, § 3, no 16, L. 22 frim. an VII. — *Cass.*, 5 sept. 1808, Carles.

901. — Mais lorsque les actes sous seing-privé ont acquis une date certaine avant l'établissement de l'enregistrement dans les pays réunis, ils peuvent être produits en justice sans être préalablement soumis à la formalité. — *Cass.*, 29 brum. an XII, Auffscheneider.

902. — Un acte authentique passé à Liége en 1794 n'est pas exempt de la formalité de l'enregistrement, en vertu de l'art. 70, L. 22 frim. an VII, lorsqu'on veut en faire usage en France postérieurement à l'époque où le pays de Liége a cessé de faire partie de la France. — *Cass.*, 26 mai 1830, O'Heguerty.

903. — Tous les actes, arrêtés et décisions des autorités administratives qui ne contiennent : 1o ni transmission de propriété, usufruit ou jouissance; — 2o ni marché de toute nature aux enchères, au rabais ou sur soumission ; — 3o ni cautionnement relatif à ces mêmes actes, sont exempts de l'enregistrement, tant sur la minute que sur l'expédition. — L. 15 mai 1818, art. 80.

904. — Ces dispositions sont applicables aux actes antérieurs à la publication de la loi. — L. 15 mai 1818, art. 81.

905. — Les arrêtés en matière de grande voirie avaient été d'abord déclarés assujétis à l'enregistrement en débet. — Déc. min. fin. 20 déc. 1808 ; instr. 415.

906. — Mais, décidé que l'exemption résultant de l'art. 80, L. 15 mai 1818, leur est applicable. — Décis. min. fin. 4 fév. 1825 ; instr. 1166, § 2.

907. — Les arrêtés d'alignement ne sont point assujétis à l'enregistrement sur la minute, lorsque les constructions doivent être faites sur les mêmes fondations ; mais si le propriétaire acquiert une portion de terrain, ces arrêtés doivent le droit de 2 ou de 5 1/2 p. 0/0, selon que la concession





concerne un terrain national ou une propriété communale. Il y a même lieu à enregistrement gratis, s'il y a ou concession au profit de l'état, ou expropriation pour cause d'utilité publique. — Décis. min. fin. 5 sept. 1818 ; instr. 860.

908. — Sont dispensés également de l'enregistrement : l'arrêté par lequel un préfet consent à la radiation d'inscriptions hypothécaires prises dans l'intérêt du trésor contre un comptable ou ses héritiers. — Décis. min. fin. 29 nov. 1827 ; instr. 1236, § 1er.

909. — ...Les procès-verbaux dressés aux secrétariats des préfectures pour constater : 1o le dépôt des pièces concernant les demandes de brevet d'invention, de perfection et d'importation ; — 2o la présentation d'actes passés devant notaires et contenant cession ou transport des droits attachés à ces brevets. — Décis. min. fin. 20 oct. 1828 ; instr. 1272, § 11.

910. — ... Les minutes des arrêtés par lesquels les sous-préfets agréent les gardes champêtres nommés ou présentés par des particuliers. — Décis. min. fin. 2 sept. 1830 ; instr. 1347, § 7.

911. — ... L'acte de dépôt au greffe de l'empreinte des marteaux des agens forestiers. — Mais l'exemption ne s'étend pas à l'acte de dépôt des empreintes des marteaux des adjudicataires de coupes de bois ou des gardes des particuliers. — Solut. 8 juin 1830 ; instr. 1336, § 4.

912. — ... Le procès-verbal contenant, d'après l'art. 89 de l'ordonnance pour l'exécution du Code forestier, remise de la vente des coupes qui n'ont pu être adjugées. — Solut. 2 juin 1829 ; instr 1293, § 8.

913. — ...Les cahiers des charges pour les ventes des forêts de l'état. — Décis. min. fin. 30 sept. 1831 ; instr. 1388, § 10.

914. — ... Les procès-verbaux dressés par les gardes, dans l'intérêt des communes pour constater l'existence de chablis, lorsqu'ils n'ont pour objet ni contraventions ni délits : car, alors, ils constituent des actes administratifs. — Décis. min. fin. 28 juin 1822.

915. — ... En matière de roulage, les procès-verbaux de contravention des préposés et les décisions des maires et conseillers de préfecture. — Ord. 22 fév. 1838.

916. — ... Les déclarations de changement de domicile, faites aux municipalités. — C. civ., art. 104. — Toutefois, elles doivent être sur papier timbré. — Déc. min. fin., 5 mai 1812 ; instr. 579.

917. — Une lettre écrite par un maire dans l'exercice de ses fonctions ne peut pas être considérée comme un acte privé ; elle a date certaine, fait foi de son contenu, et peut être produite en justice, sans qu'il soit besoin qu'elle ait été présentée à l'enregistrement. — *Cass.*, 26 mars 1825, Quennesson.

918. — ... Les actes de notoriété et les procès-verbaux rédigés par les juges de paix pour constater la disparition des militaires et la privation des moyens d'existence de leurs veuves et orphelins. — Décis. min. fin., 26 janv. 1824 ; instr. 1124.

919. — ... Les procès-verbaux de vérification de régies des préposés de l'enregistrement et des domaines. — Déc. min. fin., 22 août 1821 ; instr. 995.

920. — ... Les actes des agens forestiers portant simplement délivrance ou permis d'exploiter et ayant pour objet les coupes ordinaires des bois communaux délivrées aux habitans pour leur affouage. — Décis. min. fin., 3 déc. 1825 ; instr. 1187, § 11.

921. — Mais les procès-verbaux des gardes des propriétés particulières sont seuls assujétis au paiement immédiat du droit d'enregistrement. — Décis. min. fin., 26 germin. an VII.

922. — ... Les certificats de service produits par les membres de la Légion-d'Honneur, mais seulement lorsqu'ils concernent des militaires. — Décis. min. instr. et fin. 16 oct. 1816.

923. — ... Les certificats de propriété délivrés aux veuves ou héritiers des militaires. — Décis. min. fin. 15 janv. 1823 ; instr. 1073.

924. — ... Ceux à produire par les héritiers des pensionnaires de l'état pour le recouvrement des arréages échus. — Décis. min. fin., 29 oct. 1842 ; instr. 1679.

925. — ... Les certificats de vie, indiquant leur destination en tête ou dans le corps de l'acte, quand ils sont délivrés : 1o aux rentiers viagers et pensionnaires de l'état. — Décr. 21 août 1806, art. 10.

926. — ... 2o aux actionnaires de la caisse d'épargne dite *Lafarge*. — Décis. min. fin. 6 oct. 1812 ; instr. 1604.

927. — ... 3o aux actionnaires de la tontine perpétuelle d'amortissement et autres légalement autorisées et dont les fonds sont employés en achats

de rentes sur l'état. — Décis. min. fin. 8 fév. 1822; instr. 1020.

928. — ... 4° aux pensionnaires des divers ministères, directions et administrations publiques. — Décis. min. fin. 14 août 1822; instr. 1051.

929. — ... 5° aux employés en non activité, pour être payés de l'indemnité qui leur est accordée jusqu'à leur remplacement. — Décis. min. fin. 31 oct. 1817.

930. — ... 6° Aux pensionnaires des invalides de la guerre et de la marine, des hospices, des fabriques et autres établissemens publics. — Décis. min. fin. 7 mars 1818 et 28 fév. 1822.

931. — ... La prestation de serment des préfets, sous-préfets, membres des conseils de préfecture et secrétaires généraux de préfecture. — Décis. min. fin. 8 pluv. an IX.

932. — ... Les prestations de serment des juges de paix, des juges et des membres du parquet près les cours et tribunaux. — Décis. min. fin. 28 vent., 8 germin., 28 flor. et 19 prair. an X; instr. 290, n° 43.

933. — ... Le renouvellement annuel du serment des avocats à la rentrée des cours royales. — Décis. min. fin. 2 juin 1812.

934. — La prestation de serment des commis-greffiers nommés pour remplacer temporairement le greffier en chef le jour où il fait le service de la garde nationale, pourvu que la cause soit mentionnée dans l'acte de prestation. — Roland et Trouillet, *Dict. d'enreg.*, v° *Serment*, § 1er, n° 4, et § 2, nos 7 et suiv.

935. — ... La prestation de serment des commissaires de police. — Décis. min. fin. 4 thermid. an XIII; instr. 290, n° 43.

936. — ... Celle des membres du corps de la gendarmerie devant les tribunaux, en exécution de l'ordonnance du roi du 29 oct. 1820. — Décis. min. fin. 21 sept. 1821; instr. 995.

937. — ... Celle des commis et des contrôleurs temporaires, chargés de procéder aux inventaires des vins et autres boissons pendant la durée des vendanges. — Circul. 5 fructid. an XII; décis. min. fin. 10 fructid. et 1er complém. an XII; instr. 290, n° 51.

938. — ... Celle des membres de la Légion-d'Honneur. — Instr. 290, § 56.

939. — ... La prestation du serment purement politique, consistant dans celui de fidélité au gouvernement établi, lorsqu'il se prête indépendamment de celui d'exactitude et de probité dans l'exercice des fonctions. — Décis. min. fin. 3 flor. an XIII; instr. 290, nos 56 et 1331.

940. — Mais l'exemption ne s'applique pas aux prestations de serment des comptables justiciables de la cour des comptes, reçues par l'autorité administrative. — Décis. min. fin. 18 fév. 1820; instr. 922.

941. — Ont été déclarés non susceptibles d'enregistrement, comme n'étant que des actes d'ordre intérieur: — les jugemens qui ordonnent un délibéré. — Décis. min. fin. 28 nov. 1821; — *Dict. des dr. d'enreg.*, v° *Acte judiciaire en matière civile*, § 13, n° 8.

942. — ... Les ordonnances du juge, statuant sur les oppositions formées aux qualités pour la rédaction des jugemens. — Décis. min. fin. 15 nov. 1816; instr. 758, n° 5; — *Dict. des dr. d'enreg.*, v° *Acte judiciaire en matière civile*, § 13, art. 2.

943. — ... La nomination d'un juge-commissaire pour recevoir le serment des experts. — *Dict. des dr. d'enreg.*, v° *Acte judiciaire en matière civile*, § 13, n° 8.

944. — ... La désignation par le président du tribunal d'un juge commis, soit pour une distribution par contribution (C. procéd., art. 658), soit pour une adjudication (C. procéd., art. 751), non plus que le réquisitoire précédant cette désignation. — Décis. min. just. et fin. 13 juin 1809; instr. 436, nos 48 et 58.

945. — ... La note écrite en marge du registre tenu par le greffier pour la réquisition de la nomination d'un juge-commissaire qui devra procéder à l'ordre. — Il en est de même de la mention de la nomination de ce juge. — Décis. min. just. et fin. 13 juin 1809; instr. 436, § 58; décis. min. fin. 8 déc. 1843; instr. 1704, § 1er.

946. — L'ordonnance du juge-commissaire, qui autorise à faire sommation aux créanciers de produire leurs titres, rendue sur la requête du poursuivant (C. procéd., art. 752 et 753), est passible du droit fixe de 3 fr. — Si l'ordonnance était contenue dans le procès-verbal d'ordre, ce procès-verbal serait alors soumis au même droit. — Décis. min. fin. 8 déc. 1843; instr. 1704, § 2.

947. — ... La mention de la remise des titres produits par les créanciers dans un ordre. — C. procéd., art. 754; décis. min. fin. 8 déc. 1843; instr. 1704, § 3.



948. — ... L'ordonnance qui commet un juge sur la requête des parties intéressées à faire statuer sur une absence. — C. procéd., art. 859; même décision; instr. n° 65.

949. — ... L'ordonnance qui, au bas d'une délibération du conseil de famille sujette à l'homologation (C. procéd., art. 885), prescrit la communication au ministère public, et commet un juge pour faire le rapport à un jour indiqué, ainsi que les conclusions à la suite. — Même décision; instr. n° 69.

950. — ... L'émargement par l'avoué qui retire les pièces déposées au greffe pour être prises en communication par l'avoué de la partie adverse, bien que servant de décharge au greffier. — Même décision; instr. n° 16.

951. — ... Les jugemens des tribunaux de commerce qui, en matière de faillite, nomment un nouveau juge-commissaire par suite de l'empêchement du juge précédemment désigné par un jugement enregistré. — Solut. 12 mai 1824; instr. 1146, § 7.

952. — ... Les rapports faits, en matière de faillite, par le juge-commissaire au tribunal de commerce (*C. comm.*, art. 458); il n'y a pas lieu non plus à en dresser acte de dépôt au greffe. — Décis. min. fin. 10 mai 1822; instr. 1410, § 7.

953. — ... Les requêtes présentées au président du tribunal et les ordonnances rendues (Ord. 22 fév. 1829) à fin de remise par les greffiers aux préposés du domaine et, pour être vendus, des effets déposés dans les greffes, attendu que ces actes ont un but d'ordre et d'intérêt public. — Déc. minis. fin. 3 déc. 1820.

954. — On a encore considéré comme actes d'ordre intérieur, et par conséquent non susceptibles d'enregistrement: l'ordonnance qui autorise le simple changement de résidence d'un notaire sans augmentation de classe. — Solut. 23 janv. 1834.

955. — ... Les actes de dépôt annuel des doubles des répertoires des notaires; mais ils sont passibles du droit de greffe. — Décis. min. just. et fin. 24 et 30 juin 1812; instr. 590.

956. — Même décision à l'égard des commissaires-priseurs. — Délib. 15 avr. 1817.

957. — ... L'acte de dépôt, en vertu de l'art. 11, L. 25 vent. an XI, soit par le procureur du roi, soit par chaque notaire, de la signature et du paraphe dont ces officiers publics font usage: mais le droit de greffe est dû. — Déc. min. fin. 17 oct. 1821; instr. 1008.

958. — ... Les délibérations des chambres des notaires, les actes relatifs a la police intérieure, et ceux constatant le dépôt d'extraits des contrats de mariage entre commerçans et des jugemens de séparation de biens. — Arrêté du gouvern. 2 niv. an XII; Délib. 10 mai 1832.

959. — ... Les délibérations des chambres d'avoués, non plus que les pièces y relatives. — Arrêté 13 frim an IX.

960. — ... Celles des chambres des commissaires-priseurs. — Arrêté 29 germin. an IX.

961. — ... Les actes de la chambre de discipline des huissiers, soit en minute, soit en expédition, à l'exception des certificats et autres pièces à délivrer aux candidats ou à d'autres, dans leur intérêt personnel. — Décr. 14 juin 1813, art. 89; instr. 659.

962. — Les adjudications au rabais ou marchés passés entre les tribunaux et les imprimeurs, bien qu'ils ne présentent que peu d'avantage à ceux qui les souscrivent, ne peuvent être considérés comme des actes d'administration intérieure; ils étaient sujets à l'enregistrement sous la loi de l'an VII. — Décis. min. fin., 7 juill. 1812. — Depuis la loi du 15 mai 1818, ils ne sont sujets à la formalité qu'autant qu'ils sont faits par adjudication ou sur soumission. — Roland et Trouillet, *Dict. d'enregist*, v° *Acte administratif*, n° 36.

963. — Les actes sous seing-privé tendant uniquement à la liquidation de l'indemnité accordée par la loi du 27 avr. 1825, ont été dispensés de l'enregistrement. — Ord. 1er mai 1825; instr. 1161.

964. — Il en est de même des titres et actes de tout genre produits par les réclamans de l'indemnité attribuée aux anciens colons de Saint-Domingue ou par leurs créanciers pour justifier de leurs qualités et de leurs droits. — L. 30 avr. 1826, art. 10; ord. 9 mai 1826; instr. 1190.

965. — Cette exemption s'étend aux procurations données par les anciens colons ou par ceux qui les représentent, pourvu qu'elles soient spéciales pour suivre les demandes en liquidation de l'indemnité. — Décis. min fin., 11 janv. 1827; instr. 1210, § 7.

966. — Les procès-verbaux de ventes par les monts-de-piété sont exempts de l'enregistrement. — Décr. 8 thermid. an XIII, mont-de-piété de Paris; 30 juin 1806, id. Bordeaux; 10 mars 1807, id. Marseille; 31 mai 1807, id. Versailles; ord. 6 mars 1828, id. Nîmes; ord. 5 mai 1833, id. Saint-Quentin; ord. 19 mars 1834, id. Nancy.



967. — Et l'exemption est applicable, soit que des ventes aient lieu avant la surannation des objets engagés, soient qu'elles aient lieu postérieurement, pourvu qu'il soit constant que la vente s'est faite conformément aux réglemens du mont-de-piété. Décis. min. fin., 4 juin 1811.

968. — Il n'est dû aucun droit d'enregistrement pour les extraits, copies ou expéditions des actes qui doivent être enregistrés sur les minutes ou originaux. — L. 22 frim. an VII, art. 8.

969. — Par conséquent, ne sont point assujétis à l'enregistrement: les bordereaux de collocation délivrés dans un ordre, attendu que le procès-verbal d'ordre a dû être enregistré avant leur délivrance. — Décis. min. fin. 8 déc. 1843; inst. 436, nos 61 et 1704, § 9.

970. — ... Les expéditions des minutes d'un notaire décédé, qui sont délivrées par le notaire à qui le tribunal a confié ces minutes, en l'autorisant à faire les expéditions. — Décis. min. fin. 22 juin 1813.

971. — ... Les extraits des contrats de mariage entre commerçans que les notaires doivent déposer aux greffes et aux secrétariats des chambres de notaires et d'avoués, conformément à l'art. 67, C. comm. — Déc. min. fin. 12 juin 1829; inst. 1293, § 2.

## Sect. 2e. — *Actes et mutations passés aux colonies ou en pays étranger.*

972. — La loi du 5-19 déc. 1790 ne contenant aucune disposition expresse en ce qui concerne les actes et mutations passés dans les colonies ou dans les pays étrangers, la loi additionnelle du 29 sept.-9 oct. 1791 disposa, dans son art. 11, que les actes passés en pays étranger ou dans les colonies étaient sujets à la formalité de l'enregistrement dans tous les cas où les actes sous signatures privées y étaient assujétis, et dans les mêmes délais et sous la même peine.

973. — L'art. 22, L. 22 frim. an VII, porte: « Les actes sous signature privée passés en pays étranger ou dans les îles ou colonies françaises où l'enregistrement n'est pas encore établi, qui portent transmission de propriété ou d'usufruit de biens meubles, ainsi que les baux, cessions et subrogations de baux et les engagemens de biens de même nature également sous seing-privé doivent être enregistrés dans les six mois de leur date s'ils sont faits en Europe, d'une année si c'est en Amérique, et de deux années si c'est en Asie ou en Afrique.

974. — Cette disposition a été complétée par l'art. 4, L. 27 vent. an IX, qui déclare l'art. 22, L. 22 frim. an VII, applicable applicable au cas où les nouveaux possesseurs prétendraient qu'il n'existe pas de conventions écrites entre eux et les précédens propriétaires ou usufruitiers. A défaut d'actes, il doit y être suppléé par des déclarations détaillées et estimatives, dans les trois mois de l'entrée en possession, à peine d'un droit en sus.

975. — Quant aux dispositions relatives aux mutations par décès il faut consulter ce qui est dit à cet égard *infrà* nos 2903 et suiv.

976. — L'enregistrement est nécessaire avant qu'on puisse faire, en France, usage d'un acte sous seing-privé translatif de propriété passé dans les colonies, même antérieurement aux nouvelles lois. — *Cass.*, 14 aout 1813, Descourts.

977. — Les actes passés en pays étranger dénommés dans l'art. 22, L. frim., qui n'ont pas été enregistrés dans les délais déterminés sont passibles du double droit. — L. 22 frim. an VII, art. 38.

978. — Il n'y a point de délai de rigueur pour l'enregistrement de tous autres actes que ceux mentionnés dans l'art. 22, qui sont passés en pays étranger et dans les îles et colonies françaises où l'enregistrement n'est pas encore établi; mais il ne peut en être fait usage soit par acte public, soit en justice, soit devant tout autre autorité constituée, qu'ils n'aient été préalablement enregistrés. — L. 22 frim. an VII, art. 23; délib. 28 nov. 1843, 1708.

979. — Relativement aux lettres de change venant de l'étranger ou des colonies françaises, aux endossemens et aux acquits de ces effets, V. *suprà* n° 883.

980. — Mais, dans tout cela, la loi ne parlait pas des actes authentiques. Y avait-il lieu, dès-lors, de leur appliquer l'art. 70, § 3, n° 16, qui exempte de l'enregistrement (V. n° 895) les actes passés en forme authentique avant l'établissement de l'enregistrement dans l'ancien territoire de France et ceux passés également en forme authentique ou sous signature privée dans les pays réunis, et qui

ont acquis une date certaine suivant les lois de ce pays, ainsi que les mutations qui se sont opérées avant la réunion desdits pays?

981. — Jugé que l'exemption du droit d'enregistrement prononcée par l'art, 24, L. 5 déc. 1790 et l'art. 70, § 3, no 16, L. 22 frim. an VII, ne s'applique pas aux actes authentiques des îles et colonies, contenant transmission de propriété ou d'usufruit d'immeubles situés en France. — *Cass.*, 17 mai 1808, Litière.

982. — Jugé cependant qu'un acte authentique passé dans les colonies françaises avant l'établissement de l'enregistrement, n'est pas soumis au droit proportionnel, quand bien même il serait mis à exécution sur le territoire continental de la France. — *Cass.*, 20 (et non 29) juin 1810, Perdreau.

983. — Toutefois, et en admettant qu'il y eût exemption pour les actes authentiques des îles et colonies françaises, ce n'était qu'autant que la loi du 5-19 déc. 1790 et celle du 22 frim. an VII y avaient eu leur exécution, et pourvu que ces actes ne continssent point de transmission de propriété ou d'usufruit de biens immeubles situés en France. — Décis. min. fin., 29 prair. an XII ; Circ. 20 flor. an XII ; instr. 240.

984. — Un acte notarié passé aux colonies où la formalité de l'enregistrement n'est pas usitée, n'a pu autoriser à prendre en France une inscription hypothécaire avant d'avoir été enregistré sur le continent. — *Cass.*, 7 déc. 1807, Lanon c. Gauthier; délib. 5 nov. 1828. — Merlin, *Rép.*, vo *Enregistrement*, § 4 ; Grenier, *Des hypothèques*, t. 1er, no 17.

985. — Il ne pourra, porte l'art. 58, L. 28 avr. 1816, être fait usage, en justice, d'aucun acte passé en pays étranger ou dans les colonies, qu'il n'ait acquitté les mêmes droits que s'il avait été souscrit en France et pour des biens situés dans le royaume; il en sera de même pour les mentions desdits actes dans des actes publics. — Délib. 28 nov. 1843; instr. 1703.

986. — Les actes faits dans les colonies et sujets seulement au droit fixe, doivent acquitter ce droit en principal et décime, d'après le tarif de la métropole, mais sous l'imputation du droit perçu pour le même acte ou la même disposition, lors de l'enregistrement dans les colonies. — Délib. 28 nov. 1843 ; instr. 1703.

987. — Les arrêts et jugemens des tribunaux étrangers, dont l'exécution serait poursuivie sur des biens situés en France, à la requête des parties intéressées, sont passibles des mêmes droits que s'ils eussent été rendus par les tribunaux français. — Décis. min. fin., 5 déc. 1828 et 27 mars 1829 ; instr. 1274.

988. — Ainsi les jugemens rendus en pays étranger et produits en France, sont soumis au droit proportionnel de 50 cent. p. 100 fr. sur le montant des condamnations qu'ils prononcent. — *Cass.*, 14 avr. 1834, Stacpoole.

989 — La circonstance qu'un acte aurait été enregistré et les droits acquittés en pays étranger ne saurait être d'aucune considération. Ainsi l'enregistrement d'actes dans les Pays-Bas, ou dans d'autres royaumes où l'enregistrement est établi, ne dispense point ces actes, lorsqu'il en est fait usage en France, de la formalité qui est ordonnée par les lois des 22 frim. an VII, 28 avr. 1816 (et 16 juin 1824). Ces mots*: où l'enregistrement n'est pas établi*, ne se rapportant qu'aux colonies françaises. — Délib. 10 oct. 1818.

990. — Relativement aux actes passés en pays étranger ou dans les colonies, qui transfèrent la propriété ou l'usufruit d'immeubles situés en pays étrangers ou dans les colonies où l'enregistrement n'est pas établi, il a été décidé que le droit proportionnel ne pouvait pas être exigé sur ces actes, attendu que ce droit est un impôt qui ne peut atteindre des propriétés situées hors du territoire où il est en usage. — Avis cons. d'état 6 vendem. an XIV, appr. le 10 brum. ; circ. 4 niv. an XIV.

991. — Et cette règle a été déclarée applicable aux actes portant mutation d'immeubles situés en pays étranger ou dans les colonies où l'enregistrement n'est pas établi, passés devant notaires et autres officiers publics en France. — Déc. min. fin. 4 fév. 1806 ; circ. 11 mars 1806 ; avis cons. d'état, 15 nov. 1806, appr. le 12 déc. suiv.; circ. 28 janv. 1807.—*Contrà* avis cons. d'état, 21 nov. 1818; déc. min. fin. 18 sept. 1818; instr. 859.

992. — Jugé, en conséquence, que les ventes et adjudications faites en France, d'immeubles situés en pays étranger, ne sont pas assujéties aux droits de mutation et de transcription établis par les lois françaises. — *Cass.*, 11 déc. 1820, Kohlaas.

993.—Des actes passés et enregistrés en France, sous l'empire de l'avis du conseil d'état, 16 nov. 1806, ne peuvent être soumis à de nouveaux droits dans les colonies où les parties en font usage, sur le prétexte qu'il n'a été perçu en France qu'un droit fixe, au lieu du droit proportionnel dont ces actes étaient passibles.—*Cass.*, 24 (et non 21) janv. 1827, Desauray.

994. — Alors est venue la loi du 16 juin 1824 dont l'art 4 porte : « Les actes translatifs de propriété, d'usufruit ou de jouissance de biens immeubles situés, soit en pays d'étranger, soit dans les colonies françaises où le droit d'enregistrement n'est pas établi, ne seront soumis, à raison de cette transmission, qu'au droit fixe de 10 fr., sans que, dans aucun cas, le droit fixe puisse excéder le droit proportionnel qui serait dû s'il s'agissait de biens situés en France. »

995. — Les actes passés en France, contenant transmission de propriété, d'usufruit ou de jouissance d'immeubles situés dans les colonies où l'enregistrement est établi, ne doivent être assujétis qu'au droit fixe de 1 fr. lors de leur enregistrement dans le royaume. — Arg. L. 22 frim. an VII, art. 68, § 1er, no 51 ; délib. 3 oct. 1838 et 28 nov. 1843; instr. 1703.

996. — Quant aux actes passés dans une colonie où l'enregistrement est établi, et qui, contenant transmission de propriété, d'usufruit ou de jouissance d'immeubles en France, ont été enregistrés dans la colonie, ils sont passibles, lorsqu'il en est fait usage en France, du supplément de droit résultant de la supériorité du tarif. En effet, comme la perception a été faite pour le compte du gouvernement français, il est juste que cette perception soit imputée sur celle à faire. — Délib. 30 nov. 1822 et 8 oct. 1833 ; solut. 28 août 1832.

997. — Mais l'avis du conseil d'état, 6 vendém. et 10 brum. an XIV, ne parle que des *immeubles*. Que décider relativement aux actes concernant des *meubles?* — Une solution du 1er juin 1822 avait décidé que les actes étaient alors passibles des mêmes droits que s'il s'agissait de biens meubles existant dans le royaume; qu'ainsi une obligation devant notaires à Paris de sommes payables, dans une ville des Pays-Bas, en espèces et monnaies ayant cours dans ce royaume, était assujétie au droit de 1 fr. p. 100 fr. — Instr. 1156, § 2.

998. — Jugé au contraire qu'avant comme depuis la loi du 16 juin 1824 les actes passés en France, et portant transmission de biens meubles situés en pays étranger (notamment de rentes sur le grand-livre de la dette publique d'un état voisin), ne sont pas assujétis à un droit proportionnel, lorsque d'ailleurs il n'en est fait aucun usage en France, soit en justice, soit dans d'autres actes publics. — *Cass.*, 21 avr. 1828, Grassière.

999. — Les actes passés en pays étranger, translatifs de biens meubles situés hors de France, ne sont passibles que du droit fixe de 10 fr. — Délib. 12 juin 1829.

1000. — Les actes passés, soit aux colonies, soit à l'étranger, soit en France, en forme authentique ou sous seing-privé, et contenant des stipulations relatives à des biens mobiliers et immobiliers situés à Saint-Domingue, n'avaient été provisoirement assujétis qu'au droit fixe de 1 fr. — Ord. 8 janv. 1817; déc. min. fin. 22 déc. 1825; instr. 762 et 1187, § 2.

1001. — Mais depuis les actes de souveraineté qui ont séparé cette colonie de la métropole, les actes dont il s'agit rentrent dans la classe de ceux relatifs à des biens meubles ou immeubles situés en pays étranger, et sont soumis aux mêmes règles de perception. — Av. com. fin., 26 fév. 1828; déc. min. fin., 23 déc. 1832; instr. 1242 et 1418.

1002. — Toutefois, la loi du 30 avr. 1826 a déclaré (art. 10) qu'il ne serait perçu aucun droit de succession sur l'indemnité attribuée aux anciens colons de Saint-Domingue, et a exempté de l'enregistrement les titres et actes de tout genre qui seraient produits par les réclamans ou leurs créanciers, soit devant les tribunaux, pour justifier de leurs qualités et de leurs droits.

1003. — Cette disposition a été déclarée par la loi du 18 mai 1840 (art. 10) applicable aux sommes versées où à verser par le gouvernement d'Haïti à la caisse des dépôts et consignations, ainsi qu'aux titres produits soit devant les tribunaux, soit devant la caisse, pour l'exécution de ladite loi.

1004. — Un acte contenant des stipulations relatives à des biens mobiliers et immobiliers, situés à Saint-Domingue, n'est toujours passible que d'un droit fixe, en vertu de l'ordonnance du 8 janv. 1817, quoiqu'il ait été passé depuis la loi du 30 avr. 1826, qui ne dispense de l'enregistrement que les titres et actes produits par les anciens colons ou leurs créanciers pour justifier de leur qualité et de leur droit à l'indemnité accordée. — *Cass.*, 20 avr. 1831, Dumoustier.

1005. — L'ordonnance coloniale du 1er mars 1818, qui soumet les actes passés et enregistrés en France, mais contenant vente d'immeubles situés à l'île Bourbon, à un supplément de droit, avant qu'il en soit fait usage dans la colonie, ne peut être appliquée aux actes passés et enregistrés avant sa promulgation. — *Cass.*, 24 (et non 21) janv. 1827, Desaunay.

1006. — On a vu (*suprà* no 17, et vo COLONIES, nos 348 et suiv.) que l'enregistrement a été établi à la Martinique, à la Guadeloupe et à la Guyane par une ordonnance royale du 31 déc. 1828, et à l'île Bourbon par une autre ordonnance royale du 19 juill. 1829.

1007. — Jugé que l'art. 92, §§ 6 et 8, ord. 31 déc. 1828, d'après lequel les adjudications sur folle enchère faites dans les colonies ne sont assujetties au droit proportionnel pour l'excédant seulement du prix nouveau sur celui de la première adjudication qu'autant que le droit proportionnel aura été perçu sur cette précédente adjudication, est applicable aux adjudications sur folle enchère par suite d'adjudications faites avant cette ordonnance, et alors même que l'enregistrement n'était pas établi dans la colonie. — En conséquence, l'adjudication sur folle enchère faite depuis cette ordonnance par suite d'une adjudication antérieure à cette même ordonnance, et sur laquelle aucun droit n'a été perçu, est passible du droit proportionnel sur la totalité du prix. — *Cass.*, 5 juin 1844 (t. 2 1844, p. 594), Tandou.

1008. — Les lois, décrets et ordonnances qui régissent en France les droits d'enregistrement sont exécutoires en Algérie ( V. *suprà* no 18), sauf les exceptions et modifications y exprimées. — Ord. 19 oct. 1841, art. 1er. — Ces exceptions et modifications consistent principalement dans les suivantes :

1009. — Les droits d'enregistrement perçus en France, soit comme droits fixes, soit comme droits proportionnels, sont réduits de moitié en Algérie, décime non compris. Toutefois, le minimum du droit à percevoir ne peut descendre au-dessous de 25 cent. — Art. 2.

1010. — Les mutations par décès de biens, meubles ou immeubles, ne sont assujéties à aucun droit, ni soumises à aucune déclaration. — Art. 4.

1011. — Les ordonnances qui seraient rendues en France relativement aux droits d'enregistrement ne seront exécutoires en Algérie qu'en vertu d'ordonnances spéciales. — Art. 7.

## CHAPITRE V. — *Obligations des officiers publics, des parties et des agens de la régie relativement à l'enregistrement.*

### Sect. Ire. — *Délai pour l'enregistrement des actes et mutations.*

1012. — Les délais pour faire enregistrer les actes publics sont : *Exploits et procès-verbaux.* — 1o De quatre jours, pour les actes des huissiers et autres ayant pouvoir de faire des exploits et procès-verbaux. — L. 22 frim. an VII, art. 20.

1013. — Le procès-verbal de *chaque* séance d'une saisie immobilière doit être enregistré dans les quatre jours de sa date, ce qui ne fait aucun obstacle à l'accomplissement des formalités prescrites par le Code de procédure. — Décis. min. just. et fin. 17 mai et 21 juin 1808 ; inst. 390, no 13.

1014. — La signification pour appeler en conciliation celle des parties qui n'a pas volontairement comparu devant les prud'hommes doit être enregistrée dans les quatre jours de sa date, soit qu'elle émane d'un officier public ou d'un agent spécial. — Décis. min. fin. 20 juin 1809 ; inst. 437.

1015. — Les significations d'avoué à avoué, dans le cours des instructions des procédures devant les tribunaux, doivent être enregistrés dans les quatre jours de leur date, à peine de 5 fr. d'amende pour chaque contravention, outre le paiement du droit. — L. 27 vent. an IX, art, 15.

1016. — Les procès-verbaux des commissaires de police pour faits de police doivent, sous peine de l'amende portée par l'art. 34, L. 22 frim. an VII, être enregistrés dans les quatre jours de leur date, comme ceux des huissiers et autres fonctionnaires ayant pouvoir de rédiger des procès-verbaux. — *Cass.*, 22 juill. 1813, Pernot.

1017. — Doivent être enregistrés dans les quatre jours qui suivent celui de l'affirmation, les procès-verbaux des gardes à pied, et dans les quatre jours de sa date les procès-verbaux rapportés par les agens forestiers (dénomination qui comprend les arpenteurs forestiers), les gardes généraux et les gardes à cheval, soit isolément, soit avec le concours d'un garde, ces procès-verbaux étant dispensés de l'affirmation. — C. forest., art. 170 ; solut. 28 oct. 1828 ; inst. 1265, § 6.

1018. — L'art. 170, C. forest. qui fixe un délai

pour l'enregistrement des procès-verbaux de contravention ne s'applique point aux procès-verbaux de récolement. — *Cons. d'état*, 17 mai 1838, Ferras.

1019. — Les procès-verbaux des employés des douanes doivent être enregistrés dans les quatre jours de leur date et non dans le délai de vingt-quatre heures fixé par l'art. 9, tit. 4, L. 9 flor. an VII. — *Cass.*, 12 août 1835, Douanes c. Leuck.

1020. — Les actes extrajudiciaires des employés des contributions indirectes doivent être enregistrés dans les quatre jours. — Décis. min. fin. 22 août 1806; inst. 365, nº 10; 390, nº 10.

1021. — Les secrétaires de mairies, chargés de significations d'arrêtés ou autres actes intéressant les communes, doivent faire enregistrer ces notifications dans les quatre jours de leur date, sous peine de supporter personnellement l'amende, attendu qu'ils remplissent alors les fonctions des huissiers. — Décis. min. fin., 11 thermid. an XIII; instr. 290, nº 68.

1022. — Les procès-verbaux dressés par les membres de l'Université, hors des limites de la discipline, de la juridiction et de l'administration intérieure, doivent être rédigés sur papier timbré et enregistrés dans les quatre jours de leur date, avec paiement du droit. — Décis. min. fin., 17 juill. 1822.

1023. — La peine portée contre un huissier ou autre ayant pouvoir de faire des exploits ou procès-verbaux est, pour un exploit ou procès-verbal non présenté à l'enregistrement dans le délai, d'une somme de 25 fr. (aujourd'hui 5 fr., L. 16 juin 1824, art. 10), et de plus une somme équivalente au montant du droit de l'acte non enregistré. — L. 22 frim. an VII, art. 34.

1024. — Est passible de l'amende l'huissier qui n'a pas fait enregistrer, dans le délai de quatre jours un exploit susceptible d'être enregistré en débet ou même gratis. — Déc. min. fin. 2 déc. 1806.

1025. — L'exploit ou procès-verbal non enregistré dans le délai est déclaré nul, et le contrevenant responsable de cette nullité envers la partie. — L. 22 frim. an VII, art. 34. — Pour l'application de cette disposition par la jurisprudence, V. *suprà* nos 632 et suiv.

1026. — Mais ces dispositions de la loi, relativement aux exploits en procès-verbaux, ne s'étendent pas aux procès-verbaux de vente de meubles et autres objets mobiliers, ni à tout autre acte du ministère des huissiers, — L. 22 frim. an VII, art. 34.

1027. — Les délais dans lesquels ces procès-verbaux doivent être enregistrés suivant la qualité de l'officier ministériel qui les a reçus, sont indiqués *infrà* nos 3860 et suiv.

1028. — Les décharges de prix de ventes publiques, mises à la suite des procès-verbaux de vente, doivent être enregistrées dans le délai fixé par l'art. 20, L. 22 frim. an VII. — Avis cons. d'état, 21 oct. 1809.

1029. — Les dispositions de l'art. 34 ne s'étendent pas non plus à tout autre acte du ministère des huissiers sujets au droit proportionnel. — L. 22 frim. an VII, art. 34.

1030. — Dans ces différens cas d'exception, le défaut d'enregistrement des procès-verbaux et actes dans le délai donne lieu à une peine d'une somme égale au montant du droit sans qu'il puisse être au-dessous de 50 fr. (aujourd'hui 10 fr., L. 16 juin 1824, art. 10). — De plus, le contrevenant est tenu de payer le droit dû pour l'acte, sauf son recours contre la partie pour ce droit seulement. — L. 32 frim. an VII, art. 34.

1031. — *Actes notariés.* — ... 2º De dix jours, pour les actes des notaires qui résident dans la commune où le bureau d'enregistrement est établi, et de quinze jours pour ceux des notaires qui n'y résident pas. — L. 22 frim. an VII, art. 20.

1032. — Les lettres de change passées devant notaire doivent être enregistrées dans le même délai que tout autre acte notarié. — *Cass.*, 29 juin 1835, Amade; — Déc. min. fin., 19 mars 1819; instr. 883.

1033. — Il en est de même des billets à ordre passés devant notaires. — *Cass.*, 10 fév. 1834, Pigalle; 28 janv. 1835, Fisson-Jaubert.

1034. — Ce n'est qu'autant qu'ils sont sous seing-privé, que les effets négociables peuvent n'être présentés à l'enregistrement qu'avec les protêts. — *Cass.*, 10 fév. 1834, Pigalle; 28 janv. 1835, Fisson-Jaubert; 29 juin 1835, Amade. — Conf. déc. min. fin. 19 mars 1819 et 3 juill. 1837; solut. 12 avr. et 13 juin 1832.

1035. — Depuis la loi du 24 mai 1834 les actes de protêts faits par les notaires doivent être enregistrés dans le même délai, et sont assujétis aux mêmes droits d'enregistrement que ceux faits par les huissiers. L'art. 13 de la loi du 16 juin 1824 a été abrogé en ce qu'il pouvait contenir de con-



traire à cette loi. — L. 24 mai 1834, art. 23.

1036. — Les notaires commis par le tribunal pour procéder à la vente des biens de mineurs, agissent toujours en leur qualité de notaires; par conséquent ils ne peuvent jouir des délais accordés aux greffiers des tribunaux. — Décis. min. fin., 2 juin 1807; instr. 366, nº 11.

1037. — Si un notaire a procédé à une vente publique de meubles en remplacement d'un commissaire-priseur absent, l'acte doit être enregistré dans le délai des actes notariés. — Déc. min. fin., 5 fév. 1834.

1038. — Le cahier des charges dressé par un notaire pour la vente aux enchères d'un immeuble appartenant à une commune doit être enregistré dans le délai ordinaire et non dans les vingt jours de son approbation par le préfet. — Délib., 14 mars 1834.

1039. — Le délai pour l'enregistrement de l'acte notarié d'une vente d'immeubles appartenant à une commune court du jour de la date de cet acte et non du jour de l'approbation de l'autorité administrative; toutefois le double droit peut être remis à raison de la bonne foi du notaire. — Décis. min. fin., 30 juin 1837.

1040. — Jugé, au contraire, que les actes notariés soumis à l'approbation administrative tels que les ventes par les communes, ou les acquisitions à leur profit n'étant parfaits qu'après cette approbation qui leur imprime le caractère d'actes administratifs, il s'ensuit que le délai dans lequel ils doivent être enregistrés, est de dix ou quinze jours, à compter de l'arrivée de cette approbation à la mairie, constatée par le maire en marge de l'acte. — Déc. min. fin., 4 août 1838; instr. 1577, § 6.

1041. — De même, le délai pour l'enregistrement des baux à ferme des hospices et autres établissemens publics de bienfaisance ou d'instruction publique, passés devant notaires, est de quinze jours à compter du jour où l'approbation du préfet est parvenue au maire, qui le constate en marge de l'acte. — Décr. 12 août 1807, art. 2; instr. 386, nos 6 et 561.

1042. — Lorsqu'un acte est rédigé à plusieurs dates, le délai pour l'enregistrement court de la date des premières signatures, attendu que par le seul fait de leur apposition sur l'acte, le contrat revêtu légalement des signatures du notaire et des témoins est parfait à l'égard des parties qui ont signé et que les parties qui signeraient postérieurement ne font que ratifier l'acte en ce qui les concerne. — Décis. min. fin. et just. 27 avr. et 9 mai 1809; instr. 432, nº 3; solut. 19 mai 1832.

1043. — Quelle que soit la date d'un acte notarié qui n'a été ni contrôlé ni enregistré, on ne peut exiger du notaire ou de ses héritiers que les droits de l'enregistrement résultant des dispositions de cet acte d'après les lois actuelles. S'il a été passé sous l'empire du tarif du 22 sept. 1722, aucune amende n'est exigible. Il en est de même de toutes les autres contraventions commises par les notaires avant la publication de la loi du 19 déc. 1790. — Décis. min. fin. 1er sept. 1807, art. 340.

1044. — L'acte notarié portant deux dates différentes, dont la plus ancienne a été rayée avec les formalités prescrites par la loi du 25 vent. an XI, peut être présenté à l'enregistrement dans les dix ou quinze jours de la date conservée sans donner ouverture au double droit qui serait exigible avec la date rayée, et la régie qui, pour percevoir ce double droit, prétend que c'est la date qui est la seule véritable doit s'inscrire en faux, sinon elle est non-recevable. — *Cass.*, 23 mars 1836, Gittard.

1045. — Les notaires ne sont pas tenus de faire enregistrer les actes qu'ils n'ont pas signés, encore bien que ces actes soient signés par les parties et les témoins. — *Cass. belge*, 2 avr. 1833, Van-Overschelde.

1046. — De même, les notaires ne sont pas tenus de présenter à l'enregistrement les actes restés imparfaits par défaut de signature du notaire en second ou des témoins. — Dès-lors ces actes ne sont pas soumis au droit et double droit d'enregistrement lorsqu'ils sont découverts par la régie dans l'étude du notaire rédacteur. — *Cass.*, 27 août 1806, Bernard; 25 mars 1834, Chaulin. — *Contrà* instr. 21 frim. an XIII, art. 263.

1047. — Les notaires qui n'ont pas fait enregistrer leurs actes dans les délais prescrits sont tenus personnellement de payer à titre d'amende et pour chaque contravention une somme de 10 fr. (autrefois 50 fr.) s'il s'agit d'un acte sujet au droit fixe, ou une somme égale au montant du droit s'il s'agit d'un acte sujet au droit proportionnel, sans que dans ce dernier cas la peine puisse être au-dessous de 10 fr. (50 fr.). — L. 22 frim. an VII, art. 33; L. 16 juin 1824, art. 10.

ENREGISTREMENT, ch. 5, sect. 1re.

1048. — Cependant il est certains actes à l'égard desquels les délais pour l'enregistrement ne sont plus les mêmes que ceux ci-dessus indiqués; ce sont les testamens. — Les testamens déposés chez les notaires ou par eux reçus doivent être enregistrés dans les trois mois du décès des testateurs, à la diligence des héritiers, donataires, légataires ou exécuteurs testamentaires. — L. 22 frim. an VII, art. 21. — Les testamens qui ne sont pas enregistrés dans le délai sont passibles du double droit. — Art. 38.

1049. — Jugé en conséquence que le droit fixe dû sur un testament, indépendamment du droit proportionnel perçu sur les legs, doit être perçu dans les trois mois du décès. — *Cass.*, 24 oct. 1810, Ducazeau.

1050. — Les testamens ne peuvent recevoir la formalité pendant la vie des testateurs, à moins que ceux-ci ne la requièrent. — Instr. 432, nº 3.

1051. — Mais le testateur une fois décédé, le testament doit toujours être enregistré, à défaut de renonciation expresse des légataires, contre lesquels les préposés sont fondés à poursuivre le recouvrement des droits. — Circul. 21 fév. 1792, p. 229.

1052. — L'obligation imposée par l'art. 21, L. 22 frim. an VII, à tout légataire, de faire enregistrer, dans les trois mois du décès du testateur, le testament contenant quelque libéralité à son profit, est absolue et nullement subordonnée à la preuve que ce légataire a connu ce testament, et qu'il en a fait usage. Par rapport à l'enregistrement de l'acte, le légataire est également présumé vouloir en profiter, jusqu'à renonciation formelle de sa part. En conséquence, à défaut d'enregistrement du testament dans les trois mois, il est passible du double droit. Il en est de même en ce qui concerne l'exigibilité du droit dû à raison du legs. — *Cass.*, 26 févr. 1823, Saudal.

1053. — En présentant un testament par lui reçu un notaire n'est pas tenu de représenter un certificat d'existence et d'individualité du testateur, s'il est vivant, ou l'acte de décès s'il est mort. Il suffit de sa déclaration, dont les employés de l'enregistrement ont à vérifier l'exactitude. — Déc. min. fin. 16 nov. 1812.

1054. — Les préposés de l'enregistrement n'ont pas le droit de provoquer l'ouverture des testamens mystiques. — Instr. 30 sept. 1826, 1200, § 14.

1055. — Décidé au contraire que les receveurs sont autorisés à provoquer devant les tribunaux l'ouverture des testamens clos et inscrits sur les répertoires des notaires, en prouvant que les testateurs sont décédés depuis plus de trois mois. — Délib. 26 vendém. an VIII, et 17 déc. 1832.

1056. — Les actes de suscription des testamens mystiques reçus par les notaires, ne sont assujétis à l'enregistrement que dans les trois mois du décès des testateurs. — Délib. 12 germ. an XIII; instr. 290, nº 73.

1057. — Le délai de trois mois pour l'enregistrement des testamens des militaires en activité de service, décédés soit hors du territoire français, soit seulement hors de leur département, ne court que du jour de l'inscription du décès sur les registres de l'état civil de leur dernier domicile. — Déc. min. fin. 29 janv. 1811; solut. 17 oct. 1823.

1058. — Une révocation de testament ne doit, comme le testament lui-même, être enregistrée que dans les trois mois du décès du testateur. — Délib. 14 niv. an XIII.

1059. — La disposition de la loi du 5-19 déc. 1790, qui affranchissait le testament de la formalité de l'enregistrement pendant la vie du testateur, était applicable à toute espèce de libéralité à cause de mort. En conséquence, une donation mutuelle entre époux, faite sous cette loi, n'est pas nulle parcela que l'acte notarié qui la renferme, n'a été soumis à l'enregistrement qu'après le décès de l'époux prémourant. — *Cass.*, 20 juill. 1836, Pellegrin.

1060. — Les donations faites entre époux avant le mariage, étant, quoique qualifiées entre-vifs, essentiellement révocables ne sont point assujéties à l'enregistrement pendant la vie des donateurs. — *Cass.*, 22 janv. 1838 (t. 1er 1838, p. 120), Guillaume. — *Contrà* instr., p. 432, nº 3.

1061. — Dès-lors elles ne sont sujettes à l'enregistrement que dans les trois mois du décès de l'époux donateur, et non dans les dix jours du contrat qui les contient. — Décis. min. fin., 26 mars 1838; délib. 9 et 21 mai, 14 août, 3 sept. 1838.

1062. — *Actes judiciaires et du greffe.* — ... 3º De vingt jours pour les actes judiciaires et pour ceux dont il ne reste pas de minute au greffe, ou qui se délivrent en brevet. — L. 22 frim. an VII, art. 20.

1063. — Le jugement portant adjudication d'immeubles dont il a été interjeté appel, n'est pas moins passible du droit proportionnel dans les vingt jours de sa date, sauf restitution, si le juge-

ment est infirmé. — Décis. min. just. et fin. 13 juin 1809 ; instr. 436, n° 57.

1064. — Jugé en ce sens que le paiement des droits de mutation auxquels un jugement donne ouverture, et qui doivent être acquittés dans les vingt jours, ne peut être provisoirement suspendu, sous prétexte que ce jugement est attaqué par la voie de l'appel. — *Cass.*, 21 nov. 1827, Cassaigne.

1065. — L'adjudicataire d'un immeuble vendu en justice ne peut se faire relever du double droit qu'il a encouru, en justifiant qu'une lettre de son avoué l'a induit en erreur sur la date de l'adjudication. — *Cass.*, 25 mai 1808, Fabre.

1066. — L'adjudication d'un immeuble vendu sur saisie immobilière, qui est dépossédé, dans les vingt jours de son adjudication par suite d'une surenchère, n'est point passible du droit simple et du double droit proportionnel lors même que la seconde adjudication n'a été présentée à l'enregistrement qu'après les vingt-jours depuis la première adjudication. — *Cass.*, 23 fév. 1820, Bels.

1067. — En pareil cas, il n'est dû que le droit et le double droit fixe. — Délib. 24 juill. 1819.

1068. — Sont assujétis à l'enregistrement dans les vingt jours : 1° Le procès-verbal de conciliation, — 2° la déclaration faite par le demandeur qu'il s'inscrit en faux (C. procéd., art. 218 ; — celle faite par les parties qui se sont accordées pour la nomination d'experts (C. procéd., art. 306) ; — 4° l'acte du greffe par lequel le renvoi est proposé à un autre tribunal pour cause de parenté ; — 5° les ordonnances sur requête ; — 6° les procès-verbaux dressés par les greffiers en matière de faux et de vérification d'écriture. — Décis. min. just. et fin., 13 juin 1809 ; Instr. 436, nos 9, 10, 21, 22, 26, 29 et 31.

1069. — Le délai est également de vingt jours pour les présentations et les défauts et congés faute de comparoir, défendre ou conclure qui doivent se prendre au greffe. — L. 27 vent. an IX, art. 16.

1070. — Les certificats des secrétaires des chambres de discipline des notaires, constatant le dépôt et l'insertion au tableau des extraits de contrats de mariage des commerçans, des demandes en séparation de corps, etc., doivent être enregistrés dans les vingt jours (L. 22 frim. au VII, art 20), et sont passibles du droit fixe de 2 fr. (L. 28 avr. 1816, art. 43, n° 8.) — Délib. 1er août 1834.

1071. — Les rapports d'experts dressés par des particuliers commis en justice ou choisis à l'amiable ne sont pas assujétis à l'enregistrement dans un délai déterminé ; mais il ne peut en être fait aucun usage public, qu'ils n'aient été préalablement enregistrés. — Décis. min. fin. 24 sept 1808 ; Instr. p. 406, n° 1er ; Décis. min. just. et fin. 13 juin 1809 ; Instr. 436, n° 37.

1072. — La faillite ayant pour effet de mettre sous l'autorité de la justice l'administration des biens du failli, et l'inventaire étant fait non par les syndics isolément, mais par tous, en présence et avec la signature du juge de paix, cet inventaire a le caractère non d'un acte sous-seing privé, mais d'un acte authentique, d'un acte judiciaire. Dès-lors, il est soumis à l'enregistrement et il doit être présenté à la formalité dans les vingt jours de sa date. — Délib. 23 nov. 1832.

1073. — Jugé en ce sens, que l'inventaire des effets mobiliers du failli, fait par les syndics provisoires, même sans le secours d'un officier ministériel, devant être revêtu à chaque vacation de la signature du juge de paix, a le caractère d'un acte judiciaire ; et, par conséquent, il doit être enregistré dans les vingt jours de sa date, et il est passible du droit d'enregistrement de 2 fr. par chaque vacation. — *Cass.*, 20 août 1834, Baudron ; — Délib. 23 nov. 1832.

1074. — L'ordonnance du juge commissaire à l'effet de faire sommer les créanciers de produire, soit qu'elle soit donnée au bas de la requête de l'avoué poursuivant, ou sur la minute même du procès-verbal doit être enregistrée dans les vingt jours de sa date. — Décis. min. fin., 17 janv. 1820.

1075. — Il suffit que le procès-verbal d'ordre soit présenté à l'enregistrement avant la délivrance des bordereaux de collocation, bien qu'après les vingt jours de sa date. — Décr. 16 févr. 1807, art. 134 ; Décis. min. fin., 8 déc. 1848 ; Instr. 436, § 60 et 1704, § 8.

1076. — Les greffiers qui ont négligé de soumettre à l'enregistrement, dans le délai fixé, les actes qu'ils doivent présenter à la formalité, sont tenus personnellement de payer à titre d'amende, et pour chaque contravention, une somme égale au montant du droit. — Ils acquittent en même temps le droit, sauf leur recours pour ce droit seulement contre la partie. — L. 22 frim. an VII, art. 35.

1077. — Néanmoins, l'art. 35, L. 22 frim., reçoit exception quant aux jugemens rendus à l'audience qui doivent être enregistrés sur les minutes lorsque les parties n'ont pas consigné aux mains des greffiers, dans le délai prescrit pour l'enregistrement, le montant des droits fixés par la loi. Dans ce cas, le recouvrement en est poursuivi contre les parties par les receveurs, et elles supportent en outre la peine du droit en sus. — Pour cet effet les greffiers fournissent au receveur de l'enregistrement dans la décade (V. DÉCADE) qui suit l'expiration du délai des extraits par eux certifiés des jugemens dont les droits ne leur ont pas été remis par les parties (V. *infrà* nos 1377 et suiv). — L. 22 frim. an VII, art. 37.

1078. — Aucune peine n'est encourue en cas d'enregistrement tardif des ordonnances sur requête, attendu que la formalité doit être requise par les parties et non par les greffiers. — Solut., 12 sept. 1828.

1079. — Il en est de même, à défaut d'une disposition précise de la loi, des ordonnances de référé, bien qu'elles soient, pour le droit de greffe, assimilées aux jugemens. — Masson Delongpré, *Code de l'enregistr.*, n° 958.

1080. — A défaut par les syndics d'une faillite d'en avoir fait enregistrer l'inventaire dans les vingt jours de sa date, ils ne sont pas tenus personnellement, comme le serait un officier public, du paiement d'une amende ou d'un double droit. — *Cass.*, 20 août 1834, Baudron.

1081. — L'exception écrite dans l'art. 27 de la loi de frimaire ne s'applique point aux interrogatoires sur faits et articles et autres actes dont les droits doivent être acquittés par le greffier. — Délib. 8 août 1829.

1082. — Les actes de prestation de serment sont soumis à l'enregistrement sur les minutes dans les vingt jours de leur date, sous les peines prononcées par l'art. 35 de la loi du 22 frimaire contre les greffiers qui peuvent remettre des extraits aux receveurs d'enregistrement quand les droits ne leur ont pas été avancés (art. 37). — L. 27 vent. an IX, art. 14.

1083. — Les actes de serment des agens des douanes ne sont sujets à l'enregistrement que dans le délai fixé pour les actes judiciaires. L'art. 65, L. 21 avr. 1818 sur les douanes, qui porte que l'acte de serment sera enregistré dans les cinq jours, ne doit s'entendre que de l'enregistrement au greffe du tribunal, formalité qui avait été prescrite par la loi du 22 août 1791, mais sans indication d'un délai fixe. — Décis. min. fin. 27 janv. 1827 ; instr. 880 et 1208.

1084. — Un greffier de justice de paix n'a pas la faculté de remettre au receveur d'enregistrement, pour que celui-ci poursuive le recouvrement des droits, extrait d'un procès-verbal de conciliation ou non conciliation dont les droits ne lui ont pas été consignés par les parties. — Solut. 23 mars 1831.

1085. — Le secrétaire du conseil des prud'hommes est admis, comme les greffiers, à fournir des extraits des jugemens dont les droits n'ont pas été avancés par les parties. — Instr. 4 juill. 1809, art. 437.

1086. — *Actes administratifs.* — ... 4° De vingt jours pour les actes des administrations centrales et municipales assujétis à l'enregistrement (L. 22 frim. an VII, art. 20), c'est-à-dire pour ceux contenant transmission de propriété, d'usufruit ou de jouissance, les marchés de toute nature et les cautionnemens relatifs à ces actes. — L. 15 mai 1818, art. 78.

1087. — L'adjudicataire sur vente administrative qui a encouru le double droit faute d'avoir acquitté le droit principal dans le délai voulu, ne peut être relevé de cette peine par le motif qu'avant l'expiration du délai il aurait élevé des contestations sur l'exécution du titre, la loi, en pareille matière, n'admettant aucune excuse. — *Cass.*, 14 mars 1837 (t. 1er 1840, p. 325), Ducros.

1088. — Doit être considéré, non comme acte sous seing-privé, mais comme marché sur soumission, et comme tel assujéti à l'enregistrement dans les vingt jours de l'approbation, un marché pour travaux publics fait entre un maire et un particulier en un seul original resté entre les mains du maire, autorisé à en délivrer expédition au soumissionnaire et qui porte, d'ailleurs, qu'il ne sera exécutoire qu'après l'approbation du préfet. — *Cass.*, 12 (et non 14) mai 1830, de Chazournes. — V. conf., décis. min. fin. 10 sept. 1823 ; instr. 1336, § 10.

1089. — Doivent être enregistrés dans les vingt jours, les marchés faits de gré à gré avec les hospices, comme les adjudications ou marchés aux enchères publiques. — Délib. 12 mars 1833.

1090. — Il en est de même des marchés faits de gré à gré par acte sous seing-privé entre une administration publique et un particulier. — *Cass.*, 22 janv. 1845 (t. 1er 1845, p. 240), compagnie de Londres.

1091. — Les marchés et adjudications concernant l'administration militaire qui n'ont d'effet que par l'approbation du ministre de la guerre, doivent, dans les vingt jours de cette approbation, être soumis à l'enregistrement aux frais de l'adjudicataire. — Décis. min. fin., 30 sept. 1830 ; instr. 1347, § 10.

1092. — L'acquéreur d'un domaine national qui a encouru la déchéance, n'est pas moins assujéti au paiement des droits et doubles droits de mutation, s'il n'a pas fait enregistrer son acte d'acquisition dans les délais ; et cela, encore bien qu'une instruction de la régie dispenserait, en pareil cas, du paiement des droits. — *Bruxelles*, 20 juill. 1824, Chevalier.

1093. — L'amende du dixième du prix encourue par l'adjudicataire de biens nationaux déchu de son adjudication ne le relève pas de l'obligation de payer les droits de mutation dans les vingt jours de l'acte. — *Cass.*, 14 mars 1837 (t. 1er 1840, p. 525), Ducros.

1094. — Le délai pour l'enregistrement des baux des biens communaux, qui ne sont pas nécessaires à la dépaissance des troupeaux, est de vingt jours après l'approbation du préfet. — Ord. 7 oct. 1818.

1095. — Les secrétaires des administrations centrales et municipales qui ont négligé de soumettre à l'enregistrement, dans le délai fixé, les actes qu'ils doivent présenter à la formalité, sont passibles des mêmes droits et amendes que les greffiers. — L. 22 frim. an VII, art. 35 et 36. — V. *suprà* nos 1076 et suiv.

1096. — Néanmoins, il y a exception à l'égard des actes d'adjudication passés en séance publique des administrations, lorsque les parties n'ont pas, dans le délai de l'enregistrement, consigné les droits entre les mains des secrétaires. Ceux-ci en font poursuivre le recouvrement contre les parties par les receveurs, en leur remettant des extraits de ces actes, comme les greffiers le font pour les jugemens. — L. 22 frim. an VII, art. 37. — V. *suprà* nos 1077 et 1377.

1097. — Tous les actes de prestation de serment n'ayant pas d'objet politique, reçus par les autorités administratives, préfets, sous-préfets ou maires, doivent être enregistrés sur les minutes dans les vingt jours de leur date. — Décis. min. fin., 18 déc. 1821 ; instr. 1025.

1098. — Les actes et procès-verbaux de vente de prises et de navires ou bris de navires faits par les officiers d'administration de la marine doivent être soumis à l'enregistrement dans les vingt jours de leur date, sous les peines et avec les exceptions portées aux art. 35, 36 et 37, L. 22 frim. an VII, relativement aux greffiers des tribunaux et aux secrétaires des administrations centrales et municipales. — L. 27 vent. an IX, art. 7. — V. *suprà* nos 1076 et suiv. ; 1095 et suiv.

1099. — Les inventaires et recolemens d'inventaires de cargaisons naufragées, qui ont lieu devant des commissaires de la marine ou toute autre autorité publique, doivent être écrits sur papier timbré et présentés à l'enregistrement dans les vingt jours de leur date. — Décis. min. fin., 28 juin 1808 ; instr. 390, § 6.

1100. — *Actes sous-seing privé.* — Sous la législation antérieure à la loi du 19 déc. 1790, les mutations d'immeubles, quoique opérées par des actes sous seing-privé, étaient soumises aux droits d'insinuation et de centième denier, dans un délai de rigueur. — Edit déc. 1703 ; décl. 19 juill. 1704, art. 20 et 22. — *Cass.*, 16 (et non 19) nov. 1813, Sevin ; 8 juin 1814, Mermot.

1101. — Lorsque des actes translatifs de propriété passés sous la loi du 5-19 déc. 1790 se trouvent relatés dans un acte authentique, par exemple dans un inventaire, ils sont passibles du double droit s'ils n'ont pas été enregistrés dans les six mois de leur date. — *Cass.*, 31 août 1808, Perrot.

1102. — Sous la loi du 9 vendém. an VI, tout acte sous seing-privé translatif de propriété immobilière devait être enregistré dans les trois mois de sa date, à peine de triple droit. — L. 9 vendém. an VI, art. 30, § 1er. — *Cass.*, 24 germin. an IX, Lajugie ; 4 (et non 11) niv. an X, Billot et Freset.

1103. — Peu importait à cet égard que l'acte eût été ou n'eût pas été produit en justice. — *Cass.*, 4 (et non 11) niv. an X, Billot et Freset.

1104. — ...Ou bien qu'il eût été déposé chez un notaire avant l'expiration du délai. — *Cass.*, 24 germin. an IX, Lajugie.

1105. — Aujourd'hui, les actes sous seing-privé portant transmission de propriété ou d'usufruit de biens immeubles, et les baux à ferme ou à loyer et les engagemens aussi sous signature privée de biens de même nature, doivent être enregistrés

dans les trois mois de leur date. — L. 22 frim. an VII, art. 22. — Si ces actes ne sont pas enregistrés dans le délai, ils sont soumis au double droit. — Art. 38.

1106. — Un acte sous seing-privé contenant cession des droits mobiliers et immobiliers dépendant d'une succession doit être enregistré dans les trois mois de sa date. — *Cass.*, 28 août 1809, Jouvard.

1107.—L'arrêté du directoire du 22 vent. an VII, qui permet de mentionner dans un inventaire des actes sous seing-privé non enregistrés, ne s'oppose pas à l'application de l'art. 22, L. 22 frim. an VII, qui ordonne l'enregistrement, dans les trois mois, sous peine du double droit, des actes sous seing-privé contenant transmission d'immeubles. On ne peut opposer à la régie que ces actes sont nuls comme ayant pour objet la vente d'immeubles appartenant à des mineurs, ni qu'ils sont antérieurs à la loi du 19 déc. 1790, puisque alors ils étaient assujétis aux droits d'insinuation et de centième denier. — *Cass.*, 21 août 1811, Truol et L'Epine.

1108. — L'acte sous seing-privé par lequel l'acquéreur d'un immeuble s'est obligé de payer un supplément de prix, est soumis non seulement au droit proportionnel, mais encore à la peine du droit en sus, s'il n'a pas été enregistré dans les trois mois de sa date. — *Cass.*, 23 fructid. an XII, Fabre et Martin.

1109. — On ne peut pas considérer comme un simple projet un acte sous seing-privé contenant toutes les choses nécessaires pour la perfection d'un contrat de vente, mais avec cette clause qu'il sera rédigé devant notaire à la première réquisition. En conséquence, il est passible d'un double droit, faute d'enregistrement dans les trois mois de sa date, encore bien qu'il ait été depuis réalisé devant notaire. — *Cass.*, 12 thermid. an XIII, Duston.

1110. — ...Et cela, quand bien même l'acte de vente ne serait pas fait en double. — Roland et Trouillet, *Dict. de l'enreg.*, v° *Acte sous seing-privé*, § 1er, n° 2.

1111. — Le défaut de date dans un acte translatif de propriété n'est point un obstacle à la perception des droits de mutation, lorsqu'il résulte des autres énonciations de l'acte que les parties n'étaient plus dans le délai utile pour le faire enregistrer. — *Cass.*, 9 fév. 1814, Cagnien.

1112. — La disposition de l'art. 38 de la loi du 22 frim. étant absolue, la perception du double droit ne saurait dépendre de l'existence des contractans. Dès-lors ce droit peut être exigé, lorsque les actes sont soumis à l'enregistrement par les héritiers ou représentans de celui qui a contracté. — Avis cons. d'état 3 fév. 1810, appr. le 9; instr. 470.

1113. — Le dépôt d'un acte sous seing-privé entre les mains du receveur de l'enregistrement avant l'expiration des trois mois de sa date, ne suffit pas pour qu'on soit dispensé de payer le double droit, faute d'enregistrement dans ce délai, si l'on n'a pas remis en même temps au receveur le montant des droits.—*Cass.*, 21 flor. an VIII, Ségui.

1114. — Lorsqu'un acte sous seing-privé contient, plusieurs dispositions dont quelques-unes seulement sont passibles d'enregistrement dans les trois mois, le double droit ne doit être perçu que sur celles-là; il n'est exigible ni sur les autres, ni sur celles qui sont seulement soumises au droit fixe. — Délib. 26 niv. an XII; 15 brum. an XIII, et 2 août 1836.

1115. — Pour jouir du bénéfice de l'art. 6 de l'ordonn. du 8 nov. 1830, qui a accordé trois mois pour faire enregistrer sans droits en sus tous actes non soumis à la formalité, il a suffi de présenter l'acte ou de déclarer la mutation secrète, encore que le droit dû n'ait pas été payé par suite d'offres insuffisantes. — *Cass.*, 25 nov. 1839 (t. 2 1839, p. 601), de Jarnac.

1116. —Il n'y a point de délai de rigueur pour l'enregistrement de tous actes sous seing-privé autres que ceux portant transmission de propriété ou d'usufruit d'immeubles et que les baux de toute espèce. Mais il ne peut en être fait aucun usage, soit par acte public, soit en justice, ou devant toute autre autorité constituée qu'ils n'aient été préalablement enregistrés. — L. 22 frim. an VII, art. 23.

1117. — Il en est de même pour les actes passés en pays étranger ou dans des îles et colonies françaises. — L. 22 frim. an VII, art. 23.

1118. — Mais les actes passés dans les colonies et translatifs d'immeubles situés en France doivent être soumis à l'enregistrement dans le royaume, dans les délais de la loi du 22 frim. an VII, art. 22. — Délib. 28 nov. 1843; Instr. 1703.



1119. — *Mutations verbales.*—Sous la législation antérieure à la loi du 19 déc. 1790, les mutations d'immeubles, quoique opérées par des conventions verbales, étaient soumises, comme celles opérées par des actes authentiques, aux droits d'insinuation et de centième denier dans un délai de rigueur. — Edit. déc. 1703; décl. 19 juill. 1704, art. 20 et 22. — *Cass.*, 16 (et non 19) nov. 1813, Sévin; 8 juin 1814, Mermot.

1120. — Doivent être enregistrés dans les trois mois, comme les actes sous seing-privé, toutes mutations entre vifs de propriété ou d'usufruit de biens immeubles, lors même que les nouveaux possesseurs prétendraient qu'il n'existe pas de conventions écrites entre eux et les précédens propriétaires ou usufruitiers. — A défaut d'acte, il doit y être suppléé par des déclarations détaillées et estimatives dans les trois mois de l'entrée en possession, à peine d'un droit en sus.—L. 27 vent. an IX, art. 4.

1121. — Ainsi, soit que la vente d'un immeuble ait été faite sous seing-privé, soit qu'elle ait eu lieu verbalement, le défaut de déclaration de la part de l'acquéreur, dans le délai de trois mois, le rend passible du double droit. — *Cass.*, 22 mars 1808, Colasson.

1122. — Lorsqu'il résulte d'un acte notarié qu'antérieurement à la vente qu'il constate, l'acquéreur était en possession de l'immeuble par lui acquis en vertu d'une convention verbale qui l'en rendait propriétaire, et qui n'a pas été déclarée à la régie dans les délais, il est passible du double droit —*Cass.*, 21 oct. 1811, Brandin.

1123. — Lorsqu'on prouve qu'une vente passée devant notaire existait plus de trois mois auparavant par acte sous seing-privé, on est fondé à demander le double droit d'enregistrement.—*Cass.*, 19 juill. 1815, N...

1124. — Lorsqu'il est reconnu dans un acte de vente que l'acquéreur est en jouissance depuis plus de trois mois, le double droit est exigible, bien que les parties déclarent dans le même acte que les droits de l'acquéreur à la propriété ne commencent que du jour où l'acte de vente est passé. —Délib. 15 sept. 1837.

1125. — Lorsqu'un acte constate l'existence d'une convention antérieure, de laquelle résulterait une transmission d'usufruit des biens immeubles, et qui n'aurait pas été enregistré dans les trois mois de sa date, il y a lieu au double droit. —*Cass.*, 7 avr. 1823, Duvivier.

1126. — Le double droit n'est point dû sur une vente d'immeubles avec la condition pour l'acquéreur de payer l'intérêt du prix à partir d'une époque antérieure de plus de trois mois au contrat, bien qu'il soit dit qu'à cette époque la vente a été consentie verbalement, s'il est d'ailleurs établi que la prise de possession n'a eu lieu qu'au jour de l'acte.—Solut. 12 nov. 1832.

1127. —Quand la mutation est constatée par un acte non présenté à l'enregistrement, c'est à partir du jour où la mutation a réellement eu lieu, et non pas seulement à partir de la prise de possession des biens transmis, que court le délai de trois mois pour l'acquittement du droit proportionnel.—*Cass.*, 20 août 1839 (t. 2 1839, p. 293), Seillière.

1128. — Il n'y a pas lieu au double droit de mutation, lorsque l'acte de vente porte une date, et que la régie ne prouve pas qu'elle a eu lieu plus tôt, encore bien que l'acte mette à la charge de l'acquéreur les contributions antérieures, et que l'intérêt du prix remonte à une autre époque.—*Cass.*, 3 juill. 1810, Macquard.

1129. —*Mutations par décès.* — Les délais pour l'enregistrement des déclarations de mutations par décès sont à partir du jour du décès du défunt: 1° de six mois, s'il est décédé en France; 2° de huit mois, s'il est décédé dans toute autre partie de l'Europe; 3° d'un an, s'il est mort en Amérique; 4° et de deux ans, si c'est en Afrique ou en Asie (L. 22 frim. an VII, art. 24), sous peine d'une amende d'un demi droit en sus, et même d'un droit en sus, relativement aux omissions faites dans les déclarations (art. 39). — V. à cet égard *infrà* n° 2988 et suiv.

1130. — Dans les délais fixés pour l'enregistrement des actes et des déclarations le jour de la date de l'acte ou celui de l'ouverture de la succession ne doit point être compté.—Si le dernier jour du délai se trouve être un décadi (dimanche) ou un jour de fête national (jour férié), ce jour-là ne compte point. — L. 22 frim. an VII, art. 25; 18 germin. an X.—V. DÉCADI, JOUR FÉRIÉ.

1131. — Le jour de l'expiration du délai est compris dans le délai accordé pour l'enregistrement d'un exploit. En conséquence, est nul l'exploit du 9, enregistré le 14. — *Cass.*, 23 flor. an IX (et non an VI), Mathevot c. Brachet.



1132. — Le délai de vingt jours pour l'enregistrement d'un acte d'adjudication court du lendemain du jour de l'acte, inclusivement, jusqu'à l'expiration du vingtième ensuivant. — *Cass.*, 1er fructid. an VIII, Lauwereins.

1133. — Lorsqu'une opération, telle qu'une adjudication, exige plusieurs séances ou vacations, il n'est pas nécessaire que le notaire fasse enregistrer le procès-verbal de la précédente séance, avant de procéder à une autre. — Il suffit que les séances successives, dont se compose le procès-verbal, soient présentées à l'enregistrement, dans le délai de la loi par rapport à chacune d'elles. — *Cass.*, 11 sept. 1811, Malo.

1134. — Le délai pour l'enregistrement d'un procès-verbal d'enquête en plusieurs vacations ne commence à courir que du jour où le procès-verbal a été régulièrement et définitivement clos. — Décis. min. fin. 22 juill. 1825; instr. 1180, § 7.

1135. — Lorsque l'apposition ou la levée des scellés ou l'inventaire en matière de faillite dure plus de vingt jours, la première vacation doit être enregistrée dans le délai légal (vingt jours), moyennant le droit de 2 fr.; les vacations ultérieures ne donnent plus lieu à la perception d'aucun droit pour leur enregistrement (L. 24 mai 1834, art. 11), dans lequel doit être rappelée la formalité donnée en premier lieu. — Délib. 22 janv. 1836; instr. 1528, § 7.

1136. — A l'égard des actes que le même officier a reçus, et dont le délai d'enregistrement n'est pas encore expiré, il peut en énoncer la date, avec la mention que ledit acte sera présenté à l'enregistrement en même temps que celui qui contient ladite mention; mais, dans aucun cas, l'enregistrement du second acte ne peut être requis avant celui du premier, sous les peines de droit. — L. 28 avr. 1816, art. 56.

1137. — Mais, de quel jour court le délai pour les actes qui ont plusieurs dates? Cela arrive lorsque plusieurs parties, dans un même acte, le signent à des dates différentes. Il semblerait que le délai ne devrait courir que du jour de la dernière date, c'est-à-dire de la dernière signature, parce que, jusque là, l'acte n'est pas parfait, puisque ce n'est que par le concours de toutes les parties que se forme un contrat. Cependant il a été reconnu (Décis. min. fin. et just. 27 avr. et 9 mai 1809) que le délai pour l'enregistrement court de la première date ou de la première signature. — Rolland de Villargues, *Rép. du notar.*, v° *Enregistrement*, nos 96 et 153.

## Sect. 2e.—*Formalités pour l'enregistrement.*

### § 1. — *Bureau où la formalité doit être donnée.*

1138. — Les notaires ne peuvent faire enregistrer leurs actes qu'aux bureaux dans l'arrondissement duquel ils résident. — L. 22 frim. an VII, art. 26.

1139. — Il en est de même aux colonies. — Ord. 1er juill. 1831, art. 1er.

1140. — Le notaire qui a reçu un acte est tenu de le faire enregistrer au bureau de sa résidence, encore bien qu'il n'ait point passé l'acte dans son étude et qu'il ait été assisté par un autre notaire domicilié dans le ressort d'un autre bureau. — *Cass.*, 14 brum. an XIV, Soujet.

1141. — Lorsqu'un notaire remplace son confrère, l'acte doit contenir la mention que la minute est restée au notaire suppléé, lequel demeure responsable du préjudice de la substitution, et cet acte doit recevoir la formalité au bureau de ce dernier notaire. — Décis. min. just. et fin.; inst. 11 nov. 1819, 909.

1142. — Les notaires résidant dans des villes où il y a cour royale peuvent faire enregistrer leurs inventaires au bureau des lieux où ils ont instrumenté, dans les dix ou quinze jours de chaque vacation, suivant que la commune où l'opération a été faite est ou non chef-lieu de bureau, à la charge néanmoins: 1° de soumettre la séance de clôture à la formalité au bureau de leur résidence, dans les quinze jours de sa date; — 2° de porter les inventaires sur leur répertoire, avec mention des jours qu'ils ont duré, des divers enregistremens dans chaque bureau, de leur date et de leur désignation de ces bureaux. — Déc. min. fin., 12 thermid. an XII; inst. 290, n° 32.

1143. — Les actes passés en double minute doivent être enregistrés, tant sur la première que sur la deuxième minute, au bureau de la résidence de chacun des notaires, et les droits acquittés par le plus ancien, lorsqu'ils sont l'un et l'autre domiciliés dans l'arrondissement du même bureau, ou que la résidence de chacun d'eux est étrangère au bureau dans le ressort duquel l'acte a été passé; mais le paiement doit être effectué par celui des

deux notaires attaché au bureau d'où dépend le lieu où l'acte a été passé, si l'un des deux seulement est domicilié dans le ressort. Les minutes doivent faire mention expresse de celui des deux notaires qui, d'après ces règles, est tenu du paiement, et l'enregistrement dans le bureau où il n'y a pas lieu à la perception, se fait *pour mémoire*, avec désignation du bureau où les droits ont été payés et du notaire chargé de les acquitter. — Décis. min. fin., 15 août 1808 ; inst. 400, n° 1er.

**1144.** — Toutefois ces règles sont subordonnées au cas où des conventions différentes seraient intervenues entre les parties et insérées dans l'acte. — Décis. min fin., 12 déc. 1832 ; inst. 1422, § 11.

**1145.** — Dès-lors, bien que l'un des notaires réside dans le ressort du bureau du lieu où l'acte a été passé, un acte reçu en double minute doit être enregistré au bureau de l'autre notaire, si telle a été la convention des parties. — Solut. 27 nov. 1832.

**1146.** — La déclaration de command doit être présentée à l'enregistrement au bureau du notaire qui la reçoit. Mais si ce notaire se trouvait, au moment de la passation de l'acte, à une grande distance de sa résidence, il pourrait notifier ou faire enregistrer *pour notification* la déclaration de command au bureau de l'arrondissement duquel il se trouve. — *Dict. des dr. d'enreg.*, v° *Bureau des droits d'enregistrement*, n° 11.

**1147.** — Les huissiers et tous autres ayant pouvoir de faire des exploits, procès-verbaux ou rapports doivent faire enregistrer leurs actes soit au bureau de leur résidence, soit au bureau du lieu où ils les ont faits. — L. 22 frim. an VII, art. 26.

**1148.** — Les procès-verbaux et exploits ne sont pas nuls pour avoir été enregistrés dans un bureau autre que ceux dont parle l'art. 26, L. 22 frim. an VII, s'ils l'ont été dans le délai prescrit. — *Cass.*, 14 nov. 1835, Forêts c. Dulom. — V. décis. min. fin, 28 nov. 1809 ; 12 juill. 1822 ; inst. 458, n° 1er, 1050, n° 2.

**1149.** — Les gardes du commerce doivent faire enregistrer leurs actes, soit au bureau dans l'arrondissement duquel se trouve leur établissement, qui est leur domicile légal, soit au bureau du domicile des personnes auxquelles les actes sont signifiés. — Décis. min. fin., 17 janv. 1809.

**1150.** — Les procès-verbaux des commissaires ou autres fonctionnaires pour fait de police judiciaire ou administrative s'enregistrent soit au bureau de leur résidence, soit à celui de l'arrondissement dans lequel ils procèdent. — Déc. min., 3 pluv. an VIII ; circ. 1807.

**1151.** — Les procès-verbaux et rapports pour fait de police judiciaire ou administrative par les procureurs du roi peuvent être enregistrés, soit au bureau de leur résidence, soit à celui dans l'arrondissement duquel ils font ces actes. — Déc. min. just. et fin., 38 pluv. an VIII ; circul. 24 germin. suiv.

**1152.** — Les procès-verbaux de délits et tous actes de poursuite des gardes et autres agens forestiers doivent être enregistrés au bureau de la résidence ou au plus voisin de la résidence de l'agent, quoique ce bureau ne soit pas celui de son arrondissement. — Décis. min. fin., 28 nov. 1809 et 12 juill. 1822 ; instr. 458, nos 1 et 1050, n° 2.

**1153.** — Mêmes décisions à l'égard des gardes champêtres. — Décis. 27 août 1823 ; instr. 1090.

**1154.** — ... A l'égard des préposés des douanes. — Décis. min. fin., 30 mars 1836.

**1155.** — ... Et à l'égard des gendarmes. Il leur est en outre permis, lorsqu'il n'existe pas de bureau dans le lieu de leur résidence, de transmettre leurs procès-verbaux non enregistrés au ministère public, qui est chargé, dans ce cas, de les présenter à la formalité. — Ord. 29 oct. 1820 ; — décis. min. fin. 2 avr. 1830 ; instr. 1313.

**1156.** — Les procès-verbaux des vérificateurs des poids et mesures peuvent être enregistrés au bureau le plus voisin, soit de la résidence de ces agens, soit du lieu où ils ont été rédigés, quel que soit l'arrondissement d'où ce bureau dépend. — Déc. min. fin. 20 août 1833 ; instr. 1484.

**1157.** — Les greffiers et les secrétaires des autorités administratives doivent faire enregistrer les actes qu'ils sont tenus de soumettre à cette formalité, aux bureaux dans l'arrondissement desquels ils exercent leurs fonctions. — L. 22 frim. an VII, art. 26.

**1158.** — Il en est de même aux colonies. — Ord. 1er juill. 1831, art. 1er.

**1159.** — Quel que soit le lieu de la résidence des juges de paix et de leurs greffiers, les actes relatifs aux justices de paix doivent toujours être enregistrés au bureau dans l'arrondissement duquel se trouve le chef-lieu de leur territoire. — Décis. min. fin., 3 pluv. an VIII ; circul. 1807.

**1160.** — Les actes émanés des préfectures et sous-préfectures, assujétis à l'enregistrement, doivent recevoir la formalité au bureau du siége de l'administration. — Décidé ainsi relativement à un procès-verbal d'adjudication de coupe de bois nationaux, pour lequel le sous-préfet qui l'avait reçu s'était transporté dans le ressort d'un bureau autre que celui de son domicile. — Décis. min. fin., 15 déc. 1807 ; instr. 366, n° 5.

**1161.** — Les actes de poursuite devant les conseils de discipline de la garde nationale, et les jugemens de ces conseils, peuvent recevoir gratis la formalité à laquelle ils sont assujétis, soit au bureau du canton dont dépend la commune où siége le conseil de discipline, soit aux bureaux des cantons voisins. — Déc. min. fin. 14 nov. 1832 ; instr. 1422, § 5.

**1162.** — La déclaration préalable à faire par l'officier public qui veut procéder à une vente publique et par enchères d'objets mobiliers, doit être faite au bureau dans l'arrondissement duquel la vente doit avoir lieu. — L. 22 pluv. an VII, art. 2. — V. *infrà* n° 3814.

**1163.** — Les procès-verbaux de ventes publiques de meubles ne peuvent être enregistrés qu'au bureau où les déclarations ont été faites. — L. 22 pluv. an VII, art. 6. — V. *infrà* nos 3857 et suiv.

**1164.** — Les actes sous signature privée et ceux passés en pays étranger peuvent être enregistrés dans tous les bureaux indistinctement. — L. 22 frim. an VII, art. 26.

**1165.** — Les actes passés dans des îles et colonies peuvent être enregistrés dans tous les bureaux, comme les actes sous seing-privé. — *Dict. des droits d'enreg.*, v° *Bureau des droits d'enregistrement*, n° 9.

**1166.** — Les déclarations de biens immeubles transmis par conventions verbales sont faites au bureau de la situation des biens. — *Dict. des droits d'enreg.*, v° *Bureau des droits d'enregistrement*, n° 26.

**1167.** — Quant au bureau où doivent se faire les déclarations de mutation par décès, V. *infrà* n° 2964 et suiv.

**1168.** — Les supplémens de droits dus par suite d'expertise sont payables au bureau de la situation des biens, encore bien que l'acte ait été enregistré dans un autre bureau. — *Dict. des droits d'enreg.*, v° *Bureau des droits*, n° 17.

### § 2. — *Mode et preuve de la formalité.*

**1169.** — Les actes civils et extrajudiciaires doivent être enregistrés sur les minutes, brevets ou originaux. — L. 22 frim. an VII, art. 7.

**1170.** — Avant la loi du 28 avr. 1816, les actes judiciaires recevaient la formalité, soit sur les minutes, soit sur les expéditions (L. 22 frim. an VII, art. 7), d'après des distinctions qu'il est inutile de rapporter, comme étant sans importance aujourd'hui. — Nous nous contenterons de rappeler quelques décisions rendues sous la législation de l'époque.

**1171.** — Les jugemens par défaut contenant transmission de propriété immobilière étaient sujets à l'enregistrement sur la minute, de même que s'ils eussent été contradictoires. — *Cass.*, 24 thermid. an XIII, Lemeunier-Hagirardière ; 7 mai 1806, Saint-Agnan.

**1172.** — Lorsque, par le rapprochement de titres enregistrés, il intervenait une condamnation qui avait pour objet l'exécution de ces derniers, le jugement était susceptible d'être enregistré sur la minute. — *Cass.*, 23 déc. 1807, Gobert.

**1173.** — Il n'y avait pas lieu de soumettre à l'enregistrement sur minute un jugement qui contenait la disposition alternative, ou de payer une somme déterminée, ou d'abandonner une portion de fonds équivalente, parce que cet enregistrement n'était exigé que sur les décisions judiciaires qui emportaient transmission de propriété, ou prononçaient des condamnations sur des conventions sujettes à l'enregistrement, sans énonciation de titre déjà soumis à cette formalité. — *Cass.*, 12 thermid. an XIII, Jouine.

**1174.** — Les jugemens d'adjudication de récoltes sur pied n'étaient point soumis à l'enregistrement sur la minute. Dès-lors, le double droit n'était pas encouru, à défaut d'enregistrement de ces jugemens, dans les vingt jours de leur date. — *Cass.*, 8 fév. 1813, Jousselin.

**1175.** — Une décision arbitrale qui ne prononçait, ni sur une transmission d'immeubles, ni sur des conventions non enregistrées, n'était pas dispensée de l'enregistrement sur la minute, comme les autres jugemens émanés de l'autorité publique. — On devait, en cette matière, se régler sur les art. 42, 43 et 47, L. 22 frim. an VII, et non sur l'art. 7, même loi. — *Cass.*, 3 août 1813, Darou.

**1176.** — Relativement aux actes judiciaires qui n'étaient assujétis à l'enregistrement que sur les expéditions, chaque expédition devait être enregistrée, savoir : la première pour le droit proportionnel, s'il y avait lieu, ou pour le droit fixe, si le jugement n'était pas passible du droit proportionnel ; et chacune des autres pour le droit fixe. — L. 22 frim. an VII, art. 8.

**1177.** — Aujourd'hui, tous les actes judiciaires en matière civile, tous les jugemens en matière criminelle, correctionnelle ou de police, sont, sans exception, soumis à l'enregistrement sur les minutes ou originaux. — L. 28 avr. 1816, art. 38.

**1178.** — Quant aux actes judiciaires d'une date antérieure à la loi du 28 avr. 1816 non susceptibles d'être enregistrés sur la minute d'après les dispositions de la loi du 22 frim. an VII, ils ont dû continuer à recevoir la formalité sur les expéditions. — Décis. min. fin. 6 déc. 1816 ; instr. 758, n° 1er.

**1179.** — Les actes des administrations centrales et municipales qui sont assujétis à la formalité, doivent être enregistrés sur la minute. — LL. 22 frim. an VII, art. 20 ; 15 mai 1818, art. 78.

**1180.** — Il n'est dû aucun droit pour les extraits, copies ou expéditions des actes qui doivent être enregistrés sur les minutes ou originaux. — L. 22 frim. an VII, art. 8.

**1181.** — Cependant il y a encore quelques exceptions, par exemple : 1° pour les copies collationnées (L. 22 frim. an VII, art. 68, § 1er, n° 18) ; 2° pour certains actes de l'état civil, tels que les reconnaissances d'enfant naturel.

**1182.** — Lorsque les actes sous seing privé, même synallagmatiques, sont soumis à l'enregistrement en même temps que les actes qui constatent leur dépôt au rang des minutes d'un notaire, ou leur annexe au rang des minutes de cet officier public, les receveurs sont dispensés, à l'avenir, de les transcrire littéralement sur leurs registres. Mais ils doivent indiquer en marge de l'enregistrement par extrait de ces actes le folio et la case de l'enregistrement, soit de l'acte de dépôt, soit de l'acte sous seing-privé, soit de l'acte auquel il est annexé. Quant aux actes sous seing-privé synallagmatiques présentés isolément à l'enregistrement, ils continueront d'être transcrits littéralement. — Instr. 25 fév. 1839.

**1183.** — La quittance de l'enregistrement doit être mise sur l'acte enregistré ou sur l'extrait de la déclaration du nouveau possesseur. — L. 22 frim. an VII, art. 57.

**1184.** — Dans le cas de l'enregistrement d'un acte notarié en double minute ou d'un acte sous seing-privé fait double, la mention d'enregistrement sur l'une des minutes ou des originaux doit énoncer qu'elle n'est mise que par *duplicata*. — Instr. 30 sept. 1808, art. 400, n° 1er.

**1185.** — Le receveur exprime en toutes lettres, dans la quittance qu'il délivre, la date de l'enregistrement, le folio du registre, le numéro et la date des droits perçus. — L. 22 frim. an VII, art. 57.

**1186.** — Lorsque l'altération matérielle de la date dans une mention d'enregistrement apposée sur un exploit est prouvée par un acte authentique, et avouée d'ailleurs par les parties, une cour royale a eu le droit de décider que la véritable date de l'enregistrement était celle primitivement écrite. — *Cass.*, 6 fév. 1844 (t. 1er 1844, p. 758), Revel c. de Faudoas.

**1187.** — Lorsque l'acte renferme plusieurs dispositions opérant chacune un droit particulier, le receveur doit les indiquer sommairement dans sa quittance et y énoncer distinctement la quotité de chaque droit perçu à peine d'une amende de 10 fr. (aujourd'hui 5 fr. seulement, L. 16 juin 1824, art. 10) pour chaque omission. — L. 22 frim. an VII, art. 57.

**1188.** — Les amendes encourues par les receveurs pour défaut d'énonciation *distincte et en toutes lettres*, dans leurs quittances, de chacun des droits perçus sur les actes renfermant plusieurs dispositions ont dû être relevées et exigées à partir du 1er mars 1832. — Instr. 24 janv. 1832.

**1189.** — Les receveurs de l'enregistrement doivent donner quittance du décime pour franc en le distinguant du droit principal. — Circ. 11 prair. an VII, art. 1574.

**1190.** — Mention doit être faite, dans toutes les expéditions des actes publics, civils ou judiciaires à enregistrer sur les minutes, de la quittance des droits par une transcription littérale et entière de cette quittance, à peine d'une amende de 10 fr. (aujourd'hui 5 fr., L. 16 juin 1824, art. 10) par chaque contravention. — L. 22 frim. an VII, art. 44.

**1191.** — D'après l'art. 45, L. 22 frim. an VII, les greffiers qui délivrent des secondes et subséquentes expéditions des actes et jugemens assujétis au droit proportionnel, mais qui ne sont pas dans le

cas d'être enregistrés sur les minutes, sont tenus de faire mention, dans chacune de ces expéditions, de la quittance du droit payé pour la première expédition, par une transcription littérale de cette quittance. Ils doivent faire également mention, sur la minute de chaque expédition délivrée, de la date de l'enregistrement et du droit payé. Toute contravention à ces dispositions est punie par une amende de 10 fr. (aujourd'hui 5 fr., L. 16 juin 1824, art. 10).

1192. — Mais il y a lieu de regarder la seconde disposition de l'art. 43 comme abrogée par l'art. 38, L. 28 avr. 1816 (Délib. 24 juill. 1824). — Quant à la première, elle ne peut être que d'une application fort rare, relativement aux jugemens rendus avant la même loi du 28 avr. 1816. — Masson Delongpré, *C. de l'enreg.*, no 1133.

1193. — Dans le cas de fausse mention d'enregistrement dans une expédition, le délinquant est poursuivi par la partie publique, sur la dénonciation du préposé de la régie, et condamné aux peines prononcées pour le faux. — L. 22 frim. an VII, art. 46.

§ 3. — *Obligations et responsabilité du receveur.*

1194. — Outre les obligations que nous avons vu, dans le paragraphe précédent, imposées au receveur de l'enregistrement, il en est d'autres encore dont il est tenu soit vis-à-vis des parties, soit vis-à-vis de l'administration.

1195. — D'après l'art. 11, tit. 2, L. 27 mai 1791, les receveurs doivent être assidus à leurs bureaux quatre heures le matin et quatre heures l'après-midi; les heures de séance doivent être affichées à la porte du bureau, et les registres arrêtés jour par jour.

1196. — Cette disposition est toujours en vigueur, et il n'y a été dérogé ni par les art. 33 et 50, L. 22 frim. an VII, ni par l'art. 1037, C. procéd. civ., qui n'est relatif qu'aux significations faites par les huissiers. — *Cass.*, 28 fév. 1838 (t. 1er 1839, p. 390), Marchant.

1197. — Jugé, dès lors, que les bureaux d'enregistrement ne doivent être ouverts au public que quatre heures le matin et quatre heures le soir, et que, lorsqu'une affiche placée à la porte extérieure d'un bureau annonce qu'il est ouvert depuis huit heures du matin jusqu'à quatre heures du soir, le receveur peut et doit, après l'expiration de ce temps, arrêter ses registres et refuser tout enregistrement. — Même arrêt.

1198. — En pareil cas, l'acte ne peut être enregistré que le lendemain avec toutes les conséquences de ce retard. — Décis. min. fin., 15 janv. 1834; Instr. 1166, § 18; et 1458, § 5.

1199. — Les bureaux doivent être ouverts tous les jours, excepté les dimanches et les jours fériés. — Déc. min. fin. 1er juill. 1816, et 9 mars 1839; Instr. 730.

1200. — Lorsqu'un notaire ou autre officier public apporte au bureau de l'enregistrement des actes qui ne peuvent être enregistrés de suite, le receveur doit exiger la consignation du montant approximatif des droits des actes. Il porte alors sur un livre-journal le nombre et la date des actes déposés, ainsi que la somme consignée. — Décis. min. fin. 24 sept. 1836; Instr. gén. 14 oct. 1836.

1201. — Lorsque l'officier public retire les actes déposés, il est fait mention sur le livre-journal de la somme payée ou à payer pour complément des droits. Le montant de ces droits doit être complétement soldé avant les époques de versement des receveurs. En cas de vérification de la caisse du receveur, les sommes dues par les officiers publics pour complément des actes déposés sont admises par tolérance, comme valeurs en caisse. Mais il n'en est pas de même des droits des actes non portés au livre-journal, ni des sommes dues par les officiers ministériels au receveur pour les droits d'actes retirés du bureau. — Instr. gén., 14 oct. 1836, 1523.

1202. — Les receveurs ne peuvent enregistrer aucun acte, même sous seing-privé, s'il n'est écrit en langue française. — L. 2 thermid. an II; circ. 6 thermid. an II, 636.

1203. — La partie qui requiert l'enregistrement d'actes ou de jugemens venant de l'étranger, et écrits en langue étrangère, est tenue d'y joindre une traduction faite par un traducteur assermenté. La mention de l'enregistrement et la quittance des droits sont apposées sur cette traduction authentique, et une mention correspondante sur l'original ou l'expédition de l'acte ou du jugement, fait connaître que la formalité a été donnée sur la traduction. — Décis. min. fin. 7 mars 1833; instr. 1425, § 1er.

1204. — Les receveurs ne peuvent sous aucun prétexte, lors même qu'il y aurait lieu à l'expertise, différer l'enregistrement des actes et mutations dont les droits ont été payés aux taux réglés par la loi. — L. 22 frim. an VII, art. 56.

1205. — Si un receveur refuse ou néglige d'enregistrer les actes qui lui sont présentés dans le délai prescrit par la loi, le notaire doit, dans ce délai, faire constater le refus ou la négligence. — *Cass.*, 26 (et non 27) mai 1807, Capion; 3 oct. (et non nov.) 1810, Cami.

1206. — Il en est de même en cas d'obstacles réels éprouvés par le notaire. — *Cass.*, 3 oct. (et non nov.) 1810, Cami.

1207. — A défaut par le notaire de justifier légalement et dans le délai utile du refus ou de l'obstacle prétendu, le tribunal ne peut, quels que soient les faits d'excuse allégués, se dispenser de condamner le notaire personnellement au double droit, et encore moins suspendre le recouvrement du droit principal non contesté. — Même arrêt.

1208. — L'individu poursuivi en paiement d'un droit proportionnel à raison d'une déclaration de command, enregistrée plus de vingt-quatre heures après l'adjudication, ne peut être admis à prouver par témoins que l'acte a été déposé dans le délai de vingt-quatre heures, et que conséquemment le retard apporté à son enregistrement est la suite d'une négligence qui, de la part du receveur, constitue un quasi-délit. — *Cass.*, 23 déc. 1815, Bidault c. Texier et Ernoult.

1209. — Lorsque les renseignemens pris par la régie donnent lieu de croire que, si un acte notarié, présenté à temps à la formalité, n'a pas été enregistré dans le délai, c'est par la faute du receveur, le ministre des finances peut faire remise au notaire du double droit encouru, et prononcer contre le receveur une peine disciplinaire. — Déc. min. fin. 29 juin 1836.

1210. — Les receveurs ne peuvent non plus suspendre ou arrêter le cours des procédures, en retenant des actes ou exploits : cependant, si un acte dont il n'y a pas de minute ou un exploit contient des renseignemens dont la trace puisse être utile pour la découverte des droits dus, le receveur a la faculté d'en tirer copie, et de la faire certifier conforme à l'original par l'officier qui l'a présenté. En cas de refus, il peut réserver l'acte pendant vingt-quatre heures seulement pour s'en procurer une collation en forme, à ses frais, sauf répétition s'il y a lieu. — Cette disposition est applicable aux actes sous signature privée qui sont présentés à l'enregistrement. — L. 22 frim. an VII; art. 56.

1211. — Lorsque des exploits indiquent des conventions verbales pour transmission de propriété, usufruit ou jouissance d'immeubles, les receveurs doivent conserver copie de l'exploit à l'effet de former la demande des droits résultant de ces conventions. — Décis. min. fin., 16 brum. an VIII.

1212. — Le refus fait par la partie qui a présenté l'acte à la formalité de l'enregistrement, de certifier conforme à l'original la copie tirée par le receveur, doit être constaté par un procès-verbal de celui-ci. Ce procès-verbal doit contenir l'interpellation à la partie de se trouver, dans les vingt-quatre heures, en l'étude d'un notaire désigné pour y voir procéder à la collation en forme de l'acte retenu. Dans le cas où la partie refuserait d'acquiescer à cette interpellation, ou d'attester son adhésion par sa signature au bas du procès-verbal, le receveur devrait lui faire signifier immédiatement et avant de se dessaisir de l'acte, une sommation extrajudiciaire d'être présent à la collation. L'acte rédigé par le notaire, pour la délivrance de la copie collationnée, rappellera l'interpellation à la partie faite dans le procès-verbal, la sommation qui l'a suivie, et constatera la comparution du receveur, la présence ou l'absence de la partie. — Instr. 30 déc. 1833, 1446, § 2; — Masson Delongpré, *Cod. de l'enreg.*, no 1248.

1213. — Comme il n'y a, en droit, d'autre collation en forme que celle qui est faite par un officier public, parties présentes ou dûment appelées (C. civ., art, 1335, § 1er), il faut, pour que la collation d'actes dont parle l'art. 56, L. 22 frim. an VII, soit régulière, non-seulement qu'elle soit faite devant notaire, mais encore que les parties intéressées y aient été présentes ou dûment appelées. — *Cass.*, 13 août 1833, Proal.

1214. — Quand un individu contre qui le paiement des droits d'enregistrement est ou peut être réclamé, fait sa soumission d'acquitter ces mêmes droits, le receveur doit recevoir cette soumission dans la forme prescrite par les instructions qu'il a reçues.

1215. — Jugé à cet égard que la déclaration souscrite par un particulier sur les registres d'un receveur de l'enregistrement, de payer les droits pour lesquels il est poursuivi, n'est point un acte qui, contenant des conventions synallagmatiques, ait besoin d'être fait double. — *Cass.*, 26 oct. 1808, Collin.

1216. — Depuis, il a été réglé que cette soumission serait écrite, non plus sur le registre ou sur le procès-verbal, mais sur une feuille séparée, et que le directeur de l'enregistrement, en l'adressant à l'administration, devait entrer dans des détails propres à fixer l'opinion des administrateurs. — V. Lettr. administr. 10 mai 1818; — Roland et Trouillet, *Dict. de l'enreg.*, vo *Soumission*, no 11.

1217. — Les registres sur lesquels les actes sont enregistrés ne sont pas publics. — Dès-lors il n'y a pas lieu de leur appliquer la disposition de l'art. 853, C. procéd., qui autorise les dépositaires des registres publics à en délivrer des extraits à tous requérans sans ordonnance de justice. — Déc. min. just. et fin. 13 juin 1809; Inst. 436, no 64.

1218. — Lorsque les extraits de ces registres ne sont pas demandés par quelqu'une des parties contractantes ou leurs ayant-cause, les receveurs ne peuvent les délivrer que sur une ordonnance du juge de paix. — L. 22 frim. an VII, art. 58.

1219. — Il est payé aux receveurs 1 fr. pour recherche de chaque année indiquée et 50 cent. par chaque extrait outre le papier timbré; ils ne peuvent rien exiger au-delà. — L. 22 frim. an VII, art, 58.

1220. — Les receveurs de l'enregistrement doivent laisser prendre, sans déplacement, aux contrôleurs des contributions directes communication des registres de formalité, des tables alphabétiques et autres renseignemens relatifs à la valeur des propriétés foncières. — Décis. min. fin. 17 prair. an IX et 5 nov. 1805; circ. 17 messid. an IX et 22 fév. 1806, instr. 125.

1221. — Chaque année, le receveur doit faire, dans chacune des mairies de son arrondissement, le relevé des mercuriales, le tenir au courant et l'afficher dans un endroit apparent de son bureau (art. 88 des ordr. gén.; circ. 783 et 926). Comme les mercuriales doivent exister dans chaque commune où il existe un marché, il est plus régulier de demander au maire un certificat constatant le taux moyen des mercuriales de chaque denrée pour l'année écoulée. On adresse un extrait de ce relevé aux receveurs des bureaux voisins qui sont privés de marchés. — Roland et Trouillet, *Dict. d'Enreg.*, vo *Mercuriales*, no 8.

1222. — Les receveurs et généralement les préposés de l'enregistrement sont chargés de donner des avertissemens aux redevables pour les inviter à payer dans la huitaine. Les avertissemens doivent précéder les poursuites, à moins que la prescription ne soit acquise dans un moindre délai. — Ord. gén. de la Régie, art. 91.

1223. — Ces avertissemens ne peuvent être considérés comme des actes assujétis à l'enregistrement. — *Dict. des droits d'enreg.*, vo *Avertissement*, no 2.

1224. — Les receveurs de l'enregistrement, étant les mandataires salariés de la régie, doivent nécessairement être responsables envers elle des perceptions qu'ils auraient dû faire et qu'ils n'ont pas faites.

1225. — Jugé en ce sens que le préposé de la régie, qui ne perçoit pas un droit évidemment exigible, est censé en avoir fait remise; par conséquent il en est personnellement responsable. — *Cons. d'état*, 31 janv. 1817, Lançon.

1226. — Un tribunal n'a pu, sans contrevenir aux art. 12, L. 12 vendém. an IV, et 95 de celle du 9 vendém. an VI, allouer au compte d'un receveur d'enregistrement une perception de droits, faite en coupons de l'emprunt forcé, le 14 brum. an VI, lorsqu'il est constant en fait que la dernière de ces deux lois a été enregistrée avant cette époque au chef-lieu de l'arrondissement où se trouve le bureau du receveur. — *Cass.*, 16 août 1809, Grenier.

1227. — Les préposés de la régie peuvent être rendus responsables des non-valeurs occasionnées par leur négligence à prévenir les effets de la prescription. — Circ. 16 niv. an VIII, 1739, inst. 208.

1228. — Cependant le principe rigoureux de la responsabilité doit fléchir en cas d'insolvabilité des redevables. Les directeurs sont chargés, sous leur responsabilité personnelle, de donner l'autorisation d'abandonner les poursuites faites contre les redevables d'amendes, de frais de justice et de tous droits ou sommes dus à l'état, tombés en non valeur, et de déterminer les frais à rembourser ou à allouer en dépense aux receveurs. Avant d'autoriser l'abandon des poursuites et le remboursement des frais, les directeurs doivent vérifier si l'insolvabilité des redevables est suffisamment constatée; et si les poursuites ont été régulièrement faites, ils refuseraient d'allouer les frais dont la perte pourrait être imputée à la négligence des receveurs. — Décis. min. fin. 18 nov. 1829; Instr. 1302.

1229. — Les vices de perception consistant en erreurs matérielles, ainsi que ceux qui pourraient résulter de collusion avec les parties, sont mis à la charge des receveurs, lors même que la prescription serait acquise. — Instr. 9 fév. 1822.

1230. — Les préposés doivent être immédiatement forcés en recette du montant des droits en sus et des amendes qu'ils ont négligé de faire acquitter. — Instr. 10 mai 1833.

1231. — Lorsque la régie a forcé en recette son receveur pour insuffisance de perception sur l'enregistrement d'un acte, et que ce receveur a délégué son cautionnement jusqu'à due concurrence, la régie peut néanmoins continuer de poursuivre le redevable, si la délégation n'a été ni acceptée, ni suivie d'aucun paiement effectif. — *Cass.*, 16 mai 1821, Roussel.

1232. — Le receveur d'enregistrement forcé en recette, par suite d'une perception insuffisante, a son recours tant que la prescription n'est pas acquise contre le redevable auquel il n'a, par erreur, fait payer qu'une partie du droit réellement dû. — Ce recours est permis, encore bien que le receveur ne produise pas l'acte, objet du supplément de perception, ou un procès-verbal constatant l'état de l'acte présenté à l'enregistrement, si le droit a été payé sur-le-champ, et sans réclamation. — *Cass.*, 17 messid. an XI, Brette c. Manceau.

1233. — Les préposés de l'enregistrement sont passibles d'intérêts à courir du moment où ils auraient dû faire leur versement pour tous les déficits résultant de soustractions ou omissions, et existant lorsqu'ils rendent leurs comptes. Et ce n'est que sur les déficits provenant d'erreurs de calcul que les intérêts ne sont dus que du jour de la signification du procès-verbal de vérification. — *Cons. d'état*, 20 janv. 1819, Jouvencel.

1234. — Le receveur d'enregistrement démissionnaire n'a contre la régie d'action directe, pour les avances qu'il a faites pour frais de poursuites, que lorsque les objets pour lesquels ces avances ont eu lieu sont tombés en *non valeur*. — Quand les avances ont été faites pour des objets *bons à recouvrer*, il ne peut en demander le remboursement qu'au receveur qui doit lui succéder. — *Cass.*, 7 mars 1809, Caplanc.

1235. — Si l'autorité judiciaire est seule compétente pour prononcer sur les contestations entre la régie et les redevables relativement à la perception des droits, il n'en est pas de même s'il s'agit de la responsabilité encourue par un préposé pour défaut de perception. — La question doit, dans ce cas, être soumise au ministre des finances, sauf recours au conseil d'état. — *Cons. d'état*, 31 janv. 1817, Lançon.

1236. — Lorsque la régie de l'enregistrement a été poursuivie en la personne de l'un de ses préposés, et qu'il est intervenu des condamnations contre lui en cette qualité, sans qu'aucune d'elles fût personnelle, on ne peut le poursuivre directement, une fois qu'il se trouve dépouillé de sa qualité. — *Cass.*, 9 avr. 1806, Mallet-Desmarault.

1237. — Un receveur de l'enregistrement a le droit d'enregistrer les différens actes faits à sa requête. — *Riom*, 12 mai 1808, Bourgoin c. Montal; — Carré, t. 2, p. 546, note 2e; Berriat-Saint-Prix, p. 577, no 32; Huet, p. 108, no 2.

### Sect. 3e. — *Actes passés en conséquence d'autres actes.*

1238. — S'il n'y a point de délai de rigueur pour l'enregistrement de tous actes sous seing-privé, autres que ceux portant transmission de propriété ou d'usufruit d'immeubles, et les baux de toute espèce, il n'en peut néanmoins être fait aucun usage, soit par acte public, soit en justice, ou devant toute autorité constituée, qu'ils n'aient été préalablement enregistrés. — L. 22 frim. an VII, art. 23.

1239. — D'après l'art. 41, L. 22 frim. an VII, les notaires, huissiers, greffiers, et les secrétaires des administrations centrales et municipales ne peuvent délivrer en brevet, copie ou expédition d'aucun acte soumis à l'enregistrement sur la minute ou l'original, ni faire aucun autre acte en conséquence, avant qu'il ait été enregistré, quand même le délai pour l'enregistrement ne serait pas encore expiré, à peine de 50 fr. d'amende (aujourd'hui 10 fr., d'après la loi du 16 juin 1824, art. 10), outre le paiement du droit.

1240. — Le même article excepte les exploits et autres actes de cette nature qui se signifient à partie ou par affiches et proclamations, et les effets compris sous l'art. 69, § 2, no 6 de la loi.

1241. — L'art. 42 de la même loi ajoute qu'aucun notaire, huissier, greffier, secrétaire ou autre officier public, ne peut faire ou rédiger un acte en vertu d'un acte sous signature privée, ou passé en pays étranger, l'annexer à ses minutes, ni le recevoir en dépôt, ni en délivrer extrait, copie ou expédition, s'il n'a été préalablement enregistré, à peine de 50 fr. d'amende (10 fr., L. 16 juin 1824, art. 10), et de répondre personnellement du droit, sauf l'exception mentionnée dans l'art. 41.

1242. — Ces dispositions ont été modifiées par l'art. 56, L. 28 avr. 1816, ainsi conçu : « L'art. 41, L. 22 frim. an VII, continuera d'être exécuté ; néanmoins, à l'égard des actes que le même officier aurait reçus, et dont le délai d'enregistrement ne serait pas encore expiré, il pourra en énoncer la date, avec la mention que ledit acte sera présenté à l'enregistrement en même temps que celui qui contient ladite mention ; mais dans aucun cas l'enregistrement du second acte ne pourra être requis avant celui du premier, sous les peines de droit. »

1243. — Le défaut de mention que les deux actes seront enregistrés simultanément n'autorise pas à réclamer une amende, si le premier est revêtu de la formalité en même temps que le second; mais l'amende est encourue lorsque le dernier acte est enregistré avant le premier. — Décis. min. fin. 17 fév. 1819.

1244. — Enfin, l'art. 13, L. 16 juin 1824, porte que les notaires peuvent faire des actes en vertu et par suite d'actes sous seing-privé non enregistrés, et les énoncer dans leurs actes, mais à la condition que chacun de ces actes sous seing-privé demeurera annexé à celui dans lequel il se trouvera mentionné, qu'il sera soumis avant lui à la formalité de l'enregistrement, et que les notaires seront personnellement responsables, non seulement des droits d'enregistrement et de timbre, mais encore des amendes auxquelles les actes sous seing-privé se trouveront assujétis. — Il est dérogé à cet égard seulement à l'art. 41. L. 22 frim. an VII.

1245. — Ces différentes dispositions législatives ont donné lieu aux décisions suivantes :

1246. — Lorsque deux actes ont été reçus par deux notaires différens, et que l'un a été rédigé en vertu de l'autre non encore enregistré, le notaire qui a reçu le dernier acte est passible de l'amende, encore bien que les deux actes aient été présentés en même temps à l'enregistrement. — *Cass.*, 22 (et non 28) oct. 1811, Colombié.

1247. — Une convention ou obligation sous seing-privé n'a pas besoin d'être préalablement enregistrée pour être reproduite dans l'acte notarié qui a pour objet sa réalisation en un contrat authentique. — Solut. 11 juill. 1835.

1248. — Un notaire peut recevoir une obligation pour le montant des frais non taxés sans que l'état de ces frais dressé par l'avoué ait d'abord été enregistré ; car cet état non rendu exécutoire ne constitue qu'un simple renseignement sans force obligatoire pour la partie. — Décis. min. fin. 11 juin. 1818.

1249. — L'énonciation d'une police d'assurance dans un acte soit d'affectation d'hypothèque, soit de vente des immeubles assurés, impose l'obligation de faire enregistrer cette police avant l'acte où elle est relatée. — Délib. 19 déc. 1834 ; solut. 24 juin 1835. — V. aussi dans le même sens *Cass.*, 22 nov. 1846 (*t.* 2 1846), Gautron.

1250. — Un acte de vente n'étant point la conséquence d'un plan levé pour en faciliter la rédaction, le notaire qui joint ce plan à son acte, sans le signer, n'encourt point d'amende. — *Cass.*, 2 août 1808, Gleize.

1251. — Pour qu'il y ait lieu à l'application de l'art. 42, L. 22 frim. an VII, il n'est pas nécessaire que l'acte sous seing-privé soit la cause unique et immédiate de l'acte public reçu par le notaire ; il suffit qu'il en soit un des élémens. — Dès-lors, est passible d'une amende de 10 fr. le notaire qui mentionne dans un procès-verbal d'adjudication des certificats d'un maire légalisant la signature d'un imprimeur, apposée au journal annonçant cette adjudication, si ces certificats ne sont pas enregistrés. — *Cass.*, 26 janv. 1831, Délourbet.

1252. — Mais si le notaire se contente de faire mention des publications insérées dans un journal et n'annexe point à la minute un exemplaire de ce journal, il ne commet pas de contravention, attendu que la signature de l'imprimeur légalisée par le maire constitue seule l'acte susceptible d'être enregistré. — Délib. 23 fév. 1836.

1253. — Il n'est dû aucun droit sur un cahier des charges qui fait partie intégrante du procès-verbal d'adjudication rédigé à la suite et par le même officier public, quand même ce cahier des charges serait signé séparément. — Solut. 5 juin 1833.

1254. — Un notaire peut, sans contravention, énoncer, dans un acte de vente, que les biens appartiennent au vendeur en vertu de diverses acquisitions sans mention de leur enregistrement, alors qu'il ne cite pas les actes qui constatent ces acquisitions. — Solut. 15 oct. 1807.

1255. — Il peut également, sans contravention, énoncer dans une vente la remise à l'acquéreur de titres non enregistrés, attendu que la vente n'est pas la conséquence de cette remise des titres, cette remise étant, au contraire, la conséquence de la vente. — Délib. 28 fév. 1834.

1256. — Une déclaration de command peut être reçue par un notaire avant l'enregistrement de l'acte sur lequel elle intervient. — *Cass.*, 26 messid. an XIII, Hectvelot ; 23 janv. 1809, Cayre ; — instr. 1755, § 2. — En ce qui concerne les greffiers, V. conf. *infrà* no 1287. — V. aussi no 3582.

1257. — Un notaire ne peut, avant d'avoir fait enregistrer un acte de vente, recevoir la ratification de cette même vente. — En conséquence, il est passible de l'amende prononcée par l'art. 41, L. 22 frim. an VII, encore bien qu'il prétende que cette ratification était, non la conséquence, mais la suite et le complément de la vente. — *Cass.*, 12 déc. 1808, Halot.

1258. — Un notaire peut recevoir une procuration donnée à l'effet de ratifier une adjudication qui n'est pas encore enregistrée, passée devant un autre notaire, attendu qu'elle ne saurait être considérée comme faite en conséquence de cette adjudication. — Solut. 8 sept. 1832.

1259. — Jugé, avant la loi du 28 avr. 1816, que l'acte d'échange d'immeubles acquis la veille n'est pas tellement la conséquence de la vente, qu'il ne puisse être reçu par le même notaire, avant l'enregistrement du contrat, sans qu'il y ait lieu à l'amende prononcée par l'art. 41, L. 22 frim. an VII. Il est permis de supposer que l'acte d'échange est intervenu lorsque la vente n'était encore que verbale. — *Cass.*, 24 juill. (et non janv.) 1815, Pradier.

1260. — Un notaire ne peut, sans encourir l'amende, recevoir l'acte de résiliement d'un bail à rente avant d'avoir fait enregistrer le bail lui-même. — *Cass.*, 11 nov. 1812, Poige.

1261. — L'exception que fait l'art. 41, L. 22 frim. an VII, à la règle générale qu'il renferme, ne doit pas, quant aux effets négociables, être restreinte au cas de protêt de ces mêmes effets. — Spécialement, le notaire qui fait un acte en conséquence d'effets négociables non protestés avant qu'ils aient été enregistrés, n'encourt point les peines portées par le même art. 41, L. frim. an VII. — *Bruxelles*, 4 juin 1826, Cousement.

1262. — De même un notaire peut recevoir un acte contenant soit une affectation hypothécaire, soit une obligation pour cause d'effets négociables en circulation non enregistrés, tant à cause de l'impossibilité matérielle de joindre ces billets à l'acte notarié, que par une conséquence de l'art. 69, § 2, no 6, L. 22 frim. an VII, et art. 50, L. 28 avr. 1816. — Solut. 9 juill. 1830, et 19 mars 1832.

1263. — Un notaire peut, sans contravention, recevoir une procuration à l'effet de céder un billet non enregistré, parce que la procuration n'est pas faite en conséquence et en vertu de ce billet. — Solut. 27 janv. 1833.

1264. — ... Ou énoncer dans un contrat de mariage un billet non enregistré faisant partie de l'apport de l'un des futurs (Délib. 13 oct. 1835) ; car une semblable énonciation peut être assimilée à la mention des actes sous seing-privé dans les inventaires. — Délib. 30 janv. 1833.

1265. — ... Ou relater dans un contrat de vente des billets non enregistrés dont le montant est compensé avec le prix de la vente. — Délib. 5 mars 1824 ; solut. 15 oct. 1835.

1266. — ... Ou mentionner dans une quittance une autre quittance sous seing-privé se confondant avec celle actuellement donnée, et déclarer que les deux actes ne feront qu'une seule et même chose. — Délib. 16 fév. 1822 ; décis. min. fin. 5 juill. 1822 ; solut. 3 avr. 1835.

1267. — Il y a contravention de la part d'un notaire qui reçoit la quittance d'un legs fait par un testament non enregistré et rédigé par un autre notaire, lors même que les parties lui ont déclaré que le testament a été enregistré. — Décis. min. fin. 10 mars 1819.

1268. — Un notaire peut, sans contravention, énoncer dans un inventaire, le testament non encore enregistré du défunt dont la succession est l'objet de l'inventaire. — Solut. 8 nov. 1834. — Car alors ce n'est pas en conséquence de ce testament qu'il est procédé à l'inventaire; et lors même que l'inventaire aurait lieu en conséquence du testament, il suffit, si le délai de trois mois n'est pas expiré, de faire enregistrer le testament en même temps que l'inventaire. — V. *Dict. des dr. d'enregist.*, vo *Inventaire*, no 25.

1269. — Le notaire qui dresse l'inventaire des biens d'un mineur, en présence du subrogé tu-

teur, avant l'enregistrement de l'acte de nomination de ce dernier, n'est point passible de l'amende prononcée par l'art 41, L. 22 frim. an VII. — En ce cas, l'inventaire ne peut être considéré comme un acte fait en conséquence de la nomination du subrogé tuteur. — *Cass.*, 3 janv. 1827, Erard.

**1270.** — Les officiers publics ou autorités constituées quelconques peuvent, sans contravention, énoncer dans un inventaire les actes sous seing-privé appartenant à la succession, avant qu'ils soient enregistrés. — Arr. gouv. 22 vent. an VII; circ. 9 flor. an VII.

**1271.** — Les notaires peuvent, sans encourir l'amende, mentionner dans un acte de liquidation ou de partage, aussi bien que dans un inventaire, des titres de créance, avant que ces actes aient été enregistrés. — *Cass.*, 24 août 1818, Courmont. — « Cet arrêt, ajoutent les auteurs du *Dict. des droits d'enreg.*, v° *Acte passé en conséquence d'un autre*, § 2, art. 1er, n° 24, ne nous paraît pas devoir servir de règle, 1° parce qu'il étend une exception, prononcée par un acte du gouvernement; 2° parce que cette extinction n'avait aucune utilité, tandis que celle énoncée pour les énonciations dans les inventaires était indispensable; 3° enfin, parce qu'elle nous paraît contraire aux lois sur l'enregistrement. »

**1272.** — Lorsqu'un notaire dépositaire d'un testament authentique est requis par les héritiers d'en donner lecture, il ne peut dresser un acte de cette lecture si le testament n'a été enregistré. — *Dict. des dr. d'enreg.*, v° *Acte passé en conséquence*, § 2, art. 5, n° 5.

**1273.** — Un notaire qui se borne à énoncer, dans un compte de tutelle, un acte privé dont la propriété appartient au pupille, ne faisant d'une part que constater un fait et d'autre part n'établissant que la simple décharge du tuteur sans créer un titre nouveau ni élever l'acte privé au rang des actes authentiques, ne contrevient point à l'art. 42, L. 22 frim. an VII. — *Cass.*, 16 mai 1821, Wengler.

**1274.** — Un notaire peut, dans un compte de tutelle, faire mention du projet de compte remis au mineur dix jours avant, suivant récépissé enregistré, sans avoir fait préalablement enregistrer le projet de compte lui-même; car ce projet pouvant n'être qu'un écrit informe et sans signature, ne constitue pas un acte dans le sens légal de ce mot. — Délib. 10 nov. 1829; solut., 18 mai 1830 et 29 mars 1831.

**1275.** — Le notaire qui, dans un acte de reddition de compte, énonce que la dépense résulte de pièces, mémoires et notes, n'est pas tenu, vis-à-vis du receveur, de justifier de pièces régulières. — Solut., 21 déc. 1832; — Roland et Trouillet, *Dict. d'enreg.*, v° *Compte*, § 2, n° 9.

**1276.** — Un notaire peut, sans contravention, mentionner, dans un acte qu'il reçoit, tous les actes exempts de l'enregistrement, sans les soumettre préalablement à la formalité. Tel est le cas d'un récépissé délivré par un receveur particulier des finances au percepteur d'une commune. — Solut. 8 fév. 1837.

**1277.** — De même, une adjudication passée devant l'autorité administrative ne pouvant être enregistrée qu'après l'approbation de l'autorité supérieure, un notaire ne contrevient point à l'art. 41, en rédigeant un acte de cautionnement en conséquence de cette adjudication non encore approuvée. — Solut. 11 mai 1838.

**1278.** — L'édit du contrôle du mois de mars 1693, ni aucune des lois rendues depuis soit sur le contrôle, soit sur l'enregistrement, n'ont soumis à la formalité les jugemens antérieurs à l'établissement du contrôle. Dès-lors un notaire peut, sans contravention, délivrer copie collationnée d'un jugement d'adjudication non contrôlé, rendu avant que le contrôle ne fût établi. — Déc. min. fin., 4 sept. 1824; instr. 1150, § 1er; — Roland et Trouillet, *Dict. d'enreg.*, v° *Acte ancien*, n° 12.

**1279.** — Lorsque plusieurs actes sous seing-privé non enregistrés sont mentionnés dans un acte authentique, le notaire n'est passible que d'une seule amende, et non d'autant d'amendes qu'il y a d'actes. — Solut. 11 juill. 1835; déc. min. fin., 21 mai 1836.

**1280.** — Un greffier peut recevoir, sans enregistrement préalable des pièces déposées, le dépôt du bilan, des livres et de tous titres actifs fait par le débiteur réclamant le bénéfice de la cession judiciaire (C. civ., art. 1268; C. procéd., art. 898), sauf aux préposés à poursuivre le recouvrement des droits des actes portant mutation de propriété ou de jouissance d'immeubles. — Déc. min. fin., 7 juin 1808; instr. 386, nos 18 et 436, n° 71.

**1281.** — On avait d'abord pensé qu'une sentence arbitrale devait être enregistrée avant son dépôt



au greffe. — Décis. min. just. 30 germin. an XI; instr. 141.

**1282.** — Mais décidé depuis que les greffiers peuvent recevoir en dépôt, sans enregistrement préalable, les jugemens rendus par des arbitres. Les droits de l'acte de dépôt et ceux du jugement arbitral, qu'il contienne ou non transmission d'immeubles, ne doivent pas être avancés par le greffier, qui reste seulement soumis à l'obligation de fournir au receveur l'extrait de ces deux actes, pour qu'il suive le recouvrement des droits contre les parties. — Décis. min. just. et fin. 13 juin 1809; instr. 436, n° 77.

**1283.** — Ainsi jugé qu'une sentence arbitrale peut être déposée avant d'avoir été enregistrée. — *Cass.*, 3 août 1813, Darou.

**1284.** — Décidé avant la loi du 28 avr. 1816, que lorsqu'un greffier procède, à la requête d'un tuteur, à une levée de scellés et en dresse procès-verbal, avant que celui de la nomination du tuteur ait été enregistré, il se rend passible de l'amende prononcée par l'art. 41, L. 22 frim. an VII. — *Cass.*, 11 nov. 1811, Lanisson.

**1285.** — ... Qu'un greffier se rend passible de l'amende prononcée par l'art. 41, L. 22 frim. an VII, lorsque, dans un procès-verbal de délibération du conseil de famille convoqué à l'effet de suppléer au consentement du père absent, il relate, avant qu'il ait été enregistré, le certificat délivré par le maire pour constater l'absence de cet individu. — *Cass.*, 20 oct. 1813, Fraiche.

**1286.** — Mais, ajoutent les auteurs du *Dict. des droits d'enreg.* (v° *Certificat*, n° 4), si l'on considère un certificat de cette espèce comme un acte de l'autorité administrative, les art. 78 et 80, L. 18 mai 1818 lui sont applicables, et il n'est plus assujéti qu'au timbre.

**1287** — Une déclaration de command faite dans le délai utile et par suite d'une réserve expresse, peut être reçue par le greffier avant l'enregistrement du procès-verbal d'adjudication. — *Cass.*, 13 brum. an XIV, Castel. — Instr. 1735, § 2. — En ce qui concerne les notaires, V. conf. *suprà* n° 1256. — V. aussi n° 3582.

**1288.** — Un greffier qui, d'après les dires respectifs des parties, transcrit sur son plumitif d'audience une quittance invoquée par l'une d'elles, sans qu'il en ait été fait aucune production à l'appui de leurs aveux, ne contrevient pas à l'art. 42, L. 22 frim. an VII, et ne peut encourir la peine portée par cet article. — *Cass.*, 16 juill. 1806, Fugneau.

**1289.** — Les lettres de change peuvent n'être présentées à l'enregistrement qu'avec l'assignation. — Dans le cas de protêt faute d'acceptation elles doivent être enregistrées seulement avant que la demande en remboursement ou en cautionnement puisse être formée contre les endosseurs ou le tireur. — L. 28 avr. 1816, art. 50.

**1290.** — Depuis la loi du 28 avr. 1816, les lettres de change ont dû être présentées à l'enregistrement avec l'assignation donnée pour en obtenir le paiement; il ne suffit point qu'elles soient présentées à cette formalité avant la prononciation du jugement. — *Cass.*, 7 nov. 1820, Clarenc.

**1291.** — Les billets à ordre, cessions d'actions et coupons d'actions mobilières des compagnies et sociétés d'actionnaires et tous autres effets négociables de particuliers ou de compagnies peuvent n'être présentés à l'enregistrement qu'avec les protêts qui en auront été faits. — L. 22 frim. an VII, art. 69, § 2, n° 6.

**1292.** — Lorsqu'il y a protêt d'un billet simple ou d'une promesse de payer, ce billet ou cette promesse peuvent, comme le billet à ordre, n'être enregistrés qu'avec le protêt. — Décis. min. fin. 31 août 1813; instr. 648.

**1293.** — Les assignations à fin de paiement de billets à ordre protestés peuvent être données avant que les billets aient été enregistrés, pourvu qu'ils soient présentés à l'enregistrement en même temps que le protêt et l'assignation. — *Cass.*, 19 nov. 1834, Roux.

**1294.** — L'huissier qui donne une assignation en paiement d'un billet à ordre, avant l'enregistrement de ce billet, est passible de l'amende prononcée par l'art. 42, L. 22 frim. an VII. — *Bruxelles*, 20 juill. 1821, V...

**1295.** — L'art. 42, L. 22 frim. an VII, est applicable même au cas où l'on allègue que l'acte sous seing-privé est adiré, si l'on n'en rapporte pas la preuve légale. — Spécialement, lorsqu'un exploit fait en vertu de deux billets énonce qu'ils sont adirés, il est passible néanmoins des droits proportionnels dus sur ces billets, si leur enregistrement n'est pas mentionné. — *Cass.*, 23 nov. 1825, Maingonnat.

**1296.** — Mais il n'y a pas lieu de percevoir le droit de timbre parce que la fraude ne se présumant pas, on suppose que les billets étaient faits



sur papier timbré. — Décis. min. fin. 12 nov. 1819; instr. 548, n° 2 et 1187, § 1er.

**1297.** — L'huissier qui relate dans un exploit d'assignation une sommation non enregistrée, ne peut être affranchi de l'amende, sous prétexte que la sommation relatée n'était point nécessaire pour la validité de l'assignation. — *Cass.*, 31 janv. 1814, Pigeon.

**1298.** — Comme on peut former opposition à un jugement ou en interjeter appel sans que ce jugement ait été enregistré, un huissier n'encourt pas l'amende pour avoir signifié un acte contenant déclaration d'appel d'un jugement non enregistré. — Décis. min. fin. 27 fév. 1815.

**1299.** — La réponse du tiers saisi énoncée sur l'exploit d'une saisie-arrêt et portant qu'il doit une somme déterminée, sans énoncer de titre enregistré, n'est point passible du droit proportionnel. — Solut. 18 fév. 1832.

**1300.** — Dans le cas de deux déclarations de surenchère, l'huissier peut dresser l'exploit de notification de la seconde, sans avoir fait enregistrer la première, car ces deux actes n'ont entre eux aucune connexité. — Délib. 30 mai 1818.

**1301.** — Un exécutoire de dépens ne peut être signifié avant d'avoir été soumis à la formalité de l'enregistrement. — *Cass.*, 1er messid. an XII, Delsart.

**1302.** — Les extraits des jugemens de séparation et des jugemens d'interdiction étant exempts de l'enregistrement, le secrétaire d'une chambre de discipline n'a point encouru d'amende pour contravention à l'art. 42 pour avoir reçu le dépôt de ces extraits sans les avoir fait enregistrer. — Délib. 28 avr. 1837.

**1303.** — Les art. 41 et 42, L. 22 frim. an VII sont applicables aux avoués, sauf toutefois la réduction des amendes prononcées par la loi du 16 juin 1824. — Même loi, art. 11.

**1304.** — L'avoué qui insère dans une requête une reconnaissance sous seing-privé, non enregistrée, dont il demande le paiement, encourt l'amende prononcée par les art. 23 et 42, L. 22 frim. an VII. — L'huissier qui a signifié la requête n'est pas responsable de la contravention ni passible de la même peine. — *Cass.*, 8 août 1809, Torial et Chapelain.

**1305.** — Un avoué n'encourt aucune amende, pour avoir fait une demande en justice, à fin de paiement d'une rente dont le titre n'est pas enregistré, s'il ne parle en aucune manière de ce titre dans l'exploit introductif d'instance et dans les requêtes signifiées à l'appui. Peu importe que, plus tard et à l'époque du jugement de l'affaire, ce titre soit retrouvé et représenté; il ne peut s'élever aucune présomption de fraude contre l'avoué qui est censé avoir ignoré dans le principe un acte aussi important, dès l'instant qu'il n'en a tiré aucun des argumens qu'il aurait pu lui fournir. — *Cass.*, 1er fév. 1815, Leblanc.

**1306.** — Les maires agissant en qualité d'officiers de l'état civil ne peuvent annexer aux actes de l'état civil aucun acte, même passé en pays étranger, sans qu'il ait été préalablement à cette annexe revêtu de la formalité de l'enregistrement, s'il n'en est pas exempt par sa nature. — Avis com. fin. 20 sept. 1833, appr. le 17 oct.

**1307.** — L'obligation de faire enregistrer préalablement à tout usage public les actes sous seing-privé existe pour les communes et établissemens publics, comme pour les particuliers. Toutefois, comme l'approbation de ces actes par le préfet ou toute autre autorité est le complément de l'acte, l'enregistrement n'est point exigé avant cette formalité. — Décis. min. fin. 17 oct. 1809; instr. 45.

**1308.** — Les procurations notariées données pour recevoir une somme d'une caisse d'épargne n'étant pas formellement exemptées par une loi du timbre et de l'enregistrement, ne peuvent être produites devant une autorité constituée, si elles n'ont été préalablement soumises à ces deux formalités. — Instr. gén. 31 juill. 1835.

**1309.** — Tout traité ayant pour objet la transmission, à titre gratuit ou onéreux, en vertu de l'art. 91, L. 28 avr. 1816, d'un office, de la clientelle, des minutes, répertoires, recouvremens et autres objets en dépendant doit être constaté par écrit et enregistré avant d'être produit à l'appui de la demande de nomination du successeur désigné. — L. 25 juin 1841, art. 6.

**1310.** — Il ne peut être fait usage en France, soit par acte public, soit en justice, ou devant toute autre autorité constituée, d'actes passés dans les colonies, qu'ils n'aient été préalablement enregistrés dans le royaume. — L. 22 frim. an VII, art. 23 et 28 avr. 1816, art 58; délib. 28 nov. 1842; instr. 1703.

**1311.** — En conséquence les notaires et autres officiers publics qui rédigent des actes en vertu

d'actes passés dans les colonies ou les reçoivent en dépôt sans les avoir préalablement fait enregistrer en France, contreviennent à l'art. 42, L. 22 frim. an VII, sauf la faculté accordée aux notaires par l'art. 13, L. 16 juin 1824. — Délib. 28 nov. 1843 ; instr. 1703.

1312. — Lorsque les droits auxquels sont sujets des actes passés en pays étranger, ont été perçus sur un jugement qui relate ces actes, on peut ensuite les mentionner dans un acte notarié, sans qu'ils donnent ouverture à aucune perception, et sans qu'il y ait contravention à l'art. 42, L. 22 frim. an VII. — Délib. 27 août 1825 ; — Roland et Trouillet, *Dict. d'enreg.*, v° *Acte passé hors du territoire*, § 2, n° 15.

1313. — Un notaire de France peut annexer à un acte qu'il reçoit les actes passés dans l'île Bourbon, laquelle est régie par des réglemens particuliers, sans acquitter préalablement le supplément de droit auquel ils sont assujétis, parce qu'il se trouve ainsi dans le cas prévu par l'art. 13, L. 16 juin 1824. — Délib. 30 nov. 1832, art. 1833 ; — Roland et Trouillet, *Dict. d'enreg.*, *ibid.*, § 2, n° 11.

1314. — Les art. 41 et 42, L. 22 frim. an VII, ne sont applicables qu'aux fonctionnaires publics ; dès lors les simples particuliers ne sont point passibles d'amendes dans les mêmes cas. Le receveur peut seulement leur réclamer les droit et double droit, s'il y a lieu, de l'acte dont il est fait mention. — Instr. 436, n° 45.

1315. — Les peines attachées à l'usage public d'actes sous seing-privé non enregistrés, n'étant pas prononcées contre ceux qui auraient agi dans un intérêt qui ne leur est pas personnel, sauf l'exception portée par les art. 41 et 42, L. 22 frim. an VII, au sujet de certains officiers ministériels, il en résulte que, si dans une instance où un mari n'a figuré que pour autoriser son épouse, il a été fait usage par les époux d'actes non enregistrés, la femme est seule passible de l'amende et des droits encourus pour cette infraction, sans que le mari puisse être assujéti à aucune reponsabilité. — *Cass.*, 6 nov. 1827, Badereau.

1316. — Il est défendu aux juges et arbitres de rendre aucun jugement, et aux administrations centrales et municipales de prendre aucun arrêté, en faveur de particuliers, sur des actes non enregistrés, à peine d'être personnellement responsables des droits. — L. 22 frim. an VII, art. 47.

1317. — Toutes les fois qu'une condamnation est rendue ou qu'un arrêté est pris sur un acte enregistré, le jugement, la sentence arbitrale ou l'arrêté doit en faire mention, et énoncer le montant du droit payé, la date du paiement et le nom du bureau où il a été acquitté : en cas d'omission, le receveur doit exiger le droit, si l'acte n'a pas été enregistré dans son bureau ; sauf restitution, dans le délai prescrit, s'il est ensuite justifié de l'enregistrement de l'acte sur lequel le jugement a été prononcé ou l'arrêté pris. — L. 22 frim. an VII, art. 48.

1318. — En défendant aux juges de rendre aucun jugement sur des actes non enregistrés, la loi du 22 frim. an VII restreint sa prohibition aux jugemens qui pourraient être rendus en faveur des particuliers. — *Cass.*, 5 mars 1819, Taillandier.

1319. — En matière criminelle ou de police, les actes qui constituent le corps de délit et dont la justice se saisit comme élément du procès, n'ont pas besoin d'être préalablement enregistrés ; tel est le cas de l'énonciation d'une quittance ou autre pièce arguée de faux ou de soustraction frauduleuse et nécessaire pour la poursuite dans l'intérêt de la vindicte publique. Si le jugement de condamnation constate que la convention n'a réellement point été consommée, l'énonciation de l'acte ne peut donner ouverture à aucun droit proportionnel. — Solut. 26 avr. 1826 ; instr. 1200, § 7.

1320. — Ainsi, le jugement qui admet une inscription de faux contre un procès-verbal en matière de douanes n'est pas nul pour avoir été rendu avant l'enregistrement de l'acte par lequel la partie a déclaré s'inscrire en faux. — *Cass.*, 19 nov. 1807, Douanes c. Lemment.

1321. — De même, le jugement de simple police rendu sur un procès-verbal non enregistré n'est pas nul, mais le tribunal est responsable des droits pour n'avoir pas sursis à statuer jusqu'à l'accomplissement de cette formalité. — *Cass.*, 1er mai 1818, habitans de Charleville.

1322. — Un jugement n'est pas nul quoiqu'il ait été rendu sur un acte non enregistré. — *Rennes*, 13 janv. 1810, Luneau Richardeau c. Gourand.

1323. — Un jugement fondé sur un acte non enregistré ne peut pas être annulé dans l'intérêt des parties, à l'égard desquelles les actes font toujours foi de leur contenu, lorsqu'ils ne sont pas contestés ; mais il doit l'être dans l'intérêt de la loi. — *Cass.*, 1er pluv. an X (int. de la loi), Villeneuve.

1324. — Comme il ne dépend ni des avoués, ni des parties, de considérer comme non avenus les jugemens par défaut, sous prétexte qu'il y a été formé opposition, les tribunaux en statuant sur l'opposition, sont tenus de prononcer sur les mêmes objets, soit pour infirmer des jugemens par défaut, soit pour en ordonner l'exécution ; ils ne peuvent donc statuer sur ces jugemens, s'ils n'ont été enregistrés. — Décis. min. fin., 17 vendém. an XIII ; instr. 290, n° 67.

1325. — Un compte ne peut sans contravention être présenté au juge et affirmé (C. proc. art. 535) s'il n'a pas été enregistré. — Décis. min. just. et fin., 13 juin 1809 ; instr. 436, n° 41.

1326. — L'acte de production des titres de chaque créancier, signé de son avoué, et contenant demande en collocation dont la remise est mentionnée sur le procès-verbal du juge commissaire (C. procéd., art. 754), doit être préalablement enregistré. — Décis. min. fin., 21 janv. et 2 fév. 1813 ; instr. 620.

1327. — Lorsque le pouvoir spécial donné pour soutenir une contestation devant un tribunal de commerce est écrit, le tribunal ne peut rendre aucun jugement en conséquence de la procuration qu'elle n'ait été préalablement enregistrée ; et si, tout en constatant qu'il a été justifié d'une procuration écrite, le jugement n'en rappelait pas l'enregistrement, il pourrait être perçu un droit particulier pour le pouvoir. — Déc. min. just. et fin., 13 fruct. 1809 ; instr. 436, n° 35.

1328. — Le juge commissaire nommé en vertu de l'art. 454, C. comm., peut faire les vérifications et recevoir les affirmations de créances sur un failli dans les cas prévus par les art. 503 et 507 (L. 28 mai 1838, art. 491 et suiv.) sans que les titres représentés et sur lesquels les créances sont établies aient été préalablement enregistrés ; sauf la perception ultérieure du droit exigible pour le concordat, ou de celui de l'obligation préexistante si, à défaut de traité, il est rendu un jugement de condamnation. — Décis. min. fin., 28 juin 1808 ; instr. 390, n° 17.

1329. — Lorsque la partie qui a produit une pièce refuse de la faire enregistrer, et que l'autre partie veut s'en prévaloir, les tribunaux peuvent ordonner d'office que le greffier la présentera à l'enregistrement. — *Cass.*, 6 therm. (et non messid.) an XIII, Malot c. mines de charbon de la Boule.

1330. — Si un jugement est fondé sur un acte dont rien ne constate l'enregistrement, la régie est fondée à réclamer le paiement des droits. — *Cass.*, 17 janv. 1814, Haslay.

1331. — Sous la loi du 19 déc. 1790, la production devant l'autorité administrative d'un acte sous seing-privé, non enregistré, donnait lieu aux droit et double droit, tout comme si cet acte était produit en justice, ou énoncé dans un acte authentique. — *Cass.*, 19 thermid. an V, Leblanc.

1332. — Lorsqu'après une sommation extrajudiciaire ou une demande tendant à obtenir un paiement, une livraison, ou l'exécution de toute autre convention dont le titre n'a point été indiqué dans lesdits exploits, ou qu'on a simplement énoncée comme verbale, on produit, au cours d'instance, des écrits, billets, marchés, factures acceptées, lettres, ou tout autre titre émané du défendeur, qui n'ont pas été enregistrés avant ladite demande ou sommation, le double droit est dû et peut être exigé ou perçu lors de l'enregistrement du jugement intervenu. — L. 28 avr. 1816, art. 57.

1333. — Cette disposition de la loi n'est point applicable au cas où l'enregistrement n'a eu lieu qu'après une citation en conciliation, un pareil acte ne pouvant être assimilé ni à une sommation de payer, ni à une demande ou assignation. — *Cass.*, 25 janv. 1827, Doneau. — *Contrà* Délib. 3 mars 1824, par le motif qu'une citation en conciliation, suivie d'ajournement, était introductive d'instance.

1334. — L'art. 57, L. 28 avr. 1816, n'est applicable qu'au cas où l'acte forme titre complet par lui-même, et non au cas où il ne constitue qu'un commencement de preuve par écrit. — *Cass.*, 26 août 1834, Larcher.

1335. — Ainsi, le droit de la convention n'est pas exigible lorsque l'écrit présenté à l'enregistrement ne produit pas, au profit de celui qui le porte, tout ce qui lui est nécessaire pour justifier de la convention, et qu'il a besoin, à cet effet, d'une autre espèce de preuve quelle qu'elle soit, même d'un simple raisonnement ou d'une induction. — Championnière et Rigaud, t. 1er, n° 139.

1336. — La peine du double droit, établie par l'art. 57, L. 28 avr. 1816, n'est applicable qu'au cas où la production est faite par le demandeur. — Il n'en est pas de même quand une production est faite par le défendeur, dans l'intérêt de sa défense ; et il suffit alors, pour éviter le double droit, que l'acte ait été enregistré avant que le défendeur en excipe. — *Cass.*, 9 fév. 1832, Dardel.

1337. — Ainsi, des quittances sous seing-privé, produites par le défendeur pour justifier de sa libération, ne sont point passibles du double droit. — Délib. 22 avr. 1831.

1338. — Lorsqu'un avoué énonce dans un acte de production le titre non enregistré de la créance dont il demande la collocation, il n'y a lieu qu'à la demande du droit simple et d'une amende pour contravention à l'art. 42, L. 22 frim. an VII, encourue par l'avoué, aux termes de l'art. 11, L. 16 juin 1824. — Délib. 22 mars 1836.

1339. — Lorsque des actes publics, civils, judiciaires ou extrajudiciaires se font en vertu d'actes sous seing-privé, ou passés en pays étranger et qui sont soumis à l'enregistrement, mention doit être faite, dans les minutes, de la quittance de ces droits, par une transcription littérale et entière de cette quittance, à peine d'une amende de 10 fr. (aujourd'hui 5 fr., L. 16 juin 1824, art. 10) par chaque contravention. — L. 22 frim. an VII, art. 44.

1340. — Il n'y a pas contravention de la part du notaire pour défaut de transcription littérale de la quittance des droits d'enregistrement, si les indications qu'il fait suffisent pour mettre les préposés à même de vérifier si la formalité a été remplie. — Solut. 23 avr. 1830.

1341. — Un notaire peut sans contravention mentionner dans une quittance par lui reçue un testament olographe déposé dans son étude sans transcrire littéralement la relation de l'enregistrement de ce testament. — Solut. 14 oct. 1835.

1342. — Le notaire qui dresse acte de dépôt d'un acte sous seing-privé n'est pas tenu de transcrire littéralement la quittance de l'enregistrement, puisque l'annexe de l'acte met les préposés à même de consulter la quittance. — Décis. min. fin. 17 sept. 1830.

1343. — Il n'y a point contravention de la part d'un notaire qui a reçu un acte d'adjudication d'immeubles pour n'avoir point transcrit littéralement la quittance de l'enregistrement des certificats d'annonces qui y demeurent annexés et dont il fait mention, car du moment que l'acte sous seing-privé est annexé à l'acte public, la mention littérale de la quittance est sans objet. — Délib. 19 avr. 1833.

1344. — Dans le cas de fausse mention d'enregistrement dans une minute, le délinquant est poursuivi par la partie publique, sur la dénonciation du préposé de la régie, et condamné aux peines prononcées pour le faux. — L. 22 frim. an VII, art. 46.

## Sect. 4e. — *Actes de dépôt.*

1345. — Il est défendu, sous peine d'une amende de 50 fr. (aujourd'hui 10 fr. ; L. 16 juin 1824, art. 10), à tout notaire ou greffier de recevoir aucun acte en dépôt sans dresser acte du dépôt. — L. 22 frim. an VII, art. 43.

1346. — Un notaire encourt l'amende s'il néglige de dresser un acte de dépôt d'un acte par lui délivré en brevet et qui lui est rapporté pour minute. — Délib. 6 janv. 1837.

1347. — Le notaire qui après avoir fait et délivré une procuration en brevet, à l'effet de consentir une donation, la met au rang de ses minutes et en délivre expédition pour annexer à la donation sans en dresser un acte de dépôt, commet bien une contravention qui le rend passible de l'amende prononcée par l'art. 43 de la loi du 22 frim. an VII ; mais l'absence de cet acte de dépôt n'entraîne pas la nullité de la donation. — *Cass.*, 21 juin 1837 (t. 1er 1837, p. 609), Lajonie c. Imbert.

1348. — Le notaire doit dresser acte du dépôt du procès-verbal de partage et licitation dont il est parlé dans l'art. 977 C. procéd. — Décis. min. just. et fin. 13 juin 1809 ; instr. 436, n° 75.

1349. — Mais lorsque le cahier des charges pour une adjudication est dressé par le notaire qui doit procéder à cette adjudication, il n'y a point d'acte de dépôt à rédiger de ce cahier des charges dont il garde minute. — Délib. 12 déc. 1826.

1350. — Les notaires peuvent recevoir, comme personnes privées, des actes en dépôt sans que la régie puisse exiger qu'il soit dressé acte public du dépôt ni que l'enregistrement des pièces déposées ait lieu préalablement. — Délib. 11 mai 1822.

1351. — Dès-lors, le notaire, *à l'honneur plutôt qu'à la fonction* duquel un acte sous seing-privé a été déposé, n'est point tenu, sous peine d'amende, de rédiger un acte de dépôt. — Solut. 26 avr. 1837.

1352. — De même, lorsqu'un acte sous seing-privé est remis à un notaire, non pour être annexé à l'une de ses minutes ou pour rester déposé dans

son étude, mais seulement pour servir de base à la rédaction ultérieure d'un acte authentique, il n'est tenu ni d'en dresser un acte de dépôt, ni de le faire enregistrer, ni de le communiquer aux préposés de la régie. — Solut. 27 août 1838.

1353. — Lorsqu'un notaire n'a pas rédigé de dépôt, contrairement à ce que prescrit l'art. 43 L. 22 frim., il n'y a pas lieu d'exiger les droits d'enregistrement et de timbre dont le dépôt aurait été passible. — Délib. 26 août 1818.

1354. — Lorsqu'il est constant qu'un acte sous seing-privé n'a été laissé que par mégarde sur le bureau d'un notaire, il n'est point passible des amendes résultant des art. 42 et 43 L. 22 frim., et personnellement responsable des droits, comme si cet acte avait été classé parmi ses minutes. Le recouvrement des droits doit être poursuivi contre les parties. — Solut. 28 déc. 1827 ; Instr. 1249, § 2.

1355. — Ne peut être considérée comme le résultat d'une mesure illégale pour l'exigibilité des droits d'enregistrement, la découverte, dans l'étude d'un notaire, et par suite d'une vérification faite par le préposé de la régie, d'un acte sous seing-privé non enregistré, et dont il n'a point été dressé acte de dépôt. — *Cass.*, 11 mai 1825, Guyet.

1356. — En ce qui concerne les greffiers, toutes les fois que la communication des pièces d'une procédure n'a pas lieu sur récépissé, et qu'elle se fait par dépôt au greffe, conformément à l'art. 189 C. procéd., le greffier est tenu de dresser de ce dépôt un acte particulier qui doit être enregistré dans les vingt jours de sa date. — Décis. min. just. et fin. 13 juin 1809 ; Instr. 436, n° 18.

1357. — Un greffier ne peut, sans rédiger un acte de dépôt, admettre au nombre de ses minutes les procès-verbaux ou rapports d'experts, ou arbitres rapporteurs qui doivent être déposés au greffe aux termes des art. 319 et 431, C. procéd. — Décis. min. just. et fin. 13 juin 1809 ; Instr. 436, nos 28 et 38.

1358. — Un acte de dépôt n'est pas nécessaire pour constater la production de chaque créancier dans un ordre, attendu qu'il y a constatation suffisante par l'acte de produit et par la mention dans le procès-verbal d'ordre ; mais si l'acte de dépôt était rédigé, il serait dû un droit d'enregistrement pour chaque acte. — Décis. min. just. et fin. 13 juin 1809 ; décis. min. fin. 21 janv. et 2 fév. 1813 ; Instr. 436, nos 59 et 620.

1359. — Un acte de dépôt n'est pas non plus nécessaire pour les titres dont les créanciers d'un failli font le dépôt au greffe du tribunal de commerce, d'après l'art. 502 C. comm. (aujourd'hui art. 492, L. 28 mai 1838), attendu que cet article dit qu'il leur en sera simplement donné un récépissé. — Instr. 9 mars 1809.

1360. — Le greffier peut ne pas rédiger d'acte de dépôt pour la copie signifiée de l'acte portant récusation d'un juge, et, en cas d'appel, de pièces remises à l'appui. — C. procéd., art. 45 et suiv., 384 et 392 ; — Décis. min. just. et fin. 13 juin 1809 ; Instr. 436, nos 8, 32 et 33.

1361. — Il doit être rédigé un acte de dépôt séparé pour chaque notaire qui remet au greffe soit un double de son répertoire (L. 16 flor. an IV), soit sa signature et son paraphe. (L. 25 vent. an XI, art. 49). — Déc. min. fin. 17 oct. 1821 ; instr. 590 et 1008.

1362. — Relativement aux extraits des demandes et jugemens de séparation ou d'interdiction, ainsi que des contrats de mariage entre deux personnes dont l'une est commerçante, on avait d'abord pensé que la remise de chacun de ces extraits aux chambres des avoués et des notaires, et la publication de ces extraits par ces chambres, devaient être constatées au moyen d'un acte de dépôt rédigé par le secrétaire de la chambre. — Déc. min. just. 5 mai 1818 ; instr. 637.

1363. — Mais il a été décidé depuis qu'il suffisait, pour constater ces remise et publication, d'un certificat du secrétaire de la chambre. — Déc. min. fin. 19 oct. 1828 et 12 juin 1829 ; instr. 637, 1261 et 1293, § 2.

1364. — Quant au dépôt de ces extraits aux greffes, les greffiers ne sont pas tenus de dresser acte de dépôt ; toutefois, la publication doit être constatée par un acte en forme, soumis au droit fixe d'enregistrement de 1 fr. et au droit de greffe de 1 fr. 25 c. ; et pour justifier de l'accomplissement de la formalité, les avoués peuvent se faire délivrer par le greffier un simple certificat passible à l'enregistrement du droit de 1 fr. et du même droit de greffe de 1 fr. 25 c. — Déc. min. fin. 19 oct. 1828 et 12 juin 1829 ; instr. 1261 et 1293, § 2.

1365. — Ces mêmes dispositions sont applicables à la publication des jugemens portant interdiction ou nomination d'un conseil judiciaire (C. civ., art. 501), avec cette différence toutefois que la publication n'est prescrite qu'à l'auditoire du tribunal de première instance et au secrétariat de la chambre des notaires de l'arrondissement. — Déc. min. fin. 12 juin 1829 ; instr. 1293, § 2.



1366. — Sont exceptés de la disposition de l'art. 43, L. 22 frim. an VII, les testamens déposés chez les notaires par les testateurs.

1367. — Ainsi, un testament peut être déposé chez un notaire sans que celui-ci soit tenu d'en dresser un acte de dépôt. — *Cass.*, 14 juill. 1823, Amy.

1368. — Mais si le testateur exige un acte de dépôt, cet acte doit être enregistré moyennant un droit fixe de 2 fr., comme tous les dépôts d'actes et pièces chez les officiers publics. — Même arrêt.

1369. — Les notaires peuvent également recevoir en dépôt, sans enregistrement préalable, les testamens et pièces qui s'y trouvent renfermés, lorsque la remise leur en est faite par ordonnance du juge, en exécution de l'art. 1007, C. civ. Les droits de ces testamens doivent être payés directement par les héritiers ou légataires ; seulement, les notaires à qui les droits n'ont pas été remis doivent, dans les dix jours qui suivent l'expiration du délai de trois mois, fournir aux receveurs des extraits certifiés des testamens. — Déc. min. fin. 29 sept. 1807 ; instr. 359.

1370. — Il n'y a pas lieu non plus de dresser un acte notarié du dépôt, attendu que ce dépôt est établi par un procès-verbal dont la minute reste au greffe du tribunal, et dont l'expédition est remise au notaire avec le testament déposé. Mais les testamens sont portés sur le répertoire du notaire dépositaire. — Déc. min. just. 9 sept. 1812.

## Sect. 5e. — *Moyens de contrôle et de renseignemens.*

1371. — Pour mettre les employés de la régie à même de percevoir les droits d'enregistrement toutes les fois qu'ils sont dus, la loi a prescrit certaines dispositions qui leur donnent des moyens de contrôle, ou peuvent leur fournir les renseignemens nécessaires. Ces dispositions consistent dans les suivantes :

1372. — *Répertoires.* — Les notaires, huissiers, greffiers et les secrétaires des administrations centrales et municipales doivent tenir un répertoire à colonnes, sur lequel ils inscrivent jour par jour, savoir : les premiers, les actes et contrats qu'ils reçoivent, les deuxièmes, les actes et exploits de leur ministère ; les troisièmes, les actes et jugemens dans la plupart des cas ; et enfin, les quatrièmes, les actes d'administration passibles de l'enregistrement. — L. 22 frim. an VII, art. 49. — V. RÉPERTOIRE.

1373. — La même obligation a été imposée aux commissaires-priseurs et aux courtiers de commerce pour les procès-verbaux de ventes de meubles et de marchandises et les actes faits en conséquence. — L. 16 juin 1824, art. 11.

1374. — Ces officiers sont tenus de faire viser tous les trois mois leur répertoire par le receveur d'enregistrement de leur résidence (L. 22 frim. an VII, art. 51), et ils sont obligés de les communiquer à toute réquisition aux préposés de l'enregistrement qui se présentent chez eux pour les vérifier. — Art. 52. — V. RÉPERTOIRE.

1375. — *Registre des protêts.* — Indépendamment de l'obligation pour les notaires et les huissiers de porter sur leur répertoire, avec leurs actes ordinaires, les protêts qu'ils reçoivent, ils sont tenus de les inscrire jour par jour et par ordre de dates, sur un registre particulier. — C. comm., art. 176. — V. REGISTRE DES PROTÊTS.

1376. — Ce registre des protêts doit être communiqué aux préposés de l'enregistrement sur leur réquisition. — *Cass.*, 8 juill. 1839 (t. 2 1839, p. 141), Flesselle.

1377. — *Extraits des jugemens et actes.* — Les greffiers et secrétaires d'administration sont, ainsi qu'on la vu (*suprà* nos 1077 et 1096), tenus de fournir aux receveurs, dans la décade qui suit l'expiration du délai d'enregistrement (V. DÉCADE), des extraits par eux certifiés des actes et jugemens dont les droits ne leur ont pas été remis par les parties, à peine d'une amende de 10 fr. (aujourd'hui 5 fr., L. 16 juin 1824, art. 10), pour chaque décade de retard et pour chaque acte et jugement, et d'être, en outre, personnellement contraints au paiement des doubles droits. — LL. 22 frim. an VII, art. 37 ; 27 vent. an IX, art. 16 ; 15 mars 1816, art. 79. — V. aussi *infrà* nos 4243 et suiv.

1378. — Le receveur délivre aux greffiers, sur papier non timbré, des récépissés de ces extraits de jugement ; et ces récépissés doivent être inscrits sur leurs répertoires. — L. 28 avr. 1816, art. 38.

1379. — Les mêmes dispositions sont applicables aux officiers d'administration de la marine, relativement aux actes et procès-verbaux de vente de prises et de navires ou bris de navires. — L. 27 vent. an IX, art. 7.



1380. — ...Et aux secrétaires des conseils des prud'hommes. — Instr. 5 juill. 1809.

1381. — La présentation faite au receveur de l'enregistrement par le greffier, de son répertoire sur lequel sont inscrits les jugemens rendus, ne supplée pas à la remise qu'il doit faire des extraits de ces mêmes jugemens. — *Cass.*, 22 juill. 1807, Vernet.

1382. — La peine prononcée contre les greffiers pour n'avoir pas fourni aux receveurs de l'enregistrement des extraits certifiés des actes et jugemens, dont les droits ne leur ont pas été remis par les parties, n'est pas exclusive des poursuites à diriger contre les parties elles-mêmes pour le recouvrement de ces mêmes droits. — *Cass.*, 11 sept. 1809, Micard-Perrin.

1383. — *Notices des actes de décès.* — D'après l'art. 55, L. 22 frim. an VII, les notices des actes de décès que les officiers publics ou les agens des communes ont à remettre pour chaque décade au chef-lieu de canton doivent être transcrites sur un registre particulier tenu par les secrétaires des administrations municipales.

1384. — Ces mêmes secrétaires doivent fournir par quartier, aux receveurs de l'enregistrement de l'arrondissement, les relevés par eux certifiés desdits actes de décès. Ces récépissés sont délivrés sur papier non timbré, et doivent être remis dans les mois de nivôse, germinal, messidor et vendémiaire, à peine d'une amende de 30 fr. (aujourd'hui 5 fr., L. 16 juin 1824, art. 10) par chaque mois de retard. Ils en retirent récépissé, aussi sur papier non timbré. — L. 22 frim. an VII, art. 55.

1385. — Ces notices des actes de décès sont données sur des feuilles disposées en formes d'états et par colonnes que les receveurs de l'enregistrement doivent remettre à tous les maires de leur arrondissement dans les dix derniers jours de chaque trimestre. Ces colonnes indiquent : 1° les noms et prénoms des personnes décédées ; — 2° leur profession ; 3° — leur âge ; — 4° le lieu de leur domicile ; — 5° la date du décès ; — 6° l'indication de la commune où est né le décédé ; — 7° son état de célibataire, veuf ou marié ; — 8° les noms de ses père et mère, avec mention si l'un ou tous les deux sont décédés ; — 9° les noms et prénoms du survivant des époux ; — 10° les noms, demeure et degré de parenté des héritiers ; — la 11e colonne est destinée aux observations. — Circ. 2 vendém. an X, 2045.

1386. — Cependant, dans la pratique, la disposition de la loi ne reçoit pas toujours son exécution. Par égard pour les maires qui depuis la loi du 28 pluv. an VIII (art. 13) ont été chargés des fonctions précédemment exercées par les administrations municipales de canton, il a été prescrit de se borner à faire constater par procès-verbal les contraventions de l'espèce, et à en référer au préfet, en l'invitant à donner les ordres nécessaires pour assurer l'exécution de la loi. — Circ. 18 flor. an VIII, 1814. — Et à plus forte raison, les mêmes ménagemens sont-ils prescrits quand les maires n'ont pas de secrétaire. — Inst. 1er fructid. an X, 70.

1387. — *Communication aux employés des registres et actes.* — Les dépositaires des registres de l'état civil, ceux des rôles des contributions et tous autres chargés des archives et dépôts de titres publics, sont tenus de les communiquer, sans déplacement, aux préposés de l'enregistrement à toute réquisition, et de leur laisser prendre sans frais les renseignemens, extraits et copies qui leur sont nécessaires pour les intérêts de l'état, à peine d'une amende de 50 fr. (aujourd'hui 10 fr., L. 16 juin 1824, art. 10) pour refus constaté, ainsi qu'on le verra *infrà* n° 1404. — L. 22 frim. an VII, art. 54.

1388. — Cette disposition a été complétée par le décret du 4 messid. an XIII, qui porte que les receveurs de droits et revenus des communes et de tous autres établissemens publics, les dépositaires des registres et minutes d'actes concernant les biens des hospices, fabriques des églises, chapitres et de tous autres établissemens publics, sont tenus de communiquer, sans déplacer, à toute réquisition, aux préposés de l'enregistrement leurs registres et minutes d'actes, à l'effet par lesdits préposés de s'assurer de l'exécution des lois sur l'enregistrement. — Inst., 293, 395, 1351 et 1413, § 2.

1389. — Les employés peuvent exiger la communication, sans déplacement, des matrices cadastrales, dans les mairies où elles sont déposées. — Déc. min. fin. 30 nov. 1813.

1390. — Les sociétés d'assurances contre les incendies étant dans la classe des sociétés particu-

lières (déc. min. fin., 19 janv. 1813), elles ne doivent pas communication de leurs registres. — Délib. 16 oct. 1819; — Roland et Trouillet, *Dict. d'enreg.*, n° 11.

1391. — La communication des actes de *discipline intérieure* ne peut être exigée des secrétaires des chambres de discipline, attendu que ces chambres ne sont pas des établissemens publics. — Délib. 17 juin 1834.

1392. — Décidé de même relativement aux secrétariats des évêchés. — Décis. min. fin. 22 avr. 1806.

1393. — Il en est autrement des registres des colléges tenus pour le compte des villes et des petits séminaires, attendu que ce sont des établissemens publics. — Décis. min. fin. 7 nov. 1825; instr. 1187, § 16.

1394. — La communication des registres des trésoriers des fabriques ne peut être exigée qu'à l'égard de ceux qui sont soumis au timbre. — Décis. min. fin. 12 mars 1827.

1395. — Les receveurs de l'enregistrement sont autorisés à prendre, tous les trois mois, au bureau des douanes des ports, le relevé des propriétaires de navire inscrits sur les registres de francisation, pour en faire usage relativement aux omissions qui pourraient avoir été commises dans les déclarations de succession. — Décis. min. fin. 10 juill. 1837; instr. 1543.

1396. — Les dispositions de l'art. 54, L. 22 frim. an VII, c'est-à-dire l'obligation de communiquer, sans déplacement, aux préposés de l'enregistrement, à toute réquisition, et de leur laisser prendre sans frais tous renseignemens, extraits et copies nécessaires, à peine d'une amende de 50 fr. (10 fr., L. 16 juin 1824, art. 10) par chaque refus constaté, sont également applicables aux notaires, huissiers, greffiers et secrétaires d'administrations centrales et municipales, pour les actes dont ils sont dépositaires. — Toutefois, sont exceptés les testamens et autres actes de libéralité, à cause de mort, du vivant des testateurs. — L. 22 frim. an VII, art. 54.

1397. — Le notaire qui, dans un inventaire, a été établi dépositaire des titres et papiers, est tenu de les communiquer aux préposés de la régie comme ses propres actes. — Délib. 2 janv. 1835. — *Contrà Trib. Metz*, 2 mai 1837.

1398. — Mais lorsqu'un notaire a été chargé, à titre de dépôt, d'un paquet cacheté pour n'être ouvert qu'en présence des parties, il n'est point tenu de l'ouvrir et de le communiquer aux préposés de l'enregistrement, sous prétexte que ce paquet renfermerait des actes sur lesquels des droits devraient être perçus. — En pareil cas, le notaire ne peut être considéré que comme un dépositaire particulier et confidentiel. — *Cass.*, 4 août 1811 (et non 1813), Perignon. — V. conf. arg. délib. 11 mai 1822, — Rolland de Villargues, *Rép.*, v[is] *Communication*, n[os] 18 et suiv., et *Dépôt de pièces*, n[os] 23 et suiv.

1399. — Les préposés n'ont pas le droit de vérifier les papiers d'une faillite qu'un huissier aurait en dépôt comme agent de cette faillite. — Décis. min. fin. 11 août 1820.

1400. — Les greffiers doivent communiquer aux employés le registre sur lequel ils inscrivent les actes sujets aux droits de greffe et les expéditions qu'ils délivrent. — L. 21 vent. an VII, art. 13; circ. 1695; instr. 398.

1401. — L'officier ou le dépositaire de titres publics doit communiquer généralement tous les actes et registres dont il a la garde à raison de ses fonctions, sans qu'il puisse assigner de bornes à l'examen, sous prétexte que, par la date de certains actes, toute recherche contre lui serait atteinte de prescription ou autrement, attendu que la loi ne fait aucune restriction pour l'époque. — Décis. min. fin. 16 mai 1810.

1402. — La marche à suivre par les préposés de la régie dans les vérifications qu'ils doivent faire dans les études et la chambre de discipline des notaires, est tracée dans un règlement annexé à une instruction générale du 15 mars 1831 (1351).

1403. — Les communications à faire aux préposés de l'enregistrement ne peuvent être exigées les jours de repos; et les séances dans chaque autre jour ne peuvent durer plus de quatre heures, de la part des préposés, dans les dépôts où ils font leurs recherches. — L. 22 frim. an VII, art. 54.

1404. — En cas de refus, de la part des dépositaires, de communiquer leurs répertoires et les actes qui leur ont été déposés, le préposé de l'enregistrement requiert l'assistance d'un officier municipal, ou de l'agent ou adjoint de la commune du lieu, et il dresse en sa présence procès-verbal du refus qui lui a été fait. — L. 22 frim. an VII, art. 52 et 54.



## CHAPITRE VI. — *Fixation des droits.*

1405. — Les droits à percevoir pour l'enregistrement des actes et mutations, sont fixes ou proportionnels.

1406. — Les tarifs établis par la loi du 22 frim. an VII ont subi dans certains cas des modifications en vertu de lois ultérieures. — Tout en rapportant les dernières lois qui fixent les tarifs actuellement en vigueur, nous avons cru devoir toujours indiquer les tarifs originairement établis par la loi de frimaire : 1° parce que l'indication de ces tarifs est souvent nécessaire pour comprendre quelques unes des décisions rapportées; — 2° et parce que, sauf la différence des chiffres, la loi du 22 frim. an VII est restée toujours la loi fondamentale en matière de perception.

### Sect. 1re. — *Actes soumis aux droits fixes.*

1407. — On a vu que le droit fixe s'appliquait généralement à tous les actes soit civils, soit judiciaires ou extrajudiciaires qui ne contiennent ni obligation, ni libération, ni condamnation, ni collocation ou liquidation de sommes et valeurs, ni transmission de propriété, d'usufruit ou de jouissance de biens meubles ou immeubles. — L. 22 frim. an VII, art. 3. — Il est perçu aux taux suivans :

1408. — *Abandonnemens de biens.* — Les abandonnemens de biens, soit volontaires, soit forcés, pour être vendus en direction, 5 fr. — L. 22 frim. an VII, art. 68, § 4, n° 1er.

1409. — Le droit fixe est seul exigible toutes les fois qu'il résulte de l'acte que les créanciers n'ont pas la faculté de disposer à leur gré des biens abandonnés, et qu'ils sont tenus de les faire vendre dans les formes indiquées, de quelque nature, d'ailleurs, que soient ces biens. — Décis. min. fin. 18 mai 1833. — Mais le droit de vente serait exigible, si l'abandon avait le caractère d'un traité à forfait. — Délib. 28 juin 1836.

1410. — *Acceptations de successions, etc.* — Les acceptations pures et simples de successions, legs ou communauté : 1 fr., L. 22 frim. an VII, art. 68, § 1er, n° 2.

1411. — *Acceptations de transports, etc.* — Les acceptations de transports ou délégations de créances à terme, faites par actes séparés, lorsque le droit proportionnel a été acquitté pour le transport ou la délégation; et celles qui se font dans les actes mêmes de délégation de créances aussi à terme : 1 fr., L. 22 frim. an VII, art. 68, § 1er, n° 3.

1412. — La disposition par laquelle le débiteur d'une créance ou d'une rente transportées à un tiers, déclare avoir le transport pour signifié, est une acceptation de transport ou de délégation passible de 1 fr. — Délib. 17 avr. 1822; 12 oct. 1825.

1413. — *Acquiescemens.* — Les acquiescemens purs et simples quand ils ne sont pas faits en justice : 3 fr., L. 28 avr. 1816, art. 43, n° 1er. — (Autrefois 1 fr., L. 22 frim. an VII, art. 68, § 1er, n° 4.)

1414. — Il ne doit être perçu qu'un seul droit fixe pour les acquiescemens de plusieurs cohéritiers à l'exécution d'un testament ou à la délivrance d'un legs, parce qu'ayant de fait accepté la succession, ils agissent dans un intérêt commun. — Délib. 10 août 1822.

1415. — L'acquiescement à un procès-verbal de bornage résultant de la simple signature de ce procès-verbal par les propriétaires riverains, ne donne ouverture à aucun droit particulier, cet acte ne constituant qu'un arpentage et bornage contradictoire. — Délib. 27 janv. 1835.

1416. — *Actes de complément et d'exécution.* — Les actes qui ne contiennent que l'exécution, le complément et la consommation d'actes antérieurs enregistrés : 1 fr., L. 22 frim. an VII, art. 68, § 1er, n° 6.

1417. — Ainsi, lorsque après un acte de cautionnement ou de garantie qui a été frappé du droit proportionnel, des individus étrangers à cet acte consentent un supplément de garantie pour le même objet, et jusqu'à concurrence de la même somme, il n'est dû sur ce second acte, comme complément du premier, que 1 fr. — Solut. 25 mars 1828; instr. 1249, § 6.

1418. — L'hypothèque spéciale, consentie par le vendeur dans un acte particulier, n'ajoutant rien au droit légal de l'acquéreur et n'étant que le complément de l'acte de vente, ne donne lieu qu'au droit fixe de 1 fr. — Solut. 16 nov. 1815.

1419. — De même, l'affectation d'hypothèque consentie, soit à titre de supplément à une hypothèque déjà stipulée, soit comme remplacement de l'hypothèque sur un immeuble vendu par le



débiteur n'est passible que de 1 fr. — Délib. 11 mars-15 avr. et 16 mai 1834.

1420. — L'affectation d'hypothèque consentie sur leurs propres biens, par les héritiers présomptifs d'un absent envoyés en possession, pour garantie de leur gestion et jusqu'à concurrence d'une somme déterminée n'est passible que de 1 fr. — Solut. 21 oct. 1830.

1421. — Lorsque après une donation faite par contrat de mariage, à charge de rapport à la succession du donateur, un acte ultérieur a dispensé de ce rapport, ce n'est là qu'une même donation; dès-lors, le second acte est seulement passible d'un droit fixe. — Solut. 19 sept. 1825; délib. 6 oct. 1826; — *Dict. des dr. de l'enregist.*, v° *Donation*, n° 176.

1422. — Lorsque après avoir fait donation par acte entre-vifs d'une somme à prendre sur ses biens, le donateur a, par testament, assigné au donataire des immeubles pour le remplir de cette somme, la délivrance de ces immeubles par l'héritier ou le légataire universel, au donataire ou légataire particulier n'est passible que de 1 fr. — Délib. 27 mai 1836.

1423. — En cas de stipulation, dans un acte de société, que ceux qui, dans un délai fixé, donneront leur adhésion à cet acte, feront partie de la société, l'acte subséquent n'est passible que de 1 fr. — Solut. 2 juin 1830.

1424. — Le droit fixe de 1 fr. est dû pour la même raison, sur les adhésions des pères de famille aux associations d'assurance ou de garantie pour l'exécution de la loi sur le recrutement. — Délib. 17 mai 1823.

1425. — N'est passible que du droit fixe de 1 fr., l'acte de liquidation des reprises de la femme sur la succession de son mari, lorsque, ne contenant aucune obligation nouvelle au profit de la femme, il ne fait que rappeler les sommes qu'elle a le droit de répéter, aux termes de son contrat de mariage précédemment enregistré. — *Cass.*, 6 juin 1811, Delaplace.

1426. — La reconnaissance faite dans un acte de liquidation par les héritiers du mari, en faveur de la femme, du douaire constitué à celle-ci par son contrat de mariage, ne saurait être considérée comme le titre d'une obligation nouvelle donnant ouverture au droit proportionnel. Un pareil acte n'est évidemment que la suite et l'exécution inévitable d'un titre antérieur, et n'est passible dès-lors que d'un droit fixe. — *Cass.*, 10 déc. (et non octobre) 1817, Witt.

1427. — Lorsque, d'après son contrat de mariage, le mari est garant envers sa femme de l'emploi des fonds appartenant à celle-ci, s'il est vendu une rente propre à la femme, l'acte par lequel le mari se déclare comptable envers elle du prix provenant de la vente, et s'oblige à en faire emploi, donne lieu, non à un droit proportionnel, mais à un simple droit fixe, attendu que la reconnaissance du mari se rattache à une obligation préexistante dérivant du mariage. — *Cass.*, 1er avr. 1822, Puissau.

1428. — Lorsque les reprises, droits et créances énumérés dans un acte de liquidation ont été antérieurement énoncés dans des actes enregistrés, tels que contrats de mariage, inventaires de communauté ou de succession, il n'y a pas lieu de percevoir le droit d'obligation sur le reliquat établi par la liquidation, alors même que le droit n'aurait point été perçu sur les actes antérieurs. Il en est autrement si les créances reconnues et liquidées n'ont point été mentionnées dans des actes antérieurement enregistrés. — Inst. de la régie, 8 mai 1839.

1429. — Lorsque, dans une constitution de dot faite par un père à sa fille, il a été compris une somme provenant d'un legs fait précédemment à la future, alors sous la tutelle de son père, l'engagement pris par celui-ci d'acquitter cette somme ne constitue pas de sa part une obligation personnelle donnant ouverture à un droit proportionnel d'enregistrement. C'est là seulement une déclaration d'exécution d'un acte antérieur enregistré, pour laquelle il n'est dû qu'un droit fixe. — *Cass.*, 10 pluv. an XIII, Delmas et Lachaze.

1430. — La somme dont un père s'est reconnu débiteur envers ses enfans, par l'acte de liquidation des reprises de leur mère qu'ils représentent, n'est pas passible du droit proportionnel, lorsque ce droit a déjà été perçu sur le contrat de mariage, pour toutes les sommes constitutives de la dot. — *Cass.*, 13 oct. (et non août) 1813, Hussenot.

1431. — La liquidation par suite de laquelle un père s'oblige à payer à ses enfans les sommes qui leur reviennent dans les bénéfices de la communauté qui a existé entre lui et leur mère décédée ne donne pas ouverture à un droit proportionnel. — Cet acte, malgré la réserve de droits hypothécaires qu'il contiendrait, ne doit être considéré

que comme l'exécution ou le complément d'un acte antérieur déjà enregistré (le contrat de mariage), et dès-lors il n'est passible que d'un droit fixe. — *Cass.*, 16 mai 1832, Javal.

1432.—L'acte de liquidation par lequel un père s'engage à payer à ses enfans la dot qui avait été constituée à leur mère ne doit pas être considéré comme un arrêté de compte ou comme une obligation nouvelle, mais comme l'exécution et le complément d'un acte antérieur dûment enregistré; par suite, il n'est passible que du droit d'un franc. — Il en est de même à l'égard des sommes échues à la mère par voie de succession durant le mariage et dont le père se reconnaît débiteur, lorsque ces valeurs ont été constatées par un acte quelconque, notamment par un inventaire régulièrement dressé.—*Cass.*, 11 déc. 1838 (t. 2 1838, p. 594), Benoist.

1433. — Lorsque le droit proportionnel d'enregistrement a été perçu sur un arrêt qui accorde à un détenteur de biens revendiqués l'option de délaisser ces biens ou de payer une somme déterminée, l'acte qui constate que ce dernier parti a été adopté, n'étant que l'exécution de l'arrêt, n'est soumis à aucun droit proportionnel. — *Cass.*, 24 août 1841 (t. 1er 1842, p. 310), Carré et Gamelin.

1434. — Lorsque les créanciers hypothécaires procèdent amiablement à la distribution du prix de l'immeuble hypothéqué à leurs créances, et que tous, même ceux qui ne viennent pas en ordre utile, donnent main-levée de leurs inscriptions, il n'est pas dû un droit fixe de 2 fr. pour la main-levée donnée par chacun des créanciers; car ces main-levées ne sont que la conséquence et le complément du réglement. — Délib. 1er août 1834.

1435. — Un exécutoire de dépens étant le complément du jugement, dont il fait en quelque sorte partie, n'est passible que d'un droit fixe.—Décis. min. fin. 16 fév. 1809.

1436. — *Actes de notoriété.* — Les actes de notoriété : 2 fr., L. 28 avr. 1816, art. 43, no 2.—(Autrefois 1 fr., L. 22 frim. an VII, art. 68, § 1er, no 5).

1437. —N'est passible que d'un seul droit, l'acte de notoriété qui constate : 1° le décès des père et mère; — 2° l'existence de leurs enfans et leurs droits d'héritiers, attendu que cet acte ne constate qu'un seul fait, l'hérédité des enfans résultant du décès de leur père et mère. — Délib. 22 fév. 1833.

1438. — Mais il doit être perçu deux droits sur un acte de notoriété énonçant la date de la naissance de deux personnes non constatée au registre de l'état civil, parce qu'il y a là attestation de deux faits indépendans l'un de l'autre, et ayant pour objet un double intérêt individuel et non un intérêt collectif indivisible. — Solut. 13 déc. 1825.

1439. — *Actes du greffe.* — Les actes faits ou passés aux greffes des tribunaux civils, portant acquiescement, dépôt, décharge, désaveu, exclusion de tribunaux, affirmation de voyage, opposition à remise de pièces, enchères, surenchères, renonciation à communauté, succession ou legs, reprise d'instance, communication de pièces sans déplacement, affirmation et vérification de créance, opposition à délivrance de jugement : 3 fr., L. 28 avr. 1816, art. 44, no 10.—(Autrefois 2 fr., L. 22 frim. an VII, art. 68, § 2, no 6).

1440. — Les actes passés aux greffes des tribunaux de commerce, portant dépôt de bilan et registres, opposition à publication de séparation, dépôt de sommes et pièces, et tous autres conservatoires ou de formalité : 3 fr., L. 28 avr. 1816, art. 44, no 10. —(Autrefois 2 fr., L. 22 frim. an VII, art. 68, § 2, no 7).

1441. — Pour les mêmes actes (des greffes de tribunaux soit civils, soit de commerce) en cour royale : 5 fr., L. 28 avr. 1816, art. 45, no 6.

1442. — Dans les renonciations à communauté, succession ou legs, il est dû un droit pour chaque renonçant. — L. 22 frim. an VII, art. 68, § 2, no 6.

1443. — Les acceptations de succession sous bénéfice d'inventaire sont assujéties au droit de 3 fr. — Décis. min. fin. 13 juin 1823; instr. 1086, no 1.— Il est dû un droit par chaque acceptant, soit que l'acceptation soit faite par des majeurs, soit qu'elle ait lieu de la part d'un tuteur, ou au nom de ses mineurs. — Solut. 30 nov. 1829.

1444. — L'acte de dépôt au greffe des titres constatant la solvabilité d'une caution présentée (C. procéd., art. 517 et 518), doit être enregistré indépendamment de la formalité du jugement qui a ordonné de fournir caution. — Décis. min. just. et fin. 13 juin 1809; instr. 436, no 40.

1445. — L'acte de présentation au greffe d'un diplôme de médecin, chirurgien, officier de santé ou sage-femme, n'est passible d'un droit d'enregistrement que s'il est rédigé au greffe.—Décis. min. fin. 14 pluv. an XII; 17 déc. 1811; instr. 204 et 558.

1446. — L'acte de dépôt de l'empreinte du fer servant à la marque des bestiaux des usagers



(C. forest., art. 74), rédigé sur papier timbré, est passible du droit de 3 fr.—Décis. min. fin. 15 juill. 1828; inst. 1251, § 4.

1447. — *Actes innommés.* — On entend généralement par actes innommés tous actes civils, judiciaires ou extrajudiciaires qui ne se trouvent dénommés dans aucune des dispositions de la loi, et qui ne peuvent donner lieu au droit proportionnel : 1 fr., L. 22 frim. an VII, art. 68, § 1er, no 51.

1448. — Ont été considérés comme actes innommés, et par conséquent comme n'étant passibles que du droit fixe de 1 fr. :

1449. — ...L'acte resté imparfait et dont une des parties contractantes veut obtenir copie (C. procéd., art. 841), à moins qu'il ne résulte de cet acte, même dans son imperfection, quelque obligation qui doive avoir son exécution, et qui soit en conséquence passible du droit proportionnel. — Décis. min. just. et fin. 13 juin 1809; inst. 436, no 62.

1450. — ... Les états détaillés que les tiers saisis sont tenus d'annexer à leurs déclarations. — C. procéd., art. 578; — décis. min. just. et fin. 13 juin 1809; décis. min. fin. 6 août 1823; instr. 436, nos 46 et 1097.

1451. — ... Les états estimatifs d'effets mobiliers qui sont annexés aux actes de donation (C. civ., art. 948), soit qu'ils aient été certifiés par le donateur ou le donataire, soit que les parties ne sachant pas signer, ils aient été signés par le notaire et les témoins.— Instr. 19 oct. 1807, § 51.

1452. — ... Le titre clérical qui ne contient pas l'acceptation du donataire, attendu qu'un décret du 28 fév. 1810 ayant formellement abrogé l'art. 26 de la loi du 18 germ. an X, l'ordination même du clerc-minoré à qui un titre clérical a été constitué, ne peut plus être regardée comme une preuve de son acceptation. — Délib. 18 août 1835; solut. 19 oct. et 10 nov. 1838.

1453. — ... L'acte respectueux au moyen duquel l'enfant devenu majeur demande le consentement de ses père et mère ou autres ascendans à l'effet de contracter mariage. — Solut. 10 janv. 1822.

1454. — ... L'acte par lequel deux époux séparés de biens usant de la faculté accordée par l'art. 1451, C. civ., rétablissent la communauté dissoute. — Délib. 22 pluv. an XI et 11 juin 1807.

1455.—...L'acte de prorogation de délai dont l'un des effets est réglé par l'art. 2039, C. civ.; car il n'est point un consentement pur et simple, et par conséquent il n'est pas nommément tarifé par les lois des 22 frim. an VII et 28 avr. 1816. — Solut. 7 janv. 1130; Délib. 7 avr. 1830 et 20 juin 1832.

1456. — ... La prorogation de délai pour l'exercice d'une faculté de rachat, sans préjudice de la perception à asseoir sur l'acte de retrait qui pourra être opéré en vertu de cette prorogation. — Délib. 23 déc. 1834.

1457. — ... Le cahier des charges dont parle l'art. 958, C. procéd. — Cet acte est distinct de l'acte de dépôt qui donne lieu à un droit particulier, et il doit être enregistré avant ce dépôt. — Déc. min. fin., 16 août 1808; instr. 400, no 4 et 436, no 74.

1458. — ... L'acte de production mentionné dans l'art. 754, C. procéd.— Déc. min. fin. 21 janv. et 2 fév. 1813; instr. 620.

1459. — ... Les procès-verbaux de dires, ceux d'adjudication préparatoire et tous autres rédigés par les notaires, soit à la requête des parties, soit en vertu d'une commission du tribunal. — Solut. 26 sept. 1830, 28 juin et 29 août 1831.

1460. — ... Les arrêtés de la chambre des huissiers pour subvenir aux besoins de ceux qui se sont retirés pour cause d'infirmité, et des veuves et orphelins d'huissiers. — Décr. 14 juin 1813, art. 102; instr. 659.

1461. — ... L'acte par lequel une veuve consent que les contributions assises sur ses biens soient comptées à son fils ou à son gendre, pour lui assurer le droit d'élection ou d'éligibilité. — Solut. 10 juill. 1834; instr. 1450, § 3.

1462. — ... Les plans, procès-verbaux, certificats, significations, jugemens, contrats et autres actes ayant pour objet exclusif la construction, l'entretien et la réparation des chemins vicinaux. — L. 21 mai 1836, art. 20.

1463. — Le traité consenti par un corps d'état tels que des charpentiers, stipulant non individuellement, mais comme communauté, pour régler le tarif de leurs salaires avec les entrepreneurs qui les emploient est sujet à un seul droit fixe de 1 fr.; et non à autant de droits fixes qu'il y a d'adhésions à l'acte. — Délib. 23 déc. 1845.

1464. — *Actes judiciaires.* — V. *infrà* no 1670, *Ordonnances du juge.*

1465. — *Actes refaits.* — Les actes refaits pour cause de nullité ou autre motif, sans aucun changement qui ajoute aux objets des conventions ou



à leur valeur : 2 fr., L. 28 avr. 1816, art. 43, no 3. — (Autrefois 1 fr., L. 22 frim. an VII, art. 68, § 1er, no 7).

1466.—*Adjudications à la folle-enchère.*—... Les adjudications à la folle-enchère, quand le prix n'est pas supérieur à celui de la précédente adjudication, si elle a été enregistrée : 3 fr., L. 28 avr. 1816, art. 44, no 1er. — (Autrefois 1 fr., L. 22 frim. an VII, art. 68, § 1er, no 8).

1467. — *Adjudications et marchés pour le trésor.* — Les adjudications et marchés pour constructions, réparations, entretien, approvisionnemens et fournitures dont le prix doit être payé directement ou indirectement par le trésor : 1 fr., L. 15 mai 1818, art. 73.

1468. — Ces adjudications et marchés étaient auparavant soumis au droit proportionnel (50 cent. p. 100 fr., L. 22 frim. an VII, art. 69, § 2, no 3; puis 1 fr. p. 100 fr., L. 28 avr. 1816, art. 51, no 3), comme le sont encore les adjudications et marchés pour les administrations locales et les établissemens publics, ou autres particuliers.—V. *infrà* nos 1890 et suiv.

1469. — Cependant, dès avant la loi du 15 mai 1818, des dispositions spéciales avaient réduit le droit proportionnel au droit fixe de 1 fr. pour les marchés et adjudications concernant la guerre et la marine et pour l'intérieur, à raison des ponts-et-chaussées, écluses, desséchemens, travaux dans les ports et pavage de ville, lorsque le prix de ces travaux était à la charge du trésor, à moins qu'une clause expresse ne soumît ces marchés et adjudications au droit de 50 cent. pour 100 fr. — Décis. min. fin. 9 niv. an VII; circul. 1er flor. an VII, 1546; arrêté 6 fruct. an XI et 15 brum. an XII; instr. 160 et 186.

1470. — Ainsi, décidé que les adjudications des travaux aux digues de mer faites à la diligence des propriétaires des polders, sont assimilées aux actes de l'administration des ponts et chaussées, et assujéties au seul droit fixe de 1 fr. — Délib. 3 niv. an XI.

1471.—... Que les adjudications pour les fournitures et entretiens de haras ne sont passibles que du droit fixe. — Déc. min. fin. 6 fév. 1810.

1472. — La question de savoir si les marchés passés avec un entrepreneur étaient passibles du droit fixe ou du droit proportionnel d'enregistrement, d'après la loi du 28 avr. 1816, n'est pas de la compétence administrative.— *Cons. d'état*, 26 août 1824, Dolfus.

1473. — Lorsque le gouvernement fait, après estimation préalable, marché avec un entrepreneur de constructions maritimes, pour lui délivrer extraordinairement des bois des forêts de l'état, une pareille délivrance est assujétie à un droit proportionnel. — *Cass.*, 2 nov. 1807, Parent.

1474. — Décidé toutefois que sous l'empire de la loi du 28 avr. 1816, les tribunaux n'ont pas pu, en raison des circonstances plus ou moins favorables, déclarer seulement passibles du droit fixe de 1 fr., les adjudications et marchés dont le prix devait être payé par le trésor royal, par exemple, pour fournitures des fourrages destinés à la gendarmerie d'un département, et qui étaient assujétis par cette loi au droit proportionnel de 1 %. — *Cass.*, 21 mars 1825, Nicolas.

1475. — Sous l'empire de la loi du 28 avr. 1816, le traité par lequel des individus s'engagent à fournir au directeur des subsistances militaires une certaine quantité d'avoine, à prendre dans les magasins des soumissionnaires, est passible du droit proportionnel de 1 %, établi par l'art. 51, no 3 de cette loi, sur les marchés pour fournitures dont le prix doit être payé par le trésor royal. — Il n'y a pas lieu de distinguer entre le cas où le commissionnaire ne possédait pas la chose à livrer, et celui où il en était propriétaire, et de prétendre qu'en ce dernier cas, il y avait une véritable vente, passible du droit fixe. — *Cass.*, 4 avr. 1827, Lallier.

1476. — L'adjudication de constructions et réparations de ponts sur des grandes routes, faites moyennant un droit de péage, n'est passible que du droit fixe, parce que les péages perçus sont une sorte de contribution. — Décis. min. fin. 9 janv. 1822; — Roland et Trouillet, *Dict. d'enreg.*, vo *Acte administratif*, no 47.

1477. — L'adjudication au rabais de la construction d'un port sanitaire, dont le prix doit être payé avec des fonds de souscription, versés dans une caisse de commerce, n'est passible que du droit fixe de 1 fr., parce que la construction intéresse la société entière. — Décis. min. fin. 26 juill. 1822; — Roland et Trouillet, *Dict. d'enreg.*, vo *Acte administratif*, no 32.

1478. — Lorsque, dans une adjudication au rabais, consentie par une commune pour la construction d'un pont, il est dit que l'adjudicataire

recevra en paiement d'une partie du prix le produit d'un péage précédemment abandonné à la commune par l'état, ou même des travaux déjà confectionnés, un pareil produit doit être considéré comme une subvention fournie par le trésor, donnant lieu au droit fixe de 1 fr. et non au droit proportionnel. — Délib. 15 mars 1833 ; décis. min. fin. 4 avr. 1839.

1479. — Mais l'engagement de construire un pont moyennant l'abandon de deux pièces de terre et de matériaux, est passible du droit de 5 1/2 % sur la valeur des pièces de terre, à cause de la mutation de ces immeubles et de 1 % sur la valeur des matériaux. — Délib. 9 avr. 1830.

1480. — Est seulement passible du droit fixe, l'adjudication au rabais de travaux sur une vente, moyennant une somme payable, partie en prestation en nature, et le surplus en fonds départementaux. — Décis. min. fin. 12 oct. 1829.

1481. — L'exemption du droit proportionnel ne peut être étendue aux sous-traités, ni aux actes de cession, subrogation ou association, par les adjudicataires ou entrepreneurs ayant traité directement avec les départemens de la guerre, de la marine ou de l'intérieur. — Instr. 25 frim. an XII et 186 ; décis. min. fin. 21 déc. 1807 ; instr. 366, n° 7. — Il en serait ainsi, en cas même de substitution, dans le marché, en vertu d'un arrêté administratif. — Délib. 12 sept. 1828 ; décis. min. fin. 16 avr. 1832 ; instr. 1410, § 2, et 1414, § 1er.

1482. — Les marchés et les adjudications de travaux ayant pour objet exclusif la construction, l'entretien et la réparation des chemins vicinaux, sont passibles du droit fixe de 1 fr. — L. 21 mai 1836, art. 20.

1483. — *Affirmations de créances.* —... Les procès-verbaux d'affirmation de créances, faits en exécution de l'art. 507, C. comm. (art. 497, L. 28 mai 1838), quel que soit le nombre des déclarations affirmatives : 3 fr. — L. 24 mai 1834, art. 13.

1484. — *Appels.* — ... Les déclarations et significations d'appel des jugemens des juges de paix aux tribunaux civils : 5 fr. — L. 22 frim. an VII, art. 68, § 4, n° 3.

1485. — ... Les déclarations et significations d'appel des jugemens des tribunaux civils, de commerce et d'arbitrage : 10 fr. — L. 22 frim. an VII, art. 68, § 5.

1486. — La disposition générale de la loi comprend les appels des jugemens rendus sur délibération du conseil de famille dont parle l'art. 889, C. procéd. — Décis. min. just. et fin. 13 juin 1809 ; instr. 436, n° 70.

1487. — Si un acte d'appel, fait à la requête d'un seul demandeur contre un seul défendeur, est successivement signifié à plusieurs domiciles, la première signification est seule passible du droit fixe de 10 fr. ; chacune des autres est seulement soumise au droit de 2 fr. — Délib. 2 déc. 1831.

1488. — Les significations contenant appel incident, pendant le cours des procédures sur un appel principal, même lorsqu'elles ont lieu par acte d'avoué à avoué, sont passibles de 10 fr. — Solut. 29 janv. 1828 ; instr. 1249, § 4.

1489. — Les déclarations d'appel des jugemens de police correctionnelle, qui ne sont pas tarifées nommément dans la loi, doivent 1 fr. — A l'égard de la déclaration d'appel du ministère public, sa notification est exempte de l'enregistrement comme acte concernant la police générale. — Circul. 9 frim. an VIII, art. 1704 ; L. 25 mars 1817, art. 74.

1490. — Dans tous les actes d'appel, il est dû un droit pour chaque appelant ou intimé, en quelque nombre qu'ils soient, excepté dans les cas spécifiés dans la dernière disposition du n° 30, § 1er, art. 68 de la loi 22 frim. an VII, à laquelle il est renvoyé. — (V. *infrà* nos 1635 et suiv. ; L. 27 vent. an IX, art. 13 ; circul. 9 frim. an VIII, 1704 ; 17 germin. an IX, 1992.

1491. — Dès-lors, si l'on ne se trouve dans un des cas d'exception prévus, un exploit d'appel signifié à la requête de quatre demandeurs contre quatre défendeurs est passible de seize droits. — Délib. 22 sept. 1829.

1492. — *Arbitres (nomination d').* — ... Les nominations d'arbitres : 3 fr. — L. 28 avr. 1816, art. 44, n° 8. — (Autrefois 1 fr., L. 22 frim. an VII, art. 68, § 1er, n° 32).

1493. — *Assurances maritimes.* — ... Les polices d'assurances maritimes : 1 f. — L. 16 juin 1824, art. 5.

1494. — Le droit proportionnel n'est dû que lorsqu'il est fait usage de ces actes en justice. — Même loi ; avis com. fin. 16 avr. 1822, appr. le 25 oct. suiv. — V. au surplus *infrà* n° 1922.

1495. — *Atermoiemens.* — ... Les atermoiemens après faillite : 3 fr. — L. 24 mai 1834, art. 14.

1496. — Quant aux autres atermoiemens, ils sont soumis au droit proportionnel. — V. *infrà* nos 1928 et suiv.



1497. — *Attestations.* — ... Les attestations pures et simples : 1 fr. — L. 22 frim. an VII, art. 68, § 1er, n° 10.

1498. — *Autorisations.* — ... Les autorisations pures et simples : 2 fr. — L. 28 avr. 1816, art. 43, n° 5. — (Autrefois 1 fr., L. 22 frim. an VII, art. 68, § 1er, n° 12).

1499. — *Avis de parens.* — ... Les avis de parens, autres que ceux contenant nomination de tuteurs et curateurs : 4 fr. — L. 10 juill. 1845, art. 5. — (Autrefois 1 fr., L. 22 frim. an VII, art. 68, § 1er, n° 11. — Puis 3 fr., L. 28 avr. 1816, art. 43, n° 4).

1500. — Dans tout avis de parens, il ne peut être perçu un second droit qu'à raison d'une disposition réellement indépendante de l'objet principal de l'acte. Ainsi, il n'est dû qu'un droit sur une délibération du conseil de famille conservant la tutelle à la mère, et nommant pour cotuteur le mari, sous la puissance duquel elle va passer. — Déc. min. fin. 20 juin 1809 ; instr. 449, n° 2.

1501. — De même, il n'est dû qu'un seul droit : 1° sur un avis de parens qui autorise le mariage d'une mineure et nomme un curateur pour assister au contrat, ou qui nomme un subrogé-tuteur et autorise la veuve tutrice à provoquer le partage des biens de son mari prédécédé ; 2° — sur une délibération portant nomination d'un subrogé-tuteur, et désignation d'un notaire et de deux experts appréciateurs pour l'inventaire du mobilier ; mais dans ce dernier cas, la prestation de serment des experts devant le juge de paix qui préside le conseil de famille forme une disposition indépendante passible de 1 fr. — Solut. 29 janv. 1825 ; instr. 1166, § 4.

1502. — Les délibérations des conseils de famille qui, en exécution de l'art. 454, C. civ., se bornent à fixer la dépense annuelle d'un mineur ou d'un interdit, ne peuvent être considérées comme renfermant un bail à nourriture, et ne donnent ouverture qu'au droit fixe. — Délib. 22 brum. an XIII ; instr. 290, n° 28.

1503. — Les attributions que la loi confère au conseil de famille étant bornées par elle à délibérer sur la nomination et la destitution des tuteur et subrogé-tuteur, à régler les dépenses de la tutelle, à autoriser les emprunts à faire par les mineurs, les aliénations de leurs biens, leur émancipation et leur mariage, sans lui conférer nulle part le droit de les représenter directement, il s'ensuit que la simple autorisation donnée par le conseil de famille à l'épouse survivante, pour la remplir de ses reprises, de toucher, d'un tiers, des fonds appartenant aux mineurs issus de son mariage, n'étant pas valable à l'effet d'opérer la transmission de ces fonds en sa faveur, n'est point non plus assujétie à la perception du droit proportionnel. — *Cass.*, 2 sept. 1812, Bertone.

1504. — *Bilans.* — ... Les bilans : 1 fr. — L. 22 frim. an VII, art. 68, § 1er, n° 13.

1505. — *Brevets d'apprentissage.* — Les brevets d'apprentissage ne contenant ni obligation de sommes et valeurs mobilières, ni quittance : 1 fr. ; L. 22 frim. an VII, art. 68, § 1er, n° 14.

1506. — *Cautionnemens.* — ... En règle générale, les cautionnemens sont soumis au droit proportionnel. — V. *infrà* nos 1949 et suiv. — Cependant il existe quelques exceptions.

1507. — L'acte de cautionnement d'un conservateur des hypothèques n'est passible que de 1 fr. fixe. — L. 21 vent. an VII, art. 5.

1508. — Les cautionnemens contenus dans les procès-verbaux de saisies faites par les préposés des contributions indirectes, portant obligation de représenter les objets saisis ou d'en payer la valeur, ne sont passibles que du droit fixe de 1 fr. — Déc. min. fin. 25 nov. 1806 ; instr. 323.

1509. — Il en est de même en matière de douanes. — Déc. min. fin. 18 juin 1811.

1510. — ... Des cautionnemens, des adjudications et marchés pour la guerre, la marine et les ponts et chaussées. — Décr. 25 germ. an XIII ; avis cons. d'état, 28 brum. an XIV, appr. le 21 frim. ; inst. 286 et 386, n° 9.

1511. — ... Des cautionnemens relatifs aux adjudications au rabais, et marchés pour constructions, entretien, approvisionnemens et fournitures dont le prix doit être payé directement ou indirectement par le trésor. — L. 15 mai 1818, art. 73.

1512. — *Certificats.* — ... Les certificats purs et simples, ceux de vie de chaque individu, et ceux de résidence : 1 fr. — L. 22 frim. an VII, art. 68, § 1er, n° 17.

1513. — Sont susceptibles d'enregistrement, et comme tels passibles du droit fixe de 1 fr., les différens certificats délivrés par les greffiers, en matière de communication de pièces, opposition aux jugemens par défaut de vente sur folle-enchère, de lecture de jugement de séparation de biens, etc. — Déc. min. just. et fin. 13 juin 1809 ; instr. 436 n° 15 ; solut. 8 fév. 1831.



1514. — Les certificats délivrés par les avoués (C. procéd., art. 548) pour l'exécution des jugemens prononçant une main-levée, une radiation hypothécaire, etc., ne sont susceptibles d'enregistrement que dans le cas où on en fait usage. Mais l'attestation du greffier, nécessaire dans le même cas, doit être enregistrée au droit de 1 fr. — Déc. min. just. et fin. 13 juin 1809 ; instr. 436, n° 44.

1515. — La signature de l'imprimeur du journal où a été faite l'insertion prescrite par l'art. 638, Cod. procéd., constitue un certificat qui doit être enregistré au droit fixe de 1 fr. avant la légalisation du maire. — Déc. min. just. et fin. 13 juin 1809 ; instr. 436, n° 51.

1516. — Le certificat délivré par un maire à l'effet de constater l'absence d'un individu dont la fille devait obtenir le consentement pour se marier, est soumis au droit fixe de 1 fr. — *Cass.*, 20 oct. 1813, Fraiché.

1517. — Les certificats que le secrétaire général du conseil d'état délivre aux parties, pour leur faire connaître la situation des affaires qui les intéressent, ne sont sujets à l'enregistrement comme actes sous seing-privé qu'avant d'être produits en justice ou devant une autorité constituée. — Délib. 4 mars 1831.

1518. — Les certificats de propriété produits par des héritiers, pour faire opérer des mutations au grand-livre (L. 28 flor. an VII), ou pour toucher des valeurs données en paiement de l'arriéré (ord. 20 mai 1818), sont assujétis au droit de 1 fr. soit que ces certificats se délivrent par un juge de paix, par un notaire ou par un greffier. Il n'est dû qu'un seul droit sur chaque certificat, quel que soit le nombre d'héritiers y dénommés. — Déc. min. fin. 27 août 1823 ; instr. 1094, n° 1er. — Il en est de même des certificats de propriété pour le remboursement des cautionnemens versés au trésor. — Décr. 18 sept. 1806 ; circ. 11 déc. suiv.

1519. — Le certificat délivré par les fonctionnaires publics, pour remplacer la déclaration du tiers-saisi et indiquer quelle est la somme due au saisi, est passible du droit fixe de 2 fr. C'est là, en effet, une véritable déclaration qui n'a de certificat que le nom. — Déc. min. fin. 6 août 1823 ; instr. 1097.

1520. — Les certificats d'individualité sont également passibles du droit de 1 fr. — L. 22 frim. an VII, art. 68, § 1er, n° 46.

1521. — Quant aux certificats de vie et autres qui sont exempts de l'enregistrement, V. *suprà* nos 922 et suiv.

1522. — *Certifications de cautions.* — ... Les certifications de cautions et de cautionnemens : 2 fr. — L. 28 avr. 1816, art. 43, n° 6. — (Autrefois 1 fr., L. 22 frim. an VII, art. 68, § 1er, n° 16.)

1523. — *Collations d'actes.* — ... Les collations d'actes et pièces ou des extraits d'iceux, par quelque officier public qu'elles soient faites : 1 fr. — L. 22 frim. an VII, art. 68, § 1er, n° 18.

1524. — Le droit est dû pour chaque acte, pièce ou extrait collationné. — Même loi.

1525. — Les expéditions des minutes d'un notaire décédé, faites par un autre notaire avec cette mention : *expédié sur la minute représentée et ensuite rendue*, sont des copies collationnées assujéties à l'enregistrement. — Délib. 7 flor. an X.

1526. — *Collocations amiables.* — A la différence des collocations par jugement, qui sont soumises au droit proportionnel (V. *infrà* nos 2716 et suiv.), les collocations amiables ne sont considérées que comme actes de complément ou d'exécution, et, par conséquent, ne donnant lieu qu'au droit de 1 fr. — L. 22 frim. an VII, art. 68, § 2, n° 6.

1527. — Ainsi, n'est point passible du droit proportionnel la collocation amiable ou l'acte par lequel le débiteur convient avec ses créanciers de l'ordre dans lequel ceux-ci seront payés sur le prix de ses biens vendus. — Solut. 5 oct. 1832.

1528. — Les distributions par contribution faites à l'amiable, entre créanciers, par actes passés devant notaire ou sous seing-privé, ne sont point soumises au droit proportionnel de 50 c. p. 100 fr., comme les expéditions des jugemens portant collocation. Il n'y a lieu de percevoir sur ces distributions que le droit de 1 fr. — *Cass.*, 17 (et non 13) mars 1830, duc d'Orléans.

1529. — Il en est de même des collocations faites à l'amiable devant notaire, quoique dans l'état de répartition les intérêts soient ajoutés au principal. — Solut. 5 oct. 1832.

1530. — L'acte fait en vertu de cette convention des parties, que le prix d'une vente sera versé entre les mains de l'un des créanciers du vendeur pour être distribué aux autres sans qu'ils interviennent, est moins une collocation amiable, une dis-

ribution de deniers, qu'une indication de paiement, qui dès-lors n'est point sujette au droit proportionnel. — *Cass.*, 31 janv. 1815, Fischer.

1531. — *Compromis.* — ... Les compromis ne contenant aucune obligation de sommes et valeurs donnant lieu au droit proportionnel : 3 fr. — L. 28 avr. 1816, art. 44, nº 2. — (Autrefois 1 fr., L. 22 frim. an VII, art. 68, § 1er, nº 19.)

1532. — Est passible du droit de 3 fr., comme compromis, l'acte distrait du jugement, qui proroge la compétence du juge de paix. Mais si les parties et la cause sont justiciables du juge de paix, il n'est dû que le droit de 1 fr., parce qu'alors il n'y a pas compromis, mais simple comparution tenant lieu de citation. L'acte et le jugement peuvent n'être soumis qu'en même temps à l'enregistrement. — Si la prorogation de juridiction est constatée par le jugement même, il n'y a pas lieu de percevoir, indépendamment du droit dû à raison de cette prorogation, un semblable droit pour le compromis. — Décis. min. just. et fin. 13 juin 1809; instr. 4 juill. 1809, 436, nº 3; et 19 mai 1824, 1132, § 4.

1533. — *Concordats.* — ... Les concordats ou atermoiemens consentis conformément aux art. 519, 507 et suiv., C. comm. (L. 28 mai 1838) quelle que soit la somme que le failli s'oblige de payer : 3 fr. — L. 24 mai 1834, art. 14.

1534. — *Connaissemens.* — ... Les connaissemens ou reconnaissances de chargemens de mer : 3 fr. — L. 28 avr. 1816, art. 44, nº 6. — (Autrefois 1 fr., L. 22 frim. an VII, art. 68, § 1er, nº 20.)

1535. — *Consentemens.* — ... Les consentemens purs et simples : 2 fr. — L. 28 avr. 1816, art. 43, nº 7. — (Autrefois 1 fr., L. 22 frim. an VII, art. 68, § 1er, nº 21).

1536. — Les consentemens par les bailleurs de fonds des cautionnemens des préposés des administrations financières, à l'effet d'affecter ces cautionnemens à la garantie de la gestion des titulaires, quel que soit le lieu où ils exercent leurs fonctions, sont passibles de 2 fr. — Ord. 25 sept. 1816 et 25 juin 1835 ; instr. 1491.

1537. — Le consentement pur et simple donné par des enfans à l'exécution du testament de leur père n'est passible que du droit fixe, bien que le père ait disposé au-delà de la quotité disponible ; mais si ce consentement était accordé moyennant une somme d'argent, il constituerait une cession. — Délib. 24 flor. an XIII.

1538. — Le consentement donné par l'un des enfans à la vente que fait le père à un autre enfant, n'est passible d'aucun droit ; car c'est là une condition de la vente, et non une disposition qui en soit indépendante. — Délib. 23 avr. 1830.

1539. — Doit être considéré comme simple consentement, et non comme délégation ou transport de créance sujet au droit de cession, l'acte par lequel un créancier hypothécaire cède sans bourse délier à un autre créancier postérieur en hypothèque son rang de priorité. En effet, une pareille convention ne transmet aucune créance nouvelle, et ne dispense pas ce cessionnaire, pour obtenir paiement, de justifier d'un titre régulier de créance. — Déc. min. fin. 7 juin 1808 ; instr. 386, nº 11.

1540. — Une main-levée n'est qu'un consentement donné par la partie qui a requis l'inscription ou formé l'opposition ; cet acte est donc passible de 2 fr. — Déc. min. fin. 17 août 1816 ; instr. 758, nº 8.

1541. — N'est passible que d'un seul droit fixe l'acte qui constate le consentement collectif de propriétaires à ce que le droit de chasse sur leurs propriétés soit affermé pour le compte de la communauté. En effet, il y a en pareil cas un but et un intérêt communs. — Instr. 30 mars 1844.

1542. — *Contrats de mariage.* — Les contrats de mariage qui ne contiennent d'autres dispositions que des déclarations, de la part des futurs, de ce qu'ils apportent eux-mêmes en mariage, et se constituent sans aucune stipulation avantageuse entre eux : 5 fr. — L. 28 avr. 1816, art. 45, nº 2. — (Autrefois 3 fr., L. 22 frim. an VII, art. 68, § 3, nº 1.)

1543. — La reconnaissance y énoncée, de la part du futur, d'avoir reçu la dot apportée par la future, ne donne pas lieu à un droit particulier. — L. 22 frim. an VII, art. 68, § 3, nº 1er.

1544. — Le droit fixe doit toujours être perçu, quels que soient les droits proportionnels auxquels les dispositions du contrat donnent ouverture. — Délib. 9 pluv. an VII.

1545. — Ne donnent ouverture à aucun droit particulier les clauses qui sont de l'essence même du contrat de mariage ; telles sont :

1546. — ... La déclaration des futurs qu'ils se marient sous le régime de la communauté ou sous le régime dotal. — Instr. 3 fruct. an XIII, 290, nº 16.

1547. — ... La stipulation, dans un contrat de mariage sous le régime dotal, portant que les futurs seront associés pour les acquêts. — Délib. 15 juin 1827.

1548. — ... La stipulation qui assure la totalité de la communauté au survivant. — C. civ., art. 1525 ; — Masson-Delongpré, *C. de l'enreg.*, nº 2330.

1549. — ... La clause qui accorde, à titre de forfait, à la future, après la dissolution de la communauté, une somme fixe pour tous ses droits. — Délib. 20 déc. 1825.

1550. — ... La clause d'ameublissement. — Délib. 15 mars 1823 ; déc. min. fin. 3 oct. 1828 ; inst. 1272, § 3.

1551. — La stipulation d'un contrat de mariage, en vertu de laquelle la future donne pouvoir à son mari d'aliéner les biens qu'elle se constitue en dot, sans qu'il soit astreint à faire emploi du prix (C. civ., art. 1557), n'est passible d'aucun droit. Cette clause, irrévocable de sa nature, ne peut être considérée comme un pouvoir et forme une des conventions dont l'ensemble constitue le contrat de mariage. — Solut. 17 nov. 1826 ; instr. 1205, § 4.

1552. — *Décharges.* — Les décharges pures et simples : 2 fr. — L. 28 avr. 1816, art. 43, nº 8. — (Autrefois 1 fr., L. 22 frim. an VII, art. 68, § 1er, nº 22).

1553. — On avait d'abord considéré comme passible du droit de quittance la décharge donnée au survivant des père et mère des meubles dont il paie la valeur, conformément à l'art. 453, C. civ. — Instr. 12 nov. 1811, 548, nº 3. — Mais décidé depuis qu'une pareille décharge n'est passible que du droit fixe de 2 fr. — Solut. 29 mars 1838.

1554. — N'est passible que du droit fixe de décharge l'acte qui constate la remise au nu-propriétaire d'une somme dont l'usufruit appartenait à un tiers après l'extinction de cet usufruit. — Délib. 21 avr. 1837.

1555. — Lorsque, par suite d'un testament contenant institution fiduciaire, la remise de la succession est faite à l'héritier élu par l'institué, conformément au vœu du testateur, à la charge par lui de désintéresser ses cosuccesseurs de la manière également voulue par le testateur, l'acte qui réalise ces dispositions n'est passible que du droit de décharge. — Décis. min. fin. 19 avr. 1819 ; — Roland et Trouillet, *Dict. d'enregistr.*, vº *Décharge*, nº 27.

1556. — Les légataires étant saisis de la propriété de leurs legs en vertu d'un testament qui la leur confère, il s'ensuit que l'acte de remise de la part d'un exécuteur testamentaire, aux héritiers ou légataires, des sommes qu'il a touchées par suite de sa gestion, ne constitue qu'une simple décharge, passible du droit fixe. — *Cass.*, 30 août 1826, Chibout.

1557. — Lorsque le débiteur d'une rente a vendu les biens qui y sont affectés, à la charge par l'acquéreur de la payer, et que par un autre acte le créancier de cette rente déclare décharger le débiteur primitif de l'obligation personnelle par lui contractée, cette décharge, ne pouvant être considérée que comme une renonciation pure et simple à l'une des deux actions personnelles appartenant au créancier, sans qu'il y ait pour cela substitution d'un débiteur à un autre, n'est passible que d'un seul droit fixe. — La rente ne se trouvant point éteinte, il n'y a pas lieu non plus de percevoir le droit de libération de 50 c. par 100 fr. — *Bruxelles*, 29 janv. 1824, Vanesschen.

1558. — Si, d'après un contrat de vente, le prix a été déposé entre les mains du notaire rédacteur, l'acte subséquent par lequel le vendeur donne décharge au notaire n'est passible que du droit de 2 fr., bien que le dépôt en ait été fait aux risques et périls de l'acquéreur, attendu que la libération de celui-ci a été effectuée par le dépôt, et que la remise s'en fait entre les mains des vendeurs par le dépositaire, sans l'intervention de l'acquéreur. — Délib. 25 mai 1825.

1559. — Mais le droit de libération est exigible, indépendamment du droit fixe de décharge, sur l'acte de remise d'argent et de billets à ordre formant le prix d'une vente, et déposé entre les mains du notaire, à l'effet de ne s'en dessaisir que dans le cas où il ne surviendrait aucune opposition avant l'époque indiquée pour le paiement. La libération de l'acquéreur est alors suspendue jusqu'à cette époque. — Délib. 10 août 1827.

1560. — Décidé de même, relativement à la remise au remplaçant du prix d'un traité pour service militaire, déposé chez un notaire, pour n'être délivré qu'après justification de l'affranchissement légal du remplacé. — Délib. 1er oct. 1830.

1561. — Il n'est dû que le droit fixe sur un acte par lequel un individu reconnait qu'un notaire entre les mains duquel il a déposé une somme, pour être distribuée à ses créanciers, a réellement fait cette distribution, et le tient quitte de toute responsabilité ; ce n'est là qu'une décharge donnée par le déposant au dépositaire. — *Cass.*, 13 mai 1818, Raverot.

1562. — Lorsque les héritiers du déposant donnent un reçu notarié au trésorier d'une caisse d'épargne, à l'occasion du remboursement des sommes déposées par leur auteur, il y a lieu de percevoir le droit de décharge et non le droit de quittance. Car le déposant, étant toujours demeuré propriétaire de son dépôt, n'acquiert pas ce que lui restitue le dépositaire. — L. 17, ff., *De depos.* — Ce dernier n'est pas libéré dans le sens juridique de ce mot, mais seulement déchargé. — Délib. 18 déc. 1840.

1563. — Le procès-verbal de vente de meubles qui fait mention de la décharge donnée au gardien, n'est passible que d'un seul droit ; il en serait autrement si la vente n'était point achevée, parce qu'alors elle ne serait plus une conséquence forcée de la vente. — *J. de l'enreg.*, nº 2243.

1564. — Le paiement fait par le mandataire au mandant des sommes qu'il a reçues pour ce dernier ne donne lieu à aucun droit proportionnel, mais seulement au droit fixe de décharge. — *Cass.*, 18 fév. 1833, Renaud. — Conf. délib. 5 oct. 1829.

1565. — Jugé, au contraire, que l'acte par lequel le mandant reconnaît avoir reçu de son mandataire une somme déterminée touchée pour son compte par celui-ci, doit être considéré comme une quittance et est soumis comme tel au droit proportionnel. — *Cass.*, 28 mars 1827, Overstyns.

1566. — Le remboursement d'une somme consignée à titre de gage par un fermier entre les mains du bailleur donne ouverture au droit fixe de décharge et non au droit de quittance. — Délib. 24 juill. 1835.

1567. — N'est passible que du droit fixe de décharge l'acte par lequel le porteur d'une lettre de change déclare dispenser l'endosseur de la garantie résultant de son endossement. — Délib. 23 mai 1818.

1568. — Sur les questions de savoir quand les décharges ou quittances donnent lieu au droit proportionnel de libération, V. *infrà* nºs 2194 et suiv.

1569. — *Déclarations de command.* — ... Les déclarations ou élections de command ou d'ami, quand la faculté d'en élire a été réservée, et que la déclaration est faite par acte public, notifié dans les vingt-quatre heures de l'adjudication ou du contrat : 3 fr. — L. 28 avr. 1816, art. 44, nº 3. — (Autrefois 1 fr., L. 22 frim. an VII, art. 68, § 1er, nº 24.)

1570. — Pour tout ce qui concerne la question de savoir quand le droit fixe cesse d'être applicable à une déclaration de command et doit être remplacé par le droit proportionnel, V. *infrà* nº 2063.

1571. — *Déclarations pures et simples.* — ... Les déclarations pures et simples en matière civile et de commerce : 2 fr. — L. 28 avr. 1816, art. 43, nº 9. — (Autrefois 1 fr., L. 22 frim. an VII, art. 68, § 1er, nº 23). — Sauf les exceptions ci-après indiquées.

1572. — Lorsque dans le cas prévu par l'art. 1434, C. civ., le remploi est consommé en faveur du mari par le seul fait de sa déclaration que l'immeuble qu'il acquiert lui en tiendra lieu, le droit fixe de déclaration est exigible par cette clause particulière comme indépendante de la mutation. — Décis. min. fin. 28 juin 1808 ; instr. 392.

1573. — La simple déclaration du mari non acceptée par la femme, n'opérant pas le remploi (C. civ., art. 1435), ne donne ouverture à aucun droit ; mais il serait dû un droit fixe sur la déclaration acceptée, parce qu'elle constituerait un consentement ou une décharge de remploi. — Décis. min. fin. 28 juin 1808 ; instr. 392. — Peu importe d'ailleurs que la déclaration ait lieu dans l'acte même d'acquisition ou postérieurement. — Délib. 3 juill. 1827.

1574. — Ainsi jugé qu'il est dû un droit fixe sur la déclaration faite par la femme, dans le contrat même de vente, pour constater qu'elle a accepté l'immeuble acquis par son mari à titre de remploi de sa dot. — *Cass.*, 18 fév. 1833, Renaud.

1575. — Il est dû seulement le droit fixe de déclaration, et non pas un second droit de cession immobilière sur la déclaration d'un mari, dans l'acte de vente d'un immeuble propre à sa femme portant qu'il en remplace le prix sur tous ses biens, et spécialement sur une propriété qu'il désigne, cette clause n'étant qu'une affectation sans dessaisissement de la part du mari. — Délib. 22 sept. 1824.

1576. — La déclaration que l'un des enfans du testateur a reçu en dot une somme moindre que celle exprimée dans son contrat de mariage, qui porte cependant quittance de cette somme, n'est

passible d'aucun droit, attendu qu'il n'en résulte qu'une donation par préciput ou hors part, ou une dispense de rapport du montant de la différence entre les deux sommes.—Délib. 12 fév. 1828.

1577. — La déclaration du tiers-saisi doit être enregistrée, dans les vingt jours de sa date, au simple droit fixe de 5 fr., sans préjudice des droits proportionnels qui pourraient résulter ultérieurement de la condamnation; et il n'y a lieu d'exiger l'enregistrement des quittances ou autres titres mentionnés dans la déclaration que si, en cas de contestation sur l'objet, la date ou le montant des paiemens, le tiers saisi était tenu de les produire en justice. — Décis. min. fin. 18 avr. 1809; instr. 436, nº 45.

1578. — Les déclarations de changement de domicile, en matières électorales, avaient été déclarées exemptes de l'enregistrement.—Instr. 31 mai 1817, 779. — Mais depuis elles y ont été expresssément soumises.—L. 19 avr. 1831, art. 10. — La formalité doit avoir lieu dans les vingt jours. La loi du 22 juin 1833 n'a rien changé à cette disposition, qui est applicable aux déclarations de changement ou d'option de domicile faites aux greffes des justices de paix. — Décis. min. fin. 14 oct. 1833; instr. 1451, § 1er.

1579. — Les déclarations de changement de domicile politique, faites aux greffes des tribunaux civils sont assujéties au droit fixe de 2 fr., indépendamment du droit de greffe. — Solut. 16 mai 1833, et 27 janv. 1834; délib. 19 sept. 1837; instr. 1562, § 8.

1580. — La déclaration de cessation de fonctions, faite au greffe par un officier public, est passible du droit fixe de 2 fr., et non de celui de 3 fr. applicable aux actes du greffe. — Solut. 30 sept. 1845.

1581. — Ne sont passibles que du droit fixe de 1 fr. les déclarations faites par les rentiers qui ont perdu leurs extraits d'inscription, devant le maire de la commune de leur domicile, et en présence de deux témoins attestant leur individualité. — Décr. 3 messid. an XII; instr. 237.

1582. — Les déclarations devant notaires des titulaires de cautionnemens, conformément au décret du 22 déc. 1812, pour faire acquérir à leurs bailleurs de fonds le privilége de second ordre, ne sont passibles que de 1 fr. (Décr. 22 déc. 1812, art. 3; décis. min. fin. 21 déc. 1813; instr. 657), qu'elles aient été précédées ou non d'un acte d'emprunt enregistré au droit proportionnel. — Décis. min. fin. 23 mars 1822; Instr. 1030.

1583. — Ces déclarations ne peuvent être soumises au droit proportionnel, sous prétexte qu'elles contiennent implicitement, de la part du titulaire, une obligation de sommes au profit de son bailleur de fonds. — *Cass.*, 4 déc. 1821, Rozier; même jour, 1821, Lyon.

1584. — La déclaration faite par un fournisseur d'armée, qu'une partie de son cautionnement provient des deniers d'un tiers, doit jouir de l'exception établie par l'art. 1er, décr. 22 déc. 1812, au profit des comptables publics, et par conséquent elle n'est sujette qu'au droit fixe. — *Cass.*, 27 mai 1829, Moulins; — instr. 1293, § 3.

1585. — Mais cette faveur n'est applicable qu'aux déclarations d'origine des fonds d'un cautionnement versé dans les caisses du trésor public. — Délib. 10 nov. 1826. — Elle ne le serait pas aux déclarations relatives aux cautionnemens versés à la caisse des dépôts et consignations par les facteurs des halles et marchés, les employés du mont-de-piété, et les préposés comptables des mairies à Paris. — Délib. 10 juill. 1835.

1586. — N'est passible que du droit fixe de 1 fr. la déclaration faite par le titulaire que partie des fonds par lui versés au trésor pour fournir son cautionnement appartient à un tiers, encore bien qu'il s'oblige envers celui-ci à rembourser à une époque déterminée les fonds prêtés, avec intérêts jusqu'alors. — Solut. 30 oct. 1835.

1587. — La déclaration par laquelle le juge de paix ou un autre juge acquiesce à une récusation ou refuse de s'abstenir (C. procéd., art. 46, 47 et 386) n'est pas assujétie à l'enregistrement.—Décis. min. just. et fin. 13 juin 1809; instr. 436, nos 8 et 32.

1588. — *Délivrances de legs.* — ... Les délivrances de legs pures et simples., 1 fr.—L. 22 frim. an VII, art. 68, § 1er, nº 25.

1589. — Le droit fixe de simple délivrance ne peut s'appliquer qu'à la remise de l'objet légué, soit que cet objet ait été trouvé dans la succession, soit que l'héritier se le soit procuré d'une manière ou d'autre. — Ainsi, le paiement par l'héritier *d'une somme* au légataire d'une rente pour lui tenir lieu de cette rente non existante dans la succession est passible du droit de libération.—Délib. 25 août 1835.

1590. — Lorsque le légataire d'une somme est rempli en créances même dépendantes de la succession, ce n'est plus une remise réelle et effective de la chose léguée qui lui est faite. L'acte de délivrance constate dans ce cas une cession de créances passible de 1 fr. — Délib. 28 fév. 1824. — Au contraire, il y a délivrance pure et simple du droit fixe, dans l'acte par lequel un héritier ou un légataire universel paie en créances des legs particuliers qui avaient été stipulés payables soit en créances, soit en numéraire *à son choix.*—Délib. 30 déc. 1828.

1591. — Si l'individu à qui une rente a été léguée avec faculté d'en exiger le service ou le remboursement, donne quittance du capital et des arrérages échus de cette rente, l'acte est passible non du droit de quittance, mais d'un simple droit fixe de 1 fr. comme délivrance de legs. — Délib. 7 août 1835.

1592. — Lorsque le légataire déclare avoir reçu une somme d'argent pour tenir lieu d'une rente sur l'état léguée par le testateur, mais qui n'existe pas dans la succession, l'acte est passible du droit de libération comme éteignant une dette devenue personnelle à l'heritier institué. — Délib. 1er oct. 1835.

1593. — Lorsque les héritiers déclarent que le légataire des billets et obligations de la succession, à qui un immeuble a été aussi légué pour servir une rente annuelle à un établissement public, doit profiter de la portion de cette rente que cet établissement n'a pas été autorisé à accepter, l'acte est passible du droit fixe et non du droit proportionnel de quittance — Ce dernier droit eût été exigible si l'acte eût porté que la rente appartenait aux héritiers. — Délib. 8 sept. 1835.

1594. — L'acte par lequel un seul héritier délivre à un légataire quatre legs provenant de quatre successions échues à cet héritier, contenant en réalité quatre délivrances, est passible de quatre droits. — Délib. 7 fév. 1834.

1595. — De même, l'acte portant quittance de plusieurs legs reçus de l'exécuteur testamentaire est passible d'autant de droits fixes qu'il y a de legs distincts, encore bien que la délivrance de ces legs ait été précédemment ordonnée par un jugement. — *Cass.*, 22 avr. 1823, Buchère.

1596. — L'acte contenant tout à la fois et la délivrance d'un legs universel et le consentement immédiat donné par des héritiers à l'exécution du testament ne renferme pas deux dispositions indépendantes. Il n'est donc passible que du droit fixe de 1 fr. pour la délivrance. — Délib. 7 fév. 1837.

1597. — *Dépôts d'actes et pièces.* — ... Les dépôts d'actes et de pièces chez des officiers publics : 2 fr. — L. 28 avr. 1816, art. 43, nº 10. — (Autrefois 1 fr., L. 22 frim. an VII, art. 68, § 1er, nº 26).

1598. — Il ne faut pas confondre le dépôt avec l'annexe. Celle-ci, qui se fait à un autre acte auquel elle est relative, qui est passé en conséquence et dont elle devient partie intégrante, ne donne ouverture à aucun droit. — Solut. 14 niv. an XIII.

1599. — Lorsque l'original d'une assignation en séparation de biens a été enregistré, il n'est pas dû de nouveau droit d'enregistrement pour l'extrait de cette assignation déposé au greffe et affiché dans l'auditoire du tribunal. — *Cass.*, 5 déc. 1822, Boulangier.

1600. — Le dépôt d'une seule pièce, par exemple, d'une procuration donnée par plusieurs personnes ayant un intérêt distinct, est passible d'autant de droits fixes qu'il y a de personnes intéressées. — Solut. 12 oct. 1830; délib. 8 mars 1833.

1601. — Pour ne donner ouverture qu'au droit fixe, un acte de dépôt ne doit rien contenir qui ajoute aux stipulations de l'acte déposé. Ainsi le droit de quittance serait dû, indépendamment de celui de 2 fr., sur l'acte de dépôt d'une vente sous seing-privé, si cet acte constatait la libération partielle ou totale de l'acquéreur. — Délib. 7 juin 1836.

1602. — *Dépôts de sommes et effets.* — ... Les dépôts et consignations de sommes et effets mobiliers chez des officiers publics, lorsqu'ils n'opèrent pas la libération des déposans; et les décharges qu'en donnent les déposans ou leurs héritiers, lorsque la remise des objets déposés leur est faite : 2 fr. — L. 28 avr. 1816, art. 43, nº 11. — (Autrefois 1 fr., L. 22 frim. an VII, art. 68, § 1er, nº 28).

1603. — *Dépôts et décharges en matière criminelle.* — ... Les dépôts et décharges aux greffes des tribunaux correctionnels et criminels dans les poursuites où il y a une partie civile : 1 fr., L. 22 frim. an VII, art. 68, § 1er, nº 48.

1604. — *Désistemens.* — ... Les désistemens purs et simples : 2 fr. — L. 28 avr. 1816, art. 43, nº 12. — (Autrefois 15 fr., L. 22 frim. an VII, art. 68, § 1er, nº 28.

1605. — Est seulement passible du droit fixe de désistement l'acte par lequel le bailleur des fonds d'un cautionnement fourni pour un emploi public déclare se désister purement et simplement du privilége de second ordre, qui lui était assuré par une précédente déclaration notariée. En effet, le désistement d'un privilége ou d'une garantie n'emporte point extinction de la créance. — Délib. 19 janv. 1825.

1606. — *Devis.* — ... Les devis d'ouvrages et entreprises qui ne contiennent aucune obligation de somme et valeur, ni quittance : 1 fr., L. 22 frim. an VII, art. 68, § 1er, nº 29.

1607. — *Divorces.* — ... Les actes de divorce : 5 fr. — L. 28 avr. 1816, art. 45, nº 8. — (Autrefois 15 fr., L. 22 frim. an VII, art. 68, § 6, nº 1er).

1608. — De plus, s'il n'y a pas d'appel du jugement prononçant définitivement sur une demande en divorce, il doit être perçu le droit d'arrêt de 100 fr. sur l'acte de l'officier de l'état civil. — L. 28 avr. 1816, art. 49, nº 2.

1609. — Quant aux droits exigibles sur les jugemens et arrêts rendus en matière de divorce, V. *infrà* nos 2702 et suiv.

1610. — *Donations à cause de mort.* — ... Tous les actes de libéralité qui ne contiennent que des dispositions soumises à l'événement du décès, et les dispositions de même nature qui sont faites par contrat de mariage entre les futurs ou par d'autres personnes : 5 fr. — L. 28 avr. 1816, art. 45, nº 4. — (Autrefois 3 fr., L. 22 frim. an VII, art. 68, § 3, nº 5).

1611. — Le droit pour ces dispositions par acte de mariage est perçu indépendamment de celui du contrat. — L. 22 frim. an VII, art. 68, § 3, nº 5.

1612. — Sur la question de savoir quand une donation doit être réputée à cause de mort, et relativement aux décisions rendues à ce sujet, V. *infrà* nos 2702 et suiv.

1613. — *Emancipation (Actes d').* — ... Les actes d'émancipation : 10 fr., L. 19 juill. 1845, art. 5. — (Autrefois 5 fr., L. 22 frim. an VII, art. 68, § 4, nº 2).

1614. — Le droit est dû par chaque émancipé. — Mêmes lois.

1615. — La nomination d'un curateur aux causes, étant une conséquence de l'émancipation, n'est point passible d'un droit particulier, quand elle est faite par le même acte. Mais la nomination d'un curateur spécial n'étant pas prescrite par la loi et ne tenant qu'à des circonstances ou à la volonté des parties, le droit de 2 fr. est exigible, indépendamment de celui de 5 fr. pour l'émancipation. — Décis. min. fin. 20 juin 1809; instr. 449, nº 3.

1616. — L'acte d'émancipation des enfans admis dans des hospices, fait sur l'avis des membres de la commission administrative par celui d'entre ceux que le tuteur a désignés, est assujéti à l'enregistrement et doit être fait sur papier timbré. — L. 15 pluv. an XIII, art. 4; décis. min. fin. 8 fév. 1836.

1617. — *Enfans naturels (Reconnaissances d').* — ... Les reconnaissances d'enfans naturels par actes de célébration de mariage : 2 fr. — L. 28 avr. 1816, art. 43, nº 22. — Autrement que par acte de mariage : 5 fr., L. 28 avr. 1816, art. 45, nº 7.

1618. — Mais, ainsi qu'on l'a vu *suprà* nos 776 et suiv., l'enregistrement a lieu gratis, quand il s'agit d'enfans naturels appartenant à des individus notoirement indigens. — L. 15 mai 1818, art. 77.

1619. — *Expéditions d'actes de l'état civil.* — ... Les expéditions des ordonnances et procès-verbaux des officiers publics de l'état civil contenant indication du jour ou prorogation de délai pour la tenue des assemblées préliminaires au mariage ou à divorce : 2 fr. — L. 22 frim. an VII, art. 68, § 2, nº 8.

1620. — *Experts (Nomination d').* — ... Les nominations d'experts, hors jugement : 2 fr. — L. 28 avr. 1816, art. 44, nº 2. — (Autrefois 1 fr., L. 22 frim. an VII, art. 68, § 1er, nº 32).

1621. — La nomination, dans un inventaire, d'un expert pour faire la prisée, est de l'essence de l'inventaire, et ne donne point ouverture à un droit particulier. — Décis. min. fin. 2 fructid. an IX; délib. 21 déc. 1809.

1622. — Mais la nomination d'experts dans un partage pour faire l'estimation des biens, formant une disposition particulière, qui n'est pas de l'essence de l'acte, est passible du droit fixe de 2 fr. — Solut. 10 juill. 1838.

1623. — *Exploits.* — ... Les exploits en général et autres actes du ministère des huissiers qui ne peuvent donner lieu au droit proportionnel : 2 fr., L. 28 avr. 1816, art. 43, nº 13. — (Autrefois 1 fr., L. 22 frim. an VII, art. 68, § 1er, nº 30).

1624. — Toutefois ont été exceptés du tarif fixé par la loi de 1816 : les exploits relatifs aux procédures devant les juges de paix, les prud'hommes, les cours royales, la cour de Cassation et le conseil d'état, jusques et compris les significations des jugemens et arrêts définitifs; les déclarations d'ap-

pel ou de recours en cassation; les significations d'avoué à avoué, et les exploits ayant pour objet le recouvrement des contributions directes ou indirectes, publiques ou locales. — L. 28 avr. 1816, art. 43, nº 13.

1625. — Bien que cet article ne parle que de *contributions*, l'exception qu'il contient embrasse les exploits faits pour le recouvrement de toutes les sommes dues à l'Etat à quelque titre que ce soit, à l'égard desquels continuent d'être en vigueur les dispositions des art. 68, § 1er, nº 30, et 70, § 2, nº 2, L. 22 frim. an VII. — Avis com. fin. appr. 24 nov. 1821; instr. 1012, nº 1.

1626. — Ainsi, il n'y a plus de tarifé à 1 fr. que: 1º les exploits en matière de simple police et en matière correctionnelle ou criminelle devant les cours royales, soit entre parties, soit avec parties civiles; 2º les exploits relatifs aux procédures devant les juges de paix jusques et y compris les jugemens définitifs; 3º et les exploits pour le recouvrement des contributions. Les droits pour les autres exploits sont gradués suivant le tribunal ou la cour devant lesquels il est procédé.. — Délib. 25 oct. 1817).

1627. — Mais depuis, le droit de 1 fr. établi pour les exploits relatifs aux procédures en matière civile devant les juges de paix, jusques et y compris les significations des jugemens définitifs, a été porté à 1 fr. 50 c. en principal.— L. 19 juill. 1845, art. 5.

1628. — L'élévation du droit s'applique par conséquent aux significations des jugemens préparatoires ou interlocutoires, de même qu'à celles des jugemens définitifs. — Instr. 8 août 1845, nº 1736.

1629.— ... Les exploits et autres actes du ministère des huissiers relatifs aux procédures devant les cours royales (autres que l'appel et les significations d'avoué à avoué), jusques et y compris la signification des arrêts définitifs : 3 fr.—L. 22 frim. an VII, art. 44, nº 7.

1630. — Les exploits et autres actes du ministère des huissiers relatifs aux procédures devant la cour de Cassation et le conseil d'état, jusques et y compris la signification des arrêts définitifs (le premier acte de recours excepté) : 5 fr. — L. 28 avr. 1816, art. 45, nº 1er.

1631.—Les protêts faits par les notaires ne sont passibles que du droit fixe de 1 fr. Ils ne se trouvent pas soumis au droit de 2 fr. établi par la loi du 28 avr. 1816, pour les actes des huissiers.—*Cass.*, 1er mars 1825, notaires de Lyon.— Conf. décis. min. fin. 11 janv. 1822; — Rigaud et Championnière, *Tr. des droits d'enregistr.*, t. 1er, nº 42, et t. 4, nº 3738..

1632. — De même, en cas de protêt des traites souscrites par les adjudicataires des coupes de bois de l'Etat, il n'est dû que le droit fixe de 1 fr. — Délib. 13 oct. 1835.

1633. — Les exploits de citation devant le juge de paix pour concourir à un conseil de famille ne sont sujets qu'au droit de 1 fr.— Solut. 3 déc. 1831.

1634. — Le droit de 1 fr. est seul exigible pour la signification d'un jugement de juge de paix, rendu du consentement des parties, hors de la compétence ordinaire de la justice de paix. — Solut. 9 mars 1830.

1635. — Un exploit donne lieu à un droit pour chaque demandeur ou défendeur, en quelque nombre qu'ils soient dans le même acte, excepté les copropriétaires et co-héritiers, les parens réunis, les coïntéressés, les débiteurs ou créanciers associés ou solidaires, les séquestres, les experts et les témoins, qui ne sont comptés que pour une seule et même personne, soit en demandant, soit en défendant, dans le même original d'acte, lorsque leurs qualités y sont exprimées.— L. 22 frim. an VII, art. 68, § 1er, nº 30.

1636.— S'il s'agit de plusieurs demandeurs et de différens défendeurs, ayant tous des intérêts distincts, il doit être exigé autant de droits qu'il se trouve de demandeurs, eu égard au nombre des parties contre lesquelles chacun poursuit, de la même manière que si chaque demandeur agissait séparément contre chaque défendeur, par autant d'actes distincts.—Décis. min. just. et fin. 31 juill. et 16 août 1808; instr. 40, nº 5.

1637.—Ainsi, il est dû pour un exploit autant de droits qu'il y a de demandeurs et de défendeurs non solidaires, multipliés les uns par les autres. — Solut. 26 août 1831.

1638. — Par *coïntéressés* il faut entendre des individus ayant un seul et même intérêt par sa nature indivisible. On n'est pas coïntéressé, si les intérêts peuvent être divisés, si l'un des demandeurs ou des défendeurs peut agir indépendamment de l'autre sans que leurs intérêts réciproques en éprouvent de modification. On ne l'est pas même lorsqu'ayant des intérêts analogues contre les mêmes personnes on s'est réuni pour agir en commun. Il faut que la communauté d'intérêts dérive des actes qui donnent lieu à l'action en demande ou défense. Ainsi la signification d'appel faite, à la requête d'un héritier, à quarante-trois acquéreurs attaqués en délaissement de biens vendus par son auteur, est sujette à quarante-trois droits fixes. — Avis com. fin. appr. 31 mars 1824; instr. 1347, § 3; *Dict. des droits d'enregistr.*, vº *Coïntéresse*, nº 2.

1639. — La loi du 22 frim. n'ayant pas déterminé les caractères auxquels on devait reconnaître la qualité de coïntéressés, un jugement a pu considérer comme tels plusieurs défendeurs réunis pour l'exercice d'une action ayant le même but et procédant d'un titre commun. Spécialement, on a pu considérer comme coïntéressés les acquéreurs de divers lots d'un même immeuble vendus par le même acte, qui, prétendant avoir, en vertu de cet acte, un droit de passage sur le lot d'un autre acquéreur, se sont réunis pour intenter simultanément leur action contre ce dernier.—*Cass.*, 11 janv. 1842 (t. 1er 1842, p. 357), Petignot.

1640. — On doit considérer comme des coïntéressés plusieurs créanciers d'un défunt qui se réunissent pour former la demande en séparation de patrimoines par un seul et même exploit. — *Cass.*, 2 juin 1832, Guiber.

1641. — Décidé de même lorsque plusieurs propriétaires par indivis par portions inégales de terrains et pâturages ont fait déclarer à deux autres individus propriétaires également par indivis d'autres portions des mêmes terrains, qu'ils eussent à nommer des experts pour opérer à l'amiable les partages de la propriété particulière de chacun d'eux. — Délib. 13 sept. 1823.

1642. — ... Quand par un même exploit plusieurs membres d'une société d'assurance mutuelle signifient au directeur qu'ils n'entendent plus faire partie de cette société. — Délib. 12 juin 1827.

1643. — ... Lorsque plusieurs créanciers se réunissent afin de poursuivre en commun l'expropriation de leur débiteur. — Délib. 26 sept. 1828.

1644. — ... Quand plusieurs électeurs se réunissent pour attaquer la confection des listes électorales. — Solut. 24 janv. 1832.

1645. — ... Lorsque plusieurs propriétaires agissent de concert pour faire valoir leurs droits à la propriété d'un droit de pêche dans une rivière. — Solut. 18 mars 1837.

1646. — Une signification de billet ou protêt avec assignation ne donne ouverture qu'à un seul droit, quel que soit le nombre des endosseurs, attendu la solidarité des signataires (C. comm., art. 140 et 187). — Délib. 28 janv. 1817.

1647. — Des gardiens de saisie sont considérés comme séquestres, et ne doivent être comptés que pour une seule personne. — Solut. 29 août 1831.

1648. — Lorsque plusieurs individus sont assignés en police correctionnelle pour se voir condamner, comme complices d'un même fait, même solidairement, à des dommages-intérêts, l'assignation donne ouverture à autant de droits fixes qu'il y a d'individus assignés, attendu qu'en matière de délits tout est individuel et spécial. — Décis. min. fin. 19 avr. 1814; délib. 3 nov. 1829.

1649. — Lorsqu'un exploit contient plusieurs dispositions indépendantes, il est passible de plusieurs droits quand ces dispositions ne sont pas la conséquence nécessaire de l'exploit lui-même. Il peut même donner lieu au droit proportionnel s'il constate une obligation ou une libération de somme. — V. *infrà* nºs 2187 et suiv.

1650. — L'exploit qui contient constitution d'avoué n'est passible que d'un seul droit fixe (circ. 16 vendém. an X, art. 2050). — Mais dans les tribunaux de paix, de police et autres devant lesquels il n'existe point d'avoué, et où les parties pouvant comparaître en personne, si la citation contient pouvoir à un individu qui y est dénommé de représenter celui à la requête duquel elle est donnée, il est dû deux droits, l'un pour l'exploit et l'autre pour le pouvoir. — Décis. min. just. et fin., 7 vent. et 22 germ. an VI; circ. 27 flor. an VI, art. 1271.

1651. — Il est dû deux droits sur le procès-verbal de saisie-exécution contenant remise au gardien d'une copie du procès-verbal. — Décis. min. fin. 2 fruct. an VII et 31 mai 1830; circ. 28 fruct. an VII, art. 1655; instr. 1336, § 7.

1652. — Il est également dû deux droits sur les procès-verbaux d'emprisonnement, contenant commandement au débiteur et signification au geôlier. — Décis. min. fin. 4 juill. 1809.

1653. — Un congé suivi de commandement n'est passible que d'un seul droit, attendu que les deux dispositions dépendent naturellement l'une de l'autre. — Délib. 16 mars 1822.

1654. — Il n'est dû qu'un seul droit de 2 fr. sur un exploit de saisie-exécution, quel qu'ait été le nombre d'heures employé à sa rédaction. — Délib. 26 mars 1823.

1655. — Lorsque, sur un procès-verbal d'offres, ces offres sont acceptées, il résulte de là une quittance passible du droit de 50 cent. par 100 fr. — Si les offres sont refusées et que l'acte ne fasse pas mention de titres de créances enregistrés, le droit d'obligation est dû sur la somme offerte. Dans l'un et l'autre cas, le droit fixe ne saurait être perçu cumulativement avec le droit proportionnel. Ce droit fixe ne serait seul exigible que dans le cas où les offres non acceptées dériveraient d'un titre enregistré. — Solut. 28 juin 1838; inst. 1437, § 7.

1656. — Décidé, au contraire, que les exploits d'offres réelles sont passibles d'un droit d'enregistrement distinct des droits dus sur le titre de libération ou de créance qui peut en résulter. — Solut. 28 janv. 1831.

1657.—*Inventaires.*— ... Les inventaires de meubles, objets mobiliers, titres et papiers: 2 fr. — L. 22 frim. an VII, art. 68, § 2, nº 1er.

1658. — Il est dû un droit pour chaque vacation. — Même loi.

1659. — Les inventaires dressés après faillite (C. comm., art. 449, 450 et 486), quel que soit le nombre des vacations: 2 fr. — L. 24 mai 1834, art. 11.

1660. — La vacation est, en règle générale, de trois heures, et toute fraction d'une ou de deux heures doit être comptée pour une vacation; néanmoins les notaires peuvent faire des vacations de quatre heures (Décr. 10 brum. an XIV) en ayant soin de l'indiquer. Dans tous les cas, le nombre des vacations de trois ou de quatre heures doit être calculé par journées, pour la perception. — Décis. min. fin. 25 oct. 1808; solut. 25 mai 1830; inst. 406, nº 2, et 1336, § 8.

1661. — L'état détaillé du mobilier d'un moulin fait par un notaire à la suite d'un bail n'est qu'un acte simple, et ne doit pas être considéré comme inventaire. — *Dict. des dr. d'enreg.*, vº *Inventaire*, § 2, nº 28.

1662. — L'acte par lequel un individu déclare s'être marié sous le régime de la communauté, et avoir apporté ou reçu des îles une certaine somme provenant de sa femme, ne changeant rien à sa qualité d'époux et de père, ne peut pas être considéré comme la liquidation des droits à lui revenant, ou appartenant aux enfans provenus de son mariage. C'est simplement un supplément d'inventaire qui ne peut être assujéti qu'à un droit fixe, parce qu'il ne contient aucune obligation, et qu'il est tel en lui-même, que ses résultats peuvent toujours être contestés par les enfans ou par leur tuteur. — *Cass.*, 9 déc. 1807, Léotard.

1663. — *Jugemens et arrêts.* — Tous les jugemens et arrêts sont, en raison de leur nature et du tribunal dont ils émanent, passibles d'un droit fixe indépendamment du droit proportionnel auquel leurs dispositions peuvent donner ouverture. — V. *infrà* nºs 2674 et suiv.

1664. — *Juges de paix (actes des).* En général, les actes (les cédules exceptées) des juges de paix, les certificats d'individualité, procès-verbaux d'avis de parens, *visa* de pièces et poursuites préalables à l'exercice de la contrainte par corps; les oppositions à levée de scellés, par comparence personnelle dans le procès-verbal; les ordonnances et mandemens d'assigner les opposans à scellés et tous autres actes non classés dans des dispositions spéciales : 1 fr. — L. 22 frim. an VII, art. 68, § 1er, nº 46.

1665. — La réquisition pour levée des scellés (C. proc., art. 931) n'est pas assujétie à l'enregistrement. L'ordonnance seule doit être enregistrée au droit de 1 fr. — Décis. min. fin. 20 avr. 1818 et 1er juill. 1814; instr. 634.

1666. — Quant aux jugemens des juges de paix, V. *infrà* nºs 27 et suiv.

1667.—*Lettres missives.*— ... Les lettres missives ne contenant ni obligation, ni quittance, ni aucune autre convention donnant lieu au droit proportionnel : 2 fr.—L. 28 avr. 1816, art. 43, nº 14.—(Autrefois 1 fr., L. 22 frim. an VII, art. 68, § 1er, nº 31.)

1668. — La lettre missive contenant promesse de vente d'une coupe de bois n'est passible que du droit fixe à défaut du consentement réciproque exigé par l'art. 1589, C. civ. — Délib. 5 oct. 1821.

1669. —*Lettres de voiture.*—...Les lettres de voiture : 1 fr.—L. 22 frim. an VII, art. 68, § 1er, nº 20.

1670.—*Ordonnances du juge, actes judiciaires.* — ... Les ordonnances des juges des tribunaux civils, rendues sur requêtes ou mémoires, celles de référé, de compulsoire et d'injonction; celles portant permission de saisir-gager, revendiquer ou vendre, et celles des officiers du ministère public, dans le cas où la loi les autorise à en rendre; les actes

de ces tribunaux et des arbitres : 3 fr. — L. 28 avr. 1816, art. 44, n° 10. — (Autrefois 2 fr., L. 22 frim. an VII, art. 68, § 2, n° 6).

**1671.** — ... Les ordonnances sur requêtes ou mémoires, celles de réassigné, et tous actes des tribunaux de commerce : 3 fr. — L. 28 avr. 1816, art. 44, n° 10. — Autrefois 2 fr. (L. 22 frim. an VII, art. 68, § 2, n° 7).

**1672.** — Pour les mêmes ordonnances et actes en cour royale : 5 fr. — L. 28 avr. 1816, art. 45, n° 6.

**1673.** — En matière d'interrogatoire sur faits et articles, les ordonnances rendues soit par le président pour commettre un juge, soit par celui-ci pour indiquer les jour et heure, doivent être enregistrées avant d'être signifiées. — Décis. min. just. et fin. 13 juin 1809 ; instr. 436, n° 29.

**1674.** — L'ouverture des procès-verbaux d'enquête n'est point assujétie à un enregistrement particulier (Délib. 24 juill. 1819) et il ne doit être perçu qu'un seul droit de 3 fr. (outre les droits de greffe) sur l'ensemble d'un procès-verbal d'enquête, en plusieurs vacations. — Décis. min. fin., 22 juill. 1825 ; inst. 1180, § 7.

**1675.** — L'ordonnance du juge-commissaire à l'effet de faire sommer les créanciers de produire, est passible du droit de 3 fr., soit qu'elle ait lieu sur la requête de l'avoué poursuivant, ou sur la minute même du procès-verbal d'ordre ; mais il n'est rien dû sur l'ordonnance de renvoi à l'audience, en cas de contestation, parce qu'elle forme une partie intégrante du procès-verbal d'ordre. — Décis. min. fin. 17 janv. 1820.

**1676.** — L'ordonnance du président qui, sur le refus du mari d'autoriser sa femme pour la poursuite de ses droits, permet, sur la requête de celle-ci, de citer le mari à la chambre du conseil pour déduire les causes de son refus (C. procéd., art. 931) doit être enregistrée. — Décis. min. just. et fin. 13 juin 1809; instr. 36, n° 466.

**1677.** — Mais l'ordonnance de communication au ministère public, qui commet un juge pour le cas de l'absence présumée ou déclarée du mari, n'étant que de forme, est exempte de l'enregistrement. — Mêmes décis. et instr.

**1678.** — N'est passible que d'un seul droit l'ordonnance de référé qui autorise l'héritier : 1° à faire inventorier et vendre le mobilier de la succession ; — 2° à donner congé de l'appartement qu'occupait le défunt ; — 3° à payer tous les frais privilégiés et à verser ensuite le restant du prix de la vente à la caisse des consignations, attendu que, ces diverses autorisations ayant toutes pour cause le décès de l'auteur de la succession, on ne saurait les considérer comme indépendantes. — Solut. 17 mai 1830.

**1679.** — L'ordonnance d'*exequatur* d'une sentence arbitrale est soumise à l'enregistrement au droit fixe de 3 francs, comme les ordonnances des juges de première instance (L. 28 avr. 1816, art. 44), et non au droit fixe qui se perçoit sur les sentences arbitrales elles-mêmes. — Solut. 26 sept. 1835.

**1680.** — *Paraphes.* — ... Le paraphe qui doit précéder l'usage d'un registre : 1 fr. — L. 28 avr. 1816, art. 73.

**1681.** — *Partages.* — ... Les partages de biens meubles et immeubles entre copropriétaires. — V. *infrà* sect. 7e.

**1682.** — *Prêts sur dépôts et consignations.* — ... Les actes de prêts sur dépôts ou consignations de marchandises, fonds publics français, et actions des compagnies d'industrie et de finance, dans le cas prévu par l'art. 95, C. comm. : 2 fr. — L. 8 sept. 1830.

**1683.** — Le bénéfice de la loi du 8 sept. 1830 doit être restreint aux cas de prêts faits à des commerçans, et il ne s'applique pas aux prêts purement civils. — *Cass.*, 17 nov. 1834, Gellmacher ; même jour, Fabre ; 5 déc. 1837 (t. 2 1837, p. 590), Assurances générales.

**1684.** — Toutefois, la loi du 8 sept. 1830 est applicable aux actes de dépôt de marchandises, fonds publics ou actions de compagnies, conclus entre personnes non commerçantes. — Délib. 14 déc. 1830 ; instr. 1332.

**1685.** — Mais il faut que l'emprunt soit fait sur place, l'application de la loi étant restreinte aux prêts sur dépôts entre commerçans domiciliés dans la même ville. — Solut. 31 juill. 1835 ; délib. 12 juin 1837 ; instr. 1504, § 4.

**1686.** — Décidé, au contraire, que la loi est applicable alors même que les prêts ont lieu entre commerçans ne résidant pas dans la même commune. — *Cass.*, 26 mai 1845 (t. 2 1845, p. 198), Lacarrière et Hervé.

**1687.** — La loi du 8 sept. 1830 doit recevoir son application, bien que le nantissement soit donné hors du chef-lieu de l'établissement ou maison commerciale, mais dans un dépôt secondaire de cette maison et pour cause de commerce. — Solut. 24 oct. 1832.



**1688.** — En cas de prêt sur dépôt, et pour l'exemption du droit proportionnel établi par la loi du 8 sept. 1830, le privilége du prêteur peut être établi entre commerçans, en suivant les formalités prescrites par le Code civil, quels que soient le domicile du commettant et celui du commissionnaire. — Solut. 17 avr. 1837.

**1689.** — Le droit proportionnel n'est pas exigible par cela qu'il y a autorisation de vendre les objets déposés pour le compte du déposant à l'effet d'en appliquer le prix à l'extinction de la dette. — Solut. 23 oct. 1830.

**1690.** — Si, après un acte de prêt sur dépôt, l'emprunteur hypothéquait des immeubles pour garantie de sa dette, cette affectation hypothécaire changeant la nature du prêt, qui devient alors obligation ordinaire, il y a lieu de percevoir 1 p. % sur l'acte. — Instr. 10 sept. 1830, art. 1332 ; — Roland et Trouillet, *Dict. de l'enreg.*, v° *Prêt*, n° 9.

**1691.** — Les actes de prêts faits par la caisse des dépôts et consignations sur nantissement d'inscriptions de rentes sur l'état sont passibles du droit proportionnel. Une décision ministérielle du 6 fév. 1817 avait établi pour ces actes la faveur du droit fixe ; mais d'après nouvel examen, fait le 11 nov. 1832 par le comité des finances, le ministre a décidé, le 1er déc. 1832, qu'il y avait lieu de rentrer dans le droit commun. — V. conf. autre décision min. fin. 29 mai 1833 ; — Roland et Trouillet, n° 11.

**1692.** — *Prises de possession.* — ... Les prises de possession en vertu d'actes enregistrés : 1 fr. — L. 22 frim. an VII, art. 68, § 1er, n° 33.

**1693.** — *Prisées de meubles.* — ... Les prisées de meubles : 1 fr. — L. 22 frim. an VII, art. 68, § 1er, n° 34).

**1694.** — *Procès-verbaux.* — ... Les procès-verbaux et rapports d'employés, gardes, commissaires, etc. : 2 fr., L. 28 avr. 1816, art. 43, n° 16. — (Autrefois 1 fr., L. 22 frim. an VII, art 68, § 1er, n° 35).

**1695.** — Les procès-verbaux de contravention rédigés par les employés de l'enregistrement dans tous les cas où une simple contrainte ne suffit pas, sont passibles du droit de 2 fr., sans égard à la quotité des condamnations ou des recouvremens auxquels il est conclu ou qui doivent en résulter. — Délib. 18 août 1824 ; Instr. 1150, § 17.

**1696.** — Les procès-verbaux de sauvetage dressés par les commissaires ou administrateurs des classes de la marine ne sont passibles que d'un seul droit de 2 fr., sans égard au nombre des vacations. — Décis. min. fin. 12 juin 1827 ; Instr., 1212, § 2.

**1697.** — Les procès-verbaux de saisie faits par les préposés des douanes n'étant des actes parfaits que lorsqu'ils sont clos, ils ne doivent être assujétis qu'à un seul droit, quel que soit le nombre de leurs vacations (Instr. 29 juin 1808, 386, n° 26). Mais ils sont passibles d'un second droit fixe, s'il est établi un gardien étranger à l'administration des douanes. — Décis. min. fin. 18 juin 1811.

**1698.** — Les plans dressés à la suite des procès-verbaux d'arpentage de coupes de bois constituent des actes assujétis à un droit séparé et indépendant de celui perçu sur le procès-verbal. — Délib. 29 mars 1833 ; Décis. min. fin. 13 avr. 1833.

**1699.** — Il n'est dû qu'un seul droit de 2 f. pour le procès-verbal d'arpentage et bornage de plusieurs pièces de terre appartenant au même individu ; et l'acquiescement des propriétaires voisins, constaté par leur signature, ne donne lieu à aucun droit, car c'est une suite nécessaire de l'opération. — Délib. 4 août 1837.

**1700.** — Décidé, au contraire, que l'acte constatant les adhésions données par plusieurs propriétaires à un procès-verbal d'arpentage et de délimitation de leurs biens, est soumis à autant de droits particuliers qu'il y a d'adhésions distinctes ; car le procès-verbal, exact pour quelques uns des propriétaires, peut être inexact à l'égard des autres, et l'opération ne peut être réputée faite dans un intérêt commun. — Délib. 21 juin 1833.

**1701.** — Si dans une faillite il a été dressé à des dates différentes plusieurs procès-verbaux de vérification et d'affirmation de créances, il n'est dû sur l'ensemble de ces procès-verbaux qu'un seul droit fixe de trois francs ; car ces procès-verbaux faisant suite les uns aux autres, ne constituent véritablement qu'un seul acte. Dès-lors, si chacun des procès-verbaux est soumis séparément à l'enregistrement, le droit ne doit pas être perçu sur les derniers. — Solut. 11 fév. 1831 ; — Roland et Trouillet, *Dict. d'enreg.*, v° *Faillite*, n° 9.

**1702.** — Sont passibles seulement du droit fixe de 1 fr., et non de celui de 2 fr., les procès-verbaux dressés par un notaire, lorsque ce notaire n'est pas commis par la justice, seul cas où s'applique l'art. 43, n° 16, L. 28 avr. 1816. — Solut. 28 juin et 29 août 1831.



**1703.** — ... *Procès-verbaux de délits et contraventions* aux réglemens généraux de police ou d'impositions : 1 fr., L. 22 frim. an VII, art. 68, § 1er, n° 50.

**1704.** — ... *Procurations.* — Les procurations et pouvoirs pour agir ne contenant aucune clause ou stipulation donnant lieu au droit proportionnel : 2 fr. — L. 28 avr. 1816, art. 43, n° 17. — (Autrefois 1 fr., L. 22 frim. an VII, art. 68, § 1er, n° 36).

**1705.** — Les procurations en brevet ou sous seing-privé, pour opérer le transfert de rentes sur l'état, au-dessous de 60 fr., soumises par l'ord. 5 mars 1823 au minimum du droit déterminé par la loi, ne peuvent être enregistrées qu'au droit de 2 fr. — Décis. min. fin. 26 mars 1823 ; instr. 1076.

**1706.** — Les actes, quelle que soit leur forme, par lesquels des particuliers nomment ou proposent à l'autorité des individus pour gardes de leurs propriétés, constituent un mandat ou pouvoir. — Décis. min. fin. 2 sept. 1830 ; instr. 1347, § 7.

**1707.** — Les procurations notariées pour retirer des caisses d'épargne les sommes y déposées sont soumises aux droits de timbre et d'enregistrement ; mais celles sous seing-privé peuvent être produites sans être enregistrées. — Décis. min. fin. 11 oct. 1834 ; instr. 1490, § 11.

**1708.** — Les autorisations verbales données devant le tribunal de commerce, et mentionnées dans le jugement, conformément à l'ord. du 10 mars 1825, ne sont pas soumises au droit de 2 fr., comme s'il s'agissait d'un pouvoir civil. — Décis. min. just. et fin., 13 juin 1809 ; avis com. fin., 15 fév. 1826, appr. le 7 mars ; instr. 436, n° 35 et 1189, § 4.

**1709.** — Les procurations sont, comme les exploits, passibles d'autant de droits fixes qu'il y a de constituans non associés, cohéritiers, copropriétaires, coïntéressés ou solidaires. — Délib., 16 janv. 1829.

**1710.** — Dès-lors il n'y a pas lieu à pluralité de droits dans la procuration donnée collectivement, 1° par plusieurs individus qui prennent part à une association d'assurance mutuelle contre la grêle, à l'effet de former la société. — Décis. min. fin., 2 déc. 1821.

**1711.** — ... 2° Par plusieurs boulangers d'une ville, à l'effet de provoquer le rapport de différens arrêtés relatifs au réglement du prix du pain. — Délib., 5 oct. 1822.

**1712.** — ... 3° Par plusieurs membres d'une compagnie d'assurance mutuelle contre l'incendie, à une personne chargée d'opérer la résiliation de leurs engagemens envers leurs cosociétaires. — Délib., 19 mai 1826.

**1713.** — ... 4° Par plusieurs propriétaires riverains à l'un d'eux, pour soutenir leurs droits à la propriété de la pêche dans une rivière et des terrains qui la bordent. — Délib., 18 mai 1837.

**1714.** — ... 5° Par plusieurs fermiers de biens communaux, à l'effet de former pour eux, conjointement, une demande en remise ou modération de prix de leurs baux, même distincts et séparés. — Solut. 17 oct. 1838.

**1715.** — De même, la procuration donnée par plusieurs individus, dans le but d'acquérir un immeuble pour le compte commun des constituans, n'est passible que d'un seul droit fixe. — *Cass. belge*, 19 fév. 1833, Baligand et Hamelinckx.

**1716.** — Mais l'acte par lequel des particuliers nomment ou proposent à l'autorité des individus pour gardes de leurs propriétés (V. *suprà* n° 1706) est passible d'autant de droits de 2 fr. que le mandat énonce de propriétaires différens et ayant un intérêt distinct. — Décis. min. fin. 2 sept. 1830 ; instr. 1347, § 7.

**1717.** — La procuration donnée par des cohéritiers pour administrer et régler les affaires d'une succession, est passible d'un seul droit fixe. Mais elle est assujétie à autant de droits qu'il y a de constituans, si elle contient pouvoir d'accepter purement et simplement ou sous bénéfice d'inventaire, ou de renoncer. — Délib., 26 mai 1829 et 22 fév. 1833 ; solut. 20 oct. 1832.

**1718.** — La clause du cahier des charges d'une vente de meubles qui charge l'officier public instrumentaire de recevoir le prix de cette vente, n'est pas passible d'un droit particulier comme procuration ; car le droit de toucher le prix appartient à l'officier public en vertu de la loi, et n'est point la conséquence du mandat qu'on lui donne. — Solut. 19 mars 1831.

**1719.** — Les procurations avec salaires donnent lieu au droit proportionnel, soit de bail, si l'industrie ou les services du mandataire se trouvent engagés au profit du mandant pour un temps déterminé plus ou moins long ; soit de marché, s'il s'agit de quelques opérations, ou d'une gestion

confiée au mandataire. — Masson de Longpré, *Code de l'enreg.*, n° 2128.

1720. — Une procuration peut même donner lieu au droit proportionnel de mutation, si la nature du mandat conféré est telle qu'il en résulte la preuve d'une mutation au profit du mandataire.

1721. — Ainsi, une procuration est passible du droit proportionnel, lorsqu'elle est donnée à un individu à l'effet de vendre différens immeubles et d'en recevoir le prix fixé à une somme convenue et payable par le mandataire, avec stipulation que si le produit de la vente dépassait cette fixation, l'excédant appartiendra, à titre d'indemnité, à celui-ci. — Décis. min. fin., 4 sept. 1829; instr. 1303, § 13.

1722. — De même, on doit considérer comme acte de vente l'acte par lequel un individu donne à un autre pouvoir d'administrer, de vendre ou échanger ses immeubles, selon les conventions qui conviendront à ce dernier, renonçant d'honneur à révoquer ce pouvoir avant la consommation de la vente des biens, et sous la condition que si le prix excède une somme déterminée, l'excédant appartiendra au mandataire à titre de salaire; en conséquence, cet acte est passible du droit proportionnel de mutation. — Solut. 6 avr. 1838.

1723. — *Promesses d'indemnité.* — ... Les promesses d'indemnités indéterminées et non susceptibles d'estimation : 2 fr. — L. 28 avr. 1816, art. 43, n° 18. — (Autrefois 1 fr., L. 22 frim. an VII, art. 68, § 1er, n° 37).

1724. — *Prud'hommes (exploits devant les).* — ... Les assignations et tous autres exploits devant les prud'hommes : 50 c. — L. 28 avr. 1816, art. 41, n° 2.

1725. — *Quittances.* — ... Certaines quittances ne sont passibles que d'un simple droit fixe, par dérogation spéciale à la disposition de la loi qui les soumet au droit proportionnel. — V. nos 2194 et suiv.

1726. — Ainsi, sont seulement passibles du droit fixe de 2 fr. les quittances de répartition données aux syndics ou au caissier de la faillite, en exécution de l'art. 561, C. comm. (aujourd'hui art. 569, L. 28 mai 1838), quel que soit le nombre d'émargemens sur chaque état de répartition. — L. 24 mai 1834, art. 15.

1727. — Antérieurement à cette loi, il avait été décidé que l'acte par lequel les syndics d'une faillite rendaient compte de leur gestion au failli et aux créanciers, ne donnait lieu qu'à un droit fixe de 2 fr., relativement à la disposition qui donnait décharge aux syndics de leur administration; mais que le droit proportionnel était dû sur la disposition qui concernait la libération du failli, à raison des sommes déjà touchées par les créanciers. — *Cass.*, 26 nov. 1821, Deville.

1728. — N'est passible que du droit fixe de 1 fr., la quittance notariée consentie par un particulier qui ne sait pas signer d'une somme au-dessus de 150 fr. pour fournitures faites à l'état; toutefois, elle est assujétie au timbre, et l'expédition doit être également sur papier timbré; le tout aux frais de la partie prenante. — Décis. min. fin., 20 janv. et 12 sept. 1835; instr. 1504, § 6.

1729. — Les quittances ayant pour objet exclusif la construction, l'entretien et la réparation des chemins vicinaux doivent être enregistrées moyennant le droit fixe de 1 fr. — L. 21 mai 1836, art. 20.

1730. — *Rapports d'experts*, etc. — ... Les rapports d'employés, gardes, commissaires, séquestres, experts, arpenteurs et agens forestiers et ruraux : 2 fr. — L. 28 avr. 1816, art. 43, n° 16. — (Autrefois 1 fr., L. 22 frim. an VII, art. 68, § 1er, n° 35).

1731. — Si les arbitres ou experts se bornaient à énoncer verbalement leur avis à l'audience, on ne pourrait, à raison de la mention qui en serait faite dans le jugement, percevoir de droit particulier. — Décis. min. just. et fin., 13 juin 1809; instr. 436, n° 37.

1732. Les procès-verbaux et rapports d'experts ne sont passibles que d'un seul droit fixe, bien qu'on ait employé plusieurs jours à leur confection, pourvu toutefois qu'ils ne contiennent aucune disposition ne dérivant pas nécessairement de l'expertise. — Décis. min. fin., 24 sept. 1808; instr. 406, n° 1er.

1733. — *Ratification.* — ... Les ratifications pures et simples d'actes en forme : 1 fr. — L. 22 frim. an VII, art. 68, § 1er, n° 38.

1734. — Un acte contenant ratification de plusieurs autres actes est passible d'autant de droits fixes qu'il y a d'actes ratifiés. — *Cass.*, 20 fév. 1839 (t. 1er 1839, p. 314), Colin.

1735. — Tel est le cas où un majeur ratifie plusieurs actes passés en son nom pendant sa minorité. — Délib. 12 juill. 1836.

1736. — *Récépissés.* — ... Les récépissés de pièces : 2 fr. — L. 28 avr. 1816, art. 43, n° 8. — (Autrefois 1 fr., L. 22 frim. an VII, art. 68, § 1er, n° 22).

1737. — Les récépissés donnés par les avoués, dans les cas de communication de pièces dont parlent les art. 106 et 189, C. procéd., ne sont passibles de l'enregistrement que dans le cas où l'on en ferait usage en justice. — Décis. min. just. et fin., 14 juin 1809; instr. 436, nos 14 et 18.

1738. — Le récépissé délivré par le secrétaire de la chambre des notaires, pour constater le dépôt d'un extrait de contrat de mariage ou de jugement de séparation entre époux dont l'un est négociant, est passible d'un droit d'enregistrement de 2 fr., dès-lors qu'aucun acte enregistré ne constate le dépôt dont il s'agit. — *Cass.*, 16 fév. 1824, Barazer.

1739. — Les projets de compte de tutelle devant notaires ou sous seing-privé suivis du récépissé donné par l'oyant-compte, sont passibles du droit de 2 fr. comme récépissés de pièces. Il est dû un droit pour chaque oyant, lorsqu'un seul acte renferme plusieurs comptes particuliers par un tuteur à des mineurs devenus majeurs et ayant des intérêts distincts, soit à cause des recettes, soit à cause des dépenses. — Délib. 1er mars 1836; instr. 1528, § 4.

1740. — *Reconnaissances pures et simples.* — ... Les reconnaissances pures et simples ne contenant aucune obligation ni quittance : 2 fr. — L. 28 avr. 1816, art. 43, n° 19. — (Autrefois 1 fr., L. 22 frim. an VII, art. 68, § 1er, n° 39).

1741. — *Recours en cassation et devant le conseil d'état.* — ... Le premier acte de recours, 1° soit en cassation, par requête, mémoire ou déclaration, en matière civile, de police ou correctionnelle; — 2° soit devant le conseil d'état : 25 fr., L. 28 avr. 1816, art. 47, n° 1er. — (Autrefois 15 fr., L. 22 frim. an VII, art. 68, § 6, n° 3).

1742. — Tout premier acte de recours en cassation, quel qu'en soit l'objet, étant passible du droit (arrêté gouvern. 21 pluv. an XI; instr. 124), il s'ensuit que le droit doit être perçu sur l'exploit s'il constitue ce premier acte, et par conséquent, au bureau où cet exploit est présenté à la formalité (solut. 29 août 1831 et 4 janv. 1832), sinon, la perception est faite par le receveur établi près la cour de Cassation. — Circ. 9 frim. an VIII, 1704.

1743. — Il en est de même pour les dénonciations de recours au conseil d'état. — Solut. 4 janv. 1832.

1744. — Pour les déclarations de recours en matière de police simple ou correctionnelle faites aux greffes des tribunaux et en matière de prises maritimes, le droit doit être perçu par le receveur près de ces tribunaux qui enregistre aussi en *débet* les déclarations du ministère public. — Circ. 9 frim. an VIII, 1704.

1745. — La déclaration que fait au greffe un condamné en matière correctionnelle, lorsqu'il se pourvoit en cassation, doit être enregistrée *en débet* toutes les fois qu'il n'y a pas de partie civile. — Décis. min. fin. 24 mars 1825; instr. 1166, § 12.

1746. — Les déclarations de recours en cassation en matière criminelle, sont exemptes de l'enregistrement, comme comprises dans le n° 9, § 3, art. 78, L. 22 frim. an VII. — Circ. 9 frim. an VIII, 1704; arrêté gouvern. 21 pluv. an XI; instr. 124.

1747. — *Renonciations.* — ... Les abstentions, répudiations et renonciations pures et simples à successions, legs ou communautés, si elles ne sont pas faites en justice : 1 fr. — L. 22 frim. an VII, art. 68, § 1er, n° 1er.

1748. — Il est dû un droit par chaque renonçant et pour chaque succession à laquelle on renonce. — Même loi.

1749. — Il n'est dû qu'un seul droit de 1 fr. sur l'acte par lequel le légataire particulier de tout le mobilier d'une succession et de l'usufruit d'un domaine, renonce purement et simplement à ce legs d'usufruit, et se réserve le legs du mobilier. Si ce mobilier lui est délivré, il est dû un autre droit fixe de 1 fr. — Délib. 14 avr. 1837.

1750. — *Résiliemens.* — ... Les résiliemens purs et simples faits par actes authentiques dans les vingt-quatre heures des actes résiliés : 2 fr. — L. 28 avr. 1816, art. 43, n° 20. — (Autrefois 1 fr., L. 22 frim. an VII, art. 68, § 1er, n° 40).

1751. — N'est passible que du droit fixe la résolution, même volontaire, d'une vente à rente viagère restée sans effet (C. civ., art. 1975), par suite du décès du vendeur dans les vingt jours du contrat. — Délib. 27 mai 1828.

1752. — Le résiliement pur et simple d'un contrat de mariage, même passé après les vingt-quatre heures du contrat, n'est passible que du droit fixe de 2 fr. — Délib. 28 août 1824.

1753. — *Réunions d'usufruit.* — ... Les réunions de l'usufruit à la propriété, lorsque la réunion s'opère par acte de cession, et qu'elle n'est pas faite pour un prix supérieur à celui sur lequel le droit a été perçu lors de l'aliénation de la propriété : 3 fr. — L. 28 avr. 1816, art. 44, n° 4. — (Autrefois 1 fr., L. 22 frim. an VII, art. 68, § 1er, n° 42).

1754. — Le droit fixe de 3 fr. est exigible pour la renonciation à un usufruit, comme pour un acte de cession; toutefois, il faut que la renonciation soit expresse. — Délib. 5 janv. 1835.

1755. — *Révocations.* — ... Les rétractations et révocations : 2 fr. — L. 28 avr. 1816, art. 43, n° 21. — (Autrefois 1 fr., L. 22 frim. an VII, art. 68, § 1er, n° 41).

1756. — La révocation pure et simple d'un testament n'est passible que du droit fixe de 2 fr. lorsqu'elle ne contient que la déclaration de vouloir mourir *ab intestat*. — Délib. 14 niv. an XIII.

1757. — *Scellés (procès-verbaux relatifs aux).* — ... Les procès-verbaux d'opposition, de reconnaissance et de levée de scellés : 4 fr. — L. 19 juill. 1845, art. 5. — (Autrefois 2 fr., L. 22 frim. an VII, art. 68, art. 2, n° 3).

1758. — Il est dû un droit pour chaque vacation. — Mêmes lois.

1759. — Les mêmes procès-verbaux d'apposition, de reconnaissance et de levée après faillite, quel que soit le nombre des vacations : 2 fr. — L. 24 mai 1834, art. 11.

1760. — Est passible de 2 fr. par vacation le procès-verbal descriptif des meubles trouvés au domicile du défunt, que le juge de paix dresse au lieu d'apposer les scellés. — Solut. 10 fév. 1831.

1761. — Les procès-verbaux de carence dressés par le juge de paix en cas d'apposition de scellés après décès (C. procéd., art. 924) ne sont soumis qu'au droit fixe de 1 franc, quel qu'ait été le temps employé à leur rédaction. — Décis. min. fin. 8 oct. 1823; instr. 1104.

1762. — L'établissement d'un gardien aux scellés (C. procéd., art. 914), étant un accessoire nécessaire de leur apposition, ne donne point ouverture à un droit particulier. — Décis. min. fin. 25 avr. 1809; instr. 436, n° 72.

1763. — La prestation de serment des experts dans le cas prévu par l'art. 935, C. procéd., donne ouverture à un droit particulier, si elle est constatée dans le procès-verbal de levée des scellés. — Décis. min. fin. 25 juill. 1810. — Mais la simple nomination des experts n'est passible d'aucun droit. — Masson de Longpré, *Code de l'enregistr.*, n° 2261.

1764. — *Serment (prestations de).* — ... Les prestations de serment des greffiers et huissiers des juges de paix, des gardes des douanes, gardes forestiers et gardes champêtres pour entrer en fonctions : 3 fr. — L. 22 frim. an VII, art. 68, § 3, n° 3.

1765. — ... Les prestations de serment des notaires, des greffiers et huissiers des tribunaux civils, criminels, correctionnels et de commerce, et de tous employés salariés par l'état autres que ceux compris sous le § 3, n° 3, L. 22 frim., également pour entrer en fonctions : 15 fr. — L. 22 frim. an VII, art. 68, § 6, n° 4.

1766. — ... Les actes de prestation de serment non tarifés par la loi doivent être enregistrés au droit fixe de 1 franc. — Délib. 23 juill. 1830; — Roland et Trouillet, *Dict. d'enregistr.*, v° *Serment*, § 2, n° 54.

1767. — Il en est de même quand un préposé, sans changer de grade ni d'attributions, ne fait que renouveler un serment par suite d'un changement de résidence. — Décis. min. fin. 17 fév. 14 mai 1817, 12 déc. 1821; instr. 1025; solut. 4 fév. 1830.

1768. — Les dispositions de la loi de frimaire concernant les prestations de serment des employés, fonctionnaires et officiers publics s'appliquent aux emplois qui existaient lorsque cette loi a été rendue et à ceux qui ont pu être créés depuis. — Décis. min. fin. 14 niv. an XIII; instr. 290, n° 42.

1769. — Les actes de prestation de serment sont assujétis à l'enregistrement, soit que le serment ait été reçu par un préfet, ou un sous-préfet, ou un maire, soit qu'il ait été prêté devant un tribunal civil ou un juge de paix. — Décis. min. fin. 12 thermid. an XII et 14 niv. an XIII; instr. 248 et 290, n° 42.

1770. — Les prestations de serment des porteurs de contraintes sont passibles de 3 fr. par assimilation de leurs fonctions à celles des huissiers des juges de paix. — Décis. min. fin. 3 flor. an XIII; instr. 290, n° 55.

1771. — La prestation de serment d'un individu nommé en même temps garde champêtre et préposé de l'octroi n'est passible que d'un seul droit de 3 francs; mais s'il est rédigé deux actes séparés, chacun est passible d'un droit particulier de 3 francs. — Décis. min. fin. 28 nov. 1809.

ENREGISTREMENT, ch. 6, sect. 1re.


**1772.** — La prestation de serment d'un garde nommé ou présenté par plusieurs particuliers en vertu d'une commission collective ne donne ouverture qu'à un seul droit de 3 francs. — Décis. min. fin. 2 sept. 1830; instr. 1347, § 7. — Roland et Trouillet, *Dict. d'enregistr.*, v° *Serment*, § 2, n° 37.

**1773.** — Décidé au contraire qu'il est dû autant de droits que le procès-verbal constitue d'individus assermentés. — Décis. min. fin. 7 pluv. an VIII; circul. 14 germin. an VIII, 1798.

**1774.** — Les prestations de serment des gardes à cheval des forêts sont assujétis au droit de 3 fr., sans égard à la quotité de traitement. — Décis. min. fin. 11 nov. 1818.

**1775.** — Les actes de prestation de serment des gardes des barrières sont compris sous le n° 3, § 3, art. 68, L. 22 frim. an VII; — L. 27 vent. an IX, art. 14.

**1776.** — Les actes de prestation de serment des agens des douanes, commissionnés par les directeurs dans les départemens et révocables par eux, sont assimilés à ceux des gardes mentionnés dans la loi et passibles de 3 francs. — Décis. min. fin. 20 vendém. an XI, 25 oct. 1816 et 7 juin 1833; instr. 290, n° 47, 366, n° 17; 754 et 1429.

**1777.** — L'acte de prestation de serment des commis-greffiers est assujéti au même droit d'enregistrement que celui des greffiers en chef. — *Cass.*, 17 fév. 1806, Ferrier.

**1778.** — L'acte de prestation de serment d'un commis-greffier doit être enregistré au droit fixe de 15 francs, encore bien que le même individu viendrait à prêter postérieurement un second serment en qualité de greffier. — *Cass.*, 21 janv. 1806, Malbec.

**1779.** — Est passible du droit fixe de 1 fr., la prestation de serment d'un commis-greffier de tribunal de première instance temporairement nommé, quel que soit le nombre d'actes ou de jugemens dans lesquels sa prestation de serment a été exprimée. — Décis. min. fin. 11 vendém. an XII, 26 sept. 1817; solut. 8 mai 1830; — Roland et Trouillet, *Dict. d'enregistr.*, v° *Serment*, § 2, n° 14.

**1780.** — Les huissiers choisis par les tribunaux de commerce et les juges de paix, n'acquérant pas un nouveau caractère, n'ont pas de nouveau serment à prêter. Ils ne doivent le droit de 15 fr. que sur leur prestation de serment en qualité d'huissiers d'un tribunal de première instance. — Décis. min. fin. 22 mai 1824; instr. 1133.

**1781.** — Il n'est dû que 1 franc, comme acte de complément, sur la prestation de serment d'un huissier désigné pour faire le service des audiences d'une cour royale, quand il a déjà acquitté le droit de 15 francs sur l'acte de sa prestation de serment comme huissier près un tribunal de première instance. — Délib. 3 janv. 1822.

**1782.** — Il est dû un droit de 15 francs pour chaque prestation de serment, lors même qu'il n'a été rédigé qu'un seul acte du serment de plusieurs notaires admis sur un seul appel nominal. — Décis. min. fin. 24 vendém. an XIII; Instr. 204 et 290, n° 49. — Roland et Trouillet, *Dict. d'Enreg.*, v° *Serment*, § 1er, n° 8.

**1783.** — L'acte de prestation de serment des avocats et avoués, en vertu de la loi du 22 vent. an XII, a été soumis à la formalité de l'enregistrement; et quelque difficulté qu'il ait pu s'élever sur la quotité du droit, les juges n'ont pu décider qu'il n'en était dû aucun. — *Cass.*, 19 thermid. an XIII, avocats et avoués de Civrai.

**1784.** — Les actes de prestation de serment des avoués sont assujettis au droit de 15 francs. — L. 27 vendém. an IX, art. 14; Décis. min. fin. 14 vendém. et 30 brum. an XIII; 20 mai et 8 juill. 1806; décr. 31 mai 1807; instr. 290, nos 57, 311 et 350.

**1785.** — Si l'acte de prestation de serment par des avoués, non pour entrer en fonctions, mais pour se conformer à la loi du 22 vent. an XII, ne donne pas lieu au droit fixe de 15 francs; il est au moins sujet au droit fixe de 1 franc comme tout autre acte judiciaire non dénommé. — *Cass.*, 24 févr. 1808, Frogerais; 18 juill. 1808, Prugnat et Sarlin; 31 août 1808, Begen.

**1786.** — Les actes de prestation de serment des avocats n'étant point désignés dans la loi du 22 frim. an VII, avaient paru ne devoir être assujettis qu'à 1 franc. — Décis. min. fin. 20 mai et 8 juill. 1806; Instr. 311.

**1787.** — Mais depuis ils ont été assimilés aux actes de prestation de serment des avoués et soumis au droit de 15 francs. — Décr. 31 mai 1807; Instr. 330 et 555.

**1788.** — Le décret du 31 mai 1807, qui assujétit à un droit fixe de 15 francs les actes de prestation de serment des avocats, s'applique même aux prestations antérieures à sa publication. — *Cass.*, 11 (et non 1er) septemb. 1811, Mangin.

**1789.** — L'acte de prestation de serment prescrit aux avocats par les décrets des 31 mai 1807 et 6 juill. 1810, n'est pas assujéti au droit fixe de 15 francs, lorsque l'avocat, entré antérieurement en fonctions, avait déjà prêté un premier serment. Cet acte n'est passible que du droit fixe de 1 franc. — *Cass.*, 17 avr. 1816, Roy.

**1790.** — La prestation de serment d'agréé au tribunal de commerce n'est assujétie qu'au droit de 1 franc. — Décis. min. fin. 17 août 1813.

**1791.** — Si plusieurs experts prêtent serment par le même acte, il y a lieu à la pluralité de droits, quand la prestation de serment est dans l'intérêt de ceux qui l'ont faite et qu'elle n'est pas relative à une seule contestation. — Solut. 16 nov. 1814.

**1792.** — Mais il n'est dû qu'un seul droit fixe de 3 francs sur le procès-verbal de prestation de serment de trois experts nommés pour procéder collectivement. — Décis. min. fin. 25 juill. 1821; Délib. 10 oct. 1826 et 22 fév. 1828, appr. le 5 avr. suiv. — Roland et Trouillet, *Dict. d'Enreg.*, v° *Serment*, § 2, n° 32.

**1793.** — La prestation de serment des experts et le rapport de l'expertise qui ont lieu devant le juge ne constituent qu'un acte judiciaire passible d'un seul droit d'enregistrement, celui du rapport. — Roland et Trouillet, *ibid.*, § 2, n° 33.

**1794.** — La nomination et la prestation de serment d'un expert, dans un inventaire, ne donnent pas ouverture à un droit particulier. — Délib. 21 déc. 1809.

**1795.** — Le surnuméraire de l'enregistrement qui est appelé à l'emploi de receveur, est tenu de prêter serment et d'acquitter le droit fixe de 15 francs, bien qu'un droit égal ait déjà été perçu sur la prestation de serment faite par le même employé, à l'occasion de l'intérim d'un bureau vacant par mort ou destitution. — Solut. 10 oct. 1818. — Roland et Trouillet, *ibid.*, § 2, n° 31 et § 3, n° 18.

**1796.** — La prestation de serment d'un surnuméraire chargé de l'intérim d'un bureau d'enregistrement, n'est assujétie qu'au droit de 1 franc. — Délib. 26 fructid. an XI; Décis. min. fin. 11 nov. 1836; Instr. 1539, § 8.

**1797.** — Tous les actes de prestation de serment des employés ne sont pas réglés par la disposition du n° 4, § 6, L. 22 frim. an VII. — Ainsi, il n'est dû que 3 francs pour le serment des préposés des administrations et de toutes autres personnes recevant un salaire de l'état, quand les traitemens, salaires et remises n'excèdent pas 500 francs par année. Pour prévenir toute erreur à cet égard, la quotité du traitement doit être mentionnée dans la commission et rappelée dans l'acte de prestation de serment. — Décis. min. fin. 9 mai 1817; Instr. 785.

**1798.** — La mention de la prestation de serment des employés peut être mise en marge de leur commission. — Décis. min. fin. 21 mai 1811; Instr. 534.

**1799.** — Ne sont assujéties qu'au droit fixe de 1 franc les prestations de serment :

**1800.** — ... Des agens provisoires d'une faillite. — Solut. 22 sept. 1832.

**1801.** — ... Des gardes-messiers et des gardes-ventes ou facteurs. — Circ. 12 sept. 1808 et 28 sept. 1812.

**1802.** — ... Des interprètes jurés des langues étrangères près les tribunaux de commerce. — Décis. min. fin., 12 thermid. an XII et 23 juill. 1830; Inst. 290, nos 48 et 1347, § 8.

**1803.** — ... Des imprimeurs et des libraires. La prestation de serment peut être mentionnée sur le brevet. — Décis. min. fin. 10 août 1813; instr. 645.

**1804.** — ... Des préposés aux droits de place attribués aux villes. — Solut. 19 nov. 1832.

**1805.** — *Significations d'avocat à avocat.* — ... Les significations d'avocat à avocat dans les instances en cassation et devant le conseil d'état : 3 fr. — L. 28 avr. 1816, art. 44, n° 11.

**1806.** — *Significations d'avoué à avoué.* — ... Les significations d'avoué à avoué dans le cours des instructions des procédures (autrefois 25 c., L. 27 vent. an IX, art. 15), aujourd'hui, savoir ; devant les tribunaux de première instance : 50 c. — L. 28 avr. 1816, art. 41, n° 1er. — Devant les cours royales : 1 fr. — L. 28 avr. 1816, art. 42.

**1807.** — Il est dû un droit pour chacun des avoués demandeurs ou défendeurs, en quelque nombre qu'ils soient. — Circ. 9 messid. an IX, n° 2018.

**1808.** — Il faut distinguer entre les significations qui doivent être faites d'avoué à avoué, lesquelles sont seules passibles de 50 c., et les significations à personne ou à domicile, sujettes au droit fixe des exploits ordinaires, bien que faites aux avoués. — Décis. min. fin., 12 vendém. an XI, inst. 290, n° 66.

**1809.** — Comme les tribunaux réputent valables les significations d'opposition aux jugemens par défaut, faites par acte d'avoué à avoué, il n'y a pas lieu d'en exiger d'autres, et elles ne peuvent donner ouverture qu'au droit fixé pour les actes d'avoué à avoué. — Décis. min. just., 17 vendém. an XIII; inst. 290, n° 67.

**1810.** — L'acte de produit qui ne consiste que dans la connaissance que l'avoué donne à l'avoué adverse de la remise des pièces au greffe (C. procéd. art. 96, 97, 102 et 754) ne donne ouverture qu'au droit de 50 c. pour la signification entre avoués. La simple mention sur le registre des productions remises n'est susceptible d'aucun droit. — Décis. min. just. et fin., 13 juin 1809; inst. 436, nos 13 et 59.

**1811.** — Les dénonciations de l'état de collocation d'un ordre, faites par acte d'avoué à avoué, ne sont passibles que du droit fixe de 50 c. — Solut., 10 août 1831.

**1812.** — La signification d'un jugement en matière d'ordre, faite par le même exploit, à la requête d'un avoué et de son client, à cinq autres avoués et à leurs cliens, est passible de cinq droits de 50 c. et d'autant de droits de 2 fr. — Délib. 19 janv. 1830.

**1813.** — *Société (actes de).* — Les actes de formation ou de dissolution de société ne portant ni obligation, ni libération, ni transmission de biens meubles ou immeubles entre les associés ou autres personnes : 5 fr. — L. 28 avr. 1816, art. 45, n° 2. — (Autrefois 3 fr., L. frim. an VII, art. 68, § 3, n° 4.)

**1814.** — Ne sont passibles que d'un simple droit fixe de 1 fr. : 1° l'acte de société pour le perfectionnement du canal de Saint-Quentin, et les actes nécessaires à la formation de cette société. — L. 29 mai 1827.

**1815.** — ... 2° Les actes d'association pour la réunion des fonds nécessaires à l'entreprise du canal des Pyrénées. — L. 20 fév. 1832.

**1816.** — ... 3° Les actes relatifs à la formation de la société pour l'exécution du canal latéral à la Garonne. — L. 22 avr. 1832.

**1817.** — Doit être considéré comme constituant une société, et passible par conséquent du droit de 5 fr., l'acte par lequel un individu s'engage à faire à une société des avances dont elle a besoin moyennant une part dans les bénéfices, sans pouvoir réclamer son remboursement contre les actionnaires, mais seulement sur les fonds de l'établissement. — Délib. 2 mai 1828.

**1818.** — De même, il y a seulement société donnant ouverture au droit fixe dans l'acte passé entre plusieurs particuliers où l'un d'eux annonce son projet d'acquérir des immeubles et s'engage à en céder une portion déterminée aux autres, à condition qu'ils contribueront pour une somme relative au paiement du prix. La résiliation réciproque de cette convention après l'acquisition constitue une cession d'immeubles indivis, passible de 4 %. — Délib. 22 sept. 1826.

**1819.** — Un tribunal a pu considérer comme un acte, non de vente, mais de société, celui qui, déclaré tel par les parties, impose à l'une d'elles l'obligation de fournir l'intégralité de la chose sociale, et qui, l'affranchissant de toute participation tant aux frais qu'aux pertes de l'association, lui assigne pour sa part de bénéfices une somme fixe, payable sans plus ni moins, à toute éventualité, surtout si le caractère de l'acte est attaqué par la régie et non point par la partie lésée. En conséquence, cet acte ne donne ouverture qu'au droit fixe de 5 fr. — *Cass.*, 7 janv. 1835, Roccasserra.

**1820.** — L'acte par lequel des propriétaires s'associent pour se garantir mutuellement, soit contre la grêle, soit contre l'incendie, sans aucune fixation de primes, est une société passible du droit de 5 fr., et non pas un acte d'assurance. — Déc. min. fin. 21 déc. 1821.

**1821.** — Il en est de même de l'acte par lequel plusieurs jeunes gens contribuent chacun pour une somme déterminée à l'effet d'être répartie seulement entre ceux qui seront atteints par le sort, en vertu de la loi sur le recrutement. — Déc. min. fin. 1er juin 1822.

**1822.** — Les actes de société par lesquels les associés promettent de verser à une époque déterminée le montant de leur mise, et les actes subséquens dans lesquels ils conviennent d'ajouter à leur première mise et stipulent l'époque du versement de ces supplémens de fonds, restent assujétis au droit fixe. — Déc. min. fin. 29 thermid. an XII; instr. 290, n° 9.

**1823.** — Ainsi, il n'est dû que le droit fixe de 5 fr. pour l'enregistrement d'un acte de société dont le fonds social est divisé en actions, si en représentation d'un immeuble apporté par les fondateurs, il leur est attribué un certain nombre de ces actions, avec stipulation que le surplus du

fonds social sera fourni par les souscripteurs d'actions. — Délib. 13 nov. 1838.

1824. — L'acte de société par lequel l'un des associés, pour tenir lieu de sa mise fixée en numéraire, abandonne un immeuble, n'est assujéti qu'au droit fixe, attendu que cet associé n'est pas dépouillé de sa propriété, dans laquelle il conserve une part indivise, et que, lors de la dissolution par suite de la licitation, il peut rester propriétaire définitif. — Délib. 30 oct. 1822.

1825. — Jugé en ce sens que la mise en société d'un immeuble appartenant à l'un des associés n'opérant point alors mutation au profit des autres associés individuellement, il n'y a lieu de percevoir sur l'acte qu'un droit fixe.— *Cass.*, 29 janv. 1840 (t. 2 1842, p. 173), Véron.

1826. — L'acte par lequel un associé cède pour sa mise de fonds des meubles ou des immeubles à la société, ne donnant lieu qu'à une mutation éventuelle, n'est passible que du droit fixe, quelles que soient les clauses et les mises en commun de biens fonds, de mobilier ou d'industrie. — Déc. min. fin. 8 déc. 1807; instr. 360; délib. 14 sept. 1838.

1827. — Jugé, en ce sens, qu'il ne doit pas être perçu de droit de mutation immobilière sur l'acte par lequel l'un des associés apporte des immeubles dans la société et l'autre des valeurs mobilières. Ce droit n'est dû que lorsque, par l'effet du partage de l'actif social, l'immeuble est attribué à l'associé qui n'en avait point fait l'apport.— *Cass.*, 13 juill. 1840 (t. 2 1840, p. 585), Grillon.

1828. — Mais le droit proportionnel est exigible quand, dès le moment même de l'apport de valeurs quelconques, la propriété ne reste pas en suspens, et que l'associé s'en dessaisit actuellement en faveur de la société qui lui donne l'équivalent. Le droit proportionnel est également exigible sur les obligations ou quittances par un ou plusieurs des associés en faveur d'un ou de plusieurs des coassociés individuellement et non dans l'intérêt général de la société. — Déc. min. fin. 29 thermid. an XII; instr. 290, n° 9.

1829. — Ainsi, le droit de vente est exigible si le gérant d'une société en commandite, dans l'acte même qui la constitue, verse et cède à la société des immeubles dont la valeur sera imputée sur le montant des actions qui lui sont attribuées, ou lui sera payée de manière que lui seul et non la société en profite. — Délib. 23 janv. 1835.

1830. — Ainsi, la cession d'un immeuble faite par un associé à la société qui le paie de ses deniers, même d'après une clause de l'acte social, est passible du droit de vente de 5 1/2 %. Spécialement, dans le cas où le fondateur d'une société en commandite par actions a stipulé que les immeubles par lui apportés lui seraient payés en argent par la société, l'exécution de cette clause ayant eu pour effet de rendre la société propriétaire de ces immeubles par voie d'acquisition, il s'est opéré une transmission immobilière qui donne ouverture au droit de 5 1/2 %. Peu importe que l'associé fondateur ait déclaré par un acte postérieur qu'il a reçu la valeur de ses immeubles en actions : cet acte, qui déroge aux conventions primitives, n'est point opposable à la régie. — *Cass.*, 8 mars 1842 (t. 1er 1842, p. 566), de Masin.

1831. — Ainsi encore lorsqu'il a été reconnu, en fait, qu'un associé a fait, comme tiers, l'apport d'immeubles par destination, tels que machines, etc., dont il s'est fait rembourser la valeur des deniers de la société, c'est avec raison qu'on a considéré cette convention comme constituant une vente immobilière, passible en conséquence du droit proportionnel.—*Cass.*, 18 août 1842 (t. 2 1842, p. 716), Giroud.

1832. — Par la même raison, lorsqu'un associé, propriétaire exclusif d'un immeuble, le loue à la société dont il est membre, le droit proportionnel doit être perçu sur la totalité du prix du bail, comme si le bailleur était étranger à la société. —L'associé bailleur ne peut demander que le droit d'enregistrement soit réduit proportionnellemnt à son intérêt dans la société, sous prétexte qu'il s'est opéré en sa personne une confusion des deux qualités de débiteur et de créancier.—*Cass.*, 3 janv. 1827. Boilleau.

1833.—En un mot, un acte relatif à une société n'est soumis au droit fixe que dans le cas où il se borne à établir la société ou à en constater la dissolution; il en est autrement, s'il déclare l'un des associés débiteur des autres.—*Cass.*, 25 mars 1812, Lambert.

1834. — Les caractères d'un contrat de société ne sont point changés par cela que les associés sont convenus de répartir inégalement les bénéfices de l'association, soit à titre de prélèvement pour indemnité ou traitement, soit dans toute autre forme. — Décis. min. 30 juill. 1819; Délib. 26 janv. 1825.



1835. — L'acte d'adhésion à une société ou à une association d'assurance mutuelle forme une nouvelle société dont l'acte est passible du droit fixe de 5 fr., quel que soit le nombre de ceux qui acquiescent. — Décis. min. fin. 28 frim. an VIII; délib. 6 mars 1822 et 22 fév. 1828.

1836. — L'acte d'adhésion à une dissolution de société constitue un consentement passible de 2 fr. — Solut. 21 janv. 1832.

1837. — *Soumissions et enchères hors justice.* — Les soumissions et enchères, hors celles faites en justice, sur des objets mis ou à mettre en adjudication ou en vente, ou sur des marchés à passer, lorsqu'elles sont faites par actes séparés de l'adjudication : 1 fr.— L. 22 frim. an VII, art. 68, § 1er, n° 43.

1838. — Ainsi, sont passibles du droit de 1 fr., les soumissions par des manufacturiers et les traités passés avec eux pour le travail à fournir aux détenus dans les prisons et pour le salaire de ce travail. — Décis. min. fin. 27 nov. 1815.

1839. — N'est également passible que du droit de 1 fr., l'acte par lequel les habitans d'une commune font soumission pure et simple de contribuer, pendant un certain nombre d'années, à la dépense du rétablissement du presbytère.—Délib. 24 fév. 1816.

1840. — La soumission d'un entrepreneur de travaux publics et l'acceptation du préfet du département, bien que portant des dates différentes, ne sont point des actes séparés et ne donnent ouverture qu'à un seul droit.—Décis. min. fin. 2 mai 1818; délib. 5 août 1819.

1841. — N'est passible que du droit fixe de 1 fr., la demande d'admission dans un hospice d'aliénés, formée avec soumission de pourvoir aux dépenses d'entretien, en vertu de la loi du 30 juin 1838. — Décis. min. fin. 2 avr. 1845; inst. 22 mai suivant.

1842. — *Testamens.* — ... Les testamens : 5 fr. — L. 28 avr. 1816, art. 45, n° 4.— (Autrefois 3 fr., L. 22 frim. an VII, art. 68, § 3, n° 5.)

1843. — Les testamens ne sont passibles que du droit fixe, à moins qu'ils ne contiennent obligations ou reconnaissances de sommes (V. *infrà* nos 2139 et suiv.), et sauf le paiement des droits de mutations des legs. — Décis. min. fin. 2 frim. an XIII; inst. 290, n° 1er.

1844. — Ainsi, bien que le droit proportionnel ait été perçu sur les legs contenus dans un testament, il est dû un droit fixe sur le testament lui-même. — *Cass.*, 24 oct. 1810, Ducazeau.

1845. — On ne peut exiger l'enregistrement d'un testament caduc, par exemple, de celui qui contient uniquement un legs de la portion disponible, si lors du décès du testateur le légataire était son seul héritier naturel, parce qu'un tel testament n'a plus d'objet. —Solut. 13 juin 1832; —Roland et Trouillet, *Dict. d'enregistr.*, v° *Testament*, n° 10.

1846. — Le partage anticipé contenu dans un testament en fait partie inhérente, et ne donne point ouverture à un droit particulier. — Solut. 14 fév. 1818.

1847. — Un codicile est passible du droit fixe de 5 fr., lorsqu'il contient libéralité, soit qu'il se trouve à la suite d'un testament, soit qu'il ait été rédigé séparément. — Délib. 11 juin 1823.

1848. — *Titres nouvels.* —...Les titres nouvels ou reconnaissances de rentes dont les contrats sont justifiés en forme : 3 fr. — L. 28 avr. 1816, art. 44, n° 5. — (Autrefois 1 fr., L. 22 frim. an VII, art. 68, § 1er, n° 44.)

1849. — Si l'on ne justifie pas d'un contrat de constitution en forme, le titre nouvel est passible du droit de 2 %; mais ce droit proportionnel est seul exigible, lors même qu'il ne s'élèverait pas à 3 fr. — Délib. 29 mars 1836; instr. 1528, § 15.

1850. — Le titre nouvel contenant reconnaissance d'une rente constituée depuis plus de trente ans, n'est passible que du droit fixe de 3 fr. — Solut. 6 janv. 1837.

1851. — Lorsqu'il n'existe qu'un seul créancier et un seul débiteur, il n'est dû qu'un seul droit fixe, bien que l'acte contienne reconnaissance de plusieurs parties de rentes créées à diverses époques et par différens titres. — Solut. 9 frim. an VIII.

1852. — Le titre nouvel contenant reconnaissance d'une vente créée par acte authentique, il y a plus de quarante ans, dans un pays où l'enregistrement ni le contrôle n'étaient établis, n'est passible que du droit fixe, s'il est fait entre les mêmes créanciers et pour la même créance. — Délib. 25 juill. 1806.

1853. — Le droit fixe n'est exigible sur un acte qualifié titre nouvel, qu'autant que cet acte a pour objet de confirmer seulement une obligation préexistante en vertu d'un titre en forme; mais toute stipulation non insérée dans le titre primordial constituerait une nouvelle convention donnant lieu, selon sa nature, au droit proportionnel réglé par la loi.—Avis com. fin., appr. 29 sept. 1821; instr. 1027, n° 2.



1854.—L'acte par lequel le débiteur d'une rente transportée à un tiers déclare avoir le transport pour signifié et n'avoir aucune opposition entre les mains, n'est soumis qu'au droit de 1 fr. et non à celui de 3 fr., attendu qu'un tel acte n'a pour objet que l'acceptation du transport et non la reconnaissance du titre de la rente. — Délib. 12 oct. 1825.

1855. — En cas de vente d'un immeuble hypothéqué à une rente, et dont le prix est délégué au créancier hypothécaire, il n'est pas dû de droit proportionnel sur l'acte par lequel l'acquéreur passe titre nouvel au créancier qui n'a point accepté la délégation. — Solut. 13 juill. 1830.

1856.—De ce que la cession d'un bail à domaine congéable, qui impose au cessionnaire l'obligation d'acquitter la rente convenancière due par le cédant, n'indique pas autrement le titre constitutif, il ne s'ensuit pas que la régie soit autorisée à considérer cette obligation comme une constitution nouvelle, soumise au droit proportionnel d'enregistrement, alors d'ailleurs qu'il est produit un acte récognitif du bail, acte qui a été dûment enregistré à sa date.—*Cass.*, 13 (et non) 8 nov. 1826, Mazurié.

1857. — *Transactions.* — ... Les transactions, en quelque matière que ce soit, qui ne contiennent aucune stipulation de sommes et valeurs, ni dispositions soumises à un plus fort droit : 3 fr. — L. 28 avr. 1816, art. 44, n° 8. — (Autrefois 1 fr., L. 22 frim. an VII, art. 68, § 1, n° 45.)

1858. — Lorsque pour éteindre un procès existant entre l'héritier légitime et l'héritier testamentaire sur la validité d'un testament, il intervient une transaction qui attribue une part de la succession à l'héritier institué et l'autre part à l'héritier légitime, qui doit prélever, en outre, sur la masse des rentes et obligations jusqu'à concurrence d'une valeur déterminée, une pareille transaction laissant indécise la question de validité du testament ne saurait donner ouverture à un droit proportionnel. — *Bruxelles*, 3 oct. 1817, Cardon.

1859.—On doit considérer comme une véritable transaction n'opérant aucune transmission soit à titre gratuit, soit à titre onéreux, tout acte par lequel le possesseur d'une chose litigieuse consent à en abandonner une partie à celui qui la lui conteste. — Dès-lors, il n'y a lieu de percevoir, sur cette transaction, qu'un droit fixe, si d'ailleurs l'abandon qu'elle renferme n'est entremêlé d'aucune valeur étrangère à l'objet en litige.—*Bruxelles*, 4 oct. 1817, Demoor de Mentock.

1860. — Les transactions faites avant jugement au sujet d'amendes et de confiscations de marchandises, en matière de douanes, sont, comme les jugemens de condamnation en cette même matière, exemptes du droit proportionnel.—Décis. min. fin. 6 avr. 1833; instr. 1428. — Ces transactions ne sont passibles non plus, comme les jugemens, que du droit fixe de 1 fr. — Solut. 12 sept. et 30 nov. 1833.

1861. — Est passible du droit fixe de 3 francs, comme transaction, l'acte par lequel plusieurs individus se concèdent réciproquement le droit de passer sur les terres qu'ils possèdent dans la même commune. — Solut. 13 sept. 1830.

1862. — Lorsque la transaction renferme une disposition soumise à un plus fort droit fixe que 3 fr., tel, par exemple, qu'un partage sans soulte, c'est le droit le plus fort qui doit être exigé. — Délib. 10 sept. 1830; Instr., 1347, § 9.

1863. — Quant aux transactions qui donnent lieu au droit proportionnel, V. *infrà* nos 2293 et suiv.

1864. — *Transmissions de propriété, d'usufruit et de jouissance.* — Il y en a quelques unes qui, d'après des lois spéciales, ne donnent ouverture qu'à un simple droit fixe. Nous les indiquerons en parlant des transmissions soumises au droit proportionnel.

1865.— *Tutelle officieuse (Actes de).*—... Les actes de tutelle officieuse : 50 fr. — L. 28 avr. 1816, art. 48, n° 1er.

1866. — Comme la tutelle officieuse emporte avec soi, sans préjudice de toutes stipulations particulières, l'obligation d'élever le pupille et de le mettre en état de gagner sa vie (C. civ., art. 364), il en résulte que l'acte qui contient la promesse du tuteur de pourvoir aux besoins du mineur ne fait que rappeler une condition imposée à cette tutelle, et ne donne lieu dès-lors à aucun droit particulier. — Décis. min. fin. 20 juin 1809; Instr., 449, n° 4.

1867. — *Tuteurs et curateurs (nomination de).* — ... Les procès-verbaux de nomination de tuteurs et

curateurs : 1 fr.. L. 19 juill. 1845, art. 5.—(Autrefois 2 fr.. L. 22 frim. an VII, art. 68, § 2, n° 4.)

1868. — La nomination d'un tuteur dans un testament ne donne point ouverture à un droit particulier, attendu qu'elle est de l'essence du testament et qu'elle résulte de la faculté accordée par les art. 392, 397 et 398, C. civ. — Délib. 5 juin 1816.

1869. — Est passible d'un simple droit fixe de 2 fr. l'acte notarié par lequel un père, dans la vue de la mort, nomme un tuteur à ses enfans et fixe l'indemnité que celui-ci devra recevoir pour ses peines et soins. L'acceptation de cette tutelle n'est point non plus passible du droit d'obligation. — Délib. 29 sept. 1835.

1870. — Les actes de tutelle dressés d'office par les juges de paix lors de l'ouverture de successions échues à des mineurs n'ayant ni tuteurs ni curateurs, sont visés pour timbre et enregistrés en débet. — Décis. min. just. et fin. 20 fructid. an X et 1er prair. an XIII; instr., 290 n° 3.

1871. — *Unions de créanciers.* — Les unions et directions de créanciers : 3 fr.— L. 22 frim. an VII, art. 68, § 3, n° 6.

1872. — S'il y a obligations de sommes déterminées par les coïntéressés envers un ou plusieurs d'entre eux, ou autres personnes chargées d'agir pour l'union, il doit être perçu un droit particulier comme pour obligation. — Même loi.

## Sect. 2e. — *Actes et mutations soumis au droit proportionnel.*

1873. — On a vu (n° 55) que le droit proportionnel était établi pour les obligations, libérations, condamnations, collocations ou liquidations de sommes et valeurs, et pour toute transmission de propriété, d'usufruit ou de jouissance de biens meubles ou immeubles, soit entre-vifs, soit par décès. — L. 22 frim. an VII, art. 4.

1874. — Les quotités du droit proportionnel sont fixées ainsi qu'on va le voir; il est assis sur les valeurs. — L. 22 frim. an VII, art. 4.

1875. — Dans tous les cas où les actes sont de nature à être transcrits au bureau des hypothèques, le droit proportionnel est augmenté de 1 1/2 %, et la transcription ne donne plus lieu à aucun droit proportionnel. — L. 28 avr. 1816, art. 54. — V. TRANSCRIPTION (droit de).

1876. — *Abandonnemens pour assurances ou grosse aventure.* — Les abandonnemens pour fait d'assurance ou grosse aventure : 50 cent. par 100 fr. — L. 22 frim. an VII, art. 69, § 2, n° 1er.

1877. — Le droit est perçu sur la valeur des objets abandonnés.—En temps de guerre, il n'est dû qu'un demi-droit. — L. 22 frim. an VII, art. 69, § 2, n° 1er.

1878. — Par *valeur des objets abandonnés* il faut entendre la valeur au jour de l'abandon. — Décis. min. fin. 29 déc. 1832; instr. 1422, § 1er.

1879. — Ce droit est exigible, non sur l'exploit de signification de l'abandonnement, lequel est insuffisant pour transmettre la propriété à l'assureur, mais seulement sur l'acte d'acceptation ou sur le jugement qui déclare l'abandonnement valable. — Décis. min. fin. 4 janv. 1819; instr. 876.

1880. — Dans le cas où un acte d'abandonnement pour fait d'assurance maritime a été passé en temps de guerre, et qu'il est enregistré en temps de paix, le droit doit être perçu d'après la loi en vigueur au moment de la formalité, mais suivant la quotité fixée pour le temps de guerre. — Délib. 5 avr. 1823.

1881. — *Adjudications et marchés entre particuliers.* — Les adjudications au rabais et marchés autres que ceux pour le trésor, les administrations locales et les établissemens publics pour constructions, réparations et entretien, et tous autres objets mobiliers susceptibles d'estimation, faits entre particuliers, qui ne contiennent ni vente, ni promesse de livrer des marchandises, denrées ou autres objets mobiliers : 1 fr. par 100 fr. — L. 22 frim. an VII, art. 69, § 3, n° 1er.

1882. — Le droit de 1 p. % est seul exigible : 1° sur les marchés par lesquels l'entrepreneur s'oblige à fournir les matériaux, attendu les dispositions de l'art. 1787, C. civ. — Solut. 14 déc. 1809.

1883.—...2° Sur les marchés de construction où il est stipulé que les matériaux provenant de la démolition appartiendront à l'entrepreneur, attendu que celui-ci peut y trouver une partie de ceux nécessaires à la reconstruction, et que dès-lors cette condition est inhérente à la stipulation du prix. — Délib. 20 juin 1828.

1884. — Sont passibles de 1 p. % les cessions et subrogations de marchés relatifs au service des ponts et chaussées que peuvent consentir à des tiers les entrepreneurs qui ont précédemment traité avec l'autorité administrative. — Décis. min. fin. 21 déc. 1807; 13 janv. 1826; 16 sept. 1831 et 16 avr. 1832; instr. 366, n° 7, 1410 § 2, et 1414 § 1er.

1885. — Les actes de remplacement militaire contenant des conditions pécuniaires sont, comme marchés, passibles du droit de 1 p. %, même quand ils sont passés devant les préfets et sous-préfets.— Décis. min. fin. 24 pluv. an XII; instr. 207.

1886. — Mais quand l'acte de remplacement, passé devant l'autorité administrative, n'est que la substitution pure et simple d'un individu à la place d'un autre, il est exempt du timbre et de l'enregistrement. — Décis. min. fin. 3 flor. an XIII; instr. 207 et 290, n° 74; L. 15 mai 1818, art. 80.

1887. — Le droit de marché est exigible à l'exclusion du droit de pouvoir : 1° sur la procuration qui contient don et remise au mandataire d'une partie de la somme qu'il est chargé de recouvrer. — Décis. min. fin. 20 janv. 1818.

1888. — ... 2° Sur la disposition d'une vente par laquelle le notaire est chargé de recouvrer le prix, moyennant une remise déterminée. — Solut. 8 déc. 1831.

1889. — La cession de l'autorisation de construire une usine propre à traiter le fer est sujette au droit de 2 p. % et non à celui de 1 p. %.—*Cass.*, 12 fév. (et non janv.) 1829, Lebon.

1890. — *Adjudications et marchés pour administrations locales et établissemens publics.* — Les adjudications au rabais et marchés pour constructions, réparations, entretien, approvisionnemens et fournitures dont le prix doit être payé par les administrations locales ou par des établissemens publics : 1 fr. p. 100 fr., L. 28 avr. 1816, art. 51, n° 3. — (Autrefois 50 c. p. 100 fr., L. 22 frim. an VII, art. 69, § 2, n° 3.)

1891. — Le droit est dû sur la totalité du prix. — Mêmes lois.

1892. — Les adjudications et marchés pour le trésor, d'abord soumis à ces droits, ne sont plus passibles que du droit fixe. — L. 15 mai 1818, art. 73.— V. *suprà* n° 1467 et suiv.

1893. — Doivent être considérées seulement comme administrations *locales*, celles des communes proprement dites, et non celles des départemens, dont toutes les dépenses sont à la charge directe ou indirecte de l'état, puisqu'elles sont acquittées au moyen des centimes additionnels ou facultatifs. Dès-lors il ne doit être perçu que le droit fixe de 1 franc sur les adjudications ou marchés dont la dépense est imputable soit sur les fonds généraux du trésor, soit sur les centimes additionnels des départemens, ce qui comprend les allocations des budgets des dépenses fixes ou communes et des dépenses variables ou facultatives. — Décis. min. fin. 22 juin 1818; instr. 844.

1894. — Lorsque le prix d'une adjudication est payable en partie sur les fonds du trésor public et en partie sur ceux d'une commune, la perception du droit fixe n'est applicable qu'à la première partie, et le surplus est passible du droit de 1 p. %. — Délib. 4 avr. 1828.

1895. — Les adjudications et marchés pour constructions et réparations des églises et presbytères autres que les églises cathédrales et métropolitaines, étant à la charge des communes, sont passibles du droit de 1 p. %. — Décis. min. fin. 22 juill. 1822.

1896. — Le même droit de 1 p. % est exigible sur l'adjudication des travaux de construction d'un hôtel de ville, d'une sous-préfecture ou d'autres édifices dont la dépense est à la charge de la commune. — Décis. min. fin. 27 oct. et 17 nov. 1826.

1897.— Il y a deux conventions différentes, et par conséquent autre chose qu'un échange avec soulte, dans un contrat où, après échange fait de deux terrains d'égale valeur, un des co-permutans s'oblige d'élever des constructions sur le terrain qu'il a cédé, à la condition par lui de jouir de ce même terrain et d'en percevoir les revenus pendant un certain nombre d'années. — *Cass.*, 1er juill. (et non juin) 1835, Corbin.

1898. — La convention par laquelle un individu s'oblige à faire des constructions pour un marché public à la condition de jouir pendant un certain nombre d'années du terrain, des constructions et du produit des taxes, peut être considérée non comme bail, mais comme marché relativement à la perception des droits.— Même arrêt.

1899. — De même, on doit pour la perception des droits considérer comme marché et non comme bail le traité par lequel un individu se charge d'élever des constructions sur les terrains qu'une ville vient d'acquérir, à la condition par lui de jouir, à titre de bail emphytéotique, des terrains acquis ainsi que du droit exclusif à l'exploitation des constructions projetées. — Même arrêt.

1900. — Le traité passé entre le maire d'une ville et un particulier pour le nettoiement et l'arrosement des rues et places publiques de cette ville ne peut être assimilé à aucune des espèces de baux dont parlent les lois des 22 frim. an VII et 27 vent. an IX, et par suite donner lieu à la perception de droits établie pour ce genre de contrat. Il doit être rangé dans la classe des marchés pour construction, réparation, ou entretien, passés par les administrations municipales dont parlent les art. 69, § 2, n° 3, L. frim., et 51, L. 28 avr. 1816, et auxquels s'applique le droit proportionnel de 1 %. — *Cass.*, 8 fév. (et non 7 juin) 1820, Dubost.

1901. — Les marchés et adjudications passés dans l'intérêt de la régie des salines de l'Est sont passibles du droit proportionnel. — Délib. 21 juin 1826.

1902. — Le droit proportionnel est exigible sur les adjudications au rabais pour fournitures dans les maisons de détention. Lorsque les adjudications ont lieu à raison d'une quotité déterminée de centimes par détenu ou d'une part dans le produit de leurs travaux, la perception qui s'établit d'après la déclaration des parties n'est que provisoire, et elle se règle définitivement à la fin de chaque trimestre sur les sommes ou portions de produits allouées au fournisseur d'après la connaissance officielle donnée par le préfet au directeur. — Décis. min. fin. 5 thermid. an XII; instr. 290, n° 10.

1903. — *Arrêtés de compte.* — Les arrêtés de compte contenant obligation de somme : 1 fr. p. 100 fr. — L. 22 frim. an VII, art. 69, § 3, n° 3.

1904. — Doit être considéré comme arrêté de compte tout acte de liquidation (autre que ceux contenus dans les partages de succession, communauté ou société) qui renferme l'énumération et la récapitulation des reprises à exercer. Dès-lors le reliquat emporte obligation, quand même cette obligation ne serait pas expressément stipulée, attendu qu'elle est de droit, et dans le cas même où les créances reconnues et liquidées résultent d'actes antérieurement enregistrés. — Décis. min. fin. 8 déc. 1807; instr. 366, n° 4.

1905.— Lorsque, dans un compte rendu à l'amiable, le comptable énonce des paiemens sans indiquer ni rapporter des quittances, la régie avait d'abord pensé qu'il y avait lieu de percevoir le droit de libération tant sur le total des sommes dont le comptable était déchargé que sur le reliquat. — Circul. 11 niv. an IX, n° 1954; instr. 436, § 2; délib. 3 mars 1824; — Roland et Trouillet, *Dict. d'enregistr.*, v° *Jugement*, § 5, n° 16.

1906. — Mais jugé que les sommes qui figurent en recette et en dépense dans un compte, sans énonciation de quittances données aux débiteurs, ne peuvent être assujéties à un droit proportionnel d'enregistrement, sous prétexte que l'indication faite par le comptable des sommes par lui reçues constitue un titre de libération au profit des débiteurs. — *Cass.*, 8 mai 1826, Robillard; 11 fév. 1828, Villetard; — instr. 1239, § 8.

1907. — C'est le résultat seul du compte qui est soumis au droit proportionnel d'obligation. — *Cass.*, 8 mai 1826, Robillard; 1er mars 1836, Courtois.

1908.—Dès-lors, l'arrêté de compte dont la dépense et la recette se balancent ne donne ouverture qu'au droit fixe de 2 fr. pour décharge du comptable, lors même qu'il énonce dans ses articles des remboursemens précédemment faits au comptable par l'oyant compte, sans quittances enregistrées. — *Cass.*, 1er mars 1836, Courtois; — instr. 24 déc. 1836.

1909. — Toutefois, si dans le compte il était fait mention de quittances ou autres pièces non enregistrées, qui ne seraient pas de la nature de celles dont parle l'art. 537, C. procéd., il y aurait ouverture au droit proportionnel sur ces pièces.—*Cass.*, 8 mai 1826, Robillard.—V. circul. 1964; instr. 1200, § 10.

1910. — En ce qui concerne spécialement les comptes de tutelle, la régie avait d'abord décidé que les projets des comptes de tutelle dressés devant notaires ou par actes sous-seings privés, et qui présentaient un excédant de recette sur la dépense, étaient passibles du droit proportionnel de 1 % sur cet excédant, qui se trouvait constituer une véritable obligation de la part du rendant compte au profit de l'oyant.— Décis. min. 26 nov. 1823; instr. 1132, § 2.

1911. —Mais décidé depuis 1° que les projets de comptes de tutelle non débattus ne sont passibles que du droit fixe, soit qu'ils offrent ou non un excédant de la recette sur la dépense; — 2° que les arrêtés définitifs de ces comptes peuvent seuls donner ouverture au droit d'obligation, lorsque le montant du reliquat ou de l'avance n'est pas

soldé immédiatement; — 3° que lorsque le paiement du reliquat du compte est constaté par l'arrêté définitif, il n'est dû que le droit fixe de décharge. — Décis. min. fin. 10 déc. 1827; instr. 1236, § 2; — Masson-Delongpré, *C. de l'enreg.*, n° 2861.

1912. — Lorsqu'un tuteur assigné en reddition de compte par un seul de ses pupilles a rendu un compte général de son administration à l'effet de déterminer la part revenant au demandeur dans le reliquat, le droit d'enregistrement est dû non sur le reliquat total, mais seulement sur la part qui revient au demandeur et qui lui a été adjugée. — *Cass.*, 3 janv. 1827, N...

1913. — Lorsqu'une créance mobilière est remise à titre de garantie du reliquat éventuel d'un compte de gestion, c'est d'après la fixation faite par les parties, de ce reliquat, que doit être perçu le droit proportionnel et non pas sur le montant de la créance remise en nantissement. — *Cass.*, 1er fév. 1832, Gendron.

1914. — Si, pour se libérer du reliquat d'un compte on crée une rente, le droit sera de 2 p. 100; s'il y a abandon de meubles ou d'immeubles en paiement de la somme due, il y aura lieu d'exiger 2 ou 5 1/2 p. 100, suivant que la vente sera mobilière ou immobilière. — Circul. 1954; — Roland et Trouillet, *Dict. d'enreg.*, v° *Compte*, § 2, n° 27.

1915. — Le reliquat résultant d'un compte arrêté par des enfans, après le décès de leur père, avec un créancier de celui-ci, est passible du droit proportionnel de 1 p. 100, comme obligation, encore bien que les enfans n'aient point fait acte d'héritier, et se soient réservé de prendre qualité. — *Cass.*, 13 (et non 12) avr. 1830, Varnier.

1916. — MM. Championnière et Rigaud (t. 2, n° 1062) pensent qu'il en serait autrement s'il s'agissait d'un compte rendu par un héritier bénéficiaire aux créanciers de la succession. Car si par là l'héritier reconnaît que l'actif de la succession se compose de la somme déterminée par le réglement, il ne s'ensuit pas qu'il soit tenu d'en délivrer le montant à ceux à qui il rend compte, s'ils ne justifient pas de leurs créances par les voies ordinaires. L'arrêté de compte ne pourrait nullement leur servir de titre à cet effet. — Délib. 16 juill. 1825.

1917. — On ne peut considérer comme arrêté de compte, ni comme promesse de payer, ou autre acte sujet au droit proportionnel, la déclaration faite par un tiers dans un inventaire, qu'il est détenteur d'une certaine somme, comme restant de celles qu'il a reçues pour le défunt, à titre de mandataire. Cette déclaration ne deviendrait susceptible du droit proportionnel que dans le cas où l'on en ferait usage en justice. — *Cass.*, 22 mars 1814, Congouilhe.

1918. — On doit considérer comme formant arrêté de compte de tutelle la clause d'un contrat de mariage portant que la future se constitue en dot: 1° une somme déterminée à laquelle s'élèvera, d'après le calcul fait entre les parties, le reliquat du compte de tutelle qui sera dû à la future par son père à l'époque de la célébration du mariage; — 2° et les fruits et revenus à partir de cette époque jusqu'à la majorité de la future, lesquelles sommes ne seront remboursables par le tuteur que lorsqu'il en sera fait emploi en biens-fonds et après avertissement. — Délib. 5 mars 1830; — Roland et Trouillet, *Dict. de l'enreg.*, v° *Compte*, § 2, n° 20.

1919. — Si, à raison de la position des oyans, le compte présenté n'est qu'un projet soumis à l'homologation de la justice, laissant le comptable dépositaire au même titre du reliquat, il n'y a lieu de percevoir le droit d'obligation. Pour que ce droit soit exigible, il faut encore qu'après le jugement d'homologation il intervienne une convention par laquelle le comptable se reconnaisse personnellement débiteur du reliquat. — Délib. 19 mai 1837.

1920. — *Assurances.* — Les actes et contrats d'assurance: 1 fr. p. 100 fr. (L. 28 avr. 1816, art. 51, n° 2. — (Autrefois 50 cent. p. 100 fr., L. 22 frim. an VII, art. 69, § 2, n° 2).

1921. — Le droit est dû sur la valeur de la prime. — En temps de guerre il n'y a lieu qu'au demi-droit. — Mêmes lois.

1922. — Pour les assurances maritimes, le droit n'est dû que lorsqu'il est fait usage des actes en justice. — L. 16 juin 1824, art. 5. — V. *suprà* nos 1493 et suiv.

1923. — Il n'est dû que 1 fr. % sur les contrats d'assurance, quel qu'en soit l'objet, tels que ceux relatifs à l'incendie ou à la grêle, et ce droit se règle sur le montant des primes. — Décis. min. fin. 9 mai 1821; instr. 983, n° 2.

1924. — Cette décision est applicable à tous les contrats par lesquels les assurés, moyennant une prime payable comptant ou à terme, font garantir leurs propriétés, récoltes, etc., des risques de l'incendie, de la grêle et des autres dangers auxquels ils peuvent être exposés. — Délib. 24 nov. 1821, appr. le 20 déc. suiv.

1925. — Quant aux assurances mutuelles, la régie les considère comme des sociétés ordinaires, passibles, par conséquent, du droit fixe de 5 fr. — Délib. 24 nov. 1821, appr. le 20 déc. suiv.

1926. — Est passible du simple droit fixe de 1 f. l'acte notarié par lequel on déclare prendre intérêt dans l'institution de secours mutuel de recrutement, au moyen du versement de la somme convenue, et dont l'administration de cet établissement, conformément à ses statuts, se reconnaît chargée par le même acte. — Décis. min. fin. 3 sept. 1819; — Roland et Trouillet, *Dict. d'enreg.*, v° *Assurance*, n° 5.

1927. — Pour prévenir toute méprise, les receveurs doivent, dans leur relation sur chaque police d'assurance enregistrée au droit fixe, faire la réserve d'un nouvel enregistrement au droit proportionnel, avant que l'acte puisse être produit en justice. D'un autre côté, ils doivent faire attention si les polices d'assurance produites en justice sont revêtues de l'enregistrement proportionnel, indépendamment de la formalité donnée moyennant le droit fixe. — Instr. 1136; — Roland et Trouillet, *Dict. d'enreg.*, v° *Assurances*, n° 4.

1928. — *Atermoiemens.* — Les atermoiemens entre débiteurs et créanciers: 50 c. p. 100 fr. — L. 22 frim. an VII, art. 69, § 2, n° 4.

1929. — Le droit est perçu sur les sommes que le débiteur s'oblige de payer. — Même loi.

1930. — Depuis la loi du 24 mai 1834, les atermoiemens, après faillite, ne sont plus passibles que d'un simple droit fixe. — V. *suprà* n° 1495.

1931. — La stipulation qu'une somme due et exigible ne sera payée qu'après une certaine époque peut être considérée comme un atermoiement, et ne donner ouverture qu'au droit dont sont passibles ces sortes d'actes. — *Cass.*, 15 juin 1808, Grac.

1932. — Ce n'est que relativement aux *sommes à payer* par le débiteur failli à ses créanciers que le contrat d'atermoiement n'est soumis qu'au droit de 50 c. p. 100 fr. — Dès-lors, la cession de biens meubles faite par un failli à ses créanciers, même dans un contrat d'atermoiement, est passible du droit de vente mobilière de 2 %. — *Cass.*, 30 janv. 1809, Perlet.

1933. — On peut, pour la perception des droits, considérer comme un contrat d'atermoiement et non comme un simple mandat, l'acte par lequel les créanciers d'une faillite en confient la gestion et la liquidation au fils du failli et à deux commissaires, sans fixation du délai pour rendre le compte, et sans les soumettre, pour leurs opérations, à aucune surveillance ni contrôle. — Dans tous les cas, le jugement qui, par appréciation de l'acte, a rangé un pareil traité dans la classe des contrats d'atermoiement assujétis au droit proportionnel de 50 c. p. 100 fr. échappe à la censure de la cour de Cassation. — *Cass.*, 18 janv. 1830, Thibault.

1934. — L'acte par lequel le failli cède à ses créanciers la totalité de son actif pour en faire le recouvrement et la répartition entre eux; sans aucune participation du cédant, au moyen de quoi les créanciers tiennent le failli quitte de toutes ses dettes, renferme, non pas un simple contrat d'union, mais un véritable concordat, passible du droit proportionnel. — La déclaration faite par les créanciers, qu'ils entendent *s'unir*, pour agir en nom collectif dans toutes les opérations de la faillite, ne peut pas changer le caractère d'un pareil traité, et le soustraire à l'application du droit proportionnel. — *Cass.*, 3 janv. 1820, Magnin.

1935. — Est passible seulement du droit de 50 c. p. 100 fr. la transaction notariée par laquelle un grand nombre de créanciers d'un commerçant consentent à réduire leurs créances au taux de 25 %, que le débiteur contracte l'obligation de payer dans un délai fixe, s'engageant, pour sûreté de ce paiement, à faire procéder à la vente de ses biens meubles et immeubles en présence de commissaires choisis par les créanciers. — Solut. 5 juin 1824; instr. 1146, § 1er.

1936. — Le concordat par lequel un débiteur abandonne ses biens à ses créanciers pour être vendus par des commissaires salariés choisis entre eux, est passible, outre le droit fixe sur l'abandonnement des biens et sur le mandat donné aux commissaires, du droit de 50 cent. p. 100 fr. comme atermoiement sur l'objet du dividende assuré aux créanciers, et de celui de 1 % sur le salaire accordé aux commissaires. — Délib. 3 mai 1833.

1937. — L'acte d'atermoiement fait, avant faillite, entre un débiteur et ses créanciers, est passible du droit de 50 c. p. 100 fr., et non du droit fixe de 3 fr. comme le concordat après faillite, ni du droit proportionnel de 2 % comme vente de marchandises, ou de 1 % comme obligation. — Délib. 7 fév. 1837.

1938. — *Baux.* — Pour les baux de toute espèce, V. *infrà* nos 2312 et suiv.

1939. — *Billets.* — Les billets ordinaires et mandats contenant obligation de sommes: 1 fr. %. — L. 22 frim. an VII, art. 69, § 3, n° 3.

1940. — Le droit de 1 % est exigible pour le billet simple ou l'obligation non négociable et pour chaque transport, cession ou endossement, quelle qu'en soit la forme. — Décis. min. fin. 31 août 1813; instr. 648.

1941. — *Billets à ordre et effets négociables.* — Les billets à ordre, et tous autres effets négociables de particuliers ou de compagnies, à l'exception des lettres de change: 50 c. p. 100 fr. — L. 22 frim. an VII, art. 69, § 2, n° 6.

1942. — Les billets à ordre causés pour valeur fournie en marchandises ne sont passibles que de 50 c. p. 100 fr.. — Solut. 14 oct. 1831.

1943. — Bien qu'un billet à ordre qui n'énonce pas la nature de la valeur fournie doive n'être considéré que comme simple promesse (C. comm., art. 188), il n'en reste pas moins effet négociable et transmissible par voie d'endossement; il est par conséquent assujéti seulement au droit de 50 c, p. 100 fr. — Solut. 17 juill. 1838; instr. 1577, § 1er.

1944. — Un billet à ordre causé pour vente de terrain n'est passible que de 50 c. p. 100 fr., bien qu'endossé par le vendeur dont la signature avec celle de l'acquéreur souscripteur du billet donne à cet écrit la force d'un acte synallagmatique. Ce document peut seulement servir pour constater la mutation et autoriser la demande des droits. — Solut. 11 juin 1830.

1945. — Les traites souscrites par les adjudicataires de bois de l'état dans la forme de billets à ordre, ne sont assujéties, en cas de procès, qu'au droit fixe de 1 fr., comme se rattachant à des adjudications sur le montant desquelles le droit proportionnel a été acquitté. — Déc. min. fin. 1er juin 1813; délib. 13 oct. 1835; inst. 640.

1946. — Les billets au porteur étant essentiellement négociables puisque leur simple remise à un tiers en opère le transport, il s'ensuit qu'ils ne sont passibles que de 50 c. p. 100 fr. — Décis. min. fin. 10 mai 1808; instr. 386, n° 8.

1947. — Ne sont soumises qu'au droit de 50 c. p. 100 fr. comme effets négociables, les obligations à ordre passées devant notaire, alors même que les parties contractantes sont des non commerçans et que l'acte est signé par tous. — Solut, 4 fév. 1836.

1948. — *Brevets d'apprentissage.* — Les brevets d'apprentissage, lorsqu'ils contiennent stipulation de sommes ou valeurs mobilières payées ou non: 50 c. p. 100 fr. — L. 22 frim. an VII, art. 69, § 2, n° 7.

1949. — *Cautionnemens de sommes et objets mobiliers.* — Les cautionnemens de sommes et objets mobiliers, les garanties mobilières et les indemnités de même nature: 50 cent. p. 100 fr. — L. 22 frim. an VII, art. 69, § 2, n° 8.

1950. — Cependant il y a certains cautionnement qui ne sont assujétis qu'à un droit fixe. — V. *suprà* nos 1506 et suiv.

1951. — Le *cautionnement* diffère de la garantie et de l'indemnité, en ce qu'il forme une obligation accessoire, tandis que ces dernières conventions sont principales. — Championnière et Rigaud, t. 2, n° 1896.

1952. — Le mot *garantie*, improprement appliqué à une foule de conventions, n'a qu'un sens restreint dans la loi fiscale. La garantie ne consiste ni à donner, ni à payer, mais à défendre ou à maintenir; c'est une obligation de faire. — Championnière et Rigaud, t. 2, nos 1878, 1881 et suiv., 1892.

1953. — La garantie diffère de l'indemnité en ce qu'elle n'a pas pour objet une somme ni un effet, mais le fait de défendre, tandis que l'indemnité consiste à donner. — Championnière et Rigaud, t. 2, n° 1895.

1954. — L'*indemnité*, dans le sens de la loi fiscale, est l'acte ou le contrat par lequel on constate la dation de l'indemnité ou la promesse de donner à ce titre une somme déterminée ou susceptible de l'être. — Championnière et Rigaud, t. 2, n° 1383.

1955. — Le droit de cautionnement ou de garantie est perçu indépendamment de celui de la disposition que le cautionnement, la garantie ou l'indemnité, a pour objet, mais sans pouvoir l'excéder. — L. 22 frim. an VII, art. 69, § 2, n° 8.

1956. — Le droit de garantie n'est pas dû sur l'acte par lequel la caution affecte séparément

des immeubles ou des créances pour sûreté de son engagement, parce que la garantie ayant été promise, le nouvel acte n'est que le complément du premier. — Solut. 4 et 20 oct. 1832 ; Roland et Trouillet, *Dict. d'enreg.*, v° *Cautionnement*, § 3, n° 8.

1957. — Depuis, on a décidé que l'affectation hypothécaire, lorsqu'elle est consentie par le débiteur dans un acte postérieur à l'obligation et sans que l'hypothèque ait été promise dans l'acte constitutif de la dette, était passible, soit comme cautionnement, soit comme garantie mobilière, du droit de 50 cent. p. 100 fr. — Solut. 16 juill. 1838; instr. 1437, § 3.

1958. — ... Qu'il y a ouverture au droit proportionnel sur l'acte postérieur à l'obligation par lequel le créancier accorde une prorogation de délai à son débiteur, et celui-ci consent un supplément d'hypothèque pour plus grande sûreté de la créance. C'est là une garantie mobilière sur laquelle doit être perçu le droit de 50 cent. p. 100 fr. — Délib. 11 févr. 1834.

1959. — Décidé, au contraire, que, lorsque le débiteur qui a vendu l'immeuble hypothéqué donne une nouvelle hypothèque, ou bien que, pour plus de sûreté, il donne un supplément d'hypothèque, le droit fixe est seul exigible, attendu que le créancier peut demander son remboursement ou un supplément d'hypothèque quand l'immeuble hypothéqué a péri ou est détérioré. — Délib. 11 mars et 20 août 1834.

1960. — ... Que l'acte dans lequel un débiteur donne hypothèque sur ses immeubles à son créancier pour sûreté de l'obligation qu'il a contractée en faveur de celui-ci par un acte antérieur, est passible, non du droit de cautionnement ou garantie de 50 cent. par 100 fr., mais seulement du droit fixe de 1 fr. — *Cass.*, 20 fév. 1837 (t. 1er 1837, p. 122), Lillette — V. conf. solut. 4 nov. 1830 et 20 oct. 1832.

1961. — Quand le cautionnement engendre une obligation actuelle dont l'exécution seule est éventuelle, le droit est exigible. Mais quand le cautionnement est subordonné à une condition suspensive et ne prend pas naissance actuellement, il ne peut donner ouverture au droit proportionnel qu'après l'accomplissement de la condition. — Championnière et Rigaud, t. 2. n° 1423.

1962. — Ainsi, le cautionnement consenti pour une obligation future, n'est passible que du droit fixe. — Délib. 3 juill. 1832 et 25 nov. 1834.

1963. — Par la même raison, on enregistrera au droit fixe de 1 fr. le cautionnement fourni par un armateur de bâtimens armés en course, parce que ce cautionnement n'a pour objet qu'une garantie éventuelle. — Instr. 28 vendém. an XII, n° 172; — Roland et Trouillet, *Dict. d'Enreg.*, v° *Cautionnement*, § 3, n° 25.

1964. — De même encore, l'acte portant ouverture d'un crédit par une maison de banque ne constituant, même avec la stipulation de garantie qu'il renferme, qu'une obligation conditionnelle, le droit proportionnel ne saurait être actuellement exigible. — *Cass.*, 9 mai 1832, Beulé. — V. au surplus *suprà* nos 152 et 164.

1965. — Peu importe, pour la perception du droit fixe, que le crédit soit ouvert en marchandises ou en argent. — Délib. 27 avr. 1838.

1966. — L'acte d'ouverture de crédit par lequel le crédité délègue au créditeur une créance pour le garantir est passible, non du droit de garantie de 50 cent. p. 100 fr., mais seulement du droit fixe de 1 fr. — Délib. 24 mars 1837.

1967. — Bien que le créditeur, après avoir formé opposition entre les mains du débiteur de la créance déléguée par le crédité, ait donné main-levée de son opposition jusqu'à concurrence d'une somme déterminée, il ne résulte pas de là la preuve que le crédit et la délégation comme garantie ont été réalisés, et qu'ainsi le droit proportionnel est devenu exigible. — Délib. 24 mars 1837.

1968. — Lorsqu'un acte contenant garantie hypothécaire pour sûreté d'un crédit énonce que des sommes peuvent être dues antérieurement audit acte, un tribunal a pu considérer cet acte comme contenant, pour partie, une obligation actuelle, et, par suite, ordonner une déclaration estimative certifiée et signée au pied de l'acte avant son enregistrement. — *Cass.*, 21 fév. 1838 (t. 1er 1838, p. 376), Labbé.

1969. — Le cautionnement fourni par un tiers pour garantie d'un crédit ouvert dans une maison de banque n'est passible que du droit de 1 franc, bien que l'acte d'ouverture du crédit n'ait point été enregistré. — Délib. 8 juill. 1838.

1970. — L'obligation de garantie avec hypothèque, consentie au profit d'un individu pour le cas où un tiers exercerait une action en répétition contre lui, n'est point, avant l'événement de la condition, passible du droit proportionnel. — *Cass.*, 10 janv. 1833, Aumont ; — Championnière et Rigaud, t. 2, n° 1433.

1971. — Bien qu'il soit de l'essence du contrat de cautionnement et de garantie de ne donner ouverture à l'exercice des droits qui en résultent que dans le cas d'inexécution de l'obligation principale, cependant la disposition de l'art. 69, § 2, n° 8, L. 22 frim. an VII, étant absolue, il y a lieu de percevoir le droit de 50 cent. p. 100 fr. sur l'acte par lequel des tiers intervenans garantissent de toute éviction l'acquéreur d'un immeuble appartenant à une femme normande. — Ce droit doit être perçu tout à la fois et sur le prix de la vente, et sur la somme que les garans s'obligent, en cas de dépossession de l'acquéreur, de lui payer tant à titre d'indemnité qu'à titre de dommages-intérêts. — *Cass.*, 17 mai 1841 (t. 2 1841, p. 93), Mallet de Gravilie.

1972. — L'acte par lequel une personne déclare cautionner une autre jusqu'à concurrence d'une somme déterminée, que celle-ci se propose d'emprunter, n'est qu'une simple promesse sujette au droit fixe. — Délib. 25 nov. 1834.

1973. — Le renfort de caution est assimilé, pour la perception, au certificateur de caution, et il n'est dû pour une stipulation de cette nature que 2 francs. — Solut. 21 juill. 1807; délib. 23 avr. 1823.

1974. — Sous la loi du 19 déc. 1790, lorsqu'une obligation renfermait le cautionnement d'un tiers, il était dû un droit particulier sur le cautionnement, indépendamment de celui dû sur l'obligation. — *Cass.*, 12 pluv. an II, Truc.

1975. — La disposition par laquelle un tiers intervient dans un acte de vente d'immeubles pour garantir l'acquéreur de toutes recherches, ne l'assujétissant pas à faire jouir ce dernier des biens vendus, ni à lui en donner d'autres en remplacement, ne constitue point une garantie immobilière. Comme l'obligation doit se réduire, en cas d'éviction, au remboursement du prix de la vente et au paiement de dommages-intérêts, il y a là une garantie mobilière, soumise par conséquent au droit proportionnel de 50 cent. p. 100 fr. — *Cass.*, 31 mai 1813, Charrel.

1976. — L'affectation d'hypothèque consentie par un tiers sur un immeuble qui lui appartient, pour sûreté du paiement d'une dette qui lui est étrangère, constitue, de la part de ce tiers, un cautionnement pour sommes et objets mobiliers qui donne lieu à la perception du droit proportionnel établi de 50 cent. p. 100 fr. — *Cass.*, 10 août 1836, d'Héricourt; 7 août 1837 (t. 2 1837, p. 163), Salmon.

1977. — De même, le droit de cautionnement est dû sur l'affectation hypothécaire d'un domaine consentie pour garantie de recouvrement d'un prêt par l'emprunteur, tant en son nom qu'en celui d'un tiers dont il est mandataire. Vainement on dirait que, celui-ci ne s'étant pas obligé à payer, il n'y avait pas cautionnement ; car celui qui affecte ses biens propres à la garantie de la dette d'un tiers est obligé de payer à défaut du débiteur principal. — Délib. 7 juin 1838.

1978. — De même encore, lorsqu'un fils vend, comme mandataire, un bien appartenant à ses père et mère, et se porte garant comme héritier, le droit de cautionnement est dû. Et, en pareil cas, le droit proportionnel serait encore exigible sur la garantie hypothécaire donnée par un tiers de la garantie du fils, avec fixation d'une indemnité en cas d'éviction. — Délib. 6 déc. 1833.

1979. — C'est le droit de cautionnement et non celui d'obligation qui est exigible sur l'acte par lequel un tiers, en l'absence du débiteur principal, se porte caution pour des sommes dues, sans énonciation de titres enregistrés. — Délib. 30 oct. 1835.

1980. — Le cautionnement solidaire n'est pas un cautionnement, mais une obligation solidaire, et ne donne pas ouverture au droit de 50 cent. p. 100 fr. — Championnière et Rigaud, t. 2, n° 1264.

1981. — Ainsi, il n'est dû aucun droit, outre celui résultant de l'adjudication, lorsqu'un adjudicataire de travaux publics chargé de fournir caution, fait agréer, au lieu d'une caution, un associé solidaire. — Délib. 12 juin 1822.

1982. — Bien que des débiteurs qui s'obligent solidairement ne doivent pas une somme égale, il n'y a pas lieu de percevoir un droit particulier de cautionnement, sous prétexte que l'un des coobligés poursuivi par le créancier pour la totalité, a son recours contre ses codébiteurs. Car ce recours s'exerce en vertu des principes sur les obligations solidaires, et non par l'effet d'un cautionnement. — Délib. 24 sept. 1830; solut. 27 oct. 1832. — Des coobligés solidaires ne sont considérés comme cautions qu'autant qu'ils sont sans intérêt dans l'objet de l'obligation. — Solut. 27 oct. 1832.

ENREGISTREMENT, ch. 6, sect. 2e.



1983. — Mais le droit de 50 cent. p. 100 fr. est exigible, outre celui qui résulte de l'obligation principale, sur l'obligation solidaire dont la cause est déclarée dans l'acte n'intéresser qu'un seul ou plusieurs des codébiteurs, de même que sur l'obligation consentie avec stipulation expresse de cautionnement solidaire. — Déc. min. fin. 26 oct. 1821 ; instr. 1384, § 2, 1403.

1984. — Lorsqu'il résulte d'un acte d'obligation dans lequel figurent deux emprunteurs solidaires que l'un d'eux ne prend qu'une faible part dans la somme empruntée, et que néanmoins il donne hypothèque pour le tout, le droit de cautionnement est exigible. — *Cass.*, 27 janv. 1840 (t. 1er 1840, p. 290), Flan.

1985. — De même, bien qu'un emprunt ait été contracté solidairement par plusieurs individus, s'il résulte des clauses de l'acte que l'emprunt n'est en réalité fait que dans le seul intérêt de quelques uns des emprunteurs, qui prennent la presque totalité de la somme, tandis que l'un d'eux, tout en ne prenant qu'une part minime, s'engage solidairement et hypothèque ses biens pour le tout, il y a un véritable cautionnement de la part de ce dernier, et il est dû un droit particulier d'enregistrement pour ce cautionnement. — *Cass.*, 21 fév. 1838 (t. 1er 1838, p. 379), de Valors.

1986. — De même encore, bien qu'une obligation ait été souscrite solidairement par plusieurs débiteurs, s'il apparaît qu'elle n'a réellement été contractée que dans le seul intérêt de l'un deux : par exemple, s'il est dit que le montant de l'obligation est destiné à solder le prix d'une acquisition par lui faite, et dont il a seul payé les intérêts, que ses codébiteurs seraient, en cas de paiement, subrogés aux hypothèques du prêteur, enfin que ces codébiteurs ne prenaient qu'une faible part dans la somme prêtée, un tribunal a pu déclarer que ces codébiteurs n'étaient que des cautions solidaires, et que, dès lors, la régie était fondée à percevoir le droit de cautionnement. — *Cass.*, 21 fév. 1838 (t. 1er 1838, p. 376), Labbé.

1987. — L'acte par lequel une personne s'engage, même comme caution solidaire du vendeur, à garantir les ventes immobilières faites par celui-ci, pour quelques causes qu'elles puissent être attaquées par la suite, renferme une garantie mobilière, et donne lieu au droit proportionnel de 50 cent. p. 100 fr. — L'éventualité, qui est inséparable de tout cautionnement, de toute garantie, ne constitue pas une condition suspensive quant à l'existence de l'obligation et à la perception du droit. — *Cass.*, 10 avr. 1838 (t. 1er 1838, p. 514), Chenevcux, Verdier et Gratry.

1988. — On avait d'abord pensé que la femme qui vend solidairement avec son mari un bien propre à celui-ci ou dépendant de la communauté ne contracte pas un cautionnement ordinaire; que son intervention n'a pour objet que d'éviter tout recours contre les acquéreurs; qu'il n'est donc dû ni droit proportionnel ni droit fixe. — Déc. min. fin. 19 avr. 1814; délib. 9 juill. 1825; 16 janv. 1827 et 5 mars 1830.

1989. — Depuis, il fut décidé que le droit de 50 p. 100 fr. était exigible sur les ventes sans garanties, faites par le mari et la femme ensemble, des biens propres à l'un ou à l'autre, et sur les obligations consenties solidairement par le mari et la femme pour les affaires de la communauté ou pour le mari. — Déc. min. fin. 14 déc. 1830; instr. 1384, § 1er.

1990. — Mais enfin il a été prescrit de suspendre la perception du droit de cautionnement jusqu'à ce qu'il soit intervenu une disposition législative. — Avis com. fin. 27 juin 1832; décis. min. fin. 14 juill. 1832; instr. 1403.

1991. — Il y a lieu à la perception du droit de cautionnement sur l'obligation contractée solidairement par un mari et sa femme, et dans laquelle celle-ci s'oblige comme caution de son mari. La régie n'a pas alors à examiner si, d'après l'art. 1431, C. civ., l'effet de l'obligation solidaire est le même que celui du cautionnement, ou si, en d'autres termes, la stipulation du cautionnement n'ajoute rien à l'obligation solidaire. — Délib. 15 juill. 1836; — *Contrà Journ. de l'enregistr.*, art. 3856.

1992. — Le nantissement qui a lieu par acte séparé du contrat, qui n'en contenait pas la promesse, est passible du droit de 50 cent. p. 100 fr. Roland et Trouillet, *Dict. d'enreg.*, v° *Nantissement*, nos 4 et 5.

1993. — Mais lorsque le nantissement de valeurs mobilières stipulé dans une obligation notariée est réalisé par un acte subséquent, ce dernier acte est seulement passible du droit fixe de 1 fr., et non de celui de 50 cent. p. 100 fr. comme garantie mobilière. — Décis. min. fin. 25 juill. 1827 ; instr. 1220, § 6.

1994. — Lorsque, pour garantir le paiement de lettres de change acceptées, le débiteur donne en nantissement, à titre de cautionnement, une créance hypothécaire et autorise à cet effet son créancier à prendre au bureau des hypothèques un émargement à l'inscription existant à son profit, et à y faire mentionner la priorité consentie, c'est là non une affectation hypothécaire, mais un simple nantissement d'une chose mobilière. Ainsi, il n'est dû que le droit de 50 cent. p. 100 fr. — Solut. 22 août 1825. — Roland et Trouillet, *Dict. d'enreg.*, vo *Novation*, no 17.

1995. — Lorsque, dans un acte de société, une des parties contractantes, en s'engageant à verser dans la société qu'elle établit une somme déterminée pour garantir l'exécution d'une obligation personnelle, consent à ce qu'elle y soit employée pour les besoins et entreprises communes, mais à la condition qu'en cas de perte ce capital lui sera remboursé sans aucune déduction, un pareil acte doit être considéré, sous ce rapport, comme ayant pour objet un nantissement, et non une mise de fonds sociale, et donne, à ce titre, ouverture au droit de 50 cent. p. 100 fr. — *Cass.*, 26 déc. 1832, Montgolfier.

1996. — La soumission faite au greffe pour le cautionnement d'une condamnation mobilière donne ouverture au droit proportionnel, indépendamment du droit proportionnel déjà perçu sur le montant de la condamnation. — *Cass.*, 3 prair. an XII, Expert.

1997. — Le cautionnement fourni dans un concordat pour sûreté de paiement du dividende promis par le failli à ses créanciers est passible du droit proportionnel sur les sommes dues aux créanciers tant hypothécaires que chirographaires, quoique, d'après l'art. 520, C. comm., les premiers n'aient pas concouru au concordat et ne l'aient pas accepté. — *Cass.*, 29 mai 1833, Cagniard.

1998. — MM. Championnière et Rigaud (t. 2, no 1419) critiquent cette décision, par le motif que les stipulations au profit des tiers ne sont admises qu'autant qu'elles sont acceptées par ces tiers; mais que jusque-là elles sont essentiellement révocables. — C. civ., art. 1121.

1999. — Lorsque, dans un contrat de mariage, le père du futur se réserve un droit de retour qui ne s'exercera que sous la garantie de la restitution immédiate de la dot de la future, en cas de prédécès et sans postérité, cette garantie fournie par le père personnellement doit être considérée comme un cautionnement soumis au droit de 50 c. p. 100 fr. — Délib. 10 sept. 1833.

2000. — Le cautionnement ou la garantie par le père du futur, pour le cas où il y aurait lieu à restitution de la dot constituée à la future et reçue par le futur, est passible du droit de 50 c. p. 100 fr., sans toutefois que ce droit puisse excéder 5 fr., montant du droit fixe du contrat qui comprend également la reconnaissance de la dot. — Délib. 13 janv. 1837.

2001. — Cependant, la reconnaissance du futur qu'il a reçu la somme constituée en dot par la future n'étant soumise à aucun droit, il n'en peut être perçu aucun sur le cautionnement que donne le père du futur dans le contrat de mariage, à raison de la restitution de cette dot. — Délib. 7 oct. 1836.

2002. — N'est passible que du droit fixe de 1 fr. le cautionnement consenti par un père, dans le contrat de mariage de son fils, pour les sommes dotales reçues par celui-ci; car ce n'est là que la garantie d'une reconnaissance qui n'est pas elle-même sujette à un droit particulier. — Solut. 30 avr. 1844.

2003. — Le cautionnement donné par un père à sa belle-fille, par acte postérieur au contrat de mariage de son fils, pour sûreté de la dot touchée par celui-ci, est passible du droit de 50 c. p. 100 fr. — Délib. 13 sept. 1842.

2004. — Le droit de 50 c. p. 100 fr. est exigible sur le cautionnement pour le paiement du prix d'un office. — Délib. 21 juill. 1837. — Il en est de même de l'affectation hypothécaire consentie à ce sujet. Toutefois, le droit de cautionnement ou de garantie ne peut excéder le droit acquitté ou à acquitter sur l'ordonnance de nomination et augmenté de celui de transport exigible sur l'acte de cession de l'office. — Instr. gén. 27 juin 1836, 1514.

2005. — Le droit de 50 c. p. 100 fr. doit être remplacé par celui d'obligation lorsque le titre du créancier n'est pas indiqué dans l'acte de cautionnement, et que la caution renonce au bénéfice de discussion, parce qu'un cautionnement ainsi conçu se confond avec une obligation réelle. — Délib. 25 sept. 1825; — Roland et Trouillet, *ibid.*, § 3, no 66.



2006. — Mais le droit de 50 c. p. 100 fr. est seul exigible si le cautionnement a seulement pour objet une obligation dont le titre n'est pas enregistré, et alors que le débiteur n'intervient pas. — Délib. 23 janv. 1827; — Roland et Trouillet, *Dict. d'enregistr.*, vo *Cautionnement*, § 3, no 67.

2007. — Lorsqu'un père, en vendant un domaine appartenant à ses enfans mineurs, s'est porté fort pour eux, et s'est engagé, en cas d'éviction provenant de leur fait, à rembourser le prix de la vente et à payer des dommages-intérêts, avec stipulation d'hypothèque pour garantir ces paiemens, un pareil acte ne contient pas deux obligations distinctes, une vente et un cautionnement sortant des termes de la garantie ordinaire des contrats de vente; et, par suite, il n'est pas soumis tout à la fois à un droit de vente de 5 1/2 p. 100 fr., et à un droit pour cautionnement de 50 c. p. 100 fr. — *Cass.*, 18 avr. 1831, de Courlon.

2008. — « Quoi que porte cet arrêt, disent les auteurs du *Dict. des dr. d'enregistr.* (vo *Vente d'immeubles*, no 487), la nature de la garantie se trouve changée. D'une garantie de droit qu'elle était, elle devient une garantie conventionnelle. Le vendeur n'est pas seulement garant; il s'oblige au paiement d'une indemnité. Or, les indemnités sont tarifées comme les garanties par la loi du 22 frim. an VII. »

2009. — Lorsqu'en vertu des clauses d'un bail le propriétaire rembourse à son locataire la valeur des constructions élevées par celui-ci, il y a là non pas vente, mais seulement indemnité passible du droit de 50 c. p. 100 fr. C'est une conséquence de l'art. 555 du Code civil. — Solut. 23 nov. 1830; instr. 1354, § 3.

2010. — Le droit de cautionnement n'est pas dû sur le jugement qui nomme un individu administrateur d'une succession, à la charge de déposer au trésor, conformément à ses offres, des inscriptions de rente sur l'état; car cette disposition n'est que secondaire, et l'art. 69, § 2, no 8, de la loi de frimaire ne s'applique qu'au cautionnement fourni par un tiers. — Délib. 4 mars 1828; — Roland et Trouillet, *Dict. d'enregistr.*, vo *Cautionnement*, § 3, no 22.

2011. — Le cautionnement d'une obligation de faire qui n'emporte pas la livraison d'un objet mobilier n'est pas passible d'un droit proportionnel. — Championnière et Rigaud, no 1373.

2012. — Le cautionnement d'une vente immobilière ne donne ouverture qu'au droit fixe. — Championnière et Rigaud, no 1483.

2013. — Le cautionnement donné par le vendeur d'un immeuble n'est pas passible du droit proportionnel; mais ce droit est dû sur le cautionnement donné par l'acquéreur pour assurer le paiement de son prix. — Championnière et Rigaud, no 1375.

2014. — N'est passible d'aucun droit particulier la garantie donnée par le mari de la venderesse seule propriétaire de l'immeuble aliéné. — Délib. 26 août 1834.

2015. — La disposition d'une quittance par laquelle le mari qui reçoit une somme faisant partie des deniers dotaux de sa femme affecte ses immeubles à la sûreté de cette somme, n'est passible d'aucun droit particulier. Cette reconnaissance de dot est essentiellement dépendante de la quittance. — Solut. 23 nov. 1831; — Roland et Trouillet, *Dict. d'enreg.*, vo *Quittance*, no 41.

2016. — L'acte par lequel un usufruitier dispensé de donner caution hypothèque les biens à la restitution du produit de la vente du mobilier de la succession qu'il a touché, ne constitue point un cautionnement, puisque la garantie fournie est de droit, et qu'il est de principe qu'on ne peut se cautionner soi-même pour l'exécution d'une obligation dont on est tenu en vertu d'un titre antérieur. — Délib. 19 juill. 1823; — Roland et Trouillet, vo *Cautionnement*, § 3, no 14.

2017. — Lorsque l'usufruitier et le nu-propriétaire garantissent solidairement la vente de l'immeuble, et promettent la ratification d'un tiers encore mineur, l'acte n'est passible que du droit proportionnel de mutation et non de celui de garantie. — Délib. 26 août 1834.

2018. — Lorsque, dans une obligation contenant hypothèque d'un immeuble grevé d'usufruit, l'usufruitier consent à ce que le créancier puisse exercer son droit hypothécaire, nonobstant l'usufruit, cette disposition, alors d'ailleurs qu'elle n'est pas formellement acceptée par le nu-propriétaire, ne donne lieu ni au droit de réunion d'usufruit, ni à celui de cautionnement. — Solut. 25 fév. 1836.

2019. — L'affectation hypothécaire fournie par le gérant d'une société en commandite à la garantie d'un emprunt qu'il contracte au nom de la société, n'est passible que de 1 fr. fixe, attendu qu'en sa qualité de gérant il répond indéfiniment des dettes de la société et que l'affectation hypothécaire n'ajoute rien à cette obligation. — Délib. 10 juill. 1838.



2020. — La garantie hypothécaire est également affranchie du droit proportionnel, lorsque, sans avoir été promise, elle résulte de la loi; par exemple, lorsqu'elle a pour but d'assurer le paiement d'une dot constituée par un contrat de mariage qui ne promettait aucune garantie ultérieure. — Solut. 4 oct. 1832; — Roland et Trouillet, *Dict. d'enreg.*, vo *Cautionnement*, § 3, no 9.

2021. — L'acte dans lequel un mandataire, en vendant un immeuble du mandant seul, au nom du mandant et aussi en son nom personnel, se soumet expressément à la garantie solidaire, ne contient pas une obligation de garantie distincte et indépendante de la vente, passible d'un droit proportionnel de 50 c. p. 100 fr. — En pareil cas, la régie ne peut prétendre que, de ce qu'en fait le mandataire n'avait aucun droit à la propriété de la chose vendue, son obligation de garantie ne soit pas une suite de sa qualité de covendeur, surtout lorsque les parties intéressées n'ont pas contesté la validité de la vente. — *Cass.*, 7 mai 1834, Quinsonnas.

2022. — L'acte de vente dans lequel un individu, sans justifier d'un pouvoir régulier, acquiert un immeuble au nom d'un tiers pour lequel il se fait fort et garant, ne donne pas ouverture au droit de garantie. — Solut. 21 déc. 1836.

2023. — Il n'est perçu qu'un demi droit pour les cautionnemens des comptables envers l'état. — L. 22 frim. an VII, art. 69, § 2, no 8.

2024. — L'acte de cautionnement qu'un comptable de deniers publics consent sur ses propres biens est passible du droit proportionnel. — *Cass.*, 14 (et non 24 frim.) an XII, Gibert.

2025. — L'acte par lequel le commis d'une administration particulière hypothèque un immeuble pour sûreté de sa gestion est passible du droit de cautionnement. Vainement l'art. 2011, C. civ., suppose le concours de trois personnes; un comptable peut se cautionner lui-même. — L. 24 nov. 1790, art. 7; Délib. 24 déc. 1829.

2026. — Les cautionnemens des payeurs de la guerre sont assimilés à ceux des comptables publics. — Décis. min. fin. 31 oct. 1809 et 10 avr. 1810.

2027. — Il en est de même de ceux des receveurs des octrois. — Déc. min. fin. 20 juill. 1813.

2028. — Les cautionnemens fournis par les préposés aux recettes municipales des villes et communes sont assujétis au droit de 50 c. p. 100 fr. — Délib. 2 frim. an XIII; instr. 290, no 14.

2029. — Il en est de même des cautionnemens en immeubles des receveurs des hospices et des établissemens de bienfaisance. Ces receveurs ne peuvent invoquer le bénéfice accordé aux comptables envers l'état. — Décis. min. fin. 2 mars 1833; instr. 1425, § 4.

2030. — L'acte par lequel un particulier qui s'oblige à fournir le cautionnement d'un comptable public est lui-même garanti par un tiers de l'effet de ce cautionnement est passible de deux droits de 25 cent. l'un pour le cautionnement et l'autre pour la garantie; mais ce dernier droit ne peut excéder le premier concernant la disposition principale. — Solut. 30 juill. 1842.

2031. — Les cautionnemens fournis par les propriétaires ou éditeurs de journaux ne sont point assujétis au droit proportionnel. — Décis. min. fin. 31 oct. 1820.

2032. — *Cautionnemens de personnes à représenter en justice.* — ... Les cautionnemens de se représenter ou de représenter un tiers, en cas de mise en liberté provisoire, soit en vertu d'un sauf-conduit dans les cas prévus par le Code proc. et par le Code comm., soit en matière civile, soit en matière correctionnelle ou criminelle : 50 cent. p. 100 fr., L. 22 avr. 1816, art. 50. — (Autrefois simple droit fixe de 1 fr., L. 22 frim. an VII, art. 68, § 1er, no 15).

2033. — *Cessions d'actions.* — Les cessions d'actions et coupons d'actions mobilières des compagnies et sociétés d'actionnaires, et tous autres effets négociables de particuliers ou de compagnies à l'exception des lettres de change; 50 c. p. 100 fr., L. 22 frim. an VII, art. 69, § 2, no 6.

2034. — Jugé en conséquence que les cessions d'actions ou de coupons ou intérêts d'actions dans des compagnies ou sociétés industrielles ou commerciales ne sont passibles que du droit de 50 c. p. 100 fr., et non du droit de 2 % comme ventes mobilières. — *Cass.*, 8 fév. 1837 (t. 1er 1837, p. 99), compagnie des mines d'Anzin; 6 juin 1837 (t. 1er 1837, p. 547), Marlhiou; 21 août 1837 (t. 2 1837, p. 193), Royer; 27 janv. 1841 (t. 1er 1841, p. 370), Desormeaux; 16 juill. 1845 (t. 2 1845, p. 604), de Campredon.

2035. — ... Et cela lors même que le cessions

ont lieu non par endossement, mais par acte particulier soit authentique, soit sous seing-privé. — *Cass.*, 8 fév. 1837 (t. 1er 1837, p. 99), comp. des mines d'Anzin; 6 juill. 1837 (t. 1er 1837, p. 547), Marlhiou; 27 janv. 1841 (t. 1er 1841, p. 370), Desormeaux; 16 juill. 1845 (t. 2 1845, p. 604), de Campredon.

2036. — Si, après avoir placé en actions de la banque une somme appartenant à sa fille mineure pour éviter qu'elle ne souffrît de la baisse des fonds, un père remet à celle-ci la somme placée et est autorisé par un jugement à transférer les actions sur sa tête, il est dû sur ce jugement un droit de mutation de 50 c. p. 100 fr., parceque l'intérêt des actionnaires de la banque ne consiste que dans le produit annuel des actions. — Décis. min. fin. 31 janv. 1815; —Roland et Trouillet, *Dict. d'enreg.*, vo *Jugement*, § 4, no 44.

2037. — Les cessions d'actions ou coupons d'actions mobilières des sociétés ne donnent lieu au droit de 50 c. p. 100 fr. qu'autant qu'il s'agit de sociétés divisées en actions transmissibles par voie de négociation. — *Cass.*, 27 janv. 1841 (t. 1er 1841, p. 370), Desormeaux; 14 déc. 1842 (t. 2 1843, p. 11), Demerle; 11 janv. 1843 (t. 2 1843, p. 11), Boggio.

2038. — Quant à la cession d'une part d'intérêt dans une société ou compagnie non divisée par actions, elle reste soumise au droit proportionnel de 2 fr. p. 100 fr. comme vente mobilière. — *Cass.*, 27 janv. 1841 (t. 1er 1841, p. 370), Desormeaux; 11 janv. 1843 (t. 2 1843, p. 11), Boggio.

2039. — Par la même raison, l'adjudication devant notaire de tous les droits afférens à un associé dans une société se composant de valeurs, usines, machines, et autres objets, constitue une vente d'objets mobiliers passible du droit de 2 %, et non une simple cession d'actions soumise seulement au droit de 50 c. p. 100 fr. — *Cass.*, 14 déc. 1842 (t. 2 1843. p. 11), Demerle.

2040.— Jugé également que, le capital d'une société en participation ne pouvant être divisé en actions négociables, la cession à titre onéreux faite par l'un des associés de sa part dans l'acte social doit être considérée, non comme un transfert d'actions passible seulement du droit proportionnel de 50 cent. p. 100 fr., mais bien comme une transmission ou vente de valeurs mobilières donnant ouverture au droit de 2 %. — *Cass.*, 12 juill. 1842 (t. 2 1842, p. 740), Grulé.

2041.—...Qu'à l'égard d'une société en commandite qui n'a point émis d'actions, la cession, par un commanditaire, de partie de la somme par lui versée dans la société doit être considérée comme une cession de créance passible du droit de 1 % et non comme une cession d'action soumise seulement au droit de 50 c. p. 100 fr. — Délib. 16 avr. 1833.

2042. — Mais, alors même qu'il s'agit d'actions non négociables, les actions dans une compagnie qui possède des immeubles sont meubles tant que dure l'association. Dès-lors, la cession de ces actions n'est passible que du droit d'enregistrement de 2 %. — *Cass*, 14 avr. 1824, Lechanteur.

2043.— Jugé de même que, des actions dans des mines ne pouvant être considérées que comme des biens meubles par la détermination de la loi, lors même que la société à laquelle ces actions se rattachent posséderait des immeubles, l'acte de cession de ces actions n'est passible que du droit de 2 %, fixé pour les ventes de meubles, encore bien que de quelques énonciations de l'acte on puisse induire que les parties ont considéré ces actions comme formant à leur égard une propriété en partie immobilière, l'erreur des contractans ne pouvant avoir pour effet, en pareil cas, de changer la nature des objets cédés.— *Cass.*, 7 avr. 1824, Humann.

2044. —... Que des immeubles indivis, et mis en commun pour former le fonds d'une société en participation, étant meubles par la détermination de la loi, à l'égard de chaque associé, tant que dure la société, le legs fait par l'un des associés, durant la société, de ses droits sur les immeubles dont il s'agit, constitue la transmission d'une action ou intérêt dans une compagnie de commerce ou d'industrie, qui ne doit donner lieu qu'à la perception d'un droit de mutation mobilière.— *Cass.*, 14 août 1833, Bruyn.

2045. — S'il est vrai qu'une société d'industrie ou de commerce continue sous certains rapports, même après sa dissolution juridique, à subsister entre les anciens associés pendant sa liquidation et jusqu'au partage des valeurs, les actions de cette société prennent néanmoins le caractère immobilier du moment même de sa dissolution lorsque des immeubles dépendent de son actif. — On doit le décider ainsi, alors surtout qu'il s'agit de déterminer la nature de ces actions relativement à la fixation du droit d'enregistrement à percevoir sur la cession qui peut en être faite.— *Cass.*, 6 août 1845 (t. 1er 1846, p. 219), Formon.

2046. — Il est des cas où une cession d'action peut donner ouverture au droit proportionnel de mutation immobilière de 5 1/2 p. 100. Ainsi est passible de ce droit la cession d'une part dans la propriété d'une usine appartenant à plusieurs personnes et exploitée en commun, car il n'y a pas là une société proprement dite à l'égard de laquelle on puisse appliquer la disposition de l'art. 529, C. civ., relativement aux intérêts dans les compagnies de commerce ou d'industrie. — Solut. 29 janvier 1830.

2047. — De même, la vente d'actions de la banque de France, immobilisées conformément au décret du 16 janv. 1808, est soumise au droit proportionnel de 5 1/2 %, comme les ventes de biens immeubles, lorsque le cahier de charges ne porte pas que ces actions seront adjugées pour devenir meubles. — *Cass.*, 22 mai 1833, Lacoste; — instr. 1422, § 2, et 1437, § 2. — Ainsi, les actions conservent leur nature immobilière tant que les parties n'ont pas manifesté l'intention de les mobiliser. — Championnière et Rigaud, t. 4, no 3700.

2048. — *Cessions de créances.*—...Les transports et cessions de créances à terme : 1 fr. p. 100, L. 22 frim. an VII, art. 69, § 5, no 3.

2049. — Le paiement d'un créancier hypothécaire par un autre créancier inscrit à une date postérieure, lequel est ainsi subrogé dans ses droits, actions et hypothèques, constitue une cession ou transport de créances; car la subrogation est alors conventionnelle. —Délib. 1er juin 1834; instr. 1272, § 2.

2050. — Jugé au contraire qu'un transport de créances étant un contrat synallagmatique qui ne peut exister qu'autant qu'il y a volonté et convention de transporter, on ne saurait considérer comme tel, pour la perception du droit d'enregistrement, l'acte par lequel un créancier hypothécaire se borne à donner quittance du paiement à lui fait par un autre créancier hypothécaire, paiement que, d'ailleurs, il n'avait pas le droit de refuser. — *Cass.*, 27 juin 1842 (t. 2 1842, p. 190), Seillière.

2051. —Lorsque le débiteur cède définitivement à son créancier une créance qu'il lui avait déjà transportée comme garantie par l'acte d'obligation, avec stipulation de n'en toucher le montant qu'autant que le débiteur aurait été par un commandement, mis en demeure de payer, cette cession est passible du droit de 1 %, alors surtout que la condition exigée pour saisir définitivement le créancier ne s'était pas encore réalisée.— Délib. 3 juill. 1834.

2052. — La clause d'un partage par laquelle il est abandonné à l'un des héritiers, en sus de sa part héréditaire, des créances exigibles ou le prix de vente d'immeubles de la succession, pour une somme égale au montant des dettes qu'il est chargé d'acquitter, n'est point passible du droit proportionnel de transport de créance à 1 %. — Délib. 4 avr. 1834.

2053.— De même, le droit de cession de créance n'est pas exigible sur la clause d'un acte de partage par laquelle la veuve fait abandon aux héritiers de son mari des créances de la communauté, à la charge de payer les dettes. — *Cass.*, 12 fév. 1840 (t. 1er 1840, p. 752), Baudin; — conf. délib. 24 juill. 1838; instr. 31 déc. 1838, no 1577, § 15.

2054. — La cession des droits d'auteur, consistant dans la rétribution allouée à un auteur de pièces de théâtre pour chaque représentation, est une cession de créances passible de 1 %. — Décis. min. fin. 2 nov. 1821.

2055. — Les actes contenant cession par les anciens colons de Saint-Domingue, leurs héritiers ou ayant-cause, de leurs droits à l'indemnité consacrés par la loi du 30 avr. 1826, et les actes de transport de l'indemnité déjà liquidée, sont soumis au droit de 1 %. — Avis com. fin. 26 fév. 1828, appr. le 27; instr. 1242.

2056. — En cas d'insuffisance d'évaluation du capital cédé, comme la loi n'a prononcé aucune peine, il n'y a lieu de répéter qu'un supplément de droit simple. — Solut. 19 sept. 1832.

2057. — *Cessions de droits successifs.* — Suivant que ces cessions ont pour objet des objets immobiliers ou mobiliers, V. *infrà Ventes immobilières*, nos 3859 et suiv., et *Ventes mobilières*, nos 3637 et suiv.

2058. — *Cessions de rentes.* — V. *infrà* no 2236, *Rentes et pensions.*

2059. — *Collocations de sommes et valeurs.* — Pour les droits à percevoir sur les actes et jugemens portant collocation, V. *infrà* nos 2716 et suiv.

2060. — Quant aux collocations amiables qui ne sont considérées que comme des actes de complément ou d'exécution, V. *suprà* no 1434.

2061. — *Condamnations de sommes et valeurs.* — Pour les droits à percevoir sur ces condamnations, V. *infrà* nos 2716 et suiv.

2062. — *Contrats de mariage.* — Si les futurs sont dotés par leurs ascendans, ou s'il leur est fait des donations par des collatéraux ou autres personnes non parentes, par leur contrat de mariage, les droits, dans ce cas, sont perçus suivant la nature des biens, ainsi qu'il est dit *infrà*, sect. 4e, *Donations.* —V. nos 2414 et suiv.

2063. — *Déclarations de command.* — Pour les déclarations ou élections de command, par suite d'adjudication ou de vente d'immeubles, faites après les vingt-quatre heures de l'adjudication ou du contrat, ou quand la faculté d'élire un command n'a pas été réservée, V. *infrà* nos 3609 et suiv.

2064. — *Délégations de rentes.*—V. *infrà* no 2236, *Rentes et pensions.*

2065. — *Délégations de sommes.* — Les délégations de créances à terme; les délégations de prix stipulées dans un contrat, pour acquitter des créances à terme envers un tiers, sans énonciation de titre enregistré, sauf, pour ce cas, la restitution dans le délai prescrit, s'il est justifié d'un titre précédemment enregistré : 1 fr. p. 100 fr. — L. 22 frim. an VII, art. 69, § 3, no 3.

2066. — Sous la loi du 5-19 déc. 1790, lorsqu'un acquéreur s'obligeait, dans l'acte de vente, à payer une partie de son prix à un créancier indiqué, il y avait là une déclaration, une reconnaissance qui donnait ouverture à un droit provisoire d'enregistrement, jusqu'à ce qu'il fût prouvé que le droit avait été réellement perçu sur le titre de créance. — *Cass.*, 28 fructid. an II, Frondière.

2067. — Lorsqu'un acte de vente contient délégation de partie du prix au profit de créanciers dont les titres de créance sont à terme, la régie ne peut exiger le droit proportionnel, s'il n'est pas allégué que ces titres n'ont pas été enregistrés. — *Cass.*, 21 juill. 1828, Debruges-Dumesnil.

2068. — La délégation que fait le vendeur dans le contrat de vente de partie du prix en faveur d'un des acquéreurs son créancier donne ouverture à un droit de transport. — *Cass.*, 14 messid. an XIII, Hauzen et Baudinet.

2069. — Il en est de même en cas de délégation du prix d'une vente, faite dans un acte séparé du contrat de vente. — *Cass.*, 26 mai 1834, Van-Yseghem.

2070. — Lorsqu'à la suite d'une obligation passible du droit proportionnel, le débiteur délègue, pour le service des intérêts, des loyers ou arrérages dus par un tiers, et se trouve ainsi dessaisi de la faculté de les toucher lui-même, et déchargé de l'obligation personnelle du service de ces intérêts, le droit de 1 % est exigible pour cette délégation. — Solut. 31 janv. 1824 et 4 juin 1826; instr. 1205, § 5.

2071. — Le droit de délégation n'est pas dû, indépendamment du droit d'obligation, sur l'acte par lequel un individu se reconnaît débiteur envers un autre d'une somme productive d'intérêts, et, pour éviter tout retard dans le service, délègue et abandonne au prêteur les loyers d'une portion désignée de bâtimens, en expliquant que cette délégation n'aura d'effet qu'autant que l'emprunteur ne paierait pas les intérêts aux époques fixées et après avoir été mis en demeure. — Solut. 18 oct. 1826; — instr. 1205, § 5.

2072. — Il n'est point dû non plus lorsque, dans une obligation pour sûreté et garantie du paiement des intérêts de la somme prêtée, le débiteur délègue, soit les arrérages d'une rente, soit les fermages des biens hypothéqués ou autres, sans que d'ailleurs il soit déchargé formellement de servir lesdits intérêts. — Solut. 8 janv. 1831 et 18 oct. 1832.

2073. — Enfin aucun droit n'est dû pour la délégation contenue dans une obligation à l'effet d'assurer le paiement même de l'obligation. — Décis. min. fin. 7 avr. 1817; Délib. 20 déc. 1823.

2074. — Il n'y a pas lieu de percevoir le droit proportionnel d'obligation indépendamment de celui de cession sur l'acte de transport dans lequel le tiers-débiteur intervient et, acceptant la délégation, déclare devoir au cédant la somme transportée comme provenant du prix d'un office dont la transmission a donné lieu à la perception du droit de 10 % sur le cautionnement. — Solut. 12 mars 1838.

2075. — Mais il y a lieu de percevoir le droit de délégation sur l'acte postérieur au contrat de vente par lequel le vendeur, employant les termes de *collocation*, détermine que le prix de la vente suffisant pour payer intégralement ses créanciers hypothécaires leur sera distribué. Ce n'est que dans le cas d'insuffisance du prix que cette distribution par ordre de rang d'inscription des créan-

ces est passible seulement du droit fixe. — Délib. 21 avr 1835.

2076. — La charge imposée au donataire dans l'acte de donation, et acceptée par les créanciers, soit d'acquitter différentes créances inscrites sur l'immeuble donné, soit de servir sur les fermages une pension due par le donateur, ne peut, comme faisant partie du prix, et alors que les titres constitutifs des sommes déléguées ont été énoncés dans l'acte et enregistrés, donner ouverture au droit proportionnel de délégation. — *Cass.*, 2 avr. 1828, de Beaufremont.

2077. — L'énonciation dans un partage anticipé fait dans un acte entre-vifs par des ascendans de dettes passives dont les titres n'ont pas été enregistrés, et qui sont mises à la charge des donataires, ne constitue pas une délégation passible du droit d'enregistrement. — *Cass.*, 28 avr. 1829, Adam.

2078. — De même, l'énonciation des dettes de l'ascendant donateur mises à la charge du donataire, dans un acte de partage rédigé en conformité des art. 1075 et 1076, C. civ., et dans lequel les tiers-créanciers ne sont point intervenus, ne donne point ouverture à un droit d'enregistrement, bien que l'acte n'indique point que les titres constitutifs des créances soient enregistrés. Il n'y a point là délégation, dans le sens de l'art. 69, § 3, n° 3, L. 22 frim. an VII. — *Cass.*, 21 juin 1832, de Merens; même jour, Mialhe.

2079. — Lorsqu'un immeuble est vendu amiablement pendant le cours d'une poursuite en expropriation, à la charge par l'acquéreur de désintéresser les créanciers inscrits, et que le poursuivant intervient à l'acte pour déclarer qu'il renonce à sa saisie, il n'y a point là de délégation qui donne lieu à un droit proportionnel. — *Cass.*, 17 fév. 1806, Thiébault.

2080. — En un mot et en règle générale, le droit proportionnel n'est dû sur les stipulations de délégation de prix contenues dans des contrats de vente qu'autant que la délégation y est actuellement et expressément convenue. Il n'est dû que le droit fixe quand l'acte contient seulement promesse de délégation réalisable par un acte ultérieur. — Instr. 30 déc. 1844, 1723, § 2.

2081. — Lorsque, dans le transport d'une créance à terme, le cessionnaire a été chargé de payer sur le prix une somme déterminée à des créanciers du cédant, sans cependant être assujéti à aucune obligation ou responsabilité envers ces créanciers, une pareille stipulation, quoique ne constituant pas une délégation parfaite, n'en doit pas moins être considérée comme une délégation dans le sens de la loi du 22 frim. an VII, et comme passible, en conséquence, du droit proportionnel. — On ne saurait la considérer comme mandat dans le sens de l'art. 68 de la même loi. — *Bruxelles*, 3 nov. 1815, de Volder.

2082. — L'art. 69, § 3, n° 3, L. 22 frim. an VII, qui assujétit indistinctement les délégations de créances à terme au droit de 1 °/o, s'applique aux délégations non acceptées comme à celles qui le sont. — *Cass*, 11 nov. 1822, Batardy; même jour, Ernouf; même jour, Legrand; même jour, Devalons.

2083. — De même, toutes les délégations de créances à terme faites dans un autre acte que dans un contrat de vente sont passibles du droit de 1 °/o, sans aucune distinction entre les délégations acceptées par le délégataire et celles qui ne le sont pas. — *Cass.*, 31 (et non 30) déc. 1823, de la Trémoille.

2084. — Lorsque, après une vente d'immeubles par suite de conversion, le débiteur, comme propriétaire du prix, en fait lui-même la distribution à ses créanciers avec des délégations, acceptées par ceux-ci, de ce qui est dû à terme par les adjudicataires, cet acte est passible du droit de délégation ou transport; on ne saurait le considérer comme un ordre en justice contenant une simple indication de paiement. — *Cass.*, 19 avr. 1843 (t. 2 1843, p. 420), Meunier.

2085. — De même encore, le droit de délégation est dû sur l'acte par lequel le vendeur d'un immeuble désigne les créanciers que l'acquéreur sera tenu de payer, lors même que ni l'acquéreur, ni les créanciers délégataires ne sont présens à cet acte, et que l'acquéreur se serait déjà obligé, dans l'acte de vente, de payer son prix aux créanciers inscrits qui lui seraient désignés. — *Cass.*, 7 janv. 1839 (t. 1er 1839, p. 11), Rœderer.

2086. — L'acte par lequel des vendeurs déclarent autoriser leurs créanciers, hors de la présence de ceux-ci, et sans leur acceptation, à toucher le prix suivant le montant de leur créance, doit être considéré comme une délégation passible du droit de 1 °/o. — Si des créanciers interviennent à l'acte et acceptent, il est dû autant de droits fixes qu'il y a d'intervenans. — *Cass.*, 27 fév. 1839 (t. 1er 1839, p. 462), Bourdeau.

2087. — Lorsque, dans l'acte de liquidation et de partage d'une succession, les acquéreurs chargés par le jugement d'adjudication de payer leur prix aux vendeurs ou aux créanciers inscrits, abandonnent à la veuve et à des créanciers nommément désignés, des sommes déterminées à prendre sur le prix, il y a là une délégation formelle, qui, bien qu'imparfaite, à défaut d'acceptation de la part des créanciers non présens, n'emporte pas moins dessaisissement ou transport des créances au profit des créanciers délégués. Ce transport est donc passible du droit proportionnel de 1 °/o. — Délib. 16 août 1833.

2088. — Pour que la délégation de la totalité ou partie du prix d'un immeuble aux créanciers inscrits soit réputée faite par le contrat de vente lui-même, et ne donne, par suite, ouverture à aucun droit particulier d'enregistrement, il n'est pas nécessaire que l'acte de vente contienne la désignation nominative des créanciers et le montant des sommes dues à chacun d'eux; il suffit qu'il exprime que la délégation est faite aux créanciers inscrits, sauf à désigner par un acte postérieur leurs noms et la quotité de leurs créances respectives. — En conséquence, l'acte postérieur qui, *expliquant* ou *rappelant* le contrat de vente sans le modifier, désigne nominativement les créanciers délégataires, et énonce le montant des sommes déléguées, ne doit être considéré que comme réglant l'exécution du contrat de vente, et il ne donne pas dès-lors ouverture au droit de délégation. — *Cass.*, 27 avr. 1840 (t. 1er 1840, p. 639), Rousset; — Délib. 1er mai 1827.

2089. — Le droit fixe est seul exigible, lorsqu'à la suite d'un contrat de vente qui charge l'acquéreur de servir une rente viagère due à un tiers suivant un acte régulier, le créancier de la rente accepte la délégation par acte séparé. — Délib. 13 sept. 1836.

2090. — *Dépôts de sommes.* — Les dépôts de sommes chez des particuliers : 1 °/o. — L. 22 frim. an VII, art. 69, § 3, n° 3.

2091. — Lorsque le dépôt est fait à la charge par le dépositaire, soit d'employer les fonds, soit de les placer d'une manière indiquée, il ne constitue qu'un simple mandat, et le droit fixe est le seul exigible. — Délib. 3 mars 1819; décis. min. fin. 23 sept. 1825.

2092. — Le dépôt d'une somme d'argent fait à un notaire sans acte authentique est, comme reconnaissance de sommes d'argent, passible du droit de 1 °/o; dès-lors la décharge de ce dépôt donne, comme acte ordinaire de libération, ouverture au droit de 50 c. p. 100 fr. — Délib. 30 janv. 1829; 8 déc. 1835.

2093. — *Dommages-intérêts.* — Les dommages-intérêts prononcés par les tribunaux criminels, correctionnels et de police : 2 °/o. — L. 22 frim. an VII, art. 69, § 5, n° 8.

2094. — Il en est de même en matière civile. — L. 27 vent. an IX, art. 11.

2095. — Quant à la manière dont le droit doit être perçu, V. *infrà* nos 2752 et suiv.

2096. — *Donations entre-vifs.* — Pour les donations entre-vifs de biens soit meubles soit immeubles, en propriété ou en usufruit, entre toutes personnes, V. *infrà* nos 2414 et suiv.

2097. — *Echanges.* — Les échanges d'immeubles : 1 fr. p. 100; plus 1 fr. 50 cent. p. 100 pour droit de transcription, L. 16 juin 1824, art. 2. — (Autrefois 2 fr. p. 100 fr., L. 22 frim. an VII, art. 69, § 5, n° 3).

2098. — Le droit est perçu sur la valeur de l'une des parts, lorsqu'il n'y a aucun retour. S'il y a retour, le droit est payé comme pour vente sur le retour ou la plus-value. — L. 22 frim. an VII, art. 69, § 5, n° 3.

2099. — La loi du 16 juin 1824 avait modéré les droits sur les échanges d'immeubles par son art. 2, ainsi conçu : « Les échanges d'immeubles ruraux ne paieront qu'un franc fixe pour tous droits d'enregistrement et de transcription, lorsque l'un des immeubles échangés sera contigu aux propriétés de celui des échangistes qui le recevra. — A l'égard de tous les autres échanges de biens immeubles, quelle que soit leur nature, le droit de 2 °/o, fixé par l'art. 69, L. 22 frim. an VII, est réduit à 1 °/o; il sera perçu, comme par le passé, sur la valeur d'une des parts seulement, et celui de 1 1/2 °/o, fixé par l'art. 54, L. 28 avr. 1816, n'aura lieu également que sur la valeur d'une des parts. — Dans tous les cas, le droit réglé par l'art. 52 de la même loi (le droit de transcription) continuera d'être perçu sur le montant de la soulte ou de la plus-value. »

2100. — L'application de cette loi a donné lieu aux décisions suivantes :

2101. — L'art. 2, L. 16 juin 1824, n'est applicable qu'aux échanges de terrains contigus et non aux échanges de bâtimens situés dans les communes rurales. — Décis. min. fin. 17 août 1826.

2102. — L'échange qui a lieu le jour même qu'une parcelle de la pièce de terre échangée a été acquise est passible du droit proportionnel. — Délib. 18 mai 1825. — *Contrà Dict. des dr. d'enreg.*, v° *Echange*, n° 35.

2103. — La loi du 16 juin 1824 est applicable, alors même que, les échangistes n'ayant aucune propriété contiguë, l'un d'eux achète, peu de jours avant l'acte d'échange, une portion de terrain réellement contiguë aux propriétés de l'autre. — *Cass.*, 18 déc. 1828, Talmier et Pontier.

2104. — Lorsque après avoir acquis, non une copropriété indivise, mais une portion d'immeuble fixe et déterminée, telle qu'un vingtième à prendre de tel ou tel côté, le même acquéreur obtient en échange les dix-neuf autres vingtièmes, il n'y a lieu de percevoir sur cet échange que le droit fixe de 1 fr., établi par la loi du 16 juin 1824, en cas d'échange entre propriétaires contigus, alors d'ailleurs qu'il n'est pas établi qu'on ait voulu frauder les droits. — *Cass.*, 18 août 1829, Noirel.

2105. — Mais la loi du 24 mai 1834 a rétabli l'égalité dans l'assujétissement à l'impôt par son art. 16, ainsi conçu : « La disposition de l'art. 2, L. 16 juin 1824, qui réduit à 1 fr. fixe le droit d'enregistrement des échanges dans lesquels l'une des parties reçoit des biens qui lui sont contigus, est et demeure abrogée. Ces échanges jouiront toutefois de la modération de droit introduite pour les échanges en général dans la seconde disposition du même article. »

2106. — Il y a échange dans l'acte par lequel un immeuble est vendu pour une somme en paiement de laquelle l'acquéreur vend à son tour un autre immeuble de même valeur, mais avec faculté de le reprendre dans cinq ans, en remboursant le prix. Si le rachat s'effectue, il donne ouverture au droit de vente. — Décis. min. fin. 4 sept. 1810.

2107. — Il y a dation en paiement et non échange dans l'abandon fait par un copartageant à un autre, d'un immeuble propre au premier, pour égaliser le lot du second, si l'acte de partage ne fait connaître la masse et la nature des biens, autres que ceux abandonnés. — Délib. 23 avr. 1833.

2108. — Il y a échange, et non pas simple partage, dans l'acte par lequel le donataire de l'usufruit de tous ses biens reçoit des héritiers, pour le remplir de la valeur à laquelle cet usufruit a été porté, des meubles et immeubles en toute propriété. — *Cass.*, 14 août 1838 (t. 2 1838, p. 154), Leblond.

2109. — Une contre-lettre qui a pour objet l'augmentation du prix d'un contrat d'échange participe essentiellement de la nature de ce contrat dont elle est le complément; et dès-lors elle est soumise aux mêmes droits que lui. — *Cass.*, 16 (et non 19) nov. 1813, Sevin.

2110. — Bien qu'un acte d'échange énonce qu'il n'est que provisoire, mais qu'après l'expiration d'un délai fixé il sera définitif, s'il n'est résilié par l'une des parties, le droit d'échange est dû, comme s'il n'y avait point de condition résolutoire. — *Dict. de l'enreg.*, v° *Echange*, n° 60.

2111. — Le droit de retour est exigible encore bien que la soulte ne soit pas exprimée dans l'acte d'échange. Il suffit pour cela que, d'après les évaluations données (ou par le résultat de l'expertise) la valeur des biens cédés par l'un des échangistes, calculée à raison de vingt fois le revenu, soit supérieure à celle des biens qu'il reçoit. — Roland et Trouillet, *Dict. d'enreg.*, v° *Echange*, § 3, n° 2.

2112. — La condition imposée à l'une des parties de payer seule les frais de l'acte ne constitue pas une soulte. — *Dict. des dr. d'enreg.*, v° *Echange*, n° 64.

2113. — Sous l'empire de la loi du 16 juin 1824 (art. 7), qui n'assujétissait qu'au droit fixe l'enregistrement, les acquisitions et donations faites au profit des communes, hospices, etc., décidé que, lorsqu'un hospice reçoit en échange des immeubles produisant un revenu plus considérable que ceux qu'il cède lui-même au contre-échangiste, le droit de soulte est exigible sur la différence du revenu, bien que l'échange ait été consenti sans soulte ni retour, parce que l'excédant de valeur attribué à l'hospice ne présente ni le caractère ni les effets d'une donation, que rien n'annonce une libéralité, et que la portion cédée par l'hospice qui produit un moindre revenu peut compenser l'importance de l'autre par une valeur de convenance particulière. — Délib. 6 mars 1827; — Roland et Trouillet, *Dict. d'enreg.*, v° *Echange*, § 3, n° 8.

2114. — Décidé, sous l'empire de la même loi, qu'il n'est dû que le droit fixe de 1 fr. sur l'acte constatant une nouvelle division du territoire d'une commune entre tous ses habitans,

par voie d'échange après arpentage, indépendamment du droit proportionnel sur les soulles, et sauf les autres droits de mutation qui pourraient résulter de la vérification des titres de chaque propriétaire. — Décis. min. fin. 7 avr. 1826 ; instr. 1200, § 6.

2115. — L'acte contenant échange d'un immeuble situé dans une colonie française contre un immeuble situé en France, est passible du droit proportionnel fixé par la loi du 16 juin 1824, bien que cet acte ait été passé et enregistré dans les colonies. — Délib. 28 août 1832.

2116. — Le double droit est exigible, lorsque l'acte énonce que les échangistes étaient en possession des biens depuis plus de trois mois. — Délib. 9 nov. 1827.

2117. — La rescision pour lésion n'ayant pas lieu dans l'échange, la rescision d'un contrat d'échange prononcée par jugement pour cause de lésion, opère : — 1° soit un nouvel échange, si elle rétablit les parties dans leurs biens respectivement échangés ; — 2° soit une vente si l'un des échangistes, en rentrant en possession de l'objet par lui cédé, conserve la propriété des biens qui lui ont été attribués en contre-échange ; — 3° ou donne lieu à un supplément à titre de soulte si la partie contre laquelle la lésion est jugée reste propriétaire en payant la plus-value. — Instr. 9 thermid. an XII, 255 ; *Dict. des droits d'enregistr.*, v° *Echange*, n° 77.

2118. — Les échanges de biens composant un majorat sont assujétis aux mêmes droits que les échanges entre particuliers. — Décr. 24 juin 1808, art. 5 ; instr. 413.

2119. — Les lois ne parlant point des échanges de meubles, on concluait de ce silence que les échanges devaient être considérés comme une double vente, chacune des deux choses étant le prix de l'autre (Solut. 5 prair. an VIII). Mais décidé depuis que le droit de 2 % n'est dû que sur la valeur de la plus forte part. — Décis. min. just. et fin. 1er juin, 3 sept. et 5 nov. 1811.

2120. — Les échanges de navires ou bateaux ne sont, comme les ventes, passibles que du droit fixe de 1 fr. — Délib. 8 déc. 1837.

2121. — *Engagemens d'immeubles.* — Les engagemens de biens immeubles : 2 fr. p. 100 fr. — L. 22 frim. an VII, art. 69, § 5, n° 5.

2122. — La jouissance à titre d'engagement d'un immeuble est suffisamment établie pour la demande et la poursuite du paiement des droits des engagemens non enregistrés, par les actes qui le font connaître, ou par le paiement de contributions imposées aux détenteurs temporaires. — L. 22 frim. an VII, art. 13.

2123. — L'abandon d'un immeuble fait par un débiteur à son créancier, pour en jouir jusqu'au remboursement de sa créance et le remplir des intérêts, est une véritable antichrèse, qui ne donne lieu qu'au droit proportionnel de 2 % ; pour les engagemens d'immeubles, lors même qu'il serait dit qu'à défaut de paiement à l'époque convenue, le créancier pourrait disposer de l'immeuble en toute propriété, l'art. 2088, C. civ., faisant obstacle à ce qu'on induise une mutation d'une pareille clause. — *Cass.*, 17 janv. 1816, Cordier.

2124. — ... Ou bien encore lors même qu'il n'est pas dit dans l'acte que les fruits de l'immeuble seront imputables de la manière indiquée par l'art. 2085, C. civ. — Délib. 20 juin 1817.

2125. — Lorsqu'une cession de jouissance a lieu à titre de ferme et pour un temps déterminé, à l'effet de tenir lieu des intérêts, avec stipulation qu'à l'expiration de ce terme la créance sera exigible, la convention n'est qu'un bail. — Délib. 20 oct. 1824 et 15 juin 1827.

2126. — Il n'y a pas non plus antichrèse dans l'acte par lequel un débiteur délègue à son créancier des fermages et loyers pour les percevoir à chaque terme, attendu qu'un pareil acte ne transmet ni la jouissance ni l'administration de l'immeuble. Le droit de 1 % est le seul exigible. — Délib. 18 sept. 1827 et 5 déc. 1828.

2127. — L'acte par lequel un individu emprunte une somme et abandonne à celui qui la lui prête un immeuble à titre d'antichrèse, offrant bien ce caractère et non celui d'un réméré, le jugement qui renvoie le bailleur, même après trente ans, en possession du bien qu'il a ainsi livré, et en se fondant sur ce que cet abandon n'a eu lieu qu'à titre d'antichrèse, ne peut donner lieu au droit de rétrocession. — *Cass.*, 4 nov. 1817, Hausade et Dulac.

2128. — La vente d'un immeuble à titre d'antichrèse toujours rachetable moyennant un prix payable, partie comptant, partie dans un délai déterminé, et avec réserve par le vendeur de faire valoir le bien jusqu'au remboursement qu'il se réserve de faire du prix, doit être considérée, non comme antichrèse, mais comme vente avec faculté de réméré et subir le droit d'enregistrement en conséquence. — *Cass.*, 4 mars 1807, Vincent.

2129. — On ne peut considérer comme une antichrèse passible seulement du droit de 2 %, l'acte par lequel le débiteur d'une rente viagère cède au créancier, jusqu'à son décès, la jouissance d'un immeuble, pour tenir lieu des arrérages de la rente, et sans que le créancier ou ses héritiers puissent rien avoir à répéter du débiteur. C'est là, au contraire, la cession à titre onéreux d'un usufruit ou d'une jouissance à vie dont le prix est l'extinction de la dette, cession passible du droit de 4 ou 5 1/2 %. — *Cass.*, 16 fév. 1831, Azémar et Garrica.

2130. — *Lettres de change.* — Les lettres de change tirées de place en place, et celles venant de l'étranger ou des colonies françaises, lorsqu'elles sont protestées faute de paiement : 25 c. p. 100 fr. — L. 28 avr. 1816, art. 50.

2131. — *Lettres-patentes.* — Les lettres-patentes portant institution de majorat, conférant des titres de noblesse ou des armoiries, ou contenant des déclarations de naturalité, des dispenses d'âge ou de parenté pour mariage, etc., sont soumises en général au droit de 20 % du montant ou droit de sceau. — L. 28 avr. 1816, art. 55. — V. LETTRES-PATENTES.

2132. — *Licitations de biens meubles et immeubles.* — Pour les parts et portions acquises par licitation de biens, soit meubles, soit immeubles, V. *infrà* nos 3328 et suiv.

2133. — *Liquidations de sommes et valeurs.* — Pour les droits à percevoir sur les liquidations, V. *infrà* nos 2716 et suiv., et en ce qui concerne les liquidations par actes de partage, nos 3288 et suiv.

2134. — *Marchés.* — V. *suprà* nos 1881 et suiv., 1890 et suiv.

2135. — *Mutations par décès.* — Pour les mutations de biens meubles ou immeubles par décès, en propriété ou usufruit, et entre toutes personnes, V. *infrà* nos 2839 et suiv.

2136. — *Obligations à la grosse aventure.* — Les obligations à la grosse aventure ou pour retour de voyage : 50 c. p. 100 fr. — L. 22 frim. an VII, art. 69, § 2, n° 10.

2137. — Le droit n'est exigible que sur le capital prêté, et il ne doit pas porter sur le montant du profit maritime ajouté au capital, attendu que ce profit n'est que l'intérêt de la somme prêtée, porté à un taux plus élevé, à raison des chances auxquelles le soumet le bailleur de fonds. — Solut. 1 déc. 1824 ; instr. 1156, § 8.

2137. — La cession par voie d'endossement d'obligations de cette espèce, passées devant notaires, serait passible de 2 %. — Masson-Delongpré, *Cod. de l'enreg.*, n° 2541.

2139. — *Obligations de sommes.* — Les reconnaissances et obligations de sommes sans libéralité et pour autre cause que le prix d'une transmission de meubles ou immeubles non enregistrée : 1 fr. p. 100 fr. — L. 22 frim. an VII, art. 69, § 3, n° 3.

2140. — L'acte par lequel un individu déclare que l'obligation par lui souscrite au profit d'une personne désignée n'est pas éteinte, et que la quittance qui lui a été donnée était simulée, constitue une obligation nouvelle passible du droit de 1 %, sans avoir égard à la perception établie sur l'obligation primitive. — Délib. 15 déc. 1837.

2141. — La soumission faite par le débiteur et acceptée par le créancier, dans le cas prévu par l'art. 1912, C. civ., de rembourser à une époque quelconque le capital d'une rente perpétuelle, ne constitue pas une novation dans la créance. Dès-lors, il n'y a lieu de percevoir que : 1° le droit fixe de 1 fr. sur la disposition qui règle le délai pour le remboursement du capital ; — 2° le droit d'obligation ou de quittance sur le montant des arrérages, selon que le débiteur s'oblige de les payer, ou les paie par l'acte de soumission. — Avis com. fin., approuvé le 3 fév. 1822 ; instr. 1027, n° 1er.

2142. — Mais si le remboursement de la rente n'est pas obligatoire pour le débiteur, et qu'il ait lieu moyennant réduction du capital par le créancier, le droit d'obligation est dû sur ce nouveau capital, indépendamment du droit de 50 c. p. 100 fr., sur la somme dont la remise est accordée. — Avis com. fin., appr. le 29 sept. 1821 ; instr. 1027, n° 2.

2143. — L'acte notarié qui a pour effet d'ajouter une hypothèque à une créance antérieurement contractée, ne peut être rangé dans la classe des actes qui ne contiennent que l'exécution, le complément ou la consommation d'actes antérieurs, et qui, comme tels, ne sont soumis qu'au droit fixe de 1 fr. — Cet acte renferme au contraire une nouvelle obligation, et, par conséquent, il est soumis au droit proportionnel de 1 fr. p. 100 fr. — *Cass.*, 20 août 1834, Assolant.

2144. — Il y a une obligation civile, passible du droit proportionnel, dans la convention par laquelle un négociant ouvre un crédit de banque et d'acceptations à un autre négociant qui affecte ses biens par hypothèque, pour sûreté des sommes qui pourront lui être avancées. — *Cass.*, 10 mai 1831, Naegely et Weiss.

2145. — Lorsqu'une créance résultant de billets à ordre a été convertie en une obligation notariée avec cautionnement hypothécaire, cette obligation ne saurait être considérée comme l'exécution ou le complément des actes antérieurs. Il y a là novation, et par conséquent ouverture au droit proportionnel de 1 fr. p. 100 fr. — *Cass.*, 1er fév. 1813, Fritz.

2146. — Est assujétie à la perception du droit proportionnel de 1 % la convention d'hypothèque portant reconnaissance de la dette, lors même que le débiteur a souscrit des billets à ordre le même jour et à raison de la même créance. — *Cass.*, 8 avr. 1839 (t. 1er 1839, p. 458), Assolant.

2147. — Lorsque, pour l'exécution d'un billet à ordre enregistré, il est passé une obligation notariée avec des conditions nouvelles, il n'y a pas lieu de déduire, lors de l'enregistrement de cette obligation, le droit perçu sur le billet à ordre. — *Cass.*, 30 mars 1835, Foache.

2148. — L'affectation hypothécaire consentie par le débiteur en faveur de son créancier pour sûreté de billets à ordre en circulation, donne ouverture seulement au droit de 1 %. Il n'y a lieu, ni de percevoir en même temps le droit de 50 cent. p. 100 fr., pour les billets non enregistrés, ni d'exiger du notaire l'amende pour avoir fait un acte en vertu d'actes sous seing-privé non enregistrés ; car les billets ne peuvent être joints à l'acte puisqu'ils sont en circulation, et que d'ailleurs ces billets sont, jusqu'au protêt, exempts de l'enregistrement. — Solut. 9 juill. 1830.

2149. — L'acte notarié contenant reconnaissance de billets purs et simples dont l'enregistrement est relaté, n'opère pas novation de titre comme les reconnaissances d'effets négociables ; il n'est dès-lors passible que du droit fixe. — Délib. 24 janv. 1824.

2150. — L'acte de déclaration d'hypothèque souscrit par le débiteur de lettres de change pour en assurer le paiement est passible du droit de 1 %. — *Cass.*, 17 prair. an XII, Lussic ; 8 pluv. an XIII, Vaucamp ; 22 déc. 1807 (et non 1806), Copal ; 5 août 1833, Maublat.

2151. — ... Et cela encore bien que les lettres de change aient été elles-mêmes enregistrées au droit proportionnel de 25 cent. p. 100 fr. — *Cass.*, 5 août 1833, Maublat.

2152. — Peu importe que l'hypothèque ait été promise ou non par l'acte d'obligation. — Délib. 18-24 avr. 1837.

2153. — Est passible du droit de 1 % comme obligation purement civile, l'acte par lequel l'endosseur d'un effet négociable en circulation constitue une hypothèque pour sûreté de la garantie dont il est tenu envers le porteur. — Délib. 9 nov. 1835.

2154. — L'acte par lequel des créanciers accordent délai à leur débiteur, moyennant l'engagement solidaire de la femme de celui-ci et une affectation hypothécaire, constitue non un simple contrat d'atermoement passible du droit de 50 cent. p. 100 fr., mais un nouveau titre d'obligation soumis au droit de 1 %. — *Cass.*, 18 août 1835, de Beauvert.

2155. — La clause par laquelle une femme séparée de biens s'engage, dans l'acte de liquidation de ses reprises, à payer certains créanciers envers lesquels elle s'était précédemment obligée solidairement avec son mari, ne peut être considérée comme une obligation nouvelle envers ces créanciers, et donner, sous ce rapport, ouverture à un droit proportionnel. — Si, dans cet acte de liquidation, la femme s'est obligée à garantir son mari de toutes poursuites de la part des mêmes créanciers, cette obligation est affranchie du droit proportionnel établi par l'art. 69, § 3, n° 3, L. 22 frim. an VII, en ce qu'elle n'est que le résultat de la liquidation des reprises de la femme, liquidation effectuée au moyen d'abandons et d'obligations sur lesquels le droit proportionnel a été perçu. — *Cass.*, 6 janv. 1829, Regnault.

2156. — L'autorisation donnée au tuteur par le conseil de famille de garder, moyennant une affectation spéciale et privilégiée de quelques-uns de ses immeubles, la somme formant le reliquat de son compte envers le pupille, constitue de la part de ce tuteur un véritable emprunt qui donne lieu au droit proportionnel de 1 %. — *Cass.*, 18 (et non 16) nov. 1820, de Wendel.

2157. — La fixation des honoraires du tuteur,

dans la délibération du conseil de famille, ne peut être considérée comme constituant une obligation qui donne lieu au droit proportionnel. — *Cass.*, 8 janv. 1827, Trubert.

2158. — Est passible du droit d'obligation l'acte de distribution des deniers d'une succession bénéficiaire faite par le tuteur de l'héritier, lorsque les créanciers, mentionnant la quotité de leurs créances, font réserve de ce qui leur reste dû, encore bien que leurs titres non enregistrés, qu'ils déclarent conserver, ne soient pas relatés dans l'acte, et que la réserve par eux faite ne soit pas approuvée par le tuteur. — Délib. 15 déc. 1835. — Cette décision peut être critiquée; car il n'y a de titre, ni dans la réserve que les créanciers ont pu faire, ni dans le silence gardé par le tuteur.

2159. — Lorsque des déclarations ou reconnaissances de dettes sont faites dans des partages ou liquidations, la régie avait d'abord pensé qu'elles étaient sujettes au droit d'obligation, sauf restitution dans le cas où l'on justifierait d'un titre enregistré. — Instr. 548, n° 4.

2160. — Jugé en ce sens que, si l'acte de partage d'une succession contient les noms des créanciers et le détail des sommes dues à chacun d'eux, mais sans énonciation de titres précédemment enregistrés, et qu'il y soit de plus stipulé que ces dettes seront payées par quelques-uns des héritiers à la décharge des autres, il y a lieu de percevoir un droit proportionnel sur le montant de ces créances. — *Bruxelles*, 20 juill. 1821, Thierry.

2161. — Le droit d'enregistrement sur les dettes passives ne peut être perçu que sur des obligations réelles établissant ces mêmes dettes, et non sur de simples énonciations contenues dans un acte de partage, surtout lorsque ces énonciations sont faites hors la présence des tiers indiqués comme créanciers, et n'ont point été acceptées par eux. — *Cass.*, 16 mars 1825, Chaudeau; 7 nov. 1826, Joly; 25 avr. 1827, Cailleteau; — Délib. 4 juin 1825; instr. 1205, § 10 et 1219, § 4.

2162. — ... Et cela encore bien que l'un des copartageans se charge du paiement de ces dettes. — *Cass.*, 25 avr. 1827, Cailleteau.

2163. — ... Et même que les sommes soient dues par l'un des héritiers; car alors l'héritier ne comparait pas pour reconnaître ces dettes; et elles ne sont énoncées que pour établir le montant de la masse et les droits de chacun des copartageans. — Délib. 1er mars 1833.

2164. — En un mot, toute déclaration tendant à faire connaître l'actif de la succession doit être réputée simple énonciation, et non pas obligation, lors même qu'elle est faite par le débiteur présent. — Délib. 2 oct. et 14 déc. 1822.

2165. — Par la même raison, l'énonciation dans un partage qu'une somme a été remise à l'un des cohéritiers pour le paiement des honoraires et déboursés dus au notaire rédacteur, ne donne point ouverture au droit d'obligation. Car une pareille énonciation ne lie ni le notaire, ni les héritiers, et le titre du notaire est dans l'acte même. — Délib. 13 août 1830.

2166. — L'énonciation de dettes non enregistrées, faite dans un partage d'ascendant par testament ou donation entre-vifs, ne donne pas ouverture au droit proportionnel d'obligation. — Délib. 20 juin 1834.

2167. — Décidé, au contraire, qu'un partage anticipé imposant aux donataires l'obligation de payer à des tiers non présens des sommes dues par le donateur, sans qu'on énonce qu'il existe des titres enregistrés, donne lieu à un droit proportionnel; car alors il y a là novation résultant d'une convention, à la différence du partage ordinaire, où c'est la loi qui charge les donataires d'acquitter les dettes comme représentant le défunt. — Délib. 27 juill. 1830.

2168. — ... Que le droit d'obligation est exigible sur la disposition d'un partage d'ascendans par laquelle le donateur charge les donataires de payer une somme qu'il déclare devoir au notaire rédacteur, mais sans titre enregistré. — Délib. 13 fév. 1835. — Cette décision paraît contraire au principe; car si le notaire était présent à l'acte, c'était comme officier ministériel et non comme partie. Pour exiger le droit d'obligation, il eût donc fallu attendre qu'il fît usage de la déclaration faite à son profit.

2169. — Ne donne ouverture à aucun droit proportionnel, la mention dans un contrat de mariage d'un billet non enregistré, souscrit par le père de la future et faisant partie de l'apport de celle-ci, si le père, assistant au contrat seulement pour autoriser sa fille, ne consent point d'obligation relativement au billet. — Délib. 13 oct. 1835.

2170. — De même, la déclaration faite par un notaire, dans son contrat de mariage, qu'il doit encore une partie du prix de son office qu'il se constitue en dot, ne le soumet pas au droit d'obligation pour le reliquat déclaré, encore bien que le créancier, beau-père du titulaire, soit présent au contrat. — Délib. 25 nov. 1842.

2171. — Lorsque, conformément au contrat de mariage, le père du futur reçoit la dot de la future, et que solidairement avec sa femme il s'oblige à la garantie envers celle-ci jusqu'à ce qu'un emploi utile ait été fait au profit des époux, l'acte contenant quittance de la dot est passible d'un droit d'obligation, bien qu'il serait permis au futur d'user des dispositions de l'art. 1595 du C. civ. pour l'emploi de la somme dotale. — Solut. 21 sept. 1832.

2172. — La reconnaissance faite par une femme, dans son contrat de mariage, qu'elle a reçu une somme de son mari, et l'obligation qu'elle contracte de lui en payer les intérêts, constituent un prêt ordinaire passible du droit de 1 %, et non pas un simple apport ou constitution de dot, surtout quand les époux conservent l'administration séparée de leurs biens. — Le jugement qui a décidé que c'était un apport peut être soumis à la censure de la cour de Cassation. — *Cass.*, 16 nov. 1813, Dayreux.

2173. — Lorsque, dans un contrat de mariage, la future, mariée sous le régime dotal, s'engage sur tous ses biens à payer, à la dissolution du mariage, au mari ou à ses héritiers une somme pour la valeur actuelle du mobilier apporté par le futur, une pareille clause constitue non une simple convention d'apport, mais un véritable prêt, qui dès-lors est assujéti au droit proportionnel d'enregistrement. — On ne saurait arguer de ce que le choix aurait été laissé au mari et à ses héritiers d'exiger la somme ou de reprendre en nature le mobilier après estimation préalable, une pareille option étant évidemment illusoire, puisque ce mobilier, mis aux risques et périls de la femme, doit périr ou se détériorer nécessairement par l'usage. — *Cass.*, 7 fév. 1838 (t. 1er 1838, p. 270), Lerat.

2174. — Il n'est dû aucun droit proportionnel sur un acte de liquidation après séparation de biens, à raison des apports stipulés dans le contrat de mariage au profit de l'épouse; mais il en est autrement pour toute autre créance dont cet acte porte reconnaissance et entraîne obligation de la part du mari. — *Cass.*, 27 juin 1809, Foissy.

2175. — Lorsqu'un mari reconnaît par un acte particulier qu'il a reçu des capitaux provenant des biens paraphernaux de sa femme et que, du consentement de celle-ci, il les conserve ou en fait emploi pour son compte personnel, il contracte par là une obligation passible du droit de 1 %. — Solut. 3 avr. et 12 mai 1829; instr. 1293, § 7.

2176. — L'acte par lequel le mari, mandataire de sa femme, en vertu de son contrat de mariage, se reconnaît débiteur envers elle de sommes provenant de ses apports matrimoniaux, n'est point passible d'un droit proportionnel. — *Cass.*, 18 (et non 21) fév. 1833, Renaud.

2177. — La reconnaissance de dettes dans un testament forme une disposition indépendante, passible du droit de 1 %, quand elle ne résulte pas d'un acte enregistré. — Délib. 2 frim. an XIII, 27 oct. 1829, 20 juill. 1828; instr. 290, n° 1er.

2178. — Ainsi, le droit d'obligation est exigible, outre le droit fixe, sur le testament d'un mari qui reconnaît avoir reçu de sa femme une somme déterminée pour ses droits dotaux, lorsque la quotité de ces droits n'a pas été établie soit par leur contrat de mariage, soit par tout autre titre antérieur au testament. — Solut. 17 mars 1829; instr. 1282, § 9.

2179. — Jugé, cependant, que, si dans un testament un mari reconnaît l'apport mobilier de sa femme, qu'il devait, d'après son contrat de mariage, faire constater par un inventaire et un état en forme, il n'y a point là une obligation nouvelle qui donne ouverture à un droit proportionnel. — *Cass.*, 8 (et non 9) août 1836, Moretin.

2180. — Le testament par lequel le testateur, qui ne laisse aucun héritier à réserve, se reconnaît débiteur envers son légataire universel d'une somme déterminée, n'est point passible d'un droit d'obligation; attendu que le légataire étant saisi de plein droit de toute la succession au jour du décès, se trouve être tout à la fois débiteur et créancier, et qu'ainsi la disposition n'a point d'effet. — Délib. 5 juill. 1823 et 10 juill. 1824.

2181. — Lorsqu'il est stipulé, dans un acte de société, que le cautionnement qui devait être versé au trésor par l'un des associés, adjudicataire d'un pont, objet de la société, sera fourni par ses coassociés en dehors de leur mise de fonds, et avec intérêts à leur profit, cette clause est passible du droit proportionnel d'obligation, encore bien que ces coassociés aient la faculté de retirer la somme par eux versée. — Délibérat. 19 avr. 1836.

2182. — Est passible du droit proportionnel d'obligation à 1 % le procès-verbal de non-conciliation dans lequel un notaire, nommé depuis la loi du 21 avr. 1832, reconnaît devoir en tout ou en partie le prix de son office dont l'acte de cession n'a point été enregistré. — Solut. 25 août 1836.

2183. — Lorsqu'un titulaire déclarant devoir à un tiers le montant du cautionnement qu'il a versé au trésor, s'oblige à le lui rembourser dans un délai déterminé avec des intérêts plus élevés que ceux que le trésor paie, cet acte est soumis au droit d'obligation. — Délib. 18 sept. 1838.

2184. — Lorsqu'en se reconnaissant débiteur du prix de travaux un individu donne en paiement des sommes déposées chez le notaire qui reçoit l'acte sous la condition que ces sommes ne seront délivrées au créancier qu'après la remise de certaines pièces désignées, un pareil acte constituant un titre obligatoire en faveur du créancier, est passible du droit proportionnel d'obligation, et non de celui de quittance, lequel se trouve suspendu jusqu'à l'événement de la condition. — Délib. 29 déc. 1835.

2185. — L'acte qui, sans énoncer de bail écrit, contient la reconnaissance par un fermier d'avoir reçu du bailleur des pailles et fourrages et l'obligation de laisser la même quantité à sa sortie, donne lieu au droit de 1 %. C'est là un prêt et non une aliénation. — Délib. 10 mars 1828.

2186. — Est passible du droit d'obligation l'acte portant réglement de loyers arriérés, quoique le bail soit enregistré, surtout s'il est stipulé des intérêts et consenti une hypothèque non promise dans le bail. — Délib. 7 sept. 1833.

2187. — Lorsque le procès-verbal d'offres fait titre au créancier, il donne ouverture au droit d'obligation. Ainsi, l'exploit contenant l'offre d'une somme portée dans un arrêt et d'une autre somme pour frais d'exploitation est passible du droit sur cette dernière somme dont l'exigibilité n'est constatée par aucun titre, malgré le défaut d'acceptation du créancier. — Délib. 15 juin 1830.

2188. — Mais le procès-verbal d'offres réelles du prix d'une vente d'immeubles enregistrée et des intérêts échus de ce prix, n'est point passible du droit d'obligation à raison de ces intérêts. — Délib. 7 oct. 1836.

2189. — La déclaration par le tiers-saisi, dans l'exploit de saisie-arrêt, qu'il est redevable d'une somme déterminée, ne donne pas lieu au droit d'obligation, bien qu'il ne soit pas énoncé de titre enregistré. C'est une déclaration affirmative anticipée. — Solut. 13 fév. 1832.

2190. — L'acte par lequel un individu s'oblige à faire pour un autre le service militaire constituant non une obligation ou une quittance pour la partie du prix payé, mais un véritable contrat synallagmatique, est passible du droit de 1 %, et il n'y a pas lieu de réduire ce droit à 1/2 %, sur la partie de la somme payée comptant par application d'une lettre du directeur général du 10 août 1811 d'après laquelle l'acte portant libération du prix du bail verbal, n'est passible que du droit de quittance. — Solut. 9 mai 1831.

2191. — *Partages.* — Pour les partages de biens meubles et immeubles entre copropriétaires, quand il y a soulte ou retour, V. *infrà* nos 3275 et suiv.

2192. — *Promesses de payer.* — Les promesses de payer une somme : 1 fr. p. 100 (L. 22 frim. an VII, art. 69, § 3, n° 3).

2193. — Est passible de 1 fr. %, à titre de promesse de payer, la disposition d'un contrat de mariage par laquelle le futur s'oblige de payer à son beau-père tout ou partie de la somme qu'il se constitue en dot. — Délib. 28 oct. 1834.

2194. — *Quittances et actes de libération.* — Les quittances et tous autres actes et écrits portant libération de sommes et valeurs mobilières : 50 c. p. 100 fr. — L. 22 frim. an VII, art. 69, § 2, n° 11.

2195. — Cependant, il y a des quittances qui dans certains cas ne sont passibles que d'un simple droit fixe. — V. *suprà* nos 1725 et suiv.

2196. — Pour qu'il y ait libération et par conséquent ouverture au droit de quittance, il faut qu'il y ait une dette exigible actuellement ou dans un temps donné.

2197. — Le mari, pouvant, comme chef de la communauté, disposer à son gré de la dot de sa femme, en est propriétaire en ce sens que, lorsqu'il la restitue par suite de la dissolution de la communauté, c'est une dette qu'il acquitte. — Dès-lors, la décharge qui en est donnée au mari opère libération à son égard et donne ouverture au droit proportionnel. — *Cass.*, 4 août 1841 (t. 2 1841, p. 311), Andry.

2198. — Il en est de même lorsque les sommes que la femme a mises en communauté lui sont res-

tituées en qualité de créancière; la décharge qui en est donnée au mari est un acte libératoire. — Même arrêt.

2199. — Dans le cas où le mari était tenu par son contrat de mariage de rendre en nature à sa femme ou à ses héritiers, lors de la dissolution du mariage, les effets mobiliers apportés par celle-ci, la disposition d'une transaction par laquelle les héritiers du mari paient en argent la valeur du mobilier qui se trouve ne plus exister en nature, donne ouverture au droit de libération. — *Cass.*, 2 janv. 1844 (t. 1er 1844, p. 139), Scheult.

2200. — L'acte qui constate que le donateur d'une somme d'argent compte cette somme au donataire au terme fixé par la donation, ou avant ce terme, est passible du droit de quittance. — *Cass.*, 20 nov. 1839 (t. 2 1839, p. 626), Bordas. — *Contrà* Championnière et Rigaud, t. 2, nos 1545 et 1546.

2201. — Lorsque, dans une vente de navires ou bateaux, le vendeur consent à en compenser le prix avec une créance que l'acquéreur avait contre lui, l'acte est passible du droit de quittance, indépendamment du droit de 1 fr. pour la mutation. En effet, il y a libération de la dette éteinte par la compensation. — Solut. 20 janv. 1837.

2202. — Si, dans un compte entre cohéritiers, celui qui a acquis des biens de la succession compense ce qui lui revenait sur le prix de la vente avec ce qu'il devait lui-même, il n'y a pas lieu de percevoir le droit de quittance sur cette compensation, parce que la dette s'éteint par confusion. — Délib. 13 avr. 1827; — Roland et Trouillet, *Dict. d'enreg.*, vo *Compte*, § 2, no 13.

2203. — Il n'est point dû un droit proportionnel de libération, sur le rapport à succession que fait un héritier de sommes par lui reçues en avancement d'hoirie ou à titre de prêt, surtout si ces sommes excèdent la portion de l'héritier qui fait le rapport, et que l'acte de partage porte quittance de l'excédant remis aux autres héritiers. — *Cass.*, 2 mai 1826, Marcellot. — V. conf. délib. 5 juin 1838.

2204. — Lorsque, dans un acte notarié, un débiteur déclare avoir payé une somme due en vertu d'un billet perdu depuis la remise effectuée par le créancier, et que celui ci de son côté, pour prévenir l'usage frauduleux qu'un tiers pourrait faire du billet, reconnaît qu'il ne lui est plus rien dû, une pareille déclaration tient lieu de quittance puisqu'elle constate une libération reconnue par le créancier, et par conséquent elle est passible du droit de 50 c. p. 100 fr. — Délib. 27 août 1833.

2205. — Les paiemens faits par les parties aux notaires pour le remboursement des avances par eux faites des droits d'enregistrement dus par ces parties, sont soumis au droit proportionnel établi pour les quittances en général, lorsque ces remboursemens sont constatés par acte notarié ou privé. — *Cass.*, 22 avr. 1823, Buchère.

2206. — Lorsque décharge est donnée à un notaire du prix d'une vente d'immeubles que le procès-verbal d'adjudication chargeait de recevoir des acquéreurs, l'acte est passible du droit de quittance de 50 c. p. 100 fr., alors qu'il n'est fait mention d'aucune quittance précédemment donnée aux adjudicataires, lesquels sont présumés s'être libérés entre les mains du notaire. — Délib. 8 nov. 1835; 7 oct. 1836.

2207. — La main-levée d'une inscription hypothécaire n'est passible du droit proportionnel qu'autant que l'acte contient expressément la libération du débiteur. En effet, il n'en est point de la renonciation à une garantie comme de la renonciation au titre même. — Instr. 390, no 11; délib. 16 juill. 1830.

2208. — Mais l'acte par lequel un créancier déclare se désister purement et simplement de tous les droits, noms, raisons et actions résultant à son profit du titre de sa créance, et, par suite, donne main levée de l'inscription prise à son profit, emporte libération passible du droit proportionnel de 50 c. p. 100 fr. — Délib. 11 sept. 1838.

2209. — Pour qu'il y ait ouverture au droit de quittance, il ne suffit pas qu'il soit déclaré dans l'acte qu'une somme a été payée; il faut de plus que l'acte établisse la libération du débiteur, et que ce soit un titre que celui-ci puisse invoquer en sa faveur.

2210. — L'énonciation, dans un inventaire ou dans un partage, de sommes portées en recette comme recouvrées sur des débiteurs ne peut donner ouverture au droit de libération, car ce droit n'est jamais dû par le créancier; et d'un autre côté, le débiteur ne peut voir tourner à son préjudice une déclaration qui n'est point de son fait. — *Journ. de l'enreg.*, art. 4365; *Dict. des droits d'enreg.*, vo *Inventaire*, no 51.

2211. — Jugé, en ce sens, que la simple énonciation, dans un compte ou partage de succession, de sommes payées aux copartageans par des tiers ne peut point, sans l'intervention de ces tiers, constituer à leur égard une libération passible du droit proportionnel. — *Cass.*, 16 mars 1825, Chaudeau.

2212. — ...Que les sommes qui figurent en recette dans un compte, sans énonciation de quittances données aux débiteurs, ne sauraient donc donner ouverture à un droit de quittance, sous prétexte que l'indication faite par le comptable des sommes par lui reçues constitue un titre de libération au profit des débiteurs. — *Cass.*, 11 fév. 1828, Villetard.

2213. — ...Que le droit proportionnel de quittance n'est pas exigible sur l'arrêté de compte constatant que l'oyant rembourse au rendant les sommes dont ce dernier se trouve être en avance, si ces sommes sont énoncées dans le compte sans mention de quittances. — Instr. 23 déc. 1836.

2214. — L'énonciation dans un partage de succession qu'une somme a été payée par l'un des copartageans à l'autre est également insuffisante pour motiver la perception d'un droit de libération, lorsque d'ailleurs rien n'annonce que celui qui a reçu fût créancier personnel de la succession, et qu'au contraire il paraît résulter du compte même que la somme ne lui était due qu'en sa qualité de copartageant, et pour avances faites pour la succession. — *Cass.*, 16 mars 1825, Chaudeau.

2215. — Les énonciations de paiemens à des légataires dans un compte-rendu par un exécuteur testamentaire ne peuvent donner lieu à la perception du droit de quittance, bien qu'il ne soit pas rappelé d'actes enregistrés constatant ces paiemens. — Roland et Trouillet, *Dict. d'enreg.*, vo *Compte*, § 2, no 30.

2216. — Mais l'acte, mis à la suite d'une adjudication, par lequel le vendeur donne décharge sans réserve à son mandataire du prix que celui-ci a reçu, en son nom, des mains des adjudicataires, renferme non seulement une décharge au profit du mandataire, passible d'un droit fixe, mais aussi une preuve écrite de la libération des adjudicataires, passible du droit de quittance. — *Cass.*, 5 mai 1840 (t. 1er 1840, p. 692), Couet.

2217. — Les actes constatant des paiemens faits aux créanciers par le dépositaire de biens séquestrés sur le produit de ces biens vendus doivent être considérés comme faits à la décharge des débiteurs et éteignant une dette préexistante; par suite, ils sont passibles du droit de quittance. Ce n'est point là un compte-rendu par le séquestre de son administration ni la décharge d'un reliquat de compte soumis seulement au droit fixe. — Délib. 20 août 1833.

2218. — Lorsque les héritiers bénéficiaires du failli vendent les immeubles de la succession, sous l'assistance des syndics de la masse, avec stipulation qu'une partie du prix versé par l'acquéreur entre les mains des syndics servira à désintéresser un créancier inscrit, dans les droits et actions duquel ceux-ci subrogeront l'acquéreur, il n'y a pas lieu par la régie à percevoir un droit particulier pour ce paiement comme opérant libération du failli envers le créancier. Le droit de quittance, dans ce cas, ne sera exigible contre le débiteur libéré que lorsque le paiement sera effectué entre les mains du créancier. — *Cass.*, 21 juill. 1828, Debrues-Dumesnil.

2219. — Lorsque, dans un partage, un des héritiers tient compte à la succession d'une somme d'argent qui lui avait été déposée par le défunt, l'acte de décharge consenti par ses cohéritiers est un acte de libération passible, non comme décharge, du droit fixe de 2 fr., mais comme quittance, de celui de 50 c. p. 100 fr. — Délib. 19 mars 1833.

2220. — Il n'est dû que 50 c. p. 100 fr., comme quittance et acceptilation, et non le droit proportionnel de rétrocession sur l'acte par lequel le donataire d'une somme de 20,000 fr. qui était payable au décès du donateur, déclare celui-ci quitte et libéré au moyen de 8,500 fr. qu'il lui paie comptant. — Solut. 15 avr. 1830; — Roland et Trouillet, *Dict. d'enreg.*, vo *Acceptilation*, no 6.

2221. — La déclaration par laquelle une mère, tutrice de son fils, reconnaît avoir reçu du tuteur officieux de ce dernier une somme d'argent suffisante pour nourrir le pupille, l'élever et le mettre en état de gagner sa vie, et qu'elle décharge en conséquence le tuteur officieux de toutes les obligations qui lui sont imposées en cette qualité, constitue, non une donation passible du droit de 6 %, mais une simple quittance sujette au droit de 50 cent. p. 100 fr. — Délib. 30 oct. 1843.

2222. — Lorsque, par le contrat de mariage d'une de ses filles, une mère lui a constitué, solidairement avec un autre de ses enfans, une somme provenant de la succession du père décédé, avec stipulation que celui des deux coobligés qui ferait le paiement serait subrogé aux droits de la fille, les quittances des sommes payées ne renfermant point une cession des droits héréditaires et n'étant que l'exécution du contrat de mariage, ne sont passibles que du droit dû pour libération. La cession, si elle existe, ayant été opérée par le contrat de mariage, il n'y a plus lieu d'exiger le droit de vente, si depuis ce contrat s'est écoulé le laps de deux ans, requis pour la prescription des droits. — *Cass.*, 4 déc. 1827, Souquières.

2223. — Lorsqu'un débiteur se libère par anticipation, en stipulant qu'il lui sera payé des intérêts jusqu'à l'échéance de sa dette, qui n'en produisait pas, il n'y a lieu de percevoir sur cette libération que le droit de quittance; celui d'obligation n'est pas exigible sur le montant de ces intérêts. — Solut. 17 oct. 1829; — Roland et Trouillet, *Dict. d'enreg.*, vo *Quittance*, no 42.

2224. — Quelquefois une quittance peut donner lieu à un droit autre que celui de quittance, c'est quand elle constate une convention antérieure qui n'a pas été soumise à l'enregistrement.

2225. — Ainsi la quittance du prix d'une vente d'un fonds de commerce est soumise au droit proportionnel de mutation mobilière, si elle n'énonce pas d'acte antérieur enregistré; car pour l'acquéreur cette quittance produit le même effet qu'un contrat de vente, et s'il en était autrement il serait facile d'affranchir du droit de vente toutes les ventes de meubles. — Délib. 18 mai 1838.

2226. — La quittance d'un prix de remplacement militaire donne ouverture au droit de 50 cent. p. 100 fr., lorsqu'elle est donnée par le remplaçant hors de la présence du remplacé. Mais elle serait passible du droit de 1 % comme formant titre de l'engagement de remplacer, si elle était donnée par le remplaçant en présence du remplacé et avec la participation de celui-ci dans l'acte. — Lettre du direct. gén. 21 fév. 1846.

2227. — De plus, il y a lieu, pour les quittances comme pour les autres actes, à la perception d'autant de droits qu'il y a de dispositions indépendantes ou ne dérivant pas nécessairement les unes des autres. — L. 22 frim. an VII, art. 11.

2228. — Lorsqu'un prix de vente d'immeuble garanti par le transport d'une créance que l'acquéreur a sur un tiers, mais dont il ne se dessaisit pas, est payé par ce tiers-débiteur entre les mains du vendeur, comme il y a là deux libérations, il doit être perçu deux droits. — Délib. 18 mars 1836.

2229. — Lorsque l'acquéreur des biens d'une succession vacante vendus judiciairement en paie le prix aux créanciers de cette succession, en présence du curateur, un seul droit de quittance est dû sur ce paiement, qui n'opère qu'une seule libération. — Solut. 10 mars 1837.

2230. — Lorsqu'un acquéreur paie le prix de la vente aux créanciers inscrits de son vendeur, en présence et du consentement de ce dernier, l'acte n'est passible que d'un seul droit de quittance; mais il doit de plus être perçu 2 fr. pour l'intervention et le consentement du vendeur. — Délib. 4 août 1837; instr. 1562, § 24; — Championnière et Rigaud, *Tr. des dr. d'enreg.*, nos 1629 et suiv.

2231. — Si, après avoir délégué le prix de la vente à ses créanciers, le vendeur n'intervient pas dans la quittance, on ne peut, malgré la double libération qui résulte du paiement fait aux créanciers par l'acquéreur, voir qu'une seule disposition dans ce paiement, attendu que la seconde libération ne s'opère que tacitement et par induction de la première qui fait l'objet réel de l'acte. Dès-lors il n'est dû qu'un seul droit. — Déc. min. fin. et just. 9 et 23 août 1808; instr. 411, nos 11 et 1146, § 12.

2232. — Dans le cas de transmission de biens, la quittance donnée par le même acte pour tout ou partie du prix entre les contractans ne peut être sujette à un droit particulier. — L. 22 frim. an VII, art. 10.

2233. — De même, en matière de cession d'office, il n'est dû aucun droit particulier sur la quittance ou obligation contenue dans l'acte de cession pour tout ou partie du prix, soit de l'office, soit des créances et autres valeurs mobilières. — Instr. 27 juin 1836.

2234. — Lorsqu'une quittance est donnée séparément de l'acte de vente, il y a lieu de percevoir le droit proportionnel d'enregistrement de 1/2 %, encore bien qu'il ait été dit dans l'acte de vente que l'acquéreur ne paierait qu'après la transcription et sur le vu d'un certificat de non-inscription. — *Bruxelles*, 31 déc. 1816, N...; 3 oct. 1817, Hendrick.

2235. — L'art. 10, L. 22 frim. an VII, n'est pas applicable au cas où, le prix ayant été payé en billets souscrits par l'acquéreur à l'ordre du vendeur et causés valeur pour quittance, il intervient

un second acte qui constate le paiement de ces billets. Dans ce cas, l'acte constatant le paiement des billets est soumis au droit de quittance. — *Cass.*, 5 nov. 1834, Parenty.

2236. — *Rentes et pensions à titre onéreux.* — Les constitutions de rentes, soit perpétuelles, soit viagères, et de pensions à titre onéreux ; les cessions, transports et délégations qui en sont faits au même titre : 2 fr. p. 100 fr., L. 22 frim. an VII, art. 69, § 5, n° 2.

2237. — Il n'est point dû de droit de constitution sur l'acte par lequel un individu se charge de payer une rente déjà constituée et existante. — *Cass.*, 8 nov. 1806, Mazurié.

2238. — A défaut de justification d'un contrat de constitution de rente en due forme, il ne peut être perçu à la fois et le droit de 2 % et le droit fixe de 3 fr.; le premier seul est exigible, même dans le cas où le second excéderait le montant du droit proportionnel liquidé sur le capital de la rente — Inst. 24 déc. 1836.

2239. — La délégation d'une partie du prix de la vente d'un immeuble pour acquitter une rente dont il n'est pas justifié que le titre ait été enregistré, est passible de 2 %, sauf restitution, si cette justification est ensuite fournie. — Délib. 27 avr. 1838; Inst. 1577, § 7.

2240. — Le droit de 2 % doit être perçu, à titre de constitution nouvelle de rente, sur l'acte par lequel l'aquéreur d'un immeuble hypothéqué à une rente viagère s'engage sans novation, et seulement comme tiers détenteur, à servir cette rente résultant d'un titre précédemment enregistré. — Délib. 19 juin 1837.

2241. — Si, postérieurement au contrat de vente, sans délégation, d'un immeuble grevé d'une rente foncière, l'acquéreur se charge du service de la rente en conservant le capital dont il est débiteur, cet acte est une délégation de rente passible de 2 %. — Délib. 15 sept. 1837.

2242. — Il y a une véritable novation dans la conversion d'une rente viagère en annuités payable, pendant un temps déterminé. En conséquence, le droit de 1 p. % est exigible, mais seulement sur la nouvelle rente payable à termes fixes. — Avis com. fin. 15 juin 1831, appr. le 7 juill. suiv.

2243. — Lorsqu'une rente foncière a été convertie en un capital payable avec intérêts à une époque déterminée, et que les parties ont déclaré maintenir les droits, priviléges et hypothèques dérivant des actes primitifs, il n'y a point là une novation qui doive entraîner pour la nouvelle dette un droit proportionnel. — Du moins, c'est là une appréciation d'actes qui échappe à la censure de la cour de Cassation. — *Cass.*, 11 août 1836, Laroche.

2244. — Lorsque le prix d'une vente se compose en partie du capital d'une rente perpétuelle que l'acquéreur s'oblige à servir en l'acquit du vendeur, et que le droit de mutation a été perçu sur la totalité de ce prix, la conversion ultérieure de la rente perpétuelle en une rente viagère, opérée entre l'acquéreur et le créancier de la rente, avec réserve de la part du créancier de tous ses droits contre son premier débiteur, constitue simplement un arrangement amiable, qui ne soumet l'acte de conversion à aucun droit proportionnel. — Lors même que l'acte de conversion contiendrait une acceptation, par le créancier de la rente, de la délégation faite à son profit par l'acte de vente, cette conversion ne donnerait lieu qu'au droit fixe de 1 fr. établi par l'art. 68, § 1er, n° 8, L. 22 frim. an VII. — *Cass.*, 5 déc. (et non sept.) 1827, Pierresson.

2245. — En cas de constitution d'une rente pure et simple dont le prix est fourni par un tiers en vertu de l'art. 1973, C. civ., il est dû deux droits : l'un de donation mobilière, l'autre de constitution de rente à 2 %, les deux dispositions étant indépendantes l'une de l'autre. — Solut. 23 août 1833; Inst. 1446, § 3.

2246. — *Rentes (remboursement de).* — Les remboursemens ou rachats de rentes et redevances de toute nature : 50 cent. p. 100 fr., L. 22 frim. an VII, art. 69, § 2, n° 11.

2247. — L'acte de rachat d'un privilége de banalité purement conventionnelle n'est passible que du droit de quittance de 50 c. p. 100 fr. comme redevance rachetable, et non du droit de vente immobilière. — Délib. 9 mars 1838.

2248. — Lorsque le remboursement d'une rente n'est pas obligatoire et indispensable de la part du débiteur, et qu'il est l'effet de son libre consentement, comme lorsque, moyennant une réduction du capital consentie par le créancier, le débiteur s'oblige de rembourser ce capital, ainsi réduit, à une époque déterminée, le droit d'obligation est dû sur ce nouveau capital, indépendamment du droit de 1/2 % sur la somme dont la remise est accordée. — Avis com. fin. appr. 29 sept. 1821; Inst. 1027, n° 2.

2249. — Est passible d'un simple droit fixe de 1 fr., l'acte par lequel le débiteur d'une rente s'oblige à la rembourser dans un délai déterminé, mais avec réserve par le créancier de la force des titres constitutifs de cette rente. — Délib. 14 sept. 1838.

2250. — Le seul droit de 50 cent. p. 100 fr., et non celui de constitution de rente est exigible sur l'acte qui constate le remboursement d'une rente due par convention ancienne, dont les parties ont déclaré ne pouvoir représenter le titre, attendu qu'une telle convention ne doit pas être nécessairement écrite et enregistrée dans un délai fixe. — Délib. 12 juin 1824.

2251. — *Retraits de réméré.* — Il faut distinguer entre les retraits exercés dans les délais ou après l'expiration des délais :

2252. — 1° Les retraits exercés en vertu de réméré, par actes publics, dans les délais stipulés, ou faits sous signature privée et présentés à l'enregistrement avant l'expiration de ces délais : 50 cent. p. 100 fr., L. 22 frim. an VII, art. 69, § 2, n° 11.

2253. — 2° Les retraits exercés après l'expiration des délais convenus par les contrats de vente sous faculté de réméré : 5 fr. 50 c. p. 100, y compris le droit de transcription, L. 28 avr. 1816, art. 54. — (Autrefois 4 fr. p. 100., L. 22 frim. an VII, art. 69, § 7, n° 6).

2254. — Le retrait n'est passible que de 50 cent. p. 100 fr. toutes les fois qu'il s'opère dans un délai moindre de cinq ans, soit que ce délai ait été stipulé dans le contrat de vente, soit qu'il ait été prorogé avant l'expiration du premier délai par acte entre les parties. — Avis com. fin. 13 janv. 1830, appr. le 22 fév.; instr. 1320, § 8.

2255. — Le jour de la vente ne doit pas être compté dans le délai fixé pour le réméré. Ainsi le retrait d'une vente consentie le 1er janvier avec faculté de rachat d'un an n'est passible que de 50 c. p. 100 fr. si le rachat s'exerce le 1er janv. de l'année suivante. — Délib. 15 nov. 1822.

2256. — Le droit proportionnel de 50 cent. p. 100 fr. auquel donne lieu l'exercice de la faculté de réméré pendant le délai convenu doit être perçu uniquement sur les sommes remboursées par le vendeur, de telle sorte que si, au moment où le retrait s'opère, le vendeur n'a à restituer que les frais et loyaux-coûts, parce que l'acquéreur n'a rien payé sur son prix, le droit proportionnel n'est dû que sur le montant de ces frais. — *Cass.*, 26 août 1823, d'Aumont.

2257. — Par la même raison, le retrait de réméré n'est passible que du droit fixe de 1 franc comme acte de complément si, l'acquéreur n'ayant encore rien payé, aucun remboursement ne lui est fait. — Solut. 24 oct. 1834.

2258. — Le retrait n'est passible que de 50 c. p. 100 fr., bien qu'au lieu d'être exercé intégralement, il ne se soit opéré que successivement, si d'ailleurs il a été complétement effectué dans le délai convenu. — Délib. 30 janv. 1818.

2259. — Le retrait exercé en vertu du pacte de réméré n'est soumis au droit proportionnel de 50 cent. p. 100 fr. qu'autant que c'est le vendeur lui-même qui en use. Si c'est un cessionnaire qui exerce ce retrait, il y a lieu au même droit d'enregistrement que pour le cas de vente ordinaire. *Cass.*, 21 germin. an XII, Haesbeyt; 16 avr. 1845 (t. 1er 1845, p. 563), Bardeau et Vitrier.

2260. — De même, le réméré exercé non par le vendeur lui-même, mais de son vivant par son héritier en ligne directe, constitue une mutation de propriété au profit de celui-ci et donne lieu au droit proportionnel de vente, encore bien que le vendeur eût réservé la faculté de réméré au profit des descendans de son nom. — *Cass.*, 5 août 1806, de Montbrun.

2261. — Mais le retrait exercé par le cessionnaire de la faculté de rachat moyennant le remboursement qu'aurait eu à faire le vendeur, et qui forme seul le prix de la cession, n'est passible que de 50 cent. p. 100 fr. — Solut. 19 mai 1830.

2262. — Une prorogation de délai d'un réméré n'est exempte du droit proportionnel de rétrocession qu'autant qu'elle résulte d'un acte qui a acquis date certaine avant l'expiration du délai de réméré. — *Cass.*, 9 juill. 1839 (t. 2 1829, p. 381), Gentils.

2263. — Le vendeur sous pacte de rachat doit être présumé n'avoir repris la chose par lui vendue qu'après l'expiration du délai fixé pour le rachat, lorsque l'époque de la rentrée en possession n'est pas prouvée par un acte ayant acquis date certaine. — En conséquence il est passible du droit de mutation de 4 % (aujourd'hui 5 fr. 50 c., L. 28 avr. 1816, art. 54), comme au cas de revente, au lieu de celui de 50 cent. p. 100 fr. — *Cass.*, 2 août 1808, Jourdan.

2264. — D'après les anciens principes, les tribunaux avaient la faculté de proroger le délai du réméré; c'était du moins une jurisprudence constante dans plusieurs parlemens que le vendeur pouvait exercer le retrait pendant trente ans. Le Code civil au contraire interdit expressément au juge de prolonger le terme fixé par la convention. (V. art. 1661.) Un jugement portant prorogation serait donc sans effet, au moins à l'égard des tiers, et dès-lors n'empêcherait pas la perception du droit de mutation sur le retrait exercé après les délais fixés par le contrat de vente. — Championnière et Rigaud, *Traité des dr. d'enregistr.*, t. 3, n° 2105.

2265. — Jugé en ce sens que l'exercice du réméré après le terme fixé par le contrat donne ouverture au même droit proportionnel que la revente, encore bien que la prorogation du terme ait été accordée par l'autorité judiciaire. — *Cass.*, 22 brum. an XIV, Bosion.

2266. — Lorsqu'en vertu d'une clause de l'acte social, portant que la société pourra reprendre, par retrait et préférence, les intérêts de la société qui seraient vendus à des étrangers, les membres de la société ont exercé un pareil rachat, un jugement a pu, sans violer aucune loi, décider que c'était là, non une cession pure et simple, mais l'exercice d'une clause de réméré passible seulement du droit proportionnel de 50 c. par 100 fr. — *Cass.*, 27 juin 1827, Périer.

2267. — Le retrait successoral exercé conformément à l'art. 841, C. civ., n'est assujéti qu'au droit de 50 c. p. 100 fr. sur les sommes à rembourser au cessionnaire, pourvu que les droits soient encore indivis lors du retrait. — L'époque de l'ouverture de la succession est indifférente pour la perception, pourvu que cette succession fût indivise à l'époque de la cession et à celle du retrait. Peu importe d'ailleurs que le non-successible ait été subrogé dans la totalité ou seulement dans une partie des droits de son cédant. — Décis. min. fin. 11 flor. an XII; instr. 245, Circ. 17 messid. an XII.

2268. — *Soultes ou retours d'échanges.* — V. *suprà* n° 2097.

2269. — *Soultes ou retours de partages.* — Pour les soultes ou retours de biens meubles et immeubles, V. *infrà* nos 3275 et suiv.

2270. — *Subrogations.* — La subrogation d'un créancier dans les droits d'un autre n'est par elle-même passible d'aucun droit d'enregistrement. Comme elle n'est que la conséquence d'un acte antérieur, enregistré ou non, c'est d'après la nature de cet acte que doivent être perçus les droits. Ainsi elle doit donner ouverture, suivant les cas, au droit de cession de créance, au droit d'obligation ou à celui de quittance. Elle peut même n'être passible que d'un droit fixe ou ne donner lieu à aucun droit.

2271. — Ainsi jugé en principe que c'est d'après la nature de l'acte que doivent être perçus les droits sur la subrogation d'un créancier hypothécaire dans les droits d'un autre créancier qui le primo et qu'il a payé. — *Cass.*, 27 juin 1842 (t. 2 1842, p. 190), Scillière.

2272. — La subrogation consentie par le créancier au profit d'un tiers qui le paie, donne lieu au droit de cession de créance, indépendamment de celui de libération, non parce que la subrogation est conventionnelle, car la loi ne tarife pas les subrogations, mais parce qu'elle opère un transport de créances. — Roland et Trouillet, *Dict. d'enreg.*, v° *Subrogation*, n° 13.

2273. — Ainsi est passible du droit de transport de créance, l'acte par lequel une femme séparée de biens rembourse une somme due par son mari, et est subrogée dans tous les droits des créanciers, attendu que les intérêts de la femme et du mari sont distincts, et que la subrogation au profit d'un tiers emportant novation du créancier, constitue une cession de créance. — Décis. min. fin. 23 oct. 1826; instr. 1205, § 11.

2274. — Mais il n'est dû que le droit de quittance, et non celui de cession de créance, sur l'acte par lequel la caution paie la dette du débiteur principal, en se faisant subroger dans les droits du créancier, parce que la caution étant personnellement tenue au paiement, la subrogation est de plein droit. — Délib. 20 oct. 1829. — Roland et Trouillet, *Dict. d'Enreg.*, v° *Subrogation*, n° 10.

2275. — Lorsque, pour assurer le paiement d'une dot constituée par une mère à sa fille sur ses biens personnels, le père intervient comme caution solidaire et s'oblige à payer, à condition qu'il y aura subrogation à son profit, le paiement effectué par le père donne lieu, indépendamment du droit

de donation, à celui de 1 % pour subrogation conventionnelle. — Délib. 27 août 1833. — Roland et Trouillet, *ibid.*, no 24.

2276. — Le droit de 1 % est exigible sur l'acte par lequel le bailleur des fonds d'un cautionnement fourni par un comptable public reconnaît avoir reçu cette somme d'un tiers et le subroge dans son privilége du second ordre. — Délib. 20 janv. 1823. — Roland et Trouillet, *ibid.*, no 17.

2277. — Lorsque avant le partage de la succession d'une femme, dévolue au fils et au mari survivant donataire d'un quart en usufruit, celui-ci paie de ses deniers personnels des créanciers chirographaires de la succession qui le subrogent dans leurs droits, l'acte constatant le paiement est passible du droit de 1 % comme transport de créance, en ce qui regarde la portion du cohéritier. — Délib. 27 oct. 1835. — MM. Championnière et Rigaud (t. 2, no 1270) pensent qu'en pareil cas, la subrogation ayant lieu de plein droit (Toullier, t. 7, no 151; Duranton, t. 12, no 175), le droit de quittance était seul exigible.

2278. — Le droit d'obligation n'est pas dû sur le consentement donné par le débiteur à la subrogation opérée par le créancier au profit d'un tiers; car ce n'est pas là un emprunt, mais une condition essentielle de la validité de la subrogation. — Solut. 26 juin 1830 et 7 janv. 1833.

2279. — Il est seulement dû 1 %, et point de droit de quittance sur un acte d'obligation auquel le créancier de l'emprunteur intervient pour recevoir son remboursement et subroge le porteur dans ses droits; la libération n'est ici qu'une conséquence de la subrogation. — Délib. 10 juin 1828 et 28 déc. 1832; solut. 6 oct. 1832 et 7 janv. 1833.

2280. — Lorsqu'un tiers paie la dette, en se faisant immédiatement subroger aux droits du créancier, du consentement du débiteur, l'acte n'est passible que du droit de transport. Si le tiers paie pour le débiteur en son absence et sans subrogation, il est seulement dû le droit de quittance. — Délib. 28 déc. 1832.

2281. — Il ne doit être perçu que le droit de 50 cent. p. 100 fr. sur les paiemens emportant subrogation de plein droit faits par l'acquéreur d'un immeuble aux créanciers inscrits, ou par une caution solidaire pour le principal obligé (délib. 21 oct. 1829), ou encore par un créancier hypothécaire postérieur en rang à celui qu'il rembourse. — Délib. 17 déc. 1817; 11 avr. 1818, 2 janv. 1827 et 10 nov. 1829.

2282. — Lorsque, pour le service d'une rente viagère, il a été laissé entre les mains d'un acquéreur une somme à distribuer aux créanciers inscrits dans un rang postérieur à celui du crédirentier, si celui-ci donne à l'acquéreur, moyennant une somme moindre, quittance tant de la rente que des arrérages échus et à échoir, et qu'il le subroge dans son hypothèque et dans sa priorité vis-à-vis des autres créanciers, il n'est dû qu'un droit de quittance, la subrogation étant de plein droit et non conventionnelle. C'est là un simple rachat de la rente, et le droit se liquide, non sur le prix stipulé par le rachat, mais sur le capital, au denier dix de la rente; sauf à y ajouter les arrérages échus, dont il est donné quittance expresse. — Solut. 22 mai 1827; inst. 1229, § 10.

2283. — Quand, après avoir emprunté une somme pour payer sa dette et sous la condition de subroger le prêteur dans les droits du créancier, un débiteur paie son créancier en déclarant l'origine des deniers, la quittance consentie par ce dernier donne ouverture au droit proportionnel de libération. — Cette quittance ne saurait être considérée comme constituant seulement un acte d'exécution et de complément par rapport à l'acte de prêt antérieur, et, à ce titre, simplement passible du droit fixe de 1 fr. — *Cass.*, 12 mars 1844 (t. 1er 1844, p. 593), Mony de Mornay. — V. conf. délib. 24 sept. 1833.

2284. — En effet, si le paiement et la subrogation sont, entre le prêteur et le débiteur, l'exécution de l'acte d'emprunt, il n'en est pas de même à l'égard du créancier, étranger au premier contrat, et qui n'intervient au second que pour donner quittance. C'est un acte nouveau et indépendant. — Championnière et Rigaud, t. 2, no 1275.

2285. — Il en serait autrement si l'emprunt et le paiement avaient lieu par le même acte. — Délib. 24 sept. 1833; — Roland et Trouillet, *Dict. d'enreg.*, *Subrogation*, no 21.

2286. — Le droit de quittance est seul exigible sur l'acte par lequel un créancier hypothécaire paie un autre créancier qui lui est préférable. La subrogation légale qui en résulte, lors même qu'elle est expressément stipulée, ne donne pas ouverture au droit de 1 %. — *Cass.*, 24 déc. 1839 (t. 1er 1840, p. 38), Ledru. — V. *conf.* délib. 26 déc. 1834.

2287. — En général, la déclaration prescrite par l'art. 1250, C. civ., pour validité d'une subrogation, ne donne lieu à aucun droit, soit dans l'obligation, soit dans la quittance; car elle est une conséquence forcée de ces actes. — Solut. 26 juin 1830.

2288. — Ainsi, le droit de quittance n'est pas dû sur le paiement fait par le débiteur avec des deniers empruntés au tiers subrogé, et qui a pour effet de substituer un nouveau créancier à l'ancien. — Solut. 7 janv. 1833.

2289. — Lorsque l'acquéreur du quart de plusieurs immeubles hypothéqués à une rente, s'est chargé de payer le quart de cette rente, et que plus tard il rembourse la totalité au créancier qui le subroge dans tous ses droits, il y a lieu de percevoir 50 cent. p. 100 fr. sur le quart du capital de la rente, et 2 % sur les trois quarts. — Roland et Trouillet, *Dict. de l'enreg.*, vo *Subrogation*, no 12.

2290. — Lorsque, pour payer à sa femme la dot qu'il a été condamné à lui restituer, un mari emprunte d'un tiers une somme de 1500 fr. et que dans l'acte de prêt la femme et son avoué reconnaissent avoir reçu des deniers du prêteur, la première une somme de 1200 fr. et le second celle de 300 fr., ils en donnent quittance tant au mari qu'au prêteur, qu'ils subrogent expressément dans tous leurs droits, il y a là une subrogation mixte, passible du droit de 1 %. — Délib. 25 nov. 1814; — Roland et Trouillet, *Dict. de l'enreg.*, vo *Subrogation*, no 23.

2291. — Le droit proportionnel est dû sur l'acte de subrogation de privilége et d'hypothèque consenti par l'endosseur d'un billet à ordre enregistré, au profit du porteur de ce billet, parce qu'il importe peu que le billet ait été enregistré relativement à la perception à laquelle l'acte de subrogation donne lieu, dès que cet acte est le transport d'une créance privilégiée et hypothécaire. — Décis. min. fin. 8 vent. an XII; inst. 211; — Roland et Trouillet, *Dict. de l'enreg.*, vo *Subrogation*, no 28.

2292. — Il n'est dû que le droit fixe sur les subrogations consenties par le trésor royal au profit des receveurs et payeurs généraux, sur les receveurs et payeurs particuliers, et autres comptables en débet. — Décis. min. fin. 19 mai 1812.

2293. — *Transactions.* — Les transactions qui contiennent promesse de payer: 1 fr. p. 100, L. 22 frim. an VII, art. 69, § 3, no 3.

2294. — Quand des transactions renferment des stipulations de sommes et de valeurs, le droit proportionnel doit être perçu au taux déterminé par la nature de la disposition, lors même qu'il ne s'élèverait pas en totalité à 3 fr. Ainsi, une transaction qui s'opère par un paiement de 200 fr. ou par une obligation de pareille somme, n'est passible que de 1 fr. ou 2 fr., suivant la quotité des droits établis pour les quittances ou obligations, sauf l'application du *minimum* de 25 cent. — Délib. 10 sept. 1830; inst. 1347, § 9.

2295. — La transaction peut contenir aussi une transmission de propriété, soit mobilière, soit immobilière. — V. *infrà* no 4206. — Alors ce n'est plus le droit d'obligation qui doit être perçu. De deux choses l'une: ou bien la transmission de propriété mobilière ou immobilière est faite moyennant un prix stipulé, et alors on doit percevoir le droit de vente mobilière ou immobilière; ou bien cette transmission de propriété a lieu sans stipulation de prix; dans ce cas, il y a lieu de percevoir le droit de donation mobilière ou immobilière. — Solut. 11 avr. 1817, 1er avr. 1818; 26 juin 1827; délib. 8 oct. 1828; inst. 1229, § 11, et 1370, § 7.

2296. — Jugé en ce sens que la transaction sur procès, par suite d'une demande en portion héréditaire, contenant renonciation à cette demande moyennant une somme convenue, peut être considérée comme une cession de droits successifs, et donner lieu, par conséquent, à un droit proportionnel. — Délib. 12 juin 1829; — *Cass.*, 2 févr. 1808, Thisebaert ou Therineven.

2297. — ... Que la transaction sur des droits successifs certains, quoique contestés, par laquelle l'héritier renonce à réclamer ses droits moyennant une somme déterminée, doit être considérée, quant à la perception du droit d'enregistrement, comme une cession de droits héréditaires, et qu'en conséquence elle est soumise au droit proportionnel de mutation. — *Cass.*, 7 juin 1820, Cerf.

2298. — ... Que la transaction par laquelle un légataire universel abandonne à l'héritier naturel la moitié de la succession est passible du droit proportionnel. — *Cass.*, 19 nov. 1839 (t. 1er 1840, p. 29), Thiroux de Gervilliers.

2299. — ... Que lorsque, sur la demande en nullité du testament, un légataire universel abandonne par transaction, et sans attendre qu'il y ait jugement, une partie des biens aux héritiers légitimes, il est dû un droit proportionnel pour cette transmission, alors surtout que le légataire avait accepté son legs. — *Cass.*, 15 fév. 1831, Denise et Baugé.

2300. — ... Que si, par une transaction intervenue entre un légataire universel et l'héritier légitime non réservataire, le premier abandonne au second une partie de la succession, cette transaction opère transmission de biens, et par conséquent elle donne ouverture, non pas à un droit fixe seulement, mais au droit proportionnel de mutation. — *Cass.*, 26 juill. 1841 (t. 2 1843, p. 64), Lefebvre; 21 mars 1842 (t. 2 1842, p. 292), Morand.

2301. — ... Et alors surtout que le légataire avait auparavant obtenu l'envoi en possession des biens du testateur. — *Cass.*, 26 juill. 1841 (t. 2 1843, p. 64), Lefebvre.

2302. — De même quand, sur la demande en nullité, pour cause de captation, du dernier testament d'un individu décédé sans héritier à réserve, le légataire universel, transigeant avec un autre légataire universel nommé par un précédent testament, consent à ce que le dernier testament soit considéré comme nul, et abandonne au premier légataire universel la plus grande partie des biens de la succession, une pareille transaction est translative de propriété de la part du légataire, dont le titre se trouve ainsi annulé autrement que par jugement. Dès-lors, il y a lieu de percevoir le droit proportionnel de mutation, et ce droit est celui de donation. — *Cass.*, 22 avr. 1845 (t. 1er 1845, p. 663), Tiengou.

2303. — Le droit de mutation par décès de 6 % est dû sur une somme d'argent substituée à un legs immobilier en vertu d'une transaction autorisée par ordonnance royale. — *Cass.*, 25 fév. 1846 (t. 1er 1846, p. 382), de Pontalba.

2304. — La transaction moyennant un prix offre une analogie fort grande avec la stipulation dans laquelle on promet un supplément de prix; cependant ces deux conventions sont assez faciles à distinguer: pour qu'il y ait supplément de prix, il faut que la contestation porte sur la valeur de la chose ou sur une portion de la chose que celui qui reçoit le supplément revendique et abandonne; autrement la somme stipulée n'est pas le prix de la chose, mais celui de l'abandon d'une prétention. — Pocquet de Livonnière, *Des fiefs*, liv. 3, ch. 1er, p. 142; Championnière et Rigaud, *Tr. des dr. d'enregistr.*, no 620; délib. 16 sept. 1828.

2305. — Lorsque, après avoir acquis des biens de sa mère, le fils cessionnaire est poursuivi par ses cohéritiers, qu'il transige avec eux et qu'il consent à leur payer une somme déterminée, il y a lieu de percevoir à ce sujet, non un droit d'obligation, mais un supplément de droit de cession. — *Cass.*, 4 mars 1807, Dumas.

2306. — Lorsque, après le décès du mari qui a légué à un tiers ce qui ne se trouverait pas compris dans une donation précédemment faite à sa femme, celle-ci renonce à son don, et que sur la contestation que fait l'héritier de la validité de cette renonciation, il intervient une transaction par l'effet de laquelle il abandonne à la veuve la plus grande partie des objets donnés, il ne résulte pas une rétrocession d'un pareil acte, parce que la renonciation, loin d'être maintenue, a été annulée; que la donation originaire a repris tous ses effets, et que c'est d'elle seule que la veuve tient les avantages dont elle jouit. — *Cass.*, 28 fév. 1809, Le Seigneur-de-Saint-Léger.

2307. — Lorsque des époux mariés sous la loi du 17 niv. an II (dans le ressort du parlement de Bordeaux) ont stipulé dans leur contrat de mariage une société d'acquêts, en constituant les enfans à naître de leur union propriétaires des biens qui la composeraient, la transaction par laquelle l'époux survivant abandonne à ses enfans la propriété de la totalité des acquêts, en se réservant l'usufruit, n'opérant, à l'égard de ceux-ci, aucune transmission nouvelle de propriété, ne peut donner ouverture à un droit proportionnel. — *Cass.*, 30 août 1837 (t. 2 1837, p. 332), Merle.

2308. — Le droit de rétrocession n'est point exigible sur la transaction par laquelle l'acquéreur de la chose d'autrui se désiste du bénéfice de la vente au profit du véritable propriétaire, mais avec réserve de ses droits contre le vendeur, en remboursement du prix et en dommages-intérêts. — Solut. 11 mai 1838.

2309. — Lorsque deux parties conviennent de demeurer propriétaires par indivis de la pleine propriété d'une chose dont elles se contestent la nu-propriété, et que l'une d'elles consent à abandonner, même par forme de transaction, la moitié de l'usufruit qu'elle avait de la totalité, il y a eu au moins, à cet égard, une véritable cession qui donne lieu à un droit proportionnel. — *Cass.*, 11 avr. 1808, Collart.

2310. — Lorsque, sur l'appel d'un jugement qui reconnaît que des droits de propriété reposent sur

ENREGISTREMENT, ch. 6, sect. 3e.

ENREGISTREMENT, ch. 6, sect. 3e.

la tête d'une des parties, une transaction transporte les mêmes droits à l'autre partie, cette transaction ne peut, quant à la perception des droits d'enregistrement, être assimilée à une décision judiciaire, et considérée comme simplement déclarative de droits préexistans. Elle est, au contraire, attributive de la propriété dont elle opère le déplacement, et par conséquent elle donne ouverture au droit proportionnel, outre le droit fixe. — *Cass.*, 2 janv. 1844 (t. 1er 1844, p. 139), Schuell.

2311. — *Transmissions de propriété, d'usufruit ou de jouissance.* — Pour les droits à percevoir sur toutes espèces de transmissions de propriété, d'usufruit ou de jouissances de biens meubles et immeubles, soit entre-vifs, soit par décès. — V. les sections suivantes.

## Sect. 3e. — *Baux.*

2312. — On peut diviser les baux de toute espèce en deux classes : 1° baux à ferme ou à loyer avec durée limitée ; — 2° tous les baux autres que les précédens.

### § 1er. — *Baux à ferme ou à loyer avec durée limitée.*

2313. — Le droit à percevoir sur les baux à ferme ou à loyer, avec durée limitée, était d'abord ainsi établi : sur le prix de l'année (s'ils n'étaient que d'un an), ou sur le prix cumulé de deux ans (s'ils étaient de deux ans ou plus) : 1 fr. p. 100 fr. (L. 22 frim. an VII, art. 69, § 3, n° 2); réduit à 75 cent. p. 100 fr. (L. 27 vent. an IX, art. 8). — Sur le montant des années suivantes : 25 cent. p. 100 fr. (L. 22 frim. an VII, art. 69, § 3, n° 2); réduit à 20 cent. p. 100 fr. (L. 27 vent. an IX, art. 8).

2314. — Mais l'art. 1er, L. 16 juin 1824, a réduit le droit sur ces baux, qu'il s'agisse de biens meubles ou immeubles, à 20 cent. p. 100 fr. sur le prix cumulé de toutes les années. — Pour le cautionnement de ces mêmes baux, il est dû moitié du droit.

2315. — Les baux faits pour trois, six ou neuf ans, sont, pour la liquidation et le paiement du droit, considérés comme baux de neuf années. — L. 22 frim. an VII, art. 69, § 3, n° 2.

2316. — Les baux à ferme ou à loyer des biens nationaux sont assujétis aux mêmes droits que les autres baux. — L. 22 frim. an VII, art. 69, § 3, n° 2.

2317. — A été passible du droit d'enregistrement, depuis la loi de déc. 1790, tout acte administratif, comme par exemple un bail de perception des contributions qui se trouvait auparavant assujéti au droit de contrôle. — *Cass.*, 28 vent. an X, Poisson.

2318. — Les baux d'octroi sont soumis au droit proportionnel. — *Cass.*, 29 messid. an XI, Coudère.

2319. — Les baux écrits ou adjudications de locations de bancs ou de chaises, soit dans les églises, soit ailleurs, qu'ils appartiennent à des établissemens publics ou à des particuliers, sont soumis aux droits dus sur les baux à loyer. — Déc. min. fin. 29 vent. an XII, 12-17 oct. 1809; instr. 454, n° 17.

2320. — Il en est de même des baux passés pour le logement des autorités ecclésiastiques, civiles ou judiciaires, et dont le prix est payable sur les fonds destinés aux dépenses des départemens. Déc. min. fin. 15 janv. 1823 et 29 nov. 1827.

2321. — Les concessions purement temporaires de terrains dans les cimetières, c'est-à-dire faites pour quinze ans au plus sans pouvoir être renouvelées, sont sujettes au droit de 20 cent. p. 100 fr. (L. 16 juin 1824, art. 1er). — Lettre min. fin. et int. 12 mai 1846 ; instr. 1757.

2322. — Les baux des bacs et passages de rivière, régis par l'administration des contributions indirectes, ainsi que les cautionnemens qui y sont stipulés, sont assujétis aux droits ordinaires. — Déc. min. fin., 19 janv. 1808 ; instr. 386, n° 5 et 405, n° 2.

2323. — Décidé cependant qu'il n'est dû que 1 fr. fixe pour les baux des droits de passage aux écluses et ponts mobiles dépendant des ponts et chaussées. — Déc. min. fin., 3 messid. an X; circ. 30 thermid. an X.

2324. — Comme aucun article du Code ne porte que la promesse de bail vaut bail, on ne peut exiger le droit de bail sur une promesse comprise dans un acte dont elle ne forme qu'une disposition accessoire. — Délib. 15 mai 1819.

2325. — Jugé cependant qu'une promesse de bail insérée dans un contrat de mariage est obligatoire, par cela qu'elle fait partie d'un acte synallagmatique, et exécutoire pour toutes les parties contractantes qui ont signé l'acte sans réserve, et que dès-lors cette promesse de bail est passible du droit proportionnel. — *Cass.*, 26 nov. 1822, Frémard.

2326. — Les baux sous seing-privé ne cessent point d'être soumis aux droits par le fait de leur expiration. — *Cass.*, 6 mars (et non 9) 1832, Forget.

2327. — Mais les baux ne sont soumis aux droits d'enregistrement qu'autant qu'ils ont été rédigés par écrit.

2328. — Ainsi jugé que les locations verbales ne sont point assujéties au droit d'enregistrement. — *Cass.*, 12 juin 1811, Delattre; 17 juin 1811, Jacques; 17 juin 1811, Bernard ; 17 juin 1811, N...; 24 juin 1811, Goyvaerts; 26 juin 1811, Grospoisson ; 3 déc. 1811, Rominens.

2329. — ...Que la jouissance par tacite reconduction ne constituant qu'un bail verbal, ne peut donner lieu à aucune perception de droits, si la régie ne justifie pas d'un nouveau bail écrit. — *Cass.*, 12 juin 1811, Chrétien.

2330. — Comme les droits doivent être perçus d'après la substance des actes et non d'après la qualification que leur ont donnée les parties, si un acte présenté à la formalité, bien que qualifié de bail, déguisait en réalité un autre contrat, ce ne serait pas le droit de bail, mais celui exigible d'après la nature de ce second contrat qu'il faudrait percevoir. Ainsi, le droit de vente mobilière serait dû, et non celui de bail, s'il résultait des clauses de l'acte que c'est réellement une vente mobilière que les contractans ont faite sous la forme d'un bail. — On peut voir plusieurs applications de ce principe *infrà* nos 3230 et suiv.

2331. — Le bail de bois en coupes réglées ne donne ouverture qu'aux droits fixés pour baux ordinaires ; mais si la stipulation de bail n'avait pour objet que de déguiser une vente à terme, le droit de 2 °/₀ serait dû. — Décis. min. just. et fin. 6 juill. et 16 août 1808; instr. 400, § 3, et 1209, § 5.

2332. — C'est également le droit de bail qui doit être perçu sur un bail comprenant à la fois des forges et une forêt donnée pour l'affouage de l'usine, alors que l'affectation de la forêt à l'affouage établit qu'elle est en coupes réglées et que le bail comprend le tout sans division. En pareil cas, on ne peut ventiler le prix pour exiger le droit de 2 °/₀ sur la portion relative aux coupes successives pendant la durée du bail. — Solut. 1er janv. 1835 ; instr. 1219, § 5.

2333. — Doit être considéré comme bail, et non comme vente de récoltes, l'acte par lequel un notaire a adjugé à bail, publiquement et aux enchères, différentes pièces de pré pour l'adjudicataire en recueillir, soit les récoltes sur pied, soit tous les autres produits comme regain et dépaissance, pendant neuf mois consécutifs, à commencer du jour de l'adjudication. Il en est ainsi encore, bien qu'il soit stipulé dans l'acte que le prix de l'adjudication produira intérêt s'il n'est pas payé à échéance. — *Cass.*, 9 fév. 1837 (t. 1er 1837, p. 73), Guerber.

2334. — Lorsqu'un bail de moulin porte que le preneur paiera au bailleur une somme convenue pour la prisée des agrès et que le bailleur lui paiera lui-même à la fin du bail la prisée qui en sera faite, il doit être perçu, non le droit de 2 °/₀ pour vente d'objets mobiliers, mais celui de 50 c. p. 100 fr. comme garantie mobilière. — Délib. 22 déc. 1837.

2335. — Est passible du droit de 20 c. p. 100 fr. comme bail à loyer, et non celui de 1 °/₀ comme marché, l'engagement pris par un maître de poste de fournir à un entrepreneur de messageries un relai (c'est-à-dire des chevaux et un postillon) pour un service de diligences pendant un certain temps et pour un prix déterminé par jour. — Instr. gén. 19 juin. 1838.

2336. — Le bail fait par les militaires pour tout le temps de leur service aux armées doit être considéré comme fait pour les sept ans fixés par la loi du 21 mars 1832 sur le recrutement, d'après la décision du ministre des finances du 22 avr. 1806. — Roland et Trouillet, *Dict. d'enreg.*, v° *Bail*, § 8, n° 33.

2337. — La clause d'un bail portant que la location, stipulée pour vingt ans, pourra, au gré de l'une des parties, être prorogée pour vingt autres années, implique l'existence d'un bail de quarante années. Il en est de cette stipulation comme de celle qui, en fixant à quarante ans la durée nominale d'un bail, accorderait à l'une des parties le droit de le faire cesser à l'expiration de vingt années. — En pareil cas, c'est sur la durée des deux périodes (quarante années), et non pas sur la première seulement, que doit être calculé le droit à percevoir immédiatement. — *Cass.*, 3 juill. 1844 (t. 2 1844, p. 351), Dalouzy.

2338. — Lorsqu'à l'expiration d'une des périodes d'un bail consenti pour trois, six ou neuf ans le prix du bail est réduit par convention entre le bailleur et le preneur, le droit de libération n'est point exigible, attendu qu'on ne peut supposer un paiement que l'acte ne constate pas. — Décis. min. fin. 20 sept. 1827.

2339. — La quittance de partie du prix ou du prix entier du bail, dans l'acte même, ne donne ouverture à aucun droit particulier. — Décis. min. fin. 10 août. 1815.

2340. — Ainsi, la clause par laquelle le preneur s'oblige de livrer annuellement au bailleur une certaine quantité de denrées au prix courant étant une partie intégrante du bail, ne donne lieu à aucun droit particulier. — Décis. min. fin. 27 nov. 1810 ; — Roland et Trouillet, *Dict. d'enreg.*, v° *Bail*, § 2, n° 18.

2341. — Le droit de cautionnement n'est pas dû sur la clause d'un bail à ferme ou à loyer, au profit de deux individus solidaires, portant que l'objet affermé et la redevance sont divisés inégalement entre les preneurs. — Délib. 25 mai 1822.

2342. — Le droit de vente et le droit de bail ne peuvent être cumulativement perçus sur un acte contenant à la fois bail d'une maison pour douze années, et promesse de vente du même immeuble, moyennant un prix payable dans le cours des douze années. En effet, si la propriété est transmise, il ne peut plus y avoir transmission de jouissance. — Délib. 25 mai 1837.

2343. — L'acte contenant passation de bail pour neuf ans, et reconnaissance par le fermier du montant de deux années de fermages déjà expirées, est passible du droit d'obligation pour ces deux années, et de celui de bail pour neuf ans. — Délib. 21 et 30 oct. 1824.

2344. — Le droit de 50 c. p. 100 fr. est le seul à percevoir sur l'acte qui réduit le prix d'un bail. — Roland et Trouillet, *Dict. d'enreg.*, v° *Acceptilation*, n° 5.

2345. — La jouissance, à titre de ferme, ou de location d'un immeuble, est suffisamment établie, pour la demande et la poursuite du paiement des droits des baux non enregistrés, par les actes qui la font connaître, ou par des paiemens de contributions imposées aux fermiers locataires. — L. 22 frim. an VII, art. 13.

2346. — La régie ne peut pas exiger l'enregistrement d'un bail qui n'est opposé qu'exceptionnellement à une demande intentée par le propriétaire contre son fermier. Si le tribunal auquel est déférée la contestation en ordonne la représentation, c'est le cas pour elle d'attendre que cette représentation ait lieu, et tout au plus de prendre acte de ses dispositions pour décerner sa contrainte. — *Cass*, 10 prair. an XIII, Castelli.

2347. — Il ne suffit pas de l'énonciation de baux enregistrés, faite dans un compte de fermages sous signatures privées, pour faire admettre par les tribunaux la demande du droit de bail formée contre le fermier, quand il dénie sa signature apposée au bas de ce compte, et que la régie n'a point fait vérifier en justice si le fermier a réellement concouru à sa confection. — *Cass.*, 20 janv. 1814, Aureau.

2348. — Quelle qu'ait été la décision des tribunaux sur l'appréciation des présomptions de jouissance dont la régie prétend induire une jouissance à titre de ferme ou de location, c'est là une question de fait qui échappe à la censure de la cour de Cassation. — *Cass.*, 15 vendém. an XIV, Bigot.

2349. — *Cessions et rétrocessions de baux.* — Le droit sur les sous-baux, subrogations, cessions et rétrocessions de baux avait d'abord été fixé savoir : sur le prix cumulé des deux premières années à courir, à 1 fr. p. 100 fr. (L. 22 frim. an VII, art. 69, § 3, n° 2), réduit à 75 c. p. 100 fr. (L. 27 vent. an IX, art. 8), et sur le montant des années suivantes : à 25 c. p. 100 fr. (L. 22 frim. an VII, art. 69, § 3, n° 2), réduit à 20 c. p. 100 fr. (L. 27 vent. an IX, art. 8.

2350. — Mais, bien que ces sous-baux, subrogations, cessions et rétrocessions de baux ne soient pas nommément désignés dans l'art. 7, L. 16 juin 1824, il n'y a nul doute qu'ils doivent jouir de la réduction apportée par cette loi, c'est-à-dire n'être passibles que du droit de 20 c. p. 100 fr. sur le prix cumulé des années restant à courir.

2351. — Ainsi, décidé que les droits d'une rétrocession de bail, consentie par le fermier au propriétaire, sont liquidés au même taux que ceux d'un bail, et proportionnellement au temps qui reste à courir. — Délib. 22 sept. 1824 ; instr. 1249, § 5.

2352. — Bien que, d'après l'art. 69, § 3, n° 2, les baux faits pour trois, six ou neuf ans, doivent être considérés comme baux de neuf ans, pour la liquidation des droits, le droit de rétrocession d'un bail fait pour trois, six ou neuf ans ne peut porter que sur les années restant à courir de la période commencée. — Délib. 4 juill. 1828.

2353. — La preuve de la cession ou de la rétro-

ENREGISTREMENT, ch. 6, sect. 3e.


cession des baux, pour l'exigibilité du droit, peut résulter des mêmes circonstances qui établissaient l'existence des baux eux-mêmes.

2354. — Ainsi, la résiliation d'un bail est suffisamment prouvée, pour la perception du droit, par l'obligation imposée au bailleur de la rapporter à son acquéreur, par la procuration donnée par le preneur de la consentir en son nom, et enfin par le bail passé par l'acquéreur, à un nouveau fermier avant l'expiration du premier bail. — *Cass.*, 12 oct. 1808, Gazai.

2355. — De même, lorsque, après avoir fait résilier un bail pour défaut d'exécution des conditions, le propriétaire-locateur subroge aux droits du fermier la caution qui a rempli les obligations de celui-ci, il y a là une véritable cession de bail passible du droit proportionnel. — *Cass.*, 29 oct. 1806, Guille; 23 fév. 1808, mêmes parties.

2356. — De même, quand un tiers est adjoint à l'exploitation d'un bail, mais en qualité de seul régisseur et avec des clauses qui ont pour résultat de lui conférer tous les droits du preneur, il y a là, quel que soit d'ailleurs le nom donné à l'acte, une véritable cession de bail, passible du droit proportionnel.—*Cass.*, 29 oct. 1806, Guille; 23 fév. 1808, Guille; 27 juill. 1810, Guille.

2357 —Mais, si un fermier transporte à un tiers l'effet de son bail, du consentement du propriétaire, qui n'intervient dans l'acte que par suite de la clause qui interdit au preneur de céder sans l'agrément du bailleur, on ne peut dire qu'il y ait là rétrocession au profit du propriétaire, et par conséquent lieu à un droit proportionnel, encore bien que ce propriétaire consente à réduire le montant du fermage en faveur du cessionnaire qu'il accepte. — *Cass.*, 1er août 1815, Perrier.

2358.—Lorsque l'adjudicataire d'une entreprise s'associe un tiers dans les bénéfices et les pertes de cette entreprise, à la charge par ce dernier de faire une mise de fonds et d'apporter son industrie, un pareil acte est passible d'un droit fixe d'enregistrement comme acte de société et non pas du droit proportionnel établi pour cession de bail ou sous-bail.—*Cass.*, 24 déc. 1821, de Chalabre.

2359. — Le jugement qui porte résolution d'un bail pour cause de détérioration et condamnation à des dommages-intérêts pour valeur d'arbres abattus, n'opère point de rétrocession, attendu que l'art. 1741, C. civ., déclare le contrat de louage résolu par le défaut du preneur de remplir ses engagemens. — Délib. 21 avr. 1815.

2360. — En tout cas, pour être passibles des droits d'enregistrement, les cessions et rétrocessions de baux doivent, ainsi que les baux eux-mêmes, être faits par écrit.

2361. — Lorsqu'il n'y a point de preuve écrite de la cession et de la rétrocession d'un bail faite verbalement, il n'y a pas lieu à la demande des droits. — *Cass.*, 24 juin 1811, Legry.

2362. — Il n'y a pas lieu de percevoir de droit pour le résiliement d'un bail qui résulterait de ce que le propriétaire affermerait les mêmes immeubles à un autre fermier. — Décis. min. fin. 6 nov. 1822.

§ 2. — *Baux autres que ceux à ferme ou à loyer avec durée limitée.*

2363. — Quelques uns d'entre ces baux sont sujets au même droit que les baux à ferme ou à loyer avec durée limitée, la règle de perception est la même, et il y a lieu d'appliquer les mêmes décisions. C'est donc uniquement pour la facilité des recherches que donne l'ordre alphabétique que nous les avons rangés sous ce paragraphe.

2364. — *Baux à cheptel et reconnaissances de bestiaux avec durée limitée.*—Le droit sur ces baux était de 25 c. p. 100 fr. (L. 22 frim. an VII art. 69, § 1er, n° 2). — Il a été réduit à 20 c. p. 100 fr. sur le prix cumulé de toutes les années (L. 16 juin 1824, art. 1er). — Pour les cautionnemens de ces baux moitié du droit. — *Ibid.*

2365. — Le droit est perçu sur le prix exprimé dans l'acte, ou, à défaut, d'après l'évaluation du bétail. — L. 22 frim. an VII, art. 69, § 1er, n° 2.

2366. — Le cheptel de fer, dans un bail d'immeubles, ne donne point ouverture à un droit particulier, si les bestiaux font partie des objets affermés, attendu que l'obligation que contracte le fermier de rendre le bétail en valeur égale est une disposition intégrante du bail. — Inst. 290, § 26; — Roland et Trouillet, *Dict. d'enreg.*, v° *Bail*, § 6, n° 7.

2367. — *Baux à domaine congéable.* — Les édifices baillés à domaine congéable en Bretagne n'étant considérés comme meubles que vis-à-vis du propriétaire foncier, le cessionnaire d'un droit de congément doit, pour l'enregistrement de son titre, les mêmes droits de mutation que ceux auxquels sont soumis les actes translatifs de propriétés immobilières. — *Cass.*, 25 niv. an X, Urboy; 1er vent. an XII, Briknt et Pilven.

2368. — La fiction légale qui répute *meubles*, à l'égard du propriétaire du fonds, les édifices compris dans une tenue convenancière, cesse à l'instant où ce propriétaire, réunissant ces édifices à son domaine, soit par la voie de congément, soit par acquisition, anéantit le bail à domaine congéable. — Si le propriétaire du fonds n'acquiert que partie des édifices compris dans la tenue, la fiction légale cesse à l'égard de cette partie. — Par suite, la revente de ces édifices, quoique faite par le propriétaire à celui-là même qui avait précédemment acquis le fonds, est réputée, même à l'égard de ce nouveau propriétaire du fonds, vente d'un objet *immobilier*, passible d'un droit proportionnel de 5 1/2 °/o. — *Cass.*, 28 fév. 1832, Jaffray.

2369. — En matière de domaine congéable, si le congément, d'abord exercé par le propriétaire foncier du domaine ou par ses ayant-cause, devient sans effet, au moyen du désistement donné par un traité portant que les mêmes colons *jouiront comme par le passé*, cette stipulation n'opère aucun changement dans le titre de leur jouissance, et ne donne ouverture à aucun droit proportionnel. — *Cass.*, 8 janv. 1822, Adam.

2370. — En effet, la jouissance des colons est illimitée en ce sens que nonobstant l'expiration d'un bail limité, les colons continuent à jouir légalement du domaine congéable, jusqu'à ce que leur dépossession soit opérée par l'action en congément, de sorte que la confirmation d'une telle jouissance n'ajoute rien à leurs droits. — Teste-Lebeau, *Dict. analyt. des arrêts d'enreg.*, v° *Domaine congéable*, n° 4.

2371. — Il n'y a violation d'aucune des lois qui régissent la matière des domaines congéables dans le jugement qui, appréciant les actes passés entre les parties, décide qu'un bail à domaine congéable ne renfermant point de convention sur la durée, ou n'étant pas représenté, doit, pour la perception du droit d'enregistrement, être considéré d'après les lois alors en vigueur, comme limité à un certain nombre d'années, et non comme illimité ou précaire.—*Cass.*, 19 juin 1828, Mazurié.

2372. — *Baux à durée illimitée.* — Droit dû : sur les meubles : 2 fr. p. 100 fr. (L. 22 frim. an VII, art. 69, § 5, n° 2); sur les immeubles : 4 fr. p. 100 fr. (*Ibid.*, § 7, n° 2). — Il se perçoit sur le capital formé de vingt fois le prix annuel et les charges annuelles et autres, ainsi que les deniers d'entrées s'il en est stipulé. (*Ibid.*, art. 15, n° 2). — Quant à l'évaluation des objets en nature, V. *suprà* nos 335 et suiv.

2373. — Les concessions à perpétuité de terrains dans les cimetières, ainsi que celles qui sont faites pour trente ans, avec faculté de renouvellement indéfini, sont, comme baux à durée illimitée, passibles du droit de 4 °/o. — Décis. min. fin. et min. intér. 12 mai 1846; instr. 1757.

2374. — Lorsque, dans un bail de neuf ans, le bailleur s'engage, si le preneur l'exige, à renouveler ce bail de période en période, de manière à dépasser trente ans, il est dû un droit proportionnel de 4 °/o. — *Cass.*, 18 vendém. an VII, Grados.

2375. — Lorsque, dans un bail fait pour trois ans, il est stipulé que celle des parties qui voudra en faire cesser les effets au bout de ces trois ans, sera tenue d'en avertir l'autre six mois à l'avance, sinon que le bail continuera sans terme aux mêmes clauses et conditions, jusqu'à ce que l'un ou l'autre des contractans fasse connaître sa renonciation de la manière susdite, un pareil bail doit être considéré comme illimité et par suite donner lieu à la perception du droit proportionnel de 4 °/o. — *Cass.*, 7 germ. an XII, Marsilly.

2376. — Mais le bail pour un an, avec condition qu'il sera renouvelé de plein droit si les parties ne se sont pas averties réciproquement dans un délai déterminé, n'est passible du droit que sur le prix d'une année, attendu qu'il n'y a point dans cette convention aliénation de jouissance, caractère principal du bail à durée illimitée. — Solut. 11 avr. 1832.

2377. — Un bail fait pour cinq ans, avec stipulation qu'à l'expiration de ces cinq années le preneur aura le droit de se perpétuer dans sa jouissance tant que cela lui conviendra, et sans que le bailleur puisse l'en empêcher, constitue un véritable bail illimité, passible du droit proportionnel de 4 °/o. — *Cass.*, 7 déc. 1813, Volpe.

2378. — Décidé au contraire que le bail pour un nombre d'années déterminé, avec stipulation qu'il sera, à son expiration, prorogé, au gré du preneur, pendant un temps également déterminé, ne donne lieu à aucun droit à raison de cette prorogation, attendu que le bail n'est arrêté que pour la première période, et qu'il reste pour le surplus soumis à une condition suspensive. — Délib. 20 mars 1827.

2379. — Le bail qui porte qu'à l'expiration d'un certain nombre d'années déterminé, il continuera d'année en année, s'il n'y a point de renonciation dans le délai prescrit, doit être considéré comme un bail d'une durée illimitée, et soumis comme tel au paiement du droit proportionnel. — *Cass.*, 18 mars 1826, Vandessel.

2380. — Dans le cas où le bail ne doit être prolongé qu'autant qu'à l'expiration du terme le bailleur vivrait encore, il ne peut être considéré comme bail à durée illimitée; le droit n'est exigible que sur le montant des années indiquées, sauf à demander un supplément si la prolongation a lieu. — Délib. 24 nov. 1824. — Roland et Trouillet, *Dict. d'enreg.*, v° *Bail*, § 8, n° 30.

2381. — Lorsque le propriétaire d'un immeuble donné à bail à locatairie perpétuelle en reprend la possession abandonnée par le preneur, sans que celui-ci ou ses héritiers élèvent aucune réclamation, il est dû un droit de mutation, soit que la transmission se fasse à titre onéreux ou à titre gratuit, et soit qu'il existe ou non un contrat. — *Cass.*, 30 mars 1808, Gimalac.

2382. — *Baux à nourriture de personnes.* — Il y a lieu de distinguer quand la durée est limitée ou illimitée.

2383. — Quand la durée est limitée, le droit était de 50 c. p. 100 fr. sur le prix cumulé des années du bail; et seulement 25 c. p. 100 fr. s'il s'agissait de mineurs. (L. 22 frim. an VII, art. 69, § 2, n° 5). — Il a été réduit à 20 c. p. 100 fr. sur le prix cumulé de toutes les années (L. 16 juin 1824, art. 1er). — Pour le cautionnement de ces baux, moitié du droit. (*Ibid.*)

2384. — Quand la durée est illimitée, le droit est de 2 fr. p. 100 fr. (L. 22 frim. an VII, art. 69, § 2, n° 5 et § 5, n° 2). — Il se perçoit sur le capital formé de vingt fois le prix annuel en y ajoutant les charges (*Ibid.*, art. 15, n° 2).

2385. — Le bail à nourriture est passible du droit de 2 °/o comme bail d'une durée illimitée, s'il doit n'avoir pour terme que la vie d'une des parties, bien que celles-ci se réservent la faculté de faire cesser la convention à volonté. — Délib. 22 déc. 1829; — Roland et Trouillet, *ibid.*

2386. — Le même droit est dû sur l'acte par lequel on l'oblige de payer annuellement une somme déterminée pour subvenir aux besoins d'un interdit; car alors le bail a une durée inconnue comme celle de la cause de l'interdiction. — Solut, 4 août 1832; — Roland et Trouillet, *Dict. d'enreg.*, v° *Bail*, § 8, n° 41.

2387. — ... Sur l'acte par lequel le débiteur d'une somme de 10,000 fr. s'oblige de nourrir, loger, chauffer et éclairer son créancier, pendant tout le temps qu'il voudra cohabiter avec lui, sous la condition qu'il ne pourra, pendant ce même temps, exiger la somme due, dont les intérêts se compenseront avec la charge qu'il s'impose. Le droit est dû sur 5,000 fr.—Solut. 9 août 1825; — Roland et Trouillet, *Dict. d'enreg.*, v° *Bail*, § 8, n° 37.

2388. — Il est dû le même droit que pour les baux à nourriture de mineurs, sur les actes volontaires ou judiciaires par lesquels les droits des pupilles sont réglés, après le décès des tuteurs officieux, à défaut par ceux-ci d'avoir fait ce règlement. — C. civ. art. 367. — Décis. min. fin., 23 sept. 1806; circ. 24 nov. 1806.

2389. — Le droit de vente est seul exigible sur une vente d'immeubles moyennant une rente viagère, avec stipulation que, s'il convient au vendeur de demeurer chez l'acquéreur celui-ci le recevra et le nourrira, moyennant une rente annuelle. Cette seconde stipulation étant une condition de la vente, ne donne point ouverture au droit de bail à nourriture. — Solut. 16 sept. 1832.

2390. — Lorsque, pour s'acquitter du prix convenu pour un bail à nourriture, le preneur cède à son bailleur la nu-propriété d'une créance et son mobilier avec évaluation, il n'y a lieu de percevoir le droit proportionnel qu'à raison du prix stipulé pour le bail qui constitue la convention principale; et il n'est pas dû de droit de vente ou de transport à raison de la créance et du mobilier cédés. — Solut. 4 mars 1837.

2391. — *Baux à rentes perpétuelles.* — Droit dû sur les meubles : 2 fr. p. 100 (L. 22 frim. an VII, art. 69, § 5, n° 2); — sur les immeubles : 4 fr. p. 100 fr. (*ibid*, § 7, n° 2). Il se perçoit sur le capital formé de vingt fois la rente et les charges annuelles et autres ainsi que les deniers d'entrée, s'il en est stipulé (art. 15, n° 2). — Quant à l'évaluation des objets en nature, V. *suprà* nos 335 et suiv.

2392. — Les cessions et rétrocessions des baux à titre héréditaire, usités dans l'ancienne Alsace, sont passibles du droit de vente, et en cas de déguerpissement du détenteur et de rentrée en pos-

session de l'ancien propriétaire ou de ses représentans, ce droit est également exigible. — Instr. 30 juin 1833, 1425, § 8.

2393. — *Baux à vie.* — Droit dû sur les meubles : 2 fr. p. 100 fr. (L. 22 frim. an VII, art. 69, § 5, n° 2); sur les immeubles : 4 fr. p. 100 fr. (*ibid.*, § 7, n° 2). — Il se perçoit sans distinction de ceux faits sur une ou plusieurs têtes, sur le capital formé de dix fois le prix et les charges annuelles et autres, ainsi que les deniers d'entrée, s'il en est stipulé (*ibid.*, art. 15, n° 3). — Quant à l'évaluation des objets en nature, V. *suprà* nos 338 et suiv.

2394. — La jouissance par bail à vie et l'usufruit diffèrent essentiellement dans leur nature et dans leurs effets. — *Cass.*, 18 janv. 1825, Vasseur. — Le bail à vie doit être gouverné par les règles des baux ordinaires, et il doit être considéré comme étant de même nature, à moins que des stipulations particulières ne le convertissent en véritable usufruit. — Instr. de la régie, 1173, § 2, et 1249, § 5; — Proudhon, *De l'usuf.*, t. 1er, p. 103; Toullier, *Droit civil*, t. 3, nos 387 et 390; Favard, *Rép.*, v° *Bail à vie*; *Dict. des droits d'enr.*, vis *Bail à vie*, n° 3, et *Rétrocession*, n° 11; Roland et Trouillet, *Dict. de l'enr.*, v° *Rétrocession*, § 1er, n° 10. — *Contrà* Merlin, *Rép.*, v° *Usufruit*, § 1er, n° 3.

2395. — En conséquence, l'acte par lequel le preneur d'un bail à vie consent à la résiliation de ce bail en faveur du propriétaire de la chose louée, est passible, non du droit fixe de 1 fr. dû sur la réunion qui s'opère de l'usufruit à la propriété, mais du droit proportionnel dû sur les cessions ou rétrocessions de bail. — *Cass.*, 18 janv. 1825, Vasseur.

2396. — Si un bail à vie était stipulé dans les termes d'une vente à vie, c'est à dire si au lieu de constituer un simple louage, il transmettait un véritable usufruit, il serait passible du droit de transcription. — Délib. 6 déc. 1817 et 17 août 1822; circ. 17 déc. 1832.

2397. — On doit, quant à la perception du droit d'enregistrement, considérer comme un bail à vie, et non comme une constitution de pension dotale, la clause par laquelle un père, en mariant sa fille, reste chargé de l'administration et de la jouissance des biens appartenant à celle-ci, jusqu'à la mort de son aïeule, à la charge de lui payer une pension annuelle pour prix de cette jouissance. En conséquence, une pareille stipulation n'est pas seulement passible comme donation mobilière du droit de 62 cent. 1/2 %, mais bien du droit proportionnel de 4 %. — *Cass.*, 10 mars 1819, Deforest.

2398. — La clause d'un contrat de mariage portant qu'en cas de séparation, le futur exploitera tous les immeubles appartenant à son père, à la charge de lui fournir, pendant sa vie, une pension composée en partie des produits de ces immeubles, ne constitue pas, disent les auteurs du *Dict. des droits d'enreg.* (v° *Bail à vie*, n° 12), un bail à vie *actuel*; elle n'est que la conséquence de l'association entre le futur et son père; cependant, si le cas prévu arrivait, le droit de bail à vie deviendrait exigible.

2399. — La clause d'un contrat de mariage par laquelle les père et mère du futur lui font donation d'un immeuble avec réserve d'usufruit, mais à la charge par eux de lui payer durant cet usufruit un loyer annuel déterminé, n'est point passible du droit de bail à vie, indépendamment de celui de donation immobilière. — Délib. 28 janv. 1834.

2400. — Le droit de 2 % à percevoir sur une adjudication, en détail et à vie, des bancs d'une église doit être assis sur le capital au denier dix, de la redevance à payer par chaque adjudication et non sur le prix annuel et total de toutes les concessions faites par le même procès-verbal d'adjudication. — Décis. min fin., 29 vent. an XII; délib., 19 juin 1824.

2401. — Les baux à vie sont passibles du droit proportionnel de 4 %, alors même que, par la suite, ces baux n'auraient pas obtenu tous les effets qu'ils devaient produire. — *Cass.*, 15 nov. 1808, Godin et Matherat.

2402. — *Baux de pâturage et nourriture d'animaux*, avec durée limitée. — Le droit était de 25 cent. p. 100 fr. sur le prix cumulé des deux premières années et demi-droit sur le prix cumulé des années suivantes (L. 22 frim. an VII, art. 69, § 1er, n° 1er). — Il a été réduit à 20 cent. p. 100 fr. sur le prix cumulé de toutes les années (L. 16 juin 1824, art. 1er). — Pour le cautionnement desdits baux, moitié du droit.

2403. — Doivent être rédigés sur papier timbré et enregistrés sur la minute, dans les vingt jours de leur date, comme baux de pâturage, les procès-verbaux dressés par les préfets contenant : 1° le recensement par commune des bestiaux qui ont pacagé pendant l'année dans les terrains domaniaux; — 2° l'obligation par les propriétaires de ces bestiaux et par leurs cautions, de payer la taxe à fixer pour cet objet. — Déc. min. fin., 7 août 1810.

2404. — *Baux d'industrie.* — On doit considérer comme bail d'industrie ou contrat de louage et assimilé, pour la perception aux baux ordinaires, l'acte par lequel un ouvrier s'engage, moyennant salaire, à travailler, pendant un temps déterminé pour un particulier, ou pour un maître qui lui fournit les matières à mettre en œuvre. — Délib. 15 juin 1830; solut. 10 sept. 1830.

2405. — Il en est de même de la convention par laquelle un individu s'oblige de surveiller les travaux d'un atelier ou d'une usine, moyennant un traitement annuel. — Solut. 20 sept. 1825.

2406. — Enfin, la perception doit être la même, encore bien que le traitement ou salaire soit fixé par jour, tant que durera la gestion. Bien que la durée du bail ne soit pas fixée, il n'y a pas lieu de le considérer comme bail à vie passible du droit de 2 p. 100, attendu qu'on ne peut engager ses services qu'à temps et pour un temps déterminé (C. civ., art. 1780). — Le droit doit donc être perçu à raison de 20 cent. par 100 fr. sur la totalité du prix et des charges, pendant toute la durée du bail, et comme ce bail, loin d'être limité, peut se prolonger pendant toute la vie du gérant, il faut multiplier par 10 le prix et les charges. — Délib. 11 oct. 1831.

2407. — La convention par laquelle un entrepreneur s'oblige à conduire, moyennant un prix et pendant un temps limité, des voitures publiques d'un lieu à un autre, est un bail d'objets mobiliers, en ce qui concerne les chevaux et un bail d'ouvrage et d'industrie, quant à leur conduite par le relayeur ou son préposé. — Délib. 18 août 1837; instr. 1562, § 2.

2408. — Doit être réputé bail d'industrie et assujeti au droit de 20 cent. p. 100 fr., l'acte par lequel une personne s'engage à conduire des marchandises d'un lieu à un autre, moyennant une somme fixée par jour. — Solut. 9 juill. 1838.

2409. — *Baux emphytéotiques.* — La loi étant muette sur les baux emphytéotiques temporaires, on avait d'abord décidé qu'ils n'étaient passibles que du droit imposé sur les baux ordinaires dont la durée est limitée. — Délib. 14 prair. an VII; circ. 16 messid. an VII, 1609.

2410. — Depuis, la régie a décidé que le bail emphytéotique doit, pour la perception des droits, être assimilé à une concession d'usufruit sur une ou plusieurs têtes. — Solut. 6 oct. 1838.

2411. — Enfin, jugé que le bail emphytéotique (alors même qu'il est limité à quatre-vingt-dix-neuf ans) doit être considéré comme un acte translatif de propriété d'un bien immeuble, et comme soumis, à ce titre, au droit proportionnel établi sur tous les actes de cette nature. — La cession qui en est faite est soumise aux mêmes droits. — *Cass.*, 1er avr. 1840 (t. 1er 1840, p. 645); § 1er, Donat Dumessine, § 2, David.

2412. — Mais, le bail consenti pour trente-six ans avec réserve de le résilier sur congé, à l'expiration de la dix-huitième année, est réputé bail ordinaire et non bail emphytéotique. — Délib. 3 août 1841.

2413. — Si le prix d'un bail emphytéotique est payé comptant pour toute sa durée, la privation d'intérêts de ce prix ne saurait être considérée comme une charge susceptible d'y être ajoutée. — Délib. 3 sept. 1833.

## Sect. 4e. — *Donations.*

2414. — Les droits à percevoir sur les donations sont proportionnels ou fixes, selon que ces donations sont entre-vifs ou à cause de mort. — Une donation est réputée entre-vifs quand elle emporte transmission actuelle et définitive des objets donnés. — Elle est donation à cause de mort, quand elle n'emporte qu'une transmission éventuelle et subordonnée à l'événement du décès du donateur. — V. *infrà* nos 2471 et suiv.

2415. — La quotité des droits à percevoir sur les donations entre-vifs a toujours été graduée suivant le degré de parenté entre les donateurs et les donataires. Il y a donc lieu de distinguer entre celles faites : 1° en *ligne directe*; — 2° en ligne collatérale; — 3° entre personnes non parentes; — 4° entre époux.

2416. — D'après la loi du 22 frim. an VII le droit dû par les donations entre-vifs en propriété ou en usufruit, en ligne directe est dû : — Sur les meubles, 1 fr. 25 c. p. 100 fr. (art. 69, § 4, n° 1er); — Sur les immeubles, 2 fr. 50 cent. p. 100 fr. (art. 69, § 6, n° 2.) — Et il n'est perçu que moitié du droit, si les donations sont faites par contrat de mariage aux futurs. — *Ibid.*

2417. — Le même droit a été déclaré exigible, au cas de démission de biens en ligne directe. — L. 27 vent. an IX, art. 10.

2418. — Enfin l'art. 3, L. 16 juin 1824, porte que le droit est réduit, en ce qui concerne les donations portant partage, faites par actes entre-vifs, conformément aux art. 1075 et 1076, C. civ., par les père et mère ou autres ascendans, entre leurs enfans et descendans, au droit de 25 cent. p. 100 sur les biens meubles, et de 1 fr. p. 100 sur les immeubles, ainsi qu'il est réglé pour les successions en ligne directe. — Le droit de 1 1/2 %, ajouté au droit d'enregistrement par l'art. 54, L. 28 avr. 1816, ne sera perçu pour lesdites donations que lorsque la transcription en sera requise au bureau des hypothèques.

2419. — Les *collatéraux* et les *personnes non parentes* avaient d'abord été confondus par la loi du 22 frim. an VII, relativement au droit à percevoir sur les donations entre-vifs; ce droit était pour tous indistinctement de : 2 fr. 50 cent. p. 100 fr. sur les meubles (art. 69, § 6, n° 1er); et de 5 fr. % sur les immeubles (art. 69, § 8, n° 1er). — Par contrat de mariage, moitié du droit seulement. (*Ibid.*)

2420. — La loi du 28 avr. 1816 a distingué entre les collatéraux et les personnes non parentes, en élevant les droits pour celles-ci. D'après cette loi il était dû pour les donations entre-vifs : — 1° entre frères, sœurs, oncles, tantes, neveux et nièces et autres parens au degré successible : sur les meubles, 2 fr. 50 p. 100 fr.; sur les immeubles, 5 fr. p. 100 fr.; — 2° entre toutes autres personnes : sur les meubles 3 fr. 50 p. 100 fr.; sur les immeubles, 7 fr. p. %. — Si les donations étaient faites par contrat de mariage, il était dû seulement moitié du droit. (art. 53.)

2421. — Toutefois si les droits de donations entre-vifs faites par contrat de mariage avaient été fixés à moitié de ceux perçus pour les donations hors contrat de mariage, le droit de transcription devait être ajouté dans son intégralité et non par moitié. — Délib. 17 sept. 1817.

2422. — Enfin l'art. 33, L. 21 avr. 1832, porte : les droits d'enregistrement des donations entre-vifs, en ligne collatérale et entre personnes non parentes sont perçus selon les quotités suivantes : — 1° entre frères et sœurs, oncles et tantes, neveux et nièces; — par contrat de mariage : sur les meubles, 2 fr. p. 100 fr.; — sur les immeubles, 4 fr. 50 p. 100 fr. — Hors contrat de mariage : sur les meubles, 3 fr. p. 100 fr.; sur les immeubles 6 fr. 50 cent.

2423. — ... 2° Entre grands-oncles et grand'tantes, petits-neveux et petites-nièces, cousins germains, — par contrat de mariage : sur les meubles, 2 fr. 50 c.; sur les immeubles, 5 p. 100 fr.; — hors contrat de mariage : sur les meubles, 4 fr. p. 100 fr.; sur les immeubles, 7 fr. %.

2424. — 3° Entre parens, au-delà du quatrième degré et jusqu'au douzième; — par contrat de mariage, sur les meubles, 3 fr. p. 100 fr; sur les immeubles, 5 fr. 50 c. p. 100 fr.; — hors contrat; sur les meubles, 5 fr. p. 100 fr.; sur les immeubles, 8 fr. p. 100 fr.

2425. — 4° Entre personnes non parentes. — Par contrat de mariage; sur les meubles, 4 fr. p. %, sur les immeubles, 6 fr. p. 100 fr; — hors contrat de mariage, sur les meubles 6 p. 100 fr.; sur les immeubles, 9 fr. p. 100 fr.

2426. — Ces quotités comprennent le droit de transcription de 1 fr. 50 c. p. 100 fr. résultant de l'art 54, L. 28 avr. 1816. — Instr. 30 avr. 1832, 1399, n° 3.

2427. — Les donations entre-vifs entre *époux* sont passibles du droit de 1 fr. 50 p. 100 fr. sur les meubles, et de 3 fr. p. 100 fr. sur les immeubles. Il n'est dû que moitié du droit, quand les donations sont faites par contrat de mariage. — L. 28 avr. 1816, art. 53.

2428. — Tous les actes de libéralité qui ne contiennent que des dispositions soumises à l'événement du décès, et les dispositions de même nature faites par contrat de mariage entre les futurs ou par d'autres personnes, ne sont passibles que du droit fixe : 5 fr., L 28 avr. 1816, art 45, n° 4 (autrefois 3 fr., L. 22 frim. an VII, art. 68, § 6, n° 5). — Le droit pour ces dispositions par acte de mariage est dû indépendamment de celui du contrat. — L. 22 frim. an VII, *ibid.*

2429. — La loi du 16 juin 1824 avait assujeti seulement à un droit fixe de 10 fr. pour enregistrement et transcription les donations recueillies par les départemens, arrondissemens, communes, hospices, séminaires, etc., et autres établissemens publics, lorsque les immeubles donnés devaient recevoir une destination publique et ne pas produire de revenus. Et le droit était même réductible à 1 fr., quand la valeur des immeubles donnés n'excédait pas 500 fr. en principal. — Mais

cette disposition a été abrogée par l'art. 17, L. 18 avr. 1831, qui déclare ces donations soumises aux droits proportionnels d'enregistrement et de transcription établis par les lois existantes.

2430. — Les droits fixes et proportionnels à percevoir, d'après les art. 68 et 69, L. 22 frim. an VII, pour les donations faites en faveur du mariage par contrat de mariage, sont réduits à moitié de ceux fixés par ladite loi. — Arr. 21 prair. an IX.

2431. — Les donations d'immeubles faites par contrat de mariage ou tout autre acte notarié, par le roi, contractant en son nom personnel, sont exemptes de l'enregistrement comme acte émané du souverain et qui aurait pu faire le sujet d'une ordonnance. Mais les droits ordinaires de mutation sont exigibles sur les actes subséquens qui peuvent avoir lieu par suite de la donation, ou de la part des préfets pour la réaliser, si les biens sont purement nationaux, ou de celle des intendans des domaines de Sa Majesté, s'ils proviennent de ses domaines. — Décis. min. fin. 27 mars 1810. — Roland et Trouillet, *Dict. d'enreg.*, v° *Donation*, § 1er, n° 26.

2432. — Les donations d'inscriptions de rentes sur le grand-livre de la dette publique sont, dans certains cas, passibles du droit proportionnel, ainsi qu'on l'a vu *suprà* nos 830 et suiv.

2433. — Lorsque la transmission d'un office et des objets en dépendant s'opère par suite de disposition gratuite entre-vifs, le droit est perçu comme pour les donations de biens meubles. Mais, dans aucun cas, il ne peut être au-dessous de 2 %, ni inférieur au dixième du cautionnement attaché à la fonction ou à l'emploi. — L. 25 juill. 1841, art. 8 et 10.

§ 1er. — *Donations en général.*

2434. — Les droits proportionnels à percevoir sur les donations contenant transmission actuelle des objets donnés, sont, ainsi qu'on vient de le voir, gradués suivant les degrés de parenté entre le donateur et le donataire.

2435. — Est soumise au droit de 1 fr. 25 c. p. 100 fr., comme donation en ligne directe, la constitution d'une pension viagère et alimentaire faite par une mère à son enfant, quand rien ne prouve que celui-ci est dans le besoin. — Solut. 22 août 1832.

2436. — La constitution d'une dot religieuse, constituée à une fille par ses père et mère, et acceptée par la supérieure de la communauté, avec stipulation que cette dot demeurera acquise à ladite communauté dès l'instant de la profession de la novice, n'est passible que du droit de 1 fr. 25 cent. par 100 fr., comme donation à la fille des constituans. — Toutefois l'intervention de l'établissement constitue une association qui donne lieu à un droit fixe de 5 fr. — Délib. 24 juill. 1827.

2437. — La donation d'immeubles par un père à son fils, à la charge de le laisser jouir des revenus maternels, ou même moyennant l'abandon d'immeubles propres au donataire, ne donne lieu qu'au droit de donation en ligne directe. — Délib. 23 avr. 1823 et 27 oct. 1829.

2438. — Les beaux-pères et les gendres, les beaux-frères et les belles-sœurs ne sont point considérés comme parens pour la perception des droits. — Circul. 23 déc. 1791, 202.

2439. — Ainsi, la donation faite par un beau-père à son gendre est soumise au droit de 3 fr. 50 c. établi par l'art. 53, L. 28 avr. 1816, entre personnes non parentes. — *Cass.*, 22 déc. 1829, Vienot. — V. conf. décis. min. fin, 21 juill. 1820; — Roland et Trouillet, *Dict. d'enreg.*, v° *Donation*, § 1er, n° 5.

2440. — L'acte par lequel un fils s'oblige à payer une somme à titre d'alimens, tant à son père qu'à sa belle-mère (seconde femme de son père), est passible du droit de 20 cent. par 100 fr. sur la moitié du capital de cette somme, et du droit de donation immobilière entre étrangers sur l'autre moitié. — Solut. 16 août 1833; instr. 1446, § 9.

2441. — La loi du 21 avr. 1832, en tarifant les donations faites par des oncles ou des tantes, n'a pas entendu parler des oncles ou tantes par alliance, qui sont considérés comme des étrangers. — *Cass.*, 28 janv. 1839 (t. 1er 1839, p. 128), de Mousquéjouls.

2442. — La donation entre-vifs faite à une succession doit être considérée comme faite à ceux auxquels cette succession est échue. — Ainsi, la donation faite par un père à la succession de sa fille est censée faite aux héritiers et aux légataires de cette dernière, et, par conséquent, elle est passible des droits d'enregistrement, suivant le degré de parenté de chacun de ces héritiers et légataires. — Si la fille a laissé des enfans et a légué à son mari la quotité disponible, le droit d'enregistrement de la donation doit être de 1 fr. 25 c. pour la part revenant au mari. — *Cass.*, 22 déc. 1829, Viénot.

2443. — En cas d'omission, dans des actes de donation entre-vifs, de l'indication du degré de parenté, le receveur est autorisé à percevoir les droits suivant le taux fixé pour les donations entre étrangers; mais cette perception ne peut être réputée régulière, et il y a lieu à restitution des droits excédant ceux exigibles, lorsque la justification du degré de parenté est faite dans les deux ans de l'enregistrement de l'acte. — Délib. 13 nov. 1838.

2444. — La donation faite à une commune antérieurement à la loi du 18 avr. 1831, est passible du droit proportionnel établi par l'art. 17 de cette loi, si l'acceptation n'a été faite que depuis. Car c'est par le fait de l'acceptation que la transmission s'opère, et le droit ne peut être perçu que conformément aux lois existantes à l'époque de la transmission. — Avis com. fin. 14 déc. 1831. — *Contrà* instr. 27 avr. 1831.

2445. — Lorsque antérieurement à la loi du 18 avr. 1831, une donation faite à une fabrique a été acceptée à l'instant même sans l'autorisation du gouvernement, et que le droit proportionnel a été perçu, conformément à la loi alors en vigueur, la nouvelle acceptation intervenue en vertu d'une ordonnance royale, depuis la loi de 1831, ne peut donner lieu à de nouveaux droits. — Délib. 6 juin 1834.

2446. — La déclaration par un membre d'une communauté religieuse qu'un immeuble précédemment acquis en son nom, l'a été pour la communauté et de ses deniers, n'empêche plus la perception du droit proportionnel de mutation, bien que le défaut d'autorisation, l'impossibilité d'acquérir qui en était la conséquence et la jouissance qu'en a eue la communauté corroborent cette déclaration faite dans les six mois de l'autorisation de cette communauté. — Délib. 19 mai 1835; décis. min. fin. 10 juin 1835.

2447. — Le droit proportionnel de 2 % est exigible sur la donation faite à une commune d'un immeuble susceptible de recevoir une destination d'utilité publique, telle qu'une maison d'école. — Délib. 19 déc. 1837.

2448. — La constitution d'une rente perpétuelle pour servir au traitement d'un aumônier chargé de servir une chapelle désignée, est passible du droit de donation entre personnes non parentes, et non de celui de 2 %. — Délib. 31 janv. 1834.

2449. — De même, on doit assimiler à une libéralité entre-vifs l'obligation au profit d'une fabrique d'église pour la fondation à perpétuité de services religieux; en conséquence, il y a lieu de percevoir le droit proportionnel de donation entre non parens sur les sommes que le fondateur s'oblige à payer. — Délib. 17 avr. 1835.

2450. — La donation faite à un séminaire d'une somme de 3,600 fr., dont les intérêts sont affectés au service d'une bourse pour les études d'un jeune homme d'une commune désignée est une donation entre-vifs à titre onéreux, passible du droit de 7 %, et non une constitution directe de rente à titre onéreux. — Délib. 14 et 23 mai 1839.

2451. — Un écrit sous seing-privé, par lequel on constitue une rente viagère pour services rendus est passible du droit de 2 %, et non de celui de donation. — *Journ. de l'enreg.*, n° 4078. — Cependant la jurisprudence n'est pas fixée. — *Dict. des dr. d'enreg.*, v° *Donation entre-vifs*, n° 259.

2452. — Si l'endossement d'un billet à ordre causé pour don était présenté à l'enregistrement, il y aurait lieu de percevoir un droit de donation. — *Dict. des dr. d'enreg.*, v° *Don manuel*, n° 5.

2453. — La remise d'une dette constituant une véritable libéralité est passible du droit de donation mobilière, toutes les fois qu'elle n'est pas faite par composition avec un débiteur en faillite. — Délib. 29 sept. 1824.

2454. — La réduction volontaire d'un douaire de 3,000 fr. de rente viagère à 1,700 fr. de rente aussi viagère, constitue une donation de 1,300 fr. de rente au profit de l'héritier. Il y a donc lieu de percevoir le droit proportionnel pour cette libéralité. Vainement on objecterait qu'il ne s'opère qu'une simple réunion d'usufruit à la nu-propriété; le douaire qui consiste en une rente n'est qu'une créance dont partie est exigible annuellement et non usufruit. — Délib. 29 sept. 1824, et 14 avr. 1826. — Roland et Trouillet, *Dict. d'enreg.*, v° *Acceptilation*, n° 3.

2455. — Lorsque le titulaire d'un majorat donne entre-vifs la terre affectée au majorat à celui de ses enfans qui doit un jour le recueillir, il n'est dû que le droit d'usufruit en ligne directe. — *Dict. des dr. d'enreg.*, v° *Donation entre-vifs*, n° 239.

2456. — Si dans une donation de somme d'argent il est exprimé, comme condition expresse, que le donateur aura l'usufruit d'un immeuble appartenant au donataire, on ne peut percevoir de droit pour l'abandon d'usufruit. — Délib. 4 oct. 1826; — Roland et Trouillet, *Dict. d'enreg.*, v° *Donation*, § 4, n° 9.

2457. — Lorsque des époux donnent à leurs enfans des biens de communauté et des propres, sous la condition que les donataires n'entreront en jouissance qu'après le décès du survivant de leurs père et mère, ceux-ci ne sont pas censés se faire une donation mutuelle d'usufruit; car, si par une cause quelconque l'acte vient à être révoqué, le survivant des époux n'aura plus de titre pour conserver l'usufruit. — Délib. 9 avr. 1830.

2458. — Le droit de donation est exigible sur la cession faite par des enfans à leur mère de l'usufruit de biens, meubles et immeubles pour lui tenir lieu de pension alimentaire. — Délib. 8 oct. 1833.

2459. — Lorsque, dans un acte de partage, le père d'enfans mineurs âgés de moins de dix-huit ans consent, au nom de ces derniers, des abandons qui peuvent avoir pour résultat de restreindre la jouissance légale qui lui est accordée par l'art. 384, C. civ., ces abandons ne doivent point être considérés comme renfermant une libéralité, et en conséquence il n'est point dû de droit proportionnel de donation. — *Cass.*, 16 juin 1824, Hemin et Labatte.

2460. — On ne saurait considérer comme un acte de libéralité soumis au droit proportionnel l'abandon qu'une femme divorcée sous l'empire de la loi du 20 sept. 1792 a fait à son mari, pour lui tenir lieu de pension alimentaire, de fruits d'immeubles et d'arrérages de rentes qu'il ne peut percevoir que sur la procuration de sa femme. Par cet acte, la femme n'a fait que se libérer par voie de délégation d'une dette qui résultait de la prononciation même du divorce. — *Cass.*, 18 juill. 1815, de Vento.

2461. — Lorsque, dans le ressort du parlement de Bordeaux, un contrat de mariage avait établi entre les époux une société d'acquêts, avec faculté d'en avantager celui de leurs enfans à naître qu'ils aviseraient, cette clause conférait au moment même du contrat, la propriété des acquêts qui seraient faits aux enfans à naître du mariage, tellement qu'au décès de l'un des conjoints l'autre ne pouvait disposer d'aucune partie des acquêts, et n'en avait que l'usufruit. En conséquence, lorsque après le décès de l'un des conjoints qui étaient soumis à cette clause, il intervient, entre le survivant et les enfans issus du mariage, un partage des biens de la succession, d'après lequel on n'attribue au survivant qu'à titre d'usufruit seulement certains acquêts faits pendant le mariage, cette attribution ne constitue pas, de la part de l'époux survivant au profit de ses enfans, une donation de la moitié de ces acquêts en nu-propriété, de telle sorte que la régie puisse percevoir un droit de donation sur cet acte de partage. — *Trib. de Mont-de-Marsan*, 13 août 1830, sous *Cass.*, 11 avr. 1834, Brocha-Perras.

2462. — La donation alternative par une veuve à son fils d'une somme à prendre sur ses reprises mobilières ou immobilières, ne donne ouverture qu'au droit de 62 cent. 1/2 p. 100 fr., sauf à régler la perception sur le pied de donation immobilière, si ultérieurement des immeubles sont attribués au donataire pour le remplir. — Délib. 31 mars 1826.

2463. — Si, pour se libérer de la donation d'une somme d'argent, stipulée payable *en argent ou en immeubles*, au choix du donateur, celui-ci abandonne des immeubles au donataire, un pareil acte doit être considéré, non comme un contrat nouveau, une *dation en paiement*, mais bien comme la suite et l'exécution de la donation même. En conséquence, il n'est passible que du droit fixe de 1 fr., alors surtout qu'il est justifié que, sur l'acte de donation, on a perçu les droits dus pour donation immobilière. — *Cass.*, 27 déc. 1815, Meygret-Collet.

2464. — Lorsque le droit mobilier a été perçu sur un acte contenant donation alternative d'argent ou d'immeubles, et que la donation est plus tard réalisée en immeubles, la liquidation doit se faire en prenant pour base le capital formé de vingt fois le revenu de l'immeuble, sans avoir égard aux énonciations de valeur vénale existant dans l'acte. L'art. 15, n° 7, L. de frim. an VII, est applicable, sans avoir égard à l'imputation du droit payé. — Délib. 20 oct. 1835.

2465. — Lorsqu'un immeuble est donné en paiement d'une somme d'argent promise par une donation antérieure, il n'y a pas lieu d'imputer sur le droit dû pour la dation en paiement celui qui a été perçu lors de l'enregistrement de la donation. — Délib. 27 déc. 1833.

2466.—Une fois que le droit proportionnel a été perçu sur la totalité de l'objet de la donation, il n'y a pas lieu de l'exiger sur les diverses sommes que le donataire a été chargé de payer à des tiers.—*Cass.*, 21 (et non 11) janv. 1812 (et non 1808), de Lhuille; — Roland et Trouillet, *Dict. d'enreg.*, vo *Donation*, § 4, no 5.

2467.—On ne doit pour la perception des droits faire aucune distinction entre les donations à titre onéreux et celles qui sont faites à titre purement gratuit.— *Cass.*, 28 janv. 1818, Harnepont.

2468. — Au sujet de cet arrêt, M. Coin-Delisle (*Comment. analyt. sur les donat.*, no 9, note sur l'art. 948) fait observer qu'il n'y a point de donations *à titre onéreux*, mais des donations onéreuses ou avec charges (*donationes sub onere solvendi*), puisque ce qui excède la charge est nécessairement une libéralité qui advient gratuitement au donataire. Il ne peut y avoir de titre onéreux que là où la charge serait la cause du contrat, qui alors est commutatif.

2469.—En cas de donation par contrat de mariage, la condition imposée au donataire d'un bien compris dans une emphytéose perpétuelle, de payer une portion de la redevance emphytéotique, n'est pas de nature à faire considérer la donation comme faite à titre onéreux.—*Cass.*, 20 déc. 1837 (t. 1er 1838, p. 28), Schnelz.

2470.—La donation d'un bien-fonds faite à l'un des futurs par ses père et mère, à la charge de payer le prix dû au vendeur, ne peut être considérée comme vente. La charge imposée au donataire ne change pas la nature de la convention.— Délib. 29 avr. 1806; instr. 366, no 8.

2471.—On a vu plus haut (no 2444), que les droits à percevoir sur les donations sont proportionnels ou fixes, selon qu'il y a dessaisissement actuel ou éventuel des objets donnés en faveur du donataire.

2472.—Il y a dessaisissement actuel dans la donation d'une somme déterminée *à prendre dans les biens que possède le donateur, mais dont le donataire ne sera payé qu'après son décès*, car au jour de la donation les biens du donateur sont grevés de la charge d'acquitter la libéralité. Mais il n'y a pas dessaisissement dans la donation d'une somme *à prendre dans les biens que laissera le donateur*, parce que dans ce cas le donateur reste libre de disposer de ses biens à son gré, sans qu'aucune obligation actuelle les grève.—Merlin, *Rép.*, vo *Donation*, sect. 3e, § 4, nos 5 et 6.

2473.— Décidé en conséquence qu'on doit considérer comme passible actuellement du droit proportionnel la donation faite entre-vifs et irrévocable d'une somme à prendre sur les plus clairs et apparens biens de la succession du donateur.—Délib. 12 juill. 1829;—Roland et Trouillet, *Dict. d'enreg.*, vo *Donation*, § 6, no 3.

2474.—Ainsi, on a dû percevoir le droit proportionnel sur une donation pure, simple, irrévocable et entre-vifs d'une somme déterminée, payable dans l'année qui suivra la mort du donataire, avec intérêts, à partir du jour de ce décès.—Solut. 22 mars 1826; instr. 1189, § 2.

2475.— Jugé également que le droit proportionnel est exigible actuellement sur la donation d'une somme d'argent payable après le décès du donateur, et sous la condition de survie du donataire ou de ses enfans.—Solut. 24 mai 1832.

2476.— ... Qu'une donation avec réserve d'usufruit pendant la vie du donateur, et stipulation de retour en cas de prédécès du donataire, ne doit pas être considérée comme soumise à l'événement du décès, et, par conséquent, donne ouverture au droit proportionnel. — *Cass.*, 12 niv. an XIII, Bazin.

2477.—...Qu'il y a réellement donation entre vifs, en ce qui concerne le droit d'enregistrement, dans l'acte qualifié de donation entre vifs, par lequel un père donne à sa fille et à son gendre, qui acceptent, une somme dont partie est payée comptant et le restant sera payable après le décès du donateur et de son épouse, et portant cette clause : *Pourront dès aujourd'hui les époux jouir et disposer de ladite somme comme bon leur semblera, le donateur s'en dessaisissant à leur profit actuellement et irrévocablement.* — En conséquence, il y a lieu de percevoir le droit proportionnel de donation.— *Cass.*, 15 mars 1825, Astruc.

2478. — La donation d'une somme à prendre sur la succession du donateur, et ne produisant point d'intérêts payables avant l'ouverture de cette succession, est réputée à cause de mort et ne donne pas lieu à la perception actuelle du droit proportionnel, quand même le donateur stipulerait dès aujourd'hui une hypothèque sur ses biens; car le donateur ne se dessaisit d'aucune valeur, et l'hypothèque n'a pour but que de garantir la donation dans le cas où elle se réalisera. Il peut ne



se rien trouver dans la succession. — Décis. min. fin., 1er mai 1810; délib. 9 mars 1809, 1er oct. 1823, 27 juill. et 28 déc. 1827, 25 juin 1830; instr. 1132, § 6;—Roland et Trouillet, *Dict. d'enreg.*, vo *Donation*, § 6, no 1er.

2479. — ... La donation, quoique qualifiée entre vifs, d'une somme d'argent payable après le décès du donateur et de son épouse, à prendre sur les plus clairs et apparens biens de la succession, sans hypothèque, n'est passible que du droit fixe de 5 fr. lors de l'enregistrement de l'acte. — *Cass.*, 5 nov. 1839 (t. 2 1839, p. 472), Oudin;—délib., 15 janv. 1836.

2480. — Dans tous les cas, si le donateur d'une somme d'argent à prendre sur sa succession s'oblige à en payer pendant sa vie les intérêts, cette stipulation de jouissance ayant un effet actuel et non subordonné à l'événement du décès, le droit proportionnel doit être perçu à raison de la jouissance, sur le capital au denier dix du revenu, sauf la perception sur le capital au denier vingt, lors de l'événement qui saisirait réellement le donataire. — Instr. 1122, § 6; — Roland et Trouillet, *Dict. d'enreg.*, vo *Donation*, § 6, no 5.

2481. — Lorsque trois individus possédant en commun un immeuble se font une donation mutuelle et irrévocable, et aux survivans d'eux, chacun du tiers indivis lui appartenant, à la condition que les donataires n'entreront successivement en jouissance qu'au décès du premier et ensuite du second mourant, c'est là une donation éventuelle qui, subordonnée pour son effet au décès respectif des donateurs, ne donne lieu à la perception des droits qu'à mesure que les mutations s'accomplissent. — Solut. 3 déc. 1834.

2482.— L'acte contenant donation, 1o d'immeubles dont la propriété est transmise à l'instant même au donataire; 2o de meubles et bestiaux qui existeront au décès du donateur dans les bâtimens donnés, n'est passible, sur cette dernière disposition, que du droit fixe, bien que ces bestiaux soient estimés; car l'évaluation ne lie ni le donataire ni les héritiers, et le donateur peut toujours aliéner tout ou partie des objets donnés. Seulement, lors du décès de celui-ci, il y aura lieu de percevoir le droit proportionnel sur la valeur de ceux des meubles et bestiaux qui se trouveront dans la succession. — Décis. min. fin., 28 juin 1822; — Roland et Trouillet, *Dict. d'enreg.*, vo *Donation*, § 8, no 2.

2483. — L'acte de réglement par le tuteur officieux des sommes à payer après son décès à son pupille, est passible du droit fixe de donation éventuelle, sous la réserve du droit proportionnel lors de l'ouverture de la succession. — Décis. min. fin. 23 sept. 1806; — circul. 24 nov. suiv.

2484. — Le droit de donation éventuelle n'est point dû sur la clause, soit d'une donation, soit d'une vente avec réserve d'usufruit pendant la vie du donateur et d'une autre personne même présente au contrat, s'il n'y a pas donation expresse de cet usufruit; car alors la réserve pure et simple n'a d'autre effet que de faire tomber ultérieurement l'usufruit dans la succession du donateur. — Solut., 22 janv. 1826. — *Contrà* solut. 14 déc. 1825; inst. 1187 et 1320, § 6.

2485. — Ainsi, lorsqu'une femme donne un immeuble qui lui est propre, à la charge par le créancier de payer une rente viagère à elle ou à ses ayant-cause, pendant sa vie et celle de son mari, il n'y a pas donation éventuelle au profit de ce dernier. Par conséquent, on ne peut exiger de lui un droit fixe de 5 fr. pour cette stipulation. — Solut. 11 janv. 1832.

2486. — Ainsi encore, la clause d'un contrat de mariage par laquelle le père donne à la fille la nu-propriété d'un immeuble dont il se réserve la jouissance pendant sa vie et celle de son épouse, ne constitue pas au profit de cette dernière une donation éventuelle, et n'est point dès-lors passible, à ce titre, du droit fixe de 5 fr. — Solut. 12 janv. 1836.

2487. — Pour que le droit de donation soit exigible, il faut qu'il y ait donation régulière. — Dès-lors, tant qu'une ordonnance royale n'a pas autorisé l'acceptation définitive d'une donation faite à un établissement public, l'acceptation provisoire faite par les administrateurs ne rend pas exigible le droit proportionnel. S'il a été perçu il doit être restitué. — Délib. 23 mai et 11 juill. 1837.

2488. — Par la même raison, le donateur n'étant pas dessaisi par une acceptation irrégulière de la donation, peut toujours disposer des biens, sans qu'il y ait rétrocession, et alors même qu'il agit ainsi du consentement du donataire. — Délib. 29 nov. 1837.

2489. — On ne doit exiger aucun droit pour les rentrées en possession qui auront lieu au profit



de tout donateur, en vertu du retrait expressément réservé dans l'acte de donation. — Décis. min. fin. 29 déc. 1807. — Car le retour à la propriété est un des cas prévus par l'acte primitif qui a payé ce qui était dû pour tous les effets qu'il devait produire. — Inst. 22 fév. 1808, 366, § 18. — On décidait de même sous l'ancien droit. — Dumoulin, § 33, glos. 1er, no 30; Guyot, *Relief*, ch. 15, no 36.

2490.—Les donations entre-vifs et celles qui sont faites en vertu des art. 1075 et 1076, C. civ., ne peuvent être révoquées ou déclarées résolues sans donner ouverture au droit proportionnel.—Championnière et Rigaud, *Tr. des dr. d'enreg.*, t. 1er, nos 280 et 281.

2491. — Lorsqu'un père et ses enfans du premier lit annulent une donation précédente, en se fondant sur la naissance d'un enfant issu du second mariage postérieurement à la donation, il y a là une rétrocession passible du même droit que la donation, et nonobstant l'art. 968, C. civ., attendu qu'il n'y aurait eu de la part des enfans qu'une obligation de rapporter lors du partage de la succession. — Délib. 6 août 1826.

2492. — L'acte qui, rédigé en vertu de l'art. 964, C. civ., fait revivre une donation devenue nulle par survenance d'enfant, d'après l'art. 960, même Code, est passible du droit fixe de 1 fr., si cet acte ne contient pas de nouvelle transmission.—Délib. 16 fév. 1827.

§ 2. — *Donations par contrat de mariage et durant le mariage.*

2493.—On a vu *suprà* (nos 2419 et s.) quels sont les droits à percevoir sur les donations par contrat de mariage, selon qu'elles sont faites en ligne directe, entre collatéraux, entre personnes non parentes, ou enfin entre époux.

2494.— Ces donations peuvent même ne donner lieu qu'à un droit fixe quand elles n'opèrent pas un dessaisissement actuel des biens donnés en faveur du donataire.

2495. — On va voir à quelles décisions a donné lieu l'application de la loi, soit relativement aux donations faites par contrat de mariage ou en faveur du mariage, soit relativement aux donations faites entre époux durant le mariage.

2496. — La disposition d'un contrat de mariage par laquelle le père d'un des futurs époux s'oblige de les loger, de les nourrir et de payer à chacun d'eux une somme annuelle, est une libéralité en ligne directe, attendu que les futurs époux sont, aux yeux du donateur, un être collectif, et que celui-ci n'a qu'une pensée de prévoyance pour la nourriture et l'entretien de la nouvelle famille.— Délib. 6 mai 1828.

2497. — La donation d'un immeuble par un père à son fils dans son contrat de mariage, avec stipulation que cet immeuble entrera dans la communauté des futurs époux, est censée faite au fils seul; dès-lors elle n'est passible que du droit de donation en ligne directe. — Solut. 12 juin 1830; délib. 20 mai 1834.

2498. — Le même principe a été consacré par une délibération du 20 mai 1834, dans une espèce où les deux époux avaient accepté la donation. — Roland et Trouillet, *Dict. d'enreg.*, vo *Donation*, § 1er, no 8.

2499. — Lorsqu'un ascendant donne, par contrat de mariage, à son fils un immeuble, avec stipulation expresse qu'il entrera dans la communauté établie entre le donataire et sa femme, c'est là une clause d'ameublissement qui n'est soumise qu'au droit réglé pour la ligne directe.—Délib. 12 juin 1839.

2500. — Une donation par contrat de mariage ne peut, quant à la perception des droits, être réputée entre-vifs qu'autant qu'elle emporte transmission actuelle et définitive des objets donnés, mais non si elle n'emporte que transmission éventuelle et subordonnée à l'événement du décès du donateur.— *Cass.*, 23 mars 1840 (t. 1er 1840, p. 520), Bellator de Beaumont c. Hardouin.

2501. — La donation faite par contrat de mariage d'une certaine somme dont le donateur déclare se dessaisir, dès ce moment, sur les plus clairs et apparens biens qu'il possède, et qui toutefois ne sera exigible qu'après son décès, constitue, non une simple donation de biens à venir, mais une véritable donation entre-vifs, passible du droit proportionnel. — *Cass.*, 8 juill. 1822, Petit de Beauverger.

2502. — Lorsque, dans un contrat de mariage, le père ou la mère ont déclaré assurer à l'un des époux une portion de leurs biens jusqu'à concurrence d'une certaine somme, pour ses droits de légitime, l'institué acquiert, dès ce moment, un droit sur ses biens, alors même qu'il serait stipulé

que l'instituant en aura la jouissance jusqu'à son décès; et, en conséquence, la démission de ces mêmes biens, faite dans la suite par l'instituant au profit de l'institué, est exempte du droit de mutation. — *Cass.*, 7 avr. 1823, de Barbantane.

2503. — On doit considérer comme une donation entre-vifs, passible du droit proportionnel, la donation faite par contrat de mariage, aux futurs, d'une somme qui ne doit être payée qu'après le décès des donateurs, et sans intérêts jusque-là, mais avec réserve du droit de retour et constitution d'hypothèque sur des biens spécialement désignés. — *Cass.*, 17 avr. 1826, Gas.

2504. — Il y a donation actuelle, passible du droit proportionnel, dans la disposition par laquelle un père assure à sa fille, dans son contrat de mariage, la propriété d'un immeuble après sa mort, à la charge de rapporter une somme déterminée à la masse de sa succession. — Délib. 21 avr. 1826.

2505. — On doit considérer comme donation actuelle, sujette au droit proportionnel, la disposition par laquelle des père et mère, dans le contrat de mariage de leur fille, lui donnent en dot et par avancement d'hoirie une somme payable six mois après leur décès, avec intérêts jusqu'à cette époque, et réserve du droit de retour au profit des donateurs. — *Cass.*, 3 déc. 1828, d'Estampes.

2506. — Il en est de même de la disposition par laquelle des père et mère, dans le contrat de mariage de leur fille, lui constituent en dot une somme payable six mois après leur décès, avec intérêt jusqu'à cette époque et réserve du droit de retour au profit des donateurs, encore bien que ceux-ci n'aient conféré aucune hypothèque pour sûreté du paiement de cette somme. — *Cass.*, 8 déc. 1831, d'Estampes.

2507. — Jugé également que la donation par contrat de mariage, qualifiée entre-vifs, d'une somme d'argent exigible au décès du donateur, sans intérêts, sans constitution d'hypothèque, et avec clause de retour, est soumise au droit de donation actuellement et sans attendre le décès du donateur. — *Cass.*, 28 janv. 1839 (t. 1er 1839, p. 128), de Monstuéjouls.

2508. — ...Qu'il en est de même d'une donation par contrat de mariage, qualifiée entre-vifs, d'une somme déterminée, exigible seulement au décès du donateur, avec constitution d'une pension annuelle pour tenir lieu d'intérêts jusque-là, et stipulation du droit de retour au profit du donateur. — *Cass.*, 17 janv. 1844 (t. 1er 1844, p. 641), de Saint-Martin.

2509. — Est passible du droit proportionnel, comme donation entre-vifs, la clause d'un contrat de mariage par laquelle les père et mère du futur le dispensent de rapporter à leur succession la somme qu'ils ont payée pour le faire remplacer au service militaire. — Délib. 24 juill. 1837.

2510. — L'obligation que contracte le père du futur époux, dans le contrat du mariage de ce dernier, de payer à son fils une pension ou un capital correspondant, dans le cas où les époux cesseraient de vivre avec lui, est soumise, non au simple droit fixe de 5 fr., mais au droit proportionnel de 62 c. 1/2 p. 100 fr. sur le capital de la pension. — *Cass.*, 18 avr. 1821, Gervais.

2511. — Les donations de biens présens et à venir, faites par contrat de mariage, soient qu'elles aient lieu cumulativement ou par des dispositions séparées, sont passibles du droit proportionnel pour les biens présens, toutes les fois qu'il est stipulé que le donataire entrera de suite en jouissance. — Décis. min. fin. 28 juill. et 8 août 1809. — Avis Cons. d'état, 19-22 déc. 1809; instr. 463; et 1307, § 4. — Roland et Trouillet, *Dict. d'enreg.*, vo *Donation*, § 7, no 4.

2512. — Ainsi, en cas de stipulation que le donataire de biens présens et à venir en disposera, savoir : quant à la nue-propriété, à compter de ce jour, et quant à la jouissance, à partir du jour du décès du donateur, l'état des dettes étant d'ailleurs annexé, ou étant déclaré qu'il n'existe pas de dettes, le droit devrait être perçu sur la valeur des immeubles présens, attendu que la transmission actuelle de la nue-propriété résulterait d'une stipulation expresse. — Instr. 8 juin 1830, 1320, § 4.

2513. — Une donation de biens présens et à venir, avec réserve d'usufruit, est passible du droit proportionnel sur les biens présens, si les donateurs déclarent qu'ils n'ont pas de dettes, ou bien s'il est déclaré que les dettes actives compensent les dettes passives. — Délib. 19 fév. 1828, 28 juill. et 27 oct. 1829.

2514. — Lorsqu'une donation par contrat de mariage de biens présens et à venir, faite avec réserve d'usufruit et sous les conditions d'un droit de retour, contient la stipulation que ce retour ne fera point obstacle à ce que le donataire dispose d'une somme déterminée, il y a transmission actuelle de cette somme au profit du donataire, et lieu par conséquent à la perception du droit proportionnel. — *Cass.*, 20 mars 1833, Braux.

2515. — On doit considérer comme donation entre-vifs, et non comme donation à cause de mort, la donation d'un immeuble, faite dans un contrat de mariage, avec réserve au profit du donateur, de l'usufruit de l'immeuble donné, ainsi que du droit de le vendre, sauf à payer une certaine somme au donataire. En conséquence, si le donateur n'a pas usé de la faculté de vendre, le donataire qui paie les droits de mutation n'est tenu que du demi-droit établi par la loi pour les donations entre-vifs par contrat de mariage, et non du droit dû pour les mutations par décès. — *Cass.*, 17 août 1831, Régnier.

2516. — Mais, ne saurait être considérée comme donation actuelle, sujette au droit proportionnel : 1° la disposition par laquelle des père et mère, par le contrat de mariage de leur fille, lui constituent en dot une somme payable par hypothèque, six mois après leur décès, bien qu'ils s'obligent d'en servir l'intérêt jusqu'à cette époque, et qu'ils se soient réservé le droit de retour. — *Rouen*, 27 juin 1832, d'Estampes.

2517. — ... 2° La donation par contrat de mariage d'une somme d'argent à prendre par préciput sur les biens les plus clairs de la succession du donateur, bien que la donation ait été qualifiée entre-vifs et irrévocable, et que le donataire l'ait acceptée pour lui et ses ayant-cause. — Délib. 15 janv. 1836.

2518. — ... 3° La donation par contrat de mariage d'un immeuble, faite avec réserve d'usufruit par des père et mère au profit de leur enfant et de ses descendans pour recueillir cet immeuble en l'état où ils le laisseront au moment de leur décès, encore bien que l'immeuble soit dit donné en toute propriété, et que les donateurs se soient interdit de le vendre ou hypothéquer. — *Cass.*, 20 nov. 1833, Quatre-Sols.

2519. — La clause par laquelle les père et mère de la future garantissent que la part de celle-ci dans leur succession ne sera pas moindre qu'une somme déterminée, et lui assurent dès à présent et irrévocablement cette part, constitue une véritable institution contractuelle relativement à la perception des droits d'enregistrement. — Délib. 25 juin 1830.

2520. — La clause d'un contrat de mariage par laquelle les père et mère, toujours en se réservant l'usufruit, assurent à leur enfant une quotité de leurs biens, *tels qu'ils se trouveront au jour de leur décès*, ne constitue, quoique stipulée sous l'empire de la cout. de Normandie, qu'une simple institution contractuelle, qui n'opère pas de dépouillement actuel, de telle sorte que si elle est suivie d'un acte de démission, cet acte est passible du droit proportionnel. — *Cass.*, 7 avr. 1823, de Barbantane.

2521. — La clause par laquelle les père et mère du futur lui assurent une part héréditaire égale à celle des autres enfans ou lui promettent de ne point avantager ces derniers est une véritable donation de biens à venir; dès-lors, elle donne ouverture au droit fixe de donation éventuelle. — Solut. 8 déc. 1835; inst. 1518, § 1er.

2522. — Une donation par contrat de mariage qui comprend tous les biens présens et à venir du donateur, avec réserve d'usufruit et de la faculté de disposer d'une somme déterminée, ne donne ouverture au droit de mutation que du jour du décès du donateur, et non de celui où la donation a été faite. — *Cass.*, 28 janv. 1819, Maniglier.

2523. — La donation par contrat de mariage de biens présens et à venir, avec réserve d'usufruit au profit du donateur, et lorsqu'il n'a point été joint à l'acte un état des dettes actuelles, ne saisissant le donataire d'aucune jouissance et ne lui donnant, quant à la propriété, qu'une expectative éventuelle, il n'y a pas lieu au droit proportionnel avant le décès du donateur. — *Cass.*, 17 mai 1815, Brugières.

2524. — Il en est de même : 1° de la donation de biens présens et à venir, lorsqu'il n'a pas été joint à l'acte un état des dettes actuelles. — *Cass.*, 14 mai 1823, Micussens.

2525. — ... 2° De la donation de biens présens et à venir qui n'attribue au donataire aucune jouissance immédiate et ne lui laisse qu'une simple expectative. On doit le décider ainsi, alors même que l'état des dettes des donateurs aurait été annexé à l'acte de donation. — *Cass.*, 1er déc. 1829, Mempontel.

2526. — Les états désignés dans l'art. 1084, C. civ., ne sont passibles que du droit de 1 fr. — Décis. min. fin., 7 juin 1808; inst. 386, no 19.



2527. — La donation de biens présens et à venir, faite par un père à son fils dans le contrat de mariage de celui-ci, avec clause de retour en cas de prédécès du donataire et de sa postérité, et stipulation que le donataire pourra disposer des biens présens, *quant à la nu-propriété, à compter du jour du contrat, et quant à la jouissance, à partir du jour du décès du donateur*, ne doit point être considérée comme opérant la transmission actuelle des biens présens. En conséquence, cette donation ne donne lieu qu'à la perception du droit fixe d'enregistrement, sauf à percevoir le droit proportionnel lors du décès du donateur. — *Cass.*, 15 fév. 1830, Ducayla.

2528. — Lorsqu'une donation par contrat de mariage n'emporte qu'une transmission de biens éventuelle et subordonnée à l'événement du décès du donateur, elle ne peut jouir de l'exemption du demi-droit accordée aux donations entre-vifs faites par contrat de mariage par l'art. 53, § dernier, de la loi du 28 avr. 1816. Et la perception, ne pouvant être immédiate, doit être régie, quant à sa fixation, par la loi existante lors de la mutation et transmission réelle qui s'opère par le fait du décès. — *Cass.*, 23 mars 1840 (t. 1er 1840, p. 520), Bellator de Beaumont, Hardouin, Gravelle.

2529. — Telle est la donation faite par un parent à l'un des époux de biens déterminés pour, par celui-ci, en jouir en toute propriété au jour du décès du donateur, et sous la condition de survie du donataire. — Même arrêt.

2530. — Telle est encore la donation faite par un parent à l'un des époux de tous les biens qui pourront appartenir au donateur et composer sa succession au jour de son décès. Peu importe, d'ailleurs, que cette donation ait été qualifiée par les parties donation entre-vifs. — Même arrêt.

2531. — Les mêmes principes sont applicables lorsqu'il s'agit de donations faites par contrat de mariage entre époux.

2532. — La donation entre époux par contrat de mariage d'une somme à prendre sur les biens que le donateur laissera à son décès est éventuelle, lors même qu'il serait stipulé que la libéralité aurait son effet dans le cas où le donataire viendrait à décéder avant le donateur. Dès-lors, cette donation est passible du droit de 5 fr. — Délib. 11 avr. 1828.

2533. — Lorsque, par leur contrat de mariage, deux époux se sont fait donation au survivant d'eux des biens qu'ils laisseront à leur décès, pour, par le survivant, recueillir l'effet de la disposition à compter du jour du décès du prémourant, il n'y a point là une donation passible actuellement du droit proportionnel de donation par contrat de mariage. C'est là une institution d'héritiers soumise à l'évènement du décès, et passible, à cette époque, du droit de mutation par décès. — *Cass.*, 23 mars 1840 (t. 1er 1840, p. 520), Gravelle.

2534. — Jugé, au contraire, qu'il faut étendre aux donations entre-vifs faites par contrat de mariage entre futurs époux les dispositions de l'art. 53, § dernier, L. 28 avr. 1816, qui n'établit qu'un droit proportionnel pour les donations entre-vifs faites par contrat de mariage aux futurs époux, car la donation faite par le mari à sa femme dans leur contrat de mariage, pour être subordonnée au cas où la femme lui survivra, n'en est pas moins une donation entre-vifs, irrévocable et saisissant la donataire du jour du mariage. — *Cass.*, 15 (et non 16) mai 1834, Rachet.

2535. — ...Que la donation faite par l'un des époux à l'autre, dans le contrat de mariage, de l'usufruit des biens qu'il laissera à son décès, doit jouir de la réduction du droit établie par l'art. 53, L. 28 avr. 1816, pour les donations entre-vifs par contrat de mariage. — *Cass.*, 15 août 1838 (t. 2 1838, p. 153) Leblond.

2536. — ...Que la clause d'un contrat de mariage par laquelle les époux se sont fait don mutuel et réciproque de l'usufruit de tous les biens immeubles dont le prémourant sera propriétaire au jour de son décès, de quelque manière qu'ils lui soient venus ou échus, et sauf réduction en cas de survenance d'enfans, doit être considérée, non comme un gain de société ou communauté soumis seulement au droit fixe d'enregistrement, mais comme une donation au profit du survivant, passible du droit proportionnel. — *Cass.*, 15 fév. 1841 (t. 1er 1841, p. 390), Bertrand-Podevin.

2537. — La clause d'un contrat de mariage portant ameublissement de partie des biens de l'un des époux, et attribution, au profit du survivant, de l'usufruit des biens ameublis, ne peut être considérée par la régie comme une donation faite entre époux, et être passible en conséquence du droit fixe de 5 fr. — *Cass.*, 26 déc. (et non sept.) 1831, Desabes.

2538. — La donation entre époux, par contrat de mariage, au survivant, de l'universalité des biens, meubles et immeubles composant les conquêts de la communauté, et de l'usufruit seulement des biens propres, avec ces circonstances que le préciput stipulé ne se confondra point avec la donation, et que les biens donnés seront indistinctement soumis à la réduction pour cause d'existence d'enfans, doit être réputée non une simple convention du mariage, aux termes de l'art. 1525, C. civ., mais une véritable donation entre époux, dans le sens de l'art. 1091. — Dès-lors, au décès du prémourant, une pareille stipulation opère une mutation de propriété qui donne ouverture au droit d'enregistrement. — *Cass.*, 15 fév. 1832, Collignon.

2539. — La clause insérée dans un contrat de mariage, et portant que la fortune des futurs époux, ainsi que les acquêts, formeront une masse commune qui appartiendra au survivant, ne constitue qu'une convention matrimoniale et entre associés, bien qu'il soit énoncé que cette convention est acceptée par les époux à titre de donation mutuelle entre vifs l'un à l'autre, et qu'en cas d'enfans, le survivant n'aura que l'usufruit de la moitié. — Par suite, la régie n'est pas fondée à réclamer un droit de mutation. — *Cass.*, 24 nov. 1834, Wetsels.

2540. — Lorsqu'un contrat de mariage attribue au survivant des époux la totalité de la communauté mobilière, une part inégale dans les conquêts et l'usufruit de la totalité des immeubles propres du prédécédé, il y a là tout à la fois convention entre associés à l'égard des biens de la communauté, et donation éventuelle à l'égard des biens propres. C'est sur ces biens que le droit de donation doit être perçu. — Délib. 12 janv. 1830.

2541. — N'est passible que du droit fixe, la clause d'un contrat de mariage portant que l'engagement, pris par la mère de la future de nourrir et loger les futurs et leurs enfans, moyennant conservation de la gestion et jouissance des biens de sa fille, devra cesser en cas d'incompatibilité survenue entre les parties et s'il y a séparation. — Délib. 29 sept. 1826. — *Contrôl. de l'enregistr.*, n° 1225.

2542. — Il y a donation éventuelle passible du droit fixe de 5 fr. et, lors de l'événement, du droit proportionnel, dans la stipulation de laisser jouir le survivant, sans lui demander aucun compte des revenus de tous les biens appartenant au prédécédé dans les biens partagés. — Délib. 22 sept. 1837.

2543. — Le nombre de droits fixes de 5 fr. est en raison de celui des donations dont la réalisation est possible. — Solut. 7 nov. 1831 et 12 mai 1832. — Ainsi, il n'est dû qu'un droit fixe de donation éventuelle sur la donation mutuelle que se font les futurs époux par contrat de mariage. — Décis. min. fin. 21 juill. 1820. — Roland et Trouillet, *Dict. d'enregistr.*, v° *Mariage*, § 7, n° 3.

2544. — La disposition d'un contrat de mariage qui porte que le futur a reçu de son père en avancement d'hoirie, une somme de 24,000 fr., à charge par lui de payer à son frère, s'il survit à son père et à dater du décès de celui-ci, une rente viagère de 800 fr. au capital de 12,000 fr., laquelle rente, en cas de prédécès du fils, sera convertie en une rente perpétuelle de 600 fr. au profit de la succession du père, est passible du droit de donation mobilière sur 24,000 fr. et non de celui de 2 p. % sur 12,000 fr.; car il est de principe que, dans les donations des pères aux enfans, le droit d'enregistrement doit porter, non pas sur le capital des stipulations onéreuses, mais seulement sur les valeurs qui sont l'objet de la donation. — Décis. min. fin. 2 nov. 1821. — Roland et Trouillet, *Dict. d'enregistr.*, v° *Donation*, § 4, n° 6.

2545. — Lorsqu'une donation mobilière est faite par contrat de mariage au futur, à la charge de payer une somme à un tiers, il est dû deux droits de mutation à raison de la qualité des deux donataires; et le droit exigible sur la somme donnée au second donataire, ne profite pas de la diminution accordée en faveur du mariage. — Délib. 29 déc. 1837.

2546. — Lorsqu'une dot de 40,000 fr. en argent a été constituée moyennant l'abandon par le futur aux donateurs de la jouissance viagère d'un immeuble valant 14,000 fr., il y a là deux donations distinctes; mais l'une de ces donations n'étant que la conséquence de l'autre, il ne peut être perçu un droit distinct sur chacune d'elles. Seulement, comme la perception doit se faire de la manière la plus avantageuse pour le trésor, il y a lieu de percevoir le droit de 4 pour 100 sur la donation de la jouissance de l'immeuble de préférence à celui de 62 cent. 1/2 sur les 40,000 fr. Mais si la constitution de la dot avait été faite moyennant le service d'une rente viagère par le donataire, cette



charge serait considérée, non comme une donation distincte, mais comme une diminution momentanée de jouissance; le droit ne serait alors exigible que sur la donation de 40,000 fr. — Solut. 9 janv. 1832.

2547. — La stipulation d'un contrat de mariage par laquelle, d'une part, le père du futur lui constitue une pension annuelle, et de l'autre le futur abandonne l'usufruit de ses droits maternels à son père pendant toute la durée de la pension, ne peut être considérée comme ayant pour fondement une transmission d'usufruit à titre onéreux, donnant ouverture au droit proportionnel de 5 fr. 50 c. %. — Elle doit, au contraire, être réputée avoir pour objet principal une libéralité consistant dans la constitution de pension, et pour accessoire la transmission d'usufruit; et, comme telle, aux termes de l'art. 11, L. 22 frim. an VII, qui défend toute perception de droit particulier sur la disposition conséquence d'une autre, elle n'est passible que du droit proportionnel de donation de 62 c. 1/2 p. 100 fr. à percevoir sur le capital de la pension. — *Cass.*, 6 janv. 1834, de Perry.

2548. — Toutefois, la régie considère que les clauses de cette nature constituent des donations mutuelles; qu'on ne peut dire que l'ascendant est plutôt donateur que donataire, et qu'ainsi tout en ne percevant qu'un seul droit, puisque l'une des donations est la conséquence de l'autre, il faut retenir le plus fort. — Délib. 13 déc. 1833; Solut. 13 juin 1834. — Ainsi des père et mère constituent en dot à leur fils une somme de 40,000 fr. à la charge de les laisser jouir d'un bien à lui appartenant et d'un revenu de 1,400 fr.; on doit percevoir 4 p. % sur 14,000 fr. et non 62 cent. 1/2 p. % sur 40,000 fr. — Solut. 1er 1831; — Roland et Trouillet, *Dict. d'enregistr.*, v° *Donation*, § 4, n° 10.

2549. — La donation entre-vifs, faite en ligne directe par contrat de mariage, d'une somme payable en argent ou en *effets de l'hoirie*, doit être réputée mobilière, et, comme telle, passible d'un simple droit de 62 c. 1/2 %; seulement, en cas de paiement en biens-fonds, il sera dû un droit immobilier pour cette mutation de propriété. — *Cass.*, 15 juin 1808, Graç.

2550. — Lorsque des père et mère s'engagent à payer la dot de leur fille en biens-fonds dans un temps déterminé, s'ils n'aiment mieux se libérer en argent, il y a là une donation mobilière soumise seulement au droit de 62 cent. 1/2 p. 100 fr. — Délib. 20 mai 1833.

2551. — Lorsque, pour s'acquitter d'une donation faite à son fils par contrat de mariage et payable en argent ou en biens-fonds au choix du donateur, celui-ci fait l'abandon d'un immeuble au donataire, on a pu décider qu'un pareil abandon n'était que l'exécution et le complément du contrat antérieur, et que, par suite, il n'y avait pas lieu au droit proportionnel. — *Cass.*, 16 brum. an XII, Geoffroy. — Ce jugement, dit M. Teste-Lebeau, semble contraire aux principes; mais il a été déterminé surtout par ces circonstances, que les faits qui ont donné lieu au procès étaient antérieurs à la publication de l'art. 529, C. civ., et qu'il était déclaré, en fait, dans le jugement attaqué, que l'acte contenant libération de la dot en biens immeubles n'était que l'exécution de la disposition alternative du contrat qui la renfermait. — *Dict. analyt. des arrêts d'enreg.*, v° *Donation alternative*, n° 4.

2552. — Décidé depuis que lorsqu'une dot d'une somme d'argent a été stipulée payable en numéraire ou en immeubles, à la volonté du père, en admettant que la dation d'immeubles en paiement ne soit que l'exécution et le complément de la donation, et ne donne lieu, par conséquent, au droit proportionnel de vente, toujours est-il qu'il doit être perçu sur le nouvel acte, non pas un simple droit fixe, mais bien le droit proportionnel dû pour les donations immobilières, sous la distraction toutefois du droit originairement perçu pour donation mobilière. — *Cass.*, 31 août 1808, Martigné; 4 oct. 1808, Saban.

2553. — La donation entre-vifs d'une somme d'argent faite par des père et mère à leur fils dans son contrat de mariage, avec faculté d'exiger, après leur décès, en remplacement de cette somme, un immeuble désigné, ne peut être considérée comme une donation de biens immeubles. — *Cass.*, 20 août 1827, Perrier.

2554. — Il ne faut pas confondre avec les donations de sommes payables en argent ou en immeubles, au choix du donateur (instr. 405 et 766), la donation faite, par contrat de mariage, d'un immeuble avec réserve d'usufruit, ou d'une somme à prendre sur le prix de cet immeuble, si le donateur use de la faculté qu'il se réserve d'en faire la vente. Dans le premier cas, le donataire n'est saisi que d'une simple créance, et il n'est dû que le



droit de donation mobilière sur le contrat de mariage, sauf la perception du droit de donation immobilière sur l'acte postérieur portant délivrance des immeubles par le donateur. Dans le second cas, au contraire, la donation saisit actuellement le donataire de l'immeuble, et la réserve de la faculté de vendre n'est qu'une condition résolutoire qui n'empêche pas la transmission immédiate. Le droit de mutation immobilière doit donc être perçu. — Instr. 1388, § 2; — Roland et Trouillet, *Dict. d'enreg.*, v° *Donation*, § 3, n° 6.

2555. — La donation d'un immeuble à la charge, par le donataire, d'imputer sur sa valeur une constitution de dot en argent que lui a faite précédemment le donateur par son contrat de mariage, substituant à une constitution dotale mobilière la transmission d'une propriété immobilière, ne peut être, pour la perception du droit d'enregistrement, considérée comme l'exécution du contrat de mariage, et dès-lors est passible du droit proportionnel fixé pour la mutation des propriétés immobilières. — *Cass.*, 2 avr. 1826, de Beauffremont.

2556. — La réduction du droit de donation s'applique-t-elle aux donations faites en faveur du mariage, mais par un autre acte que le contrat de mariage lui-même? — La régie avait d'abord adopté l'affirmative, par le motif que la loi ne détermine pas le protocole d'un tel contrat, et que pourvu que la donation soit faite *avant* et dans la vue du mariage, l'intention de la loi qui a voulu favoriser les mariages, est remplie. D'ailleurs, toute donation en faveur du mariage est caduque si le mariage ne s'ensuit pas. — Délib. 17 juin 1827; — Roland et Trouillet, *Dict. d'enreg.*, v° *Mariage*, § 4, n° 6.

2557. — Mais jugé, au contraire, que les donations en faveur de mariage, mais hors contrat de mariage, ne jouissent pas de la réduction du droit établie pour les donations par contrat de mariage. — *Cass.*, 30 janv. 1839 (t. 1er 1839, p. 132), Prévost; 7 nov. 1842 (t. 2 1842, p. 610), mêmes parties.

2558. — ... Et cela encore bien qu'il soit constant que cette donation a eu pour motif déterminant le mariage projeté. — *Cass.*, 7 nov. 1842 (t. 2 1842, p. 610), Prévost.

2559. — De même, la réduction du droit proportionnel accordé aux donations par contrat de mariage n'est point applicable à une donation *en faveur de mariage* faite avant la célébration par un acte autre que le contrat où sont contenues les conventions matrimoniales, alors même que la personne avec laquelle l'établissement doit avoir lieu est désignée, et qu'un contrat de mariage énonce la qualité de futur époux de cette personne. — Délib. 15 mars 1836.

2560. — La réduction du droit ne s'étend pas non plus aux donations qui sont faites à l'occasion du mariage; dès-lors, la donation immobilière qu'un testament et un partage constatent avoir été faites verbalement par le testateur à l'un de ses enfans, à l'époque de son mariage, est soumis au droit, ou, à défaut d'enregistrement dans les trois mois, au double droit. — Délib. 17 déc. 1836.

2561. — Mais la donation entre-vifs faite par un père à son fils et qui n'est acceptée par celui-ci que postérieurement dans son contrat de mariage, n'est passible que du droit d'enregistrement fixé pour les donations faites en ligne directe par contrat de mariage. — *Cass.*, 9 avr. 1828, Grégori. — V. conf. Wodon, *Comment. sur la loi du 22 frim. an VII*, n° 879.

2562. — Lorsque, dans un contrat de mariage, il est énoncé que le futur a précédemment reçu de son père, présent à l'acte, une somme d'argent à titre d'avancement d'hoirie, cette donation doit être considérée comme faite par contrat de mariage. — *Dict. d'enreg.*, v° *Donation*, n° 121.

2563. — Toutefois, il ne dépendrait pas des parties de changer le caractère d'une libéralité faite antérieurement au contrat de mariage. C'est à sa constitution même qu'il faut se reporter pour déterminer la nature qui lui appartient, et décider si le donateur a eu ou non le mariage en vue dans sa disposition. A cet égard, les règles ordinaires du droit civil et de l'interprétation des conventions doivent être appliquées en les combinant toutefois avec celles de la loi fiscale. — Championnière et Rigaud, *Tr. des droits d'enreg.*, t. 4, n° 2943.

2564. — Un contrat de mariage qui serait passé après la célébration, ne pourrait pas motiver la réduction des droits sur les donations, attendu qu'elles ne seraient plus censées faites en faveur du mariage. — *Dict. des dr. d'enreg.*, v° *Donation*, n° 193.

2565. — Lorsque, par son contrat de mariage, un individu s'est constitué en dot un immeuble dont il s'est dit propriétaire, comme lui provenant de la libéralité de ses père et mère, et que, postérieurement à ce contrat de mariage, le père

déclare dans un acte en forme de donation, qu'il avait entendu donner cet immeuble à son fils pour son mariage, et que c'est par omission que le contrat de mariage ne contient pas cette donation, déclarant la renouveler en tant que de besoin, la donation doit être réputée étrangère au contrat de mariage, et dès-lors elle est passible du droit proportionnel de 2 1/2 %, comme donation en ligne directe faite dans un acte autre que le contrat de mariage, et assujétie au double droit, faute d'avoir été présentée à l'enregistrement dans le délai. — *Cass.*, 2 mai 1820, Chrestien de Chanteloup.

2566. — Les contrats de mariage faits sous seing-privé en Normandie avant la promulgation du Code civil étant valables, et leur date étant assurée lorsqu'ils étaient signés par les parens des parties contractantes, un tribunal a pu appliquer aux donations faites aux futurs époux par un contrat de mariage de cette espèce la faveur accordée par l'art. 69, L. 22 fr. an VII. — *Cass.*, 20 janv. 1809, Gravelle de Sulis.

2567. — Comme les donations entre époux pendant le mariage, essentiellement révocables (C. civ., art. 1096), ne dessaisissent pas le donateur, que celui-ci conserve le droit d'aliéner et d'hypothéquer les biens, et que ce n'est qu'à sa mort que le droit éventuel conféré par la donation se réalisera pour le donataire, il suit de là que ces donations n'opèrent pas de mutation de propriété, et qu'elles ne sont assujéties qu'au droit fixe, sauf, dans le cas de non-révocation de la donation, le paiement du droit proportionnel dans les six mois du décès du donateur. — Instr. 3 fructid. an XIII, 290, no 27; — Championnière et Rigaud, t. 3, no 2989.

2568. — En tout cas, quand il y a eu donation entre-vifs d'immeubles entre époux, cette donation n'étant passible que du droit de 3 %, il y a lieu de casser le jugement qui a maintenu une perception à raison de 5 % faite sur une pareille donation. — *Cass.*, 22 fév. 1831, Chaliès.

2569. — Il en serait de même encore bien que la donation eût été stipulée avec dessaisissement actuel et irrévocable en faveur du donataire de la nu-propriété des biens donnés. — Délib. 11 fév. 1834; décis. min. fin. 26 mars 1838; — Roland et Trouillet, *Dict. d'enreg.*, vo *Donation*, § 10, no 2.

§ 3. — *Dons manuels.*

2570. — Le don manuel, par lui-même et en tant qu'il constitue une transmission de meubles opérée verbalement, n'est soumis par la loi à aucun droit d'enregistrement. — Délib. 19 août 1831; instr. 1386, § 8.

2571. — La raison en est simple; le don manuel étant parfait et consommé par la tradition, ne peut plus recevoir un nouveau titre par la déclaration qui en est ultérieurement faite par l'une des parties ou même par toutes les deux. Cette déclaration ne saurait donc donner ouverture à un droit de donation. — Championnière et Rigaud, t. 3, no 2309.

2572. — Il suit de là que si, après la consommation d'un don manuel, ce don est seulement déclaré ou énoncé dans un acte quelconque par l'une des parties *hors de la présence de l'autre*, ou même après son décès, cette déclaration ou énonciation ne donne ouverture à aucun droit proportionnel. En effet, la mention d'une convention dans un acte postérieur ne pourrait être passible d'un droit proportionnel que dans le cas où la convention par elle-même serait sujette à ce droit. — Délib. 19 août 1831; instr. 1388, § 3.

2573. — Ainsi, quand la déclaration du don manuel a lieu dans un contrat de mariage comme énonciation de l'origine de l'apport, cette déclaration est une disposition intégrante de l'acte et n'est passible d'aucun droit (Délib. 28 sept. 1825, 8 janv. 1828, 19 août 1831; solut. 6 mai 1830). On ne peut donc dès-lors percevoir le droit sur un don manuel qui n'est connu que par la déclaration faite par la future dans son contrat de mariage qu'elle apporte une somme provenant de divers dons manuels que ses parens lui ont faits. — Solut. 20 fév. 1830; — Roland et Trouillet, *Dict. d'enreg.*, vo *Don manuel*, no 6.

2574. — Le don manuel d'objets mobiliers n'est point passible du droit de donation, bien qu'il soit énoncé postérieurement dans un acte où figurent le donateur et le donataire, quand le donateur assiste au contrat en une autre qualité, et que l'énonciation n'a pas pour but de créer un titre en sa faveur.

2575. — Ainsi jugé que le droit proportionnel de donation n'est pas dû sur la clause d'un contrat de mariage dans laquelle la future déclare se constituer en dot une somme provenant d'un don manuel à elle fait par une personne présente au contrat. — *Cass.*, 2 août 1836 (t. 2 1838, p. 94), d'Yrumberry.

2576. — ... Et alors que cette personne n'assiste au contrat que comme parent et témoin honoraire. — *Cass.*, 21 (et non 20) déc. 1831, Violette. — V. conf. délib. 1er mars 1833.

2577. — ... Que l'énonciation dans un contrat de mariage qu'une somme que le futur se constitue lui a été précédemment donnée manuellement par son père est affranchie du droit de donation mobilière, bien que le père ait figuré au contrat, si d'ailleurs cet acte ne renferme aucune stipulation de sa part, et qu'il n'y a assisté que pour donner son agrément au mariage. — *Cass.*, 18 avr. 1834, Testenoire. — V. *contrà* solut. 9 mai 1835.

2578. — Quand l'énonciation portée dans un contrat de mariage que *la mère de la future fait donation à la future d'une certaine somme*, a été biffée et remplacée, au moyen d'un renvoi, par cette autre, que *la future apporte cette même somme comme provenant d'un don manuel à elle fait par sa mère*, il n'y a pas lieu au droit proportionnel de mutation, encore bien que l'acte constate qu'il a été passé en présence de la mère et de son agrément. — *Cass.*, 19 déc. 1837 (t. 1er 1837, p. 139), Erhardt.

2579. — Mais lorsqu'un don manuel antérieurement consommé est énoncé dans un acte où figurent à la fois le donataire et le donateur, en sa qualité de donateur, le droit proportionnel est dû; car si la tradition purement manuelle n'est sujette à aucun droit, elle constitue une donation proprement dite, du jour où les parties la constituent dans un acte. — Solut. 30 oct. et 8 déc. 1829; Instr., 1307, § 5, et 1528, § 6.

2580. — Ainsi la reconnaissance faite par une mère dans l'acte de liquidation entre elle et ses enfans, après le décès du père, d'un don manuel qui aurait été fait à l'un de ses enfans par son père et par sa mère, constitue un titre sur lequel il y a lieu de percevoir le droit proportionnel. — *Cass.*, 9 août 1836, Rouot.

2581. — Ainsi jugé encore que la déclaration d'un don manuel faite dans un contrat de mariage en présence du donateur, avec stipulation que, s'il y a lieu, la somme donnée sera imputée sur le reliquat d'un compte de tutelle non encore rendu, doit être considérée comme ayant pour but et pour résultat de créer un titre, tant à l'égard du donateur présent à l'acte que du donataire créancier du compte de tutelle, et que dès-lors elle donne ouverture au droit proportionnel de donation par contrat de mariage. — *Cass.*, 16 mars 1840 (t. 1er 1840, p. 712), Leaporte.

2582. — ... Que la déclaration d'un don manuel dans un acte postérieur de donation entre-vifs d'immeubles passé entre les mêmes parties est passible du droit proportionnel, lorsqu'il en résulte la preuve de la transmission à titre gratuit des objets mobiliers, et, par suite, un titre suffisant pour le donateur, soit pour lui assurer une garantie contre le donataire, soit pour exercer un droit de répétition ou de révocation. — *Cass.*, 12 fév. 1844 (t. 1er 1844, p. 337), Cottin.

2583. — ... Que le droit de donation est dû lorsque la présence du donateur donne à la déclaration du don manuel l'effet d'une stipulation ou d'un titre en faveur de ce donateur du futur époux ou des cohéritiers de celui-ci. — Tel est le cas où, dans son contrat de mariage, le futur déclare en présence de ses père et mère qu'une somme qu'il a reçue d'eux manuellement lui a été comptée à titre d'avancement d'hoirie et par imputation sur ses droits mobiliers et immobiliers dans la succession future des donateurs ou du prémourant de ses auteurs. — *Cass.*, 5 juin 1844 (t. 1er 1844, p. 799), Delahaye; 18 nov. 1845 (t. 2 1845, p. 631), Delor.

2584. — Lorsqu'un contrat de mariage porte que la future, majeure, et assistée de son père, se constitue en dot une somme qu'elle déclare lui provenir d'un don manuel à elle antérieurement fait par sa belle-tante; que de plus celle-ci figure au contrat, non dans la classe des parens et amis, mais comme partie principale, et qu'enfin l'acte est passé dans la demeure même de cette belle-tante, les juges ont pu se fonder sur les circonstances et sur la notoriété publique pour décider que la forme du don manuel n'avait été qu'une simulation pour frauder les droits d'enregistrement, et qu'il y avait eu une véritable donation mobilière. — *Cass.*, 26 mai 1841 (t. 2 1841, p. 100), Robert.

2585. — Lorsqu'après un contrat de mariage où la future a reconnu qu'un don manuel de 59,000 fr. lui avait été fait par une personne indiquée, non présente au contrat, un second acte contenant des changemens à ce contrat de mariage, et passé entre les mêmes parties, plus le donateur et sa femme, constate que celle-ci, autorisée de son mari, fait donation à la future d'une somme dont le mari garantit le paiement, et dont la remise est faite au futur, « qui reconnaît cette somme sur ses biens, comme il a reconnu dans son contrat de mariage celle de 59,000 fr. qu'il a reçue pour les causes y exprimées, » le droit de donation est exigible sur ces 59,000 fr. lors de l'enregistrement du second acte. — Délib. 3 janv. 1837.

2586. — Sous l'empire de la loi du 28 avr. 1816, la clause d'un contrat de mariage par laquelle un tiers intervenant déclare qu'il est chargé par une personne qui ne veut pas être nommée de remettre 3,000 fr. à la future, est passible du droit de donation de 4 %, et non de celui de délivrance de legs, puisqu'il n'a pas été perçu de droit de mutation antérieure. — Délib. 31 mars 1826; — Roland et Trouillet, *Dict. d'enreg.*, vo *Don manuel*, no 8.

2587. — Lorsque la déclaration d'un don manuel a lieu, soit dans un inventaire, soit dans un partage, pour établir la consistance de la succession, cette déclaration est une disposition intégrante de l'acte, et n'est passible d'aucun droit. — Délib. 12 déc. 1826; solut. 11 mai 1830; — Roland et Trouillet, *Ibid.*, no 5. — V. *contrà* délib. 11 juill. 1828.

2588. — Le droit proportionnel de donation n'est pas exigible sur la reconnaissance faite par un des héritiers dans l'inventaire des biens d'une succession qu'une somme qu'il avait précédemment déclaré apporter en mariage comme étant le fruit de ses épargnes, lui a été en réalité donnée par le défunt. — Solut. 12 janv. 1838.

2589. — Si, dans un partage de communauté fait entre les enfans et le survivant des époux, on comprend dans la masse un don manuel reçu par l'un des copartageans à titre de supplément de dot, à condition qu'il serait imputé sur la succession du prémourant, le droit de donation ne peut être perçu, puisque le décédé est censé le seul donateur. — Délib. 27 août 1833; — Roland et Trouillet, *Ibid.*, no 5.

2590. — Bien qu'un don manuel soit reconnu en justice par le donataire sur la demande en nullité pour cause d'ingratitude, il n'est point passible du droit proportionnel, même sur le jugement qui en ordonne le maintien; car il n'existe aucune condamnation qui puisse justifier la perception d'un droit de titre; il n'y a que le simple maintien d'une chose préexistante. — Solut. 6 fév. 1832; — Roland et Trouillet, *ibid.*, no 10.

2591. — Sous l'empire de la loi du 28 avr. 1826, le droit de 3 1/2 % est exigible, à titre de donation mobilière entre étrangers, sur la transaction par laquelle celui qui a reçu un don manuel renonce à une partie de la somme donnée au profit des enfans du donateur décédé, et cela bien que la donation fût attaquable en elle-même. Délib. 16 avr. 1830.

2592. — Si la déclaration du don manuel hors de la présence de l'une ou de l'autre partie a lieu par un acte exprès, ou si, dans un autre acte, elle constitue une disposition indépendante, elle donne ouverture au droit fixe de 2 fr. — Délib. 19 août 1831; instr. 1388, § 3.

§ 4. — *Donations contenant partage d'ascendant.*

2593. — On a vu plus haut (no 2418) : 1o que l'ar L. 16 juin 1824, a réduit à 25 cent. p. 100 fr. sur les meubles et à 1 fr. p. 100 sur les immeubles, les donations portant partage, faites par actes entre-vifs, conformément aux art. 1075 et 1076, C. civ., par les père et mère ou autres ascendans entre leurs enfans et descendans; — 2o et que le droit de transcription de 1 1/2 % n'est perçu que lorsque la transcription est requise au bureau des hypothèques.

2594. — Cette disposition de l'art. 3, L. 16 juin 1824, n'est ni une faveur ni une exception; son objet est, au contraire, de rétablir l'uniformité dans le tarif des mutations en ligne directe. — Championnière et Rigaud, t. 3, no 2606.

2595. — La loi du 16 juin 1824 est applicable lors même qu'il n'existe qu'un héritier présomptif du donateur. — *Dict. des dr. d'enreg.*, vo *Donation*, no 293.

2596. — Jugé, au contraire, que cette loi n'est pas applicable à une donation d'un seul immeuble faite par des père et mère à leur enfant unique, lors même qu'elle serait déclarée faite dans les termes des art. 1075 et 1076, C. civ. — *Cass.*, 13 août 1838 (t. 2 1838, p. 104), Louvet; — solut. 22 sept. 1824; instr. 1150, § 5.

2597. — Le bénéfice de l'art. 3, L. 16 juin 1824, est applicable à un partage fait par des ascendans entre tous leurs enfans, et dans lequel une part est assignée à un enfant naturel. — Solut. 15 avr. 1834 et 19 mars 1835.

2598. — La donation faite à des petits-enfans durant la vie de leurs père et mère ne pouvant être considérée comme une démission de biens

dans le sens de la loi de 1824, est assujétie au droit ordinaire des donations en ligne directe. — Solut. 30 mars 1825, appr. le 13 avr.; — *Dict. des dr. d'enreg.*, vº *Donation*, nº 295. — V. *contrà* solut. 27 oct. 1832.

2599.—Le bénéfice de la loi du 16 juin 1824 doit profiter au petit-fils qui n'est pas appelé à succéder immédiatement à son aïeul, et lors même qu'au partage anticipé fait par cet aïeul il figure comme donataire, en même temps que son auteur immédiat y prend part comme héritier. — *Cass.*, 30 déc. 1834, Pavin Delafarge.

2600. — L'art. 3, L. 16 juin 1824, n'est pas applicable à la donation faite par des enfans nés et à naître, lors même qu'il est dit que la disposition est faite en vertu des art. 1075 et 1076, C. civ., et à titre de partage. — *Cass.*, 20 janv. 1840 (t. 1er 1840, p. 190), Laffitte; — délib. 22 août 1837.

2601. — La réduction du droit est applicable à une donation à titre de partage anticipé, bien que faite en l'absence de quelques uns des donataires qui l'acceptent provisoirement. Dans ce cas, le droit de 1 % est exigible à mesure que les acceptations ont lieu. — Délib. 29 mai 1827.

2602. — Mais si le partage anticipé ou la donation faite à tous les enfans ne perd pas son caractère par le défaut d'acceptation, le droit proportionnel doit toujours, dans ce cas, être perçu sur la totalité des biens donnés et compris dans le partage anticipé, tant sur les biens attribués aux enfans présens et acceptant que sur ceux dévolus aux enfans non présens au contrat. — Instr. 31 déc. 1838, 1577, § 9, et 5 fév. 1839.

2603. — L'art. 3 L. 16 juin 1824 est applicable à l'acte par lequel des ascendans donnent à l'un de leurs enfans, présent et acceptant, des immeubles d'une valeur égale à la huitième partie de leurs biens, et forment du surplus un lot destiné indivisément à sept autres de leurs enfans non présens. En conséquence, cet acte n'est soumis qu'au droit de 1 %. — *Cass.*, 11 avr. 1838 (t. 1er 1838, p. 570), Lepoulichet.

2604. — Décidé également que l'art. 3, L. 16 juin 1824 est applicable à l'acte par lequel un père fait donation entre-vifs de ses biens à plusieurs de ses enfans seulement. — *Cass.*, 26 avr. 1836, Domaine privé du roi.— Championnière et Rigaud, t. 3, nº 2605.

2605. — Décidé au contraire que la réduction n'a pas lieu en faveur du partage entre-vifs, fait en faveur de tous les enfans du donateur, mais en l'absence de l'un d'eux. Peu importe que l'un des donataires présens ait accepté en se portant fort pour l'un des absens, ou qu'il ait été chargé de lui compter une somme déterminée pour le remplir de sa part. — Délib. 30 sept. 1836.

2606. — La donation faite par une mère à l'un de ses six enfans du sixième d'un domaine, en l'absence de ses autres enfans, et aux conditions suivantes : *qu'il ne pourra rien prétendre sur les cinq autres sixièmes dudit domaine, et qu'il aura la faculté d'en provoquer le partage quand il lui plaira*, est une donation pure et simple, passible du droit de 2 1/2 %, et non un partage anticipé, tel qu'il est autorisé par les art. 1075, 1076 et 1078, C. civ., et passible seulement du droit de 1 %. — *Cass.*, 23 janv. 1828, Jacquin.

2607. — L'acte par lequel un père donne, à titre de partage anticipé, un domaine déclaré impartageable à l'un de ses enfans, seul présent et acceptant, à la charge de payer aux créanciers de l'autre enfant une somme formant la part de celui-ci, n'est soumis qu'au droit de 1 %. — *Cass.*, 30 déc. 1839 (t. 1er 1840, p. 117), Rigault.

2608. — Un partage anticipé fait sous la forme de donation entre-vifs par des père et mère à leurs enfans, et dans lequel les immeubles sont attribués indivisément à deux d'entre eux, ne cesse point pour cela d'être un véritable partage, dans les termes des art. 1075 et 1076, C. civ., et d'être dispensé à ce titre des droits proportionnels, conformément à l'art. 3, L. 16 juin 1824. — *Cass.*, 28 avr. 1829, Adam.

2609. — On doit considérer comme un partage dans le sens des art. 1075 et 1076, C. civ., et non comme donation pure et simple, l'acte par lequel un père de famille, exprimant l'intention de faire le partage anticipé de ses biens entre tous ses enfans, donne tous ses immeubles à deux d'entre eux, sans attribution de parts, et les charge de payer au troisième une somme d'argent; en conséquence, cet acte n'est soumis qu'au droit d'enregistrement de 1 %. — *Cass.*, 1er déc. 1830, Poujade. — Conf. délib. 11 avr. 1826, 21 mars 1828 et 6 juill. 1845. — Roland et Trouillet, *Dict. d'Enreg.*, vº *Donation*, § 13, nº 12. — *Contrà* décis. min. fin. 14 sept. 1829.

2610. — La réduction du droit a lieu quand des père et mère font donation d'un immeuble, à titre de partage, à un de leurs enfans majeur, à charge de payer une somme déterminée à ses frères et sœurs mineurs pour lesquels acceptation est faite par un tiers, bien qu'il n'ait pas qualité à cet effet. — Délib. 20 mai 1834.

2611. — L'acte qualifié seulement de donation entre vifs, par lequel un père donne à quelques uns de ses enfans des biens par préciput et avec clause de substitution, à la charge par eux de servir à ses autres enfans soit une rente viagère, soit une pension alimentaire, doit être considéré, pour la perception du droit d'enregistrement, non comme un partage d'ascendant, mais comme une donation ordinaire, alors surtout que les enfans pourvus de rentes viagères n'étaient pas tous présens pour les accepter. — *Cass.*, 8 juin 1841 (t. 1er 1842, p. 267), Viollette.

2612. — Lorsque après avoir doté l'un de leurs enfans, des père et mère partagent le surplus de leurs biens entre trois autres, la loi du 16 juin 1824 est applicable. — Roland et Trouillet, *Dict. d'Enreg.*, vº *Donation*, nº 303.

2613. — Il en est de même dans le cas où les père et mère de cinq enfans partagent entre quatre d'entre eux le restant des biens dont ils ont précédemment donné une partie au cinquième, s'ils ont soin de rappeler cette donation dans l'acte de partage. — Délib. 14 fév. 1834.

2614. — Lorsque, dans un partage d'ascendans, il est fait attribution à l'un des co-partageans, pour la composition fictive de son lot, de sommes qui lui ont été antérieurement données par ses père et mère, sans quittances, et à la charge de rapport, il n'y a pas lieu de percevoir sur ces sommes un droit proportionnel. — *Cass.*, 28 avr. 1829, Adam.

2615. — L'acte par lequel un ascendant, après avoir rappelé les dots constituées à deux de ses enfans en avancement d'hoirie, fait donation aux autres d'une portion de biens *à titre d'égalisation*, doit, alors même que les deux premiers donataires n'y seraient pas parties, et surtout si, loin de l'attaquer, ils l'exécutent, être considéré comme un partage anticipé et jouir dès-lors, quant au droit d'enregistrement, du bénéfice établi pour les actes de cette nature par la loi du 16 juin 1824. — *Cass.*, 9 août 1837 (t. 2 1837, p. 156), Achard.

2616. — La réduction du droit s'étend au cas où, après avoir doté leurs deux enfans d'une manière inégale, les ascendans font postérieurement, par un acte séparé, une nouvelle donation à celui qui a reçu une part moins forte, et cela dans le but d'égaliser les deux lots. — Délib. 20 janv. 1838.

2617. — Lorsque après avoir déjà disposé d'une partie de la quotité disponible au profit de l'un de ses enfans, un père donne le surplus en lots inégaux à chacun des autres, par préciput et hors part, sans énoncer qu'il agit aux termes des art. 1075 et 1076, C. civ., il y a donation et non point partage anticipé; en conséquence, les donataires ne peuvent invoquer la réduction du droit proportionnel établie en faveur des actes de cette seconde espèce par la loi du 16 juin 1824. — Délib. 11 janv. 1839.

2618. — Lorsque des père et mère donnent à leur fils un immeuble à titre de partage anticipé (C. civ. 1075 et 1076) pour le faire jouir d'un avantage égal à la dot précédemment constituée à sa sœur (ou à ses frères et sœurs), il n'y a point lieu d'appliquer l'art. 3 L. 16 juin 1824. En effet, les caractères distinctifs du partage sont le réglement des droits entre les copartageans et l'établissement de la masse à partager. Or, ces caractères ne sauraient se rencontrer dans un acte contenant au profit de l'un des héritiers seulement la donation d'un seul immeuble, sans aucune fixation de la masse à partager ni des droits des parties. — Délib. 26 janv., et 12 oct. 1838; Solut. 1er juin 1838.

2619. — Lorsque le père, débiteur de deux de ses trois enfans, leur fait à tous donation avec partage anticipé de ses biens; qu'il attribue aux deux enfans créanciers deux lots à titre de prélèvement, à la charge de le tenir quitte, et qu'il fait ensuite, pour le surplus des biens, trois lots qui sont tirés au sort, le prélèvement des deux lots est une dation en paiement passible du droit de vente. — *Cass.*, 11 déc. 1838, Moricet; 27 janv. 1840 (t. 1er 1840, p. 719), Goubin.

2620. — Les actes par lesquels des père et mère abandonnent, à titre de donation, leurs biens à leurs enfans, à la charge par ceux-ci de les nourrir ou de leur servir une rente viagère, ou sous d'autres conditions imposées aux démissionnaires, rentrent dans la classe des donations en ligne directe. — Décis. min. fin. 10 avr. 1818; Instr. 832; — Roland et Trouillet, *Dict. d'enreg.*, vº *Donation*, § 1er, nº 9.

2621. — Lorsqu'une donation à titre de partage anticipé porte que l'un des donataires entretiendra le donateur, moyennant une pension qui lui sera payée par les autres donataires, c'est là une condition de la donation qui ne donne lieu à aucun droit particulier. — Délib. 13 août 1833.

2622. — Une démission de biens ne peut être considérée comme vente à fonds perdu, par cela qu'une pension viagère a été stipulée au profit de l'ascendant, parce que les enfans sont tenus à des alimens envers leurs père et mère. — *Journ. de l'enreg.*, nº 79. — Car, quelque considérable que soit la charge imposée à la chose, la donation ne cessant pas d'être gratuite, ne saurait être confondue avec un contrat à titre onéreux. — Championnière et Rigaud, t. 3, nº 2248.

2623. — Lorsque des père et mère ont, comme condition d'une donation contenant partage, réservé au survivant d'eux l'usufruit des biens donnés, il doit être perçu un droit fixe de 5 fr. sur l'acte, plus le droit de mutation au décès du premier mourant, à raison de l'usufruit réservé. — Délib. 22 sept. et 10 nov. 1837.

2624. — Par la même raison, la donation faite par une mère à deux de ses enfans, à la charge de nourrir et entretenir un autre fils de la donatrice accceptant, n'est passible du droit proportionnel que sur le capital du revenu des biens donnés, sans qu'il y ait lieu de regarder comme une donation tacite en collatéral le consentement donné par celui-ci à la donation qui semble le priver de ses droits. — Délib. 22 sept. 1824; — Roland et Trouillet, *Dict. d'enreg.*, vº *Donation*, § 4, nº 7.

2625. — Avant la loi du 16 juin 1824, lors même qu'un père a fait, entre ses enfans présens, le partage de ses immeubles actuels, mais avec réserve d'usufruit en sa faveur, et stipulation que les enfans paieraient les dettes qu'il laisserait à son décès, un tribunal a pu décider qu'il n'y avait point là transmission actuelle de propriété, et, par conséquent ouverture au droit proportionnel. — *Cass.* 14 juill. 1807, Mercier; — Décis. min. fin. 28 avr. 1818.

2626. — Jugé de même que, lorsque des père et mère font donation, par forme de partage de leurs biens immeubles, à deux de leurs filles, sous réserve d'usufruit, à la charge en outre par les donataires de payer une certaine somme à leurs deux autres sœurs dont l'une est mineure, et sous l'obligation imposée aux quatre enfans d'acquitter les dettes que les donateurs laisseront à leur décès, un pareil acte doit être considéré, non comme une donation entre-vifs irrévocable, sujette au droit proportionnel, mais comme un partage soumis au simple droit fixe. — *Cass.*, 13 avr. 1815, Missol et Dugoujard.

2627. — La donation portant partage entre les enfans des donateurs, sous réserve de la quotité disponible par le même acte, à la petite fille de ceux-ci, doit jouir du bénéfice de l'art. 3, L. 16 juin 1824, même sur cette portion disponible, quoique l'indivision ne cesse pas entre la donataire et son père. — Délib. 3 avr. 1829.

2628. — Toutes les fois que la donation ne contient point partage, il n'y a pas lieu à la réduction du droit, parce qu'une semblable donation n'est pas dans les termes des art. 1075 et 1076, C. civ. — Délib. 22 sept. 1824, et 26 juill. 1836; Instr. 1150, § 5.

2629. — Mais le partage matériel n'est pas essentiel à la donation tarifée par la loi de 1824. — Championnière et Rigaud, t. 3, nº 2592.

2630. — Ainsi, il suffit qu'il soit fait attribution aux donataires d'une quotité dans les biens donnés, par exemple, d'une moitié, d'un tiers, d'un quart, etc. — Délib. 15 avr. 1824, et 11 mai 1835.

2631. — Il en est de même de la donation faite par un ascendant à ses deux enfans, *chacun pour moitié*. — Délib. 12 oct. 1825; instr. 1187, § 4; décis. min. fin. 14 sept. 1829; — Roland et Trouillet; *Dict. d'enregist.*, vº *Donation*, § 13, nº 20.

2632. — La loi du 16 juin 1824 est applicable à la donation faite par un père à tous ses enfans, à la charge de lui payer solidairement une pension viagère. L'attribution égale de quotité résulte suffisamment tant de cette charge que de l'absence de toute disposition contraire, et du principe naturel que les enfans succèdent par égales portions quand ils sont tous au premier degré et appelés de leur chef. — C. civ., art. 745; — Délib. 6 janv. et 11 août 1837.

2633. — Jugé de même que si l'acte d'une donation faite par des père et mère à leurs enfans détermine et fixe la part à laquelle les donataires auront droit dans chacun des immeubles donnés, il y a là un partage anticipé dans le sens des art. 1075 et 1076, C. civ., encore bien que, par cet acte, la division des biens ne soit pas opérée entre les donataires. — Dès-lors, cet acte n'est passible que du droit proportionnel de 1 % établi par l'art. 3, L. 16 juin 1824. — *Cass.*, 14 (et non 13) fév. 1832, Bernard.

2634. — ... Que l'art. 3, L. 16 juin 1824, est applicable à l'acte par lequel un père fait donation entre-vifs de ses biens à plusieurs de ses enfans seulement et sans les leur partager. — *Cass.*, 26 avr. 1836, Domaine privé du roi.

2635. — ... Que l'acte par lequel un père donne un immeuble à ses deux enfans par portions égales renferme un véritable partage d'ascendant dans le sens des art. 1075 et 1076, C. civ., encore bien que, par le même acte, les enfans aient stipulé que l'immeuble donné resterait indivis entre eux; dès-lors cet acte est seulement passible du droit proportionnel de 1 %. — *Cass.*, 26 mars 1833, Linard.

2636. — Lorsqu'un ascendant fait donation à ses enfans à titre de partage, et à chacun pour une portion, d'un immeuble qui ne peut se diviser, comme il fait là tout ce qu'il lui était possible de faire, le droit n'est que de 1 %. — Délib. 3 mai 1826.

2637. — L'acte par lequel un père fait donation à ses enfans de tous les immeubles dont il est propriétaire, soit divisément, soit indivisément avec ses frères et deux de ses filles, à la charge de partager ces biens par portions égales, sauf le prélèvement d'un préciput au profit de l'un des donataires, renferme un véritable partage d'ascendant, dans le sens des art. 1075 et 1076, C. civ., et non une donation d'immeubles mis en commun entre les enfans, donnant seulement à chacun d'eux un droit indivis et une action en partage. — Dès-lors, cet acte est seulement passible du droit proportionnel de 1 %.—*Cass.*, 29 mars 1831, Bordas. — *Contrà* instr. 1370, § 3; — Roland et Trouillet, *Dict. d'enregist.*, vo *Donation*, § 13, no 18.

2638. — La loi du 16 juin 1824 est applicable, bien que le partage soit fait dans le même acte, non par les ascendans, mais par les donataires entre eux. Il en est de même, encore que le partage soit fait par un acte séparé, si l'acte est passé le même jour en présence du donateur, et par suite de la réserve exprimée dans la donation. — Délib. 23 mars 1825, et 14 sept. 1829; instr. 1303, § 7; — *Dict. des dr. d'enregist.*, vo *Donation entre-vifs*, no 815. — *Contrà* délib. 14 avr. 1826.

2639. — De même, si le partage est fait par acte séparé, en présence et de l'autorité du donateur, soit le jour de la donation, soit même postérieurement et en vertu d'une condition expresse de l'acte de donation, il n'est toujours que le complément de cet acte et la réduction des droits est applicable. — Solut. 30 avr. 1830; instr. 1336, § 5.

2640. — Ainsi jugé que l'acte par lequel un père donne à tous ses enfans, par portions égales, sa part dans un immeuble qu'il possède indivisément avec eux, renferme un véritable partage d'ascendant, dans le sens des art. 1075 et 1076, C. civ., surtout lorsque, par ce même acte, ses enfans ont procédé entre eux au partage de la portion donnée, sous l'influence et avec l'assentiment de leur père. — *Cass.*, 10 août 1831, Barbier.

2641. — Lorsqu'une veuve donne ses biens à tous ses enfans, sous la condition expresse que tout partage leur est interdit, pendant cinq ans, à compter du jour de l'acte, il n'y a pas lieu à l'application de la loi du 16 juin 1824, attendu qu'une pareille clause ôte à l'acte le caractère de partage anticipé. — Délib. 20 sept. 1837.

2642. — Quand des ascendans donateurs ont, par un premier acte, déclaré surseoir au partage des biens donnés, et qu'ils effectuent ensuite ce partage par un second acte, le droit proportionnel est exigible, non sur le premier acte qui n'est qu'un projet, mais sur le second où se trouvent confirmés la donation et le partage. — Délib. 22 janv. 1830.

2643. — La donation faite dans les termes de la loi de 1824 est passible du droit de 1 % sur la masse des biens donnés, et il n'est dû aucun droit fixe de partage, que l'attribution soit faite par le donateur, ou qu'elle ait lieu à la suite de la donation entre les donataires. — Délib. 6 janv. 1829.

2644. — Mais il est dû un droit particulier de 5 fr., pour le partage des biens possédés indivisément par les donataires avant la donation, et qu'ils confondent volontairement dans la masse des biens donnés. — Délib. 23 déc. 1825.

2645. — Lorsque, dans un partage anticipé, un ascendant abandonne à ses descendans l'usufruit d'une partie des biens de l'ascendant prédécédé, il n'y a pas lieu au droit proportionnel, si les donataires ont précédemment acquitté le droit de mutation sur la valeur entière des biens; un pareil abandon n'est passible que d'un seul droit fixe. — Solut. 12 sept. 1835.

2646. — L'art. 3, L. 16 juin 1824, n'est pas applicable au cas où le partage a lieu au moyen d'un échange par lequel l'un des donataires cède sa part de l'immeuble abandonné. — Solut. 5 nov. 1829.

2647. — Quand il y a soulte dans le partage fait par l'ascendant, il n'est dû aucun droit de mutation à raison des soultes; car elles se confondent avec la libéralité et ne peuvent être considérées comme des cessions entre les copartageans, puisque ceux-ci n'ont jamais eu une copropriété dans les objets que ces soultes représentent. — Délib. 19 sept., 24 nov. 1821; 22 fév. 1822, appr. les 12 oct. 21 déc. 1821 et 8 mars 1822; solut. 30 mars 1832. — Quand même tous les biens seraient attribués à un seul des donataires. — Délib. 24 mars 1828; solut. 30 avr. 1830; instr. 1336, § 5.

2648. — De même, lorsqu'un partage d'ascendant ne comprenant que les biens donnés, attribue tous les immeubles déclarés impartageables à un ou plusieurs des donataires à la charge par eux de payer aux autres leur part en argent, le droit de soulte de 4 % n'est pas dû sur le montant des sommes d'argent. — Délib. 28 fév. 1837.

2649. — De même encore les donations portant partage anticipé ne sont pas soumises à un droit particulier de soulte sur les sommes que l'un des donataires est chargé de payer aux autres. — *Cass.*, 11 déc. 1838, Moricet; 27 janv. 1840 (t. 1er 1840, p. 719); 6 mars 1844 (t. 1er 1844, p. 373), Richaudeau. — Rigaud et Championnière, t. 3, no 2379.

2650. — Décidé de même à l'égard de la soulte dont est grevé un lot au profit d'un autre dans l'acte postérieur contenant fixation des lots lorsque cet acte n'est que l'exécution et le complément de la donation. — *Cass.*, 23 fév. 1841 (t. 1er 1841, p. 591), Ugé.

2651. — Lorsque dans un partage testamentaire un père, pour maintenir l'égalité entre ses enfans, charge l'un d'eux de payer aux autres une soulte suffisante, mais non déterminée, le droit proportionnel de soulte n'est point dû sur l'acte ultérieur de liquidation et partage contenant fixation de la quotité de cette soulte entre les cohéritiers. — En pareil cas, la soulte doit être réputée due non par suite de partage entre copropriétaires, mais comme condition de la donation testamentaire. — *Cass.*, 22 mai 1844 (t. 1er 1844, p. 748), Gratiot.

2652. — Décidé au contraire que la loi du 16 juin 1824, qui a réduit les droits de mutation sur les partages anticipés, n'a point dispensé ces actes des droits qui peuvent être dus sur les dispositions accessoires à la disposition et au partage des biens; au contraire, en assimilant les biens ainsi distribués à ceux échus par succession, elle a indiqué l'intention qu'ils fussent soumis aux mêmes droits; dès-lors le droit de 4 % est exigible sur les soultes ou retours mis à la charge d'un lot pour être payés aux propriétaires des autres lots. — Délib. 15 sept. et 12 déc. 1837.

2653. — Le droit de soulte n'est pas dû, encore bien que le partage d'ascendant comprenne des biens de communauté indivis entre le donateur et les enfans donataires du chef de leur mère. — *Cass.*, 23 fév. 1841 (t. 1er 1841, p. 591), Ugé.

2654. — Mais si les enfans donataires réunissent aux biens donnés des biens leur appartenant personnellement et indivisément, le droit de soulte est dû relativement à ces derniers biens. En effet, à l'égard de ces biens, l'acte n'est qu'un partage ordinaire. — *Cass.*, 11 déc. 1838 (t. 1er 1840, p. 719), Moricet; 27 janv. 1840 (t. 1er 1840, p. 719), Goubin; 7 nov. 1843 (t. 1er 1844, p. 330), Duhazé; 6 mars 1844 (t. 1er 1844, p. 373), Richaudeau; — Délib. 4 août 1840; instr. 1582; — Rigaud et Championnière, t. 3, no 2379.

2655. — L'évaluation de la soulte a lieu soit d'après la déclaration des parties (avant l'enregistrement, au pied de l'acte, inst. 1582), soit d'après une ventilation entre les biens des deux origines. — *Cass.*, 6 mars 1844 (t. 1er 1844, p. 373), Richaudeau.

2656. — Mais lorsque, conformément à la condition d'une donation avec partage anticipé faite par un père à ses enfans, ceux-ci ont confondu dans le partage les biens donnés et ceux qu'ils possédaient par indivis du chef de leur mère, le droit de soulte doit être perçu sur l'excédant des lots en général, sans avoir égard à l'origine des biens qui les composent et à l'inégalité de valeur des seuls biens maternels compris dans chaque lot. — *Cass.*, 29 août 1843 (t. 2 1843, p. 730), Deswarte.

2657. — Dans tous les cas où le partage comprend des biens appartenant aux enfans, le droit fixe de 5 fr. est exigible, indépendamment de tous autres droits. — Instr. 5 fév. 1839, 1582.

2658. — Si le donateur se borne à désigner les quotités attribuées à chaque donataire dans les biens donnés, l'indivision continuant à subsister, le partage auquel les donataires procèdent ultérieurement doit être en tout assimilé, pour la perception du droit d'enregistrement, aux partages faits entre héritiers, par suite les soultes qui sont stipulées sont passibles du droit de 4 %. — Délib. 4 août 1840.

2659. — Si, dans le cas où la donation n'étant faite que par l'ascendant survivant, un des donataires cédait tant sa part dans les biens donnés que ses droits dans la succession de l'ascendant décédé, il serait dû pour cette cession 1 %, indépendamment du droit de la donation. — Solut. 13 oct. 1826; instr. 1205, § 6.

2660. — Une donation portant partage d'ascendant doit jouir de la réduction de droits prononcée par la loi du 16 juin 1824, alors même qu'elle est faite sous seing-privé au lieu de l'être par acte authentique. — *Cass.*, 21 déc. 1831, Rouard; 9 août 1836, Kail; 13 déc. 1837 (t. 1er 1838, p. 13), Garnier.

2661. — ... Ou bien que son existence ne résulte que de conventions verbales exécutées. — *Cass.*, 13 déc. 1837 (t. 1er 1838, p. 13), Garnier.

2662. — Jugé, au contraire, que la loi du 16 juin 1824 est inapplicable lorsque les actes entre-vifs portant partage d'ascendans, n'ont pas été passés devant notaire. — Ainsi, lorsque des enfans ont réclamé leur inscription au rôle des contributions, à raison d'immeubles qu'ils ont déclaré avoir acquis, à titre d'héritage, de leurs père et mère, et qu'ils ont acquitté volontairement l'impôt de ces biens, ils doivent un droit proportionnel de 4 %, à raison de cette mutation légalement constatée, si elle n'a point été opérée par acte authentique, encore que les conventions des parties aient été consignées, plus tard, dans un acte notarié où les enfans déclarent n'avoir été jusque là que locataires des immeubles. — *Cass.*, 22 mai 1833, Berger. — Cet arrêt est critiqué par MM. Rigaud et Championnière, t. 3, no 2615.

2663. — Bien qu'un partage d'ascendans soit nul en la forme, en ce qu'un mineur y a figuré, cette nullité ne peut être invoquée par la régie. — Solut. 4 avr. 1834; délib. 20 mai 1834.

2664. — Décidé, cependant, que la réduction ne peut s'appliquer à une donation faite par une mère à ses enfans et petits-enfans, dont quelques uns sont mineurs, de tous ses biens immeubles, pour les réunir à ceux de leur père et aïeul, afin de pouvoir partager le tout entre eux. — Délib. 27 févr. 1827; — Roland et Trouillet, *Dict. d'enreg.*, vo *Donation*, § 13, no 13.

2665. — Lorsque le mineur devenu majeur ratifie l'acceptation qu'il a faite en minorité d'un partage d'ascendant, cette ratification valide le contrat, bien qu'elle n'ait pas été notifiée à l'ascendant donateur. Dès-lors, si celui-ci, procédant à un nouveau partage, sous prétexte d'acceptation irrégulière, retient les immeubles par lui précédemment donnés au mineur, et lui attribue en remplacement une somme d'argent, il doit être perçu sur ce dernier acte un droit de mutation immobilière pour rétrocession de la part de l'enfant au profit du père, encore bien qu'il fût dit que celui-ci ne s'était jamais dessaisi de l'immeuble donné, et les droits perçus sur le premier partage ne doivent pas être précomptés pour les droits exigibles sur le second. — Délib. 11 déc. 1836.

2666. — On a vu plus haut (nos 2416 et suiv.) que les droits à percevoir sur les donations étaient généralement réduits à moitié, quand ces donations étaient faites par contrat de mariage. Cette réduction ne peut s'appliquer à la loi du 16 juin 1824, par le motif qu'en accordant une nouvelle diminution de droits à ces donations, cette loi n'a pas reproduit les dispositions de l'art. 69 de la loi du 22 frim. an VII pour le cas de contrat de mariage et qu'elle dit même formellement que les droits à percevoir sur les donations contenant partage seront les mêmes que ceux réglés pour les successions en ligne directe. — Solut. 27 mars 1835.

2667. — La résiliation ultérieure du partage ne peut pas faire revenir sur la perception faite en vertu de la loi du 16 juin 1824. — Solut. 25 juin 1830.

2668. — Le jugement qui prononce la résolution de la donation par le motif que le donataire n'a pas satisfait aux charges qui lui étaient imposées (C. civ., art. 1075 et 1076) est passible du droit proportionnel de rétrocession à raison de 2 fr. 50 c. p. 100 fr. sur les immeubles, et de 1 fr. 25 c. sur les meubles, attendu que la transmission par l'enfant à l'ascendant ne peut jouir d'une faveur attachée spécialement aux donations avec partage par les ascendans à leurs descendans. — Solut. 21 août 1832.

### Sect. 5e. — *Jugemens et arrêts.*

2669. — Les jugemens et arrêts sont passibles

du droit fixe ou du droit proportionnel. Le droit fixe est dû quand les jugemens et arrêts ne contiennent aucune condamnation, liquidation, transmission de valeurs mobilières ou immobilières, etc. Dans le cas contraire, il y a ouverture au droit proportionnel, sans toutefois que ce droit puisse être inférieur au droit fixe.

2670. — Les jugemens des tribunaux en matière de contributions publiques ou locales, et autres sommes dues à l'état et aux établissemens publics sont assujétis aux mêmes droits que ceux rendus entre particuliers. — L. 28 avr. 1816, art. 39.

2671. — Cette disposition de la loi du 28 avril 1816 ne soumet à la perception du droit de 50 c. pour 100 fr. que les jugemens relatifs aux recouvremens des sommes ou valeurs dues à l'état en vertu de titres antérieurs à la condamnation; par conséquent ce droit n'est pas exigible sur les jugemens prononçant des condamnations d'amendes au profit de l'état. — Avis com. fin. 2 juin 1828; instr. 1256, § 7.

2672. — Cette règle est applicable aux confiscations prononcées par jugemens rendus sur les poursuites des préposés des douanes, ces confiscations étant, comme les amendes, des peines à la charge des contrevenans. — Décis. min. fin. 24 juin 1830; instr. 1336, § 9.

2673. — Les jugemens rendus en France, prononçant l'exécution d'actes reçus par des officiers étrangers et de jugemens rendus par les tribunaux étrangers et donnant force d'hypothèque, sont passibles des droits des jugemens ordinaires. — Déc. min. just. et fin. 13 juin 1809; instr. 436, nº 13.

§ 1er. — *Droit fixe.*

2674. — Le droit fixe varie suivant la nature des jugemens et arrêts et la juridiction dont ils émanent.

2675. — *Jugemens et arrêts préparatoires et interlocutoires.* — Les jugemens préparatoires, interlocutoires ou d'instruction des juges de paix : 1 fr. — L. 22 frim. an VII, art. 68, § 1er, nº 46.

2676. — Les jugemens préparatoires ou d'instruction des tribunaux civils et des arbitres : 3 fr., L. 28 avr. 1816, art. 44, nº 10. — (Autrefois 2 fr., L. 22 frim. an VII, art. 68, § 2, nº 6.)

2677. — Les jugemens préparatoires ou d'instruction des tribunaux de commerce : 3 fr., L. 28 avr. 1816, art. 44, nº 10. — (Autrefois 2 fr., L. 22 frim. an VII, art. 68, § 2, nº 7).

2678. — Les arrêts interlocutoires ou préparatoires rendus par les cours royales lorsqu'ils ne sont pas susceptibles d'un droit plus élevé : 5 fr., L. 28 avr. 1816, art. 45, nº 6.

2679. — Les arrêts interlocutoires ou préparatoires de la cour de Cassation et du conseil d'état : 10 fr., L. 28 av. 1816, art. 46, nº 3.

2680. — Les jugemens portant remise de cause ou continuation d'audience n'ordonnant rien, ne sont assujétis à l'enregistrement que lorsqu'ils sont rendus pour la production de pièces ou de preuves ordonnées. Dans tous les autres cas, ils sont exempts de la formalité (instr. 27 fév. 1822, art. 1026). — Ainsi, il n'y a plus lieu de distinguer, comme le prescrivait une instruction du 28 déc. 1816, quand la feuille d'audience constate que la remise n'a été le fait ni des parties, ni des avoués.

2681. — Le jugement qui prononce la radiation d'une cause doit être enregistré, s'il ordonne que la cause ne pourra être replacée au rôle que sur le vu de son expédition. — Solut. 15 juill. 1831.

2682. — Les jugemens des tribunaux de commerce renvoyant les parties devant des arbitres, sont des jugemens d'instruction ou préparatoires. — Délib. 16 mars 1815.

2683. — *Jugemens et arrêts définitifs.* — Les jugemens définitifs des juges de paix portant condamnation de sommes dont le droit proportionnel ne s'élèverait pas à 1 franc : 1 fr., L. 22 frim. an VII, art. 68, § 1, nº 46.

2684. — Les jugemens des juges de paix portant renvoi ou décharge de demande, débouté d'opposition, validité de congé, expulsion, condamnation à réparation d'injures personnelles, et généralement tous ceux qui, contenant des dispositions définitives, ne donnent pas ouverture au droit proportionnel : 2 fr., L. 22 frim. an VII, art. 68, § 2, nº 5.

2685. — Les jugemens définitifs des juges de paix rendus en dernier ressort, d'après la volonté expresse des parties, au-delà des limites de la compétence ordinaire, lorsqu'ils ne contiennent pas de dispositions donnant ouverture à un droit proportionnel supérieur : 3 fr., L. 28 avr. 1816, art. 44, nº 9.

2686. — Les jugemens des tribunaux civils prononçant sur l'appel des juges de paix; ceux desdits tribunaux et des tribunaux de commerce ou d'arbitres rendus en premier ressort, contenant des dispositions définitives qui ne donneraient pas lieu à un droit plus élevé : 5 fr., L. 28 avr. 8116, art. 45, nº 5. — (Autrefois 3 fr., L. 22 frim. an VII, art. 68, § 3, nº 7).



2687. — Les actes et jugemens de la police ordinaire et des tribunaux de police correctionnelle et criminels, soit entre parties, soit sur la poursuite du ministère public, avec partie civile, lorsqu'il n'y a pas condamnation de sommes et valeurs, ou dont le droit proportionnel ne s'élèverait pas à 1 franc : 1 fr., L. 22 frim. an VII, art. 68, § 1, nº 48.

2688. — Les arrêts définitifs des cours royales, quand le droit proportionnel ne s'élève pas à 10 fr. : 10 fr., L. 28 avr. 1816, art. 46, nº 2. — (Autrefois 8 fr., L. 22 frim. an VII, art. 68, § 3, nº 7.)

2689. — Les arrêts définitifs de la cour de Cassation et du conseil d'état : 25 fr., L. 28 avr. 1816, art. 47, nº 3. — (Autrefois 3 fr., L. 22 frim. an VII, art. 68, § 3, nº 7.)

2690. — Doit être considéré comme définitif le jugement d'un juge de paix portant « sursis à prononcer sur une demande en dommages-intérêts jusqu'après jugement au fond par les tribunaux compétens », car ce jugement est un renvoi pur et simple pour incompétence. — Solut. 12 déc. 1830; — Roland et Trouillet, *Dict. d'enreg.*, vº *Jugement*, § 4, nº 7.

2691. — Le jugement qui autorise une femme mariée à ester en justice est définitif, attendu qu'il statue définitivement sur une demande préalable au procès, et non sur l'affaire qui s'instruit. — Solut. 11 sept. 1832.

2692. — Si au bas d'une requête il est rédigé un acte dans la forme d'un jugement, et que ce jugement soit définitif par son objet, on doit percevoir le droit d'enregistrement établi pour les jugemens définitifs, et sur l'expédition le droit de greffe de 1 fr. 25 cent. par rôle. — Solut. 19 mars 1812.

2693. — La disposition de l'art. 45, nº 5, L. 28 avr. 1816, qui tarife à 5 fr. les jugemens en premier ressort des tribunaux de première instance, de commerce ou d'arbitres contenant des dispositions définitives, ne peut être étendue aux jugemens en dernier ressort; ceux-ci restent soumis au droit de 3 fr. — Déc. min. fin. 4 oct. 1816; instr. 758, nº 4.

2694. — On doit s'arrêter à la qualification en premier ou dernier ressort exprimée dans un jugement pour la perception de 3 ou de 5 fr.; et à défaut seulement de qualification expresse, c'est la définition légale des jugemens qui doit être prise pour base de la perception. Ainsi seront sujets au droit fixe de 5 fr., comme étant en premier ressort, les jugemens définitifs non qualifiés rendus dans les affaires personnelles, mobilières, réelles ou mixtes, quand la valeur excède 1,000 fr. (aujourd'hui 1,500 fr., L. 11 avr. 1838), ou que le revenu annuel excède 50 fr. (aujourd'hui 60 fr.), les jugemens d'incompétence, etc. — Délib. 25 janv. 1832; instr 1370, § 5; — Roland et Trouillet, *Dict. d'enreg.*, vº *Jugement*, § 4, nº 30.

2695. — Les jugemens d'homologation des actes de notoriété sont passibles du droit de 5 fr., attendu qu'ils sont définitifs et en premier ressort. — Délib. 3 juill. 1822; Roland et Trouillet, *ibid.*, § 4, nº 24.

2696. Le jugement sur requête qui commet un notaire pour représenter un absent dans une succession étant définitif et ne pouvant être réformé que par voie d'appel, est passible du droit fixe de 5 fr. — Solut. 13 déc. 1830.

2697. — Lorsque, par suite d'un compromis dans lequel les parties avaient renoncé à se pourvoir, soit en appel, soit en cassation, des experts ont dressé un procès-verbal de bornage, ce procès-verbal constitue une véritable sentence arbitrale du droit fixe de 10 fr., et non de celui de 2 fr. — Solut. 11 oct. 1832.

2698. — Le jugement prononçant une récusation de juge est passible du droit fixe de 5 fr. — Déc. min. just. et fin. 13 juin 1809; instr. 436, nºs 8 et 32.

2699. — Les jugemens des tribunaux de commerce portant nomination de commissaires, agens ou syndics provisoires de faillites ou prorogeant leurs fonctions, sont définitifs et comme tels passibles de 5 fr. — Délib. 22 mai 1824.

2700. — *Adoptions.* — Les jugemens de première instance admettant une adoption : 50 fr., L. 28 avr. 1816, art. 48, nº 2; les arrêts confirmatifs : 100 fr. (même loi, art. 49).

2701. — Il doit être perçu autant de droits fixes qu'il y a d'adoptés. — Solut. 15 déc. 1818.

2702. — *Divorces.* — Les jugemens interlocutoires ou préparatoires des divorces : 5 fr., L. 28 avr. 1816, art. 45, nº 8.



2703. — Les jugemens de première instance prononçant un divorce : 50 fr., L. 28 avr. 1816, art. 48, nº 2.

2704. — Les arrêts de cour d'appel prononçant définitivement sur une demande en divorce : 100 fr. (L. 28 avr. 1816, art. 49, nº 2); s'il n'y a pas d'appel, ce droit est perçu sur l'acte de l'officier de l'état civil. — *Ibid.*

2705. — L'art. 68, § 6, nº 1er, L. 22 frim. an VII avait fixé à 15 fr. le droit à percevoir sur l'expédition des actes de divorce dressés par l'officier de l'état civil, mais il ne déterminait pas le droit pour les jugemens et arrêts. On avait décidé que, pour les actes antérieurs à la loi du 28 avr. 1816, les droits établis par les art. 48 et 49 de cette loi devaient être perçus sur les expéditions des jugemens et arrêts et sur celles des actes de divorce précédés d'un jugement non frappé d'appel; quant au droit de 100 fr., qu'il était exigible, ou sur l'arrêt, si le jugement de première instance avait donné lieu à l'appel, ou sur l'expédition de l'acte de divorce dressé en vertu d'un simple jugement contre lequel il n'aurait pas été interjeté appel, et que le droit de 15 fr. devait continuer d'être perçu sur les expéditions des actes de divorce qui, avant le Code civil, avaient eu lieu sans l'intervention de l'autorité judiciaire. — Déc. min. fin. 11 sept. 1816; instr. 758, nº 2.

2706. — Mais décidé depuis que les expéditions des jugemens et arrêts admettant le divorce, antérieurs à la loi du 28 avril 1816, ne sont passibles que des droits établis par la loi du 22 frimaire an VII pour les expéditions des jugemens des tribunaux civils; que le droit de 15 fr. fixé par l'art. 68, § 6, de cette dernière loi, est exigible sur les expéditions des actes de divorce également antérieurs à la loi du 28 avril 1816 et postérieurs ou non au Code civil; enfin que les droits de 50 fr. et de 100 fr., établis par les art. 48 et 49, L. 1816, n'ont dû être perçus que sur les minutes des jugemens et arrêts, et à défaut d'arrêts, sur les actes de l'état civil qui ont admis ou prononcé le divorce dans l'intervalle écoulé entre la publication de la loi du 28 avril 1816 et celle de la loi du 8 mai suivant, portant abolition du divorce. — Décis. min. fin. 21 juill. 1829, instr. 1303, § 3.

2707. — *Interdiction.* — Les jugemens portant interdiction : 15 francs, L. 22 frim. an VII, art. 68, § 6, nº 2; — Les arrêts de cour royale, *id* : — 25 francs, L. 28 avr. 1816, art. 47, nº 2.

2708. — *Séparations de corps et de biens.* — Les jugemens de séparation de biens entre mari et femme, lorsqu'ils ne portent point condamnation de sommes et valeurs, ou lorsque le droit proportionnel ne s'élèvera pas à 15 francs : 15 fr., L. 22 frim. an VII, art. 68, § 6, nº 2.

2709. — Les arrêts des cours royales portant séparation de corps entre mari et femme : 25 fr., L. 28 avr. 1816, art. 47, nº 2.

2710. — Les jugemens de séparation de biens sont restés passibles du même droit fixe de 15 francs depuis la loi du 28 avr. 1816, l'art. 47 n'ayant élevé à 25 francs que les arrêts. — Solut. 13 mars 1830.

2711. — *Bureaux de paix.* — Tous les procès-verbaux des bureaux de paix, desquels il ne résulte aucune disposition donnant lieu au droit proportionnel, ou dont le droit proportionnel ne s'élèverait pas à 1 franc : 1 fr., L. 22 frim. an VII, art. 68, § 1er, nº 47.

2712. — Les procès-verbaux de conciliation et de non conciliation qui ne contiennent aucune disposition donnant ouverture au droit proportionnel doivent être enregistrés au droit de 1 franc, attendu que la loi du 28 avril 1816 n'a point désigné ces actes parmi ceux dont elle a porté les droits à un taux plus élevé. — Décis. min. fin. 10 sept. 1823; instr. 1101.

2713. — Les mentions ou certificats de non comparution au bureau de paix doivent être portés sur le registre du greffe, tenu en papier timbré; mais ces actes ne sont dans aucun cas sujets à l'enregistrement. — Décis. min. fin. 7 juin 1808; instr. 390, nº 9, et 436, nº 10.

2714. — Les jugemens ayant pour objet exclusif la construction, l'entretien et la réparation des chemins vicinaux ne sont passibles que du droit fixe de 1 franc. — L. 21 mai 1836, art. 20.

2715. — On a vu (*suprà* nº 798) que les procès-verbaux, jugemens et actes des prud'hommes devaient être enregistrés gratis lorsqu'ils constataient que l'objet du litige n'excédait pas en total la somme de 25 fr. — S'ils excèdent cette somme, ces actes et jugemens sont passibles des droits réglés pour la justice de paix; enfin, à défaut de désignation de la somme faisant la matière du différend, les procès-verbaux du bureau de conciliation et les jugemens du conseil sont soumis au droit de 1 franc. — Décis. min. fin. 20 juin 1809; instr. 437.

§ 2.— *Droit de condamnation, collocation ou liquidation.*

2716. — Sont passibles du droit de 50 cent. p. 100 fr. les jugemens contradictoires ou par défaut des juges de paix, des tribunaux civils, de commerce et d'arbitrage, de la police ordinaire, de la police correctionnelle et des tribunaux criminels, portant condamnation, collocation ou liquidation de sommes et valeurs mobilières, intérêts et dépens entre particuliers, excepté les dommages-intérêts dont le droit proportionnel est fixé à 2 °/°. — V. *infrà*, n° 2752. — Dans aucun cas et pour aucun de ces jugemens, le droit proportionnel ne peut être au-dessous du droit fixe, tel qu'il est réglé pour les jugemens des divers tribunaux. — L. 22 frim. an VII, art. 69, § 2, n° 9.

2717. — Lorsque le droit proportionnel a été acquitté sur un jugement rendu par défaut, la perception sur le jugement contradictoire qui pourra intervenir, ne doit avoir lieu que sur le supplément des condamnations : il en est de même des jugemens rendus sur appel et des exécutoires. S'il n'y a pas de supplément de condamnation, l'enregistrement a lieu pour le droit fixe qui est toujours le moindre droit à percevoir. — L. 22 frim. an VII, art. 69, § 2, n° 9.

2718. — Le *minimum* du droit à percevoir sur les arrêts et jugemens des cours et tribunaux et sur les procès-verbaux des bureaux de paix est toujours le droit fixe auquel ils sont tarifés suivant leur nature, lorsque le droit proportionnel, réglé par séries de 20 fr. ne s'élèverait pas à la somme produite par ce droit fixe. — Décis. min. fin, 24 mai 1808; instr. 389, n° 1er. — Roland et Trouillet, *Dict. d'enreg.*, v° *Jugement*, § 4, n° 42.

2719. — Le droit proportionnel est exigible sur les jugemens portant condamnation, lors même que les sommes qui en sont l'objet étaient dues en vertu de titres déjà enregistrés. — *Cass.*, 1er vent. an VIII, Sainson; 24 nov. 1829, Fournès, — Décis. min. fin. 16 germin. an VII. — Roland et Trouillet, *ibid.*, § 4, n° 43.

2720. — Mais on ne peut considérer comme portant condamnation, collocation ou liquidation, et comme sujet au droit de 50 cent. p. 100 fr., le jugement qui, sans qu'il y ait contestation à cet égard, se borne à ordonner le paiement de certaines sommes ou l'acquit de certains droits réclamés en vertu d'un acte précédemment enregistré. — *Cass.*, 24 nov. 1829, de Fournès. — Instr. 1307, § 7.

2721. — A plus forte raison, le jugement qui reconnaît simplement l'existence de billets enregistrés, sans prononcer de condamnation contre le débiteur, n'est point passible du droit proportionnel. — Solut. 31 déc. 1832.

2722. — Il n'y a point de collocation utile et par conséquent pas lieu d'exiger le droit de 50 cent. p. 100 fr. sur le jugement qui porte qu'un immeuble sera vendu et que sur le prix il sera payé à un créancier une somme déterminée. — Décis. min. fin. 21 juill. 1818.

2723. — Toutes les fois qu'une condamnation est positive, le droit proportionnel doit être perçu, sans qu'il y ait à examiner si cette condamnation est nécessaire ou surabondante. — Délib. 27 juin 1828.

2724. — Ainsi, il y a lieu de percevoir un droit proportionnel sur un jugement emportant condamnation, quoique ce jugement soit nul à raison de l'incompétence des juges qui l'ont rendu. — *Cass.*, 30 nov. 1807, Caladon.

2725. — Mais le droit proportionnel n'est point exigible quand la condamnation n'est pas positive; par exemple, quand un mari est condamné à garantir sa femme des obligations qu'elle a contractées avec lui, pour le cas où elle serait contrainte à les payer elle-même. — Délib. 27 juin 1828.

2726. — De même, le droit de 50 cent. p. 100 fr., n'est point dû sur le jugement qui déclare que le prix de certains immeubles vendus par le mari demeure affecté au paiement de la dot de la femme. — Délib. 25 nov. 1814.

2727. — ... Sur le jugement qui rejette l'opposition à un commandement fait en vertu d'un titre exécutoire. — *Cass.*, 20 frim. (et non brum.) an XII, Armand.

2728. — ... Sur les jugemens qui homologuent simplement un partage de succession. — Délib. 7 mars 1834.

2729. — ... Sur le jugement qui autorise un héritier bénéficiaire à toucher par provision des mains des adjudicataires des immeubles de la succession une somme déterminée à valoir sur ses droits. — *Cass.*, 11 avr. 1822, de Valentinois.

2730. — ... Sur le jugement qui règle la part pour laquelle chaque héritier contribuera dans le douaire de la mère commune. — Délib. 14 mars 1834.

2731. — Un jugement, bien qu'il reconnaisse l'existence d'un don manuel, et qu'il en ordonne le maintien, n'est point passible du droit proportionnel. — Solut. 6 fév. 1832.

2732. — Le jugement qui prononce une séparation de biens et condamne le mari à restituer la dot de sa femme est, comme tout jugement portant condamnation, passible d'un droit proportionnel. — Ce droit doit être calculé sur le montant des reprises fixées par la liquidation définitive, et non sur la déclaration faite par les parties lors du jugement. — *Cass.*, 12 nov. 1844 (t. 2 1844, p. 600), Faucheux.

2733. — Mais le jugement qui se borne à réduire, du consentement des époux, le chiffre de la liquidation antérieurement faite entre eux et par devant notaire, à la suite de leur séparation de biens, judiciairement prononcée, ne donne point ouverture au droit proportionnel, il n'est passible que du droit fixe de 5 fr. — *Cass.*, 10 mai 1837 (t. 1er 1837, p. 440), de Bouville.

2734. — N'est point passible du droit de 50 cent. p. 100 fr., le jugement qui ordonne une reddition de compte. — Solut. 12 mai 1819.

2735. — De même, le jugement qui ordonne à l'un des créanciers d'un failli de rendre compte des objets mobiliers qu'il a reconnu avoir en sa possession, n'est assujéti à aucun droit proportionnel, attendu qu'il peut très bien arriver que le résultat du compte démontre qu'aucune mutation ne s'est opérée. Il peut moins encore être exigé, si le détenteur de ces meubles s'est réservé, par un compromis, la faculté de les remettre en nature, faculté qu'on ne lui conteste pas, et dont il peut par conséquent user. — *Cass.*, 16 fév. (et non janv.) 1822, Léorier-Delisle.

2736. — Lorsque, sur la demande en paiement d'une certaine somme, par exemple, de 200,000 fr., formée contre une société faillie, par un individu qui s'en prétendait seulement bailleur de fonds, un jugement a déclaré cet individu associé commanditaire, a fixé le montant de sa mise sociale à 100,000 fr. seulement, et a ordonné que cette mise resterait confondue dans la mase active de la société, ainsi que les intérêts et les bénéfices qui en avaient été le produit, on ne doit considérer ce jugement que comme déterminant un élément du compte à établir entre le réclamant et la société, et non une condamnation ou libération donnant lieu au droit proportionnel. — *Cass.*, 20 juin 1826, Robin.

2737. — Lorsqu'un jugement ou un arrêt se borne à régler les bases d'un compte, et à déterminer les objets ou les sommes dont le comptable devra se charger en recette, ou qu'il devra porter en dépense, on doit voir, non une condamnation ou une liquidation actuelle et définitive donnant lieu au droit proportionnel, mais seulement une condamnation purement éventuelle, dont le droit n'est exigible que sur l'acte qui déterminera le résultat définitif de la balance du compte. — *Cass.*, 27 juin 1826, Cardon.

2738. — Lorsqu'un jugement déclare capitalisés les intérêts d'une dette établie par acte authentique, il y a là non pas un arrêté de compte passible du droit d'obligation sur le montant cumulé de ces intérêts, mais une simple liquidation soumise au droit proportionnel de 50 c. p. 100 fr. — Délib. 24 fév. 1837.

2739. — Le jugement qui, sur le refus de l'héritier de délivrer un legs, condamne l'héritier personnellement à payer le montant de ce legs, est passible du droit de 50 cent. p. 100 fr. — *Dict. des dr. d'enregistr.*, v° *Jugement*, n° 176.

2740. — Une décision arbitrale en dernier ressort, qui règle les jouissances dues par un héritier à chacun des cohéritiers, doit être considérée comme une liquidation dans le sens de l'art. 69, § 2, n° 9, L. 22 frim. an VII, et, comme telle, sujette au droit proportionnel de 50 cent. p. 100 fr., quoiqu'elle ne condamne pas l'héritier à payer les sommes dont il est débiteur. — *Cass.*, 10 mai 1819. Murat.

2741. — Il est dû un droit proportionnel de 50 cent. p. 100 fr. sur le jugement qui reconnaît un héritier créancier d'une succession à laquelle il a renoncé, contradictoirement avec un autre créancier de cette même succession. — *Cass.*, 8 avr. 1812, Rochemore.

2742. — Un jugement qui, sur contestations entre héritiers ou légataires prétendant à certaines valeurs de la succession, se borne à déterminer la quotité appartenant à l'une des parties, n'est passible que d'un droit fixe, comme établissant seulement les bases d'un partage; mais, s'il fixe le montant des droits contestés, en faisant une liquidation qui dispense les parties de toute opération ultérieure, il donne ouverture au droit de 50 cent p. 100 fr. — Solut. 6 mai 1831; inst. 1381, § 4.

2743. — Dans le cas d'une saisie-arrêt opérée sur soi-même, le jugement qui ordonne la compensation est passible du droit de 50 c. p. 100 fr. comme opérant condamnation, liquidation définitive ou libération. — Décis. min. fin, 6 août 1823; — *Dict. des dr. d'enregistr.*, v° *Compensation*, n° 13.

2744. — Il y a lieu de rappeler ici ce que nous disions *suprà* (nos 2671 et 2672), 1° que comme l'art. 39, L. 28 avr. 1816, ne soumet à la perception du droit de 50 c. p. 100 fr. que les jugemens relatifs au recouvrement de sommes ou valeurs dues à l'état, en vertu de titres antérieurs à la condamnation, ce droit n'est par conséquent pas exigible sur les jugemens prononçant des condamnations d'amendes au profit de l'état. — Décis. min. fin. 2 juin 1828; Inst. 1256, § 7.

2745. — ...2° Et que cette règle est applicable aux confiscations prononcées par jugemens rendus sur les poursuites des préposés des douanes. — Décis. min. fin. 24 juin 1830; Inst. 1336, § 9.

2746. — Ainsi, de l'art. 39, L. 28 avr. 1816, combiné avec les décisions précédentes, il résulte que le droit proportionnel est exigible, quand les condamnations ont pour objet des droits dus à l'état, et dont la demande faite en son nom se trouve ainsi fondée antérieurement au jugement; mais que ce droit n'est point exigible sur les condamnations pécuniaires dont la partie n'est redevable qu'en vertu du jugement. — Délib. 26 fév. 1833.

2747. — Un jugement contradictoire contenant condamnation n'est point passible du droit proportionnel lorsque ce droit a déjà été perçu sur un jugement par défaut portant la même condamnation, et périmé, faute d'exécution dans les six mois. — Solut. 5 janv. 1831.

2748. — Il ne peut être perçu qu'un droit fixe sur le jugement contradictoire qui intervient ensuite de l'opposition à un jugement par défaut et qui porte une condamnation de moindre valeur; mais le droit proportionnel perçu sur le jugement par défaut n'est pas restituable. — Délib. 29 janv. 1820.

2749. — Lorsque le droit proportionnel a été perçu sur le montant d'une condamnation prononcée par un jugement par défaut, et qu'ensuite ce jugement ayant été annulé pour incompétence, la même condamnation a été prononcée par un nouveau jugement émané d'un autre tribunal, cette nouvelle décision n'est passible que du droit fixe. — Décis. min. fin. 5 déc. 1824 et 13 mai 1836; Inst. 1528, § 9.

2750. — En matière de prises maritimes, la liquidation particulière et la liquidation générale faites dans les formes établies par le réglement du 2 prair. an XI ne peuvent donner ouverture qu'à un seul droit proportionnel. Si ce droit a été perçu sur l'une d'elles, il n'est plus dû qu'un droit fixe pour l'autre. — *Cass.*, 1er juin 1813, Emmery et Vaulsée; 2 fév. 1814, Basterrèche; 2 fév. 1814, Lacombe; 19 (et non 2) fév. 1814, Giron.

2751. — Les jugemens rendus en pays étranger et produits en France sont soumis au droit proportionnel de 50 c. p. 100 fr. sur le montant des condamnations qu'ils prononcent, comme les jugemens rendus par les tribunaux français. — *Cass.*, 14 avr. 1834, Stacpoole.

2752. — Les dommages-intérêts prononcés par les tribunaux criminels, correctionnels et de police sont passibles du droit proportionnel de 2 fr. p. 100 fr. (L. 22 frim. an VII, art. 69, § 5, n° 8). — Les dommages-intérêts prononcés par les juges de paix, les tribunaux civils, de commerce et d'arbitrage n'étaient d'abord assujétis qu'au droit de 50 c. p. 100 fr. — Circul. 5 pluv. an VIII, 1749. — Mais l'art. 11, L. 27 vent. an IX, a porté à 2 fr. p. 100 le droit à percevoir sur les dommages-intérêts en matière civile.

2753. — Toute condamnation à des dommages-intérêts à donner par état est passible du droit proportionnel de 2 °/° sur la valeur estimative de ces dommages que les parties doivent déclarer conformément à l'art. 16, L. 22 frim. an VII. — Instr. 18 juin 1838.

2754. — Le droit de 2 °/° est exigible, à titre de dommages-intérêts, sur un jugement qui condamne un mandataire, pour avoir vendu à vil prix les biens de son commettant, à lui payer la différence de ce prix à la véritable valeur. — Délib. 24 déc. 1833.

2755. — Lorsque le droit de 2 °/° a été perçu sur les dommages-intérêts prononcés par une cour d'assises, et qu'après la cassation de l'arrêt des dommages-intérêts plus considérables sont prononcés pour le même fait par une autre cour d'assises, la perception, pour cette seconde condamnation, doit être limitée au surplus de ces dommages-intérêts. — Délib. 12 fév. 1836.

2756. — Le procès-verbal d'ordre pris dans son ensemble est sujet au droit de 50 c. p. 100 fr. sur le montant des collocations arrêtées définitivement par le juge-commissaire. — Décis. min. fin. 8 déc. 1848; instr. 1704, § 8.

### § 3. — *Droit de titre.*

2757. — Lorsqu'une condamnation est rendue sur une demande non établie par un titre enregistré et susceptible de l'être, le droit auquel l'objet de la demande aurait donné lieu s'il avait été convenu par acte public, doit être perçu indépendamment du droit dû pour l'acte ou le jugement qui aura prononcé la condamnation. — L. 22 frim. an VII, art. 69, § 2, n° 9.

2758. — Par titres non susceptibles d'être enregistrés, il faut entendre ceux qu'une disposition expresse de la loi dispense de l'enregistrement, comme les transferts d'inscriptions, les quittances de leurs intérêts, les rescriptions, mandats et ordonnances sur les caisses publiques, etc. Les jugemens de condamnation sur les demandes de cette nature ne seraient sujets qu'au droit de condamnation : 50 c. p. 100 fr. — Décis. min. fin. 6 fructid. an X et 20 vent. an XII ; circul. 8 germin. an XII ; — Championnière et Rigaud, t. 2, n° 854.

2759. — De même, quand c'est la loi qui fait le titre des parties, comme dans les jugemens en vertu desquels des alimens sont accordés à des ascendans (C. civ., art. 205), ou à un époux (C. civ., art. 301), il n'est point dû d'autre droit que celui de condamnation. — Décis. min. fin. 28 niv. an XI et 14 juin 1808 ; instr. 390, n° 7.

2760. — En un mot, la disposition de la loi doit être entendue en ce sens que le droit auquel l'objet de la demande aurait donné lieu est exigible sur le jugement, toutes les fois que le jugement est de nature à tenir lieu de titre à une convention qui, rédigée par écrit, serait susceptible d'un droit d'enregistrement. — Championnière et Rigaud, t. 2, nos 845 et 851.

2761. — Mais lorsqu'un jugement, qui prononce des condamnations sur des conventions verbales, est présenté à la formalité après le délai, il n'y a lieu de percevoir de double droit que sur le montant de la condamnation, et non pas sur la convention, qui n'est passible que du droit simple, à moins qu'elle n'ait pour objet une transmission de propriété, d'usufruit ou de jouissance d'immeubles susceptible par elle-même du double droit, à défaut d'enregistrement dans les délais fixés par la loi. — Avis com. 8 juill. 1809, appr. le 5 août ; instr. 452, n° 2.

2762. — Le droit proportionnel pour titre est exigible, indépendamment du droit de condamnation, pour les conventions verbales ou prétendues telles, lorsqu'elles sont susceptibles d'être constatées par un titre écrit. — *Cass.*, 21 frim. an XII, Sautel, 22 juill. 1807, Vernet; 9 août 1809, Billard ; — Championnière et Rigaud, t. 2, n° 85.

2763. — Les condamnations prononcées contre un cohéritier qui avait administré les biens de la succession en vertu d'un mandat ne donnent pas lieu à la perception du droit de titre, lors d'ailleurs que ce mandat n'a pas été suivi, antérieurement aux demandes judiciaires, d'un arrêté de compte établissant un reliquat à la charge du mandataire. — *Cass.*, 8 août 1833, Stacpoole. — En effet, on ne peut présupposer l'existence d'une convention de prêt. — Roland et Trouillet, *Dict. d'enreg.*, v° *Jugement*, § 6, n° 17.

2764. — Le jugement qui condamne à payer ce qui reste dû sur le prix d'une vente verbale d'objets mobiliers n'est point passible du droit de 2 % sur la somme qui fait l'objet de la condamnation. Il en serait autrement s'il s'agissait d'une convention écrite ou d'une convention verbale, relatives à une transmission de propriété, d'usufruit ou de jouissance d'immeubles. — Décis. min. fin. 5 avr. 1818. — Dans ce cas, il n'y a pas lieu de percevoir le droit de quittance sur les sommes dont le paiement n'est pas demandé. — Décis. min. fin. 6 brum. an VIII; solut. 15 oct. 1812. — Cependant, une solution du 19 oct. 1831 porte que le droit de titre est dû sur la somme demandée et non sur le montant seulement de la condamnation. Mais nous pensons, disent MM. Roland et Trouillet (*Dict. d'enreg.*, v° *Jugement*, § 6, n° 43), que le montant de la condamnation forme seul l'objet de la demande, et qu'il y a lieu de prendre pour règle les décisions de l'an VIII et de 1818.

2765. — Lorsqu'une demande en condamnation au paiement du prix d'une vente a été limitée à la moitié du prix du marché originaire, sans qu'il se soit élevé aucune contestation sur le paiement de l'autre moitié, le droit de titre a dû être perçu dans la proportion déterminée par l'objet de la de-



mande, et non sur le prix total. — *Cass.*, 26 août 1834, Larcher; — Roland et Trouillet, *ibid.*, § 5, n° 19.

2766. — Le droit de vente mobilière n'est pas exigible, indépendamment de celui pour la condamnation aux dommages-intérêts, sur le jugement qui prononce cette condamnation pour défaut d'exécution d'une vente de marchandises convenue verbalement, s'il n'y a point d'ailleurs de condamnation explicite sur l'objet de la demande relativement à l'exécution ou au prix de cette vente. — Délib. 13 avr. 1838.

2767. — Un jugement arbitral portant condamnation d'une somme déterminée restant due de plus forte somme aussi déterminée pour cause de fournitures de grains, sans énonciation d'aucun titre, n'est sujet qu'au droit de 50 c. p. 100 fr. sur le montant de la condamnation. — *Cass.*. 18 juill. 1815, Lyon.

2768. — Il n'y a pas lieu à restituer le droit de titre perçu sur un jugement, à raison de la somme entière formant l'objet de la demande d'un créancier contre plusieurs débiteurs, lorsque, par suite d'un compte ordonné, le créancier obtient condamnation contre un des débiteurs, pour une somme moindre que celle comprise dans la demande, tous ses droits réservés contre les autres. — *Cass.*, 26 nov. 1822, Derome.

2769. — Le jugement qui condamne à payer le reliquat d'un compte-courant n'est passible du droit de titre et de celui de condamnation que sur ce reliquat, bien qu'il soit mentionné qu'à diverses époques les arrêtés de situation présentaient un résultat plus considérable. — Délib. 15 fév. 1831 ; — Roland et Trouillet, *Dict. d'enreg.*, v° *Jugement*, § 4, n° 57.

2770. — Lorsqu'un jugement ordonne que pour tenir lieu à une veuve des arrérages de son douaire, elle recevra directement et sur sa seule quittance, tant que le douaire existera, les revenus et fermages des biens de ses enfans, à charge par elle de tenir compte annuellement à ceux-ci de l'excédant des fermages sur les arrérages du douaire, et que de plus ce jugement l'autorise à administrer les mêmes biens et à faire les réparations d'entretien, une pareille disposition ne contient pas une cession d'usufruit, ni un engagement d'immeubles, et ne fait qu'assurer le paiement du douaire sur les fermages ; il n'est donc dû sur ce jugement que le droit de 50 c. p. 100 fr. — Décis. min. fin. 9 nov. 1821 ; — Roland et Trouillet, *Dict. d'enreg.*, v° *Jugement*, § 6, n° 5.

2771. — Lorsque le cessionnaire, par acte enregistré d'une créance dont le titre ne l'a pas été, obtient condamnation contre le débiteur, il y a lieu de percevoir le droit de titre, parce que la condamnation repose, non sur la cession, mais sur le titre non enregistré de la créance. — Solut. 31 mars 1834 ; — Roland et Trouillet, *Dict. d'enreg.*, v° *Jugement*, § 5, n° 13.

2772. — Le jugement portant condamnation de sommes dues pour plusieurs années d'un bail verbal, et résiliement de ce bail pour le nombre d'années restant à courir, est passible, indépendamment du droit de condamnation, du droit de bail, tant sur les années qui restent à courir que sur les sommes dues. — Solut. 19 mars 1831.

2773. — Le jugement qui condamne l'établissement qui exproprie le propriétaire d'une maison à payer une indemnité aux locataires, n'est pas passible du droit de titre, mais seulement de celui de 50 c. p. 100 fr. — Délib. 31 janv. 1834 ; — Roland et Trouillet, *ibid.*, § 5, n° 24.

2774. — Lorsque, en vertu d'une convention avouée par les parties, et suivant laquelle des entrepreneurs se sont chargés de faire des constructions et réparations dans la maison d'un propriétaire, pour être payés par celui-ci sur la production de leurs mémoires, un jugement porte condamnation au paiement d'une somme due pour travaux et fournitures, ce jugement est passible du droit de titre, indépendamment de celui de condamnation, car il y a eu là un marché véritable pour constructions et réparations, lequel eût donné lieu à la perception d'un droit de 1 %. — Délib. 6 déc. 1833, appr. le 11.

2775. — Cependant, on peut dire que les fournitures d'un entrepreneur et sa main-d'œuvre sont deux choses dépendant nécessairement l'une de l'autre. Il n'y avait donc lieu de percevoir que le droit de marché à raison de 1 % sur les condamnations.

2776. — Le jugement qui condamne un entrepreneur de roulage à payer la valeur de marchandises qu'il a perdues n'est point passible du droit de titre; il donne lieu seulement au droit de 50 cent. p. 100 fr., et à pareil droit s'il est accordé à l'entrepreneur une garantie contre les rouliers correspondans. — Solut. 5 oct. 1831.

2777. — Lorsqu'un acte ou jugement fixe une



liquidation de société et déclare l'un des associés débiteur des autres, il est dû un droit proportionnel de titre sur le montant de cette obligation, indépendamment du droit de condamnation à percevoir sur le jugement. — *Cass.*, 25 (et non 24) mars 1812, Lambert.

2778. — Décidé cependant que le jugement qui condamne des sociétaires à rembourser à celui d'entre eux chargé des opérations de la société, la portion à leur charge dans les sommes avancées par celui-ci, et d'après les stipulations de l'acte social, n'est pas sujet au droit de titre, et ne donne lieu qu'au droit de condamnation, attendu que la base de cette condamnation est l'acte de société enregistré. — Délib. 11 oct. 1833. — En effet, un pareil jugement contient seulement une liquidation; et un jugement de collocation ou de liquidation ne donne pas ouverture au droit de titre. — Championnière et Rigaud, t. 2, nos 852 et 853.

2779. — N'est point passible du droit de titre, le jugement correctionnel qui, statuant sur une plainte en escroquerie, condamne le prévenu à restituer au plaignant divers objets mobiliers que le prévenu s'était fait vendre à crédit pour le compte d'une personne qui ne lui avait donné aucun mandat à cet effet. — *Cass.*, 9 mai 1822, Marlé-Machard.

2780. — De même, lorsqu'un jugement de police correctionnelle condamne un mandataire comme coupable d'abus de confiance à restituer une somme qu'il a touchée pour son mandant, ce jugement ne donne lieu à aucun droit de titre; et il ne doit être perçu que le droit de condamnation. — *Cass.*, 21 nov. 1832, Travot.

2781. — Le montant des dépens liquidés doit être ajouté à celui des autres condamnations pour la perception du droit de 50 cent. p. 100 fr., et ne donne lieu à aucun droit fixe particulier. Lorsque le jugement ne contient pas cette liquidation, le droit est perçu sur l'exécutoire si la partie s'en fait délivrer un. — Délib. 22 niv. an X.

2782. — Le droit de titre ne doit être perçu, indépendamment du droit de condamnation sur les jugemens portant condamnation de dépens au profit des avoués contre leurs cliens, qu'autant que la prescription de deux ans (C. civ., art. 2273) se trouve acquise, en conséquence d'une solution qui, avant la loi du 28 avr. 1816, n'assujétissait ces jugemens à l'enregistrement sur la minute que dans le cas de prescription. — Instr. 3 fructid. an XIII, 290, n° 33.

2783. — Un jugement ne peut donner ouverture au droit proportionnel de libération comme droit de titre. — Championnière et Rigaud, t. 2, n° 1608.

### § 4. — *Jugemens contenant transmission de propriété ou résolution de contrat.*

2784. — Les jugemens qui contiennent transmission de propriété ou résolution de contrat sont passibles du droit proportionnel, lequel varie suivant la nature des objets et l'espèce du titre translatif de propriété. Ce droit proportionnel n'est autre que le droit de titre dont nous avons parlé dans le paragraphe précédent. — L. 22 fructid. an VII, art. 69, § 2, n° 9.

2785. — Les jugemens par défaut, contenant transmission de propriété immobilière sont sujets au droit proportionnel de mutation, de même que s'ils étaient contradictoires. — *Cass.*, 24 (et non 23) thermid) an XIII, Lemeunier Lagirardière; 7 mai 1806, Saint-Aignan; 6 déc. 1820, Mourgues.

2786. — En matière d'expropriation forcée, on avait d'abord décidé que le droit d'enregistrement auquel était sujet le jugement n'était pas exigible durant l'appel interjeté de ce jugement. — *Cass.*, 24 flor. an VIII, Roux.

2787. — ... Et qu'en cas d'appel, il n'y avait lieu de percevoir le droit proportionnel qu'après un arrêt confirmatif. — *Cass.*, 29 oct. 1806, Guilhot.

2788. — ... Qu'en tout cas, si le droit avait été perçu auparavant, il n'avait pu l'être que provisoirement et à charge de restitution en cas d'un arrêt infirmatif. — *Cass.*, 29 oct. 1806, Guilhot.

2789. — Mais, déterminé par ces considérations qu'aucune disposition de loi ne dispensait de l'enregistrement les jugemens dont il était interjeté appel, et que le paiement des droits ne pouvait être différé par aucuns motifs, le conseil d'état a été d'avis que les adjudications d'immeubles faites en justice devaient être enregistrées dans les vingt jours de leur date, soit qu'on en eût ou non interjeté appel, mais que le droit perçu était restituable lorsque l'adjudication était annulée par les voies légales. — Avis cons. d'état, 18 oct. 1808, appr. le 22; — instr. 429, n° 1er. — V. aussi *infrà* nos 4207 et suiv.

2790. — Jugé en conséquence que l'appel d'un

jugement d'adjudication n'autorise point l'adjudicataire à surseoir au paiement des droits de mutation. — Seulement, si l'adjudication est annulée sur l'appel, il pourra se faire restituer les droits qu'il aura payés. — *Cass.*, 20 (et non 10) déc. 1808, Papineau.

2791. — Tous les actes judiciaires portant transmission de propriété immobilière sont passibles du droit de mutation, sans qu'il y ait lieu de distinguer entre les jugemens susceptibles d'appel et ceux rendus en dernier ressort. — *Cass.*, 14 juill. 1824, Tonnerieu.

2792. — Le jugement qui envoie un individu en possession d'un immeuble qu'un autre a acquis depuis plusieurs années, en vertu d'un acte de vente dont il a payé les droits, est passible du droit proportionnel comme étant translatif de propriété, encore bien qu'il déclare que le possesseur actuel n'a été que le prête-nom de celui qui est reconnu pour le véritable propriétaire. — D'ailleurs, en considérant le jugement dans sa prétendue relation avec l'acte de vente dont on le regarderait comme le complément, il y aurait là une déclaration de command, passible du droit proportionnel, faute d'avoir été notifiée à la régie dans les vingt-quatre heures du contrat. — *Cass.*, 28 janv. 1811, Bordes.

2793. — Lorsqu'un individu a acquis en son nom seul un immeuble sur la totalité duquel il a payé le droit de mutation, le jugement qui déclare ensuite une autre personne copropriétaire de ce même immeuble doit être considéré, à l'égard de celle-ci, comme un titre translatif de propriété, et donnant ouverture à un nouveau droit de mutation, sans qu'il y ait lieu à aucune restitution sur le premier droit régulièrement perçu. — *Cass.*, 6 déc. (et non sept.) 1813, Blactot.

2794. — Le jugement qui fait passer sur la tête d'un individu une propriété adjugée purement et simplement à un autre donne lieu au droit proportionnel de mutation, quand bien même il déclarerait que l'adjudicataire n'était qu'une personne interposée, qui aurait acquis pour le compte du premier. — *Cass.*, 7 fév. 1838 (t. 1er 1838, p. 288), Levêque.

2795. — Lorsqu'un individu s'est rendu en son nom seul adjudicataire d'un immeuble sur le prix duquel le droit de mutation a été perçu, il est dû un nouveau droit de mutation sur la part qu'un autre individu fait déclarer lui appartenir dans l'immeuble acquis en vertu d'un acte de société qui n'avait point date certaine au moment de l'adjudication. — *Cass.*, 8 juill. 1839 (t. 2 1839, p. 147), Giraud.

2796. — Lorsque le débiteur d'une somme d'argent s'est obligé, à défaut de paiement dans un certain délai, de consentir à son créancier la vente de plusieurs immeubles désignés dans l'acte, le jugement qui, faute de paiement dans le délai fixé, envoie le créancier en possession des immeubles, jusqu'à concurrence de la somme due, contient une transmission de propriété passible du droit proportionnel, encore bien que dans la promesse de vente l'estimation des immeubles eût été laissée à dire d'experts. — *Cass.*, 22 déc. 1813, Sahuguet. — V. *contrà* Championnière et Rigaud, *Tr. des dr. d'enreg.*, t. 3, no 2074.

2797. — Le jugement qui ordonne de passer acte de vente dans un certain délai après lequel, et à défaut par les parties de ce faire, il vaudra lui-même vente, est translatif de propriété dès avant l'expiration du délai, et donne immédiatement ouverture au droit proportionnel. — *Cass.*, 14 (et non 19) janv. 1836, Charrier.

2798. — Mais lorsqu'un jugement constate l'existence d'une vente avec stipulation d'un dédit, et ordonne à l'acquéreur de passer le contrat ou de payer le dédit, il n'y a point lieu de percevoir sur ce jugement le droit proportionnel de transmission immobilière. — *Cass.*, 19 mars 1839 (t. 1er 1839, p. 455), Marchand; — Championnière et Rigaud, t. 3, nos 2044, 2051 et 2353.

2799. — Un jugement portant qu'à défaut de paiement par le débiteur, le créancier pourra se mettre en jouissance de ses biens jusqu'à entier paiement de la dette, comme l'autorisaient les constitutions piémontaises, est purement facultatif et ne transmet pas un droit actuel au créancier. Le droit proportionnel n'est dû que sur l'acte de prise de possession. — *Cass.*, 3 avr. 1811, Nigra.

2800. — Comme autres exemples de jugement contenant transmission de propriété, on peut encore, en ce qui concerne les ventes immobilières, consulter *infrà* nos 3421 et suiv.

2801. — Les jugemens sont encore passibles du droit proportionnel lorsqu'ils constatent qu'il y a eu transmission antérieure de la propriété. — Au surplus V. à cet égard *infrà* nos 3876 et suiv.

2802. — Ainsi un jugement qui constate l'existence d'une vente verbale d'immeubles et qui autorise le vendeur à revendre aux risques et périls de l'acheteur, fait preuve suffisante de mutation de propriété, et donne lieu au droit proportionnel. — *Cass.*, 6 sept. 1813 (et non 1812), Tandou.

2803. — Lorsque le mari a aliéné les biens dotaux de sa femme, et que, suivant la clause de remploi portée au contrat de mariage, il a acquis d'autres biens, le jugement qui déclare que ceux-ci forment le remploi stipulé, est simplement déclaratif et non translatif de propriété. En conséquence, il n'est passible que d'un droit fixe. — *Cass.*, 29 mai 1816, Campredon.

2804. — Lorsque après avoir acquis un immeuble dont il a payé le prix comptant, un individu s'en rend adjudicataire sur l'expropriation poursuivie par les créanciers hypothécaires de son vendeur qui n'a point purgé, il n'est point tenu de payer un second droit proportionnel de mutation, attendu qu'il n'a pas été dépossédé. — Délib. 19 août 1818, appr. le 17 nov. suiv.

2805. — Lorsque des immeubles vendus à un particulier sont saisis à la requête d'un créancier du vendeur, et adjugés à des tiers, le jugement qui, par suite, résilie la première vente, ne peut être considéré comme opérant rétrocession du premier acquéreur au vendeur primitif. (Jug. *trib. Schelestadt*, 28 août 1823). — Délib. 20 mars 1824.

2806. — Le droit proportionnel est dû sur tout jugement par défaut portant résolution d'une vente pour défaut de paiement du prix, lorsque l'acquéreur était entré en jouissance. — *Cass.*, 6 déc. 1820, Mourgues.

2807. — Et il n'y a pas lieu à restitution des droits lorsqu'en suite ces jugemens viennent à être annulés sur l'opposition. — V. *infrà* nos 4388 et suiv.

2808. — On ne peut, pour se refuser au paiement des droit et double droit proportionnels sur un jugement portant résolution de vente, exciper de ce que le receveur se serait contenté de percevoir le droit fixe, si le double droit était déjà acquis à la régie lors de la présentation de ce jugement à l'enregistrement. — *Cass.*, 11 sept. 1809, Micard-Perrin.

2809. — Lorsque, sur une instance en partage d'une succession, un jugement donne à l'une des parties acte de son consentement à rapporter des biens à elle vendus par l'auteur de la succession, ce jugement constitue une rétrocession au profit de la succession, passible du droit de vente. — *Cass.*, 17 fév. 1840 (t. 1er 1840, p. 732), Fouquier.

2810. — Il n'y a pas lieu de percevoir le droit proportionnel de rétrocession sur un jugement qui prononce la résolution pour cause d'inexécution d'un marché de fournitures, avec condamnation à des dommages-intérêts contre l'une des parties. Il ne doit être perçu qu'un droit fixe sur la résiliation de la convention, et le droit de condamnation sur les dommages-intérêts. — *Cass.*, 29 janv. 1839 (t. 1er 1839, p. 161), Perrier c. Granger-Veyron.

2811. — N'est passible que du droit fixe le jugement qui prononce la résolution d'une acquisition faite par un mineur, attendu que l'incapacité de contracter de la part de celui-ci est une nullité radicale. — Solut. 31 déc. 1830 ; instr. 1354, § 5.

2812. — Il en est de même du jugement portant résolution d'une vente pour cause de dol ou de violence, attendu que le consentement du vendeur est censé n'avoir jamais été donné. — Délib. 19 oct. 1822 et 16 fév. 1825.

2813. — .. Du jugement qui déclare résolue purement et simplement une vente de grains par le motif qu'il y a erreur sur la qualité de ces grains; car il y a là une nullité qui tombe sur la substance même de l'objet de la convention. — Délib. 16 déc. 1828.

2814. — ... Du jugement qui prononce la résolution d'un legs pour inaccomplissement des conditions. — Championnière et Rigaud, t. 3, no 2436.

2815. — ... Du jugement qui déclare nulle comme contenant un traité sur une succession future, la donation faite par un père à l'un de ses enfans, de tous ses biens à la charge de payer à ses frères acceptans une somme fixe pour les remplir de ses droits. — Solut. 15 fév. 1832.

2816. — Au surplus et pour tout ce qui concerne les annulations ou résolutions prononcées par jugement, V. *infrà* nos 4087 et suiv.

### § 5. — *Dispositions indépendantes.*

2817. — Lorsque, dans un acte judiciaire, il y a plusieurs dispositions indépendantes ou ne dérivant pas nécessairement les unes des autres, il est dû pour chacune d'elles et selon son espèce un droit particulier. — L. 22 frim. an VII, art. 11.

2818. — Lorsque des parties comparaissent volontairement devant un juge de paix ou bien qu'elles provoquent sa compétence ou sa juridiction, on avait d'abord pensé que le droit de compromis était dû, soit que la déclaration fût mise en tête du jugement, soit qu'elle fût donnée par acte séparé. — Instr. 436, § 3.

2819. — Mais décidé depuis que si la déclaration des parties n'est constatée que par le contexte même du jugement (quoique signée par les requérans), il n'y a pas lieu de percevoir deux droits. Au contraire, lorsque la déclaration est faite dans un acte particulier, le droit est de 1 fr., si les parties et la cause sont justiciables du juge de paix, et de 3 fr. comme compromis, si les parties provoquent la compétence ou la juridiction du juge de paix. — Décis. min fin. et just. 16 et 27, art. 1820 ; inst. 1132, § 4 ; — Roland et Trouillet, *Dict. d'enreg.*, vo *Compromis*, no 3.

2820. — Décidé même que le droit particulier n'est dû qu'autant que la déclaration est sur feuille séparée, ou, si elle se trouve en tête du jugement, qu'autant qu'elle est d'une date différente. — Solut. 21 déc. 1829 ; — Roland et Trouillet, *ibid.*, no. 4.

2821. — Il n'est dû qu'un seul droit de 3 fr. sur le jugement rendu sur assignation à bref délai et qui donne acte de la constitution de plusieurs avoués. — Solut. 12 juill. 1831.

2822. — Le jugement qui déclare l'absence de plusieurs individus est passible d'autant de droits fixes de 5 fr. qu'il y a de déclarations d'absence ; car ces déclarations sont indépendantes les unes des autres. — Délib. 31 juill. 1834.

2823. — N'est passible que d'un seul droit, le jugement qui ordonne qu'il sera procédé à la liquidation et au partage d'une succession et commet un notaire à cet effet ; en effet, la nomination du notaire se rattache nécessairement à la disposition principale. — Solut. 28 mai 1831.

2824. — Le jugement qui prononce une séparation de biens n'est soumis au droit fixe de 15 fr. qu'autant qu'il se borne à prononcer la séparation. Il est en outre passible du droit proportionnel sur le montant des condamnations de sommes ou valeurs mobilières qu'il contient. Dans ce cas, quoique le jugement statue en vertu du contrat de mariage enregistré, on ne saurait l'assimiler à un acte ayant pour objet l'exécution d'un acte antérieur enregistré, et n'étant point à ce titre passible du droit proportionnel. — *Cass.*, 2 mars 1835, Dufrayer.

2825. — Décidé au contraire qu'il n'est dû qu'un seul droit sur un jugement de séparation de biens qui autorise la femme à retirer sa dot des mains dans lesquelles elle a été déposée, attendu que cette disposition dérive de la séparation (C. civ., art. 449). — Délib. 7 mars 1818.

2826. — Il est dû deux droits sur le jugement qui alloue à une partie ses conclusions, et, en outre, la condamne à une amende pour avoir manqué à la justice. — Solut. 10 août 1831.

2827. — Un jugement qui, avant faire droit, ordonne une expertise et nomme des experts, est un jugement préparatoire qui n'est passible que d'un droit; il devrait être perçu deux droits si les experts avaient été nommés par les parties et que le jugement en donnât acte. — Solut. 13 août 1814.

2828. — Lorsque, sur une adjudication en plusieurs lots, un seul est adjugé et que le juge renvoie l'adjudication des autres après de nouvelles annonces, il n'est dû qu'un seul droit fixe pour les remises de tous les lots; en effet les remises, bien que signées séparément par le juge et le greffier, étant faites successivement dans une seule et même vente, ne forment qu'un seul et même procès-verbal. — Solut. 3 janv. 1833.

2829. — N'est point passible d'un droit particulier le jugement d'adjudication qui, par suite de surenchère, ordonnant que la somme consignée par la caution du surenchérisseur lui sera restituée, attendu que la deuxième adjudication s'est élevée à plus d'un dixième en sus du prix de la première. — Solut. 19 sept. 1832.

2830. — La disposition d'un jugement d'ordre qui ordonne la radiation des inscriptions qui existent sur l'immeuble dont le prix est distribué, étant une conséquence immédiate et nécessaire de la collocation, laquelle est soumise au droit proportionnel de 1/2 %, il n'est dû aucun autre droit particulier à raison de cette radiation. — *Cass.*, 21 juill. 1818, Montaudouin.

2831. — Il en est de même, soit que la radiation concerne des inscriptions prises d'office ou par des créanciers utilement colloqués, soit qu'elle ait pour objet des inscriptions de créanciers qui n'aient pas produit. — *Cass.*, 21 juill. 1818, Montaudouin.

2832. — La distraction des dépens, en faveur de

l'avoué qui en a fait les avances, est une disposition dépendante de la condamnation et ne donne point lieu à un droit particulier. — Délib. 22 niv. an X.

2833. — N'est passible que d'un seul droit, le jugement du tribunal de commerce qui statue sur la compétence et sur le fond par deux dispositions distinctes (C. procéd., art. 425); il en est de même de l'arrêt qui statue en même temps sur l'appel d'un jugement interlocutoire et sur le fond du procès. — *Dict des dr. d'enreg.*, art. 3009.

2834. — En règle générale, le jugement qui prononce une condamnation alternative ne donne lieu au droit que sur l'une des dispositions, et d'abord sur celle qui, étant placée la première, semble avoir un effet actuel. Mais cette perception n'est que provisoire, et lorsque l'option de la partie a été faite, il y a lieu d'exiger un supplément de droit ou de restituer ce qui a été perçu de trop, pourvu que la demande soit faite en temps utile. Ainsi, il n'est dû que le droit fixe sur le jugement qui condamne un mandataire à rendre compte, sinon à payer une somme déterminée. — Délib. 2 août 1833; — Roland et Trouillet, *Dict. d'enreg.*, v° *Jugement*, § 4, n° 61.

2835. — Le droit de 2 % pour dommages-intérêts comprend implicitement celui de condamnation de 50 cent. p. 100 fr.; on ne peut donc percevoir l'un et l'autre de ces droits sur le montant des dommages-intérêts. — Solut. 22 niv. an X.

2836. — Le jugement qui condamne dix individus à diverses amendes montant en totalité à 150 fr., n'est passible que d'un seul droit, parce que la pluralité des droits doit porter sur la pluralité des dispositions et non sur le nombre des personnes. — Délib. 16 août 1817.

2837. — Décidé cependant, depuis, que le jugement de simple police qui condamne à l'amende onze contrevenans individuellement et sans solidarité, donne ouverture à onze droits fixes de 1 fr. — Solut. 26 juin 1833.

2838. — Ainsi, il faut distinguer si les contrevenans sont impliqués ou non dans la même affaire. Dans le premier cas, comme ils sont solidaires, pour les frais du moins, ils ne comptent que pour une personne. — Roland et Trouillet, *Ibid.*

## Sect. 6e. — *Mutations par décès.*

2839. — Toute transmission de propriété d'usufruit ou de jouissance de biens, meubles et immeubles par décès, est passible du droit proportionnel. — L. 22 frim. an VII, art. 4.

2840. — En règle générale, les droits dus à raison des mutations par décès doivent être perçus d'après la loi existant au moment de la déclaration et non d'après la loi en vigueur lors de l'ouverture de la succession. — Ainsi, c'est d'après le tarif de la loi du 22 frim. an VII que doivent se percevoir les droits de mutation pour une succession ouverte avant la promulgation de cette loi, mais déclarée depuis. — *Cass.*, 26 frim. an XIII, Chevalier.

2841. — Le montant des droits d'enregistrement pour cause de mutation par décès est gradué suivant la proximité des héritiers de celui à qui ils succèdent; ils ont été établis et successivement augmentés ainsi qu'il suit :

2842. — En *ligne directe*, droits des mutations qui s'effectuent par décès, en propriété ou usufruit : — sur les meubles, 25 cent. p. 100 fr. (L. 22 frim. an VII, art. 69, § 1er, n° 8); — sur les immeubles, 1 fr. par 100 fr. (art. 69, § 3, n° 4) — Ces quotités ont été appliquées aux partages d'ascendans. — L. 16 août 1824, art. 3.

2843. — ... Entre *époux*, droits des mutations en propriété ou usufruit s'effectuant par décès : — sur les meubles, d'abord moitié de 1 fr. 25 c. p. 100 fr. (L. 22 frim. an VII, § 4, art. 69, n° 2); aujourd'hui, 1 f. 50 c. p. 100 fr. (L. 28 avr. 1816, art. 53); — sur les immeubles, d'abord 2 fr. 50 c. p. 100 fr. (L. 22 frim. an VII, art. 69. § 6, n° 3); aujourd'hui, 3 fr. p. 100 fr. (L. 28 avr. 1816, art. 53).

2844. — ... Entre *collatéraux* et autres *personnes non parentes*, les droits des mutations en propriété ou usufruit s'effectuant par décès, soit par succession, soit par testament ou autre acte de libéralité à cause de mort, ont successivement subi les augmentations suivantes : — la loi du 22 frim. an VII imposa d'abord sur les meubles 1 fr. 25 c. p. 100 fr. (art. 69, § 4, n° 2); sur les immeubles, 5 fr. p. 100 fr. (art. 69, § 8, n° 2). — Puis la loi du 28 avr. 1816 (art. 53) établit une distinction : entre les collatéraux parens au degré successible : sur les meubles, 2 fr. 50 c. p. 100 fr.; sur les immeubles, 5 fr. p. 100 fr.; — entre toutes autres personnes : sur les meubles, 3 fr. 50 c. p. 100 fr.; sur les immeubles, 7 fr. p. 100 fr. — Enfin, la loi du 21 avr. 1832 (art. 33) a établi les droits ainsi qu'il suit : 1° entre frères et sœurs, oncles et tantes, neveux et nièces : sur les meubles, 3 fr. p. 100 fr.; sur les immeubles, 6 fr. p. 100 fr.; — 2° entre grand'oncles et grand'tantes, petits neveux et petites nièces, cousins-germains : sur les meubles, 4 fr. p. 100 fr.; sur les immeubles, 7 fr. p. 100 fr.; — 3° entre parens au-delà du quatrième degré et jusqu'au douzième : sur les meubles, 5 fr. p. 100 fr.; sur les immeubles, 8 fr. p. 100 fr.; — 4° entre personnes non parentes : sur les meubles, 6 fr. p. 100 fr.; sur les immeubles, 9 fr. p. 100 fr.

2845. — Ces quotités comprennent le droit de transcription. — Instr. 30 avr. 1832, 1309.

2846. — Les beaux-pères et les gendres, les beaux-frères et les belles-sœurs, en un mot tous les alliés, ne sont point considérés comme parens pour la perception des droits de mutation par décès. — Circ. 23 déc. 1791, 202; — *Dict. des dr. d'enreg.*, v° *Succession*, n° 160.

2847. — Lorsque l'époux survivant, les enfans naturels sont appelés à la succession, à défaut de parens au degré successible, ils sont considérés, quant à la quotité des droits, comme personnes non parentes. — L. 28 avr. 1816, art. 53. — Et il n'y a pas lieu de faire distraction de la part à laquelle les enfans naturels avaient droit. — *Dict. de l'enreg.*, v° *Succession*, n° 180.

2848. — On ne saurait considérer comme étrangers l'un à l'autre deux époux divorcés pour cause d'émigration, si depuis ils ont vécu maritalement, ont fait des acquisitions en commun et pris, dans les actes relatifs à leurs affaires, la qualité de mari et de femme. Dès-lors le droit exigible pour un legs fait par l'un des époux à l'autre doit être liquidé au taux fixé pour les mutations par décès entre époux. — Délib. 10 juin 1830.

2849. — Les enfans naturels et leurs représentans ne doivent les droits de mutation pour la portion qui leur est accordée dans la succession de leur auteur qu'au taux fixé pour la ligne directe; sauf lorsqu'ils sont appelés à défaut de successibles. — Déc. min. fin. 7 messid. an XII; délib. 17 juin 1834.

2850. — En cas de concours entre des enfans naturels avec un ascendant et un légataire universel, la renonciation de l'ascendant ne profitant qu'au légataire, c'est d'après la qualité de celui-ci vis-à-vis du défunt que doivent être fixés les droits de mutation pour la portion qui accroît à ce légataire. — Instr. 31 juill. 1835.

2851. — Bien que les héritiers légitimes maintiennent au profit d'un enfant naturel le legs d'une part excédant celle que la loi permet à son égard, la régie peut, sans avoir égard à cet arrangement de famille, se prévaloir de la nullité de la disposition testamentaire pour la liquidation des droits de mutation par décès. — Délib. 18 juill. 1837.

2852. — Lorsque le légataire universel saisi de plein droit (C. civ. art. 1006) a disposé de l'hérédité par une transaction avec les héritiers, il n'en est pas moins tenu de payer les droits de mutation au taux réglé par son degré de parenté avec le défunt, sur la totalité des biens de la succession et c'est à lui de s'entendre avec les héritiers relativement aux portions qu'il leur a abandonnées. — Solut. 28 juin 1820; instr. 1229, § 11.

2853. — Si la succession devenue vacante par la renonciation des héritiers présomptifs, s'est ouverte en ligne directe, il n'est dû que les droits auxquels cette ligne est imposée, à moins que, sur le refus des héritiers directs, des collatéraux ne se présentent pour recueillir (Instr. 290, § 70). — Si la succession est devenue vacante par la renonciation du donataire ou légataire, les droits sont liquidés d'après la ligne en faveur de laquelle la succession s'est ouverte par la renonciation, et la perception est réglée comme s'il n'y avait eu ni testament ni donation. — Décis. min. fin. 7 juin 1808; instr. 386, § 33.

2854. — Lorsqu'un défunt n'a laissé ni époux, ni ascendans, ni descendans, ni parens connus, et que le domaine n'a pas réclamé sa succession à titre de déshérence, la déclaration faite par le curateur nommé à la vacance est sujette aux droits fixés pour la ligne collatérale, parce que ce curateur est censé représenter des collatéraux actuellement inconnus, mais aptes à se présenter ultérieurement. — Solut. 6 août 1831. — Dès-lors, on doit percevoir le droit fixé pour les parens du quatrième au douzième degré. — Roland et Trouillet, *Dict. d'enreg.*, v° *Succession*, § 10, n° 37.

2855. — Les héritiers du donateur qui recueillent des biens en vertu du retour conventionnel, doivent acquitter le droit de succession d'après la circul. 1689, puisqu'ils ne deviennent propriétaires des biens donnés que comme successibles. Ce droit est exigible au taux réglé pour la succession de l'auteur, dans les six mois à partir de l'événement. — Délib. 17 avr. 1827; — Roland et Trouillet, *Ibid.*, v° *Succession*, § 6, n° 96.



ENREGISTREMENT, ch. 6, sect. 6e.

2856. — L'ascendant donateur à titre de partage anticipé succédant seul, à l'exclusion de tous autres, et en l'absence même de toute stipulation du droit de retour, aux biens donnés qui se trouvent encore en nature dans la succession du donataire prédécédé, les droits de mutation par décès relativement à ces biens, ne peuvent excéder le taux fixé pour la ligne directe. — Solut. 3 août 1834.

2857. — Le legs d'immeubles fait par l'adoptant aux enfans de l'adopté doit être considéré comme fait en ligne directe, et dès lors il est seulement passible du droit proportionnel dont sont frappées ces sortes de libéralités, et non du droit auquel sont soumises les mutations par décès entre collatéraux ou entre personnes non parentes. — *Cass.*, 2 déc. 1822, Baduel.

2858. — Si c'est un fils de l'adoptant qui profite du droit de retour reservé par les art. 351 et 352, C. civ., au profit de l'adoptant ou de ses descendans, sur les choses provenues de celui-ci dans la succession de l'adopté, il y a lieu de percevoir les droits au taux fixé pour les successions entre frères. — Délib. 6 fév. 1827.

2859. — Le lien de parenté civile qui se forme entre l'adoptant et l'adopté s'étend aux enfans de ce dernier. Spécialement, si l'adopté meurt avant l'adoptant, mais laissant des descendans légitimes, ceux-ci doivent recueillir par représentation les droits que l'adopté aurait eus dans la succession de l'adoptant. — *Paris*, 27 janv. 1824, Marmo c. Thimister.

2860. — Les créanciers qui acceptent une succession du chef de leur débiteur, ne sont tenus que des mêmes droits que lui, puisqu'ils le représentent. — *Dict. des dr. d'enreg.*, v° *Succession*, n° 170.

2861. — Les mutations par décès des biens composant un majorat ne donnent ouverture qu'à un droit égal à celui qui est perçu pour les transmissions de simple usufruit en ligne directe. — Décr. 24 juin 1808, art. 6.

2862. — Les mutations par décès d'inscriptions sur le grand-livre de la dette publique sont exemptes de tous droits (L. 22 frim. an VII, art. 70, § 3, n° 3). — Et on l'a décidé de même relativement aux mutations par décès antérieures à la loi du 22 frim. an VII. — Décis. min. fin. 10 fruct. an XII; instr. 290, n° 38.

2863. — Sont exemptes de l'enregistrement les mutations qui se sont opérées par décès dans les pays réunis, avant leur réunion à la France. — L. 22 frim. an VII, art. 70, § 3, n° 16.

2864. — L'art. 78, L. 25 mars 1817, porte : « remise est faite aux héritiers et représentans des propriétaires émigrés dont les biens ont été confisqués, des droits de mutation par décès dus à raison des biens appartenant à leur auteur, et dans la propriété desquels lesdits héritiers et représentans ont été réintégrés en vertu des lois du 5 déc. 1814 et du 28 avr. 1816. — L'effet de cette remise est exclusivement limité aux droits résultant de cette entrée en possession; toute autre mutation postérieure des mêmes biens, et à quelque titre que ce soit, est et demeure passible des droits d'enregistrement établis par les lois sur chaque nature de mutation. — Quant aux biens qui n'auraient été que séquestrés, la compensation des droits de mutation n'aura lieu que jusqu'à concurrence du montant net des sommes perçues par l'état, et provenant desdits biens. »

2865. — Cet article de la loi du 25 mars 1817 ne s'applique qu'aux héritiers investis directement par l'état de la propriété des biens confisqués sur leurs auteurs. Dès-lors, cette disposition ne peut être invoquée par l'héritier testamentaire de l'émigré dont le droit à la restitution avait été reconnu de son vivant, encore bien que la mise en possession réelle de l'héritier n'ait eu lieu que depuis le décès de son auteur. — *Cass.*, 20 mars 1822, de Vaillac.

2866. — Il n'est dû aucun droit de succession pour les indemnités réclamées par d'anciens émigrés, en vertu des art. 8 et 7, L. 27 avr. 1825. — Instr. 4 mai 1825, 1161.

2867. — Il n'est également dû aucun droit de succession pour l'indemnité attribuée aux anciens colons de Saint-Domingue. — L. 30 avr. 1826, art. 10; — instr. 20 juin 1826, 1120.

2868. — Cette exception s'applique à toute mutation opérée avant le paiement effectif de l'indemnité, qu'il s'agisse soit de la succession du colon à qui l'indemnité a été assignée, soit de celle d'un héritier ou cessionnaire. — Délib. 13 nov. 1838.

2869. — La loi du 10 juin 1824 (art. 7) avait déclaré que les legs d'immeubles faits aux départemens, communes, séminaires, etc., et généralement à tous établissemens publics légalement autorisés n'étaient passibles que d'un droit fixe de

10 fr. pour enregistrement et transcription quand les immeubles légués devaient recevoir une destination publique et ne pas produire de revenus; et que même ce droit de 10 fr. était réduit à 1 fr. quand la valeur des immeubles n'excédait pas 500 fr. en principal. — Mais cette disposition a été révoquée par l'art. 17, L. 18 avr. 1831, qui assujétit les legs en question aux droits d'enregistrement et de transcription ordinaires.

2870. — La régie avait d'abord pensé que l'art. 17, L. 18 avr. 1831, en ce qui concerne les legs, devait s'appliquer à tous les legs dont les droits n'auraient pas été acquittés lors de la publication de cette loi, et quelle que fût l'époque du décès des testateurs. — Instr. 27 avr. 1831, 1362.

2871. — Mais jugé que, la liquidation des droits de mutation devant, comme celle de tous autres impôts, être faite conformément à la loi vivante à l'époque où le droit s'est ouvert et a été acquis au fisc, et non conformément à la loi existante au moment de la perception, le droit d'enregistrement de legs faits à des hospices doit être liquidé (à 1 fr. fixe), conformément à l'arrêté du 15 brum. an XII et à la loi du 16 juin 1824, lorsque la mutation s'est opérée sous l'empire de cet arrêté et de cette loi, encore que le droit ne soit acquitté que sous l'empire de la loi du 18 avr. 1831, qui a abrogé l'exception faite en faveur des hospices par les lois précédentes. — *Cass.*, 4 fév. 1834, hospices de Cambrai; 4 fév. 1834, institution des sourds-muets; 4 fév. 1834, hospices de Lyon.

2872. — ...Ou encore bien que l'ordonnance autorisant l'acceptation des legs ne soit rendue et le droit de mutation ne soit acquitté que sous l'empire de la loi du 18 avr. 1831. — *Cass.*, 4 fév. 1834, institution des Jeunes-Aveugles; 31 mai 1836, hospice de Baume-les-Dames.

2873. — L'institution royale des Jeunes-Aveugles doit être considérée comme un hospice, et peut réclamer à ce titre les droits appartenant aux hospices, en vertu des lois sur l'enregistrement antérieures à celle du 18 avr. 1831, à raison de mutations aussi antérieures. — *Cass.*, 4 fév. 1834, institution des Jeunes-Aveugles.

2874. — Lorsque la transmission d'un office et des objets en dépendant s'opère par suite de disposition à cause de mort, les droits établis pour les donations de biens meubles sont perçus sur l'acte constatant la libéralité. Dans aucun cas, le droit ne peut être au-dessous de 2 p. %. — L. 25 juin 1841, art. 8.

2875. — Si l'office passe, au moyen d'une mutation par décès, au profit de l'héritier unique du titulaire, le droit est perçu à raison de 2 % sur le montant de la valeur déclarée de l'office et des objets en dépendant. — Même loi, art. 9.

2876. — Dans aucun cas, le droit de transmission d'un office, soit par suite de dispositions gratuites à cause de mort, soit par suite de décès, ne peut être inférieur au dixième du cautionnement. — Même loi, art. 10.

### § 1er. — *Quand il y a lieu à déclaration de mutation par décès.*

2877. — Il y a lieu à déclaration de succession toutes les fois que des biens sont transmis par décès, soit en vertu de la disposition de la loi, soit par la volonté de l'homme (L. 22 frim. an VII, art. 24), à moins, toutefois, qu'une disposition expresse ne soit écrite dans la loi.

2878. — Sous la coutume de Liége, ce n'était qu'en cas de survie à leur père que les enfans avaient droit aux biens de leur mère prédécédée. En conséquence, lors du décès de celle-ci, ils n'étaient assujétis au paiement d'aucun droit de mutation. — *Cass.*, 18 pluv. an XI, Fossoul.

2879. — N'est contrevenu à aucune loi le jugement qui a décidé que, d'après la coutume de Liége, les enfans ont été saisis de la propriété des biens qui appartenaient à leur père au moment de sa mort, et qu'ils ne doivent point de droit de mutation pour ces biens lors du décès de leur mère survivante. — *Cass.*, 4 fructid. an XI, Simonis.

2880. — Lorsqu'une partie de la succession se trouve dévolue à des enfans naturels en vertu de l'art. 757, C. procéd., les héritiers légitimes ne sont tenus de déclarer que la portion des biens qui leur sont échus et d'en payer le droit suivant leur ligne directe ou collatérale; de leur côté les enfans naturels doivent déclarer la portion de biens que la loi leur accorde et payer le droit résultant d'une mutation par décès en ligne directe. — Décis. min. fin. 7 messid. an XII; instr. 239 et 386, n° 36.

2881. — D'après l'art. 24, L. 22 frim. an VII, les héritiers de l'absent étaient tenus de faire la déclaration de la succession dans les six mois du jour de la *possession*, sans distinguer entre la possession provisoire ou définitive.

2882. — Jugé, en conséquence, sous l'empire de cette loi, que l'héritier présomptif qui s'est mis en possession des biens de l'absent sans avoir fait déclarer l'absence conformément aux art. 115, 116 et 119, C. civ., est passible du droit de mutation pour la nu-propriété et pour l'usufruit, sans pouvoir invoquer les autres dispositions du Code, qui favoriseraient sa prétention de n'être tenu des droits de mutation qu'après l'envoi en possession définitive. — *Cass.*, 22 juin 1808, Delbois.

2883. — ...Que les héritiers présomptifs d'un absent qui se mettent en possession de ses biens, sans avoir rempli les formalités prescrites par le Code civil, et qui les partagent entre eux pour en jouir et disposer à leur gré, ne font pas un simple acte d'administration, mais font au contraire un acte de propriété qui donne ouverture au droit de mutation. — Il importe peu que, par une clause finale, les copartageans aient déclaré qu'ils feraient raison de ces biens à l'absent, dans le cas où il viendrait à reparaître ou à donner de ses nouvelles. — *Cass.*, 26 juill. 1814, Romestant.

2884. — ...Jugé au contraire que l'envoi des héritiers présomptifs de l'absent en possession provisoire de ses biens, n'étant entre leurs mains qu'un dépôt qui n'opère ni transmission de propriété, ni mutation de jouissance, ne peut donner lieu à aucune perception de droits d'enregistrement, d'autant plus que cette espèce de dépôt n'est prévue par aucune disposition des lois sur l'enregistrement. — *Cass.*, 16 janv. 1811, Joossens.

2885. — ...Que l'envoi en possession, sous caution, des biens d'un absent, après l'accomplissement des formalités prescrites par les art. 115 et suiv., C. civ., ne confère à ceux qui l'obtiennent qu'une simple administration, et ne donne point, par conséquent, ouverture au droit de mutation. — *Cass.*, 14 fév. 1811, Van-Acker.

2886. — Alors, a été rendue la loi du 28 avr. 1816, dont l'art. 40 porte : « les héritiers, légataires et tous autres appelés à exercer des droits subordonnés au décès d'un individu dont l'absence est déclarée, sont tenus de faire, dans les six mois du jour de l'envoi en possession provisoire, la déclaration à laquelle ils seraient tenus s'ils étaient appelés par effet de la mort, et d'acquitter les droits sur la valeur entière des biens ou droits qu'ils recueillent. — En cas de retour de l'absent, les droits payés seront restitués, sous la seule déduction de celui auquel aura donné lieu la jouissance des héritiers. »

2887. — A défaut de jugement d'envoi en possession, soit définitive, soit même provisoire, il suffit, pour que les droits de mutation soient exigibles, de la prise de possession des biens de l'absent par ses héritiers présomptifs. — *Cass.*, 12 mai 1834, Delrochers.

2888. — Lorsqu'il résulte d'un acte passé entre les héritiers même bénéficiaires d'un absent qu'ils ont pris possession de ses biens, il y a là présomption suffisante du décès de cet absent, quant à l'exigibilité du droit de succession, sans que la régie soit tenue de rapporter la preuve de ce décès. — *Cass.*, 30 avr. 1821, Renous; 2 juill. 1823, Chaurion.

2889. — Lorsque la régie prétend qu'un militaire absent a dû recueillir des successions, c'est à elle à prouver que ce militaire existait à l'époque de l'ouverture de ces successions. — *Cass.*, 17 fév. 1829, Deschamps.

2890. — Jugé, avant la loi du 28 avr. 1816, que, lorsque les frères et sœurs d'un absent et présumé décédé avant les père et mère communs ont fait le partage de la succession de ceux-ci, et que, prévoyant la possibilité du retour de l'absent, ils ont, dans l'acte, stipulé des mesures conservatoires à son égard, la régie ne saurait exciper de cette clause purement de prévoyance pour prétendre que l'absent a recueilli une part dans la succession de ses père et mère, et qu'ensuite ses frères et sœurs lui ont succédé, ni en conséquence exiger de ceux-ci la déclaration des biens qui auraient appartenu à l'absent, à moins qu'elle ne prouve que l'absent a survécu à ses père et mère. — *Cass.*, 18 avr. 1809, Teillard.

2891. — ...Qu'un tribunal a pu rejeter comme non suffisamment établie, en ce que la régie n'aurait pas prouvé le décès, une demande de droits de succession formée contre les héritiers présomptifs d'un militaire absent qui auraient divisé entre eux, par un partage, ce qui aurait dû lui revenir dans le bien commun. — *Cass.*, 24 déc. 1817, Dejacques.

2892. — Il y a identité parfaite entre la position des héritiers présomptifs d'un absent proprement dit, et celle des héritiers présomptifs d'un contumax. — Roland et Trouillet; *Dict. d'enreg.*, v° *Succession*, § 10, n° 2.

2893. — Les militaires absens pour le service de la patrie ne sont point soumis au délai accordé aux héritiers pour faire leur déclaration et payer le droit de mutation par décès. — *Cass.*, 1er frim. an IX, Richardet. — *Contrà* Merlin, *Quest.*, v° *Droits d'enreg.*, § 14. — Il dit, en rapportant cet arrêt, rendu contrairement à ses conclusions : « J'ai lieu de croire que l'on eût jugé différemment si je n'avais pas oublié de citer à l'appui de mon opinion l'art. 24, L. 6 vent. an VI, aux mois *ce délai sera double pour les défenseurs de la patrie en activité de service.* »

2894. — L'héritier bénéficiaire est tenu comme l'héritier pur et simple de faire dans les six mois du décès la déclaration de succession. — *Cass.*, 5 niv. an XII, Niélys. — Il est également tenu d'acquitter les droits. — V. *infrà* n^os 3175 et suiv.

2895. — Quoique le grevé de substitution ne puisse disposer de la propriété, il doit en faire la déclaration et payer les droits sur la valeur entière. A son décès, l'appelé devra également faire la déclaration des biens et acquitter un nouveau droit de mutation d'après son degré de parenté avec le grevé et non avec le donateur. — *Dict. des dr. d'enregistr.*, v° *Succession*, n° 646.

2896. — Le droit de mutation par décès est dû pour une succession vacante. — *Cass.*, 9 prair. an XII, Bourgeois; 17 pluv. an XIII, Cabrisse; 4 flor. an XIII, Bauwens; 15 juill. 1806, Laprade.

2897. — ...Encore bien que la succession se trouve vacante par suite de la renonciation des héritiers. — *Cass.*, 18 niv. an XII, Péridier.

2898. — Le curateur à une succession vacante n'est point tenu de faire la déclaration des biens, s'il est constant qu'il n'a jamais été nanti de deniers dont il aurait pu acquitter les droits. — *Bruxelles*, 4 nov. 1815, Vannieuwenhuysen; — Délib. 2 mars 1832; — Roland et Trouillet, *Dict. d'enreg.*, v° *Succession*, § 10, n° 8.

2899. — L'époux qui réclame et obtient la succession de son conjoint qui est restée vacante pendant plusieurs années, doit déclarer même les biens vendus avant son envoi en possession. — *Dict. des dr. d'enreg.*, v° *Succession*, n° 503 *bis*.

2900. — Il n'y a pas lieu de passer déclaration des biens dépendant d'une succession en deshérence échue à l'état. Mais si l'héritier se présentait, il devrait acquitter le droit de mutation dans le délai de six mois à partir de la décision qui l'autoriserait à prendre possession des biens. — Décis. min. fin. 8 frim. an IX; — Roland et Trouillet, *Dict. d'enreg*, v° *Succession*, § 10, n° 39.

2901. — Ce n'est que comme *héritier* de son père décédé que le fils peut se prévaloir du décret qui renvoie le père en possession des biens précédemment séquestrés sur lui. Dès-lors le fils est tenu de faire, dans les six mois du décès du père, la déclaration de mutation desdits biens. Il ne saurait prétendre qu'une pareille restitution est l'effet d'un don que lui a fait le gouvernement, car alors il serait tenu d'un droit de mutation plus considérable. — *Cass.*, 27 juin 1809, Basseinheim.

2902. — L'art. 22, L. 27 avr. 1825, portant que le droit fixe de 3 fr. est seul exigible sur les actes translatifs de la propriété des biens confisqués sur les émigrés, passés entre le propriétaire actuel et l'ancien, ou ses héritiers, dans les cinq ans de la promulgation de la loi, est applicable au legs concernant les mêmes personnes et les mêmes biens, et dont la délivrance a été judiciairement ordonnée dans la même période de cinq ans. — Pour que la régie soit mise en demeure de percevoir le droit fixe de 3 fr. sur un legs de cette nature, il est inutile que le légataire fasse une déclaration de mutation par décès dans les six mois de l'ouverture de la succession, et il suffit de la présentation du testament à la formalité de l'enregistrement. — *Cass.*, 17 nov. 1835, Wacremier.

2903. — Les contributions indirectes, dans la classe desquelles est rangé le droit d'enregistrement et de mutation par succession, sont des charges que les agens des puissances étrangères sont tenus de supporter. — Dès-lors, la succession mobilière de la femme d'un ministre étranger ouverte en France, au profit de ce ministre et de ses enfans, donne lieu au droit de mutation par décès, au moins en ce qui concerne les créances civiles et commerciales. — Lettre min. relat. extér. 29 déc. 1814; — *Dict. des dr. d'enreg.*, v° *Succession*, n° 447.

2904. — Mais les meubles et effets mobiliers à l'usage des ambassadeurs étrangers ne sont point assujétis à la déclaration de succession; car l'hotel d'un ambassadeur étant réputé terre étrangère, il se trouve hors des atteintes de la loi française. Il en est de même à l'égard des autres agens diplomatiques. — Décis. min. fin. 9 juill. 1811; 27 mars et 12 sept. 1829; instr. 1303, § 9.

2905. — Bien que les droits d'aubaine et de détraction aient été abolis par la loi du 14 juill. 1819, les mutations par décès au profit d'étrangers, de biens meubles et immeubles situés en France, n'en restent pas moins assujéties aux mêmes droits d'enregistrement que si elles avaient eu lieu en faveur de Français.—Décis. min. fin. 5 prair. an X, et 7 fév. 1834; instr. 290, no 37, 900 et 1458, § 6.

2906. — Aussi a-t-il été décidé dans ce sens que la succession mobilière d'un étranger ouverte en France est passible du droit de mutation par décès, lors même que cet étranger n'y aurait ni domicile ni établissement, et que, d'après les lois de son pays, les valeurs mobilières qu'un Français y aurait possédées au jour de son décès seraient exemptées de tout droit; l'abolition du droit d'aubaine est sans application dans ce cas. — Délib. 24 janv. 1834.

2907. — ... Que des héritiers étrangers doivent, nonobstant l'abolition du droit d'aubaine, payer les droits de mutation par décès pour des créances que leur auteur étranger possédait en France sur des Français.— *Cass.*, 27 juill. (et non juin) 1819, Pourtalès.

2908. — ... Que l'étranger qui recueille dans la succession de son compatriote mort à l'étranger des créances dues par des Français demeurant en France doit payer le droit de mutation au fisc français.—*Cass.*, 29 août 1837 (t. 2 1837, p. 274), Frœlich.

2909. — ... Que le legs fait à un étranger, par un étranger décédé en pays étranger, sur des fonds mobiliers qui se trouvaient en France, où ils ont été délivrés, est passible des droits de mutation par décès, auxquels les Français sont assujétis.—*Cass.*, 16 juin 1823, Zellner.

2910. — Le droit de mutation par décès est exigible sur les obligations souscrites en France par des sujets français au profit de sujets étrangers, quoique ceux-ci décèdent en pays étranger, et que lesdites obligations y soient payables, si c'est en monnaie française.—Avis comité des fin. 11 fév. 1829, appr. par le min. fin. le 11 mars 1829; instr. 1282, § 6. — Toutefois, cet avis exemple du paiement du droit de mutation par application d'un avis du conseil d'état du 15 nov.-12 déc. 1806, les créances résultant d'actes passés sous forme authentique en pays étranger, lorsque les prêts ont été faits en objets de ce pays, et que l'obligation est stipulée payable dans le même pays et dans les monnaies qui y ont cours. — Roland et Trouillet, *Dict. d'enreg.*, vo *Succession*, § 10, no 26.

2911. — Il suit de là que le droit de succession n'est pas dû sur les effets publics à la charge d'un gouvernement étranger, quoiqu'ils fassent partie d'une succession ouverte en France. — Délib. 2 août 1831. — Roland et Trouillet, *ibid.*, § 10, no 27.

2912. — Mais les arrérages échus des rentes inscrites au nom de l'ambassadeur ou agent diplomatique étranger sur le grand-livre de la dette publique de France, sont passibles de la déclaration, parce que toute rente sur l'état est réellement à la charge des Français. — Décis. min. fin. 27 mars 1822. — Roland et Trouillet, *ibid.*, § 10, no 15.

2913. — Les meubles et créances situés ou payables en pays étranger ne sont soumis à aucun droit de mutation par décès, bien que dépendant d'une succession ouverte en France. — Délib. 10 avr. 1835; instr. 31 oct. 1835.

2914. — Lorsqu'une personne décède dans un navire, hors de France, ses héritiers ne sont passibles d'aucun droit de mutation pour les effets mobiliers de cette personne qui se trouvent dans le vaisseau.—Décis. min. fin. 29 thermid. an X. — Roland et Trouillet, *ibid.*, § 10, no 30.

2915. — La transmission, par décès, d'une rente faisant partie d'une succession ouverte dans une colonie française où les lois sur le timbre et l'enregistrement ne sont point en vigueur, mais payable en France et hypothéquée sur des immeubles situés en France, est passible du droit de mutation établi par ces lois. — *Cass.*, 10 nov. 1823, Duchâlais.

2916. — Tout légataire est tenu de fournir dans les six mois de l'ouverture de la succession une déclaration *détaillée* des objets compris dans son legs, encore bien qu'il n'en ait pas encore obtenu la délivrance.—*Cass.*, 16 janv. 1811, Paret.

2917. — On doit, pour la perception des droits, considérer comme libéralité testamentaire la déclaration par laquelle le mari, dans son testament, se reconnaît débiteur envers sa femme d'une somme dont au besoin il lui fait don et legs, alors que cette reconnaissance n'est pas corroborée par des actes ou des faits déterminans. — Délib. 23 avr. 1830.

2918. — Le legs d'une somme d'argent que le testateur fait à son exécuteur testamentaire pour ses peines et soins, est soumis au droit de 3 fr. 50 % (aujourd'hui 6 fr. p. %); car aucune rétribution n'étant attribuée par la loi à l'exécuteur testamentaire, un tel legs constitue une libéralité. —Délib. 24 déc. 1831.

2919. — L'obligation pour le légataire de faire dans le délai de la loi la déclaration de son legs, et de payer les droits, est absolue et n'est nullement subordonnée à la preuve qu'il a connu le testament et qu'il en a fait usage. Il est présumé, jusqu'à renonciation formelle de sa part, vouloir profiter du testament.—*Cass.*, 26 fév. 1823, Saunal.

2920. — Dans le cas où un legs universel fait à un établissement public n'a été accepté que sous la condition de donner aux héritiers, à titre de secours, une partie quelconque de la succession, ces héritiers n'ont aucun droit de mutation à payer sur la valeur de ce qu'ils recueillent, parce que, dans l'espèce, ils tiennent tout de la munificence royale, et que, d'après le testament, ils ont perdu sans retour leur qualité d'héritiers. — Décis. min. fin. 17 déc. 1825.

2921. — Mais si le gouvernement n'autorise que pour une partie l'acceptation d'un legs universel fait en faveur d'un établissement public, les héritiers naturels qui recueillent le surplus de la succession sont tenus d'acquitter les droits de mutation par décès.—Délib. 17 juill. et 1er sept. 1826.

2922. — Un legs fait sous une condition suspensive n'est sujet à déclaration qu'après l'accomplissement de la condition. — Délib. 11 oct. 1831; — Roland et Trouillet, *Dict. d'enregistr.*, vo *Succession*, § 4, no 40. — Il en est autrement si la condition ne fait pas suspendre la disposition, mais en ajourne seulement la réalisation, par exemple, si le testateur lègue une somme payable après le décès d'un individu indiqué. Car, en pareil cas, il y a droit acquis pour le légataire. — Solut. 26 nov. 1833; instr. 2 avr. 1834, 1451, § 4.

2923. — Le legs fait à plusieurs individus pour posséder successivement l'objet légué, est sujet au droit de mutation à chaque évènement qui réalise la réversion.—Délib. 14 fév. 1832; instr. 1200, § 15.—Mais il en est autrement quand le legs est conjoint; car alors il n'y a qu'une jouissance transmise sur deux têtes. — Délib. 9 nov. 1830. — Rolland et Trouillet, *ibid.*, § 4, nos 47 et 50.

2924. — Lorsque le droit de mutation a été payé par un héritier institué dans un premier testament, et que l'institution devient caduque par la découverte d'un second testament, le droit de mutation par décès ne doit pas être acquitté de nouveau par l'héritier porté dans le dernier testament. — *Cass.*, 13 nov. (et non 12 oct. ni 13 déc.) 1814, Samson. — Il est à remarquer que cet arrêt ne porte pas que le nouvel héritier ne doit pas faire la déclaration; il décide seulement qu'il ne doit pas acquitter un nouveau droit. Cependant, si le nouvel héritier n'était pas au même degré de parenté que le premier, et que la quotité du droit dû à raison de son degré de parenté fût plus considérable, un supplément serait exigible. » —*Dict. des dr. d'enregist.*, vo *Succession*, no 643.

2925. — Un legs fait pour remplacer une donation entre-vifs d'une somme égale en nu-propriété, mais qui n'a pas produit d'effet, n'est pas sujet au droit de mutation, puisque le droit a déjà été acquitté et que le légataire qui ne recueille qu'une somme ne peut pas payer deux droits sur cette même somme.—Délib. 7 déc. 1830.

2926. — Il y a donation à cause de mort dans la clause de réversibilité des acquêts, stipulée au profit des enfans à naître dans un contrat de mariage passé en pays de droit écrit, et cette donation ne produit son effet que pour la moitié des acquêts au décès de l'un des époux. Par suite, lors de ce décès, il ne s'opère en faveur des enfans aucune mutation de la portion revenant à l'époux survivant, et aucune déclaration n'est à faire à ce sujet. —Délib. 30 nov. 1832.

2927. — Quand le légataire à titre universel ou à titre particulier d'un usufruit est décédé sans avoir été saisi, conformément aux art. 1011 et 1014, C. civ., son legs étant tenu caduc ne donne lieu à aucune déclaration. — Déc. min. fin. 7 août 1815; délib. 26 déc. 1826.

2928. — Mais l'époux donataire, soit par contrat de mariage, soit par acte passé durant le mariage, de l'usufruit des biens de l'autre époux, étant saisi de cet usufruit du jour du décès du donateur, sans être tenu de demander la délivrance, les droits de mutation doivent être payés, bien que l'époux soit décédé sans avoir fait aucun acte d'acceptation et sans être entré en jouissance effective. — Déc. min. fin. 10 août 1830; délib. 20 mai 1834.

2929. — L'héritier n'est pas dispensé de faire la déclaration après décès et de payer les droits, sous prétexte que les biens de la succession se trouvent grevés d'usufruit. — *Cass.*, 20 frim. an XIV, Sage.

2930. — Jugé dans le même sens, quand bien même la succession serait absorbée par l'usufruit dont elle est grevée.—*Cass.*, 29 juin 1809, Osty.

2931. — Mais le propriétaire ne doit aucune déclaration lorsque l'usufruit s'éteint, quand même, à l'époque de la mutation, il n'aurait été établi ou perçu aucun droit. — *Dict. des dr. d'enregistr.*, no 649.

2932. — L'usufruit, même constitué par contrat de mariage au profit de l'un des époux, cessant avec l'usufruitier, la régie ne saurait prétendre que, par l'effet du décès postérieur de l'enfant commun, il y a eu dévolution de ce même usufruit au profit de l'époux survivant qui a succédé à cet enfant, et par suite qu'il y a lieu d'exiger le paiement d'un droit de mutation.—*Cass.*, 9 vendém. an XIII, Lagorce.

2933. — Le legs d'usufruit ne donne lieu à aucun droit de mutation lorsqu'il se confond avec l'usufruit légal que le Code accorde aux ascendans sur les biens de leurs enfans mineurs. Il n'en est pas autrement, alors même qu'il se prolonge au-delà du terme de celui-ci, c'est-à-dire au-delà des dix-huit ans fixés par la loi, parce que, dans ce cas, il ne peut, d'après sa limitation expresse, être soumis à la même perception que celui dont parle l'art. 15, no 8, L. 22 frim. an VII. —*Cass.*, 24 mai 1813, Rignon. — Délib. 20 juin 1828; — Roland et Trouillet, *Dict. d'enregistr.*, vo *Succession*, § 12, no 3.

2934. — Mais lorsqu'un mineur, ayant ses père et mère, a été institué légataire universel, et que l'usufruit des biens compris dans l'institution a été légué à la mère jusqu'à la majorité de son enfant, cet usufruit, n'ayant point le caractère légal qu'il aurait eu s'il n'eût pas été légué à la mère, doit être considéré, pour toute sa durée, comme créé par la volonté de l'homme, et est, par conséquent, passible du droit proportionnel. — *Cass.*, 15 juin 1842 (t. 2 1842, p. 458), Cassoulet.

2935. — Comme le droit d'habitation est un droit immobilier qui participe de l'usage et de l'usufruit (C. civ., art. 625, 628, 632 et suiv.), et qu'il forme ainsi un démembrement temporaire, et non une charge de la propriété, il est sujet au droit de mutation par décès comme l'usufruit.— Solut. 2 août 1831; instr. 1388, § 6.

2936. — Le droit de mutation n'est pas dû par l'habile à succéder pour une succession à laquelle il n'a renoncé qu'après les six mois. — *Cass.*, 23 frim. an XI, Vanhollebeke.

2937. — Par cela qu'un partage postérieur à la déclaration de succession attribuerait aux héritiers la totalité des immeubles, les héritiers ne seraient pas tenus de fournir une nouvelle déclaration. — Délib. 8 janv. 1830.

### § 2. — *Délai pour faire la déclaration de mutation par décès.*

2938. — Les délais pour les déclarations que les héritiers, donataires ou légataires ont à passer des biens à eux échus ou transmis par décès, sont, savoir : de six mois, à compter du jour du décès, lorsque celui dont on recueille la succession est décédé en France; de huit mois, s'il est décédé dans toute autre partie de l'Europe; d'une année, s'il est mort en Amérique; et de deux années, si c'est en Afrique ou en Asie. — Si, avant les derniers six mois des délais fixés pour les déclarations des successions de personnes décédées hors de France, les héritiers prennent possession des biens, il ne reste d'autre délai à courir, pour passer déclaration, que celui de six mois, à compter du jour de la prise de possession. — L. 22 frim. an VII, art. 24.

2939. — Deux décisions des ministres de la justice et des finances, des 24 et 30 mai 1809, avaient établi que, relativement aux décès arrivés dans les colonies, le délai pour la déclaration des successions ne devait courir qu'à partir de la mise en possession; mais cet état de choses a dû cesser à la paix, puisque les registres de l'état civil sont envoyés régulièrement au ministère de la marine; en conséquence, le délai commence à courir du jour du décès. — Déc. min. fin. 10 mars 1820; — Roland et Trouillet, *Dict. d'enregistr.*, vo *Succession*, § 4, no 29.

2940. — Les délais, soit pour faire les déclarations de mutation, soit pour la poursuite de ces droits, courent, à l'égard des successions des individus décédés hors de France, seulement du jour de l'envoi en possession desdites successions. — *Cass.*, 7 mai 1833, Frampton.

2941. — La régie avait décidé auparavant que, lorsque des héritiers ont constitué un mandataire

pour recueillir la succession d'un individu décédé hors de France, le délai pour la déclaration courait du jour de la procuration, et non de celui de l'envoi en possession. — Déc. min. fin. 18 août 1814; — *Dict. des dr. d'enregistr.*, vo *Succession*, no 268.

2942. — Pour la déclaration de succession d'un absent, le délai de six mois ne court que du jour de la mise en possession. — L. 22 frim. an VII, art. 24. — Mais il suffit que ce soit l'envoi en possession provisoire. De plus, la loi de 1816 a accordé un délai de six mois, à partir de la publication, à ceux qui n'avaient pas encore fait de déclaration et acquitté les droits. — L. 28 avr. 1816, art. 40.

2943. — Lorsque l'héritier présomptif de l'absent est envoyé en possession de ses biens, le délai pour le paiement du droit de mutation court à compter du jour de l'envoi en possession, et non à compter du jour où il a fourni la caution ordonnée par l'art. 120, C. civ. — *Cass.*, 9 nov. 1819, Mouroux; 2 avr. 1823, Gangloff et Steib.

2944. — Le délai de six mois ne court que du jour de la mise en possession, pour la succession d'un condamné, si ses biens sont séquestrés, celle qui aurait été séquestrée pour toute autre cause, celle d'un défenseur de la patrie s'il est mort en activité de service hors de son département, ou enfin celle qui serait recueillie par indivis avec la nation. — L. 22 frim. an VII, art. 24.

2945. — Jugé en conséquence que le délai de six mois, pour faire à la régie la déclaration des biens d'une succession séquestrée par suite de condamnation ou d'émigration, n'a couru que du jour de la levée définitive du séquestre et de la mise en possession réelle des héritiers. — *Cass.*, 9 nov. 1811, Montmorency.

2946. — Mais le délai pour le paiement du droit de mutation dû sur une succession séquestrée, en vertu d'une convention passée entre les divers prétendans, court du jour de l'ouverture de cette succession, et non du jour de la levée du séquestre. — *Cass.*, 6 août 1810, Dandeleux.

2947. — L'héritière présomptive d'un ministre condamné par contumace à la prison perpétuelle et à l'interdiction légale par arrêt de la cour des pairs a dû acquitter les droits de succession dans les six mois du jugement qui l'a envoyée en possession provisoire. — Délib. 3 fév. 1832.

2948. — Sous la loi du 19 déc. 1790, les déclarations de mutation par succession devaient être faites dans le délai prescrit, sans que ce délai pût être étendu, sous prétexte qu'il n'avait été fait entre les héritiers qu'un partage provisoire. — *Cass.*, 7 niv. an VI, François.

2949. — Si l'héritier n'est pas en possession des biens qui lui sont contestés, il doit faire sa soumission d'en passer la déclaration dans les six mois de l'acte ou du jugement par lequel ses droits auront été définitivement reconnus. — Déc. min. fin. 22 avr. 1806 et 3 oct. 1822. — Ce principe a été appliqué aux actions sur les canaux affectés à des majorats. — Roland et Trouillet, *Dict. d'enregistr.*, vo *Succession*, § 4, no 13.

2950. — Lorsque les biens déclarés par l'héritier en ligne directe passent ensuite, par l'événement d'un procès, à des héritiers collatéraux, le délai de six mois pour faire la déclaration court, pour ces derniers, du jour du jugement, et non du jour de leur appréhension de fait. — *Cass.*, 11 fév. 1807, Sue.

2951. — De même, dans le cas où l'exclusion de l'héritier est provoquée pour cause d'indignité, le sort de la succession reste incertain jusqu'au jour de l'arrêt qui prononce sur l'accusation; alors seulement les héritiers légitimes sont désignés et c'est de cette époque que court le délai pour la déclaration. — Dans le cas de pourvoi en cassation, ceux qui héritent par l'effet de l'exclusion ont six mois, à compter de l'arrêt qui confirme la condamnation, pour acquitter les droits. — Décis. min. fin. 7 juin 1808; instr. 386, no 37.

2952. — Mais le délai pour déclarer la succession court du jour du décès à l'égard des héritiers appelés par l'effet de la renonciation de ceux qui les précèdent. — Solut. 12 frim. an XI; — Championnière et Rigaud, *Tr. des dr. d'enreg.*, t. 4, no 3859.

2953. — Ce n'est qu'à partir du jugement d'envoi en possession que court le délai de six mois accordé à l'époux survivant pour déclarer la succession qu'il est appelé à recueillir à défaut d'autres successibles. — Délib. 13 oct. 1829.

2954. — Le délai de six mois court même contre l'enfant successible qui n'est pas encore né, mais qui est conçu, suivant la maxime : *Conceptus pro nato habetur, quoties de commodis ejus agitur.* Toutefois s'il ne naît pas viable, les droits devront être restitués. — Décis. min. fin. et just. 9 oct. 1810.

2955. — Bien que le tuteur d'un héritier ou légataire n'ait pas encore été autorisé à accepter ou répudier la succession ou le legs, le délai court du jour du décès. — *Dict. de l'enreg.*, vo *Succession*, no 288.

2956. — Le délai pour la déclaration à faire par les héritiers du vendeur à réméré, lorsqu'ils exercent le retrait en temps utile, est de six mois à partir du retrait. — *Dict. de l'enreg.*, vo *Succession*, no 271.

2957. — Relativement aux biens rentrés dans l'hérédité au moyen de la renonciation faite par la veuve plus de six mois après le décès de son mari (C. civ., art. 1457 et 1459), le délai pour la déclaration des héritiers ne court que du jour de la renonciation. — Délib. 21 oct. 1814.

2958. — Dans les six mois du jugement qui prononce la séparation de biens, la femme doit passer déclaration du préciput, si le contrat de mariage porte qu'il aura lieu dans tous les cas de dissolution de communauté. — *Dict. des dr. d'enreg.*, vo *Succession*, no 280.

2959. — Le testament contenant uniquement le legs d'une somme d'argent au curé d'une paroisse, à charge par lui de dire un certain nombre de messes, doit être présenté à l'enregistrement dans les trois mois du décès du testateur, à peine du double droit, exigible du curé désigné, à moins qu'il ne renonce expressément. — Délib. 1er mars 1839; — Championnière et Rigaud, t. 3, nos 2408 et suiv., et t. 4, no 2905.

2960. — Le délai pour la déclaration des legs contenus dans un testament mystique ne commence à courir que du jour de l'ouverture du testament. — Décis. min. fin., 10 juin 1826; instr. 30 sept. 1826, 1200, § 14.

2961. — Dans aucun cas, les juges ne peuvent accorder de surséance pour la déclaration et le paiement des droits, sous prétexte d'un prétendu séquestre, par suite de la faillite d'un tiers. — *Cass.*, 4 fév. 1807, Hircht-Moyse; — *Dict. des dr. d'enreg.*, vo *Succession*, no 286.

2962. — Dans les délais fixés pour les déclarations, le jour de l'ouverture de la succession n'est point compté. Si le dernier jour du délai se trouve être un jour de fête, ce jour-là n'est pas compté non plus. — L. 22 frim. an VII, art. 25. — Le jour de l'échéance du délai en fait partie. — Décis. min. fin. 9 déc. 1816 et 16 juill. 1824.

2963. — Les receveurs doivent, relativement aux successions sur lesquelles les registres de leur bureau contiennent des renseignemens, adresser, officieusement et avant l'expiration du délai, un avertissement aux héritiers ou aux légataires, pour leur rappeler qu'ils ont une déclaration à faire et des droits à payer dans les six mois du décès de l'auteur de la succession (instr. 31 juill. 1824, 1141). — Ces avertissemens sont adressés sans frais par les receveurs et sous leur contreseing, aux maires des communes de l'arrondissement de leur bureau, qui les font parvenir également sans frais aux parties intéressées. — Décis. min. fin. 6 avr. 1831; instr. 1356 et 1466.

§ 3. — *Bureau où doit se faire la déclaration de mutation par décès. — Forme de cette déclaration.*

2964. — *Bureau.* — La déclaration de mutation par décès des biens immeubles, en propriété ou en usufruit, doit être faite au bureau de la situation des biens. — L. 22 frim. an VII, art. 27.

2965. — Dès lors, si les biens sont situés dans plusieurs arrondissemens, il doit être passé à chaque bureau une déclaration particulière pour tous ceux compris dans son arrondissement; et cela quand bien même il s'agirait d'immeubles appartenant à une même exploitation. — *Dict. des dr. d'enreg.*, vo *Succession*, nos 312 et 313.

2966. — De ce que la déclaration des biens d'une succession doit se faire devant chaque bureau de leur situation, il suit que les droits et les obligations respectifs de la régie et des parties peuvent varier pour les délais, suivant la position des choses dans l'arrondissement de chaque bureau. — Aussi, bien que la demande d'un receveur contre les héritiers d'une succession ait été rejetée par un jugement ayant acquis l'autorité de la chose jugée, on ne pourra opposer ce jugement à la demande du receveur d'un autre bureau faite aux mêmes héritiers et pour la même succession. — *Cass.*, 7 août (et non avr.) 1807, Labaume-Montrevel; 1er août 1808, Labaume-Montrevel.

2967. — La déclaration des mutations de propriété ou d'usufruit de meubles doit être faite au bureau dans l'arrondissement duquel ils se trouvaient au décès de l'auteur de la succession. — Les rentes et les autres biens meubles, sans assiette déterminée lors du décès, sont déclarés au bureau du domicile du décédé. — L. 22 frim. an VII, art. 27.

2968. — Lorsqu'un office est transmis, par suite du décès du titulaire, à son unique héritier, la déclaration estimative de la valeur de cet office et des objets en dépendant doit être faite au bureau de la résidence du titulaire décédé. La quittance du receveur doit être jointe à l'appui de la demande de nomination du successeur. — L. 25 juin 1841, art. 9.

2969. — Les actions de la banque de France immobilisées doivent être déclarées à Paris, quel que soit le domicile du défunt. Celles qui n'ont pas été immobilisées sont déclarées au bureau du domicile du défunt. Il en est de même des actions dans les entreprises de dessèchement de marais ou dans des salines, quand elles ne constituent pas une part dans les immeubles. — *Dict. des dr. d'enreg.*, vo *Succession*, no 315.

2970. — L'intérêt dans une coupe de bois peut être déclaré au bureau dans le ressort duquel les bois sont situés. — Solut. 6 sept. 1810.

2971. — Un coupon d'intérêt dans une entreprise, trouvé dans les papiers du défunt, doit être déclaré au bureau du domicile du décédé. — Il en est de même des actions dans les compagnies d'industrie ou de commerce. — Solut. 5 mars 1811; — Roland et Trouillet, *Dict. d'enreg.*, vo *Succession*, § 3, no 8.

2972. — Les marchandises entreposées dans les villes du royaume doivent être déclarées au bureau du domicile du défunt. — Il en est de même des marchandises appartenant à des Français, entreposées dans des villes étrangères. — Solut. 26 mars 1825; instr. 29 juin 1825, 1166, § 7.

2973. — Les legs de sommes d'argent qui n'existent pas dans la succession doivent être déclarés au bureau du domicile du décédé (instr. 1166, § 7), et non au bureau dans l'arrondissement duquel sont situés les immeubles de cette succession. — Solut. 17 sept. 1828; — Roland et Trouillet, *ibid.*, § 3, no 4.

2974. — Lorsque l'auteur d'une succession est mort en pays étranger, laissant des rentes en France, le droit de mutation par décès doit être payé au bureau dans l'arrondissement duquel les rentes sont dues. — Décis. min. fin. 14 pluv., 21 messid.; 12 thermid. an XII; 10 flor.-25 thermid. an XIII; instr. 290, § 36; — Roland et Trouillet, *ibid.*, § 3, no 3.

2975. — Les rentes et créances qui font partie d'une succession doivent être déclarées au bureau du domicile du défunt, lors même qu'elles seraient affectées par privilége ou hypothéquées sur des immeubles situés hors de France, parce que ni le privilége ni l'hypothèque ne constituent les créances, et qu'ils n'en sont que l'accessoire. — *Cass.*, 21 déc. 1813, Desideri.

2976. — Les testamens faits en pays étranger ne peuvent être exécutés sur les biens situés en France qu'après avoir été enregistrés au bureau du domicile du testateur s'il en a conservé un, sinon au bureau de son dernier domicile connu en France. Si le testament contient des dispositions d'immeubles qui y seraient situés, il doit, en outre, être enregistré au bureau de la situation de ces immeubles, sans qu'il puisse être exigé un double droit. — Roland et Trouillet, vo *Testament*, no 11.

2977. — Il faut décider de même dans le cas où le testament est olographe. — Délib. 30 juin 1819; solut. 6 avr. 1824.

2978. — Lorsqu'un étranger recueille, dans la succession de son compatriote mort à l'étranger, des créances dues par des Français demeurant en France, le droit de mutation est perçu par le receveur du domicile du débiteur. — *Cass.*, 29 août 1837 (t. 2 1837, p. 274), Froelich.

2979. — Les rentes et créances dépendant de la succession d'un mineur doivent être déclarées au domicile du tuteur ou curateur. — Décis. min. fin. 4 sept. 1810; — Roland et Trouillet, *ibid.*, vo *Succession*, § 3, no 5.

2980. — *Forme de la déclaration.* — Les héritiers, donataires ou légataires, leurs tuteurs ou curateurs, sont tenus de passer une déclaration détaillée et de la signer sur le registre du receveur. De plus, ils doivent, à l'appui de leur déclaration de biens meubles, rapporter un inventaire ou état estimatif, article par article, par eux certifié, s'il n'a pas été fait par un officier public; cet inventaire est déposé et annexé à la déclaration, qui est reçue et signée sur le registre. — L. 22 frim. an VII, art. 27.

2981. — La déclaration, devant être enregistrée au bureau de la situation des biens, et signée sur les registres par les déclarans, ne saurait être remplacée par une déclaration contenue dans un acte extrajudiciaire signifié au receveur. — *Cass.*, 14 mars 1814, Rognon; 29 déc. 1841 (t. 1er 1842, p. 498), Rousset et de Belvey.

2982. — La présentation d'un acte de partage, faite par les héritiers au receveur, n'équivaut pas à la déclaration qu'ils doivent faire. — *Cass.*, 23 prair. an IX, Lallemand.

2983. — Toute déclaration est nulle, si elle n'a été écrite et signée sur le registre du receveur, et cette nullité ne peut être couverte par l'allégation que le receveur aurait négligé ou refusé de présenter ses registres, qu'autant que cette négligence ou ce refus ont été constatés légalement et en temps utile. — *Cass.*, 26 avr. 1808, Mergen.

2984. — Mais, lorsqu'un contribuable s'est transporté différentes fois au bureau d'enregistrement pour y déposer et signer sa déclaration d'une mutation entre-vifs, mais qu'il a été empêché inutilement et intempestivement, ou au moins retardé dans l'insertion de cette déclaration, le jugement qui regarde la déclaration faite par la voie d'une signification extrajudiciaire comme nécessaire et suffisante pour prévenir les poursuites ultérieures de la régie, ne se met point en opposition avec l'art. 4, L. 27 vent. an IX. — *Cass.*, 9 août 1822, Clément; — Championnière et Rigaud, *Traité des dr. d'enreg.*, t. 4, n° 3254.

2985. — Toute personne qui n'aurait pas qualité suffisante pour passer une déclaration, ne peut être admise à la faire. — Instr. 26 juill. 1809, 443.

2986. — Si la déclaration est faite par un fondé de pouvoir, sa qualité doit être établie. La procuration, de lui certifiée véritable, demeure annexée au registre, et mention en est faite dans la déclaration. Si la déclaration est sous seing-privé, elle doit être sur papier timbré, mais l'enregistrement n'en est pas exigé. — Ord. gén., art. 38; Instr. 443; — Roland et Trouillet, *Dict. d'enreg.*, v° *Succession*, § 2, n° 11.

2987. — Une personne qui n'aurait pas qualité suffisante pour passer la déclaration, ne peut être admise à la faire (Instr. 443). Ainsi, l'usufruitier n'a pas qualité pour faire la déclaration au nom du nu-propriétaire sans procuration; la déclaration qu'il aurait faite pourrait être désavouée par celui-ci. Dans ce cas, la rectification est permise; mais, la déclaration étant nulle, le nu-propriétaire est passible du demi-droit en sus, s'il n'a pas fait de déclaration dans les six mois du décès. — Délib. 27 janv. 1826; — Roland et Trouillet, *ibid.*, v° *Succession*, § 2, nos 12 et 32.

2988. — Le mineur émancipé a qualité pour faire la déclaration des successions qui lui échoient. — *Dict. des dr. d'enreg.*, v° *Succession*, n° 332.

2989. — C'est le curateur à la succession vacante qui est tenu de faire la déclaration. — *Cass.*, 8 niv. an XIII, Clerx. — Il est même tenu du paiement des droits. — V. *infrà* n° 3186.

2990. — Si la déclaration faite par un légataire des objets compris dans son legs n'est point détaillée, le receveur peut refuser de l'inscrire sur son registre, même sous la réserve de la contredire ultérieurement. — *Cass.*, 16 janv. 1811, Paret.

2991. — La loi n'ayant pas prescrit comment serait détaillée la déclaration des immeubles, il suffit qu'elle contienne tous les élémens nécessaires pour la vérifier. Ainsi, il suffit qu'on indique le nom particulier sous lequel chaque immeuble peut être connu, la commune où il est situé, et enfin son évaluation, sans qu'il soit nécessaire d'y ajouter le produit annuel, lequel est nécessairement le vingtième de cette évaluation. — *Cass.*, 14 mars (et non mai) 1814, Rognon.

2992. — Les objets litigieux doivent être déclarés pour *mémoire*. — Quant aux objets indivis avec des tiers, on doit en comprendre l'évaluation sans attendre le résultat du partage. — *Journ. de l'enreg.*, art. 681.

2993. — Ordinairement chaque déclaration doit énoncer : 1° les noms, prénoms, demeures et professions des héritiers, donataires et légataires; 2° ceux du décédé; 3° la date du décès; 4° le degré de parenté des héritiers; 5° le détail, article par article, des biens, par nature, consistance et situation; 6° s'ils sont affermés ou non; 7° leur produit ou le prix des baux courans; 8° le capital de ce produit; 9° enfin, la quotité et le montant du droit perçu. — Instr. 26 juill. 1809, 443, et 2 juin 1830, 1318; — Masson Delongpré, *Code annoté de l'enreg.*, n° 659, 2e édit.

2994. — Les déclarans ne sont pas tenus de produire l'acte de décès de l'auteur de la succession; il suffit qu'ils indiquent la date de ce décès, sauf aux préposés à vérifier l'exactitude de cette déclaration. — Décis. min. fin. 16 nov. 1812.

2995. — Lorsqu'il existe un inventaire authentique, les héritiers peuvent se borner à en faire mention dans leur déclaration en indiquant sa date et l'officier public qui l'a reçu. — Décis. min. fin. 22 prair. an VII.

2996. — Si les héritiers, légataires ou donataires ne savent pas écrire, ils peuvent se dispenser de rapporter à l'appui de leur déclaration l'état estimatif des biens meubles appartenant à la succession; mais en ce cas, et lorsqu'il n'existe pas d'ailleurs d'inventaire devant notaire, la déclaration doit contenir le détail des objets mobiliers avec l'estimation pour chaque article. Le receveur atteste, par sa signature, la déclaration de la partie portant qu'elle ne sait pas écrire. — Instr. 22 mai 1832, 1400.

2997. — Le receveur ne peut se refuser à recevoir une déclaration qui lui est offerte, lors même qu'elle présente une omission ou une insuffisance d'évaluation. — *Dict. des dr. d'enreg.*, v° *Succession*, n° 353.

### § 4. — *Biens à déclarer.*

2998. — La déclaration doit comprendre tous les biens qui composent la succession, c'est-à-dire tous ceux qui appartenaient au défunt au jour de son décès. Or, ces biens pouvaient lui appartenir par l'effet des différens moyens d'acquérir la propriété résultant de la loi ou des conventions. — Championnière et Rigaud, *Traité des dr. d'enreg.*, t. 4, n° 3,323.

2999. — *Abandon de biens.* — L'abandon qu'un débiteur fait de tous ses biens à ses créanciers, avec mission de les vendre en direction et pour se payer sur le produit, constitue un mandat irrévocable d'aliéner, mais non une aliénation véritable. En conséquence, si, lors du décès du débiteur, ces biens n'ont pas encore été vendus, ils doivent être compris dans la déclaration de la succession à faire par ses héritiers. — *Cass.*, 3 vent. an XI, Anthennis; 1er messid. an XII, mêmes parties; 27 juin 1809, Mabille.

3000. — *Achalandage.* — L'achalandage d'un fonds de commerce doit être compris dans la déclaration. — *Dict. des dr. d'enreg.*, v° *Succession*.

3001. — *Acquisitions.* — Les biens acquis en justice par le défunt doivent être compris dans la déclaration, soit qu'il ait été ou non interjeté appel du jugement d'adjudication, sauf la restitution s'il y a lieu. — Décis. min. just. et fin. 13 juin 1809; — Instr. 436, n° 57.

3002. — Il en est autrement de l'immeuble, dont le défunt s'était rendu adjudicataire et qui, depuis son décès, a été revendu à sa folle enchère. — *Cass.*, 2 fév. 1819, Gratien. — V. conf. délib. 21 juin 1837.

3003. — Jugé cependant que si les héritiers ou légataires sont, après le décès de leur auteur, expropriés, par suite de folle-enchère, d'un immeuble acquis par celui-ci, ils ne peuvent prétendre que cet immeuble ne fait pas partie de sa succession, alors surtout qu'il y a eu paiement d'à-compte sur le prix, actes de propriété, inscription au rôle de la contribution foncière, suivie de paiemens des impositions; et enfin, acquiescement à divers jugemens successifs qui ont condamné ces héritiers ou légataires au paiement des droits de mutation. — *Cass.*, 14 fév. 1825, Bigot.

3004. — *Avantages et gains de survie.* — Les avantages faits sur les biens de la communauté à l'un des époux ne peuvent, nonobstant l'art. 1525, C. civ., être considérés comme une simple convention entre associés, ils constituent une donation qui donne lieu au droit de mutation par décès. — Délib. 1er mars 1831.

3005. — Le préciput stipulé sous l'empire des coutumes avait d'abord été déclaré sujet au droit de mutation lors de son ouverture; et cette règle avait été jugée applicable à tous les préciputs. — Délib. 10 nov. 1824; 28 sept. 1825; Instr. 1205, § 17. — Mais décidé depuis, par application d'un arrêt de cassation du 30 juill. 1828 (Delahaye), que les préciputs stipulés en exécution de l'art. 1516, C. civ., sont affranchis du droit de mutation; qu'il existe un seul cas où le préciput devient une véritable donation à cause de mort, c'est celui où il est exercé par la femme qui renonce à la communauté, parce qu'alors, la succession du mari comprenant toute la communauté, le préciput est pris sur cette succession. — Délib. 26 juin 1827; — Roland et Trouillet, *Dict. d'enreg.*, v° *Succession*, § 11, n° 9.

3006. — Les avantages et gains de survie entre les époux ne s'ouvrant au profit du survivant que par le décès du prémourant, ce n'est qu'à cette époque que la transmission de propriété s'opère et qu'est dû par conséquent le droit de mutation. — *Cass.*, 20 frim. an XIV, Olivier; 5 nov. 1806, Simon; 26 mai 1807, Kampeneers.

3007. — A défaut de représentation d'un contrat de mariage dérogeant aux dispositions d'une coutume, telle que celle du Luxembourg, qui accordait à la femme survivante un droit d'usufruit sur les biens de son mari, il doit être, au décès de celui-ci, fait par sa veuve une déclaration de mutation pour l'usufruit ouvert à son profit, encore bien qu'elle prétende n'avoir recueilli aucun des biens qui en sont l'objet. — *Cass.*, 23 flor. an XIII, Nevers.

3008. — Le douaire étant une simple expectative que le décès seul du mari transforme en droit acquis au profit de la femme, c'est seulement à cette époque qu'il y a mutation de propriété, et par suite ouverture au droit proportionnel. — *Cass.*, 19 août 1806, de Brauwer.

3009. — L'ouverture d'un douaire et d'un préciput donne lieu aux droits de mutation dans les six mois du décès, quoique à l'époque du contrat de mariage les douaires et les préciputs ne fussent sujets à aucun droit d'insinuation. — *Cass.*, 2 juill. 1823, Barbier.

3010. — Lorsque les héritiers du mari ont acquitté les droits de mutation de la succession, sans faire déduction de la somme représentant le fonds du douaire, il n'est dû sur ce douaire que l'excédant, s'il y en a, du droit dont il est passible. — *Cass.*, 2 juill. 1823, Barbier.

3011. — *Baux.* — Les héritiers d'un preneur, tenus de continuer le bail, ne doivent aucune déclaration à cet égard; il en est autrement quand le bail est translatif de propriété. — Championnière et Rigaud, n° 3558, t. 4.

3012. — Ainsi, le bail à locatairie perpétuelle étant transmissible de la propriété, le fonds baillé doit être compris dans la succession du preneur, pour la perception du droit de mutation par décès. — *Cass.*, 5 oct. 1808, Tardieu.

3013. — Ainsi encore, la propriété des fonds concédés à titre de bail héréditaire appartenant aux débiteurs des redevances et fermages, à la charge par eux de remplir les conditions de leur bail, ces fonds sont passibles, au décès du détenteur, du droit de mutation. — *Cass.*, 28 janv. 1833, Griès.

3014. — Jugé, au contraire, que, d'après l'usage et la jurisprudence de l'ancienne province d'Alsace, le bailleur par bail héréditaire était considéré comme conservant la propriété du fonds, sur lequel le preneur n'acquérait que les droits d'un simple fermier, sauf la transmission de ces droits à ses héritiers. — Et, qu'en conséquence, la transmission par décès, aux héritiers du preneur, du bénéfice d'un bail héréditaire, n'est pas passible des droits de mutation. — *Cass.*, 24 nov. 1837 (t. 2 1837, p. 544), Griès.

3015. — Les héritiers du colon dans le domaine congéable doivent acquitter les droits de succession pour les édifices et superficies, qui sont immeubles à son égard, comme pour tout autre objet immobilier. Il en est autrement des bestiaux attachés à la culture de la terre, des instrumens aratoires et semences. — Délib. 4 sept. 1806.

3016. — Le droit à un bail emphytéotique (passé en 1780) est un droit immobilier dont la mutation par décès donne ouverture au droit proportionnel. — *Cass.*, 1er avr. 1840 (t. 1er 1840, p. 645), David.

3017. — Jugé également que, le bail emphytéotique ayant pour effet d'aliéner à temps la propriété de l'immeuble baillé au profit du preneur, qui peut le vendre et l'hypothéquer, sauf l'exercice des droits du bailleur à l'expiration du bail, les héritiers ou légataires du preneur au profit desquels s'opère la transmission par décès ou testament de l'immeuble compris dans le bail emphytéotique doivent en faire la déclaration et payer les droits au taux des mutations d'immeubles en propriété ou usufruit. — *Cass.*, 24 juill. 1843 (t. 2 1843, p. 270), Lemaire.

3018. — ...Qu'ainsi, des neveux légataires du preneur d'un bail emphytéotique pour quatre-vingt-dix-neuf ans doivent, à raison de l'immeuble affermé qu'ils recueillent dans la succession de leur auteur, payer le droit de mutation au taux fixé par l'art. 69, § 8, n° 2, L. 22 frim. an VII, c'est-à-dire au taux fixé pour les mutations de biens immeubles en propriété ou usufruit entre collatéraux. — *Cass.*, 24 juill. 1843 (t. 2 1843, p. 270), Lemaire.

3019. — Suivant les auteurs du *Dict. des dr. d'enreg.* (v° *Succession*, n° 418), lorsque les baux emphytéotiques faits pour un temps déterminé ne transmettent au preneur qu'une simple jouissance des biens, ses héritiers ne sont point tenus de comprendre ces biens dans leur déclaration, parce qu'il ne s'est opéré en leur faveur aucune mutation d'immeubles; le droit de succession doit être acquitté par les héritiers du bailleur. — Et MM. Championnière et Rigaud (*Tr. des dr. d'enreg.*, t. 4, n°. 3071) pensent qu'en matière fiscale surtout, le bail emphytéotique ne doit être considéré que comme un bail ordinaire.

3020. — Les héritiers du fermier doivent déclarer les récoltes sur pied comme choses mobilières et

suivant la valeur qu'elles avaient au jour du décès. — Inst. gén. 31 déc. 1828, 1263. — V. *contrà* Championnière et Rigaud, t. 4, nº 3561.

3021. — Lorsqu'un propriétaire a légué à son fermier la jouissance gratuite pendant plusieurs années des biens affermés, pour cette jouissance ne commencer qu'à l'expiration du bail courant au décès du testateur, un pareil legs doit être considéré, non comme un legs d'usufruit, mais comme une continuation du bail avec dispense de fermages; en conséquence, il doit être déclaré purement mobilier pour la perception du droit de mutation par décès. — Délib. 2 juill. 1832.

3022. — *Cautionnement.* — Lorsque le cautionnement d'un fonctionnaire a été fourni par un tiers avec privilége du second ordre, c'est dans la déclaration de la succession du prêteur et non de celle du fonctionnaire, que ce cautionnement doit être compris. — *Dict. des dr. d'enreg.*, vº *Succession*, nº 424.

3023. — *Communauté.* — Comme la propriété des héritiers du prédécédé dans la communauté ne se compose que de la portion qui lui revient après les reprises du survivant, il s'ensuit que les droits de mutation ne sont exigibles que sur cette portion ainsi déterminée. — Par la même raison, si des reprises sont exercées par les héritiers du prédécédé du chef de leur auteur, ils doivent les comprendre dans leur déclaration. — Décis. min. just. et fin. 18 juill. 1817; instr. 809, nº 1er.

3024. — Toutefois, il n'y a pas lieu d'appliquer cette règle lorsqu'il s'agit d'époux non communs en biens. — Délib. 5 août 1828; instr. 1263, § 3; — Roland et Trouillet, *Dict. d'enreg.*, vº *Succession*, § 9, nº 10.

3025. — Lorsqu'il a été procédé au partage avant la déclaration de succession, les héritiers du prédécédé doivent déclarer la moitié de tous les biens dépendant de la communauté, sans avoir égard aux effets du partage. — Décis. min. fin. 3 juill. 1810; instr. 484.

3026. — Jugé au contraire que le partage entre héritiers ou entre époux communs en biens étant de faire considérer chaque copartageant comme propriétaire *ab initio* des biens à lui dévolus, il s'ensuit que si, par un partage antérieur à la déclaration de succession d'un époux, une part avantageuse dans les conquêts de la communauté est attribuée à l'époux survivant moyennant récompense aux héritiers du prédécédé en valeurs mobilières de la communauté, cette part avantageuse est censée lui appartenir du jour de l'acquisition que les deux époux en avaient faite, et n'est passible d'aucun droit proportionnel de mutation résultant de la dissolution de la communauté. — *Cass.*, 16 juill. 1823, Teissier.

3027. — Lorsque le partage de communauté a précédé la déclaration de succession de l'époux prédécédé, cette déclaration ne doit pas comprendre au nombre des valeurs mobilières de la succession la soulte que l'époux survivant est tenu de payer aux héritiers de son conjoint. Mais on doit faire figurer dans la déclaration la portion d'immeubles représentée par cette soulte évaluée en revenu. — Délib. 23 mai 1845.

3028. — Le droit de mutation par décès n'est exigible qu'autant qu'il y a transmission à titre purement gratuit. Dès-lors la confusion de tout le mobilier au profit de la communauté ne peut donner lieu à aucun droit pour tout ce que le survivant recueille par l'effet du partage des biens de l'autre époux. — Déc. min. fin. 17 juill. 1826.

3029. — Dans le cas où deux époux se sont rendus acquéreurs sur licitation (C. civ., art. 1408) d'un immeuble dont la femme était propriétaire par indivis, si, après la mort de celle-ci, et par un partage antérieur à la déclaration de sa succession, l'immeuble est attribué comme conquêt à son mari, il n'y a pas lieu de le comprendre dans les biens composant la succession de la femme, à défaut surtout, dans l'acte d'acquisition, d'une acceptation formelle de sa part. — Solut. 27 sept. 1833; instr. 1446, § 4.

3030. — Lorsque le mari a acquis, seul et en son nom personnel, des biens indivis avec sa femme, ces biens ne sont pas censés appartenir au mari (ou à la communauté) tant que la femme n'a point exercé le droit d'option que lui confère l'art. 1408, C. civ. — En conséquence, la succession du mari est tenue d'acquitter le droit de mutation sur ces biens. — *Cass.*, 31 mars 1835, Vincent.

3031. — Si, par leur contrat de mariage stipulant le régime de la communauté, les futurs époux ont, à titre onéreux, acquis chacun une portion déterminée d'un même immeuble, les héritiers du mari ne sont tenus, en cas de renonciation de la femme, de déclarer que la portion acquise par leur auteur. — Délib. 29 nov. 1836.

3032. — Avant le Code, le mari qui, après avoir vendu un de ses propres, achetait un autre immeuble peu de jours après, pouvait être considéré comme ayant eu l'intention de faire et comme ayant effectué un *remploi*, quoique le contrat d'acquisition ne contînt aucune déclaration à cet égard. — Par conséquent, lors du décès de la femme, il n'y avait aucune déclaration à faire relativement à cet immeuble. — *Cass.*, 14 frim. an XII, Lafond.

3033. — La communauté dissoute par l'émigration du mari n'a pas été rétablie pour le passé par la réintégration de l'émigré dans ses droits. — En conséquence, les biens acquis par la femme pendant l'émigration de son mari ont dû être considérés comme à elle propres, et dès-lors les héritiers du mari n'ont pu être tenus d'aucun droit de mutation par décès sur ces biens. — *Cass.*, 12 nov. 1810, Jaurias.

3034. — Par cela qu'une femme est commune en biens avec son mari, elle n'est pas nécessairement partie contractante dans les actes de société passés par celui-ci; dès-lors, elle n'est pas propriétaire des immeubles acquis par la société, et elle n'a droit qu'aux bénéfices pour la portion résultant de l'association distincte formée par son contrat de mariage. Il n'y a donc aucune déclaration à faire de ces immeubles par ses héritiers. — Solut. 19 mai 1824; instr. 1146, § 10.

3035. — Doit être considérée comme partage, la clause qui attribue la nue-propriété de tous les biens de la communauté à l'héritier du mari prédécédé, tandis que la femme survivante aura l'usufruit de ces mêmes biens. — Dès-lors, tous les biens échus à cet héritier doivent entrer dans la déclaration de sa succession et les droits de mutation sont exigibles pour cette nue-propriété, de même que pour la propriété entière, c'est-à-dire sur la valeur intégrale des biens. — Délib. 11 juin 1833; instr. 30 sept. 1833, 1437, § 8.

3036. — Lorsqu'en vertu de l'art. 1477, C. civ., l'époux survivant est privé de sa portion dans les objets de la communauté qu'il a soustraits, la totalité de ces mêmes objets doit être déclarée par les héritiers. — Délib. 19 janv. 1830.

3037. — *Communistes (stipulations entre).* — Lorsqu'une ou plusieurs personnes ont acquis une chose en commun avec stipulation que le survivant restera seul propriétaire de la chose acquise, le dernier survivant n'a point de déclaration à faire; car il ne tient point sa propriété d'une donation, mais en vertu des dispositions du contrat d'acquisition. — Délib. 23 déc. 1825.

3038. — Décidé de même à l'égard de l'usufruit qui, en vertu d'une donation ou d'une vente par deux copropriétaires, sous réserve de cet usufruit en faveur du survivant, échoit à celui-ci, lors du décès de son codonateur ou covendeur. — Délib. 17 août 1822, appr. le 4 oct. suiv.; délib. 12 mai et 28 août 1824.

3039. — De même, lorsque deux individus ont acquis des deniers communs une rente viagère, avec stipulation qu'elle sera reversible en totalité sur la tête du survivant, il n'est dû aucun droit de mutation au décès du premier des deux. Il en serait autrement si l'acquisition n'avait point été faite des deniers communs; il y aurait alors une véritable libéralité donnant ouverture au droit de mutation. — Solut. 10 fruct. an X.

3040. — Lorsqu'une rente viagère a été constituée avec la clause qu'après la mort du créancier elle serait continuée au profit d'un tiers acceptant, ce tiers, institué ensuite légataire universel du créancier, n'est point tenu de comprendre le capital de la rente dans la déclaration des biens du défunt, à l'effet d'acquitter les droits de mutation par décès. — *Cass.*, 19 déc. 1822, Porion.

3041. — Cet arrêt, disent MM. Roland et Trouillet, n'a décidé ainsi que par le motif, principalement, que la demande des droits avait été formée contre le débiteur en sa qualité de légataire universel, tandis que ce n'était pas à ce titre qu'il possédait la rente. — *Dict. d'enreg.*, vº *Succession*, § 6, nº 99.

3042. — Lorsque le mari et la femme ont vendu solidairement un immeuble de communauté, moyennant une rente réversible sur le dernier survivant, celui-ci ne doit point de droit de mutation à cet égard, au décès de l'autre. — Délib. 9 janv. 1812.

3043. — Lorsqu'un frère a déclaré acheter un immeuble, moitié pour lui, moitié pour son frère absent pour lequel il s'est porté fort, et que ce dernier est décédé sans avoir aucunement manifesté l'intention de profiter de cette acquisition, la régie n'est point fondée à prétendre que la moitié de l'objet acquis fait partie de la succession du défunt, et qu'elle aurait dû être comprise dans la déclaration de ses biens. — *Cass.*, 15 mai 1827, Ligny.





3044. — *Conventions de mariage.* — Il y a convention de mariage et non donation, dans la clause d'un contrat de mariage portant que le survivant des époux recueillera, à titre de gain de survie, l'universalité des biens de la communauté. — Dès-lors, au décès de l'un des époux, le survivant n'est point tenu d'acquitter le droit de mutation sur les biens de la communauté. — Délib. 29 avr. 1834.

3045. — La clause d'un contrat de mariage portant *qu'en cas de prédécès de la femme sans enfans, le mari n'aura rien à rendre à ses héritiers, que ce qu'il aura reçu d'elle ou à cause d'elle*, n'est qu'une modification de la stipulation de communauté portée audit contrat, laquelle n'opère au profit du mari survivant aucune mutation qui donne lieu à un droit proportionnel. — *Cass.*, 6 mars 1822 (et non 1821), Tribard.

3046. — Lorsque, dans un contrat de mariage établissant communauté entre les futurs pour tous leurs biens et apports, il a été stipulé qu'un immeuble faisant partie des apports du futur resterait en toute propriété au survivant des époux pour un prix d'estimation, l'épouse survivante est comptable envers la succession. — Solut. 30 oct. 1832; instr. 1422, § 7.

3047. — La stipulation dans un contrat d'acquisition faite par deux époux, que l'immeuble acquis appartiendra en totalité au survivant, ne donne pas lieu à un droit proportionnel, lors du décès du prémourant, comme renfermant une libéralité au profit du premier. — *Cass.*, 11 germ. an IX, Jusserand.

3048. — La clause d'un contrat de mariage portant que le survivant des époux jouira, sur les biens de la communauté, d'un préciput et de l'usufruit de la part du prémourant, n'est qu'une convention de mariage entre associés, laquelle ne donne lieu à aucun droit de mutation lors du décès du prémourant, qui est censé n'avoir jamais eu de droit acquis audit préciput ni à l'usufruit des biens à lui afférens dans le partage de la communauté. — *Cass.*, 30 juill. 1823, Delahaye.

3049. — Jugé au contraire que, lorsqu'un immeuble a été mis en communauté par l'un des époux, et qu'il a été convenu que le survivant aurait le droit de le conserver à lui seul, au prix de l'estimation, il y a lieu au droit de mutation par décès, lorsque le survivant a déclaré vouloir profiter de cette faculté. — *Cass.*, 4 mars 1807, Moreau.

3050. — *Créances.* — Les créances actives doivent être déclarées telles qu'elles ont été portées dans les inventaires, bien qu'elles aient depuis éprouvé des réductions; car leur quotité a été fixée au jour même du décès. — *Dict. des dr. d'enreg.*, vº *Succession*, nº 450.

3051. — Les héritiers doivent dans leur déclaration comprendre les créances actives sur lesquelles il y a contestation pendante lors du décès, sans qu'ils puissent en être dispensés sous prétexte qu'à ce moment ces créances n'étaient pas en la possession du défunt. — *Bruxelles*, 5 déc. 1822, Guéroult de La Pallière.

3052. — La déclaration doit être faite encore que tous les biens d'un défunt consistassent uniquement dans une créance sur un individu en faillite. — *Cass.*, 4 fév. 1807, Hircht-Moyse.

3053. — Toutefois, les droits devraient n'être pas perçus sur les créances que les héritiers déclareraient renoncer à exiger à raison de l'insolvabilité des débiteurs ou de la prescription dont elles seraient frappées. — Décis. min. fin. 12 août 1806.

3054. — L'héritier débiteur envers la succession doit comprendre sa dette dans sa déclaration; car, bien que cette dette soit éteinte par la confusion, elle n'en a pas moins été transmise à l'héritier, dont elle a augmenté le patrimoine. — Solut. 24 déc. 1821; — *Dict. des dr. d'enregistr.*, vº *Succession*, nº 452.

3055. — Ne doit pas être comprise dans la déclaration de succession du mari une créance que le titre indique provenir de l'aliénation d'un bien propre de sa femme avec déclaration de remploi au profit de celle-ci. — Délib. 3 avr. 1832.

3056. — Si, au décès du débiteur qui a consigné le montant de sa dette, le créancier n'a pas disposé de la somme consignée, les héritiers du débiteur doivent la comprendre dans les biens de sa succession ou déclarer qu'ils entendent ne point retirer la consignation. — *Dict. des dr. d'enregistr.*, vº *Succession*, nº 445.

3057. — *Donation alternative.* — Lorsque, par suite de la donation d'une somme ou d'un immeuble désigné, au choix du donataire, et délivrable seulement au décès du donateur, le donataire fait, lors de cet événement, l'option de l'immeuble qui lui est abandonné par les héritiers, ceux-ci n'ont point de déclaration à faire pour cet immeuble, car il ne fait pas partie de la succession.

Il en serait autrement si le donataire avait opté pour la somme. — Solut. 9 avr. 1825; instr. 1178, § 5.

3058. — *Donations de biens présens et à venir.* — Lors même qu'une donation de tous biens présens et à venir faite par contrat de mariage aurait été contrôlée et insinuée à l'époque du contrat, le donataire n'en est pas moins tenu, lors du décès du donateur, de faire la déclaration des biens qui ont pu advenir à celui-ci dans l'intervalle de la donation au décès. — *Cass.*, 20 frim. an XIV, Ginhoux.

3059. — Une donation par contrat de mariage de tous les biens qu'un individu laissera après son décès, quoique irrévocable de sa nature, ne transmet cependant la propriété de ces biens qu'au décès du donateur. Jusque-là elle repose sur la tête de celui-ci, et ce n'est qu'alors qu'il y a lieu au droit de mutation par décès. — *Cass.*, 5 oct. 1807, Lacoste.

3060. — Il en est de même de la donation par contrat de mariage qui comprend tous les biens présens et à venir du donateur avec réserve d'usufruit et de la faculté de disposer d'une somme déterminée. — *Cass.*, 28 janv. 1819, Maniglier.

3061. — Une donation de tous biens présens et à venir faite par contrat de mariage à un collatéral sous la réserve de l'usufruit par le donateur, a tous les caractères d'une disposition subordonnée au décès, et le droit applicable à cet acte est celui de 5 %, réglé pour les mutations d'immeubles par décès en ligne collatérale par l'art. 69, L. 22 frim. an VII. — *Cass.*, 24 déc. 1811, Maniglier.

3062. — Lorsque par leur contrat de mariage deux époux ont fait donation de la moitié de leurs biens à l'un de leurs enfans à naître, ils restent néanmoins propriétaires des biens, et la donation ne produit d'effet qu'au jour de leur décès. — En conséquence, l'enfant donataire est tenu d'acquitter sur ces biens les droits de mutation par décès quand il est constant d'ailleurs en fait que lors de la donation il n'a été perçu aucun droit de transmission de propriété. — *Cass.*, 2 juin 1813, de Montclar.

3063. — Dans le cas où, par leur contrat de mariage, des époux ont fait donation, avec réserve d'usufruit, de moitié de leurs biens présens et à venir en faveur de l'aîné des enfans mâles à naître du mariage, s'ils décèdent sans avoir appelé un autre de leurs enfans à recueillir l'effet de la libéralité, le donataire n'a été réellement saisi qu'au jour du décès des donateurs, et par conséquent le droit de mutation est dû à cette époque, d'après la loi alors en vigueur. — *Cass.*, 19 nov. 1811, Saint-Exupéry

3064. — Lorsqu'il a été décidé qu'un donataire par contrat de mariage avait été saisi de la propriété d'immeubles désignés et non du simple droit d'en exiger l'abandon à charge d'en payer le prix, la régie ne peut sans violer la chose jugée prétendre que ces mêmes immeubles doivent être compris dans les autres biens du donateur pour la perception du droit de mutation par décès. — *Cass.*, 21 déc. 1808, Pley.

3065. — *Donations entre-vifs.* — Les biens donnés entre-vifs avant l'adoption ne doivent pas être déclarés dans la succession du donateur adoptant, dont ils ne font plus partie. — *Dict. des dr. d'enreg.*, v° *Succession*, n° 393.

3066. — Lorsque les droits ont été perçus sur une donation entre-vifs et actuelle de sommes payables seulement au décès du donateur, la régie avait d'abord décidé qu'il n'y avait lieu, lors de la déclaration de la succession, à aucune déduction, soit que l'on prétendît distraire de l'actif le montant de la donation parce qu'elle ne formait qu'une charge de la succession, soit qu'on imputât sur les droits exigibles les droits payés pour la donation, ce qui serait une véritable restitution de droits régulièrement perçus. — Solut. 26 oct. 1825; instr. 1187, § 6.

3067. — Mais jugé, depuis, que la donation entre-vifs faite par un père à son fils, d'une somme exigible seulement à la mort du donateur, doit être considérée comme ayant immédiatement saisi le donataire, de sorte que la régie ne peut pas, lors du décès du père, comprendre la somme donnée dans le calcul des droits de mutation. — *Cass.*, 18 fév. 1829, de Plas.

3068. — ... Que des sommes d'argent données par acte entre-vifs et d'une manière irrévocable, bien qu'elles ne soient exigibles qu'après la mort du donateur, doivent être déduites sur la valeur de l'actif mobilier de la succession et affranchies du droit de mutation dont les héritiers sont passibles. — *Cass.*, 1er avr. (et non 30 mars) 1829, Briant de Laneuville.

3069. — ... Qu'il y a lieu de distraire de l'actif de la succession les sommes données entre-vifs, payables à la volonté du donateur, si ces sommes n'ont point été payées avant le décès, ce qui doit être vérifié. — Délib. 28 nov. 1837; instr. 1562, § 17.

3070. — Lorsqu'une donation entre-vifs faite par le défunt à ses successibles vient à être annulée, ces derniers, qui recueillent à titre de succession les biens qui leur avaient été donnés et qui ont payé le droit de la donation, ne doivent pas un nouveau droit à raison de la mutation par décès. — *Cass.*, 5 juill. 1820, Cœur.

3071. — Mais, comme en pareil cas le droit payé par le donataire doit être imputé sur celui que doit acquitter l'héritier, jugé que, quand le donataire n'est pas appelé à la succession, le montant des sommes données entre-vifs et payables au décès du donateur ne doit pas être déduit des valeurs héréditaires autres que des sommes d'argent pour établir la perception du droit de mutation exigible après le décès du donateur. — *Cass.*, 2 avr. 1839 (t. 1er 1839, p. 461), Gouvelle de Kiaval.

3072. — Lorsqu'une donation de sommes a été faite sous réserve d'une rente viagère payable à un tiers après le décès du donateur et que les droits de donation ont été acquittés sur l'acte, il n'y a pas lieu, au décès, d'exiger le droit de mutation sur cette rente, si celui qui en profite a été institué légataire universel du donateur. — Délib. 19 juin 1829. — « Mais cette décision n'est pas fondée, » disent MM. Roland et Trouillet (*Dict. des dr. d'enreg.*, v° *Succession*, § 6, n° 102).

3073. — *Donations éventuelles.* — La réserve que font deux époux donateurs de l'usufruit de l'immeuble donné en faveur et pendant la vie de chacun d'eux emporte donation éventuelle de cet usufruit au profit du survivant, et donne lieu par conséquent à un droit de mutation lors du décès du prémourant. — *Cass.*, 3 niv. an XIII, Camboulives.

3074. — Le legs fait par un mari à sa femme pour le cas seulement où elle viendrait à se séparer de son fils est réputé fait sous une condition potestative dépendant de la seule volonté de la femme; en conséquence il est actuellement soumis au droit, et non lorsque l'événement se sera réalisé. — Délib. 15 janv. 1833.

3075. — *Dot.* — L'immeuble acquis conjointement par des époux mariés sous le régime dotal appartient par moitié à chacun d'eux, s'il est énoncé que le prix a été payé comptant par les acquéreurs, et alors même qu'il n'est fait aucune mention de l'origine des deniers employés au paiement de la portion qui concernait la femme. Dès-lors, au décès de celle-ci, ses héritiers doivent comprendre dans leur déclaration la moitié de l'immeuble acquis. — Délib. 26 nov. 1830.

3076. — La dot constituée à une femme et reçue dans le contrat de mariage par le futur doit, au décès de cette femme, sans enfans, être déclarée par les héritiers, auxquels le mari est tenu de la restituer d'après la loi civile, et nonobstant toute convention entre eux. — Délib. 11 oct. 1836.

3077. — *Femme normande.* — Il n'est pas dû de droit proportionnel pour le douaire que la femme mariée sous la coutume de Normandie se fait délivrer du vivant de son mari, par suite du jugement de séparation de biens qu'elle a obtenu. — *Cass.*, 27 (et non 22) niv. an XI, Boulai-Bonneville.

3078. — Sous la coutume de Normandie, le douaire s'ouvrait par la déconfiture du mari arrivée de son vivant, aussi bien que par sa mort. Lors donc que, pour cette cause, la femme est envoyée en jouissance des biens sur lesquels son douaire est assis, et que la propriété de ces mêmes biens est attribuée aux enfans, il y a mutation, et la prescription du droit qu'elle entraîne court, non du jour du décès, mais du jour du jugement qui l'opère. — *Cass.*, 30 janv. 1809, Hauvel.

3079. — La coutume de Normandie, qui attribuait à la femme, lors du décès de son mari, une portion des meubles acquis pendant le mariage, les lui accordait à titre correspectif de collaboration commune, et non à titre lucratif de succession. En conséquence, lorsque ce droit s'ouvre au profit de la femme survivante, la régie est non-recevable à exiger le droit proportionnel de mutation. — *Cass.*, 22 juill. 1828, Morand.

3080. — Jugé également que la femme normande mariée avant le Code civil peut réclamer la propriété de la moitié des conquêts immeubles faits par son mari durant le mariage, aux termes de l'art. 329 cout. locale. — En d'autres termes, cet art. 329 n'a point été abrogé par la loi du 17 niv. an II. — *Cass.*, 30 mars 1825, Delaunay.

3081. — ... Que l'usufruit de la moitié des conquêts faits *hors bourgage* (ville ou bourg fermé), que l'art. 329, cout. Normandie, accordait à la femme après le décès de son mari, forme, comme la moitié des conquêts faits *en bourgage*, que le même article lui attribuait en propriété, une condition attachée par le statut local à l'association conjugale, un droit acquis comme résultat de cette association; de telle sorte qu'il ne s'opère aucune mutation à son profit à l'époque de la mort du mari, et qu'elle ne peut, à raison de cet usufruit, être soumise au paiement du droit proportionnel de mutation. — *Cass.*, 26 (et non 25) juin 1826, Quertier.

3082. — *Institutions contractuelles.* — L'institution contractuelle ne conférant à l'institué que le titre et la qualité d'héritier, et l'instituant conservant pendant sa vie la propriété effective de ses biens, il s'ensuit qu'au décès de celui-ci il y a mutation de propriété, et par conséquent obligation pour l'institué de déclarer les biens et de payer les droits de succession. — *Cass.*, 8 déc. 1806, Kauten.

3083. — Décidé de même, à l'égard d'une institution contractuelle faite en pays de droit écrit, et notamment dans le ressort du parlement de Bordeaux. — *Cass.*, 10 pluv. an XI, Broca; 24 niv. an XIII, Norbert-Catuhe.

3084. — ... Et cela quand bien même l'institution aurait été faite sous la réserve d'usufruit des biens qui en étaient l'objet et de la faculté de disposer d'une certaine somme. — *Cass.*, 19 pluv. an XI, Broca.

3085. — Bien que le droit proportionnel ait été perçu mal à propos sur une institution contractuelle qui ne forme qu'une donation éventuelle, la régie est fondée néanmoins à exiger le droit au décès de l'instituant, sauf à précompter ce qu'elle a reçu lors du contrat de mariage, sans qu'on puisse lui opposer que le receveur a consenti recevoir le droit à l'époque de ce contrat, et que la régie aurait dû réclamer dans les deux ans. — *Cass.*, 13 avr. 1825, Devoisins.

3086. — *Légitime.* — Les légitimaires sont tenus de déclarer ce qu'ils recueillent à titre de légitime, quand bien même ils n'obtiendraient leur légitime que par voie de retranchement sur une donation de tous biens présens et à venir au sujet de laquelle les droits de contrôle auraient été payés. — *Cass.*, 20 frim. an XIV, Ginhoux.

3087. — *Office.* — L'office dont le titulaire se trouve dessaisi par suite de son décès doit être déclaré. — V. *suprà* nos 2874 et suiv.

3088. — En cas de dissolution de la communauté par la mort de la femme, la moitié de la valeur de l'office ne doit pas être déclarée dans sa succession, attendu que cet office n'est pas entré en communauté. Toutefois, si le titre a été donné au mari moyennant une rente viagère à prélever sur les revenus de l'office, il est dû récompense à la communauté de toutes les sommes qui en ont été distraites pour satisfaire à cette charge, ainsi au décès de la femme on doit déclarer la moitié de cette récompense (Délib. 22 juin 1830). Cependant un arrêt de Douai, du 15 nov. 1833 (Ducorroy), a considéré l'office comme un acquêt de communauté, bien qu'il eût été concédé gratuitement au mari. — Roland et Trouillet, *Dict. d'enregistr.*, v° *Succession*, § 6, n° 79.

3089. — *Legs conjoint.* — Lorsqu'un legs d'usufruit a été fait conjointement à deux individus, ce legs diffère essentiellement de celui fait au profit de deux ou de plusieurs personnes pour jouir successivement, et le décès de l'un des légataires ne donne point ouverture à un droit de mutation pour l'accroissement qui a lieu (C. civ., art. 1044) au profit du légataire survivant. — Solut. 9 nov. 1830; instr. 1334, § 6.

3090. — *Société.* — L'héritier de l'associé doit faire sa déclaration et payer les droits dans les six mois du décès. Toutefois, si la société continue, il n'y a lieu de percevoir que le droit déterminé pour les objets mobiliers, attendu que, tant que l'association n'est pas dissoute, les droits de chaque membre se bornent à un intérêt dans l'entreprise. (Décis. min. fin. 8 déc. 1807; instr. 360). Si la société était dissoute et que par suite l'héritier se trouvât saisi de la propriété d'objets mobiliers, les droits devraient être perçus en conséquence. — Délib. 2 juin 1837; instr. 1562, § 20.

3091. — Lorsque, par l'acte d'une société universelle de tous biens présens et de gains, les associés ont abandonné aux survivans d'entre eux les biens qu'ils ont apportés dans la société, cette disposition constitue, au décès de chaque associé, une transmission de biens égale à sa part dans la société, et sur laquelle doit être perçu le droit proportionnel de mutation. Vainement on prétendrait que les droits abandonnés par chaque associé sont devenus communs à toute la société, et que tant qu'une liquidation n'a pas été faite il n'y a point eu attribution de part. — *Cass.*, 22

août 1842 (t. 2 1842, p. 580), dames de la Visitation de la Croix-Rousse.

3092. — *Rapport à succession.* — Une somme reçue en avancement d'hoirie par l'un des successibles sans acte de donation ne fait pas réellement partie des biens de la succession du donateur; elle est seulement sujette à rapport vis-à-vis des co-héritiers. Elle ne doit donc pas être comprise dans la déclaration de succession. — Délib. 26 oct. 1827 ; — Roland et Trouillet, *Dict. d'enregistr.*, v° *Succession*, § 6, n° 113.

3093. — De même, il n'est dû aucun droit de mutation sur les valeurs que les héritiers déclarent avoir reçues manuellement du défunt et qu'ils rapportent à la succession. — Délib. 30 sept. 1845.

3094. — Le rapport des dots ne doit être considéré, pour son objet et pour ses effets, que comme un balancement ou une rectification d'un partage inégal ; il ne peut donc être soumis aux droits de déclaration de succession. — Délib. 28 thermid. an IX ; — Roland et Trouillet, *Dict. d'enregistr.*, v° *Rapport*, n° 8. — D'ailleurs un droit a été perçu sur la dot ; et il est de principe qu'une même mutation ne peut être assujétie à deux droits.

3095. — *Réserve d'usufruit.* — Sous la cout. de Luxembourg, lorsque les père et mère détenteurs d'une *vouerie* avaient appelé leur fils, en le mariant, à vivre avec eux pour succéder au bien suivant l'usage, mais qu'ils s'étaient réservé la maîtrise et gouverne du ménage, cette disposition équivalait à une réserve d'usufruit qui donnait lieu à la perception du droit de transmission au décès du père prémourant. — *Cass.*, 2 sept. 1806, Peffer.

3096. — Lorsque des père et mère ont fait le partage anticipé de leurs biens entre leurs enfans, avec réserve d'usufruit pour eux et pour le survivant d'eux, non seulement des biens donnés, mais encore de tous ceux qui pourront appartenir au prémourant des deux, il y a lieu de percevoir un droit proportionnel sur l'usufruit ouvert au profit du survivant des donateurs par le prédécès de l'autre, encore bien qu'il ait déjà été perçu un droit proportionnel sur la propriété à l'époque de la donation. — *Cass.*, 27 juin 1837 (t. 2 1837, p. 91), Benoist.

3097. — *Retour et réversion (droit de).* — Il y a lieu à déclarer les rentrées en possession des ascendans dans les biens qu'ils ont donnés, lorsque leurs enfans ou descendans sont prédécédés (C. civ., art. 747); mais aucune déclaration n'est à faire pour les mutations au profit de tout donateur, en vertu du retrait expressément réservé dans l'acte de donation, en vertu de l'art. 951, C. civ. — Circ. 23 brum. an VIII, 1689 ; décis. min. fin. 29 déc. 1807 ; instr. 366, n° 18.

3098. — Le droit de réversion, que les lois romaines accordaient au père donateur dont l'enfant prédécédait sans postérité, doit être considéré, quoique ouvert sous l'empire du Code civil, comme un droit de retour conventionnel, et dès lors comme ne donnant ouverture qu'à un droit fixe. — *Cass.*, 8 fév. 1814, Rougerie.

3099. — Si l'enfant du donataire décédé vient à décéder lui-même du vivant des ascendans donateurs, ceux-ci ne pouvant pas réclamer, à titre de retour légal, les biens par eux donnés (*Cass.*, 18 août 1818, Grelle Desprades c. Chantereau), aucune demande de droit de succession à cet égard ne peut leur être faite. Ces biens devant au contraire être recueillis par les héritiers de l'enfant dans l'ordre et la proportion que le Code prescrit au titre des successions, c'est à ces héritiers légaux à acquitter le droit d'après leur degré de parenté. — Roland et Trouillet, *ibid.*, § 6, n° 94.

3100. — Lorsqu'une mère est décédée, laissant deux enfans et des biens grevés de retour conventionnel, et que ceux-ci décèdent ensuite sans postérité, le retour stipulé ayant lieu en faveur de l'ascendant donateur, les droits de succession sont exigibles : 1° pour la mutation qui s'est opérée de la mère à ses deux enfans ; 2° et pour celle qui s'est opérée du premier mort des enfans au profit de son frère. — Délib. 3 nov. 1821, appr. le 21 ; — Roland et Trouillet, *Dict. d'enregistr.*, v° *Succession*, § 6, n° 97.

3101. — Le droit de retour, établi par les art. 351, 352, C. civ., en faveur de l'adoptant et de ses descendans sur les choses, provenant de l'adoptant, qui se trouvent dans la succession de l'adopté, constitue un droit de succession et donne ouverture au droit pour mutation par décès. — *Cass.*, 28 déc. 1829, Granet.

3102. — Les héritiers du testateur ne doivent pas comprendre dans leur déclaration des biens dont la jouissance a été léguée à perpétuité à une église et aux pauvres, attendu que, la jouissance de l'église et des pauvres ne devant avoir aucun terme, il ne peut y avoir lieu à aucun retour en faveur des héritiers. — Délib. 8 oct. 1823.

3103. — La réversion au profit du survivant des époux de l'usufruit d'un bien de communauté, en vertu de la réserve d'un acte de donation, ne constitue pas un avantage sujet à déclaration, lors du décès du premier mourant des donateurs. — Délib. 25 oct. 1823.

3104. — *Succession.* — Lorsqu'un mineur décède avant qu'on ait accepté ni répudié pour lui une succession qui lui était échue, ses héritiers ne doivent pas comprendre dans leur déclaration les biens faisant partie de la première succession, s'ils ne l'acceptent eux-mêmes du chef de leur auteur. — Délib. 5 juill. 1836.

3105. — Lorsque plusieurs personnes, respectivement appelées à la succession l'une de l'autre, périssent dans un même événement, sans qu'on puisse reconnaître laquelle est décédée la première, il y a lieu d'admettre les présomptions établies par les art. 720 et suiv., C. civ. Il y a lieu à autant de déclarations et de droits qu'il y a eu de mutations par décès; et la quotité de chaque droit est déterminée d'après le degré de parenté. — Arr. du direct. 28 flor. an VII.

3106. — Le légataire à titre universel ne pouvant faire les fruits siens qu'à partir du jour de la demande en délivrance, lors même qu'il se serait mis en possession au vu et au su des héritiers, il s'ensuit que, s'il meurt avant d'avoir formé cette demande, aucuns fruits ni revenus échus à raison de son legs, quoique perçus, ne sont susceptibles d'être compris dans la déclaration de sa succession. — Délib. 5 mai 1824. — Il en doit être de même du légataire particulier, sauf l'exception portée par l'art. 1015, C. civ. — Roland et Trouillet, *Dict. d'enregist.*, v° *Succession*, § 7, n° 10.

3107. — Lorsque dans une succession se trouve une part indivise d'un immeuble dépendant d'une autre succession, et que depuis l'expiration du délai pour la déclaration de la mutation, cet immeuble a été adjugé au cohéritier du défunt, les héritiers de celui-ci doivent déclarer l'immeuble, et non le prix. — *Cass.*, 18 déc. 1839 (t. 1er 1840, p. 48), Thomas.

3108. — *Vente.* — Lorsque le débiteur sur qui une saisie immobilière a été pratiquée est décédé avant l'adjudication définitive légalement consommée, les immeubles saisis, faisant toujours partie de sa succession, bien que le défunt n'eût pu les aliéner, doivent être déclarés et sont soumis aux droits. — Décis. min. fin. 7 juin 1809 ; instr. 386, n° 35.

3109. — Jugé dans le même sens que l'adjudication préparatoire d'un immeuble ne dépouille pas le propriétaire d'une manière définitive et irrévocable; qu'elle est subordonnée à une condition suspensive, et qu'elle n'attribue à l'adjudicataire qu'un droit résoluble; qu'en conséquence, si l'adjudication définitive n'a eu lieu qu'après le décès du propriétaire, c'est l'immeuble même, et non le prix en provenant, que ses héritiers doivent déclarer, pour la perception du droit proportionnel. — *Cass.*, 24 juin 1811, Buzin.

3110. — Le prix d'un immeuble vendu par expropriation forcée, avant le décès de l'exproprié, ne doit être déclaré que pour la part revenant aux héritiers après la distribution entre les créanciers inscrits. — Délib. 14 juin 1833. — La régie a même pensé depuis qu'on devait comprendre dans la déclaration le montant des bordereaux de collocation délivrés aux créanciers. — Instr. 24 déc. 1836.

3111. — Si, depuis la vente d'un immeuble dont le prix a été délégué aux créanciers inscrits, et après l'accomplissement des notifications prescrites par l'art. 2183, C. civ., le vendeur vient à mourir, le prix de cet immeuble ne doit pas être compris dans la déclaration de sa succession; peu importe à cet égard que les créanciers aient usé de la faculté de surenchérir. — Délib. 14 juin 1814.

3112. — Il est dû une déclaration et un droit de succession pour des biens qui rentrent dans les mains des héritiers d'un individu, après qu'ils en ont fait annuler la vente passée par celui-ci de son vivant. — On ne peut compenser ce droit avec celui qui aurait été payé lors de cette vente, parce que ce dernier droit a été régulièrement perçu au moment où la perception a été faite, et qu'il n'y a pas lieu à restitution à cet égard. — *Cass.*, 30 janv. 1809, Laminade.

3113. — Les héritiers du vendeur ne sont pas tenus de comprendre dans leur déclaration la faculté de reméré qui leur est transmise, parce que le droit n'est dû que pour des valeurs réelles. — Délib. 6 vent. an XI. — Ils ne doivent même acquitter aucun droit de mutation lorsqu'ils exercent la faculté de rachat après le décès de leur auteur. Mais s'ils cédaient cette faculté à un tiers ou s'ils y renonçaient en faveur de l'acquéreur, ils devraient en payer le droit de mutation au taux fixé pour les meubles. — Décis. min. fin. 2 juin 1812, et 20 août 1834. — Roland et Trouillet, *Dict. d'enregist.*, v° *Succession*, § 6, n° 84. — *Contrà* instr. 245.

3114. — Dans le cas de résolution volontaire d'une vente à rente viagère, par le motif que le vendeur est mort, dans les vingt jours de la date du contrat, de la maladie dont il était atteint au moment de la vente (C. civ., art. 1975.), les héritiers du vendeur doivent comprendre dans leur déclaration les biens qui rentrent ainsi dans leurs mains. — Délib. 27 mai 1828.

3115. — Bien que le jugement qui donne gain de cause à la demande formée par le défunt en revendication d'un immeuble soit frappé d'appel, les héritiers n'en doivent pas moins faire leur déclaration et payer les droits, sauf restitution. — Décis. min. fin. 16 mai 1809.

3116. — Jugé au contraire que les droits de mutation par décès dus pour des biens échus à des héritiers par suite de la rescision de la vente qu'en avait consentie leur auteur, ne sont ouverts que par l'arrêt qui, sur l'appel, confirme le jugement qui les envoie en possession. — *Cass.*, 20 août 1816, Angron.

3117. — Les enfans d'un interdit qui ont eu l'administration de ses affaires, et qui, sans autorisation, ont vendu une partie de ses biens, ne doivent, lors du décès de l'interdit, aucun droit de succession sur les biens par eux vendus, encore bien que la vente soit nulle. — Solut. 16 juill. 1812 ; — Roland et Trouillet, *ibid.*, § 10, n° 29.

3118. — L'immeuble vendu par le mandataire, depuis le décès du mandant, doit être déclaré par les héritiers, car il était encore la propriété du mandant au jour de son décès. — Décis. min. fin. 18 août 1814 ; — *Dict. des dr. denregist.*, v° *Succession*, n° 660.

3119. — Lorsqu'un testateur a ordonné que ses biens fussent vendus après son décès, pour le prix être employé à l'acquit de legs particuliers et le surplus être donné aux pauvres, les héritiers légitimes doivent néanmoins acquitter les droits de succession, et cela au taux fixé pour les immeubles. — Instr. 27 déc. 1831.

§ 5. — *Liquidation des droits de mutation par décès.*

3120. — On a vu plus haut que, pour la liquidation et le paiement du droit proportionnel en cas de mutation par décès, la valeur de la propriété, de l'usufruit et de la jouissance des biens était déterminée, savoir : 1° (V. nos 294 et suiv.) pour les biens meubles, par la déclaration estimative des parties, sans distraction des charges (L. 22 frim. an VII, art. 14, n° 8), et (V. n° 321) que l'usufruit transmis à titre gratuit s'évaluait à la moitié de la valeur entière de l'objet (art. 14, n° 11); — 2° (V. nos 319 et suiv.) pour les immeubles, par l'évaluation à vingt fois le produit des biens, ou par le prix des baux courans, sans distraction des charges; qu'il n'était rien dû pour la réunion de l'usufruit à la propriété, lorsque ce droit avait été acquitté sur la valeur entière de la propriété (L. 22 frim. an VII, art. 15, n° 7); — et (V. nos 466 et suiv.) en cas de transmission d'usufruit seulement, par l'évaluation à dix fois le produit des biens ou par le prix des baux courans, aussi sans distraction des charges, et que lorsque l'usufruitier qui a acquitté le droit pour son usufruit acquiert la nu-propriété, il paie le droit sur sa valeur sans qu'il y ait lieu de joindre celle de l'usufruit (art. 15, n° 8). — On a vu aussi à quelles difficultés avait donné lieu l'application de ces dispositions. — Restent quelques décisions à signaler pour compléter la matière.

3121. — Les droits de mutation pour une succession ouverte avant les lois des 14 thermid. an IV et 9 vendém. an VI ont dû être liquidés d'après ces lois, quand bien même l'héritier eût fait sa déclaration et acquitté les droits en conséquence avant la publication de ces mêmes lois. — *Cass.*, 23 vent. an IX, Raymond; 4 messid. an IX, Billardet.

3122. — Il en est de même pour le double droit à raison des omissions dans la déclaration, découvertes postérieurement à ces lois. — *Cass.*, 4 messid. an IX, Billardet.

3123. — Lorsqu'un jugement n'a condamné un héritier à payer pour droits d'enregistrement une somme déterminée, calculée sur le pied des droits de mutation immobilière, que faute par lui de faire, dans un certain délai, la déclaration des biens qu'il a recueillis, ce dernier peut cependant ne payer que sur le taux des mutations mobilières s'il n'a à déclarer que de telles valeurs. — *Cass.*, 24 août 1841 (t. 1er 1842, p. 310), Carré.

3124. — Au surplus, c'est aux juges ordinaires exclusivement chargés par la loi d'interpréter les actes et d'en déterminer le sens, qu'appartient le droit de prononcer entre la régie qui prétend qu'une institution d'héritier s'applique à la propriété comme à l'usufruit, et son adversaire qui soutient qu'elle n'a que cet usufruit pour objet et que la propriété repose sur une autre tête. — *Cass.*, 18 fév. 1806, Maurin.

3125. — Une maison dont la démolition a été, avant le décès du propriétaire, ordonnée pour cause d'utilité publique, ne doit être comprise dans la déclaration de son héritier que pour la valeur des matériaux comme meubles. — Solut. 23 nov. 1809. — Quant au sol, il doit être déclaré comme immeuble. — *Dict. des dr. d'enregist.*, v° *Succession*, n° 459. — V. aussi *infrà* n° 3129.

3126. — Le droit acquitté sur la déclaration de l'héritier unique, à qui un office a été transmis par suite de décès du titulaire, ou celui acquitté sur le traité fait entre les cohéritiers doit être imputé, jusqu'à due concurrence, sur celui que les héritiers ont à payer, lors de la déclaration de succession, sur la valeur estimative de l'office, d'après les quotités fixées pour les biens meubles, par les lois en vigueur. — L. 25 juin 1841, art. 9.

3127. — Lorsque le droit de mutation par décès a été perçu sur vingt fois le produit annuel d'une ferme, on ne peut exiger un second droit comme mobilier sur la valeur des ustensiles et bestiaux servant à son exploitation, attendu que ces bestiaux et ces ustensiles font partie intégrante du domaine et n'ajoutent rien au revenu. — Solut. 22 mai 1818; délib. 12 août 1828.

3128. — L'art. 524, C. civ., a abrogé la disposition de la coutume de Normandie qui réputait meubles les animaux attachés à la culture et les ustensiles aratoires. Dès lors, en cas de mutation par décès, les droits doivent être perçus sur ces objets comme choses immobilières. — *Cass.*, 20 juill. 1812, Renouf.

3129. — C'est comme immeuble, et non comme mobilier, que les héritiers doivent comprendre dans la déclaration de succession de leur auteur un bien dont la vente n'était pas encore effectuée lors du décès du propriétaire, encore bien que cette vente eût été ordonnée. — Décis. min. fin. 13 août 1814. — V. *suprà* n° 3125.

3130. — Bien que, dans un partage testamentaire, un père ait prescrit à ses enfans d'exploiter et de vendre la superficie d'un bois pour acquitter certaines dettes, cette superficie constitue, dans la succession, une valeur immobilière. Toutefois, c'est d'après le capital du revenu du bois, et non d'après le prix de la vente réuni à la valeur du sol, que le droit de succession doit être liquidé. — Délib. 11 nov. 1834.

3131. — Une donation entre époux des meubles et de l'usufruit des immeubles ne peut, à l'égard de la régie, être réduite aux meubles par la femme survivante, sans le concours des héritiers. Dès lors, la régie est fondée à percevoir le droit sur la totalité de la donation, tant que la femme ne justifie point par un acte que les héritiers ont exercé l'action ou réduction, en optant pour l'abandon de la quotité disponible. — Délib. 24 mars 1832.

3132. — Lorsque l'époux légataire en usufruit de tous les biens de son conjoint décédé déclare se réduire à la moitié de la disposition, cette déclaration suffit pour faire restreindre à cette moitié la perception du droit de mutation par décès; on ne peut opposer le défaut d'option des réservataires, conformément à l'art. 917, C. civ., et cet article ne serait applicable qu'autant que le légataire voudrait retenir l'usufruit entier. — Solut. 28 déc. 1832.

3133. — Dans le cas où l'époux légataire de l'usufruit d'une partie des biens de sa femme a cédé cet usufruit moyennant une rente viagère avant de faire sa déclaration à la régie, il doit néanmoins déclarer l'usufruit et non la rente viagère, et payer le droit au taux fixé pour les mutations par décès de biens immeubles, et non au taux des mutations de valeurs mobilières, encore que la cession de l'enfant ait été faite, à titre de licitation et partage, aux père et mère de la testatrice, qui recueillaient le surplus de ses biens en vertu d'un droit de retour conventionnel; l'art. 883, C. civ., d'après lequel le cohéritier est censé avoir succédé immédiatement à l'objet commis dans son lot, n'étant pas ici applicable. — *Cass.*, 19 nov. 1834, Lockart.

3134. — Si l'héritier de biens grevés d'usufruit acquiert cet usufruit avant d'avoir fait la déclaration relative à la transmission par décès de la nue-propriété, et que le droit de vente ait été perçu sur l'acte d'acquisition, le droit de succession n'en sera pas moins exigible; mais le droit de vente est restituable. — Instr. 386, n° 39; — *Dict. des dr. d'enreg.*, v° *Succession*, n° 650.



3135. — Lorsque le mari a, avant son décès, abandonné à ses enfans la totalité de ses biens par acte entre-vifs ou partage d'ascendant, le droit exigible sur le douaire qui vient à s'ouvrir ne peut être imputé sur ce qui a été payé par les enfans pour la mutation entre-vifs. — Délib. 3 fév. 1832.

3136. — Lorsque, pour la réduction des donations entre-vifs, on réunit à la masse les biens précédemment sortis de la main du donateur (C civ., art. 920), cette réunion, n'étant que fictive, ne donne lieu à aucun droit de mutation; d'ailleurs le droit a été acquitté par le donataire. — *Journal de l'enreg.*, art. 1837.

3137. — Les sommes données en avancement d'hoirie par un père à ses enfans devant être réunies fictivement à la masse des biens composant la succession du donateur pour déterminer la quotité disponible léguée à la veuve, c'est sur cette quotité disponible ainsi fixée que doit être liquidé le droit de mutation par décès pour la portion léguée. — Instr. 31 déc. 1838, 1577, § 12.

3138. — Lorsqu'un mari qui laisse des héritiers à réserve a fait donation à sa femme du quart de ce qu'il possédera à son décès, il faut, pour fixer la quotité du droit de mutation, faire abstraction des biens rapportés à la succession par les héritiers à réserve. — Délib. 19 juill. 1833.

3139. — Les héritiers à qui le défunt a constitué en dot des rentes perpétuelles doivent déduire des valeurs mobilières le capital de ces rentes, attendu que ce capital a déjà supporté le droit de donation. La déduction s'opère suivant le mode tracé par l'instruction générale (1156, § 7). — Délib. 15 janv. 1830.

3140. — La mutation des rentes inscrites sur le grand-livre de la dette publique étant exempte de la formalité de l'enregistrement et de la perception du droit (V. *suprà* nos 808 et suiv.), il s'ensuit qu'en cas de décès du propriétaire d'une telle rente, il n'y a point lieu de percevoir le droit sur cette rente, encore bien que le capital soit, par suite d'insuffisance des autres biens de la succession, employé à l'acquittement de legs particuliers de sommes d'argent. — *Cass.*, 6 fév. 1827, Verrier.

3141. — Mais lorsqu'il existe dans une succession des rentes sur l'état exemptes de tous droits et des valeurs imposables, les droits de mutation dus sur les dons et legs ne doivent pas être imputés sur les rentes; autrement le fisc pourrait être privé d'une portion de droits toutes les fois que ceux dus sur les dons et legs excéderaient ceux dus par les héritiers. — Les droits dus sur les dons et legs sont alors liquidés conformément aux diverses dispositions de la loi; et, sur leur montant, il est fait déduction des droits que les héritiers légitimes peuvent avoir payés. — *Cass.*, 22 fév. 1843 (t. 2 1843, p. 31), Delorge.

3142. — Lorsque, pour exécuter une disposition du testament qui ordonne qu'une rente viagère, objet d'un legs particulier, sera prise en partie sur une rente 5 p. %, l'héritier institué délivre au légataire l'usufruit d'une rente 3 p. % dépendant de la succession, il y a lieu de percevoir sur l'acte le droit de mutation par décès. — Délib. 2 fév. 1838. — Cette décision n'est pas à l'abri de la critique; car l'exemption du droit d'enregistrement s'applique à toutes les rentes sur l'état, quelle que soit leur espèce.

3143. — Si les objets légués à titre particulier se trouvent en nature dans la succession, ils doivent être distraits de la déclaration à faire par l'héritier ou le légataire universel, lequel n'est tenu au paiement des droits de mutation que sur les biens restans; et les légataires particuliers acquittent ceux à leur charge d'après la nature des choses qui leur sont léguées. — Décis. min. fin. 17 fév. 1807; inst. 360, nos 9, 401 et 1432.

3144. — Lorsqu'un legs à titre universel comprend nommément le *mobilier* du testateur avec la clause que, si la somme à laquelle il est évalué ne suffit pas, on y ajoutera celle qui sera nécessaire, on doit, lors de la déclaration de succession, imputer ce legs en entier sur les biens meubles qui en dépendent, s'ils sont suffisans. — *Journal de l'enregistr.*, art. 8186; — Roland et Trouillet, *Dict. d'enreg.*, v° *Succession*, § 7, n° 12.

3145. — Lorsque les héritiers ou légataires universels sont grevés de legs particuliers *de sommes d'argent non existantes dans la succession*, et qu'ils ont acquitté le droit proportionnel sur l'intégralité des biens de cette même succession, *le même droit n'est pas dû pour ces legs;* conséquemment, les droits déjà payés par les légataires particuliers *doivent s'imputer sur ceux dus par les héritiers ou légataires universels.* — Car, en pareil cas, les héritiers ou légataires universels ne sont que de simples intermédiaires entre le testateur qui est censé donner lui-même et les légataires particuliers qui reçoivent. De plus, le legs particulier payé d'après la volonté du testateur ne peut être assimilé à une dette de la succession. — Avis cons. d'état 2 sept. 1808, app. le 10; instr. 8 oct. 1808, 401; instr. 26 août 1833, 1432; — Merlin, *Quest.*, v° *Droit d'enregistrement*, § 22.



3146. — Dès avant cet avis du conseil d'état, on avait jugé également que, si les droits de mutation par décès sont dus sur la totalité de la succession sans distraction des charges, les légataires universels n'en sont cependant tenus sur le montant de leur legs que déduction faite des legs particuliers dont ils sont chargés et pour lesquels le droit a été payé. — *Cass.*, 27 mai 1806, Lioud; 8 sept. 1808, Lioud.

3147. — ... Que, quand l'héritier a acquitté les droits de mutation sur l'universalité de la succession, tant en meubles qu'immeubles, les légataires particuliers ne sont pas tenus d'acquitter un nouveau droit, à raison de la chose qui leur a été léguée. — *Cass.*, 12 (et non 2) avr. 1808, Marchand.

3148. — Jugé également que, les héritiers ou légataires universels n'étant considérés que comme de simples intermédiaires entre le testateur et les légataires particuliers, il en résulte que la délivrance des legs particuliers, soit qu'ils consistent en effets existant réellement dans la succession, soit que les légataires universels doivent les acquitter de leurs propres deniers, n'opère point de mutation de ces derniers aux légataires particuliers. — *Cass.*, 6 fév. 1827, Verrier.

3149. — ... Et que l'acte par lequel le légataire d'une somme d'argent reconnaît avoir reçu le montant de son legs est soumis à un droit fixe et non au droit proportionnel, encore que la somme léguée n'existât pas en nature dans la succession. — *Cass.*, 7 août 1826, Lemor; même jour, Bataille; *Cass.*, 30 août 1826, Chibout.

3150. — De même, le legs particulier d'une somme d'argent dont le testateur a remis la délivrance au décès de son légataire universel ne constitue pas une charge de la succession de ce légataire, et à ce titre il n'est point passible du droit de mutation lorsque déjà il en a subi la perception au décès du testateur. — *Cass.*, 18 nov. 1835, Leblanc de Castillon.

3151. — L'avis du conseil d'état du 2 sept. 1808, qui dispense du droit proportionnel d'enregistrement les legs de deniers, lorsque les héritiers ont payé les droits sur la totalité des biens de la succession, s'applique même aux legs de rentes ou pensions viagères. — *Cass.*, 23 nov. (et non sept.) 1811, Anneix; 17 mars 1812, Vaudichon; 24 mai 1813, N...

3152. — ... Et cela lors même qu'une succession se compose en grande partie de rentes sur l'état, lesquelles ne sont passibles d'aucun droit de mutation, sauf toutefois l'action en supplément de la part de la régie contre ces légataires, si, à raison de leur qualité vis-à-vis du testateur, ils sont passibles d'un droit de mutation plus fort que celui payé par le légataire universel. Dès lors, il n'y a pas lieu d'exiger du légataire universel aucun droit de mutation sur la valeur de ces rentes, sous prétexte qu'elles serviront à acquitter les legs particuliers de sommes d'argent. — *Cass.*, 28 janv. 1824, Boyenval.

3153. — Le legs particulier d'une somme d'argent à prendre sur le produit de la vente de rentes sur l'état appartenant au testateur n'est point passible d'un droit de mutation par décès, lorsque ce droit a été payé par le légataire universel pour toutes les valeurs composant l'actif de la succession, à l'exception seulement des rentes sur l'état. — *Cass.*, 14 janv. 1829, de Bellesta.

3154. — Lorsqu'une succession ne se compose que d'immeubles et que le défunt a légué une rente viagère, la régie n'est pas fondée à percevoir un droit de mutation mobilière sur le legs et un droit de mutation sur l'entière succession, sauf imputation sur ce droit de celui que l'héritier aurait eu à acquitter, si le capital de la rente léguée se fût trouvé en nature dans la succession. Dans ce cas, le paiement fait par l'héritier des droits dus sur la totalité des immeubles libère le légataire de la rente, sauf une addition de droits si sa qualité à l'égard du testateur le soumet à un droit plus fort que l'héritier. — *Cass.*, 1er déc. 1832, Margerand.

3155. — Le mode de perception à suivre, selon que la déclaration de l'héritier ou du légataire universel précédait ou suivait celle du légataire particulier de sommes d'argent et selon la différence de quotité des droits à percevoir, avait d'abord donné lieu à de nombreuses difficultés; mais par suite de l'arrêt de cassation du 1er déc. 1832, on a arrêté les dispositions suivantes.

3156. — *Première hypothèse. — Déclaration de l'héritier ou du légataire universel antérieure au paiement des droits sur les legs particuliers de sommes d'argent.* — 1° Si les droits résultant des legs particuliers sont d'une quotité inférieure à celle des droits qui ont été acquittés par l'héritier ou le légataire universel, tant sur les immeubles que sur les meubles de la succession, les légataires particuliers sont entièrement libérés, et il n'y a aucune répétition contre eux. — Délib. 12 juill. 1833; instr. 1432. — 2° Si le droit pour le legs particulier est d'une quotité supérieure à celle des droits payés par l'héritier, soit sur les meubles, soit sur les immeubles, on doit réclamer des légataires particuliers l'excédant résultant de l'imputation sur les droits dont le legs est passible, de ceux qui ont été perçus lors de la déclaration de l'héritier, sur une valeur tant mobilière qu'immobilière égale au montant du legs particulier. — Mêmes délib. et instr.

3157. — 3° Si le droit exigible pour le legs particulier est inférieur en quotité à celui que l'héritier a acquitté sur les immeubles, et supérieur au droit par lui payé sur les meubles de la succession, on doit imputer sur le droit résultant du legs particulier, d'une part celui qui a été perçu lors de la déclaration de l'héritier sur les valeurs mobilières de la succession, d'autre part le droit dû par le légataire particulier lui-même sur la somme formant la différence entre le montant des valeurs mobilières de la succession et le montant du legs particulier. — Mêmes délib. et instr.

3158. — *Deuxième hypothèse. — Déclaration de l'héritier ou du légataire universel postérieure au paiement des droits sur les legs particuliers de sommes d'argent.* — 1° Lorsque le droit payé par le légataire particulier est d'une quotité inférieure à celles des droits dus par l'héritier, tant sur les meubles que sur les immeubles, il y a lieu de déduire du montant de ces droits liquidés sur la totalité des biens de la succession le montant de ceux déjà acquittés par le légataire particulier, et de n'exiger de l'héritier ou du légataire universel que l'excédant. — Délib. 12 juill. 1833, instr. 1432.

3159. — ... 2° Lorsque le droit perçu pour le legs particulier est supérieur en quotité à ceux que l'héritier doit acquitter, soit sur les meubles, soit sur les immeubles, il faut imputer sur le montant de ces droits liquidés sur la totalité des biens de la succession les droits dus par l'héritier sur une valeur tant mobilière qu'immobilière égale au legs particulier; ou, ce qui est la même chose pour les résultats, distraire de la valeur entière des biens de la succession une valeur égale à celle du legs particulier, et ne percevoir le droit de mutation à la charge de l'héritier que sur le restant en immeubles. — Mêmes délib. et instr.

3160. — 3° Enfin, lorsque le droit acquitté pour legs particulier est inférieur en quotité à celui que l'héritier doit payer sur les immeubles, mais supérieur au droit exigible sur les meubles de la succession, il y a lieu d'imputer sur ces droits liquidés sur la totalité des biens de la succession, d'une part celui qui est dû par l'héritier ou le légataire universel sur une valeur égale à celle du mobilier existant dans la succession, d'autre part le droit payé par le légataire particulier sur la somme représentant la différence entre le montant des valeurs mobilières de la succession et le montant du legs particulier; ou, ce qui revient au même pour le trésor, on peut distraire de l'actif total de la succession les valeurs mobilières insuffisantes pour faire face au legs particulier, ne liquider le droit à la charge de l'héritier que sur les immeubles, et imputer sur le montant de ce droit celui qui a été acquitté par le légataire particulier sur une somme égale à la différence existante entre la valeur du mobilier de la succession et celle du legs particulier. — Mêmes délib. et instr.

3161. — Dans le cas où la déclaration de l'héritier et le paiement des droits sur le legs particulier ont lieu simultanément, on doit opérer de la même manière que lorsque la déclaration de l'héritier est postérieure au paiement des droits par le légataire particulier. — Mêmes délib. et instr.

3162. — Lorsqu'une succession est grevée de legs particuliers au profit d'individus parens du défunt, le légataire universel qui acquitte les droits de mutation sur l'intégralité de cette succession ne peut être tenu de payer pour les légataires particuliers qu'il représente alors au-delà de ce que, d'après leurs rapports de parenté avec le défunt, on aurait exigé d'eux s'ils eussent eux-mêmes acquitté l'impôt en ce qui les concernait personnellement, et cela sans distinction du cas où les effets légués ne se trouveraient pas en nature dans la succession. — *Cass.*, 11 mars 1840 (t. 1er 1840, p. 711), Thomas.

3163. — Le legs d'usufruit étant une sorte de propriété nouvelle hors de la consistance réelle de la succession, il reste dans les dispositions générales de la loi, et il est passible du droit de mutation, bien que les héritiers aient payé les droits sur la totalité des biens. L'avis du conseil d'état n'est point applicable en pareil cas. — *Cass.*, 23 nov. 1811, Antheix; — décis. min. fin. 14 avr. 1812; instr. 22 avr. 1812, n° 574.

3164. — La perception du droit proportionnel auquel donnent lieu les legs contenus dans un testament ne fait point obstacle à la perception du droit fixe dû pour le testament lui-même. — *Cass.*, 24 oct. 1810, Ducazeau. — Ce dernier droit est un simple droit fixe de 5 fr. (L. 28 avr. 1816, art. 45, n° 4), et l'acte doit être enregistré dans les trois mois du décès (L. 22 frim. an VII, art. 21); au contraire, le premier est un droit proportionnel et l'on a six mois pour l'acquitter. Les deux perceptions sont donc indépendantes l'une de l'autre.

§ 6. — *Paiement des droits de mutation par décès.*

3165. — Les droits des déclarations des mutations par décès doivent être payés par les héritiers, donataires ou légataires. — L. 22 frim. an VII, art. 32.

3166. — Les droits de mutation par décès ne sont ni une dette de la succession ni une charge imposée sur la propriété, mais une contribution à laquelle les héritiers sont soumis personnellement à partir de la saisine légale. Dès-lors la régie, pour exercer son action contre eux, n'a point à prouver qu'ils ont pris qualité, alors surtout que les délais pour faire inventaire et délibérer sont expirés. — *Cass.*, 7 mars 1842 (t. 2 1842, p. 260), Debeaussel.

3167. — Les héritiers sont censés être en possession des biens de leur auteur par le seul fait de son décès, suivant cette maxime : *Le mort saisit le vif*. Ils ne sauraient donc ni différer au-delà du délai fixé par la loi, ni suspendre le paiement des droits résultant de la mutation. — Décis. min. fin. 12 août 1806.

3168. — Jugé en ce sens que la loi ne laisse point à l'héritier le choix du moment où il doit acquitter les droits; elle établit seulement qu'il n'est rien dû pour la réunion de l'usufruit à la propriété, lorsque le droit a été acquitté sur la valeur entière de la propriété. — *Cass.*, 18 déc. 1811, Lambrechtz.

3169. — ... Que l'héritier de la nu-propriété ne peut différer le paiement du droit entier de mutation jusqu'au moment de la réunion de l'usufruit à la propriété. — *Cass.*, 11 sept. 1811, Condel.

3170. — ... Que les héritiers ne peuvent différer le paiement des droits de mutation par décès, sous le prétexte qu'il y a un légataire universel en usufruit qui a fait la déclaration pour cet usufruit et payé les droits en conséquence. — *Cass.*, 13 flor. an IX, Wargén et Anssiaux.

3171. — L'héritier qui n'a que la nue-propriété des biens de la succession peut être contraint à acquitter les droits de mutation, encore bien que, pour le paiement de ces droits la régie ait une action sur les revenus de ces mêmes biens. — *Cass.*, 21 mai (et non mars) 1806, Charpentier; 27 oct. 1806, Gudin.

3172. — Les droits de mutation par décès sont à la charge des héritiers personnellement. L'usufruitier qui en a fait l'avance peut les répéter sans attendre la fin de l'usufruit, et sans être tenu de consentir à la vente d'aucune partie des biens soumis à l'usufruit, pour les acquitter. — *Cass.*, 5 juin 1813, André c. Valadoux.

3173. — Jugé également que le conjoint survivant qui, en sa qualité d'usufruitier, a payé les droits de mutation, tant pour la nu-propriété que pour l'usufruit, peut répéter la somme qu'il a fournie pour la nu-propriété. Il n'est pas obligé d'attendre la fin de l'usufruit ou de souffrir la vente des biens jusqu'à due concurrence. — *Paris*, 4 avr. 1811, Digaud.

3174. — L'usufruitier est redevable du droit de mutation sur la valeur de son usufruit. — *Cass.*, 24 avr. 1833, Lefrançois.

3175. — L'héritier bénéficiaire est, comme l'héritier pur et simple, tenu envers la régie du paiement des droits de succession. — *Cass.*, 29 germin. an XI, Valery; 5 niv. an XII, Nielys; 21 avr. 1806, Dauphin; 28 oct. 1806, Kindt; 3 fév. 1829, Darine; 7 avr. 1835, Vanderberghe; 12 juill. 1836, Hollot.

3176. — Cette jurisprudence ne fait au surplus que confirmer les anciens principes. — V. Guyot, *Des fiefs*, t. 2, p. 82; Hervé, *Th. des matières féodales*, t. 2, p. 324; Merlin, *Rép.*, v° *Bénéfice d'inventaire*, n° 21, et ses conclusions, *Quest. de droit*, v° *Déclaration au bureau d'enregistrement*, § 2; Roland et Trouillet, *Dict. d'enreg.*, v° *Héritier*, nos 14 et suiv.

3177. — L'héritier bénéficiaire est tenu du paiement de ces droits sans distraction des charges. — *Cass.*, 21 avr. 1806, Dauphin.

3178. — ... Lors-même que l'usufruit de la succession appartiendrait à un tiers, donataire ou légataire du défunt, contre lequel la régie aurait une action récursoire. — *Cass.*, 29 germin. an XI, Valery.

3179. — Il en est encore tenu quand même il alléguerait que les biens de la succession ne suffiraient pas pour payer les dettes. — *Cass.*, 28 oct. 1806, Kindt; 1er fév. 1830, Lagarde.

3180. — En effet, l'héritier bénéficiaire, quoique simple administrateur vis-à-vis des créanciers, n'en est pas moins héritier à tout autre égard, avec saisine à son profit. — *Cass.*, 7 avr. 1835, Vanlerberghe.

3181. — Lors donc qu'il s'agit du paiement des droits de mutation dus pour une succession bénéficiaire, la régie peut poursuivre les héritiers bénéficiaires personnellement, comme des héritiers purs et simples, et sans être tenue d'exiger préalablement de ces héritiers leurs comptes de bénéfices d'inventaire. — *Cass.*, 28 août 1837 (t. 2 1837, p. 215), Gibourneau.

3182. — Cependant, bien que l'héritier bénéficiaire soit tenu, comme l'héritier pur et simple, de faire la déclaration de mutation et de payer les droits dans les six mois du décès, la régie est non-recevable à réclamer contre lui, si, depuis qu'il a renoncé, les héritiers collatéraux ont fait cette déclaration et payé les droits en temps utile. — *Cass.*, 24 avr. 1833, Lefrançois.

3183. — D'un autre côté, l'héritier bénéficiaire, n'étant qu'administrateur et non possesseur des biens de la succession, et devant rendre compte aux créanciers de ces biens et des fruits, a le droit de se faire rembourser par eux des dépenses faites, et entre autres des droits qu'il a payés. — Hervé, *Des matières féodales*, t. 2, p. 324; Henrys, t. 2 de ses arrêts, liv. 3, quest. 58; Pocquet de Livonnière, *Traité des fiefs*, liv. 4, ch. 1er sect. 2e; Henrion de Pansey, *Ancien rép.*, v° *Relief*, § 2; Championnière et Rigaud, t. 4, n° 3880.

3184. — Jugé en ce sens que, bien qu'à l'égard du trésor les héritiers bénéficiaires soient tenus personnellement des droits; cependant, au regard des créanciers de la succession, ils ne peuvent être contraints de les acquitter personnellement et de leurs deniers; et que, s'il existe des deniers dans la succession, les créanciers ne sont pas fondés à s'opposer à ce que l'héritier bénéficiaire les fasse servir au paiement des droits de mutation. — *Rouen*, 27 déc. 1837 (t. 2 1843, p. 437), Troude c. Devilliers.

3185. — Le fils d'un héritier bénéficiaire ne peut être poursuivi sur ses biens propres, pour le paiement des droits de mutation dus sur la succession à laquelle il est appelé. — *Cass.*, 18 oct. 1809, Boncaret.

3186. — Le curateur d'une succession vacante est tenu, en cette qualité, au paiement du droit de mutation échu par l'ouverture de cette succession. — *Cass.*, 3 niv. an XIII, Clerx; 19 thermid. an XIII, Collery; 4 août 1807, Vigneron.

3187. — De même, dans le cas où l'état répudie une succession qui lui est dévolue par droit de déshérence, le curateur nommé à la succession vacante reste chargé du paiement des droits. — Inst. gén. 25 vent. an IX.

3188. — Dans tous les cas, la régie a une action contre le curateur, sauf le compte de son administration et les droits des autres créanciers du défunt. — *Cass.*, 4 août (et non avr.) 1807, Vigneron.

3189. — Mais, lorsqu'une succession vacante n'a aucuns deniers, qu'elle n'offre aucuns meubles et qu'il est impossible de mettre en bail les immeubles à cause de leur mauvais état et de leur peu de valeur, le curateur n'est tenu, vis-à-vis de la régie, ni à des versemens pour lesquels les fonds lui manquent, ni à rendre des comptes dont il n'a pardevers lui aucun élément. — *Cass.*, 20 janv. 1807, Durandeau.

3190. — De même, un curateur à succession vacante n'est tenu de payer à la régie aucun droit de mutation, lorsqu'il est établi et non contesté qu'il n'est nanti d'aucuns fonds dépendant de cette succession. — *Cass.*, 29 avr. 1807, Vanderlinden.

3191. — Le curateur à une succession vacante qui a payé de ses deniers les droits de mutation par décès ne peut en demander la restitution qu'en justifiant de l'insuffisance des valeurs de la succession pour payer ces droits, le fisc ayant un privilége sur tous les créanciers. — *Cass.*, 3 déc. 1839 (t. 2. 1839, p. 671), Bidault.

3192. — La régie ne peut réclamer du tuteur personnellement le paiement des droits de mutation par décès dus par son pupille, si elle ne prouve que c'est par le fait du tuteur qu'elle a été mise

dans l'impuissance de recouvrer ces droits.—*Cass.*, 1er déc. (et non sept.) 1812, Boucher.

3193. — Le droit de mutation par décès des biens composant un majorat est à la charge du majorat, et payé par l'appelé et la veuve, par proportion, sans qu'il puisse être réclamé contre la succession du titulaire décédé.—Décr. 24 juin 1808, art. 6.

3194. — Lorsqu'un individu soutient qu'il n'est pas héritier d'une personne pour la succession de laquelle on le poursuit, et qu'il est intervenu un jugement interlocutoire qui enjoint à la régie de justifier de cette qualité, la régie doit faire cette preuve, sous peine du rejet de sa demande. — *Cass.*, 26 avr. 1808, Luc de Ronne.

3195. — Quoiqu'une demande en paiement des droits de succession ait été formée contre un héritier, tant pour lui que pour ses cohéritiers, et qu'il ait agi lui-même en cette qualité, dans l'instance engagée, si le jugement qui intervient est rendu contre lui seul et n'est point déclaré commun avec ses cohéritiers, il n'est attaquable en cassation que contre ce seul héritier. On ne peut procéder que par action nouvelle contre ses cohéritiers. — *Cass.*, 17 mars 1828, N...

3196. — S'il suffit d'un acte d'adition d'hérédité pour imprimer la qualité d'héritier, alors même qu'il y aurait renonciation à la succession, il est aussi de principe que, sous une législation qui n'admet pas d'héritiers nécessaires, les actes dont on prétend induire une adition doivent évidemment porter ce caractère. S'il est reconnu et déclaré que cette adition n'existe pas, il n'est dû de la part de ces prétendus héritiers ni déclaration de succession ni droit de mutation. — *Cass.*, 6 mai 1824, Vidal.

3197. — Lorsqu'il est constant qu'un immeuble dépendant de la succession de la mère commune a été, par l'effet du partage, exclusivement attribué à l'un des deux frères, lequel en a toujours joui depuis, un tribunal n'a pu décider que cet immeuble était resté indivis, et que, par suite du décès de l'un des deux frères, celui qui succédait à l'autre devait payer les droits de succession collatérale. — *Cass.*, 7 flor. an X, Leduc-Lillers.

3198. — Lorsque les biens d'un défunt sont possédés par sa fille et son gendre, il y a présomption légale que la première les a recueillis à titre de mutation par décès, encore bien qu'elle allègue, mais sans le justifier par titre, qu'elle a répudié la succession de son père, et que c'est son mari seul qui en possède les biens par l'effet d'arrangemens pris avec l'acquéreur. — *Cass.*, 7 avr. 1807, Navaron.

3199. — Un droit de mutation pour succession ne peut être exigé par la régie que six mois après le décès légalement constaté ou la mise en possession de l'héritier, établie par des transactions ou autres actes constatant sa propriété. Lorsque la régie ne prouve pas le décès et que, quant aux actes de possession, il est déclaré par un tribunal, ainsi qu'il en a le droit, que ce n'est pas comme propriétaire, mais en vertu d'un mandat, que le prétendu héritier a disposé des biens qui auraient appartenu à celui que l'on suppose décédé, il n'y a lieu à la perception d'aucun droit. — *Cass.*, 5 sept. 1808, Boutcilles.

3200. — Les droits de mutation peuvent être exigés des héritiers d'un absent qui ont été simplement nommés administrateurs provisoires des biens de cet absent par un jugement du tribunal. —Décis. min. fin. 26 sept. 1817.—Cependant, on peut dire contre cette décision que c'est l'envoi seul en possession qui rend les droits exigibles.

3201. — Le bail des biens de l'absent suffit, comme le partage, pour autoriser la demande des droits de succession contre l'héritier qui l'a consenti. — Déc. min. fin. 14 août 1818; — Roland et Trouillet, *Dict. d'enreg.*, v° *Absence*, § 5, n° 10.

3202. — La possession de fait, suffisante pour autoriser la demande des droits, résulte encore soit de la substitution du nom de l'héritier à celui de l'absent sur le rôle de la contribution foncière et des paiemens faits pour le compte personnel de cet héritier d'après le rôle, soit de baux par lui passés en son nom privé. — Déc. min. fin. 12 janv. 1808, et 14 août 1818.

3203. — Les héritiers présomptifs de l'absent qui reçoivent, du consentement de son mandataire, une somme qui lui était due, sont censés prendre possession des biens. — *Dict. des dr. d'enreg.*, v° *Succession*, n° 226.

3204. — La nomination d'experts pour procéder au partage des biens d'un absent n'autorise pas à réclamer le droit de mutation par décès.—Délib. 24 sept. 1817; — Roland et Trouillet, *Dict. d'enreg.*, v° *Absence*, § 5, n° 14.

3205. — Dans tous les cas autres que l'envoi en possession, la demande n'étant autorisée que par



l'art. 12, L. 22 frim. an VII, on ne peut regarder la succession comme réellement ouverte, ni s'autoriser du principe que le droit de succession est indivisible pour poursuivre tous les héritiers présomptifs; la demande ne peut être dirigée que contre celui qui a fait acte de propriétaire et pour la portion qu'il a appréhendée. — Délib. 21 fév. 1821; — Roland et Trouillet, *ibid.*, § 5, n° 21.

3206. — En matière de droits de mutation par décès, les contraintes décernées par la régie sont nécessairement provisoires et sujettes à augmentation comme à retranchement, d'après la déclaration détaillée que l'héritier est tenu de faire. — *Cass.*, 27 mars 1811 (et non 1810), Huet-Desmoulins.

3207. — Sur une demande provisoire de droits de mutation par décès, formée par la régie, un tribunal ne peut laisser aux héritiers l'option, ou de payer le montant de la contrainte, ou de faire la déclaration des biens, lors surtout qu'il ne réserve pas à la régie le droit de décerner une nouvelle contrainte en augmentation de la première. — *Cass.*, 30 oct. 1809, Laroche.

3208. — Un héritier poursuivi en paiement des droits de mutation par suite du décès de son auteur, n'est point fondé à prétendre qu'il a payé, s'il ne justifie pas de ce paiement de la manière prescrite par l'art. 57, L. 22 frim. an VII, ni à invoquer la prescription de cinq ans, s'il ne rapporte aucun acte qui constate le décès de son auteur. — *Cass.*, 8 mai 1826, Orth.

3209. — Les cohéritiers sont solidaires pour le paiement des droits de mutation par décès. — L. 22 frim. an VII, art. 32.

3210.—Jugé en ce sens. — *Cass.*, 21 mai 1806, Rivals. — En effet, le titre d'héritier est indivisible, et tout héritier contre lequel la contrainte est décernée représente légalement la succession. — Décis. min. fin. 7 juin 1808; inst. 29 juin 1808, 386, n° 36; inst. 29 oct. 1810, 495.

3211. — Mais, lorsqu'une succession est recueillie par un héritier légitime et par un enfant naturel, il n'y a point de solidarité entre eux pour le paiement des droits; car la solidarité n'est établie qu'entre *cohéritiers* (art. 32); or, l'enfant naturel n'est pas héritier. — Décis. min. fin. 7 messid. an XII; inst. 29 messid. an XII, 239.

3212.—Il n'y a non plus aucune solidarité pour le paiement des droits entre les héritiers légitimes et les légataires; ces derniers sont tenus de fournir, en leur nom personnel, déclaration de l'objet de leur legs et d'acquitter les droits en résultant. — Inst. 29 juin 1808, 386, n° 36.

3213. — En Belgique, les héritiers et légataires universels sont, d'après la loi du 27 déc. 1817, tenus envers l'état des droits dus pour la totalité de la succession, même pour les legs particuliers, sauf leur recours contre les légataires, en restitution des droits payés à leur décharge.—*Bruxelles*, 16 avr. 1829, Piète.

3214. — Les héritiers ou légataires universels n'étant considérés (ainsi qu'on l'a vu *suprà* nos 3145 et suiv.) que comme de simples intermédiaires entre le testateur et les légataires particuliers, il en résulte que ceux-ci ne peuvent être poursuivis en paiement des droits de mutation pour leurs legs, lorsque l'héritier ou le légataire universel a acquitté la totalité des droits dus sur la succession. — *Cass.*, 6 fév. 1827, Verrier.

3215.—L'état a action sur les revenus des biens à déclarer, en quelques mains qu'ils se trouvent, pour le paiement des droits dont il faudrait poursuivre le recouvrement. — L. 22 frim. an VII, art. 32.

3216. — Ainsi, la régie qui, pour le paiement des droits de mutation par décès, a fait saisir les loyers d'un immeuble dépendant de l'hérédité, doit être payée, par privilége, avant les autres créanciers saisissans. — *Cass.*, 9 vendém. an XIV, Leprêtre.

3217. — Ainsi encore l'acquéreur des biens dépendant d'une succession peut être contraint à acquitter sur les revenus le droit de mutation par décès réclamé par la régie, lorsqu'il n'a point purgé les immeubles suivant le mode prescrit par les lois hypothécaires. — *Cass.*, 29 avr. 1807, Quesnon.

3218. — Cette action que la loi accorde sur les revenus est une sorte de privilége. — Décis. min. just. 25 niv. an XII; inst. 5 vent. an XII. — Elle comprend tout ce qui est dû, le demi droit en sus comme le principal. — Décis. min. fin. 21 oct. 1806.

3219. — En conséquence des arrêts ci-dessus rapportés, il a été statué que: « ni pour le droit principal dû à cause de la mutation par décès, ni pour le droit en sus, dont la peine est prononcée par l'art. 39, L. 22 frim., l'action accordée par l'art. 32 de cette loi ne peut être exercée au préjudice des tiers acquéreurs. » — Avis cons. d'état 4 sept. 1810, approuvé le 21; inst. 495.



3220.—Jugé dès-lors que l'action accordée pour le paiement des droits de succession ne peut être exercée au préjudice des tiers acquéreurs.—*Cass.*, 20 août 1811, Defoissy. — Toutefois, il ne faut entendre par là que les tiers acquéreurs qui ont rempli toutes les formalités hypothécaires, attendu que les acquéreurs, jusqu'à l'accomplissement de ces formalités, doivent rester saisis du prix des biens, et peuvent retenir une somme égale à celle des droits appartenant au trésor sur les revenus. — Décis. min. fin. 17 juill. 1817; inst. 11 oct. 1817, 809, n° 2.

3221. — La régie ayant, pour le paiement des droits de mutation par décès, un droit de suite sur les revenus des immeubles de la succession, en quelque main que ces immeubles aient passé, le fermier de ces biens ne saurait exciper de ce qu'il a payé le prix de son bail par compensation avec une dette qu'il avait à faire valoir contre la succession. — *Cass.*, 3 janv. 1809, Pipon.

3222. — Mais l'art. 32, L. 22 frim., n'attribue à la régie une action sur les fruits d'immeubles existant en d'autres mains qu'en celles des héritiers, que pour le cas où ils peuvent être regardés comme appartenant à la succession qui donne ouverture au droit de mutation. — Il n'y a donc pas violation de cet article par le jugement qui déclare une telle action mal fondée, en se décidant sur ces allégations de fait non contestées: — 1° que l'usage local attribuant la moitié des fruits au colon, il a droit à cette moitié; — 2° que l'autre moitié, qui, selon le droit commun, devait appartenir au propriétaire, n'était pourtant pas sa propriété dans l'espèce, parce que celui dont il avait acheté le bien s'était réservé la jouissance de cette moitié par son contrat de vente; qu'ainsi, aucune portion des fruits sur lesquels la régie avait voulu exercer son action ne tombait réellement dans la succession qui donnait lieu au droit. — *Cass.*, 21 juin 1815, Argaud.

3223. — L'adjudicataire d'immeubles dépendant d'une succession ne peut être recherché pour le paiement des droits de mutation par décès, lorsqu'il a purgé et payé son prix en vertu d'un jugement d'ordre, sans qu'il y ait eu de la part de la régie, soit appel en ce qu'elle n'était pas colloquée, soit opposition à ce que l'adjudicataire payât au préjudice de sa non collocation. — *Cass.*, 15 avr. 1807, Malvielle; 11 mai 1807, Grovet; 27 mai 1807, Legris.

3224. — Si, au lieu d'agir pour empêcher que les immeubles d'une succession, en passant entre les mains de tiers acquéreurs, ne soient soustraits aux droits de mutation, la régie déclare qu'elle n'entend point intervenir dans l'ordre qui a suivi la vente de ces immeubles; ou si, après avoir fait une saisie-arrêt entre les mains de l'adjudicataire, elle manifeste l'intention d'en restreindre l'effet aux sommes qui pourront rester libres, une fois qu'il aura satisfait les créanciers privilégiés et inscrits, tous les paiemens effectués par cet adjudicataire sont valables, et s'il ne lui reste rien, il ne peut être poursuivi pour le paiement des droits de mutation. — *Cass.*, 10 août 1807, Deshaye.

3225. — La régie n'a point d'action pour le paiement des droits de mutation par décès, contre l'adjudicataire des immeubles d'une succession vendus sur expropriation forcée, lequel s'est obligé de payer son prix, suivant l'ordre réglé par le juge. En ce cas, elle doit être renvoyée à l'ordre, dans lequel elle a droit, comme tout autre créancier, de se faire colloquer. — *Cass.*, 9 mars 1808, Messet.

3226. — D'après l'avis du conseil d'état du 4 sept. 1810, les art. 29 et 32, L. 22 frim. an VII, n'atteignent que les héritiers donataires et légataires qui n'ont pas observé, à l'égard de la succession à laquelle ils étaient appelés, les formalités qu'ils devaient remplir; l'action qui en résulte au profit de la régie ne peut être exercée contre le tiers acquéreur des biens dépendans de cette succession, si surtout elle a laissé achever l'ordre du prix de la vente, sans agir pour le recouvrement des droits qu'elle était autorisée à percevoir. — *Cass.*, 17 oct. 1810, Rupé.

3227. — A défaut par le légataire de la nu-propriété de payer les droits de mutation par décès, la régie a action sur les revenus des biens, quoique appartenant au légataire de l'usufruit. Celui-ci n'est pas un tiers acquéreur dans le sens de l'avis du conseil détat du 4 sept. 1810. — *Cass.*, 24 oct. 1814, Bazire.

3228. — Le privilége de la régie, pour le paiement des droits de mutation dus sur une succession vacante ne se borne pas aux fruits d'immeubles; il s'étend encore à la totalité des valeurs mobilières, et même aux immeubles, lorsqu'elle a pris inscription, après les créances inscrites anté-

rieurement. — *Cass.*, 3 déc. 1839 (t. 2 1839, p. 671), Bidault.

3229. — La régie a, pour le paiement des droits de mutation par décès, droit de primer toute espèce de créanciers sur le prix des biens. — *Limoges*, 18 juin 1808, Lavareille.

3230. — Jugé également qu'elle a, pour le paiement des droits de mutation par décès, un privilége sur les biens à déclarer. — *Paris*, 25 mai 1835, Guebert.

3231. — Jugé, au contraire, que lorsqu'une succession est vacante, la régie ne peut prétendre un droit de mutation, par préférence à tous les créanciers, sur le prix des immeubles qui en font partie. — *Paris*, 13 fructid. an XIII, Donis.

3232. — ... Que l'action de la régie sur les revenus des biens dépendans d'une succession, pour le recouvrement des droits de mutation par décès, ne peut s'exercer sur le prix des immeubles de cette même succession, au préjudice des créanciers inscrits antérieurement au décès. — *Cass.*, 6 mai 1816, Maublanc.

3233. — Le privilége du trésor public, pour le recouvrement des droits de mutation par décès, n'est pas dispensé de l'inscription; en conséquence, il est éteint s'il n'est inscrit, conformément à l'art. 834, C. procéd., dans la quinzaine de la transcription. — *Cass.*, 8 mai 1811, Baret c. domaine.

3234. — Les biens qu'un débiteur a abandonnés à ses créanciers, avec mission de les vendre pour se payer sur le produit, devant être déclarés dans la succession du débiteur, la régie peut, s'ils ne se trouvent pas vendus au jour du décès, former, pour sûreté du paiement des droits, des saisies-arrêts entre les mains des créanciers détenteurs de ces biens. — *Cass.*, 3 vent. an XI, Anthennis; 1er messid. an XII, mêmes parties.

3235. — Bien qu'une rente viagère ait été stipulée insaisissable, elle peut cependant être saisie pour le paiement des droits de mutation par décès. — Déc. régl. 5 août 1814.

### § 7. — *Omissions et rectifications dans les déclarations de mutations par décès.*

3236. — Les héritiers donataires ou légataires qui n'ont pas fait, dans les délais prescrits, la déclaration des biens à eux transmis par décès, sont tenus, à titre d'amende, d'un demi-droit en sus du droit dû pour la mutation. — L. 22 frim. an VII, art. 39.

3237. — Le légataire d'un usufruit doit, dans les six mois du décès du testateur, faire sa déclaration ou bien renoncer à son legs, à peine du demi-droit en sus. — *Cass.*, 4 (et non 11) fév. 1812, Malassis.

3238. — L'héritier bénéficiaire qui, dans les six mois de l'ouverture de la succession, n'a point fait la déclaration des biens, et qui, dans le même temps, n'a point payé le droit de mutation, est soumis, comme l'héritier pur et simple, au paiement de l'amende d'un demi-droit en sus; il ne peut être exempté de cette amende sous prétexte qu'il n'y avait pas, dans la succession, de fonds libres pour payer les droits, et lors même qu'il aurait fait la déclaration de mutation par sommation extrajudiciaire. — *Cass.*, 1er fév. 1830, Lagarde.

3239. — Si la plupart des objets dépendant d'une succession étaient encore incertains, l'héritier ne devrait pas, pour cela, différer de déclarer ceux qu'il a réellement recueillis et dont il est en pleine jouissance, sauf, pour les objets incertains ou contestés, à faire sa soumission d'en souscrire la déclaration dans les six mois de l'acte ou du jugement par lequel les droits de l'héritier sur ces objets auront été définitivement reconnus. — Décis. min. fin. 22 avr. 1806. — *Contrà Dict. des dr. d'enreg.*, vo *Succession*, no 451.

3240. — Les objets d'une succession soustraits par l'un des héritiers sont, comme tous les autres, sujets à déclaration, et passibles des droits de mutation. — *Cass.*, 22 juin 1822, L...

3241. — L'héritier ne peut se dispenser de faire la déclaration et obtenir son renvoi de la demande en supplément de droit, sous prétexte qu'il aurait acquitté le montant de la contrainte décernée contre lui en paiement de ces droits. — *Cass.*, 27 mars 1811, Huet-Desmoulins.

3242. — Le versement des droits fait au trésor ne dispense pas de faire dans les délais la déclaration de la succession. — Décis. min. fin. 18 messid. an VIII. — Cependant, lorsque, prévoyant l'impossibilité de faire une déclaration dans les six mois, l'héritier verse au trésor un à-compte sur les droits dus, la peine du demi-droit en sus sur les déclarations faites après ce délai ne peut être assise sur la totalité des droits, mais seulement sur le complément à payer. — Décis. min. fin. 11 oct. 1831. — Quand la partie verse ses fonds au trésor, elle en retire un récépissé au nom du receveur qui doit enregistrer la déclaration de succession, et cette pièce est remise à ce receveur comme numéraire. — Roland et Trouillet, *Dict. d'enreg.*, vo *Succession*, § 2, no 4.

3243. — Lorsque, après le décès d'un failli, les syndics de sa faillite ont fait en temps utile la déclaration de ses biens en se réservant de faire une déclaration supplémentaire après la levée des scellés, le curateur nommé à cette succession n'encourt pas la peine du demi-droit en sus pour n'avoir pas fait cette déclaration supplémentaire dans les six mois de la levée des scellés. — *Cass.*, 26 nov. 1810, Lecamus.

3244. — A défaut de déclaration, dans les six mois du décès du donateur, des biens compris en une donation de tous les biens présens et à venir faite par contrat de mariage à un collatéral, sous la réserve de l'usufruit par le donateur, l'amende est encourue par le donataire, dans le cas même où le receveur, en percevant par erreur, lors de la présentation du contrat de mariage, le droit exigible pour les donations entre-vifs, aurait induit le donataire à penser qu'une nouvelle déclaration, à l'époque du décès, devenait inutile. Toutefois, le redevable a droit de faire imputer sur les droits auxquels la donation est soumise lors de l'ouverture de la succession du donateur ceux qui ont été perçus à raison de cette donation sur le contrat de mariage. — *Cass.*, 24 déc. 1811, Maniglier.

3245. — Si on déclare dans un bureau des biens qui auraient dû être déclarés dans un autre, le receveur de ce second bureau exige un second droit et le demi-droit en sus, si le délai est expiré. Le premier droit est restitué au bureau où il a été perçu. — *Journ. de l'enreg.*, art. 8712.

3246. — En cas d'omissions reconnues faites dans les déclarations, la peine est d'un droit en sus de celui dû pour les objets omis; il en est de même pour les insuffisances constatées dans les estimations des biens déclarés. Si l'insuffisance est établie par un rapport d'experts, les contrevenans sont, en outre, tenus des frais de l'expertise. — L. 22 frim. an VII, art. 39.

3247. — Jugé, en conséquence, que toute omission dans une déclaration de succession donne lieu, non pas à l'amende du demi-droit en sus, mais à la perception du droit en sus de celui qui se trouve dû pour les objets omis. — *Cass.*, 10 mai 1814, Dufayel.

3248. — ... Que quand il y a, soit omission dans la déclaration des biens, soit insuffisance constatée dans leur estimation, la peine est d'un droit en sus de celui dû pour les objets omis dans l'un ou l'autre cas. — *Cass.*, 23 (et non 25) mars 1812, Wanden-Plassche.

3249. — Il y a omission quand l'héritier n'a pas compris dans sa déclaration une action tendant à revendiquer un immeuble. — Déc. min. fin. 28 août 1828.

3250. — La peine du droit en sus n'est pas encourue par des héritiers qui, ayant fait une déclaration, viennent, depuis l'expiration des six mois, déclarer qu'ils ont trouvé une somme d'argent dépendant de la succession. — Solut. 1er juill. 1813.

3251. — La régie est fondée à former la demande des droits simples et en sus pour l'omission de valeurs mobilières constatées par un inventaire postérieur à la déclaration de succession, si les héritiers qui s'étaient engagés, lors de cette déclaration, à y ajouter subséquemment ces valeurs, n'ont pas rempli cet engagement dans les six mois dudit inventaire. — *Cass.*, 18 janv. 1825, N...

3252. — En pareil cas, la régie a pu établir l'insuffisance de la déclaration du revenu des immeubles sur une expertise du fait des parties. — Même arrêt. — Mais il est à remarquer, disent les auteurs du *Dict. des dr. d'enregist.* (vo *Expertise*, no 63), que les circonstances de la cause donnaient à l'expertise faite dans l'intérêt des parties un caractère suffisant pour établir le *revenu réel*. — Au surplus, ajoute M. Masson-Delongpré (*C. annot. de l'enregist.*, no 945, 1re édit.), une semblable expertise n'avait que le caractère de simple renseignement à l'égard de l'administration, qui peut toujours en provoquer une autre, à l'effet de constater l'insuffisance de l'évaluation.

3253. — Lorsque des héritiers ne se sont pas conformés au jugement qui leur ordonne de faire, dans un délai déterminé, une déclaration supplémentaire des biens par eux omis dans une précédente déclaration, ils peuvent être valablement condamnés au paiement de la somme réclamée par la contrainte de la régie, sans qu'il soit besoin de motiver autrement cette condamnation ni de recourir à une expertise préalable. — *Cass.*, 29 déc. 1841 (t. 2 1842, p. 498), Rousset c. de Belvey.

3254. — Lorsque, dans une déclaration faite après décès de biens situés sur plusieurs communes, il y a eu omission de l'une de ces communes, et que cette omission a été considérée par les juges comme une simple erreur de fait, non assimilable à une omission véritable, il n'y a pas lieu au paiement du double droit, surtout s'il est reconnu que la partie des immeubles situés sur le territoire de la commune qu'on a omis de désigner se trouvait implicitement comprise dans la déclaration générale des biens qui comprenait le revenu annuel de la totalité des biens, et alors que cette évaluation n'a pas été combattue par la régie, soit par la production des baux, soit par la voie de l'expertise. — *Cass.*, 27 janv. 1823, Grandmaison.

3255. — Lorsqu'il y a eu omission dans une déclaration de succession, les déclarans ne peuvent être affranchis du double droit, sous prétexte que les vices de la déclaration étaient le fait personnel du receveur, à qui ils avaient remis tous les documens propres à rédiger une déclaration conforme à la loi. — *Cass.*, 3 sept. 1810, Messié.

3256. — Le double droit n'est pas dû pour une déclaration insuffisante provenant d'une erreur de calcul commise dans l'inventaire qui a été mis sous les yeux du receveur, attendu que celui-ci aurait pu et dû la relever, et qu'aucune fraude ne peut être reprochée à l'héritier. — Délib. 15 nov. 1823.

3257. — Il en est de même, en cas d'erreur de contenance dans la désignation des biens, si l'héritier les a indiqués tous et s'il a énoncé les lieux de leur situation, de manière que la régie puisse vérifier et estimer l'évaluation qu'il leur a donnée, pour réclamer un supplément de droits en cas d'insuffisance constatée. — *Cass.*, 10 mai (et non mars) 1814, Dufayel.

3258. — Les héritiers d'un officier ministériel qui, dans leur déclaration, ont évalué la charge du défunt et payé sur cette évaluation, ne sont point tenus de payer un supplément, par cela que cette charge aurait été vendue pour un prix supérieur. — Décis. min. fin. 13 août 1832.

3259. — Lorsque l'évaluation donnée à un office transmis à titre gratuit par décès sera reconnue insuffisante, ou que la simulation du prix exprimé dans l'acte de cession à titre onéreux sera établie d'après des actes émanés des parties ou de l'autorité administrative et judiciaire, il sera perçu, à titre d'amende, un droit en sus de celui qui est dû sur la différence de prix ou d'évaluation. Les parties, leurs héritiers ou ayant-cause sont solidaires pour le paiement de cette amende. — L. 25 juin 1841, art. 11.

3260. — Un acte de notoriété établissant le revenu des biens destinés à former un majorat ne suffit pas pour constater l'insuffisance d'une déclaration de succession; il résulte seulement de là une forte présomption. — Décis. min. fin. 10 avr. 1810.

3261. — L'insuffisance d'une déclaration de succession ne peut être prouvée à l'aide de la déclaration antérieure d'une succession échue au défunt. Il faut que la régie prouve que les biens précédemment déclarés existent encore dans la nouvelle succession. — Délib. 22 oct. 1833. — Elle ne peut non plus l'être au moyen d'une expertise faite pour le partage des biens. — Délib. 8 nov. 1833.

3262. — Lorsque, d'après un bail à ferme, les juges ont reconnu qu'il y avait eu insuffisance dans une déclaration de mutation par décès, ils ne peuvent pas affranchir du paiement du double droit, sous prétexte qu'un acte de cette nature n'offre qu'une règle d'évaluation incertaine. — *Cass.*, 22 messid. an IX, Giry-Lasserve.

3263. — Lorsqu'en comparant l'inventaire dressé pour constater les forces d'une succession avec la déclaration de cette même succession, faite antérieurement au bureau d'enregistrement, il y a preuve évidente de l'insuffisance d'évaluation dans cette déclaration, on ne peut admettre aucune preuve contre les énonciations formelles de l'inventaire, sous prétexte que la différence qu'il présente provient d'une cause postérieure à la déclaration. — *Cass.*, 11 avr. 1815, Laurette.

3264. — Dès qu'une omission ou une insuffisance dans l'estimation des biens a été constatée par le procès-verbal des préposés de la régie, le double droit est encouru sans que les héritiers puissent se faire décharger en offrant de rectifier leur estimation ou de réparer leur omission. — Délib. 1er vent. an VII.

3265. — Lorsque des héritiers ont compris dans leur déclaration la totalité d'un immeuble, ils ne peuvent pas ensuite, sur la simple allégation d'une erreur, la détruire ou la modifier. Ad-

mettre une telle prétention, ce serait autoriser indirectement la restitution d'un droit qui, ayant été régulièrement perçu, n'est pas de nature à être restitué. Si, sous un autre rapport, cette déclaration est insuffisante, il y a lieu à la demande du double droit, et les parties ne peuvent s'en affranchir en offrant de la rectifier postérieurement au jugement qui ordonne l'expertise. — *Cass.*, 14 déc. 1811, Lemoine de Beaumarchais.

3266. — De même, en cas d'insuffisance de déclaration, le double droit est encouru par le fait même de cette déclaration et ne peut être couvert par l'offre d'augmenter les valeurs déclarées, lorsque cette offre n'a été faite que postérieurement au jugement qui a ordonné l'expertise, et qu'elle n'a d'ailleurs pour objet que le tiers de l'immeuble précédemment déclaré pour la totalité. — *Cass.*, 4 déc. 1821, Beaumarchais.

3267. — Mais les héritiers peuvent, sans encourir de peine, rectifier leur déclaration avant l'expiration du délai accordé pour faire cette déclaration, alors même qu'une contrainte aurait été décernée contre eux avant l'expiration de ce délai. — Instr. 338; — *Journ. de l'enregist.*; Roland et Trouillet, *Dict. d'enreg.*, v° *Succession*, § 2, n° 27, et § 4, n° 54.

3268. — Ainsi, des héritiers qui, par erreur, ont compris dans leur déclaration une créance éteinte, peuvent rectifier leur déclaration en justifiant de cette extinction par un acte qui ait acquis une date certaine. — Décis. min. fin. 5 déc. 1821. — Il en serait de même 1° s'ils avaient compris dans leur déclaration des biens qui n'appartenaient pas au défunt (Décis. min. fin. 7 nov. 1821); 2° ou bien encore s'ils avaient attribué aux biens de la succession un revenu supérieur à celui qu'ils produisent réellement. — Délib. 16 avr. 1823. — Roland et Trouillet, *Dict. d'enreg.*, v° *Succession*, § 2, n^os^ 28, 29 et 31.

3269. — La rectification d'une déclaration peut avoir lieu en prenant pour base un partage ultérieur. — Délib. 19 juill. 1833.

3270. — Le légataire qui a chargé un fondé de pouvoir de déclarer à la régie les biens soumis aux droits de mutation, et d'acquitter ces droits, ne peut revenir contre la déclaration que son mandataire a faite, soit pour en demander la rectification, soit pour réclamer la restitution d'une partie des droits perçus, en soutenant, sans preuves et sans titres, que quelques uns des biens déclarés n'étaient pas compris dans son legs et lui appartenaient déjà à titre personnel. — *Cass.*, 18 août 1820, de Chazelles.

3271. — Décidé cependant que si, par l'effet d'une erreur matérielle, le mandataire de l'un des époux a, au nom de celui-ci, fait la déclaration de l'usufruit de tous les biens du conjoint prédécédé qui l'en avait institué légataire, au lieu de déclarer la moitié seulement à laquelle ce legs était réduit, le légataire peut être admis à faire une déclaration rectificative qui aura pour résultat de faire restituer la moitié des droits perçus en vertu de la première déclaration. — Solut. 28 déc. 1832.

3272. — Les tuteurs et curateurs sont passibles personnellement des peines, en cas de retard dans la déclaration ou bien d'omission ou d'insuffisance dans l'évaluation (L. 22 frim. an VII, art. 33); c'est-à-dire qu'ils sont tenus personnellement et sur leurs biens propres pour le demi-droit ou le droit en sus; quant au droit simple, ils n'en sont tenus qu'en leur qualité de tuteurs ou curateurs, et sur les biens de ceux qu'ils représentent. — Décis. min. fin 7 juin 1808; instr. 29 juin 1808; 386, n° 34.

3273. — Jugé en conséquence que le tuteur qui, relativement à une succession échue à ses mineurs, n'a pas fait la déclaration des biens héréditaires, est tenu personnellement du demi-droit de mutation en sus; et il peut, de plus, être obligé au paiement du droit simple, si, ayant fait vendre les effets de la succession sans faire de déclaration, il a mis la régie dans l'impuissance de faire le recouvrement du droit de mutation. — *Cass.*, 25 oct. 1808, Bouillon.

3274. — Si le tuteur ou le curateur n'avait été nommé que depuis l'expiration du délai pour faire la déclaration, et si la déclaration était faite dans les six mois de la nomination, le demi droit en sus ne serait pas exigible. — Décis. min. fin. 7 juin 1808; instr. 386, n° 34.

## Sect. 2e. — *Partages et licitations.*

### § 1er. — *Partages en général.*

3275. — Les partages de biens meubles et immeubles entre copropriétaires, à quelque titre que ce soit, pourvu qu'il en soit justifié, étaient autrefois



soumis au droit fixe de 3 fr. (L. 22 frim. an VII, art. 68, § 3, n° 2). — Ce droit a été porté à 5 fr. — L. 28 août 1816, art. 45, n° 3.

3276. — Quand il y a soulte ou retour, le droit sur ce qui en est l'objet est perçu au taux réglé pour les ventes. — L. 22 frim. an VII, art. 68, § 3, n° 2. — V. *infrà* n^os^ 3302 et suiv.

3277. — La loi du 5-19 déc. 1790 n'assujétissait les partages d'immeubles sans soulte ni retour qu'au droit fixe de 20 sous (Tarif, 3e classe, sect. 4e, n° 1er). Cette perception fut modifiée par la loi du 9 vendém. an VI, dont l'art. 26 tarifait les partages d'immeubles à raison de 1/2 % de l'estimation des biens en capital.

3278. — Jugé en conséquence que le droit proportionnel est dû sur un acte de partage sous seing-privé qui n'a été présenté à l'enregistrement que postérieurement à la loi du 9 vendém. an VI, quand même il porterait une date antérieure. — *Cass.*, 2 vent. an VII, Lerat.

3279. — Lorsque les héritiers d'une femme qui a légué à son mari une portion de ses biens renoncent en faveur de ce dernier à l'usufruit de tout ce qui leur revient dans la succession, et que, de son côté, le mari renonce à la nu-propriété des biens qui lui ont été légués, on ne doit voir là néanmoins qu'un partage soumis à un droit fixe, et non un échange passible du droit proportionnel. — *Cass.*, 16 juin 1824, Hensin c. Laballe.

3280. — De même, l'acte par lequel la femme commune et donataire en usufruit d'une quotité des biens meubles et immeubles de son mari abandonne à ses enfans sa part de communauté et son usufruit, puis reçoit par contre de ceux-ci des valeurs mobilières et immobilières de la succession de leur père, doit être considéré comme un partage, soumis seulement au droit fixe. — On ne peut y voir une cession de créances ni un échange d'immeubles passibles du droit proportionnel. — *Cass.*, 8 août 1836 (t. 1er 1837, p. 96), Loizelot.

3281. — L'acte par lequel le cessionnaire des droits d'un héritier les abandonne aux cohéritiers contre des créances de la succession, est un simple partage. — Solut. 30 juill. 1831.

3282. — Jugé en général que tout premier acte qui intervient entre cohéritiers pour faire cesser l'indivision est réputé acte de partage, quelle que soit la dénomination qu'on lui donne. — *Cass.*, 5 nov. 1822, Sourcil.

3283. — ... Et que l'effet du partage entre héritiers ou époux communs est de faire considérer chaque copartageant comme propriétaire *ab initio* des biens qui lui sont dévolus. — *Cass.*, 16 juill. 1823, Teissier.

3284. — Cependant ces propositions ne doivent pas être prises d'une manière trop absolue. En matière d'enregistrement surtout, la fiction de droit d'après laquelle (C. civ., art. 883) le partage ou la licitation entre cohéritiers est déclaratif et non translatif de propriété, ne s'applique qu'aux actes qui, étant passés entre tous les cohéritiers ou copropriétaires d'une même chose, ont pour objet d'en faire cesser entièrement l'indivision, et en ce qui concerne leur portion virile. — *Cass.*, 27 déc. 1830, Janson de Sailly; 10 juin 1839 (t. 2 1848, p. 269), de Thuizy; 11 juin 1839 (t. 2 1839, p. 81), Tardif Delorme; 26 juin 1839 (t. 2 1839, p. 33), de la Colonilla; 12 août 1839 (t. 2 1839, p. 221), Colombel; 24 mars 1840 (t. 1er 1840, p. 714), Sutterlin; 15 avr. 1840 (t. 1er 1840, p. 574), Lemoine et Coquerel; 1er déc. 1840 (t. 2 1840, p. 780), Barrier (deux arrêts); 19 mai 1843 (t. 2 1843, p. 268), de la Colonilla; 24 janv. 1844 (t. 1er 1844, p. 332), Ferréol; 18 août 1845 (t. 2 1845, p. 755), Duputel.

3285. — Jugé dans le même sens que l'acte par lequel un cohéritier abandonne, avant tout partage, à un ou plusieurs de ses cohéritiers, et moyennant un prix déterminé, un immeuble de la succession, avec stipulation que le prix sera rapportable lors du partage à intervenir ultérieurement, ne saurait être considéré comme un partage partiel, mais renferme une véritable vente, passible du droit proportionnel de mutation. — *Cass.*, 19 nov. 1845 (t. 1er 1846, p. 101), Rigaud. — L'application de ce principe a été consacrée par plusieurs autres décisions en matière de transcription. — V. TRANSCRIPTION (droit de).

3286. — Le partage par le même acte, de plusieurs successions entre les mêmes héritiers, n'est passible que d'un seul droit. — Délib. 8 germin. an VIII.

3287. — Décidé de même, relativement au partage tant de la succession d'un époux que de la communauté ayant existé avec le survivant, les deux opérations étant indivisibles. — Délib. 29 mars 1833.

3288. — La liquidation de reprises contenue dans un partage de succession, de communauté ou



de société, en forme une dépendance nécessaire et ne donne ouverture à aucun droit. — Décis. min. fin. 8 déc. 1807; inst. 366, n° 4.

3289. — Le bref état dressé en tête d'un acte de cession de droits successifs passé au profit d'une veuve par les héritiers de son mari n'ayant d'autre but que de faire connaître l'actif et le passif de la succession, ne peut être considéré comme un acte de liquidation et de partage, mais comme un simple acte instructif qui n'est passible d'aucun droit. — Lors même que ce bref état constaterait l'existence d'une société et autoriserait un prélèvement sur l'actif de cette société en faveur d'un des associés, il n'y a point là un titre de créance sujet à la perception d'un droit d'enregistrement, si, à défaut d'acte de société, cette société (antérieure à la publication du Code de commerce) n'en était pas moins notoire, et si elle était prouvée par des jugemens et autres actes authentiques dont la date écarterait tout soupçon de fraude. — *Cass.*, 5 mai 1817, Savoie.

3290. — Il n'est dû aucun droit particulier pour l'échange, entre les copartageans, des lots qui leur ont été attribués, s'il a lieu avant la signature, et dans le même acte que le partage dont cette stipulation fait alors partie. — Décis. min. fin. 5 nov. 1811.

3291. — Lorsqu'une adjudication d'immeubles faite devant notaire contient division ou partage entre deux individus, d'un lot dont ils se sont conjointement et solidairement rendus adjudicataires, cette disposition ne donne pas lieu au droit particulier de partage. — Délib. 14 avr. 1824; — Roland et Trouillet, *Dict. d'enregist.*, v° *Vente d'immeubles*, § 3, n° 51.

3292. — Il n'est point dû de droit particulier pour la convention par laquelle un immeuble est laissé dans l'indivision. — Délib. 26 oct. 1827.

3293. — Lorsque, dans un acte de partage, des héritiers, pour suppléer au défaut d'inventaire, et seulement comme énonciation des réclamations faites par divers créanciers, déclarent qu'ils ont connaissance qu'il est dû telle somme par la succession pour fourniture de marchandises, sans mention du titre enregistré, il n'y a pas lieu d'exiger le droit d'obligation. — Délib. 4 juin 1825.

3294. — Il en est de même relativement à l'énonciation dans un partage, d'une somme due à l'auteur de la succession par un individu présent à l'acte, en simple qualité de conseil et ami des parties, mais qui ne stipule et ne promet rien relativement à cette somme. — Solut. 24 mai 1831; instr. 1381, § 7.

3295. — Mais si un acte de partage énonce qu'un ou plusieurs des copartageans sont débiteurs personnels de la succession, et si les sommes qu'ils doivent, non payées lors du partage, sont attribuées à d'autres copartageans, il y a reconnaissance de dette passible du droit de 1 %. — Délib. 3 mai 1830.

3296. — De même, lorsque, indépendamment d'un réglement de communauté, un acte de partage, contient des dispositions qui en sont indépendantes et n'en dérivent pas nécessairement, comme, par exemple, la libération des enfans envers leur mère des arrérages de son douaire et des frais funéraires qu'elle a avancés, ou encore la délégation sur une créance à terme d'une somme plus forte que celle que la veuve avait le droit de prétendre comme commune, il y a lieu de percevoir un droit particulier sur chacune de ces dispositions. — *Cass.*, 4 juill. 1808, Mortémard.

3297. — Dans le cas où un héritier, créancier de la succession, prélève avant partage le montant de sa créance en immeubles, du consentement de ses cohéritiers, cette stipulation constitue une dation en paiement passible du droit de vente sur le montant de ladite créance, déduction faite de la portion du créancier cessionnaire, comme héritier et obligé aux charges de la succession. — Délib. 1er juin 1825; instr. 1173, § 10.

3298. — Le droit ne serait pas dû si le prélèvement avait lieu pour remplir le copartageant d'un legs à lui fait par le défunt; car alors il n'y aurait point d'action en paiement, mais simple attribution. — Solut. 1er juin 1832.

3299. — Lorsqu'un acte de partage ne contient pas seulement la liquidation et la division des biens qui dépendent de la succession ou de la communauté, mais en outre l'abandon à l'un des ayant-droit de tout ou partie de l'actif mobilier ou immobilier en faisant partie, sous différentes conditions qu'il s'oblige de remplir, il y a lieu de percevoir, non un simple droit fixe, mais un droit proportionnel en raison des stipulations intervenues. — *Cass.*, 12 avr. 1808, Senard.

3300. — Si des biens auxquels l'une des parties a un droit de propriété exclusive sont compris, de son consentement, dans une masse à partager

et qu'ils tombent dans le lot de l'autre copartageant, il y a lieu de percevoir, sur la valeur de ces biens, le droit proportionnel de mutation, sans s'arrêter à la qualification de l'acte. — *Cass. belge*, 13 fév. 1833, Bonjean.

3301. — Lorsque parmi les biens partagés il s'en trouve qui avaient été adjugés à un tiers intervenant dans l'acte pour déclarer qu'il n'a aucun droit sur ces biens, lesquels avaient été acquis pour le compte des co-partageans, on doit percevoir sur cet acte le droit proportionnel applicable à la cession qui résulte de la déclaration, indépendamment du droit fixe de 5 fr. — Roland et Trouillet, *Dict. d'enreg.*, v° *Partage*, § 5, n° 52.

§ 2. — *Soultes de partage.*

3302. — Sont passibles du droit proportionnel de 4 fr. pour 100 fr. les soultes ou retours de partages de biens immeubles. — L. 22 frim. an VII, art. 69, § 7, n° 5.

3303. — Tout acte de partage doit porter en lui-même la preuve de l'égalité des lots entre les co-partageans. S'il établit au contraire une inégalité au profit d'un des co-partageans, le droit de soulte est exigible sur l'excédant de la part virile. — *Cass.*, 12 nov. 1844 (t. 1er 1845, p. 192), Rogers.

3304. — ... Et cela quand même le partage ne porterait que sur une partie des biens indivis. — *Cass.*, 29 avr. 1845 (t. 1er 1845, p. 725), Verny.

3305. — ... Et qu'il aurait été stipulé que l'excédant en valeur d'un lot sur les autres servirait à acquitter les dettes de la succession ou de la communauté. — *Cass.*, 6 thermid. an XII, Pautens; 20 déc. 1843 (t. 1er 1844, p. 11), Thury.

3306. — Le droit de soulte est dû au moment même de l'enregistrement du partage, sans que l'exigibilité du droit puisse être subordonnée au règlement ultérieur et définitif de la succession. — *Cass.*, 29 avr. 1845 (t. 1er 1845, p. 725), Verny.

3307. — ... Et nonobstant la clause que l'égalité sera rétablie au moyen de compensations sur le prix de vente des immeubles restés indivis. — *Cass.*, 12 nov. 1844 (t. 1er 1845, p. 192), Rogers.

3308. — La clause d'un partage qui adjuge à l'un des co-partageans l'usufruit et à l'autre la nue-propriété des biens indivis, sans soulte ni retour, n'est passible que du droit fixe. — Décis. min. fin. 24 fév. 1817; instr. 775 et 1437, § 8.

3309. — Ainsi, lorsque, dans le ressort de l'ancien parlement de Bordeaux, deux époux ont stipulé dans leur contrat de mariage, passé sous l'empire de la loi du 17 nivôse an II, une société d'acquêts avec réserve desdits acquêts aux enfans à naître de leur union, ces enfans se trouvant investis définitivement, au décès du prémourant de leurs père et mère, de la propriété de tous les biens acquis pendant le mariage, il en résulte que l'acte de partage qui attribue au conjoint survivant l'usufruit seulement de tous les acquêts et la nu-propriété aux enfans, n'est pas soumis à un droit proportionnel; il n'est passible que du droit fixe de 5 francs. — *Cass.*, 30 août 1837 (t. 2 1837, p. 268), Merle.

3310. — L'abandon à la veuve de tous les biens de la communauté, lesquels sont d'ailleurs insuffisans pour la remplir de ses reprises, et à la charge par elle de payer les dettes, n'autorise point la perception du droit de soulte, attendu que l'obligation qu'elle contracte est une conséquence de l'art. 1471, C. civ. — Solut. 9 janv. 1832.

3311. — L'abandon fait à la veuve d'immeubles de communauté pour la remplir d'une donation de sommes d'argent consentie par le mari dans le contrat de mariage, et pour les frais de deuil, est passible du droit de 4 %. — *Cass.*, 12 fév. 1840 (t. 1er 1840, p. 752), Baudin.

3312. — Le seul fait de l'acceptation de la communauté par la femme au profit de laquelle a été prononcée la séparation de corps et de biens suffit pour saisir celle-ci de la propriété de la moitié des biens meubles et immeubles composant la communauté, et pour entraîner de plein droit également la division des dettes entre les époux. En conséquence, l'abandon que fait la femme au profit de son mari d'une portion de l'actif, à la charge de payer une somme correspondante dans le passif, est passible du droit de soulte. — En vain, pour écarter la perception de ce droit, soutiendrait-on que la femme, n'étant, suivant l'art. 1483, C. civ., tenue des dettes que jusqu'à concurrence de son émolument, elle ne peut être réputée acquérir ni transmettre que ce qui excéderait l'actif après les dettes payées : la loi du 22 frim. an VII n'admet pas une pareille défalcation de l'actif sur le passif. — *Cass.*, 2 juill. 1844 (t. 1er 1845, p. 33), Logette.

3313. — Quand, par un partage antérieur à la déclaration que les héritiers d'un époux décédé, commun en biens, et l'époux survivant sont tenus de faire des biens à eux échus en ces qualités, une part avantageuse dans les conquêts de la communauté est attribuée à l'époux survivant, moyennant récompense aux héritiers du prédécédé en valeurs mobilières de la communauté, cette part avantageuse est censée lui appartenir du jour de l'acquisition que les deux époux en avaient faite, et n'est passible d'aucun droit proportionnel de mutation résultant de la dissolution de la communauté. — *Cass.*, 16 juill. 1823, Teissier.

3314. — Lorsque, dans un partage, l'héritier donataire ou légataire de la portion disponible paie une somme donnée à un tiers par l'auteur de la succession, il n'y a point là soulte, attendu que cette somme ne peut en aucun cas être prélevée sur la réserve des autres héritiers, et qu'elle est une charge nécessaire de la donation ou du legs par préciput. — Solut. 26 mai 1837.

3315. — Lorsque, dans une succession qui ne se compose que d'un seul immeuble, les héritiers légitimaires appelés à partager avec le légataire universel reçoivent la part à laquelle ils ont droit, plus une portion du bien équivalent soit aux dettes dont ils sont tenus personnellement, soit à celles qui pèsent sur leur co-partageant et qu'ils s'obligent de payer en son acquit, on ne peut considérer cette charge comme une soulte dont ils se reconnaissent débiteurs envers lui et qui donne lieu par conséquent à un droit d'enregistrement. — *Cass.*, 26 (et non 16) août 1816, Defleury.

3316. — Dans le cas où une adjudication d'immeubles faite au profit de deux individus solidairement contient partage entre eux, le droit de soulte est exigible si la soulte est prise hors de l'objet acquis et à partager. — Solut. 28 sept. 1827; instr. 1229, § 7.

3317. — Lorsque, dans un partage de succession où l'un des immeubles est reconnu impartageable et les autres biens sont divisés en lots d'une valeur inégale, il est stipulé que la différence de valeur sera prélevée par celui des co-héritiers auquel ce lot est échu, sur le produit de la vente à opérer ultérieurement de l'immeuble reconnu impartageable, le droit de soulte de 4 % doit être perçu sur cette différence de valeur. — Délib. 19 avr. 1836.

3318. — Si un immeuble est attribué indivisément à plusieurs des co-partageans moyennant une soulte, il n'est dû que 4 %. — Solut. 19 nov. 1832 et 28 juin 1833.

3319. — Dans les partages d'ascendant ou anticipés, le droit de soulte n'est pas dû sur les inégalités de lots ou sur les sommes dont le paiement est imposé à quelques uns des donataires, attendu que ces inégalités sont considérées comme des conditions de la donation. — Décis. min. fin. 28 avr. 1818, 12 oct. et 21 déc. 1821; délib. 3 avr. 1829.

3320. — Il n'y a pas non plus lieu à la perception du droit sur les soultes imposées par les donateurs dans un partage anticipé, fait en l'absence des enfans et sous réserve d'aliéner, lorsque ce partage n'a été ratifié par les donataires qu'après le décès des donateurs. — Solut. 14 oct. 1825.

3321. — C'est toujours de la manière la plus favorable aux co-partageans débiteurs de la soulte que le montant doit en être imputé. Ainsi lorsque dans un partage de biens de diverses espèces un lot chargé d'une soulte est composé de rentes sur l'état, ou de créances, ou d'effets mobiliers, de rentes et de biens-fonds, la soulte doit d'abord être imputée sur le montant des rentes sur l'état, puis sur les créances, ensuite sur les capitaux de rentes et sur les meubles; enfin, s'il y a lieu, sur les immeubles compris dans ce lot; et les droits proportionnels exigibles à raison de la soulte doivent être liquidés et perçus dans ce sens. — Décis. min. just. et fin. rapportée dans l'instr. gén. de la régie du 22 sept. 1807, 342.

3322. — Jugé en conséquence que, lorsque dans une succession il existe des valeurs mobilières et immobilières, l'héritier dont la part est fixée à une somme que ses cohéritiers doivent lui payer, n'est réputé recevoir une soulte pour les immeubles dont ceux-ci restent seuls propriétaires que jusqu'à concurrence de ce qui excède l'actif mobilier de la succession; ce n'est par conséquent que sur cet excédant que le droit de soulte immobilière est dû. — Peu importe que les cohéritiers à qui les immeubles sont attribués aient antérieurement, et par un arrangement auquel l'héritier est resté étranger, abandonné une créance, seule valeur mobilière de la succession, au débiteur même de cette créance, lequel se trouve en même temps légataire du défunt, pour le remplir de son legs, et qu'ensuite, par le partage fait avec l'héritier, ses cohéritiers se croient obligés à payer la soulte comme si la créance abandonnée n'avait jamais cessé de faire partie de la succession. — *Cass.*, 6 mars 1843 (t. 2 1843, p. 34), de Préval.

3323. — La loi de l'impôt n'ayant d'empire que dans le territoire du royaume, lorsqu'une succession ouverte en France consiste en biens situés dans le royaume et en biens situés hors de France, la régie de l'enregistrement doit procéder, pour la perception des droits, comme si cette succession n'était composée que des biens situés sur le territoire français. — En conséquence, si dans le partage entre les héritiers il y a eu inégalité dans l'attribution des biens de France à chacun d'eux eu égard à sa portion virile, le droit proportionnel de soulte est dû, bien que l'égalité des lots ait été établie au moyen des biens situés en pays étranger. — *Cass.*, 14 nov. 1838 (t. 2 1838, p. 539), Denedonchel; 8 déc. 1840 (t. 1er 1841, p. 37), Watelet de Messange; 12 déc. 1843 (t. 1er 1844, p. 218), de Bissengen; 8 avr. 1844 (t. 1er 1844, p. 516), Cortambert; 11 nov. 1844 (t. 2 1844, p. 497), Watelet de Messange.

3324. — MM. Rigaud et Championnière (*Contrôleur de l'enreg.*, n° 5384) critiquent cette jurisprudence comme ayant pour résultat de favoriser l'inégalité. La loi du 14 juill. 1819, disent-ils, dispose, pour le cas où une succession composée de biens situés en France et de biens situés à l'étranger s'ouvrirait au profit d'un étranger et d'un Français, que celui-ci prélèverait sur les biens situés en France une portion égale à la valeur des biens situés en pays étranger *dont il serait exclu*. Cette loi a donc voulu que le partage se fît avec tous les biens de manière à assurer l'égalité des lots; et elle ne considère pas la succession comme ne se composant que des biens situés en France. Si tous les biens de la succession doivent être pris en considération pour procéder au partage, il ne peut pas y avoir soulte, lorsqu'à l'un sont attribués les biens de la France, et à l'autre les biens d'une valeur égale situés à l'étranger ; chacun n'a que sa part, et dès-lors ne reçoit rien de son cohéritier à titre d'acquisition.

3325. — En matière d'enregistrement, aucune loi ne porte que, lorsque des cohéritiers ou des copropriétaires procèdent au partage de biens de diverses origines tous indivis entre eux, ils doivent être considérés comme ayant fait autant de partages différens qu'il y a d'origines différentes de biens, et dès-lors payer le droit de soulte sur ce que chacun d'eux a de plus que les autres en biens de telle ou telle origine. — *Cass.*, 6 mars 1844 (t. 1er 1844, p. 373), Richaudeau. — Il n'est même dû qu'un seul droit fixe pour le partage de toutes ces successions. — V. *suprà* n° 3286.

3326. — Sont passibles du droit proportionnel de 2 fr. pour 100 fr. les soultes ou retours de partages de biens meubles. — L. 22 frim. an VII, art. 69, § 5, n° 7.

3327. — L'acte par lequel une communauté israélite distribue les places de sa synagogue à ses membres, moyennant une taxe pécuniaire proportionnelle, doit être considéré, pour la perception des droits, comme contenant, non une vente immobilière, mais une distribution de l'usage d'un objet commun, sauf, s'il y a lieu, les droits de soultes mobilières d'une place envers l'autre. — *Cass.*, 8 mars 1836, Pfohl.

§ 3. — *Licitations.*

3328. — Sont passibles du droit proportionnel de 4 fr. p. 100 les parts et portions indivises de biens acquises par licitation. — L. 22 frim. an VII, art. 69, § 7, n° 4.

3229. — Dans la licitation, le droit ne doit être liquidé que sur le prix, c'est-à-dire sur ce que l'adjudicataire doit payer aux colicitans. — Championnière et Rigaud, *Tr. des dr. d'enreg.*, n° 3250.

3330. — Aucun droit proportionnel n'est exigible sur l'acte qui attribue à l'un des cohéritiers un immeuble de l'hérédité, lorsqu'il est dit que le prix de l'immeuble adjugé est égal ou inférieur au montant des droits de ce cohéritier dans la succession. — Solut. 6 sept. 1838.

3331. — De même, lorsqu'un héritier bénéficiaire se rend adjudicataire d'immeubles de la succession (eu égard toutefois à sa portion virile), il n'est dû aucun droit de mutation, attendu que ce droit a été acquitté lors du décès, et qu'il ne s'est point opéré une nouvelle transmission depuis, bien que l'héritier ne possède plus au même titre. — Délib. 28 fév. 1817.

3332. — Mais le droit fixe de 5 francs est exigible sur l'acte de licitation par lequel un ou plusieurs colicitans se rendent adjudicataires de lots n'excédant pas leur part ou portion dans les biens licites. — Ce droit est indépendant du droit pro-

portionnel dû pour d'autres adjudicataires compris dans le même acte. — Délib. 17 mai 1836.

3333. — Les acquisitions par licitation de parts et portions indivises de biens immeubles donnent lieu au droit de soulte sans qu'on doive distinguer entre les licitations volontaires et celles ordonnées par justice, et soit que les adjudications aient lieu simultanément ou par des actes séparés. — *Cass.*, 22 avr. 1845 (t. 1er 1845, p. 663), Klose.

3334. — En règle générale, si la licitation entre propriétaires d'une chose commune fait cesser l'indivision, elle n'opère pas nécessairement de partage. — *Cass.*, 18 août 1845 (t. 2 1845, p. 755), Duputel.

3335. — Dès-lors, jusqu'au partage définitif d'une succession, les divers héritiers étant copropriétaires, proportionnellement à leurs droits, des immeubles qui la composent, il en résulte que, si l'un d'eux se rend adjudicataire d'un de ces immeubles vendus par licitation, le droit proportionnel de 4 % est dû sur les portions de prix appartenant aux autres colicitans. — *Cass.*, 14 nov. 1837 (t. 2 1837, p. 386), Bobée; 1er déc. 1840 (t. 2 1840, p. 780), Burrier; — Instr. 31 oct. 1835.

3336. — Et il est ainsi encore, quand on n'excipe en faveur du colicitant adjudicataire d'aucun acte de partage qui lui attribue les immeubles pour le remplir de ses droits. — *Cass.*, 18 août 1845 (t. 2 1845, p. 755), Duputel.

3337. — Toute licitation entre cohéritiers, faite par un procès-verbal seul et indépendant de tout partage au moment de la perception des droits et ayant pour résultat de rendre l'un des cohéritiers adjudicataire d'un immeuble dépendant de la succession commune, doit être, relativement à la régie, considérée comme un acte translatif de propriété en faveur du cohéritier adjudicataire pour la portion de cet immeuble qui excède celle à laquelle il avait droit. — *Cass.*, 24 mars 1840 (t. 1er 1840, p. 714), Sutterlin.

3338. — Le droit de soulte est dû sur l'excédant de la part héréditaire des cohéritiers colicitans, bien que l'acte de licitation porte que les immeubles sont attribués à ces héritiers sans soulte ni retour à valoir sur leurs parts, et qu'il soit suivi d'un appendice intitulé : *Liquidation des droits des héritiers par suite de la licitation et du partage qui précèdent*, si, dans le fait, cet appendice renvoie à compter pour certaines valeurs lors de la liquidation définitive de la succession. — *Cass.*, 22 avr. 1845 (t. 1er 1845, p. 663), Klose.

3339. — Le droit proportionnel pour licitation se liquide, non sur ce qui excède la portion virile de l'héritier seulement dans l'immeuble qui lui est adjugé, mais sur ce qui excède cette même portion dans tous les immeubles licités par le même acte ou le même jugement. — Solut. 14 avr. 1824, 26 fév. 1833 et 8 sept. 1835; délib. 28 oct. 1834 et 10 juill. 1835; instr. 1146, § 8; 1425, § 7, et 1498, § 5.

3340. — Décidé au contraire que le droit proportionnel de licitation est dû sur ce qui excède la part héréditaire du colicitant dans les immeubles à lui adjugés, encore bien que le prix de cette adjudication soit inférieur au montant de ses droits dans le prix de la totalité des immeubles licités. — *Cass.*, 18 août 1845 (t. 2 1845, p. 755), Duputel.

3341. — Lorsque par un même cahier des charges déposé en vertu d'un même jugement, des immeubles sont mis en adjudication successivement à deux jours différens, l'héritier qui devient adjudicataire de quelques uns des immeubles le second jour doit le droit proportionnel de 4 % sur ce qui excède sa part dans les biens adjugés en dernier lieu, sans avoir égard à la valeur des autres biens. — *Cass.*, 18 nov. 1839 (t. 2 1839, p. 595), Huré; 29 juin 1840 (t. 2 1840, p. 88), Lainé.

3342. — ... Et cela, encore bien qu'une clause du cahier des charges lui aurait réservé d'imputer sur son prix la part lui revenant dans les autres adjudications. — *Cass.*, 22 fév. 1841 (t. 1er 1841, p. 592), Rœderer.

3343. — De même, lorsque les biens dépendant d'une communauté ont été licités par plusieurs adjudications faites successivement et à des prix différens, le colicitant qui se rend adjudicataire doit 4 % sur ce qui excède sa part dans le bien adjugé le dernier, sans avoir égard aux biens adjugés précédemment. — *Cass.*, 18 nov. 1839 (t. 2 1839, p. 632), Delaporte.

3344. — De même encore, l'héritier qui, avant aucun partage, se rend adjudicataire par licitation d'un immeuble de la succession, est tenu du droit proportionnel de 4 % sur la portion du prix de cet immeuble excédant sa part héréditaire, encore bien que la totalité de ce prix soit moindre que la somme qui doit lui être attribuée dans le total de ce même prix et du montant d'adjudications antérieures. — *Cass.*, 28 janv. 1840 (t. 2 1843, p. 770), Duchâtelet.

3345. — Lorsque, sur la mise en vente par licitation de huit immeubles, cinq seulement ont été adjugés, et que depuis, sur nouvelles publications, les trois autres non vendus faute d'enchérisseurs ont été adjugés à l'un des cohéritiers, il n'y a pas lieu, lors de la perception des droits sur cette adjudication, de déduire la part de l'héritier adjudicataire dans la totalité des biens vendus, mais seulement sa part dans l'immeuble par lui acquis. — Délib. 8 déc. 1835.

3346. — Lorsque après un procès-verbal d'adjudication sur licitation que les parties ont déclaré valoir comme ouverture des opérations de liquidation et de partage, l'acte de partage notarié rédigé à la suite et présenté à l'enregistrement en même temps que le procès-verbal d'adjudication attribue à l'un des héritiers la totalité du prix d'une partie des immeubles qui lui ont été adjugés, le droit de 4 % est néanmoins exigible sur tout ce qui excède sa part dans les immeubles par lui acquis, et non pas seulement sur la soulte qu'il s'est obligé de payer à ses cohéritiers. — Délib. 30 janv. 1838.

3347. — Lorsque l'un des colicitans s'est rendu adjudicataire, et qu'une liquidation présentée à l'enregistrement en même temps que le procès-verbal d'adjudication constate que le prix de l'adjudication a été abandonné à l'adjudicataire pour ses droits dans les objets à partager, le droit proportionnel n'est pas dû sur l'enregistrement de ce procès-verbal. — *Cass.*, 30 janv. 1839 (t. 1er 1839, p. 148), Debray.

3348. — Il en est de même quand la liquidation a été présentée à l'enregistrement avant le procès-verbal d'adjudication. En pareil cas, il n'est dû que le droit fixe sur ce procès-verbal. — Si le droit proportionnel avait été perçu, il devrait être restitué. — *Cass.*, 1er déc. 1840 (t. 1er 1841, p. 5), Singer.

3349. — Mais jugé que le droit proportionnel est dû sur l'excédant de la part du colicitant qui s'est rendu adjudicataire de l'immeuble indivis, lors même qu'on aurait inséré dans le cahier des charges une clause portant que, si l'un des colicitans devient adjudicataire des biens mis en vente, ils lui seront attribués par imputation sur ses droits dans tous les biens de la succession, sauf aux autres colicitans à se remplir de leurs droits sur les autres biens indivis, et qui sont sur le point d'être adjugés. — *Cass.*, 29 déc. 1841 (t. 1er 1842, p. 62), Fieffé et Collinet.

3350. — La raison de différence entre cet arrêt et les deux qui le précèdent, c'est que, dans le cas des deux premiers, tout était consommé lors de la présentation à l'enregistrement de l'acte d'adjudication. L'indivision n'existait plus. L'adjudication ne pouvait pas être prise isolément de l'acte de partage définitif; ces deux actes se confondaient pour la régie. Au contraire, dans le cas de l'arrêt ci-dessus rapporté, la déclaration que contenait le cahier des charges avait été soumise à la régie dans un moment où l'indivision subsistait encore, puisqu'on y annonçait l'adjudication prochaine d'autres biens indivis. Il était dès-lors impossible d'établir un réglement certain et définitif des droits des colicitans avant que cette seconde adjudication eût été prononcée, puisqu'elle devait être un élément nécessaire du partage futur. De là, différence de position, et, par conséquent, différence de décision.

3351. — On avait d'abord pensé que la perception du droit proportionnel pouvait, dans certains cas, n'être que provisoire; que, ne devant frapper que ce qui est réellement acquis par l'héritier au-delà de sa portion virile dans la masse entière de la succession, il pouvait arriver qu'un partage postérieur attribuât à cet héritier, pour le remplir de ses droits, soit le prix total de l'adjudication faite à son profit, soit une portion de ce prix supérieure à celle qu'il avait dans les immeubles licités, et qui avait été déduite pour la perception sur l'acte de licitation. Dans ce cas, et s'il était justifié de ce partage dans les deux ans de l'enregistrement de la licitation, on avait regardé les droits perçus sur cet acte comme susceptibles de restitution jusqu'à due concurrence. — Décis. min. fin. 30 avr. 1821, 21 déc. 1829, 31 déc. 1833; instr. 1307, § 8; 1451, § 3; — *Dict. des dr. d'enreg.*, v° *Licitation*, n° 27; — Masson Delongpré, *C. de l'enreg.*, n° 3256.

3352. — Mais depuis on a décidé que la perception faite lors de l'enregistrement des actes de licitation sur ce qui, dans le prix de l'adjudication consentie à l'un des cohéritiers ou copropriétaires, excède sa portion virile dans les immeubles licités, est définitive et irrévocable, et que cette perception ne peut devenir sujette à restitution par l'événement *ultérieur* du partage. — Décis. min. fin. 28 mai 1833; instr. 31 oct. 1835, art. 1498, § 5; 1562, § 35; *Trib. Paris*, 23 juill. 1834, et 16 avr. 1838; *Montpellier*, 30 déc. 1835; *La Rochelle*, 19 mai 1836; *Rouen*, 21 juin 1838.

3353. — Jugé en ce sens qu'aucune restitution ne peut être exigée, quoiqu'un partage ultérieur ait attribué à l'héritier adjudicataire, dans l'immeuble licité, une part plus considérable que celle à laquelle sa qualité d'héritier lui donnait droit. — *Cass.*, 14 nov. 1837 (t. 2 1837, p. 386), Bobée.

3354. — ... Ou bien encore lorsque, par un partage ultérieur, la totalité du prix est attribuée au lot du cohéritier ou du colicitant, il n'y a lieu d'appliquer en pareil cas ni la disposition de l'art. 60, L. 22 frim. an VII, ni le principe posé dans l'art. 883, C. civ. — *Cass.*, 10 juin 1839 (t. 2 1843, p. 269), de Thuizy; 10 juin 1839 (t. 2 1843, p. 269), Laroche-Lambert; 12 août 1839 (t. 2 1842, p. 269), Vernerey; 19 mai 1843 (t. 2 1843, p. 268), de la Colonilla. — V. au surplus *infrà* chap. 9, sect. 2e.

3355. — Si, indépendamment de quelques-uns des colicitans adjudicataires pour des parts excédant leurs droits, des étrangers sont adjudicataires du surplus, il n'est dû que 4 p. % sur l'excédant du prix concernant les premiers, et 5 1/2 p. % sur le prix des biens acquis par les seconds. — Délib. 28 oct. 1836.

3356. — Lorsque après avoir acquis un immeuble dont partie appartient à un absent, sous la condition qu'à défaut de ratification par celui-ci dans un délai déterminé, l'immeuble vendu sera licité en justice aux frais des vendeurs, l'acquéreur se rend ensuite adjudicataire du même immeuble licité à défaut de la ratification, la seconde vente n'est passible que du droit fixe, indépendamment du droit de greffe et de rédaction, si le droit proportionnel a été payé pour la première vente. — 30 juin 1824.

3357. — Sont passibles du droit proportionnel de 2 p. % les parts et portions acquises par licitation de biens meubles indivis. — L. 22 frim. an VII, art. 69, § 5, n° 6.

3358. — Le droit d'enregistrement des ventes d'immeubles aux enchères, dans lesquelles les héritiers se rendent adjudicataires d'une partie du mobilier pour une somme équivalente tout au plus à leur part héréditaire, est exigible sur le montant total des objets qui leur ont été adjugés. — Décis. min. fin. 10 déc. 1819; délib. 13 nov. 1827.

3359. — Et le droit n'est pas restituable, bien que, par un acte de liquidation ultérieure, le prix de l'adjudication ait été compris dans le lot des adjudicataires. — Délib. 13 mai 1824, et 24 mai 1831.

3360. — Décidé cependant qu'il y a lieu de faire, sur le prix de la vente par licitation d'un fonds de commerce, y compris les objets mobiliers qui y sont attachés, la déduction de la portion qui devait revenir à l'adjudicataire. — Décis. min. fin. 18 déc. 1819; délib. 13 nov. 1827; solut. 18 fév. 1838.

### § 4. — *Partages et licitations entre associés.*

3361. — En règle générale, le partage d'une société est, comme tout partage, déclaratif et non translatif de propriété. — Championnière et Rigaud, *Tr. des dr. d'enreg.*, n° 2790. — Et le partage de société est entièrement assimilé au partage de succession. — Délib. 8 avr. 1837.

3362. — Mais cela suppose que la propriété des biens qu'il s'agit de partager a été transmise à la société considérée comme *être moral*, et que ces mêmes biens avaient cessé d'appartenir à l'associé qui en avait fait l'apport. — V. *suprà* nos 1828 et suiv. — Autrement il y aurait une transmission de propriété sans droit de mutation.

3363. — Jugé en conséquence que, lorsque l'acte de partage d'une société attribue à l'un des associés un immeuble qui a été apporté dans la société par un autre, et sur lequel aucun droit proportionnel de mutation n'a encore été perçu, il y a là transmission de propriété donnant ouverture au droit proportionnel. — *Cass.*, 3 janv. 1832, Ledru; 29 janv. 1840 (t. 2 1842, p. 173), Véron; 13 juill. 1840 (t. 2 1840, p. 585), Grillon; 6 juin 1842 (t. 2 1842, p. 174), Véron; 9 nov. 1842 (t. 2 1843, p. 54), Grimm.; Décis. min. fin. 8 déc. 1807, et 3 oct. 1828; instr. 360, 1272, § 3, 1401, § 5, et 1437, § 13.

3364. — De même, si la mise en commun d'un immeuble par les fondateurs d'une société ne constitue pas une mutation de propriété en faveur des actionnaires, et ne donne lieu dès-lors qu'à un droit fixe, il n'en est pas de même des abandonnemens de portions de cet immeuble, faits à ces mêmes actionnaires pour les remplir de leurs droits, lors de la dissolution de la société. — Ces abandonnemens, constituant, comme dation en paiement, une véritable transmission de leur propriété, donnent ouverture au droit proportionnel

— *Cass.*, 12 août 1839 (t. 2 1839, p. 229), Février.

3365. — L'associé qui, à la dissolution de la société, demeure, par suite de licitation, propriétaire de l'immeuble qui formait sa mise sociale, étant censé avoir toujours possédé ledit immeuble (C. civ., art. 883, 1841 et 1872), ne doit aucun droit d'enregistrement, de transcription, ni de greffe. — Délib. 11 fév. 1834.

3366. — Lorsqu'un associé s'est rendu adjudicataire d'un immeuble provenant de l'actif de la société, il est passible provisoirement du droit de mutation sur l'excédant de sa part dans le prix d'adjudication, encore bien qu'il prétende que le prix de l'immeuble entier n'excède point sa part dans le fonds social. Pour obtenir la restitution du droit, il faut qu'il produise un réglement définitif entre tous les associés ou ayant-droit; il ne suffit pas qu'il présente des calculs émanés de lui seul ou de simples élémens de liquidation. — *Cass.*, 4 août 1835, Fontenilliat.

3367. — Si, lors de la dissolution d'une société, un immeuble est attribué dans le partage à l'associé qui en avait fait l'apport, le droit de soulte est dû sur l'augmentation de valeur donnée à cet immeuble avec les fonds de la société. — *Cass.*, 17 déc. 1838 (t. 2 1838, p. 664), Cresbron-Delisle et Foucaux.

3368. — N'est passible que du droit fixe l'acte par lequel un associé, usant de la faculté accordée par l'acte de société, retient la totalité des biens communs en payant une somme d'argent à son coassocié. — Délib. 16 juin 1826.

3369. — Lorsque le partage d'une société établie pour des vins comprend en outre un immeuble acquis par les associés, ce partage n'en a pas moins pu être considéré comme partage de société, en ce sens qu'il n'était passible que d'un droit fixe, si le lot d'un des associés s'est trouvé uniquement composé de l'immeuble. Il importerait peu que le partage n'eût pas été fait avec un individu dont le nom figure dans la raison sociale, s'il est constant qu'en réalité cet individu n'avait aucun intérêt dans la société. — *Cass.*, 9 mars 1831, Bouchard.

3370. — Si, lors de la dissolution d'une société, il est convenu qu'un immeuble dont un associé n'a d'abord apporté que l'usage et qui a été mis en suite aux frais, risques et périls de la société, appartiendra à l'autre associé, cette convention est passible du droit proportionnel de mutation immobilière. — *Cass.*, 25 avr. 1833, Scherber c. Schlumberger.

3371. — Lorsque, indépendamment de l'immeuble social servant à l'exploitation d'une brasserie, un des associés se rend adjudicataire de l'achalandage de cet établissement, moyennant un prix distinct, le droit de mutation ne doit être perçu que sur ce qui excède la part de l'associé adjudicataire dans cette valeur provenant de la collaboration commune. — *Cass.*, 13 juill. 1840 (t. 2 1840, p. 585), Grillon.

3372. — L'acte par lequel des cosociétaires vendent à l'un d'entre eux, à la dissolution de la société, leurs parts dans un immeuble faisant partie du fonds social, a le caractère d'une licitation. — Il n'est dû sur un tel acte d'autre droit que celui proportionnel de 4 % à raison de la soulte exprimée. — *Cass.*, 14 janv. 1835, Rabusson-Lamothe.

3373. — De même, l'adjudication sur saisie immobilière d'immeubles composant le fonds social, faite au profit de l'un des associés, a le caractère d'une licitation et n'est passible que du droit de 4 %. — *Cass.*, 17 août 1836, Leroux.

3374. — Si, lors d'un partage de société, l'un des contractans prélève une somme égale au capital d'une vente hypothéquée sur l'un des immeubles communs, au moyen de quoi il se charge d'acquitter seul la totalité de cette rente, il n'est point dû un droit particulier, attendu, d'une part, qu'aucune obligation nouvelle n'est contractée, puisqu'elle existait hypothécairement pour le tout, et d'autre part que, le prélèvement ayant lieu en deniers comptans provenant de la société, il n'y a point de soulte. — Délib. 19 mars 1823.

3375. — Le droit de partage n'est pas dû sur une vente faite à plusieurs acquéreurs qui doivent immédiatement entre eux l'immeuble acquis, et s'obligent à payer le prix au vendeur proportionnellement à la valeur de leurs lots respectifs. — Solut. 19 mars 1823, et 14 avr. 1824; instr. 1229, § 7.

### § 5. — *Rapports à succession.*

3376. — Les rapports à succession ne sont pas expressément tarifés; les droits auxquels ils donnent lieu sont déterminés par les conventions accessoires qu'ils contiennent, soit dans la stipulation qui en est faite, soit dans leur exécution.

3377. — Doit être considéré, non comme opérant libéralité, mais comme l'accomplissement d'une obligation légale, le rapport que fait en nature, dans le partage de succession, l'un des successibles qui avait acquis un immeuble du défunt, lorsque ce rapport est en quelque sorte forcé, en ce sens qu'il est déclaré avoir lieu pour prévenir l'action que le cohéritier se proposait d'intenter pour l'obtenir. — Solut. 30 sept. 1830; — Roland et Trouillet, *Dict. d'enreg.*, vo *Partage*, § 5, no 39.

3378. — Le donataire qui, après avoir rapporté à la succession du donateur des immeubles sur lesquels le droit a été payé, reçoit ensuite ces mêmes immeubles dans son lot, à la charge de payer une somme d'argent à ses cohéritiers, n'est pas tenu d'un droit de soulte. — Solut. 12 janv. 1832.

3379. — Le droit de soulte n'est pas exigible sur un partage dans lequel l'un des héritiers, rapportant à la masse une somme reçue en avancement d'hoirie, ne recevrait dans son lot que des immeubles. — Solut. 11 janv. 1832; — Roland et Trouillet, *ibid.*, § 5, no 41.

3380. — Lorsque le cohéritier, donataire, par acte entre-vifs d'un immeuble excédant la quotité disponible, en fait le rapport en argent (C. civ., art. 844), il n'y a lieu à aucun droit de soulte, attendu que le droit de mutation a déjà été, lors de la donation, acquitté sur la valeur active de l'immeuble. — Délib. 24 nov. 1826; solut. 12 juin 1832.

3381. — Lorsque l'héritier qui a reçu une somme d'argent en avancement d'hoirie en fait le rapport par un abandon d'immeubles héréditaires, cet abandon, quoique postérieur au partage de la succession *toute immobilière*, est une délivrance de biens fonds dans le sens de l'art. 869, C. civ., et n'est passible que du droit fixe de 1 fr., comme partage supplémentaire, c'est-à-dire comme acte de complément. — Délib. 23 fév. 1825; — Roland et Trouillet, *ibid.*, § 5, no 43.

3382. — Lorsque, dans le partage d'une succession commune, l'héritier rapporte à la masse les sommes qu'il a reçues du défunt en avancement d'hoirie, et qu'il paie à ses cohéritiers l'excédant de ces sommes sur sa part héréditaire, bien qu'un pareil paiement opère la libération de celui qui rapporte vis-à-vis de ses cohéritiers, il n'y a là qu'une partie intégrante du partage, laquelle ne donne pas lieu à un droit particulier d'enregistrement. — Délib. 16 mars 1822; — Roland et Trouillet, *ibid.*, § 5, no 37.

3383. — Aucun droit de quittance n'est dû pour le rapport, soit que la somme rapportée ait été donnée en avancement d'hoirie, soit qu'elle ait été prêtée et déposée, et sous quelque qualification que le remboursement se fasse à la succession, l'art. 829, C. civ., comprenant expressément les sommes dues. — Délib. 25 avr. 1837.

3384. — Décidé, au contraire, que si le rapport avait pour objet une somme d'argent reçue en dépôt, il serait dû un droit de quittance, outre le droit de partage. — Délib. 19 mars 1833; — Roland et Trouillet, *ibid.*, § 5, no 36.

3385. — Le droit d'obligation n'est pas exigible, lors même que l'héritier prendrait terme pour payer le montant de son rapport, si toutefois ce rapport a pour objet une somme constituée par un contrat de mariage enregistré. — Délib. 27 août 1833.

## Sect. 8e. — *Ventes immobilières.*

3386. — D'après l'art. 69, § 7, no 1er, les adjudications, ventes, reventes, cessions, rétrocessions et tous autres actes civils et judiciaires translatifs de propriété ou d'usufruit de biens immeubles à titre onéreux, étaient soumis au droit proportionnel de 4 p. 100 fr.

3387. — Ce droit a été modifié par l'art. 52, L. 28 avr. 1816, ainsi conçu: « Le droit d'enregistrement des ventes d'immeubles est fixé à 5 1/2 %; mais la formalité de la transcription au bureau de la conservation des hypothèques ne donnera plus lieu à aucun droit proportionnel. »

3388. — Les adjudications à la folle-enchère de biens de même nature sont assujetties au même droit, mais seulement sur ce qui excède le prix de la précédente adjudication, si le droit en a été acquitté. — L. 22 frim. an VII, art. 69, § 7, no 1er.

3389. — Pour les droits à percevoir sur les ventes passées antérieurement à la loi du 22 frim. an VII, V. *suprà* nos 70 et suiv.

3390. — Le droit proportionnel de vente immobilière a subi des modifications, et même a été remplacé par un simple droit fixe, dans les cas suivans:

3391. — *Canaux.* — N'ont été assujétis qu'au droit fixe de 1 fr.: le traité relatif à la concession du canal Saint-Martin et de ses annexes, ainsi que les actes de cautionnement. — L. 5 août 1821.

3392. — ... Les actes relatifs au canal des Alpines passés, soit pour la formation de la société, soit pour acquisition de terrains, soit pour adjudication de travaux. — L. 7 juin 1826.

3393. — ... Les actes de vente de terrains pour les perfectionnemens du canal de Saint-Quentin. — L. 29 mai 1827.

3394. — ... Les actes de vente des terrains destinés à l'emplacement du canal de Dijon à Roanne et aux ouvrages en dépendant. — L. 29 mai 1827, art. 3.

3395. — ... Les actes d'achat de terrains pour le canal des Pyrénées. — L. 20 févr. 1832.

3396. — ... Les actes de vente de terrains se rapportant à l'exécution du canal latéral à la Garonne. — L. 22 avr. 1832.

3397. — ... Les actes de vente des terrains devant servir d'emplacement au canal de Vire et aux ouvrages faits par le concessionnaire. — L. 9 mai 1833, art. 4.

3398. — ... Les actes de vente des terrains devant servir à l'emplacement du canal de Sambre à l'Oise et aux ouvrages en dépendant. — L. 10 mai 1833, art. 10.

3399. — Lorsqu'une loi spéciale relative à la construction d'un canal réduit au droit de 1 fr. fixe les acquisitions de terrain nécessaires, cette disposition ne s'étend pas aux stipulations des actes qui ne dérivent pas nécessairement de ces ventes, par exemple à la renonciation à son hypothèque légale par la femme du vendeur intervenue dans l'acte, ni aux quittances de prix données par acte séparé. — Délib. 8 fév. 1833.

3400. — *Chemins vicinaux.* — Les acquisitions de terrains pour chemins vicinaux ne sont passibles que de 1 fr. fixe. — L. 21 mai 1836, art. 20; instr. 1521.

3401. — Si, par un même acte, une commune acquiert plusieurs parcelles de terrains, provenant de divers vendeurs, l'acte n'est passible que d'un seul droit fixe. — Solut. 11 août 1837.

3402. — *Corse.* — Les ventes d'immeubles dans l'île de Corse sont soumises au droit proportionnel de 2 % au lieu de 4 déterminé par la loi du 22 frim. an VII. — Arr. 21 prair. an IX; déc. min. fin. 12 mai 1817.

3403. — L'arrêté ou réglement du 21 prair. an IX est encore en vigueur. Il est applicable même aux actes passés en France; car la raison de décider est la même; dans l'un et l'autre cas, les immeubles ont toujours la minime valeur qui a fait prononcer la réduction du droit. Ainsi décidé au sujet d'une vente faite devant notaire, à Paris, d'une pièce de terre située près d'Ajaccio. — Solut. 11 juin 1835.

3404. — Toutefois, le droit de 1 fr. 50 pour transcription est dû indépendamment du droit de 2 p. 100. — Délib. 31 mai 1823.

3405. — *Domaine privé.* — Les acquisitions faites par le roi pour son domaine privé sont passibles des droits de vente ordinaire. — Décis. min fin. 26 fév. 1831.

3406. — *Emigrés.* — L'art. 22, L. 27 avr. 1825, porte: « Pendant cinq ans à compter de la promulgation de la présente loi, tous actes translatifs de la propriété des biens confisqués sur les émigrés, les déportés et les condamnés révolutionnairement, et qui seraient passés entre le propriétaire actuel desdits biens et l'ancien propriétaire ou ses héritiers, seront enregistrés moyennant un droit fixe de 3 fr. » y compris le droit de transcription. — Instr. 4 mai 1825, 1161.

3407. — Cette disposition est applicable au legs concernant les mêmes personnes et les mêmes biens, et dont la délivrance a été judiciairement ordonnée dans la même période de cinq ans. — *Cass.*, 17 nov. 1835, Wacremier.

3408. — *Etablissemens publics.* — Différentes dispositions de lois, décrets et arrêtés du gouvernement, qu'il est inutile de rapporter, n'avaient assujetti qu'au droit fixe, pour l'enregistrement et la transcription hypothécaire, les actes d'acquisition faits au profit des départemens, arrondissemens, communes, hospices, séminaires, fabriques, congrégations, consistoires et autres établissemens publics.

3409. — Depuis, la loi du 16 juin 1824 porta (art. 7) que tous ces mêmes établissemens publics légalement autorisés paieraient 10 fr. pour droit fixe d'enregistrement et de transcription hypothécaire sur les actes d'acquisition qu'ils feraient lorsque les immeubles acquis devaient recevoir une destination d'utilité publique et ne pas produire de revenus, sans préjudice des exceptions déjà existantes en faveur de quelques uns de ces établissemens. — De plus, ce droit de 10 fr. était réduit à 1 fr., toutes les fois que la valeur des immeubles acquis n'excédait pas 500 fr. en principal.

3410. — Mais l'art. 17, L. 18 avr. 1831, a abrogé

toutes ces dispositions, et déclaré que les acquisitions en question seraient soumises aux droits proportionnels d'enregistrement et de transcription établis par les lois existantes.

3411. — *Etat.* — Le droit d'enregistrement des ventes de biens de l'état a été fixé à 2 fr. p. 100. — L. 26 vendém. an VII, art. 14; 15 flor. an X, art. 6; 5 vent. an XII; circ. 24 brum. an VII, 1417 *bis*; inst. 61 et 215.

3412. — Le même droit de 2 % a été appliqué aux ventes des bois de l'état aliénés en vertu de la loi du 25 mars 1831. — Instr. 25 avr. 1831, 1361.

3413. — Les adjudications des bois cédés à la caisse d'amortissement, et que la loi du 25 mars 1817 l'a autorisée à aliéner, ont été assujéties au droit de 2 %. — Ord. 10 déc. 1817; instr. 819.

3414. — Quant aux ventes faites au profit de l'état, elles ne donnent lieu à aucun droit. — L. 22 frim. an VII, art. 70, § 2, no 1er. — V. *suprà* nos 711 et suiv.

3415. — *Expropriation pour utilité publique.* — Les ventes ou expropriations qui ont lieu pour cause d'utilité publique ne donnent lieu à aucun droit (L. 22 frim. an VII, art. 70, § 2, no 1er), ainsi qu'on l'a vu *suprà* nos 727 et suiv.

3416. — *Légion-d'Honneur.* — Les ventes des biens de la Légion-d'Honneur ne sont assujéties qu'au droit de 2 p. %. — Circul. 11 sept. 1807.

3417. — *Majorat.* — Ce n'est point d'après les taux des aliénations d'immeubles appartenant à l'état, taux fixé par la loi du 15 flor. an X, mais bien conformément à l'art. 52, L. 28 avr. 1816, relatif à la vente d'immeubles faite par les particuliers, que doit se régler la perception des droits d'enregistrement pour la vente d'un immeuble constituant un majorat. — *Cass.*, 7 fév. 1843 (t. 1er 1843, p. 258), de Boissy.

3418. — *Salines.* — L'enregistrement du contrat de régie, par suite de l'adjudication de l'exploitation des salines de l'Est, n'est passible que du droit fixe de 1 fr. — Ord. 26 oct. 1832.

3419. — *Sénat.* — Les ventes des biens affectés à la donation du sénat n'étaient assujéties qu'au droit de 2 %. — Décr. 28 mars 1806; circul. 1er avr. suiv.

3420. — *Travaux publics.* — Les mutations de propriété résultant de desséchement de marais ou autres travaux publics opérées en vertu de la loi du 16 sept. 1807 ne donnent ouverture qu'au droit fixe de 1 fr. — Instr. 386, no 23; 456 et 464.

ART. 1er. — *Ventes immobilières en général.*

3421. — Dès que le consentement est intervenu, d'une manière légale, sur la chose et sur le prix, la vente est consommée à l'égard du fisc, et le droit de mutation est dû, encore bien que cette vente puisse être annulée dans l'intérêt des tiers, comme s'il s'agissait, par exemple, de la vente d'un immeuble saisi et mis en expropriation. — *Cass.*, 5 août 1828, Gardère.

3422. — En ce qui concerne les ventes faites sous une condition suspensive, soit quant à la perfection du contrat, soit quant à la perfection de l'acte, il faut consulter ce que nous avons dit *suprà* nos 141 et suiv. — A quoi il faut joindre les décisions suivantes.

3423. — Un acte de vente d'immeubles rédigé sous signatures privées peut, quoique parfait dans sa forme extérieure, être considéré, vis-à-vis de la régie, comme un simple projet, ne comportant la perception d'aucun droit, s'il n'a point reçu d'exécution, et si, dans les trois mois de sa date, il a été remplacé par un acte authentique. — En un tel cas, et lorsque le prix porté dans l'acte sous seing-privé est plus élevé que celui exprimé dans l'acte authentique, il n'y a pas lieu à la perception du droit sur la différence. — La régie n'a alors, si elle prétend qu'il y ait dissimulation et insuffisance dans le prix porté au contrat public, d'autre faculté que celle de provoquer une expertise ou d'établir sa prétention par toute autre voie légale. — *Cass.*, 13 avr. 1836, Birat.

3424. — Lorsqu'un tribunal a, d'après les actes et circonstances, décidé qu'un acte de vente resté sans exécution, et dont la partie à qui la production en a été demandée par un tiers à titre de renseignement, a déclaré ne vouloir point tirer avantage, n'était qu'un simple projet, qui ne pouvait donner ouverture au droit proportionnel, il n'y a là qu'une simple appréciation d'actes et de faits qui échappe à la censure de la cour de Cassation. — *Cass.*, 18 fév. 1829, Planté.

3425. — Un projet de vente non consenti par toutes les parties, n'étant pas une vente ni même une promesse de vente, ne donne pas lieu au droit proportionnel. — Il est dû seulement le droit fixe de 1 fr. par celui qui produit ce projet pour le faire enregistrer. — *Bruxelles*, 4 nov. 1815, Debacker.

3426. — La vente qui a pour objet un immeuble appartenant par indivis à plusieurs propriétaires, et qui est verbalement faite par un seul d'entre eux sans le consentement des autres, est par cela imparfaite même à l'égard de la régie, et, comme telle, exempte des droits d'enregistrement. — *Cass.*, 12 juill. 1836, Weber.

3427. — Lorsqu'il est découvert dans l'étude d'un notaire deux doubles d'une vente sous seing-privé, signés des parties, et qui a reçu son exécution par l'entrée en jouissance de l'acquéreur et le paiement d'une partie du prix, la régie est fondée à exiger les droits dus sur ces actes; et le jugement qui rejette sa demande doit être cassé, encore bien qu'il ait déclaré, en fait, qu'il n'y a pas eu vente définitive, mais simple projet de vendre, subordonné par les parties à l'événement d'une condition. — *Cass.*, 11 mai 1825, Guyet.

3428. — Par cela que les deux doubles d'un acte de vente sous seing-privé signés par les parties ont été déposés entre les mains d'un notaire, on ne saurait en induire que ces parties n'ont pas eu intention de l'exécuter. — *Cass*, 11 mai 1825, Guyet.

3429. — Un tribunal peut, sans contrevenir à la loi, décider qu'il n'y a pas lieu au droit de mutation, pour une vente qu'il dit être restée imparfaite, en ce que les biens n'ont pas été suffisamment déterminés. — *Cass.*, 6 janv. 1813, Allaguies.

3430. — La promesse de vente valant vente, est passible des mêmes droits. Il n'en est pas de même quand la promesse de vendre est faite avec arrhes; comme ce n'est plus qu'une simple promesse résoluble à la volonté de l'une des parties, elle n'est passible que du droit fixe. — Solut. 2 sept. 1814.

3431. — L'acte par lequel un individu promet de vendre un immeuble désigné à tel autre individu, si celui ci le requiert, et dans un délai convenu, renferme une condition suspensive, et n'est passible que du droit fixe. Le droit proportionnel ne devient exigible que sur l'acte de consentement ou d'acceptation qui réalise la transmission. — Délib. 26 août 1828.

3432. — La vente faite par un majeur d'un immeuble dont il n'est propriétaire que pour partie, et dont l'autre partie appartient à un mineur, avec condition que le vendeur fera remplir les formalités judiciaires prescrites pour l'aliénation des biens de mineurs, et que, quel que soit le montant des enchères, le prix sera irrévocablement fixé pour l'acquéreur désigné au contrat à une somme déterminée, constitue une vente non point soumise à une condition suspensive, mais complète et assujétie dès-lors au droit proportionnel. — *Cass.*, 20 nov. 1844 (t. 2 1844, p. 566), Gouverneur.

3433. — Il n'y a pas promesse de vente quand les parties, d'accord sur la chose et sur le prix, ne le sont pas sur les termes de paiement. — Délib. 28 mai 1830.

3434. — Le droit de vente ne peut être perçu sur une promesse sous seing-privé portant que celle des parties qui refusera de passer acte public dans un délai convenu, paiera à l'autre une somme déterminée, à titre de dommages-intérêts; car une telle stipulation est suspensive de la vente. — Solut. 20 messid. an X.

3435. — Décidé au contraire que, lorsqu'une promesse de vendre moyennant un prix productif d'intérêts à partir d'une époque, même antérieure à l'acte, contient la stipulation de ne passer acte que dans deux ans, avec réserve pour chacune des parties de se dédire, à charge par celle qui usera de cette faculté de payer à l'autre une somme à titre de dommages-intérêts, à sa première réquisition, le droit proportionnel est dû; seulement il est restituable en cas d'événement. — Toutefois, le droit de 1 % sur le dédit n'est à son tour exigible que quand la faculté de se retirer de la vente est exercée par l'une des parties. — Solut. 7 sept. 1830.

3436. — Lorsque, dans une promesse de vente, il y a, de la part des deux parties, une condition potestative qui empêche le lien de se former, le droit proportionnel de mutation ne doit point être perçu; spécialement, la clause d'un contrat de mariage par laquelle le père de la future recevant du futur une somme d'argent, promet, dans le cas où les futurs cesseraient d'habiter avec lui, de lui délivrer en paiement des immeubles qui seraient alors désignés et estimés par experts, est passible du droit d'obligation de 1 p. % et non de celui de vente à 5 1/2 %. — Délib. 29 janv. 1836.

3437. — Le droit de vente est exigible sur la promesse faite par le nu-propriétaire de vendre un immeuble moyennant un prix à fixer par des experts nommés par les parties, ou, à défaut, par le président du tribunal. — Délib. 27 sept. 1833.

3438. — Une promesse verbale de vente d'immeubles reconnue par un procès-verbal de comparution devant un notaire, duquel il résulte que les parties, d'accord sur le prix principal, ne l'ont point été sur les charges, ne peut être considérée comme parfaite, et, par conséquent, donner ouverture au droit proportionnel de mutation. — *Cass.*, 16 août 1832, Cassier.

3439. — Un tribunal qui estime, d'après les faits de la cause, qu'une vente n'a été que conditionnelle, et qu'elle est restée imparfaite, parce que les conditions sous lesquelles elle avait été consentie n'auraient pas été exécutées, peut, sans violer la loi, en conclure qu'elle n'est assujétie à aucun droit proportionnel. — *Cass.*, 13 (et non 14) nov. 1815, Caston.

3440. — Lorsque, dans un projet de vente d'immeubles sous seing-privé, il est stipulé que la vente ne sera obligatoire pour l'acquéreur qu'à partir d'une époque déterminée, lors de laquelle il écrira au vendeur pour lui faire connaître son acceptation, s'il ne trouve point d'empêchement, et qu'ensuite, à l'époque déterminée, cet acquéreur écrit une lettre qu'il dit contenir son acceptation, mais sous la réserve expresse de modifications à faire à la forme du contrat, une pareille acceptation ne transforme pas le projet de vente en un contrat définitif, et ne donne pas ouverture, par conséquent, au droit proportionnel. — *Cass.*, 4 fév. 1839 (t. 1er 1839, p. 245), Thiébaut.

3441. — Lorsqu'un tribunal établit, d'après les preuves existantes au procès, qu'une vente faite par acte sous-privé, moyennant un prix à fixer par des experts, n'a point été réalisée, parce que l'arbitrage n'a été fait que postérieurement au délai fixé par l'acte, en l'absence et à l'insu de l'acquéreur, et qu'il résulte d'actes authentiques que le vendeur a toujours conservé la propriété de l'immeuble, le jugement qui, en appréciant les faits, déclare qu'il n'y a point eu de vente et qu'il n'est point dû de droit de mutation, ne viole aucune loi. — *Cass.*, 24 juill. 1815, Salze.

3442. — Il n'y a pas lieu au droit proportionnel pour une vente verbale sous condition d'être rédigée par écrit, lorsqu'elle n'est réellement suivie ni de rédaction par écrit ni de possession de la part de l'acquéreur, encore bien que celui-ci ait donné des arrhes et payé des à-compte sur le prix. — *Cass.*, 3 (et non 5) sept. 1806, Gœury et Thill.

3443. — La clause par laquelle un vendeur s'oblige à passer acte de la vente au profit d'un tiers qui lui sera désigné par l'acquéreur est nulle comme ayant pour but de faciliter à l'acquéreur le moyen de transmettre l'immeuble sans avoir payé les droits de mutation. — *Bourges*, 6 août 1842; sous *Cass.*, 23 août 1843 (t. 1er 1844, p. 428), Collin c. David.

3444. — Cette décision ne nous semble pas à l'abri de toute critique. Décider que la nullité de la clause puisse être invoquée par les parties elles-mêmes, c'est aller trop loin. Sans doute la clause peut bien avoir pour but d'éviter le paiement des droits de mutation, mais elle peut aussi avoir un tout autre but. Qu'elle soit considérée comme non avenue à l'égard de la régie; que les deux ventes soient assujéties chacune à un droit de mutation, nous le concevons; mais nous avons peine à concevoir la nullité absolue de la clause entre les parties contractantes.

3445. — Lorsqu'un bien-fonds a été vendu sous la condition qu'une usine y serait élevée, la production de l'acte de vente par l'acquéreur pour son inscription sur les listes électorales et du jury suppose que la condition suspensive a reçu son accomplissement et autorise la régie de l'enregistrement à exiger le droit proportionnel. — *Cass.*, 31 juill. 1838 (t. 2 1838, p. 128), Gradit.

3446. — L'exception tirée de la nullité de la vente de la chose d'autrui n'est pas opposable à l'administration de l'enregistrement qui réclame le montant du droit proportionnel assis sur le contrat. — Dans tous les cas, un pareil moyen ne pourrait être soumis pour la première fois à la cour de Cassation. — *Cass.*, 20 nov. 1844 (t. 2 1844, p. 566), Gouverneur.

3447. — *Abandon de biens.* — Le droit de vente est dû, dans le ressort de la ci-devant cout. de Normandie, sur la disposition d'un acte de liquidation par laquelle les héritiers d'un époux consentent au profit de sa veuve, pour lui tenir lieu de ses propres aliénés, l'abandon d'immeubles précédemment affectés à ce remploi. — Délib. 11 août 1820.

3448. — L'acte par lequel un propriétaire s'engage envers d'autres à livrer à la voie publique l'emplacement nécessaire au prolongement d'une rue doit être considéré comme renfermant les caractères d'une vente immobilière, emportant mu-

tation de propriété, et non comme comportant une simple obligation de faire.—Du moins, la décision qui lui reconnaît ces caractères échappe, comme statuant en fait, à la censure de la cour de Cassation.—En conséquence, un pareil acte est soumis au droit proportionnel de 5 1/2 %, et non pas seulement à celui de 1 %. — *Cass.*, 22 déc. 1835, Dufaud.

3449.—Lorsque le vendeur d'un immeuble dans lequel ont été comprises certaines portions de terrain appartenant à autrui, cède à l'acquéreur une égale portion de terrain en remplacement de celles primitivement cédées à tort, l'acte est passible du droit de mutation, sans qu'il y ait lieu d'imputer le droit déjà perçu. — Délib. 18 nov. 1836. — *Contrà* Championnière et Rigaud, t. 3, n° 2028.

3450. — *Adjudication*. — Quand après avoir acquis par acte notarié un immeuble frappé d'une saisie, un individu s'en rend adjudicataire devant le tribunal procédant en vertu de cette saisie, le droit proportionnel n'est dû que sur l'excédant du prix de la vente. — Décis. min. fin. 7 nov. 1818; délib. 25 mai 1823 et 5 mai 1829; solut. 13 juin 1830.

3451. — Si, après avoir fait à ses créanciers l'abandon de ses biens pour être vendus en direction, le débiteur se rend adjudicataire de ces mêmes biens, l'acte n'est soumis qu'au droit fixe. — Délib. 14 nov. 1834; — Championnière et Rigaud, t. 3, n^os^ 2022, 2024 et 2159.

3452.—Lorsque dans une adjudication plusieurs lots sont adjugés au même individu, la perception s'établit sur le total des prix réunis. — Délib. 19 mars 1823.

3453.—Quant aux autres adjudications par jugement, V. *suprà* n^os^ 2784 et suiv., 3328 et suiv.

3454. — *Domaines engagés*. — Les détenteurs de domaines engagés qui sont maintenus dans la propriété de ces biens, à la charge de payer le quart de leur valeur, sont passibles d'un droit proportionnel sur ce supplément de prix. — *Cass.*, 12 avr. 1808, Meunier.

3455. — Ce supplément doit être perçu sur la quittance définitive du receveur des domaines opérant la libération de l'engagiste et consommant en sa faveur la mutation de propriété. — Instr. 8 fruct. an XIII, 290, n° 62. — Auparavant la perception se faisait sur l'arrêté du préfet, qui déclarait l'engagiste propriétaire incommutable.—Circ. 19 vend. an VIII, 1592.

3456.— La déchéance encourue faute de paiement de son prix par l'acquéreur de domaines nationaux ne le dispense pas d'acquitter le droit proportionnel sur la vente. —*Cass.*, 24 vent. an X, Vogel; 4 vent. an XI, Villcquers; *Bruxelles*, 20 juill. 1821, Chevalier.

3457. — ... Et cela encore bien qu'une décision de la régie dispenserait, en pareil cas, du paiement des droits.—*Bruxelles*, 20 juill. 1821, Chevalier.

3458.—Lorsque l'adjudicataire d'un bien national a encouru la déchéance pour n'avoir pas payé son prix dans le délai fixé, la seconde adjudication qui est faite à son profit doit être considérée, non comme une vente sur folle enchère passible seulement d'un droit fixe, mais comme une mutation nouvelle donnant ouverture à un droit proportionnel. —*Cass.*, 18 vend. an XII, Willouch.

3459.—Sous l'empire du droit écrit, l'estimation des immeubles donnés en paiement d'une dot constituée en argent, valait vente s'il n'y avait convention expresse de rendre en nature les biens ainsi constitués. Dès-lors il y a lieu au droit proportionnel pour mutation immobilière. — *Cass.*, 1^er^ mars 1809, Troin.

3460. — *Dot*.—Dans le cas prévu par l'art. 1551, C. civ., c'est-à-dire lorsque, dans un contrat de mariage sous le régime dotal, la dot ou partie de la dot consiste en objets mobiliers mis à prix sans déclaration que l'estimation n'en fait pas vente, il n'y a pas lieu de percevoir le droit de vente sur la valeur de ce mobilier dont le mari devient propriétaire et dont il doit acquitter le prix. — V. déc. min. fin. 12 22 mai 1810; instr. 481, n° 1^er^.

3461. — *Droits successifs*. — Est passible du droit proportionnel de vente immobilière, et non du droit de cession d'action mobilière, la cession à titre onéreux de l'usufruit des biens d'une succession immobilière. — *Cass.*, 20 août 1806, Hamelinck.

3462. — Toute cession de droits successifs à titre onéreux est passible du droit proportionnel de vente, encore bien que l'acte qui la constate soit qualifié de transaction. — *Cass.*, 19 frim. (et non brumaire) an XIV, Thermeven; 2 fév. 1808, Thermeven.

3463. — Ce n'est pas une simple transaction, mais bien une cession de droits mobiliers et immobiliers sujette au droit proportionnel de 4 (aujourd'hui 5 1/2 %) que renferme l'acte par lequel une sœur cède à son frère, moyennant une somme d'argent, les droits qu'elle a à exercer sur la succession de son père ouverte depuis la loi du 17 niv. an II, et lui abandonne la totalité de ces mêmes biens, dont il était en possession à titre de fidéicommis, en vertu d'un pacte de famille antérieur. —Et si une partie du prix de cette cession consiste en rentes constituées au profit des enfans de la cédante, il y a lieu de percevoir, sur cette disposition, le droit proportionnel de donation.—*Cass.*, 30 oct. 1809, de Hoensbrœck.

3464. — L'épouse survivante devenant, aux termes de l'art. 8 de la coutume de Thionville, propriétaire, par le décès de son mari, des meubles et de tout ce qui était réputé tel, à la charge par elle d'acquitter les dettes de la succession, on ne peut considérer comme renfermant une transmission de propriété soumise au droit proportionnel, l'acte par lequel les héritiers du mari consentent à ce que la veuve dispose des objets mobiliers dépendant de la succession, sous la condition de payer les dettes. — *Cass.*, 25 fév. 1812, Weilande.

3465. — La cession de droits successifs, avec stipulation que le cessionnaire pourra se libérer du prix soit en argent, soit par l'abandon d'un immeuble, si, lors du partage, cet immeuble tombe dans son lot, doit être considérée comme renfermant non une obligation conditionnelle, mais seulement une obligation alternative, laquelle est complète et irrévocable, et il y a lieu, dès lors, de percevoir le droit proportionnel. — *Cass.*, 9 juill. 1839 (t. 2 1839, p. 179), Sadourny.

3466. — Lorsqu'un enfant naturel s'est mis en possession de la succession de son père, et a payé à la régie le droit de mutation en ligne directe, le parent collatéral qui revendique cette succession et qui transige et cède ses droits et actions à cet enfant, moyennant une somme déterminée, ne doit point le droit de mutation en ligne collatérale. — *Cass.*, 24 flor. an XIII, Pailloux.

3467. — Lorsqu'un des enfans entre lesquels le père commun a fait le partage testamentaire de ses biens cède ses droits successifs à ses cohéritiers pour une somme plus élevée que leur valeur, le droit de cession immobilière est dû sur le prix, encore bien que le cessionnaire prétendrait que le surplus de valeur est une ratification du testament. — Solut. 8 avr. 1833.

3468. — Il y a vente passible par conséquent du droit proportionnel, dans l'acte notarié par lequel un enfant majeur, lors du décès de son père, reconnaît avoir reçu de sa mère tout ce qui lui revenait dans la succession paternelle. Si l'enfant eût été mineur à l'époque du décès de son père, c'est le droit de décharge qui eût été perçu. — Délib. 27 oct. 1832.

3469. — Lorsqu'un père a constitué en dot à sa fille une somme qui a été déclarée provenir du chef de la mère de celle-ci, il n'y a pas lieu de supposer pour cela qu'il y a eu vente par la fille à son père de ses droits dans l'hérédité maternelle, et, par suite, qu'il y a ouverture à un droit proportionnel. — *Cass.*, 10 pluv. an XIII, Delmas et Lachaze.

3470. — Un individu qui, déclarant se marier pour les droits qui lui appartiennent dans la succession de sa mère non encore liquidée, reçoit de son père une somme déterminée à compte de ses droits, ne peut être réputé faire à son père une vente à forfait des immeubles dépendans de cette succession. Il n'y a pas lieu, par conséquent, de percevoir sur cette clause le droit proportionnel de mutation immobilière. — *Cass.*, 30 août 1814, Jeannin.

3471. — L'acte par lequel un enfant promet, moyennant un certain prix, de ne jamais rien demander à son père, tant du chef de la communauté que de ses autres droits dans la succession maternelle, ne peut, pour la perception du droit, être considéré comme un acte de partage sujet à un simple droit fixe. — Cet acte, n'ayant été précédé d'aucune des formes constitutives d'un partage, doit être considéré comme une cession de droits héréditaires soumise au droit proportionnel. — *Cass.*, 31 mars 1817, Béneteau.

3472. — Lorsque, par son contrat de mariage, une fille à qui son père constitue une dot consent qu'il jouisse de la succession de sa mère décédée, sans qu'il puisse être astreint à aucun compte ni partage, il y a là cession d'usufruit et, par conséquent, ouverture au droit proportionnel, encore bien qu'il soit dit que la dot est pour remplir la fille de ses droits maternels, et qu'elle donne à son père procuration pour régir les biens qu'elle lui abandonne. — *Cass.*, 7 sept. 1807, Leroy; — instr. 12 sept. 1830, 1333, § 2, n° 2.

3473. — La convention portée dans un contrat de mariage, par laquelle, d'une part, le père de la future lui paie, à valoir sur ses droits dans la succession de sa mère, une somme dont le rapport devra avoir lieu lors du partage de cette succession, et d'autre part la future renonce, pendant la vie de son père, au droit de demander le partage des biens de sa mère, ne peut être considérée comme une cession d'usufruit à titre onéreux, soumise au droit de 4 (aujourd'hui 5 1/2) %. — *Cass.*, 8 juill. 1818, Habonnaud.

3474. — La clause d'un contrat de mariage par laquelle une fille, en recevant, à titre de dot, de son père une somme d'argent, tant en avancement d'hoirie qu'en paiement de ses droits dans la succession de sa mère, renonce à demander aucun compte ni partage de cette succession, sous peine de rapporter l'excédant de la dot, a pu, en l'absence de toute clause formelle, être considérée comme ne renfermant pas une cession d'usufruit de la part de la fille en faveur de son père, et comme ne donnant point, dès-lors, ouverture au droit proportionnel de 5 1/2 %. — *Cass.*, 20 mai 1828, Millon.

3475. — Lorsqu'une fille renonce à demander à son père compte et partage de la succession maternelle, moyennant la constitution en dot d'une somme par imputation sur les droits non encore liquidés dans cette succession, avec clause que, si le partage venait à être demandé nonobstant la renonciation, la dot serait alors imputée en totalité sur la part de la fille qui serait tenue de restituer, un mois après la liquidation, tout ce qui, dans la dot, excéderait sa part dans la succession maternelle, une pareille renonciation ne constitue pas une cession d'usufruit. — Délib. 26 mars 1833.

3476. — Lorsqu'un enfant à qui sa mère a constitué en dot une certaine somme en avancement d'hoirie s'est abstenu de rien réclamer dans la succession de celle-ci au-delà de cette somme, et que d'ailleurs aucune transaction n'est intervenue, cette abstention par l'effet de laquelle un cohéritier recueille, *proprio jure*, le surplus de la succession, ne constitue pas une cession proprement dite, passible du droit de vente immobilière. — *Cass.*, 4 déc. 1827, Souquières.

3477. — L'acte par lequel une mère constitue une rente perpétuelle à son fils *pour le remplir de ses droits successifs dans l'hérédité paternelle, et le surplus, s'il y en a, en avancement de la succession future de la mère*, et par lequel le fils consent à laisser à sa mère la jouissance, pendant sa vie, des biens de ladite hérédité, contient une véritable cession d'usufruit à titre onéreux, passible du droit proportionnel. — *Cass.*, 7 avr. 1823, Duvivier.

3478. — Le contrat de mariage par lequel une mère constitue en dot à sa fille une somme d'argent pour lui tenir lieu de ses droits dans la succession paternelle ne peut, lors même que la fille consent que sa mère reste en possession de tous les biens dépendant de la communauté, être considéré comme une cession passible du droit d'enregistrement, si la fille se reconnaît remplie de ses droits, et s'il résulte d'un inventaire qu'ils ne sont pas en effet plus considérables. — *Cass.*, 9 mai 1831, Gaberel; — instr. 12 sept. 1830, 1333, § 1^er^.

3479. — Lorsqu'au lieu d'être constituée par le père ou la mère survivant, une dot l'a été par un frère ou toute autre personne pour remplir le futur de ses droits dans une succession échue, cette constitution produit l'effet d'une cession de droits successifs. — Instr. 12 sept. 1830, 1333, § 2.

3480. — Ainsi, la clause par laquelle un frère dans le contrat de mariage de sa sœur lui constitue une dot pour la remplir de ses droits successifs paternels et maternels, sans préjudice pour celle-ci de plus grands droits sur les biens de ses père et mère, constitue, non un simple prêt fait par le frère à sa sœur à valoir sur ses droits successifs et passible seulement du droit de 1 %, mais une véritable cession de droits successifs passible du droit de 4 (aujourd'hui 5 1/2) %. — *Cass.*, 7 nov. 1820, Mathieu.

3481. — Lorsqu'une dot est constituée à un enfant par le survivant de ses père et mère, avec clause que la constitution est faite pour le remplir de ses droits dans la succession du prédécédé, le constituant ne devient pas cessionnaire de la somme à laquelle pourra s'élever la part de l'enfant dans ladite succession non encore liquidée, il est simplement créancier, sur la succession du prédécédé, de la somme à laquelle pourra s'élever la part de l'enfant, de sorte que l'abandonnement d'effets mobiliers fait au constituant, en paiement de cette somme, doit être considéré comme une dation en paiement, passible d'un droit proportionnel. — *Cass.*, 31 juill. 1833, Romanet.

3482. — Lorsque, par divers actes successifs, des

co-héritiers cèdent à l'un d'entre eux leurs droits sur un immeuble de la succession, le dernier de ces actes peut seul être considéré comme ayant fait cesser l'indivision; les autres renferment de véritables cessions immobilières. En conséquence, le droit de vente est dû sur ceux-ci, et le dernier acte seul n'est passible que du droit de licitation. — *Cass.*, 2 janv. 1844 (t. 1er 1844, p. 139), Scheult.

3483. — *Epoux (Ventes entre).* — L'autorisation donnée au mari, par contrat de mariage, d'aliéner les immeubles dotaux de sa femme, à la charge par lui d'en employer le prix en acquisition d'autres immeubles, ne le dispensant pas de faire accepter formellement le remploi par sa femme, l'abandon fait par un mari à sa femme, après séparation de biens, d'un immeuble qu'il avait acheté seul, avec déclaration que cette acquisition devait servir d'emploi, en faveur de sa femme, du prix de ses immeubles dotaux qu'il se proposait d'aliéner, sans que la femme ait formellement accepté le remploi, constitue une véritable vente, passible du droit proportionnel. Cet abandon ne peut être considéré comme la ratification d'un remploi antérieur qui n'emporte pas mutation. — *Cass.*, 15 mai 1839 (t. 2 1839, p. 341), Meunier.

3484. — Le droit proportionnel est-il dû sur la cession faite par un mari à sa femme (C. civ., art. 1595) d'immeubles pour lui tenir lieu de remploi? — Il faut distinguer, suivant que les biens cédés appartiennent à la communauté ou sont propres au mari. — Dans le premier cas, la cession, n'étant qu'attributive et non translative de propriété, ne donne point ouverture au droit proportionnel. — Dans le second cas, l'abandon d'immeubles propres au mari présente les caractères d'une vente sujette au droit de 5 fr. 50 c. p. 100 fr. — Délib. 19 avr. 1828; solut. 2 déc. 1834 et 17 mars 1835; instr. 1490, § 12.

3485. — La même distinction doit être faite relativement à une cession, à titre de remploi, entre époux mariés sous le régime dotal, mais avec société d'acquêts. — Solut. 5 août 1835; délib. 2 fév. 1836.

3486. — L'acte par lequel le mari, en exerçant le réméré d'un immeuble qu'il avait vendu sous cette condition avant son mariage, déclare, d'une part, qu'il paie le prix du rachat avec les deniers provenant de la vente des biens de sa femme, et, de l'autre, qu'il opère le retrait pour remploi dotal, constitue, en cas d'acceptation expresse de la femme, un remploi conforme aux dispositions de l'art. 1435, C. civ., et, comme tel, donne ouverture au droit proportionnel de 5 1/2 %, lors même qu'il apparaîtrait de certaines clauses de l'acte un réméré pur et simple, par exemple s'il y était question d'une possession exclusive de l'immeuble retrayé en faveur du mari, si, en outre, ce dernier avait accordé sur cet immeuble des garanties hypothécaires aux acquéreurs des biens de sa femme, et lors même encore que le contrat de mariage des époux, tout en établissant le régime dotal, aurait autorisé le mari à aliéner les biens dotaux, sous la seule condition d'en employer le prix à réméré à son profit. — *Cass.*, 4 août 1835, Depostis du Houlbec.

3487. — *Folle-enchère.* — Si l'adjudication sur folle-enchère pour un prix supérieur à la première adjudication a été enregistrée, tandis que le délai pour cette première adjudication est expiré, l'acquéreur définitif qui a payé le droit proportionnel de vente sur le prix intégral, est censé avoir avancé, en l'acquit du fol enchérisseur, le droit sur le montant de la première adjudication, et ne payer, pour son propre compte, que le droit sur l'excédant. Dès-lors, la régie n'a plus à répéter du premier adjudicataire que le droit en sus et point de droit simple. — Déc. min. just. et fin. 13 juin 1806; instr. 436, no 56.

3488. — Lorsque le droit proportionnel a été perçu sur un jugement d'adjudication d'un immeuble, le jugement d'adjudication sur folle-enchère de ce même immeuble n'est passible que d'un simple droit fixe, quand bien même le premier adjudicataire serait entré en jouissance de l'immeuble et aurait payé une partie du prix, si l'on n'articule d'ailleurs contre la seconde vente aucun fait de collusion ou de fraude qui lui ôte le caractère d'une adjudication sur folle-enchère. — *Cass.*, 10 (et non 12) déc. 1822, Guyard.

3489. — L'adjudicataire d'un immeuble qui en a été dépouillé par une revente sur folle-enchère est tenu du droit de mutation, à raison de l'excédant du prix de l'adjudication sur celui de la revente. — *Cass.*, 27 mai 1828, Jaudas-Deslices.

3490. — Lorsque après un procès-verbal d'enchère, portant que faute par l'adjudicataire de payer le prix aux termes fixés la revente sera poursuivie à la folle-enchère, l'immeuble, n'ayant pu être adjugé, a été, par acte notarié, vendu aux conditions du procès-verbal d'enchère, et que la revente sur folle-enchère en a été poursuivie faute de paiement, il n'est pas dû un nouveau droit proportionnel sur la folle-enchère, sous prétexte qu'elle ne pouvait avoir lieu qu'après adjudication aux enchères. — Solut. 8 oct. 1831.

3491. — *Jugemens et arrêts.* — Les jugemens et arrêts donnent lieu au droit proportionnel de vente immobilière lorsqu'ils constatent qu'il y a eu transmission à titre onéreux de la propriété d'un immeuble au profit d'une des parties. — V. *suprà* nos 2784 et suiv., 3328 et suiv.

3492. — Il en est de même, à plus forte raison, lorsqu'ils contiennent adjudication de cette même propriété à un tiers moyennant un prix. — V. *ibid.*

3493. — *Meubles et immeubles.* — Lorsqu'un même acte de vente a pour objet tout à la fois des immeubles et des meubles, V. pour le mode de perception des droits, *infrà* nos 3782 et suiv.

3494. — *Ratification.* — En cas de vente successive d'un immeuble, par le propriétaire, à deux personnes différentes, la ratification de la seconde vente, faite par le premier acquéreur qui en touche le prix, est passible du droit de libération et non de celui de mutation. — Solut. 2 fév. 1836.

3495. — *Réméré (Vente à).* — Lorsqu'un acte de vente à réméré porte que le vendeur restera en jouissance, qu'il paiera pendant ce temps à l'acquéreur les intérêts du prix à 5 0/0; que, dans le cas de non remboursement aux termes convenus, l'acquéreur n'aura que le droit de vendre l'immeuble à sa volonté, sauf à se faire mutuellement raison de la différence du prix entre les deux ventes, cet acte ne constitue pas un contrat pignoratif, ni un bail à antichrèse, mais bien une vente à réméré soumise au droit proportionnel de mutation immobilière. — Délib. 17 déc. 1833.

3496. — Toutefois, le droit de bail n'est pas dû si le vendeur à réméré, auquel le prix a été payé comptant, se réserve la jouissance de l'immeuble comme condition de la vente, à charge de payer l'intérêt du prix. — Délib. 22 mai 1837.

3497. — Quant aux retraits de réméré, V. *suprà* nos 2251 et suiv.

3498. — *Résolution.* — La résolution d'une vente ou la rétrocession de l'immeuble vendu donne, dans certains cas, ouverture au droit proportionnel de vente. — V. *infrà* nos 4087 et suiv.

3499. — *Servitudes.* — Les servitudes et services fonciers étant réputés immeubles (C. civ., art. 526), les cessions en sont assujéties aux mêmes droits que celles des immeubles. Ainsi sont passibles du droit de vente, la cession du droit de mitoyenneté d'un mur, celle du droit d'adapter des constructions à un mur non mitoyen, etc. — Solut. 27 sept. et 4 oct. 1826; instr. 1205, § 13.

3500. — Tel est encore le cas où, pour ne plus recevoir dans sa cour les eaux provenant de la maison d'un voisin, un particulier consent à construire à ses frais un puisard dans la cour de ce dernier. — Délib. 22 oct. 1817.

3501. — Lorsque le propriétaire d'une forêt grevée de droits de pâturage se libère de cette servitude au moyen d'une somme qu'il paie aux usagers, l'acte est assujéti au droit de mutation immobilière et non pas seulement au droit de libération. — Délib. 23 oct. 1834.

3502. — *Surenchère.* — Le droit de mutation est exigible contre l'acquéreur d'un immeuble, nonobstant une surenchère survenue et sans en attendre le résultat. — *Cass.*, 6 juill. 1812, Dumet.

3503. — Lorsque des biens vendus par un débiteur à ses créanciers, pour se libérer, puis délaissés par ces derniers sur la poursuite d'autres créanciers hypothécaires, sont adjugés en justice, par suite de surenchère, cette adjudication forme une seconde vente, indépendante de la première, résolue par le délaissement, et elle est sujette au droit proportionnel sur le jugement qui la prononce. — *Cass.*, 19 avr. 1826, Estien.

3504. — Pour liquider les droits d'une adjudication sur surenchère, il faut déduire le prix de la première adjudication de celui de la seconde, et ajouter au restant les frais et loyaux coûts que le second adjudicataire doit rembourser, à l'exception des droits d'enregistrement et de transcription payés pour la première adjudication, qui ne forment qu'une avance sur ceux à payer par le second adjudicataire. — Délib. 10 vendém. an XIII.

### ART. 2. — *Déclarations de command.*

3505. — Dans toute vente volontaire ou judiciaire, celui qui se rend acquéreur peut déclarer qu'il achète pour lui ou pour un autre qu'il se réserve de nommer ultérieurement. L'acte ultérieur par lequel il fait connaître ce dernier s'appelle *Déclaration de command* ou *Election d'ami*. — Championnière et Rigaud, *Traité des Dr. d'enreg.*, t. 3, no 1915.

3506. — Celui qui stipule pour un command diffère du mandataire en ce que celui-ci ne comparaît que pour autrui, ne stipule jamais en son nom personnel et doit produire la procuration. Au contraire, le premier n'a pas à justifier de son pouvoir; le plus souvent il n'en a pas, et il ignore même s'il trouvera un ami qui voudra prendre sa place. — Troplong, *Vente*, no 65.

3507. — La déclaration de command, étrangère au droit romain, a pris son origine dans les usages français. — V. les autorités citées par MM. Championnière et Rigaud, nos 1916 et suiv.

#### § 1er. — *Caractères et effets de la déclaration de command.*

3508. — Sont sujettes au droit fixe de 3 fr. (autrefois 1 fr., L. 22 frim. an VII, art. 68, § 1er, no 24): « les déclarations ou élections de command ou d'ami, lorsque la faculté d'élire un command a été réservée dans l'acte d'adjudication ou le contrat de vente, et que la déclaration est faite par acte public, et notifiée dans les vingt-quatre heures de l'adjudication ou du contrat. » — L. 28 avr. 1816, art. 44, no 3.

3509. — Sont soumises au droit de 2 fr. p. 100 fr. « les élections ou déclarations de command ou d'ami, sur adjudication ou contrat de vente de biens meubles, lorsque l'élection est faite après les vingt-quatre heures, ou sans que la faculté d'élire un command ait été réservée dans l'acte d'adjudication ou le contrat de vente. » — L. 22 frim. an VII, art. 69, § 5, no 4.

3510. — Sont passibles du droit de 4 fr. p. 100 fr. « les déclarations ou élections de command ou d'ami, par suite d'adjudications ou contrats et vente de biens immeubles, autres que celles de domaines nationaux, si la déclaration est faite après les vingt-quatre heures de l'adjudication ou du contrat, ou lorsque la faculté d'élire un command n'y a pas été réservée. » — L. 22 frim. an VII, art. 69, § 7, no 3. — A quoi il faut ajouter le droit de transcription. — L. 28 avr. 1816, art. 54.

3511. — On excipait d'une décision du 22 germ. an XIII pour prétendre qu'une déclaration de command, non notifiée ni enregistrée dans les vingt-quatre heures de la vente, n'était passible que de 4 %. — Mais il a été reconnu que la distinction faite par cette décision à l'égard du droit de transcription ne pouvait avoir lieu quant au droit de 5 1/2 % qui forme, dans son intégralité, un droit d'enregistrement de vente. — Solut. 14 juin 1833; instr. 1437, § 6; — Masson de Longpré, *Code de l'enregistr.*, no 3711.

3512. — Dans le cas de déclaration de command au profit d'un ou de plusieurs colicitans, le droit n'est que de 4 %. — Délib. 9 fév. 1830.

3513. — Si l'adjudicataire colicitant passe déclaration de command au profit d'une société dont il fait partie, le droit est exigible au taux de 5 1/2 %, attendu que cet adjudicataire ne remplit qu'un mandat à l'égard de la société, entièrement étrangère à la propriété des biens adjugés. — Délib. 15 oct. 1825.

3514. — Bien qu'une déclaration de command ait pour effet, d'après ses termes, de donner le caractère mobilier à une partie des biens vendus comme immeubles, l'adjudication ne donne pas moins lieu à la perception du droit de vente immobilière. — *Cass.*, 6 nov. 1839 (t. 2 1839, p. 470), Renard.

3515. — La déclaration a pour effet de faire disparaître du contrat la personne de l'adjudicataire, et la mutation s'opère directement du vendeur au command. — Championnière et Rigaud, *Tr. des dr. d'enregistr.*, t. 3, nos 1926 et 1928.

3516. — De la réserve faite dans un acte par celui qui l'a souscrit d'élire un command, et de la déclaration par laquelle il indique la personne qui doit en profiter, il résulte que ce n'est pas dans son intérêt que cet acte a été passé, mais bien dans l'intérêt d'un tiers dont il n'est que le mandataire. — Du moins, le tribunal qui le juge ainsi et décide qu'il n'y a pas de cession ne contrevient à aucune loi. — *Cass.*, 15 juill. 1806, Carpentier.

3517. — Ainsi, l'adjudicataire ne pouvant être considéré comme ayant acquis personnellement, mais seulement comme simple mandataire, il s'ensuit qu'il n'est pas responsable des droits d'enregistrement de l'adjudication, lorsque le command se trouve insolvable. — Déc. min. fin. 12 thermid. an XII; instr. 290, no 17.

3518. — La déclaration de command faite au profit du vendeur anéantit le droit à percevoir, et sur l'adjudication, et sur la déclaration. — Délib. 13 vent. an VI, 12 sept. 1818.

3519. — La déclaration de command qui ne

réunit pas les conditions prescrites par l'art. 68, no 24, L. 22 frim. an VII, donne ouverture, comme les mutations, au droit proportionnel, et, à défaut d'enregistrement dans les délais, au double droit. —Spécialement, la déclaration de command sous seing-privé est passible du double droit si, dans les trois mois de sa date, elle n'a pas été soumise à la formalité de l'enregistrement.—*Cass.*, 24 mai 1837 (t. 1er 1837, p. 466), de La Mothe.

3520. — L'acquéreur désigné par l'adjudication comme command ne peut indiquer un autre command, encore bien que les deux déclarations de command aient lieu dans les vingt-quatre heures. — *Cass.*, 22 août 1809, Lachaise.

3521. — Décidé cependant qu'une seconde déclaration de command élu en faveur d'un tiers qui accepte, faite dans l'acte même d'adjudication et avant la signature du notaire, ne forme, avec cet acte et la déclaration, qu'une seule convention d'après laquelle la propriété a été transmise au dernier élu, et n'opère aucun droit particulier. —Délib. 12 mai 1826.

3522. — Lorsque, par suite d'une déclaration de command, une propriété adjugée d'abord à un individu est passée sur la tête d'un autre, ce ne peut être qu'au moyen d'une rétrocession secrète que le premier adjudicataire en est redevenu propriétaire; il y a donc lieu au droit proportionnel, encore bien que l'on aurait prouvé par témoins que le second acquéreur est pauvre et que le bien n'a été acquis que des deniers du premier qui en a toujours joui comme propriétaire. — *Cass.*, 9 mai 1808, Pierrat.

3523. — La déclaration de command faite au profit de celui dont l'enchère a précédé immédiatement celle de l'adjudicataire n'est soumise qu'au droit fixe, et non au droit proportionnel, comme transmission nouvelle, si d'ailleurs elle a été faite dans les vingt-quatre heures de l'adjudication. — Délib. 26 nov. 1841.

3524. — Doit être considéré comme simple déclaration de command passible du droit fixe, l'acte par lequel un particulier déclare que la constitution de rente passée en son nom ou l'obligation consentie à son profit n'est pas pour son propre compte, mais pour celui de la personne dont il n'est que le mandataire. Le droit proportionnel serait exigible si la déclaration n'était pas, en vertu d'une réserve antérieure, faite et notifiée dans les délais de la loi, ou si elle présentait novation de clauses, de conditions ou de prix.—Inst. 5 juin 1809, 432, no 2; — Masson de Longpré, *Cod. de l'enreg.*, no 2002.

3525. — La même distinction est à faire relativement aux déclarations de command par les entrepreneurs des ponts-et-chaussées, si la réserve n'a pas eu lieu dans l'adjudication, ou si la déclaration n'a pas été signifiée dans les vingt-quatre heures. — Déc. min. fin. 15 mai 1810.

3526. —Lorsque, d'après les conditions du procès-verbal d'adjudication, l'adjudicataire a dû rester, solidairement avec le command, obligé au paiement du prix, la déclaration de command ne donne pas lieu au droit proportionnel de cautionnement, indépendamment du droit fixe. — Décis. min. fin. 11 sept. 1818; délib. 13 mai 1820; 3 juill. 1827; 9 fév. 1830; 7 juin 1835; solut. 18 déc. 1837.

3527. — L'acte de vente par lequel l'acquéreur qui, ayant traité sous réserve de faire une déclaration de command, et à la condition qu'il resterait solidairement responsable du prix, paie pour l'acheteur déclaré, en faisant la déclaration réservée, le prix de l'adjudication au vendeur qui le subroge à ses droits, renferme tout à la fois une déclaration de command, assujettie au droit fixe applicable aux actes de cette nature, et un prêt donnant ouverture au droit proportionnel d'obligation. — *Cass.*, 10 juin 1845 (t. 2 1845, p. 556), Rolloy et Evrard.

§ 2. — *Conditions de la déclaration de command.*

3528. — Ces conditions concernent principalement : 1° la réserve qui doit être faite par l'adjudicataire; — 2° les forme et mode de la déclaration; — 3° la notification de cette déclaration à la régie dans les vingt-quatre heures,

3529. — 1° *Réserve de déclarer command.* — Ainsi qu'on l'a vu *suprà* (n° 3508), la déclaration, pour n'être passible que du droit fixe, doit être faite en vertu de réserves exprimées au contrat de vente. Lorsqu'il n'a point été fait de réserves, la présomption de mutation est de droit commun. — Championnière et Rigaud, *Tr. des dr. d'enreg.*, t. 3, nos 1936 et 1937. — Toutefois, il n'y a pas nécessité de faire de réserves dans les ventes judiciaires. — V. *infrà* nos 3586 et suiv.

3530. — Avant la loi du 22 frim. an VII, le droit proportionnel d'enregistrement n'était pas dû sur les déclarations de command faites dans les vingt-quatre heures, alors même qu'aucune réserve n'avait été insérée dans le procès-verbal d'adjudication. — *Cass.*, 22 frim. an IX, Duverger.

3531. — La réserve de command doit être insérée dans l'acte même d'adjudication. — Décis. min. fin. 11 janv. 1814. — Cependant il suffirait qu'elle le fût dans le cahier des charges dressé avant cet acte, car ces deux actes n'en font réellement qu'un. — Délib. 29 mars 1819; décis. min. fin. 25 juin 1819.

3532. — La déclaration de command comprise dans l'acte même d'adjudication et non précédée de réserve ne donne point ouverture à un droit particulier (délib. 26 juin 1816 et 5 mai 1821), lors même que cette déclaration serait faite par un renvoi (délib. 6 oct. 1826) et que le command n'accepterait que postérieurement à la clôture de l'acte. —Décis. min. fin. 11 avr. 1831 et 6 fév. 1832.

3533. — La loi n'a point établi de termes dans lesquels la réserve de déclarer command devra être exprimée; il suffit que l'acquéreur manifeste l'intention de stipuler pour un autre à l'égard de tout ou partie de l'objet acheté. — Championnière et Rigaud, t. 3, n° 1949.

3534. — Il y a réserve de la faculté de command dans la déclaration faite par l'acquéreur qu'il achète pour lui, ses héritiers, un ou plusieurs amis à élire dans un délai fixé. Du moins, l'arrêt qui, par interprétation du contrat, décide en ce sens, échappe à la censure de la cour de Cassation. — *Cass.*, 27 janv. 1808, Prevot-Saint-Cyr c. Gauthier de la Villandraye.

3535. — 2° *Forme et mode de la déclaration.* — La déclaration de command doit, ainsi qu'on l'a vu (n° 3508), être faite par acte public. — L. 22 frim. an VII, art. 68, § 1er.

3536. — Cependant, comme un acte sous seing-privé, lorsqu'il est déposé dans l'étude d'un notaire par les parties qui en reconnaissent l'écriture, s'identifie avec l'acte dressé pour le dépôt, ne forme plus qu'un seul et même acte avec lui, et acquiert l'authenticité de l'acte public, il s'ensuit que, quand une déclaration de command faite sous seing-privé a été enregistrée dans les vingt-quatre heures du contrat (ou quarante-huit heures en cas de jour férié), et ensuite déposée pour minute chez un notaire qui n'a fait enregistrer l'acte de dépôt que quelques jours après, une telle déclaration doit être réputée faite par acte public, ne donnant par conséquent ouverture qu'à un simple droit fixe. — *Cass.*, 7 nov. 1843 (t. 2 1843, p. 811), Greffulhe.

3537. — La déclaration ne doit contenir autre chose qu'une subrogation du command aux droits de l'adjudicataire; mais elle comporte toute stipulation, novation ou modification qui n'est pas incompatible avec l'existence de la subrogation.— Championnière et Rigaud, t. 3, n° 1953 et suiv., 1976 et suiv.

3538. — Ce n'est qu'autant qu'une déclaration de command est la simple et nue exécution d'un mandat, qu'elle est exempte du droit proportionnel. Dès-lors, si la déclaration de command n'est pas faite aux mêmes conditions que l'acquisition, elle doit être considérée comme une revente, et donne lieu par conséquent au droit proportionnel. — *Cass.*, 31 janv. 1814, Murignieux. — Déc. min. fin. 15 mars 1808; instr. 386, n° 14, et 1200, § 3.

3539. — Tel est le cas où les termes de paiement sont différens. — *Cass.*, 31 janv. 1814, Murignieux.

3540. — Tel est le cas encore où l'acquéreur, en passant déclaration de command, accorde à ses cessionnaires des conditions différentes de celles qui avaient fait l'objet de l'acte de vente.— *Agen*, 22 mai 1832, Ribes.

3541. — ... Ou bien lorsque la déclaration de command contient un prix plus élevé que celui de l'adjudication. — *Cass.*, 18 fév. 1839 (t. 1er 1839, p. 301), Rohard.

3542. — Des présomptions ne suffisent pas pour prouver l'erreur que les parties disent avoir existé dans l'énonciation des sommes; ces parties doivent en justifier légalement. — Même arrêt.

3543. — Il y a encore revente, quand l'acquéreur se réserve la faculté de reprendre, dans un délai fixé, la propriété et la jouissance des immeubles vendus, moyennant le remboursement du prix et des frais payés par le command. — Déc. min. fin. 30 mai 1826.

3544. — Mais la déclaration de command ne peut être considérée comme une revente, lorsqu'elle a pour objet de diviser les immeubles adjugés et le prix de l'adjudication entre l'adjudicataire et ses commands. — *Cass.*, 19 (et non 11) août 1835, Viénot.

3545. — Jugé de même à l'égard de la déclaration de command qui divise le domaine vendu entre l'adjudicataire et le command, de manière à le dénaturer, attribuant à l'un le sol nu et à l'autre les bâtimens, sous la condition de les démolir, et les bois, sous la condition de les couper. — *Cass.*, 26 nov. 1834, Petit d'Authieulle.

3546. — De même encore, un immeuble peut, par suite d'une déclaration de command, être divisé entre deux personnes, de telle sorte que l'une ait le droit d'extraire les matières propres à la fabrication de la porcelaine, et que l'autre ait le surplus de la propriété en fonds et superficie.— Délib. 15 mars 1844.

3547. — Cependant, décidé que lorsqu'un acquéreur de futaies déclare se réserver la superficie des bois, et ne nomme de command que pour le surplus, non seulement l'effet de la mobilisation des immeubles par nature ne remonte pas au contrat de vente de manière à réduire à 2 p. % le droit sur les biens ainsi mobilisés, mais qu'une pareille déclaration de command opère le droit de revente. — Délib. 30 déc. 1830; —Roland et Trouillet, *Dict. d'enreg.*, v° *Command* (*Décl. de*), § 9, n° 7.

3548. — Lorsque l'adjudicataire d'immeubles répartit entre les commands, soit les biens adjugés, soit le prix fixé en masse lors de l'adjudication, sans aucun changement, ni dans le prix, ni dans les conditions de la vente, il y a présomption que sa déclaration est conforme au mandat qu'il avait reçu, et on ne peut dire qu'il y ait là une revente. — *Cass.*, 13 avr. 1815 (et non 1817), Canneille.

3549. — Il n'y a pas lieu de percevoir le droit de revente sur la déclaration par laquelle un adjudicataire divise entre plusieurs commands les biens qui lui ont été vendus en un seul lot, sans faire supporter par chacun de ses commands, proportionnellement à la valeur de son lot, l'augmentation que l'adjudication définitive et en bloc a subie sur des adjudications partielles et provisoires. — Délib. 5 mai 1821; — Roland et Trouillet, *ibid.*, § 9, n° 11.

3550. — L'acquéreur qui a déclaré acheter divers immeubles, tant pour lui que pour ses commands à élire, peut, sans qu'il y ait lieu au droit proportionnel de revente, conserver certaines parties, et attribuer divisément le surplus à plusieurs particuliers, si d'ailleurs il n'apporte aucun changement au prix et aux conditions de la vente. — Délib. 10 oct. 1828.

3551. — Peu importe que le prix fixé dans la déclaration soit supérieur à celui qui serait résulté de la répartition au marc le franc de l'augmentation que les enchères ont apportée sur la mise à prix.—Roland et Trouillet, *ibid.*, § 9, n° 13.

3552. — Lorsque l'acquéreur d'un immeuble passe déclaration de command, avec réserve d'usufruit en sa faveur, le droit de revente n'est pas dû si la déclaration ne change pas les conditions de la vente, dont elle n'est que le complément. Le command élu est censé tenir la nue-propriété du premier contrat. — Délib. 6 févr. 1827; — Roland et Trouillet, *ibid.*, § 9, n° 6.

3553. — Dans le cas où le prix d'une adjudication est compensé avec pareille somme due par l'adjudicataire et que celui-ci en passe déclaration de command au profit d'un tiers qui prend terme pour payer, on ne doit pas induire de cette stipulation qu'il y ait eu revente; c'est là un simple prêt fait au mandant, qui ne donne ouverture qu'au droit de 1 0/0. — Délib. 15 déc. 1826; — Roland et Trouillet, *ibid.*, § 9, n° 4. — *Contrà* délib. 17 mars 1821.

3554. — Ne peut être considérée comme une charge susceptible de la perception du droit de mutation, l'obligation imposée au déclarataire d'acquitter les frais du contrat d'acquisition, car le droit proportionnel qui résulte de la déclaration de command ne doit être assis que sur ce qui a formé le prix du contrat qui l'a précédée.—Délib. 28 avr. 1826; — Roland et Trouillet, *ibid.*, § 5, n° 3.

3555. — Lorsque l'acquéreur d'un bien que son débiteur vend pour se libérer envers lui, nomme, en vertu d'une réserve expresse dans l'acte d'acquisition, un command qui lui rembourse le montant de sa créance, et qu'un tiers se porte caution pour la validité du paiement, il est dû le droit de revente indépendamment de celui de cautionnement. — Délib. 26 mars 1819; — Roland et Trouillet, *ibid.*, § 9, n° 8.

3556. — La déclaration de command doit être faite par acte public. Faite sous seing-privé, elle ne peut jouir de la faveur du droit fixe, bien que passée avec les conditions voulues et notifiée en temps utile. Cette disposition a pour objet de prévenir les antidates, changemens ou additions. — Décis. min. fin. 15 mars 1808; délib. 26 avr. 1826; —Roland et Trouillet, § 5, nos 1er et 2.—MM. Championnière et Rigaud (*Tr. des dr. d'enreg.*, t. 3, n° 1982) pensent que par cela seul que la décla-

ration a été faite sous seing-privé, le droit proportionnel n'est pas dû.

3557. — La déclaration peut être faite en vertu d'un pouvoir donné sous seing-privé ; mais elle est passible du droit proportionnel si elle n'est point passée en forme authentique dans les vingt-quatre heures du contrat, notifiée ou enregistrée. — Solut. 20 avr. 1821 ; — Roland et Trouillet, *ibid.*, § 5, nº 4.

3558. — Toutefois, les dispositions spéciales de la loi du 22 frim. an VII restant étrangères au droit commun, la déclaration peut, en matière civile, être faite sous seing-privé, dans les délais fixés par le contrat ; et le vendeur ni les tiers ne pourraient exciper de ce que cette déclaration n'aurait pas été signifiée à la régie. — Championnière et Rigaud, t. 3, nos 1977 et 1979.

3559. — La quittance du prix de vente insérée dans une déclaration de command régulièrement faite, ne donne point lieu à un droit particulier, parce qu'alors le paiement du prix est censé fait par l'acte de vente même, avec lequel la déclaration de command s'identifie pour ne former qu'un seul et même contrat. — Déc. min. fin. 15 mars 1808 ; Instr. 386, nº 15.

3560. — 3º *Notification dans les vingt-quatre heures.* — La déclaration n'ayant d'existence, aux yeux de la régie, que par sa notification, doit être nécessairement notifiée dans les vingt-quatre heures. — Championnière et Rigaud, t. 3, nº 1985.

3561. — La notification doit être faite au receveur, nonobstant tout usage contraire. — *Orléans*, 12 juin 1833, Ernoult et Bidault c. Texier.

3562. — Elle doit être faite à la régie et non à l'ami élu. — *Cass.*, 3 thermid. an IX, Troncq et Dème.

3563. — La loi n'a pas déterminé de mode particulier pour la notification ; elle n'exige qu'une connaissance acquise à la régie pourvu qu'elle soit certaine. — Championnière et Rigaud, t. 3, nº 1986.

3564. — Ainsi, jugé que la formalité de la notification consiste à dénoncer purement et simplement au receveur que la déclaration de command a été faite conformément à la loi. — *Cass.*, 15 oct. 1806, Philippin.

3565. — La notification ne peut être suppléée par le dépôt de la déclaration au bureau du receveur, si ce dépôt n'a pas été accompagné du paiement des droits dus, puisque, par ce défaut de paiement, la formalité n'a pu être donnée à l'acte, ni assurer la fixité de sa date. — *Cass.*, 15 nov. 1813, Vittonck.

3566. — Si, au lieu de faire la notification, un notaire s'est contenté de déposer la déclaration au bureau de l'enregistrement, et qu'elle n'ait été enregistrée qu'après le délai de vingt-quatre heures déterminé par le même article, il ne peut être admis à prouver par témoins, ou au moyen de simples présomptions, alors d'ailleurs qu'il n'existe aucun commencement de preuve par écrit, que le dépôt a eu lieu dans les vingt-quatre heures, et que c'est par la négligence du receveur que l'enregistrement n'a pas eu lieu en temps utile. — *Orléans*, 12 juin 1833, Ernoult et Bidault c. Texier ; *Cass.*, 23 déc. 1835, Bidault c. Texier et Ernoult.

3567. — Lorsqu'un procès-verbal d'adjudication et la déclaration de command ont été présentés au receveur, dans les vingt-quatre heures, avec la consignation des droits, et que, par suite de son omission de les enregistrer dans le délai, il y a lieu d'exiger le droit proportionnel de revente, le receveur peut être condamné à garantir l'acquéreur, encore bien que la notification de la déclaration de command ne lui ait pas été faite. — *Cass.*, 31 mai 1825, Laplanche c. Avezon.

3568. — L'enregistrement dans les vingt-quatre heures d'une déclaration de command faite par acte sous seing-privé, et ensuite déposée pour minute à un notaire, équivaut pour la régie à notification dans les vingt-quatre heures. — *Cass.*, 7 nov. 1843 (t. 2 1843, p. 811), Greffulhe.

3569. — Toutefois, les registres du receveur constatant qu'une déclaration de command a été enregistrée moyennant le droit fixe, ne peuvent être considérés comme contenant un commencement de preuve par écrit que l'acte a été réellement présenté à l'enregistrement dans le délai de vingt-quatre heures du jour de l'adjudication. — Du moins, l'arrêt qui le décide ainsi n'encourt point la censure de la cour de Cassation. — *Cass.*, 23 déc. 1835, Bidault c. Texier et Ernoult.

3570. — Le pouvoir d'accepter une déclaration de command n'équivaut pas à la déclaration elle-même ; en conséquence, l'enregistrement du pouvoir dans les vingt-quatre heures n'affranchit pas du droit proportionnel l'élection tardive. — Délib. 19 juin 1832.

3571. — Mais la procuration donnée par l'acquéreur pour faire une déclaration de command au profit d'une personne désignée équivaut à cette déclaration même ; dès-lors, elle doit être notifiée dans les vingt-quatre heures. — Délib. 21 nov. 1814 ; — *Dict. des dr. d'enreg.*, vº *Déclaration d'adjudication*, nº 67.

3572. — Le visa par le receveur du répertoire du notaire où est inscrite la déclaration de command ne peut tenir lieu de la notification dans le délai prescrit ; la déclaration doit ou être notifiée au receveur dans les vingt-quatre heures par acte d'huissier (instr. 9 mai 1834, 1631), ou être enregistrée réellement dans le même délai. — Délib. 29 janv. 1836, appr. le 18 avr.

3573. — En conséquence, les receveurs doivent refuser d'apposer leur visa sur le répertoire qu'on leur présenterait à l'effet de valoir notification d'une déclaration de command qui y serait inscrite. — Délib. 17 nov. 1837.

3574. — La présence du receveur à l'acte de déclaration de command n'équivaut pas à la notification. — *Dict. d'enreg.*, vº *Déclaration d'adjudicataire*, nº 63.

3575. — La déclaration faite dans l'acte de vente est dispensée de la notification, car cette notification n'avait aucun objet. — Délib. 26 juin 1816 et 5 mai 1821.

3576. — La notification par huissier est indispensable quand, la déclaration de command étant présentée dans les vingt-quatre heures, le bureau se trouve légalement fermé, aux termes de l'art. 11, tit. 2, L. 27 mai 1791, et de l'art. 14 des ordres généraux de régie. — Décis. min. fin. 15 janv. 1834 ; instr. 1458, § 5.

3577. — La déclaration de command, bien que faite dans les vingt-quatre heures de l'adjudication, est néanmoins passible du droit proportionnel, si elle n'a pas été notifiée dans le même délai au receveur. — *Cass.*, 3 vent. an XI, Joudrier ; 13 (et non 10) janv. 1806, Fessard.

3578. — Le délai de vingt-quatre heures commence à courir du jour de l'acte d'acquisition, et non de l'expiration du délai fixé pour l'enregistrement de la déclaration. — *Cass.*, 19 germin. an XII, Carré.

3579. — Jugé également que la déclaration doit être faite dans les vingt-quatre heures du jugement d'adjudication, et non pas dans les vingt-quatre heures de la signification de ce même jugement. — *Cass.*, 30 (et non 3 ni 22) nov. 1812, Galletti et Bernardi.

3580. — Le délai étant de vingt-quatre heures, et non d'un jour, si la vente est datée *avant midi*, la déclaration doit être faite et notifiée le lendemain *avant midi*. — Championnière et Rigaud, t. 3, nº 1991.

3581. — Une déclaration de command doit être enregistrée au droit fixe, alors même qu'elle a été présentée après l'heure de la clôture du bureau, si elle l'a été dans les vingt-quatre heures de sa date. — Délib. 2 août 1833.

3582. — Les actes faits avec réserve de nommer command peuvent être enregistrés avant la notification de ce command dans les vingt-quatre heures à la régie. — *Cass.*, 31 mai 1825, Laplanche c. Avezon. — V. aussi *infrà* nos 1256 et 1287.

3583. — Lorsque le lendemain d'une adjudication est un jour férié, on peut valablement faire le surlendemain, non seulement la notification de la déclaration de command au receveur de l'enregistrement, mais encore l'acte de déclaration de command lui-même. — *Cass. belge*, 12 fév. 1833, Deschamps ; *Cass.*, 15 nov. 1837 (t. 2 1837, p. 436), Cuissard et Hamon ; 13 mars 1838 (t. 2 1843, p. 724), Rayot.

3584. — Jugé également qu'une déclaration de command ne donne pas lieu à un double droit de mutation, lorsque ayant été faite le samedi elle n'a été notifiée à la régie que le lundi. — *Cass. belge*, 21 fév. 1833, N... — Solut. 10 mai 1832.

3585. — C'est la déclaration qui doit être faite et notifiée dans les vingt-quatre heures ; l'acceptation par le command peut avoir lieu ultérieurement et ne doit pas être notifiée à la régie. Si cette acceptation est constatée par le procès-verbal d'adjudication, elle n'est passible d'aucun droit particulier. — Décis. min. just. 21 mai 1828 ; instr. 24 juill. 1828, 1251, § 1er. — Championnière et Rigaud, t. 3, nº 1989.

§ 3. — *Déclaration de command à la suite de ventes judiciaires.*

3586. — Les conditions sous l'exécution desquelles les déclarations de command ne donnent lieu qu'au droit fixe sont également applicables en matière de ventes judiciaires ; sauf en ce qui concerne la mention de la réserve et le cas où l'adjudication est faite au profit des avoués.

3587. — La disposition de la loi qui veut que la faculté d'élire un command ait été réservée dans l'acte n'est point applicable aux déclarations de command sur adjudication par expropriation forcée. — Décis. min. fin. 18 pluv. an X ; instr. 290, nº 17.

3588. — Les déclarations de command faites par les avoués qui se sont rendus adjudicataires d'immeubles vendus devant un notaire commis par le tribunal ne donnent lieu qu'à un droit fixe, quoiqu'elles n'aient pas été réservées dans l'adjudication. — *Cass.*, 26 fév. 1827, Boucher et Bailleul ; — instr. 30 juin 1827, 1210, § 11.

3589. — Avant le Code de procéd., il y avait nécessité pour les avoués adjudicataires, comme pour tous les autres, de notifier la déclaration de command à la régie de l'enregistrement, dans les vingt-quatre heures de l'adjudication. — *Cass.*, 6 déc. 1808, Rollin.

3590. — L'art. 709, C. procéd., porte : « l'avoué dernier enchérisseur sera tenu dans les trois jours de l'adjudication de déclarer l'adjudicataire et de fournir son acceptation ; sinon de représenter son pouvoir, lequel demeurera annexé à la minute de sa déclaration ; faute de ce faire, il sera réputé adjudicataire en son nom. » — On ne compte pas le jour de l'adjudication, mais la déclaration doit être faite dans l'un des trois jours qui suivent. — Carré, *Lois de la procéd.*, nº 2368 ; Pigeau, *Procéd.*, t. 2, p. 141.

3591. — On avait d'abord pensé que la notification dans le même délai de trois jours était une condition nécessaire, résultant implicitement de la règle générale. — Décis. min. fin. 31 déc. 1808 et 10 janv. 1809 ; décis. min. just. et fin. 13 juin 1809 ; instr. 429, nº 2.

3592. — Mais jugé que les avoués qui se sont rendus derniers enchérisseurs dans les ventes faites en justice, ne peuvent être considérés comme propriétaires, pendant les trois jours qui suivent l'adjudication. La déclaration qu'ils font dans ce délai ne peut être considérée comme une déclaration de command qui doive être notifiée à la régie de l'enregistrement dans les vingt-quatre heures, sous peine de payer un second droit proportionnel. — *Cass.*, 3 sept. 1810, Bataille et Valot ; 3 sept. 1810, Sustrac ; 9 avr. (et non août) 1811, Durand ; 14 août 1811, Picarel ; 20 août 1811, Audebaud.

3593. — De même, l'avoué qui se rend adjudicataire d'un immeuble vendu à la barre du tribunal ne forme qu'une même personne juridique avec l'individu pour lequel il a agi. En conséquence, la déclaration, insérée dans le jugement, que l'adjudication est faite à l'avoué enchérisseur, pour lui ou la personne qu'il désignera, suffit pour que cette dernière ait elle-même le droit de faire une déclaration de command. — *Cass.*, 24 avr. 1811, Chastenay.

3594. — De même encore, l'avoué qui se rend adjudicataire d'immeubles vendus par expropriation forcée, n'a pas besoin de se réserver dans le procès-verbal d'adjudication la faculté d'élire un command, cette faculté lui appartenant de droit en vertu de l'art. 709, C. procéd. Dès-lors, s'il est dit dans le jugement que l'adjudication est faite au profit de l'avoué enchérisseur pour lui ou la personne qu'il désignera, la réserve d'élire command existe au profit de la personne désignée, et celle-ci peut l'exercer au profit d'un tiers, sans que cette déclaration puisse être considérée comme revente, et passible en conséquence du droit proportionnel. — *Cass.*, 23 avr. 1816, Glénard.

3595. — Aucune loi ne défendant à un avoué de se charger d'enchérir pour différens particuliers, dans une vente judiciaire et forcée qui se fait d'un immeuble en bloc, celui qui reste dernier enchérisseur, bien loin de déroger à son mandat, en remplit les obligations, lorsqu'il fait, dans les délais, la déclaration de la portion des droits de chacun de ses commettans dans la chose et dans le prix ; comme il n'en résulte aucun changement dans les conditions de la vente, il n'y a pas lieu à un nouveau droit de mutation, surtout si la régie ne prouve pas la fraude qu'elle allègue. — *Cass.*, 30 août 1814, Harle ; 8 nov. 1815, Lamarque.

3596. — Le délai de trois jours, pendant lequel les avoués qui se sont rendus derniers enchérisseurs, ont la faculté de déclarer command, ne peut être augmenté sous prétexte que les deux derniers jours de ce délai étaient des jours fériés. — *Cass.*, 1er déc. 1830, Violle. — V. *contrà* délib. 10 mai 1832.

3597. — En cas d'urgence, un avoué peut se faire autoriser par le juge à déclarer adjudicataire un jour de fête légale. — *Cass.*, 1er déc. 1830, Violle.

3598. — Lorsque l'avoué dernier enchérisseur n'a déclaré la personne pour laquelle il a enchéri que le troisième jour de l'adjudication, l'adjudi-

cataire conserve encore la faculté de déclarer son command dans les vingt-quatre heures qui suivent. — *Cass.*, 25 janv. 1823, Catonnet; — délib. 5 juill. 1820.

3599 — L'obligation de notifier dans les vingt-quatre heures à la régie toute déclaration de command s'applique aux déclarations faites par suite d'une adjudication sur expropriation forcée. — *Cass.*, 15 oct. 1806, Philippin.

3600. — La notification de la déclaration de command doit être faite à la régie, non seulement lorsque la déclaration est reçue par un notaire, mais encore lorsqu'elle est faite au greffe du tribunal. — *Cass.*, 18 nov. 1806, Estaque.

3601. — Si, sur une poursuite en expropriation, l'avoué dernier enchérisseur a, dans les trois jours du jugement d'adjudication, déclaré un adjudicataire, lequel a fait en faveur de la partie expropriée une déclaration de command qui, bien que signée dans le délai, n'a été notifiée à la régie que quelques jours après, cette déclaration, tardive quant à la régie, doit être considérée comme une revente et donne ouverture à un droit de mutation. — *Cass.*, 29 nov. 1837 (t. 2 1837, p. 563), Mourgues.

3602.—Si l'individu désigné par l'avoué comme adjudicataire refuse, l'avoué ne peut plus, quoique dans les délais, en nommer un second.—Délib. 2 déc. 1814. — V. *contrà* par le motif que la loi n'impose d'autre condition qu'une déclaration signifiée dans les délais. — Championnière et Rigaud, t. 3, no 2000.

3603. — La déclaration faite par l'avoué conformément à l'art. 709, C. procéd., n'étant pas une déclaration de command, n'est passible que du droit fixe de 1 fr., outre le droit de greffe de rédaction quand elle est faite en dehors de l'adjudication. — Solut. 3 nov. 1830.

3604. — Si cette déclaration est constatée par le procès-verbal même de l'adjudication, elle n'est passible d'aucun droit particulier.—Solut. 30 nov. 1831.

3605. — On avait d'abord décidé que les règles qui précèdent n'étaient point applicables aux déclarations par des avoués sur ventes devant notaires (Décis. min. fin. 5 avr. 1808; instr. 386, no 17); et cela sans distinguer entre les ventes faites devant les notaires commis par le tribunal et les autres ventes volontaires.

3606. — Mais jugé que les avoués ont trois jours pour déclarer l'adjudicataire au nom duquel ils ont acquis des immeubles, par adjudication faite devant un notaire commis par le tribunal, car une pareille adjudication a le caractère de vente judiciaire.—*Cass.*, 26 fév. 1827, Boucher et Bailleul; —instr. 30 juin 1827, 1210, § 11.

3607.—Il n'en est plus de même quand il s'agit d'adjudications volontaires faites devant notaires. Dans ce cas, l'avoué enchérisseur qui s'est réservé d'élire un command doit faire sa déclaration dans les vingt-quatre heures.—*Cass.*, 13 mars 1838 (t. 2 1838, p. 724), Rayot.

3608. — Toutefois, l'élection de command faite par un particulier adjudicataire en vertu de la réserve insérée au cahier des charges doit être notifiée ou enregistrée dans les vingt-quatre heures de l'adjudication, alors même qu'elle aurait lieu devant un notaire commis par un tribunal.— Délib. 9 mars 1838.

§ 4.— *Déclarations de command sur les adjudications de biens de l'état ou des communes.*

3609. — Les adjudicataires des domaines de l'état peuvent, dans les trois jours de l'adjudication, faire des déclarations de command, sans qu'il y ait lieu à un droit d'enregistrement autre que celui qu'aurait payé l'adjudicataire.—L. 26 vendém. an VII, art. 11; circ. 24 brum. an VII, 1417 *bis*; instr. 386, no 16.

3610.—Toutefois, les adjudicataires ne sont pas pour cela dispensés de faire à la régie la notification de la déclaration. —A défaut de notification, la déclaration de command donne lieu au droit proportionnel. — *Cass.*, 25 nov. 1811, Pérignon.

3611. — Cette notification doit également être faite dans le délai de trois jours, au lieu de celui de vingt-quatre heures pour les ventes ordinaires. — Décis. min. fin. 5 janv. et 26 avr. 1808; instr. 386, no 16.

3612. — La notification ne peut être suppléée par la circonstance que la déclaration aurait été faite au secrétariat de la préfecture, parce que l'homme du gouvernement n'est pas l'agent du fisc. — *Cass.*, 25 nov. 1811, Pérignon.

3613. — En matière d'adjudication de biens de l'état, la faculté d'élire command ne peut être exercée qu'au profit d'un seul individu. — Avis cons. d'état 24 déc. 1808, appr. le 30 janv. 1809; instr. 422.

3614. — Cependant si l'autorité administrative a admis une déclaration de command au profit de plusieurs, elle est censée avoir renoncé à l'application de la disposition précédente, et la déclaration n'est passible que du droit fixe. — Délib. 29 avr. 1831.

3615. — L'adjudicataire d'un bois de l'état qui s'est réservé la faculté d'élire command pour chaque lot peut en élire deux pour un seul lot en donnant la superficie à l'un et le sol à l'autre. — L'exigibilité du droit de vente sur la déclaration pour l'un des lots ne rend pas ce droit exigible pour un autre lot.— *Cass.*, 18 fév. 1839 (t. 1er 1839, p. 299), de Chandennier et Gavelle.

3616. — Les déclarations de command des adjudicataires des bois de l'état vendus en exécution de la loi du 25 mars 1831 ne sont passibles que d'un droit fixe quand la faculté d'élire command a été réservée dans l'acte de vente, que la déclaration a été passée au secrétariat de la préfecture ou de la sous-préfecture, dans les trois jours de l'adjudication, et qu'elle a été notifiée au receveur dans le même délai.—Déc. min. fin. 27 mars 1831; instr. 1361.

3617. — Quant aux déclarations de command par suite d'adjudication de biens des communes, elles sont assujéties aux règles générales déterminées par la loi de frimaire.— Déc. min. fin. 27 déc. 1831 et 7 janv. 1832.

3618. — Ainsi, la déclaration de command sur une adjudication d'un immeuble communal vendu devant l'autorité administrative aux enchères publiques est passible du droit proportionnel, si elle n'a pas été faite dans les vingt-quatre heures et dans la forme prescrite. — Délib. 6 et 23 déc. 1831.

3619. — Il n'y a lieu de percevoir que le droit fixe sur la déclaration de command en vertu de la faculté réservée dans un acte d'adjudication devant un maire, lorsqu'elle a été faite et notifiée au receveur dans les vingt-quatre heures de l'acte extra-judiciaire donnant connaissance à l'adjudicataire de l'approbation du préfet, quelle que soit la date de cette approbation. — Délib. 13 fév. 1838.

ART. 3. — *Contre-lettres.*

3620. — Toute contre-lettre faite sous signature privée, qui a pour objet une augmentation du prix stipulé dans un acte sous signature privée, précédemment enregistré, est nulle et de nul effet. — Néanmoins, lorsque l'existence en est constatée, il y a lieu d'exiger, à titre d'amende, une somme triple du droit qui aurait eu lieu sur les sommes et valeurs ainsi stipulées. — L. 22 frim. an VII, art. 40.

3621. — Les principes en matière de contre-lettre sont exposés sous ce mot (V. CONTRE-LETTRE). On y examine la question de savoir si la loi du 22 frim. an VII a été abrogée par l'article 1321, C. civ. — Nous ne parlerons ici que des décisions rendues en matière d'enregistrement.

3622. — Un acte séparé, par lequel on renonce à une créance en faveur d'un traité qu'on vient de faire, ne peut être considéré comme contre-lettre dans le sens de l'art. 40, L. 22 frim. an VII. — *Cass.*, 30 oct. (et non août ou nov. 1809), Benard.

3623. — La contre-lettre par laquelle l'acquéreur d'un immeuble en vertu d'un acte authentique s'oblige de céder ce même immeuble à locatairie perpétuelle au vendeur, à une époque fixée, et si celui-ci y consent, ne donne point lieu au droit proportionnel lorsque le vendeur refuse de s'en prévaloir. — *Cass.*, 1er juill. 1807, Faissal.

3624. — Ne saurait être considéré comme contre-lettre l'acte par lequel l'acquéreur d'un immeuble, sous faculté de réméré, reconnaissant que le prix de vente est inférieur à la valeur vénale des biens, s'oblige de payer un supplément de prix, surtout si cet acte est présenté volontairement à la formalité. Dans ce cas, le double droit n'est pas exigible, si l'acte est soumis à l'enregistrement dans les trois mois. — Délib. 24 août 1830.

3625. — La contre-lettre sous seing-privé qui augmente le prix d'une vente n'est pas sujette au triple droit, mais seulement au droit simple, si, étant passée le même jour que la vente, elle est soumise à l'enregistrement en même temps que celle-ci, attendu que l'art. 40, L. 22 frim., n'atteint que la contre-lettre souscrite *postérieurement* à l'enregistrement de l'acte primitif.—Délib. 11 juin 1833.

3626. — Il y a présomption de rétrocession donnant ouverture au droit proportionnel lorsque, postérieurement à la vente d'un immeuble faite par acte notarié, il est déclaré dans une contre-lettre que la vente n'a été que feinte et simulée et alors surtout que le précédent vendeur afferme ou hypothèque l'immeuble vendu. — *Cass.*, 14 vent. an XIII, Gay et Blachier; 7 août 1807, Gay et Blachier.

3627. — Lors même que la contre-lettre serait nulle, la rétrocession ne serait pas moins censée conserver tout son effet vis-à-vis de celui qui annoncerait la prétention de s'en servir en la présentant lui-même à l'enregistrement. — *Cass.*, 7 août 1807, Gay et Blachier.

3628. — Une contre-lettre sous seing-privé par laquelle les parties déclarent qu'un acte de vente authentique passé entre elles n'était pas sérieux et ne devait point recevoir d'exécution doit être considérée comme une véritable rétrocession, qui, faute d'avoir été faite dans les vingt-quatre heures, donne ouverture au droit proportionnel. — *Cass.*, 25 oct. 1808, Treil.

3629. — Lorsqu'un contrat de vente d'immeubles porte quittance du prix, une contre-lettre, avec ou sans date certaine, qui porte que le prix est encore réellement dû et un jugement qui déclare la vente nulle faute de paiement ne peuvent être opposés à des tiers. — Dès-lors la résolution de la vente prononcée par ce jugement peut être considérée par la régie comme une rétrocession déguisée assujétie au droit proportionnel. — *Cass.*, 11 (et non 6) juill. 1814, Dubo.

3630. — Dans les contre-lettres qui ont pour objet de contredire l'existence d'un paiement, la régie n'a rien à prouver, puisqu'il s'agit de l'inexécution des conditions; elle sera donc toujours fondée à méconnaître la déclaration des parties, à moins qu'un jugement contradictoire ne la tienne pour vraie. Mais si la contre-lettre a pour objet de déclarer qu'un contrat n'a pas été sérieux, la cause exprimée et la cause supposée réelle consistent également dans la volonté des parties; ni l'une ni l'autre ne sont des objets extérieurs à l'acte. La régie doit alors prouver. — Championnière et Rigaud, t. 1er, nos 501 et 674.

3631. — Un vendeur qui aurait imprudemment reconnu dans l'acte de vente avoir reçu le prix comptant, tandis qu'une contre-lettre porterait le contraire, ne pourrait plus, faute de paiement, faire résoudre le contrat qu'à la charge de payer à la régie de nouveaux droits de mutation comme s'il y avait eu revente. — Toullier, t. 8, no 182; Plasman, *ibid.*, p. 45 et 68; Championnère et Rigaud, t. 1er, nos 501 et 671; Duranton, t. 18, no 105.

3632. — L'annulation, prononcée par jugement, d'une contre-lettre ayant pour objet une augmentation de prix ne dispense pas d'acquitter les droits qu'on a voulu frauder et ceux en sus pour la peine encourue conformément à l'art. 40, L. 22 frim. an VII. — *Cass.*, 12 (et non 13) nov. 1811, Rigordy.

3633. — Il n'y a lieu de percevoir le double droit sur l'augmentation du prix de vente d'immeubles fixée par un acte postérieur qu'autant que la plus-value a été découverte par l'administration et constatée par une expertise demandée dans l'année. Dès-lors l'art. 5 de la loi du 27 vent. an IX n'est point applicable lorsque l'acquéreur, reconnaissant une lésion au préjudice du vendeur, la répare au moyen d'un supplément de prix. — Solut. 25 janv. 1833.

3634. — Mais le droit simple est exigible sur ce supplément de prix. — Délib. 4 mai 1833. — *Contrà* délib. 25 oct. 1826. — Toutefois dans ce dernier système il y avait lieu de percevoir le droit d'obligation sur la somme que l'acheteur reconnaît devoir comme complément.

3635. — Les héritiers des auteurs d'une contre-lettre en matière de vente d'immeubles ne doivent pas payer l'amende prononcée par l'art. 40, L. 22 frim. Ils sont seulement obligés d'acquitter le simple droit sur le montant simulé du prix. — Délib. 21 fév. 1827.

3636. — Le triple droit auquel donne ouverture toute contre-lettre sous seing-privé qui ajoute au prix stipulé dans un acte authentique ou sous signature privée et enregistré peut être exigé même du tiers-porteur qui présente l'acte à la formalité de l'enregistrement, sauf le recours de ce porteur contre les auteurs de la contre-lettre. — Plus spécialement, si le tiers-porteur n'a été soumis lors de l'enregistrement de la contre-lettre qu'au paiement du simple droit proportionnel, il peut ultérieurement être poursuivi par la régie pour le complément du triple droit, sauf son recours. — *Cass.*, 23 fév. 1836, Salomon. — *Contrà* Championnière et Rigaud, t. 3, no 3852.

## Sect. 9e. — *Ventes mobilières.*

3637. — Sont passibles du droit de 2 fr. pour 100 fr.: les adjudications, ventes, reventes,

cessions, rétrocessions, marchés, traités et tous autres actes, soit civils soit judiciaires, translatifs de propriété à titre onéreux, de meubles, récoltes de l'année sur pied, coupes de bois taillis et de hautes futaies et autres objets mobiliers généralement quelconques, même les ventes de biens de cette nature faites par l'état. — L. 22 frim. an VII, art. 69, § 5, no 1er.

3638. — Les adjudications à la folle-enchère de biens meubles sont assujéties au même droit, mais seulement sur ce qui excède le prix de la précédente adjudication, si le droit en a été acquitté. — L. 22 frim. an VII, art. 69, § 5, no 1er.

3639. — Ce droit de 2 fr. p. 100 fr. a subi des réductions ou même a été remplacé par un simple droit fixe dans différens cas particuliers, ainsi qu'on le verra dans le paragraphe suivant.

§ 1er. — *Ventes mobilières en général.*

3640. — L'existence d'un acte de vente mobilière ne donne pas plus que celle d'une vente verbale ouverture au droit lorsque cet acte n'est pas soumis à la formalité de l'enregistrement. — Délib. 19 fév. 1828; — Championnière et Rigaud, *Tr. des dr. d'enregistr.*, t. 3, no 1829.

3641. — Une reconnaissance de laquelle il résulte que, plusieurs années auparavant, il a existé une vente d'objets mobiliers, ne donne pas lieu au droit proportionnel, lorsque cette reconnaissance est étrangère au vendeur, qu'elle n'est qu'un précompte entre les acquéreurs associés, et que l'acte de vente n'est ni produit en justice, ni relaté dans aucun acte public. — *Cass.*, 8 oct. 1810, Vidal.

3642. — Toutes les ventes mobilières au profit du trésor public ou des administrations qui en dépendent, sont passibles des mêmes droits que les ventes dans l'intérêt des particuliers. — Déc. min. fin. 10 août 1826; instr. 1204, § 9. — On en peut voir l'application dans plusieurs numéros du présent paragraphe.

3643. — *Achalandage.* — La cession de l'achalandage d'une brasserie est passible du droit de 2 % et non de celui de 1 %. — *Cass.*, 13 juill. 1840 (t. 2 1840, p. 585), Grillou.

3644. — *Actions de société.* — A la différence des cessions d'actions mobilières des sociétés, qui ne donnent lieu qu'au droit de 50 cent. p. 100 fr. quand ces actions sont transmissibles par voie de négociation (L. 22 frim. an VII, art. 69, § 2, no 6), la cession d'une part d'intérêt dans une société qui ne présente pas les mêmes caractères reste passible du droit de 2 p. % comme vente mobilière (même art. 69, § 5, no 1er). — V. la jurisprudence à ce sujet *suprà* nos 2033 et suiv.

3645. — *Bateaux.* — Le droit fixe de 2 fr. dont sont seulement passibles les actes ou procès-verbaux constatant les ventes totales ou partielles de navires (L. 21 avr. 1818, art. 64) a été déclaré applicable aux ventes de bateaux servant à la navigation intérieure des rivières. — Délib. 8 déc. 1829; — Roland et Trouillet, *ibid.*, § 1er, nos 34 et 35.

3646. — Un bateau-lavoir ne sert pas à la navigation; sa vente est donc passible du droit de 2 p. %. — Délib. 14 juill. 1832. — *Contrà* Roland et Trouillet, par le motif qu'un pareil bateau peut servir à la navigation en le dépouillant de la charpente qui le recouvre. — *Ibid.*, § 1er, no 36.

3647. — L'obligation causée pour le prix de la vente d'un bateau ne peut être assujétie qu'au droit fixe de 1 fr. — Solut. 18 avr. 1827; — Roland et Trouillet, *ibid.*, § 1er, no 39.

3648. — Quant aux autres décisions communes aux bateaux et aux navires, V. *infrà* nos 3674 et suiv.

3649. — *Brevet d'invention.* — Les ventes de brevets d'invention sont soumises au droit de 2 %. — Délib. 29 mai 1832; instr. 1410, § 4.

3650. — *Chevaux.* — Sont sujettes au droit de 2 % les ventes faites par un secrétaire de préfecture, de chevaux du train d'artillerie et du train des équipages réunis pour être placés chez des cultivateurs; le dépôt du prix de la vente doit être fait à la caisse de service. — Décis. min. fin. 30 nov. 1814 et 6 fév. 1815; — Roland et Trouillet, *ibid.*, § 1er, no 13.

3651. — *Constructions.* — Les ventes de bâtimens ou de baraques faites à la charge de les démolir donnent lieu au droit de 2 %. — *Dict. des dr. d'enreg.*, vo *Vente de meubles*, chap. 3, no 168.

3652. — *Contributions indirectes.* — Les ventes de tabacs, faites au commerce par les préposés des contributions indirectes, en vertu d'autorisations ministérielles, ne sont passibles que du droit de 50 p. %. — Instr. 940; Roland et Trouillet, *ibid.*, § 1er, no 27.

3653. — *Coupes de bois.* — Toutes adjudications de coupes de bois communaux, faites par les administrations, sont sujettes au droit d'enregistrement. — *Cass.*, 12 déc. 1808, Roche.

3654. — La vente d'une coupe de bois de sapin dans une forêt située à l'étranger ne donne pas lieu au droit proportionnel, bien que l'acte soit passé en France. — Instr. gén. 24 juin 1836, 1513, § 9. — Par conséquent, le droit proportionnel perçu en pareil cas doit être restitué. — Délib. 17 mars 1835.

3655. — *Douanes.* — Sont sujettes au droit de 2 % les ventes de denrées coloniales faites par l'administration des douanes; le droit doit être acquitté par l'acquéreur et non pas perçu sur le montant des droits de douane acquittés. — Décis. min. fin. 15 déc. 1812 et 5 janv. 1818; — Roland et Trouillet, *ibid.*, § 1er, no 8.

3656. — *Faillite.* — Les ventes de meubles et marchandises faites conformément à l'art. 492, C. comm. (aujourd'hui art. 486, L. 28 mai 1838), ne sont assujéties qu'au droit proportionnel de 50 c. p. 100 fr. — L. 24 mai 1834, art. 12.

3657. — La réduction est applicable aux ventes aux enchères publiques, comme aux ventes faites à l'amiable. — Instr. 17 nov. 1834, 1471.

3658. — La disposition est également applicable au cas où cette vente est faite par un commissaire priseur ou tout autre officier public. — Délib. 1er août 1835.

3659. — L'acte par lequel le failli s'oblige à céder à ses créanciers ses marchandises est une vente passible du droit proportionnel, selon la nature des choses cédées. — *Dict. des dr. d'enreg.*, vo *Vente de meubles*, no 83.

3660. — *Fonds de commerce.* — La cession d'un fonds de musique comprenant, outre le mobilier matériel, la propriété des ouvrages et manuscrits et le droit de les graver, est passible de 2 % sur la totalité du prix, les objets cédés étant inséparables. — Décis. min. fin. 19 oct. 1821.

3661. — Lorsque l'adjudication volontaire d'un fonds de commerce a été faite sous la condition qu'elle ne produira son effet et qu'il n'y aura transmission qu'autant que les frais auront été payés dans un délai déterminé, et que l'adjudicataire aura fourni caution, il n'y a pas rétrocession et par conséquent ouverture à un droit de mutation, si l'adjudicataire se désiste du bénéfice du contrat qui lui a été consenti, et si, par suite, le fonds de commerce rentre dans les mains du vendeur. — *Cass.*, 8 juill. 1822, Chapuis.

3662. — Lorsqu'un contrat de mariage contient promesse de vente à une fille par les père et mère d'un fonds de commerce qui leur appartient avec stipulation que la dot de 50,000 fr. qu'ils constituent aux futurs époux restera entre leurs mains comme à-compte du prix, le droit doit être perçu, non sur la somme de 3,000 fr. déclarée par les parties être la valeur de l'objet vendu, mais bien sur la constitution de 50,000 fr. à laquelle cette valeur s'élève réellement, puisqu'elle a été présentée comme un à-compte du prix. — *Cass.*, 26 nov. 1822, Fremard.

6663. — *Fumiers.* — L'adjudication, à la diligence d'un sous-intendant militaire, des fumiers existans dans une caserne de cavalerie, et dont le prix doit tourner au profit de la masse du régiment, est passible de 2 % sur le prix, indépendamment de 50 c. p. 100 fr. sur le cautionnement fourni par l'adjudicataire. — Décis. min. fin. 10 août 1826 et 7 oct. 1834; instr. 1204, § 9, et 1490, § 1er.

3664. — *Manuscrits.* — La vente d'un manuscrit doit être considérée comme une vente ordinaire, et est passible dès-lors du droit de 2 %. — *J. de l'enreg.*, art. 4341.

3665. — *Marchandises avariées.* — Les procès-verbaux de vente publique ou de destruction de marchandises avariées par suite d'événemens de mer rédigés par les courtiers de commerce et officiers publics, ou les commissaires aux classes de marine, ne sont soumis qu'au droit fixe de 1 fr. — L. 21 avr. 1818, art. 56; décis. min. fin. 2 mars 1821; instr., 830 et 978, no 3.

3666. — L'exception n'a pas lieu en cas d'avaries par d'autres événemens que ceux de mer, tels qu'un incendie de terre. — Délib. 30 oct. 1829.

3667. — Mais le droit proportionnel est dû sur les marchandises intactes. La perception se fait comme pour celle des droits de douanes, c'est-à-dire par séparation et triage; le droit fixe est perçu pour les marchandises qui, en raison de leur dépréciation, ont obtenu une réduction sur les droits de douane, et le droit proportionnel s'applique aux marchandises pour lesquelles les droits de douane ont été intégralement payés. — Décis. min. fin. 12 juin 1827; instr. 1212, § 1er.

3668. — *Marchandises vendues aux enchères par les courtiers de commerce.* — Le droit de 2 % a été réduit à 50 c. p. 100 fr. pour les ventes publiques de marchandises qui, conformément au décret du 17 avr. 1812, doivent être faites à la Bourse et aux enchères, par le ministère des courtiers de commerce, d'après l'autorisation du tribunal de commerce. — L. 15 mai 1818, art. 74.

3669. — Il ne doit être perçu que 50 c. p. 100 fr. sur les ventes faites par les courtiers de commerce, quelque modique que soit la valeur des lots, si elle a été fixée par les tribunaux de commerce. — Décis. min. fin. 18 mai 1821; instr. 983; — Roland et Trouillet, *Dict. d'enr.*, vo *Vente de meubles*, § 1er, no 26.

3670. — Lorsqu'un entrepreneur de services publics cède, du consentement de l'administration, le bénéfice de son marché à un tiers, qu'il subroge dans ses droits et obligations, cette cession est passible du droit proportionnel, comme le marché lui-même; et si elle ne contient point de fixation de prix de la part des parties, le droit doit être perçu sur le prix énoncé dans le marché. — *Cass.*, 13 juill. 1836, Costa.

3671. — La cession, faite conformément au cahier des charges, et avec l'agrément de l'autorité municipale, d'un marché pour fournitures passé avec une ville, n'est pas un marché nouveau, et n'est passible que du droit de cession mobilière sur le prix convenu entre le cédant et le cessionnaire. — *Cass.*, 3 déc. 1839 (t. 1er 1840, p. 27), Costa.

3672. — Lorsqu'un entrepreneur cède à un tiers le bénéfice d'un marché pour fournitures ou travaux, le droit d'enregistrement est dû seulement sur le prix spécialement stipulé pour cette cession; et ce droit est de 2 %, comme cession d'objets mobiliers. — Solut. 22 juin 1841; instr. 1661.

3673. — *Mérinos.* — Les ventes de mérinos et laines provenant des bergeries nationales sont passibles du droit ordinaire. — Décis. min. fin. 27 oct. 1807.

3674. — *Navires.* — Les actes ou procès-verbaux constatant les ventes de navires soit totales ou partielles ne sont passibles que du droit fixe de 1 fr. — L. 21 avr. 1818, art 64; instr. 830.

3675. — Cette perception est applicable non seulement aux ventes de navires par les préposés des douanes dans l'intérêt de l'état, mais encore aux ventes totales ou partielles de navires français ou étrangers, quels que soient leur dénomination et leur tonnage. — Déc. min. fin. 2 mars 1824 et 14 sept. 1825; instr. 1132, § 14, et 1180, § 8.

3676. — Le droit fixe a été également appliqué aux ventes de navires même non avariés. — Décis. min. fin. 25 sept. 1818.

3677. — ... Aux ventes de débris de navires naufragés. — Décis. min. fin. 2 mars 1831; instr. 978.

3678. — ... A l'échange d'un navire contre un bateau. — Délib. 8 mars 1838.

3679. — Mais la loi du 21 avr. 1818 ne parlant point des cautionnemens de ces sortes de ventes, ils restent soumis au droit de 1/2 % établi par la loi du 22 frim. an VII. — Délib. 7 août 1835.

3680. — La vente de marchandises composant la cargaison, faite en même temps que celle du navire, reste soumise au droit proportionnel, sur le prix distinct stipulé pour ces marchandises. — Décis. min. fin. 6 oct. 1820, et 22 août 1823.

3681. — Décidé cependant que la vente de navires ou bateaux est affranchie du droit proportionnel, encore bien qu'elle comprenne d'autres objets mobiliers. Le droit de 2 % ne doit pas être perçu sur la totalité du prix, par cela que celui des bateaux n'a pas été particulièrement exprimé. L'art. 9, L. 22 frim., ne concerne que les ventes de meubles et d'immeubles comprises dans un même acte. — Délib. 5 mars 1839.

3682. — *Octrois.* — Sont sujettes au droit de 2 fr. p. 100 fr. les ventes d'objets saisis par les préposés des octrois. — Décis. min. fin. 15 nov. 1808.

3683. — *Offices.* — Il avait d'abord paru que la convention par laquelle un officier public cédait sa clientèle ne contenait la livraison d'aucun objet mobilier ou immobilier, et ne présentait ainsi qu'une obligation de sommes tarifée à 1 fr. p. 100 fr. — Décis. min. fin. 31 mai 1808; instr. 386, no 10.

3684. — Mais un arrêt de cassation du 16 fév. 1831 ayant reconnu que, depuis la loi du 28 avr. 1816, les offices étaient la propriété des titulaires et faisaient partie de leurs biens, on en a conclu qu'une étude n'étant pas un immeuble se trouvait nécessairement classée sous l'expression d'*effets mobiliers*, ce qui rendait la cession de ces offices passible du droit de 2 %, sauf la partie du prix représentative de la valeur des créances et recouvremens cédés avec l'office. — Avis cons. fin. 8 juin 1831, appr. le 24; instr. 1381, § 1er.

3685. — Toutefois, les cessions d'offices faites avant que la décision ministérielle du 24 juin 1831 fût officiellement connue sont seulement passibles du droit de 1 %. — Délib. 21 fév. 1832.

3686. — Puis est venue la loi du 21 avr. 1832 dont l'art. 34 porte « que les ordonnances de nomination des avocats à la cour de Cassation, des notaires, avoués, greffiers, huissiers, agens de change, courtiers et commissaires-priseurs sont assujéties à un droit d'enregistrement de 10 % sur le montant du cautionnement. Ce droit doit être perçu sur la première expédition de l'ordonnance, dans le mois de sa délivrance sous peine d'un double droit. Les nouveaux titulaires ne pourront être admis au serment qu'en produisant ladite expédition revêtue de la formalité de l'enregistrement. En cas de délivrance d'une seconde ou subséquente expédition, la relation de l'enregistrement y sera mentionnée sans frais par le receveur du bureau où la formalité aura été remplie et les droits acquittés. »

3687. — Depuis la perception du droit de 10 % sur le cautionnement des offices de notaires et autres officiers ministériels, il n'y avait pas lieu à percevoir aucune autre espèce de droit sur le prix de ces mêmes offices. — *Cass.*, 24 août 1835, Verpy; 26 avr. 1836, Beaurin et Pottier; 24 déc. 1838 (t. 1er 1839, p. 10), Chaumont-Pelletier.

3688. — De même, l'héritier ou le légataire universel d'un notaire, qui était nommé à l'office vacant par le décès de celui-ci, n'était pas tenu d'acquitter le droit de mutation par décès sur la valeur de l'office, indépendamment du droit de 10 % du cautionnement qu'il avait déjà payé sur l'ordonnance de nomination. — Délib. 14 fév. 1839. — V. *contrà* délib. 7 déc. 1835.

3689. — Lorsque, depuis la constitution en dot par un père à sa fille d'un office de notaire pour une somme déterminée rapportable à la succession du constituant, le mari de la donataire était pourvu dudit office, la perception du droit proportionnel de 62 cent. 1/2 p. 100 fr., déjà effectuée sur le contrat de mariage, devait être maintenue, indépendamment du droit de 10 % pour l'enregistrement de l'ordonnance de nomination, attendu que deux transmissions avaient eu lieu : celle de la somme d'argent à la future qui en devra le rapport et celle de l'office à son mari. — Délib. 14 mars 1837; instr. 1539, § 7.

3690. — L'ordonnance qui, en nommant à un office dont le précédent titulaire avait été destitué, imposait au nouveau titulaire l'obligation de verser une somme à la caisse des consignations, n'était point passible d'un droit particulier sur cette somme, mais seulement du droit de 10 % du cautionnement. — Délib. 18 sept. 1835.

3691. — La loi ne faisant pas de distinction pour le cas où l'ordonnance de nomination intéressait un titulaire d'un office de même nature, le droit de 10 % a dû être perçu sur le montant intégral du cautionnement sans considérer si le nouveau cautionnement à fournir excédait ou non celui qui était affecté à ses précédentes fonctions. — Solut. 5 mars 1833; instr. 1425, § 9.

3692. — N'est pas sujette à l'enregistrement, l'ordonnance royale qui autorise un notaire à changer de résidence, sans le placer dans une classe autre que celle où il se trouvait précédemment. — Délib. 28 janv. 1834.

3693. — Lorsque sur la permutation de leurs offices entre deux notaires, deux ordonnances royales les ont nommés à leurs nouvelles résidences et les qualifiaient de démissionnaires sans cependant faire mention de la permutation ni de leurs fonctions antérieures, le droit de 10 % du cautionnement était exigible sur chacune de ces ordonnances. — Délib. 26 juin 1835; 26 juin 1838.

3694. — La cession d'un office, dans le seul but par le cessionnaire, qui d'ailleurs ne remplissait pas les conditions nécessaires pour y être nommé, d'en disposer comme il aviserait, constituait une transmission de chose mobilière non susceptible du droit de 10 % du cautionnement et rentrait dans la catégorie des cessions passibles de 2 %. Mais la cession ultérieure au profit d'un tiers apte à être pourvu de l'office donnerait lieu au droit de 10 %. — Délib. 9 nov. 1838.

3695. — Lorsque les héritiers d'un avoué ont cédé l'office aux avoués de la même résidence qui se proposent d'en demander la suppression avec stipulation que dans le cas où cette suppression ne pourrait être obtenue, les héritiers devraient présenter le candidat désigné par les cessionnaires collectivement, l'acte était passible du droit proportionnel de 2 %, sauf à tenir compte de ce droit lors de la perception de celui de 10 % sur le cautionnement, si la suppression n'étant pas prononcée, un successeur était nommé au titulaire décédé. — Délib. 25 janv. 1838.

3696. — Est passible du droit de 2 % comme vente mobilière, la cession d'un office de notaire en faveur d'un individu qui n'est pas encore majeur, avec stipulation qu'on ne pourra revenir sur les conditions de la vente pour quelque cause que ce soit, et que, dès-lors, le cessionnaire pourra céder à son tour l'office à un tiers. — Délib. 15 mai 1838.



3697. — Il est dû seulement le droit fixe de 1 fr. sur l'acte de cession d'un office portant que l'ordonnance de nomination ne sera provoquée que dans plusieurs années. — Délib. 27 oct. 1837.

3698. — Lorsqu'un office a été cédé sous la condition que la vente serait considérée comme non avenue dans le cas où l'acquéreur ne serait pas nommé, il y a lieu, le cas échéant, de restituer le droit perçu lors de l'enregistrement du traité, encore bien que le cessionnaire n'ait fait aucune démarche pour obtenir sa nomination. — *Cass.*, 24 fév. 1835, Robert. — Toutefois, la demande doit être formée dans les deux ans de l'enregistrement de l'acte. — Instr. 27 juin 1836.

3699. — La cession de partie seulement d'une charge ou d'un office dont le cédant restait titulaire a dû être assujétie au droit de 2 %; attendu que le droit de 10 % sur le cautionnement n'ayant pu être perçu, il fallait nécessairement que la mutation fût frappée du droit de cession de choses mobilières. — Délib. 14 nov. 1837.

3700. — La vente d'objets mobiliers corporels faite par le même acte que la cession de l'office, comme son accessoire, est passible du droit proportionnel. — *Cass.*, 26 avr. 1836, Beaurin e Pottier.

3701. — Ainsi, lorsque le traité de cession d'un office contient en outre celle de créances ou sommes à recouvrer ou la vente d'objets mobiliers corporels, il doit être perçu, indépendamment du droit pour la cession de l'office, le droit proportionnel de 1 % sur le montant des créances et recouvremens, et celui de 2 % sur le prix des objets mobiliers. Si le traité n'exprimait qu'un seul prix, les parties devraient, par une déclaration, indiquer la portion de prix applicable à chaque objet. — Instr. gén. 27 juin 1836.

3702. — Enfin, la loi du 25 juin 1841 porte que : pour la transmission à titre onéreux d'un office et des objets en dépendant, le droit est de 2 % du prix exprimé dans l'acte de cession et du capital des charges qui peuvent ajouter au prix (art. 7).

3703. — Il en est de même quand l'office, ayant été transmis par décès, passe à l'un des héritiers par suite de traité. — Même loi, art. 9.

3704. — Dans aucun cas, le droit d'enregistrement ne peut être inférieur au dixième du cautionnement attaché à la fonction ou à l'emploi. — Même loi, art. 10.

3705. — Si les receveurs de l'enregistrement ont lieu de penser que le droit d'enregistrement de 2 % sur le prix de la cession de l'office est inférieur au dixième du cautionnement, ils sont autorisés à se faire justifier du montant du cautionnement. — Circ. dir. gén. 8 août 1843.

3706. — Lorsque la simulation du prix exprimé dans l'acte de cession à titre onéreux d'un office, vient à être établie d'après des actes émanés des parties ou de l'autorité administrative ou judiciaire, il est perçu, à titre d'amende, un droit en sus de celui qui est dû, sur la différence de prix. — Les parties, leurs héritiers ou ayant-cause sont solidaires pour le paiement de cette amende. — L. 25 juin 1841, art. 11.

3707. — En cas de création nouvelle d'offices, ou en cas de nomination de nouveaux titulaires sans présentation, par suite de destitution ou pour tout autre motif, les ordonnances qui y pourvoiront seront assujéties à un droit de 20 % sur le montant du cautionnement. — Toutefois, si les nouveaux titulaires sont soumis, comme condition de leur nomination, à payer une somme déterminée pour la valeur de l'office, le droit de 2 % sera exigible sur cette somme, sans toutefois que ce droit puisse être inférieur au dixième du cautionnement. — Le droit devra être acquitté avant la prestation de serment du nouveau titulaire, sous peine du double droit. — L. 25 juin 1841, art. 12.

3708. — En cas de suppression d'un titre d'office, lorsqu'à défaut de traité l'ordonnance qui prononcera l'extinction fixera une indemnité à payer au titulaire de l'office supprimé ou à ses héritiers, l'expédition de cette ordonnance devra être enregistrée dans le mois de la délivrance, sous peine du double droit. — Le droit de 2 % sera perçu sur le montant de l'indemnité. — L. 25 juin 1841, art. 13.

3709. — Le traité par lequel les titulaires d'office, dans un arrondissement, s'obligent de payer à la veuve d'un de leurs confrères une indemnité déterminée, s'ils obtiennent la suppression de l'office vacant, est passible du droit de 2 % et non de 10 % du cautionnement. — Délib. 10 oct. 1843.

3710. — Lorsque après destitution, l'ordonnance qui nomme un nouveau titulaire fixe une somme à payer à qui de droit, pour la valeur de l'office, et une autre somme pour les recouvremens dus à l'ancien titulaire, le droit de 2 % n'est exigible que sur la première de ces sommes. — — Un jugement du tribunal de Bressuire, en date du 24 juin 1845, a consacré cette doctrine à laquelle l'administration a acquiescé par délibération du 28 oct. suiv.



3711. — Si, dans le système de la loi du 21 avril 1832, c'était la transmission définitive de l'office qui donnait lieu à la perception du droit d'enregistrement, c'est, d'après la loi du 25 juin 1841, l'exercice même du droit de présentation attribué au titulaire qui donne ouverture à la perception du droit lorsque cet exercice se manifeste par un traité de cession. — *Cass.*, 31 janv. 1844 (t. 1er 1844, p. 331), Decolange; 5 mars 1845 (t. 1er 1845, p. 405), Petit-Bergonz.

3712. — En conséquence, la loi du 25 juin 1841, qui fixe un droit d'enregistrement de 2 % à percevoir sur le prix de cession des offices, n'est point applicable aux traités qui, lors de la promulgation de cette loi, se trouveraient enregistrés, ou auraient été régulièrement produits devant l'autorité compétente, à l'appui des demandes de nomination. — Il y a lieu d'appliquer encore à cet égard la loi du 21 avr. 1832, qui fixait à 10 % du cautionnement le droit à percevoir sur l'ordonnance de nomination. — *Cass.*, 31 janv. 1844 (t. 1er 1844, p. 331), Decolange; 6 mars 1844 (t. 1er 1844, p. 386), Groux; 5 mars 1845 (t. 1er 1845, p. 405), Petit-Bergonz. — *Contrà* déc. min. fin. 17 nov. 1841; circ. 28 janv. 1842.

3713. — La transmission, à l'autorité compétente, de la démission du titulaire de l'office, donne, à l'égard de la régie de l'enregistrement, une date certaine à l'acte de cession sous seing-privé. — Implic. *Cass.*, 5 mars 1845 (t. 1er 1845, p. 405), Petit-Bergonz.

3714. — Les cessions d'offices donnent-elles ouverture au droit proportionnel de vente mobilière, lorsqu'elles n'ont pas été suivies de nomination, si ce défaut de nomination provient, non du fait du prince, mais de la négligence des parties ? Non. — Arg. *Cass.*, 24 fév. 1835, Robert; — Championnière et Rigaud, t. 2, no 1518. — V. cependant *infrà* no 4136. — V. aussi nos 4446 et suiv.

3715. — *Papiers de réforme.* — Le droit de 2 % est dû sur les ventes de papiers de réforme provenant de la cour des comptes. — Déc. min. fin. 8 juin 1814; — Roland et Trouillet, *Dict. d'enr.*, vo *Vente de meubles*, § 1er, no 15.

3716. — Il en est de même des ventes de papiers provenant des administrations forestières ou de ceux dont le timbre n'est plus en usage. — Circ. 13 sept. 1806.

3717. — *Prises maritimes.* — Les actes ou procès-verbaux de ventes de prises maritimes, faites par les commissaires de la marine ou autres agens ou administrateurs qui les remplacent, ne sont soumis qu'au droit fixe de 1 fr. — Décis. min. fin. 24 juin 1806 et 13 déc. 1808.

### § 2. — *Caractères des ventes mobilières.*

3718. — Comme c'est d'après la substance des actes, et non d'après la qualification que leur ont donnée les parties, que les droits doivent être perçus, le droit de vente mobilière est dû toutes les fois qu'un acte, quels qu'en soient les termes, a réellement pour objet de transmettre la propriété d'une chose mobilière.

3719. — Ainsi est passible du droit de vente mobilière, la clause d'une transaction par laquelle les héritiers du mari paient en argent la valeur du mobilier que celui-ci était tenu, par son contrat de mariage, de rendre en nature à sa femme ou à ses héritiers, et qui se trouve également exister en nature lors de la dissolution du mariage. — Quant au paiement de la valeur du mobilier qui se trouve ne plus exister en nature, il donne seulement ouverture au droit de libération. — *Cass.*, 2 janv. 1844 (t. 1er 1844, p. 139), Scheult.

3720. — Ainsi encore, le droit de 2 % est dû sur le bail par adjudication de plusieurs pièces de terre ensemencées en trèfle, pour commencer le 13 juin et finir le 1er nov. de la même année; car évidemment cette forme n'a été employée que pour déguiser une vente mobilière. — Décis. min. just. 17 juill. 1813. — Toutefois ce n'est pas là un principe invariablement fixé; il doit fléchir, dans l'application, en raison des circonstances. — Délib. 16 nov. 1830; — Roland et Trouillet, *Dict. d'enreg.*, vo *Bail*, § 3, no 17.

3721. — De même, doit être considéré, non comme bail passible seulement du droit de 20 c. p. 100 fr., mais comme vente de récoltes, passible du droit de vente mobilière de 2 % :

3722. — ... 1o Un acte qualifié bail par adju-

dication des prairies d'un domaine rural, s'il résulte de l'époque où la convention a eu lieu, de la brièveté de sa durée, et des clauses qui y sont insérées, qu'il avait uniquement pour objet la vente des herbes. — Spécialement, si l'acte a été fait pour quatre mois, à l'époque de la fauchaison, et avec exclusion de tout autre mode de jouissance que celui de la fauchaison. — *Cass.*, 26 août 1839 (t. 2 1839, p. 243), de Carbonnière.

3723. — ... 2° L'acte par lequel le propriétaire d'une carrière cède à un individu le droit d'en extraire la masse pendant vingt ans, en se conformant aux réglemens sur la matière, et surtout aux ordres du bailleur relatifs à la direction et à la marche de l'exploitation, alors que le prix de cette cession n'est pas d'une somme fixe par chaque année, mais doit être déterminé, pour chaque quantité des produits de la carrière, d'après un compte tenu par un commis du bailleur, et payé tous les mois sur le lieu de la sortie. — *Cass.*, 22 août 1842 (t. 2 1842, p. 329), Higonnet.

3724. — ... 3° Un acte qui, bien que qualifié d'amodiation, contient l'adjudication des premières et secondes herbes d'une prairie, alors surtout que cette adjudication a lieu à une époque rapprochée de la fauchaison, sous des conditions imposées pour la prompte récolte des foins et regains, et en l'absence d'ailleurs de toute autre concession de jouissance sur la prairie. — Peu importe à cet égard que les regains ne soient encore qu'un produit futur à l'instant de l'acte, ce produit n'en formant pas moins dès-lors une portion déterminée de la récolte de l'année. — *Cass.*, 19 mars 1845 (t. 1er 1845, p. 406), Roudolphi.

3725. — Toutefois l'adjudication, à titre d'amodiation, de la jouissance de prés, même à une époque rapprochée de la fauchaison, et pour quelques mois seulement (du 1er juill. au 11 nov.), ne saurait être considérée par la régie comme une vente de récoltes, alors que l'adjudication comprend en outre tous les autres produits ultérieurs et successifs à recueillir, comme le regain, et enfin le pâturage du sol de la prairie. — Dès-lors cet acte est soumis au droit de bail, et non à celui de vente mobilière. — *Cass.*, 19 mars 1845 (t. 1er 1845, p. 407), Henriet.

3726. — L'adjudication du droit d'extraire, dans un bref délai, toute la tourbe existant dans un terrain désigné, doit être considérée non comme bail, mais comme vente mobilière, pour la perception des droits. — *Cass.*, 31 juill. 1839 (t. 2 1839, p. 163), Janvier.

3727. — Il en est de même d'un acte qui, bien que qualifié bail d'amodiation, contient cession du droit d'extraire, pendant soixante ans, de la houille dans un terrain désigné faisant partie d'une concession de mines, avec stipulation d'une quantité déterminée d'extraction pour chaque année, et d'une redevance annuelle à payer au cédant sur les produits bruts extraits. — Il en est de même encore bien que le cessionnaire se soit réservé la faculté de résilier l'acte en prévenant le prétendu bailleur six mois d'avance. — Dès lors cet acte est passible du droit proportionnel de vente mobilière de 2 % et non de celui de bail de 20 c. p. 100 fr. — *Cass.*, 17 janv. 1844 (t. 1er 1844, p. 171), Albert.

3728. — Le principal motif de ces décisions, c'est qu'à la différence du bail qui a pour effet de conserver la substance de la chose et de ne laisser au preneur que les fruits qui se reproduisent, les stipulations dont il s'agit transmettent réellement la propriété des portions de la mine qui sont enlevées annuellement. Les portions extraites ne peuvent plus se reproduire ; et, avec le temps, la masse doit être entièrement anéantie au profit du preneur.

3729. — La même perception a été déclarée applicable en matière de bois. — Ainsi décidé que le droit de vente mobilière était dû : — 1° sur des actes qui, sous la forme de baux, avaient eu pour objet des arbres épars ou des bois non en coupe réglée, vendus à la charge de les couper en plusieurs années, et moyennant un prix pour chaque année (déc. min. fin. 6 juill.-16 août 1808 ; instr. 400, n° 3) ; — 2° sur la cession de la superficie entière de deux bois aménagés, moyennant une somme déterminée pour chaque année, dont la totalité était payée comptant, encore bien que l'acte portât la dénomination de bail pour cinq ans (Solut. 15 mai 1827 ; inst. 1219, § 5) ; — 3° sur un bail pour trois ans, et moyennant un prix total pour les trois années, du droit d'exploiter trois coupes dans des forêts aménagées à dix-huit et vingt-deux ans, avec condition qu'aucune des exploitations n'aurait lieu qu'après un procès-verbal de délivrance, et que les coupes pourraient être remises en adjudication publique, si le fermier ne se libérait pas aux époques fixées pour le paie-



ment. — *Cass.*, 3 déc. 1832, Simon ; — inst. 31 déc. 1828, 1263, § 6, et 23 mars 1833, 1422, § 14.

3730. — Si, dans un contrat dénommé bail à ferme, ayant pour objet l'exploitation de coupes de bois, il a été stipulé que le prétendu preneur n'aurait droit à aucune indemnité pour les vaines et vagues qui pourraient se trouver dans l'étendue des coupes, cette stipulation, qui n'eût pas été faite dans un bail, autorise les tribunaux à rendre à l'acte le caractère d'une vente. — *Cass.*, 3 déc. 1832, Simon.

3731. — Bien qu'un acte soit qualifié *bail* de la partie boisée d'une forêt, s'il résulte des stipulations y contenues qu'en refusant aux preneurs la jouissance de cette partie les bailleurs leur ont livré réellement les coupes de bois à y faire, il peut être régulièrement perçu un droit proportionnel de 2 % pour vente des bois livrés à l'exploitation. — *Cass.*, 20 mai 1839 (t. 2 1839, p. 339), compagnie des forges d'Audincourt.

3732. — Toutefois, bien que, dans un bail fait par un propriétaire à un marchand de bois, de tout ou partie de sa forêt, on ait stipulé plusieurs conditions qui se trouvent ordinairement dans les ventes et rarement dans les baux, si l'acte ne contient aucune convention qui soit exclusive de la qualification de bail que lui ont donnée les contractans, et qui soit en opposition avec la nature du louage, il n'y a lieu de percevoir que le droit proportionnel de 20 cent. pour 100 fr. pour bail, et non le droit de 2 % pour vente de coupes de bois. — *Cass.*, 22 fév. 1842 (t. 1er 1842, p. 341), Cibot, Demandre.

3733. — Toutefois, comme les objets dont il s'agit, réputés immeubles tant qu'ils tiennent au fonds, sont vendus pour être détachés du sol, et par conséquent mobilisés, la vente doit être considérée comme mobilière. — *Cass.*, 13 août 1833, Mazard.

3734. — Ainsi, la vente du droit d'exploiter une carrière et des ustensiles qui y sont attachés est une vente purement mobilière ; les droits d'enregistrement doivent être perçus en conséquence. — *Cass.*, 19 (et non 28) mars 1816, Merlin et Aubert ; 11 janv. 1843 (t. 2 1843, p. 11), Boggio.

3735. — Ainsi, la vente du droit de prendre à perpétuité de la terre à porcelaine dans une carrière déjà ouverte, et même de celui d'ouvrir de nouvelles carrières, doit être réputée vente de meubles. — *Cass.*, 13 (et non 12) août 1833, Mazard.

3736. — La régie avait d'abord décidé qu'il était dû un droit de vente immobilière ou de bail à durée illimitée sur la cession du droit d'extraire de la tourbe, si la durée de la jouissance n'était pas déterminée, ou s'il était stipulé qu'elle se prolongerait jusqu'à épuisement de la tourbière. — Décis. min. fin. 1er mai 1810 ; solut. 11 fév. 1834 ; instr. 1200, § 20, 1236, § 7 et 1458, § 2.

3737. — Mais jugé qu'on doit, pour la perception des droits d'enregistrement, considérer non comme vente immobilière, mais comme vente mobilière, la cession du droit d'exploiter jusqu'à leur épuisement les mines qui se trouvent dans un fonds, et de disposer des matières extraites ; et une pareille cession ne saurait être confondue avec un bail d'immeuble à durée illimitée, passible par conséquent du droit de 4 %. — *Cass.*, 11 janv. 1843 (t. 2 1843, p. 11), Boggio.

3738. — Les ventes de bois taillis sont soumises seulement au droit proportionnel de 2 %, soit qu'elles comprennent des bois susceptibles d'une exploitation immédiate, soit qu'elles comprennent des bois dont l'exploitation ne devra avoir lieu que successivement et dans un nombre d'années déterminé. — *Cass.*, 4 avr. 1827, Laget-Valdeson.

3739. — Une concession de prise d'eau, faite pour un temps illimité et moyennant une somme annuelle, mais avec faculté pour le concédant de retirer l'eau quand il le croira convenable, est une concession purement mobilière et ne donne ouverture par conséquent qu'au droit proportionnel de 2 %. — *Cass.*, 18 déc. 1811, Hautpoix.

3740. — Quand la cession du droit d'exploiter une mine est soumise à la condition d'obtenir l'autorisation du gouvernement, elle n'est passible jusque là que du droit fixe. — *Cass.*, 19 juin 1826, Dumaine.

3741. — L'acte par lequel le concessionnaire d'une mine et le propriétaire de la surface règlent le montant de l'indemnité due à ce dernier à raison des travaux à faire sur son terrain est soumis seulement à un droit proportionnel. — Cet acte ne peut être assimilé à un bail ou à une aliénation de jouissance ou de propriété, sous prétexte que le propriétaire de la surface y autorise surabondamment le concessionnaire de la mine à faire sur son terrain tous les travaux nécessaires à l'exploitation. — *Cass.*, 8 nov. 1827, Paillon.



2742. — Lorsque des objets sont réputés immeubles par destination, la vente qui en est faite doit être réputée non plus mobilière, mais bien immobilière ; et les droits sont perçus en conséquence.

3743. — On doit comprendre sous les dénominations de *cuves* et *tonnes*, employées dans l'art. 524, C. civ., les vases vinaires qu'on nomme *foudres* dans quelques parties de la France. Et lorsqu'ils sont vendus en bloc avec le *chay* dans lequel ils ont été placés par le propriétaire pour servir à l'exploitation de ce chay, ils doivent être réputés immeubles par destination, de telle sorte qu'il y a lieu de percevoir, sur leur prix, le droit de mutation fixé pour les ventes d'immeubles. — *Cass.*, 30 mai 1826, Bethfort et Damaye. — V. *infrà* nos 3787.

3744. — Décidé de même, au sujet d'une *brasserie* dite composée *immobilièrement* d'une maison, plus de chaudières, cuves, tonnes et autres objets déclarés immeubles par l'art. 524, C. civ., et *mobilièrement* de marchandises fabriquées, matières propres à la fabrication, en un mot de tout le fonds commercial évalué en *bloc*. — Solut. 25 nov. 1828, et instr. 1272, § 18.

3745. — Lorsque, avec l'immeuble social qui servait à l'exploitation d'une brasserie, l'achalandage de cet établissement est adjugé à l'un des associés même pour un prix distinct, cet achalandage ne peut être considéré comme une valeur mobilière. — *Cass.*, 13 juill. 1840 (t. 2 1840, p. 585) Grillon.

3746. — Dans une filature, les marchandises propres à carder, à filer et autres de cette nature, seront réputées immeubles ; mais il en sera autrement des métiers à tisser, qui sont étrangers au service de la filature ; et à plus forte raison des meubles meublans et autres objets de ce genre. Si de pareils objets étaient attachés au fonds à perpétuelle demeure, ils deviendraient immeubles, mais par infixation et non comme ustensiles. — Championnière et Rigaud, n° 3190. — V. *infrà* nos 3800 et suiv.

3747. — Il suffit qu'un moulin à vent soit posé sur piliers en maçonnerie pour qu'il doive être considéré comme immeuble par sa nature, encore bien qu'il ne soit adhérent à aucun bâtiment. En conséquence, la vente d'un tel moulin donne ouverture au droit proportionnel de 5 1/2 %, et non pas seulement au droit de 2 %. — *Cass.*, 12 mai 1834, Mariage.

3748. — Lorsque les agrès d'un moulin sont vendus avec le fonds qui est immeuble, il faut distinguer : s'ils ont été placés par le propriétaire du moulin, ils sont immeubles par destination, et le droit de vente est dû sur le tout. Au contraire, s'ils ont été placés par le meunier ou fermier, avec le droit de les enlever à la sortie, ils sont restés meubles, et le droit n'est que 2 %. — Solut. 18 août 1815.

3749. — La destination qui donne à des objets mobiliers le caractère d'immeubles résulte des faits et circonstances déterminés par la loi elle-même ; elle ne peut ni s'établir, ni cesser par de simples déclarations, soit orales, soit écrites, des propriétaires. — *Cass.*, 20 juin 1832, Hourelle Mouras.

3750. — Ainsi, quoique, en vendant une filature avec certaines machines reconnues immeubles par destination, un propriétaire ait désigné comme objets mobiliers, d'autres machines et ustensiles dépendant de cette filature, le droit d'enregistrement de vente immobilière doit être perçu sur tous les objets que la loi déclare immeubles par destination. — Même arrêt.

3751. — Lorsque, dans la vente d'un immeuble, on a compris un objet mobilier qui s'y trouve incorporé de manière à ne pouvoir en être séparé sans briser ou détériorer la partie du fonds à laquelle il est attaché, cet objet peut être considéré comme immeuble par destination, et la régie est autorisée à percevoir le droit dû pour mutation d'immeubles sur la totalité du prix, encore bien que l'objet mobilier n'appartienne pas exclusivement au propriétaire du fonds. — *Cass.*, 8 avr. 1829, Houyeau.

3752. — L'acte par lequel deux époux vendent à un individu un terrain propre à l'un d'eux, et des constructions faites par eux depuis leur mariage, est passible du droit proportionnel immobilier pour le tout, alors même qu'il a été stipulé deux prix, l'un pour le terrain, l'autre pour les constructions. — Délib. 14 fév. 1834.

3753. — Les constructions sur un terrain militaire faites par le particulier à qui le gouvernement a concédé la jouissance de ce terrain pour un temps illimité, moyennant une redevance annuelle, et sous la condition de les démolir à la première réquisition de l'autorité militaire, doi-

vent être réputées immeubles. En conséquence, la vente de ces constructions faites par le concessionnaire à un autre particulier donne ouverture au droit proportionnel d'enregistrement de 5 1/2 %. — *Cass.*, 18 nov. 1835, Vidal.

3754. — Aucune disposition de loi ne fait perdre aux bâtimens le caractère d'immeubles et ne leur attribue la qualité de meubles, par cela qu'ils ont été construits par un autre que le propriétaire du sol, et spécialement par le locataire. — *Cass.*, 3 juill. 1844 (t. 2 1844, p. 351), Dalouzy; 26 août 1844 (t. 2 1844, p. 596), Maire et Delavelaye; 1er juill. 1845 (t. 2 1845, p. 182), Moreau et Chauvin.

3755. — ... Et cela, bien que ces bâtimens soient construits partie en murs pleins, partie sur poteaux en bois, et fermés par une galandure en planches. — *Cass.*, 26 août 1844 (t. 2 1844, p. 596), Maire et Delavelaye.

3756. — Dès-lors, la vente de ces constructions est passible du droit de vente de 5 1/2 %. — *Cass.*, 3 juill. 1844 (t. 2 1844, p. 351), Dalouzy; 26 août 1844 (t. 2 1844, p. 596), Maire et Delavelaye.

3757. — Il en est de même, quand c'est le locataire qui vend ces bâtimens, mais pour n'être pas immédiatement démolis, à un tiers cessionnaire de son droit au bail. — *Cass.*, 26 juill. 1843 (t. 2 1843, p. 303), Fontaine; 1er juill. 1845 (t. 2 1845, p. 182), Moreau et Chauvin.

3758. — Il en est encore ainsi, bien que l'acte de vente impose aux acquéreurs, parmi lesquels se trouve le propriétaire du sol, l'obligation d'enlever ces constructions, consacrées à une fabrique, à leurs risques et périls, si une autre clause les astreint à continuer pour le compte de l'établissement les traités passés par lui, et à exécuter les commandes en cours de fabrication. — *Cass.*, 26 août 1844 (t. 2 1844, p. 596), Maire et Delavelaye.

3759. — La vente d'un terrain sur lequel existent des constructions est, jusqu'à preuve contraire résultant d'une stipulation de réserve de la part du vendeur, censée comprendre ces constructions elles-mêmes. Dès-lors, la régie est fondée à réclamer le droit de mutation sur la totalité de l'immeuble. On ne saurait considérer comme preuve contraire soit l'énonciation dans l'acte qu'une partie des constructions aurait été faite par un tiers à l'égard duquel le vendeur subrogeait l'acquéreur dans ses droits, soit la déclaration des parties que la date de l'aliénation remontait à une époque antérieure à l'éviction de l'autre partie de ces mêmes constructions. — *Cass.*, 15 avr. 1840 (t. 2 1840, p. 72), de Saint-Priest.

3760. — Lorsque le preneur vend à un tiers, à qui il cède son bail, des constructions qu'il a été autorisé à élever sur le terrain affermé, et que le bailleur est tenu de prendre, à la fin du bail, pour le prix de leur estimation, c'est là une vente immobilière passible du droit proportionnel de 5 1/2 %, et non une vente mobilière, sujette seulement au droit de 2 %. — *Cass.*, 2 fév. 1842 (t. 1er 1842, p. 172), Griolet.

3761. — C'est le droit de bail et non celui de vente qui doit être perçu sur l'acte par lequel le propriétaire, en donnant un terrain à bail, s'oblige à conserver, moyennant un prix qui sera déterminé par expertise, une maison que le preneur a bâtie sur le terrain loué. — Solut. 6 oct. 1832.

3762. — Cependant, il y a certains immeubles qui peuvent être mobilisés par la volonté de l'homme; or, pourquoi cette volonté ne produirait-elle pas son effet immédiatement, et par cela seul qu'elle serait exprimée? La mobilisation doit donc avoir lieu, quels que soient les événemens ultérieurs qui pourront immobiliser de nouveau les biens redevenus meubles. — Championnière et Rigaud, *Traité des dr. d'enreg.*, no 3193.

3763. — Jugé en ce sens que si, en vendant un domaine, un individu se réserve les meubles et les immeubles par destination qui peuvent s'y trouver, ces immeubles par destination, ainsi séparés du fonds, reprennent leur qualité première de propriété mobilière, nonobstant la vente qui en serait faite plus tard à l'acquéreur du domaine; il n'en serait autrement qu'autant qu'une telle opération serait le résultat de la simulation ou de la fraude. Mais si cette simulation n'est pas justifiée, et comme elle ne se présume pas, ce n'est que le droit mobilier d'enregistrement qui doit être perçu sur la seconde vente. — *Cass.*, 23 avr. 1822, Lavergne.

3764. — ... Que des outils, des objets de mécanique, des instrumens servant à l'exploitation d'une fabrique d'horlogerie perdent leur caractère d'*immeubles par destination* lorsqu'ils sont détachés et et vendus séparément de la fabrique; et que la vente qui est faite par acte séparé, et sans fraude, ne donne ouverture qu'au droit proportionnel dont la mutation des objets mobiliers est passible. — *Cass.*, 19 nov. 1823, Japy.

3765. — Jugé également qu'un propriétaire qui a mis en adjudication une manufacture et ses accessoires a pu restituer à ces derniers objets réputés immeubles par destination leur nature de meubles, et que la régie est, aussi bien que les parties, liée par cette volonté. — Il y a preuve suffisante de cette volonté, par cela que la manufacture et ses accessoires ont été désignés et estimés article par article dans le procès-verbal d'adjudication, avec stipulation d'un prix distinct pour ces mêmes objets, et que rien ne fait présumer qu'on a agi ainsi pour frauder les droits du fisc. — *Cass.*, 23 avr. 1833, Mandel.

3766. — Lorsque les fruits d'un fonds ou les accessoires réputés immeubles par destination sont, avec le fonds lui-même, l'objet de deux ventes séparées, le droit immobilier est dû sur le tout lorsqu'il est reconnu que cette double vente est ainsi faite pour frauder le fisc. C'est d'après les circonstances que la fraude se présume et se prouve.

3767. — Ainsi, la vente séparée d'objets réputés immeubles, parce qu'ils font partie intégrante d'une chose immobilière par sa nature, a pu être jugée conserver le caractère d'une vente d'immeubles, et, en conséquence, elle est passible du droit d'enregistrement de 5 1/2 %, si elle a été faite au même individu qui s'est rendu acquéreur de l'immeuble principal, et qu'ainsi les objets vendus n'aient pas dû en être détachés. — *Cass.*, 25 (et non 23) fév. 1824, Rousseau.

3768. — Ainsi, après avoir consenti un bail de la faculté d'extraire de la tourbe dans une prairie moyennant une somme de 17,000 fr., le propriétaire vend le lendemain le fonds de cette même prairie au même individu moyennant 3,000 fr. Décidé que le droit de vente immobilière est dû sur 20,000 fr. — Solut. 11 fév. 1834; instr. 1422, § 13, et 1438, § 2.

3769. — Un propriétaire vend son terrain, et le même jour, par un second acte passé devant le même notaire, le constructeur vend les constructions à l'acquéreur du sol : il est stipulé dans l'un et l'autre contrat que le prix sera payé au vendeur du sol, après l'accomplissement des formalités hypothécaires; les constructions doivent être considérées comme immobilisées, le mode adopté pour la vente étant le résultat de la fraude. — Délib. 21 mars 1834.

3770. — Cependant, le droit de vente immobilière n'est pas dû lorsqu'il y a impossibilité d'établir que la réunion des deux ventes a eu lieu pour frauder les droits d'enregistrement. — Délib. 23 avr. 1833. — Ce principe avait déjà été consacré depuis longtemps par la jurisprudence suivante :

3771. — ... Une vente de bois taillis et de haute futaie n'est soumise qu'au droit de 2 %, lors même qu'elle a été suivie de la vente du sol faite à la même personne, mais par un acte séparé, à une date différente et sans fraude. — *Cass.*, 8 (et non 7) sept. (et non déc.) 1813, de Rocquigny.

3772. — ... Lorsqu'un individu achète par deux actes différens, à deux dates différentes, d'abord la superficie mobilière d'un fonds, puis ce fonds lui-même, sans qu'il soit allégué aucune fraude, ces deux actes sont soumis au droit qui est propre à chacun, c'est-à-dire que le premier donne lieu au droit établi en matière mobilière et le second seulement est sujet à celui qui est dû pour vente immobilière. — *Cass.*, 20 frim. (et non brum.) an XIV, Labert.

3773. — ... Lorsque le sol et la superficie d'un bois ont été vendus au même individu par deux actes séparés, il n'y a lieu de percevoir, sur le prix total, le droit proportionnel de vente immobilière qu'autant qu'il existe des circonstances qui font présumer qu'on a eu l'intention d'éluder cette perception. A cet égard, l'appréciation des faits échappe à la censure de la cour de Cassation. — *Cass.*, 28 mai 1806, Nicaise et Lecoq.

3774. — ... On peut considérer comme vente *mobilière*, en ce qui concerne le droit d'enregistrement, la vente de la carcasse et des agrès d'un moulin, achetés par celui qui, par l'événement d'un partage antérieur, était devenu propriétaire du sol, lorsqu'on ne prouve pas de fraude, de la part de l'acquéreur. — *Cass.*, 23 avr. 1822, Alloux.

3775. — ... Il n'y a lieu de percevoir que le droit proportionnel de vente purement mobilière sur la vente de la superficie d'une forêt, faite à celui qui était déjà acquéreur du sol, lorsqu'il est reconnu, en fait, par le tribunal, que les deux ventes ne paraissent pas avoir été simulées, et ne sont accompagnées d'aucune circonstance qui indique l'intention de frauder les droits. — *Cass.*, 21 avr. 1823, Praileur.

3776. — ... La vente de la superficie et la vente du fonds d'un même bois, consenties le même jour, par deux actes séparés, ne doivent pas être nécessairement considérées comme une seule et même convention, et soumises, en conséquence, au même droit d'enregistrement. — Les tribunaux peuvent, au contraire, reconnaître entre ces deux ventes une distinction réelle, surtout quand la propriété des choses qui en font l'objet ne résidait pas dans la même main. — *Cass.*, 21 mars 1820, Richard-d'Ivry.

3777. — ... Lorsqu'en exécution d'un arrêt, il a été procédé à la vente aux enchères, et par deux lots séparés, de la superficie et du fonds d'un bois, au profit du même individu, sous la condition qu'on recevrait ensuite les enchères sur les deux prix cumulés, s'il ne se présente pas d'enchérisseur sur le tout, les droits d'enregistrement à percevoir sur les deux adjudications distinctes qui se trouvent maintenues doivent être, savoir : de 2 % sur le prix de la superficie, et de 5 1/2 % sur le prix du fonds. — *Cass.*, 17 janv. 1827, Péricouche.

3778. — ... La circonstance que l'adjudicataire d'une coupe de bois est devenu, par un acte séparé de celui de l'adjudication, propriétaire du fonds de ces mêmes bois, ne suffit pas pour autoriser la régie à percevoir sur l'adjudication de la superficie le droit proportionnel établi pour les ventes d'immeubles, lorsqu'il n'est point prouvé que les deux ventes ont été faites par actes séparés, afin d'échapper à la perception de ce droit. — *Cass.*, 4 avr. 1827, Laget-Valdeson.

3779. — « Ainsi, ajoutent MM. Championnière et Rigaud (t. 4, no 3170), pour rendre exigible le droit de vente immobilière, il faudrait qu'il y eût fraude constatée. Mais il sera toujours difficile de la démontrer; car il n'y a pas de fraude à faire dans tout ce que la loi civile permet. Sans doute une vente simultanée du tout serait plus profitable au trésor; mais elle serait plus onéreuse aux parties, et rien n'oblige celles-ci à préférer l'intérêt du fisc à leur intérêt propre. »

3780. — Dans le cas d'une adjudication d'une coupe de bois comprenant des taillis et des futaies vendus cumulativement et moyennant un prix déterminé par hectare, sans distinction des taillis et des futaies, un tribunal, interprétant l'acte de vente, peut, sans contrevenir à aucune loi, décider que l'augmentation du prix due par l'adjudicataire, à raison de la surmesure, ne doit porter que sur les taillis et non sur les grands arbres, dont le nombre, fixé par le cahier d'enchères, n'avait pas été dépassé. — *Cass.*, 31 mars 1829, Simon.

3781. — L'acte contenant fixation de la redevance due par les concessionnaires d'une mine au propriétaire du terrain ne peut être considéré comme opérant une mutation de propriété, et dès-lors, il ne donne point ouverture à un droit proportionnel. — *Cass.*, 26 mai 1834, comp. des mines de la Roche la Molière et Firminy.

§ 3. — *Vente de meubles et d'immeubles par un même acte.*

3782. — On a vu nos 219 et 220 que, « lorsqu'un acte translatif de propriété ou d'usufruit comprend des meubles et immeubles, le droit d'enregistrement est perçu sur la totalité du prix au taux réglé pour les immeubles, à moins qu'il ne soit stipulé un prix particulier pour les objets mobiliers, et qu'ils ne soient désignés et estimés article par article dans le contrat (L. 22 frim. an VII, art. 9) », et que cette disposition n'avait pour objet que les transmissions à titre de vente, comme l'indiquait le mot *prix*. — Délib. 1er juin 1837.

3783. — Lorsqu'un même acte contient vente de meubles et d'immeubles sans que les meubles soient désignés et estimés article par article, le droit d'enregistrement doit être perçu pour la totalité au taux fixé pour les immeubles, bien que les meubles et les immeubles soient vendus par deux dispositions distinctes, et qu'on ait stipulé un prix particulier pour chacune des deux ventes. — *Cass.*, 5 mai 1817, Savoie; 12 déc. 1842 (t. 1er 1843, p. 278), Remondet.

3784. — A plus forte raison en est-il de même quand l'acte ne contient pas stipulation d'un prix particulier pour les objets mobiliers. — *Cass.*, 26 août 1844 (t. 2 1844, p. 596), Maire et Delavelaye.

3785. — Une pareille jurisprudence est-elle trop rigoureuse? et quand il y a deux dispositions distinctes, n'y a-t-il pas présomption de bonne foi en faveur des parties, sauf à la régie à provoquer une expertise, si elle soupçonne qu'il y a eu fraude? Non; car, en matière fiscale, toutes les dispositions sont de rigueur; et l'on ne saurait contraindre la régie à rien prouver quand elle a pour elle le texte de la loi. — V. dissertation sous *Cass.*, 12 déc. 1842 (t. 1er 1843, p. 278), Remondet.

3786. — Dans un contrat de vente ayant pour

objet un domaine et des bestiaux, il ne suffit pas de dire que ceux-ci ne font pas partie du domaine et de leur donner un prix distinct; il faut encore que l'évaluation soit faite tête par tête; sinon le droit sur le prix particulier de ces bestiaux est exigible au taux établi pour les ventes d'immeubles. — Délib. 15 avr. 1836.

3787. — En supposant qu'on pût considérer comme objets mobiliers des vases vinaires connus dans quelques parties de la France sous le nom de *foudres*, et vendus en bloc avec le *chay* où ils ont été placés par le propriétaire pour servir à l'exploitation (V. *suprà* nos 3743), si ces objets n'ont pas été distingués de l'immeuble dans l'acte de vente, et qu'il n'en ait pas été fait une estimation particulière, la perception du droit réglé pour les immeubles, sur la totalité du prix d'une telle vente opérée en bloc, aurait été régulièrement faite. — *Cass.*, 30 mai 1826, Bethfort et Damaye.

3788. — L'évaluation article par article des meubles est de rigueur, même dans une adjudication en justice où les enchères auraient été portées distinctement sur les immeubles et sur les objets mobiliers. —Solut. 25 nov. 1828; instr. 1272, § 18.

3789. — Il y a lieu de décider de même à l'égard d'une vente verbale. Ainsi, lorsqu'une vente verbale de meubles et d'immeubles a été énoncée dans un acte comme ayant été faite en même temps pour un prix que cet acte détermine en bloc, et sans exprimer qu'il y ait eu un prix particulier pour les meubles, le droit est dû sur la totalité du prix au taux réglé pour les ventes immobilières. — *Cass.*, 25 nov. 1839 (t. 2 1839, p. 601), de Jarnac.

3790. — Bien que l'art. 9, L. 22 frim., exige que l'estimation des objets mobiliers soit faite dans le contrat, cependant on pourrait s'en référer pour cette estimation à un inventaire authentique; dans ce cas, il suffit qu'un prix particulier soit fixé pour la vente du mobilier. — Délib. 8 oct. 1823 et 5 juill. 1826; solut. 15 janv. 1830; instr. 1320, § 10.

3791. — La cession de droits successifs faite pendant l'existence des scellés sans le détail estimatif des objets mobiliers qui y sont compris, donne lieu au droit de vente d'immeubles sur tout le prix; mais la demande que fait la régie de ce droit peut être écartée par la production de l'état du mobilier après la levée des scellés. — *Cass.*, 7 janv. 1839 (t. 1er 1839, p. 28), Veissière.

3792. — Un état sous seing-privé contenant le détail et l'estimation, article par article, des meubles vendus cumulativement avec des immeubles, bien que présenté à la formalité en même temps que la vente, ne saurait remplacer, soit la désignation dans le contrat même, soit un inventaire authentique. — Délib. 6 fév. 1838.

3793. — La disposition de l'art. 9, L. 22 frim. an VII, n'est applicable qu'aux meubles qui par leur nature et leur forme extérieure peuvent être détaillés, désignés et évalués.—*Cass.*, 21 oct. 1811, Duchatelet.

3794. — Ainsi, lorsqu'un acte de cession a pour objet des immeubles et des créances mobilières, telles que des revenus arriérés et litigieux, dont l'indication est difficile, il n'y a pas lieu de percevoir le droit de vente immobilière sur le tout, à défaut de ventilation, article par article, des objets mobiliers estimés seulement en masse. La régie n'a, dans ce cas, que la voie de l'expertise pour faire vérifier la valeur donnée aux immeubles par le contrat. — *Cass.*, 21 oct. 1811, Ducluzel.

3795. — Toutefois, le droit de 1 % étant exigible, dans ce cas, sur le capital des créances cédées, il est nécessaire qu'une ventilation détermine la partie du prix attribuée aux immeubles. — Solut. 11 mai 1832.

3796. —De même, quand une vente comprend des immeubles et des rentes moyennant un seul prix, on ne peut exiger que 2 % sur le capital des rentes, et il y a lieu de faire déclarer la portion du prix applicable aux immeubles, cette portion pouvant ne pas être rigoureusement du montant de la différence entre le prix total et le capital des rentes. — Décis. min. fin. 10 oct. 1821; délib. 21 nov. 1828.

3797. — La double condition imposée par l'article 9, L. 22 frim., n'est également applicable que lorsque les meubles vendus avec les immeubles se composent de plusieurs objets; mais s'il s'agit de matériaux formant une masse, il suffit d'une estimation intégrale ou de la stipulation d'un prix particulier, quant à ces matériaux.—Solut. 29 sept. et 28 nov. 1838.

3798. —Lorsqu'un bien-fonds est vendu avec les objets destinés à l'exploitation, le droit est dû au taux fixé pour les immeubles, sur le prix cumulé



de l'immeuble par sa nature et des objets qui, par leur destination, sont de nature immobilière, lors même qu'on les aurait estimés article par article. C'est une conséquence de la qualification d'immeubles attribuée à ces objets par l'art. 524, C. civ. (instr. 8 fruct. an XIII, p. 290, n° 26). — Ainsi, la vente d'un cheval et des animaux de culture faite en même temps que celle du fonds auquel ils sont attachés, est passible du droit de vente immobilière sur le prix total. — Délib. 12 janv. 1827 et 20 janv. 1829; — Masson-Delongpré, *Code de l'enreg.*, n° 58.

3799. — Doivent être également désignés article par article, les agrès d'un moulin vendus avec le fonds, dans le cas où ils peuvent être conférés comme meubles, ainsi qu'on l'a vu *suprà* n° 3748.

3800. — L'adjudication en un seul lot d'une manufacture et de ses accessoires, réputés comme tels immeubles par destination, ne donne lieu qu'au droit d'enregistrement de 2 % sur ces accessoires, lorqu'ils ont été désignés et estimés article par article dans le procès-verbal d'adjudication avec stipulation d'un prix distinct pour ces mêmes objets, et que rien ne fait présumer qu'on a agi ainsi pour frauder les droits du fisc. C'est là une preuve suffisante que le propriétaire a voulu restituer aux objets réputés immeubles par destination leur nature de meubles. — *Cass.*, 28 avr. 1833, Mandel. — V. *suprà* n° 3746.

3801. — Néanmoins, la régie a persisté dans l'opinion contraire, relativement à l'enregistrement de la vente d'une manufacture en activité et affermée, avec les machines et ustensiles servant à son exploitation, quand même le bail courant de cette propriété contiendrait également deux prix distincts, l'un pour les immeubles réels, et l'autre pour les objets réputés immeubles par destination. — Délib. 13 déc. 1833.

3802. — Les machines, décorations, partitions de musique et autres objets mobiliers d'un théâtre n'étant pas de la même nature que les objets qui sont déclarés immeubles par destination (C. civ., art. 524), la perception ne doit avoir lieu, à leur égard, qu'à raison des quotités réglées pour les meubles, à moins qu'ils ne soient pas estimés article par article, ou qu'ils ne rentrent dans l'application de l'art. 525, C. civ., comme ayant été attachés au fonds à perpétuelle demeure.—Décis. min. fin. 4 mars 1806, et instr. 366, n° 12.

3803. — Lorsque l'acte de vente d'une maison avec les glaces qui la garnissent contient la désignation et l'estimation de ces glaces article par article, et qu'il leur est attribué un prix particulier, le droit de 2 % doit être exigé sur ce prix, sans que la régie soit autorisée à vérifier si ces glaces sont immeubles par destination suivant l'art. 525, C. civ. — Solut. 19 juin 1832 et 16 janv. 1833.

3804. — Il y a lieu à la perception distincte des droits de vente immobilière et mobilière sur la vente, par le même acte, d'un immeuble et d'un fonds de commerce, moyennant un prix distinct pour chaque objet, sans qu'il soit besoin que les effets mobiliers composant le fonds soient estimés article par article, attendu que le mot *meubles* (C. civ., art. 533) ne s'entend pas de ce qui fait l'objet d'un commerce. — Délib. 13 avr. 1822.

### § 4. — *Ventes publiques de meubles.*

3805. — D'après l'art. 1er, L. 22 pluv. an VII, les meubles, effets, marchandises, bois, fruits, récoltes, et tous autres objets mobiliers ne peuvent être vendus publiquement et par enchères, qu'en présence et par le ministère d'officiers publics ayant qualité pour y procéder. En cas de contravention, l'amende est de 50 fr. à 1,000 fr. pour chaque vente, indépendamment des droits (art. 7). — Cette amende n'a pas été réduite par l'art. 10, L. 16 juin 1824, attendu qu'elle n'est point fixe. — Délib. 8 fév. 1826.

3806. — On peut voir au mot VENTE PUBLIQUE DE MEUBLES à quelle espèce d'officiers publics a été attribué le droit de vendre chaque espèce d'objets mobiliers.

3807. — Un particulier non revêtu du caractère d'officier public n'a pu, sous peine d'une amende de 1,000 fr., faire une vente publique de meubles aux enchères. — *Cass.*, 30 messid. an X, de Cock.

3808. — Décidé également, avant la loi du 22 pluv. an VII, qu'une vente publique de mobilier faite par un particulier sans le ministère d'officier public, le rendait passible d'une amende de 1,000 f. indépendamment du droit d'enregistrement sur le montant de la vente.— Edit de fév. 1771, art 9; lettres-patentes 16 juill. 1771; décr. 26 juill. 1790 et 17 sept. 1793; — *Cass.*, 8 niv. an VII, Ploger.

3809. — Lorsque, sans le concours d'un officier public, un particulier fait, dans sa chambre, les



portes ouvertes, et en présence d'un certain nombre de marchands appelés par lui, une vente de coupe de bois au plus offrant, il y a là une vente publique aux enchères, en contravention à la loi du 22 pluv. an VII, et punissable des peines établies par cette loi. — *Cass.*, 22 mai 1822, Warnier.

3810. — Mais la vente que fait un libraire de livres de fonds et d'assortiment à un certain nombre de ses confrères convoqués à cet effet, à l'amiable et de gré à gré, au prix par lui annoncé et sans enchères (ces sortes de ventes sont connues en librairie sous le nom de *partages*), ne peut être considérée comme une *vente publique*, soumise au droit d'enregistrement. — *Cass.*, 4 nov. 1818, Leclère.

3811. — La vente des meubles et marchandises d'un failli faite à l'amiable par les syndics sur simples notes, n'est pas soumise à l'enregistrement. Il en serait autrement si la vente était faite publiquement aux enchères et par le ministère d'un officier public. — Solut. 11 fév. 1830.

3812. — Lorsqu'une vente aux enchères d'objets mobiliers a été faite sans le ministère d'officiers publics, et que la régie de l'enregistrement n'a pas pu constater cette contravention par un procès-verbal, elle est recevable à en faire la preuve par témoins. — *Cass.*, 17 juill. 1827, Leroy. — V. *infrà* nos 3872 et suiv.

3813. — Comme l'intention du législateur a été d'atteindre les propriétaires des objets vendus, l'action de la régie doit être dirigée contre les propriétaires et non contre les individus qui ont procédé aux ventes. — Solut. 12 janv. 1835 et 18 nov. 1836.

3814. — Aucun officier public ne peut procéder à une vente publique et par enchères d'objets mobiliers qu'il n'en ait préalablement fait la déclaration au bureau de l'enregistrement dans l'arrondissement duquel la vente doit avoir lieu. — L. 22 pluv. an VII, art. 2.—Et cela sous peine d'une amende de 20 fr. — Même loi, art. 7, et L. 16 juin 1824, art. 10.

3815. — Ainsi, un notaire ne peut, à peine d'amende, procéder à la vente publique et aux enchères de bois taillis ou de haute futaie, sans en avoir préalablement fait la déclaration. — *Cass.*, 23 (et non 22) janv. 1809, Cayre.

3816. — Il en est de même pour une vente de matériaux provenant de démolition de bâtimens à abattre. — *Bruxelles*, 23 juin 1824, N...

3817. — ... Et pour la vente aux enchères d'un fonds de commerce ou d'un achalandage.— Décis. min. fin. 12 janv. 1832.

3818. — Les ventes des effets mobiliers et des marchandises d'un failli faites publiquement et aux enchères, soit par un officier public, soit par le syndic, doivent être précédées de la déclaration. — Décis. min. just. et fin. 26 mai et 9 juin 1812.

3819. — Les courtiers de commerce sont tenus de faire, au bureau où leurs actes reçoivent la formalité, la déclaration préalable prescrite par la loi, avant de procéder aux ventes dont ils sont chargés par le décret du 17 avr. 1812.—Décis. min. fin. 22 sept. 1812; instr. 602.

3820. — Sont dispensés de la déclaration les officiers publics qui ont à procéder aux ventes du mobilier national et à celles des effets des Monts-de-Piété. — L. 22 pluv. an VII, art. 9.

3821. — Sont également dispensées de la déclaration: les ventes de mobilier communal. —Décis. min. fin. 26 germ. an VII et 17 frim. an VIII; circ. 11 niv. an VIII, 1732. — Ou départemental; instr. 9 mars 1825, 1155.

3822. — ... Les ventes de mobilier des fabriques et des hospices. — Décis. min. fin. 16 avr. 1811; solut. 5 juill. et 17 nov. 1838.

3823. — ... Les ventes des effets mobiliers de la marine jugés inutiles. — Décis. min. fin. 10 avr. 1818; instr. 18 avr. 1818, 829.

3824. — ... Ou des effets des marins et passagers morts en mer, et dont la succession n'est pas réclamée. — Décis. min. fin. 22 messid. an VII.

3825. — ...Ou des marchandises avariées — L. 21 avr. 1818, art. 56; décis. 12 juin 1827.

3826. — ...Les ventes d'effets militaires jugés inutiles au service, tels que chevaux, vivres-pain, etc. — Circ. 6 vent. et 6 prair. an XI; ord. 27 sept. 1817; décis. min. fin. 21 juin 1820, 19 avr. 1822, 24 janv. 1828.

3827. — ...Les ventes d'objets hors de service provenant des administrations des contributions indirectes, des douanes, des forêts, etc. — Décis. min. fin. 29 août 1823; instr. 10 sept. 1823 et 20 nov. 1833.

3828. — ...Les adjudications de coupes de bois de la couronne faites devant notaires en présence des préfets ou de leurs délégués. — Déc. min. fin. 14 sept. 1826.

3829. — ...Les ventes d'arbres à abattre sur les

routes royales. — Décis. min. fin. 15 sept. 1827; ord. 18 mai 1831.

3830. — ...Les ventes d'effets mobiliers provenant des canaux en construction. — Décis. min. fin. 28 nov. 1823.

3831. — ...Les ventes d'objets saisis par les préposés des douanes. — Délib. 3 flor. an VII.

3832. — ...Les ventes d'objets déposés dans les greffes. — Décis. min. fin. 20 sept. 1820, 29 juin 1821; ord. 23 janv. 1821, 22 fév. 1829, 9 juin 1831.

3833. — ... La vente des objets confiés aux entrepreneurs de messageries, lorsqu'ils n'ont pas été réclamés. — Décr. 13 août 1810; instr. 493.

3834. — ...Les ventes publiques et aux enchères de poisson soit frais, soit sec et salé. — Avis Cons. d'état, 3 juin 1820; instr. 28 oct. 1819, 904 et 14 juill. 1820, art 940.

3835. — La déclaration doit être inscrite sur un registre spécial et elle est datée. Elle contient les noms, qualité et domicile de l'officier, ceux du requérant, ceux de la personne dont le mobilier est mis en vente et l'indication de l'endroit et du jour de l'ouverture de la vente. Elle est signée par l'officier public à qui il en est fourni une copie sans autre frais que le prix du papier timbré. — Elle ne peut servir que pour le mobilier de celui qui y est dénommé. — L. 22 pluv. an VII, art. 3.

3836. — Une simple lettre ne saurait suppléer à cette déclaration. — *Cass.*, 24 nov. 1806, Pugeau.

3837. — Par conséquent, le receveur ou préposé compromettrait sa responsabilité en enregistrant la déclaration d'après une telle lettre. — Instr. 31 août 1808, 396.

3838. — Une seule déclaration préalable est nécessaire pour une vente de meubles dans plusieurs communes dépendant du même bureau d'enregistrement, à la requête de plusieurs particuliers non coïntéressés, lorsque cette vente a lieu par le même procès-verbal, pourvu que cette déclaration transcrite en tête du procès-verbal indique les noms des divers requérans et le lieu où les enchères seront ouvertes. — Solut. 16 juin 1824; instr. 1146, § 15.

3839. — La déclaration peut être faite par un mandataire muni d'une procuration spéciale (instr. 31 août 1808). Cette procuration doit être sur papier timbré; mais quand elle est sous seing privé et qu'elle n'a pas d'autre objet que la déclaration préalable, elle est exempte de l'enregistrement. — Décis. min. fin. 17 mai 1830; instr. 1336, § 11.

3840. — L'officier qui doit procéder le même jour, dans l'arrondissement du même bureau, à plusieurs ventes de meubles, et chacune à la requête d'un vendeur différent, peut ne donner qu'un seul pouvoir pour faire en son nom les déclarations préalables. — Délib. 30 janv, 1838.

3841. — L'officier public qui remet la continuation d'une vente de meubles à des jour et heure non précisés dans le procès-verbal de ses premières opérations, doit, sous peine d'amende, déclarer au receveur de l'enregistrement le jour auquel cette continuation aura lieu. — *Cass.*, 23 juill. 1828, Daufresne. — Délib. 18 avr. 1817.

3842. — Mais une nouvelle déclaration n'est pas nécessaire lorsque la vente est remise à jour fixe (Déc. min. fin. 24 mars 1820), et encore bien que le procès-verbal de cette remise n'ait pas encore été enregistré le jour où la vente est continuée. — Délib. 21 déc. 1822.

3843. — La déclaration préalable d'une vente de matériaux doit se faire, encore bien qu'il ne soit procédé ultérieurement qu'à une adjudication préparatoire. — *Bruxelles*, 23 juin 1824, N...

3844. — Le receveur n'est pas tenu de recevoir de déclaration le dimanche. — Décis. min. fin. 30 mars 1815.

3845. — Le registre des déclarations est sur papier non timbré; il est coté et paraphé, sans frais, par le juge de paix dans l'arrondissement duquel est le bureau d'enregistrement (L. 22 pluv. an VII, art. 4). — Ce registre doit être arrêté jour par jour. — Instr. 26 juill. 1809, 443.

3846. — Les officiers publics sont tenus de transcrire en tête de leurs procès-verbaux de vente les copies de leurs déclarations (L. 22 pluv. an VII, art. 5). — Et cela sous peine d'une amende de 5 francs. — Même loi, art. 7, et L. 16 juin 1824, art. 10.

3847. — Si la déclaration n'a pas été faite ou ne se trouve pas transcrite en tête de l'acte, le receveur ne doit enregistrer la vente que sous la réserve de l'amende, et ne remettre l'acte qu'après en avoir tiré une copie certifiée de l'officier public, à moins que celui-ci n'acquitte immédiatement l'amende. — Circ. 1er vent. an VII, 1498.

3848. — Lors de la vente, chaque objet adjugé doit être porté de suite au procès-verbal; le prix y est écrit en toutes lettres et tiré hors ligne en chiffres. — L. 22 pluv. an VII, art. 5.

3849. — Il y a lieu à une amende : 1° de 20 francs pour chaque article adjugé et non porté au procès-verbal, outre la restitution du droit; — 2° également de 20 francs pour chaque altération de prix, indépendamment de la restitution du droit et des peines de faux; — 3° enfin de 5 francs pour chaque article dont le prix ne serait pas écrit en toutes lettres. — L. 22 pluv. an VII, art. 7; 16 juin 1824, art. 10.

3850. — Il est dû autant d'amendes (de 5 francs) qu'on a omis de fois d'énoncer en toutes lettres le prix des adjudications dans le procès-verbal, bien que ce soit un notaire qui ait commis la contravention. En pareil cas, ce n'est pas la loi du 25 vent. an XI qui est applicable. — *Dict. des dr. d'enreg.*, v° *Vente (meubles)*, chap. 3, n° 62.

3851. — Un arrêt du conseil d'état du 13 nov. 1778 obligeait les officiers publics ayant droit de procéder aux ventes mobilières, de comprendre dans leurs procès-verbaux tous les articles exposés en vente, tant ceux adjugés en totalité ou sur simple échantillon, que ceux retirés ou livrés par les propriétaires ou les héritiers pour le prix de l'enchère ou de la prisée. — Cette disposition a été remise en vigueur par une ordonnance du 1er mai 1816, sous peine d'une amende de 100 fr. (réduite à 20 fr., L. 16 juin 1824, art. 10) — Instr. 1er juin 1816, 725.

3852. — Le droit d'enregistrement n'est dû que sur le prix des objets adjugés, et non sur le prix des objets exposés en vente et retirés faute d'adjudication, même après enchères. Le procès-verbal doit donc contenir les explications nécessaires pour distinguer les objets non adjugés. — Déc. min. fin. 29 fév. 1819; instr. 882.

3853. — Les ratures d'articles dans les procès-verbaux de ventes publiques, ne constituent pas de contravention à l'art. 5 de la loi du 22 pluv. an VII. — Délib., 25 oct. 1824.

3854. — Chaque séance du procès-verbal doit être close et signée par l'officier public et deux témoins domiciliés. — L. 22 pluv. an VII, art. 5.

3855. — Ainsi, lorsqu'une vente mobilière se compose de plusieurs séances ou vacations, chaque séance forme un procès-verbal séparé qui doit être enregistré dans les délais prescrits. — *Cass.*, 13 messid. an XIII, André.

3856. — Lorsque la vente a lieu par suite d'inventaire, il en est fait mention au procès-verbal avec indication de la date de l'inventaire, du nom du notaire qui y a procédé, et de la quittance de l'enregistrement. — L. 22 pluv. an VII, art. 5.

3857. — Les procès-verbaux de vente ne peuvent être enregistrés qu'aux bureaux où les déclarations ont été faites. — L. 22 pluv. an VII, art. 6.

3858. — Par conséquent, l'officier public qui procède à une vente hors du bureau dont il dépend pour l'enregistrement de ses actes, ne peut l'y faire enregistrer. — Circ. 1er vent. an VII, art. 1498; instr. 326, § 5.

3859. — Les actes de ventes d'achalandage et de marchandises faites en même temps par un notaire et par un commissaire priseur, doivent être enregistrés au seul bureau des actes civils, où le notaire est tenu de faire la déclaration préalable et d'acquitter ensuite les droits d'enregistrement de la vente entière. — Délib. 6 nov. 1815.

3860. — Les procès-verbaux doivent être enregistrés dans les délais prescrits par la loi sur l'enregistrement. — L. 22 pluv. an VII, art. 6.

3861. — Dès-lors, les notaires qui n'ont que dix jours pour faire enregistrer leurs actes, en ont quinze pour une vente mobilière faite hors du bureau de l'enregistrement de leurs actes. — A l'égard des greffiers et des huissiers, le délai reste tel qu'il est fixé par l'art. 20 de la loi du 22 frim. an VII (Circ. 1er vent. an VIII, art. 1498). — Le délai est de quatre jours pour les ventes faites par les commissaires-priseurs. — Av. cons. d'état, 7 oct. 1809, appr. le 21.

3862. — Les actes de ventes de mobilier de l'état auxquelles procèdent les préposés des domaines s'enregistrent dans les quatre jours de leur date, au bureau des actes d'huissiers (solut. 14 janv. 1812). — Il en est de même pour les ventes faites par les préposés des douanes et par ceux des contributions indirectes. — Déc. min. fin., 21 août 1810.

3863. — Les décharges de prix de ventes publiques de meubles, mises à la suite des procès-verbaux de vente, doivent, ainsi qu'on l'a déjà vu, être enregistrées dans le délai fixé par l'art. 20, L. 22 frim. an VII. — Avis cons. d'état, 21 oct. 1809.

3864. — Cet avis du cons. d'état ne fait point obstacle à ce que la décharge soit énoncée par acte distinct du procès-verbal de vente et sous seing-privé. A cet égard, les parties restent dans le droit commun, et si la décharge est faite sous seing-privé, elle ne peut être portée au répertoire, et n'est assujétie à l'enregistrement que lorsqu'on veut en faire usage. — Solut. 16 mars 1830.

3865. — Le droit d'enregistrement doit être perçu sur le montant des sommes que contient cumulativement le procès-verbal des séances. — L. 22 pluv. an VII, art. 6.

3866. — Ainsi, le droit d'enregistrement dont est passible une vente d'objets mobiliers faite au comptant ou à terme, doit être perçu cumulativement sur le montant intégral du prix et non sur chaque lot séparément. — *Cass.*, 5 fév. 1810, Gosselin. — V. décis. min. fin. 28 niv. an IX et 4 juin 1811; circul. 7 germin. an IX, art. 1981; délib. 17 juill. 1835.

3867. — L'adjudication sur licitation d'objets mobiliers, prononcée au profit de l'un des héritiers donne lieu au droit proportionnel d'enregistrement de 2 %, encore bien que la valeur des objets adjugés n'excède pas la part héréditaire de l'adjudicataire. — A cet égard, les art. 6 et 10, L. 22 pluv. an VII ont abrogé la disposition du n° 6, § 5, art. 69, L. 22 frim. an VII. — *Cass.*, 9 mai 1832, Queulain.

3868. — Cependant, on a pensé que cela ne s'appliquait qu'aux rentes, aux coupes de bois et autres objets qui ne peuvent facilement être partagés et non aux meubles meublans dont la vente publique aux enchères ne peut être considérée comme licitation. — Solut. 13 nov. 1822 et 19 janv. 1827; — *Dict. des dr. d'enreg.*, v° *Ventes (Meubles)*, chap. 3, n° 22.

3869. — Les centimes en sus du prix imposés à l'adjudication de biens meubles vendus publiquement, ne sont censés faire partie du prix qu'autant qu'ils dépassent 5 cent. par fr. Au-dessous, ils représentent les frais d'acte. — Solut. 19 avr. 1826, *Dict. d'enreg.*, v° *Vente*, chap. 3, n° 27.

3870. — Les préposés de la régie sont autorisés à se transporter dans tous les lieux où se font des ventes publiques et par enchères, et à s'y faire représenter les procès-verbaux de vente et les copies des déclarations préalables. — Ils dressent des procès-verbaux des contraventions qu'ils ont reconnues et constatées; ils peuvent même requérir l'assistance de l'autorité municipale du lieu où se fait la vente. — L. 22 pluv. an VII, art. 8.

3871. — Les poursuites et instances ont lieu de la manière prescrite par la loi du 22 frim. an VII. — L. 22 pluv. an VII, art. 8. — V. *infrà* nos 4504 et suiv.

3872. — Indépendamment des procès-verbaux que les préposés de la régie ont le droit de dresser, les ventes faites en contravention à la loi peuvent encore être constatées au moyen de la preuve testimoniale. — L. 22 pluv. an VII, art. 8. — V. aussi *suprà* n° 3812.

3873. — Mais la contravention ne peut être constatée que de deux manières, par un procès-verbal ou par une enquête. Elle ne saurait être prouvée par la déclaration de témoins non assermentés, faite après la vente au bureau du receveur. — *Cass.*, 4 juill. 1810, Brocard.

3874. — Les huissiers doivent conserver les minutes de leurs procès-verbaux de vente qu'aucune loi n'astreint à déposer au greffe. — Décis. min. just. et fin. 11 et 19 oct. 1813.

3875. — Décidé également que les officiers publics qui procèdent à des ventes publiques de meubles à l'encan, sont dans l'obligation de conserver les minutes des procès-verbaux de ces ventes. — Édit mars 1713; circ. garde des sceaux 8 fév. 1830; instr. 1319.

## CHAPITRE VII. — *Mutations secrètes.*

3876. — Ce n'est qu'autant qu'il s'agit d'immeubles que la loi fiscale prohibe les mutations secrètes entre les parties, et qu'elle les présume dans certaines circonstances, en ce qui concerne le paiement des droits.

3877. — Ces mutations secrètes peuvent avoir pour objet soit la propriété ou l'usufruit d'un immeuble, soit la jouissance de ce même immeuble.

### Sect. 1re. — *Mutations présumées de propriété ou d'usufruit.*

#### § 1er. — *Lois antérieures. — Dispositions générales.*

3878. — D'après l'art. 33, L. 9 vendém. an VI, la mutation d'un immeuble en propriété et en usufruit était suffisamment établie relativement à la demande des droits, soit par des paiemens faits d'après le rôle de la contribution foncière, soit par des baux passés par le nouveau possesseur, soit enfin par des transactions ou tous autres actes constatant la propriété ou jouissance,

3879. — Cette disposition a été presque textuellement reproduite par l'art. 12, L. 22 frim. an VII, qui porte : « la mutation d'un immeuble en propriété ou usufruit sera suffisamment établie, pour la demande du droit d'enregistrement et la poursuite du paiement contre le nouveau possesseur, soit par l'inscription de son nom au rôle de la contribution foncière et des paiemens par lui faits d'après ce rôle, soit par des baux par lui passés, ou enfin, par des transactions ou autres actes constatant la propriété ou son usufruit.

3880. — L'art. 12, L. 22 frim. an VII, a été lui-même complété par l'art. 4, L. 27 vent. an IX, lequel est ainsi conçu : « Sont soumises aux dispositions des art. 22 et 38, L. 22 frim. VII (c'est-à-dire doivent être enregistrées dans les trois mois à peine du double droit), les mutations entre-vifs de propriété ou d'usufruit de biens immeubles, lors même que les nouveaux possesseurs prétendraient qu'il n'existe pas de conventions écrites entre eux et les précédens propriétaires ou usufruitiers.

3881. — Sous la législation antérieure à la loi du 19 déc. 1790, la preuve de la réalité d'une mutation soumise aux droits d'insinuation et de centième denier, se déduisait, à défaut d'acte, des mêmes circonstances que celles désignées par l'art. 33, L. 9 vendém. an VI, et l'art. 12, L. 22 frim. an VII, par conséquent de l'inscription du nouveau possesseur au rôle de la contribution foncière. — Edit déc. 1703 ; décl. 19 juill. 1704, art. 20 et 22. — *Cass.*, 16 nov. 1813, Sérin ; 8 juin 1814, Marmot.

3882. — Si le possesseur d'un immeuble, poursuivi en paiement du droit proportionnel de mutation, prétend que la mutation remonte à une époque régie par la loi du 8 janv. 1793, qui n'assujétissait pendant cinq ans les ventes et reventes des biens nationaux qu'à un droit fixe de 75 cent., il est tenu de justifier que cette mutation avait acquis une date certaine à cette époque ou au moins dans les cinq ans déterminés par la loi. — *Cass.*, 26 juill. 1813, Revel.

3883. — Dans l'intervalle qui s'est écoulé depuis la loi du 5-19 déc. 1790, à l'époque de la mise en activité de celle du 9 vend. an VI, il fallait, pour autoriser la réclamation d'un droit de mutation, qu'il y eût un acte authentique ou sous signatures privées ; et, si l'acte était seulement de cette dernière espèce, qu'il en eût été fait usage en justice. Lorsque ces circonstances ne se rencontraient pas, et s'il n'y avait, par exemple, qu'inscription sur les rôles et paiement des contributions en conséquence, il ne pouvait y avoir lieu à aucune perception. — *Cass.*, 27 janv. 1812, Cazeaux.

3884. — Les mutations d'immeubles effectuées par conventions verbales ou par acte sous-seing privé antérieurement à la loi du 5-19 déc. 1790, ou postérieurement aux lois du 9 vend. an VI, 22 frim. an VII et 27 vent. an IX, lorsque la preuve en est acquise, sont sujettes au paiement des droits d'enregistrement, même avant que les possesseurs aient fait usage de leurs titres ; mais celles qui ont eu lieu sous l'empire de la loi du 5-19 déc. 1790 n'en sont devenues passibles qu'autant que le titre en a été produit en justice ou relaté dans un acte authentique. — *Cass.*, 9 oct. 1811, Santerre.

3885. — L'art. 11, L. 5-19 déc. 1790, n'autorisant point à rechercher les mutations secrètes, à défaut des actes constatant la transmission de propriété, et à exiger les droits de ceux de ces actes qui, non enregistrés dans les six mois de leur date, seraient produits en justice ou énoncés dans un acte authentique, on ne peut, à l'égard des actes passés depuis cette loi jusqu'à celle du 9 vend. an VI, donner un effet rétroactif aux lois des 22 frim. an VII et 27 vent. an IX. — *Cass.*, 29 avr. 1807, Lachallerie ; 14 nov. 1808, Lachallerie.

3886. — La loi du 5-19 déc. 1790 n'assujétissant aux droit et double droit les mutations qui ont eu lieu sous-seing privé, sous son empire, qu'autant qu'il serait fait usage de cet acte en justice, ou qu'il serait annexé à un acte authentique, il n'est point dû de droit, même depuis les lois des 9 vend. an VI et 22 frim. an VII, dont les dispositions ne rétroagissent pas, si cette énonciation n'a pas été faite, ou si on ne s'en est pas servi judiciairement. — *Cass.*, 11 avr. 1811, Suin.

3887. — Sous la loi du 9 vend. an VI, la mutation de propriété était suffisamment établie, par le paiement du prix de vente en nom personnel, et par la cotisation au rôle de la contribution foncière. — *Cass.*, 13 flor. an X, Lacroix.

3888. — Mais cette loi n'était pas applicable aux mutations opérées avant sa publication. — *Cass.*, 12 brum. an IX, Arnaut.

3889. — Un jugement ne viole pas l'art. 33, L. 9 vend. an VI, en rejetant comme insuffisante la preuve d'une mutation tirée de la déclaration faite par un frère et ses sœurs, en l'an VI, sur le livre des mutations d'une commune, et par suite de laquelle des biens appartenant à ces dernières, auraient été compris sur le rôle en un seul article avec ceux de leur frère et inscrits sous son nom, lorsque cette inscription n'a été suivie d'aucun paiement par lui des impositions afférentes aux biens de ses sœurs, et qu'il a été jugé dans une autre instance où la régie n'a point été partie, que ces biens n'ont jamais cessé d'appartenir à leurs anciens propriétaires. — *Cass.*, 31 janv. 1815, Ducayla.

3890. — Sous la loi du 9 vend. an VI, lorsque la preuve de la mutation résultait des énonciations consignées dans un acte, il n'était pas besoin, pour la perception du droit d'enregistrement, que l'acte translatif de propriété fût représenté. — *Cass.*, 13 thermid. an XII, Laroque.

3891. — Sous l'empire de la même loi, un acte de partage entre cohéritiers ne devant pas être assimilé à un contrat translatif de propriété, lorsque cet acte n'était pas représenté, on ne pouvait en exiger les droits d'après les présomptions légales établies pour les cas de mutation. — *Cass.*, 14 messid. an IX, Coustard et Champagne.

3892. — La régie a pu, depuis la loi du 22 frim. an VII, exiger les droits d'enregistrement sur les actes de mutation de propriété passés antérieurement, et cela avant même que les parties en eussent fait usage, lorsque ces droits n'avaient point été acquittés d'après les anciens réglemens. — *Cass.*, 24 flor. an XIII, Huard-Duplessis.

3893. — Lorsque, pour le paiement du droit d'une mutation secrète, un jugement a reconnu en fait les circonstances desquelles l'art. 12, L. 22 frim. an VII, tire une présomption légale de mutation, il y a appréciation souveraine qui échappe à la censure de la cour de Cassation. — *Cass.*, 18 nov. 1835, Furet ; 18 juill. 1838 (t. 2 1838, p. 92), Duguéchaire.

3894. — Les droits exigibles sur une mutation dont l'existence est constatée sont, selon les circonstances, ceux de vente, de donation, ou de mutation par décès.

3895. — La déclaration faite dans un partage par un gendre de l'auteur de la succession, portant qu'une vente à lui consentie par son beau-père, était simulée, doit être regardée comme opérant une rétrocession au profit des héritiers et non une donation entre étrangers. — Délib. 21 mars 1828.

3896. — La déclaration faite par un possesseur de biens provenant d'émigré, portant qu'il n'en avait fait l'acquisition que pour les conserver à cet émigré auquel il les remet, est une rétrocession. — Délib. 29 août 1821.

3897. — La demande de la régie peut avoir, en outre, pour objet le paiement du double droit, quand la mutation dont la preuve est établie, a réellement existé plus de trois mois auparavant.

3898. — Ainsi, les héritiers qui, avant le décès de leur auteur, ont joui de ses biens en vertu d'une donation verbale, sont tenus d'acquitter les droit et double droit dus à cet égard, sauf à leur tenir compte de ceux qui auraient été payés pour la mutation des mêmes biens à titre de succession. — Décis. min. fin., 8 déc. 1814.

3899. — Ainsi encore, il y a lieu à la perception du double droit, lorsqu'un acte de vente passé en vertu de conventions verbales préexistantes fait remonter à plus de trois mois l'entrée en jouissance de l'acquéreur. — Délib. 6 août 1838.

3900. — Mais il n'y a point preuve de mutation secrète qui donne ouverture à un double droit, dans la déclaration du détenteur d'un immeuble, qu'il en est propriétaire depuis plus de trois mois, s'il est constant, en fait, qu'il n'y a point eu prise de possession de sa part. — *Cass.*, 17 vendém. an XIII, Dilh.

3901. — Dans le système constitué par la loi du 27 vent. an IX, disent MM. Championnière et Rigaud (t. 2, nos 1661 et 1662), « l'acquéreur par convention verbale doit le droit de mutation ; mais il a, pour le payer, trois mois, à partir de son entrée en possession ; il peut être admis à déclarer dès le jour de la convention ; il n'est obligé pour cela ni d'attendre ni de prouver sa prise de possession, mais la régie ne peut le forcer à payer s'il n'entre pas en jouissance : non-seulement, pour exiger le droit, elle doit prouver la possession, mais encore elle doit établir que cette possession remonte à plus de trois mois. »

3902. — Mais décidé que la reconnaissance, dans un acte de vente, que l'acquéreur est en jouissance depuis plus de trois mois suffit pour donner ouverture au double droit, bien que les parties déclarent dans le même acte que les droits de l'acquéreur à la propriété ne commencent que du jour où l'acte de vente est passé. — Délib. de la régie, 13 sept. 1837.

3903. — Jugé cependant qu'un tribunal a pu décider que la déclaration qui, dans un contrat de vente, fait remonter à plus de trois mois la jouissance de l'acquéreur et la stipulation des intérêts à partir de la même époque, ne prouve pas qu'il y ait eu alors mutation de propriété, et qu'il est dû par conséquent un double droit. — *Cass.*, 1er mars 1815, Poirier.

3904. — Si, à défaut d'acte constatant la vente, les droits ne sont dus qu'à compter de l'entrée en possession, cette entrée en possession est un fait laissé à l'appréciation des tribunaux, et dont la constatation ne peut donner ouverture à cassation. — *Cass.*, 8 nov. 1841 (t. 2 1841, p. 686), Marioton-Barluet.

3905. — Lorsqu'un acte de vente déposé à l'enregistrement constate que l'acquéreur était en possession de l'objet vendu, l'assertion contraire de sa part *qu'il ne s'est opéré aucune mutation*, ne peut arrêter l'effet de la contrainte. — *Cass.*, 12 mars 1817, Donge.

3906. — La déclaration insérée dans un acte de vente, que l'acquéreur qui achète présentement et en payant à l'instant même seulement un à-compte, a joui depuis une époque antérieure à cet acte, conformément aux conventions verbales faites entre lui et son vendeur, ne supposant pas nécessairement qu'il y a eu dès-lors vente simulée, et pouvant s'interpréter en ce sens que cet acquéreur a voulu connaître par là la véritable valeur de l'immeuble qu'il désirait acquérir, ne peut servir de preuve d'une mutation secrète, aux termes de l'art. 12, L. 22 frim. an VII, s'il n'y a eu surtout ni inscription du nom du nouveau propriétaire sur les rôles, ni paiement par lui de la contribution. — *Cass.*, 7 nov. 1809, Odde.

3907. — L'art. 12 de la loi de frimaire supplée à l'existence d'un acte de mutation par des présomptions tirées : 1° soit de l'inscription du nouveau possesseur au rôle de la contribution foncière et des paiemens par lui faits d'après ce rôle ; — 2° soit des actes constatant sa propriété ou son usufruit. — Nous suivrons cette division.

3908. — Toutefois, nous devons faire remarquer que dans l'application cette division ne saurait être rigoureusement suivie, attendu que plusieurs des arrêts rapportés sous un paragraphe se trouvent réunir quelques uns des caractères propres aux arrêts classés sous l'autre paragraphe, et qu'il était impossible de scinder le sommaire de ces arrêts sans leur faire perdre leur physionomie particulière.

### § 2. — *Présomptions de mutation résultant de l'inscription au rôle des contributions et des paiemens faits en conséquence.*

3909. — La présomption de mutation d'un immeuble en propriété ou en usufruit est, ainsi qu'on l'a vu (no 3879) suffisamment établie contre le nouveau possesseur, pour la demande et la poursuite du droit d'enregistrement, par l'inscription de son nom au rôle de la contribution foncière et des paiemens par lui faits d'après ce rôle. — L. 22 frim. an VII, art. 12.

3910. — Les mutations foncières sur les matrices des rôles sont, en conformité de la loi du 3 frim. an VII, recueillies d'après les déclarations des parties intéressées, qui font connaître à quel titre la mutation a lieu, sans qu'on soit obligé de produire l'acte qui la justifie ; à défaut de ces déclarations, qui doivent être provoquées par les maires des communes, sur les indications des percepteurs ou de la notoriété publique, il est procédé d'office à l'établissement de la mutation sur la matrice et sur le rôle, lorsque le changement survenu dans la propriété est constant par l'enregistrement de l'acte. — Décis. min. fin. 10 juin 1831 ; inst. 8 juill. 1831, 1371.

3911. — Il y a présomption légale de mutation de propriété, pour la perception des droits d'enregistrement par l'inscription d'un individu au rôle de la contribution foncière et les paiemens faits en conséquence. — *Cass.*, 3 (et non 15) août 1808, Kerpaen-Kersallo.

3912. — Il en est surtout ainsi quand les paiemens ont été faits pendant plusieurs années. — *Cass.*, 20 juill. 1829, Decorde.

3913. — ... Ou que le nouveau possesseur a payé sans réclamation. — *Cass.*, 22 oct. 1811, Ducros ; 9 fév. 1842 (t. 1er 1842, p. 307), Letourmy.

3914. — ... Ou bien que sa réclamation n'a pas été admise par l'autorité administrative. — *Cass.*, 1er sept. 1806, Laligant.

3915. — La présomption légale de mutation existe à plus forte raison quand la double circonstance de l'inscription au rôle et du paiement des contributions se trouve corroborée par d'autres actes.

3916. — Tel est le cas où il existe un acte dont la date, évidemment surchargée, indique une vente bien antérieure à la contrainte. — *Cass.*, 2 fév. 1807, Brun.

3917. — ... Ou lorsqu'il résulte d'un extrait des registres de l'enregistrement qu'il a été signifié par le nouveau possesseur, en qualité de propriétaire, un congé à l'un des locataires de la maison, objet de la mutation. — *Cass.*, 15 mars 1814, Lausac.

3918. — ... Ou qu'il y a eu de la part du nouveau possesseur vente de coupes de bois dépendant des immeubles. — *Cass.*, 19 (et non 18) frim. an XIV, Claude.

3919. — ... Ou que ce nouveau possesseur a fait des réparations à l'immeuble et une déclaration à l'administration forestière pour abattre des bois en dépendant, à moins qu'il ne prouve par des procurations, des quittances d'ouvriers ou toute autre pièce, qu'il n'a agi qu'en qualité de mandataire. — *Cass.*, 31 août 1814, Soulès.

3920. — ... Ou s'il y a eu une reconnaissance émanée ultérieurement de toutes les parties intéressées. — *Cass.*, 22 déc. 1819, Sardet.

3921. — ... Ou quand le nouveau possesseur a nommé des gardes pour veiller à la conservation des biens, et que dans une instance en revendication, il n'a point dénié sa qualité de propriétaire. — *Cass.*, 12 oct. 1808, Pathiot.

3922. — ... Ou bien si le nouveau possesseur a fait la réception des fermages de l'immeuble, ainsi que la vente des bois en dépendant. La vente de l'immeuble faite depuis par acte public par l'ancien propriétaire, n'exclut nullement une propriété ou un usufruit intermédiaires. — *Cass.*, 4 pluv. an XII, Renusson-Dumesnil.

3923. — Toutefois, jugé que la mutation secrète doit d'autant moins facilement être présumée que l'individu a depuis acquis l'immeuble par acte authentique. — *Cass.*, 5 fév. 1810, Imbert.

3924. — La présomption de mutation résultant de l'inscription d'un nouveau possesseur au rôle de la contribution foncière, et des paiemens en conséquence, ne peut être déclarée insuffisante par cela que le droit du possesseur est litigieux. — *Cass. belge*, 30 sept. 1833, Amory.

3925. — Jugé de même à l'égard d'une commune, encore bien qu'elle prétende n'avoir pas valablement acquis, faute d'autorisation. — *Cass.*, 27 déc. 1808, comm. de Thous.

3926. — La vente d'un immeuble, avec clause qu'à défaut de paiement du prix dans un délai fixé, elle sera considérée comme non avenue, est faite, non sous une condition suspensive, mais sous une condition résolutoire. En conséquence il est dû un droit de mutation par l'acquéreur, quand d'ailleurs celui-ci est entré en jouissance de l'immeuble, qu'il a fait inscrire son nom sur le rôle foncier et qu'il a payé les contributions. — *Cass.*, 14 nov. 1809, Montant.

3927. — Lorsqu'un individu est inscrit sur les rôles de la contribution foncière et a fait plusieurs paiemens en conséquence, et que de plus sommation lui a été faite par l'ancien propriétaire de réaliser la vente qu'il lui a verbalement consentie, il y a là preuve légale et suffisante de mutation, sans que la régie soit tenue de justifier de l'existence d'une convention écrite constatant cette même mutation. — *Cass.*, 4 déc. 1810, Tournal.

3928. — Il y a également preuve suffisante de mutation par l'inscription du nom d'un individu au rôle de la contribution foncière et les paiemens par lui faits en conséquence, encore bien que, postérieurement, dans l'acte de réalisation de la vente, le vendeur et l'acquéreur déclareraient que les paiemens n'ont été faits par le second qu'au nom du premier. — *Cass.*, 13 avr. 1814, Borda.

3929. — La présomption légale de mutation résultant de l'inscription au rôle des contributions foncières et des paiemens faits en conséquence, s'applique également, et au particulier inscrit pour la première fois comme nouveau possesseur, et à celui qui, après s'être dessaisi de la propriété d'un immeuble, ne laisse pas de continuer à être inscrit sur le rôle et de payer les contributions. Cette présomption légale ne peut être détruite par un acte authentique contenant rétrocession, parce qu'il n'a rien d'incompatible avec une rétrocession antérieure célée à la régie. — *Cass.*, 18 nov. 1818, Canichon.

3930. — Lorsqu'un immeuble a été adjugé par suite de saisie immobilière, et que néanmoins l'exproprié est resté en possession, l'inscription de celui-ci au rôle de la contribution, les paiemens par lui effectués, et la disposition qu'il a faite par testament de cet immeuble, établissent qu'il y a eu rétrocession par l'adjudicataire à son profit, alors même qu'une folle enchère a été poursuivie et exécutée sur l'adjudicataire par un créancier inscrit. Le fait que la folle-enchère aurait eu lieu, dans ce cas, après le décès de l'exproprié, sur un autre que lui ou ses héritiers, ne suffit pas pour empêcher que l'immeuble ne puisse être considéré comme ayant été dans sa succession, et comme soumis dès lors à ce titre aux droits de succession. — *Cass.*, 18 nov. 1835, Furet.

3931. — Il y a présomption légale de rétrocession lorsqu'un individu, après avoir été exproprié d'un immeuble, est cependant resté inscrit au rôle foncier pendant plusieurs années et a payé les contributions. — *Cass.*, 20 juin 1813, Clavé; 28 (et non 22) déc. 1813, Vaissouze; 18 (et non 13) avr. 1821, Orlbac.

3932. — Jugé de même quand l'acquéreur reste imposé au rôle et que le vendeur vend le même immeuble à un tiers avec stipulation que celui-ci n'entrera en jouissance qu'après le décès du premier acquéreur dépossédé. — *Cass.*, 13 nov. 1810, Touraille.

3933. — ... Ou lorsque après la vente ou l'expropriation de l'immeuble, le vendeur continue d'être inscrit au rôle de la contribution foncière et d'acquitter l'impôt, et qu'en outre il hypothèque l'immeuble en tout ou en partie. — *Cass.*, 2 fév. 1813, Sivière et Lelac; 29 mars 1820, Raboteau.

3934. — Lorsque le vendeur d'un immeuble a continué d'être inscrit au rôle foncier, comme propriétaire, et d'acquitter les contributions, la présomption légale de rétrocession qui en résulte, pour la perception du droit proportionnel, ne peut être détruite par cette circonstance que, depuis la contrainte décernée par la régie, un jugement aurait, sur les déclarations et le consentement des parties, annulé la vente comme simulée. — *Cass.*, 13 mai 1822, Andréa.

3935. — Il y a également preuve suffisante de rétrocession au profit du vendeur par le bail que, postérieurement à l'aliénation, il a passé des immeubles vendus, par l'inscription de son nom au rôle de la contribution foncière et les paiemens faits en conséquence, et enfin par la vente qu'il a consentie de partie des immeubles précédemment sortis de ses mains. — *Cass.*, 3 avr. 1811, Bazin.

3936. — Mais il n'y a pas preuve suffisante de mutation secrète lorsque, après avoir fait substituer son nom sur la matrice du rôle, la partie intéressée hypothèque l'immeuble à la sûreté d'une obligation, si le prétendu vendeur continue à payer les contributions et si, d'une part, dans l'acte constitutif d'hypothèque, celui que l'on présume avoir acquis n'a pas désigné l'immeuble comme étant sa propriété, et que, d'une autre part, cet acte ait été passé dans un pays anciennement de droit écrit, régi sans statut dérogatoire par les lois romaines qui autorisaient l'hypothèque d'un bien non encore acquis, mais qu'on se proposait d'acquérir. — *Cass.*, 24 nov. 1806, Pingen.

3937. — Il y a présomption suffisante de mutation par l'inscription des enfans au rôle foncier aux lieu et place de leur père, et par les paiemens faits en conséquence, sans que cette présomption puisse être détruite par la production d'un acte sous seing-privé contenant partage anticipé par le père à ses enfans des biens devant composer sa succession, si cet acte n'a point acquis, avant le décès du père, une date certaine à laquelle on puisse rattacher l'inscription des enfans sur le rôle. — *Cass.*, 1er déc. (et non nov.) 1812, Fauconneau-Dufresne.

3938. — La présomption légale résultant de l'inscription des enfans au rôle foncier et des paiemens par eux faits, ne saurait être combattue par la simple allégation d'un usage local qui permettrait à un père parvenu à un grand âge de délaisser verbalement à ses enfans la culture de ses terres, à la charge d'une quotité proportionnelle des fruits pour son entretien et du paiement de la contribution, sous la réserve toutefois de reprendre ses biens à son gré. — *Cass.*, 24 juin 1822 (et non 1821), Christ et Brenckel.

3939. — En pareil cas, la régie ne peut être tenue de prouver que l'inscription a été faite sur la représentation des titres translatifs de propriété, et la présomption légale ne saurait être détruite par cette circonstance, qu'après la mort du père les biens dont s'agit auraient été compris dans un partage entre les cohéritiers. — *Csss.*, 2 août 1809, Fournès.

3940. — Dès l'instant que des enfans ont hypothéqué un immeuble ayant appartenu jusque-là à leur père, que, de plus, ils se sont fait inscrire au rôle de la contribution foncière et ont payé en conséquence, il y a présomption légale de mutation, sans qu'on puisse prétendre qu'il a été dérogé à la loi du 22 frim. an VII par les dispositions du Code civ., sur les manières de transmettre la propriété. — *Cass.*, 23 (et non 25) nov. 1807, Leisl.

3941. — Lorsque les héritiers ou légataires sont, après le décès de leur auteur, expropriés, par suite de folle enchère, d'un immeuble acquis par celui-ci, ils ne peuvent prétendre que cet immeuble ne fait pas partie de sa succession, alors surtout qu'il y a eu paiement d'à-compte sur le prix, actes de propriété, inscription au rôle de la contribution foncière, suivie de paiemens des impositions, et enfin acquiescemens à divers jugemens successifs qui ont condamné ces héritiers ou légataires au paiement des droits de mutation. — *Cass.*, 14 fév. 1825, Bigot.

3942. — Il y a présomption légale de mutation, par l'inscription d'un héritier au rôle de la contribution foncière, à raison des biens ayant appartenu à son auteur, militaire absent, et par les paiemens faits en conséquence. — Cet héritier, poursuivi en paiement des droits, n'est point fondé à prétendre qu'il a payé, s'il ne justifie pas de ce paiement de la manière prescrite par l'art. 57, L. 22 frim. an VII, ni à invoquer la prescription de cinq ans, s'il ne rapporte aucun acte qui constate le décès de son auteur. — *Cass.*, 8 mai 1826, Orth.

3943. — Il ne peut y avoir mutation d'un beau-père à son gendre des biens par lesquels ce dernier est inscrit sur les rôles de la contribution, lorsque ces biens ont été légalement transmis à sa femme, et qu'ils l'ont été surtout du chef de sa mère. Cette inscription du nom du mari sur les rôles ne peut avoir été faite qu'en sa qualité d'administrateur des biens de sa femme. — *Cass.*, 15 juin 1813, Dannoderie.

3944. — Mais il y a présomption légale de mutation dans la déclaration faite à la mairie par un individu qu'il a acquis de sa belle-mère un immeuble appartenant à celle-ci, l'inscription de cet individu au rôle de la contribution foncière et le paiement de cette contribution pendant plusieurs années. — Cette présomption ne saurait être détruite par la production d'un testament notarié antérieur à la contrainte, dans lequel la belle-mère institue sa fille légataire de l'immeuble, cette disposition éventuelle et officielle n'ayant rien d'incompatible avec la mutation secrète attestée par les indices légaux. — *Cass.*, 14 janv. 1824, Heimhourger et Meyer.

3945. — Lorsqu'un individu a joui des biens d'une succession, que ces biens ont été inscrits en son nom, et qu'il en a payé l'impôt, il en est justement présumé propriétaire, et ses héritiers ne sont pas fondés à prétendre que l'on doit en distraire une partie comme leur revenant du chef de leur mère, et ayant été à tort confondue avec ceux du défunt, si surtout leur mère a, par son contrat de mariage, reçu tout ce à quoi elle avait droit et qu'elle ait renoncé au reste. — *Cass.*, 11 avr. 1815, Doat et Laborde.

3946. — Dans le cas où un immeuble est resté indivis entre cohéritiers, la régie de l'enregistrement a pu, sans violer l'art. 883, C. civ., exiger contre l'un d'eux le droit proportionnel de mutation, si de la double circonstance de la mention du nom seul de ce dernier sur la matrice du rôle et des paiemens par lui effectués des contributions résulte la présomption qu'il a, par un acte tenu secret, acquis de ses cosuccessibles les droits qu'ils avaient à cet immeuble. — Le principe que les partages ou licitations entre cohéritiers sont déclaratifs et non translatifs de propriété, ne rend pas la régie non recevable à exiger le paiement de ce droit. — *Cass.*, 6 mars 1834, Merlet.

3947. — La présomption légale d'une mutation secrète de la propriété d'un immeuble dépendant d'une succession, au profit exclusif de l'un des cohéritiers, est suffisamment établie par l'inscription du nom de ce cohéritier seul au rôle de la contribution foncière, et les paiemens par lui faits d'après ce rôle. — Cette présomption ne peut être détruite par la renonciation sous seing-privé des autres cohéritiers à la succession. — *Cass.*, 15 juill. 1840 (t. 2 1840, p. 247), Chauvin.

3948. — Lorsqu'un individu a acquis un immeuble en son nom personnel, qu'il a été inscrit au rôle foncier et qu'il a acquitté la contribution, la présomption légale résultant de tous ces faits qu'il est seul propriétaire ne peut être détruite par la production d'actes sous seing-privé, sans date certaine, constatant l'association de plusieurs individus pour l'acquisition de ce même immeuble. — Dès-lors la substitution sur le rôle foncier du nom de ces prétendus associés à celui de l'acquéreur, seul en nom, fait présumer une rétrocession de la part de ce dernier. — *Cass.*, 16 (et non 6) oct. 1810, Jourdain et Pinelle.

3949. — Pour que la présomption légale de mutation existe contre un nouveau possesseur, il faut le concours simultané de l'inscription de son nom au rôle et des paiemens par lui faits d'après ce rôle. — *Cass.*, 31 janv. 1833, Aubertin.

3950. — L'inscription seule ne suffirait pas; car elle pourrait avoir été faite à l'insu du nouvel inscrit : il faut qu'il s'y joigne *des paiemens*, c'est-à-dire plus d'un paiement, cette circonstance seule prouvant qu'il a connu l'inscription et qu'il y a adhéré. — Masson-Delongpré, *C. de l'enreg.*, n° 109, édit. 1re. — Toutefois, comme on le verra plus bas, la circonstance *des paiemens faits* pourrait être remplacée par quelque autre acte qui viendrait se joindre à l'inscripton au rôle foncier.

3951. — Jugé en ce sens que l'inscription du nom d'un individu au rôle de la contribution foncière ne suffit pas pour prouver une mutation secrète, s'il est établi que cet individu n'a ni payé ni donné l'ordre ou le pouvoir de payer pour lui en vertu de cette inscription. — *Cass.*, 20 mars 1816, Baillot.

3952. — ... Que, si les paiemens ont été faits par un tiers, il faut qu'il soit prouvé que ce tiers a agi pour le nouveau possesseur et à sa connaissance. — *Cass.*, 31 janv. 1833, Aubertin.

3953. — Par la même raison, l'art. 12, L. 22 frim. an VII, n'est pas applicable, s'il y a seulement paiement des impositions, sans inscription au rôle du nom du nouveau possesseur. — *Cass.*, 26 (et non 25 ou 29) nov. 1825, Legrand.

3954. — Jugé également que la présomption de mutation n'a pas lieu lorsqu'il est constaté que le nouvel inscrit a ignoré son inscription et les paiemens faits en son nom par le fermier. — *Cass.*, 4 mars 1839 (t. 1er 1839, p. 452), Guibal.

3955. — Mais il faudrait décider autrement à l'égard d'un individu qui aurait payé pendant plusieurs années les impositions foncières des immeubles, quand bien même son nom ne serait pas inscrit au rôle foncier, si toutefois cette inscription existe au nom d'un tiers et consorts. — *Cass.*, 12 oct. 1808, Pathiot.

3956. — La mutation secrète n'est pas prouvée lorsque le nom du prétendu nouveau possesseur n'est réellement pas inscrit au rôle, que ce rôle porte qu'il s'en est seulement chargé pour le propriétaire, et que ce n'est pas à ce titre qu'il a fait les paiemens qu'exige la loi. — *Cass.*, 10 fév. 1813, Landes.

3957. — Il n'y a pas non plus preuve suffisante de mutation de propriété, par cela qu'une personne aurait payé une partie de la contribution foncière, et serait indiquée comme propriétaire dans un acte, si cet acte lui est étranger, et si elle n'est pas inscrite sur les rôles de la contribution. — *Cass.*, 6 frim. an XIV, Desprat-Carboué.

3958. — En effet, le paiement de la contribution ne supplée pas au défaut de l'inscription ; il faut qu'il soit fait *en conséquence* de l'inscription, laquelle ne serait pas non plus efficacement remplacée par d'autres actes ne constatant pas la propriété du nouveau possesseur et n'émanant pas de lui. — Championnière et Rigaud, t. 2, n° 1684.

3959. — De ce que le nouveau possesseur d'un immeuble est inscrit au rôle foncier il résulte une présomption légale de mutation telle que les tribunaux ne peuvent avoir égard à la déclaration de ce possesseur, que l'acte translatif de propriété est resté sans exécution, et que lui, possesseur, ne jouit qu'à titre de fermier. — *Cass.*, 21 flor. an VIII, Veillet.

3960. — La présomption de mutation existe donc contre le possesseur, encore bien qu'il prétende n'avoir payé que comme fermier, et que les modifications du rôle n'ont point été opérées sur des titres réguliers. — *Cass.*, 19 août 1806, Roger.

3961. — Des paiemens de la contribution foncière sont réputés faits par le nouveau possesseur lorsqu'ils ont été effectués en son nom par ses fermiers. — *Cass.*, 7 (et non 6) nov. 1832, Maloiseau.

3962. — Mais il n'y a plus présomption légale suffisante lorsque les paiemens ont été faits, non par le nouveau possesseur, mais par le fermier et au nom du propriétaire. — *Cass.*, 19 oct. 1814, Siraud.

3963. — Il n'y a point non plus présomption légale de mutation, lorsque l'individu inscrit au rôle foncier déclare que l'inscription a été faite à son insu, et que c'est comme fermier qu'il a payé l'impôt. — Solut. 19 nov. 1832.

3964. — Mais jugé que la présomption légale de mutation résultant de l'inscription au rôle et du paiement des contributions sans réclamation conserve toute sa force, bien que le possesseur, qui avait été précédemment fermier des immeubles, allègue qu'il continue d'en jouir par tacite reconduction, et qu'il a payé les contributions en sa qualité de fermier, conformément à une clause du bail expiré, bien qu'il allègue en outre que l'inscription de son nom sur le rôle n'a pas été faite sur sa demande, et qu'il oppose un acte de vente des mêmes immeubles pour lequel il a payé le droit avant la contrainte décernée contre lui, mais postérieurement à l'avis qui lui avait été donné de payer par suite de la présomption légale de mutation. — *Cass.*, 26 nov. 1833, Molmy.

3965. — Lorsqu'il y a présomption de mutation de propriété d'un immeuble en faveur d'un individu, d'après son inscription au rôle de la contribution foncière depuis plusieurs années, et d'après le paiement de l'impôt fait en son nom par un sous-fermier qu'il n'a point désavoué, que de plus il est énoncé dans l'acte de sous-bail que l'immeuble lui appartient, il y a lieu de supposer une mutation intermédiaire lorsque le même immeuble a été vendu par le frère de cet individu, encore bien que ce frère prétende avoir recueilli seul cet immeuble dans la succession de la mère commune, et que ce n'est que par erreur que son propre nom n'a pas été porté sur le rôle. — *Cass.*, 14 vent. an XIII, Méat.

3966. — Provision étant due au titre, il y a preuve suffisante de mutation lorsque la régie établit par des certificats qu'il y a substitution d'un nom à un autre sur le rôle foncier et que le nouvel inscrit a payé pour son propre compte le montant des contributions, quoique d'ailleurs on ne produise aucun acte, et que le nouvel inscrit dénie la propriété qu'on met à sa charge. — *Cass.*, 25 avr. 1808, Knapp.

3967. — Par la même raison, la régie n'est pas tenue de prouver que l'individu inscrit est propriétaire de l'immeuble, et qu'il a demandé à être porté sur le rôle de la contribution foncière. — *Cass.*, 24 fév. 1807, Tribruck.

3968. — Mais si, d'après l'art. 12, L. 22 frim., il y a preuve suffisante de mutation d'un immeuble pour la perception des droits par l'inscription du nouveau possesseur au rôle de la contribution foncière et les paiemens faits en conséquence, cet article n'exclut pas néanmoins la preuve du contraire. — *Cass.*, 2 août 1814, Lefebvre; *Bruxelles*, 14 fév. 1820, Vanlooy *Cass.*, 18 juin 1823, Lanta et Puntis. — V. aussi *infrà* n° 4083.

3969. — Lors donc qu'il résulte d'actes authentiques non argués de fraude que celui que l'on suppose nouveau possesseur, parce qu'il a été inscrit sur les rôles de la contribution foncière, et qu'il a fait des paiemens en conséquence, n'a jamais eu d'autre qualité que celle de régisseur du propriétaire, il n'y a pas de mutation, ni lieu par suite de percevoir le droit proportionnel. — *Cass.*, 18 juin 1823, Lanta et Puntis. — V. *infrà* n° 4083.

3970. — Ainsi encore, lorsque des enfans qui se sont fait imposer à la place de leur père étaient ses fermiers suivant un bail authentique antérieur à leur imposition ; que, par une clause de ce bail, ils devaient acquitter la contribution foncière, à la décharge de leur père, jusqu'à concurrence d'une somme déterminée, et que l'imposition qu'ils ont subie et acquittée n'excède pas cette somme, toutes ces circonstances et celle de la minorité d'un des enfans concourent à écarter l'idée d'une démission et d'un partage de propriété. — *Cass.*, 2 août 1814, Lefebvre.

3971. — La présomption légale de mutation résultant de l'inscription d'un individu au rôle foncier et des paiemens des contributions qu'il a faits en son nom ne peut être détruite : — ni par des actes qui tendraient à établir que l'individu n'a pas été propriétaire de l'immeuble, quelque authentique d'ailleurs que soit la forme de ces actes. — *Cass.*, 10 oct. 1808, Sevelinges.

3972. — ... Ni par cela que le vendeur aurait aliéné une partie des biens, lors surtout que le prix en provenant aurait été par lui remis à l'acquéreur. Il importe peu que la transmission se soit opérée sans convention écrite, cette circonstance ne mettant aucun obstacle à l'exigibilité du droit. — *Cass.*, 22 déc. 1819, Sardet.

3973. — ... Ni par l'allégation du nouveau possesseur qu'il n'a jamais été propriétaire de l'immeuble, et que les ventes partielles qu'il en a faites ne l'ont été qu'en sa qualité de mandataire du véritable propriétaire, ainsi que cela est constaté par les actes de vente produits au procès. — *Cass.*, 30 juill. 1823, Robin.

3974. — ... Ni par des actes sous seing-privé, et à plus forte raison par un bail verbal passés par les parties contre lesquelles la présomption est établie. — *Cass.*, 17 août 1824, Palluel.

3975. — ... Ni par la représentation que fait l'individu imposé d'une procuration qui lui a été donnée par l'ancien propriétaire à l'effet d'affermer l'immeuble, et du bail fait en conséquence avant l'inscription au rôle, ni par la vente qui, depuis les poursuites de la régie, a été consentie au prétendu fermier par l'ancien propriétaire. — *Cass.*, 5 janv. 1825 (et non 1824), de Valory et Legry.

3976. — ... Ni par aucune allégation qui est dénuée de toute preuve légale, et alors surtout que cette allégation est démentie par un certificat du directeur des contributions directes. — *Cass.*, 6 fév. 1826, Levesque.

3977. — ... Ni par l'allégation d'une procuration notariée à l'effet d'administrer et de vendre, ni par celle d'une erreur sur les rôles des contributions, quand cette erreur est seulement constatée par le certificat privé d'un contrôleur, délivré après la confection du rôle. — *Cass.*, 3 déc. 1835, Berton.

3978. — ... Ni par l'allégation que les faits de l'inscription et du paiement sont le résultat d'une erreur, si cette erreur n'est nullement justifiée. — *Cass.*, 9 fév. 1842 (t. 1er 1842, p. 367), Letourmy.

3979. — De ce que le retrait lignager a été exercé par l'époux survivant au nom de ses enfans mineurs, et qu'il a payé pour eux la rente qui en est le prix, il résulte la preuve qu'ils sont propriétaires et même possesseurs des biens qui ont donné lieu au retrait. Cette propriété, ainsi établie, ne peut être détruite, ni par l'existence du bail passé par cet époux en son nom personnel, lorsqu'il avait la tutelle de ses enfans, ni par l'inscription de ce même nom sur le rôle de la contribution foncière; ces deux faits ne suffisent pas pour faire croire à une revente de ces biens, à son profit, de la part des enfans auxquels il est reconnu qu'ils appartiennent. — *Cass.*, 3 fév. 1812, Teyssot.

3980. — Toutefois, la loi du 22 frim. n'a entendu créer qu'une présomption qui peut cesser s'il est justifié que l'inscription et les paiemens desquels on la fait résulter sont dus à une erreur. — *Cass.*, 7 avr. 1840 (t. 1er 1840, p. 783), Graury.

3981. — Ainsi, jugé que la présomption de mutation cesse lorsque ces paiemens n'ont eu lieu que par une erreur, et que l'inscription n'a été faite que d'une manière vague et générale. — *Cass.*, 13 avr. 1825, Jogand.

3982. — ... Qu'il en est de même, lorsque l'inscription d'un individu au rôle de la contribution foncière comme propriétaire d'une maison a été faite à son insu, et qu'il n'a payé les contributions relatives à cet immeuble qu'en croyant acquitter celles qui grevaient d'autres immeubles qu'il possédait depuis long-temps. — *Cass.*, 26 juill. 1830, Cottenest.

3983. — Jugé également que les deux conditions exigées par l'art. 12, L. 22 frim., manquent lorsqu'il est reconnu, en fait, que le nom porté sur les rôles de la contribution foncière est celui du père et non celui du fils, comme le prétend la régie, et que les paiemens faits par ce dernier ne l'ont été que comme fermier du nouveau propriétaire. — *Cass.*, 22 janv. 1824, Barbier.

3984. — L'inscription au rôle de la contribution foncière, qui peut s'appliquer également à plusieurs individus du même nom, et les paiemens faits en conséquence, surtout s'ils l'ont été par les fermiers, ne sauraient fournir une présomption légale de mutation. Dans tous les cas, cette présomption ne pourrait servir à prouver une donation dont la date serait bien postérieure à l'acte dont on veut la tirer. — Dès-lors, un tribunal a pu, sans violer la loi, repousser une pareille présomption, surtout en déclarant que les réserves que fait un tiers, présent à un acte de partage, de tous les droits de propriété qu'il a sur les biens que les parties intéressées à cet acte se divisent entre eux, sont sérieuses et doivent produire leur effet, en telle sorte qu'il est alors censé ne rien donner, et qu'à sa mort un nouveau partage de ces mêmes biens sera nécessaire. — *Cass.*, 30 mars 1814, Sebille.

3985. — Pour qu'il y ait présomption légale de mutation de propriété en faveur d'un individu, il ne suffit pas qu'il ait été inscrit au rôle de la contribution foncière, il faut encore qu'outre des paiemens par lui faits en conséquence son inscription, soit régulière. — *Cass.*, 5 fév. 1810, Imbert.

3986. — En effet, disent MM. Championnière et Rigaud (t. 2, n° 1687), il est contraire à la raison d'admettre que le législateur, en exigeant la preuve de l'accomplissement d'une formalité dont les conditions sont tracées par la loi, ait entendu parler de cette formalité irrégulièrement accomplie.

3987. — Jugé, au contraire, qu'il y a présomption légale de mutation par l'inscription du nouveau possesseur au rôle de la contribution foncière et les paiemens faits en conséquence, abstraction faite de toute recherche sur la régularité ou l'irrégularité de ladite inscription, et encore bien qu'un arrêté du préfet, postérieur à l'action de la régie, aurait annulé cette inscription, comme dénuée des formalités prescrites par la loi du 3 frim. an VII. — *Cass.*, 22 aout (et non avr.) 1821, Bonneau-Destouches.

3988. — ... Que la présomption de mutation existe, bien que l'inscription au rôle de la contribution foncière n'ait pas été faite suivant le mode prescrit par la loi du 3 frim. an VII. — *Cass.*, 24

juin 1822 (et non 1821), Christ et Brenckel; 7 (et non 6) nov. 1832, Maloiseau.

3989. — ... Que la présomption légale de mutation conserve toute sa force, quoique l'inscription au rôle n'ait point été accompagnée de la signature du nouveau possesseur, et quoique ce dernier allègue qu'il était dans l'usage de payer les contributions du prétendu vendeur avec les siennes. — *Cass.*, 11 mai 1825, Quiot.

3990. — ... Que l'erreur dans le prénom de la personne inscrite au rôle de la contribution foncière ne vicie pas l'inscription, et, par suite ne détruit pas la présomption de mutation qui en résulte, si cette erreur peut être corrigée et rectifiée par les autres énonciations de l'inscription. — *Cass.*, 15 juill. 1840 (t. 2 1840, p. 247), Chauvin.

3991. — On avait d'abord décidé que des changemens ne pouvaient être faits aux rôles de la contribution foncière qu'autant qu'ils seraient justifiés par acte authentique. — Circul. min. fin. 12 juin 1829. — Mais décidé depuis que les mutations foncières pouvaient avoir lieu, soit sur les déclarations des parties intéressées, soit sur les indications des percepteurs ou la notoriété publique. — Instr. 9 juill. 1831.

3992. — La présomption légale de mutation doit produire son effet à compter du moment où le nouveau possesseur a été inscrit au rôle de la contribution foncière, et que des paiemens ont été par lui faits en conséquence.

3993. — Dès-lors, on ne peut pas ne faire partir la mutation que du jour de l'acte public d'acquisition qui aurait été passé plus tard. — *Cass.*, 11 mai 1808, Gelay.

3994. — De ce qu'un individu a consenti une hypothèque sur un immeuble pour lequel rien n'établit qu'il fût régulièrement inscrit au rôle des contributions foncières, et qu'il fait des paiemens en conséquence, la régie n'est pas fondée à conclure qu'il est propriétaire de cet immeuble, et à le poursuivre en paiement du droit de mutation, alors surtout que, par un jugement intervenu entre d'autres parties, et que la régie n'a point attaqué, il a été reconnu que l'une d'elles avait recueilli l'héritage à titre successif, et qu'elle en avait toujours conservé la propriété. — *Cass.*, 24 août 1827, Fressinet.

3995. — Le jugement qui adjuge la demande formée par la régie à fin de paiement des droits de mutation résultant de l'inscription au rôle foncier, et par suite duquel il a été fait des saisies-brandon sur les immeubles, objets de la mutation présumée, peut être attaqué par la voie de la tierce-opposition de la part de l'ancien propriétaire. — *Cass.*, 13 fév. 1815, Ducayla.

§ 3. — *Présomptions de mutation résultant des baux, transactions et autres actes.*

3996. — La présomption de mutation d'un immeuble en propriété ou en usufruit est encore, ainsi qu'on l'a vu (*suprà* n° 3879), suffisamment établie contre le nouveau possesseur pour la demande et la poursuite du droit d'enregistrement, par des baux par lui passés. — L. 22 frim. an VII, art. 12.

3997. — Ainsi jugé, que le bail passé par un fils à ses père et mère conjointement d'un immeuble dont le fils seul s'était rendu adjudicataire, fait présumer une mutation secrète de la part du fils à ses père et mère. — *Cass.*, 29 juin 1813, Lehenaff.

3998. — ... Qu'il y a preuve légale de mutation de propriété, lorsque, après s'être dit acquéreur d'un domaine, un individu a donné congé au fermier, réglé l'indemnité due à celui-ci pour sa non jouissance, et pris l'engagement de la payer, sans qu'une pareille preuve puisse être balancée par ces circonstances, que l'acquéreur n'aurait pas été inscrit au rôle de la contribution foncière, ou que le domaine aurait été revendu depuis par l'ancien propriétaire. — *Cass.*, 30 nov. 1807, Paulet; 3 août 1808, Mêmes parties.

3999. — Il y a preuve suffisante de mutation de propriété par la passation du bail d'un domaine, encore bien qu'il soit dit que le bailleur n'est acquéreur que par un acte *non encore en forme*, et qu'ensuite le bail soit résilié faute de réalisation du projet d'acquisition. — *Cass.*, 23 fév. 1807, Hubert.

4000. — Lorsque, après avoir baillé à ferme un immeuble appartenant à autrui, sous des conditions qui ne peuvent émaner que d'un propriétaire, un individu acquiert ultérieurement ce même immeuble de l'ancien propriétaire, et que des dispositions de l'acte on peut faire remonter la vente à l'époque du bail, il y a présomption que la vente est antérieure au bail. — *Cass*., 22 déc. 1807, Julhes.

4001. — Cependant la présomption de mutation de propriété que l'art. 12, L. 22 frim., attache à la représentation d'un bail émané du nouveau possesseur, n'est pas de nature à établir, d'une manière irrévocable, la réalité de la mutation. Cette présomption doit disparaître devant des preuves matérielles de la non existence de cette prétendue mutation. — *Cass.*, 29 juill. 1816, Schaenbrun.

4002. — De ce qu'une personne qui a acquis un bien l'a reçu ensuite d'une autre à bail à domaine congéable, il résulte à son décès la preuve de deux mutations, l'une opérée entre elle et son vendeur, l'autre d'elle à ses héritiers, mutation qui donne ouverture à deux droits, si elle n'a été combattue par aucun titre propre à établir qu'elle n'a réellement pas existé. — *Cass.*, 14 nov. 1815, de Guéry.

4003. — La présomption de mutation d'un immeuble en propriété ou en usufruit est encore suffisamment établie contre le nouveau possesseur pour la demande du droit d'enregistrement, par des transactions ou autres actes constatant sa propriété ou son usufruit. — L. 22 frim. an VII, art. 12.

4004. — En indiquant un certain nombre d'actes comme formant présomption suffisante de mutation de propriété pour la perception du droit d'enregistrement, l'art. 12, L. 22 frim. an VII, n'est point limitatif, et les juges peuvent admettre cette présomption, quelle que soit la nature de l'acte dont ils la font résulter. — *Cass.*, 11 juill. 1840 (t. 1er 1841, p. 123), David; 23 nov. 1840 (t. 2 1840, p. 783), Saussier; 2 fév. 1841 (t. 1er 1841, p. 414), Douillet.

4005. — Ainsi, lorsque, à défaut des preuves indiquées en première ligne par l'art. 12, la régie fonde sur différens actes sa demande des droits d'une mutation présumée, les juges peuvent, en appréciant ces actes et en interprétant leurs termes, décider, sans violer la loi, que cette mutation n'est pas suffisamment établie. — *Cass.*, 1er mai 1816, Vaney; — Championnière et Rigaud, t. 2, n° 1695.

4006. — Lorsqu'un acte d'adjudication ne porte qu'un seul acquéreur, et que cependant partie de l'immeuble se trouve entre les mains d'un tiers, il y a présomption légale de mutation de propriété, et le tiers ne saurait s'en affranchir en disant que la vente lui a été commune avec le premier adjudicataire, et que c'est par erreur qu'il n'en a pas été fait mention dans le procès-verbal d'adjudication. — *Cass.*, 7 mars 1808, Groc.

4007. — Lorsqu'un individu, agissant tant en son nom qu'en celui de ses coassociés, vend un immeuble à un tiers sans qu'il apparaisse du titre en vertu duquel il en est possesseur, il y a présomption, pour la régie, qu'il l'a acquis par un acte secret de celui qui s'en était rendu précédemment adjudicataire, encore bien qu'il prétende avoir été intéressé dans cette adjudication, si le contrat ne fait aucune mention de lui. — *Cass.*, 24 janv. 1815, Deis et Mangold.

4008. — Le coacquéreur d'un domaine pour un tiers, qui revend la totalité en son nom personnel, est présumé avoir acquis de ses communistes les deux autres tiers. — *Cass.*, 26 oct. 1812, Scheppman.

4009. — De même, le coassocié qui afferme et vend en son nom personnel une partie de l'immeuble acquis en commun, est censé en être devenu propriétaire. — *Cass.*, 29 juill. 1816, Baruch Lewy.

4010. — Il en serait autrement si le coassocié n'exprimait pas positivement sa qualité de seul propriétaire; dans ce cas, il serait censé avoir agi pour la société ou la commandite. — Roland et Trouillet, *Dict. d'enreg.*, v° *Mutation*, § 3, n° 18.

4011. — Il y a présomption légale de mutation secrète, lorsqu'il résulte d'un acte qu'un individu s'est rendu adjudicataire d'une propriété, et qu'ensuite, dans un acte postérieur, c'est une autre personne qui, après s'en être déclarée propriétaire, en vend, en cette qualité, une partie, soit à des tiers, soit à celui-là même qui avait primitivement figuré dans l'adjudication, et cela quand bien même les actes seraient du même jour, alors surtout que ces actes sont enregistrés sous des dates différentes. — *Cass.*, 20 avr. 1818, Rovel.

4012. — ... Lorsqu'un individu vend un immeuble à un autre, sans qu'il apparaisse d'un titre qui lui en ait transféré à lui-même la propriété. En pareil cas, il ne saurait être présumé avoir vendu la chose d'autrui. — *Cass.*, 22 juill. 1807, Maisonnade.

4013. — ... Si un individu a vendu un immeuble dont un autre était propriétaire. Cette présomption ne peut être détruite ni par la production d'un acte de partage d'après lequel l'immeuble proviendrait d'une succession commune, lorsqu'il est prouvé que l'immeuble n'a été acquis par celui des deux qui en a été le premier propriétaire que postérieurement à l'ouverture de la succession, ni par la supposition d'une société tacite qui aurait existé entre eux au moment de l'acquisition, lorsque l'une des deux était, à cette époque, sous la tutelle de l'autre, ce qui exclut toute idée de société, et lorsque d'ailleurs l'acquisition a été faite en nom personnel et non pour le compte d'une société. — *Cass.*, 9 oct. 1810, Bertrand.

4014. — ... Lorsque, après l'avoir vendu à un tiers, le propriétaire d'un immeuble l'échange de nouveau en son nom personnel avec un autre individu. Si les juges ont reconnu, en fait, l'existence de la première vente, ils ne peuvent méconnaître la présomption légale de rétrocession résultant de l'échange, en déclarant que l'échange a eu lieu dans l'intérêt de l'acquéreur, et que, s'il a été passé au nom du propriétaire originaire, c'est qu'il n'apparaissait aucun acte translatif de propriété au profit de l'acquéreur, et que celui-ci ne pouvait avoir qualité pour figurer personnellement dans l'acte d'échange. — *Cass.*, 21 déc. 1808, Liébault.

4015. — ... Si postérieurement à l'adjudication publique d'un immeuble au profit d'un individu, il est présenté à l'enregistrement un acte sous seing-privé, daté du même jour et d'après lequel un tiers s'associe d'autres individus pour l'acquisition du même immeuble. Cette preuve ne saurait être écartée par le motif que l'acte sous seing-privé ne renfermait qu'une société pour acquérir, formée avant l'adjudication, mais qui n'aurait été suivie d'aucun effet. — *Cass.*, 20 avr. 1807, Coudère et Revel.

4016. — Le donateur qui vend l'immeuble donné, et qui, par un réglement entre lui et le donataire, attribue à ce dernier la presque totalité du prix de la vente, est légalement présumé être rentré dans la propriété de cet immeuble par suite d'une rétrocession intermédiaire. — *Cass.*, 26 (et non 25) mai 1836, Allut.

4017. — La demande en résolution d'un acte de vente en prouve l'existence. En conséquence, il y a lieu de percevoir le droit de mutation, quand bien même la vente ne serait annulée qu'autant qu'elle existerait ou pourrait exister. — *Cass.*, 26 août 1806, Verlisen.

4018. — Jugé également qu'il y a preuve de mutation par une demande en conciliation introduite par le nouveau possesseur à l'effet d'obtenir un acte authentique de la vente sous seing-privé qui lui a été passée. — *Cass.*, 17 fév. 1813, Volant.

4019. — Néanmoins, la sommation pour passer *contrat de vente* pourrait n'être pas suffisante pour la demande des droits à l'acquéreur: 1° si c'était le vendeur qui agit, car ses actes ne peuvent faire preuve contre l'acquéreur; 2° ou si le vendeur, dans le cas où l'acquéreur intenterait l'action, nierait avoir vendu, ou prétendrait n'avoir vendu qu'une partie, et qu'il n'y eût point eu entrée en possession. Les tribunaux devraient surtout rejeter la demande, lorsqu'il y aurait doute si, dans l'intervalle, les parties avaient acquitté les droits en réalisant les conventions. — *Dict. des droits d'enreg.*, v° *Mutation*, n° 154.

4020. — Celui qui a pris possession d'un immeuble à titre de propriétaire, ne peut être contraint au paiement des droits de mutation, s'il est expulsé par un jugement portant que la vente verbale qu'il prétendait avoir été faite en sa faveur n'existe point. — *Cass.*, 1er avr. 1822, Canonet.

4021. — L'acquéreur d'après un acte de vente passé en vertu de conventions verbales préexistantes est présumé être entré en jouissance depuis plus de trois mois, s'il y a eu paiement des contributions, remise des titres de propriété et stipulation du service d'une rente pour le prix de la vente. — Délib. 6 août 1833.

4022. — Si le droit porté par la loi du 22 frim. an VII pour les actes sous signature privée est dû pour toute transmission de propriété, et si la loi du 27 vent. an IX veut qu'il soit payé, lors même que les nouveaux possesseurs prétendraient qu'il n'y a pas de convention écrite, il ne peut être perçu lorsque, le vendeur ayant conservé la jouissance du bien vendu, il n'y a pas de nouveau possesseur, et surtout lorsque les constitutions locales prononcent la nullité de l'acte qui donne lieu à la contestation. — *Cass.*, 20 messid. an XIII, Restagno.

4023. — Il y a présomption suffisante de rétrocession de propriété, pour la perception d'un second droit proportionnel, dans la déclaration faite par un acquéreur que la vente à lui consentie n'était pas simulée, et qu'elle avait pour objet de transmettre les biens de son vendeur à l'un de ses enfans au préjudice des autres, la simulation n'étant pas un vice radical de la première vente

quand les parties pouvaient la laisser subsister.— *Cass.*, 1er mars 1815, Reynes.

4024. — Lorsque la régie poursuit des cohéritiers comme détenteurs d'une portion des biens ayant appartenu à l'un d'eux, et qu'elle fonde son action sur la supposition que ce dernier a survécu à son père et recueilli par conséquent dans sa succession les biens qui font l'objet de cette instance, la déclaration faite par l'un des ayant-droit de ce dont cette succession se compose, tant en son nom qu'au nom de son cohéritier absent, sans son aveu et sans son intervention, ne prouve pas qu'il y ait recueilli sa part, si ce fait n'est pas établi d'ailleurs; ce n'est là tout au plus qu'une présomption que le juge a le droit d'apprécier, et il peut la repousser, c'est-à-dire révoquer en doute la survie prétendue, sans violer l'art. 12, L. 22 frim. an VII. — *Cass.*, 2 août 1809, Chonipe.

4025. — La déclaration faite par un mari, après le décès de sa femme, qu'un immeuble fait partie de la succession de celle-ci comme lui ayant été donné par ses père et mère, constate suffisamment qu'il s'est opéré une mutation en sa faveur; et dès-lors le droit en est dû, à moins que l'on ne rapporte la preuve qu'il a été perçu.—*Cass.*, 31 janv. 1814, Pendaries.

4026. — Il y a présomption légale de mutation, par cela que des immeubles ont été compris dans des actes de donation et de partage, ou dans une déclaration de succession, sans que cette présomption puisse être détruite par la vente ultérieurement faite de ces mêmes immeubles au nouveau possesseur. — *Cass.*, 31 mai 1826, Langlet.

4027. — La partie qui, dans le cours d'une instance, invoque une démission de biens faite en sa faveur, ne peut se soustraire au paiement des droits dus sur cet acte, sous prétexte que la démission n'aurait eu qu'une existence momentanée, et qu'au décès de la mère démettante, les effets en auraient cessé par d'autres arrangemens de famille qui auraient autrement disposé des mêmes biens. — *Cass.*, 18 déc. 1811, Rupère.

4028. —Lorsque, après la mort de son père, un individu a, tant en son nom qu'en celui de sa sœur, déclaré les biens composant la succession, dans laquelle chacun d'eux a des droits égaux, et que plus tard, après le décès de ce même individu, il est fait dans l'inventaire déclaration des mêmes biens, comme lui appartenant en totalité, il y a là preuve d'une mutation secrète qui s'est opérée, verbalement ou par écrit, de la sœur à son frère, et par suite lieu de percevoir les droits de cette mutation. — *Cass.*, 23 mai 1808, Foucaud.

4029. — Le cohéritier qui possède, à titre de propriétaire, des immeubles de la succession au-delà de sa part héréditaire, et sans qu'il y ait, dans cette succession, assez de biens pour remplir ses cohéritiers de leurs droits, est légalement présumé tenir cet excédant par suite d'une cession ou d'une vente qui a été célée à la régie. En conséquence, celle-ci est fondée à lui demander le droit de vente sur la valeur de cet excédant. — *Cass.*, 13 mars 1816, Gauthier; 4 août 1818, Gauthier.

4030.—... Sans que la présomption légale puisse être détruite par un acte de partage postérieur au procès. — *Cass.*, 4 août 1818, Gauthier.

4031. — De même, l'acte par lequel un individu afferme et hypothèque des biens qu'il déclare provenir de la succession de son père, mais dont la valeur excède de plus de moitié sa part héréditaire, suffit pour faire supposer une cession au profit de cet individu de la part de ses cohéritiers. — *Cass.*, 15 mars 1825, de Moyria.

4032. — Jugé cependant que le cohéritier qui, n'ayant recueilli qu'un quart dans une succession, a cependant vendu à un tiers les trois quarts des biens héréditaires restés indivis, n'est pas pour cela présumé avoir acquis de ses cohéritiers la moitié dont il a disposé. Par suite, il n'y a pas lieu à la perception d'un droit de mutation pour cette moitié. — *Cass.*, 20 vendém. an XI, Dulil.

4033. —On donne pour raison de cette décision qu'en principe il ne suffit pas d'indiquer deux propriétaires, qu'il faut encore désigner deux possesseurs; que dans l'espèce il n'y a pas eu de possession intermédiaire. — *Journ. de l'enregist.*, art. 997. — Ce motif ne nous semble pas fondé. L'indication d'un possesseur n'est exigée que comme présomption de mutation de la propriété. Ce n'est pas la possession que la loi veut atteindre, mais la transmission de propriété, et le droit est dû quelque courte qu'ait été la possession, et lors même qu'elle n'aurait pas du tout existé. Du moment qu'il est constant que la chose que vous vendez ne vous appartenait pas en tout ou en partie, en vertu du titre dont vous excipez, il y a présomption que vous l'avez acquise antérieurement en tout ou en partie, le droit de mutation est par conséquent dû.

4034. — Le partage et la vente que les enfans font des biens de leur mère du vivant de celle-ci, et l'inscription de leurs noms au rôle de la contribution foncière prouvent suffisamment la mutation de propriété. — *Cass.*, 22 déc. 1808, Rovel.

4035. — Un acte de partage supposant nécessairement que ceux entre lesquels il a lieu étaient antérieurement copropriétaires, il s'ensuit que le partage fait entre les enfans des biens appartenant à leur père encore vivant, les fait réputer démissionnaires de celui-ci, ou ses acquéreurs à quelque autre titre qui rend exigible le droit de mutation. Cette présomption ne saurait, en ce qui concerne la régie, être détruite par la circonstance que le père n'aurait point paru à l'acte de partage. — *Cass.*, 13 avr. 1814, Beguère.

4036. — Lorsqu'il est constant qu'il y a eu démission de biens par une mère au profit de ses enfans, et que les biens délaissés ont été partagés entre eux, il y a présomption suffisante de mutation à l'égard de chacun des enfans, encore bien que l'un d'eux prétende n'avoir reçu dans son lot aucun des immeubles compris dans l'acte de délaissement, s'il en a d'ailleurs reçu la représentation en argent. — *Cass.*, 28 août 1816, Vée.

4037. — Lorsque des cohéritiers déclarent dans un acte qu'un partage verbal fait sans soulte ni retour a assigné à l'un d'eux certains immeubles de la succession à condition d'acquitter les charges qui les grèvent, un pareil acte doit être considéré comme contenant transmission de propriété, et par suite donner ouverture au droit proportionnel de mutation, si la réalité du partage n'est pas autrement établie. — *Cass. belge*, 25 fév. 1835, de Renesse.

4038. — Il y a preuve suffisante de mutation par un acte sous seing-privé de partage, dans lequel le nouveau possesseur s'est présenté au lieu et place de celui des copartageans aux droits duquel il se trouve. On ne peut subordonner la preuve de cette mutation à la reconnaissance de la signature de ce cessionnaire, lorsque le partage a été exécuté et qu'il jouit d'une partie des biens. On ne saurait non plus opposer pour fin de non-recevoir que le nouveau possesseur n'est que fermier de ces biens, lorsque cette qualité a été remplacée par celle de propriétaire en vertu du partage. — *Cass.*, 17 fév. 1813, Volant.

4039.— ... Jugé de même lorsque plusieurs individus partagent des biens qu'ils avaient précédemment aliénés. — *Cass.*, 21 mai 1806, Kæriger.

4040. —Lorsque des biens sont partagés comme étant indivis, et que cependant l'un des copartageans avait acquis seul, à titre onéreux ou autrement, tout ou partie de ces biens, le partage est une preuve suffisante de mutation. — *Cass.*, 4 mars 1823, N...

4041. — De même, quand deux individus ont acheté des biens en commun, sans plus de désignation, ces biens sont réputés leur appartenir par égale portion. En conséquence, si, lors du partage, les lots sont inégaux, il y a lieu au droit proportionnel de vente sur la valeur de l'excédant qui forme soulte. — *Cass.*, 2 mai 1808, Lemercier.

4042. — Il y a présomption légale de mutation de propriété, lorsque, nonobstant la qualification de mandat donnée à un acte, à l'effet de vendre un domaine, il est dit que le prétendu mandataire a, moyennant une somme à payer au mandant, acquis le droit d'en disposer à son gré; que, de plus, ce mandataire a personnellement garanti la vente aux acquéreurs, et enfin qu'il a été stipulé que les parties non vendues du domaine tourneraient à son profit. — *Cass.*, 20 janv. 1808, Willcaume.

4043. — Lorsqu'un individu s'est engagé à vendre en détail le domaine appartenant à un autre, en lui garantissant que le prix s'élèverait à une somme déterminée; que de plus le mandataire s'est réservé pour lui-même l'excédant du prix si la somme garantie est dépassée par les ventes partielles, et qu'enfin le propriétaire s'est obligé à passer acte de vente au mandataire des domaines qu'il voudrait conserver, et au prix que fixerait ce dernier, une telle convention peut, à l'égard de la régie, être considérée, non comme un mandat, mais comme une vente passible, par conséquent, du double droit à défaut de déclaration dans les trois mois. — Du moins, le jugement qui, par appréciation des faits et des actes de la cause, le décide ainsi, échappe à la censure de la cour de Cassation. — *Cass.*, 8 nov. 1841 (t. 2 1841, p. 686), Marjolon-Barinet.

4044. — Est à l'abri de la cassation le jugement qui, par appréciation des faits et documens de la cause, décide qu'un mandat pour vendre donné à un tiers avait pour objet de dissimuler une vente faite au prétendu mandataire, et qu'ainsi il y avait lieu de percevoir le droit proportionnel de mutation. — *Cass.*, 22 août 1842 (t. 2 1842, p. 581), Guillaume.

4045. — Jugé cependant qu'on ne saurait considérer comme prouvant une mutation secrète l'acte par lequel des enfans autorisent leur père à vendre une propriété qui leur appartient, et celui par lequel il opère en effet cette vente. — *Cass.*, 9 pluv. an XIII, Rivière.

4046. — ... Que lorsqu'une procuration n'a été donnée par un vendeur à son acquéreur, par acte sous seing-privé, que dans le but de se dispenser de présenter cet acte à l'enregistrement, que cependant il a subi cette formalité et en a payé les droits, un tribunal appréciant les faits peut, sans violer la loi, surtout si le vendeur n'a pas de nouveau été inscrit sur les rôles et payé la contribution, déclarer qu'il ne s'est point opéré de mutation nouvelle ou rétrocession entre l'acquéreur dont cette procuration est émanée. — *Cass.*, 15 janv. 1816, Sirey.

4047.—... Que l'acte notarié, par lequel plusieurs individus se chargent, comme mandataires, de vendre un immeuble en détail, avec cession à leur profit du prix évalué de la vente, moyennant une somme déterminée qu'ils s'obligent à compter au propriétaire, et pour sûreté de laquelle l'un d'eux hypothèque ses propres biens, ne présente pas la preuve suffisante d'une mutation intervenue entre les contractans; du moins le jugement qui le décide ainsi ne viole aucune loi. — *Cass.*, 17 août 1817, Denaux.

4048. — Lorsque l'un des deux copropriétaires indivis d'un immeuble est investi du droit de vendre cet immeuble en totalité ou en partie à ses risques et périls, au moyen d'une somme déterminée portant intérêt qu'il s'oblige de payer à l'autre dans tous les cas et quels que soient les événemens, un pareil acte contient transmission de propriété de la moitié de l'immeuble, et le droit est dû sur la somme stipulée.—Délib. 6 mars 1838.

4049. — Il y a présomption légale de mutation, lorsqu'un individu étant propriétaire d'un immeuble, un tiers afferme cependant cet immeuble en son nom personnel et le charge d'affectations hypothécaires. Et de plus, il y a encore présomption légale d'une rétrocession ultérieure, si le tiers emploie plus tard le nom du propriétaire originaire pour vendre le même bien avec un pouvoir de lui. — *Cass.*, 8 oct. 1810, Leborgne.

4050.—Lorsque, après avoir aliéné un immeuble, un individu l'affecte au cautionnement d'un tiers, il est légalement présumé avoir racheté ces immeubles; en conséquence, il est passible du droit proportionnel résultant de cette mutation secrète. — Les juges n'ont pu, sous prétexte de rechercher l'intention des parties, transformer la nature des actes, par exemple, admettre que l'affectation hypothécaire n'avait eu lieu que par suite d'un arrangement entre le vendeur et l'acquéreur, et par pure complaisance de la part du premier envers le second. — *Cass.*, 2 juill. 1816, Perrin et Godin.

4051. — Si, d'après des circonstances particulières, l'inscription au rôle de la contribution foncière et les paiemens de l'impôt peuvent ne pas établir qu'il y ait eu mutation de propriété, il n'en est pas de même si l'on a donné l'immeuble en hypothèque par un acte public dans lequel on s'en est déclaré propriétaire. — *Cass.*, 24 (et non 26) thermid. an XIII, Laurey.

4052. — Lorsque deux frères hypothèquent conjointement un immeuble qu'ils déclarent leur appartenir, bien qu'il ait été originairement acquis par l'un d'eux, cela seul suffit pour faire présumer légalement une mutation de propriété de l'un des deux frères à l'autre. — *Cass.*, 14 mai 1822, Gauthier.

4053. — Il y a présomption de revente ou de rétrocession, lorsque le vendeur hypothèque ou afferme l'immeuble qu'il a précédemment vendu par acte notarié, encore bien qu'une contre-lettre sous seing-privé constaterait que la vente n'a été que feinte et simulée. — *Cass.*, 14 vent. an XIII, Gay et Blachier; 7 août 1807, mêmes parties.

4054. — Lors même que la contre-lettre serait nulle, la rétrocession ne serait pas moins censée conserver tout son effet vis-à-vis de celui qui annoncerait la prétention de s'en servir, en la présentant lui-même à l'enregistrement. — *Cass.*, 7 août 1807, Gay et Blachier.

4055. — Lorsque rien ne constate autrement qu'une mère ait cédé à ses enfans sa moitié dans un immeuble indivis entre elle et eux, il n'y a pas présomption suffisante de mutation de propriété de cette même moitié, par cette seule circonstance que les enfans auraient ultérieurement hypothéqué l'immeuble. Il y a lieu de croire qu'ils n'ont hypothéqué que leur portion. — *Cass.*, 23 avr. 1808, Paulet.

4036. — Un jugement qui se borne à maintenir un particulier en jouissance d'un immeuble fait bien connaître que cet individu se considérait comme propriétaire; mais ne prouve pas qu'il y ait eu mutation de propriété. La transmission proprement dite ne pouvant être constatée que par la désignation d'un précédent et d'un nouveau propriétaire, un jugement au possessoire, isolé et indépendant, ne suffit pas pour fournir cette preuve. — *Cass.*, 10 fév. 1813, Sacerdole.

4037. — En décidant que l'administration devait indiquer un précédent *propriétaire*, disent MM. Championnière et Rigaud (t. 2, no 1665), la cour de Cassation constate une règle qu'il est important de ne jamais perdre de vue. Cette règle n'est pas exprimée textuellement par l'art. 12, mais elle est manifestement dans son esprit. Ce n'est pas la mutation de la possession que le droit proportionnel atteint, c'est celle de la propriété ou de l'usufruit, c'est-à-dire le passage de ces droits d'une tête sur l'autre. Si donc la régie prouve seulement que le possesseur actuel a été précédé par un autre possesseur, elle n'aura pas établi la condition du droit.

4038. — Lorsqu'un jugement passé en force de chose jugée déclare qu'il n'y a point eu vente parfaite d'un immeuble à défaut de consentement réciproque des parties, et qu'en conséquence il condamne l'acquéreur à des dommages-intérêts pour s'être illégalement mis en possession de cet immeuble, la régie ne peut arguer de ces faits pour prétendre qu'il y a eu une mutation immobilière donnant ouverture au droit proportionnel. — *Cass.*, 6 mai 1822, Canouet.

4039. — L'énonciation, faite dans un inventaire, de deux actes sous seing-privé portant cession d'immeubles, autorise la demande des droits de mutation, surtout lorsqu'un bail et le rôle des contributions prouvent que l'acquéreur s'est mis en possession. — *Cass.*, 21 août 1811, Truol et Lépine.

4060. — Les copies des actes annexés à une sentence arbitrale délivrées et certifiées par les arbitres peuvent faire foi pour établir, à l'égard de l'administration de l'enregistrement, l'existence d'une mutation dissimulée. — *Cass.*, 22 août 1842 (t. 2 1842, p. 581), Guillaume et Hérin.

4061. — Mais un tribunal ne contrevient pas à la loi, lorsqu'après avoir jugé qu'il n'est pas constant qu'une vente d'immeubles ait été consommée, il décide que la régie ne peut pas, pour l'exercice d'une contrainte, s'aider d'un procès-verbal de non-conciliation dans lequel les parties, d'accord sur l'existence de cette vente, sont seulement divisées sur le prix et les conditions auxquels elle a eu lieu. — *Cass.*, 24 fructid. an XIII, Valette.

4062. — Il y a preuve suffisante de mutation lorsqu'un individu déjà inscrit au rôle de la contribution foncière comme propriétaire de deux métairies a, par une lettre adressée à l'agent du cadastre, réclamé contre la contenance attribuée à *ses métairies*. — *Cass.*, 11 juill. 1840 (t. 1er 1841, p. 123), David.

4063. — Jugé même que la preuve de la mutation peut résulter de la commission de garde particulier donnée par le nouveau propriétaire pour le domaine qu'il a secrètement acquis. — *Cass.*, 2 fév. 1841 (t. 1er 1841, p. 414), Douillet.

4064. — Spécialement, on a pu déclarer qu'il y avait présomption suffisante de mutation dans l'acte extrajudiciaire par lequel un individu expose à un tiers avoir acheté de celui-ci verbalement un immeuble et le somme de lui tenir compte d'une différence en moins dans la contenance déclarée conformément à la disposition de l'art. 1619, C. civ. — *Cass.*, 23 nov. 1840 (t. 2 1840, p. 783), Saussier.

4065. — La preuve de la mutation peut résulter : de l'aveu judiciaire d'une partie, quelque allégation contraire qu'on puisse présenter. — *Cass.*, 1er avr. 1822, André.

4066. — ... D'un aveu consigné dans un exploit extrajudiciaire signifié à la requête de celui au profit duquel la régie prétend que la mutation s'est opérée. — *Cass.*, 9 juill. 1834, Dupeysset.

4067. — ... D'aveux faits dans un interrogatoire sur faits et articles et des faits constatés par les décisions rendues en suite de ces interrogatoires. — *Cass.*, 20 août 1839 (t. 2 1839, p. 293), Seillière.

4068. — ... Des requêtes signifiées entre les parties dans une instance en garantie, suite de l'action principale formée par la régie contre l'une d'elles en recouvrement de droits de mutation après décès; et l'acquéreur peut être condamné au paiement du droit et du double droit, bien qu'il n'ait pas encore été statué sur le procès en garantie. — *Cass.*, 8 nov. 1842 (t. 2 1843, p. 52), Burtin.

4069. — Lorsque dans un procès-verbal de non-conciliation, les parties ont reconnu l'existence d'une vente verbale résiliée depuis par jugement, il y a lieu de percevoir le droit proportionnel d'enregistrement, surtout si l'acquéreur était entré en possession et avait payé une partie du prix, et cela encore bien qu'il prétende que la résiliation n'a été prononcée que parce que les parties ne se sont pas entendues sur les conditions de la vente quand il s'est agi d'en passer l'acte. — *Cass.*, 9 nov. 1813, Nourrisson.

4070. — Mais la déclaration de l'existence d'un acte de vente immobilière sous seing-privé faite par l'acquéreur seulement dans une pétition qu'il a adressée au ministre des finances pour obtenir la remise du double droit encouru à l'occasion de cet acte, ne constitue pas à elle seule une preuve suffisante pour autoriser la régie à réclamer les droits de mutation, alors surtout que depuis la pétition le même immeuble a été vendu à un tiers par le précédent propriétaire sans le concours du pétitionnaire se disant acquéreur. — Délib. de la régie, 8 avr. 1834.

4071. — Il y a preuve suffisante de mutation de propriété au profit d'un individu lorsque, assigné comme détenteur d'un immeuble en paiement d'une rente hypothéquée sur cet immeuble, il ne dénie point sa qualité d'acquéreur et se laisse même condamner comme tel. — *Cass.*, 21 prair. an XIII, Geley.

4072. — Si les parties, tout en avouant une vente qui n'est pas constatée par un acte, déclarent qu'elle avait eu lieu sous une condition suspensive, la régie ne prouve pas suffisamment qu'elle a été faite au contraire sous une condition résolutoire, en alléguant un à-compte donné sur le prix de l'acquisition, une résiliation de bail obtenue par l'acquéreur et enfin un inventaire dressé par les syndics de la faillite de cet acquéreur portant l'immeuble dans son actif. — *Cass.*, 15 déc. 1832, Bella.

4073. — Lorsque la date des conventions verbales contenant mutation d'immeubles ne résulte que de la déclaration faite par les contribuables, la régie ne peut pas scinder cette déclaration pour changer la date déclarée. — *Cass.*, 12 juill. 1836, Weber.

4074. — Si la non-existence d'une démission en ligne directe présumée faite secrètement paraît résulter des actes et des faits énoncés dans un jugement de première instance, la régie n'est pas recevable à se pourvoir lorsqu'elle ne produit ni cette démission ni aucun acte qui en démontre l'existence. — *Cass.*, 11 juin 1811, N....

4075. — La mutation ne saurait être établie au moyen de la preuve testimoniale. Par exemple, bien que plusieurs personnes déclarent qu'un tiers s'est rendu adjudicataire d'un immeuble lors d'une vente aux enchères devant un notaire, s'il n'y a point d'autre acte pour constater la mutation et si le prétendu adjudicataire n'est point entré en possession et n'est point inscrit au rôle, on ne peut le poursuivre en paiement des droits de mutation. — *Dict. des dr. d'enregistr.*, vo *Mutation*, no 38.

4076. — Il y a preuve suffisante de mutation, par la représentation que fait la régie d'un acte de vente sous seing-privé dont l'acquéreur ne dénie pas la signature. — *Cass.*, 7 fév. (et non janvier) 1814, Morin; 20 déc. 1814, N...

4077. — ... Et cela encore bien que l'acquéreur prétende n'avoir pas été mis en possession de l'immeuble vendu. — *Cass.*, 7 fév. 1814, Morin.

4078. — Jugé même qu'un acte de vente sous seing-privé, signé seulement de l'acquéreur, fait preuve légale et suffisante de mutation de propriété, pour la perception des droits. — *Cass.*, 13 oct. 1806, Carrier.

4079. — « On se demande, disent MM. Championnière et Rigaud (t. 1er, no 170), comment la cour de Cassation a pu voir dans un acte non signé de tous les contractans la preuve suffisante et légale de la mutation. Nulle disposition de la loi fiscale n'a dérogé à la règle du droit civil, qu'il n'y a point de contrat sans le double consentement des parties, et, il faut en convenir, une dérogation semblable serait l'oubli des règles du bon sens et de la raison. Aussi, l'administration n'ayant pu parvenir au paiement du droit, attendu l'insolvabilité des époux Carrier, dirigea ses poursuites contre le supposé vendeur et voulut saisir les revenus de l'immeuble, objet de la vente, en faisant emploi de l'acte, contre le sieur Blachon, qui n'avait jamais cessé d'être en possession. Mais la cour de Cassation elle-même repoussa cette prétention par l'arrêt suivant. »

4080. — Jugé donc, au contraire, que si un acte de vente sous seing-privé, signé seulement par l'acquéreur, fait contre lui preuve légale et suffisante de mutation de propriété, il n'en est pas de même contre le vendeur qui n'a pas signé l'acte. Celui-ci peut arguer la vente de nullité, et, par suite, s'opposer à la saisie pratiquée par la régie, sur l'immeuble prétendu aliéné, pour le paiement des droits de mutation. — *Cass.*, 22 (et non 8) mai 1811, Blachon; — Merlin, *Rép.*, vo *Vente*, § 9.

4081. — Mais jugé qu'il y a preuve suffisante de mutation contre le vendeur, par la représentation de l'acte qui la constate, encore bien que cet acte ne serait signé que du vendeur, lors surtout qu'il n'a point contesté cette vente, ni dans une instance, ni dans une transaction qui ont eu lieu à cet objet, entre l'acquéreur et lui. — *Cass.*, 11 nov. 1822, Soroste.

4082. — Les preuves de mutation de propriété résultant des baux, transactions et actes, ne sauraient être détruites par de simples présomptions et bien moins encore par les dires des parties. *Spécialement*, lorsque, postérieurement à l'expropriation de ses biens, le saisi en vend une partie avec la ratification de l'adjudicataire, il y a preuve légale d'une rétrocession de l'adjudicataire au saisi, et les juges ne peuvent repousser cette preuve sur l'allégation que ce dernier n'a pris la qualité de vendeur que pour inspirer plus de confiance aux acquéreurs, en leur donnant la garantie de l'ancien et du nouveau propriétaire. — *Cass.*, 4 mars 1807, Caubert.

4083. — Mais (ainsi qu'on l'a déjà vu no 3966) la présomption légale de mutation n'est point exclusive de la preuve contraire. — Si donc il a été reconnu par un arrêt définitif que la possession d'un individu qui détient un immeuble n'est que précaire et qu'un autre en a la propriété, le jugement qui oppose ces faits à la régie ne viole point l'article de la loi précitée. — *Cass.*, 15 juin 1814, Noel.

4084. — Les actes sous seing-privé produits pour combattre la présomption de mutation ne sont admissibles qu'autant qu'ils ont acquis date certaine. — Championnière et Rigaud, t. 3, nos 1713 et 1718.

### Sect. 2e. — *Mutations présumées de jouissance.*

4085. — La jouissance à titre de ferme, ou de location ou d'engagement d'un immeuble est suffisamment établie, pour la demande et la poursuite des droits des baux ou engagemens non enregistrés par les actes qui la font connaître, ou par le paiement des contributions imposées aux fermiers locataires et détenteurs temporaires. — L. 22 frim. an VII, art. 13.

4086. — On sent que l'application des principes aux différens cas qui peuvent se présenter devra se faire de la même manière que dans la section précédente; il faudra donc s'y reporter au besoin. — De plus, il faut consulter en ce qui concerne les baux *suprà* nos 2327 et suiv., et en ce qui regarde les engagemens d'immeubles *suprà* nos 2121 et suiv.

## CHAPITRE VIII. — *Annulations ou résolutions de mutations. — Renonciations.*

4087. — En matière d'enregistrement, le terme de *résolution* est employé comme synonyme de celui de *annulation*. Ils indiquent l'un et l'autre l'anéantissement d'un acte soit pour des causes de nullité prévues par la loi, soit pour cause d'inexécution des conventions, soit enfin par suite de volontés contraires de la part des parties.

4088. — En règle générale, les nullités entraînant la résolution ou l'annulation des actes ne sauraient être opposées à la régie de l'enregistrement. Car, ainsi que nous l'avons vu (*suprà* nos 101 et suiv.), les droits se perçoivent d'après la substance des actes et leurs formes extrinsèques sans avoir égard aux vues et aux rapports particuliers entre les parties.

4089. — Jugé en conséquence qu'on ne saurait opposer à la régie la nullité d'une donation pour défaut de transcription, ou bien la ratification de la vente par le donataire, comme établissant qu'elle avait été faite *à non domino*. — *Cass.*, 26 (et non 25) mai 1836, Allut.

4090. — Par la même raison, une vente sous seing-privé, annulable comme n'ayant pas été faite en double original, est passible du droit proportionnel lorsque la nullité n'en a pas encore été prononcée par les tribunaux. — *Cass.*, 24 juin 1806, d'Hanins.

4091. — D'un autre côté, quand une fois l'acte a été annulé, la régie ne peut plus en réclamer les droits, s'il n'y a pas eu droit acquis pour elle.

4092. — Ainsi, un droit de mutation dû par une sentence arbitrale, et non perçu lors de l'enregistrement, ne peut plus être réclamé après qu'un

arrêt postérieur a déclaré cette sentence nulle et de nul effet.—Délib. 7 déc. 1832.

### Sect. 1re. — Résolutions pour cause de nullité radicale.

**4093.** — L'art. 68, § 3, n° 7, L. 22 frim. an VII, n'assujétit qu'au droit fixe les jugemens des tribunaux civils portant résolution de contrat ou de clause de contrat, pour cause de nullité radicale.

**4094.** — Cette disposition n'est ni une exception, ni une exemption. C'est, au contraire, l'application de deux règles générales : l'une tirée du droit civil, qui veut que toute nullité radicale efface le contrat dès son origine ; l'autre appartenant au droit fiscal, suivant laquelle toute disposition qui n'est pas translative n'est passible du droit fixe. — Championnière et Rigaud, t. 1er, n° 373.

**4095.** — La nullité est radicale lorsque le contrat se trouve anéanti rétroactivement et dès son origine, que la nullité soit relative ou absolue. Par nullité radicale, la loi fiscale ne comprend pas les nullités de plein droit qui ne permettent pas au contrat de prendre naissance, mais seulement les vices qui soumettent l'acte à l'action en nullité et dont l'annulation remonte au jour de la convention par une fiction qui suppose le contrat nul dans son origine. — Championnière et Rigaud, t. 1er, n° 326.

**4096.** — Ainsi, il n'y a pas lieu au droit proportionnel de rétrocession lorsque la vente est résolue, pour nullité radicale, par exemple, pour inobservation des formalités prescrites pour l'aliénation des biens de mineur, encore bien que cette nullité ne soit pas actuellement prononcée contre l'acquéreur dépossédé, si elle l'est toutefois contre un individu dont le titre est semblable au sien, et que cet acquéreur ne consente à la résiliation du contrat que pour éviter un procès dont l'issue n'est plus douteuse. — Cass., 13 fruct. an XI, Lacroix.

**4097.** — Le jugement qui prononce la résolution d'une donation pour défaut de transcription ne donne ouverture qu'à un droit fixe. — Délib. 19 nov. 1844.

**4098.** — Le jugement qui déclare nulle la vente de la chose d'autrui n'est point passible du droit proportionnel. — Délib. 12-16 juill. 1836.

**4099.** — Jugé toutefois que l'annulation d'un contrat de vente d'immeubles pour cause de nullité radicale, par exemple, comme ayant pour objet la vente de la chose d'autrui, ne dispense pas d'acquitter les droits de mutation sur l'acte annulé, lors surtout que la contrainte de la régie est antérieure au jugement qui prononce l'annulation du contrat. — Cass., 12 févr. 1822, Sanson.

**4100.** — Lorsqu'un jugement prononce la résolution de l'aliénation d'un bien dotal, il s'agit d'une nullité radicale et absolue ; cet acte n'est passible que du droit fixe. — Solut. 16 déc. 1834 et 15 avr. 1834 ; délib. 14 sept. 1822 ; instr. 7 nov. 1834, p. 467, § 3.

**4101.** — Mais ou le jugement par lequel le détenteur d'un immeuble dotal, actionné par la femme normande, qui n'a pas été rempli de la valeur de cet immeuble sur les biens de son mari, consent ou est condamné à le lui délaisser, doit être considéré, non comme un acte ou un jugement contenant résolution de contrat pour cause de nullité radicale, et passible, comme tel, du simple droit fixe de 2 fr., mais bien comme l'effet d'une clause purement résolutoire, et donnant lieu par conséquent au droit proportionnel. — Cass., 10 mars 1824, Leverrier.

**4102.** — Lorsque, pour une cause antérieure et existante lors du contrat, un jugement résilie une vente et remet les parties au même état qu'elles étaient auparavant, il n'y a point là de transmission de propriété qui donne ouverture au droit proportionnel. — Cass., 8 avr. 1814, Doux.

**4103.** — Il n'est dû que le droit fixe sur le jugement portant résolution d'une vente consentie par un interdit, quand bien même l'interdiction n'aurait été prononcée que postérieurement à cette vente, si le jugement de résolution a été rendu conformément à l'art. 503, C. civ., qui permet l'annulation des actes antérieurs à l'interdiction, si la cause de l'interdiction existait notoirement lorsque cette vente et été faits.—Solut. 4 nov. 1834 ; instr. 4398, § 3.

**4104.** — La vente faite à un mineur n'est point radicalement nulle ; elle est seulement sujette à rescision. En conséquence, la résiliation d'une vente de cette nature doit être considérée comme une rétrocession sujette au droit proportionnel. — Cass., 5 germ. an XIII, Michaud ; — conf.

---

Merlin, Rép., v° Enregistrement, § 2.—Contrà Toullier, t. 7, nos 546 et 547; Troplong, Vente, n° 852.

**4105.** — La lésion, en matière de vente, n'est qu'un simple moyen de rescision et ne constitue pas une nullité radicale. — Cass., 17 (et non 4er) déc. 1841, Nano; — conf. déc. min. fin. 23 sept. 1830; instr. 4347, § 4, et 4451, § 2.

**4106.** — Tout acte translatif de propriété (et notamment une démission de biens d'un père à ses enfans) donne ouverture au droit de mutation, encore bien qu'ultérieurement l'acte soit déclaré nul par jugement, sauf le cas prévu par l'avis du conseil d'état du 22 oct. 1808 relatif aux adjudications faites en justice. — Cass., 24 mars 1843, Leflacher.

**4107.** — Lorsque, dans une instance où la régie n'était pas en cause, une promesse de vente d'immeuble saisi a été annulée, faute par le saisi de se rapporter main-levée de la saisie, comme il s'y était obligé, le droit de mutation n'en est pas moins dû sur la promesse de vente. En pareil cas, la nullité doit être réputée relative et non absolue. — Cass., 27 mars 1832, Beaucire et Legiret.

**4108.** — La simulation volontaire d'une vente n'en opère pas la nullité radicale et absolue, lors même que cette simulation n'a pour objet, ni d'éluder une incapacité légale, ni de nuire à des tiers. — Cass., 23 (et non 27) août 1843, Devalois; 29 (et non 49) déc. 4824, Devalois.

**4109.** — Dès-lors, la simulation intervenue dans un acte de vente ne peut être considérée comme un vice radical, qui, lorsque le contrat de vente vient à être prononcée sur la demande de l'une des parties, ne permette pas à la régie d'exiger un nouveau droit de mutation sur le jugement qui prononce cette nullité. — Cass., 5 janv. 1810, Devalois; 23 (et non '27) août 1843, Devalois; 2 juill. 1823, Vasseur.

**4110.** — D'ailleurs, un jugement arbitral qui déclare un contrat simulé ne saurait être opposé à la régie, au moins comme un commencement de preuve par écrit, à l'effet de faire admettre la preuve vocale de la simulation, pour échapper au paiement du droit de mutation. — Cass., 8 (et non 4) janv. 1817, Devalois.

**4111.** — Et le jugement arbitral qui, sur la reconnaissance faite par les parties de la simulation, déclare la vente nulle, ne doit être considéré, par rapport à la régie, que comme l'instrument d'une rétrocession volontaire, sujette comme mutation nouvelle, à un second droit proportionnel. — Cass., 26 (et non 49) déc. 1824, Devalois; — solut. 45 juin 4830 ; instr. 4354, § 4, et 4481, § 5.

**4112.**—L'acte qui renferme un contrat pignoratif déguisé sous la forme d'une vente à réméré n'en est pas moins entaché de simulation, à néanmoins les caractères de la vente à l'égard des tiers, et notamment par rapport à la régie, de telle sorte que celle-ci peut percevoir le droit proportionnel de rétrocession sur l'acte subséquent qui réintègre le vendeur dans sa propriété. — Cass., 23 nov. 4836, Cibiel ; — instr. 4539, § 5.

**4113.**—Lorsqu'en se fondant seulement sur les aveux ou interrogatoires des parties, un jugement a prononcé, pour simulation de paiement de prix, la nullité d'une vente reconnue valable dans sa forme extérieure, il y a là, non une nullité radicale, mais une nullité rétrocession, passible par conséquent du droit proportionnel. — Cass., 12 nov. 4884, Ducou.

**4114.** — Jugé qu'il a été reconnu, en fait, qu'un contrat de vente à réméré n'était en réalité qu'un contrat pignoratif ayant pour cause un prêt d'argent, que le vendeur est toujours resté en possession de la chose vendue, et que la demande en déguerpissement formée par les acquéreurs a été rejetée, sous la condition qu'on leur rembourserait le prix de la vente, qu'ils avaient déjà reçu en partie, la régie n'est point fondée à prétendre qu'il y a eu rétrocession immobilière de l'acquéreur à son vendeur, laquelle serait à exiger les droits de mutation dus en conséquence. — Cass, 10 nov. 4824, Oberlin.

**4115.** — Mais pour qu'une résolution ne donne lieu qu'à la perception du droit fixe, il ne suffit pas qu'elle soit le résultat d'une nullité radicale, il faut encore qu'elle soit prononcée par jugement.

**4116.** — Ainsi, la résolution d'une vente d'immeubles pour cause de nullité radicale n'est exempte du droit proportionnel qu'autant qu'elle a été prononcée par jugement. Il en est autrement lorsque cette résolution a été consentie de gré à gré ou par transaction.—Cass., 30 janv. 4845, Bariot ; 21 (et non 45) mars 1820, Carric. — Conf. Merlin, Rép., v° Enregistrement, § 2.— Contrà Toullier, t. 7, nos 546 et 547; Troplong, Vente, n° 852. Et encore comme on le verra (infra nos 4427 et suiv.), il ne faut pas que ce soit un jugement d'expédient.

---

**4117.** — La disposition de la loi qui ne soumet qu'à un droit fixe les jugemens des tribunaux civils, portant résolution de contrat pour cause de nullité radicale, ne s'étend point aux jugemens des tribunaux de commerce et aux sentences arbitrales. — Cass., 17 (et non 4er) déc. 1841, Nano.

**4118.** — Nonobstant cette décision, et conformément à une décision du ministre des finances du 22 nov. 1808, l'administration a pensé que, par la désignation de tribunaux civils, la loi n'avait pas entendu excepter les arbitres, et qu'elle avait compris dans cette expression tous les tribunaux qui connaissent des matières purement civiles, parmi lesquels devaient être rangés les tribunaux d'arbitrage. — Dict. des dr. d'enregist., v° Résolution, § 4er, n° 48.

**4119.** — Il y a lieu à un nouveau droit de mutation, lorsque, après l'annulation d'une première vente, celui auquel elle avait été consentie devient de nouveau acquéreur du même bien. On ne saurait l'en dispenser par aucun motif, et surtout parce qu'il aurait attaqué devant la cour de Cassation la décision qui l'aurait privé du bénéfice de son premier acte. — Cass., 24 nov. 1806, Ardent.

### Sect. 2e.—Résolutions pour défaut de paiement du prix ou pour inexécution des conditions.

**4120.** — D'après les anciennes lois fiscales et l'ancienne jurisprudence, le vendeur qui rentrait dans le fonds vendu, faute de paiement du prix, n'était tenu de payer de droit de centième-denier qu'autant qu'il avait reçu un à-compte de l'acquéreur, s'il n'avait rien touché, il ne devait point de droit. La vente n'était, en effet, dans ce cas, qu'impossible qu'alors réputée parfaite à défaut d'exécution, au moins en partie.

**4121.** — D'abord la loi du 22 frim. an VII ne fit aucune distinction ; d'où l'on concluait qu'il suffisait que le contrat fût constant pour qu'il y eût ouverture au droit proportionnel, en cas de résolution faute de paiement du prix. — Championnière et Rigaud, t. 4er et suiv.

**4122.** — Jugé en conséquence qu'avant la loi du 27 vent. an IX, la résolution d'un contrat de vente prononcée en justice pour défaut de paiement du prix, donnait ouverture au droit proportionnel.—Cass., 43 vendém. an X, Boizot.

**4123.** — Alors a été rendue la loi du 27 vent. an XII, dont l'art. 42 est ainsi conçu : « Les jugemens portant résolution de contrats de vente pour défaut de paiement quelconque sur le prix de l'acquisition, lorsque l'acquéreur ne sera point entré en jouissance, ne seront assujétis qu'au droit fixe d'enregistrement, tel qu'il est réglé par l'art. 68, § 3, n° 7, L. 22 frim. an VII, pour les jugemens portant résolution de contrat pour cause de nullité radicale. »

**4124.** — Par l'entrée en jouissance dont parle l'art. 42, L. 27 vent. an IX, il faut entendre une prise de possession réelle, soit matérielle, soit symbolique, mais non une tradition fictive qui ne transmet aucune jouissance utile et ne consiste dans aucun fait d'exécution susceptible de nombre sous le scellé. — Championnière et Rigaud, t. 4er, n° 489 à 493.

**4125.** — Ainsi, il n'y a pas lieu à la perception du droit proportionnel, lorsque la vente est annulée pour défaut de paiement du prix par l'acquéreur, et qu'il est constant en fait que ce dernier n'a jamais été dessaisi du bien vendu. — Cass., 48 mai 4843, Duval.

**4126.** — De même, le jugement qui annule une adjudication par le motif que l'adjudicataire qui n'est pas entré en jouissance n'a payé ni le prix, ni les droits d'enregistrement conformément au cahier des charges n'est passible que d'un droit fixe. — Délib. 47 nov. 4829.

**4127.** — Mais s'il a été fait un paiement quelconque sur le prix, ou si l'acquéreur a commencé de jouir, la résolution du contrat donne ouverture au droit de vente. — Circ. 47 germin. an IX, art. 4992.

**4128.** — Il y a paiement du prix, lorsqu'il y a eu novation, compensation, paiement d'intérêts ou arrérages, dation d'arrhes comme partie du prix. Mais il n'en est pas de même de la dation d'une caution ou d'arrhes à titre d'épingles ou pot de vin. — Championnière et Rigaud, t. 4er, nos 495 à 499.

**4129.**—Jugé par suite que, lorsque l'acquéreur n'a payé aucune partie du prix de son adjudication, et qu'il n'est néanmoins mis en possession de l'immeuble, la régie n'est pas fondée à exiger les droits de mutation parce que le jugement qui prononce la résolution de la vente donne lieu au droit proportionnel. — Cass., 5 mars 4811, Moren ; 31 déc. 1823, Gaudefroy.

4150. — Il en serait de même à plus forte raison si l'acquéreur était entré à la fois en jouissance et avait payé un à compte sur le prix. — *Cass.*, 21 vendém. an IX, Grandjouan ; 18 nov. 1822, Rose.

4151. — La preuve de la mise en possession de l'acquéreur peut résulter de cette simple énonciation insérée dans l'acte, *qu'il entrera en jouissance du jour même du contrat*. — *Cass.*, 31 déc. 1823, Gaudefroy.

4152. — Lorsque, dans un contrat de vente, il a été stipulé qu'à défaut de paiement du prix, le vendeur rentrerait dans la propriété de l'immeuble vendu, il y a lieu de percevoir le droit proportionnel de rétrocession sur le jugement qui a prononcé la résolution de la vente, si l'acquéreur était déjà entré en jouissance. — *Cass.*, 27 frim. an XIV, Brousse.

4153. — Lorsqu'il est dit dans un acte de vente qu'à défaut de paiement de tout ou partie du prix, le contrat sera résolu de plein droit, et sans qu'il soit besoin d'en faire prononcer la nullité en justice, il n'y a pas moins lieu de percevoir un second droit proportionnel, si par suite la vente est résiliée en vertu de cette cause, et non pour nullité radicale, et avant que l'acquéreur soit entré en jouissance. — *Cass.*, 15 avr. (et non 13) 1823, Hérisson.

4154. — Le jugement qui, faute de paiement des arrérages d'une rente stipulée comme prix d'un immeuble, renvoie le vendeur en possession du fonds vendu, est passible du droit de mutation, avant même qu'il ait été exécuté par la rentrée du vendeur dans la possession du fonds. — *Cass.*, 26 frim. an XIV, Thillard.

4155. — Lorsqu'un jugement annule un contrat d'échange par ce double motif que le mandataire de l'un des échangistes n'a point passé l'acte devant le notaire qui lui avait été désigné, et qu'il n'a point observé, relativement au prix, une condition sous laquelle l'immeuble du mandant pouvait être aliéné, il n'y a point là résolution pour cause de nullité radicale, mais bien par suite de la faute des parties. En conséquence ce jugement est passible non du simple droit fixe, mais du droit proportionnel de mutation. — *Cass.*, 24 janv. 1844 (t. 1er 1844, p. 242), Chaurond.

4156. — Lorsqu'à défaut par l'acquéreur d'un office de notaire d'avoir exécuté le traité, le vendeur a été obligé de faire résilier ce traité par jugement, le droit proportionnel de rétrocession est dû. — Solut. 11 févr. 1832. — V. *suprà* n° 3714.

4157. — Un jugement par défaut qui déclare une vente résiliée à défaut par l'acheteur d'avoir satisfait aux conditions du contrat, n'opère pas mutation de propriété, et ne donne pas ouverture au droit proportionnel lorsque, sur l'opposition par lui formée à ce jugement, l'acquéreur justifie de l'acquit des charges et continue à rester en possession de l'immeuble. — *Cass.*, 22 août 1815, Ledoux.

4158. — La résiliation d'un bail, prononcée en justice, pour cause d'inexécution des engagemens du preneur, constitue une véritable rétrocession qui donne ouverture au droit proportionnel. — *Cass.*, 14 août 1832, Hoclet ; — instr. 1414, § 2.

4159. — Mais un jugement qui porte résolution d'un bail pour cause de détérioration, et condamnation à des dommages-intérêts pour valeur d'arbres abattus, n'opère point de rétrocession, attendu la disposition de l'art. 1741, C. civ., qui déclare le contrat de louage résolu, à défaut par le preneur de remplir ses engagemens. — Délib. 21 avr. 1815.

4140. — Lorsqu'une donation est résolue pour cause d'inexécution volontaire, de la part du donataire comme de celle du donateur, des conditions respectives de la donation, il y a eu au profit du donateur une véritable rétrocession qui donne lieu au droit proportionnel. Ce n'est pas comme si le contrat était résolu pour cause d'une nullité radicale existant dans l'essence même de l'acte. — *Cass.*, 14 nov. 1815, Calas ; 22 mai 1844 (t. 1er 1844, p. 741), Vanhens ; 30 déc. 1844 (t. 1er 1845, p. 52), Sentex. — V. conf. *Diction. des dr. d'enreg.*, v° *Donation entre-vifs*, n° 388 ; Roland et Trouillet, *Dict. d'enreg.*, v° *Résolution*, § 7, n° 2 ; Championnière et Rigaud, t. 1er, n° 474.

4141. — Mais, en pareil cas, la transmission de propriété ayant lieu à titre de réparation du préjudice résultant pour le donataire de l'inaccomplissement des conditions qu'il a imposées à sa libéralité, c'est-à-dire ayant lieu à titre onéreux, c'est le droit de 4 % qui doit être perçu, et non le droit proportionnel de donation. — *Cass.*, 22 mai 1844 (t. 1er 1844, p. 741), Vanhens.

4142. — Si la donation avait été faite avec réserve d'usufruit, la résolution judiciaire pour cause d'inexécution des conditions, n'ayant pour objet qu'une rétrocession de nu-propriété, ne serait passible du droit proportionnel que sur la *moitié* de la valeur des biens. — Délib. 23 juin 1837 ; instr. 1562, § 14.

4143. — L'annulation d'une donation pour cause d'ingratitude n'opère pas une rétrocession, et ne fait que remettre les choses dans l'état où elles étaient par l'effet d'une résolution prévue par la loi. Le jugement qui prononce cette résolution n'est donc passible que du droit fixe de 5 fr. — Délib. 30 janv. 1829.

## Sect. 3e. — *Résolutions volontaires.*

4144. — La résolution volontaire de toute espèce de contrat translatif de propriété d'une chose soit mobilière, soit immobilière, constitue une rétrocession ; c'est un nouveau contrat de même nature que le premier, et il donne lieu, par conséquent, à la perception des mêmes droits. — Championnière et Rigaud, t. 1er, n° 278.

4145. — Jugé, en conséquence, que la résolution d'un contrat de vente consentie au bureau de conciliation doit être considérée comme une rétrocession volontaire passible du droit proportionnel. — *Cass.*, 1er frim. an IX, Miquelis ; 19 germ. an XIII, Dejon.

4146. — ... Qu'il y a lieu de percevoir le droit de mutation sur un acte qui, sans être annulé par jugement, est simplement résilié par le consentement des parties. — *Cass.*, 10 pluv. an XIII, Besselièvre.

4147. — ... Qu'il y a également lieu de percevoir le droit proportionnel sur un jugement qui ne fait que sanctionner une résolution de vente d'immeubles volontairement proposée et acceptée sous des conditions purement facultatives et abstractives de toute nullité radicale. — *Cass.*, 16 prair. an XIII, de Thiennes.

4148. — ... Qu'un jugement d'expédient contenant rétrocession d'immeubles par l'acquéreur à son vendeur, quand il a reçu son exécution au moins pour une partie des biens, par la mise en possession du rétrocessionnaire, est passible du droit proportionnel, encore bien que les parties soient convenues de passer dans un certain délai acte public de cette rétrocession. — *Cass.*, 9 oct. 1809, Secchi et Molines ; 11 déc. 1810, mêmes parties.

4149. — ... Que lorsqu'un acte de vente par l'un des cohéritiers à l'autre, de ses droits successifs, a été non rescindé par jugement, mais résilié volontairement entre les parties et suivi ensuite d'un partage, ce partage ne peut être considéré que comme rétrocession et donne lieu par conséquent au droit proportionnel. — *Cass.*, 10 oct. 1810, Saint-Blancard.

4150. — ... Que lorsque, sur une demande en nullité d'une vente pour cause de dol et d'usure, le défendeur consent à l'annulation, le jugement qui déclare alors la vente résolue doit être considéré, à l'égard de la régie de l'enregistrement, non comme prononçant la nullité radicale, mais comme rétrocession volontaire soumise au droit proportionnel. — *Cass.*, 24 avr. 1822, Raffoux.

4151. — ... Que le jugement qui prononce la rescision d'une vente pour lésion de plus des sept douzièmes est passible du droit de rétrocession, alors surtout que ce jugement a été rendu du consentement de toutes les parties. — *Cass.*, 11 nov. 1833, Cuenot et Perrenot.

4152. — ... Que, lorsque dans une instance en partage d'une succession, un jugement donne à l'une des parties acte de son consentement à rapporter des biens à elle vendus par l'auteur de la succession, ce jugement constitue une rétrocession au profit de la succession passible du droit de vente. — *Cass.*, 17 fév. 1840 (t. 1er 1840, p. 732), Fouquier.

4153. — Mais lorsqu'une vente verbale faite sous condition d'être rédigée par écrit n'a été réellement suivie ni de rédaction par écrit, ni de possession de la part de l'acquéreur, la résolution qui en a lieu volontairement ne constitue pas une rétrocession passible du droit proportionnel. — *Cass.*, 3 (et non 5) sept. 1806, Gœury et Thill.

4154. — Jugé de même que, lorsqu'à défaut de la ratification promise par un individu qui avait acquis au nom d'un tiers, la résolution de la vente est convenue entre cet individu et le vendeur, il n'est point dû de droit de rétrocession, puisque le tiers n'a point été saisi de la propriété. — Délib. 14 avr. 1829.

4155. — ... Qu'on ne peut considérer comme rétrocession l'acte par lequel celui qui a vendu deux fois le même immeuble s'oblige à payer à titre d'indemnité une somme à l'acquéreur dont le contrat ne peut être exécuté. Le droit de 1 % est exigible sur le montant de l'indemnité ou des dommages-intérêts. — Solut. 2 fév. 1836.

4156. — ... Que lorsque, sur la demande d'un créancier, un jugement déclare qu'un adjudicataire n'étant que le prête-nom du vendeur, celui-ci n'a pas cessé d'être propriétaire de l'immeuble et qu'il condamne solidairement le vendeur et le prétendu acquéreur à désintéresser le créancier, ce jugement ne consacre pas une rétrocession, et, par suite, n'est pas soumis au droit proportionnel de mutation. — Délib. 19 avr. 1836.

4157. — Le droit proportionnel de mutation est exigible sur la résolution *volontaire* de la vente d'un immeuble appartenant à autrui ; attendu que la loi de frimaire ne dispense du droit proportionnel que quand la nullité radicale est prononcée par jugement, à moins que la résolution volontaire n'ait été consentie dans les vingt-quatre heures du contrat primitif. — Solut. 8 juin 1831.

4158. — En cas de résiliation volontaire de la cession d'un office de notaire, non seulement il n'y a pas lieu à restitution du droit perçu sur la cession, mais il est dû un droit proportionnel de rétrocession, bien que l'acte contînt des clauses qui s'opposaient à ce que le procureur général donnât un avis favorable. — Solut. 26 mai 1832.

4159. — La résolution d'une cession de créance ou d'action forme une rétrocession comprise sous la dénomination de cession et est passible du droit de ce dernier contrat. — Mais la résolution d'une convention portant obligation de sommes n'en est pas la cession et ne peut donner ouverture qu'au droit de quittance ou à celui d'obligation s'il y a novation. — Championnière et Rigaud, t. 1er, nos 285 et 288.

4160. — La résolution d'un bail ayant pour effet, non de transporter le bail, mais seulement de l'éteindre, le droit de bail ou de cession de bail n'est pas exigible. — Championnière et Rigaud, t. 1er, n° 294 et suiv., et t. 4, n° 3048.

4161. — De même, la résolution d'un marché, d'un cheptel, d'un bail à nourriture, d'un brevet d'apprentissage, d'un cautionnement et généralement de tous les contrats qui ne sont pas translatifs, ne forme pas un nouveau contrat tarifé et n'est dès-lors passible que d'un droit fixe. — Championnière et Rigaud, t. 1er, n° 301 ; t. 2, n° 1494, et t. 3, n° 1733.

4162. — La résolution pure et simple d'un partage ne transmettant rien individuellement ne donne ouverture à aucun droit proportionnel. — *Dict. des dr. d'enreg.*, v° *Résolution*, n° 76.

4163. — *Résiliement dans les vingt-quatre heures.* — On a vu (V. *suprà* nos 1749 et suiv.) que la loi du 22 frim. an VII et celle du 28 avr. 1816 ne soumettent qu'au droit fixe les résiliemens purs et simples faits par actes authentiques dans les vingt-quatre heures des actes résiliés.

4164. — Les résiliations ou résiliemens purs et simples ne donnent ouverture au droit fixe que lorsqu'ils sont faits par acte authentique et dans les vingt-quatre heures des actes résiliés ; passé ce délai, et si l'on n'a point procédé dans cette forme, il y a lieu au droit proportionnel. — *Cass.*, 12 oct. 1808, Gazai.

4165. — Le résiliement sous seing-privé, même enregistré dans les vingt-quatre heures, ne jouirait pas du droit fixe. — Championnière et Rigaud, t. 1er, n° 340.

4166. — Le résiliement doit être pur et simple, c'est-à-dire que les choses doivent être remises au même état où elles étaient avant l'acte résilié. — Championnière et Rigaud, t. 1er, n° 341.

4167. — L'affranchissement du droit proportionnel, établi pour les résiliemens opérés dans les vingt-quatre heures, s'étend aux actes résiliés. — Championnière et Rigaud, t. 1er, nos 352 et 354.

4168. — Il suffit que la vente soit avouée judiciairement par l'acquéreur, quoiqu'il ajoute qu'elle lui a été faite sous des conditions qui, n'ayant pas été accomplies, ont amené la résiliation du contrat dans les vingt-quatre heures, pour qu'il y ait ouverture au droit de mutation, si la résiliation n'est pas autrement prouvée. — *Cass.*, 5 août 1828, Gardère.

4169. — Lorsqu'une adjudication d'immeubles a été, dans les vingt-quatre heures, et par acte authentique, annulée entre les parties, sur le motif que ces biens, appartenant en partie à des mineurs, avaient été, par erreur, adjugés pour un prix inférieur à l'estimation des experts, l'acte d'adjudication, même présenté à l'enregistrement en même temps que l'acte d'annulation, est néanmoins passible du droit proportionnel de mutation. L'acte d'annulation jouit seul du bénéfice du droit fixe. — *Cass.*, 9 avr. 1844 (t. 2 1844, p. 138), Verneray.

## Sect. 4e. — *Renonciations.*

4170. — En principe général, chacun peut re-

noncer à un droit introduit en sa faveur. — L. 29, Cod., *De pactis*. — Par suite, la renonciation conventionnelle, ou stipulation d'une renonciation, est obligatoire et donne ouverture au droit proportionnel suivant la nature du contrat qu'elle contient. — Championnière et Rigaud, t. 1er, nos 506 et 510.

4171. — Comme la renonciation ou répudiation n'est que la simple manifestation de ne pas vouloir qu'une chose nous appartienne, elle n'opère ni obligation, ni mutation, tant qu'elle n'est pas acceptée, et dès-lors elle ne peut donner ouverture qu'à un droit fixe; mais lorsque l'acceptation a lieu, la mutation s'opère et le droit proportionnel est exigible. — Championnière et Rigaud, nos 507, 510 et 583.

4172. — Celui qui renonce à un droit qui ne lui appartient pas ne fait rien, et l'acte ne peut donner ouverture au droit proportionnel, quelle que soit l'erreur des parties. — Championnière et Rigaud, no 568.

4173. — On a vu (*suprà* no 1737 et suiv.) que la loi du 22 frim. an VII (art. 68, § 1er, no 1er), assujétit au droit fixe de 1 fr. « Les abstentions, répudiations et renonciations à successions, legs ou communautés, lorsqu'elles sont pures et simples, si elles ne sont pas faites en justice; » et (*suprà* nos 1439 et suiv.) que la loi du 28 avr. 1816 (art. 44, no 10) soumet au droit fixe de 3 fr. (autrefois 2 fr., L. 22 frim. an VII, art. 68, § 2, no 6) les actes faits ou passés aux greffes des tribunaux portant renonciation à communautés, successions ou legs. »

4174. — L'art. 6 de la coutume réformée de Paris portait : « Il est aussi dû droit de relief pour la renonciation faite par aucun des enfans à l'hérédité de leurs père et mère, aïeul et aïeule, encore que, par ladite renonciation, il y ait accroissement au profit des autres enfans, pourvu toutefois que, pour faire ladite renonciation, il n'y ait argent baillé, ni autre chose équipolente. » — La raison en était que les acceptans tenaient tout de la loi et non des renonçans. — Poquet de Livonières, liv. 4, chap. 1er, sect. 8e; Guyot, *Du relief*, chap. 15, no 12; Championnière et Rigaud, t. 1er, no 513.

4175. — Sous la législation existante en l'an VII, les mots *abstentions*, *répudiations* et *renonciations* avaient une signification particulière. Le premier était employé à l'égard des héritiers en ligne collatérale qui, n'étant pas considérés comme nécessaires, ne pouvaient se dispenser de faire un acte de renonciation; il leur suffisait de s'abstenir. Au contraire, les héritiers en ligne directe étant réputés héritiers nécessaires, ils devaient faire une renonciation par acte authentique. La répudiation signifiait la même chose que la renonciation; seulement la première était employée en pays de droit écrit, et la seconde en pays de droit coutumier.

4176. — Aujourd'hui que la loi n'accorde au successible que trois partis, savoir : accepter purement et simplement, accepter sous bénéfice d'inventaire ou renoncer, sans pouvoir s'abstenir, les distinctions énoncées dans la loi de frimaire sont sans objet. — Championnière et Rigaud, t. 1er, nos 515 et 516.

4177. — La renonciation doit se faire au greffe du tribunal (C. civ., art. 784). Cependant il n'est nullement défendu à l'un ou à plusieurs des successibles de s'obliger en vertu de contrats particuliers, et notamment par voie de transaction, envers les autres successibles, de ne pas se porter héritiers. — *Cass.*, 11 août 1825, Revy. — Or, ces deux espèces de renonciation ont des effets différens et dont l'influence est grande sur la perception.

4178. — La principale différence consiste en ce que la renonciation faite au greffe produit son effet à l'égard de tous, tandis que celle qui a lieu par acte civil n'a de force qu'entre les parties. Or, toutes les fois que la régie agit comme tiers, par exemple, losrqu'elle réclame de l'héritier les droits de mutation par décès, on ne peut lui opposer une renonciation que dans la première forme. — Cependant, en cas de présentation d'une renonciation par acte notarié, il est enjoint aux préposés d'arrêter les poursuites (décis. min. fin. et just. 20 avr. et 7 mai 1808, instr. gén. 386, § 27). Cette instruction s'applique, d'après ses motifs, aux héritiers légitimes comme aux légataires; mais elle ne s'étend point aux renonciations par acte sous seing-privé. — Championnière et Rigaud, no 517.

4179. — Lorsque l'héritier bénéficiaire, ou son héritier, de son chef, exerce le droit d'abandon, on ne peut pas dire qu'il y ait là une mutation qui donne lieu au droit proportionnel. — *Cass.*, 6 juin 1815, Blanchet.

4180. — Mais, de ce que l'abandon autorisé par



l'art. 802, C. civ., doit être fait à tous les légataires et créanciers sans exception, il suit que l'abandon par un héritier bénéficiaire de tous les biens de la succession à un autre héritier créancier de cette succession, mais qui a renoncé, à la charge par celui-ci de payer les dettes et les legs particuliers, est passible du droit de 5 1/2 % sur la valeur des biens abandonnés. — Délib. 29 juin 1838.

4181. — Le frère d'un émigré qui, renonçant à se prévaloir de la mort civile encourue par celui-ci, consent à partager avec lui la succession paternelle, ne peut être réputé faire une libéralité qui doive donner lieu au droit proportionnel. — *Cass.*, 3 août 1814, Cousin de Masnadeau.

4182. — En effet, disent MM. Championnière et Rigaud (t. 3, nos 2221 et 2638), « l'obligation naturelle suffit pour enlever à la disposition le caractère de gratuité, essentiel à la donation entre-vifs. » — La même règle est applicable au cas où l'émigré qui n'était pas réintégré dans ses droits civils, avait des enfans régnicoles; ceux-ci le représentaient, ou étaient censés venir de leur chef à la succession de leur aïeux; et la part qu'ils prenaient au partage n'était pas considérée comme l'effet d'une donation de la part de leurs copartageans. — *Dict. des dr. d'enreg.*, vo *Emigré*, no 29.

4183. — On ne doit considérer ni comme cession, ni comme donation, la clause d'un partage par laquelle l'un des héritiers déclare ne pas vouloir se prévaloir du legs fait en sa faveur; c'est là une abstention pure et simple, passible du droit de 1 fr. — Délib. 22 mai 1827.

4184. — Lorsque le défunt n'ayant point laissé d'héritiers à réserve le légataire universel renonce purement et simplement à une partie de son legs en faveur des héritiers naturels, cette renonciation est passible du droit de donation. — Délib. 11 avr. 1817, 1er avr. 1818, 20 juin 1827 et 2 juin 1829.

4185. — L'acte par lequel le survivant des époux légataire de l'usufruit de tous les biens de son conjoint, déclare, avant toute acceptation, renoncer à une partie de ce legs pour s'en tenir au surplus, n'est passible que du droit fixe de 1 fr., attendu que l'existence d'enfans a empêché le survivant d'être saisi de plein droit; en pareil cas, il n'y a ni cession ni donation au profit des enfans, mais renonciation pure et simple. — Délib. 7 oct. 1834.

4186. — La renonciation partielle d'un légataire à titre universel n'est soumise qu'au droit fixe; car bien que partielle, elle est cependant pure et simple, puisqu'elle n'est pas faite moyennant un prix ni sous des conditions onéreuses. — Délib. 19 fév. 1828, *Control. de l'enreg.*, art. 1533.

4187. — Mais la renonciation partielle du légataire universel est passible du droit proportionnel; car puisqu'il a été saisi de plein droit de la totalité des biens de la succession, sa renonciation équivaut à transmission en faveur des héritiers. La renonciation n'étant que partielle, il n'y a plus lieu d'appliquer le principe que celui qui renonce n'a jamais été héritier. — Délib. 2 juin 1829.

4188. — Le double droit dû pour défaut d'enregistrement dans le délai ne peut être exigé d'un légataire qui a renoncé aux effets du testament, sous le prétexte que la renonciation n'aurait pas été faite dans les trois mois du décès. — Délib. 16 déc. 1836.

4189. — La renonciation partielle à un legs particulier, avant tout acte de propriété sur ce legs, dispense du paiement des droits de mutation sur la portion à laquelle il a été renoncé. — Délib. 14 avr. 1837.

4190. — La répudiation d'une donation d'abord acceptée doit être considérée comme une rétrocession passible du droit proportionnel. — *Cass.*, 22 frim. an XI, Despeyroux; 9 juin 1806, Despeyroux. — Conf. Merlin, *Rép.*, vis *Donation*, § 7, et *Enreg. (droits d')*.

4191. — De même la répudiation d'une donation de biens présens, faite et acceptée par contrat de mariage, doit être considérée comme une rétrocession passible du droit proportionnel. — *Cass.*, 28 juill. 1806, Guisquet. — Conf. Championnière et Rigaud, t. 1er, no 289.

4192. — Mais, tant que la renonciation à une donation parfaite n'est pas acceptée par le donateur, il n'est dû que le droit de 1 fr. — Solut. 8 oct. 1835.

4193. — Le droit de donation n'est pas exigible sur la renonciation gratuite à l'usufruit d'une somme d'argent sur laquelle les droits de mutation par décès ont été perçus. — Délib. 28 juill. 1829.

4194. — Lorsqu'un époux, donataire par contrat de mariage de la portion disponible des biens de son conjoint, renonce purement et simplement à ces avantages, il n'a ni déclaration à faire, ni



droit à payer, pourvu qu'il n'ait fait préalablement aucun acte emportant acceptation expresse ou tacite de ces avantages. — Solut. 23 juill. 1833; instr. 1446, § 5.

4195. — Lorsque, par suite de sa renonciation à la communauté, la femme exerce son action en reprise sur les biens de cette même communauté, elle agit à titre de créancière, et non de copropriétaire, sur des biens devenus personnels au mari, et il y a là une mutation qui donne lieu au droit proportionnel. — *Cass.*, 22 nov. 1837 (t. 2e 1837, p. 566); 28 août 1838 (t. 2e 1838, p. 251), Butel.

4196. — L'abandon fait par la veuve aux héritiers du mari, d'après l'art. 1483, C. civ., de toutes les valeurs de la communauté, pour être dispensée de sa contribution aux dettes n'est point passible du droit de mutation. — Délib. 20 mai 1834.

4197. — La renonciation à la communauté faite par une veuve en faveur des héritiers de son mari, à la condition que ceux-ci paieront le montant de ses reprises n'est passible que du droit fixe de 1 fr. Toutefois le droit d'obligation serait exigible, s'il n'était pas justifié d'actes enregistrés. — Solut. 19 août 1830.

4198. — Lorsque, par une liquidation de communauté, établissant que, déduction faite des reprises de la femme et de celles du mari les biens qui restent à partager ne suffisent pas pour payer les dettes, la veuve abandonne aux héritiers de son mari tous les biens restés indivis après le prélèvement des reprises, le droit n'est dû que sur la valeur de la moitié de ces biens, et non sur la moitié des dettes passives; car la femme n'étant tenue des dettes que jusqu'à concurrence de son émolument (C. civ., art. 1483), tout ce qui excède la valeur de la moitié des biens à partager tombe de droit à la charge des héritiers du mari. — Délib. 22 juill. 1836.

4199. — Lorsque le mari légataire universel de sa femme avec laquelle il était commun en biens, a, du chef de celle-ci, renoncé à la communauté avant de déclarer la succession, il ne doit pas les droits de mutation sur la moitié de cette communauté. — Solut. 3 janv. 1836.

4200. — La renonciation au bénéfice d'un jugement passé en force de chose jugée donne ouverture au droit proportionnel; mais ce droit n'est pas dû si le jugement est susceptible d'opposition ou d'appel.

4201. — *Transaction.* — La transaction étant un contrat par lequel les parties terminent une contestation née ou préviennent une contestation à naître (C. civ., art. 2044), il en résulte qu'elle doit contenir le plus souvent renonciation à des droits préexistans.

4202. — La transaction, disent MM. Championnière et Rigaud (no 597), est de sa nature purement déclarative, mais elle peut contenir des stipulations libératoires, obligatoires ou translatives.

4203. — « La loi fiscale, dit Merlin (*Rép.*, vo *Partage*, § 11), ne voit dans la transaction sur des droits immobiliers que la fin d'un procès douteux; elle ne se permet pas de peser les prétentions dont les parties ont fait respectivement sacrifice; elle ne se permet pas de dire : *Telle prétention était fondée, et en y renonçant celui qui la formait en a aliéné l'objet*. La transaction est pour elle un voile sacré; elle le respecte religieusement, et ne souffre pas qu'on le soulève. »

4204. — Telle a été, à toutes les époques de notre jurisprudence, la règle qui a guidé les jurisconsultes et les tribunaux. « La transaction, dit Dumoulin (sur l'ancienne cout. de Paris, § 33, glos. 1, no 67), est par elle-même exempte de lods, comme du retrait, parce que son objet n'est pas une aliénation, mais la terminaison d'un procès. » — Conf. D'Argentré, *De Laudimiis*, § 55; Pocquet de Livonnière, liv. 4, chap. 4, sect. 7e; Louet, lettre T, § 5; Graverol, *Des dr. seigneuriaux*, chap. 38, § 3; un grand nombre d'arrêts des parlemens de Paris, de Toulouse et de Grenoble ont solennellement consacré cette doctrine. — La loi du 22 frim. an VII, ajoute Merlin, *ibid.*, n'a donc fait, sur les transactions, qu'adapter aux droits d'enregistrement ce qui était précédemment établi pour le retrait et les lods.

4205. — Il suit de là que la transaction, bien que contenant implicitement renonciation à un droit, n'est passible que du droit fixe. — V. *suprà* nos 1857 et suiv. — Cependant, s'il était évident que la transaction rédigée sous la forme de renonciation à un droit préexistant contenait en réalité obligation, libération ou mutation, le droit proportionnel serait exigible. — V. *suprà* nos 2293 et suiv.

4206. — Ainsi, si, par la transaction, l'une des parties abandonnait à l'autre un objet non litigieux pour l'indemniser des sacrifices de ses prétentions sur les choses en litige, l'abandon de cet objet constituerait une mutation de propriété qui

donnerait ouverture au droit proportionnel. — Merlin, *Rép.*, v° *Transaction*.

## CHAPITRE IX. — *Paiement et restitution des droits.*

### Sect. 1re. — *Paiement des droits.*

#### § 1er. — *Quand et comment les droits doivent être payés.*

4207. — Les droits des actes et ceux des mutations par décès doivent être payés avant l'enregistrement. — L. 22 frim. an VII, art. 28.

4208. — De plus, le paiement des droits doit se faire, à peine d'amende, dans les différens délais qui ont été fixés pour chaque espèce d'actes ou de mutation. — V. *suprà* nos 4012 et suiv.

4209. — Avant la loi du 22 frim. an VII, les tribunaux ne devaient accueillir les réclamations contre la régie de l'enregistrement qu'autant que les droits avaient été préalablement payés. — *Cass.*, 1er niv. an VI, Viardot.

4210. — De même aujourd'hui, nul ne peut atténuer ni différer le paiement des droits, sous le prétexte de contestation sur la quotité ni pour quelque autre motif que ce soit, sauf à se pourvoir en restitution, s'il y a lieu. — L. 22 frim. an VII, art. 28.

4211. — Cependant, quand on se pourvoit par opposition contre une contrainte décernée par la régie, comme cette opposition a pour effet d'interrompre l'exécution de la contrainte, les tribunaux doivent statuer, quand bien même les droits réclamés n'auraient pas été payés. — V. *infrà* no 4575.

4212. — Aucune autorité publique, ni la régie, ni ses préposés ne peuvent, à peine d'en devenir personnellement responsables : 1o suspendre ou faire suspendre le paiement des droits. — L. 22 frim. an VII, art. 59.

4213. — Ainsi, les préfets ne peuvent, sans excès de pouvoir, ordonner un sursis aux recouvremens des droits d'enregistrement. — Lett. min. fin. 28 prair. an VIII.

4214. — Jugé, en conséquence, qu'un tribunal ne peut surseoir à statuer sur une demande en supplément de droit formée par la régie, au sujet d'une vente soumise à la formalité, sous prétexte qu'il existe relativement à l'objet vendu une contestation par suite de laquelle les droits du vendeur pourraient être anéantis. — *Cass.*, 20 mars 1832, Garnier.

4215. — ...Ou bien encore ordonner un sursis jusqu'à la décision à intervenir sur un procès étranger à la régie, qui ne doit pas même y être partie. — *Cass.*, 20 mars 1833, Garnier.

4216. — ...Que, lorsque les droits d'enregistrement sont réclamés à propos des contrats d'acquisition, à l'occasion de l'établissement des chemins de fer, les tribunaux ne peuvent, sans excès de pouvoir, surseoir à en prononcer la condamnation jusqu'au moment où le bornage définitif opéré contradictoirement entre l'état et la compagnie établira si les immeubles acquis doivent être compris dans le périmètre du chemin de fer, sauf toutefois l'action de la compagnie en restitution des droits, s'il y a lieu. — *Cass.*, 16 août 1843 (t. 1er 1844, p. 179), Comp. du chemin de fer de Versailles (rive droite).

4217. — ...2o Ni accorder de remise ou modération des droits d'enregistrement et des peines encourues. — L. 22 frim. an VII, art 59.

4218. — Jugé, sous l'empire de la loi du 5-19 déc. 1790, que les tribunaux ne pouvaient faire remise de l'amende encourue par un huissier que le mauvais temps avait empêché de faire enregistrer ses exploits dans le délai prescrit. — *Cass.*, 5 oct. 1793, Petit.

4219. — ...Qu'ils ne pouvaient non plus, en matière de mutation par décès, faire remise de la peine du demi-droit en sus, sous prétexte qu'on n'avait pas eu intention de frauder les droits. — *Cass.*, 7 niv. an VI, François.

4220 — ...Qu'en matière d'enregistrement, les juges ne peuvent dispenser du double droit lorsqu'il était encouru. — *Cass.*, 2 niv. an VII, Duprat.

4221. — En effet, en matière de lois fiscales, la contravention ne saurait être excusée par l'intention. — *Cass.*, 11 fév. 1807, Sue; 3 sept. 1810, Messié.

4222. — Ainsi, les tribunaux ne peuvent, sous prétexte de bonne foi, accorder ni remise, ni modération des droits d'enregistrement et des peines encourues en cette matière. — *Cass.*, 17 prair. an XI, Vider.

4223. — ...Ni modérer les peines encourues par les parties pour déclarations insuffisantes. — *Cass.*, 20 mai 1806, Larregny.

4224. — ...Ni dispenser un notaire de l'amende par lui encourue pour contravention en matière d'enregistrement. — *Cass.*, 11 nov. 1812, Poige.

4225. — Les tribunaux ne peuvent, d'après des considérations plus ou moins favorables, modérer en faveur des redevables les droits d'enregistrement fixés par une loi. — *Cass.*, 21 mars 1825, Nicolas.

4226. — Le droit d'enregistrement en débet des rapports et procès-verbaux des agens et officiers de police étant à la charge des contrevenans reconnus coupables, les tribunaux ne peuvent se dispenser de le comprendre dans la taxe des frais sur le motif qu'ils étaient inutiles, l'inculpé ayant fait l'aveu de la contravention qui lui était imputée. — *Cass.*, 16 avr. 1842 (t. 2 1842, p. 211), Hamelin.

4227. — Un tribunal ne peut, sans contrevenir à la loi refuser le droit d'enregistrement et l'amende réclamés par la régie pour un acte qui n'est point enregistré. — *Cass.*, 26 oct. 1814, Verneau.

4228. — Dans l'usage, la prohibition absolue de l'art. 59, L. 22 frim., a cessé pour le ministre des finances en ce qui concerne seulement les droits en sus et les amendes. — Instr. 25 oct. 1821, art. 1002.

4229. — Elle a également cessé pour le roi depuis que le droit de grâce lui a été attribué. — Charte de 1830, art. 58. — Ce droit de grace, qui s'applique aux peines afflictives et infamantes, s'étend à plus forte raison aux peines moindres, c'est-à-dire aux amendes et autres peines pécuniaires, aux lois sur l'enregistrement et le timbre et autres lois d'impôts. Le ministre des finances exerce ce droit de grace par délégation de la puissance royale.

4230. — La remise du double droit d'enregistrement accordée par les ordonnances des 18 nov. 1814 et 8 nov. 1815 doit être étendue aux cas où les droits simples ont été payés antérieurement à ces ordonnances. — *Cass.*, 5 fév. 1817, Goffart.

#### § 2. — *Par qui les droits doivent être payés.*

4231. — Les notaires sont tenus du paiement des droits pour les actes passés devant eux, sauf leur recours contre les parties dans les cas où ils ne sont pas tenus personnellement des droits à titre d'amende. — L. 22 frim. an VII, art. 29 et 33.

4232. — Les droits des actes reçus par deux notaires, c'est-à-dire faits à double minute, doivent être acquittés par le plus ancien ou par celui qui est domicilié dans le ressort du bureau où l'acte est passé. — Décis. min. fin. et just., 16 août 1808; instr. 13 août 1808.

4233. — Toutefois, lorsque, dans un acte reçu en double minute, un des notaires est chargé d'acquitter les droits d'enregistrement, cette stipulation doit être suivie de préférence. — Délib. 27 nov. 1832.

4234. — Un notaire ne peut être contraint au paiement des droits d'enregistrement pour un acte qui n'est point signé de lui, quoique revêtu de la signature des parties intéressées. — *Cass.*, 2 nov. 1807, Passemard. — *Contrà* délib. 21 vent. an XIII et 3 niv. an XIV.

4235. — Les notaires n'étant tenus d'avancer que les droits d'enregistrement dus suivant la nature des actes passés devant eux, lorsque la régie croit devoir refuser à ces actes les effets résultant de leur forme extérieure et soutenir notamment qu'un acte de partage sans soulte ni retour renferme une mutation, c'est contre les parties et non contre le notaire qu'elle doit intenter son action. — *Cass.*, 12 fév. 1834, Hallig. — Ainsi les notaires sont tenus de faire l'avance des droits selon la nature de l'acte et non selon celle de la convention. — Championnière et Rigaud, *Traité des droits d'enregistr.*, t. 1er, no 135.

4236. — Par la même raison, lorsqu'il est établi que l'acquéreur d'un immeuble par acte notarié était depuis longtemps inscrit au rôle de la contribution foncière et qu'il avait payé les impositions, la régie ne peut poursuivre le double droit pour défaut d'enregistrement que contre l'acquéreur et non contre le notaire qui a passé l'acte de vente. — Délib. 11 fév. 1834.

4237. — Toute action en paiement d'un droit non perçu par une disposition dans un acte notarié ou d'un supplément de perception insuffisamment faite doit être dirigée contre les parties; car lorsque l'acte, après le paiement des droits réglés par le receveur, a reçu la formalité, les devoirs du notaire à cet égard sont entièrement remplis. — Déc. min. fin. 17 juin 1808; instr. 386, no 28.

4238. — Le double droit et les amendes ne sont pas dus par les héritiers d'un notaire contrevenant, à moins que la condamnation n'ait été prononcée du vivant du notaire ou qu'il n'ait souscrit une obligation. — Décis. min. just. et fin. 11 brum. et 26 frim. an XIV, et 1er sept. 1807; décis. min. fin. 7 mars 1837; instr. 17 sept. 1807. — *Dict. des dr. d'enreg.*, v° *Acte du notaire*, § 5, no 15.

4239. — Si, au moment de la levée des scellés apposés sur les minutes et papiers de l'étude d'un notaire par suite de son décès, le délai pour l'enregistrement de plusieurs actes et pour la présentation du répertoire au visa trimestriel se trouve expiré, la régie ne peut exiger du successeur de ce notaire les amendes ou droits en sus encourus, car on ne peut imputer à ce successeur un retard qui n'est pas de son fait. En présentant au receveur les actes et le répertoire aussitôt que la remise lui en a été faite à lui-même, il fait tout ce qu'il lui est possible. — Déc. min. just. 7 mai 1837.

4240. — Lorsque les notaires dressent des actes en vertu et par suite d'actes sous seing-privé non enregistrés, en mentionnant que ces actes sous seing-privé demeureront annexés à ceux dans lesquels ils sont mentionnés et seront soumis avant eux à la formalité de l'enregistrement, ces notaires sont, ainsi qu'on l'a vu (*suprà* no 1244), personnellement responsables non-seulement des droits d'enregistrement et de timbre, mais encore des amendes auxquelles les actes sous seing-privé se trouvent assujétis. — L. 16 juin 1824, art. 13.

4241. — Décidé, avant la loi du 16 juin 1824, que lorsqu'un notaire s'était rendu passible d'amende pour avoir rédigé un acte en vertu d'un autre acte sous seing-privé non enregistré, il ne pouvait être poursuivi en paiement du droit d'enregistrement dû pour cet acte qu'après la discussion de la partie qui devait l'acquitter. — *Cass.*, 3 juill. 1811, Boudet.

4242. — Les greffiers sont tenus d'acquitter les droits des actes qu'ils dressent, sauf leur recours contre la partie quand ils ne sont pas tenus personnellement à titre d'amende. — L. 22 frim. an VII, art. 29 et 35.

4243. — Il est fait exception à cet égard quant aux jugemens rendus à l'audience et aux actes d'adjudication passés en séance publique, lorsque les parties n'ont pas consigné aux mains du greffier, dans le délai prescrit pour l'enregistrement, le montant des droits fixés par la loi. Dans ce cas, le recouvrement doit en être poursuivi contre les parties par les receveurs; elles supportent en outre la peine du droit en sus. A cet effet, le greffier est tenu (V. *suprà* nos 1077 et 1377) de remettre au receveur de l'enregistrement, dans les dix jours qui suivent l'expiration du délai, des extraits par lui certifiés des jugemens dont les droits ne lui auraient pas été remis par les parties, à peine d'une amende de 10 fr. pour chaque décade de retard (réduite à une seule amende de 10 fr., quelle que soit la durée du retard, L. 16 juin 1824), et pour chaque jugement, et d'être en outre personnellement contraint au paiement des doubles droits. — LL. 22 frim. an VII, art. 37; 28 avr. 1816, art. 38.

4244. — Jugé, sous l'empire de la loi du 5-19 déc. 1790, que le greffier qui n'a point, dans le délai prescrit, acquitté le droit d'enregistrement dû sur un jugement, ou envoyé au receveur un extrait de cet acte, doit être condamné à payer le double droit. — *Cass.*, 11 brum. an VII, Robbe.

4245. — La partie qui ne justifie pas avoir consigné entre les mains du greffier le montant du droit avant l'expiration du délai, ne peut rendre le greffier responsable du défaut d'enregistrement. — *Cass.*, 11 sept. 1809, Micard-Perrin.

4246. — En supposant qu'un jugement contenant résiliation de vente soit mal rendu en droit en ce qu'il décide que cette résiliation, pour une cause antérieure et existante lors du contrat, ne contient point une transmission de propriété donnant ouverture au droit proportionnel, le greffier ne saurait être poursuivi en paiement du droit. — *Cass.*, 8 avr. 1811, Doux.

4247. — A défaut de remise des extraits des jugemens dont les droits n'ont point été consignés par les parties entre ses mains, le greffier doit personnellement le double droit en outre de l'amende. Le recouvrement du droit simple est alors poursuivi contre les parties; mais si celles-ci ont consigné les droits du jugement, le greffier doit être poursuivi pour le paiement tant du droit simple que du double droit, et il n'a point d'extrait à remettre ni d'amende à payer. — Décis. min. fin. 22 juill. 1837; instr. 1562, § 12.

4248. — La rentrée des droits d'enregistrement des actes, procès-verbaux et jugemens visés pour timbre et enregistrés en débet, doit être suivie, contre les parties condamnées, d'après les extraits des jugemens qui sont fournis aux préposés de la régie par les greffiers. — L. 22 frim. an VII, art. 70, § 1er, no 5.

4249. — Faute par le command, qui a accepté l'adjudication faite pour lui par un avoué, d'acquitter le droit du jugement d'adjudication, l'avoué n'est pas tenu d'avancer ce droit, et le greffier ne peut refuser de recevoir sa déclaration, sauf au receveur à réclamer du command, à l'expiration des vingt jours, les droit et double droit tant pour l'adjudication que pour la déclaration de command. — Décis. min. fin. 22 sept. 1807; instr. 357.

4250. — Les secrétaires des administrations centrales et municipales sont tenus du paiement des droits des actes qu'il leur est prescrit de faire enregistrer, sauf leur recours contre les parties, à l'exception du double droit dont ils sont tenus personnellement à titre d'amende. — L. 22 frim. an VII, art. 29 et 36. — Toutefois cette obligation n'a lieu qu'avec la restriction admise pour les greffiers (V. *suprà* nos 1096, 1377 et 4243) relativement aux actes dont ils doivent fournir des extraits aux receveurs. — Même loi, art. 37.

4251. — Les frais d'enregistrement d'un marché fait de gré à gré par acte sous seing-privé entre une administration publique et un particulier sont à la charge de ce dernier. — *Cass.*, 22 janv. 1845 (t. 1er 1845, p. 249), Comp. de Londres.

4252. — Les huissiers et autres ayant pouvoir de faire des exploits et des procès-verbaux doivent acquitter les droits d'enregistrement des actes de leur ministère (L. 22 frim. an VII, art. 29), sauf leur recours contre les parties dans les cas où ils ne sont pas tenus personnellement des droits à titre d'amende. — *Ibid.*, art. 34.

4253. — Les officiers publics qui, aux termes des dispositions de la loi du 22 frim. an VII, ont fait pour les parties l'avance des droits d'enregistrement peuvent prendre exécutoire du juge de paix de leur canton pour leur remboursement. L'opposition formée contre cet exécutoire, ainsi que toutes les contestations qui peuvent s'élever à cet égard, doivent être jugées conformément aux dispositions de l'art. 75, sur les instances poursuivies au nom de la régie. — L. 22 frim. an VII, art. 30. — V. *infrà* no 4578 et suiv.

4254. — Le privilége que la loi accorde dans certains cas à la régie pour le paiement des droits ne passe pas aux officiers publics qui les ont acquittés. Ils n'en ont point pour le recouvrement des droits qu'ils ont avancés. L'exécutoire qu'ils peuvent prendre ne leur confère pas même d'hypothèque. — *Dict. des dr. d'enreg.*, vo *Privilége*, no 17.

4255. — Les juges et arbitres et les administrations centrales et municipales sont personnellement responsables des droits, lorsque les premiers rendent un jugement et que les secondes prennent un arrêté en faveur de particuliers sur des actes non enregistrés. — L. 22 frim. an VII, art. 47.

4256. — Lorsqu'il a été compromis sur une mutation d'immeubles dont l'acte n'est point représenté, la décision arbitrale qui n'a pour base aucun acte, mais seulement l'audition des parties, ne rend pas l'arbitre passible des droits résultant de la non représentation de l'acte de mutation. — *Cass*, 25 (et non 23) prair. an X, Henry.

4257. — Les parties sont tenues d'acquitter les droits pour les actes sous signature privée, et ceux passés en pays étranger qu'elles font enregistrer; pour les ordonnances sur requêtes ou mémoires et les certificats qui leur sont immédiatement délivrés par les juges, et pour les actes et décisions qu'elles obtiennent des arbitres, si ceux-ci ne les ont pas fait enregistrer. — L. 22 frim. an VII, art. 29.

4258. — Lorsque, pour la fixation d'un droit d'enregistrement, la régie argue d'un acte sous seing-privé, et que cet acte est désavoué par le prétendu signataire, les juges ne doivent pas pour cela écarter l'acte du procès; ils doivent seulement ordonner d'office la vérification de l'écriture. — *Cass.*, 30 juin 1806, Blanche.

4259. — Les syndics d'une faillite sont obligés de faire enregistrer l'inventaire des effets mobiliers du failli, qu'ils dressent même sans le concours d'un officier ministériel, et de payer les droits sauf leur recours contre la faillite. — *Cass.*, 20 août 1834, Baudron.

4260. — Toutefois, ces syndics ne sont pas tenus directement et personnellement des droits d'enregistrement. — Solut. 7 fév. 1838.

4261. — Comme les communes ne peuvent rien payer qu'après y avoir été autorisées par leur budget annuel, il n'y a lieu, à l'égard d'une commune débitrice de droits, ni à délivrance de contrainte contre son receveur, ni à citation devant les tribunaux, ni à saisie arrêt entre les mains dudit receveur ou des débiteurs de la commune; mais le directeur de la régie doit se pourvoir par-devant le préfet pour qu'il porte au budget la somme réclamée contre la commune, et autorise le paiement par le receveur. — Avis cons. d'état, 11 mai 1813, appr. le 26; inst. 642.

4262. — Les droits des actes civils et judiciaires emportant obligation, libération ou translation de propriété, ou d'usufruit de meubles ou immeubles, sont supportés par les débiteurs et nouveaux possesseurs; et ceux de tous les autres actes le sont par les parties auxquelles les actes profitent, lorsque, dans ces divers cas, il n'a pas été stipulé de dispositions contraires dans les actes. — L. 22 frim. an VII, art. 31.

4263. — En thèse générale, dès qu'un jugement, quel qu'il soit, est sujet à l'enregistrement sur la minute, c'est celui qui doit la faire revêtir de cette formalité qui est tenu d'acquitter les droits, et la peine du double droit lui est personnelle. — Décis. min. fin. 16 juin 1807; instr. 386, no 2; — Roland et Trouillet, *Dict., d'enreg.*, vo *Débiteur*, no 11.

4264. — Toutefois, la régie n'a pas, pour le paiement des droits dont est passible un jugement par défaut ou un jugement contradictoire attaqué par appel, une action directe contre la partie condamnée. — *Cass.*, 24 (et non 28) août 1808, Perrochain.

4265. — Les droits d'enregistrement, dus à raison d'un jugement quelconque prononçant des condamnations, doivent être payés par celle des parties au profit de laquelle les condamnations ont été prononcées, et non par la partie condamnée. — *Cass.*, 10 mars 1812, Gavard.

4266. — Si la partie au profit de laquelle le jugement a été rendu n'acquitte pas le droit dans le délai prescrit, elle doit payer personnellement le double droit à titre d'amende; la partie condamnée n'étant tenue, dans ce cas, qu'au remboursement du droit. — *Cass.*, 30 avr. 1833, Cecile c. Gallain.

4267. — Lorsque, après avoir acheté des marchandises, un individu cède son traité à un tiers, qu'ensuite il actionne le cessionnaire pour qu'il ait à prendre livraison; qu'à l'audience le cessionnaire déclare renoncer à toute action, soit principale contre le vendeur, soit de garantie contre le cédant, et demande à être mis hors de cause, le jugement qui adjuge au cessionnaire ses conclusions, et condamne le cédant à tous les frais, doit être considéré comme profitant au cessionnaire. Dès-lors, celui-ci est tenu de le faire enregistrer et d'en payer les droits dans les délais, sauf son recours contre la partie condamnée. — *Cass.*, 23 fév. 1824, Imbert.

4268. — Lorsque le tiers-saisi assigné en déclaration se reconnaît débiteur en vertu d'une obligation non enregistrée, le droit de condamnation dû sur le jugement qui ordonne le paiement entre les mains du créancier saisissant est dû par ce dernier. — *Cass.*, 24 vent. an X, Huet-Renard.

4269. — Le paiement des droits d'enregistrement dus sur une sentence arbitrale rendue au profit d'une société, peut être poursuivi contre l'un des associés, encore bien qu'il soutienne avoir été étranger à la sentence, s'il n'en a pas demandé la nullité en ce qui le concerne. — *Cass.*, 16 fév. 1814, Morel.

4270. — Lorsqu'un acte sous seing-privé est présenté à l'enregistrement par la partie qui n'est pas tenue personnellement des droits, ce n'est néanmoins que contre celle qui en est passible que le receveur peut réclamer le paiement de ces droits. — *Cass.*, 15 niv. an XI, Faure.

4271. — Jugé, au contraire, que la régie peut, lorsqu'un acte sous seing-privé est présenté à l'enregistrement, s'adresser directement à celle des parties qui est obligée d'acquitter les droits, quoique l'acte n'ait pas été déposé par elle. — *Cass.*, 26 oct. 1813, Donge.

4272. — Ainsi, le paiement des droits de mutation dus pour une vente d'immeubles sous seing-privé peut être poursuivi par la régie contre l'acquéreur, encore bien que l'acte soit présenté à l'enregistrement par le vendeur. — *Cass.*, 10 pluv. an XIII, Bessellièvre; 26 oct. 1813, Donge; 10 avr. 1816, Laville; 12 mars 1817, Donge; 12 janv. 1822, Donge.

4273. — Lorsqu'un jugement condamne à payer une obligation dite pour *prêt* dans les poursuites préalables, et qu'ensuite il est reconnu que cette obligation est causée pour prix d'une vente d'immeubles sous seing-privé, les droit et double droit de ces actes ne peuvent être répétés que contre l'acquéreur. — Délib. 27 fév. 1812.

4274. — Les droits de mutation sont à la charge de l'acquéreur, s'il n'a été fait de stipulation contraire entre lui et le vendeur. — La circonstance que le vendeur aurait volontairement donné connaissance au receveur de l'acte de vente, ne saurait être un motif pour le condamner au paiement de ces droits. — *Cass.*, 30 juin 1813, Mœvus c. Vieil.

4275. — Si le droit d'enregistrement d'un acte de vente sous seing-privé doit être, à moins de convention contraire, payé par l'acquéreur, le double droit peut être mis à la charge du vendeur, si c'est par sa faute que ce double droit a été encouru. — *Bourges*, 29 avr. 1814, Rameau c. Guinguat.

4276. — Les droits de mutation d'immeubles sont à la charge du nouveau possesseur, encore bien qu'il n'en soit devenu propriétaire qu'au moyen d'une cession que lui en a faite son débiteur, à titre de paiement. — *Spécialement*, lorsque l'état abandonne des propriétés foncières à la femme d'un émigré pour la remplir des droits matrimoniaux qu'elle avait à exercer contre son mari, cette femme est tenue d'acquitter les droits de mutation auxquels la cession donne lieu. — *Cass.*, 13 mai 1817, Polignac.

4277. — L'adjudicataire d'un immeuble qui en a été dépouillé par une revente sur folle enchère peut être poursuivi en paiement du double droit dû pour la première adjudication, s'il ne l'a pas fait enregistrer dans le délai. — *Cass.*, 27 mai 1823, Jaudas-Deslices.

4278. — La régie est fondée à percevoir le droit proportionnel sur la partie au profit de laquelle la déclaration de command a été tardivement passée, alors que cette partie ne conteste pas la réalité de la mutation faite à son profit. — *Cass.*, 29 nov. 1837 (t. 2 1837, p. 563), Mourgues.

4279. — Les différentes décisions qu'on vient de rapporter ne font point obstacle au droit qu'ont les parties de faire telles stipulations que bon leur semble relativement au paiement des droits d'enregistrement.

4280. — Est licite la clause d'un contrat de vente sous seing-privé par laquelle les parties conviennent que les droits d'enregistrement seront à la charge de celle des parties qui en rendra la perception nécessaire. — *Cass.*, 13 mars 1839 (t. 1er 1839, p. 357), Baisseau c. Pellerav; *Bourges*, 6 août 1842 (V. sous *Cass.*, 25 août 1843, t. 2 1844, p. 428), Collin c. David.

4281. — Mais le vendeur ne peut être condamné à payer ces droits, bien qu'il ait donné lieu à leur perception en portant devant les tribunaux une contestation relative à l'exécution de l'acte, si les prétentions de l'acquéreur ont été déclarées mal fondées. — *Bourges*, 6 août 1842, sous *Cass.*, 23 août 1843 (t. 1er 1844, p. 428), Collin c. David.

4282. — Le vendeur qui, par son fait, a encouru le paiement des droits d'enregistrement, n'est pas fondé à demander la nullité de la clause, sous prétexte que l'acte qui la renferme, se liant à une procuration donnée à l'acquéreur d'aliéner sous le nom du vendeur les immeubles acquis, n'avait pour but que de frustrer la régie des droits auxquels la vente ainsi dissimulée pourrait donner ouverture. — *Cass.*, 13 mars 1839 (t. 1er 1839, p. 357), Boisseau c. Pelleray.

4283. — Si la clause qui met l'obligation de payer les droits à la charge de celle des parties qui donnerait lieu à la publicité d'un acte de vente sous seing-privé n'est pas rigoureusement une infraction à la loi, il n'en est pas de même de celle qui a pour objet de soustraire à la connaissance du fisc et par suite à la perception des droits une convention renfermée dans un acte sous seing-privé; une pareille cause est illicite et nulle. — *Bourges*, 10 mars 1830, sous *Cass.*, 16 août 1831, Michonnet c. Clavier.

4284. — Lorsqu'il a été stipulé, dans un acte de vente sous seing-privé, que les droits d'enregistrement de l'acte seraient à la charge de la partie qui y donnerait lieu par des contestations mal fondées, s'il est reconnu que la perception des droits a eu lieu par le fait ou la faute des deux parties, en ce cas les tribunaux peuvent, appliquant le droit commun, condamner l'acquéreur à supporter seul les droits. Peu importe que la contestation qui a donné à la régie de l'enregistrement connaissance de l'acte ait été soulevée par le vendeur. — *Cass.*, 16 août 1831, Michonnet c. Clavier.

4285. — Celui qui, refusant de remplir les obligations par lui contractées au moyen d'un blanc-seing, donne lieu à son enregistrement, est tenu d'en rembourser les droits. — *Rennes*, 28 avr. 1816, Chardol c. Bernard Delisle.

4286. — En l'absence d'une stipulation spéciale, la caution du preneur ne peut être poursuivie en paiement des droits d'enregistrement auxquels un bail peut donner lieu. — *Cass.*, 6 oct. 1806, Archinard.

4287. — Les droits d'enregistrement auxquels donne lieu une renonciation éventuelle contenue dans une transaction ayant pour objet le règlement des intérêts respectifs de deux époux, doivent être supportés exclusivement par celui qui profite des effets de cette renonciation, quoique la transaction contienne désemparation, en faveur

de l'autre, d'une portion de biens en acquittement d'une partie de ce qui lui est dû. — *Cass.*, 12 août 1823, d'Asnières.

4288. — Les droits d'enregistrement doivent être acquittés avant l'enregistrement des actes par les personnes désignées dans l'art. 29, L. 22 frim. an VII. Ces droits sont indivisibles, et l'art. 31 n'est relatif qu'à la manière dont ces droits doivent être supportés par les parties entre elles. — *Cass.*, 20 mars 1839 (t. 1er 1839, p. 464), Lobgeois et Thuret.

4289. — Ainsi, en ce qui concerne la régie, l'acquéreur et le vendeur peuvent être condamnés solidairement au paiement d'un supplément de droit. — Même arrêt.

4290. — Jugé, d'après le même principe, que, la perception des droits d'enregistrement étant indivisible, l'un des acquéreurs de biens indivis, acquis par un même contrat, sans solidarité, peut être valablement poursuivi en paiement de la totalité des droits exigibles sur le contrat. — *Cass.*, 7 nov. 1821, Deroucy.

4291. — ... Que les coacquéreurs ou coadjudicataires d'un immeuble sont tenus solidairement au paiement du droit d'enregistrement de l'acte de vente ou du jugement d'adjudication, encore que la solidarité n'ait pas été stipulée dans ces actes. — *Cass.*, 19 (et non 10) nov. 1834, Labasse.

4292. — ... Que le copartageant qui reçoit un lot plus fort que celui des autres, à la charge d'une soulte, peut être contraint à payer la totalité du droit d'enregistrement dont l'excédant de ce lot est passible, sauf son recours contre ses copartageans. — *Cass.*, 9 fructid. an XII, Huguier.

4293. — Lorsque la preuve d'une mutation de propriété résulte d'un jugement qui constate l'existence d'une vente verbale d'immeubles, et qui autorise le vendeur à revendre aux risques et périls de l'acquéreur, le droit proportionnel peut être exigé du vendeur, sauf le recours contre l'acquéreur. — *Cass.*, 6 sept. 1813, Tandou.

4294. — Les droits d'un échange doivent être payés en totalité par l'un des échangistes, sauf son recours pour la portion des droits qui est due par l'autre. — Décis. min. fin. 14 vent. an VII et 8 fructid. an VIII.

4295. — Les droits des déclarations des mutations par décès doivent être payés par les héritiers, donataires ou légataires. Les cohéritiers sont solidaires. — L. 22 frim. an VII, art. 32. — V. ce que nous avons dit à ce sujet *suprà* nos 3165 et suiv.

4296. — Les parties, leurs héritiers ou ayant-cause sont solidaires pour le paiement de l'amende du droit en sus, encourue pour insuffisance dans l'évaluation d'un office transmis à titre gratuit ou par décès, ou pour simulation du prix exprimé dans l'acte de cession à titre onéreux. — L. 25 juin 1841, art. 11.

4297. — Mais cette disposition de la loi du 25 juin 1841, qui condamne les héritiers personnellement au paiement du droit en sus exigible à titre d'amende, est spéciale en matière d'offices. — Une pareille disposition est-elle applicable en général, et la régie peut-elle toujours réclamer contre les héritiers le paiement des amendes encourues par leurs auteurs ?

4298. — En règle générale, l'action en condamnation à une amende ne saurait être exercée contre l'héritier du contrevenant par la raison que les peines sont personnelles. Mais si une condamnation a été prononcée, le recouvrement peut être poursuivi sur les biens du contrevenant condamné jusqu'à ce que la prescription soit acquise. — Merlin, *Rép.*, vo *Délit.* — Dans ce cas l'amende est une charge de la succession. — Délib. 13 et 21 août 1833.

4299. — Il en doit être de même quand l'amende a été encourue et que le paiement peut en être poursuivi sans qu'il soit besoin de jugement, et, par conséquent, sans qu'il y ait condamnation. Tel est le cas où le contrevenant aurait souscrit l'obligation de la payer. — V. Bosquet (*Dict. des domaines*), qui cite en ce sens des décisions du conseil des 5 mars 1729 et 4 janv. 1775 ; Merlin, *Rép.*, vo *Amende.*

4300. — Mais *quid* s'il n'y a point de soumission de payer l'amende ? Il faut distinguer : — Si l'amende a été demandée au contrevenant par une contrainte dûment exécutoire et signifiée, il y a titre suffisant pour que le décès arrivé postérieurement à la signification non suivie d'opposition, ne puisse empêcher l'effet de la contrainte contre l'héritier, c'est-à-dire la succession. On ne saurait reprocher à l'administration de n'avoir pas obtenu de jugement : car dès qu'il n'y a point d'opposition à la contrainte, elle ne peut appeler le contrevenant devant les tribunaux, et le juge n'aurait rien à prononcer. — Si, au contraire, aucune demande n'a été formée pendant la vie du





contrevenant, l'amende se trouve éteinte par le décès de celui-ci. — *Dict. des dr. d'enreg.*, vo *Héritier*, no 12.

4301. — Le droit en sus pour les actes sous seing-privé non enregistrés dans le délai prescrit, est dû par les héritiers des contractans; car ce n'est point là une peine proprement dite. — Avis cons. d'état 3 fév. 1810; instr. 470.

4302. — Il en est de même quand les héritiers, au lieu de représenter un acte, font une déclaration de la mutation aux termes de la loi du 27 vent. an IX. — Solut. 10 juill. 1824; instr. 1150, § 9.

4303. — Quant aux amendes encourues par un notaire, on a vu (*suprà* no 4238) qu'elles ne pouvaient être demandées à ses héritiers, à moins qu'il n'y eût jugement ou soumission.

4304. — Le double droit pour défaut d'enregistrement dans le délai ne peut être prononcé contre l'héritier de celui qui a contracté, lorsqu'il ne fait lui-même aucun usage de l'acte soustrait à l'impôt. Ce double droit a un caractère pénal qui le rend personnel. — *Cass. belge*, 27 janv. 1834, Weckers.

4305. — En fait de déclaration de succession, si l'héritier décède avant d'avoir fait la déclaration, mais dans le délai qui lui était accordé, son obligation passe à ses héritiers; et si ceux-ci laissent expirer ce délai, ils sont passibles de l'amende ou du demi droit en sus. — Mais si le délai pour la déclaration était expiré au décès de l'héritier, l'amende est éteinte et les siens ne sont tenus que du paiement des droits dus pour la succession qui lui était échue. — Déc. min. fin. 15 juill. 1806.

4306. — La régie ne peut s'adresser qu'aux parties pour le paiement des droits d'enregistrement auxquels un acte donne ouverture, sauf le recours des parties contre les tiers qui doivent, en définitive, supporter ces droits. — *Cass.*, 2 mai 1837 (t. 1er 1837, p. 406), Douzel.

4307. — Elle peut également poursuivre en paiement du droit de mutation celui qui a acquis un immeuble par l'entremise d'un fondé de pouvoirs, encore bien qu'il prétende n'avoir pas donné à son mandataire pouvoir d'acquérir, s'il ne justifie d'aucun désaveu judiciaire, d'autant plus que, quand il parviendrait à faire déclarer cette vente nulle, ce ne pourrait être que pour une nullité relative qui ne donnerait par conséquent point lieu à la restitution du droit perçu. — *Cass.*, 9 fév. 1814, Cagnier.

4308. — Celui qui, étant poursuivi comme acquéreur d'un immeuble en paiement des droits de mutation, ne nie pas son acquisition et soutient seulement qu'elle est nulle, ne saurait être déchargé de la contrainte par les juges, sous prétexte que ce n'est pas lui, mais un tiers qui est acquéreur. — *Cass.*, 7 août 1807, Gay et Blachier.

4309. — Les droits extraordinaires dus à la régie de l'enregistrement pour dissimulation du prix d'un acte de vente ne peuvent être considérés comme la peine d'un crime ou d'un délit. Dès-lors, l'action en garantie pour de pareilles condamnations est recevable. — *Cass.*, 24 mars 1835, Despierres c. de Cairon.

4310. — La compensation n'a pas lieu entre les droits de mutation par décès dus par un émigré, et les sommes qui peuvent lui être dues par l'état, à raison de la vente de ses biens. — *Cass.*, 8 vendém. an XIV, Leroi de Neuville.

4311. — De même, les héritiers de l'émigré ne peuvent compenser le droit de mutation par décès avec le prix des biens vendus et les fruits des biens séquestrés, perçus par l'état. — *Cass.*, 11 mai 1807, Gobin de Montreuil.

4312. — Les sommes qu'un notaire a pu avancer à un receveur d'enregistrement ne sont pas opposables en compensation avec les droits dus par ce notaire pour l'enregistrement des actes qu'il a soumis à cette formalité. — *Cass.*, 26 (et non 27) mai 1807, Capion.

4313. — Les droits d'enregistrement ne peuvent se compenser avec les prétentions que peuvent avoir contre l'état les débiteurs de ces droits, sauf à ceux-ci à se pourvoir auprès du gouvernement, s'ils ont des répétitions à former. — *Cass.*, 1er août 1808, Labaume-Montrevel; — Merlin, *Rép.*, vo *Compensation*, § 3.

4314. — Mais il y a compensation légale entre la somme pour laquelle la régie de l'enregistrement et des domaines a été colloquée sur le prix d'une vente aux enchères et celle qui est réclamée contre elle comme irrégulièrement perçue sur l'adjudication par suite de folle-enchère du premier acquéreur. — En pareil cas, la régie est non-recevable à opposer la prescription biennale prononcée par l'art. 61, L. 22 frim. an VII, si d'ailleurs la compensation avait éteint la dette avant l'expiration de deux années. — *Cass.*, 6 fév. 1833, Carde.



4315. — Les cautionnemens des notaires et autres officiers ministériels étant spécialement et par premier privilége affectés à la garantie des condamnations prononcées contre ceux-ci par suite de l'exercice de leurs fonctions (L. 25 vent. an XI, art. 33; L. 25 niv. an XIII, art. 1er), il s'ensuit que le trésor a un privilége sur le cautionnement des notaires pour le paiement des droits d'enregistrement dus à raison de tous les actes passés devant eux. — *Cass.*, 25 juill. 1827, Smith.

4316. — L'effet de ce privilége ne peut être restreint aux droits d'enregistrement dont les notaires ont reçu le montant de la part des parties contractantes. — Même arrêt.

4317. — MM. Rigaud et Championnière (*Traité des dr. d'enreg.*, t. 4, no 3906) nient l'existence de ce privilége. « Pour jouir du privilége accordé par les lois des 25 vent. an XI et 25 niv. an XIII, il faut, disent-ils, être porteur d'un jugement. Or, les droits d'enregistrement sont recouvrés par voie de contrainte, et la régie ne peut obtenir aucune condamnation lorsqu'il n'y a pas d'opposition aux poursuites. De là il suit que le privilége ne pourrait être exercé qu'à l'égard des droits litigieux, et jamais pour ceux dont l'exigibilité ne serait pas contestée. Or, cela serait absurde, et c'est un motif de croire que les lois précitées n'ont pas eu en vue les perceptions confiées à la régie. »

4318. — Lorsque, pour parvenir au recouvrement de droits d'enregistrement dus par un avoué ou un autre officier ministériel, la régie a fait saisir son cautionnement, elle a droit d'exiger le versement actuel, dans ses mains, des sommes formant ce cautionnement. — *Cass.*, 26 mars 1821, Guyot; 4 fév. 1822, Delanoe.

4319. — Le versement ne saurait être différé jusqu'au décès ou à la démission de l'officier ministériel. — *Cass.*, 4 fév. 1822, Delanoe.

4320. — L'exercice de l'action de la régie ne saurait non plus être restreint aux seuls intérêts du cautionnement. — *Cass.*, 26 mars 1821, Guyot.

4321. — De même, la régie a droit de former saisie-arrêt, non seulement sur les intérêts, mais encore sur le capital du cautionnement d'un huissier, pour le recouvrement des amendes qu'il a encourues. — *Cass.*, 1er juin 1814, Vinette.

4322. — La régie n'a point de privilége pour le recouvrement de droits et amendes d'actes non enregistrés sur la valeur de l'office du notaire destitué. Sa condition est la même que celle des autres créanciers, et elle peut seulement, ainsi qu'eux, provoquer la distribution du prix par contribution, sauf à suivre contre les parties le recouvrement des droits simples. — Avis com. fin. 29 juill. 1829, appr. le 31 août; — décis. min. fin. 7 déc. 1835.

4323. — A l'égard des mutations par décès, l'état a action sur les revenus des biens à déclarer, en quelques mains qu'ils se trouvent, pour le paiement des droits dont il faudrait poursuivre le recouvrement. — L. 22 frim. an VII, art. 32. — V. ce que nous avons dit à ce sujet, *suprà* nos 3215 et suiv.

4324. — Le droit de suite, établi par l'art. 32, L. 22 frim., n'a lieu que contre les personnes dénommées dans cet article, c'est-à-dire contre les héritiers, donataires et légataires. D'où il suit que les récoltes d'un fermier ne peuvent être saisies pour le paiement des droits de mutation par décès. — Décis. régl. 13 oct. 1814.

4325. — Les quittances délivrées par les receveurs d'enregistrement font contre la régie preuve du paiement des droits, encore bien que les sommiers ne contiennent aucune indication à cet égard. — *Cass.*, 24 niv. an XIII, Mareille.

4326. — Un sommier d'ordre peut faire foi en justice d'un paiement fait à la régie, lorsque l'individu qui a fait ce paiement ne peut d'ailleurs justifier d'aucune quittance à l'appui. — *Cass.*, 20 messid. an XIII, Lallemand.

4327. — Quoiqu'en thèse générale on ne puisse prouver le paiement fait à un receveur d'enregistrement qu'au moyen d'une preuve par écrit résultant de la quittance qu'il a délivrée, néanmoins un tribunal a pu, sans violer la loi, admettre le contribuable à prouver par témoins les versemens qu'il a faits au receveur, en prenant pour base de cette preuve et comme commencement de preuve par écrit le jugement qui a condamné ce fonctionnaire comme prévaricateur. — *Cass.*, 23 flor. an XIII, Bonnety.

## Sect. 2e. — *Restitution des droits.*

### § 1er. — *Dispositions générales.*

4328. — L'art. 60, L. 22 frim. an VII, porte : « Tout droit d'enregistrement perçu régulièrement

en conformité de la présente loi, ne peut être restitué quels que soient les événemens ultérieurs, sauf les cas prévus par la présente. »

4329. — Le droit régulièrement perçu est celui qui, au moment où la formalité a été donnée, était exactement déterminé par la véritable nature de l'acte ou de la mutation. Tout autre n'est pas légal et il y a lieu de le restituer; parce que tout paiement suppose une dette, et que ce qui a été payé sans être dû est sujet à répétition. — Championnière et Rigaud, *Tr. des dr. d'enreg.*, no 3952.

4330. — Ainsi, jugé que si un créancier refuse de recevoir une somme offerte par un tiers qui prétend l'avoir reçue en dépôt pour acquitter la dette du débiteur, il ne peut être passible du droit proportionnel d'enregistrement, à raison de cette reconnaissance de dépôt, qui n'ajoute rien à la sûreté de sa créance. Il y a lieu, dès-lors, à la restitution du droit perçu. — *Cass.*, 2 mai 1818, Denisart.

4331. — Les art. 48 et 69, § 3, no 3, L. 22 frim. an VII, présentent deux cas de restitution ordonnée; c'est lorsqu'on justifie ultérieurement de titres enregistrés dont l'omission avait donné lieu à la perception des droits. Ces exceptions au principe de la non-restitution sont la conséquence de la règle générale qu'une convention ne peut subir deux droits.

4332. — Le droit proportionnel perçu sur une disposition soumise à une condition suspensive, étant illégalement exigé, et par conséquent irrégulièrement perçu, doit être restitué. — Championnière et Rigaud, t. 4, no 3969.

4333. — Ainsi, lorsqu'un acte soumis à l'approbation administrative a été enregistré prématurément avant l'approbation, et que cette approbation est annulée, les droits sont restituables, attendu que la perception a été faite irrégulièrement, alors surtout qu'il n'est pas constant que l'approbation soit parvenue à la mairie, ce qui aurait pu couvrir l'irrégularité. — Délib. 30 oct. 1837.

4334. — Mais l'accomplissement des conditions résolutoires apposées au contrat ne rend pas restituable le droit perçu antérieurement, car, quoique leur effet rétroactif remonte au jour du contrat résolu, elles n'empêchent pas le contrat d'avoir existé, et par conséquent d'avoir donné naissance au droit qui se trouve avoir été régulièrement perçu. — Championnière et Rigaud, t. 4, no 3962.

4335. — Lorsqu'un acte de prêt porte que le prêteur pourra exiger son remboursement en grains, la régie n'est pas pour cela autorisée à percevoir le droit de vente. Car la vente se trouve soumise à une condition purement potestative dépendant de la volonté du créancier. Le droit de vente, s'il a été perçu, doit donc être restitué. — Solut. 24 mai 1832.

4336. — A l'égard des actes frappés de nullité, les principes sur l'exigibilité du droit doivent servir de guide pour la restitution. Ainsi, la restitution doit avoir lieu en faveur des actes nuls de plein droit, car une telle nullité résulte d'un fait contenu dans l'acte ou la convention auquel elle enlève toute existence. Mais dans les actes anéantis par l'action en nullité, c'est cette action qui cause l'anéantissement, car sans elle l'acte eût continué d'être valable, c'est donc un événement ultérieur sans influence sur la perception du droit, qui ne peut pas être restitué. — Championnière et Rigaud, nos 3953 et suiv.; — Instr. 30 déc. 1825, 1180, § 4.

4337. — Ainsi, jugé que l'annulation d'un acte ne donne pas lieu au remboursement du droit d'enregistrement qui a été régulièrement perçu à son occasion. — *Cass.*, 2 fév. 1809, Mascrany.

4338. — Sans doute, dit Toullier (t. 7, no 535), le législateur a pensé que celui qui souffre de cette décision rigoureuse doit s'imputer d'avoir fait un contrat nul ou susceptible d'être annulé par la rescision. La perte de la somme qu'il a payée pour le droit acquitté est la peine d'un fait qui lui est personnel et qu'on est toujours plus ou moins fondé à lui reprocher. — V. aussi Merlin, *Rép.*, vo *Restitution de droits indûment perçus*, no 2.

4339. — Le droit de mutation légalement acquis à la régie ne peut lui être enlevé par aucun événement postérieur qui lui est étranger. — *Cass.*, 17 août 1824, Palluel.

4340. — Des droits d'enregistrement perçus en vertu d'une loi sont restituables, lorsqu'un avis postérieur du conseil d'état a décidé que cette loi n'en autorisait pas la perception. — Spécialement, lorsqu'en vertu de la loi du 22 frim. an VII, il a été perçu un droit proportionnel d'enregistrement sur des actes authentiques passés dans les colonies et dont on voulait faire usage en France, il y a lieu à la restitution de ce droit, depuis que les avis du conseil d'état des 10 brum. an XIV et 12 déc. 1806 ont décidé, par interprétation de la loi même du 22 frim. an VII, qu'il n'était dû qu'un droit fixe de 1 fr. — *Cass.*, 19 oct. 1808, Chaudurié.

4341. — Les doubles droits sont régis par les mêmes règles que les droits principaux sur la nécessité ou l'impossibilité de la restitution. — Solut. 27 juill. 1809.

4342. — Le droit d'enregistrement qui n'a été payé que depuis la prescription de l'action en paiement, ne peut être l'objet d'une demande en restitution, car quoique le débiteur eût pu invoquer la prescription, sa dette existait. S'il l'a payée sans se prévaloir de l'exception de prescription, il ne peut alléguer avoir payé par erreur ou avoir payé une dette éteinte. — Toutefois, il y a lieu, dans ce cas, d'exiger la restitution de ce qui a été payé à titre de double droit. — *Bruxelles*, 7 fév. 1829, Lodens; — Décis. min. fin. 3 janv. 1820; solut. 3 janv. 1824; — *Dict. des dr. d'enreg.*, vis *Paiement*, no 22, et *Prescription*, no 4.

4343. — Le redevable qui a payé le droit le jour même de la mutation ne serait pas recevable à en demander la répétition, sous prétexte qu'il avait encore un délai de trois ou de six mois pour se libérer. — Championnière et Rigaud, t. 1er, no 48.

4344. — En règle générale, les droits perçus par suite d'une déclaration qui n'est que le résultat d'une erreur de fait doivent être restitués. — Solut. 17 oct. 1814.

4345. — Les amendes encourues pour contravention aux lois sur l'enregistrement ne constituent pas la matière d'une obligation naturelle, mais bien une peine de laquelle il ne résulte qu'une obligation civile. On peut en demander la restitution, encore qu'elles fussent prescrites au moment où le notaire qui les devait en a effectué le paiement; il n'y a pas violation de la loi, surtout lorsque le tribunal dont émane le jugement attaqué, a décidé, en fait, que ce paiement n'a pas été de la part du redevable une renonciation au bénéfice de la prescription. — *Cass.*, 20 déc. 1814, Cumont. — *Nota.* Cet arrêt qui n'est rapporté qu'en sommaire d'après M. Teste-Lebeau (*Dict. analyt. des arrêts d'enreg.*, vo *Restitution*, no 12), aurait besoin d'être revu sur le texte même.

4346. — Lorsque la perception des droits a été faite conformément à la déclaration du redevable, il n'y a pas lieu à restitution ultérieure pour droits indûment perçus, sous prétexte qu'il résulterait d'un acte ou d'un jugement postérieur à la perception qu'on avait compris par erreur dans la déclaration des immeubles sur lesquels le droit de mutation a été perçu. — *Cass.*, 1er déc. 1835, Naucaze.

4347. — On peut voir dans le paragraphe suivant différens exemples des cas où l'erreur autorise ou non la restitution des droits perçus.

### § 2. — *Différens cas de restitution et de non-restitution.*

4348. — *Adjudication en justice.* — Le droit perçu sur les adjudications d'immeubles faites en justice est restituable, lorsque l'adjudication est annulée par les voies légales. — Avis cons. d'état 18 oct. 1808, appr. le 22; instr. 429, no 1er.

4349. — L'avis du conseil d'état du 18-22 oct. 1808 n'est relatif qu'au seul cas d'un jugement d'adjudication faite en justice et infirmé sur l'appel. — *Cass.*, 7 nov. 1821, Hélie de Combray; 15 nov. 1828, mêmes parties; *Rouen*, 11 juin 1835 mêmes parties. — V. *infrà* no 4394.

4350. — Il ne saurait être étendu à d'autres cas. — *Cass.*, 2 févr. 1809, Mascrany.

4351. — ... Par conséquent à une adjudication volontaire. — *Cass.*, 10 févr. 1812, Michiels.

4352. — Décidé, toutefois, que les droits d'enregistrement perçus sur une adjudication d'immeubles, faite devant un notaire commis par le tribunal sont restituables, lorsque l'adjudication est annulée par les voies légales. — Délib. 14 févr. 1834.

4353. — L'annulation d'une adjudication d'immeubles appartenant à des mineurs, prononcée pour défaut d'accomplissement de formalités, ne donne pas lieu à la restitution du droit perçu sur cette adjudication. — *Cass.*, 13 prair. an IX, Ligier.

4354. — De même, le droit proportionnel de vente ayant été régulièrement perçu sur l'adjudication d'un immeuble au profit d'une femme séparée de corps et de biens, quoiqu'elle n'ait pas été autorisée par son mari, l'annulation de l'adjudication pour défaut d'autorisation du mari est un événement ultérieur qui ne donne pas lieu à la restitution du droit perçu. — *Cass.*, 23 avr. 1845 (t. 1er 1845, p. 603), Lescure.

4355. — En cas d'appel d'un jugement d'adjudication sur expropriation forcée, il n'y a lieu de percevoir le droit proportionnel qu'après un arrêt confirmatif. Si le droit a été perçu auparavant, il n'a pu l'être que provisoirement et à charge de restitution en cas d'un arrêt infirmatif. — *Cass.*, 29 oct. 1806, Guilhot.

4356. — Il y a lieu à restitution d'une partie des droits perçus sur une adjudication judiciaire d'immeubles, lorsque, postérieurement, le prix de la vente est réduit judiciairement à une moindre somme, par la distraction des biens compris par erreur dans l'adjudication. — Décis. min. fin. 6 juill. 1813; délib. 14 juin 1836.

4357. — Lorsque l'adjudication volontaire d'un immeuble a été annulée en justice par le motif que la vente n'aurait été faite que postérieurement à la saisie de cet immeuble, il n'y a pas lieu à la restitution des droits perçus — *Cass.*, 10 févr. 1812, Michiels.

4358. — Lorsque le saisi à qui on a dénoncé la saisie immobilière vend de gré à gré les biens saisis, sous la condition expresse que les ventes seront considérées comme non avenues dans le cas où l'expropriation forcée aurait lieu, le droit proportionnel perçu sur ces mêmes ventes est restituable si l'événement prévu se réalise. — Décis. min. fin. 16 janv. 1822.

4359. — Le droit de mutation perçu sur la vente d'immeubles saisis, consentie par le saisi après la dénonciation qui lui a été faite de la saisie, ne doit pas être restitué, encore bien que, l'acquéreur n'ayant pas consigné somme suffisante pour acquitter les créances inscrites, la vente soit nulle vis-à-vis des créanciers. — *Cass.*, 17 avr. 1833, Boissier.

4360. — Le droit d'enregistrement perçu sur une adjudication n'est pas restituable jusqu'à due concurrence, lorsque le prix de la revente sur folle-enchère est inférieur à celui de l'adjudication. — *Cass.*, 6 févr. 1833, Carde.

4361. — Les droits perçus sur une vente faite par un adjudicataire de biens en justice, de partie des biens à lui adjugés, ne sont point restituables, par cela qu'une surenchère aurait annulé l'adjudication et par suite la vente. — Délib. 19 juill. 1836.

4362. — Comme la déclaration de surenchère n'empêche pas que la propriété ne continue à résider sur la tête de l'adjudicataire ou de l'acquéreur, la perception opérée sur l'adjudication ne peut être sujette à restitution par l'effet de l'événement ultérieur de la surenchère. Dès-lors quand, par suite d'une surenchère, les immeubles d'une succession ont été adjugés à un cohéritier, les droits perçus sur la première adjudication faite à une personne étrangère à la succession, ne sont pas sujets à restitution, en cas d'excédant de prix sur ceux dont est passible la seconde adjudication. — Solut. avr. 1843; instr. 1697, § 8.

4363. — Il en serait de même, si la dépossession de l'adjudicataire et l'annulation de la vente par lui consentie avaient lieu par suite de folle enchère. — Délib. 3 oct. 1837.

4364. — Lorsque le prix d'adjudication des biens abandonnés par un failli à ses créanciers est inférieur à l'estimation que ces créanciers avaient donnée à ces biens et sur laquelle le droit proportionnel avait été perçu, les créanciers peuvent demander ce qui a été perçu sur l'excédant du prix d'adjudication. — Solut. 28 déc. 1831.

4365. — Il n'y a pas lieu à restitution dans le cas de déchéance encourue par l'adjudicataire de biens nationaux qui n'en a pas payé le prix. — *Cass.*, 14 mars 1837 (t. 1er 1840, p. 525), Ducros.

4366. — Mais, les droits d'une adjudication de domaine de l'état déclarée nulle sont restituables. — Délib. 19 frim. an VII, et 28 germin. an VIII; déc. min. fin. 18 pluv. an VIII.

4367. — *Bail.* — Les droits perçus pour l'enregistrement d'un bail, à raison du quart ajouté au prix comme représentant la charge des contributions, peuvent être restitués, s'il est justifié, dans les deux ans de la perception, que la somme ajoutée excède le montant réel de ces contributions. — Délib. 19 juin 1825.

4368. — *Brevet.* — En matière de cession de brevet, il y a lieu de décider de la même manière qu'en matière de cession d'office. — V. *infrà* nos 4446 et suiv.

4369. — *Concordat.* — Lorsqu'un concordat est annulé judiciairement, comme n'étant pas consenti et signé par tous les créanciers dans le délai légal, il n'y a pas lieu de restituer les droits perçus. — Délib. 28 juill. 1829.

4370. — *Contrat de mariage.* — Les droits perçus sur les contrats de mariage doivent être restitués, quand il est constant que la célébration n'a pas eu et n'aura pas lieu, et que la demande en restitution est formée en temps utile, sauf à con-

server le droit fixe comme salaire de la formalité donnée au contrat. — Déc. min. fin. 7 juin 1808; délib. 9 août 1820; solut. 18 et 28 oct. 1831.

4371. — Les droits perçus sur un contrat de mariage non encore célébré sont restituables sur la représentation de l'acte de résiliement. — Cet acte de résiliement ne peut être remplacé : — 1° ni par un acte de notoriété dans lequel toutes les parties contractantes ne figurent pas (délib. 22 avr. 1822; solut. 9 juin 1831); — 2° ni par le jugement qui ordonne que la dot sera remboursée, et le certificat du maire attestant que le mariage n'a pas été célébré (solut. 8 sept. 1832); — 3° ni par la déclaration de l'un des futurs, sans le concours de l'autre, que le mariage projeté n'aura pas lieu (solut. 14 sept. 1832).

4372. — Mais la preuve de la caducité d'un contrat résultant suffisamment de la justification du mariage de l'un des futurs avec une autre personne, cette justification supplée à un acte de résiliement pour obtenir la restitution des droits. — Délib. 28 févr. 1838.

4373. — Est restituable le droit d'enregistrement auquel a été soumise une disposition du contrat de mariage, changée par un acte postérieur au contrat, mais antérieure à la célébration du mariage. — Solut. 24 sept. 1812; délib. 27 oct. 1829.

4374. — La donation faite en faveur du mariage étant caduque, si le mariage ne s'ensuit pas (C. civ., art. 1088), il en résulte que l'absence, dans l'acte de résiliement, de toute stipulation relative aux donations que contenait le contrat, n'empêche point la restitution des droits perçus pour ces donations. — Délib. 3 oct. 1837.

4375. — Lorsque, après deux contrats de mariage successivement résiliés, avant la célébration du mariage, un troisième a lieu entre les mêmes parties, le receveur n'est pas fondé à réclamer la réintégration des droits restitués sur les deux premiers contrats. — Déc. min. fin. 13 août 1819.

4376. — La restitution des droits perçus sur une donation par contrat de mariage, devenue caduque pour défaut de célébration de mariage, ne peut avoir lieu qu'autant que la demande en est faite dans les deux ans de l'enregistrement du contrat et sur la représentation de toutes les pièces justificatives. Cette dérogation à la règle générale établie par l'art. 60 de la loi de frimaire est expressément limitée aux actes de l'espèce. — Délib. 12-30 janv. 1836.

4377. — Les droits perçus sur un contrat de mariage ne sont point restituables, lors même que l'acte de célébration de mariage est annulé pour cause de violence, de dol ou d'erreur. — *Cass.*, 25 mai 1841 (t. 2 1841, p. 91), Vionnois.

4378. — *Droits successifs.* — Si dans une cession de droits successifs se composant de meubles et de créances, les parties, ne stipulant qu'un seul prix, ont déclaré qu'une liquidation ultérieure déterminerait dans quelle proportion il s'appliquait aux créances et aux meubles, et que lors de l'enregistrement de l'acte il ait été perçu le droit de 2 % comme cession de meubles, il y a lieu de restituer ce qui a été perçu au delà de 1 % sur le montant des créances quand la liquidation a déterminé la portion du prix qui y est affectée. — Délib. 5 avr. 1833.

4379. — *Donation.* — Le droit d'enregistrement perçu sur donation entre vifs, revêtue de toutes les formes apparentes exigées par la loi, ne doit pas être restitué si, plus tard, l'acte est annulé parce que l'un des témoins instrumentaires n'était pas Français. — *Cass.*, 16 juin 1835, Budin.

4380. — Les droits perçus sur une donation ne sont pas restituables, bien qu'elle soit annulée pour survenance d'enfant, cette cause étant un événement ultérieur. — Délib. 17 juill. 1824.

4381. — Il n'y a pas lieu à restitution des droits perçus sur un acte de donation entre-vifs, faite par erreur au gendre au lieu de l'être à la fille du donateur, bien que, quelques jours après, les parties représentent au receveur un second acte notarié par lequel elles se sont empressées de rectifier leur erreur. — Délib. 22 nov. 1836.

4382. — Lorsqu'à défaut d'indication du degré de parenté dans un acte de donation entre-vifs, les droits ont été perçus suivant le taux fixé pour les donations entre étrangers, il y a lieu à restitution des droits excédant ceux exigibles, si la justification du degré de parenté est faite dans les deux ans de l'enregistrement de l'acte. — Délib. 18 nov. 1838.

4383. — L'époux donataire d'une quotité excédant la quotité disponible, et qui prétend que c'est par erreur qu'il a déclaré, au décès du donateur, avoir recueilli le montant de la donation, ne peut obtenir la restitution des droits perçus en trop qu'en justifiant par un acte régulier que la réduction a eu lieu, et qu'il y a erreur dans la déclaration. — Délib. 24 avr. 1832.

4384. — Lorsqu'en présentant à l'enregistrement un acte de donation immobilière, les parties ont par erreur évalué l'immeuble même au lieu du revenu, il n'y a pas lieu à restitution du droit perçu, quand bien même l'erreur serait démontrée par la production du rôle des contributions foncières. — Délib. 9 oct. 1835.

4385. — *Échange.* — Lorsqu'un acte d'échange a été annulé, comme ayant pour objets des biens dotaux, le droit perçu sur la mutation ne doit pas être restitué, par le motif que cette nullité aurait été prononcée pour vice radical. — *Cass.*, 10 mars 1828, Portallier et Chaptal.

4386. — Une erreur constatée dans l'évaluation du revenu d'immeubles échangés n'autorise point la demande en restitution d'une partie des droits perçus d'après cette évaluation. — Délib. 25 juill. 1832.

4387. — *Expropriation pour utilité publique.* — Lorsque des droits ont été perçus sur les acquisitions amiables d'immeubles destinés à un but d'utilité publique, mais faites antérieurement aux arrêtés du préfet, ils doivent être restitués si, dans le délai de deux ans, à partir de la perception, il est justifié que les immeubles acquis sont compris dans ces arrêtés. Toutefois, la restitution des droits ne peut s'appliquer qu'à la portion des immeubles qui a été reconnue nécessaire à l'exécution des travaux. — L. 3 mai 1841, art. 58.

4388. — *Jugement.* — Les jugemens par défaut qui contiennent transmission de propriété immobilière étant passibles du droit proportionnel, de même que s'ils étaient contradictoires, les droits peçus ne peuvent être restitués si ces jugemens sont rétractés sur l'opposition. — *Cass.*, 24 (et non 23) thermid. an XIII, Lemeunier-Lagirardière; 14 janv. 1836, Charrier.

4389. — Tel est le cas où un jugement par défaut, portant résolution de vente pour défaut de paiement du prix, a été rétracté sur l'opposition. — *Cass.*, 6 déc. 1820, Mourgues; 11 déc. 1821, N...

4390. — Il en serait de même si le jugement par défaut portant résolution d'une vente pour défaut de paiement du prix devenait sans effet par le paiement ultérieur de ce même prix. — *Cass.*, 7 mai 1806, Saint-Aignan.

4391. — Jugé cependant que le droit proportionnel de rétrocession, perçu sur un jugement par défaut portant condamnation de payer dans un certain délai le prix de la vente, ou résolution de ce dernier acte, à défaut par l'acquéreur de satisfaire à cette obligation, est susceptible de restitution s'il a été formé opposition à ce jugement, et si plus tard il est intervenu un jugement contradictoire qui annulle la disposition résolutoire du premier. — *Cass.*, 23 fév. 1818, Montalent.

4392. — Il n'y a pas lieu à la restitution du droit de mutation perçu sur un jugement par défaut qui prononce la résolution pure et simple d'un contrat de louage, lorsque, sur l'appel, ce jugement est modifié par un sursis accordé au détenteur pour payer les arrérages dus, et pendant lequel ce détenteur se libère effectivement. — *Cass.*, 19 fév. 1823, Rupalley.

4393. — Tous les actes judiciaires portant transmission de propriété immobilière étant passibles du droit de mutation, sans distinction entre les jugemens susceptibles d'appel et ceux rendus en dernier ressort, le droit perçu sur un jugement de première instance qui reconnaît l'existence d'une vente verbale n'est pas restituable, encore bien que, sur l'appel, le jugement soit réformé et qu'il soit déclaré qu'il n'y avait jamais eu qu'un projet conditionnel de vente. — *Cass.*, 14 juill. 1824, Tonnerieu.

4394. — Lors même qu'un jugement par défaut qui prononçait la résolution d'une adjudication volontaire d'immeubles, pour défaut de paiement des arrérages en constituant le prix, a été réformé sur l'appel, et qu'il a été établi et nullement contesté par le vendeur que l'acquéreur ne devait rien au moment des poursuites exercées contre lui, il n'y a pas lieu de restituer le droit de mutation perçu sur ce jugement. — Ce n'est pas le cas d'appliquer l'avis du cons. d'état des 18-22 oct. 1808. — *Cass.*, 7 nov. 1821, Hélie de Combray; 15 nov. 1828, Hélie de Combray; 11 juin 1835, Hélie de Combray. — V. *suprà* n° 4349.

4395. — Le droit proportionnel perçu sur un jugement ayant opéré transmission de la propriété d'un domaine n'est pas sujet à restitution, quoique ce jugement ait été ultérieurement infirmé sur l'appel. — *Cass.*, 17 avr. 1826, de Nieuport.

4396. — De même, le droit proportionnel perçu sur un jugement portant résolution d'une vente d'immeubles, à défaut de paiement du prix, ne doit pas être restitué, quoique le jugement ait été infirmé sur l'appel, et la vente maintenue. — *Cass.*, 7 (et non 2) août 1826, Loubeau.

4397. — Lorsque, dans une instance en partage d'une succession, un jugement a donné à l'une des parties acte de son consentement à rapporter des biens à elle vendus par l'auteur de la succession, le droit proportionnel de vente perçu sur ce jugement n'est pas restituable, lors même que le jugement est infirmé par un arrêt qui déclare que les offres étaient conditionnelles, et qu'elles n'avaient pas été acceptées. — *Cass.*, 17 fév. 1840 (t. 1er 1840, p. 732), Fouquier.

4398. — Lorsqu'il intervient une condamnation après un jugement qui a rejeté un déclinatoire, et qu'en appel l'incompétence du tribunal qui a statué est admise, il y a lieu de restituer le droit d'enregistrement qui a été perçu sur la condamnation. — *Cass.*, 16 vend. an XIV, Cahen. — En pareil cas, le jugement de condamnation est considéré comme n'ayant jamais existé.

4399. — La convention verbale par laquelle l'acquéreur d'un immeuble s'est obligé de le rétrocéder à un tiers, qui a payé des à-comptes et est entré en jouissance, et le jugement qui a résilié cette convention faute de paiement du prix entier, restent passibles des droits proportionnels de mutation, encore bien qu'un arrêt infirmatif du jugement ait déclaré ultérieurement qu'il n'y avait pas eu de rétrocession. — *Cass.*, 11 avr. 1825, Vernoy.

4400. — Les droits régulièrement perçus sur un jugement qui a déclaré qu'une propriété appartenait à un individu, bien qu'elle eût été adjugée à un autre qui n'était qu'un prête-nom, ne sont pas restituables lorsque ce jugement vient à être infirmé sur l'appel. — *Cass.*, 7 fév. 1838 (t. 1er 1838, p. 288), Levêque.

4401. — Le droit proportionnel perçu à raison d'une vente verbale et conditionnelle dont un jugement ordonnait qu'il serait passé acte, attendu que la condition était accomplie, ne doit pas être restitué, lorsque ce jugement est infirmé sur l'appel, et qu'il a été jugé par la cour royale que la vente n'a jamais existé, à défaut d'accomplissement de la condition à laquelle elle était subordonnée. — Ce serait là ordonner la restitution d'un droit régulièrement perçu, en ayant égard à un événement ultérieur. — *Cass.*, 28 avr. 1835, Vernazobres.

4402. — Lorsqu'un jugement, reconnaissant qu'une vente verbale a existé entre les parties, et qu'elle a même déjà reçu un commencement d'exécution, ordonne que le vendeur passera titre authentique à l'acquéreur, sinon que le jugement lui en tiendra lieu, il y a lieu de percevoir sur ce jugement le droit proportionnel d'enregistrement de 5 1/2 %, et la restitution de ce droit ne saurait être ultérieurement ordonnée, sous prétexte que, les parties ne s'étant pas accordées sur les conditions et le mode de paiement, la résolution de la vente a été prononcée par jugement rendu de leur consentement réciproque. — *Cass.*, 14 janv. 1824, Migevant.

4403. — Lorsqu'un jugement contradictoire a condamné au paiement du prix d'une vente verbale, sauf une preuve réservée à l'acheteur, le droit perçu doit être restitué en partie, si, la preuve faite, un second jugement réduit la condamnation. — Solut. 28 juin 1830.

4404. — Il n'y a pas lieu à restituer le droit proportionnel perçu sur un jugement qui prononce dès à présent la résolution d'un contrat de vente à défaut par l'acquéreur de payer le prix dans un délai déterminé, si l'acquéreur ne paie qu'après ce délai, encore bien que ce paiement ait eu pour effet de le maintenir dans la propriété de l'immeuble. — *Cass.*, 6 fév. (et non janv.) 1813, Gallien.

4405. — Lorsqu'un jugement ne prononce la résolution d'une vente d'immeubles, à défaut de paiement du prix, que conditionnellement, par exemple, si l'acquéreur ne se libère pas dans le délai de quinzaine, le droit perçu est restituable si l'acquéreur a exécuté le jugement dans le délai. — Solut. 18 oct. 1820.

4406. — En pareil cas, si dans le délai déterminé l'acquéreur avait souscrit au profit de son vendeur une obligation à terme, le droit de mutation perçu sur le jugement devrait être restitué. — Délib. 6 nov. 1829.

4407. — Il n'y a pas lieu à restituer le droit de titre perçu sur un jugement, à raison de la somme entière formant l'objet de la demande d'un créancier contre plusieurs débiteurs, lorsque, par suite d'un compte ordonné, le créancier obtient condamnation contre un des débiteurs, pour une somme moindre que celle comprise dans la demande, *tous ses droits réservés* contre les autres. — *Cass.*, 26 nov. 1822, Derome.

4408. — Le droit perçu sur le montant de dommages-intérêts à donner par état ne doit pas être

restitué par suite de l'annulation ultérieure de la condamnation. — Instr. 18 juin 1838.

4409. — *Licitation, partage.* — Lorsque, par un partage sous seing-privé, fait entre un beau-père et les enfans mineurs d'un premier lit, tous les immeubles de la communauté ont été abandonnés au premier, et que néanmoins, postérieurement à ce partage, on a compris la moitié de ces immeubles dans une déclaration faite au nom des mineurs de la succession de leur mère, ce partage, ne pouvant être réputé qu'un simple réglement de jouissance provisoire, puisqu'il n'était point revêtu des formalités nécessaires pour la validité d'un partage définitif, ne saurait être une raison pour demander la restitution du droit perçu sur la déclaration. — *Cass.*, 4 juin 1817, Vander-Borglot.

4410. — Les droits perçus sur la vente faite par un cohéritier de ses droits immobiliers dans une succession où il n'existe qu'un seul immeuble, ne sont pas sujets à restitution, lorsque cet immeuble, déclaré impartageable, a été depuis vendu sur licitation. — *Cass.*, 6 juill. 1825, Daure.

4411. — Pour que le droit perçu sur l'adjudication d'un immeuble faite au profit d'un colicitant doive être restitué, lorsque, par un acte postérieur, le prix lui est abandonné pour le remplir de sa part dans la masse commune, il n'est pas besoin qu'il ait été fait de réserves à cet égard. — Délib. 8 janv. 1830.

4412.—Le colicitant qui a payé le droit de mutation sur l'adjudication faite à son profit peut en demander la restitution lorsqu'un partage postérieur, pour le remplir de sa part, lui attribue le prix des objets adjugés, alors même que le partage aurait lieu plus de deux ans après l'adjudication. Dans ce cas, la prescription biennale ne court qu'à dater du partage et non de l'adjudication.—Délib. 27 sept. 1831.—Mais, ainsi qu'on l'a vu plus haut (nos 3351 et suiv.), cette jurisprudence a changé; et le principe de la non restitution a été consacré par les arrêts suivans :

4413. — Lorsque le droit proportionnel de 4 p. % a été perçu sur le prix de la portion des immeubles excédant la part héréditaire du colicitant adjudicataire, il n'y a lieu à aucune restitution, par cela qu'un partage ultérieur a attribué à l'héritier adjudicataire une part dans l'immeuble licité plus considérable que celle à laquelle sa qualité d'héritier lui donnait droit. — *Cass.*, 14 nov. 1837 (t. 2 1837, p. 386), Robée.

4414. — Lorsque, par suite d'une licitation dans laquelle des cohéritiers se sont rendus adjudicataires, il a été perçu un droit proportionnel sur les valeurs excédant les parts héréditaires des colicitans adjudicataires dans tous les immeubles licités, il n'y a pas lieu à restitution de ce droit quand, par l'effet de la liquidation ultérieure, les colicitans ont été autorisés à retenir une somme plus forte sur le prix de leur adjudication pour se remplir de leurs droits dans la succession. — *Cass.*, 12 août 1839 (t. 2 1839, p. 221), Colombel.

4415. — Comme toute licitation entre cohéritiers, faite par un procès-verbal seul et indépendant de tout partage au moment de la perception des droits et ayant eu pour résultat de rendre l'un des cohéritiers adjudicataire d'un immeuble dépendant de la succession commune, doit être, relativement à la régie, considérée comme un acte translatif de propriété en faveur du cohéritier adjudicataire, pour la portion de cet immeuble qui excède celle à laquelle il avait droit, il n'y a pas lieu à restitution si, par l'effet d'un partage ultérieur, l'immeuble licité ou son prix a été attribué au colicitant pour le remplir de sa part dans l'hérédité. — *Cass.*, 24 mars 1840 (t. 1er 1840, p. 714), Sutterlin.

4416. — Il n'y a pas lieu à restitution des droits proportionnels perçus sur une licitation, lors même que, postérieurement, il est établi que l'adjudicataire n'a rien acquis au delà de sa part héréditaire, et quoiqu'il ait été dit dans l'adjudication qu'elle serait imputable sur l'avenant de l'héritier acquéreur dans la succession. — *Cass.*, 17 avr. 1839 (t. 1er 1839, p. 567), Poncelet.

4417. — Lorsque, par suite d'une vente par licitation amiable, il a été perçu le droit proportionnel de 4 % sur les valeurs excédant la part héréditaire du colicitant acquéreur dans l'immeuble vendu, il n'y a pas lieu à restitution de ce droit, quand, par l'effet du partage ultérieurement fait, la totalité du prix de l'immeuble est abandonnée au colicitant pour le remplir de ses droits dans la succession. — *Cass.*, 11 juin 1839 (t. 2 1839, p. 31), Tardif-Delorme; 26 juin 1839 (t. 2 1839, p. 35), La Colonilla.

4418. — Il en est ainsi, lors même que la vente a été faite sous la condition par l'acquéreur de rapporter le prix à la masse lors du partage qui sera fait ultérieurement. —*Cass.*, 26 juin 1839 (t. 2 1839, p. 35), La Colonilla.

4419. — Jugé de même quand, par suite de l'adjudication ultérieure d'autres immeubles, les colicitans se trouvent avoir droit, en définitive, sur la masse totale, à titre héréditaire, à une somme supérieure au montant de leur adjudication. — *Cass.*, 15 avr. 1840 (t. 1er 1840, p. 574), Lemoine et Coquerel.

4420. — Bien que le prix de l'adjudication d'un immeuble de la succession que l'un des cohéritiers a acquis par licitation et avant le partage soit inférieur au montant des droits de l'adjudicataire dans la masse commune, il n'y a pas lieu à restitution ultérieure. — *Cass.*, 1er déc. 1840 (t. 2 1840, p. 780), Burrier.

4421. — *Marché.* — Les droits d'enregistrement des marchés de fournitures passés avec le gouvernement deviennent restituables, lorsque ces marchés sont annulés par sa volonté. — Décis. min. fin. 8 niv. an IX.

4422. — *Mutation par décès.* — Lorsque l'héritier a librement payé les droits de mutation par décès d'après le mode d'évaluation en vigueur à cette époque, ainsi qu'à celle de son envoi en possession, il ne saurait être admis à réclamer contre cette perception sous prétexte que les biens auraient été portés à une moindre valeur dans un partage antérieur fait avec l'état. — *Cass.*, 4 frim. an X, Mora.

4423. — Les droits de mutation par décès, pour des biens acquis en justice par l'auteur de la succession, sont restituables si le jugement d'adjudication est infirmé. — Instr. 4 juill. 1809, 436, no 57.

4424. — Il y a lieu à restitution des droits de succession payés pour le résultat d'une erreur de fait, comme lorsque des héritiers ont déclaré des biens qui seraient légalement reconnus étrangers à la succession ; mais il faut que cette restitution soit demandée dans les deux ans, et elle ne peut être effectuée que d'après les ordres de l'administration. — Décis. min. fin. 12 avr. 1808 ; instr. 386, no 30.

4425. — De plus, il faut prouver l'erreur. Ainsi lorsque, dans une déclaration de succession, des héritiers ont compris un immeuble pour la totalité et ont acquitté le droit en conséquence, ils ne peuvent se faire restituer ultérieurement une partie de ce droit comme trop perçue, sous prétexte que l'immeuble n'appartenait au défunt que pour un tiers et leur appartenait à eux-mêmes pour le surplus, si cette allégation n'est justifiée par aucune preuve légale. — *Cass.*, 4 déc. 1821, de Beaumarchais.

4426. — Lorsqu'on a, par erreur, fait la déclaration et le paiement des droits de la succession d'un enfant qui n'était pas né viable et qui par conséquent était incapable de succéder, les droits payés doivent être restitués. — Solut. 24 nov. 1829; instr. 1307, § 10.

4427. — Il y a lieu à restitution de droits en faveur de l'héritier présomptif d'un absent qui, après avoir obtenu l'envoi en possession de biens (C. civ., art. 130), se trouverait évincé par l'héritier plus proche à l'époque du décès légalement prouvé. Alors, on devrait exiger de ce dernier une nouvelle déclaration et un nouveau droit pour la mutation qui s'opérerait irrévocablement en sa faveur. — Décis. min. fin. 7 juin 1808; instr. 290, no 72, et 386, no 32.

4428. — La disposition de l'art. 40, L. 28 avr. 1816, qui, en cas de retour de l'absent, autorise la régie à retenir sur le droit payé pour sa succession et qu'elle est tenue de restituer, celui auquel donne ouverture la jouissance des héritiers, n'est applicable qu'au cas où des héritiers auraient fait déclarer l'absence et obtenu légalement l'envoi en possession des biens de l'absent. Mais il n'y a lieu à aucune déduction, si les droits de succession qui sont restitués avaient été payés par suite d'une prise de possession de fait par les héritiers présomptifs. — Solut. 9 fév. 1837.

4429. — Lorsque le mineur devenu majeur renonce à la succession qu'on avait acceptée bénéficiairement en son nom, les droits payés sont restituables. — Solut. 6 juin 1828. — Une pareille décision suppose que l'acceptation n'a pas été régulièrement faite; car, quand les formes légales ont été observées, le mineur est lié par l'acceptation qu'on en a faite en son nom, et il ne peut plus renoncer à la succession.

4430. — Les droits de mutation par décès perçus sur des biens de communauté au nom d'enfans mineurs, ne sont pas restituables, lorsque postérieurement à la déclaration, les mineurs renoncent à la communauté. — Délib. 16 juill. 1835.

4431. — Il n'y a lieu à aucune restitution sur les droits de mutation par décès qu'ont payés les héritiers du mari, quoique l'importance de la succession se trouve diminuée par l'effet de jugemens ultérieurs qui annulent la renonciation à la communauté que la femme avait faite avant le décès à la suite d'une séparation de corps. — Il en est ainsi, encore bien que le procès fût pendant au moment de la déclaration de succession, et que les héritiers aient, en payant, fait toutes réserves de se pourvoir en restitution. — *Cass.*, 2 août 1843 (t. 2 1843, p. 421), Béchaud.

4432. — Si le droit de mutation a été payé d'après une évaluation exagérée donnée par les parties aux biens déclarés, celles-ci peuvent, quand l'exagération est prouvée, obtenir une restitution proportionnelle. — Décis. réglem. 29 germin. an VII.

4433. — De même, il y a lieu de restituer en partie les droits de mutation par décès perçus sur la déclaration faite d'après un bail consenti par le défunt, lorsque avant que la prescription ne soit acquise, les parties produisent un bail courant dont le prix est moins élevé que le premier. — Délib. 21 oct. 1836.

4434. — La découverte d'un testament après la déclaration de l'héritier qui a payé les droits de mutation sur la totalité de la succession est suffisante pour autoriser la restitution des droits acquittés sur la portion de biens dont l'héritier se trouve dépouillé. — Délib. 30 avr. 1825.

4435. — Les héritiers d'un légataire qui ont compris la chose léguée dans leur déclaration peuvent aussi obtenir la restitution du droit, si le legs est ensuite annulé, en justifiant que le jugement qui annulle le testament a acquis la force de chose jugée. — Délib. 18 août et 27 sept. 1826.

4436. — Lorsque, après avoir acquitté les droits de mutation par décès sur l'intégralité des biens de la succession, un légataire universel est condamné, en qualité d'enfant naturel du testateur, à subir la réduction de son legs, la restitution des droits ne peut avoir lieu si la prescription est acquise contre ce légataire; mais alors l'héritier légitime ne doit pas de nouveaux droits; s'il en a payé, ils doivent lui être restitués. — Délib. 10 et 27 juill. 1835.

4437. — Lorsque, pendant l'instance relative à la validité d'un testament, un administrateur provisoire est nommé à la succession, le paiement que fait cet administrateur des droits de succession dans la proportion indiquée par la loi pour les héritiers ou légataires non parens ou successibles, est essentiellement réductible dans le cas où, par suite de l'événement de l'instance, la succession se trouve assise sur la tête d'un héritier ou légataire, parent ou successible; et la prescription de la demande en restitution ne court que du jour du jugement qui a tranché la contestation et fixé les qualités des parties. C'est seulement à partir de ce moment que le droit à la réduction a été ouvert. — *Cass.*, 18 juin 1839 (t. 2 1839, p. 114), d'Hosier.

4438. — Les droits perçus sur un legs d'usufruit qui, par un événement prévu, peut se convertir en une institution d'héritier pour la toute-propriété, ne sont point restituables dans le cas où l'événement prévu arrive. — *Cass.*, 30 juin 1841 (t. 2 1841, p. 228), Gèze.

4439. — Les droits de mutation par décès payés par un légataire ne sont pas restituables lorsque le testament est annulé. — *Cass.*, 1er juill. 1840 (t. 2 1840, p. 525), Gruchet.

4440. — Car, lorsque l'annulation d'un testament n'est prononcée que depuis que ce testament a été enregistré, c'est là un évènement ultérieur qui ne permet pas de demander la restitution ou la réduction des droits régulièrement perçus. — *Cass.*, 7 avr. 1840 (t. 1er 1840, p. 730), de Gouttes et de Rozières.

4441. — Décidé, au contraire, qu'il y a lieu à restitution des droits perçus sur un legs lorsqu'un jugement postérieur annule le testament et remet les héritiers en possession des biens légués. Ce n'est pas là un des événemens ultérieurs dont parle l'art. 60; car l'annulation du testament remonte au jour du décès du testateur; toutefois, la restitution doit être demandée dans les deux ans de l'annulation du legs. — Délib. 4 mai 1830.

4442. —...Que les droits de mutation par décès perçus d'après un testament qu'un jugement a postérieurement annulé en reconnaissant aux légataires la qualité d'héritiers en ligne directe doivent être restitués, lorsque la demande en est formée dans les deux ans de la déclaration de succession. — Délib. 17 juin 1834.

4443. — La perception des droits sur un testament révoqué formellement ou devenu caduc par un testament postérieur n'étant pas régulière, il y a lieu à restitution, si la demande est faite dans les deux ans de la formalité. — Solut. 23 déc. 1837.

4444. — Les droits de mutation acquittés par les héritiers légitimes sous la foi de la révocation d'un testament qui léguait un immeuble à une domestique et le surplus de la succession à un hospice sont restituables dans le délai de deux ans de l'arrêt qui annule l'acte révocatoire. — Délib. 11 déc. 1829.

4445. — Lorsque le testament d'une personne encore vivante a été présenté à l'enregistrement, le droit perçu n'est pas restituable, bien que ce testament devienne caduc par le décès du légataire. — Délib. 9 déc. 1834 et 19 sept. 1835. — En pareil cas, on est non-recevable à invoquer l'erreur. — Solut. 4 avr. 1821.

4446. — *Office*. — Les droits perçus sur un traité de cession de brevet d'office ou d'étude sont restituables, si l'acheteur n'est point agréé par le gouvernement. — Délib. 25 mars 1827; 5 fév. 1828 et 13 déc. 1833.

4447. — Cette restitution peut être demandée, même après le délai de deux ans, lorsque le successeur désigné n'a pas été nommé. — Délib. 31 janv. 1832.

4448. — Comme l'ordonnance royale qui nomme aux fonctions de greffier d'un tribunal est un acte définitif dépendant entièrement, pour son exécution, de celui qui a été nommé, la non-acceptation de celui-ci et sa déclaration formelle qu'il renonce n'autorisent point la restitution du droit. — Délib. 16 juill. 1833.

4449. — Lorqu'un office a été cédé sous la condition que la vente serait considérée comme non avenue dans le cas où l'acquéreur ne serait pas nommé, il y a lieu, le cas échéant, de restituer le droit perçu lors de l'enregistrement du traité, encore bien que le cessionnaire n'ait fait aucune démarche pour obtenir sa nomination. — *Cass.*, 24 fév. 1835, Robert.

4450. — Le droit et le double droit d'une ordonnance de nomination d'huissier présentée à l'enregistrement après le délai ont dû être restitués par suite de la révocation du titulaire avant qu'il ait prêté serment, attendu qu'il n'avait jamais pris possession et qu'il n'avait pu le faire, une seconde ordonnance ayant annulé la première. — Délib. 7 oct. 1834.

4451. — La loi du 25 juin 1841, qui assujétit les cessions d'offices à titre onéreux au droit proportionnel de 2 %, porte (art. 14) que les droits perçus seront sujets à restitution toutes les fois que la transmission n'aura pas été suivie d'effet. S'il y a lieu seulement à réduction du prix, tout ce qui aura été perçu sur l'excédant sera également restitué. La demande doit être formée dans les deux ans de l'enregistrement du traité ou de la déclaration. — Il en est de même à l'égard des droits perçus sur les transmissions d'office à titre gratuit entre-vifs ou par décès.

4452. — Pour obtenir la restitution des droits d'enregistrement perçus sur les traités portant cession d'office, et qui n'ont pas été suivis d'effet, il n'est plus besoin du certificat ministériel précédemment exigé, constatant le défaut de nomination; il suffit de produire la lettre officielle du procureur du roi qui annonce aux parties le refus de nomination ou la réduction du prix de cession proposé. — Solut. 20 sept. 1841; instr. 1677.

4453. — La demande en restitution des droits d'enregistrement perçus sur des traités portant cession d'office et non suivis d'effet, doit être formée dans le délai de deux ans à compter du jour de l'enregistrement du traité ou de la déclaration. — Instr. 22 oct. 1842, 1677.

4454. — *Partage d'ascendans*. — Lorsque le droit de 4 % a été perçu sur une donation entre-vifs d'immeubles faite par un père à ses enfans, sous la réserve d'effectuer entre eux le partage dans un délai fixé, il y a lieu de restituer ce qui a été perçu au-delà de 1 %, droit dont sont passibles les partages d'ascendans, si le partage a été fait même après le terme fixé. Le partage n'est alors que le complément de la donation. — Délib. 1er oct. 1833.

4455. — Les droits de soulte à 4 % perçus sur les partages d'ascendans, antérieurement à l'arrêt de la cour de Cassation du 11 déc. 1838 (V. no 2649), et à l'instruction de la régie du 5 fév. 1839, doivent être restitués. — Délib. 26 mars 1839.

4456. — *Réméré*. — L'exercice de la faculté de réméré stipulée dans une vente ne donne pas lieu à la restitution du droit perçu sur la vente. — Instr. 29 juin 1808, 386, no 40.

4457. — *Remplacement militaire*. — L'annulation d'un traité de remplacement militaire avant le tirage ne rend pas restituables les droits perçus sur ce traité. — Solut. 27 janv. 1830.

4458. — On avait d'abord décidé qu'il y avait lieu de restituer les droits perçus sur un acte de remplacement devenu nul par le défaut d'admission du remplaçant (décis. min. fin. 10 août 1813); et par suite que, dans le cas où deux sommes sont stipulées, la plus faible devant former le prix, si la personne à remplacer vient à être dispensée du service, il y avait lieu de réduire proportionnellement la perception du droit assise d'abord sur la somme la plus forte. — Délib. 30 avr. 1823, et 16 avr. 1827.

4459. — Mais depuis, jugé au contraire qu'il n'y a plus lieu à la restitution des droits perçus sur un traité de remplacement non suivi d'exécution par la non admission du remplaçant. — Décis. min. fin. 4 sept. 1835; délib. 10 nov. 1837.

4460. — ... Encore bien que cette circonstance ait été prévue et stipulée comme condition résolutoire du traité. — Décis. min. fin. 12 nov. 1838.

4461. — *Rente viagère*. — Lorsqu'un contrat de rente viagère est déclaré nul, par suite du décès, dans les vingt jours, de la personne sur la tête de laquelle cette rente était constituée, cette annulation n'autorise point la demande en restitution du droit perçu sur l'acte de constitution. — *Cass.*, 31 déc. 1823, Lartois.

4462. — Il n'y a pas lieu de restituer le droit exigé sur une constitution de rente viagère stipulée pour prix de la cession d'une créance sur l'état, bien que les conventions des parties basées sur une fausse cause soient restées sans effet. — Décis. min. fin. 14 sept. 1825.

4463. — *Société*. — Les droits perçus sur les dispositions d'un acte de société anonyme doivent être restitués, lorsqu'il est constant que la société n'a point été autorisée par le gouvernement. — Délib. 29 août 1834.

4464. — *Vente*. — On ne peut, dans une vente d'immeubles, considérer comme une condition suspensive l'obligation imposée à l'acquéreur de payer les créances inscrites, de sorte que, si les créances ne sont pas acquittées, la rente doive rester sans effet et les droits de mutation être restitués. — Une pareille vente est pure et simple, et renferme seulement la condition résolutoire dans la supposition que l'acquéreur ne remplisse pas ses engagemens. — *Cass.*, 28 août 1815, Fournier.

4465. — Lorsque, dans un contrat de vente d'immeubles indivis, la vente n'est parfaite qu'à l'égard de l'un des copropriétaires vendeurs, et qu'à l'égard des autres elle n'a lieu que sous une condition suspensive, le droit de mutation ne devant être perçu que sur la portion de la vente qui est parfaite et définitive, le droit qui aurait été perçu sur la portion de vente contractée sous une condition suspensive est sujet à répétition. — *Cass.*, 13 juin 1827, Anthoine.

4466. — Lorsqu'une chose désignée a été vendue moyennant un prix déterminé, mais avec réserve facultative pour l'acquéreur de résilier, si la chose n'existe pas telle qu'elle a été garantie, et dans ce cas à la charge par le vendeur de lui rembourser tout ce qu'il aura reçu et tous les frais, et de laisser à ce dernier tous les produits qu'il en a recueillis, on ne saurait dire qu'une pareille vente est faite avec condition suspensive, et par suite condamner la régie à restituer les droits de mutation. — *Cass.*, 23 juill. 1833, Chave.

4467. — Les droits perçus sur un acte de vente comprenant des biens dont une partie a été ensuite reconnue ne pas appartenir au vendeur, ne sont pas restituables, attendu que la nullité dont était viciée la vente n'est d'aucune considération à l'égard des préposés et que la reconnaissance de cette nullité est un événement postérieur. — Délib. 16 oct. 1815.

4468. — Lorsqu'un immeuble a été vendu moyennant un prix à fixer par des experts nommés par les parties, et que cependant une évaluation provisoire lui a été donnée pour l'assiette des droits, il n'y a pas lieu à la restitution du droit perçu, dans le cas où la vente serait résolue par suite du refus que l'un des experts ferait de procéder à l'estimation de l'immeuble. — *Cass.*, 14 avr. 1807, Courmel et Tournemine.

4469. — Jugé cependant que, lorsqu'une vente dont le prix devait être fixé par un tiers est demeurée imparfaite par le refus de celui-ci de remplir son mandat, il y a lieu de restituer intégralement le droit perçu sur la déclaration estimative insérée au contrat, ainsi que le droit de transcription, qui forme un tout indivisible avec le droit de mutation. — Délib. 12 déc. 1834 et 25 sept. 1841.

4470. — Le droit proportionnel perçu sur une vente dont le prix devait être fixé par experts n'est pas restituable, bien que le délai dans lequel les experts devaient prononcer soit écoulé. — Solut. 5 mai 1832.

4471. — Lorsqu'une vente a été faite sous la condition qu'il y aurait lieu à une réduction proportionnelle du prix, si, d'après le rapport d'un expert désigné, il se trouvait en moins une différence entre la mesure réelle et celle exprimée au contrat, le droit perçu sur la partie réduite doit être restitué, bien que l'expert n'ait procédé qu'après l'expiration d'une année, alors que les parties ont renoncé à se prévaloir de ce délai. — Délib. 11 juin 1833.

4472. — Les droits perçus sur la vente d'un immeuble vendu à tant la mesure sont passibles de restitution par suite de l'arpentage convenu, et lorsqu'un acte authentique fixe la réduction du prix, pourvu que la demande soit faite dans les deux ans de l'enregistrement de la vente. — Délib. 16 févr. 1836.

4473. — Lorsque celui qui a acquis un immeuble par l'entremise d'un mandataire prétend n'avoir pas donné pouvoir d'acquérir, sans cependant justifier d'aucun désaveu judiciaire, et qu'il parvient cependant à faire déclarer cette acquisition nulle, ce ne peut être alors que pour une nullité relative, qui ne donne par conséquent point lieu à la restitution du droit perçu. — *Cass.*, 9 fév. 1814, Cagnien.

4474. — Le droit proportionnel perçu sur l'acquisition faite par un individu tant pour lui que pour deux personnes absentes, sous la condition qu'à défaut de ratification par ces dernières dans un délai fixé; la vente sera nulle et non avenue, doit être restituée lorsqu'il est constant que la vente a été annulée pour défaut de ratification dans le délai indiqué. — Délib. 12 juill. 1836.

4475. — Mais l'acte de vente par une personne qui s'est portée fort pour une autre constituant une vente parfaite, la ratification promise n'est point une condition suspensive. Dès-lors la perception des droits est définitive, et il n'y a pas lieu à restitution à défaut de ratification. — Délib. 16 août 1833.

4476. — Lorsqu'un immeuble est vendu par deux actes séparés par le propriétaire à un acquéreur, et par une personne se portant fort pour le propriétaire à un autre acquéreur, le droit perçu sur ce second acte annulé par les parties n'est pas restituable. — *Cass.*, 4 fév. 1839 (t. 1er 1839, p. 156), Tollin.

4477. — Il en serait de même si l'acte était annulé judiciairement. — Délib. 17 mars 1819 et 20 oct. 1824.

4478. — Mais il faudrait décider autrement si les ventes ou l'une d'elles avait été stipulée sous une condition suspensive, subordonnant la validité de la vente au cas où il n'aurait pas été déjà traité pour le même objet. — Décis. min. fin. 31 juill. 1824.

4479. — La vente d'un même immeuble par deux vendeurs différens au même acquéreur suivant deux actes séparés ayant été régulièrement frappée du droit proportionnel lors de l'enregistrement de chaque acte, il n'y a lieu à la restitution d'aucun droit quand même un arrêt ou un jugement ne reconnaîtrait comme valable que l'une des deux ventes. — Délib. 23 fév. 1838.

4480. — Un droit de mutation perçu légalement sur la vente d'un immeuble n'est pas restituable, lors même que cette vente a été annulée, comme faite par un failli auquel l'administration de ses biens avait été enlevée. — *Cass.*, 24 nov. 1806, Ardent.

4481. — De même, lorsqu'un acte de vente a été annulé en vertu d'un jugement qui a déclaré le vendeur en état de faillite, et en a fait remonter l'ouverture à une époque de beaucoup antérieure au contrat, il n'y a pas lieu à la restitution des droits de mutation régulièrement perçus sur cet acte. La résolution, dans ce cas, n'a d'autre effet que d'exempter du droit proportionnel de mutation le jugement qui la prononce. — *Cass.*, 31 déc. 1823, Meyer.

4482. — Lorsque, dans un acte de vente, le prix a été porté par erreur à une somme plus élevée que celle convenue entre les parties, les droits perçus ne peuvent être restitués, alors même que l'erreur est matériellement prouvée. — Délib. 22 août 1834.

§ 3. — *Qui peut demander la restitution. — Forme et objet de la demande.*

4483. — En règle générale, la demande en restitution de droits indûment perçus peut être formée par toute personne contre laquelle la régie avait une action en paiement des droits.

4484. — L'héritier bénéficiaire étant tenu, envers la régie, du paiement des droits de succession, il n'y a lieu d'accueillir l'action en restitution dirigée contre elle par cet héritier bénéficiaire qui n'a pu être colloqué sur le prix de la vente de biens immeubles de la succession pour le montant des droits qu'il a volontairement ac-

quittés. — Le bénéfice de n'être tenu des charges que jusqu'à concurrence des forces de la succession peut bien ouvrir une action récursoire sur les revenus ou capitaux de cette succession, mais non une action en restitution de droits légitimement perçus. — *Cass.*, 3 fév. 1829, Daripe.

4485. — Les notaires ont qualité pour se pourvoir eux-mêmes en restitution des droits qu'ils ont payés de trop pour les parties, sur les actes passés devant eux. — *Cass.*, 5 fév. 1810, Gosselin ; 1er mars 1825, notaires de Lyon. — V. *contr. Bruxelles*, 4 oct 1817, Angillis.

4486. — La régie avait d'abord pensé que, les notaires ne pouvant être poursuivis pour les supplémens de droit auxquels les actes pouvaient donner lieu, ils étaient sans qualité pour réclamer le trop perçu sur les droits. — Instr. 836, § 28. — Par suite de l'arrêt de cassation du 1er mars 1825 précité, le ministre des finances a décidé le 5 juill. 1830 que les restitutions des droits d'enregistrement indûment perçus sur les actes des notaires pouvaient être indistinctement ordonnancées au profit, soit de ces officiers publics, soit des parties ; que cependant, pour prévenir tout abus de nature à compromettre les intérêts respectifs des parties et des notaires, les directeurs devraient informer simultanément les uns et les autres des restitutions autorisées. — Instr. 1328.

4487. — Le notaire qui a cessé ses fonctions a toujours qualité pour obtenir la restitution des droits indûment perçus sur les actes qu'il a reçus. — Solut. 6 mai et 13 juin 1818.

4488. — Le notaire qui a acquitté de ses deniers les droits d'enregistrement d'une vente ou autres actes passés devant lui, a une action solidaire contre toutes les parties contractantes, pour s'en faire rembourser. — *Cass.*, 26 juin 1820, Thomassin c. Revel ; 15 nov. 1820, Demameiz c. Liard ; 19 avr. 1826, Lenoble c. Petit.

4489. — Par la même raison, le notaire qui a négligé de se faire rembourser le droit d'enregistrement d'un acte de vente peut, lorsque l'acquéreur devient insolvable, agir contre le vendeur, comme coobligé solidaire. — *Cass.*, 20 mai 1829, Guerinet c. Bailly.

4490. — Un tiers peut, en vertu d'une procuration sous seing privé, toucher une somme que la régie est tenue de restituer à un contribuable pour droits perçus ; mais il faut que la signature du mandat soit légalisée par le juge de paix du canton de son domicile. — Solut. 3 fév. 1816.

4491. — C'est contre l'administration de l'enregistrement que doit être demandée la restitution d'un droit indûment perçu dans un département autrefois dépendant et depuis détaché de la France. — *Cass.*, 5 déc. 1815, Tiessel. — V. aussi *infrà* no 4597.

4492. — Dans le cas où il est formé opposition à un exécutoire délivré par une cour royale, sous prétexte qu'il a été perçu des droits d'enregistrement non dus, c'est à la partie condamnée, et non à celle qui a obtenu l'exécutoire, à former devant le tribunal de première instance une demande en restitution des droits qu'elle prétend avoir été indûment perçus. — Cette même partie ne peut demander un sursis pour le paiement des frais, jusqu'à ce qu'il ait été statué sur la question de savoir si les droits ont été indûment perçus. — *Metz*, 26 avr. 1816, Verseveaux c. Recouvreur.

4493. — Les demandes en restitution se font, soit par pétition, soit judiciairement ; la voie administrative n'est point un préliminaire nécessaire à l'introduction de l'instance. — Instr. 5 juin 1837, 1537, sect. 2e, no 1er.

4494. — Les réclamations présentées par la voie administrative peuvent l'être, soit au secrétariat du ministère des finances, soit à celui de la régie de l'enregistrement. — Décis. min. fin. 27 sept. 1827 et 2 mars 1831.

4495. — Les inspecteurs et vérificateurs de l'enregistrement peuvent d'office ordonner une restitution, lorsque la perception est évidemment illégale, et quand la liquidation est entachée d'une erreur de fait ; toutefois, il ne faut pas que la prescription soit acquise. — Instr. gén. 24 juin 1828, 1248.

4496. — Les délais pour former les demandes en restitution des droits indûment perçus varient suivant la nature de ces droits. — V. *infrà* nos 4785 et suiv.

4497. — Quant au mode à suivre, si la demande est suivie judiciairement, V. le chap. suivant, nos 4504 et suiv.

4498. — La régie de l'enregistrement ne peut être condamnée à payer les intérêts des sommes dont la restitution est prononcée contre elle. — *Cass.*, 2 flor. an XIII, Nogarède ; 11 (et non 17) fév. 1806, Dufour ; 28 nov. (et non sept.) 1811, Anneix ; 13 mai (et non août) 1817, Raverot ; 28 janv. 1818, Harnepont ; 23 fév. 1818, Chatel ; 31 mars 1819, Jousselin ; 3 avr. 1822, Muhe ; 6 nov. 1827, Imbault ; 26 avr. 1836, Beaurin et Pottier ; 31 mai 1836, hospice de Baume-les-Dames ; 31 mai 1836, Harnegaray ; 8 (et non 9) août 1836, Morelin ; 26 août 1839 (t. 2 1839, p. 248), de Carbonnière ; 16 mars 1840 (t. 1er 1840, p. 712), Delaporte ; 21 mars 1842 (t. 2 1842, p. 292), Morand ; 26 août 1844 (t. 2 1844, p. 596), Maire et Delavelaye.

4499. — Par conséquent il n'y a pas lieu de la condamner à payer les intérêts à partir du jour de la perception. — *Cass.*, 18 (et non 12) juin 1810, Ramus.

4500. — ... Ni même à partir du jugement qui ordonne la restitution. — *Cass.*, 8 mai 1810, Limerac.

4501. — D'un autre côté, les droits d'enregistrement ne produisent pas d'intérêts au profit de l'état. — *Cass.*, 21 mars 1842 (t. 2 1842, p. 292), Morand.

4502. — Car, en règle générale, les condamnations prononcées soit contre le trésor public, soit en sa faveur, pour restitution ou supplément de droits, ne peuvent être, sans excès de pouvoir, accompagnées de la condamnation en paiement des intérêts. — *Cass.*, 21 janv. 1840 (t. 1er 1840, p. 441), Mauger et Auguy.

4503. — Bien qu'une demande en restitution de droits indûment perçus, faite par voie de réclamation administrative, ait été accueillie, la régie n'est pas cependant tenue de rembourser au réclamant le droit de timbre de sa pétition, impôt qui est toujours à la charge du réclamant. Il en est autrement des frais de poursuites, s'ils ont été mal à propos dirigés contre la partie. — Décis. min. fin. 25 juill., 9 nov. et 21 déc. 1821 ; Délib. 4 mars 1828. — Il n'y avait pas lieu à restitution des frais faits pour le paiement de droits plus élevés que ceux qui étaient dus. — Délib. 30 oct. 1834.

## CHAPITRE X. — *Poursuites et instances.*

### Sect. 1re. — *Poursuites.*

#### § 1er. — *Dispositions générales.*

4504. — La solution des difficultés qui peuvent s'élever relativement à la perception des droits d'enregistrement, avant l'introduction des instances, appartient à la régie. — L. 22 frim. an VII, art. 63.

4505. — Les parties peuvent donc s'adresser d'abord à la régie elle-même, c'est-à-dire soit au directeur du département, soit à l'administration supérieure dans la personne du directeur-général, soit enfin au ministre des finances.

4506. — Toutefois ce n'est pas au ministre des finances, mais à l'administration, que doivent être adressées les réclamations contre des perceptions de *droits simples*, puisque c'est à elle qu'appartient, avant l'introduction des instances, la solution des difficultés sur la matière. Les réclamations peuvent être remises aux directeurs, qui les transmettent, avec leurs observations motivées, à l'administration. Dans les trois jours de la solution, les directeurs doivent écrire à la partie réclamante pour l'en informer et lui en faire connaître les motifs. En même temps ils donnent l'ordre au receveur, soit d'effectuer la restitution, soit de suivre le recouvrement. — Décis. min. fin. 11 janv. 1822 ; circ. 28 oct. 1834 ; instr. 1018.

4507. — En tout cas, la disposition de l'art. 63 de la loi du 22 frim. n'attribue pas à l'administration une juridiction nécessaire. — Championnière et Rigaud, *Traité des Dr. d'enreg.*, t. 4, nos 4014 et 4015.

4508. — Les solutions données par le ministre des finances ne sont que des instructions qui ont pour objet de guider les préposés dans le mode de perception des droits, et l'administration dans le sens de sa défense devant les tribunaux. — *Cons. d'état*, 29 mai 1808, Marserany ; 17 janv. 1814, Siébert et Pleyel. — *Dict. des dr. d'enreg.*, vo *Décision*, no 2 ; Cormenin, *Dr. admin.*, vo *Rejet des requêtes*, t. 1er, p. 96.

4509. — Les intéressés qui se prétendent lésés par ces solutions doivent porter leurs réclamations devant les tribunaux, qui seuls peuvent et doivent statuer selon leur conviction. — *Cons. d'état*, 29 mai 1808, Maserany ; 17 janv. 1814, Siébert et Pleyel ; 14 sept. 1814, Boitard ; 17 juill. 1816, Lesseps (corsaire *le Basque*). — Instr. 1637, sect. 2, no 6.

4510. — Antérieurement à la loi du 5 pluv. an XIII, la régie de l'enregistrement n'était autorisée par aucune loi à poursuivre, même en matière de police correctionnelle, sur la partie plaignante, le recouvrement des frais d'instruction dont la condamnation avait été prononcée à son profit, sauf son recours contre les condamnés. Ces frais, aux termes de l'art. 1er, L. 20 déc. 1790, étant dans tous les cas à la charge du trésor public, il n'était pas permis de distinguer entre les poursuites faites à la requête du ministère public ou d'office et celles où il y avait une partie plaignante ou civile. — *Cass.*, 1er brum. an XIV, de Castellane.

4511. — L'art. 197, C. inst. crim., qui prescrit à la régie de l'enregistrement de poursuivre, au nom du procureur du roi, le paiement des amendes prononcées par les tribunaux correctionnels, n'est pas applicable lorsqu'il s'agit pour la régie de se pourvoir en cassation contre une décision judiciaire portant contre elle des condamnations de frais et dépens à raison de ses poursuites en paiement d'une amende prescrite. — La régie peut, en ce cas, se pourvoir devant la cour suprême en son nom personnel. — *Cass.*, 17 juin 1835, Pascault Dubuissonnet.

4512. — A la différence des amendes en matière d'enregistrement, dont la poursuite appartient aux employés de la régie, et se fait par voie de contrainte, la poursuite des amendes encourues par les notaires pour contravention à la loi du 25 vent. an XI, est réservée au ministère public. — *Cass.*, 24 juin 1822, Boucaud.

4513. — C'est à l'administration de l'enregistrement et des domaines qu'appartient la poursuite des infractions résultant d'actes et écritures soumis à son contrôle. Le même droit appartient aux officiers de police, en ce qui concerne les affiches-journaux et autres publications. — Circul. min. 30 nov. 1832.

4514. — Le recouvrement des mandats délivrés aux agens des ponts et chaussées doit être poursuivi à la requête de l'administration de l'enregistrement, et non à celle de l'administration des contributions directes. — *Cass.*, 23 mai 1838 (t. 2 1838, p. 189), Tavenaux.

4515. — Les poursuites doivent être faites à la requête de la régie et non à celle du procureur du roi. — Instr. gén. 16 juin 1826, 1189, § 18, et 5 juin 1837, 1537, sect. 2e, § 222. — Dès-lors, bien que les qualités d'un jugement en matière d'enregistrement énoncent que le directeur de la régie était *demandeur par le ministère public*, il ne s'ensuit pas que celui-ci ait été partie principale, lorsqu'il est constant que la régie était demanderesse, et qu'il n'a fait que donner des conclusions. — *Cass.*, 8 nov. 1842 (t. 2 1843, p. 62), Ricotin.

4516. — Les poursuites dirigées contre un individu condamné correctionnellement, pour le recouvrement de l'amende prononcée et des frais, doivent être faites à la requête de la direction générale de l'enregistrement, *agissant au nom du procureur du roi*, et non à celles du procureur du roi, *poursuites et diligences de la direction de l'enregistrement*. — *Cass.*, 30 janv. 1816, Gauchot.

4517. — Toutefois, lorsque les amendes et dommages-intérêts adjugés à la régie de l'enregistrement ont été liquidés par le jugement qui les prononce, le directeur de la régie peut en poursuivre le recouvrement par tel préposé qu'il juge convenable. Il n'est pas nécessaire que cette poursuite soit faite au nom du procureur du roi. — *Cass.*, 6 juin 1809, Chaix.

4518. — La régie ne peut subroger des tiers en son lieu et place, pour le recouvrement des droits qui lui sont dus, et pour la poursuite desquels il existe des formes spéciales de procédure dont les particuliers ne sauraient être autorisés à se servir. — Décis. min. fin. 4 fév. 1826 ; instr. 1189, § 14 ; et 1537, sect. 2e, no 7.

4519. — Un procès-verbal n'est pas nécessaire pour constater les contraventions en matière d'enregistrement. — *Cass.*, 2 août 1808, Hermite.

4520. — Toutefois, un procès-verbal préalable à la contrainte est nécessaire lorsqu'il est commandé par les circonstances, soit parce qu'il doit y avoir concours d'un fonctionnaire public avec le préposé, soit parce qu'il s'agit de constater des faits dont il n'existe pas de preuve matérielle et que le procès-verbal en fait foi jusqu'à inscription de faux. Tel est, par exemple, le cas de contraventions reconnues par les préposés dans les ventes publiques d'objets mobiliers, auxquelles ils sont autorisés à assister. Tel est le cas encore du refus d'un officier ministériel ou d'un dépositaire public de communiquer son répertoire, ses minutes ou les pièces déposées entre ses mains. — Instr. 18 déc. 1824, 1150, § 17.

4521. — Il est encore d'usage de dresser un procès-verbal, lorsque la loi exige une condamnation préalable au recouvrement de peines pécuniaires résultant de la contravention, ainsi qu'en matière de lois sur le notariat, sur les patentes, etc. — Même instr.

4522. — Les procès-verbaux des préposés de

l'enregistrement ne sont point assujétis à la formalité de l'affirmation. — *Cass.*, 26 juin 1820, Chancognie.

### § 2. — *Contraintes.*

4523. — Le premier acte de poursuite pour le recouvrement des droits d'enregistrement et le paiement des peines et amendes prononcées par la loi du 22 frim. an VII, est une contrainte. — L. 22 frim. an VII, art. 64.

4524. — Ainsi, s'il y a lieu de poursuivre le recouvrement des droits d'un acte non enregistré, d'une succession non déclarée, ou qui peuvent être dus par suite d'une erreur de perception, le premier acte doit être une contrainte pure et simple, mais suffisamment libellée pour motiver l'exigibilité des sommes réclamées. — Délib. 18 août 1824; instr. 1150, § 17, et 1537, sect. 2e, n° 9.

4525. — La régie a le droit de poursuivre, par la voie de la contrainte, et sans observer les formes prescrites par le Code de procédure, le recouvrement des amendes prononcées par les tribunaux en matière civile, par exemple, dans le cas de dénégation de signature — *Cass.*, 16 juin 1823, Hamerel.

4526. — La voie de la contrainte ayant pour objet le recouvrement prompt et certain des droits, dans l'intérêt du service public, les tribunaux n'ont pu décider que la régie avait eu tort de recourir à cette voie et qu'elle aurait dû suivre la marche tracée pour les actions ordinaires. — *Cass.*, 5 frim. an VII, Vanoutrive.

4527. — La régie de l'enregistrement et des domaines a pu décerner valablement une contrainte pour le recouvrement d'une créance appartenant à l'état. — *Cass.*, 30 juin 1828, Bergeron; 6 août 1828, Marchand.

4529. — Toutefois, un arrêt ne viole aucune loi, lorsqu'en statuant sur l'opposition à la contrainte, il décide que, attendu que le titre est contesté au fond, la poursuite n'appartient plus à la régie, mais au préfet, seul représentant de l'état en matière de propriété, lequel doit suivre soit par intervention, soit par action, et non plus par mémoires, mais dans les formes ordinaires. — *Cass.*, 30 juin 1828, Bergeron; 6 août 1828, Marchand.

4530. — Le sous-concessionnaire d'un bien rentré dans le domaine de l'état, par suite de la nullité de la concession primitive, est devenu débiteur direct du domaine, à raison des arrérages de la redevance stipulée par son bail, et peut, en cas de non paiement, être poursuivi par voie de contrainte. — *Cass.*, 30 janv. 1826, Vidal.

4531. — La régie de l'enregistrement et des domaines peut décerner une contrainte pour exiger en argent le paiement d'une prestation en nature à laquelle avait droit une ancienne communauté religieuse. — *Paris*, 8 août 1828, Plotho et Montblanc.

4532. — Jugé au contraire que la régie ne peut pas agir, par voie de contrainte, dans d'autres cas que ceux qui sont déterminés par les lois. — Ainsi, elle ne peut réclamer, par cette voie extraordinaire, les droits qu'elle prétend appartenir à l'état comme représentant une corporation supprimée. — *Nancy*, 29 juill. 1828, Domaine c. Roux, sous *Cass.*, 30 déc. 1829.

4533. — Une demande en supplément de droits d'enregistrement peut être formée autrement que par voie de contrainte. — *Cass.*, 20 mars 1839 (t. 1er 1839, p. 464), Lobgeois et Thuret.

4534. — C'est par voie de contrainte que doit être recouvrée l'amende encourue par un avoué de cour royale pour défaut de consignation d'amende. — Solut. 3 mars 1832.

4535. — Les contraintes décernées par la régie en matière de droits de mutation par décès sont nécessairement provisoires et sujettes à augmentation comme à retranchement, d'après la déclaration détaillée que l'héritier est tenu de faire. — *Cass.*, 27 mars 1811, Huet-Desmoulins.

4536. — La plus-pétition de la part de la régie ne donne pas lieu d'annuler la contrainte qu'elle a décernée, lorsqu'il est reconnu qu'il était dû un droit quelconque. — *Cass.*, 24 juin 1811, Carles.

4537. — Si une contrainte décernée par la régie peut être annulée en ce qui concerne le double droit, ce n'est pas une raison pour qu'elle le soit relativement à la demande du droit principal. — *Cass.*, 8 fév. 1813, Jousselin.

4538. — La contrainte n'est le premier acte de poursuite pour le paiement d'une amende, en matière d'enregistrement, qu'autant qu'il s'agit d'une contravention bien constante : il en est autrement si le fait même de la contravention est à constater. Alors, le premier acte de poursuite doit être un procès-verbal, lequel est suivi d'une assignation pour lier l'instance. — *Cass.*, 30 messid. an X, de Cock.



4539. — La contrainte décernée par la régie à fin de paiement de droits, n'est pas un acte introductif d'instance. Il n'y a véritablement d'instance que sur l'opposition à l'exécution de cette contrainte. — *Cass.*, 5 frim. an VII, Vanoutrive.

4540. — Lorsqu'il y a contestation sur le droit à percevoir, le redevable ne peut saisir les tribunaux tant que la régie n'a pas décerné de contrainte. — *Cass.*, 7 mai 1806, Blanc.

4541. — Lorsqu'une contrainte est décernée contre l'héritier à fin de paiement des droits de mutation dont l'évaluation est provisoirement fixée, celui-ci peut, en offrant la somme demandée, faire cesser, *quant à présent*, les poursuites dont il est l'objet, sauf au receveur à décerner plus ample contrainte, s'il y a lieu, dans le cas où l'héritier se refuserait à faire la déclaration des biens de la succession. — *Cass.*, 2 déc. 1806, Fayn.

4542. — Est nulle une contrainte dirigée contre une veuve personnellement pour le paiement des droits dont elle n'est débitrice que comme tutrice, et cette nullité peut être opposée en tout état de cause. — *Cass.*, 19 juill. 1815, Farges.

4543. — Une contrainte décernée contre une femme est nulle si elle n'a pas été en même temps décernée contre le mari. — *Bruxelles*, 7 mars 1828, G.....

4544. — La contrainte doit être décernée par le receveur ou préposé de la régie. — L. 22 frim. an VII, art. 64.

4545. — Ainsi, elle est valablement décernée par un préposé autre que le receveur, par exemple, par un vérificateur. — *Cass.*, 2 août 1808, Hermite.

4546. — La contrainte doit être visée et déclarée exécutoire par le juge de paix du canton où le bureau est établi, et elle doit être signifiée. — L. 22 frim. an VII, art. 64.

4547. — Et c'est à peine de nullité qu'elle doit être visée et déclarée exécutoire par le juge de paix avant d'être mise à exécution. — *Cass.*, 8 mai 1809, Dumoulin; 10 nov. 1812, Coppez.

4548. — En cas d'empêchement du juge de paix et de ses suppléans, la contrainte est visée par un juge de paix voisin que désigne le tribunal de première instance, sur la réquisition du procureur du roi. — *Dict. des dr. d'enregistr.*, v° *Contrainte*, n° 9.

4549. — Lorsqu'un immeuble se trouve affecté au service d'une rente due à une ancienne communauté religieuse, le président du tribunal dans le ressort duquel est situé cet immeuble peut viser la contrainte de la régie. — *Paris*, 8 août 1828, Plotho et Montblanc.

4550 — Mais le défaut de visa par le juge de paix n'opère qu'une fin de non-recevoir qui doit être proposée avant que de plaider au fond. — *Cass.*, 14 nov. 1815, de Guéry.

4551. — Lorsque la contrainte est devenue exécutoire par le visa du juge de paix, l'exécution doit en être poursuivie comme celle de tout jugement. — Instr. gén. 5 juin 1837, 1537, sect. 2e, § 39. — Championnière et Rigaud, *Traité des droits d'enregistr.*, t. 4, n° 4016.

4552. — Elle n'emporte cependant pas hypothèque. — Championnière et Rigaud, t. 4, n° 4016. — *Contrà* décis. min. fin. 14 et 20 avr. 1813.

4553. — En conséquence, la régie ne peut valablement prendre une inscription hypothécaire en vertu de la contrainte décernée par un receveur. — *Cass.*, 28 janv. 1828, Scellier.

4554. — La contrainte n'interrompt point la prescription, puisqu'elle ne produit point d'effet par elle-même; mais la signification qui en est faite opère cette interruption. — *Dict. des dr. d'enreg.*, v° *Contrainte*, n° 37.

4555. — La notification de la contrainte doit être faite par un huissier de la justice de paix, et les poursuites ultérieures par les huissiers près les tribunaux civils. — Décis. min. fin. 15 fructid. an IX; déc. min. just. 27 pluv. an XI; instr. 23 brum. an X, n° 12, et 8 germin. an XI, n° 129.

4556. — Il n'y a pas de délai de rigueur pour signifier les contraintes décernées par les préposés de la régie. — *Cass.*, 2 août 1808, Hermite. — Ainsi elle peut l'être, quoique le visa du juge de paix ait plus d'une année de date. — *Dict. des dr. d'enreg.*, v° *Contrainte*, n° 10.

4557. — Les contraintes doivent, à peine de nullité, être signifiées à personne ou domicile. — *Cass.*, 23 fév. 1807, Valence.

4558 — Elles ne peuvent être faites au domicile du gérant ou de tout autre ayant la possession réelle de la chose, sous prétexte que la régie a une action sur les revenus des biens, à raison desquels le droit est dû. — Même arrêt.

4559. — Le jugement qui valide une contrainte signifiée, non au domicile de celui contre qui elle est décernée, mais au domicile de son mandataire, échappe à la censure de la cour de Cassation s'il constate en point de fait que ce dernier avait pouvoir à cet effet. — *Cass.*, 24 juin 1806, d'Hanins.



4560. — Aucun mode spécial n'est prescrit pour le libellé de la contrainte; cependant il faut qu'elle indique suffisamment la somme demandée et les causes de la demande. Autrement, le juge de paix pourrait refuser de la rendre exécutoire. — *Dict. des dr. d'enreg.*, v° *Contrainte*, n° 2.

4561. — Une contrainte n'est pas nulle par cela qu'il y a erreur dans la date qu'on a donnée au titre sur lequel elle est fondée. — *Cass.*, 25 juill. 1814, Anneix.

4562. — La contrainte pour double droit d'un jugement rendu à l'audience doit énoncer que l'extrait du jugement a été remis par le greffier dans le délai légal. — *Dict. des dr. d'enreg.*, v° *Contrainte*, n° 26.

4563. — Est nulle la signification d'une contrainte, si dans la copie laissée à la partie on a omis de mentionner, à la suite de la transcription de cette contrainte, la signature du receveur dont l'original doit être revêtu. — Délib. 29 oct. 1833.

4564. — L'art. 584, C. procéd., qui prescrit que le commandement fait par un créancier à son débiteur contienne élection de domicile dans le lieu où doit se faire l'exécution, n'est pas applicable aux contraintes avec commandement décernées par la régie de l'enregistrement. — *Cass.*, 16 fév. 1831, Castel.

4565. — Une contrainte est nulle lorsque l'huissier n'indique pas le tribunal où il est immatriculé. — *Cass.*, 14 août 1814, Gusley.

4566. — Les nullités de forme d'une contrainte se couvrent par la défense au fond de la part du contribuable. — *Cass.*, 7 août 1807, Gay et Blachier.

4567. — La partie qui a demandé d'abord la nullité de la contrainte par des moyens tirés du fond, n'est pas non recevable à la demander ensuite par le motif que la régie aurait procédé par voie de mémoires, au lieu de procéder selon les formes ordinaires. Ici ne s'applique pas l'art. 173, C. procéd. — *Cass.*, 6 août 1828, Marchand.

4568. — Lorsque le liquidateur d'une maison de commerce a assigné la régie en restitution d'un droit perçu sur un acte fait par cette maison, que la régie a demandé à son tour un supplément de droit sur cet acte en signifiant la contrainte à un tiers non liquidateur, et que ce tiers a formé opposition en faisant connaître son défaut de qualité, cette contrainte a pu être déclarée valable à l'égard du liquidateur, par cela seul que celui-ci n'en a pas opposé la nullité devant le tribunal. — Le tribunal, qui n'était saisi de l'opposition à la contrainte que par le tiers non liquidateur, a même pu ne pas s'occuper de ce tiers, ne pas le faire figurer dans le jugement, et repousser l'opposition à l'égard du liquidateur, qui ne l'avait pas faite, sans donner de motifs sur la nullité opposée par le tiers non liquidateur. — *Cass.*, 13 nov. 1838 (t. 2 1838, p. 542), Laffitte.

4569. — La nullité du procès-verbal dressé contre un notaire pour contraventions n'entraîne point celle de la contrainte qui est ensuite décernée, si d'ailleurs cette contrainte est revêtue de toutes les formalités prescrites par la loi. — *Cass.*, 9 juin 1813, Dunal.

4570. — Le désistement que donne la régie d'une contrainte n'emporte pas désistement de son action, s'il résulte des faits de la cause qu'en se désistant elle n'a entendu renoncer qu'à un acte qui pouvait être déclaré irrégulier. — *Cass.*, 16 mai 1821, Roussel.

4571. — Lorsque la régie s'est désistée, pour vices de formes, de poursuites qu'elle avait commencées, la nouvelle contrainte décernée par elle n'est pas nulle, parce qu'elle serait d'une date antérieure au désistement, si elle n'a été signifiée que depuis. — *Cass.*, 8 mars 1808, Robin.

4572. — La régie est non-recevable, pour cause de litispendance, dans la suite d'une action qu'elle a intentée par une seconde contrainte, lorsqu'elle ne s'est pas désistée de la première, dont la nouvelle procédure avait pour objet de couvrir la nullité. — *Cass.*, 10 nov. 1812, Coppez.

4573. — Le désistement d'une première contrainte donné par la régie est valable, encore bien qu'il n'ait pas été accepté. — *Liége*, 15 oct. 1823, N..

4574. — L'exécution de la contrainte ne peut être interrompue que par une opposition formée par le redevable et motivée avec assignation à jour fixe devant le tribunal civil de l'arrondissement. Dans ce cas, l'opposant est tenu d'élire domicile dans la commune où siége le tribunal. — L. 22 frim. an VII, art. 64.

4575. — Celui qui forme opposition à une contrainte décernée par la régie n'est pas tenu, pour être admis à proposer ses moyens, de payer provisoirement la somme réclamée. — *Cass.*, 15 prair. an XIII, Vandenbrouk (V. *suprà* no 4211). — Il en serait autrement si le redevable actionnait la régie en restitution des droits qu'il prétend n'être pas dus.

4576. — Il y a poursuite régulière contre la régie, lorsqu'une contrainte décernée par elle et suivie d'une saisie mobilière, a donné lieu, de la part de son adversaire, à une assignation qu'il a, ainsi qu'elle, considérée comme une véritable opposition à cette contrainte. — *Cass.*, 28 août 1809, Collot.

4577. — La régie a pu, nonobstant l'opposition du redevable saisi, faire vendre valablement des fruits par suite de saisie-brandon, si cette opposition, au lieu d'être signifiée au domicile élu chez le receveur de l'enregistrement, l'a été au domicile du directeur. — *Cass.*, 10 déc. 1821, Pinard.

## Sect. 2e. — *Instances.*

### § 1er — *Compétence.*

4578. — C'est aux tribunaux civils d'arrondissemens qu'il appartient de connaître des affaires relatives à la perception des droits d'enregistrement; la connaissance et la décision en sont interdites à toutes autres autorités constituées et administratives. — L. 22 frim. an VII, art. 65.

4579. — Ainsi, lorsqu'il est formé opposition à un exécutoire délivré par une cour royale, sous prétexte qu'il a été perçu des droits d'enregistrement non dus, la cour est incompétente pour décider si ces droits doivent ou non être restitués. La solution de cette difficulté est exclusivement attribuée au tribunal civil de première instance. — *Metz*, 26 avr. 1816, Verseveaux c. Recouvreur.

4580. — Un tribunal de première instance constitué en police correctionnelle est incompétent pour connaître des matières d'enregistrement. — *Cass.*, 28 janv. 1835, Merlivas.

4581. — Un tribunal correctionnel ou criminel est incompétent pour prononcer contre un garde-champêtre l'amende par lui encourue pour n'avoir pas fait enregistrer son procès-verbal dans le délai de la loi. — *Cass.*, 4 vent. an XIII, Bonhoure; — Merlin, *Rép.*, vo *Enregistrement*, § 52.

4582. — Les tribunaux de commerce n'ont aucune espèce de juridiction ni de surveillance sur la matière des droits d'enregistrement. — *Cass.*, 4 pluv. an XII, Lavaux (intérêt de la loi).

4583. — Ainsi, la régie qui poursuit le paiement de droits contre un failli, n'est pas tenue de former sa demande devant le tribunal de commerce et par les voies ordinaires. C'est au tribunal civil qu'il appartient de connaître de cette action, et dans ce cas la régie peut agir par voie de contrainte. — *Cass.*, 10 mai 1815, Godin.

4584. — C'est aux tribunaux civils, et non aux tribunaux administratifs, à statuer sur la difficulté qui s'élève relativement à une remise de pièces entre un particulier et l'administration de l'enregistrement à la suite d'un jugement qui a déclaré cette administration mal fondée dans une contestation et l'a condamnée aux dépens. — *Agen*, 20 janv. 1845 (t. 1er 1846, p. 344), Passerieu.

4585. — Les contestations relatives à la perception des droits doivent être portées devant le tribunal du lieu où ces droits ont été perçus. — *Cass.*, 30 messid. an X, Isnard; 14 niv. an XI, même partie.

4586. — ... Ou bien devant le tribunal du lieu où le bureau est établi, et non pas devant celui du domicile du défendeur. — *Cass.*, 23 flor. an XIII, Duc.

4587. — Lorsqu'un acte de cession a été présenté au bureau d'enregistrement d'un département, et que dans un autre les parties demandent une expertise préjudicielle, c'est le tribunal du bureau où l'acte a été présenté qui est seul compétent pour juger la quotité des droits auxquels il doit donner lieu. — *Cass.*, 6 brum. an XIV, Demarey.

4588. — Les actions que la régie a le droit d'exercer contre ses préposés, continuent, même depuis le Code de procédure, d'être de la compétence du tribunal dans le ressort duquel le bureau du comptable était situé, quel que soit le changement de domicile de ce comptable. — *Cass.*, 23 janv. 1822, Désormeaux.

4589. — L'opposition à une contrainte décernée par la régie doit être portée devant le tribunal dans le ressort duquel se trouve le bureau d'où elle est émanée. — *Cass.*, 5 mai 1806, Lessore.

4590. — ... Et non devant le tribunal du domicile de l'opposant. — *Cass.*, 30 mai 1826, Fuzier.

4591. — De même, le tribunal de première instance du ressort où les droits d'enregistrement doivent se percevoir, est le seul compétent pour prononcer sur l'opposition à la perception de ces droits, quel que soit le domicile du redevable. — *Cass.*, 30 déc. 1806, Baton.

4592. — Jugé également que c'est le tribunal de la situation des biens qui n'ont pas été compris dans une déclaration de succession, et non celui du domicile de l'héritier, qui doit statuer sur l'opposition formée par celui-ci à la contrainte de la régie. — *Cass.*, 1er messid. an XII, Anthennis.

4593. — Si le contribuable porte son opposition devant le tribunal de son domicile, et que la régie procède devant ce tribunal sans opposer l'incompétence, elle n'est plus recevable à l'invoquer plus tard. — *Cass.*, 12 thermid. an XIII, Jouine.

4594. — Relativement aux demandes en restitution, c'est devant le tribunal de l'arrondissement du bureau où la perception a été faite que l'action doit être portée.

4595. — Les règles de compétence pour cause de connexité ne sont point applicables en matière d'enregistrement. Spécialement, la demande en restitution des droits de mutation par décès ne peut être portée devant un tribunal autre que celui dans le ressort duquel ils ont été perçus. — *Cass.*, 1er juill. 1840 (t. 2 1840, p. 525), Gruchet.

4596. — Lorsque les créanciers et les acquéreurs des biens d'une succession demandent la restitution des paiemens faits, à valoir sur les droits de mutation, par les fermiers, avec les revenus postérieurs de la vente, l'action est de la compétence du tribunal du domicile des défendeurs. — *Cass.*, 20 août 1811, Defoissy.

4597. — Lorsqu'on forme contre la régie la demande en restitution d'un droit indûment perçu dans un département autrefois dépendant, et depuis détaché de la France, le tribunal du lieu où est le siége principal de cette administration est valablement saisi de cette demande. Dès-lors, son jugement ne peut être attaqué pour incompétence, surtout si la régie n'a point décliné sa juridiction. — *Cass.*, 5 déc. 1815, Tiesset.

4598. — La demande en validité d'une saisie-arrêt formée à la requête de la régie doit être portée devant le tribunal du lieu où se trouve le bureau du receveur, et non devant le tribunal du domicile du redevable sur lequel elle est formée, lors même qu'il n'y a pas eu d'opposition à la contrainte. — *Cass.*, 14 déc. 1819, Meyer.

4599. — Un tribunal n'excède pas ses pouvoirs lorsque, ayant à prononcer sur une demande de droits de mutation réclamée pour une adjudication administrative, il examine et applique cet acte administratif uniquement sous le rapport de la perception des droits. — *Cass.*, 14 mars 1837 (t. 1er 1840, p. 525), Ducros c. Eurey.

### § 2. — *Instruction.*

4600. — L'instruction des instances que la régie a à suivre pour toutes les perceptions qui lui sont confiées se fait par simples mémoires respectivement signifiés sans plaidoiries. Les parties ne sont pas obligées d'employer le ministère des avoués. — L. 27 vent. an IX, art. 17.

4601. — Les tribunaux peuvent accorder, soit aux parties, soit aux préposés de la régie qui suivent les instances, le délai qu'ils leur demandent pour produire leurs défenses; ce délai ne peut néanmoins être de plus de trois décades (V. DÉCADE). — L. 22 frim. an VII, art. 65.

4602. — La régie est assujétie, pour ses actions de droit commun, aux formes ordinaires. — *Cass.*, 17 juin 1835, Pascault-Dubuissonnet.

4603. — L'abrogation prononcée par l'art. 1041, C. procéd., n'a eu pour objet que de déclarer qu'il n'y aurait désormais qu'une seule loi commune pour la procédure, mais n'a pas porté atteinte aux formes de procéder dans les affaires d'enregistrement. — Avis cons. d'état, 1er juin 1807.

4604. — La régie n'est pas tenue de constituer avoué dans les affaires qui ont pour objet le recouvrement des revenus des domaines nationaux. — *Cass.*, 20 niv. an XI, Lefèvre et Neveu.

4605. — De même, elle est dispensée de constituer avoué dans les instances où il s'agit du recouvrement des frais dus au trésor en matière criminelle, quoique ces instances soient dirigées contre des tiers débiteurs de la partie condamnée. — *Cass.*, 28 juill. 1812, Bougué.

4606. — Les instances suivies par la régie pour le recouvrement des amendes prononcées à la requête de l'administration forestière doivent être, comme les autres instances de la régie, instruites et jugées sur simples mémoires respectivement signifiés et sans plaidoiries. — *Cass.*, 11 mars 1828, Vathaire-Billy.

4607. — La demande en validité de saisie-arrêt formée par la régie contre un redevable doit être instruite sur simples mémoires et sans constitution d'avoué. — *Bruxelles*, 4 oct. 1817, Vanlooy; *Cass.*, 7 janv. 1818, Bildé.

4608. — Et elle doit, en outre, être instruite sans plaidoirie et jugée sur le rapport d'un juge. — *Cass.*, 9 fév. 1814, Lebris.

4609. — De même, la régie qui demande la validité d'une saisie-arrêt formée pour sûreté des droits qui lui sont dus n'est pas tenue de se faire représenter par un avoué, lorsqu'il ne s'élève aucune difficulté sur la déclaration affirmative du tiers-saisi. — *Cass.*, 2 (et non 27) juin 1823, Cardelus.

4610. — Mais la régie autorisée à procéder contre les redevables par de simples mémoires et sans le ministère d'avoué, ne peut invoquer le bénéfice de cette législation spéciale, à l'égard du redevable lui-même, lorsqu'une saisie-arrêt a été faite entre les mains de ce tiers débiteur, et qu'il est poursuivi par voie d'exécution. — La régie est au contraire obligée, dans ce cas, de procéder par le ministère d'un avoué, et dans les formes introduites par le droit commun, soit que le tiers débiteur conteste la saisie-arrêt formée dans ses mains, soit que l'on procède contre lui par voie de saisie-exécution ou de saisie-immobilière. — *Cass.*, 29 avr. 1818, Boy.

4611. — Les formes spéciales de procédure, telles que la dispense de constitution d'avoué et l'obligation de juger sur rapport, établies pour le jugement des affaires en matière d'enregistrement sont applicables à l'instance engagée entre la régie et un gardien judiciaire, sur la taxe du salaire de celui-ci pour garde des meubles saisis sur un redevable par suite d'une contrainte. — *Cass.*, 23 août 1830, Balançon.

4612. — La forme exceptionnelle de procédure établie pour les contestations relatives aux droits d'enregistrement ne peut être appliquée à l'instruction d'une instance entre des particuliers et un conservateur des hypothèques. — *Bruxelles*, 11 juin 1812, Levasseur c. Labarre d'Erqueline.

4613. — Les formes à suivre relativement aux contestations qui concernent la perception des droits d'enregistrement ne s'appliquent pas aux cas où la régie se présente dans un ordre pour y être colloquée. — *Rennes*, 24 janv. 1820, Grybouska.

4614. — Ainsi, elle ne peut intervenir dans un ordre que par le ministère d'un avoué. — *Bruxelles*, 11 avr. 1810, Staplaton.

4615. — Lors de son opposition à une contrainte décernée par la régie, une partie peut présenter ses moyens de défense dans des mémoires signifiés à la diligence d'un avoué constitué. — *Rennes*, 11 avr. 1814, N...

4616. — Mais alors le ministère des avoués étant purement facultatif, la partie qui les emploie est seule obligée de les payer. — Décis. min. fin. 26 nov. 1808; — Championnière et Rigaud, *Traité des droits d'enregistr.*, t. 4, no 4019.

4617. — Le défendeur à une instance liée avec la régie de l'enregistrement n'est pas recevable à exciper, comme moyen de cassation, de ce qu'il a procédé avec l'assistance d'un avoué. — *Cass.*, 9 juill. 1834, Dupeysset.

4618. — Tous les mémoires produits doivent être signifiés, à peine de nullité. — *Cass.*, 31 janv. 1814, Milhet.

4619. — Ainsi un jugement est nul lorsque le tribunal a admis un défenseur à lui présenter une consultation qui n'a point été signifiée à la régie. — *Cass.*, 18 janv. 1808, Galerne.

4620. — Un jugement est également nul lorsqu'il a été rendu sur mémoires qui n'ont été ni communiqués ni signifiés à la régie. — *Cass.*, 20 oct. 1813, Donaix et Roussel; 26 avr. 1843 (t. 2 1843, p. 418), Roques et de Tauriac.

4621. — Il faut décider de même s'il n'est justifié, par aucun des actes produits devant la cour de cassation, que chacun des mémoires ou pièces dont une partie a fait usage a été signifié à l'autre partie. — *Cass.*, 10 fév. 1819, Sacquin.

4622. — Mais un jugement ne peut être annulé lorqu'il ne constate nullement que l'avoué de la partie ait présenté un mémoire non signifié à la régie. — *Cass.*, 26 mars 1833, Linard.

4623. — De ce qu'un jugement porte dans son dispositif qu'il a été rendu sur le vu des mémoires *produits* par la régie et par la partie, il ne s'ensuit pas que le mémoire de la partie n'ait pas été signifié à la régie, alors surtout que les qualités constatent que le mémoire a été réellement signifié. — *Cass.*, 11 janv. 1843 (t. 2 1843, p. 11), Boggio.

4624. — Jugé cependant qu'il y a justification suffisante du défaut de signification du mémoire

quand l'expédition de ce mémoire produite ne porte aucune mention de signification. — *Cass.*, 26 avr. 1843 (t. 2 1843, p. 418), Roques et de Tauriac.

4625. — Cette décision ne nous semble pas à l'abri de la critique. Comment le défaut de mention sur l'expédition peut-il prouver qu'il n'y a point eu de signification? Est-ce que la signification ne pourrait pas fort bien exister sans cette mention?

4626. — La signification des mémoires doit être faite à la régie, et non pas au procureur du roi : il n'a pas qualité pour la représenter à cet égard. — *Cass.*, 28 mai 1823, Castanier.

4627. — Les mémoires signifiés par la régie doivent être signés par le directeur. — Instr. 25 oct. 1812, 606, § 2, no 7; 5 juin 1837, 1537, sect. 3e, § 2.

4628. — Il suffit que les parties se soient respectivement signifié leurs conclusions pour qu'elles aient été dispensées de se signifier supplémentairement leurs mémoires, surtout si ces mémoires ne contiennent aucun moyen nouveau. — *Cass.*, 30 avr. 1834, préfet de Tarn-et-Garonne c. Sabathié.

4629. — La régie peut, par des conclusions signifiées, ajouter à la demande de droits pour le paiement desquels elle a décerné une contrainte, et le tribunal peut statuer sur ces conclusions, alors surtout que le contribuable défend au fond. —*Cass.*, 14 nov. 1838 (t. 2 1838, p. 539), Nedouchel.

4630. — Lorsque l'adversaire de la régie a défendu au fond sur une demande à fin d'expertise, il est non recevable à invoquer ultérieurement la nullité de la procédure. — *Cass.*, 13 août 1838 (t. 2 1838, p. 113), Delamotte.

4631. — Dans la poursuite des contraventions en matière d'enregistrement, les formes établies par le Code de procédure sont le complément nécessaire des formes spéciales réglées par la loi du 22 frim. an VII, et on peut appliquer successivement l'une ou l'autre législation, selon que le comporte chaque partie de l'instruction de la cause. — Ainsi, après avoir, pour une enquête, suivi les formes de la procédure ordinaire, on peut continuer l'instruction d'après les formes spéciales établies par la loi du 22 frim. an VII, c'est-à-dire poursuivre le jugement sur simple mémoire et sans plaidoiries. — *Cass.*, 17 juill. 1827, Leroy.

4632. — Les dispositions des art. 337 et 464, C. procéd., relativement aux demandes incidentes à former en matière ordinaire, ne sont point applicables aux instances entre la régie et les redevables au sujet des droits d'enregistrement. — Ainsi, dans le cas où la régie a assigné devant un tribunal à fin de paiement d'un supplément de droit, on ne peut opposer en défense à cette action une demande incidente en restitution d'un droit perçu en trop sur un acte enregistré dans un bureau sis dans le ressort d'un autre tribunal, alors surtout qu'il n'y a aucune connexité entre les deux actes. — *Cass.*, 21 fév. 1831, Verdun.

4633. — Lorsque la régie poursuit un huissier en paiement, tout à la fois, d'un droit auquel peut donner lieu une lettre qu'il a énoncée dans son exploit, et de l'amende encourue par lui pour cette énonciation, le tribunal devant lequel l'action est portée ne viole aucune loi lorsqu'il ordonne, avant faire droit, la mise en cause de la partie qui est intéressée à cette lettre, et qui peut être recherchée pour le droit auquel elle est assujétie. — *Cass.*, 24 oct. 1808, Estelle.

4634. — La régie peut intervenir en tout état de cause, même en appel, et demander à se faire autoriser à poursuivre elle-même le débiteur, à l'effet d'opérer le versement. — *Cass.*, 6 juin 1809, Bourdier et Dubois.

4635. — Le désistement d'une demande fait sans l'aveu de la régie n'anéantit pas les droits qui peuvent être exercés par une nouvelle demande. — *Cass.*, 10 déc. 1816, N...

4636. — Les poursuites exercées par la régie sont périmées lorsqu'elles ont été suspendues pendant une année. Il en résulte non seulement l'annulation de la contrainte, mais encore prescription des droits réclamés, et cette prescription atteint toute procédure faite sous le régime de la loi du 22 frim. an VII, lors même que l'action prendrait sa source dans un fait ou dans des actes antérieurs. — *Cass.*, 7 déc. 1807, Duport. — V. au surplus *infrà* nos 4796 et suiv.

4637. — Le Code de procédure étant applicable dans tous les cas qui n'ont pas été réglés par des dispositions spéciales de la loi, la péremption n'a pas lieu de plein droit, et elle est couverte par tout acte valable fait avant la demande en péremption. — *Cass.*, 18 avr. 1821, Galdemar.

4638. — On ne peut opposer à la régie l'acquiescement qu'aurait donné un de ses préposés inférieurs qu'autant que celui-ci aurait reçu un mandat spécial. — *Cass.*, 21 germin. an XII, Haesbeyt.

4639. — La régie n'est pas liée par les acquiescemens donnés par ses agens au-delà de leur mandat et par les mauvaises défenses qu'ils peuvent présenter. — *Cass.*, 21 avr. 1806, Dauphin.

§ 3. — *Jugement et jugement par défaut.*

4640. — Les jugemens doivent être rendus dans les trois mois au plus tard, à compter de l'introduction des instances. — L. 22 frim. an VII, art. 65.

4641. — Toutefois cette disposition est purement réglementaire. Il n'y a ni péremption ni déchéance attachée au cas de prolongation au-delà de ce terme. — *Cass.*, 4 (et non 14) mars 1807, Portzampart; 19 juin 1809, Merland-Laguichardière; 1er juill. 1840 (t. 2 1843, p. 740), de Poudeux; — Instr., 606, § 2, no 8; 1427 et 1537, sect. 1re, no 74.

4642. — De même, lorsqu'il n'a pas été statué dans les trois mois sur une action intentée par la régie, il n'y a pas lieu de la rejeter par une fin de non-recevoir. Les juges peuvent seulement prononcer par défaut. — *Cass.*, 2 août 1808, Hermite.

4643. — Les jugemens doivent être rendus sur le rapport d'un juge fait en audience publique et sur les conclusions du ministère public. — L. 22 frim. an VII, art. 65.

4644. — C'est à peine de nullité que le jugement doit être rendu sur le rapport préalable d'un juge. — *Cass.*, 6 vendém. an XI, Boilève; 4 fructid. an XI, Carton; 10 pluv. an XIII, Delmas et Lachaze; 8 mai 1810, Limerac; 23 déc. 1810, N...; 5 mars 1811, Laurent; 2 juill. 1811, Robin et Mathieu; 19 août 1811, Tassier; 21 déc. 1813, Stupffel; 22 mars 1814, Delannoy; 1er juin 1814, Humbert et Antoine; 8 oct. 1811, Gausselle-Barbier; 25 janv. 1815, Gilbert; 13 nov. 1816, Mouchel; 10 déc. 1817, N...; 5 août 1833, Clouchet; 4 août 1834, Marchant; 15 juill. 1835, Badonel et Rouberdon; 6 avr. 1841 (t. 2 1841, p. 8), Leclerc.

4645. — Il en est de même dans toute instance suivie en conséquence des dispositions de la loi du 22 frim. an VII, par exemple sur la question de savoir si un notaire est tenu de communiquer aux préposés de l'enregistrement un acte qui lui a été remis en dépôt. — *Cass.*, 13 (et non 23) déc. 1809, Pérignon.

4646. — ... Et cela encore bien que le ministère public ait été entendu. — *Cass.*, 2 avr. 1817, Bohn.

4647. — Le jugement qui, sur une demande ou expertise formée par la régie, statue sur le mode de l'estimation à faire par les experts, doit également, à peine de nullité, être précédé du rapport fait par l'un des juges, en audience publique. — *Cass.*, 22 mai 1832, Pony.

4648. — Mais si tout jugement doit être précédé du rapport d'un juge, aucune loi n'exige que ce rapport soit écrit. — *Cass.*, 18 janv. 1825, N...

4649. — Le jugement est nul si, après avoir mis la cause en délibéré, les juges ont prononcé de suite, sans avoir désigné préalablement un juge rapporteur. — *Cass.*, 19 août 1811, Tassier.

4650. — Toutefois, la nomination et l'audition préalables d'un juge-rapporteur ne sont pas indispensables, quand le tribunal est en état de prononcer, sans désemparer, d'après le mérite d'une enquête faite à l'audience même. — *Cass.*, 30 messid. an X, de Cock.

4651. — Un jugement est nul, si le rapport de l'affaire a été fait par un juge suppléant qui ne pouvait concourir au jugement en qualité de juge. — *Cass.*, 23 avr. 1827, Languillet.

4652. — Le rapport du juge doit, à peine de nullité, être fait en audience publique. — *Cass.*, 2 juill. 1811, Morin et Mathieu; 19 août 1811, Tassier; 25 janv. 1815, Gilbert; 7 janv. 1818, Collette; 5 août 1833, Clouchet; 6 avr. 1841 (t. 2 1841, p. 8), Leclerc.

4653. — De plus, le jugement est nul, s'il ne constate pas qu'il ait été rendu sur le rapport préalable d'un juge. — *Cass.*, 25 avr. 1808, Dubois; 19 déc. 1809, Hallot-Deshayes; 14 août 1825, Gouzens; 22 janv. 1827, Oumarias; 10 fév. 1819, Flamant; *Bruxelles*, 11 fév. 1820, Breun-Larcherie; *Cass.*, 6 déc. 1820, Flahaut; 2 juin 1823, Cardelus; 5 mai 1824, Bay; 24 juin 1829, de Cambray; 17 août 1829, Cossins; 12 août 1834, Duchastel; 1er août 1837 (t. 1er 1840, p. 506), Petit-Cuenot.

4654. — Toutefois, cette constatation n'a pas besoin d'être faite en termes formels; il suffit qu'elle résulte du rapprochement des diverses dispositions du jugement. — *Cass.*, 14 août 1832, Hoclet.

4655. — Il n'y a pas mention suffisante du rapport, par cela qu'un des juges qui ont concouru au jugement y est désigné ainsi, M. N....., *juge d'instruction, rapporteur.* — *Cass.*, 5 mars 1822, Laville.

4656. — Tout jugement devant porter avec lui les preuves de l'observation des formalités prescrites pour sa validité, si le jugement ne fait pas mention qu'il ait été rendu sur le rapport préalable d'un juge, il ne peut être suppléé à cette mention ni par un certificat du greffier, constatant que le rapport a eu lieu. — *Cass.*, 3 janv. 1820, Robin; 8 août 1836, duc d'Aumale.

4657. — ... Ni même par un certificat extrajudiciaire délivré à cet effet par le président du tribunal. — *Cass.*, 25 avr. 1808, Dubois.

4658. — De plus, le jugement doit encore, à peine de nullité, constater que le rapport a été fait en audience publique. — *Cass.*, 15 juill. 1815, de Montbreuil; 26 nov. 1821, de Cossé; 5 mars 1822, Laville; 5 mai 1824, Bay; 20 mai 1834, d'Oherty et Wingham Smith; 24 août 1835, Servant.

4659. — Un jugement rendu en audience publique ne peut être annulé, sous prétexte que le rapport de l'affaire aurait été fait dans la chambre du conseil, lorsque ce jugement énonce en même temps que ce rapport a été fait *à bureau ouvert au public.* — *Cass.*, 23 juill. 1828, Daufresne.

4660. — Le jugement doit, à peine de nullité, être précédé des conclusions du ministère public. — *Cass.*, 10 pluv. an XIII, Delmas et Lachaze; 8 mai 1810, Limerac; 23 déc. 1810, N...; 5 mars 1811, Laurent; 15 (et non 14) mars 1814, Bonneau; 15 juill. 1835, Badonel et Rouberdon.

4661. — Ces conclusions sont données verbalement; mais il faut, à peine de nullité, qu'elles aient été ouïes et données en audience publique. — *Bruxelles*, 24 juin 1828, B...

4662. — Le jugement est nul, s'il ne constate pas que le ministère public a été préalablement entendu dans ses conclusions. — *Cass.*, 19 déc. (et non sept.) 1809, Hallot-Deshayes; 12 août 1834, Duchastel; 24 août 1835, Servant; 8 août 1837 (t. 1er 1840, p. 519), Miquel.

4663. — Il est également nul, s'il ne fait qu'énoncer la présence du ministère public, sans constater qu'il ait été entendu dans ses conclusions. — *Cass.*, 26 pluv. an II, Labac; 10 fév. 1819, Mouchet; 30 avr. 1822, Berlié; 20 juill. 1836, Douay; 6 juin 1837 (t. 1er 1840, p. 520), Guillemin; 7 nov. 1842 (t. 1er 1844, p. 478), Morand.

4664. — Il ne suffirait pas que le ministère public eût donné auparavant des conclusions par écrit ou que le jugement constatât qu'il a été rendu sur le vu de ces conclusions. — *Cass.*, 14 mars 1821, Godin; 14 avr. 1830, Claudel; 16 mai 1831, Lalande; 17 déc. 1833, Lebailly de la Falaise; 6 juin 1837 (t. 1er 1840, p. 520), Guillemin.

4665. — Mais, lorsque le juge rapporteur et le ministère public ont été entendus à une première audience, dans leurs rapport et conclusions, il n'est pas nécessaire qu'ils soient entendus de nouveau le jour de la prononciation du jugement. — *Cass.*, 23 avr. 1816, Glenard.

4666. — Le jugement est nul, lorsqu'il a été rendu sur la plaidoirie de la partie ou de son avoué. — *Cass.*, 4 déc. 1810, Tournal; 5 mars 1811, Laurent; 28 fév. 1814, Galiche; 13 nov. 1816, Mouchet; 5 fév. 1817, Boulogne.

4667. — ...Ou même lorsqu'il est constant que la partie ou son avoué ont présenté des observations à l'audience. — *Cass.*, 13 janv. 1807, Raimbault; 18 janv. 1808, Galerne; 19 oct. 1808, Leborgne; 26 fév. 1816, Michot; 7 mai 1817, Chandèze; 15 janv. 1838 (t. 1er 1838, p. 211), Barne; 8 mars 1841 (t. 1er 1841, p. 510), Douzel.

4668. — ...Ou bien lorsque le jugement constate que l'avoué de la partie a été entendu à l'audience dans ses observations et a persisté dans les conclusions prises par cette partie dans la requête écrite. — *Cass.*, 28 juin 1830, de Béarn.

4669. — ...Ou qu'un avoué a, dans l'intérêt de son client, donné au tribunal les explications nécessaires. — *Cass.*, 8 avr. 1845 (t. 1er 1845, p. 562), de Berthier.

4670. — Mais un jugement ne peut être annulé lorsqu'il ne constate nullement que l'avoué de la partie ait plaidé. — *Cass.*, 26 mars 1833, Linard.

4671. — Cette énonciation : *Ouï Me ..., avoué de..., qui a conclu*, insérée dans un jugement ne suffit pas pour constater qu'il ait été rendu sur plaidoirie. — *Cass.*, 11 juill. 1815, Coeffe; 1er août 1836, Barnier.

4672. — Comme c'est la plaidoirie seule qui est interdite, des conclusions peuvent être prises à l'audience par les avoués des parties. — *Cass.*, 1er août 1836, Barnier.

4673. — De même, n'est pas nul le jugement rendu sur les conclusions prises par la partie dans son mémoire et répétées seulement à l'audience par son avoué, sans qu'il les ait développées dans une plaidoirie. — *Cass.*, 9 juill. 1815, N...

4674. — De même encore, on ne contrevient pas à la loi lorsqu'on emploie des avoués qui se bornent à prendre des conclusions sans plaidoirie,





ENREGISTREMENT, ch. 10, sect. 2e.

surtout si ces conclusions sont signées des parties elles-mêmes. — *Cass.*, 20 mars 1826, Giard-Duclos.

4675. — En tout cas, lorsque l'avoué d'une partie a été entendu, cette partie est non recevable à se prévaloir de cette audition.

4676. — Ainsi le défendeur à une instance liée avec la régie de l'enregistrement n'est pas recevable à exciper, comme moyen de cassation, de ce qu'il a procédé avec l'assistance d'un avoué qui a été ouï. — *Cass.*, 9 juill. 1834, Dupeysset.

4677. — Le greffier ne doit pas faire figurer dans les qualités du jugement comme ayant plaidé pour les redevables, les avoués qui ont produit ou signé des mémoires en leur nom, toutefois il doit se conformer aux dispositions de l'art. 141, C. procéd., sur la rédaction des qualités. — Circ. min. just. 21 déc. 1836.

4678. — Les parties peuvent être entendues en personne à l'audience, si le tribunal le croit nécessaire. — *Cass.*, 20 mars 1816, Baillot.

4679. — Les lois qui interdisent les plaidoiries dans les affaires concernant l'administration de l'enregistrement, ne sont point applicables aux instances qui ont pour objet la propriété d'une redevance foncière, et dont la poursuite est faite à la diligence du préfet. — *Cass.*, 25 mars 1812, Marguillers de Canaples.

4680. — Jugé également que la plaidoirie est admise dans une instance sur requête civile engagée avec la régie de l'enregistrement. — *Cass.*, 30 août 1809, Deflorenne.

4681. — Jugé au contraire que l'instance sur requête civile doit être suivie dans la même forme que celle suivie pour le jugement attaqué, c'est-à-dire sans plaidoiries. — *Cass.*, 11 juill. 1822, Daguin.

4682. — Après avoir accordé à une partie un premier délai pour produire ses moyens de défense, les tribunaux ne sont pas tenus de lui en accorder un second, surtout si le premier était suffisant. — *Cass.*, 30 messid. an X, De Cock.

4683. — Les juges ont pu, sans violer aucune loi, refuser de statuer sur une pièce produite, alors que l'instance avait reçu une instruction complète, que le rapport de l'affaire avait été fait, le ministère public entendu, et la cause mise en délibéré à jour fixe pour le prononcé du jugement. — *Cass.*, 30 juill. 1823, Robin.

4684. — Il y a lieu à renvoi devant un autre tribunal, lorsqu'un des juges de la cause a été récusé, et que les autres sont parens des adversaires de la régie. — *Cass.*, 4 frim. an XIV, Taillard.

4685. — Le jugement n'est point nul pour n'avoir pas été précédé d'un acte d'avenir signifié par la régie. — *Cass.*, 20 fév. 1809, Quirin.

4686. — Mais le jugement est nul lorsqu'il a été rendu en l'absence des parties à une audience plus rapprochée que le jour fixe duquel elles avaient été assignées pour être présentes au rapport. — *Cass.*, 3 (et non 23) fév. (et non janv.) 1817, Jousselin.

4687. — Un jugement rendu sur rapport qui constate qu'il a été rendu à l'audience tenue publiquement, que les parties ont pris leurs conclusions, et qu'après qu'elles ont eu clos et déposé leurs pièces, l'un des juges a fait le rapport de l'affaire au tribunal, ne peut être attaqué, sous prétexte qu'il ne dit pas que le jour du rapport ait été indiqué aux parties, ni que ce rapport ait été fait à l'audience en présence des parties ou de leurs défenseurs. — *Cass.*, 5 avr. 1831, Ridray.

4688. — Les dispositions des art. 64 et 65, L. 22 frim. an VII, et 17, L. 27 vent. an IX, sur les formes à suivre dans les procès d'enregistrement, ne sont pas d'ordre public, de telle sorte que leur inobservation puisse donner ouverture à cassation quand leur application n'a pas été réclamée devant les juges du fond. — *Cass.*, 17 juin 1835, Pascault-Dubuissonnet.

4689. — Jugé également que les délais que l'art. 65, L. 22 frim. an VII, donne aux parties pour produire leurs défenses, et aux juges pour rendre leur jugement, ne sont pas prescrits, à peine de nullité. — *Cass. belge*, 13 fév. 1833, Bonjean.

4690. — Le juge rapporteur de l'affaire doit concourir par son vote au jugement, et ce fait doit être constaté par le jugement même, sans pouvoir être établi par aucun acte quelconque ayant une existence distincte de ce jugement. — *Bruxelles*, 5 déc. 1822, Beyts.

4691. — Le rapport ne peut être fait par un juge suppléant qu'autant que ce suppléant pourrait concourir au jugement en qualité de juge. — *Cass.*, 14 juin 1836 (t. 1er 1837, p. 31), de Sassenay.

4692. — Ainsi, un jugement est nul lorsqu'il a été rendu sur le rapport d'un juge suppléant dont le concours au jugement n'était pas nécessaire, attendu la présence de trois juges. — *Cass.*, 23 juill. 1823, Baron; 15 mars 1825, Bidault et Manne; 23 avr. 1827, Languillet; 24 nov. 1824, Dupart; 4 janv. 1836, Houette; 8 fév. 1836, Javal; 20 juill. 1836, Brault; 8 nov. 1836, Gillet; 21 nov. 1836, N... 1er déc. 1840 (t. 2 1840, p. 787), Beville.

4693. — Si le décret du 27 mai 1811 autorise le président du tribunal civil de la Seine à charger les suppléans près ce tribunal du rapport des ordres et des contributions et de quelques autres matières spéciales, et s'il en résulte qu'ils soient aptes, en pareils cas, à concourir aux jugemens, il n'en est pas de même dans les autres affaires, et notamment, en matière d'enregistrement. — *Cass.*, 23 juill. 1823, Baron; 15 mars 1825, Bidault et Manne.

4694. — Jugé également, qu'un jugement rendu par un nombre suffisant de juges titulaires est nul, lorsqu'il constate qu'un juge suppléant y a concouru comme rapporteur ayant voix délibérative. C'est en vain qu'on prétendrait qu'il y a eu erreur, et, qu'en réalité, le juge suppléant n'avait eu que voix consultative. — *Cass.*, 11 avr. 1837 (t. 1er 1840, p. 519), Lonnet de Terouenne.

4695. — Mais un juge suppléant ayant le caractère de juge, peut concourir à un jugement, quand le nombre des juges titulaires est insuffisant, sans qu'il soit nécessaire de constater la cause de l'absence du titulaire qu'il remplace. Dans ce cas, le juge suppléant a pu être chargé du rapport de l'affaire. — *Cass.*, 27 juin 1827, Périer.

4696. — Le greffier doit toujours mentionner sur les feuilles d'audience à quels titres siégent les juges-suppléans qui complètent le tribunal appelé à juger une affaire en matière d'enregistrement. — Circ. min. just. 21 déc. 1836.

4697. — Le jugement devant être public, il ne peut être rendu en la chambre du conseil, à peine de nullité. — *Cass.*, 14 août 1815, Gouzens; 16 mars 1823, Moutin.

4698. Toutefois, il n'est pas nécessaire, à peine de nullité, que le jugement soit rendu dans le local même où le tribunal tient ordinairement ses audiences. — Il est valablement rendu en la chambre du conseil, lorsqu'il est constant que les lieux ont été ouverts au public. — *Cass.*, 4 août 1835, Fontenillat.

4699. — Le jugement doit, à peine de nullité, constater qu'il a été prononcé en audience publique. — *Bruxelles*, 11 fév. 1820, Breun-Larcherie; *Cass.*, 26 nov. 1821, de Cossé; 5 mars 1822, Laville; 16 mars 1825, Moutin; 20 mai 1834, D'oherty et Tringham Smith.

4700. — Mais un jugement énonce suffisamment qu'il a été rendu publiquement, s'il fait mention qu'il a été prononcé à l'audience. — *Cass.*, 26 juin 1817, Testu.

4701. — Le tribunal de première instance saisi de l'opposition à une contrainte de la régie pour une amende prononcée par le juge de simple police, ne peut examiner si l'amende était ou non encourue. — *Cass.*, 18 thermid. an XII Guichard.

4702. — Les juges ne peuvent admettre un fait comme base de leur décision, qu'autant qu'il est établi par la voie d'une instruction régulière. Ainsi, ils ne pourraient se déterminer d'après un fait établi dans une plaidoirie ou dans un mémoire non signifié. — *Cass.*, 1er avr. 1822, Dustou.

4703. — Il n'y a d'autres frais à supporter pour la partie qui succombe que ceux du papier timbré, des significations et du droit d'enregistrement des jugemens. — L. 22 frim. an VII, art. 65.

4704. — Sous la loi du 19 déc. 1790, art. 25, les frais auxquels la régie pouvait être condamnée ne devaient comprendre que le coût du papier timbré et des significations de jugemens — *Cass.*, 12 pluv. an II, Truc.

4705. — La régie qui succombe dans une partie de sa prétention peut être condamnée à une partie des dépens. — *Cass.*, 31 déc. 1823, de Beaumarchais.

4706. — Dans les causes qui intéressent la régie, lorsqu'un tiers saisi a demandé qu'il fût procédé suivant les formes ordinaires, et que des arrêts passés en force de chose jugée ont accueilli sa demande et l'ont condamné, en définitive, aux frais de première instance et d'appel, ce tiers saisi ne peut pas demander que les frais soient taxés comme en matière d'enregistrement, au lieu de l'être comme en matière ordinaire. — *Cass.*, 19 mai 1824, Lafabrègue.

4707. — Le ministère des avoués n'étant pas admis en matière d'enregistrement, les qualités de tout jugement sont valablement rédigées par la partie qui veut lever ce jugement, sans qu'elle soit tenue de les signifier à son adversaire. — *Cass.*, 18 août 1842 (t. 2 1842, p. 776), Giroud. — Conf. décis. min. just. et fin., 1er mars 1808; instr. 369 et 1537, sect. 2e, no 115.

4708. — Cependant ce mode de procéder, sans inconvénient pour la régie, qui veille constamment à ses intérêts, le sera-t-il toujours pour la partie contre laquelle on voudra lever le jugement? En effet, comment s'opposer à des qualités dont elle n'a point eu connaissance? — V. au surplus, sur cette question, les observations présentées par la régie elle-même devant la Cour de cassation (sous *Cass.*, 8 mars 1842 [t. 2 1842, p. 261], Pion).

4709. — Bien que, dans les lois d'enregistrement, il existe des dispositions spéciales quant à l'instruction des affaires, on n'en trouve aucune qui modifie les caractères essentiels et constitutifs du jugement tels que la loi les a déterminés. En conséquence, il y a lieu d'appliquer les règles en vertu desquelles tout jugement doit porter avec lui, et sans qu'il soit besoin de recourir à aucune pièce étrangère, l'indication des demandes des parties, la constitution du fait en litige, et la mention des questions de droit. — *Cass.*, 8 mars 1842 (t. 2 1842, p. 261), Pion; — circ. min. just. 21 déc. 1836.

4710. — Ainsi, est nul, tout jugement qui ne contient pas l'exposition sommaire des points de fait et de droit. — *Cass.*, 30 déc. 1834, Morisset; 4 août 1834, Marchant; 7 juill. 1835, Marchand; 12 août 1835, Payen; 2 fév. 1842 (t. 1er 1842, p. 374), Kiellim-Schœttel; 7 mars 1842 (t. 2 1842, p. 262), Bricourt.

4711. — Jugé de même qu'un jugement est nul lorsqu'il ne contient ni les faits de la cause ni les clauses des actes formant l'objet de la perception réclamée par la régie. — *Cass.*, 1er mars 1831, Gondal.

4712. — Le jugement est nul s'il ne contient pas les conclusions des parties. — *Bruxelles*, 5 déc. 1822, Beyts; *Cass.*, 4 août 1834, Marchant; 30 déc. 1834, Morisset; 7 juill. 1835, Marchand; 12 août 1835, Payen; 2 fév. 1842 (t. 1er 1842, p. 374), Kiellim-Schoettel; 8 mars 1842 (t. 2 1842, p. 261), Pion.

4713. — ...Ou bien s'il ne fait pas connaître suffisamment les conclusions des parties ni l'objet précis du litige. Tel est le jugement où le point de fait est conçu en ces seuls termes: *Il est établi dans les considérations et les motifs qui suivent: Point de droit.* — *Cass.*, 25 janv. 1843 (t. 2 1843, p. 56), Delangle.

4714. — Jugé cependant qu'un jugement ne doit point, sous peine de nullité, contenir l'exposé sommaire des points de fait et de droit lorsque, d'ailleurs, il renferme les conclusions respectives des parties où se trouve cet exposé. — *Cass.*, 9 août 1836, Kail.

4715. — ...Que les conclusions de la régie sont suffisamment comprises dans le jugement par l'insertion de la contrainte motivée et la mention que la régie y a persisté. — *Cass. belge*, 13 fév. 1833, Bonjean.

4716. — ...Que bien que l'omission des formes prescrites par l'art. 141, C. proc. civ. ne puisse pas être suppléée par les mémoires que les parties se sont respectivement signifiés, lesquels ne font pas partie intégrante du jugement, cependant la connaissance des conclusions respectivement prises par les parties peut résulter suffisamment de l'ensemble du jugement qui se compose du point de fait, du point de droit, des motifs et du dispositif. — *Cass.*, 7 mars 1842 (t. 2 1842, p. 260), de Beausset.

4717. — ...Que l'art. 141, C. procéd. doit se concilier avec les dispositions spéciales, L. 22 frim. an VII; qu'ainsi il suffit que l'énonciation des conclusions des parties et des points de fait et de droit résulte du jugement. — *Cass.*, 7 fév. 1843 (t. 1er 1843, p. 258), de Boissy; 24 mai 1843 (t. 2 1843, p. 752), Rozet.

4718. — Le jugement doit être cassé, lorsqu'il ne contient point sur l'expédition les noms des juges qui y ont concouru. — *Cass.*, 24 nov. 1834, Poinsot.

4719. — L'action en garantie formée contre la régie par des adjudicataires dont on conteste la collocation pour des droits qu'on prétend avoir été indûment perçus par elle, quoique accessoire à une instance d'ordre n'en est pas moins, entre les parties, une action principale qui, ayant pour objet l'application d'un droit d'enregistrement, doit être instruite et jugée d'après les formes spéciales réglées en cette matière. Dès-lors, si la régie a, plusieurs jours avant le jugement, déposé au greffe sa défense et les pièces à l'appui, le tribunal ne saurait prononcer par défaut contre elle, quand même un réglement émané de ce tribunal imposerait aux préposés de la régie l'obligation de remettre leurs pièces au juge rapporteur à une époque déterminée avant le jour d'audience, si d'ailleurs ce réglement n'a pas été revêtu de l'approbation du gouvernement. — *Cass.*, 24 (et non 21) déc. 1822, Martin.

4720. — La forme spéciale et sommaire de procéder tracée par les lois des 22 frim. an VII et 27 vent. an IX pour les instances relatives à la perception des droits d'enregistrement et de transcription n'est pas exclusive des principes généraux qui se rattachent à l'administration de la justice, et qui règlent dans un intérêt d'ordre public le mode et les effets de toutes les instances portées devant les tribunaux. Dès-lors il y a lieu d'observer dans ces instances les dispositions de l'art. 153, C. proc. civ.; en conséquence, de donner défaut contre celui des défendeurs qui ne comparaît pas, et, avant d'adjuger le profit du défaut sur le fond, d'ordonner sa réassignation par huissier commis. Est nul le jugement rendu sur le fond sans que le tribunal ait ordonné la jonction du profit du défaut et la réassignation du défaillant par huissier commis. — *Cass.*, 25 fév. 1846 (t. 1er 1846, p. 257), compagnie du chemin de fer de Rouen.

4721. — Les jugemens par défaut sont toujours susceptibles d'opposition, lorsqu'ils ont été rendus sur la seule production du mémoire et des pièces de l'une des parties. — L'art. 113, C. procéd., n'est pas applicable en pareil cas. — *Cass.*, 4 (et non 14) mars 1807, Portzampart; 17 juill. 1811, Gros Lebailly; 8 juin 1812, Sombret.

4722. — Il en serait de même bien que la partie défaillante eût défendu dans plusieurs incidens du procès. — *Cass.*, 17 juill. 1811, Gros-Lebailly.

4723. — Jugé, au contraire, qu'il y a lieu d'appliquer l'art. 113, C. procéd., qui porte que les jugemens rendus, dans le cas d'instruction par écrit, sur les pièces de l'une des parties, faute par l'autre partie d'avoir produit, ne sont pas susceptibles d'opposition. — *Cass.*, 24 août 1835, Charlet.

4724. — Un jugement ne saurait être réputé par défaut, et par suite, susceptible d'opposition, lorsque les moyens respectifs des parties y sont relatés. — *Cass.*, 24 (et non 14) fév. 1808, Balagne.

4725. — Les jugemens rendus contre la régie sans qu'elle ait fourni ses défenses, sont par défaut et susceptibles d'opposition, quand même le ministère public aurait été entendu. — *Cass.*, 11 mars 1812, Cazals.

4726. — Un jugement n'est pas susceptible d'opposition, par cela que la régie n'aurait point répondu au mémoire en défense que lui aurait signifié le redevable la veille même du jour du jugement, si d'ailleurs elle n'a demandé aucun délai pour fournir cette réponse. — *Cass.*, 13 fév. 1815, Mianme.

4727. — L'opposition motivée, formée par un redevable à une contrainte décernée contre lui par la régie, suffit pour faire réputer contradictoire le jugement qui intervient sur cette opposition, encore bien que le redevable n'ait fourni, dans le cours de l'instance, aucun mémoire en défense. — Les juges peuvent rejeter d'office l'opposition à ce jugement qui avait épuisé leur juridiction. — *Cass.*, 24 avr. 1822, de Serdobin. — *Contrà*, décis. min. fin. 10 janv. 1809.

4728. — Jugé de même que lorsqu'une partie a formé une opposition motivée à une contrainte décernée contre elle par la régie, le jugement intervenu sur cette opposition est réputé contradictoire, encore bien que l'opposant n'ait point signifié de mémoire en défense, et que le tribunal ait qualifié sa décision de jugement par défaut. — *Cass.*, 24 août 1835, Charlet.

4729. — La régie n'est pas fondée à se plaindre qu'un jugement rendu sur son opposition à un jugement par défaut, est contradictoire à son égard. — *Cass.*, 28 août 1809, Collot.

### § 4. — *Recours contre les jugemens. — Exécution.*

4730. — Les jugemens rendus sur les instances, en matière d'enregistrement, sont sans appel, et ne peuvent être attaqués que par voie de cassation. — L. 22 frim. an VII, art. 65.

4731. — Sous la loi des 6, 7 et 11 sept. 1790, les juges de première instance avaient également le droit de statuer en premier et dernier ressort en matière d'enregistrement. — *Cass.*, 19 thermid. an V, Leblanc.

4732. — Mais ce n'est que lorsque la régie de l'enregistrement poursuit le recouvrement de l'impôt indirect qui lui est confié que les tribunaux de première instance prononcent en dernier ressort. — *Cass.*, 4 pluv. an X, Lebrie; 11 oct. 1808, Frère.

4733. — En conséquence la juridiction d'un seul degré ne doit pas être étendue aux actions étrangères à l'enregistrement et qui sont de droit commun. Alors il y a lieu aux deux degrés de juridiction. — *Cass.*, 17 juin 1825, Pascault-Dubuissonnet.

4734. — Jugé d'après cela que l'action de la régie à fin de paiement d'un déficit trouvé dans la caisse d'un receveur, après son décès, est susceptible des deux degrés de juridiction. — *Cass.*, 4 pluv. an X, Lebrie.

4735. — ...Que s'il s'agit du paiement d'une rente foncière, le jugement est sujet à appel et ne peut pas être, par conséquent, attaqué devant la cour de Cassation. — *Cass.*, 11 oct. 1808, Frère.

4736. — ...Qu'il y a lieu à appel et non au recours en cassation contre un jugement qui, en matière domaniale, et sur le motif de la suppression des rentes féodales, annule une contrainte décernée par la régie pour recouvrer les arrérages d'une redevance dont le capital excède 1,000 fr. — *Cass.*, 10 juill. 1816, Gehan-Chevalier.

4737. — ...Que c'est par la voie de l'appel et non par le recours en cassation qu'on doit attaquer un jugement qui renvoie la régie à se pourvoir par les voies ordinaires de droit, sur la demande en paiement d'un billet de 1,200 fr. souscrit par un tiers pour acquitter le débet d'un receveur. — *Cass.*, 10 août 1814, Bernard.

4738. — ...Que la demande formée par la régie de l'enregistrement et des domaines en paiement de coupes de bois nationaux est susceptible de deux degrés de juridiction, si elle excède 1,000 fr. — *Cass.*, 9 juill. 1812, Baudouin.

4739. — ...Qu'un jugement qui prononce la déchéance d'un adjudicataire de biens nationaux, dont la valeur s'élève à plus de 1,000 fr. ne peut être attaqué que par l'appel et non par la voie du recours en cassation. — *Cass.*, 16 avr. 1818, Angevin.

4740. — ... Que la question de savoir si le copropriétaire d'un bois indivis avec l'état a droit à la moitié du décime par franc payé par les adjudicataires des coupes étant une question de propriété, le jugement qui statue à cet égard doit être attaqué par la voie d'appel et non par le recours en cassation. — *Cass.*, 16 mars 1825, Monier.

4741. — ... Que le jugement rendu sur une demande en subrogation de poursuite de saisie mobilière, formée par la régie doit être attaqué par la voie de l'appel et non par celle du recours en cassation, quand il s'agit d'une somme excédant 1,000 fr. — *Cass.*, 25 janv. 1815, Bour.

4742. — Lorsque la régie procède pour le recouvrement des droits qu'elle est chargée de percevoir par voie de saisie-arrêt, entre les mains des locataires de ses contribuables, et qu'ils ne contestent point devoir la somme réclamée par elle, le tribunal peut et doit même prononcer en dernier ressort, encore que le montant de la réclamation soit de plus de 1,000 fr. — *Cass.*, 9 vendém. an XIV, Jubin.

4743. — Toutefois, n'est pas recevable l'appel interjeté par un individu contre le jugement qui le condamne au paiement d'une somme dont il est redevable envers la régie, en raison de la perception qu'il a eue comme receveur, lorsque d'ailleurs l'instance a été introduite par une opposition formée par l'appelant à la contrainte décernée contre lui, et instruite dans les formes tracées par les art. 64 et 65, L. 22 frim. an VII. — *Bruxelles*, 28 déc. 1822, N...

4744 — La disposition de l'art. 65, L. 22 frim. an VII, qui porte que les jugemens rendus sur les instances d'opposition aux contraintes ne sont susceptibles que du pourvoi en cassation, n'est point applicable aux garans des redevables. — *Orléans*, 30 sept, 1832, Texier c. Bidault et Ernoult.

4745. — Lorsqu'un individu, sur des poursuites dirigées par la régie contre des tiers, intervient, et prend le fait et cause de ces derniers, il se constitue par là débiteur direct et redevable personnel des droits d'enregistrement qui peuvent être dus par eux, de telle sorte qu'il y a lieu de procéder sur cette action d'après les affaires relatives aux droits d'enregistrement par la loi du 22 frim. an VII, et qu'ainsi, celui qui a pris fait et cause n'a que la voie du recours en cassation, et non celle de l'appel. — *Cass.*, 27 juin 1826, Cardon.

4746. — Celui qui n'a formé aucun pourvoi contre un arrêt par lequel il était ordonné qu'une affaire instruite en première instance comme matière ordinaire serait instruite en appel, suivan la forme prescrite en matière de droit d'enregistrement, est non-recevable à soutenir devant la cour de Cassation, que c'est la forme ordinaire qui aurait du être suivie. — *Cass.*, 14 nov. 1832, Dequinnemare.

4747. — Sous la loi du 11 sept. 1790 comme depuis, le recours contre les jugemens rendus par les tribunaux de première instance, en matière d'enregistrement, ne pouvait être porté qu'en cassation. — *Cass.*, 13 prair. an X (intér. de la loi), Chicoteau; 1er brum. an XIII, Nicolas Saint-Jacques.

4748. — Néanmoins, le recours en cassation serait inadmissible si, après avoir gardé le silence sur un premier jugement qui aurait déclaré recevable l'appel en pareille matière, on ne venait ensuite se pourvoir que contre le second jugement qui aurait statué au fond. — Toutefois, les deux décisions doivent être cassées dans l'intérêt de la loi. — *Cass.*, 13 prair. an X (intér. de la loi), Chicoteau.

4749. — Le jugement qui, contrairement aux conclusions de la régie, ordonne une expertise, n'est pas un jugement simplement préparatoire, contre lequel on ne puisse se pourvoir en cassation. — *Cass.*, 9 vendém. an XIII, Gehard.

4750. — Le jugement qui dans la liquidation des droits de mutation par décès dus par une veuve comme héritière de son mari, ordonne qu'il sera fait distraction de ses reprises sur la succession, détermine ainsi la valeur sur laquelle des droits doivent être assis, et par conséquent n'est pas simplement préparatoire. Il peut donc être déféré à la cour de Cassation avant le jugement définitif. — *Cass.*, 2 oct. 1810, Chambré.

4751. — Est interlocutoire, et par cela même susceptible du pourvoi en cassation, le jugement qui, contrairement à l'art. 12, L. 22 frim. an VII, ordonne la preuve littérale de la mutation non déclarée que la régie présume s'être opérée entre les parties. — *Cass.*, 19 mars 1806, Frichon.

4752. — Ce n'est pas un jugement purement préparatoire, mais bien un jugement interlocutoire, que celui qui ordonne à la régie de prouver que le survivant des époux s'est déclaré héritier en usufruit du prédécédé pour avoir cette qualité, la coutume d'alors ne l'accordant qu'à celui qui a fait appréhension des biens. — *Cass.*, 28 nov. 1808, Souckaert.

4753. — Un jugement qui, avant faire droit, et sans rien préjuger au fond sur une demande de droits d'enregistrement dus sur une vente d'immeubles, prescrit d'office à la régie de prouver que la vente faite par acte sous seing-privé, moyennant le prix à fixer par experts, a été suivie d'exécution, n'est que préparatoire. Il ne fait à aucune des parties un grief irréparable en définitive. Il ne lie pas non plus les juges et ne les empêche pas de revenir aux moyens de droit sur lesquels ils auraient d'abord pu prononcer. — *Cass.*, 13 janv. 1818, Bouchet.

4754. — Lorsque deux parties ont été condamnées solidairement, le pourvoi de l'une fait en temps utile conserve les droits de l'autre, dont le pourvoi est fait après les délais. — *Cass.*, 20 mars 1839 (t. 1er 1839, p. 464), Lobgeois et Thuret.

4755. — Lorsque deux parties condamnées solidairement se sont pourvues séparément en faisant valoir les mêmes moyens, il y a lieu de joindre les deux pourvois, et d'ordonner, en cas de rejet, la restitution d'une amende. — Même arrêt.

4756. — La signification d'un jugement faite à la régie au domicile élu par elle chez son receveur doit être considérée comme régulière. Par conséquent, le pourvoi contre ce jugement est non-recevable s'il est fait après trois mois de cette signification. — *Cass.*, 23 vendém. an XIV, Millot.

4757. — La régie qui ne fait pas signifier dans les trois mois un arrêt d'admission qu'elle a obtenu, ou qui ne produit, dans le délai prescrit par l'art. 1er, tit. 5, réglem. 1738, ni son expédition, ni la signification qui en a été faite, est déchue et forclose. — *Cass.*, 26 août 1518, Chazel.

4758. — La régie n'est pas recevable à se pourvoir contre un jugement qui a été signifié, nommément à sa requête ou à celle de ses administrateurs, sans réserves et avec sommation de l'exécuter. — *Cass.*, 23 déc. 1607, Arbey.

4759. — De ce qu'une partie, condamnée en appel à payer un droit proportionnel, a demandé à la régie un sursis à l'exécution de l'arrêt, pour produire une décision ministérielle qui autorise la perception d'un droit moins élevé, il n'en résulte pas qu'il y ait, pour cette partie, acquiescement à l'arrêt, et qu'elle soit non-recevable à se pourvoir en cassation. — *Cass.*, 24 (et non 21) janv. 1827, Desaunay.

4760. — Lorsqu'en acquittant les condamnations prononcées contre la régie, son receveur s'est fait remettre les pièces du procès, cette remise ne rend pas la régie non-recevable à se pourvoir en cassation contre le jugement. — *Cass.*, 31 mars 1819, Jousselin.

4761. — Lorsqu'une veuve, usufruitière avec dispense d'inventaire et de caution, propose de faire la déclaration des biens dont elle doit jouir, sous le double rapport de la propriété et de l'usufruit; que la régie n'exige d'elle les droits que sous ce dernier point de vue, et refuse de les percevoir; quant à la propriété, elle est sans intérêt dans le pourvoi qu'elle dirige contre le jugement qui a écarté sa demande, si d'ailleurs il réserve es

droits contre ses héritiers. — *Cass.*, 7 déc. 1808, Lambrecht.

4762. — En Belgique, la régie de l'enregistrement n'est pas tenue d'employer le ministère d'un avoué devant la cour de Cassation; et elle peut, mais sans y être obligée, faire plaider ses moyens par l'organe d'un avocat de la cour de Cassation. — Mais la partie adverse de l'administration n'est pas dispensée de constituer avoué; seulement elle est libre de se faire défendre par un avocat. — *Bruxelles*, 10 juill. 1819, N... — Cette décision est fondée sur la disposition générale de la loi du 27 vent. an IX. En France la régie se fait représenter et défendre par un avocat à la cour de Cassation dans toutes sortes d'affaires.

4763. — Une demande ou un moyen qui n'a point été soumis aux premiers juges ne peut former ouverture à cassation. — *Cass.*, 14 germin. an XI, Baroud du Soleil; 21 avr. 1810, Dauphin; 6 janv. 1813, de Guissaud.

4764. — Ainsi jugé, que des héritiers légitimes poursuivis en paiement de droit de mutation ne sauraient opposer pour la première fois qu'ils ont été évincés par un héritier testamentaire qui s'est fait envoyer en possession des biens, et contre lequel la régie avait même décerné une contrainte pour le paiement des mêmes droits. — *Cass.*, 14 germin. an XI, Baroud-du-Soleil.

4765. — ... Que la régie ne peut invoquer, pour la première fois en cassation, la nullité tirée de ce qu'un redevable, en attaquant une contrainte décernée contre lui, n'a pas suivi la marche prescrite par l'art. 64, L. 22 frim. an VII, c'est-à-dire formé opposition et donné assignation à jour fixe. — *Cass.*, 19 flor. an XII, Lafon.

4766. — ... Que la régie est non-recevable à se plaindre qu'un tribunal ait eu égard à la preuve qu'il a autorisée contre les faits portés dans le procès-verbal d'un vérificateur, lorsqu'elle n'a pas dénoncé à la cour de Cassation le jugement qui a permis cette preuve. — *Cass.*, 5 mai 1806, Latreuve.

4767. — ... Que si la régie a réclamé deux droits en première instance, que devant la cour elle convient qu'il ne lui en est dû qu'un seul, mais qu'elle prétend qu'il aurait dû être plus fort que celui qu'elle a perçu, elle doit être déclarée non-recevable dans cette prétention. — *Cass.*, 6 janv. 1813, de Guissaud.

4768. — ... Que la régie ne peut réclamer en cassation un supplément de droits qu'elle n'a point jusqu'alors demandé, sauf à elle à le réclamer ultérieurement, si elle s'y croit encore recevable. — *Cass.*, 16 juin 1824, Hemin et Labatte.

4769. — ... Que la régie ne peut tirer un moyen de cassation de ce qu'un tribunal a violé un article de loi, en n'ordonnant pas la perception d'un droit en vertu de cet article, si elle n'en a pas réclamé le paiement devant ce tribunal. — *Cass.*, 26 janv. 1831, Détourbet.

4770. — De même, on ne peut exciper, devant la cour de Cassation, d'un acte dont il n'a point été fait usage devant les premiers juges. — *Cass.*, 29 avr. 1818, Archambaud.

4771. — Mais la régie peut, devant la cour de Cassation, restreindre ses conclusions à un droit moindre que celui réclamé devant les premiers juges. — *Cass.*, 10 mai 1819, Murat.

4772. — En matière d'enregistrement, il appartient à la cour de Cassation d'interpréter et de qualifier les actes, parce que c'est sur cette interprétation que repose l'application de la loi fiscale, et que c'est là une matière d'ordre public. — *Cass.*, 24 mars 1846 (t. 2 1846, ). de Verdière et Guyon. — V. aussi CASSATION (mat. civ.), nos 565 et suiv.

4773. — Bien que la cour de Cassation ait le droit, en matière d'enregistrement, de réviser l'appréciation des actes pour leur conserver leur vrai caractère, elle ne doit cependant s'y livrer qu'autant que l'appréciation des premiers juges est en contradiction avec les règles légales d'interprétation et présente une contravention à la loi. — *Cass.*, 7 janv. 1835, Roccaserra.

4774. — La disposition de l'art. 65, L. 22 frim. an VII, qui porte que, dans les instances en matière d'enregistrement, il n'y a d'autres frais à supporter pour la partie qui succombe que ceux de timbre, des significations, et du droit d'enregistrement du jugement, n'est point applicable à l'affaire portée en cassation. — *Liége*, 11 fév. 1829, N...

4775. — La régie ne peut se pourvoir en Cassation contre un arrêt ou un jugement en dernier ressort dans lequel elle n'a point été partie; si elle se croit lésée, elle n'a qu'à l'attaquer par voie de tierce-opposition ou de toute autre manière. — *Cass.*, 23 juin 1807, Leroy et Fléchard.

4776. — Lorsqu'un jugement a déclaré qu'une mutation secrète a eu lieu au profit d'un individu, le précédent propriétaire peut former tierce-opposition à ce jugement pour faire cesser une saisie-brandon, pratiquée sur l'immeuble en litige. — *Cass.*, 13 fév. 1815, Ducayla.

4777. — La voie de la requête civile est ouverte contre les jugemens en matière d'enregistrement, comme contre tous autres. — *Cass.*, 14 mai 1811, Vanovervelt.

4778. — En pareil cas, il y a lieu à la consultation de trois avocats. — *Cass.*, 30 août 1809, Deflorenne. — Quant au mode d'instruction, V. *suprà* nos 4600 et suiv.

4779. — Toutefois, les directeurs ne peuvent recourir à la requête civile que d'après un ordre spécial de l'administration. — Instr. 25 oct. 1812, 606, § 2, no 10.

4780. — Lorsque des poursuites originaires exercées par la régie ont été suivies d'opposition, citation et jugement dans toutes les formes prescrites par l'art. 64, L. 22 frim. an VII, les poursuites d'exécution, en ce qui n'est point prévu par la loi de frim. an VII, rentrent sous l'empire des lois générales. — *Cass.*, 9 août 1832, Clément.

4781. — Aucune disposition de loi ne dispense la régie de suivre, à l'égard des tiers sur lesquels elle exerce les saisies-arrêts de deniers dus par ceux-ci à ses redevables, la disposition générale de l'art. 559, C. procéd., qui prescrit au saisissant de faire, dans l'exploit de saisie, élection de domicile dans le lieu où demeure le tiers saisi. La déclaration du mois de mars 1668, qui autorise les receveurs des deniers publics à n'élire domicile que dans leur bureau n'ayant trait qu'à la saisie-exécution qui se fait contre le redevable, ne peut être étendue à la saisie-arrêt que l'on dirige contre un tiers qui ne doit rien au trésor. — *Cass.*, 1er (et non 2) juill. 1822, Vicquenault.

4782. — La régie ne fait aucun paiement en vertu des jugemens qu'elle attaque par la voie de cassation, sans qu'au préalable ceux au profit desquels les jugemens ont été rendus, n'aient donné caution pour sûreté des sommes qu'on leur verse. — Circ. 22 août 1793, no 441; Inst. 16 juill. 1808, no 399; Inst. 5 juin 1837, 1537, sect. 3e, no 5.

4783. — Mais la régie n'est pas obligée de fournir caution pour l'exécution provisoire des jugemens rendus à son profit. — Inst. 5 juin 1837, 1537, sect. 2e, no 118.

4784. — Les droits d'enregistrement ne peuvent être saisis-arrêtés entre les mains des redevables, pour le paiement des sommes que la régie peut avoir été condamnée à restituer. — *Cass.*, 16 thermid. an X, Metz. — Merlin, *Quest.*, vo *Nation*; Roger, *Saisie-arrêt*, nos 250 et suiv.

## CHAPITRE XI. — *Prescription.*

4785. — L'art. 61, L. 22 frim. an VII, porte: il y a prescription pour la demande des droits, savoir: 1o après deux années, à compter du jour de l'enregistrement, s'il s'agit d'un droit non perçu sur une disposition particulière dans un acte, ou d'un supplément de perception insuffisamment faite, ou d'une fausse évaluation dans une déclaration, et pour la constater par voie d'expertise. Les parties sont également non-recevables, après le même délai, pour toute demande en restitution de droits perçus; — 2o après trois années, aussi à compter du jour de l'enregistrement, s'il s'agit d'une omission de biens, dans une déclaration faite après décès; — 3o après cinq années, à compter du jour du décès, pour les successions non déclarées.

4786. — Ces prescriptions sont suspendues par des demandes signifiées et enregistrées avant l'expiration des délais; mais elles sont acquises irrévocablement, si les poursuites commencées sont interrompues pendant une année, sans qu'il y ait d'instance devant les juges compétens, quand même le premier délai pour la prescription ne serait pas expiré. — L. 22 frim. an VII, même article.

4787. — L'art. 62 de la même loi ajoute: la date des actes sous signature privée ne peut cependant être opposée à la république pour prescription des droits et peines encourues, à moins que ces actes n'aient acquis une date certaine par le décès de l'une des parties ou autrement.

4788. — Depuis, un avis du conseil d'état du 18-22 août 1810 a statué en ces termes: « Toutes les fois que les receveurs de l'enregistrement sont à portée de découvrir, par des actes présentés à la formalité, des contraventions aux lois des 22 frim. et 22 pluv. an VII sujettes à l'amende, ils doivent, dans les deux ans de la formalité donnée à l'acte, exercer des poursuites pour le recouvrement de l'amende à peine de prescription.

4789. — Enfin, la loi du 16 juin 1824 porte, dans son art. 14, que la prescription de deux ans, établie par le no 1er de l'art. 61, L. 22 frim. an VII, est applicable, tant aux amendes de contravention aux dispositions de ladite loi, qu'aux amendes pour contraventions aux lois sur le timbre et sur les ventes de meubles. — Elle court du jour où les préposés ont été mis à portée de constater les contraventions, au vu de chaque acte soumis à l'enregistrement, ou du jour de la présentation des répertoires à leur visa. — Dans tous les cas, la prescription pour le recouvrement des droits simples d'enregistrement et des droits de timbre qui auraient été dus indépendamment des amendes, reste réglée par les lois existantes.

4790. — L'action pour faire condamner aux amendes est prescrite par deux ans, à compter du jour où les contraventions ont été commises, dans les cas déterminés: 1o par l'art. 1er, L. 16 flor. an IV, concernant le dépôt des répertoires; — 2o par l'art. 37, L. 1er brum. an VII, pour la mention à faire des patentes; — 3o par la loi du 25 vent. an XI, concernant organisation du notariat; — 4o par l'art. 68, C. comm., pour la publication des contrats de mariage de commerçans. — L. 16 juin 1824, même art.

4791. — Dans le silence de ces lois spéciales, ce sont les règles générales de la prescription qu'il faut appliquer. — V. PRESCRIPTION.

4792. — La prescription opère le même effet que le paiement; dès-lors les actes et mutations dont les droits sont prescrits doivent être considérés comme enregistrés. — Championnière et Rigaud, t. 4, no 3994.

4793. — En ce qui concerne la matière exceptionnelle de la prescription appliquée à l'enregistrement, il y a lieu de voir: 1o quelles sont les différentes espèces de prescriptions, 2o quels actes interrompent ou suspendent la prescription.

### Sect. 1re. — *Différentes espèces de prescription.*

#### § 1er. — *Prescription annale.*

4794. — La loi du 5-19 déc. 1790, art 18, n'avait accordé qu'un an pour les demandes en supplément ou en restitution de droits; mais ce délai a été porté à deux ans par la loi du 22 frim. an VII.

4795. — Aujourd'hui la prescription annale a lieu dans deux cas: 1o quand la régie requiert l'expertise pour constater la valeur des biens transmis par un contrat à titre onéreux. Dans ce cas, l'action de la régie ne peut être exercée que dans l'année à partir du jour de l'enregistrement. — L. 22 frim. an VII, art. 17. — Nous avons traité de cette prescription au sujet de l'expertise. — V. *suprà* nos 469 et suiv.

4796. — ... 2o Quand, après avoir fait des actes de poursuites pour le recouvrement ou la restitution des droits, la régie ou les parties les interrompent pendant une année, alors la prescription est acquise, quand même le premier délai pour la prescription ne serait pas expiré. — Art. 61.

4797. — Lorsque après avoir formé la demande des droits dus sur un acte de vente sous seing-privé qui lui a été célé, la régie a cessé ses poursuites pendant plus d'une année, la prescription est acquise contre elle, et par suite son action se trouve éteinte. — *Cass.*, 5 déc. 1821, Doux.

4798. — Pour pouvoir invoquer la prescription résultant de la cessation des poursuites, il faut que non seulement l'objet, mais encore le motif des poursuites soient les mêmes. — Ainsi, lorsqu'elle a décerné une contrainte en paiement de droits d'une mutation verbale qu'elle établissait à l'aide des présomptions autorisées par l'art. 12, L. 22 frim. an VII, la régie peut, après la découverte de l'acte sous seing-privé de cette même mutation, déposé chez un notaire et non enregistré, décerner une nouvelle contrainte, quoiqu'il se soit écoulé un an sans poursuites depuis la première. — *Cass.*, 14 août 1813, Descourts.

4799. — L'opposition avec assignation, formée par la régie, introduit une instance qui suspend la prescription. — *Cass.*, 27 juill. 1813, Lenti.

4800. — Le commandement fait par la régie avant l'expiration de l'année qui a suivi la contrainte interrompt la prescription. — En ce cas, il n'est pas nécessaire qu'une instance ait été introduite dans le cours de cette année. — *Cass.*, 1er avr. 1834, Pons-Dejean.

4801. — Il y a interruption de poursuites pendant une année et par conséquent prescription lorsqu'une demande en restitution, signifiée le 30 juin 1827, sans qu'aucune instance ait été ouverte, n'a été renouvelée que le 30 juin 1828. — Délib., 9 fév. 1830.

4802. — Lorsqu'un jugement définitif a été ren-

du, on n'est pas tenu d'agir dans le délai d'un an, car on rentre alors dans le droit commun. La régie ou les parties ont un nouveau titre qui est le fondement d'une nouvelle action.

4803. — Mais la prescription d'un an n'est pas interrompue par un pourvoi en cassation rejeté par la section des requêtes ; car le pourvoi en cassation n'est pas une instance proprement dite. — *Cass.*, 13 nov. 1815, Mareille.

4804. — L'art. 61 de la loi du 22 frim. an VII, qui prononce la déchéance pour interruption de poursuites pendant une année, ne s'applique qu'au cas où les poursuites sont interrompues sans qu'il y ait d'instance commencée. — Mais l'instance engagée devant les juges compétens par une assignation en restitution de droits perçus ne peut être déclarée périmée, la discontinuation des poursuites fût-elle de dix ans, si le réclamant a repris l'instance par une seconde assignation avant que la péremption fût requise par l'administration. — *Cass.*, 6 mai 1844 (t. 2 1844, p. 101), Bordet.

4805. — La prescription annale ne s'appliquant qu'au cas où les poursuites de la régie n'ont pas été suivies dans l'année d'une instance devant le juge compétent, le redevable qui n'a point fait signifier à la régie le jugement qui lui a donné gain de cause ne peut pas, après que ce jugement a été cassé, prétendre devant le tribunal où l'affaire est renvoyée que le pourvoi de la régie ayant été formé plus d'un an depuis le jugement, il y a eu interruption de poursuites pendant un temps suffisant pour opérer la prescription. — *Bruxelles*, 20 juill. 1821, Verdonck.

4806. — La prescription annale résultant de l'interruption de poursuites, sans instance engagée, ne peut être invoquée que contre les demandes soumises aux prescriptions spéciales prononcées par l'art. 61 de la loi de frimaire. Elle ne pourrait être opposée à une demande qui ne serait susceptible d'être prescrite que par trente ans. — Délib. 22 sept. 1835.

4807. — N'est pas applicable aux poursuites exercées contre un notaire pour contravention aux lois sur le notariat, la prescription établie par l'art. 61, L. frim. an VII, pour les cas où la régie a laissé plus d'une année sans exécuter une contrainte par elle décernée. Il en est surtout ainsi quand le redevable a réclamé auprès du ministre des finances pour obtenir la remise ou la modération des condamnations par lui encourues, qu'il a payé des à-compte et fait d'autres actes qui constituent de sa part un acquiescement formel auxdites condamnations et même une véritable novation du titre de la régie. — *Cass.*, 10 déc. 1821, Pinard. — La loi du 16 juin 1824, en bornant à deux ans l'action en condamnation, ne change point la législation sur l'action en recouvrement. — *Dict. des dr. d'enregistr.*, vº *Prescription*, nº 39.

### § 2. — *Prescription de deux ans.*

4808. — La prescription biennale a lieu, comme on l'a vu (nºs 4785 et suiv. ), savoir : 1º contre la régie pour toute demande en paiement d'un droit non perçu sur une disposition particulière dans un acte ; pour toute demande en supplément de droit à raison d'une perception insuffisamment faite et pour toute demande à raison d'une fausse évaluation dans une déclaration et pour la constater par voie d'expertise ; 2º contre le contribuable pour toute demande en restitution de droits indûment perçus. — De plus, la loi du 16 juin 1824 (V. nºs 4789 et 4790) a appliqué cette prescription à différentes amendes.

4809. — La prescription de deux ans est seulement applicable au cas où la perception du droit a été entamée et où il ne s'agit que du recouvrement d'un droit supplémentaire, et non lorsqu'il s'agit d'un droit entier à recouvrer sur un acte non encore présenté à l'enregistrement. — *Cass.*, 12 mai 1806, Audigé ; 31 août 1808, Perrot ; 14 août 1813, Descourts.

4810. — Les droits dus sur les actes translatifs de propriété non enregistrés sont prescrits par deux ans sans réclamation de la part de la régie à partir du jour où elle a pu connaître l'existence de ces actes par l'énonciation de leur substance dans d'autres actes présentés à l'enregistrement. — *Cass.*, 20 mars 1816, Lavolley ; 21 mai 1816, de Kergorlay ; 12 déc. 1814, Arlet dit Melges.

4811. — Ce n'est que du jour où la régie a pu connaître l'existence d'un acte que court la prescription des droits auxquels il donne lieu, encore bien que ce même acte eût acquis une date certaine longtemps auparavant. — *Cass.*, 16 (et non 19) nov. 1813, Sevin.

4812. — Dès-lors, tant que l'acte constatant la mutation n'a pas été présenté à l'enregistrement, on ne saurait invoquer la prescription biennale. — *Cass.*, 22 nov. 1842 (t. 1er 1843, p. 54), d'Espagnac.

4813. — Dans les mutations immobilières dont l'acte n'a pas été soumis à l'enregistrement il faut distinguer entre le droit simple et le double droit.

4814. — Pour le paiement du droit simple la prescription est de trente ans ; mais pour le paiement du double droit la prescription est de deux ans. Cette prescription ne court que du jour où le receveur a été mis à portée de constater la contravention sur le vu d'un acte présenté à l'enregistrement. — *Cass.*, 5 juin 1837 (t. 1er 1837, p. 575), Pinelle ; 17 juill. 1838 (t. 2 1838, p. 90), Louvrier ; 22 avr. 1839 (t. 1er 1839, p. 570), Pantous ; 17 fév. 1840 (t. 1er 1840, p. 414), Bataille-Duberthier ; 13 mai 1840 (t. 2 1842, p. 729), Charpentier.

4815. — Ainsi la prescription biennale établie par l'art. 61, § 1er, L. 22 frim. an VII, n'a pu être acquise relativement au double droit d'une mutation immobilière, si le receveur n'a pu avoir connaissance de la mutation que moins de deux ans avant la poursuite. — *Cass.*, 9 fév. 1842 (t. 1er 1842, p. 367), Letourmy.

4816. — Jugé également que la prescription établie par l'art. 61, ne s'applique pas au cas de mutation secrète (en ce qui concerne le droit simple), mais seulement au cas d'omission de perception d'un droit ou à celui d'un supplément de droit à percevoir sur un acte présenté à l'enregistrement. — *Cass.*, 16 oct. 1810, Jourdain et Pinelle.

4817. — Ainsi, dans tous les exemples qui vont suivre et relatifs aux mutations secrètes, il ne faut pas perdre de vue que c'est eu égard au double droit et non au droit simple que la prescription biennale doit être considérée, quoique quelques uns des arrêts paraissent appliquer et appliquent, en effet, cette même prescription au droit simple.

4818. — La prescription biennale à partir de l'enregistrement des actes dans lesquels la régie aurait pu découvrir la preuve de la mutation dont les droits n'ont pas été acquittés, court à compter des actes qui donnent lieu de présumer la contravention, lorsque cette présomption suffit pour fonder l'action de la régie. — *Cass.*, 25 juill. 1820 (et non 1810), Crucy.

4819. — Pour mettre la régie en demeure de percevoir un droit de mutation et faire courir contre elle la prescription biennale, il n'est pas nécessaire que l'acte soumis à la formalité énonce en termes exprès qu'il y a eu mutation, il suffit que la preuve de la mutation résulte de l'ensemble de stipulations de l'acte. — *Cass.*, 6 mai 1834, Monteau.

4820. — Des énonciations d'actes et de faits, dans des conclusions signifiées dans le cours d'une instance, peuvent, selon les circonstances, être considérées comme un acte de nature à mettre la régie à même de découvrir une mutation déguisée. — *Cass.*, 4 mai 1830, Diert.

4821. — La prescription biennale ne court pas du jour où la mutation secrète est constatée par l'inscription de l'acquéreur au rôle de la contribution foncière. — *Cass.*, 17 fév. 1840 (t. 1er 1840, p. 414), Bataille-Duberthier.

4822. — L'art. 61, L. 22 frim. an VII, suppose nécessairement que par la présentation de l'acte de mutation la régie a été mise à même de réclamer et de percevoir le droit. — *Cass.*, 5 juill. 1837 (t. 1er 1837, p. 575), Pinelle.

4823. — Dès-lors, on ne peut considérer comme tenant lieu de la présentation de cet acte, et comme servant de base à la prescription biennale, celle d'un autre acte de mutation postérieur, dans lequel le premier acquéreur, vendant le même objet à une autre personne, prendrait la qualité de propriétaire de l'immeuble vendu. — Même arrêt.

4824. — En cas de présentation à l'enregistrement d'un acte de vente dans lequel il n'est fait aucune mention du titre en vertu duquel le vendeur est devenu propriétaire, cet acte ne peut être réputé avoir mis suffisamment la régie à portée de connaître cette mutation, et le jugement qui, par ce motif, déclare prescrite son action en paiement du droit simple de mutation contre le vendeur ou ses héritiers, doit être cassé. — *Cass.*, 16 juin 1828, Roussey.

4825. — La prescription ne courrait pas même dans le cas où il aurait été présenté à l'enregistrement un acte qui pouvait faire soupçonner à l'administration une mutation secrète, si la preuve de cette mutation ne ressortait pas évidemment de cette production. — *Spécialement*, lorsqu'une mention relative à une mutation se trouve à la fois et dans un inventaire et dans l'acte de liquidation de communauté et succession qui l'a suivi, les tribunaux peuvent décider, sans encourir la censure de la cour de Cassation, que ce n'est que dans l'acte de liquidation que l'on trouve le complément de notoriété nécessaire pour faire courir la prescription. — *Cass.*, 22 nov. 1842 (t. 1er 1843, p. 54), d'Espagnac.

4826. — La simple présentation à l'enregistrement d'un bail fait par le possesseur actuel ne suffit pas pour faire connaître à la régie, sans recherches ultérieures, la mutation de propriété opérée au profit du bailleur, si le bail ne donne aucune trace de cette mutation ; dès-lors, il n'y a pas lieu à l'application de la prescription de deux ans. — *Cass.*, 27 mars 1817, Lenglier.

4827. — De même, ne saurait être considéré comme acte suffisant un bail notarié consenti par le nouveau possesseur stipulant comme propriétaire de l'immeuble. — *Cass.*, 13 mai 1840 (t. 2 1843, p. 729), Charpentier.

4828. — Lorsque après avoir vendu un immeuble, un individu l'a, en qualité de propriétaire, affermé par bail notarié, et qu'il l'a ensuite racheté de l'acquéreur par un autre acte public, ni ce bail notarié, ni cet acte public de rétrocession, ne peuvent être considérés comme des actes qui, par leur présentation à l'enregistrement, ont mis le receveur à même de découvrir, sans recherches ultérieures et indépendantes desdits actes, la mutation de propriété qui est présumée avoir précédé le bail notarié, et, par suite, ils ne peuvent être invoqués comme ayant fait courir la prescription. — *Cass.*, 29 juin 1818, Vergnaud.

4829. — L'acte par lequel un individu afferme et hypothèque des biens qu'il déclare provenir de la succession de son père, mais dont la valeur excède de plus de moitié sa part héréditaire, suffit pour faire supposer une cession au profit de cet individu, de la part de ses cohéritiers et pour autoriser la régie à poursuivre le recouvrement des droits de la mutation présumée ; par suite, si la régie a laissé passer deux ans sans poursuites depuis l'enregistrement de l'acte, son action est prescrite. — *Cass.*, 15 mars 1825, de Moyria.

4830. — L'hypothèque consentie par un nouveau possesseur et une saisie faite à sa requête contre un fermier, sur l'immeuble par lui acquis, suffisent pour faire connaître sa qualité de propriétaire et, par suite, faire courir la prescription biennale du droit de mutation à partir de la date de leur enregistrement. — *Cass.*, 7 juill. 1830, Dubiez.

4831. — L'énonciation dans un inventaire d'un acte contenant mutation de propriété immobilière suffit pour donner connaissance de cet acte au receveur de l'enregistrement, et le mettre à même d'en réclamer les droits. En conséquence, il y a lieu de déclarer le droit prescrit, pour n'avoir pas été poursuivi dans les deux ans de l'enregistrement de l'inventaire. — *Cass.*, 1er juin 1814, Roux.

4832. — Lorsque après avoir fait à la régie la déclaration que la succession de leur père était composée de partie d'immeubles dont l'autre partie appartient à leur mère, des héritiers ont fait entre eux le partage de la totalité de ces immeubles par un acte qui a été enregistré, c'est à partir de cet acte qu'a commencé à courir contre la régie la prescription biennale des droits de mutation relative à la transmission aux enfans de la part de leur mère. — *Cass.*, 28 avr. 1830, Mignot.

4833. — Lorsque la régie n'a connu qu'au moyen d'une déclaration de succession, une mutation antérieure qui lui avait été dissimulée dans un acte enregistré, c'est du jour de la déclaration de succession, et non de celui de l'acte contenant la mutation que court la prescription de deux ans. — *Cass.*, 21 mai 1834, Cottin.

4834. — Le partage d'une succession, dans lequel on comprend un immeuble qui avait été vendu par l'un des héritiers à un tiers, établit, à l'égard de la régie, une autorisation suffisante pour exiger le droit proportionnel de mutation. Dès-lors, faute par la régie d'intenter son action dans les deux ans, elle encourt la prescription. — *Cass.*, 14 août 1826, Moreau.

4835. — Il y a prescription des droits de mutation dus sur un acte de partage d'immeubles fait entre plusieurs individus, dont un seul s'était précédemment rendu adjudicataire, si la régie est restée plus de deux ans sans les réclamer, depuis qu'on a présenté à la formalité de l'enregistrement des actes où cette adjudication était énoncée, et qui mettaient le receveur à même de connaître la mutation secrète. — *Cass.*, 5 mars 1823, Pallot.

4836. — Jugé, au contraire, que le partage d'un immeuble, comme acquêt de communauté, entre un père et ses enfans, lorsque le premier avait, à une époque antérieure, consenti à l'un de ses fils la vente de sa moitié, ne peut être considéré comme un acte qui suffise pour donner par lui seul une connaissance légale de la rétrocession

qui est présumée avoir eu lieu avant l'acte de partage. — *Cass.*, 17 août 1813, Frotin.

4837. — ... Que la présentation à l'enregistrement d'un acte par lequel deux individus partagent entre eux un immeuble dont un seul s'était rendu précédemment adjudicataire ne suffit point pour donner au receveur connaissance de la mutation qui a dû avoir lieu et pour faire courir la prescription des droits. — *Cass.*, 9 mai 1814, Roudanes.

4838. — Un jugement qui, en reconnaissant l'existence d'une association formée entre les acquéreurs d'un immeuble et le vendeur, à l'effet de revendre cet immeuble en détail, prononce la dissolution de la société et ordonne le partage de l'immeuble en nature, signale suffisamment à la régie, lorsqu'il est soumis à l'enregistrement, la rétrocession non enregistrée d'une partie de l'immeuble au profit du vendeur, bien qu'il n'indique pas la mise sociale de ce dernier, de telle sorte que la prescription du droit de mutation soit encourue, si la régie laisse écouler deux ans à partir de l'enregistrement du jugement, sans décerner de contrainte contre le vendeur. — *Cass.*, 12 fév. 1834, Hailig.

4839. — La simple qualification de *copropriétaire* prise par un tiers dans un exploit signifié collectivement par lui et par celui qui, auparavant s'était rendu seul adjudicataire d'un immeuble n'équivaut pas à un acte de transmission de copropriété au profit de ce tiers. Par conséquent, il n'y a pas eu lieu de percevoir sur cet exploit un droit de mutation, et par suite la prescription n'a pu courir contre la régie. — *Cass.*, 24 thermid. an XIII, Groc.

4840. — La présentation à l'enregistrement, d'un contrat de mariage où le futur se déclare propriétaire, par suite d'acquisition à titre onéreux d'un immeuble qui y est désigné, suffit pour faire connaître, sans recherches ultérieures, au préposé de la régie qu'il y a eu antérieurement une mutation de propriété, et l'autoriser à demander le paiement des droits. — En conséquence, à défaut de poursuites dans les deux ans de l'enregistrement de cet acte, l'action de la régie peut être repoussée par la prescription. — *Cass.*, 6 fév. 1826, Ohl.

4841. — Jugé également que la présentation à l'enregistrement d'un contrat de mariage portant qu'un fils a déclaré se constituer en dot des immeubles, du consentement de sa mère, suffit pour autoriser la régie à demander la justification de l'enregistrement des actes par lesquels la mutation de cet immeuble a été opérée. Dès-lors cet acte a pu, avec raison, être pris pour point de départ de la prescription biennale invoquée contre les poursuites ultérieures de la régie en paiement des droits. — *Cass.*, 14 mars 1826, Maritoux.

4842. — Lorsque dans l'acte de donation le donateur s'est déclaré propriétaire de l'objet donné en vertu d'un acte qu'il énonce, si cette énonciation est reconnue fausse, elle est insuffisante pour mettre la régie à portée de découvrir sans recherches ultérieures et indépendantes, si le prétendu acte a été enregistré; dès-lors, cet acte ne saurait servir de point de départ pour la prescription des droits réclamés par la régie. — *Cass.*, 10 janv. 1821, Vincent.

4843. — Des affiches et des publications dans les journaux, annonçant des adjudications, ne peuvent être considérées comme ayant mis par elles seules les préposés de la régie à portée de découvrir ces adjudications; en conséquence, un jugement n'a pu faire partir de ces affiches et publications la prescription de deux ans, relativement aux droits dus sur les actes d'adjudication. — *Cass.*, 23 mai 1832, Morel; même jour, Pinel.

4844. — Encore bien que des adjudications de fournitures pour un établissement aient été publiques, et que la régie ait eu le droit de vérifier les registres de cet établissement, la prescription biennale des droits dus sur les actes de ces adjudications ne court qu'à partir de la présentation à l'enregistrement, soit de ces actes, soit d'actes qui les relatent et non du jour où les adjudications ont eu lieu. — *Cass.*, 17 avr. 1833, Bonnet.

4845 — La présentation à l'enregistrement d'un acte contenant transmission, sous forme de donation, d'immeubles vendus précédemment au prétendu donataire par convention verbale, ne fait pas courir la prescription du droit de vente. — *Cass.*, 25 nov. 1839 (t. 2 1839, p. 601), de Jarnac.

4846. — Lorsqu'un jugement d'adjudication d'immeubles se trouve mentionné dans un autre jugement rendu sur folle-enchère et soumis à l'enregistrement, les agens de la régie sont suffisamment mis par là à portée de connaître la contravention résultant du défaut d'enregistrement du premier de ces deux jugemens, et il y a lieu dès-lors d'opposer à la régie la prescription biennale. — *Cass.*, 23 juill. 1822, Lambert.



4847. — Lorsqu'une transmission de propriété est constatée par un jugement qui a été ensuite confirmé sur l'appel, le délai pour la perception du droit de mutation court, non à partir de l'arrêt, mais à partir de l'enregistrement du jugement, alors surtout que l'appel n'a porté que sur un chef étranger à la question de propriété. — Dès-lors, si la régie a laissé passer deux ans, à partir de l'enregistrement du jugement, sans exiger le droit, elle peut être repoussée par la prescription. — *Cass.*, 6 juin 1827, Mollin.

4848. — Si des actes soumis à l'enregistrement ne mettent pas le receveur sur la voie d'une mutation qui s'est opérée secrètement, il est certain du moins qu'elle lui a été connue, lorsqu'il a décerné une contrainte ayant pour objet de recouvrer les droits. S'il se désiste ensuite de cette contrainte, et n'en délivre une autre que plus de deux ans après, l'action de la régie se trouvant prescrite ne doit avoir aucun résultat. — *Cass.*, 30 déc. 1819, Amat.

4849. — Un droit de mutation à percevoir sur un acte qui a été déposé entre les mains d'un receveur, est prescrit, lorsque après avoir décerné une contrainte pour le recouvrer, la régie laisse expirer deux années sans y donner suite, parce qu'ayant été mise à même d'effectuer la perception, elle doit s'imputer de ne l'avoir pas fait. — *Cass.*, 25 janv. 1820, Klein.

4850. — L'avis du conseil d'état du 22 août 1810, qui décide que toutes les fois que, par l'enregistrement d'un acte, la régie a été mise à portée de découvrir une contravention, elle doit, dans les deux ans suivans, exercer des poursuites pour le recouvrement des droits dus, ne s'étend pas aux droits à l'égard desquels la loi a fixé un délai plus long pour la prescription, par exemple, aux droits de mutation par décès, lesquels ne sont soumis qu'à la prescription de cinq ans. — *Cass.*, 29 mai 1832, Perroncel.

4851. — Aux termes de l'avis du conseil d'état du 22 août 1810 et de la loi du 16 juin 1824, les demi droit et double droit dus en sus du droit de mutation par décès, dans le cas de déclaration tardive et insuffisante, se prescrivent par deux ans, quoique la prescription du droit simple soit d'une période de temps plus étendue. — *Cass.*, 20 avr. 1836, Vivé. — Peut-être dans cette espèce y avait-il lieu à l'application, au moins pour partie, de la prescription de trois ans et non de deux ans, puisqu'il y avait *insuffisance* et par conséquent *omission* dans la déclaration. — V. *infrà* nos 4899 et suiv.

4852. — Lorsqu'il s'agit d'une succession déclarée, la prescription de deux ans établie par l'art. 61, L. 22 frim., ne court contre la perception des droits de mutation qu'à partir du jour des déclarations. — *Cass.*, 21 avr. (et non août) 1806, Dauphin.

4853. — Si, dans l'inventaire des effets mobiliers d'une communauté, il est dit qu'ils sont restés en la possession de la veuve pour en représenter la valeur, une pareille mention doit être considérée comme constatant un dépôt et non une transmission de propriété; dès-lors, si la veuve, après avoir renoncé à la communauté, est saisie, à titre d'abandon, et pour le paiement de ses reprises, des mêmes effets compris dans l'inventaire, elle est tenue de payer le droit sur l'acte d'abandon, sans pouvoir invoquer la prescription de deux ans qui se trouvent écoulés depuis l'inventaire. — Délib. 25 janv. 1833.

4854. — Bien que le droit proportionnel ait été perçu mal à propos sur une institution contractuelle qui ne forme qu'une donation éventuelle, la régie est fondée néanmoins à exiger le droit au décès de l'instituant, sauf à précompter ce qu'elle a reçu lors du contrat de mariage, sans qu'on puisse lui opposer que le receveur a consenti à recevoir le droit à l'époque de ce contrat, et que la régie aurait dû réclamer dans les deux ans. — *Cass.*, 13 avr. 1825, Devoisins.

4855. — Tant que l'acte constatant la mutation n'a pas été présenté à l'enregistrement, on ne saurait invoquer la prescription établie par l'art. 61, L. 22 frim., lorsqu'il s'agit d'un droit non perçu sur une disposition particulière, ou bien d'un supplément de perception insuffisante. — *Cass.*, 24 therm. an XIII, Groc.

4856. — Jugé de même qu'aucune prescription ne peut courir contre la régie, pour supplément de droits non perçus ou amendes, lors du premier enregistrement, que du jour où l'acte a été réellement enregistré. Cette prescription ne saurait partir du jour de la présentation même de l'acte à l'enregistrement, parce qu'il n'y a pas d'autre preuve pour constater le fait de cette



présentation que celle qui résulte de l'enregistrement de l'acte lui-même. — *Cass.*, 15 juin 1813, Bobotti.

4857. — Lorsque la régie n'a réclamé par erreur qu'une partie du droit proportionnel, le paiement volontaire de cette partie du droit ne peut pas être considéré comme une reconnaissance de la dette entière de la part du redevable, et n'a point l'effet de suspendre la prescription de la demande en supplément du droit. — *Cass.*, 28 avr. 1830, Mignot.

4858. — A l'égard des demandes en supplément de droits des cessions de créances sur l'état, en valeurs de l'arriéré non liquidées définitivement au moment des cessions, la prescription ne court que du jour de la liquidation définitive. — Déc. min. fin. 27 déc. 1822.

4859. — Si le droit proportionnel sur la cession, moyennant une somme déterminée, d'une indemnité due par le gouvernement et non liquidée, a été assis provisoirement sur le prix, le supplément de perception qui peut être dû, à raison du capital transporté, doit être réclamé dans les deux ans de l'enregistrement de l'acte de cession. — Solut. 10 juin 1834; instr. 1467, § 6.

4860. — Lorsqu'un acte contenant échange d'un immeuble situé dans une colonie française, contre un immeuble situé en France, n'a été présenté à l'enregistrement que dans la colonie, la régie peut, en France, exiger un supplément de droits, même après l'expiration des deux ans, à partir de l'enregistrement effectué dans les colonies. En pareil cas, la régie n'ayant pu avoir connaissance de l'acte d'échange, on ne peut lui opposer la prescription de deux ans. — Délib. 28 août 1832.

4861. — Lorsque le retour, stipulé dans un contrat d'échange, est inférieur à la valeur réelle de l'objet qui donne lieu à la soulte, la régie a deux ans pour demander le supplément de droit et l'amende. — *Cass.*, 13 déc. 1809, Quentin.

4862. — Lorsque l'échangiste a, dans un acte quelconque, tel qu'un testament, déclaré que la soulte de l'échange est supérieure à la somme portée dans le contrat enregistré, la régie ne peut exiger de ses héritiers le paiement d'un droit supplémentaire sur l'excédant, s'il s'est écoulé plus d'un ou deux ans depuis l'enregistrement de l'acte d'échange. — Délib. 11 mai 1836. — *Contrà* délib. 20 oct. 1835.

4863. — Toutefois, si la donation de l'usufruit des biens composant un majorat n'a été soumise qu'au droit fixe de 1 fr. avant l'ordonnance d'autorisation, la prescription biennale à compter de la date de cette ordonnance ne peut être opposée à la demande du droit proportionnel, quand cette ordonnance n'a été ni insérée au bulletin des lois ni enregistré dans les cours et tribunaux, et que dès-lors les préposés n'ont pu en avoir connaissance. — Décis. min fin., 10 juill. 1827; inst. 1229, § 1er.

4864. — Lorsqu'il n'a été perçu qu'un droit fixe sur un acte susceptible du droit proportionnel, on ne peut réclamer ce droit proportionnel plus de deux ans après la formalité de l'enregistrement. — Décis. min. fin., 9 janv. 1822; délib. 5 mai 1824.

4865. — Si, en cas d'aliénation de l'usufruit et de la propriété faite par le même acte au profit de deux acquéreurs distincts, le nu-propriétaire n'a payé le droit de vente que sur le prix stipulé, la prescription biennale, pour le recouvrement du supplément de droit, à raison de la réunion de l'usufruit, ne court que du jour de cette réunion, et non pas de celui de l'enregistrement de la vente. — Solut. 24 déc. 1831.

4866. — Lorsqu'un supplément de droits a été exigé mal à propos, la prescription pour la demande en restitution court de la date de l'enregistrement en recette de ce supplément, et non de l'enregistrement de l'acte. — Délib. 9 mai 1837.

4867. — Toute action en restitution de droits indûment perçus se prescrit par deux ans, quand bien même le paiement des droits aurait été accompagné de réserves. — *Cass.*, 21 avr. (et non août) 1806, Dauphin.

4868. — Est soumise à la prescription de deux ans, comme toute autre demande en restitution de droit d'enregistrement, la demande en restitution du droit perçu sur une adjudication d'immeubles faite en justice, et annulée depuis par les voies légales. — *Cass.*, 16 fév. 1813, Macaire.

4869. — Le délai pour former une demande en restitution du droit perçu sur une adjudication de biens d'un interdit, faite devant un notaire commis, court depuis l'enregistrement, et non depuis le jugement qui a annulé cette adjudication. — *Cass.*, 31 déc. 1839 (t. 1er 1840, p. 119), Deshaires.

4870. — Jugé cependant que si, en percevant un droit proportionnel de résolution sur un contrat qui ne devra se résoudre que si l'acquéreur

ne se libère pas dans un délai fixé par un jugement, la régie a reconnu que cette perception n'était que *provisoire*, le délai de la prescription biennale contre l'action en restitution ne court qu'à partir du jour où il devient certain que la résolution n'aura pas lieu. — *Cass.*, 29 déc. 1836 (t. 1er 1837, p. 56), Icard.

4871. — Il résulte des termes de cet arrêt que la cour de Cassation n'a entendu statuer que dans *l'espèce particulière*, en raison des engagements pris par la régie et par ses préposés, qu'elle n'a pas eu pour but de résoudre en principe, contre la règle, la question de savoir si, en cas de perception anticipée d'un droit dont l'ouverture est subordonnée à une condition, la prescription de l'action en restitution court à partir du jour de l'enregistrement, ou seulement à partir du jour où le droit à la restitution a pris naissance. Il est même permis de croire, d'après les derniers mots de l'arrêt, que, si la question se fût présentée dégagée de toutes circonstances de fait, la cour aurait pu se considérer comme liée par la rigueur du principe posé par l'art. 61, L. 22 frim. an VII, d'après lequel *toute* demande en restitution de droits doit être formée dans les deux mois, à partir *du jour de l'enregistrement*.

4872. — En admettant qu'il y eût lieu à restitution des droits perçus sur un acte d'échange, parce que cet acte ayant pour objet des biens dotaux, aurait été annulé pour vice radical, la demande en restitution se prescrit par deux ans depuis l'enregistrement du contrat d'échange. — *Cass.*, 10 mars 1825, Portailler et Chaptal.

4873. — La régie ne peut opposer la prescription de deux ans aux créanciers et aux tiers acquéreurs des biens de la succession, qui demandent la restitution des paiements faits à valoir sur les droits de mutation, sur les fermiers, avec les revenus postérieurs à la vente. — *Cass.*, 20 août 1811, Defoissy.

4874. — Lorsque les droits de succession ont été acquittés *en ligne directe* par un enfant adultérin; que les collatéraux ont obtenu, en première instance, l'envoi en possession des biens à son préjudice, et que, par une transaction sur l'appel, ils ont abandonné l'hérédité, la perception du droit de cession, assise sur cette transaction, n'est pas restituable, si la demande n'en a pas été faite dans les deux ans. Mais, de son côté, la régie n'est pas recevable à réclamer contre les collatéraux un supplément de droits de succession. — *Cass.*, 5 juin 1811, Thiéry.

4875. — La prescription biennale prononcée par l'art. 61 contre celui qui a payé les droits de mutation après décès sur un immeuble qu'il croyait appartenir à la succession, court du jour du paiement du droit, et non du jour où il a été constant, par une décision judiciaire, que l'immeuble n'appartenait pas à la succession. — *Cass.*, 23 janv. 1839 (t. 1er 1839, p. 91), Sapet.

4876. — De même, lorsque les droits ont été perçus sur une mutation d'immeubles; que les décisions postérieures ont annulée comme entachée du vice d'incapacité; et à raison d'immeubles qui semblaient exister dans une succession; et qu'une décision postérieure en a fait sortir comme acquis irrégulièrement par la personne décédée, la demande en restitution peut être repoussée par la prescription si elle n'a eu lieu dans les deux années de la perception. — On ne peut dire que la prescription ne court que du jour où les aliénations ont été déclarées nulles. La maxime *Contra non valentem agere non currit præscriptio* n'est pas applicable en matière fiscale. — *Cass.*, 24 juill. 1839 (t. 2 1839, p. 145), de Villequier.

4877. — La restitution des droits perçus sur une adjudication annulée par les voies légales peut être exigée dans les deux ans; non de la date de l'enregistrement, mais du jugement ou de l'arrêt qui a prononcé l'annulation. — Délib. 14-21 juin 1836.

4878. — En admettant que les droits payés par le légataire institué fussent restituables par suite de l'annulation du testament, cette restitution ne pourrait être demandée après deux années de la date de la perception. Vainement on soutiendrait que la prescription a été interrompue, par suite de l'impossibilité d'agir pendant l'instance relative à la validité du testament. — *Cass.*, 7 avr. 1840 (t. 1er 1840, p. 730), de Gouttes et de Rozières.

4879. — Jugé également que si des héritiers naturels qui ont acquitté le droit de mutation découvrent un testament d'après lequel des immeubles par eux déclarés ont été légués à un autre, le délai pour la restitution du droit court du jour du paiement, et non du jour de la découverte du testament. — *Cass.*, 10 juin 1839 (t. 2 1839, p. 112), Lantard de Vigola.

4880. — Lorsqu'il s'est écoulé plus de deux ans depuis le jour de l'enregistrement d'un testament, il y a prescription de l'action en restitution des droits perçus sur ce testament ultérieurement annulé, et cela quand bien même l'instance sur la validité du testament n'aurait pas été terminée avant ce délai de deux ans. — *Cass.*, 11 mai 1840 (t. 1er 1840, p. 701), Gagneur.

4881. — L'action en restitution des droits perçus sur un contrat de mariage est, en cas de célébration, prescriptible par deux ans, à partir de l'enregistrement du contrat. — Solut. 8 sept 1832.

4882. — La prescription de la demande en restitution du droit perçu sur un contrat de mariage non suivi du mariage court du jour de l'enregistrement, et non pas seulement du jour où il est certain que le mariage ne s'accomplira pas. — Mais, tant que le mariage n'a pas été célébré, les parties peuvent demander la restitution des droits perçus, sauf à les acquitter de nouveau si le mariage vient à recevoir son effet. — *Cass.*, 10 déc. 1838 (t. 2 1838, p. 528), Dumas.

4883. — Encore bien que le droit proportionnel d'enregistrement sur une donation conditionnelle contenue dans un contrat de mariage et subordonnée au décès de l'époux donateur, ne soit exigible que lors de l'événement de cette condition, cependant, si le receveur, considérant la donation comme actuelle, a exigé le droit proportionnel de 3 1/2 o/o, le délai de deux ans fixé par l'art. 61, n° 4er, L. 2 frim., pour l'action en restitution du trop-perçu, commence à dater du jour de l'enregistrement du contrat de mariage, et non pas seulement à compter du décès de l'époux donateur. — *Cass.*, 27 (et non 22) déc. 1830, Warion.

4884. — La demande en restitution des droits perçus sur une transmission d'office non suivie d'effet, doit être faite dans le délai de deux ans, à compter du jour de l'enregistrement de l'acte de cession ou de la déclaration qui a été faite de la valeur. — L. 25 juin 1841, art. 44.

4885. — Dans le délai de deux ans, à compter du jour de l'enregistrement, dans lequel doit être formée la demande en restitution d'un droit indûment perçu, on doit comprendre le jour même de l'enregistrement. — Ainsi, la demande en restitution d'un droit perçu le 20 oct. 1825, a dû être formée au plus tard le 19 oct. 1827. — *Cass.*, 4er août 1831, Auger.

4886. — La prescription est acquise contre toute demande en restitution des anciens droits de contrôle, insinuation, centième denier et autres, abolis par la loi du 19 déc. 1790, comme contre toute réclamation de droits ou de suppléments de droits de cette nature, par la régie. — Circ. 22 mars 1792, art. 247. — Autrefois, le droit de centième denier, de contrôle et d'insinuation étaient imprescriptibles, ainsi que les peines encourues faute de paiement de ces mêmes droits. — Arrêts du conseil, 28 mars 1749, et 24 oct. 1724.

4887. — La prescription biennale n'est pas applicable à la demande par la régie des droits d'enregistrement des actes auxquels la formalité a été donnée en débet. — Instr. 30 juin 1827, 12e, § 45.

4888. — L'enregistrement en débet ne fait courir la prescription de l'action en réduction des droits qu'autant qu'il en énonce la liquidation; et c'est du jour seulement où la liquidation est connue du redevable que cette prescription commence à courir. — *Cass.*, 26 avr. 1836, Domaine privé du roi.

4889. — La prescription de deux ans s'applique à l'amende encourue par un notaire pour n'avoir pas fait au bureau de l'enregistrement la déclaration préalable à une vente publique de meubles, comme aux droits d'enregistrement eux-mêmes. — *Cass.*, 23 (et non 22) janv. 1809, Cayre.

4890. — Lorsqu'un acte notarié non enregistré est depuis plus de deux ans inscrit à sa date sur le répertoire qui a été visé par le receveur, l'amende n'est plus encourue et ne peuvent plus être exigés. En pareil cas, le délai de la prescription ne court que du jour du visa du répertoire pour le trimestre dans lequel a été compris l'acte en contravention. — Décis. min. fin. 26 août 1819.

4891. — Mais jugé que la prescription de deux ans ne s'applique pas au cas d'amendes encourues par un notaire, pour le défaut d'inscription, sur son répertoire, des actes qu'il a reçus. — *Cass.*, 6 mars 1809, Locanus. — Cette jurisprudence a changé, ainsi qu'on va le voir.

4892. — Si la prescription établie par l'art. 61, L. 22 frim. an VII, n'est pas applicable au cas où il s'agit de poursuivre isolément le recouvrement d'une amende, il n'en est pas de même de la peine du double droit, car de l'amende, lorsqu'elle devient l'accessoire du droit principal, un supplément de ce droit, puisque, par l'enregistrement

de l'acte qui y donne lieu, la régie a été suffisamment avertie de la contravention, et qu'elle s'est trouvée par-là mise en demeure de percevoir tout ce qu'elle peut exiger. — *Cass.*, 14 août 1809, Ysebrant.

4894. — C'est une disposition particulière d'un acte que la relation que l'on y rencontre d'un autre acte non enregistré. En conséquence, il y a prescription de l'amende encourue par le notaire qui a eu l'imprudence de faire cette relation, si la régie n'a pas exercé contre lui des poursuites dans l'espace de deux ans, à partir de l'enregistrement de l'acte qui contient cette relation. — *Cass.*, 26 fév. 1840, Barthès; 9 avr. 1840, Boulade.

4894. — L'art. 44, L. 16 juin 1824, qui a appliqué aux amendes la prescription de deux ans établie par l'art. 61, L. 22 frim. an VII, a converti en disposition législative la doctrine de l'avis du conseil d'état, du 22 août 1810, d'après laquelle la prescription de deux ans s'applique aux amendes comme aux droits simples, lorsqu'il y a insuffisance de perception ou fausse évaluation dans un acte dont la régie a eu connaissance. — *Cass.*, 16 juin 1828, Roussey.

4895. — L'avis du conseil d'état du 22 août 1810 et l'art. 44, L. 16 juin 1824, relatifs à la prescription des amendes pour contravention aux lois sur l'enregistrement, le timbre et les ventes de meubles, sont spéciaux pour ces cas, et ne s'appliquent point aux mutations d'immeubles. — *Cass.*, 12 mai 1840 (t. 2 1843, p. 729), Charpentier.

4896. — Les greffiers sont affranchis par le laps de deux ans des amendes encourues pour défaut d'enregistrement des jugements qui doivent être enregistrés sur minute, lors même qu'ils ont omis de porter ces jugements sur leur répertoire. — *Cass.*, 4 janv. 1814, Ferrand.

4897. — Lorsque la régie n'a point exigé les droits dus sur des actes sous seing-privé, non enregistrés, qui ont été mentionnés dans des actes authentiques, la prescription acquise par le laps de deux ans, a pour effet d'éteindre l'action de la régie en paiement du droit proportionnel; et il n'est plus dû qu'un simple droit fixe pour l'enregistrement de ces actes, s'ils sont plus tard produits en justice. — *Cass.*, 24 juin 1832, Badereau.

4898. — Les auteurs du *Dict. des dr. d'enregist.*, v° *Prescription*, n° 29, critiquent cet arrêt. « Il contient, disent-ils, une distinction qui ne se trouve nulle part dans la loi. Ne pouvant refuser de reconnaître que les actes devaient être enregistrés d'après les dispositions de l'art. 23, L. 24 frim. an VII, puisqu'ils étaient produits en justice, la cour a jugé qu'ils ne devaient pas l'être pour le droit proportionnel auquel le droit les tarife, mais seulement pour un droit fixe. Elle a divisé ce qui ne peut être divisé; elle a séparé l'obligation de l'enregistrement de l'impôt, qui est l'effet ou l'objet de cet enregistrement; et, en un mot, elle a substitué sa jurisprudence à la loi. Quoi qu'il en soit, un principe est reconnu, tout acte produit en justice doit être soumis à la formalité, quelle que soit sa date. »

## § 3. — Prescription de trois ans.

4899. — La prescription de trois ans, ainsi qu'on l'a vu (n° 4785), a lieu, lorsqu'il s'agit d'une omission de biens dans une déclaration faite après décès. — L. 22 frim. an VII, art. 61, n° 2. — Le délai court à compter du jour de l'enregistrement, c'est-à-dire de la déclaration.

4900. — La prescription de trois ans ne s'applique qu'aux omissions de biens dans les déclarations faites après décès. Mais elle s'applique à tous les biens omis, quelle que soit leur nature, et elle embrasse le droit simple, comme le droit en sus à raison de l'omission. — *Dict. des dr. d'enregist.*, v° *Prescription*, n° 100.

4901. — Lorsque les héritiers ne comprennent pas dans leur déclaration tous les biens de leur auteur, il y a omission de biens, et non omission de perception; alors l'action de la régie dure trois ans. Au contraire, si les héritiers ont compris dans la déclaration tous les biens qui devaient y entrer, et que le receveur n'ait perçu les droits que sur une partie, la prescription biennale pourra être opposée à la demande d'un supplément. — *Dict. des dr. d'enreg.*, v° *Prescription*, n° 101.

4902. — Si, à l'époque de l'ouverture de la succession, l'auteur avait intenté une action en revendication d'immeubles, la prescription de trois ans pour l'omission de cette action dans la déclaration de succession, ne court du jour de cette déclaration; car l'action existant au jour du décès, il y a eu omission. — Décis. min. fin. 28 août 1828.

4903. — Jugé même que la prescription de trois ans, à partir du jour de la déclaration était applicable à des objets d'une succession omis dans la

déclaration, parce qu'ils avaient été divertis par l'un des héritiers. — *Cass.*, 22 juin 1822, L...

4904. — Les auteurs du *Dict. d'enreg.* (vo *Prescription*, no 404) critiquent cet arrêt. Comment, disent-ils, l'administration pouvait-elle agir? car elle n'avait point d'action contre l'héritier pour l'obliger à déclarer les objets divertis. La prescription de trois ans s'applique aux omissions; mais il faut que le préposé ait pu constater ces omissions.

4905. — Lorsque, dans la déclaration des biens d'une succession, les héritiers n'ont pas compris un immeuble qui ne devait pas d'ailleurs en faire partie, parce qu'il était situé hors de l'arrondissement du bureau, il y a, non pas omission, mais absence de déclaration relativement à cet immeuble et dès-lors l'action de la régie en paiement du droit se prescrit non par trois ans, mais par cinq ans. — *Cass.*, 28 juin 1820, Constant. — En effet, les déclarations doivent être faites dans chaque bureau où se trouvent des biens. Autant de bureaux, autant de déclarations distinctes les unes des autres.

### § 4. — *Prescription de cinq ans.*

4906. — La prescription de cinq ans ne s'applique qu'aux droits des successions non déclarées (V. no 4875), comme celle de trois ans ne s'applique qu'aux omissions dans les successions déclarées.. — L. 22 frim. an VII, art. 61, no 3. — Le délai de la prescription de cinq ans court du jour du décès, à moins qu'on ne se trouve dans le cas d'appliquer la maxime que l'on ne prescrit point contre qui ne peut agir.

4907. — La loi du 22 frim. an VII n'a pas porté atteinte au sort des mutations par décès effectuées avant sa publication. — Ainsi, à une demande en paiement de droits pour une mutation opérée sous l'empire de la loi du 19 déc. 1790, on ne peut appliquer la déchéance portée dans l'art. 61, L. frim. an VII, quoique le litige auquel elle donne lieu se poursuive depuis la promulgation de cette dernière loi. — *Cass.*, 22 vendém. an IX, Bonneau.

4908. — La prescription de cinq ans, établie par l'art. 18, L. 19 déc. 1790, ne concernait que les mutations opérées par successions directes ou collatérales. Pour les mutations qui ont eu lieu de toute autre manière, il n'y avait lieu qu'à la prescription de trente ans. — *Cass.*, 26 août 1807, Huard-Duplessis.

4909. — Jugé, cependant, qu'on doit appliquer aux successions ouvertes antérieurement à la loi du 22 frim. an VII, dans un pays réuni à la France, la prescription de cinq ans établie par l'art. 61 de cette loi pour le recouvrement des droits de mutation par décès, lorsqu'il s'est écoulé plus de cinq années sans réclamation de la part de la régie, depuis que la loi de frimaire a été promulguée dans ce pays, et cela quand même, d'après la loi auparavant en vigueur, les droits de mutation ne seraient prescriptibles que par trente ans. — *Cass.*, 3 (et non 30) nov. 1813, Froia.

4910. — La prescription de cinq ans, relativement aux droits de mutation par décès, ne court contre la régie qu'à compter de l'inscription du décès sur les registres de l'état civil. — *Cass.*, 30 juin 1806, Coural.

4911. — On ne peut donc opposer à la régie la prescription de cinq ans, lorsque le décès n'a pas été inscrit sur ces registres, ou constaté d'après le mode réglé par les lois du pays à l'époque de ce décès. — *Cass.*, 3 nov. 1813, Hoensbrock.

4912. — Jugé cependant que, lorsqu'un individu est décédé hors du lieu de son domicile et dans un hôpital, la prescription de cinq ans commence à courir pour les droits de mutation, à compter du jour du décès, et non pas seulement à partir du jour où ce décès a été inscrit sur les registres de l'état civil du domicile du défunt. — *Cass.*, 21 (et non 7) fév. 1809, Durand.

4913. — En tout cas, la prescription ne court contre la régie que du jour où elle a pu légalement connaître le décès. — Ainsi, en cas de décès d'un individu, propriétaire de biens situés à l'île Bourbon, la prescription n'a couru contre la régie que du jour où elle a pu légalement connaître ce décès, par exemple, par la procuration à l'effet de vendre ou gérer ces biens, déposée par les héritiers dans l'étude d'un notaire. — *Cass.*, 24 (et non 21) janv. 1827, Desaunay.

4914. — L'avis du conseil d'état du 22 août 1810, qui n'admet la mise en demeure de la régie, et l'obligation d'exercer des poursuites dans les deux ans, que pour les cas où les receveurs ont été à portée de découvrir par des actes présentés à l'enregistrement, des contraventions aux lois des 22 frim. et 22 pluv. an VII, est spécial pour les amendes, et n'est point applicable au recouvrement des droits de mutation par décès. — *Cass.*, 7 mai 1833, Frampton.

4915. — Lorsque l'acte de décès n'a pas été porté sur le registre de l'état civil, la prescription ne peut courir, pour une succession non déclarée, que du jour de l'acte de notoriété qui a été dressé pour en tenir lieu. — *Cass.*, 25 janv. 1815, Gilbert.

4916. — Une enquête ordonnée ne saurait, à l'égard de la régie, suppléer au défaut d'inscription du décès sur les registres de l'état civil et ce ne serait au surplus qu'à partir de cette enquête que la prescription commencerait à courir. — *Cass.*, 30 juin 1806, Coural.

4917. — Comme preuve du décès arrivé plus de cinq ans avant la contrainte, on ne peut avoir égard à un extrait délivré par le curé de la paroisse et produit pour la première fois devant la cour de cassation, cet extrait ne paraissant pas avoir été tiré d'un registre tenu dans les formes voulues par la loi d'alors, et d'ailleurs ayant été délivré par un fonctionnaire sans qualité. — *Cass.*, 3 nov. 1813, Hœnsbrock.

4918. — Un acte de décès a été légalement inscrit par le curé d'une paroisse sur les registres courans de l'état civil, dont parle la loi du 20 sept. 1792, tant que ces registres n'ont pas été clos, arrêtés et portés à la maison commune. En conséquence, jusqu'à justification de la clôture et du transport de ces registres, un pareil acte fait preuve légale du décès d'un individu, et à partir de cette époque a couru la prescription de cinq ans pour les droits de mutation dus par la succession. — *Cass.*, 28 août 1810, Schools.

4919. — Lorsque la régie ne justifie d'aucune déclaration de succession, qu'elle même produit un certificat qui établit que le décès du défunt remonte à plus de cinq ans, et qu'elle ne se prévaut d'aucun acte ayant pour effet d'interrompre la prescription, cette prescription est légalement acquise, et le jugement qui l'accueille ne fait qu'une juste application de la loi. — *Cass.*, 6 mai 1822, Gros et Coussin.

4920. — La prescription de cinq ans, pour les droits de déclaration d'une succession séquestrée au profit de l'état par suite d'émigration ou de condamnation, a été suspendue jusqu'à la levée *définitive* du séquestre, et à la mise en possession *réelle* des héritiers. — *Cass.*, 3 therm. an IX, Blonay; 20 prair. an X, Servanteau; 2 vent. an XI, Veymeranges; 14 germ. an XI, Baroud du Soleil; 3 messid. an XI, Soustras; 14 frim. an XII, Lamballe; 30 pluv. an XII, Labaume-Montrevel; 19 therm. an XII, Labaume-Montrevel; 23 brum. an XIII, Guenet Saint-Just; 24 niv. an XIII, Labaume-Montrevel; 22 déc. 1806, Langier; 11 mai 1807, Gohin de Montreuil; 7 août (et non avril) 1807, Labaume-Montrevel; 1er août 1808, Labaume-Montrevel; 14 août 1811, Montmans. — Merlin, *Quest.*, vo *Enregistrement*, § 17.

4921. — ... Et la prescription de cinq ans n'a pu courir tant que ce séquestre a subsisté, non seulement de droit, mais encore de fait. — *Cass.*, 9 nov. 1813, Boufflers.

4922. — ... Car c'est du jour seul de la radiation de leurs auteurs de la liste des émigrés que les héritiers sont devenus habiles à succéder. — Décis. min. fin. 18 brum. an XI; instr., 290, no 71.

4923. — Jugé également que la prescription de cinq ans a été suspendue pendant le séquestre apposé sur les biens de la succession, par suite de l'émigration de plusieurs des héritiers. — *Cass.*, 6 flor. an X, Brancas.

4924. — ... Que la prescription du droit de mutation dû sur un immeuble dépendant d'une succession séquestrée, mais qui n'y est rentré qu'au moyen d'un réméré exercé par l'héritier qui la recueille, commence, non du jour où l'acte en est passé, mais de celui où a été rendu l'arrêt portant main-levée définitive du séquestre. — *Cass.*, 18 déc. 1816, Chapelle de Jumilhac.

4925. — Jugé au contraire que la prescription des droits de mutation par décès n'a pas été suspendue pendant la durée du séquestre apposé sur les biens par suite de l'émigration de quelques uns des ayant-droit. — *Cass.*, 26 frim. an VIII, Morisseau; 9 vent. an VIII, Nicolaï.

4926. — ... Que de ce que les ayant-droit ont un délai de six mois depuis la levée du séquestre pour faire leur déclaration, il ne s'ensuit pas que la prescription ne doive courir contre la régie depuis le jour du décès. — *Cass.*, 9 vent. an VIII, Nicolaï.

4927. — Lorsque les héritiers d'un prêtre déporté sont restés en possession de ses biens soit pendant le temps qu'ils ont été confisqués, soit depuis la loi du 22 fructid. an III, qui a ordonné la restitution des biens séquestrés aux propriétaires ou à leurs héritiers présomptifs, ils ne peuvent invoquer cette possession comme faisant courir la prescription des droits de mutation par décès, parce que, pendant la durée de la confiscation, ils n'avaient pas la saisine légale des biens, et que, depuis la loi du 22 fructid., l'alternative qui en résulte pour la restitution a mis la régie dans l'impossibilité d'agir pour le recouvrement des droits, tant qu'il n'existait pas un acte quelconque de nature à faire connaître la mutation qui avait eu lieu. — On ne peut considérer ainsi l'inscription des héritiers au rôle de la contribution foncière, parce que la régie est bien autorisée, mais non obligée, sous peine de déchéance, d'y puiser des preuves de mutation, lors surtout qu'il y a insuffisance dans les déclarations du rôle. — *Cass.*, 7 (et non 17) janv. (et non févr.) 1818, Faucon.

4928. — La prescription des droits de mutation dus pour la succession d'un militaire décédé en activité de service ne court contre la régie de l'enregistrement qu'à compter du jour de la mise en possession *réelle* des héritiers — *Cass.*, 19 thermid. an XIII, Lebus; 22 brum. an XIV, Cense.

3929. — Jugé également que la prescription pour les droits de mutation de la succession d'un militaire décédé hors du royaume, et dont le décès est mentionné sur les registres matricules de l'armée, court seulement du jour où les héritiers de ce militaire ont été mis en possession de ses biens, et non du jour où ils ont eu connaissance de son décès. — *Cass.*, 29 avr. 1818, Archambaud.

4930. — La prise de possession d'une succession est suffisamment justifiée, à l'effet d'autoriser la régie à percevoir les droits, par l'exploit de demande en partage de cette succession formée par l'un des héritiers contre ses cohéritiers. — Cet acte peut dès-lors être pris par les redevables pour point de départ de la prescription qu'ils opposent à la régie. — *Cass.*, 5 nov. 1821, Archambault.

4931. — La prescription à défaut de déclaration de la succession par les héritiers, ou bien de poursuites dirigées contre eux, n'est pas interrompue par le retard apporté à leur mise en possession par une contestation survenue entre eux et un tiers. — *Cass.*, 8 germin. an XI, Maussacri.

4932. — La prescription des droits de mutation dus pour la succession d'un militaire mort en activité de service hors de son département, ne court contre la régie qu'à partir du jour où elle a pu avoir connaissance de ce décès. — *Cass.*, 20 avr. 1807, Mercadier.

4933. — A cet égard, la mention faite sur les registres matricules de l'armée, de la mort d'un militaire décédé hors du royaume, n'est pas suffisante. — *Cass.*, 29 avr. 1818, Archambaud.

4934. — Jugé, en conséquence, que la prescription pour le paiement des droits de mutation dus sur la succession d'un militaire décédé aux armées n'a pu courir contre la régie, lorsque le décès n'a pas été inscrit sur les registres de l'état civil, ni même constaté d'une manière légale. — La circonstance que les successibles auraient pris la qualité d'héritiers dans des actes publics, n'est pas suffisante pour faire courir cette prescription. — *Cass*, 26 nov. 1810, Blanchet.

4935. — L'énonciation contenue dans un inventaire qu'un militaire est décédé et que son décès est attesté par un certificat du ministre de la guerre, suffit à la régie pour réclamer les droits de mutation résultant de ce décès. Par la même raison, cet acte peut être pris par les redevables pour point de départ de la prescription qu'ils opposent à la régie. — *Cass*, 5 nov. 1821, Archambault.

4936. — La prescription de cinq ans relativement aux droits de mutation dus sur la succession d'un militaire décédé hors de France, ne court contre la régie qu'à partir du jour où l'acte de décès a été déposé chez un notaire en France, lorsqu'il est constant que les héritiers n'ont pris possession des biens que postérieurement à ce dépôt. — *Cass.*, 25 juin 1806, Gilloire.

4937. — L'héritier d'un militaire absent, poursuivi en paiement des droits de mutation n'est point fondé à invoquer la prescription de cinq ans, s'il ne rapporte aucun acte qui constate le décès de son auteur. — *Cass.*, 8 mai 1826, Orth.

4938. — Lorsqu'un individu est décédé en pays étranger, la prescription des droits de mutation dus sur ses biens n'a commencé à courir que du jour où son décès a été connu, par la prise de possession de la part de ses héritiers. — *Cass.*, 8 mai 1809, Henette.

4939. — ... Ou du jour de leur envoi en possession. — *Cass.*, 7 mai 1833, Frampton; — décis. min. just. et fin. 24 et 30 mai 1809.

4940. — On peut opposer à la régie la prescription de cinq ans, pour les droits de mutation dus sur des biens situés en France et dépendant de la succession d'un individu décédé dans une colonie française, lorsque le décès a été inscrit

sur les registres de l'état civil de la colonie, et que ces registres sont restés pendant dix ans au dépôt de la marine en France, parce que, indépendamment des renseignemens que la régie a reçus ou dû recevoir de ses agens dans la colonie, elle a pu prendre connaissance de l'acte de décès aux archives de la marine.—*Cass.*, 9 juin 1817 (et non 1807), de Clamousse.

4941. — La prescription de cinq ans pour les droits de mutation dus sur la succession d'un individu décédé dans une colonie française court contre la régie, soit à partir du jour où le décès a été inscrit sur les registres de l'état civil de la colonie, soit à partir de l'époque où les communications ont été rétablies avec la France, si elles se trouvaient interrompues par la guerre au moment du décès. — *Cass.*, 21 (et non 12) nov. 1822, Grizol.

4942. — Lorsque la régie n'a pas réclamé les droits de mutation dans les cinq ans qui ont suivi le décès d'un individu, la prescription peut lui être opposée, même à l'égard des biens qui ne seraient rentrés dans la succession que postérieurement au décès, par suite d'une action intentée par l'héritier.— *Cass.*, 20 frim. an XIV, Vivian.

4943. — ... Par exemple, en vertu d'une action résolutoire. — *Cass.*, 20 août 1827, de Pierreclau.

4944. — ... Ou par l'effet d'un jugement prononçant la rescision d'un acte de vente d'immeubles dont il rendrait la propriété aux héritiers. — *Cass.*, 8 mars 1826, Lafiteau.

4945. — Par la même raison, la régie ne saurait échapper à la prescription en prétendant que les biens de la succession étaient en grande partie vendus, qu'ils faisaient l'objet d'une contestation sérieuse entre les co-héritiers au moment où la déclaration aurait pu se faire, et qu'ils ne sont rentrés que plus tard dans leurs mains. — *Cass.*, 29 oct. 1806, Guilhen.

4946. — Jugé dans le même sens, lors même que tous les biens qui composent la succession auraient été vendus par le défunt et ne seraient rentrés dans sa succession que bien plus de cinq ans après son décès, si la régie n'a, dans l'intervalle, fait aucun acte ou intenté aucune action pour la conservation de ses droits.— *Cass.*, 3 sept. 1810, Aldebert.

4947. — Jugé au contraire que si, après avoir acquitté, dans le délai, les droits de mutation sur les biens qui existaient lors du décès de leur auteur, les héritiers obtiennent un jugement qui fait rentrer dans sa succession des immeubles qui en étaient sortis de son vivant, ce jugement forme un nouveau droit et un état de choses tel que les héritiers sont assujétis à faire une nouvelle déclaration, et le droit qui est dû en pareil cas n'est prescriptible que par cinq ans. — *Cass.*, 30 mars 1813, Delard.

4948. — ... Que lorsque des biens litigieux sont, en vertu d'un arrêt, rentrés dans une succession dont la déclaration a été faite par les héritiers, la prescription des droits de mutation pour ces biens ne court qu'à compter du jour de la décision.—*Cass.*,24 août 1841 (t. 1er 1842, p. 310), Carré et Gamelin.

4949. — La prescription quinquennale concernant les droits de mutation peut seule être opposée à la régie dans le cas où des héritiers se sont mis en possession des biens d'un absent par un acte de partage enregistré. — *Cass.*, 12 mai 1834, Delrochers.

4950. — La régie n'a pas le droit de rechercher et de poursuivre, pour le paiement des droits de mutation par décès, ceux qui peuvent prétendre à une hérédité dont ils s'abstiennent, lorsque, faute de réclamation de leur part, cette hérédité a été appréhendée par d'autres. D'où il suit que ce n'est qu'à partir de l'acte en vertu duquel les véritables successibles rentrent en possession de l'hérédité et non du jour du décès, que la prescription des droits de mutation dus par ces derniers peut courir contre la régie, lorsque d'ailleurs il y a eu droits de mutation payés par l'héritier apparent. — *Cass.*, 5 sept. 1809, Ouvrard-Pelleterie.

4951. — De même, quand un individu revendique comme héritier une succession dévolue à l'état par droit de déshérence, les cinq ans accordés à la régie pour réclamer le droit de mutation ne courent qu'à dater de cette revendication (décis. min. fin. 8 frim. an IX). Ce n'est, par conséquent, que de la même époque que la prescription commence à courir.

4952. — Tant que la veuve n'a pas formellement renoncé à son douaire et à ses gains de survie, la régie peut réclamer les droits de mutation dus pour ces avantages. — *Cass.*, 8 août 1808, Dursel.

4953. — Relativement aux successions testamentaires, la prescription ne court que du jour où le testament a été présenté à l'enregistrement.— 



ENREGISTREMENT, ch. 11, sect. 1re.

Décis. min. fin. 11 oct. 1808. — Le droit proportionnel dû sur les legs est soumis à la prescription de cinq ans; mais le droit fixe dû sur le testament comme acte n'est prescriptible que par trente ans. —Décis. min. fin. 8 prair. an IX.

4954. — Dans le cas où un testament mystique, ouvert plus de cinq ans après le décès du testateur, fait connaître un legs d'usufruit grevant les immeubles de sa succession, les droits de ce legs sont exigibles, lors même qu'aucune déclaration n'avait été faite pour la mutation de la propriété de ces immeubles, et la prescription quinquennale ne court que du jour de l'ouverture du testament. — Décis. min. fin. 10 juin 1826; instr. 1200, § 14.

4955. — Dans toute transmission de propriété par décès, le droit de mutation étant dû sur la valeur entière des biens, à l'instant du décès, encore bien que l'usufruit soit séparé de la propriété, la regie qui n'a point agi dans les cinq ans, à partir du décès, n'est plus fondée à réclamer le droit de mutation dû sur l'usufruit, et quoiqu'il se soit écoulé moins de cinq ans depuis la réunion de l'usufruit à la nu-propriété.—*Cass.*, 31 juill. 1815, Harostegny.

4956. — Lorsque le légataire d'un usufruit ne doit en jouir qu'après le décès d'un premier usufruitier, c'est seulement à partir de cette époque que court la prescription du droit de mutation dû par le légataire. — *Cass.*, 30 déc. 1834, Chevrier.— En pareil cas, la jouissance du légataire est éventuelle; elle est subordonnée à la condition de survie de ce légataire à l'usufruitier.

4957. — Mais, le legs d'une somme d'argent payable seulement après le décès du légataire universel par ses héritiers étant un legs à terme et non eventuel, la prescription est acquise contre la régie, s'il s'est écoulé cinq ans sans poursuites de sa part, depuis qu'elle a eu connaissance de la disposition. — Délib. 26 nov. 1833.—A la différence de l'espèce rapportée dans le numéro précédent, le légataire est dessaisi d'un droit certain, et transmissible à ses héritiers, en cas de prédécès.

4958. — Bien qu'un légataire ait fait sa déclaration, si le testament est annulé, et la succession déférée à d'autres en tout ou en partie, la prescription contre la demande des droits à ceux qui ont obtenu l'annulation du testament ne court que du jour du jugement. Il en serait de même, si l'annulation du testament résultait d'une transaction. —*Dict. des dr. d'enregistr.*, vº *Prescription*, nº 132.

4959. — Lorsqu'un legs universel fait à un établissement public est réduit par l'ordonnance d'acceptation, le délai pour le paiement du droit de mutation sur la portion que les héritiers recouvrent court, non de la date du décès, mais de la date de l'ordonnance; car ce n'est qu'à partir de la date de l'ordonnance que les établissemens publics sont envoyés en possession de leurs legs; par analogie, on doit dire que ce n'est qu'au moment de l'ordonnance d'envoi en possession au profit de l'hospice que les héritiers ont été dépossédés. — Délib. 11 déc. 1829.

4960. — La prescription de cinq ans établie par l'art. 636, C. instr. crim., n'est applicable qu'aux peines correctionnelles et non aux frais prononcés accessoirement. Ces frais ne se prescrivent que par trente ans. — *Cass.*, 23 janv. 1828. Boulard; Décis. min just. et fin. 28 août et 6 sept. 1816; instr. 748 et 1219, § 13.

4961. — La prescription des peines correctionnelles fixée à cinq ans par l'art. 636, C. inst. crim., ne peut être interrompue, pour les amendes infligées à ce titre, par un commandement de la regie de l'enregistrement. Cette prescription ne peut être interrompue que par la décision correctionnelle en dernier ressort, commencée dans les cinq ans. — *Cass.*, 17 juin 1833. Pascault-Dubuissonnet.

4962. — Le mode d'interruption de la prescription des frais de justice est soumis aux règles qui régissent les condamnations purement civiles. — Instr. 16 janv. 1836, nº 2503.

### § 5. — *Prescription de trente ans.*

4963. — Les prescriptions particulières établies par l'art. 61, L. 22 frim. an VII, doivent être renfermées dans leurs termes. Dès-lors, dans tout autre cas, la régie a trente ans pour réclamer un droit d'enregistrement non perçu.—*Cass.*, 28 août 1816, Vée.

4964. — Ainsi, celui contre lequel existe une présomption légale de mutation secrète de propriété ne peut pas opposer à la régie la prescription du droit pour défaut de poursuite pendant cinq ans à partir de son inscription au rôle, suivie du paiement des contributions. Les prescriptions spéciales en matière d'enregistrement ne sont pas applicables en pareil cas.—*Cass.*, 20 juill. 1829, Decorde.



4965. — L'action de la régie pour demander le droit d'enregistrement sur un acte qui ne lui a pas été présenté est réglée par le droit commun et dure trente ans. — *Cass.*, 12 oct. 1808, Roche.

4966. — De même, l'action de la régie pour le paiement du droit simple d'une mutation secrète ne se prescrit que par trente ans —*Cass.*, 18 mars 1806, Malassagny; 17 août 1813, Stuhl; 5 juin 1837 (t. 1er 1837, p. 575), Pinelte; 17 juill. 1838 (t. 2 1838, p. 90), Louvrier; 22 avr. 1839 (t. 1er 1839, p. 570), Pantous; 17 fév. 1840 (t. 1er 1840, p. 414), Bataille-Daberthier.

4967. — Par conséquent, on ne peut opposer que la prescription de trente ans à la régie qui réclame, non un supplément de droit, mais bien le droit d'une mutation dont le contrat est resté secret. — *Cass.*, 22 déc. 1806, Rovel.

4968. — C'est par trente ans, et non par deux ans, que se prescrivent les droits d'enregistrement dus sur une mutation secrète, lorsque les actes présentés à la formalité ne pouvaient mettre le receveur à portée de découvrir la mutation, sans recherches ultérieures et indépendantes de ces actes. — *Cass.*, 17 août 1813, Frotin.

4969. — Dans le cas d'une mutation secrète que fait présumer le bail passé par un fils à ses père et mère conjointement d'un immeuble dont le fils seul s'était rendu adjudicataire, la régie a, non pas deux ans, mais trente ans pour réclamer le droit dû à raison de cette mutation, parce que ni l'acte d'adjudication au profit du fils seul, ni le bail passé depuis par lui et les père et mère conjointement, n'ont pu mettre le préposé à portée de découvrir, sans recherches ultérieures et indépendantes desdits actes, s'il y avait eu mutation du fils à ses père et mère et si les droits en avaient été payés. — *Cass.*, 29 juin 1813, Le Henaff.

4970. — Lorsqu'un individu a été inscrit sur le rôle de la contribution foncière, aux lieu et place de celui qui s'est rendu adjudicataire de l'immeuble en son nom personnel, la régie a trente ans pour réclamer le droit de rétrocession, quand même dans l'intervalle il aurait été enregistré des procès-verbaux de saisie immobilière, de vente et d'ordre sur le nouveau possesseur, parce que ces divers actes étaient insuffisans par eux-mêmes, et sans des recherches ultérieures, pour mettre les préposés à même de découvrir si la mutation qu'ils faisaient supposer avait été déclarée et si les droits en avaient été acquittés. — *Cass.*, 30 juin 1813, Clavé.

4971. — La demande du droit pour une mutation dont le contrat est resté secret et inconnu à la régie ne se prescrit que par trente ans à compter du jour où l'acte a acquis une date certaine.— *Cass.*, 17 mai 1808, Litière.

4972. — Et il faut que les actes sous seing-privé aient acquis date certaine de l'une des manières énoncées en l'art. 1328, C. civ. — *Cass.*, 17 août 1831, Vincendon; 23 mai (et non mars) 1832, Joly.

4973. —En conséquence, la possession constante dont des ventes sous seing-privé non enregistrées auraient été suivies, le caractère de vétusté de l'écriture, la différence du timbre, la nature des stipulations renfermées dans les actes, ne sont pas des circonstances qui puissent donner à ces actes une date certaine et autoriser les parties à opposer à la régie la prescription trentenaire contre la demande des droits. — Même arrêt.

4974. — Jugé également qu'on ne saurait opposer à la régie une possession trentenaire d'un fonds acquis en vertu d'un acte sous seing-privé qui n'a point date certaine, alors que la régie n'a pas été mise en demeure de contester cette possession. — *Cass.*, 23 mai 1832, Joly.

4975. — ... Qu'un acte sous seing-privé non enregistré ne peut être opposé à la régie pour justifier une possession trentenaire et par suite la prescription des droits qu'à partir du jour où cet acte a acquis date certaine par le décès de l'un des signataires. — *Cass.*, 28 août 1809, Lamarre.

4976. — Lors même que l'acte sous seing-privé aurait acquis une date certaine, la prescription trentenaire ne s'oppose pas à ce qu'on exige le droit proportionnel si cet acte est présenté volontairement à l'enregistrement; elle s'oppose seulement à ce que la régie puisse poursuivre le paiement des droits de cet acte dans le cas où il serait découvert par un préposé en suite de sa mention dans un autre acte ou autrement. — Décis. min. fin. 17 avr. 1834; délib. 13 fév. 1835.

4977. — Il y a prescription acquise contre la régie au profit de celui contre qui elle a décerné une contrainte à fin de paiement des droits dus pour une mutation secrète, s'il a une possession au moins trentenaire et non contestée des biens qui en sont l'objet. — *Cass.*, 6 nov. 1810, Sely.

4978. — Lors même que, par la présentation d'actes soumis à l'enregistrement, la régie n'a point été mise à portée de connaître une mutation secrète, son action en paiement des droits se prescrit par trente ans à compter du jour où l'acquéreur a pris possession des biens et a été inscrit au rôle de la contribution foncière. — *Cass.*, 24 juill. 1833, Trouvé.

4979. — Un tribunal qui refuse d'admettre la prescription trentenaire contre une demande de droits dus sur une mutation célée à la régie ne contrevient point aux art. 2227 et 2262, C. civ., lorsqu'il est établi devant lui par des pièces produites, et qu'il déclare en fait que le nouveau possesseur ne jouit même pas depuis vingt ans. — *Cass.*, 16 août 1819, Guiller-Demonti.

4980. — Les droits d'enregistrement dont les testamens sont passibles ne se prescrivent que par trente ans à compter du jour de l'ouverture de ces actes. — *Cass.*, 13 oct. 1806, Hérisson.

4981. — Mais le droit proportionnel sur les legs n'en demeure pas moins soumis à la prescription de cinq ans. — Décis. min. fin. 8 prair. an IX; circ. 21 prair. an IX, 2013.

4982. — Les prescriptions particulières mentionnées en l'art. 61 ne s'appliquent qu'aux cas pour lesquels elles ont été établies. — On ne peut les opposer à l'action de la régie qui a pour objet de réclamer les droits dus sur un jugement soumis à l'enregistrement sur la minute et qui n'a point été présenté à la formalité dans les vingt jours de sa date. — *Cass.*, 10 août 1807, Garnier; 20 janv. 1808, Gaulier; 25 avr. 1808, Bridoux; 14 mai 1816, Vigier.

4983. — Cette action n'a d'autre terme que celui des prescriptions générales, c'est-à-dire de trente ans, quelque moyen que la régie ait eu de connaître l'existence du jugement. — *Cass.*, 14 mai 1816, Vigier.

4984. — Avant la loi du 16 juin 1824, jugé qu'encore bien que la recherche et la découverte des contraventions, de la part des notaires, à la loi du 25 vent. an XI puisse avoir lieu par le fait des agens de la régie, la durée de l'action appartenant au ministère public pour la répression de ces mêmes contraventions n'est point assujétie à la prescription de deux ans établie par l'art. 61, L. 22 frim. an VII. Cette action n'a d'autres bornes que celles que la loi générale assigne à toutes les autres actions civiles ordinaires. — *Cass.*, 5 déc. 1821, Allaire.

4985. — Jugé également que la prescription de trente ans est seule applicable : 1° à l'amende encourue par le notaire, pour n'avoir pas transcrit au bas de l'expédition d'un acte la mention littérale de l'enregistrement sur la minute. — *Cass.*, 18 nov. 1816, Courtois; — décis. min. fin. 7 juin 1808; instr. 386, n° 25.

4986. — ... 2° Aux amendes encourues par un notaire pour défaut d'inscription sur son répertoire d'actes par lui reçus. — *Cass.*, 10 déc. 1806, Loucongain.

4987. — ... 3° Aux amendes encourues par les notaires pour contravention à la loi du 25 vent. an XI. — *Cass.*, 24 juin 1813, Boucaud.

4988. — Mais depuis, en vertu de l'avis du conseil d'état du 18-22 fév. 1810, et de l'art. 14, L. 16 juin 1824, on n'a appliqué que la prescription de deux ans. — V. *suprà* n^os^ 4788 et suiv.

4989. — L'action en paiement des amendes adjugées pour non comparution au bureau de paix, n'est prescriptible que par trente ans. — *Cass.*, 11 nov. 1816, Cunaud et Condrin; 11 nov. 1808, Cunaud.

4990. — Les prescriptions établies par la loi du 22 frim. an VII ne s'appliquent pas aux amendes de fol-appel. En pareil cas, l'art. 2262, C. civ., est seul applicable. — *Bruxelles*, 4 oct. 1817, Benoit et Debeer.

4991. — La prescription pour le recouvrement des amendes en matière criminelle, correctionnelle et de police et des amendes forestières, ne se règle pas d'après la loi du 22 frim. an VII, elle est déterminée par les Codes d'instr. crim. et forest. — Instr. 12 oct. 1816, 748, et 16 janv. 1836, 1503.

4992. — Les droits sur la quittance définitive du quart des domaines engagés ne se prescrivent que par trente ans. — Délib. 9 août 1826.

4993. — L'action de la régie contre ses préposés au sujet de leur comptabilité ne se prescrit que par trente ans, bien que le déficit du comptable soit la suite de dilapidations, pour raison desquelles une action criminelle avait été entamée, et que cette action se trouve prescrite. — *Cass.*, 23 janv. 1822, Désormeaux; — Mangin, *De l'Action publique*, t. 2, n° 367.

4994. — Les trente ans ne commencent à courir que du jour où la gestion des préposés a cessé. — L. 5 sept. 1807; instr. 350.

**Sect. 2e. — *Actes interruptifs et suspensifs de la prescription.***

4995. — On a déjà vu en partie, sous chacun des paragraphes de la section précédente, quand il y avait interruption ou suspension à l'égard de chacune des différentes espèces de prescriptions. Reste à voir quelques règles générales communes à toutes ces prescriptions.

4996. — En matière d'enregistrement, les principes du droit commun relatifs aux causes qui suspendent le cours de la prescription ne sont pas applicables sur les points où il y a des dispositions spéciales. — *Cass.*, 23 janv. 1839 (t. 1er 1839, p. 91), Sapet.

4997. — Dans le calcul d'une prescription, il faut partir du point où l'on prétend qu'elle commence et arriver au premier acte qui l'aurait fait cesser, sans s'attacher uniquement à un acte postérieur qui ne serait qu'un itératif commandement de payer. — *Cass.*, 25 avr. 1808, Bridoux.

4998. — Pour empêcher la prescription de l'action de la régie, il suffit que, dans l'année de la contrainte décernée contre le redevable, assignation lui ait été donnée devant un tribunal compétent. — *Cass.*, 19 juin 1809, Merland-Laguichardière.

4999. — La prescription est même interrompue par une demande en restitution de droits portée devant un tribunal incompétent, attendu qu'aux termes de l'art. 61, L. 22 frim., une demande signifiée et enregistrée avant le terme de la prescription en interrompt le cours, sauf ensuite à la partie à introduire une instance devant les juges compétens dans le délai d'une année, si elle ne juge point convenable d'agir par pétition auprès de la régie même, ou si le résultat de cette démarche ne la satisfait pas. — Délib. 21 août 1824.

5000. — La signification par acte d'huissier d'une demande en restitution, sans assignation devant un tribunal, interrompt la prescription. — Délib. 14 avr. 1819.

5001. — Les cohéritiers étant solidaires pour le paiement des droits de mutation par décès, il suffit que l'assignation donnée à l'un d'eux soit régulière, pour que l'on ne puisse exciper de l'irrégularité des autres. — *Cass.*, 7 août 1807, Labaume-Montrevel.

5002. — La prescription n'est point interrompue par de simples réserves qui n'ont pas été suivies d'une action intentée en temps utile. — *Cass.*, 23 (et non 22) janvier 1809, Cayre.

5003. — Des actes extra-judiciaires renfermant des nullités ne peuvent interrompre la prescription. — *Cass.*, 14 août (et non déc.) 1811, Galley.

5004. — La régie avait d'abord décidé que la prescription biennale contre la demande en restitution de droits formée par les parties n'était point, à l'égard du trésor, interrompue par des réclamations administratives; qu'il fallait pour cela une demande signifiée et enregistrée dans les délais. — Déc. min. fin. 12 fév. 1811; instr. 21 fév. 1811, 509.

5005. — Depuis elle décida que la prescription était valablement interrompue : 1° par le visa, au secrétariat de l'administration, de l'exploit contenant demande en restitution, lors même que l'exploit ne serait enregistré qu'après l'expiration du délai. — Solut. 14 fév. 1817; 5 juill. 1820; 19 août 1823.

5006. — ... 2° Par une réclamation administrative, lorsque cette réclamation avait été enregistrée, soit au secrétariat du ministère des finances, soit à celui de la direction générale de l'enregistrement avant l'expiration du délai de deux ans. — Déc. min. fin. 27 sept. 1827; instr. 1226.

5007. — ... 3° Même par l'enregistrement pour ordre de la réclamation, fait au bureau où le droit contesté avait été perçu, et en cas d'urgence au bureau du chef-lieu de département. — Déc. min. fin. 2 mars 1831; instr. 1352.

5008. — ... 4° Par la lettre même d'un directeur qui ordonnait la restitution d'un droit, laquelle lettre constituait une solution administrative interrompant la prescription en faveur de la partie intéressée. En pareil cas, le remboursement pouvait être exigé pendant trente ans, à partir de la date du droit indûment perçu. — Solut. 22 déc. 1832.

5009. — Jugé dans le même sens que la réclamation administrative d'un droit d'enregistrement qu'on prétend illégalement perçu n'interrompt la prescription de l'action en restitution qu'autant qu'elle a été enregistrée ou au secrétariat du ministère des finances, ou à celui de la direction générale de l'enregistrement, dans les deux ans de la perception, conformément à la décision du ministre des finances, en date du 27 sept. 1827. — *Cass.*, 18 (et non 21) fév. 1833, Renaud.

5010. — Jugé au contraire que la prescription de deux ans établie en faveur de la régie, contre les demandes en restitution de droits indûment perçus, n'est point interrompue par une demande administrative qui a été rejetée. — *Cass.*, 14 (et non 19) janv. 1836, Charrier.

5011. — En conséquence de cet arrêt, les décisions de la régie ci-dessus rapportées ont été abrogées, sauf facilité accordée aux personnes qui avaient formé des réclamations administratives sur lesquelles il n'avait point encore été statué, de suspendre la prescription par les moyens établis par la loi jusqu'au 1er janv. 1837. — Déc. min. fin. 8 nov. 1836; inst. 1524.

5012. — Mais lorsqu'une restitution a été ordonnée dans le délai légal par une décision administrative, elle doit être réalisée avant comme après l'expiration de ce délai, lors même que sa demande n'aurait pas été signifiée ni enregistrée, et la prescription ne peut plus s'obtenir contre les parties que par le laps de trente ans. — Décis. min. fin. 22 juin 1825.

5013. — Une contrainte, nulle en ce qu'au lieu de requérir l'expertise pour insuffisance dans l'évaluation des revenus d'immeubles donnés, la régie aurait réclamé une somme pour supplément de droit, ne saurait interrompre la prescription de deux ans. — Délib. 13 fév. 1844.

5014. — La prescription de deux ans établie en faveur de la régie contre les demandes en restitution de droits indûment perçus n'est point interrompue par une saisie-arrêt dont la procédure, postérieurement au jugement de validité, a été suspendue pendant une année. — *Cass.*, 14 janv. 1836, Charrier.

5015. — En matière de restitution de droits indûment perçus, la prescription n'est pas suspendue par un jugement qui a rejeté la demande quant à présent, en déclarant l'action en restitution subordonnée à la production de pièces justificatives telles qu'une liquidation et un partage; c'est en vain que le demandeur exciperait de l'impossibilité de rapporter à temps les pièces exigées, si, par appréciation des circonstances de la cause, les juges ont déclaré qu'il y avait négligence et morosité de sa part. — *Cass.*, 4 août 1835, Fontenilliat.

5016. — Une inscription aux hypothèques n'interrompt pas la prescription. — Délib. 4 mars 1816.

5017. — L'interruption civile de la prescription ne profite qu'à celui qui la forme. Lors donc que la régie a empêché que l'on ne prescrivît contre elle l'action en supplément de droits qui était ouverte à son profit, elle n'a pas interrompu par cela même, en faveur du contribuable, l'action en restitution des droits perçus qui pouvaient lui appartenir. — *Cass.*, 30 mars 1808, Copelle; — décis. min. fin. 12 fév. 1811.

5018. — La transaction à laquelle le contribuable a consenti par suite de poursuites illégales n'empêche pas celui-ci d'invoquer la prescription, si cette prescription était déjà acquise au moment de la transaction, et si le contribuable ignorait que les poursuites fussent nulles. — Délib. 13 fév. 1844.

V. CONSERVATEUR DES HYPOTHÈQUES, GREFFE (droits de), HYPOTHÈQUE (droit d'), TIMBRE, TRANSCRIPTION (droit de).

## ENREGISTREMENT DES LOIS.

1. — C'était l'acte par lequel les parlemens, après avoir examiné les lois qui leur étaient adressées au nom du roi, ordonnaient qu'elles seraient transcrites dans leurs registres, et que des copies collationnées seraient envoyées aux juridictions de leur ressort pour y être publiées, enregistrées et exécutées.

2. — Les auteurs ne sont pas d'accord sur l'origine du droit d'*enregistrement des lois* par les parlemens. Les uns prétendent qu'il remonte aux anciennes assemblées des champs de Mars ou de Mai, les autres aux règnes de saint Louis et de Philippe-le-Hardi. D'autres enfin en fixent l'époque au moment de la captivité du roi Jean en Angleterre.

3. — Ces diverses opinions ont été réfutées par Merlin (*Rép.*, v° *Enregistrement des lois*). Selon cet auteur, la formalité de l'enregistrement des lois, gênante pour les rois, n'a pu être imaginée que par les parlemens et à une époque où ils étaient devenus assez puissans pour lutter contre le pouvoir royal, et empiéter sur ses attributions. La nécessité de l'enregistrement des lois, préalablement à leur exécution par les parlemens, a été reconnue, nous dit encore Merlin, pour la première fois par Louis XI, en l'année 1482.

4. — L'usage de l'enregistrement des lois ne comportait pas seulement pour les parlemens un droit d'examen, de vérification, mais encore le

pouvoir de refuser l'exécution des lois. Ce n'était donc point une simple formalité.

5. — Toutefois, il ne résulta jamais de là pour les parlements un droit réel, un concours efficace de leur part à la confection des lois. Par conséquent, il n'est pas tout-à-fait exact de dire, comme l'a fait M. Portalis dans l'*Exposé des motifs* du liv. 4er du tit. 4er du Code civil, que l'enregistrement dans les cours souveraines était le *complément de la loi*.

6. — Une grande question s'était élevée, avant la révolution, à l'occasion de l'enregistrement et de la publication des lois dans une cour souveraine. Elle consistait à savoir si ces enregistrement et publication suffisaient pour rendre les lois obligatoires dans tout le ressort de cette cour.

7. — « Dans certains ressorts , a dit M. Portalis (*Exposé des motifs* du liv. 4er du tit. 4er du Code civil, séance du corps législatif du 4 vent. an XI), la loi était censée promulguée, et elle devenait exécutoire pour tous les habitants du pays, du jour qu'elle avait été enregistrée par le parlement de la France. Dans d'autres ressorts, on ne regardait l'enregistrement dans les cours que *comme le complément de la loi* considérée en elle-même, et non comme sa promulgation ou sa publication : on jugeait que la formation de la loi était consommée par l'enregistrement , mais qu'elle n'était promulguée que par l'envoi aux sénéchaussées et bailliages; et qu'elle n'était exécutoire, dans chaque territoire , que du jour de la publication faite à l'audience par la sénéchaussée ou par le bailliage de ce territoire. »

8. — Merlin (*Rép.*, v° *Loi*, § 5, n° 2) n'admet ces principes qu'en partie. Il distingue , à cet égard , entre les lois dont, l'exécution était purement passive de la part de ceux qu'elles concernent, et celles qui réglaient les actions , les contrats et les dispositions des hommes. Les premières, selon lui, devaient avoir leur effet du jour de leur enregistrement dans les cours supérieures, quoique les tribunaux inférieurs qui devaient les faire publier dans leurs territoires respectifs ne les eussent pas encore reçues; les secondes, au contraire , n'étaient obligatoires dans l'étendue de chaque bailliage ou sénéchaussée, que du jour où elles y avaient été enregistrées et publiées.

9. — Mais cette distinction a été combattue par M. Malther de Chassat (*Comment. approf. du C. civ.*, t. 1er, p. 24, n° 7), qui se range à l'opinion émise par M. Portalis. L'enregistrement dans les cours souveraines, dit-il, emportait sans doute la promulgation de la loi, en déterminait la date, et la rendait obligatoire dans le lieu même où siégeaient ces cours; mais comme du tout temps on a respecté le principe qu'à la connaissance seule de la loi attachée l'obligation de lui obéir, c'était la publication, dans les tribunaux inférieurs, bailliages, sénéchaussées, élections, etc., et sur l'ordre, non plus du roi, mais des cours souveraines elles-mêmes, que la loi devenait obligatoire dans tout le ressort dépendant de ces tribunaux inférieurs.

10. — On a remarqué d'ailleurs que, l'enregistrement de ces tribunaux n'ayant pas le même objet que celui des cours souveraines, mais étant un pur moyen de promulgation, toute remontrance ou délibération de leur part leur était interdite sur le fond même de la loi; qu'ils pouvaient seulement vérifier la forme dans laquelle elle leur était envoyée, et différer l'enregistrement si cette forme se trouvait irrégulière. — Denisart, v° *Enregistrement des lois*, §§ 2 et 3.

11. — Si la loi rendue portait expressément , comme l'édit de 1777 sur les présidiaux, qu'elle *serait exécutée à dater du jour de l'enregistrement*, nul doute que l'exécution de cette loi n'eût dû se faire dans tout le ressort du parlement sans l'enregistrement avait eu lieu, sans qu'il fût nécessaire d'enregistrement ni de publication dans les tribunaux inférieurs. — Merlin, *Rép.*, v° *Loi*, § 5, n° 2 ; Malther de Chassat, *ubi suprà*.

12. — Dans le cas où un corps de judicature aurait été supprimé et réuni à un autre ressort, l'enregistrement d'une loi fait, pendant la réunion au parlement de ce ressort , n'avait pas besoin d'être renouvelé par le corps de judicature rétabli dans son état primitif, pour que la même loi continuât de recevoir son exécution, après la séparation, dans le territoire de la dépendance de ce corps de judicature.

13. — Il a été jugé spécialement que, lorsque le conseil souverain d'Alsace, qui avait été supprimé en 1661, a été rétabli en 1679, les lois et ordonnances enregistrées au parlement de Metz, dont le ressort a été, dans cet intervalle, étendu à toute l'Alsace, ont conservé leur force morale, sans qu'il fût besoin d'un nouvel enregistrement.

— *Cass.*, 6 déc. 1826, Préfet du Haut-Rhin c. Tütterer.

14. — Quoi qu'il en soit, à compter du moment où le pouvoir législatif cessa d'appartenir exclusivement au monarque, le droit qu'avaient eu jusqu'alors les parlements d'enregistrer les lois se convertit en obligation de les faire simplement et sans délai transcrire sur leurs registres. C'est ce qui résulte expressément du décret du 20 oct. et 3 nov. 1789. Ce décret est ainsi conçu : « L'assemblée nationale a décrété que les arrêtés du 4 août et jours suivans, dont le roi a ordonné la publication, ainsi que tous les arrêtés et décrets qui ont été acceptés ou sanctionnés par sa majesté, soient, sans aucune addition, changement ni observation, envoyés aux tribunaux, municipalités et autres corps administratifs pour y être transcrits sur leurs registres, *sans modification ni délai*, être lus, publiés et affichés, etc. »

15. — Aux termes d'un autre décret du 5-6 nov. même année, toute cour, même la vacation, tribunal , municipalité et corps administratif qui n'auraient pas inscrit sur leurs registres dans les trois jours après la réception, et fait publier, dans la huitaine, les lois faites par les représentants de la nation, sanctionnées ou acceptées, et envoyées par le roi, devaient être poursuivis comme prévaricateurs dans leurs fonctions et coupables de forfaiture.

16. — Depuis le décret du 3 nov. 1789, l'enregistrement des lois par les tribunaux a continué d'être une pure formalité jusqu'au moment où la loi du 44 vendém. an II vint prononcer définitivement la suppression de cette formalité elle-même. — V. LOIS.

## ENROLEMENT.

1. — On désigne quelquefois sous ce nom l'engagement volontaire des jeunes soldats. Les mots *enrôlement*, *enrôlé volontaire* se trouvent fréquemment employés dans les lois sur l'armée, rendues sous la république, sous l'empire et même sous la restauration. — V. ENGAGEMENT. — V. aussi CORPS FRANCS.

2. — Aux termes de l'art. 92, C. pén., seront punis de mort ceux qui auront levé ou fait lever des troupes armées, engagé ou enrôlé, fait engager ou enrôler des soldats, sans ordre ou autorisation du pouvoir légitime. — V., à cet égard, CRIMES CONTRE LA SURETÉ DE L'ÉTAT, n° 151 et suiv.

## ENSEIGNE.

### Table alphabétique.

### § 1er. — Établissement des enseignes (n° 2).
### § 2. — Propriété des enseignes (n° 22).
### § 3. — Usurpation des enseignes (n° 60).
### § 4. — Poursuites et compétence (n° 105).

### § 1er. — Établissement des enseignes.

2. — « Si quelque artisan, dit Duplneau (*Ouest. et consult.*, chap. 38, t. 2 , p. 808 et suiv.), à l'égard de la perfection en son art ou par inclination ou par bonté d'esprit ou par ses veilles ; et si un marchand s'est porté à ne vendre et débiter que de bonnes marchandises , à prix raisonnable, et que l'un et l'autre ait acquis de la réputation à sa profession , en sorte qu'il soit recherché par ceux mêmes qui ne savent pas son nom, l'expédient ordinaire pour conserver cette réputation, entretenir son commerce, et soulager ceux qui veulent acheter leurs marchandises ou ouvrages, est, quant à l'un et à l'autre, de pendre à son logis une enseigne... »

3. — On voit par là quel est l'intérêt de l'industriel ou du commerçant à faire le choix d'une enseigne , qui , en individualisant son établissement, le signale à l'attention et au souvenir des chalands.

4. — Outre l'intérêt d'achalandage , il est certaines professions que les lois ou règlements de police obligent à placer au devant de leurs établissemens un indice déterminé pour faire connaître le genre de commerce auquel ils se livrent. — Ainsi les cabaretiers et autres débitans de boissons sont astreints à indiquer leur débit au public au moyen d'un bouchon placé à l'extérieur de leur maison. A Paris les marchands de vins sont tenus de mettre sur l'enseigne ou la devanture de leur établissement le nom de celui qui en est propriétaire. Les pharmaciens sont aussi obligés de faire, par le même moyen, connaître leur nom à tous. Il en est de même des maîtres d'hôtel garni.

5. — Celui qui loue tout ou partie d'une maison pour y exercer une industrie, avec destination connue du bailleur, acquiert par cela même le droit de faire usage d'enseignes ou tableaux indiquant sa profession. — Goujet et Merger, n° 24.

6. — Le locataire d'une boutique peut, à moins de conventions contraires, annoncer son industrie en plaçant des tableaux ou cadres sur la devanture et les pilastres de la boutique. — *Trib. de la Seine*, 44 juin 1836 (*le Droit*, 46 juin) ; Goujet et Merger, n° 25.

7. — Si l'emplacement qui doit recevoir l'enseigne a été désigné, cette enseigne ne saurait contre le gré du propriétaire être placée ailleurs. — Goujet et Merger, n° 26.

8. — Le propriétaire peut s'opposer à ce que son locataire donne trop d'extension à son enseigne. — *Trib. de la Seine*, 46 mars 1838 (*le Droit*, 47 mars); — Goujet et Merger, n° 28.

9. — Le propriétaire peut demander la suppression d'une partie des tableaux et écriteaux qui ont été placés par le locataire, non -seulement au-dessus de sa boutique , mais encore au-dessus de l'entresol qui lui avait été loué pour son habitation personnelle. — *Trib. de la Seine*, 15 déc. 1843 (*Gazette des tribunaux* du 46); — Goujet et Merger, n° 28.

10. — Le locataire qui ne fait pas usage d'enseigne peut s'opposer à ce que les tableaux , affiches ou écriteaux soient placés dans la partie de la façade correspondant à sa location, nonobstant toute autorisation émanée du propriétaire. — *Trib. de la Seine*, 4 juill. 1848 (*le Droit*, 5 juill).

11. — L'usage pour les maîtres de pension et les maîtres d'hôtel garni d'annoncer leur profession sur la façade extérieure de la maison qu'ils occupent est tellement général que le propriétaire , malgré le silence du bail sur ce point, doit comprendre que le bail est fait à cette condition. — Agnel, *C. des propriétaires et des locataires*, p. 57 ; Goujet et Merger, n° 31.

12. — Celui qui pour l'exercice de son industrie, a loué un local situé au fond d'une cour ou à l'un des étages supérieurs de la maison, doit être présumé, même dans le silence du bail, s'être réservé le droit d'annoncer sa profession au public par une enseigne ou des écussons ou écriteaux placés à la façade extérieure de la rue.

13. — Mais si les parties ne peuvent s'entendre sur la place que doit occuper cette enseigne et

sur les dimensions qu'il convient de lui donner, les tribunaux prononceront entre elles.

14. — Le défaut de la livraison promise par le bailleur d'un emplacement extérieur pour l'annonce du commerce du preneur est une cause de résiliation du bail. — *Paris*, 23 avr. 1841 (t. 1er 1841, p. 633), Borejut c. Bailly.

15. — L'établissement matériel des enseignes qui doivent être placées sur la voie publique est soumis à certaines règles de police qu'il est utile de retracer ici.

16. — Aucuns tableaux, enseignes, montres, étalages et attributs quelconques ne peuvent être suspendus, attachés ni appliqués, soit aux balcons, soit aux auvens. Leurs dimensions sont déterminées au besoin par le préfet de police, suivant les localités. Il peut néanmoins être placé, sous les auvens, des tableaux ou plafonds en bois, pourvu qu'ils soient posés dans une position inclinée. — Ord. 24 déc. 1823, art. 14.

17. — D'après les art. 3 et 4, ord. 24 déc. 1823, les enseignes, y compris les bordures, supports et points d'appui, qu'ils soient à demeure ou mobiles, ne sont autorisés qu'à la saillie de seize centimètres. Les lanternes ou transparens mobiles avec potence à soixante-quinze centimètres, les lanternes ou transparens mobiles en forme d'appliques à vingt-deux centimètres. Ces saillies peuvent être restreintes selon les localités.

18. — Les contrevenans aux dispositions de police que nous venons de rappeler sont justiciables du tribunal de simple police qui, outre la démolition et la suppression des objets, doit, par application de la loi du 19-22 juill. 1791, tit. 1er, art. 18, et de l'art. 471, no 5, C. pén., infliger une amende de 1 à 5 francs.

19. — Les enseignes sont soumises à un droit de petite voirie, et leur établissement donne lieu à la perception d'un droit déterminé par un tarif.

20. — L'établissement des enseignes est subordonné à l'autorisation du pouvoir municipal dans les communes ordinaires et du préfet de police à Paris. Cette autorisation a pour but d'assurer la surveillance de leur forme, de leur saillie, de leur solidité, des signes, emblèmes ou inscriptions qu'elles portent, sous le rapport surtout des mœurs et de l'ordre. — Ord. police, 27 déc. 1761; L. 16-24 août 1790; — Trébuchet, *Dict. de police*, vo *Enseigne*.

21. — Les enseignes peuvent, indépendamment de leur forme ordinaire, recevoir la forme d'un écriteau, d'une lanterne, d'un transparent, d'une montre où s'exposent des marchandises.

§ 2. — *Propriété des enseignes.*

22. — Une enseigne est la matière d'une propriété légitime, puisqu'elle sert au commerçant, au marchand, à individualiser son établissement et à en rendre la réputation populaire.

23. — Du même principe il suit qu'une enseigne est la propriété exclusive de celui qui le premier l'a adoptée. — *Paris*, 22 juin 1840 (t. 2 1840, p. 177), Perot c. Borrel.

24. — Une enseigne peut donc s'acquérir par la possession. — *Aix*, 22 mai 1829, Richard c. Paul. — Et on peut dire que c'est là le mode primitif et partant le plus naturel d'acquisition pour cette sorte d'objets.

25. — Il n'est pas besoin, pour la consécration de cette propriété exclusive, que l'enseigne puisse être considérée comme une œuvre de l'esprit ou de l'art, il suffit que la désignation s'applique à un établissement spécial pour que le droit du marchand qui en a fait choix soit protégé. La désignation en elle-même n'est rien qu'un nom, qu'une indication; l'achalandage qui s'y rattache est tout. — Et. Blanc, *Tr. de la contrefaçon*, p. 228.

26. — La propriété d'une enseigne peut s'acquérir, en outre, par la vente, par succession ou par tout autre mode de transmission régulière et légale.

27. — Jugé en conséquence qu'une enseigne, c'est-à-dire le nom ou l'emblème d'un établissement commercial, est une propriété légitime, qui peut, indépendamment de la vente, s'acquérir par la possession, tellement que celui qui l'a prise le premier et qui en jouit depuis plusieurs années a le droit de faire supprimer toute autre enseigne qui présenterait, soit une similitude parfaite, soit quelque analogie avec la sienne. — *Aix*, 22 mai 1829, Richard c. Paul.

28. — Bien qu'un marchand colporteur ait employé une enseigne sous laquelle il vend sa marchandise dans les diverses villes qu'il parcourt, il ne peut en induire le droit de s'en servir dans une ville où un négociant sédentaire débitant des marchandises du même genre a la propriété exclusive de cette enseigne. — *Douai*, 31 mars 1843 (t. 2 1846, p. 166), Volf c. Tragin.

29. — On comprendrait difficilement qu'un commerçant qui continuerait son négoce pût vendre son enseigne séparément de son fonds de commerce, ce serait de sa part aliéner les chances qui peuvent conserver et même augmenter sa clientèle. Une telle stipulation n'aurait cependant rien d'illicite.

30. — Le mode le plus ordinaire de transmission d'une enseigne est celle qui a lieu en même temps que l'aliénation du fonds de commerce. Ce mode de transmission est si naturel et si ordinaire qu'on peut dire que la vente d'un fonds de commerce faite sans restriction est censée comprendre l'enseigne qui individualise et accrédite cet établissement. — *Paris*, 19 nov. 1824 (dans ses motifs), Auger c. Dumont.

31. — Aussi, il a été jugé que l'acquéreur d'un fonds de commerce a le droit de prendre la qualité de *successeur* de son vendeur, dans ses annonces au public, encore bien qu'il n'y soit pas expressément autorisé par son acte d'acquisition, et que le vendeur ait laissé un enfant qui fait le même commerce et qui conteste ce droit à l'acquéreur. — *Paris*, 29 thermid. an IX, Derosne c. Cadet-Gassicourt.

32. — Celui qui a vendu un fonds de commerce ne peut former un établissement semblable dans un lieu voisin, de manière à troubler la possession de son acquéreur. — *Paris*, 19 nov. 1824, Auger c. Dumont.

33. — Jugé pareillement que celui qui a vendu un fonds de café composé d'objets mobiliers et de marchandises ne peut, sous peine de dommages-intérêts, établir un nouveau café dans le voisinage, alors même que la vente de l'achalandage et de la clientèle n'aurait pas été exprimée..., si d'ailleurs cette vente résulte de l'intention qui a présidé à l'acte, et notamment de cette circonstance que le mobilier a été payé au-delà de sa valeur réelle, et qu'ainsi cette plus-value était le prix de l'achalandage. — *Grenoble*, 10 mars 1836 (t. 2 1837, p. 481), Coche c. May.

34. — Jugé que celui qui a vendu à un tiers son fonds de boutique ou de magasin, ses agrès et ustensiles, qui a recommandé ce tiers à ses correspondans, qui, en un mot, s'est donné un successeur, se trouve empêché d'exercer à l'avenir un commerce du même genre, dans le même lieu, quand bien même il n'y aurait pas eu de sa part une renonciation expresse. — *Metz*, 27 nov. 1821, Mercier c. Michel.

35. — L'enseigne d'une maison de commerce, notamment d'un café, est nécessairement comprise dans la vente du fonds faite sans réserve, de telle sorte que le vendeur, venant ensuite à former un établissement semblable dans le même quartier, ne peut plus prendre la même enseigne, ni aucune autre analogue. — *Aix*, 22 mai 1829, Richard c. Paul.

36. — La désignation « ancienne maison de.... » et autres équivalentes appartiendraient exclusivement à l'acquéreur du fonds de commerce. — *Trib. comm. Seine*, 21 nov. 1836 (*Gaz. des Trib.*, 22 nov.); — Goujet et Merger, no 10.

37. — Lorsque l'enseigne consiste dans le nom seul du vendeur du fonds de commerce qui ne s'est pas interdit de faire le même commerce, on ne saurait lui interdire, non plus qu'à son fils, le libre usage de son nom pour désigner son nouvel établissement. — *Trib. comm. Seine*, 16 juin 1835 (*Gaz. des Trib.* 17 juin); — Goujet et Merger, no 10.

38. — Mais si le vendeur de cette enseigne nominale, cédant aux inspirations de la mauvaise foi, venait s'établir à quelques mètres seulement de distance de l'enseigne qu'il a cédée, cette concurrence déloyale pourrait, selon les circonstances, le faire condamner à des dommages-intérêts envers son acquéreur.

39. — Un marchand ne peut, dans son enseigne, joindre à son nom celui d'un autre individu exerçant le même commerce. — *Paris*, 29 août 1812, Tollard c. Vilmorin.

40. — Le titre sous lequel le père a fait un commerce est la propriété du fils qui lui succède. — *Paris*, 29 août 1812, mêmes parties.

41. — Le fils du vendeur, sa femme séparée de biens ne doivent pas davantage faire de leur nom, au préjudice du successeur ou acquéreur de fonds de commerce, un usage propre à égarer le public et à causer un préjudice à l'acquéreur.

42. — Néanmoins le fils n'a pas le droit de se servir du nom du père, à l'exclusion de la fille ou du mari de celle-ci; ainsi, il ne pourrait s'opposer à ce que ce dernier exposât en public une enseigne portant les nom et qualité de *gendre d'un tel*. — Toutefois, lorsque cette qualification peut donner lieu à des erreurs, le gendre peut être obligé à en employer une autre plus précise, par exemple, celle de *gendre de feu un tel*, si, à cette époque, le beau-père est décédé. — *Bordeaux*, 21 déc. 1842 (t. 1er 1842, p. 338), Varinot c. Lacaze.

43. — L'acquéreur d'un fonds de commerce ne peut exiger que le gendre de son vendeur s'abstienne d'ajouter à son nom celui de son beau-père, bien qu'il exerce la même industrie, alors qu'il est constant que l'adjonction du nom était antérieure à la vente, et que l'acquéreur lui-même en avait parfaite connaissance. — *Paris*, 7 mars 1835, Poussielgue-Rusand c. Meyer.

44. — L'acquéreur n'est pas fondé à demander la suppression d'une enseigne même ayant une grande analogie avec la sienne, si cette enseigne existait plusieurs années avant son acquisition et sans que son prédécesseur eût élevé la moindre plainte. — *Trib. comm. Seine*, 15 fév. 1843 (*Gaz. des trib.* 16 fév. 1843); — Goujet et Merger, no 11.

45. — Le droit de l'acquéreur cesse lorsque, pour défaut de paiement, il a été exproprié de son fonds. — Goujet et Merger, no 12.

46. — Une enseigne peut également, par suite de la liquidation d'une société, devenir la propriété de l'un des associés et, dans ce cas, celui des associés qui se retire ne peut prendre l'enseigne de l'ancien établissement social. — Arg. *Grenoble*, 7 fév. 1835, Badier c. Reynier.

47. — Le titre d'une société fait partie de son actif et doit être licité comme les autres objets qui en dépendent. — En conséquence, il n'est pas permis à une partie des sociétaires, formant une société nouvelle, de s'approprier ce titre, au préjudice de ceux qui restent étrangers à cette nouvelle société. — *Rouen*, 15 mars 1827, S... c. Canu.

48. — La clientèle d'une maison étant dans le commerce peut être l'objet d'une convention valable (Toullier, *Droit civ.*, t. 6, no 137 et suiv.). En conséquence, jugé que, la convention par laquelle un négociant, en prenant un associé, a stipulé que la clientèle de la maison de commerce demeurerait sa propriété personnelle est licite et oblige, sous peine de dommages-intérêts, l'associé à ne faire, après la dissolution de société, aucunes démarches pour détourner la clientèle à son profit. — *Grenoble*, 7 fév. 1835, Badier c. Reynier.

49. — L'enseigne se rattache à l'établissement commercial par des liens aussi étroits que ceux qui unissent le nom à la personne. Il y a donc lieu de proscrire tout fait qui tendrait à établir quelque confusion entre deux établissemens distincts. On pourrait donc interdire au gérant d'une société même dissoute toute qualification qui serait propre à faire confondre son nouvel établissement avec l'ancienne société.

50. — Nous pensons, comme M. Etienne Blanc (p. 229), que la désignation « ancienne maison de... », doit être réservée pour indiquer que celui qui en use continue le commerce de cet ancien négociant dont il est le successeur, et que le seul fait d'avoir pris à bail le même local n'autorise pas le nouveau locataire à user de cette désignation.

51. — Celui qui loue un établissement commercial ou industriel ayant une enseigne acquiert par là même le droit de se servir de cette enseigne pendant toute la durée de son bail. — Goujet et Merger, vo *Enseigne*, no 16.

52. — Mais ce droit du preneur expire avec le bail et il ne lui serait pas permis de donner la même enseigne à un établissement du même genre qu'il irait fonder ailleurs. — Et. Blanc, p. 229; Goujet et Merger, no 17.

53. — Si c'est le preneur qui, en s'installant dans l'établissement commercial, a fait choix d'une enseigne, qu'il a, par exemple, substituée à l'ancienne, cette nouvelle enseigne est, en vertu des principes posés *suprà* nos 23 et suiv., devenue sa propriété et il peut à la fin de la jouissance la transporter ailleurs.

54. — Ainsi, jugé que le locataire d'un hôtel garni qui, du consentement du propriétaire, ajoute une enseigne à celle qui existait déjà a le droit, à la fin de son bail, d'enlever son enseigne, de la placer ailleurs. — *Orléans*, 18 août 1836 (t. 2 1837, p. 406), Demarcé c. Deniau.

55. — Il suit de là que le propriétaire ne peut conserver sur la façade de l'hôtel garni l'enseigne apportée par le locataire, s'il n'a pas imposé à ce dernier la condition de la laisser en quittant les lieux. — Même affaire.

56. — L'arrêt qui décide qu'un locataire qui a apporté une enseigne dans une maison par lui louée peut l'emporter à la fin du bail ne viole pas la règle du droit de propriété. Il en fait, au contraire, une juste application. — *Cass.*, 6 déc. 1837 (t. 1er 1838, p. 326), Deniau c. Demarcé.

57. — Mais il en serait autrement de toute désignation qui serait empruntée à des circonstances

matérielles inhérentes à l'édifice loué, telles que celles-ci : *Au Grand-Balcon*, *Aux Trois-Bornes*, *Aux Marronniers*.

58. — Un marchand de vins, après avoir quitté une maison ayant deux berceaux de verdure auxquels il a emprunté son enseigne, n'est pas fondé à interdire à celui qui exerce dans cette maison le même commerce que lui l'usage de l'enseigne *Aux deux Berceaux*. — *Trib. comm. Seine*, 16 avr. 1840 (*le Droit*, 20 avr.); — Goujet et Merger, nº 22.

59. — Les apprentis d'un fabricant qui ont payé leur apprentissage, soit en argent, soit en travail, peuvent mettre sur leurs enseignes le titre d'élèves de ce fabricant. — *Trib. comm. Seine*, 17 juin 1837 (*le Droit*, 18 juin 1837); 13 oct. 1841 (*le Droit* 21 oct. 1841); — Goujet et Merger, nº 26.

60. — Celui qui souscrit un engagement avec une personne en réputation dans un genre d'industrie et se soumet à lui payer une somme pour recevoir ses leçons ou à lui consacrer gratuitement un temps déterminé a nécessairement l'intention de recueillir le prix de ses sacrifices et de se présenter plus tard comme l'élève de celui qui jouit de la confiance ou de la faveur du public. Si le chef d'une industrie en réputation croit qu'il puisse résulter pour ses intérêts un préjudice de la création d'établissemens semblables au sien par ceux qui recevraient ses leçons, il est libre de n'en pas donner et de ne pas former d'élèves; mais on ne saurait lui reconnaître le droit, après avoir effectivement donné des leçons et en avoir obtenu le prix, d'interdire à ceux qui les ont reçues pendant le temps déterminé de se dire ses élèves et de se présenter avec ce titre à la confiance publique. — *Trib. comm. Seine*, 13 oct. 1841 (*le Droit*, 21 oct. 1841).

61. — Ainsi, il a été jugé que : dans les professions industrielles, par exemple, dans la fabrication des produits chimiques, l'élève reconnu comme tel par le maître, et le directeur d'une manufacture de cette espèce, peuvent, lorsque plus tard ils se livrent à une exploitation pour leur propre compte, indiquer leurs qualités et le nom du maître dans les prospectus et annonces de l'établissement qu'ils ont formé. — *Paris*, 5 mars 1839 (t. 1er 1839, p. 280), Thiboumery c. Pelletier.

62. — Mais l'énonciation même exacte d'une qualité ou d'un titre qu'on possède cesse d'être licite quand elle est faite de manière à permettre une confusion, par exemple, lorsque le nom du maître est écrit en caractères plus grands et plus apparens que les autres. — *Trib. comm. Seine*, 13 oct. 1841 (*Droit*, 21 oct.).

63. — Les tribunaux peuvent, dans ce cas, prescrire les modifications qu'ils jugent nécessaires pour concilier les intérêts respectifs de l'élève et du maître, ordonner notamment que le nom de celui-ci devra figurer dans l'enseigne en caractères d'une dimension moindre que ceux de l'élève ou de l'apprenti. — *Trib. comm. Seine*, 13 oct. 1841 (*Droit*, 21 oct. 1841); — Goujet et Merger, nº 40.

64. — Celui qui a été successivement apprenti, puis ouvrier, chez un fabricant, ne peut s'annoncer sur son enseigne et dans ses adresses comme l'élève de ce fabricant. — *Paris*, 24 avr. 1834, Dujarriez c. Raoux.

65. — L'élève et l'apprenti ne sont nullement fondés à ajouter sur leurs enseignes au nom de leur maître celui du prédécesseur de ce dernier. — *Trib. comm. Seine*, 17 juin 1837 (*Droit*, 18 juin 1837); *trib. comm. Seine*, 9 déc. 1838.

66. — Un ancien chef d'un restaurant à grande réputation n'a pas le droit de prendre sur son enseigne la qualité d'ex-chef de cet établissement. — *Trib. comm. Seine*, 4 déc. 1838 (*Droit*, 5 déc.).

67. — Celui qui a travaillé chez un maître en qualité d'*ouvrier*, peut bien se *dire* son *élève* ou son *apprenti*, mais il ne peut prendre aucune de ces qualités sur ses annonces, factures ou prospectus, non plus que sur son enseigne. La raison de décider ainsi vient de deux causes. La première, c'est qu'il y a une différence notable entre l'*ouvrier* qu'on paie pour travailler, pour faire ce qu'il sait, et que le maître n'a pas dû initier à tous les secrets de sa fabrication, et l'*élève* ou *apprenti* qui paie pour apprendre, et auquel le maître qu'il a choisi de préférence à tout autre, a dû nécessairement faire connaître ses procédés. La seconde raison vient de ce que, le nom du maître étant sa propriété exclusive, il ne doit être permis à personne de s'en servir, même en l'accompagnant de l'une de ces désignations. On comprend, en effet, le tort immense qui pourrait en résulter pour tel fabricant qui, pendant le cours d'une longue carrière, a pu faire un très grand nombre d'élèves ou apprentis. Ceux-ci se serviraient ainsi indirectement de son nom, et porteraient un préjudice notable, soit à lui-même, soit à ses successeurs. — Etienne Blanc, *Tr. de la contrefaçon*, p. 221.

68. — Cette proposition ne peut être présentée comme une règle de jurisprudence, encore moins comme un principe rigoureux de droit. L'expérience démontre, en effet, que, dans les débats de cette nature, la liberté du commerce, quand elle se maintient dans les limites d'une loyale concurrence, et la bonne foi des parties, sont pour elles les meilleures règles de conduite, et pour les tribunaux les plus sûrs élémens de décision.

## § 3. — *Usurpation d'enseigne.*

69. — Une enseigne est une propriété légitime et qui n'est pas sans importance, car l'expérience prouve chaque jour que, mettant à part le mérite de l'industriel, une enseigne peut être un élément de prospérité.

70. — Si, comme nous l'avons dit plus haut, une enseigne est la propriété exclusive de celui qui l'a adoptée ou de ses ayant-cause, le propriétaire de l'enseigne a le droit de s'opposer à toute imitation qui serait de nature à détourner sa clientèle. — *Paris*, 22 juin 1840 (t. 2 1840, p. 177), Percel c. Borrel.

71. — Une enseigne est la propriété exclusive de celui qui en est en possession, et donne le droit au possesseur de s'opposer à toute imitation qui serait de nature à lui porter préjudice..., alors même qu'il y aurait eu tolérance de sa part pendant plusieurs années. — *Paris*, 18 janv. 1844 (t. 1er 1844, p. 162), Lainé, Collonet et Saintard c. syndics Dreyfus et Bernheim.

72. — Le droit de propriété qui appartient à un commerçant sur son enseigne est d'une nature différente du droit de propriété qui appartient, par exemple, à un peintre sur son tableau, à un graveur sur sa gravure; par suite, les atteintes dont il peut être l'objet ne sont pas dans les mêmes conditions et ne sont pas assujéties à des manifestations identiques.

73. — Si la contrefaçon artistique n'existe qu'autant qu'il y a presque une reproduction de l'œuvre d'art originale, il suffit, pour qu'il y ait lieu à la protection du droit sur une enseigne, qu'il y ait sinon similitude, du moins imitation préjudiciable, c'est-à-dire pouvant engendrer une confusion de nature à causer un dommage au maître de l'enseigne.

74. — Pour que cette confusion soit possible, il n'est pas nécessaire que les deux industries soient identiques; il suffit qu'elles soient rapprochées par une grande analogie; car souvent celui qui commet l'usurpation s'attache à ménager des points de différence pour déguiser sa fraude. C'est le préjudice causé à autrui qui est la base de l'appréciation que les juges sont appelés à faire, et cette appréciation, qui porte exclusivement sur des circonstances de fait, est souveraine et ne peut impliquer la violation d'aucune loi.

75. — Décidé qu'un marchand ne peut faire condamner à des dommages-intérêts et à fermer son établissement un autre marchand qui fait le même commerce que lui, sur ce motif que, par la ressemblance de leurs boutiques et par d'autres artifices, ce dernier a attiré ses pratiques. — *Paris*, 25 fév. 1809, Tourraix c. Coignel.

76. — En l'absence de principes posés ou de règles tracées par le législateur, nous citerons des exemples qui pourront servir à discerner dans quels cas il y a usurpation d'enseigne.

77. — La concurrence déloyale n'est pas une invention des temps modernes, car on va voir qu'elle se produisait déjà à une époque où cependant, selon certains esprits, l'industrie et le commerce devaient tenir de l'institution des maîtrises et des jurandes une discipline plus sévère.

78. — En effet, un arrêt du parlement de Paris du 25 fév. 1609 condamna un fourbisseur de la ville de Moulins à changer l'enseigne du *Cœur blessé*, qu'il avait prise pour tâcher d'usurper les pratiques d'un ancien fourbisseur de grande réputation, qui avait *un cœur* pour enseigne. — Mornac, t. 1er, p. 1074.

79. — Le même auteur mentionne un arrêt du parlement de Paris du 20 mars 1612, rendu dans l'espèce suivante : un apothicaire de Paris avait depuis longtemps pour enseigne une croix rouge; un jeune apothicaire vint occuper une boutique qui n'était séparée de celle de son confrère que par une petite cloison, et prit pour enseigne une croix de la même couleur, mais plus petite, avec ce titre : *A la petite croix rouge*. Sur la réclamation de l'ancien apothicaire, le jeune fut condamné à abattre son enseigne.

80. — Deux bonnetiers de Paris, voisins l'un de l'autre, avaient pour enseigne *le pavillon*. Celui qui avait pris le premier cette enseigne ayant fait condamner l'autre à ôter la sienne, ce dernier s'avisa, au lieu d'un pavillon, de faire peindre dans son enseigne un grand papillon avec des ailes fort étendues, en sorte qu'il représentait ou du moins imitait la figure d'un *pavillon*. Ce bonnetier fut condamné à changer d'enseigne par un second arrêt rapporté dans l'ancien *Journal du palais* de Blondeau et Guéret (t. 1er, p. 993).

81. — Les imprimeurs imprimaient aussi au frontispice des livres sortis de leurs presses l'objet ou symbole qui leur servait d'enseigne; l'usurpation tenta de les imiter, mais la justice réprima toujours de semblables fraudes quand elles lui furent dénoncées.

82. — Les mêmes principes ont été observés par les décisions récentes : ainsi, l'analogie résulte de ce que les mots les plus importans d'une enseigne se trouvent répétés dans une autre enseigne, bien que celle-ci énonce le nom d'un propriétaire différent, par exemple, si la première portait : *Grand-Café de la Marine royale*, et la seconde : *Grand-Café de la Marine, chez Louis Richard*. — *Aix*, 22 mai 1829, Richard c. Paul.

83. — Il y a encore analogie entre les deux titres de journaux *Petites affiches* et *Petites affiches du commerce et de l'industrie* (*Trib. comm. Seine*, 14 fév. 1834 (*Gaz. trib.*, 19), entre ces deux enseignes : *Au Mortier d'or* et *Au Mortier d'or et de bronze*. — *Paris*, 28 avr. 1833.

84. — L'établissement d'une enseigne intitulée *Aux Pauvres Diables* au pluriel n'offre pas avec une enseigne antérieure qui porte *Au Pauvre Diable* au singulier une dissimilitude telle que le public ne puisse se tromper au préjudice de la maison de commerce ayant un droit antérieur. — *Douai*, 31 mars 1843 (t. 2 1846, p. 166), Wolf c. Tragin.

85. — Celui qui établit la nouvelle enseigne usurpe la propriété du commerçant qui l'a précédé et lui occasionne un préjudice dont il lui doit la réparation. — *Douai*, 31 mars 1843 (t. 2 1846, p. 166, Wolf c. Tragin.

86. — Mais jugé que le titre de *Grand hôtel Bourbon-Condé* donné à un hôtel nouvellement établi, le distingue suffisamment du titre *Hôtel Bourbon* appartenant à un ancien hôtel, et que le propriétaire de cet ancien hôtel est mal fondé à se plaindre d'une prétendue usurpation du titre qu'il possède. — *Douai*, 9 déc. 1829, Dehortes c. Rignolles.

87. — Toutefois, la cour royale de Paris a jugé, le 22 juin 1840 (t. 2 1840, p. 177), Percel c. Borrel, que le titre *Au Rocher du Cantal* est une usurpation de l'enseigne *Au Rocher de Cancale*.

88. — L'addition faite à l'enseigne primitive sera le plus souvent indifférente pour les juges, qui peut-être y apercevront une précaution prise pour dissimuler l'usurpation.

89. — Ainsi, celui qui est en possession du titre de *Café des dames* est en droit de s'opposer à ce qu'un nouvel établissement prenne le titre de *Nouveau Café des dames*. — *Trib. comm. Seine*, 29 mai 1834; — Goujet et Merger, nº 51.

90. — Un établissement de commerce qui a changé la dénomination qu'il avait d'abord choisie pour prendre dans son enseigne une dénomination pareille à celle d'une autre maison plus ancienne faisant le même commerce, peut être contraint à modifier son enseigne, de manière à ne pouvoir être confondu avec l'ancien établissement. — *Aix*, 8 janv. 1821, Roure.

91. — Il y a usurpation de la part de celui qui, n'osant prendre ouvertement le nom d'un voisin exerçant la même industrie ou le même commerce que lui, trouve cependant le moyen de faire figurer ce nom sur son enseigne dans un sens détourné.

92. — ... Si, par exemple, il prend pour enseigne : *Au Gagne-Petit* (le mot *Petit* en gros caractères, lorsque son voisin s'appelle Petit). — *Trib. comm. Seine*, 3 avr. 1833 (*Gaz. des trib.*, 6 avr.). — ... *Au Verdier*, lorsque son voisin s'appelle Verdier. — *Trib. comm. Seine*, 31 déc. 1826.

93. — Si une botte peut être l'enseigne de la profession de cordonnier, la couleur peut en faire la distinction; dès-lors nul ne doit prendre la couleur adoptée par son voisin.

94. — Il y a dès-lors usurpation d'enseigne dans le fait de prendre pour désignation : *A la botte rouge*, lorsque cette désignation a été choisie par un concurrent. — *Trib. comm. Seine*, 7 août 1832 (*Gaz. des Trib.*, 9 août 1832).

95. — Il y a aussi usurpation d'enseigne de la part de celui qui place au devant de sa boutique une botte rouge, tout en ayant soin d'écrire au-dessus : *A la botte aurore, à la botte rose, à la botte ponceau*. — *Trib. comm. Seine*, 7 août 1832 (*Gaz. des Trib.*, 9 août).

96. — Un commerçant ne peut inscrire sur son enseigne le numéro de son voisin. — *Trib. comm. Seine*, 19 mai 1832; — Blanc, *Tr. de la contrefaçon*, p. 220; Goujet et Merger, nº 57.

**97.** — Le voisinage de l'établissement qu'un parc de l'enseigne usurpée peut être un des élémens d'appréciation qui déterminèrent le juge à reconnaître l'existence de la mauvaise foi et à le condamner à la réparation du préjudice causé.

**98.** — L'identité de noms est aussi parfois une cause de préjudice. Le commerçant auquel l'identité de noms est préjudiciable est fondé à demander que son anonyme fasse précéder son nom de son prénom. — *Trib. comm. Seine, 9 fév. 1838 (Droit, 19 fév.).*

**99.** — Dans le cas où un commerçant veut exercer dans une ville une industrie déjà exploitée par une personne portant le même nom que lui, il doit combiner les nom et prénoms, de telle sorte que sa raison de commerce soit bien distincte de celle qui a été antérieurement adoptée par la maison préexistante. — *Cass., 2 janv. 1844 (t. 1er 1844, p. 423), Krammerdorff c. Collas.*

**100.** — Un commerçant a le droit d'ajouter à son nom celui de sa femme; mais si ce dernier nom est celui d'un autre industriel exerçant le même commerce, il doit les écrire tous les deux en caractères égaux et semblables, et non se servir pour le sien de caractères gothiques, et pour celui de sa femme de caractères très lisibles. — *Trib. comm. Seine, 9 juin 1842 (Gaz. des trib. 10 juin.).*

**101.** — La même solution est applicable à celui qui ajoute à son nom le nom d'un associé, lorsque ce dernier nom se trouve le même que celui d'une personne faisant le même commerce. — *Trib. comm. Seine, 30 juin 1843 (Gaz. des trib. 1er juill.).*

**102.** — Si l'industrie n'est plus exercée sans qu'il y ait eu transmission à un successeur, la propriété exclusive de l'enseigne disparaît, car elle ne se maintient que par l'usage qu'on en fait; il n'y a plus usurpation à s'en emparer, de même qu'il n'y a intérêt pour personne à la revendiquer. — *Trib. comm. Seine, 30 mars 1844 (le Droit, 30 mars).*

**103.** — La suppression momentanée d'une enseigne ne donne pas à un concurrent le droit de se l'approprier. — *Trib. comm. Seine, 7 sept. 1842 (le Droit, 16 sept.).*

**104.** — Il en serait ainsi à plus forte raison si la suppression de l'enseigne était le résultat d'une force majeure, par exemple d'un incendie. — Et. Blanc, p. 230.

**105.** — Si un commerçant remplaçait son enseigne par une autre, un négociant exerçant le même genre d'affaires ne pourrait s'emparer de l'enseigne abandonnée qu'autant qu'il serait bien constant que le public ne pourrait pas commettre des méprises préjudiciables. Ce serait au reste aux tribunaux à apprécier les circonstances.

### § 4. — Poursuites et compétence.

**106.** — L'action intentée pour faire réprimer une usurpation d'enseigne est dirigée contre un quasi-délit, et en général les quasi-délits ne rentrent pas dans les attributions des tribunaux de commerce; mais ce principe reçoit exception lorsque le fait dommageable présente un caractère essentiellement commercial, et se rattache à l'exercice de l'industrie du demandeur. — V. ACTE DE COMMERCE.

**107.** — Mais si l'enseigne était celle, non pas d'un commerçant, mais d'une personne étrangère au négoce, et par exemple d'un professeur, d'un artiste, d'un médecin, les contestations qui s'élèveraient sur l'usurpation de cette enseigne, n'étant plus soumises à l'influence propre de la qualité de la personne, seraient déférées au tribunal civil.

**108.** — C'est aussi devant cette juridiction ordinaire des tribunaux civils qu'il faut porter les contestations qui peuvent s'élever entre la propriétaire et le locataire sur l'usage des enseignes et sur l'espace qu'elles doivent occuper.

**109.** — La demande, formée par l'ancien titulaire d'un fonds de commerce, en suppression de son nom et de ses enseignes et sur les factures de celui qui a succédé à son industrie, a pour fondement non un acte de commerce, mais un quasi-délit de la compétence des tribunaux civils. — *Paris, 10 fév. 1845 (t. 1er 1845, p. 575), Cassen c. Vallier; — Merlin, Rép. v° Consuls des marchands, § 2, n° 3; Pardessus, Droit comm., n° 53; Bioche, Dict. de proc. judic., t. 3, v° Acte de commerce, n° 268; Orillard, n° 209.*

**110.** — L'usurpation d'enseigne n'étant pas un délit, la réparation ne se fait dommageable ne peut être demandée que par la partie lésée ou ses représentans. Les tribunaux ne sont pas armés d'autre moyen de répression que le droit d'ordonner la suppression de l'usurpation, et de condamner l'usurpateur à des dommages-intérêts.

## ENSEIGNEMENT.

### Table alphabétique.

**ENSEIGNEMENT. — 1.** — Action de transmettre certaines connaissances générales ou spéciales, destinées à former l'esprit de la jeunesse.

2. — L'enseignement public est peut-être l'intérêt le plus grand d'une nation civilisée, et il n'y a rien d'exagéré dans ce mot célèbre de Leibnitz : « Donnez-moi l'instruction publique pendant un siècle, et je changerai le monde. »

3. — Les pouvoirs constitués ne peuvent faire que des lois. L'enseignement public fait les mœurs ; comme la religion, dont il doit, du reste, seconder la salutaire influence sur les âmes ; il s'adresse à l'homme intérieur qu'il développe et modifie ; il élève ou abaisse, suivant qu'il est bien ou mal organisé, le niveau des lumières, le degré de la civilisation d'un peuple, et c'est à ces divers titres qu'il a dû, de tout temps, exciter fortement la sollicitude toute particulière des législateurs.

4. — Il est conforme à la nature même des choses de distinguer dans l'enseignement trois degrés. Il y a d'abord une première instruction, qui consiste à donner aux masses populaires les premiers élémens du savoir, tels que l'art de lire et d'écrire, le calcul, les notions générales de la morale et de la religion ; — puis une instruction plus développée, qui apprend aux enfans des classes aisées les langues anciennes et modernes, la grammaire, la rhétorique, les règles du beau, l'histoire, la géographie, la philosophie et la religion ; — et enfin une instruction plus développée encore qui, à la fois plus profonde, mais plus restreinte dans son objet, s'adresse aux jeunes gens près de devenir hommes, et les prépare aux professions particulières auxquelles ils se sont destinés.

5. — *Enseignement primaire, enseignement secondaire, enseignement supérieur,* telles sont maintenant les qualifications légales qui, depuis la loi du 15 sept. 1793, marquent ces progrès d'instruction et font apparaître sous un triple point de vue toute la grandeur et en même temps toute la difficulté inhérente à la tâche du législateur en matière d'enseignement public.

6. — On exposera sous le mot INSTRUCTION PRIMAIRE l'ensemble des dispositions législatives qui organisent le premier des trois degrés d'enseignement public que l'on vient de distinguer. Notre travail est clone borné ici à l'enseignement secondaire et à l'enseignement supérieur ; mais avant d'en retracer l'organisation il est indispensable de poser quelques principes généraux, et de demander à l'histoire les documens qui peuvent nous éclairer.

CHAP. Ier. — *Principes généraux. — Historique* (n° 7).

CHAP. II. — *Organisation générale de l'instruction publique* (n° 106).

SECT. 1re. — *Dispositions générales* (n° 106).

SECT. 2e. — *De l'administration supérieure* (n° 148).

ART. 1er. — *Du grand-maître, du chancelier et du trésorier* (n° 150).

ART. 2. — *Du conseil de l'université* (n° 168).

ART. 3. — *Des inspecteurs généraux de l'université* (n° 210).

SECT. 3e. — *De l'administration académique* (n° 224).

CHAP. III.—*De l'enseignement supérieur* (n°269).

SECT. 1re. — *Dispositions générales* (n° 269).

SECT. 2e. — *Des facultés de théologie* (n° 325).

ART. 1er. — *Des facultés de théologie catholique* (n° 329).

ART. 2. — *Des facultés de théologie protestante* (n° 356).

—

## CHAPITRE Ier. — *Principes généraux. — Historique.*

7. — De sérieuses contestations ne sauraient s'élever sur la nature du droit d'enseigner. Ce droit n'est point un droit naturel, comme la propriété, la liberté individuelle, la liberté de conscience, et d'autres libertés de ce genre dont l'homme et le citoyen ne peuvent être dépouillés sans cesser d'être un homme et un citoyen. Le droit d'enseigner est une fonction publique que la société ne doit conférer qu'avec la plus grande, la plus minutieuse attention, comme le pouvoir de plaider pour un autre devant un tribunal, ou le pouvoir de rendre la justice. — Cousin, *Défense de l'université et de la philosophie*, p. 2 et suiv.; Thiers, *Rapport sur la loi d'instruction secondaire*, p. 8 et suiv.; Troplong, *Du pouvoir de l'état sur l'enseignement*, p. 6 et 9; Serrigny, *Dr. publ.*, t. 2, p. 328.

8. — Du principe que l'enseignement ne doit pas être considéré comme œuvre mercantile de concurrence, comme affaire de spéculation et de commerce, mais comme un office public, comme une sorte de magistrature qui doit avoir la moralité et la sainteté de la justice, il suit invinciblement que l'état a non-seulement le droit mais le devoir d'exiger les garanties les plus sévères des personnes que seul il peut investir du pouvoir public d'enseigner.

9. — Cette haute part que la raison fait à l'état, en matière d'enseignement public, ne constitue pas, au surplus, une théorie moderne, et que l'on pourrait croire née d'hier pour servir d'arme aux passions des partis. Qu'on recherche quelles étaient à cet égard les principes de notre droit public avant 1789, et l'on verra que les jurisconsultes et les publicistes de toutes les écoles, ceux qui tenaient aux anciennes maximes du royaume, comme ceux qui réclamaient les réformes dans l'état, étaient d'accord pour reconnaître que l'éducation devait être dirigée par l'autorité souveraine, qu'elle était un droit et un devoir attachés à la puissance publique dont les instituteurs étaient les mandataires. — Servin, liv. 1er, plaid. 21 et 15; Pasquier, *Rech.*, liv. 3, chap. 44; Chopin, *Du domaine*, liv. 3, tit. 27, nos 1er, 7 et 12; Lebret, *De la souveraineté*, liv. 4, chap. 12; Domat, *Dr. publ.*, liv. 1er, tit. 2, sect. 2e, nº 14. — V. aussi le tit. 15, *Des commun.*, et tit. 17, *Des universités*; Malesherbes, *Principes de la législ.*, liv. 9, chap. 7 et 8, p. 301, 303, 305; La Chalotais, *Plan d'éducation nationale*.

10. — Il ne faut pas toutefois exagérer le droit de l'état et lui sacrifier le droit individuel. Tout grand que soit le droit de l'état, il n'est point absolu et illimité en lui-même. Il y a à côté de ce droit, celui du père de famille, qui n'est pas moins sacré, et auquel il convient aussi de faire la juste part. Toute la difficulté se réduit donc, en cette matière comme du reste en ce qui concerne la plupart des problèmes dont s'occupe le droit public, à trouver un juste point de jonction entre deux autorités également légitimes, et à opérer ainsi la conciliation de leur action bienfaisante.

11. — Or ce serait détruire entièrement le droit du père de famille que de reconnaître à l'état,



non-seulement le droit et le devoir d'exiger des garanties de quiconque veut remplir l'office public de l'enseignement, mais, en outre, de monopoliser à son profit cet enseignement lui-même, à l'exclusion de tout enseignement libre, de ne souffrir aucune diversité dans le régime d'éducation, et de jeter ainsi toutes les générations dans un même moule pour les frapper comme une monnaie à son effigie.

12. — Il faut que les pères de famille puissent, dans une large mesure, élever leurs enfans d'une manière conforme à leur sollicitude paternelle, ou même, si l'on veut, à leurs préjugés, en tant toutefois que ces préjugés ne peuvent avoir pour résultat de faire un jour de l'enfant un mauvais citoyen. Si l'état le fait enseignant, il est donc nécessaire qu'à côté de son enseignement, et pour l'empêcher de dégénérer en monopole, il puisse s'en élever un autre, qui lui fasse concurrence, afin qu'il sorte de cette concurrence une certaine diversité de régimes d'éducation entre lesquels les pères de famille puissent choisir, suivant leurs goûts et leurs sentimens. — V. dans ce sens Thiers, *Rapport sur l'instruction secondaire;* Rapetti, *Correspondant*, nº du 10 juin 1845.

13. — Dans ce système, le seul conforme à la notion vraie de la liberté d'enseignement, l'état ne doit donc ni tout attirer à lui, ni tout entreprendre, d'autant mieux que, comme l'a remarqué M. le duc de Broglie dans son rapport à la chambre des pairs sur le projet de loi d'instruction secondaire (*Monit.* du 13 avr. 1844, p. 925), le droit d'enseigner, n'est, point entre ses mains, l'un de ces droits éminens qui ne souffrent aucun partage.

14. — Le seul droit éminent qu'il y ait lieu de revendiquer pour l'état, et qui ne souffre aucun partage, c'est, ainsi qu'on l'a établi, le droit d'exiger des garanties de quiconque se destine à l'enseignement, puisque l'enseignement public constitue une fonction et non un droit naturel; c'est, en outre, le droit (qui n'est qu'un corollaire du précédent) de surveiller, même les établissemens d'instruction publique qui doivent pouvoir se former en dehors de lui.

15. — Dégageons maintenant de ces considérations générales la formule exacte qui convient à la liberté d'enseignement. Sous la réserve que l'on vient de faire en faveur du droit suprême de l'état, en résumé nous la définirons volontiers avec M. Thiers (*loc. cit.*) : — « Le droit pour les pères de trouver dans une diversité d'établissemens publics le moyen de satisfaire leurs sollicitudes diverses, leurs penchans particuliers, ceux-ci pour la discipline sévère, ceux-là pour la discipline indulgente; les uns pour de fortes études, les autres pour l'enseignement particulièrement religieux. »

16. — Si ces principes sont à l'épreuve de l'examen de la raison la plus sévère, l'histoire ne les confirme pas toujours. Et d'abord jetons un coup d'œil rapide sur le monde ancien.

17. — Les républiques de la Grèce présentent, en fait d'éducation, deux systèmes également vicieux. A Sparte, il n'y a point de père de famille; le droit individuel est complètement absorbé par le droit de l'état, qui devient de la tyrannie. A Athènes, c'est, au contraire, le droit individuel qui domine : chaque père de famille élève ses enfans à sa manière; l'état laisse les maîtres enseigner comme ils l'entendent, sauf à se réveiller tout à coup de son incurie au premier bruit d'un danger apparent ou réel pour distribuer au sophisme et souvent aussi au génie et à la vertu l'amende, l'exil, la prison, la ciguë. — V. aussi Cousin, *loc. cit.*; Gibbon, *Chute et décad. de l'emp. rom.*, t. 7, p. 308 à 314.

18. — A Rome, sous la république, et dans les premiers temps de l'empire, les choses se passèrent à peu près de la même façon qu'à Athènes. Il n'y avait pas de surveillance régulière ni de mesures préventives, mais de brusques retours et de violentes répressions. C'est ainsi qu'à diverses reprises, les magistrats romains chassèrent sans autre forme de procès les professeurs de rhétorique et de philosophie, qu'ils accusaient de corrompre la jeunesse. — Aulu-Gelle, *Nuits attiques*, lib. 15, c. 11; Cicéron, *De oratore*, chap. 3, p. 24; Naudet, *Mém. sur l'instr. publ. des anciens* (Acad. des inscript., t. 9, p. 391).

19. — L'instruction publique ne reçut à Rome d'organisation régulière que lorsque l'empire fut arrivé à cette unité de législation et d'administration qui en fit la grandeur. On voit alors les Antonins créer à Rome et à Athènes, à titre public et gratuit, les deux premières universités qui aient été fondées dans le monde (V. sur ces écoles Aurelius Victor, *Vie d'Adrien*, chap. 14; Lampride, Xiphilin, Capitolin et Dion-Cassius,



lib. 1er, p. 814), et, d'un autre côté, un régime légal, où l'on tente de concilier tant bien que mal le droit individuel et le droit de l'état, essayer de se substituer de plus en plus à ces régimes extrêmes, les seuls admis jusque-là.

20. — La loi 5 (Cod. Theodos., *De med. et prof.*), contient les principales dispositions de la législation impériale sur la matière qui nous occupe. D'après ce texte, l'enseignement n'est point une industrie privée, c'est un office public; aussi quiconque veut enseigner ne le peut-il qu'en remplissant certaines conditions préalables de moralité et de capacité. Ces garanties préalables consistaient dans des examens passés devant la faculté à laquelle on voulait appartenir; les curiales nommaient ensuite sur l'avis favorable des notables, mais la nomination n'était valable qu'après l'approbation de l'empereur.

21. — M. Cousin (*ubi suprà*, p. 13, en note) cite à l'appui de la thèse qu'il a soutenue avec tant de force et d'éloquence en faveur des droits de l'état, cette loi, qui cependant ne pouvait lui être d'une grande autorité contre ses adversaires; car elle est émanée de Julien l'Apostat, et il paraît avéré (Godefroy, sur ce texte. — V. aussi Gibbon, *loc. cit.*, t. 4, p. 408) qu'elle ne lui a été inspirée que par sa haine contre les chrétiens, par sa volonté de les écarter de l'enseignement public.

22. — Cette loi était, du reste, bien appropriée à ce but. On sait quelle était dans l'administration de l'empire romain la triste et dépendante position des curiales, si bien décrite par MM. Guizot et Sismondi. Les garanties que l'état a le droit et le devoir d'exiger de quiconque veut se livrer à l'enseignement public se trouvaient donc combinées de telle sorte dans la législation impériale que non seulement la pensée de l'empereur était prépondérante, mais qu'elle était même omnipotente d'une manière absolue, et partout présente pour la surveillance et la police de l'enseignement; ce qui est dire, en d'autres termes, que le droit individuel avait, en réalité, disparu devant le droit de l'état.

23. — Quoi qu'il en soit, on retrouve les mêmes principes dans un édit de Théodose le Jeune. — L. 3, Cod. Theod., *De stud. liber.*, an 425; L. unic., Cod. Justin., même titre. — Seulement, au lieu de servir d'arme contre les chrétiens, ils servent, au contraire, d'armes contre l'idolâtrie.

24. — Nous ne citons, au surplus, les textes qui les consacrent qu'à titre de simples documens historiques, et nullement comme pouvant faire autorité, ainsi qu'à tort le prétendait M. Cousin (*loc. cit.*), sur la matière de l'enseignement public; ces textes ne rentrent, en effet, aucunement dans les données du problème, puisque, au lieu de concilier en cette matière le droit individuel et le droit de l'état, ils sacrifient complètement le premier au second qu'ils érigent ainsi en tyrannie.

25. — Nous nous sommes écartés dans ce qui précède de l'opinion émise par MM. Rapetti (*Correspondant, loc. cit.*), et de Riancey (*Hist. de l'instr. publ.*, chap. 1er), qui s'épuisent en vains efforts pour retrouver dans l'antiquité le système de la liberté d'enseignement que refuse très justement d'y voir M. Troplong (*Revue de législation*, t. 23, p. 129 et suiv.). Le système de la liberté d'enseignement peut parfaitement se passer de l'autorité des Grecs et des Romains, puisqu'il a pour lui la raison moderne et la charte.

26. — C'est par le régime tyrannique qui vient d'être esquissé que furent dominées toutes les écoles de l'empire, depuis l'Orient jusqu'à l'Occident, depuis Constantinople et Béryte jusqu'aux écoles gauloises de Trèves; Bordeaux, Autun, Toulouse, Poitiers, Lyon, Narbonne, Arles, Marseille, Vienne, Besançon. — Guizot, *Hist. de la civilis.*, t. 1er, p. 143.

27. — On peut voir dans le commentaire de Godefroy (sur la L. 11, Cod. Th., *De med. et prof.*), de curieux détails sur les écoles gauloises, sur les villes où elles siégeaient, sur les professeurs, sur leurs appointemens, sur le degré de l'instruction. On n'y enseignait ni la philosophie ni le droit; il fallait aller à Rome pour ces études. Mais on y enseignait la grammaire et l'art oratoire.

28. — Suivant M. Guizot (*loc. cit.*, p. 149), ces écoles gauloises étaient tombées vers le cinquième siècle dans une entière décadence. Au contraire, les écoles que l'église avait créées pour former les clercs, instruire les moines, et pour préparer les vocations au saint ministère, étaient devenues le centre d'une grande activité intellectuelle, ayant pour mission de transformer les lettres anciennes en une littérature religieuse, mieux adaptée aux tendances contemporaines. — Troplong, *loc. cit.*, p. 31 et suiv.

29. — Non seulement, ainsi que l'établit M. Guizot (*loc. cit.*, 4e, 5e et 6e leç.), les plus grandes

questions de métaphysique chrétienne étaient agitées dans les écoles des cathédrales et des monastères, mais il paraît même, d'après Grégoire de Tours cité par Thomassin (t. 20, chap. 93, n° 7) que, lorsque les séculiers eurent commencé à fréquenter ces écoles, on y adjoignit des cours de poésie latine, de calcul et de jurisprudence suivant le Code Théodosien.

30. — Ces écoles ecclésiastiques, que la chute de l'empire d'Occident et l'érection des monarchies barbares n'avaient point ébranlées, se ressentirent de cet obscur et douloureux chaos qui se fit de toutes choses au septième siècle. Elles ne disparurent pas toutefois entièrement au sein de ces épaisses ténèbres de la barbarie; mais elles perdirent tout leur éclat, et l'ignorance la plus profonde règne de toutes parts, même parmi les clercs, jusqu'à l'avénement de Charlemagne.

31. — On a très bien remarqué que c'est Charlemagne qui a jeté en France les fondemens durables de deux sortes d'enseignemens : 1° un enseignement spécial pour le clergé (V. *Capitularia reg. franc.*, édit. de Baluze, t. 1er, p. 237); — 2° un enseignement général et public pour tout le monde, mis aux mains du clergé, le seul capable alors de l'exercer. — Baluze, *loc. cit.*, p. 301. — V. aussi Thomassin, t. 2, p. 621. — V. pour les détails Troplong, *loc. cit.*, chap. 6, p. 39 et suiv.

32. — Ajoutons que, pour couronner son œuvre, Charlemagne créa dans son palais même une école, destinée à servir de modèle et dont il surveillait lui-même la direction, les études et les progrès. — Thomassin, t. 2, p. 631, n° 8; Crevier, *Hist. de l'univ.* t. 1er, p. 26 et suiv.; du Boulay, *Hist. univ. Paris*, t. 1er, p. 100. — V. aussi Troplong, *loc. cit.*

33. — A cette époque de notre histoire, tout relève directement de la puissance publique, en matière d'enseignement. Au milieu de ce chaos et de ces ténèbres de la barbarie, l'initiative ne pouvait évidemment venir que d'en haut, et il n'y avait pas à s'occuper du droit individuel.

34. — Sous les premiers successeurs de Charlemagne, le droit de la couronne n'éprouva, en matière d'enseignement, aucune diminution. Ainsi l'on voit un concile tenu à Paris sous le règne de Louis le Débonnaire reconnaître à ce prince une puissance immédiate sur l'enseignement (Thomassin, t. 2, p. 634), et, d'autre part, bien que les ravages des Normands et les guerres intestines détournassent de la culture des lettres, il résulte de divers documens que Charles le Chauve, s'emparant de ces traditions de droit public, fit de nouveaux efforts pour rendre les écoles plus nombreuses et plus prospères. — Crevier, *Hist. de l'univ.*, t. 1er, p. 42; Thomassin, *loc. cit.*, p. 636 et suiv. — V. pour les détails Troplong, *loc. cit.*, p. 51 et suiv.

35. — La chute du pouvoir central sous les atteintes de la féodalité entraîna celle du droit public des capitulaires en matière d'enseignement. L'enseignement devint l'apanage et le domaine exclusif de l'église; il n'y a plus d'école *palatine*, dont les traces se perdent après Louis le Bègue (Crevier, p. 46); mais les écoles des cathédrales et des monastères restèrent florissantes et ne reconnurent, pendant près de quatre siècles, que la loi et la juridiction des évêques et des papes. — Troplong, chap. 8, p. 58 et suiv.

36. — L'enseignement du clergé était, du reste, très développé : ainsi, il embrassait la grammaire, la rhétorique, la dialectique, les mathématiques, la médecine et les sciences physiques, la musique, le droit, la théologie, et la philosophie d'après les ouvrages d'Aristote qui deviennent populaires au onzième siècle. — Troplong, chap. 9, p. 62 et suiv.

37. — Indiquons avec M. Troplong (*loc. cit.*) les écoles les plus célèbres. Ici, nous trouvons l'école de Notre-Dame de Paris, autrement dite l'école du Cloître, où Abeilard étudia sous Guillaume de Champeaux, archidiacre de la Cathédrale; là, c'étaient les écoles de Saint-Geneviève et de Saint-Victor, alors situées hors Paris; celle de la cathédrale de Reims, célèbre sous Gerbert; de Chartres, sous Hulbert; de l'abbaye du Bec, sous Lanfranc et sous Anselme; l'école de l'évêché de Toul; de la cathédrale de Metz, etc. — Ces écoles étaient publiques; les écoliers payaient une rétribution, même dans les écoles des monastères.

38. — Dans chaque église ou dans chaque abbaye enseignante, il y avait un maître des études appelé scolastique ou chancelier, qui était chargé d'accorder la *licence*, c'est-à-dire, le permis d'enseigner à ceux qui voulaient professer dans l'étendue de sa juridiction. — Crevier, t. 1er, p. 256, 285, 292, 302, 348, 362, 484.

39. — C'était la condition indispensable pour se livrer à l'enseignement public, à moins qu'on ne fût disciple bachelier d'un maître titulaire, et que, sous sa direction, on ne donnât les leçons publiques exigées comme preuve de la capacité requise pour arriver au professorat. C'est ce qu'avait fait Jean de Salisbury. — Crevier, p. 131 et 161.

40. — A Paris, c'était le chancelier de Notre-Dame qui était investi de la prérogative d'accorder la *licence*. Dans l'origine, ce dignitaire ecclésiastique avait la prétention de l'exercer d'une manière absolue, de se rendre seul juge de la capacité et de l'aptitude morale des réclamans, d'astreindre les maîtres à lui jurer obéissance et soumission. — Du Boulay, *Hist. univ. Paris*, t. 3, p. 44, 59 et 82; Crevier, t. 1er, p. 285. — Ces exigences furent le sujet de beaucoup de contestations qui se portaient en cour de Rome.

41. — L'université de Paris n'est pas autre chose que la réunion d'abord confuse, puis de plus en plus régulière des diverses écoles ecclésiastiques qui s'étaient établies auprès de l'église épiscopale, auprès de la grande abbaye de Sainte-Geneviève et de celle de Saint-Victor, et successivement auprès d'autres églises, monastères ou simples chapelles de Paris. — V. dans ce sens Pasquier, *Recherches*, liv. 9, chap. 15; Fleury, *Traité du choix des études*; Troplong, *loc. cit.*, chap. 12, p. 73 et suiv.; Cousin, *Défense de l'Université*, p. 17. — V. aussi le même auteur, *Documens inédits sur l'histoire de France*, introduction aux œuvres d'Abélard, p. 197. — V. *Contrà* Crevier, t. 1er, p. 42, 111, 283, 478, 500. — V. UNIVERSITÉ.

42. — Il n'est pas dans notre mission de retracer ici le détail des faits qui concernent le développement de l'université de Paris, la mère et le modèle de toutes les autres universités de France et même de l'Europe. Ces détails trouveront mieux leur place sous le mot UNIVERSITÉ, et nous ne devons nous attacher, en ce moment, qu'aux faits les plus généraux qui peuvent servir à caractériser les directions diverses et successives qu'a prises en France l'enseignement public.

43. — Or, l'un des faits généraux est que l'université, à peine constituée en compagnie, tendit à se rendre indépendante du chancelier et de l'évêque par la protection du pape. — V. pour le détail des preuves M. Troplong, chap. 13, p. 77 et suiv.

44. — Et ce n'est pas seulement contre l'évêque et le chapitre de Notre-Dame que l'université, à titre de corps public, eut à réclamer l'intervention protectrice du pape : elle demanda et obtint aussi cette même protection contre les entreprises du pouvoir civil. — Troplong, chap. 14, p. 83 et suiv.

45. — Si bien que peu à peu le pouvoir d'enseigner cessa d'être purement épiscopal pour passer du côté du souverain pontife et devenir, pour ainsi dire, papal. Nous allons voir maintenant comment encore, pour nous servir d'une expression de Loyseau (*Des seigneuries*, chap. *De la justice ecclésiastique*), *la chance tourna* et ramena ce pouvoir entre les mains de l'état.

46. — Le premier pas décisif dans la lente carrière de la sécularisation de l'instruction publique fut fait par Philippe-le-Bel. Ce prince, rendu ombrageux sur les droits de sa couronne par ses querelles avec Boniface VIII, revendiqua nettement le droit d'autorité suprême sur l'éducation de la jeunesse, et ce fut en vertu de ce droit irrévocablement fixé qu'il cassa l'université d'Orléans, sans aucune intervention au moins officielle du saint-siége, pour la recréer ensuite sur d'autres fondemens, par son ordonnance de 1312. — Du Boulay, t. 4, p. 203 et suiv.; Crevier, t. 2, p. 217 et suiv.

47. — Depuis lors tout s'éclaircit, et, à mesure que les temps d'Innocent III et de Boniface VIII s'éloignent, l'autorité royale, dans laquelle se personnifiait alors l'état, devient de plus en plus prépondérante en matière d'enseignement. Nous n'en voulons pour preuve que la disposition par laquelle Philippe de Valois fit passer l'université de Paris sous la juridiction du prévôt, désormais son juge naturel, et représentant de l'autorité royale. — Ord. 13 mars 1337; 31 déc. 1340; 17 mai 1345 (*Ord. du Louvre*, t. 2, p. 129, 155, 228).

48. — Pour quiconque, dit M. Troplong (*loc. cit.*, chap. 18, p. 117), a étudié l'esprit des légistes et des officiers royaux, ceci paraîtra plus qu'une innovation. C'est le principe d'une vraie révolution dans le droit d'enseigner.

49. — Ce principe fut développé sous le règne de Charles VII par les lettres-patentes du 27 mars 1445, qui statuèrent que les causes concernant l'université de Paris seraient portées directement au parlement, constant adversaire des prétentions ultramontaines, et par lettres patentes du 2 mars 1470 par lesquelles Louis XI, en faisant défenses de citer les écoliers à Rome, acheva de mettre sous la main du pouvoir temporel la juridiction dont le corps enseignant ressortissait désormais. — Piales, *De l'expectative des gradués*, t. 1er, p. 331 et suiv., 333; Du Boulay, t. 5, p. 538 et suiv. — V. aussi Cousin, *loc. cit.*, p. 20, note 1re.

50. — Ces divers faits marquent d'une façon bien sensible les progrès de l'autorité royale vers la suprématie absolue en matière d'enseignement. Nous savons déjà que nos anciens jurisconsultes les justifièrent par leurs savantes et unanimes théories : il reste à remarquer que la jurisprudence des parlemens ne fit qu'en fortifier l'empire.

51. — C'est surtout avec le seizième siècle que le parlement de Paris intervint hautement dans l'éducation. Ainsi, l'arrêt du 7 fév. 1554 exige que les maîtres d'écoles particulières, même dirigées par des ecclésiastiques, justifient de certains grades universitaires. — Du Boulay, t. 6, p. 480.

52. — Les arrêts du 15 août 1575 et du 20 sept. 1577 ont bien une autre portée : autrefois il fallait des bulles du pape, des statuts du cardinal-légat ou de l'Eglise de Paris, pour toucher aux études et à la discipline de l'université. Maintenant le pouvoir parlementaire suffit à en réformer non-seulement l'état économique, mais le système d'étude, toute la discipline et même la discipline religieuse. — Cousin, p. 20.

53. — Quant à la question de savoir si l'université de Paris était un corps laïque ou un corps ecclésiastique, elle parait avoir été tranchée dans le sens du caractère laïque par deux arrêts des 3 juill. 1567 et 5 sept. 1573. Du reste, débattue solennellement plus tard devant le parlement entre Servin et Antoine Loisel, elle ne fut point alors jugée au fond, et ne reçut que par arrêt du 1er avr. 1667 une solution définitive dans le même sens. — V. au surplus UNIVERSITÉ.

54. — Nous trouvons maintenant dans l'ordre chronologique l'ordonnance de Blois, rendue en 1579, sous Henri III, à la suite des doléances des états-généraux. C'est un ancien texte législatif des plus remarquables en ce qu'il contient le germe de la centralisation en matière d'enseignement. Si les universités sont entre elles autant de corps distincts par leur origine et leurs priviléges, il n'est pas moins vrai que, placées sous le gouvernement de leurs recteurs, les *vicaires du roi*, ces représentans du pouvoir central, elles se rattachaient par l'intermédiaire de ces chefs à un milieu commun; et, d'autre part, elles s'ouvraient encore à l'action de l'autorité centrale par les officiers de la justice du roi, qui prenaient connaissance des statuts, des priviléges, du mode d'enseignement, et en pouvaient faire l'objet de leurs plaintes au parlement et de leurs réquisitions tendant à les modifier. — Troplong, p. 134.

55. — Enfin, la réforme de Henri IV, de 1598, est comme une charte donnée à l'université de Paris après les longs désordres de la ligue, qui avaient troublé et dégradé l'enseignement. Sur cette réforme mémorable qui peu à peu se généralisa, ni Rome ni l'Eglise de Paris ne furent consultées, et ni l'une ni l'autre ne réclamèrent.

56. — Voici les principes essentiels de cet édit de Henri IV, qui date de 1598, mais dont la promulgation n'eut lieu qu'en 1600 :

57. — ...L'ancienne condition du célibat est formellement abolie pour les professeurs de la faculté de droit et de la faculté de médecine, et elle n'est pas clairement maintenue pour la faculté des arts : en fait, elle était facultative, et elle l'est devenue chaque jour davantage; d'ailleurs nul prêtre exerçant une fonction ecclésiastique ne peut être ni principal ni préfet d'études. — Nul ne peut être admis à l'enseignement qui ne présente avec des garanties morales suffisantes, une garantie solide de capacité par le grade de maître ès-arts et l'épreuve d'un certain temps d'exercice. — Nécessité d'études préalables d'humanité et de philosophie pour être admis à prendre des grades dans toutes les autres facultés. — Pour obtenir la collation d'un grade, il faut prêter serment d'obéissance au roi et aux lois du royaume. — Défense est faite, sous des peines très sévères, de soutenir des thèses contraires aux droits du roi et aux lois du royaume.

58. — ...Défense à tout maître privé d'élever chez lui des enfans au-dessus de l'âge de neuf ans sans les envoyer au collége.

59. — L'enregistrement de ces statuts eut lieu avec la plus grande solennité, et, en cette occasion, le président de Thou résuma le droit public de l'époque en disant, dans sa harangue, que l'enseignement était une chose de gouvernement, un droit royal; que le prince avait, à cet égard, toute la puissance des empereurs chrétiens, et qu'il était *empereur en son royaume*.

60. — Les ordonnances de 1629 sous Louis XIII et de 1651 sous Louis XIV, sans parler de divers autres édits et déclarations, consolident de plus

en plus l'œuvre de la centralisation de l'enseignement public. Avec Richelieu et Louis XIV l'omnipotence de la couronne et les progrès du pouvoir central ne pouvaient, en effet, éprouver d'échec, et pour voir combien ce pouvoir central avait marché il suffit, du reste, de parcourir la correspondance du chancelier d'Aguesseau dans le tome 9 de ses œuvres.

61. — Remarquons, toutefois, que d'anciens priviléges épiscopaux s'étaient conservés dans quelques universités, et que le gouvernement les tolérait (V. Rousseaud de Lacombe, *Dict. canon.*, vº *Université*, sect. 9e); mais, au point où il était arrivé, il est clair que si le gouvernement laissait subsister en dehors de lui ces prérogatives, ce n'était qu'à titre de jouissance précaire et révocable. — V. Troplong, p. 177.

62. — Ce qu'il faut, au surplus, constater comme un fait remarquable, c'est que ce droit de la royauté, que nous venons de voir se concentrer dans une action si immédiate et si énergique, était accepté comme légitime par les universités; c'est ce qui résulte, en effet, de la requête présentée au roi Louis XV par l'université de Paris, et qui se trouve citée tout au long par Pialcs, *De l'expect. des gradués*, t. 1er, p. 263 et s.

63. — Jusqu'ici l'on a surtout examiné le pouvoir de la couronne dans ses rapports avec l'enseignement universitaire; mais il y avait aussi des congrégations religieuses qui se partageaient avec les universités laïques l'enseignement de la jeunesse, et il reste à indiquer le régime auquel ces congrégations enseignantes étaient soumises.

64. — Après une vive résistance de l'université de Paris, et grâce au lustre répandu sur eux par le génie d'Albert-le-Grand et de Saint-Thomas d'Aquin, d'Alexandre de Hales et de Saint-Jean Bonaventure, les ordres religieux de Saint-François et de Saint-Dominique avaient enfin été admis au partage du droit d'enseigner; ils faisaient même partie du corps enseignant, de façon que l'université s'était ainsi plutôt enrichie d'une milice nouvelle qu'elle n'avait vu naître à ses côtés des établissemens rivaux.

65. — Cette incorporation des ordres mendians dans l'université, qui avait eu lieu avant même que le pouvoir civil n'eût complétement repris la haute direction de l'enseignement, et dont Antoine Loisel tirait argument pour soutenir que l'université était un corps ecclésiastique, se fit, du reste, sur le fondement de l'inviolable principe que l'état a le droit d'exiger des garanties de quiconque, individu ou compagnie, aspire au pouvoir d'enseigner; chaque religieux, en effet, en entrant dans le corps chargé de l'enseignement public, prêtait serment d'en respecter les droits et d'en observer les règles. — V. le statut de 1253 (Du Boulay, t. 3, p. 252), confirmé et renouvelé dans son principe général par le statut de 1318 (Du Boulay, t. 4, p. 181).

66. — Les jésuites, expulsés d'abord de France, puis rappelés par Henri IV, obtinrent, non pas toutefois de ce prince, mais des mains débiles de la régente, des lettres-patentes leur conférant la pleine et entière scholarité. Le parlement refusa d'enregistrer ces lettres. (V. Troplong, ch. 28, p. 183 et s.) Les jésuites alors se retournèrent vers la cour, et finirent par obtenir, en leur faveur, un arrêt du conseil du 15 août 1618, qui mit leur collége de Clermont sur le même pied que les autres colléges de l'université.

67. — L'université sauva du moins les grades académiques. A cet égard, comme le remarque M. Cousin (p. 30), l'exposé des motifs du projet ministériel sur la loi d'instruction secondaire s'est trompé : jamais, à Paris, les jésuites ne préparèrent aux grades, et l'arrêt du conseil de 1618 ne reçut, en cela, aucune exécution. Les jésuites n'ayant pas osé faire signifier cet arrêt à l'université, celle-ci n'en tint aucun compte et décréta que les études faites chez les jésuites ne seraient pas considérées comme académiques. Vainement un nouvel arrêt du conseil cassa-t-il les décrets de l'université, les jésuites n'osèrent pas davantage faire signifier ce dernier arrêt à leur rivale, et rien ne fut changé à l'état des choses. — V. conf. Troplong, chap. 30, p. 228 et s.

68. — En 1643, ils essayèrent en vain d'appliquer l'arrêt de 1618, et ils furent forcés de le laisser dormir encore pendant un demi-siècle. Ils le réveillèrent en 1698, à l'époque si favorable de la vieillesse de Louis XIV et de l'influence de Mme de Maintenon; mais alors même l'université, secondée par le parlement, repoussa leur prétention qui depuis n'a plus été reproduite. — Cousin, p. 30. — V. aussi Troplong, *loc. cit.*, p. 232 et s.

69. — Quel que soit, au surplus, le jugement que l'on porte sur cette compagnie célèbre, il résulte de tout ce qui précède que, si elle se mêla en France à l'enseignement public, il ne fut jamais question pour elle d'exercer ni un droit naturel, ni une industrie privée; le pouvoir d'enseigner lui fut accordé comme une faveur à la fois et comme une charge, sous certaines conditions bien ou mal observées, mais stipulées et consenties, notamment, ainsi que cela résulte de l'arrêt du conseil de 1618 précité, sous la condition de se soumettre aux lois et usages de l'université. C'est donc toujours de l'autorité royale que relève directement le pouvoir d'enseigner, aussi bien lorsqu'il est exercé par les jésuites que lorsqu'il est aux mains de l'université. — V. conf. Troplong, chap. 28, p. 181 et s.

70. — L'oratoire fut établi au commencement du dix-septième siècle et sous la même autorité. Bien que les membres de cet ordre, qu'ont rendu si illustre Massillon et Mallebranche, ne formassent aucun vœu ni simple ni solennel, bien qu'ils fussent de vrais prêtres séculiers en tout soumis à l'ordinaire, ils ne purent se former en corporation enseignante que par des lettres-patentes vérifiées au parlement en 1612. Quand ils voulurent s'établir à Rouen en 1616, ils durent produire leurs statuts au parlement de cette ville.

71. — La main du pouvoir civil est dans tout cela bien manifeste. Il y eut même bientôt abus du droit, et à la fin du dix-septième siècle l'oratoire fut persécuté. — V. sur cette persécution M. Cousin, *Frag. philos.*, 3e édit., t. 2, p. 197.

72. — Une vingtaine d'universités laïques ayant le privilége de l'enseignement sous toutes les formes, examinant seules le savoir des écoliers, et leur conférant les grades; des corporations religieuses, fort restreintes dans leur enseignement; des parlemens, animés du même esprit, gouvernant, contenant ces corps rivaux, défendent l'enseignement laïque contre l'enseignement ecclésiastique; et, au-dessus de tout cela, le pouvoir central, de qui tout revèle d'une manière absolue, et dans lequel le corps enseignant puise sa raison d'être, et son droit, tel était donc, en résumé, l'ancien régime, dans son dernier état, en fait d'instruction publique.

73. — Que cet ancien régime ait opprimé, en matière d'enseignement public, comme en tout le reste, le droit individuel, c'est là un fait incontestable qu'il suffit d'énoncer, et qui ressort d'ailleurs des détails dans lesquels on vient d'entrer. L'état, personnifié dans le monarque, absorbe tout dans sa puissante unité, et toute garantie manque dans ce régime au droit que les pères de famille ont sur leurs enfans.

74. — Ce droit des pères de famille est pourtant, ainsi qu'on l'a établi *suprà* nº 7, aussi sacré que le droit de l'état; il faut donc, au lieu de les sacrifier l'un à l'autre, leur faire à chacun une juste et équitable part, et l'on sent dès-lors combien l'ancien régime, que l'on vient de voir si haineux de toute liberté individuelle, est peu conforme aux véritables principes qui doivent présider à l'organisation de l'instruction publique.

75. — Il n'y a donc pas à regretter que les élémens de l'ancienne organisation de l'enseignement aient disparu au milieu de la révolution. Les cahiers des états généraux demandaient presque tous une organisation nouvelle et complète de cette matière, et c'est sur les ruines du passé que l'assemblée constituante jeta le décret de 1791 qui porte (tit. 1er, nº 3, § 13) que : — « Il serait créé et organisé une instruction publique, commune à tous les citoyens, gratuite à l'égard des parties d'enseignement indispensables pour tous les hommes. »

76. — Le temps a manqué à l'assemblée constituante pour organiser le mode d'instruction dont elle avait décrété le principe sur le célèbre rapport de M. de Talleyrand, rapport qui a pour caractère dominant de tout séculariser et de tout unir, et dont les pensées ne devaient pas périr.

77. — L'assemblée législative se borna à défendre de confier aucune partie de l'enseignement public aux congrégations d'hommes et de filles séculières ou régulières. — L. 18 août 1792, tit. 1er, art. 4.

78. — A partir de cette époque, jusqu'au consulat, il n'y a plus que des rêves violens et éphémères. Tantôt on propose une utopie lacédémonienne qui arrache aux familles *les enfans de la patrie*, pour former une race nouvelle (V. le rapport de Le Pelletier à la convention); tantôt à la place de cette tyrannie avouée on met une liberté trompeuse.

79. — La convention nationale, après avoir d'abord généreusement décrété dans la déclaration des droits du 24 frim. 1793, art. 22, que l'instruction est le besoin de tous, et que la société doit favoriser de tout son pouvoir les progrès de la raison publique, et mettre l'instruction à la portée de tous les citoyens, après avoir ensuite posé les fondemens de l'organisation publique dans la loi du 15 sept. 1793, qui contient la division de l'enseignement en trois branches essaya d'organiser, dans le décret du 19 déc. 1793, le premier degré d'instruction.

80. — L'art. 1er de ce dernier décret proclame, en termes exprès, la liberté d'enseignement; mais il ne faut pas s'y fier, ce n'est là qu'un principe abstrait que détruisent les autres dispositions de la loi.

81. — Les instituteurs devaient tous, en effet, être élus par le peuple qui, alors, était l'état. Les ci-devant prêtres, les ci-devant nobles (expressions des lois du temps) étaient exclus de l'enseignement. Il fallait, avant d'être élus, avoir un certificat de civisme. Le choix des livres était fixé. La constitution de l'an III et la déclaration des droits de l'homme étaient la base de l'enseignement. Pour principale instruction morale, on devait, chaque décadi, raconter les hauts faits de nos armées. Enfin, l'enseignement était gratuit, mais les parens étaient obligés d'envoyer leurs enfans à ces écoles de la nation, trois ans au moins sous des peines sévères.

82. — C'était là, il faut l'avouer, une singulière liberté d'enseignement. Jamais le droit des pères de famille n'a été plus complétement méconnu, et il n'y eut de plus étrange contradiction entre le principe inscrit au frontispice d'une loi et les dispositions de cette même loi.

83. — La constitution du 5 fructid. an III contient un titre entier sur l'instruction publique. A côté de l'instruction primaire, donnée par l'état, et d'un *institut* national dont le principe est décrété (V. ce mot), l'art. 300, reprenant le principe de liberté déposé dans la loi du 29 déc. 1793, déclare que « les citoyens *ont le droit de former des établissemens particuliers d'éducation et d'instruction* ainsi que des sociétés libres pour concourir au progrès des sciences, des lettres et des arts. »

84. — La constitution du 22 frim. an VII ne contient d'autre disposition relative à cette matière que celle de l'art. 88, qui reproduit l'idée d'un « institut national chargé de recueillir les découvertes, de perfectionner les sciences et les arts. » — V. INSTITUT.

85. — Ce n'est pas d'un seul coup que le premier conseil créa le système entier de l'enseignement. Il s'occupa d'abord du prytanée, puis, par une loi, celle du 11 flor. an X (1er mai 1802) il ébaucha l'œuvre que devait perfectionner la loi du 10 mai 1806.

86. — La loi de 1802 emprunte au rapport de M. de Talleyrand tout le cadre de l'instruction publique. Trois degrés d'instruction : l'instruction secondaire divisée en écoles secondaires privées et en écoles secondaires publiques, celles-ci subdivisées en écoles secondaires fondées par les communes, et en écoles secondaires instituées, entretenues et gouvernées par l'état, les lycées ou colléges royaux. L'instruction publique est toute séculière : elle est gouvernée, sous l'autorité suprême du ministre de l'intérieur, par un conseiller d'état, directeur-général, ayant sous lui des inspecteurs-généraux. Pour attirer la jeunesse dans ces établissemens l'on créa une masse considérable de bourses. Enfin, des pensions de retraite sont ménagées aux professeurs après un temps déterminé d'exercice.

87. — Mais, en même temps qu'elle organise, cette loi porte, d'un autre côté, une grave atteinte à la liberté de l'enseignement, en décrétant, art. 8, que « il ne pourrait être établi d'écoles secondaires *sans l'autorisation du gouvernement*. » — C'est, évidemment, supprimer le droit individuel d'enseigner et établir le régime préventif ou la censure en faveur du gouvernement, pour la branche d'enseignement qui a le plus d'influence sur la jeunesse. — V. conf. Serrigny, *loc. cit.*, p. 337; — V. cependant Cousin, p. 39 et suiv.

88. — Quoi qu'il en soit, cette loi de 1802 fut reçue comme un bienfait. Elle fut adoptée au tribunat par une majorité de quatre-vingt voix contre neuf, et au corps législatif par une majorité de deux-cent cinquante et une voix contre vingt-sept.

89. — Enfin, la base de l'université impériale et du monopole de l'enseignement public en sa faveur fut déposée dans la loi du 10 mai 1806, ainsi conçue : « Art. 1er, il sera formé, sous le nom d'université impériale, un corps chargé *exclusivement* de l'enseignement et de l'éducation *publics* dans tout l'empire; — art. 2 : les membres du corps enseignant contracteront des obligations civiles, spéciales et temporaires; — art. 3, l'organisation du corps enseignant sera présentée en forme de loi au corps législatif à la session de 1810. »

90. — Le décret du 17 mars 1808, qui tint lieu de

la loi promise, organisa le monopole complet de l'enseignement en faveur de l'université.

91. — Il porte : — « Art. 1er, l'enseignement public, dans tout l'empire, est confié exclusivement à l'université; — art. 2, aucune école, aucun établissement quelconque d'instruction, ne peut être formé hors de l'université impériale, et sans l'autorisation de son chef. —On verra ci-après (nos 878 et suiv., les modifications et la sanction pénale de ces principes.

92. — La dernière disposition comprenait même les petites écoles où l'on apprend à lire, à écrire et les premières notions du calcul. — V. même décret, art. 5, no 6.

93. — Une loi spéciale, celle du 28 juin 1833, a fondé aujourd'hui parmi nous l'instruction primaire sur des bases plus rationnelles, sans sacrifier au droit de la puissance publique la liberté d'enseignement. — V. INSTRUCTION PRIMAIRE.

94. — Le décret du 15 nov. 1811 et d'autres décrets moins importans, qui seront bientôt analysés, achevèrent de réaliser la pensée impériale et d'organiser l'établissement universitare, tel à peu près qu'il existe encore.

95. — Il résulte des termes précités du décret de 1808 que l'université fut investie du monopole exclusif et complet de l'enseignement, et que le droit individuel continua d'être de plus en plus confisqué au profit du droit social. Or, ce n'est pas là, répétons-le, une solution équitable et rationnelle des difficultés que présente la matière de l'enseignement.

96. — Qu'importe maintenant que l'université impériale n'ait pas, comme l'établit M. Cousin (p. 45), introduit ce principe de l'autorisation préalable qui absorbe et détruit le droit individuel, mais qu'elle l'ait reçu des mains de la loi, d'une loi qui préexiste à l'université et à l'empire, une loi de la république, qui ne fait autre chose elle-même que recueillir la tradition constante de l'ancienne monarchie. Cette circonstance n'implique nullement la légitimité intrinsèque d'un régime fondé sur un monopole et où, pour faire cesser l'antagonisme entre le droit de l'état et le droit non moins sacré des pères de famille, l'on sacrifie impitoyablement celui-ci à celui-là.

97. — Mais faut-il, en outre, regarder comme vulnérable, sous le rapport de la légalité, l'établissement universitaire, attendu que les prescriptions les plus sévères ne reposent que sur des décrets impériaux? Nous ne le pensons pas; car, d'une part, les décrets non attaqués pour cause d'inconstitutionnalité avaient force de loi (V. no 35); et d'autre part, les lois de finances et autres votées depuis l'établissement du gouvernement constitutionnel, ont reconnu et légalisé l'existence de l'université, en supposant qu'elle eût besoin de l'être. — V. décis. cons. roy. d'instr. publ., 4 mai 1830. — V. au surplus pour les détails UNIVERSITÉ.

98. — Le premier acte de la restauration fut de détruire l'université par l'ordonnance du 17 fév. 1815. Mais cette désorganisation resta sans effet, par le retour de Napoléon pendant les Cent-Jours. Après sa seconde rentrée, Louis XVIII accepta, par une autre ordonnance du 15 août 1815, cette institution impériale, et le monopole universitaire fut continué pendant la restauration. Le conseil impérial et le grand-maître furent seulement remplacés par une commission d'instruction publique de cinq membres dans laquelle brillèrent deux hommes illustres, Cuvier et Royer-Collard.

99. — La charte de 1830 a enfin posé nettement et dans ses véritables termes le problème de la conciliation du droit social et du droit individuel en matière d'enseignement, en promettant qu'il serait pourvu par des lois séparées à « l'instruction publique et à la liberté d'enseignement. » — Art. 69, no 8.

100. — Comme le remarque très bien M. Serrigny (*loc. cit.*, p. 340 et suiv.), ces quelques mots de la nouvelle charte consacrent deux principes de la plus haute importance, savoir : — 1° la conservation de l'instruction publique donnée au nom de l'état et par des agens préposés par lui à cet effet ; — 2° la consécration du droit individuel de la liberté de l'enseignement privé, coexistant à côté de l'enseignement public. — En d'autres termes, la charte conserva l'université, ou plutôt, l'administration chargée de l'instruction publique, moins le monopole que lui attribuait la législation impériale.

101. — Ajoutons avec M. Serrigny (*loc. cit.*) que la liberté individuelle d'enseignement reconnue par la charte n'exclut pas les garanties à exiger par les lois organiques du principe qu'elle consacre. La nécessité de ces garanties constitue le droit suprême et le devoir de l'état; et, pour que le but de la constitution soit rempli, il suffit que ces garanties n'aillent point jusqu'à soumettre ceux qui veulent se livrer à l'enseignement à l'autorisation préalable du gouvernement. L'autorisation préalable ou la censure est, en effet, exclusive de l'idée de liberté. Or, la charte a promis « la liberté d'enseignement. »

102. — Du reste, cette concurrence du libre enseignement ne peut que profiter à l'institution universitaire elle-même. Que toute satisfaction soit donc donnée aux familles et à la société; que des rivalités sérieuses et dignes viennent de toutes parts exciter les courages et redoubler les efforts. Toute amélioration devient possible, tout perfectionnement probable; et l'université, vivifiée par ce surcroît d'activité, n'en servira que mieux les intérêts du pays. — V. Rendu, *Code universit.* (introd.), p. 13.

104. — Constatons ici combien l'on s'est éloigné en Belgique non pas seulement du système de l'autorisation préalable, mais même de tout système sagement restrictif qui réglerait l'exercice d'une liberté sans d'ailleurs la supprimer. Suivant l'art. 17 de la constitution du 7 fév. 1831, « l'enseignement est libre; toute mesure préventive est interdite; la répresssion des délits n'est réglée que par la loi. »

105. — On n'a point seulement attaqué l'enseignement universitaire au point de vue du monopole, on l'a aussi attaqué au point de vue de son esprit et de ses tendances. Ainsi on a prétendu, par exemple, qu'il était en désaccord avec les besoins publics. Il y a de l'exagération dans cette accusation récemment soutenue à l'Institut par M. Blanqui (V. *Compte-rendu*, par MM. Loiseau et Vergé [cahier d'avr. 1846]), ainsi qu'on l'établira *infrà*, no 277.

## CHAPITRE II. — *Organisation générale de l'instruction publique.*

### Sect. 1re. — *Dispositions générales.*

106. — Nous avons déjà dit que l'enseignement public est particulièrement confié à l'université qui le donne au nom de l'état. On a cité à ce sujet les art. 1er, 2 et 5 (no 6) du décret du 17 mars 1808, qui organisait à son profit le monopole de l'enseignement. L'art. 3 de ce même décret ajoute que « nul ne peut ouvrir d'école ni enseigner publiquement sans être membre de l'université royale et gradué par l'une de ses Faultés. »

107. — Néanmoins, l'instruction dans les séminaires dépend des archevêques et évêques, chacun dans son diocèse; ils en nomment et révoquent les directeurs et professeurs; ils sont seulement tenus de se conformer aux réglemens sur les séminaires. — *Ibid.* — Les écoles secondaires ecclésiastiques sont aussi, sous certaines conditions, légalement déterminées en dehors du régime universitaire. — V. SÉMINAIRE.

108. — Aux termes de l'art. 134 de ce même décret, « l'université royale et son grand-maître, chargés exclusivement du soin de l'éducation et de l'instruction publique dans tout le royaume, tendront sans relâche à perfectionner l'enseignement dans tous les genres, à favoriser la composition des ouvrages classiques; ils veilleront surtout à ce que l'enseignement des sciences soit toujours au niveau des connaissances acquises, et à ce que l'esprit de système ne puisse en arrêter les progrès. »

109. — L'objet et le but de l'université se révèlent, du reste, plus clairement encore dans les instructions que Napoléon avait données à M. de Fontanes, auquel il venait d'en confier les destinées naissantes : « S. M. veut un corps dont la doctrine soit à l'abri des petites fièvres de la mode; qui marche toujours quand le gouvernement sommeille; dont l'administration et les statuts deviennent tellement nationaux qu'on ne puisse jamais se déterminer à y porter légèrement la main. Si ses espérances se réalisent, S. M. veut trouver dans ce corps même une garantie contre les théories pernicieuses et subversives de l'ordre social, dans un sens ou dans un autre... »

110. — Remarquons toutefois que, s'il est bien vrai qu'à son origine l'université était dans l'état une corporation à laquelle celui-ci avait délégué ses pouvoirs pour distribuer l'instruction sous sa surveillance, elle a, depuis plusieurs années, dépouillé son caractère de corporation pour se fondre complétement dans l'état, et s'assimiler à lui. Ce n'est plus qu'une administration chargée de l'instruction publique, et formant une branche de l'administration générale du royaume. — V. ord. 10 fév. 1828; L. 24 mai 1834, art. 8; 17 août 1835, art. 9. — V. pour les détails UNIVERSITÉ.

111. — Remarquons aussi qu'il existe des établissemens d'instruction publique et des écoles spéciales qui ne relèvent pas de l'université. — V. ÉCOLE.

112. — Parmi ces établissemens et ces écoles, les unes sont du ressort du ministère de l'instruction publique; les autres relèvent de différens ministères.

113. — L'ordonnance du 11 oct. 1832 a compris dans les attributions du ministre de l'instruction publique : l'Institut royal de France, le muséum d'histoire naturelle, les académies et sociétés littéraires, les établissemens britanniques fondés à Paris pour l'éducation des jeunes catholiques d'Irlande, d'Angleterre et d'Écosse; les bibliothèques publiques et le dépôt légal de Ste-Geneviève (V. BIBLIOTHÈQUE), le collége de France (V. COLLÉGE, nos 58 et suiv.), l'école des chartes (V. CHARTES (école des)), et l'école des langues orientales et cours d'archéologie, auxquelles, suivant M. Rendu (*Code universit.*, p. 18, en note), il faut joindre les écoles des sourds et muets (V. au mot ÉCOLE et sous ceux qui le suivent ce qui concerne ces divers établissemens), les encouragemens et souscriptions littéraires et scientifiques.

114. — A ces établissemens il faut joindre encore comme rentrant dans les attributions du ministre de l'instruction publique l'école qui vient d'être fondée à Athènes par ordonnance du 11 sept. 1846, pour donner une nouvelle impulsion à l'étude de la langue et de la littérature grecques. — V. ÉCOLE FRANÇAISE D'ATHÈNES.

115. — Les établissemens et écoles spéciales qui, étant étrangers à l'université, se trouvent dans les attributions de divers autres ministères, sont : l'école polytechnique, l'école d'application d'état-major, l'école royale forestière, celles de Saint-Cyr, des mines, des ponts et chaussées, de marine, des beaux-arts, vétérinaires, les écoles commerciales, industrielles et des arts et métiers, l'école de cavalerie de Saumur, le collége militaire de la Flèche, le gymnase normal militaire. — V. ÉCOLE, ÉCOLES MILITAIRES, et les divers articles qui suivent ces deux mots.

116. — Quelques personnes regrettent, au reste, que plusieurs établissemens spéciaux existent ainsi en dehors de l'université, et elles se demandent pourquoi la conservation des arts et métiers n'est point sous la dépendance du ministère de l'instruction publique, pourquoi l'école polytechnique relève du ministère de la guerre? Suivant elles, l'université, par sa puissance et la régularité de ses méthodes, par la force de ses traditions, est seule en mesure de satisfaire avec avantage aux besoins de l'enseignement public dans toutes ses parties. — Giraud, *Compte-rendu de l'Académie des sciences morales*, par MM. Loiseau et Vergé, cahier d'avr. 1846, p. 259).

117. — Après avoir distingué de l'université les établissemens d'instruction publique, ainsi que les écoles spéciales qui ne relèvent point d'elle, et avoir constaté qu'elle est instituée pour être dispensatrice, au nom de l'état, de l'éducation et de l'instruction, nous allons examiner quelle est, en elle-même, la constitution légale du corps enseignant; en d'autres termes, quels sont ses droits et ses obligations, car on ne peut méconnaître que cette constitution exerce une grande influence sur la plus ou moins grande aptitude de ce corps à remplir la haute mission dont il est chargé.

118. — Aux termes de l'art. 2, L. 10 mai 1806, les membres de l'université, lors de leur installation, contractent par serment des obligations civiles, spéciales et temporaires qui les lient au corps enseignant; ils s'engagent à l'exacte observation des statuts et réglemens de l'université; ils promettent obéissance au grand-maître dans tout ce qu'il leur commandera pour le service et pour le bien de l'enseignement. — Décr. 17 mars 1808, art. 39 et suiv.

119. — Le décret du 17 sept. 1808 (art. 1er) prescrivait pour le grand-maître un serment particulier qu'il est inutile de rapporter, puisqu'il n'y a plus lieu à le prononcer depuis que la direction de l'instruction publique a été convertie en un ministère, comme les autres parties de l'administration publique. — Rendu, *Code universit.*, p. 3, en note.

120. — Les membres de l'université s'engagent à ne quitter le corps enseignant et leurs fonctions qu'après avoir obtenu l'agrément du grand-maître dans les formes qui sont prescrites. — Décr. 17 mars 1808, art. 42.

121. — Le grand-maître peut dégager un membre de l'université de ses obligations et lui permettre de quitter le corps. En cas de refus du grand-maître et de persistance de la part d'un membre de l'université dans la résolution de quitter le corps, le grand-maître sera tenu de lui délivrer une lettre d'*exeat* après trois demandes

consécutives, réitérées de deux mois en deux mois. — *Ibid.*, art. 43.

122. — Celui qui quitte le corps enseignant sans avoir rempli ces formalités est rayé du tableau de l'université et encourt la peine attachée à cette radiation. — *Ibid.*, art. 44. — V. UNIVERSITÉ.

123. — Les membres de l'université ne peuvent accepter aucune fonction publique ou particulière et salariée sans la permission du grand-maître. — *Ibid.*, art. 45.

124. — Ils sont tenus d'instruire le grand-maître et ses officiers de tout ce qui viendrait à leur connaissance de contraire à la doctrine et aux principes du corps enseignant dans les établissemens d'instruction publique. — *Ibid.*, art. 46.

125. — Pour resserrer de plus en plus les liens de la discipline dans les établissemens de l'université, il a été décidé qu'aucun professeur de faculté, aucun censeur, économe, professeur de lycée, aucun agrégé, maître élémentaire ou régent ne pourrait s'absenter plus d'une semaine pendant le cours de l'année classique sans en avoir reçu la permission expresse et par écrit du grand-maître de l'université. — Arrêté du 31 mars 1812, art. 1er.

126. — Et cette permission doit être demandée et obtenue dans les formes qui sont déterminées, ainsi que la durée des congés et des absences, par les art. 2 et suiv. de l'arrêté précité. — Rendu, p. 368 et suiv. — V. UNIVERSITÉ.

127. — Si l'absence ne doit pas être de plus d'une semaine, le congé peut être accordé par le recteur, sur la proposition motivée du chef de l'établissement auquel le pétitionnaire est attaché, sauf au recteur à rendre compte au grand-maître. — Même arrêté, art. 1er.

128. — Les fonctionnaires de l'université prennent rang entre eux dans l'ordre suivant :

129. — *Rangs d'administration.* — Le grand-maître, le chancelier, le trésorier, les conseillers à vie, les conseillers ordinaires, les inspecteurs de l'université, les recteurs des académies, les inspecteurs des académies, les doyens des facultés, les proviseurs, les censeurs, les principaux des colléges, les chefs d'institution, les maîtres de pension. — Décr. du 17 mars 1808, art. 25.

130. — *Rangs d'enseignement.* — Les professeurs des facultés, les professeurs des colléges royaux, les agrégés, les régens des colléges, les maîtres d'études. — *Ibid.*

131. — Il y a lieu de croire que dans une loi qui renfermera le système entier de l'instruction publique, les instituteurs primaires occuperont aussi leur place parmi les fonctionnaires du corps enseignant. — V. conf. Rendu, p. 6, note 2. — V. INSTRUCTION PRIMAIRE.

132. — Nul ne peut être appelé à une place qu'après avoir passé par les places inférieures, et pour remplir les diverses fonctions qui viennent d'être énumérées, il faut avoir obtenu dans les diverses facultés des grades correspondant à la nature et à l'importance de ces fonctions. — V. décr. précité, art. 30 et suiv.

133. — Ainsi, d'abord les emplois de maître d'étude et de maîtres de pension ne peuvent être occupés que par des individus pourvus du grade de bachelier dans la faculté des lettres. — Il faut même être bachelier dans les deux facultés des lettres et des sciences pour devenir chef d'institution. — Même décret, art. 31.

134. — D'après ce même article, les principaux et les régens des colléges, les agrégés et professeurs des sixième et cinquième, des quatrième et troisième classes des colléges royaux doivent avoir le grade de bachelier dans les facultés des lettres et des sciences, suivant qu'ils enseignent les langues ou les mathématiques. — Mais à ce sujet il faut remarquer avec M. Rendu (*loc. cit.*, note 3e) que les agrégés et professeurs de troisième dans les colléges royaux doivent aujourd'hui avoir le grade de licenciés dans les lettres.

135. — Les agrégés et professeurs de deuxième et première classes dans les colléges royaux doivent être licenciés dans les facultés relatives à leurs classes. — Les agrégés et professeurs de belles-lettres et de mathématiques transcendantes dans les colléges royaux doivent être docteurs dans les facultés des lettres et des sciences. — Les professeurs des facultés et les doyens doivent être docteurs dans leurs facultés respectives. — *Ibid.*

136. — Les proviseurs et les censeurs des colléges royaux doivent être licenciés soit dans la faculté des sciences, soit dans celle des lettres. — Ord. 26 mars 1829, art. 18. — Et même, d'après l'art. 1er de l'ordonnance du 29 sept. 1832, à l'avenir nul ne peut être nommé définitivement censeur dans un collége royal s'il n'a été reçu agrégé à la suite d'un des concours établis pour l'enseignement des colléges royaux ou s'il n'a été nommé avant cette ordonnance titulaire d'une chaire soit dans une faculté des lettres ou des sciences, soit dans un collége royal.



137. — Il a été créé parmi les gradués fonctionnaires de l'université des titres honorifiques destinés à distinguer les fonctions éminentes et à récompenser les services rendus à l'enseignement. — V. UNIVERSITÉ.

138. — Indépendamment de la dispense du service militaire et de quelques autres priviléges tout-à-fait spéciaux aux membres du corps universitaire, la constitution de ce corps est complétée par l'institution des *pensions de retraite*, qui assurent à ses fonctionnaires un honorable et paisible avenir, et par une *juridiction spéciale* qui maintient tout dans l'ordre sans scandale et sans bruit. — V. UNIVERSITÉ. — L'école Normale le renouvelle et le perpétue. — V. ÉCOLE NORMALE.

139. — Quant au costume des fonctionnaires de l'université et au rang qu'ils occupent dans les cérémonies publiques, ils sont réglés par les décrets du 31 juill. 1809 et 15 nov. 1811 et les ordonnances des 17 fév. 1815 et 1er nov. 1820. — V. CÉRÉMONIES PUBLIQUES, UNIVERSITÉ.

140. — Les bases de l'enseignement universitaire sont : — 1° les préceptes de la religion catholique; — 2° la fidélité à la monarchie constitutionnelle, conservatrice de l'unité de la France et de toutes les idées libérales; — 3° l'obéissance aux statuts du corps enseignant, qui ont pour objet l'uniformité de l'instruction et qui tendent à former pour l'état des citoyens attachés à leur religion, à leur prince, à leur patrie et à leur famille. — Décr. du 17 mars 1808, art. 38.

141. — Il n'est point dérogé par les dispositions précédentes au droit qu'ont les préfets et au devoir qui leur est imposé de surveiller les établissemens d'instruction placés dans leurs départemens respectifs. — Ils doivent s'attacher spécialement à examiner si les dispositions en vigueur sur le régime de ces établissements sont exactement observées, si les mœurs et la santé des élèves sont convenablement soignées. — Ils doivent visiter, en conséquence, de temps à autre les lycées, colléges, institutions ou pensions de leurs départemens. — Ils peuvent désigner les sous-préfets pour les visites des lycées ou colléges placés hors du chef-lieu. — Les préfets peuvent être accompagnés et assistés dans leurs visites du maire de la ville. — Les proviseurs, principaux et chefs des divers établissemens leur doivent donner tous les documens propres à les éclairer dans leurs recherches. — Ils peuvent recevoir, exiger au besoin les renseignemens des professeurs, maîtres, employés des établissemens et des pères de famille. — Ils ne peuvent toutefois rien ordonner, rien changer à l'ordre administratif des lycées ou colléges, ni rien prescrire; mais ils sont tenus d'adresser au ministre de l'instruction publique les informations qu'ils auront recueillies en les accompagnant de leurs observations. — Décr. 15 nov. 1811, art. 33 et suiv.; ord. 19 fév, 1816, art. 41.

142. — Les préfets, sous-préfets et maires ont, en outre, par rapport aux écoles primaires, les droits spéciaux que leur confère la loi du 25 juin 1833. — Rendu, *loc. cit.*, p. 10, note 3. — V., au surplus, INSTRUCTION PRIMAIRE.

143. — Aux termes de l'art. 40 de l'ordonnance du 29 fév. 1816 : — « les archevêques et évêques, dans le cours de leurs tournées, pourront prendre connaissance de l'enseignement religieux dans les écoles du culte catholique. — Les consistoires et les pasteurs exerceront la même surveillance sur les écoles des cultes protestans. — Cette disposition, faite spécialement pour les écoles primaires, s'applique de plein droit, comme le fait observer M. Rendu (*loc. cit.*, note 4), aux autres écoles de l'un et de l'autre culte.

144. — Ce droit de surveillance est confirmé au profit des autorités ecclésiastiques par l'art. 24, ord. 27 fév. 1821 qui donne à l'évêque diocésain le droit de visiter lui-même les établissemens d'instruction publique, ou de les faire visiter par un de ses vicaires généraux, et de provoquer auprès du conseil royal de l'instruction publique les mesures qu'il aura jugées nécessaires.

145. — L'article 3 de l'ord. du 26 août 1824 impose au grand-maître l'obligation de présenter deux fois par an un rapport sur la situation morale de l'instruction et de l'éducation, et l'ord. du 3 mars 1843 celle de faire dresser tous les cinq ans un tableau général des établissemens d'instruction secondaire, précédé d'un rapport sur l'état de cette instruction pendant la période quinquennale. Ce tableau et ce rapport sont publiés et distribués aux membres des deux chambres.

146. — Il doit être également présenté au roi et communiqué aux chambres un compte annuel détaillé de l'emploi des fonds alloués aux écoles primaires, et une statistique triennale de l'instruction élémentaire. — V. INSTRUCTION PRIMAIRE.



147. — Nous venons de résumer les élémens de la constitution du corps enseignant. — Indiquons actuellement les ressorts qui le mettent en mouvement : il agit sous l'impulsion de l'administration académique.

## Sect. 2e. — *De l'administration supérieure.*

148. — L'Université a été établie sur le principe de deux pouvoirs distincts : — Un grand-maître, au-dessous duquel prennent rang un chancelier et un trésorier; — un conseil qui a pris successivement le titre de conseil de l'université, de commission royale et de conseil royal de l'instruction publique pour reprendre enfin son ancien titre et son ancienne constitution.

149. — Des inspecteurs généraux rendent partout présente l'autorité centrale.

### ART. 1er. — *Du grand-maître, du chancelier et du trésorier.*

150. — Aux termes de l'art. 50, décr. 17 mars 1808, le grand-maître est chargé de tout *gouverner* et de tout *régir*. — Il est nommé et révocable par le roi. — V. conf. réglement du 10 oct. 1809, art. 1er.

151. — Il a la nomination aux places administratives et aux chaires des colléges et des lycées; il nomme également les officiers des académies et ceux de l'université, et fait toutes les promotions dans le corps enseignant (même décr. art 51); — il institue les sujets qui auront obtenu les chaires des Facultés, d'après des concours dont le mode est déterminé par le conseil de l'université (art. 52); — il ordonne les mutations en prenant l'avis de trois membres du conseil (art. 56); — il ratifie les réceptions, et, s'il refuse de ratifier, il doit en faire son rapport pour être pris en conseil d'état un parti définitif (art 58); — il donne, sous le sceau de l'université, les diplômes qui confèrent les grades, les titres, les fonctions, les chaires, et en général tous les emplois de l'université. — Art. 59.

152. — Le grand-maître donne aux différentes écoles les réglemens de discipline qui seront discutés par le conseil de l'université. — Il propose à la discussion du conseil tous les projets de réglemens et de statuts qui pourront être faits pour les écoles de divers degrés. — Même décr., art. 60 et 76.

153. — Il exerce une part restreinte de la juridiction disciplinaire. — Art. 57, *ibid.*; décr. 15 nov. 1811, art. 43; L. 28 juin 1833, art. 23. — V. UNIVERSITÉ.

154. — Il accorde la permission d'enseigner et d'ouvrir des maisons d'instruction (secondaires) aux gradués de l'université qui la lui demandent, et qui auront rempli les conditions exigées par les réglemens pour obtenir cette permission. — Art. 54.

155. — Il convoque et préside le conseil; il en nomme les membres (ce qui ne doit s'entendre que des membres choisis annuellement sous le titre de conseillers ordinaires), ainsi que ceux des conseils académiques (art. 61); — il le fait présider par le chancelier ou le trésorier (art. 60). — Il se fait rendre compte des recettes et dépenses des établissemens d'instruction, et il le fait présenter au conseil de l'université par le trésorier (art. 62). — Il divise les conseillers en sections, et renvoie à chacune les affaires dont il veut qu'elle fasse le rapport (art. 75). — Il propose à l'assemblée générale tous les projets de réglemens et de statuts qui devront être faits pour les écoles de divers degrés (art. 76). — Il exerce à Paris les fonctions de recteur (art. 89).

156. — Il a le droit de faire publier et afficher les actes de son autorité et ceux du conseil de l'université. Ces actes devront toutefois être munis du sceau de l'université. — Art. 65.

157. — Au-dessous du grand-maître prennent rang le chancelier et le trésorier de l'université.

158. — Le chancelier est chargé du dépôt et de la garde des archives et du sceau de l'université : il signe tous les actes émanés du grand-maître et du conseil de l'université; il signe également les diplômes donnés pour toutes les fonctions; il présente au grand-maître les titulaires, les officiers des universités et des académies, ainsi que les fonctionnaires qui devront prêter le serment; il surveille la rédaction du grand registre annuel des membres de l'université. — Décr. 17 mars 1808, art. 67.

159. — Le trésorier est spécialement chargé des recettes et des dépenses de l'université; il veille à

ce que les droits perçus dans tout le royaume au profit de l'université soient versés fidèlement dans son trésor ; il surveille la comptabilité des lycées, des colléges et de tous les établissemens des académies ; il en fait son rapport au grand-maître et au conseil de l'université. — Même décr., art. 68.

160. — Après la seconde restauration, une ordonnance royale du 15 août 1815 concentra dans les mains d'une commission, devenue en vertu de l'ord. du 1er nov. 1820 le conseil royal de l'instruction publique, les pouvoirs attribués au grand-maître et au conseil de l'université.

161. — Sous ce régime, les fonctions de chancelier et de trésorier sont exercées à titre provisoire par deux membres du conseil. Le même conseiller qui exerce les fonctions de chancelier, remplit celles du ministère public, conformément au décret du 17 mars 1808. — Rendu, *Code universitaire*, t. 5 en note.

162. — Le titre de *grand-maître* n'a été rétabli que par l'ordonnance du 1er juin 1822, dont l'art. 1er est conçu en ces termes : — « Le chef de l'université prendra le titre de *grand-maître* : il aura, outre les attributions actuelles de *président du conseil royal* (dont il est parlé *infrà* n° 204), celles qui sont spécifiées dans les articles 51, 56 et 57 du décret du 17 mars 1808 ; dans tous les cas prévus par ces articles, il prendra l'avis exigé par l'art. 56. »

163. — Le grand-maître ne recouvra donc en vertu de cette ordonnance qu'une partie de son ancien pouvoir, et encore est-elle diminuée par l'obligation qui lui est imposée de prendre pour les actes qu'il peut faire l'avis du conseil royal. Ainsi, on a plutôt rétabli le titre de grand-maître qu'on n'a restitué à cette charge ses attributions régulières et ses appuis indispensables.

164. — Enfin l'instruction publique a été érigée en département ministériel, et le grand-maître transformé en ministre responsable. L'ordonnance du 10 fév. 1828, séparant des affaires ecclésiastiques l'instruction publique que l'ordonnance du 26 août 1824 y avait réunie, porte que — « L'instruction publique sera dirigée par un ministre secrétaire d'état. Il exercera les fonctions de grand-maître de l'université de France, *telles qu'elles sont déterminées par les lois et réglemens.* »

165. — Il ne suffisait pas de placer un ministre à la tête de l'instruction publique, il fallait mettre encore l'administration en harmonie avec les principes de la responsabilité constitutionnelle et pour cela modifier les rapports du grand-maître avec le conseil royal.

166. — Le ministre étant responsable, il devenait nécessaire que le conseil n'eût plus qu'un droit d'avis ou de délibération consultative dans les matières d'administration qui concernent le régime de l'instruction publique. Un premier pas fut fait dans cette voie par l'ordonnance du 26 mars 1829, rendue au rapport de M. de Vatisménil, mais le but n'a été atteint que par l'ordonnance du 7 déc. 1845 qui, en ramenant le conseil royal de l'instruction publique à son ancienne constitution de conseil de l'université, a fait cesser toute confusion de pouvoirs et a désormais assigné à chaque autorité sa juste part d'action et d'influence.

167. — L'instruction publique est donc devenue un département ministériel. Ce département est organisé ainsi qu'il suit : — le secrétariat, — la division du personnel et de l'administration des établissemens universitaires, — la division des établissemens scientifiques et littéraires, — la division du contentieux, du matériel et de la comptabilité. — Ord. 16 déc. 1844, art. 1er. — V. MINISTÈRE, MINISTRE.

ART. 2. — *Du conseil de l'université.*

168. — A la tête du corps enseignant Napoléon avait placé un grand conseil, fait à l'image du conseil d'état, divisé en deux espèces de conseillers : — les uns, permanens, au nombre de dix ; — les autres mobiles, au nombre de vingt, dont la liste était annuelle. — Décr. du 17 mars 1808, art. 69 et suiv.

169. — Ce conseil n'était pas seulement destiné à être le gardien de tous les droits et de toutes les traditions : sa constitution le voulait assez nombreux et assez renouvelé pour être le promoteur assuré de tous les perfectionnemens.

170. — Suivant l'art. 75 du décret organique du 17 mars 1808, qui est loi de l'état aux termes des actes constitutionnels de l'empire, comme l'ont reconnu les arrêts cités au mot DÉCRET, nos 16, 17 et 25, le conseil de l'université fut institué d'une manière générale, pour veiller sur le *perfectionnement des études, la police des écoles, la comptabilité, la discipline.*

ENSEIGNEMENT, ch. 2, sect. 2e.

171. — Le conseil de l'université se présente donc à la fois comme un ressort actif d'administration, comme un comité de perfectionnement pour la législation sur l'instruction, et comme un conseil de discipline pour les délits propres aux membres du corps universitaire. En d'autres termes, et pour simplifier la division, il remplit des fonctions qui sont tantôt de pure administration, et tantôt du contentieux administratif.

172. — Le décret précité du 17 mars 1808 règle, ainsi qu'il suit, les attributions du conseil sous le premier rapport.

173. — Le conseil discute d'abord tous les projets des réglemens et des statuts qui peuvent être faits pour les écoles de divers degrés (art. 76, 100) ; — V. aussi ord. 1er juin 1822, art. 2) ; — il détermine le mode des concours pour les chaires dont les titulaires sont nommés d'après ces épreuves (art. 52) ; — il admet ou rejette les ouvrages qui ont été ou doivent être mis entre les mains des élèves, ou placés dans les bibliothèques des colléges ; il examine les ouvrages nouveaux qui sont proposés pour l'enseignement des mêmes écoles (art. 80) ; — il entend le rapport des inspecteurs au retour de leur mission (art. 81) ; — il délibère sur le taux des pensions de retraite, suivant les différentes fonctions du corps universitaire (art. 123). — Il discute la question relative aux degrés d'instruction qui devront être attribués à chaque genre d'école, afin que l'enseignement soit distribué le plus uniformément possible dans toutes les parties du royaume, et pour qu'il s'établisse une émulation nécessaire aux bonnes études (art. 106).

174. — L'art. 74, décr. 17 mars 1808 porte que — « Le conseil de l'université s'assemblera au moins deux fois par semaine, et plus souvent si le grand-maître le trouve nécessaire. »

175. — L'art. 84 ajoute que : — « Les procès-verbaux des séances du conseil de l'université seront envoyés chaque mois à notre ministre de l'intérieur (ce qui n'a plus lieu aujourd'hui). Les membres du conseil pourront faire insérer dans ces procès-verbaux les motifs de leurs opinions lorsqu'elles différeront de l'avis adopté par le conseil. »

176. — Quant à la composition du conseil, l'art. 72 statue que — « pour être conseiller à vie, il faudra avoir au moins dix ans d'ancienneté dans le corps de l'université, après avoir été cinq ans recteur ou inspecteur, et avoir siégé en cette qualité au conseil. »

177. — A cet égard, remarquons de suite que les membres de ce conseil, devenu plus tard conseil royal de l'instruction publique (V. *infra* n° 204), sont nommés par le roi entre trois candidats présentés par le ministre président, de l'avis du conseil royal, et qu'il choisit parmi les personnes les plus recommandables dans l'instruction publique. — Ord. 27 fév. 1821, art. 7.

178. — Aux termes du décret du 15 nov. 1811, le conseil délibère, en outre, sur les propositions d'élection des colléges communaux en colléges royaux (art. 2) ; — sur les donations et fondations qui sont faites à l'université (art. 175) ; — sur les traitemens des professeurs des colléges (art. 11) ; — sur les créations de bourses dans les colléges de la part des communes (art. 182).

179. — Il donne enfin son avis sur toutes les matières indiquées par les lois ou réglemens, ou sur lesquelles le ministre juge à propos de le consulter. Mais il y a pour un conseil une grande différence entre les droits qu'il tient de la loi et les droits qu'il tient de la bonne volonté d'un ministre.

180. — En ce qui concerne les attributions du conseil de l'université sous le rapport du contentieux, il y a deux sortes de juridictions, savoir : — juridiction disciplinaire quant au personnel ; — juridiction en matière de comptabilité.

181. — La juridiction quant au personnel repose principalement sur les art. 78 et suiv., 82, décr. 17 mars 1808, ainsi que sur les art. 41, 44 et suiv., et 57, décr. 25 nov. 1811. Le conseil l'exerce de deux manières : ou bien il prononce, comme tribunal d'appel, sur le recours contre les décisions des conseils académiques ; ou il statue *de plano* sur la plainte ou la demande portée devant lui. — V., pour les détails, UNIVERSITÉ.

182. — Remarquons qu'il n'existe aucune loi qui ait dépouillé le conseil (dont on va tout à l'heure indiquer les transformations successives) de cette juridiction. Le principe de la liberté de l'enseignement, déposé dans l'art. 69, n° 8 de la charte, n'est pas, en effet, contraire à cette juridiction en général, puisqu'il implique la conservation de l'enseignement public, et par suite de l'université à côté de l'enseignement privé. — V. conf. Serrigny, *Organis. et compét. administratives*, n° 1158.



183. — Toutefois, il faut convenir, ajoute M. Serrigny (n° 1159), qu'il est un cas particulier où cette juridiction est plus difficilement compatible avec le principe nouvellement consacré par la charte ; c'est celui qui est prévu par l'art. 105, décr. 17 mars 1808, combiné avec l'art. 57, décr. 15 nov. 1811, et qui autorise le grand-maître, après jugement du conseil, à faire fermer les institutions et pensions où il aura été reconnu des abus graves, *et où l'enseignement serait dirigé sur des principes contraires à ceux que professe l'université.* Cet article pouvait se comprendre sous l'empire du principe posé en l'art. 2, décr. 17 mars 1808 ; mais il y aurait inconséquence à proclamer la liberté de l'enseignement privé en concurrence avec l'enseignement public, et à donner au corps chargé de distribuer l'instruction publique le pouvoir de fermer les établissemens de ses rivaux, par la raison que l'enseignement y serait dirigé sur des principes contraires à ceux qu'il professe.

184. — La juridiction du conseil, quant à la comptabilité, a été principalement réglée par les art. 47 et suiv., décr. 15 nov. 1811. Mais l'ordre de choses organisé par ce décret a été changé par la loi du 24 mai 1834, art. 8. — V., pour les détails, UNIVERSITÉ.

185. — Dans tous les cas où le conseil remplit des fonctions de pure administration, il n'a pas toutefois un pouvoir propre et indépendant du grand-maître. A la vérité plusieurs textes, notamment les art. 52 et 76, décr. 17 mars 1808, paraissent, au premier abord, contraires à cette opinion : mais ce qui la justifie, c'est l'art. 50 du même décret qui, ainsi qu'on l'a déjà remarqué, investit formellement le grand-maître du droit de tout *gouverner* et de tout *régir*. Il serait d'ailleurs difficile d'admettre que l'empereur, fondateur de l'université, ait pu vouloir aliéner la puissance publique entre les mains d'un conseil quelconque. — V. conf. Serrigny, *Tr. de l'organ.*, t. 2, p. 482 et suiv.

186. — Les événemens de 1815 ont gravement altéré la constitution légale du conseil de l'université, telle qu'on vient de la faire connaître.

187. — L'ordonnance du 17 fév. 1815, rendue sous la première restauration, avait changé l'organisation de l'université, et fixé à douze le nombre des membres du conseil royal de l'instruction publique. — Art. 51.

188. — Aux termes de cette ordonnance, le conseil royal dresse, arrête et promulgue les réglemens généraux relatifs à l'enseignement et à la discipline. — Il prescrit l'exécution de ces réglemens à toutes les académies, et il la surveille par des inspecteurs généraux des études. — Sur le rapport des inspecteurs généraux des études, il donne aux conseils des académies les avis qui lui paraissent nécessaires. — Il propose toutes les mesures qu'il juge propres à améliorer l'instruction, et pour lesquelles il est besoin de recourir à l'autorité royale. — Il provoque et encourage la composition des livres qui manquent à l'enseignement, et il indique ceux qui lui paraissent devoir être employés. — Art. 55, 61 et 62. — V. aussi même ordonnance, art. 3.

189. — Pendant les cent-jours, cette ordonnance fut annulée par un décret impérial du 30 mars 1815, qui rétablit l'université telle qu'elle avait été organisée par le décret du 17 mars 1808.

190. — Une ordonnance du 15 août 1815, après les cent-jours, *voulant surseoir à toute innovation importante jusqu'au moment où on pourrait fonder un système définitif, décida que les académies étaient maintenues* PROVISOIREMENT. Le nom de l'université restait aboli. *Une commission de l'instruction publique*, composée de cinq et plus tard de sept membres, en vertu de l'ordonnance du 22 juill. 1820, devait réunir dans ses mains *les pouvoirs attribués au grand-maître et au conseil de l'université.*

191. — On substituait ainsi par ordonnance une espèce de directoire à la double autorité du grand-maître et de l'ancien conseil de l'université. Or, il serait difficile de soutenir qu'un tel état de choses fût légal en soi : d'un autre côté, il était impossible de réunir et de confondre ainsi des pouvoirs aussi différens que ceux du grand-maître et de l'ancien conseil, sans supprimer toutes les garanties, puisque c'était abolir à la fois tout contrôle et toute responsabilité.

192. — Il faut toutefois reconnaître que les hommes éminens qui composaient cette commission, illégale dans son origine et vicieuse dans son principe, au lieu de détruire l'université dont on leur demandait la ruine, ne s'appliquèrent, au contraire, qu'à sauver par degrés cette institution et qu'ils y parvinrent.

193. — Cinq années après parut, en effet, l'ordonnance du 1er nov. 1820, par laquelle l'autorité royale, *voulant établir sur des bases plus fixes la direction et l'administration du corps enseignant,* ET PRÉPARER UNE ORGANISATION DÉFINITIVE, *autorisait la commission, en témoignage de satisfaction pour ses services,* A REPRENDRE *le rang et le costume du conseil de l'université.* Elle lui conférait le nom de *conseil royal de l'instruction publique.* Le nombre des membres de ce conseil a été porté à huit, en exécution de la loi du budget du 16 juill. 1840, qui a voté les fonds d'un huitième conseiller.

194. — Les conseillers devaient exercer, à titre provisoire, les fonctions de chancelier, de trésorier, de secrétaire général, qui faisaient partie au mode de procéder du conseil véritable. En même temps, ils continuaient à remplir tous ensemble les fonctions de grand-maître, mais en se les partageant entre eux au lieu de les exercer en commun. Chacun administrait une branche de service, et avait ainsi un département à part, indépendant et irresponsable, dans le département général de l'université. — V. ordonnance précitée, art. 2, 4 et suiv.

195. — D'après l'art. 3 de cette même ordonnance : — « Le président a voix prépondérante dans les délibérations lorsqu'il y a partage de voix. — Il correspond seul avec le gouvernement, et lui transmet les demandes et les délibérations du conseil. — Toutes les lettres lui sont adressées ; il en prend connaissance et les fait distribuer par le secrétaire général aux conseillers dans les attributions desquels se trouvent les affaires respectives. — Les diplômes de grades seront intitulés de son nom, signés de lui, du conseiller exerçant les fonctions de chancelier et du secrétaire général. — Il signe les ordonnances de paiement, d'après les états arrêtés par le conseil, sur le rapport du conseiller exerçant les fonctions de trésorier, ainsi que toutes les délibérations, les arrêtés et les actes de nomination, lesquels sont également signés du conseiller exerçant les fonctions de chancelier et du secrétaire général. — Il signe toutes les dépêches, lesquelles sont préparées par le conseiller sur le rapport duquel la décision aura été rendue, ou dans les attributions duquel se trouve l'affaire qu'il s'agit d'instruire. Ces dépêches sont signées par ledit conseiller et par un de ses collègues en même temps que par le président. »

196. — Suivant l'ordonnance du 27 fév. 1821 : — « L'organisation du conseil royal de l'instruction publique reste la même, sauf les modifications suivantes. — Les affaires continueront à être décidées à la pluralité des voix, sur le rapport des conseillers qui les auront instruites ; mais pour les nominations aux diverses places, le président prendra seulement l'avis du conseil qui discutera les titres des candidats. — Le président signera seul les dépêches, celles qui porteront décision seront aussi signées par le conseiller sur le rapport duquel la décision aura été rendue. » — Art. 1er et suiv.

197. — L'ordonnance du 1er juin 1822 qui, ainsi qu'on l'a vu (*suprà* no 162), rétablit la charge de grand-maître ne fit pas toutefois cesser la confusion de pouvoirs que l'on vient de signaler.

198. — Le chef de l'université joignit même plus tard à ce titre celui de ministre de l'instruction publique (V. *suprà* no 164), sans que l'administration fût mise en harmonie avec les principes de la responsabilité constitutionnelle.

199. — On s'est enfin rapproché de ces principes dans l'ordonnance du 26 mars 1829, rendue au rapport de M. de Vatisménil, dont l'art. 21 porte que : — « Les délibérations de notre conseil royal de l'instruction publique seront soumises à l'approbation de notre ministre secrétaire d'état de l'instruction publique. — Sont exceptées les délibérations relatives à la juridiction ou à la discipline. »

200. — Cette disposition ne faisait pas toutefois disparaître tout ce qu'il y avait d'irrégulier dans une institution qui, comme le conseil royal de l'instruction publique, procédait de deux origines : conseil de l'université pour les prérogatives et les droits attachés à ce titre, commission royale pour les empiétemens sur les pouvoirs du ministre grand-maître, comme pour le nombre restreint de ses membres.

201. — Quant à la question de savoir si les membres du conseil royal de l'instruction publique étaient nommés à vie, ou bien s'ils étaient révocables *ad nutum*, elle dépendait du point de savoir s'ils devaient être assimilés aux dix membres à vie du conseil de l'université impériale, ou bien aux vieux conseillers ordinaires qui étaient appelés à compléter ce conseil. Or, en parcourant la



série des décrets et des ordonnances, il était facile de se convaincre que les membres du conseil royal remplaçaient les membres à vie de l'université impériale. — V. conf. Serrigny, *Tr. de l'org.*, etc., t. 1er, p. 479.

202. — Quoi qu'il en soit, cet état de choses a, depuis 1830, excité dans les chambres de constantes réclamations ; des commissions législatives ont demandé, dans des rapports exprès, que le conseil retrouvât sa constitution légale ; l'administration de 1838 annonça l'intention d'obtempérer à ce vœu dans une circulaire générale du 17 juillet 1838, et un rapport au roi, déposé le 31 déc. 1838 sur le bureau des chambres, en tête de la loi de finances, annonçait les mêmes intentions, en développant les mêmes pensées.

203. — Le retour du conseil à sa constitution légale et primitive où tout semblait avoir été organisé à l'avance pour les besoins et les maximes d'un gouvernement libre, n'a eu lieu toutefois qu'en vertu de l'ordonnance du 7 déc. 1845, rendue au rapport de M. de Salvandy, ministre de l'instruction publique.

204. — Cette ordonnance porte : « Art. 1er. Le conseil de l'université reprend sa constitution, telle qu'elle est établie au décret organique du 17 mars 1808. Il s'appelle conseil royal de l'université. — Art. 2. Le vice-président dudit conseil joint à ce titre celui de chancelier de l'université. — Le conseiller qui exerce à titre provisoire les fonctions de chancelier autres que la présidence, sera revêtu du titre vacant de trésorier de l'université, et aura droit aux attributions de ce titre qu'exerce en ce moment le conseiller vice-président. — Art. 3. Le conseiller qui exerce à titre provisoire les fonctions de secrétaire du conseil, sera pourvu définitivement du titre de secrétaire du conseil royal de l'université. »

205. — L'art. 5 statue que l'instruction primaire sera représentée directement dans le conseil royal de l'université, et l'art. 6 que toutes dispositions et ordonnances contraires à la présente ordonnance et au décret organique sont et demeurent abrogées.

206. — Une ordonnance du même jour joint au titre de vice-président du conseil celui de chancelier, et nomme le trésorier de l'université.

207. — Le droit de vérifier les certificats d'étude et d'examiner les demandes de plein exercice doit-il être considéré comme rentrant dans les attributions du nouveau conseil, ou bien ce nouveau conseil n'en connaîtra-t-il qu'autant que le ministre lui aura renvoyé ces sortes d'affaires ?

208. — Les anciens conseillers ont réclamé pour le nouveau conseil ce droit comme important essentiellement au maintien de l'université, et après le discours d'installation du ministre, l'on a cru que ces attributions étaient maintenues au conseil, en d'autres termes que la consultation sur ces sortes d'affaires n'était pas seulement *facultative*, mais *obligatoire* pour le ministre.

209. — On a constaté (*suprà* no 173) que tout ce qui concerne le perfectionnement des études et les formes, ainsi que les épreuves du concours pour la nomination des professeurs, rentre dans la compétence du conseil de l'université. C'est ainsi que, par application toute récente de ce principe, on vient de lui soumettre deux propositions de M. Cournot, inspecteur général des études, tendantes à modifier les épreuves actuelles du concours pour l'agrégation des sciences mathématiques. — V. *infrà* no 84.

ART. 3. — *Des inspecteurs généraux de l'université.*

210. — Les inspecteurs généraux, disait l'orateur chargé de présenter le projet qui est devenu la loi du 1er mai 1802, seront, en quelque sorte, l'œil du gouvernement, toujours ouvert dans les écoles, sur leur état, leurs succès et leurs défauts.

211. — Mais cette loi n'en établissait que trois pour tous les lycées de France, et il fut bientôt reconnu que ce nombre était tout-à-fait insuffisant. Depuis, la loi du 22 vent. an XII, qui créa les écoles de droit, créa en même temps, pour ces seules écoles, cinq inspecteurs généraux ; c'était trop. — Rendu, *Code univers.*, p. 27, en note.

212. — Aucune institution n'a subi plus de changemens. Aucun n'a rendu et ne peut rendre de plus importans services. Il y a maintenant douze inspecteurs généraux pour les lettres et pour les sciences, un inspecteur général pour les écoles de droit (Ord. 2 oct. 1844), un inspecteur général pour les écoles de médecine (Ord. 21 avr. 1845) ; les facultés de théologie attendent encore leur inspecteur spécial. — Rendu, *loc. cit.*

213. — En ce qui concerne le nombre des inspecteurs généraux, l'on s'est donc écarté de la disposition de l'art. 90 du décret du 17 mars 1808,



qui voulait que leur nombre fût de vingt au moins, sans pouvoir excéder trente. L'ordonn. du 17 févr. 1815, art. 57, avait déjà réduit ce nombre à douze ; l'ordonnance du 12 mars 1819 l'éleva de douze à quinze.

214. — Il devait, au surplus, d'après l'art. précité de l'ordonn. du 17 févr. 1815, y avoir deux inspecteurs généraux pour les facultés de droit, deux pour les facultés de médecine, et huit autres pour les facultés des sciences et des lettres.

215. — Aux termes de l'art. 90 du décret du 17 mars 1808, les inspecteurs généraux sont nommés par le grand-maître et pris parmi les officiers de l'université.

216. — Ils sont partagés en cinq ordres, comme les facultés. Ils n'appartiennent à aucune académie en particulier ; ils les visitent alternativement et sur l'ordre du grand-maître, pour reconnaître l'état des études et de la discipline dans les facultés, les lycées et les collèges, pour s'assurer de l'exactitude et des talens des professeurs, des régens et des maîtres d'études ; pour examiner les élèves, enfin pour en surveiller l'administration et la comptabilité. — Même décret, art. 91. — V. conf. réglement du 10 oct. 1809, art. 15.

217. — Aux termes de l'art. 92 du décret précité, le grand-maître a aussi le droit d'envoyer dans les académies, et pour des inspections extraordinaires, des membres du conseil, autres que les inspecteurs de l'université, lorsqu'il y aura lieu d'examiner et d'instruire quelque affaire importante.

218. — Les recteurs, les doyens des facultés, les proviseurs, et en général tous les employés quelconques, sont tenus de donner aux inspecteurs extraordinaires ou aux inspecteurs généraux en mission dans leur arrondissement, tous les renseignemens que ces inspecteurs leur demandent. — Réglement du conseil de l'université, 10 oct. 1809, art. 17.

219. — Pendant la restauration, lorsque les pouvoirs du grand-maître et ceux de l'ancien conseil de l'université se furent concentrés dans les mains d'une commission, devenue plus tard le conseil royal de l'instruction publique (V. *suprà* no 188), les inspecteurs généraux prirent le nom d'inspecteurs généraux des études. C'était par leur intermédiaire que le conseil royal surveillait les académies, et sur leur rapport qu'il envoyait à celles-ci les avis nécessaires.

220. — Nous avons dit (*suprà* no 173) que le conseil de l'université entend le rapport des inspecteurs au retour de leur mission, et que ceux-ci peuvent eux-mêmes être nommés conseillers à vie sous de certaines conditions.

221. — L'art. 10, ordon. 27 fév. 1821, statuait qu'un inspecteur général serait attaché à l'académie de Paris, particulièrement en ce qui concerne l'administration, sous la direction immédiate du recteur.

222. — Cet inspecteur général prend maintenant le titre de vice-recteur. Il est chargé d'exercer les attributions qui lui ont été ou lui seraient dévolues par le grand-maître de l'université, ministre de l'instruction publique. — Ord. 7 déc. 1845.

223. — Par ordonnance du même jour, les inspecteurs généraux des études ont repris le titre d'inspecteurs généraux de l'université, et les fonctions du vice-recteur de l'académie de Paris restent telles qu'elles ont été déterminées par les ordonnances et arrêtés antérieurs.

224. — Suivant l'art. 21, réglem. 10 oct. 1809, les inspecteurs généraux remplissaient à Paris les fonctions d'inspecteurs d'académie. — Mais depuis, comme le fait remarquer M. Rendu (p. 363, à la note), des inspecteurs particuliers ont été attachés à cette académie.

225. — Quant aux frais de route ou indemnités qui sont alloués aux inspecteurs généraux en tournée, et en général aux fonctionnaires de l'université dont le bien du service exige le déplacement, V. UNIVERSITÉ.

## Sect. 3e. — *De l'administration académique.*

226. — L'université est composée d'autant d'académies qu'il y a de cours royales. — Déc. 17 mars 1808, art. 4. — Une conséquence de ce principe, est que l'Algérie doit avoir un jour son académie rectorale. — Rendu, *Code universitaire*, p. 3, note 1e.

227. — Voici le tableau des académies et des départemens qui composent leurs ressorts : Aix (Basses-Alpes, Bouches-du-Rhône, Var) ; Ajaccio (Corse) ; Amiens (Aisne, Oise, Somme) ; Angers (Maine-et-Loire, Mayenne, Sarthe) ; Besançon (Doubs, Jura, Haute-Saône) ; Bordeaux (Charente, Dordogne, Gironde) ; Bourges (Cher, Indre, Nièvre) ; Caen (Calvados, Manche, Orne) ; Cahors (Gers, Lot, Lot-et-Garonne) ; Clermont (Allier, Cantal, Haute-Loire, Puy-de-Dôme) ; Dijon (Côte-d'Or,

Haute-Marne, Saône et-Loire) ; Douai (Nord, Pas-de-Calais); Grenoble (Hautes-Alpes, Drôme, Isère); Limoges (Corrèze, Creuse, Haute-Vienne); Lyon (Ain, Loire, Rhône); Metz (Ardennes, Moselle); Montpellier (Aude, Aveyron, Hérault, Pyrénées-Orientales); Nancy (Meurthe, Meuse, Vosges); Nimes (Ardèche, Gard, Lozère, Vaucluse); Orléans (Indre-et-Loire, Loir-et-Cher, Loiret); Paris (Aube, Eure-et-Loire, Marne, Seine, Seine-et-Marne, Seine et-Oise, Yonne); Pau (Landes, Basses-Pyrénées, Hautes-Pyrénées); Poitiers (Charente-Inférieure, Deux-Sèvres, Vendée, Vienne); Rennes (Côtes-du-Nord, Finistère, Ille-et-Vilaine, Loire-Inférieure, Morbihan); Rouen (Eure, Seine-Inférieure); Strasbourg (Bas-Rhin, Haut-Rhin); Toulouse (Ariége, Haute-Garonne, Tarn, Tarn-et-Garonne). — Rendu, *loc. cit.*, p. 4.

228 — Les académies (celle de Paris exceptée) sont divisées en deux classes. La première se compose de toutes les académies ayant une ou plusieurs facultés dans leur ressort, et la seconde des académies qui n'ont point de faculté.—Arr. 30 nov. 1838, art. 1er.

229. — On a déjà vu (*suprà* no 175) que l'enseignement et la discipline dans toutes les académies sont réglés et surveillés par le conseil de l'université.

230. — Les écoles appartenant à chaque académie sont placées dans l'ordre suivant : 1o les facultés pour les sciences approfondies et la collation des grades (V. *infrà* nos 825 et suiv.); — 2o les colléges royaux (autrefois lycées) [V. COLLÉGE]; — 3o les colléges communaux (autrefois les écoles secondaires communales) [V. COLLÉGE]; — 4o les institutions, écoles tenues par des instituteurs où l'enseignement se rapproche de celui des colléges (V. *infrà* nos 767 et suiv.); — 5o les pensions, pensionnats appartenant à des maîtres particuliers, et consacrés à des études moins fortes que celles des institutions (V. *infrà* no 767); — 6o les petites écoles primaires. — V. INSTRUCTION PRIMAIRE.

231.—L'administration académique se compose d'un recteur, d'inspecteurs d'académie et d'un conseil.

232. — L'art. 94, décr. 17 mars 1808, porte que : « chaque académie sera gouvernée par un recteur, sous les ordres immédiats du grand-maître, qui le nommera pour cinq ans, et le choisira parmi les officiers des académies. » — On a vu que les fonctions de recteur sont exercées à Paris par le grand-maître, et que l'inspecteur général qui est chargé, sous ses ordres, de l'administration de l'académie de Paris, prend actuellement le titre de *vice-recteur*.

233.— L'art. 95 ajoute que : « les recteurs pourront être renommés autant de fois que le grand-maître le jugera utile. Ils résideront dans les chefs-lieux des académies. »

234. — Les recteurs reçoivent les ordres du grand-maître, les transmettent aux établissemens de leur ressort, et rendent compte de leur exécution. Ils correspondent avec le grand-maître pour lui faire connaître les besoins des établissemens de leur ressort, et tout ce qui a rapport au bon ordre et au bien de l'enseignement. — Réglem. 10 oct. 1809, art. 3.

235.— Ils président les conseils académiques et y proposent les sujets de délibérations prescrits par les lois, décrets et statuts, ou par les ordres spéciaux du grand-maître. — Ils reçoivent aussi les plaintes et réclamations particulières, et les portent aux conseils académiques quand elles sont de leur ressort. Ils transmettent au grand-maître celles qui concernent le conseil de l'université. — *Ibid.*, art. 4 et 5.

236. — Les facultés, les lycées et en général tous les établissemens d'instruction correspondent avec le grand-maître par l'intermédiaire du recteur : néanmoins, ceux qui ont des réclamations particulières ou des plaintes à former peuvent les adresser directement. — *Ibid.*, art. 6.

237. — Selon les art. 13 et 14, déc. 4 juin 1809, les recteurs cotent, paraphent et closent, tous les trimestres, les registres des inscriptions des facultés, et en général tous les registres comptables des établissemens de leur ressort : les registres des établissemens inférieurs aux facultés, éloignés du chef-lieu, pourront être cotés, paraphés et clos par un inspecteur délégué par le recteur.—Réglem. 20 oct. 1889, art. 22.

238. — Conformément à l'art. 96, déc. 17 mars 1808, les recteurs assistent, quand ils le jugent à propos, aux exercices et aux examens des facultés ; ils y prennent alors la place d'honneur.—V. même réglem., art. 22 à 24 ; — Rendu, p. 364.

239. — Ils reçoivent les certificats d'aptitude délivrés aux candidats par les facultés, les approuvent et les envoient au grand-maître pour être convertis en diplômes : ils reçoivent les diplômes signés et scellés, et les délivrent aux gradués, le tout conformément à l'art. 96, déc. 17 mars 1808, aux art. 3 et 14 de celui du 4 juin 1809, et à la formule du diplôme annexé à celui du 17 février même année. — Même réglem., art. 22 et 24 ; — Rendu, p. 364 et suiv.

240. — On verra plus loin les précautions particulières qu'on a été dans la nécessité de prendre à ce sujet pour mettre les recteurs à l'abri de surprises et d'abus de confiance dont il n'y a que trop d'exemples.

241. — En conséquence de l'art. 12 du décret du 4 juin 1809, toute dispense, même prévue par les lois et réglemens, d'une formalité quelconque, relative aux examens, doit être donnée par le grand-maître sur l'avis de la faculté et le rapport du recteur de l'académie où la dispense est demandée. — Même réglement, art. 22 à 24 ; — Rendu, *loc. cit.*

242. — Les recteurs des académies se font rendre compte par les doyens des facultés, les proviseurs des colléges royaux et les principaux des colléges, de l'état de ces établissemens, et ils en dirigent l'administration, surtout sous le rapport de la sévérité dans la discipline et de l'économie dans les dépenses. — Décr. 17 mars 1808, art. 27.

243. — Ils font inspecter et surveiller par les inspecteurs particuliers des académies les écoles et surtout les colléges, les institutions et les pensions, et ils doivent faire eux-mêmes des visites le plus souvent qu'il leur est possible. — Même décret, art. 98.

244. — Les recteurs règlent l'époque, la durée et la direction des inspections, de sorte que le plus grand nombre possible d'établissemens soient visités dans chaque tournée, et qu'une sage économie soit observée dans cette partie des dépenses de leur académie, sans préjudicier toutefois à la surveillance prescrite par les réglemens. — Arr. 8 juin 1816, art. 2.

245. — Dans les académies où il y a plus d'un inspecteur, les recteurs ne font par eux-mêmes aucune tournée, si ce n'est dans les cas extraordinaires, et à la charge de faire connaître les motifs de leur déplacement et les résultats de leur inspection à l'autorité compétente. Ils ne sont pas tenus néanmoins, lorsqu'ils jugeront qu'il y a urgence, à attendre une autorisation. — Même arrêté, art. 3.

246. — Lorsque les circonstances exigeront qu'un inspecteur soit envoyé extraordinairement pour l'inspection spéciale d'un ou de plusieurs établissemens, les recteurs peuvent ordonner cette inspection extraordinaire, sauf à en faire connaître au conseil, par un rapport spécial, les motifs et les résultats.

247. — Il est tenu dans chaque école, par ordre des recteurs, un registre annuel sur lequel chaque administrateur, professeur, agrégé, régent et maître d'études, inscrit lui-même et par colonnes, ses noms, prénoms, âge, lieu de naissance, ainsi que les places qu'il a occupées, les emplois qu'il a remplis dans les écoles. Les chefs des écoles enverront un double de ces registres aux recteurs de leurs académies, qui le feront parvenir au chancelier de l'université. Le chancelier fera dresser, avec ces listes académiques, un registre général pour chaque année, lequel sera déposé aux archives de l'université.

248. — Suivant l'art. 93 du décret du 17 mars 1808, il y a dans chaque académie un ou deux inspecteurs particuliers qui sont chargés, par ordre du recteur, de la visite et de l'inspection des écoles de leurs arrondissemens, spécialement des colléges, des institutions, des pensions et des écoles primaires. Ils sont nommés par le grand-maître sur la proposition des recteurs.

249.— Dans quelques académies dont le ressort embrasse quatre départemens ou davantage, telles que Rennes et Paris (V. *suprà* no 227), il a été nécessaire, pour le bien du service, de nommer plus de deux inspecteurs.

250. — L'art. 1er de l'ordonnance du 29 septembre 1832 porte qu'à l'avenir, « nul ne pourra être nommé inspecteur d'académie, s'il n'a été reçu agrégé à la suite d'un des concours établis pour l'enseignement des colléges royaux, ou s'il n'a été nommé, avant la présente ordonnance, titulaire d'une chaire, soit dans une des facultés des lettres et des sciences, soit dans un collége royal, ou s'il n'a joui antérieurement d'un titre définitif de censeur ou de proviseur.

251. — Les recteurs doivent veiller à ce que tous les établissemens d'instruction publique de leur ressort soient visités au moins une fois l'an par les inspecteurs d'académie. — Arr. 8 juin 1816, art. 1er. — On a vu (*suprà* no 246) que les recteurs règlent tout ce qui est relatif aux inspections, et qu'ils peuvent même ordonner une inspection extraordinaire.

252. — Les recteurs ne sont pas obligés à un professorat actif, mais ils peuvent être professeurs titulaires, sauf à prendre un suppléant. — Arr. 25 août 1837. — Les recteurs qui sont en même temps professeurs de facultés, ne peuvent pas exercer en même temps les fonctions de recteur et les fonctions d'examinateur. — Arr. 2 juill. 1839.

253. — Il est établi au chef-lieu de chaque académie un conseil composé de dix membres désignés par le grand-maître parmi les officiers et fonctionnaires de l'académie. — Décr. 17 mars 1808, art. 85.

254. — Aux membres qui appartiennent à l'université, le grand-maître a continué d'adjoindre d'autres conseillers pris parmi les premières autorités et les plus notables citoyens du chef-lieu. — Rendu, p. 36.

255. — Aux termes de l'art. 89 du décret du 17 mars 1808, le conseil de l'université remplissait à Paris les fonctions du conseil académique. — Mais un conseil spécial a été depuis établi pour l'académie de Paris. — Rendu, p. 363, en note.

256. — Les conseils académiques présidés, ainsi qu'on l'on déjà remarqué (*suprà* no 235), par les recteurs, s'assemblent au moins deux fois par mois, et plus souvent si les recteurs le jugent convenable. Les inspecteurs des études y assistent, lorsqu'ils se trouvent dans les chefs-lieux des académies. — Décr. précité, art. 86.

257. — Un arrêté du 26 mai 1812, art. 1er, soumettait les conseils académiques à un renouvellement annuel. Mais aux termes d'une ordonnance du 7 décembre 1845, ces conseils ne sont plus sujets à ce renouvellement annuel. Cette même ordonnance statue que le nombre des membres sera ramené à dix par l'effet des extinctions, en n'y comprenant pas le recteur et les inspecteurs d'académie, et qu'il sera ajouté un membre, soit directeur de l'école normale primaire, soit inspecteur primaire pour y représenter l'instruction primaire.

258. — Cette ordonnance rend donc aux conseils académiques la permanence qui était dans l'esprit de leur institution. L'instabilité qu'on leur a donnée postérieurement au décret organique avait été souvent accusée dans les discussions des deux chambres. — V. le rapport de M. de Salvandy, *Moniteur* du 10 déc. 1845.

259. — Il est traité dans les conseils académiques : — de l'état des écoles de leurs arrondissemens respectifs; — des abus qui pourraient s'introduire dans leur discipline, leur administration économique ou dans leur enseignement, et des moyens d'y rémédier. — Décret 17 mars 1808, art. 87.

260. — Sous le rapport du contentieux, il y est traité — des affaires contentieuses relatives à leurs écoles en général ou aux membres de l'université résidant dans leurs arrondissemens, — des délits qui peuvent avoir été commis par ces membres, — de l'examen des comptes des lycées et des colléges situés dans leurs arrondissemens. — Même décret, art. 87. — V. UNIVERSITÉ.

261. — Les procès-verbaux et rapports de ces conseils sont envoyés par les recteurs au grand-maître et communiqués par lui au conseil de l'université, qui en délibère, soit pour remédier aux abus dénoncés, soit pour juger les délits et les contraventions d'après l'instruction écrite. Les recteurs peuvent y joindre leur avis particulier aux procès-verbaux des conseils académiques. — *Ibid.*, art. 88.

262. — Il ne doit être rien imprimé et publié pour annoncer les études, la discipline, les conditions des pensions ni sur les exercices des élèves dans les écoles, sans que les divers prospectus et programmes aient été soumis aux recteurs et aux conseils des académies et sans en avoir obtenu l'approbation. — *Ibid.*, art. 104.

263. — Le secrétaire de l'académie rédige les procès-verbaux des séances du conseil. Il est, par sa place : — 1o secrétaire du conseil académique; — 2o garde des archives et du sceau de l'académie; — 3o chef du secrétariat au bureau du recteur. — Arr. 26 mai 1812, art. 2.... 17 (Rendu, p. 365); circul. 20 fév. 1810.

264. — Le conseil académique est divisé pour le travail en sections dont chacune examine les affaires qui lui sont renvoyées par le recteur et en fait le rapport. Lorsque les affaires paraissent intéresser deux sections à la fois, le recteur peut réunir les deux sections et désigner, dans ce cas, un président pour les sections réunies. Du reste, toutes les fois que le recteur juge à propos d'assister aux séances des sections isolées ou réunies, il y préside la délibération. — Même arrêté (Rendu, *loc. cit.*).

265. — Dans les sections et dans le conseil, les avis et les décisions sont arrêtés à la majorité absolue des voix. Si les voix sont partagées, celle du président est prépondérante. Les sections ne peuvent donner d'avis que sur des affaires renvoyées par le recteur. Le conseil ne peut de même délibérer que sur des objets mis à l'ordre du jour par le recteur. Du reste, les conseillers peuvent, en remplissant certaines conditions de forme, soumettre une proposition à la délibération du conseil. — *Ibid.*

266. — Le recteur met à l'ordre du jour et appelle les affaires au conseil dans l'ordre qu'il juge convenable. — Il ne doit être imprimé aucune opinion ni aucun rapport. — *Ibid.*

267. — Les membres du conseil y prennent le rang qu'ils tiennent dans l'université, en vertu de l'art. 29, décr. 17 mars 1808. — V. UNIVERSITÉ.

268. — Après avoir ainsi étudié l'organisation générale de l'enseignement public dans ses élémens constitutifs, nous arrivons naturellement à l'étudier dans sa manifestation extérieure qui est, en définitive, la fin dernière à laquelle se subordonne cette organisation que l'on vient de faire connaître. L'instruction primaire devant être, comme on l'a déjà dit, traitée séparément, le reste de notre sujet se divise nécessairement en deux chapitres corrélatifs aux deux seuls degrés d'instruction dont nous avons à traiter.

## CHAPITRE III. — *De l'enseignement supérieur.*

### Sect. 1re. — *Dispositions générales.*

269. — L'enseignement supérieur est le degré le plus élevé de l'instruction; c'est celui qui complète l'instruction secondaire reçue dans les établissemens publics ou particuliers; on le reçoit dans les facultés, et il sert ordinairement à donner entrée dans différentes fonctions ou professions. — V. *infrà* nos 352 s., 557 s., 563 s., 580 s., 762 s.

270. — Comme le remarque M. Serrigny (*Tr. de dr. publ.*, t. 2, p. 378), dans l'état actuel de notre législation, cet enseignement n'est pas divisé en public et privé : il est tout entier entre les mains de l'état, en vertu de la loi du 10 mai 1806 et du décret du 17 mars 1808; il est distribué par les agens de l'université ou administration de l'instruction publique qui composent les *facultés*.

271. — L'enseignement supérieur est-il compris dans la promesse de liberté faite par l'art. 69, no 8 de la Charte? En d'autres termes, doit-on organiser un enseignement supérieur privé libre à côté de l'enseignement supérieur public qui continuera d'être donné au nom de l'état?

272. — M. Serrigny (*loco cit.*), entraîné par cette considération que le texte de l'art. 69 de la Charte ne fait aucune distinction, admet l'affirmative, et telle est aussi notre opinion. Nous ne nous dissimulons pas toutefois que cette opinion ne puisse donner lieu à des objections graves. On peut dire d'abord, en effet, qu'il est très douteux que les rédacteurs de la Charte aient pensé à l'enseignement supérieur lorsqu'ils ont inscrit dans leur œuvre la promesse de la liberté d'enseignement. Les réclamations soulevées durant la restauration n'avaient porté que contre le monopole de l'enseignement secondaire ou primaire. Il est donc naturel de n'interpréter la disposition de la Charte que comme se référant à ces deux genres d'instruction.

273. — D'un autre côté, comme le reconnaît M. Serrigny lui-même (*loco cit.*, p. 373), l'enseignemens supérieur porte sur des matières qui touchent aux plus hautes conceptions de l'esprit humain, telles que la philosophie, la théologie, etc.; or, comment comprendre qu'une législation qui n'admet ni la liberté du droit d'association ni la célébration du culte religieux dans le sens propre du mot, autorise le libre enseignement de la philosophie et de la théologie? Quelle différence y a-t-il, au point de vue du droit public, entre réunir une assemblée périodique pour lui parler religion ou pour lui enseigner la théologie?

274. — Quoi qu'il en soit, la liberté d'enseignement ne saurait jamais emporter, pour ceux qui font des cours libres, la faculté de conférer des grades. Il est évident, en effet, qu'il s'agit de conférer une aptitude qui ne peut émaner que de l'état ou de ses agens. Le droit exclusif de conférer les grades ne peut donc être enlevé aux facultés chargées de l'enseignement officiel. — V. conf. Serrigny, *loco cit.*

275. — Il faut aussi reconnaître que la liberté de l'enseignement supérieur implique l'organisation d'un système de garanties sociales d'autant plus forte que le droit individuel à réglementer aura plus de force et de portée. Ces garanties devront être de deux sortes : préventives sans aller jusqu'à l'autorisation préalable, et répressives. — Serrigny, p. 381.

276. — Les premières devront consister dans des preuves de moralité et de capacité. Les secondes pourront être organisées à l'imitation de ce qui sera pratiqué par la loi sur l'instruction secondaire. — Serrigny, *loco cit.*

277. — On a vu (*suprà* no 105) que M. Blanqui reproche à l'enseignement universitaire d'être en désaccord avec les besoins publics : dans cette accusation se trouve compris l'enseignement supérieur que M. Blanqui ne fait pourtant qu'effleurer en se bornant à le signaler vaguement comme étant insuffisant à former un administrateur; reproche bien injuste depuis la création des chaires de droit administratif dans nos facultés de droit. Nous reconnaissons toutefois qu'il y a dans l'enseignement supérieur d'importantes lacunes à combler, par exemple, en ce qui concerne l'économie politique, et en ce qui concerne nos facultés des sciences, dont il est urgent de mettre l'enseignement en harmonie plus complète avec les besoins industriels de notre temps. Mais il ne faut pas dénigrer ce qui existe, et faire trop bon marché de la culture littéraire et purement scientifique.

278. — On a aussi réclamé une place dans l'enseignement supérieur en faveur des sciences agronomiques. — Valserres, *Man. de droit rural*, p. 508. — Cette idée mérite d'être prise en sérieuse considération, et l'on verra le compte qu'en a tenu M. Dumas, doyen de la faculté des sciences de Paris, dans un rapport tout récent dont nous donnons l'analyse *infrà* no 710.

279. — Il y a dans l'université cinq ordres de facultés, savoir : — 1o des facultés de théologie; — 2o des facultés de droit; — 3o des facultés de médecine; — 4o des facultés des sciences mathématiques et physiques; — 5o des facultés des lettres. — Décr. 17 mars 1808, art. 8.

280. — En Allemagne, particulièrement en Prusse, l'enseignement scientifique supérieur se divise en quatre sections : la section de théologie, celle du droit, celle de la médecine et celle de la philosophie. Dans cette dernière rentrent, indépendamment de la philosophie proprement dite, les sciences mathématiques, les sciences naturelles, les sciences historiques, les sciences philologiques et les sciences politiques ou camérales. — Vergé, *Rapp. sur l'enseign. du droit en Allemagne*, p. 31 et suiv.

281. — On a parlé dans ces derniers temps de la création en France d'une faculté industrielle et agricole, et on a même cité le Conservatoire des Arts-et-Métiers comme en réunissant les élémens. Il paraît même qu'il y a quelques années le conseil de perfectionnement de cet établissement a été saisi d'un pareil projet sur l'initiative prise par des auditeurs qui demandaient des certificats d'étude. — Nous ne savons si on y donnera suite, et, dans tous les cas, il n'entre pas dans notre plan de discuter ici les graves questions d'attributions qui s'y trouvent engagées, et qu'il serait très difficile de régler.

282. — Le nombre et la composition des facultés dans chaque académie sont réglés par ordonnance royale sur la proposition du conseil de l'université. — Ord. 17 fév. 1815, art. 26.

283. — Outre l'enseignement spécial dont elles sont chargées, les facultés confèrent, après examen, et dans les formes déterminées par les réglemens, les grades qui sont ou seront exigés pour les diverses fonctions et professions ecclésiastiques, politiques et civiles. — Ord. 27 fév. 1815 art. 30. — V. aussi décr. 17 mars 1808, art. 17.

284. — Le projet de loi sur l'instruction secondaire présenté, après discussion à la chambre des pairs, le 10 juin 1844 à la chambre des députés, reconnaissait formellement la compétence exclusive de l'université, sous le rapport de la collation des grades. — V. art. 20 du projet.

285. — Il en est autrement en Belgique. Les grades y sont conférés par un jury central, indépendant des universités, et dont les membres sont nommés annuellement, en partie par les chambres, en partie par le gouvernement. — V. *Journal général de l'instruction publique*, du 28 fév. 1844.

286. — Les grades dans les facultés sont au nombre de trois, savoir : le baccalauréat, la licence, le doctorat. — Décr. 17 mars 1808, art. 16.

287. — Les grades ne donnent pas le titre de membre de l'université, mais ils sont nécessaires pour l'obtenir. — Décr. 17 mars 1808, art. 18. — Suivant M. Rendu (p. 122, en note), il serait juste de faire désormais une exception à ce principe en faveur des instituteurs primaires communaux. Elevés par la loi du 28 juin 1833 au rang de fonctionnaires publics, munis de leur brevet de capacité, institués par le ministre, il semble que l'on doive les compter parmi les membres de l'université, quoiqu'ils ne soient pas pourvus du grade que les facultés confèrent. — V. au surplus INSTRUCTION PRIMAIRE.

288. — Les diplômes des grades, délivrés au nom du roi par le ministre grand-maître, et signés par le chancelier, sont en outre signés par le doyen et visés du recteur, qui peut refuser son *visa* s'il lui apparaît que les épreuves prescrites n'ont pas été convenablement observées. — V. même ord., art. 31. — Les diplômes donnés par le grand-maître aux gradués ne sont point assujétis au timbre. — Décr. 4 juill. 1809, art. 26.

289. — Remarquons, au surplus, que les recteurs ne peuvent viser les certificats d'aptitude au grade de docteur dans les diverses facultés qu'autant qu'ils ont sous les yeux toutes les pièces propres à justifier les certificats et à motiver les visa. — Arrêté 16 avr. 1839.

290. — D'après la lettre et l'esprit des réglemens, l'équivalence ou la commutation des diplômes ne peut être établie d'une manière générale entre les facultés de France et les facultés étrangères. — Arrêté 3 nov. 1835.

291. — Les leçons sont publiques, et pendant leur durée l'entrée ne peut être refusée à personne. — Décr. 4e jour complémentaire an XII (21 sept. 1804). — Cette publicité des leçons, prescrite d'abord pour les facultés de droit, est commune à toutes les facultés. — Rendu, p. 39 (en note).

292. — En ce qui concerne les nominations des professeurs, le décret organique du 17 mars 1808 avait établi pour toutes les facultés un mode uniforme. Aux termes de l'art. 7, le grand-maître devait nommer pour la première fois les doyens et professeurs; après la première formation, les places de professeurs vacantes dans ces établissemens devaient être données à la suite de concours dont le réglement du 31 oct. 1809 détermina les formes et les conditions. En 1824, le conseil, sur le rapport de MM. Cuvier et de Coiffier, qui avaient été chargés d'inspecter les universités italiennes et piémontaises, proposa d'adopter l'institution d'un corps de docteurs agrégés près de nos facultés, à l'exemple de ce qui existait dans l'université de Turin. Si ces vues eussent été réalisées, d'une part le corps des docteurs agrégés se serait composé par la voie du concours, et d'autre part, lorsqu'une chaire serait venue à vaquer, le grand-maître aurait choisi le professeur parmi ces docteurs agrégés, après avoir pris l'avis de la faculté, du recteur et des inspecteurs généraux. L'ord. 17 fév. 1815 n'a pris que la moitié de la proposition faite par le conseil de l'université. Elle n'a point établi le concours d'agrégation, et elle a voulu que la chaire fût donnée par voie d'élection; seulement elle a exigé une double présentation. Ce dernier mode a continué d'être suivi pour les facultés des lettres et des sciences. Le concours n'a lieu que pour les chaires de théologie, de droit et de médecine. — V. Rendu, p. 396 (en note).

293. — Les professeurs sont nommés à vie. — Décr. du 4e jour complém. an XII, art. 14. — Ce principe d'inamovibilité, sauf délit et jugement, est commun à tous les professeurs de toutes les facultés. Le droit donné au grand-maître par l'art. 56, décr. 17 mars 1808, de faire passer les fonctionnaires des colléges d'une académie dans une autre, en prenant l'avis de trois membres du conseil, n'est point applicable aux professeurs des facultés.

294. — Tout professeur, agrégé ou suppléant, qui, dans ses discours, dans ses leçons ou dans ses actes, s'écarterait du respect dû à la religion, aux mœurs ou au gouvernement, ou qui compromettrait son caractère ou l'honneur de la faculté par une conduite notoirement scandaleuse, sera déféré par le doyen au conseil académique, qui, selon la nature des faits, provoquera sa suspension ou sa destitution, conformément aux statuts de l'université. — Statut 9 avr. 1825, art. 48. — V. aussi ord. 2 fév. 1823, art. 30.

295. — Les examens sont faits par les professeurs de l'école. — L. 22 vent. an XII (23 mars 1804), art. 7. — Cette disposition, qui est dans la nature même des choses, est formellement exprimée dans la loi relative aux facultés de droit; elle est évidemment applicable à toutes les facultés. — Rendu, p. 40 (en note).

296. — Les candidats ajournés ou refusés dans une faculté ne peuvent se présenter à l'examen d'une autre faculté du même ordre sans y être autorisés par le conseil royal. — Arrêté du 28 avr. 1828.

297. — Les droits d'examen sont consignés à l'avance par les étudians. — Réglem. 27 nov. 1834, art. 43. — On ne compte dans toutes les facultés, pour l'admission aux examens, même pour ceux de licence et de doctorat, que les certificats d'inscription donnés lors de la clôture du trimestre auquel l'inscription se rapporte, et accompagnés des certificats d'assiduité pendant ledit trimestre. — Ord. 4 oct. 1820, art. 2.

298. — Pour chaque thèse, le doyen désigne un président parmi les professeurs devant qui elle devra être soutenue. Le président examine la thèse en manuscrit; il la signe, et il est garant tant des principes que des opinions qui y sont émis sous le rapport de la religion, de l'ordre public et des mœurs. — Avant le jour fixé par la thèse, il en est adressé deux exemplaires pour le conseil royal et un exemplaire au recteur de l'académie. — Statut 9 avr. 1825, art. 41.

299. — Le conseil royal, étant chargé, ainsi qu'on l'a vu *suprà*, n° 169, de perfectionner l'enseignement dans toutes ses branches, peut se former, par l'examen des thèses rassemblées sous ses yeux, une idée assez juste de l'état de l'enseignement dans le royaume, et réaliser ainsi la mission de haute surveillance qu'il doit exercer sur la direction et le développement des études.

300. — Si une thèse répandue dans le public n'était pas conforme au manuscrit qui aurait été soumis à l'examen du président, ou si elle avait été imprimée avant que le manuscrit eût été revêtu de sa signature, elle serait censée non avenue. Si l'épreuve avait été subie par le candidat, cette épreuve serait nulle par ce fait seul, et il ne pourrait soutenir une nouvelle épreuve que sur une autre matière, après un délai fixé par le conseil royal, sans préjudice des autres peines académiques qui pourraient être encourues par le candidat à raison des principes contenus dans sa thèse imprimée ou répandue en contravention aux réglemens. — Même statut, art. 42.

301. — Les professeurs qui, désignés pour un examen ou pour une thèse, se dispenseraient d'y assister sans avoir prévenu vingt-quatre heures au moins à l'avance le doyen, qui dans ce cas est chargé de les faire remplacer, seraient soumis sur leur traitement à une retenue égale à leur droit de présence et double en cas de récidive, à moins qu'il n'y eût justification d'une cause absolue et subite d'empêchement et que cette excuse ne fût agréée par la faculté. — Statut du 9 avr. 1825, art. 49.

302. — L'agrégé ou suppléant qui aurait commis la même faute trois fois dans la même année, ou qui, désigné pour remplacer un professeur, s'y serait refusé, et dont les motifs d'excuse pour l'un comme pour l'autre cas n'auraient point été agréés par la faculté, cesse de faire partie des agrégés en exercice ou des suppléans. — *Ibid.*, art. 50.

303. — Les droits de présence ne peuvent être accordés aux professeurs, aux agrégés ou aux suppléans absens, quels que soient les motifs de leur absence. — *Ibid.*, art. 51.

304. — En conséquence du décret du 17 mars 1808, l'université a juridiction sur ses membres en tout ce qui touche l'observation de ses statuts et réglemens, l'accomplissement des devoirs et des obligations de chacun, les plaintes et les réclamations contre ses membres relativement à l'exercice de leurs fonctions, les injures, diffamations et scandales entre ses membres et l'application des peines encourues par les délinquans. — Décr. du 15 nov. 1811, art. 41. — V. UNIVERSITÉ.

305. — Les peines de discipline qu'entraîne la violation des devoirs et des obligations sont : — 1° les arrêts; — 2° la réprimande en présence du conseil académique; — 3° la censure en présence du conseil de l'université; — 4° la mutation pour un emploi inférieur; — 5° la suspension avec ou sans privation totale ou partielle du traitement; — 6° la réforme ou la retraite donnée avant le temps de l'éméritat; — 7° enfin la radiation du tableau de l'université. — Décr. du 17 mars 1808, art. 47. — V. UNIVERSITÉ.

306. — Il importe aussi de remarquer qu'aux termes des arrêtés du 8 sept. 1829 et du 20 janv. 1843, les fonctionnaires membres d'une faculté quelconque ou d'une commission des lettres ne peuvent donner des répétitions à des étudians qui se proposent de prendre leurs grades dans la faculté ou commission des lettres dont ils font partie.

307. — Il a toutefois été reconnu par la faculté de droit de Paris, d'après la teneur de l'arrêté du 8 sept. 1829 et les explications données à la suite de la communication qui en a été faite, que les suppléans sont les seuls membres de la faculté auxquels il soit permis de donner des répétitions, mais à la condition de s'abstenir des examens soutenus par leurs élèves. Comme mesure d'exécution, les suppléans qui donnent des répétitions sont tenus de remettre, au commencement de chaque semaine, au doyen la liste de leurs élèves. - Délib. du 1er fév. 1838.

308. — Tout étudiant qui se présente pour prendre sa première inscription dans une faculté ou dans une école secondaire de médecine est tenu de déposer : — 1° son acte de naissance, entre autres raisons parce qu'il ne peut être admis dans aucune faculté avant l'âge de seize ans accomplis; — 2° s'il est mineur, le consentement de ses parens ou tuteur à ce qu'il suive ses études dans la faculté ou dans l'école : ce consentement doit indiquer le domicile actuel desdits parens ou tuteur; — 3° le diplôme exigé (V. ord. du 5 juill. 1820, art. 5; statut du 9 avr. 1825, art. 3); — enfin 4° l'étudiant doit être présenté, aux termes de l'art. 6 de ce dernier statut, par une personne domiciliée dans la ville où siége la faculté ou l'école, laquelle doit inscrire elle-même son nom et son adresse sur un registre ouvert à cet effet.

309. — En ce qui concerne la condition du diplôme, il a été statué d'une manière générale que « nul ne pourra être admis à prendre sa première inscription dans une faculté, à quelque titre que ce soit, s'il ne justifie du diplôme de bachelier ès-lettres, sauf les inscriptions dites *de capacité.* » — Ord. 9 août 1836.

310. — Pour les facultés de médecine, on exige en outre le grade de bachelier ès-sciences.

311. — Les étrangers qui désirent suivre les cours d'une faculté en France, soit de droit, soit de médecine, sont admis à prendre leur première inscription en produisant les certificats d'études et d'examens ou autres actes exigés dans leur propre pays pour être reçus dans une faculté du même ordre et après que lesdits certificats ont été reconnus, par délibération expresse de la faculté, équivalens au diplôme français de bachelier ès-lettres. Les délibérations prises à ce sujet par les diverses facultés sont adressées au ministre de l'instruction publique par le recteur de l'académie avec les pièces à l'appui, et c'est le conseil royal qui statue en définitive sur l'équivalence. — Les étrangers ainsi admis à prendre inscription dans une faculté de France sont assujétis à la même discipline et aux mêmes conditions d'examens que les nationaux. — Arrêté du 24 juill. 1840.

312. — Il est en outre des obligations qui sont imposées d'une manière générale aux étudians : ils sont soumis aux mesures de discipline et de police adoptées dans les facultés; ils doivent se conformer au mode de constatation de l'assiduité aux cours et aux détails qui concernent leurs inscriptions.

313. — Les facultés ont à leur tête un doyen. — Les doyens sont chargés, sous l'autorité du chef de l'académie, de diriger l'administration et la police et d'assurer l'exécution des réglemens; ils ordonnancent les dépenses conformément au budget annuel; ils convoquent et président l'assemblée de la faculté, formée de tous les professeurs titulaires. — Statut du 9 avr. 1825, art. 43-47; — Rendu, p. 380.

314. — Ils sont chargés de tout le matériel et de la police des cours et des exercices. — Ils peuvent correspondre directement avec le grand-maître pour la partie scientifique de l'enseignement. — Réglem. du 10 oct. 1809, art. 1-10 (Rendu, p. 362). — Les doyens de chaque faculté de Paris traitent, même directement avec le grand-maître, les affaires qui dans les autres académies sont traitées avec les recteurs. — Arrêté du 20 oct. 1809.

315. — Les affaires particulières de chaque faculté sont traitées dans l'assemblée des professeurs en titre, présidée par le doyen, qui fait connaître au recteur le résultat des délibérations. — *Ibid.* — L'application du réglement est quelquefois soumise à la décision de l'assemblée des professeurs. — Statut du 9 avr. 1825, art. 3.

316. — En cas de partage dans les délibérations de la faculté, le doyen a voix prépondérante. — Il nomme sans présentation préalable les employés des bureaux, les appariteurs, les surveillans et gens de service. — Statut du 7 avr. 1823, art. 43-47 (Rendu, p. 380 et 5).

317. — Dans les facultés de médecine, la faculté adjoint tous les ans au doyen deux de ses membres à l'effet de le seconder dans ses fonctions, de le remplacer en cas d'empêchement et de lui donner leur avis pour tout ce qui concerne l'administration. — *Ibid.*

318. — Les professeurs suppléans et agrégés sont tenus de seconder le doyen pour le maintien et rétablissement du bon ordre. Les élèves leur doivent respect et obéissance. — *Ibid.*

319. — Dans le cas d'urgence, le doyen peut ordonner la suspension d'un cours, et sur la notification qui sera faite de cette suspension au professeur par le doyen, soit verbalement, soit par écrit, le professeur est tenu d'y obtempérer sur-le-champ, sous les peines portées par l'art. 66 du décret du 15 nov. 1811. Dans les vingt-quatre heures qui suivent, le doyen est tenu de donner avis au recteur de la suspension qu'il a prononcée et des motifs qui l'ont déterminée. Le recteur en informe sans délai le grand-maître. — *Ibid.*

320. — Les présentations et les nominations attribuées aux facultés sont faites au scrutin individuel. — Arrêté du 30 déc. 1823.

321. — L'art. 166, décr. 15 nov. 1811, portant que le doyen marchera à la tête de la faculté, est applicable aux doyens dans toutes les occasions où leurs facultés assisteront en corps à des cérémonies publiques. — Arr. 3 juin 1812.

322. — Les doyens des facultés ne peuvent ordonner, sans l'autorisation des conseils académiques, même sur les fonds qui ont été alloués par les budgets, aucune dépense excédant 50 fr., à l'exception seulement de celles qui sont relatives aux traitemens fixes et aux traitemens éventuels. — Lorsqu'il s'agit de dépenses extraordinaires non autorisées par les budgets, les conseils académiques se bornent à donner leur avis et le conseil de l'université statue : à moins toutefois que la dépense ne soit tout-à-fait urgente, auquel cas le conseil académique peut allouer une somme provisoire, à charge d'envoyer sa délibération au grand-maître. — Arr. 28 avr. 1812, art. 1er et suiv.

323. — L'administration économique de chaque faculté est dirigée par le directeur de l'académie : elle est surveillée par le conseil académique. — Arr. 13 juin 1810, art. 1er.

324. — Quant aux détails qui concernent les recettes et dépenses, le budget annuel des facultés, la reddition et l'apurement des comptes, V. UNIVERSITÉ.

## Sect. 2e. — *Des facultés de théologie.*

325. — L'étude de la théologie n'a plus aujourd'hui l'importance qu'on lui trouve au moyen-âge où elle dominait exclusivement, ne laissant aux autres sciences qu'une place accessoire et secondaire au-dessous d'elle.

326. — Cette étude, mise en oubli pendant les orages de la révolution, a dû sa réorganisation au même homme qui a rétabli l'exercice du culte catholique. Les bases de cette réorganisation se trouvent dans les art. 8 et suiv. du décr. 17 mars 1808.

327. — Les art. 8 et suiv. de ce décret portaient qu'il y aurait autant de facultés de théologie que d'églises métropolitaines, et qu'il y en aurait une à Strasbourg, et une à Genève pour la religion réformée; que chacune de ces facultés serait composée de trois professeurs au moins; que de ces trois professeurs l'un enseignerait l'histoire ecclésiastique, l'autre le dogme, et le troisième la morale évangélique.

328. — Cette disposition est encore en vigueur, sauf que la faculté de Genève a été remplacée par celle de Montauban : celle-ci est pour le culte calviniste; celle de Strasbourg est pour le culte luthérien. D'un autre côté, outre les chaires fondamentales, l'on a établi dans plusieurs facultés de théologie des chaires nouvelles.

### ART. 1er. — *Faculté de théologie catholique.*

329. — Le cercle de l'enseignement s'est successivement élargi dans ces facultés. Il a été créé des chaires d'hébreu et d'éloquence sacrée, et en 1838 une ordonnance royale a, en outre, fondé dans chacune d'entre elles une chaire de droit ecclésiastique. — Cette dernière chaire doit avoir pour objet, aux termes du rapport du ministre de l'instruction publique, le droit commun de l'église et le droit spécial qui, sans préjudice de l'unité de l'église catholique, régit les églises de France, d'Allemagne et des autres nations chrétiennes.

330. — L'art. 7, décr. 17 mars 1808, portait qu'à chaque vacance de place dans les facultés de théologie, il y serait pourvu par la voie du concours entre trois candidats au moins présentés par les supérieurs ecclésiastiques au grand-maître de l'université.

331. — Mais, la règle posée, on s'aperçut que tout manquait pour l'appliquer : il n'y avait ni concurrens ni juges. En conséquence, il fut statué par l'art. 9, décr. 17 sept. 1809, que les chaires des facultés de théologie ne seraient données au concours qu'à partir du 1er janv. 1815.

332. — Et, dans l'espoir de faire surgir des con-

currens, l'art. 1er, ord. 4 janv. 1829, a statué que jusqu'au 1er janv. 1835 les candidats qui seraient, en vertu du décret du 17 mars 1808, présentés par l'évêque diocésain pour les concours ouverts devant les facultés de théologie, seraient dispensés de produire le diplôme de grades.

533. — Les mêmes difficultés ayant continué de subsister, le terme dans lequel, en vertu du décret du 17 sept. 1809, il devait être procédé par la voie du concours pour nommer aux chaires vacantes dans les facultés de théologie a été prorogé jusqu'au 1er janv. 1850. — Ord. 24 août 1838, art. 1er.

534. — Jusqu'à cette époque, le ministre de l'instruction publique, grand-maître de l'université, est autorisé à nommer auxdites chaires sur une présentation de trois sujets au moins, docteurs en théologie, faite conformément à l'art. 7, décr. 17 mars 1808, par l'archevêque ou évêque du chef-lieu de l'académie. — *Ibid.*, art. 2.

535. — Quoi qu'il en soit, il n'est point inutile, au moins pour l'avenir, d'analyser brièvement ici le statut d'après lequel doit avoir lieu la nomination des professeurs par la voie du concours dans ces facultés dont il s'agit.

536. — En cas de vacance d'une chaire dans une faculté de théologie, le grand-maître de l'université doit en informer l'évêque diocésain, qui dresse, conformément à l'art. 7, décr. 17 mars 1808, modifié par l'art. 1er, 4 janv. 1829, une liste de candidats dont le conseil de l'université doit recevoir communication. Cette liste, ainsi que arrêté du ministre qui détermine le jour de l'ouverture du concours, sont envoyés au recteur de l'académie, qui doit les transmettre au doyen, lequel les fera inscrire au secrétariat de la faculté, et avertira les aspirans de manière que l'avis leur parvienne deux mois au moins avant l'ouverture du concours. — Arr. 9 déc. 1828, art. 1er à 3.

537. — Le doyen préside le concours, ou, à son défaut, les juges choisissent parmi eux leur président, qui doit toujours être docteur. — Le président a la direction et la police des concours, fixe les jours et heures des épreuves que les candidats doivent soutenir dans l'ordre et le rang de leur présentation. — *Ibid.*, art. 4 à 9.

538. — Outre les professeurs de la faculté de théologie, qui, conformément au décret du 17 mars 1808, sont de droit juges du concours, il peut être nommé des juges adjoints, dont le nombre ne doit point excéder celui des professeurs. L'art. 1er, ord. 4 janv. 1829, ajoutait même que, jusqu'au 1er janv. 1835 ces juges adjoints pourraient être dispensés de produire le diplôme de grades.

539. — Le concours se compose de trois exercices, dont les deux derniers sont publics, et qui ont tous lieu en latin : Composition sur une question exclusivement relative à l'objet de l'enseignement de la chaire vacante : — deux leçons orales, sur simples notes, de trois quarts d'heure chacune, et faites après un délai de deux jours francs pour la préparation sur une matière désignée à chaque candidat par la voie du sort ; — deux thèses appelées *mineure et majeure*. — Arr. 9 déc. 1828, art. 10 à 25 ; — Rendu, p. 512 et suiv.

540. — Huit jours francs après le second exercice terminé, le premier candidat soutient la mineure ; le second la soutient le surlendemain, et ainsi de suite de deux jours en deux jours. Les candidats soutiennent ensuite la majeure dans le même ordre qu'ils ont soutenu la mineure. Il va, du reste, de soi que le candidat doit faire distribuer sa thèse aux juges du concours et à ses concurrens, trois jours francs avant celui où il devra la soutenir. — *Ibid.*

541. — Dans les vingt-quatre heures qui suivent la dernière séance du concours, les juges procèdent à la nomination, qui doit être immédiatement proclamée par le président dans la salle des séances publiques, et qui ne peut être attaquée que dans les dix jours, plus un jour par dix myriamètres de distance de Paris, et seulement pour raison de violation des formes prescrites. — *Ibid.*, art. 26-31 (Rendu, p. 513 et suiv.)

542. — On a vu *suprà* les dispositions générales concernant l'administration et la discipline des Facultés. Ces dispositions générales s'appliquent naturellement aux facultés de théologie.

543. — Tous les professeurs de théologie sont tenus de se conformer aux dispositions de l'édit de 1682, concernant les quatre propositions contenues en la déclaration du clergé de France de ladite année. — Décret du 17 mars 1808, art. 38, *in fine*.

544. — Le droit des évêques de réprimer les doctrines erronées ou tous autres écarts de l'enseignement théologique n'a jamais été contesté par l'autorité universitaire : et du moment où ils seraient informés qu'un professeur d'une faculté de théologie a manqué à son devoir, leur autorité pourrait toujours s'exercer par les voies canoniques, sans préjudice des conséquences auxquelles leur décision donnerait lieu dans les limites de la juridiction de l'université. — Décis. du conseil du 23 oct. 1838.

545. — En ce qui touche la connaissance à donner chaque année à l'ordinaire des objets de l'enseignement et du nom des auteurs que les élèves devront étudier, il ne peut y avoir aucune difficulté. Les professeurs, avant de commencer l'année scolaire, doivent faire cette communication à l'évêque du diocèse, en même temps qu'ils soumettront leur programme au recteur de l'académie, conformément aux réglemens universitaires. — Même décision.

546. — En ce qui concerne les cours de théologie et les examens pour les grades, il faut bien reconnaître que jusqu'ici la plupart des cours ont été peu suivis et que peu de grades ont été conférés. Sous ce double rapport, les facultés de théologie protestante ont au contraire montré un zèle extrêmement remarquable. Cette différence s'explique en partie, ainsi que le fait observer M. Rendu (*loc. cit.*, p. 511, en note), par cette considération que les facultés protestantes sont tout à la fois facultés et séminaires (L. 18 germin. an X), tandis que les facultés catholiques n'ont d'autre mission que de faire des cours et de conférer des grades, et laissent tout le soin de l'éducation ecclésiastique aux séminaires. Ce qui est à désirer, continue M. Rendu (*loc. cit.*), ce que semblent rendre nécessaire le concordat de François Ier, et la loi du 18 germin. an X, et celle du 23 vent. an XII, et l'ordonnance du 25 déc. 1830, c'est que désormais les élèves des séminaires soient envoyés aux cours des facultés de théologie.

547. — Pour obtenir le grade de bachelier en théologie, il faut : — 1° être âgé de vingt ans au moins ; — 2° être bachelier dans la faculté des lettres ; — 3° justifier qu'on a fait un cours de trois ans dans une faculté de théologie, ou dans un séminaire situé hors des chefs-lieux des facultés de théologie ; — 4° subir devant la faculté de théologie dans le ressort de laquelle on est domicilié un examen sur la théologie naturelle et sur les traités de la religion et de l'église ; — 5° soutenir sur les mêmes matières une thèse en latin. — Arr. du 24 août 1838, art. 1er. — V. aussi ordonn. 25 déc. 1830, art. 5.

548. — Pour parvenir au grade de licencié en théologie, le candidat doit : — 1° produire ses lettres de bachelier obtenues depuis un an au moins ; — 2° subir devant la faculté de théologie de son domicile, et dans des séances séparées, deux examens sur la théologie morale, sur l'écriture sainte, et sur l'histoire et la discipline ecclésiastiques ; — 3° soutenir sur la théologie morale deux thèses dont une en latin. — Même arrêté, art. 2.

549. — Pour obtenir le grade de docteur, il faut : — 1° produire le diplôme de licencié ; — 2° subir un examen sur toutes les matières de l'enseignement théologique ; — 3° soutenir une thèse générale en latin ou en français qui comprendra essentiellement toute la théologie dogmatique, l'histoire et la discipline ecclésiastiques et l'écriture sainte (*Ibid.*, art. 3) ; — enfin 4° subir épreuve, à compter de 1845, sur le droit ecclésiastique, qui fait même partie des matières d'examen pour la licence. — Arrêté du 24 août 1838.

550. — Les examens et les thèses sont publics : ils durent pour chaque candidat, savoir : l'examen trois heures, et la thèse six heures. Les professeurs assistent en robe auxdits actes, au nombre de trois au moins pour le baccalauréat, et de quatre au moins pour les deux grades supérieurs. — Le sujet de chaque thèse est indiqué par le doyen de chaque faculté : le programme en est rendu public après avoir reçu le visa du doyen et le permis du recteur de l'académie. On doit se conformer, au surplus, à ce que prescrivent les art. 41 et suiv. du statut du 9 avr. 1825. — *Ibid.*, art. 4.

551. — L'obligation de prendre des grades en théologie pour être apte à remplir certaines fonctions ecclésiastiques est depuis long-temps reconnue dans l'église : et jamais ce droit de conférer les grades n'a cessé d'appartenir exclusivement aux facultés chargées de l'enseignement théologique. On remarquera d'ailleurs que, pour la collation des grades comme pour l'enseignement même, les évêques ont toutes les garanties nécessaires, puisqu'ils choisissent et présentent à la nomination du ministre les professeurs qui donnent l'enseignement et qui confèrent les grades. — Décis. 23 oct. 1835.

552. — Le grade de docteur en théologie a été déclaré nécessaire, à partir du 1er janvier 1835, pour être professeur, adjoint ou suppléant dans une faculté de théologie. — Ordonn. 25 déc. 1830, art. 1er.

ENSEIGNEMENT, ch. 3, sect. 2e.

553. — La même ordonnance statue, art. 2, que : — « A dater de la même époque, nul ne pourra être nommé archevêque ou évêque, vicaire-général, dignitaire ou membre de chapitre, curé dans une ville chef-lieu de département ou d'arrondissement, s'il n'a obtenu le grade de licencié en théologie, ou s'il n'a rempli pendant quinze ans les fonctions de curé ou de desservant. »

554. — L'art. 3 ajoute : — « A compter de ladite époque, nul ne pourra être nommé curé de chef-lieu de canton, s'il n'est pourvu du grade de bachelier en théologie, ou s'il n'a rempli pendant dix ans les fonctions de curé ou de desservant. »

555. — Les dispositions ci-dessus sont applicables à tous ceux qui, à l'époque de la publication de la présente ordonnance, n'auraient pas encore vingt-un ans accomplis. — *Ibid.*, art. 4.

### ART. 2. — *Des Facultés de théologie protestante.*

556. — On a déjà vu *suprà* que des facultés de théologie protestante se trouvent instituées à Strasbourg et à Montauban ; il s'agit actuellement d'indiquer l'organisation de cet enseignement, et les règles qui sont appliquées aux étudians français lorsqu'ils étudient la théologie protestante en France ; règles qui, du reste, leur sont également applicables, aux termes d'un arrêté du 27 août 1844, lorsqu'ils vont faire leurs études théologiques à Genève.

### § 1er. — *De la Faculté de théologie protestante de Strasbourg.*

557. — Un arrêté du 17 déc. 1818, art. 1er, instituait à la faculté de théologie protestante de Strasbourg trois professeurs, savoir : un professeur de dogme, un professeur d'histoire ecclésiastique et un professeur de morale évangélique. — Il y a aujourd'hui trois autres chaires de plus, consacrées à l'exégèse, à l'éloquence sacrée et au dogme de la confession helvétique.

558. — Tout élève étranger à la résidence de la faculté doit se présenter chez le doyen et les professeurs, muni : — d'un certificat constatant son âge, le lieu et le temps de ses études préparatoires, ses dispositions, ses progrès et sa conduite ; — d'une délibération du consistoire de son ressort, faisant foi qu'il est inscrit au rôle des futurs candidats du saint ministère de ce consistoire. — Réglement du 14 nov. 1827 (Rendu, p. 519).

559. — Les élèves nouvellement arrivés, qui n'ont pas encore commencé leurs études théologiques, sont examinés par une commission qui s'assure s'ils possèdent à un degré suffisant les connaissances nécessaires à ceux qui veulent suivre des cours de théologie. Les élèves expliquent les principaux auteurs classiques grecs et latins, interprètent et analysent le texte des livres historiques du Nouveau-Testament, et répondent sur l'histoire et la philosophie. Sur le rapport de ladite commission, la faculté décide de leur admission au nombre des étudians en théologie. — *Ibid.*

560. — Le stade théologique complet renferme douze inscriptions dont chacune a lieu de trimestre en trimestre sur les registres du secrétaire. — Le registre des inscriptions est ouvert les 2 novembre, 2 janvier, 1er avril et 1er juillet de chaque année, et clos irrévocablement le 15 du même mois. — *Ibid.*

561. — Les études théologiques doivent se faire dans l'ordre suivant : — 1° Pendant la première année, les élèves fréquentent les cours d'introduction à l'ancien et au nouveau testament, d'encyclopédie et de méthodologie théologiques, d'archéologie sacrée et d'exégèse, ils peuvent y joindre l'étude du dogme et de l'histoire ecclésiastique, s'il arrivait que ces cours prissent leur commencement à l'époque de leur admission ; — 2° pendant la deuxième année ils continuent l'étude de l'exégèse : ils commencent ou poursuivent celle du dogme et de l'histoire ecclésiastique, en y ajoutant les leçons de morale évangélique et d'apologétique ; — 3° la troisième année est particulièrement consacrée à la théologie pratique, à l'homilétique, à la catéchétique, au droit ecclésiastique protestant et à des exercices de prédication ; — 4° les cours d'exégèse sont suivis pendant tout le temps des études théologiques. — *Ibid.*

562. — Indépendamment des examens périodiques qui ont lieu pour s'assurer du progrès des élèves, et dont on peut voir les formes dans l'ouvrage si souvent cité de M. Rendu (p. 521 et suiv.), il y a à la faculté de Strasbourg des examens pour l'obtention des grades.

563. — Pour être admis aux examens du grade de bachelier, le candidat doit avoir fait trois an-

nées de théologie et être muni de certificats d'assiduité de chacun des professeurs : six mois auparavant, il doit avoir soumis à la faculté le sujet de la thèse qu'il se propose de présenter. — De plus, la connaissance de la langue et de la littérature allemandes devenant de plus en plus nécessaire au théologien, les élèves doivent justifier qu'ils la possèdent avant leur admission aux examens. — Réglem. 14 nov. 1827.

564. — Les grands examens ont lieu dans la dernière quinzaine de l'année académique. Les épreuves portent sur 1° l'exégèse de l'ancien et du nouveau testament ; — 2° le dogme ; — 3° la morale évangélique ; — 4° l'histoire ecclésiastique ; — 5° les articles organiques des églises protestantes. — *Ibid.*, § 17.

565. — En outre, le candidat est tenu 1° de soutenir une thèse en langue latine ou française ; — 2° de prononcer en assemblée deux sermons composés sur un texte indiqué quinze jours d'avance ; — 3° de faire une catéchisation en présence des professeurs et pasteurs de la ville. — *Ibid.*, § 18.

566. — Ce même réglement prescrit enfin des mesures relatives à la discipline, et établit en même temps trois espèces de punitions contre les élèves qui les enfreindraient. — V. Rendu, p. 522 et suiv.

567. — Ce même réglement prescrit enfin des mesures relatives à la discipline. Trois degrés de punitions sont prononcés contre les élèves pour le cas où ils enfreindraient ces mesures relatives à la discipline.

### § 2. — *De la faculté de théologie protestante de Montauban.*

568. — La faculté de théologie protestante établie à Montauban pour la confession helvétique, comprend six chaires : trois de théologie proprement dite, et trois préparatoires aux cours de théologie. Les trois premières sont les chaires de morale évangélique, de dogme, d'histoire ecclésiastique ; les trois autres sont les chaires de philosophie, d'hébreu, de haute latinité et de grec. — Réglem. 6 oct. 1830.

569. — Les concurrens sont présentés par les consistoires des principales villes de France. Nul ne peut être présenté : 1° s'il n'est citoyen français ; — 2° s'il n'est âgé de trente ans accomplis, sauf le cas de dispense ; — 3° s'il ne justifie de sa consécration au ministère évangélique. — *Ibid.*

570. — Trente jours avant le jour fixé pour l'ouverture de l'examen, chaque aspirant est tenu d'avoir remis ou envoyé au secrétariat de la faculté 1° son acte de naissance ; — 2° son certificat de consécration au saint ministère ; — 3° un certificat délivré par le consistoire de l'arrondissement dans lequel il réside, constatant la pureté de ses principes et de ses mœurs ; — 4° un autre certificat du préfet de son département qui garantisse sa bonne conduite politique, sa fidélité au roi et son respect pour les lois du royaume. — *Ibid.*

571. — L'examen se compose de quatre exercices consistant : 1° dans une composition ayant pour objet une question de morale évangélique ; — 2° dans l'explication orale de passages de l'écriture sainte, dont moitié pris dans le texte hébreu de l'ancien, moitié dans le texte grec du nouveau testament ; — 3° dans une leçon et un discours sur des textes de l'écriture relatifs à des sujets de morale évangélique ; — 4° dans une thèse et une argumentation sur un sujet de morale. — *Ibid.*

572. — Le jour même où toutes les épreuves ont été terminées, immédiatement après la dernière épreuve, l'on procède à la nomination au scrutin secret et à la majorité absolue des suffrages, après un premier scrutin sur la question préjudicielle de savoir s'il y a lieu à élire. En cas d'égalité, la voix du président est prépondérante en faveur du candidat pour qui il a voté. — *Ibid.*

573. — On vient de dire qu'il y a dans la faculté de Montauban des cours préparatoires et des cours de théologie proprement dite. Les étudians qui veulent être admis aux cours préparatoires sont examinés à leur entrée à la faculté par trois professeurs, y compris ceux de belles-lettres et de philosophie, pour décider s'ils sont aptes à commencer leurs études de philosophie. La faculté ayant établi quatre instructions pour fortifier les élèves dans la lecture des auteurs latins, pour enseigner les premiers principes du grec et les élémens des mathématiques, enfin, pour faire un cours de rhétorique, les élèves qui ne sont pas jugés assez forts pour suivre les cours de belles-lettres et de philosophie consacrent à ces études préparatoires un certain temps qui est déterminé par les professeurs. — Réglem. 21 avr. 1822.

574. — Remarquons même qu'aux termes de l'arrêté du 14 mai 1828, nul n'a pu, à partir du 1er novembre de cette même année, être admis dans la faculté de Montauban, pour en suivre les cours préparatoires, à moins de justifier du baccalauréat ès-lettres, ou tout au moins des connaissances exigées pour ce grade.

575. — L'admission aux études théologiques n'a lieu, sous quelque prétexte que ce soit, qu'au commencement de l'année scolaire. L'âge requis pour cette admission est fixé à dix-huit ans accomplis, à moins qu'il ne s'agisse d'élèves qui, ayant suivi pendant deux années les cours de belles-lettres et de philosophie, auraient subi à la fin de chacune d'elles des examens très satisfaisans. — Réglem. 21 avr. 1822.

576. — Les étudians qui désirent entrer en théologie présentent à la faculté leur diplôme de bachelier ès-lettres, ainsi qu'un certificat constatant que leur conduite est irréprochable. Ils sont aussi soumis à un examen préalable auquel est subordonnée leur admission. — *Ibid.*

577. — Remarquons à ce sujet que, d'après un arrêté du 14 mai 1828, non seulement le grade de bachelier ès-lettres a été rigoureusement exigé de la part de tous ceux qui veulent suivre un cours quelconque dans la faculté de Montauban, mais encore qu'il a fallu justifier de la connaissance de l'hébreu pour l'admission aux cours de théologie proprement dits.

578. — Les élèves en théologie continuent à suivre jusqu'au terme de leurs études les leçons relatives à l'interprétation du nouveau Testament du grec en latin. Ils commencent l'étude de l'hébreu dès leur entrée dans l'auditoire de théologie. — Réglem. 21 avr. 1822.

579. — Les étudians doivent rédiger avec soin l'extrait des leçons auxquelles ils assistent, se livrer à des lectures analogues, et c'est ce dont s'assure chaque professeur dans des réunions qui ont lieu chez lui tous les mois. — *Ibid.*

580. — Les élèves sont tenus de composer et de réciter dans le cours de leurs études théologiques six sermons qui leur sont prescrits par chacun des professeurs. Pour entendre et juger ces sermons, la faculté se divise en deux sections. Si les professeurs jugent un sermon non-recevable, il n'est pas compté dans le nombre de ceux que l'étudiant est tenu de composer dans le cours de ses études. — *Ibid.*

581. — La durée des études théologiques exigées d'un élève pour obtenir un certificat d'aptitude au saint ministère est de quatre années classiques, comptées depuis le 3 novembre, jour de son entrée en théologie, jusqu'à la fin de juillet de la quatrième année. — *Ibid.*

582. — Tous les étudians sont obligés de subir chaque année de la dernière quinzaine de juillet un examen sur les sciences enseignées dans le courant de l'année, à moins que pour des motifs graves il n'ait été autorisé à renvoyer cet examen à la fin de l'année. Le mauvais résultat de ces examens fait encourir à l'étudiant l'improbation publique de la faculté, et peut même lui faire perdre un ou plusieurs trimestres. — *Ibid.*

583. — Les grands examens pour obtenir le certificat d'aptitude au ministère évangélique commencent le 1er juin de chaque année pour les étudians qui n'ont été condamnés à aucun retard. On doit s'inscrire dès le 31 mai, et la faculté délibère sur l'admissibilité. — *Ibid.*

584. — A l'appui de leur demande, les candidats déposent sur le bureau leur diplôme de bachelier ès-lettres et celui de bachelier en théologie, ou leur thèse imprimée, soutenue et acceptée, les six sermons qu'ils doivent avoir récités dans le cours de leurs études, et deux catéchèses qu'ils auront composées sur des points du dogme ou de la morale à leur choix. — *Ibid.*

585. — Les grands examens commencent par ceux de philosophie rationnelle, de grec ou d'hébreu. Les candidats lisent ensuite une dissertation de leur composition dont l'objet est de développer un point de théologie ou de critique sacrée. Ils sont ensuite examinés successivement et dans des séances séparées sur la théologie, l'histoire ecclésiastique et l'exégèse, la morale évangélique et l'éloquence de la chaire. — *Ibid.*

586. — Les épreuves sont terminées par un sermon et un discours et suivies d'une délibération de la faculté relative au jugement de ces épreuves.

587. — Pour être admis au baccalauréat en théologie, il faut 1° être âgé de vingt ans accomplis, — 2° être bachelier ès-lettres, — 3° avoir fait un cours de trois ans dans la faculté de théologie, — 4° avoir soutenu une thèse publique à la satisfaction du conseil de la faculté. — V. Rendu, p. 534.

588. — L'examen pour la licence en théologie est le même que celui que l'on vient de voir exigé pour l'obtention du certificat d'aptitude au saint ministère. Le candidat doit soutenir, en outre, deux thèses dont l'une est nécessairement en latin. — *Ibid.*

589. — Pour obtenir le grade de docteur, le candidat doit 1° composer deux dissertations sur des sujets de théologie, de morale et de critique sacrée ; l'une de ces dissertations est nécessairement en latin ; — 2° faire imprimer une thèse générale qui est publiquement soutenue le jour indiqué ; — 3° faire une leçon publique sur chacune des sciences enseignées dans la faculté de théologie. — *Ibid.*

590. — Quant aux mesures prises pour régler la conduite morale des étudians, elles font aussi l'objet du réglement tant de fois cité du 21 avril 1822, confirmatif des arrêtés de la faculté du 8 nov. 1818, du 30 mai et du 16 novembre 1815. — V. Rendu, p. 531 et suiv.

## Sect. 3e. — *Des facultés de droit.*

591. — Les écoles de droit, instituées par la loi du 22 vent. an XII, sont établies dans les villes dont les noms suivent : Paris, Dijon, Grenoble, Aix, Toulouse, Poitiers, Rennes, Caen et Strasbourg. — Décr. 4e jour complém. an XII, 21 sept. 1804, art. 1er.

592. — Conformément aux articles 60 et 76 du décret du 17 mars 1808, l'enseignement du droit est réglé comme celui de toutes les autres facultés par le conseil de l'université. Cependant le grand-maître peut y appeler les inspecteurs des facultés de droit quand il jugera leurs lumières nécessaires : il peut aussi réunir ces inspecteurs comme ceux des autres facultés, sous la présidence de l'un des conseillers titulaires, pour avoir leur avis sur les matières relatives à l'enseignement du droit. — Décr. 4 juin 1809, art. 2.

593. — Il y a dans chaque école de droit un doyen et un secrétaire de l'école. L'art. 4, décr. 4 juin 1809, ajoutait même qu'il y aurait un conseil de discipline et d'enseignement, et un bureau d'administration : mais depuis l'organisation de l'université ce conseil et ce bureau sont remplacés par le conseil académique.

594. — On a exposé quelles sont les fonctions [illegible] des doyens. Quant au secrétaire [illegible], en même temps, suivant l'art. 26 du [illegible], gardien des archives et caissier de l'[illegible].

ART. 1er. — *Objets de l'enseignement du droit et organisation du professorat.*

595. — L'art. 2, L. 22 vent. an [illegible] que l'on enseignera dans les écoles de droit [illegible] le droit civil français dans l'ordre établi par [illegible] code civil, les élémens du droit naturel et des gens, et le droit romain dans ses rapports avec le droit français ; — 2° le droit public français et le droit civil dans ses rapports avec l'administration publique ; — [illegible] la législation criminelle et la procédure criminelle et civile.

596. — Suivant l'art. 10, décr. 4e jour complém. an XII (21 sept. 1804), « un professeur enseignera tous les ans les Institutes de Justinien et le droit romain. — Trois professeurs feront, chacun en trois ans, un cours complet sur le Code civil des Français, de manière qu'il y ait un cours qui s'ouvre chaque année. — Dans les secondes et troisièmes années, outre la suite du Code civil des Français on enseignera le droit public français et le droit civil dans ses rapports avec l'administration publique. Un professeur fera un cours annuel de législation criminelle et de procédure criminelle et civile. »

597. — Ces bases de l'enseignement du droit ont été successivement modifiées et élargies, et en ce moment même une commission des hautes études du droit s'occupe entièrement de les raffermir et de les élargir encore.

598. — Cette commission des hautes études de droit a été créée par suite du besoin de resserrer les liens qui rattachent à l'université les facultés de droit, liens que la suppression du *conseil particulier de discipline et d'enseignement* dans ces facultés avait, sinon détruits, du moins très affaiblis. La commission ne s'occupe pas seulement, au surplus, de rechercher les développemens que l'enseignement du droit est susceptible de recevoir par la création de nouvelles chaires, mais encore de l'organisation actuelle des écoles, de leur répartition sur la face du territoire, de l'établissement de l'agrégation, des règles des examens, des formes de l'argumentation, de l'ordre et de la succession des cours. — V. le rapport au roi de M. de Salvandy, du 29 juin 1838.

599. — Des chaires de droit commercial ont été établies dans les facultés de droit de Paris (ord. 2 mars 1819, art. 5.) ; — de Caen et de Poitiers (ord. 10 déc. 1823) ; — de Grenoble (ord. 11 nov. 1829) ;

— de Strasbourg (ord. 9 mai 1830); — de Toulouse (ord. 18 sept. 1822); — de Rennes et de Dijon (ord. 16 fév. 1831); — d'Aix et de Grenoble (ord. 9 janv. 1832.)

400. — Le droit public et administratif est aussi entré dans le programme de l'enseignement. Cette chaire, créée d'abord à Paris par l'ordonnance du 2 mars 1819, a été rétablie par l'ordonnance du 19 juin 1828, qui statue en même temps que — « le professeur y fera connaître les attributions des diverses autorités administratives, les règles à suivre pour procéder devant elles, et les lois et réglemens d'administration publique concernant les matières soumises à l'administration ». — Depuis, des chaires, semblables ont été établies à Caen (ord. 16 déc. 1829), — à Toulouse (ord. 28 nov. 1830); — à Poitiers (ord. 2 sept. 1839), et enfin dans chacune des facultés de droit de Dijon, de Grenoble, de Rennes, de Strasbourg et de Toulouse (ord. 12 déc. 1837, art. 1er.)

401. — Les facultés de Paris et de Strasbourg possèdent seules une chaire de droit des gens. — Ord. 26 mai 1829, art. 1er. — Le professeur du droit des gens doit traiter des principes généraux du droit international, et de tout ce qui a rapport à l'état de paix et à l'état de guerre. Il doit faire connaître les principales dispositions des traités qui règlent les droits positifs des états actuels. — Arrêté du 14 avr. 1829.

402. — La faculté de Paris seule possède en outre des chaires d'histoire du droit romain et de droit français (ord. précitée, même article), de droit constitutionnel français (ord. 22 août 1834), de législation pénale comparée (ord. 12 déc. 1837), d'introduction générale à l'étude du droit (ord. 25 juin 1840) et des pandectes.

403. — Le professeur d'histoire du droit doit faire connaître l'origine et les progrès de la législation romaine et son influence sur celles des nations modernes, et principalement sur celle de la France. Il doit traiter également de l'origine et du développement du droit français, depuis le commencement de la monarchie jusqu'à nos jours. — Arr. 14 avr. 1829.

404. — Le professeur de pandectes enseigne aux étudians qui ont déjà suivi le cours [illegible], les principes approfondis de l'une des matières comprises dans le Digeste, et en même temps l'explication exégétique des textes du titre qui se réfère à cette matière...

405. — Au reste, l'enseignement du droit romain dans nos facultés eût perdu de son utilité si les professeurs se fussent assujétis à la lettre de l'ordonnance du 6 sept. 1822, qui, reproduisant le principe déposé dans la loi du 22 vent. an XII, leur prescrit d'enseigner les *institutes de Justinien* et les *pandectes principalement dans leurs rapports avec le droit français*. Rien n'eût été, en effet, aussi dangereux que d'attirer des étudians inexpérimentés sur un pareil terrain.

406. — On ne saurait méconnaître l'utilité des chaires d'*histoire du droit*, de *droit constitutionnel*, de *pandectes* et d'*introduction générale à l'étude du droit*. Pour ne parler que de cette dernière chaire en particulier, elle comble une lacune grave dans l'enseignement. Il était vraiment fâcheux que les élèves, en entrant dans nos facultés, n'y trouvassent point un cours préliminaire qui leur fît connaître l'objet et le but de la science juridique, les diverses parties dont elle se compose, le lien de toutes ses parties, l'ordre dans lequel elles doivent être successivement traitées, et surtout la méthode qui doit présider à cette science. Ce cours a toujours existé en Allemagne dans les facultés sous le nom de *méthodologie*.

407. — Les facultés de droit des départemens ne sont pas pourvues de chaires *d'introduction générale à l'étude du droit*; mais M. Cousin, dans une circulaire en date du 29 juin 1840, a exprimé le désir que le professeur de droit civil fît précéder son enseignement d'une pareille introduction, ou que ce soin fût même confié à un suppléant qui en ferait la matière d'un cours complémentaire plus développé.

408. — Quant à la chaire de *législation pénale comparée*, on n'en aperçoit pas aussi bien l'utilité. Il eût été beaucoup plus logique de développer l'enseignement de notre propre législation pénale dont l'étude est si négligée dans nos facultés: à tel point que c'est à peine si le professeur en effleure les élémens: nous eussions donc compris que l'on eût accordé au droit criminel les honneurs d'un enseignement spécial, au lieu de créer un enseignement de luxe là où manque le nécessaire.

409. — L'inqualifiable lacune qui existe dans l'enseignement en ce qui concerne le droit criminel est d'autant plus fâcheuse que, plusieurs fois, les audiences des cours d'assises ont donné souvent lieu de regretter que cette branche si importante de notre législation ne fût pas plus sérieusement enseignée. Il y a, d'ailleurs, d'autant plus d'urgence à élargir, sous ce rapport, l'enseignement de nos facultés que de nombreuses cassations qui entraînent pour le trésor des frais considérables témoignent du danger tant pour les accusés que pour la société de regarder comme accessoire l'étude du droit criminel. — *Délib. des facultés*, p. 66 et 90. — V. conf. Oudot, *Lettres à M. Giraud, sur l'enseignement du droit*, p. 378 et s.

410. — Lorsque le cours de droit pénal se trouvera ainsi plus largement constitué, le professeur pourra enseigner, à côté des règles générales, les règles spéciales, non-seulement sur les juridictions militaires, comme le demande le rapport au roi, mais sur toutes les procédures et les compétences exceptionnelles, comme le demandent les facultés de Caen, de Grenoble, de Strasbourg et de Toulouse. — *Délib. des facultés*, p. 9, 23 et suiv., 74 et 89

411. — D'un autre côté, lorsque la procédure civile, le Code pénal et l'instruction criminelle ne se partageront plus une seule année et ne seront plus conférés au même professeur, qui succombe sous le fardeau, l'on pourra suivre le vœu de la faculté de Strasbourg, qui demande que le professeur de procédure civile ne néglige pas l'enseignement de l'histoire, de la bibliographie et des principes généraux des actions, et qu'il joigne aussi aux règles qu'il explique des exercices pratiques qui les fassent mieux comprendre. Alors aussi l'on devra tenir compte de l'observation de la faculté de Grenoble, qui insiste pour que l'enseignement de l'organisation judiciaire, quoique partie intégrante du droit constitutionnel, soit au moins reproduit dans le cours de procédure. — *Délibér. des facultés*, p. 22 et 72.

412. — Nous avons dit que le droit administratif est entré dans le cercle de l'enseignement. Toutefois, le germe heureux déposé au sein de nos facultés par un grand esprit ne paraît pas avoir pris dans les études une place suffisante, parce qu'il est isolé. A ce sujet, l'on s'est posé la question de savoir s'il ne conviendrait pas de lui donner l'appui de quelques autres branches du même ordre de connaissances et d'études, et si l'on ne pourrait pas avoir, à côté des gradués ordinaires, des gradués particuliers dans le droit administratif et politique Dans ce système, les sciences administratives et politiques, plus largement professées, feraient cependant partie des facultés de droit agrandies. Elles seraient un annexe de la faculté de Paris. — V. Rapport au roi, du 29 juin 1838.

413. — Dans un autre système, les sciences administrative et politique devraient former une faculté nouvelle où la diplomatique et toutes ses branches, le droit des gens, le droit international, l'histoire des traités, le droit public de l'Europe actuelle, le droit maritime, l'étude des Codes et des juridictions militaires, celle de tout notre système de gouvernement et d'administration, notre régime financier si vaste et si nouveau, l'économie politique, notre nouveau droit constitutionnel, les institutions comparées des grands gouvernemens représentatifs, le droit ecclésiastique enfin, seraient sérieusement et complétement professés. — *Ibid.*

414. — Mais toute étude du droit demandant la cohésion de toutes ses parties, il est bien plus simple de constituer complétement, et en y élargissant les bases de l'enseignement, une faculté unique, que d'opposer l'une à l'autre deux écoles rivales. Les délibérations des facultés sont dans ce sens, et la faculté de Strasbourg elle même, malgré le voisinage de l'Allemagne, ne partage pas sur ce point les idées de M. Moll, professeur à Tubingue, et reconnaît entre toutes les branches de la science une *connexion intime* que la scission des facultés de droit en deux facultés ne briserait pas impunément. — V. dans ce sens Hepp, *Rapp. à la faculté de Strasbourg* (*Délib. des facultés*, p. 3 et 5); Oudot, *loc. cit.*; p. 365 et suiv.

415. — Au lieu de songer à scinder les facultés de droit, qu'on ne songe donc qu'à en rendre l'enseignement de plus en plus complet, et propre à former des serviteurs civils de l'état. Du reste, non-seulement on a raison de demander que l'on agrandisse, dans chaque faculté, l'école du droit politique et public, ainsi que le droit international et des gens, mais encore de demander (Oudot, *loc. cit.*, p. 350) que le premier soin du projet de loi que l'on prépare soit de favoriser davantage les études historiques et philosophiques, pourvu toutefois, ainsi que le remarque M. Bonnier (*Revue de droit français et étranger*, numéro de mars 1846), que l'on n'en vienne pas à placer le droit dans la région de l'érudition pure et de la métaphysique abstraite.

416. — C'est également avec raison que l'on peut se joindre à M. de Lafarelle (V. *Compte-rendu de l'Académie des sciences morales*, par MM. Loiseau et Vergé, livraison de juill. 1846) pour demander que l'économie politique soit enseignée dans nos facultés de droit, tout en réservant d'ailleurs une question qui ne saurait trouver ici sa place, celle de savoir s'il ne conviendrait même pas de la faire pénétrer plus avant dans le système général de l'enseignement, comme dans les écoles normales supérieures, ainsi que l'a reconnu M. Cousin (*loc. cit.*), ou encore dans un nombre de plus en plus croissant d'instituts spéciaux consacrés à l'agriculture, au commerce ou à l'industrie, ou enfin, comme le veut M. Blanqui (*loc. cit.*), jusque dans les colléges royaux.

417. — M. Vergé (*loc. cit.*, p. 10 et suiv.) nous donne une indication très complète des cours professés dans les facultés de droit des diverses universités de l'Allemagne pendant l'exercice 1844 et 1845. On est frappé tout d'abord du nombre et de la diversité de ces cours. Ainsi, à Berlin, pour cinq cents étudians environ, on en compte plus d'une centaine; de même, à Heidelberg, pour quatre cent soixante-quinze étudians; à Bonn pour deux cent trente étudians, on compte soixante cours; à Greifswald, pour trente-sept, vingt-quatre cours, et cela sans tenir compte du cours de philosophie du droit, de droit naturel, d'économie politique et de statistique qui ont lieu dans la faculté de philosophie, et que les étudians doivent ou peuvent suivre.

418. — Ces différens cours portent sur des matières générales, comme le droit des gens, le droit public allemand, le droit privé allemand, le droit ecclésiastique, les Institutes, les Pandectes, etc., et sur des matières spéciales, comme les fragmens d'Ulpien, les Institutes de Gaïus, l'histoire de la littérature juridique, la biographie des plus grands jurisconsultes, la *Germania* de Tacite, considérée comme introduction à l'histoire du droit allemand, le système représentatif, etc. — Vergé, *loc. cit.*

419. — Dans le programme de la faculté de Berlin, cité avec éloge par M. Laboulaye (*Revue de législation*, 1845, t. 3, p. 340), l'on voit même figurer des cours distincts *sur le mariage*, *sur les successions*, *sur quelques théories du Code civil*; mais, comme le remarque M. Oudot (*loc. cit.*, p. 335), il y a là évidemment un fractionnement par trop démesuré des objets du cours; où est le grand avantage de se traîner, tout un semestre ou toute une année, sur des matières qui ne doivent remplir que quelques leçons d'un cours de droit de famille ou de droit privé, s'ils sont sagement proportionnés?

420. — Ce fractionnement des objets du cours a aussi pour résultat de forcer la plupart des professeurs à faire deux ou trois cours par jour; quelquefois même ils en ont quatre; or, c'est ce que l'état ne devra jamais favoriser en France, car c'est épuiser chez les professeurs la verve qui leur est nécessaire pour vivifier leur enseignement. — Oudot, *loc. cit.* — V. aussi Bonnier, *Revue de droit français et étranger*, cahier de mars 1846.

421. — La faculté de Paris s'est trouvée divisée, aux termes des ordonnances des 24 mars 1819 et 6 sept. 1822, en deux sections. Ces mêmes ordonnances ont en même temps attaché à chacune de ces deux sections: — un professeur d'*institutes*, trois professeurs de Code civil, un professeur de *procédure civile et criminelle*.

422. — Il y a en outre pour les deux sections des chaires spéciales dont il a été parlé *suprà*. — Ces deux sections ne forment, au surplus, qu'une faculté. Les professeurs de l'une et de l'autre assistent également aux assemblées de la faculté, et sont appelés à leur tour de rôle sans distinction aux examens et aux thèses. — Arr. 13 oct. 1819, art. 1er et suiv.

423. — L'art. 4, ord. 2 mars 1819, statuait que quatre suppléans seraient attachés à chacune des deux sections de l'école. Ils sont chargés de suppléer aux cours, aux examens et aux actes publics les professeurs légitimement empêchés: toutefois, un suppléant est toujours appelé à tour de rôle à chacun des examens et actes publics pour la licence et le doctorat.

424. — Aux termes de l'art. 70, décr. 4 complémentaire an XII, les professeurs, pendant une partie des leçons, devraient dicter des cahiers, et ensuite développer verbalement dans chaque leçon le texte écrit par les étudians eux-mêmes: mais cette disposition n'est point suivie dans la pratique, et on comprend qu'à raison du peu d'utilité de ce système, M. Laboulaye (*loc. cit.*, p. 303) ait cru pouvoir le condamner et le qualifier de détestable. — V. au surplus Demante, *Programme de droit civil*, préface.

425. — Il existe, au point de vue de l'enseigne-

ment scientifique et de la liberté des méthodes, une différence de position entre les professeurs de Code civil d'une part et les professeurs de droit constitutionnel, public, administratif, de législation pénale comparée, de droit des gens, d'histoire du droit ou d'introduction à l'étude du droit, etc., d'autre part. Nul programme d'enseignement n'est imposé à ces derniers, non plus qu'aux professeurs de pandectes, d'institutes, de droit commercial, de procédure civile et criminelle. Tous maîtres absolus du choix de leurs moyens, prenant à leur gré la forme du commentaire ou celle du traité, ont la permission de se réformer eux-mêmes dans l'exposé des matières de leurs cours, chaque fois que le progrès de leurs travaux leur révèle un meilleur classement d'idées.

426. — Il n'en est pas de même des professeurs de droit civil français. Un arrêté du 22 sept. 1822 supprime à leur égard la liberté des méthodes. Cet arrêté détermine, en effet, un programme d'examen et d'enseignement : — d'*examen*, c'est l'objet explicite de son dispositif; d'*enseignement*, c'est ce qui est supposé par les considérans, c'est ce qui résulte d'ailleurs inévitablement de la liaison du cours et de l'examen, liaison tellement nécessaire qu'évidemment réglementer l'examen, c'est réglementer le cours, et par conséquent réglementer la méthode.

427.—M. Oudot, dans la dissertation déjà citée, a critiqué le programme des cours de droit civil en ce que la détermination par l'autorité d'un programme unique, prenant pour base l'ordre du Code civil, est scientifiquement impossible;—que cette détermination est nuisible;—que les minces avantages qu'elle produit sont bien loin de contrebalancer les inconvéniens qu'elle entraîne.—Valette, Duvergier et Fœlix, *Revue de droit français et étranger*, 1844, t. 1er, p. 1re et suiv.

428. — Pour nous, sans prétendre que la distribution des matières du Code civil soit à l'abri de toute critique, nous estimons que de grands avantages sont attachés pour l'instruction des élèves à ce que l'enseignement respecte dans sa marche l'économie générale de cette œuvre législative; toute liberté étant d'ailleurs laissée au professeur de ne point suivre l'ordre numérique des articles toutes les fois que la liaison logique des idées et la clarté de l'exposition lui semblent l'exiger.

429.—Pour étendre l'enseignement dans les facultés de droit, sans accroître indéfiniment le nombre des professeurs titulaires et les charges de l'état, en développant dans une juste mesure les avantages et les devoirs attachés au titre de suppléant, au moyen de dispositions analogues à celles qui ont été prises à l'égard des agrégés de médecine une ordonnance du 22 mars 1840 autorise les professeurs suppléans des facultés de droit à ouvrir des cours gratuits destinés à compléter les cours ordinaires, sur l'avis du doyen et avec l'autorisation du ministre. — Art. 1er.

430.—Chaque année, il est fait par le doyen un rapport sur les résultats de ces cours complémentaires.—Même ordonnance, art. 4.—Les succès obtenus dans ces cours par les professeurs suppléans font partie des titres antérieurs dont l'appréciation forme une des épreuves des concours pour les places de professeurs titulaires dans les facultés de droit. — Art. 5.

431.—Le droit ainsi conféré aux suppléans d'ouvrir des cours complémentaires a pour résultat d'organiser au sein des facultés une concurrence, et d'y exciter une émulation qui tourne au profit du progrès des études juridiques : mais l'on devrait même aller plus loin, et étendre la concurrence au dehors, de telle sorte qu'en face de l'enseignement donné par l'état pût s'élever un enseignement rival. Ainsi, il serait à désirer que, sous certaines garanties, les docteurs pussent devenir des *privat docenten*; ouvrant pour les élèves des cours rétribués par leurs auditeurs, et que les certificats d'assiduité à ces cours autorisés devinssent une sorte de titre antérieur pour l'élève qui se présente à l'examen dans les facultés.

432.—Quelle objection pourrait-on diriger contre la mesure, pleine de justice et d'avenir, qui, en organisant cet enseignement libre, ferait ainsi une juste part au principe de liberté qu'étouffe aujourd'hui le régime du privilége? La concurrence libre serait, au surplus, utile à l'enseignement officiel lui-même en lui servant d'aiguillon énergique, et en le forçant de perfectionner de plus en plus ses méthodes. L'unique essai qui, il y a vingt ans, fut tenté dans cette voie n'a donné que d'heureux résultats, et on n'a pas sans doute oublié que le cours libre dans lequel M. Lerminier enseignait l'histoire et la philosophie du droit a précédé l'établissement de la chaire d'histoire du droit dans la faculté de droit de Paris.



433. — L'art. 25, L. 22 vent. an XII, statuait d'une manière générale que « nul ne pourra, quatre ans après la formation des écoles de droit, être reçu professeur ou suppléant de professeur s'il n'a été reçu docteur et ne représente les lettres visées dans une faculté de droit, sans préjudice des autres conditions qui pourront être imposées par les lois et réglemens. » — Un arrêté du 9 oct. 1819 supposait cependant qu'un professeur pût ne pas être docteur.

434. — Le grand-maître nomme pour la première fois les professeurs, sauf confirmation du titre après trois ans d'enseignement. Mais, après la création de la chaire, les places de professeur qui deviennent vacantes sont données au concours. — Décr. 17 mars 1808, art. 7; décr. du 4 complém. an XII, art. 14. — Les places de suppléant sont également données au concours.

435. — L'arrêté ministériel qui nomme un professeur à une chaire de nouvelle création est, au surplus, un acte de pure administration. — Décidé, en conséquence, qu'on ne peut attaquer devant le conseil d'état, par la voie contentieuse, l'acte qui nomme un professeur et la décision du conseil de l'université qui, en rejetant la plainte du réclamant, déclare que le professeur réunit les conditions d'aptitude. — *Cons. d'état*, 23 oct. 1835, Bugnet, Demante, Duranton, de Portets et du Caurroy c. Rossi.

436.—Suivant l'art. 52, décr. 17 mars 1808 : — « Le grand-maître instituera les sujets qui auront obtenu les chaires des facultés, d'après des concours dont le mode sera déterminé par le conseil de l'université. » — En Allemagne, particulièrement en Prusse, le professorat se recrute par le choix du prince et sur l'avis de la faculté, mais presque toujours après un long exercice, comme *privat docent*. — Vergé, *loc. cit.*, p. 47.

437. — Le mode de désignation des membres des facultés de droit par le concours a soulevé bien des discussions. On tombe pourtant généralement d'accord sur le maintien du concours pour parvenir au premier degré du professorat : seulement, on s'est demandé si ceux qui auront franchi ce premier degré s'appelleront professeurs suppléans ou agrégés, en d'autres termes, s'ils seront en nombre assez considérable et institués pour un temps limité, ou en nombre assez restreint et institués à vie. Les facultés d'Aix, de Caen, de Dijon, de Grenoble, de Paris, de Rennes et de Toulouse sont unanimes pour écarter des facultés de droit l'institution admise dans d'autres facultés d'agrégés nombreux temporaires. — *Délibérations des facultés*, p. 4, 13, 20, 43, 59 et 67.

438.—Mais c'est surtout sur la question de nomination des professeurs titulaires que les esprits se sont divisés : selon nous, il faut d'abord écarter évidemment l'opinion qui laisserait la nomination au choix discrétionnaire du ministre. C'est déjà un abus assez grave que ces influences extra-légales qui agissent sur le choix des magistrats; il faut au moins que la science conserve sa dignité, que les postes qu'elle peut décerner n'appartiennent qu'au mérite, et qu'on n'ouvre pas une nouvelle carrière à cette ambition sans élévation qui s'agite aujourd'hui de toutes parts, et dont les progrès ont été signalés à la chambre des pairs par M. le baron Daunant dans son rapport du 19 mars 1842 sur le noviciat judiciaire.

439. — Quant au mode de nomination sur présentation par certains corps savans (Laboulaye, *De l'enseignement du droit en France*, p. 52), il offre des inconvéniens moins graves sans doute, mais très réels, qui ont été parfaitement indiqués par M. Oudot (*loc. cit.*, p. 404 et suiv.), et qui ne permettent pas de le substituer au mode de nomination par la voie du concours.

440.—Au reste, tout en nous prononçant en faveur de l'institution du concours, dont le principe d'abord vivement attaqué par M. Laboulaye (*loc. cit.*), puis ensuite admis par lui, d'une façon assez arbitraire, pour les places seulement de suppléans (*Revue de législation et de jurisprudence*, numéro de novembre 1845) a été si bien défendu par M. Bonnier (*Revue de droit français et étranger*, numéro de décembre de la même année) et par M. Valette (*ibid.*, numéro de février 1846), nous pensons avec M. Oudot (*loc. cit.*, p. 405) que le concours doit être dégagé des applications exagérées ou inexactes qui peuvent en fausser l'esprit.

441. — Quant à la vocation, par voie d'avancement, des professeurs des facultés des départemens à la faculté de Paris, nous dirons avec M. Oudot (*loc. cit.*, p. 408) qu'il y a bien lieu de l'admettre si pourtant ce n'est pas une cause de ruine pour les premières, si en exigeant certaines conditions d'âge, de temps, du consentement des



facultés, on peut éviter les abus possibles, et si enfin il n'en résulte pas, comme l'a montré M. Roustain (*Revue de dr. fr. et étr.*, numéro de mars 1846; — V. conf. Bonnier *loc. cit.*), la destruction à peu près complète du concours, qui, modifié convenablement, peut, au surplus, ouvrir une honorable voie à l'avancement des professeurs de département.

442. — Le dernier réglement émané, sur les formes du concours du conseil de l'université, est celui du 22 août 1843. Les précédens relatifs au même objet étaient les statuts du 18 avr. 1809, 10 mai 1810, 21 décembre 1818, 10 mai 1825 et les réglemens du 2 mars 1840 et 29 juin 1841.

443. — D'après le réglement actuel, le ministre fixe l'époque de l'ouverture des concours, de telle façon qu'il y ait un délai de trois mois au moins entre l'arrêté et le jour indiqué pour le commencement des épreuves. — V. article 1er et 4.

444. — Si plusieurs places de suppléant se trouvent vacantes en même temps, soit dans une même faculté, soit dans des facultés différentes, toutes ces places ou plusieurs d'entre elles peuvent être comprises dans le concours ouvert devant la faculté désignée par l'arrêté ministériel. — Art. 2.

445. — Nul ne peut se présenter aux concours ouverts devant les facultés de droit : s'il n'est Français, s'il ne jouit des droits civils, s'il ne représente un diplôme de docteur en droit obtenu devant une des facultés du royaume et s'il n'est âgé, pour une chaire de professeur, de trente ans accomplis; pour une place de suppléant de vingt-cinq ans accomplis ; sauf au ministre grand-maître de l'université à accorder les dispenses d'âge dans les formes prescrites par l'art. 11 des statuts du 31 oct. 1809. — Art. 5.

446. — Les aspirans doivent se faire inscrire au secrétariat de la faculté trente jours au moins avant l'ouverture du concours. Les pièces à fournir sont l'acte de naissance et le diplôme de docteur en droit. — Art. 7.

447. — Le jury se compose des professeurs titulaires de la faculté devant laquelle le concours est ouvert, et de juges adjoints : les professeurs de la faculté doivent s'y trouver en majorité. Le nombre des juges doit être de sept au moins, non compris le président, qui est choisi par le ministre soit parmi les membres du conseil royal, soit parmi les inspecteurs généraux juges du concours des études, soit parmi les professeurs des facultés de droit, membres des cours souveraines ou docteurs en droit. En cas d'empêchemens légitimes survenus pendant la durée du concours, le jugement pourra être rendu par cinq juges, non compris le président. — Art. 9 et suiv., 12.

448. — Ne peuvent siéger dans un même concours deux parens ou alliés jusqu'au degré de cousin-germain inclusivement; doit se récuser tout parent ou allié au même degré d'un des candidats. — Art. 11.

449. — Dans la séance d'ouverture il est fait appel de tous les candidats, qui successivement écrivent sur un registre leurs noms et adresses, et sont admis soit à proposer les récusations qu'ils auraient à exercer, soit à déclarer, dans le cas où le concours comprend une chaire et une ou plusieurs suppléances, s'ils entendent concourir pour la chaire, ou pour la chaire et les suppléances, ou seulement pour les suppléances. — Art. 16 et suiv.

450. — Dans tout concours, il y a deux sortes d'épreuves : des épreuves de candidature et des épreuves définitives. Les épreuves pour la candidature sont deux compositions écrites, deux leçons publiques. Les épreuves définitives sont une composition écrite, une leçon publique, l'argumentation. — Art. 20.

451. — La dignité du concours et l'intérêt des aspirans ont paru exiger que, d'après le mérite des premières épreuves, la candidature définitive fût réservée à un nombre restreint de concurrens.

452. — Les matières à traiter par chaque concurrent dans les épreuves, et l'ordre dans lequel ces concurrens subiront ces épreuves elles-mêmes sont déterminés par la voie du sort. Les concurrens sont tenus, à peine d'exclusion, de soutenir toutes les épreuves aux jour et heure indiqués, sauf toutefois le cas d'empêchement légitime et bien constaté. — V. art. 21 et suiv.

453. — On vient de dire que les épreuves de candidature consistent dans deux compositions écrites et dans deux leçons; il est nécessaire d'ajouter maintenant que de ces deux compositions l'une (écrite en latin) porte sur le droit romain, l'autre sur une question de droit français; rédi-

gées dans un délai qui varie de sept à neuf heures, elles sont ensuite imprimées et distribuées. Quant aux leçons, elles sont faites dans deux séances publiques consécutives sur une matière de droit français dont le sujet n'est communiqué au candidat qu'un jour avant la première desdites leçons. — V. art. 24 à 33.

454. — D'après le mérite des épreuves de candidature, il est nommé des candidats pour les épreuves définitives. Trois candidats sont ainsi désignés pour la chaire vacante, trois pour la suppléance, et, s'il y a plusieurs suppléances de mises au concours, le nombre des candidats définitifs doit être double de celui de ces suppléances. Cette liste de candidats définitifs est formée par ordre alphabétique et sans aucune indication du nombre de suffrages obtenus par chacun pour y figurer. — Art. 34 et suiv.

455. — Chaque candidat pour la chaire fait une composition et une leçon sur un sujet tiré de la matière de l'enseignement auquel il aspire : chaque candidat pour la suppléance fait une composition sur un sujet de droit public, et une leçon sur un sujet de droit romain. Les dispositions précédemment analysées sont appliquées à ces épreuves, sauf que le sujet n'est tiré au sort que quatre heures avant l'ouverture de la séance. — V. art. 38 et suiv.

456. — L'épreuve de l'argumentation a lieu d'abord sur un sujet de droit romain, ensuite sur un sujet de droit civil français. — Art. 43. — Les formes et les règles de cette argumentation, propre à faire briller sinon la solidité, du moins la souplesse de l'esprit, sont déterminées dans les articles 44 à 54 du règlement.

457. — Immédiatement après la clôture des épreuves, l'on procède à la nomination par la voie du scrutin, comme pour les candidatures définitives, et le jugement, ainsi que les procès-verbaux de toutes les épreuves, et les compositions imprimées sont envoyés au ministre, qui communique le tout au conseil royal. — V. art. 55 et suiv.

458. — Les juges doivent, pour l'appréciation du mérite des candidats, tenir compte et des épreuves du concours et des titres antérieurs qui peuvent résulter des ouvrages et des travaux scientifiques de chaque candidat. — Art. 55.

459. — Lorsque les candidats n'ont pas élevé de réclamation pour violation des formes prescrites, dans le délai de dix jours (sauf augmentation à raison des distances), à partir de l'insertion de la nomination au *Moniteur*, ou lorsque ces réclamations, ayant été élevées, ont été repoussées, le ministre peut donner l'institution nécessaire au candidat. — Art. 58 et suiv.

460. — Que si la nomination est infirmée, il est procédé à un nouveau concours devant celle des facultés de droit que désignera le ministre. Cette nouvelle épreuve ne peut avoir lieu qu'entre les concurrens qui ont pris part au concours dont les effets sont annulés. — Art. 60.

461. — Les professeurs, une fois nommés, doivent enseigner les matières qui sont du ressort de la chaire pour laquelle ils ont été institués. Quant à la permutation d'enseignement, quoiqu'elle puisse être légitimée par l'intérêt des études aussi bien que par les convenances du professorat, elle ne repose pas encore sur une base légale. — V. au surplus Roustain, *Revue de dr. franç. et étrang.*, numéro de juin 1846.

462. — En Allemagne, la liberté du professorat, qui n'est point la liberté de l'enseignement, puisqu'elle n'appartient qu'aux membres de certaines corporations, consiste dans la faculté accordée au professeur, une fois institué, d'enseigner ce qu'il veut, quand il veut et comme il veut (Laboulaye, *Revue de législ.*, numéro de nov. 1845). Mais c'est là une organisation dont les inconvéniens ont été fort bien signalés par M. Bonnier dans un excellent article sur la comparaison des systèmes allemand et français, en matière d'enseignement (V. *Revue de dr. franç. et étrang.*, numéro de mars 1846), et qui serait en France d'une importation malheureuse.

ART. 2. — *Inscriptions, examens, grades, répartition des cours de droit.*

463. — Le secrétaire tient un registre sur lequel sont prises de suite et sans aucun blanc les inscriptions nécessaires pour fixer, reconnaître le temps d'études et être admis aux grades. Ce registre est paraphé par le recteur de l'Académie. — Décr. du 4 complém. an XII, art. 26.

464. — Chaque étudiant, muni de son acte de naissance qui constate qu'il est âgé de seize ans accomplis, et dont il dépose un extrait, écrit et signé, tous les trimestres, sur ce registre une inscription contenant ses nom, prénoms, le lieu de sa naissance et de son département. — Même décr., art. 27.



465. — Outre les indications prescrites par les lois, décrets, ordonnances et réglemens antérieurs, chaque étudiant est tenu, en prenant son inscription, de faire connaître le domicile actuel de ses père et mère ou tuteur. — Arr. 26 oct. 1838, art. 3.

466. — Au commencement de chaque trimestre, le doyen adresse au recteur de l'Académie la liste des élèves antérieurement inscrits qui n'ont pas pris l'inscription courante, et celle des élèves qui n'ont point passé leurs examens aux époques voulues par les réglemens. Le doyen donne également connaissance de cette omission aux parens ou tuteurs desdits étudians. — Même arrêté, art. 4.

467. — Tout étudiant qui demande à faire valoir devant une faculté des inscriptions prises devant une autre, doit produire, outre le certificat de bonne conduite voulu par l'ord. 5 juill. 1820, un certificat d'assiduité délivré par le doyen et visé par le recteur. Ce certificat demeure annexé en original, ainsi que le certificat de bonne conduite, au registre des inscriptions : il peut en être donné copie à l'étudiant. — Arr. 26 oct. 1836, art. 8.

468. — Il n'y a qu'un seul registre d'inscription. — Chaque élève en s'inscrivant déclare quel professeur il désire suivre dans l'une ou l'autre section, pour chaque partie d'enseignement. Néanmoins il ne peut pas y avoir plus de cinq cents élèves inscrits pour des cours qui ont deux professeurs. A cet effet, lorsque les inscriptions prises pour suivre un professeur s'élèvent à ce nombre, les suivantes ne peuvent être prises que pour les cours d'un autre professeur. Si le nombre des élèves d'une même année excède mille, il est établi une troisième division pour laquelle les cours obligés sont faits par des suppléans. — Les élèves qui ont choisi pour une partie de l'enseignement un professeur d'une section n'en sont pas moins libres de suivre les professeurs de l'autre section, pour une partie différente. — Chaque professeur reçoit la liste des élèves inscrits pour son cours, afin de pouvoir constater leur assiduité conformément au réglement. — Arr. du 16 oct. 1819, art. 4-7. — Rendu, p. 493.

469. — Lorsque le jour fixé par les réglemens pour la clôture des inscriptions dans toutes les facultés se trouve être un dimanche ou une fête chômée, les registres ne sont fermés que le lendemain. — Arr. du 26 oct. 1822.

470. — On a vu *suprà* quelles sont les conditions générales qui sont imposées aux étudians pour prendre leur première inscription dans une faculté quelconque, et l'on a constaté notamment qu'ils devaient, en principe, et entre autres conditions, produire le diplôme de bachelier ès-lettres. A cet égard, il faut ajouter, spécialement en ce qui concerne les facultés de droit, que les art. 2 et 3 de l'ord. du 13 juin 1830 statuaient que le conseil royal pourrait, pour des motifs graves, autoriser un étudiant à prendre sa première et, en cas de nécessité, sa seconde inscription en droit, mais jamais sa troisième, avant d'avoir obtenu le diplôme de bachelier ès-lettres.

471. — Les inscriptions ne peuvent être prises que dans les quinze premiers jours de chaque trimestre. — Quand un étudiant a manqué l'inscription d'un trimestre, ce trimestre n'est pas compté dans son temps d'études. — Les inscriptions prises dans plusieurs écoles servent à justifier et à compter le temps d'études, pourvu qu'elles appartiennent à des trimestres différens. — Le secrétaire délivre gratuitement aux étudians, lorsqu'ils ont besoin d'en justifier, un certificat de leurs inscriptions, visé par le doyen. — Décr. du 4e complém. an XII, art. 28-32. — Rendu, p. 57.

472. — Les étudians en droit qui, appelés au tirage pour la conscription militaire, justifient par des certificats en bonne forme donnés par les autorités administratives, qu'ils se sont rendus au lieu de la convocation, et que par cette cause il leur a été impossible de prendre leur inscription dans les quinze premiers jours du trimestre, ainsi qu'il est ordonné par l'art. 29 du décret du 4e complém. an XII, peuvent être admis par le conseil royal à cette inscription, qui vaut comme si elle avait été prise dans le délai prescrit. — Décr. 23 avr. 1807.

473. — Un arrêté du 29 août 1846 vient de décider qu'à l'avenir le registre des inscriptions dans les facultés de droit sera ouvert pour le premier trimestre de l'année scolaire à partir du 25 octobre, et qu'il sera clos le 5 novembre. Cet arrêté n'a d'ailleurs rien innové à l'art. 1er du statut du 9 avr. 1825, qui continue à être en vigueur dans sa forme et teneur à l'égard des autres trimestres de



l'année scolaire. — V. *Journal général de l'instr. publ.* du 2 sept. 1846.

474. — L'art. 8 de ce même arrêté ajoute que les jeunes gens qui se seront inscrits antérieurement au 5 novembre dans la faculté des lettres pour l'examen du baccalauréat et qui n'auraient point passé cet examen, seront admis, sur le certificat de cette inscription dûment délivré, à prendre provisoirement une première inscription en droit, laquelle sera nulle si le 15 du même mois ils n'ont pas déposé leur diplôme de bachelier ès-lettres ou un certificat d'admission à ce grade. — *Ibid.*

475. — Les fils de professeurs et de suppléans de professeurs des écoles de droit, pendant tout le temps que ceux-ci seront en exercice de leurs fonctions ou lorsqu'ils seront morts durant le même exercice, sont admis gratuitement aux études et à la réception de tous les degrés dans les mêmes écoles, à la charge de se conformer à tout ce qui est prescrit par les lois et réglemens concernant l'étude du droit. — Décr. 29 janv. 1807.

476. — La gratuité des études est donc accordée aux fils des professeurs et suppléans : mais cette faveur de la loi doit-elle s'étendre aux *petits-fils?* il semble que oui : car *liberorum appellatione*, dit la loi romaine, *nepotes et pronepotes continentur*. Ce serait d'ailleurs une équitable application de la maxime *favores ampliandi*. — V., dans ce sens, Rendu, p. 56 en note.

477. — Le décr. du 4e complém. an XII avait étendu le bienfait de l'admission gratuite à *cinquante élèves nationaux du Lycée ou du Prytanée*, qui auraient été nommés d'après un concours. Mais cette disposition n'a jamais reçu d'exécution.

478. — Les examens pour les différens grades dans les facultés de droit ont lieu à des époques fixes, déterminées par chaque faculté au commencement de l'année scolaire, d'après le nombre présumé des candidats. — Dans la Faculté de droit de Paris, les sessions d'examens sont autorisées pendant toute la durée de l'année scolaire. — Ord. 6 juill. 1844.

479. — Nul étudiant ne peut se présenter aux examens en dehors des époques indiquées par les réglemens, sans une autorisation du grand-maître, accordée en conseil royal, sur l'avis de la Faculté et la proposition du recteur. — Arrêté du 26 oct. 1838, art. 6.

480. — Les étudians qui aspirent au doctorat, à la licence ou au baccalauréat, ou qui demandent des certificats de capacité dans les facultés de droit, et dont le dernier trimestre d'études tombe à la fin de l'année scolaire, peuvent être admis aux examens dans le dernier mois de cette année. Lorsque les examens doivent être suivis d'actes publics, ces mêmes élèves peuvent se présenter pour leurs examens dans le mois de juillet, et pour leurs actes dans le mois d'août de leur dernière année scolaire. — Décis. du roi du 13 juin 1821.

481. — Tout étudiant qui ne se présente pas aux jour et heure fixés pour son examen ou acte public, ne peut, à moins d'excuse jugée valable par la faculté, se présenter pour prendre jour, qu'après le délai d'un mois à compter du jour qui lui a été indiqué précédemment. — Délib. de la Faculté de Paris du 13 mai 1824.

482. — On a vu *suprà* que les examens sont faits par les professeurs des écoles. Ajoutons ici qu'aux termes de l'art. 8, L. 22 vent. an XII, les inspecteurs des écoles de droit ont le droit d'y assister : ils ont aussi le droit d'examiner séparément les étudians, s'ils le jugent convenable.

483. — Dans toutes les facultés de droit, les examens ont actuellement lieu en français; et les étudians soutiennent également en français les thèses latines qu'ils ont rédigées sur le droit romain. — Ord. 23 juin 1840.

484. — Tout étudiant qui, désirant être examiné dans une autre faculté que celle dont il a suivi les cours, veut obtenir l'autorisation exigée par l'art. 7 de l'arrêté du 26 oct. 1838, doit produire, à l'appui de sa demande, les deux certificats de bonne conduite et d'assiduité mentionnés en l'art. 8 du même arrêté. — Le certificat d'assiduité doit faire connaître si l'étudiant a déjà soutenu un ou plusieurs examens et comment il les a soutenus. — Arr. 19 nov. 1839, art. 1er.

485. — L'étudiant qui n'a pas encore soutenu d'examen ou qui a soutenu cette épreuve avec succès, n'est pas tenu de produire une pareille autorisation pour prendre inscription dans une autre faculté ; il doit seulement présenter à cette dernière faculté les deux certificats de bonne conduite et d'assiduité. Ce dernier certificat doit contenir la mention expresse dans le premier cas que l'étudiant n'a pas encore été examiné, dans le second cas qu'il a soutenu l'examen avec succès. — Même arrêté, art. 3.

486. — Les dispositions qui précèdent sont communes à toutes les facultés de droit et de médecine. — *Ibid.*, art. 4.

487. — Dans tous les examens, si les aspirans ne sont pas trouvés capables, il leur est donné un délai pour en subir de nouveaux. — Décr. du 4 complém. an XII, art. 44. — Tout candidat ajourné ne peut de nouveau se présenter à l'examen avant trois mois révolus, et la nouvelle épreuve doit nécessairement avoir lieu devant la même faculté que la précédente, à moins d'une autorisation spéciale accordée par le ministre. — Ord. 6 juill. 1841, art. 4. — Il y a lieu, toutefois, lorsqu'il est justifié de circonstances particulières, d'accorder des dispenses individuelles pour l'abréviation du délai. — Lettre du ministre du 17 mars 1841.

488. — Tout étudiant qui se retire après que son examen a été commencé, *sans y être autorisé par les examinateurs*, est censé avoir reconnu lui-même son incapacité, et doit être assimilé à ceux dont le rejet a été prononcé par la voie du sort. — Délib. de la Faculté de Paris, du 7 juill. 1825, approuvée par le conseil royal.

489. — L'examen est censé commencé pour tous les candidats du moment que l'un d'eux a commencé à être interrogé. — Les actes publics sont censés commencés du moment que le président a déclaré la séance ouverte. — Délib. de la faculté de Paris du 7 juill. 1825.

490. — Le candidat qui se présente après avoir été jugé par une faculté n'être pas suffisamment instruit, paie de nouveau les droits d'examen. — Décr. 17 fév. 1809, art. 8. — Tout étudiant qui, ayant obtenu la remise, échoue à un premier examen, est tenu d'acquitter le droit pour le nouvel examen qu'il subit. La remise du nouvel examen ne peut être prononcée que sur la proposition motivée du recteur, qui doit préalablement prendre l'avis de la faculté ou de la commission chargée de déférer les grades.

491. — D'indignes abus de confiance ont nécessité des précautions pour empêcher qu'un étudiant ne pût se faire examiner à la place d'un autre.

492. — C'est dans ce but qu'a été pris l'arrêté du 16 mars 1832, ainsi conçu : — « Les demandes en examen et les états d'inscriptions présentés à l'appui par les étudians seront signés d'eux en présence d'un secrétaire de la faculté qui vérifiera l'identité de la signature avec celle du registre d'inscription. — Au moment de la faire examiner, le candidat apposera sa signature sur un registre à ce destiné, en présence des examinateurs, lesquels vérifieront l'identité de la signature avec celle des pièces ci-dessus, et dans les facultés supérieures, avec celle du diplôme de bachelier ès-lettres, qu'il aura dû obtenir précédemment. — Sont maintenues, d'ailleurs, les dispositions de l'arrêté du 15 sept. 1821, concernant les signatures à apposer aux diplômes et aux récépissés à en donner par les impétrans. — Les étudians seront prévenus chaque fois des suites que pourraient avoir pour eux, d'après les lois criminelles, les fausses signatures apposées à ces actes. »

493. — Les facultés de droit délivrent des *certificats de capacité*. — L. 22 vent. an XII, art. 12 et 26 ; décr. du 4e complém. an XII, art. 36. — Elles confèrent les grades du baccalauréat, de la licence, du doctorat. — Decr. 17 mars 1808, art. 16.

494. — Quatre inscriptions sont nécessaires pour être admis à l'examen de capacité ; — huit pour être admis aux examens de baccalauréat ; — douze pour être admis aux examens de la licence ; — seize pour ceux du doctorat. — Décr. 4 complém. an XII, art. 28.

495. — Les étudians qui ne se proposent que d'obtenir le certificat de capacité nécessaire pour exercer la profession d'avoué, ne sont pas tenus de présenter leur diplôme de bachelier ès-lettres pour être admis à la Faculté. — Ord. 4 oct. 1820. art. 7.

496. — Ils doivent suivre le cours sur la législation criminelle et la procédure criminelle et civile et le cours de Code civil (deuxième année). — Décr. 4 complém. an XII, art. 33 ; arr. 1er oct. 1822, art. 3.

497. — Sur le certificat du secrétaire de l'école qu'ils ont pris les quatre inscriptions mentionnées ci-dessus et sur l'attestation du professeur qu'ils ont assiduement suivi leurs cours, ils sont admis à l'examen. — L. 22 vent. an XII, art. 6 ; décr. 4 complém. an XII, art. 34.

498. — Les étudians dont le dernier trimestre tombe à la fin de l'année scolaire sont admis à l'examen de capacité avant l'expiration du dernier trimestre. — Décr. 3 juill. 1806, art. 3, et décis. du roi du 13 juin 1821. — A l'égard des étudians dont le dernier trimestre ne tombe pas à la fin de l'année scolaire, on ne compte pour l'admission à l'examen que les certificats d'inscription donnés lors de la clôture du trimestre auquel l'inscription se rapporte, et accompagnés des certificats d'assiduité pendant ledit trimestre. — Ord. 4 oct. 1820, art. 2.

499. — L'examen est fait par quatre examinateurs. — Arr. 5 mai 1829, art. 2. — Les élèves sont interrogés par deux examinateurs sur les quatre premiers titres et sur le titre vingtième du troisième livre du Code civil : par un troisième examinateur, sur les livres deuxième, troisième et quatrième du Code de procédure civile, et par un quatrième examinateur, sur les deux premiers livres du Code pénal et sur les parties du Code d'instruction criminelle que le professeur a expliquées. — Arr. 22 sept. 1843, art. 2.

500. — Si le résultat de l'examen est favorable, le certificat de capacité est délivré conformément à l'art. 12, L. 22 vent. an XII. — Décr. 4 complém. an XII, art. 36.

501. — Ce certificat est nécessaire pour être admis à remplir les fonctions d'avoué. — V. AVOUÉ, nos 59 et suiv., 678 et suiv.

502. — C'est le lieu de dire que la faculté de Paris a rapporté par sa délibération du 14 janv. 1841 celle prise dans la séance du 29 mai 1829, et portant que les étudians ayant subi un examen de capacité qui se présenteraient au second examen de baccalauréat ne seraient interrogés que sur le Code civil.

503. — Les inscriptions de capacité, prises avant le 1er nov. 1830, peuvent, au surplus, compter pour le baccalauréat ou la licence. — Arr. 5 nov. 1813 ; ord. 13 juin 1830.

504. — Seulement les étudians qui, voulant seulement obtenir un certificat de capacité, n'ont pas en prenant leurs inscriptions produit leur diplôme de bachelier ès-lettres, doivent, pour être admis à se prévaloir de ces inscriptions à l'effet d'arriver au baccalauréat ou à la licence, se pourvoir du grade de bachelier ès-lettres avant de prendre leur cinquième inscription. — Ord. 4 oct. 1820, art. 7.

505. — Le cours ordinaire des études est de trois ans ; ceux qui veulent obtenir le grade de docteur font une année de plus. — L. 22 vent. an XII, art. 3.

506. — L'utilité sociale, la crainte d'imposer aux familles de trop lourds sacrifices ne permettent pas sans doute de trop prolonger le temps consacré aux études et à l'acquisition des grades ; mais cependant il est impossible de regarder comme suffisant le terme de trois ans fixé par la loi de ventôse, et nous pensons que c'est à tort que M. Laboulaye (*loc. cit.*, p. 291 et suiv.) contredit sur ce point la faculté de Paris qui réclame contre cette brièveté, et subordonne tout vœu de réforme à la prolongation des études, la faculté d'Aix qui est convaincue que, sans cette prolongation, *l'extension de l'enseignement sera plus nuisible qu'utile*, la faculté de Caen qui déclare que l'insuffisance de trois ans est *de la dernière évidence* ; enfin la faculté de Rennes qui affirme qu'*on sent* de plus en plus le besoin de cette *extension*. — *Délib. des facultés*, p. 2, 10, 56, 76.

507. — La faculté de Caen demande trois ans pour le baccalauréat, quatre ans pour la licence, cinq ans pour le doctorat. — *Délib. des facultés*, p. 10.

508. — M. Oudot (*loc. cit.*, p. 393 et suiv.) termine sa neuvième lettre à M. Giraud par la proposition de deux programmes d'enseignement : — l'un conçu dans la supposition d'un cours d'études de quatre années pour arriver à la licence, et de deux années de plus pour arriver au doctorat ; — l'autre conçu dans la supposition d'un cours d'études de trois années pour arriver à la licence ; et de deux années pour arriver au doctorat. — Ces programmes, auxquels on peut comparer celui proposé par la faculté de Strasbourg (V. *Délib. des facultés*, p. 86), et à celui de M. Laboulaye (*De l'enseignement du droit en France*, p. 37), se rapprochent de ce dernier par la manière dont ils échelonnent les études dans cet ordre, études spéculatives, études générales, études spéciales, mais ils s'en séparent profondément, notamment par la réunion constante dans chaque cours de l'enseignement historique, de l'enseignement pratique et de l'enseignement philosophique. Ils empruntent, d'ailleurs, aux programmes allemands cités *suprà* une grande partie de leurs divisions en abandonnant leurs superfluités.

509. — Dans l'état actuel des choses, les étudians qui aspirent au grade de bachelier doivent faire deux années d'études. — Décr. 4 complém. an XII, art. 37 à 40. — Rendu, p. 59.

510. — Les étudians suivent pour la première année le cours du Code civil (première année), et le cours d'*Institutes* de Justinien. — Arr. conseil 31 oct. 1834, art. 1er. — V, aussi décr. 4 complém. an XII, art. 37 à 40. — Rendu, p. 59 ; Arr. 1er oct. 1822, art. 1er.

511. — Pour la deuxième année, les étudians suivent le cours du Code civil (deuxième année), et le cours de procédure civile et criminelle. — Arr. 1er oct. 1822, art. 1 à 3. — Rendu, p. 495.

512. — Les élèves de la Faculté de Paris qui, à partir du mois de novembre 1834, ont commencé leur deuxième année d'études, ont dû suivre les cours du Code civil (deuxième année), de pandectes, de droit criminel et de procédure civile et criminelle. — Même arrêté, art. 3.

513. — Les étudians subissent un examen la première année, et un autre la deuxième. — L. 22 vent. an XII, art. 4.

514. — Ils ne sont admis à l'examen de la première année que sur les certificats de quatre inscriptions et d'assiduité aux leçons des deux professeurs qu'ils ont suivies. — Décr. du 4 complém. an XII, art. 37 ; arr. 31 oct. 1834, art. 38. — Du reste, cet examen peut être subi aussitôt après l'ouverture du quatrième trimestre de la première année d'études. — Décr. 3 juill. 1806, art. 1er.

515. — Dans les facultés de droit, les étudians doivent, à moins d'excuse jugée valable par le conseil royal, subir leur premier examen après le quatrième trimestre terminé : ils ne sont admis à prendre leur septième inscription à Paris, et la sixième dans les départemens, qu'après avoir subi le premier examen. — Statut 9 avr. 1825, art. 40.

516. — Le premier examen pour le baccalauréat est fait par trois professeurs ou suppléans. — Décr. 4 complém. an XII, art 40. — Les élèves n'y sont interrogés que sur le premier et le dernier article du titre préliminaire et sur les deux premiers livres du Code civil, en retranchant du titre quatrième du premier livre les deux premières sections du chapitre troisième ; et pour le droit romain sur les deux premiers livres et sur les dix-sept derniers titres du troisième livre des institutes de Justinien. — Arr. 22 sept. 1843, art. 1er.

517. — Les élèves ne sont admis au second examen de baccalauréat qu'en justifiant de huit inscriptions et de leur assiduité aux leçons qu'il leur est permis de suivre. Cet examen peut, du reste, être subi aussitôt après l'ouverture du huitième trimestre. — Décr. du 4 complém. an XIII, art. 39 ; 3 juill. 1806, art, 2.

518. — Il doit avoir lieu après que le huitième trimestre est écoulé, à Paris avant la onzième inscription, et dans les départemens avant la dixième. — Statut 9 avr. 1825, art. 40.

519. — Il est fait par quatre professeurs. — Arr. 5 mai 1829. — Deux examinateurs interrogent sur les quatre premiers titres et sur le titre vingtième du troisième livre du Code civil ; un troisième examinateur interroge sur les livres deuxième, troisième et quatrième du Code de procédure civile, et un quatrième sur les deux premiers livres du Code pénal et sur les parties du Code d'instruction criminelle que le professeur a expliquées. — Arr. 22 sept. 1843, art. 2.

520. — Après ces deux premiers examens, les étudians qui ont été trouvés capables obtiennent un diplôme de bachelier (L. 22 vent. an XII, art. 10 ; décr. du 4 complém. an XIII, art. 39) ; lequel diplôme supplée le certificat de capacité, aux termes d'une délibération de l'école de droit de Paris, en date du 10 nov. 1808.

521. — Ceux qui aspirent au grade de licencié font une troisième année d'études pendant laquelle ils terminent le cours sur le Code civil, et suivent en outre le cours de droit commercial et le cours de droit administratif. — Décr. 4e complém. an XII, art. 41 ; ord. 4 oct. 1820, art. 1er ; arr. 1er oct. 1822, art. 1er.

522. — Pendant cette troisième année, les étudians subissent deux examens et soutiennent ensuite un acte public sur tous les objets de leurs études (L. 22 vent. an XII, art. 4) : ces examens sont faits par quatre professeurs et suppléans (décr. 4e jour complém. an XII, art. 43), et le premier peut avoir lieu *dans le courant de la neuvième inscription*, ainsi que le reconnaît M. le ministre de l'instruction publique dans une lettre du 6 fév. 1835.

523. — Le premier examen pour la licence porte sur le droit romain (décr 4e complém. an XII, art. 43), savoir : sur les *Institutes en totalité* (délib. de la faculté de Paris 14 nov. 1822), et sur les matières du cours de Pandectes. — Arr. 31 oct. 1834, art. 8.

524. — Et par délibération de la faculté de Paris du 18 janv. 1828, il a été décidé que tous les aspirans à la licence et au doctorat devaient être prêts à répondre sur les matières indiquées au programme, alors même qu'ils n'auraient pas été

inscrits à tous les cours dont l'enseignement fait actuellement la matière des épreuves.

525. — Comme le remarque M. Reboul (*Code universitaire de l'étudiant en droit*, p. 261, en note), cette décision est une application de l'arrêté du 24 nov. 1829, ordonnant que les étudians qui ont pris leurs inscriptions en province et qui se présentent pour leurs examens devant la faculté de Paris, doivent soutenir les épreuves prescrites par les réglemens concernant cette faculté.

526. — La faculté de Paris a aussi arrêté, par suite de la délibération précitée, qu'il serait dressé chaque année un tableau indiquant les divers titres des Pandectes portés au programme des examens depuis la création du cours, et que les étudians qui n'auraient pas été inscrits à ce cours devraient être prêts à répondre sur les titres formant, pour l'une des années scolaires, le sujet de l'examen.

527. — Le second examen de licence prescrit pour la troisième année peut être subi dans le cours du onzième trimestre. — Décr. 3 juill. 1806, art. 3.

528. — Les élèves qui ne terminent pas leurs études à la fin de l'année scolaire, c'est-à-dire qui ne prennent pas leur onzième inscription au troisième trimestre d'une année scolaire, ne peuvent subir l'examen qu'en justifiant d'un certificat d'incription donné à la clôture du onzième trimestre. — Reboul, *loc. cit.*, p. 264, en note.

529. — Le deuxième examen de licence comprend actuellement, aux termes de l'ordonnance du 6 juill. 1841, d'abord une épreuve écrite sur une des matières d'enseignement obligatoire pour ledit grade, et dont le mode est réglé par l'arrêté du conseil royal du 6 juill. 1841.

530. — L'épreuve orale, qui a lieu le même jour que l'épreuve écrite, excepté à la Faculté de Paris, où, en raison de l'accroissement actuel du nombre des élèves, elle n'a lieu que le lendemain, porte sur toutes les parties du Code civil qui n'auraient pas été matière des précédens examens. — Ordonn. 6 juill. 1841, art. 2; arr. 1er déc. 1843; 22 sept. 1843, art. 3.

531. — Le Code de commerce et le droit administratif font partie du quatrième examen. — Arr. des 1er oct. 1822 et 31 oct. 1834, art. 3; arr. 5 mai 1829, art. 1er. — Le professeur de droit administratif doit déterminer les matières de son enseignement qui constituent le programme de l'examen, ainsi que l'a arrêté la Faculté de Paris par délibération du 11 mars 1830.

532. — Si le résultat des examens est favorable aux aspirans à la licence, ils sont admis à soutenir un acte public, d'après lequel ils obtiennent le diplome de licencié s'ils sont trouvés capables. — Décr. 4e complém. an XII.

533. — Les élèves qui terminent leurs études à la fin de l'année scolaire sont autorisés à soutenir la thèse dans le cours du douzième trimestre. — Décr. 3 juill. 1806, art. 3; décis. 13 juin 1821. — Néanmoins aucun diplome n'est délivré qu'autant que, par certificat d'assiduité des professeurs de l'impétrant, il sera justifié qu'il a entièrement rempli le temps d'études prescrit par la loi. — Décret précité, art. 5.

534. — Les étudians qui n'ont pas pris leur douzième inscription au dernier trimestre de l'année scolaire ne peuvent être admis à soutenir la thèse qu'en justifiant d'un certificat d'assiduité donné à la clôture du douzième trimestre. — Reboul, *loc. cit.*, p. 269, en note.

535. — La thèse ne peut être soutenue qu'un mois après le quatrième examen; il ne peut être accordé de dispense que pour des motifs graves. — Délib. de la faculté de Paris 19 nov. 1840. — Les matières sont tirées au sort par les étudians. — Délib. de la même faculté 23 janv. 1806.

536. — Tout élève de la faculté de droit de Paris ayant pris sa onzième inscription et passé son troisième examen est admis à tirer la matière de sa thèse. — Arr. 28 juin 1836, art. 1er. — Le mode de tirage et de présentation à Paris est déterminé par deux délibérations de la faculté en date du 7 mars 1839 et du 20 février 1840.

537. — Les étudians qui ont obtenu un diplome de bachelier et ont été trouvés capables aux deux examens et à l'acte public de la troisième année, obtiennent un diplome de licencié. — L. 22 vent. an XII, art. 20.

538. — Une quatrième année d'études est exigée pour le doctorat. — Décr. 4e complém. an XII, art. 45. — Les aspirans au doctorat doivent suivre deux cours de Code civil à leur choix. — Arr. 1er oct. 1822, art. 2.

539. — A Paris, sont obligatoires pour les aspirans au doctorat les cours de droit des gens, d'histoire du droit romain et du droit français, et de droit constitutionnel. — Ord. 26 mars 1819, art. 2; 29 sept. 1835. — Dans les autres facultés, les aspirans au doctorat suivent avec leurs cours de Code civil les cours de Code de commerce, de procédure et de droit administratif.

540. — Les aspirans au doctorat prennent encore quatre inscriptions, subissent deux examens et soutiennent un acte public. On exige dans ces examens des connaissances plus approfondies que dans les examens précédens. — L. 22 vent. an XII, art. 4; décr. 4e jour complém., même année, art. 46.

541. — Le premier de ces examens, qui sont faits par cinq professeurs ou suppléans, porte sur les *Institutes* de Justinien et sur les *Pandectes*. — Décr. 4e complém. an XII, art. 46 et suiv.; arr. 1er oct. 1822, art. 2. — Les élèves ne sont toutefois interrogés que sur la partie des *Pandectes* qui leur a été expliquée pendant leur deuxième année d'étude. — Délib. de la faculté de Paris du 6 avr. 1837.

542. — Le second examen ne peut être soutenu que lorsque le quinzième trimestre d'études est révolu. Les étudians qui terminent leurs études à la fin de l'année scolaire peuvent être admis à soutenir cette épreuve dans le courant de la quinzième inscription. — Décr. 3 juill. 1806, art. 4; décis. du roi du 13 juin 1821.

543. — Cet examen embrasse : — à Paris, le Code civil (décr. 4e complém. an XII, art. 39); le droit des gens et l'histoire du droit (arr. 5 mai 1829, art. 4); le droit constitutionnel français (arr. 6 oct. 1835, art. 1er); — dans les autres facultés de droit, toutes les matières de l'enseignement, excepté le droit romain.

544. — Après les deux examens, l'aspirant, s'il a été trouvé capable, soutient la thèse (décr. 4e complém. an XII, art. 48), et, à la suite de cet acte, il reçoit le diplôme de docteur en droit. — *Ibid.*, art. 49. — V. aussi L. 22 vent. an XII, art. 2.

545. — Le mode de tirage et de présentation de la thèse de doctorat est le même que pour la licence. Remarquons seulement que les aspirans peuvent choisir leur sujet de thèse, sauf approbation de la faculté, s'ils ont obtenu dans les deux examens de quatrième année majorité de boules blanches. — Délib. de la faculté de Paris du 14 janv. 1841.

546. — Le conseil royal ayant besoin de pouvoir constater et apprécier la force relative des épreuves dans les diverses académies, afin de maintenir partout à la hauteur convenable le niveau des études, il a été décidé que les doyens adresseraient au ministre de l'instruction publique, avec la thèse des candidats et le procès-verbal de l'examen, un rapport spécial sur la manière dont les épreuves ont été soutenues. Le recteur y joint ses propres observations, s'il y a lieu. Ce rapport est lu en séance du conseil avant la ratification du certificat d'aptitude; et les remarques auxquelles il aura donné lieu sont communiquées chaque fois aux facultés. — Circul. min. inst. publ. 11 août 1840.

547. — Des formalités ont été exigées pour la remise des diplômes afin de garantir ces actes de toute altération, surprise ou erreur. Ils ne peuvent être remis à l'impétrant qu'*après qu'il aura apposé sa signature* tant sur l'acte même que sur un récépissé, le tout à peine de nullité. — Arr. 15 sept. 1821.

548. — Quand les récipiendaires sont dans l'impossibilité de retirer leur diplôme au secrétariat de la faculté dans laquelle ils ont obtenu le grade, ils doivent demander que la pièce soit adressée au recteur de l'académie dans le ressort de laquelle ils habitent.

549. — Une circulaire du 5 fév. 1822 recommande maintenant aux recteurs, lorsqu'ils auront à faire parvenir des diplômes de grades ou des diplômes d'emploi, de les transmettre au principal du collége le plus voisin du domicile du récipiendaire, et de charger ce fonctionnaire d'en faire la délivrance.

550. — Les cours de droit des gens et d'histoire du droit, obligatoires pour les aspirans au doctorat sont facultatifs pour les autres étudians en droit. Ceux de ces derniers qui les auront suivis peuvent demander à être examinés sur les matières enseignées dans ces cours. Dans ce cas, outre leur diplôme, il leur est délivré des certificats constatant la manière dont ils ont satisfait à cette partie de leur examen. — Ord. 20 mars 1829, art. 2.

551. — Cet examen, fait par trois professeurs ou suppléans à défaut de professeurs, peut être subi avant ou après la thèse pour la licence. — Arr. 5 mai 1829, art. 3; lett. min. 6 sept. 1831.

552. — M. Laboulaye (*loco cit.*, p. 298) critique le système d'examens réitérés que l'on vient de faire connaître : il prétend que ces examens, destructifs de toute liberté, retirent à l'étude son plus puissant ressort, et contraignent les jeunes gens à n'apprendre que ce qu'il plaît à l'état d'enseigner, dans l'ordre exigé par l'état, dans le temps fixé par l'état, jour par jour, heure par heure, et sans même laisser à l'étudiant la possibilité de choisir entre divers professeurs celui dont la méthode ne le rebute pas.

553. — Cette critique est exagérée; car, premièrement, il est inexact de prétendre que l'élève n'a aucune liberté dans le choix de ses professeurs, puisque le roulement des cours de Code civil, l'existence, à Paris du moins, de plusieurs cours doubles, la bienveillance des professeurs, donnant toute facilité pour échanger un cours contre un autre, témoignent du contraire; et, secondement, il est encore inexact de prétendre que l'élève n'a aucune liberté dans le choix du moment de passer l'examen, puisque, ainsi qu'on l'a vu *suprà*, aucune limitation de temps ne lui est assignée, si ce n'est pour les deux épreuves de baccalauréat, et que, même pour celles-là, il peut fixer le jour dans le large intervalle qui s'écoule entre un minimum et un maximum de temps d'études sans interrompre ses inscriptions. — Oudot, *loco cit.*, p. 345.

554. — Quoi qu'il en soit, M. Laboulaye est conséquent avec lui-même lorsque, après avoir énuméré les inconvéniens des examens fractionnés et réitérés, il émet le désir qq'on leur substitue un examen unique qui serait subi à la fin du cours des études. Mais, outre que les inconvéniens en vue desquels il s'est laissé entraîner à cette conclusion sont, ainsi qu'on vient de le voir, fort exagérés, l'on peut soutenir que ce système de l'examen unique aurait pour résultat inévitable la destruction du travail des élèves.

555. — Il s'est récemment introduit au sein des facultés de droit une innovation qu'il reste à faire connaître. L'instruction secondaire est surchargée de prix; ils manquent entièrement à l'instruction supérieure. On s'est proposé de réparer cette lacune, à commencer par les facultés de droit. Ainsi, aux termes de l'art. 1er, ord. 17 mars 1840, « chaque année il sera distribué dans les facultés de droit du royaume des prix et des mentions honorables, d'après le résultat d'un concours qui aura lieu : 1° entre les élèves de troisième année, 2° entre les élèves de quatrième année, aspirant au doctorat, et les docteurs reçus par chaque faculté, soit dans le courant de l'année, soit l'année précédente. »

556. — Un arrêté du conseil royal en date du 17 mars 1840, modifié par un autre arrêté du 25 fév. 1842, règle les formes et les conditions de ce concours, si propre à exciter une généreuse émulation au sein de nos facultés, et qui a déjà suscité de remarquables travaux. — Les listes des lauréats sont transmises au garde des sceaux et au directeur-général de l'administration de l'enregistrement et des domaines pour être prises en considération relativement à l'entrée dans la carrière de la magistrature et de l'enregistrement. — Lettre de l'inspecteur-général, administrateur de l'académie de Paris, au doyen, du 13 juill. 1840.

557. — Les grades dans les facultés de droit sont nécessaires pour l'exercice de diverses professions ou fonctions. Ainsi, d'abord, l'on a vu *suprà* qu'il fallait être docteur en droit pour faire partie d'une faculté de droit. Ajoutons que même, suivant un arrêté du 15 mars 1823, nul ne peut être autorisé à ouvrir des cours *particuliers* sur le droit, s'il n'a préalablement produit le diplôme de docteur en droit.

558. — Nul ne peut être appelé à l'exercice des fonctions de conseiller, procureur-général ou avocat-général à la cour de Cassation, à une cour royale, juge, procureur du roi ou substitut dans un tribunal de première instance, s'il ne représente un diplôme de licencié ou des lettres de licence obtenues dans les universités, comme il est dit aux art. 14 et 15, L. 22 vent. an XII. — V. ladite loi, art. 23; L. 20 avr. 1810, art. 1er et 6.

559. — Des dispositions semblables régissent la profession d'avocat près les tribunaux de première instance et les cours royales, et celle d'avocat aux conseils du roi et à la cour de Cassation. — V. AVOCAT, n° 104, et AVOCAT A LA COUR DE CASSATION, n° 26. — Quant aux avoués, V. ce mot, nos 59 et suiv., 678 et suiv.

560. — L'art. 187, décr. 13 nov. 1811, porte que « le conseil de l'université présentera un projet dans lequel il indiquera les professions auxquelles il conviendra d'imposer l'obligation de prendre des grades dans les diverses facultés. »

561. — Dès 1814 le conseil de l'université s'est occupé de mettre cette disposition à exécution. L'idée de soumettre à l'obligation de prendre des grades divers états de la société qui supposent un esprit cultivé et une instruction acquise dans un degré remarquable, n'est pas, au surplus, une idée

nouvelle. Elle existe dans les statuts de l'univesité de Turin; on la trouve dans l'histoire de nos anciennes universités. Ainsi on lit dans les cahiers des états-généraux de 1576 cet article, tiré des remontrances des universités, appuyées par la noblesse : — « Toutes personnes ayant office ou charge en l'église ou en la justice seront graduées du degré digne de leur office ou charge. » — Rendu, p. 426.

562. — Afin de provoquer d'utiles réflexions, nous reproduisons ici les principales dispositions du projet qui a été présenté par le conseil royal au gouvernement, il y a plus de trente ans.

563. — Suivant l'article 90 de ce projet : — « A compter de la publication des présentes il sera nécessaire d'avoir obtenu le diplôme de licencié en droit pour être appelé à l'exercice des fonctions de conseiller d'état ou de maître des requêtes, attaché au comité de législation ou à celui du contentieux; de secrétaire général du conseil d'état; de greffier des comités de législation ou du contentieux; de président, procureur-général, maître ou référendaire de la cour des comptes; de conseiller de préfecture; de notaire de première classe; de greffier en chef ou de greffier audiencier de la cour de cassation, de la cour des comptes ou d'une cour royale; d'inspecteur ou de directeur de l'administration de l'enregistrement et des domaines; de chef du contentieux dans une administration publique; de secrétaire général ou chef de division de la chancellerie de France; de secrétaire d'une faculté de droit. »

564. — Aux termes de l'art. 91 : — « Il sera nécessaire d'avoir obtenu le diplôme de bachelier en droit pour être nommé : avoué près une cour royale ou près un tribunal de première instance, établi dans une ville chef-lieu d'un département, notaire de seconde classe, greffier en chef ou audiencier d'un tribunal de première instance, ou d'un tribunal de commerce. »

565. — L'art. 92 ajoute que : — « Nul ne pourra être nommé notaire de troisième classe, ni agréé aux tribunaux de commerce, s'il ne justifie qu'il a suivi un cours dans une faculté de droit, et qu'après un examen subi devant cette faculté il a obtenu un certificat de capacité, visé par le recteur de l'académie et ratifié par le grand maître de l'université. »

566. — L'art. 97 dispense : — les docteurs en droit de deux années du stage exigé pour l'inscription sur le tableau des avocats; — les licenciés de deux années du stage requis pour le notariat par la loi du 25 vent. an XI; — les bacheliers en droit d'une année du stage.

567. — Les vœux exprimés par le conseil royal ont été réalisés en partie. Ainsi la loi du 24 juill. 1845, reproduisant le décret du 26 déc. 1809, exige le grade de licencié en droit ou de licencié ès-sciences de ceux qui aspirent au titre d'auditeur au conseil d'état. — V. CONSEIL D'ÉTAT, no 156. — Il faut également avoir obtenu le diplôme de licencié en droit pour être nommé élève consul. — V. CONSUL, ns 43. — Et c'est aussi ce qui est exigé dans plusieurs administrations, par exemple, dans celle de l'enregistrement et des domaines. — V. ENREGISTREMENT.

## Sect. 4e. — *Des facultés et écoles secondaires de médecine.*

568. — Trois facultés de médecine ont été fondées à Paris, à Montpellier et à Strasbourg par la loi du 14 frim. an III, qui statuait en même temps que chacune de ces écoles aurait une bibliothèque, un cabinet d'anatomie, une suite d'instrumens et d'appareils de chirurgie, une collection d'histoire naturelle médicinale; qu'il y en aurait dans chacune des salles et des laboratoires destinés aux exercices pratiques des élèves, et qu'enfin le comité d'instruction publique ferait recueillir dans les différens dépôts nationaux les matériaux nécessaires à ces collections. — V. art. 1-6; Rendu, p. 67.

569. — Les facultés de médecine sont placées sous l'autorité du grand maître et du conseil royal de l'université, qui ont remplacé à cet égard la commission et le comité d'instruction publique. — V. loi précitée, art. 6, 16 et suiv., et Rendu, p. 67 et suiv.

570. — Il y a dans chaque faculté de médecine un doyen qui en est le chef, et dont les fonctions générales ont été déjà indiquées *suprà* nos 313 et suiv. — Le doyen est nommé pour cinq ans par le grand-maître, parmi les professeurs de la faculté. Les fonctions sont toujours révocables. — Ord. 2 fév. 1823, art. 13.

571. — Sont fonctionnaires de la faculté : un bibliothécaire, un conservateur des cabinets, un chef des travaux anatomiques; ces fonctionnaires, ainsi que l'agent comptable de la faculté, sont nommés par le grand maître, sur les propositions de la faculté, et de l'avis du recteur. — Ord. 2 fév. 1823, art. 7-10-14; Rendu, p. 68 et suiv. — Sont employés de la faculté, des préparateurs, des aides de chimie et de pharmacie, des chefs de clinique, etc.; ces employés sont nommés par le doyen avec l'approbation du recteur et sur la proposition de la faculté. — *Ibid.*

572. — La faculté de Paris se compose de vingt-six professeurs : elle délibère sur les mesures à prendre ou à proposer concernant l'enseignement et la discipline, sur la formation du budget, sur les dépenses extraordinaires, ainsi que sur les comptes-rendus par le doyen et par l'agent comptable. Ses délibérations exigent la présence de la moitié plus un de ses membres; elles sont prises à la majorité absolue des suffrages, et ne sont exécutoires qu'après avoir été approuvées, selon les cas et conformément aux réglemens, soit par le recteur, soit par le conseil royal, soit par le grand-maître. La faculté exerce en outre la juridiction qui lui est attribuée par les statuts de l'université. — *Ibid.*

573. — Une commission permanente, composée de cinq membres qui se renouvellent annuellement, à l'exception de deux assesseurs, qui en font de droit partie, et du doyen qui la préside, est chargée des propositions à soumettre à la faculté, sur les demandes d'allocation ou d'échange d'inscriptions; sur la dispense de quelques-unes des formes prescrites par les réglemens, et sur l'admission aux examens.

574. — Les art. 3 et 4, L. 14 frim. an III, portaient que : — « L'on enseignera aux élèves l'organisation et le physique de l'homme, les signes et les caractères de ses maladies d'après l'observation, les moyens curatifs connus, les propriétés des plantes et des drogues usuelles, la chimie médicinale, les procédés des opérations, l'application des appareils et l'usage des instrumens; enfin les devoirs publics des officiers de santé, » — et que « outre cette première partie de l'enseignement, les élèves pratiqueront les opérations anatomiques, chirurgicales et chimiques, observeront la nature des maladies au lit des malades et en suivront le traitement dans les hospices voisins des écoles. »

575. — Les chaires de la faculté de médecine de Paris ont été divisées ainsi qu'il suit : 1o Anatomie; 2o physiologie; 3o chimie médicale; 4o physique médicale; 5o histoire naturelle médicale; 6o pharmacie et chimie organique; 7o hygiène; 8o pathologie chirurgicale; 9o pathologie médicale; 10 opérations et appareils; 11o thérapeutique et matière médicale; 12o médecine légale; 13o accouchemens, maladies des femmes en couche et des enfans nouveau-nés. — Deux professeurs ont été attachés à la chaire de pathologie chirurgicale; deux à la chaire de pathologie médicale, et un seul à chacune des autres chaires mentionnées ci-dessus. Indépendamment des cours distribués ainsi qu'il vient d'être réglé, quatre professeurs ont été chargés de la clinique médicale, trois de la clinique chirurgicale, et un de la clinique des accouchemens. — Ord. 2 fév. 1823, art. 19 et suiv.

576. — L'art. 4, ord. 26 mars 1829, a établi à la faculté de Paris un quatrième professeur de clinique chirurgicale, et les ordonnances du 16 fév. 1831 et 2 juill. 1835 y ont fondé des chaires de pathologie et thérapeutique générales, et d'anatomie pathologique. Cette dernière chaire est due à la munificence du célèbre chirurgien, le baron Dupuytren.

577. — En vertu de la loi du 19 vent. an XI, et décr. 17 mars 1808, les professeurs sont nommés au concours. Toutefois, les nominations aux chaires appartiennent pour la première fois au ministre grand-maître de l'université. — Ord. 1er fév. 1823, art. 11 et 12; 16 fév. 1831.

578. — Les ordonnances du 2 fév. 1823; 12 déc. 1824; 26 mars 1829 ont, en outre, établi des concours d'agrégation dans les facultés de médecine, et l'art. 4, ord. 5 oct. 1830, a rétabli et confirmé le principe du concours pour toutes les chaires de professeur. — Enfin, l'ordonnance du 25 sept. 1836 a institué un concours pour la place de chef des travaux anatomiques dans les trois facultés de médecine.

579. — On a réuni dans un statut général les dispositions applicables aux divers ordres de concours dans les facultés de médecine en y introduisant les modifications que l'expérience a fait juger nécessaires.

580. — Aux termes de l'art. 5 de ce statut général du 11 janv. 1842 : — « Nul ne pourra être admis aux divers concours dans les facultés de médecine, s'il n'est Français; s'il ne jouit des droits civils; s'il ne présente un diplôme de docteur en médecine ou en chirurgie obtenu devant une des facultés du royaume; s'il n'est âgé de trente ans accomplis, quand il s'agira d'un concours pour une chaire, et de vingt-cinq ans accomplis, quand le concours aura pour objet une place d'agrégé, sauf au ministre grand-maître de l'université à accorder des dispenses d'âge, dans les formes prescrites par l'art. 8 du statut du 10 mai 1825. Pour les chaires de clinique interne ou externe, et pour la chaire de clinique d'accouchemens, les candidats à ces chaires devront justifier, en outre, de six années de doctorat, ou de quatre années d'exercice dans les hôpitaux de Paris. Pour la fonction de chef des travaux anatomiques, aucune condition d'âge ne sera exigée. »

581. — Relativement à l'annonce des concours, à l'inscription des candidats, à l'incapacité d'être membre du jury, ou à l'obligation de se récuser comme tel, les art. 1er et suiv., 7 et suiv., contiennent des dispositions tout à fait analogues à celles que l'on a déjà analysées pour les facultés de droit.

582. — Dans les concours ouverts devant la faculté de médecine de Paris pour une chaire de professeur, le jury est composé : 1o de huit professeurs de la faculté, dont le choix varie suivant l'objet de la chaire mise au concours; — 2o de quatre membres adjoints, choisis soit dans l'académie royale de médecine, soit dans la faculté des sciences, suivant la nature de la chaire. — Il y a de plus pour chaque concours à une chaire vacante trois juges suppléans. — Art. 9 et suiv.

583. — Dans les facultés de médecine de Montpellier et de Strasbourg, le jury pour les chaires de professeur est composé de sept juges, dont cinq sont pris dans le sein de la faculté (et y sont toujours choisis suivant la nature de la chaire) et deux en dehors : ces derniers sont choisis autant qu'il est possible parmi les praticiens étrangers à la faculté et les agrégés libres, et, à leur défaut, parmi les agrégés en exercice. — Si le concours a lieu pour une chaire de physique, de chimie ou de botanique, les juges adjoints sont choisis parmi les professeurs de la faculté des sciences. — Il y a de plus trois juges suppléans. — Art. 13 et suiv.

584 — Dans les concours d'agrégation, le jury se compose : 1o de sept juges, savoir : cinq professeurs de la faculté et deux agrégés en exercice; — 2o de trois suppléans, savoir : deux professeurs et un agrégé. — V. pour les détails art. 17 et suiv.

585. — Dans le concours pour la fonction de chef des travaux anatomiques, le jury est composé : 1o de sept juges, pris parmi les professeurs de la faculté; — 2o d'un juge-adjoint, qui est désigné par le ministre. — Art. 19 et suiv.

586. — Les juges suppléans assistent à toutes les séances du concours à l'effet de remplacer immédiatement ceux des professeurs de la faculté ou des juges internes qui se trouveraient obligés de se retirer du concours. Les suppléans sont appelés à ce remplacement dans l'ordre de leur désignation pour la formation du jury. — Art. 21 à 25; — Rendu, p. 459.

587. — Après la séance d'ouverture, où les choses se passent comme dans celle qui précède les concours pour les facultés de droit (art. 26 et suiv.), commencent les épreuves, qui pour les places de professeur et d'agrégé sont au nombre de trois : — les compositions écrites sur l'objet de l'enseignement attribué à la chaire vacante, ou, s'il s'agit de l'agrégation, sur une matière mixte; — des leçons, dont la matière, tirée au sort, varie suivant que l'on concourt pour une chaire de professeur ou pour l'agrégation, et même pour l'agrégation, dans telle ou telle section; — l'argumentation, dont le sujet est fixé par les mêmes règles que celui des leçons et des compositions. — Art. 35 à 49.

588. — Indépendamment des épreuves qui viennent d'être indiquées, les candidats aux chaires de physique médicale, de chimie médicale, de chimie organique et de pharmacie, d'histoire naturelle médicale, d'anatomie, d'opérations et appareils, d'accouchemens, de clinique d'accouchemens et de médecine légale à Paris; de chimie générale et de toxicologie, de chimie médicale et de pharmacie, de botanique médicale, d'anatomie, d'opérations et appareils, d'accouchemens et de médecine légale, à Montpellier; d'hygiène et de physique médicale, de chimie médicale et de toxicologie, de botanique et d'histoire naturelle médicale, d'anatomie, d'accouchemens et de médecine légale à Strasbourg, sont spécialement astreints à une ou à plusieurs épreuves pratiques, dont l'objet est déterminé par le jury. — *Ibid.*, art. 50.

589. — L'art. 1er, arr. 23 août 1842, porte que : — « à l'avenir les épreuves du concours pour l'agré-

gation dans les facultés de médecine auront lieu dans l'ordre suivant : 1° la composition écrite; 2° la leçon après trois heures de préparation ; 3° la leçon après vingt-quatre de préparation ; 4° la thèse et argumentation. »

590. — L'art. 2 ajoute que toutes les fois que le nombre des concurrens dépassera le double du nombre des places mises au concours, le jury, après la première leçon faite par tous les concurrens, dressera, d'après le mérite des deux premières épreuves, une liste de candidats par ordre alphabétique en nombre double au moins du nombre des places mises au concours, lesquels seront seuls admis aux épreuves subséquentes.

591. — Aux termes de l'art. 1er de l'arrêté du 25 août 1846, l'élimination que l'on vient de voir prescrite par l'art. 2 de l'arrêté du 23 août 1842 doit être faite de manière à ne conserver que trois candidats au plus ou deux au moins pour chaque place vacante. — V. *Journal gén. de l'instr. publ.* du 5 sept. 1846.

592. — L'art. 2 de ce même arrêté du 25 août 1846 statue qu'une épreuve clinique, dont la durée sera de trois quarts d'heure, est ajoutée aux épreuves définitives du concours pour les places d'agrégés dans les sections des sciences médicales et des sciences chirurgicales. — *Ibid.*

593. — Le concours pour la fonction de chef des travaux anatomiques se compose : — 1° d'une préparation extemporanée sur un sujet anatomique; — 2° de deux leçons, l'une sur un sujet d'anatomie descriptive, l'autre sur un sujet d'anatomie pathologique; — 3° d'une opération chirurgicale, qui sera pratiquée sur le cadavre; — 4° de la présentation d'une série de préparations anatomiques sèches, effectuées conformément à l'indication du jury et dans un délai par lui déterminé. — Arrêté du 11 janv. 1842, art. 51.

594. — Les épreuves publiques étant terminées, on procède au jugement du concours par la voie du scrutin de la même manière que pour les facultés de droit. Les règles qui concernent les réclamations devant le conseil royal sont également les mêmes. — V. même arrêté, art. 53 à 58.

595. — Nul ne peut être à la fois professeur de la faculté de médecine et inspecteur de l'université ou de l'académie. — Ord. du 2 fév. 1823, art. 16.

596. — Les agrégés en exercice sont appelés à suppléer les professeurs en cas d'empêchement, à les assister pour les appels et à faire partie des jurys d'examen et de thèse, sans pouvoir toutefois s'y trouver en majorité. Ils ont dans l'instruction publique le même rang que les suppléans des professeurs des écoles de droit. — Le grade d'agrégé n'est conféré qu'à des docteurs en médecine ou en chirurgie âgés de vingt-cinq ans. — Après la première formation, le grade n'a été donné qu'au concours et après des épreuves dont on vient d'analyser les formes et les conditions. — Ord. 2 fév. 1823, art. 2-5 (Rendu, p. 71 et suiv.)

597. — Aux termes de l'art. 4 de l'ordonnance précitée, ceux d'entre les agrégés qui avaient atteint l'âge exigé étaient de droit candidats pour les places de professeur qui venaient à vaquer; mais ce privilége est aboli. Sont admissibles aux concours les docteurs en médecine ou en chirurgie ayant atteint l'âge exigé, conformément à ce que l'on a déjà dit *suprà* n° 580 et à l'art. 5 de l'ord. du 5 oct. 1830.

598. — Les agrégés de chaque faculté de médecine peuvent être admis, sur l'avis du doyen et avec l'autorisation du ministre, à ouvrir dans le local de la faculté, s'il y a lieu, ou dans le local annexe de l'école pratique, des cours gratuits destinés à compléter ou à développer l'enseignement ordinaire. — Cette autorisation est accordée pour un an; elle peut être renouvelée. — Les cours ainsi autorisés sont annoncés à la suite du programme des cours obligatoires de la faculté. — A la fin de chaque année, le doyen adresse au ministre un rapport sur les résultats de ces cours complémentaires. — Les succès obtenus dans ces cours par les agrégés font partie des titres antérieurs dont l'appréciation forme une des épreuves des concours pour les places de professeurs titulaires dans les facultés de médecine. — Ord. du 10 avr. 1840, art. 1-7 (Rendu, p. 90).

599. — Ce droit d'ouvrir des cours gratuits et complémentaires n'est pas au surplus exclusivement réservé aux seuls agrégés. Les docteurs en médecine sont aussi admis à l'exercer, bien entendu sous les mêmes conditions.

600. — Le stage imposé jusqu'ici aux agrégés de médecine a cessé d'avoir lieu. — La durée de l'exercice est augmentée et demeure fixée ainsi qu'il suit : neuf ans pour la faculté de médecine de Paris; douze ans pour les facultés de médecine de Montpellier et de Strasbourg. — *Ibid.*



601. — Notons ici la faculté que l'ordonnance du 2 fév. 1823 accorde au grand-maître de conférer, sur l'avis favorable de l'école, du conseil académique et du conseil royal, le titre d'agrégé libre à des docteurs en médecine ou en chirurgie âgés de quarante ans au moins et qui se seraient distingués par des ouvrages ou des succès dans leur profession.

602. — Les professeurs et les agrégés ne peuvent être révoqués de leurs fonctions que conformément aux règles établies pour les membres de l'université. — Ord. précitée, art. 15.

603. — La loi a déterminé le traitement, le costume des professeurs, agrégés et autres fonctionnaires des écoles de médecine, et les règles de juridiction qui leur sont applicables. — C'est aussi sous le mot UNIVERSITÉ que nous traiterons, conformément au plan que nous avons adopté, de l'administration économique et du contentieux des facultés de médecine.

604. — Aux termes de l'art. 1er, L. 19 vent. an XI : « A compter du 1er vendém. an XII (24 sept. 1803), nul ne pourra embrasser la profession de médecin, de chirurgien ou d'officier de santé sans être examiné et reçu comme il sera prescrit par la présente loi. »

605. — Toutefois il faut d'abord remarquer que cette loi n'a pas d'effet rétroactif (V. art. 3), et ensuite que l'art. 4 investit le gouvernement du pouvoir, s'il le juge convenable, d'accorder à un médecin ou à un chirurgien étranger et gradué dans les universités étrangères le droit d'exercer la médecine sur le territoire du royaume.

606. — Les élèves qui se proposent de suivre les écoles de médecine sont tenus de remettre, outre leur extrait de naissance, les diplômes de bachelier ès-lettres et de bachelier ès-sciences. Les élèves s'inscrivent au commencement de chaque trimestre de l'année, et, à cet effet, il est ouvert au bureau du secrétariat un registre sur lequel ils écrivent de leur propre main leurs nom, prénoms, âge, lieu de naissance, le département, le numéro de l'inscription, la date du jour et de l'année, et ils y ajoutent leur signature. Le recteur cote, paraphe et clôt le registre des inscriptions, tenu par le secrétaire de la faculté. — Arr. 10 prair. an XI, art. 2 et s.; décr. 4 juin 1809, art. 14.

607. — Aux termes de l'art. 24 de l'ordonnance du 2 fév. 1823, il faut, pour être admis à prendre des inscriptions, produire, indépendamment des pièces précitées, un certificat de bonne conduite et de bonnes mœurs, délivré par le maire de sa commune, et confirmé par le préfet, et, en cas de minorité, le consentement des parens ou tuteur.

608. — L'art. 1er de l'arrêté du 26 sept. 1837 porte : — « A dater du 1er janv. 1838, les inscriptions dans la faculté de médecine seront délivrées dans la dernière quinzaine du trimestre, et seulement aux élèves qui auront préalablement constaté leur présence dans ces facultés dès le commencement du trimestre en signant sur un registre qui ne restera ouvert que du 2 au 6 nov., du 2 au 6 janv., du 1er au 5 avr. et du 1er au 5 juill.

609. — Les chirurgiens de première et de deuxième classe qui ont été employés dans les armées peuvent faire valoir leurs années de service pour être dispensés des inscriptions. Les élèves en médecine ou en chirurgie des armées qui prouvent avoir fini les cours de médecine établis dans les hôpitaux d'instruction militaire de la marine peuvent également faire compter chacune de ces années d'étude pour une année passée dans les écoles spéciales. — Arr. 20 prair. an XI, art. 27 et s.; — Rendu, p. 79 et s.

610. — Suivant l'art. 2 de l'ordonnance du 9 août 1836, nul, à partir du 1er nov. 1837, n'a été admis à soutenir son premier examen dans une faculté de médecine, sans justifier du diplôme de bachelier ès-sciences. Ont été dispensés de cette obligation, les étudians en médecine qui, en prenant leur cinquième inscription, déclareraient n'aspirer qu'au titre d'officier de santé; mais ladite inscription, et celles qu'ils continueraient de prendre dans le même but, ne sont, dans aucun cas, admises à leur compte pour le doctorat en médecine. — *Ibid.*, art. 3.

611. — L'art. 4 ajoute que les inscriptions, quel qu'en soit le nombre, prises dans une école secondaire de médecine, ne peuvent être échangées, jusqu'à concurrence de quatre inscriptions au plus, pour le doctorat dans une faculté de médecine, qu'autant que l'étudiant justifierait du diplôme de bachelier ès-lettres et de bachelier ès-sciences. Au reste, pour obtenir par voie d'échange moins de quatre inscriptions dans une faculté de médecine, il suffit du diplôme de bachelier ès-lettres. — Nul n'est admis à faire valoir dans une faculté ou dans une école secondaire de médecine les inscriptions prises dans une autre



s'il ne présente un certificat de bonne conduite délivré par le doyen de la faculté ou le chef de l'école secondaire d'où il sort et approuvé par le recteur, ou s'il n'a obtenu une autorisation du conseil royal à l'effet de se présenter à la faculté ou à l'école dont il s'agit. — En cas de refus du doyen ou du recteur, l'étudiant a la faculté de se pourvoir près le conseil académique. — Statut du 9 avr. 1825, art. 28.

612. — Les candidats qui, ayant commencé leurs études ou leurs examens dans une des écoles de médecine, se présentent pour les continuer dans l'une des autres, sont tenus d'exhiber une attestation en bonne forme délivrée par l'administration de la première école, visée par le préfet du département, ou les maires, qui certifie le nombre des années d'études qu'ils ont faites ou des examens qu'ils ont subis. — Arr. 20 prair. an XI, art. 24.

613. — On n'admet à Paris, à l'école de dissection, que les élèves qui ont pris inscription dans le trimestre, ou dont les motifs pour ne pas prendre inscription ont été jugés valables par le doyen. Le chef des travaux anatomiques délivre des cartes d'entrée pour les pavillons de dissection où plus de trois cents élèves peuvent être admis par suite de l'extension qu'ont reçue ces établissemens. Le chef des travaux anatomiques a sous ses ordres des prosecteurs et des aides d'anatomie, nommés comme lui au concours.

614. — Les cours des facultés de médecine sont divisés en cours de première, de deuxième, de troisième et quatrième année, et les étudians sont tenus de les suivre dans l'ordre ci-après :

615. — Première année, *semestre d'hiver* : anatomie et dissection, chimie médicale; — *semestre d'été* : histoire naturelle médicale, physique médicale, pharmacie et chimie organique, physiologie, visites dans les hôpitaux. — Arr. 26 sept. 1837, art. 2..6; — Rendu, p. 409 et s.

616. — Seconde année, *semestre d'hiver* : anatomie et dissections, pathologie générale, pathologie et clinique externes; — *semestre d'été* : physiologie, pathologie et clinique externes, pathologie interne. — *Ibid.*

617. — Troisième année, *semestre d'hiver* : dissections, pathologie et clinique externes, pathologie interne; *semestre d'été* : pathologie externe, pathologie et clinique internes, médecine opératoire, accouchemens. — *Ibid.*

618. — Quatrième année, *semestre d'hiver* : pathologie et clinique internes, clinique d'accouchemens, médecine légale; — *semestre d'été* : clinique interne, clinique d'accouchemens, anatomie pathologique, matière médicale et thérapeutique, hygiène. — *Ibid.*

619. — Les cours doivent être faits complétement chaque année : une délibération de la faculté, prise avant leur ouverture, détermine leur durée, les jours et les heures auxquels ils ont lieu, ainsi que toutes les dispositions concernant l'enseignement et le bon ordre qu'il est jugé utile de prescrire. — Ord. 2 fév. 1823, art. 22.

620. — Nul individu étranger à la faculté ne peut ni suivre les cours ni y assister sans une permission du doyen délivrée par écrit. Une semblable permission est nécessaire pour tout étudiant de la faculté qui, n'ayant point été inscrit pour un cours, veut le suivre ou y assister. Nul ne peut se présenter à une leçon sans être porteur de sa carte d'inscription ou de l'autorisation délivrée en vertu de l'article précédent. Il est assigné aux uns et aux autres des places séparées, selon qu'ils sont inscrits, ou qu'ils ne sont qu'autorisés. — *Ibid.*, art. 31 et suiv.

621. — Il existe à côté des cours de la faculté de médecine de Paris des établissemens où se complète l'instruction puisée aux leçons orales des professeurs. Indépendamment d'une bibliothèque de trente mille volumes environ, la faculté possède un musée qui consiste en une collection très précieuse et très riche de pièces d'anatomie soigneusement préparées, et d'instrumens de chirurgie et de physique, d'objets d'histoire naturelle, des laboratoires de chimie et manipulations chimiques, un jardin botanique médical. Il y a aussi le muséum Dupuytren, destiné à l'anatomie pathologique et morbide, et qui contient les principaux exemples de l'organisation et de la conformation primitive de l'homme. Enfin, l'école de dissection dont on a parlé *suprà* n° 613, sert d'auxiliaire indispensable au cours d'anatomie.

622. — L'établissement connu sous le nom d'*école pratique* a été maintenu, et la faculté a été chargée de présenter, pour être soumis à l'approbation du conseil royal, un projet de réglement sur l'organisation de cet établissement, sur son enseignement, sur la manière dont les élèves y sont admis, et les encouragemens qui leur sont

proposés.—Arr. 12 avr. 1833, art. 1er, 4. — Rendu, p. 465.

623. — Les examens dans la faculté de médecine de Paris ont été répartis dans la durée des études, et les matières en ont été distribuées par un arrêté du 22 oct. 1825, dont les dispositions ont été étendues aux facultés de médecine de Montpellier et de Strasbourg, par un autre arrêté du 14 fév. 1826, et ensuite successivement modifiées par des arrêtés des 21 oct. 1831 et 7 sept. 1846.

624. — Aux termes des arrêtés des 22 oct. 1825, 21 oct. 1831, 26 août 1834, analysés et combinés, l'on a d'abord réparti les examens de la faculté de médecine de Paris, de manière que le premier, comprenant l'histoire naturelle médicale, la physique médicale, la chimie médicale et la pharmacologie, fût subi après la huitième inscription; le deuxième, comprenant l'anatomie et la physiologie, après la dixième. Quant aux autres examens, comprenant : le troisième, la pathologie interne et externe; le quatrième, l'hygiène, la médecine légale, la matière médicale et la thérapeutique; le cinquième, la clinique interne et externe, les accouchemens et une composition écrite, ils ont été réunis après la seizième inscription, et l'on est même arrivé à décider que le premier examen sur les sciences préparatoires devaient avoir lieu après la quatrième inscription et avant la cinquième, le deuxième après la douzième inscription et avant la treizième.— V. Rendu, p. 468 et suiv.

625.—Depuis est intervenu l'arrêté du 7 sept. 1846 (V. *Journal général de l'instruction publique* du 7 oct. 1846), qui porte : Art. 1er. — « A partir du 1er nov. 1846, les élèves en médecine qui prendront une première inscription passeront un examen à la fin de la première, de la deuxième et de la troisième années d'études. »

626.—Art. 2. « Ces examens, dits examens de fin d'année, porteront sur les matières qui auront fait l'objet des cours des années correspondantes, c'est-à-dire le premier examen sur la physique, la chimie et l'histoire naturelle; le deuxième sur l'anatomie et la physiologie; le troisième sur la pathologie interne et externe. »

627. — Art. 3. « Quatre élèves seront interrogés à chaque examen. Le jury d'examen se composera de deux agrégés et d'un professeur président. Le résultat de l'examen devra être soumis à la sanction de la faculté. »

628. — Art. 4. « Les examens de fin d'année devront commencer du 15 juill. au 1er août. Les élèves refusés à ces examens seront ajournés au mois de novembre suivant, et ne recevront l'inscription de ce trimestre qu'autant qu'ils auront recommencé l'épreuve et l'auront soutenue d'une manière satisfaisante. »

629. — Art. 5. « Tout élève déjà refusé au mois d'août, qui le serait une seconde fois en novembre, devra être ajourné à la fin de l'année scolaire, il ne pourra prendre aucune inscription pendant tout le cours de cette année, à moins d'une autorisation spéciale délivrée par le grand-maître en conseil royal, et accordant un nouveau délai pour l'examen. Cet élève ne pourra prendre ses inscriptions l'année suivante qu'autant qu'il aura passé ses examens de fin d'année d'une manière satisfaisante. »

630.—Art. 6. « Tout élève qui ne se sera pas présenté au mois d'août, pour subir l'examen de fin d'année, ne pourra être admis à subir cet examen au mois de novembre suivant qu'après justification d'empêchement légitime dûment constaté par le doyen de la faculté. Tout élève qui ne se sera présenté ni au mois d'août ni au mois de novembre, pour soutenir l'examen de fin d'année, sera ajourné à la fin de l'année scolaire et ne pourra prendre aucune inscription pendant tout le cours de cette année. »

631. — Art. 7. « Les examens de réception ainsi que la thèse ne pourront être soutenus qu'après la seizième inscription révolue, suivant l'ordre prescrit par l'art. 5, L. 10 mars 1808 (19 vent. an XI). Pour ces épreuves, les jurys d'examen et les séries d'élèves resteront composés comme par le passé. »

632. — Art. 8. « Les élèves des écoles préparatoires de médecine et de pharmacie qui auront soutenu dans les écoles les deux examens de fin d'année correspondant à la première et à la seconde années d'études et qui y auront satisfait, seront dispensés de soutenir de nouveau ces examens devant les facultés. Les élèves qui auront soutenu dans les écoles préparatoires les examens de fin d'année correspondant à la troisième et à la quatrième années d'études seront astreints à soutenir de nouveau ces examens devant les facultés, lorsqu'ils se présenteront pour convertir les inscriptions d'école en inscriptions de faculté. »

633.—A partir du 1er janv. 1843, nul n'a pu obtenir le grade de docteur dans une des facultés de médecine du royaume, s'il n'a suivi pendant une année au moins, soit en qualité d'externe, soit comme simple élève en médecine, le service d'un hôpital. Ce stage commence, pour les élèves en médecine, après leur neuvième inscription prise. Les quatre inscriptions subséquentes ne sont délivrées à ces élèves que sur l'attestation du directeur de l'hospice, constatant qu'ils ont rempli avec assiduité, pendant le trimestre expiré, les fonctions auxquelles ils auront été affectés pour le service des malades. Les élèves qui ont obtenu au concours le titre d'externe peuvent faire compter leur temps de stage dans un hôpital, à partir de leur entrée en exercice en ladite qualité. Les externes, comme tous les autres élèves, sont tenus de justifier, par certificats trimestriels, de leur assiduité dans les hôpitaux pendant l'année de stage.—Ordonn. 8 oct. 1841.

634.— Conformément à l'arreté du 26 août 1842, le troisième examen pour le doctorat en médecine a dû comprendre, indépendamment des réponses aux questions de pathologie interne et externe, une épreuve de médecine opératoire.

635.—Les art 1er et suiv. de l'arrêté du 22 mars 1842 statuent qu'à l'avenir, dans toute faculté de médecine du royaume, les thèses à soutenir par les aspirans au doctorat consisteront : 1° en une dissertation imprimée, dont le sujet aura été choisi par le candidat, sur un point quelconque de médecine ou de chirurgie, ou tiré au sort par lui sur une série de questions spéciales, que la faculté aura rédigées à cet effet; — 2° en une argumentation verbale sur le sujet même de la dissertation précitée, et sur un nombre d'autres sujets correspondant aux diverses matières de l'enseignement de la faculté, et qui, après avoir été tirés au sort par le candidat, sur une deuxième série de questions rédigées par la faculté, seront transcrits sans développemens à la suite de la dissertation imprimée.

636.—Les art. 5 et 6, arr. 26 sept. 1837, portent qu'à dater du 1er nov. 1837, il y aura seulement quatre examinateurs à la thèse, y compris le président, savoir deux professeurs et deux agrégés; que le président interrogera comme les autres juges, toutefois, avec voix prépondérante en cas de partage, et que les juges d'examens et de thèse pourront, s'ils le jugent convenable, d'après le résultat de l'examen, imposer aux candidats un ajournement dont la durée ne pourra être moindre de trois mois ni excéder un an.

637. —Le doyen désigne un président parmi les professeurs devant qui devra être soutenue la thèse en manuscrit, il la signe et est garant tant des principes que des opinions qui y sont émis, en tout ce qui touche la religion, l'ordre public et les mœurs. — Arr. 12 avr. 1833, art. 6; — Rendu, p. 466.

638. — On a dû faciliter aux étudians en médecine et en pharmacie qui auraient été admis soit dans le service de santé militaire, soit dans le service de santé de la marine, les moyens de parvenir, soit au doctorat en médecine, soit à la maîtrise en pharmacie : On trouvera des détails à cet égard sous les mots MÉDECINE, PHARMACIE.

639. — Une ordonnance du 12 déc. 1824 a réorganisé l'enseignement dans la faculté de médecine de Montpellier. — Réunion de la chaire de chimie à celle de pharmacie, et de l'enseignement de la pathologie externe ou chirurgicale à la chaire de médecine opératoire, limitation de la chaire intitulée *Nosologie et Pathologie*, aux matières de pathologie interne ou médicale, création de chaires d'anatomie, d'hygiène, d'accouchemens et maladies des femmes et des enfans, institution d'un corps d'agrégés, tels sont les principales mesures édictées par cette ordonnance. — Rendu, p. 88 et suiv.

640.—Cette même ordonnance porte que toutes les dispositions de l'ord. 2 fév. 1823, qui ne lui sont pas contraires, reçoivent leur application à la faculté de Montpellier, à l'exception des art. 1er, 11, 18, 19, 20 et 21. — Du reste, les modifications apportées par l'ord. 5 oct. 1830 à celle du 2 fév. 1823 sont nécessairement applicables à Montpellier et à Strasbourg, comme à Paris. — Rendu, *loc. cit.*

641. — La toxicologie a été distraite de la chaire de médecine légale de Montpellier, et il a été créé dans cette faculté une chaire de chimie médicale générale et de toxicologie. — Ord. 19 juin 1834.

642. — Ajoutons que, par ord. 25 oct. 1836 et 10 août 1838, une chaire de pathologie et de thérapeutique générale, et une chaire d'opérations et appareils ont été créées dans la faculté de Montpellier, la chaire de pathologie interne demeurant, d'ailleurs, exclusivement consacrée à la pathologie externe.

643. — Un registre particulier est ouvert à la faculté de médecine de Montpellier pour les inscriptions de réfugiés étrangers qui auront obtenu la permission de résider dans cette ville. Ceux de ces réfugiés qui déclareraient n'avoir fait aucune étude médicale sont tenus, avant de prendre leur première inscription à la faculté de médecine, de justifier des connaissances qui correspondent au grade de bachelier ès-lettres, ou de produire un titre équivalent obtenu dans une université étrangère. Ceux qui auraient suivi des études médicales dans leur pays, sans pouvoir en justifier par pièces authentiques, sont admis à prendre immédiatement les inscriptions correspondantes à la durée des études qu'ils déclarent avoir faites et à se présenter aux examens successifs auxquels ces inscriptions donneraient droit. Des exemptions de frais, soit pour inscriptions, soit pour examens, soit pour diplômes, peuvent leur être accordées individuellement sur le rapport du recteur.

644. — L'art. 5, ord. 26 mars 1829, portait qu'il serait fait, pour compléter l'organisation de la faculté de médecine de Strasbourg, un réglement universitaire sur des bases analogues à celles qui ont été déterminées par les ord. des 2 fév. 1823 et 12 déc. 1824, pour les facultés de médecine de Paris et de Montpellier.

645.—D'un autre côté, l'ord. du 13 mai 1835 a créé dans cette faculté une chaire de clinique externe et de médecine opératoire, et une ord. du 1er mars 1845 y a en outre réuni la chaire de pathologie médicale à l'enseignement de la pathologie et de la thérapeutique générale, et l'enseignement de la pathologie interne et externe à l'enseignement clinique, sous le double titre de chaire de clinique et de pathologie internes, et de chaire de clinique et de pathologie externes.

646. — La chaire de pathologie médicale de la faculté de Strasbourg est affectée à l'enseignement de la pathologie et de la thérapeutique générale.— L'enseignement de la pathologie interne et de la pathologie externe est réuni dans ladite faculté à l'enseignement clinique, sous le double titre de chaire de clinique et de pathologie interne, et de chaire de clinique et de pathologie externe. — Ord. 1er mars 1845.

647. — Il est distribué annuellement dans chaque faculté de médecine du royaume des prix et des mentions honorables d'après les résultats d'un concours auquel sont seuls admis les élèves faisant partie de l'école pratique de la faculté. — Le nombre des élèves de l'école pratique dans chaque faculté est fixé à cent cinquante pour Paris, à soixante pour Montpellier, à quarante-cinq pour Strasbourg. — Arr. 3 avr. 1840, art. 1er et suiv.

648. — Ce concours a pour objet toutes les parties de l'enseignement médical dans les facultés, et consiste dans des épreuves écrites et orales dont les formes sont tracées par les art. 3 et suiv. de l'arrêté précité. Les deux premières épreuves sont soutenues par tous les concurrens. Ceux d'entre eux que le jury aura jugés le plus capables (et ce dernier nombre sera au moins du tiers de celui des candidats) subissent seuls la troisième épreuve.

649. — Le nombre des prix est fixé ainsi qu'il suit : Faculté de médecine de Paris, un premier grand prix, deux autres premiers prix et trois seconds prix ; Faculté de médecine de Montpellier, un premier prix et deux seconds prix ; Faculté de médecine de Strasbourg, un premier prix et deux seconds prix; des mentions honorables peuvent, en outre, être accordées d'après le nombre des concurrens.

650. — Une ordonnance du 27 sept. 1840 a fait entrer les écoles de pharmacie comme les Facultés de médecine sous le régime de l'université. On trouvera au mot PHARMACIE les règles qui les concernent.

651. — Le décret du 15 nov. 1811, art. 188, chargeait le conseil de l'université de présenter un projet de décret pour régulariser l'instruction et la réception des officiers de santé, et le conseil a, en effet, présenté un projet de loi à cet égard dès 1815. Mais ce projet n'a point été adopté, et l'on attend encore un remède aux abus que l'on signalera aux mots MÉDECINE, MÉDECINS, où l'on traitera de ce qui est relatif aux officiers de santé.

652. — Quant à l'instruction et à la réception des sages-femmes, V. ce mot.

ART 2. — *Des Écoles secondaires ou préparatoires de médecine.*

653. — Des écoles secondaires de médecine ont été instituées dans les principales villes du royaume. Des rapports étroits les unissent aux Facultés de médecine, à l'enseignement desquelles elles préparent.

654. — Les professeurs des écoles secondaires de médecine et des cours d'instruction médicale institués dans les hopitaux des différentes villes du royaume, et les étudians qui suivent ces écoles et ces cours, sont soumis à la discipline du corps enseignant et placés à cet égard sous l'autorité universitaire. — V. ord. 18 mai 1820.

655. — Les objets d'enseignement, dans les écoles préparatoires de médecine et de pharmacie (dénomination qui a remplacé celle d'écoles secondaires de médecine) sont : 1° chimie et pharmacie; 2° histoire naturelle médicale et matière médicale; 3° anatomie et physiologie; 4° clinique interne et pathologie interne; 5° clinique externe et pathologie externe; 6° accouchemens, maladies des femmes et des enfans. —Ord. 13 oct. 1840, art. 1-5 (Rendu, p. 108).

656. — Il y a dans chaque école six professeurs titulaires et deux professeurs adjoints. Ces professeurs sont nommés par le ministre de l'instruction publique sur une double liste de candidats, présentée, l'une par l'école où la place est vacante, l'autre par la faculté de médecine dans la circonscription de laquelle ladite école se trouve placée. Les candidats doivent être docteurs en médecine ou pharmaciens reçus dans une école de pharmacie et âgés de 30 ans. Les professeurs de chimie et d'histoire naturelle ont en outre à justifier du baccalauréat ès-sciences physiques. Il est attaché à chaque école un chef des travaux anatomiques, un prosecteur, et un préparateur de chimie et d'histoire naturelle. — *Ibid.*

657. — Chaque école doit avoir un ou plusieurs amphithéâtres et être fournie de collections relatives à l'objet des divers cours. L'administration des hospices de chaque ville où une école préparatoire est établie doit fournir, pour le service de la clinique médicale et chirurgicale de ladite école, une salle de cinquante lits au moins.—*Ibid.*, art. 8 et suiv.

658. — Les écoles préparatoires de médecine et de pharmacie sont des établissemens communaux. Les villes où elles sont ouvertes pourvoient à toutes les dépenses soit du personnel soit du matériel. Les hospices et les conseils généraux des départemens peuvent continuer à voter des subventions pour l'entretien des écoles préparatoires. Ces subventions viennent en déduction des sommes qui doivent être allouées par les villes. Le budget annuel de chaque école est arrêté en conseil royal. Une commission vérifie chaque année les comptes présentés par le directeur : cette commission est composée du maire de la ville, président, d'un membre désigné par le conseil municipal, d'un membre désigné par le conseil général, de deux membres désignés par la commission des hospices. — *Ibid.*, art. 10 et suiv.

659.— A dater de 1840, les élèves des écoles préparatoires, dont l'organisation est conforme aux règles prescrites par l'ordonnance du 13 octobre de la même année, peuvent faire compter les huit inscriptions prises pendant deux années pour toute leur valeur dans une des facultés de médecine. — *Ibid.*, art. 14.

660. — Les élèves peuvent prendre huit inscriptions dans les écoles préparatoires, alors même qu'ils ont déjà des inscriptions de faculté. Dans tous les cas, ces huit inscriptions ont la valeur d'inscriptions de faculté. — Arrêté du 7 mars 1845.

661. — Indépendamment des écoles qui existaient déjà, on en a établi dans les villes d'Amiens, de Caen, de Poitiers, de Reims, de Rouen.

662. — L'ordonnance du 14 février 1841, qui établit ces écoles, et toutes celles qui ont organisé des écoles préparatoires, ont eu soin de maintenir, en dehors du cadre d'enseignement qu'elles ont fixé, les places de professeurs titulaires ou adjoints qui existaient non rétribuées dans les écoles secondaires; et ont ainsi laissé à ces fonctionnaires une expectative dans la réduction ultérieure du personnel de chaque école aux limites désormais assignées à l'enseignement. — Rendu, p. 110, note 1re.

663. — Des écoles préparatoires de médecine et de pharmacie ont été également établies dans les villes d'Angers, de Besançon, de Clermont (Puy-de-Dôme), de Marseille, de Nantes, de Toulouse, de Limoges, d'Arras, de Lyon, de Tours, de Dijon, d'Orléans et de Nancy. — V. ord. 31 mars, 13 et 22 juin, 5 oct. et 12 nov. 1841, 15 janv. et 17 oct. 1843.

664.— Une ordonnance du 5 octobre 1843 a créé dans l'école préparatoire de Besançon une chaire spéciale pour l'enseignement de l'histoire naturelle médicale, et deux autres ordonnances des 10 avril 1842 et 12 novembre 1843 ont créé dans l'école préparatoire de Lyon, en dehors du cadre déterminé par l'ordonnance du 13 octobre 1840, 1° une chaire spécialement affectée à l'enseignement de la pathologie et de la thérapeutique générale, 2° quatre places de professeurs-adjoints entre lesquels les objets de l'enseignement doivent être répartis chaque année selon les besoins de l'école.



665.— Les deux écoles secondaires de médecine établies à Bordeaux ont été réunies en une seule (ord. 26 mars 1819, art. 4), et, par ordonnance du 2 octobre 1842, il y a été créé, en dehors du cadre d'enseignement déterminé par l'ordonnance du 13 octobre 1840, une troisième place de professeur-adjoint.

666. — La circonscription de chacune des facultés de médecine du royaume, en ce qui concerne l'exercice de leur droit de présentation aux chaires qui viendraient à vaquer dans les écoles préparatoires de médecine et de pharmacie, est et demeure fixée, en vertu d'une ordonnance du 18 avril 1841, ainsi qu'il suit :

667. — ... La circonscription de la faculté de médecine de Paris comprend les départemens de l'Aisne, du Calvados, du Cher, des Côtes-du-Nord, de l'Eure, d'Eure-et-Loir, du Finistère, d'Ille-et-Vilaine, de l'Indre, d'Indre-et-Loire, de Loir-et-Cher, de la Loire-Inférieure, du Loiret, de Maine-et-Loire, de la Manche, de la Marne, de la Mayenne, du Morbihan, de la Nièvre, du Nord, de l'Oise, de l'Orne, du Pas-de-Calais, de la Sarthe, de la Seine, de la Seine-Inférieure, de Seine-et-Marne, de Seine-et-Oise, de la Somme, de la Vienne et de l'Yonne.

668. — La circonscription de la faculté de médecine de Montpellier comprend les départemens de l'Allier, des Alpes (Basses), des Alpes (Hautes), de l'Ardèche, de l'Ariége, de l'Aude, de l'Aveyron. des Bouches-du-Rhône, du Cantal, de la Charente, de la Charente-Inférieure, de la Corrèze, de la Corse, de la Creuse, de la Dordogne, de la Drôme, du Gard, de la Garonne (Haute), du Gers, de la Gironde, de l'Hérault, de l'Isère, des Landes, de la Loire (Haute), du Lot, de Lot-et-Garonne, de la Lozère, du Puy-de-Dôme, des Pyrénées (Basses), des Pyrénées (Hautes), des Pyrénées-Orientales, des Sèvres (Deux), du Tarn, de Tarn-et-Garonne, du Var, de Vaucluse, de la Vendée, de la Vienne (Haute).

669. — ... La circonscription de la faculté de Strasbourg comprend les départemens de l'Ain, des Ardennes, de l'Aube, de la Côte-d'Or, du Doubs, du Jura, de la Loire, de la Marne (Haute), de la Meurthe, de la Meuse, de la Moselle, du Rhin (Bas), du Rhin (Haut), du Rhône, de la Saône (Haute), de Saône-et-Loire et des Vosges.

670.— Dans toute école préparatoire de médecine et de pharmacie, les élèves aspirant, soit au doctorat en médecine ou en chirurgie, soit au titre d'officier de santé, sont tenus de faire pendant la deuxième année du cours d'études le service d'un des hôpitaux de la ville où est située l'école, en se conformant aux dispositions d'ordre intérieur déterminées par les administrations des hospices.— Ord. 10 avr. 1842, art. 1er.

671. — Les sixième, septième et huitième inscriptions ne sont délivrées auxdits élèves que sur l'attestation du directeur de l'hospice, constatant qu'ils ont rempli avec assiduité pendant le trimestre expiré les fonctions auxquelles ils auront été appelés pour le service des malades. — *Ibid.*, art. 2.

672. — Ceux des élèves desdites écoles qui auraient obtenu au concours le titre d'interne ou d'externe dans un hôpital, d'après un réglement particulier audit établissement, seront admis à faire compter leur temps de stage à partir de leur entrée en exercice dans l'une des fonctions précitées. — Ils seront, comme tous les autres élèves, tenus de justifier par certificats trimestriels de leur assiduité dans les hôpitaux. — *Ibid.*, art. 3.

673. — L'année de stage prescrite par la présente ordonnance dispense du stage spécialement imposé par l'ordonnance du 3 octobre 1841 pour l'admission au doctorat en médecine ou en chirurgie. — *Ibid.*, art. 4.

674. — L'administration intérieure des écoles préparatoires de médecine et de pharmacie est entre les mains d'un directeur, lequel se fait assister de l'assemblée des professeurs titulaires et adjoints qu'il convoque, préside et saisit principalement de toutes répartitions relatives à la discipline et aux études. Le programme des cours est arrêté dans cette assemblée au commencement de chaque année. — V. pour les détails, réglement du 12 mars 1841, art. 4 à 8.

675. — Ce même réglement s'occupe aussi : — des inscriptions qui sont prises dans les huit premiers jours de chaque trimestre, et dont la première ne peut être prise qu'autant qu'indépendamment de l'acte de naissance, et, en cas de minorité, des autorisations requises (V. *suprà* n° 308), l'élève dépose entre les mains du secrétaire un certificat d'études universitaires ou domestiques constatant un degré d'instruction équivalent à celui de la troisième inclusivement, ledit certificat visé par le recteur de l'académie, qui fera subir, s'il y a lieu, au postulant un examen spécial; — des cours; — des inspections ayant pour objet de constater si les réglemens sont observés, — et enfin des examens qui sont passés tous les ans à la fin d'août par les élèves ayant pris quatre, huit ou douze inscriptions. — Art. 9 à 26.



676. — Remarquons spécialement que, d'après ce réglement, les élèves qui ont satisfait à l'examen reçoivent un certificat qui ne leur confère aucun grade, mais sans lequel — 1° ceux qui se destinent à la médecine ne peuvent être admis à prendre de nouvelles inscriptions dans les écoles préparatoires, ni à échanger contre des inscriptions de faculté celles qu'ils auraient prises dans ces écoles; — 2° ceux qui se destinent à la pharmacie ne peuvent jouir du bénéfice accordé par l'art. 15 de l'ordonnance du 13 octobre 1840.

### Sect. 5e. — *Des facultés des sciences.*

677. — Le décret du 17 mars 1808 ne renferme qu'un très petit nombre de dispositions sur les facultés des sciences et les facultés des lettres. Mais le conseil de l'université, chargé par ce même décret du pouvoir de faire tous les réglemens propres à chaque école, les a rapidement organisées sur la proposition de Cuvier.

678. — L'art. 13 du décret du 17 mars 1808 portait qu'il serait établi auprès de chaque lycée, chef-lieu d'une académie, une faculté des sciences, et que l'un des professeurs en serait doyen.

679. — L'art. 14 ajoutait qu'à Paris la faculté des sciences serait formée de la réunion de deux professeurs du Collége de France, de deux du muséum d'histoire naturelle, de deux de l'école polytechnique et de deux professeurs de mathématiques des lycées.

680. — Les art. 72 à 75 du statut du 16 février 1810 répartissent les cours de la faculté des sciences de Paris en deux séries; la série mathématique et la série physique. La série mathématique se compose de trois cours, savoir : calcul différentiel et intégral, mécanique, astronomie. La série physique se compose de quatre cours, savoir : chimie, minéralogie et géologie, botanique et physique végétale, zoologie et physiologie. Il y a de plus un cours commun aux deux séries, qui est celui de physique générale et expérimentale. — Outre les huit cours qui viennent d'être dénommés, il en existe aujourd'hui deux autres, le cours d'algèbre supérieure, et le cours du calcul des probabilités.

681. — L'article 79 fixe le programme des cours. A ce sujet nous remarquerons que l'étendue et les accroissemens de la botanique ont motivé la création d'une chaire de professeur adjoint à la faculté de Paris, laquelle a été maintenue par arrêté du 14 janvier 1834.

682. — Une ordonnance du 18 janvier 1816 a confirmé la suppression des facultés des sciences de Besançon, de Lyon et de Metz. Mais cette ordonnance a depuis été modifiée : ainsi une ordonnance du 9 décembre 1833, art. 1 et 2, a rétabli la faculté des sciences de Lyon, laquelle comprend sept chaires ayant pour objet l'analyse et la mécanique, une d'astronomie, une de physique, une de chimie, une de zoologie, une de botanique, une de minéralogie et de géologie.

683. — Une faculté des sciences a été créée dans le chef-lieu de l'académie de Bordeaux. Cette faculté comprend, aux termes de l'ordonnance du 24 août 1838 qui la constitue, six chaires, savoir : mathématiques pures, astronomie et mécanique rationnelle, physique, chimie, zoologie et physiologie animale, botanique, minéralogie et géologie.

684. — D'après cette même ordonnance, les chaires d'histoire naturelle des facultés des sciences de Caen, Dijon et Strasbourg sont et demeurent exclusivement consacrées à la botanique, à la minéralogie et à la géologie. Une chaire de zoologie et physiologie animale est créée dans chacune de ces facultés. La chaire de physique et de chimie de la faculté des sciences de Grenoble est et demeure exclusivement consacrée à la physique. Une chaire de chimie est créée dans cette faculté.

685. — Une chaire de zoologie est établie à la faculté des sciences de Grenoble et à la faculté des sciences de Toulouse. — Ordonn. du 20 déc. 1838. — Une chaire de minéralogie et de géologie est créée à la faculté des sciences de Toulouse. Une des deux chaires d'histoire naturelle déjà éta-

blies dans cette faculté est et demeure consacrée à la botanique, à la physiologie végétale, et à l'uranographie; l'autre est et demeure exclusivement consacrée à la zoologie et à la physiologie animale. — Ord. 10 mars 1839.

686. — Du reste, l'on retrouve également ici la règle que les nominations des professeurs des nouvelles chaires sont faites pour la première fois par le ministre. — Ord. précitées des 9 déc. 1833 et 24 août 1838.

687. — Les art. 1er, 9 et suiv., 13 et suiv., 22 et suiv., 44 et suiv., 58 et 61, statut 16 fév. 1810, concernant les facultés des lettres dont il sera parlé tout à l'heure, sont applicables aux facultés des sciences.

688. — Il a été créé auprès des facultés des sciences trois ordres d'agrégés, correspondant aux grandes divisions de l'enseignement scientifique, savoir : — des agrégés pour les sciences mathématiques; — des agrégés pour les sciences physiques; — des agrégés pour les sciences naturelles. — Ord. 28 mars 1840, art. 1er à 4 (Rendu, p. 147).

689. — Cette même ordonnance, après avoir annoncé qu'un concours dont les formes seraient déterminées par le conseil de l'université aurait lieu pour chacun de ces trois ordres d'agrégation, porte que tout candidat à l'agrégation des sciences mathématiques doit justifier des grades de docteur ès-sciences mathématiques, de licencié ès-sciences physiques et de licencié ès-sciences naturelles; tout candidat à l'agrégation des sciences physiques des grades de docteur ès-sciences physiques, de licencié ès-sciences mathématiques et de licencié ès-sciences naturelles; et enfin tout candidat à l'agrégation des sciences naturelles des grades de docteur ès-sciences naturelles, de licencié ès-sciences naturelles, de licencié ès-ciences physiques et de licencié ès-sciences mathématiques.

690. — Les dispositions du tit. 1er (art. 1er à 20), réglem. 31 mars 1840, sur les concours dans les facultés des lettres, et dont il sera question ci-après, sont applicables aux concours dans les facultés des sciences. — Arr. 7 avr. 1840, art. 1er. — Il reste toutefois à parler des épreuves spéciales pour chaque ordre d'agrégation.

691. — *Sciences mathématiques.* — Pour la première épreuve, les concurrens font une composition écrite, dont le sujet est pris dans la mécanique appliquée à la physique ou à l'astronomie, et dans toutes les questions importantes de physique qui peuvent donner lieu à des développemens d'analyse transcendante. La seconde épreuve, celle de l'argumentation, porte sur des questions de mathématiques pures ou de physique mathématique, dont le texte a été publié quatre mois au moins avant l'ouverture des épreuves. La troisième épreuve se compose : 1° d'une leçon faite après un jour de préparation sur un sujet pris soit dans le calcul différentiel et intégral, soit dans le calcul des probabilités, soit dans la mécanique pure, en un mot, parmi les sujets mêmes de l'enseignement mathématique de la faculté ; 2° d'une autre leçon faite après une heure de préparation, et dont le sujet est pris dans les parties les plus importantes de l'enseignement des mathématiques pures. — Arr. 7 avr. 1840 (Rendu, p. 438).

692. — *Sciences physiques.* — L'épreuve de la composition comprend : 1° une composition sur un sujet pris dans toutes les parties de la physique théorique; 2° une composition sur un sujet pris dans toutes les parties de la chimie théorique. L'argumentation a pour objet deux questions : l'une de physique, l'autre de chimie, prises parmi celles qui touchent de plus près aux diverses théories et dont le texte est publié quatre mois d'avance. La troisième épreuve se compose : 1° d'une leçon faite après un jour de préparation sur un sujet de physique expérimentale ou théorique; 2° d'une leçon faite après un jour de préparation sur un sujet de chimie expérimentale ou théorique. Comme complément de cette épreuve, on demande une expérience précise de physique et une analyse exacte de chimie. — *Ibid.*

693. — *Sciences naturelles.* — L'épreuve de la composition comprend : 1° une composition sur l'anatomie et la physiologie animale et végétale; 2° une composition sur une question relative à la connaissance minéralogique et géologique du globe. Le sujet de l'argumentation porte sur diverses questions controversées dont le texte a été publié quatre mois d'avance. La troisième épreuve consiste : 1° en une leçon faite après un jour de préparation sur un des objets suivans, savoir : les divers systèmes et appareils organiques dans la série animale; les diverses fonctions des êtres organisés; tout ce qui concerne les êtres inorganiques considérés sous les rapports physique, chimique et mathématique; tout ce qui concerne ces mêmes êtres considérés sous le rapport géologique; 2° en une leçon faite après une heure de préparation sur un sujet relatif aux principes de la classification pour les trois règnes, à la distribution géographique des corps organisés sur la surface du globe, et à la distribution des minéraux et des fossiles dans les couches de la terre. — *Ibid.*

694. — Les professeurs ne doivent pas perdre de vue l'obligation qui leur est imposée par le décret du 17 mars 1808, de suivre et d'étudier les nouvelles découvertes faites dans les sciences, afin que l'enseignement soit toujours au niveau des connaissances acquises. — Statut 16 fév. 1810 (Rendu, p. 439).

695. — Aux termes de l'art. 22, décr. 17 mars 1808, on n'est reçu bachelier dans la faculté des sciences qu'après avoir obtenu le même grade dans la faculté des lettres, et qu'en répondant sur l'arithmétique, la géométrie, la trigonométrie rectiligne, l'algèbre et son application à la géométrie. — V. conf. statut 16 fév. 1810, art. 40.

696. — Le conseil de l'université, voulant régler ce qui regarde le baccalauréat ès-sciences d'une manière analogue à ce qui est prescrit dans l'art. 24, décr. 17 mars 1808, pour le doctorat ès-sciences, et dans l'art. 41, décr. 16 fév. 1810, pour la licence dans la même faculté (V. *infrà* n° 707), a depuis réglé que les aspirans au baccalauréat seraient admis à des examens différens, selon qu'ils se proposent d'enseigner les sciences mathématiques ou de se livrer aux sciences naturelles ou à la médecine. Il en est fait mention expresse sur leurs certificats de capacité et sur leurs diplômes. — Arr. 25 sept. 1821.

697. — Cette décision est confirmée par l'art. 14 d'un arrêté du 20 nov. 1829, qui ajoute que les aspirans à l'agrégation de philosophie sont libres de prendre le baccalauréat ès-sciences mathématiques ou celui ès-sciences physiques.

698. — L'examen des aspirans qui se destinent à la médecine a pour objet, savoir : — *En mathématiques*, l'arithmétique, la géométrie élémentaire, la trigonométrie rectiligne et les premières notions d'algèbre ; — *En physique*, la connaissance des procédés généraux d'observation communs à toutes les sciences expérimentales et quelques parties spéciales de la physique; — *En chimie*, les notions générales et particulières indiquées dans un programme dressé à cet effet; — *En zoologie*, les différences anatomiques des principales divisions du règne animal et la marche à suivre pour reconnaître un animal mis sous les yeux; — *En botanique*, les principaux organes de la fructification, les méthodes de Tournefort, de Linnæus et de Jussieu, et les caractères essentiels des familles naturelles qui renferment un grand nombre de plantes officinales ; — *En minéralogie*, les principaux caractères qui distinguent les minéraux des êtres organiques, les bases de la distribution des espèces minérales et l'application de ces principes à des minéraux choisis parmi ceux que l'on emploie en médecine. — Arrêté précité, art. 2 et 3, et les programmes de physique, de chimie et de minéralogie y annexés (Rendu, p. 442 et suiv.).

699. — Les étudians qui ont obtenu le grade de bachelier ès-sciences comme se destinant à l'étude de la médecine doivent, pour être admis aux épreuves du grade de licencié ès-sciences, compléter leur examen de bachelier ès-sciences devant leurs juges de licence, et, à cet effet, la durée de l'examen de licence est prolongée d'un quart d'heure. Il peut toutefois être accordé des exceptions personnelles. — Décis. 7 nov. 1826.

700. — L'examen des aspirans au grade de bachelier ès-sciences mathématiques a pour objet : 1° l'arithmétique, la géométrie, la trigonométrie rectiligne, l'algèbre comprenant la formule du binôme et la résolution des équations numériques, l'application de l'algèbre à la géométrie, les élémens de statique; 2° les élémens de physique et de chimie exigés des aspirans au baccalauréat ès-sciences physiques. — Arr. 3 fév. 1837, art. 1er.

701. — Les candidats au baccalauréat ès-sciences physiques doivent répondre 1° sur l'arithmétique, la géométrie élémentaire, l'algèbre, comprenant les problèmes qui dépendent des équations du premier degré à une et à plusieurs inconnues, les machines simples et la partie des élémens de la statique qui s'y rapportent ; — 2° sur les élémens de physique, de chimie et d'histoire naturelle. — Même arrêté, art. 2.

702. — La durée de l'examen pour le grade de bachelier ès-sciences mathématiques est d'une heure au moins. Celle de l'examen pour le grade de bachelier ès-sciences physiques doit être au moins de trois quarts d'heure. — Même arrêté, art. 3.

703. — Les candidats à l'agrégation de philosophie qui se présenteraient à l'examen du baccalauréat ès-sciences physiques sont dispensés de répondre sur la partie du programme de cet examen relative à la chimie et à l'histoire naturelle. Le diplôme fera mention de cette dispense et de la destination à laquelle ce diplôme est exclusivement applicable. — Arrêté du 28 fév. 1837.

704. — Il y a chaque année pour l'obtention de la licence dans les facultés des sciences deux sessions d'examen, qui doivent commencer, soit dans le premier mois de l'année scolaire, soit dans le dernier mois de la même année, soit dans la première semaine du second semestre. Dans l'académie de Paris il peut y avoir trois sessions aux époques sus-indiquées. D'après l'ensemble des épreuves, chaque faculté forme par ordre de mérite une liste des candidats reçus. Cette liste est transmise au ministre avec un rapport spécial du doyen. — Arrêté du 5 juin 1840.

705. — Suivant l'art. 23, décr. 17 mars 1808, pour être reçu licencié l'on devait répondre sur la statique et sur le calcul différentiel et intégral.

706. — L'examen de licence a été réglé plus complètement par un statut du 16 fév. 1810. Ce statut dispose d'abord que, pour être admis aux examens de licence, il faudra produire un diplôme de bachelier, et justifier qu'on a suivi deux cours au moins de la faculté, pour chacun desquels on aura pris quatre inscriptions.

707. — Quant aux matières de l'examen, le même statut porte que ceux qui se destinent aux mathématiques doivent répondre sur le calcul différentiel et intégral, et sur la mécanique, et ceux qui se destinent, soit à la physique et à la chimie, soit à l'histoire naturelle, sur l'une ou l'autre de ces sciences.

708. — Aux termes de l'art. 24, décr. 17 mars 1808, pour être reçu docteur, on doit soutenir deux thèses, soit sur la mécanique et l'astronomie, soit sur la physique et la chimie, soit sur les trois parties de l'histoire naturelle d'après celle de ces sciences à l'enseignement desquelles l'on se destine.

709. — Les articles relatifs à la forme, à la durée et aux autres conditions des différens actes probatoires pour l'obtention des grades dans la faculté des lettres sont applicables aux actes correspondans pour la faculté des sciences. — Statut du 16 fév. 1810, art. 43. — Sont de même applicables à la faculté des sciences les art. 46 à 52 de ce même statut.

710. — L'on vient d'analyser le régime actuel des facultés des sciences : un rapport adressé au ministre de l'instruction publique, le 20 juin 1846, par M. Dumas, doyen de la faculté des sciences de Paris, propose d'y introduire des innovations que réclament les besoins du temps et du pays.

711. — Il s'agirait d'abord de faire entrer dans le cadre universitaire l'enseignement de la science des machines et de la science des constructions, et, en attendant que des chaires convenables soient instituées au sein de la faculté de Paris pour y représenter cet enseignement si utile et si fécond, M. Dumas appelle l'attention du ministre sur la nécessité de créer immédiatement deux nouveaux grades, la licence et le doctorat ès-sciences mécaniques pour répondre aux justes exigences de l'opinion. — *Journal général de l'instruction publique*, 24 oct. 1846.

712. — L'enseignement nécessaire pour se présenter à ces grades n'existe pas dans l'université ; mais l'école polytechnique et l'école centrale des arts et manufactures fourniraient dès à présent des candidats convenablement préparés. Toutefois, il ne faudrait pas que ce provisoire se continuât indéfiniment ; la nécessité de créer de nouvelles chaires serait une conséquence impérieuse de l'institution de ces grades.

713. — D'un autre côté, suivant le même rapport, la science métallurgique occupe aussi une place assez large dans le travail national pour que l'université doive également se préparer à donner une légitime satisfaction aux besoins du pays à ce point de vue ; la faculté, qui s'en est vivement préoccupée, pense qu'avec une légère extension de ses programmes elle pourrait faire rentrer les épreuves propres à mettre en évidence le savoir des candidats dans cette direction parmi celles de la licence et du doctorat ès-sciences physiques. — *Ibid.*

714. — Enfin, la science agricole mérite également de prendre sa place dans une faculté des sciences complètes. Toutefois, en attendant la création d'une chaire d'agriculture, il a paru que les examens de la licence ès-sciences naturelles et le doctorat spécial qui lui succède pouvaient être adaptés à ces besoins nouveaux par de légères extensions du programme qui les concerne. — *Ibid.*

715. — M. Dumas, abordant ensuite la question des grades, en propose la révision générale, et à cet égard son avis est : 1° que les épreuves du baccalauréat ès-sciences mathématiques ne sont pas nécessaires pour les aspirans à la licence et au doctorat ès-sciences naturelles ; — 2° qu'il y a lieu de créer un baccalauréat ès-sciences physiques d'un degré supérieur, au moyen duquel on pourrait être admis aux épreuves de la licence ès-sciences naturelles ; — 3° que les grades qui concernent les études agricoles soient suffisamment accessibles, et, par suite, que l'on n'oblige pas les aspirans à ces grades à passer par les études comprises dans l'année de mathématiques spéciales des colléges royaux, les mathématiques élémentaires lui paraissant suffisantes pour cette spécialité. — *Ibid.*

716. — Après ces considérations générales, M. Dumas propose au ministre l'institution des grades selon le cadre suivant : *grades ordinaires*, 1° baccalauréat ès-sciences mathématiques ; — 2° licence ès-sciences mathématiques, licence ès-sciences mécaniques, licence ès-sciences physiques, licence ès-sciences naturelles ; — 3° doctorat ès-sciences mathématiques, doctorat ès-sciences mécaniques, doctorat ès-sciences physiques, doctorat ès-ciences naturelles ; — *Grades extraordinaires* : 1° baccalauréat ès-sciences physiques du premier degré pour les aspirans à la médecine ou à l'agrégation de philosophie ; — 2° baccalauréat ès-sciences physiques du second degré pour les aspirans à la licence ès-sciences naturelles. — *Ibid.*

717. — Enfin, M. Dumas a reconnu qu'il était indispensable d'introduire dans les examens quelques exigences ou quelques formes nouvelles plus en harmonie avec l'état des études ou les besoins de la science, et c'est par l'exposé de cette dernière espèce de modifications que se termine ce remarquable rapport.

718. — Il reste, après avoir analysé ce rapport, à constater qu'une ordonnance du 9 nov. 1846 a, sur le rapport du ministre de l'instruction publique, créé, à la faculté des sciences de Paris, une chaire de géométrie supérieure et de mécanique céleste.

## Sect. 6e. — *Des facultés des lettres.*

719. — L'art. 15, déc. 17 mars 1808, portait qu'il y aurait près de chaque lycée, chef-lieu d'une académie, une faculté des lettres, laquelle devait être composée du professeur de belles-lettres du lycée, et de deux autres professeurs, sans compter le proviseur et le censeur qui pouvaient leur être adjoints.

720. — Mais un arrêté de la commission de l'instruction publique, confirmé par l'art. 1er, ordon. 18 janv. 1816, a supprimé les facultés des lettres de Bordeaux, de Bourges, de Cahors, de Clermont, de Douai, de Grenoble, de Limoges, de Lyon, de Montpellier, de Nancy, de Nîmes, d'Orléans, de Pau, de Rennes et de Rouen.

721. — Dès lors, dans toutes les académies, à l'exception de celles où se trouvent des facultés des lettres, il a été nécessaire de former une commission chargée d'examiner les candidats au grade de bachelier ès-lettres. — Ordonn. précitée, art. 2.

722. — Une ordonnance du 16 sept. 1829 a établi à Ajaccio une commission chargée d'examiner les aspirans au grade de bachelier ès-lettres qui auront fait leurs études dans le département de la Corse. Mais depuis que le collége de Bastia est devenu collége royal, la commission d'examen pour les grades a dû être transférée dans cette ville.

723. — Depuis, des facultés des lettres ont été créées en province à côté de celles qui avaient été conservées ; ainsi, une ordonnance du 24 août 1838, art. 1er et suiv., en établit à Bordeaux, à Lyon, à Montpellier et à Rennes, en statuant en même temps que chacune de ces facultés serait composée de cinq chaires, savoir : philosophie, histoire, littérature ancienne, littérature française, littérature étrangère. — Une ordonnance du même jour crée une chaire de littérature étrangère à la faculté des lettres de Strasbourg.

724. — Tout récemment encore, par ordonnance du 8 oct. 1845, une faculté des lettres, composée des mêmes chaires, a été créée au chef-lieu de l'académie de Poitiers.

725. — D'après le statut du 16 fév. 1810, les cours de la faculté des lettres de Paris étaient au nombre de neuf, savoir : littérature grecque, éloquence latine, poésie latine, éloquence française, philosophie, histoire de la philosophie, histoire ancienne et moderne, géographie ancienne et moderne. — Le nombre des cours a été depuis augmenté : il est

ENSEIGNEMENT, ch. 3, sect. 6e.

aujourd'hui de douze. L'histoire de la philosophie forme deux cours distincts : il en est de même de l'histoire, qui se divise en histoire ancienne et histoire moderne, un cours spécial de littérature étrangère complète l'enseignement de la faculté.

726. — Le statut du 16 fév. 1810 astreignait les professeurs à faire chacun trois leçons par semaine d'une heure et demie. Mais depuis le conseil royal a considéré que partout l'enseignement élevé des facultés exigeait de longues préparations et de laborieuses recherches, et le 2 avr. 1841 il a décidé que, comme cela était établi pour Paris, les professeurs des facultés des lettres et des sciences des départemens, ne feraient non plus que deux leçons par semaine. Le même arrêté porte que toutes les leçons, dans lesdites facultés, auront lieu dans le courant de la journée, et qu'aucun cours ne pourra être ouvert le soir sans une autorisation expresse du ministre.

727. — Il a été créé, auprès des facultés des lettres, trois ordres d'agrégés correspondant aux diverses parties de l'enseignement, savoir : des agrégés pour la philosophie, des agrégés pour les littératures anciennes et modernes, des agrégés pour l'histoire et la géographie. — Ord. 24 mars 1840, art. 1er.

728. — Ces divers agrégés sont nommés au concours. Un concours spécial est institué pour chacun des trois ordres d'agrégation ci-dessus spécifiés. — Ord. 24 mars 1840, art. 2. — L'époque de ces concours est déterminée par un arrêté pris en conseil royal de l'instruction publique d'après les besoins du service. — Ordon. 10 oct. 1840.

729. — L'ordonnance du 24 mars 1840 décidait, au surplus, que les fonctionnaires chargés lors de la promulgation d'un cours ou d'une suppléance dans une faculté des lettres, et qui justifieraient du grade de docteur, pourraient, jusqu'à l'ouverture du premier concours, recevoir le titre d'agrégés.

730. — Un arrêté, pris en conseil royal, détermine le nombre des places qui chaque fois doivent être mises au concours pour chaque ordre d'agrégation. Tous les docteurs ès-lettres sont admis à s'inscrire comme candidats. La liste des concurrens est définitivement arrêtée en conseil royal. — Ordon. 24 mars 1840, art. 2... 11 ; — Rendu, p. 119.

731. — Les conditions et les formes du concours pour les places d'agrégés devant les facultés des lettres ont été déterminées par un arrêté du conseil du 31 mars 1840, dont les premières dispositions sont relatives : — à la publication, quatre mois d'avance, de l'annonce du concours ; à la nécessité imposée aux candidats qui, outre la qualité de Français, doivent avoir l'âge de vingt-cinq ans, sauf le cas de dispense, de s'inscrire au secrétariat quarante jours au moins avant l'ouverture ; à la composition du jury dont les membres sont désignés par le ministre ; à la distinction de trois sortes d'épreuves, savoir : la composition, l'argumentation et la leçon ; au choix des sujets des épreuves ; aux classemens des candidats par ordre de mérite des candidats après chaque épreuve, lesquels classemens fournissent les élémens du classement définitif qui a lieu immédiatement après la première épreuve ; aux délais et aux conditions du pourvoi, qu'il est loisible aux concurrens de former devant le conseil royal.

732. — Cet arrêté fixe ensuite les épreuves spéciales pour chaque ordre d'agrégation. Dans le concours d'agrégation de philosophie, la première épreuve consiste dans deux dissertations en français, l'une sur un point de philosophie, l'autre sur un point de l'histoire de la philosophie ; la seconde épreuve (qui est celle de l'argumentation) porte sur des points difficiles et controversés d'histoire de la philosophie ancienne, la troisième épreuve consiste dans des leçons publiques faites, l'une après une heure de préparation sur une question de philosophie, l'autre après un jour de préparation sur une question d'histoire de la philosophie.

733. — Dans le concours d'agrégation pour les littératures anciennes et modernes, la première épreuve consiste dans deux dissertations, l'une en latin sur un point de littérature ancienne, l'autre en français sur un point de littérature moderne. L'épreuve de l'argumentation porte sur l'interprétation grammaticale et littéraire de passages difficiles et controversés d'auteurs grecs et latins, en prose et en vers, et des morceaux choisis des classiques français. Les leçons, qui constituent la troisième épreuve, et qui doivent être préparées dans le délai sus indiqué, ont pour objet la littérature ancienne et moderne. — *Ibid.*

734. — Dans le concours d'agrégation pour l'histoire et la géographie, les concurrens traitent par écrit dans la première épreuve un point d'his-

ENSEIGNEMENT, ch. 3, sect. 6e.

toire ancienne, un point d'histoire du moyen âge ou d'histoire moderne, une question de géographie comparée. L'argumentation qui forme la seconde épreuve porte sur des points difficiles et controversés de critique historique, d'antiquités et de géographie ancienne. Les leçons qui doivent toujours être préparées dans le même délai, ont pour objet un sujet d'histoire et de géographie ancienne, et un sujet d'histoire et de géographie moderne. — *Ibid.*

735. — Les agrégés des facultés des lettres peuvent seuls suppléer les professeurs empêchés par quelque motif reconnu légitime. En cas de vacance d'une chaire, ils peuvent seuls être chargés de faire le cours ; ils reçoivent alors une indemnité prélevée sur le traitement affecté à la chaire vacante. Ils peuvent, sur la proposition de la faculté, être autorisés à participer aux examens. Il leur est permis d'ouvrir des cours gratuits destinés à compléter ou à développer l'enseignement ordinaire dans le local même de la faculté, sur l'avis du doyen, et avec autorisation du ministre. Cette autorisation leur est accordée pour un an ; elle peut être renouvelée. — *Ibid.*

736. — Les places d'agrégés ne donnent pas de droit exclusif aux chaires qui deviennent vacantes. On a indiqué (*suprà* n° 292) comment ont lieu les présentations et nominations des professeurs dans les facultés des lettres et des sciences.

737. — Les facultés des lettres sont investies, comme toutes les autres, du droit de conférer les grades qui se retrouvent ici au nombre de trois, le baccalauréat, la licence, le doctorat.

738. — Pour être admis à subir l'examen du baccalauréat ès-lettres, il faut : — être âgé de seize ans, produire un certificat constatant que l'on a suivi d'une manière complète les cours de rhétorique et de philosophie dans un collége royal ou communal, ou dans un établissement où cet enseignement est autorisé, à moins que l'on ne prouve avoir reçu une éducation de famille dans la maison de son père, frère ou oncle ; avoir obtenu, en cas de minorité, le consentement de son père ou de son tuteur.

739. — Ce point important a été successivement réglé par les art. 23, décr. 15 nov. 1811 ; 2 et 3 de l'ord. du 5 juill. 1820 ; 11 et 12 de l'ord. du 27 fév. 1821, et par les art. 1er et suiv. de l'ord. du 17 oct. de la même année. Ces textes, transcrits par M. Rendu (p. 122 et suiv.), témoignent des variations de la législation universitaire sur ce qui concerne le premier grade universitaire, le grade qui donne entrée à toutes les hautes carrières de la vie sociale : on peut voir encore d'autres vicissitudes, non moins fâcheuses, au mot SÉMINAIRE, et il serait temps qu'une LOI vînt substituer des dispositions précises à celles si incohérentes de ces ordonnances.

740. — Le projet de loi sur l'instruction secondaire présenté, après discussion à la chambre des pairs, le 10 juin 1844, à la chambre des députés, contenait quelques modifications relatives aux conditions d'admissibilité à l'examen de baccalauréat ès-lettres. Ces modifications se rattachant intimement aux autres dispositions du projet, leur indication ne peut être séparée de l'analyse générale que nous donnerons bientôt de cet important document.

741. — Les diverses pièces exigées des candidats pour leur admission aux examens doivent être adressées aux recteurs de l'académie quinze jours au moins avant l'ouverture des épreuves. Après que le recteur a visé les différentes pièces, le doyen de la faculté ou président de la commission fait inscrire les demandes sur un registre, lequel doit contenir les noms et prénoms des candidats, lieu et la date de leur naissance, le lieu où ils ont fait leurs études, leur domicile actuel. Cette inscription est faite en présence du candidat qui est tenu d'y apposer sa signature. — Arr. 14 juill. 1840, art. 38 ; — Rendu, p. 410 et suiv.

742. — La disposition qui exige de tout aspirant au baccalauréat une année de rhétorique et une année de philosophie, soit dans un collége royal ou communal, soit dans un établissement de plein exercice, a été renouvelée par un arrêté du 17 juill. 1835 ; et le 28 août 1838 est intervenu un autre arrêté qui interdit à tout chef d'institution, maître de pension et à toutes autres personnes de faire ou de maintenir, sous quelque forme que ce puisse être, l'annonce de cours préparatoires aux examens du baccalauréat ès-lettres. Tout individu qui, par une voie quelconque, annonce des cours préparatoires auxdits examens, est signalé au procureur du roi ; et il doit être fait mention, dans les feuilles publiques, des poursuites exercées en conséquence contre lui.

743. — Les facultés des lettres et les commissions instituées par l'ordonnance du 18 janvier

1816, procèdent chaque année dans trois sessions aux examens du baccalauréat ès-lettres. La première session s'ouvre le quinzième jour avant l'époque fixée pour l'ouverture des vacances du collége dans chaque académie. La deuxième du 15 oct. au 1er nov.; la troisième du premier lundi qui suivra les vacances de Pâques au lundi suivant. — Arr. 24 juill. 1840, art. 1er.

744. — Dans l'académie de Paris, la première session peut s'ouvrir dès le 25 juillet jusqu'au 1er septembre; la deuxième peut se prolonger jusqu'au 15 nov.; la troisième a lieu du 1er au 15 janv.; et une quatrième est ouverte du 1er au 15 avr. — *Ibid.*

745. — Une quatrième session d'examen correspondant à celle qui a lieu du 1er au 15 janv. dans l'académie de Paris, a été, au surplus, instituée dans les autres académies du royaume. — Arr. 11 déc. 1840.

746. — Les dispositions contenues aux art. 19, décret du 17 mars 1808, 18 du statut du 16 fév. 1810, 23, décr. 15 nov. 1811, 1er et 2 de l'ord. 17 oct. 1821, et les arrêtés 17 juill. 1835, 11 avr. et 16 mai 1837, continuent d'être exécutés quant aux conditions d'admissibilité aux épreuves.

747. — Les art. 9 et suiv. de l'arr. 14 juill. 1840 déterminent les formes générales des examens, qui se composent, pour le baccalauréat, de trois séries d'épreuves : 1o la composition écrite ; — 2o l'explication des auteurs grecs, latins et français; — 3o les questions orales.

748. — Les candidats ne sont admis aux épreuves orales qu'autant qu'ils ont subi celle de la composition, qui consiste dans une version latine à peu près de la même force et de la même étendue que les versions latines données en rhétorique, d'une manière jugée satisfaisante. — Arrêté précité.

749. — La deuxième épreuve, qui est celle de l'explication, porte sur des textes pris dans des auteurs dont la liste est annexée au réglement fixé par ledit arrêté du 14 juill. 1840.

750. — Au même réglement est annexé pour la troisième épreuve un programme de questions orales portant sur la philosophie, la littérature, l'histoire, la physique et les mathématiques.

751. — Les candidats sont admis d'après le mérite de la composition écrite et des épreuves orales. Tout candidat refusé ne peut se présenter à un nouvel examen que dans une autre session : ce nouvel examen doit être nécessairement subi devant la même faculté ou la même commission que le précédent, à moins d'une dispense expresse accordée par le ministre, en conseil royal.

752. — Quatre juges au moins doivent prendre part aux examens, y compris le membre adjoint chargé de la partie de l'examen relative aux sciences. Dans les académies qui ne possèdent point de facultés de lettres, les commissions sont actuellement présidées par un inspecteur de l'académie, désigné par le recteur. Les autres membres des commissions sont : le professeur de philosophie du collége royal, le professeur de rhétorique, le professeur d'histoire, le professeur de mathématiques et le professeur de physique alternativement. — Arr. 14 juill. 1840, art. 9 et 22. — Rendu, p. 411.

753. — Chaque candidat, avant de subir les épreuves, appose de nouveau sur le registre sa signature, en présence des examinateurs, lesquels vérifient cette signature. Les étudians sont prévenus chaque fois des suites que pourraient avoir pour eux, d'après les réglemens et d'après la loi, les fausses signatures apposées par eux, ou toute autre fraude dont ils se seraient rendus coupables. — *Ibid.*

754. — La faculté ou la commission délivre pour chaque candidat jugé admissible un certificat d'aptitude, lequel, après avoir été visé par le recteur, est transmis au ministre, qui confère le diplôme dans la forme établie.

755. — Nul diplôme ne peut être remis à l'impétrant qu'après que celui-ci aura apposé sa signature tant sur l'acte même que sur le registre sus-indiqué, lequel servira à constater la remise du diplôme. Tout diplôme qui ne porte point la signature de l'impétrant et celle du fonctionnaire qui a fait la remise de l'acte, doit être considéré comme non avenu, et comme ne conférant aucun droit.

756. — Il y a chaque année, pour l'obtention de la licence dans les facultés des lettres du royaume, deux sessions d'examens ouvertes l'une dans le premier mois de l'année scolaire, l'autre dans le dernier mois de la même année. Dans l'académie de Paris une troisième session peut avoir lieu aux vacances de Pâques. — Arr. 17 juill. 1840, art. 1er et suiv.

757. — Pour être admis à l'examen de licence, il faut justifier du diplôme de bachelier ès-lettres obtenu depuis un an et avoir pris des inscriptions pendant une année au moins à deux des cours de la faculté des lettres. — Même arrêté, art. 3 ; — V. aussi statut 16 fév. 1810, art. 32. — Il peut être toutefois accordé des dispenses d'inscriptions et d'assiduité aux candidats qui, par leurs fonctions dans l'instruction publique, n'ont pu suivre les cours de la faculté. — *Ibid.*

758. — Il y a pour la licence des épreuves écrites et des épreuves orales, les premières sont : une composition de prose française, une composition de vers latins, un thème grec. — V. pour les détails arrêté précité, art. 3....11. — Rendu, p. 431.

759. — Après que la faculté a prononcé sur le mérite des compositions, l'on passe aux épreuves orales auxquelles ne prennent part que les candidats jugés admissibles d'après le mérite de la première épreuve. Ces épreuves orales consistent dans l'explication à livre ouvert d'un texte grec, d'un texte latin et d'un texte français, explication qui entraîne pour les candidats l'obligation de répondre à toutes les questions de philosophie, d'histoire, de littérature, de langue et de goût auxquelles les textes expliqués peuvent donner lieu. La faculté forme par ordre de mérite d'après l'ensemble des épreuves une liste des candidats qui est transmise, avec un rapport spécial du doyen, au ministre de l'instruction publique. — *Ibid.*

760. — Pour être admis aux épreuves du doctorat ès-lettres, il faut justifier du grade de licencié, et soutenir deux thèses l'une en latin, l'autre en français sur deux matières distinctes, choisies par le candidat, d'après la nature de ses études et parmi les objets de l'enseignement de la faculté. — V. statut 16 fév. 1810, art. 35...39 ; arr. 17 juill. 1840, art. 1er et 6.

761. — Le dernier arrêté fixe en outre les détails relatifs à la présentation et un dépôt des thèses, ainsi que tout ce qui concerne le mode et la durée de cette dernière épreuve universitaire.

762. — On a indiqué *suprà* les grades exigés pour les fonctions universitaires. Le conseil de l'université s'est, comme on l'a déjà remarqué, occupé dès 1814 du soin de déterminer, comme l'en avait chargé l'art. 187, décr. 15 nov. 1811, les diverses professions auxquelles il convenait d'imposer la nécessité des grades. D'après le projet qui est résulté de ce travail, non-seulement le grade de bachelier ès-lettres était exigé de ceux qui se destinaient aux professions libérales, mais encore de ceux qui aspiraient soit à être nommés secrétaires d'académie ou de faculté, ou conservateurs d'une bibliothèque publique, soit à être reçus imprimeurs ou inspecteurs de la librairie. Remarquons même que l'on exigeait la garantie d'un premier grade dans les lettres et dans les sciences pour l'emploi de directeur d'une école secondaire ecclésiastique. — V. au surplus Rendu, p. 428, en note.

## CHAPITRE IV. — *De l'enseignement secondaire.*

763. — Cette branche de l'enseignement est celle qui a suscité les plus vifs débats; et on le conçoit sans peine, parce que si l'instruction primaire empêche le peuple de tomber dans la barbarie, tandis que l'instruction supérieure prépare les jeunes gens des classes élevées aux professions libérales, c'est l'instruction secondaire qui communique l'ensemble des connaissances humaines, et forme ce qu'on peut appeler les classes éclairées, lesquelles font la nation elle-même par la contagion de leurs idées et de leurs sentimens. — Thiers, *Rapport*, p. 6 et suiv.; Serrigny, *Tr. de dr. public*, t. 2, p. 351.

764. — Les établissemens d'instruction secondaire sont publics ou privés.

765. — Les établissemens publics d'enseignement secondaire se divisent en deux catégories : 1o les colléges royaux ; — 2o les colléges communaux, qui se subdivisent en deux espèces, suivant qu'ils sont, ou non, de plein exercice.

766. — On a traité au mot COLLÉGE de ce qui concerne les établissemens, principalement au point de vue de leur personnel et de leur administration. On n'a donc à s'en occuper ici qu'au point de vue de l'enseignement proprement dit.

767. — On divise en trois classes les établissemens privés d'enseignement secondaire. — On donne le nom de pensions aux établissemens dans lesquels le cours d'études ne s'élève pas au-dessus des classes dites de grammaire. — On donne le nom d'institutions aux établissemens dans lesquels le cours d'études comprend les classes dites de grammaire et les classes dites d'humanités. — On donne enfin le nom d'institutions de plein exercice aux établissemens dans lesquels le cours d'études est complet, c'est-à-dire dans lesquels le cours d'études comprend, outre les classes de grammaire et d'humanités, les classes de rhétorique et de philosophie.

768. — Il y avait autrefois à Paris dix colléges fréquentés par 4,152 élèves sur 610,000 habitans. Aujourd'hui, sur un million d'habitans, il n'y a que sept colléges et 5,000 élèves. Le nombre total des colléges existant avant 1789 était de 562. Le nombre des élèves était de 72,247. — Giraud, *Observations sur un mémoire de M. Blanqui* (*Compte-rendu des travaux de l'ac. des sc. mor. et pol.*, cahier d'avr. 1846, p. 252).

769. — Au 1er janv. 1843, il n'existait en France que 46 colléges royaux, gouvernés par l'université et entretenus aux frais de l'état, donnant l'instruction à 18,700 élèves. — Charles Dupin, *Journ. génér. de l'instr. publ.* du 24 avr. 1844; Thiers, *Rapport*, p. 22. — Ce nombre des colléges royaux était avec raison signalé comme insuffisant par M. de Broglie, dans son rapport sur l'instruction secondaire (V. *Journ. génér. de l'instr. publ.* du 13 avr. 1844). Le noble pair ajoutait, en forme de contraste, qu'en Prusse, pour une population de 14 millions d'ames, il y a cent neuf grands gymnases, et qu'en Hollande, pays dont la population n'atteint pas 3 millions d'ames, il y avait dès 1835 plus de soixante écoles latines.

770. — On compte, en Belgique, 74 établissemens d'instruction secondaire, savoir : 6 athénées, 61 colléges et 7 écoles industrielles. Sur les 61 colléges, le clergé en possède vingt en toute propriété, et quatorze par suite de cession des villes; 5 colléges sont des institutions particulières, et 22 seulement sont restés des établissemens communaux. — *Journ. génér. de l'instr. publ.* du 28 fév. 1844.

771. — Au 1er janv. 1843 nous avions 312 colléges communaux peuplés de 26,584 élèves. Dans un pays qui compte plus de 38,000 communes, ce chiffre réduit du nombre des colléges communaux est encore bien insuffisant. Nous disons *réduit*, car, en 1813, il y en avait 346, en 1829 on en comptait encore 320. En 1813, la France comptait 12 colléges communaux par million d'hommes; en 1844, elle n'en compte plus que 9. Ce qui rend cette diminution plus déplorable encore, c'est l'extrême inégalité de la répartition des colléges communaux entre les départemens. — Charles Dupin, discours à la chambre des pairs (*Journ. génér. de l'instr. publ.* du 24 avr. 1844).

772. — Le nombre des colléges royaux est aujourd'hui porté à 50; et au 1er déc. 1845, on comptait dans les colléges royaux et communaux, 60,315 élèves, savoir : dans les colléges royaux, 23,270 ; dans les colléges communaux, 37,045. — Giraud, *loc. cit.*

773. — Quant aux établissemens privés d'instruction secondaire, le nombre des pensions était en 1844 de 914, dont 120 tenues par des ecclésiastiques, le nombre des institutions de 102, dont 40 aux mains des ecclésiastiques, enfin le nombre des institutions de plein exercice de 23, dont 17 tenues par des ecclésiastiques catholiques, 2 par des ministres protestans, et 4 seulement par des laïques. — Trois institutions, par exception, sans être de plein exercice, comprennent dans leur cours d'études la classe de rhétorique. Elles sont établies à Montreuil-sur-Mer, à Sainte-Marie (Basses-Pyrénées) et à Yvetot. — De Broglie, rapport à la chambre des pairs, *loc. cit.*; M. Thiers, *ubi suprà*, évalue à 36,000 le nombre des élèves qui fréquentent les 1,016 maisons particulières dont on vient de parler.

774. — Indépendamment des institutions et des pensions, dont 160 sur 1,016 sont tenues par des ecclésiastiques, le clergé a obtenu en 1815 une création particulière d'écoles connues sous le nom de *petits séminaires* ou *d'écoles secondaires ecclésiastiques*. Le décr. 17 mars 1808 (art. 3) n'admettait comme écoles spéciales en dehors de l'université que les séminaires proprement dits, appelés *grands séminaires*, où l'instruction dépend des archevêques et évêques. On exposera au mot SÉMINAIRE tout ce qui concerne le régime de ces établissemens, et notamment les graves discussions auxquelles a donné lieu l'institution des petits séminaires.

775. — L'enseignement proprement dit qu'offrent aux familles les établissemens publics d'instruction secondaire a été successivement réglé, dans sa forme essentielle et dans ses variétés, par une série de lois, ordonnances, réglemens, décisions, statuts et arrêtés dont nous croyons devoir indiquer ici, par ordre chronologique, les textes principaux. — L. 11 flor. an X, art. 10 et suiv. et 25; arr. 19 frim. an XI, art. 1er, 10, 19, 27 et suiv.; régl.

19 sept. 1809, art 1er et suiv.; arr. 14 juin et 17 sept. 1811, 3 oct. 1813; statut 28 sept. 1814, art. 119 et suiv.; arr. 6 juin 1816 et 16 mai 1818; ordonn. 26 mars 1819; arr. 31 oct. 1820; ordonn. 27 fév.; statut 4 sept.; arr. 10 nov. 1821; arr. 13 mars et 21 sept.; décis. 25 nov. 1824; arr. 29 nov. 1825, 21 oct. et 22 nov. 1826, 15 sept. 1827, 10 fév., 19 mai, 8 et 18 sept., 6 oct. 1829, 24 fév., 3 avr., 11 sept 1830, 13 nov. 1831; décis. 30 oct. 1832; arr. 8 et 18 oct. 1833, 8 juill. et 12 sept. 1834, 30 juin et 4 oct. 1835, 16 sept. et 14 oct. 1836, 5 janv., 2 mars, 1er et 29 juin, 11 août, 18 sept., 5 et 9 oct. 1838, 10 et 14 fév., 30 juin, 25 août, 4 et 22 sept. 1840, 13 avr., 14 et 27 sept., 15 oct. et 2 nov. 1841, 23 sept. et 27 déc. 1842, 17 janv., 10 et 14 fév., 4 août 1843, 5 et 8 juill.; ordonn. 15 nov. 1845.

## Sect. 1re. — *Des établissemens publics d'instruction secondaire.*

776. — L'instruction secondaire est définie par son objet dans l'art. 1er du projet de loi présenté à la chambre des pairs le 2 février 1844. Aux termes de cet article, elle comprend l'instruction morale et religieuse, les études de langues anciennes et moderne, de philosophie, d'histoire et de géographie, de sciences mathématiques et physiques qui servent de préparation, soit aux examens de baccalauréat ès-lettres et du baccalauréat ès-sciences, soit aux examens d'admission dans les écoles spéciales.

777. — L'enseignement secondaire se divise en trois parties distinctes, savoir : l'enseignement élémentaire, l'enseignement des lettres et l'enseignement des sciences. — Statut du 4 sept. 1821, art. 130.

778. — L'enseignement élémentaire, outre l'histoire sainte, comprend la grammaire française, la grammaire latine, la géographie, l'arithmétique et l'écriture. Tel est l'objet que lui assigne le statut du 4 sept. 1821, où se trouvent en même temps déterminés les détails et les formes de cet enseignement. — Rendu, p. 595.

779. — L'enseignement des lettres comprend essentiellement les lettres latines, grecques et françaises; on y joint la géographie, l'histoire, tant ancienne que moderne, la mythologie, une connaissance suffisante des antiquités grecques et romaines, et les premières notions des sciences naturelles. — Même statut, art. 158. — V., pour les détails, Rendu, p. 596 et suiv.

780. — L'enseignement des sciences comprend la philosophie, les sciences mathématiques, physiques et chimiques. — Rendu, p. 598 et suiv.

781. — Pour que l'on puisse saisir d'un coup d'œil les élémens multiples qu'embrasse dans son cercle l'enseignement secondaire, nous donnons ici le tableau de la répartition des études dans les colléges royaux et dans les colléges communaux de plein exercice, dressé en exécution de l'arrêté du 25 août 1840.

782. — CLASSE ÉLÉMENTAIRE DE SEPTIÈME : langue française et premiers élémens de la langue latine, huit classes. Histoire, géographie, calcul, deux classes. — SIXIÈME : langue française et latine, premiers élémens de la langue grecque : neuf classes (dix à Paris). Histoire ancienne : une classe. — CINQUIÈME : langue française, latine et grecque : neuf classes (dix à Paris). Histoire ancienne, une classe. — QUATRIÈME : langues anciennes, huit classes. Langues vivantes, une classe. Histoire romaine, deux classes. — TROISIÈME : langues anciennes, huit classes. Langues vivantes, une classe. Histoire du moyen-âge, deux classes. — SECONDE : langues anciennes, huit classes. Langues vivantes, une classe. Histoire moderne, deux classes. — RHÉTORIQUE : langues française, grecque et latine, huit classes (neuf classes à Paris). Histoire de France, deux classes. — PREMIÈRE ANNÉE DE PHILOSOPHIE : philosophie, cinq classes, le reste du temps se trouvant consacré aux sciences mathématiques, physiques, chimiques et à l'histoire naturelle. — DEUXIÈME ANNÉE DE PHILOSOPHIE : mathématiques spéciales, six classes. Physique, trois classes. Compositions alternatives de mathématiques et de physique, une classe.

783. — N'oublions pas d'ajouter que la cosmographie est aussi entrée dans le programme de l'enseignement secondaire. Ce cours est fait une fois par semaine par un des professeurs de mathématiques. — Arr. 18 oct. 1833, 14 oct. 1836 et 18 sept. 1838.

784. — Le chant prescrit pour les écoles primaires par la loi du 28 juin 1833 fait partie de l'enseignement des colléges royaux; il est obligatoire pour les élèves des premières classes, jusqu'à la cinquième inclusivement. — Arr. 2 oct. 1838. — V. INSTRUCTION PRIMAIRE.



785. — Il y a dans les colléges des maîtres d'écriture, de dessin et de musique. Un arrêté du 19 frim. an XI ajoutait même qu'un officier instructeur serait chargé d'apprendre l'exercice aux élèves âgés de plus de douze ans.

786. — Quelques modifications ont été introduites dans ce tableau de la répartition des études dans les colléges royaux et les colléges communaux de plein exercice. Ainsi, par exemple, aux termes d'un arrêté du 14 sept. 1841, en rhétorique, dans les colléges de Paris et de Versailles, neuf classes par semaine restent affectées aux études de langues anciennes et de littérature, et une seulement l'est aux études d'histoire. Dans les colléges royaux des départemens, où le cours de rhétorique est confié à un seul professeur, il n'a été rien changé à la répartition dudit cours et du cours d'histoire correspondant.

787. — Ce plan d'études est celui que l'expérience universelle a consacré, celui qui a formé nos pères et qu'il eût été insensé de répudier en un jour sur la foi de théories aventureuses. — Cousin, *Défense de l'université*, p. 51.

788. — Il est fondé sur cette idée que l'instruction secondaire ne pas préparer spécialement à aucune profession savante et industrielle, que son but est plus général, et qu'elle doit, avant tout, préparer des hommes et des citoyens, laissant à l'instruction supérieure ou à l'éducation professionnelle le soin de former ensuite des savans, des médecins, des magistrats et des commerçans.

789. — Or, si ce principe est vrai, le fond de l'instruction secondaire doit être évidemment les humanités, c'est-à-dire l'étude des langues et des littératures de la Grèce et de Rome, couronnée par celle de la littérature nationale.

790. — La préparation aux carrières est le principe de l'enseignement secondaire chez tous les peuples civilisés. Qu'on regarde où l'on voudra : en Allemagne, en Hollande comme en France, on n'en trouvera pas d'autre.

791. — Après les humanités, qui ont ébauché l'homme, viennent pour l'achever des études plus sévères. L'élève ne quitte pas le collége sans que les mathématiques, les sciences physiques et naturelles, et la philosophie enfin aient exercé son entendement et formé sa raison; mais évidemment il ne fallait le mettre aux prises avec ces études qu'à l'âge où naît en lui la réflexion. — Cousin, *loc. cit.*

792. — Le plan d'études, suivi dans l'université, est donc vraiment conforme aux lois générales qui président au développement des facultés de l'homme. On peut le modifier dans quelques détails, y combler quelques lacunes; mais son ordonnance générale est irréprochable, et l'on ne saurait y toucher sans atteindre le pays dans ses plus chères espérances.

793. — On a sans doute remarqué la place considérable qu'occupe dans le tableau précité de la répartition des études l'enseignement de l'histoire. En fondant cet enseignement dans tous les colléges de France, il y a bientôt trente ans, M. Royer-Collard s'est vraiment honoré par un service public et social. L'histoire bien enseignée est, en effet, une des sources les plus fécondes d'instruction. Dans la plupart des colléges royaux, un seul professeur a suffi jusqu'à présent au fardeau de cet enseignement; mais la tâche est immense, et il deviendra sans doute impossible qu'elle soit l'œuvre d'un seul. A Paris, on a été forcé d'attacher trois professeurs à cette branche des études classiques dans chaque collége royal, et il n'y a pas d'apparence que ni l'importance ni la difficulté des cours d'histoire diminuent avec le temps. Du reste, c'est justice qu'en raison de cette importance et de cette difficulté mêmes, on ait enfin fixé, en l'améliorant sensiblement, la position des professeurs d'histoire par une ordonnance du 14 nov. 1845. — Rendu, *Supplém.* de la 1re partie, p. 14, et 2e partie, p. 613.

794. — On a aussi remarqué que l'instruction morale et religieuse est inscrite en tête même du projet de loi sur l'instruction secondaire dont on a cité, *suprà* no 776, l'art. 1er. En se conformant sous ce rapport, a dit M. Villemain dans son exposé de motifs, à l'esprit des décrets et réglemens qui ont déterminé l'enseignement religieux dans les colléges, le projet de loi n'a voulu que rappeler un principe non moins essentiel à l'enseignement particulier qu'à l'enseignement public. L'entreprise de former une école sans croyance n'est pas probable, ajoute-t-il; mais il faut, pour l'honneur public, que l'essai *n'en soit pas même possible*, et il importe à la loi de donner à tout établissement d'instruction *la base et la sanction du principe religieux.*

795. — Et, à ce sujet, nous devons remarquer



que, quand on fait reposer tout l'enseignement secondaire sur la base de l'instruction morale et religieuse, l'on entend parler de la religion enseignée dans ses dogmes et dans sa morale; c'est ce dont on peut se convaincre en parcourant le programme d'études de nos colléges royaux.

796. — Seulement, en ce qui concerne l'instruction morale et religieuse, l'énoncé de l'art. 1er du projet de loi sur l'enseignement secondaire n'était point, ainsi que l'a fait observer M. de Broglie dans son savant rapport, suffisamment complet. D'une part, en effet, cet article n'indiquait point comme indispensable l'intervention des ministres du culte, qui seuls ont néanmoins, de concert avec les parens, autorité et mission pour annoncer aux enfans les vérités de la foi. En second lieu, il ne pourvoyait pas à la diversité des cultes; il ne réservait pas enfin aux parens le droit de faire instruire leurs enfans par des ministres de leur choix, droit précieux pour tous les parens, et qui ne saurait être refusé, sans injustice, aux membres des communions dans lesquelles la dissidence est permise.

797. — C'est d'après ces observations que la commission de la chambre des pairs proposait un article additionnel qui était ainsi conçu : — « L'instruction religieuse, en ce qui concerne l'enseignement du dogme et l'histoire de la religion, est donné séparément, s'il y a lieu, dans les établissemens privés ou publics, par un ministre de chaque culte. Les pères de famille peuvent, s'ils le jugent convenable, faire instruire leurs enfans dans ces établissemens, par un ecclésiastique ou par un ministre de leur choix. »

798. — La chambre des pairs s'était arrêtée, à cet égard, à une disposition qu'avait également adoptée la commission de la chambre des députés, et dont voici le texte : — « L'instruction religieuse, en ce qui concerne l'enseignement du dogme et l'histoire de la religion, sera donnée séparément, dans les établissemens publics et particuliers, aux élèves qui appartiennent à des communions différentes. Cet enseignement sera donné aux élèves catholiques par l'aumônier de chaque établissement, ou par tout autre ecclésiastique dûment autorisé, et aux élèves qui appartiennent aux cultes non catholiques par un ou plusieurs ministres de chaque culte dûment autorisés. »

799. — Comme on vient de le dire *suprà* no 794, le projet de loi, en assignant l'instruction morale et religieuse pour fondement à l'enseignement secondaire, n'a fait, au surplus, que se conformer aux plus anciennes dispositions en vigueur sur cette matière. Non seulement il en était ainsi antérieurement à 1789, ainsi que l'a dit M. de Montalembert dans la séance du 26 avr. 1844 (V. *Journ. gén. de l'inst. publ.* du 27 avr. de la même année), mais il est de la plus stricte justice de remarquer que la pensée du fondateur de l'université a été d'élever cette institution sur la même base, la seule solide, ainsi que l'a si parfaitement démontré Rollin (*Tr. des étud.*, t. 1er, p. 111, 128 et s., t. 4, p. 351). Cette pensée se révèle notamment par cette circonstance que l'institution des aumôniers dans nos grandes maisons d'instruction et d'éducation publiques est de la même date que la création des lycées. — Arrêté du 19 frim. an XI, art. 28.

800. — Napoléon, en établissant des aumôniers, ne voulait donc pas que les lycées fussent des écoles d'athéisme et de septicisme. C'est dans le même but que la restauration, et en cela elle était dans son droit, a conféré aux autorités ecclésiastiques un droit de surveillance sur l'enseignement religieux, ainsi que nous l'avons vu *suprà*.

801. — Les aumôniers exercent l'auguste fonction d'instruire les élèves dans la religion et de leur faire contracter des habitudes religieuses. (V. statut du 4 sept. 1821, art. 13...15.) Ils sont assimilés aux professeurs de premier ordre dans les colléges royaux, aux professeurs de deuxième ordre dans les colléges communaux, et ils peuvent être nommés officiers de l'université. — Rendu, p. 152 et s., 208, 330, 704, et *Supplém.*, p. 1re.

802. — Du reste, à cette occasion, il est impossible de ne pas remarquer avec la commission de la chambre des pairs, que le nombre d'heures consacré dans nos colléges à l'instruction religieuse n'est pas suffisant. On se plaint en général que cette instruction n'excède guère les limites du catéchisme ordinaire, et ce ne sont pas seulement les détracteurs aveugles de l'université, ce sont ses professeurs les plus illustres qui ont mainte et mainte fois exprimé ce regret. — Rapport de M. de Broglie, *Journ. gén. de l'inst. publ.*, numéro du 13 avr. 1844, p. 236.

803. — Maintenant, à quoi servirait de prendre ainsi des mesures pour que l'instruction morale et religieuse fût sérieusement enseignée dans les établissemens d'instruction secondaire, si, ainsi

ENSEIGNEMENT, ch. 4. sect. 1re.


que le prétendent les adversaires de l'université, il était vrai que la philosophie universitaire eût pour effet nécessaire d'étouffer dans les ames le sentiment religieux ?

804. — Ce n'est point ici le lieu de porter un jugement sur l'enseignement philosophique de l'université. Laissant donc de côté la discussion des principes qui lui servent de base, nous nous bornerons à lui reprocher, avec M. de Broglie, de pécher par excès de développement et d'étendue. Nous voudrions que son programme fût restreint à la logique et à la psychologie, convaincus, comme nous le sommes, que toutes les questions d'histoire de philosophie et de haute métaphysique ne peuvent être abordées impunément par les jeunes élèves de nos colléges, et ne sont propres à cet âge qu'à troubler les croyances, quand elles ne les détruisent pas.

805. — Tout en nous éloignant sur ce point de l'avis émis par M. Thiers (dans son rapport, p. 71 et s.), nous pensons du reste avec lui (*loc. cit.*) qu'il serait absurde d'exiger, comme on l'a proposé, que le programme des études philosophiques dans les colléges fût discuté en conseil d'état comme un réglement d'administration publique; de pareilles questions ne se traitent pas comme les matières administratives, et tout en appréciant dans une certaine sphère les hautes lumières du conseil d'état, il est bien permis de douter de l'universalité de son esprit.

806. — L'art. 17, ordonn. 26 mars 1829, portait que des réglemens universitaires prescriraient les mesures nécessaires pour que l'étude des langues vivantes, eu égard aux besoins des localités, fît partie de l'enseignement dans les colléges royaux.

807. — L'enseignement d'une langue vivante est obligatoire dans tous les colléges du royaume. Depuis 1839 les langues vivantes ont été comprises dans le grand concours. — V. pour les détails, arrêtés des 21 août et 2 oct. 1838. — Rendu, p. 640 et suiv.

808. — C'est une décision spéciale du conseil royal qui détermine pour chaque collége le choix des langues vivantes qu'on y doit enseigner. Cet enseignement a lieu dans les classes de cinquième, quatrième et troisième. — V. arrêté du 18 sept. 1829. — Aux termes de l'arrêté précité du 21 août 1838, les cours de langues vivantes se prolongent même aujourd'hui jusqu'en rhétorique.

809. — Les langues vivantes, et spécialement la langue allemande et la langue anglaise, ne devant être enseignées dans les colléges royaux que d'une manière approfondie et qui se rapproche des études classiques, le diplôme de bachelier-ès-lettres a été exigé des candidats aux places de maîtres de langues vivantes. — Arrêté du 5 janv. 1838.

810. — La langue allemande et la langue anglaise sont professées dans tous les colléges royaux. Toutefois, les colléges des académies de Corse, d'Aix, de Grenoble et de Montpellier peuvent substituer l'italien à une de ces deux langues. Il en est de même à l'égard de l'espagnol, dans les académies de Bordeaux, de Pau et de Toulouse. L'option est donnée aux parens. — Les colléges royaux de Paris peuvent avoir, simultanément avec les cours d'anglais et d'allemand, des cours d'italien et d'espagnol. — Arrêté du 21 août 1838.

811. — L'enseignement des langues vivantes se compose de deux leçons, d'une heure chacune par semaine, données en dehors du temps ordinaire des classes, aux élèves de quatrième, troisième, seconde et rhétorique, dont la liste est déterminée par le proviseur au commencement de l'année scolaire. — Arrêté du 14 sept. 1841.

812. — M. Blanqui, dans un Mémoire remarquable dont nous avons déjà parlé *suprà* cherche à établir que l'enseignement secondaire tel qu'il est donné par l'université, est en désaccord avec les besoins publics. Il reproche amèrement à cet enseignement de n'avoir uniquement en vue que l'étude de deux langues mortes, et de n'apprendre à personne son métier dans un pays dont toutes les tendances ont aujourd'hui un caractère industriel et administratif.

813. — Nous avons déjà répondu en partie à cette critique en établissant que le but de l'enseignement secondaire n'est point précisément d'apprendre à chacun son métier, mais plutôt de préparer aux carrières. Mais il y a d'autres considérations à ajouter : il n'est point vrai que l'enseignement universitaire n'ait uniquement pour objet que l'étude de deux langues mortes; les sciences y occupent une place considérable, et nous venons de constater, d'un autre côté, que l'importance de l'enseignement des langues vivantes est loin d'avoir été méconnue.

814. — Ce qui démontre de plus en plus que l'université est loin d'être restée en arrière des nouvelles tendances de l'époque, c'est l'établissement de cours industriels annexés aux colléges royaux. On peut voir notamment à cet égard dans le *Code universitaire* de M. Rendu, p. 690 et suiv., le programme des cours spéciaux établis dans le collége royal de Nancy, en faveur des élèves qui, après avoir suivi les premières années des cours classiques, veulent se livrer au commerce, aux divers arts industriels, ou à une profession quelconque pour laquelle l'étude approfondie des langues anciennes n'est point indispensable.

815. — Ainsi encore il a été établi au collége royal de Versailles, en faveur des élèves qui se destinent aux écoles spéciales du gouvernement, aux *professions commerciales ou industrielles*, à la condition toutefois que les parens de ces élèves en expriment formellement le vœu, des cours préparatoires qui comprennent : 1° un cours de mathématiques élémentaires composé de sept leçons par semaine; 2° un cours de langue française et de littérature, lequel consiste en analyses d'auteurs français, traductions écrites de textes latins et en rédactions françaises sur des sujets d'histoire et de morale; 3° un cours de comptabilité commerciale; 4° un cours de langue anglaise ou de langue allemande; 5° un cours de dessin linéaire. — Arrêté du 12 mai 1843.

816. — On trouve aussi annexée au collége royal de La Rochelle une école spéciale d'industrie maritime et commerciale dont l'enseignement comprend, outre les cours d'hydrographie, de théorie de constructions navales, d'élémens de législation maritime, de commerce et de géographie commerciale, autorisés par l'ordonnance du 29 oct. 1844, des cours complémentaires de littérature française, d'histoire du commerce et de chimie appliquée. La durée des cours de cette école est de deux années : les aspirans à l'école d'industrie maritime, qui ne sont pas encore en état d'en suivre les cours, reçoivent d'abord un enseignement préparatoire dont la durée est également fixée à deux ans, et qui comprend des leçons de grammaire, de langues vivantes, de dessin, de dessin linéaire, d'arithmétique et de géométrie pratique, d'histoire générale abrégée, et particulièrement d'histoire de France. — Arrêté du 15 déc. 1844. — Pour le tableau de la répartition des cours, et le réglement d'études et programme des matières enseignées, V. Rendu, p. 694 et suiv.

817. — Il est d'autres faits qui répondent encore aux observations de M. Blanqui. L'enseignement des colléges royaux et communaux ne se borne pas aux lettres grecques et latines, puisque c'est parmi leurs élèves que se recrutent presque exclusivement l'école Polytechnique, l'école navale, l'école forestière et même l'école de Saint-Cyr. D'un autre côté, ce n'est point seulement à Nancy et à Rochefort qu'il a été établi des cours préparatoires de commerce et d'industrie; il en existe aussi dans les académies de Douai, de Paris, de Metz, de Rennes, de Nantes, de Bordeaux et de Rouen. — V. Giraud, réponse à M. Blanqui (compte-rendu de l'Académie des sciences morales et politiques, par MM. Loiseau et Vergé, cahier d'avr. 1846, p. 241 et suiv.).

818. — Dans cette académie de Rouen, les cours spéciaux d'instruction commerciale annexés au collége royal sont divisés en trois années. Sept professeurs sont attachés à la première année et enseignent la langue française, l'histoire, la géographie, l'arithmétique, les langues anglaise, allemande et italienne, et le dessin linéaire; neuf professeurs enseignent, en seconde année, la littérature, l'histoire, la géographie commerciale, les trois langues déjà nommées, la géométrie, l'arpentage, la physique élémentaire, le dessin et la tenue des livres. Les cours de troisième année ont pour objet les mêmes matières approfondies, et de plus la géométrie mécanique, la chimie et l'histoire naturelle. — Giraud, *loc. cit.*

819. — Au collége royal de Marseille, le cours spécial de commerce et d'industrie est divisé comme à Rouen en trois années. En première année, on enseigne aux élèves avec la grammaire française l'histoire et la géograpgie commerciale et l'arithmétique élémentaire; en seconde année, on revient sur les mêmes matières d'une manière plus approfondie et, si on peut le dire, plus commerciale : les élèves ont en outre un cours de chimie et d'histoire naturelle. En troisième année, ils apprennent la littérature française, l'histoire de France, les élémens du droit commercial et de l'économie industrielle, la tenue des livres et la physique. De plus, six langues vivantes sont enseignées, savoir : l'arabe, l'allemand, l'anglais, l'italien, l'espagnol et le grec moderne. — Giraud, *ibid.*

820. — Les cours préparatoires aux professions commerciales et industrielles ne comprennent pas à Lyon moins de seize professeurs chargés d'enseigner l'économie sociale, les langue et littérature françaises, l'histoire et la géographie, les mathématiques, les mathématiques appliquées, les sciences physiques et la chimie appliquées, l'histoire naturelle, le droit commercial et la tenue des livres, le dessin linéaire, le lavis, etc., la langue allemande, la langue anglaise et la calligraphie. — Giraud, *loc. cit.*

821. — Plusieurs villes ont également attaché à leurs colléges communaux des cours spéciaux que réclamait l'intérêt des professions industrielles et manufacturières (Rendu, *C. universit.*, p. 238); et tout chef d'institution ou maître de pension peut ainsi joindre ce genre d'instruction à son enseignement ordinaire.

822. — Toutefois en disculpant ainsi, d'après les faits, l'université du reproche qu'on lui a adressé d'être complétement en désaccord avec les tendances de l'époque, nous ne prétendons pas que son enseignement ne soit susceptible de perfectionnement. Ce n'est pas ici le lieu d'examiner toutes les modifications proposées; constatons seulement le désir qu'a exprimé M. Blanqui, conformément aux conclusions d'un mémoire de M. de Lafarelle déjà cité *suprà*, de voir l'économie politique pénétrer un peu dans l'enseignement de nos colléges, et le vœu analogue émis par M. de Valserres (*Man. de dr. rural*), en ce qui concerne la science agricole. — V. le compte rendu de MM. Loiseau et Vergé, cahier de juillet 1846, p. 82.

823. — L'enregistrement est uniforme dans tous les colléges; en conséquence, le conseil royal fait publier, à la fin de chaque année scolaire, le catalogue des ouvrages dont les professeurs doivent se servir l'année suivante. — Statut du 4 sept. 1821, art. 130-135 (Rendu, p. 592); ord. du 27 fév. 1821, art. 16.

824. — Cette uniformité n'empêche pas toutefois le conseil de l'université de varier, suivant les besoins de chaque localité, les objets d'instruction; et c'est ainsi, par exemple, que, conformément au vœu de l'ord. du 26 mars 1829, l'enseignement des langues vivantes porte plus particulièrement sur l'espagnol et sur l'italien dans les colléges du Midi, sur l'anglais et sur l'allemand dans les colléges du Nord. — Rendu, p. 156, note 1re.

825. — Tous les élèves sont tenus de suivre toutes les parties de l'enseignement de leurs classes respectives; ceux qui ne les ont pas suivies exactement ne sont pas admis au concours pour les prix à la fin de l'année, et ne peuvent passer à une classe supérieure. — Statut du 4 sept. 1821, art. 130-135 (Rendu, p. 592).

826. — Toutefois les élèves qui, d'après le vœu de leurs parens, ne sont pas destinés à prendre des grades dans les facultés, peuvent, après avoir achevé leur troisième, être admis aux cours de mathématiques élémentaires et aux cours correspondans de physique et de chimie. — Nul élève n'est admis en philosophie qu'après avoir suivi pendant une année entière le cours de rhétorique. — Arrêté du 6 mai 1836.

827. — Pour exciter l'émulation des jeunes élèves, des prix leur sont distribués, non seulement dans chaque collége, mais en outre à la suite d'un concours général auquel prennent part tous les colléges royaux et particuliers de Paris et de Versailles.

828. — L'institution du concours général a donné lieu aux plus vives critiques. On a dit avec raison que cette institution exerçait une fâcheuse influence sur la direction des classes, où il n'y a de soins et d'attentions que pour les élèves qui donnent des espérances pour le concours, tandis que la grande majorité des élèves sont entièrement abandonnés à eux-mêmes sans que l'on daigne prendre en considération les sacrifices que s'imposent les familles en vue d'un tout autre résultat.

829. — On peut voir dans M. Rendu (*Code universitaire*, p. 681) les dispositions qui composent le réglement du concours général. Contentons-nous de remarquer que les prix d'honneur, qui sont ceux de dissertation française en philosophie, de mathématiques spéciales et de discours latin en rhétorique, confèrent certains priviléges, notamment la dispense du service militaire. — V. RECRUTEMENT.

830. — On a vu (*suprà* nos 765 et suiv.) que les colléges communaux se divisent en deux ordres : dans les uns, qui sont ceux du premier ordre et de plein exercice, les élèves reçoivent l'instruction secondaire complète, telle que nous l'avons définie par son objet d'après l'art. 1er du projet de loi et l'organisation des études est entièrement conforme à celle des colléges royaux; dans les autres, les élèves ne reçoivent qu'une partie de cette instruction.

831. — L'enseignement de ces derniers s'élève plus ou moins depuis les classes de grammaire jusqu'à la rhétorique inclusivement; aucun d'eux n'a de classe de philosophie. Le projet de loi voulait, pour faire cesser entre ces colléges toute inégalité, qu'à l'avenir dans tout collége communal de second ordre, le cours d'études fût borné aux classes de grammaire. Mais c'est ce qui n'avait été adopté ni par la chambre des pairs, conformément à l'avis de son rapporteur (V. rapport de M. de Broglie, au *Journal de l'instr. publ.* du 13 avr. 1844, p. 247), ni par la commission de la chambre des députés.

832. —Le principe du concours, que l'on a étudié *suprà* dans son application à l'enseignement supérieur, se retrouve aussi dans l'organisation de l'enseignement secondaire.

833. — On a réuni dans un seul réglement, du 17 juin 1843, et avec les modifications nécessaires tous les réglemens antérieurs sur l'agrégation des colléges en date des 24 août 1810, 6 fév. 1821, 27 déc. 1828, 27 mai 1831, 28 fév. 1837, et les arrêtés des 22 juin 1822, 20 sept. 1823, 12 juill. 1825, 1er déc. 1827, 24 mai 1826, 11 sept. et 19 nov. 1830, 19 mars et 27 sept. 1831, 6 et 30 nov. 1832, 25 oct. 1833, 2 oct. 1840, 21 sept. 1841, 20 sept. 1842 et 21 nov. 1843.

834. — Il y a un concours spécial pour chaque ordre d'agrégation, savoir : pour la philosophie, pour les sciences mathématiques, pour les sciences physiques et naturelles, pour les classes supérieures des lettres, pour les classes d'histoire et de géographie, pour les classes de grammaire. Toutefois on peut être à la fois agrégé dans divers ordres d'agrégation. Le concours a lieu tous les ans, à Paris, pour le nombre de places fixé d'avance par le conseil royal et égal au moins aux nombres établis par l'ord. du 17 janv. 1839 ou par les arrêtés du conseil relatifs aux ordres d'agrégation institués d'après ladite ordonnance. Il s'ouvre du 20 août au 15 septembre. — Réglem. précité.

835. — Sont admis à concourir pour tous les ordres d'agrégation : — 1º les élèves de l'école Normale qui ont terminé leur cours d'études; — 2º les principaux et régens des colléges communaux, les maîtres d'études des colléges royaux et des colléges communaux après deux ans d'exercice; — 4º les chefs d'institution et les maîtres de pension après deux ans d'exercice; — 5º les répétiteurs dans les institutions ou pensions, brevetés par les recteurs, après trois ans d'exercice dûment justifiés. — *Ibid.*

836. — Sont admis en outre à concourir spécialement : — 1º pour les agrégations des sciences, les élèves de l'école polytechnique jugés admissibles dans les services publics : — 2º pour l'agrégation d'histoire, les élèves de l'école des chartes qui ont achevé leur temps d'études dans ladite école et obtenu le brevet d'archiviste paléographe. Aucun temps d'exercice n'est exigé dans l'un ou l'autre cas. — *Ibid.*

837. —Aucun temps de service dans les colléges ou dans les institutions et pensions n'est non plus exigé des principaux régens, maîtres d'études et chargés de cours qui ont obtenu le grade de docteur ès-lettres ou celui de docteur ès-sciences. — *Ibid.*

838. — Dans tous les cas, les aspirans à l'agrégation doivent avoir obtenu, pour la philosophie, les grades de licencié ès-lettres et de bachelier ès-sciences; pour les sciences mathématiques, les grades de licencié ès-sciences mathématiques et de licencié ès-sciences physiques; pour les sciences physiques et naturelles, les grades de licencié ès-sciences mathématiques et de licencié ès-sciences physiques, et le diplôme de licencié ès-sciences naturelles, ou au moins celui de bachelier ès-sciences physiques, qui comprend les épreuves d'histoire naturelle; pour les classes supérieures des lettres, le grade de licencié ès-lettres; pour les classes de grammaire, le grade de bachelier ès-lettres. Le réglement précité ajoute ensuite que les candidats doivent se faire inscrire au moins deux mois d'avance au secrétariat de l'académie dans laquelle ils résident, et que la liste en est définitivement arrêtée en conseil royal.

839. — Les juges du concours sont nommés par le ministre, après avis du conseil royal. — Quant aux formes générales du concours, elles consistent dans trois sortes d'épreuves, savoir : — 1º des compositions écrites; — 2º une argumentation ou explication orale; — 3º une leçon. — *Ibid.*

840. — C'est le président du concours qui, aux termes du réglement, est chargé de donner les sujets des compositions. Mais, en fait, il consulte les membres du jury, et M. Cournot vient de soumettre au conseil royal la question de savoir s'il ne conviendrait pas de transformer en obligation ce qui existe ainsi en fait.

841. — M. Cournot, qui a présidé cette année le concours d'agrégation pour les sciences mathématiques, vient également de proposer au conseil de l'université la modification de l'article du réglement actuel qui veut que les deux compositions qui ouvrent les épreuves de ce concours portent l'une sur le calcul différentiel et intégral, l'autre sur la mécanique; il voudrait que l'une des compositions portât sur les matières de l'enseignement des mathématiques spéciales dans les colléges.

842. — Le jury de chaque concours d'agrégation dresse, d'après le résultat des compositions écrites, une liste de candidats qui sont seuls admis à prendre part aux deux autres épreuves; cette liste contient nécessairement un nombre de candidats double au moins du nombre des places mises au concours. — Réglem. précité.

843. — Le réglement actuel contient en outre des détails relatifs aux épreuves spéciales de chaque ordre d'agrégation. Notons à cet égard que pour les agrégations de philosophie et des classes d'histoire, l'argumentation, qui constitue la seconde épreuve, porte sur des matières indiquées et publiées au moins neuf mois avant l'ouverture du concours. De même, les explications et argumentations, dans les agrégations des classes supérieures des lettres et de grammaire, portent sur des passages d'auteurs dont la liste a été également publiée neuf mois d'avance. — V. pour les détails, Rendu, p. 568 et suiv.

844.—Immédiatement après la dernière épreuve, le jury entre en délibération. Le résultat de cette délibération, dans laquelle le président a voix prépondérante, est aussitôt transmis, avec le rapport du président et le procès-verbal des épreuves, au ministre, qui ne donne l'institution qu'après l'expiration d'un délai de dix jours pendant lequel tout concurrent peut se pourvoir, mais seulement pour violation de formes, devant le conseil de l'université. — Même réglement.

845. — Ce n'est donc qu'au prix des épreuves les plus difficiles que l'on entre dans le corps enseignant attaché aux colléges royaux. Quant aux fonctionnaires chargés de l'administration, tels que les proviseurs et censeurs, V. COLLÉGE, UNIVERSITÉ.

846. — Il est toutefois une classe de fonctionnaires, celle des maîtres d'études, dont il est impossible de ne pas dire ici quelques mots. On s'est efforcé dans ces derniers temps, et c'était justice, d'améliorer et de relever leur position.

847. —Aux termes de l'art. 1er de l'ordonnance royale du 14 nov. 1844, tout candidat se présentant pour la fonction de maître d'études dans les colléges royaux ou dans les colléges communaux de première classe, doit actuellement, indépendamment du diplôme de bachelier ès-lettres, précédemment exigé, soutenir un examen spécial devant une commission composée du proviseur ou principal, et de deux autres fonctionnaires de l'établissement choisis à cet effet par le ministre sur la proposition du recteur de l'académie.

848.—Cette même ordonnance prescrit ensuite l'établissement de conférences préparatoires aux épreuves de l'agrégation pour les maîtres d'études dans les colléges royaux et communaux de première classe,—leur réserve, concurremment avec les professeurs des colléges communaux de deuxième ordre, les chaires qui deviendraient vacantes dans les colléges communaux de premier ordre, et exclusivement les places de maîtres élémentaires dans le collége royal d'internes auquel ils appartiennent, — les déclare admissibles au titre d'officier d'académie, — assure une augmentation de traitement à ceux qui, dans les concours d'agrégation, auront été admis aux épreuves définitives, ainsi qu'à ceux qui auront fait cinq années de services approuvés dans les colléges royaux, et accorde aux uns et aux autres le droit de pouvoir être appelés directement aux fonctions de principal des colléges communaux de première et de seconde classe. — Cette ordonnance porte enfin qu'il peut y avoir dans les colléges royaux des maîtres d'études, ayant le même traitement que les maîtres d'études ordinaires, et chargés de suppléances dont l'objet devra être déterminé par un réglement intérieur approuvé en conseil royal.

849.—L'ordonnance que l'on vient d'analyser laissait à régler plusieurs points de détail, par exemple, la forme et l'objet des examens auxquels sont soumis les aspirans aux fonctions de maître d'études. Aux termes d'un arrêté du 7 janv. 1845, cet examen se compose d'une épreuve écrite consistant soit en un thème latin et une version grecque, soit en une version latine et une composition de mathématiques, et d'une épreuve orale consistant dans une explication de textes latins et de questions sur les principes d'éducation et sur les matières exposées au liv. 7 du *Traité des études* de Rollin. — Ce réglement, ainsi qu'une ordonnance du 6 déc. 1845, contiennent en outre d'autres dispositions de détail dont M. Rendu rapporte le texte p. 17, supplément, et p. 1072, et qui toutes témoignent d'une juste et légitime sollicitude à l'égard des maîtres d'études.

## Sect. 2e. — *Des établissemens privés d'instruction secondaire.*

850. — On a distingué (*suprà* nº 767) les établissemens privés d'instruction secondaire en trois classes : les pensions, les institutions, et enfin les institutions de plein exercice ou colléges particuliers. Ce qui concerne les établissemens de cette dernière classe ayant été placé sous le mot COLLÉGE, il ne reste plus à parler ici que des institutions et pensions.

851. — Les institutions et pensions ne diffèrent entre elles que par le degré plus ou moins élevé d'enseignement qui s'y donne. Ce degré est fixé par le conseil royal de l'université. — Décr. 17 mars 1808, art. 5, nos 4 et suiv., et art. 106. — Il ne peut dépasser un certain niveau déterminé par les art. 15 et suiv. du décr. 15 nov. 1811, et dont on a parlé ci-dessus.

852. — La loi du 11 flor. an X (1er mai 1802) pose en principe qu'aucune école secondaire ne peut être établie sans l'autorisation préalable du gouvernement. Ce principe, conforme à l'esprit et à la lettre de notre ancien droit public, abrogé en 1793, remis en vigueur dès les premiers jours du consulat, n'a point cessé depuis de régir les institutions privées. Les autorisations sont accordées ou refusées par le ministre de l'instruction publique, de l'avis du conseil royal, et sur le rapport des recteurs d'académie. Du 1er janv. 1830 au 1er janv. 1844, il a été accordé deux mille cent dix-huit autorisations; il en a été refusé cent quatre-vingt-dix-huit; il a été prononcé cinquante-sept ajournemens. — De Broglie, rapport sur l'instruction secondaire (*Journal général de l'instruction publique*, nº du 13 avr. 1844, p. 237).

853. — Par suite du principe qui vient d'être énoncé, les chefs d'institution et les maîtres de pension ne peuvent donc exercer sans avoir reçu du grand-maître un brevet portant pouvoir de tenir leur établissement. — Décr. 17 mars 1806, art. 103.

854. — Si quelqu'un enseigne publiquement et tient école sans l'autorisation du grand-maître, il est poursuivi d'office par le ministère public, qui fait fermer l'école et, suivant l'exigence des cas, peut décerner un mandat d'arrêt contre le délinquant. — Si le procureur du roi négligeait de poursuivre, le recteur de l'académie et même le grand-maître seraient tenus de dénoncer l'infraction aux procureurs généraux, qui tiendraient la main à ce que les poursuites fussent faites sans délai, et rendraient compte au garde-des-sceaux de la négligence des officiers des tribunaux inférieurs. — Décr. 15 nov. 1811, art. 34 et suiv. — Toutefois, nous croyons avec M. Massabiau (*Man. du procur. du roi*, t. 3, nº 2838) que, nonobstant les termes de cette disposition, il convient que le ministère public ne fasse de poursuites de cette nature que sur la demande des autorités universitaires, qui, chargées plus spécialement de veiller aux violations des règles concernant l'enseignement public, sont mieux placées pour en juger la portée ou le danger.

855. — Celui qui enseigne publiquement et tient école sans autorisation est traduit, à la requête du procureur du roi, en police correctionnelle, et condamné à une amende qui ne peut être moindre de 100 fr. ou de plus de 3,000 fr., dont moitié applicable au trésor de l'université, et l'autre moitié aux enfans-trouvés, sans préjudice de plus grandes peines s'il est trouvé coupable d'avoir dirigé l'enseignement d'une manière contraire à l'ordre et à l'intérêt public. — Même décret, art. 36. — Ces peines sont applicables à celui qui sort des bornes de l'autorisation qu'il a obtenue, comme à celui qui enseigne sans autorisation. — *Cass.*, 18 juill. 1823, Paillieu.

856. — Lorsque c'est le procureur du roi près le tribunal du domicile du contrevenant qui croit devoir poursuivre d'office celui qui enseigne sans autorisation, il doit en informer le recteur préalablement et en instruire le grand-maître, auquel doivent être communiqués les motifs d'urgence qui ont déterminé la poursuite d'office. Le recteur, prévenu par le procureur du roi que la clôture d'une école, institution ou pension, doit avoir lieu, envoie l'inspecteur de l'académie, ou, en son absence, désigne un membre du conseil acadé-

mique, lequel se concerte avec le procureur du roi pour que les parens ou tuteurs des élèves soient avertis, et pour que les élèves pensionnaires dont les parens sont trop éloignés pour les retirer de suite soient, en attendant, recueillis avec leurs effets dans une maison convenable. En cas de diversité d'opinions, le procureur du roi décide. — Décr. 15 nov. 1811, art. 60 et suiv.

857. — Dans tous les cas où il y a lieu de former une école, pension ou institution, s'il se présente quelqu'un, membre de l'académie ou même simple particulier, ayant les qualités requises et méritant toute confiance, qui offre de se charger des élèves, soit externes, soit pensionnaires, jusqu'à ce qu'il y ait été autrement pourvu, le recteur, avec l'approbation du procureur du roi, peut l'y autoriser provisoirement. Le procureur du roi peut donner cette autorisation de son chef, et sans le concours du recteur. — Décr. 15 nov. 1811, art. 62.

858. — Jugé que les changemens survenus par suite de la charte dans les pouvoirs politiques de l'état n'empêchent pas le décret de 1811 d'être en vigueur. — *Cass.*, 14 juin 1821, Devaux; *Aix*, 5 juill. 1832, Amic; *Cass.*, 19 nov. 1819, Belloir.

859. — ... En d'autres termes, que les décrets des 17 mars 1808 et 15 nov. 1811 n'ont point été implicitement abrogés par la charte de 1830, et qu'on n'a pu, dès-lors, après la promulgation de cette charte, ouvrir une école publique sans autorisation. — *Paris*, 14 juill. 1831, de Montalembert. — V. aussi *Cour des pairs*, 20 sept. 1831.

860. — En matière d'instruction publique, l'intention du recteur de l'académie ne peut ni enchaîner l'action du ministère public, ni empêcher qu'il poursuive la répression d'une contravention, ni autoriser les tribunaux à ne pas la réprimer. En conséquence, un tribunal viole la loi en acquittant l'individu qui a tenu une école sans autorisation, sous le prétexte que le recteur n'a pas l'intention de le poursuivre. — *Cass.*, 5 mars 1825, Coat.

861. — Le décret du 17 mars 1808, qui défend d'ouvrir un établissement quelconque d'instruction sans l'autorisation préalable de l'université et sans payer la rétribution universitaire, est applicable même à une école de langues vivantes et de droit commercial. — *Lyon*, 14 fév. 1832, Nordheim.

862. — Une école est réputée publique toutes les fois que des enfans ou des jeunes gens de différentes familles se réunissent habituellement dans un local commun, dans le but de se livrer à l'étude, soit des lettres, soit des sciences. Celui qui est convaincu d'avoir tenu, sans droit, une école publique, doit être condamné aux peines portées par la loi, quoique dans la citation il n'ait été prévenu que d'avoir tenu une école clandestine. — *Cass.*, 1er juin 1827, Langlois; même jour, Chalaudon. — V. aussi ord. 16 juill. 1833, art. 17.

863. — Jugé également qu'une école est publique dans le sens du décret du 15 nov. 1811 toutes les fois qu'il y a réunion habituelle d'enfans de différentes familles pour recevoir l'enseignement, encore bien qu'il n'y ait eu de la part du maître ni distribution de prospectus, ni exposition d'enseigne ou écriteau indicatif de l'école. En conséquence, celui qui a dans sa maison, à titre de pensionnaires, trois enfans étrangers, et qui en reçoit journellement quatre autres de diverses familles à qui il donne tous les élémens d'instruction, ne peut pas être renvoyé de la plainte, sous le prétexte que les premiers ont été placés chez lui à raison de leur santé, et qu'il s'est chargé des externes par affection pour leurs parens. — *Cass.*, 3 nov. 1827, Gaillard.

864. — C'est tenir une école publique que de réunir dans un cours gratuit et libre des individus de différens âges pour leur enseigner la lecture, l'écriture, le calcul et même le latin et le grec. — *Aix*, 5 juill. 1832, Amic.

865. — Jugé toutefois qu'on ne peut considérer comme tenant une école publique et comme soumis à l'autorisation prescrite par le décret du 15 nov. 1811 celui qui donne des leçons particulières de mathématiques spéciales et transcendantes à des élèves qu'il reçoit individuellement et successivement dans l'appartement destiné à son usage. — *Angers*, 7 août 1826, Thiron.

866. — Quoi qu'il en soit, l'ouverture d'une école publique et gratuite, sans autorisation, n'est point un délit politique, et doit conséquemment être soumise, non à la cour d'assises, mais au tribunal de police correctionnelle. — *Paris*, 17 juin 1831, de Montalembert, de Coux et Lacordaire.

867. — Les desservans ou curés de campagne peuvent se charger de former deux ou trois jeunes gens pour les petits séminaires, après déclaration préalable au recteur de l'Académie : jugé même que l'omission de cette déclaration ne ferait encourir aucune peine. — *Cass.*, 31 mars 1823, Caire.

868. — Mais l'ecclésiastique qui, même dans une campagne, tient sans autorisation de l'université un établissement d'instruction, ne peut être renvoyé des poursuites dirigées contre lui, sous le prétexte que cet établissement n'a pour but que de former des enfans de chœur. — *Cass.*, 15 mars 1833, Menaïde et Granjon.

869. — En d'autres termes, les exceptions établies par les ordonnances des 5 oct. 1814, 16 juin 1828, 27 fév. 1821, ne s'appliquent pas à une école dirigée par un curé, où une rétribution est payée, et où, sous prétexte de former des enfans de chœur, on enseigne à un certain nombre d'externes tout ce qui est nécessaire pour les faire admettre dans un petit séminaire. — *Cass.*, 18 déc. 1833 (ch. réun.), Ménaïde et Granjon. — V. conf. *Cass.*, 7 mars 1834, Arbel.

870. — L'enseignement que reçoivent dans un hospice les enfans qui y sont recueillis est purement domestique, et ne saurait être considéré comme public qu'autant que des enfans du dehors y seraient admis. En conséquence, l'individu auquel il est confié n'est point tenu, pour s'en acquitter légalement, d'obtenir l'autorisation préalable de l'université. — *Cass.*, 29 mars 1833, Bénard.

871. — L'instituteur choisi par la commission des hospices pour enseigner dans l'intérieur de l'établissement les enfans qui y sont recueillis n'a besoin ni de brevet de capacité, ni d'autorisation du recteur de l'académie. — *Amiens*, 23 juill. 1833, Bénard.

872. — La taxe universitaire est due par celui qui ouvre une école d'instruction avant d'y avoir été autorisé, depuis le jour même de cette ouverture, et non pas seulement depuis le jour où l'autorisation nécessaire lui a été ultérieurement accordée. — Décr. 17 mars 1808, art. 134; — *Lyon*, 14 fév. 1832, université c. Nordheim.

873. — Après avoir analysé le système actuel de l'autorisation préalable, constatons, par forme de contraste, qu'en Belgique, par application du principe même de la constitution du 7 fév. 1831, qui a été énoncé ci-dessus, tout particulier, toute association a pleine liberté de fonder et de diriger des établissemens d'instruction secondaire, sans aucune condition de grade ou de certificat, sans aucune formalité ou déclaration préalable. — V. *Journ. gén. de l'instr. publiq.* du 28 fév. 1844.

874. — Sur la proposition des recteurs, l'avis des inspecteurs, et d'après une information faite par les conseils académiques, le ministre, après avoir consulté le conseil de l'université, peut faire fermer les institutions et pensions où il aurait été reconnu des abus graves et des principes contraires à ceux que professe l'université. — Décr. 17 mars 1808, art. 105.

875. — A cet effet, le grand-maître adresse une expédition en forme de l'ordonnance ou du jugement qui prononce la clôture d'un établissement d'instruction au procureur du roi près le tribunal du domicile du délinquant, lequel est tenu de le faire exécuter dans les vingt-quatre heures à sa diligence. Lorsqu'il y a lieu de fermer une école, institution ou pension, le grand-maître en donne préalablement avis au moins huit jours avant au recteur dans l'arrondissement duquel elle est établie, pour qu'il se concerte avec le procureur du roi, avec lequel il doit prendre les mesures nécessaires dans l'intérêt des élèves et de leurs familles. — Décr. 15 nov. 1811, art. 58 et suiv.

876. — Les maîtres de pension et les chefs d'institution autorisés qui font de fausses déclarations sur le nombre de leurs élèves, sur le prix de la pension et sur le degré d'instruction qui a lieu dans leurs maisons, sont tenus à la restitution des rétributions dont ils auraient privé l'université, et condamnés, par forme d'amende envers l'université, à payer une somme égale à celle qu'ils paient pour leur diplôme. Ils sont, de plus, censurés. En ce cas, l'exécution a lieu à la diligence du procureur du roi. — Même décret, art. 63.

877. — On a vu ci-dessus quelle place occupent dans le tableau des établissemens d'instruction de chaque académie les institutions et pensions, et quels grades sont requis de ceux qui aspirent à devenir chefs d'institution ou maîtres de pension. — Ajoutons ici que les uns et les autres, une fois munis du brevet qui leur est nécessaire pour exercer, doivent se conformer aux réglemens de l'université. — Décr. 17 mars 1808, art. 103; arr. 11 janv. 1812.

878. — La nécessité de l'autorisation préalable pour ouvrir une institution ou pension n'est pas autre chose que le régime de la censure en matière d'enseignement. C'est dans le même système qu'est conçu l'art. 104, décr. 17 mars 1808, qui porte que : — « Il ne sera rien imprimé et publié pour annoncer les études, la discipline, les conditions des pensions, ni sur les exercices des élèves dans les écoles, sans que les divers prospectus et programmes aient été soumis aux recteurs et aux conseils des académies, et sans en avoir obtenu l'approbation. »

879. — Les chefs d'institution et maîtres de pension établis dans l'enceinte des villes où il y a des colléges royaux ou des colléges communaux sont tenus d'envoyer leurs pensionnaires comme externes aux leçons desdits colléges. — Décr. 15 nov. 1811, art. 15 et suiv., 22; ord. 17 fév. 1815, art. 44.

880. — L'idée de cette obligation paraît avoir été suggérée à l'empereur par Fourcroy, dans le double but de rendre l'enseignement uniforme et de paralyser l'esprit d'opposition et de rivalité qui eût empêché les colléges de prospérer et de se développer. — Rapport de Portalis, 17 vend. an XIII (*Discours, rapports et travaux sur le concordat de 1801*, p. 627 et suiv.).

881. — Les institutions et pensions placées dans les villes qui n'ont ni colléges royaux, ni colléges communaux, ne peuvent élever leur enseignement au-delà d'un certain degré que l'on a indiqué *suprà* no 767.

882. — Non seulement les chefs d'institution ou maîtres de pension peuvent, ainsi qu'on l'a vu, joindre à l'enseignement ordinaire un enseignement préparatoire aux professions industrielles et manufacturières; mais ils peuvent, s'ils le préfèrent, se borner à cette dernière espèce d'enseignement. — Ord. 26 mars 1829.

883. — Les procureurs généraux sont spécialement chargés de l'examen et poursuite, s'il y a lieu, de tout ce qui, dans les établissemens publics, pourrait donner lieu à l'application des lois pénales, pour qu'il soit procédé de manière à concilier les ménagemens convenables envers les établissemens de l'université avec l'intérêt général de la société blessée, et de la justice offensée. — Décr. 15 nov. 1811, art. 159.

884. — Les procureurs généraux peuvent requérir et les cours ordonner que des membres de l'université ou étudians prévenus de crimes ou délits soient jugés par les cours, ainsi qu'il est dit pour ceux qui exercent certaines fonctions, par la loi du 20 avr. 1810, et au Code d'instruction criminelle, art. 479. — Même décret, art. 160.

885. — Les procureurs généraux et du roi sont tenus de poursuivre, en cas de négligence ou de retard des officiers de l'université, les individus qui en sont membres, à raison des délits et contraventions portés aux art. 54, 63, 69, 74 et 79 du présent décret. — Décr. 15 nov. 1811, art. 101.

886. — Dans toute affaire intéressant des membres ou élèves de l'université, les procureurs généraux sont tenus d'en rendre compte au ministre de la justice et d'en instruire le ministre de l'intérieur et le grand-maître de l'université. — Même décret, art. 162.

887. — En ce qui concerne les arrêtés relatifs aux classes primaires établies dans les institutions et pensionnats, V. INSTRUCTION PRIMAIRE.

888. — Les chefs d'institution et maîtres de pension ont le droit de renoncer à leur titre et de fermer leur établissement, s'ils le jugent à propos; mais ils ne peuvent prendre un nouveau titre, ou rouvrir leur école, sans en avoir obtenu la permission spéciale de l'autorité supérieure. Ainsi, lorsqu'un chef d'institution désire se restreindre au titre de maître de pension, il faut qu'il en fasse la demande; il continue d'être considéré comme chef d'institution jusqu'à ce que sa démission ait été acceptée, et il doit remettre son ancien brevet en recevant celui du nouveau titre qui lui est accordé. — La déclaration faite par un chef d'institution, ou par un maître de pension, qu'il ferme son école, est une renonciation formelle à son titre. Si, après avoir fait cette déclaration, il reçoit des élèves sans avoir obtenu un nouveau brevet, il doit être considéré comme dirigeant une école clandestine, et poursuivi comme tel. Il ne peut même ouvrir une classe primaire sans y être spécialement autorisé, et, à défaut de cette formalité, il peut être poursuivi. — Le brevet indiquant la commune dans laquelle doit être placé l'établissement, le chef de cet établissement ne peut le transporter dans un autre lieu qu'après en avoir obtenu la permission de l'autorité supérieure. — Instr. du 31 mai 1823.

889. — Jugé, conformément à ce qui précède, que le titulaire d'un brevet de maître de pension dont la durée est fixée à dix années par l'art. 103 du décret du 17 mars 1808, ne peut, s'il a abandonné sa qualité de maître de pension pour se livrer à une autre profession, rouvrir une pension nouvelle, même pendant les dix ans de la délivrance de son brevet, sans avoir obtenu aussi une autorisation nouvelle. — *Cass.*, 22 mars 1844 (t. 2 1844, p. 101), Nicolas; 16 déc. 1844 (t. 1er 1845, p. 246), même partic.

890. — ... Et que le défaut de cette autorisation nouvelle le soumettrait aux poursuites devant les tribunaux de répression, aux termes des art. 54 et 56 du décret du 15 mars 1811. — *Cass.*, 22 mars 1813, précité.

891. — L'autorisation nécessaire à tout instituteur pour transférer son école dans une autre commune ou dans un autre local de la même commune doit être demandée, sous peine de l'annulation du diplôme, dans le cas même où l'instituteur ne voudrait que transporter son établissement dans un autre déjà formé. — Arrêté du 21 oct. 1826.

892. — Dans l'intérêt même des instituteurs comme dans celui des élèves et des pères de famille, il importait de prévenir les suites fâcheuses de traités imprudemment faits par des chefs d'institution ou des maîtres de pension, soit entre eux, soit avec des personnes étrangères à l'université; en conséquence, il a été statué que tout traité relatif à une maison d'éducation, soit pensionnat, soit internat, serait soumis à l'approbation du conseil royal; faute de quoi le traité ne pourrait sortir aucun effet vis-à-vis de l'université, et l'instituteur qui l'aurait conclu privé de son diplôme. — Arrêté du 21 oct. 1826.

893. — Toutes les fois qu'un candidat est proposé pour les fonctions de chef d'institution ou maître de pension, le recteur doit faire connaître les nom et prénoms de ce candidat, les dates et le lieu de sa naissance, la nature et la durée de ses services; il doit donner son opinion sur les qualités morales, les principes, l'instruction et la capacité dudit candidat. — Il fait connaître également si l'école projetée peut nuire aux écoles déjà autorisées, et si la population de la commune en exige l'établissement; il indique en conséquence les institutions et pensions qui existent dans la commune ou dans les communes environnantes, la distance qu'il y a de ces communes à celles où il s'agit de former une nouvelle école, enfin le nombre des habitans de la commune et la population totale de l'arrondissement. — Instr. du 12 mars 1827.

894. — Le recteur joint à son rapport les certificats originaux délivrés par les autorités religieuse et civile des communes où le candidat a résidé, et par les chefs des établissemens où il a été employé, s'il compte déjà des services dans l'instruction publique. — Le recteur a soin d'envoyer, avec ses propositions, le plan esquissé des bâtimens destinés à recevoir un pensionnat, et de dire le nombre d'élèves qu'ils peuvent contenir. — Lorsque celui qui sollicite un diplôme n'est pas propriétaire du local où son école doit être placée, il est indispensable qu'il produise, outre les pièces ci-dessus mentionnées, une copie collationnée, ou certifiée par le recteur, du bail qu'il a passé conditionnellement, à l'effet de jouir dudit local, ou du moins une promesse de bail, énonçant les conditions auxquelles il pourra entrer en jouissance. — Même instruct.

895. — Deux personnes ne peuvent être autorisées comme ayant simultanément la direction d'une maison d'éducation. — Arrêté du 11 juill. 1837.

896. — Un des premiers soins du conseil de l'université a été de poser quelques règles pour le choix des répétiteurs ou maîtres d'études dans les institutions et pensions.

897. — Un arrêté du 4 mai 1809, art. 15, a établi à Paris un bureau central destiné à recevoir les déclarations de tous ceux qui veulent exercer les fonctions de répétiteurs, précepteurs ou maîtres d'études, dans les institutions et dans les pensionnats. Il n'y a point de condition de grade exigée pour ces fonctions.

898. — Les recteurs font inscrire sur un registre particulier les répétiteurs internes ou externes et tous les individus qui exercent, sous quelque dénomination que ce puisse être, les fonctions de l'enseignement dans les institutions et dans les pensions. Le recteur en adresse ensuite un état par ordre alphabétique au ministre grand-maître. — Arr. 27 juill. 1809. — V. au surplus, pour les détails, Rendu, *Code universitaire*, p. 815 et suiv.

899. — Dans la discussion qui a eu lieu à la chambre des pairs sur le projet de loi relatif à l'enseignement secondaire, tout le monde est tombé d'accord que les garanties sociales qu'il y a lieu d'exiger contre les abus possibles du droit d'ouvrir des établissemens d'instruction secondaire ne peuvent aller jusqu'à exiger l'autorisation préalable du gouvernement; car ce serait rester dans le système préventif, opposé à la liberté prescrite par la charte, ce serait perpétuer le régime de la censure, qui désormais, en matière d'enseignement, a fait son temps.

900. — Le système adopté était que la faculté e fonder des établissemens privés, au lieu de demeurer soumise à la discrétion de l'autorité, doit être exercée librement sous des conditions réglées par la loi.

901. — On distinguait deux sortes de conditions : les unes générales, qu'il faut remplir pour être admis à prétendre au titre d'instituteur privé; les autres spéciales, qu'il faut remplir pour exercer effectivement la profession d'instituteur privé, dans un temps et dans un lieu déterminé.

902. — La première condition à remplir pour être admis à prétendre au titre d'instituteur privé est, d'après le projet de loi, d'avoir la qualité de Français et l'âge de trente ans. Le projet présenté par le gouvernement n'exigeait que l'âge de vingt-cinq ans : mais la commission de la chambre des députés a adopté sur ce point la modification introduite dans le projet par la chambre des pairs sur les observations de M. de Broglie.

903. — Comme le constate M. Serrigny (*Tr. de dr. publ.*, t. 2, p. 356), les garanties augmentent avec le degré d'instruction auquel se réfèrent les établissemens privés, puisque la loi sur l'instruction primaire se contente de l'âge de dix-huit ans pour qu'on soit apte à donner cette instruction.

904. — Les deux garanties importantes sont la moralité et la capacité. — V. art. 4 du projet.

905. — « Personne n'a jamais demandé, a dit M. Thiers dans son rapport, s'il fallait exiger une preuve de moralité de la part des hommes qui veulent se faire instituteurs de la jeunesse, mais on s'est demandé quelle serait cette preuve. Les projets de loi avaient imaginé de faire délivrer par le maire un certificat de moralité. La chambre des pairs a pensé que c'était peut-être livrer à quelque arbitraire les citoyens qui auront à réclamer ce genre de certificat : car c'est les faire dépendre de la bonne ou de la mauvaise volonté d'un seul individu. Elle a donc imaginé un comité spécial composé du président du tribunal civil, du procureur du roi, d'un curé ou d'un ministre protestant, selon la religion de l'aspirant; enfin d'un membre du conseil de département et d'un membre du conseil de l'arrondissement. »

906. — Aux termes de l'art. 8 du projet de loi, « Ne seront point admis à se présenter pour obtenir le certificat exigé par les articles 4 et suiv. de la présente loi : 1° les individus qui se trouveront dans l'un des cas prévus par les art. 5 et 7, L. 28 juin 1833 ; — 2° les individus interdits en exécution de l'art. 25 de la présente loi» (c'est-à-dire les individus interdits de la profession de chef d'un établissement d'instruction secondaire pour inconduite ou immoralité).

907. — Vient enfin la question de capacité. C'était là certainement la question la plus difficile de la loi. La chambre des pairs s'était arrêtée à un système qui consistait à exiger, indépendamment du grade de bachelier ès-lettres, s'il s'agissait de devenir chef de pension, et du grade de bachelier ès-lettres et de bachelier ès-sciences, ou d'un seul grade plus élevé, celui de licencié ès lettres s'il s'agissait de devenir chef d'institution, que l'on subît à l'entrée même de la carrière un examen spécial. Le but de cet examen est de constater qu'on sait encore ce qu'on a appris autrefois, et qu'en outre on a les qualités particulières qui sont nécessaires à l'enseignement de la jeunesse.

908. — Cet examen devait avoir lieu publiquement et porter exclusivement : 1° sur l'ensemble des connaissances que suppose, dans chaque aspirant, le diplôme dont il est pourvu; — 2° sur les principes généraux et les méthodes diverses d'enseignement et d'éducation. L'art. 12 du projet adopté par la chambre des pairs ajoutait que la matière et la forme desdits examens seraient déterminées, de cinq ans en cinq ans, par un règlement arrêté en conseil royal de l'instruction publique : lequel règlement serait soumis à l'approbation du roi et converti en ordonnance royale rendue dans la forme des règlemens d'administration publique.

909. — Le jury d'examen devait être composé du recteur de l'académie, président, de deux membres de la cour royale, par elle désignée, dans le cas où il existerait une cour royale au chef-lieu de l'académie, ou, à leur défaut, du président et du procureur du roi près le tribunal civil de l'arrondissement, du maire de la ville, d'un ecclésiastique catholique désigné par l'évêque du diocèse, ou, lorsque l'aspirant appartient à une autre communion que la communion catholique, d'un ministre de cette communion, désigné par l'autorité consistoriale, d'un chef d'institution secondaire choisi par le ministre de l'instruction publique dans les circonscriptions de l'académie. — V. art. 10.

910. — Les brevets de capacité devaient être délivrés par le ministre de l'instruction publique sur la déclaration du jury, laquelle devait être générale soit pour l'un, soit pour l'autre ordre d'établissemens, sans désignation spéciale de lieu. — V. art. 13, projet de loi.

911. — Comme le remarque M. Serrigny (*loc. cit.*, p. 359), ce système a de l'analogie avec celui que la loi du 28 juin 1833 a établi pour l'aptitude à l'instruction primaire. — V. ce mot. — Cependant on a objecté, avec quelque apparence de raison, que cet examen est un moyen de faire renaître l'autorisation préalable.

912. — Ces dispositions furent amendées par la commission de la chambre des députés. Elle ajoutait d'abord un grade à ceux qui viennent d'être indiqués ; ainsi elle voulait que, pour être maître de pension, on fût bachelier deux fois, dans les lettres et dans les sciences, ou licencié ès-lettres seulement, et que, pour être chef d'institution, on fût licencié ès-lettres et bachelier ès-sciences mathématiques, ou licencié ès-sciences seulement. — V. Thiers, rapport, p. 31 et suiv.

913. — La commission de la chambre des députés ne se bornait pas à cette innovation. Tenant à écarter de l'enseignement les hommes sans vocation, elle ajoutait à la garantie du grade universitaire celle d'un stage de trois ans dans un établissement de plein exercice public ou particulier, laïque ou religieux. Ces deux conditions remplies, on devenait de plein droit instituteur. Quant à ceux qui ne voulaient pas subir ces conditions, ils avaient comme alternative la ressource du brevet de capacité. Seulement la commission a trouvé trop compliqué le rouage d'un comité spécial et extraordinaire comme l'avait proposé la chambre des pairs. Il lui a semblé que les facultés qui confèrent tous les grades universitaires étaient parfaitement propres à examiner les postulans qui se présenteraient pour avoir ces brevets de capacité. — V. Thiers, *loc. cit.*, p. 29 et suiv.

914. — Indépendamment de ces conditions de nationalité, de moralité et de capacité, le projet de loi exigeait : 1° l'affirmation par écrit, et signée du déclarant, de n'appartenir à aucune des congrégations religieuses prohibées par l'article 1er, L. 13-19 fév. 1790, et par les art. 1, 3 et 4, décr. 3 messid. an XII (22 juin 1804), et qui n'ont pas été depuis autorisées ou rétablies conformément aux lois ; — 2° le règlement intérieur et le programme d'études de l'établissement projeté (à quoi la chambre des députés ajoutait la production de la liste des livres d'études) ; — 3° le plan du local choisi pour l'établissement, visé et approuvé par le maire de la commune où l'établissement doit être situé. — V. projet, art. 4.

915. — M. Serrigny (*loc. cit.*, p. 361) résume les motifs de ces dispositions en remarquant que la déclaration de n'appartenir à aucune congrégation religieuse prohibée a pour but le maintien de l'observation des maximes gallicanes et des lois qui prohibent les congrégations religieuses en France, et que l'obligation de produire le règlement et la liste des livres a pour objet de s'assurer notamment que le programme d'études est conforme aux dispositions de la loi qui détermine elle-même la nature et l'étendue de l'enseignement secondaire.

916. — Une conséquence importante découlera de la liberté de l'instruction secondaire, c'est que l'obligation imposée aux chefs d'institution et aux maîtres de pension d'envoyer leurs élèves aux cours des collèges royaux, sera supprimée. — Art. 16, § 1er du projet.

917. — L'art. 16, §§ 2 et suiv., du projet statuait que les maîtres chargés de professer une ou plusieurs parties de l'enseignement secondaire dans une institution ou dans une pension, devraient être pourvus au moins du grade de bachelier ès-lettres, et qu'il n'y aurait d'exception à cet égard qu'en faveur des chefs d'institution ou maîtres de pension qui enverraient leurs élèves aux cours des collèges royaux et communaux.

918. — L'art. 18 déterminait en ces termes les conditions qui concernent l'aptitude à l'obtention du grade de bachelier ès-lettres. — « Seront admissibles aux épreuves du baccalauréat ès-lettres tous les élèves qui justifieront, par certificats réguliers, avoir fait les deux années d'études précitées, soit dans leurs familles, soit dans les collèges royaux ou communaux de premier ordre, soit dans les institutions de plein exercice. — Les certificats seront délivrés par les pères de famille ou les tuteurs; par les proviseurs des collèges royaux, par les principaux des collèges communaux, par les chefs d'institution de plein exercice. Les certificats sortiront leur plein et entier effet, à moins de preuve contraire ; en cas de contestation, le conseil académique prononcera. La production desdits certificats ne sera point exigée des candi-

dats qui auront atteint l'âge de vingt-cinq ans révolus. »

919. — En Belgique, toute personne peut se présenter aux examens et obtenir des grades, sans distinction du temps, du lieu, ou de la manière dont elle a fait ses études. — L. 27 sept. 1835, art. 40.

920. — Il reste à faire remarquer que tout le monde était d'accord sur la nécessité de faire surveiller et inspecter par l'état les établissemens particuliers. — Art. 43 du projet. — Quant à la juridiction disciplinaire, les modifications projetées seront indiquées au mot UNIVERSITÉ, sous lequel doit être exposé tout ce qui concerne cette importante matière.

921. — Il ne faut pas confondre les établissemens particuliers d'instruction secondaire dont il vient d'être question avec la simple faculté de faire des cours particuliers, sur une ou plusieurs parties de cette espèce d'enseignement. Pour ce dernier cas, le projet de loi, art. 33, abaissait jusqu'à vingt-un ans la condition d'âge exigée pour la direction d'un établissement d'instruction secondaire, en maintenant d'ailleurs les autres conditions de garanties morale et scientifique. Par le même article, tout étranger domicilié en France pourra être admis par le ministre à ouvrir de semblables cours, sans autre condition que cette autorisation, qui sera toujours révocable. — Enfin une dernière disposition de l'art. 33 réservait également au ministre le droit d'autoriser temporairement des cours de même nature faits par un Français. — Serrigny, *loc. cit.*, p. 373 et suiv.

## Sect. 3e. — *Des établissemens d'instruction secondaire des filles.*

922. — L'éducation des femmes, ainsi que l'a démontré madame de Rémusat dans son remarquable *Essai sur l'éducation*, importe, autant que celle des hommes, au développement moral et intellectuel de la société. Cependant, aucune loi ne règle l'instruction publique des filles, et les idées de Fénélon attendent encore qu'un législateur vienne s'en inspirer.

923. — Un seul établissement public existe aujourd'hui pour l'instruction des filles, en dehors des écoles primaires communales dont il sera traité au mot INSTRUCTION PRIMAIRE, c'est la maison royale de Saint-Denis. — V. LÉGION-D'HONNEUR.

924. — Quant aux établissemens privés qui ont pour objet l'éducation des filles, ils comprennent les écoles primaires, les pensions et les institutions. On ne s'occupera ici que des deux dernières classes d'établissemens : pour la première, V. INSTRUCTION PRIMAIRE.

925. — Les établissemens particuliers d'instruction secondaire consacrés aux filles sont sous la surveillance de l'autorité administrative. Une instruction ministérielle du 19 juin 1820, sanctionnée par l'ordonnance du 31 oct. 1821, et modifiée depuis pour quelques départemens, entre autres pour le département de la Seine, par un arrêté du 7 mars 1837, régit ces établissemens.

926. — Aux termes de l'instruction réglementaire du 19 juin 1820, — « Aucune personne ne peut tenir une maison d'éducation pour les filles, sans être préalablement pourvue d'un diplôme et d'une autorisation de s'établir dans un lieu déterminé, et si elle n'est âgée de vingt-cinq ans accomplis. — Aucune personne ne peut remplir les fonctions de sous-maîtresse, si elle n'a reçu un diplôme, et si elle n'est âgée de dix-huit ans accomplis. Les filles ou parentes des directrices ne sont point dispensées de cette obligation. »

927. — Cette même instruction ajoute que les personnes qui se présentent pour obtenir les diplômes de maîtresses ou de sous-maîtresses de pension doivent, pour être admises devant le jury d'examen formé par le préfet, être munies de leur acte de naissance et d'un certificat de bonnes mœurs, délivré, sur l'attestation de trois témoins, par le maire de leur commune. De plus, si la postulante est mariée, elle fournit un extrait de l'acte de mariage, et le certificat doit être commun à elle et à son mari. Si elle est veuve, elle est tenue de se pourvoir de l'acte de décès de son mari. Si elle est séparée de corps, elle est obligée de produire un extrait du jugement qui prononce la séparation, afin qu'on puisse connaître si cette mesure ne témoigne rien contre ses mœurs.

928. — Une circulaire du 4 nov. 1820, revenant sur la nécessité du certificat de moralité, comme condition d'admissibilité aux examens, porte que — « le préfet n'enverra devant le jury d'examen les personnes qui voudraient tenir une école ou un pensionnat de filles, qu'autant qu'aux autres conditions requises elles joindront un certificat de bonne conduite des curés et maires de la commune ou des communes où elles auront habité depuis trois ans au moins, ainsi que le prescrit l'art. 10 ord. 29 fév. 1816. »

929. — Les connaissances exigées des personnes qui se présentent pour obtenir le diplôme de maîtresse de pension ou d'institution sont les principes de la religion, la lecture, l'écriture, la grammaire et l'arithmétique. — Les personnes qui veulent être sous maîtresses doivent justifier qu'elles sont en état de montrer au moins l'une des parties de l'enseignement dont suit l'énoncé : les principes de la religion, la lecture, la grammaire française, l'arithmétique, l'histoire ancienne et moderne, la géographie. — Même instruction.

930. — Le préfet, après les recherches qu'il a faites d'office sur la conduite et les mœurs de la postulante et le rapport du jury d'examen, délivre, s'il y a lieu, le diplôme sollicité. Ce diplôme n'a de valeur que dans l'étendue du département. Le préfet, en désignant le lieu de l'établissement, doit s'assurer s'il ne présente aucun inconvénient sous le rapport de la salubrité ou du voisinage des autres habitations. — La cession d'une maison d'éducation ne peut être faite qu'à une personne préalablement autorisée à diriger l'établissement. — *Ibid.*

931. — Un arrêté du conseil de l'université du 31 janv. 1840 a statué que le diplôme, étant délivré sous l'autorité du ministre, est valable pour toute l'étendue du royaume, tandis que l'autorisation, émanant du préfet seul, ne peut avoir de force que pour le département, et même pour une commune distincte du département.

932. — Les maisons d'éducation formées par des congrégations religieuses sont reconnues par les actes du gouvernement qui instituent ces congrégations, et régies d'après les statuts de ces mêmes congrégations, dûment homologués conformément au décret du 18 avr. 1809 et à la loi du 24 mai 1825. — Kilian, *De l'instruction des filles*, p. 10.

933. — Avant de délivrer à des sœurs faisant partie d'une congrégation religieuse l'autorisation spéciale d'enseigner, il y a lieu de s'assurer que toutes les formalités préalables prescrites par la loi de 1825 ont été remplies, soit qu'il s'agisse de la formation première d'une communauté, soit qu'il s'agisse d'un établissement dépendant d'une communauté déjà autorisée. — Décis. 12 janv. 1837, et 8 mars 1842.

934. — Les maîtresses et sous-maîtresses appartenant à des congrégations religieuses autorisées par le roi sont dispensées de subir un examen. L'autorisation d'enseigner peut lui être délivrée après exhibition de leur lettre d'obédience; et si, dans quelques cas particuliers, les préfets aperçoivent des inconvéniens à leur confier l'éducation des jeunes filles, ils doivent en référer au ministre, qui décide si l'autorisation doit ou non être délivrée. — Instr. réglem. 19 juin 1820. — V. aussi ord. 3 avr. 1820, art. 3 (Rendu, p. 301).

935. — Les préfets peuvent, pour des motifs graves, et par un arrêté, révoquer la diplôme et l'autorisation accordée à une institutrice; mais cet arrêté doit être soumis à l'approbation du ministre avant de recevoir son exécution. — Le maire de chaque commune s'assure si les institutrices qui y résident, ou qui viennent s'y établir, sont munies de diplômes et d'autorisations. — Instr. réglem. 19 juin 1820.

936. — Le préfet désigne, pour chaque arrondissement, trois personnes choisies entre les mères de famille les plus recommandables par leur rang, leur caractère, et surtout par la pureté de leurs mœurs et leurs principes religieux. Ces personnes, sous le titre de *dames inspectrices*, doivent visiter de temps en temps, à l'improviste, les maisons d'éducation placées sous leur surveillance, s'assurer de l'exécution des réglemens et examiner avec soin tout ce qui tient à l'instruction, à la santé et au bien-être des élèves. — *Ibid.*

937. — Les comités d'instruction primaire ou leurs délégués n'ont aucun droit d'inspection sur les pensions et institutions de demoiselles; mais ce droit d'inspection peut être exercé par les recteurs et les inspecteurs-généraux de l'université. — Décis. 25 août 1840.

938. — Les pensionnats tenus par des religieuses sont, comme les autres établissemens, soumis à la surveillance des dames inspectrices. — Instruction réglementaire précitée. — V. conf. décis. 1er fév. 1842.

939. — Les dames inspectrices font au préfet leur rapport sur tout ce qu'elles ont remarqué dans leurs visites. Les sous-préfets et maires lui communiquent directement les renseignemens qu'ils sont à même de recueillir sur les maisons placées dans l'étendue de leur arrondissement ou de leur commune. — Même instruction.

940. — Tous jeux, danses, concerts et représentations théâtrales sont interdits dans les distributions de prix. Les distributions ne peuvent être faites qu'en présence des maîtresses d'établissement, des pères, des tuteurs et des mères ou correspondantes des élèves, de leurs parens et des dames surveillantes ou inspectrices. — *Ibid.*

941. — Une ordonnance royale du 31 oct. 1821 sanctionne toutes ces dispositions en statuant d'une manière générale qu'aucune des maisons d'éducation de filles, institutions, maintenues sous la surveillance de l'autorité administrative, ne pourrait être ouverte sans que la maîtresse se fût préalablement pourvue d'une autorisation du préfet du département, que les sous-maîtresses employées dans ces établissemens, seraient également tenues de se munir d'une pareille autorisation; que lesdites autorisations ne pourraient être retirées par les préfets qu'après en avoir référé au ministre, et que les maîtresses de pensions ou institutions ouvertes sans autorisation seraient poursuivies pour contravention aux réglemens de police municipale, sans préjudice des peines plus graves qui pourraient être requises pour des cas prévus par le Code pénal.

942. — Jugé que les écoles publiques de filles ne peuvent être ouvertes qu'avec l'autorisation des préfets, et que l'ouverture d'une école de filles sans autorisation entraîne l'application d'une peine de simple police. — *Cass.*, 24 nov. 1832, sœur Sainte Ursule.

943. — Jugé également que le fait d'avoir tenu une école de filles sans autorisation n'est puni que de peines de simple police, et, par conséquent, n'est point de la compétence du tribunal de police correctionnelle. — *Cass.*, 20 juill. 1833, Debladis et James. — V. conf. *Cass.*, 30 juin 1843 (t. 2 1843, p. 466), Verdier.

944. — Dans tous les cas, soit que le procureur du roi agisse d'office, soit que la poursuite se fasse à la diligence du préfet, ces fonctionnaires se préviendront réciproquement et se concerteront pour que les parens ou tuteurs des élèves soient avertis de les retirer. — Ord. 31 oct. 1821, art. 6.

945. — L'institutrice qui quitte la commune pour laquelle l'autorisation du préfet lui avait été accordée, et qui va s'établir dans une autre commune sans nouvelle autorisation se rend passible des peines de simple police prononcées par les art 600 et 606, C. 3 brum. an IV, outre les peines disciplinaires à infliger par l'université, et non de ces dernières seulement. — *Cass.*, 20 juill. 1833, Debladis et James.

946. — Il reste à faire connaître les principales dispositions d'un réglement du 7 mars 1837, particulier au département de la Seine, mais qui depuis a été rendu applicable à plusieurs autres départemens sur la demande des préfets.

947. — Ce réglement classe d'abord en deux ordres (institutions et pensions) les maisons d'éducation de filles, autres que les écoles primaires, suivant le degré d'instruction qu'on y reçoit. Il ajoute ensuite qu'aucune personne ne peut tenir une maison d'éducation de filles sans y avoir été préalablement autorisée, et les conditions requises pour obtenir cette autorisation sont : — 1° l'âge de vingt-cinq ans; — 2° l'envoi à l'autorité compétente d'une pétition visée par l'une des dames inspectrices de l'arrondissement et accompagnée d'un extrait de l'âge de naissance; d'un extrait, suivant les cas, de l'acte de célébration du mariage ou de l'acte de décès du mari; d'un certificat de moralité délivré par le maire de la résidence pendant les trois dernières années, sur l'attestation de trois témoins; d'un diplôme de capacité délivré par une commission d'examen composée de sept personnes, cinq hommes et deux dames, nommées par le ministre sur la proposition du préfet.

948. — Le préfet, après vérification des pièces produites par la postulante, lui délivre, s'il y a lieu, l'autorisation d'exercer comme maîtresse de pension ou d'institution. L'autorisation ainsi demandée (qui peut être retirée par le préfet après les informations nécessaires, mais sauf le recours au ministre en conseil royal, aux termes d'une décision du 8 août 1837) doit être représentée par l'impétrante au maire de la commune ou de l'arrondissement municipal, qui la vise et l'inscrit sur un registre à ce destiné. — Même réglement.

949. — Lorsqu'une maîtresse de pension ou d'institution dûment autorisée veut transférer son établissement d'une commune dans une autre ou d'un arrondissement municipal dans un autre arrondissement, elle doit obtenir une nouvelle autorisation du préfet, et pour cela produire le plan du nouveau local, visé par le maire de la commune de l'arrondissement municipal. — Même réglement.

950. — Toute maîtresse de pension ou d'institution qui veut céder son établissement doit

préalablement faire déclaration de cette intention, soit au maire, soit au sous-préfet de l'arrondissement dans lequel se trouve l'établissement, et désigner la personne qui doit la remplacer. La personne ainsi présentée doit déposer entre les mains du maire ou du sous préfet les pièces exigées par le réglement du 7 mars 1837. Faute de se soumettre à ces formalités, la personne qui aurait fait la cession serait déchue de l'autorisation qui lui a été accordée, et l'établissement serait fermé. — Arrêté du 15 avr. 1842.

951. — On trouve aussi dans le réglement du 7 mars 1837 des dispositions relatives au mode d'obtention du brevet des sous-maîtresses et maîtresses d'études. — Ce brevet ne peut être obtenu avant l'âge de seize ans accomplis et ne se délivre qu'après examen. Il ne dispense pas d'un nouvel examen et de la nécessité d'obtenir un nouveau brevet lorsque plus tard on veut tenir une pension ou une institution.

952. — Remarquons enfin que dans chaque arrondissement de sous-préfecture, et à Paris dans chaque arrondissement municipal, un comité spécial est chargé de surveiller les maisons d'éducation de l'arrondissement. — Ce comité, composé de cinq membres au moins, nommés par le ministre sur la proposition du préfet, prend ou propose, selon les circonstances et sur les rapports des dames inspectrices, les mesures convenables. — Réglement précité.

953. — L'intention du réglement paraît être de réserver aux dames inspectrices le droit exclusif de visiter les pensions et les institutions, sauf toutefois l'exception en faveur des membres des comités qui sont en même temps autorités civiles ou ecclésiastiques. — Décis. du 8 août 1837.

954. — Les propositions de réformes et d'améliorations que peuvent faire les comités doivent être soumises au préfet de la Seine, qui statue. Dans le cas où ces propositions intéressent l'ensemble des services, le préfet en réfère au ministre de l'instruction publique. — Même décision.

955. — Les comités d'instruction primaire ou leurs délégués n'ont aucun droit d'inspection sur les pensions et institutions de demoiselles; mais ce droit d'inspection peut être exercé par les recteurs et les inspecteurs d'académie et par les inspecteurs généraux de l'université. — Décis. du 25 août 1840.

956. — A dater du 1er oct. 1845, il a été formellement interdit aux maîtresses de pensions et d'institutions dans le département de la Seine de recevoir des dames en chambre dans les établissemens qu'elles dirigent. — Toutefois un délai spécial a été accordé jusqu'au 1er janv. 1846 en faveur des institutrices qui, par suite d'engagemens contractés antérieurement à la promulgation du présent arrêté, se trouveraient avoir chez elles des dames en chambre à l'époque du 1er oct. — Arrêté du 26 août 1845.

957. — Les deux règles suivantes doivent être établies à l'égard des cours publics qui pourraient être confiés à des femmes : — 1° Pour obtenir l'autorisation de faire un cours public qui porte sur les connaissances comprises dans l'instruction primaire, il faudra justifier du brevet de capacité du degré supérieur. — 2° Pour obtenir l'autorisation de faire un cours public qui porte sur les connaissances comprises dans l'instruction donnée par les pensions et institutions de demoiselles, il faudra justifier du diplôme de maîtresse d'institution. — Arrêté du 21 fév. 1843.

V. INSTRUCTION PRIMAIRE, UNIVERSITÉ.

## ENTAILLE.

C'est l'entaillure faite à un arbre afin d'y imprimer le marteau royal. — V. FORÊTS.

## ENTÉRINEMENT.

1. — C'est l'action d'entériner. *Entériner*, c'est approuver, confirmer, accomplir, et pour ainsi dire rendre entier un acte.

2. — Entériner, qui vient du vieux mot français *entérin*, qui vient lui-même du latin *integer*, *integrare*, signifiait originairement, selon Borel dans ses *Antiquités gauloises*, remettre en entier, et il s'appliquait seulement aux décisions du juge qui approuvaient les restitutions en entier.

3. — Quand un juge, dit Ferrière (*Dict. de pratique*, v° *Entérinement*), entérine des lettres de restitution ou de rescision des contrats, il reconnaît que les causes pour lesquelles elles ont été obtenues sont véritables; il approuve et confirme ces lettres et en ordonne l'exécution. — Le juge, ajoute le même auteur, en entérinant les lettres de restitution, ne prononce pas qu'il casse ou annule le contrat, il prononce seulement qu'ayant égard aux lettres et icelles entérinant, il remet les parties en pareil état qu'elles étaient avant le contrat ou l'acte dont il s'agit, qui est l'effet de la restitution en entier.

4. — Il y avait donc autrefois une nuance qui différenciait l'entérinement de l'homologation, qui est la confirmation faite en justice des actes passés entre les parties comme transaction, atermoiement pour rendre ces contrats ou actes plus solennels et leur donner plus de force. L'homologation d'un contrat, disait Ferrière (*Dict. de prat.*, v° *Homologation*), est donc un jugement qui en ordonne l'exécution.

5. — Mais, par la suite, le mot *entérinement* a été appliqué à la confirmation, à l'approbation d'autres espèces de lettres, de requêtes ou actes. La langue de la pratique moderne a conservé cette généralisation d'acception au mot *entérinement* qui, aujourd'hui, est fréquemment employé comme synonyme d'homologation.

6. — On pourrait cependant penser que le législateur n'a pas employé indifféremment les deux mots l'un pour l'autre, quoique les différences qui les séparent n'apparaissent pas bien nettement.

7. — Ainsi, dans une acception qui se réfère au sens primitif, les cours royales sont chargées par l'art. 20, décr. 6 juill. 1810, de procéder à l'entérinement des lettres de grace ou de commutation de peine. L'art. 501, C. procéd., parle de l'entérinement des requêtes civiles, et les art. 971 et 987 du même code soumettent les rapports d'experts à l'entérinement.

8. — Le mot *homologation* semble, d'autre part, réservé aux avis de parens ou délibérations du conseil de famille (C. civ., art. 448, 458, 483, 511 ; C. procéd., art. 885, 886, 887 et 888); aux actes de partage et liquidation de succession (C. procéd., art. 981 et 982); aux transactions faites au nom des mineurs (C. civ., art. 467); aux transactions sur faux incidens civils (C. procéd., art. 249; tarif de 1807, art. 78); aux concordats (C. comm., art. 516), etc.

V. EXPERTISE, HOMOLOGATION, LETTRES DE GRACE.

## ENTÉRINEMENT DE LETTRES DE GRACE.

V. GRACE ET COMMUTATION DE PEINE.

## ENTERREMENT.

V. CIMETIÈRE, INHUMATIONS, SÉPULTURE (Violation de).

## ENTERRÉ VIF.

1. — Criminel enfoui en terre pour y perdre la vie. — Guyot, *Rép.*, v° *Enterré vif*; Merlin, *Rép.*, *eod. verbo*.

2. — Ce genre de supplice, encore en usage en Allemagne dans le siècle dernier à l'égard des femmes qui faisaient mourir leurs enfans (Ordonn. Caroline, chap. 131), était abandonné en France depuis fort long-temps, lors de la réforme de nos lois pénales. — *Encyclop. du droit* (jurisp.), v° *Enterré vif*.

## ENTRAVE A LA LIBERTÉ DES ENCHÈRES.

*Table alphabétique.*

Association, 12, 14.
Complicité, 16 s.
Cris, 6.
Enchérisseur unique, 11.
Exhortation, 6, 9.
Fixation des enchères, 5.
Fonctionnaire public, 21.
Juge des criées, 5.
Nullité, 19 s.
Propos imputés à un tiers, 7 s.
Suppression de l'adjudication, 4.
Surenchère, 13 s.
Tentative, 9 s.
Tribunal correctionnel, 19 s.

ENTRAVE A LA LIBERTÉ DES ENCHÈRES. — 1. — Les entraves et les troubles apportés à la liberté des enchères étaient, antérieurement au Code pénal, prévus et réprimés par l'art. 27 du titre 2, L. 22 juill. 1791, et par les art. 11 et 12, L. 24 avr. 1793, dont les dispositions ont été reproduites, à quelques modifications près, par l'art. 412, C. 1810.

2. — Cet article est ainsi conçu : « Ceux qui, dans les adjudications de la propriété, de l'usufruit ou de la location des choses mobilières ou immobilières, d'une entreprise, d'une fourniture, d'une exploitation ou d'un service quelconque, auront entravé ou troublé la liberté des enchères ou des soumissions par voies de fait, violences ou menaces, soit avant, soit pendant les enchères ou les soumissions, seront punis d'un emprisonnement de quinze jours au moins, de trois mois au plus, et d'une amende de 100 fr. au moins et de 5,000 fr. au plus. »

3. — Et cet article ajoute que : « La même peine aura lieu contre ceux qui, par dons ou promesses, auront écarté les enchérisseurs. »

4. — La loi ne prescrit et ne punit que le trouble qui aurait eu pour but et pour effet d'entraver la liberté des enchères. — Mais le trouble qui ne produirait qu'une *suspension de l'opération* n'aurait pas le caractère exigé par la loi pour constituer le délit. — Chauveau et Hélie, *Théor. C. pén.*, t. 7, p. 438.

5. — On ne peut voir une atteinte à la liberté des enchères dans ce fait que le minimum de leur taux a été fixé par le juge tenant l'audience des criées, lors de l'adjudication préparatoire ou définitive, s'il n'y a eu d'ailleurs de réclamation des créanciers ou de la partie saisie. — *Cass.*, 29 mai 1834, Sinnet.

6. — *Entraves par voies de fait, menaces, ou violences.* — C'est dans ce moyen d'exécution, disent MM. Chauveau et Hélie (*ibid.*), que consiste l'immoralité du fait : les paroles, les exhortations, les cris, lors même qu'ils auraient pour résultat de troubler la liberté de l'enchère, ne suffiraient pas pour l'existence du délit.

7. — En outre, pour constituer le délit d'entrave à la liberté des enchères, il faut que les menaces proférées contre les enchérisseurs émanent *de celui même qui doit les mettre à exécution*; mais ce délit ne peut résulter de simples propos tenus sur le compte d'un tiers à qui l'on prête des intentions violentes. — *Bourges*, 25 mars 1841 (t. 2 1842, p. 401), Férien.

8. — Spécialement, l'individu qui, dans le but d'éloigner des enchérisseurs, impute à un tiers des intentions de vengeance contre ceux qui se rendraient adjudicataires de ses biens, ne commet pas le délit d'entraves à la liberté des enchères par voie de menaces. — Même arrêt.

9. — *Entraves par dons et promesses.* — Ce qui caractérise cette incrimination, c'est que les enchérisseurs aient *été écartés par dons et promesses*. — Ainsi, d'une part, si le prévenu s'était borné à de simples exhortations, il n'y aurait aucun délit; — de l'autre, l'existence de dons et de promesses ne suffirait pas, si, *en fait*, les enchérisseurs n'avaient pas été écartés, — la loi n'ayant pas puni la tentative de ce délit.

10. — Ainsi, il a été jugé que celui qui, dans une adjudication, a cherché, par dons ou promesses, à écarter les enchérisseurs, *mais qui n'y a pas réussi*, n'est point passible des peines portées en l'art. 412. — *Metz*, 7 juill. 1828, N...

11. — Bien que l'art. 412 parle du fait d'avoir « par dons et promesses écarté *les enchérisseurs* », il n'en résulte pas que le délit n'existe qu'autant que plusieurs enchérisseurs ont été écartés. Il suffit qu'un seul enchérisseur ait été écarté de l'adjudication. — *Cass.*, 24 août 1837 (t. 2 1839, p. 563), Toutain c. Denesle.

12. — Il suffit, pour caractériser le délit, que des enchérisseurs aient été écartés par des promesses, quel qu'ait été, en définitive, sur le résultat de l'adjudication, l'effet de l'emploi de ce moyen. — Et il a été jugé que le fait par plusieurs individus d'avoir stipulé que celui d'entre eux qui resterait adjudicataire du bail d'une ferme tiendrait compte à ses cocontractans de la différence qui pourrait exister entre le prix de l'adjudication et celui auquel ils ont évalué le prix réel de location, constitue le délit d'entraves à la liberté des enchères. — *Cass.*, 19 nov. 1841 (t. 1er 1842, p. 216), Vicomte. — V. en ce sens *Cass.*, 12 mars 1841 (t. 2 1841, p. 360), Regault.

13. — Les dispositions de l'art. 412, C. pén., sur les entraves à la liberté des enchères, sont applicables aux entraves à la liberté des surenchères. — *Cass.*, 12 mars 1835, Rollin. — « En effet, dit la cour de Cassation, la surenchère par suite d'une saisie immobilière n'est que la continuation de la première enchère; le but de l'art. 412 n'est atteint que par l'effet des enchères et des surenchères librement faites. » — Chauveau et Hélie, t. 7, p. 443.

14. — Néanmoins, il semble résulter d'un arrêt de la cour de Pau que le fait, par un adjudicataire, d'associer un créancier à son adjudication pour empêcher celui-ci de donner suite à la surenchère qu'il a formée, peut donner lieu à une action en dommages-intérêts, mais non à l'application de l'art. 412, C. pén. — *Pau*, 31 août 1827, sous *Cass.*, 26 mars 1829, Cavaré c. Dubois. — Mais V. Chauveau et Hélie, *loc. cit.*

15. — Dans tous les cas, disent MM. Chauveau et Hélie (p. 444), tout le monde, depuis la loi du 2 juin 1841, sur les ventes judiciaires des biens immeubles, étant appelé à surenchérir et à enchérir après la surenchère, il ne peut s'élever maintenant aucun doute en ce qui concerne les enchères de ces biens.

16. — Les personnes qui ont agréé les dons ou

les promesses doivent-elles être considérées et punies comme complices ? — « Non, répondent MM. Chauveau et Hélie (loc. cit.), car ces personnes n'ont commis aucun acte constitutif de la complicité; elles se sont seulement abstenues d'enchérir; or, rien ne les forçait de faire ces enchères, elles ont cédé à une influence illicite, mais elles n'ont commis aucun délit. »

17. — Jugé, toutefois, que lorsque plusieurs individus sont convenus entre eux de ne pas porter au-dessus de tel prix un immeuble mis aux enchères, et que, si l'immeuble était adjugé à un prix inférieur, l'adjudicataire tiendrait compte aux autres de la différence, ils doivent être poursuivis tous, savoir : l'adjudicataire comme auteur principal, et les non-adjudicataires comme complices du délit d'entrave à la liberté des enchères. — Cass., 12 mars 1841 (t. 2 1841, p. 360), Rigault.

18. — L'avoué qui, après avoir déposé un acte contenant surenchère, retire cet acte moyennant une somme que lui donne l'adjudicataire contre lequel cette surenchère était dirigée, se rend complice du délit commis par cet adjudicataire en contribuant à écarter les enchérisseurs. — Cass., 16 oct. 1844 (t. 2 1844, p. 542), Contamin.

19. — Les tribunaux correctionnels saisis de la connaissance du délit d'entrave à la liberté des enchères doivent prononcer la nullité de l'adjudication lorsqu'elle a eu lieu au profit de ceux qui se sont rendus coupables de ce délit. Peu importerait, d'ailleurs, qu'il s'agît d'une adjudication de coupe de bois faite devant l'autorité administrative. — Cass., 22 avr. 1837 (t. 1er 1837, p. 558), Thiriet.

20. — La nullité d'une pareille adjudication ressort des principes du droit commun, bien qu'elle ne soit pas prononcée littéralement par la loi. — L'art. 410, C. Sardaigne, contient à cet égard une disposition formelle. — Chauveau et Hélie, t. 7, p. 446 ; Chauveau, Code de la saisie immobilière, sous l'art. 730.

21. — Un décret du 7 messid. an II contenait des peines particulières contre les fonctionnaires publics qui trempaient dans de pareilles manœuvres et s'en rendaient les instruments. « Lorsque les délits prévus..., etc., porte le décret, auront été commis par des fonctionnaires publics, commissaires, gardiens, dépositaires, les coupables et leurs complices seront punis de douze années de fers... » Cette aggravation n'a pas été reproduite à l'égard des officiers publics, chargés de surveiller les enchères, mais il y aurait lieu, dans ce cas, de faire application de l'art. 196, C. pén., qui veut que « ceux d'entre les officiers publics qui auront participé aux délits qu'ils étaient chargés de surveiller ou de réprimer...., subissant toujours le maximum de la peine attachée à ce délit. » — V. FONCTIONNAIRE PUBLIC.

## ENTRAVESTISSEMENT.

1. — Terme par lequel certaines coutumes des Pays-Bas entendaient, soit un avantage qu'elles concédaient aux époux sans le concours de la volonté, soit une donation réciproque qu'elles leur permettaient de se faire. — On l'appelait aussi Ravestissement.

2. — Ainsi qu'on le voit par la définition, il y avait deux sortes d'entravestissement.

3. — Le premier, appelé entravestissement de sang, avait lieu de plein droit entre deux époux qui avaient donné le jour à un ou plusieurs enfans.

4. — Le second, connu sous le nom d'Entravestissement par lettres, était un acte par lequel des époux privés de la consolation d'avoir des enfans donnaient à celui des deux qui survivrait à l'autre les biens dont chaque coutume permettait de disposer par cette voie.

5. — Ces distinctions n'ayant pas d'application dans notre droit, nous nous contenterons de renvoyer à Merlin, Rép., vo Entravestissement, où l'on explique les différences qui existaient entre l'entravestissement et le don mutuel.

## ENTRE-CENS.

1. — On appelait ainsi, dans la coutume de Hainaut, un droit dû au seigneur haut-justicier sur les mines que l'on fouillait dans l'étendue de sa haute-justice. — Il consistait dans une quote-part, que l'on donnait au seigneur, du charbon que l'on tirait. — Merlin, Rép., vo Entre-Cens; et Quest., vo Mines, § 1er.

2. — Suivant Boucher d'Argis père, au Répert. de Jurispr., vo Entre-cens, ce mot viendrait des mots latins inter centum; et il aurait été ainsi appelé parce qu'il approchait communément du centième denier, étant un peu plus fort ou plus faible, suivant l'usage des lieux. — Mais Merlin

(Quest. de droit, vo Mines, § 1er) rejette cette étymologie comme reposant sur une fausse base. En effet, dit-il, il est faux que, dans le ci-devant Hainaut, soit français, soit autrichien, l'usage le plus général ait fixé au centième la portion du seigneur dans les produits du charbonnage. Il ajoute qu'il n'y a pas un seul exemple qu'on l'ait réduit à un taux aussi faible, et que sa quotité la plus commune était de 10 à 20.

3. — L'étymologie qui semble la plus probable, celle qui d'ailleurs est indiquée par l'orthographe même du mot, est celle qui le fait dériver de inter censum, c'est-à-dire droit compris au nombre de ceux qui, dans le Hainaut, étaient qualifiés de cens. — Merlin, Quest., vo Mines, § 1er. — Toutefois, Merlin (loc. cit.), après avoir indiqué cette étymologie, ajoute, en note : « Ne rencontrerait-on pas mieux encore, en disant que le mot entre-cens est une corruption de oultre-cens, terme qui désignerait, comme l'expression française sur-cens, une prestation attachée à la qualité de cens ? »

4. — Pour comprendre la valeur de cette conjecture, il est nécessaire de savoir que, dans le Hainaut, celui qui voulait exploiter une mine de charbon était obligé de payer au seigneur : 1o une redevance fixe en argent, pour chaque corps de veine, laquelle était appelée cens ; — 2o le tantième du charbon qu'il extrayait, redevance qui, comme nous l'avons dit, se nommait entre-cens. — Merlin, Quest., vo Mines, § 1er.

5. — La question s'est élevée de savoir quelle était la véritable nature de l'entre-cens, et s'il avait survécu aux lois abolitives de la féodalité. — La jurisprudence s'est prononcée pour la négative.

6. — Il a été jugé dans le Hainaut le droit de fouiller les mines et de s'approprier ce qui en serait extrait, connu sous la dénomination d'avoir en terre non extrayé, était un privilége exclusivement attaché à la qualité de seigneur haut-justicier. En conséquence, a été supprimée par les lois abolitives de la féodalité la redevance appelée droit d'entre-cens que payaient au seigneur ceux à qui il avait concédé la faculté d'exploiter la mine. — Cass., 14 vendém. an XII, comp. de Schuytener c. Carondelet ; 23 vendém. an XIII, Deroyer c. comp. Barbier. — Merlin, Quest., vo Mines.

7. — Ce droit n'a pas été conservé par la loi du 12 juill. 1791, qui maintient pendant cinquante ans les concessions déjà faites pour l'exploitation des mines. — Cass., 16 vent. an XII, comp. de Schuytener c. Carondelet.

## ENTRECOURS.
V. PARCOURS ET ENTRECOURS.

## ENTRÉE (Droit d').
V. DOISSONS.

## ENTREMETTEUR.

1. — On appelle ainsi celui qui s'entremet, qui s'emploie dans une affaire entre deux ou plusieurs personnes.

2. — Lorsque l'entremise a lieu pour des choses licites, elle est considérée comme une sorte de mandat et produit, suivant les circonstances, entre les parties, des effets qui sont indiqués vis COMMISSIONNAIRE, MANDAT. — V. aussi COURTIERS.

3. — Lorsqu'au contraire elle a lieu pour une cause illicite ou contraire aux mœurs, elle ne crée aucune obligation civile (V. OBLIGATION), et même, suivant les cas, elle peut entraîner contre l'entremetteur l'application des peines prévues par la loi. — V. COMPLICITÉ, PROXÉNÉTE.

## ENTREPOTS.

### Table alphabétique.

**ENTREPOT. — ENTREPOSITAIRE.** — **1.** — L'entrepôt est un lieu public ou particulier où sont déposées provisoirement, ou sans paiement de droits, des marchandises dont l'entrée est tarifée ou même prohibée, ou dont la consommation est soumise à une taxe. — On entend aussi par entrepôt *le dépôt lui-même des marchandises entreposées*, ou plutôt *leur séjour dans le lieu d'entrepôt*.

**2.** — On nomme *entrepositaire* celui qui exerce la faculté d'entrepôt. — On le désigne encore dans le langage spécial sous le nom de *soumissionnaire*.

**3.** — On appelle villes d'entrepôt celles dans lesquelles arrivent des marchandises pour y être déchargées et non vendues, et d'où elles sont transportées sur d'autres voitures ou bateaux, au lieu de leur destination.

**4.** — Les entrepôts sont institués au double point de vue de la douane et des contributions indirectes : il y a aussi des entrepôts spéciaux établis par les lieux dans lesquels ils sont établis, soit par les marchandises qui y sont admises. — Pendant l'année 1844, le mouvement général des entrepôts, en matière de douanes, s'est élevé à 9,496,628,000 kilogrammes de marchandises de toute nature, évaluées à 664 millions de francs. Comparé à celui de 1843, il a offert, sous le rapport du poids, un excédant de 100,236,000 kilogrammes, et, sous le rapport de la valeur, une diminution de 22 millions.

CHAP. Ier. — *Entrepôt en matière de douanes* (no 5).

   SECT. 1re. — *Entrepôt réel* (no 26).

    § 1er. — *Marchandises non prohibées* (no 27).

    § 2. — *Marchandises prohibées* (no 136).

   SECT. 2e. — *Entrepôt fictif* (no 176).

CHAP. II. — *Entrepôt en matière de contributions indirectes et d'octroi* (no 211).

   SECT. 1re. — *Entrepôts spéciaux par les lieux* (no 228).

   SECT. 2e. — *Entrepôts spéciaux par les marchandises* (no 239).

**CHAPITRE Ier.** — *Entrepôt en matière de douanes.*

**5.** — En matière de douanes, l'entrepôt est appliqué aux marchandises étrangères que l'importateur se réserve de réexporter ou de faire transiter. — Beaussant, *C. maritime*, t. 2, p. 453.

**6.** — La protection due à l'industrie nationale et le besoin d'accroître les ressources du trésor public justifient suffisamment les droits d'entrée qui frappent la plupart des provenances étrangères ; mais, en même temps, l'intérêt bien évident qu'ont les négocians et les consommateurs eux-mêmes à n'acquitter les droits qu'au moment où les marchandises assujéties entrent dans la consommation, et non quand elles arrivent sur le territoire, les facilités qu'on doit résulter pour le commerce en général, la faveur même qui s'attache aux re-

lations commerciales extérieures, et les intérêts considérables qui s y trouvent engagés, sont de nature à déterminer la part de tout gouvernement éclairé des mesures qui, sans trahir l'intérêt du fisc, adoucissent cependant ce qui en certaines dispositions pourraient présenter de trop rigoureux.

**7.** — Frappé de ces considérations, Colbert conçut la pensée si simple et si féconde des entrepôts et du transit, qu'il créa simultanément par l'ordonnance de 1687.

**8.** — Long-temps les entrepôts, en matière de douanes, furent le privilège exclusif des ports de mer ; mais sur les réclamations pressantes du commerce, et après une discussion animée, surtout dans la chambre des députés, la création d'entrepôts dans l'intérieur et aux frontières fut autorisée par la loi du 27 fév. 1832.

**9.** — Il y a donc aujourd'hui, en matière de douanes, des entrepôts maritimes et des entrepôts intérieurs.

**10.** — Il existe encore, en matière de douanes, une autre sorte d'entrepôt connu sous le nom d'entrepôt frauduleux. — V., à cet égard, **DOUANES**, nos 516 et suiv.

**11.** — Les marchandises en entrepôt étant censées être à l'étranger, elles ne sont passibles des droits de douanes qu'au moment où elles entrent dans la consommation ; mais les droits qu'elles doivent acquitter sont ceux en vigueur au moment de leur sortie de l'entrepôt.—Fasquel, *ibid.*, no 558.

**12.** — Jugé, par application de ce principe, que les marchandises restées en entrepôt sont atteintes par la survenance d'une augmentation dans le tarif des droits de douanes, malgré l'expiration du délai fixé par la déclaration d'entrepôt, et les formalités nécessaires pour les retirer n'ont pas toutes été remplies. — *Cass.*, 3 oct. 1810, Bancs.

**13.** — Il a cependant été décidé qu'en matière de douanes, lorsque les marchandises sont arrivées dans un port du royaume, et qu'elles ont été mises en entrepôt, elles doivent être considérées comme entrées par rapport à la nature et à la perception du droit auquel elles sont assujéties.— Dès-lors, il suffit que des marchandises de la nature de celles provenant du Levant, de la Barbarie et des autres pays situés dans la Méditerranée, et arrivées par navires étrangers, aient été débarquées dans le port de Marseille et mises en entrepôt dans ce port, pour qu'elles aient acquis par cela même droit irrévocable au bénéfice de l'ordonnance royale du 10 sept. 1817, et spécialement à l'exemption de la surtaxe établie par l'art. 7, L. 28 avr. 1816 ; et ce droit acquis n'a pu être ultérieurement perdu par cela que l'entrepositaire aurait fait transporter les marchandises, par continuation d'entrepôt, dans un autre port ne jouissant pas de la même franchise. — *Cass.*, 5 mai 1845 (t. 1er 1845, p. 761), de Conchy.

**14.** — L'administration des douanes a, pour le paiement des droits qui lui sont dus, un privilège sur les marchandises placées dans les entrepôts.

**15.** — Elle conserve son privilège sur les marchandises restées en entrepôt dans les magasins de son débiteur failli, malgré la vente qu'il en a consentie dans un temps non suspect, et malgré la livraison partielle qu'il a faite à l'acquéreur avec le concours de la régie, moyennant le paiement des droits dus sur cette partie, si elle n'a pas renoncé à son privilège sur le surplus. — *Cass.*, 3 déc. 1832, Evette ; — Merlin, *Rép.*, vo *Douanes*, § 13.

**16.** — Mais les marchandises entreposées qui ont été vendues avant leur sortie de l'entrepôt ne peuvent être retenues ni saisies par la régie des douanes, pour garantie des droits dus par le vendeur à raison d'autres marchandises comprises dans le même entrepôt. — *Cass.*, 27 frim. an XIII, Kunkel ; — Merlin, *Rép.*, vo *Douanes*, § 13 ; Dujardin-Sailly, *Code des douanes*, liv. D, no 260.

**17.** — Jugé, au contraire, que l'administration des douanes a droit de poursuivre sur les marchandises entreposées ce qui lui est dû *à quelque titre que ce soit*, par le consignataire, au préjudice même de la revendication exercée par le véritable propriétaire, en cas de faillite du consignataire. — *Rouen*, 7 juin 1817, Martin c. Douanes ; — Lainné, *Faillites*, p. 508; Bioche, vo *Faillite*, no 1354.

**18.** — Au surplus, en cas de faillite d'un redevable de l'administration des douanes, le privilège de cette administration ne peut s'exercer sur les marchandises revendiquées, dans les termes de l'art. 576, C. comm., par le vendeur non payé. En vain l'administration prétendrait-elle ne devoir subir que la revendication prévue par l'art. 2102, C. civ., et exercée en vertu de cet article. — L. 28 juill.-22 août 1791, tit. 13, art. 22 ; — *Cass.*, 12 fév. 1845 (t. 1er 1845, p. 459), Gebhard c. Douanes.

**19.** — M. Troplong dit bien (*Comment. sur les*

*privilèges*, t. 1er, no 34) que l'administration des douanes est primée par le vendeur qui revendique les marchandises en nature, principe qui n'est que la répétition de celui qui se trouve consigné dans l'art. 92, L. 22 août 1791 ; mais il ne s'explique nullement sur le point de savoir si la revendication dont parle la loi de 1791 est celle de l'art. 2102, ou celle de l'art. 576, C. comm. Il est vrai que le principe ainsi posé par l'auteur se trouve placé sous le commentaire qu'il donne de l'art. 2102 ; mais cela n'a évidemment rien d'exclusif pour l'art. 576. Quant à Pardessus (*Cours de droit comm.*, t. 5, no 1290), il refuse, à la vérité, au vendeur non payé le droit de revendication au regard du trésor, et spécialement de la douane ; mais on peut induire des termes dans lesquels il s'exprime qu'il restreint l'application de ce principe au cas où les marchandises ont été confisquées pour fraude par l'administration des douanes. Or, ce cas n'est évidemment pas le même que celui où l'administration prétend avoir droit au prix de ces marchandises seulement en vertu de son privilège général. — Il n'est pas douteux, au surplus, que l'administration des douanes peut exercer son privilège contre un failli sans être obligée de suivre les formalités imposées aux autres créanciers de la faillite. — *Douai*, 12 août 1829, Black.

**20.** — L'avantage que l'administration peut retirer de son privilège se trouve d'ailleurs compensé par la responsabilité qui pèse sur elle, en cas de soustraction des marchandises. — Beaussant, *ibid.*, p. 464.

**21.** — Jugé cependant que l'administration des entrepôts n'est responsable des pertes et des avaries qu'éprouvent les marchandises placées dans ses magasins qu'autant qu'elles sont prouvées provenir de son fait ou de celui de ses préposés. — *Cass.*, 12 mai 1830, Vassal.

**22.** — Mais la soumissionnaire primitif ne peut imputer la soustraction à la négligence des préposés de la régie et au peu de sûreté des magasins d'entrepôt, lorsqu'il est constaté que cette soustraction a été opérée à l'aide d'une fausse clé introduite dans le cadenas placé par la douane, par ceux qui avaient la clé de la serrure de la porte des magasins, et lorsque d'ailleurs c'est le soumissionnaire lui-même qui a fait transférer les marchandises dans ces magasins.—*Cass.*, 9 mars 1835, Zizinia.

**23.** — Les négocians ou commissionnaires convaincus d'avoir importé ou exporté en fraude des denrées ou marchandises, ou d'avoir, à la faveur de l'entrepôt ou du transit, effectué des soustractions, substitutions ou versemens dans l'intérieur, peuvent, indépendamment des peines portées par les lois, être privés, par un arrêté spécial du gouvernement, de la faculté de l'entrepôt.—LL. 8 flor. an XI, art. 83; 27 fév. 1832, art. 8.

**24.** — Cette disposition est applicable au négociant ou au commissionnaire qui prêterait son nom pour soustraire à ces effets ceux qui en seraient atteints. — *Ibid.*

**25.** — L'entrepôt est réel ou fictif, selon qu'il a lieu dans des magasins publics ou dans les magasins mêmes de l'entrepositaire.

### Sect. 1re. — *Entrepôt réel.*

**26.** — L'entrepôt réel est celui qui a lieu dans un magasin public. Il peut s'appliquer aux marchandises non prohibées comme à celles dont l'importation est interdite : les conditions d'entrepôt sont seules différentes.

#### § 1er. — *Marchandises non prohibées.*

**27.** — *Conditions d'entrepôt réel maritime.* — Les ports de mer auxquels est accordé l'entrepôt réel de marchandises non prohibées n'en jouissent qu'à la charge de fournir sur le port des magasins convenables, sûrs et réunis en un seul corps de bâtiment, pour y établir ledit entrepôt. A cet effet, le plan du local doit être présenté au gouvernement, qui, après avoir fait examiner s'il est propre à sa destination, l'y affecte, s'il y a lieu, par un arrêté spécial. — L. 8 flor. an XI, art. 25.

**28.** — Les ports de mer qui jouissent d'un entrepôt réel de marchandises non prohibées sont : Marseille, Cette, Bayonne, Bordeaux, La Rochelle, Nantes, Lorient, Abbeville, Saint-Malô, Cherbourg, Rouen, le Havre, Honfleur, Dunkerque, Calais, Dieppe, Saint-Valéry, Boulogne, le Légué, Arles, Toulon, Agde, Morlaix, Caen. — LL. 8 flor. an XI, art. 23; 17 déc. 1814, art. 4 ; 28 mars 1816, art. 31; 27 mars 1817, art. 40 et 41 ; 17 mai 1826, art. 16 ; 3 fév. 1832, art. 27; ord. 8 juill. 1831, art. 7.

**29.** — Les magasins servant d'entrepôt sont fermés à deux clés, dont l'une reste entre les mains d'un préposé à l'administration des douanes (un

contrôleur aux entrepôts), et l'autre dans les mains du commerce (un agent délégué par les commerçans). — *Ibid.*, art. 26.

30. — La mission du délégué du commerce consiste dans la conservation et la garde de la marchandise. Le contrôleur, lui, surveille les magasins et leurs fermetures; il a soin de placer les clés qui lui sont confiées de manière à ce qu'il n'en puisse être abusivement disposé.

31. — Le négociant qui veut mettre en entrepôt réel des marchandises non prohibées est tenu, dans les trois jours de leur arrivée, d'en faire à la douane une déclaration détaillée, signée de lui ou de la personne qui le représente légalement. — L. 4 germ. an II; — circ. 23 oct. 1810.

32. — Cette déclaration contient l'espèce, la qualité, le poids ou le nombre des marchandises qui doivent les droits au poids, au nombre ou à la mesure, et la valeur lorsque les marchandises acquittent les droits à la valeur. Les numéros et marques des colis sont indiqués en marge. — L. 22 août 1791, tit. 2, art. 9.

33. — Elle est affranchie du timbre. — Ord. 8 juill. 1834, art. 16.

34. — Les marchandises qui ont été introduites dans un entrepôt sans déclaration préalable sont dans un état véritable et permanent d'importation frauduleuse. Ce n'est pas seulement au moment de leur introduction qu'elles sont saisissables; elles le sont encore ensuite malgré leur admission dans un local franc. — *Cass.*, 19 nov. 1807, Chiralde; — Dujardin Sailly, *Code des douanes*, liv. D, n° 280.

35. — De même, une introduction de marchandises dans l'entrepôt d'un port franc, sans déclaration, est une contravention non seulement aux lois particulières aux ports francs, mais encore aux lois générales sur les douanes, et ne peut être excusée sous le prétexte que le réglement local du port punit seulement le déficit et non l'excédant. — *Cass.*, 8 août 1808, Douanes c. Germand; 24 oct. 1828, Carbonne.

36. — On ne peut, sous peine de confiscation et de 100 fr. d'amende, présenter comme unité, dans une déclaration, plusieurs colis réunis de quelque manière que ce soit. — L. 27 juill. 1822, art. 16.

37. — Le consignataire qui met sous son nom personnel des marchandises en entrepôt en est censé propriétaire à l'égard de la douane. — *Rouen*, 7 juin 1817, Martin c. Douanes.

38. — Les marchandises ne sont admises dans l'entrepôt qu'à charge de payer les droits ou de les réexporter dans un délai déterminé. — V. *infrà* n° 48.

39. — *Entrée dans l'entrepôt.* — Avant de pénétrer dans l'entrepôt, les marchandises sont, après leur débarquement, soumises à la vérification de la douane, qui peut, si elle le juge convenable, se dispenser d'y procéder et s'en tenir à la déclaration du consignataire.

40. — Lorsque la visite des marchandises fait reconnaître un excédant de plus du vingtième pour les métaux et du dixième pour les autres marchandises, cet excédant peut être livré immédiatement à la consommation, après avoir été soumis au droit d'entrée et au double droit pour amende. — Décis. 30 prair. an XII; 15 fév. 1822; — Fasquel, *ibid.*, 546.

41. — Aussitôt que la vérification est terminée, les marchandises sont enregistrées au sommier balance; elles y sont désignées par nature, espèce, qualité, provenance, etc. Cet enregistrement complète l'opération d'entrée. — Circ. 15 fév. et 1er mars 1822; — Fasquel, *ibid.*, n° 547.

42. — Les marchandises sont, sous la surveillance du contrôleur aux entrepôts, classées par ordre, c'est-à dire par espèces et par chacun des propriétaires ayant à la douane un compte ouvert. — Circ. 1er mars 1832; — Fasquel, *ibid.*, n° 565.

43. — Le propriétaire peut, avec l'assistance de la douane, prendre dans l'entrepôt même toutes les mesures de conservation, transvasement, bénéficiement, etc. — Beaussant, *ibid.*, p. 456.

44. — *Durée de l'entrepôt.* — La durée de l'entrepôt réel, lorsqu'il est régulièrement constitué, est de trois années. — LL. 17 mai 1826, art. 14; 2 fév. 1832.

45. — Lorsque les délais ordinaires sont insuffisans, l'entrepositaire peut obtenir une prolongation. — A cet effet, il adresse à l'administration des douanes, par l'intermédiaire du directeur, une demande motivée à laquelle il est fait droit, s'il y a lieu. — Circ. 15 oct. 1818; — Fasquel, *ibid.*, n° 549.

46. — Selon M. Beaussant (*ibid.*, p. 456), la prolongation du délai d'entrepôt ne peut être accordée qu'à la condition que l'entrepositaire renoncera à la réexportation et seulement en faveur de la consommation.

47. — Lorsque la décision de l'administration ne parvient point avant l'expiration du délai ordinaire, ce délai est prolongé jusqu'à la réception de la réponse. — *Ibid.*

48. — Si, à l'expiration des délais fixés, il n'est pas satisfait à l'obligation d'acquitter les droits ou de réexporter, les droits sont liquidés d'office. — *Ibid.*

49. — Sommation est faite à l'entrepositaire, à son domicile s'il est absent, d'acquitter les droits dans le mois. — Faute de satisfaire à cette sommation, les marchandises sont vendues, et le produit de la vente, déduction faite de tous droits et frais de magasinage ou de toute autre nature, est versé à la caisse des dépôts et consignations pour être remis au propriétaire, s'il est réclamé dans l'année à partir du jour de la vente, ou, à défaut de réclamation dans ce délai, être définitivement acquis au trésor. — *Ibid.*

50. — En cas d'absence de plusieurs entrepositaires, à l'égard desquels les délais sont expirés, il suffit de faire au maire une sommation collective désignant toutes les parties intéressées. — Fasquel, *ibid.*, 2e supp., n° 515.

51. — Cette sommation est soumise à la formalité de l'enregistrement : il y est perçu un droit de 1 fr. 10 c. si la somme réclamée excède 100 francs, sinon, l'enregistrement a lieu gratis. — LL. 28 avr. 1816; 16 juin 1824; lettre admin. 5 oct. 1836.

52. — Si le produit de la vente est inférieur aux frais faits, la différence reste à la charge de l'administration. Aussi, est-il alors recommandé de ne poursuivre la vente qu'autant que les objets sont sujets à dépérissement ou qu'il est impossible de les réunir à d'autres articles. — Lettr. adm. 9 oct. 1833 et 3 juin 1835.

53. — *Cession des marchandises.* — L'entrepositaire peut vendre les marchandises qu'il a mises en entrepôt; mais cette vente ne le décharge de sa garantie envers la douane qu'autant qu'il a déclaré et justifié le transfert de la propriété à un tiers, et qu'il a fait intervenir celui-ci pour prendre des engagemens personnels envers la douane. — Circ. 9 août 1791 et 4 mai 1835; — Fasquel, *ibid.*, n° 551.

54. — Ainsi, le négociant qui a souscrit la soumission envers la douane de représenter des marchandises placées dans des magasins d'entrepôt demeure responsable tant qu'il ne s'est point fait décharger de son engagement, encore bien qu'il ait cédé ses marchandises à un autre négociant, et que la douane ait eu connaissance de la cession. — *Cass.*, 9 mars 1835, Zizinia.

55. — Et, lorsque le cessionnaire de marchandises entreposées les soustrait des magasins d'entrepôt, cette soustraction ne peut être assimilée, au regard du soumissionnaire primitif, à un vol qui puisse le faire décharger de toute responsabilité envers la douane. — *Cass.*, 9 mars 1835, Douanes c. Zizinia.

56. — Et lorsque les marchandises soumissionnées ont été enlevées des magasins de l'entrepôt par les propriétaires qui les avaient consignées, cette soustraction, quelque coupable qu'elle soit, ne peut être assimilée à un vol, et, en conséquence, la caution ne peut être renvoyée des poursuites de la douane, par application de l'art. 22, tit. 2, L. 22 août 1791. — *Cass.*, 9 mars 1835, Douanes c. Séguy.

57. — Cette caution ne peut invoquer non plus, soit l'art. 2037, soit les art. 1382 et suiv., C. civ., lorsque rien ne constate que ce soit par le fait de l'administration ou par l'inexécution des réglemens qu'elle est chargée de maintenir, que la soustraction a eu lieu, et notamment lorsqu'il est constaté que l'entrepôt réel paraît avoir été violé à l'aide de fausses clés. — Même arrêt.

58. — Pour être opposable à la douane, la vente doit être inscrite sur les registres de l'entrepôt, et cette inscription n'a lieu qu'autant que le cessionnaire est domicilié dans le lieu de l'entrepôt. — Fasquel, *ibid.*, n° 552.

59. — Il faut encore que la vente soit accompagnée de toutes les marques caractéristiques qui en opèrent la consommation, comme le déplacement des marchandises, l'apposition de nouvelles marques. — Arg. motifs *Cass.*, 27 frim. an XIII, Douanes c. Kunkel; — Fasquel, *ibid.*

60. — *Recensement.* — Afin de constater la présence dans les magasins de toutes les marchandises portées au registre sommier et les différences qui peuvent exister entre les écritures et la réalité, il est procédé chaque année à un recensement général de toutes les marchandises placées en entrepôt. — Circ. 1er mars 1832; — Fasquel, *ibid.*, n° 563.

61. — Les écritures inexactes ne peuvent être rectifiées qu'autant que l'administration en a autorisé de nouvelles, après avoir pris des renseignemens sur les différences entre l'énoncé des registres et la situation effective de l'entrepôt. — Circ. 3 vend. an XII; — Fasquel, *ibid.*, n° 564.

62. — Les marchandises reçues dans les entrepôts réels peuvent en être retirées, soit pour la consommation, après avoir acquitté les droits du tarif en vigueur, soit pour la réexportation ou pour passer par simple mutation dans un autre entrepôt réel. — L. 27 fév. 1832, art. 6; 26 juin 1835, art. 1er.

63. — Quelle que soit la destination des marchandises, l'entrepositaire qui désire les faire sortir de l'entrepôt, en fait, à la douane, une déclaration reproduisant toutes les indications exigées à l'entrée. — Circ. 12 août, 9 nov. 1802, et 1er mars 1832; — Fasquel, *ibid.*, nos 555, 567, 580, 585. — V. DOUANES, n° 240.

64. — La déclaration est inscrite sur les registres de la douane et signée de l'entrepositaire. — Circ. 9 nov. 1802.

65. — Un permis est ensuite délivré pour opérer la sortie, par le receveur aux déclarations. — *Ibid.*

66. — Mais le fait, de la part d'un entrepositaire, d'avoir extrait de l'entrepôt réel des marchandises déclarées pour la réexportation à la place de marchandises destinées à la consommation, suffit pour rendre cet entrepositaire passible des peines prononcées par l'art. 61, L. 21 avr. 1818, quelle que puisse être d'ailleurs sa bonne foi. — *Cass.*, 14 avr. 1841 (t. 2 1841, p. 70), Doris.

67. — *Sortie pour la consommation.* — La vérification est facultative, à moins que le négociant ne la demande lui-même, en vue de faire constater un déchet. — Circ. 24 août 1818; 21 janv. 1819, et 1er mars 1832; — Fasquel, *ibid.*, n° 556.

68. — La vérification, lorsqu'elle a lieu, sert à constater l'identité des marchandises, et s'il n'y a eu aucune addition ou soustraction. — *Ibid.*

69. — La différence en moins soumet l'entrepositaire au paiement des droits sur les quantités qui manquent, à moins qu'elle ne provienne du déchet naturel. — Circ. 24 août 1818, et 1er mars 1832; — Fasquel, *ibid.*, n° 557.

70. — Mais *lorsque la marchandise a été repesée en totalité*, l'administration peut faire la remise des droits, s'il est constant que le déchet est réel. — *Ibid.*

71. — Le déficit reconnu à la sortie d'entrepôt réel et pour lequel l'entrepositaire réclame la remise des droits, fait l'objet d'un état sur lequel le contrôleur, l'inspecteur sédentaire et le directeur donnent leurs observations pour être soumises à l'administration. — Lettr. admin., 16 mai 1831.

72. — Les marchandises déclarées pour la consommation ne peuvent plus, après l'acquittement des droits, séjourner dans l'entrepôt; leur sortie doit être immédiate. — Lettr. admin. 25 fév. et 29 avr. 1821.

73. — *Sortie pour la réexportation.* — La réexportation a lieu soit par le transit, soit par mer. Lorsque les marchandises sont tirées de l'entrepôt pour le transit, leur transport de l'entrepôt au lieu de leur destination est assuré par un acquit à caution, dont la décharge au lieu de sortie doit être représentée. — V. DOUANES, nos 333 et suiv., art. 440 et suiv.

74. — L'action de l'administration des douanes, à raison des soustractions ou substitutions de marchandises en cours de transit, appartient au bureau de départ, et non pas au bureau du lieu du passage où ces contraventions ont été constatées. — *Cass.*, 17 mars 1835, Douanes c. Gavagnon.

75. — Et la caution contre laquelle a été décernée une contrainte au bureau de départ pour non-rapport du certificat de décharge de l'acquit à caution, ne peut exciper de la négligence du bureau de passage qui aurait laissé disparaître les marchandises et demander sa libération sur le motif que l'administration se serait mise par son fait dans l'impossibilité de la subroger dans ses droits et actions. — Même arrêt.

76. — Dans le cas, au contraire, où les marchandises sortent de l'entrepôt pour être réexportées par mer, la formalité de l'acquit à caution n'est plus exigée; mais pour y suppléer, les propriétaires ou consignataires se soumettent, par leur déclaration de sortie d'entrepôt, à rapporter, sur le permis qui leur est délivré, les certificats des préposés des douanes présens à l'embarquement des marchandises, et de ceux qui en auront constaté le départ pour l'étranger. — L. 21 avr. 1818, art. 61.

77. — L'exécution de cette soumission est garantie par un cautionnement si les propriétaires ou consignataires n'ont pas leur domicile dans le port d'expédition, ou ne sont pas reconnus solvables. — *Ibid.*

78. — A défaut de représentation desdits certificats, ils sont contraints au paiement de la valeur des marchandises et de l'amende encourue pour leur introduction frauduleuse. — *Ibid.*

79. — Les marchandises sont exactement vérifiées, tout doit être vu et pesé. Les détails et les résultats de l'opération sont inscrits au portatif du vérificateur dans la forme accoutumée. — Circ. 21 janv. 1819; — Fasquel, *ibid.*, n° 569.

80. — La sortie d'entrepôt et le départ des houilles étrangères dont peuvent se servir les bâtimens français, aux termes de l'art. 3, L. 8 juill. 1834, sont constatés comme s'il s'agissait d'une réexportation. — Fasquel, *ibid.*, n° 571.

81. — Si, à la vérification, les préposés reconnaissent que la quantité est inférieure à celle portée sur la déclaration et que le déficit excède le vingtième des marchandises ou denrées déclarées, la valeur des quantités manquantes est réglée suivant le prix courant du commerce au moment de l'expédition et le déclarant obligé de payer, à titre de confiscation, la somme ainsi réglée, et de plus une amende de 500 fr. — L. 8 flor. an XI, art. 74 et 77 combinés.

82. — On applique, pour les fraudes en matière d'entrepôt, les lois générales sur les importations frauduleuses. — Circ. 8 fév. 1831. — V. DOUANES.

83. — La valeur à payer, en cas de déficit à l'embarquement, est fixée d'après celle donnée à la marchandise, *droits compris*. — Circ. 8 fév. 1831; — Fasquel, *ibid.*, n° 574.

84. — L'embarquement des marchandises déclarées en réexportation ne peut être commencé qu'après que tous les objets compris au permis ont été réunis sur le quai et comptés par les préposés des douanes chargés de constater la mise à bord. — L. 27 juill. 1822, art. 13.

85. — La réexportation tant des denrées coloniales que des autres marchandises énumérées dans l'art. 22, L. 28 avr. 1816, et de celles imposées à plus de 10 % de la valeur, doit s'effectuer par bâtimens de 60 tonneaux et plus dans les ports de l'Océan.

86. — Dans le port de Bayonne, cependant, elle peut s'opérer par bâtimens de 40 tonneaux, et à défaut de navires de ce tonnage, on peut en employer de 25 tonneaux.

87. — Quant aux ports de la Méditerranée, la réexportation n'y est autorisée que par navires de 40 tonneaux.

88. — La réexportation des autres marchandises peut s'opérer par navires de tout tonnage.

89. — Lorsque la réexportation s'opère par les ports de Rouen, Bayonne, Nantes ou Bordeaux, l'administration des douanes est autorisée à plomber les colis pour dispenser le commerce d'une nouvelle visite dans les postes qui se trouvent au bas des rivières sur lesquelles les ports sont situés. — Circ. 11 août 1817 et 14 juin 1822; — Fasquel, *ibid.*, n° 477

90. — La douane perçoit un droit de 25 cent. pour chaque plomb appliqué. — Ord. 8 juill. 1834, art. 17.

91. — Il est perçu sur les marchandises réexportées un droit de 51 cent. par cent kilogrammes ou 15 cent. par 100 fr. de valeur, au choix du redevable. — L. 7 déc. 1815, art. 4; — Fasquel, *ibid.*, n° 578.

92. — *Mutation d'entrepôt.* — Le propriétaire qui expédie ses marchandises d'un entrepôt sur un autre, doit désigner, dans sa déclaration, l'entrepôt sur lequel il a l'intention de les diriger. — Fasquel, *ibid.*, n° 585.

93. — Les poids des colis, l'espèce et la qualité des marchandises sont constatés, à leur sortie, en la forme accoutumée, par le vérificateur. — Circ. 21 janv. 1819; — Fasquel, *ibid.*, n° 586.

94. — Le compte d'entrepôt est définitivement assuré d'après le résultat de l'opération du vérificateur. Le déficit, s'il y en a, est soumis au paiement des droits, à moins qu'il ne provienne du déchet naturel, et qu'il n'y ait réclamation, auquel cas il en est référé à l'administration. — *Ibid.*

95. — L'entrepositaire prend l'engagement de réintégrer sa marchandise dans l'entrepôt qu'il désigne, aux conditions de sa première soumission. — Circ. 9 mai 1821; — Fasquel, *ibid.*, n° 590.

96. — La mutation s'opère sous la garantie d'un acquit à caution énonçant : 1° l'espèce de mutation (par mer ou par terre); 2° le numéro et la date de l'enregistrement des marchandises au sommier; 3° le pavillon du navire importateur et de quel pays ce bâtiment est venu. Il donne aussi, quant aux colonies et contrées privilégiées les renseignemens nécessaires à la perception. — Circ. 20 vendém. an XI; 25 avr. 1811 et 6 mars 1834; — Fasquel, *ibid.*, 591.

97. — Mais de ce que des marchandises admises à changer d'entrepôt seraient, à leur arrivée au nouvel entrepôt, accompagnées d'un acquit à caution délivré lors de leur sortie du premier entrepôt, et constatant leur origine, il n'en résulte pas que l'administration des douanes ne puisse demander une expertise pour faire de nouveau constater cette origine. — *Cass.*, 10 mai 1841 (1. 2 1841, p. 71), Douanes c. Balguerie.

98. — Lorsque le soumissionnaire ne rapporte pas l'acquit à caution en temps utile et avec décharge valable, il est contraint à payer le double droit des marchandises et 100 fr. d'amende. — L. 24 mai 1826, art. 21.

99. — Un extrait de l'acquit à caution est envoyé au bureau de la destination, par l'intermédiaire de l'administration, si l'on doit pénétrer dans une autre direction douanière, et par le directeur dans le cas contraire. — Circ. 19 janv. 1829; — Fasquel, *ibid.*, n° 592.

100. — Cet extrait, destiné à prémunir le receveur contre la falsification des expéditions, doit rester au bureau. — Même circulaire; — Fasquel, *ibid.*, n° 602.

101. — Les mutations d'entrepôts peuvent s'effectuer par navire de tout tonnage. — Circ. 21 oct. 1818; — Fasquel, *ibid.*, n° 595.

102. — Les navires espagnols sont admis à effectuer ce genre de transport. — Circ. 10 janv. 1827; — Fasquel, *ibid*, n° 596.

103. — L'embarquement ne peut être commencé qu'après la réunion de tous les objets sur le quai, comme lorsqu'il s'agit de la réexportation. — V. *suprà* n° 84.

104. — Les marchandises qui sont affranchies du plombage pour le transport par cabotage, jouissent de la même exemption en cas de mutation d'entrepôt par mer. — Arr. min., 8 juill. 1833; circ. du 10; — Fasquel, *ibid*, n° 588. — V. CABOTAGE.

105. — Lorsqu'il y a lieu à plombage, il est perçu un droit de 25 centimes par plomb. — Ordonn. 8 juill. 1834, art. 17, 4°.

106. — En arrivant à leur destination, les marchandises sont soumises à une nouvelle vérification. L'acquit à caution, représenté à la douane, est déchargé pour la quantité trouvée, laquelle quantité est prise en charge au nouvel entrepôt. — Circ. 21 janv. 1819; — Fasquel, nos 598 et suiv.

107. — Lorsque cette nouvelle vérification fait reconnaître un excédant à la quantité portée à l'expédition, cet excédant est pris en charge au nouveau compte qui est ouvert au négociant. — Lettre adm. 24 mars 1835.

108. — Les marchandises peuvent, sans qu'il soit nécessaire de simuler leur entrée en entrepôt, être admises à acquitter les droits dès leur arrivée et après leur vérification, qui, dans cette circonstance, peut n'être que partielle. — Circ. 5 oct. 1832; — Fasquel, *ibid*, n° 600.

109. — Dans le cas dont il vient d'être question, l'acquit à caution fait mention de l'acquittement des droits et du numéro de recette. — *Ibid.*

110. — Lorsque la mutation d'entrepôt s'est effectuée par mer, si les marchandises se trouvent avariées par suite d'un événement de mer dûment justifié, elles jouissent d'une réduction de droits proportionnelle à leur dépréciation. — L. 21 avr. 1818, art. 51; circ. 22 déc. 1832; — Fasquel, *ibid*, n° 601.

111. — Dans les ports où l'insuffisance de l'emplacement de l'entrepôt réel l'exige, les laines étrangères non filées ni teintes peuvent être mises en entrepôt dans des magasins fournis par le propriétaire ou consignataire, pourvu qu'ils soient reconnus sûrs et convenables, et fermés de deux clés dont l'une reste à la douane. — Ordonn. 9 janv. 1818, art. 2.

112. — Les objets dont l'état est annexé à l'ordonnance du 9 janv. 1818, ainsi que les houilles, qui arrivent de l'étranger dans les ports d'entrepôt réel, peuvent y être mis en entrepôt fictif, à charge de leur appliquer les dispositions relatives aux entrepôts fictifs. — Ordonn. précitée, art. 3.

113. — Le même mode d'entrepôt est étendu aux cotons en laine. — *Ibid*, art. 4.

114. — Dans ce cas, la durée de l'entrepôt est restreint à une année. — L. 8 flor. an XI, art. 2 et 3; circ. 23 mai 1826.

115. — *Conditions d'entrepôt réel intérieur.* — Pour obtenir l'établissement d'un entrepôt réel de marchandises non prohibées, les villes de l'intérieur auxquelles la faculté en aura été accordée, devront préalablement y avoir affecté un bâtiment spécial, isolé et distribué intérieurement de manière à ce qu'on y puisse classer séparément, selon qu'il pourrait être prescrit par les ordonnances du roi, les marchandises d'origines diverses. — L. 27 fév. 1832, art. 9.

116. — Il faut en outre que le même bâtiment offre une distribution convenable pour l'établissement des corps de garde des préposés des douanes ainsi que des logemens et bureaux réservés à l'agent du commerce et à celui des douanes, dépositaires chacun d'une clé de l'entrepôt comme lorsqu'il s'agit des entrepôts maritimes. — *Ibid.* — V. *suprà* n° 29.

117. — Enfin ces édifices doivent être agréés par le gouvernement. — *Ibid.*

118. — L'art. 10 de la même loi met à la charge des villes qui demandent l'établissement d'un entrepôt la dépense spéciale nécessitée par la création et le service desdits entrepôts, tant pour les bâtimens que pour les salaires des employés chargés des écritures, de la garde, de la surveillance et de la perception, et généralement tous les frais occasionnés par lesdits entrepôts.

119. — Les mots : *Et généralement tous les frais occasionnés par lesdits entrepôts*, qui terminent ledit art. 10, ne se trouvaient pas dans le projet. Ils furent ajoutés par amendement, afin qu'il fût bien entendu qu'on ne mettrait pas à la charge des contribuables des frais qui ne devaient profiter qu'à la ville jouissant de l'entrepôt.

120. — Mais, en compensation, ces villes jouissent des droits de magasinage dans leur entrepôt, conformément aux tarifs arrêtés avec les chambres de commerce et approuvés par le gouvernement. — Même article.

121. — Elles peuvent aussi, au lieu de percevoir ces droits elles-mêmes, les concéder temporairement, avec concurrence et publicité, à des adjudicataires qui se chargeraient de la dépense du local, de la construction et de l'entretien des bâtimens, ainsi que de toutes les autres charges de l'entrepôt. — Même article.

122. — L'adjudication se fait aux risques et périls de l'adjudicataire dont les droits cesseraient si l'entrepôt venait à être supprimé. — Discuss. L. 27 févr. 1832.

123. — Dans le cas où le conseil municipal refuserait de grever la commune des dépenses nécessaires pour l'établissement d'un entrepôt, le commerce, représenté par la chambre de commerce du lieu, peut se charger de remplir toutes les conditions exigées, au moyen d'une association d'actionnaires, constituée en société anonyme. — Même article.

124. — Les concessionnaires, exploitans ou fermiers des droits d'emmagasinage dans un entrepôt, sont rangés, par la loi du 25 avr. 1844, dans la deuxième classe des patentables, et soumis par suite à un droit fixe basé sur la population, et à un droit proportionnel du vingtième de la valeur locative de l'habitation seulement. — V. PATENTES.

125. — Il peut être établi, par ordonnance du roi, des entrepôts réels de douane, dans toutes les villes intérieures qui le demandent et qui remplissent les conditions déterminées par la loi. — L. 9 févr. 1832, art. 1er.

126. — Les villes intérieures qui, après avoir satisfait aux conditions imposées par la loi du 9 fév. 1832, ont été mises en possession d'un entrepôt réel de marchandises non prohibées, sont : Orléans (circ. 30 déc. 1832); Metz (circ. 24 janv. 1833); Toulouse (circ. 26 déc. 1833); Paris (circ. 4 mars 1834), Mulhausen (circ. 24 déc. 1835).

127. — Les entrepôts établis à l'intérieur peuvent recevoir toutes les marchandises non prohibées admissibles au transit qui y sont expédiées soit des villes d'entrepôt réel où elles ont été débarquées, soit des bureaux frontières ouverts au transit. — LL. 9 fév. 1832, art. 2; 26 juin 1835, art. 1er.

128. — Les marchandises dirigées sur les entrepôts intérieurs doivent être expédiées de la même manière, sous les mêmes conditions et sous les mêmes peines en cas d'infraction que celles qui sont déterminées par les lois relatives aux entrepôts réels et par celle du 17 déc. 1814, et autres relatives au transit et aux mutations d'entrepôt. — L. 27 fév. 1832, art. 4.

129. — Toutes les lois relatives aux entrepôts maritimes, à l'entrée des marchandises entreposées, à leur sortie, à la police intérieure des magasins, sont applicables aux entrepôts intérieurs. — *Ibid.*

130. — La décharge des acquits à caution s'opère immédiatement par l'entrée en entrepôt des marchandises qui en sont l'objet et sont reprises au compte de l'entrepôt après que l'identité en quantités, poids, mesures, espèces et qualités, en a été reconnue. — L. 27 fév. 1832, art. 5.

131. — On ne peut expédier sur l'entrepôt de Paris, qui est destiné à recevoir des marchandises exclusivement étrangères, des marchandises nationales réintroduites en France comme n'ayant pas été vendues à l'étranger. — Lettre admin. 6 juin 1838.

132. — Lorsque l'origine nationale de ces marchandises a été justifiée, et qu'elles ont été admises au bénéfice du retour, elles doivent être dirigées sur la douane de Paris et non sur l'entrepôt de cette ville. — *Ibid.*

133. — Le séjour des marchandises dans cet entrepôt ne peut non plus excéder trois années. — *Ibid.*, art. 3. — V. *suprà* no 44.

134. — Si les marchandises reçues en entrepôt ne sont pas acquittées ou réexportées avant l'expiration du délai fixé, il en est disposé conformément à ce qui est réglé pour les marchandises placées en entrepôt maritime. — *Ibid.*, art. 7.

135. — A la fin de chaque trimestre, un état des marchandises reçues en entrepôt avec acquit à caution, et de celles réexportées sur d'autres entrepôts, doit être envoyé par les receveurs à l'administration. — Circ. 17 mai 1832; — Fasquel, *ib.*, no 606.

§ 2. — *Marchandises prohibées.*

136. — L'entrepôt des marchandises prohibées a pour but de donner, soit au commerce national, soit au commerce étranger, la faculté de compléter ses chargemens en France avec des produits exotiques dont l'entrée est l'objet d'une prohibition absolue.

137. — Toutes les villes ayant un entrepôt réel ne jouissent pas pour cela de l'entrepôt des marchandises prohibées.

138. — L'entrepôt des marchandises prohibées de toute espèce n'est autorisé qu'après que le commerce a fait disposer, à la satisfaction du gouvernement, *dans le bâtiment de l'entrepôt réel et non ailleurs*, des magasins spéciaux, absolument isolés de ceux où se trouvent les marchandises passibles de droits, et qui sont, comme l'entrée principale de l'entrepôt, fermés à deux clés, dont l'une reste entre les mains du délégué du commerce et l'autre dans celles du receveur des douanes. — L. 9 fév. 1832, art. 17; circ. du 13.

139. — L'administration supérieure est même en droit d'exiger successivement, dans les ports où l'entrepôt du prohibé acquerrait assez d'importance pour rendre nécessaire un service spécial, que cet entrepôt soit établi dans un local séparé, n'ayant d'ouverture que sur les quais et offrant toutes les dispositions de sûreté déterminées par ordonnance royale. — *Ibid.*

140. — L'entrepôt réel des marchandises prohibées de toute espèce est autorisé dans les ports de Marseille, Bayonne, Bordeaux, Nantes, le Havre, Dunkerque, Calais, Boulogne, La Rochelle, Cette et Saint-Servan. — LL. 9 fév. 1832, art. 17; 26 juin 1835, art. 2; ord. 28 juill. 1838, art. 6 et 7. — Saint-Malo (ord. 25 juill. 1837); Saint-Valery-sur-Somme (ord. 17 sept. 1839).

141. — Les marchandises prohibées ne peuvent arriver dans ces ports, pour être mises en entrepôt, que par navires de cent tonneaux ou plus.— L. 9 fév. 1832, art. 18.

142. — Cependant on admet à Nantes les bâtimens de 60 tonneaux (circ. manusc. 12 mai 1831; Fasquel, *ibid.*, no 520), et à Bayonne seulement, ceux de 40 tonneaux. — L. 9 fév. 1832, art. 18.

143. — Pour être reçues en entrepôt, les marchandises prohibées doivent être portées au manifeste du capitaine sous leur véritable dénomination par *nature*, *espèce* et *qualité*, et déclarées en détail et à la fois par espèce, qualité, nombre, mesure, poids brut et net, et valeur. — L. 9 fév. 1832, art. 19 combiné avec l'art. 4.

144. — *Entrée dans l'entrepôt.* — On doit appliquer aux marchandises prohibées les formalités relatives à l'entrée en entrepôt des marchandises non prohibées.

145. — Il est défendu de diviser en entrepôt des colis contenant des marchandises prohibées destinées à la réexportation.—LL. 9 fév. 1832, art. 20; 26 juin 1835, art. 3.

146. — Néanmoins, dans le cas où toutes les marchandises renfermées dans un colis n'ont pas *la même destination*, mais dans ce cas seulement, le chef de la visite peut permettre la division, si le consignataire lui en justifie la nécessité. — Circ. 23 sept. 1839.

147. — On peut, en se soumettant aux conditions établies pour prévenir les abus, prélever, mais par fragmens seulement, des échantillons des tissus prohibés entreposés. — Circ. manuscr. 16 avr. 1834; — Fasquel, *ibid.*, no 522.

148. — *Durée de l'entrepôt.* — La durée de l'entrepôt du prohibé est de trois années. Si à l'expiration de ce délai la réexportation n'a pas eu lieu, les marchandises sont vendues à charge de renvoi à l'étranger, en observant les prescriptions de l'art. 14, L. 17 mai 1826.

149. — Le propriétaire de marchandises anglaises entreposées à la charge de les représenter au besoin et de les exporter, est présumé avoir disposé de ces marchandises, par cela qu'il ne peut pas les représenter ni justifier qu'une cause indépendante de sa volonté l'a mis dans l'impossibilité d'accomplir ce devoir. Dès-lors, il doit être condamné à l'amende et à la confiscation. — *Cass.*, 14 pluv. an XI, Pagès.

150. — Et l'art. 22, tit. 2, L. 6-22 août 1791, qui, en cas de naufrage ou de vol, admet la preuve testimoniale de la perte des marchandises déclarées, doit être restreint à ces cas et n'est point applicable au cas d'entrepôt de marchandises anglaises; encore faut-il des procès-verbaux lorsqu'il y a eu possibilité de s'en procurer. — *Cass.*, 23 vent. an XIII, Levêque; — Dujardin-Sailly, *Code des douanes*, liv. B, no 88.

151. — Celui qui a mis en entrepôt des marchandises anglaises achetées à charge de réexportation ne peut donc être déchargé de son engagement que par un procès-verbal constatant l'exportation ou la perte de ces marchandises. — Même arrêt.

152. — Mais lorsqu'il est constaté que des marchandises anglaises, entreposées à charge de réexportation, ont été enlevées de l'entrepôt au moyen d'une effraction dont les auteurs sont restés inconnus, le propriétaire de ces marchandises n'est point responsable envers la douane de leur disparition, et ne peut pas être condamné à les représenter ni à en payer la valeur pour tenir lieu de la confiscation. — *Cass.*, 5 vent. an XI, Debette. — Il serait, en effet, souverainement injuste de faire peser sur le propriétaire la responsabilité d'un cas fortuit dont il est la première victime par la perte de ses marchandises. Par jugement du 14 pluv. an XI (Pagès), le tribunal de cassation a décidé que le propriétaire chargé de représenter les marchandises soumises à la réexportation, ne pouvait pas être déchargé de la responsabilité lorsqu'il ne prouvait pas qu'une circonstance indépendante de sa volonté l'eût mis dans l'impossibilité d'en faire la réexportation. Ces deux décisions sont en parfaite harmonie; mais ce serait aller beaucoup trop loin que d'imposer à la régie l'obligation de prouver la faute ou la négligence du propriétaire, comme cela semble résulter d'un jugement du même tribunal, du 24 niv. an XI (Bouchard). L'entrepôt est, pour le commerce, une faveur qui ne doit pas tourner contre les intérêts du fisc.

153. — C'est donc à tort, selon nous, qu'il a été jugé que la responsabilité d'un propriétaire de marchandises entreposées, achetées à charge de réexportation, n'autorise même pas la régie des douanes à recourir contre lui, en cas de disparition de ces marchandises, sans prouver que la soustraction a eu lieu par son fait ou par sa négligence. — *Cass.*, 24 niv. an XI, Bouchard.

154. — Les marchandises prohibées reçues en entrepôt peuvent en être réexportées ou dirigées sur d'autres entrepôts du prohibé. — L. 26 juin 1835; circ. du 30.

155. — L'obligation imposée aux voituriers de suivre la route directe qui conduit aux bureaux de sortie est applicable au cas où les marchandises sont destinées à l'entrepôt, comme à celui où elles sont destinées à l'exportation. — *Cass.*, 23 juill. 1838 (t. 2 1838, p. 308), Maillès. — V. au surplus DOUANES, no 466.

156. — *Réexportation.* — Elle a lieu ou par terre ou par mer. Dans tous les cas, les formalités à suivre pour la déclaration, la vérification, etc., sont les mêmes que lorsqu'il s'agit des marchandises non prohibées. — V. *suprà*, nos 75 et suiv.

157. — Il n'est pas nécessaire, pour la régularité de la sommation faite par l'administration des douanes à un négociant de réexporter dans un délai déterminé des marchandises prohibées déposées à l'entrepôt réel, qu'elle contienne la liquidation des droits qui pourraient être dus par le propriétaire de la marchandise. — *Bordeaux*, 24 août 1831, Monneyra.

158. — L'art. 61, L. 21 avr. 1818, qui dispense de l'acquit à caution les marchandises non prohibées qui sont réexportées est applicable aux marchandises prohibées. — L. 9 fév. 1832, art. 21.

159. — Le tonnage des navires pour la réexportation par mer est le même que celui qui est exigé pour leur arrivée. — V. *suprà* no 141.

160. — Sont exceptées de la règle qui précède : 1o les marchandises naufragées dont la réexpédition sur navires de 60 tonneaux est autorisée. — Circ. 19 juin 1822; — Fasquel, *ibid.*, no 526.

161. —... 2o Les marchandises destinées au *smoglage* qui peuvent être chargées sur navires de tout tonnage. — Fasquel, *ib.*

162. —... 3o Celles qui sont réexportées de Bayonne pour les côtes d'Espagne, depuis le port du Passage jusqu'à Vigo ; ces expéditions sont permises par navires de quarante tonneaux. — Décis. admin., 31 oct. 1815; — Fasquel, *ib.*

163. —... 4o Les marchandises expédiées de Bordeaux pour l'Espagne, qui peuvent être expédiées sur navires de soixante tonneaux.— Décis. admin, 10 sept. 1817 ; — Fasquel, *ib.*

164. —... 5o Les tabacs en feuilles et les cigares en caisse d'un fort volume, expédiés de Bordeaux, Nantes et le Havre. — Décis. 22 déc. 1818; 30 juin et 17 nov. 1819; 30 juin 1820 ; — Fasquel, *ib.*

165. —... 6o Les marchandises expédiées de Cette à destination de l'Italie ou des ports d'Espagne, situées sur la méditerranée, qui peuvent être chargées sur navires de quarante tonneaux. — Décis. 20 janv. 1817 ; — Fasquel, *ib.*

166. — Lorsque des marchandises prohibées, inscrites au manifeste, sont accidentellement importées dans d'autres ports que ceux qui viennent d'être désignés, on observe à leur égard les règles suivantes. — L. 9 fév. 1832, art. 22.

167. — *Dans les ports d'entrepôt réel.* — Si le bâtiment est de cent tonneaux et au-dessus, si les marchandises prohibées chargées à son bord sont portées au manifeste sous leur véritable dénomination par *nature*, *espèce* et *qualité* et si elles n'excèdent pas le dixième de la valeur du chargement, elles sont mises en dépôt sous la seule clé de la douane, à charge par le capitaine ou le consignataire de les réexporter dans le délai de quatre mois. — L. 9 fév. 1832, art. 22, no 1er.

168. — Si, n'excédant pas le dixième, elles ne sont portées au manifeste que par nature, elles doivent être déposées en douane pour être réexportées par le même navire s'il retourne à l'étranger, ou s'il n'y retourne pas, par le premier bâtiment de tonnage requis sortant du port ; et ce, dans un délai qui ne peut excéder un mois. — *Ib.*, no 2.

169. — On doit appliquer la disposition qui précède aux bâtimens au-dessous de cent tonneaux ayant moins du dixième de leur chargement en marchandises prohibées, alors même que ces marchandises seraient portées au manifeste par *nature*, *espèce* et *qualité*. — *Ib.*, no 3.

170. — Lorsque les marchandises excèdent le dixième de la valeur du chargement, le bâtiment, quel que soit son tonnage et de quelque manière que les marchandises prohibées aient été déclarées, est contraint à reprendre la mer immédiatemant et sans avoir fait aucune opération. — *Ib.*, no 4.

171. — *Dans les ports n'ayant pas d'entrepôt.* — La disposition qui précède doit être appliquée, sauf le cas de relâche forcée, valablement établi, aux bâtimens de tout tonnage et quelle que soit la proportion des marchandises prohibées qu'ils ont à bord. — *Ib.*, no 5.

172. — Dans tous les cas, le capitaine ou conducteur d'un navire au-dessous de cent tonneaux, qui est entré dans un port quelconque avec des marchandises prohibées, sauf le cas de relâche forcée valablement établi, est passible d'une amende de 1,000 fr. pour sûreté de laquelle le navire et sa cargaison peuvent être retenus. — L. 9 fév. 1832, art 23.

173. — Lorsque le dépôt de marchandises est autorisé, il y a lieu à la perception d'un droit de magasinage d'un pour cent de la valeur des marchandises; et si lesdites marchandises ne sont pas réexportées dans les délais prescrits, il en est disposé conformément à l'art. 14, L. 17 mai 1826. — *Ib.*, art. 24. — V. *suprà* no 48.

174. — L'administration des douanes est responsable des soustractions ou substitutions de marchandises prohibées déposées sous sa clé en état d'entrepôt réel jusqu'à leur réexportation.—*Cass.*, 13 juin 1831, Douanes c. Gaboriaud.

175. — Et les tribunaux sont seuls appréciateurs des circonstances pouvant servir à déterminer le lieu et le temps de la soustraction ; leur décision, sur ce point, échappe à la censure de la cour de Cassation. — Même arrêt.

## Sect. 2e. — *Entrepôt fictif.*

176. — L'entrepôt fictif est celui qui a lieu dans des magasins particuliers appartenant aux propriétaires des marchandises. — Beaussant, t. 2, p. 460.

177. — Les entrepôts fictifs ne sont généralement autorisés que dans les villes où il y a un entrepôt réel. — Beaussant, *ib.*, p. 461.

178. — Les ports autorisés à recevoir des marchandises en entrepôt fictif sont : Toulon, Cette, Bayonne, Bordeaux, La Rochelle, Nantes, Lorient, Brest, Morlaix, Grandville, Cherbourg, Rouen, le Havre, Honfleur, Fécamp, Saint-Valery, Boulogne, Calais, Dunkerque (L. 8 flor. an XI), le Légué, Vannes, St Brieux (L. 21 avr. 1818). Caen (L. 82 avr. 1816). Port-Vendre (L. 9 févr. 1832).

179. — L'entrepôt fictif peut être une source de fraudes nombreuses, aussi la loi ne l'autorise-t-elle que moyennant des mesures de précaution toutes spéciales. Ainsi l'entrepôt fictif n'est jamais

permis pour les marchandises prohibées, et parmi celles qui sont tarifées, les marchandises coloniales énumérées dans les lois des 7 déc. 1815 et 17 mai 1826, ainsi que les marchandises d'encombrement énoncées dans l'ordonnance du 9 janv. 1818, peuvent seules être placées en entrepôt fictif.

180. — Le négociant ou consignataire qui veut placer ses marchandises en entrepôt fictif, est tenu de déclarer aux bureaux des douanes, avant la mise en entrepôt, les magasins où il veut renfermer ses marchandises et de faire sa soumission de les repésenter en mêmes qualité et quantité, toutes les fois qu'il en sera requis. — L. 8 flor. an XI, art. 15.

181. — Il doit aussi fournir sa soumission *cautionnée* de réexporter ses marchandises dans le délai accordé pour l'entrepôt ou d'en payer les droits à leur sortie pour la consommation. — *Ibid.*, art. 14.

182. — Il lui est interdit de changer de magasin sans une nouvelle déclaration préalable et sans un permis spécial de la douane, sous peine de payer immédiatement les droits en cas de mutation non autorisée et du double droit dans le cas de soustraction, indépendamment d'une amende qui pourrait s'élever au double de la valeur de la marchandise soustraite. — *Ibid.*

183. — La déclaration que l'on veut changer les marchandises de magasin doit indiquer le nouveau local destiné à l'entrepôt. — Fasquel, *ibid.*, nº 625.

184. — Le 14 avr. 1837, l'administration a décidé qu'il n'y a que *simple* mutation de magasin, quand la marchandise, transportée sans autorisation d'un magasin dans un autre, y est représentée en masse, et que, dans ce cas, il y a lieu à réclamer seulement la déchéance de l'entrepôt.

185. — ... Qu'il y a lieu, au contraire, à l'application de la peine prononcée par la loi pour la soustraction absolue, si la marchandise a été disséminée dans plusieurs magasins ou si elle a été vendue. — Fasquel, 2e suppl., nos 524 et 624.

186. — La déclaration préalable et le permis spécial de la douane exigés, lorsque le soumissionnaire veut changer de magasin les marchandises mises à l'entrepôt, ne le dispensent pas de l'obligation par lui contractée, de les représenter en mêmes qualité et quantité, à toute réquisition, tant qu'il n'a pas obtenu la décharge de sa soumission. — *Cass.*, 2 (et non 22) mai 1809, Trompier; — Merlin, *Rép.*, vº *Entrepôt*, nº 2.

187. — Le négociant qui, après avoir pris des marchandises en entrepôt fictif, ne représente que des marchandises de même espèce, placées dans un autre magasin, n'ayant plus les mêmes marques, et dont l'identité n'a pas pu être reconnue par les employés de la douane, doit être condamné au paiement du double droit, et non pas seulement du droit simple, sous le prétexte qu'il n'y aurait de sa part qu'un simple déplacement. — *Cass.*, 29 janv. 1834, Chevalier.

188. — Mais l'administration, par une décision du 20 mars 1822, a déclaré que les marchandises reçues en entrepôt fictif ne peuvent être soumises à un nouvel examen de leur qualité, qui aurait pour objet de mettre les entrepositaires à portée de rectifier la déclaration qu'ils avaient fournie à la douane.

189. — Il ne peut être reçu en entrepôt fictif que des marchandises parfaitement conservées et franches de toute avarie. — L. 27 juill. 1822, art. 12; circul. du 28.

190. — S'il s'agit de marchandises sujettes à coulage, telles que tafia, liqueurs, sirops et mélasses, l'entrepositaire doit, indépendamment de la soumission d'entrepôt, les conserver dans un magasin fermé à deux clés, dont l'une reste à la douane. — L. 7 déc. 1815, art. 2.

191. — L'administration des douanes peut, au moment de l'entrée en entrepôt fictif, prélever des échantillons qui sont conservés sous son cachet et sous celui de l'entrepositaire. Cette précaution a pour but de constater au besoin l'identité des marchandises. — Circulaire 23. vendém. an XI.

192. — Les déballages, divisions ou réunions de colis, mélanges ou bénéficiemens ne peuvent avoir lieu dans les entrepôts fictifs sans l'autorisation expresse du contrôleur aux entrepôts, et en présence des préposés. — Fasquel, *ibid.*, nº 629.

193. — Une fois les marchandises importées placées dans un entrepôt fictif, elles ne peuvent plus être admises en entrepôt réel. — Lett. admin. 7 juill. 1825.

194. — L'entrepositaire répond de la totalité des droits pour les quantités de marchandises reconnues par la douane, lors de leur entrée dans l'entrepôt fictif, à moins toutefois qu'il n'y ait réexpédition légale. Aucune autre circonstance ne peut modifier cette condition. — Fasquel, *ibid.*, nº 617.

195. — Ainsi il répond du déficit sur le poids constaté lors de la mise en entrepôt, alors même que ce déficit résulterait d'un remaniement autorisé, et il doit en acquitter immédiatement les droits. — Décis. admin. 22 pluv. an XI; — Fasquel, *ibid.*, nº 630.

196. — Le contrôleur aux entrepôts doit s'assurer, au moins une fois par trimestre, de l'existence des marchandises en magasin. Il peut se faire aider, dans cette opération, par les vérificateurs. — Circ. 13 mars 1792 et 16 thermid. an X; — Fasquel, *ibid.*, nº 643.

197. — Lorsqu'il y a lieu de poursuivre un soumissionnaire pour soustraction frauduleuse de marchandises, on doit mettre simultanément en cause le principal obligé et sa caution. — Circul. 4 janv. 1835; — Fasquel, *ibid.*, nº 647.

198. — Lorsque, sur les poursuites de l'administration des douanes, à raison de soustractions d'entrepôt et de substitution de marchandises, les parties contestent les faits allégués par l'administration, il y a nécessité de recourir à l'appréciation des experts institués par l'art. 19 de la loi du 28 juill. 1822. Les tribunaux ne peuvent renvoyer le prévenu des fins de la plainte sur le motif que le délit n'existe pas. — *Cass.*, 30 avr. 1838 (t. 1er 1838, p. 583), Salavy.

199. — Les opérations du recensement sont constatées sur un carnet spécial ouvert aux bureaux de la douane. — Circul. 29 févr. 1820; — Fasquel, *ibid.*, nº 645.

200. — *Durée de l'entrepôt.* — La durée de l'entrepôt fictif ne peut excéder le terme d'une année (L. 8 flor. an XI, art. 11), sauf la prolongation qui peut être accordée dans la forme que nous avons indiquée *suprà* nos 45 et suiv.

201. — Lorsqu'une prolongation est accordée, la caution est appelée pour déclarer par écrit qu'elle continue à fournir sa garantie. — Circ. 14 mars 1821: — Fasquel, *ibid.*, nº 637.

202. — Si l'ancienne caution ne présente plus une garantie suffisante, il en est exigé une nouvelle. — *Ibid.*

203. — Dans le cas où l'entrepositaire ne peut fournir aucune garantie, le paiement des droits est exigé. — *Ibid.*

204. — Lorsque à l'expiration des délais il n'est pas satisfait à l'obligation d'acquitter les droits ou de réexporter, il est décerné contrainte en vertu de la soumission qui a été fournie au moment de la mise en entrepôt. — Circ. 23 janv. 1834.

205. — Et en cas de décès du soumissionnaire, l'action est suivie soit contre le copropriétaire, s'il y en a, soit contre les héritiers ou contre la caution. — Arg. motifs *Cass.*, 23 vent. an XIII, Douanes c. Lévêque.

206. — *Transfert.* — Le propriétaire qui cède ses marchandises placées sous le régime de l'entrepôt fictif, peut se contenter de déclarer le changement de magasin, mais alors il reste responsable des droits. — Circ. 8 sept. 1815; — Fasquel, *ibid.*, nº 640.

207. — S'il veut se libérer de sa soumission, il doit déclarer le transfert et faire agréer à la douane la soumission cautionnée de son cessionnaire. — *Ibid.*

208. — *Sortie de l'entrepôt.* — Les règles à observer pour la sortie des marchandises placées en entrepôt fictif, sont les mêmes que celles qui concernent les marchandises qui sortent d'un entrepôt réel. — Fasquel, *ibid.*, 641.

209. — Il ne peut être réexporté des entrepôts fictifs que des marchandises bien conservées et franches d'avaries. — L. 27 juill. 1822, art. 12.

210. — Le déficit reconnu à la sortie d'un entrepôt fictif sur les marchandises expédiées par mutation d'entrepôt, en transit ou en réexportation, est passible des droits sans déduction de taxe, excepté lorsqu'il s'agit des sucres provenant de nos colonies. — Décis. admin. 13 janv. 1820; 16 oct. 1833 et 8 janv. 1834.

## CHAPITRE II. — *Entrepôt en matière de contributions indirectes et d'octroi.*

211. — Ces sortes d'entrepôts sont usités lorsque des marchandises assujéties sont introduites dans des villes soumises aux droits d'entrée ou d'octroi, sans payer ces droits et sans être destinées à la consommation locale. — Goujet et Merger, *Dict. de dr. comm.*, vº *Entrepôts*, nº 5.

212. — En matière de contributions indirectes, l'entrepôt s'applique principalement : — 1º aux boissons. — V. BOISSONS, nos 259 et suiv.

213. — ... 2º Aux cartes à jouer. — V. CARTES A JOUER, nos 53 et suiv.

214. — .. 3º Au papier timbré. — V. TIMBRE.

215. — ... 4º A la poudre à tirer. — V. POUDRES ET SALPÊTRES.

216. — ... 5º Aux sels. — V. SELS.

217. — L'administration des douanes n'est pas tenue de fournir un local, pour l'entrepôt spécial des sels, autorisé par l'ordonnance du 30 oct. 1816, en faveur des saleurs de sardines et autres poissons de cette pêche. — Les frais de recensement des sels délivrés en franchise sont à la charge des saleurs. — *Cass.*, 13 fév. 1827, Caradec.

218. — Le décret du 11 juin 1806, qui accordait à la petite pêche et aux salaisons en ateliers la faveur de l'entrepôt fictif, n'ayant son principe dans aucun texte de loi exprès, a été modifié en cette partie, par des ordonnances royales et notamment par celle du 30 oct. 1816, art. 5. — Même arrêt.

219. — Dans le cas où une cargaison de sel chargée pour se rendre d'un entrepôt à un autre vient à périr alors que les propriétaires du chargement pouvaient encore en demander la vérification, il y a lieu d'ordonner la remise de l'impôt. — *Cass.*, 12 mars 1838 (t. 2 1844, p. 83), Vallée.

220. — ... 6º Aux tabacs. — V. TABACS.

221. — En matière d'octroi, l'entrepôt s'applique à toutes les marchandises, denrées et objets quelconques passibles de ce droit. — Goujet et Merger, nº 17. — V. OCTROI.

222. — Les matières soumises à un droit d'entrée et entreposées dans l'intérieur d'une ville ne peuvent sortir de l'entrepôt pour la consommation intérieure de ladite ville sans l'acquittement préable des droits (L. 29 mars 1832, art. 8; 24 mai 1834; ord. 21 déc. 1831), et cela sous peine de confiscation des objets sortis de l'entrepôt, et d'amende contre la personne qui a été trouvée transportant ces objets. — L. 28 avr. 1816, art. 27, 37 et 46.

223. — Dans les communes soumises à un octroi de banlieue, les boissons sont admises à l'entrepôt comme dans l'intérieur de la ville. — L. 23 juill. 1820.

224. — En matière de contributions indirectes et d'octroi, l'impôt peut être, comme en matière de douanes, réel ou fictif.

225. — A Paris, cependant, l'entrepôt fictif est interdit; il peut l'être également, si les conseils municipaux le demandent, dans les autres lieux où existe un entrepôt public. — L. 28 avr. 1816, art. 39; 28 juin 1833, art. 9.

226. — Quant aux conditions de l'entrepôt soit réel, soit fictif, aux formalités qui doivent alors être suivies, aux exercices, etc., V. BOISSONS, SELS, OCTROI, TABACS.

## CHAPITRE III. — *Entrepôts spéciaux.*

227. — Ces entrepôts, soumis à des règles particulières dont la nature des lieux ou de certaines marchandises a fait sentir la nécessité, sont dès-lors spéciaux, soit par les lieux dans lesquels ils sont établis, soit par les marchandises qui y sont soumises.

### Sect. 1re. — *Entrepôts spéciaux par les lieux.*

228. — Les ports et villes qui ont des entrepôts spéciaux sont Marseille, Lyon, Strasbourg, Saint-Martin (île de Ré), Basse-Indre et plusieurs ports de la Manche pour le *smoglage*.

229. — *Marseille.* — L'entrepôt réel et l'entrepôt fictif sont réglés à Marseille par l'ordonnance du 10 sept. 1817. Cette ordonnance a remplacé l'ancienne franchise de ce port.

230. — Cette ordonnance est obligatoire pour les citoyens et pour les tribunaux. La responsabilité qu'elle fait peser sur l'entrepositaire et ses cautions est légale. — *Cass.*, 9 mars 1835, Séguy.

231. — Il résulte de l'art. 9 de cette ordonnance que les soumissions faites par les consignataires, pour les marchandises placées à l'entrepôt réel et spécial, doivent être valablement cautionnées, comme l'art. 32, L. 8 flor. an XI, l'exige pour les marchandises placées en entrepôt fictif. — Même arrêt.

232. — La mouture des blés *tendres* étrangers entreposés à Marseille a été autorisée par l'ord. du 20 juill. 1835, à charge de réexporter une certaine quantité de farine par 100 kilogr. de blé.

233. — *Lyon.* — L'entrepôt réel de Lyon a été soumis à un régime spécial par l'ord. du 11 juin 1816. Tout ce qui concerne l'admission des marchandises, la durée de l'entrepôt, l'expédition, la vérification et la sortie, est régi par cette ordonnance.

234. — *Strasbourg.* — Une ordonnance du 8 juill. 1835 règle, avec les lois des 8 flor. an XI, 28 avr.

1816, 9 fév. 1832, tout ce qui est relatif à l'entrepôt réel de Strasbourg.

**255.** — *Saint-Marin (île de Ré).* — Le port de Saint-Martin (île de Ré) a obtenu un entrepôt réel par une ordonnance du 5 sept. 1821. On n'y reçoit ni les marchandises prohibées ni les denrées coloniales.

**256.** — *Basse-Indre.* — Une décision administrative du 20 mars 1838 a accordé à la Basse-Indre un entrepôt spécial pour les houilles.

**257.** — *Ports de la Manche.* — Plusieurs ports de la Manche jouissent de l'entrepôt réel pour le *smoglage.* Cet entrepôt a été accordé à chacune d'elles de Dunkerque, Gravelines, Calais, Boulogne, Dieppe, Fécamp, Cherbourg, Saint-Malo, Morlaix et Roscoff. — L. 19 oct. 1799 et 21 avr. 1818.

**258.** — La durée de l'entrepôt de *smoglage* est d'un an. — *Ibid.*

**Sect. 2°.** — *Entrepôts spéciaux par les marchandises.*

**259.** — Certaines marchandises exigeant des mesures qui ne sont propres qu'à elles, on a dû créer des entrepôts convenables à chacune d'elles. Ainsi, les grains, les vins et les eaux-de-vie, à Paris, les viandes et poissons salés sont soumis à un régime spécial.

**240.** — *Grains.* — Les principes relatifs au sujet des entrepôts des grains ne pouvant se détacher du reste de la matière sans nuire à son ensemble, nous renvoyons, pour traiter des entrepôts en cette matière, au mot GRAINS.

**241.** — *Entrepôt des vins et eaux-de-vie de la ville de Paris.* — L'entrepôt des vins et eaux-de-vie de la ville de Paris est soumis à un régime spécial. Il a été créé par un décret impérial du 30 mars 1808, art. 1er.

**542.** — L'entrepôt et les abris qu'il contient sont sous la clé de la régie de l'octroi municipal. — *Ibid.*, art. 10.

**245.** — Les heures auxquelles les marchands et les acheteurs sont admis au marché de l'entrepôt sont déterminées par un règlement. — *Ibid.*, art. 10.

**544.** — Un règlement particulier détermine également les règles à établir pour l'entrée des vins et eaux-de-vie à l'entrepôt, leur sortie, leur surveillance et leur conservation. — *Ibid.*, art. 11.

**245.** — Ces règlemens sont rédigés par le préfet du département de la Seine, et soumis, avec l'avis du conseiller d'état directeur général des droits réunis, à l'approbation du ministre des finances. — *Ibid.*, art. 12.

**246.** — La durée de l'entrepôt est illimitée. — Décr. 2 janv. 1814, art. 3.

**247.** — Les vins destinés à l'approvisionnement de Paris n'acquittent les droits d'octroi qu'au moment de leur sortie de l'entrepôt. — *Ibid.*, art. 4.

**248.** — Les vins et eaux-de-vie conduits à l'entrepôt conservent la faculté d'être réexportés hors de la ville sans acquitter l'octroi. — *Ibid.*, art. 2.

**249.** — Pour tout ce qui concerne l'arrivée, la surveillance et la conservation, le remplissage et la sortie des vins et eaux-de-vie, les mutations dans l'intérieur, la distribution, les locations, les mesures d'ordre, les tonneliers et le personnel attachés à l'entrepôt, V. décr. 11 avr. et 5 déc. 1813; 2 janv. 1814; ord. 19 août 1818; 27 oct. 1819; 17 fév. 1830; 7 janv. et 22 mars 1833.

**250.** — *Viandes et poissons salés,* etc. — A l'égard des viandes, poissons salés, huile de poisson, suif brut et autres marchandises exhalant une mauvaise odeur, des magasins spéciaux leur sont affectés, au choix du commerce, soit au moyen de divisions faites dans l'enceinte de l'entrepôt principal, soit au moyen d'un local séparé qui présente les sûretés requises par la loi. — Ord. 9 janv. 1818, art. 1er.

**ENTREPRENEUR. — ENTREPRISE.**

C'est celui qui a des ateliers ou chantiers où il fait travailler à la fabrication des choses qu'on lui confie, des ouvriers qu'il dirige à salaire, et sur le travail desquels il spécule. — L'entreprise est l'œuvre qu'accomplit l'entrepreneur.

V. ACTES DE COMMERCE, COMMERÇANT, LOUAGE D'INDUSTRIE, MARCHÉS ET FOURNITURES, PRESCRIPTION, TRAVAUX PUBLICS.

**ENTREPRENEURS D'ÉCLAIRAGE.**

V. ÉCLAIRAGE.

**ENTREPRENEUR DE TRANSPORTS.**

V. TRANSPORTS (Entrepreneurs de).

**ENTREPRISES DE BALAYAGE.**

V. BALAYAGE ET NETTOIEMENT DE LA VOIE PUBLIQUE.

**ENTRETIEN.**

V. BAIL, DOT, ENTRETIEN (enfans), MARIAGE, PUISSANCE PATERNELLE, RAPPORT A SUCCESSION, RESPONSABILITÉ, USUFRUIT.

**ENTRETIEN (Enfans).**

**1.** — Soin de pourvoir à la nourriture, à l'habillement et au logement d'un enfant.

**2.** — Par le fait du mariage les époux contractent l'obligation d'élever leurs enfans. — V. ALIMENS, ÉDUCATION, MARIAGE.

**3.** — Après la dissolution du mariage, cette obligation est l'une des charges attachées à l'usufruit que la loi accorde au survivant des père et mère sur les biens de leurs enfans jusqu'à l'âge de dix-huit ans. — V. PUISSANCE PATERNELLE, USUFRUIT LÉGAL.

**4.** — Le tuteur autre que le père ou la mère usufruitier légal des biens de ses enfans doit prendre soin de l'entretien du mineur placé sous sa surveillance. Mais il n'est pas tenu de pourvoir de ses deniers à l'entretien de son pupille. Le conseil de famille règle par aperçu, à l'entrée en exercice de toute tutelle autre que celle des père et mère, la somme à laquelle pourra s'élever la dépense annuelle du mineur, ainsi que celle de l'administration de ses biens — C. civ., art. 454. — V. TUTELLE.

**5.** — L'entretien constituant, au surplus, une partie de l'éducation des enfans, est soumis à toutes les mêmes règles. — V. ÉDUCATION.

**6.** — Les frais d'entretien des enfans ne sont pas sujets à rapport. — V. RAPPORT A SUCCESSION.

**ENVELOPPE.**

V. CONTRE-SEING, FRANCHISES, POSTES, TESTAMENT.

**ENVOI EN POSSESSION.**

**1.** — On appelle ainsi le mandement de justice qui met, de fait, en possession de biens.

**2.** — On distingue dans notre droit plusieurs espèces d'envoi en possession : 1° celui des biens d'un absent. — V. ABSENCE.

**3.** — ...2° Celui qui doit obtenir les successeurs irréguliers tels que les enfans naturels, le conjoint survivant, l'état. — C. civ., art. 770. — V. SUCCESSION IRRÉGULIÈRE.

**4.** — 3° Celui qui, en l'absence d'héritiers à réserve, est accordé au légataire universel par testament olographe ou mystique. — V. LEGS.

**5.** — 4° L'envoi en possession est encore usité en matière d'expropriation pour cause d'utilité publique. — L. 3 mai 1841, nos 65 et suiv. — V. EXPROPRIATION POUR UTILITÉ PUBLIQUE.

**6.** — On s'est demandé si les ordonnances d'envoi en possession sont susceptibles d'opposition ou d'appel.—V. à cet égard APPEL, nos 447 et suiv.

**ÉPAVES.**

*Table alphabétique.*

**ÉPAVES.** — **1.** — On entend généralement par épaves toutes choses mobilières égarées ou perdues qui n'ont point de maître connu.

**Sect. 1er.** — *Notions générales et historique.*

**2.** — Le mot *épaves* paraît dérivé du mot latin *expavefactum.* Il s'appliquait, en effet, dans l'origine, qu'aux animaux effarouchés, *bestiæ expavefactæ*, qui s'étaient égarés et avaient ainsi cessé d'être en la possession de leur maître. — Ducange, v° *Épaves;* Delaurière, v° *Épaves;* Domat, liv. 4er, tit. 6; Garnier, *Régime des eaux,* t. 1er, p. 423; Proudhon, *Tr. du domaine privé,* t. 4er, no 408.

**3.** — Selon d'autres, *épaves* vient de l'ancien mot français *guesver,* abandonner. La plupart des coutumes, en effet, employaient indistinctement les mots *épaves* ou *gayves.* — Garnier, t. 4er, p. 423.

**4.** — Le mot *épaves* a reçu diverses acceptions : tantôt on lui a donné un sens fort restreint, tantôt on l'a étendu à toutes choses sans maître. — Garnier, *Régime des eaux,* t. 4er, p. 422.

**5** — Autrefois on donnait le nom d'épaves aux étrangers nés hors du royaume dans des pays assez éloignés pour qu'on ignorât « leurs nativités. » Ceux au contraire qui étaient nés dans des lieux rapprochés étaient appelés aubains.—V. AUBAINS, no 5.

**6.** — Les enfans trouvés et les bâtards étaient encore rangés au nombre des épaves. — Ord. mai 1315; Ord. de Charles VI, 1386. — V. ENFANS TROUVÉS.

**7.** — On a plus tard appliqué le nom d'épave à toute chose égarée ou perdue dont le maître ne se représente pas, et aussi aux choses rejetées par la mer, soit qu'elles aient pris naissance dans

la mer, soit qu'elles proviennent de jet, bris, naufrage ou échouement. — Garnier, t. 1er, no 423; Magnitot et Delamarre, vo *Epaves*.

8. — Cette dénomination a été même étendue aux immeubles délaissés et aux terres vacantes qu'on appelait plus spécialement *épaves foncières*. — Garnier, t. 1er, no 423.

9. — Cependant le mot *épaves* ne convient qu'aux choses mobilières, à la différence des *biens vacans*, mot qui ne s'entend plus particulièrement que des immeubles. — Proudhon, *Tr. du domaine privé*, t. 1er, no 409. — V. BIENS VACANS.

10. — Le droit d'épave diffère aussi du droit de déshérence, puisque celui-ci s'exerce à titre universel sur les biens délaissés par une personne décédée sans héritiers, ou dont la succession est abandonnée, tandis que celui d'épaves ne s'applique qu'à des objets particuliers. — Proudhon, *Tr. du domaine privé*, t. 1er, no 409. — V. DÉSHÉRENCE.

11. — Les épaves ne sont pas moins différentes du trésor, puisqu'elles ne consistent qu'en des choses récemment perdues, sans être cachées, tandis que le trésor est une richesse anciennement enfouie. — Proudhon, *Tr. du domaine privé*, t. 1er, no 409. — V. TRÉSOR.

12. — Les épaves ne sont donc pas, dans un sens absolu, des choses sans maître, mais seulement des choses perdues ou égarées, dont le propriétaire n'est pas connu. — Proudhon, *Tr. du domaine privé*, t. 1er, no 409.

13. — A Rome, les choses épaves appartenaient à l'inventeur par droit d'occupation, en vertu du principe : *Quod nullius est occupanti conceditur*. Toutefois, celui qui se les appropriait sans avoir rempli certaines formalités était passible de l'action de vol. — L. 43, § 4, ff, *De Furtis*. — Domat, liv. 2, tit. 9, sect. 1re et 2e; Garnier, t. 1er, no 424.

14. — Il est probable, selon M. Garnier, t. 1er, no 424, que primitivement en France les mêmes priviléges furent mis en vigueur.

15. — Cependant, selon M. de Pastoret (*Préface*, t. 15, *ord. du Louvre*, p. 81), qui se fonde sur une ordonnance du 15 avr. 1360, ce droit était domanial et appartenait dans l'origine au roi de toute ancienneté.

16. — Ce qui paraît établi, c'est qu'au commencement du quatorzième siècle le droit d'épaves dépendait du domaine du roi, car Louis-le-Hutin le communiquait comme une propriété aux nobles de Champagne. — Ord. mai 1315, art. 4.

17. — Mais bientôt, soit concession de la part des rois, soit usurpation de la part des seigneurs, la féodalité fut en possession du droit d'épave. Presque partout les seigneurs haut-justiciers l'exerçaient dans l'étendue de leurs terres : néanmoins, dans quelques provinces, les propriétaires de fiefs, avec moyenne et basse justice, participaient à l'exercice de ce droit coutumier. — Il y avait aussi quelques coutumes qui accordaient une partie du prix de l'épave à l'inventeur. (Orléans, Bretagne. — V. Pothier, *Propr.*, no 77); — Proudhon, *Dom. privé*, t. 1er, no 410.

18. — Enfin, dans certaines provinces, on ne considérait comme épaves seigneuriales que les animaux égarés ; et quant aux autres choses mobilières perdues, elles restaient, suivant la disposition du droit romain, acquises à ceux qui les avaient trouvées comme biens sans maître, si après les publications réglées par les lois ou l'usage pour en découvrir le propriétaire personne ne se présentait pour les réclamer. — Dunod, *Observ. sur la cout. de Franche-Comté*, p. 46.

19. — On rangeait en général les épaves en trois classes : épaves de terre, épaves de fleuves ou rivières, épaves de mer. — Garnier, t. 1er, no 432 et 433.

20. — Ceux à qui les épaves de terre étaient attribuées ne pouvaient point se les approprier dès qu'elles étaient trouvées. Ils devaient remplir certaines formalités préalables pour retrouver le propriétaire ; car ces choses ont en général un maître, bien qu'il ne soit pas connu. Or, suivant une ancienne maxime, *trouver, et ne pas rendre, c'est prendre*. — Nouveau Denisart, vo *Epaves*, § 2, no 1er; Bonjean, *Encycl. des lois*, vo *Epaves*, note, art. 2.

21. — Dans certaines coutumes, le recéleur d'une épave était condamné à une amende de 60 sous et à des dommages-intérêts en faveur de celui qui l'avait perdue. — Cout. d'Orléans, art. 166.

22. — Le délai accordé à l'inventeur pour faire la déclaration de l'épave variait suivant les coutumes. Les unes n'accordaient que vingt-quatre heures, d'autres donnaient trois jours, et quelques unes huit jours. — Nouveau Denisart, vo *Epaves*, § 2, no 2, *in fine*.

23. — Dans le principe, les objets trouvés étaient exhibés devant le maire. On publiait la déclaration de semaine en semaine ou de quinzaine en quinzaine. Ces publications devaient être au nombre de trois; elles se faisaient autrefois au prône. Plus tard, elles eurent lieu par le ministère d'un huissier à la porte de l'église à l'issue de la messe paroissiale, aux lieux publics et aux auditoires. — Ord. mars 1373, art. 5; édit d'avr. 1695. — Nouveau Denisart, vo *Epaves*, § 3, no 5.

24. — Si le propriétaire ne se présentait pas dans les quarante jours qui suivaient la dernière publication, la valeur de la chose appartenait à celui qui avait le droit d'épave. — Edit d'avr. 1695.

25. — Les délais passés, l'épave était vendue et livrée au plus offrant et dernier enchérisseur. — Nouveau Denisart, vo *Epaves*, § 3, no 5.

26. — Si le propriétaire se présentait avant l'expiration du délai de la vente de la chose, elle lui était rendue; mais il devait les frais faits. — Nouveau Denisart, vo *Epaves*, § 3, no 5.

27. — Si le propriétaire se présentait postérieurement à la vente et après les délais, il ne pouvait réclamer le prix ; car il était légalement dépouillé. — Nouveau Denisart, vo *Epaves*, § 3, no 5.

28. — Plusieurs coutumes accordaient à l'inventeur le tiers de l'épave. — *Orléans*, art. 164; *Bretagne*, art. 47. — Nouveau Denisart, vo *Epaves*, § 3, no 4; Pothier, *Propr.*, no 77; Proudhon, *Tr. dom. privé*, t. 1er, no 410.

29. — Quant aux épaves d'argenterie, de bijouterie, le corps des orfèvres avait droit au tiers lorsque les effets retenus par ces artisans avaient été vendus comme épave; ces objets pouvaient être réclamés pendant un an et un jour. — Code de l'orfévrerie, p. 209, 541, 550.

30. — Les épaves consistant en effets, paquets, ballots laissés dans les voitures publiques, dans les bureaux ou administrations des entreprises de transport étaient vendus au profit du roi, si elles n'étaient réclamées dans l'espace de deux ans. — Merlin, *Rép.*, vo *Epaves*, no 3.

31. — On nommait épaves de rivière toutes celles qui étaient trouvées au milieu des fleuves et rivières ou déposées par l'eau sur les rives. — Nouveau Denisart, vo *Epaves*, § 3, no 9.

32. — L'ordonnance des eaux et forêts d'août 1669 avait des dispositions sur les épaves des fleuves et des rivières navigables et flottables. Elle attribuait la connaissance des épaves aux officiers des maîtrises des eaux et forêts. — Tit. 1er, art. 3.

33. — La qualification d'épaves était également appliquée à toute chose trouvée sur les rivières, soit qu'elles n'eussent jamais eu de maître, soit qu'elles eussent cessé d'en avoir. Les pêcheurs et les particuliers étaient obligés de mettre à terre ces épaves ; ils étaient remboursés de leurs frais et récompensés de leurs peines. — Ord. 1669, tit. 31, art. 16.

34. — Cet article, conçu en termes restrictifs, n'était applicable (selon M. Garnier, t. 1er, no 428), qu'aux objets ostensibles à la surface des eaux ; il ne décidait, par conséquent, rien quant aux objets jetés sur le rivage, ou découverts au fond des eaux.

35. — Ces épaves devaient être dénoncées, dans les vingt-quatre heures et sous peine d'amende, aux sergens, gardes-pêches, officiers de la maîtrise royale ; si les inventeurs les retenaient, ils commettaient un véritable larcin. Le propriétaire lui-même ne pouvait s'en emparer ; elles devaient lui être adjugées en connaissance de cause par les officiers de maîtrise. — Coutume du Boulonais, t. 6, art. 23 ; ord. 1669, art. 17.

36. — Les officiers qui avaient reçu les déclarations devaient en faire des affiches, d'après les coutumes de Melun, Sens, Bar et Auxerre. — Garnier, t. 1er, no 429.

37. — On rendait les objets épaves de rivière au propriétaire, qui dans les trente jours de l'affiche justifiait de son droit, mais à la charge par lui de payer les frais. — Ord. 1669, art. 16; coutume de Berry, tit. 11, art. 10 et 11.

38. — Après ce délai les épaves étaient vendues au profit du roi. Le prix en était déposé entre les mains des receveurs royaux ; et il pouvait être remis, en connaissance de cause, au propriétaire qui le réclamait dans le mois de la vente. — *Ibid*.

39. — Ce mois écoulé, le prix de la vente entrait pour les trois quarts dans le trésor royal, l'autre quart était attribué aux officiers de marine. — Edit 1708.

40. — Les épaves des rivières non navigables suivaient le sort des épaves de terre ; elles étaient soumises aux mêmes règles. — Garnier, t. 1er, no 432.

41. — Les épaves maritimes, dites *varech* dans la coutume de Normandie, comprenaient, suivant cette coutume, non seulement les choses qui ont un maître, mais généralement toutes choses rejetées par la mer et qui arrivent si près de terre





qu'un homme à cheval puisse les toucher avec sa lance. — Basnage, *Coutume de Normandie*.

42. — L'ordonnance sur la marine de 1681 s'occupait des épaves maritimes. Elle n'entendait par *varech* que les plantes et les herbages qui croissent sur le rivage de la mer. — V. VARECH.

43. — Les droits *d'épaves, de varech* n'eurent plus lieu en faveur des seigneurs, à compter de la loi du 4 août 1791 (L. 22 nov. 1790, art. 3), qui enleva aux ci-devant seigneurs leur droit d'épaves en même temps que les autres droits qu'ils tenaient de la féodalité et de leurs qualités de justiciers, et le principe général fut que tous les biens vacans et sans maître appartinrent à l'état. — L. 22 nov.-1er déc. 1790, art. 3 ; C. civ., art. 539.

## Sect. 2e. — *Épaves proprement dites.*

44. — Le Code civil, après avoir posé comme l'assemblée constituante le principe que les biens vacans et sans maître appartiennent à l'état (art. 539), a porté sur les épaves la disposition suivante : — Les droits sur les effets jetés à la mer, sur les objets que la mer rejette et de quelque nature qu'ils puissent être, sur les plantes et herbages qui croissent sur les rivages de la mer, sont réglés par des lois particulières (C. civ., art. 717); il en est de même des choses perdues dont le maître ne se présente pas.

45. — Aujourd'hui, comme sous l'ancienne législation, les épaves peuvent être rangées en trois classes générales : 1o épaves maritimes ; 2e épaves de rivière ; 3o épaves de terre.

### § 1er. — *Epaves de mer.*

46. — Les épaves maritimes comprennent : 1o les objets du crû de la mer qui n'ont appartenu à personne; 2o les effets provenant de jet ou de bris de vaisseaux trouvés sur les flots ou échoués au rivage et dont le maître n'est pas connu.

47. — Les droits sur les épaves maritimes sont réglés par des lois particulières (C. civ., art. 717); on admet généralement que ces lois sont dans l'espèce, l'ordonnance sur la marine de 1681. — Bonjean, *Encyclop. des lois*, vo *Epaves*. not.; Garnier, vo *Épaves*, t. 1er, no 434; Foucart, *Elém. de dr. publ.*, t. 2, no 11 ; Proudhon, *Dom. privé*, no 414 et suiv.; Duranton, t. 4, no 305 et suiv.

48. — Les objets du crû de la mer sont : 1o l'ambre, le corail, les poissons à lard et autres semblables. — Ord. 1681, liv. 4, tit. 9, art. 29.

49. — Les poissons à lard sont les baleines, marsouins, veaux de mer, thons, souffleurs et autres qui ont beaucoup de graisse propre à fondre pour en tirer de l'huile. — Ord. 1681, liv. 5, tit. 7, art. 2.

50. — Ces objets, qui n'ont jamais appartenu à personne, sont attribués à ceux qui les ont tirés du fond de la mer ou pêchés dans les flots. — *Ibid*.

51. — S'ils ont été trouvés sur les grèves, l'inventeur n'a droit qu'au tiers ; les deux autres tiers appartiennent à l'état depuis la suppression de l'office d'amiral, à qui un tiers était dévolu par l'ordonnance. — Liv. 4, tit. 9, art. 20 et 29.

52. — Une disposition particulière concernait les dauphins, esturgeons, saumons et truites, déclarés poissons royaux. Ils appartenaient entièrement au fisc, sauf récompense à ceux qui les avaient trouvés et mis en lieu de sûreté, lorsqu'ils étaient trouvés échoués sur le rivage et qu'ils y étaient venus naturellement et sans aide d'homme. Mais s'ils avaient été pris en pleine mer ou poussés sur la grève par les pêcheurs, ils appartenaient en entier à ceux qui les avaient pris. — Ord. 1681, liv. 5, tit. 7, art. 2.

53. — Quant aux *herbes marines* appelées *varechs* en Normandie et *goëmon* sur les côtes de Bretagne, qui croissent en mer ou sur le rivage, elles appartiennent au premier occupant lorsque la mer les a détachées et jetées sur la grève. — Ord. 1681, liv. 4, tit. 9, art. 5.

54. — Mais la récolte de ces mêmes herbes qui restent attachées aux rochers appartient exclusivement aux communes dans le territoire desquelles se trouvent les rochers. — Ord. 1681, tit. 10, art. 1 à 5 : déclar. 30 mars 1731 ; — Daviel, t. 1er, p. 58; Dufour, *Tr. de dr. admin.*, t. 2, no 1105.

55. — Le mode de cette récolte est réglementé par les préfets; ils fixent la saison et le nombre de jours durant lesquels elle devra être faite. — Arr. 18 thermid. an X. — Le partage s'effectue entre les membres de la commune, conformément aux règles tracées pour les fruits communaux. — Dufour, t. 2, no 1105. — V. au surplus VARECH.

56. — Pour les objets provenant de naufrage, ils sont ou tirés du fond de la mer, ou trouvés sur les flots, ou échoués sur le rivage.

57. — L'inventeur doit mettre ces effets en sûreté, et en faire la déclaration dans les vingt-quatre heures au plus tard à l'officier d'administration de la marine ou à ceux qui le remplacent ; on fait, en outre, des publications dans les communes environnantes et dans la ville maritime la plus proche. — Foucart, t. 2, no 11.

58. — Le propriétaire qui a laissé une marque à l'effet d'indiquer l'endroit où il a été forcé d'abandonner ou de jeter l'objet en conserve la propriété, bien que cet objet ait été retiré du fond des eaux par un tiers. — Ord. 1681, liv. 4, tit. 8, art. 2.

59. — S'il n'a pas été laissé de signe, quelques-uns des effets pêchés, par exemple des ancres, appartiennent intégralement à l'inventeur s'ils ne sont pas réclamés par le propriétaire dans les deux mois de la déclaration. — Ord. 1681, liv. 4, tit. 8, art. 2.

60. — Quant aux autres objets pêchés au fond de la mer ou trouvés sur les flots ou échoués sur les rivages, voici le mode de leur attribution : si les objets ont été pêchés en pleine mer ou retirés de son fond, le tiers de ces objets est livré à l'inventeur immédiatement et sans frais ; les deux tiers sont mis en réserve pour être restitués au propriétaire, s'il les réclame en temps utile, et pour être dévolus au domaine, s'il n'y a pas de réclamation. Ceux qui sont trouvés sur les grèves appartiennent à l'état, sauf récompense à ceux qui les ont trouvés et mis en sûreté. — Ord. 1681, liv. 4, tit. 9, art. 24, 27. — V. JET.

61. — Ces règles sont seulement applicables aux effets trouvés par hasard ; elles n'ont pas trait à ceux recueillis par des mesures de sauvetage. Les objets non réclamés appartiennent à l'état ; ceux qui les ont sauvés n'ont droit qu'à un salaire. — Ord. 1681, liv. 4, tit. 9, art. 1er à 18, 26 et 27 ; 10 juin 1770 ; L. 9 et 13 août 1791.

62. — L'arrêté du 27 thermid. an VII et le décr. du 17 flor. an II, déterminent les mesures à prendre pour porter les secours nécessaires, faire procéder au sauvetage, etc. — V. NAUFRAGE.

63. — Les bijoux, argent monnayé et autres objets de prix trouvés sur un cadavre noyé et non réclamés dans l'an et jour appartiennent pour un tiers à l'inventeur et à l'état pour les deux autres tiers. On ne distingue point entre les objets trouvés sur la grève et ceux retirés de la mer. — Ord. 1681, liv. 4, tit. 9, art. 36.

64. — On doit appliquer ce principe au cas où un vaisseau est trouvé en pleine mer abandonné de son équipage. — Garnier, t. 1er, no 438.

§ 2e. — *Epaves de rivière.*

65. — On entend par épaves de rivière les débris des naufrages faits dans la pratique de la navigation fluviale par les coches et bateaux, ainsi que les choses de toute espèce emportées par le débordement des fleuves et rivières, telles que les radeaux en bois de flotte qui auraient été entraînés hors des ports de flottage, les effets découverts lors du curage de la rivière, ainsi que celles qui seraient trouvées sur les personnes noyées, etc.

66. — L'inventeur en doit faire la déclaration et le dépôt comme nous l'avons dit *suprà* no 35.

67. — L'art. 3, tit. 1er de l'ordonnance des eaux et forêts de 1669 autorisait à faire vendre au profit du trésor public les épaves de rivière dont le propriétaire averti par les publications ne se présentait pas. Une autre ordonnance de mars 1708 avait ensuite accordé un quart des épaves de rivière aux contrôleurs généraux et un quart aux officiers des eaux et maîtrises, mais aujourd'hui tous ces divers officiers sont supprimés, aucune loi n'a fait d'attribution en faveur des administrations actuelles. Il faut en conclure que les épaves de rivière appartiennent entièrement à l'état.

68. — C'est, comme le fait observer Proudhon (*Domaine privé*, no 420), en conséquence du retour au droit commun sur la prérogative du domaine que le décret impérial du 29 mai 1808, concernant la police générale des rivières appliquée à celle de la Sèvre, porte que les marchandises enlevées par les travaux du curage de cette rivière seront rendues à leurs propriétaires d'après l'exhibition de leurs titres en bonne forme en payant les frais du tirage de l'eau et du transport qui doit en être fait dans les magasins du préposé ou de l'entrepreneur de la navigation chargé d'en rendre compte, que les objets qui n'auraient pas été réclamés, ou dont la propriété n'aurait pas été légalement constatée seront vendus par les ordres du préfet, et que le montant en sera versé à la caisse des droits réunis comme produit accessoire de l'octroi de navigation.

69. — Le délai pour la réclamation des épaves de rivières ou pour le prix qu'elles ont produit est toujours le laps d'un mois après l'instant où l'épave a été recueillie, ou d'un mois après la vente de l'épave quand la réclamation a seulement le prix pour objet.

70. — Toutes les contestations qui peuvent s'élever sur la revendication ou répétition des épaves de rivières sont dans le domaine des tribunaux civils, et quelle que soit la part que le fisc puisse y prétendre, elles n'en doivent pas moins être portées en justice ordinaire, soit parce qu'elles ont un droit de propriété pour objet, soit parce que, suivant l'art. 2, tit. 1er, ord. 1669, elles étaient autrefois attribuées aux juges des maîtrises dont l'institution fut supprimée par les décrets des 6 et 7 sept. 1790, et remplacée en vertu du décret du 19 oct. 1790, par les tribunaux de district aujourd'hui les tribunaux civils de première instance. — Proudhon, *Tr. du domaine public*, t. 3, no 885.

71. — Pour ce qui concerne les bois de flottage enlevés par la crue subite des eaux et jetés par des torrens particuliers, V. FLOTTAGE.

72. — Quant aux épaves des rivières non navigables ou flottables, on suit les mêmes règles que pour les épaves de terre. — Bonjean, vo *Epaves*, note ; Foucart, t. 2, no 13.

§ 3. — *Epaves de terre.*

73. — Suivant l'art. 717, C. civ., les droits sur les choses perdues dont le maître ne se présente pas sont réglés par les lois particulières. Or, cette disposition se réfère soit aux lois antérieures à la publication du Code et non abrogées, soit à celles qui lui sont postérieures. — Garnier, t. 1er, no 441. — Nulle disposition postérieure au Code ne s'est occupée spécialement des objets perdus. Celles qui ont trait à la matière se réduisent donc aux ordonnances de 1669 et de 1681, à la déclaration du 20 janv. 1699 et à la loi du 11 germin. an IV.

74. — Mais la rédaction de l'art. 717, C. civ., a soulevé quelques difficultés. On a débattu, en sens divers, la question de savoir si l'état avait succédé aux droits des anciens seigneurs, et si, par conséquent, les épaves de terre appartenaient ou non à l'état.

75. — D'un côté, Merlin (*Rép.*, vo *Epave*) et Favard de Langlade (*Rép.*, vo *Propriété*), se fondant sur l'art. 7, tit. 1er, L. 13 avr. 1791, et sur l'art. 3, L. 22 nov. 1790, dont la disposition a été renouvelée par l'art. 539, C. civ., ont soutenu que l'épave est, sous l'empire du Code civ., dévolue à l'état.

76. — Cette opinion généralise le principe posé par l'art. 713, C. civ., que tous les biens vacans et sans maître appartiennent à l'état, et s'étend aux objets mobiliers qu'il semble ne pas comprendre ; c'est en cela qu'elle nous paraît inadmissible.

77. — En effet, d'après l'explication donnée par l'orateur du tribunat, les art. 589 et 713, qui renouvellent la disposition de l'art. 3, L. 22 nov. 1790, ne règlent que les droits sur les immeubles vacans ou sur les biens meubles et immeubles des successions abandonnées. — Garnier, t. 1er, vo *Epaves*, no 443.

78. — Si les dispositions des articles précités n'étaient point bornées aux cas énoncés au numéro précédent, elles s'étendraient à tous les objets vacans et sans maître, au trésor trouvé aux épaves en un mot. Et il eût été inutile de faire régler par l'art. 716 les droits sur le trésor trouvé, et de renvoyer par l'art. 717 aux lois particulières qui régissent les droits sur les effets jetés à la mer ou que la mer rejette, ou qui croissent sur ses rivages.

79. — Il ne faut donc pas confondre les biens qui font l'objet des art. 539 et 713 et ceux dont s'occupent les art. 716 et 717. Cette distinction est dans la nature des choses ; on ne peut pas dire, en effet, qu'un objet trouvé soit vacant ou sans maître.

80. — D'un autre côté, Delvincourt (*Cours de C. civ.*, t. 1er, p. 140, note 9) et M. Duranton (t. 1er, no 326) pensent que la chose trouvée, épave ou non, doit appartenir à l'inventeur, pourvu qu'elle ne soit point réclamée dans les trois ans.

81. — Cette opinion, exclusive de tout droit de l'état, s'appuie sur l'art. 2279 C. civ. Elle doit être suivie pour tous les cas non décidés par des lois ou des réglemens particuliers.

82. — Il est vrai que les objets trouvés sur terre ou dans des cours d'eau qui ne sont pas du domaine public étaient autrefois attribués, par une ordonnance du ministre des finances du 22 nov. 1790, à l'inventeur, et que la législation actuelle n'a aucune disposition spéciale sur la matière ; on doit se décider en combinant les anciens réglemens avec les décisions ministérielles.

83. — Deux décisions ministérielles (10 août 1821 et 3 août 1825) ont décidé dans ce sens pour les épaves de terre. Et, dans la pratique, la régie des domaines se conforme à ces décisions ; elle attribue l'épave à l'inventeur.

84. — Il importe, en effet, de laisser à l'inventeur l'espoir de jouir un jour de ce qu'il a trouvé ; cette perspective peut le décider à en faire le dépôt, et cette mesure, par la publicité qu'elle occasionne et les délais qu'elle entraîne, a pour but de mieux assurer les droits du propriétaire. — Décis. min. fin. 10 août 1821 ; 3 août 1825.

85. — Mais l'inventeur n'acquiert la propriété qu'autant qu'il a rempli les formalités propres à provoquer les réclamations du propriétaire. Ainsi, il doit faire la déclaration et le dépôt de l'épave au greffe du tribunal civil ou de la mairie, et, à Paris, à la préfecture de police ; c'est ce qui doit se pratiquer surtout pour les objets oubliés dans les voitures de place.

86. — Il serait sans doute désirable que le fonctionnaire public constitué dépositaire de l'objet trouvé, c'est-à-dire le préfet de police de Paris, ou le maire ou bien le greffier fissent, à l'imitation du seigneur haut justicier, publier la déclaration et le dépôt qui leur ont été faits, mais aucune loi ne leur en impose le devoir.

87. — Les bestiaux égarés doivent être mis en fourrière. — Décr. 18 juin 1811, art. 39.

88. — Les animaux ou les objets périssables ne peuvent rester plus de huit jours en fourrière ou sous le séquestre. — Décr. 18 juin 1811, art. 39, § 1er.

89. — Si, après ce délai, les objets ne sont point réclamés, le juge de paix en ordonne la vente. — Décr. 18 juin 1811, art. 40, §§ 1er et 2.

90. — Cette vente est faite à l'enchère au marché le plus voisin et à la diligence de l'administration de l'enregistrement. Elle est annoncée par affiches vingt-quatre heures à l'avance, à moins que la modicité de l'objet ne détermine le magistrat à en ordonner la vente sans formalité ; ce qu'il exprime dans son ordonnance. — Décr. 18 juin 1811, art. 40, §§ 3 et 4.

91. — Les frais de fourrière, de dépôt sont prélevés sur le produit de la vente par privilége et préférence à tous autres. Le reste du prix est versé dans la caisse de l'administration de l'enregistrement. — Décr. 18 juin 1811, art. 39, § 3 et art. 40, § 5.

92. — L'épave, ou son prix, si elle a été vendue, doit être restituée à l'inventeur, après un laps de trois ans à dater du jour du dépôt, dans le cas où le propriétaire ne se serait point présenté durant cet intervalle.

93. — Le terme de trois ans est fixé implicitement par la circulaire ministérielle du 3 août 1825. C'est, en outre, d'après l'art. 2279, C. civ., le délai après lequel le propriétaire volé ne peut plus revendiquer ; et c'est après un délai semblable que l'action publique en matière correctionnelle ne peut plus être intentée. — C. instr. crim., art. 638.

94. — L'inventeur n'acquiert pas le domaine incommutable par la restitution qui lui est faite ; l'action du propriétaire ne se prescrit que par trente ans. Cette doctrine est généralement adoptée. — Bonjean, *loc. cit.* — M. Duranton (t. 4, no 329), qui adopte cette décision, la justifie en disant que le fait de l'inventeur n'étant pas un délit n'est pas soumis à la courte prescription de l'art. 638, C. instr. crim., mais que, comme par le défaut de publication de ce qu'il a trouvé, il a nui au propriétaire, celui-ci puise dans l'art. 1382, C. civ., une action en dommages-intérêts qui ne s'éteint que par trente ans.

95. — Celui qui, ayant trouvé un objet perdu, ne fait aucune démarche pour découvrir le propriétaire commet un acte contraire à la probité, mais aucune loi ne peut l'atteindre ; il est impossible de prouver qu'il a gardé le silence dans une intention frauduleuse. — Bonjean, *Encyclopédie des lois*, vo *Epaves*, p. 316, 2e col.

96. — Mais si l'inventeur est, sur la réclamation du propriétaire, convaincu de mauvaise foi et a nié avoir trouvé l'objet rendu, il y a vol. — Bonjean, *Encycl. des lois*, vo *Epaves*. — V. VOL.

97. — S'il s'agissait d'objets non pas seulement perdus ou égarés mais volés ou recelés, on devrait suivre d'autres règles ; dans l'espèce, il n'y a pas d'inventeur et la loi ne peut lui conférer de droits, car il n'y a pas d'épaves mais des biens vacans.

98. — Jugé, en effet, qu'on ne peut considérer comme épave un sac d'or dérobé lors du décès d'un individu, par cela qu'il a été trouvé sur la fenêtre d'un ecclésiastique, et que l'un des héritiers qui le revendiquent, ayant été poursuivi criminellement comme prévenu de vol, a déclaré n'avoir jamais vu ce sac d'or chez le défunt, quoiqu'il n'ait pas quitté celui-ci dans ses derniers momens. — *Colmar*, 10 juin 1816, domaines c. Hagel.

99. — Par conséquent, de ce que les personnes au préjudice desquelles un objet a été soustrait ne se présentent pas pour le réclamer, il ne suit pas

qu'il doive rester la propriété du voleur ou du recéleur. Les choses volées et qui ne sont pas réclamées appartiennent à l'état comme biens vacans. —Si avec la matière volée (de la laine), le voleur a confectionné un objet nouveau (du drap), cet objet peut être revendiqué par le propriétaire de la matière, surtout quand cette matière est la partie principale de la fabrication, sauf à payer le prix de la main d'œuvre. — Et si personne ne réclame la chose volée, elle devient la propriété de l'état, qui doit alors rembourser le prix de la main d'œuvre, sauf compensation avec les frais des poursuites criminelles occasionnées par le vol. —*Montpellier*, 23 avr. 1844 (t. 2 1845, p. 639), Arnaud.

## Sect. 3e. — *Choses assimilées aux épaves.*

100. — On assimile aux épaves les objets abandonnés et non réclamés par leurs propriétaires. — Foucart, t. 2, no 14.

101. — Ainsi sont assimilés aux épaves les objets abandonnés dans les entreprises de transport, bureaux des voitures publiques, des messageries tant par terre que par eau. — Décl. 20 janv. 1699; décr. 13 août 1810, art. 1er et 2. — Ils appartiennent à l'état au bout de deux années et peuvent être vendues à son profit. — Décl. 20 janv. 1699; décr. 13 août 1810, art. 5 et 23 24 juill. 1793, art. 56.

102. — Voici quelles sont les formalités à suivre: Les ballots, caisses, malles, paquets et tous autres objets confiés pour être transportés dans l'intérieur du royaume, à des entrepreneurs, soit de roulage, soit de messageries par terre ou par eau, lorsqu'ils ne sont pas réclamés dans le délai de six mois, à compter du jour de l'arrivée au lieu de leur destination, sont vendus par voie d'enchère publique à la diligence de la régie de l'enregistrement et après l'accomplissement des formalités suivantes. — Décr. 13 août 1810, art. 1er.

103. — Les entrepreneurs de messageries et de roulage doivent, dans ce délai, faire aux préposés de la régie de l'enregistrement la déclaration de ces objets. — Décr. 13 août 1810, art. 2.

104. — Le juge de paix procède, en présence des préposés de la régie de l'enregistrement et des entrepreneurs de messageries ou de roulage à l'ouverture et à l'inventaire des ballots, malles, caisses et paquets. — Décr. 13 août 1810, art. 3.

105. — Les préposés de la régie de l'enregistrement sont tenus de faire insérer dans les journaux, un mois avant la vente des objets non réclamés, une note indiquant le jour et l'heure fixés pour cette vente, et contenant en outre les détails propres à ménager aux propriétaires de ces objets la faculté de les reconnaître et de les réclamer. — Décr. 13 août 1810, art. 4.

106. — Il est fait un état séparé du produit de ces ventes pour le cas où il surviendrait dans un nouveau délai de deux ans, à compter du jour de la vente, quelque réclamation susceptible d'être accueillie. — Décr. 13 août 1810, art 5.

107. — Sont de même assimilées aux épaves les marchandises abandonnées dans les bureaux des douanes. — L. 6 août 1791, tit. 9.

108. — Elles sont vendues au bout d'un an, et le prix en appartient à l'état, quand une nouvelle année s'est écoulée sans réclamation. — L. 6 août 1691, tit. 9.

109. — De même, les sommes versées aux caisses des agens des postes pour être remises à une destination déterminée, et qui n'ont pas été réclamées par les ayant-droit dans un délai de huit années, appartiennent à l'état. — L. 31 janv. 1833, art. 1er; — Proudhon, *Domaine privé*, t. 1er, no 425.

110. — Les effets mobiliers déposés dans les greffes des tribunaux, des prisons, des conseils de guerre et des tribunaux maritimes, sont, à la diligence des préfets, vendus au profit du trésor public. — L. 11 germin. an IV; ord. 9 juin 1831, art. 5; — Proudhon, *Domaine privé*, t. 1er, no 422.

111. — Le propriétaire n'avait qu'une année, à partir du jour de la vente, pour réclamer la restitution du prix (loi germin. an IV), mais une ordonnance royale du 22 fév. 1819 a reconnu qu'on ne pouvait opposer aux réclamations de cette espèce d'autre prescription que celle de trente ans.

112. — Les sommes provenant desdites ventes sont versées à la caisse des dépôts et consignations, les ayant-droit peuvent les réclamer pendant trente ans. — Ord. 22 fév. 1829, 28 janv. 1821 et 9 juin 1831.

113. — Les sommes en deniers comptans sont comprises au nombre des objets mobiliers déposés qui doivent être remis au domaine. — Ord. 9 juin 1831, art. 2.

114. — L'administration des domaines provoque de six mois en six mois, auprès des procureurs généraux près les cours royales et des procureurs du roi près les tribunaux de première instance, la remise que les greffiers, geôliers et autres dépositaires doivent faire au domaine, en conformité de l'ordonnance du 22 fév. 1829, des objets mobiliers déposés et susceptibles d'être vendus. — Ord. 9 juin 1831, art. 1er.

115. — Les art. 559 et 564, C. civ., consacrent encore, selon M. Garnier (*Régime des eaux*, t. 1er, no 448), une sorte de droit d'épave. Le premier attribue une partie même considérable d'un champ riverain au maître du fond sur lequel elle a été portée, si le propriétaire de la partie enlevée ne forme dans l'année la demande en réclamation. Le second dispose que les pigeons, lapins, poissons, qui passent dans un autre colombier, garenne ou étang, appartiennent au propriétaire de ces objets.

116. — Dans l'espèce de l'art. 564, l'ancien possesseur est sans droits pour réclamer ces objets. Il y aurait impossibilité, ou du moins un dommage considérable, à constater leur identité. Mais si le nouveau possesseur les avait attirés par fraude et artifice, le possesseur serait coupable de vol et passible de restitution.

## ÉPERONNIERS.

1. — Éperonniers pour leur compte; — patentables de cinquième classe; — droit fixe basé sur le chiffre de la population et droit proportionnel du vingtième de la valeur locative de l'habitation et des lieux servant à l'exercice de la profession.

2. — Eperonniers à façon; —patentables de septième classe; —droit fixe et droit proportionnel du quarantième de la valeur locative de tous les locaux qu'ils occupent, mais seulement dans les communes de 20,000 ames et au-dessus.— V. PATENTE.

## ÉPICES.

1 — Honoraires que, dans l'ancien droit, on accordait aux juges, soit pour les rapports dont ils étaient chargés, soit pour quelque autre acte de juridiction.

2. — Dans le principe, les juges n'avaient droit à aucun émolument; mais il leur était permis de recevoir des parties, à titre de présent volontaire, de légers cadeaux tels que dragées, confitures ou autres épiceries. — V. Ragueau, *Gloss.*, vo *Epices*. — Denisart (vo *Épices*, no 2) confirme la même origine et la même étymologie en disant: « Les parties leur donnaient ordinairement quelques confitures qu'elles achetaient chez les épiciers, attendu qu'avant la découverte des Indes, les fruits se confisaient avec des épiceries et non pas avec du sucre, fort rare dans ces temps-là. »

3. — Plus tard, et par suite de la vénalité des charges, ces épices furent converties en argent et purent être exigées des parties; aussi entraient-elles en taxe. — Edit du mois de mars 1498, art. 57.

4. — Les épices étaient dues, non seulement aux juges, mais aussi dans certains cas aux officiers du ministère public; elles étaient allouées tant en matière civile que criminelle, mais jamais en matière sommaire.

5. — Suivant un arrêt de réglement du 10 avr. 1691, il suffisait qu'une partie succombât en une portion la plus légère des dépens pour supporter les épices entières et le coût de l'arrêt. — Denisart, vo *Epices*, no 12.

6. — Les épices devaient être taxées, eu égard au travail du juge, sans considérer la valeur du litige ni la qualité des parties. Un grand nombre de réglemens avait été publié sur cette matière.

7. — En général, c'était à celui qui avait presidé au jugement qu'il appartenait de taxer les épices; cependant, dans quelques siéges la taxe était faite par le lieutenant-général, assisté de deux conseillers, ou par la compagnie entière lorsque la somme réclamée avait une certaine importance, par exemple au Châtelet, quand elle dépassait 800 liv.

8. — La taxe devait être écrite en toutes lettres, et mise au bas de la minute du jugement. — Ord. Roussillon, art. 34; *Parlem. Paris*, 23 oct. 1698.

9. — Les épices ne pouvaient être augmentées au-delà de la taxe à peine de concussion et de répétition du quadruple.

10. — Lorsque les épices étaient excessives, les juges supérieurs pouvaient les réduire, et ordonner la restitution de ce qui avait été perçu illégalement.

11. — Elles devaient être reçues de la main du greffier; il en était tenu registre. Dans l'usage on les consignait d'avance, mais le juge ne pouvait l'exiger. — Réglem. 10 juill. 1665, art. 14; édit de fév. 1691; ord. de Blois, art. 127, 128 et suiv.; — Denisart, vo *Epices*, no 21.

12. — Il était défendu de prendre des épices, soit dans les causes où les procureurs du roi et les procureurs fiscaux étaient parties, soit pour les actes qui s'expédiaient à l'audience, soit pour le jugement des défauts (ord. 1667, tit. 11, art. 5); soit en matière de renvois et d'incompétence, soit pour jugemens interlocutoires ou sur requête, ou de simple instruction, soit pour les arrêts de défenses ou d'expédient, soit pour les cessions de biens, etc., etc. — Denisart, vo *Epices*, nos 4 et suiv.

13. — Quant aux gens du roi et aux procureurs fiscaux, ils pouvaient prendre des épices dans toutes les affaires sujettes à communication, dans lesquelles les juges pouvaient en prendre de leur côté; ces épices ne pouvaient excéder les deux tiers de celles des juges, du moins dans les justices seigneuriales.

14. — Les épices des juges et officiers du parquet étaient privilégiées et devaient être payées par préférence à toutes autres dettes comme frais de justice. Elles devaient être payées par provision, nonobstant appel.

V. FRAIS ET DÉPENS.

## ÉPICIERS.

1. — Marchand qui vend des épiceries; ce qui comprend, non seulement toutes sortes d'épices, mais encore le miel, le sucre, l'huile, les denrées coloniales et toutes les drogues médicinales venant des pays éloignés.

2. — Les épiciers qui font le commerce des drogues, prennent en général le nom d'*épiciers droguistes*.

3. — Pour la patente on distingue encore les épiciers en *épiciers regrattiers*, *en détail*, *en demi-gros*, et *en gros*.

4. — Les épiciers en gros sont rangés par la loi du 25 avr. 1844 parmi les patentables de 1re classe et soumis par suite à un droit fixe basé sur la population, et à un droit proportionnel du 15e de la valeur locative d'habitation et des lieux servant à l'exercice de la profession.

5. — Les épiciers en demi-gros et ceux en détail font partie les premiers de la 2e classe et les seconds de la 5e classe. — Le droit fixe est le même que celui des épiciers en gros, sauf la différence de classe; le droit proportionnel est du 20e de la valeur locative de l'habitation et des lieux servant à l'exercice de la profession.

6. — Quant aux épiciers regrattiers, s'ils ne vendent qu'au petit poids et à la petite mesure quelques articles d'épicerie, et joignent à ce commerce la vente de quelques autres objets, comme poterie de terre, charbon en détail, bois à la falourde, etc., ils sont rangés dans la septième classe des patentables, et imposés, outre le droit fixe, à un droit proportionnel du quarantième de la valeur locative de tous les locaux qu'ils occupent, mais seulement dans les communes de 20,000 ames et au-dessus.

7. — La disposition de l'art. 4, L. 25 avr. 1844, sur les patentes, aux termes de laquelle tous les marchands qui vendent en ambulance des objets non compris dans les exemptions déterminées par l'art. 13, et tous marchands sous échoppe ou en étalage, sont passibles de la moitié seulement des droits que paient les marchands qui vendent les mêmes objets en boutique, est déclarée par le même article n'être pas applicable aux épiciers ayant un état permanent ou occupant des places fixes dans les halles et marchés. — V. PATENTES.

8. — Anciennement les épiciers étaient confondus avec les apothicaires à cause du débit de drogues qui leur était commun; ils avaient toutefois des statuts particuliers; leurs membres avaient le droit de parvenir à l'échevinage. — Trébuchet, *Jurispr. de la médec.*

9. — La réunion de ces deux professions distinctes en une seule et même communauté engendra de grands abus. Il y avait, en effet, un véritable danger à confier le débit de compositions chimiques et pharmaceutiques à des marchands qui n'en connaissaient point les propriétés; pour prévenir toutes contestations et pour surveiller le débit des médicamens, on fixa les limites entre les deux professions d'épicier et de pharmacien. — Déclarat. 25 avr. 1777 (préambule).

10. — Les maîtres en pharmacie ne purent dès-lors cumuler le commerce de l'épicerie. Les épiciers continuèrent d'avoir le droit de faire le commerce en gros des drogues simples sans qu'ils pussent en vendre et débiter au poids médicinal, mais seulement au poids de commerce; il leur fut permis toutefois de vendre en détail et au poids médicinal la manne, la cannelle, la rhubarbe et le séné, ainsi que les bois et racines, le tout en nature, sans préparation, manipulation ni immixtion; les épiciers contrevenans étaient passibles

de cinq cents livres d'amende pour la première fois et de plus grande peine en cas de récidive. — Déclarat. 25 avr. 1777, art. 4 et 5.

11. — Il fut en outre interdit aux épiciers, sous les mêmes peines, de fabriquer, vendre et débiter aucuns sels, compositions ou préparations *entrans au corps humain* en forme de médicamens, ni de faire aucune mixtion de drogues simples pour administrer en forme de médecine. Ils étaient soumis aux visites des doyens et docteurs de la faculté de médecine, accompagnés des gardes de l'épicerie; ils étaient tenus de représenter toutes les drogues. — Déclar., art. 6.

12. — La loi du 21 germin. an XI (art. 33), sur l'organisation des écoles de pharmacie, défend aux épiciers, comme la déclaration de 1777, de vendre aucune composition ou préparation pharmaceutique sous peine de 500 fr. d'amende; elle leur permet de continuer le commerce en gros de drogues simples sans pouvoir néanmoins en débiter aucune au poids médicinal. — V. DROGUE, DROGUISTE

13. — Jugé, en conséquence, que les épiciers ne peuvent vendre du quinquina en poudre, parce qu'il est considéré comme une préparation pharmaceutique. — *Cass.*, 9 sept. 1813, Folchi.

14. — ...Et qu'il leur est interdit de vendre des drogues à l'once, et surtout à l'once médicinale, qui exclut évidemment l'idée de la vente en gros. — Même arrêt.

15. — L'art. 34, L. 21 germin. an XI, les autorisait à vendre des substances vénéneuses, telles que l'arsenic, le réalgar, le sublimé corrosif, et autres énumérées dans les lois ou ordonnances : il les astreignait seulement à placer ces substances dans des lieux sûrs et séparés dont seuls ils eussent la clé.

16. — Mais la loi du 19 juill. 1845 et l'ordonnance du 29 oct. 1846 ont modifié cet état de choses.

17. — Aujourd'hui, quiconque veut faire le commerce d'une ou de plusieurs des substances réputées vénéneuses et dont un état est annexé à l'ordonnance du 29 oct. 1846, est tenu d'en faire préalablement la déclaration devant le maire de la commune, en indiquant le lieu où est situé son établissement. Ladite déclaration est inscrite sur un registre à ce destiné et dont extrait est remis au déclarant. Elle doit être renouvelée dans le cas de déplacement de l'établissement. — Ord. 29 oct. 1846, art. 1er.

18. — A Paris, et dans l'étendue du ressort de la préfecture de police, la déclaration dont il s'agit est faite devant le préfet de police. — *Ibid.*, art. 13.

19. — La vente des substances vénéneuses ne peut être faite pour l'usage de la médecine que par les pharmaciens. — *Ibid.*, art. 5.

20. — L'arsenic et ses composés ne peuvent être vendus pour d'autres usages que la médecine que combinés avec d'autres substances. — *Ibid.*, art. 8.

21. — Les pharmaciens seuls peuvent délivrer ces préparations, et seulement à des personnes connues et domiciliées. — *Ibid.*, art. 9.

22. — Pour les formalités et prescriptions relatives à l'achat, à la conservation et à la vente des substances vénéneuses, V., au surplus, SUBSTANCES VÉNÉNEUSES.

23. — Les épiciers qui vendent soit des drogues, soit des substances vénéneuses, sont soumis à des visites soit du maire et du commissaire de police assistés de docteurs en médecine, soit des professeurs en médecine et des membres des écoles de pharmacie. — V. PHARMACIE, SUBSTANCES VÉNÉNEUSES.

24. — Les épiciers-droguistes doivent payer un droit de 4 francs pour les frais de ces visites. — Lettres-patentes 10 fév. 1780, art. 16; arrêté 25 thermid. an XI, art. 42; L. 23 juill. 1820, art. 17.

25. — Mais les épiciers non droguistes chez lesquels il n'est pas trouvé de drogues appartenant à l'art de la pharmacie ne sont point soumis à ce droit. — L. 23 juill. 1820, art. 42.

26. — La loi du 24 mai 1834, art. 1er, renouvelant cette taxe, dispose : « continuera d'être faite la perception des droits établis pour frais de visite chez les pharmaciens, les droguistes, les épiciers. » Elle ne reproduit donc pas, il est vrai, la distinction établie par la loi du 23 juill. 1820 entre l'épicier vendant des drogues et celui qui n'en vend pas. — Mais c'est là un vice de rédaction; car il est impossible de soumettre à la taxe pour la vente des substances portées dans l'ordonnance du 20 sept. 1820 des marchands qui n'en vendent pas.

27. — Des épiciers qui se livrent seulement au commerce en gros des sucres, huiles, cafés et autres articles d'épicerie refusent quelquefois de laisser visiter leurs magasins; ils ont tort. Les visites, en effet, doivent être faites indistinctement chez les droguistes et les épiciers; et les lois de finances reconnaissent la légalité tant de ces visites que de la taxe qui en est la suite; or, si les épiciers avaient le droit de s'opposer à ces visites sous le prétexte qu'ils ne possèdent aucune des substances pour lesquelles les visites ont été ordonnées, l'administration serait dans l'impossibilité de s'assurer de la vérité de leurs énonciations. En outre, tous ces marchands pourraient opposer les mêmes exceptions, et la surveillance de l'autorité serait impuissante et sans nul résultat.

28. — Des visites peuvent, en outre, être faites par l'autorité municipale chez tous les épiciers pour s'assurer qu'ils ne vendent aucuns comestibles gâtés, ou de nature à compromettre la santé du public.

29. — Quelquefois les épiciers sont aussi marchands de couleurs; cette seconde industrie peut offrir quelques dangers réels lorsque surtout elle est exercée dans le local où se trouvent des substances alimentaires. C'est alors pour les maires un droit et même un devoir de prescrire les mesures propres à prévenir les accidens. — Elouin, Trébuchet et Labat, *Dict. de police*, v° *Epiciers*.

30. — A Paris, une circulaire du préfet de police (1er juin 1829) enjoint aux épiciers de séparer entièrement ces deux commerces. Les substances qui se rattachent au commerce des couleurs doivent être placées et vendues dans une pièce différente de celle où l'on tient les substances alimentaires. — Les maires peuvent prendre des arrêtés dans ce sens.

31. — A Paris, les épiciers voisins d'un incendie sont tenus de fournir, sur les ordres des commissaires de police ou du commandant des sapeurs-pompiers, les flambeaux et terrines nécessaires pour éclairer les travailleurs. — Ord. du préfet de police 21 déc. 1819, art. 28.

## ÉPIDÉMIE.

1. — Maladie contagieuse qui attaque les hommes.

2. — Les maladies épidémiques provenant le plus souvent d'une cause accidentelle, comme l'altération de l'air ou des alimens, tous les moyens employés pour entretenir la salubrité, tendent donc directement à écarter ou à neutraliser les effets des épidémies. — Boyard, *Manuel des maires*, v° *Epidémie*. — V. SALUBRITÉ PUBLIQUE.

3. — A Paris, la police sanitaire appartient au préfet de police, suivant l'arrêté du gouvernement du 12 messid. an VIII, qui détermine ses fonctions et qui porte, entre autres dispositions, ce qui suit : « Le préfet de police assurera la salubrité de la cité en prenant les mesures nécessaires pour prévenir et arrêter *les épidémies, les épizooties, les maladies contagieuses*, en faisant observer les réglemens sur les inhumations, en surveillant les salles de dissection, en empêchant d'établir dans l'intérieur de Paris des ateliers, manufactures, laboratoires ou maisons de santé qui doivent être hors l'enceinte des villes selon les lois et réglemens; en faisant saisir ou détruire chez les épiciers, droguistes, apothicaires ou tous autres, les médicamens gâtés, corrompus ou nuisibles. » — V. DISSECTION, ÉTABLISSEMENS INSALUBRES, PHARMACIE.

4. — Dans les départemens autres que celui de la Seine, ces attributions appartiennent aux préfets et aux maires des communes rurales, en vertu de l'art. 3, tit. 11, L. 16-24 août 1790, qui leur confère le droit et leur impose le devoir de prendre toutes les précautions convenables pour prévenir les épidémies, et de les faire cesser par la distribution de secours nécessaires.

5. — Aussitôt qu'une épidémie se déclare dans une commune, l'autorité municipale est tenue d'en donner connaissance au sous préfet. — Boyard, *loc. cit.*; Magnitot et Delamarre, v° *Epidémie*.

6. — Cet avertissement, toutefois, ne décharge pas les corps municipaux du soin de prendre toutes les mesures de précaution que la prudence et l'expérience font juger nécessaires, et que les ressources des localités peuvent fournir. — Magnitot et Delamarre, *ibid.*

7. — La marche qu'il convient de suivre en pareil cas est abandonnée à la sagesse des administrateurs. Cependant, il existe une circulaire du 30 sept. 1813 qui peut, en quelque sorte, servir de règle. — Magnitot et Delamarre, *ibid.*

8. — Cette circulaire exige dans chaque arrondissement un médecin ayant le titre de médecin des épidémies. Ce médecin est nommé par le ministre sur la proposition du préfet. — Magnitot et Delamarre, *ib.*

9. — Dès qu'il a reçu l'avertissement de l'autorité municipale, le sous-préfet envoie sur les lieux le médecin des épidémies. — Boyard, *ib.*

10. — Le médecin se concerte avec l'autorité administrative sur toutes mesures à prendre comme aussi pour les médicamens à fournir aux indigens. — Magnitot et Delamarre, *ib.*

11. — De son côté, le sous-préfet avertit ensuite le préfet de l'existence de la maladie. Celui-ci prend toutes les mesures convenables pour connaître le caractère de la maladie et la concentrer dans les lieux où elle s'est d'abord déclarée.

12. — Au surplus, l'exposition et le développement des dispositions législatives spéciales prises dans le but de prévenir ou d'arrêter le cours des épidémies trouvera plus naturellement sa place sous le mot POLICE SANITAIRE. — V. aussi LAZARETS, QUARANTAINES.

13. — Lorsque la maladie a disparu, le médecin remet au sous-préfet un rapport sur la manière dont il a accompli sa mission et sur les frais et les dépenses qu'elle a occasionnés. Ce rapport est communiqué au préfet. — Circ. 30 sept. 1813; — Magnitot et Delamarre, *ib.*

14. — Les frais sont acquittés, avec l'autorisation ministérielle, sur les fonds départementaux, ainsi que nous l'avons indiqué. — V. DÉPARTEMENT, n° 179.

## EPINGLES.

1. — Somme donnée en sus du prix d'un bail, d'un marché, d'une vente. — V. DENIERS D'ENTRÉE.

2. — Les épingles font partie du prix et sont restituables toutes les fois que le prix lui-même est sujet à restitution. — V. au surplus POT DE VIN.

V. aussi COMMUNAUTÉ, VENTE.

## ÉPINGLES (Manufacturiers Fabricans d').

1. — Manufacturiers d'épingles par procédés mécaniques : — patentables ; — droit fixe de 25 fr. pour dix ouvriers et au dessous, et 3 fr. par chaque ouvrier en sus, jusqu'au maximun de 300 fr. et droit proportionnel du vingtième de la valeur locative de l'habitation, des magasins de vente complétement séparés de l'établissement et du quarantième de l'établissement industriel.

2. — Fabricans par les procédés ordinaires; — patentables de sixième classe; — droit fixe basé sur la population et droit proportionnel du vingtième de la valeur locative de l'habitation et des lieux servant à l'exercice de la profession.

## ÉPINGLIERS GRILLAGEURS.

Patentables de septième classe; — droit proportionnel du quarantième de la valeur locative de tous les locaux qu'ils occupent, mais seulement dans les communes de 20,000 ames et au dessus. — V. PATENTE.

## ÉPIS.

1. — On donne ce nom à des jetées établies dans des cours d'eau et attachées par une de leurs extrémités au rivage : l'objet de ces ouvrages est de défendre la rive contre l'action du courant qui la détériore et de le diriger sur d'autres points.

2. — Lorsqu'une rivière se divise en plusieurs bras, les épis peuvent encore servir à diriger l'eau des bras non navigables dans le bras principal, afin de le rendre plus propre à la navigation.

3. — Selon M. Julien, ingénieur des ponts et chaussées (*Annales des ponts et chaussées*, t. 19, p. 27), si par suite de l'établissement d'un épi destiné à favoriser le service de la navigation, un fleuve attaque une de ses rives qu'il avait respectée jusqu'alors et la dégrade en élargissant son lit, le propriétaire lésé peut réclamer une indemnité qui est fixée administrativement. — V. aussi dans le même ouvrage (t. 19, p. 127) l'opinion de M. l'ingénieur Léon. — Chardin, *Du droit d'alluvion*, n° 140.

4. — Toutefois, la jurisprudence du conseil d'état ne semble pas permettre aux riverains d'espérer cette indemnité, car, dans toutes les demandes analogues, il a presque constamment repoussé la prétention des propriétaires prétendus lésés, en se fondant sur ce qu'aucune loi n'impose à l'état l'obligation de réparer les dommages indirectement causés par les travaux qu'il effectue pour le service public. — V. notamment *Cons. d'état*, 5 déc. 1837, Coulon.

V. au surplus TRAVAUX PUBLICS.

# EPIZOOTIE.

*Table alphabétique.*

**ÉPIZOOTIE. — 1.** — Le mot *épizootie* s'entend dans un sens générique des maladies contagieuses qui attaquent les animaux, quels qu'ils soient; mais la législation s'en est occupée principalement dans l'intérêt de la conservation des bêtes à cornes. — Merlin, *Rép.*, v° *Épizootie*, n° 1er.

**2.** — Cette matière est régie en partie par des réglemens spéciaux antérieurs au Code pénal et dont ce Code a maintenu l'applicabilité, et en partie par quelques dispositions soit du Code pénal lui-même, soit du Code rural de 1791. Il existe aussi quelques ordonnances de police dont l'application est limitée au ressort de la préfecture de police. Nous ferons connaître successivement les dispositions qui dérivent de ces différentes sources.

**3.** — Merlin (*Rép.*, v° *Épizootie*, n° 1er) indique deux arrêts du conseil du roi des 10 avr. et 16 sept. 1714 comme étant les deux plus anciens documens qu'offre notre droit sur la matière. Ces arrêts furent rendus pour combattre les effets d'une épizootie qui sévit dans plusieurs parties de la France au commencement du seizième siècle.

**4.** — Le premier de ces arrêts prescrit seulement d'enterrer à trois pieds de profondeur les animaux qui ont succombé à la contagion, et il fait défense expresse d'en prendre ni enlever les peaux.

**5.** — Le second défend d'exposer en vente, dans les foires ou marchés, des bestiaux des pays infectés. — Merlin, *loc. cit.*

**6.** — L'ordonnance du 6 janv. 1739 prescrivit plusieurs mesures pour garantir les provinces frontières de la France de ce fléau, qui ravageait alors la Hongrie. Grace à ces mesures, la maladie ne pénétra pas dans le royaume. — Merlin, *loc. cit.*

**7.** — Un arrêt du parlement du 24 mars 1745 enjoignait aux propriétaires de bestiaux malades de le déclarer incontinent, à peine de 100 liv. d'amende contre chaque contrevenant. Les officiers du roi ou ses seigneurs, chacun dans son territoire, étaient tenus de prendre les déclarations exactes des bêtes infectées, de les faire visiter et d'exiger leur séparation, soit dans les étables, soit dans les pâturages, à peine de punition corporelle. — Chauveau et Hélie, *Th. du Code pén.*, t. 8, p. 206 et suiv. — V. aussi de Chabrol-Chaméane, *Dict. gén. des lois pén.*, v° *Épizootie.*

**8.** — Merlin (*loc. cit.*) signale également un autre arrêt du conseil du 13 mai 1746.

**9.** — Le 19 juill. 1746 fut rendu un nouvel arrêt du conseil plus détaillé dans ses prescriptions que ceux qui l'avaient précédé. Nous allons rappeler les termes de ses principales dispositions, rapportées au *Dict. gén. des lois pén.* de M. de Chabrol-Chaméane (*loc. cit.*).

**10.** — Tous propriétaires de bêtes à cornes habitant dans les villes ou paroisses de la campagne, dont les bestiaux seront malades ou soupçonnés de maladie, seront tenus d'en avertir dans le moment le principal officier de police de la ville ou le syndic de la paroisse dans laquelle ils habiteront, sous peine de 100 liv. d'amende, à l'effet par ledit officier de police ou par ledit syndic de faire marquer en sa présence lesdits bestiaux malades ou soupçonnés, avec un fer chaud, d'une marque portant la lettre M, et de constater que lesdites bêtes malades ou soupçonnées de maladie ont été séparées des bestiaux sains et enfermées dans des endroits où elles ne puissent communiquer avec lesdits bestiaux sains de la même ville ou paroisse. — Art. 1er.

**11.** — Ne pourront lesdits propriétaires, sous quelque prétexte que ce soit, faire conduire dans les pâturages ni aux abreuvoirs lesdits bestiaux attaqués ou soupçonnés de maladie, et seront tenus de les nourrir dans les lieux où ils auront été renfermés, sous la même peine de cent livres d'amende. — Art. 2.

**12.** — Les syndics des paroisses dans lesquelles il y aura des bestiaux malades ou soupçonnés de maladie, seront tenus, sous peine de cinquante livres d'amende, d'en avertir, dans le jour, le subdélégué du département, et de lui déclarer le nombre des bestiaux qui seront malades ou soupçonnés, et qu'ils auront fait marquer des noms des propriétaires auxquels ils appartiennent, et s'ils en ont été avertis par lesdits propriétaires ou par d'autres particuliers de ladite paroisse. Au dernier cas, le tiers des amendes qui seront prononcées contre lesdits propriétaires, faute de dénonciations, appartiendra à ceux qui auront donné le premier avis, soit au principal officier de police dans les villes, soit aux syndics de paroisses dans la campagne. — Art. 3.

**13.** — Le subdélégué, conformément aux ordres et instructions qu'il aura reçus du surintendant de la province, se rendra, la main, non seulement pour empêcher que tous les bestiaux, soit malades, soit soupçonnés, soit sains, du lieu où la maladie se sera manifestée, n'aient aucune communication avec ceux des villes ou paroisses voisines. — Art. 4.

**14.** — Inhibitions et défenses sont faites aux habitans des villes ou des paroisses de campagne dans lesquelles la maladie se sera manifestée, de vendre aucun bœuf, vache ou veau, et à tous particuliers des autres paroisses ou étrangers d'en acheter sous peine de cent livres d'amende, tant contre le vendeur que contre l'acheteur, chacun quitte de bétail vendu ou acheté en contravention de la présente disposition, sans préjudice néanmoins de ce qui sera réglé par l'art. 8 ci-après. — Art. 5.

**15.** — Défenses sont pareillement faites à tous particuliers, soit propriétaires de bêtes à corne ou autres, de conduire aucuns des bestiaux sains ou malades, des villes ou paroisses de la campagne où la maladie se sera manifestée, dans aucunes foires ou marchés, et ce sous peine de cinq cents livres d'amende par chaque contravention; de laquelle amende, les propriétaires desdits bestiaux qui pourront se servir d'étrangers pour les conduire auxdites foires et marchés, seront responsables en leur propre et privé nom. — Art. 6.

**16.** — Il est permis à tous particuliers qui rencontreront, soit dans les pâturages publics, soit aux abreuvoirs, soit sur les grands chemins, soit aux foires ou marchés, des bêtes à corne marquées de la lettre M, de les conduire devant le plus proche juge royal ou seigneurial, lequel les fera tuer sur-le-champ en sa présence. — Art. 7.

**17.** — Pourront néanmoins les propriétaires de bêtes à corne, qui auront des bestiaux sains et non soupçonnés de maladie, dans un lieu où quelques uns des bestiaux auront été attaqués, vendre lesdits bestiaux sains et non soupçonnés de maladie, aux bouchers qui voudront les acheter, mais à la charge qu'ils seront tués dans les vingt-quatre heures de la vente, sans que lesdits bouchers puissent, sous aucun prétexte, les garder plus long-temps, à peine tant contre lesdits propriétaires que contre lesdits bouchers, de deux cents livres pour chacune contravention, pour raison de laquelle amende lesdits propriétaires et lesdits bouchers seront solidaires. — Art. 8.

**18.** — Si aucuns des officiers de police des villes et des syndics des paroisses de la campagne, dans le cas où il leur est enjoint par le présent décret de donner des certificats, en donnaient de contraires à la vérité, ils seront condamnés à mille livres d'amende, même poursuivis extraordinairement pour l'instruction faite, être prononcé contre eux telle peine afflictive ou infamante qu'il appartiendra. — Art. 14.

**19.** — Dans le cas où les amendes prononcées par le présent arrêté seront encourues, les délinquans seront contraignables par corps au paiement desdites amendes, et tiendront prison jusqu'au parfait paiement d'icelles. — Art. 15.

**20.** — Nouveaux arrêts du conseil des 18 déc. 1774 et 30 janv. 1775. — Le premier de ces arrêts, entr'autres dispositions, que toutes les villes, bourgs ou villages voisins de ceux où la contagion est établie soient visités par les artistes vétérinaires, les maréchaux ou autres experts à ce commis par les intendans de province. — Art. 1er. — Merlin, *loc. cit.*

**21.** — .. Que, dans le cas où quelques animaux se trouveraient attaqués de la maladie contagieuse annoncée par des symptômes non équivoques, il en soit dressé procès-verbaux par experts. — Art. 2.

**22.** — .. Que les commissaires départis dans les provinces fassent payer à chaque propriétaire le tiers de la valeur qu'auraient eue, s'ils eussent été sains, les animaux qui auront été sacrifiés, et ce sur l'estimation faite par les experts à la suite de leurs procès-verbaux. — Art. 4.

**23.** — L'arrêt du 30 janv. 1775, rendu six semaines après le précédent, ordonne qu'aussitôt après la confection des procès-verbaux des experts toutes les bêtes qui seraient reconnues malades soient tuées et enterrées, et que les cuirs des animaux assommés soient taillades de manière qu'on n'en puisse faire aucun usage ; il fait les plus expresses défenses à toutes personnes de conserver aucun cuir suspect, d'en transporter, vendre ou acheter. — Merlin, *loc. cit.*

**24.** — Arr. 7 avr. 1780. — La maladie ayant exercé des ravages en l'année 1780 dans les environs de Hambourg, un arrêt du conseil du 7 avril de la dite année défendit à tous les capitaines de navire, négocians ou autres, d'introduire dans le royaume aucun cuir, soit en vert el en poil, soit préparé, venant des ports de la mer Baltique ou de la Hollande, à peine de confiscation, tant des cuirs que des bâtimens qui en seraient chargés et de dix mille livres d'amende contre les contrevenans. — Merlin, *loc. cit.*

**25.** — Arr. 11 mai 1780. — L'arrêt du conseil du 11 mai suivant interdit encore l'entrée en France des cuirs, cornes, et généralement de tout ce qui appartenait aux bêtes à cornes, à l'exception des cuirs secs et en poil de l'Amérique espagnole venant de Cadix.

**26.** — Ces deux derniers arrêts n'ont plus qu'un intérêt historique.

**27.** — Arr. 16 juill. 1784. — L'arrêt du conseil du 16 juill. 1784; l'un des plus importans qui aient été rendus sur la matière, porte par son article 1er à cinq cents livres l'amende que celui du 19 juill. 1746 avait fixée à cent livres pour le défaut de déclaration par les propriétaires de la maladie dont leurs animaux seraient atteints ou soupçonnés. — V. de Chabrol-Chaméane, *loc. cit.*

**28.** — Aux termes de l'art. 4, défenses sont faites à tous maréchaux, bergers et autres de traiter aucun animal attaqué de la maladie contagieuse ou pestilentielle sans en avoir fait la déclaration aux officiers municipaux ou syndics de leur résidence, lesquels en rendront compte sur-le-champ au subdélégué qui fera appliquer sans délai sur le front de la bête malade un cachet en cire verte portant ces mots *animal suspect*, pour , dès cet instant, être les chevaux ou autres animaux qui seront ainsi marqués conduits et enfermés dans

des lieux séparés et isolés; pareilles défenses sont faites à toutes personnes de les laisser communiquer avec d'autres animaux, ni de les laisser vaguer dans les pâturages communs; le tout sous la même peine d'amende.

29. — L'art. 5 dispose que les chevaux qui auront été attaqués de la morve et les bestiaux dont la maladie contagieuse aurait été reconnue incurable par les experts seront abattus sans délai, ensuite ouverts par les experts, lesquels appelleront à l'abattage et ouverture desdits animaux un officier municipal, qui en dressera procès-verbal, et que ce procès-verbal contiendra en détail le genre et le caractère de la maladie de l'animal et les précautions pour éviter la contagion.

30. — Quant à l'art. 6, il porte que les chevaux et bestiaux morts et abattus pour cause de morve ou de toute autre maladie contagieuse pestilentielle seront enterrés (chairs et ossemens) dans des fosses de dix pieds de profondeur, qui ne pourront être ouvertes plus près de cent toises de toute habitation, que les peaux en seront tailladées; que les écuries dans lesquelles auront séjourné des chevaux morveux, ainsi que les étables et bergeries qui auront servi aux animaux attaqués de maladies contagieuses, seront, à la diligence des officiers municipaux et experts, aérées et purifiées, que lesdits lieux ne pourront être occupés par aucuns autres animaux que lorsqu'ils auront été purifiés et qu'il se sera écoulé un temps suffisant pour en ôter l'infection; que les équipages, harnais, colliers, seront brûlés ou échaudés, conformément à ce qui aura été prescrit par le procès-verbal d'abattage qui aura été dressé, et dont sera laissé copie, pour, par les propriétaires ou autres, s'y conformer, ainsi qu'à toutes les précautions qui auront été indiquées par les experts, à l'effet d'éviter la contagion; le tout sous la même peine de cinq cents livres d'amende.

31. — Enfin, suivant l'art. 9, les équarisseurs ne peuvent, sous peine d'être déchus de leur commission, d'amende ou de telle autre peine qu'il appartiendra, vendre et débiter aucune viande qui proviendra des chevaux qui, suivant l'art. 5, auront été abattus pour être enterrés. — Art. 9. — Trébuchet, *loc. cit.*

32. — Les autres dispositions de l'arrêt de 1784 ne sont guère qu'une reproduction de celles de l'arrêt du 19 juill. 1746 que nous avons rapportées ci-dessus.

33. — Les dispositions réglementaires contenues dans les anciens arrêts qui viennent d'être rapportés ont été résumées en grande partie dans une lettre du ministre de l'intérieur du 23 messid. an V adressée aux administrations départementales sur l'exécution des mesures destinées à prévenir la contagion des maladies épizootiques et dont un arrêté du directoire exécutif du 27 messid. suivant a ordonné, en l'approuvant, l'insertion au *Bulletin des lois*.

34. — Il est important de rapporter le texte de cette lettre, qui est ainsi conçue : « Il règne sur les bêtes à cornes des départemens du nord et de l'est une épidémie meurtrière qui s'est annoncée d'abord par des symptômes peu alarmans. Je n'en ai pas été plutôt instruit, que j'ai envoyé de Paris des artistes vétérinaires éclairés pour en prendre connaissance. Des instructions rédigées par eux sur les lieux et à leur retour ont été publiées et répandues dans tous les pays qu'ils avaient parcourus. La maladie a paru se ralentir pendant quelque temps; mais elle reprend avec plus de force. La rapidité de ses progrès et le nombre effrayant des animaux qu'elle tue ne permettent plus de douter qu'elle ne soit contagieuse au plus haut degré. Cet objet étant de la plus haute importance et les moyens de police étant les seuls capables d'empêcher la communication, j'ai cru qu'il était de mon devoir de rappeler l'esprit des lois et réglemens rendus en pareilles circonstances et qui n'ont pas été abrogés. Je n'ai eu qu'à concilier les dispositions de ces lois avec l'ordre constitutionnel. J'y ajouterai une courte instruction sur la manière reconnue comme la plus propre à prévenir cette maladie et à la guérir dans les animaux affectés. »

35. — Mesures de police pour arrêter la communication :

§ 1er. « Tout propriétaire ou détenteur de bêtes à cornes, à quelque titre que ce soit, qui aura une ou plusieurs bêtes malades ou suspectes sera obligé, sous peine de 500 francs d'amende, d'en avertir sur-le-champ l'agent de sa commune, qui les fera visiter par l'expert le plus prochain ou par celui qui aura été désigné par le département ou le canton. » — Arrêt du parlement du 24 mars 1745; arrêt du conseil du 19 juill. 1746, art. 3; autre du 16 juill. 1784, art. 1er.

36. — § 2. « Lorsque, d'après le rapport de l'expert, il sera constaté qu'une ou plusieurs bêtes seront malades, l'agent veillera à ce que ces animaux soient séparés des autres et ne communiquent avec aucun animal de la commune. Les propriétaires, sous quelque prétexte que ce soit, ne pourront les faire conduire dans les pâturages ni aux abreuvoirs communs, et ils seront tenus de les nourrir dans des lieux renfermés, sous peine de 100 francs d'amende. » — Arrêt du conseil du 19 juill. 1746, art. 2.

37. — § 3. « L'agent en informera dans le jour le commissaire du directoire exécutif du canton, auquel il indiquera le nom du propriétaire et le nombre des bêtes malades. Le commissaire du directoire exécutif fera part du tout à l'administration centrale du département. » — Arrêt du conseil du 19 juill. 1746.

38. — § 4. « Aussitôt qu'il sera prouvé à l'agent que l'épizootie existe dans une commune, il en instruira tous les propriétaires de bestiaux de ladite commune par une affiche posée aux lieux où se placent les actes de l'autorité publique, laquelle affiche enjoindra aux susdits propriétaires de déclarer à l'agent le nombre des bêtes à cornes qu'ils possèdent, avec désignation d'âge, de taille, de poil, etc. Copie de ces déclarations sera envoyée au commissaire du directoire exécutif près l'administration municipale du canton et par celui ci à l'administration centrale du département. » — Arrêt du conseil du 19 juill. 1746, art. 4.

39. — § 5. « En même temps, l'agent municipal fera marquer sous ses yeux toutes les bêtes à cornes de sa commune avec un fer chaud représentant la lettre M. Quand l'administration centrale du département sera assurée que l'épizootie n'a plus lieu dans son ressort, elle ordonnera une contremarque telle qu'elle le jugera à propos, afin que les bêtes puissent aller et être vendues partout sans qu'on ait rien à craindre. » — Arrêt du conseil du 19 juill. 1846, et arrêt du conseil du 16 juill. 1784.

40. — § 6. « Afin d'éviter toute communication des bestiaux des pays infectés avec ceux de pays qui ne le sont pas, il sera fait de temps en temps des visites chez les propriétaires de bestiaux dans les communes infectées pour s'assurer qu'aucun animal n'en a été distrait. » — Arrêt du 24 mars 1745, art. 1er.

41. — § 7. « Si, au mépris des dispositions précédentes, quelqu'un se permet de vendre et d'acheter aucune bête marquée dans un pays infecté, pour la conduire dans un marché ou dans une foire, ou même chez un particulier de pays non infecté, il sera puni de cinq cents francs d'amende. Les propriétaires de bêtes qui les feront conduire par leurs domestiques ou autres personnes dans les marchés ou foires, ou chez des particuliers de pays non infectés, seront responsables du fait de ces conducteurs. » — Art. 5 et 6 de l'arrêt du conseil du 19 juill. 1746.

42. — § 8. « Il est enjoint à tout fonctionnaire public, qui trouvera sur les chemins, ou dans les foires ou marchés, des bêtes à cornes marquées de la lettre M, de les conduire devant le juge de paix, lequel les fera tuer sur-le-champ en sa présence. » — Art. 7 de l'arrêt du Conseil du 19 juill. 1746.

43. — § 9. « Pourront néanmoins, les propriétaires de bêtes saines en pays infecté en faire tuer chez eux ou en vendre aux bouchers de leurs communes, mais aux conditions suivantes : 1° il faudra que l'expert ait constaté que ces bêtes ne sont pas malades; 2° le boucher n'entrera pas dans l'étable; 3° le boucher tuera les bêtes dans les vingt-quatre heures; 4° le propriétaire ne pourra s'en dessaisir et le boucher les tuer, qu'ils n'en aient la permission par écrit de l'agent, qui en fera mention sur son état. Toute contravention à cet égard sera punie de deux cents francs d'amende, le propriétaire et le boucher demeurant solidaires. » — Art. 8 de l'arrêt du conseil du 19 juill. 1746.

44. — § 10. « Il est ordonné de tenir dans les lieux infectés tous les chiens à l'attache et de tuer tous ceux qu'on trouverait divaguant. » — L. 19 juill. 1791.

45. — § 11. « Tout fonctionnaire public qui donnera des certificats et attestations contraires à la vérité, sera condamné en mille francs d'amende, même poursuivi extraordinairement. » — Art. 14 de l'arrêt du 24 mars 1745.

46. — § 12. « Dans tous les cas où les amendes pour des objets relatifs à l'épizootie seront appliquées, aucun juge ne pourra les remettre ni les modérer; les jugemens qui interviendront en conséquence seront exécutés par provision, et les délinquans, au surplus, soumis aux lois de la police correctionnelle. » — Art. 7 et 8 de l'arrêt du parlement de 1745; art. 15 de celui du conseil de 1746, et art. 12 de celui de 1784.

47. — § 13. « Aussitôt qu'une bête sera morte, au lieu de la traîner, on la transportera à l'endroit où elle doit être enterrée, qui sera, autant que possible, au moins à cinquante toises des habitations : on la jettera seule dans une fosse de huit pieds de profondeur, avec toute sa peau tailladée en plusieurs parties, et on la recouvrira de toute la terre sortie de la fosse. Dans le cas où le propriétaire n'aurait pas la facilité d'en faire le transport, l'agent municipal en requerra un autre et même les manouvriers nécessaires, à peine de cinquante francs d'amende contre les refusans. Dans les lieux où il y a des chevaux, on préférera faire traîner par eux les voitures chargées de bêtes mortes, lesquelles voitures seront lavées à l'eau chaude après le transport. Il est défendu de les jeter dans les bois, dans les rivières ou à la voirie, et de les enterrer dans les étables, cours et jardins, sous peine de trois cents francs d'amende et de tous dommages-intérêts. » — Art. 5 de l'arrêt du parlement de 1745, et art. 6 de celui du conseil de 1784.

48. — § 14. « Enfin les corps administratifs, conformément au décret du 28 sept. et 6 oct. 1791, emploieront tous les moyens de prévenir et d'arrêter l'épizootie; et, en conséquence, le gouvernement compte sur leur zèle pour faire faire des patrouilles, mettre la plus grande célérité dans l'exécution des lois, et ne rien épargner, soit pour préserver leur pays de la contagion, soit pour en arrêter les progrès. Lorsque l'épizootie sera déclarée dans leur ressort, ils sont chargés d'en informer les administrations des départemens voisins, et je leur recommande très expressément de m'en faire part sur-le-champ, ainsi que des progrès que pourra faire la maladie. »

49. — « Ce n'est qu'en suivant avec une rigueur très scrupuleuse les mesures que j'ai indiquées, dit en terminant la circulaire ministérielle, qu'il sera possible de prévenir, dans la plupart des départemens, et d'arrêter dans ceux qui sont infectés, les effets d'une contagion ruineuse pour l'agriculture en général et pour les propriétaires. » La circulaire du ministre se termine par une instruction sur le caractère, les causes et le traitement de la maladie et sur la désinfection des étables. — V. Duvergier, *Coll. lois*, à sa date.

50. — L'arrêté que nous venons de rapporter diffère, comme on le voit, du réglement de 1784 en ce qu'il exige que les bêtes mortes soient enfouies à cinquante toises seulement des habitations et à huit pieds seulement de profondeur.

51. — Il faut rapprocher des dispositions qui précèdent la loi du 3 mars 1822 sur la police sanitaire, qui permet, par son art. 5, de tuer ou d'enfouir les animaux susceptibles de transmettre la contagion en France, sans être obligé d'en rembourser la valeur. Cette loi s'est proposé de remplir une lacune du Code pénal en disposant sur la contagion qui frapperait l'espèce humaine. — Carnot, *Code pénal*, sur l'art. 459.

52. — Cette loi prévoit un grand nombre d'infractions au réglement sur la police sanitaire en général, et si ces réglemens étaient violés spécialement par l'introduction sur le sol français d'animaux infectés d'une maladie contagieuse, il y aurait lieu, selon les divers cas, d'appliquer les peines sévères qu'elle prononce dans l'intérêt de la salubrité et de la sûreté publiques. — V. POLICE SANITAIRE.

53. — Les diverses dispositions ci-dessus rappelées sont encore exécutoires aujourd'hui; l'arrêt du conseil du 16 juill. 1784 a été promulgué de nouveau dans les départemens avec l'arrêté du 27 messid. an V, en vertu d'un autre arrêté du gouvernement du 17 vendém. an XI. En outre, l'art. 461, C. pén., a formellement maintenu l'exécution des lois et *réglemens* relatifs aux maladies épizootiques, *et l'application des peines y portées.*

54. — Quant au Code pénal, il s'est borné, par ses art. 459, 460, 461, à édicter des peines contre deux des plus graves infractions, mais en laissant subsister à l'égard des autres les dispositions répressives dont elles avaient fait l'objet, et qu'il n'a pas spécialement prévues.

55. — C'est ce que prouve au surplus l'exposé des motifs relatifs aux dispositions spéciales contenues sur la matière dans les art. 459, 460, 461.

56. — « Le Code, disait M. Faure, s'est enfin occupé des précautions qui ont pour objet de prévenir les maladies épizootiques. Les lois et réglemens qui concernent ces maladies sont une branche particulière de la législation à laquelle le Code n'a pas entendu porter atteinte. Il se borne à quelques mesures générales applicables à tous les temps et à tous les lieux. Une personne a-t-elle en sa possession des animaux ou bestiaux infectés de maladie contagieuse ou soupçonnés de l'être, elle doit avertir sur-le-champ le maire de la commune

où ils se trouvent, et sans attendre que le maire ait répondu, les tenir enfermés; autrement, dans l'intervalle qui s'écoulerait entre l'avertissement et la réponse, la communication libre qu'on leur laisserait pourrait occasionner une contagion parmi les autres animaux, première précaution ordonnée sous peine d'un emprisonnement et d'une amende. Si l'administration trouve que ces animaux ne sont affectés d'aucune maladie contagieuse, et que dès lors nul danger ne s'oppose à ce qu'on les laisse communiquer avec d'autres, le possesseur peut, après la décision administrative, leur rendre la liberté; il doit, au contraire, se l'interdire strictement, lorsque la décision est prohibitive; deuxième précaution, dont on ne peut s'écarter sans encourir un emprisonnement plus long et une amende plus forte que dans le premier cas, si, pour n'avoir pas respecté la prohibition, une contagion était survenue. Le Code ne pourrait s'étendre davantage en cette partie sans se livrer à une multitude de détails extrêmement fastidieux et qui appartiennent à la classe des dispositions réglementaires. » — Chauveau et Hélie, t. 8, p. 208.

57. — Aussi, le gouvernement n'a-t-il pas hésité à faire application de ces réglemens depuis la promulgation du Code pénal, lorsque les circonstances l'ont exigé, notamment lorsqu'en 1815 plusieurs parties de la France furent désolées par une invasion du fléau. L'ordonnance royale du 27 janv. de ladite année porte (art. 1er) : «Dans tous les lieux où a pénétré l'épizootie et dans ceux où elle pénétrera par la suite, les préfets continueront de faire exécuter strictement les dispositions des arrêts des 10 avr. 1714, 24 mars 1745, 19 juill. 1746, 18 déc. 1774, 30 janv. 1775 et 16 juill. 1784 et de l'arrêté du directoire exécutif du 27 messid. an V concernant les épizooties. (Art. 2.) Sur la demande des autorités administratives, les gardes nationales, la gendarmerie, les gardes champêtres, et au besoin les troupes de ligne, seront employés pour assurer l'exécution des dispositions rappelées ou indiquées dans le précédent article, et notamment pour former des cordons et empêcher la communication des animaux suspects avec les animaux sains (Art. 3.) « Dans les départemens où la maladie n'a pas encore pénétré, les préfets ordonneront la visite des étables aussi souvent qu'ils le jugeront utile; ils exerceront une surveillance active et feront les dispositions nécessaires pour que l'on puisse exécuter sur-le-champ, et partout où besoin sera, toutes les mesures propres à arrêter les progrès de l'épizootie, si elle venait à se manifester (Art. 4). A la première apparition des symptômes de contagion dans une commune, il y sera envoyé des vétérinaires chargés de visiter les bestiaux et de reconnaître ceux qui doivent être abattus aux termes des réglemens cités en l'art. 1er. L'abattage aura lieu sans lieu délai sur l'ordre des maires ou des commissaires délégués par les préfets. »

58. — Et dès avant le Code pénal, la cour de Cassation avait jugé que les dispositions de l'arrêt du conseil du 16 juill. 1784, maintenues et déclarées exécutoires par l'arrêté du 27 messid. an V, forment avec cet arrêté un réglement de haute police sur les épizooties, obligatoire pour toute la France. — *Cass.*, 18 nov. 1808, Dussaut, Seyssac et Castaing. — V. Carnot, sur l'art. 461, C. pén., t. 2, p. 523.

59. — Le Code pénal (art. 459) dispose ainsi qu'il suit. Tout détenteur ou gardien d'animaux ou de bestiaux soupçonnés d'être infectés de maladie contagieuse qui n'aura pas averti sur-le-champ le maire de la commune où ils se trouvent, et qui même, avant que le maire ait répondu à l'avertissement, ne les aura pas tenus renfermés, sera puni d'un emprisonnement de six jours à deux mois et d'une amende de 16 fr. à 200 fr.

60. — Il n'est pas nécessaire, pour qu'il y ait lieu d'appliquer l'art. 459, qu'une maladie épizootique règne dans le pays. Il suffit qu'une seule bête soit atteinte de la maladie. Cette disposition a, en effet, autant pour but de prévenir l'invasion du fléau que d'en arrêter les effets. Tel était aussi l'esprit des anciens arrêts du conseil. — Chauveau et Hélie, *loc. cit.*

61. — Et il avait été jugé avant le Code pénal que les dispositions du réglement du 16 juill. 1784, qui tendent à prévenir la contagion, sont distinctes de celles qui ordonnent des mesures pour arrêter la contagion déclarée, et peuvent être appliquées à un propriétaire, à un commissionnaire et à un boucher, tous trois convaincus d'avoir coopéré à la vente d'un bœuf atteint d'un pareil mal, quoiqu'il ne régnât aucune maladie épizootique dans les cantons et les lieux environnans. — *Cass.*, 18 nov. 1808, Dussaut, Seyssac et Castaing. — V. sur cet arrêt Merlin, *Rép.*, v° *Epizootie*, n° 2.



62. — D'un autre côté, il ne suffit pas, pour que le délit prévu par l'art. 459 existe, qu'il y ait maladie : car, ainsi que le disent MM. Chauveau et Hélie (*loc. cit.*), ce n'est pas la maladie, mais la contagion qui est l'objet des précautions de la loi; il faut donc qu'il y ait des soupçons que la maladie est contagieuse, et ce sont ces soupçons qui font naître la double obligation que la loi impose aux propriétaires des animaux.

63. — Du reste, le délit puni par l'art. 459 se compose de deux élémens. Le défaut d'avertissement au maire n'est pas un élément suffisant du délit, il faut encore que les animaux soupçonnés d'infection n'aient pas été enfermés. C'est la réunion de ces deux circonstances que l'art. 459 punit. — Chauveau et Hélie, t. 8, p. 211.

64. — Art. 460. — Seront également punis d'un emprisonnement de deux mois à six mois et d'une amende de 100 fr. à 500 fr., ceux qui, au mépris des défenses de l'administration, auront laissé leurs animaux ou bestiaux infectés communiquer avec d'autres.

65. — « Dans l'hypothèse de cet article, disent MM. Chauveau et Hélie (p. 212), deux élémens forment le délit : la défense faite par l'administration de laisser communiquer et la communication faite au mépris de cette défense; si la communication de la contagion avait eu lieu avant la défense de l'administration, l'art. 460 ne serait plus applicable, mais si la communication provenait de ce que les animaux n'ont pas été enfermés, on rentrerait dans les termes de l'art. 459. Du reste, le délit prévu par l'art. 460 est plus grave que le premier : l'infraction peut avoir de plus funestes conséquences, les peines sont plus fortes. » — Carnot, sur l'art. 460, n° 2.

66. — L'art. 461 prévoit un cas où la faute s'aggrave par ses conséquences, et le législateur pense que le prévenu doit porter la peine du mal qui est résulté de sa négligence et de sa mauvaise volonté. — Chauveau et Hélie, t. 8, p. 213.

67. — En conséquence, cet article dispose que si de la communication mentionnée à l'art. 460 il est résulté une contagion parmi les autres animaux, ceux qui auront contrevenu aux défenses de l'autorité administrative seront punis d'un emprisonnement de deux ans à cinq ans et d'une amende de 100 fr. à 1,000 fr., *le tout sans préjudice de l'exécution des lois et réglemens relatifs aux maladies épizootiques et de l'application des peines y portées.*

68. — Il a été jugé que les délits commis par les détenteurs d'animaux infectés de maladies contagieuses étant régis par les art. 459 et 460, C. pén., ne peuvent plus l'être par l'arrêt du conseil du 16 juill. 1784. — *Bordeaux*, 19 août 1835, Fonteyrau. — V. avis du conseil d'état du 8 fév. 1812.

69. — ...Et que ces dispositions du Code pénal s'appliquent à la vente faite sciemment d'un cheval infecté ou soupçonné d'être infecté d'une maladie contagieuse, aussi bien qu'au défaut de déclaration à l'autorité municipale. — Même arrêt.

70. — Il importe, néanmoins, de remarquer, sur cet arrêt, qu'il faut, pour constituer ce délit, qu'il y ait eu communication de l'animal malade avec d'autres; cette dernière circonstance étant indispensable, le fait de la vente devient indifférent, puisque, lorsqu'il y a eu communication, il importe peu que ce soit par ce moyen ou par tout autre.

71. — De ce que l'art. 461 porte que la peine qu'il édicte aura lieu *sans préjudice* des lois et réglemens relatifs aux maladies épizootiques, et de l'application des peines y portées, quelques uns ont conclu qu'il avait été dans l'intention des rédacteurs du Code pénal d'établir *un cumul entre les peines* de ce Code et celles prévues par les arrêts du conseil. On peut toutefois répondre que l'exposé des motifs ne dit rien qui puisse mener à cette conséquence. Les mots *sans préjudice*, etc., ne s'expliquent-ils pas suffisamment, par le désir qu'on avait de faire comprendre que l'ancienne législation prise en masse n'était pas abrogée, sans qu'on doive nécessairement attribuer au législateur la volonté de créer un cumul de peines?

72. — Le Code rural du 28 sept.-6 oct. 1791 contient une incrimination distincte de toutes celles qui viennent d'être passées en revue et qu'aucune disposition postérieure n'a abrogée. L'art. 23 de son tit. 2 porte : « Un troupeau atteint de maladie contagieuse, qui sera rencontré au pâturage sur les terres du parcours ou de la vaine pâture autres que celles qui auront été désignées pour lui seul, pourra être saisi par les gardes champêtres, et même par toute personne; il sera ensuite mené au lieu du dépôt qui sera indiqué à cet effet par la municipalité. Le maître de ce troupeau sera condamné à une amende de la valeur d'une journée de travail par tête de bêtes à laine,



et à une amende triple par tête d'autre bétail. Il pourra, en outre, suivant la gravité des circonstances, être responsable du dommage que son troupeau aurait occasionné, sans que cette responsabilité puisse s'étendre au-delà des limites de la municipalité. A plus forte raison cette amende et cette responsabilité auront lieu si ce troupeau a été saisi sur les terres qui ne sont pas sujettes au parcours ou à la vaine pâture. » — V. ANIMAUX, nos 23 et suiv., DÉLIT RURAL, n° 54.

73. — Le pouvoir municipal ou administratif n'est pas seulement investi du pouvoir que lui confèrent spécialement les réglemens sur la matière de prendre certaines mesures déterminées pour prévenir la contagion ou en diminuer les effets; il a, en outre, reçu de la loi du 16-24 août 1790, tit. 2, art. 3, n° 5, le droit de prendre en général toutes celles qui paraîtraient nécessaires pour atteindre l'un de ces deux buts.

74. — Jugé, en ce sens, que l'autorité municipale peut, dans l'absence même d'un fait constaté de maladie, et sur de simples appréhensions qui lui paraissent exiger des mesures préventives, prendre des arrêtés pour prévenir les fléaux calamiteux, et spécialement les *épizooties*, sauf le recours de tout individu qui se croirait lésé à l'autorité administrative supérieure. — *Cass.*, 1er fév. 1822, Dejames.

75. — Cette compétence a été confirmée par le Code rural de 1791, tit. 1er, sect. 4e, art. 20.

76. — A Paris et dans les communes du ressort de la préfecture de police, c'est le préfet de police qui est chargé de prendre des mesures pour prévenir et arrêter les maladies contagieuses des animaux. — Arrêtés du gouvernement des 12 messid. an VIII et 3 brum. an IX; — Trébuchet, v° *Epizootie*, t. 2, p. 78. — Aussi existe-t-il sur cette matière des ordonnances de police rendues par les divers préfets de police qui se sont succédé, ordonnances qu'il importe de faire connaître.

77. — Ord. 16 vendém. an X. — Le 16 vendém. an X le préfet de police de cette époque a rendu une ordonnance sur le claveau des moutons. Cette ordonnance s'exprime ainsi (V. Delessert, t. 1er, p. 108) :

78. — « Dans les communes rurales du département de la Seine et dans celles de Saint-Cloud, Sèvres et Meudon (département de Seine-et-Oise), les propriétaires ou dépositaires de moutons atteints de la clavelée sont tenus d'en faire sur-le-champ la déclaration aux maires de leurs communes respectives, et d'en indiquer exactement le nombre, à peine de 100 fr. d'amende. » — Art. 1er.

79. — « Pour s'assurer si les propriétaires ou dépositaires de moutons se sont conformés à l'article précédent, tous les troupeaux seront visités en présence du maire, par des experts nommés à cet effet. » — Art. 2.

80. — « Les troupeaux dans lesquels il y aura des animaux malades seront séparément cantonnés en plein air, ou dans des bergeries particulières, suivant les circonstances. Les lieux du cantonnement ou les bergeries seront indiqués par les maires, de concert avec les notables des communes et les propriétaires des troupeaux. » — Art. 3.

81. — « Il est expressément défendu de laisser vaguer les moutons malades dans les parcours et sur les routes, et de les laisser communiquer avec les moutons qui sont sains. » — Art. 4.

82. — « Les troupeaux de moutons atteints du claveau, qui seront concentrés au pâturage, sur les terres de parcours ou de vaine pâture, autres que celles destinées pour le cantonnement, pourront être saisis par les gardes champêtres et même par toutes autres personnes, et conduits dans l'endroit qui sera indiqué par le maire. » — Art. 5.

83. — « Il est défendu d'amener sur les marchés de Sceaux et de Poissy et à la foire Saint-Denis, des moutons atteints du claveau, à peine de 300 fr. d'amende. » — Art. 6.

84. — « Les moutons amenés sur les marchés de Sceaux et de Poissy et à la foire Saint-Denis, seront visités par des experts avant leur exposition en vente sur lesdits marchés. » — Art. 7.

85. — « Si, en contravention aux deux articles précédens, des moutons atteints du claveau sont amenés sur les marchés, ils seront traités dans des endroits particuliers, aux frais des propriétaires. » — Art. 8.

86. — « Les moutons qui pourront être soupçonnés atteints du claveau, soit pour avoir fait partie d'un troupeau infecté de cette maladie, soit pour avoir communiqué avec un troupeau malade, seront renvoyés dans les lieux d'où ils auront été amenés. » — Art. 9.

87. — « Lors du renvoi des moutons, les propriétaires ou conducteurs devront prendre toutes les précautions nécessaires pour les empêcher de communiquer avec les moutons sains, soit sur

les routes, soit dans les bergeries. » — Art. 10.

88. — « Les bergeries et autres lieux dans lesquels auront séjourné des troupeaux de moutons atteints du claveau, ne pourront servir qu'après avoir été désinfectés sous la surveillance des maires, d'après les procédés ci-après indiqués. » — Art. 11.

89. — « Les moutons morts du claveau seront enfouis dans le jour, avec leur peau et laine, à un mètre trente-quatre centimètres de profondeur (quatre pieds), hors de l'enceinte des communes, le tout aux frais des propriétaires. — Art. 12. »

90. — Cette ordonnance était suivie d'une instruction pour la désinfection des bergeries. Elle a été publiée de nouveau le 5 fructid. an XI. — Delessert, *Ord. de pol.*, t. 1er, p. 199.

91. — Ord. 26 mars 1816. — Le 26 mars 1816 le conseil de salubrité a publié une instruction sur les mesures que les nourrisseurs doivent prendre pour opérer la désinfection de leurs étables et pour préserver leur bestiaux d'épizootie. — Delessert, *Ord. de police*, t. 2, p. 32.

92. — Les mesures que prescrit cette instruction sont le lavage et brossage de l'intérieur des étables et de tous les ustensiles qu'elles renferment, le remplacement de la couche extérieure de la terre, les fumigations d'acide muriatique oxygéné ou d'acide nitrique et diverses précautions imposées aux personnes qui soignent les animaux soit quant à la surveillance, soit quant aux objets qui se trouvent en contact avec les bêtes malades ou soupçonnées.

93. — Ord. 1829, 1831 et 31 août 1842. — Il existait sur les chevaux ou autres animaux atteints de maladies contagieuses une ordonnance de 16 avr. 1825, laquelle a été remplacée par deux autres ordonnances des 1er juill. 1829 et 17 fév. 1831. — Elouin et Trébuchet, vo *Epizootie*, t. 2, p. 78 à la note.

94. — Ces deux dernières ordonnances ont elles-mêmes été rapportées, la première implicitement, la seconde expressément par celle du 31 août 1842, qui s'applique actuellement dans le ressort de la préfecture de police (Delessert, *Ord. de police*, t. 3, p. 551). L'ordonnance du 31 août 1842 a, du reste, pour objet les animaux vicieux comme ceux qui sont atteints de maladies contagieuses.

95. — L'art. 1er de cette ordonnance défend de vendre, d'exposer en vente, ou d'employer à un service public les animaux infectés ou soupçonnés. L'art. 2 prescrit de déclarer la maladie lorsqu'elle se manifeste, au commissaire de police à Paris, et au maire dans les autres communes.

96. — Les marchés et places sur lesquelles stationnent les voitures doivent être visités souvent par un artiste vétérinaire pour reconnaître les chevaux ou animaux atteints de maladies contagieuses, ou vicieux, ou hors d'état de faire le service public auquel ils sont employés. — Art. 3.

97. — Les animaux dont il est question dans l'article précédent doivent être mis en fourrière. Dans les communes où il n'y a pas de fourrière à cet effet, le maire désigne un endroit qui doit en servir. L'animal doit être visité par un vétérinaire en présence du propriétaire. Si l'animal est reconnu sain, il est rendu au propriétaire; dans le cas contraire, et si le propriétaire consent à ce que l'animal soit abattu, il doit être marqué d'un M faite au ciseau et d'une manière très apparente, dans le poil de la croupe, et conduit sans délai à l'abattoir. — Il est dressé de la visite un procès-verbal qui contiendra le consentement à l'abattage. Le propriétaire peut cependant faire conduire à ses frais l'animal à l'école d'Alfort pour y être traité, si l'école juge devoir essayer un traitement. — Si le propriétaire ne consent pas à l'abattage, il nomme un expert breveté des écoles pour visiter l'animal d'une manière contradictoire. En cas de dissidence, il est nommé par le préfet de police un tiers expert. — Art. 4.

98. — Après l'accomplissement de ces formalités, s'il est décidé que la maladie n'est pas incurable ou si l'animal est seulement reconnu vicieux et impropre au service public auquel il est employé, le propriétaire peut le faire traiter soit à l'école d'Alfort soit dans sa propre écurie, mais dans ce dernier cas aux conditions suivantes : l'animal sera marqué d'un signe représentant une équerre tracée au ciseau d'une manière très apparente dans le poil au défaut de l'épaule gauche. L'écurie où devra être placé l'animal en traitement doit être isolée; elle doit de plus être saine, suffisamment large et ne doit contenir aucun autre animal. L'écurie doit être désignée au vétérinaire. L'animal n'y sera placé que de l'avis du vétérinaire et avec la permission de l'autorité : jusque-là il doit rester dans la fourrière destinée aux animaux atteints de maladies contagieuses. L'animal en traitement ne pourra ni travailler ni même être promené sur la voie publique ou dans tout autre lieu où il se trouverait en contact avec des animaux sains. Il doit toujours être soumis aux visites des préposés de l'administration. Lorsqu'il paraîtra guéri, le propriétaire en fera la déclaration à l'autorité qui, sur une nouvelle visite du vétérinaire commis par elle, donnera ou refusera l'autorisation de l'employer aux travaux ordinaires. — Art. 5.

99. — Les visites ordonnées par l'art. 3 doivent êtres faites également dans les écuries des entrepreneurs de diligence, aubergistes, voituriers et autres établissemens renfermant des animaux. L'expert vétérinaire peut se faire accompagner par le maire de la commune ou le commissaire de police. Il doit être procédé dans ces établissemens conformément aux art. 4 et 5. Toutefois, faute par les propriétaires de se rendre gardiens des animaux ou de présenter un gardien, les animaux sont conduits à la fourrière ainsi qu'il est dit en l'art. 4. — Art. 6.

100. — Les propriétaires d'animaux conduits à la fourrière doivent consigner le montant des frais de nourriture pour huit jours sauf restitution d'une partie de ces frais, si l'animal était abattu ou rendu avant l'expiration de la huitaine. Si le propriétaire refuse de faire la consignation ou de faire procéder à la visite contradictoire, l'animal est abattu. — Art. 7.

101. — Les écuries et autres localités dans lesquelles habitent les animaux atteints de maladies contagieuses, ou les chevaux seulement soupçonnés de morve, seront aérées et purifiées à la diligence des maires ou des commissaires de police. Ces écuries ne peuvent être occupées par d'autres animaux qu'après qu'il aura été constaté, en présence d'un expert vétérinaire, que les causes de l'infection n'existent plus. Ces dispositions sont applicables aux équipages, harnais, colliers et autres objets à l'usage habituel des animaux malades. — Art. 8.

102. — Toute personne qui sera appelée à traiter les animaux atteints de maladies contagieuses devra en faire la déclaration, savoir : dans les communes rurales au maire, et à Paris à un commissaire de police. — Art 9. — Les art. 10 et 11 sont relatifs aux diplômes des vétérinaires. — V. VÉTÉRINAIRE.

103. — Il est défendu de coucher ou de faire coucher qui que ce soit dans les écuries où il se trouverait des animaux atteints de maladies contagieuses, ou des chevaux seulement soupçonnés de morve. La même défense est faite en ce qui concerne les écuries servant d'infirmerie, ou tout local servant à loger des animaux malades, de quelque espèce qu'ils soient. — Art. 16.

104. — Les personnes qui seraient exceptionnellement autorisées à traiter les animaux atteints de maladies contagieuses, ou qui auraient des infirmeries vétérinaires et qui voudraient faire surveiller les animaux pendant la nuit, devront faire établir la chambre du gardien de manière qu'elle ne soit pas en communication avec l'écurie et que la surveillance s'exerce au moyen d'un châssis vitré. — Art. 13.

105. — Les infractions aux arrêtés municipaux ou administratifs concernant les mesures relatives aux épizooties sont punies des peines portées en l'art. 471, no 15, C. pén. — V. CRIMES DÉLITS ET CONTRAVENTIONS, no 339.

106. — Il faut pourtant excepter de cette règle les cas où la peine applicable à l'infraction commune est formellement édictée par les réglemens anciens, par la loi du 6 oct. 1791, ou par le Code pénal.

107. — Aux termes de l'arrêté 27 messid. an V, qui ne fait que reproduire les anciens arrêts précités, les amendes pour les objets relatifs à l'épizootie ne peuvent être ni remises ni modérées, et les jugemens doivent être exécutés par provision. — V. cet arrêté, § 12.

108. — Dans le cas des art. 459, 460, 461, C. pén., si le délit a été commis par des gardes champêtres ou forestiers, ou par des officiers de police, à quelque titre que ce soit, la peine d'emprisonnement est d'un mois au moins, et d'un tiers au plus en sus de la peine la plus forte qui serait appliquée à un autre coupable du même délit. — Art. 462.

V. ANIMAUX, CHIENS.

## ÉPONGES (Marchands d').

1. — Marchands d'éponges en gros et en détail; — patentables, les premiers de troisième classe et les seconds de cinquième classe; — droit fixe basé sur la population et droit proportionnel du vingtième de la valeur locative de l'habitation et des lieux servant à l'exercice de la profession. — V. PATENTE.

2. — Les établissemens de lavage et de séchage des éponges produisent une odeur désagréable; ils sont rangés dans la deuxième classe des établissemens insalubres. — V. ce mot (nomenclature).

## ÉPOUX.

Personnes unies entre elles par les liens du mariage. — V. BLESSURES ET COUPS, DONATION DÉGUISÉE, DONATION ENTRE ÉPOUX, DONATION PAR CONTRAT DE MARIAGE, ENREGISTREMENT, MARIAGE, VOL.

## ÉPREUVES JUDICIAIRES.

1. — Les épreuves judiciaires étaient certaines voies d'instruction et de jugement adoptées pendant les premiers siècles de notre histoire et qui paraissent devoir surtout leur introduction aux peuples d'origine germanique.

2. — Chez les Francs, lorsque dans les accusations criminelles la culpabilité ou l'innocence de l'accusé paraissait ne pouvoir être prouvée par les voies ordinaires, on avait recours à certaines épreuves solennelles auxquelles on le soumettait, et de l'issue desquelles devait dépendre la décision du juge.

3. — Ces épreuves étaient appelées jugemens de Dieu, *judicia Dei*. On pensait, en effet, que la divinité ne pouvait permettre la consommation de l'injustice; que, dès-lors, elle révélerait elle-même la culpabilité ou l'innocence de l'accusé par le résultat de l'épreuve à laquelle il était soumis. — Meyer, *Institutions judiciaires*, t. 1er, p. 325; Duverger, *Manuel des juges d'instruction*, t. 1er, p. 22; Delpon, *Histoire de l'action publique*, t. 1er, p. 292.

4. — Elles s'appelaient aussi *Ordalia*, du mot hollandais *Oordeel*, jugement, c'est-à-dire jugement par excellence. — Meyer, t. 1er, p. 325. — V. cependant, sur cette étymologie, Wilkins, *Gloss. ad leg. anglo-sax.*, in voce *Ordalium*.

5. — Selon Bernardi (*Origine et progrès de la législation française*, p. 80), l'ordalie était spécialement le jugement de Dieu qui résultait des épreuves par les élémens.

6. — Il ne paraît pas que les anciens germains, malgré leur crédulité pour les auspices et leurs idées superstitieuses, aient employé les épreuves judiciaires comme moyen de preuve dans les procès. Du moins, Tacite ne mentionne rien de semblable lorsqu'il trace le tableau de leurs mœurs. — Faustin Hélie, *Traité de l'instruction criminelle*, t. 1er, p. 182.

7. — Néanmoins, on doit penser que chez ce peuple superstitieux la coutume d'appeler l'intervention de la volonté divine dans les jugemens prit naissance avant sa conversion au christianisme : *Velut Deo imperante*, dit Tacite en parlant du langage que lui tenaient ses prêtres païens. — Faustin Hélie, p. 183.

8. — La loi salique constate l'usage d'un seul genre d'épreuves, celle de l'eau bouillante. — Faustin Hélie, *loc. cit.*; Montesquieu, *Esprit des lois*, liv. 28, chap. 16.

9. — Ce fut surtout du huitième au onzième siècle que les jugemens de Dieu eurent toute leur faveur. — Faustin Hélie, *loc. cit.*

10. — Ils n'étaient admis, du reste, que lorsque les preuves affirmatives du fait recherché se trouvaient insuffisantes. Telle était la disposition formelle de la loi salique, de celle des Allemands et de celle des Bavarois. — Peyré, *Lois salique et ripuaire*, p. 277 et 355; Isambert, *Coll.*, t. 1er, p. 321; Meyer, *Instit. jud.*, t. 1er, p. 325; Duverger, *Man. des juges d'instr.*, t. 1er, p. 28.

11. — Spécialement, on n'avait recours aux épreuves qu'à défaut du serment et lorsque l'accusé ne pouvait pas trouver de *conjurateurs*, c'est-à-dire lorsqu'il ne pouvait produire des personnes qui vinssent affirmer devant le juge que cet accusé, prêtant le serment qu'il était innocent, méritait d'être cru. — Guizot, *Hist. de la civilis.*, t. 2, p. 351; Duverger, p. 22; Peyré, *Lois salique et ripuaire*, p. 277 et 335; Meyer, t. 1er, p. 385.

12. — Quelquefois, cependant, l'accusé pouvait opter entre le serment avec les conjurateurs et l'épreuve. Quelquefois aussi le juge prescrivait l'épreuve *de plano*. — Faustin-Hélie, p. 237.

13. — Les épreuves étaient très variées. Les plus généralement reçues étaient celles de l'eau, du feu, de la croix, du pain, et le duel ou combat judiciaire.

14. — L'épreuve par l'eau bouillante, *æneum* ou *inium*, avait lieu dans l'église et était accompagnée d'une grande solennité. L'accusateur et l'accusé amenaient avec eux chacun trois témoins afin qu'on ne les soupçonnât pas d'une collusion frauduleuse. Un prêtre récitait certaines prières pour appeler l'intervention du Ciel; puis l'accusé plongeait sa main dans l'eau bouillante, ordinairement pour saisir au fond de la cuve un anneau béni, et,

lorsqu'il l'en avait retirée, on enveloppait la main dans un sac que l'on cachetait. Si, trois jours après, il ne restait aucune trace de la brûlure, il était déclaré innocent. — Faustin-Hélie, p. 238; Montesquieu, *Esprit des lois*, liv. 28, chap. 17.

15. — Quelquefois on plongeait dans l'eau bouillante le bras de l'accusé jusqu'au coude, et il était déclaré innocent si le bras pouvait être retiré sans être endommagé.— Michelet, *Orig. du droit franç.*, p. 342; Meyer, *loco cit.*, t. 1er, p. 327; Duverger, *loco cit.*; Charles Weber, *Essai sur les ordalies* (*Thémis*, t. 5, p. 57).

16. — La loi salique permettait à celui qui avait été ajourné pour venir faire la preuve par l'eau bouillante de racheter sa main, du consentement de la partie adverse. Dans ce cas, l'accusateur, moyennant une certaine somme que la loi fixait, pouvait se contenter du serment de quelques témoins qui affirmaient l'innocence de l'accusé. — Montesquieu, liv. 28, chap. 16; Peyré, *Lois salique et ripuoire*, p. 186.

17. — L'épreuve par l'eau bouillante était généralement prescrite pour juger les accusations d'adultère. D'après la loi des Thuringiens, qui admettait aussi le combat judiciaire, une femme accusée d'adultère n'était condamnée à l'épreuve par l'eau bouillante qu'autant qu'il ne se présentait pas de champion pour elle.

18. — Pour l'épreuve par l'eau froide, on jetait l'accusé les pieds et les mains liés dans une rivière, un étang ou un cuvier ; s'il se maintenait à la surface sans faire de mouvement, on pensait que l'esprit infernal le faisait surnager, et on le condamnait; s'il tombait au fond de l'eau, il devait être acquitté. — Bacon, *Théorie des lois crim.*, t. 1er, p. 403; Marchangy, *Tristan*, t. 4, p. 372.

19. — L'épreuve du feu consistait habituellement à tenir dans sa main et à porter l'espace de neuf pas, sans se brûler, une barre de fer rouge du poids d'une, deux ou trois livres ; quelquefois il suffisait de passer entre deux feux sans en souffrir, ou bien on devait marcher, pieds nus et les yeux bandés sur neuf socs de charrue rougis au feu placés à égale distance sur une ligne droite. Si l'accusé sortait de l'épreuve sain et sauf, on le déclarait innocent.— Michelet, *loc. cit.*. p. 344-346 ; Legendre, *Coutumes des Français*, p. 78.

20. — L'épreuve de la croix se faisait en plaçant les deux adversaires devant une croix jusqu'à ce que l'un d'eux, tombant de lassitude, fût déclaré vaincu et reconnu coupable. — Meyer, *loc. cit.* ; t. 1er, p. 325 ; Michelet, *loc. cit.*, p. 347; Duverger, *loc. cit.*, p. 29.— On avait souvent recours à cette espèce de jugement de Dieu pour la décision des procès relatifs à des contestations civiles.

21. — Charlemagne ordonna que, s'il survenait quelque différend entre ses enfans, il fût terminé par le jugement de la croix. Ce jugement fut borné aux affaires ecclésiastiques par Louis-le-Débonnaire. Dans ses constitutions insérées dans la loi des Lombards à la suite des lois saliques, son fils Lothaire l'abolit complétement. — Montesquieu, *loc. cit.*, chap. 18.

22. — On pratiquait l'épreuve du pain en faisant avaler à l'accusé un morceau de pain d'orge consacré. Si le pain ne s'arrêtait pas à sa gorge, son innocence était proclamée.—Duverger, *loc. cit.*

23. — L'épreuve par le sort avait lieu dans les églises. On plaçait sur l'autel deux baguettes dont l'une devait être touchée par le prêtre ou à son défaut par un enfant. La baguette marquée d'une croix était favorable à l'accusé. — Duverger, *loc. cit.*; Meyer, *loc. cit.*, t. 1er, p. 524.

24. — Mais la plus fréquente comme la plus importante des épreuves était le combat judiciaire, qui, chez un peuple guerrier, ne tarda pas à prendre tous les caractères d'une institution régulière et complète.—Beaumanoir, *Coutume de Beauvoisis*, chap. 39, p. 299 et suiv. ; Montesquieu, liv. 28, tit. 18; Faustin Hélie, p. 282. — V. COMBAT JUDICIAIRE, DUEL.

25. — Adopté d'abord concurremment avec les autres jugemens de Dieu, le combat judiciaire, se substituant insensiblement à chacun d'eux à mesure qu'ils se discréditaient, finit par les remplacer tous. Après avoir résisté quelque temps à ce changement dans les mœurs nationales, le clergé y adhéra.

26. — Le duel judiciaire a lui même disparu, grace aux édits rendus par saint Louis et surtout par l'effet de l'ascendant qu'exerça ce roi par son exemple. Ses *établissemens*, en prescrivant l'instruction orale ou écrite firent prendre de nouvelles habitudes judiciaires à la nation, et peu à peu les épreuves ou jugemens de Dieu, n'étant plus en harmonie avec les mœurs, furent abandonnés.

27. — Il n'y a donc plus aujourd'hui d'épreuves judiciaires proprement dites, mais de simples moyens d'instruction, tels que les enquêtes, les interrogatoires et les voies régulières d'information à l'aide desquelles les juges recherchent la vérité, soit en matière civile, soit en matière criminelle, mais sans que la vie des hommes en soit jamais directement compromise et sans qu'on emploie contre les personnes les violences connues autrefois sous le nom de question et de torture. — V. QUESTION, TORTURE.— V. aussi INSTRUCTION CRIMINELLE.

## ÉQUARRISSAGE DE BOIS.

1. — Equarrir est le fait de tailler une pièce de bois à angles droits, tels que le sont ceux d'un carré. Mais l'usage dans la charpenterie est d'appeler également équarrir travailler une pièce à parif. L'équarrissage est donc une opération par laquelle le bois en grume se réduit en bois carré. Il se dit aussi de la façon de la pièce et de la dépense d'équarrir.

2. — Les adjudicataires ne peuvent vendre ou transporter des bois en grume ou équarris sans y avoir appliqué l'empreinte de leur marteau.— V. FORÊTS.

3. — On divise les bois d'équarrissage en bois droits et en bois courbes : les premiers sont les plus propres aux bâtimens civils; les autres sont recherchés pour les cintres des voûtes, les roues de moulins, les vaisseaux.

4. — Les équarrisseurs de bois sont patentables de septième classe ;— droit fixe basé sur la population, et droit, proportionnel du quarantième de la valeur locative de tous les locaux qu'ils occupent, mais seulement dans les communes de 20,000 ames et au-dessus.

## ÉQUARRISSEURS.

1. — On appelle ainsi ceux qui tuent, écorchent et dépècent les chevaux et autres animaux non destinés à la nourriture des hommes, ou bien encore les animaux atteints ou morts d'une maladie contagieuse.

2. — Les établissemens d'équarrissage, appelés ordinairement clos d'équarrissage, sont, à raison de l'odeur désagréable qu'ils répandent, rangés dans la première classe des établissemens insalubres; ils sont comme tels soumis aux formalités exigées par le décret de 1810.— V. ÉTABLISSEMENS INSALUBRES.

3. — En outre, la profession d'équarrisseur est, à raison de sa nature, et par des motifs de salubrité publique, soumise à certaines règles spéciales qui ont fait l'objet, pour le ressort de la préfecture de police de la Seine, de diverses ordonnances. Celle du 24 août 1811 a été rapportée et complétée par des ordonnances plus récentes et notamment par celle du 15 sept. 1842, concernant les équarrisseurs. Voici les dispositions de cette dernière ordonnance.

4. — Toute personne exerçant ou voulant exercer la profession d'équarrisseur est tenue d'en faire la déclaration à la préfecture de police, en indiquant le matériel dont elle est pourvue : ce matériel doit être approuvé par le préfet.

5. — Les charrettes ou voitures destinées au transport des animaux doivent être construites de manière à ne laisser échapper aucun liquide et à ne pas laisser voir ce qu'elles contiennent.— Elles doivent d'ailleurs être, préalablement à cet usage, soumises à la vérification des agens désignés à cet effet. Elles sont ensuite revêtues d'une estampille particulière. — Indépendamment de la plaque dont les voitures doivent être pourvues conformément à l'art. 9, L. 3 niv. an VI, et à l'art. 34, déc. 23 juin 1806, les équarrisseurs sont tenus de faire peindre sur un endroit apparent de leurs voitures, en lettres de six centimètres au moins, leurs nom, profession et domicile, ainsi que l'indication du siége de leur établissement. — Art. 2.

6. — La voiture de l'équarrisseur doit toujours accompagner les convois des animaux vivans.— Art. 3.

7. — Il est défendu de faire entrer dans Paris des animaux morts ou vivans destinés à l'équarrissage. — Art. 4.

8. — Le travail de l'équarrissage est interdit dans Paris. — Il ne peut être fait, hors de Paris, que dans les établissemens légalement autorisés. — Art. 5.

9. — Les animaux morts enlevés dans Paris, de même que les animaux vivans destinés à l'équarrissage, ne peuvent être conduits de Paris au clos d'équarrissage que de minuit à six heures du matin, en été, et à huit heures du matin en hiver. — Art. 6. — Le même article indique l'itinéraire par lequel les animaux devront être dirigés.

10. — Les chevaux morveux ou farcineux, et tous les autres animaux attaqués de maladies contagieuses, morts ou vivans, doivent être conduits directement et immédiatement au clos d'équarrissage, sans qu'on puisse les faire stationner, sous aucun prétexte, dans quelque lieu habité que ce soit. — Art. 7. —V. ÉPIZOOTIE.

11. — Les équarrisseurs doivent, sur la réquisition qui leur en est faite, enlever immédiatement les animaux morts sur la voie publique ou chez les particuliers. — Art. 8.

12. — Indépendamment de cette ordonnance, il en existe une autre concernant spécialement l'ouverture et la police de l'abattoir et de l'atelier d'équarrissage établi par la ville de Paris à Aubervilliers, pour remplacer les clos d'équarrissage de Montfaucon. Cette ordonnance, qui porte la date du 15 nov. 1841, est rapportée dans la collection officielle des ordonnances de police, publiée par M. Delessert (t. 3, p. 501). En voici les dispositions les plus importantes en ce qui concerne l'équarrissage.

13.—Tout équarrisseur autorisé, conformément aux réglemens, peut exercer son état dans l'abattoir d'Aubervilliers ; à cet effet, il adressera au préfet de police une demande indicative des procédés d'après lesquels il désire exploiter son industrie. — Art. 2.

14. — Les animaux destinés à l'équarrissage, une fois entrés dans l'abattoir, ne peuvent plus en sortir sous aucun prétexte. Ils doivent rester sous les hangars qui leur sont destinés.— Art. 4.

15. — Chaque hangar servant d'écurie doit être nettoyé tous les matins par l'équarrisseur, et les fumiers portés au dehors; aucun débris animal ne peut être mêlé à ces fumiers. — Art. 6.

16. — Tout animal mort apporté dans le jour doit être équarri aussitôt et sans désemparer, et tout animal mort apporté le soir ou la nuit doit l'être le lendemain, et aussi sans désemparer. — Art. 7.

17. — Chaque équarrisseur ne doit faire abattre que le nombre d'animaux qu'il lui sera possible d'équarrir dans la journée. — Tous les produits provenant de l'équarrissage du jour, et que l'équarrisseur voudra utiliser, sont enlevés des cases d'équarrissage avant la nuit, pour être conduits dans des établissemens autorisés. — Art. 8.

18.—Il est défendu aux équarrisseurs de laisser séjourner dans les ateliers d'exploitation et dans les cours aucune substance animale non désinfectée. — Art. 9.

19.—Sous aucun prétexte, les charrettes d'enlèvement des animaux morts, non plus que celles destinées à l'enlèvement du produit des ateliers d'exploitation, ne peuvent stationner dans les cours que dans les momens de leur emploi. Les chevaux du service ne peuvent être placés, même momentanément, sous les hangars qui reçoivent les chevaux destinés à l'équarrissage. — Art. 12.

20. —Toutes les matières provenant des animaux équarris doivent être, dans les vingt-quatre heures qui suivent l'abattage, transformés en produits non putrescibles ou désinfectés, ou enlevés de l'établissement dans des voitures couvertes et bien closes et avec toutes autres précautions qui peuvent être prescrites dans l'intérêt de la salubrité. Ces voitures, à leur sortie, sont visitées par l'inspecteur de l'abattoir. — Art. 14.

21. — Les équarrisseurs peuvent abandonner au concessionnaire de l'abattoir, sans être obligés de les désinfecter, tous les produits ou résidus qu'il leur convient. — Art. 16.

22. — Les garçons équarrisseurs, pour être admis dans l'établissement, doivent être pourvus d'un livret, lequel est déposé à l'inspecteur de l'abattoir( Art. 17). Ils ont, ainsi que l'équarrisseur, un costume de travail avec lequel ils ne peuvent sortir de l'abattoir. — Art. 18.

23. —Il est expressément défendu aux garçons équarrisseurs de coucher dans les ateliers d'exploitation, dans les cours d'équarrissage et même dans les hangars ou écuries destinés soit aux chevaux à abattre, soit aux chevaux de service. (Art. 22.) Le même article contient certaines dispositions propres à prévenir l'incendie et autres accidens.

24. — Le § 2 de l'ordonnance détermine les obligations du concessionnaire de l'abattoir vis-à-vis des équarrisseurs pour les mettre à même de faire leur travail et d'autres obligations à lui imposées sous le rapport de la propreté et de la salubrité de l'établissement. — Art. 24 à 33.

25. — Le § 3 fixe les droits à payer au concessionnaire par les équarrisseurs. — Art. 33 à 36.

26. — Aux termes de l'art. 36, l'équarrisseur qui aura déposé dans le pavillon d'autopsie le corps d'un animal faisant le sujet d'une contestation ou d'une enquête judiciaire devra, dès que les formalités seront remplies, équarrir le corps et en en-

lever les diverses parties, sauf, suivant les art. 37 et suiv., aux concessionnaires et aux experts à prendre les mesures convenables pour la conservation de celles de ces parties qui ne devraient pas être enlevées et détruites.

27. — L'atelier d'équarrissage est, comme l'abattoir, sous la surveillance permanente d'un inspecteur spécialement chargé de la police de l'établissement et dont les fonctions sont déterminées par les art. 44 à 48 de l'ordonnance formant le § 5.

28. — Les contraventions aux dispositions ci-dessus énoncées sont constatées par des procès-verbaux adressés au préfet de police. Les contrevenans sont soumis à telles mesures de police administrative qu'il appartient, sans préjudice des poursuites à exercer contre eux devant les tribunaux, conformément aux lois et aux réglemens. — Art. 9 ordonn. 1842, et 54 de celle de 1841.

29. — Les équarrisseurs ou écorcheurs d'animaux sont rangés par la loi du 25 avr. 1844 dans la septième classe des patentables et soumis par suite à un droit fixe basé sur la population et à un droit proportionnel du quarantième de la valeur locative de tous les locaux des patentables, mais seulement dans les communes de 20,000 ames et au dessus. — V. PATENTE.

V. en outre ÉPIZOOTIE.

## ÉQUIPAGE (Gens d').

*Table alphabétique.*

§ 2. — *Congé des gens d'équipage* (n° 253).

§ 3. — *Fait des gens d'équipage* (n° 275).

§ 4. — *Rupture du voyage par l'interdiction du commerce ou par l'arrêt du prince* (n° 282).

§ 5. — *Retardement, prolongation, raccourcissement du voyage* (n° 300).

§ 6. — *Prise, bris ou naufrage du navire* (n° 322).

§ 7. — *Maladies ou blessures des gens d'équipage* (n° 350).

§ 8. — *Captivité ou mort des gens d'équipage* (n° 373).

### Sect. 1re. — *Personnes qui composent l'équipage.*

3. — Le capitaine, qui jadis s'appelait *maître* ou *patron* (car le titre de capitaine n'appartenait qu'aux seuls commandans des vaisseaux du roi), est la personne chargée de la conduite du bâtiment. « Le capitaine doit commander, dit on ; l'équipage obéir. » Quant à ses droits et à ses devoirs vis-à-vis des armateurs et de ses subordonnés, quant aux conditions de capacité exigées pour porter ce titre, V. CAPITAINE DE NAVIRE.

4. — Nous ne traiterons ici des obligations du capitaine que relativement à l'engagement des *gens de l'équipage*.

5. — Par rapport au capitaine, les gens de mer prennent le nom de *gens de l'équipage*. Ils se divisent en plusieurs catégories.

6. — C'est à Colbert que sont dus l'enrôlement des matelots et leur distribution par classes. Avant lui, les vaisseaux du roi ne s'équipaient que par un moyen analogue à la presse des Anglais. Selon les besoins du service, on saisissait les marins du commerce. Colbert fit faire un dénombrement *de tous les officiers mariniers et matelots résidant dans les villes, bourgs et paroisses des provinces maritimes*. Les hommes compris au rôle entraient au service du roi de trois, quatre ou cinq années l'une alternativement. — Ord. 17 sept. 1665, 12 sept. 1668, août 1673; ord. générale 15 avr. 1689.

7. — Une médaille frappée en 1680 représente un matelot au bord de la mer et porte pour légende : « *Bello et commercio*, » et pour exergue : « *Sexaginta millia nautarum conscripta*. » Actuellement le dénombrement se monte à près de 140 mille hommes.

8. — De nos jours, la loi du 7 janv. 1791 a réglé l'inscription maritime. V. INSCRIPTION MARITIME et la loi du 3 brum. an 1V.

9. — Entre le capitaine et les matelots et mousses se trouve une classe d'hommes qui obéit au premier et commande aux seconds et qu'on appelle *officiers de bord*. — Beaussant, t. 1er, p. 289.

10. — On distingue ces officiers en officiers-majors et officiers mariniers. — Beaussant, p. 290.

11. — *Officiers majors*. — Autrefois un aumônier, avec l'autorisation de son évêque si c'était un prêtre séculier, ou si c'était un religieux, de son supérieur, devait toujours se trouver à bord d'un navire au long cours, à peine d'une amende de 100 livres. Cependant cette obligation ne fut plus imposée postérieurement qu'aux bâtimens ayant au moins quarante hommes d'équipage. Sans être, à vrai titre, officier, il en avait le grade. Par cette disposition la marine marchande se distinguait de la marine militaire où l'aumônier, étant officier, était tenu d'observer la discipline et de s'occuper que des devoirs de son sacerdoce.

12. — « L'établissement du protestantisme ruina cette institution, dit M. Beaussant (n° 289). Malgré les édits qui n'admettaient au grade de capitaine que les catholiques, les protestans occupèrent une place importante dans la navigation maritime et dans les commandemens. On ne pouvait exiger qu'un équipage protestant qu'il eût un aumônier. L'exemple de cette économie se propagea bien vite, et l'affaiblissement des idées religieuses sous les réglemens de Louis XIV en une complète désuétude, amèrement déplorée par Valin. La nécessité de l'imposer désormais éloigne tout réglement à cet égard ; mais les armateurs et capitaine restent libres d'en placer sur leurs navires, et dans ce cas le trouble à l'exercice du culte, les insultes et outrages seraient réprimés par les lois ordinaires. »

13. — L'*écrivain* a également disparu de la marine marchande. Il était destiné à suppléer à l'ignorance des capitaines. C'est donc par un complet oubli des habitudes du commerce et des

progrès de l'instruction que le Code civil a commis pour la réception des testamens à bord l'écrivain conjointement avec le capitaine.—Beaussant, no 240.

14. — L'écrivain avait rang d'officier. Ses fonctions consistaient à tenir le journal du bord, à écrire les délibérations; de plus il devait dans le jour de son arrivée déposer à l'amirauté les minutes des actes reçus pendant le voyage, tels qu'inventaires, testamens, informations. Il prêtait serment, donnait l'authenticité aux actes; foi était due à son registre; enfin la peine de mort était prononcée contre lui s'il écrivait quelque chose de contraire à la vérité.—Beaussant, *ibid.*

15. — *Pilote hauturier.* — Ce marin était chargé de commander à la route sous le contrôle du capitaine. Le capitaine ne pouvait de son autorité réformer la route du pilote, corriger ses opérations et ordonner une manœuvre contraire sans prendre tous les événemens sur son compte; il devait lui faire des observations, et les principaux de l'équipage décidaient. Le pilote ne remplaçait pas le capitaine, à qui succédaient le second, le lieutenant et le contre-maître. Il tenait un journal de sa route. Si le navire périssait par sa négligence, il était puni d'une amende de 100 livres, et de mort s'il y avait intention coupable. Le pilote était officier de bord et même officier major. — Valin, art. 1er, t. 4, liv. 2. — Beaussant (no 241) ajoute que l'ordonnance du 1er janv. 1786, art. 42, supprima légalement la qualité de pilote hauturier, que l'usage avait déjà abolie.

16. — Le *second* est le remplaçant du capitaine, et partage d'ordinaire avec lui, mais en sous-ordre, les différens travaux de la navigation. Il est, en général, reçu capitaine dans les navigations au long cours; mais il n'a pas ordinairement ce titre au cabotage et aux grandes pêches.— On ne peut, en tout cas, embarquer comme seconds capitaines sur les navires expédiés pour le long cours que les gens de mer âgés de vingt-un ans, et qui ont quarante-huit mois de navigation (art. 37, ord. 1er janv. 1786). — Quand le second commande, à défaut du capitaine, tous les devoirs de ce dernier, et toutes leurs conséquences lui sont applicables. — Beaussant, t. 1er, p. 292.

17. — Le *lieutenant* ou les lieutenans en premier et en second sont des marins ayant des connaissances et de la pratique, qui sont au second capitaine ce que celui-ci est au premier. — Ils doivent avoir au moins dix-huit ans et avoir fait douze mois de navigation (art. 44, ord. 1er janv. 1786). — Beaussant, t. 1er, 293.

18. — Il n'est pas rare de voir dans les navigations au long cours des lieutenans pourvus du titre de capitaine au long cours. Sauf le grade, on peut donc appliquer aux lieutenans tout ce qui a été dit du second. — Beaussant, *ibid.*

19. — A la pêche de la baleine, les chefs de pirogue, qui viennent après les lieutenans, sont encore considérés comme officiers majors. — Beaussant, no 243.

20. — Le *chirurgien* fait aussi partie des officiers de bord. Les navires destinés aux voyages de long cours ne sont tenus d'embarquer un chirurgien que lorsque l'équipage est de vingt hommes et au-dessus, non compris les mousses. Si l'équipage s'élève à quatre-vingt-dix hommes et au-dessus, toujours non compris les mousses, on doit embarquer deux chirurgiens. — Les navires qui font la pêche de la morue ne doivent avoir un chirurgien que lorsque leur équipage, sans excepter les mousses, est de quarante hommes, et ils ne sont jamais obligés d'en avoir plus d'un (art. 1er, 2, 3, ord. 4 août 1819). — Beaussant, t. 1er, p. 293. — Pour ce qui est relatif à leurs fonctions, à leur rang, etc., V. CHIRURGIEN DE NAVIRE.

21. — Le *subrécargue*, autrefois appelé supercargue, est la personne préposée à la partie commerciale de l'opération, achat de marchandises, ventes, échanges. Son nom vient de la cargaison qu'il doit soigner. Il peut être choisi par le chargeur ou l'armateur. Choisi par le chargeur, il n'a, pendant le voyage, qu'à veiller à la conservation des marchandises, à prendre toutes les mesures utiles à ce but, et à s'occuper de déchargement, vente, remplacement, embarquement. Le capitaine alors n'est plus que le représentant de l'armateur chargé du transport. Un des deux mandats qui accompagnent ordinairement sa qualité s'efface devant le représentant d'un des deux mandans. Nommé par l'armateur, quand celui-ci, au lieu de transporter les denrées de tiers-chargeurs sur le navire qu'il a armé, le destine à une opération qui lui est particulière, le subrécargue commande quelquefois en capitaine, et devient l'ame de l'opération. Au nom de l'armateur qu'il représente, il a le droit d'indiquer les ports où il faut séjourner, le temps du séjour, les différens trajets à faire. Le capitaine se renferme alors dans la direction et la manœuvre du navire. — Beaussant, no 253.

22. — On ne met pas de subrécargue dans les opérations qui n'ont pas une très grande importance. Il est plus économique de laisser au capitaine le soin des marchandises pendant la route et de confier à un correspondant les actes d'achat, de vente, de placement, de comptes à rendre. Le subrécargue des chargeurs n'est pas marin, et n'est presque qu'un passager à bord. Le subrécargue des armateurs est ordinairement marin, et souvent même il prend le titre de capitaine. Ainsi, à la pêche de la morue et à celle de la baleine, on trouve toujours un capitaine porteur d'expéditions, ayant des lettres de maîtrise, et un capitaine de pêche qui souvent n'en est pas pourvu, et qui prend le titre de second. — Beaussant, *ibid.*

23. — Le subrécargue des armateurs doit avoir rang d'officier major. Celui des chargeurs ne doit avoir aucun rang. Il reste étranger à la discipline du navire. — Beaussant, *ibid.*

24. — *Officiers mariniers.* — Les officiers mariniers sont les marins qui, n'étant pas de simples matelots, étant appelés au contraire à commander à ceux ci, doivent obéir aux officiers majors, et forment ainsi dans la hiérarchie une classe intermédiaire, comme celle des sous-officiers dans les régimens. — Beaussant, no 254.

25. — Le *maître d'équipage* ou contre-maître ou nocher est le premier des officiers mariniers. Il y en a un ou plusieurs dans les voyages de long cours. Il remplit sur les vaisseaux marchands des fonctions semblables à celles qu'exerce sur les vaisseaux du roi celui qui porte le même titre. Il fait exécuter les manœuvres commandées par le capitaine; il veille aux agrès, apparaux, cordages, etc., et en cas d'empêchement du capitaine, du second, des lieutenans, il commande le navire, et remplace le capitaine, même pour la cargaison, s'il n'y a pas de subrécargue. — Beaussant, no 255.

26. — Les maîtres d'équipages sont patentables de cinquième classe, au droit fixe basé sur la population, et au droit proportionnel du vingtième de la valeur locative de l'habitation et des lieux servant à l'exercice de la profession. — V. PATENTE.

27. — Les autres officiers mariniers, dont le nombre et la qualité varient, suivant les besoins et la nature de la navigation, sont : le *maître charpentier*, le *maître calfat*, le *maître voilier*, le *maître timonnier*, le *maître canonnier*, là où il en est besoin. Dans la pêche de la baleine, il y a des *maîtres harponniers*; dans celle de la morue, un ou deux *maîtres de pêche*, un *saleur*. Ces maîtres, ou chefs d'emplois, forment ce qu'on appelle la *mestrance*. Le *maître cuisinier* peut en faire partie, s'il a des aides ou coqs surnuméraires et s'il est classé, mais généralement le cuisinier n'est pas marin. Il n'appartient pas à l'inscription, et n'a aucun titre dans le navire. — Beaussant, no 256.

28. — Le *mécanicien* sur les bateaux à vapeur, l'*ingénieur*, comme disent les Anglais, bien qu'il ne soit ordinairement ni marin ni classé, doit avoir un grade dans l'équipage, et ne peut bien certainement être moins qu'officier marinier. — Beaussant, no 256.

29. — La qualité d'officiers mariniers est donnée à bord par le choix du capitaine. Ces officiers sont exclus des délibérations relatives à la discipline, et appelés à celles qui concernent l'intérêt du navire. — Beaussant, no 257.

30. — Quand la loi parle d'officiers mariniers, elle n'entend que les officiers majors. Cette observation s'applique à la loi du 25 avr. 1827, contre la traite des nègres, comme à toutes les matières pénales ou autres. — Beaussant, no 257.

31. — Les *matelots* sont des hommes de mer qui ont acquis une expérience suffisante pour être chargés d'exécuter la manœuvre d'un vaisseau. — Valin, liv. 2, tit. 7. — Dans la marine militaire, la position du matelot correspond hiérarchiquement à celle du soldat dans l'armée de terre — Pour devenir matelot, il faut avoir été mousse ou novice. — Le matelot doit avoir au moins un an de navigation et plus de seize ans d'âge, excepté dans les cas où il a été mousse avant quinze ans; car, dans ce cas, selon Beaussant (no 262), il peut passer matelot à cet âge.

32. — Le matelot, au surplus, est apte à tous les honneurs et toutes les dignités, de même que le soldat.

33. — Le matelot sert, en général, de point de départ, comme l'unité, pour le calcul des profits maritimes. Il a une part, les mousses et les novices une demie ou trois quarts de part. Les officiers majors ont plusieurs parts, suivant l'élévation du grade. — Beaussant, no 258.

34. — Bien que le nom de matelot ne désigne que le soldat du bord, c'est sous ce nom qu'il est traité dans l'ordonnance de 1681, et dans le Code de commerce, de ce qui est commun à tous les gens de l'équipage, officiers et même capitaine. — Beaussant, *ibid.*

35. — Le *mousse* est un enfant d'un certain âge embarqué sur un navire pour y servir de garçon de bord ou de *page*, comme l'appelle Cleirac, sur le premier des jugemens d'Oleron (note 8e, *in fine*). — Valin, liv. 2, tit. 7.

36. — Le mousse doit avoir dix ans accomplis, et il ne peut en avoir plus de quinze (art. 3, décr. 3 brum. an IV). Après quinze ans le mousse devient novice. — Beaussant (t. 1er, p. 308) pense qu'il peut devenir matelot de suite, s'il est jugé capable, aux termes de l'art. 3, L. 7 janv. 1791.

37. — Les mousses sont inscrits sur un rôle particulier au bureau de l'inscription maritime. — Ils ne peuvent être embarqués que du consentement de leurs parens ou tuteurs : à chaque voyage ils peuvent renoncer à la carrière maritime. Pendant le voyage, ils sont soumis à la discipline du bord et à l'autorité des gens de l'équipage; s'ils désertent ils encourent la même peine que tous les gens de l'équipage, sauf la question de discernement. — Beaussant, t. 1er, p. 308.

38. — Les mousses sont compris sous le nom de matelots pour tout ce qui concerne les droits de l'équipage à l'encontre de l'armateur.

39. — Suivant une décision ministérielle du 13 déc. 1827, il doit y avoir un mousse sur tout navire ayant trois hommes d'équipage, conformément au règlement de 1827; il doit y en avoir également un sur tout bateau expédié avec un rôle pour la petite pêche, suivant l'ordonnance de 1722; un deuxième mousse n'est nécessaire qu'au-delà de vingt hommes; un troisième au-delà de trente, ainsi de suite. — Beaussant, t. 1er, p. 310.

40. — En 1834, une ordonnance décida qu'à l'avenir les armateurs de navires destinés pour le long cours ou le grand cabotage pourraient, en remplacement des mousses dont l'ordonnance du 4 juill. 1784 permet l'embarquement dans la proportion établie à l'égard de ceux-ci sous la dénomination de novices, des jeunes gens de quinze à dix-huit ans révolus, qui, avant d'avoir complété l'âge de quinze ans, auraient déjà fait deux années de navigation au moins.

41. — L'ordonnance de 1836 veut que l'on choisisse les mousses : 1o dans les enfans de marins, en accordant la préférence d'abord aux fils de marins morts ou mutilés au service, ensuite à ceux dont les pères ont les plus longs services; 2o dans les enfans de troupe de terre et de mer, ou dans la population du littoral; et, en cas d'insuffisance, dans l'intérieur de la France.

42. — Il existe à Bordeaux une école de mousses que la chambre du commerce, le conseil général du département et le gouvernement encouragent et protégent.

43. — On appelle *novice* tout marin âgé au moins de quinze ans et qui commence à naviguer (art. 3, L. 3 brum. an IV), ou tout mousse qui a atteint cet âge et ne passe pas matelot. — Il suffit d'un an de navigation au novice pour devenir matelot. — L. 7 janv. 1791, art. 2; — Beaussant, t. 1er, p. 312.

44. — Autrefois le novice ne devait pas avoir moins de seize ans et plus de vingt-cinq ans (ord. 23 juill. 1745 et 12 déc. 1759). Il formait une classe intermédiaire entre les mousses et les matelots. Aujourd'hui, ce titre désigne tout homme qui, à quelque âge que ce soit, pourvu qu'il ne soit pas au-dessous de quinze ans, fait ses essais de navigation. Il fallait deux ans au moins pour devenir matelot (ord. 19 avr. 1670); puis on pensa que l'expérience d'une année était suffisante. — Ord. 23 juill. 1745; — Beaussant, no 261.

45. — Dans la marine marchande, les novices ne sont pas divisés en deux classes, suivant certaines conditions. Cependant leur paie peut être différente, ainsi que celle des mousses, eu égard au plus ou moins d'habileté du marin et de profit dont il doit être à l'expédition. — Beaussant, no 261.

46. — Le novice qui a fait un premier voyage ne peut être forcé à en faire un deuxième; mais quand il s'est volontairement engagé, il est tenu d'exécuter son engagement. Il peut être arrêté, conduit à bord du navire, s'il n'est pas parti, ou puni comme déserteur. — Beaussant, no 261.

47. — L'ordonnance du 23 juill. 1745 voulait que tout bâtiment eût dans son équipage un nombre de novices égal au cinquième de la totalité, en sorte qu'il y eût un novice pour quatre personnes embarquées. Mais cette obligation fut

abolie par une ordonnance du 4 juill. 1783. — Beaussant, *ibid.*

48.— Les *pilotins* forment une classe de novices privilégiés qui, ayant reçu de l'instruction et étudié les règles de la navigation, se destinent à être capitaines et s'embarquent pour acquérir de l'expérience. — Beaussant, t. 1er, no 261 *bis.*

49.— Ces jeunes gens, qui fraient aisément avec les officiers et mangent souvent avec eux, les aident dans la conduite du navire, la tenue de la barre au gouvernail, le tracé de la route sur la carte, la timonnerie. Leur nom vient de ce qu'autrefois ils étaient les aides du pilote hauturier. — Beaussant, no 261 *bis.*

50.— Il y a enfin le *volontaire*, qui est un amateur qui s'engage sans aucun loyer, qui n'a droit qu'à la conduite qui sera expliquée plus tard, qui fait fonction de matelot, et trouve dans son engagement désintéressé, dans sa position volontaire, les mêmes devoirs d'obéissance, les mêmes dangers de pénalité que les matelots payés. Il y en a souvent sur les navires destinés aux courses lointaines, et même aux expéditions de pêche à la morue. Dans les armemens en course, ils n'ont pas d'avances, mais ils ont droit aux parts de prises.— Beaussant, no 263.

51. — Pour pouvoir faire partie de l'équipage d'un navire, à quelque titre que ce soit, il faut être compris dans l'inscription maritime (V. ce mot). — Pardessus, no 669. — Cependant l'équipage peut être composé en partie de marins étrangers ; ce nombre, qui ne pouvait d'abord excéder le tiers (ordonn. 20 oct 1723), a été réduit au quart (décr. 21 sept. 1793, art. 2), excepté cependant quand il s'agit de pêches et d'armemens en course. — Pardessus, no 694 ; Favard, *Rép.*, vo *Gens de mer*, no 1er.

52. — A cet effet, tout capitaine doit présenter au commissaire des classes du port de l'embarquement les gens de mer qu'il a engagés pour être inscrits sur le rôle d'équipage, et il lui est défendu d'embarquer ceux qui n'y auraient pas été portés. — Ordonn. 31 oct. 1784, tit. 13; — Pardessus, *ibid.*

53.— Tout homme classé de l'arrondissement, s'il n'est pas engagé ou commandé pour le service de l'état, ou destiné à une levée annoncée, et même tout homme d'un autre quartier, porteur d'un congé, peut être admis, à la charge toutefois de justifier de l'acquit des engagemens antérieurement contractés par lui pour le service d'un autre navire. — Pardessus, *ibid.*

**Sect. 2e.** — *Obligations des gens d'équipage.*

54. — Tout homme de mer engagé pour le service d'un navire est tenu de se rendre au jour déterminé par la convention ou l'usage pour charger les vivres, équiper le navire et faire voile. — Art. 1er, t. 7, liv. 2, ordonn. 1681; — Pardessus, t. 3, no 669.

55. — Il doit encore charger les marchandises dans les lieux où l'usage a mis le chargement au compte du capitaine, et sans pouvoir lui réclamer le prix de ses journées, car c'est là un accessoire de l'entreprise pour laquelle il a loué ses services. — Beaussant, no 296 ; Boulay-Paty, t. 2, p. 161.

56. — Il en est tout autrement dans le cas où ce soin regarde le chargeur. Alors, le matelot n'a qu'à se rendre à bord, au moment du départ. — Mêmes auteurs.

57.— L'usage du port doit être suivi à cet égard. — Mêmes auteurs; Pothier, *Contrat de louage des matelots*, no 170.

58. — Généralement, le placement, l'arrangement des marchandises sont confiés à des hommes spéciaux appelés *arrimeurs*. — Beaussant, *ibid.*

59.— L'obligation des marins va également jusqu'au déchargement et l'amarrage au quai. — Beaussant, *ibid.*

60. — Le capitaine a le droit de prendre des hommes de journée pour remplacer les matelots qui refusent de travailler au chargement ou au déchargement du navire, et de retenir leur salaire sur le montant de la paie des matelots. En cas de contestation entre eux, les tribunaux ordinaires prononcent. Ils jugent également si le matelot qui, après l'arrivée, néglige de se rendre à bord pour le débarquement, a un empêchement légitime ou non ; si par prédilection ou caprice, le capitaine a autorisé à ne pas travailler des matelots qui le pouvaient, auquel cas ces derniers peuvent demander un supplément de salaire. — Beaussant, no 296.

61. — L'obligation de charger et de décharger concerne exclusivement les matelots et officiers mariniers. Les officiers majors ne doivent qu'une surveillance. — Beaussant, no 306.

62. — Le chargement fait, et le jour du départ indiqué, l'équipage ainsi que les passagers doivent être prêts à rallier le bord au premier signal. C'est d'ordinaire un coup de canon. Dans le cas où ils n'arriveraient pas à temps, par leur faute, il ne leur serait dû aucuns dommages et intérêts. — Boulay-Paty, t. 2, p. 172.

63. — Le matelot engagé dans un autre port que celui d'armement du navire a droit à une *conduite* qui devra être payée suivant le tarif, à moins de convention contraire. — Art. dernier de l'arrêté du 5 germin. an XII ; — Beaussant, t. 1er, p. 334 ; Pardessus, no 669.

64. — S'il refuse de se rendre à bord, ou s'il est en retard, il peut être, selon les circonstances, condamné à payer des dommages et intérêts, et même poursuivi pour fait de désertion par le commissaire des classes, en France, et par le consul, dans les pays étrangers. — Ord. 31 oct. 1784, t. 14 et 18, art. 14 ; L. 21 août 1790, art. 55; ord. 29 oct. 1833, art. 25 et 26 ; — Pardessus, no 669. — V. CONSUL, et *infrà* en ce qui concerne la peine de la désertion.

65. — Il est de principe que tout engagement personnel se résout en dommages et intérêts, personne ne pouvant *cogi ad factum* ; mais l'intérêt de la marine en a décidé, en ce cas, autrement. Des peines correctionnelles ont dû être prononcées.

66. — L'art. 1er de l'ordonnance de Wisbuy condamnait le matelot qui quittait avant le commencement du voyage, à restituer au maître tout ce qu'il en avait reçu par avance, et, en outre, à lui payer la moitié du salaire auquel il aurait eu droit. S'il quittait, au contraire, au cours du voyage, l'art. 51 prononçait la peine de mort, et il suffisait du témoignage de deux matelots pour qu'elle fût appliquée.

67.— L'art. 43 de la Hanse Teutonique ne distinguait pas, et ordonnait qu'il fût remis à la justice pour être puni et marqué au visage de la marque de sa ville natale.

68. — L'art. 67 de l'ord. de mars 1584 prononçait la peine du fouet, dans les deux cas, sans que le juge pût la modérer.

69. — Enfin, d'après l'art. 3, t. 7, ord. de 1681, le matelot qui avait abandonné le maître sans congé par écrit, avant le commencement du voyage, pouvait être arrêté, n'importe en quel endroit, et contraint même par corps à la restitution de tout ce qu'il avait reçu, et de plus à servir gratuitement pendant le temps convenu. — Mais si le voyage était en cours, la désertion était punie de la peine du fouet et de la confiscation de ses gages au profit du roi. — Beaussant, no 270.

70. — On voit que la peine avait été successivement adoucie. L'ord. 31 oct. 1784 l'adoucit encore. Aux termes de l'art. 14, les matelots qui auront déserté dans le port d'armement, et qui seront arrêtés avant l'appareillage, seront remis au capitaine et ne toucheront que moitié de leur salaire ou de leurs parts ; tandis que s'ils ne sont arrêtés qu'après que le vaisseau a mis à la voile, ils sont punis d'un emprisonnement de huit jours, et condamnés à la restitution des avances, à titre de dommages et intérêts, et enfin à faire une campagne à deux tiers de solde pendant trois mois sur les bâtimens royaux. — Art. 15. — Si la désertion a lieu pendant le voyage ou les relâches, leurs salaires, leurs parts, et tout ce qui peut leur être dû, sont confisqués au profit de la caisse des invalides. Ils sont remis aux capitaines pour achever le voyage à demi-salaire, et doivent servir pendant trois mois, à deux tiers de solde, sur les vaisseaux du roi. Si leur arrestation n'a lieu qu'après l'appareillage, ils sont condamnés à huit jours de prison, aux dommages envers le capitaine, s'il y a lieu, et à une campagne extraordinaire de six mois à deux tiers de solde. — Art. 16; — Beaussant, no 270.

71. — Les dispositions de l'ordonnance s'appliquent aux navires armés pour la course, sauf la durée des campagnes extraordinaires qui est double. — Art 17.

72. — Les campagnes extraordinaires ne sont pas prononcées par les tribunaux, qui renvoient sur ce chef à la discipline des classes. — Art. 26.

73. — Cette ordonnance du 31 oct. 1784 n'est pas abrogée, ainsi qu'on l'a soutenu à tort ; si la désertion des matelots en cours de voyage n'était punie que d'une peine pécuniaire, la punition serait souvent illusoire. — Beaussant, t. 1er, p. 321 ; Pardessus, rapp. à la chambre des députés, sur le projet de loi de la baraterie.

74. — Maintenant, le produit de la confiscation des gages se partage entre la caisse des invalides et l'armateur. — Art. 4, L. 22 mars 1816.

75. — Quant à la désertion en mer par peur d'un pirate, ou sous prétexte du mauvais état du navire, l'ord. du 22 sept. 1699 la punit de trois ans de galères, et par conséquent c'est à la cour d'assises à la prononcer.

76. — Les peines portées par l'ordonnance de 1784 ne s'appliquent pas à certains membres de l'équipage, au cuisinier, à l'écrivain, au chirurgien et à l'aumônier, qui sont soumis à une pénalité spéciale et moins forte par l'ordonnance de 1681. — Beaussant, t. 1er, p. 324.

77. — Les mousses ou novices qui ont moins de dix-huit ans, n'appartenant pas aux classes, ne peuvent être renvoyés à la discipline des classes. La perte des gages et l'emprisonnement devraient seuls les atteindre. — Beaussant, no 271.

78. — Le matelot congédié a le droit de se faire remettre un écrit constatant que ce congé lui a été donné; mais, à défaut d'écrit, il peut administrer la preuve du congé par tous les moyens admis. — Boulay-Paty, t. 2, p. 180; Beaussant, no 269.

79.— Il serait donc impossible de le déclarer déserteur s'il établit que le capitaine l'a vu prendre ses hardes et l'a laissé s'éloigner sans opposition. — Sentence de l'amirauté de Marseille, oct. 1752; — Boulay-Paty, *ibid.*

80. — Les capitaines doivent dénoncer, dans le délai de trois jours, les déserteurs de leurs équipages aux commissaires des classes, aux procureurs du roi en France et aux colonies, et à l'étranger aux consuls ou vice-consuls, en énonçant les circonstances et les preuves de la désertion, et faisant certifier, s'il est possible, leur déclaration par trois des principales personnes de l'équipage — Les commisssaires de marine et les consuls recherchent les déserteurs des navires marchands, ainsi dénoncés, les font arrêter et remettre aux procureurs du roi. — Beaussant, no 273.

81. — Cette déclaration doit être faite par les capitaines, sous peine par eux d'être sans action contre les déserteurs pour dommages-intérêts, et de ne pouvoir leur refuser leurs salaires ou parts. Ils n'en doivent pas moins, personnellement, être condamnés à verser à la caisse des invalides la moitié des sommes dues aux déserteurs, au moment de leur fuite, sans recours contre ceux-ci. — Beaussant, *ibid.*

82. — La complicité de désertion est punie d'une amende de 300 liv., et elle entraîne la condamnation solidaire avec le déserteur au remboursement des avances et au paiement des dommages envers le capitaine ou les armateurs. — Ord. 1784, art. 20 ; — Beaussant, t. 1er, p. 326.

83. — Les commissaires de marine font la recherche des déserteurs, les font arrêter et remettre aux procureurs du roi. — Beaussant, no 274. — V. INSCRIPTION MARITIME.

84. — Les tribunaux ordinaires sont compétens pour prononcer les peines de la désertion, et non pas les conseils supérieurs, organisés par la loi du 23 avr. 1799. Cependant une circulaire ministérielle du 30 juin 1821 paraît contraire. — Beaussant, t. 1er, p. 326. — Cet auteur cite un jugement du tribunal correctionnel du Havre, du 3 oct. 1837, qui se serait déclaré compétent, malgré la circulaire précitée. — V. CAPITAINE DE NAVIRE.

85. — Le conseil supérieur n'a que la mission d'appliquer la peine de discipline au fait déclaré constant par la justice.

86. — La loi n'a pas défini la désertion, d'où il suit que les tribunaux ont toute liberté d'apprécier les circonstances et l'intention du prévenu.

87. — Il est fait mention sur le livret des coupables des condamnations prononcées, sans qu'il y ait lieu à inscrire les campagnes extraordinaires ordonnées par suite de la condamnation ; car, étant des campagnes de punition, elles ne peuvent compter dans les services effectifs. — Art. 28, tit. 18, ord. 1784 ; — Beaussant, no 274.

88.— Autrefois, l'embauchage des marins étrangers était favorisé, tandis qu'aujourd'hui des tendances contraires se manifestent. Ainsi, l'extradition des déserteurs a été convenue entre la France et les Etats-Unis (traité du 23 juin 1833), le Brésil (4 oct. 1826) et la Bolivie (9 déc. 1834).

89. — Le capitaine ou l'armateur peuvent, à leur gré, porter leur action en dommages-intérêts, ou devant le tribunal correctionnel saisi de l'examen du délit, ou devant le tribunal de commerce, en fondant leur demande, non pas sur un délit à réparer, mais sur l'inexécution d'un contrat commercial. — Beaussant, t. 1er, p. 327 — Mais si le contrat n'était pas commercial par sa nature, tel, par exemple, que l'engagement pur et simple d'un chirurgien, le tribunal civil serait seul compétent.

90. — Aux termes de l'art. 54, ord. 29 oct. 1833, lorsqu'un marin, absent au moment du départ, se présente volontairement dans les trois jours devant le consul, celui-ci doit lui délivrer un certificat constatant le fait.

91. — Le matelot engagé pour un voyage ne peut quitter le bord avant que le voyage ne soit

achevé et que le vaisseau ne soit amarré à quai et entièrement déchargé. — Art. 2, tit. 7, ord. 1681 ; — Boulay-Paty, t. 2, p. 173 ; Bravard-Veyrières, p. 321.

92. — Il en doit être ainsi, quand bien même l'engagement n'a été pris que pour un temps déterminé, sauf à augmenter le salaire proportionnellement. — Pardessus, n° 674.

93. — Le matelot qui s'est loué pour l'aller et le retour n'est libéré de son engagement qu'autant que le navire est de retour au lieu du départ et a été déchargé. — Boulay-Paty, *ibid.*; Bravard-Veyrières, *ibid.*

94. — Suivant le droit commun, et en l'absence de tout rôle d'équipage et de toute autre pièce probante, le matelot qui s'engage pour le voyage d'aller est présumé de plein droit s'être engagé pour le voyage de retour. — Pardessus, n° 672.

95. — En ce cas, le matelot pourrait quitter le capitaine, si celui-ci, au lieu d'effectuer son retour, prenait une autre destination, à moins de stipulation contraire. — Boulay-Paty, t. 2, p. 173 ; Beaussant, n° 268.

96. — Il peut, en ce cas, demander le paiement de son salaire, et même les frais de séjour et ceux de retour. — *Parlement d'Aix*, 29 mai 1784.

97. — M. Beaussant, n° 268, observe que cela n'est vrai que parce qu'il y aurait fait du capitaine en opposition avec le contrat, que cela ne s'applique pas, par exemple, à un voyage terminé par l'amarrage et le débarquement, car alors il n'y a plus de contrat. Cela n'est donc fait que pour le cas où le port de destination n'est pas celui de désarmement, ou pour celui où, après l'arrivée au port de destination, le navire a encore un retour à faire au port de désarmement.

98. — Dans le cas où la destination du bâtiment est changée, le matelot n'est pas tenu de le monter. — *Consulat*, chap. 158, arg. art. 4 ; ord. de marine, titre *Des matelots*; — Boulay-Paty, t. 2, p. 183 ; Bravard-Veyrières, p. 321 ; Dageville, t. 2, p. 280 ; Beaussant, n° 267.

99. — C'est donc à tort que Valin prétend, d'après l'art. 24 de la Hanse Teutonique, que si le plus grand nombre des matelots accepte le changement de destination, les autres sont obligés de s'y soumettre. — Beaussant, n° 267 ; Goujet et Merger, n° 84.

100. — Le matelot embarqué peut cependant obtenir son débarquement, en s'adressant aux commissaires de marine ou aux consuls, et il est fait mention de la permission qu'ils lui accordent sur les rôles de l'équipage (Arrêté 5 brum. an XII, art 9). Cette permission n'a d'autre but que de régulariser la position du matelot et de le mettre à l'abri de toute poursuite criminelle, mais ne préjuge pas et n'engage pas la question des dommages et intérêts résultant de l'inexécution du contrat. — Beaussant, n° 266.

101. — Les tribunaux sont en effet les seuls juges de la validité des engagemens et de leur inexécution. La maladie, les infirmités étaient et sont encore des motifs légitimes d'inexécuter. On disait encore autrefois que mort et mariage rompaient tout louage (Beaussant, n° 266). Le mariage n'a plus cet effet aujourd'hui.

102. — Valin enseigne que l'achat d'un navire, ou la maîtrise obtenue par un matelot, peuvent être admis comme motifs légitimes, mais cette doctrine ne serait plus applicable de nos jours. — Beaussant, *ibid.*; Goujet et Merger, v° *Gens d'équipage*, n° 79.

103. — Cependant, quelques auteurs admettent encore ces deux dernières causes, mais à la charge de fournir un autre marin, et de tenir compte de la différence du salaire. — Pothier, *ibid.*, n° 175 ; Boulay-Paty, nos 181 et 182.

104. — Si le matelot était emprisonné pour crime ou délit, au moment de l'appareillage, et que sur l'accusation il fût renvoyé acquitté ou absous, ce serait un cas de force majeure, et il n'y aurait lieu à aucuns dommages et intérêts. Si, au contraire, une condamnation venait le frapper, il serait passible d'une condamnation pécuniaire, car ce serait par son fait et par sa faute que le contrat n'aurait pas reçu d'exécution. — Pothier, *Louage des matelots*, n° 174 ; Boulay-Paty, t. 2, p. 181 ; Pardessus, n° 669 ; Goujet et Merger, v° *Gens d'équipage*, n° 77.

105. — Mais, en ce dernier cas, aucune peine correctionnelle ou de discipline ne pourrait être prononcée, évidemment, contre lui, puisqu'il n'avait pas sa liberté d'action.

106. — En général, le changement de capitaine ne serait pas une excuse suffisante. — Valin, p. 697 ; Pothier, n° 176 ; Bravard-Veyrières, p. 320 ; Beaussant, n° 267 ; Goujet et Merger, n° 267.

107. — Si, toutefois, l'engagement n'avait été contracté qu'en vue du capitaine, par un parent de celui-ci, les tribunaux pourraient prononcer la résolution du contrat.

108. — Même décision en cas de changement du navire. — Valin, *ibid.*; Pothier, n° 176.

109. — Il serait libre au matelot de stipuler qu'il ne s'engage qu'avec tel capitaine, ou pour monter tel navire.

110. — Valin (*ibid.*) enseigne encore que la résolution du contrat aurait lieu s'il y avait tout à la fois et changement de capitaine et changement de navire. — Beaussant (n° 268) paraît de cette opinion.

111. — Les tribunaux, au surplus, ont un pouvoir discrétionnaire à cet égard. Tout dépend des circonstances, des termes de l'engagement, des intentions des parties.

112. — L'ordonnance de marine (art. 5, tit. *Des matelots*) défend aux gens de mer de quitter le bord et descendre à terre sans la permission du maître ou de celui qui le représente.

113. — De même, ils ne peuvent, sans cette permission, laisser entrer qui que ce soit sur le navire pour y charger, encore moins pour en enlever quelque chose. — Pardessus, n° 697.

114. — Outre les peines et corrections portées par les réglemens de police et d'administration maritimes, il existe des peines afflictives et infamantes contre les gens de mer : s'ils volent à bord; s'ils détournent les agrès et apparaux, munitions et provisions du navire; s'ils font couler les breuvages, perdre le pain et faire eau au bâtiment; s'ils excitent la sédition; s'ils abandonnent le maître et le vaisseau pendant le combat, et s'ils frappent le maître avec ou sans armes. — Ord. de marine, tit. *Des matelots*, art. 6, 7, 8 et 9 ; *Consulat de la mer*, chap. 160 et 161 ; ord. de la Hanse Teutonique, art. 9 et 38 ; ord. de Wisbuy, art. 24 ; ord. 22 sept. 1699 ; 22 sept. 1712 ; L. 21 août 1790 ; 20 sept. 1791 ; 15 sept. 1793 ; décr. 22 juill. et 12 nov. 1806.

115. — Une ord. du 11 juill. 1759 règle tout ce qui concerne les devoirs des matelots aux colonies, leur désertion, leur embauchement, leur congédiement, leur paiement, leur séjour à terre et leur embarquement.

116. — Un arrêté du 26 prair. an XII soumet à une police particulière les marins étrangers qui reçoivent congé. — M. Beaussant (n° 307) enseigne que cet arrêté, qui a été pris dans un temps de guerre, peut sans inconvénient être tempéré, mais qu'il faut toujours l'observer pour la surveillance des trois autorités qui y sont indiquées.

117. — Au reste, ce qui a été dit sur les devoirs, les peines et les délits particuliers aux matelots s'applique aux marins étrangers.

118. — Les gens de l'équipage doivent être respectueux et polis envers les passagers. — V. au surplus BAPTÊME DE LA LIGNE, n° 3.

## Sect. 3e. — *Priviléges des gens d'équipage.*

119. — Les droits et priviléges que la loi accorde aux gens d'équipage dérivent ou de l'engagement qu'ils contractent, ou de leur qualité de gens de mer.

120. — Nous verrons dans la section suivante à quels droits et priviléges l'engagement donne naissance. — Quant aux autres, ils se rapportent : 1° à la protection accordée aux gens d'équipage, 2° et à leur rapatriement.

### § 1er. — *Protection accordée aux gens d'équipage.*

121. — Les gens d'équipage sont l'objet d'une faveur toute particulière de la loi, et de nombreuses dispositions ont pour but de les protéger soit contre les autres, soit contre eux-mêmes.

122. — Aux termes de l'art. 63, ord. 1584, il était défendu aux hôteliers et taverniers de prêter de l'argent aux matelots ou de leur donner à manger sans l'approbation du maître ou capitaine; en cas d'infraction, la loi leur refusait toute action en paiement.

123. — Cette disposition, applicable même à l'officier marinier, mais non à l'officier-major, n'a été abrogée spécialement par aucun texte de loi ; il n'en faut pas moins conclure qu'en ce cas les matelots sont soumis au droit commun. — Beaussant, p. 308.

124. — Toutes les actions en paiement pour nourriture fournie aux matelots par ordre du capitaine sont prescrites un an après la livraison. — C. comm., art. 433.

125. — L'ord. du 1er nov. 1745 défend aux officiers mariniers et autres gens des équipages, sous peine de la même nullité et d'une amende de 50 liv., de rien prêter ou avancer aux matelots avec lesquels ils sont embarqués, soit en deniers, soit en marchandises.

126. — Cette même ordonnance, reproduite par l'arrêté du 2 prair. an XI (art. 111), défendait encore de saisir la solde des matelots, à moins qu'il ne s'agît de loyer, de subsistances ou de vêtemens, et que préalablement la créance ne fût apostillée sur le registre matricule ; mais même avant 1789, on se plaignait de cette extension donnée au pouvoir des commissaires et de cette domination qui leur était accordée sur la personne du matelot, et, en ce dernier point, l'ordonnance n'était exécutée que pour les créances contractées par le matelot hors de son domicile.

127. — D'après l'administration, les créances même apostillées ne doivent pas être payées si le matelot déserte, parce qu'en pareil cas, moitié des gages du déserteur appartient à l'armateur, et que l'autre moitié est versée dans la caisse des invalides.

128. — M. Beaussant (n° 310) critique le privilége auquel prétend la caisse des invalides. Il est certain qu'il n'est écrit nulle part dans la loi.

129. — Quant à l'armateur, nul doute qu'il ne puisse compenser avec lui-même. — Beaussant, *ibid.*

130. — Il faut restreindre cette ordonnance (du 1er avr. 1745) aux matelots. Elle n'est pas applicable au capitaine ni aux officiers majors ou mariniers. — Beaussant, n° 310.

131. — Dans le but de soustraire les matelots à l'autorité des agens d'affaires, des réglemens ont prescrit de ne payer qu'à eux-mêmes les sommes dues par la caisse des invalides aux gens de mer pour soldes, parts de prises, etc., nonobstant toutes cessions, transactions ou procurations. — Arr. 20 sept. 1820 et 2 prair. an XI.

132. — On a vu *suprà* que les paiemens ne peuvent être faits qu'au port de désarmement, à la condition encore que ce soit celui de l'armement. Chaque infraction est punie, par une déclaration du roi du 18 déc. 1728, suivie d'un arrêt du conseil du 19 janv. 1734, qui ne paraît pas s'appliquer aux officiers majors, d'une amende de 60 livres.

133. — Le paiement total ou partiel opéré contrairement aux prescriptions ci-dessus est-il nul ? — Non, selon Pothier, *Louage des matelots*, n° 214 ; Boulay-Paty, t. 2, p. 262 et 263 ; Goujet et Merger, n° 93.

134. — Enfin, des dispositions législatives spéciales punissent les capitaines qui ne remettent pas les loyers des matelots aux officiers des classes chargés de les leur faire toucher dans leur département. — Beaussant, n° 312.

135. — « Ces dispositions pleines de sagesse, d'une utilité palpable ; sanctionnées par des peines sévères, ajoute M. Beaussant, demeurent inexécutées. Les commissaires n'ont pas assez de commis pour les écritures que ces mesures entraîneraient. Les lois maritimes deviennent un vrai chaos au milieu de toutes ces ordonnances, dont les plus utiles sont souvent abandonnées, et dont le juge ne peut se dispenser, bien qu'à regret, d'appliquer certaines autres qu'il eût été bien de réformer. »

136. — Les matelots ont encore l'avantage de recevoir ou de faire passer leur argent à de grandes distances sans aucuns frais. — V. cependant L. 9 nov. 1837, relativement aux sommes qu'ils reçoivent ou font passer en dehors du service. Elles sont passibles d'un droit de 1 %.

137. — La délivrance des extraits des registres de l'état civil aux gens de mer est encore affranchie des droits de timbre et de légalisation. — Décr. min. fin. 27 oct. 1807.

138. — Il en est de même pour la délivrance des pièces administratives. — L. 15 mai 1818, art. 80.

139. — Un décret du 2 sept. 1793 proroge en leur faveur les délais du pourvoi en cassation contre les arrêts ou jugemens rendus à leur préjudice. Les délais ne courent pas tant qu'ils sont en voyage. — Pardessus, n° 670 ; Goujet et Merger, n° 104.

140. — Les gens de l'équipage qui sont à bord, ou qui, sur les chaloupes, se rendent à bord pour faire voile, ne peuvent être arrêtés pour dettes civiles, si ce n'est à raison de celles qu'ils auront contractées pour le voyage; et même, dans ce dernier cas, ils ne peuvent être arrêtés s'ils donnent caution. — C. comm., art. 231.

141. — Cette disposition est empruntée à la loi 3, au Cod., *De naviculariis*, et surtout à l'art. 6 de l'ordonnance de Wisbuy.

142. — L'art. 231 ne s'applique qu'aux arrestations civiles, et non aux poursuites qui auraient pour objet la punition d'un crime ou d'un délit. — Favard de Langlade, *Rep.*, v° *Capitaine de navire*, § 2, n° 6 ; Boulay-Paty, t. 2, p. 48 et 49. — V. au surplus, v° CAPITAINE DE NAVIRE, nos 40 et suiv., tout ce qui a été dit sur ce privilége.

143. — Quant aux capitaines et équipages des navires étrangers, ils ne peuvent s'exempter de la contrainte par corps et profiter de l'art. 231 qu'en donnant une caution solvable. — Boulay-Paty, t. 2, p. 48.

144. — Les dépenses faites par les matelots, depuis que *la marmite est établie à bord*, ne constituent pas des dettes pour le voyage, et à raison desquelles ils puissent être arrêtés, parce qu'à partir de ce moment il est défendu aux taverniers ou hôteliers de donner à manger chez eux ou de fournir de l'argent aux matelots sans le consentement du capitaine. — Boulay-Paty, t. 2, p. 48.

145. — Si la caution présentée est un commerçant, il suffit qu'elle soit notoirement solvable et bien famée; si ce n'est pas un commerçant, elle doit réunir toutes les conditions prescrites par l'art. 2018, C. civ. — Boulay-Paty, t. 2, p. 44; Dageville, t. 2, p. 205. — V. CAPITAINE DE NAVIRE, nos 40 et suiv., comment la caution est présentée et quelles sont ses obligations.

146. — Si le créancier ne peut faire arrêter son débiteur, excepté dans les cas indiqués, rien ne l'empêche de faire saisir les marchandises que ce dernier peut avoir à bord, et de les faire décharger en en payant le demi-fret. — Art. 291. — Il faut toutefois excepter le coffre et les effets personnels du débiteur, parce que ce serait lui enlever indirectement les moyens de partir. — Dageville, t. 2, p. 200; Pardessus, t. 3, no 670; Boulay-Paty, t. 2, p. 47; Delvincourt, t. 2, p. 206.

§ 2. — *Rapatriement des gens d'équipage.*

147. — L'intérêt public et privé eût été gravement compromis par l'abandon du matelot congédié loin de son quartier et de sa famille. De là la nécessité de la conduite de retour ou du rapatriement par l'état.

148. — En ce qui concerne la conduite de retour, elle résulte de l'engagement du matelot avec l'armateur ou capitaine. Sous ce rapport, elle peut être considérée ou comme indemnité ou comme partie tacite des conventions. — V. à cet égard *infrà* sect. 5e, § 1er.

149. — Relativement au rapatriement par l'état, l'art. 16, tit. 14, ord. de 1784, enjoint expressément aux commissaires des classes et aux consuls et vice-consuls « de faire rentrer le plus promptement possible dans leurs quartiers les gens de mer qui ont été débarqués des navires marchands, laissés malades dans les hôpitaux, ou qui faisaient partie des équipages des navires désarmés ou condamnés, ainsi que les déserteurs. Ils feront embarquer, dit l'ordonnance, lesdites gens de mer en remplacement sur les navires marchands qui auront besoin d'hommes et qui seront destinés pour les ports des quartiers desdites gens de mer ou pour les ports voisins; ne pourront les capitaines refuser de recevoir ceux qui leur seront ainsi donnés par les commissaires et les consuls, lesquels régleront les salaires desdits matelots, en sorte que, dans aucun cas, ces salaires ne puissent excéder ceux qu'ils avaient sur les navires dont ils auront déserté ou dont ils auront été débarqués ou congédiés, et il en sera fait note sur le rôle d'équipage. Sa Majesté interdisant dans ce cas seulement aux matelots de faire des conventions avec les capitaines et maîtres relativement à leurs salaires et déclarant nulles toutes lesdites conventions contraires aux notes du rôle d'équipage. »

150. — Les capitaines sont tenus de recevoir non-seulement les marins du commerce dont il est question dans l'ordonnance de 1784, mais encore les matelots français dégradés, à peine de 500 liv. d'amende. — Ord. 25 juill. 1719.

151. — L'ordonnance du 3 mars 1781 (art. 31, t. 3) enjoignit aussi aux capitaines de recevoir tous les passagers français dont l'embarquement serait ordonné par les consuls du Levant sous la même peine.

152. — Ainsi, l'état opère le rapatriement des marins du commerce. C'est là un devoir impérieux pour lui.

153. — Mais les frais du retour ne sont pas évidemment à la charge de l'état. Pour savoir quel est le débiteur contre lequel il doit recourir, il faut examiner la question du rapatriement au point de vue de l'intérêt. Tantôt ce sera donc l'armateur, tantôt le capitaine et tantôt le matelot qui les lui devra.

154. — C'est une mesure essentiellement d'intérêt privé quand elle découle du contrat intervenu entre le matelot et l'armateur ou le capitaine, qu'il y ait engagement formel ou tacite. — Beaussant, no 281.

155. — Dans les précédens chapitres, nous avons examiné les divers cas où la conduite est due au matelot de la part de ceux qui l'emploient. Dans tous les cas, l'état qui a opéré le rapatriement du matelot est subrogé à ses droits et peut les exercer.

156. — Ce recours est souvent illusoire. Ainsi, par exemple, le matelot qui justifie qu'il a été congédié sans cause valable en pays français, art. 270, peut répéter contre le capitaine et l'armateur même les frais du retour dans son quartier; mais comme le maître est libre, en pareil cas, de lui donner congé, sans que l'autorité intervienne pour exercer un contrôle, la preuve des injustices du congé est à la charge du matelot. Or, l'état, en se mettant au lieu et place de celui-ci, ne réussirait dans son action qu'à la condition d'administrer cette preuve. Il arrive donc presque toujours qu'il y renonce.

157. — D'un autre côté, le recours contre le matelot, comme le dit M. Beaussant, no 292, serait souvent illusoire et manquerait d'ailleurs de générosité. Il est vrai que l'état a la ressource d'agir par voie de saisie-arrêt sur les loyers dus au matelot par l'armateur, mais c'est encore à la condition que l'armateur soit débiteur de ces loyers. On voit donc que l'état rentre rarement dans ces avances.

158. — Il en est autrement cependant lorsque la conduite est évidemment et sans doute possible à la charge de l'armateur, le recours en ce cas est facile à exercer.

159. — A l'étranger, au contraire, ou dans les colonies, le débarquement ne peut avoir lieu, même en cas de consentement mutuel, sans l'autorisation du consul ou du commissaire des classes; ces autorités interviennent donc toujours entre le capitaine et le matelot en veillant aux intérêts de l'état. Si le matelot demande son débarquement sans y être contraint par le fait du capitaine, il ne lui est pas dû de conduite (art. 9, arrêté 5 germin., an XII), mais il reçoit à compte une somme suffisante sur ses gages pour opérer son retour.

160. — Si le débarquement est volontaire, c'est-à-dire consenti par le capitaine et le matelot, toujours sous l'agrément de l'autorité, la conduite est réglée par la convention même.

161. — S'il est contesté par l'une ou l'autre, le consul ou le commissaire n'autorisent le débarquement qu'en exigeant qu'il soit pourvu aux frais du retour.

162. — Enfin, les commissaires en France, les consuls à l'étranger ont le droit d'ordonner d'office, pour cause touchant à l'ordre public, le débarquement des marins (art. 2, arrêté 5 germin. an XII). Il en est fait mention sur les rôles d'équipage, et l'ordre de débarquement décide si la conduite sera prélevée sur les gages des marins ou bien si elle sera supportée en plus par les armateurs ou chargeurs.

163. — En pareil cas, la décision de ces fonctionnaires est-elle simplement provisoire, ou au contraire définitive? Il semble que le rétablissement de l'ordre à bord soit l'unique but que se propose la loi en leur attribuant un tel pouvoir, et que par conséquent, sans réviser l'acte administratif, il appartient aux tribunaux de rechercher et d'apprécier, au point de vue de l'intérêt particulier, les causes du congé. — Beaussant, no 286.

164. — Jugé contrairement que la décision d'un consul était souveraine. — *Cass.*, 8 mars 1832, Platel c. Levillain.

165. — Les règles du rapatriement sont applicables à tous les hommes de l'équipage, même au capitaine.

166. — Une lettre ministérielle de 1835 décide qu'en cas de naufrage, bris, prise de navire, les débris étant affectés au rapatriement comme dépense de sauvetage avant le paiement des gages, l'état ne doit débourser les frais de rapatriement qu'autant qu'il y a insuffisance des débris. En droit, le motif donné à cette décision est très contestable, mais il faut reconnaître à l'état la faculté d'imposer ses conditions au matelot qu'il rapatrie. — Beaussant, no 290.

## Sect. 4e. — *Engagement et loyers des gens d'équipage.*

167. — Pour être apte à contracter un engagement de mer, à quelque titre que ce soit, il faut être compris dans l'inscription maritime conformément aux dispositions de l'ordonnance du 31 oct. 1784, de la loi du 7 janv. 1791 et de celle du 25 oct. 1795 (3 brum. an IV). — V. INSCRIPTION MARITIME.

168. — Toutefois, les équipages peuvent être composés en partie de marins étrangers, jusqu'à concurrence d'un tiers autrefois (ordonn. 20 oct. 1723), et d'un quart seulement maintenant (décr. 21 sept. 1793, art. 2), sauf quand il s'agit d'armement pour la pêche ou d'armement en course. — Pardessus, no 694; Favard, vo *Gens de mer*, no 1er.

169. — A cet effet, l'ordonnance du 31 oct. 1784, tit. 14, enjoint à tout capitaine de présenter au commissaire des classes du port d'embarquement les gens de mer engagés pour être inscrits sur le livre d'équipage, avec défense expresse d'embarquer ceux qui n'y auraient pas été inscrits. — Pardessus, no 694.

170. — Tout homme classé de l'arrondissement, qui n'est pas engagé ou commandé pour le service de l'état, ou destiné à une levée annoncée, et même tout homme d'un autre quartier, porteur d'un congé, peut être admis, s'il justifie, toutefois, de l'acquit des engagemens antérieurement pris par lui pour le service d'un autre navire. — Pardessus, *ibid.*

171. — L'engagement des matelots est un contrat par lequel un matelot loue ses services à un capitaine de navire, moyennant un salaire ou loyer que le capitaine s'oblige à lui payer; c'est un contrat de *louage de services*. — Bravard-Veyrières, p. 320.

172. — Par matelots, ici, on entend tous les gens de l'équipage.

173. — Le matelot ne peut engager ses services qu'à temps ou pour une entreprise déterminée. — Art. 1780, C. civ.

174. — Pour la pêche, un décret du 2 oct. 1793 prohibait l'engagement au-delà d'un an. Pour les colonies, l'art. 25 de l'ordonnance de 1689 le prohibait au-delà de seize mois. Aujourd'hui, il est d'usage que l'engagement ait la durée du voyage. M. Beaussant ajoute (no 264) que ces observations s'appliquent également au capitaine, dont l'engagement participe du mandat et du louage d'industrie.

175. — L'engagement des matelots peut être fait: — 1o *au voyage*, c'est-à-dire à raison d'une somme unique pour tout le voyage, ce qui constitue une sorte de forfait; — 2o *au mois*, c'est-à-dire à raison d'une certaine somme pour chacun des mois que durera le voyage; — 3o *au profit*, c'est-à-dire moyennant une part dans les gains espérés; — 4o *au fret*, c'est-à-dire moyennant une part dans le prix que paieront les chargeurs pour le transport de leurs marchandises.

176. — L'engagement au voyage est un contrat par lequel un matelot se loue à un maître de navire, moyennant une somme unique, un prix fixe pour tout le loyer du voyage. Ce mode est à peu près abandonné. — Boulay-Paty, t. 2, p. 169.

177. — Dans l'engagement au mois, le prix est une somme que le maître du navire s'oblige à payer au matelot par chaque mois que durera le voyage. Il ne s'ensuit pas que l'engagement ne doive durer qu'un mois; il a lieu au contraire, comme le précédent, pour toute la durée du voyage, et la convention n'en diffère que quant au mode de paiement.

178. — Dans l'engagement au profit ou à la part, le prix consiste en une certaine part, un dividende, que le maître s'oblige à donner au matelot dans les bénéfices présumés. Ce mode est employé pour les armemens en course, ou bien encore pour la pêche à Terre-Neuve ou pour la pêche côtière. — Valin, tit. 1er, *Des loyers des matelots*.

179. — M. Pardessus (no 691) enseigne que dans ce cas les gens engagés ne peuvent faire aucun trafic ou commerce pour leur compte particulier, soit sur le navire où ils servent, soit sur d'autres.

180. — Les matelots engagés pour un voyage *à la part* sont copropriétaires du nolis gagné dans ce voyage, de telle sorte que la délivrance de leur part doit être ordonnée et opérée nonobstant toutes saisies-arrêts formées par des créanciers particuliers du capitaine, même à raison de prêts à la grosse, et sans qu'il soit besoin d'appeler en cause les créanciers opposans. — *Trib. comm. Marseille*, 17 mai 1826, Jauliès et Bolbène (*J. Marseille*, 7, 1, 357).

181. — Enfin, dans l'engagement au fret, le droit consiste dans une certaine part que le maître s'oblige à donner au matelot dans le produit du chargement. Ce mode n'est donc usité que dans la navigation au cabotage.

182. — L'engagement à la part est d'invention moderne. L'engagement au fret est au contraire fort ancien. — Consulat de la mer, ch. 133; Jugem. d'Oleron, art. 8 et 16; ord. de Wisbuy, art. 30.

183. — Anciennement on accordait au matelot, ou telle part dans le fret, ou la faculté de charger tant de tonneaux ou quintaux de marchandises sans en payer le fret, ce qui s'appelait, au Levant: portée des mariniers; au Ponant: l'ordinaire; en Bretagne: quintelage, et ce que les jugemens d'Oleron nomment ordinairement rimage, tumage et amarage. — Clairac, *sur le seizième jugem. d'Oleron*, nos 1er et suiv.

184. — Maintenant, le matelot n'a plus le droit de charger pour son compte, mais, en outre de sa part dans le produit du fret, il reçoit toujours, avant le départ, une certaine somme proportionnée à son rang et qui lui est définitivement acquise.

185.— Ces deux dernières espèces d'engagemens ont moins le caractère du contrat de louage que du contrat de société; par conséquent, pour déterminer leurs effets, il faut se reporter plutôt aux principes du second de ces contrats que du premier. Il importe aussi d'en rédiger les conventions par écrit, puisque toute société commerciale doit être constatée par écrit. — Targe, p. 159 et 163; Goujet et Merger, v° *Gens d'équipage*, n° 135.

186.—C'est le capitaine qui est chargé de choisir et d'engager les gens de l'équipage (C. comm, art. 223), les conditions de cet engagement sont constatées par le rôle d'équipage ou par les conventions des parties.—C. comm., art. 250.—L'engagement devient définitif par la clôture du rôle.

187. — Le rôle d'équipage est tenu par le commissaire des classes. Il désigne les nom, prénoms, signalement et domicile du marin; la qualité en laquelle il est engagé, la nature de son engagement, le salaire fixé. Le marin doit être porteur d'un livret, signé par le commissaire et le capitaine, et qui reproduit les mêmes énonciations.

188.—Le capitaine, en présentant donc au commissaire de classes les hommes qu'il a engagés, lui remet l'énoncé des conditions de leur engagement. Le commissaire en fait donner lecture en leur présence, et prendre note sur le livret dont chacun d'eux est porteur. Si aucun ne réclame, les notes sont certifiées et signées par le capitaine et le commissaire des classes, qui mentionne les salaires convenus sur le rôle d'équipage.—Pardessus, t. 3, n° 694; Dageville, t. 2, p. 276.

189. — Dans les engagemens faits pendant les voyages, soit pour remplacement, soit autrement, les mêmes formalités sont observées; seulement les fonctions des commissaires des classes sont remplies, dans ce cas, aux colonies par l'intendant ou ordonnateur chargé du service des classes, et dans les ports étrangers, par le consul de France. — Ordonn. 23 oct. 1833, art. 40. — S'il n'en existe point, le capitaine doit inscrire les engagemens sur le livre de bord, et à son arrivée ou relâche, soit dans un port français, soit dans un port étranger, résidence d'un consul français, il doit remplir les formalités précédemment indiquées. — Pardessus, t. 3, n° 694; Dageville, t. 2, p. 276.

190.—Le consul ne peut régler les conditions de l'engagement ni exercer aucune autorité pour modifier les conditions arrêtées; seulement, dans le cas où des contestations s'élèvent, il doit essayer de concilier les parties, et s'il n'y peut réussir, les renvoyer devant les tribunaux compétens, à moins qu'il n'ait lui-même le droit de juger par le titre de sa nomination. — Edit de juin 1778; ordonn. 3 mars 1781; — Pardessus, n° 695. — V. CONSUL.

191.— Tous changemens ou modifications dans les conventions qui interviennent entre un capitaine et les gens de son équipage doivent nécessairement avoir lieu devant le commissaire des classes. En conséquence, lorsqu'un marin a été porté sur le rôle d'équipage comme engagé moyennant un salaire désigné, la réduction de salaire qu'il déclare ensuite consentir n'est pas obligatoire pour lui si ce consentement n'a pas été donné en présence du commissaire des classes. — *Trib. comm. Marseille*, 17 mars 1830, Dauphin (*Journal de Marseille*, 11, 1, 198).

192. — Lorsque les conditions de l'engagement des matelots n'ont pas été rédigées par écrit ni constatées par le rôle d'équipage, elles doivent être réglées par le juge, d'après l'usage des lieux où l'engagement a été contracté. — Dageville, t. 2, p. 277.

193.—De même, s'il survenait des contestations sur le prix des loyers avant la confection du rôle, les parties doivent être regardées comme s'en étant rapportées à l'usage des lieux. — Locré, sur l'art. 250; Boulay-Paty, t. 2, p. 168.

194.—Les notes et renseignemens du rôle et des livres font d'ailleurs foi à défaut d'actes, si des difficultés s'élèvent entre le capitaine et ses gens.

195.—Suivant le droit commun, et en l'absence de tout rôle d'équipage et de toute autre pièce probante, le matelot qui s'engage pour le voyage d'aller est présumé de plein droit s'être engagé pour le voyage de retour.— *Trib. comm. Marseille*, 15 juin 1818, Genuto et Cacaroba (*Journal Marseille*, 1, 1).

196.—Les parties peuvent, du reste, pour justifier leurs conventions, recourir à tous les genres



de preuves admises en matière commerciale. — Pardessus, t. 3, n° 625; Boulay-Paty, t. 2, p. 167.

197. — L'art. 1er de l'ordonnance de la marine, titre *Des loyers*, portait: « Les conventions des maîtres avec les gens de leur équipage seront rédigées par écrit, sinon les matelots seront crus à leur serment » Le Code de commerce ne pouvait consacrer ce système, qui eût été en opposition avec les principes de l'art. 1781, C. civ. — V. art. 250, C. comm.

198.— Valin remarque que déjà, sous le régime de l'ordonnance, le rôle d'équipage faisait pleine foi, et que l'on s'en rapportait au prix commun du lieu où avait été fait l'engagement, dans le cas où le matelot n'avait pas encore passé la revue. — Boulay-Paty, t. 2, p. 267.

199. — Les principes ci-dessus ne s'appliquent évidemment qu'aux difficultés qui s'élèvent sur le prix des loyers, mais non sur le paiement en lui-même. Dans ce dernier cas, le capitaine devrait être cru sur son affirmation, conformément aux règles du Code civil; mais comme il est d'usage que le paiement se fasse en présence du commissaire des classes, de pareilles difficultés ne peuvent qu'être fort rares.

200. — Les gens de l'équipage ne peuvent, sous aucun prétexte, charger dans le navire aucune marchandise pour leur compte sans la permission des propriétaires et sans en payer le fret, s'ils n'y sont autorisés par l'engagement. — C. comm., art. 251.

201. — Du reste, la prohibition de l'art. 251 ne s'étend pas aux effets qui appartiennent aux gens de l'équipage et qu'on appelle *le coffre* ou *la portée des mariniers*. On leur accorde en outre dans l'usage la faculté de remplir ce coffre de marchandises et objets autres que les hardes et effets à leur usage; c'est ce qu'on nomme *le port permis*. — Dageville, t. 2, p. 281; Boulay-Paty, t. 2, p. 188; Pardessus, t. 3, n° 671.

202. — Aussi, dans la pratique, souvent le capitaine et les officiers, en contractant avec l'armateur, stipulent ce que l'on appelle un *port permis*, c'est-à-dire le droit de charger, avec exemption de fret, un certain nombre de tonneaux pour l'aller seulement ou pour l'aller et le retour. — Boulay-Paty, t. 2, p. 193.

203. — Ce privilége est personnel à chaque matelot, et il ne peut être cédé à un tiers à moins de convention contraire; le matelot qui n'en profite pas ne peut pas non plus réclamer de l'armateur une indemnité pécuniaire. — Pardessus, t. 3, n° 671; Boulay-Paty, t. 2, p. 188.

204. — Une indemnité leur serait due cependant dans le cas où l'armateur aurait disposé de tout le chargement du navire sans leur laisser de place pour le chargement de leur *port permis*. — Valin, sur l'art. 2, titre *Des loyers*; Boulay-Paty, t. 2, p. 189; Pardessus, n° 671.

205. — Toutefois lorsque les matelots n'ont pas de marchandises à charger pour leur compte, ils peuvent en prendre à pacotille pour le compte de tiers. Les tiers prélèvent leurs avances sur le produit de la vente, et le bénéfice en est partagé à moitié. — Boulay-Paty, t. 2, p. 189.

206. — Cette tolérance de chargement n'existe pas pour les navires destinés à la course, parce que la crainte de perdre des objets précieux pourrait enlever aux gens de l'équipage la résolution nécessaire en pareil cas. — Elle ne s'étend pas non plus jusqu'à pouvoir charger des objets capables de compromettre la sûreté du navire. — Boulay-Paty, t. 2, p. 193; Dageville, t. 2, p. 285; Pardessus, t. 3, n° 671.

207. — Boulay-Paty (t. 2, p. 187) pense que les marchandises chargées par les gens de l'équipage sans autorisation doivent être confisquées au profit de l'armateur. Mais Dageville (t. 2, p. 282) critique avec raison cette décision comme trop rigoureuse. Il n'y aurait lieu évidemment qu'à une action en paiement du fret de ces marchandises, et, selon les circonstances, en dommages et intérêts.

208.— L'art. 251, C. comm., se sert de ces mots: *sans la permission des propriétaires*.—Cette permission d'embarquer des marchandises sans payer de fret doit donc être donnée par la majorité des intéressés ou par l'armateur qui les représente. L'autorisation donnée par un seul intéressé ne suffirait pas. — Locré, sur l'art. 251; Boulay-Paty, t. 2, p. 187; Dageville, t. 2, p. 282.

209. — Par le fait du louage des matelots, le propriétaire du navire contracte l'obligation: 1° d'acquitter le loyer convenu; 2° de nourrir ses gens pendant toute la durée de leur service; 3° de les soigner en maladie, 4° et de les rapatrier en certains cas.

210. — Les salaire et nourriture d'un matelot que le capitaine juge nécessaire d'embarquer, en



cours de voyage, sont à la charge de l'armement. —*Trib. comm. de Marseille*, 15 juin 1835 (*J. Marseille*, 15, 276).

211. — L'armateur est tenu de payer aux gens d'équipage leurs loyers en entier s'ils ont fourni leur service entier. Mais il peut arriver que le service n'ait été fourni qu'en partie et même qu'aucun service n'ait été fourni. A cet égard il faut distinguer si l'engagement n'a pas été exécuté, soit en tout, soit en partie, par le fait du matelot, par le fait des propriétaires, du capitaine ou des chargeurs, ou bien par suite de force majeure. Ces trois hypothèses seront examinées dans les chap. 4, 5 et 6.

212. — Il est de règle que les salaires dus à l'équipage ne sont réglés et payés qu'au lieu de l'armement. — *Trib. Marseille*, 19 juin 1835, Estublier (*Journal de Marseille*, 15, 1, 296).

213. — Néanmoins, tel est l'usage, la veille du départ d'un navire pour un voyage de long cours, l'équipage reçoit trois mois de salaires d'avance. En conséquence et lorsque le rôle d'équipage ne contient aucune dérogation à cet usage, les gens de l'équipage ont le droit d'exiger du capitaine l'avance de trois mois sur leurs salaires. — *Trib. Marseille*, 9 janv. 1835, Renaud (*Journal de Marseille*, 15, 1, 78); — Goujet et Merger, *Droit commercial*, v° *Gens d'équipage*, n° 149.

214. — Les matelots engagés au mois ou au voyage ont contre le capitaine qui les a engagés et contre les propriétaires ou armateurs du navire une action solidaire en paiement de leurs loyers. — Boulay-Paty, t. 2, p. 184.

215. — Quant aux matelots engagés au profit ou au fret, nous avons dit que leur engagement tenait du contrat de société. Ils ont donc l'action *pro socio*. — Boulay-Paty, *ibid*.

216.—L'engagement *à la part* rend les matelots copropriétaires du fret gagné dans le voyage. Ils peuvent donc prélever leur part, nonobstant toutes saisies-arrêts formées par des créanciers du capitaine, quand même les créances auraient pour cause un prêt à la grosse, et sans qu'il y ait nécessité de mettre en cause ses opposans. —*Marseille*, 17 mai 1826 (*J. Marseille*, 7, 354).

217. — Aux termes de l'art. 443, C. comm., les tribunaux de commerce sont compétens pour connaître de toutes les contestations relatives aux gens de mer.

518. — Les expressions générales de ces articles s'appliquent indistinctement aux engagemens des uns et des autres. — Orillard, n° 468.

219.— Le capitaine et l'armateur sont contraignables par corps pour le paiement des obligations qu'ils ont contractées, car l'un et l'autre sont commerçans. — Orillard, n° 469.

220. — Toutes actions en paiement pour gages et loyers des officiers et autres gens de l'équipage sont prescrites un an après le voyage fini. — Cod. comm., art. 433.

221. — La prescription cependant ne peut avoir lieu s'il y a cédule, obligation, arrêté de compte, ou interpellation judiciaire. — C. comm., art 434.

222. — Le navire et le fret sont spécialement affectés aux loyers des matelots — C. comm., art. 271.

223. — Ce privilége est toutefois primé dans certains cas par d'autres priviléges dont les causes sont énumérées en l'art. 191, C. comm.

224.—L'art. 433, C. comm., qui déclare prescrites un an après le voyage fini toutes les actions en paiement pour fret de navire, gages et loyers des officiers, matelots et autres gens de l'équipage, comprend sous le mot *officiers* les capitaines du navire. La prescription est applicable à la rémunération accordée au capitaine sous le titre de *chapeau*. Elle n'est pas applicable aux avances et déboursés que le capitaine a pu faire pour le navire. — *Gand*, 2 juin 1836, de Bal c. Maas.

225.— On ne peut, pour énerver la prescription de l'art. 433, C. comm., déférer le serment décisoire sur le point de savoir si les gages et loyers ont été payés.— *Gand*, 2 juin 1836, de Bal c. Maas.

226. — Les matelots seuls ont un privilége sur le fret, parce que ce sont eux seuls qui le gagnent au propriétaire. — Boulay-Paty, t. 2, p. 258.

227. — Mais pour exercer ce privilége il faut que le fret n'ait pas été payé au maître, car les chargeurs se libèrent valablement entre ses mains, et peu importerait qu'il eût employé l'argent à payer d'autres dettes et l'eût ainsi détourné de sa destination. C'est aux matelots à veiller à la conservation de leurs droits en formant une saisie-arrêt. — Valin, art. 19, tit. *Des Loyers*; Boulay-Paty, *ib.*, Goujet et Merger, n° 158.

228.—Les chargeurs ne pourraient, au contraire, payer par anticipation. — Boulay-Paty, Goujet et Merger, *ib.*

**Sect. 5e. — *Inexécution ou résolution de l'engagement.***

229. — L'inexécution ou la résolution de l'engagement des gens d'équipage peuvent se rapporter aux différentes causes énoncées dans les huit paragraphes qui suivent.

§ 1er. — *Rupture du voyage par le fait des propriétaire, capitaine ou affréteurs.*

230. — Si le voyage est rompu par le fait des propriétaire, capitaine ou affréteur, avant le départ du navire, les matelots loués au voyage ou au mois sont payés des journées par eux employées à l'équipement du navire. — Ils retiennent pour indemnité les avances reçues. — Si les avances ne sont pas encore payées, ils reçoivent pour indemnité un mois de leurs gages convenus. — C. comm., art. 252.

231. — Le mois de gages doit, dans le cas prévu par l'art. 252, quand l'engagement est au voyage, se calculer d'après la durée présumée du voyage, et le montant de la somme convenue est répartie sur chaque mois de cette durée. Ainsi, par exemple, si le prix fixé pour tout le voyage est de mille francs, et que le voyage fût présumé devoir durer dix mois, le mois de gage alloué au matelot serait de *cent* francs. — Delvincourt, t. 2, p. 236; Boulay-Paty, t. 2, p. 195; Dageville, t. 2, p. 287. — Suivant cet auteur, on peut encore adopter le cours d'usage sur les lieux pour les engagemens au mois, et payer sur le taux de ce cours un mois de loyer.

232. — Cette indemnité est due aux gens de mer quand même la rupture du voyage ne leur causerait aucun préjudice, par exemple, s'ils trouvaient de suite à s'engager pour un autre voyage, et elle ne pourrait être augmentée par les tribunaux, lors même qu'ils allégueraient un préjudice plus considérable : c'est une espèce de forfait. — Pardessus, t. 3, no 676; Dageville, t. 2, p. 287; Boulay-Paty, t. 2, p. 195; Delvincourt, t. 2, p. 237; Pothier, *Louage des matelots*, nos 199 et 200.

233. — Si la rupture arrive après le voyage commencé, les matelots loués au voyage sont payés en entier aux termes de leur convention (C. comm., art. 252). Il ne leur est pas dû de journées en ce cas. — Boulay-Paty, *ibid.*

234. — Le voyage est censé commencé quand le navire a navigué au moins pendant vingt-quatre heures. — Valin, sur l'art. 3; Dageville, t. 2, p. 287; Boulay-Paty, t. 2, p. 198; Locré, sur l'art. 252.

235. — Les matelots loués au mois reçoivent leurs loyers stipulés pour le temps qu'ils ont servi, et, en outre, pour indemnité, la moitié de leurs gages pour le reste de la durée présumée du voyage pour lequel ils étaient engagés (C. comm., art. 252), en imputant toutefois sur ce qui leur est dû les à-comptes qu'ils ont pu recevoir. — Boulay-Paty, *ibid.*

236. — La raison de cette inégalité de traitement entre les gens de mer loués au voyage et ceux loués au mois est dans la convention même; les premiers, étant convenus d'une somme unique, ont droit à la toucher dès que le voyage est commencé, quelle qu'en soit la durée, et l'armateur ne peut pas de son plein gré se libérer de son engagement, tandis que la durée du voyage règle seule le loyer des autres. — Boulay-Paty, *ibid.*

237. — Au surplus, les uns et les autres reçoivent en outre leur conduite de retour, à moins que le capitaine, les propriétaires et affréteurs ou l'officier d'administration ne leur procurent leur embarquement sur un autre navire revenant au lieu de leur départ. — C. comm., art. 252.

238. — Si l'armateur ne justifie pas leur avoir procuré lui-même un embarquement, ce droit de conduite leur appartient, nonobstant qu'ils se soient embarqués sur un autre navire et qu'ils aient gagné des salaires. — *Trib. Marseille*, Carnavant (*J. Marseille*, 2, 1, 171).

239. — En règle générale, le droit de conduite que la loi accorde aux marins ne peut être compensé avec ce qu'ils doivent à l'armateur. En effet, le rapatriement touche essentiellement à l'intérêt public. — *Trib. Marseille*, 15 juill. 1835, Aillet (*J. Marseille*, 15, 1, 287).

240. — Les marins ne sont pas censés avoir renoncé au droit de conduite dans leur quartier, par cela seul que leur engagement porte la clause que le navire pourra être désarmé ailleurs à la volonté de l'armateur. — *Trib. Marseille*, 16 nov. 1826, divers marins (*J. Marseille*, 7, 1, 335).

241. — Entre les marins et l'armateur, le voyage entrepris au port de l'armement primitif et les voyages successivement entrepris dans d'autres ports sont indivisibles, nonobstant le renouvellement des rôles d'équipage et des engagemens, en ce sens que les voyages entrepris à la suite du premier ne doivent être considérés que comme des échelles, et que par suite les marins ont toujours droit à la conduite dans leurs quartiers. — *Trib. Marseille*, 16 nov. 1826, divers marins (*J. Marseille*, 7, 1, 335).

242. — Lorsque la conduite s'effectue par mer, ce qui a presque toujours lieu, la voie de mer étant celle que la loi indique (art. 4, an V; germin. an XII), le maître qui les a congédiés ne leur doit payer aucuns frais s'ils gagnent des salaires sur le navire, sauf ce qui vient d'être dit *suprà* no 232. — Pardessus, no 676; Boulay-paty, t. 2, p. 199.

243. — Il en doit être autrement s'ils n'y sont embarqués qu'en qualité de passagers. En ce cas, les frais de leur passage et de leur subsistance sont à la charge du maître. — Mêmes auteurs.

244. — Le prix de retour sur les bâtimens de commerce français est réglé par jour ainsi qu'il suit : — pour les capitaines commandant au long cours, lorsqu'ils proviennent d'un navire ayant fait, soit la pêche de la baleine, soit les grandes navigations dans les mers de l'Inde, au-delà des caps Horn et de Bonne-Espérance, et aux Antilles, 3 francs; pour les mêmes provenant de la navigation d'Europe, 2 fr. 50 c.; pour les seconds capitaines, lieutenans et chirurgiens, provenant soit de la pêche de la baleine, soit de la grande navigation dans les mers de l'Inde, au-delà des caps Horn et de Bonne-Espérance, et aux Antilles, 2 fr.; pour les mêmes et les maîtres au petit cabotage de la navigation d'Europe, 1 fr. 50 c.; pour tous les autres marins de l'équipage, 1 fr. Lorsque le retour s'opère sur les bâtimens de la marine royale, le passage est gratuit; lorsqu'il s'opère sur un navire étranger, les frais de passage et de subsistance dépendent de la convention avec le capitaine de ce navire. — Ord. 12 mai 1836. — Beaussant, t. 1er, p. 346.

245. — Dans le cas où le retour ne peut s'effectuer que par terre, la conduite, frais de logement et port de hardes sont fixés de la manière suivante : — par myriamètre, aux capitaines de long cours et au grand cabotage, 3 fr.; aux capitaines en second, lieutenans, subrécargues, chirurgiens et écrivains, 2 fr.; aux maîtres de navires du petit cabotage et premiers maîtres dans les navires au long cours, 1 fr. 50 c.; aux officiers mariniers, pilotes-côtiers et maîtres ouvriers, 80 c.; aux matelots et ouvriers marins, 60 c.; aux volontaires, novices, mousses, coqs, surnuméraires, 50 c. — Arrêté an XII, art. 8; ord. 12 mai 1836, art. 2.

246. — Lorsque le bâtiment qui les ramène n'a pas précisément destination pour le port d'embarquement, c'est-à-dire pour le port d'où ils sont partis, car le retour doit toujours s'opérer au lieu du départ, il leur est dû, en sus de leur passage et de leur nourriture sur le bâtiment, les frais du voyage pour regagner leurs quartiers. — Ord. 1er août 1743; arr. 5 germin. an XII; — Valin, art. 10, tit. *Des loyers des matelots;* Boulay-Paty, t. 2, p. 199.

247. — A l'égard du capitaine, il ne s'est élevé de doute que pour le cas où la conduite, au lieu d'être une suite facile de la convention, est une indemnité, parce que le Code a permis au propriétaire de congédier le capitaine sans donner de motifs et sans indemnité, s'il n'y a convention contraire (art. 218). Mais il faut se décider en faveur du capitaine. — V. CAPITAINE DE NAVIRE, no 101.

248. — Des auteurs enseignent cependant que le capitaine ne peut réclamer d'indemnité que contre le chargeur, lorsque c'est par le fait de ce dernier que le voyage est rompu. — Boulay-Paty, t. 2, p. 288; Dageville, t. 2, p. 291; Delvincourt, t. 2, p. 236.

249. — Si, dans le même cas de rupture volontaire, les matelots sont engagés au profit ou au fret, ils ont part aux indemnités qui sont adjugées au navire, lorsque la rupture provient du fait des chargeurs ou affréteurs. — Ces indemnités sont partagées entre les propriétaires du navire et les gens de l'équipage dans la même proportion que le profit ou le fret. — Si la rupture provient du fait du capitaine ou de l'armateur, ils sont seuls tenus des indemnités dues aux gens de l'équipage. — C. comm., art. 257. — Ces indemnités sont réglées par experts. — Dageville, t. 2, p. 308; Delvincourt, t. 2, p. 238.

250. — Lorsque le voyage a été rompu par le fait des chargeurs, les gens de mer ne sont pas tenus de diriger leur action contre les chargeurs, qui leur sont le plus souvent inconnus; ils peuvent agir directement contre le capitaine ou l'armateur, sauf le recours de ces derniers contre les chargeurs. — Boulay-Paty, t. 2, p. 199; Delvincourt, t. 2, p. 236.

251. — Nous avons dit (*suprà*) que le matelot pouvait quitter le navire dans le cas où la destination du voyage était changée; mais on ne pourrait, selon Dageville (t. 2, p. 291), considérer ce simple changement comme une rupture de voyage. Il n'y aurait donc lieu, en ce cas, à aucune indemnité. Selon nous, cela dépendrait évidemment des circonstances. La cause de l'engagement pourrait, en effet, avoir été précisément la destination du navire. D'un autre côté, le changement peut n'être qu'insignifiant.

252. — Nous avons dit encore que le changement de capitaine ou de navire ne suffisait pas pour autoriser le matelot à rompre son engagement. *Secùs* s'il y avait simultanément changement de navire et de capitaine. — Dageville, t. 2, p. 279. — Dans ce dernier cas, l'indemnité serait due au matelot et devrait être fixée d'après les principes émis ci-dessus.

§ 2. — *Congé des gens d'équipage.*

253. — Le maître, au contraire du matelot, peut toujours, excepté en pays étranger, résoudre le contrat, sauf la question de dommages-intérêts. Ce droit résulte de l'art. 270, C. comm. — Beaussant, no 278.

254. — Le congé est d'ailleurs présumé avoir une cause valable. C'est au matelot à administrer la preuve contraire. — Beaussant, no 281; Boulay-Paty, t. 2, p. 253; Goujet et Merger, no 184.

255. — Il y a cause valable de congé quant au matelot, s'il ne sait pas son métier, ou si, le sachant, il est voleur, mutin, violent et querelleur, de manière à causer du désordre dans le navire, s'il est trop indocile, et s'il résiste au capitaine et à ceux qui ont le droit de commander, ne faisant le service qu'à force de châtimens. — *Consulat de la mer*, ch. 122 et 160; *Droit anséatique*, t. 3, art. 8 (Kuricke, p. 705 et 710); ord. de Wisbuy, art. 25; — Boulay-Paty, t. 2, p. 253 et 254; Valin, sur l'art. 10, tit. *Des loyers*; Beaussant, no 281.

256. — A l'égard des officiers-majors, ils peuvent être congédiés pour cause d'inexpérience, et, en outre, pour des causes moins graves que les matelots : ainsi, s'ils manquent à leur capitaine, s'il survient de l'inimitié par leur faute entre quelques uns d'entre eux et lui, si celui qui commande en son absence maltraite l'équipage. — Valin, *ibid.*; Beaussant, *ibid.*

257. — Lorsqu'il s'agit de congédier le pilote et le capitaine en second, il est prudent pour le capitaine de se pourvoir en justice pour faire prononcer leur destitution : par ce moyen, il met sa responsabilité à couvert à l'égard des armateurs, parce que ces officiers sont indispensables à la conduite du navire, et souvent difficiles à remplacer pendant le voyage. — Dageville, t. 2, p. 385.

258. — Quant aux chirurgiens de navire (V. ce mot, no 14), ils ont également droit à la conduite. — Beaussant, no 250; — Ord. 12 mai 1836.

259. — L'appréciation des motifs du congé est au surplus du ressort des tribunaux.

260. — Sous l'ord. de 1784 (art. 15, tit. 14), le maître ne pouvait débarquer pendant le voyage, sans cause valable, aucun des gens de son équipage, à moins qu'il n'y consentît. Le congé donné, même avec juste motif, sans la permission du commissaire des classes dans les ports du royaume et des colonies, ou du consul dans les pays étrangers, était puni d'une amende de 300 liv. par chaque homme ainsi débarqué.

261. — De nos jours, le débarquement à l'étranger ne peut avoir lieu, sous la même peine, sans l'autorisation du consul, le matelot y donnât-il son assentiment. — C. comm., art. 270.

262. — M. Beaussant (no 278) enseigne que cette prohibition s'applique même au débarquement dans les colonies, parce qu'elles ont une législation spéciale dans l'art. 5 du régiem. du 11 janv. 1759.

263. — En pays étranger, le débarquement n'est autorisé par le consul que pour des causes infiniment plus graves que celles qui autorisent en France le renvoi sans indemnité. — Beaussant, no 284.

264. — A part le débarquement à l'étranger ou aux colonies, le capitaine est donc libre de renvoyer le matelot. Il n'a pas besoin pour cela de l'autorisation du commissaire des classes. — Beaussant, no 278.

265. — Toutefois, en pareil cas, avis du débarquement doit être seulement donné au commissaire des classes, à peine d'une amende de 60 liv. (art. 3, déclar. du roi 18 déc. 1728), afin qu'il en fasse mention sur le rôle d'équipage, et que l'autorité maritime puisse suivre le sort des marins inscrits. — Goujet et Merger, no 180.

266. — Lorsque l'armement s'effectue dans le

lieu où demeure le propriétaire du navire, le capitaine ne peut congédier un matelot sans son aveu et son consentement. —Arg. art. 223, C. com.; —Valin, sur l'art. 40, tit. *Des loyers*; Boulay-Paty, t. 2, p. 253; Dageville, t. 2, p. 334.—*Contrà* Locré, sur l'art. 270.

267. — De ce que le capitaine a le droit de congédier un matelot en France, il ne s'ensuit pas qu'il le puisse faire toujours impunément. La loi devait une protection à l'homme de mer injustement congédié.

268. — Aussi, tout matelot qui justifie qu'il est congédié sans cause valable a-t-il droit à une indemnité contre le capitaine. L'indemnité est fixée au tiers des loyers, si le congé a lieu avant le voyage commencé. L'indemnité est fixée à la totalité des loyers et aux frais du retour, si le congé a lieu pendant le voyage. — C. comm., art. 270.

269. — Il n'y a pas lieu à indemnité, si le matelot est congédié avant la clôture du rôle d'équipage (C. comm., art. 270); car c'est cette clôture qui forme le contrat entre le matelot et le maître; il ne peut réclamer que les journées qu'il a passées à l'armement du navire. — Boulay-Paty, t. 2, p. 255.

270. — Valin, sur l'art. 4, tit. *Des matelots*, prétend que l'on doit regarder comme congé sans cause valable l'obligation que le capitaine voudrait imposer au matelot de prolonger le voyage. — Cette opinion est adoptée par Boulay-Paty, t. 2, p. 256, et Delvincourt, t. 2. p. 244.

271. — Les journées employées à l'équipement du navire sont-elles dues, en outre, au matelot congédié sans cause valable? Non, cela n'est pas dit, comme dans l'art. 252, où il faut observer, du reste, que l'indemnité est moins forte.—Dageville, t. 2, p. 336; Delvincourt, t. 2, p. 244; Pardessus, t. 3, no 699.—Mais si le matelot était domicilié dans un autre endroit lorsqu'on l'a demandé, il pourrait réclamer des frais de retour.—Dageville, t. 2, p. 337; Beaussant, t. 1er, p. 338.

272. — Le capitaine ne peut répéter contre les propriétaires du navire le montant de l'indemnité à laquelle il est tenu envers les matelots qu'il a indûment congédiés (C. comm., art 270), excepté dans le cas où, l'armateur étant sur les lieux, c'est de concert avec lui que le matelot a été congédié. —Delvincourt, t. 2, p. 245.

273. —On doit entendre par indemnité, non pas tout ce qui est dû au matelot congédié, mais seulement l'excédant de ses loyers et ses frais de retour; le capitaine est donc fondé à répéter contre l'armateur le montant des loyers échus jusqu'au jour du congé. — Boulay-Paty, t. 2, p. 237; Delvincourt, t. 2, p. 245. — Dageville (t. 2, p. 336) va même jusqu'à soutenir que le propriétaire du navire devrait supporter le montant de l'indemnité, si le matelot congédié n'était pas remplacé.

274. — Si les matelots sont congédiés par suite de l'innavigabilité du navire, ils ont droit aux loyers échus et à leurs frais de conduite, mais seulement sur le produit du navire et du fret.—Dageville, t. 2, p. 336.

§ 3. — *Fait des gens d'équipage.*

275. — Le matelot embarqué peut obtenir son débarquement pendant le cours du voyage, avec une autorisation expresse des commissaires de marine ou des consuls qui jugent quand il est indispensable de l'accorder, et en font mention aux rôles d'équipage.—Art. 9, arr. 5 brum. an XII; — Beaussant, t. 1er, p. 347.

276. — Le matelot peut également, avec cette autorisation, être dispensé de s'embarquer sur le navire où il s'est engagé s'il a un motif légitime. Les motifs légitimes sont la maladie et les infirmités survenues. — Beaussant, *loc. cit.*

277.— Dans les deux cas, la mesure que prend l'administration ne concerne que la pénalité; la question de dommages-intérêts pour inexécution du contrat n'est pas de la compétence de l'autorité administrative; elle doit être jugée par les tribunaux de commerce. — Beaussant, *loc. cit.*

278. — Quand un matelot est congédié pour cause valable, si c'est avant le départ, il ne lui est dû que le prix des journées qu'il a employées à l'équipement du navire; si c'est pendant le voyage, il ne lui est dû que le loyer du temps pendant lequel il a servi, mais sans aucuns frais de retour.— Pothier, no 209; Dageville, t. 2, p. 336; Boulay-Paty, t. 2, p. 255.

279. — Dans le cas où le matelot demande et obtient son débarquement des commissaires ou des consuls, il ne lui est pas alloué de conduite; seulement il doit recevoir sur ses gages une somme suffisante à son retour. — Art. 9 de l'arrêté.

280. — Evidemment, pour qu'il en soit ainsi, il faut que le matelot ait quitté le bord sans y être contraint par le fait du capitaine; car il importe peu, selon M. Beaussant (no 283), que le capitaine donne congé sans cause valable, ou se mette dans la position d'être contraint à le recevoir.

281. — L'arrêté a énuméré, au reste, les causes qui peuvent autoriser le débarquement volontaire: telles seraient la nouvelle d'un événement qui rappelle indispensablement le marin dans la mère-patrie, la mort de ses parens, une condamnation par contumace, son appel à des fonctions urgentes.

§ 4. — *Rupture du voyage par l'interdiction du commerce ou par l'arrêt du prince.*

282. — S'il y a interdiction de commerce avec le lieu de destination du navire, ou si le navire est arrêté par ordre du gouvernement avant le voyage commencé, il n'est dû aux matelots que les journées employées à équiper le bâtiment. — C. comm., art. 253.

283. — L'interdiction de commerce est la défense qu'un gouvernement fait à ses sujets de se rendre dans certains ports, ou le refus qu'il fait de laisser entrer dans ses ports les navires appartenant aux sujets d'une autre puissance. — Pardessus, t. 3, no 641; Dageville, t. 2, p. 292; Locré sur l'art. 253.

284. — Des hostilités commencées et notoires, soit après une déclaration formelle de guerre, soit par suite de représailles effectives, constitueraient une interdiction de commerce par le fait. — Il en serait de même du cas où le port de destination serait en état de blocus déclaré par une puissance quelconque. — Boulay-Paty, t. 2, p. 203; Dageville, t. 2, p. 293.

285. — La guerre, la peste, les défenses de commerce, telles sont en général les causes d'interdiction.

286. — L'interdiction de commerce ne rompt les engagemens que lorsqu'elle porte sur le lieu pour lequel le navire est destiné; si elle portait sur un autre lieu, les engagemens n'en subsisteraient pas moins, quand même la navigation serait devenue plus difficile et plus périlleuse. — Locré, sur l'art. 253; Dageville, t. 2, p. 293; Delvincourt, t. 2, p. 235; Valin, art. 4, 2, *Loyers des matelots*.

287. — Cependant, si un armement pour une pêche lointaine se préparait au moment de la survenance d'une déclaration de guerre, cette circonstance pourrait amener la résiliation des engagemens des matelots sans dommages-intérêts, à cause des dangers imminens auxquels serait exposée l'expédition. — Arg. d'un arrêt du conseil 20 mai 1744; — Dageville, t. 2, p. 296.

288. — Le capitaine doit abandonner le voyage si la nouvelle de l'interdiction de commerce lui parvient avant le départ du bâtiment. L'armateur ne peut le contraindre à mettre à la voile, pas plus que les affréteurs ou chargeurs.

289. — Si le navire a gagné la mer, le capitaine doit agir avec la plus grande prudence. Dans tous les cas, il doit suivre les instructions qui lui ont été ou qui lui seraient données. — Arg. art. 276, 279, C. comm.

290. — L'interdiction du commerce est un événement de force majeure qui ne peut être imputé à aucune des parties. Il n'est donc dû à l'équipage aucuns dommages et intérêts. Les matelots n'ont droit, comme au cas de naufrage dans le port, qu'au prix des journées qu'ils ont données à l'équipement du navire, lorsque le navire n'a pas mis à la voile. — Pothier, *Louage des matelots*, no 180; arrêt cons. d'état 20 mai 1744, rapporté par Valin sur l'art. 4, tit. *Des loyers*.

291. — Même solution si le navire est arrêté avant le départ par le fait du prince.

292. — Si les matelots sont engagés au profit ou au fret, ils ne peuvent pas même exiger le paiement de leurs journées. — C. comm., art. 257.

293.— Mais si l'interdiction de commerce arrive pendant le cours du voyage, les matelots sont payés à proportion du temps qu'ils ont servi. — C. comm., art. 254.

294. — Si les matelots sont engagés au voyage, pour déterminer ce qui leur est dû, il faut arbitrer la durée présumée du voyage projeté, répartir la somme fixée sur chaque mois de cette durée, et payer les matelots à raison du nombre de mois pendant lesquels ils ont servi. — Dageville, t. 2, p. 298. — Les matelots qui ont reçu des avances supérieures à ce qui peut leur être dû d'après ce calcul, ne sont tenus à aucune restitution. —Pardessus, t. 3, no 678; Delvincourt, t. 2, p. 236.

295. —Le loyer des matelots engagés au mois court en outre pour moitié pendant le temps de l'arrêt. — C. comm., art. 254; — ord. 21 avr. 1746; —Pothier, *Louage des matelots*, no 82; Valin, sur l'art. 5, tit. *Des loyers*; Boulay-Paty, t. 2, p. 208.

296. — Celui du matelot engagé au voyage lui est payé au terme de son engagement.—Art. 254.

297. — La somme pour laquelle il s'est loué lui est due uniquement, que la durée du voyage ait été plus ou moins longue : d'une part, il y a forfait, de l'autre force majeure. — Pothier, *ibid.*

298. — Si l'arrêt, au lieu de suspendre seulement le voyage, en opérait la rupture, le paiement des loyers des matelots devrait alors avoir lieu, comme pour le cas d'interdiction. — Dageville, t. 2, p. 298.

299. — Quant aux matelots engagés au fret ou au profit, il ne leur est rien dû, en aucun cas, que quand le voyage est terminé et la cargaison vendue.

§ 5. — *Retardement, prolongation, raccourcissement du voyage.*

300. — On entend par retardement l'événement par suite duquel le voyage d'un navire est momentanément suspendu. Ainsi, l'embargo, la crainte des pirates ou des corsaires, la peste, la crainte de la tempête, la nécessité de réparer des avaries, de se ravitailler, enfin toute circonstance d'où résulte un retard et non la rupture du voyage. — Pardessus, no 656.

301.—Ces cas sont dus le plus souvent à la force majeure. Alors, les engagemens contractés au voyage, au fret, à la part, ne reçoivent aucune modification; il est dû seulement demi de leurs loyers aux matelots engagés au mois. A l'étranger, les consuls ont mission de constater la durée du retard. — Ord. 29 oct. 1833, art. 48.

302. — Le retardement peut cependant provenir du fait du capitaine ou de l'armateur; en ce cas, les loyers au mois sont dus en entier, et les matelots engagés au voyage ont droit à une indemnité proportionnelle. —V. au surplus *infrà.*

303. — La prolongation n'est pas une simple augmentation non prévue dans la durée du voyage. C'est, dit Locré, sur l'art. 255, « celle qui, conduisant le vaisseau plus loin que le lieu indiqué dans l'engagement, ajoute en quelque sorte un second voyage au premier. » — Pardessus, t. 3, no 686; Dageville, t. 2, p. 303; Boulay-Paty, t. 2, p. 211.

304. — Il y a aussi prolongation dans le cas où, sans changer la destination du navire, on prend une route plus longue que celle qu'il devait suivre, ce qui s'appelle changer de route.

305. — L'indemnité n'étant que la réparation du préjudice, il n'est pas douteux que la prolongation de voyage, c'est-à-dire le changement de route ou de destination, à la différence du retardement, ne donne lieu, en thèse générale, à aucune indemnité, s'il n'en est résulté pour les gens de mer aucune augmentation de services. — Pardessus, no 258.

306. — Si la prolongation est forcée, si, par exemple, en cas de blocus du port de destination, le capitaine est obligé de se rendre dans un port plus éloigné, les gens de mer loués au voyage, de même que ceux loués au fret ou à la part, ne doivent recevoir aucune augmentation, parce qu'ils sont présumés avoir couru les chances d'une pareille prolongation. Il en est autrement de ceux loués au mois; leur salaire entier leur est dû, car il n'y a pas analogie en ce cas avec celui du retardement.— Pardessus, t. 3, no 686; Delvincourt, t. 2, p. 239; Boulay-Paty, t. 2, p. 212.

307. — On doit considérer comme force majeure toute prolongation de voyage faite en vue d'éviter des accidens funestes, ou d'en réparer les suites, d'éviter l'ennemi ou la tempête, de se procurer des vivres, de l'eau, de débarquer des malades dont la présence peut occasionner des dangers. — Boulay-Paty, t. 2, p. 213; Pardessus, no 686.

308. — Il est de principe que nul ne peut être contraint à faire plus que ne comporte son engagement. Mais l'intérêt du commerce et de la navigation a voulu qu'en cas de prolongation du voyage, le service du marin continuât, sauf indemnité.

309. — Si donc le capitaine prolongeait le voyage, sans motif plausible, les gens de l'équipage qui l'abandonneraient ou qui refuseraient de continuer leur service, pourraient, d'après les circonstances, être excusés d'avoir quitté le navire avant la fin du voyage. — Pardessus, t. 3, no 686; Dageville, t. 2, p. 304.

310. — Si le retardement ou la prolongation du voyage arrive par le fait des chargeurs, les gens de l'équipage, lorsqu'ils sont engagés au profit ou au fret, ont part aux indemnités qui sont adjugées au navire. Ces indemnités sont partagées entre les propriétaires du navire et les gens de l'équipage, dans la même proportion que l'aurait été le fret. — C. comm., art. 257.

311. — Quant à ceux engagés au voyage, leur salaire est augmenté proportionnellement à la prolongation. — Art. 255, C. comm.

312. — Ceux engagés au mois ont toujours droit, avons-nous dit, à leur salaire pendant toute la durée de leur service. — Pardessus, t. 3, nº 686 ; Dageville, t. 2, p. 306 ; Delvincourt, t. 2, p. 289.

313. — L'avance en est faite par celui qui a traité avec les gens de mer, sauf son recours contre les auteurs du retard. — Pardessus, nº 685.

314. — Si le retardement ou la prolongation arrivent par le fait du capitaine ou des propriétaires, ce sont eux qui sont tenus des indemnités dues aux gens de l'équipage. — Même art.

315. — Lorsque les gens de l'équipage d'un navire ont été engagés pour voyager *à la part*, les chances de la navigation du navire leur sont communes, de telle sorte qu'ils sont tenus de supporter, comme les autres intéressés au bâtiment, le résultat des événemens de mer qui ont retardé ou prolongé sans profit le voyage. Ainsi, les matelots qui, dans le cours du voyage, ont été obligés de faire de longs séjours dans des ports pendant le réglement des avaries éprouvées par le navire, n'ont droit, contre le capitaine, au retour du voyage, à aucune indemnité à raison du préjudice que ces longs séjours leur ont causé. — *Trib. Marseille*, 22 mai 1829, Aurdemme et consorts (*J. Marseille*, 11, 1, 243).

316. — Si la décharge du navire se fait *volontairement* dans un lieu plus rapproché que celui qui est désigné par l'affrétement, il n'est fait aucune diminution sur les loyers des matelots engagés au voyage. — C. comm., art. 256.

317. — En effet, c'est l'affaire du propriétaire ou du capitaine si le voyage est raccourci. Le prix des engagemens était un forfait.

318. — Dans ce cas, les matelots loués au mois ne doivent recevoir leurs loyers qu'à proportion du temps qu'ils ont servi. — Dageville, t. 2, p. 307 ; Goujet et Merger, nº 247. — *Contrà* Boulay-Paty, t. 2, p. 216. — Ils ont droit à une indemnité qui doit être de la moitié de ce qu'ils auraient gagné pendant la durée présumée du voyage abandonné.

319. — Mais si le voyage se trouve raccourci par un événement de force majeure, les loyers des matelots engagés au voyage doivent subir une réduction proportionnelle. — Valin, sur l'art. 6, tit. 4, liv. 3 ; Dageville, t. 2, p. 306 ; Delvincourt, t. 2, p. 239 ; Locré, sur l'art. 256 ; Boulay-Paty, t. 2, p. 215 ; Locré, sur l'art. 257 ; Goujet et Merger, nº 244.

320. — Si le voyage est raccourci par le fait seul du propriétaire, l'indemnité est due au capitaine et à tout l'équipage. — Boulay-Paty, t. 2, p. 215.

321. — Dans le cas où le raccourcissement est imputable au capitaine, il n'y a évidemment que les gens de l'équipage qui aient droit à être indemnisés. L'armateur est au contraire fondé à lui réclamer des dommages et intérêts. — Boulay-Paty, t. 2, p. 215.

§ 6. — *Prise, bris ou naufrage du navire.*

322. — Pour intéresser les gens de l'équipage au salut du navire et du chargement, on s'est écarté ici des règles ordinaires du droit. — En cas de prise, de bris et naufrage, avec perte entière du navire et des marchandises, les matelots ne peuvent prétendre aucun loyer. — Ils ne sont point tenus de restituer ce qui leur a été avancé sur leurs loyers. — C. comm., art. 258.

323. — Si l'engagement a eu lieu pour l'aller et le retour, et que le navire vienne à périr au retour après avoir gagné le fret d'entrée, doit-on appliquer alors l'art. 258 ? — Valin (sur l'art. 8, liv. 3, art. 4, ord. 1681, lequel s'exprimait dans les mêmes termes que l'art. 258, C. comm.) soutient que les matelots n'ont rien à prétendre, leurs priviléges ne portant que sur le fret de retour. Il se fonde à cet égard sur la généralité des termes de la loi, et sur ce que ce serait ôter aux matelots tout intérêt à la conservation du navire au retour que d'assigner sur le fret d'aller le paiement de leurs loyers. Telle est aussi l'opinion de Becane (son annotateur). — V. en ce sens Delaporte, sur l'art. 258, C. comm. — Au contraire, suivant Emerigon, les loyers entiers ont, dans tous les cas, un privilége sur le fret, même sur le fret d'aller (V. t. 2, ch. 17, sect. 11e, § 2), et il cite un jugement du 20 août 1748. — Delvincourt (*Instit. du dr. comm.*, t. 2, p. 242 et 243) émet une opinion *mixte* en disant que l'on peut tout concilier en n'accordant, dans le cas proposé, aux matelots que *la moitié* de leurs loyers, et ce, par analogie de l'article 356. — Boulay-Paty (*Dr. comm. et marit.*, t. 2, p. 221 et suiv.) critique l'opinion de Delvincourt en tant qu'elle emporterait l'idée que la moitié, non-seulement des loyers dus aux matelots pour le voyage d'aller, mais aussi des loyers dus pour le voyage de retour jusqu'au moment du naufrage du navire, doit être payée sur le fret acquis pendant le voyage d'aller ; et le seul moyen, suivant lui, de mettre d'accord les principes d'équité avec la politique et l'intérêt du commerce et de la navigation est de décider que les gens de l'équipage peuvent prétendre sur le fret acquis du voyage d'*aller* les loyers qui sont dus pour ce voyage, mais non pour ceux du voyage de *retour*, parce que la disposition de la loi s'applique précisément aux loyers pour le voyage pendant lequel le navire a péri. — V. dans ce sens Pardessus, t. 3, nº 681 ; Locré, sur l'art. 258 ; Dageville, t. 2, p. 312 ; Goujet et Merger, nº 250.

324. — Jugé en conséquence que le voyage d'aller et le voyage de retour doivent, sauf convention contraire, être considérés comme des voyages distincts et séparés. Dès-lors, si le navire a fait heureusement le voyage d'aller, les loyers de l'équipage, à raison de ce voyage, sont définitivement acquis à l'équipage, bien que le navire périsse dans le voyage de retour. — *Rouen*, 29 déc. 1831, assureurs maritimes c. Heurtault. — V. aussi le jugement rapporté sous l'arrêt de la cour d'Aix du 19 déc. 1830, Cannac c. Bonnet.

325. — Jugé encore que les salaires des gens de l'équipage pour le voyage d'aller à raison duquel il existe une charte-partie spéciale et distincte de celle relative au voyage de retour, doivent, nonobstant la perte du navire pendant le voyage de retour, être pris et déduits sur le fret gagné et réalisé dans le premier voyage, quoiqu'ils n'aient été stipulés payables qu'au retour du navire au lieu de l'armement. Il en est de même du droit de conduite payé à l'équipage après le naufrage du navire. — *Trib. de Marseille*, 5 janv. 1830, Signoret et Gazan (*J. Marseille*, 11, 1, 222).

326. — Jugé cependant que l'art. 259, C. comm., qui dispose qu'en cas de naufrage avec perte entière du navire et des marchandises, et en cas d'insuffisance du sauvetage du navire et des marchandises, les salaires de l'équipage sont payés subsidiairement sur le fret, ne doit s'entendre que du fret des marchandises sauvées du naufrage. Par suite, s'il s'agit d'un navire affrété pour un voyage d'aller et de retour, et que le naufrage ait eu lieu dans le voyage de retour, le capitaine ne peut réclamer ses salaires sur le fret gagné dans le voyage d'aller. — *Bordeaux*, 24 juill. 1834, Delaunay c. Videt.

327. — Jugé, dans le même sens, que l'action des matelots sur les marchandises sauvées, en cas de naufrage, ne peut s'exercer que sur les marchandises existant à bord au moment du sinistre et qui en ont été préservées. — En conséquence, les matelots engagés au mois n'ont aucun droit pour le paiement de leur salaire sur le fret des marchandises débarquées en cours de voyage avant l'événement, ni sur le fret du voyage d'aller, lorsqu'ils ont reçu, lors du départ, des avances qui ont excédé le taux des salaires courus pendant la durée de ce voyage, et que le naufrage est survenu pendant le voyage de retour. — *Trib. de Marseille*, 15 fév. 1831, Martin (*J. Marseille*, 13, 1, 73).

328. — Mais dans le cas où les engagemens entre l'armateur d'un navire et le capitaine n'ont pas été interrompus, le voyage d'aller et celui de retour sont censés ne faire qu'un seul et même voyage, alors même que le navire a été assuré pour chacun de ses voyages par deux polices distinctes. — En conséquence, en cas de délaissement, le capitaine peut exercer son privilége sur le navire pour les loyers qui lui sont dus, tant pour le voyage d'aller que pour celui de retour. — *Caen*, 12 juin 1824 ; sous *Cass.*, 3 juin 1828, Delongrais c. assureurs de Caen.

329. — Les voyages en caravane dans les échelles du Levant forment, quant à l'équipage, un seul voyage indivisible qui ne se termine qu'au lieu de l'armement. Par suite, l'équipage engagé pour un voyage en caravane, et qui a reçu des avances au départ, ne peut, en cas de naufrage du navire dans le trajet de la dernière échelle, c'est-à-dire pendant la dernière fraction du voyage, répéter le solde de ses salaires que sur le produit du sauvetage du navire et sur le fret des marchandises sauvées, sans pouvoir prétendre à être payé par l'armateur sur le fret acquis dans les échelles ou fractions antérieures du voyage. — *Trib. de Marseille*, 15 mai 1833, Jouve (*Journ. Marseille*, 15, 1, 170).

330. — Il en est autrement lorsque des marins ont été engagés au mois, que divers voyages ont eu lieu, et que le navire périt ou est pris pendant le dernier voyage. L'armateur est alors tenu de payer les loyers gagnés dans les voyages antérieurs à celui pendant lequel la prise ou la perte sont survenus. — *Trib. de Marseille*, 11 sept. 1823, Sery (*Journ. Marseille*, 4, 1, 302.)

331. — Si quelque partie du navire est sauvée, les matelots engagés au voyage ou au mois sont payés de leurs loyers échus sur les débris du navire qu'ils ont sauvés. — Si les débris ne suffisent pas, ou s'il n'y a que des marchandises sauvées, ils sont payés de leurs loyers *subsidiairement* sur le fret (C. comm., art. 259), c'est-à-dire qu'ils ne peuvent attaquer le fret qu'autant que les débris du navire ne sont pas suffisans. Cela est important, surtout pour le cas où l'armateur n'est pas propriétaire du navire.

332. — Il n'y a pas lieu de distinguer si le fret a été ou non payé d'avance et déclaré acquis ; cette convention licite entre le propriétaire du navire et les chargeurs ne peut préjudicier au privilége que la loi accorde à l'équipage. — Valin, sur l'article 9, tit. *Des loyers* ; Locré, sur l'art. 259 ; Dageville, t. 2, p. 313 ; Boulay-Paty, t. 2, p. 227. — *Trib. comm. Marseille*, 6 avr. 1830 (*Journ. de Marseille*, t. 11, p. 253).

333. — Si l'engagement a eu lieu pour plusieurs voyages, le droit des matelots n'est pas restreint pour le paiement de leurs loyers, au produit des débris du corps du navire naufragé, et au fret des seules marchandises sauvées : ils peuvent, en outre, l'exercer sur le fret acquis par l'armateur dans un voyage auquel ils ont concouru antérieurement à celui pendant lequel le navire a péri. — L'armateur doit aussi payer la conduite des matelots sur les débris du navire et du fret. — *Trib. de Bordeaux*, 27 juin 1831, Hugens (*Jurispr. comm. de Bordeaux*, S, 1, 242).

334. — L'action en paiement des salaires dus aux matelots, intentée après le naufrage du navire, est plus réelle que personnelle. Par suite, dans ce cas, lorsqu'il y a eu sauvetage de quelques débris, et que le produit qui en a été retiré est demeuré entre les mains du consul de France au lieu du naufrage, le matelot qui demande à être payé sur ce produit doit s'adresser au fonctionnaire qui l'a recueilli plutôt qu'au capitaine et à l'armateur. — *Trib. de Marseille*, 15 fév. 1831, Martin (*Journ. Mars.*, 13, 1, 73).

335. — Le privilége des gens de mer sur les effets sauvés n'est primé que par les frais de justice et ceux faits pour le sauvetage. — Pardessus, t. 3, nº 681 ; Dageville, t. 2, p. 313.

336. — De quelque manière que les matelots soient loués, ils sont payés des journées par eux employées à sauver les débris et les effets naufragés. — C. comm., art. 261. — Ce paiement est garanti par un privilége, car, d'après le droit commun (C. civ., art. 2102), les frais faits pour la conservation de la chose sont placés au premier rang des priviléges. — Dageville, t. 2, p. 318.

337. — Ainsi les journées des matelots qui ont contribué au sauvetage sont d'abord prélevées sur les objets sauvés, et les matelots exercent sur le surplus leur privilége pour être payés de leurs loyers ou de leur portion, chacun de la manière qui a été expliquée. — Locré, sur l'art. 261 ; Boulay-Paty, t. 2, p. 231.

338. — Le réglement des journées consacrées au sauvetage doit être fait conformément à l'arrêté du 7 mai 1801 (17 flor. an IX) et à l'art. 7 de celui du 26 mars 1804 (5 germin. an XII).

339. — Delvincourt (t. 2, p. 249) et Boucher (sur l'art. 259) pensent que les matelots qui ont refusé de concourir au sauvetage sont déchus de leur privilége sur les effets sauvés. Valin enseigne l'opinion contraire (sur l'art. 9, tit. *Des loyers*). Mais Pothier (*Louage des matelots*, nº 187) a émis un avis qui a été adopté par plusieurs auteurs et qui nous paraît préférable : « Ceux des matelots, dit-il, qui ont travaillé à sauver quelques effets ont un privilége avant tous les autres sur les effets qu'ils ont sauvés. » — Dageville, t. 2, p. 315 ; Boulay-Paty, t. 2, p. 230.

340. — En cas de naufrage, le produit des débris, des agrès et apparaux et le fret des marchandises sauvées sont spécialement affectés aux frais de retour de l'équipage. — Arrêté 5 germin. an XII, art. 7. — Il ne s'agit que des marins engagés au mois ou au voyage.

341. — Jugé même que les frais de retour des équipages au cas de naufrage en pays étranger étaient à la charge de l'armateur, et que dès-lors l'emprunt à la grosse contracté par le capitaine pour assurer ce retour était obligatoire pour l'armateur. — *Rouen*, 29 déc. 1831, assureurs maritimes c. Heurtault.

342. — M. Beaussant (nº 291) critique avec force cet arrêt et cite Valin (ord. 1681, t. 4, liv. 3, art. 8, 9 et 10). Il faut conclure avec eux qu'en cas de naufrage, l'armateur ne doit pas de conduite. — C'est là une charge de l'état.

343. — Si les marchandises sauvées sont re-

chargées sur un autre navire, les matelots acquièrent un nouveau privilége sur le second navire. — Delvincourt, t. 2, p. 240.

344. — Si le naufrage arrive dans le port avant le départ, les gens de l'équipage ont droit au salaire de leurs journées pour l'équipement du navire, sauf la réduction de ce qui peut leur être dû à la valeur des débris du navire. — Pardessus, t. 3, nº 680.

345. — Les matelots engagés au fret sont payés de leurs loyers seulement sur le fret, à proportion de celui que reçoit le capitaine. — C. comm., art. 260.

346. — Les matelots engagés au profit n'ont rien à prétendre ni sur les débris du navire ni sur le fret de la cargaison; seulement si les marchandises sauvées sont vendues avec avantage dans le lieu du naufrage, ils peuvent réclamer la part convenue dans les profits. — Locré, sur l'art. 260; Boulay-Paty, t. 2, p. 227; Delvincourt, t. 2, p. 240.

347. — La confiscation d'un navire par suite d'un délit tel que celui résultant de la traite des noirs ne peut être assimilée au cas d'abandon, de prise, bris ou naufrage du navire et avoir pour effet de décharger les armateurs de toute responsabilité civile envers l'équipage. — *Cass.*, 2 juin 1829, administr. de la marine c. armateurs de *la Petite-Betsy*.

348. — L'innavigabilité, une fois constatée, équivaut au naufrage du navire et doit en produire tous les effets. Mais si le navire pouvait être réparé et mis en état de continuer sa route, ou si le capitaine, après en avoir trouvé un autre, le faisait monter par son équipage, cet événement ne serait plus qu'un simple retardement. — Pardessus, t. 3, nº 684.

349. — Si les gens de l'équipage parvenaient à prouver qu'au moment du départ, le navire était en mauvais état et que par conséquent l'innavigabilité ne provient pas d'une fortune de mer, la rupture du voyage serait alors réputée un fait de l'armateur et soumise aux règles de la rupture volontaire. — Pardessus, *loc. cit.*

### § 7. — *Maladie ou blessures des gens d'équipage.*

350. — *Maladie.* — Si le matelot tombe malade avant le départ, il ne lui est dû aucun loyer; il n'a droit qu'au paiement de ses journées. — Boulay-Paty, t. 2, p. 232; Dageville, t. 2, p. 319.

351. — Mais le matelot est payé de ses loyers, traité et pansé aux dépens du navire, s'il tombe malade pendant le voyage. — C. comm., art. 262; Hanse Teutonique, art. 45; Jugem. d'Oleron, art. 7; ord. de Wisbuy, art. 19.

352. — Sont à la charge de l'armement tous les frais de traitement des matelots ou gens de mer tombés malades pendant le voyage. L'usage qui se serait introduit de n'exiger du capitaine du navire que le montant des dépenses pendant quarante jours est abrogé. — *Cons. d'état*, 7 août 1839, Arrigunaga c. Min. de la marine.

353. — Il faut que la cause de leur maladie ne leur soit pas imputable; autrement, si elle provenait de débauche, de rixe ou de leur imprudence, les frais du traitement et du pansement seraient à leur charge, et les loyers ne leur seraient dus qu'à proportion du temps qu'ils auraient servi. — Arg. art. 264; — Dageville, t. 2, p. 319; Boulay-Paty, t. 2, p. 233; Pardessus, t. 3, nº 688; Delvincourt, t. 2, p. 245; Valin, art. 11, tit. *Des loyers;* Emérigon, t. 1er, p. 636; Goujet et Merger, nº 272.

354. — Dans le contrat ordinaire de louage, le maître est ordinairement fondé en droit à retenir sur le prix du loyer le temps de la maladie de son serviteur; mais une protection toute spéciale a été accordée en ce cas au marin, afin de favoriser le développement de l'inscription maritime. — Pothier, *Louage des matelots*, nº 189.

355. — Il n'est pas nécessaire, pour que le matelot soit traité aux frais du navire, que la maladie se déclare plus de vingt-quatre heures après le départ du bâtiment. — Dageville, t. 2, p. 319; Favard, vº *Gens de mer*, nº 8.

356. — Le matelot auquel le capitaine, après la rupture volontaire du voyage en pays étranger, a procuré le passage sur un autre navire pour retourner en France, ne doit pas moins être considéré comme étant encore au service de l'armement tant qu'il n'est pas arrivé au poste de destination. En conséquence, l'armateur est tenu de supporter, outre les frais du voyage de retour, ceux de la maladie dont le matelot a été atteint pendant la traversée, et il ne peut exciper, pour s'y soustraire, d'un réglement qu'il aurait fait avec les gens de son équipage au lieu où le voyage a été rompu, si le réglement n'a pas été fait en présence de l'administration de la marine. — Il doit en être ainsi, lors même que l'ordre de rapatriement, par voie de mer, délivré par le consul français, contient la désignation du commissaire maritime au lieu de l'armement, comme chargé d'effectuer le paiement du prix du passage. — *Trib. Marseille*, 27 juin 1832, Reynier (*J. Marseille*, 13, 1, 263).

357. — Le matelot qui a été débarqué en pays étranger pour cause de maladie a droit à ses salaires, comme s'il eût achevé le voyage, quand même il aurait été rapatrié aux frais de l'armateur. — C. comm., art. 262; — sentence de l'amirauté de Marseille du 16 mai 1730; — Emérigon, t. 1er, p. 635; Boulay-Paty, t. 2, p. 634.

358. — De même, le capitaine ou matelot d'un bâtiment armé en course a droit, bien que descendu à terre pour cause de maladie, aux prises amarinées par son bâtiment dans le mois de son débarquement. — *Cass.*, 12 flor. an IX, Bellas c. Laurue.

359. — *Blessure.* — Si le matelot est blessé au service du navire, il est traité et pansé aux dépens du navire et, de plus, payé de ses loyers (C. comm., art. 262), peu importe que cet accident lui soit arrivé avant ou après le voyage commencé. — Dageville, t. 2, p. 319; Boulay-Paty, t. 2, p. 235.

360. — Il en doit être évidemment de même dans le cas où le matelot est blessé en combattant contre les ennemis et les pirates. — C. comm., art. 263.

361. — Mais si le matelot est blessé à terre, après avoir quitté le navire sans autorisation, les frais de ses pansement et traitement sont à sa charge; il peut même être congédié par le capitaine. — Ses loyers, en ce cas, ne lui sont payés qu'à proportion du temps qu'il a servi (C. comm., art. 264; ord. de Wisbuy, art 18). Mais on sait que le débarquement à l'étranger ou aux colonies ne peut avoir lieu qu'avec l'autorisation ou des consuls ou des commissaires des classes.

362. — Pour que le matelot puisse être congédié, il suffit qu'il soit descendu à terre sans autorisation. — Valin, sur l'art. 12, tit. *Des loyers.* — Cette faculté accordée au capitaine est du reste limitée par l'art. 270, qui lui défend de congédier aucun matelot en pays étranger. — Boulay-Paty, t. 2, p. 238; Delvincourt, t. 2, p. 246.

363. — Dans le cas où, malgré cette infraction à la discipline, le matelot blessé n'est pas congédié, mais que sa maladie l'empêche de servir pendant longtemps, que lui est-il dû? — Selon Delvincourt (t. 2, p. 246), ses loyers ne courent pas pendant sa maladie. — Boulay-Paty (t. 2, p. 237) combat cette opinion et se fonde sur ce que, l'intérêt de la navigation ayant empêché le débarquement du matelot, il est juste qu'il profite de ses gages.

364. — Si le matelot a quitté le navire avec autorisation et qu'il soit blessé, il doit être assimilé au matelot qui tombe malade pendant le voyage, à moins que sa blessure ne provienne d'une cause qui lui soit imputable. — Locré, sur l'art. 264; Boulay-Paty, t. 2, p. 237, Delvincourt, t. 2, p. 246; Dageville, t. 2, p. 324; Goujet et Merger, nº 280. — V. *contrà* Valin, sur l'art. 12, tit. *Des loyers*, t. 3, liv. 4, ord. 1681.

365. — Le capitaine, ou, s'il s'agit de lui, le second, doit juger dans sa prudence, et surtout en prenant l'avis du chirurgien, s'il est convenable et urgent de mettre à terre le malade, et même de se détourner à cet effet. — Pardessus, nº 688.

366. — Le capitaine qui laisse dans un hôpital un matelot débarqué malade doit pourvoir aux frais des maladies contractées pendant le voyage, et au rapatriement ou à la sépulture. A cet effet, il dépose une somme suffisante ou présente une caution solvable au greffe du consulat, ou au bureau de l'inscription maritime. — Art. 3, arr. 5 germin. an XII; art. 50, ord. 29 oct. 1833; — Beaussant, t. 1er, nº 288.

367. — Le dépôt se fait au bureau de l'inscription maritime, ou au greffe du consulat, puisque le débarquement ne peut avoir lieu qu'avec l'autorisation du commissaire ou du consul.

368. — D'après ce que nous avons dit *suprà* nº 353, il ne peut faire doute que si la maladie provient du fait du matelot, le capitaine ne soit tenu à aucune consignation.

369. — En cas de contravention aux dispositions précitées, procès-verbal est dressé par le consul ou le commissaire, et transmis au ministre de la marine. Le consul ou le commissaire pourvoient aux besoins du matelot. — Art. 50, ord. 29 oct. 1833.

370. — Toutes les dispositions concernant les traitement et pansement des matelots sont communes aux officiers et à tous autres gens de l'équipage. — C. comm., art. 272.

371. — Jadis, le marin resté impotent à la suite d'une blessure gagnée au service du navire ou dans un engagement avec l'ennemi avait droit à une pension viagère, ou à une autre indemnité prélevée sur le navire ou la cargaison. — Hanse teutonique, art. 35; — Kuricke, p. 786; Casaregis, disc. 46, nº 44.

372. — De nos jours, le gouvernement leur accorde des pensions sur la caisse des invalides de la marine. — L. et ord. 1720, 1756, 1778; — Valin, sur l'art. 11, tit. *Des loyers*, ord. de la marine.

### § 8. — *Captivité ou mort des gens d'équipage.*

373. — *Captivité.* — Le matelot pris dans le navire et fait esclave, par suite d'abordage ou autrement, ne peut rien prétendre contre le capitaine, les propriétaires ni les affréteurs, pour le paiement de son rachat. — Art. 266.

374. — Il n'a droit qu'aux loyers jusqu'au jour où il a été pris et fait esclave. — Art. 266; — Valin, art. 16, tit. *Des loyers*; Pothier, *Louage des matelots*, nº 221; Pardessus, nº 687.

375. — ... Encore est-ce à la condition que le navire n'a pas été pris. Autrement, il ne pourrait prétendre à aucun loyer. — Art. 258.

376. — Mais le matelot pris et fait esclave, s'il a été envoyé en mer ou à terre pour le service du navire, a droit à l'entier paiement de ses loyers. — Il a encore droit au paiement d'une indemnité pour son rachat, si le navire arrive à bon port. — C. comm., art. 267.

377. — Si le matelot est engagé au profit ou à la part sur un navire armé en course, il a droit aux bénéfices résultant de la vente de la cargaison, ou à sa part dans toutes les prises qui seront faites depuis sa captivité, et pendant tout le temps que devait durer son engagement. — Delvincourt, t. 2, p. 241. — Quant aux autres matelots, ils ont également droit aux parts de prises que leur assurent l'usage et les réglemens.

378. — L'indemnité est due par les propriétaires du navire, si le matelot a été envoyé en mer ou à terre pour le service du navire. — L'indemnité est due par les propriétaires du navire et du chargement, si le matelot a été envoyé en mer ou à terre pour le service du navire et du chargement. — C. comm., art. 268.

379. — Dans le premier cas, l'avarie est simple, et par conséquent à la charge du navire. — Dans l'autre, elle est commune. Aussi doit-elle être réglée, l'indemnité étant due au matelot indépendamment de ses loyers, non seulement sur la valeur du fret, mais encore sur celle des marchandises sauvées. Ainsi, la répartition de la rançon se fera, au marc le franc, sur la valeur des débris du navire et sur celles des marchandises, fret déduit, comme lorsqu'il s'agit de jet à contribution. — Valin, art. 17, tit. *Des loyers*; Boulay-Paty, t. 2, p. 259.

380. — Le privilége des matelots n'est donc pas le même pour les loyers et pour l'indemnité dont il s'agit. — On a vu, en effet, que le privilége des loyers ne frappait que le navire, et subsidiairement le fret, mais non les marchandises. — Art. 259. — L'indemnité, au contraire, frappe concurremment tous les objets. C'est, au surplus, la règle pour toutes les grosses et communes avaries. — Art. 401, C. comm.

381. — Si le matelot avait été envoyé à terre pour le service de la cargaison seule, par exemple, pour s'assurer si telle marchandise pourrait se vendre dans le pays, si telle autre pourrait s'y acheter, l'indemnité devrait alors être supportée par la cargaison seule. — Delvincourt, t. 2, p. 245; Dageville, t. 2, p. 332; Boulay-Paty, t. 2, p. 250.

382. — Le montant de l'indemnité est fixé à 600 francs. Le recouvrement et l'emploi en seront faits, dit l'art. 269, suivant les formes déterminées par le gouvernement, dans un réglement relatif au rachat des captifs. Le réglement annoncé par cet articles n'a pas encore paru.

383. — L'indemnité est uniforme, la loi, dans un but de haute moralité, n'ayant considéré ni le rang ni la qualité du captif.

384. — Le réglement des sommes destinées au rachat des marins devait être fait incontinent après l'arrivée du vaisseau, aux termes de l'art. 18, ord. de la marine, § *Des loyers*; c'est le vœu de l'humanité, dit Boulay-Paty, *ib.*

385. — Toutes les dispositions concernant le rachat des matelots sont communes aux officiers et à tous autres gens de l'équipage. — C. comm., art. 272.

386. — *Mort.* — Si le matelot meurt avant le départ, il ne lui est dû (c'est-à-dire à ses représentans) que le salaire de ses journées; aucune portion de ses loyers ne peut être réclamée; mais sa succession n'est pas tenue de rendre ce qu'il a reçu d'avance.

387. — Les loyers du matelot tué en défendant le navire sont dus en entier pour tout le voyage, si le navire arrive à bon port, quel que soit le mode

de l'engagement, au mois, au voyage ou au profit (C comm., art. 256).—La part qu'il aurait eue dans les prises faites après son décès doit également passer à ses représentans. — Valin, sur l'art. 2, tit. *Des prises*; Boulay-Paty, t. 2, p. 244;—Réglem. 25 nov. 1693, art. 2 ;—Dageville, t. 2, p. 328.

388. — Cette disposition est également applicable à tout matelot mort pendant le combat , en faisant le service de la manœuvre , au poste qui lui avait été assigné, ou, après le combat, des suites de ses blessures. — Valin , sur l'art. 45 , tit. *Des loyers*; Boulay-Paty, t. 2, p. 243 ; Dageville, t. 2 , p. 328 ; Pardessus, t. 2, n° 689 ; Delvincourt, t. 2 , p. 247.

389. — Si le matelot s'était loué *au voyage* pour l'aller et le retour, et qu'il fût tué en allant, le loyer du voyage entier n'en serait pas moins dû à sa succession.

390. — Les loyers échus avant la mort du matelot tué en défendant le navire sont dus par le navire seul ; après la mort , il sont supportés par contribution entre le navire et le chargement. C'est une avarie commune. — Boulay-Paty, t. 2, p. 245; Dageville, t. 1er, p. 328 ; Delvincourt, t. 2, p. 247.

391. — Mais entre les parties intéressées, propriétaires et chargeurs, la perte ne doit être supportée que dans les proportions où elle existe. — Les marchandises ne devront donc proportionnellement avec le navire que la portion excédant les loyers qui auraient été dus en cas de mort naturelle par le navire. — Boulay-Paty, t. 2, p. 248.

392. — Toutefois, il faut , pour que l'indemnité ci-dessus soit due, que le navire arrive à bon port, car sa perte est regardée comme un cas de force majeure qui frappe tout l'équipage.

393. — Il n'y a également lieu à contribution qu'autant que le combat a empêché le navire de tomber au pouvoir de l'ennemi. Du moment que le navire a été capturé, les dommages soufferts pendant le combat ne sont plus réputés avaries communes, quand bien même le navire se rait ensuite parvenu à s'échapper. — Pothier , *Louage des matelots*, n° 197; Boulay-Paty, t. 2, p. 243.

394. — Dans ce même cas , il n'y a pas lieu au paiement entier des loyers pendant tout le voyage. — Mêmes auteurs.

395. — Dans tous les autres cas de mort d'un matelot pendant le voyage , il faut distinguer : si le matelot est engagé au mois, les loyers sont dus à sa succession jusqu'au jour de son décès, sans en retrancher ceux qui ont couru pendant la durée de la maladie. — Si le matelot est engagé au voyage, la moitié de ses loyers est due s'il meurt en allant ou au port d'arrivée. — Le total de ses loyers est dû s'il meurt en revenant. Si le matelot est engagé au profit ou au fret, sa part entière est due s'il meurt, le voyage commencé. — C. comm., art. 265.

396. — Si le matelot avait été engagé pour la traversée , la somme entière qui lui aurait été comptée ou promise lui est due. — Sentence de l'amirauté de Marseille, 31 juill. 1753 ;—Emérigon, t. 1er, p. 627 et 638.

397. — Il importe peu que le matelot soit décédé peu après que le navire a fait voile, ou le jour même , soit pour l'aller, soit pour le retour. — Valin, art. 14, tit. *Des loyers*.

398. — Dans tous les cas , les héritiers doivent supporter les frais d'enterrement du défunt. — Consulat , chap. 128 et 129; Clairac, sur l'art. 7, *Des Jugemens d'Oleron* ; Valin , ib.

## ÉQUIPEMENT.

1. — Les frais ordinaires d'équipement ne sont pas sujets à rapport. — C. civ., art. 852.—V. RAPPORT A SUCCESSION.

2. — Les équipemens des militaires, suivant l'ordonnance et le grade ne peuvent être saisis. — C. proc., art. 592, n° 5. — V. SAISIE-EXÉCUTION.

3. — Tout ce qui concerne le vol, la dissipation, la vente ou l'achat illicite des effets composant l'équipement militaire du soldat, ainsi que la distinction des effets de grand et de petit équipement, a été traité v° EFFETS MILITAIRES.

4. — Les marchands d'objets d'équipement militaire sont patentables de troisième classe; droit fixe basé sur la population, et droit proportionnel du vingtième de la valeur locative de l'habitation et des lieux servant à l'exercice de la profession.—V. PATENTE.

5. — Les sommes dues pour l'équipement et l'armement d'un navire sont privilégiées dans certains cas. — C. comm., art. 191, n° 8. — V. NAVIRE.— V. aussi CAPITAINE DE NAVIRE.

## ÉQUIPEURS-MONTEURS.

Patentables de septième classe; — droit fixe basé sur la population et droit proportionnel du quarantième de la valeur des lieux d'habitation et des locaux servant à l'exercice de la profession, mais seulement dans les communes d'une population de 20,000 ames et au dessus. — V. PATENTE.

## ÉQUIPOLLENT.

V. ÉQUIVALENT, TERMES (expressions).

## ÉQUITÉ.

1. — Ce mot est susceptible de diverses acceptions. — Quelquefois il s'emploie pour signifier seulement la volonté d'être juste, et dans ce sens il n'exprime qu'une vertu.

2. — Dans d'autres occasions, Il désigne une certaine aptitude ou disposition d'esprit qui distingue le juge éclairé. Alors l'équité n'est, dans le magistrat, que l'effet d'une raison exercée par l'observation et dirigée par l'expérience.

3. — Le mot *équité* est pris aussi quelquefois, quoique assez improprement, pour la loi elle-même. Ainsi, il n'est pas rare d'entendre dire qu'une décision est équitable pour exprimer qu'elle est conforme à la loi.

4. — Enfin, en entend encore par ce mot, et c'est en le prenant dans ce dernier sens qu'on peut dire que l'équité est véritablement le supplément de la législation, l'ensemble des principes que la nature a imprimés dans tous les hommes, et qui les portent à une exacte appréciation du juste et de l'injuste.

5. — L'équité est d'une grande ressource pour bien comprendre l'esprit d'une loi et pour suppléer à ce qu'elle a omis, ou éclaircir ce qu'elle renferme d'obscur. C'est une des meilleurs voies d'interprétation.— V. LOI.

6. — La rigueur d'une loi ne peut être tempérée par une interprétation fondée sur l'équité, lorsque cette rigueur est essentielle à la loi et que le moindre tempérament qui y serait apporté aurait pour résultat de la modifier ou de l'anéantir. C'est alors le cas de dire avec la loi romaine : *Quod quidem perquàm durum est, sed ita lex scripta est*. — Domat, *Lois civiles*, liv. 1er, sect. 2e, n° 4 ; Mailher de Chassat, *De l'interprétation des lois*, p. 193.

7. — Mais si la rigueur d'une loi n'en est pas une condition, un élément essentiel et inséparable, et que cette loi puisse avoir son effet par une interprétation qui adoucisse ce qu'elle pourrait avoir de trop rigoureux, il faut alors préférer l'interprétation fondée sur l'équité à l'application étroite de la lettre.— Domat et Mailher de Chassat, *ubi suprà*.

8. — Il en est de même, et à plus forte raison encore, dans les conventions où, l'équité et les contractans, tiennent lieu de la loi elle-même, car la rigueur que présente parfois celle-ci se rencontre plus rarement dans les premières : l'équité devra donc alors être la principale règle d'interprétation.— V. OBLIGATION.

9. — L'équité n'est pas seulement un moyen d'interprétation, elle tient aussi quelquefois lieu de la loi elle-même. C'est ce qui arrive lorsqu'il se présente des cas qui n'ont point été prévus par le législateur. — Domat, liv. 1er, sect. 1re, n° 23 ; Merlin, *Rép.*, v° *Équité*.

## ÉQUIVALENT.

1. — Ce qui est de même valeur. — Ce mot est considéré ordinairement comme synonyme d'é-quipollent.

2. — Dans les contrats commutatifs, chacune des parties s'engage à donner ou à faire une chose qui est regardée comme l'équivalent de ce qu'on lui donne ou de ce qu'on fait pour elle. — C. civ., art. 1104. — V. CONTRAT.

3. — Dans les contrats aléatoires, l'équivalent consiste dans la chance de gain ou de perte par chacune des parties, d'après un événement incertain. — C. civ., art. 1104. — V. CONTRAT ALÉATOIRE.

4. — Dans le plus grand nombre des cas, les termes que la loi indique comme expression d'un consentement donné ou de la constatation d'un fait, ne sont pas sacramentels et peuvent être remplacés par des équivalens. — V. TERMES (expressions).

5. — Ainsi, dans les actes qui doivent être datés, l'indication du jour et du mois peut être quelquefois remplacée par des équivalens. — V. DATE, n° 17.

6. — Autrefois, en Languedoc, on appelait *équivalent* un droit particulier sur les boissons. — V. BOISSONS, n° 13.

7. — Enfin, le mot *équivalent* était un terme autrefois fréquemment employé dans des chartes générales du Hainaut pour désigner la valeur pécuniaire d'un bien-fonds qui avait été donné par contrat de mariage à l'un des époux ou à ses enfans à naître, sans que la donation eût été revêtue des formalités du nantissement, nécessaire en cette province pour transférer incommutablement la propriété.— Merlin, *Rép.*, v° *Équivalent*. — V. aussi DÉSISTEMENT , DONATION ENTRE-VIFS, LETTRE DE CHANGE.

## ÈRE RÉPUBLICAINE.

V. CALENDRIER.

## ERMITE.

Religieux solitaire. — Nous ne mentionnons ce mot que pour indiquer que les ermites n'ont aucun caractère ni aucun costume légalement reconnu; d'où il résulte que l'art. 259, C. pén., relatif au port illégal de costumes, n'est pas applicable au port du costume d'ermite. — V. au surplus COSTUME , nos 23 et suiv.; CULTE, nos 402 et suiv. — V. aussi COMMUNAUTÉS RELIGIEUSES, nos 67 et suiv.

## ERREMENS.

Se dit en, termes de palais, des voies, des procédures suivies dans une affaire. Ainsi on dit : *reprendre les anciens erremens, suivre les derniers erremens*.

## ERREUR.

*Table alphabétique.*

Acquiescement, 18, 29, 63, 69, 73.
Appréciation , 18, 29, 69, 75.
Aveu, 62, 70, 73, 81.
Cassation, 18.
Cause (erreur sur la), 20 s., 59.
Caution, 98.
Chose (erreur sur la), 6.
Communauté, 11, 91, 106.
Condition, 12 s., 16 s.
Confirmation, 98.
Consentement, 27, 34, 33, 79.
Contrat de bienfaisance, 46.
Corps certain, 78.
Créancier, 53.
Crimes et délits, 108.
Dol, 49, 57.
Dommage, 99 s.
Donataire, 92.
Dot, 14 s.
Doute, 69.
Droits successifs, 97.
Effets des contrats, 105 s.
Erreur accidentelle, 3. — de calcul, 24, — commune, 2. — essentielle, 3.—de fait 4 s., 6 s., 76.— invincible, 3, 58.—involontaire, 3. — volontaire, 3.
Excuse, 105.
Exécution, 87 s.
Expropriation pour utilité publique, 65.
Fief, 95.
Formes, 94.
Fruits, 61.
Grade, 46.
Héritier, 86 s., 90, 92, 106. — apparent, 54.
Ignorance, 2, 69, 80, 98, 107 s.
Jugement, 109.
Légataire, 102.

Legs, 15, 56.
Lésion, 40.
Locataire, 56, 64.
Loi pénale, 80, 108.
Louage, 49 s.
Mariage, 44, 58.
Minorité, 55.
Motif (erreur sur le), 9. — déterminant, 12 s., 47, 79, 83 s.
Nature de l'affaire (erreur sur la), 7.
Nullité, 8 s., 21 s., 27, 34. 37 s., 67, 83 s. — (action en), 110.
Objet (erreur sur l'), 26, 28 s.
Obligation, 77 s. — naturelle, 85 s., 93.
Opinion controversée, 104.
Option, 102.
Paiement, 53, 86.
Partage, 30, 35, 89 s.
Peintre, 56.
Personne (erreur sur la), 6, 42 s.
Possession, 60.
Prescription, 59, 76, 403.
Preuve, 29, 64, 70, 140.
Profession, 56.
Qualités accidentelles, 36 s. — de la personne, 52 s.
Ratification, 24, 68, 107.
Reconnaissance, 76.
Rente viagère, 32.
Répétition, 25, 93.
Requête civile, 66.
Rescision, 8, 67.
Restitution, 99 s.
Serment, 71.
Société, 51, 82.
Substance (erreur sur la), 32 s., 55 s.
Succession, 11, 14, 44, 101 s.
Testament, 45, 87.
Transaction, 24, 45, 74, 81.
Vente, 40, 29.
Vice rédhibitoire, 39.

ERREUR. — 1. — C'est la non conformité ou l'opposition de nos idées avec la nature ou l'état des choses.

2. — Elle diffère de l'ignorance, qui n'est qu'une privation d'idées ou de connaissance. — Cependant l'erreur et l'ignorance sont le plus souvent réunies et confondues en ce que l'ignorance d'un fait ou

59

d'une chose peut donner lieu de supposer qu'une autre chose existe; aussi ce que l'on dit de celle-ci est-il applicable à celle-là. — Denisart, *Collect. de jurispr.*, vº *Erreur*, nº 1er; Merlin, *Rép.*, vº *Ignorance*; Favard, *Rép.*, vº *Erreur*; Duranton, *Droit français*, t. 10, nº 106.

3. — On distingue plusieurs espèces d'erreurs, suivant le point de vue auquel on se place. Ainsi d'abord considérées par rapport à leur origine, elles sont volontaires ou involontaires, invincibles ou non invincibles. — Eu égard à leur influence sur les actions ou affaires des hommes, elles sont essentielles ou accidentelles. — Merlin, *loc. cit.*

4. — L'erreur, considérée par rapport à son objet, est de droit ou de fait. — Merlin, *ibid.* — Elle est aussi quelquefois *erreur commune*. — V. ce mot.

5. — Il y a erreur de droit quand on se trompe sur ce que la loi ordonne, permet ou défend. — Favard de Langlade, *loc. cit.* — V. conf. Denisart, *ubi suprà*. — Toute autre erreur est une erreur de fait.

§ 1er. — *Erreur de fait* (nº 6).

§ 2. — *Erreur de droit* (nº 72).

—

## § 1er. — *Erreur de fait.*

6. — Suivant M. Rolland de Villargues (*Rép.*, vº *Erreur*, nº 2), l'erreur de fait comprend l'erreur sur la *personne*, l'erreur sur la *chose* et l'erreur sur le *motif*. — V. conf. Poujol, *Traité des obligations*, t. 1er, nº 2. — V. aussi Toullier, *Droit civ. français*, édit. Duvergier, t. 3, nº 36.

7. — Mais cette énumération est évidemment incomplète. Ainsi, par exemple, il faut y ajouter l'erreur sur la nature de l'affaire ou l'essence de la convention. — Pothier, *Traité des obligations*, nº 17; Duranton, nº 108; Duvergier, sur Toullier, nº 36, note *a*; Marcadé, sur l'art. 1110, C. civ., nº 1er. — Ou encore l'erreur sur la cause principale et légale de l'engagement. — V. conf. Duranton, *loc. cit.*

8. — Une remarque préliminaire qui domine toute la matière, c'est que l'effet de l'erreur sur les actes juridiques n'est pas toujours le même : tantôt elle les rend nuls, c'est-à-dire les réduit à néant, tantôt enfin les rend simplement annulables ou rescindables.

9. — En règle générale, l'erreur sur le motif ne rend la convention ni nulle ni annulable. C'est qu'en effet, les parties n'étant pas dans l'habitude de se demander leurs motifs réciproques, il n'est pas probable dès-lors qu'elles aient entendu subordonner le sort de l'acte à la réalité de ces motifs, dont la constatation, toujours difficile et quelquefois impossible, donnerait lieu à trop de procès. D'ailleurs, en supposant même que les motifs fussent constatés, comment savoir que sans ces motifs, le contrat n'aurait réellement pas eu lieu? — V. conf. Wolff, *Jus. nat.*, part. 1re, § 422; Pothier, *Oblig.*, nº 20; Denisart, vº *Erreur*, § 2, nº 2; Toullier, nº 37; Duranton, nº 110; Poujol, nº 6; Marcadé, *loc. cit.*; Rolland de Villargues, *Rép.*, vº *Erreur*, nºs 5 et suiv.; Merlin, *Rép.*, vº *Ignorance*, nº 7; Delvincourt, t. 2, p. 124.

10. — D'où il suit que si, croyant faussement que mon cheval m'a été volé, j'en achète un autre pour le remplacer, cette erreur ne viciera pas le contrat. — Pothier, nº 30; Duranton, *loc. cit.*; Rolland de Villargues, nº 6. — V. VENTE.

11. — De même, si, dans la fausse croyance qu'une succession ou une communauté est bonne, je l'accepte, il n'y aura pas lieu de revenir contre cette acceptation, parce que j'ai pu être déterminé par un autre motif que celui de faire un bénéfice. — V. cependant *infrà* nº 41. — Toullier, t. 4, nº 351; Bellot, t. 2, p. 232; Rolland de Villargues, nº 8. — V. COMMUNAUTÉ, nº 1007; SUCCESSION.

12. — La doctrine signale une exception à cette règle pour le cas où les parties auraient fait dépendre par une clause formelle la validité de la convention de la réalité du motif qui les déterminait à contracter. — Rolland de Villargues, nº 5 *bis*; Poujol, nº 6; Toullier-Duvergier, 3e vol., nº 40; Merlin, *Rép.*, vº *Ignorance*, nº 7.

13. — Il n'est même pas nécessaire, comme le fait observer Toullier (nº 41), de faire une condition à part de ce motif. Il suffit que l'autre partie l'ait connu ou dû connaître, et qu'elle ait dû le regarder comme une condition de la promesse qu'elle a acceptée; car il est des motifs qui constituent des conditions tacites inhérentes au contrat, et ces conditions implicites n'ont pas moins de force que les conditions expresses. — V. conf. Rolland de Villargues, nº 13; Poujol, *loc. cit.* — V. aussi CONDITION, nºs 33 et suiv.



14. — Ainsi, si, après avoir promis à ma nièce, en faveur de son mariage, une dot de 50,000 francs *à prendre* sur la succession de Titius, il se trouve que je ne suis point héritier, l'obligation sera anéantie, parce qu'il paraît bien qu'elle a été subordonnée à la condition implicite que je recueillerai la succession de Titius, condition que quelques auteurs ont appelée *assignat limitatif*. — Toullier, nºs 41 et 503; Rolland de Villargues, nº 15.

15. — Mais il faudrait décider autrement pour le cas où, ayant appris qu'un ami m'a fait en mourant un legs universel, je me serais déterminé par ce motif, qui plus tard est reconnu faux par suite de la découverte d'un nouveau testament, révocatoire du premier, à donner à ma nièce 50,000 francs sans spécifier que cette somme serait à prendre sur les biens de la prétendue succession. Dans cette hypothèse en effet, on ne saurait dire que la perspective du legs ait été le seul motif de ma promesse, l'affection que je portais à ma nièce devant être plutôt considérée comme le motif principal et véritablement déterminant. C'est à moi d'ailleurs de m'imputer de m'être déterminé trop légèrement. — Rolland de Villargues, nº 7.

16. — Je m'oblige de vous donner la somme nécessaire pour obtenir le grade de docteur. Si vous ne vous faites pas recevoir docteur, je ne vous dois rien; car il est impossible de concevoir l'exécution de ma promesse si les sommes ne sont pas dues.

17. — Ainsi, en général, on doit, dans ces sortes de questions, s'attacher à juger si le motif présenté comme déterminant formait véritablement condition, sans perdre toutefois de vue le principe que l'on ne doit point admettre de conditions même tacites, si elles ne résultent de la volonté des parties. — Cujas, *Observ.*, lib. 25, cap. 18; Toullier, t. 6, nºs 42 et 504; Rolland de Villargues, nº 17.

18. — Ajoutons que les juges ont à cet égard un pouvoir discrétionnaire, et que leurs décisions, étant en fait, échapperaient forcément à la censure de la cour suprême.

19. — Mais la règle générale que la convention n'est pas nulle par suite d'erreur sur le motif, quand ce motif ne forme point condition, soit expresse, soit tacite, souffre exception lorsqu'il y a eu dol pratiqué dans le but de faire naître l'erreur; car alors l'erreur sur le motif, bien que ne formant pas condition, suffirait pour vicier le contrat ou le quasi-contrat. — V. DOL, OBLIGATION.

20. — A la différence de l'erreur sur le motif, qui, sauf les cas exceptionnels que l'on a indiqués, laisse subsister dans son intégrité la convention, l'erreur sur la cause l'empêche de se former. C'est ce qu'exprime l'art. 1131, C. civ., en ces termes : « L'obligation sans cause ou sur une fausse cause ne peut avoir aucun effet. » — En sorte que la réalité de la cause (qualifiée vaguement de motif déterminant par quelques auteurs, notamment par Rolland de Villargues, nºs 9 et suiv.), est comme une condition inhérente au contrat, sans laquelle le consentement n'aurait point été donné, ni l'obligation contractée. — Toullier, t. 6, nº 39; Duranton, t. 10, nº 111; Rolland de Villargues, nº 9; Marcadé, sur l'art. 1109, nº 1er. — V. OBLIGATION.

21. — Et quand il y a erreur sur la cause, ce n'est point d'une simple annulabilité susceptible de se couvrir par une ratification expresse ou tacite qu'il s'agit, mais d'une nullité proprement dite, d'une nullité absolue et énergiquement qualifiée de nullité *insanable*. — V. NULLITÉ.

22. — Comme exemples de conventions déclarées nulles pour erreur sur la cause, l'on peut citer :

23. — ... 1º Le contrat de rente viagère, lorsque cette rente est créée sur la tête d'une personne morte au jour du contrat, ou atteinte à cette époque de la maladie dont elle est morte dans les vingt jours de la date de l'acte. — C. civ., art. 1974 et suiv. — V. RENTE VIAGÈRE.

24. — ... 2º La transaction qui est intervenue sur pièces depuis reconnues fausses (C. civ., art. 2055), ou sur un procès jugé (art. 2056), ou sur un objet auquel, par des titres nouvellement découverts, il est établi que l'une des parties n'avait aucun droit (art. 2057). — Quant à l'erreur de calcul dans une transaction, elle ne donne pas lieu, comme le fait remarquer M. Duranton (t. 18, nº 434), à la nullité; mais elle doit être réparée. — V. ERREUR DE CALCUL, TRANSACTION.

25. — C'est encore parce qu'il y a erreur sur la cause de l'opération (qui est ici une prestation faite en vue de se libérer d'une obligation), qu'aux termes de l'art. 1376, C. civ., « celui qui reçoit par erreur ou sciemment ce qui ne lui est pas dû



s'oblige à le restituer à celui de qui il l'a indûment reçu, » et que, suivant l'art. 1377, « lorsqu'une personne qui, par erreur, se croyait débitrice, a acquitté une dette, elle a le droit de répétition contre le créancier... » — V. RÉPÉTITION.

26. — Il résulte de la nature du contrat synallagmatique que l'erreur qui porte sur l'*objet* de l'obligation de l'une des parties porte, par cela même, sur la *cause* de l'obligation de l'autre, et rend, par conséquent, le contrat nul sous l'un comme sous l'autre rapport. — Duranton, t. 10, nº 113. — V. OBJET (erreur de l').

27. — L'erreur peut porter sur la nature même de l'opération que les parties ont entendu faire entre elles, comme, par exemple, dans le cas où celui qui vend ou qui loue ne croit faire ni l'une ni l'autre de ces choses; alors il y a défaut absolu de consentement, et, par suite, nullité radicale, inexistence de l'obligation. — V. OBLIGATION.

28. — Le contrat ne se serait pas davantage formé dans le cas où l'erreur, au lieu de porter sur la nature de l'affaire intervenue entre les parties, porterait sur l'individualité même de la chose qui fait l'objet de l'obligation, et constituerait ce que l'on appelait en droit romain *error in rei corpore*. — V. LL. 9, ff., *De contr. empt.*, et 21, §§ 1 s., *De act. empt. et vend.* — Ainsi, par exemple, je crois acheter de vous le fonds Cornélien, tandis qu'au contraire vous croyez me vendre le fonds Sempronien, il n'y a pas de vente *quia in corpore dissentimus*, dit la loi 9 précitée *in princip.* — V. OBLIGATION.

29. — Mais pour que le contrat soit nul, quand l'erreur tombe sur le *corps* même de l'objet qui fait la matière de la convention, il faut que l'erreur soit bien établie par celui qui en argumente; à cet égard, les circonstances du fait peuvent éclairer le juge. Toutefois, dans le doute, il devra se prononcer contre le vendeur, parce que celui-ci est tenu, suivant l'art. 1602, C. civ., d'expliquer clairement ce à quoi il s'oblige. — Duranton, nº 113.

30. — Une remarque importante, c'est qu'en matière de partage l'erreur *in rei corpore*, par rapport à un objet isolé, n'empêche pas le partage d'être valable. Qu'importe, en effet, que j'aie faussement cru avoir dans mon lot le fonds *Cornélien*, tandis que c'est le fonds *Sempronien* qui s'y trouve, si, celui-ci étant parfaitement égal à celui-là, je me trouve avoir, en définitive, un *lot équivalent*? — V. PARTAGE.

31. — Dans ces différens cas où l'erreur porte soit sur la cause, soit sur la nature de l'acte juridique, soit enfin sur le corps même de la chose, l'on peut dire qu'elle est exclusive de tout consentement (L. 15, ff., *De jurisdict.*), et par suite, celui qui erre n'est pas censé consentir : *non videntur qui errant consentire*. — L. 116, § 2, ff., *De regul. jur.* — V. conf. L. 20, ff., *De aq. et aq. pluv.*

32. — Lorsque l'erreur ne porte pas *in rei corpore* elle n'est considérée, par rapport à l'objet de l'obligation, une cause de nullité que lorsqu'elle tombe sur la *substance* même de cet objet. — C. civ., art. 1110, al. 1er.

33. — Alors, l'erreur n'est pas exclusive de tout consentement. Il y a consentement; seulement le consentement n'est pas *valable*. — C. civ., art. 1109.

34. — Et la loi, en se bornant à ouvrir une action en nullité contre les conventions entachées d'une semblable erreur, donne clairement à entendre qu'elle en reconnaît l'existence juridique. — Zachariæ, *Dr. civ. fr.*, t. 2, § 343. — V. aussi Delvincourt, sur l'art. 1110, C. civ.

35. — Mais si, en matière de partage, l'erreur *in rei corpore*, par rapport à un objet isolé, n'empêche pas le partage d'être valable (V. *suprà* nº 30), en est-il de même de l'erreur sur la *substance*? Il est difficile de trouver, en ce qui concerne le partage, une erreur sur la *substance*, à moins qu'on ne veuille entendre par là une erreur portant sur la *qualité* et la *valeur* des objets compris dans les lots; mais alors cette erreur se confond avec la lésion; or, suivant l'art. 887, al. 2, C. civ., la lésion, pour donner ouverture à l'action en rescision, doit être de plus du quart. — V. PARTAGE, LÉSION.

36. — On oppose l'erreur sur la substance à l'erreur sur les qualités accidentelles. Cette dernière espèce d'erreur n'est point, en général, une cause de nullité.

37. — Nous disons *en général*, parce qu'il y a des cas où il en serait autrement. Ainsi, si cette erreur sur les qualités accidentelles avait été déterminée par le dol, nul doute qu'elle n'engendrât alors une action en nullité. — Zachariæ, t. 2, § 343, note 93c. — V. DOL, OBLIGATION, VENTE.

38. — Il en serait de même si les parties avaient

stipulé que l'erreur sur telle ou telle qualité accidentelle de la chose annulerait la convention. — Toullier, n° 56; Rolland de Villargues, n° 47.

39. — D'autre part, si la mauvaise qualité dégénérait en vices, on pourrait se trouver, selon les cas, sous l'application de l'art. 1641, C. civ., qui porte que : — « Le vendeur est tenu de la garantie à raison des défauts cachés de la chose vendue qui la rendent impropre à l'usage auquel on la destine, ou qui diminuent tellement cet usage que l'acheteur ne l'aurait pas acquise, ou n'en aurait donné qu'un moindre prix *s'il les avait connus.* » — V. VENTE.

40. — L'erreur sur la valeur de la chose constitue la lésion. Or, suivant l'art. 1118, « la lésion ne vicie les conventions que dans certains contrats ou à l'égard de certaines personnes. » — V. LÉSION, PARTAGE, VENTE.

41. — Spécialement, le majeur qui a accepté une succession ne peut réclamer contre cette acceptation sous prétexte d'erreur sur la valeur, c'est-à-dire de lésion, excepté seulement dans le cas où la succession se trouverait absorbée ou diminuée de plus de moitié par la découverte d'un testament inconnu au moment de l'acceptation. — C. civ., art. 783. — V. SUCCESSION. — V. cependant *suprà* n° 11.

42. — L'art. 1110, C. civ., al. 2, porte « que l'erreur n'est point une cause de nullité lorsqu'elle ne tombe que sur la personne avec laquelle on a intention de contracter, à moins que la considération de cette personne ne soit la cause principale de la convention. »

43. — L'exception que pose, à côté de la règle générale, la fin de cet alinéa, doit être restreinte dans les termes mêmes de la loi : il faut donc que la considération de la personne ait été la cause principale de la convention pour qu'il y ait lieu à nullité, et, sous ce rapport, les rédacteurs du Code civil paraissent s'être éloignés du sentiment de Pothier (*Obligations*, n° 19), suivant lequel il suffisait que la considération de la personne *entrât pour quelque chose dans le contrat.* — V. conf. Toullier, t. 6, n° 49; Rolland de Villargues, n° 19.

44. — Comme exemple de cas où l'acte intervenu entre les parties est entaché de nullité par suite de l'erreur sur la personne, on peut d'abord citer les mariages. C'est ce qui résulte des termes de l'art. 180, al. 2e, C. civ., qui ajoute que le mariage ne peut toutefois être attaqué que par celui des deux époux qui a été induit en erreur. — V. MARIAGE.

45. — L'erreur sur la personne est également une cause de nullité de la transaction. — C. civ., art. 2053. — V. TRANSACTION.

46. — En ce qui concerne les contrats de bienfaisance, il est vrai de dire d'une manière générale que l'erreur sur la personne est également une cause de nullité. — Pothier, *loc. cit.*; Toullier, t. 6, n° 51; Rolland de Villargues, nos 22 et suiv. — V. au surplus DÉPOT, n° 24 et suiv., OBLIGATION.

47. — Le motif de toutes ces solutions est que la considération de la personne a dû être la cause principale de la convention.

48. — C'est ce qui n'a pas lieu ordinairement en matière de contrats à titre onéreux. — Toullier, t. 6, n° 52; Duranton, t. 10, nos 122 et suiv.; Rolland de Villargues, nos 24 et suiv.

49. — Il y a toutefois des contrats à titre onéreux dans lesquels, par leur nature, la considération de la personne est regardée comme la cause principale du contrat : tels sont, par exemple, certains contrats de louage d'ouvrage. — V. Pothier, n° 19; Toullier, t. 6, n° 53; Duranton, t. 10, n° 119; Rolland de Villargues, nos 27 et suiv.

50. — Ainsi, si croyant parler à un peintre de réputation, je commande un tableau à un barbouilleur qui porte le même nom, le contrat est nul, faute de consentement et par suite de cette erreur sur la personne. Seulement, comme le remarque Toullier (n° 53), si le tableau est commencé ou achevé, je devrai une indemnité à dire d'experts, pourvu que celui envers lequel j'avais traité n'eût point connu mon erreur; je n'en devrai aucune s'il l'a connue. — V. conf. Pothier, n° 19; Rolland de Villargues, n° 28.

51. — L'erreur sur la personne est également une cause de nullité, dans la plupart des cas, en matière de société. — V. SOCIÉTÉ.

52. — L'erreur qui tombe sur les qualités de la personne annule-t-elle le contrat? — V. LEGS, MARIAGE, OBLIGATIONS.

53. — Spécialement, quel est le résultat de l'erreur par suite de laquelle une personne, attribuant faussement à une autre la qualité de créancier, effectue un paiement entre les mains de celle-ci? Ce paiement ne pourrait être opposé au véritable créancier, et ce serait, en général, le cas de l'action en répétition dont on a parlé *suprà* (n° 25). Toutefois, aux termes de l'art. 1240, C. civ., « le paiement fait de *bonne foi* à celui qui est *en possession* de la créance est valable, encore que le possesseur en soit par la suite évincé. » — V. PAIEMENT.

54. — En ce qui concerne le sort des aliénations faites par une personne à laquelle l'acquéreur a faussement attribué la qualité de propriétaire et en particulier celle d'héritier, V. HÉRITIER APPARENT, PRESCRIPTION, SUCCESSION, VENTE.

55. — L'erreur dans laquelle on se serait trouvé, par exemple, sur l'état de minorité d'une personne, ne paralyserait pas entre les mains de celle-ci l'action en restitution, même quand le mineur, sans employer d'ailleurs des manœuvres frauduleuses, eût contribué par une fausse déclaration de majorité à faire naître ou à entretenir l'erreur qui m'a porté à contracter avec lui. — C. civ., art. 1241 et 1307. — V. MINORITÉ, OBLIGATION, PAIEMENT.

56. — L'erreur du propriétaire à l'égard de la profession du locataire peut-elle être une cause de résolution du bail? — V. BAIL, n° 490.

57. — La loi permet donc de faire annuler la convention pour erreur sur la substance et quelquefois pour erreur sur la personne; mais dans tout ce qui précède l'on suppose que la volonté qu'avait une partie d'obtenir une chose de telle ou telle espèce, ou de ne contracter qu'avec telle personne, n'a pas été manifestée à l'autre partie. Car si ma volonté à cet égard avait été connue de la partie contractante, si j'avais fait connaître à cette personne l'erreur dans laquelle j'étais, et que celle-ci, ayant pu me détromper, ne l'eût pas fait, ce ne serait plus, comme le remarque M. Marcadé (*loc. cit.*, n° 3), le cas d'annulation pour cause d'erreur, mais plutôt le cas d'annulation pour cause de dol. — V. au surplus DOL, OBLIGATION, NULLITÉ, RESCISION.

58. — La distinction qu'on a faite (*suprà* n° 3) des erreurs en invincibles ou non invincibles est importante. En effet, ce n'est qu'autant qu'il y a eu erreur invincible sur un certain fait, ou, en d'autres termes, qu'il a existé chez une personne une fausse croyance fondée sur des apparences plausibles, que cette personne peut invoquer, par exemple, le bénéfice du mariage putatif. — V. C. civ., art. 201 et suiv. — V. MARIAGE.

59. — ... Ou encore celui de la prescription de dix ou vingt ans. — C. civ., art. 2265 et suiv. — V. PRESCRIPTION.

60. — ... Ou celui de la maxime : *En fait de meubles, possession vaut titre.* — C. civ., art. 2279. — V. PRESCRIPTION, MEUBLES, PROPRIÉTÉ, REVENDICATION.

61. — L'acquisition des fruits à titre de possesseur de bonne foi suppose également que celui qui possède le fonds d'autrui a cru, par suite d'une erreur fondée sur des apparences plausibles, en être propriétaire. — C. civ., art. 549 et suiv. — V. FRUITS, POSSESSION, PROPRIÉTÉ.

62. — L'erreur, au moins l'erreur de fait, entraîne la révocation de l'aveu judiciaire, aux termes de l'art. 1356, C. civ. — V. AVEU, nos 17, 28, 189 et suiv., 200.

63. — De même, l'acquiescement est nul s'il est intervenu par suite d'une erreur de fait. — V. ACQUIESCEMENT, nos 20 et suiv.

64. — Le preneur à bail d'une maison à qui il a été interdit de sous-louer sans la permission du propriétaire peut être admis à prouver qu'il n'a accepté cette clause que par erreur, attendu qu'étant sous-officier il se trouve sous les ordres du ministre de la guerre, et soumis à se rendre immédiatement partout où il est appelé. — *Douai*, 5 juin 1841 (t. 2 1841, p. 278), Choquet c. Vaast.

65. — L'erreur résultant de ce qu'un jugement prononce l'expropriation pour cause d'utilité publique de 107 hectares 47 ares 71 centiares, lorsque l'expropriation n'était demandée que pour 10547 mètres 71 centimètres, constitue un excès de pouvoir qui emporte la nullité du jugement. — *Cass.*, 14 mars 1842 (t. 1er 1842, p. 735), Jayle c. préfet de Tarn-et-Garonne.

66. — Quant aux cas où l'erreur dans les jugemens donne ouverture à la requête civile, V. REQUÊTE CIVILE.

67. — On a déjà remarqué (*suprà*) que l'erreur entraîne tantôt la nullité absolue des actes juridiques, tantôt une simple annulabilité. Lorsque l'acte entaché d'erreur est simplement annulable ou rescindable, en principe l'action en nullité ou en rescision dure dix ans, et ce temps ne court qu'à compter du moment où l'erreur a été découverte. — C. civ., art. 1304. — V. OBLIGATION, NULLITÉ, PRESCRIPTION, RESCISION.

68. — Il est bien entendu que cette action peut être couverte par la ratification expresse ou tacite. — C. civ., art. 180 et suiv., 1304, 1338. — V. OBLIGATION, RATIFICATION.

69. — Dans le doute, l'erreur ne doit nuire qu'à celui qui était ou qui dit avoir été dans l'ignorance. Du reste, la question de savoir s'il y a eu erreur dépend essentiellement de l'examen des circonstances. — Toullier, t. 6, n° 57; Rolland de Villargues, nos 64 et suiv.

70. — Quant à la démonstration de l'erreur, elle peut être faite par tous les genres de preuve admis par la loi. — V. PREUVE. — Toutefois, en matière d'aveu, les preuves de l'erreur doivent être écrites si l'aveu a été consigné par écrit. — V. AVEU, n° 208.

71. — Quoique la partie qui réclame contre l'erreur ait fait serment dans l'acte d'exécuter la convention, elle n'en a pas moins le droit de la faire annuler. — Pothier, n° 107; Rolland de Villargues, n° 66.

### § 2. — *Erreur de droit.*

72. — Il n'y a dans le Code que deux dispositions relatives à l'erreur de droit; c'est donc une des matières qui donnent le plus de prise aux discussions de la doctrine.

73. — L'une de ces dispositions est celle de l'art. 1356, qui porte (alin. 4) que l'aveu judiciaire ne peut être rétracté sous prétexte d'erreur de droit. — V. AVEU, nos 194 et suiv.

74. — L'autre est celle de l'art. 2052, suivant lequel les transactions ont, entre les parties, l'autorité de la chose jugée en dernier ressort, et ne peuvent être attaquées pour cause de lésion, ni pour cause d'*erreur de droit.* — V. TRANSACTION.

75. — Spécialement, l'erreur de droit ne vicie pas l'acquiescement qui en a été la suite (V. ce mot, nos 24 et suiv.), en supposant d'ailleurs qu'il n'y ait pas eu de dol de pratiqué pour faire naître cette erreur.

76. — Faut-il étendre ces dispositions à la reconnaissance qui aurait été faite, par erreur de droit, d'une dette prescrite, en supposant d'ailleurs que le débiteur ne soit pas dans une erreur de fait sur la date du titre, et que le créancier n'a pas employé la surprise et le dol pour obtenir cette reconnaissance? — V. PRESCRIPTION.

77. — Le Code ne résout pas formellement la question de savoir si l'obligation qui n'a été consentie que par erreur de droit est ou non valable.

78. — Cette question peut cependant se présenter fréquemment, par exemple, dans l'espèce suivante : le débiteur d'un corps certain qui est venu à périr par cas purement fortuit et avant toute mise en demeure s'est obligé, dans l'ignorance de la loi qui le libérait (C. civ., art. 1234 et 1302), à payer au créancier une somme d'argent à la place du corps certain. Cette erreur de droit qui, seule, par hypothèse, a déterminé le contrat, sera-t-elle une cause de nullité comme le serait une erreur de fait?

79. — L'affirmative est généralement admise sur ce fondement que l'art. 1109, C. civ., en statuant qu'il n'y a point de consentement valable s'il n'a été donné que par erreur, l'établit d'une manière générale, sans distinguer entre l'erreur de fait et l'erreur de droit, et par cette autre considération que, rationnellement parlant, on ne verrait pas pourquoi du moment qu'il est établi que l'erreur seule a été la cause déterminante et principale du consentement, on assignerait à cette erreur des effets différens, suivant qu'elle porterait sur une disposition de loi ou sur un fait, comme si le consentement n'était pas altéré au même titre dans les deux cas. — V. conf. LL. 7 et 8, ff., *De jur. et facti ignor.*; *Parlem. Metz*, 17 juill. 1694 (t. 1er, p. 134), Augeard; — Domat, *Lois civ.*, liv. 1er, tit. 18, sect. 1re, § 7, 14, 16; Pothier, *Pand. Justin.*, lib. 22, tit. 6, n° 22; d'Aguesseau, t. 5, p. 473; Toullier, t. 6, nos 39 et suiv.; Duranton, t. 10, n° 127; Merlin, *Rép.*, vis *Ignorance*, *Erreur*, *Choix*, § 1er; Zachariæ, t. 1er, § 28, et t. 2, § 343, note 10; Poujol, *Oblig.*, t. 1er, n° 9; Bressolles, *Revue de législ.*, t. 18, p. 175; Duvergier, sur Toullier, 3e vol., p. 38 et suiv., en note; Delvincourt, t. 2, note 2e, p. 123.

80. — Vainement objecterait-on contre cette doctrine la maxime que *nul n'est censé ignorer la loi.* Cette maxime, d'une grande utilité sociale, surtout en ce qui concerne l'application des lois pénales, des lois qui intéressent la sûreté, la police, l'intérêt général, n'a été faite que pour arrêter les efforts des personnes qui, alléguant une erreur de droit, voudraient se soustraire à l'action de la loi; or, ici il ne s'agit pas de se soustraire à l'action de la loi, mais bien plutôt de s'y conformer en se faisant relever d'une obligation qu'on prétend qu'elle n'a pu vouloir valider. — Bressolles, *loc. cit.*

81. — Enfin, les art. 1356 et 2052, C. civ., qui

portent que l'erreur de droit n'est point une cause de restitution en matière de transaction et d'aveu judiciaire, loin d'être contraires à cette doctrine, la fortifient; car l'on peut dire que précisément ils consacrent une exception; or, *exceptio firmat regulam*. — V. conf. Zachariæ, t. 1er, § 28, note 1re. — V. aussi Duranton, *loc. cit.*

82. — Jugé qu'en supposant qu'il ne fût pas licite de donner à une association civile constituée pour l'achat et la revente d'immeubles la forme et les effets d'une association commerciale en commandite et par actions, l'erreur des actionnaires à ce sujet ne peut être une cause de nullité de l'obligation qu'autant que les choses sont encore entières, et qu'ils n'ont pas commencé d'exécuter l'acte social ainsi rédigé. — *Rouen*, 19 fév. 1840 (t. 2 1840, p. 14), Bélissent c. Bréard. — V. SOCIÉTÉ.

83. — Quand on dit que l'erreur de droit annule la convention aussi bien que l'erreur de fait, l'on suppose, bien entendu, qu'il est prouvé que l'erreur de droit a été la cause unique de la convention, et qu'aucune autre cause n'a pu en être le fondement. — Domat, *loc. cit.*, no 14; Toullier, t. 6, no 67; Rolland de Villargues, no 52.

84. — Jugé, en ce sens, que l'erreur de droit, comme l'erreur de fait, annule la convention lorsque cette erreur a été la cause principale et déterminante de la convention. — *Toulouse*, 2 juill. 1818, Toulze; 18 juin 1821, Delsol c. Chantôt.

85. — En effet, il est impossible de savoir si le consentement est vicié comme n'ayant été déterminé que par l'erreur de droit, alors que la convention se rattache à une autre cause, par exemple, au désir de satisfaire une obligation imparfaite ou un devoir naturel. — Vinnius, *Quæst. jur.*, lib. 1er, c. 67; Toullier, t. 6, no 68; Rolland de Villargues, no 53.

86. — Tel serait le cas où un héritier, dans son ignorance de la loi qui lui accorde une réserve, aurait promis à un légataire le paiement intégral d'un legs réductible; il est possible, en effet, que cet héritier se soit ainsi engagé à payer les legs entiers par respect pour la volonté du défunt. — Domat, *loc. cit.*, no 17; Rolland de Villargues, no 54.

87. — D'après les mêmes principes il faudrait également décider que l'héritier qui, par erreur de droit, aurait exécuté un testament nul, ne pourrait plus être admis à en demander la nullité. — V. conf. *Cass.*, 25 mars 1807, de Montjouc; *Pau*, 27 fév. 1827, Han.

88. — Jugé au contraire que le consentement donné par une erreur de droit à l'exécution d'un testament, ne saurait être assimilé à une confirmation, ratification ou exécution de ce même testament. — *Rennes*, 4 juin 1826, Ollivier c. Allain. — V. EXÉCUTION, TESTAMENT.

89. — L'erreur de droit, comme l'erreur de fait, peut porter sur la cause même de l'opération qui est intervenue entre les parties, comme, par exemple, dans un partage auquel des copartageans auraient été admis sans qualité, ou pour une portion supérieure à celle qu'ils pouvaient réclamer en vertu de leur droit héréditaire. Il est bien évident que, l'erreur étant établie sur ce point, toute base manquant alors au partage, ce serait comme s'il n'y avait eu rien de fait entre les parties. — V. conf. L. 4, Cod., *De jur. et facti ignor.*; 36, ff., *Fam. ercisc*; — Voët. *De fam. ercisc.*, ch. 4, no 12; Toullier, t. 6, no 61; Rolland de Villargues, no 49; Bressolles, *loc. cit.*, p. 179.

90. — Jugé, conformément aux principes qui précèdent, que l'erreur de droit, aussi bien que l'erreur de fait, est une cause de nullité des conventions; — qu'en conséquence, est susceptible d'être annulé pour cause d'erreur le partage fait entre la tante du défunt et les cousins de celui-ci, dans la pensée que ces cousins étaient appelés à jouir du bénéfice de la représentation. — *Besançon*, 1er mars 1827, Pelcl.

91. — Il y a lieu de décider également qu'un partage de communauté fait entre un père et son enfant peut être annulé pour défaut de consentement lorsqu'il est constant que le père y a compris des immeubles acquis depuis la dissolution du mariage, dans la fausse croyance où il était que la communauté avait continué à défaut d'inventaire de sa part, et que cette erreur a été l'unique cause de la convention. — *Cass.*, 12 mars 1845 (t. 2 1845, p. 69), Leroux.

92. — Jugé encore que lorsqu'un des héritiers a omis de faire valoir un acte qui lui donnait la qualité de donataire à titre de préciput, il peut demander la rescision du partage pour cause d'erreur. — *Toulouse*, 19 janv. 1824, Genieys.

93. — Les auteurs, généralement d'accord qu'une obligation consentie sans cause, et uniquement par erreur de droit, est nulle, ne sont pas également unanimes sur le point de savoir si ce qui a été payé par suite d'une telle erreur, sans qu'il y eût une obligation, au moins naturelle, est ou non sujet à répétition, conformément aux art. 1376 et suiv., C. civ. — V. RÉPÉTITION.

94. — L'erreur de droit opère, au surplus, la nullité de la convention, aussi bien quand elle porte sur la forme des actes que lorsqu'elle concerne le fond du droit. — Poujol, *Obligations*, t. 1er, no 21; Bressolles, *loc. cit.*, p. 178. — Toujours, bien entendu, en supposant que l'erreur de droit a été l'unique fondement ou cause du contrat. — Rolland de Villargues, no 56. — V. conf. Toullier, t. 6, no 69; Merlin, *Rép.*, vo *Testament*, sect. 2e, § 5.

95. — C'est par suite des principes qui viennent d'être établis que l'on décidait autrefois que, si celui qui acquérait un fief dans une coutume où il n'était dû aucun droit pour cette acquisition allait trouver le seigneur du fief dominant et composait avec lui d'un droit de relief, cette convention, qui n'avait d'autre fondement que l'erreur de droit, n'obligeait pas au paiement de ce droit de relief qui n'était pas dû. — Guyot, *Rép.*, vo *Erreur*; Domat, *Lois civiles*, liv. 1er, tit. 28, sect. 1re.

96. — C'est également par suite des mêmes principes que l'on doit décider que, lorsqu'une personne, non tenue de donner caution, ou bien valablement dispensée de cette obligation légale, s'y est crue néanmoins astreinte et s'y est soumise, par suite de cette erreur elle a pu, étant détrompée, agir pour faire libérer sa caution. — Bressolles, *loc. cit.*, p. 178.

97. — ... Que la cession à vil prix d'un droit héréditaire, faite par suite d'une erreur sur l'étendue que la loi attribuait à ce droit, est nulle. — *Grenoble*, 24 juill. 1830, Tabouriche c. Buée. — V. DROITS SUCCESSIFS.

98. — ... Que la confirmation d'une obligation nulle, faite dans l'ignorance *prouvée des suites juridiques du vice*, peut être déclarée sans effet. — V. conf. Zachariæ, t. 2, p. 456. — V. au surplus OBLIGATION, RATIFICATION.

99. — On peut généraliser cette dernière solution en disant que la restitution contre l'erreur de droit n'a pas seulement lieu pour garantir celui qui erre de souffrir une perte, mais encore pour empêcher qu'il ne soit privé d'un droit qu'il ignore avoir. — Domat, *Lois civ.*, liv. 1er, tit. 18, no 15; Toullier, t. 6, no 65; Rolland de Villargues, no 50. — V. cependant Merlin, *Quest. de dr.*, vo *Contribution foncière*, § 1er.

100. — Ainsi qu'on l'a vu dans les divers cas qui précèdent, l'erreur de droit peut servir d'excuse valable pour celui qui l'allègue, alors seulement qu'il s'agit de conserver ou de ne pas perdre. Mais il en est autrement s'il s'agit d'acquérir, conformément à cette règle établie par Papinien (L. 7, ff., *De jur. et fact. ignor.*): — « *Juris ignorantia non prodest adquirere volentibus, suum vero petentibus non nocet.* » — Conf. *Metz*, 28 nov. 1817, Gallez.

101. — La renonciation à une succession peut-elle être rétractée sous le prétexte qu'une erreur de droit en a été la cause? — V. SUCCESSION.

102. — Celui qui a réclamé les biens à lui échus dans une succession, en sa double qualité d'*héritier présomptif* et de *légataire universel*, conserve le droit d'opter entre ces deux qualités et d'abandonner la première pour la seconde; on ne peut opposer contre son option une prétendue déchéance fondée sur ce qu'en prenant à la fois deux qualités, dont l'une exclut l'autre, il a commis une erreur de droit dont il n'est point permis de se faire relever — *Limoges*, 8 déc. 1837 (t. 1er 1839, p. 240), Tramont.

103. — En matière de prescription, l'erreur de droit sur la validité de son titre ne peut profiter au possesseur. — *Nancy*, 6 mars 1840 (t. 2 1842, p. 470), Dessain.

104. — Remarquons aussi qu'il a été jugé que l'erreur de droit n'est pas une cause de rescision dans le cas où, les opinions des jurisconsultes et la jurisprudence des tribunaux présentant une grande division et une controverse établie, les parties auxquelles cette diversité de sentimens n'a pu être inconnue ont adopté librement, et de bonne foi, l'un des deux systèmes entre lesquels les jurisconsultes étaient divisés. — *Cass.*, 20 août 1829, Demerseman c. Vankempen.

105. — On a déjà fait pressentir *suprà* (no 80) que l'on ne devait point admettre l'excuse basée sur l'erreur de droit, dans les cas où elle aurait pour effet d'arrêter ou d'entraver l'exécution de la loi. Or, c'est ce qui arriverait si, sur le motif de l'erreur de droit, l'on pouvait se soustraire aux suites et effets obligatoires des contrats ou quasi-contrats, tels que la loi les règle et les détermine. — V. conf. Bressolles, *loc. cit.*, p. 163.

106. — Il faut donc décider que, nonobstant toute allégation d'erreur de droit, l'on devra subir les conséquences que la loi assigne aux contrats, à certains faits volontaires, ou à telle ou telle qualité qu'elle impose. Ainsi, des époux mariés sans contrat de mariage ne peuvent, en l'absence de stipulations contraires, se refuser, sous prétexte d'erreur de droit, à exécuter les dispositions du Code sur la communauté légale; l'héritier pur et simple, à payer les dettes *ultrà vires*; le tuteur, à rendre compte ou à voir ses biens grevés d'hypothèque légale. — Bressolles, *loc. cit.*

107. — De même, un débiteur qui a fait un acte emportant virtuellement ratification d'un contrat susceptible de rescision ne pourrait plus tard alléguer qu'il ignorait la portée juridique de cet acte de confirmation. — Zachariæ, t. 2, p. 456. — V. RATIFICATION.

108. — Quant aux crimes et aux délits, l'ordre public ne paraît pas devoir permettre d'autre tempérament à la rigueur de la maxime : *Nul n'est censé ignorer la loi*, que l'appréciation de fait, consciencieusement faite par le juge, par rapport au degré de discernement de l'inculpé, et en ce qui regarde l'application de la peine. — Bressolles, *loc. cit.*, p. 470. — V. conf. Merlin, *Rép.*, vo *Ignorance*, § 1er, no 4.

109. — L'arrêt qui, ayant infligé une peine égale à celle prononcée par la loi, a seulement commis une erreur dans la citation du texte applicable, doit-il être cassé? — V. JUGEMENT.

110. — Ce que l'on a dit *suprà*, nos 67 et suiv., en ce qui concerne l'action en nullité et la preuve, en matière d'erreur de fait, s'applique à l'erreur de droit.

V. aussi CAPITAINE DE NAVIRE, CHARTE-PARTIE, CHOSE JUGÉE, COMMISSIONNAIRE DE TRANSPORTS, COMPTE DE TUTELLE, DATE, DISPOSITION A TITRE GRATUIT, DROITS SUCCESSIFS, ENREGISTREMENT, LETTRE DE CHANGE, OFFRES RÉELLES, PAIEMENT, PROTÊT, REMISE DE LA DETTE, RÉPERTOIRE, TRANSCRIPTION (droit de).

## ERREUR DE CALCUL.

1. — Sous le droit romain, l'erreur de calcul pouvait et devait être réparée. — L. 1, Cod., *De errore calculi.*

2. — Il en est de même dans le droit français. — Ainsi, l'erreur de calcul dans une transaction doit être réparée. — C. civ., art. 2058. — V. TRANSACTION.

3. — Lorsqu'il y a erreur de calcul dans un jugement ou une décision, les parties doivent retourner devant le juge qui l'a rendu (C. procéd., art. 541), soit pour qu'il interprète sa décision, soit pour qu'il rectifie son erreur, et alors *erroris calculi retractatio admittitur*. — L. 8, ff., *De administ. rerum.*

4. — Décidé en ce sens que, dans le cas d'erreur commise dans un compte arrêté en justice, les parties doivent se pourvoir en révision devant les juges qui l'ont arrêté. — *Bordeaux*, 30 mai 1840 (t. 1er 1844, p. 359), Boyer.

5. — Le même principe a été appliqué en ce qui concerne les sentences rendues par des arbitres. — V. ARBITRAGE, nos 201 et 848.

6. — ... Et en ce qui regarde les décisions rendues par les conseils de préfecture. — V. CONSEIL DE PRÉFECTURE, no 504.

7. — Alors les juges peuvent, sans porter atteinte à la chose jugée, rectifier par un second jugement les erreurs de calcul commises dans le premier. — *Cass.*, 23 nov. 1824, Delours et de Huc.

8. — En effet, par leur premier jugement, les juges n'ont voulu faire qu'une opération d'arithmétique complète et exacte, et n'ont pu faire qu'un autre chiffre tînt la place du juste nombre.

9. — Sous l'ancien droit, le jugement où il y avait erreur de calcul n'était pas sujet à l'appel : *si calculi error in sententiâ esse dicatur, appellare necesse non est.* — L. 1, § 1er, ff., *Quæ sentent.*; — Espagne, no 69; Despeisses, no 23; Merlin, *Quest.*, vo *Compte*, § 1er.

10. — Il en est de même aujourd'hui. — Arg. C. procéd., art. 541; — Berriat-Saint-Prix, *Procéd. civ.*, p. 412, no 30. — Et jugé en ce sens, relativement aux erreurs de calcul commises dans un compte arrêté en justice. — *Bordeaux*, 30 mai 1840 (t. 1er 1844, p. 359), Boyer. — V. d'ailleurs APPEL, no 1704.

11. — Cependant, si les erreurs avaient été relevées devant les premiers juges, alors qu'il s'agirait d'un compte, elles ne pourraient plus leur être soumises de nouveau. Il n'y aurait que la voie de l'appel. — Carré, sur l'art. 541, C. procéd.; Rolland de Villargues, *Rép. du notar.*, vo *Erreur de calcul*, no 3.

12. — Une erreur de calcul constitue seulement un mal-jugé, et ne donne point ouverture à cassa-

tion.—*Cass.*, 17 nov. 1845 (t. 2 1845, p. 552), Volant c. Garesché.

13. — Décidé ainsi spécialement relativement à l'erreur de calcul commise par le magistrat directeur du jury dans la répartition des dépens. — *Cass.*, 17 janv. 1840 (t. 1er 1840, p. 54), Favier.

14. — Le jugement et la transaction dans lesquels s'est glissée une erreur de calcul matérielle et patente ne doivent être redressés que dans le chef sur lequel est tombée cette erreur; et ils doivent, pour le surplus, avoir leur plein effet.—Merlin, *Quest.*, vo *Compte*, § 1er.

V. ENREGISTREMENT.

## ERREUR COMMUNE.

*Table alphabétique.*

Acquiescement, 22.
Assurances maritimes, 20.
Autorisation de femme mariée, 21.
Capacité putative, 10 s.
Cohéritier, 28.
Contrat de mariage, 12.
Droit, 23, 25. —, romain, 3 s.
Equité, 2.
Esclave, 4 s.
Failli, 18.
Faillite, 19.
Fait, 23 s.
Français, 13 s.
Incapacité morale, 16.
Intérêt public, 2.
Juge, 5, 8.
Minorité, 16 s.
Mot (signification de), 23, 29.
Notaire, 24 s. — en second, 9.
Opinion générale, 13 s.
Possession d'état, 13.
Prêtre, 6.
Reconnaissance, 28.
Secrétaire de mairie, 27.
Syndic, 19.
Témoin, 4. — instrumentaire, 10 s., 16 s.
Testament, 4, 11, 17, 26.
Usage, 9, 29.

ERREUR COMMUNE. — 1. — C'est celle qui a lieu lorsqu'un fait faux, mais ayant d'ailleurs toutes les apparences de la vérité, a été long-temps regardé comme vrai par un grand nombre de personnes. — V. conf. Favard de Langlade, *Rép. de législation*, vo *Erreur*.

2. — Il a paru conforme à l'équité et à l'intérêt public de valider les actes qui ont eu cette espèce d'erreur pour base, quoique, suivant les rigueurs du droit, on pût les déclarer nuls. — Nouv. Denisart, vo *Erreur*, § 4; Merlin, *Rép.*, vo *Erreur*, § 6.

3. — De là est venu l'adage *Error communis facit jus*, dont on trouve l'application dans plusieurs textes de droit romain. On peut surtout en citer deux exemples remarquables.

4. — Le premier se trouve au § 7, tit. 10, Instit. Justin., *De testam. ordin.* On y suppose qu'au moment de la confection d'un testament, l'un des témoins était considéré comme libre et citoyen romain quoiqu'il fût esclave, et l'on décide que eu égard à cette erreur dans laquelle on a été généralement sur l'état du témoin, la découverte ultérieure de la vérité n'aurait pas pour effet de faire tomber le testament.—V. Du Caurroy, *Instit. nouv. expl.*, t. 2, 6e édit., no 539; Etienne, *Instit. Justin.*, t. 1er, p. 335.

5. — Le second exemple se trouve dans la loi *Barbarius Philippus*, 3, ff., *De offic. præt.* Cette loi suppose qu'un esclave dont on ignorait la condition a été nommé préteur et a rendu des jugemens en cette qualité. — Sur la question qui s'élevait relativement à la validité de ces jugemens, Ulpien répond qu'ils ne doivent pas être annulés. — V. aussi L. 2, Cod., *De sentent. et interloc.* — V. Nouv. Denisart. *loc. cit.*; Merlin, *Rép.*, vo *Témoin instrumentaire*, § 2, nos 3 et 26; Favard, vo *Erreur*, no 1er; Rolland de Villargues, vo *Erreur commune*, no 2.

6. — Sous l'empire de l'ancienne jurisprudence, un ecclésiastique qui n'était pas prêtre (qualité requise pour être official) ayant fait les fonctions d'official, on interjeta appel comme d'abus d'une procédure qu'il avait faite. Le parlement de Toulouse, par arrêt du 15 mai 1608, confirma la procédure. Il enjoignit seulement aux prélats d'observer l'ordonnance dans l'établissement des officiaux. — Merlin, *Rép.*, *loc. cit.*

7. — La maxime *Error communis facit jus* a été également adoptée sous la législation nouvelle.

8. — Ainsi jugé que l'erreur commune sur la parenté de deux juges faisant partie du même tribunal depuis plusieurs années suffit pour valider les jugemens auxquels ils ont concouru. — *Bourges*, 26 flor. an IX, Laminière c. Leclerc.

9. — ... Que d'après la maxime *Error communis facit jus*, un usage notoire, général, quoiqu'il soit contraire à une loi expresse (spécialement en ce qui concerne la présence du notaire en second ou des témoins à l'acte authentique) doit garantir la validité des actes faits sous son influence. — *Cass.*, 14 juill. 1825, Cordon c. Pellerin. — V. NOTAIRE EN SECOND.

10. — ... Que d'après la même maxime, il suffit au témoin instrumentaire de la *capacité putative*; en d'autres termes, que son incapacité sous le rapport des droits civils ou politiques, telle que les produit par exemple la mort civile (V. ce mot), soit couverte par l'erreur commune. — V. conf. Furgole, *Des testamens*, chap. 3, sect. 1re, no 7; Toullier, t. 5, no 40; Merlin, *Rép.*, vo *Témoin instrumentaire*, § 2, no 3-26o; Rolland de Villargues, *Rép.*, no 3. — V. TÉMOIN INSTRUMENTAIRE.

11. — Jugé spécialement, en matière de testament, que la maxime qui valide les actes résultant de l'erreur commune, *Error communis facit jus*, est applicable à un testament dans lequel a figuré comme témoin un individu que l'on regardait généralement comme citoyen français quoiqu'il n'eût pas régulièrement acquis cette qualité. — *Cass.*, 28 fév. 1821, Lakuer. — V. conf. *Limoges*, 7 déc. 1809, Blondet; *Grenoble*, 14 avr. 1811, Buisson; *Angers*, 30 mai 1817, Sigogne c. Simon; *Metz*, 28 mars 1822, Gadel c. Bertrand; *Bastia*, 5 mars 1822, sous *Cass.*, 10 mars 1824, Battesti c. Maringo; *Toulouse*, 10 mai 1826, Blias c. Michel; *Cass.*, 18 janv. 1830, Wolf c. Rueff, et sous cet arrêt, *Colmar*, 1er juill. 1828, mêmes parties; *Amiens*, 26 juin 1838 (t. 2 1838, p. 515), Cholet. — *Contrà Bruxelles*, 3 janv. 1822, Vandenhove. — V. TESTAMENT.

12. — ... Qu'il en doit être de même en matière de contrat de mariage. — *Cass.*, 28 juin 1831, Muller c. Staechlin.

13. — Mais cette capacité putative, qui, par application de la maxime *Error communis facit jus*, remplace quelquefois la capacité réelle, ne peut s'établir par la seule preuve que l'opinion de la capacité du témoin instrumentaire est généralement répandue; elle ne peut résulter que d'une série d'actes faits en qualité de régnicole, actes qui ne pourraient être faits que par des sujets du roi, par des Français, et qui formeraient pour le témoin une possession publique et paisible de l'état que l'opinion générale lui attribue. — *Poitiers*, 9 avr. 1829, Massonneau c. Fleurimont; *Cass.*, 24 juill. 1839 (t. 2 1839, p. 289), Molinié c. Grassané; *Besançon*, 26 juin 1844 (t. 1er 1845, p. 284), Lods c. Noblot.

14. — Spécialement, la qualité de fils d'un père français, le fait d'un établissement et du séjour en France, des signatures apposées comme témoin sur les actes de l'état civil, le paiement des contributions et le service de la garde nationale sont des circonstances dont la réunion est capable de former l'erreur commune sur la capacité putative d'un témoin testamentaire. — *Amiens*, 26 juin 1838 (t. 2 1838, p. 515), Cholet.

15. — Jugé, d'une manière générale, que l'erreur commune qui peut faire considérer comme citoyen français l'individu d'origine étrangère résidant en France s'établit par sa participation aux bénéfices et aux charges attachés à la qualité de citoyen. — *Cass.*, 18 janv. 1830, Wolf c. Rueff.

16. — Suivant M. Rolland de Villargues (no 4), l'incapacité morale d'un témoin ou d'un contractant, même celle qui résulterait de la minorité, ne pourrait être couverte par l'erreur commune.

17. — Jugé cependant que la minorité de l'un des quatre témoins instrumentaires d'un testament n'entraîne pas nécessairement la nullité de cet acte, et qu'au contraire la capacité putative dont jouissait le témoin dans la commune où il a signé le testament, cette circonstance qu'il avait antérieurement signé comme témoin un assez grand nombre d'actes publics, doit faire maintenir le testament par application du principe *error communis facit jus*. — *Aix*, 30 juill. 1838 (t. 1er 1839, p. 367), Imbert.

18. — Mais le failli qui ne s'est pas fait relever de sa faillite ne peut être témoin dans un acte authentique, par exemple, dans un acte respectueux. La maxime *Error communis facit jus* ne peut être invoquée comme couvrant la nullité de l'acte, lorsque le fait de la faillite ne remonte pas à une époque éloignée et a reçu toute la publicité possible, alors même que le failli serait demeuré inscrit sur les listes électorales et sur les contrôles de la garde nationale. — *Rouen*, 12 mai 1839 (t. 2 1839, p. 58), Chevel. — V. FAILLITE.

19. — Jugé, toujours par application de la maxime *Error communis facit jus*, qu'en général les actes d'administration faits par de faux administrateurs, c'est-à-dire par des administrateurs irrégulièrement nommés (des syndics d'une faillite, par exemple), n'en sont pas moins valables vis-à-vis les tiers de bonne foi. — *Cass.*, 25 mars 1823, Delaporte c. Taniel.

20. — En matière d'assurance maritime, on ne peut pas considérer comme réticence ou fausse déclaration la fausse interprétation d'un fait vrai en lui-même, et l'erreur commune aux assurés et aux assureurs, l'erreur involontaire et réciproque, n'est point un motif de nullité de l'assurance. — V. ASSURANCE MARITIME, no 623.

21. — Peut-on invoquer la maxime *Error communis facit jus* pour valider les actes qu'une femme aurait faits sans autorisation, parce que son mari passait pour mort? — V. AUTORISATION DE FEMME MARIÉE, no 679.

22. — L'erreur commune est considérée par quelques arrêts comme viciant le consentement et relevant la partie de l'acquiescement par elle donné à un jugement ou à un arrêt. — V. ACQUIESCEMENT, nos 22 et suiv.

23. — L'erreur commune peut tomber sur un fait ou sur le droit (Duranton, t. 10, no 107). — Ajoutons : ou sur la signification d'un mot.

24. — Elle tombe sur un fait, par exemple, si, Paul Dupré ayant été nommé par ordonnance royale notaire en telle résidence, son frère Jean Dupré prête serment et exerce publiquement les fonctions de notaire à sa place, et lorsque généralement on croit que c'est lui qui a été pourvu du titre. — Duranton, *ibid.*

25. — Si maintenant un officier public avait obtenu sa nomination par subreption, par exemple, en produisant un faux acte de naissance pour paraître avoir l'âge qu'il n'avait pas, en dissimulant qu'il avait été condamné à une peine qui lui ôtait le droit d'exercer des fonctions publiques, nul doute que, si la nomination était révoquée, les actes passés ne fussent, par application de la loi *Barbarius Philippus* précitée, parfaitement valables. — V. ACTE AUTHENTIQUE, nos 35 et suiv.

26. — Lorsqu'un notaire a été frappé de déchéance par une disposition légale, le testament par lui reçu depuis sa déchéance est-il nul, sans qu'on puisse en ce cas invoquer l'erreur commune relativement à cette déchéance? — V. ACTE AUTHENTIQUE, no 41. — V. aussi TESTAMENT.

27. — C'était une erreur commune de droit que celle qui, avant l'avis du conseil d'état du 2 juill. 1807, attribuait un caractère public aux secrétaires des mairies, et le pouvoir de donner par leur signature l'authenticité aux extraits des registres de l'état civil. — Favard de Langlade, *Rép.*, vo *Erreur*, no 1er; Duranton, *loc. cit.*

28. — Jugé que la reconnaissance faite dans un acte de partage du droit d'un cohéritier par l'héritier plus proche est irrévocable, si elle provient d'une erreur commune sur le véritable sens de la loi qui règle la succession. — *Paris*, 23 flor. an X, Leblanc-Duplessis c. Ecoulin; *Cass.*, 23 germin. an XII, mêmes parties.

29. — Lorsque l'usage s'est introduit de donner à un mot une signification contraire à celle qui résulte du sens grammatical et des règles du langage, c'est à l'usage qu'il faut de préférence le soumettre, et sous ce nouveau rapport encore, l'erreur commune fait la loi. — V. conf. Toullier, t. 6, no 314; Rolland de Villargues, no 6.

## ERREUR DE DROIT, DE FAIT.

V. ERREUR.

## ERREUR DE RÉDACTION, DE COPISTE.

1. — Les erreurs ou omissions de plume ne nuisent point : *error librarii in transcribendis verbis non nocet.* — L. 92, ff., *De reg. juris*; — Toullier, t. 8, no 83.

2. — Les erreurs ou omissions qui se glissent, par l'inadvertance du notaire, dans les actes ou même dans les dates des actes ne sont pas le plus souvent suffisantes pour annuler les actes, lorsqu'on peut seulement les réparer ou les suppléer. — Toullier, t. 8, no 83.

3. — Ainsi, un acte notarié n'est pas nul parce que le notaire a commis une erreur dans l'orthographe du nom d'un des témoins instrumentaires, par exemple, en écrivant *Barbet* au lieu de *Bardet*. — *Cass.*, 21 juill. 1840 (t. 2 1843, p. 551), Mirault c. Pardessus.

4. — De même, l'erreur qui peut se glisser dans les prénoms d'un individu ne saurait vicier les actes auxquels il concourt, lorsque son identité est d'ailleurs constante. — *Cass.*, 30 avr. 1839 (t. 2 1846), comm. de Cogolin c. Bérenguier.

5. — Les erreurs de date, de noms, ou toutes autres dans un exploit n'entraînent pas la nullité de cet exploit, quand l'erreur en est indifférente ou peut être facilement réparée. — V. EXPLOIT.

6. — Ainsi, un acte d'appel n'est pas nul par cela qu'il y aurait erreur sur la date du jugement attaqué. — V. APPEL, nos 1328 et suiv.

**7.** — Si par une erreur de copiste les noms des défendeurs qui figuraient dans la minute d'un arrêt d'admission de la cour de Cassation avaient été omis sur l'expédition, l'assignation devrait la chambre civile n'en serait pas moins valable. — *Cass.*, 4 messid. an VII, Hartmann c. Warmser.

**8.** — Quant au mode de rectification des erreurs de rédaction ou de copiste, il varie selon la nature des actes et la qualité des fonctionnaires dont ils émanent. — V.

**9.** — Par un arrêt du 8 mars 1813 (Delambre c. Dhervey) la cour de Cassation a, sur la requête de l'une des parties, rectifié une erreur qui s'était glissée dans la rédaction de cet arrêt par elle précédemment rendu (V. *Cass.*, 12 août 1812), bien qu'il eût été déjà signifié.—V. au surplus Merlin, *Rép.*, v° *Rature*, n° 2.

**10.** — Une erreur matérielle commise dans un acte judiciaire peut être réparée par les juges qui ont concouru à ce même acte, tant qu'ils n'ont point été dépouillés par appel du droit de vérifier eux-mêmes l'erreur et de la rectifier. — *Cass.*, 30 juill. 1828, Lavie.

**11.** — Le président d'un tribunal qui avant l'enregistrement modifie la rédaction du jugement par lui rendu, sur la réclamation qui lui en est faite et après avoir consulté ses souvenirs et ceux de ses collègues sur le prononcé de ce jugement à l'audience, non seulement ne commet pas un faux, mais agit ainsi que doit le faire un magistrat scrupuleux et exact dans l'accomplissement de ses devoirs. — *Limoges*, 20 avr. 1837 (1. 1er 1837, p. 480), Laurent c. Charveyron.

**12.** — Mais quelles que soient les erreurs qui se trouvent dans la minute d'un acte notarié, le texte d'un pareil acte est sacré; le notaire ne saurait y toucher. Il doit en avertir les parties afin qu'elles se rassemblent pour corriger les erreurs et signer les corrections. Que si l'une d'elles s'y refusait, le recours à la justice deviendrait nécessaire de la part de l'autre. — Toullier, t. 8, n° 129.

V. BLANC, n° 20.

## ESCALADE.

**1.** — La loi qualifie escalade toute entrée dans les maisons, bâtimens, cours, basses-cours, édifices quelconques, jardins, parcs et enclos, exécutée par-dessus les murs, portes, toitures ou toute autre clôture.

**2.** — L'escalade est un élément d'aggravation du vol dont elle a aidé la perpétration. — La loi a tracé à cet égard des règles qui sont expliquées au mot VOL. — V. aussi TENTATIVE.

## ESCALE (Faire)

C'est la même chose que faire échelle.—V. ÉCUELLE (Faire). — V. aussi ASSURANCE MARITIME.

## ESCALIER.

**1.** — Les escaliers d'une maison peuvent être une cause de contestations et de difficultés, spécialement dans le cas où les différens étages dont elle se compose appartiennent à des propriétaires distincts. Le Code civil a-t-il cru devoir aplanir ces difficultés autant que possible en disposant sur ce cas d'une manière expresse.

**2.** — Aux termes de l'art. 664, C. civ., « lorsque les différens étages d'une maison appartiennent à divers propriétaires, si les titres de propriété ne règlent pas le mode des réparations et reconstructions, elles doivent être faites ainsi qu'il suit...... Le propriétaire du premier étage fait l'escalier qui y conduit; le propriétaire du second étage fait, à partir du premier, l'escalier qui conduit chez lui, et ainsi de suite. »

**3.** — Dans la répartition des frais de réparation ou de reconstruction de l'escalier faite par la loi dans l'hypothèse prévue par cet article, l'équité n'a pas été rigoureusement observée, car la proximité du second étage se sert de la partie de l'escalier qui conduit jusqu'au premier, et cependant il ne contribue en rien à son entretien: mais on a voulu établir une règle fixe qui prévînt toute contestation à cet égard et prévenir les calculs souvent arbitraires d'une contribution relative. — Delvincourt, t. 1er, p. 157, note 4°; Duranton, *Droit franç.*, t. 5, n° 245; Toullier, *Droit civil*, t. 3, n° 224; Pardessus, *Des servit.*, t. 1er, n° 193. — V. aussi Marcadé, *Élém. du droit civ. franç.*, sous l'art. 664.

**4.** — Dans le cas, cependant, où les propriétaires des étages supérieurs auraient dégradé l'escalier, il semble qu'ils devraient contribuer aux frais de réparation. — Perrin, *C. des constructions*, n° 4767.

**5.** — Des doutes se sont élevés sur la véritable nature du droit qui appartient à chacun des propriétaires des étages, quant à l'escalier. L'art. 664 étant placé au titre des servitudes, on en a conclu qu'il avait été dans la pensée du législateur de créer sur l'escalier une servitude légale de passage au profit de chaque étage. Dans ce système, l'art. 664 aurait fait attribution exclusive à chacun des intéressés de la partie d'escalier correspondant à l'étage qui lui appartient, et cette section d'escalier, considérée comme fonds servant, serait grevée d'une servitude au profit des étages supérieurs considérés comme fonds dominant. — V. dans ce sens *Aix*, 26 avr. 1845 (t. 2 1846, p. 537), Castillon c. Vidal.

**6.** — Mais cette opinion a été repoussée par la doctrine. En effet, l'art. 664 a pour but de fixer les bases d'une répartition de travaux, et non de faire les attributions de propriété; et de ce que chaque habitant doit refaire la portion d'escalier qui conduit à son étage, il ne résulte pas que cette portion lui appartienne privativement: tous ont au contraire un droit de copropriété indivise dans la totalité de l'escalier, comme dans les murs, le toit, la charpente, etc.; et cet état d'indivision ou de communauté s'oppose à ce que les propriétaires des étages supérieurs aient un droit de servitude sur la partie inférieure de l'escalier, car on ne peut avoir de servitude que sur le fonds d'autrui (art. 637). Si, d'ailleurs, le Code civil a traité, au titre Des servitudes, du cas prévu par l'art. 664, c'est parce que, ainsi que le remarque Duranton (n° 339), ce Code n'a consacré aucun titre spécial à la *communauté de propriété*. V. dans ce sens Proudhon, *Tr. de la propriété*, n° 700; Duranton, *loco cit.*; Pardessus, n° 490; Toullier, t. 3, n° 222; Rolland de Villargues, *Rép. du not.*, v° *Mitoyenneté*, n° 118.

**7.** — M. Duranton (*loc. cit.*) fait remarquer que le droit des propriétaires des étages supérieurs sur l'escalier ne peut être un droit de servitude, par ce motif spécial qu'ils ne sont pas obligés de contribuer à la réparation de la partie conduisant aux étages inférieurs, tandis que, de droit commun, les frais nécessaires pour l'exercice de la servitude sont à la charge du propriétaire du fonds dominant. — C. civ., art. 698.— V. aussi Solon, n° 686.

**8.** — Lorsqu'un escalier ne peut être éclairé que par des jours pris sur la propriété voisine, il faut distinguer, pour mesurer la hauteur de l'ouverture, si elle se trouve vis-à-vis le palier ou au-dessus des marches: dans le premier cas, la hauteur se mesure à partir du sol de l'étage dont le palier dépend; dans le second, l'ouverture doit suivre la direction de l'escalier, et la hauteur est mesurée à partir de la marche la plus élevée placée au-dessous de l'ouverture. — Perrin, n° 2975.

**9.** — Si l'escalier était placé extérieurement et couvert d'un toit, la loi ne décidant pas comment les frais d'entretien de ce toit devraient se répartir entre les propriétaires des étages, on doit penser que ce toit devrait être entretenu à frais communs, mais en établissant une ventilation entre les différens étages pour proportionner chaque quote-part à la valeur de chacun comparée à celle des autres. — C. civ., art. 664; — Toullier, t. 3, n° 224; Pardessus, *Des servitudes*, t. 1er, n° 493; Rolland de Villargues, *loc. cit.*, n° 226; Perrin, *C. des constructions*, n° 4769.

**10.** — De reste, il ne peut être établi d'escalier sur une voie publique, ou même sur une propriété privée destinée à devenir voie publique, sans la permission de l'autorité; et s'il existe déjà, l'autorité peut en ordonner la suppression. — Le contrevenant encourrait les peines de simple police. — Perrin, n° 2539 et 4799.

**11.** — Quant aux escaliers descendant aux caves et à ceux montant aux greniers, Favard (*Rép.*, v° *Servitudes*, sect. 2, t. 4, n° 9) pense avec raison que si les caves ou greniers appartiennent à tous les propriétaires d'étages, ils doivent tous contribuer à la réparation; sinon ces frais doivent être supportés par celui ou ceux qui ont la jouissance de ces localités. — V. aussi Rolland de Villargues, n°427; Lepage, t. 1er, p. 111; Pardessus, n° 193.

**12.** — Jugé que les réparations faites aux escaliers et aux lieux d'aisance communs à deux maisons contiguës doivent être supportées par les deux propriétaires dans la proportion de la valeur de chacune des deux maisons, et non par moitié, si les maisons ne sont pas d'une égale valeur.— *Lyon*, 3 fév. 1834, Crepin c. Celse.

**13.** — Bien que l'art. 662, C. civ., interdise à l'un des copropriétaires d'un mur mitoyen d'y appliquer ou adosser aucun ouvrage sans le consentement de l'autre, ou sans avoir, à son refus, fait régler par experts les moyens nécessaires pour que le nouvel ouvrage ne soit pas nuisible aux droits de l'autre, M. Pardessus (*Des servitudes*, t. 2, n° 481) pense que l'un des voisins avait le droit d'adosser au mur mitoyen un escalier mobile qui ne donnerait aucune charge, et qui pourrait être enlevé à volonté.

**14.** — Jugé qu'un propriétaire de maison ayant ouverture sur la voie publique, qui achète une portion de maison enclavée, avec un droit de passage par le corridor et l'escalier du voisin, ne fait qu'user de son droit s'il pratique dans son mur des ouvertures afin de communiquer d'une maison à l'autre, sans que l'on puisse dire qu'il y a aggravation de la servitude de passage.— *Montpellier*, 2 janv. 1834, d'Hers c. Boichon.

**15.** — Et que le propriétaire d'une portion de maison qui se trouve sans communication avec la voie publique, mais qui est en même temps copropriétaire d'un escalier commun servant de communication à deux autres portions de maison, dont l'une lui appartient, peut acquérir, moyennant indemnité, le droit de se servir de l'escalier commun pour sa portion de maison qui n'a pas d'autre passage sur la voie publique.— *Grenoble*, 28 juin 1833, Carlhan c. Bompard.

**16.** — En ce qui concerne les autres considérations se rattachant au cas où les divers étages d'une maison appartiennent à des propriétaires différens, V. ÉTAGE.

## ESCARPE.

C'est le talus extérieur du rempart ou le pente qu'on donne au revêtement pour qu'il résiste mieux à la poussée des terres qui tendent à le renverser dans le fossé. — V. PLACES DE GUERRE.

## ESCLAVAGE. — ESCLAVE.

*Table alphabétique.*

ESCLAVAGE, ESCLAVE. — 1. — L'esclavage est l'é-tat d'une personne qui est sous la puissance abso-lue d'un maître.

2. — Tous les hommes naissant libres, l'escla-vage ne peut être qu'un abus de la force et de l'injustice. — Favard de Langlade, Rép., v° Escla-vage.

SECT. 1re. — Historique (n° 3).

SECT. 2e. — Etat et conditions des esclaves (n° 44).

SECT. 3e. — Recensement et constatation des naissances, décès et mariages des esclaves (n° 68).

§ 1er. — Recensement (n° 68).

§ 2. — Constatation des naissances, décès et mariages des esclaves (n° 404).

SECT. 4e. — Régime des esclaves (n° 422).

§ 1er. — Notions générales; patronage des esclaves (n° 422).

§ 2. — Nourriture et entretien (n° 484).

§ 3. — Instruction religieuse et élémentaire (n° 455).

§ 4. — Travail et régime disciplinaire (n° ).

SECT. 5e. — Délits commis par les esclaves; lois pénales; instruction criminelle; responsabilité du maître (n° 216).

SECT. 6e. — Affranchissement des esclaves (n° 264).

§ 1er. — Notions générales (n° 264).

§ 2. — Affranchissement résultant de la liberté de fait (n° 275).

§ 3. — Affranchissement conféré par la déclaration du maître (n° 283).

§ 4. — Affranchissement résultant de l'en-voi ou de la conduite de l'esclave en France (n° 304).

§ 5. — Affranchissement de droit (n° 317).

§ 6. — Affranchissement par voie de ra-chat forcé (n° 388).

§ 7. — Obligations des esclaves affranchis (n° 360).

—

## Sect. 1re. — Historique.

3. — L'origine de l'esclavage remonte à l'origine de la guerre, et l'on attribue son introduction aux Assyriens qui, préférant conserver la vie aux pri-sonniers qu'ils avaient faits plutôt que d'user du droit du vainqueur en les tuant, se bornaient à les réduire à la servitude; c'est pourquoi les esclaves furent appelés servi, quasi servati. C'est encore sous le point de vue qu'on a dit souvent que la servitude avait été introduite pour le bien public.

4. — D'après les Assyriens l'usage passa chez les Egyp-tiens et chez les Grecs, puis enfin chez les Ro-mains.

5. — L'esclavage dans l'antiquité a donc été un fait général, et c'est dans ce sens que l'on a qualifié de constitutio juris gentium. — L. 4, § 1er, ff., De stat. hom.

6. — D'après les principes du droit romain, l'on était esclave par la naissance ou par des événe-mens postérieurs à la naissance. « Servi autem nascuntur aut fiunt. » — Loi précitée, § 3.

7. — ... Par la naissance: lorsque l'on naissait d'une femme esclave. Toutefois, par faveur pour la liberté, l'on avait fini par décider que, pour qu'un enfant naquît ingénu, il suffisait qu'il pût prouver que sa mère était libre, sinon à l'époque de l'accouchement, du moins au moment de la conception, ou à un instant quelconque de la gros-sesse. — V. Instit. justin., tit. 4, De ingen. princip. — Ducauroy, n°s 72 et suiv.

8. — Par des événemens postérieurs à la nais-sance, comme: quand on tombait en captivité; quand, étant majeur de vingt ans, l'on s'était laissé vendre frauduleusement, ad pretium parti-cipandum; lorsqu'on s'était soustrait à l'inscription sur les tablettes du cens; lorsqu'on avait commis un vol manifeste, ou que, s'agissant d'une citoyen-ne romaine, cette femme avait eu un commerce illicite avec l'esclave d'autrui. On devenait encore esclave par le fait seul de la condamnation à mort ou aux mines à perpétuité. — V. liv. 1er, tit. 1, Inst. just., De jur. person., § 4; — Etienne, Inst. justin., t. 1er, p. 69 et suiv.; Ducauroy, Inst. expl., t. 1er, n°s 66 et suiv.

9. — Les événemens que l'on vient d'indiquer produisaient l'esclavage, tantôt d'après le droit des gens, tantôt d'après le droit civil, et l'on di-sait qu'il y avait alors maxima capitis deminutio, par opposition à la media ou minima capitis demi-nutio, qui ne faisaient encourir que la perte de la qualité de citoyen romain, ou des droits de fa-mille. A l'époque de Justinien, plusieurs des causes de l'esclavage cessèrent d'exister. — V. conf. Etienne, p. 70.

10. — On appelait affranchis (libertini) ceux qui sortaient d'un véritable esclavage (ex justa servi-tute), et acquéraient ainsi une liberté qu'ils n'a-vaient pas, par opposition à ceux qui, ayant été libres dès la naissance, s'appelaient ingenui.

11. — L'affranchissement par suite duquel on cessait d'être esclave pouvait s'opérer: par la vindicte, par la voie du cens, par acte de dernière volonté, entre amis ou par église. L'affran-chissement par la voie du cens tomba d'assez bon-ne heure en désuétude, et fut remplacé par l'af-franchissement dans les églises. — V. Instit., tit. 5, De libertinis. — Du Caurroy, n°s 76 et suiv. — Etien-ne, p. 67 et suiv.

12. — Il n'était pas indifférent de recevoir la li-berté par l'un ou par l'autre de ces modes d'af-franchissement. En effet, si l'on avait été affranchi par la vindicte, par le cens ou par testament, non seulement on acquérait la qualité d'homme libre, mais encore celle de citoyen romain, pourvu tou-tefois qu'à cette condition de la forme de l'affran-chissement, exigée par la loi Ælia sentia, se joi-gnissent d'autres conditions, également exigées par cette même loi, par exemple, celle d'être âgé de trente ans, et d'avoir été affranchi par un maî-tre qui avait le domaine quiritaire. — V. conf. Du Caurroy, n°s 84 et suiv.; Ducauroy, p. 82 et suiv.

13. — Lorsque l'une de ces conditions manquait, l'esclave, après son affranchissement, n'acqué-rait pas avec la qualité d'homme libre celle de citoyen romain, mais il entrait dans la classe des Latins juniens, et, si pendant qu'il était esclave il avait encouru certaines peines infamantes, dans celle des pérégrins dédilices. Il y avait donc trois classes d'affranchis qui ne furent réduites à une seule que par Justinien. — V. liv. 1er, tit. 5, § 3. — Etienne, p. 83 et suiv.; Du Caurroy, loc. cit.

14. — Quelques limitations furent portées à Rome au droit d'affranchir, notamment par la loi Furia caninia qui défendit d'en affranchir au delà d'un certain nombre, et par la loi Ælia sentia qui eut pour but de protéger les créanciers con-tre le préjudice résultant d'affranchissemens frau-duleux faits par leur débiteur, et qui, en outre, ne voulut pas que le mineur de vingt ans eût, même en dehors de toute idée de fraude, les mêmes fa-cilités que le majeur pour affranchir. Justinien abrogea la première de ces lois, et modifia la se

conde en ce qui concerne la position qu'elle faisait au mineur quant à l'exercice du droit d'affranchir. — V. Instit., liv. 1er, tit. 6 et 7.

15. — Dans l'origine, le pouvoir du maître sur son esclave était sans bornes ; mais les censeurs d'abord, puis la loi *Petronia* et quelques édits, rescrits et sénatus-consultes avaient déjà adouci le sort des esclaves, lorsque enfin Antonin le Pieux décréta que celui qui tuerait son esclave sans juste motif serait puni comme s'il avait tué l'esclave d'autrui, c'est-à-dire encourrait la peine de mort. Cet empereur prit encore d'autres mesures contre les autres actes de cruauté : par exemple, il ordonna que, lorsqu'un maître se livrerait à sa fureur envers son esclave, lequel pour échapper à cette fureur se serait réfugié près des statues des dieux et des empereurs, celui-ci fût vendu à un autre maître à de bonnes conditions, c'est-à-dire à des conditions favorables au maître et à l'esclave. Constantin et Justinien conservèrent cette législation. — V. Instit. Justin., liv. 1er, tit. 8, § 1er et suiv. — V. conf. Etienne, p. 97 et suiv. ; Du Caurroy, nos 102 et suiv.

16. — Le maître n'était pas seulement l'arbitre de la personne de l'esclave ; il acquérait encore par l'intermédiaire de cet esclave soit la propriété et ses démembremens, soit des créances. — V. Instit., liv. 2, tit. 9, et liv. 3, tit. 17 et 28.

17. — Le plus souvent il acquérait à son insu ; mais quelquefois, comme quand il s'agissait d'acquérir une hérédité ou la possession, il fallait soit un ordre du maître, soit au moins une manifestation de volonté. — V. Instit., liv. 2, tit. 9, § 3. — Du Caurroy, nos 614 et suiv.

18. — Quand un esclave était institué héritier par un autre que par son maître, et qu'il venait à changer de maître, il acquérait l'hérédité à celui des maîtres par ordre duquel il faisait adition ; en matière de legs, l'esclave acquérait le legs au maître sous la puissance duquel il se trouvait lors du *dies cedit*. — V. LEGS.

19. — Le maître ne pouvait être directement obligé par l'intermédiaire de son esclave qu'autant que l'esclave avait contracté par son ordre, et il y avait alors lieu à l'action *quod jussu*. Dans le cas contraire, le maître n'était pas obligé (du moins en dehors du cas où il s'agissait des actions institoire et exercitoire), et il n'y avait lieu qu'à l'action *de peculio* ou *de in rem verso* au profit du tiers qui avait contracté avec l'esclave. — V. ACTION (droit romain), nos 167 et suiv., 171 et suiv. — Cette action *de peculio*, dont on vient de parler, était donnée jusqu'à concurrence du pécule et l'on entendait à Rome par *pécule* la portion de biens dont le maître abandonnait à son esclave l'administration et la jouissance.

20. — Quand un maître avait institué son esclave pour héritier, cette institution emportait d'abord l'affranchissement de l'esclave, et cet esclave était ce que l'on appelait un héritier *nécessaire*, c'est-à-dire qu'il ne peuvait répudier l'hérédité qui lui était déférée. Seulement, pour tempérer cette rigueur, le préteur avait introduit en faveur de l'esclave ainsi institué par le testament de son maître le *bénéfice de séparation* par suite duquel l'action du créancier héréditaire se trouvait limité à la valeur des biens de la succession sans pouvoir atteindre, pour une valeur supérieure, les biens personnels de l'héritier. — V. Instit. Justin., liv. 2, tit. *De hœred. qual. et differ.*, § 1er ; Du Caurroy, nos 663 et suiv.

21. — L'esclavage, introduit dans les Gaules par les Romains, y survécut long-temps à la conquête des Francs, qui avaient laissé, comme on voit, aux Gaulois et aux Romains leurs lois et leurs coutumes. Il y avait même encore des esclaves en France dans le treizième siècle. En 1296, Philippe-le-Bel donna à Charles de France son frère, comte de Valois, un juif de Pontoise, et il paya 300 livres à Pierre de Chambly pour un juif qu'il avait acheté de lui. — Guyot, *Rép.*, vo *Esclave*.

22. — Peu à peu cependant l'esclavage disparut, et, par la suite, les édits de 1315, 1318 et 1558 proclamèrent, comme l'une des maximes fondamentales du droit public français, que *nul n'est esclave en France*.

23. — Et il a été jugé que cette maxime est demeurée en vigueur, même depuis l'établissement des colonies. — *Cass.*, 6 mai 1840 (t. 1er 1840, p. 627), Furcy ; *Paris*, 23 déc. 1843 (t. 1er 1844, p. 220), même partie.

24. — Nous n'examinerons pas ici par suite de quelles transformations sociales l'esclavage a ainsi disparu de nos lois, ni les rapports qui ont pu exister sous le régime féodal entre la condition de serf et celle d'esclave.

25. — Notre seul but est de faire connaître les règles qui régissent l'esclavage dans nos colonies, le régime auquel sont soumis les esclaves, et les mesures prises dans le but d'arriver à leur émancipation.

26. — Les esclaves des colonies françaises proviennent tous originairement d'Afrique. On ignore à quelle époque remontent les premières importations qui en furent faites. Les lettres-patentes de 1626 et 1642, relatives à l'établissement et à la prorogation des îles d'Amérique n'en font aucune mention. Dès-lors cependant l'esclavage devait y exister, au moins de fait, puisque le père Duterte, dans son *Histoire des Antilles*, parle d'une désertion considérable d'esclaves qui, en 1639, inquiéta les colons de Saint-Christophe. — *Encyclopédie du droit*, vo *Colonies*, no 11.

27. — Ce fut au moyen de la *traite* que les premiers colons se procurèrent les nègres qui leur étaient nécessaires, et qui devaient alimenter l'esclavage. Le gouvernement protégea ce commerce, l'encouragea par des immunités, et même s'en réserva ou en conféra le monopole à des compagnies particulières ; c'est ainsi, par exemple, que la compagnie des Indes conserva, pendant long-temps, le privilége de faire la traite ; qu'un arrêt du conseil d'état de 1784 accorda une prime pour la traite des noirs, enfin, qu'en 1787, une autre prime fut accordée aux denrées coloniales provenant du même trafic. — Delabarre de Nanteuil, *Législation de l'île Bourbon*, t. 2, p. 90.

28. — L'assemblée nationale supprima la prime d'encouragement établie en faveur du commerce des esclaves par un décret du 11 août 1792.

29. — C'est au surplus au mot TRAITE DES NOIRS qu'on examinera tout ce qui touche à l'importation des esclaves dans nos colonies ou à leur exportation.

30. — Disons seulement ici qu'il ne reste plus en définitive aujourd'hui qu'une seule source d'esclavage dans les colonies, la naissance d'enfans d'une femme esclave, et que le seul commerce qui peut en être fait est le commerce intérieur.

31. — Quoi qu'il en soit, le sort des esclaves, autrefois, ne fut pas laissé entièrement à l'arbitraire des maîtres ; et différens édits, ordonnances et déclarations réglèrent leur condition, leur entretien et leur affranchissement. — Voyez en le détail vo CODE NOIR.

32. — Par un décret du 16 pluviôse an II, la Convention prononça l'abolition de l'esclavage dans les colonies. La résistance que rencontra cette loi dans les assemblées coloniales en paralysa l'exécution, et de fait l'on peut dire que l'esclavage fut maintenu. La loi du 30 floréal an X le rétablit formellement et remit en vigueur à cet égard les lois et réglemens antérieurs à 1789.

33. — C'est ainsi que l'esclavage dans les colonies a survécu à la rénovation sociale opérée par la révolution. Depuis lors, néanmoins, on n'a généralement accepté ce fait que comme une anomalie qu'une nécessité impérieuse, celle de la conservation des colonies, pouvait autoriser provisoirement, mais qui devait tendre à disparaître.

34. — La conservation de l'esclavage n'est pas toutefois sans avoir de nombreux partisans ; et indépendamment de l'intérêt colonial dont nous venons de parler, on a fait souvent valoir que le régime de l'esclavage, sagement réglementé et surveillé par l'autorité, compensé par la protection constante que le maître doit à l'esclave, était la plupart du temps préférable pour celui-ci au régime du travail libre qui le laisse abandonné à lui-même, exposé à tous les désordres qui peuvent résulter de son état de liberté, et à tous les besoins qui en sont la conséquence.

35. — « L'homme ne travaille, dit M. Thomas, dans sa *Statistique de l'île Bourbon*, que pour satisfaire à ses besoins et aux projets de son ambition. Le noir ne connaît pas l'ambition et n'a que très peu de besoins. Abandonné à sa volonté, il ne fait rien ; sa vie n'est qu'un long repos entrecoupé de rares instans d'activité ; il faut, pour sortir de cette inertie, qu'il soit forcé au travail, et l'on n'y parvient qu'en lui imposant une entière soumission aux ordres d'autrui. C'est le seul moyen d'obtenir des résultats maintenant indispensables pour lesquels il faut s'être procuré de nombreux ouvriers avec l'espérance de les conserver dans les ateliers et d'en obtenir tout le travail possible. »

36. — Et en parlant plus loin des droits et des devoirs réciproques du maître et des esclaves, le même auteur ajoute : « ... Ce sont des serviteurs qui lui sont engagés pour la vie, qui lui doivent tous les produits de leur force et de leur intelligence, et auxquels par contre-coup il doit protection, nourriture, entretien, tous ses soins, en un mot, en santé comme en maladie. Il y a entre eux une sorte de contrat dont l'autorité du prince est garante. D'une part elle assure au maître la présence de ses ouvriers sur son habitation, le maintien d'une exacte subordination, leur retour s'ils s'éloignent ; de l'autre, elle assure à l'esclave protection et secours contre tous actes vexatoires, pourvu qu'il remplisse ses devoirs. »

37. — « ... L'esclavage, dit enfin M. Thomas, est dans les colonies françaises une domesticité viagère, tandis qu'en France la domesticité est un esclavage annuel et temporaire. Voilà sa véritable définition. »

38. — Quelle que soit la gravité de ces objections contre l'abolition de l'esclavage, le gouvernement et les chambres, d'accord avec l'opinion publique, ont depuis longues années déjà manifesté des tendances contraires. L'émancipation des esclaves est le but plus ou moins rapproché de toutes les mesures législatives et réglementaires qui ont été arrêtées relativement aux colonies, surtout depuis 1830 ; et cette émancipation, préparée par la loi du 24 avril 1833, hâtée par la loi récente du 18 juillet 1845, n'est plus en quelque sorte aujourd'hui qu'une question de temps.

39. — Voici en effet comment s'exprimait, au sujet de cette dernière loi, M. de Lasteyrie, rapporteur de la commission devant la chambre des députés (séance du 22 mai 1845) : « Cette loi, disait-il, n'est pas une loi d'émancipation complète ou absolue, elle ne se prononce sur aucun système particulier, elle ne fixe aucune époque précise ; mais elle contient des principes de liberté qui ne resteront pas inféconds, elle conduit et prépare à l'émancipation et la nécessité et la commande. Dès aujourd'hui elle améliore la condition matérielle, morale et légale des esclaves ; ils pourront acquérir, posséder, se racheter. Au lieu d'être considérés légalement comme des meubles, s'ils sont esclaves de ville, comme des immeubles par destination, s'ils sont esclaves ruraux, ils deviendront des personnes civiles. »

40. — Toutefois, il est à remarquer que toutes les dispositions des lois des 24 avril 1833 et 18 juillet 1845, et par suite celles des ordonnances royales rendues en conséquence, ne sont applicables qu'aux colonies de la Guadeloupe, de la Martinique, de la Guyane et de Bourbon, et à leurs dépendances. — L. 24 avr. 1833, art. 25 ; L. 18 juill. 1845, art. 18.

## Sect. 2e. — *État et condition des esclaves.*

41. — Les esclaves sont réputés meubles dans la main de ceux qui les possèdent ; ils n'ont aucune suite par hypothèque et sont régis par les dispositions relatives aux biens mobiliers. — Édit de 1685, art. 44, 50 et 51 ; lettres pat. 1723, art. 40 et 41.

42. — Par une conséquence du même principe, les esclaves deviennent *immeubles par destination*, lorsqu'ils ont été attachés par leur propriétaire à une habitation. — *Cass.*, 11 mars 1819, Riquardon ; 1er déc. 1824, Levalois c. Bernard. — Favard de Langlade, *Rép.*, vo *Législation coloniale* ; Hennequin, *Tr. de législ.*, t. 1er, p. 27.

43. — Dès-lors les nègres attachés à une habitation ne tombent pas dans la communauté. — *Cass.*, 1er déc. 1824, Levalois c. Bernard.

44. — Mais la fiction qui fait en certains cas assimiler les esclaves aux immeubles par destination, doit être, comme pour les meubles en général, à qui l'on donne ce caractère, restreinte rigoureusement aux cas prévus par la loi. — *Cass.*, 3 août 1831, Luce Alexis c. Foloppe.

45. — Ainsi, lorsque le mari a attaché un nègre, qu'il a apporté dans la communauté, à la culture d'un immeuble de sa femme, dont il n'était que l'administrateur et non le propriétaire, ce nègre ne peut, d'après l'art. 524, C. civ., devenir immeuble par destination. — *Cass.*, 3 août 1831, Luce Alexis c. Foloppe. — V. Duranton, t. 4, no 47, et Delvincourt, t. 1er, p. 134, note 10e.

46. — De même, les esclaves reprennent leur caractère de meubles, lorsqu'ils viennent à être détachés de l'habitation à laquelle ils avaient été attachés. — *Cass.*, 5 août 1829, Raquoit c. Tiberge ; 3 août 1831, Luce Alexis c. Foloppe ; 17 juill. 1838 (t. 2 1838, p. 389), Desfourneaux.

47. — En conséquence, si pour une vente faite sans fraude, ils passent en des mains tierces, le créancier qui a hypothèque sur l'habitation est privé du droit de suite. — Mêmes arrêts ; *Cass.*, 5 août 1829, Raquoit c. Tiberge.

48. — Bien que rangés dans la classe des meubles, les esclaves n'ont jamais, même sous l'empire exclusif du Code noir, entièrement perdu leur personnalité.

49. — Ainsi, de tous temps, dans toutes les colonies, des mesures ont été prises, en vertu d'arrêtés locaux, pour l'inscription de leurs naissances et de leur décès. — V. pour l'île Bourbon l'arrêt de réglement du conseil supérieur de l'île de France du 12 nov. 1778.

50. — Leurs mariages devaient être célébrés avec les solennités prescrites par l'ordonnance de Blois et par la déclaration du mois de novembre 1639. — Edit de mars 1685, art. 10.

51. — Seulement le consentement des père et mère était remplacé par le consentement du maître, jugé seul nécessaire. — *Ibid.*

52. — Ces mariages, du reste, ne constituaient à l'esclave qu'une famille éphémère, car les enfans qui en provenaient étaient esclaves comme leurs père et mère. En cas où le père et la mère appartenaient à des maîtres différens, les enfans restaient au maître de la mère, en vertu de la maxime *Partus sequitur ventrem.* — Même édit, art. 12 et suiv.

53. — Les mariages entre les personnes libres et les esclaves, ou même seulement les gens de couleur, étaient formellement prohibés par l'ancienne législation. — Edits et ord. 1723 et 1767.

54. — Mais jugé que le mariage contracté aux colonies entre un blanc et une esclave de naissance, à une époque où celle-ci, affranchie par son maître, avait été confirmée dans sa liberté par le décret du 16 pluv. an II, qui a aboli l'esclavage dans les colonies, est valable, alors même que ce décret n'aurait pas été promulgué. — *Cass.*, 27 juin 1838 (t. 2 1838, p. 122), Rodrigues c. Béguin.

55. — On verra, *infrà*, par quelles mesures la loi assure aujourd'hui la personnalité des esclaves et les droits de famille qui leur sont reconnus. Toutefois, il est à remarquer, dès à présent, que cette personnalité est aujourd'hui incontestable en présence des lois des 24 avr. 1833 et 18 juill. 1845, ainsi que des diverses ordonnances royales faites en exécution de ces lois.

56. — C'est ainsi qu'il a été jugé que l'ordonnance de 1687 sur les fermes, qui prescrit la confiscation non-seulement de la contrebande, mais encore de l'équipage qui aura servi à la conduire (ordonnance appliquée en France aux bêtes de somme), ne peut être étendue dans les colonies aux personnes non libres, aux esclaves que leurs maîtres emploient au transport de marchandises de contrebande, puisque les esclaves qui, même sous le Code noir, n'avaient pas perdu leur personnalité, ont été formellement rangés dans la classe des personnes par la loi organique du 24 avr. 1833 et l'ordonnance royale du 4 août 1833, qui leur ont reconnu un état civil. — *Cass.*, 8 fév. 1839 (t. 2 1839, p. 219), Huc.

57. — Les esclaves ne peuvent néanmoins être pourvus d'office ni de commission ayant quelque fonction publique, ni être constitués agens pour autres que pour leurs maîtres, pour gérer ou administrer aucun négoce, ni être arbitres, experts ou témoins. — Edit de 1685, art. 30.

58. — Quant au droit de propriété et à la capacité de contracter, jusqu'à ces derniers temps, les esclaves sont restés, sauf les modérations apportées généralement par les maîtres à la rigueur de la loi, sous l'empire de la disposition de l'art. 28 de l'édit de 1685, ainsi conçu : « Déclarons, était-il dit dans cet article, les esclaves ne pouvoir rien avoir qui ne soit à leurs maîtres, et tout ce qui leur vient par industrie ou par la libéralité d'autres personnes, ou autrement, à quelque titre que ce soit, être acquis en pleine propriété à leurs maîtres, sans que les enfans des esclaves, leurs pères et mères, leurs parens et tous autres, y puissent rien prétendre, par successions, dispositions entre-vifs ou à cause de mort; lesquelles dispositions nous déclarons nulles, ensemble toutes les promesses et obligations qu'ils auraient faites, comme étant faites par gens incapables de disposer et contracter de leur chef. »

59. — Aujourd'hui, les esclaves sont reconnus propriétaires des choses mobilières qu'ils peuvent posséder ou acquérir à titre légitime, à la charge par eux de justifier, s'ils en sont requis, de la légitimité, de l'origine des objets, sommes et valeurs en leur possession. — L. 18 juill. 1845, art. 4.

60. — La crainte des vols que le désir de se racheter pourrait inspirer à l'esclave, a fait admettre cette dérogation au principe que la présomption de propriété est en faveur du possesseur. A cet effet, disait le rapporteur de la chambre des pairs, « le juge royal appréciera les circonstances et la nature des preuves; il déterminera, selon sa conscience ce qu'il y a de vrai et ce qu'il y a de vraisemblable; il pèsera les allégations de l'esclave et les allégations du maître; il se formera de tout cela une conviction, et la question de propriété sera résolue. »

61. — Les bateaux et les armes sont toutefois exceptés de la disposition qu'on vient de reproduire. Ces objets, qui pourraient faciliter la fuite ou la révolte, ne peuvent jamais être possédés par les esclaves. — L. 18 juill. 1845, art. 4.





62. — Les esclaves sont d'ailleurs habiles à recueillir toutes successions mobilières ou immobilières de toutes personnes libres ou non libres. Ils peuvent également acquérir des immeubles par voie d'achat ou d'échange, disposer et recevoir par testament ou par acte entre vifs. — *Ibid.*

63. — En cas de décès de l'esclave sans testament ni héritiers, enfant naturel ni conjoint survivant, sa succession appartient à son maître. — *Ibid.*

64. — Le maître est de droit le curateur de son esclave, à moins que le juge royal ne croie nécessaire de lui en donner un autre. — *Ibid.*

65. — Dans tous les cas, l'esclave ne peut exercer sur les objets à lui appartenant que les droits attribués au mineur émancipé par les art. 481, 482, 484 du Code civ. — *Ibid.*

66. — Dans le cas où des biens viendraient à échoir à des esclaves mineurs par succession ou donation, l'administration de ces biens appartient également au maître, à moins que celui-ci ne juge convenable de provoquer de la part du juge royal la nomination d'un autre administrateur; toutefois, le juge royal peut toujours, s'il le juge nécessaire, nommer un autre administrateur. — *Ibid.*

67. — Le même article 4 ajoute, *in fine*, « que une ordonnance royale réglera le mode de conservation et d'emploi des meubles et valeurs mobilières appartenant aux esclaves mineurs. »

## Sect. 3e. — *Recensement et constatation des naissances, décès et mariages des esclaves.*

### § 1er. — *Recensement des esclaves.*

68. — Différens actes de l'ancienne législation et spécialement une déclaration du roi du 3 oct. 1730 ordonnaient le dénombrement des esclaves.

69. — D'après l'art. 3, n° 5, de la loi du 24 avril 1833, il doit être statué par ordonnances royales, les conseils coloniaux ou leurs délégués préalablement entendus, sur les recensemens de la population libre et de la population esclave.

70. — Ce recensement a été l'objet de deux ordonnances royales, l'une provisoire, en date du 4 août 1833, et l'autre définitive, du 11 juin 1839. — De plus, des modifications ont été faites pour la Guyane par une autre ordonn. du 18 mars 1840.

71. — L'ordonnance royale du 11 juin 1839, après avoir prescrit un recensement général, aujourd'hui effectué, de la population esclave dans les colonies de la Martinique, de la Guadeloupe, de la Guyane française et de Bourbon, a disposé qu'à partir de ce recensement général des recensemens annuels continueraient d'être faits dans les mêmes colonies. — Art. 14.

72. — L'époque de ces recensemens annuels est fixée par les arrêtés des gouverneurs. — Même ordon., art. 15, § 1er.

73. — Jugé sous l'empire de l'ordonnance du 4 août 1833, qui réglait précédemment ces recensemens, que, cette ordonnance se référant, quant au délai dans lequel les maîtres d'esclaves doivent fournir leur état de recensement, aux arrêtés locaux indistinctement, les arrêtés préexistans continuent d'être obligatoires jusqu'à ce qu'ils aient été rapportés ou modifiés par l'autorité compétente. — *Cass.*, 2 mai 1835, Joachim Charles.

74. — A l'effet d'accomplir à cet égard la prescription de la loi, tout propriétaire d'esclaves doit, dans le délai fixé, soit par lui-même, soit par un fondé de pouvoirs, se pourvoir à la mairie de sa commune, de trois feuilles de recensement imprimées qui lui sont délivrées gratuitement. — Même ordonn. 11 juin 1839, art. 2, § 2; art. 15, § 2.

75. — A la Guyane française, les commissaires commandans des quartiers et le maire de la ville de Cayenne, chacun dans son ressort respectif, sont chargés de distribuer ces feuilles de recensement aux habitans, et par suite de les recueillir et de les transmettre à l'ordonnateur dans les délais prescrits. — Ordonn. 18 mars 1840, art. 3, § 4.

76. — Sur chacune de ces trois feuilles, le propriétaire doit inscrire : 1° ses noms et prénoms, le lieu et la date de sa naissance, sa profession, et s'il y a lieu, la classe de sa patente; — 2° le nombre, les noms, le sexe et l'âge des personnes composant sa famille, et non astreintes à fournir personnellement leur recensement; — 3° les noms de ses esclaves, leur sexe, leur âge, et les signes particuliers propres à constater leur identité. Le propriétaire doit indiquer en outre ceux de ses esclaves qui dépendent d'habitations rurales, avec mention du nom de ces habitations, et ceux qui sont employés dans les villes et bourgs, avec désignation de la ville ou du bourg où ils sont employés. Il doit aussi faire connaître les esclaves unis en mariage. Les noirs qui portent le même nom doivent être distingués



par des numéros ou par des surnoms. — Ordon. 11 juin 1839, art. 2, § 3.

77. — Outre ces indications, les feuilles de recensement doivent mentionner les naissances, les décès et toutes les mutations survenues parmi les esclaves depuis la date du dernier recensement. En cas d'augmentation ou de diminution par achat, vente, succession ou donation, les feuilles de recensement doivent indiquer les dates, ainsi que les noms des personnes qui ont acheté ou autrement acquis, ou qui ont vendu, donné ou légué. — Art. 15, § 2.

78. — L'omission ou l'inexactitude des mentions dont il vient d'être parlé dans les deux numéros qui précèdent, est punie d'une amende de vingt-cinq francs à cent francs. — Art. 4, § 1er, et art. 15, § 2.

79. — Est passible de la même peine l'habitant convaincu d'avoir porté sur son recensement, comme appartenant à une habitation rurale, un ou plusieurs esclaves habituellement employés aux travaux des villes et bourgs, et réciproquement. — Art. 4, § 2.

80. — Les trois feuilles de recensement, signées du déclarant ou de son fondé de pouvoirs, doivent, sous peine d'une amende de 5 francs pour chaque jour de retard, être remises au maire de la commune dans le délai fixé par l'arrêté du gouverneur. L'une de ces feuilles est rendue au signataire avec le visa du maire; la deuxième reste déposée à la mairie, et la troisième est transmise au directeur de l'intérieur. — Art. 3, § 1er.

81. — Les habitans des dépendances de la Guadeloupe (Marie-Galande, Saintes et île Saint-Martin), fournissent leur recensement en quadruple expédition, la quatrième expédition reste déposée au bureau de l'administration intérieure de la localité. — Art. 3, § 2.

82. — A l'expiration du délai fixé par l'arrêté du gouverneur, il est procédé dans la quinzaine au recensement d'office de tous les individus qui n'ont pas produit leurs feuilles du recensement. — Même art. 3, § 3.

83. — A la Guyane française le recensement d'office n'est fait qu'un mois après l'expiration du délai fixé par l'arrêté du gouverneur. — Ord. 18 mars 1840, art. 5.

84. — La même ordonnance du 11 juin 1839 a prescrit dans chaque commune la formation de registres matricules sur lesquels ont dû être inscrits tous les esclaves recensés dans la localité, et dont la conservation aux archives de chaque commune a été également ordonnée. — Art. 6 et 7.

85. — A la Guyane française, ces registres ont dû être établis à Cayenne pour toutes les communes de la colonie, et restent déposés dans les bureaux de l'administration de l'intérieur; les diverses formalités qui s'y rattachent sont, en conséquence, remplies sous l'autorité immédiate de l'ordonnateur à l'aide de l'intermédiaire des commandans de quartiers et du maire de la ville de Cayenne, chacun en ce qui concerne son ressort. — Ord. 18 mars 1840, art. 8.

86. — Tout esclave qui ne s'est pas trouvé inscrit sur ces registres lors de leur clôture et de la propriété duquel il ne serait pas, d'ailleurs, justifié par des recensemens antérieurs ou par d'autres titres, doit être déclaré, comme vacant et sans maître, réuni au domaine et aussitôt déclaré libre, sauf à le soumettre envers le gouvernement à un engagement de sept années, pour être employé dans les ateliers publics. — Ord. 11 juin 1839, art. 7, § 2.

87. — Les registres matricules sont à souches; il en est détaché pour chaque esclave un certificat de recensement portant un numéro d'ordre et toutes les indications inscrites sur la souche, lequel certificat est remis au maître. — Art. 8.

88. — Depuis ces nouvelles mesures, aucune vente et aucun échange d'esclaves ne peut avoir lieu sans être déclarés par les deux parties contractantes et sans que mention en soit faite, tant sur le registre à souches que sur le certificat de recensement qui doit passer dans les mains du nouveau maître. — Art. 9, § 1er.

89. — Jugé antérieurement que dans les colonies et en matière de vente d'esclaves, la feuille de dénombrement est le titre le plus ordinaire de leur propriété, et que sa remise équivaut à la tradition. — *Cass.*, 17 juill. 1838 (t. 2 1838, p. 389), Desfourneaux.

90. — Les mentions ont lieu sans frais. Elles sont signées par le maire et par les deux parties contractantes. Si les parties ne savent signer, le maire doit le rapporter expressément. — Ord. 11 juin 1839, art. 9, § 2.

91. — Les déclarations dont il vient d'être parlé

doivent être faites au maire dans le mois de la mutation, sous peine d'une amende de 25 à 100 francs pour chaque mutation non déclarée. — Art. 10, § 1er.

92. — A la Guyane française, les commissaires commandans des quartiers et le maire de Cayenne sont chargés, chacun dans leurs communes respectives, de pourvoir, conjointement avec les détenteurs des certificats de recensement, aux mentions à faire sur ces certificats, relativement aux mutations dont il vient d'être parlé. Ils adressent par suite à l'ordonnateur des bulletins signés d'eux pour servir aux mentions correspondantes à faire sur les registres matricules. — Ord. 18 mars 1840, art. 4.

93. — S'il y avait refus de déclaration de la part de l'une des parties, à raison de contestations sur la vente ou sur l'échange, l'effet de ces mentions serait suspendu jusqu'à ce que les tribunaux eussent statué sur la validité de la transaction, à la diligence, soit de l'autre partie, soit du ministère public. — Ord. 11 juin 1839, art. 10, § 2.

94. — Lorsque, par suite d'une mutation, un esclave passe d'une commune dans une autre, le nouveau propriétaire, indépendamment des formalités ci-dessus énoncées, est tenu dans le même délai et sous les mêmes peines, de déposer le certificat de l'esclave à la mairie de la commune où il est domicilié. L'esclave est, immédiatement après, inscrit sur le registre matricule de cette dernière commune, et il est délivré au maître un nouveau certificat de recensement portant, ainsi que le registre matricule, toutes les indications contenues dans le précédent certificat qui est ensuite annulé. — Art. 11, § 1er.

95. — Sur l'avis qui doit lui être donné de ce transfert, le maire de la commune où l'esclave était précédemment inscrit, radie l'article du registre à souche correspondant au certificat annulé. — Même art., § 2.

96. — Lorsque les mutations ont lieu par succession, donation, legs ou vente publique, les héritiers, donataires, légataires ou adjudicataires, sont tenus de l'exécution des dispositions précédentes. — Art. 12. § 1er.

97. — Les mêmes dispositions sont en outre applicables aux propriétaires qui transportent d'une commune dans une autre leur résidence et celle d'un ou de plusieurs esclaves. — Art. 12, § 2.

98. — Dans le cas d'une demande d'affranchissement formée pour un esclave, la déclaration prescrite par l'art. 1er, ord. royale, 12 juill. 1832, doit, à peine de rejet, être accompagnée du dépôt du certificat de recensement de l'esclave. — Art. 13, § 1er.

99. — Ce certificat de recensement est restitué au maître, si, par l'effet d'oppositions, l'affranchissement ne s'effectue point. — Même art., § 2.

100. — Dans le cas contraire et dans les quinze jours qui suivent l'arrêté d'affranchissement, le certificat du recensement est transmis au maire de la commune où l'esclave était inscrit en dernier lieu, afin d'en faire opérer la radiation et l'annulation sur le registre à souches. — *Ibid.*

§ 2. — *Constatation des naissances, décès et mariages des esclaves.*

101. — Les mêmes ordonnances des 4 août 1833 et 11 juin 1839, et celle modificative pour la Guyane, du 18 mars 1840, ont statué sur le mode de constatation des naissances, décès et mariages des esclaves.

102. — Tout maître d'esclaves est tenu de faire, soit par lui-même, soit par un fondé de pouvoirs, devant le maire de la commune où résident les esclaves, la déclaration de leurs naissances, de leurs décès et de leurs mariages. — Ord. 11 juin 1839, art. 17.

103. — Ces déclarations sont inscrites dans chaque commune, sur un registre tenu double, coté et paraphé par le juge royal du ressort. L'un des doubles est transmis à la fin de chaque année au greffe du tribunal de première instance de l'arrondissement. Le second reste déposé aux archives de la commune. — Art. 18.

104. — Les déclarations de naissances et de décès doivent être faites verbalement, ou par écrit, dans le délai de trois jours. — Art. 19, § 1er.

105. — Ce délai est augmenté de trois jours pour les communes de la Guyane française autres que la ville de Cayenne. — *Ibid.*

106. — Le gouverneur peut même, dans cette dernière colonie, à l'égard des communes où des exceptions seraient reconnues indispensables, à raison de la difficulté des communications, étendre encore par un arrêté les délais qui viennent d'être indiqués, ainsi que ceux fixés ci-après pour la présentation des nouveaux-nés. — Ord. 18 mars 1840, art. 6.

107. — La déclaration de naissance doit être suivie, dans un délai de quarante jours, de la présentation de l'enfant. — Ord. 11 juin 1839, art. 19, § 2.

108. — L'inhumation d'un esclave décédé ne peut avoir lieu que vingt-quatre heures après le moment du décès, et doit toujours être autorisée par le maire, qui ne peut délivrer l'autorisation qu'après avoir constaté ou fait constater le décès. — Même art. 19, § 3.

109. — A la Guyane française, encore à raison de la difficulté des communications, un arrêté du gouverneur peut déterminer les formalités qui seraient jugées propres à suppléer, dans le cas d'empêchement absolu, à l'autorisation du magistrat municipal prescrite pour l'inhumation. — Ord. 18 mars 1840, art. 6.

110. — Les déclarations doivent énoncer le jour et l'heure auxquels elles sont faites, les noms, prénoms, âge, demeure et profession des personnes qui y concourent. — Ord. 11 juin 1839, art. 20.

111. — Lorsqu'il s'agit de naissances, elles doivent mentionner le jour et l'heure de la naissance, le sexe de l'esclave nouveau-né, le nom qui lui est donné, le nom et l'âge de la mère et le numéro du certificat de recensement qui la concerne, et en outre le nom du père, si l'enfant est issu d'esclaves mariés. — *Ibid.*

112. — Lorsqu'il s'agit de décès, elles doivent contenir le jour et l'heure du décès, les noms, le sexe, l'âge et le numéro de matricule de l'esclave décédé, et toute autre indication propre à constater l'identité. — *Ibid.*

113. — En attendant les dispositions nouvelles qui doivent être prises relativement au mariage des esclaves, les déclarations à faire relativement à cet objet, doivent continuer d'être faites par les maîtres, dans le délai de cinq jours, à peine de vingt francs à deux cents francs d'amende. — Ordonn. 4 août 1833, art. 2, § 2; ordonn. 11 juin 1839, art. 21 et 27.

114. — Toute contravention aux dispositions qui précèdent, relativement aux déclarations de naissance et de décès, est passible, suivant les cas, d'une amende de vingt-cinq à cent francs, et, s'il y a lieu, des peines prévues par l'art. 358, C. pén. colon.. — Ordonn. 11 juin 1839, art. 22.

115. — Toute déclaration de naissance d'un esclave doit être immédiatement suivie de l'inscription de l'individu déclaré sur le registre à souche de la commune, et de la remise d'un certificat de recensement au maître, conformément à ce qui a été dit ci-dessus, n° 103. — Art. 23, § 1er.

116. — A l'appui de toute déclaration de décès, le maître doit faire remise du certificat de recensement de l'esclave décédé. Ce certificat est annulé par le maire, après la délivrance du permis d'inhumation, et le talon biffé. — *Ibid.*, § 2.

117. — Le maire peut accorder au maître un délai d'un mois pour la remise du certificat de recensement ; passé ce délai, le maître est passible d'une amende de cent francs, et la radiation de la souche est opérée. — *Ibid.*, § 3.

118. — A la Guyane française, l'inscription des esclaves nouveaux-nés sur les registres matricules et la délivrance des certificats de recensement, ainsi que l'annulation de ces certificats et les radiations sur les registres matricules dans le cas de décès, sont effectuées à la diligence de l'ordonnateur sur les registres déposés à Cayenne. Les commissaires commandans des quartiers et le maire de la ville de Cayenne sont, à cet effet, chargés, chacun dans son ressort, 1° de transmettre à l'ordonnateur des bulletins relatifs aux déclarations de naissance et de décès inscrites sur les registres des communes, en y joignant, dans le second cas, les certificats de recensement des individus décédés; — 2° de recevoir de l'ordonnateur et de transmettre aux maîtres les certificats de recensement relatifs aux esclaves nouveaux-nés. — Ordonn. 18 mars 1840, art. 7.

119. — Le droit de visite consacré en matière de recensement est exercé à l'effet d'assurer l'exécution des diverses dispositions qui précèdent, à la diligence du directeur de l'intérieur et du procureur général, par les maires et leurs adjoints et par les officiers du ministère public. — Ordonn. 11 juin 1839, art. 24.

120. — Le directeur de l'intérieur et ses délégués, le procureur général, les procureurs du roi et leurs substituts, ont droit d'inspection sur les registres matricules et sur les registres de déclarations. — Art. 25.

121. — Toutes les amendes portées par les dispositions analysées dans le présent paragraphe, sont prononcées correctionnellement. — Art. 26.

## Sect. 4e. — *Régime des esclaves.*

§ 1er. — *Notions générales ; patronage des esclaves.*

122. — Le régime des esclaves a été déjà, depuis un assez grand nombre d'années, l'objet d'une attention toute particulière de la part du gouvernement et des chambres.

123. — Ainsi, l'exécution des réglemens concernant ce régime, et les propositions relatives à son amélioration on été confiées dans chaque colonie au directeur général de l'intérieur. — Ordonn. 9 févr. 1827, art. 120, § 53 ; 21 août 1825, art. 104, § 25 ; 27 août 1828, art. 108, § 54.

124. — Les procureurs généraux, les procureurs du roi et leurs substituts sont spécialement chargés de se transporter périodiquement, et toutes les fois qu'il y a lieu, sur les habitations et dans les maisons des villes et bourgs, afin de s'y assurer de l'exécution des réglemens relatifs aux esclaves, et d'y faire toutes les enquêtes et constatations à ce nécessaires. — Ordonn. 5 janv. 1840, art. 5, § 1er.

125. — Les procureurs du roi, dans l'étendue de leurs ressorts respectifs, doivent faire à cet effet, tous les mois, soit par eux-mêmes, soit par leurs substituts, une tournée d'inspection sur les habitations ; les procureurs généraux doivent faire une tournée générale tous les six mois. — Même art., §§ 2 et 3.

126. — Les résultats des tournées doivent être consignés dans des rapports détaillés qui sont envoyés par les gouverneurs au ministre de la marine. Ces rapports doivent porter notamment sur la nourriture et l'entretien des esclaves ; — le régime disciplinaire ; — les heures de travail et de repos des noirs, les exemptions de travail motivées sur l'âge, les infirmités, etc.; — l'instruction religieuse et les mariages des esclaves ; — l'exécution des ordonnances relatives aux recensemens et aux affranchissemens. — Art. 6.

127. — En outre, à la Martinique, dans chaque commune, les cases à nègres peuvent être visitées la nuit comme le jour par les détachemens de milice, accompagnés du maire ou de l'adjoint, ou du commis à la police muni d'une autorisation écrite, du maire ou de l'adjoint, et après avoir prévenu le propriétaire. — Le refus du propriétaire de souffrir l'ouverture et la visite de ses cases à nègres est puni d'amende et, en outre, d'emprisonnement, s'il y a lieu. Ces peines sont prononcées par les tribunaux de simple police. Les amendes sont appliquées au profit des communes où les contraventions ont été commises. — *Encycl. du droit*, v° *Colonies*, n° 131.

128. — L'exécution de l'ordonnance du 5 janv. 1840, relative au patronage des esclaves n'a pas laissé de susciter d'assez vives résistances dans les colonies. Des conseils coloniaux, des maires, des colons protestèrent en se fondant sur ce que le droit de visiter les habitations ne pouvait être conféré par ordonnance, et qu'il fallait une loi pour l'autoriser. Les gouverneurs hésitèrent un instant; mais sur de nouveaux ordres de l'administration supérieure, ils enjoignirent aux procureurs du roi et à leurs substituts de passer outre, et de requérir, au besoin, l'assistance de la gendarmerie pour pénétrer dans les habitations. La résistance se calma, et les magistrats inspecteurs purent poursuivre leur mission.

129. — Les rapports des magistrats inspecteurs ont été publiés en 1844, sous le titre de : *Exposé général des résultats du patronage des esclaves dans les colonies françaises.* C'est un livre curieux qui entre dans les plus petits détails de la vie des esclaves; il conservera d'autant plus son intérêt qu'il a puissamment contribué à l'établissement du régime actuel.

130. — La loi du 18 juill. 1845 et les ordonnances des 18 mai, 4 et 5 juin 1846 ont créé un système complet d'améliorations qui règle tout ce qui concerne la nourriture et l'entretien des esclaves; leur instruction religieuse et élémentaire; le temps de leur travail, la police et le régime disciplinaire auquel ils doivent être soumis.

§ 2. — *Nourriture et entretien.*

131. — Ces deux objets qui comprennent tout ce qui est nécessaire aux besoins matériels de l'esclave, tant en santé qu'en maladie, sont réglés aujourd'hui par l'ordonnance royale du 5 juin 1846.

132. — Remarquons d'ailleurs ici qu'indépendamment de la nourriture et de l'entretien, chaque esclave, de l'un et de l'autre sexe, a droit à recevoir une petite portion de l'habitation pour être par lui cultivée à son profit, ainsi que bon

ESCLAVAGE. — ESCLAVE, sect. 4e.


lui semble. Cette faveur accordée d'abord seulement aux nègres de la Guadeloupe et de la Martinique par une ordonnance royale du 15 oct. 1786, a été étendue à ceux de la Guyane et de l'île Bourbon et dépendances, par la loi du 18 juill. 1845. — Art. 2.

133. — Les conseils coloniaux sont chargés de déterminer par des décrets rendus dans les formes des art. 4 et 8, L. 24 avr. 1833 (V. COLONIES, nos 73 et 77), les exceptions que la mesure dont il s'agit peut recevoir. — *Ibid.*

134. — La ration due par le maître à chacun de ses esclaves, pour sa nourriture, se compose, par semaine : pour les individus des deux sexes âgés de plus de quatorze ans : — 1° de six litres de farine de manioc, ou six kilogrammes de riz, ou sept kilogrammes de maïs ; — 2° un kilogramme et demi de morue ou de viande salée. — La ration est de la moitié de ces quantités pour les individus des deux sexes de huit à quatorze ans ; du tiers, pour ceux au-dessous de huit ans. — Des arrêtés des gouverneurs règlent : — 1° les proportions dans lesquelles la farine de manioc ou le riz peuvent être remplacés en tout ou en partie par les racines alimentaires ; — 2° les cas dans lesquels la morue et la viande salée peuvent entrer alternativement ou cumulativement dans la composition de la ration, ou être remplacées par d'autres viandes ou poissons. — Ord. 5 juin 1846, art. 1er.

135. — Les distributions de nourriture sont hebdomadaires ; des arrêtés des gouverneurs fixent, dans chaque colonie, le jour où elles doivent avoir lieu, et déterminent les cas dans lesquels les maîtres, à charge d'en justifier auprès des magistrats chargés du patronage, sont autorisés à procéder, à l'égard de certains esclaves, par voie de distribution quotidienne. — Même ord., art. 2.

136. — Le mesurage et la distribution des alimens doivent avoir lieu au moyen de mesures et de balances poinçonnées et soumises à la vérification de l'autorité. — Art. 3.

137. — V. du reste, *infrà* no 179, comment la nourriture peut être remplacée à l'égard de l'esclave qui en fait la demande par la concession d'un jour de travail.

138. — Le logement dû aux esclaves dans les habitations ou autres établissemens hors des villes et bourgs consiste en cases qui doivent être construites en maçonnerie ou en bois. — Art. 6.

139. — Les dimensions de ces cases doivent être proportionnées au nombre des individus qui doivent y loger, à raison d'un minimum de trois mètres de longueur, trois mètres de largeur et deux mètres cinquante centimètres de hauteur, pour chaque esclave adulte logé séparément, et de moitié pour les enfans. — *Ibid.*

140. — Chaque case doit être pourvue d'un foyer et garnie du nombre de lits et de convertures nécessaires, ainsi que d'un mobilier et d'ustensiles de ménage suivant la nomenclature déterminée par arrêtés des gouverneurs. — *Ibid.*

141. — Les mêmes arrêtés règlent les dispositions de détail relatives à la réunion des familles, à l'isolement des sexes et à la dimension des cases, selon le nombre d'individus qui peuvent y être réunis. — *Ibid.*

142. — La construction des cases doit avoir lieu aux frais des propriétaires, et les esclaves ne peuvent y être affectés qu'aux heures de travail obligatoire, sauf les arrangemens qui interviendraient volontairement entre eux et le maître. — *Ibid.*

143. — Il doit être fait régulièrement par chaque maître à ses esclaves deux distributions de vêtemens par an, l'une au commencement de la saison sèche, l'autre au commencement de la saison pluviale. Ces époques sont fixées dans chaque colonie par un arrêté du gouverneur. — Art. 7.

144. — Les distributions de vêtemens doivent comprendre : 1° à la première époque, pour les hommes, deux chemises, un pantalon et une veste, en étoffe de coton, et un chapeau de paille ; pour les femmes, deux chemises, une jupe et une camisole, en étoffe de coton, et un chapeau de paille ; — 2° à la seconde époque, pour les hommes, deux chemises et un pantalon, en étoffe de coton, une casquette en drap et un bonnet de laine ; pour les femmes, deux chemises en étoffe de coton, une chemise de laine, une jupe de serge, un mouchoir de tête. — *Ibid.*

145. — Ces vêtemens ne peuvent entrer en compensation de tout ou partie de la nourriture ni être compris dans l'échange qui peut avoir lieu entre la nourriture et la concession d'un jour par semaine, conformément à ce qui a été dit plus haut. — *Ibid.*

146. — Les gouverneurs seront chargés d'établir par des arrêtés les prescriptions de police nécessaires pour que les esclaves, quel que soit leur âge, restent vêtus, tant aux champs que sur les habitations, aussi bien que dans les villes et bourgs. — *Ibid.*

147. — Outre la nourriture, le logement et les vêtemens, les maîtres doivent à leurs esclaves entretien, secours et protection, tant en santé qu'en cas de maladie ou d'infirmités. — Art. 8.

148. — Dans les villes et bourgs et dans les habitations ou exploitations comprenant moins de vingt noirs, les soins dus aux malades et aux infirmes peuvent être donnés dans l'intérieur de la maison du maître ou dans les cases des esclaves. — *Ibid.*

149. — Sur les habitations, ateliers ou exploitations comprenant vingt individus et au-dessus, y compris les travailleurs libres ou esclaves pris à loyer, une case ou maison spéciale doit être affectée, comme hôpital, aux soins à donner aux malades et aux infirmes. — *Ibid.*

150. — L'hôpital d'habitation doit être construit en bois ou en maçonnerie. La salle d'hôpital doit être planchéiée, installée pour la séparation des sexes, et pourvue de lits et de couvertures dans la proportion d'un malade sur vingt travailleurs. — *Ibid.*

151. — Tout propriétaire d'habitation recensant plus de vingt esclaves doit justifier d'un abonnement avec un médecin ou officier de santé dûment autorisé, et il est tenu d'entretenir une caisse de médicamens dont la composition, proportionnellement au nombre des esclaves, est fixée par un acte de l'autorité locale. — *Ibid.*

152. — Les médecins et officiers de santé sont astreints à annoter, sur un registre déposé chez le propriétaire, chacune de leur visite ; à constater, une fois par mois, l'état de la caisse de médicamens ; à indiquer les noms des malades qu'ils ont à traiter, et la nature des maladies. Ce registre doit être représenté à toute réquisition aux magistrats chargés du patronage des esclaves. — *Ibid.*

153. — Les esclaves qui, par leur âge ou leurs infirmités, sont dans le cas de l'exemption totale ou partielle du travail, ont droit à la nourriture, à l'entretien et aux soins du maître. Ceux qui seraient abandonnés, ou auxquels le maître ne donnerait pas l'entretien et les soins nécessaires, sont recueillis par l'administration, à charge du remboursement des dépenses par les maîtres. — Même ord., art. 9.

154. — Est passible d'une amende de 101 fr. à 300 fr. tout propriétaire qui ne fournirait pas à ses esclaves les rations de vivres et les vêtemens déterminés par les réglemens, ou qui ne pourvoirait pas suffisamment à la nourriture, entretien et soulagement de ses esclaves infirmes par vieillesse, maladie ou autrement, soit que sa maladie soit incurable ou non. — En cas de récidive, il y a lieu, de plus, à un emprisonnement de seize jours à un mois. — L. 18 juill. 1845, art. 8.

§ 2. — *Instruction religieuse et élémentaire.*

155. — D'après l'art. 3, no 6, L. 24 avr. 1833, il devait être statué, par ordonnances royales, les conseils coloniaux et leurs délégués préalablement entendus, sur les améliorations à introduire dans la condition des personnes non libres qui seraient compatibles avec les droits acquis.

156. — C'est dans ce but qu'après plusieurs tentatives a été rendue l'ordonnance du 5 janv. 1840.

157. — L'art. 1er, L. 18 juill. 1845, ayant déclaré qu'il serait statué par ordonnance du roi sur l'instruction religieuse et élémentaire des esclaves, il y a été pourvu par l'ordonnance du 18 mai 1846.

158. — Dans toute habitation rurale, la prière en commun parmi les esclaves doit être faite matin et soir, avant et après les travaux de la journée. — Ord. 18 mai 1846, art. 1er.

159. — Tous les dimanches et fêtes, les esclaves de tout âge et de tout sexe doivent recevoir, à l'issue de l'office célébré dans l'église ou la chapelle la plus voisine, les instructions religieuses du curé, ou du desservant de la paroisse. Les maîtres doivent faire conduire à cet office et à ces instructions les esclaves âgés de huit à quatorze ans. — Art. 2.

160. — Outre l'instruction du dimanche, il doit en être fait une au moins dans la semaine sur chaque habitation, à des heures déterminées, de concert avec les maîtres. L'instruction de la semaine a lieu, comme celle du dimanche, dans l'église ou la chapelle, pour les esclaves des villes et bourgs et de leur banlieue. — Art. 3.

161. — Les ministres du culte sont tenus de prêter leur ministère aux maîtres pour l'accomplissement de l'obligation qui est imposée à ceux-ci de faire instruire leurs esclaves dans la religion chrétienne, et de les maintenir dans la pratique des devoirs religieux. — Ord. 5 mai 1840, art. 1er.

162. — Dans l'accomplissement de la mission qui leur est confiée, les curés et desservans peuvent être assistés par des membres de corporations religieuses, reconnues et commissionnées à cet effet par le ministre de la marine. Les gouverneurs sont chargés de régler, dans chaque colonie, le mode d'organisation de ce service. — Ord. 18 mai 1846, art. 4.

163. — Dans tous les cas, le curé ou desservant doit visiter au moins une fois par mois chacune des habitations dépendantes de sa paroisse, afin de s'assurer de l'état de l'instruction des esclaves de tout âge et de tout sexe. — *Ibid.*

164. — Des classes doivent être établies dans les villes et bourgs pour l'enseignement élémentaire des jeunes esclaves. — Les maîtres domiciliés dans ces villes et bourgs, ou qui n'en sont pas éloignés de plus de deux kilomètres, sont tenus d'envoyer aux classes leurs esclaves âgés de huit à quatorze ans. — Art. 5.

165. — Des classes dirigées par un ou plusieurs frères instituteurs sont, en outre, partout où cela est nécessaire, attachées aux chapelles rurales pour l'instruction élémentaire des jeunes esclaves dont la résidence se trouve, par rapport aux villes et bourgs, hors du rayon indiqué ci-dessus. — *Ibid.*

166. — Des arrêtés locaux règlent les heures pendant lesquelles la présence des enfans dans les écoles est obligatoire. Ces arrêtés peuvent, dans l'intérêt des habitations, réduire les heures de présence obligatoire à l'égard des esclaves de douze à quatorze ans. — *Ibid.*

167. — Les mêmes arrêtés déterminent les conditions auxquelles les habitans éloignés de plus de deux kilomètres, soit des villes et bourgs, soit des chapelles rurales, peuvent être autorisés à remplacer, au moyen de leçons à domicile, l'obligation d'envoyer leurs esclaves dans les écoles communes. — *Ibid.*

168. — Des sœurs appartenant aux congrégations religieuses sont chargées de concourir dans les mêmes conditions à l'éducation des filles et femmes esclaves, pour lesquelles des classes élémentaires spéciales doivent être établies à cet effet dans les villes et bourgs. — Art. 6.

169. — Les mêmes sœurs doivent faire, en outre, en dehors des jours ou des heures de classes, et sous la surveillance des curés et desservans, des explications du catéchisme, à l'usage des filles et des femmes. — *Ibid.*

170. — Des salles d'asile peuvent, sous la direction des mêmes religieuses, être établies hors des villes et bourgs, à l'effet de recevoir les enfans des deux sexes, au-dessous de l'âge de huit ans, et les filles au-dessus de cet âge. Le régime de ces salles et les conditions d'admission des enfans sont réglés par arrêtés des gouverneurs. — Art. 7.

171. — Des subventions pécuniaires peuvent être accordées exceptionnellement par le ministre de la marine et des colonies à celles des écoles laïques consacrées en tout ou en partie aux esclaves, dont les chefs seraient désignés par les gouverneurs comme dignes d'encouragement. — Art. 8.

172. — A la Guyane française, le gouverneur peut, sous l'approbation du ministre de la marine et des colonies, apporter les modifications que les localités rendraient indispensables à l'exécution des dispositions précitées, et qui forment les art. 2, 3, 4, § 2, 5 et 6 de l'ordonnance. — Art. 9.

173. — Est passible d'une amende de 101 fr. à 300 fr. tout propriétaire qui empêcherait son esclave de recevoir l'instruction religieuse ou de remplir les devoirs de la religion. — En cas de récidive, le maximum de l'amende sera toujours prononcé. — L. 18 juill. 1845, art. 6.

174. — Les autres contraventions aux diverses dispositions qui précèdent n'ayant été l'objet d'aucune mesure précise, une question assez délicate s'élève quant au point de savoir quelle est, à leur égard, la pénalité applicable. D'après l'art. 4, L. 18 juill. 1845, les infractions aux ordonnances royales et aux décrets coloniaux rendus en vertu de cette loi sont seulement passibles des peines de *simple police* « toutes les fois, est-il dit dans cet article, que ladite infraction ne sera pas punie de peines plus graves par des dispositions spéciales. » — Or, l'ordonnance du 5 janv. 1840, en chargeant (art. 2) les gouverneurs de régler par des arrêtés les obligations des maîtres relativement à l'instruction religieuse de leurs esclaves, disposait (art. 7) « que les contraventions à ces arrêtés rendraient les maîtres passibles d'une amende de 25 à 100 fr., et du double en cas de récidive, et que ces amendes seraient prononcées *correctionnellement*. » — Cette disposition est-elle

encore aujourd'hui en vigueur, et doit-on la considérer, quant à l'exécution de la loi du 18 juill. 1845 et de l'ordonnance royale du 18 mai 1846, comme une de ces dispositions spéciales qui peuvent donner lieu à des peines plus fortes que celles de simple police, pour l'application même de la loi?

175. — Malgré tout ce que l'affirmative pourrait avoir de spécieux, nous n'hésitons pas à nous prononcer négativement. L'ordonnance du 18 mai 1846, rendue en exécution de la loi du 18 juillet 1845, constitue évidemment un réglement nouveau qui a complétement fait disparaître celui du 5 janv. 1840, dont il diffère essentiellement par l'étendue et la multiplicité de ses dispositions. Il y aurait d'ailleurs une anomalie choquante à conserver, à l'égard de quelques points seulement, la pénalité édictée par l'ordonnance de 1840, tandis qu'il serait impossible de l'étendre aux nombreuses dispositions qui, n'étant pas entrées dans ses prévisions, ne pourraient donner lieu qu'à l'application des peines de simple police portées par l'art. 11 précité, L. 18 juill. 1845.

### § 4. — *Travail et régime disciplinaire.*

176. — *Travail.* — Sous l'ancienne législation, aucune autre limite que la discrétion du maître ne réglait le travail dû par l'esclave. L'observation des dimanches et fêtes consacrées par la religion catholique était le seul congé qui lui fût accordé.

177. — Dans l'usage toutefois, l'obligation de l'esclave avait été modifiée par une sorte de transaction qui tournait d'ailleurs au profit du maître. Ainsi, à la Martinique et à la Guadeloupe, on accordait généralement aux esclaves un jour de travail par semaine, en échange de leur nourriture. A la Guyane, on accordait seulement deux samedis par mois sous la même condition. L'île Bourbon était la seule colonie où un usage semblable ne fût pas introduit.

178. — Il résulte de la loi du 18 juill. 1845 qu'aujourd'hui c'est un droit pour l'esclave de réclamer cette concession d'un jour de travail par semaine, à la charge de subvenir à sa nourriture. L'ordonnance précitée du 5 juin 1846 a réglé les conditions de cet échange.

179. — Tout esclave âgé de plus de quatorze ans peut, s'il en fait la demande, disposer d'un jour par semaine, à charge par lui de subvenir à sa nourriture. — Ord. 5 juin 1846, art. 4.

180. — L'arrangement qui intervient à cet effet entre le maître et l'esclave est conclu verbalement, en présence de quatre esclaves adultes de l'atelier. — *Ibid.*

181. — Tout propriétaire doit adresser au juge de paix la liste de ceux qui lui ont demandé la disposition d'un jour par semaine. — *Ibid.*

182. — Le juge de paix peut, soit d'office, soit sur la demande du maître, ordonner la suspension ou prononcer la nullité de l'arrangement intervenu, toutes les fois qu'il reconnaît que l'esclave est incapable de subvenir à sa nourriture par son propre travail, ou qu'il néglige la culture de son terrain, ou qu'il abuse du temps laissé à sa disposition. — *Ibid.*

183. — L'arrangement dont il s'agit peut aussi être suspendu ou annulé sur la demande de l'esclave, si le juge de paix reconnaît qu'il y a motif suffisant de restituer à l'esclave le droit à la nourriture; dans ce cas, l'esclave ne peut réclamer de nouveau l'usage de la faculté ci-dessus établie qu'après un délai de six mois. — *Ibid.*

184. — L'esclave a la faculté, aux jours qui lui sont réservés, de louer son travail, soit à son maître, soit à d'autres propriétaires de la commune, à la condition de justifier de l'entretien de son terrain en bon état de culture. — *Ibid.*

185. — L'esclave qui dispose d'un jour par semaine n'est tenu de pourvoir qu'à sa nourriture personnelle, et la ration reste due, conformément aux prescriptions ci dessus, tant aux enfans qu'à la femme ou au mari et aux autres membres de la famille, auxquels la même disposition ne serait pas appliquée, sauf les arrangemens qui pourraient intervenir entre le maître et le père ou la mère esclaves, à l'effet de remplacer, par une extension du temps qui leur est laissé, la nourriture due à leurs enfans. Ces derniers arrangemens sont également soumis à l'autorité des juges de paix, et peuvent être suspendus ou annulés comme ceux dont on vient de parler. — Art. 5.

186. — Dans les jours où le travail est dû, la durée du travail que le maître peut exiger de l'esclave ne peut excéder l'intervalle entre six heures du matin et six heures du soir, en séparant cet intervalle par un repos de deux heures et demie. — L. 18 juill. 1845, art. 3.

187. — Les conseils coloniaux sont chargés de fixer, par des décrets rendus dans les formes des art. 4 et 8, L. 24 avr. 1833, la durée respective des deux parties du temps de travail, sans excéder le *maximum* ci-dessus indiqué; ils peuvent établir une durée moins longue de travail obligatoire, suivant l'âge ou le sexe des esclaves, leur état de santé ou de maladie, ou la nature des occupations auxquelles ils sont attachés. — *Ibid.*

188. — Le maximum du temps de travail obligatoire peut être prolongé de deux heures par jour, à l'époque de la récolte et de la fabrication. A l'époque des travaux continus, les heures de travail obligatoire peuvent être reportées du jour dans la nuit, à la charge de ne pas excéder le maximum fixé pour chaque période de vingt-quatre heures. Les époques du travail extraordinaire de jour et de nuit sont déterminées par des décrets des conseils coloniaux, rendus dans les formes ci-dessus indiquées. — *Ibid.*

189. — L'obligation du travail extraordinaire ne s'applique ni aux esclaves attachés au service intérieur de la maison, ni aux enfans, ni aux malades. — *Ibid.*

190. — Les conseils coloniaux sont chargés de fixer, dans les formes déjà indiquées et suivant les différentes occupations de l'esclave, le minimum du salaire qui peut être convenu entre le maître et lui, pour l'emploi des heures et des jours pendant lesquels le travail n'est pas obligatoire. — *Ibid.*

191. — Tout propriétaire qui ferait travailler son esclave les jours de dimanche et de fêtes reconnues par la loi, ou qui le ferait travailler un plus grand nombre d'heures que le maximum fixé ou à des heures différentes de celles prescrites, est passible d'une amende de quinze francs à cent francs. En cas de récidive, l'amende doit être portée au double. — Art. 7.

192. — Toutefois, ces dispositions ne sont pas applicables aux travaux nécessités par des cas urgens qui seraient reconnus tels par les maires. — *Ibid.*

193. — *Police et discipline.* — Déjà, en vertu de la loi du 24 avril 1833, une ordonnance du 16 septembre 1841 avait établi quelques dispositions sur les peines disciplinaires à infliger aux esclaves.

194. — Depuis, a été promulguée la loi du 18 juillet 1845, dont l'art. 1er, no 2, porte qu'il sera statué par ordonnance du roi sur le régime disciplinaire des ateliers. Tel est l'objet de l'ordonnance du 4 juin 1846 dont voici les principales dispositions :

195. — Le droit de police et de discipline appartient aux maîtres, à l'égard de leurs esclaves, dans les cas ci-après : le refus de travail, ou l'absence aux heures pendant lesquelles le travail est dû; la désobéissance aux ordres que le propriétaire, le gérant, l'économe où les commandeurs auraient donnés dans la limite du pouvoir attribué aux maîtres pour le travail, pour le maintien de l'ordre et pour l'enseignement religieux et élémentaire; les injures proférées envers eux ou les membres de leur famille; le marronage, quand il n'a pas excédé huit jours consécutifs et qu'il a été constaté par une déclaration préalable du maître à l'autorité; les rixes et les voies de fait entre les esclaves; l'ivresse, les faits contraires aux mœurs; les dégâts et les larcins commis sur l'habitation ou dans l'intérieur de la maison. — Ord. 4 juin 1846, art. 1er.

196. — Dans les cas prévus ci-dessus, qui sont de nature à entraîner l'application d'une peine judiciaire, la punition par le maître est facultative pour lui et est exclusive de la répression par les tribunaux. — *Ibid.*

197. — Tous les autres délits ou contraventions commis par les esclaves sont exclusivement justiciables des tribunaux, conformément aux dispositions en vigueur; et, à cet effet, les esclaves délinquans ou criminels doivent être mis par le maître, dans le délai de trois jours, à la disposition du procureur du roi — *Ibid.* — V. *infrà* nos 216 et suiv.

198. — L'emprisonnement de l'esclave, dans les cas spécifiés par l'art. 1er, peut être ordonné par le maître quand la peine n'excède pas quinze jours consécutifs; et, dans ce cas, il est subi sur l'habitation ou dans le domicile du maître. — Même ord., art. 2.

199. — Aucune détention disciplinaire excédant quinze jours ne peut être infligée que par l'envoi de l'esclave à l'atelier de discipline du canton, avec l'autorisation du juge de paix, et l'esclave doit toujours être renvoyé à son maître dans le délai de trois mois. — *Ibid.*

200. — Pour l'exécution de la disposition qui confère au maître le droit de faire emprisonner l'esclave chez lui, il doit être établi, sur chaque habitation, à l'exclusion de tout autre moyen d'emprisonnement, une salle de police dont les gouverneurs sont chargés, dans chaque colonie, de déterminer les dimensions et l'installation. — *Ibid.*

201. — Les gouverneurs sont également chargés de régler l'établissement et le régime des ateliers de discipline dans chaque chef-lieu de canton. — Ces ateliers doivent toujours être distincts et séparés des geôles affectées à la détention des individus poursuivis judiciairement ou condamnés. — *Ibid.*

202. — Dans l'exécution des dispositions qui précèdent, l'emploi des fers, chaînes et liens, de quelque espèce et de quelque forme qu'ils soient, est formellement prohibé. — Même ord., art. 3.

203. — L'emploi des entraves ne peut avoir lieu qu'à titre d'exception, et à charge d'en rendre compte au juge de paix dans les vingt-quatre heures. — *Ibid.*

204. — Les châtimens corporels sont interdits à l'égard des esclaves du sexe féminin et des esclaves mâles qui, aux termes de l'art. 3, § 2, L. 18 juill. 1845, ne sont pas assujétis au maximum de travail. — Art. 4. — V. *suprà* no 189.

205. — Le châtiment du fouet est aujourd'hui le seul maintenu, à l'exclusion de toute autre punition corporelle, à l'égard des esclaves mâles assujétis au maximum de travail. — Même art. 4.

206. — Ce châtiment ne peut pas être infligé plus d'une fois par semaine et ne peut dans aucun cas dépasser quinze coups. — *Ibid.*

207. — L'instrument de fustigation ne doit jamais être porté par le commandeur ni par aucun autre des agens de l'habitation sur le lieu du travail; l'application de la peine doit toujours être séparée de l'instant où la faute a été commise par un intervalle de six heures; elle ne peut avoir lieu qu'en présence des hommes de l'atelier réunis. — *Ibid.*

208. — Il doit être tenu, sur chaque habitation et chez tout propriétaire des villes et bourgs possédant des esclaves, un registre coté et paraphé par le juge de paix, et sur lequel doivent être inscrites toutes les punitions infligées aux esclaves, avec mention des manquemens qui les ont motivées, du nom, du sexe, de l'âge et de l'emploi de l'esclave qui les a subies, ainsi que de la personne qui les a ordonnées et de celle qui a été chargée de leur exécution. S'il s'agit d'un emprisonnement, la durée en doit être constatée. Si la punition est corporelle, le registre doit constater, en outre, l'heure et les autres circonstances. Les inscriptions doivent toujours avoir lieu le jour même où la punition a été infligée. — *Ibid.*

209. — Des extraits de ce registre, certifiés par le maître, doivent être remis aux magistrats chargés du patronage, à chacune de leurs tournées, indépendamment de l'exhibition qui doit leur être faite du registre, pour être par eux visé et arrêté. — *Ibid.*

210. — Les plaintes portées par les esclaves devant les magistrats contre les maîtres ou contre les géreurs ne peuvent, lorsqu'elles sont reconnues sans fondement, donner lieu à un châtiment disciplinaire, qu'après qu'un des magistrats inspecteurs, ou des juges de paix, chacun dans son ressort, a apprécié la nature de la plainte, et autorisé, dans le cas où elle est punissable, l'application d'une des peines prévues. — Art. 6.

211. — Tout maître qui aurait infligé à son esclave un traitement illégal, ou qui aurait exercé ou fait exercer sur lui des sévices, violences ou voies de fait, en dehors des limites du pouvoir disciplinaire, est passible d'un emprisonnement de seize jours à deux ans et d'une amende de 101 fr. à 300 fr., ou au moins de l'une de ces deux peines. — S'il y a eu préméditation ou guet-apens, la peine est de deux ans à cinq ans, et l'amende de 200 fr. à 1000 fr. — L. 18 juill. 1845, art. 9.

212. — S'il était résulté, des faits ci-dessus prévus, la mort ou une maladie emportant incapacité de travail personnel pendant plus de vingt jours, la peine serait appliquée dans chaque colonie conformément au Code pénal colonial. — Même loi, art. 10.

213. — Si d'ailleurs les abus de pouvoir de la part du maître allaient jusqu'à compromettre la vie de l'esclave, l'expropriation de celui-ci devait être exigée, conformément aux stipulations des anciennes ordonnances. — Rapport de M. de Lasteyrie, à la chambre des députés, sur la loi du 18 juill. 1845.

214. — Il a été rendu, dans ce sens, le 4 mai 1841, un arrêt par lequel la cour royale de la Martinique, jugeant correctionnellement, a condamné un habitant de cette colonie de condition libre, à deux mois d'emprisonnement, à 200 fr. d'amende et aux frais du procès, pour châtiment excessif infligé à un esclave, sans cependant qu'il en fût résulté ni maladie ni incapacité de travail pendant vingt jours. — Aussitôt après

ESCLAVAGE. — ESCLAVE, sect. 5e.


la prononciation de l'arrêt, la cour réunie en chambre du conseil a décidé, par application de l'art. 322, C. colon. inst. crim., que le gouverneur serait prié de faire sortir l'esclave de la possession de son maître. Cette proposition a été accueillie par le gouverneur, de l'avis du conseil privé, et sur le rapport du procureur général. Il fut en outre pris des précautions pour que, lors de la vente de l'esclave, l'acheteur ne fût une sorte de prête-nom du maître ou ne subît son influence.

215. — Ainsi que le fait observer une circulaire du 15 août 1841, par laquelle M. le ministre de la marine a fait connaître, en l'approuvant, la décision que nous venons de rapporter, aux gouverneurs des différentes colonies, cette décision est surtout remarquable en ce que la cour, par un juste intérêt pour l'esclave qui figurait au procès, n'a pas hésité à étendre à un cas de condamnation correctionnelle une disposition de prévoyance que le Code avait réservée pour les cas de condamnation criminelle. — V. cette circulaire dans la *Législation de l'île Bourbon*, par M. Delabarre de Nanteuil, t. 2, p. 141.

## Sect. 5e. — *Délits commis par les esclaves ; lois pénales; instruction criminelle; responsabilité du maître.*

216. — Nous avons fait connaître vº COLONIES les divers actes qui ont rendu applicable dans les différentes colonies le Code d'instruction criminelle en vigueur dans la métropole.

217. — En ce qui concerne les esclaves, le Code pénal colonial, promulgué par l'ordonnance du 29 oct. 1828, s'exprime en ces termes : « A l'égard des crimes, délits et contraventions commis par les esclaves, ils seront déterminés et punis par des ordonnances spéciales. Jusqu'à l'époque de la promulgation de ces ordonnances, les crimes, délits et contraventions commis par des esclaves seront punis conformément à la législation actuellement en vigueur, et ceux qui auront été commis par des personnes de condition libre envers les esclaves seront punis conformément aux lettres-patentes, édits et déclarations du roi promulgués dans la colonie; dans les cas non prévus, ils seront punis conformément aux dispositions du présent Code. » — Art. 5.

218. — Les réformes que la disposition ci-dessus semblait promettre n'ont pas été effectuées, et l'on conçoit parfaitement du reste que, dans la voie d'émancipation dans laquelle on est entré, un *statu quo* provisoire est en quelque sorte inévitable.

219. — Seulement, la loi du 24 avr. 1833 (art. 2) a disposé que « les lois pénales déterminant pour les personnes non libres les crimes auxquels la peine de mort est applicable ne peuvent être faites que par le pouvoir législatif. »

220. — Elle ajoute que « il est statué par ordonnances royales pour tous les cas qui n'emportent pas la peine capitale. » — Même loi, art. 3.

221. — Malgré la différence des temps, les esclaves sont donc encore placés aujourd'hui, quant au système qui leur est applicable, sous l'empire des anciens édits et des ordonnances locales.

222. — Il a été jugé toutefois que les peines arbitraires ont été abolies par l'effet de la promulgation du Code pénal dans la colonie. — *Cass.*, 17 août 1838 (t. 1er 1839, p. 124), Antoine et Paul.

223. — ... Et qu'en conséquence on ne peut appliquer à des esclaves reconnus coupables du vol d'un canot pour s'évader la peine de mort prononcée *facultativement* (en ces termes : *s'il y a lieu*) par l'art. 35 de l'édit de 1685 et de l'art. 3 de l'édit de 1743. — Même arrêt.

224. — Une ordonnance royale du 30 avr. 1833 a d'ailleurs formellement aboli dans les colonies françaises les peines de la mutilation et de la marque établies contre les esclaves, soit comme peines principales, soit comme peines accessoires, telles que la mutilation de l'oreille ou *essorillage*; la mutilation du jarret, l'empreinte d'une fleur de lys sur la joue ou sur l'épaule, etc.

225. — Jugé que depuis cette ordonnance les peines de mutilation (et spécialement celle du jarret coupé établie par l'art. 4 de l'édit du 1er fév. 1743) ont cessé d'être applicables. — *Cass.*, 17 août 1838 (t. 1er 1839, p. 124), Antoine et Paul.

226. — Mais la peine du fouet est au nombre des peines afflictives en vigueur sous l'ancienne législation criminelle, et conservées, à l'égard des esclaves, par le Code pénal. — Même arrêt. — On a vu plus haut (nº 205) que ce châtiment pouvait même être employé comme mesure disciplinaire.

227. — Les différens délits ou contraventions pour lesquels les esclaves sont frappés de peines spéciales, et la détermination de ces peines, sont indiqués dans le *Code noir* de 1685, ainsi que dans plusieurs ordonnances royales de 1705, 1710, 1714, 1726, 1743, etc., que de nombreuses ordonnances locales ont, du reste, modifiées sur beaucoup de points. Nous nous bornerons à faire connaître ici les principales dispositions de l'édit de 1685.

228. — Défense est faite aux esclaves de porter aucune arme offensive, ni de gros bâtons, à peine du fouet et de confiscation des armes au profit de celui qui les en trouvera saisis, à l'exception seulement de ceux qui seraient envoyés à la chasse pour leurs maîtres, et qui seraient porteurs de billets ou marques connus. — Edit de mars 1685, dit Code noir, art. 15.

229. — L'art. 16 du même édit défendait pareillement aux esclaves de différens maîtres de s'attrouper le jour ou la nuit, sous peine du fouet et de la *fleur de lys*, et, en cas de fréquentes récidives et autres circonstances aggravantes, de la peine de *mort, suivant l'arbitrage des juges*. — On a vu *suprà* (nos 222 et suiv.) que cette disposition, du moins dans sa sanction pénale la plus rigoureuse, doit être considérée comme abolie, puisque d'une part la mutilation n'est plus permise, et que de l'autre il a été décidé que les juges ne peuvent plus appliquer de peines arbitraires.

230. — Les maîtres qui sont convaincus d'avoir permis ou toléré des assemblées composées d'autres esclaves que de ceux qui leur appartiennent doivent être condamnés en leur propre et privé nom à réparer tout le dommage fait à leurs voisins, et à dix livres d'amende pour la première fois, au double en cas de récidive. — Même édit, art. 17.

231. — Les esclaves ne peuvent vendre des cannes à sucre pour quelque cause que ce soit, même avec la permission de leurs maîtres, à peine du fouet contre les esclaves, de 10 livres contre le maître qui l'aurait permis, et de pareille somme contre l'acheteur. — Art. 18.

232. — L'esclave qui aurait frappé son maître ou la femme de son maître, sa maîtresse ou le mari de sa maîtresse, ou leurs enfans avec contusion ou effusion de sang, doit être puni de mort. — Art. 33.

233. — Suivant l'observation que nous avons déjà faite au sujet de l'arrêt de la cour de Cassation cité *suprà* nº 223, il faut considérer aujourd'hui comme abrogées, à raison de l'arbitraire qu'ils établissaient dans les peines, les art. 34, 35 et 36 de l'édit, qui avaient pour objet de réprimer soit les autres excès et voies de fait commis par les esclaves, soit les vols dont ils se seraient rendus coupables, par des peines rigoureuses que les juges avaient pouvoir d'arbitrer, *suivant qu'il écherrait*, ou *selon que le cas le requerrait*, d'après les expressions de l'édit.

234. — Au cas de vol ou d'autre dommage causés par leurs esclaves, les maîtres sont tenus, outre la peine corporelle des esclaves, de réparer le tort en leur nom, s'ils n'aiment mieux abandonner l'esclave à celui auquel le tort a été fait, ce qu'ils sont tenus d'opter dans les trois jours, à peine de déchéance. — Art 37.

235. — La responsabilité des maîtres pour les faits de leurs esclaves est générale et absolue, et s'applique aux dommages causés par ceux-ci, soit pour des faits dont le caractère purement civil n'intéresse que les particuliers, soit par ceux dont le caractère criminel intéresse la vindicte publique et entraîne contre l'esclave lui-même des peines corporelles. — *Cass.*, 8 fév. 1839 (t. 2 1839, p. 219), Douanes c. Huc.

236. — Elle ne saurait être restreinte aux faits des serviteurs ou domestiques dans les cas prévus par le Code civil. — Ainsi, le maître est toujours responsable des actes de ses esclaves, sans aucune exception pour le temps de repos accordé aux esclaves, ni pour la journée du dimanche, où ils ont droit d'assistance au service divin. — Même arrêt.

237. — Le maître est donc responsable de l'amende encourue par l'esclave trouvé porteur de marchandises de contrebande, sauf à lui à faire, pour se libérer, l'abandon noxal de l'esclave, ainsi que l'y autorise l'art. 74, C. pén. colonial. — Même arrêt.

238. — L'esclave fugitif, en fuite pendant un mois, à compter du jour de la dénonciation de son maître, devait, aux termes de l'art. 38, avoir les oreilles coupées et être marqué d'une fleur de lys sur une épaule ; en cas de récidive, dans les mêmes circonstances, il devait avoir le jarret coupé et être marqué d'une fleur de lys sur l'autre épaule. La troisième fois, la peine de mort était prononcée contre lui.

239. — Les affranchis qui auraient donné retraite dans leurs maisons aux esclaves fugitifs, doivent être condamnés par corps, envers les maîtres, en l'amende de trois cents livres de sucre par chaque jour de rétention, et les autres personnes libres qui leur auraient donné une pareille retraite, en dix livres d'amende aussi par chaque jour de rétention. — Art. 39.

240. — Jugé, par application de cette disposition, que la peine de 10 liv. d'amende par chaque jour de rétention prononcée par l'art. 39, § 2, C. noir (ord. mars 1685), contre tout blanc convaincu d'avoir donné retraite à un noir fugitif, ne peut être modifiée par les tribunaux ni tempérée sous prétexte de circonstances atténuantes. — Cet art. 39, C. noir, loin d'avoir été abrogé par l'ordonnance de police locale du 1er nov. 1809, a, au contraire, été maintenu implicitement en ce qui concerne les blancs, par son art. 6, et formellement par son art. 9. — *Cass.*, 6 janv. 1831, Charron c. de Briancourt.

241. — Mais la présence des esclaves fugitifs sur une habitation à l'insu du maître de cette habitation, et sans que celui-ci ait profité de leur travail, ne suffit pas pour le faire considérer comme ayant donné retraite à ces esclaves. — *Cass.*, 20 mai 1837 (t. 1er 1838, p. 373), Charron c. de Briancourt.

242. — Le maître ne peut d'ailleurs être déclaré responsable des actes de son esclave qu'autant que des poursuites ont été dirigées contre celui-ci, et qu'il a été mis en cause. — Même arrêt.

243. — L'esclave puni de mort sur la dénonciation de son maître, non complice du crime pour lequel il a été condamné, doit être estimé avant l'exécution par deux des principaux habitans de l'île, nommés d'office par le juge, et le prix de l'estimation doit être payé au maître. — Art. 40.

244. — Aucun acte n'ayant, du moins à notre connaissance, modifié la disposition qui précède, on doit la considérer comme étant toujours en vigueur ; seulement peut-être serait-il plus rationel aujourd'hui de confier l'estimation de l'esclave à la commission instituée par l'art. 5, L. 18 juill. 1845, pour l'estimation des esclaves rachetés en vertu de la même disposition.

245. — L'instruction criminelle à suivre à l'égard des esclaves est, sauf quelques modifications, la même que celle adoptée à l'égard des personnes libres, par le Code colonial d'instruction criminelle.

246. — Lorsqu'un esclave est cité à comparaître, la condamnation à l'amende portée au cas de non comparution, doit être prononcée contre le maître. — C. colon. d'inst. crim., art. 80.

247. — Si l'esclave contre lequel un mandat est décerné se trouve sur la propriété de son maître, il doit être fait exhibition et délivré copie du mandat au maître ou à son gérant. — *Ibid.*, art. 97.

248. — Les esclaves inculpés ne peuvent en aucun cas être mis en liberté provisoire. — *Ibid.*, art. 115.

249. — Ils ne peuvent être entendus comme témoins ni pour ni contre leurs maîtres (*Ibid.*, art. 156). — V. COLONIES. — V. aussi *infrà* nº 251.

250. — Lorsqu'un esclave est accusé, le maître a le droit de faire entendre les témoins, dont il aurait notifié la liste, et dans ce cas les citations sont à ses frais. — Art. 321.

251. — Les esclaves cités à charge ou à décharge ne peuvent être entendus pour ou contre leurs maîtres qu'autant que l'accusé, le procureur général et la partie civile y ont consenti, ou que la cour, après en avoir délibéré, aurait ordonné leur audition. Dans tous les cas, leur déclaration n'est reçue qu'à titre de renseignemens et sans prestation de serment (art. 322). — V. cependant COLONIES, nº 169.

252. — Jugé en ce sens que la prohibition d'entendre dans les procès instruits aux colonies les esclaves contre leurs maîtres, ne s'applique qu'aux dépositions officielles, et ne fait point obstacle à ce qu'ils soient appelés pour donner de simples renseignemens. — *Cass.*, 4 juill. 1828, Sommabert.

253. — Lorsque, d'ailleurs, dans une affaire criminelle la cour a jugé convenable de recevoir la déclaration de l'esclave pour ou contre son maître, elle peut, par une délibération prise en chambre du conseil, exposer au gouverneur la nécessité qu'il y aurait que l'esclave sortît de la possession de son maître. Le gouverneur, en conseil privé, peut, par suite, ordonner la vente de l'esclave, qui ne peut être acheté par les ascendans ou par les descendans du maître ; en cas de vente, le produit en appartient au maître. — Art. 322.

254. — Les esclaves ne peuvent se pourvoir en Cassation, il n'y a lieu pour eux qu'au recours à la clémence du roi, à moins qu'ayant été condamnés, pour complicité avec des gens de condition libre, le pourvoi n'ait été formé par ces derniers. — Ord. 4 juill. 1827, art. 9.

255. — Jugé, dans le sens de cette dernière dis-

position, que le pourvoi dirigé par un individu libre contre un arrêt de condamnation profite de droit à ses complices non libres. — *Cass.*, 17 août 1838 (t. 1er 1839, p. 124), Antoine et Paul; 21 janv. 1843 (t. 2 1843, p. 25), Victorine.

256. — Lors de la discussion de la loi du 24 avril 1833, un député, M. Charamaule, avait proposé, toutefois, d'introduire dans cette loi une disposition portant que « le recours en cassation serait ouvert aux esclaves contre toute condamnation à la peine capitale, à la mutilation et aux travaux forcés à perpétuité ou à temps. » Cette disposition n'a pas été admise parce qu'on a pensé qu'elle ne pouvait être convenablement admise dans la loi; mais elle a été généralement goûtée.

257. — En matière de grand ou de petit criminel, les frais faits contre les esclaves sont à la charge de la caisse coloniale. — Ordonn. 4 juill. 1827, art. 11.

258. — Ainsi, lorsqu'une condamnation criminelle est prononcée à la fois contre des hommes libres et contre des esclaves, la solidarité existe entre eux pour les dépens, et les juges ne peuvent prononcer contre les premiers (hors le cas de recélé résolu contre eux) une condamnation exclusive aux dépens, et les priver ainsi du droit de recourir contre leurs coaccusés non libres pour leur part dans ces frais. — *Cass.*, 17 août 1838 (t. 1er 1839, p. 124), Antoine.

259. — Les esclaves reconnus dangereux pour la tranquillité d'une colonie peuvent être envoyés par le gouverneur, savoir, ceux de la Guadeloupe, de la Martinique et de la Guyane française, au Sénégal; et ceux de l'île Bourbon à Sainte-Marie de Madagascar, pour être soit remis à la disposition de l'autorité locale, soit placés dans les ateliers royaux, sauf à indemniser le propriétaire, sans que l'indemnité puisse excéder celle fixée par les réglemens pour les noirs justiciés, et sans qu'elle puisse être acquise pour l'esclave infirme ou âgé de plus de soixante ans. — Ordonn. 21 août 1825, art. 73; 9 févr. 1826, art. 76; 27 août 1828, art. 75.

260. — Les gouverneurs peuvent d'ailleurs ordonner en conseil, par mesure de haute police, que les noirs reconnus dangereux soient, pendant un temps déterminé, détenus dans un lieu de dépôt spécial, pour être employés à des travaux d'utilité publique. — Ordonn. 9 nov. 1831, art. 1er.

261. — Cette détention ne peut excéder cinq années, et peut être abrégée sur la demande du maître, s'il consent à reprendre son esclave. — *Ibid.*

262 — Si, à l'expiration du temps fixé pour la détention d'un esclave dangereux, son maître refuse de le recevoir, le gouverneur doit alors l'envoyer, comme il est dit ci-dessus, dans le lieu fixé pour la transportation. — *Ibid.*

263. — Les esclaves détenus dans les bagnes, maisons de réclusion, détention et prisons quelconques, sont admissibles à jouir du bénéfice de l'ordonnance du 6 févr. 1818, relative aux condamnés qui se font remarquer par leur bonne conduite. La liste de ceux qui se sont fait particulièrement remarquer par leur bonne conduite et leur assiduité au travail, est adressée chaque année dans la première quinzaine de novembre au procureur général, puis au gouverneur qui la transmet au ministre de la marine, lequel soumet au roi les propositions de grace ou de commutation de peines faites en faveur des condamnés qui ont mérité cette distinction. — Ordonn. 6 juill. 1834.

## Sect. 6e. — *Affranchissement des esclaves.*

### § 1er. — *Notions générales.*

264. — L'édit de 1685 (Code noir) permettait aux maîtres âgés de vingt ans d'affranchir leurs esclaves par actes entre vifs ou à cause de mort, sans être obligés d'en rendre raison, et sans avis de parens. Mais la déclaration du 13 déc. 1723 a défendu aux mineurs, même émancipés, de disposer des nègres servant à exploiter leurs habitations, avant que ces mineurs aient atteint l'âge de vingt-cinq ans accomplis.

265. — L'ordonnance du 15 juin 1736 alla plus loin. Elle restreignit le pouvoir d'affranchissement aux maîtres majeurs, qui en avaient obtenu la permission par écrit des gouverneurs, intendans ou commissaires ordonnateurs. Tout affranchissement fait sans cette condition était nul, et le maître, indépendamment de la confiscation de l'esclave, était passible d'une amende arbitraire.

266. — Enfin l'art. 2, ord. 10 juill. 1768, exigeait que le maître qui avait obtenu la permission dont il vient d'être parlé la fît publier à la barre du juge royal de son domicile pendant trois audiences consécutives. L'art. 3 exigeait que tout affranchissement se fît au greffe, ou par devant un notaire, et, dans ce dernier cas, que l'acte fût déposé au greffe. Tout acte d'affranchissement devait contenir mention de l'exécution des formalités prescrites.

267. — Suivant arrêt de réglement du 7 août 1758, les nègres et mulâtres affranchis devaient faire enregistrer la ratification de leur liberté aux greffes des juridictions de leur domicile.

268. — Depuis la restauration, et principalement depuis la révolution de juillet, les affranchissemens ont été favorisés par le gouvernement. — V. ord. 1er mars 1831, 12 juill. 1832, 29 avr. 1836, 11 juin 1839, 23 oct. 1845; L. 18 juill. 1845 (qui crée le mode d'affranchissement par rachat forcé).

269. — Il résulte de l'ensemble de ces diverses dispositions que la liberté doit être considérée aujourd'hui comme acquise aux esclaves dans cinq circonstances différentes, savoir: 1° l'affranchissement qui résulte de la liberté de fait; 2° l'affranchissement conféré par le maître et déclaré par lui dans les formes prescrites; 3° l'affranchissement résultant de l'entrée de l'esclave sur le territoire continental de la France; 4° l'affranchissement *de droit*, qui est acquis à l'esclave, à raison de certains actes ou de certains faits; 5° enfin l'affranchissement qui peut s'obtenir aujourd'hui au moyen du rachat forcé.

270. — Les conditions et les formes des affranchissemens ont été réservées par la loi du 24 avr. 1833, art. 3, n° 5, au domaine des ordonnances royales, après audition préalable des conseils coloniaux ou de leurs délégués.

271. — La même loi, dans des dispositions relatives à l'exercice des droits civils et des droits politiques dans les colonies, se réfère, quant aux effets de l'affranchissement, aux dispositions des art. 57 et 59, C. noir (édit de 1685). — Duvergier, *Coll. des lois*, 1833, p. 104, note 3e.

272. — Il résulte de là que l'affranchissement place l'individu affranchi dans la même situation que les individus libres de naissance. Ce principe se trouve, en effet, posé dans le Code noir, qui porte (art. 57): « Déclarons leur affranchissement fait dans nos colonies leur tenir lieu de naissance dans nos îles, et les esclaves affranchis n'avoir besoin de nos lettres de naturalité pour jouir de l'avantage de nos sujets naturels de notre royaume, terres et pays de notre obéissance, encore qu'ils soient nés dans les pays étrangers. » Et (art. 59): « Octroyons aux affranchis les mêmes droits, priviléges et immunités dont jouissent les personnes nées libres; voulons que le mérite d'une liberté acquise produise en eux, tant pour leur personne que pour leurs biens, les mêmes effets que le bonheur de la liberté naturelle cause à nos autres sujets. »

273. — Il ne peut être perçu aucune taxe administrative pour affranchissement. — Ord. 1er mars 1831.

274. — Les divers actes relatifs à l'affranchissement ne seront soumis qu'au droit fixe de 1 franc. — Ord. 12 juill. 1832, art. 6.

### § 2. — *Affranchissement résultant de la liberté de fait.*

275. — C'est un principe constant que tout nègre qui n'a pas de maître dans la colonie est considéré comme personne de condition libre. — *Cass.*, 17 août 1838 (t. 1er 1838, p. 124), Antoine.

276. — On regarde d'ailleurs aussi comme *libres de fait* et on appelle *patronés* les esclaves qui, ayant reçu des lettres d'affranchissement de leurs maîtres, n'ont pas encore obtenu la sanction du gouvernement.

277. — A plus forte raison, les énonciations d'affranchissement qui sont contenues dans les actes de naissance des gens de couleur doivent être interprétées favorablement, encore bien que l'acte primordial de cet affranchissement ne soit pas rapporté.

278. — Ainsi, avant l'arrêt du conseil souverain de la Martinique du 19 nov. 1796, les curés (qui remplissaient alors dans les colonies les fonctions d'officiers de l'état civil) n'étaient pas tenus de faire mention des titres d'affranchissement dans les actes de baptême qu'ils étaient appelés à rédiger. — Dès-lors l'absence de cette mention ne saurait être opposée aux gens de couleur qui auraient été baptisés comme déjà libres, ni détruire les énonciations d'affranchissement antérieur qui se trouvent dans leurs actes de baptême. — Et l'enfant de couleur peut se prévaloir, pour réclamer sa liberté, de la simple énonciation, renfermée dans son acte de baptême, qu'il a été affranchi l'année précédente, sans avoir besoin de rapporter l'acte primordial de son affranchissement. — *Cass.*, 11 mars 1845 (t. 1er 1845, p. 474), Catherine Léonard et procureur général de la Martinique c. Cazeneuve.

279. — On a agité la question de savoir si, d'après l'ordre royal du 2 mars 1739, qui faisait défense à tout Français de traiter des esclaves Caraïbes et Indiens, « voulant, était-il dit, que tous ceux qui seraient emmenés ou qui iraient à l'avenir dans les îles du Vent fussent déclarés libres, » on devait aussi considérer comme libres tous les individus amenés dans ces colonies, sans distinction entre ceux des Indes orientales et ceux des Indes occidentales. — Cette question, non résolue, a été discutée dans l'arrêt déjà cité de *Cass.*, 6 mai 1840 (t. 1er 1840, p. 627), Furcy c. Lory.

280. — Tout individu qui jouit de la liberté de fait, le cas de marronage excepté, est en conséquence admis à former par l'intermédiaire, soit de son patron, soit du procureur du roi, une demande pour être définitivement libre. — Ord. 12 juill. 1832, art. 7.

281. — Pareille demande peut être formée par l'intermédiaire du procureur du roi pour toute personne non encore légalement affranchie qui a accompli huit années de service dans la milice. — *Ibid.*

282. — Les patronés aux colonies, c'est-à-dire les esclaves affranchis par leurs maîtres, mais dont l'affranchissement n'a pas été préalablement permis ou ratifié depuis par l'autorité étant libres de fait, ne peuvent être condamnés aux peines prononcées contre les esclaves. — *Cass.*, 9 mars 1833, Louisy.

### § 3. — *Affranchissement conféré par la déclaration du maître.*

283. — Le droit d'affranchissement appartient naturellement à tous ceux qui ont le droit de disposer de l'esclave comme d'une propriété.

284. — Ce droit appartient en conséquence au mari, à l'égard de l'esclave de la femme, dans tous les cas où la loi lui attribue la disposition des biens appartenant à celle-ci.

285. — Jugé dans ce sens que, sous l'empire de la coutume de Paris, le mari avait le droit d'affranchir l'enfant d'une esclave que la femme s'était réservée en propre par son contrat de mariage, si cette esclave, étant attachée au service de la personne, devait être considérée comme meuble de sa nature, sauf pour la femme le droit de réclamer, lors de la dissolution de la communauté, le prix de l'enfant affranchi. — *Cass.*, 11 mars 1845 (t. 1er 1845, p. 474), Catherine Léonard et procureur général de la Martinique c. Cazeneuve.

286. — Toute personne qui veut affranchir son esclave doit en faire la déclaration au fonctionnaire chargé de l'état civil dans le lieu de sa résidence. Cette déclaration est inscrite sur un registre spécial et transmise dans les huit jours de sa date au procureur du roi près le tribunal de première instance pour être affichée par ses soins, dans le même délai, à la porte de la mairie où le déclarant fait sa demeure habituelle ainsi qu'à l'audience du tribunal. Cette déclaration doit en outre être insérée trois fois consécutivement dans un des journaux de la colonie. — Ord. 12 juill. 1832, art. 1er; 29 avr. 1829, art. 2.

287. — Les déclarations d'affranchissement doivent énoncer, outre le sexe, les noms usuels, la caste, l'âge et la profession de l'esclave, les noms patronimiques et les prénoms qui doivent lui être donnés. — Ord. 29 avr. 1836, art. 1er.

288. — Il ne peut être donné à l'esclave objet de la déclaration aucun nom patronimique connu pour appartenir à une famille existante, à moins du consentement exprès et par écrit de tous les membres de cette famille. — Ord. 29 avr. 1836, art. 4.

289. — Peuvent être seuls reçus comme prénoms sur les registres de l'état civil les noms en usage dans le calendrier grégorien et ceux des personnages connus dans l'histoire ancienne. — *Ibid.*, art. 6.

290. — On a vu en outre par ce que nous avons dit *suprà* n° 98, que la déclaration d'affranchissement doit être accompagnée du certificat de recensement applicable à l'esclave qu'il s'agit d'affranchir.

291. — Le maître ne peut valablement affranchir les esclaves qui sont sa propriété qu'autant qu'il ne préjudicie pas par là aux droits acquis à ses créanciers. Aussi ceux-ci sont-ils admissibles en principe à former opposition à l'affranchissement.

292. — Mais il ne suffit pas toujours pour que l'affranchissement soit annulé qu'il préjudicie ainsi

aux tiers; il faut qu'il y ait eu intention frauduleuse de la part du maître.

293. — Lorsque, sans fraude et de bonne foi, le propriétaire d'une habitation dans les colonies a, dans la conviction de sa solvabilité, conféré par testament authentique la liberté à plusieurs de ses esclaves à titre rémunératoire et pour leurs bons et loyaux services, cette disposition ne peut être attaquée par ses créanciers, même par ceux qui avaient hypothèque sur l'immeuble auquel ces esclaves étaient attachés, alors surtout que la conviction de cette solvabilité a été partagée par ces créanciers eux-mêmes et que l'insolvabilité n'est résultée que de l'événement postérieur d'une adjudication reconnue faite à vil prix. — *Cass.*, 25 mai 1841 (t. 2 1841, p. 22), Barrat c. Lemaître.

294. — Les oppositions auxquelles il peut y avoir lieu doivent être formées dans les six mois qui suivent l'accomplissement des formalités ci-dessus indiquées. — Ord. 12 juill. 1832, art. 2.

295. — Elles doivent être motivées et contenir assignation en validité devant le tribunal de première instance; elles doivent en outre être notifiées au procureur du roi et au déclarant. — *Ibid.*

296. — Le ministère public peut lui-même former opposition à l'affranchissement dans les divers cas suivans, savoir : 1° lorsque l'affranchi est reconnu hors d'état de pourvoir à sa subsistance à raison de son âge ou de ses infirmités (Ord. préc. 12 juill. 1832, art. 3);—2° lorsque l'esclave objet de la déclaration d'affranchissement a été condamné à une peine afflictive ou infamante, quel que soit le temps écoulé depuis la condamnation; — 3° lorsque l'esclave a été condamné à une peine correctionnelle; mais, dans ce cas, l'opposition n'est recevable que dans un délai de trois ans à dater de la condamnation;—4° lorsque l'esclave est signalé par les autorités locales et reconnu comme étant dangereux pour l'ordre public; — 5° lorsque l'esclave adulte, valide et non sexagénaire ne justifie pas d'une industrie, de la jouissance d'un terrain propre à la culture, ou d'autres moyens d'existence suffisans pour lui et pour ses enfans, si ces derniers sont affranchis avec lui. — Ord. 11 juin 1839, art. 9.

297. — L'opposition du ministère public doit être également motivée, contenir assignation en validité et être notifiée au déclarant avant l'expiration du délai de six mois depuis l'affranchissement. — Ord. 12 juill. 1832, art. 3.

298. — Toutes ces oppositions sont jugées sommairement par le tribunal de première instance. — *Id.*, art. 4.

299. — S'il y a appel, il doit être interjeté dans la quinzaine de la signification du jugement et jugé comme affaire urgente. — *Ibid.*

300.— Cette dernière disposition n'est, du reste, pas exclusivement applicable aux jugemens relatifs à une demande directe d'affranchissement; elle reçoit également son application au cas d'une demande formée par une affranchie, dans le but de faire étendre à ses enfans impubères le bénéfice de son affranchissement. — *Cass.*, 16 avr. 1845 (t. 1er 1845, p. 731), Plata c. Manceau.

301. — Lorsqu'il n'y a pas de réclamation ou lorsque les réclamations sont reconnues non fondées, le procureur général propose au gouverneur un arrêté pour faire inscrire définitivement comme libre sur les registres de l'état civil l'esclave qui a été l'objet de la déclaration d'affranchissement: le gouverneur statue immédiatement. — Ord. 12 juill. 1832, art. 5.

302.—L'acte d'affranchissement doit être transcrit sur les registres de la commune où l'esclave était recensé en présence de deux témoins désignés par l'affranchi ou appelés d'office par l'officier de l'état civil. — Ord. 29 avr. 1836, art. 3.

303.—Dans aucun cas, les affiches, publications et inscriptions ci-dessus indiquées ne peuvent établir une déchéance contre les réclamations des familles dont les noms auraient été conférés à des affranchis.— *Idem*, art. 5.

### § 4. — *Affranchissement résultant de l'envoi ou de la conduite de l'esclave en France.*

304. — On a vu *suprà* n° 22 qu'une des maximes fondamentales de l'ancien droit français était que nul n'est esclave en France. On a tiré de là cette conséquence que tout esclave amené ou envoyé en France devenait libre par le fait seul de son débarquement dans la métropole.

305. — Divers actes royaux et notamment une déclaration du roi du 9 août 1777 se proposèrent pour objet non d'empêcher directement l'application de ce principe, mais d'en paralyser l'effet en mettant des restrictions à la faculté d'amener des esclaves en France et en offrant d'ailleurs aux maîtres des moyens de conserver leurs

ESCLAVAGE. — ESCLAVE, sect. 6e.

droits sur ceux qu'ils auraient amenés avec eux.

306.—Cette déclaration précitée du 9 août 1777, défendait, à cet effet, d'amener en France plus d'un esclave par habitant passager.

307. — En déposant, pendant son séjour en France, l'esclave dans un dépôt établi au lieu même d'arrivée d'où il était embarqué pour la colonie par le premier navire partant pour cette destination, le maître pouvait conserver tous ses droits.

308. — Il a été jugé, par application de ces dispositions, que les édits de 1716, 1738 et 1777, en permettant aux maîtres de conserver leurs droits, même sur ceux de leurs esclaves qui toucheraient le sol français, en observant certaines formalités, n'ont pas détruit le principe de la franchise du sol français, et n'ont fait qu'en régler l'application;— Que, dès-lors, il suffit qu'une femme esclave soit venue en France en 1771 (sous l'édit de 1738) pour qu'elle soit réputée avoir conquis sa liberté, dès que le maître ne prouve pas avoir rempli les formalités prescrites par cet édit. Et les enfans qui sont nés d'elle postérieurement sont nés libres.— *Cass.*, 6 mai 1840 (t. 1er 1840 p. 627), Furcy c. Lorry; *Paris*, 23 déc. 1843 (t. 1er 1844, p. 220), mêmes parties.

309. — Plus tard, un arrêté consulaire du 13 messid. an X défendit d'une manière générale aux noirs et gens de couleur l'entrée du territoire français, et sans abroger en termes exprès la déclaration de 1777 la rendit du moins ainsi sans objet.

310. — Cette interdiction fut révoquée en 1818, en ce qui concernait les gens de couleur libres et jusqu'en 1824 on cessa même de l'appliquer aux esclaves, pour revenir aux prescriptions de la déclaration royale. Beaucoup d'esclaves vinrent en conséquence en France à charge d'être ramenés dans leurs ateliers.

311. — Mais cet état de choses qui n'était pas légal, donna lieu à de nombreuses difficultés, relativement à la clause du retour. Par suite une décision du conseil des ministres rétablit l'interdiction pure et simple qui, en 1836 était encore la règle en vigueur.

312. — Dans une pensée toute favorable aux affranchissemens, on voulut faire disparaître à la fois et l'interdiction absolue prononcée par le décret de l'an XIII. et les entraves que la déclaration royale mettait à l'application du principe en vertu duquel tout esclave qui touche le sol de la France est réputé libre. Ce fut l'objet de l'ordonnance royale du 29 avr. 1836.

313. — Aujourd'hui, aux termes de cette ordonnance, tout habitant des colonies qui veut amener en France un esclave, de l'un ou de l'autre sexe, est tenu de faire préalablement en sa faveur la déclaration d'affranchissement dont les formes ont été indiquées par l'art. 1er, ord. 12 juill. 1832 (V. *suprà* nos 286 et suiv.). — Ord. 29 avr. 1836, art. 1er.

314. — En cas de départ avant l'expiration du délai accordé pour les oppositions, le déclarant doit, dans l'intérêt des tiers, fournir un cautionnement en numéraire ou une caution agréée par le procureur du roi. — *Ibid.*

315. — Tout esclave qui est amené ou envoyé en France par son maître sans l'accomplissement des formalités qui précèdent, devient libre de plein droit à compter de son débarquement dans la métropole et doit recevoir en conséquence un titre de liberté. — Même ord., art 2.

316. — Cette disposition a été déclarée applicable à tous les anciens esclaves des deux sexes non encore légalement affranchis qui se trouvaient alors sur le territoire continental de la France. — Art. 3.

### § 5. — *Affranchissement de droit.*

317.— Sont affranchis de droit dans les colonies de la Martinique, de la Guadeloupe et dépendances, de la Guyane française et de l'île Bourbon : 1° l'esclave avec qui son maître ou sa maîtresse contractent mariage; 2° l'esclave qui, du consentement de son maître, contracte mariage avec une personne libre : dans ce cas, les enfans naturels qui, antérieurement, seraient issus des deux conjoints, sont également affranchis de droit ; 3° l'esclave qui, du consentement de son maître, est réclamé par la personne libre avec laquelle il a contracté mariage antérieurement à la présente ordonnance; 4° l'esclave adopté du consentement de son maître, par une personne libre, sous les formes et conditions réglées par le Code civil ; 5° l'esclave qui aura été fait légataire universel par son maître, ou nommé soit exécuteur testamentaire, soit tuteur de ses enfans; 6° les enfans naturels, esclaves de leur père ou de leur mère



libre, et reconnus par eux ou par l'un d'eux ; 7° le père ou la mère, esclaves de leurs enfans libres; 8° les frères et sœurs, esclaves de leurs frères ou sœurs libres; 9° les enfans nés postérieurement à la déclaration faite pour l'affranchissement de leur mère, sauf le cas où cet affranchissement ne s'effectuerait pas.—Ord. 11 juin 1839, art. 1er.

318. — L'affranchissement par testament d'une mère esclave s'étend aux enfans impubères qu'elle a eus entre l'époque de la confection du testament et celle de la mort du testateur. — *Cass.*, 1er mars 1841 (t. 1er 1841, p. 286), Virginie.

319. — L'effet des affranchissemens de droit doit être poursuivi par les personnes libres désignées plus haut, dans le délai de trois mois, à partir du mariage, de l'adoption, de la reconnaissance ou de la possession. — Ord. 11 juin 1839, art. 2, § 1er.

320.—A l'expiration de ces délais, les personnes tenues de poursuivre l'effet des affranchissemens de droit sont passibles d'une amende de 25 fr. à 300 fr., suivant les cas, par chacun des individus à affranchir, pour qu'elles n'auraient pas demandé l'accomplissement de cette disposition.—Le montant de ces amendes, sous la seule déduction des frais, est appliqué au profit des individus affranchis, par les soins et sous la surveillance de l'administration coloniale. — Art. 2, § 2.

321. — Les personnes libres, tenues de poursuivre l'un des affranchissemens de droit ci-dessus indiqués, doivent faire à l'officier de l'état civil du lieu de leur résidence la déclaration des faits qui donnent lieu à l'affranchissement. Cette déclaration est reçue et publiée dans la forme prévue pour les déclarations ordinaires d'affranchissement par l'art. 1er, ord. 12 juill. 1832 (V. *suprà* nos 286 et suiv.). — Ord. 11 juin 1839, art. 3, § 1er.

322. — Mais les délais pour les oppositions sont de trois mois seulement. — Art. 3, § 2.

323. — Et les oppositions ne sont recevables qu'autant qu'elles ont pour objet de contester l'identité des individus à affranchir, ou la validité des actes par suite desquels l'affranchissement doit être effectué. — *Ibid.*

324. — A ces affranchissemens de droit n'est d'ailleurs applicable, dans aucun cas, le droit d'opposition accordé au ministère public, à l'égard des déclarations ordinaires d'affranchissement. — V. *suprà* n° 296. — Même ord., art. 9, § 2.

325.—A l'expiration des trois mois écoulés sans opposition, où dès que ces oppositions ont été levées, les affranchissemens de droit sont prononcés par le gouvernement, par arrêts délibérés en conseil. Ils ont lieu sans autres formalités ni délais, sur la justification des causes qui motivent ces affranchissemens. — Même ord., art. 4.

326. — Les héritiers, donataires ou légataires, à quelque titre que ce soit, exécuteurs testamentaires et curateurs aux successions vacantes, et tous ceux qui, en vertu de la volonté du maître, sont chargés de requérir la liberté d'un esclave, doivent, dans le délai de trois mois, à partir de la manumission ou de la donation, faire les déclarations indiquées par l'art. 1er, ord. 12 juill. 1832 (V. *suprà* n° 286), sous peine de 25 à 300 fr. d'amende suivant le cas, pour chacun des individus à affranchir. Le montant de ces amendes, sous la seule distraction des frais, est appliqué au profit des individus affranchis par les soins et sous la surveillance de l'administration coloniale. — Ord. 11 juin 1829, art. 5.

327. — A défaut de réquisition d'affranchissement par les personnes qui sont tenues de cette obligation, l'affranchissement est poursuivi par les procureurs du roi. — Art. 6, § 1er.

328. — A cet effet, les maires chargés de tenir les registres de l'état civil des libres, et les registres des naissances et des mariages des esclaves, les notaires qui ont reçu les testamens ou les donations, les greffiers qui assistent à l'ouverture des testamens, les curateurs aux successions vacantes, sont tenus, sous les peines portées en l'art. 5, de faire remettre dans le plus bref délai, au parquet du procureur du roi de leur ressort, copie des actes entraînant l'affranchissement de droit, aux termes de l'art. 1er, ou des déclarations d'affranchissement spécifiées par l'art. 5. — Art. 6, § 2.

329. — Le ministère public est d'ailleurs recevable à se pourvoir, dans l'intérêt d'un esclave affranchi, à l'effet de faire casser un arrêt qui lui refuse la reconnaissance de sa liberté (solut. implicit.). — *Cass.*, 5 avr. 1837 (t. 1er 1837, p. 494), Min. publ. et Cécile, Augustine et Elisabeth, etc. — Cette solution, bien qu'antérieure à l'ordonnance de 1839, serait, sans aucun doute, encore applicable aujourd'hui.

330. — Jugé cependant, antérieurement à 1839, que, lorsque le ministère public a poursuivi d'office en matière d'affranchissement d'esclave, et

qu'il a succombé dans sa poursuite, la caisse coloniale ne peut pas être condamnée à payer les frais faits par la partie contre laquelle il a agi. — *Cass.*, 3 juill. 1838 (t. 2 1838, p. 159), Monlouis.

331. — L'esclave qui a rendu de grands services publics peut être également affranchi ; le gouverneur fait présenter au conseil colonial un projet de décret pour cette libération, laquelle doit avoir lieu aux frais de la caisse coloniale, sur une estimation arbitrée par experts contradictoires, sauf recours aux tribunaux s'il y a contestation. — Ord. 11 juin 1839, art. 7, § 1er.

332. — Dans ce cas, si l'esclave adulte, valide et non sexagénaire ne pouvait justifier ou d'une industrie, ou de la jouissance d'un terrain propre à la culture, ou d'autres moyens d'existence suffisans, le même décret déterminerait la somme qui devrait lui être allouée, à titre de moyens d'existence, sur les fonds de la caisse coloniale. — *Ibid.*, § 2.

333. — La somme destinée, dans des cas semblables, à la libération des esclaves, doit être déposée dans une caisse publique pendant six mois, pour être soumise à l'action des créanciers du maître. — *Ibid.*, § 3.

334. — Lorsque l'affranchissement a lieu en vertu d'un testament ou d'une donation, si l'affranchi adulte et valide était également dans l'impossibilité de faire les justifications dont il vient d'être parlé (V. n° 332), les tribunaux peuvent décider qu'il soit passé outre à l'affranchissement en ordonnant que les alimens lui soient assurés sur la portion disponible des biens de la succession, ou de l'auteur de la donation. — Art. 10.

335. — La déclaration d'affranchissement faite à l'officier de l'état civil ou remise à l'esclave lui-même, ne peut être révoquée, si ce n'est pour l'un des motifs prévus pour la révocation des donations entre-vifs. — C. civ., art. 955, § 1er et 2. — Ce droit de révocation cesse à dater de l'inscription de l'affranchissement sur les registres de l'état civil. — Art. 8.

336. — Néanmoins, la disposition testamentaire par laquelle la liberté est conférée à un esclave peut toujours être révoquée, même implicitement, par le maître, cet esclave n'acquérant, en vertu du testament, aucun droit à la liberté du vivant de son maître. — *Cass.*, 31 janv. 1843 (t. 1er 1843, p. 607), Roseville c. Thélamont.

337. — Jugé d'ailleurs que, quelque favorable que soit la liberté de l'homme, néanmoins le ministère public constitué défenseur de cette liberté dans les colonies où subsiste l'esclavage, ne peut être admis à critiquer, pour cause de démence, les contrats à titre onéreux qui révoquent les legs de liberté, alors que ces contrats émanent d'un individu dont l'interdiction n'a été ni prononcée, ni poursuivie de son vivant. — Même arrêt.

§ 6. — *Affranchissement par voie de rachat forcé.*

338. — Les esclaves peuvent aujourd'hui, sous les conditions ci-après analysées, racheter leur liberté ou la liberté de leurs pères ou mères, ou autres ascendans, de leurs femmes et de leurs enfans, et descendans légitimes ou naturels. — L. 18 juill. 1845, art. 5, § 1er.

339. — Lorsque le prix du rachat n'est pas convenu amiablement entre le maître et l'esclave, il est fixé pour chaque cas, par une commission composée du président de la cour royale, d'un conseiller de la même cour et d'un membre du conseil colonial. Ces deux membres sont désignés annuellement au scrutin par leurs corps respectifs. La commission statue à la majorité des voix en dernier ressort. — L. 18 juill. 1845, art. 5, § 2.

340. — La demande en fixation du prix du rachat est transmise à la commission dont il vient d'être parlé par le procureur général de la colonie, sur l'envoi qui lui en est fait par le procureur du roi de l'arrondissement où le maître a son domicile. — Ord. 23 oct. 1845, art 1er, § 1er.

341. — Le procureur du roi est saisi de la demande, soit directement par l'esclave ou par son maître, soit par l'entremise et avec l'avis motivé du maire de la commune ou du juge de paix du canton, au choix de l'un et de l'autre des intéressés. Il la transmet au procureur général avec tous les élémens de l'évaluation. — *Ibid.*, § 2.

342. — La commission statue sur pièces, sauf le cas où elle juge convenable d'appeler les parties et de les entendre séparément ou contradictoirement. Elle peut, par l'entremise du procureur général, réclamer tous les renseignemens supplémentaires qui lui paraîtraient nécessaires pour servir de base à la décision. — *Ibid.*, art. 2, §§ 1er et 2.

343. — Dans le cas où la commission appelle les parties, l'esclave est libre de se déplacer pendant le délai qu'elle a fixé. — *Ibid.*, § 2.

344. — En cas de déplacement de l'esclave, il est alloué au maître une indemnité réglée pour chaque jour, d'après le tarif en vigueur pour la taxe des esclaves appelés à témoigner en justice. — *Ibid.*, § 3.

345. — La commission fait connaître sa décision au gouverneur par un rapport qu'elle remet au procureur général. — Art. 3, § 1er.

346. — Le paiement du prix du rachat ainsi fixé doit toujours être réalisé avant la délivrance de l'acte d'affranchissement qui doit en mentionner quittance, ainsi que de la décision de la commission portant fixation du prix. — L. 18 juill. 1845, art. 5, § 3.

347. — A cet effet, comme pour assurer la conservation des droits des tiers qui peuvent être intéressés dans le prix de l'esclave, le procureur général avec le concours de l'ordonnateur pourvoit immédiatement au dépôt du prix du rachat dans la caisse coloniale. — L. 18 juill. 1845, art. 5, § 3 ; ord. 23 oct. 1845, art. 3, § 2.

348. — Sur le vu du récépissé du trésorier, le gouverneur délivre, d'après le rapport du procureur général, le titre de liberté en la forme ordinaire, et en y ajoutant les mentions prescrites par l'art. 5, § 3, L. 18 juill. 1845. — Même ord., art. 3, § 3.

349. — Le montant du prix de rachat doit rester déposé à la caisse coloniale pendant six mois, et la consignation en doit être annoncée par trois avis successifs insérés d'office dans les journaux de la colonie ; elle est en outre affichée à la porte de la mairie de la commune où le maître réside, ainsi qu'aux greffes de la justice de paix du canton et de l'arrondissement. — *Ibid.*, art. 4, § 1er.

350. — Les oppositions auxquelles le dépôt peut donner lieu de la part des créanciers sont reçues au trésor pendant le délai de six mois ci-dessus prévu et qui court de la première publication. — *Ibid.*, § 2.

351. — A l'expiration de ce délai, s'il n'y a pas d'opposition, le montant du prix du rachat est remis au maître de l'esclave affranchi, sur un ordre signé du gouverneur. — *Ibid.*, § 3.

352. — En cas d'opposition, les opposans doivent être renvoyés à se pourvoir, en règlement de leurs droits, devant les tribunaux qui doivent statuer par urgence. — *Ibid.*, § 4.

353. — Les sommes déposées portent intérêt à cinq pour cent au profit des ayant-droits, et à la charge de la caisse coloniale, à partir du jour du dépôt jusqu'à celui du paiement. — *Ibid.*, § 5.

354. — Les rachats forcés dont il vient d'être parlé pourraient être effectués par des tiers aussi bien que par les esclaves eux-mêmes. On a seulement voulu dans la loi consacrer le droit au profit des personnes non libres, sans porter aucune atteinte au droit que les tiers aussi bien que l'état, ont à secourir l'esclave et à faciliter l'accroissement de son pécule même en vue du rachat. — Rapp. de M. de Lasteyrie à la chambre des députés, séance du 22 mai 1845.

355. — C'est dans cette pensée qu'une loi du 19 juill. 1845 a ouvert au ministre de la marine un crédit de 400,000 fr. pour concourir au rachat des esclaves lorsque l'administration le jugerait nécessaire et suivant les formes déterminées par ordonnance royale.

356. — Les propositions à soumettre aux gouverneurs pour l'emploi de ces crédits peuvent être faites, dans chaque colonie, par le directeur de l'intérieur et par le procureur général conformément aux instructions données par le ministre de la marine et des colonies. — Ord. 26 oct. 1845, art. 1er.

357. — Ces propositions sont préparées : par le préfet apostolique et par les maires des communes, en ce qui concerne le service du directeur de l'intérieur ; par les procureurs du roi et par les juges de paix, en ce qui concerne le service du procureur général. — *Ibid.*, art. 2.

358. — Le gouverneur règle en conseil privé, sur les rapports des deux chefs d'administration, les allocations individuelles qui doivent être accordées en exécution des dispositions qui précèdent ; ces décisions sont consacrées par des arrêtés motivés qui sont insérés dans le bulletin officiel de la colonie. — *Ibid*, art. 3.

359. — Toute allocation accordée par le gouverneur, en exécution des mêmes dispositions, est versée, au nom de l'impétrant, dans la caisse d'épargne, et à défaut, dans la caisse municipale. Elle ne peut en être extraite qu'à titre de complément du prix de rachat fixé par la commission, instituée par l'art. 5, L. 18 juill. 1845, comme il est dit, et le versement en est fait directement dans la caisse des dépôts, ainsi qu'il est prescrit ci-dessus. — Même ordonnance, art. 4.

§ 7. — *Obligations des esclaves affranchis.*

360. — Tout esclave affranchi, soit par voie de rachat ou autrement, est tenu, pendant cinq années, de justifier d'un engagement de travail avec une personne de condition libre. — L. 18 juill. 1845, art. 5, § 5.

361. — Cet engagement doit être contracté avec un propriétaire rural, si l'affranchi, avant d'acquérir la liberté, était attaché comme ouvrier ou laboureur à une exploitation rurale. — *Ibid.*

362. — L'engagement n'est d'ailleurs valable qu'après avoir été approuvé par la commission instituée par l'art. 5, § 2 (V. *suprà* n° 339). — Même article, § 6.

363. — Si, pendant la durée de cette période de cinq ans, l'affranchi refuse ou néglige le travail qui lui est imposé par les dispositions qui précèdent, le maître peut se pourvoir devant le juge de paix, qui peut condamner l'affranchi à tels dommages-intérêts qu'il est jugé nécessaire, lesquels dommages-intérêts sont toujours recouvrés par la contrainte par corps. — *Ibid.*, § 7.

364. — En cas de crimes ou délits envers son ancien maître, les peines prononcées contre l'affranchi ne peuvent jamais être moindres du double du minimum de la peine qui serait appliquée si le crime ou délit était commis envers un autre individu. — *Ibid.*, § 8.

V. BOURBON (ILE), CHOSE JUGÉE, COLONIES, CONSUL, DONATION DÉGUISÉE, TRAITE DES NOIRS.

## ESCOMPTE.

*Table alphabétique.*



ESCOMPTE. — 1. — Lorsqu'un créancier à terme reçoit son paiement *par anticipation* moyennant une déduction sur la somme qui lui est due au profit de celui qui le paie, cette déduction consentie par le créancier s'appelle *escompte*. — Rolland de Villargues, *Rép. du not.*, v° *Escompte*. — L'escompte s'entend aussi de l'ensemble de l'opération. — Pardessus, *Cours de droit commercial*, t. 2, p. 471 et suiv.

2. — L'escompte diffère du droit de commission en matière de banque en ce que le premier est toujours la condition d'un paiement anticipé. Le droit de commission est une indemnité qui doit être attribuée au banquier pour ses soins et peines. — V. BANQUIER, n° 18.

3. — La déduction appelée *escompte* se calcule d'après la différence qui existe entre la valeur des papiers en circulation et celle de l'argent comptant, de telle sorte que si, par exemple, ces papiers éprouvent contre l'argent une perte de 10 %, le montant de l'escompte sera égal à cette perte. — Rolland de Villargues, *loc. cit.*, nos 1 et 2.

4. — On s'accorde généralement à reconnaître que l'escompte peut se présenter dans deux hypothèses différentes : 1° quand le porteur d'un effet à terme souscrit ou endossé à son ordre en transmet la propriété à un tiers qui lui en paie le montant en retenant l'escompte ; — 2° quand un créancier en fait remise directement à son débiteur qui le paie avant l'échéance. — Goujet et Merger, *Dict. de dr. comm.*, v° *Escompte*, nos 1 et 2 ; Rolland de Villargues, *Rép. du not.*, *loc. cit.*

5. — La première hypothèse suppose nécessairement l'existence de trois personnes, savoir : un créancier, un débiteur et un escompteur, qui prend vis-à-vis du débiteur la place du créancier primitif. — Goujet et Merger, *loc. cit.*

6. — Dans le second cas, il y a remise directe

faite par le créancier au débiteur pour obtenir de ce dernier sa renonciation au bénéfice du terme et sa libération immédiate.

7. — L'ancienne jurisprudence ne considérait pas comme soumis aux lois prohibitives de l'usure les escomptes retenus sur le prix payé comptant de marchandises vendues à terme. On regardait l'escompte comme étant une des conditions de la vente. — Merlin, *Rép. de jurisprud.*, v° *Intérêts*, § 3, n° 7; Nouveau Denisart, v° *Escompte*; Jousse, *Recueil chronol.*, t. 2, p. 514.

8. — Mais on proscrivait en général les escomptes stipulés dans les négociations faites par le créancier à un tiers acquéreur de la créance, à moins que le cédant ne fût déchargé de toute garantie. « Il y a, dit Pothier (*Traité de l'usure*, n° 130), une autre espèce d'escompte qui se pratique assez souvent entre marchands par ceux qui achètent au comptant des créances qui ne sont payables qu'au bout d'un certain terme. La créance d'une somme ne peut être licitement vendue pour une moindre somme, lorsque le vendeur garantit la solvabilité du débiteur, surtout lorsqu'il s'oblige de l'acquitter lui-même sur le premier refus qu'en ferait le débiteur. » — V. aussi son *Traité du contrat de vente*. — Cette théorie n'a pas été consacrée par la jurisprudence moderne.

9. — Lorsqu'un paiement s'opère avant l'échéance de la dette et qu'un escompte en est déduit, il se forme, comme on le voit, une sorte de contrat particulier, soit entre le créancier et le débiteur, soit entre le créancier et un tiers, contrat en vertu duquel le paiement a lieu dans ces conditions et qui se distingue du prêt. — Goujet et Merger, *loc. cit.*, nos 7 et 8. — Telle est du moins l'opinion générale.

10. — Dans l'usage, on ne considère pas l'escompte comme représentant seulement l'intérêt des sommes payées par anticipation. « Les effets de commerce, disent MM. Goujet et Merger (*loc. cit.*, n° 5), sont une marchandise qui a son cours sur la place. 10,000 fr. payables dans un an ou six mois ne valent pas 10,000 fr. payables actuellement. Il y a une différence réelle entre le prix donné et le prix nominal. L'escompte varie comme tout ce qui donne lieu au commerce : il a ses hausses et ses baisses; il se modifie selon la solvabilité plus ou moins notoire des signataires, la distance des lieux où l'effet est payable, le délai de l'échéance, le plus ou moins de rareté des effets de même nature, la différence de valeur existant entre le papier en circulation et l'argent comptant. » — V. INTÉRÊTS.

11. — Dans la première des deux hypothèses indiquées *suprà* n° 4, il est une raison particulière pour maintenir comme légitimement perçu un escompte dépassant en importance le taux légal de l'intérêt de l'argent; c'est que, dans l'opération supposée, il y a une véritable vente de créance, et que dès-lors les parties ont pu fixer comme elles l'ont entendu le prix de cette vente. — Goujet et Merger, n° 4; Pardessus, *Cours de droit comm.*, n° 471.

12. — Aussi est-il généralement reconnu par la doctrine que dans les cas où les usages du commerce autorisent la retenue d'un escompte, il se passe une opération toute spéciale à laquelle ne saurait s'appliquer la loi du 3 sept. 1807, qui détermine le taux légal de l'intérêt de l'argent. — Horson, *Quest.*, n° 224; Troplong, *Traité du prêt*, n° 372; Pardessus, *Cours de droit comm.*, n° 472; Goujet et Merger, n° 3; Rolland de Villargues, n° 11; Garnier, *Traité de l'usure*, n° 38.

13. — La jurisprudence s'est prononcée dans le même sens, et elle autorise les stipulations d'escompte à un taux excédant l'intérêt légal, pourvu que les négociations qui y donnent lieu soient sérieuses et ne cachent pas des opérations usuraires. C'est ce qui résulte des décisions qui suivent.

14. — Des escomptes excédant le taux légal de l'intérêt ne peuvent pas former des élémens constitutifs du délit d'habitude d'usure, lorsqu'ils n'ont pas été employés pour déguiser des perceptions d'intérêts usuraires faites en vertu de prêts conventionnels. — *Cass.*, 8 avr. 1825, Desprès-Eglée; 26 août 1825, Désir.

15. — Les sommes exigées pour des opérations d'escompte ne constituent pas par leur nature des perceptions usuraires. Néanmoins les opérations d'escompte qui n'ont été employées que pour déguiser ou pour couvrir des prêts usuraires peuvent être considérées comme constituant le délit d'usure habituelle. — *Cass.*, 24 déc. 1825, Gosselin c. Troude; *Metz*, 31 déc. 1825, P.....; *Cass.*, 16 août 1828, Louis Lebègue; *Toulouse*, 25 juin 1829, Brugnières c. Couly; *Grenoble*, 16 fév. 1836, Chabelet et Guttin c. Giraud; *Cass.*, 8 nov. 1839 (t. 2 1845, p. 601), Vincent.

16. — Mais le condamné pour usure est non-recevable, faute d'intérêt, à se pourvoir contre l'arrêt qui a refusé de considérer comme usuraires des escomptes inférieurs à 7 %. — *Cass.*, 8 nov. 1839 (t. 2 1845, p. 601), Vincent.

17. — La loi du 3 sept. 1807, qui règle le taux de l'intérêt, est inapplicable à des opérations intervenues entre deux maisons de commerce, et qui ont pour objet, non pas un prêt d'argent, mais des négociations de papier et des escomptes de traites sur différentes places, surtout lorsque la sincérité de ces négociations n'est pas contestée. Ainsi le banquier qui escompte ou négocie des effets pour un tiers peut percevoir, en sus de l'intérêt légal, un escompte dont la fixation dépend de la convention des parties. — *Cass.*, 4 fév. 1828, Dufay c. Dubuisson.

18. — La cour de Paris a même décidé, en thèse générale, que l'escompte sur négociation d'effets de commerce souscrits soit par ceux qui les négocient, soit par des tiers, n'a pas de tarif déterminé par la loi; que dès-lors si, à l'égard d'individus qui n'ont aucun genre d'industrie, l'escompte peut être considéré comme un moyen de déguiser des intérêts usuraires, il n'en est pas de même à l'égard des spéculateurs qui se livrent à des opérations industrielles, ceux-ci devant subir les conditions qu'ils ont une fois acceptées. — *Paris*, 18 janv. 1839 (t. 1er 1839, p. 64), Noël et Lerambert c. Ravel.

19. — Toutefois, cette décision nous paraît avoir statué dans des termes trop absolus, en ce qu'elle semble refuser aux industriels tout moyen de faire réduire le taux des escomptes qui leur auraient été imposés, quel que fût le chiffre de ces escomptes. Que les tribunaux repoussent la prétention d'un spéculateur qui demande la restitution de ce qu'il a payé à titre d'escompte excédant l'intérêt légal, on le comprend; mais lorsqu'il s'agit seulement de faire réduire des escomptes évidemment exagérés aux proportions admises par les usages commerciaux, il nous paraît injuste et contraire aux vrais principes de repousser le spéculateur qui se plaint par une sorte de fin de non-recevoir. — Goujet et Merger, n° 13.

20. — Cet arrêt a du reste été cassé par la cour suprême par le motif que, dans l'espèce, il y avait eu, non une opération industrielle, mais un prêt conventionnel. — *Cass.*, 27 nov. 1843 (t. 1er 1844, p. 21), Noël et Lerambert c. Ravel. — La cour de Cassation a en effet le droit d'apprécier, d'après les faits reconnus constans, si, sous l'apparence d'une opération de banque, on n'a pas effectué un prêt ordinaire exclusif de tout escompte excédant l'intérêt légal. — Goujet et Merger, n° 10.

21. — Le système adopté par les arrêts qui précèdent ne consiste pas à poser en principe que, dans telle espèce supposée en théorie, on doit reconnaître l'escompte comme légitimement ou illégitimement perçu. Dans chaque affaire spéciale, le juge doit examiner les faits, rechercher ce qu'ont voulu faire les parties, et décider si la négociation n'a pas caché un prêt usuraire.

22. — M. Duvergier (*Contrat de prêt*, nos 290 et suiv.), dans un remarquable exposé de principes sur l'escompte, conteste la plupart des idées généralement admises, quant au taux qu'il peut recevoir, et il ne reconnaît aux parties le droit de lui faire dépasser le taux de l'intérêt légal que dans un cas : lorsque celui qui a vendu des marchandises à terme reçoit le prix de vente comptant, cette hypothèse ne lui paraissant pas rentrer dans les prévisions des auteurs de la loi du 3 sept. 1807. Spécialement, lorsqu'il s'agit d'un paiement anticipé fait au créancier par un tiers à qui la créance est cédée *avec garantie*, cet auteur voit tant d'analogie entre la position du cédant et celle d'un emprunteur, qu'il considère l'opération comme régie par le principe de la loi de 1807. Il ajoute qu'il n'y a, sous ce rapport, aucune exception à faire pour les matières de commerce, cette loi s'appliquant aux prêts faits commercialement pour lesquels elle a même fixé le taux d'intérêts à 6 %.

23. — Nous croyons la doctrine de cet auteur fondée sur une saine interprétation de la loi du 3 sept. 1807. En déterminant un taux *maximum* invariable pour les intérêts des prêts d'argent entre négocians, les auteurs de cette loi ont précisément voulu empêcher que ces intérêts pussent être augmentés par suite de considérations se rattachant à la rareté du numéraire, au peu de solvabilité du débiteur, à la date de l'échéance et autres semblables. Mais ce n'est pas la première fois que la jurisprudence a cru devoir faire fléchir les principes, par tolérance pour des usages anciennement et généralement consacrés par le commerce.

24. — Il est incontestable, du reste, que, pour qu'il y ait lieu à retenue d'escompte entre le créancier et le débiteur, il faut supposer que ce dernier se libère spontanément avant l'échéance de la dette. Lorsqu'un individu ayant besoin d'argent souscrit des effets de commerce à l'ordre de la personne qui lui en remet, il n'y a là qu'un simple prêt ne donnant lieu à aucun escompte. — Pothier, *Tr. de l'usure*, nos 129 et suiv.; Jousse, sur l'art. 1er, ord. 1673, t. 6; Troplong, *Tr. du prêt*, nos 372 et suiv.; Pardessus, *loc. cit.*, n° 472.

25. — Remarquons que lorsqu'un escompte exagéré est reconnu se rattacher à une opération de commerce dont la sincérité n'est du reste pas contestée, il y a seulement lieu de réduire cet escompte à des proportions normales, et que, même dans le cas où il est constaté que l'opération qualifiée escompte n'était en réalité qu'un prêt stipulé avec des intérêts exorbitans, le prêteur ne pourrait être l'objet de poursuites correctionnelles comme prévenu du délit d'usure qu'autant qu'il se livrerait habituellement à des opérations de ce genre. L'habitude de l'usure est seule punissable. — V. USURE.

26. — Si le paiement anticipé fait par le débiteur à son créancier avec déduction d'escompte intervenait dans les dix jours précédant l'ouverture de la faillite du premier, il devrait être annulé. — Rolland de Villargues, n° 8.

27. — La négociation par laquelle un banquier escompte des traites, en échange desquelles il remet un bon payable à vue sur sa caisse, en retenant un droit d'escompte, constitue une vente ou cession parfaite qui rend l'escompteur propriétaire des traites, de telle sorte que l'opération soit pleinement consommée à l'instant même de la remise du bon payable à vue, quand bien même ce bon ne serait payé que plusieurs jours plus tard. En conséquence, si, dans l'intervalle entre l'opération d'escompte et le paiement du bon à vue, l'escompté tombe en faillite, et s'il intervient un concordat par lequel ses créanciers acceptent la cession de biens qu'il leur fait, et le déchargent de tout ce qu'il leur doit, un arrêt ne peut, sans violer l'art. 524 (maintenant l'art. 516), C. comm., condamner le failli, personnellement et par corps, à rembourser à l'escompteur le montant des traites, surtout si l'escompteur, bien qu'il n'ait pas paru au concordat, avait fait admettre la créance au passif de la faillite, après vérification et affirmation. — *Cass*, 20 août 1828, Guignet c. Coste.

28. — Dans les mêmes circonstances, si la cour royale a considéré l'opération de banque comme n'ayant été consommée que lors du paiement du bon à vue, et si elle en a induit que le failli a profité des sommes provenues de la négociation, cette induction n'est que la fausse conséquence d'une décision erronée en droit, qui ne peut mettre l'arrêt à l'abri de la cassation, et on objecterait en vain que c'est une déclaration de fait qui échappe à la censure de la cour suprême. — Sol. impl.; même arrêt. — V. aussi *Douai*, 5 août 1818, Kreglinger c. Chamoulaud; — FAILLITE.

29. — Le droit d'escompte compris une première fois dans des soldes de compte ne peut plus être perçu sur les soldes portées à nouveau. — *Grenoble*, 16 fév. 1836, Chabelet c. Guttin et Giraud. — V. BANQUIER, nos 32 et suiv.

30. — Il est d'usage de comprendre dans le délai qui sert de base ou calcul de l'escompte le jour où le paiement se fait; mais on ne compte pas le jour de l'échéance. — Goujet et Merger, *loc. cit.*, n° 12.

31. — De même que les opérations d'escompte, celles de commission et autres négociations commerciales doivent être punies comme usuraires lorsqu'il est reconnu en fait qu'elles n'ont été employées que pour dissimuler des faits d'usure. — *Cass.*, 10 janv. 1845 (t. 1er 1846, p. 333), Gustave Bigot.

32. — Mais la stipulation, dans un crédit ouvert à un commerçant, d'intérêts à 6 %, plus un droit de commission de 1/2 %, est légale et doit être maintenue comme conforme aux usages du commerce. — *Colmar*, 21 mai 1844 (t. 2 1844, p. 471), Germain c. Boisseau. — V. à cet égard BANQUIER, nos 26 et s.; CRÉDIT OUVERT, nos 6 et suiv.

33. — Les escompteurs sont patentables de première classe, droit fixe basé sur la population, et droit proportionnel du quinzième de la valeur locative de l'habitation et des lieux servant à l'exercice de la profession. — V. PATENTE.

## ESCROQUERIE.

### *Table alphabétique.*

**ESCROQUERIE.—1.**—Dans son sens le plus général, l'escroquerie, mot dérivé du vieux verbe italien, *escroccare, obtenir quelque profit pour rien*, signifie tout artifice, tout manège frauduleux, à l'aide duquel on se fait délivrer, on attrape ou on escroque le bien d'autrui; mais dans le sens plus restreint de la législation pénale actuellement en vigueur, l'escroquerie est le délit que commet celui qui, soit en faisant usage de faux noms ou de fausses qualités, soit en employant des manœuvres frauduleuses pour persuader l'existence de fausses entreprises, d'un pouvoir ou d'un crédit imaginaire, ou pour faire naître l'espérance ou la crainte d'un succès, d'un accident ou de tout autre événement chimérique, se fait remettre ou délivrer des fonds, des meubles ou des obligations, dispositions, billets, promesses, quittances ou décharges, et qui, par un de ces moyens, s'approprie ou tente de s'approprier la totalité ou partie de la fortune d'autrui.

**2.** — A lieu des mots s'approprier ou *tente de s'approprier*, l'art. 403 dont le mot même dont il s'agit de donner la définition: Il porte, en effet, « quiconque, etc., etc., *aura escroqué ou tenté d'escroquer*. » La loi devait sans doute procéder ainsi,

car nul mot dans notre langue ne semble être précisément l'équivalent exact du mot *escroquer*, pas même le mot *extorquer*, que plusieurs auteurs ont employé pour définir l'escroquerie, mais qui suppose l'emploi de la violence, au moins morale, et qui a dès-lors une toute autre signification:

**SECT. 1re.** — *Historique* (n° 3).
**SECT. 2e.** — *Élémens constitutifs de l'escroquerie* (n° 19).
  **§ 1er.** — *Notions générales* (n° 19).
  **§ 2.** — *Faux noms* (n° 43).
  **§ 3.** — *Fausses qualités* (n° 56).
  **§ 4.** — *Manœuvres frauduleuses* (n° 434).
  **§ 5.** — *Remise et détournemens de valeurs* (n° 193).
**SECT. 3e.** — *Différence entre l'escroquerie et autres faits analogues* (n° 216).
**SECT. 4e.** — *Tentative* (n° 267).
**SECT. 5e.** — *Poursuite. — Compétence. — Prescription. — Complicité. — Peine* (n° 285).

—

## Sect. 1re. — Historique.

**3.** — La législation pénale romaine ne définissait et n'incriminait spécialement aucun fait qui rentrât précisément dans la définition que notre législation actuelle donne à l'escroquerie. Considérée comme *dolus malus*, l'escroquerie, telle que nous l'avons définie, pouvait bien motiver une action civile en rescision ou en restitution; mais si dans certaines circonstances elle pouvait être réputée fait criminel et punie comme tel, c'est qu'en raison de l'extension du mot *contrectatio, maniement, main-mise sur*, plus large que ne l'est, dans la langue de notre droit pénal, celle du mot *soustraction*, elle rentrait dans la classe des délits désignés sous le nom général *furtum*, et que la loi définissait *contrectatio fraudulosa rei alienæ lucri faciendi gratiâ*.

**4.** — Le délit d'escroquerie n'avait pas non plus, dans l'ancienne législation pénale française, de définition ou de qualification qui lui fût particulière, ni de peine spéciale qui dût être prononcée contre ceux qui s'en rendaient coupables. L'escroquerie était considérée que comme un des moyens à l'aide desquels pouvaient être commis certains délits ou certaines crimes expressément prévus par la loi, et ce n'était qu'autant que lorsqu'elle rentrait, selon les circonstances principales, dont elle n'était que l'accessoire, dans la définition que donnaient les anciens capitulaires, les lois ou les ordonnances, soit du vol ou du larcin, soit de l'abus de confiance, soit du crime de faux.

**5.** — La circonstance d'escroquerie, quand elle accompagnait le vol, pouvait faire prononcer contre ce délit la peine du carcan.—Merlin, *Rép.*, v° *Escroquerie*, n° 7.

**6.** — La loi du 22 juill. 1791 fut la première qui fit de l'escroquerie un délit spécial et lui en donna cette définition dans son art. 35 : « Ceux qui *par dol*, ou à l'aide de faux noms ou de fausses entreprises, ou d'un crédit imaginaire, ou d'espérances ou de craintes chimériques, auraient abusé de la crédulité de quelques personnes, et escroqué la totalité ou partie de leur fortune, seront poursuivis, etc., etc. »

**7.** — Mais cet art. 35 était conçu de telle manière qu'on pouvait en abuser, soit pour convertir les procès civils en procès correctionnels (sous prétexte de dol, et sous prétexte de se procurer par là la preuve testimoniale et la contrainte par corps), soit pour éluder la poursuite de faux, en présentant le fait d'avoir pris de faux noms, même qui n'était qu'un simple escroquerie.

**8.** — C'est pour remédier à l'un de ces inconvéniens que la loi du 7 frim. an II disposa dans son art. 1er, « que « ceux qui, par dol ou à l'aide de faux nom *verbalement et sans signature*... auraient abusé... et escroqué... seraient poursuivis, etc. »

**9.** — Ainsi, d'après le texte de cette loi, l'usage des faux noms était un crime de faux ou un délit d'escroquerie suivant qu'il avait eu lieu verbalement ou par écrit, avec ou sans signature.

**10.**—Dans le projet du Code pénal de 1810, l'art. 403 commençait également en ces termes : « *Quiconque, soit en se donnant verbalement et sans signature de faux noms ou de fausses qualités*, etc., »

ce qui reproduisait la distinction nette et tranchée, consignée dans la loi du 7 frim. an II. Mais cette rédaction fut attaquée par le double motif : 1° que l'emploi d'une fausse qualité, alors même qu'il n'a pas eu lieu seulement par paroles (par exemple un individu qui se dirait par lettres *négociant*), peut néanmoins constituer un moyen d'escroquerie ; — 2° que restreindre l'application de la peine de l'escroquerie au cas où le faux nom ou la fausse qualité serait pris verbalement, ce serait risquer de laisser impunis les moyens frauduleux qui peuvent cependant ne pas constituer précisément *des faux*. Sur ces observations, la rédaction a été modifiée ; les mots *verbalement* et *sans signature* ont été retranchés, et on ajouta ceux-ci : *Le tout, sauf les peines plus graves, s'il y a crime de faux.* » — Procès-verbal cons. d'état (séance du 9 sept. 1809).

**11.**—L'art. 403 est donc ainsi conçu : « Quiconque, soit en faisant usage de faux noms ou de fausses qualités, soit en employant des manœuvres frauduleuses pour persuader l'existence de fausses entreprises, d'un pouvoir ou d'un crédit imaginaire, ou pour faire naître l'espérance ou la crainte d'un succès, d'un accident ou de tout autre événement chimérique, se sera fait remettre ou délivrer des fonds, des meubles ou des obligations, billets, promesses, quittances ou décharges, et se sera par un de ces moyens escroqué ou tenté d'escroquer la totalité ou partie de la fortune d'autrui, sera puni, etc., etc. » Le tout sauf les peines plus graves, s'il y a crime de faux.

**12.**—Nous verrons plus bas (V. nos 45 et s.) dans quels cas l'usage de faux noms peut constituer le délit d'escroquerie, dans quels cas au contraire il pourrait constituer le crime de faux.

**13.**—La lecture de l'art. 403 indique que la simple tentative d'escroquerie est assimilable à l'escroquerie elle-même. — V. *infrà* nos 267 et suiv.

**14.**—Dans l'intervalle qui s'écoula entre la promulgation de la loi du 7 frim. an II et celle du Code pénal de 1810, une loi du 5 sept. 1807, dont le but principal était de fixer l'intérêt de l'argent dû par le prêteur, contenait, dans son art. 4, une disposition portant que s'il résultait de la procédure qu'il y eût eu escroquerie de la part du prêteur, il devait être condamné, outre l'amende édictée contre l'usure, à un emprisonnement qui ne pourrait excéder deux ans.

**15.**—Cette disposition, qui ne définissait pas l'escroquerie, s'en référait à cet égard aux lois de 1791 et 17 frim. an II ; mais les deux lois n'existent plus aujourd'hui ; c'est donc au texte seul de l'art. 406, qui les a remplacées, qu'il faut recourir pour la définition de l'escroquerie.

**16.**—La loi du 22 juill. 1791 punissait le délit d'escroquerie d'une amende qui ne pouvait excéder 3,000 livres, et d'un emprisonnement qui ne pouvait excéder deux ans. Elle en attribuait le jugement aux tribunaux de district, lesquels, s'ils en déclaraient l'existence, pouvaient, en prononçant par voie de police correctionnelle la peine édictée par cette loi, ordonner des restitutions et condamner à des dommages intérêts. — En cas d'appel, le condamné devait garder prison, si les juges ne trouvaient convenable de le mettre en liberté, sur une caution triple de l'amende et des dommages-intérêts prononcés. — En cas de récidive, la peine devait être double. — L. 22 juill. 1791, art. 35.

**17.** — La loi du 7 frim. an II attribuait aux tribunaux de répression, alors établis sous le nom de tribunaux de police correctionnelle, le jugement du délit d'escroquerie en première instance, sauf l'appel devant le tribunal de district, et, à Paris, devant le tribunal d'appel de police correctionnelle. — Mais l'art. 3 de cette loi attribuait aux tribunaux de district ou d'arrondissement compétence pour connaître en première instance de ce délit, lorsque la plainte en était incidente à une demande civile dont ils étaient saisis.

**18.** — L'art. 408 du Code pénal actuel punissant l'escroquerie d'un emprisonnement d'un an à cinq ans, et d'une amende de 50 à 3,000 fr., peine correctionnelle, en a, par cela même, attribué la connaissance aux tribunaux civils de première instance, jugeant sous le titre de *tribunaux correctionnels*. — C. d'inst. crim., art. 179 ; C. pén., art. 9.

## Sect. 2e. — Élémens constitutifs de l'escroquerie.

### § 1er. — Notions générales.

**19.** — Le délit d'escroquerie ne peut, non plus que tout autre délit, exister sans une intention criminelle de la part du son auteur. Le dol dont il s'agissait dans la loi du 22 juill. 1791 et la fraude

que suppose, dans tous les cas, la définition de l'art. 405, exigent en effet, aussi bien l'un que l'autre, le *consilium fraudis*, cet élément auquel la loi romaine assigne la première place dans sa définition.

20. — Ainsi, lorsque le prévenu a cru réellement à l'existence des fausses entreprises ou à l'efficacité des opérations en considération desquelles il s'est fait remettre des valeurs, par exemple la recherche de trésors, la transmutation des métaux, les conjurations nécromantiques, il n'y a lieu à l'application de l'art. 405; mais il faut être extrêmement réservé dans l'admission de cette exception de bonne foi. — Rauter, t. 2, p. 531; Bourguignon, *Jurispr. des C. crim.*, t. 3, p. 450; Merlin, *Rép.*, vo *Escroquerie*, no 10.

21. — Ainsi jugé que, la bonne foi étant exclusive de la fraude, on ne doit pas réputer coupable d'escroquerie celui qui, agissant de bonne foi, s'est fait remettre certaines sommes pour subvenir à des expériences à l'aide desquelles il prétendait faire de l'or. — *Cass.*, 26 août 1824, Barra.

22. — De même on peut appliquer, en matière d'escroquerie, l'arrêt qui décide que l'action d'avoir fait usage, *mais non sciemment*, d'une fausse lettre missive pour se faire remettre un objet appartenant à autrui, ne présente les caractères ni d'une filouterie ni d'aucun délit. — *Cass.*, 24 avr. 1828, Tulon.

23. — Jugé encore que, pour constituer le délit d'escroquerie, il faut que le prévenu ait su qu'il en imposait sur ses promesses, ses entreprises et les espérances qu'il donnait. — *Cass.*, 13 fructid. an XIII, Rape c. Lemonnier et Bigot.

24. — Pour que le fait qui, par la réunion de toutes ces circonstances, rentre dans la définition de l'art. 405, puisse être considéré comme délit, il faut qu'il soit personnel au prévenu; et, s'il n'en est pas l'auteur direct ou immédiat, il faut au moins qu'il y ait activement participé. — V., sur la complicité, nos 318 et suiv.

25. — S'il s'agit de l'escroquerie commise en faisant usage de faux noms ou de fausses qualités, la réunion de quat e circonstances est nécessaire pour qu'il y ait délit dans le sens de la loi pénale : la première, que l'on ait fait usage de faux noms ou de fausses qualités; la seconde, que l'on se soit fait remettre ou délivrer des fonds, des meubles, etc.; la troisième, que l'usage du faux nom ou de la fausse qualité ait été le motif déterminant de cette remise; la quatrième, que l'on se soit ainsi approprié la totalité ou une partie de la fortune d'autrui.

26. — Mais s'il s'agit de l'escroquerie commise à l'aide de manœuvres frauduleuses, le concours de cinq circonstances est nécessaire pour constituer légalement le délit d'escroquerie : la première, qu'il ait été fait emploi de manœuvres frauduleuses; la seconde, que ces manœuvres aient été employées pour persuader l'existence de fausses entreprises, d'un pouvoir ou d'un crédit imaginaire, etc.; la troisième, que l'on se soit fait remettre ou délivrer des fonds, des meubles, etc.; la quatrième, que cette remise ait été déterminée par l'emploi des manœuvres frauduleuses; la cinquième, que l'on se soit ainsi approprié la totalité ou partie de la fortune d'autrui. — Ces principes recevront successivement leur développement et leur application dans les paragraphes qui suivent.

27. — C'est à tort que Carnot (*C. pén.*, t. 2, p. 318, no 2) établit que, pour constituer le délit d'escroquerie commis à l'aide d'un faux nom ou d'une fausse qualité, il est nécessaire qu'il ait été fait usage du faux nom ou de la fausse qualité afin de persuader l'existence de fausses entreprises, d'un crédit imaginaire, ou pour faire naître l'espérance ou la crainte d'un succès, d'un accident ou de tout autre événement chimérique. — La rédaction grammaticale et la ponctuation de l'art. 405 du C. pén. se refusent à cette interprétation, et Carnot semble lui-même l'abandonner dans la conclusion du paragraphe indiqué, et plus positivement encore dans le no 5.

28. — Au surplus, la cour de Cassation a décidé expressément que la condition dont il s'agit n'est exigée par la loi que lorsqu'il s'agit de l'escroquerie commise à l'aide de manœuvres frauduleuses. — *Cass.*, 5 mai 1820, Poirier; — Rauter, *Dr. crim.*, t. 2, no 529; Bourguignon, *Jurispr. des C. crim.*, t. 3, p. 447; Morin, *Dict. dr. crim.*, vo *Escroquerie*, p. 302; Chauveau et Hélie, t. 7, p. 284.

29. — La cour de Bordeaux s'est donc appuyée sur une doctrine erronée lorsque, après avoir décidé « que le simple fait par un individu d'avoir reçu une somme d'argent pour en faire réformer ou libérer un autre du service militaire ne constitue pas à lui seul le délit d'escroquerie », elle a ajouté « qu'il fallait en outre prouver que cet individu avait fait usage soit de faux noms, soit de fausses qualités, *pour persuader l'existence d'un crédit* imaginaire, ou pour faire naître l'espérance d'un succès chimérique. » — *Bordeaux*, 28 févr. 1838 (t. 2 1838, p. 651), Monnereau.

30. — Jugé aussi que la suppression d'un acte, dans le but de faire payer à un individu une somme plus forte que celle qu'il doit réellement, ne peut constituer le délit d'escroquerie alors qu'il n'est pas établi par l'arrêt que ce fait a eu lieu soit en faisant usage de faux noms ou de fausses qualités, soit en employant des manœuvres frauduleuses pour persuader l'existence de fausses entreprises, d'un pouvoir ou d'un crédit imaginaire, ou pour faire naître l'espérance ou la crainte d'un accident ou de tout autre événement chimérique. — *Cass.*, 28 sept. 1844 (t. 1er 1845, p. 567), J. Sée.

31. — ... Et que l'inexécution d'une promesse d'échange ne peut non plus constituer le délit d'escroquerie lorsque l'arrêt n'énonce pas que ce fait ait été le résultat de l'emploi de faux noms, de fausses qualités ou de manœuvres énoncées dans l'art. 405. — Même arrêt.

32. — Jugé que, pour que le délit d'escroquerie existe, il n'est pas nécessaire que le prévenu ait joint à l'emploi d'une fausse qualité des manœuvres frauduleuses; cette fausse qualité suffit pour caractériser le délit lorsqu'elle a eu pour résultat la remise de valeurs. — *Cass.*, 19 sept. 1844 (t. 2 1845, p. 477), Labot.

33. — S'il y a pour les juges preuve acquise que l'usage du faux nom ou de la fausse qualité n'a pas été la cause déterminante de la remise des fonds, effets, etc., faite au prévenu, et lors même que celui qui a fait cette remise n'aurait plus les moyens de recouvrer ce qu'il a ainsi imprudemment livré, il doit être décidé qu'il n'y a pas délit d'escroquerie. — *Cass.*, 5 mai 1820, Poirier; — Bourguignon, *Jurisp. C. crim.*, t. 3, p. 448; Carnot, t. 2, p. 318, no 2; Chauveau et Hélie, t. 7, p. 311.

34. — Les juges correctionnels doivent-ils constater dans leurs décisions les faits élémentaires du délit d'escroquerie pour que la cour de Cassation puisse examiner elle-même la qualification légale donnée à ces faits? — La jurisprudence de la cour de Cassation a varié sur cette importante question.

35. — Sous l'empire de la loi du 22 sept. 1791, elle a décidé nettement que les tribunaux devaient préciser dans leurs jugemens, à peine de nullité, les faits à l'aide desquels l'escroquerie avait été commise, afin que la cour de Cassation pût s'assurer si la réunion de ces faits présentait l'ensemble des élémens constitutifs du délit d'escroquerie, et, dès lors, s'il y avait eu application légale de la loi pénale. — *Cass.*, 13 fructid. an XIII, Rosse c. Lemonnier et Bigat; 24 avr. 1807, Goret Grandrivière; 3 (et non 23) déc. 1807, Cardon c. Lorier-Delisle.

36. — Cette jurisprudence fut également suivie pendant quelque temps sous le Code pénal. — *Cass.*, 26 avr. 1811, Vaillant; 2 août 1811, Vaucelle c. Gonet; 4 janv. 1812, Terelle c. Chollet; 7 fév. 1812, Laillet et Fernagu; 28 mars 1812, Hepp; 22 mai 1812, Raymond Geis; 27 nov. 1812, Grascioli Coradini; 1er oct. 1814, Fichon; 30 janv. (et non juin) 1823, Bourbon Leblanc c. Dupin de Valène; 12 fév. 1824, Daunou. — V. aussi *Cass.*, 4 sept. 1824, Daunon; 11 déc. 1824, Roumage c. Banès.

37. — Toutefois, et même avant l'époque où furent rendus les derniers arrêts cités au numéro précédent, un arrêt avait posé en principe que « la loi n'ayant pas déterminé quels seraient les faits qui pourraient être réputés manœuvres frauduleuses, il ne pouvait résulter de moyen de cassation d'une erreur des tribunaux sur cette qualification; que, dès-lors, l'énonciation des faits qui auraient été considérés comme manœuvres frauduleuses ne pouvait être requise dans les jugemens des tribunaux correctionnels. — *Cass.*, 17 août 1821, Dieudonné et Flandin.

38. — Et les principes consacrés dans ce dernier arrêt ont définitivement triomphé et se sont maintenus pendant quelques années, lorsque le 20 mai 1826 la cour eut décidé « que la loi en déterminant ce qui constituait l'escroquerie, n'ayant pas fixé les faits constitutifs de ces élémens, en avait *par cela même abandonné l'appréciation aux juges du fait*, dont l'appréciation ne pouvait donner ouverture à cassation. — V. en ce sens *Cass.*, 20 mai 1835, Courtaillon; 9 sept. 1826, Lagaye; 25 nov. 1826, Lafferaris; 3 fév. 1827, Bruno; 18 oct. 1827, Sedillon; 21 mars 1828, Notté; 26 sept. 1828, Frottin; 9 juill. 1830; Martel; 30 juill. 1831, Loubiez.

39. — Mais, par de nouveaux arrêts, la cour est revenue à sa première jurisprudence, et elle s'est attribué de nouveau le pouvoir d'examiner si les faits incriminés présentent les caractères du délit d'escroquerie; ce qui emporte, comme conséquence nécessaire, que les jugemens correctionnels doivent énoncer toutes les circonstances qu'ils considèrent comme constitutives de ces délits. — V. en ce sens *Cass.*, 17 sept. 1836 (t. 2 1837, p. 79), Esther c. Mesrich; 12 oct. 1838 (t. 1er 1839, p. 404), Berthelot; 23 nov. 1838 (t. 2 1839, p. 542), X...; 16 oct. 1840 (t. 2 1841, p. 439), Eldin c. Dupuy.

40. — Dans un autre arrêt rendu *in terminis*, la cour suprême s'est expressément déclarée compétente pour juger la qualification donnée par les juges de la prévention aux faits qu'ils ont reconnu constans; et elle a décidé formellement que, le jugement de cette qualification étant inséparable de celui de l'application de la loi, il fallait que les faits reconnus, et servant de base à la décision, fussent déclarés dans les arrêts. Elle a en conséquence annulé comme non suffisamment motivé un jugement sur appel qui relevait un individu prévenu d'escroquerie, et se bornant à énoncer que les faits qui lui étaient imputés ne présentaient pas tous les caractères de ce délit. — *Cass.*, 6 juin 1840 (t. 2 1841, p. 652), Goddé.

41. — Jugé de même qu'on doit réputer nul comme non suffisamment motivé le jugement qui, sur une prévention d'escroquerie, ne précise pas les faits qu'il tient pour constans, et se borne à énoncer la qualification légale du délit sur lequel il fonde la condamnation. — Dans les motifs de son arrêt, la cour déclare qu'il ne suffit pas que le jugement dispose que le prévenu a pris une fausse qualité et employé des manœuvres frauduleuses, etc., etc., si en même temps il ne précise pas les faits qualifiés d'usage de fausse qualité et d'emploi de manœuvres frauduleuses, pour que la cour de Cassation puisse juger si les faits ont été bien qualifiés. — *Cass.*, 8 janv. 1842 (t. 1er 1842, p. 402), E. L.

42. — Tel est donc l'état actuel de la jurisprudence, et nous pensons, avec MM. Chauveau et Hélie (*Th. C. pén.*, t. 7, p. 325), que ce dernier système présente plus de garantie en ce que la matière de l'escroquerie, par la variété de ses formes et de ses actes, peut donner lieu aux appréciations les plus arbitraires : il importe donc que ces appréciations diverses puissent être soumises au contrôle d'une juridiction qui, éloignée des faits et isolée de leur influence, vérifie les élémens de l'incrimination légale. — V. aussi en ce sens Toullier, t. 9, no 187; Carnot, *C. pén.*, t. 2, p. 321 et 323, nos 6 et 13; Merlin, *Rép.*, vo *Escroquerie*, no 12.

43. — C'est conformément à ces principes qu'il a été décidé que « le jugement qui prononce une condamnation pour délit d'escroquerie doit, à peine de nullité, constater que, par les moyens indiqués dans l'art. 405, le prévenu a escroqué ou tenté d'escroquer la totalité ou partie de la fortune d'autrui. — Carnot, *C. pén.*, t. 2, p. 367; Bourguignon, *Jurisp. C. crim.*, t. 3, p. 441. — V. conf. *Cass.*, 30 janv. 1823, Bourbon Leblanc c. Dupin de Vallène; 12 fév. 1824, François Daunou.

44. — L'arrêt qui déclare que le prévenu s'est créé un crédit imaginaire à l'aide de manœuvres frauduleuses qu'il énonce; que par ce moyen il a escroqué des balles de laine, et causé un préjudice considérable, contient tous les caractères exigés pour constituer le délit d'escroquerie. — *Cass.*, 10 fév. 1831, Paget Duclaux et Desguerinelles.

### § 2. — *Faux noms.*

45. — L'usage d'un faux nom est considéré comme un élément de l'escroquerie, soit que le nom usurpé appartienne à un tiers, soit qu'il soit purement idéal : car les effets de l'usurpation peuvent être les mêmes dans l'un et dans l'autre cas. — Chauveau et Hélie, t. 7, p. 285.

46. — C'est ainsi que la seule addition d'une particule faite par le prévenu à son nom réel pourrait, selon les circonstances, constituer le délit d'escroquerie.

47. — Mais si l'agent faisait usage d'un nom sous lequel il serait habituellement connu, quoiqu'il ne fût pas le sien, ou si, connu sous ce nom d'emprunt, il avait fait usage de son véritable nom, pourrait-il être réputé avoir employé un faux nom? — MM. Chauveau et Hélie (*loc. cit.*) répondent négativement, alors même que cet agent aurait agi avec une pensée de fraude; car, disent-ils, la pensée frauduleuse ne suffit pas, il faut qu'elle soit accompagnée d'une manœuvre de nature à faire impression sur l'esprit d'un tiers et à surprendre sa conscience; or, on ne peut classer parmi des manœuvres coupables l'usage d'un nom qui appartient à celui qui le prend.

48. — Ainsi que nous l'avons déjà dit (V. nos 8 et s.), le Code pénal n'a pas eu seulement en vue, comme la loi de frim. an II, l'usage de faux noms *pris*

ESCROQUERIE, sect 2e.
ESCROQUERIE, sect 2e.

*verbalement et sans signature.* C'est bien à ce cas qu'il a le plus particulièrement songé; mais encore bien que l'art. 405 se termine par cette disposition, « le tout sans préjudice des peines plus graves, s'il y a crime de faux, » il n'en faut pas conclure cependant que le faux nom pris dans un acte écrit constitue nécessairement le crime de faux, et que le faux ne doive pas se réduire quelquefois aux simples proportions du délit d'escroquerie.

49. — Il est tout d'abord évident que si le prévenu se présentant avec un acte écrit, mais sincère, dans lequel il s'agit d'une personne autre que lui, déclare faussement qu'il est lui-même cette personne, et qu'il détermine ainsi une remise de fonds, billets ou autres valeurs mobilières, il ne commet qu'un délit d'escroquerie, puisqu'en réalité ce n'est que verbalement qu'il s'est attribué un faux nom. — *Cass.*, 10 juill. 1806, Pitre et Delage. — V. conf. Merlin, *Rép.*, v° *Faux*, sect. 1re, § 8, n° 1er; Legraverend, *Du faux*, t. 1er, ch. 17, § 3, p. 593.

50. — Mais il a été également jugé qu'alors même que l'agent aurait fabriqué lui-même de fausses lettres dans lesquelles il aurait pris un faux nom et une fausse qualité, et serait ainsi parvenu à escroquer une partie de la fortune d'autrui, ce fait devrait être qualifié escroquerie. — *Cass.*, 25 sept. 1834, Barraband et Flegui. — Toutefois, cette proposition est trop absolue; car la fabrication de fausses lettres pourrait constituer le crime de faux, si elles étaient de nature à produire un engagement.

51. — Ainsi, il a été jugé que celui qui, à l'aide de lettres missives, *dont l'écriture et la signature sont contrefaites*, se fait remettre une somme d'argent, n'est pas coupable du délit d'escroquerie, mais bien du crime de faux. — *Cass.*, 3 juill. 1807, Huguenet; 16 juill. 1813, Ravaglioli; 4 nov. 1813, Taillet; 12 janv. 1816, Cribaillé; 27 sept. 1816, Charles Mathielle; 19 janv. 1832 (réglem. de juges), Brugnier; — Carnot, *C. pén.*, t 2, p. 325, n° 19.

52. — ... Et que l'escroquerie commise par l'usage d'un billet faux doit être punie comme constituant le crime de faux. — *Grenoble*, 24 juin 1829, Bourguignon; *Cass.*, 15 oct. 1829, Quinette de la Hogue; 5 sept. 1834 (réglem. de juges), Quevallier.

53. — Jugé encore qu'il y a faux dans l'émission par endossement et avec antidate par un des associés d'effets de la société postérieurement à sa dissolution. — *Cass.*, 28 germin. an XIII, Bonnet-Imbert c. Chataud et Gor.

54. — Si l'acte dont il a été fait usage n'était point de l'écriture du prévenu, et qu'il ne s'y rencontrât aucun des élémens constitutifs du faux, tels que les détermine l'art. 147, C. pén., cet usage ne constituerait que le délit d'escroquerie.

55. — Cette décision serait surtout hors de doute si la personne indiquée dans l'écrit, et dont le prévenu se serait attribué le nom, était une personne inconnue, et que le prévenu eût déclaré ne savoir ou ne pouvoir signer. — Bourguignon, *Jurisprudence des C. crim.*, t. 3, p. 439. — V. au surplus FAUX.

### § 3. — *Fausses qualités.*

56. — L'usurpation d'une fausse qualité est un élément d'escroquerie toutes les fois que la qualité usurpée a eu une relation indirecte avec ce délit, et qu'elle en a provoqué la consommation.

57. — Aussi a-t-il été jugé avec raison que celui qui, sans signer le nom d'autrui, et seulement en ajoutant au sien *la qualité de chirurgien qu'il n'a pas*, a délivré pour de l'argent des certificats, dans l'intention de leur faire obtenir leur congé, doit être poursuivi comme prévenu d'escroquerie. — *Cass.*, 6 août 1807, Jourdain. — En effet, disent MM. Chauveau et Hélie (*Théorie du C. pén.*, t. 3, p. 285), cette fausse qualité était la cause déterminante de la perception.

58. — Jugé encore, par le même motif, que celui qui, à l'aide de la qualité qu'il n'a plus de préposé à la perception des contributions directes, se fait remettre par des personnes imposées les sommes dont elles sont débitrices, se rend coupable du délit d'escroquerie. — *Cass.*, 1er mai 1818, Mathieu Camel c. Guichard.

59. — Il en est de même de l'agent d'une compagnie d'assurances qui, après sa révocation, continue à percevoir des sommes à titre de rétribution et à donner des récépissés, en faisant usage de la qualité qu'il n'a plus. — *Cass.*, 26 mai 1827, Lamblin.

60. — ... Ou du médecin ou chirurgien qui, à une époque où il a cessé d'être chargé par le conseil de révision de visiter les jeunes conscrits, se fait remettre par eux des sommes d'argent pour les faire réformer, en se disant être encore le médecin du conseil de révision. — C'est ce qui paraît résulter d'un arrêt de la cour de Cassation du 26 déc. 1829. — Mergant.

61. — Jugé de même que le domestique qui prend la fausse qualité de mandataire de son maître pour se faire remettre des marchandises commet, au préjudice des marchands, le délit d'escroquerie. — *Paris*, 18 sept. 1835, Cotté. — V. aussi ABUS DE CONFIANCE.

62. — Il y a lieu encore de condamner aux peines portées par l'art. 405, C. pén., celui qui, pour inspirer confiance à la personne qu'il veut spolier, prend le titre de frère d'une femme qui a des rapports avec celle-ci. — *Cass.*, 17 sept. 1836, Esther et Mesrich.

63. — L'établissement d'un simulacre de maison de commerce sous une fausse raison sociale, dans le but de persuader l'existence d'un crédit imaginaire à l'aide duquel on se fait remettre des marchandises par l'emploi de manœuvres frauduleuses, constitue, quant à cette raison sociale, l'attribution d'une fausse qualité dans le sens de l'art. 405, C. pén., qui punit le délit d'escroquerie. — *Cass.*, 28 mars 1839 (t. 1er 1847), Duval et Amat.

64. — De même, l'associé qui, pendant la durée de la société, emploie à son profit particulier la signature sociale, ne peut être poursuivi que comme coupable d'escroquerie ou d'abus de confiance et ne commet pas un faux. — *Cass.*, 28 germin. an XIII, Bonnet Imbert et Chataud c. Gor.

65. — Mais l'usurpation d'une fausse qualité serait-elle un élément du délit d'escroquerie si la partie lésée avait pu facilement vérifier la fausseté de la qualité invoquée, ou bien encore si cette fausse qualité avait été sans influence sur sa détermination. — MM. Chauveau et Hélie (t. 7, p. 286) enseignent avec raison la négative. — V. en ce sens *Cass.*, 5 mai 1820, Poirier.

66. — Et la cour de Cassation a décidé que la qualification mensongère de *fille majeure jouissant de ses droits*, prise par une femme mariée, ne pouvait constituer un élément du délit, « attendu que cette qualification ayant *pu être facilement vérifiée par le plaignant*, il ne pouvait pas, sous prétexte d'ignorance à cet égard, prétendre qu'il avait été abusé de sa crédulité, non plus que dans les cas où il aurait contracté avec un mineur qui se serait dit majeur; et qu'admettre, dans de pareilles circonstances, la poursuite en escroquerie, ce serait anéantir l'effet des lois civiles relatives à la capacité des personnes pour contracter valablement des obligations. » — *Cass.*, 21 mars 1807, Durst c. Herst; 4 déc. 1812, N. C.; — Bourguignon, *Jurisp. des Codes crim.*, t. 3, art. 405; Merlin, *Rép.*, v° *Escroquerie*, n° 9.

67. — Toutefois, ces décisions ne peuvent être acceptées qu'avec réserve; car il est certain que la qualité de femme mariée, de mineur ou de majeur, ne peut pas toujours être facilement vérifiée, et si celui qui a contracté n'a agi que sous l'influence de cette qualité. — Il serait donc possible que, suivant les circonstances, suivant les moyens de vérification que la partie possédait et l'empire que la fausse détermination pouvait exercer sur sa détermination, on arrivât à une solution différente. — Chauveau et Hélie, t. 7, p. 287.

68. — Il a été jugé, dans une espèce où le fait reproché consistait à avoir négocié des traites sur de prétendus débiteurs, que l'allégation, de la part du tireur, d'avoir été créancier de ceux sur lesquels il tirait, constituerait plutôt l'énonciation d'un fait et d'un crédit imaginaire que l'emploi d'une fausse qualité. — *Rouen*, 29 août 1845 (t. 2 1846), Marijot.

69. — La vente de drogues médicinales par un individu non pourvu de diplôme ou d'autorisation ne constituerait pas sans doute à elle seule une escroquerie, à moins toutefois que le vendeur des drogues ne se fût point prétendu muni d'un diplôme, et que sa déclaration à cet égard n'eût été le motif déterminant de la remise de la somme donnée par lui en paiement de drogues sans valeur.

70. — Plusieurs conditions sont nécessaires pour que les manœuvres dont parle l'art. 405 puissent devenir un élément du délit d'escroquerie. Il faut : 1° qu'elles constituent réellement des manœuvres : 2° que ces manœuvres soient frauduleuses; 3° qu'elles soient de nature à faire impression sur les personnes auxquelles il a été porté préjudice; 4° qu'elles aient pour objet de persuader l'existence de fausses entreprises, d'un pouvoir ou d'un crédit imaginaire, ou pour faire naître l'espérance ou la crainte d'un succès, d'un accident ou de tout autre événement chimérique.

71. — Ces règles appellent quelques explications. Et d'abord la loi n'a pas défini ce qu'elle entend par *manœuvres*. « Ce sont, disent MM. Chauveau et Hélie, les moyens employés pour surprendre la confiance d'un tiers. Et cette expression suppose une certaine combinaison de faits, une machination préparée avec plus ou moins d'adresse, une ruse ourdie avec plus ou moins d'art.

72. — Ainsi les allégations mensongères, les promesses, les espérances données, les réticences calculées, etc., jouent assurément un grand rôle dans l'escroquerie, mais elles ne suffiraient pas, isolées de tout acte extérieur destiné à leur donner crédit, pour constituer des manœuvres; c'est ce que reconnaissent deux arrêts de la cour de Cassation, dont l'un pose en principe « que la jactance d'un pouvoir imaginaire et les allégations mensongères ne suffisent pas pour établir l'existence de l'escroquerie. » — *Cass.*, 24 avr. 1807, Goret; 28 mai 1808, Bapst c. Pontet.

73. — Il a été de même jugé par un arrêt plus récent de la même cour, rendu sous le Code pénal de 1810, que celui qui à l'aide de mensonge *seulement*, et sans employer aucune manœuvre frauduleuse est parvenu à obtenir de l'argent d'un autre à titre de prêt, n'est pas coupable d'escroquerie. — *Cass.*, 22 mai 1835, Buffet. — V. aussi *Cass.*, 7 mars 1817, Yvonnet c. Leroux. — Rauter, *Tr. dr. crim.*, t. 2, n° 529; Chauveau et Hélie, *Th. C. pén.* t. 7, p. 289; de Molènes, *Fonct. du procureur du roi*, t. 1er, p. 37; Merlin, *Rép.*, v° *Escroquerie*, n° 10.

74. — Jugé encore, 1° que des mensonges plus ou moins adroits pour obtenir la délivrance de meubles ou effets appartenant à autrui ne suffisent pas pour constituer les manœuvres frauduleuses dont parle l'art. 405, C. pén. Pour cela il faut des actes frauduleux ayant pour objet d'abuser ceux au préjudice desquels une trame coupable est ourdie. — *Bordeaux*, 9 mai 1838 (t. 1er 1839, p. 32), A... et D...

75. — ... 2° Que le fait, par un individu, de s'être fait payer le prix de vente d'un objet *en faisant faussement accroire* qu'il l'a livré, ne peut constituer le délit d'escroquerie. — *Gand*, 21 nov. 1832, Van-Overmeere.

76. — ... 3° Que celui qui, en prétextant avoir acquitté le montant d'un billet par lui souscrit et déposé entre les mains d'un tiers, obtient de ce dernier la remise du billet, ne se rend pas coupable d'escroquerie. — *Montpellier*, 29 sept. 1828, Lantié.

77. — ... 4° Que l'ouvrier qui se fait livrer par un cordonnier une paire de souliers, *en lui disant mensongèrement* que son maître la lui paiera, et qu'il n'y a point encore de compte arrêté entre eux, commet une indélicatesse, mais non un délit d'escroquerie. — *Cass.*, 6 juill. 1826, Lorand.

78. — Mais nous avons vu plus haut qu'il en serait autrement si un ouvrier s'était fait livrer des marchandises pour le compte de son maître dont il se dirait mensongèrement le mandataire : il y aurait emploi d'une fausse qualité.

79. — ... 5° Que le fait par un débiteur d'avoir, à l'aide d'*une promesse fallacieuse* de souscrire une obligation, obtenu la remise du gage qu'il avait donné, et d'avoir ensuite dénié la dette, ne constitue pas le délit d'escroquerie. — *Cass.*, 24 brum. an VIII, Vauquelin.

80. — ... 6° Que le fait de s'être fait remettre certaines sommes du souscripteur de billets *en lui faisant accroire* qu'ils ont été protestés, et qu'on a dû faire des démarches pour en arrêter les poursuites, ne constitue pas une escroquerie, si d'ailleurs il n'est pas constaté qu'on ait fait usage de faux nom, de fausse qualité, ou qu'on ait employé des manœuvres frauduleuses. — *Cass.*, 11 mai 1839 (t. 2 1839, p. 391), Grippon.

81. — ... 7° Qu'il en est de même du fait de s'être fait remettre un billet en remplacement d'un autre *qu'on dit à tort* avoir été égaré. — Même arrêt. — V. au surplus *infrà*, même paragraphe.

82. — ... 8° Que le bail consenti pour satisfaire à des demandes pressantes et réitérées de secours ne renferme aucun des caractères de l'escroquerie, quoique préjudiciable au bailleur, de la part de qui il a été un acte libre, surtout si le preneur n'a présenté aucun moyen même apparent d'opérer sa libération. — *Cass.*, 3 déc. 1807, Cardon c. Lorier-Delisle.

83. — ... 9° Que le fait d'avoir obtenu des emprunts et consommé des achats sous des prétextes mensongers ne peut être considéré comme escroquerie; de simples mensonges, quelque répréhensibles qu'ils soient aux yeux de la morale, ne constituant pas les manœuvres frauduleuses caractérisées dans leur but et dans leurs moyens par l'art. 405. — *Cass.*, 1er juill. 1842 (t. 2 1842, p. 681), Gauthier et Lombard.

84. — ... 10° Que la peine de l'escroquerie doit être réputée faussement appliquée à l'individu

simplement reconnu coupable de s'être fait délivrer des marchandises payables à terme en laissant ignorer à ses créanciers la cessation de son commerce et le refus antérieur de crédit. — La solution affirmative de cette question n'emporte pas nécessairement l'idée (et à cet égard on ne peut procéder par induction) que ce commerçant ait usé de faux noms, fausses qualités ou manœuvres frauduleuses pour surprendre la confiance de ses créanciers. — *Cass.*, 20 avr. 1837 (t. 1er 1838, p. 416), Germain.

85. — ... 11° Que celui qui, pour dissimuler une vente sous seing privé, donne à l'acquéreur avant d'être désintéressé une procuration en vertu de laquelle celui-ci vend la propriété, donne quittance du prix et le dépouille ainsi de ses droits et de son privilége, ne peut être considéré comme victime d'une escroquerie, si le mandataire n'a employé aucune manœuvre frauduleuse pour obtenir la vente et la procuration. — *Cass.*, 30 mars 1809, Raverol c. Demaux.

86. — ...12° Que lorsque les opérations sont faites d'accord entre deux individus, leur résultat, quelque préjudiciable qu'il puisse être à l'un d'eux, ne saurait constituer le délit d'escroquerie qu'autant qu'il aurait été fait usage des manœuvres ou des moyens frauduleux déterminés par la loi. — *Cass.*, 22 nov. 1811, Pierre Geoffroy. — Bourguignon, *C. pén*, t. 3, p. 444.

87. — ... 13° Que celui qui, gardant le silence sur les causes bien connues de lui qui le rendent impropre au service militaire, s'est présenté dans une famille comme remplaçant et s'est fait livrer à ce titre quelques faibles sommes et des alimens, ne se rend pas par cela même coupable d'escroquerie, si d'ailleurs il n'use pas, pour se les procurer, de manœuvres frauduleuses. — *Bourges*, 12 sept. 1840 (t. 2 1846), Didiot.

88. — ...14° Que de simples mensonges, quelque répréhensibles qu'ils soient, ne constituent point des manœuvres frauduleuses dans le sens de l'art. 405, C. pén., et que, en conséquence, l'emprunt obtenu sur l'allégation mensongère que la somme demandée est destinée à payer les frais d'un procès qui doit procurer à l'emprunteur une somme considérable ne constitue pas le délit d'escroquerie. — *Cass.*, 18 janv. 1844 (t. 1er 1844, p. 357), Cochetel.

89. — ...15° Que l'annonce et l'emploi du magnétisme comme moyen curatif ne suffisent pas, en l'absence de tous autres faits ayant le caractère des manœuvres frauduleuses spécifiées par l'art. 405, C. pén., pour constituer le délit d'escroquerie. — *Cass.*, 18 août 1843 (t. 1er 1844, p. 75), Ricard et Plain.

90. — ...16° Qu'il n'y a pas escroquerie dans le fait de celui qui, achetant avec stipulation de paiement immédiat, disparaît tout à coup avec les marchandises sans les avoir soldées. — *Nîmes*, 15 déc. 1842 (t. 1er 1843, p. 84), Privat-Petiot.

91. — ...17° Qu'il n'y a ni filouterie, ni escroquerie de la part de celui qui, à l'aide de simples promesses mensongères, s'est fait remettre sans les payer soit des denrées, soit des marchandises. — *Orleans*, 27 août 1845 (t. 2 1845, p. 354), Correaux.

92. — Jugé encore que le délit d'escroquerie n'existe pas par la seule intention de tromper, et que, pour le constituer, il faut nécessairement qu'il ait été fait usage de faux noms, de fausses qualités, ou que des manœuvres frauduleuses aient été employées; en conséquence, le prévenu qui s'est attribué un pouvoir ou un crédit imaginaire sans faire usage de faux noms, de fausses qualités ou de manœuvres frauduleuses ne peut être déclaré coupable du délit d'escroquerie. — *Cass.*, 27 sept. 1844 (t. 2 1845, p. 58), Mathieu.

93. — De même, le seul fait par un individu de négocier des traites par lui tirées sur de prétendus débiteurs auxquels il envoie les fonds nécessaires pour le paiement ne constitue pas, bien qu'il ait pu avoir pour but de persuader à ceux au profit de qui la négociation a lieu, l'existence d'un crédit imaginaire, le délit d'escroquerie, ce fait ne présentant pas le caractère de manœuvres frauduleuses exigé par l'art. 405. — *Cass.*, 4 juill. 1845, Marijol; et *Rouen*, 29 août 1845 (t. 2 1846), mêmes parties.

94. — Des déclarations mensongères non accompagnées de l'emploi d'un faux nom, d'une fausse qualité ou de manœuvres frauduleuses, c'est-à-dire d'un fait matériel, volontaire et concomitant, tendant à donner du poids à ces déclarations, ne sont pas constitutives du délit d'escroquerie : en conséquence, il n'y a ni escroquerie, ni même filouterie de la part de celui qui, après avoir déclaré mensongèrement avoir de l'argent à toucher dans une certaine ville, laisse répéter ce mensonge par un tiers sans le démentir, et en donnant, par suite, à un voiturier, ainsi qu'à un aubergiste, l'espérance d'être payés des avances qu'ils lui feront, se fait prêter de l'argent, conduire, loger et nourrir pendant plusieurs jours dans cette ville. — *Orléans*, 30 mars 1846 (t. 2 1846, p. 170), Guindollet.

95. — Il a même été jugé, sous la loi de 1791, que l'épicier qui, pour augmenter ses bénéfices, vend pour pur du poivre en poudre mélangé d'une certaine quantité de poudre de chenevis ne commet pas le délit d'escroquerie. — *Cass.*, 27 nov. 1810, Cexie. — V. TROMPERIE SUR LA MARCHANDISE.

96. — Mais, ainsi qu'on le voit, ces divers arrêts ne disposent que pour le cas où il s'agit de mensonges *simples*; si, au contraire, le mensonge perd ce caractère, il peut rentrer sous l'application de l'art. 405.

97. — C'est ainsi qu'il a été jugé que le fait par un individu d'avoir simulé un voyage, et de s'être éloigné pendant plusieurs jours pour faire croire à la sincérité de déclarations mensongères tendantes à persuader l'existence d'un crédit imaginaire et à obtenir ainsi le prêt d'une somme d'argent, constitue non de simples mensonges, mais des manœuvres frauduleuses dans le sens de l'art. 405, C. pén. — *Cass.*, 20 avr. 1844 (t. 2 1844, p. 121), Corhetel.

98. — Jugé encore que l'individu qui obtient la livraison d'une marchandise en montrant qu'il est porteur d'un billet que mensongèrement il prétend souscrit par une personne solvable, et à l'aide duquel il annonce avoir les fonds nécessaires pour payer immédiatement l'objet qu'il a acheté, se rend coupable du délit d'escroquerie. — *Cass.*, 18 juill. 1845 (t. 2 1845, p. 762), Serreau.

99. — Jugé encore qu'une vente d'objets d'art, tels que des tableaux attribués mensongèrement par le vendeur à un grand maître, constitue le délit d'escroquerie quand le consentement de l'acheteur a été surpris par des manœuvres réunissant les caractères déterminés par l'art. 405, C. pén. — *Douai*, 5 mai 1846 (t. 2 1846), R...

100. — La seconde condition exigée par l'art. 405, c'est que les manœuvres soient *frauduleuses*. Mais la loi n'a pas défini ce que l'on doit entendre par *fraude*. Il semble donc naturel d'appliquer à la manœuvre frauduleuse cette définition de la loi romaine : *Omnis calliditas, fallacia, machinatio, ad circumveniendum, fallendum, decipiendumve alterum adhibita*.

101. — La manœuvre frauduleuse, disent MM. Chauveau et Hélie (*Th. C. pén.*, t. 7, p. 289), est une certaine combinaison de faits, une machination préparée avec plus ou moins d'adresse, une ruse ourdie avec plus ou moins d'art; en d'autres termes, c'est, ainsi que nous l'avons indiqué plus haut, la mise en œuvre du mensonge.

102. — La cour de Cassation a décidé par plusieurs arrêts que les manœuvres qui peuvent être réputées frauduleuses n'ayant été ni définies, ni précisées par le législateur, leur appréciation a été nécessairement abandonnée à la conscience des juges, dont la décision à cet égard ne peut donner ouverture à cassation. — *Cass.*, 25 nov. 1826, Laffauris; 17 août 1821, Dieudonné de Flandin; 9 sept. 1826, Lagayes; 18 oct. 1827, Sédillon; 9 juill. 1830, Martel.

103. — Mais cette doctrine ne doit être acceptée que sous la réserve de la jurisprudence qui oblige les tribunaux à consigner dans leurs jugemens les faits élémentaires du délit d'escroquerie pour que la cour de Cassation puisse vérifier la qualification légale donnée à ces faits. — Quoi qu'il en soit à cet égard du pouvoir salutaire de la cour de Cassation, nous devons faire remarquer qu'il serait impossible de dénier aux juges des faits le droit d'apprécier souverainement l'intention des parties, et, par exemple, le point de savoir si l'agent procédait ou non sous l'influence d'une pensée mauvaise dolosive, et si la manœuvre, frauduleuse en apparence, ne le laissait pas cependant en état de bonne foi.

104. — En effet, la fraude n'existe pas s'il y a bonne foi de la part *de l'agent*. Cette bonne foi fait perdre aux manœuvres, quel que soit leur résultat, tout caractère criminel, et dès-lors, ainsi que nous l'avons dit plus haut, le délit d'escroquerie ne saurait exister.

105. — Il n'y aurait dès-lors aucun motif de considérer comme coupable d'escroquerie celui qui a reçu de l'argent d'un conscrit, pour les conseils qu'il lui a donnés sur les moyens légaux de se faire exempter ou réformer. — *Cass.*, 30 juill. 1813, Colombat.

106. — Mais la fraude seule dont un acte serait entaché ne suffit pas pour constituer l'existence de l'escroquerie, si d'ailleurs cet acte n'est pas le résultat d'une combinaison préparée pour surprendre et tromper la confiance. — Chauveau et Hélie, t. 7, p. 290.

107. — Ainsi, il a été jugé que celui qui poursuit une seconde fois le paiement d'un billet acquitté et dont il est resté nanti par suite d'une convention faite avec le débiteur ne commet pas une escroquerie; il n'y a lieu qu'à une action civile. — *Cass.*, 8 thermid. an XIII, Goursaud c. Touchard.

108. — Jugé aussi qu'il n'y a point délit d'escroquerie dans le fait d'un créancier qui, s'étant fait payer par son débiteur du montant ou d'une partie de sa créance, refuse de lui en donner quittance. — *Cass.*, 29 août 1806, Lefèvre c. Marais; — Merlin, *Rép.*, v° *Escroquerie*, n° 6.

109. — Jugé encore que garder des obligations acquittées, recevoir des à-comptes en argent ou en denrées sans en donner quittance et sans inscrire la mention au dos des obligations, porter des prix de vente à une somme supérieure à celle qui est due, sans tenir compte de ces excédans aux débiteurs, ce n'est pas commettre le délit d'escroquerie. — *Cass.*, 27 nov. 1812, Dangueguer.

110. — ...Et que celui qui se fait sciemment payer deux fois une créance ne commet pas le délit d'escroquerie, quelque immorale d'ailleurs que soit son action. — *Metz*, 26 mars 1821, Peiffer.

111. — .. Ou que la simple dénégation d'être débiteur du prix d'une vente faite par acte public portant quittance ne constitue pas une *escroquerie*. — *Cass.*, 2 déc. 1813, Ignace Courbé.

112. — Il résulte aussi de l'arrêt du 28 mai 1808, (Basi c. Pontel), déjà cité, que le fait d'emprunter de l'argent sachant qu'on ne peut le rembourser et promettre néanmoins de le faire en annonçant des ressources vérifiées illusoires, ne constitue pas le délit d'escroquerie.

113. — La cour de Cassation a également refusé d'attribuer la qualification légale d'escroquerie au fait, de la part d'un acheteur qui a promis de payer comptant, d'avoir, au lieu de payer en *espèce* les marchandises achetées, substitué subtilement des billets exigibles, souscrits par le vendeur, aux billets de banque et au numéraire dont il avait été fait étalage. C'est là, dit la cour, une subtilité répréhensible mais non criminelle. — *Cass.*, 17 fév. 1809, Verdun c. Bonnin.

114. — Jugé aussi que le simple fait par un individu d'avoir dissipé des fonds qu'il a empruntés en donnant l'espérance de les faire fructifier, et d'avoir continué d'en recevoir, malgré la connaissance qu'il avait de l'impossibilité de faire face à ses engagemens, ne constitue pas le délit d'escroquerie. — Il ne résulte pas de là que la confiance dont les prêteurs se sont trouvés victimes ait été déterminée par les moyens de fraude caractéristiques de l'escroquerie. — *Cass.*, 13 mars 1806, Ivers-Lagravière.

115. — Jugé encore que le fait d'avoir substitué du cuivre à de l'argent dans des rouleaux ou dans des sacs portant l'indication de la somme qu'ils contenaient d'abord, et de les avoir donnés en paiement à un créancier qui les a reçus sans vérification, ne réunit pas les caractères de l'escroquerie. — Cet arrêt repose sur ce que le débiteur n'a employé aucune manœuvre frauduleuse pour empêcher le créancier de faire la vérification. — *Cass. Berlin*, ... 1826, Diekopft.

116. — Mais la création de mandats fictifs ayant pour cause de prétendues fournitures de marchandises constitue le délit d'escroquerie lorsqu'elle a eu pour but et pour résultat de surprendre la bonne foi de ceux auxquels ces mandats ont été négociés. — *Paris*, 26 fév. 1845 (t. 1er 1845, p. 667), Raynaud.

117. — Une manœuvre ne revêtirait pas le caractère d'escroquerie si, au lieu d'être accompagnée de la fraude, elle se manifestait par la violence, sauf, s'il y avait lieu, à constituer un autre délit. — Chauveau et Hélie, *loc. cit.*

118. — Ainsi jugé que le fait, par un débiteur, d'avoir arraché de force des mains de son créancier le billet de commerce qu'il lui a souscrit et de l'avoir lacéré, peut bien constituer le crime de destruction de titres, mais non un simple délit d'escroquerie. — *Cass.*, 6 germ. an X, Dutrecht. — V. DESTRUCTION DE TITRES.

119. — Jugé de même que l'huissier qui, par des violences et des voies de fait, se fait payer arbitrairement des frais non taxés, peut bien se rendre coupable de « mauvais traitemens, abus, malversations dans les frais de l'exécution d'un jugement », mais ne se rend pas coupable d'escroquerie. — *Cass.*, 12 flor. an XIII, Rilliot et Renard.

120. — La troisième condition nécessaire pour que les manœuvres rentrent sous les prévisions de l'art. 405, c'est qu'elles aient été de nature à faire impression sur les personnes lésées et à dé-

terminer leur confiance. Cette règle, comme le disent MM. Chauveau et Hélie (*loc. cit.*), sans résulter précisément du texte de la loi, résulte néanmoins de son esprit, et elle a été consacrée par la jurisprudence. A cet égard, il a été décidé :

**121.** — 1° Que pour qu'il y ait *abus de crédulité*, et dès-lors *escroquerie*, il faut que ceux avec lesquels traitait l'agent aient ignoré qu'il se targuait de fausses promesses, de fausses entreprises, et qu'il les berçait d'espérances chimériques; « car la *crédulité d'autrui n'est pas abusée* lorsqu'il connaissait d'avance la fausseté des faits qui lui sont racontés. » — *Cass.*, 13 fruct. an XIII, Rasse c. Lemonnier et Bigot. — Cet arrêt est rendu dans une espèce où l'agent était de bonne foi.

**122.** — ... 2° Que de simples achats ou négociations de courtage dans lesquels il n'a pas été employé des manœuvres extrinsèques capables de tromper la prudence *qui dirige les opérations ordinaires du commerce*, ou de surprendre la crédulité des contractans pour, à l'aide de fausses entreprises d'un crédit imaginaire, d'espérances ou de craintes chimériques, s'approprier tout ou partie de leur fortune, ne constituent point le délit d'escroquerie. — *Cass.*, 23 avr. 1807, Courvoisier et Wolff.

**123.** — ... 3° Que le délit d'escroquerie ne peut s'opérer que par des faits capables *d'égarer la prudence ordinaire*, de déconcerter les mesures de prévoyance et de sûreté qui, dans l'usage, accompagnent ou doivent accompagner toutes les transactions civiles ou commerciales; qu'ainsi l'individu qui, sous des promesses de garanties fausses ou illusoires, mais qu'il eût été facile de vérifier, se fait prêter de l'argent, ne commet point une escroquerie. — *Cass.*, 28 mai 1808, Bapst c. Pontet.

**124.** — ... 4° Que les manœuvres employées pour vendre des marchandises au-dessus de leur valeur ne constituent pas le délit d'escroquerie, lorsqu'elles ne sont pas de nature à tromper la *prévoyance ordinaire du commun des hommes*, et moins encore la *prudence et la réflexion qui doivent diriger ces négocians dans les opérations de leur commerce*. — *Cass.*, 2 août 1811, Vaucelles c. Chenaille; — Bourguignon, t. 3, p. 446; Rauter, t. 2, n° 529.

**125.** — ... 5° Que pour déterminer s'il y a délit d'escroquerie, il faut distinguer entre l'abus de crédulité simple et l'abus de crédulité avec circonstances aggravantes ourdies avec un art propre à tromper, même de bons esprits; et spécialement, qu'il n'y a pas escroquerie de la part de celui qui, sous la promesse, ultérieurement réalisée, de faire réintégrer dans son emploi un conducteur de diligence, est parvenu à se faire prêter une somme d'argent qu'il ne restitue pas, mais dont il a fait une reconnaissance. — *Cass.*, 24 avr. 1807, Goret.

**126.** — On trouve également dans un arrêt du 13 mars 1806 l'énonciation « qu'il ne peut y avoir escroquerie qu'autant qu'il a été fait emploi de moyens de nature à compromettre la prudence et la sagacité ordinaires. » — *Cass.*, 13 mars 1806, Yvers-Lagravière.

**127.** — Il résulte de ces divers arrêts que, pour rentrer dans l'art. 405, les manœuvres devraient être de nature soit à tromper la *prévoyance ordinaire du commun des hommes*, soit même (arr. 24 avr. 1807 préc.) à tromper les *bons esprits*. — Mais il est impossible d'admettre cette règle dans ce qu'elle pourrait avoir d'absolu. Exiger que les manœuvres soient de nature à tromper les *bons esprits*, c'est laisser libre carrière à la fraude; car ce n'est pas parmi les *bons esprits* qu'elle ira chercher ses victimes. Exiger même qu'elles soient de nature à tromper la *prévoyance ordinaire du commun des hommes*, ce serait aller souvent contre l'équité; car c'est précisément parce qu'un homme sera plus crédule ou plus inattentif que d'autres qu'il sera choisi comme point de mire par les escrocs, et que dès-lors il aura un plus grand besoin de la protection de la justice. On ne saurait donc accepter sans réserve et presser outre mesure les conséquences des arrêts précités; et, comme le disent avec raison MM. Chauveau et Hélie (t. 7, p. 295), « les faits constitutifs des manœuvres ne peuvent être appréciés que dans leurs rapports avec la sagacité de la personne qui a été leur dupe; leur caractère est subordonné aux qualités de l'esprit, à la position sociale, à la profession même de cette personne. Ce qu'il faut examiner, ce n'est pas si les faits étaient de nature à tromper la *prudence ordinaire des hommes*, puisque cette prudence a tant de degrés et que ses précautions sont plus ou moins grandes suivant la position de chacun d'eux; il faut examiner si ces faits étaient capables d'égarer la prévoyance dont celui qui se plaint devait être doué, de tromper les connaissances et la sagacité que supposent son état, son éducation, sa position; en un mot, si celui-ci a été téméraire ou imprévoyant, s'il a commis une faute en s'abandonnant trop facilement à de grossières illusions; *cette appréciation est donc toute relative; elle ne peut avoir une base générale.* »

**128.** — Au surplus, la cour de Cassation elle-même a reconnu qu'il n'était pas absolument nécessaire que les manœuvres frauduleuses fussent de nature à tromper la *prévoyance ordinaire* des hommes, lorsqu'elle a décidé : que celui qui, en persuadant à des individus que les âmes des morts reviennent sur la terre pour réclamer des prières, et qu'en cas de refus elles envoient des maladies aux hommes ou aux animaux, se fait remettre des sommes sous le prétexte de les employer à faire dire des messes et se les approprie, commet un véritable délit d'escroquerie. — *Cass.*, 23 mai 1806, Rives; — Merlin, *Rép.*, v° *Escroquerie*, n° 5.

**129.** — Et il paraît même résulter d'un arrêt plus récent que les manœuvres frauduleuses pourraient, suivant les circonstances, être considérées comme caractéristiques du délit d'escroquerie, encore que la profession de celui à l'égard de qui elles auraient été employées pourrait faire supposer qu'il n'en a pas été dupe. — *Cass.*, 23 nov. 1838 (t. 2 1839, p. 542), X...

**130.** — Enfin, il a été jugé que celui qui a escroqué de l'argent à un conscrit, sous prétexte de le faire remplacer par un homme qu'il savait être déjà réformé, et dès-lors incapable, ne peut être excusé par le seul motif qu'il aurait donné connaissance au conscrit du congé de réforme du remplaçant. — *Cass.*, 27 nov. 1812, Grazioli et Coradini.

**131.** — Il ne suffit pas que les moyens employés par l'agent soient des manœuvres frauduleuses de nature à tromper la prudence de la victime, si d'ailleurs elles n'ont été employées dans un but que la loi détermine et qui doit être de persuader l'existence de fausses entreprises, d'un pouvoir ou d'un crédit imaginaire, ou de faire naître l'espérance ou la crainte d'un succès, d'un accident ou de tout autre événement chimérique. — C. pén., art. 405.

**132.** — C'est ce que la Cour de cassation a plusieurs fois décidé. Ainsi, par un premier arrêt, elle a jugé que la loi n'attache pas le caractère de l'escroquerie à toute espèce de manœuvres frauduleuses employées pour soustraire à quelqu'un la totalité ou partie de sa fortune; qu'il faut que, pour parvenir à ce but, on ait, à l'aide de manœuvres frauduleuses, ou persuadé l'existence de fausses entreprises d'un pouvoir ou d'un crédit imaginaire, ou fait naître l'espérance ou la crainte d'un succès, d'un accident ou de tout autre événement chimérique. — *Cass.*, 4 janv. 1812, Terelle c. Cholet.

**133.** — Puis, faisant plus tard l'application du même principe, elle a reconnu que celui qui se fait remettre par son créancier les billets qu'il lui a souscrits, en déclarant faussement qu'il vient de signer chez un notaire, selon leurs conventions, une obligation en remplacement de ces billets, ne commet pas une escroquerie dans le sens légal de ce mot, il n'est coupable que d'un simple mensonge. — *Cass.*, 7 mars 1817, Yvonnet c. Leroux.

### § 4. — *Manœuvres frauduleuses.*

**134.** — Par *fausse entreprise*, dans le sens de l'art. 405, on entend généralement celles qui sont purement imaginaires et qui n'ont aucune existence réelle. — MM. Chauveau et Hélie (t. 7, p. 299) pensent qu'on doit également comprendre sous ce mot celles qui existent réellement, mais différentes de la description et des rapports qu'en a faits l'agent des manœuvres frauduleuses. — Toutefois, cette dernière opinion, juste au fond, ne peut être acceptée qu'avec beaucoup de réserve; les juges devraient, avant de prononcer, se rendre un compte bien exact de l'intention des parties; mais, dans tous les cas, ils feraient une application certaine de la loi si la fausse description d'une entreprise réelle avait eu pour but de faire naître l'espérance d'un succès chimérique.

**135.** — Par actes de nature à persuader l'existence *d'un pouvoir ou d'un crédit imaginaire*, la loi entend les actes qui ont pour but de faire croire à l'existence de titres, d'une fortune, d'une position sociale, de relations, d'une puissance quelconque que l'agent ne possède pas en réalité. — Chauveau et Hélie, *loc. cit.*

**136.** — Le pouvoir ou le crédit devrait être réputé imaginaire alors même que la position que l'agent se serait donnée serait réelle et pourrait faire supposer ce pouvoir et ce crédit. MM. Chauveau et Hélie (*loc. cit.*) disent avec beaucoup de raison que la fraude est bien plus dangereuse lorsque l'agent se revêt mensongèrement d'un pouvoir que peut lui supposer une qualité réelle, que lorsqu'il se revêt à la fois d'une qualité fausse et d'un pouvoir qui n'existe pas : — « Il suffit, ajoutent-ils, que l'agent ne puisse pas tenir ses promesses et qu'il ait su, en les faisant, qu'il ne pourrait jamais les tenir. »

**137.** — On comprend, au surplus, que les juges doivent avoir, pour décider s'il y a eu réellement usurpation d'un crédit et d'un pouvoir imaginaires, une grande latitude d'appréciation. Les arrêts qui suivent indiqueront dans quelles espèces il a été fait application du principe.

**138.** — Il a été jugé — 1° que celui qui se fait remettre de l'argent en persuadant à des parens qu'au moyen de quelques cadeaux qu'il distribuera, ils obtiendront la mise en liberté de leurs enfans détenus en prison, commet le délit d'escroquerie. L'incorruptibilité des juges et l'invraisemblance qu'un homme tel que celui qui a escroqué, sous prétexte de les corrompre, pouvait avoir quelque empire sur leur esprit, n'influe pas sur l'existence du délit. — *Cass.*, 28 mars 1812, Jean Hepp. — Carnot, t. 2, p. 323, n° 11; Bourguignon, t. 3, p. 446.

**139.** — ... 2° Que celui qui, étant commissaire de police, s'est fait remettre un billet ou une somme d'argent sous la promesse de faire admettre un conscrit dans la garde départementale et de l'exempter du service militaire, se rend coupable d'escroquerie par l'emploi d'un crédit imaginaire, faisant croire à des espérances chimériques, et ne peut pas être acquitté sous prétexte qu'il n'y a eu de sa part qu'un simple abus d'une confiance aveugle, mais libre. — *Cass.*, 25 fév. 1815, Schouter.

**140.** — ... 3° Que le fait de la part d'un sépareur de la loterie dite *hollandaise* d'avoir frauduleusement fabriqué, séparé, vendu et loué un grand nombre de lots de la loterie des Pays-Bas, sachant qu'il n'avait ni la propriété ni la possession de ces lots, et de s'être fait ainsi remettre une somme d'argent, constitue une escroquerie. — Il y a là emploi d'un crédit imaginaire et l'espérance donnée d'un succès chimérique. — *Bruxelles*, 26 mars 1819, Trédanus.

**141.** — ... 4° Que le fait de la part d'un individu 1° de s'être annoncé comme ayant assez de crédit pour faire réformer les jeunes gens tombés au sort; 2° d'avoir dit qu'un autre individu avec lequel il se promenait était un capitaine de recrutement; 3° d'avoir promis à un conscrit de le faire réformer moyennant une certaine somme; 4° de l'avoir fait visiter par un chirurgien; 5° d'avoir, après la réforme, reçu la somme promise, constitue le délit d'escroquerie au moyen de manœuvres frauduleuses pour persuader l'existence d'un pouvoir ou d'un crédit imaginaire. — *Cass.*, 22 août 1834, Squirolis.

**142.** — ... 5° Que celui qui, sachant qu'un tiers a émis des billets faux, se fait souscrire et remettre par lui une obligation après lui avoir, à l'aide de manœuvres frauduleuses, inspiré la crainte chimérique qu'une plainte ne fût faite contre lui par le porteur desdits billets (resté cependant étranger à cette machination), sur la détermination duquel il s'attribuait *un pouvoir imaginaire*, et avoir fait naître par là dans son esprit *l'espérance également chimérique d'échapper* par son entremise à l'action de la justice, se rend coupable d'escroquerie, alors même que l'obligation souscrite n'a pas été acquittée. — *Cass.*, 4 févr. 1842 (t. 2 1842, p. 419), Baratte.

**143.** — ... 6° Qu'on doit considérer comme coupable d'escroquerie par dol, abus de confiance, à l'aide d'espérances chimériques et d'un crédit imaginaire, celui qui, sous le prétexte de se rendre l'intermédiaire entre un conscrit et le conseil de recrutement, pour obtenir sa réforme à prix d'argent, s'est fait remettre une forte somme dont il n'aurait pas eu à rendre compte en cas de succès, et dont la restitution n'eût été que partielle en cas de non-réussite. — *Cass.*, 7 juin 1811, Pilari.

**144.** — ... 7° Que l'acceptation par un médecin des sommes d'argent qui devaient être le moyen et le prix de la libération de jeunes gens soumis au recrutement, *acceptation précédée de la convention plus ou moins explicite de la destination de ces sommes*, doit être considérée comme produisant le double effet 1° de persuader l'existence d'un crédit imaginaire; 2° d'accréditer l'espérance d'un succès chimérique, et comme constituant, par suite, le délit d'escroquerie. — *Cass.*, 4 avr. 1839 (t. 1er 1843, p. 591), Chamayou.

**145.** — ... 8° Que le fonctionnaire et l'officier de santé qui, par abus de crédulité, se font remettre

des sommes d'argent *sous le prétexte de faire obtenir à des conscrits des exemptions de service ou des réformes*, sont passibles des peines de l'escroquerie. — *Cass.*, 11 sept. 1807, Deshayes, Nicolas.

146. — ... 9° Que le fait d'avoir simulé des billets à ordre dans le but de faire croire aux endosseurs qu'on avait le droit d'exiger d'eux des frais de retour ne peut être considéré comme constituant le crédit imaginaire spécifié dans l'art. 405, C. pén., et dès lors ce genre de manœuvres ne peut être considéré comme un élément du délit d'escroquerie. — *Cass.*, 10 janv. 1845 (t. 1er 1846, p. 333), Gustave Bigot.

147. — Il n'est pas nécessaire, pour que l'art. 405 reçoive son application, que le succès ou l'événement dont l'agent a fait naître l'espérance fût *chimérique* dans le sens *absolu* du mot. L'événement doit être réputé chimérique, soit que sa réalisation fût chose absolument impossible; soit qu'étant possible elle ne fût pas dans la puissance ou dans la volonté de l'agent, et que cet agent sût qu'il donnait une espérance qu'il n'était pas le maître ou qu'il n'avait pas l'intention de réaliser. Peu importerait même que l'événement se fût, en réalité, accompli, si cet accomplissement, en dehors des pouvoirs de l'agent, avait eu lieu sans la participation de celui ci; la nature du fait incriminé ne pourrait en éprouver aucune modification. — Chauveau et Hélie, t. 7, p. 304.

148. — C'est par application de ce principe que la cour de Cassation a considéré comme coupable d'escroquerie : 1° le débiteur qui, en déposant sur la table une bourse, inspire à son créancier l'espoir d'être payé, se fait, par ce moyen, remettre une quittance et enlève subtilement la bourse qu'il avait déposée. — *Cass.*, 4 sept. 1824, Daunou.

149. — ... 2° Celui qui, étant débiteur, se fait délivrer une quittance en mettant sur la table à la disposition de son créancier une partie de la somme due, et en lui montrant dans sa main le surplus qu'il refuse ensuite de lui remettre. — *Orléans*, 11 mai 1846 (t. 2 1846, p. 47), Montigny.

150. — ... 3° Le débiteur qui, en persuadant par des manœuvres frauduleuses à son créancier qu'il allait immédiatement se libérer, s'est fait remettre acquitté le titre de créance, et a prétendu mensongèrement avoir payé. — *Cass.*, 11 déc. 1824, Roumage c. Ranès.

151. — ... 4° Celui qui s'est fait remettre de l'argent par un conscrit, après l'avoir déterminé à accepter pour remplaçant un homme réformé, *en garantissant l'admission de cet homme* et en alléguant faussement l'existence d'un décret qui aurait autorisé cette admission. — *Cass.*, 27 nov. 1812, Grasioli et Coradini.

152. — ... 5° Celui qui, par l'annonce d'une souscription destinée à couvrir les frais de la construction d'un fourneau économique dans un hôpital, se fait remettre par des personnes charitables diverses sommes qu'il dissipe et qu'il applique à son profit. — *Metz*, 2 juill. 1827, Banon.

153. — ... 6° Le marchand épicier qui, pour attirer des chalands, annonce qu'il vendra au dessous du cours, mais qui se couvre de cette différence en déclarant aux acheteurs et se faisant payer par eux un poids supérieur à celui qu'il leur livre. — *Nîmes*, 26 janv. 1843 (t. 1er 1843, p. 301), Bouvet.

154. — ... 7° Le notaire qui, après avoir dénaturé le relevé des produits de son étude en ajoutant frauduleusement des chiffres sur les registres qui ont servi de base à son traité avec son successeur, s'est servi de manœuvres frauduleuses pour en empêcher la vérification, et a donné ainsi l'*espérance chimérique de produits beaucoup plus considérables* que ceux qui existaient en effet. — *Cass.*, 13 août 1842 (t. 2 1842, p. 693), Gérard.

155. — ... 8° Celui qui s'est fait remettre un billet par lui souscrit en représentation d'un prix de vente, en déclarant rétrocéder les objets qui lui avaient été vendus, et qui, lorsque l'acte de rétrocession lui a été présenté, a tracé au bas de cet acte, au lieu de sa signature, des caractères insignifiants. — *Cass.*, 16 oct. 1840 (t. 2 1841, p. 439), Eldin c. Dupuy. — Il y a là manœuvres frauduleuses pour faire naître l'espérance d'un événement chimérique.

156. — ... 9° Celui qui est parvenu à se faire délivrer par son créancier une quittance constatant le remboursement intégral d'un capital dont il ne lui a seulement remis une partie, en lui persuadant faussement qu'il avait laissé à sa disposition la somme nécessaire pour compléter ce paiement entre les mains d'un notaire qui la lui avait prêtée quelques instans auparavant. — *Nancy*, 5 fév. 1840 (t. 2 1840), Didier.

157. — L'individu qui, par des allégations et combinaisons mensongères, a fait croire à sa prétendue solvabilité, et s'est fait livrer des marchandises dont il a réglé le prix en billets qu'il savait ne pas pouvoir payer, se rend coupable du délit d'escroquerie. — Celui qui a confirmé ces allégations par des paroles rassurantes et par l'offre non sérieuse d'une garantie, se rend complice du délit, alors surtout qu'il avait personnellement intérêt à ce qu'il fût commis. — *Bourges*, 11 fév. 1841 (t. 1er 1843, p. 203), Rollin.

158. — Le notaire qui, chargé par son client de s'enquérir d'un placement d'argent réunissant deux conditions déterminées, lui annonce faussement que la personne qu'il indique présente ces conditions, provoque l'envoi d'une procuration qui l'autorise à toucher des mains d'un tiers la somme à placer, et qui entretient et confirme l'erreur qu'il a ainsi accréditée jusqu'à la délivrance de cette somme, qu'il s'approprie, a pu être légalement reconnu coupable du délit d'escroquerie. — *Cass.*, 25 fév. 1843 (t. 1er 1843, p. 581), P. c. T.

159. — Conformément à ce principe, il semble résulter des motifs d'un arrêt de la cour de Cassation que le délit d'escroquerie existerait si un individu n'obtenait la remise d'un billet qu'en persuadant par des moyens frauduleux la destruction d'un autre billet que le nouveau devait remplacer. — *Cass.*, 18 nov. 1837 (t. 2 1837, p. 405), Beaudet.

160. — Il arrive souvent que le fait d'avoir inspiré l'espérance d'un succès ou d'un événement chimérique, se lie au fait de l'usurpation d'un pouvoir ou d'un crédit imaginaire, ainsi que cela résulte des arrêts précités des 7 juin 1811, Pilari; 28 mars 1812, Hepp; 25 fév. 1813, Shouter; 26 mars 1819, Fredanus.

161. — Jugé que lorsqu'il est établi que le secrétaire d'une mairie a délivré à un conscrit un passeport fallacieux, et qu'il a reçu de ce conscrit une somme d'argent, sans qu'il soit prouvé que la remise de cette somme ait été le paiement d'une créance légitime, ni qu'elle ait été étrangère à la délivrance du passeport, il y a conviction suffisante pour que l'inculpé ne puisse être acquitté de la prévention d'escroquerie que par une violation de la loi. — *Cass.*, 6 sept. 1811, Tropigny.

162. — Il a été jugé, sous l'empire de la loi du 22 juill. 1791, que le vendeur qui, à l'aide de machinations, ruses et fraudes avait induit l'acquéreur en erreur sur la contenance, la valeur et le produit de l'objet vendu, et avait même déjoué les précautions prises par cet acheteur pour obtenir des renseignemens véridiques, devait être puni comme escroc. — *Cass.*, 18 vendém. an X, Meat et Noël c. Castellan.

163. — Cette solution serait également applicable sous l'empire du Code pénal de 1810, mais dans le cas seulement où il serait parfaitement établi que l'acquéreur n'a été déterminé à payer de l'immeuble un prix bien évidemment supérieur à sa véritable valeur, que par suite des manœuvres frauduleuses dont l'acquéreur a fait usage pour le tromper sur cette valeur.

164. — Mais le bail qu'un individu s'est fait faire en donnant une contre lettre ne pourrait être considéré comme un moyen frauduleux d'escroquerie par abus de crédulité et par des espérances chimériques qu'autant qu'il serait reconnu que la contre-lettre a été non-seulement déniée, mais aussi soustraite et détournée, et qu'au moyen de cette soustraction ou de ce détournement, le preneur s'est affranchi des obligations qu'il pouvait y avoir contractées pour exercer des droits qui ne lui auraient été donnés que fictivement et par des clauses simulées. — *Cass.*, 3 déc. 1807, Cardon c. Lorier Delisle.

165. — Jugé aussi (mais cette décision paraît contestable) que celui qui, par l'annonce d'un traitement avantageux inséré dans une feuille publique, est parvenu à se faire remettre des fonds à titre de cautionnement, pour la régie d'un immeuble, ne peut, lors même que cette régie serait illusoire, être condamné comme coupable d'escroquerie. — *Cass.*, 6 frim. an X, Ferrière-Sauvebœuf c. Coucy de Longprey. — Il faudrait, au surplus, décider évidemment en sens contraire si la régie était *de pure invention*.

166. — Jugé encore qu'il n'y a pas d'escroquerie dans le fait du syndic provisoire d'une faillite qui, en flattant la femme du failli de l'espoir d'obtenir un sauf-conduit pour ce dernier, se fait remettre par cette femme, en garantie de sa créance, des effets de la faillite au préjudice de la masse. — *Rouen*, 11 mars 1825 (et non 30 déc. 1824), Capperon, sous *Cass.*, 29 avr. 1825.

167. — ... Non plus que dans le fait d'un créancier qui, soit avant soit depuis la faillite déclarée, et au moyen de menaces, de poursuites rigoureuses en sa qualité de syndic, parvient à se faire délivrer des marchandises ou valeurs en nantissement de sa créance. — Même arrêt.

168. — L'individu qui entre dans une auberge et s'y fait servir à boire et à manger sans avoir de quoi payer, se rend il par cela même coupable d'escroquerie? — Il paraît sage de distinguer s'il n'a été employé de la part de l'agent aucune manœuvre ou parole trompeuse; quelque répréhensible que le fait fût en lui-même, on ne saurait y voir les caractères légaux de l'escroquerie. — *Bourges*, 5 mars 1840 (t. 2 1841, p. 515), David; 12 déc. 1840 (t. 2 1846), Didiot.

169. — Jugé de même, en ce sens, que le fait de se soustraire par la fuite, au paiement d'une dépense faite dans une auberge ou dans un café ne constitue pas le délit d'escroquerie. — *Grenoble*, 28 sept. 1833, Manceau.

170. — Jugé encore que le fait d'un individu qui entre dans une auberge, s'y fait servir à boire et à manger, et a ensuite recours à la ruse ou au mensonge pour se soustraire au paiement de la consommation, ne constitue pas une escroquerie. — *Bordeaux*, 25 nov. 1841 (t. 1er 1842, p. 454), Grégoire c. Artaud.

171. — Mais s'il y avait eu manœuvres tendantes à donner l'espérance chimérique d'un paiement, il serait difficile de refuser au fait la qualification d'escroquerie. C'est ce que supposent les arrêts de Bourges précités, lorsqu'ils se fondent, pour écarter la prévention d'escroquerie, sur ce qu'il n'y avait eu « ni manœuvres ni paroles trompeuses », ou bien encore « aucunes circonstances de nature à tromper l'aubergiste. » — La simple promesse de payer, sachant qu'on est dans l'impuissance de le faire, ne suffirait pas à elle seule, ainsi que nous l'avons dit plus haut, puisqu'elle ne renfermerait qu'un simple mensonge; mais cette promesse pourrait être accompagnée de quelques actes, de quelques faits tendant à faire croire à sa réalisation, et, dans ce cas, l'escroquerie apparaîtrait; c'est là, au surplus, un point que les juges apprécieront.

172. — Comme exemple d'un acte de nature à transformer cette fraude en une véritable escroquerie, on pourrait citer l'emploi d'une fausse qualité capable d'inspirer confiance et espérance de paiement. C'est ce que suppose l'arrêt du 25 nov. 1841 précité; et si la cour a écarté le chef d'escroquerie, bien que le prévenu eût pris une fausse qualité, elle a eu soin de mentionner « que cette fausse qualité n'avait pu exercer aucune influence sur la confiance de l'aubergiste, parce qu'elle ne fut prise que postérieurement à la consommation du fait reproché. » — *Bordeaux*, 25 nov. 1841 (t. 1er 1842, p. 454), Grégoire et Artaud.

173. — Le tribunal correctionnel de la Seine se montre assez rigoureux à l'égard de cette nature de fraude, qu'il considère comme constituant une véritable escroquerie (V. *Gaz. des trib.* du 7 mars 1840.) — Toutefois la cour de Paris, saisie de l'appel d'un jugement qui avait qualifié *escroquerie* le fait d'avoir dîné dans un café sans avoir d'argent, évita de se prononcer, quoique le fait fût avoué, et se borna à condamner le prévenu sur un autre chef de prévention.

174. — Il serait, au surplus, d'autant plus fâcheux qu'une pareille fraude ne pût être rangée parmi les escroqueries que la cour de Cassation refuse de reconnaître les caractères légaux du vol ou de la filouterie.

175. — Cette cour a en effet jugé qu'il n'y a pas filouterie de la part de celui qui entre dans un cabaret ou dans une auberge et se fait servir des alimens ou des boissons, quoiqu'il n'ait pas d'argent pour les payer, et qu'il ne prévienne pas de son insolvabilité. — *Cass.*, 28 nov. 1839 (t. 2 1840, p. 171), Guillaume. — V. sur cette question qui ne manque pas de difficulté, VOL.

176. — A côté des manœuvres qui ont pour objet de faire naître l'*espoir* d'un succès chimérique, viennent se placer celles qui ont pour objet d'inspirer la *crainte* d'un accident ou d'un événement *chimérique*.

177. — Ainsi, jugé qu'on doit voir une tentative d'escroquerie dans le fait d'avoir écrit à quelqu'un une lettre anonyme contenant ordre de déposer une somme d'argent dans un lieu indiqué et une menace ainsi conçue : « Si vous ne satisfaites pas à ma demande, malheur, malheur! je m'en souviendrai, fût-ce dans dix ans; n'y manquez pas, car vous vous en repentiriez. » Il y a manœuvre tendante à faire naître la crainte d'accidens. — *Bruxelles*, 22 nov. 1820, Schampafert.

178. — Jugé dans le même sens que le fait d'avoir écrit à une personne une lettre anonyme contenant sommation de déposer dans un lieu indiqué une somme d'argent, avec menace, en cas

de refus, de *grands malheurs*, et de s'être ainsi approprié cette somme, constitue le délit d'escroquerie, attendu qu'il y a eu manœuvre propre à faire naître la crainte d'accidens.—*Liége*, 15 fév. 1836, Geurtz.

179. — Un arrêt de la cour royale de Nanci a jugé qu'il y avait délit d'escroquerie dans le fait suivant : Après un incendie, l'expert de la compagnie d'assurance, responsable du sinistre, avait dit à l'individu victime de cet incendie : « Eh bien! que vas-tu donner à l'agent pour ses peines? Cela vaut bien 500 fr. » Et 500 fr. furent donnés à l'agent, lequel était présent lors de la question faite par l'expert, et qui les garda.—La cour décida que l'incendié n'avait été amené à faire un pareil sacrifice que par la *crainte*, tout à fait *chimérique*, de perdre tout ou partie de l'indemnité qui lui était due s'il ne le faisait pas, ce qui constituait les manœuvres frauduleuses et le délit d'escroquerie.—La cour de Cassation, saisie du pourvoi, en prononça le rejet, par le motif que la cour royale avait souverainement apprécié les faits. — *Cass.*, 20 mai 1826, Courlaillon.

180. — D'un autre côté, il a été jugé : 1o que celui qui, en persuadant à des individus que les ames des morts reviennent sur la terre pour réclamer des prières, et qu'en cas de refus elles envoient des maladies aux hommes ou aux animaux, se fait remettre des sommes sous prétexte de les employer à faire dire des messes et se les approprie, commet un véritable délit d'escroquerie. — *Cass.*, 23 mai 1806, Rives. — Il y a là, en effet, excitation à la crainte d'événemens chimériques.

181. — ... 2o Que l'individu qui, après s'être associé au fondateur d'une secte religieuse, s'est fait remettre des sommes d'argent et des effets, *en se faisant passer pour le prophète Elie, et en annonçant que la terre serait dévorée par un vaste incendie, dont il préserverait les véritables croyans*, se rend coupable d'escroquerie. — *Grenoble*, 2 mai 1829, Dubia.

182. — ... 3o Que le fait par un individu de s'être fait remettre des sommes d'argent 1o en prétendant que Dieu même l'avait choisi pour annoncer aux hommes que la terre allait être exposée aux plus grands désastres, que la face du monde allait être renouvelée, et qu'il n'y avait que ceux qui se consacreraient à une œuvre dont il était le chef qui échapperaient à la colère divine; 2o en affirmant être en commerce habituel avec saint Joseph, la sainte Vierge, l'archange saint Michel, et Jésus-Christ lui-même, et en employant d'autres manœuvres du même genre, a pu être considéré comme rentrant dans l'art. 405, C. pén., et par suite comme constituant le délit d'escroquerie. — *Cass.*, 2 juin 1843 (t. 2 1843, p. 581), Vintras et Geoffroi.

183. — ... 4o Qu'on peut légalement qualifier d'escroquerie, et punir comme telle, la réunion des faits suivans : 1o plainte judiciaire par le porteur contre le souscripteur pour lacération de billets annulés par un précédent jugement; 2o bruit répandu à dessein dans le public que le lacérateur allait être arrêté par suite de la plainte déposée; 3o prière adressée à plusieurs personnes d'engager ce dernier à une transaction, sur la promesse que la plainte serait retirée, — ces faits constituant des manœuvres propres à faire naître la crainte d'accidens chimériques. —*Cass.*, 23 nov 1838 (t. 2 1839, p. 542), X...

184. — Mais le fait, par l'acquéreur d'un fonds de commerce qui a contracté l'obligation de payer les dettes de son prédécesseur, d'avoir, sous le nom emprunté d'un tiers, écrit aux créanciers de son vendeur que la faillite de celui-ci était probable et de jour en jour imminente, et que néanmoins il leur offrait d'acquérir leurs créances à raison de 40 % (offre acceptée et réalisée par quelques uns d'entre eux), ne contient point les caractères constitutifs du délit d'escroquerie, alors qu'en réalité la faillite du débiteur n'a pu être taxée d'événement chimérique. —*Cass.*, 18 nov. 1843 (t. 1er 1844, p. 419), Chalanqui.

185. — Il a été jugé, sous la loi des 19 et 22 juill. 1791, que celui qui, ayant la certitude qu'un conscrit serait réformé à raison de ses infirmités, se faisait remettre une somme d'argent et souscrire une obligation pure et simple, sous la promesse verbale qu'il donnait de lui fournir, au moyen de ce, un remplaçant à bas prix, si la réforme n'avait pas lieu, commettait un délit d'escroquerie.—*Cass.*, 26 fév. 1808, Richartz.

186. — Il y avait, en effet, dans l'espèce qui précède un *dol* criminel, ce qui suffisait, d'après la loi de 1791 ; mais il faudrait, d'après l'art. 405, C. pén., que le prévenu eût employé des manœuvres frauduleuses pour persuader au conscrit qu'il ne serait pas réformé, ou pour lui persuader tout autre



187. — Mais les menaces ne constitueraient plus une manœuvre frauduleuse si elles n'avaient d'autre objet que d'inspirer la crainte d'une peine légale, à raison d'un fait qualifié délit qui serait imputable au plaignant. — Chauveau et Hélie, t. 7, p. 306. — Ce principe a reçu des applications dans la jurisprudence.

188. — Ainsi, il avait été jugé, sous la loi de 1791, que l'on ne peut considérer comme coupable d'escroquerie celui qui n'a inspiré d'autre crainte que celle de la peine portée par la loi contre les délits de l'espèce de celui sur lequel les parties ont composé à l'amiable, une pareille crainte n'ayant rien de chimérique, et n'ayant pu d'ailleurs laisser accès à aucune méprise. — *Cass.*, 13 vent. an VII, Bourgier.

189. — On a décidé de même, sous le Code pénal de 1810, que le créancier qui se fait souscrire une obligation d'une somme supérieure à celle qui lui est légitimement due, en menaçant son débiteur de poursuites criminelles, à raison d'un délit commis par ce dernier, ne se rend pas coupable d'escroquerie. — *Cass.*, 11 nov. 1819, Lafresnée c. Leguay ; — Carnot, t. 2, p. 248, no 6.

190. — De même, le fait d'obtenir d'un individu la souscription d'un billet en lui inspirant la crainte de poursuites criminelles à raison d'un billet faux qu'il aurait mis dans le commerce, ne saurait constituer le délit prévu par l'art. 405, sous prétexte que les craintes reposent sur un événement chimérique tant qu'il n'est pas reconnu que le billet n'était pas faux. — *Cass.*, 19 sept. 1840 (t. 2 1846), Baratté.

191. — La même solution, suivant MM. Chauveau et Hélie (t. 7, p. 308), devrait être appliquée au prévenu qui, ayant découvert qu'un crime ou un délit aurait été commis par une personne, se ferait remettre de l'argent en menaçant de la dénoncer à la justice : « En effet, disent-ils, la crainte que cette menace fait naître n'est pas chimérique, et si la manœuvre est frauduleuse, elle se rapporte à un fait existant et certain. »

192. — Mais il en serait autrement si le fait n'était pas qualifié délit par la loi ou si le délit se trouvait couvert par la prescription, car alors la crainte que ferait naître l'agent serait purement chimérique. — Mêmes auteurs.

### § 3. — *Remise de valeurs. — Appropriation de tout ou partie de la fortune d'autrui.*

193. — L'usage de faux noms et fausses qualités ou l'emploi de manœuvres, même empreints du caractère de gravité exigé par la loi ne constituent pas à eux seuls le délit d'escroquerie; il faut encore que par l'un de ces moyens, l'agent « se soit fait *remettre ou délivrer* des fonds, des meubles ou des obligations, dispositions, billets, promesses, quittances ou décharges, et se soit par ce moyen *approprié* ou *tenté d'approprier* tout ou partie de la fortune *d'autrui*. » — Art. 405.

194. — La délivrance des fonds, meubles, etc., est une des conditions constitutives du délit ; mais elle n'en est pas la consommation : cette consommation ne peut résulter que du détournement des fonds délivrés. — Cette distinction trouvera plus naturellement son commentaire et son application sous la section 4, qui traite de la tentative d'escroquerie. — V. *infrà*.

195. — De ce que la délivrance est une condition constitutive du délit, il résulte que l'usage de faux noms ou de fausses qualités, ainsi que l'emploi des manœuvres frauduleuses spécifiées en l'art. 405, C. pén., ne constitue le délit ou la tentative du délit d'escroquerie qu'autant qu'il y a eu remise ou délivrance de fonds, meubles, obligations, dispositions, billets, quittances ou décharges. En conséquence est à l'abri de la cassation l'arrêt qui, après avoir constaté que par l'emploi des manœuvres ci-dessus un individu a *tenté de se faire remettre* une certaine somme d'argent sous la promesse de faire dispenser quelqu'un du service militaire, déclare qu'il n'y a point eu de sa part délit d'escroquerie, par le motif qu'aucune *remise de fonds n'a eu lieu*. — *Cass.*, 23 janv. 1829, Gary.

196. — Jugé de même que le délit d'escroquerie n'existe qu'autant qu'il y a eu *remise effective de fonds*, de meubles ou d'obligations, billets, promesses, quittances ou décharges, et non simplement promesse verbale d'une somme d'argent. — *Cass.*, 4 mars 1842 (t. 1er 1842, p. 523), Pagès et Roudès.

197. — Le médecin qui, moyennant une somme d'argent, s'est engagé à faire réformer un jeune homme soumis au recrutement ne peut être déclaré coupable d'escroquerie ni de tentative d'es-



convenu, alors que le plaignant, averti à temps du dol et ayant fait sa plainte au commissaire de police, n'avait fait le paiement partiel qu'avec les fonds que lui avait avancés ce magistrat dans le but de constater la consommation du délit. — Dans ce cas, la remise de l'argent n'avait plus pour cause des machinations alors découvertes non plus qu'un crédit auquel on ne croyait plus, et d'ailleurs, cet argent n'appartenant pas à la personne trompée, le prévenu ne tentait point de lui enlever tout ou partie de sa fortune. — *Bordeaux*, 11 mars 1840 (t. 1er 1843, p. 546), Girard.

198. — Le fait de *conserver* entre ses mains un billet portant obligation après qu'il a été acquitté ne constitue pas le délit d'escroquerie (Carnot, t. 2, p. 322, no 7; Merlin, *Rép.*, vo *Escroquerie*, no 5), non plus que le fait de poursuivre une seconde fois le paiement d'un billet dont on est resté en possession par suite d'une convention faite avec le débiteur. — *Cass.*, 8 thermid. an XIII, Goursaud c. Touchard.

199. — Il n'est pas nécessaire, au surplus, pour que le délit d'escroquerie ou de tentative d'escroquerie existe, que la délivrance ou remise soit opérée entre les mains *de l'auteur même* ou *des complices* du délit ; il suffit qu'il y ait eu dessaisissement de la part de la victime au profit de l'agent, même par voie de dépôt, entre les mains *d'une tierce personne*. — *Cass.*, 9 mars 1837 (t. 1er 1838, p. 84), Villa et Rouquette.

200. — En parlant de la délivrance de fonds et de meubles, la loi a exprimé suffisamment que l'escroquerie ne pouvait s'appliquer directement qu'à des choses *mobilières* ; mais elle pourrait avoir indirectement des *immeubles* pour objet, par exemple, si l'agent cherchait à se faire remettre soit les sommes qui en formeraient le prix, soit des titres de propriété. Nous en avons vu un exemple au paragraphe précédent. — Arrêt *Cass.*, 18 vendém. an X, Méat et Noelle c. Castellane.

201. — L'énumération, faite dans l'art. 405, des objets dont la remise est un des élémens constitutifs du délit d'escroquerie n'est pas limitative; elle embrasse toute espèce de valeurs, tous les actes même desquels il pourrait résulter *un lien de droit* quelconque et qui peuvent offrir le moyen de préjudicier à la fortune d'autrui. — Morin, *Dict. du droit crim.*, vo *Escroquerie*, p. 301 ; Chauveau et Hélie, t. 7, p. 312.

202. — C'est ce que la cour de Cassation a *expressément* et *littéralement* reconnu par arrêt du 9 nov. 1838, et le même arrêt fait application de ce principe en décidant que, « la déclaration faite en justice par la partie obligeant celui de qui elle émane, » il y a escroquerie lorsqu'à l'aide d'une fraude, une partie s'est fait remettre un acte contenant des déclarations qui devaient avoir de l'influence sur la solution d'un procès engagé entre cette partie et le tiers au préjudice duquel l'acte a été soustrait. — *Cass.*, 9 nov. 1838 (t. 1er 1839, p. 406), Parmentier c. Hébert.

203. — On devrait également réputer escroquerie les manœuvres frauduleuses ayant pour but d'abuser un individu par la fausse espérance d'un droit illusoire et pour résultat la délivrance d'un acte de vente renfermant une stipulation de prix, lequel devait être partagé entre l'agent et ses complices. « La vente, dit l'arrêt, n'est pas plus exceptée qu'aucun autre fait de l'homme des dispositions *générales* de la loi pénale relatives à l'escroquerie. » — *Cass.*, 28 mars 1838 (t. 1er 1839, p. 406), Blanc ; — Chauveau et Hélie, *loc. cit.*

204. — Il a même été jugé qu'on devait voir le délit d'escroquerie dans le fait de ceux qui, après s'être fait nommer arbitres pour opérer un partage entre cohéritiers, sollicitent et obtiennent de l'une des parties, à l'aide de manœuvres frauduleuses, la promesse de rendre sa part à un tiers, leur prête-nom, moyennant un prix déterminé, puis attribuent un lot plus considérable à l'auteur de cette promesse, et consomment ensuite la spoliation en faisant réaliser la vente. — *Cass.*, 26 mars 1842 (t. 2 1842, p. 48), Jornier.

205. — Dans l'espèce qui précède, les caractères distinctifs de l'escroquerie ont paru résulter : 1o des manœuvres frauduleuses révélées par tous les actes qui avaient amené l'acte de partage; 2o du but de ces manœuvres tendantes à persuader aux copartageans la réalité d'un avantage chimérique, celui d'une division amiable et équitable de leur patrimoine; 3o de la délivrance d'un acte obligatoire, la vente, qui assurait aux auteurs de l'escroquerie le bénéfice du délit.

206. — Mais la cour de Cassation a refusé de voir le délit d'escroquerie dans le fait imputé à plusieurs individus de s'être réunis après l'incendie de certains bâtimens, et d'avoir formé un acte pour obtenir de diverses personnes des pro-

curations à l'effet de les représenter vis-à-vis des compagnies d'assurances, bien que ces procurations assurassent aux mandataires une remise de 2 % sur le produit des indemnités, et que ces mandataires eussent tenu des discours de nature à persuader qu'ils avaient des moyens particuliers et certains d'aplanir toutes les difficultés. La cour a considéré qu'il n'y avait là qu'un simple mandat salarié, et que, dans tous les cas, il manquerait un élément essentiel de l'escroquerie, puisque les manœuvres signalées n'auraient pas eu pour but d'escroquer tout ou partie de la fortune des mandans, mais bien d'arriver à obtenir la concession d'un mandat. — *Cass.*, 12 oct. 1838 (t. 1er 1839. p. 404), Berthelot.

207. — Le délit d'escroquerie existerait-il si la valeur escroquée ne consistait que dans une obligation *naturelle*, telle, par exemple, qu'une créance pour dette de jeu? — V. à cet égard *infrà*, n° 282.

208. — Le dernier élément de l'escroquerie, celui qui emporte consommation du délit, est le fait, de la part de l'agent, de s'être approprié tout ou partie de la fortune d'autrui. Il suffit, pour l'existence du délit, que cette appropriation se révèle soit par l'emploi qu'il en a fait, soit par le refus de restituer, alors même qu'il n'aurait pas encore été usé de valeurs et qu'elles ne seraient pas dissipées. — Chauveau et Hélie, t. 7, p. 319.

209. — Il faut, à peine de nullité, que le jugement constate que, par les moyens indiqués dans l'art. 405, le prévenu a escroqué ou tenté d'escroquer la totalité ou partie de la fortune d'autrui. — *Cass.*, 30 janv. 1823, Bourbon-Leblanc c. Lupin de Valère.

210. — La matière du délit d'escroquerie étant *la fortune* d'autrui, le délit n'existerait pas si l'objet obtenu par l'escroc était de nulle valeur; si c'étaient, par exemple, des billets absolument nuls par leur forme. —Rauter, t. 2, n° 529, *in fine*.

211. — Mais la possibilité éventuelle que le titre extorqué restât sans valeur et sans effet, ne suffirait pas pour faire disparaître l'escroquerie; tel serait le cas où un billet aurait été extorqué par des craintes chimériques à une femme mariée; le délit existerait alors même que l'engagement serait susceptible d'être annulé pour défaut d'autorisation de la part du mari. — *Cass.*, 4 nov. 1808, Basch.

212. — Si, au lieu d'atteindre tout ou partie de la fortune d'autrui, les manœuvres avaient pour but de mettre l'agent en possession d'une chose qui lui appartiendrait, le fait manquerait d'un des caractères essentiels de l'escroquerie. On peut voir une application au moins implicite de ce principe dans l'arrêt déjà cité du 17 fév. 1809. Un acheteur, après avoir promis de payer comptant, met en avant, au moment de la livraison, des billets de banque et du numéraire; puis, une fois la livraison opérée, il substitue au numéraire des billets signés par le vendeur, et qui constituaient celui-ci son débiteur. La cour, tout en voyant dans ce fait *une subtilité répréhensible*, n'y a pas vu néanmoins *une escroquerie*. L'acheteur, en effet, en opérant ainsi une compensation forcée, ne pouvait-il pas dire: *meum recepi*. — *Cass.*, 17 fév. 1809, Verdun c. Bonsin; — Carnot, *C. pén.*, t. 2, p. 322, n° 7.

213. — Sous la loi du 19-22 juill. 1791, l'enfant qui, en abusant de la crédulité de sa mère et en lui inspirant des craintes chimériques, se faisait remettre de l'argent ou des effets, se rendait coupable d'escroquerie. Le droit purement éventuel qu'ont les enfans sur les biens de leurs parens ne suffisait pas pour ôter au fait le caractère de délit. — *Cas.*, 10 pluv. an X, Plisson.

214. — Cette décision ne serait plus admise sous l'empire du Code pénal, l'art. 380, qui exempte de la répression pénale les « soustractions commises par les enfans au profit de leurs ascendans, étant applicable à l'escroquerie, qui n'est autre chose qu'un vol d'une espèce particulière. — V. l'exposé de l'orateur du gouvernement, sur l'art. 380, C. pén., v° VOL.

215. — Le fait de l'appropriation *au profit de l'agent* est une condition essentielle du délit. Dès-lors, il y a lieu de casser l'arrêt d'une cour de justice criminelle qui, en prononçant contre un prévenu les peines de l'escroquerie, pour un enlèvement d'effets mobiliers, laisse ignorer si le prévenu avait pour but de se les approprier ou de les conserver au propriétaire menacé de poursuites judiciaires par ses créanciers. — *Cass.*, 26 avr. 1811, Vaillant.

## Sect. 3e. — *Différence entre l'escroquerie et autres faits analogues.*

216. — Le délit d'escroquerie a de nombreux points de contact, soit avec des faits que condamne la morale et qu'improuve la loi civile en les considérant comme cause d'annulation ou de rescision des obligations dont ils ont été le motif déterminant, soit avec d'autres délits expressément prévus et réprimés par la loi pénale, notamment avec ceux qui constituent, comme l'escroquerie elle-même, une atteinte frauduleuse à la propriété d'autrui, soit même avec certains crimes dont il est souvent difficile de les distinguer.

217. — Toutefois, il diffère de ces faits blâmables et de ces délits par des caractères distinctifs qui ne permettent pas de le confondre avec eux.

218. — L'escroquerie se distingue du dol civil, qui ne donne lieu qu'à une action civile, en ce que le dol civil réside dans le contrat lui-même, et non dans les moyens employés pour amener sa signature et sa délivrance; au contraire, dans l'escroquerie, ce n'est pas la lésion éprouvée par la partie, ce n'est pas même l'intention frauduleuse que la loi veut punir, ce sont les faits extérieurs à l'acte, qui ont eu pour but d'amener sa confection et de faciliter l'abus de cet acte; ce sont les manœuvres qui ont surpris la confiance et enchaîné la liberté du contractant. — Chauveau et Hélie, t. 7, p. 317.

219. — La distinction entre le dol civil et le dol criminel, qui, seule, peut motiver la plainte en escroquerie, est importante à faire, tant sous le rapport de la qualification, et, par suite, de la répression, que sous le rapport de la compétence des juges chargés d'apprécier les actes présentés comme frauduleux. En effet, si, lorsque la fraude a les caractères de l'escroquerie, la répression appartient aux tribunaux correctionnels; lorsque, au contraire, elle ne présente pas ces caractères, les juges civils peuvent seuls connaître des difficultés qu'elle soulève entre les parties.

220. — L'application de ce principe de compétence a donné naissance à plusieurs solutions de jurisprudence que nous placerons sous la section 5e, § 1er.

221. — Nous avons cité plus haut diverses espèces dans lesquelles, bien qu'il y eût dol et fraude de la part des contractans, cependant on ne pouvait retrouver, à proprement parler, les caractères distinctifs du délit d'escroquerie; nous devons nous borner à y renvoyer. — V. les paragraphes qui précèdent.

222. — Jugé que l'*acceptation*, si frauduleuse qu'elle soit, d'une valeur spontanément et librement offerte, ne constitue pas l'escroquerie. — La qualification d'escroquerie n'est applicable qu'à la mise en œuvre de la fraude qui a eu pour objet et pour résultat de déterminer la remise de cette somme ou valeur. — Ainsi, ne commet pas le délit d'escroquerie le médecin qui, sans s'être livré à aucune manœuvre frauduleuse pour persuader l'existence d'un crédit imaginaire, passe pour pouvoir procurer l'exemption du service militaire, et qui, profitant d'une erreur qu'il n'a pas fait naître, accepte du père d'un jeune conscrit une somme d'argent après l'exemption prononcée par le conseil de révision dont il ne faisait pas partie. — *Cass.*, 14 juill. 1843 (t. 1er 1844, p. 726), Alary.

223. — Au nombre des faits qui se rapprochent le plus de l'escroquerie, et qui cependant ne constituent qu'un dol civil auquel la loi civile applique une pénalité particulière se trouve le stellionat. — Les tribunaux correctionnels sont incompétens pour en connaître. — *Cass.*, 9 vendém. an X, Giroust c. Leclerc; 2 mars 1809, Boileau et Colignon c. Frémion; — Rauter, t. 2, n° 529; Merlin, *Rép.*, v° *Escroquerie*, n° 7; Bourguignon, *C. pén.*, t. 3, p. 444.

224. — De même, le fait d'avoir pris une inscription hypothécaire en vertu d'un titre anéanti n'est pas une escroquerie. — *Cass.*, 6 fév. 1806, Claude Pavy c. l'Hommé.

225. — L'inexécution d'une promesse d'échange ne peut non plus constituer le délit d'escroquerie lorsque l'arrêt n'énonce pas que ce fait a été le résultat de l'emploi de faux noms, de fausses qualités, ou des manœuvres énoncées dans l'art. 405, C. pén. — *Cass.*, 28 déc. 1844 (t. 1er 1845, p. 507), Isaac Sée.

226. — De même, la suppression d'un acte dans le but de faire payer à un individu une somme plus forte que celle qu'il doit réellement ne peut constituer le délit d'escroquerie alors qu'il n'est pas établi par l'arrêt que ce fait a eu lieu soit en faisant usage de faux noms ou de fausses qualités, soit en employant des manœuvres frauduleuses pour persuader l'existence de fausses entreprises, d'un pouvoir ou d'un crédit imaginaires, ou pour faire naître l'espérance ou la crainte d'un accident ou de tout autre événement chimérique. — Même arrêt.

227. — L'escroquerie se rapproche du faux lorsqu'elle est commise à l'aide d'un faux nom. — Ainsi que nous l'avons dit plus haut (V. sect. 2e, § 2), c'est principalement l'usurpation *verbale* du faux nom que la loi a eu en vue; lorsqu'au contraire le faux nom est pris dans un acte écrit, l'usurpation constitue plus généralement un véritable faux et non une simple escroquerie. Néanmoins, il n'en est pas toujours ainsi, et, même dans ce cas, le fait peut encore se réduire aux simples proportions du délit d'escroquerie. — V. l'arrêt indiqué *loc. cit.*

228. — A cet égard, MM. Chauveau et Hélie (t. 3, p. 273) proposent une distinction: ou bien l'acte écrit ne peut lier aucune obligation, par exemple, si le nom de celui dont il est supposé émané est un nom idéal; et alors il ne doit plus être considéré dans l'emploi qui en est fait vis-à-vis du tiers que comme un moyen d'escroquerie, et sa fabrication rentre dans les manœuvres frauduleuses mentionnées dans l'art. 405. — Ou bien l'escroquerie a été commise à l'aide d'une écriture ou d'une signature contrefaite susceptible de former une obligation; et alors il y a crime de faux. — Merlin, *Rép.*, v° *Escroquerie*, n° 1er, et v° *Faux*; Toullier, t. 9, n° 186.

229. — On jugeait avant le Code pénal que l'escroquerie commise à l'aide d'un faux nom, pris par écrit, constitue le crime de faux en écriture, dont la connaissance appartenait, sous la loi du 23 flor. an X, aux cours spéciales. — *Cass.*, 17 mai 1811, Peyroton. — V. conf. *Cass.*, 8 juill. 1808, Mollier.

230. — Bourguignon (*C. pén.*, t. 3, p. 439) enseigne que la substitution frauduleuse d'un écrit à un autre pour surprendre une signature qui compromet la fortune du signataire constitue le crime de faux. — Mais cette décision nous semble fort contestable, et on ne pourrait l'admettre qu'en voyant dans le fait dont il s'agit une altération des clauses, des déclarations ou des faits que l'acte écrit avait pour but de constater. Dans les termes généraux où l'espèce est posée, elle nous paraît constituer plutôt le délit d'escroquerie que le crime de faux. — V. FAUX.

231. — Il a été jugé que celui qui obtient une *signature* au pied d'un acte sous seing-privé en usant de manœuvres frauduleuses pour persuader au souscripteur que cet acte est une pièce insignifiante ne commet pas le crime de faux, mais un simple délit d'escroquerie. — Carnot, *C. pén.*, t. 2, p. 325, n° 20. — V. conf. *Cass.*, 11 déc. 1812, Gillet.

232. — ... Mais encore faut-il, dans cette hypothèse, que les manœuvres frauduleuses employées pour obtenir la *signature* présentent le caractère exigé par l'art. 405. — Car si la *signature* obtenue à l'aide de manœuvres frauduleuses n'avait pour effet que de constater une dette légitime, il n'y aurait même pas délit d'escroquerie, puisque la quatrième circonstance constitutive de l'escroquerie manquerait en effet dans cette espèce. — Carnot, *C. pén.*, t. 2, p. 325, n° 20.

233. — Jugé que l'imitation de l'écriture du bénéficiaire d'un billet à ordre, dans le corps et la signature de ce billet, par celui qui l'a réellement souscrit et signé de son propre nom constitue, non un faux, mais une des manœuvres prévues par l'art. 405, C. pén., alors que cette imitation n'a été effectuée que pour faire naître dans l'esprit du bénéficiaire, au moyen de la fausse apparence qui en résulte, la crainte d'un danger imaginaire, tel qu'une poursuite en faux. — En conséquence, la connaissance de ce délit appartient au tribunal correctionnel. — *Cass.*, 18 août 1844 (t. 1er 1844, p. 600), Briquet.

234. — Suivant Carnot, le fait d'avoir, à l'aide d'un congé, fabriqué sous le faux nom du colonel d'un régiment, obtenu d'un soldat la remise d'une somme d'argent, en lui persuadant qu'il pourrait se servir utilement du congé, constitue le crime de faux et non le simple délit d'escroquerie. — Carnot, *C. pén.*, t. 2, p. 325, n° 18.

235. — V. au surplus *suprà* sect. 2e, § 2, et v° *Faux*.

236. — L'escroquerie diffère spécialement du vol, du larcin et des autres filouteries que la loi définit généralement des soustractions frauduleuses de la chose d'autrui (art. 401, rapproché de l'art. 379, C. pén.), en ce que la victime de l'escroquerie donne à l'acte qui la dépouille un consentement, vicieux, il est vrai, un consentement surpris, mais pourtant exprimé; tandis que le vol et les autres délits que comprend la définition de l'art. 379 n'existent qu'autant que la victime a été dépouillée malgré elle ou à son insu, soit au moyen de la violence, soit au moyen de la surprise ou de l'adresse.

237. — La cour de Cassation a en effet jugé que

les tribunaux ne peuvent appliquer la peine du vol qu'autant que la chose a été soustraite, c'est-à-dire appréhendée contre le gré du propriétaire; que, dès-lors, si le propriétaire s'est dessaisi volontairement, mais que sa volonté n'ait été déterminée que par les moyens frauduleux énumérés en l'art. 405, c'est cet article et non les dispositions relatives au vol qui doivent recevoir leur application. — *Cass.*, 20 nov. 1835, Franchet.

238. — ... Et il est également de principe que les larcins et filouteries ne sont qu'une variété de vols et supposent, comme le vol simple, la soustraction frauduleuse d'une chose qui n'appartient pas à l'auteur de la soustraction. — *Cass.*, 25 sept. 1824, Fatta c. Fourcade Goubère. — V. au surplus VOL.

239. — Un arrêt de la même cour a décidé que le fait d'avoir chargé des objets sans valeur sur un navire, au lieu des marchandises comprises dans une police d'assurance, afin de toucher le prix de cette assurance après avoir fait périr le navire, constitue un délit punissable, soit qu'on le considère sous le rapport de l'art. 401, soit qu'on le considère sous le rapport de l'art. 405, C. pén. — *Cass.*, 30 août 1822, J... G...

240. — Il nous semble difficile de voir dans cette espèce l'application possible de l'art. 401. Le vol, le larcin, la filouterie, ne peuvent se constituer que par l'action d'appréhender la chose d'autrui contre son gré ou sans son consentement; or, il n'y a ici de la part du prévenu qu'un artifice ou un dol qui ne ressemble en rien à ce que l'on entend par *contrectatio fraudulosa*. — Mais la simulation d'un chargement est une manœuvre frauduleuse ayant pour but de persuader l'existence d'une fausse entreprise ou de faire naître dans l'esprit des assureurs l'espoir d'un bénéfice chimérique, car le navire est destiné à périr. On rencontre donc plutôt ici les caractères du délit prévu par l'art. 405, combiné avec l'art. 2, C. pén.

241. — Nous ne saurions non plus approuver l'arrêt qui décide que celui qui, en prétextant avoir acquitté le montant d'un billet par lui souscrit et déposé entre les mains d'un tiers, obtient de ce dernier la remise du billet, ne commet ni une escroquerie ni un abus de confiance, *mais un vol*. — *Montpellier*, 29 sept. 1828, Lantié.

242. — En effet, si, dans cette espèce, le délit d'escroquerie ne se rencontrait pas, puisque la remise avait été obtenue à l'aide d'un simple mensonge, et sans emploi des manœuvres frauduleuses que précise l'art. 405, le délit de vol existait encore moins, puisque la remise avait été volontaire. Il n'y avait lieu dès-lors qu'à une action civile.

243. — Le fait d'avoir, à l'aide d'un faux nom, touché une somme d'argent au préjudice de la république ne constitue qu'une escroquerie. En conséquence, il y a violation de la loi dans le jugement qui prononce à raison d'un pareil fait les peines du vol de deniers publics. — *Cass.*, 17 fruct. an VIII, Chambreuil.

244 — La cour de Bruxelles a décidé que le fait de s'être fait remettre des marchandises contre des pièces de cuivre blanchies pour simuler des pièces d'argent, ne constitue pas le délit d'escroquerie, et rentre simplement dans les termes de l'art. 401, C. pén. — *Bruxelles*, 6 sept. 1836, Fequert; *Cass. belge*, 22 déc. 1836, même affaire.

245. — Cette décision est erronée; car il y aurait dans ce fait plutôt délit d'escroquerie que délit de vol. La remise des marchandises a été volontaire, et l'on n'y peut voir une soustraction frauduleuse. Le fait de blanchir préalablement la pièce pourrait être considéré comme une manœuvre frauduleuse pour faire naître l'espérance d'un succès chimérique, la possession d'une pièce d'argent. Au surplus, la cour de Cassation voit dans les faits de cette nature le crime de contrefaçon des monnaies d'argent. — V. FAUSSE MONNAIE.

246. — L'enlèvement furtif par l'acheteur d'un objet vendu, mais dont le vendeur ne devait faire la délivrance que contre le paiement du prix, constitue le délit de filouterie prévu par l'art. 401, C. pén., et non celui d'escroquerie, puni par l'art. 405. — *Cass.*, 7 mai 1813, François Boidi; *Bruxelles*, 11 déc. 1831, B... et J...; *Nîmes*, 15 déc. 1842 (t. 1er 1843, p. 24), Privat-Péliot. — V. au surplus VOL.

247. — Le détournement commis par un domestique de l'argent par lui reçu pour acheter des provisions qu'il a réellement procurées constitue-t-il un vol ou un abus de confiance envers le maître, ou seulement un délit d'escroquerie envers les fournisseurs dont il a surpris la crédulité? — Cette question ne manque pas de difficultés. — V. au surplus ABUS DE CONFIANCE, nos 145 et suiv.

248. — L'escroquerie diffère de la banqueroute frauduleuse résultant d'un détournement de valeurs en ce que le banqueroutier n'a point obtenu, au moyen d'une fraude ou d'un dol criminel, la remise des valeurs qu'il détourne au préjudice de ses créanciers, mais que la possession qu'il en a au moment de ce détournement est seulement précaire, et qu'elle peut même lui avoir été complètement retirée, lorsqu'une déclaration de faillite l'a dessaisi de la disposition de son actif. Dans ce cas, le délit qu'il commet par son détournement peut même présenter tous les caractères du vol.

249. — Jugé que le fait par un commerçant d'avoir soustrait ses meubles offre le caractère, non d'une escroquerie, mais d'une banqueroute frauduleuse. — *Cass.*, 13 mars 1806, Yoers-Lagravière.

250. — De ce qu'un individu aurait commencé son commerce avec de faibles ressources, et l'aurait continué pendant une année, sachant que son actif était bien inférieur à son passif, il peut résulter une banqueroute simple, mais non un délit d'escroquerie. — *Cass.*, 24 avr. 1829, Guilloux.

251. — L'escroquerie diffère de l'abus de confiance, tel que le définit dans sa dernière rédaction l'art. 408 du Code pénal, en ce que dans l'escroquerie, la fraude, le dol criminel précède la remise qu'il détermine, tandis que l'abus de confiance consiste dans le détournement fait *à posteriori*, au préjudice du propriétaire, mandataire, etc., de la chose qu'il avait déjà librement confiée, sans y avoir été déterminé par la fraude personnelle que précise l'art. 405.

252. — La même différence existe entre l'escroquerie et le simple abus de blanc-seing (V. ABUS DE BLANC-SEING), mais l'abus de blanc-seing constituerait une escroquerie si la remise du blanc-seing avait été évidemment déterminée par l'emploi d'un des moyens énoncés dans l'art. 405 C. pén., qui ont été indiqués plus haut.

253. — Jugé que la violation d'un dépôt volontaire ne peut, seule et indépendamment des autres circonstances, constituer une escroquerie. — *Cass.*, 13 fruct. an XIII, Rasse c. Lemonnier.

254. — Mais le même arrêt reconnaît que cette violation devient nécessairement un accessoire de la procédure en escroquerie lorsque les plaignants prétendent que ladite violation de dépôt n'a été amenée que par l'effet de fausses promesses ou espérances chimériques. — Même arrêt.

255. — On jugeait sous la loi de 1791 que le mandataire qui, abusant du mandat, dissipe et perd au jeu les deniers du mandant, ne commet point une escroquerie. — *Cass.*, 14 thermid. an XIII, Viée c. Bondot.

256. — Cette décision devrait être encore suivie aujourd'hui en tant qu'elle refuse à ce fait le caractère de l'escroquerie; mais on ne pourrait plus dire avec Carnot (*C. pén.*, t. 2, p. 370, no 7) que le commettant n'a à exercer contre le mandant que l'action civile *mandati* à fin de restitution. En effet, depuis la loi du 28 avr. 1832, l'abus du mandat rentre dans la classe des abus de confiance. — V. ABUS DE CONFIANCE.

257. — L'escroquerie diffère de l'abus des besoins, des faiblesses ou des passions d'un mineur, délit prévu par l'art. 406, en ce que la remise des obligations, quittances ou décharges dont il s'agit dans l'art. 405, comme dans cet article, doit avoir été déterminée par l'emploi des manœuvres frauduleuses expressément déterminées par la loi, pour que le fait constitue l'escroquerie, tandis que le délit prévu par l'art. 406 existe indépendamment de l'emploi de manœuvres frauduleuses pour obtenir cette remise, et, à la seule condition qu'elle cause préjudice au mineur. — V. ABUS DES BESOINS DES MINEURS.

258. — L'escroquerie a beaucoup de rapports avec le délit prévu par l'art. 423 C. pén., et qui consiste dans le fait de tromper un acheteur « sur le titre des matières d'or et d'argent, sur la qualité d'une pierre fausse vendue pour fine, sur la nature de toutes marchandises. » Mais elle s'en distingue en ce que le délit prévu par l'art. 423 ne suppose pas nécessairement, comme l'escroquerie, l'emploi de manœuvres frauduleuses.

259. — La cour de Cassation a fait cette distinction lorsqu'elle a décidé que l'art. 423 n'est applicable qu'aux ventes dans lesquelles le vendeur a trompé l'acheteur sur le titre etc., etc., *mais sans employer de manœuvres frauduleuses*; et qu'au contraire, lorsque, pour consommer cette déception le vendeur a employé des manœuvres frauduleuses telles qu'elles sont caractérisées par l'art. 405, le fait constitue le délit d'escroquerie, et non une simple tromperie sur la nature des marchandises. — *Cass.*, 20 août 1825, Lorano. — V. TROMPERIE SUR MARCHANDISES.

260. — L'escroquerie peut encore être confondue avec la concussion lorsque l'exaction qui en est le résultat est imputable à un fonctionnaire public.

261. — Mais ce qui caractérise l'escroquerie, mise en opposition avec la concussion, c'est l'emploi d'une *fausse qualité* et les manœuvres dirigées dans le but de faire croire à un *pouvoir imaginaire*. Au contraire, la concussion réside dans l'abus que fait un fonctionnaire d'un *pouvoir réel* attaché à sa fonction, pour exercer des perceptions illicites. — V. au surplus CONCUSSION, no 125. — V. aussi divers arrêts cités au § 4, sect. 2 (*suprà*).

262. — Les manœuvres frauduleuses qu'un fonctionnaire public dans l'exercice de ses fonctions (par exemple un garde champêtre) emploierait pour se faire remettre des sommes illicitement exigées (par exemple, en promettant de supprimer un procès-verbal), n'enlèveraient pas au fait le caractère de concussion ou de corruption, pour en faire un délit d'escroquerie. Loin de là, dit la cour de Cassation, les manœuvres frauduleuses augmentent la gravité du délit de concussion. — *Cass.*, 16 sept. 1820, Warnet.

263. — Le même arrêt avait également jugé qu'il importerait peu qu'il s'agît d'un procès-verbal que le garde n'avait pas le droit de rédiger, en ce que le fait qui y aurait donné lieu n'était pas punissable. — Même arrêt.

264. — Mais la jurisprudence de la cour de Cassation paraît sur ce point avoir subi une modification importante. — V. CORRUPTION DE FONCTIONNAIRES PUBLICS, nos 39 et suiv.

265. — La cour de Cassation a décidé que l'huissier qui, sans faire usage d'aucune pièce fausse, substitue des opérations à d'autres et suppose même des actes qui n'existent pas dans un mémoire de frais à la charge de l'état, afin d'augmenter la somme de ses salaires, ne commet pas le crime de faux, mais une *escroquerie*, une tentative de vol ou même un vol au préjudice du trésor public. — *Cass.*, 7 sept. 1810, Crociani; — Chauveau et Hélie, t. 3, p. 286; Legraverend, t. 1er, ch. 17, p. 574; Merlin, *Rép.*, vo *Faux*, sect. 1re, § 32.

266. — Cette appréciation du fait incriminé souffre difficulté. — Quant à l'absence du faux, pas de doute. — Mais l'existence de l'escroquerie, du vol ou de la tentative de vol, est-elle bien justifiée? Où trouver, d'une part, l'usage de faux noms, de fausses qualités ou l'emploi des manœuvres spécifiées dans l'art. 405? Où trouver, d'un autre côté, l'appréhension de la chose d'autrui, *contrectationem fraudulosam*? — Un pareil fait ne rentrerait-il pas plutôt dans la classe des actes de concussion? Au surplus, cette question rentre dans celle de savoir si les officiers ministériels et spécialement les huissiers sont compris parmi les officiers publics dont parle l'art. 174, et ce point lui-même semble ne pouvoir être résolu qu'avec quelques distinctions. — V. CONCUSSION, nos 33, 37 et suiv.

## Sect. 4e. — *Tentative*.

267. — La loi du 19-22 juill. 1791, qui, par son art. 35, tit. 2, punissait l'escroquerie consommée, n'avait point prévu la tentative d'escroquerie, et on ne pouvait non plus y appliquer ni la loi du 22 prair. an IV, qui ne disposait que sur les tentatives de crimes, ni même celle du 25 frim. an VIII dont l'art. 17, en incriminant les tentatives de vols, larcins ou filouterie, passait sous silence les tentatives d'escroquerie.

268. — C'est ainsi qu'avant la promulgation du Code pénal de 1810, la cour suprême jugeait : que sous la loi du 19-22 juill. 1791, la tentative d'escroquerie n'était pas punissable. — *Cass.*, 22 nov. 1811, Geoffroy; 3 déc. (et non 28) 1807, Cardon; — Merlin, *Rép.*, vo *Escroquerie*, no 12.

269. — Et sous cette loi on considérait comme escroquerie consommée le fait d'avoir, à l'aide de manœuvres frauduleuses, obtenu la souscription à son profit et la délivrance d'un billet à ordre, sans qu'il fût nécessaire que le montant du billet eût été touché. — *Cass.*, 27 messid. an VIII, Levié; — Merlin, *Rép.*, vo *Escroquerie*, no 12.

270. — De même, on considérait non comme une simple tentative d'escroquerie, mais comme une escroquerie consommée, le fait d'avoir extorqué une obligation à une femme mariée, encore que cette obligation fût susceptible d'être annulée par suite du défaut d'autorisation du mari. — *Cass*, 4 nov. 1808, Busel.

271. — Les rédacteurs du Code pénal de 1810 ont inséré dans l'art. 405 une disposition qui assimile la tentative au délit consommé. — A partir de ce moment, la tentative d'escroquerie fut donc punissable.

272. — Mais des doutes graves se sont élevés sur le point de savoir en quoi consiste la tentative d'escroquerie, et ce qui la distingue de l'escroquerie proprement dite. La cour de Cassation elle-même a varié dans ses interprétations.

273. — En effet, par un premier arrêt, elle avait décidé que la remise effectuée des fonds ou obligations opérait *consommation du délit d'escroquerie*, mais que pour constituer la simple tentative il suffisait *de l'emploi de l'un des moyens mentionnés en l'art. 405, C. pén., encore bien qu'il n'y eût eu aucune exécution*. — *Cass.*, 24 fév. 1827, Rossignol.

274. — Et la cour de Montpellier s'est rangée à la doctrine de cet arrêt, en décidant que le fait d'avoir, à l'aide des manœuvres définies par l'art. 405, C. pén., obtenu la promesse verbale d'une somme d'argent, constitue une tentative d'escroquerie, bien que cette promesse n'ait pas été ultérieurement réalisée et qu'il n'y ait pas eu délivrance de valeurs. « On ne saurait, dit l'arrêt, admettre qu'en matière d'escroquerie il n'y ait de tentative punissable qu'autant que les manœuvres ont eu pour résultat de faire réellement *remettre* des fonds, meubles, obligations, billets, promesses, quittances ou décharges; *car alors la tentative ne différerait en rien de l'escroquerie consommée.* » — *Montpellier*, 6 déc. 1841 (t. 2 1842, p. 418), Roudès. — Mais cet arrêt a été cassé. — V. *infrà* (no 277) 4 mars 1842.

275. — Jugé aussi (arrêt déjà cité) que le fait d'avoir écrit à quelqu'un une lettre anonyme contenant des menaces autres que celles mentionnées aux art. 305 et 436, C. pén., avec ordre de déposer une somme d'argent dans un lieu indiqué, constitue une tentative d'escroquerie. — *Bruxelles*, 22 nov. 1820, Schampaert.

276. — Mais, par un nouvel arrêt rendu en chambres réunies, la cour de Cassation a posé en principe que la remise ou délivrance de fonds, meubles, etc., etc., est, aussi bien que l'emploi de faux noms, fausses qualités, ou de manœuvres frauduleuses, un des élémens essentiels de *la tentative d'escroquerie*. — *Cass.*, 29 nov. 1828, Rossignol.

277. — Et depuis elle a persisté dans cette jurisprudence par plusieurs arrêts. — V. *Cass.*, 23 janv. 1829, Gary; 28 juin 1834, Gallézard; 9 mars 1837 (t. 1er 1838, p. 84), Villa et Rouquelès; 6 sept. 1839 (t. 1er 1840, p. 410), Gérard; 4 mars 1842 (t. 1er 1842, p. 523), Roudès; 20 juin 1845 (t. 2 1846), Walker et Péronnel. — V. en ce sens *Bordeaux*, 13 nov. 1839 (t. 2 1846), Vors; 11 mars 1840 (t. 1er 1848, p. 546), Girard; *Orléans*, 10 fév. 1845 (t. 1er 1845, p. 181), Paré.

278. — Elle a dès-lors jugé, en cassant l'arrêt de Montpellier précité, que le fait d'avoir obtenu une simple promesse verbale d'argent ne constituait pas le délit de tentative d'escroquerie, alors qu'il n'était pas établi qu'aucune somme d'argent eût été effectivement remise. — Même arrêt du 4 mars 1842.

279. — ... Et que l'individu qui par l'emploi des moyens énumérés en l'art. 405, C. pén., *a tenté de se faire remettre* une certaine somme d'argent, ne commet aucun délit *si aucune remise de fonds n'a eu lieu*. — *Cass.*, 23 janv. 1829, Gary.

280. — Ces dernières décisions ont paru à certains criminalistes conformes au texte de l'art. 405, C. pén., qui porte que « quiconque, soit en faisant usage de faux noms, etc., *se sera fait remettre ou délivrer* des fonds, etc., et aura, par un de ces moyens, escroqué ou *tenté d'escroquer* la totalité ou partie de la fortune d'autrui, etc. » Mais alors on peut se demander quelle différence il y a entre la consommation de l'escroquerie et la simple tentative?

281. — Voici, à cet égard, la définition que donnent de la tentative d'escroquerie MM. Adolphe Chauveau et Hélie dans leur *Théorie du C. pén.*, t. 5, p. 379 : « Les manœuvres, disent-ils, ne sont qu'un acte préparatoire du délit, et la délivrance n'est qu'un acte de son exécution. Cette délivrance ne le consomme pas : car, si l'agent, pour l'obtenir, a forcé ou surpris la confiance, il peut encore ne pas tromper cette confiance, soit en donnant un bon emploi aux valeurs, soit en les restituant. Le délit n'est donc réellement consommé que par l'abus, c'est-à-dire par le détournement ou la dissipation de ces valeurs : c'est le détournement au préjudice de leur propriétaire qui, suivant les termes de la loi, constitue proprement l'escroquerie. Nous avons vu, ajoutent-ils, que la cour de Cassation avait implicitement reconnu cette doctrine en décidant que la remise ou la délivrance de fonds ou de valeurs est une des circonstances constitutives du délit d'escroquerie, et que cette circonstance est nécessaire aussi bien pour la simple tentative que pour le délit consommé. La remise des valeurs est donc autre chose que la consommation du délit, puisque cette remise est une condition de la tentative; elle ne constitue donc qu'un commencement d'exécution, elle suppose donc un acte ultérieur qui consomme le délit, et cet acte est ce que la loi nomme proprement l'escroquerie, c'est-à-dire l'acte qui la consomme, la dissipation ou l'usage des valeurs délivrées à l'aide de manœuvres frauduleuses. »

282. — Quoi qu'il en soit de cette doctrine, fort contestable, la cour de Cassation paraît elle-même avoir hésité à lui donner de nouveau sa sanction lorsque par un arrêt récent, rendu en chambres réunies, elle a décidé, en rattachant l'art. 405 aux art. 2 et 3, C. pén., sur les caractères généraux de la tentative, qu'il y avait tentative punissable d'escroquerie dans le sens de l'art. 405, C. pén., lorsqu'à la suite d'une partie de jeu engagée sur parole et dans laquelle la perte éprouvée par un des joueurs avait été le résultat de manœuvres frauduleuses, cette perte était devenue l'objet d'un réglement et d'un engagement verbal, par le perdant, d'en opérer le paiement. — *Cass.*, 20 janv. 1846 (t. 2 1846), Valker c. Péronnel.

283. — Il est, en effet, permis de voir dans cette décision, qui s'appuie sur les art. 2 et 3, C. pén., une tendance marquée à revenir sur une doctrine qui pouvait présenter l'inconvénient grave de ne laisser voir aucune nuance sensible entre l'escroquerie consommée et la simple tentative.

284. — Au surplus, M. Rossi considère le délit de tentative d'escroquerie comme destiné à échapper à la justice sociale à raison de la difficulté d'en faire ressortir le caractère criminel. « Il est déjà si difficile dans un grand nombre de cas, dit-il (*Tr. du dr. pén.*, p. 336), de distinguer l'escroquerie de cette adresse, de cette ruse, qui, fort blâmable en elle même, ne donne pas lieu cependant à une poursuite criminelle! Appeler des hommes à prononcer sur de simples tentatives d'escroquerie, ce serait faire de la justice humaine un jeu, une arène métaphysique. »

## Sect. 5e. — *Poursuite. — Compétence. — Prescription. — Complicité. — Peine.*

285. — Le délit d'escroquerie donne lieu à l'action principale du ministère public, indépendamment de tout exercice de l'action civile de la partie lésée. — *Cass.*, 18 avr. 1806, Flachat et Charpentier c. Delaunay.

286. — Il y a nécessairement, en matière d'escroquerie et d'exaction, comme en matière de vol, autant de délits différens qu'il y a de personnes envers lesquelles on les a successivement commis. — Ainsi l'acquittement d'un individu, sur la prévention de diverses escroqueries commises envers des conscrits de telles et telles années, n'établit pas en sa faveur l'autorité de la chose jugée, sur des escroqueries commises envers d'autres conscrits des mêmes années. — *Cass.*, 5 oct. 1810, Léonard Bertrand; — Merlin, *Rép.*, vo *Non bis in idem*, no 12.

287. — Sous le Code du 3 brum. an IV, le directeur du jury ne pouvait être saisi d'un délit d'escroquerie que par suite d'un mandat d'arrêt ou d'un mandat de comparution. En conséquence, il était incompétent pour ordonner la mise en liberté d'un prévenu en état de mandat d'amener et sans que le juge de paix eût ordonné le renvoi devant lui. — *Cass.*, 7 germ. an VIII, Henri Nagel c. Sainclair.

288. — De ce que l'action publique est indépendante des intérêts civils des parties, il résulte que l'individu convaincu d'escroquerie ne peut pas être acquitté sous le prétexte qu'il a restitué avant toute poursuite l'objet escroqué. — *Cass.*, 6 sept. 1811, Tropigny. — Le principe sur lequel repose cet arrêt est applicable à tous les crimes et à tous les délits. — Mangin, *De l'action publique*, t. 1er, p. 59, no 31; Legraverend, t. 1er, ch. 1er, sect 4e, § 3, p. 70.

289. — Jugé dans le même sens que la restitution faite par l'escroc des sommes dont il s'est emparé à l'aide d'un crédit imaginaire et sous la promesse d'un succès chimérique n'empêche pas qu'il y ait tentative légalement punissable, alors surtout que cette restitution a été la conséquence forcée de l'acte escroqué, et qu'elle ne peut être considérée comme provoquée par une inspiration libre et spontanée de la conscience. — *Cass.*, 4 avr. 1839 (t. 1er 1843, p. 591), Chamayou c. N.

290. — Les tribunaux français sont compétens pour connaître d'un délit d'escroquerie, encore bien que les manœuvres frauduleuses aient été commises en pays étranger, si c'est en France que les obligations escroquées ont été souscrites. — *Colmar*, 27 janv. 1824, Brunschweig. — En effet, ces obligations forment le corps, l'instrument du délit et la consommation, sinon de l'escroquerie elle-même, du moins de la tentative d'escroquerie comme il a été dit plus haut (§ 5). — V. COMPÉTENCE CRIMINELLE, nos 226 et suiv., 268 et suiv., et vo *Etranger*.

291. — Lorsqu'une escroquerie a été commise en France envers un souverain étranger par des Français et sur des biens situés en France, la réparation du dommage causé par ce délit doit être prononcée par les tribunaux français qui peuvent annuler, quant à la force d'exécution en France, et sans porter atteinte à la souveraineté de l'autre nation, les actes passés par suite en pays étranger, considérés comme étant le complément de cette escroquerie. Les héritiers de ce prince sont recevables à intervenir dans l'instance correctionnelle intentée devant les tribunaux français et à demander la nullité des actes. — *Cass.*, 18 avr. 1806, Flachat et Charpentier c. Delaunay. — Carnot, sur l'art. 5, C. inst. crim., t. 1er, p. 109, no 7.

292. — Par suite des principes qui ont été posés, vo *Chose jugée*, nos 707 et 55, il est évident que le jugement correctionnel qui acquitte un individu de la prévention d'escroquerie dirigée contre lui comme ayant obtenu, à l'aide de manœuvres frauduleuses, la souscription d'une obligation, n'a pas l'autorité de la chose jugée à l'égard de l'action civile qui a pour objet de faire annuler cette même obligation comme entachée de dol ou pour défaut de cause, alors même qu'il déclarerait qu'elle a été consentie sciemment et en connaissance de cause. — *Limoges*, 14 août 1844 (t. 2 1845, p. 365), Laborde c. Besse. — V. aussi CHOSE JUGÉE, no 719.

293. — L'escroquerie est un délit et ne donne lieu qu'à l'application de simples peines correctionnelles; — c'est donc aux tribunaux correctionnels qu'il appartient d'en connaître.

294. — Sous la loi du 23 flor. an X, les cours spéciales ne pouvaient connaître d'un délit d'escroquerie que lorsqu'il était connexe à un crime de leur compétence, de telle sorte qu'ils eussent existé l'un par l'autre. En ce cas, leur compétence n'était même qu'éventuelle à l'égard du délit d'escroquerie, et elle devait cesser aussitôt qu'il était reconnu que le crime placé dans leur juridiction n'avait pas existé. — *Cass.*, 6 fév. 1806, Capron et Lharminiez.

295. — Sous le Code d'instruction criminelle, lorsque le délit d'escroquerie est connexe avec un crime, tel que le faux, la baratterie, etc., il peut être conjoint dans l'arrêt de renvoi à la cour d'assises, et si le jury, par sa déclaration, réduit le fait aux seuls termes du délit, la cour d'assises est compétente pour appliquer la peine correctionnelle. Il y a lieu, dans ce cas, à l'application de l'art. 226, C. inst. crim., qui investit la cour d'assises du droit de statuer par un seul et même arrêt sur les délits connexes dont les pièces se trouvent en même temps produites devant elle. — *Cass.*, 17 août 1821, Dieudonné et Flandin.

296. — Lorsqu'une escroquerie a été l'effet d'un faux, elle en est considérée comme l'accessoire et doit être jugée avec lui par le tribunal compétent pour connaître du faux. Un tribunal correctionnel excède ses pouvoirs en se permettant d'instruire et de prononcer sur un délit de cette nature. — *Cass.*, 13 mars 1807, Boutry c. Délassus; 19 janv. 1832, Brugnier; 5 sept. 1834, Quevallier.

297. — Mais, dans tous les cas, le tribunal de simple police est incompétent pour connaître du délit d'escroquerie. — *Cass.*, 2 juill. 1807, Moineaux.

298. — La preuve des circonstances constitutives de l'escroquerie se fait par tous les moyens usités devant les tribunaux de répression, et notamment par témoins.

299. — Il a donc été jugé avec raison que la fraude constitutive de l'escroquerie au moyen de laquelle le consentement à une obligation authentique a été surpris est susceptible d'être prouvée par témoins sans qu'il y ait violation de l'art. 1319, C. civ. — *Cass*, 23 nov. 1838 (t. 2 1839, p. 542), X...

300. — Mais il ne faudrait pas que, sous prétexte d'escroquerie, et en prêtant ce caractère à des faits qui n'auraient réellement que celui de dol civil, on pût arriver à établir par témoins des conventions en violation des art. 1319 et 1341, C. civ. — V. QUESTION PRÉJUDICIELLE.

301. — A cet égard, MM. Chauveau et Hélie (t. 7, p. 343) posent les principes suivans: « Ou bien le plaignant, sans alléguer qu'il a été fait *outre chose* que ce qui a été écrit, se borne à articuler des faits de fraude et de dol qui attaquent la substance de l'acte, et prouvent qu'il n'a pas été l'œuvre de la volonté libre et entière de celui qui l'a souscrit, et alors l'action correctionnelle est recevable, ou bien la plainte en escroquerie n'est appuyée sur aucun des faits précisés dans l'art. 405; ou bien encore le plaignant dénie l'acte même qu'on lui oppose ou quelques unes des dispositions de cet acte: et alors les juges correctionnels ne peuvent accueillir la plainte: car ils ne sont compétens que pour connaître du délit, et le délit n'existe que par les faits extrinsèques à l'acte frauduleux qui a amené sa signature.

302. — En conséquence, les auteurs enseignent que, lorsqu'une plainte en escroquerie se trouve uniquement fondée sur le dol ou la fraude que le plaignant prétend avoir été employée pour lui faire contracter une obligation dont il veut faire prononcer la nullité, lorsqu'il est évident, surtout, que le tribunal correctionnel n'a été saisi de la plainte que pour arriver à la preuve testimoniale d'une convention malgré la prohibition de la loi, le tribunal correctionnel doit se déclarer incompétent, et renvoyer l'affaire devant le tribunal civil, pour qu'il y soit statué sur la validité de l'acte ou de l'obligation. — Toullier, *Dr. civ.*, t. 6, n° 95; t. 9, nos 185-187; Merlin, *Rép.*, v° *Dol*, n° 6; Carnot, *C. pén.*, t. 2, p. 324, n° 15; Morin, *Dict. dr. crim.*, v° *Escroquerie*, p. 300.

303. — Et, conformément à ce principe, il a été jugé 1° que les tribunaux correctionnels ne sont compétens pour connaître de la demande en nullité d'un contrat qu'autant qu'il est attaqué pour dol qualifié, et pour des faits constituant un délit soumis à la vindicte publique. Dans les autres cas, c'est aux tribunaux civils qu'il appartient d'en connaître. — *Cass.*, 13 fructid. an XII, Fleurot, Bayard et Douville c. Beaufort; 19 pluv. an XIII, Chataud c. Lance.

304. —... 2° Que, s'il ne s'agit, en réalité, que de l'inexécution d'une convention verbale, et non d'une convention que le plaignant aurait, par dol, été amené à conclure, cette inexécution, ne pouvant être considérée comme une escroquerie, n'engendre qu'une action civile dont les tribunaux correctionnels sont incompétens pour connaître. — *Cass.*, 28 messid. an IX, Micol c. Brunet.

305. — ... 3° Qu'à supposer que la collusion par laquelle un vendeur et un acquéreur se seraient ménagé le moyen de faire rescinder la vente au préjudice d'un sous-acquéreur, à l'aide d'une contre-lettre tenue cachée, pût constituer une escroquerie, cette collusion ne pouvant être constante qu'autant qu'il serait préalablement jugé que la contre-lettre est un acte sérieux, un tribunal de police correctionnelle sortirait des bornes de sa compétence en prononçant sur une pareille question purement civile. — *Cass.*, 5 messid. an XI, Vincent et Testulat c. Bayeux.

306. — ... 4° Que le tribunal correctionnel excède ses pouvoirs en retenant la connaissance d'une plainte en escroquerie portée par un individu poursuivi devant le tribunal civil en paiement d'obligations résultant d'un écrit, si cette plainte a pour objet un fait contraire au contenu dudit écrit, et si elle ne réunit aucune des circonstances qui auraient pu caractériser l'escroquerie. — *Cass.*, 3 thermid. an XI, Passer c. Nagel.

307. — ... 5° Que le tribunal correctionnel ne peut connaître d'une plainte en escroquerie, lorsque, pour déclarer qu'il y a délit, il est nécessaire de déterminer si le prévenu était ou non créancier du plaignant. C'est au tribunal civil qu'il appartient de connaître de cette question. — *Cass.*, 24 messid. an XIII, Michelotti c. Camilla.

308. — ... 6° Que le tribunal correctionnel qui condamne le tireur d'une lettre de change comme coupable d'escroquerie au préjudice de l'accepteur, ne peut, sans excéder ses pouvoirs, prononcer sur la restitution de cette lettre de change de la part d'un tiers qui n'est pas déclaré coupable de ce délit. — *Cass.*, 24 messid. an XIII, Mouru Lacoste c. Boulouvart.

309. — ... 7° Que, la demande en restitution d'une lettre de change, formée par des endosseurs contre le tiers porteur, sur le fondement qu'un endossement en blanc n'a pu avoir l'effet d'en transférer la propriété, n'étant ni la suite ni la conséquence du délit d'escroquerie dont l'un des endosseurs serait déclaré coupable, mais dont le tiers porteur serait acquitté, le tribunal correctionnel est incompétent pour en connaître. — Même arrêt.

310. — ... 8° Que, lorsqu'une plainte en escroquerie qui se rattache à l'exécution d'actes signés par les parties ne présente aucun des faits de dol ou manœuvres frauduleuses au moyen desquelles on aurait pu abuser de la crédulité du plaignant pour le déterminer à donner sa signature à ces actes, le tribunal correctionnel est à bon droit déclaré incompétent pour en connaître. — *Cass.*, 31 oct. 1811, Fusi c. Perret.

311. — Il paraît même résulter d'un arrêt du 4 nov. 1811 que si devant le tribunal correctionnel il s'élevait des doutes sur le point de savoir si l'acte escroqué est valable, obligatoire, et peut dès-lors servir de base à une plainte sérieuse, le tribunal civil serait seul compétent pour statuer sur cette question incidente. — *Cass.*, 4 nov. 1811, Busch (dans ses motifs).

312. — Si, devant un tribunal civil saisi d'une demande en nullité d'un acte, le souscripteur maintenait que des manœuvres frauduleuses de la nature de celles que précise l'art. 405 ont été employées contre lui pour lui escroquer sa signature, le tribunal civil devrait surseoir jusqu'à ce qu'il eût été statué par les tribunaux criminels sur la plainte en escroquerie. — Carnot, *C. pén.*, t. 2, p. 334, n° 15.

313. — Le délit d'escroquerie, comme tout autre délit, se prescrit par trois années à partir du jour où il a été commis. — C. inst. cr., art. 638.

314. — Mais il a été jugé que la prescription d'un fait d'escroquerie, *connexe à un délit d'usure habituelle*, ne peut commencer à courir du jour de la souscription des titres obligatoires, mais seulement du jour de la libération (point de départ spécial au délit d'usure, V. USURE). — *Colmar*, 27 janv. 1824, Brunschweig. — Rauter, t. 1er, p. 433.

315. — Il a été jugé encore que le délit d'escroquerie, lorsqu'il n'est qu'une circonstance aggravante ou un élément de celui d'habitude d'usure, ne se prescrit qu'avec ce dernier par le laps de trois ans à partir du dernier fait usuraire. — *Cass.*, 5 août 1826, Martin. — Mangin, *Tr. act. publ.*, t. 2, n° 327.

316. — Jugé encore que les faits d'escroquerie, par cela qu'ils s'identifient avec ceux d'usure et qu'ils ne forment qu'une circonstance aggravante de ce délit, ne peuvent être soumis à une prescription distincte, et qu'il y a lieu dès-lors de les punir, encore qu'ils remontent à plus de trois ans, si l'habitude d'usure à laquelle ils se rattachent n'est pas prescrite. — *Cass.*, 22 août 1844 (t. 2 1844, p. 525), Lourtès.

317. — Mais ces décisions souffrent difficulté, car il semble difficile que la connexité ait pour effet de suspendre le cours de la prescription, puisqu'elle ne met aucun obstacle à une poursuite distincte; n'est-il pas plus juste de dire que la prescription de chaque délit doit être déterminée par les règles qui lui sont propres. — V. PRESCRIPTION CRIMINELLE.

318. — Celui qui s'est rendu l'agent d'un escroc en l'assistant dans les faits qui ont aidé et facilité l'exécution du délit, doit être puni comme complice de l'escroquerie. — *Cass.*, 18 juin 1807, Vincent. — Merlin, *Rép.*, vis *Complice*, n° 2; *Escroquerie*, n° 13.

319. — Ainsi, celui qui s'est rendu l'agent d'un escroc en l'indiquant à des conscrits comme pouvant leur procurer leur congé pour de l'argent, doit être puni comme complice de l'escroquerie....... alors même qu'il ne se serait entremêlé en rien de ce qui aurait suivi, et qu'il n'aurait reçu aucune somme d'argent sous promesse de s'interposer en faveur des conscrits. — *Cass.*, 29 mai 1807, Gribeling.

320. — De même, on doit considérer comme complice celui qui, pour aider et faciliter un individu à commettre une escroquerie envers des conscrits, sous la promesse d'accélérer l'admission de leurs remplaçans, reçoit des fonds et en remet une partie à l'escroc. — *Cass.*, 13 (et non 14) août 1807, Laukar.

321. — ... Ou bien encore celui qui, en servant de guide et d'interprète à un conscrit auprès de l'individu qui promettait de le faire réformer pour de l'argent, a aidé l'auteur de l'escroquerie dans les faits qui en ont facilité et préparé l'exécution. — Même arrêt.

322. — La femme qui a déterminé, par ses assertions et manœuvres frauduleuses, la remise d'objets faite à un escroc, en considération d'une parenté qu'il s'attribue faussement, doit être condamnée comme complice du délit d'escroquerie. — *Cass.*, 17 sept. 1836 (t. 2 1837, p. 79), Esther et Nesrich.

323. — Doit encore être considéré comme complice 1° celui qui a procuré sciemment à un vendeur les moyens de consommer une vente frauduleuse et qui l'a assisté avec connaissance dans tous les moyens qui l'ont préparée, et qui ont été reconnus rentrer dans la catégorie des manœuvres prévues par l'art. 405. — *Cass.*, 20 août 1825, Lorano.

324. — ... 2° Le notaire qui a frauduleusement conseillé les actes auxquels les juges ont reconnu le caractère des manœuvres frauduleuses qualifiées dans l'art. 405, C. pén., et qui a fourni les moyens d'arriver à l'exécution de ces actes. — *Cass.*, 26 mars 1842 (t. 2 1842, p. 48), Fornier.

325. — La complicité du délit d'escroquerie est suffisamment établie lorsque, dans les motifs du jugement, auxquels se réfère une décision d'appel, il est dit que le complice connaissait parfaitement la nature des opérations par lesquelles l'auteur principal faisait de nombreuses dupes, et qu'il a par ce moyen préparé et facilité les escroqueries de ce dernier. — *Cass.*, 10 fév. 1831, Paget-Duclaux et Desquerinelles.

326. — De même, l'arrêt qui, en adoptant les motifs des premiers juges, a spécifié les manœuvres frauduleuses qui constituent, à l'égard du prévenu principal, le délit d'escroquerie, est suffisamment motivé, en ce qui concerne le complice, s'il le déclare convaincu d'avoir avec connaissance aidé et assisté l'auteur principal dans les faits qui ont facilité et consommé l'escroquerie dont celui-ci s'est rendu coupable, encore bien que cet arrêt ne spécifie pas chacun des faits auxquels s'applique cette complicité. — *Cass.*, 27 janv. 1842 (t. 1er 1842, p. 760), Laplanche.

327. — Mais si les faits et manœuvres constituant le délit n'étaient spécifiés ni en ce qui concerne le prévenu principal, ni à l'égard du complice, le jugement de condamnation serait nul. — *Cass.*, 8 janv. 1842 (t. 1er 1842, p. 400), E... L...

328. — Quant à l'appréciation des faits constitutifs de la complicité, elle appartient souverainement aux juges du fond. — *Cass.*, 20 août 1825, Lorano. — V. toutefois *Cass.*, 29 mai 1807, Gribeling.

329. — Le décès de l'auteur principal d'un délit d'escroquerie n'affranchit pas de la poursuite ceux qui s'en sont rendus complices. C'est l'application, faite à l'escroquerie, d'un principe de droit commun. — *Cass.*, 13 août 1807, Laukar.

330. — L'obéissance qu'un domestique doit à son maître ne pouvant s'étendre à ce qui blesse les lois et l'ordre public, l'état de domesticité n'excuse pas la complicité du délit d'escroquerie commis par le maître. — *Cass.*, 13 aoû 1807, Laukar. — V. au surplus CONTRAINTE, nos 22 et suiv.

331. — La loi du 22 juill. 1791, art. 35, punissait l'escroquerie d'une amende qui ne pouvait excéder 5,000 liv.. et d'un emprisonnement qui ne pouvait excéder deux ans, cette peine devant être doublée en cas de récidive.

332. — L'art. 35 portait, en outre, que le prévenu d'escroquerie qui avait été condamné à l'emprisonnement devait, en cas d'appel, garder prison, à moins que les juges ne trouvassent convenable de le mettre en liberté sous une caution triple de l'amende et des dommages-intérêts prononcés; mais il n'en pourrait plus être ainsi depuis la promulgation de l'art. 203, C. inst. crim., et de l'art. 405, C. pén., par lequel est abrogé l'art. 35, L. 22 juill. 1791.

333. — Sous l'empire du Code des délits et des peines du 3 brum. an IV, l'escroquerie commise en *récidive* devait être punie de quatre années d'emprisonnement. — Merlin, *Quest.*, v° *Escroquerie*, § 2. — Mais il n'en devait point être ainsi sous l'empire de l'acte constitutionnel de l'an III. — *Ibid.*

334. — Sous la loi du 19-22 juill. 1791, un tribunal correctionnel ne pouvait prononcer des peines contre un individu convaincu d'escroquerie qu'après avoir ordonné la restitution des objets escroqués; il violait la loi si, en condamnant le prévenu à l'emprisonnement et à l'amende, il renvoyait les parties à fins civiles pour faire statuer sur les restitutions. — *Cass.*, 14 germin. an IV, Fressanges.

335. — Ainsi, lorsque l'escroquerie avait été commise en surprenant une obligation à un homme qui ne devait rien, ou une quittance à un créancier non payé, le tribunal correctionnel pouvait, sur la plainte de la partie lésée, anéantir l'obligation ou la quittance, en même temps qu'il condamnait l'escroc aux peines portées par la loi. — Merlin, *Répert.*, v° *Escroquerie*, § 4, et *Quest.*, vis *Suppression de titre*, § 1er, et *Tribunal d'appel*, § 5.

336. — De même, sous le Code du 3 brum. an IV, le tribunal correctionnel qui reconnaissait un délit d'escroquerie était tenu de statuer sur les restitutions et dommages-intérêts de la partie plaignante, et d'annuler le contrat jugé frauduleux; il ne pouvait pas en renvoyer la connaissance aux tribunaux civils. — *Cass.*, 5 vent. an VII, Ressert.

337. — Il ne semble pas qu'il puisse en être ainsi sous l'empire du Code d'instruction criminelle. L'annulation d'un contrat comme entaché de dol et de fraude, exige une instruction et des formes qui s'accordent peu avec les jugemens sommaires que rendent les tribunaux criminels accessoirement aux délits dont ils sont saisis. Le législateur a bien pu investir ces tribunaux, sans inconvénient, et même avec utilité, du droit de prononcer sur les dommages-intérêts qui sont la conséquence directe et immédiate du fait de la prévention; mais, à défaut d'une attribution spéciale, leur compétence doit être renfermée dans les termes des art. 159, 161, 191. 192, 359 et 366, C. inst. crim., où il n'est mention que des dommages-intérêts et de la restitution des effets *pris* ou volés. Nous ne croyons donc pas qu'il soit possible de les transformer ainsi en tribunaux civils.

338. — L'art. 405, C. pén., prononce contre l'individu déclaré coupable d'escroquerie un emprisonnement d'un an au moins et de cinq au plus, et une amende de 50 fr. au moins et de 3,000 fr. au plus. Mais cette peine peut être réduite, conformément à l'art. 463, C. pén., si les juges reconnaissent l'existence de circonstances atténuantes.

339. — Lorsque les juges ne déclarent pas l'existence des circonstances atténuantes, ils doivent prononcer cumulativement un emprisonnement et une amende.

340. — Le tribunal *peut*, en outre de la peine de l'emprisonnement et de celle de l'amende, prononcer l'interdiction des droits mentionnés en l'art. 42 du Code pénal. — V. DROITS CIVILS. — Mais s'il use de cette faculté, l'interdiction doit être prononcée pour cinq ans au moins et ne peut excéder dix ans. — Art. 405, § 2, art. 42 et 43, C. pén.

341. — Si le tribunal, après avoir déclaré l'existence de *circonstances atténuantes*, se décide à n'appliquer que des peines de simple justice, il ne peut prononcer accessoirement l'*interdiction* des droits mentionnés dans l'art. 42, cette peine ne pouvant jamais être l'accessoire de peines de simple police. — Carnot, *C. pén.*, t. 2, p. 326, n° 22; Chauveau et Hélie, t. 7, p. 326.

342. — L'impression et l'affiche des jugemens rendus sur les plaintes en escroquerie ne peuvent être ordonnées d'office ni même sur les réquisitions du ministère public. Elles ne pourraient l'être que sur la demande des parties intéressées et pour leur tenir lieu, *en tout ou en partie*, de réparations et dommages-intérêts. — Carnot, *C. pén.*, t. 2, p. 326, n° 23.

343. — Et M. Carnot ajoute (ce qui est sans difficulté) que sous l'empire du Code pénal comme sous la loi du 22 juill. 1791, la peine de la réparation dont il s'agit dans les art. 226 et 227, C. pén., ne peut être appliquée au condamné pour escroquerie. — Carnot, *C. pén.*, t. 2, p. 326, n° 24.

344. — En fixant le *maximum* et le *minimum* des peines de l'escroquerie, la loi a laissé aux juges toute liberté entre ces limites et s'en est rapportée à leur conscience et à leurs lumières. Ainsi un excès de sévérité ou d'indulgence ne présente qu'un mal jugé qui ne peut donner ouverture à cassation. — *Cass.*, 13 août 1807, Laukar.

345. — Quand le tribunal croit devoir prononcer au profit de la victime de l'escroquerie des dommages-intérêts, la disposition du jugement qui condamne le coupable à ces dommages-intérêts n'est qu'un accessoire de la condamnation principale, repose sur les mêmes motifs et ne peut pas être annulée sous le prétexte qu'elle ne contient pas ses motifs particuliers. — *Cass.*, 17 août 1821, Dieudonné et Flandin.

346. — Lorsque la circonstance d'escroquerie accompagne le délit d'usure, elle en augmente la gravité et donne lieu à une aggravation de la peine. Le délit est alors puni d'un emprisonnement de deux ans au plus, en outre de l'amende qui doit être infligée pour le délit d'usure dégagé de cette circonstance. — L. 3 sept. 1807, art. 4.

347. — Pour que l'aggravation de la peine puisse avoir lieu, il faut que l'escroquerie soit l'accessoire de l'habitude d'usure et non d'un simple acte d'usure. — Rauter, t. 1er, n° 433.

348. — La cour de Cassation avait jugé dans le principe que lorsque le délit d'escroquerie se rattache à celui d'habitude d'usure, c'est d'après la loi du 22 juill. 1791, seule en vigueur à l'époque de la promulgation de celle du 3 sept. 1807, et non d'après l'art. 405, C. pén., qu'il faut déterminer les caractères de l'escroquerie. — *Cass.*, 5 août 1826, Martin; 14 juill. 1827, de Saint-Nicolas; — Rauter, t. 1er, n° 433.

349. — Mais elle a depuis abandonné cette doctrine, et elle a décidé, avec raison selon nous, que la loi du 3 sept. 1807, qui punit l'usure de la peine d'emprisonnement lorsqu'il y a eu escroquerie, ne définissant pas ce que l'on doit entendre par escroquerie, il y a lieu de se référer à cet égard à la définition de ce délit telle qu'elle résulte de la législation sous laquelle le fait d'usure a été commis, c'est-à-dire aujourd'hui à la définition qu'en donne l'art. 405, C. pén. — *Cass.*, 11 mai 1839 (t. 2 1839, p. 391), Griffon c. min. publ. — V. USURE.

350. — Lorsque le fait d'escroquerie vient se joindre au fait d'usure, il y a lieu de prononcer cumulativement l'emprisonnement et l'amende. La loi du 3 sept. 1807 contenait à cet égard une exception au principe de l'art. 365, C. instr. crim. — *Cass.*, 13 nov. 1840 (t. 2 1840, p. 696), Vigné. — V. aussi CUMUL DE PEINES, n° 68. — *Contrà* Chardon, p. 38; Garnier, p. 90. — V. USURE.

351. — Jugé encore que lorsque l'escroquerie se joint à l'habitude d'usure punie par l'art. 4, L. 3 sept. 1807, elle ne *constitue pas un délit distinct, mais une circonstance aggravante de l'habitude d'usure*, et qu'en conséquence il y a lieu de punir les faits d'escroquerie réunis à l'habitude d'usure, et qui ont été découverts pendant l'instruction et les débats, de l'amende et de l'emprisonnement que prononce en pareil cas l'art. 4, L. 3 sept. 1807, encore que ces faits n'aient été articulés ni dans la citation ni dans l'ordonnance de renvoi. — *Cass.*, 22 août 1844 (t. 2 1844, p. 525), Lourtès c. min. publ.

352. — Jugé toutefois qu'en matière d'habitude d'usure, l'escroquerie *n'est pas une circonstance aggravante de ce délit*, mais bien un délit séparé, puni d'une peine différente et distincte, et que dès lors en cas de poursuites fondées sur ce double délit, le plaignant est admissible à se constituer partie civile, sauf à voir réduire l'effet de cette intervention au délit d'escroquerie et à le voir rejeter si ce délit n'est pas établi. — *Cass.*, 6 janv. 1837 (t. 2 1837, p. 436), Jannin et Joyeux c. Jeunesse et Rovigo.

353. — La difficulté naissait sur cette dernière question de ce qu'en matière d'usure, le plaignant n'est pas reçu à se porter partie civile, ainsi que l'a jugé la cour de Cassation par plusieurs arrêts. (V. notamment 4 nov. 1839 (t. 2 1839, p. 543), Poirier-Desfontaines c. Desmarbeufs.) Au surplus, on sait que la question est controversée, et que notamment M. le procureur-général Dupin a, dans un réquisitoire fortement motivé, combattu la jurisprudence de la cour. — V. ce réquisitoire sous l'arrêt précité. — V. au reste USURE.

## ESPÈCES (Monnaie).

Se dit des différentes pièces d'or, d'argent ou de billon qui forment la monnaie. — C'est en ce sens qu'on dit *payable en espèces*, *en espèces sonnantes*. — V. DÉPÔT, EXCEPTION NON NUMERATÆ PECUNIÆ, MONNAIE, OFFRES RÉELLES, PAIEMENT.

## ESPIONNAGE. — ESPIONS.

1. — La loi du 16 juin 1793 prononçait la peine de mort contre tout individu, Français ou étranger, convaincu d'espionnage. Les espions étaient jugés par une commission militaire formée suivant les prescriptions de la loi du 28 mars 1793, pour le jugement des émigrés pris les armes à la main.

2. — La même peine est maintenue par l'art. 2, tit. 4, C. des délits et des peines du 21 brum. an V, pour les militaires, et l'article suivant la prononce encore contre tout étranger surpris à lever les plans des camps, quartiers, cantonnemens, fortifications, arsenaux, magasins, manufactures, usines, rivières, canaux, et, en général, de tout ce qui tient à la défense et à la conservation du territoire et à ses communications.

3. — Les dispositions portées contre les embaucheurs sont communes aux espions, qui sont placés sur la même ligne, tant pour la pénalité que pour la juridiction. — Nous ne pouvons donc que renvoyer au mot EMBAUCHAGE, où l'on trouvera discuté, notamment, le point de savoir quelle est la juridiction compétente dans le cas où le crime est commis *par un non militaire*.

4. — Le Code pénal prononce aussi la peine de mort contre quiconque aura pratiqué des machinations ou entretenu des intelligences avec les puissances étrangères ou leurs agens, pour les engager à commettre des hostilités ou à entreprendre la guerre contre la France, ou pour leur en procurer les moyens, alors même que ces machinations et intelligences n'auraient pas été suivies d'hostilités. — Art. 78. — V. CRIMES CONTRE LA SURETÉ DE L'ÉTAT, nos 75 et suiv.

5. — En outre, aux termes de l'art. 83, même Code, quiconque aura recélé ou fait recéler les espions ou les soldats ennemis envoyés à la découverte, et qu'il aura connus pour tels, sera condamné à la peine de mort. — C. pén., art. 83. — V. CRIMES CONTRE LA SURETÉ DE L'ÉTAT, nos 104 et suiv.

V. aussi COMMISSION MILITAIRE, DÉLIT MILITAIRE.

## ESPLANADE (Fortifications).

1. — Grand espace de terrain plat, de niveau, et vide de maisons, dans l'étendue de la portée du fusil, qu'on laisse entre les villes et leur citadelle pour empêcher qu'on approche de la citadelle sans être aperçu. — V. CITADELLE.

2. — Les esplanades dépendant des fortifications des places de guerre ou postes militaires, sont propriétés nationales. — L. 8-10 juill. 1791, tit. 1er, art. 13. — V. DOMAINE PUBLIC. — V. aussi PLACES DE GUERRE, SERVITUDES MILITAIRES.

## ESPRIT OU EAU-DE-VIE (Fabricans d').

1. — Fabricans d'esprit ou eau-de-vie de vin et d'esprit ou d'eau-de-vie de marc de raisin, cidre, poiré, fécules et autres substances analogues; — patentables; — droit fixe, pour les premiers, de 50 fr.; et pour les seconds, de 25 fr., — pour tous droit proportionnel du vingtième de la valeur locative de l'habitation et des magasins de vente complètement séparés de l'établissement industriel et du vingt-cinquième de cet établissement. — V. PATENTE.

2. — Quant aux obligations imposées aux fabricans, marchands et débitans d'esprits ou eaux-de-vie, en matière de contributions indirectes, V. BOISSONS.

## ESSAI, ESSAYEUR.

1. — Opération par laquelle on éprouve les ouvrages ou les lingots d'or et d'argent, destinés à circuler en public, afin d'en connaître le titre.

2. — L'employé qui procède à cette opération est appelé *essayeur*. Il est nommé par l'administration du département où le bureau de garantie est placé; mais, pour exercer ses fonctions, il doit avoir obtenu préalablement de l'administration des monnaies un certificat de capacité. Il y a un essayeur dans chaque bureau de garantie; néanmoins à Paris et dans les villes populeuses, le ministre des finances peut, à raison des besoins du commerce, autoriser un plus grand nombre. — L. 10 brum. an VI, art. 36 et 39.

3. — Mais il est loisible à l'essayeur d'un bureau de garantie de prendre, sous sa responsabilité, autant d'aides que les circonstances l'exigent. — Art. 68.

4. — A Paris, l'essayeur du bureau de la garantie peut toujours choisir sous sa responsabilité, conformément à la loi de brumaire, les aides qui lui sont nécessaires; mais, aux termes d'une ordonnance du 15 juill. 1842, ces agens doivent recevoir une commission du préfet de la Seine et prêter serment devant le tribunal civil. — « On a jugé utile au bien du service, dit M. J. Fontaine (p. 147, n° 2), de leur attribuer le caractère d'agens de l'administration parce que lorsque l'un de ces aides, en vue d'une récompense, laissait passer à la marque des bijoux faussés ou à bas titres, on ne pouvait appliquer les peines portées par le Code pénal pour le cas de corruption, la corruption n'étant punissable, d'après ce Code, qu'autant qu'elle a été tentée ou exposée sur un fonctionnaire public. — Ils continuent néanmoins d'être sous les ordres de l'essayeur et d'être rétribués par lui. Ils peuvent être révoqués sur sa proposition. »

5. — Les orfèvres et les fabricans d'ouvrages d'or et d'argent ne peuvent, en aucun cas, remplir les fonctions d'essayeur. — Une circulaire de l'administration des monnaies du 11 fév. 1811 désigne les pharmaciens comme étant les plus aptes à remplir ces fonctions. — J. Fontaine, *Code des orfèvres*, p. 96, nos 3 et 4.

6. — S'il n'est pas présenté d'essayeur assez instruit, pour un bureau de garantie, le contrôleur en tiendra lieu. — J. Fontaine, *Code des orfèvres*, p. 96, n° 2.

7. — L'essayeur se pourvoit, à ses frais, de tout ce qui est nécessaire à l'exercice de ses fonctions. — Art. 44.

8. — La formalité préalable de l'essai est indispensable avant l'application des poinçons de titre. — Art. 7.

9. — Tout fabricant et marchand d'or et d'argent, ouvrés ou non ouvrés, est astreint à porter ses ouvrages au bureau de garantie dans l'arrondissement duquel ils sont placés pour y être essayés. — L. 19 brum. an VI, art. 74 et 77.

10. — Nul affineur ne peut recevoir que des matières essayées par un essayeur public, ni se dispenser de porter au bureau de garantie les lingots, affinés par lui, pour y être essayés, avant de les rendre aux propriétaires. — 19 brum. an VI, art. 114 et 118.

11. — L'affineur contrevenant est passible la première fois d'une amende de 200 fr.; la seconde d'une amende de 500 fr. avec affiches à ses frais; et la troisième fois d'une amende de 1,000 fr. En outre il est interdit et les objets trouvés chez lui sont confisqués. — Art. 121 et 80.

12. — Le contrôleur du bureau de garantie est autorisé à prélever des prises d'essai sur les matières fines apportées au bureau; ces prises d'essai sont mises en réserve sous une enveloppe por-

tant le numéro du lingot d'où elles proviennent, et scellées du cachet de l'affineur et de celui de l'essayeur. Le contrôleur a la garde du paquet contenant ces prises. — L. 19 brum. an VI, art. 123.

13. — Si, dans le courant d'un mois, il s'élève des réclamations sur la validité du titre indiqué par l'essayeur, l'administration des monnaies vérifie l'essai sans délai; dans le cas contraire, le paquet contenant les prises d'essai est remis à l'affineur. — Art. 124.

14. — Si, d'après cette vérification, l'essayeur a commis une erreur sur le titre indiqué, il est tenu de payer à la personne lésée la totalité de la différence. L'essayeur pris trois fois en faute est destitué. — Art. 125.

15. — Ne doivent être essayés que les ouvrages d'or et d'argent revêtus de l'empreinte du poinçon du fabricant.

16. — L'essai est fait sur un mélange des matières prises sur chacune des pièces provenant de la même fonte. Ces matières sont grattées ou coupées tant sur le corps des ouvrages que sur les accessoires, de manière que les formes et les ornemens n'en soient pas détériorés. — Art. 51.

17. — L'essayeur détache de chaque pièce une légère parcelle de matière, le plus également possible, pour en composer une masse que l'on nomme *cornet* ou *bouton d'essai*. Ces matières doivent, dit M. J. Fontaine (p. 103, art. 51), être recueillies tant sur le corps des ouvrages que sur les accessoires, parce qu'il se pourrait que les accessoires fussent à un degré de fin moindre, contrairement au vœu de la loi, qui veut que le bijou soit homogène dans toutes ses parties.

18. — On fait séparément l'essai des ouvrages provenant de différentes fontes. — Art. 49.

19. — Lorsque les ouvrages d'or et d'argent sont à l'un des titres prescrits par la loi, l'essayeur en inscrit la mention sur un registre destiné à cet effet; lesdits ouvrages sont ensuite donnés au receveur, avec un extrait des registres de l'essayeur indiquant le titre trouvé, pour être ensuite, par le contrôleur, pesés et empreints du poinçon du bureau, s'il y a lieu. — Art. 53 et 55.

20. — Une circulaire de l'administration des monnaies, du 15 juill. 1820, impose à l'essayeur l'obligation de tenir le journal de ses opérations et d'inscrire sur le registre d'essai la quantité de pièces, tant en or qu'en argent, qu'il essaie soit par la pierre de touche, soit par la coupelle; le poids des ouvrages essayés, ainsi que les lingots soumis à l'essai. Ces inscriptions ont pour but d'assurer la responsabilité de l'employé. — J. Fontaine, p. 109.

21. — Lorsque le titre d'un ouvrage d'or ou d'argent est trouvé inférieur au plus bas des titres prescrits par la loi, il pourra être procédé à un second essai, mais seulement sur la demande du propriétaire; si le second essai est confirmatif du premier, le propriétaire paie le double essai, et l'ouvrage est rompu en sa présence; si, au contraire, le premier essai est infirmé par le second, le propriétaire n'a qu'un seul essai à payer. — Art. 57.

22. — En cas de contestation sur le titre, il est fait une prise d'essai sur l'ouvrage, qui est envoyée, sous cachets du fabricant et de l'essayeur, au laboratoire de l'administration des monnaies, pour y être essayée en présence de l'inspecteur des essais. — Art. 58.

23. — Aux termes de l'art. 2, ord. 6 juin 1830, les contre-essais de lingots et matières d'or et d'argent du commerce faits aux termes de la loi du 19 brum. an VI, à l'hôtel des monnaies de Paris, doivent toujours avoir lieu par le procédé de la voie humide, qui présente un résultat d'une exactitude beaucoup plus certaine que tout autre procédé (la coupelle ou le touchau).

24. — Si c'est l'essayeur qui se trouve avoir été en défaut, les frais de transport et d'essai seront à sa charge; au cas contraire, ils seront supportés par le propriétaire de l'objet. — Art. 60.

25. — Toutefois, lorsque les tribunaux jugent à propos d'ordonner une expertise en matière de garantie d'or et d'argent, ils ne sont pas liés par l'opinion résultant de ce second essai; ils ne sont obligés ni de confier l'opération à l'administration des monnaies ni de se conformer à l'avis de cette administration. Leurs pouvoirs sont les mêmes que ceux conférés aux tribunaux civils par l'art. 323, C. procéd. — *Cass.*, 13 mars 1824, Contrib. indir. c. Chenal; 1er oct. 1807, Ledime; 28 oct. 1810, Dubrief.

26. — Lorsqu'un ouvrage d'or, d'argent ou de vermeil, quoique marqué d'un poinçon indicatif de son titre, sera soupçonné de n'être pas au titre indiqué, le propriétaire pourra l'envoyer à l'administration des monnaies, qui le fera essayer avec les formalités prescrites pour l'essai des monnaies. Si cet essai donne un titre plus bas, l'essayeur sera dénoncé aux tribunaux et condamné pour la première fois à une amende de 200 fr., pour la seconde à une amende de 600 fr., et la troisième fois il sera destitué. — Art. 61.

27. — La loi n'a eu en vue, dans cet article, selon M. J. Fontaine (p. 116, no 2), que la punition de l'*incapacité* de l'essayeur ou tout au plus d'une faute gratuite de sa part. Mais si cet employé avait reçu d'un fabricant une rétribution pour fermer les yeux sur le bas titre des bijoux, il se trouverait, dit cet auteur, ainsi que l'instigateur de la fraude, sous le coup des art. 177 et 178, C. pén., le premier comme objet de la corruption, le second comme corrupteur.

28. — Le prix d'un essai d'or, de doré et d'or tenant argent est fixé à 3 fr., et celui d'argent à 80 cent. — Les essayeurs n'ont pas d'autre rétribution. — Art. 42 et 62.

29. — Les cornets et boutons d'essai sont remis au propriétaire de la pièce. — Art. 63.

30. — L'essai des menus ouvrages d'or par la pierre de touche est payé 9 cent. par décagramme d'or. — Art. 64. — V. pour l'énumération des objets à essayer au touchau, une circulaire du 4 oct. 1822, dont le texte est rapporté par Raybaud, *Traité de la garantie*, p. 72 et suiv.

31. — Dans la plupart des départemens, la fabrication des matières d'or et d'argent est trop restreinte pour que les frais d'essais présentent aux essayeurs une rémunération suffisante: aussi la loi du 13 germin. an VI autorise-t-elle le ministre des finances (art. 1er) à accorder aux essayeurs des bureaux de garantie un traitement qui pourra être porté à la somme de 400 fr. par an, lorsque le produit des essais faits pendant l'année ne se sera pas élevé à 600 fr., déduction faite des frais.

32. — Si l'essayeur soupçonne aucun des ouvrages d'or, de vermeil ou d'argent, d'être fourré de fer, de cuivre ou de toute autre matière étrangère, il le fait couper en présence du propriétaire. Si la fraude est reconnue, l'ouvrage est saisi et confisqué; le délinquant est dénoncé aux tribunaux et condamné à une amende de vingt fois la valeur de l'objet. S'il n'y a pas eu de fraude, le dommage est payé sur-le-champ au propriétaire et passé en dépense comme frais d'administration. — Art. 65.

33. — L'essayeur du bureau de garantie doit affiner, sans autres frais que ceux fixés pour les essais, les lingots d'or et d'argent qui lui sont apportés non affinés. Ces lingots, avant d'être rendus au propriétaire, sont marqués du poinçon de l'essayeur, qui, en outre, insculpe son nom des chiffres indicatifs du vrai titre et un numéro particulier. L'essayeur fait mention de ces divers objets sur son registre, ainsi que du poids des matières essayées. L'essayeur contrevenant est soumis à une amende de 100 fr. pour la première fois, de 200 fr. pour la seconde; à la troisième fois, il est destitué. — Art. 66 et 67.

34. — Outre les essayeurs de la garantie, des essayeurs publics prenant la qualité d'essayeurs du commerce ont été créés par la loi du 22 vendém. an IV (art. 58 et suiv.); leur nombre est illimité, et ils ne sont pas placés sous la surveillance de la commission des monnaies. Ils ne peuvent exercer leur profession qu'après avoir subi un examen dans le laboratoire de l'inspecteur des essais à Paris, et après avoir obtenu de la commission des monnaies et médailles un certificat de capacité. — J. Fontaine, *C. des orfèvres*, p. 97, no 5.

35. — Les essayeurs pour le commerce sont rangés, par la loi du 25 avr. 1844, dans la troisième classe des patentables, et soumis à un droit fixe basé sur la population et au droit proportionnel du vingtième de la valeur locative de l'habitation et des lieux servant à l'exercice de la profession.

36. — L'exercice de l'industrie des essayeurs présente très peu d'inconvéniens: les établissemens qui y sont consacrés ne sont rangés que dans la troisième classe des établissemens insalubres. — V. ce mot (nomenclature).

## ESSAIM D'ABEILLES.

La réunion d'abeilles désignée par cette expression, peut comprendre, soit des abeilles sauvages sur lesquelles n'existe d'autre droit de propriété que celui du premier occupant; soit des abeilles élevées dans des ruches, et auxquelles s'applique l'art. 524, C. civ. — V. ABEILLES, ANIMAUX, no 7; BIENS, nos 95 et suiv., PROPRIÉTÉ.

## ESSARTEMENT. — ESSARTS.

1. — Essartement, c'est l'action d'arracher tous les arbres ou broussailles qui couvrent les terrains et d'enlever du sol les souches et les racines. — Dans les départemens du Rhin, le mot *essartement* est employé pour celui de *recépage*. — V. FORÊTS.

2. — Dans certains pays, on désigne sous le nom d'*essarts* des terrains incultes, des broussailles; dans d'autres, des taillis que l'on coupe tous les quinze, dix-huit ou vingt ans, à blanc étoc, et dont on brûle les menus bois sur la coupe pour servir d'engrais au terrain et y faire, dès l'année de la coupe, une récolte en grains. — Baudrillart, *Dict. des eaux et forêts*, vo *Essarts*.

3. — On insère quelquefois dans les adjudications l'obligation d'arracher et d'essarter. — V. FORÊTS.

4. — La législation renferme des mesures prescrivant, dans l'intérêt du bon entretien des routes et de la sûreté des voyageurs, l'essartement dans une certaine étendue des terrains boisés bordant les grandes voies de communication.

5. — Cette règle, que l'intérêt public a fait depuis long-temps insérer dans nos lois, n'est toutefois applicable que dans certaines localités, dans un certain rayon et sur une certaine largeur latérale.

6. — L'ordonnance des eaux et forêts, d'août 1669, portait (tit. 28, art. 1er): « En toutes les forêts de passage où il y a et doit avoir grand chemin royal, servant aux coches, carrosses, messagers et rouliers de ville à autre, les grandes routes auront au moins soixante-douze pieds de largeur, et où elles se trouveront en avoir davantage, elles seront conservées en leur entier. »

7. — L'art. 3 ajoutait: « Ordonnons que dans six mois du jour de la publication des présentes, tous bois, épines et broussailles qui se trouveront, dans l'espace de soixante pieds, ès grands chemins servant au passage des coches et carrosses publics, tant de nos forêts que de celles des ecclésiastiques, communautés, seigneurs et particuliers, seront essartés et coupés, en sorte que le chemin soit libre et plus sûr; le tout à nos frais ès forêts de notre domaine, et aux frais des ecclésiastiques, communautés et particuliers, dans les bois de leurs dépendances. »

8. — Ces dispositions ont été reproduites dans des termes à peu près identiques par l'arrêt du conseil du 3 mai 1720.

9. — Elles n'ont jamais été rapportées; l'autorité publique les a, au contraire, toujours mises à exécution quand elle l'a cru nécessaire. Un arrêt du conseil du 26 fév. 1771 a, entre autres, prescrit l'essartement le long des routes dans tout le duché de Bourgogne, en réduisant toutefois l'essartement à trente-six pieds de distance de chaque côté des fossés.

10. — C'est au ministre des travaux publics qu'il appartient de faire exécuter ces prescriptions lorsqu'il en est besoin. — Macarel, *Cours de droit admin.*, t. 3, p. 295.

11. — Dans le cas où il y a lieu de faire des essartemens dans les bois du domaine pour établir des routes, ce ministre doit en référer au ministre des finances, administrateur en chef de ce domaine, et l'exécution doit en être suivie par les agens forestiers. Si ce sont, au contraire, des bois appartenant à des particuliers que les routes doivent traverser, c'est au propriétaire qu'il appartient de faire exécuter les essartemens, sous la direction des ingénieurs des ponts et chaussées, et sous la surveillance des autorités locales. — Lett. min. 31 juill. 1821; — Baudrillart, t. 2, p. 942; Gagneraux, *Code forest.*, t. 1er, p. 296; Macarel, t. 1er, p. 296.

12. — Quant à la largeur à donner à l'essartement, M. Tarbé de Vauxclairs, dans un article inséré au t. 2, p. 443, du *Répertoire* de Favard, conclut, d'après les termes de l'ord. de 1669, que l'essartement est dû sur une largeur de soixante pieds de chaque bord. Mais on a répondu que l'ordonnance de 1669 exige que les routes aient soixante-douze pieds de largeur, et que ce qui doit prouver qu'il faut adopter ce dernier chiffre, ce sont les termes mêmes de l'arrêt du conseil du 3 mai 1720, ordonnant que les grands chemins soient élargis jusqu'à soixante pieds, et bordés, hors ledit espace, de fossés d'une largeur de six pieds, ce qui donne à la route les soixante-douze pieds déterminés par l'ordonnance de 1669.

13. — Ces discussions s'étant reproduites entre l'administration des ponts et chaussées, chargée de l'établissement et de l'entretien des routes, et l'administration des forêts, un avis du conseil d'état du 18 mars 1824 a décidé: « que l'ordonnance de 1669 prescrit d'essarter les bois et forêts, sur 60 pieds ou 20 mètres de largeur, *de chaque côté des routes* qui les traversent. »

14. — En fait, l'administration prescrit quelquefois l'essartement, mais elle reste la maîtresse

d'adoucir la rigueur de la loi. Cette faculté de faire essarter les bois et forêts constitue, entre ses mains, l'un de ces droits de servitude d'utilité publique prévus par l'art. 649, C. civ., et dont l'art. 650, même Code, énumère quelques cas principaux. — Macarel, t. 3, nos 300 et 301.

15. — Lorsque l'essartement est régulièrement ordonné, les propriétaires riverains, forcés de l'effectuer, ont-ils droit à une indemnité? — M. Tarbé de Vauxclairs (loc. cit.), se fondant sur la loi du 2 brum. an VIII, pense qu'il y a lieu d'allouer une indemnité aux propriétaires riverains. — M. Macarel (p. 302) admet aussi le principe de l'indemnité, mais seulement pour les routes nouvellement ouvertes au travers des bois déjà existans.

16. — Comme, en outre, le sol essarté reste la propriété du riverain et rentre dans la classe des terrains cultivables, ce dernier auteur ajoute que, si une indemnité est accordée, elle ne doit pas nécessairement être égale au capital du revenu annuel du bois.

17. — Le riverain n'étant, par l'essartement, exproprié d'aucune portion de son terrain, et l'obligation qui lui est imposée se bornant à déblayer le terrain des arbres qui s'y trouvent plantés, il n'y a pas lieu à appliquer ici les lois sur l'expropriation pour cause d'utilité publique, et c'est à l'autorité administrative à arbitrer l'indemnité, s'il y a lieu. En un mot, la loi à suivre est celle du 16 sept. 1807, et non celle du 3 mai 1841. — Macarel, t. 3, p. 303; Foucart, t. 2, p. 403.

18. — Depuis la loi du 2 brum. an VIII, prescrivant l'arrachis du bois *de la Touche*, situé dans le département de Loir-et-Cher, et qui était signalé comme dangereux, à raison de sa proximité de la grande route, on ne trouve au *Bulletin des lois* que l'ordonnance du 9 nov. 1828 qui prescrive l'application de celle de 1669. Cette ordonnance a décidé, conformément à l'avis du conseil d'état du 18 nov. 1824, que l'essartement aurait lieu *de chaque côté des routes* qu'elle désigne, et elle a disposé, conformément à l'ordonnance de 1669, que cet essartement serait de vingt mètres. — V. ROUTES.

### ESSAYEUR DE SOIE.

Patentables de sixième classe; — droit fixe basé sur la population et droit proportionnel du vingtième de la valeur locative de l'habitation et des lieux servant à l'exercice de la profession. — V. PATENTE.

### ESSENCE D'ORIENT (Fabricans d').

Fabricans d'essence d'orient; — patentables de septième classe; — droit fixe basé sur la population et droit proportionnel du quarantième de la valeur locative de tous les locaux qu'ils occupent, mais seulement dans les communes de 20,000 ames et au-dessus. — V. PATENTE.

### ESSORILLER.

1. — Couper les oreilles à un criminel.

2. — Cette peine était surtout appliquée autrefois, en France, aux voleurs. Plusieurs coutumes, telles que celle d'Anjou (art. 148), de Loudunois (art. 12, chap. 39) la prononçaient formellement; elle est aussi mentionnée dans les ordonnances de mars 1498 et de juillet 1534. — *Encyclopédie méthodique* (Jurisp.), v° *Essoriller*.

3. — L'art. 337, cout. de la Marche, infligeait le même supplice à ceux qui, bannis à perpétuité, osaient reparaître dans leur pays. — Guyot, *Rép.*, v° *Essoriller*; Merlin, *Rép.*, *eod. verb.*

4. — Enfin, les esclaves fugitifs devaient, aux colonies, aux termes de l'art. 38 de l'édit du mois mars 1685, et 32 d'un autre édit de mars 1724, subir le même châtiment. — V. ESCLAVAGE.

5. — Cette peine n'existe plus aujourd'hui en France.

### ESTAMINET (Maîtres d').

1. — Maîtres d'estaminet; — patentables de quatrième classe; — droit fixe basé sur la population et droit proportionnel du vingtième de la valeur locative de l'habitation et des lieux servant à l'exercice de la profession. — V. PATENTE.

V. au surplus, pour d'autres détails, CABARET, CAFÉ, et les renvois qui y sont indiqués.

### ESTAMPES.

1. — L'estampe est le résultat de l'impression d'un dessin sur une matière plus ou moins molle à l'aide d'une autre substance plus dure, que cette dernière soit métallique ou non.

2. — Considérée dans ses rapports avec le droit exclusif de reproduction qui appartient à un artiste sur son œuvre, l'estampe est protégée par les lois sur la propriété littéraire. — V. PROPRIÉTÉ LITTÉRAIRE.

3. — L'estampe, étant un des moyens de reproduire les dessins, rentre dans les termes de l'art. 1er, L. 17 mai 1819, qui spécifie par quels moyens se commettent les délits de presse et de publication. — V. DÉLIT DE PRESSE ET DE PUBLICATION.

4. — Les estampes sont comprises parmi les produits de l'art que, pour leur publication, l'art. 20, L. 9 sept. 1835, soumet au régime de l'autorisation préalable. Nous avons traité d'une manière complète de la législation sur la police des dessins, gravures et autres procédés analogues sous le mot DESSIN. — V. ce mot.

5. — Nous n'avons pas besoin de dire qu'en présence de l'abolition de la censure prononcée par la charte de 1830, l'estampe, la reproduction du dessin, est seule soumise à l'examen et à l'autorisation, qui ne peuvent, sous aucun prétexte, être étendus au texte accompagnant l'estampe.

6. — Mais les estampes accompagnées d'un texte sont soumises à la déclaration et au dépôt prescrits par la loi du 21 oct. 1814, art. 14. — V. IMPRIMERIE.

7. — Quant aux estampes sans texte, l'ord. du 24 oct. 1814 prescrivait, par son art. 8, que cinq épreuves fussent déposées à Paris au secrétariat de la direction générale de la librairie et dans les départemens au secrétariat de la préfecture. Deux de ces épreuves, dont une avant la lettre ou en couleur, s'il en a été tiré de cette espèce, étaient destinées à la bibliothèque royale. Les trois autres se répartissaient entre le chancelier de France, le ministre de l'intérieur et le directeur-général de la librairie.

8. — On sait que le bureau de la librairie au ministère de l'intérieur est aujourd'hui investi des attributions originairement conférées à la direction générale de la librairie.

9. — Le récépissé détaillé délivré à l'auteur forme son titre de propriété, conformément à la loi du 19 juill. 1793. — Ord. 24 oct. 1824, art. 9.

10. — L'art. 8, ord. 24 oct. 1824, a été modifié par l'ord. du 9 janv. qui, en continuant de prescrire le dépôt de deux épreuves pour la bibliothèque royale, a réduit le nombre des autres preuves à une seule, destinée à la bibliothèque du ministre de l'intérieur.

11. — L'épreuve déposée en exécution de la loi et de l'ord. du 9 sept. 1835 (V. *suprà* n° 4) ne peut pas tenir lieu de celle dont le dépôt est prescrit par l'ord. du 9 janv. 1828.

12. — La publication ou mise en vente avant le dépôt des cinq épreuves constaté par le récépissé motive la saisie de l'estampe par les commissaires de police. — Ord. 24 oct. 1824, art. 10.

13. — Sur les formalités qui doivent accompagner l'introduction en France des gravures étrangères, V. DESSINS, n° 26.

14. — Les marchands d'estampes et gravures sont rangés par la loi du 25 avr. 1814 dans la sixième classe des patentables, et, par suite, soumis à un droit fixe basé sur la population, et à un droit proportionnel du vingtième de la valeur locative de l'habitation et des lieux servant à l'exercice de la profession.

### ESTAMPEURS.

Estampeurs en or et en argent; — patentables de quatrième classe; — droit fixe basé sur la population; — droit proportionnel du vingtième de la valeur locative des lieux qu'ils occupent, et de ceux destinés à l'exercice de l'industrie.

### ESTAMPILLE.

1. — Marque apposée sur certains objets ou marchandises pour déterminer leur identité.

2. — L'administration des douanes, pour assurer leur réexportation, appose une estampille à chaque bout de pièce des tissus temporairement admis. Le soumissionnaire et sa caution doivent s'engager préalablement et solidairement sous les peines édictées par la loi du 5 juil. 1836 (art. 5), à faire ressortir les mêmes pièces pesant ensemble le même poids et donnant la même mesure. — Ord. 18 mai 1837, art. 3; circul. min fin. 27 mai 1837, n° 1624.

3. — Ce qui est nécessaire à l'application de l'estampille doit être fourni par la douane. L'expéditeur est soumis au droit de 10 centimes pour chaque estampille. — Circul. du 27 mai 1837, n° 1624.

4. — Il y a dans chaque bureau de douane un registre indiquant jour par jour et dans une colonne spéciale la recette du produit des estampilles apposées par les vérificateurs. — Circul. 16 nov. 1838, n° 1719.

5. — On ne peut expédier que sous estampillage les fontes en gueuses admissibles à l'importation, dont le travail a été autorisé à titre d'essai. — Circul. 16 fév. 1840, n° 1796.

6. — Une ordonnance du 3 avr. 1836 prescrit à tout fabricant de tulle de coton d'apposer aux deux bouts de chaque pièce écrue une estampille dont les caractères rendus indélébiles par l'emploi du chlorure de manganèse doivent être parfaitement lisibles et au moins d'un demi centimètre de hauteur. — Art. 2.

7. — Indépendamment de cette première estampille les pièces de tulle destinées à être divisées en bandes doivent porter aux deux bouts de chaque bande une seconde estampille apposée dans la longueur de la bande. Cette seconde estampille indique, comme la première, les noms du fabricant et de la commune de sa résidence, et porte en outre le numéro d'ordre des registres et du métier.

8. — Le fabricant doit déposer un modèle ou empreinte de chacune de ces estampilles, soit au greffe du tribunal de commerce, soit au secrétariat du conseil des prud'hommes pour y être conservé. Pareil modèle doit être transmis au ministre du commerce. — Art. 4.

9. — L'estampille n'est point nécessaire pour les pièces de *picots*, ou pour les *frivolités* en écru qui n'ont pas plus d'un centimètre de hauteur. — Art. 3.

10. — Les tissus dépourvus de cette estampille sont saisis s'ils sont reconnus être de fabrication étrangère, les détenteurs sont punis, outre la confiscation, d'une amende égale à la valeur de l'objet estimé par le jury sans que jamais elle puisse être au-dessous de cinq cents francs. — Ord. 3 avr. 1836, art. 6; L. 21 avr. 1818, art. 42.

11. — Si ces tissus sont reconnus d'origine française, le propriétaire ou détenteur peut les recouvrer en payant une amende de six pour cent de leur valeur. — Ord. 3 avr. 1836, art. 6; L. 21 avr. 1818, art. 43.

12. — Aux termes de l'arrêté du 3 fructid. an IX, art. 1er, les basins, piqués, mousselinettes, toiles, et velours de coton qui ne portaient pas l'estampille du fabricant et celle nationale étaient réputés provenir de fabrique anglaise. — V. DOUANES, n° 173 et suiv.

13. — Il ne faut pas du reste, malgré l'analogie qui peut exister entre leurs effets, confondre les estampilles avec les marques de fabrique. — V. MARQUES DE FABRIQUE et PROPRIÉTÉ INDUSTRIELLE.

14. — L'art. 7 du 2e règlement du 30 août 1777, pour assurer l'effet du premier règlement du même jour qui avait statué sur les priviléges de librairie et sur leur durée, ordonnait qu'une estampille serait, dans le délai de deux mois, apposée sur la première page de chaque exemplaire des contrefaçons antérieures à cet arrêt du 30 août 1777; une fois le délai de deux mois expiré, les livres contrefaits trouvés dénués de la marque de l'estampille devaient être regardés comme des contrefaçons nouvelles et motiver contre les possesseurs la peine de 6,000 livres d'amende.

15. — Pour assurer la perception des contributions indirectes établies sur les voitures publiques et la construction régulière de ces moyens de transport, l'art. 117 de la loi des finances du 25 mars 1817 a prescrit l'apposition sur ces voitures avant leur mise en circulation, d'une estampille. — V. VOITURES PUBLIQUES.

### ESTER EN JUGEMENT.

1. — *Stare in judicio.* Poursuivre une action en justice, soit en demandant, soit en défendant; figurer dans un procès. — La femme mariée ne peut ester en justice sans l'autorisation de son mari. — V. AUTORISATION DE FEMME MARIÉE.

2. — On se sert aussi, mais rarement, de ces mots: *Ester à droit*, pour exprimer qu'une personne assignée s'est présentée devant le juge, qu'elle a comparu.

3. — Anciennement le contumax ne pouvait se représenter en justice après les cinq ans, sans avoir obtenu en chancellerie des lettres pour *ester à droit*.

### ESTIMATION.

1. — C'est la prisée ou l'évaluation d'une chose.

2. — Il serait impossible et, à dire vrai, sans grand intérêt d'indiquer toutes les dispositions de lois où il est prescrit de recourir à une estimation

Nous nous contenterons d'en signaler quelques unes.

3. — A la fin de l'usufruit de choses fongibles, l'usufruitier, au lieu d'en rendre de pareille quantité, qualité ou valeur, peut en rendre l'estimation. — C. civ., art. 587. — V. USUFRUIT.

4. — Dans les partages et licitations d'immeubles et de meubles, l'estimation doit s'en faire préalablement. — C. civ., art. 824 et suiv. — V. INVENTAIRE, LICITATION, PARTAGE.

5. — Il en est de même dans plusieurs cas où, des immeubles devant être vendus judiciairement, des experts sont chargés d'en faire auparavant l'estimation. — V. EXPERTISE.

6. — Dans le cas de saisie de bagues et joyaux, l'estimation doit en être faite par des gens de l'art, et la vente ne peut s'en faire au-dessous de cette estimation. — C. procéd., art. 621. — V. SAISIE-EXÉCUTION.

7. — En matière d'enregistrement, il y a lieu aussi à des estimations ou évaluations. — V. ENREGISTREMENT.

8. — L'estimation des choses doit, en général, se faire d'après leur valeur commune, et non suivant l'affection ou l'utilité des particuliers. — L. 33, ff., *Ad. leg. aquil.*; L. 63, ff., *Ad. leg. falcid.*

9. — ... Elle doit se référer au temps où la chose était exigible. — L. 12, ff., *De reb. cred.*; L. 60 et 95, ff., *De verb. oblig.*; — Toullier, t. 6, n° 540.

10. — En général, l'estimation qu'on fait d'une chose dans un acte ne doit pas, à moins d'une disposition de loi ou d'une convention contraire, prendre la place de cette chose. — Toullier, t. 7, n° 50; Rolland de Villargues, *Rép. du not.*, v° *Estimation*, n° 4. — V. *contrà* Merlin, *Quest.*, v° *Legs*, § 1er.

11. — Ainsi, sous le régime dotal, l'estimation donnée à l'immeuble constitué en dot n'en transporte pas la propriété au mari, s'il n'y en a déclaration contraire (C. civ., art. 1552). A l'égard des meubles, la disposition de la loi est toute différente (art. 1565). — V. DOT.

V. aussi ASSURANCE MARITIME, BAIL, COMMUNAUTÉ, COMMUNE, DONATION ENTRE-VIFS, DOUANES.

## ESTOC.

1. — Vieux mot signifiant littéralement le tronc d'un arbre, mais exprimant, en jurisprudence la souche commune dont plusieurs personnes sont issues. — Merlin, *Rép.*, v° *Estoc*.

2. — Dans les coutumes de simple côté ou de côté en ligne, on confondait souvent le terme d'*estoc* avec celui de *ligne*. Ces deux mots étaient synonymes dans la coutume de Paris. — Mais dans les coutumes souchères le terme d'estoc se prenait, comme on vient de le dire, pour la souche commune. — Merlin, *ibid.* — V. PATERNA PATERNIS, PROPRES.

## ETABLE.

1. — Lieux destinés à recevoir les bestiaux.

2. — Ces locaux, disent MM. Elouin et Trébuchet (*Dict. pol.*, v° *Ecuries, Etables*) ne sont pas en général soumis (sauf les cas indiqués ci-après) à la surveillance habituelle de l'autorité municipale. Mais si la négligence du propriétaire à les nettoyer occasionnait des exhalaisons insalubres ou incommodes pour les maisons où ils se trouvent, le maire aurait, en vertu de l'art. 3, n° 1er, tit. 11, L. 24 août 1790, le droit de prendre un arrêté pour contraindre le propriétaire à les nettoyer et les assainir.

3. — En temps de contagion les étables, soit des administrations publiques, soit des particuliers, sont soumises à la visite d'experts autorisés et accompagnés d'un officier public, et nul ne peut refuser à ces experts l'entrée de ces étables. — V. au surplus ÉPIZOOTIE.

4. — En outre, les étables et écuries dans lesquelles ont séjourné des chevaux morveux ou animaux attaqués de maladies contagieuses, doivent être aérées et purifiées; elles ne peuvent être occupées par d'autres animaux que lorsqu'elles ont été purifiées et qu'il s'est écoulé un temps suffisant pour en ôter l'infection. — V. même mot.

5. — A Paris, il est enjoint d'avoir dans les étables ou écuries des lanternes fixes pour prévenir les accidens du feu. Il est défendu, en outre, d'y entrer avec des pipes remplies de tabac allumé et d'y fumer. — Ord. préfet de police 21 déc. 1819, art. 9. — V. au surplus INCENDIES (mesures contre les).

6. — Les étables des vacheries sont aussi soumises à des réglemens particuliers qui ont été, pour le ressort de la préfecture de police, l'objet de diverses ordonnances dont les deux premières, celles du 23 prair. an X et du 25 juill. 1822, ont fait place à une autre plus récente du 27 fév. 1838.

7. — Aux termes de l'ordonnance de 1822 (art. 3) aucune vacherie ne pouvait avoir moins de deux mètres et demie de hauteur. La longueur desdites vacheries était proportionnée au nombre de vaches, de manière que les étables affectées au placement de quatre vaches eussent au moins quatre mètres et demi de longueur et ainsi progressivement. La largeur des étables ne pouvait être au-dessous de trois mètres trente-trois centimètres.

8. — En outre, suivant l'art. 4 de la même ordonnance, dans les étables de la dimension de trois mètres jusqu'à huit on devait pratiquer une fenêtre assez grande, à la hauteur d'un mètre environ, pour que l'air pût se renouveler librement. Cette fenêtre se plaçait généralement du côté opposé à la porte d'entrée; si la vacherie était isolée, deux fenêtres étaient placées aux deux extrémités en face l'une de l'autre. Dans les étables de quinze à vingt mètres et au-dessus, il était établi trois fenêtres au moins.

9. — Enfin, lorsque les étables étaient entourées de bâtimens de manière à ce qu'il ne pût être établi de fenêtres latérales, il devait être pratiqué dans le plancher, au-dessus de la crèche, aux extrémités et au milieu, selon l'étendue de l'étable, trois ouvertures communiquant par un tuyau en poterie jusqu'au-delà du toit et servant de ventilateurs. — Art. 5.

10. — Ces diverses dispositions ne sont pas reproduites par l'ordonnance du 27 fév. 1838, dont l'art. 8 *rapporte* celle du 25 juill. 1822.

11. — Aux termes de l'ordonnance de 1838, les étables doivent être pavées en pentes, et un ruisseau doit être établi pour faciliter l'écoulement des eaux. — Art. 2.

12. — Les nourrisseurs sont tenus de faire enlever leurs fumiers au moins une fois par semaine avant six heures du matin en été, et avant huit en hiver. — Art. 3.

13. — L'art. 9, ord. 1822, portait que le plancher haut des étables devait être hourdé en plâtre. — Par une autre ordonnance, 18 oct. 1827, le préfet de police a décidé qu'à l'avenir il suffirait de faire hourder en plâtre les entrevoux des étables. — Enfin, on lit dans l'ordonnance de 1838 (art. 4): « Le plancher haut des étables devra être plafonné ou au moins hourdé plein, au niveau des solives, de manière à présenter une surface unie.

14. — Les dépôts de fourrages doivent être séparés des étables par un mur en maçonnerie s'ils sont placés à côté, et par un plancher recouvert d'un carrelage ou d'une aire en salpêtre, s'ils sont établis immédiatement au-dessus. — Art. 5.

15. — Les nourrisseurs doivent tenir leurs établissemens dans le plus grand état de propreté et se conformer d'ailleurs à toutes les précautions de salubrité qui leur seront prescrites par la permission dont ils doivent être pourvus, conformément aux réglemens sur les établissemens dangereux, insalubres ou incommodes. — V. ÉTABLISSEMENS INSALUBRES.

16. — V. au surplus VACHERIES.

17. — Les étables et écuries d'une ferme ou d'une métairie ne sont soumises à la contribution foncière qu'à raison du terrain qu'elles enlèvent à l'agriculture, évalué sur le pied des meilleures terres labourables de la commune. — V. CONTRIBUTIONS DIRECTES, n° 143. — V. aussi, sur le point de savoir si les fenêtres de ces étables et écuries sont soumises à l'impôt, v° CONTRIBUTIONS DIRECTES, n° 375.

18. — Pour obvier aux inconvéniens et aux causes d'insalubrité qui pouvaient être la suite de l'amas de fumiers ou du défaut d'écoulement des urines, les coutumes de Paris, du Nivernais et du Bourbonnais exigeaient que le propriétaire d'une étable fît un contre-mur contre le mur mitoyen. — Loysel, *Institutes coutum.*, n° 291.

19. — Ce contre-mur devait avoir huit pouces d'épaisseur jusqu'à la hauteur du rez-de-chaussée de la mangeoire. Cette hauteur était ordinairement de trois pieds au-dessus de l'aire du rez-de-chaussée de l'étable; les murs avaient, en outre, deux pieds de fondation pour garantir le mur mitoyen contre l'humidité du fumier. — Cout. Paris, art. 188; — Trébuchet, *Dict. de police*, v^is *Ecuries, Etables*.

## ÉTABLISSEMENT.

1. — C'est l'action de créer par un individu une existence, une industrie personnelle, le plus souvent par mariage.

2. — Ainsi jugé que le legs d'une somme d'argent payable à l'époque de l'*établissement* du légataire devait s'entendre du *mariage* de celui-ci. — *Montpellier*, 13 déc. 1834, Dalbis c. Pascal.

3. — Un enfant n'a pas d'action contre ses père et mère pour un établissement par mariage ou autrement. — C. civ., art. 204. — V. MARIAGE.

4. — Un héritier doit à ses cohéritiers le rapport de ce qui a été employé pour son établissement. — C. civ., art. 851. — V. RAPPORT A SUCCESSION.

5. — Quant à l'établissement par les époux de leurs enfans communs ou des enfans d'un mariage antérieur, soit sous le régime de la communauté (C. civ., art. 1427), soit sous le régime dotal. — Art. 1555. — V. COMMUNAUTÉ, DOT.

6. — On entend encore par *établissement* le siége des affaires d'une personne. C'est en ce sens qu'on dit que le domicile est le lieu où l'on a son principal établissement. — C. civ., art. 102. — V. DOMICILE.

## ÉTABLISSEMENS DE BIENFAISANCE.

*Table alphabétique.*

Acquisition, 56.
Actions, 53.
Administration, 50 s.
Aliénation, 56.
Aliénés, 13, 26.
Asile royal de la providence, 30.
Associations de bienfaisance, 37 s. — de secours mutuels, 41.
Autorisation, 10, 14 s., 51. — du gouvernement, 12. — de plaider, 54 s.
Autorité publique, 61.
Bornage, 55.
Budget. 56.
Bureaux de bienfaisance, 4, 16 s. — des nourrices, 49.
Caisse d'épargne, 31.
Capacité de recevoir, 14.
Charenton, 20 s.
Charité publique, 2.
Colonies agricoles, 36.
Colonie de Mettray, 36. — d'Ostwald, 36. — de Petit-Bourg, 36.
Comité consultatif, 53.
Communautés religieuses, 62.
Communes, 8.
Comptabilité, 60.
Compte, 56.
Conseils municipaux, 56. — de préfecture, 54.
Crèches, 48.
Curé, 63.
Déclaration d'utilité publique, 9.
Département, 8.
Dépôts de mendicité, 34.
Destination, 11.
Disposition à titre gratuit, 30.
Distribution des secours, 62 s.
Dons et legs, 51 s., 56.
Dotation, 4, 11.
Echange, 56.
Econome, 60.
Emprunt, 56.
Etablissemens anciens, 3. — généraux de bienfaisance, 20. — particuliers, 7, 9 s. — publics, 7 s. — spéciaux, 19, 25.
Etat, 8.
Etre moral, 14.
Existence civile, 14.
Fondateurs, 57 s.
Héritiers des fondateurs, 58 s.
Hospices, 5, 18, 29. — communaux, 16. — départementaux, 25 s.
Inspecteurs généraux, 65.
Institutions de bienfaisance, 27 s.
Jeunes aveugles, 20. — (institution royale des), 24.
Maire, 64.
Maisons de refuge, 35. — de retraite, 28 s.
Ministre de l'intérieur, 13.
Monts-de-piété, 32.
Mutation par décès (droits de), 52.
Préfet, 13.
Procès, 53, 56.
Quêtes, 40.
Quinze-Vingts, 20. — (hospice des), 22.
Répartition des secours publics, 4.
Salles d'asile, 46 s.
Société de la charité maternelle, 42 s. — philantropique, 38. — du placement en apprentissage des jeunes orphelins, 39.
Sourds-muets, 20. — (institution), 23.
Subventions, 10, 44.
Suppression, 3.
Surveillance, 61, 64.

ÉTABLISSEMENS DE BIENFAISANCE. — 1. — On appelle ainsi, en général, tous les établissemens qui ont pour objet le soulagement des malheureux, soit en venant à leur secours dans leurs maladies, leurs infirmités ou leur indigence, soit en cherchant à prévenir leurs misères.

2. — De tout temps, en France, la charité publique venant incessamment en aide à l'action du gouvernement, a multiplié ces foyers de secours sur tous les points du royaume.

3. — Mais, associés pour la plupart aux institutions religieuses dont ils semblaient être une émanation, les établissemens de bienfaisance existans en 1788 furent, à de rares exceptions près, désorganisés par la révolution.

4. — Nous avons déjà fait connaître, v° BUREAU DE BIENFAISANCE, après avoir retracé l'ancienne législation et en indiquant les règles qui régissent aujourd'hui ces établissemens, quel système fut alors adopté pour la répartition des secours publics, et comment les bureaux de bienfaisance, réorganisés plus tard par la loi du 7 frim. an V, furent appelés à recueillir les biens et revenus qui avaient appartenu autrefois aux établissemens de bienfaisance supprimés. — Arr. 9 fructid. an IX; décr. 12 juill. 1807.

5. — On verra (v° HOSPICES) quel fut, pendant la même période, le sort des établissemens hospi-

taliers proprement dits, et quel est le mode actuel de leur administration.

6. — Enfin, tout ce qui concerne les établissemens spéciaux ayant donné lieu à des articles particuliers auxquels nous devons renvoyer le lecteur, nous n'avons à nous occuper ici des établissemens de bienfaisance qu'au point de vue général, et à esquisser rapidement le tableau des établissemens existans.

7. — Les établissemens de bienfaisance sont *publics* ou *particuliers*.

8. — Au point de vue de l'administration, sont seuls considérés comme établissemens *publics* de bienfaisance les établissemens qui, fondés ou adoptés par l'état, les départemens ou les communes, ont une administration dépendante de l'administration publique, et sont de tous points soumis à l'action de l'autorité.

9. — Les établissemens entretenus et administrés par des paticuliers demeurent des établissemens *privés*, lors même que des ordonnances royales les auraient déclarés d'*utilité publique*, et, par là leur auraient conféré l'existence civile. — Durieu et Roche, *Rép. des étab. de bienf.*, t. 2, p. 224.

10. — Il suit de là : 1° que l'ordonnance d'autorisation n'engage en rien l'état, les départemens et les communes à fournir à l'établissement autorisé les subventions dont il pourrait avoir besoin pour se soutenir.

11. — ...2° Que les établissemens particuliers ne peuvent, par réciprocité, être atteints dans leur dotation par aucun acte de l'autorité, ni être contraints d'en changer la destination, cette dotation devant être considérée comme leur propriété particulière, à la charge seulement par eux de se conformer aux conditions de leur institution.

12. — Conformément aux règles que nous avons exposées (v° ÉTABLISSEMENS PUBLICS), les particuliers ou les administrations locales ne peuvent fonder d'établissemens de bienfaisance qu'avec l'autorisation du gouvernement.

13. — Dans la pratique, toutefois, on se contente souvent d'une autorisation du ministre de l'intérieur ou même du préfet ; mais cette tolérance ne peut, en aucun cas, s'étendre ni aux congrégations hospitalières, ni aux établissemens privés consacrés aux aliénés. — L. 24 mai 1825 et 30 juin 1838. — Durieu et Roche, *Des étab. de bienf.*, v° *Etablissemens particuliers de bienfaisance*, n° 1er.

14. — On doit remarquer d'ailleurs que l'établissement qui n'a reçu qu'une autorisation de cette nature n'a qu'une existence toute précaire et du fait de laquelle ne peuvent résulter ni le caractère d'établissement d'utilité publique ni la capacité de recevoir et de disposer comme personne morale.

15. — Pour obtenir l'autorisation royale qui leur est nécessaire, les particuliers qui veulent fonder des établissemens de bienfaisance doivent adresser au préfet une expédition de l'acte notarié constitutif de sa fondation, lequel précise la nature et l'objet de l'établissement, son organisation administrative et ses moyens d'existence. Le préfet prend ensuite les avis du maire et du sous-préfet et transmet le tout avec son propre avis au ministre de l'intérieur. — Durieu et Roche, *loc. cit.*, t. 2, p. 252.

16. — Les établissemens de bienfaisance qui forment la base de notre système actuel de charité publique sont les bureaux de bienfaisance et les hospices établis dans les communes.

17. — Les bureaux de bienfaisance ont pour mission, dans les communes où ils sont établis, de distribuer des secours à domicile. — V. BUREAU DE BIENFAISANCE.

18. — Les hospices ou hôpitaux appartenant aux mêmes localités reçoivent et traitent gratuitement les malades et les infirmes indigens. — V. HOSPICES.

19. — Tous les autres établissemens, publics ou particuliers, qui sortent du service communal, doivent être considérés comme des établissemens *spéciaux*, en ce sens qu'au lieu de s'adresser, comme les bureaux de bienfaisance et les hospices, à toutes les infortunes, à tous les indigens ou à tous les malades du lieu où ils sont établis, ils n'ont pour but qu'une bienfaisance restreinte dans un certain cercle et ne s'adressent qu'à une seule classe de malheureux ou de malades.

20. — En première ligne, il faut citer les établissemens généraux de bienfaisance qui appartiennent à l'état et qui comprennent la maison royale de Charenton, l'hospice des Quinze-Vingts et les institutions des Sourds-Muets et des Jeunes-Aveugles. — V. ÉTABLISSEMENS GÉNÉRAUX DE BIENFAISANCE.

21. — *Maison royale de Charenton.* — On sait que cet établissement, dirigé par l'état, a pour objet le traitement spécial des aliénés. — V. CHARENTON (MAISON ROYALE DE).

22. — *Hospice royal des Quinze-Vingts.* — Établissement destiné au soulagement des aveugles indigens ou du moins peu aisés, soit au moyen de leur admission comme pensionnaires dans l'intérieur de la maison, soit en leur accordant au dehors des secours pécuniaires. — V. ÉTABLISSEMENS GÉNÉRAUX DE BIENFAISANCE, HOSPICES, QUINZE-VINGTS (HOSPICE ROYAL DES).

23. — *Sourds-Muets.* — Il existe deux institutions royales de Sourds-Muets, l'une à Paris, l'autre à Bordeaux. Elles ont toutes deux pour objet l'éducation des sourds-muets de naissance. — V. ÉTABLISSEMENS GÉNÉRAUX DE BIENFAISANCE, SOURDS-MUETS (INSTITUTION ROYALE DES).

24. — *Jeunes aveugles.* — Institution analogue à celles dont nous venons de parler et destinée à l'éducation spéciale des jeunes aveugles. Fondée à Paris en 1784 par Valentin Hauy, elle fut réunie à celle des sourds-muets par un décret du 21-29 juill. 1791, et maintenue à la charge du trésor public par le décret du 3 brum. an IV et les lois des 16 vendém. an V et 11 frim. an VII. Un arrêté du ministre de l'intérieur du 10 oct. 1815 a précisé sa destination et réglé son organisation. — V. JEUNES AVEUGLES (INSTITUTION ROYALE DES).

25. — Quelques départemens possèdent aussi des établissemens hospitaliers qui sont généralement consacrés au soulagement de certaines maladies spéciales que les hospices communaux ne peuvent ou ne veulent pas traiter, telles que l'aliénation mentale, la gale, la teigne, le mal vénérien ; ou de quelques infirmités, telles que la surdité, la cécité, etc. — « Ces hospices, disent MM. Durieu et Roche (*Rép.*, t. 2, p. 331), à la différence des établissemens communaux, qui n'étendent qu'exceptionnellement leurs secours hors du territoire de la commune, s'ouvrent pour tous les indigens du département affectés des maladies ou infirmités de la catégorie indiquée. »

26. — De ce nombre sont naturellement les établissemens publics d'aliénés créés par les départemens conformément à la loi du 30 juin 1838. L'ordonnance royale du 18 déc. 1839, rendue pour l'exécution de la loi précitée, a déclaré que, sauf quelques exceptions déterminées, les lois et réglemens relatifs à l'administration générale des hospices et établissemens de bienfaisance leur étaient applicables. — Art. 16. — V. au surplus ALIÉNÉS.

27. — Viennent ensuite de nombreuses institutions, les unes instituées et soutenues par l'état, les départemens ou les communes ; les autres fondées par des particuliers avec l'appui et sous le patronage de l'administration ; les troisièmes enfin dues exclusivement à la charité privée, et qui toutes, par le but de leur création, doivent être classées parmi les établissemens de bienfaisance.

28. — *Maisons de retraite.* — Ce sont des établissemens fondés par les administrations municipales ou par les départemens, et dans lesquels on reçoit pour la vie des vieillards indigens, moyennant un faible prix de pension ou une somme fixe une fois payée, gradués l'un et l'autre sur l'âge de l'individu admis. De ce nombre sont à Paris l'institution de Sainte-Périne de Chaillot et l'hospice de Larochefoucauld, qui sont tous deux placés sous la direction du conseil général des hospices.

29. — « Ces établissemens, disait le ministre de l'intérieur dans une circulaire du 6 août 1840, peuvent avoir une haute portée morale. Ils tendent à détruire peu à peu les inconvéniens que présentent les hospices. L'homme qui a péniblement amassé le capital qui doit assurer un jour son admission dans un de ces asiles, y entre sans déchoir à ses propres yeux, parce qu'il sent qu'alors même que l'administration publique fait une partie des frais, il participe du moins pour portion à la dépense qu'il occasionne, et qu'en définitive l'assistance qu'il reçoit est le prix de son travail passé et de ses économies. »

30. — Une ordonnance royale du 24 déc. 1817 a autorisé un établissement particulier de cette nature, formé sur le territoire de la commune de Montmartre, sous le nom d'*asile royal de la Providence*. Cet établissement est destiné à servir de retraite à de pauvres vieillards ou à des indigens infirmes des deux sexes de la ville de Paris, qui y sont logés, nourris, chauffés, blanchis et éclairés, tant en santé qu'en maladie. Le nombre des places est fixé à cinquante-deux, dont douze seulement gratuites, et quarante, moyennant une pension annuelle. — L'ordonnance d'institution a déterminé les conditions de ces admissions, et a réglé divers points relatifs à l'administration de l'établissement, en disposant d'ailleurs (art. 10) qu'il serait régi conformément aux lois et réglemens concernant les établissemens de charité. » — Cette ordonnance porte encore (art. 14) que « les dons et legs qui pourront être faits à l'asile royal de la Providence seront acceptés par le conseil d'administration de l'établissement après en avoir obtenu l'autorisation dans les formes voulues par les lois et réglemens pour les établissemens de charité. »

31. — *Caisses d'épargne.* — Elles ont pour objet de recevoir en dépôt et de faire fructifier de petites sommes, et d'aider ainsi les classes laborieuses à utiliser leurs économies et à se créer des ressources. — V. CAISSE D'ÉPARGNE.

32. — *Monts-de-piété.* — Ils sont institués pour venir en aide à la classe indigente, par des prêts sur nantissement, moyennant un modique intérêt dont le produit est attribué aux hospices. — V. MONT-DE-PIÉTÉ.

33. — *Ateliers de charité.* — Ce sont des établissemens formés principalement dans la mauvaise saison ou dans des circonstances extraordinaires, pour procurer du travail aux indigens : ils sont soutenus, soit au moyen d'allocations fournies par les bureaux de bienfaisance, soit à l'aide de subventions accordées par les communes, les départemens et même l'état. — On voit par les édits des 9 juill. 1547, 13 avr. 1685, 10 fév. 1699, 6 août 1709 et autres, que ce mode de secours était usité sous l'ancienne monarchie. L'application en a été réglée depuis la révolution par de nombreuses dispositions. — V. notamment décr. 22 déc. 1789, 30 mai et 31 août 1790, 15 oct. 1793, 24 vendém. an II ; L. 7 frim. an V, etc. — Les ateliers de charité sont, du reste, placés sous l'autorité des administrations municipales et des bureaux de bienfaisance. — V. BUREAU DE BIENFAISANCE, DOMICILE DE SECOURS, MENDICITÉ.

34. — *Dépôts de mendicité.* — Bien qu'affectés à servir de maisons de répression, ces établissemens appartiennent évidemment, par leur but, à la classe des établissemens de bienfaisance. — V. au surplus MENDICITÉ.

35. — *Maisons de refuge.* — Elles ont pour but de prévenir la mendicité en offrant aux indigens valides, pendant un nombre de jours et sous des conditions déterminées, un asile et du travail. — V. encore MENDICITÉ.

36. — *Colonies agricoles.* — Elles ont pour but d'assurer du travail aux indigens valides en favorisant en même temps le défrichement des terres incultes. Ces établissemens, qui, depuis long-temps déjà, sont en pleine activité en Hollande et en Belgique, ne sont encore en quelque sorte en France qu'à l'état d'essai. On peut citer néanmoins, 1° la colonie agricole établie à *Ostwald* par la ville de Strasbourg ; — 2° la colonie de *Mettray* (Indre-et-Loire), due au zèle philanthropique de M. Demetz, conseiller honoraire à la cour royale de Paris, et de M. le vicomte de Brétignières de Courteilles. Cet établissement est ouvert aux jeunes détenus qui, acquittés par les tribunaux criminels comme ayant agi sans discernement, sont néanmoins condamnés à être renfermés pendant un certain temps dans une maison de correction. On y reçoit les enfans qui ont au moins deux ans à passer en détention. Ces enfans sont employés aux travaux des champs et aux métiers qui s'exercent dans la campagne, tels que ceux de forgerons, maréchaux, sabotiers, menuisiers, maçons, cordiers, cordonniers, tailleurs, tresseurs de paille et charrons ; — 3° la colonie de Petit-Bourg qui, fondée sous le patronage de M. le comte Portalis, premier président, a un but analogue à celui de la colonie de Mettray.

37. — *Associations de bienfaisance.* — Elles n'ont pour la plupart qu'une existence de fait et ne possèdent aucune propriété. Leurs ressources se composent du produit de cotisations volontaires que leurs membres s'imposent ou de collectes qu'elles font dans leur sein (Durieu et Roche, *Rép. des établiss. de bienf.*, t. 1er, p. 178). — Quant aux règles qui régissent leur organisation, V. ASSOCIATIONS DE BIENFAISANCE.

38. — Une association de cette nature, formée à Paris, en 1780, la *société philanthropique*, a été reconnue comme établissement d'utilité publique, par une ordonnance royale du 27 sept. 1839. Cette ordonnance est remarquable en ce qu'elle dispose (art. 2) que « l'autorisation d'accepter les legs et donations qui seront faits à cette société ne sera accordée qu'*à la condition de vendre ces propriétés*, et d'en placer le produit en acquisition de rentes sur l'état. » Aux termes de l'art. 5, il doit être fait pareil emploi de tous les capitaux donnés ou légués à la société sans destination spéciale.

39. — Une autre ordonnance du même jour, conçue dans les mêmes termes, a également reconnu une société formée à Paris en 1832, pour le *placement en apprentissage des jeunes orphelins*.

40. — Suivant MM. Durieu et Roche (*Rép.*, t. 1er, p. 194), les associations de bienfaisance, alors mê

me qu'elles sont reconnues, n'ont pas le droit de quêter à domicile ou dans les établissemens publics, et l'autorité municipale excéderait ses pouvoirs en le leur permettant. Le droit de quête dans les églises, disent ces auteurs, n'appartient qu'aux fabriques, aux bureaux de bienfaisance et aux hospices; hors des églises il n'appartient qu'aux bureaux de bienfaisance et aux hospices. — Arr. min. 5 prair. an XIII; décr. 30 déc. 1809, art. 36.

41. — *Association des secours mutuels.* — Leur but est de procurer aux membres qui en font partie, au moyen de cotisations individuelles, les secours dont chacun d'eux peut avoir besoin, en cas de maladie, d'accident, ou de manque d'ouvrage. Ces sociétés sont simplement autorisées en conformité de l'art. 291, C. pén., et de la loi du 10 avr. 1834. Elles sont encouragées avec un intérêt particulier par l'administration, ainsi qu'on peut le voir par une circulaire du min. de l'intér. du 6 août 1840.

42. — *Sociétés de la charité maternelle.* — Elles sont consacrées à secourir les pauvres femmes en couches. La société primitive a été formée à Paris, en 1788, sous les auspices de la reine Marie-Antoinette. Supprimée par la révolution, elle a été réorganisée par un décret impérial du 5 mai 1810, qui en avait fait le centre de toutes les sociétés de charité maternelle de la France. Une ordonnance royale du 21 oct. 1814 lui a retiré ce caractère de société *générale*, et, en bornant son action à la ville de Paris, a déterminé les règles d'après lesquelles les sociétés de charité maternelle pourraient à l'avenir se former dans les départemens.

43. — L'autorisation du ministre de l'intérieur est nécessaire pour l'établissement des sociétés maternelles dans les départemens (ord. précitée, du 21 oct. 1814, art. 5). Remarquons à ce sujet, ainsi que nous l'avons déjà fait v^is ASSOCIATIONS DE BIENFAISANCE et ÉTABLISSEMENS PUBLICS, et *suprà* (n° 14), que cette autorisation est insuffisante pour conférer l'existence civile à une société; et qu'en conséquence, celles-là seulement qui ont été en outre reconnues comme établissement d'utilité publique, par une ordonnance royale, sont aptes à faire les divers actes de la vie civile et notamment à recevoir des dons et legs. — V. aussi Durieu et Roche, *ub. suprà*, t. 1er, p. 416.

44. — Une subvention sur les fonds de l'état, fixée dans l'origine à 100,000 fr. (ord. 21 oct. 1841, art. 6), est allouée dans le budget annuel du ministère de l'intérieur pour être distribuée, à titre de secours, aux différentes sociétés de charité maternelle. Les autres ressources qui composent leurs recettes consistent dans les dons de la famille royale, les subventions des départemens et des communes, les cotisations que leurs membres s'imposent, enfin les offrandes qui peuvent leur être faites par d'autres personnes.

45. — Les sociétés de charité maternelle sont placées sous la protection de la reine, qui répartit entre elles la subvention du budget et les dons de sa famille, suivant les besoins justifiés de chaque société. La répartition individuelle des secours se fait dans chaque localité, d'après des réglemens spéciaux arrêtés sur les bases posées par un décret du 25 juill. 1811, qui est à cet égard resté en vigueur.

46. — *Salles d'asile.* — Ce sont des établissemens charitables où les enfans des deux sexes peuvent être admis jusqu'à l'âge de six ans accomplis, pour recevoir pendant le jour, les soins de surveillance matérielle et de première éducation. Une ordonnance royale du 22 décembre 1837 a placé ces établissemens dans les attributions du ministère de l'instruction publique.

47. — Les salles d'asile sont ou publiques ou privées. — Les salles d'asile publiques sont celles que soutiennent en tout ou en partie les communes, les départemens ou l'état. Nulle salle d'asile n'est considérée comme publique qu'autant qu'un logement et un traitement convenables auront été assurés à la personne chargée de tenir l'établissement, soit par des fondations, donations ou legs, soit par des délibérations du conseil-général ou du conseil municipal dûment approuvées. — Ord. préc. du 22 déc. 1837, art. 2, 3 et 4.

48. — *Crèches.* — Dans ces établissemens d'une institution toute récente et auxquels la charité particulière a jusqu'à présent presque exclusivement pourvu, les jeunes mères appartenant à la classe ouvrière sont admises à déposer pendant les heures de leur travail les enfans du premier âge, qu'elles ne pourraient garder ou faire garder chez elles, et qui seraient ainsi exposés à manquer des soins dont ils ont besoin. Des personnes de confiance, placées sous la surveillance de dames inspectrices, sont chargées de les suppléer.

49. — *Bureaux des nourrices.* — Sont considérés comme établissemens de bienfaisance les entreprises de cette nature qui, dans quelques localités, et notamment à Paris et à Lyon, sont régies par l'administration elle-même ou sous son autorité. — V. NOURRICE.

50. — L'administration de tous les établissemens est en général régie par les mêmes règles que celle des hospices et des bureaux de bienfaisance. — V. en conséquence, pour tout ce qui concerne la gestion des biens, l'emploi des fonds disponibles, les budgets et la comptabilité, le mot HOSPICES, où nous avons déjà reservé d'examiner ces règles.

51. — En ce qui concerne l'autorisation nécessaire pour l'acceptation des libéralités faites aux établissemens charitables, V. DISPOSITION A TITRE GRATUIT.

52. — Le délai de six mois, fixé pour le paiement des droits de mutation par décès par la loi du 22 frim. an VII, ne court contre les établissemens de bienfaisance à raison des libéralités qu'ils sont appelés à recueillir qu'à partir de l'ordonnance qui les autorise à accepter ces libéralités. — Circ. min. inst. 10 nov. 1834; — Durieu et Roche, *Rép.*, t. 2, p. 495.

53. — Dans les procès qui intéressent les établissemens charitables en général, l'avis préalable du *comité consultatif* établi auprès des hospices par l'arrêté du 7 messid. an IX, doit être ou non requis, selon que l'établissement en instance est ou n'est pas soumis aux lois et réglemens qui régissent les hospices. — V. au surplus sur ce point v° COMITÉS CONSULTATIFS.

54. — Mais l'autorisation préalable du conseil de préfecture est indistinctement nécessaire comme pour tous les établissemens publics en général, et dans tous les cas où elle est requise pour ces établissemens.

55. — Ainsi, par exemple, en ce qui concerne l'action en bornage, l'autorisation du conseil de préfecture sera nécessaire si cette action doit être exercée par la voie du pétitoire devant les tribunaux civils. Il ne sera besoin d'aucune autorisation si l'action ne s'engage qu'au possessoire devant le juge de paix, d'après les règles que nous avons exposées. — V. AUTORISATION DE PLAIDER, nos 41 et suiv. — V. aussi Durieu et Roche, *Rép.*, t. 1er, p. 289.

56. — Les conseils municipaux doivent toujours être appelés à donner leur avis : 1° sur l'acceptation des dons et legs faits aux établissemens de charité et de bienfaisance; 2° sur les autorisations d'emprunter, d'acquérir, d'échanger, d'aliéner, de plaider ou de transiger demandées par les mêmes établissemens; 3° sur leurs budgets et leurs comptes. — L. 18 juill. 1837, art. 21, nos 4, 5 et 6.

57. — Un décret impérial du 31 juill. 1806 admet d'ailleurs en ces termes les fondateurs d'établissemens de bienfaisance à participer à l'administration. « Les fondateurs d'hospices et autres établissemens de charité, est-il dit dans ce décret, qui se sont réservé par leurs actes de libéralité le droit de concourir à la direction des établissemens qu'ils ont dotés, et d'assister avec voix délibérative aux séances de leurs administrations ou à l'examen et vérification des comptes, seront rétablis dans l'exercice de ces droits, pour en jouir concurremment avec les commissions instituées par la loi du 16 vendém. et par celle du 7 frim. an V, d'après les règles qui seront fixées par le ministre de l'intérieur sur une proposition spéciale des préfets et l'avis des commissions instituées par les lois précitées, et à la charge de se conformer aux lois et réglemens qui dirigent l'administration actuelle des pauvres et des hospices. » — Décr. 31 juill. 1806, art. 1er.

58. — Ces dispositions ont été déclarées applicables aux héritiers des fondateurs décédés qui seraient appelés par les actes de fondation à jouir des mêmes droits. — Même décis., art. 2.

59. — Il a été jugé, par application de ce décret, que l'autorité administrative, en considération des bienfaits répandus sur un hospice par le fondateur de cet établissement, peut admettre son représentant à assister avec voix délibérative aux séances de la commission administrative, et ordonner que la même admission aura lieu après lui en faveur de l'aîné mâle de ses descendans ou héritiers, et à défaut de mâle, en faveur de sa fille aînée ou héritière. — *Cons. d'état*, 28 sept. 1816, Louvois c. hospice de Tonnerres.

60. — Mais le représentant du fondateur d'un hospice ne pourrait plus aujourd'hui prétendre au droit de nommer l'économe ni de procéder à la révision des comptes. — Même ordonn.

61. — Il résulte d'ailleurs d'un avis du conseil d'état du 9 janv. 1834 qu'une donation destinée à la fondation d'un hospice, dont la direction serait exclusivement confiée à des administrateurs désignés par le donateur et qui demeurerait entièrement en dehors du concours et du contrôle de l'autorité, ne saurait être acceptée; que ce mode de constitution serait contraire aux principes et aux règles consacrés par les lois, et qu'il y aurait de graves inconvéniens à l'autoriser. » — Vuillefroy et Monnier, *Principes d'administration*, p. 422.

62. — La distribution des secours dont les établissemens de bienfaisance sont le but est confiée souvent, comme on sait, à des congrégations religieuses. Nous avons exposé les règles appplicables dans ce cas v° COMMUNAUTÉS RELIGIEUSES. — V. notamment nos 15, 120 et suiv., 199, 226 et suiv., 322, 345, 352.

63. — V. aussi, quant à la participation des curés ou autres ecclésiastiques à la direction des secours publics, BUREAU DE BIENFAISANCE.

64. — Tous les établissemens de bienfaisance existant dans la circonscription d'une commune sont soumis à la surveillance du maire. — L. 18 juill. 1837, art. 10.

65. — Des inspecteurs généraux dont les attributions ont été réglées par divers arrêtés ministériels et en dernier lieu par l'arrêté du 14 juin 1839, sont d'ailleurs chargés « de vérifier les comptabilités, espèces et matières des hôpitaux, des hospices, des bureaux de bienfaisance, des monts-de-piété, des maisons de refuge et de tous autres établissemens publics de bienfaisance dans toute l'étendue du royaume, comme de porter leurs investigations sur toutes les associations charitables formées ou entretenues sous différens titres par des particuliers et d'en rendre compte au ministre. » — Arr. préc. 14 juin 1839.

V. AUMONE, AUTORISATION DE PLAIDER, BUREAU DE BIENFAISANCE, COMITÉS CONSULTATIFS, COMMUNE DISPOSITION, A TITRE GRATUIT, ÉTABLISSEMENS GÉNÉRAUX DE BIENFAISANCE, ÉTABLISSEMENS PUBLICS, HOSPICES.

## ÉTABLISSEMENS DE COMMERCE.

1. — Se dit des établissemens destinés à des opérations commerciales.

2. — Toute personne qui, d'après les principes du droit civil (art. 1123 et 1124), n'est pas incapable de contracter, peut former un établissement de commerce.

3. — Ainsi, la qualité d'étranger ne serait point un obstacle, il faudrait en dire autant de la mort civile, ainsi que de toutes autres modifications apportées par la loi ou par des condamnations judiciaires à l'état d'une personne, et qui, tout en affectant sa capacité de contracter ou d'ester en justice, lui laissent cependant l'aptitude suffisante pour se livrer au commerce dont les opérations indépendantes des règles strictes du droit civil se réfèrent généralement au droit de la nature et des gens.

4. — Il est même des personnes déclarées incapables par le droit commun, telles que les femmes mariées et les mineurs, qui peuvent, après l'accomplissement préalable de certaines conditions légales, créer et diriger seules des établissemens de commerce. — C. comm., art. 2, 3, 4 et 5. — Sur l'étendue des obligations contractées par les mineurs ou les femmes mariées placés à la tête de tels établissemens, V. COMMERÇANT, nos 211 et suiv., 279 et suiv.

5. — Par une conséquence forcée, les personnes déclarées incapables, par quelque cause que ce soit, de faire le commerce, ne pourraient former un établissement de commerce. Tels sont 1° les avocats (L. 14 déc. 1810, art. 18, n° 5; ord. 20 nov. 1822, art. 42. — V. COMMERÇANT, nos 422 et suiv.; AVOCAT, nos 294 et 295); — 2° les magistrats (édit mars 1765; — Pardessus, t. 1er, n° 73; Nouguier, t. 1er, p. 272; Orillard, n° 136. — V. COMMERÇANT, nos 420 et suiv.), dans le nombre desquels il ne faut pas comprendre au point de vue de cette prohibition les juges de commerce qui sont choisis, au contraire, parmi les notables commerçans (Pardessus, t. 1er, n° 73); — 3° les notaires (Ord. 4 janv. 1843, art. 12. — V. COMMERÇANT, n° 425, NOTAIRE); — 4° les agens de change et courtiers (C. comm., art. 85. — V. AGENT DE CHANGE, n° 208; COURTIER DE COMMERCE, nos 36 et 38); — 5° les ministres de la religion catholique, conformément aux canons et à la discipline de l'église sanctionnés par un édit de 1707 (Pardessus, t. 1er, n° 73. — V. COMMERÇANT, n° 41); — 6° les consuls généraux, consuls, élèves-consuls, drogmans et chanceliers (Ord. 3 mars 1781, tit. 1er, art. 20; 20 août 1833, art. 34. — V. CONSUL, nos 163 et suiv.); — 7° les officiers et administrateurs de la marine (Ord. 31 oct. 1784, tit. 14, art. 19. — V. COMMERÇANT, n° 431); — 8° les commandans des divisions militaires, des départemens ou de places et villes, les préfets, les

agens du gouvernement. — C. pén., art. 475 et 476. — V. COMMERÇANT, nos 427 et suiv.

6. — La violation de cette prohibition ne dégageant pas les contrevenans de toute espèce de lien relativement à l'établissement par eux formé contre le vœu de la loi, leurs engagemens seraient valables et soumis à la juridiction des tribunaux de commerce lorsqu'ils se prononceraient contre eux les sanctions rigoureuses attachées aux condamnations commerciales. — Pardessus, t. 1er, nos 73 et 76.

7. — Les lois ont soumis, soit dans l'intérêt public, soit même dans l'intérêt privé, certains établissemens à des obligations spéciales ; ainsi, les entrepôts de marchandises manufacturées sont prohibés dans la distance de neuf kilomètres des frontières de terre, à moins que le lieu dans lequel se trouvent ces établissemens ne renferme une population agglomérée de 2,000 ames. — V. ENTREPOT.

8. — Ainsi encore les brasseries doivent, à Paris, être désignées par une enseigne indiquant en gros caractères les noms et initiales de prénoms de leurs propriétaires.—V. BRASSERIE.—Les cabarets, auberges, cafés et autres débits de boissons doivent être indiqués par une enseigne ou bouchon. — V. BOUCHON, ENSEIGNE, etc.

9. — D'autres établissemens sont soumis à une autorisation préalable. — V. ÉTABLISSEMENS INSALUBRES.

10.— Aux termes de l'art. 17, C. civ., les établissemens de commerce faits en pays étranger ne peuvent jamais être considérés comme ayant été faits sans esprit de retour et ne font point perdre la qualité de Français.—V., à cet égard, et sur l'influence que ces établissemens peuvent avoir quant à la nationalité de celui qui les a formés, le mot FRANÇAIS.

11. — La formation d'un établissement de commerce a aussi une grande importance quant à la détermination du domicile. — V., sur ce point, DOMICILE.

12. — En ce qui concerne l'assujétissement à la patente de ceux qui tiennent un établissement de commerce, V. PATENTE.

## ÉTABLISSEMENS ECCLÉSIASTIQUES.

1. — On donne cette dénomination aux établissemens et institutions établies pour l'entretien du culte catholique et de ses ministres.

2. — Nous n'entrerons ici dans aucun détail en ce qui concerne ces divers établissemens connus aussi sous le nom d'établissemens religieux. — V. pour tout ce qui a trait aux règles générales applicables à ces établissemens, ÉTABLISSEMENS PUBLICS ET RELIGIEUX.—V. encore BIENS ECCLÉSIASTIQUES, CLERGÉ, CULTE.

3. — Chaque établissement ecclésiastique a du reste sa constitution et son organisation particulière ; et l'étude de chacun d'eux a fait ou fera l'objet d'articles séparés dans ce répertoire. — V. CHAPELLE, CHAPITRE, COLLÉGIALE, COMMUNAUTÉS RELIGIEUSES, CURE, DIOCÈSE, ÉGLISE, ÉVÊCHÉ, FABRIQUE, PRESBYTÈRE, SÉMINAIRE.

4. — Ces différens établissemens soit par leurs ressources propres, ou par les dons dont ils peuvent être l'objet.

## ÉTABLISSEMENS GÉNÉRAUX DE BIENFAISANCE ET D'UTILITÉ PUBLIQUE.

1. — On comprend sous ce nom cinq grands établissemens qui, à la différence des établissemens locaux, reçoivent des malades ou des infirmes de toutes les parties de la France, appartiennent à l'état et sont entretenus à ses frais. Ce sont : 1° l'hospice royal des Quinze-Vingts, pour les aveugles de tous les âges; 2° la maison royale de Charenton, pour les aliénés (V. CHARENTON (maison royale de)) ; 3° l'institution royale des jeunes aveugles; 4° l'institution royale des Sourds-Muets de Paris, et 5° l'institution royale des Sourds-Muets de Bordeaux.

2. — Ces divers établissemens sont placés sous l'autorité du ministre de l'intérieur et sous la surveillance d'un conseil supérieur par des directeurs responsables. — Ord. roy. 21 fév. 1841, art. 1er.

3. — En faisant connaître l'institution et l'organisation de la maison royale de Charenton, nous avons analysé l'ord. royale du 21 fév. 1841 et l'arrêté réglementaire du ministre de l'intérieur du 22 juin 1841, qui régissent aujourd'hui les établissemens généraux de bienfaisance, nos lecteurs trouveront donc, en se reportant au mot CHARENTON (maison royale de), ce qui concerne le conseil supérieur aux nos 16 et 17, la commission consulta-

tive aux nos 18 et 19, le directeur au n° 20 et la comptabilité au n° 21.

4. — Ajoutons que dans chaque établissement, un membre du conseil supérieur et un membre de la commission doivent assister aux adjudications. — Régl. précité, art. 3.

5.—Les établissemens généraux de bienfaisance et d'utilité publique, bien que subventionnés par l'état, ont, comme tous les autres établissemens publics, une existence qui leur est propre, et peuvent être en général assimilés aux hospices ordinaires.— V. CHARENTON (maison royale de), n° 25 et 26.—Rappelons cependant ce que nous avons dit au mot CHARENTON (maison royale de), n° 23, qu'ils sont indépendans de l'autorité des maires et conseils municipaux et de celle des préfets.

6.—Les établissemens analogues qui pourraient être ultérieurement formés devraient être placés sous les mêmes autorités et administrés de la même manière.

V. au surplus ÉTABLISSEMENS PUBLICS, HOSPICES, JEUNES AVEUGLES (INSTITUTION ROYALE DES), QUINZE-VINGTS (HOSPICE ROYAL DES), SOURDS-MUETS DE PARIS ET DE BORDEAUX (INSTITUTION ROYALE DES).

## ÉTABLISSEMENS DES INDES, DE L'OCÉANIE.

V. INDES (Établissemens des), OCÉANIE (Établissemens de l').

## ÉTABLISSEMENS INSALUBRES.

*Table alphabétique.*

ÉTABLISSEMENS INSALUBRES, DANGEREUX OU INCOMMODES. — 1. — On comprend sous ce nom tous les établissemens industriels, tels que manufactures, fabriques, ateliers, usines, qui, soit par les dangers d'explosion ou d'incendie qu'ils présentent, soit par les exhalaisons délétères ou désagréables qu'ils répandent, menacent la santé ou la sécurité publiques, ou peuvent être pour les habitans des propriétés voisines une cause de dommage ou même simplement de gêne.

## Sect. 1re. — Dispositions générales. — Historique.

2. — En principe, le travail est libre en France ; de là le droit pour chacun d'élever les établissemens, les ateliers nécessaires à l'industrie qu'il exerce.

3. — Cependant chacun ne peut jouir de cette liberté qu'autant qu'il ne nuira point à autrui. — Aussi, de même que l'exercice de certaines professions est, dans l'intérêt public, subordonné à une autorisation préalable, les établissemens industriels qui exposent le voisinage à quelque danger ou incommodité, ne peuvent être formés qu'à de

certaines conditions. — Dufour, *Traité gén. de droit adm. appliqué*, t. 1er, no 366; Foucart, *Élém. de droit public*, t. 1er, no 355.

4. — Ces conditions, qui ne sont écrites dans aucune loi, résultent seulement de réglemens pris par l'administration publique, représentante de la société, et chargée comme telle de veiller à la sécurité générale et de protéger chacun de ses membres contre toute entreprise qui pourrait lui nuire. On ne peut, toutefois, se dissimuler que son pouvoir en cette matière va trop loin, car il attente à la propriété, et aucune restriction ne devrait jamais y être portée qu'en vertu d'une loi. — Macarel, *Encyclop. du dr.*, vo *Ateliers dangereux*, no 3.

5. — Les établissemens industriels peuvent préjudicier aux particuliers dans leur personne, en altérant leur santé, et dans leurs biens, dont ils diminuent la valeur ; ils peuvent aussi affecter les commodités de la vie. Toutes les mesures de l'administration tendent à protéger ces besoins de première ou de seconde nécessité. — De là la division de ces sortes d'établissemens en plusieurs catégories, selon le degré de danger ou d'incommodité qu'ils peuvent présenter.

6. — Notre législation ancienne était muette sur ce sujet. Avant le milieu du dix-huitième siècle, la chimie était peu avancée, ses secrets inconnus ou peu répandus, et, par suite, presque complétement étrangers aux arts, n'étaient point, comme de nos jours, exploités en grand et d'une manière menaçante. Aussi la matière était-elle seulement réglée par les ordonnances des intendans de province, sous la surveillance à peu près exclusive desquels ces établissemens étaient placés, et parfois par les parlemens, dont les arrêts, suppléant à une législation insuffisante, prenaient le caractère et la force de réglemens généraux pour toute l'étendue de leur juridiction. — Macarel, *ibid.*, no 4.

7. — Les infractions aux ordonnances de l'intendant de la province et aux arrêts de réglement du parlement étaient jugées par les tribunaux civils ordinaires, et aussi bien par les juges seigneuriaux que par les juges royaux.

8. — Depuis l'extension que les découvertes ont donnée à l'industrie et à la fabrication, le nombre toujours croissant de fabriques de produits chimiques, les dangers ou inconvéniens qui en résultaient firent naître une foule de réclamations, accueillies pour la plupart par les parlemens, et qui durent attirer l'attention du législateur. Cependant, pressée qu'elle était par des nécessités plus urgentes, et ne voulant pas pourtant laisser toute carrière à des dangers réels, l'assemblée constituante se contenta d'ordonner, par la loi du 13 nov. 1791, le maintien et l'exécution provisoire des anciens réglemens relatifs aux usines et ateliers placés dans les villes. — Macarel, *ibid.*, no 5.

9. — Malheureusement il y avait peu de réglemens, et les autorités locales restèrent seules chargées d'y suppléer lorsque leur insuffisance se faisait sentir. De là de nombreux abus, des plaintes redoublées et des répressions souvent arbitraires. — Même auteur, *ibid.*

10. — En l'an XIII, le gouvernement, sollicité par cet état de choses, consulta l'Institut ; et, dans sa réponse, la classe des sciences physiques et mathématiques de ce corps constata « qu'il était de première nécessité pour la prospérité des arts qu'on posât enfin des limites qui ne laissassent plus accès à l'arbitraire des magistrats, qui traçassent au manufacturier le cercle dans lequel il peut exercer son industrie librement et sûrement, et qui garantissent au propriétaire voisin qu'il n'y a danger ni pour sa santé ni pour les produits de son sol. » — Cette tentative du gouvernement resta encore sans résultat.

11. — Cependant le travail de l'Institut fut pris pour règle par l'administration dans les autorisations ou suppressions d'établissemens qu'elle était appelée à prononcer. Mais ce travail trop vague fut bientôt reconnu insuffisant. En 1809 le ministre de l'intérieur s'adressa de nouveau à l'Institut, dont la section de chimie présenta un nouveau rapport approuvé par la classe entière des sciences physiques et mathématiques.

12. — C'est ce rapport qui a servi de base au décret du 15 oct. 1810, lequel vint enfin réglementer la matière, et qui, complété par l'ordonnance royale du 14 janv. 1815, forme aujourd'hui encore la base de toutes les dispositions obligatoires en cette partie.

13. — L'art. 1er, décr. du 15 oct. 1810, porte que les manufactures et ateliers qui répandent une *odeur insalubre* ou *incommode* ne pourront être formés sans une permission de l'autorité administrative.

14. — L'esprit de ce décret réside tout entier dans le passage suivant d'un rapport du ministre de l'intérieur, qui en a précédé l'adoption : « S'il est juste que chacun puisse exploiter librement son industrie, le gouvernement ne saurait, d'un autre côté, voir avec indifférence que pour l'avantage d'un individu tout un quartier respire un air infect, ou qu'un particulier éprouve des dommages dans sa propriété. En admettant que la plupart des manufactures dont on se plaint n'occasionnent pas d'exhalaisons contraires à la salubrité publique, on ne niera pas non plus que ces exhalaisons peuvent être quelquefois désagréables, et que, par cela même, elles ne portent un préjudice réel aux propriétaires des maisons voisines, en empêchant qu'ils ne louent ces maisons, ou en les forçant, s'ils les louent, à baisser le prix de leurs baux. Comme la sollicitude du gouvernement embrasse toutes les classes de la société, il est de sa justice que les intérêts de ces propriétaires ne soient pas plus perdus de vue que ceux des manufacturiers. Il paraîtra, d'après cela, convenable d'arrêter en principe que les établissemens qui répandent une odeur forte et gênant la respiration, ne seront dorénavant formés que dans des localités isolées. » — Macarel, *ibid.*

15. — Comme on le voit, ce décret n'a eu en vue que les établissemens qui répandent de l'*odeur*. Mais bientôt le besoin s'est fait sentir de prendre des précautions, et à plus forte raison encore, contre les établissemens qui présentaient des dangers d'explosion ou d'incendie, ou même contre ceux dont le voisinage est trop et continuellement gênant. Aussi, leur a-t-on étendu les dispositions du décret de 1810, et aux établissemens *insalubres*, mentionnés dans la nomenclature légale, les ordonnances et réglemens postérieurs n'ont point tardé à ajouter explicitement les établissemens *dangereux* et *incommodes*. — V. notamment ord. régl. 14 janv. 1815, 9 fév. 1825, 5 nov. 1826, 20 sept. 1828, 21 mai-14 juin 1833.

16. — « Ces établissemens, porte encore l'art. 1er du décret de 1810, seront divisés en trois classes : la première classe comprendra ceux qui doivent être éloignés des habitations particulières; — la seconde, les manufactures et ateliers dont l'éloignement des habitations n'est pas rigoureusement nécessaire, mais dont il importe néanmoins de ne permettre la formation qu'après avoir acquis la certitude que les opérations qu'on y pratique sont exécutées de manière à ne pas incommoder les propriétaires du voisinage, ni à leur causer des dommages ; — dans la troisième classe seront placés les établissemens qui peuvent rester sans inconvénient auprès des habitations, mais doivent rester soumis à la surveillance de la police. »

17. — D'après l'art. 2, la permission nécessaire pour la formation des manufactures et ateliers compris dans la première classe ne peut être accordée qu'avec certaines formalités déterminées par les articles suivans et par un décret rendu en conseil d'état. — Celle exigée pour la mise en activité des établissemens compris dans la seconde classe doit l'être par les préfets, sur l'avis des sous-préfets. — Les permissions pour l'exploitation des établissemens placés dans la dernière classe, sont délivrées par les sous-préfets qui doivent prendre préalablement l'avis des maires. — Décr. 15 oct. 1810, art. 2.

18. — Le décret est suivi d'une nomenclature divisée en trois parties, selon les distinctions établies par l'art. 1er des établissemens dont la formation est soumise à une autorisation préalable et qui sont rangés chacun dans la classe à laquelle il appartient. — L'exécution de ce décret fut, du reste, assurée dans le ressort de la préfecture de police de Paris par une ordonnance de police du 5 nov. 1810, approuvée le 19 par le ministre de l'intérieur, et dans les départemens par une circulaire du même ministre aux préfets, en date du 22 nov. 1811.

19. — Mais les progrès de l'industrie, faisant découvrir des produits jusqu'alors inconnus ou des procédés plus sûrs, amènent incessamment soit la création et le classement d'établissemens nouveaux, soit le déclassement des établissemens anciens, et nécessitent dès-lors de fréquens changemens ou additions aux nomenclatures publiées.

20. — C'est ainsi que de nouveaux établissemens ont été successivement classés ou que d'anciens établissemens ont été placés dans d'autres classes, par des ordonnances dans lesquelles on remarque celles des 14 janv. 1815; 29 juill. 1818; 8 juin 1822; 25 juin et 29 oct. 1823; 20 août 1824; 9 fév. 1825; 5 nov. 1826; 25 mai et 20 sept. 1828; 31 mai 1833; 30 oct. et 25 nov. 1836; 27 janv. 1837; 25 mars, 15 avr. et 27 mai 1838; 27 janv. 1846.

21. — Du reste, le ministre, pour faciliter l'observation des réglemens, fait tenir au ministère un état permanent des établissemens classés qui ne peuvent être élevés qu'en vertu d'une autorisation, avec l'indication des inconvéniens qui ont déterminé le rang assigné à chacun, et sur lesquels il convient de se guider dans l'instruction des demandes et réclamations dont ils peuvent être l'objet. — Dufour, *Tr. dr. admin.*, t. 1er, no 399.

22. — A différentes reprises, depuis le décret du 15 oct. 1810, notamment le 1er mai 1825 et le 22 nov. 1827, le ministre a fait publier l'état général des établissemens classés. — C'est le dernier d'entre eux que nous croyons devoir reproduire à la suite de cet article, en introduisant toutefois toutes les additions et modifications qui y ont été faites par des ordonnances postérieures.

## Sect. 2e. — *Établissemens de première classe.*

23. — Ces établissemens sont ceux qui doivent nécessairement être éloignés des habitations particulières. Mais cette condition n'est pas la seule, ils doivent de plus être autorisés par une ordonnance royale délibérée en conseil d'état. — Décr. 15 oct. 1810, art. 2; — *Cons. d'état*, 31 juill. 1822, Robert.

24. — « Les établissemens compris dans la première classe ne doivent pas rester auprès des habitations, parce que les matières qu'on y travaille et les produits qu'on en retire, ou répandent une odeur désagréable qu'il est difficile de supporter et qui nuit à la salubrité, ou sont susceptibles de compromettre la sûreté publique par des accidens auxquels ils pourraient donner lieu. » (Rapport de la section de chimie.) — Dufour, *Tr. gén. de dr. admin.*, t. 1er, no 369.

### § 1er. — *Autorisation.*

25. — L'industriel qui veut former un établissement de cette première classe, doit adresser sa demande au préfet du département (décr. 15 oct. 1810, art. 1er). La demande doit être adressée au préfet de police, si l'établissement doit être formé dans le département de la Seine ou dans les communes de Sèvres, Saint-Cloud ou Meudon (ord. 14 janv. 1815, art. 4). — Elle doit désigner le siége de l'atelier, la nature des opérations, et de plus être accompagnée d'un plan en double expédition. — Dufour, *ibid.*, no 370.

26. — La demande doit être affichée, par l'ordre du préfet, dans toutes les communes à 5 kilomètres de rayon, et rester affichée pendant un mois. — Décis. min. int. 4 mars 1815; inst. min. 22 nov. 1811; — Trébuchet, *Code des établ. dangereux*, etc., p. 23 et 149; Foucart, *Elém. de dr. publ.*, t. 1er, no 356; Clerault, *Tr. des établ. danger.*, no 21.

27. — C'est à la porte des mairies que ces affiches doivent être posées. — Le maire en tient registre où il certifie et l'apposition et l'expiration du temps pour lequel elle est faite. — Macarel, *ibid.*, *cod. verb.*

28. — Durant le délai de l'affiche, les maires des communes et tout particulier peuvent présenter leurs moyens d'opposition (décr. 15 oct. 1810, art. 3). — C'est ce qu'on appelle l'information *de commodo et incommodo*.

29. — A l'expiration du mois, les maires des communes où la demande a été affichée remettent au sous-préfet le procès-verbal de l'accomplissement des formalités et des oppositions, s'il en est survenu. — Le sous-préfet transmet le tout au préfet, ainsi que l'enquête *de commodo et incommodo*.

30. — Les procès-verbaux d'enquête de *commodo et incommodo* sont dressés dans les départemens par le maire, à Paris par le commissaire de police. — Cependant si le maire présentait des moyens d'opposition en une autre qualité que celle de maire, ce serait un adjoint qui devrait présider à l'enquête. — Trébuchet, *Code admin. des établ. dangereux*, ch. 1er, sect. 3e. — M. de Gérando eût désiré que le commissaire de l'enquête fût un magistrat étranger à la localité. — V. *Thémis*, 10e livraison.

31. — Dans l'esprit de la loi, il y a lieu de prendre, de vive voix ou par écrit, des informations directes auprès des propriétaires qui, par la situation de leurs propriétés, sont le plus exposés aux dangers de l'établissement projeté; leur opposition motivée ou leur adhésion pure ou conditionnelle est consignée au procès-verbal, et, s'il en est qui ne se sont point présentés, le maire constate qu'ils ont été prévenus en temps utile. — Dufour, *Dr. admin.*, t. 1er, no 371.

32. — D'ailleurs, le délai d'un mois n'est pas fatal, les intéressés peuvent être admis à former leur opposition même après son expiration : seulement, alors, ils doivent s'adresser au préfet ou au ministre chargé de prendre connaissance de

la demande en autorisation avant qu'il y soit statué. — Dufour, *ibid.*

33. — De même, si ce délai n'est pas suffisant pour la complète instruction de l'affaire, il peut être prorogé. — Dufour, *ibid.*

34. — La formalité de l'enquête n'avait pas été ordonnée par le décret du 15 oct. 1810, pour l'établissement des ateliers de première classe. Ce fut l'ordonnance du 14 janv. 1815 qui ajouta cette formalité, en l'empruntant aux formes déjà exigées pour l'établissement des ateliers de la seconde classe. On comprend, en effet, que si une semblable instruction pouvait être utile pour les établissemens de deuxième classe, elle devenait, et à bien plus forte raison, nécessaire pour ceux bien plus importans de première classe. — Dufour, *Dr. admin. appl.*, t. 1er, no 371.

35. — Le préfet, saisi de toutes les pièces par le sous-préfet, charge le conseil de salubrité, dans les lieux où il en existe, et, dans ceux où cette institution n'a pas encore été organisée, les ingénieurs des mines, de faire connaître les conditions qu'il y aurait lieu d'imposer dans l'intérêt de la salubrité. Puis il fait parvenir le tout au ministre, et y joint son avis personnel; le ministre rédige alors un rapport qu'il soumet au conseil d'état. — Dufour, *Tr. du dr. admin.*, t. 1er, no 372; Macarel, *Encycl. du dr.*, vo *Ateliers dangereux*, no 11.

36. — Si l'établissement doit être élevé dans le voisinage d'une forêt, les agens locaux de l'administration forestière doivent avoir été consultés et avoir donné leur avis. — Ord. 14 janv. 1815, art. 2; circ. 22 nov. 1811.

37. — S'il s'agit de fabriques de soude, ou si la fabrique doit être établie dans la ligne des douanes, le directeur général des douanes doit être consulté. — Décr. 15 oct. 1810, art. 6.

38. — L'ordonnance royale d'autorisation est ensuite rendue après une délibération que doit prendre l'assemblée générale du conseil d'état, sur l'avis qui lui est soumis par le comité du commerce. D'après le décr. de 1810, l'ordonnance n'était rendue qu'après un rapport au roi fait par le ministre de l'intérieur. — Cormenin, *Dr. admin.*, 5e édit., t. 1er, p. 249.

39. — M. Macarel (*Encyc. du dr.*, vo *Ateliers dangereux*, etc.) fait cependant remarquer que, dans la pratique, ce n'est pas l'assemblée générale du conseil d'état qui délibère, et que la section désignée sous le nom de *Comité de l'intérieur et du commerce* est la seule qui connaisse des demandes en autorisation pour les établissemens de première classe.

40. — Si, lors de l'enquête *de commodo et incommodo*, il a été présenté des moyens d'opposition, l'avis du préfet ne suffit pas, il faut celui du conseil de préfecture. Par suite, ce fonctionnaire, avant d'adresser son rapport au ministre, est tenu de renvoyer l'affaire audit conseil. — Décr. 15 oct. 1810, art. 4; — Cormenin, *Dr. admin.*, t. 1er, p. 243, en note.

41. — Les avis donnés soit par le préfet, soit par le conseil de préfecture, ne sont que des actes d'instruction; ils ne peuvent, en conséquence, être attaqués par la voie contentieuse. — *Cons. d'état*, 22 juin 1825, Barsatier; 8 mars 1827, Guérineau; 19 mars 1823, Holland et Letort; — Garnier, *Rég. des eaux*, no 204; Chevalier, *Jur. admin.*, vo *Ateliers insalubres*, t. 1er, p. 9; Cormenin, *Dr. admin.*, vo *Ateliers insalubres*, t. 2, p. 352; Goujet et Merger, *Dict. de dr. comm.*, vo *Etablissemens insalubres*, nos 38, 40 et 41.

42. — Mais ils peuvent être critiqués, comme tous autres avis, par des mémoires que l'on fait joindre au dossier. — Foucart, *Elém. de dr. admin.*, t. 1er, no 356.

43. — De ce que le préfet, le conseil de préfecture, les agens forestiers, etc., ne donnent que des avis, il résulte encore que ni le ministre de l'intérieur ni le conseil d'état ne se trouvent liés par ces avis, relativement à la concession ou au rejet de la demande. — *Cons. d'état*, 31 juill. 1822, Robert; 30 nov. 1832, Valancourt.

44. — Aussi peut-il très bien arriver et arrive-t-il quelquefois que le préfet, ne partageant pas l'avis du conseil de préfecture, a fait au ministre une proposition contraire, laquelle a, en définitive, prévalu. — Dufour, *Tr. du dr. admin.*, t. 1er, no 373.

45. — Le conseil de préfecture, faisant un acte d'instruction quand il donne son avis, ne peut statuer par voie de jugement; il y aurait alors un excès de pouvoir justiciable du conseil d'état. — *Cons. d'état*, 2 juill. 1812, Grosjean.

46. — De même, les conseils de préfecture n'étant appelés à donner des avis que sur les dangers, l'insalubrité ou l'incommodité des établissemens, ne peuvent s'expliquer sur le préjudice que leur formation ferait éprouver à des établissemens du même genre. — *Cons. d'état*, 22 juill. 1818, de Gérancourt c. Morel; — Chevalier, *Jurisp. admin.*, vo *Ateliers insalubres*, t. 1er, p. 18.

47. — En principe, les causes de refus d'autorisation, et, par conséquent, les motifs d'opposition ne doivent être puisés que dans des considérations d'intérêt général, et ce serait violer la règle de la liberté d'industrie que de motiver un refus sur des considérations d'intérêt privé. — Foucart, *Elém. de dr. pub.*, t. 1er, no 356.

48. — Il existe cependant quelques décisions du conseil d'état qui ont refusé des autorisations, en se fondant uniquement sur ce que les établissemens pour lesquels on les demandait pouvaient nuire à des établissemens voisins. — *Cons. d'état*, 17 août 1825, Potrais c. Caussin; 7 mai 1828, Lesegrétain-Bellangerie c. Truel; 1er juin 1828, Audiger c. Behu; — Foucart, *Elém. dr. admin.*, t. 1er, p. 356. — « Mais, dit M. de Cormenin (*Dr. admin.*, t. 1er, p. 261, no 6), ces décisions, inspirées par un mauvais esprit, esprit illibéral et anti-industriel, ne doivent pas faire jurisprudence. »

49. — S'il résulte des procès-verbaux d'enquête que la position d'une usine est de nature à déterminer des inconvéniens qui peuvent nuire aux maisons environnantes, il y a lieu pour le conseil d'état de refuser l'autorisation. — *Cons. d'état*, 12 avr. 1832, Douglas.

50. — Le conseil d'état pourrait, tout en accordant l'autorisation, la soumettre à des conditions et exiger l'observation, à peine de déchéance, de certaines précautions qu'il énumérerait dans l'ordonnance. — Foucart, *Elém. dr. admin.*, t. 1er, no 356.

51. — L'administration supérieure est maîtresse d'accorder ou de rejeter toutes demandes en autorisation. Il suit de là qu'une ordonnance de rejet, rendue sur l'avis du préfet et le rapport du ministre, ne peut être l'objet d'aucun recours devant le conseil d'état par la voie contentieuse. — *Cons. d'état*, 20 juin 1816, Millan; 13 août 1823, Pernet; 15 déc. 1824, Ler; 21 déc. 1825, Tourneau; 19 juill. 1826, Pugh; 16 mai 1827, Chissac; 2 janv. 1835, Mahé; — Macarel, *Encycl. du dr.*, vo *Ateliers dangereux*, no 17; Chevalier, *Jurisp. admin.*, vo *Ateliers insalubres*, § 1er, p. 9; Cormenin, *Dr. admin.*, *eod. verb.*, t. 2, p. 248; Garnier, *Rég. des eaux*, no 182; Goujet et Merger, *loc. cit.*, no 43.

52. — Ce ne serait que par la voie administrative que le postulant pourrait réclamer contre l'ordonnance, s'il trouvait trop onéreuses les conditions qu'elle lui impose. — *Cons. d'état*, 12 juin 1835, Delphin-Picard; — Cormenin, *Dr. admin.*, vo *Rejet des requêtes*, t. 1er, p. 99 et 118, et *Append.*, vo *Cours d'eau*, p. 79, col. 1re.

53. — Cependant, si toutes les formalités n'ont pas été remplies, les tiers peuvent attaquer l'ordonnance par la voie contentieuse de l'opposition ou de la tierce-opposition, selon qu'ils ont ou n'ont pas figuré dans l'instruction. En pareil cas, ils n'ont pas été mis légalement en demeure de présenter leurs observations, ils ne peuvent souffrir des irrégularités commises par l'administration. — *Cons. d'état*, 19 juill. 1826, Viel; 13 fév. 1840, Lepauce. — Cormenin, *Dr. admin.*, t. 1er, p. 249; Foucart, *Elém. dr. admin.*, t. 1er, no 357.

54. — La tierce-opposition à l'ordonnance royale qui refuse l'autorisation n'est pas davantage admissible. Car c'est sur la propre requête du fabricant que sa demande a été rejetée. Il n'a pas d'autre ressource que de perfectionner ses procédés pour former ensuite une nouvelle demande. — Dufour, *ibid.*; Magnitot et Delamarre, *Dict. de dr. publ. et admin.*, vo *Etablissemens insalubres*, § 3; Macarel, *Encycl. du dr.*, vo *Ateliers insalubres*, no 27.

55. — Les tiers qui élèvent des constructions auprès d'établissemens insalubres, après que la formation en a été permise, ne sont pas admis à en solliciter l'éloignement. — Décr. 15 oct. 1810, art. 9.

56. — Les lois et réglemens exigent bien que ces établissemens soient éloignés des habitations, mais ils ne disent pas à quelle distance ils doivent être formés. Plusieurs préfets avaient demandé qu'on déterminât cette distance d'une manière positive, on a considéré cette fixation générale comme impossible, la solution de cette question est laissée à la sagesse des autorités. Elles prendront en considération la nature de l'établissement et les circonstances locales. — Circ. min. 4 mai 1815; — Foucart, *Elém. dr. admin.*, t. 1er, no 356.

57. — Il peut s'élever devant le conseil d'état une contestation sérieuse entre les industriels qui poursuivent l'autorisation et ceux qui ont formé opposition. Il y a donc lieu de recourir au ministère des avocats à la cour de Cassation et aux conseils du roi. Toutefois, ce n'est pas une obligation pour les parties. Car, dans le cas même de conflit entre plusieurs intérêts, le conseil d'état ne cesse point d'être saisi et de statuer comme conseil d'administration. — Dufour, *Traité de dr. admin.*, t. 1er, p. 374.

58. — Si les oppositions rendent nécessaire la nomination d'experts, ceux-ci ne sont pas tenus de se conformer à toutes les règles tracées par le Code de procédure. — *Cons. d'état*, 17 nov. 1819, Hardy c. Guernon de Ranville.

59. — Cependant, il y aurait lieu, conformément aux art. 283 et 310 de ce Code, à récusation des experts désignés par un conseil de préfecture, lorsque, pendant le cours de leurs opérations, ils ont mangé, bu et logé chez l'une des parties. — *Cons. d'état*, 15 juin 1812, Lassès c. Sénat.

60. — En tous cas, les parties intéressées ne reçoivent pas communication de l'ordonnance rédigée d'avance par le membre du conseil chargé de faire le rapport de l'affaire. Ils ne la connaissent qu'après la signature royale. Jusque-là c'est un simple projet. — Macarel, *Encycl. du dr.*, vo *Ateliers dangereux*, no 11.

### § 2. — *Exécution de l'ordonnance d'autorisation.*

61. — L'ordonnance qui statue sur une demande en autorisation est adressée par le ministre du commerce au préfet. Le préfet doit veiller à ce que les conditions imposées au fabricant pour son exploitation soient strictement remplies. — *Cons. d'état*, 19 mars 1823, Guichard; — Cormenin, *Droit adm.*, 5e édit., p. 250; Dufour, *Traité de dr. admin. app.*, t. 1er, no 375.

62. — Les établissemens insalubres sont soumis à la surveillance spéciale d'un ou de plusieurs commissaires spéciaux (L. 9 juill. 1835); de plus, ils sont soumis à la surveillance générale des maires, commissaires de police, etc., lesquels peuvent dresser les procès-verbaux qu'ils jugeront utiles. — Mirabel-Chambaud, *C. des établ. indust.*, t. 2, no 654.

63. — Les contestations qui peuvent s'élever entre les fabricans et l'administration relativement à l'exécution des conditions prescrites sont jugées administrativement par le conseil de préfecture. — LL. 14 août 1790 et 28 pluv. an VIII.

64. — Les personnes intéressées à l'accomplissement des conditions imposées par l'ordonnance royale doivent s'adresser au préfet pour en réclamer l'exécution. Elles ne seraient pas recevables à agir par la voie contentieuse. — *Cons. d'état*, 21 déc. 1825, Thinet; — Dufour, *Tr. de dr. admin. app.*, t. 1er, no 325; Cormenin, *Dr. admin.*, 5e édit., p. 250. — Le préfet fait rendre droit à la plainte par l'officier de police du lieu.

65. — Si le tiers intéressé veut poursuivre directement l'usinier, il devra se pourvoir par requête devant le conseil d'état. La décision du conseil est en dernier ressort et sans recours possible. — Mirabel-Chambaud, *C. des établ. indust.*, t. 2, nos 699 et suiv.

66. — Le préfet pourrait aussi imposer des conditions nouvelles, si celles qui ont été fixées par l'ordonnance étaient insuffisantes; mais le préfet n'a ce droit qu'autant que les conditions nouvelles ne détruisent pas celles de l'ordonnance royale, et que d'un autre côté il n'a agi que sur les plaintes des voisins. — Trébuchet, *C. établ. insal.*, ch. 1er, sect. 7e; Goujet et Merger, *loc. cit.*, no 48.

67. — Le préfet peut interdire les établissemens de première classe pour cause de dommages, sauf recours au ministre du commerce par la partie qui se prétend lésée. — *Cons. d'état*, 2 juill. 1836, Gazzino.

68. — Mais le préfet ne pourrait en ordonner la suppression définitive. — Déc. 15 oct. 1810, arg. de l'art. 12.

69. — Le préfet peut aussi suspendre provisoirement les établissemens qui enfreignent leur autorisation, sauf le recours au ministre de la partie lésée. — *Cons. d'état*, 19 mars 1823, Holland et Letort.

70. — L'arrêté d'un préfet ordonnant spécialement la destruction de roises à rouir le chanvre ne peut être réformé que par le ministre de l'intérieur. — *Cons. d'état*, 19 mai 1811, David c. comm. de Saint-Germain.

71. — Le préfet de police peut prendre, à l'égard des établissemens dangereux, toutes les mesures provisoires que l'intérêt public peut rendre nécessaires : ainsi il peut prohiber provisoirement la réouverture d'un atelier d'artificier, de crainte d'incendie, sauf recours au conseil d'état pour la suppression définitive de l'établissement. — *Cons. d'état*, 21 déc. 1837, Mastaux.

72. — L'administration ne peut ordonner la démolition d'un four à chaux par le motif qu'il présente des dangers pour la sûreté publique, lorsque ces dangers peuvent être prévenus par des travaux de précaution à exécuter sur ce four. — *Cons. d'état*, 15 mai 1815, Samson.

73. — L'interdiction d'une usine ne peut être ordonnée par le préfet que pour des motifs d'intérêt

public ou pour cause de dommages matériels. La suppression ne pourrait donc être ordonnée par le motif que la concurrence de l'établissement autorisé cause un préjudice à des établissemens voisins. — *Cons. d'état*, 22 juill. 1818, de Girancourt c. Morel.

74. — Les fabricans autorisés à élever un établissement de la première catégorie doivent se renfermer dans les limites de l'autorisation primitive. Ils ne pourraient, sans une autorisation nouvelle, joindre à l'établissement autorisé un établissement de première ou de deuxième classe. — Trébuchet, *C. admin.*, ch. 1er, sect. 8.

75. — Les fabricans ne pourraient pas, en vertu de leur autorisation, augmenter les appareils et le matériel ou agrandir le local d'exploitation, surtout si les nouveaux procédés étaient de nature à préjudicier à autrui; il faudrait alors une nouvelle autorisation. — Trébuchet, ch. 4, sect. 2e.

76. — Mais il faudrait décider autrement s'il ne s'agissait que d'une augmentation de produits et d'une extension de commerce. — Cormenin, *Dr. admin.*, 5e édit., t. 1er, p. 250.

77. — Celui qui a reçu la permission d'établir une usine à traiter le fer n'est pas pour cela autorisé à établir des lavoirs de mines; l'établissement de ces lavoirs ou de patouillets ne peut pas avoir lieu sans une autorisation particulière.—L. 21 avr. 1810, art. 73, 74, 79 et 80; — *Cass.*, 20 juin 1828, Devillers-Bodson.

§ 3. — *Du défaut et du refus d'autorisation.*

78. — L'administration peut ordonner la suppression d'un établissement dangereux ou insalubre qui n'aurait pas été autorisé, ou dont l'autorisation aurait été refusée.—Ord. 14 janv. 1815, art. 15.

79. — Ce pouvoir est exercé par le préfet de police, à Paris, en vertu de l'arrêté du 12 messid. an VIII, et dans les départemens par les préfets qui, étant autorisés par l'art. 5, ord. 14 janv. 1815, à suspendre la formation et l'exercice des établissemens nouveaux non compris dans la nomenclature et qui seraient susceptibles d'y être classés, peuvent, à plus forte raison, interdire ceux qui sont classés et qu'on a élevés sans autorisation. — Foucart, *Elém. dr. adm.*, t. 1er, no 363.

80. — Les arrêtés des préfets ne peuvent en premier lieu être déférés qu'au ministre du commerce, puisqu'ils ont agi dans les limites de leur pouvoir administratif. — *Cons. d'état*, 2 juill. 1836, Gazzino; 27 août 1840, Castilhon.

81. — Mais si le ministre en maintient les dispositions, la voie administrative étant épuisée, les parties intéressées peuvent alors se pourvoir devant le conseil d'état. — En effet, la question de savoir si les établissemens doivent être classés parmi les établissemens dangereux, ou s'ils ont subi une interruption de plus de six mois est évidemment contentieuse.—Foucart, *Elem. dr. adm.*, t. 1er, no 363.

82. — L'autorité judiciaire peut également ordonner la suppression des établissemens non autorisés; elle tire son droit de l'art. 471, § 15, C. pén., qui punit les contrevenans aux réglemens également faits par l'autorité administrative. — Or, le décret de 1810 et les ordonnances qui l'ont suivi sont des réglemens de police pris par l'autorité administrative en vertu des pouvoirs qu'elle tient des lois du 24 août 1790, art. 3 et 4, tit. 11, et 22 juill. 1791, art. 46, tit. 1er. — *Cass.*, 27 janv. 1826, Duchasnois; 25 fév. 1826, Krauss; 4 oct. 1834, Lieutaud; — Foucart, *Elém. dr. adm.*, t. 1er no 363.

83. — L'exploitation d'un établissement insalubre, pour lequel il n'a pas été obtenu d'autorisation, donne lieu à l'application des peines portées par la loi (C. pén., art. 471-15o). — La contravention dans ce cas résulte moins de la formation et de l'existence non autorisée de cet établissement que de son exploitation. Et dès-lors, chaque fois que cette exploitation se renouvelle, il y a un fait nouveau dont la poursuite exige la répression. — *Cass.*, 19 août 1836 (t. 1er 1837, p. 503), Réné. — Mangin, *Act. publ.*, t. 2, p. 348, no 403.

84. — L'art. 1er, ord. 9 fév. 1825, ayant rangé dans la première classe des établissemens dangereux les dépôts et ateliers pour la cuisson et la dessiccation du sang des animaux, le dépôt, pendant trois jours, dans un chantier, de tonneaux renfermant du sang de bestiaux corrompu, constitue la contravention prévue et punie par l'art. 471, no 15, C. pén. — *Cass.*, 4 août 1837 (t. 2 1839, p. 526), Maugras.

85. — Et les tribunaux qui prononcent la peine ont par cela même le droit de réprimer la contravention en ordonnant la clôture de l'établissement. La cour de cassation a décidé même qu'ils ne pouvaient se dispenser de le faire. — *Cass.*, 14 mai 1830, Carré.

86. — Ainsi, jugé que le tribunal de police commet une violation de loi lorsque, saisi d'un fait d'exploitation sans autorisation d'une fabrique de cendres gravelées répandant sa fumée au dehors, il déclare son incompétence sur le fondement que c'est à l'administration à juger de la légalité ou de l'illégalité de pareils établissemens, et à en faire suspendre l'exercice, et qu'aucun arrêté administratif n'ayant été rendu, il n'y a lieu de prononcer aucune peine. — *Cass.*, 20 fév. 1830, Breton.

87. —... Que le fabricant de chandelle, qui établit une fonderie de suif dans son habitation, contrairement à l'ordonnance du 14 janv. 1815, et au mépris d'un arrêté du conseil de préfecture, qui, sur l'opposition des voisins, lui a refusé l'autorisation nécessaire, est passible des peines de simple police.—*Cass.*, 25 fév. 1826, André Krauss; 27 janv. 1826, Duchanois.

88. —... Que le tribunal de simple police ne peut se déclarer incompétent pour réprimer une contravention à une ordonnance qui refuse l'autorisation d'établir un dépôt d'engrais, sous le prétexte qu'elle est un acte administratif sans caractère législatif ni sanction judiciaire. — *Cass.*, 4 oct. 1834, Lieutaud.

89. —... Que les tribunaux ne peuvent se dispenser de réprimer la contravention en se fondant sur ce que l'autorisation a été demandée, et sur ce que l'établissement existe depuis plusieurs années. — *Cass.*, 19 août 1836 (t. 1er 1837, p. 503), Réné.

90. — La demande que l'on a faite d'une autorisation ne suffit point pour justifier l'exploitation d'un établissement insalubre.—*Cass.*, 19 déc. 1835, Guillié Carolus.

91. — Le décret de 1810, en réglant les conditions d'autorisation des établissemens dangereux et insalubres pour l'avenir n'a pas dépouillé l'autorité municipale, tant que cette autorisation n'a pas été obtenue, du droit qu'elle tient de l'art. 3, § 5, tit. 2, L. 16-24 août 1790, de prescrire les mesures que l'intérêt de la salubrité publique lui paraît exiger. — *Cass.*, 14 fév. 1833, Jau et Castreux. — V. Perrin, *Code des constr.*, no 1441.

92. — Dès-lors, l'arrêté d'un maire qui interdit à des individus de continuer l'exploitation d'ateliers non autorisés et pouvant compromettre la santé publique est légal et obligatoire. — *Cass.*, 14 fév. 1833, Jau et Castreux.

93. — Un arrêté préfectoral, relatif à une amidonnerie, rendu sous l'empire de la loi du 16-24 août 1790, et antérieurement au décret du 15 oct. 1810, n'a d'autre autorité que celle d'un arrêté municipal, et peut dès-lors être abrogé ou modifié par un arrêté municipal postérieur. — *Cass.*, 6 juill. 1844 (t. 2 1844, p. 648), Piau-Picault.

94. — L'arrêté d'un maire qui défend de fondre des suifs en branche ailleurs que dans les abattoirs de la ville est pris dans le cercle des attributions municipales et par conséquent obligatoire. — Les tribunaux doivent donc réprimer les infractions qui y sont faites. — *Cass.*, 12 août 1839 (t. 1er 1840, p. 125), Rosmy.

95. — Il en est de même des réglemens faits par un maire qui, dans l'intérêt de la salubrité publique, défend de fondre les graisses provenant des bestiaux tués dans l'intérieur des abattoirs ailleurs que dans les fonderies qui y sont établies. Il y a contravention à ce réglement, lors même que la fonderie particulière dans laquelle ont été fondus les suifs en branche existait antérieurement au décret du 15 oct. 1810.—*Cass.*, 11 févr. 1837 (t. 1er 1838, p. 129), Rosmy.

96. — L'arrêté municipal qui, en exécution du décret du 15 oct. 1810 et de l'ordonnance du 14 janv. 1815, voulant prévenir une épidémie menaçante ou en diminuer l'intensité en cas d'invasion, impose à tous les propriétaires d'établissemens de triperies non légalement autorisés l'obligation de les transporter hors de la ville, est obligatoire pour les citoyens qu'il concerne comme pour le tribunal chargé d'en réprimer l'inobservation.—*Cass.*, 13 nov. 1835, Pouly et Patissico.

97. — Mais lorsque le prévenu soutient qu'il a une autorisation expresse ou tacite, ou lorsqu'il conteste le fait de la suspension pendant six mois, le tribunal doit surseoir jusqu'à ce que l'autorité administrative, à laquelle appartient tout ce qui concerne l'établissement, la conservation et la suppression des établissemens insalubres, ait statué sur son exception.

98. — Ainsi, il doit être sursis à statuer jusqu'à la décision de l'autorité administrative, si, pour écarter l'application d'un réglement de police municipale à l'établissement qu'il exploite, le prévenu allègue que l'existence de cet établissement est antérieure au décret de 1810, et que le fait soit dénié par le ministère public.— *Cass.*, 14 fév. 8331, Jau.

99. — Ainsi encore, lorsque l'individu poursuivi pour avoir, sans autorisation, exploité un établissement insalubre ou incommode, soutient qu'il avait obtenu cette autorisation ou qu'elle ne lui était pas nécessaire, son établissement existant bien avant le décret du 15 oct. 1810, il y a là une question préjudicielle que le tribunal saisi ne peut décider, et à raison de laquelle il doit surseoir jusqu'à ce que l'autorité administrative l'ait résolue. — Et il en doit être ainsi, encore que le ministère public eût reconnu que l'établissement existait antérieurement au décret de 1810. — *Cass.*, 3 oct. 1845 (t. 1er 1846, p. 450), Desjardins.

§ 4.—*Révocation de l'autorisation.*

100. — L'autorisation est révocable pour cause d'inexécution ou de violation des conditions auxquelles l'ordonnance royale avait soumis l'établissement. — *Cons. d'état*, 14 avr. 1824, Sarreau.

101. — Mais cette révocation ne met pas obstacle à ce que le fabricant sollicite une nouvelle autorisation s'il parvient à remplir les conditions imposées. — *Cons. d'état*, 30 mai 1821, Lebel; — Magnitot et Delamarre, *Dict. de dr. adm.*, vo *Établissemens dangereux*, § 6.

102. — Le retrait de l'autorisation peut encore avoir lieu pour cause d'inconvéniens graves pour la salubrité publique, la culture ou l'intérêt général.— Décr. 15 oct. 1810, art. 12. — Et cela, soit qu'il s'agisse d'un établissement antérieur audit décret de 1810 et compris dans l'autorisation générale de l'art. 11, soit qu'il soit question d'établissemens autorisés spécialement. — Foucart, *Elém. de dr. publ.*, t. 1er, no 358.

103. — Le préfet de police à Paris peut ordonner la suspension dans l'enceinte de la ville d'un atelier d'affinage d'or et d'argent par l'acide sulfurique, dont les gaz se répandent dans l'air et incommodent les voisins — *Cons. d'état*, 19 mars 1823, Guichard c. Legendre.

104. — La translation d'un établissement insalubre d'un lieu dans un autre est soumise, comme sa création, à l'autorisation préalable de l'administration. — *Cass.*, 30 mai 1834, Lannelet.

105. — La translation non autorisée peut même être une cause de révocation de l'autorisation accordée pour la création de l'établissement.

106. — La translation provisoire se fait en vertu d'une autorisation du préfet; la translation définitive ne peut avoir lieu qu'en vertu d'une nouvelle autorisation du conseil d'état. — Mirabel-Chambaud, *C. des établissem. indust.*, t. 2, p. 53, nos 672 et suiv.

107. — Le préfet a le droit de connaître, sauf recours devant le ministre de l'intérieur, de la translation provisoire des fabriques insalubres d'un lieu dans un autre; mais la translation définitive ne peut avoir lieu qu'en vertu d'une nouvelle autorisation. — *Cons. d'état*, 31 juill. 1822, Robert.

108. — La translation forcée peut résulter d'un jugement constatant que l'établissement industriel sert à favoriser la contrebande.—L. 21 vent. an XI.—La translation se fait en vertu d'un arrêté du préfet signifié à la partie. — Mirabel-Chambaud, *C. des établissem. indust.*, t. 2, no 692.

109. — Le retrait de l'autorisation peut encore avoir lieu pour interruption de travaux pendant six mois. — Déc. 15 oct. 1810, art 13. — *Cons. d'état*, 3 mars 1825, Garat. — Dans ce cas, les propriétaires du voisinage peuvent croire que l'établissement est abandonné et agir en conséquence dans la disposition de leurs propriétés. — Foucart, *Elem. dr. publ.*, t. 1er, no 362.

110. — Il en serait de même si le propriétaire avait laissé s'écouler six mois sans faire usage de son autorisation. Ce cas rentre en effet dans les prévisions de l'art. 13, qui ne veut pas que l'établissement reste six mois inexploité.

111. — L'interruption pendant six mois de l'exploitation d'un établissement autorisé n'oblige pas le propriétaire à obtenir une nouvelle autorisation, si elle a pour cause un procès entre le propriétaire et des tiers. — Macarel, *Encyclop. du droit.*, vo *Ateliers dangereux*, no 51. — Magnitot et Delamarre, vo *Etablissemens insalubres*, no 6.

112. — La révocation est prononcée par le conseil d'état, sur l'avis qui lui en est donné par le ministre des travaux publics et dans la même forme que la demande en autorisation. — Le préfet aura dû remettre préalablement aux ministres les procès-verbaux de l'autorité locale et les plaintes, avec son avis. — Mirabel-Chambaud, *Code des Etabl. industr.*, t. 2, p. 341, nos 1053 et suiv.

113. — En l'absence de réglement sur le comité devant lequel doit être portée cette action, l'usage

est d'instruire et décider ces affaires par la voie du comité de l'intérieur et du commerce. — C'est donc au ministre du commerce que doit être remise la demande, bien qu'adressée au roi. — M. Macarel, qui atteste cet usage (*Encyclop. du droit*, v° *Ateliers dangereux*, nos 36 et 37), regrette que ce ne soit pas le comité du contentieux qui connaisse de ces actions.

114. — Quand il s'agit de la suppression définitive d'un établissement, pour quelque cause que ce soit, le préfet ne peut prendre connaissance de l'affaire qu'à titre d'*avis*. — Déc. du 15 oct. 1810, art. 2. — *Cons. d'Etat*, 30 av. 1828, Magnan.

115. — Le préfet ne peut prononcer la suppression définitive d'un atelier de première classe antérieur au décret de 1810. Il ne peut qu'émettre son avis ou prescrire, à titre provisoire, les mesures commandées par les intérêts de police. — *Cons. d'état*, 25 août 1841, Capdeville.

116. — Si le délai accordé pour supprimer l'établissement est expiré, il peut être prolongé afin de donner au fabricant le droit de chercher un autre local.

117. — L'ordonnance qui refuse la suppression d'un établissement, demandée en vertu de l'art. 12 du décret de 1810, ne préjuge rien sur les indemnités qui peuvent être réclamées par des tiers. Ces indemnités sont alors arbitrées par les tribunaux.

## Sect. 3e. — *Établissemens de deuxième classe.*

118. — Cette classe d'établissemens comprend ceux qui ne doivent pas nécessairement être éloignés des habitations, mais qui ne peuvent être établies qu'après une autorisation préalable du préfet et une enquête de *commodo et incommodo*. — Déc. 15 oct. 1810, art. 7.

119. — Ces établissemens peuvent être élevés dans l'intérieur des villes, et cependant restent soumis à une autorisation préalable et à une surveillance continuelle, parce que les vapeurs nuisibles qu'ils exhalent peuvent être facilement condensées. L'administration pourvoit donc suffisamment à la sûreté publique en s'assurant que les procédés convenables pour prévenir tout accident seraient adoptés et en en surveillant l'emploi. — V. le rapport de la section de chimie cité par Dufour, *Traité de dr. admin.*, t. 1. n° 376.

120. — Les fours à plâtre qui, par la nomenclature jointe au décret du 15 oct. 1810, avaient été rangés dans la première classe des établissemens insalubres, ont été depuis rangés dans la seconde par l'ordonnance réglementaire du 29 juill.-22 août 1818.

121. — Les établissemens d'éclairage par le gaz hydrogène sont rangés également dans la seconde classe. — Ord. réglem. 20 août 1824; ord. 27 janv. 1846.

### § 1er. — *De l'autorisation.*

122. — La demande en autorisation est adressée au sous-préfet de l'arrondissement où l'établissement doit être élevé, dans la même forme que la demande en autorisation pour les établissemens de première classe. — Le sous-préfet renvoie la demande au maire en le chargeant de faire procéder à une enquête *de commodo et incommodo*. — Décr. 15 oct. 1810, art 7.

123. — L'enquête se fait dans les mêmes formes que celles ci-dessus indiquées pour les établissemens de première classe. — Seulement, il n'est pas nécessaire de faire apposer d'affiches. — Dufour, *Tr. du dr. adm.*, t. 1er., n° 377; Cléraut, *loc. cit.*, n° 40; Goujet et Merger, n° 56.

124. — Les procès-verbaux d'enquête sont renvoyés du maire au sous-préfet; celui-ci complète l'instruction en prenant un arrêté en forme d'avis; puis il transmet le tout au préfet, qui, sur le vu des pièces, accorde ou refuse l'autorisation. — Décr. 15 oct. 1810, art. 7.

125. — Si l'établissement doit être formé dans la ville du chef-lieu de préfecture ou dans une commune du ressort, c'est au préfet que la demande doit être directement adressée. Si c'est à Paris ou dans les communes de Saint-Cloud, Sèvres ou Meudon, c'est au préfet de police que la pétition doit être remise. — Dans ces deux cas, ce sont ces fonctionnaires mêmes qui statuent sur la demande. — Ord. 14 janv. 1815; — Dufour, *ibid.*

126. — Soit que la demande ait ou n'ait pas suscité d'opposition, le préfet statue sans attendre la décision ni prendre l'avis du conseil de préfecture. — *Cons. d'état*, 18 mai 1837, Thibaul; 4 déc. 1837, Jacquet; — Goujet et Merger, V° *Établissemens insalubres*, n° 62.

127. — Quoique le préfet semble avoir le droit de peser les raisons d'intérêt public qui peuvent s'opposer à l'établissement d'un atelier insalubre, cependant il ne peut refuser son autorisation dans l'intérêt de la voirie vicinale. La raison en est que les inconvéniens de cette nature ne sont pas particuliers aux établissemens dangereux ou insalubres, et que le préfet ne peut statuer qu'en vue des inconvéniens particuliers à ces établissemens.

128. — C'est ainsi que le conseil d'état a décidé qu'un préfet ne pouvait s'opposer à la continuation de l'exploitation d'un four à chaux par la houille carbonisée, sous prétexte qu'il en résultait un encombrement de la voie publique. — *Cons. d'état*, 3 fév. 1830, Dubral.

129. — Quoique ces établissemens puissent être formés près des habitations, cependant le conseil d'état tient en général à les éloigner des quartiers populeux. — Dufour, t. 1er, p. 388.

130. — Plus fréquemment encore il sanctionne les conditions d'exploitation proposées par le conseil de salubrité publique. — V. notamment *Cons. d'état*, 18 mai 1837, Thibaud c. Barre.

131. — L'administration peut encore imposer des conditions ayant pour objet de prévenir les inconvéniens signalés par les tiers opposans. — V. Cléraut, n° 46. — C'est ainsi que le propriétaire d'un four à chaux peut être soumis à un chômage d'un mois qui sera déterminé par le maire à chacune des époques de la floraison des vignes et des vendanges. — *Cons. d'état*, 16 juin 1841, Mathieu.

132. — Lorsqu'il est prouvé que l'odeur exhalée par les os pendant leur calcination ne serait pas détruite en totalité par les procédés du fabricant, et que les moyens indiqués pour y remédier sont insuffisans et inadmissibles, le préfet peut refuser l'autorisation demandée. — *Cons. d'état*, 6 sept. 1825, Julienne.

133. — Le préfet ne peut imposer à l'établissement d'ateliers insalubres que des conditions dont l'exécution dépend du fabricant seul. Il ne peut restreindre le droit des propriétaires voisins contre leur gré et contre leur intérêt; spécialement imposer au propriétaire d'un établissement voisin l'obligation de recevoir un fermier qui ne serait pas de son choix. — *Cons. d'état*, 2 août 1826, Luret.

134. — Si aucune opposition n'a été formée dans le cours de l'instruction d'une demande en autorisation d'établissement d'une distillerie d'eau-de-vie, et qu'il résulte de cette instruction que les propriétés voisines n'ont à redouter aucun préjudice, le préfet ne peut refuser son autorisation sous le prétexte que les eaux ne pourraient avoir d'écoulement, si le fabricant se soumet aux mesures prescrites par le conseil de salubrité. — *Cons. d'état*, 30 nov. 1832, Valancourt.

135. — Les fabriques de la seconde classe pouvant s'établir dans le voisinage d'habitations, le conseil d'état peut réformer l'arrêté du préfet qui refuse d'en autoriser l'établissement, sauf à ordonner les mesures nécessaires propres à assurer que l'exploitation de la fabrique ne nuira pas aux voisins. — *Cons. d'état*, 22 mars 1833, Bayret.

136. — Les fours à chaux étant rangés dans la seconde classe des ateliers insalubres, leur éloignement des habitations n'est pas rigoureusement nécessaire. Ils peuvent être établis et transférés avec l'autorisation du préfet, lorsqu'il est constant qu'il ne résulte de leur voisinage ni danger ni insalubrité à cause de la fumée. — *Cons. d'état*, 18 mai 1837, Boyer.

137. — Un établissement pour le grillage des tissus par le gaz, renfermant une fabrique de gaz tiré du charbon avec cornue et gazomètre, doit être soumis aux conditions prescrites pour les établissemens d'éclairage par l'instruction annexée à l'ordonnance royale du 20 août 1824. — *Cons. d'état*, 2 août 1836, Leboiteux.

138. — Le refus d'autorisation peut être fondé sur ce que le local n'est pas convenable ou sur son insuffisance. Conséquemment, dans le cas de recours au conseil d'état, il y a lieu de confirmer un arrêté ainsi pris. — *Cons. d'état*, 17 août 1825, Herbelin.

139. — Les conseils de préfecture n'ont jamais le droit de statuer sur la demande en autorisation, ils ne peuvent connaître que des oppositions formées contre les arrêtés des préfets. — *Cons. d'état*, 12 janv. 1825, Lion; — Goujet et Merger, n° 60.

140. — Car, en matière d'établissemens insalubres de deuxième classe, le conseil de préfecture ne prononce jamais que comme autorité judiciaire, et il ferait, en connaissant des autorisations, un acte essentiellement réservé à l'administration active. — Macarel, *Encycl. du droit*, v° *Ateliers dangereux*, n° 12.

141. — Et si, avant que le préfet ait accordé ou refusé l'autorisation, et à la suite d'une enquête et d'opposition de tiers, le conseil de préfecture a déclaré qu'il y a lieu d'accorder l'autorisation, son arrêté ne doit être regardé que comme un avis donné au préfet. En conséquence, cet arrêté n'est pas susceptible du recours devant le conseil d'état. — *Cons. d'état*, 12 juin 1825, Bastatier; 26 oct. 1825, Tholet; 15 mars 1826, Rouyer; 8 mars 1827, Guérinau. — V. le paragraphe suivant.

142. — Du reste, cet avis, donné par le conseil de préfecture, n'affecte en rien sa compétence réelle, et c'est toujours devant lui, et non directement devant le conseil d'état, que les parties doivent se retirer pour faire statuer sur les réclamations qu'elles élèvent contre l'arrêté du préfet relatif à l'autorisation. — *Cons. d'état*, 26 oct. 1825, Tholet; — Cléraut, *Tr. des établ. dang.*, n° 43.

### § 2. — *Opposition et recours.*

143. — D'après l'art. 7, décr. 15 oct. 1810, le préfet ne statue sur la formation des établissemens de seconde classe que sauf recours au conseil d'état par toutes les parties intéressées. S'il y a opposition, il y sera statué par le conseil de préfecture, sauf le recours au conseil d'état.

144. — Les demandes en autorisation d'établissemens de seconde classe peuvent donc donner lieu à des recours et à des oppositions: oppositions par les tiers, soit à la demande en autorisation soit à l'autorisation accordée; recours par les postulans contre les arrêtés des préfets qui refusent l'autorisation ou par les tiers contre l'arrêté du conseil de préfecture qui rejette leur opposition à l'autorisation accordée.

145. — Les préfets, étant investis de l'autorité active, sont seuls juges des autorisations, et ne sont jamais tenus de consulter le conseil de préfecture. Mais ils ne peuvent connaître des oppositions intervenues sur les autorisations qu'ils ont accordées. — C'est ce qu'a décidé le conseil d'état relativement au préfet de police, à Paris. — *Cons. d'état*, 30 août 1814, Barré; 17 janv. 1831, Gardisall. — Goujet et Merger, n° 65.

146. — De leur côté, les conseils de préfecture, investis de l'autorité contentieuse, sont seuls juges des oppositions sur les autorisations. — *Cons. d'état*, 30 juin 1835, Blanc.

147. — Les moulins à farine, blutoirs à cribler le blé et minoteries établis dans les villes sont rangés dans la deuxième classe des établissemens insalubres et incommodes, et les conseils de préfecture sont compétens pour connaître des oppositions formées contre ces établissemens. — *Cons. d'état*, 23 avr. 1823, Laporte.

148. — Les conseils de préfecture ne sont jamais juges que de l'opposition des tiers. En conséquence, ils ne peuvent admettre les réclamations des fabricans, le conseil d'état étant exclusivement compétent pour connaître de ces réclamations. — *Cons. d'état*, 15 nov. 1826, Régnard; 16 janv. 1828, Gide; 12 avr. 1832, Douglas.

149. — Il est à remarquer ici que le conseil de préfecture statue comme autorité judiciaire, et non pas comme donnant un simple avis. — Dufour, *Tr. de droit admin.*, t. 1er, p. 303, n° 378.

150. — Mais si l'autorisation n'a pas été accordée, il n'y a lieu, pour le conseil de préfecture, ni de donner un avis, ni de statuer sur les oppositions. — *Cons. d'état*, 25 déc. 1823, Palangier.

151. — Le conseil de préfecture est incompétent pour statuer sur les oppositions formées contre un établissement insalubre ou incommode qui n'a point encore été autorisé. — *Cons. d'état*, 24 déc. 1828, de Bellemart.

152. — Aux termes de l'art. 7, décr. 15 oct. 1810, les conseils de préfecture ne sont compétens pour statuer sur les oppositions formées contre un établissement de seconde classe qu'après que l'autorisation a été accordée par le préfet. — *Cons. d'état*, 12 janv. 1825, Lion.

153. — On avait cru d'abord que le conseil de préfecture devait statuer sur les oppositions formées *avant*, comme sur celles intervenues *après* l'autorisation. Mais il a été décidé depuis qu'il ne devait prononcer que sur les oppositions postérieures à l'autorisation. — *Cons. d'état*, 4 déc. 1837, Jacquet; — Magnitot et Delamarre, *Dict. de droit admin.*, v° *Etablissemens insalubres*, § 4. — Il faut donc, enseigne M. de Cormenin (*Dr. admin.*, t. 1er, p. 254), que les oppositions qui auraient été faites avant l'autorisation soient reproduites après. — Macarel, *Encyclop. du droit*, v° *Ateliers dangereux*, n° 18.

154. — Du reste, M. Foucart fait remarquer avec raison (*El. dr. adm.*, t. 1er, n° 359) que l'art. 7, décr. 15 oct. 1810, en établisant un pourvoi

par la voie contentieuse, déroge aux véritables principes de la matière. Car le préfet, en accordant ou refusant l'autorisation de fonder un établissement, agit dans le cercle de ses attributions administratives.—C'est donc par la voie administrative que les recours contre ses décisions auraient dû être exercés.

155.—Il en est de même de l'attribution donnée au conseil de préfecture en cas d'opposition.—Car il en résulte que ce conseil peut, contre tous les principes, réformer une décision de l'autorité active.—Le conseil de préfecture ne devrait donc donner ici que des avis, c'est ce qu'on a décidé quand il s'agit d'établissemens de première classe. On aurait dû faire de même pour ceux de seconde. — Foucart, *eod. loc.*; Chevalier, *Jurisp. admin.*, t. 1er, p. 11.

156.—Jugé que le conseil de préfecture est valablement saisi de la demande des opposans lorsque l'opposition a été formée, non-seulement dans le procès-verbal *de commmodo et incommodo*, mais, de plus, dans les actes déposés et signifiés.—*Cons. d'état*, 26 oct. 1828, Warin et Arrachart.—Il est évident, d'après ce qui vient d'être dit, que les actes devraient avoir été déposés et signifiés depuis l'autorisation accordée.

157.—Les conseils de préfecture sont compétens pour connaître des oppositions formées contre l'établissement de machines à vapeur dont la force excède deux atmosphères. L'opposition des tiers ne peut être admise lorsque les formalités prescrites par la loi ont été observées, et que la machine ne leur cause pas de préjudice.—*Cons. d'état*, 22 nov. 1836, Vienchel.

158.—Le recours exercé, soit par le postulant, soit par le tiers, doit, d'après l'art. 7 ci-dessus rappelé, être porté devant le conseil d'état, qui, dans l'un et l'autre cas, statue dans la forme contentieuse.—Foucart, *El. dr. admin.*, t. 1er, n° 359; Macarel, *ibid.*, n° 20.

159.—La double disposition de l'art. 7, rédigée d'une manière assez ambiguë, semble présenter quelque contradiction, car la première attribue juridiction au conseil d'état directement, et la seconde au conseil de préfecture, sauf pourvoi devant le conseil d'état.—La jurisprudence du conseil les a interprétées en ce sens que le recours direct au conseil d'état dont parle la première disposition n'est ouvert qu'autant que le préfet ayant refusé l'autorisation, le recours est exercé par les postulans.—V. notamment *Cons. d'état*, 14 déc. 1821, Hermann.—Alors, les tiers intéressés peuvent intervenir devant le conseil d'état.—Mais si l'autorisation a été obtenue et a donné lieu à des oppositions, ces oppositions doivent être appréciées d'abord par le conseil de préfecture et soumises en appel seulement au conseil d'état.—C'est le cas d'application de la seconde disposition.—Foucart, *El. dr. admin.*, t. 1er, n° 359.

160.—Ainsi, quand le conseil d'état a été saisi par le postulant, les tiers intéressés à ce que l'arrêté soit maintenu peuvent se présenter à titre d'intervenans.—*Cons. d'état*, 6 mars 1835, Lezian; 7 avr. 1835, Naycon.

161.—Ils peuvent même, après l'ordonnance rendue, et s'ils n'ont pas paru aux débats, se présenter comme tiers-opposans.—*Cons. d'état*, 5 sept. 1836, Grandin.

162.—Le délai pendant lequel le postulant, dont la demande en autorisation a été rejetée, peut se pourvoir directement au conseil d'état, est de trois mois, aux termes du réglement du 22 juill. 1806.

163.—Si la demande du postulant a été, au contraire, accordée, les tiers ne peuvent attaquer l'arrêté du préfet directement devant le conseil d'état; il doit d'abord produire sa réclamation devant le conseil de préfecture, sauf ensuite à recourir devant le conseil d'état.—*Cons. d'état*, 11 août 1841, Caron.

164.—Aucun délai n'est fixé à l'exercice du droit que les tiers ont de saisir comme opposans le conseil de préfecture, quand, ayant déjà formé opposition durant l'instruction de la demande, cette opposition a été rejetée.—Cette lacune semble entraîner la conséquence que le conseil de préfecture peut toujours être valablement saisi, et que le fabricant ne pourrait, en notifiant aux tiers l'autorisation obtenue, les mettre en demeure et leur fixer un délai.—Dufour, *Tr. de droit admin.*, t. 1er, p. 305.

165.—La connaissance des oppositions formées contre l'autorisation accordée par le préfet de l'établissement d'un atelier insalubre de deuxième classe, appartient aux conseils de préfecture, sans recours au conseil d'état, et le conseil de préfecture, après avoir statué sur les oppositions, ne peut renvoyer les opposans à se pourvoir contre l'arrêté du préfet.—*Cons. d'état*, 11 nov. 1831, Guyot.

166.—En cas d'opposition, le recours n'est ouvert devant le conseil d'état que par la voie de l'appel de l'arrêté du conseil de préfecture.—Il suit de là que si le recours par la voie de l'appel a été formé dans le délai de trois mois, de l'arrêté du conseil de préfecture, il n'y a plus lieu d'admettre aucune fin de non-recevoir tirée de ce que le recours contre l'arrêté du préfet aurait été tardivement formé devant le conseil d'état.—*Cons. d'état*, 11 nov. 1831, Guyot.

167.—Dans le cas où une demande en autorisation pour former un atelier de première classe, et une demande pour former un atelier de deuxième classe, auraient été faites cumulativement, le conseil de préfecture devra donner son *avis* sur la première demande, et rendre une *décision* sur les oppositions auxquelles pourraient donner lieu l'autorisation de la seconde.—*Cons. d'état*, 23 juill. 1823, Motel;—Goujet et Merger, n° 64.

168.—Il n'y a pas lieu de réformer un arrêté d'autorisation rendu par le préfet lorsqu'il n'est allégué aucun motif d'insalubrité ou d'incommodité.—*Cons. d'état*, 4 juill. 1827, Lalande; 5 janv. 1813, Senly;—Chevalier, *Jurisp. admin.*, v° *Ateliers insalubres*, t. 1er, p. 19.

169.—Le conseil de préfecture ne peut fonder sa détermination que sur le danger, l'insalubrité ou l'incommodité de l'établissement; toutes autres considérations ne peuvent être appréciées par le préfet.—*Cons. d'état*, 22 juill. 1818, Girancourt; 5 janv. 1813, Senly c. Motret.

170.—Les motifs de l'opposition à l'établissement de la manufacture ou de l'atelier doivent être puisés dans les motifs qui ont déterminé le classement de l'établissement. Ainsi, les voisins ne pourraient valablement s'opposer à l'établissement d'un four à chaux, sous le prétexte qu'il nuirait à la reproduction du bois dans le canton.—*Cons. d'état*, 22 fév. 1838, Demont d'Aurensan;—Goujet et Merger, n° 76.

171.—Les machines à feu n'ont été mises dans la deuxième classe des établissemens dangereux et insalubres, qu'à cause de la fumée qu'elles répandent et des dangers d'explosion. Il suit de là, et en appliquant le principe du numéro précédent, que l'opposition fondée sur le bruit que fait une machine à vapeur ne peut être valablement formée.—*Cons. d'état*, 8 nov. 1829, Selligue.—V. en sens contraire Cleraut, *Traité des établissemens dangereux*, n° 64.

172.—Les motifs d'opposition peuvent reposer sur l'insuffisance des précautions prescrites à l'effet de préserver le voisinage des inconvéniens qu'entraîne l'exploitation de l'établissement. Mais ces établissemens pouvant être élevés auprès des habitations, le seul fait du voisinage ne pourrait être un motif valable d'opposition.—*Cons. d'état*, 14 fév. 1838, Colomb.

173.—Un conseil de préfecture est incompétent pour statuer sur l'opposition formée par un tiers à l'établissement d'une briquerie, et fondée sur ce qu'elle ne se trouve pas à distance légale d'une forêt.—*Cons. d'état*, 6 janv. 1830, Champigny.

174.—Mais quand un arrêté du préfet, autorisant l'établissement d'une usine d'éclairage par le gaz hydrogène, contient les conditions d'exploitation nécessaires pour garantir les propriétaires voisins de tous inconvéniens, l'opposition formée par des tiers n'est pas fondée.—*Cons. d'état*, 11 nov. 1831, Guyot.

175.—L'opposition des tiers intervenans dans l'instance au conseil d'état doit être rejetée si elle est fondée sur ce qu'ils n'auraient pas été entendus dans l'enquête, alors qu'ils ne produisent pas d'autres moyens d'opposition que ceux sur lesquels il a été statué contradictoirement avec les opposans originaires.—*Cons. d'état*, 31 juill. 1822, Regnaud.

176.—Quand il n'y a pas eu appel de l'arrêté du conseil de préfecture qui a rejeté des oppositions, c'est devant ce conseil que les réclamations doivent être portées par la voie de la tierce-opposition, et non devant le conseil d'état, auquel ne peuvent recourir que ceux qui ont formé les premières oppositions.—Rolland, n° 32.

177.—Le recours au conseil d'état contre les décisions des conseils de préfecture ne peut suspendre l'exécution de leur arrêté.

178.—Lors donc qu'après l'autorisation accordée par un préfet de fonder et d'exploiter un établissement insalubre, il est intervenu, sur des oppositions formées par des tiers, un arrêté du conseil de préfecture qui repousse la demande en maintien de l'autorisation, le propriétaire de l'établissement ne peut, postérieurement à la notification de cet arrêté, continuer son exploitation.—Le tribunal devant lequel il est cité à raison de cette exploitation ne peut surseoir à statuer jusqu'à ce qu'il ait été décidé par le conseil d'état. Il doit infliger la peine encourue par la contravention.—*Cass.*, 2 fév. 1838 (t. 1er 1840, p. 328), Agombart.

179.—Cependant le conseil d'état pourrait ordonner un sursis à l'exécution d'un arrêté du conseil de préfecture, en prescrivant les précautions nécessaires dans l'intérêt des tiers.—*Cons. d'état*, 5 sept. 1836, Michel.

§ 3.—*Suspension, révocation de l'autorisation.*

180.—Si le fabricant ne se conforme pas aux conditions préservatrices qui lui ont été imposées, le préfet, soit à Paris, soit dans les départemens, est fondé à suspendre l'exploitation de la fabrique.—*Cons. d'état*, 2 juill. 1823, Régny; Dufour, *Traité de droit admin.*, t. 1er, n° 393.

181.—Les tiers qui se prétendent lésés peuvent agir afin de réparation devant les tribunaux.—*Cons. d'état*, 2 juill. 1823, Régny.

182.—Mais la juridiction du préfet cesse s'il y a opposition de la part du fabricant; la contestation doit alors être portée devant le conseil de préfecture.—*Cons. d'état*, 3 fév. 1819, Dehollain.

183.—Le conseil de préfecture saisi de la contestation sur l'opposition du fabricant peut ordonner la suppression de l'établissement, sauf recours au conseil d'état.—Macarel, *Encyclop. du dr.*, v° *Atel. dang.*, n° 39.

184.—Si des précautions nouvelles étant jugées nécessaires pour faire disparaître les inconvéniens subsistans malgré celles primitivement imposées, le fabricant se refusait à les exécuter, il y aurait lieu de prononcer la révocation de son autorisation.—*Cons. d'état*, 31 mars 1819, Riondel et Reignier.

185.—La translation non autorisée d'un établissement peut être une cause de révocation de l'autorisation.—Cette translation est autorisée comme l'établissement lui-même, par le préfet, sauf l'opposition du tiers devant le conseil de préfecture; mais le conseil de préfecture n'est compétent pour statuer sur les oppositions qu'autant que la translation de l'établissement a été permise par le préfet.—*Cons. d'état*, 17 août 1825, Devergeset.

186.—L'opération de baquetage dans une manufacture de chapeaux n'est pas inséparable de celle de la teinture. Il en résulte que le baquetage peut être défendu au fabricant, mais qu'il n'y a pas lieu pour cela à la suspension ou à la révocation de l'autorisation.—*Cons. d'état*, 31 mars 1819, Riondel et Reigneir.

187.—Il n'y a pas lieu non plus à la suspension ou à la révocation de l'autorisation, lorsqu'une compagnie d'éclairage ne s'est pas exactement conformée aux prescriptions de l'arrêté du préfet, si toutefois l'appareil exécuté par elle repose sur les mêmes principes et offre les mêmes garanties.—*Cons. d'état*, 11 nov. 1831, Guyot.

§ 4.—*Infractions.—Peines.—Suppression.*

188.—Le fabricant qui élève un établissement insalubre sans une autorisation préalable ou malgré le refus d'autorisation qui lui aurait été fait peut voir ordonner la suppression de son établissement par l'administration ou par le tribunal de police.—Foucard, *Tr. dr. publ.*, t. 1er, n° 363.

189.—Les infractions aux arrêtés des préfets pris en vertu des lois qui régissent les établissemens insalubres, constituent de véritables contraventions passibles des peines de police, aux termes de l'art. 471, n° 15, C. pén.—*Cass.*, 20 fév. 1830, Breton; *Cass.*, 17 janv. 1829, Crombet.

190.—On a vu plus haut que les tribunaux de police ont le même droit à l'égard des établissemens de la première classe, et qu'ils peuvent même en ordonner la suppression.—V. sect. 2, § 3.

191.—Celui qui a formé dans une ville un établissement de mégisserie, au mépris d'un arrêté par lequel le préfet lui avait refusé l'autorisation, est passible des peines de simple police.—*Cass.*, 27 juill. 1827, Hubert Déleine.

192.—Les tribunaux de simple police ne peuvent refuser de réprimer ces contraventions sous le prétexte que les arrêtés auxquels il a été contrevenu ne prononcent pas de peine.—*Cass.*, 17 janv. 1829, Crombet.

193.—L'arrêté du conseil de préfecture qui n'autorise la formation d'un établissement de mégisserie que sous certaines conditions stipulées dans l'intérêt de la salubrité publique, comme l'arrêté du préfet, a toute l'autorité d'un réglement de police dont les tribunaux doivent assurer l'exécution.—*Cass.*, 2 janv. 1829, Chérou.

194.—Lorsque l'arrêté du conseil de préfecture, qui a autorisé la formation d'une mégisserie,

n'a permis au propriétaire d'avoir qu'une seule ouverture du côté des voisins pour se procurer l'eau d'un ruisseau, et pendant le temps du puisage seulement, le propriétaire contrevient à cet arrêté et se rend passible des peines de simple police en usant de l'ouverture par lui pratiquée pour porter les peaux de son établissement dans le ruisseau et les y laver. Il n'a d'autre droit que celui d'aller puiser de l'eau dans le ruisseau. — *Cass.*, 2 janv. 1829, Paul Chéron.

**195.** — Le tribunal de simple police ne peut refuser de comprendre dans les prohibitions d'un réglement de police un amas de cuirs verts placés sous un hangar, dans une cour, sous prétexte que ce réglement ne concerne que les magasins. — *Cass.*, 6 oct. 1832, Cazenave.

**196.** — Comme lorsqu'il s'agit d'établissement de première classe, l'autorité municipale n'a point été dépouillée, dans le cas d'établissement de deuxième classe, par le décret du 15 oct. 1810, qui règle les conditions d'autorisation des établissemens insalubres, tant que cette autorisation n'a pas été obtenue, du droit qu'elle avait de prescrire les mesures que l'intérêt public lui paraît exiger. Les arrêtés des maires sont donc en pareil cas également légaux et obligatoires.

**197.** — L'arrêté d'un maire portant défense de teiller du lin dans l'enceinte de la ville après sept heures du soir et avant cinq heures du matin est pris dans le cercle des attributions municipales ; et le tribunal de simple police ne peut refuser d'en faire l'application, sous le prétexte qu'il n'a pas été homologué par le préfet du département. — *Cass.*, 12 nov. 1812, Lalapie.

**198.** — L'arrêté par lequel un maire prescrit aux propriétaires de filatures de cocons de faire transporter loin de la ville et dans des lieux déterminés les chrysalides ou babeaux, et de les enfouir à une certaine profondeur, est pris dans le cercle de ses attributions. Le propriétaire de filature qui a vendu des cocons au lieu de les enfouir ne peut pas être acquitté, sous le prétexte que tirer parti de la chose en la vendant ne constitue pas une contravention. — *Cass.*, 12 juin 1828, Collin.

**199.** — Lorsqu'un procès-verbal régulier constate qu'il a été trouvé chez des marchands de laine des cuirs verts qu'ils faisaient sécher et dont ils font le commerce sans avoir obtenu l'autorisation préalable nécessaire, le tribunal de police ne peut se dispenser de leur appliquer les peines portées contre cette contravention, sous le prétexte qu'ils sont pourvus de patentes comme marchands de peaux, qu'ils vendent comme ils les achètent, ne les travaillant ni ne les tannant. — *Cass.*, 10 avr. 1830, Boudoux.

## Sect. 4e. — *Etablissemens de troisième classe.*

**200.** — Cette troisième classe d'établissemens comprend ceux qui peuvent être placés partout, et dont le voisinage, n'offrant aucun inconvénient pour la sûreté et la salubrité publique, n'est à proprement parler qu'incommode. — Décr. 15 oct. 1810, art. 1er.

**201.** — Les conditions faciles moyennant lesquelles ces établissemens peuvent être élevés tiennent à ce que, sous aucun rapport, ils ne peuvent être nuisibles au voisinage, et que les précautions qu'on veut exiger des propriétaires de ces établissemens sont les mêmes que celles que les individus vivant en société prennent lorsqu'ils ne veulent pas se nuire réciproquement. — V. Rapport de la section de chimie cité par Dufour, t. 1er, no 382.

### § 1er. — *Autorisation.*

**202.** — Les établissemens de cette classe doivent être autorisés par le préfet de police à Paris, et par les sous-préfets en province. — Décr. 15 oct. 1810, art. 2 et 8 ; ord. 14 janv. 1815, art 3.

**203.** — Pendant quelque temps, il y a eu de l'incertitude sur l'autorité qui devait donner cette autorisation. — En effet, l'art. 2 du décret du 15 oct. 1810 indiquait les sous-préfets, tandis que d'après l'art. 8 c'étaient les maires. — Ces deux dispositions, évidemment contradictoires, ont été rectifiées dans le sens que nous avons indiqué au numéro précédent par les art. 3 et 4 de l'ord. du 15 janv. 1815. — Trébuchet, *Code des établ. insalubres*, p. 59 ; Clérault, *Tr. des établ. dangereux*, no 60.

**204.** — L'enquête préalable n'est point nécessaire comme pour les établissemens des deux premières classes. — Cormenin, *Dr. administ.*, t. 1er, p. 251 ; Dufour, *Tr. dr. administ.*, t. 1er, no 383 ; Foucart, *Dr. administ.*, t. 1er, no 360 ; Clérault, *loc. cit.* ; Goujet et Merger, vo *Etablissemens insalubres*, no 83.

**205.** — Les sous-préfets sont seulement tenus de prendre l'avis des maires et de la police locale. — Décr. 15 oct. 1810, art. 2 ; ord. 14 janv. 1815, art. 3 ; — *Cons. d'état*, 29 août 1821, Nausé ; — Magnitot et Delamarre, *Dict. dr. administ.*, vo *Etablissemens insalubres*, § 2.

**206.** — La loi et les réglemens ne prescrivent pas d'autre information. Cependant le préfet de police à Paris est dans l'usage de faire précéder son autorisation d'une enquête *de commodo et incommodo*. — Dufour, *Tr. dr. adm. appl.*, no 383 ; Goujet et Merger, no 85.

**207.** — Dans l'arrondissement du chef-lieu de département, le préfet est compétent pour prononcer comme sous-préfet sur la demande en autorisation. C'est qu'il est de principe que les préfets, dans l'arrondissement du chef-lieu, remplissent les fonctions de sous-préfet. — *Cons. d'état*, 22 déc. 1824, Bazire ; 17 août 1825, Potrais ; 10 juill. 1833, Méry ; — Cormenin, *Dr. administ.* (5e édit.), t. 1er, p. 256 ; Magnitot et Delamarre, *ubi suprà*, § 2 ; Chevalier, *Jur. admin.*, vo *Ateliers insalubres*, t. 1er, p. 14.

**208.** — L'administration doit n'imposer au postulant que des conditions préservatrices, et ne lui en prescrit aucune qui ne tendrait qu'à favoriser des intérêts privés.

**209.** — Jugé cependant que l'autorisation d'établir une teinturerie avait pu être refusée, parce que cet atelier eût troublé la jouissance antérieurement acquise d'un établissement de bains. — *Cons. d'état*, 17 août 1825, Potrais.

**210.** — Les délibérations du conseil de préfecture, si elles sont prises seulement en forme d'avis, comme lorsque le préfet le consulte, statuant comme sous-préfet, ne sont pas susceptibles d'un recours devant le conseil d'état par la voie contentieuse. — *Cons. d'état*, 19 mars 1823, Holland ; — Clérault, no 72.

**211.** — Le préfet, lorsqu'il statue comme sous-préfet, peut, pour s'éclairer, consulter le conseil de préfecture. Mais l'*avis* que lui donne ce dernier n'est pas un obstacle à ce que le conseil de préfecture connaisse ensuite comme tribunal administratif des oppositions qui seraient formées à l'arrêté du sous-préfet. — Cette décision est une conséquence de la précédente. — *Cons. d'état*, 19 mars 1823, Holland ; — Clérault, *ibid.*

**212.** — Les autorisations accordées par le sous-préfet ne le sont que sous le rapport de la salubrité ou de la commodité. — Elles ne préjugent rien sous le rapport des autorisations à obtenir en vue d'intérêts généraux d'un tout autre ordre. Ainsi l'autorisation à l'effet d'établir un moulin ne dispense pas de l'autorisation à obtenir pour l'édifice sur un cours d'eau. — *Cons. d'état*, 12 juill. 1837, Roubaud-Luce.

**213.** — La construction des brasseries est évidemment comprise dans celle des usines qui peuvent nuire à la sûreté publique. — *Cass.*, 22 nov. 1810, Esser ; — Elouin et Trébuchet, *Dict. de police*, t. 1er, vo *Brasseurs.*

### § 2. — *Oppositions et recours.*

**214.** — Les réclamations contre la décision prise par le préfet de police, les préfets et sous-préfets, sur une demande en formation de manufacture ou d'atelier compris dans la troisième classe, doivent être jugées au conseil de préfecture. — Décr. 15 oct. 1810, art. 8 ; — *Cons. d'état*, 14 juin 1837, Couturier ; — Clérault, nos 69 et 70.

**215.** — ... Sans qu'il y ait lieu de distinguer entre le postulant et les tiers-opposans. — *Cons. d'état*, 29 août 1821, Nauré ; — Dufour, *Tr. dr. administr.*, t. 1er, no 384 ; Foucart, *El. dr. adm.*, t. 1er, no 360 ; Clérault, *loc. cit.* ; Goujet et Merger, no 86.

**216.** — « C'est-là, d'après Dufour (*Tr. dr. administr.*, t. 1er, no 384), une dérogation au principe que c'est au préfet à connaître du recours contre les mesures émanées du sous-préfet et au ministre à décider du maintien des arrêtés préfectoraux. » — « Mais, porte une circulaire ministérielle du 19 août 1825, citée par Macarel (*Encyclop. du dr.*, vo *Ateliers dangereux*, no 24), quand les sous-préfets accordent une autorisation sur la requête de la partie intéressée, ils font un acte d'administration qui n'appartient qu'à eux, et qui est étranger au conseil de préfecture ; mais leur décision administrative peut éprouver une opposition de la part d'un tiers qui intervient, parce qu'il croit lésés ses intérêts privés. — Alors l'affaire change de nature, elle devient litigieuse, et se porte naturellement, en première instance, au conseil de préfecture, avec recours par la voie contentieuse au roi en son conseil d'état. » — Goujet et Merger, no 88.

**217.** — Le conseil de préfecture devant lequel une réclamation a été portée doit statuer par voie d'arrêté et non par voie d'avis. — Il ne peut statuer sur les oppositions avant que l'autorisation ait été accordée. — *Cons. d'état*, 4 juill. 1827, Legré ; — Macarel, *Encyclop. du dr.*, vo *Ateliers insalubres*, no 24, note.

**218** — Le conseil de préfecture a, par suite du recours dont il est saisi, le droit d'autoriser, de même qu'il a celui de maintenir le refus du sous-préfet. — *Cons. d'état*, 30 mai 1821, Lebel.

**219.** — La réclamation au conseil de préfecture n'est soumise à aucun délai. Cela résulte du silence de la loi sur ce point. — Dufour, *Tr. du dr. administr. appl.*, no 285 ; Goujet et Merger, no 86.

**220.** — L'arrêté du conseil de préfecture est lui-même soumis à un recours au conseil d'état. Les lois et réglemens n'en disent rien, et on avait voulu en conclure que, dans ce cas, les arrêtés des conseils de préfecture étaient souverains, mais c'était à tort, le recours contre ces arrêtés est toujours de droit commun en matière administrative. — *Cons. d'état*, 18 avr. 1821, Plaisançon ; 18 juin 1823, Maussé ; — Clérault, no 71 ; Dufour, *Tr. de dr. administr.*, t. 1er, no 386 ; Goujet et Merger, no 19 ; Macarel, *loc. cit.*, no 25 ; Magnitot et Delamarre, *Dict. de dr. administr.*, vo *Etablissemens insalubres*, § 3.

**221.** — Il appartient au préfet de police de tenir la main à l'exécution des conditions sous lesquelles l'autorisation d'établir une usine de troisième classe a été accordée. Mais les conseils de préfecture sont seuls compétens pour statuer en première instance sur les contestations qui s'élèvent sur l'exécution de ces conditions. Ces contestations ne peuvent être portées directement devant le conseil d'état. — *Cons. d'état*, 3 sept. 1836, Ray-Anquetil.

**222.** — On ne peut demander au conseil d'état l'autorisation de former un établissement de la troisième classe, sous des conditions qui n'ont point été soumises à l'instruction du premier degré, c'est-à-dire qui n'ont point encore été jugées par le conseil de préfecture.

**223.** — Les réglemens n'accordent de juridiction au conseil de préfecture qu'autant que les établissemens sont classés. Ils doivent donc s'abstenir de statuer sur les oppositions formées aux arrêtés des préfets relatifs à des établissemens non classés. Un tel recours doit être exercé devant le ministre. — *Cons. d'état*, 2 janv. 1838, Dangest.

**224.** — Les tiers qui ont adhéré tacitement à la décision du conseil de préfecture, confirmative de l'arrêté du sous-préfet, ne sont plus recevables à former tierce-opposition devant le conseil, sous prétexte qu'ils n'ont pas été entendus. — *Cons. d'état*, 3 fév. 1819, Delarecque.

**225.** — Même pour les établissemens de la troisième classe, le conseil d'état, statuant sur la décision d'un conseil de préfecture, peut, en maintenant l'arrêté d'un sous-préfet, exiger de la part du fabricant de nouvelles garanties. Il peut aussi, soit modifier celles qui ont été imposées, soit ordonner une nouvelle instruction. — Rolland, nos 38 et 39.

**226.** — Le tribunal de police qui prononce la peine encourue par un individu, pour fabrication sans autorisation de fécule de pommes de terre, ne peut se dispenser d'enjoindre au contrevenant de discontinuer immédiatement sa fabrication, alors surtout que le ministère public a pris des conclusions formelles sur ce point. — *Cass.*, 10 avr. 1830, Lissier-Morel.

## Sect. 5e. — *Dispositions communes aux trois classes d'établissemens.*

### § 1er. — *Etablissemens antérieurs au décret du 15 oct. 1810.*

**227.** — L'art. 11, décr. 15 oct. 1810, porte : « Les dispositions du présent décret n'auront point d'effet rétroactif ; en conséquence, tous les établissemens qui sont aujourd'hui en activité continueront à être exploités librement... »

**228.** — Jugé, en conséquence, qu'une usine établie long-temps avant 1789 est, par le fait de son ancienneté, réputée autorisée. — *Caen*, 19 août 1837 (t. 1er 1838, p. 180), de Ponthaud c. Derbauché ; 19 janv. 1838 (t. 2 1838, p. 70), Daugé c. Hecrep.

**229.** — Mais cette disposition ne peut être appliquée aux établissemens qui, dès les premiers travaux, avaient donné lieu à des réclamations non encore jugées au moment de la publication du décret. — *Cons. d'état*, 2 juill. 1812, Grosjean. —

En pareil cas, il n'y avait aucun droit acquis pour le fabricant. — Goujet et Merger, no 156.

230. — Elle s'appliquerait, au contraire, à la simple reconstruction d'un établissement déjà existant lors de la publication du décret. — *Cons. d'état*, 18 fév. 1812, Herbinier.

231. —... Surtout si cette reconstruction avait commencé avant le 15 oct. 1810. — *Cons. d'état*, 18 fév. 1812, Herbinier.

232. — Le fait de savoir si un établissement existait ou non avant le 15 oct. 1810, et par conséquent si l'établissement peut être conservé ou supprimé, est de la compétence des préfets. — *Cons. d'état*, 29 janv. 1814, Pinel.

233. — Dans ce cas, l'arrêté du préfet est susceptible de recours devant le ministre de l'intérieur, et non devant le conseil d'état. — Même décision.

234. — Il résulte encore de l'art. 11 que le préfet de police, à Paris, n'a pu, sans excès de pouvoir, prescrire, sur la demande de tiers, des mesures nouvelles définitives, au propriétaire d'une fonderie de suif établie antérieurement au décret précité, comme, par exemple, de ne fondre des suifs qu'après ou jusqu'à telle heure. — *Cons. d'état*, 18 oct. 1833, Laflèche.

235. — Les établissemens antérieurs au décret de 1810 cessent de jouir de l'avantage qu'ils tiennent de l'art. 11, s'il y a une interruption de six mois dans leurs travaux. — Ils rentrent alors dans la catégorie des établissemens à former, et ne peuvent plus être remis en activité qu'après en avoir obtenu l'autorisation dans les formes prescrites pour ces derniers. — Telle est la disposition expresse de l'art. 13, même décret.

236. — Cette disposition est applicable au cas où le fabricant aurait laissé écouler plus de six mois à partir de son autorisation obtenue sans en faire usage.

237. — Il en est de même pour le cas où l'établissement ancien est transféré dans un autre emplacement. Il doit alors se pourvoir d'une autorisation. — Même art. 13.

238. — La substitution postérieure au décret du 15 oct. 1810 d'une fonderie de suif en branche à une fabrique d'huile de pied de bœuf existant antérieurement à ce décret ne dispense pas de l'autorisation à obtenir pour la formation des établissemens insalubres et incommodes. — *Cass.*, 26 déc. 1839 (t. 1er 1840, p. 347), Delbarre.

239. — M. Trébuchet (*C. des établ. insal.*, p. 69) pense que si le propriétaire d'une fabrique, après avoir abandonné le siége de son exploitation, enlevé ses appareils et vidé complètement les lieux, voulait y revenir avant l'expiration des six mois, il ne pourrait remettre ses ateliers en activité sans autorisation nouvelle : « Car ici, dit-il, il y a non seulement interruption des travaux, mais de plus cessation complète sans esprit de retour. » — Nous croyons qu'il ne faudrait admettre cette opinion qu'avec une extrême réserve ; elle s'éloigne trop du texte de la loi pour être incontestable, et, en tous cas, il faudrait, pour la consacrer, qu'il fût hors de doute, avéré jusqu'à la dernière évidence qu'il y a eu abandon sans esprit de retour. — V. dans ce sens Cléraut, no 114.

240. — Bien que l'art. 13 ne statue formellement que pour les établissemens mentionnés dans l'art. 11, c'est-à-dire antérieurs au décret, cependant on l'applique sans difficulté et avec raison, selon nous, à tous ceux qui, établis depuis et pourvus d'une autorisation, suspendent leurs travaux ou veulent changer d'emplacement. — Il y a dans les deux cas même raison de décider. — Foucart, *Elém. de droit adm.*, t. 1er, no 362 ; Cléraut, no 114 ; Dufour, *Tr. de droit adm.*, t. 1er, no 394 ; Macarel, *Encyclopédie du droit*, vo *Ateliers dangereux*, no 42. — Ce dernier auteur pense, mais sans motif sérieux, selon nous, que cette interprétation est beaucoup plus raisonnable dans le cas de la translation que dans celui de la suspension des travaux.

241. — Les établissemens formés depuis le décret du 15 oct. 1810 ne peuvent, de même que ceux formés antérieurement, être mis en activité, après une interruption de six mois, sans une nouvelle autorisation. — *Cons. d'état*, 3 mars 1825, Garet.

242. — La disposition de l'art. 11, décr. 15 oct. 1810, n'a point été rappelée à la suite des ordonnances postérieures qui ont étendu la nomenclature des établissemens soumis à la nécessité de l'autorisation. — On en pouvait conclure que son application devait être restreinte aux établissemens antérieurs au décret de 1810. — Nous pensons cependant qu'il faut l'entendre d'une manière générale et l'appliquer à tous les établissemens existant antérieurement à l'ordonnance qui les a classés. — Tel est aussi l'avis de M. Foucart, *El. dr. admin.*, t. 1er, no 362.

243. — C'est au préfet qu'il appartient de statuer sur l'application de l'art. 13, décr. 15 oct. 1810, et, par conséquent, de déclarer le fait du chômage. — *Cons. d'état*, 2 juill. 1836, Gazzino ; — Cléraut, no 110.

244. — C'est lui aussi qui doit déclarer le fait du déplacement de l'usine. — Dufour, t. 1er, no 395.

245. — Le recours exercé contre les actes du préfet doit être porté, en pareil cas, devant le ministre et non par la voie contentieuse devant le conseil d'état. — *Cons. d'état*, 2 juill. 1836, Gazzino ; 27 août 1840, Castilhon ; — Cléraut, no 110 ; Goujet et Merger, no 158.

246. — Outre les restrictions apportées à l'art. 11 par l'art. 13, l'art. 12 en établit une non moins importante. « Toutefois, porte cet article, en cas de graves inconvéniens pour la salubrité publique, la culture ou l'intérêt général, les fabriques et ateliers de première classe qui les causent pourront être supprimés en vertu d'un décret rendu en notre conseil d'état, après avoir entendu la police locale, pris l'avis des préfets, reçu la défense des manufacturiers ou fabricans. »

247. — L'art. 12 a soulevé quelques difficultés : on a prétendu qu'il ne régissait que les établissemens antérieurs au décret de 1810, dont la formation n'avait pas été précédée des formalités protectrices de l'intérêt public et particulier. — Mais que, pour les établissemens postérieurs, l'accomplissement de ces formalités leur donnait une consécration spéciale et telle qu'ils ne pouvaient plus être supprimés qu'en vertu d'une expropriation. — Mais ce système a été et dû être rejeté. — Il était en opposition directe avec les principes d'aliénabilité et d'imprescriptibilité qui dominent toujours quand il s'agit de la sûreté et de l'ordre public, dont l'exercice, d'ailleurs attribué par nos lois fondamentales, et spécialement par celle du 16-24 août 1790, aux fonctionnaires chargés de la police, n'a reçu aucune atteinte de la législation subséquente. — Foucart, *El. dr. admin.*, t. 1er, no 362 ; Dufour, *Tr. dr. admin.*, t. 1er, no 391.

248. — Une autre difficulté vient de ce que l'art. 12 ne parle que des établissemens de première classe. — M. Dufour (*ibid.*, t. 1er, no 391, *in fine*) pense que le législateur n'a point voulu y soumettre ceux des deux autres classes. — V. dans le même sens Cléraut, no 108. — M. Foucart, au contraire (*El. dr. admin.*, t. 1er, nos 358 et 362), l'applique indistinctement aux établissemens des trois classes. Ce n'est pas, du reste, que M. Dufour (*ibid.*, à la note) refuse à l'autorité le droit de faire fermer un atelier de la deuxième ou troisième classe, bien qu'autorisé, s'il surgissait quelque danger extraordinaire ; mais ce droit, exercé par les fonctionnaires chargés de la police locale, a, selon lui, sa source dans les pouvoirs de police, et ne doit pas être confondu avec le droit de suppression réglé par le décret de 1810.

249. — La suppression ne pouvant être ordonnée, conformément à l'art. 12, qu'en vertu d'un décret rendu en conseil d'état, etc., le préfet qui, au lieu de se borner à émettre son avis ou à prescrire à titre provisoire les mesures commandées par l'intérêt de police, prononcerait lui-même la suppression définitive, excéderait évidemment ses pouvoirs. — *Cons. d'état*, 25 août 1841, Capdeville.

250. — L'art. 78, L. 21 avr. 1810, sur les mines, est ainsi conçu : « Les établissemens (métallurgiques) actuellement existans sont maintenus dans leur jouissance, à la charge par ceux qui n'auraient jamais eu de permission ou qui ne pourraient représenter la permission obtenue précédemment, d'en obtenir une avant le 1er janv. 1813, sous peine de payer un triple droit de permission pour chaque année pendant laquelle ils auront négligé de s'en pourvoir et continué de s'en servir.

251. — Le propriétaire de forges et usines métallurgiques existant lors de la promulgation de la loi du 21 avr. 1810, qui a négligé de se pourvoir de la nouvelle permission que lui impose l'art. 78 de cette loi, est passible du triple droit mentionné dans cet article, et non des amendes prononcées dans les art. 93 et 95 en cas de contravention aux dispositions générales de la loi. — L'obligation imposée aux propriétaires de ces nouveaux établissemens de se pourvoir d'une nouvelle permission donne textuellement et nécessairement au gouvernement le droit de régler les conditions de police inhérentes à ce genre d'usines, et de vaincre, par des mesures administratives, la résistance qui lui serait opposée. — *Cass.*, 25 juin 1842 (t. 2 1842, p. 472), Beguin.

252. — Lorsqu'un individu prévenu d'exploiter sans autorisation un établissement insalubre soutient que son établissement existait avant le décret du 15 oct. 1810, cette exception, ne soulevant aucune question de propriété et ne nécessitant point l'examen d'un acte administratif, doit être jugée par le juge même de l'action comme fondée uniquement sur un droit résultant d'un fait. — *Cass.*, 14 fév. 1839 (t. 1er 1844, p. 527), Bennynck.

§ 2. — *Droits des tiers.*

253. — Le droit de libre exploitation n'a été accordé aux établissemens antérieurs au décret du 15 oct. 1810, par son art. 11, que « sauf les dommages dont seraient passibles les entrepreneurs de ceux qui préjudicient aux propriétés de leurs voisins. — Les dommages doivent être arbitrés par les tribunaux. »

254. — L'ordonnance royale qui permet l'établissement d'usines ou d'ateliers insalubres ne le fait jamais que *sauf les droits des tiers.* — Aussi, cette autorisation ne pourrait-elle être opposée à celui qui soutiendrait que le terrain sur lequel on veut construire l'usine est sa propriété. — Foucart, *Elém. dr. admin.*, t. 1er, no 364.

255. — De même, en général, l'autorisation n'est accordée qu'autant que l'établissement de l'usine ou atelier ne peut nuire au voisinage. Cependant, quand les prévisions sont trompées, toute personne qui éprouve quelque dommage doit pouvoir en poursuivre la réparation contre les propriétaires des établissemens insalubres ou incommodes qui l'ont causé. — C. civ., art. 1382 ; — Garnier, *Régime des eaux*, 3e édit., t. 1er, no 168.

256. — La disposition finale de l'art. 11 du décret de 1810 est (comme nous l'avons vu dans le paragraphe précédent pour le premier alinéa) applicable aux établissemens postérieurs aussi bien qu'aux établissemens antérieurs à la promulgation du décret, bien qu'il ne semble s'occuper que de ces derniers. — *Nancy*, 14 janv. 1830, Ancelon c. salines de l'est ; — Magnitot et Delamarre, *Dict. dr. admin.*, vo *Établissemens insalubres*, § 7 ; Dufour, *Tr. dr. admin.*, t. 1er, no 402 ; Cléraut, no 126.

257. — L'autorisation donnée par l'administration à l'effet d'établir une fabrique, ne met pas le fabricant à l'abri de l'action qu'intentent des voisins en réparation du dommage qu'ils ont souffert par suite de l'exploitation de la fabrique. — *Cass.*, 19 juill. 1826, Porry c. Arbaud et Lebel ; *Douai*, 8 fév. 1841 (t. 2 1841, p. 393), de Préville c. Nothe-Duthois.

258. — Les tiers n'auraient pas moins droit à des dommages-intérêts quoiqu'ils se fussent opposés devant le conseil d'état à l'autorisation de l'établissement et que leur opposition eût été rejetée. — *Cass.*, 19 juill. 1826, Porry c. Arbaud.

259. — L'action en dommages-intérêts contre un établissement autorisé peut également être formée par le propriétaire d'un autre établissement incommode ou insalubre, alors même que celui-ci ne serait pas légalement autorisé. — *Rouen*, 30 juin 1841 (t. 2 1841, p. 149), Doublet et Piquenot c. Lefèvre et Louglet.

260. — Il n'y a même lieu à surseoir jusqu'à ce qu'il ait été statué sur la légalité de l'autorisation par l'administration, la décision à rendre par cette dernière devant être sans influence sur la demande en dommages-intérêts. — Même arrêt.

261. — Les propriétaires voisins d'un établissement incommode ou nuisible, même autorisé par le pouvoir administratif, ou d'un établissement qui, n'étant pas classé par le décret du 15 oct. 1810, n'est pas soumis à la formalité de l'autorisation, ont, bien qu'ils ne puissent se plaindre des inconvéniens généraux résultant pour eux de ces établissemens, action à l'effet d'obtenir des dommages-intérêts pour les inconvéniens personnels et particuliers à leurs propriétés. — *Paris*, 16 mars 1841 (t. 1er 1843, p. 385), Puzin c. Derosne.

262. — Celui dont la propriété éprouve un dommage par suite du voisinage d'un établissement industriel même non classé parmi les établissemens dangereux, insalubres ou incommodes, peut exercer devant la justice ordinaire une action en indemnité contre le propriétaire de cet établissement (C. civ., art. 544 et 1382). — Et les juges peuvent, tout en prescrivant à ce propriétaire certaines précautions propres à garantir les voisins de l'inconvénient de la fumée, le condamner à des dommages-intérêts à raison du préjudice causé jusqu'alors par l'absence de ces précautions. — *Cass.*, 27 nov. 1844 (t. 1er 1845, p. 5), Derosne c. Puzin, Dangest et Drapier.

263. — Au nombre des causes de dommages se trouve le bruit intolérable qui résulte du voisinage de l'établissement et de sa mise en activité. — *Douai*, 3 fév. 1841 (t. 2 1841, p. 393), de Préville c. Mothe-Duthois. — V. aussi *Douai*, 10 janv. 1843, (t. 1er 1843, p. 391), Dubureeq c. Poteau Jacquart.

264. — Les propriétaires des maisons voisines

d'un atelier de grosse chaudronnerie où se confectionnent des chaudières à vapeur, ont, à cause de la fumée qui sort de cet atelier, et surtout du bruit qui s'y fait, une action en dommages-intérêts contre cet établissement, quoique non classé et non sujet à l'autorisation administrative. — *Rouen*, 18 nov. 1842 (t. 1er 1843, p. 388), Gaudry c. Lemire; 6 déc. 1842 (t. 1er 1843, p. 391), Chalmé c. Dorbeaux, Rollet et Letellier.

265. — Le bruit causé par une usine, lorsqu'il est porté à un degré insupportable pour les propriétés voisines, est pour les maîtres de ces propriétés une cause légitime d'indemnité, sans cependant qu'on puisse considérer comme de nature à donner lieu à une indemnité tout bruit causé par l'exercice d'une industrie. — En conséquence, doit être cassé l'arrêt qui condamne le propriétaire d'une usine à des dommages-intérêts, bien qu'il déclare que le bruit provenant de cette usine est préjudiciable aux propriétés voisines, alors qu'il ne constate pas en même temps que ce bruit fût, d'une manière continue, porté à un degré qui excédât les obligations ordinaires du bon voisinage. — La cassation d'un tel arrêt doit être prononcée, surtout si les juges, en accordant, à titre de dommages-intérêts et pour l'avenir, une somme fixe et annuelle qu'ils se réservent de diminuer ou d'augmenter, selon que le bruit diminuera ou augmentera, ont laissé par cela même à penser que l'indemnité ne cesserait qu'autant que le bruit cesserait lui-même complètement. — *Cass.*, 27 nov. 1844 (t. 1er 1845, p. 5), Derosne c. Puzin, Dangest et Drapier.

266. — Il y a dommage donnant lieu à indemnité dans le sens de l'art. 1383, C. civ., lorsque le propriétaire d'une fabrique adopte un système de chauffage dont la fumée chargée de suie et de poussière de houille, a pour effet de détériorer les toiles habituellement étendues sur les prairies voisines. — *Colmar*, 16 mai 1827, Robert Boret c. Scherrer-Zurcher.

267. — Le propriétaire d'un établissement industriel qui par la fumée de ses cheminées porte un dommage aux propriétés voisines, doit être condamné à mettre ces cheminées dans l'état convenable pour qu'elles cessent de porter préjudice à autrui. — *Paris*, 16 mars 1841 (t. 1er 1843, p. 385), Puzin c. Derosne.

268. — Mais lorsqu'une forge simple dans laquelle on use du charbon de terre a été construite conformément aux réglemens de police, les propriétaires voisins ne peuvent réclamer contre le maître de la forge des dommages-intérêts si la fumée et les parcelles de matière qu'elle tient en suspension ne sont déversées sur leurs fonds que par l'effet naturel du courant d'air, et ne laissent aucune trace d'un dommage appréciable. — *Caen*, 9 juin 1840 (t. 1er 1843, p. 399), Lemercier c. Daufresne.

269. — L'indemnité due aux voisins peut consister dans une somme annuelle susceptible d'être élevée ou abaissée, suivant que le dommage augmentera ou diminuera. — *Paris*, 16 mars 1841 (t. 1er 1843, p. 385), Puzin c. Derosne.

270. — Les propriétaires d'une fabrique de produits chimiques qui, pour réparer le dommage causé à un voisin par les exhalaisons de leur établissement, ont été condamnés à payer à ce voisin une rente jusqu'à la cessation de leur exploitation, ont pu être maintenus dans l'obligation de continuer le service de la rente sans aucune diminution, bien qu'ils ne mettent plus leur fabrique en activité qu'une fois par semestre et pour conserver leur privilége. — *Cass.*, 29 juillet 1828, Rigaud c. Duval.

271. — Le propriétaire d'établissemens insalubres peut être condamné pour le dommage causé aux propriétés voisines, non seulement à partir de la demande en justice, mais encore à dater du moment où le préjudice a commencé, et encore qu'il allègue qu'avant l'assignation il n'y a pu avoir de sa part ni faute, ni imprudence, ni négligence. — *Cass.*, 19 juill. 1826, Porry c. Arbaud.

272. — En général, tant que le dommage causé peut être constaté, et que l'auteur n'est pas mis à couvert par la prescription, celui qui l'a souffert peut en poursuivre la réparation. — *Cass.*, 19 juill. 1826, Porry c. Arbaud, et Lebel c. Graindorge.

273. — Lorsque l'indemnité consiste en une somme annuelle, les juges peuvent la faire remonter aux cinq ans qui ont précédé la demande, s'il est constant que le dommage ait commencé à cette époque. — *Paris*, 16 mars 1841 (t. 1er 1843, p. 385), Puzin c. Durosne.

274. — Celui qui éprouve un tort par suite de l'établissement d'une usine n'est pas obligé de connaître tous ceux qui l'ont successivement possédée, il peut ne s'adresser qu'au propriétaire actuel, sauf à celui-ci à appeler en garantie ses vendeurs. — Mais une fois les vendeurs mis en cause, s'ils reconnaissent que, en supposant les dommages dus, ceux antérieurs à la vente seraient à leur charge, le demandeur principal peut prendre contre eux des conclusions directes, sans qu'il soit besoin d'une action nouvelle. — *Bourges*, 6 décembre 1841 (t. 2 1842, p. 278), de Courvol et Brière c. Harent Radet et Petit.

275. — Les questions d'indemnités dues pour dommages causés sur des propriétés voisines par les manufactures ou ateliers établis avec l'autorisation administrative sont du ressort exclusif des tribunaux ordinaires. — *Cass.*, 11 juill. 1827, Rigaud c. Bourguignon; 19 juill. 1826, Porry c. Arbaud; 8 mai 1827, Rigaud c. Martin; *Bruxelles*, 8 mars 1828, R. c. H.

276. — L'autorisation donnée par l'administration à un établissement classé comme insalubre ou incommode n'est accordée que sauf les droits des tiers, et sous la condition tacite pour le concessionnaire de répondre, vis-à-vis de ces derniers, des suites nuisibles de son exploitation. Et c'est aux tribunaux, seuls compétens pour statuer sur les questions d'intérêt privé, qu'il appartient de constater le dommage causé aux propriétés voisines par l'établissement autorisé, et de condamner celui qui en est l'auteur à le réparer. — *Cass.*, 17 juill. 1845 (t. 1er 1846, p. 94), comp. du gaz de Saône-et-Loire c. Laurent.

277. — Spécialement les tribunaux peuvent accorder aux voisins d'une usine à gaz autorisée légalement des dommages intérêts à raison des exhalaisons produites par l'exploitation de cette usine.

278. — Le simple dommage aux champs, fruits et récoltes causé par un établissement dangereux ou insalubre est dans les attributions du juge de paix. — *Cass.*, 19 juill. 1826, Porry c. Arbaud.

279. — ... Pourvu toutefois que la demande ne se rattache point à la propriété. Car, dans ce cas, elle serait de la compétence des tribunaux ordinaires.

280. — Les tribunaux ordinaires peuvent, sans empiéter sur les attributions de l'autorité administrative, apprécier et faire cesser les dommages causés aux propriétés voisines, non seulement par l'abus, mais encore par le simple usage des concessions accordées par l'administration pour l'établissement d'usines. — *Douai*, 12 mars 1840 (t. 1er 1842, p. 148), Poteau-Jacquart c. Duburgue.

281. — Ils sont également compétens pour statuer sur la réparation d'un dommage causé aux propriétés voisines par les exhalaisons émanées d'une fabrique dont l'établissement a été autorisé par l'administration, sans qu'il soit nécessaire que l'autorité administrative ait jugé que la construction de la fabrique était vicieuse. — Même arrêt.

282. — Ils sont compétens alors même que le demandeur fonde son action en indemnité sur la diminution de valeur qui résulte pour sa propriété du voisinage et de l'exploitation de l'établissement. — *Nancy*, 14 janv. 1830, Aucclon c. Salines de l'Est.

283. — Cependant, une décision du conseil d'état du 15 déc. 1824 (Lez, Macey-Dautus c. Paillard) porte que les ordonnances qui autorisent les ateliers de première classe sont présumés avoir statué sur les dangers ou inconvéniens tant publics que privés auxquels peut donner lieu la formation de ces établissemens, et, en particulier, la diminution de valeur des propriétés voisines. — Et M. Macarel en conclut (*Encycl. du droit*, vo *Ateliers dangereux*, no 57) qu'il serait contraire aux règles qui ont fixé la séparation des pouvoirs administratifs et judiciaires d'autoriser ou de réserver devant les tribunaux un recours qui tendrait à faire juger cette question. — Cet auteur cite encore à l'appui de son opinion, outre l'ordonnance précitée du 15 déc. 1824, celle du 27 déc. 1826 (Paris et Graindorge). — V. aussi dans ce sens Magnitot et Delamarre, *Dict. dr. admin.*, vo *Etablissemens insalubres*, § 7; Dufour, *Tr. dr. admin.*, t. 1er, no 403; Foucart, *El. dr. admin.*, no 364.

284. — Nous ne pouvons nous ranger à cette doctrine. Il nous paraît, en effet, que si, comme nous l'avons vu plus haut, l'autorité, quelle qu'elle soit, chargée de donner une autorisation aux établissemens dangereux, etc., ne doit considérer que l'intérêt public, sans se préoccuper du dommage particulier qui peut résulter de l'établissement qui demande à s'élever, l'intérêt privé se trouve toujours et en entier réservé. Or, s'il en est ainsi, et si les tribunaux sont seuls appelés à apprécier l'importance de l'indemnité à accorder aux particuliers lésés, ils doivent le faire, quelle que soit l'espèce du dommage, alors même qu'il consiste dans une moins-value de la propriété qui souffre. — V. Clérault, no 129; Garnier, *Rég. des eaux*, t. 1er, no 169.

285. — C'est en ce sens que se sont, au reste, prononcés les cours judiciaires. — Ainsi jugé par la cour de cassation qu'il n'y avait pas lieu de distinguer, quant à la compétence, entre le préjudice *matériel* et le préjudice *moral ou d'opinion* résultant de moins-value ou altération de jouissance, et d'attribuer les premiers seulement aux tribunaux ordinaires pour réserver les autres à l'autorité administrative. — *Cass.*, 3 mai 1827, Armand et Cie c. Thalamel.

286. — Les propriétaires d'établissemens incommodes, même régulièrement autorisés par l'administration, sont responsables du dommage qu'ils causent aux propriétés voisines, et notamment de la moins-value de ces propriétés résultant de tapage, ébranlement de murailles, vibrations du sol, etc. — *Douai*, 10 janv. 1843 (t. 1er 1843, p. 391), Duburcq c. Poteau-Jacquart.

287. — Jugé par la cour de Paris que la responsabilité, qui, pour les industries soumises à des autorisations préalables, n'existe que par exception, est de droit commun pour les industries dont la liberté ne souffre aucune restriction, et que dès lors l'action en dommages-intérêts peut en ce cas avoir pour objet soit les atteintes matérielles, soit le dommage moral résultant des incommodités que l'établissement fait éprouver aux propriétés voisines et qui entraînent une diminution de leur valeur. — *Paris*, 16 mars 1841 (t. 1er 1843, p. 385), Puzin c. Derosne.

288. — Le juge qui, après avoir visité les lieux contentieux, pour déterminer la nature, la cause et la quotité des dommages causés par ces établissemens, adjuge des dommages-intérêts divisément, savoir : 1o à raison de la moins-value causée au fonds; — 2o à raison de l'altération de jouissance, ne contrevient à aucune loi. — *Cass.*, 8 mai 1827, Rigaud c. Martin.

289. — Le juge peut condamner *in solidum* tous les auteurs de tels dommages, par la raison que les faits qui les ont causés, bien que originairement divisés, se réunissent ensuite et ne forment plus qu'un seul fait simultané et indivisible, non susceptible de prestation partielle. — Même arrêt. — V. aussi Pothier, *Traité des obligations*, nos 292 et suiv.

290. — Quant aux accidens auxquels pourrait donner lieu un établissement à l'égard duquel les réglemens n'auraient pas été observés, ils pourraient, selon les circonstances, entraîner des poursuites correctionnelles par application des art. 319 et 320, C. pén. — Dufour, *Traité dr. admin.*, t. 1er, no 404. — V. BLESSURES ET COUPS.

### § 3. — *Etablissemens non classés.*

291. — L'industrie, toujours en progrès, produit chaque jour des établissemens nouveaux qui, par les dangers d'insalubrité ou l'incommodité qu'ils présentent, doivent nécessairement rentrer dans une des trois catégories établies par la loi. C'est ainsi que la nomenclature de ces établissemens, sans cesse agrandie, forme un *état* dont les élémens augmentent chaque année.

292. — Le décret du 15 oct. 1810 ne s'occupait point du cas où il serait nécessaire de classer un établissement nouveau. — L'ordonnance du 14 janv. 1825 a comblé cette lacune. Son art. 5 est ainsi conçu : « Les préfets sont autorisés à faire suspendre la formation ou l'exercice des établissemens nouveaux qui, n'ayant pu être compris dans la nomenclature précitée, seraient cependant de nature à y être placés. — Ils pourront accorder la formation d'établissemens pour tous ceux qu'ils jugeront devoir appartenir aux deux dernières classes de la nomenclature en remplissant les formalités prescrites par le décret du 15 oct. 1810, sauf, dans les deux cas, à en rendre compte à notre directeur général des manufactures et du commerce (aujourd'hui au ministre du commerce).

293. — Ainsi, jugé que l'autorité administrative est seule compétente pour décider si un établissement industriel non compris parmi les ateliers insalubres doit être supprimé, ou s'il convient de subordonner son existence à certaines conditions ou à certains modes de construction. — Les tribunaux civils sont donc incompétens pour ordonner, sous peine de suppression, l'exécution de travaux à une forge simple à raison de l'incommodité que causent aux voisins l'odeur et la fumée du charbon de terre, surtout si les experts ont déclaré que les voisins ne souffrent aucun dommage appréciable. — *Caen*, 9 juin 1840 (t. 1er 1843, p. 399), Lemercier c. Daufresne. — V. cepen-

dant *Cass.*, 27 nov. 1844 (t. 1er 1845, p. 5), Derosne c. Puzin.

294. — Il résulte de l'ensemble de l'art. 5 que, pour toute espèce d'établissement, quelle que soit la classe dans laquelle il est susceptible d'être rangé, le préfet peut en arrêter la formation ou l'exercice. — Dufour, *Traité dr. admin.*, t. 1er, n° 397; Foucart, *Elém. dr. admin.*, t. 1er, n° 355.

295. — ... Sauf aux parties intéressées à recourir contre son arrêté auprès du ministre de l'intérieur (aujourd'hui du commerce), et à déférer, s'il y a lieu, la décision du ministre au conseil d'état par la voie contentieuse. — Foucart, *Elém. dr. admin.*, t. 1er n° 356.

296. — L'arrêté d'un préfet qui ordonne la destruction d'établissemens non classés compromettant la salubrité publique est un acte de pure administration qui ne peut être déféré au conseil d'état par la voie contentieuse; pris par le préfet dans les limites de ses attributions, il ne pourrait être réformé que par l'autorité administrative supérieure, c'est-à-dire par le ministre de l'intérieur (aujourd'hui par le ministre du commerce). — *Cons. d'état*, 19 mai 1841, David.

297. — En outre, si l'établissement nouveau semble appartenir à la deuxième ou à la troisième classe, le préfet peut en autoriser la formation. — Dufour, *Tr. dr. admin.*, t. 1er, n° 397; Foucart, *El. dr. admin.*, t. 1er, n° 355.

298. — Dans ce cas, il prend un arrêté de classification qu'il transmet au ministre, et dès-lors l'établissement suit la procédure tracée par le décret du 15 oct. 1810, selon la classe à laquelle il appartient. — Dufour, *ibid.*

299. — Cette marche ne peut être suivie qu'autant que l'exploitation classée par le préfet constitue une industrie nouvelle. — *Cons. d'état*, 2 août 1826, Delvaux-Goulliard; — Magnitot et Delamarre, *Dict. de dr. admin.*, v° *Etablissemens insalubres*, § 5.

300. — S'il s'agit d'un établissement de première classe, notre art. 5 ne donnant point aux préfets le droit de le classer même provisoirement, il en résulte que ces administrateurs doivent se borner à transmettre au ministre de l'intérieur toutes les demandes qui leur paraîtraient concerner des établissemens de cette nature. — Macarel, *Encyclop. du dr.*, v° *Ateliers dangereux*, n° 54.

301. — Le ministre, pas plus que le préfet, n'a le pouvoir de classer lui-même l'établissement. — Il ne peut que provoquer, s'il y a lieu, une ordonnance royale de classification, selon les formes tracées par le décret de 1810. — V. aussi *Cons. d'état*, 18 sept. 1823, Guyot c. Pauwels; — Macarel, *ibid.*, même numéro; Dufour, *Tr. dr. admin.*, t. 1er, n° 397; Magnitot et Delamarre, *Dict. de dr. admin.*, v° *Etablissemens insalubres*, § 5.

302. — Les classifications, faites par le préfet, des établissemens de deuxième ou de troisième classe, ne sont que provisoires; aussi le ministre peut-il les modifier ou annuler, et doivent-elles être consacrées par une ordonnance royale. — Dufour, *ibid.*

303. — Quant aux établissemens anciens, ceux qui originairement n'auraient pas été compris dans les nomenclatures peuvent toujours y être rangés s'ils sont l'objet de plaintes qui en révèlent les dangers ou l'incommodité. — Dufour, *Tr. du dr. admin.*, t. 1er, n° 398.

304. — Toutefois, le préfet n'a le droit ni d'en suspendre l'exploitation, ni de les classer comme au cas d'établissemens nouveaux; il ne peut que proposer au ministre le classement qui est fixé par une ordonnance royale. — Dufour, *ibid.*

305. — Une ordonnance royale du 31 mai 1833, destinée à classer un certain nombre d'établissemens non compris dans les nomenclatures publiées jusqu'alors, rappelle de nouveau à l'observation des formalités que nous venons d'indiquer quant à ceux qui pourraient surgir postérieurement. — Son art. 5 est ainsi conçu : « La création et l'exploitation des établissemens, fabriques, usines, dépôts et ateliers compris dans les articles qui précèdent, restent soumises aux formalités prescrites par les décret et ordonnance du 15 oct. 1810 et du 14 janv. 1815, suivant la classe à laquelle ils appartiennent.

306. — Lorsqu'un établissement nouveau non compris dans la nomenclature, annexée à l'ordonnance du 14 janv. 1815, a été classé par un arrêté du préfet au nombre des établissemens insalubres ou incommodes, le tribunal de simple police est compétent pour connaître de la contravention résultant du refus d'obtempérer à la défense d'en continuer l'exploitation. — *Cass.*, 14 mai 1830, Carré.

307. — Il peut arriver et il arrive assez fréquemment que la découverte de procédés nouveaux qui diminuent les inconvéniens présentés par une ancienne industrie, permette de la faire descendre d'une ou deux classes.

308. — Dans ce cas, la demande en descente de classe est adressée par les intéressés au préfet qui la transmet au ministre, et il est procédé, s'il y a lieu, comme au cas de postulation d'autorisation.

309. — Les règles établies pour les établissemens dangereux, insalubres ou incommodes, ne sont applicables qu'à ceux établis par les particuliers, ou dans un intérêt privé, mais elles ne le sont point lorsque l'établissement est créé par l'état dans un intérêt public et n'est pas, par suite, compris dans les nomenclatures. — Foucart, *El. dr. admin.*, t. 1er, n° 365; Magnitot et Delamarre, *Dict. de dr. admin.*, v° *Etablissemens insalubres*, § 5; Favard de Langlade, *Rép.*, v° *Manufactures et ateliers dangereux*, n° 2.

310. — En pareil cas, le devoir de l'administration est bien de prendre toutes les précautions nécessaires pour ne pas froisser les intérêts particuliers, mais elle échappe aux prescriptions du décret du 15 oct. 1810, et aucun pourvoi n'est admissible contre ses décisions. — Son pouvoir ici est discrétionnaire et souverain. — *Cons. d'état*, 20 nov. 1822, Delaistre.

311. — Toutefois, si le voisinage de ces usines causait un dommage aux propriétés voisines, M. Foucart pense qu'il devrait être accordé une indemnité qui alors serait réglée par le conseil de préfecture. — Foucart, *El. dr. admin.*, t. 1er, n° 365; Magnitot et Delamarre, *Dict. de dr. admin.*, v° *Etablissemens insalubres*, § 5; Cléraut, n° 125; Favard de Langlade, *Rép.*, *eod. verb.*, n° 2.

312. — Lorsque le gouvernement fonde un établissement militaire ou autre auprès d'une propriété particulière, et que ce voisinage est dangereux (comme au cas d'une poudrière), et dommageable au point d'opérer une grande dépréciation de la propriété voisine, l'indemnité que réclame le propriétaire n'est pas de celles dont il faut porter la connaissance aux tribunaux, selon la loi du 8 mars 1810; la matière est essentiellement dans les attributions du ministre de la guerre, sauf les cas d'expropriation, privation de jouissance et dommages matériels, qui, par exception, et d'après l'art. 15, L. 17 juill. 1819, doivent être soumis aux tribunaux. — *Cons. d'état*, 21 déc. 1825, Delaître; — Cormenin, *Dr. admin.*, t. 1er, p. 262.

## NOMENCLATURE

## des établissemens dangereux, insalubres et incommodes.

*Etat général des ateliers et établissemens qui, à raison des dangers, de l'insalubrité ou de l'incommodité qui en résultent pour le voisinage, ne peuvent être formés spontanément et sans permission, soit qu'ils ne produisent qu'un de ces inconvéniens, soit qu'ils en réunissent plusieurs.*

(Les dates placées à la suite de chaque établissement indiquent les ordonnances qui l'ont classé.)

### *Établissemens rangés dans la première classe.*

ABATTOIRS publics et communs dans toute commune, quelle que soit sa population; — danger de voir les animaux s'échapper, mauvaise odeur. — Décr. 15 oct. 1810; ord. 14 janv. 1815; 15 avr. 1838.

(Les abattoirs, sous le nom de TUERIES, étaient rangés, par le décret du 15 oct. 1810 et par l'ordonnance du 14 janv. 1815, parmi les établissemens de première classe dans les villes de plus de 10,000 ames, et, par l'ordonnance du 14 janv. 1815, parmi les établissemens de troisième classe seulement dans les villes et communes de moins de 10,000 habitans. C'est l'ordonnance du 15 avr. 1838 qui a supprimé cette distinction et les a tous placés dans la première classe. Du reste, les inconvéniens signalés par les ordonnances sont les mêmes.)

ACIDE NITRIQUE, eau forte (fabrication de l'). — Ne se fabrique plus d'après l'ancien procédé. — 15 oct. 1810, 14 janv. 1815. — V. le même mot à la seconde classe.

ACIDE PYROLIGNEUX (fabriques d'). — Lorsque les gaz se répandent dans l'air sans être brûlés; — beaucoup de fumée, et odeur empyreumatique très désagréable. — 14 janv. 1815. — V. le même mot à la deuxième classe.

ACIDE SULFURIQUE (fabrication de l'); odeur désagréable, insalubre et nuisible à la végétation. — 15 oct. 1810, 14 janv. 1815.

AFFINAGE de l'or ou de l'argent par l'acide sulfurique; quand les gaz dégagés pendant cette opération sont versés dans l'atmosphère, dégagement de gaz nuisibles. — 9 fév. 1825. — V. le même mot à la deuxième classe.

AFFINAGE de métaux au fourneau à coupelle ou au fourneau à réverbère. — Fumée et vapeur insalubres et nuisibles à la végétation. — 15 oct. 1810, 14 janv. 1815.

(Le décret de 1810 ne rangeait ces établissemens, sous le nom de *Affinage des métaux au fourneau à manches*, que dans la deuxième classe; c'est l'ordonnance de 1815 qui les a élevés à la première, sous la dénomination actuelle.)

ALLUMETTES (fabrication d') préparées avec des poudres ou matières détonnantes et fulminantes. — V. *Poudres fulminantes.* — Tous les dangers de la fabrication des poudres fulminantes. — 25 juin 1823. (Cette ordonnance est spéciale.)

AMIDONNIERS; odeur fort désagréable. — 15 oct. 1810, 14 janv. 1815.

AMORCES FULMINANTES. — V. *Fulminate de mercure.*

ARCANSONS ou résines de pin (travail en grand des), soit pour la fonte et l'épuration de ces matières, soit pour en extraire la térébenthine. — Danger du feu et odeur très désagréable. — 9 fév. 1825.

ARTIFICIERS. — Danger d'incendie et d'explosion. — 15 oct. 1810, 14 janv. 1815.

BLEU DE PRUSSE (fabriques de), lorsqu'on n'y brûle pas la fumée et le gaz hydrogène sulfuré, — odeur désagréable, insalubre. — 15 oct. 1810; 14 janv. 1815. — V. le même mot à la deuxième classe.

BLEU DE PRUSSE (dépôts de sang des animaux destiné à la fabrication du). — V. *Sang des animaux.*

BOUES ET IMMONDICES (dépôts de). — V. *Voiries.* — Odeur très désagréable et insalubre. — 9 fév. 1825.

BOYAUDIERS. — Odeur très désagréable et insalubre. — 15 oct. 1810, 14 janv. 1815.

CALCINATION d'os d'animaux, lorsqu'on n'y brûle pas la fumée. — Odeur très désagréable de matières animales brûlées, portée à une grande distance. — 9 fév. 1825. — V. le même mot à la deuxième classe.

CENDRES D'ORFÈVRE (traitement des) par le plomb. — Fumée et vapeurs insalubres. — 14 janv. 1815. — V. le même mot à la deuxième classe.

CENDRES GRAVELÉES (fabrication des), lorsqu'on laisse répandre la fumée au dehors. — Fumée très épaisse et très désagréable par sa puanteur. — 14 janv. 1815. — V. le même mot à la deuxième classe.

CHAIRS OU DÉBRIS d'animaux (les dépôts, les ateliers ou les fabriques où ces matières sont préparées par la macération ou desséchées pour être employées à quelque autre fabrication). — Odeur très désagréable. — 9 fév. 1825.

CHANVRE (rouissage du lin ou du), en grand par leur séjour dans l'eau. — Exhalaisons très insalubres; infection des eaux; fièvres. — 15 oct. 1810, 5 déc. 1826. — V. *Chanvre et lin* à la deuxième classe.

CHARBON ANIMAL (la fabrication ou la revivification du), lorsqu'on n'y brûle pas de fumée. — Odeur très désagréable de matières animales brûlées, portée à une grande distance. — 9 fév. 1825. — V. le même mot à la deuxième classe.

CHARBON DE TERRE (épurage du) à vases ouverts. — Fumée et odeur très désagréables. — 15 oct. 1810, 14 janv. 1815. — V. le même mot à la deuxième classe.

CHLORURES ALCALINS, eau de javelle (fabrication en grand des), destinés au commerce, aux fabriques. — Odeur désagréable et incommode quand les appareils perdent, ce qui a lieu de temps à autre. — 9 fév. 1825. — V. le même mot à la deuxième classe.

CHLORURE DE CHAUX (fabrication en grand du). — Odeur désagréable et incommode quand les appareils perdent, ce qui a lieu de temps à autre. — 31 mai 1833. — V. le même mot à la deuxième classe.

COLLE-FORTE (fabrique de). — Mauvaise odeur. — 15 oct. 1810.

CORDES A INSTRUMENS (fabrique de). — Sans odeur, si les eaux du lavage ont un écoulement convenable, ce qui n'a pas lieu ordinairement. — 15 oct. 1810.

CRETONNIERS. — Mauvaise odeur et danger du feu. — 15 oct. 1810

CRISTAUX (fabriques de). — V. *Verre.*

CUIRS VERNIS (fabrique de). — Mauvaise odeur et danger du feu. — 15 oct. 1810. — Quels que soient le mode de fabrication et les procédés employés (décision min. intér. 8 mars 1830).

CUIVRE (ateliers pour l'argentage du), par le mélange de l'acide sulfurique et de l'acide nitrique.—Dégagement de gaz nuisible. — 27 mai 1838. —V. *Cuivre* à la deuxième classe.

DÉBRIS D'ANIMAUX (Dépôts, etc., etc., de). — V. *Chairs.*

DÉGRAS ou huile épaisse à l'usage des tanneurs (Fabrique de). — Odeur très désagréable et danger d'incendie. — 9 fév. 1825.

DÉSARGENTAGE. — V. ci-dessus *Cuivres.*

EAU DE JAVELLE (Fabrication de l'). — V. ci-dessus *Chlorures alcalins.*

EAU-FORTE (Fabrication de l'). — V. ci-dessus *Acide nitrique.*

ÉCARRISSAGE. — V. *Equarrissage.*

ÉCHAUDOIRS ou cuisson des abatis des animaux tués pour la boucherie. — Mauvaise odeur. — 15 oct. 1810, 14 janv. 1815.

ÉCHAUDOIRS dans lesquels on prépare et l'on cuit les intestins et autres débris des animaux. — Très mauvaise odeur. — 31 mai 1833. — (V. le même mot à la troisième classe).

ÉMAUX (Fabriques d'). — V. *Verre.*

ENCRE D'IMPRIMERIE (Fabrique d'). — Odeur très désagréable et danger du feu. — 14 janv. 1815. —Quels que soient le mode de fabrication et les procédés (décis. min. intér. 2 avr. 1830).

ENGRAIS (Les dépôts de matières provenant de la vidange des latrines ou des animaux, destinés à servir d'). — V. *Poudrette, Urate.* — Odeur très désagréable et insalubre. — 9 fév. 1825.

ÉQUARRISSAGE. — Odeur très désagréable. — 15 oct. 1810. — Il est prohibé dans Paris.

ÉTOUPILLES (Fabriques d'), préparées avec des poudres ou matières détonnantes et fulminantes. —V. *Poudres fulminantes.* —Tous les dangers de la fabrication des poudres fulminantes. — 25 juin 1823.

ÉTHER (Fabrique d') et les dépôts d'éther, lorsque ces dépôts en contiennent plus de quarante litres à la fois. — Explosion et danger d'incendie. — 27 janv. 1837.

FEUTRES et VISIÈRES VERNIES (Fabriques de). — Odeur désagréable, crainte d'incendie.—5 nov. 1826.

FILATURES. — V. *Cocons.*

FOURNEAUX (Hauts). — La formation de ces établissemens est régie par la loi du 21 avril 1810 sur les mines (qui est spéciale). — Fumée épaisse et danger du feu. — 14 janv. 1815.

FULMINATE DE MERCURE, amorces fulminantes et autres matières dans la préparation desquelles entre le fulminate de mercure (Fabriques de). — Explosion et danger d'incendie. — 25 juin 1823, 27 janv. 1837.

GALIPOTS ou résine du pin (Travail en grand des), soit pour la fonte et l'épuration de ces matières, soit pour en extraire la térébenthine. — Danger du feu et odeur très désagréable. — 9 fév. 1825.

GOUDRON (Fabrication du). — Très mauvaise odeur et danger du feu. — 14 janv. 1815.

GOUDRON (Fabriques de) à vases clos. — Danger du feu, fumée et un peu d'odeur. — 14 janv. 1815, 9 fév. 1825.

GOUDRONS (Travail en grand des), soit pour la fonte et l'épuration de ces matières, soit pour en extraire la térébenthine. — Odeur insalubre et danger du feu. — 9 fév. 1825.

GRAISSES à feu nu (Fonte des). — Très mauvaise odeur et danger du feu. — 31 mai 1833.

HUILE DE PIED DE BOEUF (Fabriques d'). — Mauvaise odeur causée par les résidus. — 15 oct. 1810, 14 janv. 1815.

HUILE DE POISSONS (Fabriques d'). — Odeur désagréable et danger du feu. — 14 janv. 1815.

HUILE DE TÉRÉBENTHINE OU HUILE D'ASPIC (Distillation en grand de l'). — Odeur désagréable et danger du feu. — 14 janv. 1815. — (V. le même mot à la deuxième classe).

HUILE épaisse à l'usage des tanneurs (Fabriques d'). — V. *Dégras.* — Odeur très désagréable et danger d'incendie. — 9 fév. 1825.

HUILE ROUSSE (Fabriques d') extraite des cretons et débris de graisse à une haute température. — Odeur très désagréable et danger d'incendie. — 14 janv. 1815.

HUILES DE LIN (Cuisson des). — Odeur très désagréable et danger d'incendie. — 31 mai 1833. — (V. à la deuxième classe les mots *Huile* [Extraction de l'] et *Huiles* [Epuration des]).

LIN (Rouissage du). — V. *Chanvre.*

LITHARGE (Fabrication de la).—Exhalaisons dangereuses. — 14 janv. 1815.

MASSICOT (Fabrication du), première préparation du plomb pour le convertir en minium. — Exhalaisons dangereuses. — 14 janv. 1815.

MÉNAGERIES. — Danger de voir les animaux s'échapper des cages. — 15 oct. 1810.

MINIUM (Fabrication du), préparation de plomb pour les potiers, faïenciers, fabricans de cristaux, etc. — Exhalaisons moins dangereuses que celles du massicot. — 15 oct. 1810.

NOIR ANIMALISÉ (Fabrique et dépôt de). — Odeur très désagréable et insalubre. — 27 janv. 1837.

NOIR D'IVOIRE et NOIR D'OS (Fabrication du), lorsqu'on n'y brûle pas la fumée. — Odeur très désagréable de matières animales brûlées, portée à une grande distance. — 15 oct. 1810, 14 janv. 1815. — (V. le même mot à la deuxième classe).

ORSEILLE (Fabrication de l'). — Odeur désagréable. — 14 janv. 1815.

OS D'ANIMAUX (Calcination d'). — V. *Calcination d'os.*

PLANTES MARINES (Combustion des), lorsqu'elle se pratique dans des établissemens permanens. — Exhalaisons désagréables, nuisibles à la végétation et portées à de grandes distances. — 27 mai 1838.

PLATRE (Fours à) permanent. — Le décr. du 15 oct. 1810 les rangeait dans la première classe, mais ils ont été placés dans la seconde par l'ord. du 29 juill. 1818. — (V. ce mot à la seconde classe).

PORCHERIES. — Très mauvaise odeur et cris désagréables. — 15 oct. 1810.

POUDRES ou matières détonnantes et fulminantes (Fabriques de), la fabrication d'allumettes, d'étoupilles ou autres objets du même genre préparés avec ces sortes de poudres ou matières. — Explosion et danger d'incendie. — 25 juin 1823. — (V. *Fulminantes*).

POUDRETTE. — Très mauvaise odeur. — 15 oct. 1810.

RÉSINES (Le travail en grand des), soit pour la fonte et l'épuration de ces matières, soit pour en extraire la térébenthine. — Mauvaise odeur et danger du feu. — 9 fév. 1825.

RÉSINEUSES (Le travail en grand de toutes les matières), soit pour la fonte et l'épuration de ces matières, soit pour en extraire la térébenthine. — Mauvaise odeur et danger du feu. — 9 fév. 1825.

ROUGE DE PRUSSE (Fabriques de), à vases ouverts. — Exhalaisons désagréables et nuisibles à la végétation, quand il est fabriqué avec le sulfate de fer (couperose verte). — 14 janv. 1815. — (V. le même mot à la deuxième classe).

ROUTOIRS servant au rouissage du chanvre et du lin. — V. *Chanvre.*

SABOTS (Ateliers à enfumer les) dans lesquels il est brûlé de la corne ou d'autres matières animales, dans les villes. — Mauvaise odeur et fumée. — 9 fév. 1825. — V. le même mot à la troisième classe.

SANG DES ANIMAUX destiné à la fabrication du bleu de Prusse (Dépôts et ateliers pour la cuisson et la dessication du). — Odeur très désagréable, surtout si le sang conservé n'est pas à l'état sec. — 9 fév. 1825.

SEL AMMONIAC extrait des eaux de condensation du gaz hydrogène (Fabrique de). — Odeur extrêmement désagréable et nuisible, quand les appareils ne sont pas parfaits. — 20 sept. 1828.

SEL AMMONIAC OU MURIATE D'AMMONIAC (Fabrication du), par le moyen de la distillation des matières animales. — Odeur très désagréable et portée au loin. — 15 oct. 1810; 14 janv. 1815.

SOIES DE COCHON (Ateliers pour la préparation des) par tout procédé de fermentation. — Odeurs infectes et insalubres. — 27 mai 1838.

SOUDES DE VARECH (La fabrication en grand des), s'opérant dans des établissemens permanens — Exhalaisons désagréables, nuisibles à la végétation et portées à de grandes distances. — 27 mai 1838. — V. le même mot à la troisième classe.

SOUFRE (Fabrication des fleurs de). — Grand danger du feu et odeur désagréable. — 9 fév. 1825.

SOUFRE (Distillation du). — Grand danger du feu et odeur désagréable. — 14 janv. 1815. — V. le mot *Soufre* à la deuxième classe.

SUIF BRUN (Fabrication du). — Odeur très désagréable et danger du feu. — 15 oct. 1810.

SUIF EN BRANCHE (Fonderies de), à feu nu. — Odeur désagréable et danger du feu. —15 oct. 1810; 14 janv. 1815 (les bouchers ne peuvent même faire en branches et dans les dépendances de leurs demeures de petites fontes de suifs provenant de l'exploitation de leur industrie). — *Cass.*, 14 oct. 1843 (t. 1er 1844, p. 73), Cressendo.

SUIF D'OS (Fabrication du). — Mauvaise odeur, nécessité d'écouler les eaux. — 14 janv. 1815. — V. le mot *Suif* à la deuxième classe.

SULFATE D'AMMONIAC (Fabrication du), par le moyen de la distillation des matières animales. — Odeur très désagréable et portée au loin. — 14 janv. 1815.

SULFATE DE CUIVRE (Fabrication du) au moyen du soufre et du grillage. — Exhalaisons désagréables et nuisibles à la végétation. — 14 janv. 1815. —(V. le même mot à la troisième classe).

SULFATE DE SOUDE (Fabrication du) à vases ouverts. — Exhalaisons désagréables, nuisibles à la végétation, et portées à de grandes distances. — 14 janv. 1815 (V. le même mot à la deuxième classe, et différens autres *sulfates* à la deuxième et à la troisième classe).

SULFURES MÉTALLIQUES (Grillage des) en plein air. — Exhalaisons désagréables et nuisibles à la végétation. — 14 janv. 1815. — V. le même mot à la deuxième classe.

TABAC (Combustion des côtes du) en plein air. Odeur très désagréable. — 14 janv. 1815 (V. TABAC (Fabrique de) [à la deuxième classe].

TAFFETAS CIRÉS (Fabrique de). — Danger du feu et mauvaise odeur. — 15 oct. 1810, 14 janv. 1815.

TAFFETAS ET TOILES VERNIS (Fabrique de). — Danger du feu et mauvaise odeur. — 15 oct. 1810.

TÉRÉBENTHINE (Travail en grand pour l'extraction de la). — V. *Goudron.* — Odeur insalubre et danger du feu. — 9 fév. 1825.

TOILE CIRÉE (Fabrique de). — Danger du feu et mauvaise odeur. — 9 fév. 1825.

TOILES VERNIES (Fabrication des).—V. *Taffetas vernis.* (V. *Toiles* à la deuxième et à la troisième classes.)

TOURBE (Carbonisation de la) à vases ouverts.— Très mauvaise odeur et fumée. — 15 oct. 1810, 14 janv. 1815. — V. le même mot à la deuxième classe.

TRIPIERS.— Mauvaise odeur, et nécessité d'écoulement des eaux. — 15 oct. 1810.

TUERIES.— Ces établissemens étaient rangés dans la première classe ou dans la seconde classe par le décret de 1810 et l'ord. de 1815, selon qu'ils étaient placés dans des villes de plus ou de moins de 10,000 habitans; mais l'ord. du 15 avr. 1838 les a tous rangés dans la première classe sans distinction. — V. ci-dessus le mot *Abattoirs.*

URATE (Fabrication d'), mélange de l'urine avec la chaux, le plâtre et les terres. — Odeur désagréable. — 9 fév. 1825.

VARECH. — V. *Plantes marines* et *Soude de varech.*

VERNIS (Fabrique de). — Très grand danger du feu, et odeur désagréable.—15 oct. 1810. — V. *Vernis à l'esprit de vin* à la deuxième classe.

VERRE, CRISTAUX et ÉMAUX (Fabrique de). — Grande fumée et danger du feu. — 14 janv. 1815, 20 sept. 1828. — L'établissement des verreries proprement dites, usines destinées à la fabrication du verre en grand, était régi par la loi du 21 avr. 1810 sur les mines; — mais, d'après l'ord. du 20 sept. 1828, il n'est plus soumis qu'au régime du décret du 15 oct. 1810 et de l'ord. du 14 janv. 1815. —Cependant la formation des établissemens de ce genre ne peut avoir lieu qu'après que les agens forestiers en résidence sur les lieux ont donné leur avis sur la question de savoir si la reproduction des bois dans le canton et les besoins des communes environnantes permettent d'accorder l'autorisation. — Ord. 14 janv. 1815.

VISIÈRES ET FEUTRES VERNIS. — V. *Feutres.*

VOIRIES ET DÉPÔTS DE BOUES OU DE TOUTE AUTRE SORTE D'IMMONDICES. — Odeur très désagréable et insalubre. — 9 fév. 1825.

### *Établissemens de seconde classe.*

ABSINTHE (Distilleries d'extrait ou d'esprit d'). — Danger d'incendie. — 9 fév. 1825.

ACIDE MURIATIQUE (Fabrique de l') à vases clos. — Odeur désagréable et incommode quand les appareils perdent, ce qui a lieu de temps à autre. — 14 janv. 1815.

ACIDE MURIATIQUE OXICÉNÉ (Fabrique de l').— V. *Chlore.*

ACIDE NITRIQUE, EAU FORTE (Fabrication de l'), par la décomposition du salpêtre, au moyen de l'acide sulfurique, dans l'appareil de Wolf. — Odeur désagréable et incommode quand les appareils perdent, ce qui a lieu de temps à autre. — 9 fév. 1825. V. le même mot à la première classe.

ACIDE PYROLIGNEUX (Fabriques d'); lorsque les gaz sont brûlés.—Un peu de fumée et d'odeur empyreumatique. — 14 janv. 1815.

ACIDE PYROLIGNEUX (Toutes les combinaisons de l') avec le fer, le plomb ou la soude.—Emanations désagréables qui ont constamment lieu pendant la concentration de ces produits. — 31 mai 1833. — V. le même mot à la première classe.

ACIER (Fabriques d'). — Fumée et danger du feu. — 14 janv. 1815.

AFFINAGE de l'or ou de l'argent par l'acide sulfurique quand les gaz dégagés pendant cette opération sont condensés. — Très peu d'inconvéniens quand les appareils sont bien montés et fonctionnent bien. — 9 fév. 1825.

AFFINAGE de l'or ou de l'argent au moyen du départ et du fourneau à vent. — V. *Or* (cet art n'existe plus). — 14 janv. 1815. — V. le même mot à la première classe.

BATTOIRS A ÉCORCES, dans les villes. — Bruit, poussière et quelque danger du feu. — 20 sept. 1828.

BITUME EN PLANCHES (Fabrique de). — Danger d'incendie. — 9 fév. 1825.

BITUMES BISASPHALTES (Ateliers pour la fonte et la préparation des). — Danger d'incendie. — 31 mai 1833.

BLANC DE BALEINE (Raffinerie de). — Peu d'inconvéniens. — 5 nov. 1826.

BLANC DE PLOMB OU DE CÉRUSE (Fabrique de). — Quelques inconvéniens seulement pour la santé des ouvriers. — 15 oct. 1810.

BLANCHIMENT des toiles par l'acide muriatique oxigéné. — V. *Toiles*.

BLANCHIMENT des tissus et des fils de laine et de soie par le gaz ou l'acide sulfureux. — Emanations insalubres. — 5 nov. 1826.

BLANCHIMENT des toiles et fils de chanvre, de lin et de coton par le chlore. — Emanations désagréables. — 5 nov. 1826. — V. le même mot à la troisième classe.

BLEU DE PRUSSE (Fabriques de). — Lorsqu'elles brûlent leur fumée et le gaz hydrogène sulfuré, etc. — Très peu d'inconvéniens si les appareils sont parfaits, ce qui n'a pas lieu constamment. — 15 oct. 1810, 14 janv. 1815. — V. le même mot à la première classe.

BRIQUERIES. — V. *Tuileries*. — Fumée abondante au commencement de la fournée. — 14 janv. 1815. — V. le même mot à la troisième classe.

BUANDERIES des blanchisseurs de profession et des lavoirs qui en dépendent, quand ils n'ont pas un écoulement constant de leurs eaux. — Inconvéniens graves par la décomposition des eaux de savon. — 14 janv. 1815; 5 nov. 1826. — V. le même mot à la troisième classe.

CALCINATION d'os d'animaux, lorsque la fumée est brûlée. — Odeur toujours sensible même avec des appareils bien construits. — 9 fév. 1825; 20 sept. 1828. — V. le même mot à la première classe.

CARBONISATION du bois à air libre, lorsqu'elle se pratique dans des établissemens permanens, et ailleurs que dans les bois et forêts ou en rase campagne. — Odeur et fumée très désagréables s'étendant au loin. — 20 sept. 1828.

CARTONNIERS. — Un peu d'odeur désagréable. — 15 oct. 1810; 14 janv. 1815.

CENDRES D'ORFÈVRE (Traitement des) par le mercure et la distillation des amalgames. — Danger à cause du mercure en vapeur dans l'atelier. — 14 janv. 1815. (V. le même mot à la première classe).

CENDRES GRAVELÉES (Fabrication des), lorsqu'on brûle la fumée, etc. — Un peu d'odeur. — 14 janv. 1815. — V. le même mot à la première classe.

CÉRUSE (Fabriques de). — V. *Blanc de plomb*.

CHAMOISEURS. — Un peu d'odeur. — 14 janv. 1815.

CHANDELIERS. — Quelque danger du feu et un peu d'odeur. — 15 oct. 1810.

CHANVRE ET LIN dans les villes (Ateliers pour le peignage en grand du). — Poussière désagréable et insalubre, danger du feu. — 27 janv. 1837.

CHAPEAUX (Fabrique de). — Buée et odeur assez désagréable, poussière noire occasionnée par le battage après la teinture et portée au loin. — 14 janv. 1815. (L'ordonnance de police du 12 juill. 1818, sur les chapeliers, porte, art. 3, que les foules ne pourront être établies sur la rue, et qu'elles devront être situées au rez-de-chaussée et dans le fond des cours).

CHAPEAUX DE SOIE ou autres, préparés au moyen d'un vernis (Fabrication des). — Danger du feu et mauvaise odeur. — 27 janv. 1837.

CHARBON ANIMAL (La fabrication ou la revivification du), lorsque la fumée est brûlée. — Odeur toujours sensible, même avec des appareils bien constitués. — 9 fév. 1825, 20 sept. 1828. — V. le même mot à la première classe.

CHARBONS DE BOIS (Magasins pour la vente des) à Paris. — Danger d'incendie, surtout quand les charbons ont été préparés à vases clos, attendu qu'ils peuvent prendre feu spontanément. — 5 juil. 1834. — V. le même mot à la troisième classe.

CHARBON DE BOIS fait à vases clos. — Fumée et danger du feu. — 15 oct. 1810, 14 janv. 1815.

CHARBON DE TERRE épuré, lorsqu'on travaille à vases clos. — Un peu d'odeur et de fumée. — 15 oct. 1810, 14 janv. 1815. — V. le même mot à la première classe.

CHATAIGNES (Dessiccation et conservation des). — Très peu d'inconvéniens, attendu que c'est une opération de ménage. — 14 janv. 1815.

CHAUDIÈRES A VAPEUR. — V. *Machines à feu*.

CHAUX (Fours à) permanens. — Grande fumée. — 15 oct. 1810, 29 juill. 1818. — V. le même mot à la troisième classe. — Un arrêt du conseil du roi du 20 oct. 1790 prohibe, dans Paris, les fours à chaux et à plâtre. Les fours à chaux étaient rangés dans la première classe par le décret de 1810, sous la seule dénomination de *fours à chaux*; mais l'ordonnance spéciale du 29 juill. 1818 les a fait descendre dans la deuxième classe. D'après l'art. 151, C. forest., ils doivent être à un kilomètre des forêts, à peine d'une amende de 100 à 500 francs, et de démolition. — V. aussi l'art. 277, ord. régl. 1er août 1827. — Ces dispositions s'appliquent également aux *fours à plâtre*.

CHIFFONNIERS. — Odeur très désagréable et insalubre. — 15 oct. 1810, 14 janv. 1815.

CHLORE, acide muriatique oxigéné (Fabrication du), quand ce produit est employé dans les établissemens même où on le prépare, notamment pour le blanchiment des toiles. — Odeur désagréable et incommode quand les appareils perdent, ce qui a lieu de temps à autre. — 14 janv. 1815, 9 fév. 1825.

CHLORURES ALCALINS, eau de javelle (Fabrication des), quand ces produits sont employés dans les établissemens même où ils sont préparés. — Inconvéniens moindres que lorsque la fabrication s'en fait en grand pour le commerce ou les fabriques. — V. à la première classe *Chlorures alcalins, eau de javelle* (Fabrication en grand des). — 9 fév. 1825.

CHLORURES ALCALINS, eau de javelle (Ateliers où l'on fabrique en petite quantité, c'est-à-dire dans une proportion de 300 kil. au plus par jour, des). — Odeur désagréable et incommode quand les appareils perdent, ce qui a lieu de temps à autre. — 31 mai 1833.

CHLORURE DE CHAUX (Ateliers où l'on fabrique en petite quantité, c'est-à-dire dans une proportion de 300 kilog. au plus par jour, du). — Odeur désagréable et incommode quand les appareils perdent, ce qui a lieu de temps à autre. — 31 mai 1833. — V. le même mot à la première classe.

CHROMATE DE POTASSE (Fabriques de). — Dégagement de gaz nitreux. — 31 mai 1833.

CHRYSALIDES (Dépôts de). — Odeur très désagréable. — 20 sept. 1828.

CIRE A CACHETER (Fabriques de). — Quelque danger du feu. — 14 janv. 1815.

COCONS (Filatures de) en grand, c'est-à-dire contenant au moins six tours. — Odeur fétide produite par la décomposition des matières animales. — 27 mai 1838.

COLLE DE PEAU DE LAPIN (Fabriques de). — Un peu de mauvaise odeur. — 9 fév. 1828. — V. COLLE à la première et à la troisième classe.

CORROYEURS. — Mauvaise odeur. — 15 oct. 1810.

COUVERTURIERS. — Danger causé par le duvet de laine en suspension dans l'air; odeur d'huile rance et de vapeurs sulfureuses quand les soufroirs sont mal construits. — 15 oct. 1810.

CUIRS VERTS (Dépôt de). — Odeur désagréable et insalubre. — 15 oct. 1810.

CUIRS VERTS et peaux fraîches (Dépôts de). — Mauvaise odeur. — 27 janv. 1837.

CUIVRE (Fonte et laminage du). — Fumée, exhalaisons insalubres et danger du feu. — 14 janv. 1815.

CUIVRE (Dérochage ou décapage du) par l'acide nitrique. — Odeur nuisible et désagréable. — 20 sept. 1828. — V. *Cuivre (désargentage du)* à la première classe.

EAU DE JAVELLE (Fabrication d'). — V. *Chlorures alcalins*.

EAU-DE-VIE (Distilleries d'). — Danger du feu. — 15 oct. 1810. — Prohibées dans Paris. — L. 1er mai 1822; ord. 25 juill. 1825.

EAU FORTE (Fabrication de l'). — V. *Acide nitrique*, à la première et à la deuxième classe.

EAUX SAVONNEUSES des fabriques. — V. *Huile* (extraction de l') contenue dans ces eaux, etc.

ÉPONGES (Etablissemens de lavage et de séchage des). — Mauvaise odeur produite par les eaux qui s'en écoulent. — 27 janv. 1837.

FAÏENCE (Fabriques de). — Fumée au commencement des fournées. — 14 janv. 1815.

FEUTRE GOUDRONNÉ propre au doublage des navires (Fabriques de). — Mauvaise odeur et danger d'incendie. — 31 mai 1833.

FILATURES. — V. *Cocons*.

FONDERIES DE MÉTAUX, ou fourneaux à la Wilkinson. — Fumée et vapeur nuisibles. — 15 oct. 1810, 9 fév. 1825. — V. *infrà Fondeurs en grand*.

FONDERIE DE SUIF. — V. *Suif*.

FONDEURS EN GRAND au fourneau à reverbère. — Fumée dangereuse, surtout dans les fourneaux où l'on traite le plomb, le zinc, le cuivre. — 15 oct. 1810; 14 janv. 1815. — Les fonderies comprennent, en général, la fonte du cuivre, la fabrication des ancres, les fonderies en sable, les fonderies de cloches, de canons, de plomb, etc.

FONDEURS AU CREUSET. — Un peu de fumée. — 15 oct. 1810, 14 janv. 1815.

FORGES de grosses œuvres, c'est à dire celles où l'on fait usage de moyens mécaniques pour mouvoir, soit les marteaux, soit les masses soumises au travail. — Beaucoup de fumée, crainte d'incendie. — 5 nov. 1826. — Quant aux forges simples, à la mise en œuvre desquelles il n'est point employé de moyens mécaniques pour mouvoir soit les marteaux soit les masses soumises au travail, elles n'appartiennent pas à la catégorie des ateliers dont l'existence est soumise à une autorisation administrative. — *Caen*, 9 juin 1840 (t. 1er 1843, p. 399), Lemercier c. Daufresne.

FOURS à chaux et à plâtre. — V. *Chaux et plâtre*.

FOURS A CUIRE LES CAILLOUX destinés à la fabrication des émaux. — Beaucoup de fumée. — 5 nov. 1826.

GALONS ET TISSUS D'OR ET D'ARGENT (Brûleries en grand). — Mauvaise odeur. — 14 janv. 1815.

GAZ HYDROGÈNE (Tous les établissemens d'éclairage par le), tant les usines où le gaz est fabriqué que les dépôts où il est conservé. — Odeur désagréable et fumée pour les seuls ateliers, mais qui s'étendent aux environs de temps à autre. — 20 août 1824 (ord. prescrivant des précautions spéciales).

GAZ (Ateliers où l'on prépare les matières grasses propres à la production du). — Danger du feu. — 31 mai 1833. — V. *Gaz* à la troisième classe.

GENIÈVRE (Distilleries de). — Danger du feu. — 15 janv. 1815.

HARENG (Saurage du). — Mauvaise odeur. — 14 janv. 1815.

HONGROYEUR. — Mauvaise odeur. — 15 oct. 1810.

HUILE DE TÉRÉBENTHINE et autres huiles essentielles (Dépôt d'). — Danger du feu d'autant plus grand que l'huile peut se volatiliser dans les magasins, et que l'approche d'une lumière détermine l'inflammation. — 9 fév. 1825. — V. le même mot à la première classe.

HUILE (Extraction de l') et des autres corps gras contenus dans les eaux savonneuses des fabriques. — Mauvaise odeur et quelque danger du feu. — 20 sept. 1828.

HUILES (Épuration des) au moyen de l'acide sulfurique. — Danger du feu et mauvaise odeur produite par les eaux d'épuration. — 14 janv. 1815.

INDIGOTERIES. — Cet art qu'on avait essayé en France n'y existe plus. — 14 janv. 1815.

LARD (Ateliers à enfumer le). — Odeur et fumée. — 14 janv. 1815.

LAVOIRS des blanchisseurs. — V. *Buanderie*.

LAVAGE ET SÉCHAGE D'ÉPONGES. — V. *Eponges*.

LIN (Peignage du). — V. *Chanvre et lin* (ateliers pour le peignage du).

LIQUEURS (Fabrication des). — Danger du feu. — 14 janv. 1815.

MACHINES ET CHAUDIÈRES A FEU à haute pression, c'est-à-dire celles dans lesquelles la force élastique de la vapeur fait équilibre à plus de deux atmosphères, lors même qu'elles brûleraient complétement leur fumée. — Fumée (attendu qu'il n'y en a jusqu'à présent aucune qui la brûle complètement), danger d'explosion des chaudières. — 15 oct. 1810, 14 janv. 1815, 29 oct. 1823, 25 mars 1830. — Le décret de 1810 range indistinctement toutes ces machines dans la deuxième classe sous la dénomination générale de *pompes à feu*. — V. *Machines à feu* à basse pression, à la troisième classe.

MAROQUINIERS. — Mauvaise odeur. — 14 janv. 1815.

MÉGISSIERS. — Mauvaise odeur. — 15 oct. 1810.

MÉTAUX. — (Fonderie de). — V. *Fonderie, Fondeurs*.

MOULINS à broyer le plâtre, la chaux et les cailloux. — Bruit: ce travail étant fait par la voie sèche a des inconvéniens graves pour la santé des ouvriers, et même un peu pour le voisinage. — 9 fév. 1825.

MOULINS A FARINE, dans les villes. — Bruit et poussière. — 9 fév. 1825.

MURIATE D'ÉTAIN. — V. *Sel ou muriate d'étain*.

NOIR DE FUMÉE (Fabrication du). — Danger du feu. — Deuxième classe. — 15 oct. 1810.

NOIR D'IVOIRE ET NOIR D'OS (Fabrication du), lorsqu'on brûle la fumée. — Odeur toujours sensible même avec des appareils bien construits. — 14 janv. 1815. — V. le même mot à la première classe.

NOIR MINÉRAL (Carbonisation et préparation des schistes bitumineux pour fabriquer le). — Mauvaise odeur. — 31 mai 1833.

OR ET ARGENT (Affinage de l') au moyen du départ du fourneau à vent. — Cet art n'existe plus. — 14 janv. 1815. — V. *Affinage de l'or et de l'argent* à la première et à la deuxième classe. — V. aussi *Batteurs d'or et d'argent* à la troi-

sième classe, *Galons et tissus d'or*, à la deuxième classe.

OS (Blanchiment des) pour les éventaillistes et les boutonniers. — Très peu d'inconvéniens, le blanchiment se faisant par la vapeur et par la rosée. — 14 janv. 1815.

OS D'ANIMAUX (Calcination d'). — V. *Calcination d'os.*

PAPIER (Fabriques de). — Danger du feu. — 14 janv. 1815.

PARCHEMINIERS. — Un peu d'odeur désagréable. — 14 janv. 1815.

PEAUX FRAICHES. — V. *Cuirs verts.*

PEAUX DE LIÈVRES ET DE LAPINS. — V. *Sécrétage.*

PEIGNAGE EN GRAND DU CHANVRE ET DU LIN. — V. *Chanvre et lin* (Peignage en grand).

PHOSPHORE (Fabriques de). — Crainte d'incendie. — 5 nov. 1826.

PIPES A FUMER (Fabrication des). — Fumée comme dans les petites fabriques de faïence. — 14 janv. 1815.

PLATRE (Fours à) permanens. — Fumée considérable, bruit et poussière. — 15 oct. 1810, 29 juill. 1816. — V. le même mot à la troisième classe. — V. aussi *Chaux* (Fours à) ci-dessus. — Les fours à plâtre comme les fours à chaux étaient rangés dans la première classe par le décret de 1810. L'ordonnance du 29 juill. 1816 les a fait descendre dans la deuxième. L'art. 2, art. de police 23 vent. an X, sur les carrières, défend de cuire du plâtre dans Paris. Cependant, il n'est pas nécessaire que les fours soient éloignés des habitations. — Ord. 4 sept. 1822.

PLOMB (Fonte du) et laminage de ce métal. — Très peu d'inconvéniens. — 14 janv. 1815. — V. *Plomb de chasse* à la troisième classe.

POÊLIERS-FOURNALISTES, POÊLES ET FOURNEAUX EN FAIENCE ET EN TERRE (Fabrication des). — Fumée dans le commencement de la fournée. — 14 janv. 1815.

POILS DE LIÈVRES ET DE LAPINS. — V. *Secrétage.*

POMPES A FEU. — V. *Machines à feu.*

PORCELAINE (Fabrication de la). — Fumée dans le commencement du *petit feu* et danger d'incendie. — 14 janv. 1815.

POTASSE. — V. *Chromate de potasse.*

POTIERS DE TERRE. — Fumée au petit feu. — 14 janv. 1815.

ROGUES (Dépôts de salaisons liquides, connues sous le nom de). — Odeur désagréable. — 5 nov. 1826.

ROUGE DE PRUSSE (Fabriques de) à vases clos. — Un peu d'odeur nuisible et un peu de fumée. — 14 janv. 1815. — V. le même mot à la première classe.

SALAISON (Ateliers pour là) et pour le saurage des poissons. — Odeur très désagréable. — 9 fév. 1825.

SALAISONS (Dépôts de). — Odeur désagréable. — 14 janv. 1815.

SALAISONS LIQUIDES. — V. *Rogues.*

SCHISTES BITUMINEUX. — V. *Noir animal.*

SECRÉTAGE DES PEAUX OU POILS DE LIÈVRES OU DE LAPINS. — Emanations fort désagréables. — 20 sept. 1828.

SÉCHAGE DES ÉPONGES. — V. *Eponges.*

SEL OU MURIATE D'ÉTAIN (Fabrication du). — Odeur très désagréable. — 14 janv. 1815.

SOIE. — V. *Chapeaux, cocons.*

SOUFRE (Fusion du), pour le couler en canon, et épuration de cette même matière par fusion ou décantation. — Grand danger du feu et odeur désagréable. — 9 fév. 1825. — V. *Soufre* à la première classe.

SUCRE (Raffinemens de). — Fumée, buée et mauvaise odeur. — 14 janv. 1815.

SUCRE (Fabrique de). — Odeur très désagréable et danger du feu. — 27 janv. 1637.

SUIFS (Fonderies de) au bain-marie ou à la vapeur. — Quelque danger du feu. — 14 janv. 1815. — V. à la première classe, *suif en branches, suif d'os.*

SULFATE DE SOUDE (Fabrication du) à vases clos. — Un peu d'odeur et de fumée. — 14 janv. 1815. — V. le même mot à la première classe.

SULFATES DE FER ET DE ZINC (Fabrication des), lorsqu'on forme ces sels de toutes pièces avec l'acide sulfurique et les substances métalliques. — Un peu d'odeur désagréable. — 14 janv. 1815. — V. *Sulfate de fer*, à la troisième classe.

SULFURES MÉTALLIQUES (Grillage des) dans les appareils propres à tirer le soufre et à utiliser l'acide sulfureux qui se dégage. — Un peu d'odeur désagréable. — 14 janv. 1815. — V. le même mot à la première classe.

TABACS (Fabriques de). — Odeur très désagréable. — 15 oct. 1810. — V. *Tabac* à la première classe.

TABATIÈRES EN CARTON (Fabrication des). — Un

---

peu d'odeur désagréable et danger de feu. — 14 janv. 1815.

TANNERIES. — Mauvaise odeur. — 14 janv. 1815.

TISSUS D'OR ET D'ARGENT (Brûleries en grand des). — V. *Galons.*

TOILES (Blanchiment des) par l'acide muriatique oxigéné. — Odeur désagréable. — 15 oct. 1810. — V. *Toiles cirées, toiles vernies*, à la première classe, et *toiles peintes* (ateliers de) à la troisième.

TOLE VERNIE. — Mauvaise odeur et danger du feu. — 9 fév. 1825.

TOURBE (Carbonisation de la) à vases clos. — Odeur désagréable. — 15 janv. 1815.

TUILERIES ET BRIQUETERIES. — Fumée épaisse pendant le *petit feu*. — 14 oct. 1810, 14 janv. 1815. — V. le même mot à la première classe.

VERNIS A L'ESPRIT DE VIN (Fabriques de). — Danger d'incendie. 31 mai 1833. — V. *Vernis* (fabriques de), à la première classe.

ZINC (Usines à laminer le). — Danger du feu et vapeurs nuisibles. — 20 sept. 1828. — L'instruction des demandes en établissement d'usines à fondre le zinc ou le minerai de zinc continue à être régie par la loi du 21 avr. 1810, sur les mines.

### Etablissemens de troisième classe.

ACÉTATE DE PLOMB, sel de saturne (Fabrication de l'). — Quelques inconvéniens, mais seulement pour la santé des ouvriers. — 14 janv. 1815.

ACIDE ACÉTIQUE (Fabrique d'). — Peu d'inconvéniens. — 5 nov. 1826.

ACIDE TARTAREUX (Fabrication de l'). — Un peu de mauvaise odeur. — 5 nov. 1826.

ALCALI CAUSTIQUE en dissolution (Fabrication de l'). — V. *Eau seconde*. — Très peu d'inconvéniens. — 14 janv. 1815.

ALCALI VOLATIL. — V. *Ammoniaque.*

ALUN. — V. *Sulfate de fer et d'alumine.*

AMMONIAQUE ou alcali volatil (Fabrication en grand avec les sels ammoniacaux de l'). — Odeur désagréable. — 9 fév. 1825, 31 mai 1833.

ARDOISES ARTIFICIELLES et mastics de différens genres (Fabrique d'). — Odeur désagréable, danger du feu. — 20 sept. 1828.

BATTAGE en grand et journalier de la laine et de la bourre. — Bruit et poussière fétide ou insalubre et incommode. — 31 mai 1833.

BATTEURS d'or et d'argent. — Bruit. — 14 janv. 1815.

BLANC DE BALEINE. — V. *Bougies de blanc de baleine.*

BLANC D'ESPAGNE (Fabrique de). — Très peu d'inconvéniens. — 14 janv. 1815.

BLANCHIMENT des toiles et fils de chanvre par chlorures alcalins. — Peu d'inconvéniens. — 5 nov. 1815. — V. le même mot à la deuxième classe.

BLANCHISSERIES ORDINAIRES. — V. *Buanderie.*

BOIS DORÉS (Brûleries des). — Très peu d'inconvéniens, l'opération se faisant très en petit. — 14 janv. 1815.

BORAX ARTIFICIEL (Fabriques de). — Très peu d'inconvéniens. — 9 fév. 1825.

BORAX (Raffinage du). — Très peu d'inconvéniens. — 9 fév. 1825.

BOUGIES de blanc de baleine (Fabriques de). — Quelque danger d'incendie. — 9 fév. 1825.

BOURRE. — V. *Battage en grand* de la laine et de la bourre.

BOUTONS MÉTALLIQUES (Fabriques des). — Bruit. — 15 oct. 1810, 14 janv. 1815.

BRASSERIES. — Fumée épaisse quand les fourneaux sont mal construits, et un peu d'odeur. — 15 oct. 1810.

BRIQUETERIES ne faisant qu'une seule fournée en plein air, comme on le fait en Flandre. — Fumée abondante au commencement de la fournée. — 14 janv. 1815. — V. le même mot à la deuxième classe.

BRIQUETS PHOSPHORIQUES et Briquets oxigénés (Fabriques des). — Danger d'incendie. — 5 nov. 1826.

BUANDERIES. — Quand il y a écoulement des eaux, peu d'inconvéniens. — 14 janv. 1815, 5 nov. 1826. — V. le même mot à la deuxième classe.

CAMPHRE (Préparation et raffinage du). — Odeur forte, et quelque danger d'incendie. — 14 janv. 1815.

CARACTÈRES D'IMPRIMERIE (Fonderie de). — Très peu d'inconvéniens. — 15 oct. 1810.

CARAMEL en grand (Fabriques de). — Danger du feu, odeur désagréable. — 5 nov. 1826.

CENDRES (Laveurs de). — Très peu d'inconvéniens. — 14 janv. 1815.

CENDRES BLEUES et autres précipités de cuivre (Fabrication des). — Aucun inconvénient, si ce n'est celui de l'écoulement au dehors des eaux de lavage. — 14 janv. 1815. — V. *Cendres d'orfèvre* à la première et à la deuxième classe, et *cendres*

---

gravelées à la première et à la deuxième classes.

CHANTIERS DE BOIS A BRULER, dans les villes. — Danger du feu exigeant la surveillance de la police. — 9 fév. 1825.

CHARBONS DE BOIS, dans les villes (Dépôts de). — Danger d'incendie, surtout quand les charbons ont été préparés à vase clos, attendu qu'ils peuvent prendre feu spontanément. — 9 fév. 1825. — V. le même mot à la deuxième classe.

CHAUDIÈRES A VAPEUR. — V. *Machines à feu.*

CHAUX (Fours à) ne travaillant pas plus d'un mois par année. — Grande fumée. — 14 janv. 1815. — V. le même mot à la deuxième classe.

CHICORÉE-CAFÉ (Fabriques de). — Très peu d'inconvéniens. — 9 fév. 1825.

CHROMATE DE PLOMB (Fabriques de). — Très peu d'inconvéniens. — 9 fév. 1825. (V. *Chromate de potasse* à la deuxième classe.)

CIRIERS. — Danger du feu. — 15 oct. 1810.

COLLES DE PARCHEMIN et d'amidon (Fabriques de). Très peu d'inconvéniens. — 15 oct. 1810.

CORNE (Travail de la), pour la réduire en feuilles. — 15 oct. 1810 de mauvaise odeur. — 15 oct. 1810, 14 janv. 1815.

CRISTAUX DE SOUDE, sous-carbonate de soude cristallisé (Fabrication de). — Très peu d'inconvéniens. — 14 janv. 1815.

CUISSON des têtes d'animaux dans des chaudières établies sur un fourneau de construction, quand elle n'est pas accompagnée de fonderie de suif. — Fumée et légère odeur. — 31 mai 1833. — Une fonderie de suif réunie à cet établissement se ferait ranger dans la deuxième ou le même dans la première classe. — V. *Suif.*

DÉGRAISSEURS. — V. *Teinturiers-dégraisseurs.* Très peu d'inconvéniens. — 14 janv. 1815.

DOREURS SUR MÉTAUX. — Un peu à craindre les maladies des doreurs, le tremblement, etc.; mais ce n'est que pour les ouvriers. — 15 oct. 1810.

EAU SECONDE (Fabrication de l') des peintres en bâtimens, alcali caustique en dissolution. — Très peu d'inconvéniens. — 14 janv. 1815.

ÉCLAIRAGE. — V. *Gaz hydrogène* (Fabrication en petit).

ÉCHAUDOIRS dans lesquels on traite les têtes et pieds d'animaux, afin d'en séparer le poil. — Fumée et légère odeur. — 31 mai 1833. — V. *Echaudoirs* à la première classe.

ENCRE A ÉCRIRE (Fabrication d'). — Très peu d'inconvéniens. — 14 janv. 1815. — V. *Encre d'imprimerie* à la première classe.

ENGRAISSAGE DES OIES (Etablissement en grand pour l'). — Mauvaise odeur et incommodité. — 31 mai 1833.

ESSAYEURS. — Très peu d'inconvéniens. — 14 janv. 1815.

ÉTAIN (Fabrication des feuilles d'). — Peu d'inconvéniens, l'opération se faisant au laminoir. — 14 janv. 1815.

FANONS DE BALEINE (Ateliers pour le travail des). — Abondantes vapeurs d'une odeur fade et tenace, putréfaction quand on n'a pas soin de les jeter immédiatement. — 27 mai 1828.

FÉCULE DE POMMES DE TERRE (Fabriques de). — Mauvaise odeur provenant des eaux de lavage, quand elles sont gardées. — 9 fév. 1825.

FEU-BLANC (Fabrique de). — Très peu d'inconvéniens. — 14 janv. 1815.

FONDEURS AU CREUSET. — Un peu de fumée. — 15 oct. 1810, 14 janv. 1815. — V. *Fondeurs en grand* à la deuxième classe.

FROMAGES (Dépôts de). — Odeur très désagréable. — 14 janv. 1815.

GAZ (Ateliers pour le grillage des tissus de coton par le). — Peu d'inconvéniens, l'opération se faisant en petit. — 9 fév. 1825. — La surveillance de la police locale établie par l'ordonnance du 20 août 1824, pour les ateliers d'éclairage par le gaz, est applicable aux ateliers pour le grillage.

GAZ HYDROGÈNE (Petits appareils domestiques pour fabriquer le) destinés à fournir au plus à dix becs d'éclairage, et tous gazomètres en dépendant, d'une capacité de sept mètres cubes au plus. — Peu d'inconvéniens, l'opération se faisant en petit. — 23 mars 1888. — V. le mot *Gaz* à la deuxième classe.

GÉLATINE EXTRAITE DES OS (Fabrication de la), par le moyen des acides et de l'ébullition. — Odeur assez désagréable quand les matières ne sont pas fraîches. — 9 fév. 1825.

GLACES (Etamage des). — Inconvénient pour les ouvriers seulement qui sont sujets au tremblement des doreurs. — 14 janv. 1815.

GRILLAGE DES TISSUS DE COTON PAR LE GAZ (Ateliers de). — V. *Gaz*. — Peu d'inconvéniens, l'opération se faisant en petit. — 9 fév. 1825.

LAINE. — V. *Battage.*

LAQUES (Fabrique des). — Très peu d'inconvéniens. — 14 janv. 1815.

LAVOIRS A LAINE (Établissement des).—Doivent être placés sur les rivières et ruisseaux, au-dessous des villes et villages. — 9 fév. 1825.

LAVOIRS DES BLANCHISSEURS. — V. Buanderies.

LUSTRAGE DES PEAUX.—Très peu d'inconvéniens. — 9 nov. 1826.

MACHINES ET CHAUDIÈRES A FEU A BASSE PRESSION, c'est-à-dire fonctionnant à moins de deux atmosphères, brûlant ou non leur fumée.—Fumée et danger d'explosion. —15 oct. 1810, 14 janv. 1815, 29 oct. 1823, 23 mars 1830. — V. Machines et chaudières à feu à la deuxième classe.

MASTICS. —V. Ardoises artificielles.

MÉTAUX (l'onderie de). —V. Fondeurs.

MOULINS A HUILE. —Un peu d'odeur et quelque danger du feu. — 14 janv. 1815.

OCRE JAUNE (Calcination de l') pour le convertir en ocre rouge. — Un peu de fumée. — 14 janv. 1815.

PAPIERS PEINTS ET PAPIERS MARRONÉS (Fabriques de). — Danger du feu. — 15 oct. 1810, 14 janv. 1815.

PLATRE (Fours à), ne travaillant pas plus d'un mois par année. —Fumée considérable, bruit et poussière dans la proportion du travail.—14 janv. 1815.

PLOMB DE CHASSE (Fabrication du). — Très peu d'inconvéniens. — 15 oct. 1810, 14 janv. 1815.

PLOMBIERS ET FONTAINIERS. — Très peu d'inconvéniens. — 15 oct. 1810, 14 janv. 1815.

PRÉCIPITÉ DU CUIVRE (Fabrication du).—V. Cendres bleues. — Très peu d'inconvéniens. — 14 janv. 1815.

POMPES A FEU. — V. Machines et chaudières à feu.

POTASSE (Fabriques de). — Très peu d'inconvéniens. — 14 janv. 1815.

POTIERS-DÉTAIN. — Très peu d'inconvéniens. — 14 janv. 1815.

SABOTS (Ateliers à enfumer les). — Fumée. — 14 janv. 1815. — (V. le même mot à la première classe.)

SALPÊTRE (Fabrication et raffinage du). — Fumée et danger du feu. — 14 janv. 1815.

SAVONNERIES. — Buée, fumée et odeur désagréable. — 15 oct. 1810.

SEL (Raffineries de). — Très peu d'inconvéniens. — 14 janv. 1815.

SEL DE SATURNE (Fabrication du). — V. Acétate de plomb.

SEL DE SOUDE SEC (Fabrication du); sous-carbonate de soude sec. — Un peu de fumée. — 14 janv. 1815.

SIROP DE FÉCULE DE POMMES DE TERRE (Extraction du). — Nécessité d'écouler les eaux. — 9 fév. 1825.

SOUDE (Fabrication de la) ou décomposition du sulfate de soude. — Fumée. — 15 oct. 1810, 14 janv. 1815. — (V. le même mot à la première classe.

SULFATE DE CUIVRE (Fabrication du) au moyen de l'acide sulfurique et de l'oxyde de cuivre ou du carbonate de cuivre. — Très peu d'inconvéniens. — 14 janv. 1815. — (V. le même mot à la première classe.)

SULFATE DE POTASSE (Raffinage du). — Très peu d'inconvéniens. — 14 janv. 1815.

SULFATES DE FER ET D'ALUMINE; extraction de ces sels des matériaux qui les contiennent tout formés, et transformation du sulfate d'albumine en alun. — Fumée de fer. — 15 oct. 1810, 14 janv. 1815. — (V. Sulfates de fer et de zinc à la deuxième classe.)

TARTRE (Raffinage du). — Très peu d'inconvéniens. — 14 janv. 1815.

TEINTURIERS. —Buée et odeur désagréable lorsque les soufroirs sont mal construits. — 15 oct. 1810, 14 janv. 1815.

TEINTURIERS-DÉGRAISSEURS. — Très peu d'inconvéniens. — 14 janv. 1815.

TOILES PEINTES (Ateliers de). —Mauvaise odeur et danger du feu. — 9 fév. 1825.

TRÉFILERIES. — Bruit, danger du feu. — 20 sept. 1828.

TUERIES dans les communes de moins de 10,000 habitans. — Ces établissemens, que l'ord. du 14 janv. 1815 plaçait dans la troisième classe, ont été rangés dans la première par l'ord. du 15 avr. 1838. — (V. à la première classe Abattoirs.)

VACHERIES dans les villes dont la population excède 5,000 habitans. — Mauvaise odeur. — 15 oct. 1810, 14 janv. 1815.

VERDET. —V. vert-de-gris.

VERT DE-GRIS et VERDET (Fabrication du). — Très peu d'inconvéniens. — 14 janv. 1815.

VIANDES (Salaison et préparation des). — Légère odeur. — 14 janv. 1815.

VINAIGRE (Fabrication du). — Très peu d'inconvéniens. — 14 janv. 1815.

---

## ÉTABLISSEMENS MILITAIRES.

V. DOMAINE PUBLIC, DÉLIT MILITAIRE, n° 76 et suiv.

## ÉTABLISSEMENT DE PROPRIÉTÉ.

1.—C'est la partie d'un acte: par exemple un acte de vente d'immeuble ou de constitution hypothécaire, ou d'un jugement d'adjudication qui énonce les différentes mutations au moyen desquelles un immeuble est devenu la propriété d'une personne.

2. — Dans l'usage, on fait généralement remonter les énonciations que contient l'établissement de propriété jusqu'à trente ans, laps de temps nécessaire pour l'acquisition de la plus longue prescription. De cette manière, on justifie en quelque sorte que cette possession continue par le détenteur actuel et ses auteurs, a pu couvrir les vices qui entacheraient les titres au moyen desquels est devenu propriétaire.

3. — Lorsque les mutations qui se sont opérées dans le laps de ces trente ans ont eu lieu à titre de succession entre les membres d'une même famille, il est bon d'indiquer le contrat d'acquisition à titre onéreux qui a fait entrer l'immeuble dans les biens de cette famille.

4. — On comprend que si en matière de vente volontaire la loi n'a pas obligé le vendeur à établir sa propriété au moment de la vente, et si elle a laissé à l'acheteur le soin d'apprécier si la propriété lui était bien transférée ou s'il courait le risque d'être troublé dans sa possession, elle a dû s'abstenir, à plus forte raison, d'imposer une obligation de ce genre aux créanciers qui, poursuivant la saisie immobilière d'un immeuble appartenant à leur débiteur, ne font exproprier par la justice que ce que celui-ci possède, et ne sont par conséquent tenus à aucune garantie envers l'adjudicataire. —V. LICITATION, PARTAGE, SAISIE IMMOBILIÈRE, VENTE DE BIENS DE MINEURS, VENTE JUDICIAIRE.

## ÉTABLISSEMENS PUBLICS ET RELIGIEUX.

*Table alphabétique.*

## ÉTABLISSEMENS PUBLICS ET RELIGIEUX. — 1.

Sous cette double dénomination, qui sert généralement à désigner, en les distinguant, les établissemens publics civils et les établissemens publics *religieux*, on comprend tous les établissemens constitués sur la loi ou fondés ou adoptés par l'état, les départemens ou les communes en vue de l'utilité publique.

§ 1er. — Des établissemens publics en général. — De leur caractère distinctif. — Des diverses espèces d'établissemens publics reconnus.

2. — Comme on le voit par la définition qui précède, indépendamment de la distinction entre établissemens publics civils et établissemens publics religieux, les établissemens publics pourraient encore se diviser en établissemens publics *nationaux*, établissemens publics *départementaux* et établissemens publics *communaux*.

3. — Au point de vue du droit, ces divers établissemens ont un caractère commun qui est surtout de constituer des êtres moraux susceptibles, comme les individus, d'acquérir, de posséder, d'aliéner et de faire tous les autres actes de la vie civile, sous l'observation de certaines règles déterminées par la loi.

4. — Ils ont d'ailleurs tous au même degré ceci de remarquable qu'ils se perpétuent indéfiniment comme l'état, les départemens et les communes, pour l'utilité desquels ils sont créés, et que leurs droits comme leurs biens se transmettent sans éprouver aucune variation du changement de personnes.

5. — Les établissemens publics comprennent donc généralement ce qu'on entendait autrefois par *gens de main-morte*. « On appelle ainsi, dit Guyot (*Rép.*), tous les corps et communautés tant ecclésiastiques que laïcs, qui sont perp'tuels et qui par une subrogation de personnes, étant cen

sés être toujours les mêmes, ne produisent aucune mutation par mort. »

6. — Les gens de main-morte étaient excessivement multipliés avant 1789. On les divisait en trois classes.

7. — Les premiers étaient les archevêques, évêques, abbés, prieurs, curés, chapelains et communautés régulières, les chapitres, les religieux et couvens de l'un et l'autre sexe, les commanderies conventuelles et autres gens d'église.

8. — Les seconds comprenaient les gouverneurs et administrateurs d'hôpitaux, d'hôtels-dieu, maladreries, léproseries, aumôneries, commanderies simples, fabriques, confréries, marguilliers et autres semblables.

9. — Enfin, on rangeait dans la troisième classe les communautés séculières, comme celles des prévôts des marchands, maires et échevins, capitouls, jurats, et autres gouverneurs et officiers municipaux des villes et communautés d'habitans des bourgs et villages, les universités, colléges, boursiers, jurés de métier, communautés des marchands et autres de pareille qualité. — Guyot, *ubi suprà*.

10. — Par suite de la suppression des corporations et communautés et de l'abolition des bénéfices, les gens de main-morte se trouvèrent en 1789 presque complétement absorbés par la *nation*. Tout au plus, les établissemens que l'on ne détruisit pas furent-ils rattachés à l'individualité communale.

11. — C'est ainsi que le décret du 14 décembre 1789 (art. 50) comprenait au nombre des fonctions propres au pouvoir municipal sous la surveillance de l'autorité administrative....., celle « d'administrer les établissemens qui appartiennent à la commune, qui sont entretenus de ses deniers, ou qui sont particulièrement destinés à l'usage des citoyens dont elle est composée. »

12. — Ce ne fut qu'à l'époque de la constitution des pouvoirs et à mesure que les anciennes institutions se trouvèrent rétablies, que les établissemens publics reprirent peu à peu le caractère d'individualité qui les distinguait sous l'ancien régime.

13. — Les établissemens publics ont surtout pour objet de résumer, en les spécialisant, les intérêts particuliers et quelquefois différens des institutions nationales, et de répondre aux divers besoins de la société.

14. — Ainsi, relativement au culte, les fabriques d'église, les cures, les séminaires et les chapitres diocésains, les consistoires, les communautés religieuses, etc., forment autant d'établissemens publics distincts qui représentent les intérêts particuliers dont ils sont le centre. — V. CURE-CURÉ, FABRIQUES D'ÉGLISE, SÉMINAIRES, CHAPITRES, CONSISTOIRES ISRAÉLITES, CONSISTOIRES PROTESTANS. — V. aussi ÉVÊCHÉ-ÉVÊQUE, COMMUNAUTÉS RELIGIEUSES.

15. — Il en est de même, relativement à l'instruction publique, du corps royal de l'université, des académies, des facultés, des écoles normales, des écoles spéciales, des colléges royaux et communaux, des écoles primaires. — V. ÉCOLES, COLLÉGES, UNIVERSITÉ, ACADÉMIE, INSTITUT.

16. — Les conseils d'administration de régiment, les écoles militaires, l'administration des invalides, l'établissement de la légion d'honneur, etc., sont également des établissemens publics qui représentent les intérêts divers de l'armée. — V. CONSEIL D'ADMINISTRATION (armée), INVALIDES, LÉGION D'HONNEUR, ECOLES MILITAIRES, ÉCOLE DE MARINE.

17. — Les divers établissemens de bienfaisance, généraux, départementaux, ou communaux, les hospices, les asiles, les caisses d'épargne, les monts de piété, etc., forment sur tous les points du royaume des centres multipliés entre lesquels se répartit, suivant les besoins et les ressources des localités, l'administration des secours publics.

V. ÉTABLISSEMENS DE BIENFAISANCE, BUREAUX DE BIENFAISANCE, CAISSES D'ÉPARGNE, HOSPICES, MONTS DE PIÉTÉ.

18. — Enfin, il faut ranger également dans la classe des établissemens publics les divers établissemens régulièrement créés par les particuliers en vue de l'utilité publique, et qui bien que n'appartenant ni à l'état, ni aux départemens, ni aux communes, peuvent être considérés comme adoptés au moyen de la décision de l'autorité qui leur donne l'existence civile.

19. — A cette dernière classe appartiennent certaines maisons particulières de secours et certaines associations de bienfaisance ou sociétés de secours mutuels et autres régulièrement autorisées.

20. — M. Rolland de Villargues (*Rép., du notariat*, vo *Etabliss. publ.*, nos 27 et suiv.) considère également comme établissemens publics les différentes corporations formées avec l'approbation et sous la surveillance de l'autorité, telles que, par exemple : 1o les corporations d'avocats, notaires, avoués, commissaires-priseurs, huissiers, agens de change ou courtiers ; 2o celles qui sont comme la conséquence de certains réglemens de police qui limitent le nombre de ceux qui peuvent exercer telle ou telle profession industrielle, par exemple, les corporations d'imprimeurs, de libraires, de boulangers, de bouchers dans certaines localités ; 3o enfin les compagnies de finance constituées avec l'autorisation du gouvernement, et, par exemple, la Banque de France, les compagnies d'assurances terrestres et maritimes, la compagnie des salines de l'est, la caisse hypothécaire, etc.

21. — Il ne nous semble pas, toutefois, que ces différentes corporations doivent être considérées comme des établissemens publics dans le sens de notre définition. Elles n'ont point, en effet, pour objet l'utilité publique, mais bien uniquement l'utilité particulière de ceux qui les composent, et nous ferons remarquer, à cet égard, que l'un des caractères distinctifs des établissemens publics est précisément d'exclure toute idée de spéculation.

22. — L'intervention du gouvernement dans leur création ou dans l'approbation de leurs statuts, et la surveillance à laquelle elles peuvent être soumises, ne change d'ailleurs en rien leur caractère. S'il en était autrement, il faudrait considérer aussi comme des établissemens publics toutes les sociétés anonymes, celles formées pour l'exploitation des mines et d'autres qui ne peuvent exister légalement qu'avec l'autorisation du gouvernement. Or, il nous semble impossible d'aller jusque-là.

23. — D'ailleurs, ainsi que le remarque M. Rolland de Villargues lui-même (V. *loc. cit.*, notamment nos 39, 58 et 61), parmi ces différentes corporations les unes n'ont point cette existence civile qui appartient essentiellement aux établissemens publics ; les autres ne sont soumises qu'à une simple surveillance en dehors de laquelle leur action s'exerce dans une indépendance complète de l'autorité. Toutes sont régies par des principes et des règles complétement différens de ceux qui régissent les établissemens publics.

24. — Il faut aussi se garder de confondre les établissemens publics avec les simples agrégations collectives que l'on appelle êtres moraux dans le langage du droit.

25. — De même, on ne doit pas ranger dans la classe des établissemens publics, lesquels ont une existence indépendante et toute personnelle, les diverses administrations publiques qui dépendent du gouvernement, et qui ont pour objet la gestion des affaires de l'état. — Rolland de Villargues, vo *Etablissement public*, no 10.

26. — Quant aux diocèses, nous avons dit, vo DIOCÈSE, no 38 et suiv., que dans l'état actuel de la législation ils ne constituent que des circonscriptions administratives et non des personnes civiles capables de posséder, d'acquérir et de recevoir.

27. — Les règles particulières à chacun des différens établissemens publics que nous avons indiqués sont exposées dans des articles spéciaux. Il s'agit seulement ici de signaler les règles qui leur sont communes, règles qui concernent notamment : 1o les conditions nécessaires à la création des établissemens publics ; 2o l'exercice des droits et actions qui leur appartiennent, en les considérant comme personnes civiles.

## § 2. — *Des conditions nécessaires et des formalités relatives à la création des établissemens publics.*

28. — De tout temps la création des établissemens a été soumise à l'autorisation du gouvernement.

29. — « Voulons et nous plaît, porte l'édit de décembre 1666, qu'à l'avenir il ne pourra être fait aucun établissement de colléges, monastères, communautés religieuses ou séculières, même sous prétexte d'hospice, en aucunes villes ou lieux de notre royaume, terres et seigneuries de notre obéissance, sans permission expresse de nous, par lettres-patentes bien et dûment enregistrées en nos cours de parlement, etc. » — Ces défenses furent renouvelées par un édit d'août 1749.

30. — La législation nouvelle ne s'est expliquée sur ce point par aucune disposition générale, et c'est seulement à l'égard de certains établissemens, tels, par exemple, que les établissemens ecclésiastiques et les congrégations religieuses, que la nécessité de l'autorisation a été établie d'une manière précise. — L. 2 avr. 1817 ; 24 mai 1825.

31. — Mais cette nécessité ressort évidemment de nombreuses dispositions législatives et notamment de celles du Code civil qui, en statuant relativement aux libéralités faites aux établissemens publics, supposent nécessairement que ces établissemens auront été préalablement reconnus et autorisés.

32. — Elle est consacrée formellement par un avis du conseil d'état du 17 juin 1806, qui porte : « Que de pareils établissemens ne peuvent être utiles et inspirer une confiance fondée, quelle que soit la pureté des intentions qui les ont fait naître, tant qu'ils ne sont pas soumis à l'examen de l'administration publique, autorisés, régularisés et surveillés par elle. »

33. — A l'appui de ce principe, qui ne saurait être méconnu, on peut citer diverses ordonnances qui confèrent le caractère d'établissement et reconnaissent comme ayant une utilité publique : 1o la Société géologique (12 mai 1832) ; 2o la Société industrielle de Mulhouse (20 avr. 1832) ; 3o la Caisse des prêts pour les chefs d'atelier des fabriques de soie de Lyon (19 mai 1832) ; 4o la Société philantropique (27 sept. 1839), etc., etc. — Rolland de Villargues.

34. — En outre, depuis le concordat, divers décrets de Napoléon et ordonnances royales ont autorisé des congrégations hospitalières et autres et des établissemens de charité. — V. COMMUNAUTÉS RELIGIEUSES, ÉTABLISSEMENS DE BIENFAISANCE.

35. — Aucun établissement ne peut donc acquérir une existence civile et être considéré comme établissement d'utilité publique apte à recevoir et à disposer qu'autant qu'il a été reconnu comme tel par le gouvernement.

36. — Et une simple autorisation donnée, par exemple, à une association de bienfaisance, conformément aux dispositions de l'art. 291, C. pén., ne suffirait pas pour donner à cette association une existence civile. Il faut une reconnaissance formelle d'utilité publique. — Dufour, *Dr. admin.*, t. 3, no 1847. — V. encore ASSOCIATION DE BIENFAISANCE.

37. — La reconnaissance n'est accordée par l'autorité supérieure qu'après que le but d'utilité de l'établissement qu'il s'agit d'autoriser a été constaté par une enquête dans les localités, et par les rapports du sous-préfet et du préfet. — Durieu et Roche, *Rép. des établ. de bienf.* — V. ÉTABLISSEMENS PARTICULIERS.

38. — Il faut en outre que l'établissement ait fonctionné pendant assez long-temps pour que ses antécédens deviennent eux-mêmes une garantie de son utilité, et que ses ressources soient suffisantes pour lui assurer le caractère de durée qui convient aux établissemens publics. — *Ibid.*

39. — Enfin, les statuts doivent être soumis au gouvernement, et l'autorisation ne peut être accordée si cette formalité n'a pas été préalablement remplie. — *Ibid.*

40. — Il suit du même principe que les établissemens créés par les départemens ou les communes n'ont le caractère d'établissemens publics et ne reçoivent une existence propre qu'autant qu'ils ont été autorisés ou approuvés par ordonnance royale. Jusque là, ils sont considérés comme simples essais. Les sommes qui peuvent leur être allouées par les conseils généraux ou par les conseils municipaux ne cessent pas de faire partie des ressources des départemens ou des communes.

41. — Toutefois, un établissement financier, une tontine, par exemple, dont l'administration a été confiée à un conseil municipal, doit être considéré comme étant devenu un établissement public. Il ne peut en conséquence ni intenter ni subir une action judiciaire sans l'autorisation du conseil de préfecture. — *Cons. d'état*, 29 déc. 1810, tontine du Pacte social c. Huet de la Boullaye.

42. — La surveillance de l'autorité publique, dit aussi M. Rolland de Villargues (no 2), s'exerce sur les établissemens publics pour qu'ils ne fassent aucun acte en dehors de ceux que leurs statuts et les lois générales leur permettent, pour qu'ils remplissent le but pour lequel l'état les a créés ou les autorise, pour empêcher qu'ils ne tournent contre l'intérêt public les priviléges dont ils ne jouissent qu'en vue de l'utilité générale.

## § 3. — *De l'exercice des droits et actions appartenant aux établissemens publics.*

43. — Tous les établissemens publics sont placés, en ce qui concerne l'exercice de leurs droits et actions, sous la tutelle administrative.

44. — Il arrive quelquefois, d'ailleurs, que certains établissemens publics, bien qu'ayant une individualité distincte et une existence légale, n'ont point une administration qui leur soit propre, et

sont placés dans la dépendance, soit d'une autorité constituée, soit de l'administration d'autres établissemens auxquels ils sont attachés.

45. — Tels sont généralement les établissemens appartenant à l'état et qui y sont régis sous l'autorité des différens ministres aux départemens desquels ils ressortissent : les établissemens religieux diocésains, qui sont représentés par l'évêque (V. DIOCÈSE); — les annexes des paroisses, qui sont représentées par les fabriques des églises dont elles dépendent (V. ANNEXE, CULTE, FABRIQUE); — les différens hospices existant dans la même localité, et qui, aux termes des lois et réglemens, doivent être régis par la même commission administrative. — V. HOSPICE.

46. — Mais cette dépendance ou cette communauté d'administration n'en laisse pas moins subsister dans leur intégrité tous les droits qui peuvent appartenir particulièrement à chaque établissement. Les biens qui leur appartiennent respectivement ne doivent jamais être confondus et ne peuvent être en aucun cas détournés de leur destination.

47. — En général, et à défaut de dispositions spéciales, les règles qui régissent la tutelle des communes sont applicables aux établissemens publics. — V. COMMUNES.

48. — *Comptabilité.* — En conséquence, la comptabilité des établissemens publics dans laquelle il faut comprendre la formation des budgets, les écritures et le réglement des comptes, est soumise en principe à toutes les règles administratives qui régissent la comptabilité publique.

49. — C'est ainsi que l'ordonnance royale du 31 mai 1838, après avoir réglé dans son titre 4, *Comptabilités spéciales*, le mode et les formes de la comptabilité des départemens et des communes, contient de nombreuses dispositions analogues relatives à la comptabilité des établissemens de bienfaisance (art. 498 et suiv.), à celle de la caisse des dépôts et consignations (art. 515 et suiv.), à celle de la légion d'honneur (art. 554 et suiv.), à celle de la caisse des invalides de la marine (art. 568 et suiv.); à celle des colléges royaux (art. 649 et suiv.), etc. — V. aussi BUREAU DE BIENFAISANCE, HOSPICES.

50. — On sait d'ailleurs que le réglement de la comptabilité des fabriques et autres établissemens religieux est soumise à l'autorité des évêques et du ministre des cultes. — V. FABRIQUES, COMMUNAUTÉS RELIGIEUSES, n° 343.

51. — Les mêmes principes sont applicables à tous les établissemens publics de quelque nature qu'ils soient, et alors même qu'il n'existerait pas, à leur égard, de disposition formelle. C'est là une conséquence du droit de tutelle qu'a sur eux le gouvernement; à l'administration seule appartient de régler l'exercice de ce droit.

52. — Les receveurs et administrateurs comptables des établissemens publics sont grevés, au profit de ces établissemens, de l'hypothèque légale créée par l'art. 2121, C. civ., et sont passibles de la contrainte par corps établie contre les comptables publics en général. — V. COMPTABLES PUBLICS.

53. — Ils sont responsables de toutes les irrégularités, omissions et fautes qu'ils commettent et qui sont autant d'infractions aux règles d'une bonne comptabilité, sans préjudice des poursuites correctionnelles ou criminelles que la gravité des actes peut requérir. — Rolland de Villargues, n° 68.

54. — *Administration.* — Les établissemens publics sont, en général, régis par des administrateurs qui les représentent et ont pouvoir, dans certaines limites et sous certaines conditions, de passer des baux, citer en justice, toucher des revenus, accepter des donations, etc.

55. — Lorsque les administrateurs des établissemens publics passent des actes qui excèdent leurs pouvoirs, ces actes n'engagent pas les établissemens, mais les administrateurs peuvent, à défaut de ratification, être actionnés comme responsables par ceux avec lesquels ils ont contracté. — Rolland de Villargues, n° 66.

56. — Mais si les actes des administrateurs d'un établissement public, faits dans les limites des pouvoirs de ces administrateurs, compromettent les intérêts de l'établissement, les administrateurs n'en sont pas responsables lorsque ces actes sont le résultat d'une erreur involontaire, et surtout lorsque leurs fonctions sont gratuites. — Il en serait autrement (arg. de l'art. 898, C. procéd. déjà cité) si les actes étaient entachés de fraude ou de négligence. — Rolland de Villargues, *loc. cit.*

57. — On peut, au surplus, pour les règles spéciales à chaque établissement public, consulter les divers mots spéciaux auxquels nous avons déjà renvoyé. — V. notamment COMMUNAUTÉS RELIGIEUSES, COMMUNES, FABRIQUES, HOSPICES, SÉMINAIRES, etc.

58. — *Acquisitions.* — L'édit d'août 1669 faisait « défense à tous gens de main-morte *d'acquérir* aucun fonds de terre, maisons, droits réels, rentes foncières non rachetables, même des rentes constituées sur des particuliers, si ce n'est après avoir obtenu des lettres-patentes pour parvenir à cette acquisition, et après que lesdites lettres auraient été enregistrées dans les cours de parlemens ou conseils supérieurs. »

59. — Plus tard, le décret des 5-18 fév. 1791 défendit pareillement *aux corps administratifs* en général de faire aucune acquisition sous l'autorisation préalable du *corps législatif*.

60. — Aujourd'hui, et d'après un avis du conseil d'état du 21 déc. 1808, relatif au remboursement des capitaux dus aux hospices, communes et fabriques, *et autres établissemens dont les propriétés sont administrées et régies sous la surveillance du gouvernement*, les établissemens publics peuvent acquérir, sous la seule autorisation de l'administration supérieure, accordée par une ordonnance royale délibérée en conseil d'état.

61. — Doit-on, à l'égard des acquisitions, appliquer aux établissemens publics les modifications introduites par la loi du 18 juill. 1837 dans le régime des communes, et desquelles il résulte que les acquisitions, ventes et échanges d'immeubles communaux, peuvent être aujourd'hui rendus exécutoires sur simple arrêté du préfet en conseil de préfecture, lorsqu'il s'agit d'une valeur de 3,000 fr. pour les communes dont le revenu est au-dessous de 100,000 fr. et de 20,000 fr. pour les autres? — Cette question a été résolue négativement, en ce qui concerne les établissemens de bienfaisance, par une circulaire du ministre de l'intérieur du 23 avr. 1838, attendu, est-il dit dans cette circulaire, que la loi de 1837 « n'est applicable aux établissemens de bienfaisance que dans quelques points explicitement indiqués. — Durieu et Roche, v° *Acquisition*, n° 3. — La même solution nous paraît, *à fortiori*, devoir être étendue à tous les autres établissemens publics pour lesquels des règles spéciales n'ont pas été tracées.

62. — Les administrateurs des établissemens publics ne peuvent, sous peine de nullité, se rendre adjudicataires, ni par eux-mêmes, ni par personnes interposées, des biens vendus par ces établissemens. — C. civ., art. 1596.

63. — *Aliénations.* — Relativement aux aliénations, elles étaient généralement repoussées par l'ancien droit. On tenait pour principe que les biens des établissemens publics et surtout des établissemens religieux étaient inaliénables.

64. — « Ces corps, dit Denisart (v° *Communauté ecclésiastique*, n° 5), formés pour l'utilité de la religion, doivent aussi l'être pour celle de l'état : ils tiennent leurs droits et leurs priviléges de la concession de nos rois et des papes; ils représentent les personnes de la libéralité desquelles ils ont reçu les biens qu'ils possèdent. Mais comme ces communautés sont établies à perpétuité, le bien public a demandé qu'il leur fût défendu d'aliéner leurs biens sans causes justes et nécessaires. » — « *Assertioni instrumenti, quod alienatio cedat in » utilitatem ecclesiæ, non statur, nisi appareat uti- » litas ecclesiæ.* » V. la glose *in lege assiduis*, C. — Denisart, v° *Biens d'église*. — C'est à cause de cette perpétuité et de l'impuissance où elles étaient d'aliéner qu'on appelle en France ces communautés *gens de main-morte*, parce que ce qu'elles possèdent demeure toujours en leur possession.

65 — Le même principe se retrouve dans la loi du 2 avr. 1817, qui porte que « les immeubles ou rentes appartenant à un établissement ecclésiastique sont possédés à perpétuité par ledit établissement et sont inaliénables... »

66. — Mais cette prohibition se trouve tempérée par la disposition finale de l'article qui ajoute .... « à moins que l'aliénation n'en soit autorisée par le roi. » Et la loi du 24 mai 1825, relative aux congrégations religieuses de femmes pose également en principe (art. 4) que ces établissemens peuvent aliéner leurs biens avec l'autorisation spéciale du roi. — V. COMMUNAUTÉS RELIGIEUSES, n° 337 et suiv.

67. — Le même principe résulte à l'égard des fabriques du décret du 30 déc. 1809, art. 62 (V. FABRIQUES); et pour les hospices et bureaux de bienfaisance des ordonnances royales des 8 août et 31 oct. 1821 (V. HOSPICES). Il faut évidemment l'appliquer aux établissemens publics de toute nature.

68. — Seulement, les ventes ne doivent avoir lieu qu'avec une grande réserve. Les établissemens publics ne peuvent aliéner leurs immeubles ou rentes que dans trois cas : 1° l'impossibilité de payer autrement des dettes légitimes; — 2° la nécessité de pourvoir à des dépenses nécessaires auxquelles les revenus ordinaires ne peuvent pas subvenir; — 3° l'avantage certain d'un autre emploi dans les capitaux. — Rolland de Villargues, v° *Etablissemens publics*, n° 47.

69. — A l'administration publique seule appartient le droit de vérifier si les aliénations sont urgentes, indispensables ou avantageuses. Celles que les établissemens publics feraient sans y être autorisés seraient radicalement nulles. — *Ibid.*

70. — Ici vient, du reste, se reproduire l'observation que nous avons déjà faite relativement à l'impossibilité d'appliquer aux établissemens publics les dispositions de la loi du 18 juill. 1837, qui donnent aux préfets, en certains cas, la faculté d'autoriser les aliénations de biens communaux.

71. — *Emprunts.* — Les établissemens publics peuvent emprunter, même hypothécairement, avec l'autorisation du gouvernement. Mais le gouvernement n'accorde cette autorisation qu'au cas d'impérieuse nécessité, ou lorsque l'emprunt a pour but une opération qui présente à l'établissement des avantages incontestables. — Lettre du min. de l'int. au préfet du Bas-Rhin, 30 janv. 1835; — Rolland de Villargues, *Rép.*, v° *Etablissemens publics*, n° 48.

72. — *Baux.* — Nous avons indiqué (v° BAIL ADMINISTRATIF, n°s 104 et suiv.) à quelles conditions et quelles formalités sont soumis les baux des établissemens publics. — V. ce mot.

73. — *Bois.* — Les bois des établissemens publics sont soumis au régime forestier. — C. forest., art. 1er. — V. au surplus FORÊTS.

74. — *Donations et legs.* — Les dispositions entre vifs ou par testament faites au profit des établissemens d'utilité publique n'ont d'effet qu'autant qu'elles sont autorisées par ordonnance royale. — C. civ., art. 910.

75. — Les donations qui leur sont faites sont acceptées par leurs administrateurs, qui demeurent chargés sous leur responsabilité de remplir les formalités de transcription. — C. civ., art. 937, 940.

76. — Nous avons au surplus examiné (v° DISPOSITIONS A TITRE GRATUIT, n°s 473 et suiv.) les formalités auxquelles ces libéralités sont soumises, ainsi que les principales difficultés auxquelles elles peuvent donner lieu.

77. — Nous avons également examiné (v° DON MANUEL, n°s 28 et suiv.) ce qui concerne cette espèce de donation par rapport aux établissemens publics. — Il ne nous reste donc plus que peu d'observations à présenter.

78. — Suivant quelques auteurs qui s'appuient à cet égard de divers avis du conseil d'état, en date des 26 et 31 mars 1818 et 21 septembre 1821, celui qui fait une donation à un établissement public ne pourrait insérer dans son acte de disposition une clause qui en transporterait le bénéfice à un autre établissement, au cas de dissolution du premier, ce serait là, disent ces auteurs, une véritable substitution. — Rolland de Villargues, *Rép. du not*, v° *Etablissemens publics*, n° 55; Lerat de Magnitot et Delamarre, *Dict. de droit administ.*, *eod. verb.*, § 3.

79. — Toutefois, et si l'administration supérieure chargée d'autoriser l'acceptation des libéralités faites aux établissemens publics peut incontestablement refuser de sanctionner les donations auxquelles des clauses semblables seraient attachées, il ne semble pas que le principe énoncé dans le numéro qui précède doive être entendu dans un sens absolu : ainsi, par exemple, il n'y aurait, suivant nous, rien que de très légal dans la disposition par laquelle un donateur, en gratifiant un établissement public, appellerait, pour le cas de suppression de l'établissement donataire, un autre établissement à recueillir, éventuellement, *id quod supererit*. Ce ne serait pas là évidemment une substitution de la nature de celles prohibées par l'art. 896, C. civ.

80. — Tout donateur, en disposant en faveur d'un établissement public, peut se réserver un droit de retour en sa faveur, en cas de dissolution de l'établissement. — Lerat de Magnitot et Delamarre, *ubi suprà*; Rolland de Villargues, n° 53.

81. — Il peut d'ailleurs exercer ce droit au cas d'inexécution des conditions attachées à sa libéralité.

82. — Doit-on également induire de ces deux propositions et que le donateur pourrait aussi stipuler le droit de retour au profit de ses héritiers pour le cas de suppression de l'établissement, et que les héritiers seraient admissibles à exercer ce droit par eux-mêmes au cas d'inexécution des conditions de la donation?

83. — Suivant MM. Lerat de Magnitot et Delamarre, le droit de retour, pour le cas de suppres

sion de l'établissement ne peut être stipulé au profit des héritiers; et à l'égard de l'exercice du même droit au cas d'inexécution des conditions, il faudrait distinguer le cas où ces conditions seraient profitables aux héritiers du cas où ils seraient sans intérêt à leur exécution. C'est dans la première hypothèse seulement qu'ils seraient aptes à revendiquer les biens donnés.

84. — Mais dans ces deux hypothèses qui présentent évidemment toutes deux le cas de la clause résolutoire autorisée par l'art. 1183, C. civ., nous pensons, au contraire, avec M. Rolland de Villargues (n<sup>os</sup> 53 et 54) qu'il faut se décider sans distinction pour l'affirmative. Au surplus, et ainsi que le remarque justement M. Rolland de Villargues, ce n'est là qu'une extension à tous les établissemens publics du § 1<sup>er</sup> de l'art. 8 de la loi du 24 mai 1825, qui porte qu'en cas d'extinction d'une congrégation religieuse de femmes, les biens acquis par donation ou legs feront retour à leurs donateurs et à leurs parens successibles.

85. — V. au reste v<sup>is</sup> COMMUNE, BUREAU DE BIENFAISANCE, COMMUNAUTÉ RELIGIEUSE, FABRIQUES, HOSPICES, etc.

86. — *Actions judiciaires.* — Du principe que les établissemens publics sont placés sous la tutelle du gouvernement, suit nécessairement qu'ils sont soumis à la nécessité de requérir l'autorisation du conseil de préfecture avant d'intenter une action en justice ou d'y défendre. — V. à cet égard AUTORISATION DE PLAIDER, n<sup>os</sup> 317 et suiv. — V. aussi COMMUNE, FABRIQUE, CASSATION, n<sup>os</sup> 217 et 228, CONSEIL DE PRÉFECTURE, n<sup>os</sup> 345 et suiv.

87. — On doit seulement remarquer ici que l'autorisation *du conseil de préfecture* n'est pas nécessaire lorsqu'il s'agit d'établissemens qui appartenant à l'état, se trouvent sous l'autorité pleine et entière du ministre au département duquel ils appartiennent. Dans ce cas, il suffit, de même que pour les actions intéressant l'état, de l'autorisation du ministre et ce fonctionnaire aurait même qualité pour représenter l'établissement en justice.

88. — Ainsi, le directeur d'un établissement public qui est la propriété de l'état (spécialement d'une école royale) a qualité suffisante pour intenter une action devant le conseil d'état, au nom de cet établissement, lorsqu'il y a été formellement autorisé par le ministre sous l'autorité duquel il est placé. — *Cons. d'état*, 15 août 1821, école royale de Châlons c. Albitte.

89. — Par une conséquence du même principe, si, sur une instance administrative entre l'établissement et un particulier, le ministre avait pris directement fait et cause pour l'établissement, le directeur ne serait pas recevable à former opposition à l'ordonnance rendue, sous le prétexte que cette décision serait intervenue sans son concours; car l'établissement étant légalement représenté par le ministre, on ne peut dire, en ce cas, que la condamnation a été prononcée par défaut. — Même ordonnance.

90. — Les établissemens publics doivent être assignés, en leurs bureaux, dans le lieu où siége l'administration; dans les autres lieux, en la personne et aux bureaux de leurs préposés. — C. procéd., art. 69. — V. EXPLOIT. — V. aussi FABRIQUES, HOSPICES.

91. — Les demandes qui les intéressent sont d'ailleurs dispensées du préliminaire de conciliation. — C. procéd., art. 49.

92. — Mais elles doivent être communiquées au ministère public. — C. procéd., art. 83. — V. COMMUNICATION AU MINISTÈRE PUBLIC.

93. — *Transactions.* — De même que les communes, les établissemens publics ne peuvent transiger qu'avec autorisation expresse du roi. — C. civ., art. 2045. — V. au surplus COMMUNES. — V. aussi FABRIQUE, HOSPICES, etc.

94. — Remarquons encore ici que ceci ne peut s'appliquer qu'aux établissemens qui, n'étant pas directement placés sous la main de l'administration supérieure, ont besoin de recourir à son autorisation ou à celle du conseil de préfecture pour intenter une action judiciaire. Les établissemens qui relèvent directement du gouvernement, n'ont besoin pour transiger comme pour plaider que de l'autorisation du ministre responsable au département duquel ils ressortissent.

95. — Ainsi, les administrations de santé publique ou intendances sanitaires ne peuvent transiger qu'avec l'approbation du ministre de l'intérieur. — *Cons. d'état*, 23 août 1826, Mouren c. intendance sanitaire de Marseille.

96. — Les établissemens publics ne peuvent compromettre. — V. COMPROMIS, n<sup>os</sup> 65, 130, 157.

97. — *Péremption d'instance.* — La péremption d'instance court contre les établissemens publics, de même que contre les particuliers. — C. procéd., art. 398. — Et sauf recours contre les administrateurs. — Même art.

98. — Mais sur le point de savoir si la péremption court même en l'absence d'autorisation, — V. COMMUNE, FABRIQUE.

99. — *Requête civile.* — Les établissemens publics sont, de même que l'état, les communes et les mineurs admis à se pourvoir par requête civile, lorsqu'ils n'ont pas été défendus ou lorsqu'ils ne l'ont pas été valablement. — C. procéd., art. 481. — V. REQUÊTE CIVILE.

100. — *Prescription.* — Ils sont, au surplus, comme l'état et les communes, soumis aux mêmes prescriptions que les particuliers, et peuvent également les opposer. — C. civ., art. 2227. — PRESCRIPTION.

101. — *Interrogatoire sur faits et articles.* — Quant à l'interrogatoire sur faits et articles, en ce qui concerne les établissemens, il est régi par l'art. 336, C. procéd. civ. — V. INTERROGATOIRE SUR FAITS ET ARTICLES.

102. — *Acquiescemens, désistemens.* — Les dispositions et principes qui régissent les désistemens et acquiescemens donnés par les communes sont applicables aux établissemens publics. — V. DÉSISTEMENT, ACQUIESCEMENT. — V. aussi FABRIQUE.

103. — *Exécution des jugemens.* — C'est à l'autorité administrative qu'appartient exclusivement le droit de régler le mode d'exécution des condamnations prononcées contre un établissement public. — *Cons. d'état*, 28 avr. 1823, Léotard. c. Ecole de pharm. de Montpellier.

104. — Il suit de là que les établissemens publics ne pourraient être expropriés par leurs créanciers.

105. — Il suit encore que les créanciers qui ont obtenu ces condamnations ne peuvent, à défaut d'exécution, poursuivre les administrateurs personnellement devant les tribunaux. — Même ordonnance.

106. — Du moins ne peuvent-ils les prendre à partie, à raison des actes de leur gestion, sans y avoir été préalablement autorisés par le conseil d'état. — *Ibid.* (implicit.)

107. — On peut, au surplus, pour d'autres détails et quelques distinctions au sujet de l'exécution, consulter diverses décisions citées, v° FABRIQUES.

108. — En général, les actions dirigées par ou contre les établissemens publics sont de la compétence des tribunaux ordinaires.

109. — Quant à l'interprétation des actes administratifs qui peuvent émaner des divers établissemens publics ou qui les intéressent, elle rentre nécessairement dans l'application des règles de compétence qui attribuent à l'autorité administrative en général l'interprétation des actes administratifs. — V. ACTES ADMINISTRATIFS, COMPÉTENCE ADMINISTRATIVE (n° 50), CONSEIL DE PRÉFECTURE (n° 128).

110. — Jugé que l'autorité administrative est seule compétente, à l'exclusion de l'autorité judiciaire, pour régler entre des corporations religieuses la répartition de biens provenant de collégiales supprimées. — *Cons. d'état*, 26 mars 1814, chanoines de Savillau c. chanoines de Mondovi. — V. en outre COMMUNAUTÉS RELIGIEUSES, FABRIQUES, HOSPICES, BUREAU DE BIENFAISANCE, etc.

## ÉTABLISSEMENS DE SAINT-LOUIS.

1. — Ord. publiée par le roi Louis IX en 1270, et qui forme une espèce de code dans lequel sont comprises plusieurs lois de ses prédécesseurs. — Hérault, *Abrégé chronologique*; Laurière, *Ord. du Louvre, préface*, t. 1<sup>er</sup>; Denisart, V° *Etablissement* n° 2; Dupin, *Bibliothèque de droit*, notices, p. 689.

2. — Montesquieu (*Esprit des lois*, liv. 28, chap. 37 et suiv.) prétend que les établissemens de saint Louis sont l'ouvrage de quelque bailli, et que cet ouvrage, code amphibie, où l'on avait mêlé la jurisprudence française avec la loi romaine, où l'on rapprochait des choses qui n'avaient jamais de rapport et qui souvent étaient contradictoires, avait pour objet de dégoûter de l'ancienne jurisprudence française et d'en former une nouvelle. Laurière soutient au contraire que les établissemens sont de véritables lois, et qu'ils ont été reconnus comme ayant ce caractère par des auteurs contemporains.

3. — Cependant, il paraît que les établissemens ne formaient pas une loi générale, et qu'ils n'avaient été faits que pour le vicomté de Paris et les duchés d'Orléans et d'Anjou; mais ils n'en furent pas moins exécutés dans la suite dans d'autres provinces.

4. — Montesquieu signale plusieurs imperfections dans le livre des établissemens; néanmoins, il reconnaît que cet ouvrage est très précieux en ce qu'il contient les usages de l'ancienne pratique française.

5. — En effet, il paraît, par un ancien registre conservé dans l'hôtel-de-ville d'Amiens, dit Denisart (v° *Etablissement*), que les établissemens de saint Louis ont été confirmés en plein parlement par les barons du royaume.

6. — Montesquieu (*ibid.*, chap. 39) signale sous un autre rapport les heureux effets produits par les établissemens de saint Louis : « Les lois de saint Louis, dit-il, changèrent moins la jurisprudence française qu'elles ne donnèrent de marques pour la changer; elles ouvrirent de nouveaux tribunaux ou plutôt des voies pour y arriver, et quand on put parvenir aisément à celui qui avait une autorité générale, les jugemens, qui auparavant ne faisaient que les usages d'une seigneurie particulière, formèrent une jurisprudence universelle. On était parvenu, par le livre des établissemens, à avoir des décisions générales qui manquaient entièrement dans le royaume. Quand le bâtiment fut construit on laissa tomber l'échafaud. Ainsi les lois que fit saint Louis eurent des effets que l'on n'aurait pas dû attendre du chef-d'œuvre de la législation. Il faut quelquefois bien des siècles pour préparer des changemens. Les événemens mûrissent et voilà les révolutions. »

7. — Les établissemens de saint Louis ont été publiés avec des notes par Laurière, dans le 1<sup>er</sup> volume des Ordonnances, et par l'abbé Saint-Martin, en 1786. Ce dernier éditeur, pour rendre la lecture de ce code moins rebutante, y a joint une traduction.

## ÉTAGE.

*Table alphabétique.*


Alignement, 26.
Alleu, 27.
Amélioration, 45.
Aquéduc, 27.
Cave, 31 s.
Changemens, 36 s., 45.
Cheminée, 38.
Cloison, 7.
Copropriété, 16.
Croisée, 7.
Destruction, 20.
Démolition, 25 s.
Droit ancien, 2. — nouveau, 2.
Embellissement, 4, 8, 36.
Escalier, 9, 11, 46.
Etage nouveau, 41 s.
Etaiement, 12.
Exhaussement, 31 s., 46.
Forge, 38.
Fosse d'aisance, 27.
Grenier, 9.
Impôt foncier, 35. — des portes et fenêtres, 35.
Indemnité, 26.
Indivision, 14 s., 24.
Mur, 6, 24. — (gros), 3, 39. — (petit), 7. — mitoyen, 46. — de façade, 25 s., 39. — de pourtour, 5. — de refend, 5.
Partage, 17.
Passage, 29 s.
Peinture, 4, 8.
Plafond, 4, 8 s.
Plancher, 8, 10.
Portail, 30.
Porte, 7, 27.
Poutre, 8.
Propriété, 40.
Puits, 27.
Reconstruction, 20 s.
Reculement, 24, 26.
Réparation, 27.
Servitude, 43, 46. — légale, 14 s.
Sol, 18, 24, 26, 46. — (licitation du), 22 s.
Solive, 8.
Surélévation, 41 s.
Toit, 3, 10, 46, 48.
Valeur locative, 4.
Ventilation, 8 s.
Volets, 7.


1. — ÉTAGE. — L'art. 664, C. civ., porte: « Lorsque les différens étages d'une maison appartiennent à divers propriétaires, si les titres de propriété ne règlent pas le mode de réparations et reconstructions, elles doivent être faites ainsi qu'il suit : — Les gros murs et le toit sont à la charge de tous les propriétaires, chacun en proportion de la valeur de l'étage qui lui appartient; — le propriétaire de chaque étage fait le plancher sur lequel il marche; — le propriétaire du premier étage fait l'escalier qui y conduit; le propriétaire du second étage fait, à partir du premier, l'escalier qui conduit chez lui, et ainsi de suite. »

2. — Cet article a introduit un droit tout nouveau sur le système de règlement des travaux et frais entre les propriétaires des différens étages. Les coutumes qui disposaient antérieurement sur ce point avaient, en général, adopté des combinaisons arbitraires et peu logiques, dont l'effet était souvent d'aggraver injustement les obligations de l'un des intéressés au profit des autres. — Lepage sur Desgodets, p. 109.

3. — Il résulte du reste de cette disposition que, dans l'hypothèse qu'elle régit, la part contributoire des propriétaires des divers étages dans les frais de réparation ou de reconstruction des gros murs et du toit doit être fixée au moyen d'une ventilation entre les étages, dont chacun doit recevoir une estimation particulière. — Toullier, *Dr. civ.*,

t. 3, n° 228; Duranton, *Dr. français*, t. 5, n° 343.

4. — Pour cette estimation, il ne doit pas être tenu compte des embellissemens que le propriétaire de chaque étage aurait cru devoir faire à ses frais, tels que plafonds, peintures, etc. C'est là, en effet, une valeur accidentelle. On ne doit avoir égard qu'à la valeur intrinsèque, c'est-à-dire se baser seulement sur l'étendue de l'étage et sa commodité; en un mot, estimer chaque appartement comme s'il était nu et abstraction faite de sa valeur locative. — Rolland de Villargues, *Rép. du not.*, v° *Mitoyenneté*, n° 130; Perrin, *C. des construct.*, n° 1762.

5. — En parlant des murs, l'art. 664 n'entend pas désigner seulement les quatre gros murs ou les murs de pourtour du bâtiment, mais généralement tous les murs, soit de pourtour, soit de refend, destinés à supporter la charpente ou les poutres et plafonds. — Proudhon, *Tr. de la propr.*, t. 2, n° 699.

6. — Et peu importe à quelle hauteur se trouve la portion de mur qu'il est nécessaire de réparer ou reconstruire. Que ce soit au rez-de-chaussée, au premier ou à tout autre étage et même au grenier, les frais doivent en être supportés par les divers propriétaires de la maison dans les proportions qui viennent d'être indiquées. — Perrin, *C. des constructions*, n° 1762.

7. — Les petits murs ou cloisons servant à la distribution des appartemens, les portes, croisées et volets, sont à la charge personnelle de chaque propriétaire. — Perrin, n° 1766.

8. — Chaque propriétaire doit se charger de la réparation ou réfection du plancher sur lequel il marche. Si ce plancher était soutenu lui-même par d'autres poutres ou solives, il devrait par conséquent les refaire également; mais c'est à celui qui se trouve au-dessous à faire rétablir les plafonds, peintures ou autres embellissemens qu'il aurait faits sous le plancher avant sa reconstruction. Il faudrait excepter, bien entendu, le cas où il y aurait une disposition contraire dans les titres et celui où la démolition du plancher n'aurait eu lieu que par méchanceté ou pour nuire au propriétaire de l'étage inférieur. — Duranton, t. 5, n° 344; Lepage sur Desgodets, t. 1er, p. 110; Perrin, n° 1770; Solon, *Des servitudes*, n° 588.

9. — L'article ne dit rien sur l'entretien ou réfection du plancher sur tête ou plafond qui séparerait le dernier étage des combles ou greniers. Si tous les propriétaires de la maison participent à la jouissance des greniers, ces travaux seront à la charge de tous, sinon cette obligation ne pèsera que sur ceux qui auront la jouissance exclusive des greniers. La même observation s'applique à la partie de l'escalier conduisant aux greniers. — Proudhon, t. 2, n° 700; Lepage sur Desgodets, t. 1er, p. 111; Pardessus, *Servitudes*, n° 173; Rolland de Villargues, *Rép. du not.*, v° *Mitoyenneté*, n° 115.

10. — Mais s'il n'existait pas de grenier entre le toit de la maison et l'étage le plus élevé, le plancher qui couvrirait cet étage devrait être considéré comme faisant partie du toit et serait à la charge de tous les propriétaires. — Perrin, *loc. cit.*

11. — La loi consacre un système de répartition tout spécial pour les frais de réparation ou reconstruction de l'escalier commun aux différens étages. — V. ESCALIER.

12. — Lorsque les réparations d'une maison dont les étages sont divisés entre plusieurs rendent un étaiement nécessaire, les frais en doivent être supportés par le propriétaire de l'étage où les réparations doivent être faites, à moins qu'il ne s'agisse de réparer des choses communes, comme les gros murs ou le toit, auquel cas les frais d'étaiement seraient à la charge de tous. — Fournel, *Du voisinage*, v° *Réparation*; Rolland de Villargues, *loc. cit.*, n° 132.

13. — L'art. 664 suppose que les titres sont muets sur la nature des rapports que la position des propriétaires des divers étages établit entre eux, comme, par exemple, lorsqu'un testateur, propriétaire d'une maison, a légué à Pierre le rez-de-chaussée de cette maison, à Jean le premier étage, à Paul le second, sans autre explication. La loi supplée au silence du titre quant au mode de réparations et reconstructions, mais elle ne s'explique pas sur la nature et l'étendue des droits des intéressés sur chacun des objets qu'elle énumère. — Duranton, n° 341.

14. — M. Pardessus (*Traité des servitudes*, t. 2, n° 188) pense que les choses qui n'appartiennent pas privativement à l'un des propriétaires des étages, tels que les murs, le toit, l'entrée commune, etc., sont, à l'égard de chacun d'eux, l'objet d'un droit qu'il appelle *servitude légale d'indivision*.

15. — Nous croyons avec M. Solon (*Traité des servitudes*, n° 584) qu'il y a inexactitude dans cette qualification et que si c'est avec raison que M. Pardessus constate un état d'indivision, c'est à tort qu'il en fait une servitude légale. Il ne saurait y avoir de servitude légale sur les objets mentionnés en l'art. 664 qu'autant que cet article aurait créé cette servitude, et il ne s'occupe que d'une répartition de travaux et de frais. En outre l'idée d'indivision ou copropriété indivise, nous paraît incompatible avec celle de servitude, nul ne pouvant avoir de servitude sur sa propre chose.

16. — Aussi, considère-t-on généralement les propriétaires des étages comme ayant purement et simplement un droit de copropriété indivise quant aux murs, au toit, à la charpente, au vestibule commun, etc., droit dont les conséquences sont modifiées quant aux réparations ou reconstructions par l'art. 664. — Toullier, t. 3, n° 222; Rolland de Villargues, *Rép. du not.*, v° *Mitoyenneté*, n° 118; Duranton, t. 5, n° 339; Proudhon, t. 2, nos 699 et suiv.; Lepage sur Desgodets, t. 1er, p. 109 et suiv. — V. ESCALIER.

17. — L'indivision qui existe alors entre les divers propriétaires a ceci de particulier que, contrairement au principe consacré par l'art. 815, C. civ., aucun d'eux ne peut provoquer le partage contre les autres, parce que les objets indivis deviendraient, par le partage, inhabiles à remplir leur destination. — Toullier, t. 3, n° 469 *bis*, Solon, n° 594.

18. — Il faut appliquer le même principe au sol qui porte l'immeuble. Il n'y a aucune raison pour en attribuer la propriété exclusive à l'un des propriétaires d'étages plutôt qu'aux autres, il doit être réputé appartenir à tous dans une proportion correspondante à la valeur respective des étages. Il existe donc également une indivision sous ce rapport. — Proudhon, t. 2, n° 701.

19. — Cette solution est incontestable, selon Proudhon (*loc. cit.*) lorsque la maison appartenant originairement à plusieurs par indivis a été partagée entre eux par tranches horizontales. — Mais il n'en est plus de même quand un tiers étranger d'abord au domaine de la maison en a acquis un étage par portion indivise, ou au moyen de la prescription conformément à l'art. 553, C. civ. Dans cette seconde hypothèse, l'acquéreur ne devrait être considéré que comme copropriétaire des murs et de la toiture de l'édifice, et n'aurait pas droit aux usages des caves, non plus que la faculté de faire des fouilles dans le sol de la maison, parce que ce sont là des objets qui auraient été laissés en dehors de son acquisition superficiaire d'un étage supérieur.

20. — Dans le cas où l'édifice dont les étages appartiennent à des propriétaires différens viendrait à être détruit totalement, il peut arriver que les uns veuillent rebâtir et que les autres s'y refusent ou qu'ils soient en désaccord sur le plan de la reconstruction. Dans ce cas, celui qui se refuse à reconstruire peut s'affranchir de toute obligation en abandonnant ses droits sur le sol, si, d'ailleurs, on n'a aucune faute à lui imputer sur la cause de l'accident qui a déterminé la destruction de la maison. — L. 7, § 1er, ff., *De damno infecto*, *lib.* 39, *tit.* 2; — Proudhon, n° 702.

21. — Dans la même hypothèse l'un des propriétaires ne pourrait être empêché par l'autre de faire la reconstruction, car, autrement, le droit de propriété du premier se trouverait paralysé. Celui qui veut reconstruire seul devrait alors notifier son dessein aux autres, leur donner communication de son plan de construction, les sommer de lui prêter leur concours s'ils le jugent à propos, requérir leur comparution aux marchés à faire avec l'entrepreneur et les ouvriers; au moyen de quoi il pourra les forcer à lui rembourser une partie du montant de ses impenses s'ils veulent reprendre leurs étages dans le nouvel édifice. — Proudhon, *loc. cit.*

22. — Mais ne pourrait-on pas prévenir toutes les difficultés que ferait naître cette position en licitant le sol entre tous les intéressés? Duranton (t. 5, n° 347) pense qu'après la destruction de l'édifice, il n'y a pas lieu de partager ou de liciter le terrain entre les divers propriétaires, même proportionnellement à la valeur relative qu'avait chaque étage avant la destruction ou démolition, sauf à eux à établir une communauté à ce sujet si bon leur semble.

23. — Mais nous croyons avec Proudhon (*loc. cit.*) que l'art. 815 devrait recevoir son application dans ce cas, et qu'on pourrait liciter le sol et en même temps le droit de chacun des propriétaires à son étage. Celui qui veut reconstruire y a intérêt, puisqu'en se rendant adjudicataire il évite tous embarras. Celui qui ne veut pas construire échappe ainsi à l'alternative où il serait placé sans cela d'abandonner ses droits sur le fond ou de concourir aux travaux qui doivent être exécutés. La licitation étant possible matériellement dans le cas prévu paraît donc devoir être ordonnée si l'un des intéressés la provoque.

24. — Le principe de la copropriété indivise des murs de la maison et du sol qui la supporte produit des conséquences particulières lorsque l'immeuble est soumis à un reculement par l'autorité administrative. Cette position a été très bien appréciée par la cour de Nîmes.

25. — Ainsi, selon cette cour, le mur de façade d'une maison dont les étages appartiennent à divers propriétaires forme entre eux une propriété indivise et commune dont ils doivent pouvoir jouir également. — En conséquence, lors même que l'autorité administrative aurait jugé la partie inférieure du mur assez solide pour être maintenue, l'autorité judiciaire ne devra pas moins en ordonner la destruction si cette démolition est nécessaire pour que les propriétaires des étages supérieurs puissent rétablir leur façade démolie pour cause de sûreté publique, et en le décidant ainsi, les tribunaux n'empiètent pas sur les attributions de l'autorité administrative. — *Nîmes*, 4 fév. 1840 (t. 1er 1840, p. 477), Massal c. Delfos.

26. — ... Et le propriétaire de la partie inférieure du mur est soumis à cette démolition encore bien que par son résultat il se trouve privé d'une partie de sa propriété, étant obligé de construire son nouveau mur en arrière du premier pour se soumettre à l'alignement. — En ce cas, l'indemnité payée pour le terrain abandonné à la voie publique doit se répartir entre les propriétaires des divers étages proportionnellement à la valeur qu'ils possèdent dans l'immeuble soumis au reculement. — Même arrêt.

27. — Le Code civil n'ayant pas déterminé de quelle manière doivent se répartir les frais de réparation des allées, portes, puits, aquéducs, fosses d'aisance, cours, pompes et autres choses communes aux différens étages, il faut se référer à cet égard aux usages locaux, qui ne sont pas abrogés sous ce rapport. — Toullier, t. 3, n° 225.

28. — A défaut d'usage constant, ces objets devraient être au compte de tous les intéressés proportionnellement à la valeur de chaque étage. — Perrin, n° 1763; Duranton, t. 5, n° 344.

29. — Lorsqu'un passage appartient en commun à plusieurs particuliers, aucun d'eux ne peut, sans le concours des autres ou sans le faire juger avec eux, changer l'état des lieux. — *Cass.*, 17 nov. 1840 (t. 1er 1841, p. 131), Libert c. Bénard.

30. — « Deux corps de logis, dit M. Perrin (n° 1772), l'un sur la cour et l'autre en arrière du premier, sont séparés par une cour. Le propriétaire reculé ne possède dans la maison du devant que le passage; le portail lui appartient. Au-dessus, à droite et à gauche, et même au-dessous du portail existent des constructions appartenant à divers. Comment répartira-t-on les frais d'entretien de ce passage? Aux termes de l'art. 664, C. civ., chaque intéressé au passage, aux murs de droite et de gauche, à l'étage au-dessus du portail et à la cave au-dessous, contribue aux frais de réparation du passage, des murs et de la voûte de dessous en proportion de la valeur de l'objet qu'il possède. Si les murs sont mitoyens, les co-propriétaires voisins contribuent pour moitié dans les frais que ces murs nécessitent. Le propriétaire de l'étage au-dessus du passage est seul chargé d'en entretenir et refaire le plancher ou carreau. — Si le passage est fermé par une porte ne servant qu'au propriétaire du passage, lui seul en est chargé; mais le mur de face dans lequel est ouverte la baie qui reçoit cette porte est au compte de tous les intéressés. »

31. — A la charge de qui tombent les frais de réparation ou reconstruction des caves? — MM. Delvincourt (t. 1er, p. 543, n° 4), Pardessus (n° 193) et Toussaint (*Code de la propriété*, n° 181) pensent que ce sont des travaux communs, auxquels tous doivent contribuer.

32. — M. Duranton (t. 5, n° 342) distingue entre les murs des caves et leurs voûtes. Les murs lui paraissent être à la charge commune; mais il pense que les voûtes, tenant lieu de plancher au propriétaire du rez-de-chaussée, doivent être réparées ou refaites par ce propriétaire. — V. dans le même sens Lepage, sur Desgodets, t. 1er, p. 112.

33. — Nous pensons avec Proudhon (n° 701) et M. Perrin (n° 1771) que les caves doivent être en totalité réparées ou reconstruites par ceux qui en sont propriétaires et en ont la jouissance, et nous ne croyons pas qu'on puisse faire une différence quant aux obligations spéciales du propriétaire du rez-de-chaussée entre le cas où la maison contient des caves et celui où il n'en existe pas.

34. — Mais l'entretien des planchers et de l'aire d'une cave est à la charge personnelle des pro-

priétaires qui marchent dessus. — Perrin, n° 1764.

55. — Chacun des propriétaires doit contribuer au paiement des impôts assis sur les gros murs ou relatifs à la porte cochère ou à l'allée commune. L'impôt des portes et fenêtres seul est payé par chacun d'eux distinctement pour son étage. — Duranton, t. 5, n° 346; Rolland de Villargues, *loc. cit.*, n° 133.

56. — Chaque propriétaire, ayant un droit exclusif à l'étage qui lui appartient, peut y faire des changemens intérieurs et embellissemens, pourvu qu'il ne porte aucune atteinte aux choses qui doivent rester dans une indivision forcée et que du reste il ne nuise pas aux autres propriétaires.

57. — Jugé en conséquence que lorsqu'une maison est possédée par plusieurs propriétaires dont l'un a la propriété du rez-de-chaussée et les autres celle des étages supérieurs, chacun d'eux peut faire ce qu'il veut dans sa portion, pourvu qu'il ne résulte des ouvrages qu'il fait élever, ni dommages pour les autres propriétaires, ni danger pour la solidité de la maison. — *Nîmes*, 3 déc. 1839 (t. 1er 1840, p. 460), Nogarot c. Benezet. — V. aussi *Grenoble*, 12 août 1828, Murzonne c. Lavalette.

58. — M. Perrin (n° 1775) pense avec raison que le propriétaire de la partie basse d'une maison ne peut, sans le consentement du propriétaire de la partie haute, faire une forge, ni faire des cheminées, ou changer de place celles déjà construites. — V. aussi Merlin, *Rép.*, v° *Bâtimens*, p. 609, n° 2; Solon, n° 589.

59. — La cour de Grenoble a même décidé que l'art. 664 qui règle le mode de réparation des gros murs d'une maison dont les étages appartiennent à divers propriétaires, établit entre eux une servitude réciproque plutôt qu'une communauté de propriété, que dès-lors le propriétaire de chaque étage peut y faire des innovations, pourvu qu'il n'en résulte aucun préjudice pour ses copropriétaires. — *Grenoble*, 15 juin 1832, Ducros c. Duport-Lavillette. — Dans l'espèce de cet arrêt le propriétaire du rez-de-chaussée demandait l'autorisation de percer le mur de face pour l'établissement d'une boutique. — Cette décision nous paraît peu juridique.

40. — Quand une maison a été partagée de manière que l'un des copropriétaires a eu pour lot l'appartement du dessus et l'autre l'appartement du bas, chacun des copartageans a la propriété exclusive de son lot, mais ne peut établir de servitude sur la portion de maison qui est échue à son voisin. — *Besançon*, 20 août 1812, Gay c. Picaud.

41. — Une des plus graves questions que soulève l'hypothèse prévue par l'art. 664, est celle de savoir si le propriétaire de l'étage le plus élevé a le droit de construire pour son compte un nouvel étage en surélévation.

42. — La cour d'Aix a jugé en principe que dans le cas où les divers étages d'une même maison appartiennent à des propriétaires différens, le propriétaire du deuxième étage ne peut, sans le consentement du propriétaire du premier étage, exhausser les murs et une partie du toit pour établir à son profit un troisième étage, alors surtout qu'on ne pourrait parvenir à ce nouvel étage sans passer par l'escalier qui conduit au premier. — *Aix*, 26 avr. 1845 (t. 1er 1846, p. 537), Castilion c. Vidal.

43. — Celle de Grenoble a jugé aussi qu'un communiste ne peut faire aucun changement à la chose commune sans le consentement de son copropriétaire. — Qu'ainsi le propriétaire du troisième étage d'une maison ne peut exhausser les murs et une partie du toit pour se procurer un quatrième étage, lorsque ces innovations sont préjudiciables au propriétaire des étages inférieurs à cause de l'état des murs de la maison. — *Grenoble*, 27 nov. 1821, Labbe c. Piraud.

44. — Jugé cependant que le propriétaire d'un troisième étage et d'un galetas peut exhausser le toit commun, si cela ne produit aucune surcharge et ne porte pas préjudice aux autres propriétaires de la maison. — *Grenoble*, 12 août 1828, Murzonne c. Lavalette.

45. — Jugé encore que lorsque la propriété d'une maison est divisée de telle sorte que ses divers étages appartiennent à des propriétaires différens, le propriétaire du rez-de-chaussée est tenu de souffrir les changemens et améliorations que veut faire le propriétaire des étages supérieurs, tant que ces changemens n'aggravent pas la servitude dont il est grevé. — Que spécialement il ne peut s'opposer à la construction d'un nouvel étage qui ne surchargerait pas le rez-de-chaussée de manière à porter préjudice à ses droits. — *Rouen*, 22 mai 1840 (t. 2 1840, p. 703), Coté c. Mery de Bellegarde.

46. — Malgré ces deux dernières décisions, nous pensons que lors même qu'il n'en devrait résulter aucun préjudice pour les autres propriétaires, celui de l'étage supérieur n'a pas seul le droit de surélever. Pour le lui accorder on se fonde soit sur le texte de l'art. 658 qui permet à l'un des propriétaires d'un mur mitoyen de l'exhausser sans le consentement de l'autre, soit sur cette considération que les propriétaires des étages inférieurs sont grevés d'une servitude consistant à supporter la partie supérieure de la maison. Mais on peut répondre quant au premier motif que s'il est vrai que les murs de la maison soient mitoyens entre les propriétaires des étages, il en résulte seulement que tous peuvent prétendre à l'exhaussement. Quant au second point, nous avons déjà montré qu'il ne peut y avoir en même temps servitude réciproque et copropriété indivise. La raison décisive nous paraît être que la propriété du sol emportant celle du dessus comme du dessous, nul ne peut bâtir au-dessus d'un terrain s'il n'en est propriétaire exclusif. On peut ajouter que le propriétaire du dernier étage ne peut avoir le droit de détruire le toit commun pour bâtir en surélévation et qu'il ne peut non plus aggraver quant aux propriétaires l'état de communauté relativement à l'escalier par l'addition d'un nouvel étage. — V. du reste au *Journ. du Palais* (t. 1er 1846, p. 537) nos observations sur l'arrêt de la cour d'Aix précité.

47. — Cette opinion toutefois semble contredite par un arrêt de la cour de Paris qui a jugé que lorsqu'un bâtiment composé d'un rez-de-chaussée et d'un premier étage appartient à deux propriétaires différens, le propriétaire du premier étage peut en élever un second sans le consentement du propriétaire du rez-de-chaussée. — *Paris*, 17 mars 1838 (t. 1er 1838, p. 610), de Massol c. de Croix. — Mais dans cette affaire il y avait lieu d'interpréter un titre d'acquisition, et cette circonstance a sans doute grandement influé sur la solution adoptée.

48. — L'art. 664 ne saurait avoir d'effet rétroactif. Aussi a-t-il été jugé que lorsqu'une maison composée de plusieurs étages a été partagée entre plusieurs propriétaires sous l'empire d'un usage ou d'une loi qui soumettait le propriétaire de l'étage le plus élevé à la réparation du toit, celui-ci ne peut, sous prétexte que l'acte de partage ne règle pas le mode de réparation, contraindre en vertu de l'art. 644, C. civ., les propriétaires inférieurs à la réparation du toit commun. — *Cass.*, 9 mars 1819, Sauzay c. Fiable; — Pailliet, sur l'art. 664, C. civ.; Perrin, n° 1761.

## ÉTAIN. — ÉTAMEURS.

1. — Fabricans d'étain pour glaces : patentables, — droit fixe de 50 fr. pour dix ouvriers et au-dessous, plus 3 fr. par chaque ouvrier en sus jusqu'au maximum de 300 fr.; et droit proportionnel du vingtième de la valeur locative de l'habitation, des magasins de vente complétement séparés de l'établissement; du vingt-cinquième de l'établissement industriel.

2. — Fabricans de feuilles d'étain : — patentables de cinquième classe, — droit fixe basé sur la population, et droit proportionnel du vingtième de la valeur locative de l'habitation et des lieux servant à l'exercice de la profession.

3. — Les fabriques de feuilles d'étain présentant peu d'inconvéniens, l'opération se faisant au laminoir, elles ne sont en conséquence rangées que dans la troisième classe des établissemens insalubres. — V. ce mot (nomenclature).

4. — Étameurs de glaces : patentables de sixième classe, même droit fixe, sauf la différence de classe, et droit proportionnel, que les fabricans de feuilles d'étain.

5. — Étameurs ambulans d'ustensiles de cuisine : patentables de huitième classe, droit fixe et proportionnel du quarantième de la valeur locative de tous les locaux qu'ils occupent, mais seulement dans les communes de 20,000 âmes et au-dessus. V. PATENTE.

## ÉTAL. — ÉTALIER.

1. — Le mot *étal*, qui signifie proprement la table sur laquelle les bouchers préparent et dépècent la viande, est employé au figuré pour désigner : — 1° le lieu même où se font la vente et le débit de cette viande : — 2° et le fond de commerce ou droit d'exploitation du boucher. — V. BOUCHER. — V. aussi CAISSE DE POISSY.

2. — On donne le nom *d'étalier* : — 1° aux bouchers qui ont des étaux dans les halles ou marchés; 2° aux garçons bouchers qui aident au débit de la viande. — V. BOUCHER.

## ÉTALAGE.

1. — Exposition de marchandises à la vue du public pour être vendues.

2. — Il y a deux sortes d'étalages : l'un qui se fait par les marchands en boutique; l'autre par les marchands colporteurs qui exposent leurs marchandises sur la voie publique, soit à nu, soit sur des voitures, tables, mannes ou autres appareils.

3. — L'étalage des marchands en boutique ne peut, à moins d'autorisation spéciale de l'autorité municipale, faire saillie sur la voie publique. — L. 24 août 1790, art. 3, n° 1er, tit. 11; — C. pén., art. 471, n° 5.

4. — Il ne peut pas davantage, sans la même autorisation, et aux conditions sous lesquelles elle est accordée, consister en marchandises suspendues sous une forme quelconque au-dessus de la voie publique. — L. 24 août 1790, *ibid*; — C. pén., art. 471, n°s 4, 5 et 6. — V. EMBARRAS DE LA VOIE PUBLIQUE, JET (dommage), RÈGLEMENT DE POLICE, VOIRIE.

5. — L'étalage des marchands colporteurs sur la voie publique étant de nature à l'embarrasser et à diminuer la sûreté et la liberté du passage, doit être l'objet de réglemens que l'autorité municipale est autorisée à prendre en vertu de l'art. 3, n° 1er, tit. 11, L. 24 août 1790.

6. — Il a été jugé, il est vrai, que l'autorité municipale ne peut, sans porter atteinte à la liberté du commerce ou de l'industrie, interdire aux colporteurs et marchands forains, en faisant revivre d'anciens réglemens, d'étaler et vendre leurs marchandises dans la ville hors les temps de foire. — *Cass.*, 22 déc. 1838 (t. 2 1839, p. 559), Fuld.

7. — Mais le même arrêt décide qu'elle peut les astreindre à n'étaler et vendre leurs marchandises les jours de foire ou de marché, que dans le lieu par elle désigné, et, pour les autres jours, leur défendre de vendre, s'ils ne l'ont préalablement prévenue des endroits où ils ont l'intention de vendre. — Même arrêt.

8. — Les arrêtés pris par l'autorité municipale en ce qui concerne les étalages, varient suivant les localités et les circonstances. Toutefois, les mesures de police en vigueur à Paris sur cette matière peuvent servir de base à celles à prendre dans les autres localités. Elles sont tracées par une ordonnance du préfet de police en date du 20 janv. 1832, laquelle a rapporté diverses autres ordonnances successives, lesquelles se modifiaient ou s'abrogeaient les unes et les autres, notamment celles du 21 août 1822, 19 juin 1830, 1er oct. 1830.

9. — Cette ordonnance embrasse dans ses dispositions plus générales, quoique plus concises que les précédentes, non seulement des étalagistes, mais encore toutes les personnes stationnant sur la voie publique pour y exercer une industrie. — Elle a été suivie d'une circulaire du préfet de police du 30 janv. 1832, dont les dispositions doivent être combinées avec celles de l'ordonnance.

10. — Aux termes de ladite ordonnance du 20 janv. 1832, nul ne peut stationner, même momentanément, sur la voie publique, pour y étaler des marchandises ou y exercer une industrie qu'en vertu de permissions délivrées par le préfet de police pour certains points où il a été reconnu que de tels stationnemens ne nuisaient pas à la liberté de la circulation. — Ord. de police, art. 1er.

11. — La demande de stationner sur la voie publique est adressée au préfet par l'entremise du commissaire de police du quartier où est situé le lieu de stationnement désigné dans la demande. — Art. 3.

12. — Elle doit énoncer : 1° les nom, prénoms, âge, lieu de naissance, domicile et profession du pétitionnaire; — s'il est marié, veuf, père de famille; — 3° l'état qu'il exerce; — 4° la nature des objets qu'il se propose de vendre ou de l'industrie qu'il a l'intention d'exercer; — 5° l'emplacement qu'il désire occuper et la nature des objets qu'il entend y déposer. — Circ. 30 janv. 1832.

13. — Le pétitionnaire doit produire à l'appui un certificat du bureau de charité ou de deux citoyens domiciliés dans son arrondissement, constatant qu'il n'a pas les moyens de pourvoir autrement à son existence; si le pétitionnaire est un débitant de lait habitant la campagne, il produit une attestation du maire de la commune constatant qu'il est nourrisseur. — Même circulaire.

14. — Quiconque a obtenu une permission est obligé, avant d'en faire usage, de se pourvoir d'une patente ou d'un certificat d'exemption de l'administration des contributions directes; les contrevenans sont soumis à la confiscation ou au séquestre à leurs frais des marchandises. Les marchands de menus comestibles sont seuls dispensés de ces formalités. — LL. 1er brum. an VII, art.

38; 25 mars 1817, art. 70; ord. pol. 20 janv. 1832, art. 4.

**15.** — Les personnes stationnant sur la voie publique pour y étaler des marchandises ou y exercer une industrie sont tenus, à toute réquisition des commissaires, officiers et agens de police, de représenter leurs permission et leurs patentes acquittées ou leurs certificats d'exemption. — Même ordonnance, art. 5.

**16.** — Tout individu autorisé à stationner sur un quartier doit, dans les quinze premiers jours de l'année, transmettre sa permission au préfet de police, qui la vise s'il y a lieu. Tous ceux qui ne justifient pas de ce visa au commissaire de police après l'expiration du mois de janvier doivent être expulsés. — Circ. 30 janv. 1832.

**17.** — Personne ne peut, sous aucun prétexte, étaler sur plusieurs emplacements à la fois, ni vendre d'autres marchandises ou exercer d'autre industrie que celles indiquées dans sa permission. — Même circulaire.

**18.** — Chaque permissionné ne devant occuper que l'emplacement qui lui a été assigné doit toujours avoir, dans l'endroit le plus apparent de sa place, une plaque de fer-blanc portant, en gros caractères, son nom et le numéro de sa permission; il doit, en outre, entretenir constamment la propreté au pourtour de cette place et la nettoyer chaque jour en se retirant. — Même circulaire.

**19.** — Les permissions sont personnelles; elles ne peuvent être prêtées, cédées, louées ni vendues. Toutefois, en cas de maladie justifiée, le permissionné peut être remplacé momentanément par une personne de sa famille sur une autorisation du préfet de police. — Même circulaire.

**20.** — Le permissionné qui, pour maladie ou pour toute autre cause, ne peut occuper sa place pendant quelque temps, doit en informer le préfet de police. S'il serait censé y avoir renoncé si sa place restait inoccupée par lui pendant un mois sans qu'il en eût prévenu. — Même circulaire.

**21.** — Ainsi que cela résulte des justifications exigées de ceux qui sollicitent la faculté d'obtenir une place de stationnement sur la voie publique, cette faculté ne doit être accordée qu'à des marchands établis qui paient les loyers et supportent les charges municipales. Aussi, la circulaire précitée porte-t-elle que les commissaires de police ne doivent pas souffrir que les étalagistes vendent des marchandises qui excèdent la valeur de 4 fr. la pièce ou la paire, ni qu'ils en débitent à l'aune ni au poids, à moins que ce ne soient de menus comestibles, ni enfin qu'ils se placent à une distance moindre de quarante mètres des magasins et marchés où des marchandises de même espèce que les leurs seraient exposées en vente.

**22.** — Les étalagistes ne peuvent vendre, sur la voie publique, des marrons rôtis, des gaufres ou des objets frits que lorsqu'ils sont préparés dans l'intérieur des propriétés. — Même circulaire.

**23.** — Tout étalage est interdit sur les trottoirs, aux encoignures des rues, sur les ponts étroits ou très fréquentés, et sur les points de la voie publique où la liberté et la sûreté de la circulation peuvent être compromises. — Même circulaire.

**24.** — Toutefois, on permet aux laitiers, quand il n'est pas possible de leur indiquer un autre emplacement, d'étaler sur les trottoirs des rues. — La circulaire ajoute au surplus qu'il est interdit aux laitières de faire le commerce de fruits ou de légumes, et de stationner après dix heures du matin.

**25.** — De même la défense relative aux trottoirs reçoit exception, relativement aux trottoirs des ponts susceptibles de recevoir des étalagistes, en préférant parmi ces derniers ceux qui placent leurs marchandises sur les murs du parapet. Mais la circulaire ajoute qu'il convient de ne souffrir qu'un seul rang d'étalagistes le long du parapet, sauf les décrotteurs qui peuvent être placés au bord et en dehors du trottoir, quand la localité le permet.

**26.** — Tout étalagiste en contravention est averti de la position dans laquelle il se trouve et requis de se retirer. En cas de refus ou de récidive, les commissaires de police doivent faire opérer immédiatement, aux frais du contrevenant, l'enlèvement et le transport à la préfecture de police des marchandises, voitures, tables, mannes et autres objets ou appareils qui avaient été la cause. — V. circul. 30 janv. 1832, et l'ord. du 20 janv.

**27.** — Si les marchandises sont des denrées périssables, et qu'en les retenant elles seraient perdues pour tout le monde, le commissaire de police doit les envoyer directement au commissaire de police du quartier des halles pour être vendues

publiquement, et le montant de la vente être versé à la caisse de la préfecture de police, à la conservation des droits de qui il appartient. — Même circul.

**28.** — La contravention aux dispositions qui précède tombe sous l'application de l'art. 471, § 15, C. pén. — V. CRIMES, DÉLITS ET CONTRAVENTION.

**29.** — La circulaire avertit les commissaires de police qu'ils ne doivent point accorder aux contrevenans la faculté de conserver leurs marchandises, moyennant la consignation d'une somme de 15 fr. Rien ne justifie les transactions d'une telle nature. — Même circul.

**30.** — Une ordonnance du roi du 25 sept. 1742 faisait défense à toutes personnes, même aux libraires et imprimeurs, de faire aucun étalage de livres et d'avoir des boutiques portatives sur les ponts, quais, parapets, carrefours, places publiques et autres lieux de la ville de Paris, etc., et à tous propriétaires, principaux locataires, concierges et autres de louer aucun lieu pour servir à l'entrepôt, serrage ou autrement desdits étalages de livres, ou souffrir qu'il en soit mis dans leurs maisons, etc., etc. — Picaut. *C. des imprim.*, t. 1er, p. 25.

**31.** — Cette interdiction n'existe plus aujourd'hui, sauf aux libraires à se conformer aux ordonnances de police concernant les étalagistes.

**32.** — Il existe sur les étalagistes et bouquinistes, soit marchands de gravures, lithographies, tableaux et autres objets d'art établis sur la voie publique, une ordonnance spéciale du 24 oct. 1832, suivant laquelle « tout marchand étalagiste établi sur la voie publique est tenu de faire disparaître de son étalage tout livre, gravure ou objet d'art quelconque qui serait jugé par l'autorité contraire aux lois et dangereux pour les mœurs. — Art. 1er. L'art. 2 ajoute que le marchand étalagiste qui, ayant été prévenu une première fois de faire disparaître quelqu'un des ouvrages ci-dessus indiqués; n'aura pas obtempéré à l'ordre qui lui aura été signifié et continuera à tenir en évidence les mêmes ouvrages ou autres de cette nature sera privé du droit de tenir son étalage pendant un an et que l'autorisation lui sera définitivement retirée s'il récidive une troisième fois.

**33.** — Une autre ordonnance de police du 19 sept. 1829 prescrit aussi diverses mesures imposées aux bouquinistes et étalagistes de livres dans le but de prévenir l'achat et la vente des livres volés. — V., à cet égard, v° LIBRAIRIE.

**34.** — Tous marchands sous échoppe ou en étalage sont passibles seulement de la moitié des droits que paient les marchands qui vendent les mêmes objets en boutique. — L. 25 avr. 1844, art. 14.

**35.** — Mais cette disposition n'est point applicable aux marchands qui, ont un titre permanent, ou occupent des places fixes dans les halles et marchés. — Même article. — V. BOUCHERS, ÉPICIERS, PATENTES.

### ÉTALON.

**1.** — De *est talis*. Modèle, prototype de poids et de mesures, réglé, autorisé et conservé par l'autorité, et sur lequel les poids et mesures que marchands doivent être ajustés et rectifiés. — V. POIDS ET MESURES.

**2.** — Le même mot se dit aussi d'un cheval entier dont on veut faire race et qu'on emploie à couvrir des cavales. — V. HARAS. — V. CHEMINS VICINAUX.

### ÉTANG.

*Table alphabétique.*

**ÉTANG.** — **1.** — Emplacement destiné à amasser et à retenir temporairement les eaux qui y arrivent, soit naturellement, soit artificiellement. *Stagnum est quod temporalem contineat aquam ibidem stagnantem quæ quidem aqua plerumque hieme coguitur* (l. 4er, § 4, ff., *De in flumine public. navigari*, lib. 43. tit. 14).

**2.** — Suivant M. Garnier ( *Régime des eaux*, n° 791), il est difficile d'établir une distinction bien nette entre l'étang, le lac et la mare, et d'en donner une définition parfaitement exacte. Il se ressemblent, dit-il, sous beaucoup de rapports. On appelle lac, dans certains pays, ce que dans d'autres on nomme étang ou mare, et *vice versâ*. C'est donc plutôt par l'usage, par le nom que leur donnent les habitans que par une définition précise que l'on peut les distinguer.

**3.** — Cependant, en général, dit le même auteur (*loc. cit.*), les lacs ont plus d'importance que les étangs, et ceux-ci en ont plus que les mares.

**4.** — D'après M. Daviel (*Des cours d'eau*, n° 804); « un étang est un amas d'eau soutenu par une chaussée et que l'on peut dessécher, soit pour prendre le poisson qu'on y nourrit, soit pour mettre le terrain en culture; il se compose de digues pour retenir les eaux, d'un déversoir dont la hauteur et la largeur se calculent sur le volume d'eau que l'étang peut contenir sans que les terres voisines soient inondées, et d'une bonde qui sert au besoin à l'écoulement des eaux. »

**5.** — On voit par là que, quoiqu'un étang ne puisse être créé là où le sol est naturellement disposé en forme de bassin, néanmoins son établissement doit être considéré comme le résultat de l'industrie de l'homme, puisqu'il faut toujours y construire une chaussée pour en retenir les eaux. — Proudhon, *Dom. publ.*, n° 1570.

**6.** — Proudhon enseigne que suite qu'à la différence des lacs qui peuvent indistinctement dépendre ou du domaine public ou du domaine privé, les étangs forment toujours des propriétés privées. — *Ubi suprà*, n° 1571. — Toutefois, les étangs dépendant des fortifications des places de guerre ou postes militaires sont des propriétés nationales. — L. 8-10 juill. 1791, tit. 4er, art. 13. — V. PLACES DE GUERRE.

**7.** — Mais ainsi que le fait justement remarquer M. Dumay, dans ses annotations sur le *Dom. publ.* (*loc. cit.*), cette proposition n'est vraie qu'en tant qu'il s'agit de réservoirs destinés principalement à contenir du poisson; elle serait inexacte si on l'étendait aux bassins établis artificiellement pour l'alimentation des canaux de navigation, tels que

ceux, au nombre de cinq, au point de partage du canal de Bourgogne qui, ensemble, présentent une superficie de 319 hectares, et contiennent 18,805,327 mètres cubes d'eau. — De même que le canal dont ils forment l'accessoire, ils dépendent du domaine public.

8. — On peut pratiquer un étang, soit à l'aide des eaux pluviales ou d'eaux provenant de fontes de neiges et d'infiltrations, soit à l'aide des eaux d'une source née dans le fonds de celui qui construit l'étang, soit à l'aide des eaux d'une rivière ou d'un ruisseau qui traverserait ce fonds. — Daviel, *des Cours d'eau*, nº 809.

9. — Tout propriétaire qui veut former un étang est libre de retenir à cet effet sur son fonds les eaux pluviales ou d'infiltration qui y arrivent, alors même qu'il priverait par-là des étangs inférieurs des eaux nécessaires à leur alimentation, si d'ailleurs le propriétaire de ces étangs n'a pas acquis un droit aux eaux. — Garnier, *Régime des eaux*, nº 794.

10. — Le propriétaire qui possède une source dans son fonds est également libre d'entretenir les eaux pour former un étang, à moins de titre ou de prescription qui établisse contre lui une obligation contraire. C'est là une conséquence du droit que lui reconnaît l'art. 641, C. civ.

11. — Et alors même que pour mettre son étang à sec il en aurait, pendant un certain temps, laissé sortir la source, il n'en conserverait pas moins le droit de la retenir plus tard pour remettre l'étang sous l'eau. — *Metz*, 28 avr. 1824, Hallet-Couchard.

12. — Jugé, en conséquence, qu'en un tel cas le propriétaire de l'étang a intérêt et qualité à s'opposer à ce que le propriétaire d'un fonds inférieur s'attribue sur cette eau des droits tels que s'ils étaient consacrés par une possession suffisante, ils pussent nuire au rétablissement de l'étang. — Même arrêt.

13. — Jugé encore qu'il peut même s'opposer à ce que celui qui n'est propriétaire que sur une rive du canal qui alimente l'étang établisse et appuie sur les deux rives un barrage, ou tout autre ouvrage d'art qui pourrait ultérieurement consacrer au profit de ce dernier une preuve de propriété exclusive. — *Ibid.*

14. — Le droit de former un étang au moyen de la concentration d'eaux courantes qui prennent naissance sur d'autres fonds est naturellement restreint par les disposisions de l'art. 644, C. civ. qui veut que celui dont le fonds est traversé par une eau courante ne puisse user de cette eau qu'à la charge de la rendre à sa sortie, aux héritages inférieurs. — Toullier, t. 3, nº 140. — V. Perrin, *Code des contributions*, nº 1469.

15. — Mais ce droit peut s'acquérir soit par titre soit par prescription. La retenue des eaux dans ce cas constitue, comme la retenue des eaux des moulins, une servitude continue et apparente. — Daviel, nº 811 ; Proudhon, *Dom. publ.*, nº 1577.

16. — Si, même, les eaux du ruisseau étaient assez abondantes pour que celles qui s'échapperaient par le déversoir de l'étang pussent encore suffire à l'irrigation des fonds situés en aval, ou si, d'après la disposition des lieux, l'on n'était pas dans l'usage de les faire servir à l'arrosement, les propriétaires inférieurs seraient, par défaut d'intérêt, non recevables à se plaindre. (Proudhon, *ubi. suprà*). — Nous reviendrons, au surplus, sur les obligations qui sont imposées aux propriétaires d'étangs, sous le rapport des droits de leurs voisins.

17. — En principe, il n'est besoin d'aucune autorisation administrative pour l'établissement d'un étang. — Pardessus, *Des servitudes*, nº 80 ; Garnier, *Régime des eaux*, nºs 103 et 795. — V. toutefois dans un sens contraire, Toullier, t. 3, nº 138 ; Proudhon, *Dom. publ.*, nº 1576.

18. — « Il est loisible à chacun, de son autorité privée, portait la coutume d'Orléans, art 171, faire en son héritage étangs, asseoir bondes, grilles et chaussées, pourvu qu'il n'entreprenne sur le chemin et droit d'autrui. »

19. — Plusieurs autres coutumes néanmoins, partant du principe que les étangs sont à la fois nuisibles aux hommes et à l'agriculture, soumettaient leur établissement à l'autorisation seigneuriale. — Jacques de Valserres, *Man. de droit rural*, p. 379. — « Nul ne peut.... asseoir moulin ni bonde d'étang, di Loysel (*institut. cout.* nº 240), sans le congé de son seigneur; si ce n'est pour son usage. »

20. — L'art. 262 du deuxième projet de Code rural se borne à disposer qu'une autorisation sera exigée lorsqu'il s'agira d'un étang d'une superficie excédant cinquante hectares ou que la chaussée, quelle que soit la superficie de l'étang, sera placée sur ou contre un chemin public.

21. — Suivant M. Daviel (*Pratique des cours d'eau*, nº 810), il faudrait distinguer le cas où l'étang est formé avec les eaux d'une source née dans la propriété même de celui qui le construit ou avec les eaux pluviales qu'il y recueille du cas où l'étang est formé au travers d'un ruisseau dont les eaux sont interceptées au moyen de la chaussée. Dans le premier cas, on ne voit pas, dit M. Daviel, à quel titre l'administration devrait intervenir, puisqu'il ne s'agit là que d'une disposition de propriété privée; dans la seconde hypothèse, au contraire, comme il s'agit d'une disposition faite sur un domaine commun, et que l'administration doit surveiller tous les barrages établis sur les eaux courantes, et qui peuvent en modifier la hauteur, son intervention est requise. — V. encore, dans ce sens, Dumay, sur Proudhon, *Dom. publ.*, nº 1575.

22. — Mais cette distinction est peut-être plus spécieuse que fondée. — En chargeant l'administration de veiller à la hauteur des eaux, l'instruction de l'assemblée nationale des 12-20 août 1790 (chap. 6), et la loi du 6 oct. 1791, ont eu surtout en vue de prévenir les inondations. Or, ce motif, de même que les termes généraux de la loi, s'appliquent avec une égale force aux étangs formés d'eaux pluviales ou autres, et à ceux formés par la concentration d'eaux courantes. Dans ce système, on arriverait à cette conclusion, admise, comme nous l'avons vu, par quelques auteurs, que l'autorisation de l'administration serait, dans tous les cas, nécessaire; c'est ce que nous ne saurions admettre.

23. — L'administration n'a sur les eaux qui ne font point partie du domaine public et par conséquent sur les étangs qu'un pouvoir de police qui doit être renfermé dans ses limites, et qui, d'ailleurs, est sans force aucune quant au fond du droit.

24. — Il suit de là que si elle peut intervenir, toutes les fois que l'intérêt public lui paraît l'exiger, dans l'établissement des étangs, pour régler les conditions de cet établissement, la hauteur de la retenue des eaux, les formes et la dimension du déversoir, etc., son autorisation préalable ne peut être nécessaire qu'autant qu'elle serait exigée par quelque disposition formelle de la loi. Or, il n'existe aucune disposition de cette nature relative aux étangs.

25. — Il n'existe même pas de disposition générale qui oblige le propriétaire d'un étang à le munir d'un déversoir et à en faire fixer la hauteur par l'autorité administrative. — Garnier, nº 795 : Jacques de Valserres, *Man. de dr. rural*, p. 381.

26. — Par suite, il faut reconnaître que, de même que la retenue des moulins peut se légaliser à l'égard des propriétaires voisins par l'approbation tacite de ceux-ci, indépendamment de toute autorisation administrative, l'ancienne possession d'une décharge de telle ou telle hauteur, peut, à plus forte raison, ainsi que le remarque M. Daviel lui-même (nº 811), faire titre devant les tribunaux pour les propriétaires d'étangs et suppléer ainsi à une autorisation régulière.

27. — C'est aussi ce que la jurisprudence du conseil d'état semble avoir consacré en décidant qu'en cas de contestation entre des particuliers et le propriétaire d'un étang qui, contrairement à ses titres, retient les eaux à une trop grande élévation ou s'oppose à l'écoulement qu'elles doivent avoir, c'est aux tribunaux et non au préfet qu'il appartient de prononcer. — *Cons. d'état*, 31 oct. 1824, Lepays de Lathan.

28. — Néanmoins, comme du pouvoir dont l'administration est investie dérive nécessairement pour elle le droit d'interdire à tous propriétaires de former sur leurs fonds aucun réservoir d'eau ; que, par suite, les préfets pourraient incontestablement, en l'absence de ces arrêtés prohibitifs, modifier les réservoirs qui auraient été établis et prescrire les conditions sous lesquelles ils devraient être conservés, *la prudence*, ainsi que le dit justement M. Garnier (nº 795), commande à tout propriétaire qui veut établir un étang, de commencer par obtenir un réglement.

29. — La hauteur de la retenue des eaux d'un étang ne pouvant, d'ailleurs, être légalement fixée que par l'autorité administrative (*Bourges*, 5 juin 1832, Véjan de Fontenay c. de Verpré), les propriétaires ont un grand intérêt à requérir cette fixation.

30. — Dans tous les cas, et de quelque manière qu'un étang soit formé, son établissement ne peut avoir lieu qu'à la condition de ne porter aucun préjudice aux droits des propriétaires voisins.

31. — La chaussée d'un étang ne peut être établie de manière à nuire aux héritages supérieurs sur lesquels elle ferait refluer les eaux. Elle ne doit non plus porter aucun préjudice aux fonds inférieurs en donnant aux eaux un cours différent de celui qu'elles auraient naturellement. — L. 1, § 13, ff., *De aquâ et aquæ pluv. arcend.*, lib. 39 tit. 3 ; — Proudhon, *Domaine public*, nº 1578, deuxième projet du Code pénal, art. 261 ; Garnier, nº 792.

32. — Tout propriétaire doit donc, quand il établit un étang, prendre les précautions nécessaires pour procurer une issue aux eaux, ou se conformer à leur cours naturel. — Garnier, *ubi suprà* nº 799.

33. — Ainsi, lorsque l'étang est pratiqué à l'aide d'eaux pluviales ou d'eaux provenant de fontes de neige et d'infiltrations, le consentement du propriétaire inférieur est nécessaire pour l'établissement de la décharge ou pour son déplacement, quand elle a été consacrée par la prescription ; car il est clair que l'écoulement de ces eaux serait pour le propriétaire inférieur, aggravé par le nouvel état des choses, surtout aux époques où l'étang devrait être mis à sec, puisque alors elles seraient lachées tout d'un coup en grande abondance. — Daviel, *ubi suprà* nº 809 ; Dumay, sur Proudhon, *Dom. publ.*, nº 1578.

34. — De même, le propriétaire qui retient une source sur son fonds pour en former un étang ne peut, dans l'établissement de la décharge, changer le cours de la source au détriment de l'héritage inférieur, et faire, par exemple, verser les eaux sur un fonds qui, d'après la pente naturelle des lieux, ne les recevait pas, ni même, sur le fonds qui les reçoit naturellement, changer leur écoulement de place. Ce serait là encore une aggravation de servitude, interdite par l'art. 640, C. civ.

35. — Par le même motif, celui qui possède un étang formé d'eaux vives dont la source se trouve sur des fonds qui ne lui appartiennent pas ne peut changer la direction ancienne des eaux au détriment des héritages inférieurs.

36. — Jugé du moins qu'en un tel cas l'action possessoire est admissible de la part de ceux qui, par des changemens faits aux décharges d'un étang, se trouvent troublés dans la jouissance des eaux qui jusque-là leur étaient transmises. — *Cass.*, 16 fév. 1832, Rœder c. Corda.

37. — ... Et il en est ainsi, encore bien que les propriétaires inférieurs ne justifient pas avoir fait des ouvrages apparens destinés à faciliter la chute et le cours de l'eau dans leurs propriétés. — *Cass.*, 20 fév. 1839 (t. 1er 1839, p. 338), Duvoisin-Lageneste c. Voisin.

38. — Le propriétaire d'un étang formé soit à l'aide d'une source née sur son fonds, soit au moyen des eaux courantes qui le traversent, ne pourrait davantage ajouter aux eaux qui prennent leur écoulement sur le fonds inférieur d'autres eaux que celles qui y arrivent naturellement. — Garnier, nº 794, *in fine*; Daviel, nº 812.

39. — C'est, du reste, une règle générale que le propriétaire d'un étang ne peut adopter un nouveau mode d'écoulement qui préjudicie aux propriétés inférieures. — *Cass.*, 16 fév. 1832, Rœder c. Corda.

40. — Il suit des mêmes principes que les étangs doivent toujours être tenus en état de ne causer aucun préjudice aux propriétés ni aux chemins.

41. — Les propriétaires voisins ne sont même pas tenus d'attendre qu'un dommage effectif leur ait été causé; il suffit que ce dommage soit imminent, que, par exemple, l'étang ait besoin d'être curé, ou que ses chaussées soient en mauvais état, pour qu'ils soient en droit de sommer le propriétaire de faire les travaux nécessaires pour prévenir le débordement des eaux. — L. 1, § 1er, ff., *De aq. et aq. pluv.*; L. 2, ff., *De damno infecto*; — Boutaric, *Dr. seign.*; Toullier, t. 3, nº 138; Duranton, t. 5, nº 408; Daviel, nº 818; Garnier, nº 796; Dumay, sur Proudhon, *Dom. publ.*, nº 1576; Perrin, nº 1472; Merlin, *Rép.*, vº *Etang*; Pardessus, nº 81; Fournel, vº *Etang*.

42. — ... Qu'ils aient d'ailleurs fait ou non cette sommation, ils sont toujours en droit de réclamer des dommages-intérêts à raison du préjudice qui leur aurait été indûment causé; car l'art. 1146, C. civ., relatif aux débiteurs qui sont en demeure de remplir leurs obligations n'est pas applicable en matière de dommages-intérêts. — *Cass.*, 8 mai 1832, de Tilly c. de Rochebouet.

43. — Mais les auteurs et la jurisprudence sont assez divergens sur la question de savoir jusqu'à quel point s'étend la responsabilité du propriétaire d'un étang, relativement aux inondations qui peuvent résulter de la retenue des eaux.

44. — Cette question est du reste complexe et peut se présenter dans des hypothèses essentiellement différentes. L'inondation peut arriver par défaut de construction ou par la négligence du propriétaire; la hauteur des eaux aura été ou non fixée par l'autorité; si elle a été fixée, on a encore à examiner si elle a été ou non dépassée. Dans tous les cas, il peut arriver des crues extraordi-

naires en dehors de toutes les prévisions, et l'on a à se demander si le propriétaire de l'étang peut invoquer la force majeure. Enfin, au-dessus de tout s'élève la question de savoir s'il peut acquérir par la prescription le droit d'inonder les fonds voisins.

45. — Autrefois, dans plusieurs provinces, les coutumes permettaient au constructeur d'un étang de forcer ses voisins, moyennant indemnité, d'en recevoir les eaux. — M. Garnier (n° 799) et M. Daviel (n° 808) font observer avec raison qu'un tel droit serait aujourd'hui évidemment contraire aux art. 545 et 640, C. civ., et que l'utilité publique a seule le privilége de faire céder forcément les convenances privées La difficulté est donc aujourd'hui entièrement abandonnée aux règles du droit commun.

46. — Suivant quelques auteurs, cependant, malgré la loi du 30 vent. an XII, qui a abrogé les anciennes coutumes, elles seraient néanmoins restées en vigueur en ce qui concerne les étangs. — Duranton, t. 4, nos 437 et suiv.; Jacques de Valserres, *Man. de droit rural*, p. 381.

47. — Tout le monde est d'accord sur ce point, que le propriétaire d'un étang est responsable des inondations qui seraient le résultat d'un vice de construction de sa part. Cela résulte d'ailleurs évidemment des principes que nous venons d'exposer.

48. — Par suite, les propriétaires voisins auraient incontestablement une action pour faire réduire la chaussée de l'étang à une hauteur telle qu'elle ne pût leur nuire ; et ils auraient même droit d'en exiger la démolition totale, si l'on ne pouvait d'une autre manière empêcher le débordement des eaux. — Proudhon, *Domaine publ.*, n° 1576.

49. — Jugé toutefois que des individus qui ne sont pas propriétaires des terres riveraines sont non-recevables à demander l'abaissement du déversoir. — *Rennes*, 13 janv. 1814, Ameline c. N...

50. — M. Daviel (n° 814 *bis*) va plus loin : « Si le propriétaire de l'étang, dit-il, n'a pas eu soin, en le construisant, de réserver sur la limite des terres riveraines des *marges* pour recevoir les débordemens, dans les crues d'eau extraordinaires il peut arriver que ces eaux dégradent les héritages riverains; les eaux chassées par les vents viennent battre les rives; dans l'hiver, les terres détrempées subissant l'action de la gelée et puis celle du dégel, il s'opère des éboulemens au détriment des riverains. Il paraît de toute équité que le propriétaire de l'étang réponde de ce préjudice; car si c'est une force majeure qui a causé immédiatement ces détériorations, la cause médiate est le fait de l'homme, puisque c'est le propriétaire de l'étang qui a amassé les eaux jusque contre l'héritage d'autrui, et qui entretient cette cause permanente de dommage. » — V. encore dans le même sens Dumay, sur Proudhon, *Dom. publ.*, n° 1576

51. — Mais il a été jugé dans un sens contraire que les propriétaires des terrains contigus à un étang ne peuvent se plaindre de l'envahissement opéré par ses eaux, si cet envahissement n'est dû qu'à l'effet seul du flottement; c'était à eux à faire exécuter les travaux nécessaires; ils doivent s'imputer les conséquences de leur inaction. — *Cass.*, 17 déc. 1838 (t. 2 1839, p. 337), Morin et Michelet c. comm. de Rouvres.

52. — Lorsque les inondations proviennent de la trop grande élévation des eaux, le propriétaire de l'étang en est dans tous les cas responsable, qu'il ait, ou non, fait fixer la hauteur de la retenue par l'autorité administrative.

53. — S'il n'a pas fait fixer cette hauteur, il est passible des peines portées par l'art. 15, tit. 2, L. 28 sept. 6 oct. 1791, qui contient la défense générale d'inonder l'héritage de son voisin, et qui s'applique à toute espèce d'inondation sur lesquelles il n'y a point de dispositions spéciales. — *Cass.*, 23 janv. 1819, Blaise Guéron.

54. — S'il a fait fixer la hauteur de la retenue, et qu'il ne l'ait point dépassée, il n'est sans doute passible d'aucune peine; mais il reste toujours soumis à l'action civile en dommages-intérêts de la part des voisins dont ses eaux auraient inondé les fonds; car l'administration est sans droit pour grever ceux-ci d'une telle servitude. — Même arrêt; — Garnier, n° 797.

55. — Si, enfin, la hauteur fixée par le réglement avait été dépassée, le fait de l'inondation constituerait un délit qui tomberait sous l'application de l'art. 457 du C. pén. ainsi conçu : « Seront punis d'une amende qui ne pourra excéder le quart des restitutions et des dommages-intérêts, ni être au-dessous de cinquante francs, les propriétaires ou fermiers, ou toute personne jouissant de moulins, usines ou *étangs*, qui par l'élévation du déversoir de leurs eaux au-dessus de la hauteur déterminée par l'autorité compétente, auront inondé les chemins ou les propriétés d'autrui; s'il est résulté du fait quelques dégradations, la peine sera, outre l'amende, un emprisonnement de six jours à un mois. »

56. — Mais dans ces divers cas, suivant MM. Daviel (n° 819) et Dumay (*dom. publ.*, n° 1576), le propriétaire d'un étang n'est responsable des inondations qu'autant qu'elles peuvent être imputées à la négligence ou à l'insuffisance des mesures prises pour retenir le mouvement *habituel* des eaux. « Les riverains, dit M. Daviel (*loc. cit.*), ne peuvent se plaindre, si, dans une crue extraordinaire des eaux, leurs fonds se trouvent inondés, les dimensions du déversoir n'ayant dû être calculées que sur les événemens ordinaires ; une surabondance d'eau qui dépasse toutes les prévisions est un accident de force majeure, qui ne peut emporter responsabilité. » — V. encore dans le même sens Jacques de Valserres, *Manuel de droit rural*, p. 383.

57. — Cette doctrine est vivement combattue par M Garnier (n° 797) et par M. Chardon (*Du droit d'alluvion*, n° 22) : ces auteurs soutiennent au contraire que le propriétaire de l'étang ne peut alléguer la force majeure, parce que, la retenue des eaux étant faite dans son intérêt, il devait calculer les dimensions de ses débouchés, de manière à prévenir toute espèce de dommage pour les voisins; c'est à lui de supporter les inconvéniens d'une chose dont il retire les avantages.

58. — Malgré ce que ces objections ont de grave, l'opinion de MM. Daviel et Dumay nous paraît de tous points préférable. Il est évident, en effet, qu'on ne peut faire aucun reproche au propriétaire de l'étang, s'il a pris toutes les mesures que pouvaient commander les nécessités locales qu'il était possible de prévoir, et que les accidens extraordinaires, en dehors de toutes les prévisions, sont des cas de force majeure qui ne peuvent emporter responsabilité. — V. aussi Perrin, n° 1473.

59. — Nous pensons du reste encore, avec M. Daviel (*ubi suprà*), que cette solution doit être adoptée lorsque les ouvrages ont été faits sous la surveillance de l'administration et avec son autorisation.

60. — Le propriétaire d'un étang peut-il acquérir par la prescription le droit d'inonder ainsi ses voisins?

61. — Non, suivant M. Garnier (n° 798), dont l'opinion est qu'il ne peut exister d'autre exception à la défense générale faite par la loi de 1791 et par le Code pénal d'inonder les héritages riverains que celles résultant des conventions intervenues entre les parties. Cette opinion s'appuie surtout sur ce qu'une possession fondée sur un délit est inefficace, et sur ce qu'une servitude discontinue telle que celle dont il s'agit ne peut s'acquérir par des actes de tolérance ou de simple faculté.

62. — Mais l'opinion contraire est professée par le plus grand nombre des auteurs. — Toullier, t. 3, nos 437 et 438; Duranton, t. 4, nos 413; Proudhon, n° 1576. — Les fonds riverains d'un ancien étang, dit ce dernier auteur, sont soumis à la servitude d'inondation sur leurs bords dans le temps des grandes crues: il suffit que l'étang ait été établi depuis plus de trente ans pour que cette servitude reste définitivement acquise à l'un sur l'héritage de l'autre. »

63. — Et il a été jugé que celui dont le champ est fréquemment inondé par les eaux d'un étang voisin n'est pas recevable à demander que la chaussée de cet étang soit reconstruite de manière à diminuer le volume des eaux, si le champ et l'étang ont appartenu au même propriétaire, et si depuis la vente le propriétaire de l'étang n'a rien fait pour augmenter le volume des eaux. Cette disposition des lieux doit être considérée comme constituant une servitude établie par la destination du père de famille. — *Angers*, 20 janv. 1813, Albin c. Poirier.

64. — Toutefois, d'après M. Troplong (*Des prescriptions*, nos 135, 136 et 137), il faudrait faire à cet égard une distinction entre le cas où la hauteur des eaux n'a pas été déterminée et celui où elle l'a été C'est dans ce second cas seulement que la prescription devrait être admise.

65. — Du reste, si les propriétaires des étangs ont le droit d'invoquer la servitude de l'écoulement de leurs eaux sur les fonds inférieurs, néanmoins, les tribunaux peuvent, sans blesser ce principe, ordonner le rétablissement de la bonde d'un étang, et prescrire l'époque où l'on pourra en faire usage sans nuire aux fonds inférieurs. — *Cass.*, 16 fév. 1832, Rœder c. Corda.

66. — Dans tous les cas, les inondations que les voisins peuvent se trouver obligés de supporter ne sont que celles qui peuvent provenir de la retenue des eaux. Au moment où l'étang est vidé pour être mis en pêche, le propriétaire doit prendre toutes les précautions convenables pour ne causer aucun dommage aux fonds inférieurs. Il ne pourrait pas prétendre avoir le droit d'inonder en pareil cas ses voisins, et soutenir qu'il a acquis ce droit en agissant ainsi, chaque fois qu'il a mis son étang en pêche. Ce serait là une servitude discontinue qui n'admet pas la prescription. — Daviel, n° 822 *bis*.

67. — Par la même raison, lorsqu'un étang est situé au-dessus d'une prairie qui doit en souffrir la décharge, il est sensible que le propriétaire ne peut le vider, même pour le mettre en pêche, qu'après les fruits levés sur le terrain exposé à être submergé par ses eaux, parce qu'autrement ce serait aggraver d'une manière onéreuse la servitude. — Proudhon, *Dom. publ.*, n° 1580.

68. — Les tribunaux sont, d'ailleurs, seuls compétens, à l'exclusion des conseils de préfecture, pour réprimer les contraventions qui peuvent avoir été faites à l'ancien réglement ou à l'ancien état des eaux d'un étang. — *Cons. d'état*, 14 nov. 1821, Casannau ; 9 mai 1827, Luden c. Chaix.

69. — Seulement, en cas de contestation sur la question de savoir si le propriétaire d'un étang en aurait exhaussé le déversoir ou la chaussée, c'est par devant le préfet qu'on devrait d'abord porter la question préjudicielle de vérification du fait. — Proudhon, *Dom. publ.*, n° 1572. — Cependant M. Pardessus (n° 80) pense, mais à tort, selon nous, que c'est aux tribunaux qu'il appartient de décider s'il doit être établi un déversoir et d'en fixer la hauteur. — V. DÉVERSOIR, n° 9.

70. — D'après la nouvelle législation, comme d'après l'ancienne, c'est uniquement la hauteur des déversoirs qui détermine l'étendue des étangs. — *Nancy*, 20 mars 1826, Gand et Maget c. commune de Liouville; *Cass.*, 17 déc. 1838 (t. 2 1829, p. 337), Morin et Michelet c. commune de Rouvres.

71. — L'art. 558, C. civ., dispose dans ce sens que « l'alluvion n'a pas lieu à l'égard des lacs et étangs, dont le propriétaire conserve toujours le terrain que l'eau couvre quand elle est à la hauteur de la décharge de l'étang, encore que le volume de l'eau vienne à diminuer. »

72. — Le motif de cette disposition, c'est qu'il ne dépend pas du propriétaire de l'étang de le tenir plein au niveau de la décharge, puisque le produit des sources ou des eaux pluviales qui l'alimentent dépend de la nature et non de sa volonté. Il faut donc bien qu'il puisse conserver sa possession *solo animo*, lorsque le moyen de la conserver à l'aide de la retenue des eaux vient à lui manquer. — Daviel, n° 814.

73. — Il suit de là que les bords d'un étang ne peuvent être acquis par la prescription — *Bordeaux*, 28 mars 1831, comm. de Chatres c. Verliac.

74. — Et, par conséquent, que l'action possessoire n'est en aucun cas recevable contre le propriétaire d'une étang, pour le terrain qui se trouve compris dans les limites de la hauteur de la décharge. — *Cass.*, 23 avr. 1811, Lebouteiller c. Lebailly de Frenay.

75. — Il a également été jugé d'après les mêmes principes que les énonciations d'un contrat relatives à la contenance d'un étang, ne sauraient prévaloir contre l'indication fournie par la hauteur des déversoirs, et servir à constituer les drois du propriétaire. — *Nancy*, 20 mars 1826, Gand et Maget c. comm. de Liouville.

76. — .. Que les terrains vagues qui bordent un étang n'appartiennent au propriétaire de cet étang qu'autant qu'ils sont couverts par les eaux, lorsqu'elles sont à la hauteur du déversoir. — *Rennes*, 13 janv. 1814, Amelin c. N.

77. — ...Que le propriétaire d'un étang dont la décharge est maintenue à la même hauteur pendant trente ans, est également réputé propriétaire de tous les terrains que les eaux peuvent couvrir, bien qu'elles ne soient pas restées constamment au même niveau durant le même laps de temps. — *Cass.*, 17 déc. 1838 (t. 2 1839, p. 337), Morin et Michelet c. comm. de Rouvres.

78. — Mais la hauteur du déversoir ne sert ainsi à déterminer l'étendue des étangs qu'autant qu'elle a été régulièrement fixée. — *Décidé* dans ce sens que l'art. 558, C. civ., entend parler d'une décharge dont la hauteur et les dimensions ont été légalement fixées par l'autorité compétente, c'est-à-dire par l'autorité administrative. — *Bourges*, 5 juin 1832, Véjan de Fontenay c. de Verpré.

79. — ... Et qu'en conséquence, le propriétaire d'un étang qui pendant trente ans a seulement conservé les empellemens à une certaine hauteur, et a ainsi inondé les terrains voisins n'a cependant ni possédé ni pu prescrire ces terrains. — Même arrêt.

80. — Néanmoins il a été aussi décidé que lorsque l'ancien déversoir d'un étang a été détruit

clandestinement, et qu'il n'en subsiste aucune trace, la contestation doit être réglée d'après les titres plutôt que d'après l'état actuel du déversoir. — *Cass.*, 9 août 1831, Gand et Magot c. comm. de Liouville.

81. — La disposition finale de l'art. 558, C. civ., ajoute aux règles dont nous venons de suivre le développement que « réciproquement le propriétaire de l'étang n'acquiert aucun droit sur les terres riveraines que son eau vient à couvrir dans des crues extraordinaires. »

82. — Cette disposition ne doit s'entendre que des crues *accidentelles*, et non de celles qui ont un caractère de *périodicité*. Ainsi, l'imprescriptibilité des rives d'un étang, établie par l'art. 558, C. civ., existe non seulement pour toute l'étendue que l'eau couvre quand elle est à la hauteur du déversoir, mais aussi dans toute l'étendue qu'elle couvre dans les crues *ordinaires* et *annuelles*.— *Cass.*, 9 nov. 1841 (t. 1er 1842, p. 51), Destrieux c. de Trion.

83. — Lorsqu'un étang change de destination, le terrain qu'il occupait redevient prescriptible.— Daviel, *ubi suprà* no 814 *ter*.

84. — Jugé, en effet, que le sol d'un étang devient prescriptible lorsqu'il a cessé d'être en nature d'étang depuis un temps plus que suffisant pour engendrer la prescription. — *Cass.*, 28 avr. 1846 (t. 2 1846, p. 283), Avignon de Morlac c. Macé.

85. — Mais, suivant M. Daviel (*loc. cit.*), tant que le déversoir, la chaussée, les vannes, en un mot tant que tous les instrumens de la retenue subsistent on ne peut supposer un tel changement : *signum retinet signatum*. Mettre l'étang sous l'eau est, de la part du propriétaire, un acte de pure faculté contre lequel les voisins ne peuvent prescrire, et ce serait seulement à partir du jour où ces intersignes auraient disparu que la prescription pourrait commencer à courir.

86. — La jurisprudence, tout en admettant le principe de l'imprescriptibilité, n'en a néanmoins pas tiré des conséquences aussi absolues. « S'il est vrai en principe, porte un arrêt de la cour de Nîmes du 4 déc. 1838 (t. 2 1839, p. 579, Wolf c. comm. d'Hangenviller), qu'un terrain en nature d'étang résiste toujours à la possession des tiers dans les limites que l'eau pourrait atteindre, montée à la hauteur du déversoir, cette règle n'est toutefois applicable qu'autant que le terrain conserve sa destination d'une manière, sinon permanente et continue, du moins effective et sérieuse. Au contraire, lorsque cette destination a réellement cessé, sa discontinuation ouvre, au profit des tiers, un libre cours à la prescription, sans que la conservation, devenue inutile, du déversoir, des digues ou autres signes extérieurs, puisse y faire obstacle. »

87. — Le même arrêt ajoutait, il est vrai, par une disposition qui se rapprochait de l'opinion de M. Daviel, que, « dans le cas où le changement de destination d'un terrain en nature d'étang résulte de l'abandon de ce terrain pendant un certain laps de temps (par exemple trente ans), la possession utile ne commence à courir qu'à partir de la révolution de ces trente années, et que le même espace de temps ne saurait compter pour établir à la fois le changement de destination de l'étang et la prescription au profit du tiers possesseur. »

88. — Mais sur le pourvoi formé contre cette disposition, un arrêt de la cour suprême a déclaré qu'il suffit que la partie qui prétend avoir acquis par prescription la propriété d'un terrain autrefois en nature d'étang prouve que depuis plus de trente ans ce terrain a perdu sa destination, et qu'elle en a eu, conformément à l'art. 2229, C. civ., la possession constante, paisible, publique, et à titre de propriétaire, sans qu'il soit nécessaire qu'elle établisse qu'il s'est écoulé un double délai, le premier à l'effet de faire perdre à l'étang sa destination primitive, et le second (commençant à courir à l'expiration du premier) pour fonder la prescription du droit de propriété. — *Cass.*, 29 déc. 1845 (t. 1er 1846, p. 39), comm. d'Hangenviller c. Wolf.

89. — Du reste, la question de savoir s'il y a changement de destination d'un étang résulte des circonstances dont l'appréciation est abandonnée à la prudence des juges.— Arrêt précité de la cour de Nancy, 4 déc. 1838 (*suprà* no 86).

90. — Et la constatation de ce fait est dès-lors à l'abri de la censure de la cour de Cassation.—*Cass.*, 28 avr. 1846 (t. 2 1846, p. 283), Avignon de Morlac c. Macé.

91. — Lorsque le contrat de vente d'un étang porte expressément que l'étang contient une étendue déterminée, et que, vérification faite, la contenance se trouve moindre, l'acquéreur peut-il exiger une indemnité, et, au cas de refus de la part du vendeur, poursuivre la résolution du contrat? La raison de douter est que dans la vente d'un étang ce n'est pas précisément le terrain qu'on achète; que d'ailleurs il contient par sa nature une superficie dont l'étendue et les bornes sont constantes et invariables, de manière que la déclaration de l'étendue est entièrement superflue dans le contrat.

92. — Mais, ainsi que l'enseigne M. Garnier (no 806), la raison de décider est que dès le moment où l'étang est déclaré contenir une certaine étendue, l'acquéreur a calculé, d'après cette étendue, le produit qu'il pouvait tirer de l'étang et le prix qu'il devait en donner. Il peut d'ailleurs n'avoir acheté l'étang que dans le but de le dessécher et de le mettre en culture. On doit donc, en pareil cas, se décider d'après les principes ordinaires posés par les art. 1617, 1618 et 1619, C. civ., c'est-à-dire que si la vente de l'étang a été faite avec l'indication de la contenance et à raison de tant la mesure, il doit être tenu compte au vendeur (ou à l'acquéreur) de la différence en plus ou en moins, quelque peu considérable qu'elle soit; mais que, si la vente n'a pas été faite à tant la mesure, il ne doit être tenu compte de la différence qu'autant qu'elle est d'un vingtième en plus ou en moins, eu égard à la valeur de la totalité de l'objet vendu. On peut voir encore dans ce sens un arrêt du 4 avr. 1765, rapporté par Denisart (vo *Etang*).

93. — Les mêmes règles seraient applicables au cas où la difficulté se présenterait, non plus à l'occasion d'une vente, mais seulement à l'occasion du bail d'un étang. — C. civ., art. 1765.—Garnier, *loc. cit.*

94. — Les propriétaires riverains d'un étang ne peuvent y faire de prises d'eau pour l'irrigation. Ils ne pourraient acquérir ce droit par prescription qu'autant qu'ils auraient dérivé les eaux pendant trente ans à l'aide de travaux apparens faits dans la berge de l'étang. — Daviel, no 816; Perrin, no 1487.

95.—Il a été jugé d'après le même principe que le propriétaire d'un héritage contigu à un étang ne peut, à l'aide de tranchées ouvertes sur son fonds, y faire filtrer les eaux de l'étang. — *Cass.*, 13 avr. 1819, Guérin c. Carbonnel.

96.—Toutefois, suivant M. Daviel (no 816), cette solution n'est applicable qu'autant que les fouilles faites dans le voisinage d'un étang ont réellement pour objet de détourner les eaux « car, dit cet auteur, si c'était accidentellement et en pratiquant quelque fouille, dans l'exercice légitime du droit de propriété qu'une pareille infiltration des eaux était occasionnée, elle ne serait pas répréhensible. *Causa rem facit dissimilem.* »

97. — Personne, pas même une commune, ne peut acquérir le droit de puisage, d'abreuvage des bestiaux dans un étang par la simple possession, fût-elle immémoriale; la raison en est que ce droit constituerait une servitude discontinue.—Garnier, no 796.

98. — On doit remarquer toutefois qu'il n'y aurait que le propriétaire de l'étang qui pût opposer l'inefficacité d'une telle possession. A défaut de titre de propriété ou de possession *animo domini* de la part de quelques habitans, une commune qui serait dans l'usage de se servir des eaux en serait aussi réputée propriétaire. — *Ibid.*

99. — Dans quelques contrées, et notamment dans les pays qui formaient autrefois la province de Bresse, on est dans l'usage de considérer la propriété des étangs comme comportant deux droits bien distincts et qui peuvent être possédés séparément. On appelle droit d'*évolage* le droit de jouir de l'étang pendant tout le temps qu'il est rempli; et droit d'*assec* le droit d'en recueillir les produits dans la saison pendant laquelle il reste à sec après avoir été pêché.

100. — La cour de Cassation a consacré cette double nature de propriété, en décidant qu'un étang peut être partagé, lors même que l'un a le droit de le pêcher et l'autre d'en recueillir les produits.—*Cass.*, 31 janv. 1838 (t. 1er 1838, p. 368), comm. de Lapérière c. de Magnoncourt.

101. —L'assec, comme l'évolage, peut appartenir à plusieurs. De même que pendant l'évolage chacun peut prendre sa part à la pêche; de même quand l'étang est pêché et vidé, chacun reconnaît la part qui est marquée par des bornes ou par des piquets de bois, la cultive et en prend les fruits La même année, et quand les pluies arrivent, on ferme les bondes ou déchargeoirs, et on fait remplir l'étang d'eau afin de l'empoissonner pour le mois de mars suivant.

102. — Indépendamment du droit d'assec ou droit d'évolage qui comprennent tous les droits utiles dont la propriété des étangs peut être susceptible suivant chacune de ses saisons, on distingue différens droits particuliers qui peuvent être possédés séparément. Ce sont les droits de *brouillage*, de *champéage* et de *naizage*.

103. — Le brouillage est le droit de faire de l'herbe, et de faire pâturer ses bestiaux dans un étang quand il est en eau.

104. — Le champéage est le droit d'y envoyer paître du bétail pendant qu'il est à sec.

105. — Le locataire du droit de pêche dans un étang ne pourrait pas se plaindre de la coupe des roseaux et de la dépaissance du bétail, sous prétexte que cela pourrait porter atteinte à son droit de pêche. L'exercice de la pêche ne peut paralyser l'exercice des autres jouissances attachées à la propriété d'un étang. Toute concession se renferme dans son titre, et pourvu qu'il n'y ait pas abus dans l'exploitation et la dépaissance auxquelles l'étang est soumis, le locataire du droit de pêche ne peut élever aucune réclamation. — Daviel, *des Cours d'eau*, no 823 *bis*.

106. — Le droit de naizage consiste dans la faculté de faire rouir du chanvre dans l'étang. Le chanvre ne peut être mis dans la pêcherie, et il faut néanmoins qu'il y ait de l'eau en quantité suffisante, car en temps de sécheresse et lorsque le poisson pourrait souffrir de l'odeur du chanvre, le rouissage n'est pas permis.

107. — Dans l'usage, on n'admet à exercer les droits de brouillage et de champéage que ceux qui sont portionnaires dans l'assec et l'évolage d'un étang, ou qui ont un titre particulier. Hors ces trois cas, les propriétaires des étangs sont libres d'expulser les bestiaux étrangers, bien que les étangs ne soient pas clos, sans que ce droit puisse leur être contesté.

108. — C'est en quoi le droit de champéage diffère du droit de vaine pâture qui est la faculté accordée par l'usage, les coutumes ou la loi aux habitans d'une commune, d'envoyer pêle-mêle leurs bestiaux sur les fonds les uns des autres.

109. — Le propriétaire d'un étang ne peut en modifier à son gré les assolemens, ni même les supprimer, de manière à porter préjudice aux droits de servitude, tels que ceux de champéage, brouillage et naizage, que s'est réservés un précédent vendeur pour les exercer lorsque l'étang serait en eau.— *Lyon*, 28 fév. 1844 (t. 1er 1845, p. 357), Cartier c. Petit.

110. — Il ne peut non plus éteindre ces servitudes ni par voie de rachat ni par voie de cantonnement. — Même arrêt.

111.— Les poissons des étangs sont immeubles par destination. — C. civ., art. 524.

112.—Il suit de là que la vente d'un étang comprend nécessairement et par voie de conséquence la vente du poisson qui s'y trouve, et que cette question, qui avait été controversée sous l'ancien droit, ne peut plus naître sous le Code civil.—Garnier, no 805.

113. — Toutefois, la règle n'est applicable qu'au cas où les poissons ont été placés dans l'étang pour son service et son exploitation; c'est-à-dire qu'il faut que l'étang soit destiné à la nourriture et à la reproduction du poisson; mais s'il ne s'agissait pas d'un étang de cette nature, et si le poisson n'y avait été placé que provisoirement, en attendant qu'il pût être consommé, il ne ferait pas alors partie de la vente ni du fonds. — Godefroy, sur l'art. 207, *De la coutume de Normandie*; Delvincourt, sur l'art. 524, C. civ.; Garnier, *ubi suprà*.

114. — Du reste, dès l'instant où la bonde de l'étang est levée pour le mettre en pêche, on doit regarder les poissons comme meubles et susceptibles, en conséquence, d'être l'objet d'une saisie mobilière. — Proudhon, no 1579; Daviel, no 823 *ter*.

115. — Aux termes de l'art. 564, C. civ., les poissons qui passent dans un autre étang, appartiennent au propriétaire de cet étang pourvu qu'ils n'y aient pas été attirés par fraude et artifice.

116. — Dans ce dernier cas même, le droit de suite accordé au propriétaire primitif du poisson se résout en dommages-intérêts, parce qu'il est impossible d'aller dans un étang empoissonné ressaisir le poisson venu d'un autre étang. — Daviel, no 821; Dumay sur Proudhon, no 1582.

117. — Ainsi le propriétaire d'un étang dont les poissons passent par l'effet d'une inondation dans un autre étang, ne saurait prétendre aujourd'hui au droit que lui accordaient autrefois certaines coutumes de faire vider l'étang où son poisson s'était réfugié. — Dumay sur Proudhon, *Dom. publ.*, no 1582. — V. toutefois Duranton, t. 4, p. 416.

118. — Mais, tant que le poisson n'est pas arrivé dans l'autre étang, il ne cesse d'appartenir au premier propriétaire qui peut ainsi le suivre et

e ressaisir jusque dans la fosse de cet autre étang, ou sur les terrains où un débordement l'aurait jeté. — Proudhon, *Dom. publ.*, nº 1582; Duranton, t. 4, p. 416; Garnier, nº 801; deuxième projet du Code rural, art. 266.

**119.** — Le vol de poissons dans les étangs, ou leur empoisonnement constituent des délits qui sont passibles d'un emprisonnement d'un an au moins et de cinq ans au plus et d'une amende de 16 fr. à 500 fr. — C. pén., art. 388 et 452.

**120.** — On a agité la question de savoir si lorsque deux étangs sont voisins, le propriétaire inférieur doit, dans le moment de la pêche, supporter les eaux de l'étang supérieur. M. Garnier (*ubi suprà*, nº 806) se prononce pour l'affirmative, en se fondant sur les dispositions de l'art. 640, C. civ., qui assujettissent les fonds inférieurs à recevoir les eaux qui découlent des fonds supérieurs.

**121.** — C'était là, du reste, ce que décidait l'ancienne jurisprudence. Suivant l'art. 175 de la coutume d'Orléans, qui était regardé à cet égard comme le droit commun, lorsque deux étangs étaient si rapprochés que l'étang supérieur ne pouvait être vidé pour la pêche, le propriétaire inférieur devait, dans les trois jours de la sommation qui lui était faite, lever la bonde de son étang et en évacuer l'eau, de manière à ce que l'étang plus élevé pût être mis en pêche.

**122.** — Mais M. Duranton (t. 4, nº 411) et M. Daviel (nº 682) font remarquer que le Code civil n'a rien consacré de semblable, et que les fonds inférieurs ne sont tenus à recevoir les eaux des fonds supérieurs qu'autant qu'elles en découlent naturellement et sans le fait de l'homme. — V. encore *Cass.*, 30 août 1808, Chantreau c. Durand.

**123.** — Nous pensons avec M. Daviel (nº 822 *ter*) que lorsque plusieurs propriétaires d'étangs se trouvent ainsi dans une dépendance réciproque, il appartient aux tribunaux, dans le silence des titres, de faire un réglement sur l'ordre et les précautions à observer respectivement.

**124.** — Ce qu'il importe surtout d'observer, c'est que le propriétaire de l'étang supérieur ne doit pas pouvoir, par la diffusion de ses eaux, nuire à la pêche des étangs inférieurs. — Proudhon, *Dom. publ.*, nº 1581.

**125.** — C'est dans ce but que la coutume d'Orléans, déjà citée, disposait également (art. 167) que : « Quand étangs sont assis en mêmes ruisseau et cours d'eau, si l'un d'iceux est prêt à pêcher, ne pourra celui de dessus lever la bonde du sien pendant que celui de dessous est en pêche, laquelle il sera tenu faire en toute diligence. » — V. Perrin, nº 1479.

**126.** — Jugé dans ce sens que les étangs inférieurs doivent être pêchés avant les étangs supérieurs, de manière néanmoins que la pêche des uns ne retarde pas trop celle des autres. — *Paris*, 28 juill. 1814, Nicaise c. Jacquiet.

**127.** — ... Que les propriétaires des étangs supérieurs sont obligés de retenir leurs eaux pendant la pêche des étangs inférieurs. — Même arrêt.

**128.** — ... Enfin, que le propriétaire des étangs inférieurs ne peut prétendre des dommages-intérêts pour cause de la diffusion des eaux pendant la pêche, quand il n'a point prévenu à temps le propriétaire des étangs supérieurs. — *Ibid.*

**129.** — M. Garnier enseigne (nº 807) que le droit de pêcher dans un étang ne pourrait être cédé à perpétuité qu'avec la propriété du fonds.

**130.** — Sans contredire ce principe d'une manière absolue, il nous paraît évident qu'il doit souffrir exception dans le cas où les différens droits qui composent la propriété de l'étang sont partagés entre plusieurs copropriétaires, comme nous l'avons indiqué *suprà* nos 99 et suiv.

**131.** — Aux termes de l'ordonnance de 1669 (tit. 25, art. 17), la pêche des étangs appartenant à des communautés d'habitans devait être affermée aux plus offrant et derniers enchérisseurs, après les publications requises.

**132.** — Cette disposition paraît implicitement abrogée par la législation nouvelle. On ne trouve, en effet, dans la loi du 18 juill. 1837 aucune disposition qui soumette la propriété des étangs appartenant à des communes, à des règles particulières. Il faut conclure de ce silence que le mode de jouissance de cette espèce particulière de biens rentre dans les prévisions de l'art. 17, L. précitée, qui donne aux conseils municipaux le pouvoir de régler par leurs délibérations le mode d'administration des biens communaux en général; c'est-à-dire que le droit de pêche dans les étangs communaux, peut, comme tout autre droit utile attaché à la propriété des biens communaux, être affermé ou laissé à la jouissance commune des habitans, moyennant les redevances que les conseils municipaux jugeraient convenable d'établir; le tout en se conformant aux règles fixées pour les baux à loyer ou pour l'établissement des redevances dont nous venons de parler.

**133.** — La même ordonnance de 1669 (tit. 25, art. 18) défendait à tout particulier autre que les adjudicataires (qui ne pouvaient être que deux dans chaque paroisse), de pêcher dans les étangs appartenant aux communautés, à peine de 30 fr. d'amende et d'un mois de prison, et, en cas de récidive, de 100 fr. d'amende, et d'être banni de la paroisse.

**134.** — C'est là encore une disposition que l'on doit considérer comme tombée en désuétude, car la loi sur la pêche, du 15 avr. 1829 ne met aucune différence entre les eaux des communes et celles des particuliers.

**135.** — V. au surplus sur ces divers points, ainsi que sur les règles qui régissent en général la pêche dans les étangs, vº PÊCHE.

**136.** — Quant au droit de chasse sur les étangs, V. CHASSE, nos 51, 255, 262, 264.

**137.** — Nul ne peut établir un étang près d'un autre étang, sans laisser entre les deux une distance suffisante pour prévenir tout inconvénient. — Cette distance est déterminée selon les usages ou statuts locaux. — Pardessus, nº 199.

**138.** — Le propriétaire d'un étang a la faculté de le dessécher et de le détruire quand il le veut, sans que les voisins puissent s'y opposer, à moins qu'ils n'aient acquis sur cet étang des droits que cette innovation leur ferait perdre, ou que le cours donné aux eaux ne leur causât une servitude ou une aggravation de servitude à laquelle ils ne sont pas assujétis. — Garnier, *Rég. des eaux*, nº 799.

**139.** — Ainsi, le propriétaire d'un étang qui veut le dessécher ne peut forcer le propriétaire de l'étang inférieur à faire les changemens propres à empêcher les eaux de refluer sur le fonds supérieur, si ces changemens peuvent nuire au fonds inférieur. — *Cass.*, 30 août 1808, Chantreau c. Durand.

**140.** — Si le propriétaire d'un étang servant à faire mouvoir un moulin ou à arroser une prairie, vendait le moulin ou la prairie, il ne pourrait dessécher cet étang, et, par conséquent, s'il vendait l'étang, l'acquéreur ne le pourrait pas davantage. — Garnier, nº 803.

**141.** — Le principe peut d'ailleurs souffrir encore exception dans le cas de l'art. 643, C. civ., c'est-à-dire lorsque l'étang fournit aux habitans d'une commune, d'un village ou d'un hameau les eaux qui peuvent leur être nécessaires dans les temps de sécheresse. Dans ce cas les habitans peuvent demander qu'il ne soit pas desséché, sauf indemnité s'ils n'en ont pas d'ailleurs acquis l'usage. — Chabrol-Chaméane, vº *Eaux*; Magnitot et Delamarre, *ibid.*, chap. 6, § 2.

**142.** — La nécessité qui doit motiver la demande des habitans ne peut être reconnue que par les tribunaux. — *Ibid.*

**143.** — Une loi du 14 frim. an II, dans la vue de rendre à la culture les terrains occupés par les étangs, avait prescrit leur desséchement d'une manière générale et absolue. On sait que cette mesure a été rapportée par une autre loi du 13 messid. an III. — V. DESSÈCHEMENT, nos 5 et 6.

**144.** — Mais, lorsque les étangs, d'après les avis et procès-verbaux des gens de l'art, peuvent occasionner par la stagnation de leurs eaux des maladies épidémiques ou épizootiques, ou que par leur position ils sont sujets à des inondations qui envahissent et ravagent les propriétés inférieures, les administrations de départemens (aujourd'hui les préfets) sont autorisées à en ordonner la destruction sur la demande formelle des municipalités et sur l'avis des administrations de district (des sous-préfets). — L. 11 sept. 1792. — V. aussi Pardessus, nº 109; Perrin, nº 1502.

**145.** — Suivant Toullier (t. 3, nº 187) la destruction d'un étang ne saurait, même dans ces circonstances, avoir lieu sans dédommagement préalable du propriétaire.

**146.** — Mais cette doctrine est repoussée, et avec toute raison, suivant nous, par le plus grand nombre des auteurs. « Si en bonne justice, dit Proudhon (nº 1574), on doit une indemnité à celui dont on confisque l'héritage pour l'affecter à une destination d'intérêt général comme à l'établissement d'une route ou d'un canal de navigation intérieure, il n'en doit pas être de même lorsqu'il ne s'agit que de la suppression d'un étang dont l'existence est reconnue nuisible à la santé des habitans ou des bestiaux, attendu que personne ne peut avoir le droit de faire le mal d'autrui, ni de conserver sa chose dans un état duquel résulte un fléau ou une cause de désastres pour la contrée. » — V., dans le même sens, Garnier, nº 796; Daviel, nº 820; Jacques de Valserres, *Manuel de dr. rural*, p. 381.

**147.** — Les contestations élevées entre des propriétaires voisins, au sujet du desséchement d'un étang particulier, sont de la compétence exclusive des tribunaux. — *Cons. d'état*, 20 oct. 1819, Chaptal c. Charleval; 21 mars 1821, mêmes parties.

## ÉTAPE.

**1.** — Ce mot s'emploie ordinairement pour indiquer la distance d'un lieu à un autre fixé par l'autorité à un militaire qui se rend à sa destination; c'est ainsi qu'on dit voyager par étapes.

**2.** — Ce mot est encore employé pour désigner le lieu même de la station. C'est une ville *d'étape*. On dit aussi *toucher une étape*, pour indiquer l'indemnité de route allouée à celui qui voyage ainsi.

## ÉTAT.

**1.** — Etre moral dans lequel se résument tous les droits et les intérêts généraux d'une société d'hommes réunis sous le même gouvernement.

**2.** — On appelle *pouvoirs de l'état* les autorités ou les corps constitués auxquels appartiennent l'exercice de ces droits et la gestion de ces intérêts.

**3.** — Dans les gouvernemens absolus l'état se personnifie dans le souverain. *L'état, c'est moi*, disait Louis XIV, qui, à part toute exagération du principe monarchique, émettait en ceci une doctrine aussi juste que vraie au point de vue gouvernemental, et préparait par là l'unité administrative.

**4.** — Dans les gouvernemens constitutionnels l'état, toujours considéré en principe comme fondé et gouverné par la volonté de tous, ne peut être représenté que par les autorités auxquelles la masse de la nation est réputée avoir délégué ses pouvoirs au moyen de la constitution.

**5.** — Aux termes de la Charte de 1830 (art. 14), en France ces pouvoirs s'exercent collectivement par le roi, la chambre des pairs et la chambre des députés.

**6.** — Le roi est le chef de l'état; il commande les forces de terre et de mer, déclare la guerre, fait les traités de paix, d'alliance et de commerce, nomme à tous les emplois d'administration publique, et fait les réglemens et ordonnances nécessaires pour l'exécution des lois, sans pouvoir jamais ni suspendre les lois elles-mêmes, ni dispenser de leur exécution. — *Ibid.*, art. 13.

**7.** — L'ensemble de ces diverses attributions constitue ce qu'on appelle le pouvoir exécutif. — V. au surplus CONSTITUTION FRANÇAISE, ORGANISATION ADMINISTRATIVE, POUVOIR EXÉCUTIF.

**8.** — L'état doit être envisagé encore sous d'autres points de vue. — Ainsi, d'une part, il est le représentant et l'organe des intérêts généraux et collectifs de la société, la personnification de l'intérêt public.

**9.** — D'autre part, il est propriétaire, et à ce titre il a ses intérêts privés, comme les départemens, les communes, les établissemens publics et les simples particuliers. — Ad. Chauveau, *Principes de compét. et de jurisprud. admin.*, nos 324 et suiv.

**10.** — De ce double caractère découlent des conséquences différentes, quant aux points de contact qui existent naturellement entre l'état et les particuliers.

**11.** — Lorsque l'état agit comme personnification de l'intérêt public, il est entaché d'une faveur devant laquelle s'effacent les intérêts privés, dit M. Ad. Chauveau, *ubi suprà* nº 326.

**12.** — De là, pour l'état, le droit d'appeler les citoyens au service militaire, de lever des impôts, d'établir différens droits, d'astreindre les citoyens à des réglemens de police, de déterminer les formes dans lesquelles les droits politiques peuvent être exercés.

**13.** — Malgré l'inviolabilité des propriétés proclamée par la constitution, il peut, lorsque l'intérêt public le réclame, et à la charge seulement d'une indemnité, exiger le sacrifice des propriétés. — Charte 1830, art. 8 et 9. — V. EXPROPRIATION POUR UTILITÉ PUBLIQUE.

**14.** — A lui seul appartient de reconnaître et de liquider les dettes qui sont à sa charge. — V. DETTE PUBLIQUE, DETTES DE L'ÉTAT.

**15.** — Il a seul le pouvoir d'interpréter les actes qui émanent de lui. Il est seul juge des contestations qui peuvent s'élever relativement à l'exécution des services publics. — V. COMPÉTENCE ADMINISTRATIVE, MARCHÉS ET FOURNITURES, TRAVAUX PUBLICS.

**16.** — Dans certains cas exceptionnels où l'intérêt public a paru engagé, il a même reçu le pouvoir de juger toutes les difficultés relatives

aux contrats de vente consentis par lui. — V. BIENS NATIONAUX.

17. — Il jouit d'un privilége, exclusif de tous autres, pour le recouvrement de tous les droits qui lui sont dus. Il peut poursuivre les débiteurs du trésor public directement par voie de contrainte. — V. CONTRAINTE ADMINISTRATIVE, CONTRIBUTIONS DIRECTES, CONTRIBUTIONS INDIRECTES, DOUANES, ENREGISTREMENT, PRIVILÉGES, TRÉSOR PUBLIC.

18. — Tous les comptables sont soumis à l'hypothèque légale et à la contrainte par corps. — V. COMPTABLES PUBLICS.

19. — Les crimes qui pourraient mettre l'existence de l'état en péril sont punis par des peines particulières. — V. CRIMES CONTRE LA SURETÉ DE L'ÉTAT.

20. — Lorsque l'état agit comme propriétaire, il est en principe soumis à toutes les règles qui régissent les simples particuliers; il est justiciable des mêmes tribunaux. — V. COMPÉTENCE ADMINISTRATIVE, DOMAINE DE L'ÉTAT.

21. — Seulement, en ce cas, la loi assimilant sous certains rapports l'état à un mineur, l'a couvert d'une protection toute particulière, et a voulu que les actions qui l'intéressent ne fussent exercées que sous l'accomplissement de certaines formalités. — V. CONSEIL D'ÉTAT, CONSEIL DE PRÉFECTURE, DOMAINE DE L'ÉTAT.

22. — Du principe que l'état résume tous les droits de la société, il résulte que tous les biens vacans et sans maître, et ceux des personnes qui décèdent sans héritiers, ou dont les successions sont abandonnées, lui appartiennent (C. civ., art. 539, 713, 723, 768). — V. BIENS VACANS, DÉSHÉRENCE, ÉPAVES, SUCCESSION VACANTE, TRÉSOR.

## ÉTAT (Procès en).

On appelle procès *en état* celui dans lequel les conclusions ont été contradictoirement posées à l'audience par les parties; — ou dans lequel les délais fixés pour les productions et défenses sont expirés, s'il s'agit d'une affaire qui s'instruise par écrit. — V. INSTRUCTION PAR ÉCRIT, REPRISE D'INSTANCE.

## ÉTAT CIVIL.

1. — Dans le sens le plus étendu, l'état est, selon Toullier (t. 1er, no 201), « la réunion des forces particulières sous une direction commune; l'établissement d'une puissance publique pour faire exécuter les lois. » La première loi de l'état civil ainsi entendu est, dit-il, que « nul associé ne se fera justice par lui-même, mais qu'il la demandera aux dépositaires de la puissance publique ou des forces réunies pour la sûreté de tous, dans les cas où il lui sera possible d'y recourir. »

2. — Dans une acception moins générale, l'état civil est l'aptitude ou le degré d'aptitude que les lois d'un pays confèrent à quelqu'un, relativement aux droits qui touchent ses intérêts privés. — Coin-Delisle, *Jouiss. et priv. des dr. civ.*, p. 5.

3. — Ainsi compris, l'état civil n'est autre chose que ce que le chancelier d'Aguesseau appelle *état particulier* par opposition à *l'état public*. Il définit cet *état* particulier une qualité que la convention seule, réelle ou personnelle, ne peut établir, mais qui doit être imprimée ou par le droit naturel, ou par le droit civil, ou par tous les deux, et rend ceux qui en sont revêtus capables ou incapables de tous les engagemens d'une certaine espèce, ou même de toutes sortes d'engagemens, capables ou incapables de recueillir certaines successions ou même toutes sortes de successions de quelque nature qu'elles puissent être.

4. — Dans un sens analogue, on entend par état civil la capacité juridique dont jouissent les personnes qui ne sont pas frappées de mort civile. — Zachariæ, *Cours de dr. franç.*, t. 1er, p. 129.

5. — En donnant à ces expressions une signification plus restreinte, on désigne ainsi la capacité juridique dont les Français jouissent à l'exclusion des étrangers. — Zachariæ, *loc. cit.* — L'état civil n'est alors que la réunion des droits civils. — V. DROITS CIVILS.

6. — Selon M. Valette sur Proudhon (*Tr. des personnes*, t. 1er, p. 105), l'état civil des personnes se compose des simples droits de cité résultant de la fixation du domicile, des rapports de parenté et d'alliance, des qualités et des droits que la loi attache au sexe, à l'âge des personnes et à leur constitution physique et morale; de la capacité légale et des facultés requises pour paraître et participer valablement aux transactions sociales.

7. — L'état civil étant considéré sous ces divers rapports, les droits dont se compose *l'état* d'une personne ne font pas tous partie de son *état civil*. Il en est qui consistent dans une aptitude particulière à prendre part à certains actes de la vie publique. La réunion de ces derniers droits appelés droits politiques forme l'état politique pris par opposition à l'état civil. — Rolland de Villargues, *Rép. du notar.*, vo *Etat des personnes*, nos 8 et suiv. — V. ÉTAT DES PERSONNES.

8. — Les prérogatives diverses qui appartiennent à ces deux divisions de l'état des personnes ont indistinctement pour base la nationalité. Ce n'est qu'en vertu de dispositions de lois expresses que les étrangers peuvent les exercer en tout ou en partie. — Demolombe, *Cours de dr. civ.*, t. 1er no 240. — V. DROITS CIVILS, DROITS POLITIQUES, ÉTAT DES PERSONNES.

9. — On appelle le plus habituellement *état civil* l'ensemble des droits et des devoirs qui dérivent pour une personne des actes constatant ses rapports de famille ou de parenté. C'est ainsi qu'on l'entend dans les actes notariés. — Rolland de Villargues, *Rép. du notar.*, vo *Etat civil*.

10. — Ainsi, les qualités de père, de fils, d'époux, d'enfant légitime, naturel ou adoptif, les liens de parenté ou d'alliance, sont autant d'élémens de l'état civil des personnes.

11. — On peut aussi considérer comme se rattachant à l'état civil certaines circonstances qui augmentent ou restreignent la capacité civile sous certains rapports, comme la majorité ou la minorité, la tutelle, l'interdiction, etc.

12. — L'indication de l'état civil des contractans a souvent une grande importance dans les actes notariés. Dans les actes de vente ou de prêt hypothécaire, il est d'usage de faire déclarer cet état par les parties; c'est-à-dire si elles sont mariées et sous quel régime, si elles sont investies des fonctions de tuteurs et de quelles personnes, etc. Cette déclaration a l'avantage d'éclairer tout à la fois le prêteur ou l'acquéreur, et le notaire lui-même, sur la position de l'emprunteur ou du vendeur, et de mettre le notaire à l'abri de tout reproche. — Rolland de Villargues, vo *Etat civil*, no 3.

13. — De tous les actes écrits par lesquels s'établit l'état civil, les plus importans sont évidemment ceux par lesquels se constatent les trois grandes époques de la vie de l'homme, la naissance, le mariage et la mort. Aussi la loi veut-elle que ces actes soient inscrits sur des registres spéciaux par des officiers publics qu'elle délègue à cet effet. — V. ACTES DE L'ÉTAT CIVIL.

14. — L'état civil peut être modifié en tout ou en partie, soit par suite de condamnations judiciaires, soit par suite de la perte de la qualité de Français. — V. à cet égard DÉGRADATION CIVIQUE, FRANÇAIS, MORT CIVILE, PEINES.

## ÉTAT ESTIMATIF DE MEUBLES ET EFFETS MOBILIERS.

1. — C'est l'indication article par article d'objets mobiliers avec estimation.

2. — Cet état est exigé dans plusieurs circonstances :

3. — ... Par exemple en matière de donation entre-vifs d'effets mobiliers. En pareil cas, la donation n'est valable que pour les effets dont un état estimatif signé du donateur et du donataire est annexé à la minute de l'acte. — C. civ., art. 948. — V. DONATION ENTRE-VIFS, nos 444 et suiv. — V. aussi DON MANUEL.

4. — En matière d'enregistrement, un état estimatif des meubles est exigé : 1o pour la déclaration de succession à l'égard des meubles alors qu'on ne représente point d'inventaire. — L. 22 frim. an VII, art. 27. — V. ENREGISTREMENT, nos 2980 et suiv.

5. — ... 2o Quand une vente comprend à la fois des biens meubles et immeubles. — A défaut d'état estimatif pour les meubles, on doit percevoir sur la totalité du prix le droit fixé pour les immeubles. — L. 22 frim. an VII, art. 9. — V. ENREGISTREMENT, nos 3782 et suiv.

6. — Il y a encore lieu à état estimatif toutes les fois que, d'après la nature de la disposition ou de la convention, il est indispensable de conserver des traces de l'existence et de la valeur d'objets mobiliers. Tels sont les cas où des meubles sont l'objet d'un bail, d'un usufruit, etc.

7. — Quant aux droits dont est passible un état estimatif de meubles et objets mobiliers, V. ENREGISTREMENT, TIMBRE.

V. aussi DONATION PAR CONTRAT DE MARIAGE, DONATION ENTRE ÉPOUX, RÉPERTOIRE.

## ÉTATS-GÉNÉRAUX.

1. — C'était le nom qu'on donnait autrefois en France aux assemblées nationales que les rois convoquaient de loin en loin.

2. — Les états-généraux en France étaient composés de trois ordres, le clergé, la noblesse et le tiers-état.

3. — Les assemblées les plus remarquables des états-généraux sont celles tenues à Tours le 15 janv. 1483, sous Charles VIII, (Isambert, Jourdan et Denussy, anciennes lois françaises, t. 11, p. 18); à Amboise sous François II, en 1629, sous Louis XIII, et l'assemblée de 1789, du sein de laquelle sortit la régénération de 1789. — V. au surplus l'histoire des états-généraux par M. Rathery.

## ÉTAT HYPOTHÉCAIRE.

1. — Cette locution désigne, dans le langage du notariat, la situation financière d'une personne relativement aux charges hypothécaires qui frappent sur ses biens.

2. — La déclaration, relativement à leur état hypothécaire, que font les emprunteurs consiste à dire s'ils sont mariés, sous quel régime; s'ils sont tuteurs, s'ils sont comptables publics.

3. — Les maris, les tuteurs, les comptables et les grevés de substitution doivent lorsqu'ils hypothèquent leurs immeubles déclarer les hypothèques qui les grèvent, à peine d'être réputés stellionataires. — C. civ., art. 2059 et 2136. — V. au reste STELLIONNAT.

4. — Les notaires sont dans l'usage de faire déclarer par ceux qui consentent des hypothèques quelles charges grèvent les biens faisant le gage offert. Quant à l'habitude des notaires de faire une déclaration analogue au sujet d'une *aliénation* d'immeubles, nous démontrerons (vo STELLIONNAT) que la fausse déclaration faite sur ce point par le vendeur ne pourrait jamais motiver contre lui l'application des peines du stellionnat.

5. — Il est en effet inutile de faire, en matière d'aliénation, déclarer par le vendeur quelle est l'importance des charges hypothécaires, puisque les acquéreurs doivent trouver leurs sûretés non dans cette déclaration, mais dans l'accomplissement des formalités nécessaires pour la purge de toutes les hypothèques. La déclaration n'aurait en ce cas d'utilité qu'autant que l'acquéreur serait exposé, sur la foi de cette déclaration, à payer son prix comptant ou du moins avant l'accomplissement de ces formalités.

## ÉTAT DES LIEUX.

On appelle ainsi un acte intervenu entre le bailleur et le preneur d'une maison ou d'un appartement, à l'effet d'en constater l'état lors de l'entrée en jouissance dudit preneur. — V. au mot BAIL, nos 585 et suiv.

## ÉTAT DES PERSONNES.

1. — Les jurisconsultes romains, qui regardaient comme dangereux de faire dans le droit aucune définition, et qui craignaient d'affaiblir par leurs explications les termes dont s'étaient servis les anciens interprètes du droit, n'avaient pas défini l'état des personnes.

2. — Cependant, si la définition des termes manquait, ils avaient expliqué la chose. — Dans le titre *De statu hominum*, au Digeste, et dans les titres *De jure personarum* et *De capitis diminutione*, aux Institutes, ils avaient suffisamment développé les règles relatives à la condition des citoyens romains, des étrangers et des esclaves. — On peut consulter à cet égard l'*Essai sur l'état des personnes*, par Daguesseau (édit. in-4o, t. 5, p. 519 et suiv.).

3. — Il est en effet assez difficile de donner de l'état des personnes en général une définition complète. — Loyseau, dans son *Traité des offices* (liv. 1er, chap. 1er, nos 25 à 29), s'exprime ainsi : « Le mot d'*état* est tourné et écorché du latin *status*, qui vient, non pas de *sum*, mais de *sto*, et signifie une *qualité permanente* et une condition arrêtée. C'est dans ce dernier sens qu'on dit l'*état des personnes*. »

4. — Cette *permanence* nous paraît être aujourd'hui encore une des propriétés de l'état des personnes. L'art. 3, alin. 3, C. civ., porte en effet que « les lois concernant l'état et la capacité des personnes régissent les Français, même résidant en pays étranger. » Et si, dans le cas de naturalisation en pays étranger, le Français cesse d'être soumis à ces lois, c'est moins par l'effet de la naturalisation que par suite de la pénalité que la loi y attache. — Coin-Delisle, *Jouiss. et privation des droits civils*, Introd., nos 5 et 8.

5. — Nous remarquerons aussi que, parmi les qualités qui doivent concourir à former l'état des personnes, on peut en distinguer de trois sortes : les unes sont purement naturelles, comme la distinction des sexes, des majeurs et des mineurs, des pères et des enfans, etc.; les autres sont purement civiles, telles sont les différences que les lois civiles ont établies entre les citoyens et les étrangers, les magistrats et les simples particuliers; d'autres enfin sont mixtes, c'est-à-dire à la fois naturelles et civiles : par exemple, la minorité a son principe dans le droit naturel; mais la loi a établi en faveur de l'âge de majorité (vingt-un ans) une présomption de raison suffisante pour tous les actes de la vie civile. C'est ainsi encore que le mariage détermine les rapports de paternité et de filiation. — D'Aguesseau, *eod. loc.*, p. 419; Toullier, t. 1er, nos 170 et suiv.; Coin-Delisle, no 7.

6. — Dès-lors, l'état des personnes en général nous semble pouvoir être défini : la réunion sur une même personne des conditions, des qualités permanentes, naturelles, civiles ou mixtes, à raison desquelles cette personne a, relativement soit à la société et à tous les membres qui la composent pris collectivement, soit à la famille et à chaque membre de la société considéré isolément, des devoirs à remplir et des droits à exercer. — V. à cet égard Toullier, t. 1er, no 169; Duranton, t. 1er, no 115; Coin-Delisle, no 6. — V. aussi Zachariæ, *Cours de droit civ. franç.*, t. 1er, p. 128.

7. — L'état d'une personne contient la source de sa capacité générale. Il ne faut pas le confondre avec la capacité ou l'incapacité concernant l'exercice des droits qui découlent de cet état. Ainsi les qualités qui établissent le titre de citoyen français constituent évidemment un état; mais les qualités de juré, d'électeur, d'éligible et même de député, ne sont pas autant d'états : ces qualités dérivent uniquement du droit de citoyen. — Coin-Delisle, no 9.

8. — La mort des personnes n'empêche pas qu'on ne puisse, même longtemps après, rechercher leur état. La règle de droit romain qui interdisait toute recherche sur l'état des personnes cinq ans après leur mort : *Ne de statu defunctorum post quinquennium quæratur*, n'est pas admise en droit français. — *Bruxelles*, 7 juin 1806, Demiddeleer c. Alexandre. — V. cependant *Pau*, 23 août 1806, Galard c. Winnifrith.

9. — Les questions qui s'élèvent sur les qualités constitutives de l'état des personnes se nomment *questions d'état*. C'est, par exemple, une question d'état de savoir si une personne est française ou étrangère, légitime ou naturelle, mineure ou majeure, etc. — Toullier, t. 1er, no 173; Rolland de Villargues, *Rép.*, vo *Etat des personnes*, nos 1er et 2; Chauveau, sur Carré, *Lois proc.*, quest. 401; Zachariæ, t. 1er, p. 151, § 67.

10. — Ces questions sont de la compétence exclusive des tribunaux civils. — *Cass.*, 15 avr. 1843 (t. 2 1843, p. 208), Lagua.

11. — ... Et, aux termes de l'art. 22, décr. 30 mars 1808, les questions d'état doivent être jugées solennellement par les tribunaux.

12. — ... Mais les tribunaux excèdent leurs pouvoirs lorsqu'au lieu de se borner à juger une question d'état élevée en matière de recrutement par un individu qui se prétend étranger, ils déclarent que cet individu ne peut, à raison de sa qualité d'étranger, faire partie de l'armée française : le conseil de révision est seul compétent pour décider si l'individu doit ou non servir dans l'armée. — *Nîmes*, 15 janv. 1820, Alger c. Maurin; *Colmar*, 30 avr. 1828, Herschel; *Cass.*, 11 août 1829, Court. — Le conseil d'état a statué dans le même sens les 17 déc. 1820 (Hopp) et 22 fév. 1826 (Winter).

13. — La loi considère les questions d'état comme tellement importantes qu'elle exige qu'avant de les soumettre aux tribunaux, on les communique au ministère public. — C. procéd. civ., art. 83.

14. — L'état des personnes est d'ordre public, car les qualités qui le constituent tiennent à l'organisation du corps social.

15. — Par conséquent, cet état ne peut être l'objet d'aucune transaction. — *Cass.*, 12 juin 1838 (t. 2 1838, p. 366), Martin c. de Ferrand; *Orléans*, 6 mars 1841 (t. 2 1841, p. 241), Grandvilliers c. Legendre.

16. — Il ne peut être acquis ni modifié par aucune convention. Ainsi un père, un mari ne peuvent renoncer à la puissance paternelle, maritale, que la loi leur accorde. — C. civ., art. 1388.

17. — Ainsi l'action en réclamation d'état est imprescriptible. — C. civ., art. 328.

18. — ... Et ne peut être l'objet d'un compromis. — C. procéd. civ., art. 1004.

19. — Mais un père pourrait renoncer à l'usufruit que la loi lui donne sur les biens de ses enfans mineurs. — Rolland de Villargues, nos 6 et 7; Coin-Delisle, no 13; Proudhon, *Tr. sur l'état des personnes*, édit. de 1842, t. 1er, p. 106, et son annotateur, Valette, p. 108.

20. — L'état des personnes est aussi indivisible. — Dès lors, la réhabilitation après faillite opérant une restitution d'état, doit seule régler la condition du réhabilité à l'égard de tous ses créanciers sans exception. — Il ne peut en effet rester failli pour les uns et réhabilité pour les autres. — *Cass.*, 20 mai 1846 (t. 2 1846, p. 87) [dans ses motifs], Trésor c. Séguin.

21. — L'état des personnes peut changer par un très grand nombre de causes : telles sont la mort civile, la perte de la qualité de Français et de citoyen, la perte de tout ou partie des droits civiques, civils et de famille, par suite de condamnations judiciaires, l'interdiction légale ou judiciaire, le mariage, la faillite, la cession des biens. — Rolland de Villargues, no 5; Toullier, t. 1er, no 180.

22. — Si de cet examen des personnes en général nous descendons à un examen plus spécial, nous voyons que l'état des personnes peut être envisagé sous deux points de vue principaux, sous celui du droit civil et sous celui du droit politique : de là les expressions *état civil*, *état politique*. — V. ÉTAT CIVIL.

23. — L'*état politique* a été défini par d'Aguesseau « une capacité ou une incapacité fondée sur la nature ou sur la loi, ou sur toutes les deux, de participer aux charges, aux honneurs et aux autres prérogatives qui sont accordés à ceux que l'on considère comme membres de la république. »

24. — Cette définition, comme le fait remarquer M. Coin-Delisle (no 12), a l'inconvénient de confondre l'état avec la capacité. Celle qui a été donnée par M. Coin-Delisle (no 11) nous semble préférable. « L'état politique dans un individu, dit cet auteur, n'est autre chose que l'aptitude générale de participer aux fonctions publiques, à l'exercice ou à l'établissement de la puissance publique, sous les conditions, dans les formes et suivant la mesure prescrite par la loi constitutionnelle. »

V. CITOYEN FRANÇAIS, DROITS CIVILS ET POLITIQUES, ÉLECTION, FRANÇAIS, NATURALISATION, PERSONNE, etc.

# ÉTAT DE SIÉGE.

## *Table alphabétique.*



ÉTAT DE SIÉGE. — 1. — La législation sur l'état de siége se compose de plusieurs dispositions qu'il importe de connaître, bien que l'applicabilité actuelle de quelques-unes soit contestée.

2. — L'état de siége est défini par la loi du 8 juill. 1791, art. 10, 11 et 12. Ces dispositions règlent, en outre, les conséquences de ce fait. — L. 8 juill. 1791.

3. — Les places de guerre et postes militaires, dit l'art. 11 de cette loi, seront en état de siége non-seulement dès l'instant que les attaques seront commencées, mais même aussitôt que, par l'effet de leur investissement par des troupes ennemies, les communications du dehors au dedans et du dedans au dehors seront interceptées à la distance de dix-huit cents toises des crêtes des chemins couverts.

4. — L'état de siége ne cessera que lorsque l'investissement sera rompu, et, dans le cas où les attaques auraient été commencées, qu'après que les travaux des assiégeans auront été détruits et que les brèches auront été réparées ou mises en état de défense. — Art. 12.

5. — Aux termes de l'art. 19, lorsque ces places et postes seront en état de siége, toute l'autorité dont les officiers civils sont revêtus par la constitution pour le maintien de l'ordre et de la police intérieurs, passera au commandant militaire, qui l'exercera exclusivement sous sa responsabilité personnelle.

6. — La loi du 10 fructid. an V a déterminé de quelle manière les villes de l'intérieur pourraient être mises en état de siége.

7. — L'art. 2 de cette loi porte : « Les communes de l'intérieur seront en état de siége aussitôt que, par l'effet de leur investissement par des troupes ennemies ou des rebelles, les communications du dedans au dehors et du dehors au dedans seront interceptées à la distance de trois mille cinq cent deux mètres (dix-huit cents toises) des fossés ou des murailles : dans ce cas, le directoire exécutif en préviendra le corps législatif.

8. — Il résultait de la loi du 10 fructid. an V que le gouvernement ne pouvait alors mettre une commune en état de siége sans l'autorisation du pouvoir législatif. On reconnut bientôt que ce système était contraire à l'esprit de la constitution de l'an V, qui avait donné naissance au directoire; aussi crut-on devoir rendre au pouvoir exécutif son droit d'initiative à cet égard par la loi du 19 fructid. même année, dont l'art. 39 porte : « Le pouvoir de mettre une commune en état de siége est rendu au directoire. — Merlin, *Rép.*, vo *Etat de siége*.

9. — La constitution du 22 frim an VIII, par laquelle s'est inauguré le régime du consulat ne s'explique pas sur le droit de déclarer une commune en état de siége; mais, sous son empire, on ne contestait pas au pouvoir exécutif la faculté d'user de ce droit. — Merlin, *loc. cit.*

10. — Le décret du 24 déc. 1811 sur l'organisation et le service de l'état-major des places a introduit des dispositions nouvelles sur la matière.

11. — Aux termes de l'art. 53 de ce décret, l'état de siége est déterminé par un décret de l'empereur, ou par l'investissement, ou par une attaque de vive force ou par une surprise ou par une sédition intérieure, ou enfin par des rassemblemens formés dans le rayon d'investissement sans l'autorisation des magistrats. Dans le cas d'une attaque régulière, l'état de siége ne cesse qu'après que les travaux de l'ennemi ont été détruits et les brèches mises en état de défense.

12. — En outre, le chap. 4 comprenant les art. 101 et suiv. contient une série de prescriptions sur la conduite que doivent tenir les gouverneurs ou commandans de places assiégées, et sur les pouvoirs extraordinaires qu'ils doivent exercer à raison de cette position exceptionnelle. — Voici les principales dispositions qu'il importe de connaître.

13. — Dans les places en état de siége, l'autorité dont les magistrats étaient revêtus pour le maintien de l'ordre et de la police passe tout entière au commandant d'armes, qui l'exerce ou leur en délègue telle partie qu'il juge convenable. — Art. 101.

14. — Le gouverneur ou commandant exerce cette autorité ou la fait exercer en son nom et sous sa surveillance dans les limites que le décret détermine; et si la place est bloquée, dans le rayon de l'investissement. — Art. 102.

15. — Pour tous les délits dont le gouverneur ou le commandant n'a pas jugé à propos de laisser la connaissance aux tribunaux ordinaires, les fonctions d'officier de police judiciaire sont remplies par un prévôt militaire, choisi, autant que possible, parmi les officiers de gendarmerie, et les tribunaux ordinaires sont remplacés par les tribunaux militaires. — Art. 103.

16. — Dans l'état de siége, le gouverneur ou commandant détermine le service des troupes, de la garde nationale, et celui de toutes les autorités civiles et militaires, sans autre règle que ses instructions secrètes, les mouvemens de l'ennemi et les travaux de l'assiégeant. — Art. 104.

17. — Le gouverneur ou commandant consulte les commandans des troupes de l'artillerie et du génie, l'inspecteur aux revues et le commissaire des guerres, seuls ou réunis en *conseil de défense*. Dans ce dernier cas le secrétaire archiviste tient la plume, et constate dans le registre des délibérations du conseil l'avis commun ou les opinions respectives de ses membres, qui peuvent y consigner, sous leur signature, tous les développemens qu'ils jugent à propos d'ajouter au procès-

verbal. Mais le gouverneur ou commandant décide seul et contre les avis du conseil ou de ses membres, lesquels restent secrets. Il est défendu au conseil et à ses membres de laisser transpirer aucun objet de délibération ou leur opinion personnelle sur la situation de la place. — Art. 105.

18. — Indépendamment du registre des délibérations du conseil de défense il sera tenu particulièrement par le gouverneur ou commandant de la place, par les commandans de l'artillerie et du génie, et par les chefs des divers services, un journal sur lequel seront transcrits, par ordre de dates, et sans aucun blanc ni interligne les ordres donnés et reçus, la manière dont ils ont été exécutés, leur résultat, et toutes les circonstances, toutes les observations qui peuvent éclairer sur la marche de la défense. Le ministre de la guerre déterminera, dans une instruction spéciale, la manière dont ces journaux doivent être tenus, et les formalités nécessaires afin qu'ils aient, ainsi que le registre du conseil de défense, la régularité et l'authenticité nécessaires pour servir à l'enquête prescrite ci-après art. 114. — Art. 106.

19. — Outre ces registres ou journaux il y aura dans le cabinet du gouverneur ou commandant une carte directrice des environs de la place, un plan directeur de la place, et un plan spécial des fronts d'attaque, sur lesquels le commandant du génie tracera lui-même ou fera tracer en sa présence et successivement 1º les positions occupées et les travaux exécutés par l'ennemi, à commencer de l'investissement; — 2º les travaux de contre-approche ou de défense, et les dispositifs successifs de l'artillerie et des troupes à mesure des progrès de l'ennemi. — Art. 107.

20. — Le gouverneur ou commandant défendra successivement ses ouvrages et ses postes extérieurs, sa contrescarpe, ses dehors, son enceinte et ses derniers retranchemens. Il ne se contentera pas de déblayer le pied de ses brèches, et de les mettre en état de défense par des abattis, des fougasses, des feux allumés, et par tous les moyens usités dans les siéges; mais, en outre, il commencera de bonne heure, en arrière des bastions et des fronts d'attaque, les retranchemens nécessaires pour soutenir au corps de place un ou plusieurs assauts. Il y emploiera les habitans. Il y fera servir les édifices, les maisons, et les matériaux de celles que les bombes auront ruinées. — Art. 108.

21. — Mais, dans ces défenses successives, le gouverneur ménagera sa garnison, les munitions de guerre et ses subsistances, de manière: 1º qu'il ait, pour les assauts et la reprise de ses dehors, et spécialement pour l'assaut au corps de place, une réserve de troupes fraîches et choisies parmi les vieux corps et les vieux soldats de sa garnison; — 2º qu'il lui reste les munitions et les subsistances nécessaires pour soutenir vigoureusement les dernières attaques. — Art. 109.

22. — Les art. 110 et suiv. du même décret renferment en outre, quant aux capitulations par les commandans de place, des dispositions qui sont rapportées vº CAPITULATION.

23. — L'acte additionnel aux constitutions de l'empire du 22 avr. 1815, art. 66, contenait des garanties contre l'abus que pouvait faire le gouvernement du droit de mettre en état de siége. Aux termes de cette disposition, aucune place, aucune partie du territoire ne pouvait être déclarée en état siége que dans le cas d'invasion de la part d'une force étrangère ou de troubles civils. Dans le premier cas, la déclaration devait être faite par un acte du gouvernement; dans le second cas, elle ne pouvait l'être que par la loi. Toutefois, si, le cas arrivant, les chambres n'étaient pas assemblées, l'acte du gouvernement déclarant l'état de siége, devrait être converti en une proposition de loi dans les quinze premiers jours de la réunion des chambres.

24. — Les divers gouvernemens qui se sont succédé depuis le consulat ont pensé pouvoir puiser dans cette législation, et notamment dans le décret de 1811, le droit de mettre en état de siége des villes et même une partie du territoire dans des circonstances critiques.

25. — Par deux décrets impériaux du 26 mars 1807, les places de Brest et d'Anvers ont été déclarées en état de siége.

26. — Pendant les journées de juillet 1830, une ordonnance du roi Charles X, en date du 28, a mis la ville de Paris en état de siége.

27. — Depuis la révolution de 1830, de pareilles mesures ont été prises par le gouvernement lors du soulèvement d'une partie de la Vendée, en 1832. Une ordonnance royale du 1er juin a déclaré en état de siége les arrondissemens de Laval, Château-Gontier et Vitré.

28. — Par une autre ordonnance du 3 juin même année, la même mesure a été prise pour les communes faisant partie des départemens de Maine-et-Loire, de la Loire-Inférieure, de la Vendée et des Deux Sèvres.

29. — L'état de siége déclaré par ces deux ordonnances n'a été levé que par une autre ordonnance royale du 10 juin 1833.

30. — La ville de Paris elle-même a été mise en état de siége par ordonnance du 6 juin 1832, qui, du reste, déclarait ne déroger en rien aux dispositions relatives au commandement et service de la garde nationale. Le siége a été levé par une autre ordonnance du 29 juin.

31. — Mais l'ordonnance royale du 6 juin fut immédiatement l'objet de vives critiques, et l'on se demanda si en présence de la charte constitutionnelle, dont l'art. 53 porte que nul ne peut être distrait de ses juges naturels, le gouvernement avait le droit de prendre une mesure dont l'effet, aux termes du décret de 1811, était de soumettre à la juridiction des conseils de guerre des hommes étrangers à l'armée.

32. — La cour royale de Paris s'est prononcée pour l'affirmative sur cette question, d'une manière implicite, en déclarant, par arrêt du 7 juin 1832, qu'il n'y avait pas lieu par elle d'évoquer l'instruction relative aux actes qui avaient motivé l'ordonnance. — V. pour cet arrêt celui ci-après, *Cass.*, 19 juin suiv., Geoffroy.

33. — Et la cour d'Angers a jugé que la mise en état de siége d'une ville a pour effet de dessaisir la juridiction ordinaire de la connaissance des procédures politiques commencées dans l'étendue déterminée par l'ordonnance, depuis la guerre civile qui l'a motivé, et de l'attribuer aux conseils de guerre. — *Angers*, 14 juin 1832, N.

34. — Parmi les individus qui, traduits alors devant les conseils de guerre, furent frappés par eux de condamnations capitales, un sieur Geoffroy, déclaré coupable d'un attentat dont le but était de renverser le gouvernement et d'exciter la guerre civile, fut condamné par le second conseil de guerre de Paris à la peine de mort par application des art. 87, 89 et 91, C. pén., et de la loi du 18 germin. an VII. Ce condamné se pourvut immédiatement en cassation.

35. — Par arrêt du 21 juin 1832, la cour suprême ordonna qu'il serait fait apport en son greffe des pièces à l'appui du pourvoi. A l'audience du 29 juin, Me Odilon-Barrot, avocat du condamné, présenta devant la cour trois thèses de droit dont chacune soulevait une grave question. Il soutint: 1º que la mise en état de siége d'une ville par une simple ordonnance, quand il n'y a pas eu investissement, quand les communications n'ont pas été interrompues, est un acte illégal qui est réputé ne pas exister: — 2º que dans l'hypothèse où l'état de siége pourrait être considéré comme légal et constitutionnel, la conséquence n'a pu être d'enlever les citoyens à leurs juges naturels, et d'effacer pour eux les art. 53 et 54 de la charte de 1830; — 3º que dans l'hypothèse, enfin, où l'état de siége serait légal, et en admettant qu'il puisse y avoir lieu à déplacement de juridiction, l'ordonnance ne pourrait être rétroactive et s'appliquer indéfiniment à tous les faits antérieurs à sa promulgation.

36. — La cour de Cassation n'a pas cru qu'il lui appartînt d'apprécier la question de légalité de l'ordonnance de mise en état de siége; mais, se prononçant sur la seconde des questions qui lui étaient soumises, elle a cassé la décision du conseil de guerre, et jugé que les lois et décrets sur la mise en état de siége ne doivent être exécutés que dans celles de leurs dispositions qui ne sont pas contraires à la charte constitutionnelle; qu'en conséquence l'art. 103 du décret du 24 déc. 1811 étant inconciliable avec les art. 53 et 54 de la charte de 1830, la mise en état de siége d'une ville ne peut avoir pour effet d'attribuer juridiction aux conseils de guerre sur les individus qui ne sont pas militaires ni assimilés aux militaires. — *Cass.*, 29 juin 1832, Geoffroy — La troisième question est ainsi devenue sans objet.

37. — A quelques jours de distance de l'arrêt qui précède, la cour en a rendu trois autres semblables. — *Cass.*, 30 juin 1832, Colombat; 7 juill. 1832, Poiron; 13 juill. 1832, N. — Dans l'espèce de ce dernier arrêt il s'agissait d'un département mis en état de siége.

38. — Malgré les termes de l'arrêt de la cour de Cassation, M. Duvergier (*Coll. des lois*, t. 32, p. 311) pense qu'en cas d'urgence et de *nécessité* le gouvernement peut prendre *des mesures extraordinaires*. « Dans l'état normal, dit-il, ni le pouvoir exécutif, ni le pouvoir législatif lui-même ne peut créer des tribunaux extraordinaires, soit temporaires, soit permanens; mais dans des circonstances telles que la guerre civile, le pillage, la dévastation, les ministres peuvent prendre sous leur responsabilité les mesures qui sont indispensable pour rétablir et consolider l'ordre: c'est là l'esprit de la loi du 8-10 juill. 1791. Ainsi, la question de savoir si la mise en état de siége a pu être prononcée pour une ville ou un département, si, par suite, la juridiction des tribunaux ordinaires peut être remplacée par une juridiction nouvelle et extraordinaire, me paraît être une question dont les tribunaux ne peuvent connaître. »

39. — Néanmoins nous ne saurions qu'applaudir à une jurisprudence qui ne fait que reconnaître et proclamer les garanties que la charte de 1830 a entendu donner aux citoyens. — V. dans le même sens Chauveau et Hélie, *Th. du C. pénal*, t. 1er, p. 73; Massabiau, *Manuel du procureur du roi*, t. 1er, nº 1422.

40. — M. Duvergier fait observer (*loc. cit.*) que la cour de Cassation, bien que se prononçant non sur la légalité ou l'illégalité de l'ordonnance royale, mais seulement sur la question de compétence de la juridiction militaire, arrive aux mêmes résultats que si elle avait statué directement sur la première question; et qu'il est présumable que si une arrestation faite par suite de la mise en état de siége avait lieu sans l'observation des formes ordinaires, la cour suprême la déclarerait illégale en se fondant sur le texte de l'art. 4 de la charte, et en faisant les raisonnemens qui l'ont conduite à casser les jugemens des conseils de guerre; qu'ainsi, sans s'expliquer sur l'état de siége, elle en repousserait tous les effets.

41. — Mais en supposant l'état de siége légal, doit-on considérer comme entachée du vice de rétroactivité l'ordonnance qui déclare une ville en état de siége, et qui en étend les conséquences aux faits antérieurs à sa promulgation? M. Duvergier (*loc. cit.*) se prononce pour la négative sur cette question. « Si le décret du 24 déc. 1811 et les autres actes qu'on invoque pour justifier l'état de siége, dit-il, existent réellement et ne sont pas abrogés par la Charte, ce sont ces actes qui règlent la compétence et la forme de procéder, ce n'est pas l'ordonnance déclarative de l'état de siége. Celui qui s'est rendu coupable d'un fait de pillage, de dévastation, de guerre civile, et qui sait que, d'après la législation en vigueur, des faits semblables peuvent motiver une déclaration de mise en état de siége, n'a pas le droit de dire, lorsque cette déclaration survient, qu'on lui applique une loi postérieure au fait incriminé. »

42. — Si, au contraire, l'ordonnance royale ne contenait pas une semblable *mention*, le même auteur est d'avis qu'on encourrait le reproche de rétroactivité en appliquant aux faits antérieurs à l'ordonnance les règles *relatives* à la compétence et aux formes de la juridiction militaire. En effet, dit-il, ce n'est pas là le cas où, des institutions judiciaires nouvelles remplaçant des institutions abolies, on ne peut faire revivre les anciens tribunaux pour leur déférer des faits accomplis à l'époque où ils existaient encore. — Legraverend, t. 2, p. 32. — La mise en état de siége ne fait que créer des tribunaux extraordinaires alors que la juridiction ordinaire continue d'exister, et peut matériellement juger les faits antérieurs à l'ordonnance royale. — Duvergier, *loc. cit.* — V. cependant au *J. du Palais*, sur l'arrêt Geoffroy (précité nº 35), les conclusions de l'avocat-général à la cour de Cassation, qui a soutenu la thèse contraire.

43. — M. Massabiau (*loc. cit.*, nº 1421) fait observer qu'en supposant l'autorité militaire légalement saisie par la mise en état de siége, le ministère public près la juridiction ordinaire n'en conserverait pas moins le droit de provoquer une information, mais qu'il devrait s'arrêter aux premiers actes dont il aurait reconnu l'urgence, et livrer aussitôt à l'autorité militaire les individus arrêtés et les pièces recueillies. — Circul. du proc. gén. de Rennes, 16 juin 1832, § 3 et 4.

44. — Dans tous les cas, il est certain que l'autorité militaire n'aurait pas le droit de connaître des faits ressortant de la juridiction des tribunaux, établie hors de la ville mise en état de siége. C'est ce qu'a reconnu la cour de Cassation par l'arrêt suivant, rendu à une époque où la légalité des mises en état de siége n'était pas encore contestée.

45. — Ainsi jugé que, dans une place ou dans un fort en état de siége, l'autorité militaire n'est investie que des attributions des tribunaux ordinaires de cette place ou de ce fort; elle est sans caractère pour connaître, au préjudice d'un autre tribunal, d'une affaire dont il est saisi, ou qui est de sa compétence, ou sur laquelle le tribunal de la ville ou du fort en état de siége n'aurait aucun droit de poursuite ou aurait concouru ceux qui pouvaient lui appartenir. — *Cass.*, 21 sept. 1815, Delatre.

46. — En conséquence, lorsqu'un tribunal de première instance a décerné contre un prévenu une ordonnance de prise de corps, que la cour royale établie dans une autre ville l'a mis en accusation, et qu'il a été condamné par contumace par la cour d'assises, si la ville où est établi le tribunal de première instance vient à être mise postérieurement en état de siège, le conseil de guerre établi en cette ville est incompétent pour procéder au jugement de l'accusé qui se présente pour purger sa contumace. — Même arrêt ; Masrabiau, nº 4122.

47. — Il a été jugé que, dans le cas de mise en état de siège, le droit d'amnistie rentre dans les pouvoirs extraordinaires dont le commandant militaire est revêtu, qu'en conséquence la proclamation d'un chef militaire ou lieutenant-général, dans une contrée en état de siège, promettant grace et oubli aux insurgés qui feront leur soumission et remettront leurs armes, constitue une véritable amnistie ayant pour effet de soustraire à toute poursuite judiciaire ceux qui en ont rempli les conditions. — Cass., 5 juill. 1833, Papin. — V. à cet égard AMNISTIE, nos 429 et suiv. et 138.

48. — Dans les ordonnances royales du 21 août 1625, 27 août 1628, et 9 fév. 1827, le gouverneur d'une colonie peut la déclarer en état de siège ou lever ce même état de siège après avoir pris l'avis d'un conseil de défense, mais sans être tenu de s'y arrêter. Il peut, dans le même cas, rendre les individus non militaires justiciables des tribunaux militaires. — V. COLONIES, nos 372 et suiv.

49. — Le gouverneur peut, dans les mêmes circonstances, créer une cour prévôtale par un arrêté pris en conseil privé. — Ibid., nº 625.

V. COLONIE.

## ÉTEULE.

V. CHAUME.

## ÉTHER (Fabriques et dépôts d').

1. — Les fabriques d'éther sont rangées, à raison du danger d'explosion et d'incendie qu'elles présentent, dans la première classe des établissemens insalubres.

2. — Il en est de même des dépôts d'éther, lorsque ces dépôts en contiennent plus de quarante litres à la fois.

V. ÉTABLISSEMENS INSALUBRES (Nomenclature).

## ÉTIQUETTES.

V. PROPRIÉTÉ INDUSTRIELLE.

## ÉTOFFES.

1. — Il est des étoffes dans la fabrication desquelles entrent des matières précieuses dont la présence et la quantité ne peuvent être vérifiées au coup d'œil. On a donc imaginé, pour éclairer la bonne foi publique, certains signes de convention qui indiquent pour les étoffes tissées, brochées ou liserées de dorure et d'argenture, le fin, le demi-fin et le faux. — V. GUIMPERIE, MATIÈRES D'OR ET D'ARGENT, SOIE ET SOIERIES.

2. — De même, c'est par le nombre des chainettes sur les lisières qu'on indique le nombre de poils de velours, et par une double lisière blanche qu'on marque les velours dont lesquels il entre des tranges ou organsins crus. — Décr. 29 flor. an XIII, art. 5 et 6 — V. VELOURS.

3. — Des dispositions spéciales reproduites des arrêts du conseil des 22 oct. 1697, 29 nov. 1708 et 15 janv. 1752, relativement aux draps destinés au commerce du Levant, ont fait la matière de deux décrets des 21 sept. 1807 et du 9 déc. 1810 ; mais M. de Gérando (Instit. de dr. administ., t. 3, p. 240) dit que ces décrets sont restés sans exécution.

4. — Pour distinguer les étoffes fabriquées en France, toute pièce d'étoffes de la nature de celles qui sont prohibées voulu de l'étranger, doit porter un marque ou estampille et un numéro d'ordre repris de leurs registres d'entrée et de sortie pour servir de premier indice au jury chargé de vérifier la nationalité. — L. 28 avr. 1816, art. 59, 63 et 64 ; ord. 8 août 1816, art. 4er.

5. — Ces marques qui doivent porter le nom de lieu de fabrication, le nom du fabricant et le signe ou chiffre qu'il a choisi, sont, selon la nature de l'étoffe et à la volonté du fabricant, tissées, brodées ou imprimées aux deux extrémités de chaque pièce d'étoffe. — V. Ord. 8 août 1816, art. 3.

V. MARQUES DE FABRIQUE.

6. — Au reste, l'art. 413, C. pén., reproduisant les dispositions des art. 4 et 5, L. 22 germ. an XI,

porte : Toute violation des règlemens d'administration publique relatifs aux produits des manufactures françaises qui s'exporteront à l'étranger et qui ont pour objet de garantir la bonne qualité, les dimensions et la nature de la fabrication, sera punie d'une amende de 200 fr. au moins, de 3,000 fr. au plus et de la confiscation des marchandises. Ces deux peines pourront être prononcées cumulativement ou séparément, selon les circonstances.

7. — Il résulte de la discussion qui s'est engagée au conseil d'état dans la séance du 18 janv. 1810, que l'art. 413, C. pén., est étranger aux marchandises vendues à l'intérieur. — Chauveau et Hélie, t. 7, p. 450.

8. — Cet art. 413, C. pén., ne peut d'ailleurs recevoir d'application qu'autant qu'il est intervenu des règlemens d'administration publique relatifs à cette matière, et que lorsque ces règlemens ont été convertis en lois dans les trois mois de leur date. — Chauveau et Hélie, Théorie du Code pénal, t. 7, p. 450.

## ÉTOUPES (Marchands d').

Marchands d'étoupes ; — patentables de huitième classe ; — droit fixe basé sur la population et droit proportionnel du quarantième de la valeur locative de tous les locaux qu'ils occupent, mais seulement dans les communes de 20,000 ames et audessus. — V. PATENTE.

## ÉTOUPILLES (Fabriques d').

Les fabriques où l'on prépare les étoupilles avec des poudres ou matières détonnantes et fulminantes représentent, comme les poudres fulminantes ellesmêmes, des dangers d'explosion ou d'incendie ; elles sont en conséquence rangées dans la première classe des établissemens insalubres. — V. ce mot (Nomenclature).

## ÉTRANGERS.

*Table alphabétique.*

## CHAPITRE 1ᵉʳ. — Historique.

2. — Dans presque tous les temps et chez tous les peuples, les étrangers exposés aux préventions, aux défiances, à l'aversion même des nations au milieu desquelles ils se trouvaient jetés, ont été l'objet de mesures hostiles ou tout au moins défiantes dont nos mœurs plus douces tempèrent chaque jour davantage la rigueur et que les communications fréquentes des peuples entre eux ne tarderont sans doute point à faire presque complètement disparaître.

3. — En Grèce, tout étranger était un barbare. aussi les Athéniens le soumettaient-ils à un tribut annuel de 12 drachmes et les reléguaient-ils dans un quartier spécial de leur ville. — A Sparte, tout commerce, toute union, tout échange étaient interdits avec eux.

4. — A Rome, les étrangers étaient exclus du droit civil ; ils ne pouvaient se servir des mêmes vêtemens que les citoyens, ni se faire distinguer par des prénoms : réduits à l'usage du pallium, la toge leur était interdite, et celui qui usurpait, sans titre, la qualité de citoyen romain était puni de mort. Toujours placés sous l'œil du pouvoir ils pouvaient être chassés de la ville. — Ils n'avaient ni jus connubii, ni le dominium ex jure quiritium, ni la puissance paternelle, ni la faction de testament. selon la loi civile, et ne pouvaient être témoins dans les testamens des citoyens, non plus qu'invoquer le bénéfice de l'usucapion : adversus hostem, portait la loi des Douze-Tables, æterna auctoritas esto, car, à Rome, tout étranger était un ennemi. Mais tous les actes du droit des gens leur étaient permis, ils pouvaient tester selon les lois de leur pays et profitaient des fidéi-commis faits par les citoyens. — Quant aux fonctions publiques, ils étaient complètement inaptes à les remplir, et s'il arrivait qu'un étranger fût revêtu par extraordinaire d'une dignité quelconque, ce fait seul suffisait pour l'élever au rang de citoyen.

5. — Toutefois, les Romains ne tardèrent point à abaisser quelques-unes des barrières qu'ils avaient opposées aux étrangers, et morcellant les droits divers que comportait le droit de cité, ils en firent une récompense enviée qu'ils accordaient plus complète selon que les peuples qu'ils avaient vaincus se montraient plus fidèles, ou qu'ils en attendaient plus de secours. — C'est ainsi qu'après avoir donné aux latins le jus connubii et le jus commercii, puis créé le jus italicum, ils établissaient des degrés parmi leurs affranchis, et gratifiaient les uns du droit complet de cité, plaçaient les autres au rang des latins (L. J. Norbana) et ne classaient quelques-uns que parmi les dédities (L. Ælia sentia).

6. — Les étrangers n'étaient même point justiciables du même magistrat que les citoyens. Un Prætor peregrinus était chargé de leur rendre la justice « Creatus est alius prætor qui peregrinos appellatus est ab eo quod plerumque inter peregrinos jus dicebat. » — L. t. tit. 2, ff., De orig. jur.

7. — Cet état de choses rigoureusement maintenu sous la république, commença à s'altérer avec l'empire jusqu'à ce qu'enfin une constitution de Caracalla vint conférer le droit de cité à tous ceux qui étaient dans l'empire romain : In orbe romano qui sunt, cives sunt romani. — On n'est pas bien d'accord sur la portée de cet acte impérial que quelques-uns considèrent comme statuant tant pour le présent que pour l'avenir, tandis que d'autres le restreignant à ceux qui habitaient l'empire au moment de sa promulgation refusent de l'appliquer aux étrangers qui n'étaient venus s'y établir que depuis. — Quoi qu'il en soit, Justinien fit disparaître les dernières barrières qui éloignaient les étrangers de la qualité de citoyens et nul n'en aux distinctions qui existaient encore entre eux ainsi qu'entre les affranchis. — Demangeat, Histoire de la condition civile des étrangers en France, p. 3.

8. — En France, les étrangers avaient autrefois un sort pire encore que dans l'ancienne Rome. — Et réduits d'abord à l'état de serfs, soit du seigneur dans les terres duquel ils se trouvaient, soit du roi lui-même, puis soumis à des redevances exorbitantes et ruineuses, privés enfin du droit de transmettre ou recueillir par suc-

cession, ce n'est qu'au moment de notre première révolution qu'ils furent entièrement affranchis. Le code civil, sans doute, les a de nouveau soumis à certaines entraves, mais les plus gênantes ont définitivement disparu depuis la loi du 14 juill. 1819.

9.— Les règles spéciales aux étrangers n'avaient pas en France une origine romaine ; quelques auteurs leur assignent pour point de départ les temps féodaux, d'autres le milieu du quatorzième siècle. Il paraît certain qu'en réalité elles remontent aux lois et aux coutumes des Germains, qui les ont introduites dans les Gaules avec la conquête. — Demangeat, *ibid.* p. 7 et suiv.

10. — On distinguait autrefois, en France, deux sortes d'étrangers : les uns nommés *aubains* (*alibi nati*) qui étaient nés dans les états voisins, et dont on pouvait connaître l'origine; les autres, appelés *Epaves* (*d'espavescere*), comme s'ils étaient égarés, *mecrus* ou *méconnus*, qui étaient nés dans les états éloignés de la France, et dont on ignorait la véritable patrie. On appelait *Estruyers* (*d'extraneus*) les biens laissés par les Aubains ou Épaves. — V. extrait des comptes rapportés par Bacquet, *Traité du droit d'aubaine*, ch. 3 ; Pothier, *Tr. des personnes*, 1re part., tit. 2, sect. 2, (Édit. Dupin., t. 8, p. 25) ; Merlin, *Rép.*, vº *Etranger*, nº 2 : Coin-Delisle, *Jouissance et privation des droits civils*, sur l'art. 11, C. civ., nº 1er. — V. AUBAINE, ÉPAVES.

11. — La condition des uns et des autres, Aubains ou Épaves, qui ne différait point, dans l'origine, de celle des serfs, changea quelque peu de nature à l'époque de la féodalité. Ils étaient soumis par les seigneurs à une redevance annuelle, le droit de *chevage* ou *cheuvage*, plus ou moins forte suivant la coutume des lieux. Cette redevance paraît avoir été en moyenne de 12 deniers parisis; les retards et refus de paiemens étaient punis d'une amende, tantôt de sept sols six deniers, tantôt de 10 sols 6 deniers parisis ; l'impôt se percevait le 1er octobre de chaque année, jour de Saint-Remy. — Denisart, vº *Chevage*. — V. CHEVAGE.

12. — Les étrangers ne pouvaient non plus se marier qu'avec des personnes de leur condition, *avec leurs semblables*, disaient les coutumes, et encore devaient-ils obtenir la permission de leur seigneur (depuis, du roi), permission qui était elle-même soumise à un droit exorbitant, équivalant presque à la confiscation, et qui, dans certaines provinces, atteignait le tiers, dans quelques autres même, la moitié, de leurs biens : ce droit, prix de l'autorisation, s'appelait *formariage*. Le défaut d'autorisation était puni d'une amende de 60 sols parisis. — Denisart, vº *Formariage*. — V. FORMARIAGE.

13. — Les droits de *Chevage* et de *Formariage* perçus rigoureusement par les seigneurs s'adoucirent en passant aux rois et cessèrent entièrement à une époque impossible à fixer avec précision, mais que leur rapport avec le servage permet d'apprécier approximativement,

14. — Toutefois, un grand nombre d'ordonnances continuèrent à parler du chevage et du formariage (Ord. de 1439 1534, 1629 et même une déclaration de Louis XIV, de 1697), mais il était passé en usage que les rois faisaient remise de la finance. — Ils tiraient seulement de ces réserves un moyen d'imposer certaines taxes dans les momens pressans. — C'est ainsi que Henri II obligea en 1587 tous les marchands, banquiers et courtiers étrangers résidant en France à prendre des lettres de naturalité qu'il leur fit payer fort cher, et Louis XIV leur fit payer la confirmation des lettres qu'ils avaient obtenues. — La déclaration du 29 janv. 1639 soumit tous les étrangers résidant en France, ou y possédant offices ou bénéfices, à une taxe qui devait peser également sur leurs premiers successeurs. Ces taxes et toutes autres qui furent imposées peuvent, avec juste raison, être considérées comme une transformation ou du moins comme un souvenir des droits de chevage et de formariage. — Sapey, *Des étrangers en France*, p. 70.

15. — Les habitans d'une châtellenie ne pouvant aller dans une chatellenie voisine sans devenir serfs du seigneur de celle dernière, toutes communications, on le conçoit, étaient à peu près impossibles. Aussi, pour prévenir les inconvéniens qui en résultaient, les seigneurs faisaient-ils souvent entre eux des traités de *parcours et d'entrecours* par lesquels leurs sujets respectifs pouvaient voyager et conserver leur liberté moyennant un aveu à faire au seigneur du lieu et une somme d'argent à lui payer. — V. PARCOURS ET ENTRECOURS.

16. — La maxime que les étrangers étaient capables des droits civils dérivés du droit des gens ne tarda pas à se faire jour. — Cependant, l'exer-



cice des droits civils proprement dits et des droits politiques leur était toujours interdit. — Ils ne pouvaient notamment, d'après l'ordonnance de Blois, faire la banque dans le royaume à moins d'avoir donné judiciairement une caution de 150,000 liv. qu'ils étaient tenus de renouveler tous les cinq ans. — Ils ne pouvaient non plus être reçus au serment d'avocat, être principaux ou régens dans les universités, obtenir de degrés, qu'à la condition de n'en pas faire usage en France, adopter ou être adoptés, être chargés de la tutelle d'un mineur. Des lettres-patentes du 28 nov. 1638 défendaient même (art. 7) de les recevoir marchands apothicaires-épiciers avant qu'ils aient obtenu des lettres de naturalité, etc. — Demangeat, *loc. cit.*, p. 136.

17. — Quant aux charges publiques, tant que les étrangers avaient été dans les liens du servage, et même alors qu'ils étaient soumis au chevage et au formariage, il eût été inutile de les en déclarer indignes, cela allait de soi, mais leur sort s'adoucissant, il parut nécessaire de proclamer formellement leur exclusion ; c'est ce que fit notamment une ordonnance de Charles VII, du 2 mars 1431, portant que l'étranger est incapable de tenir offices ou bénéfices au royaume de France. Cette prohibition fut renouvelée en 1493 par Charles VIII, et depuis par les ord. de Henri II, du 8 oct. 1554, de Charles IX en 1556 et de Louis XIV, dans la déclaration de 1681.

18. — Mais Charles VIII lui-même dérogea souvent par des concessions particulières aux règles établies par ses propres ordonnances; un grand nombre de lettres de naturalité accordées par lui étaient conçues dans un sens assez large pour relever les impétrans de l'incapacité qui les frappait, et Louis XII, rappelant en 1499 les prohibitions prononcées contre les étrangers fut obligé par mesure générale de révoquer en masse toutes ces lettres de naturalité.

19. — Les lettres de naturalité ne suffisaient donc point seules pour relever les étrangers de cette incapacité, elles devaient contenir une habilitation spéciale. — Or, cette habilitation spéciale difficilement accordée d'abord, avait fini par devenir fréquente, on en trouve une preuve évidente dans l'édit de Henri II, du 8 oct. 1554, qui enjoignait aux étrangers tenant bénéfices par permission du roi, de ne commettre que des Français pour les administrer.

20. — Malgré la clause d'habilitation spéciale, les étrangers ne pouvaient, aux termes de l'ord. de Blois (art. 4), être pourvus d'archevêchés, évêchés et abbayes chefs d'ordre, mais ils pouvaient être nommés grands-vicaires des évêques; — à cet égard on se demandait si, en cette qualité, ils pouvaient conférer, comme mandataires, les bénéfices dont leurs évêques étaient collateurs: cette question, vivement débattue, fut définitivement résolue pour l'affirmative par plusieurs arrêts du parlement, et notamment par un arrêt du 24 juill. 1721. — De même on admettait relativement aux ordres mendians ou autres, qu'ils ne pouvaient être soumis à un général étranger qu'autant que ce général se ferait représenter en France par un vicaire français. — Bacquet, part. 2e, ch. 5 ; Sapey, *Des étrangers en France*, p. 71 et suiv.

21. — Les étrangers ne pouvaient non plus être admis, à moins qu'ils n'eussent reçu des lettres de naturalité, à la cession de biens (édit de comm. de 1673, tit. 10, art. 2), « autrement, dit Bacquet, l'étranger pourrait, à son avantage, sucer le sang et la moëlle des Français, puis les payer en faillites. » — *Arr. parlem. Paris*, 12 mai 1565. — Au reste, si les étrangers ne pouvaient être reçus à faire cession de biens contre les Français, les parlemens, par une juste réciprocité, décidaient que les Français ne pouvaient jouir contre eux du bénéfice qu'ils leurs refusaient; ce point de jurisprudence paraît avoir été généralement admis. — Sapey, *Des étrangers en France*, p. 83. — V. CESSION DE BIENS.

22. — Ils n'étaient point reçus à intenter d'action en justice sans fournir la caution *judicatum solvi*, du moins en matière civile, car en matière criminelle elle n'était pas exigée. — Cette institution paraît remonter aux temps les plus reculés. Littleton, *Dans ses institutes*, liv. 2, chap. 11, § 198, en parle comme étant d'origine germanique. — La cout. d'Abbeville, art. 37, la rappelle formellement.

23. — Quelques auteurs paraissent croire, cependant, que dans l'origine on n'avait point cru devoir admettre cette mesure qu'on eût regardée comme un déni de justice. Johannes Gallus dit (*Quæst.* 49) « que cette caution n'est pas demandée à l'étranger parce que le roi doit la justice à tout le monde » — Le droit canonique consacrait la même règle. — En tous cas, une fois ad-



mise, on ne sut pas toujours la maintenir dans de justes bornes, car, on en vint à prétendre que même dans le cas où les deux plaideurs seraient étrangers le demandeur serait tenu de donner caution; on cite même un arrêt de parlement de 1571, rendu entre Antoine Vast et Emmanuel Daragon où les deux adversaires, respectivement demandeurs, furent obligés de la fournir mutuellement. — Sapey, *ibid.*, p. 79 et suiv. — V. encore sur ce point Merlin, *Rép.*, vº *Etranger*, nos 3 et 4 ; Pothier, *Traité des personnes*, part. 1re, tit. 2, sect. 2e ; Coin-Delisle, *Jouissance et priv. des droits civ.*, comment. sur l'art. 11, C. civ. — V. CAUTION JUDICATUM SOLVI.

24. — Les étrangers étaient soumis de plein droit à la contrainte par corps pour toute espèce de dettes. — Jusqu'à l'ord. de 1667, la condition des Français n'était pas meilleure que celle des étrangers, mais l'art. 1er, tit. 34 de cette ordonnance ayant abrogé cette voie d'exécution comme règle générale et restreint son application à certaines espèces de dettes, les commentateurs soutinrent et la jurisprudence décida que cette abrogation n'était autre chose qu'un présent fait par la loi aux sujets du roi, et que dès-lors les étrangers ne pouvant l'invoquer continuaient, comme par le passé, à être soumis à la contrainte par corps pour toute espèce de dettes. — Demangeat, *Hist. de la cond. civ. des étrang. en France*, nº 37.

25. — On contestait même aux étrangers le droit d'interjeter l'appel comme d'abus, sur le motif que ce recours est une suite de la protection que le roi doit à ses sujets et non à d'autres. — Fevret (*Tr. de l'abus*, liv. 1er, chap. 2). — Mais cette opinion, bien qu'assez généralement admise, avait de nombreux adversaires.

26. — A ces incapacités se joignait encore celle de tester, de faire des donations à cause de mort, soit, dans les pays où le servage avait existé, qu'on considérât cette prohibition comme dérivant de la condition de serfs à laquelle les étrangers avaient dans l'origine été réduits, soit, dans les contrées qui n'avaient point admis le servage, qu'on suivît quant à cette incapacité les prescriptions de la loi romaine. Loysel disait (*Dans les institutes coutumières*) : « Aubains ne peuvent tester que jusqu'à cinq sols, et pour le remède de leurs ames » et la rigueur était telle sur ce point que les legs pieux, les restitutions n'étaient point même respectés, et on les considérait comme non avenus. — Toutefois, la prohibition n'était applicable que relativement aux biens situés en France: ceux qui étaient en pays étrangers s'en trouvaient affranchis, et l'étranger en pouvait, dès-lors, disposer par testament. — L'Angleterre, Naples, la Sicile suivaient les mêmes règles. — Sapey, *ibid.*, p. 85 et suiv.

27. — Une des mesures les plus rigoureuses et les plus iniques auxquelles les étrangers aient été soumis était le *Droit d'aubaine*. Par ce droit, on entendait l'attribution au seigneur ou au roi des biens laissés en France par l'étranger, soit aubain, soit épave, qui y décédait sans enfans légitimes et régnicoles; on y comprenait encore l'incapacité où se trouvaient les étrangers de succéder en France à leurs parens étrangers ou régnicoles.

28. — Comme conséquence de l'incapacité de succéder, la jurisprudence interdisait à l'étranger l'exercice du retrait lignager ; et, en effet, l'aubain n'ayant pas de famille aux yeux de la loi ne pouvait invoquer des règles destinées uniquement à conserver des biens dans les familles. — Demangeat, *loc. cit.*, no 38.

29. — Mais cette incapacité se bornait au retrait lignager et ne s'étendait point au retrait féodal; par cela seul que l'aubain était possesseur d'un fief, il pouvait exercer le retrait féodal, comme tous les autres droits féodaux. — Pothier, *Tr. des personnes*, t. 2, sect. 2e.

30. — Du principe que l'aubain n'avait point de parenté civile, Bacquet allait jusqu'à conclure qu'il ne pouvait demander de réparation civile pour le meurtre de son parent, bien que le meurtier fût soumis à l'action criminelle ou publique ; mais cette opinion ne paraît pas avoir prévalu.

31. — Il y avait cependant des étrangers qui étaient exemptés du droit d'aubaine ; c'était notamment : 1º Ceux qui avaient obtenu des lettres de naturalité ; 2º ceux qui avaient obtenu des lettres de déclaration ; 3º les marchands fréquentant les foires de Lyon, de Champagne, de Brie, de la province de Narbonne, sauf en ce qui concerne les immeubles et les rentes constituées. — Édit de Charles IX vérifié au parlement le 4 fév. 1572, lettre patente de Louis II de 1462, ord. de Charles VII de 1443, ord. de Philippe de Valois de juill. 1334 sur les foires de Champagne ; — Bouteillier, *somme rurale*, liv. 1er, tit. 25, Ducange, vº *Albani*

— les militaires et marins étrangers servant la France, mais seulement au bout d'un certain temps (lett. pat. de 1534 données par François Ier et non vérifiées au parlement; édit d'avril 1687); — les étrangers originaires de pays où les traités abolissaient ce droit à l'égard des Français: notamment les Écossais, qui furent naturalisés en masse après la mort de l'époux de Marie Stuart (Denisart, v° *Aubaine*). — Quelques auteurs (V. notamment Rebuffe, *Tract. de scholastic. privil.*; Lebret, *de la Souveraineté du roi*, liv. 2, ch. 11; Choppin, *du Domaine*, liv. 1er, tit. 11) comprenaient même dans les exceptions les écoliers, docteurs, maîtres-ès-arts et autres membres de l'université, mais il ne paraît pas que cette prétention fût justifiée. — Bacquet, *Tr. du dr. d'aubaine*, ch. 13. — Les ambassadeurs en étaient également exempts, etc., etc. — V. AUBAINE (droit d'), AGENT DIPLOMATIQUE.

32. — Le droit d'aubaine s'appliquait non seulement à l'étranger résidant en France, mais encore au voyageur qui y mourait, à l'ôtage donné en vertu des traités, à l'étranger même qui n'y était jamais venu, mais qui y possédait des biens. — Chassanée, *Cout. de Bourgogne*, tit. *Des confisc.* — Il ne portait que sur les successions des étrangers qui ne laissaient point d'enfans nés en France et y demeurant. — Les enfans nés en pays étranger n'échappaient au droit d'aubaine qu'autant qu'ils venaient en partage avec d'autres enfans nés en France. — En tous cas, la naturalisation des enfans étrangers équivalait à leur naissance dans le royaume. — V. au surplus AUBAINE (droit d').

33. — A la suite, et comme adoucissement du droit d'aubaine, avait été introduit le droit de *détraction*; il consistait dans la retention par le fisc d'une portion des successions que les étrangers étaient autorisés à recueillir en France, portion qui s'élevait selon les divers pays où le droit était exercé, tantôt au dixième, quelquefois au sixième et dans certains pays au cinquième et même au quart des biens. — Merlin, *Rép.*, v° *Détraction*. — V. DÉTRACTION.

34. — Le vice de pérégrinité dont nous venons de voir les effets pouvait être effacé complétement par des lettres de *naturalité ou naturalisation* appelées aussi et indifféremment lettres de *bourgeoisie*, de *civilité*, d'*adoption*. — La naturalisation est l'acte au moyen duquel l'étranger est considéré et réputé de même que s'il était naturel du pays, et jouit des mêmes priviléges. — Elle ne pouvait émaner que du roi; les lettres qui l'accordaient devaient être vérifiées par MM. des comptes « qui taxent, dit Bacquet, quelques petites sommes telles que bon leur semble ». — V. NATURALISATION.

35. — A côté des lettres de naturalité se placent les lettres de déclaration. Celles-ci différaient des premières, en ce qu'au lieu d'être accordées à des étrangers, elles étaient délivrées à ceux qui, pouvant être considérés comme tels, avaient cependant en leur faveur un titre ou une possession ancienne que ces lettres renouvelaient; notamment lorsque, des pays français étant passés sous une domination étrangère, on reconnaissait la qualité de Français à ceux de ses habitans auxquels on aurait pu la contester. — Les lettres de naturalité confèrent le droit pour l'avenir, les lettres de déclaration le constatent dans le passé, les unes rendent Français, les autres déclarent que vous l'avez toujours été.

36. — Telle était en peu de mots la condition des étrangers dans notre ancienne France, telles étaient les entraves qui leur étaient opposées et qui, perdant avec le temps leur rigueur primitive, eussent fini sans doute par s'éteindre insensiblement, si la révolution n'y fût venue mettre fin subitement. Un décret du 6 août 1790 proclama l'abolition complète et pour toujours des droits d'aubaine et de détraction. — Puis, comme complément de la pensée qui avait présidé à la rédaction de cette détermination, un nouveau décret fut rendu le 8-15 avr. 1791 qui admit tout étranger, même non résidant en France, à y recueillir la totalité d'une succession délaissée même par un Français, ainsi qu'à recevoir et disposer par tous les moyens autorisés par la loi.

37. — Cinq jours après le décret de 1791, le 13 avril, un nouveau décret de l'assemblée nationale étendit à toutes les colonies françaises, même à celles des Deux-Indes, le bénéfice du décret du 6 août 1790, c'est-à-dire y permit aux étrangers de transmettre leur succession.

38. — Ces dispositions passèrent même dans la constitution de 1791, tit. 6, et dans celle de l'an III, dont l'art. 355 porte: « Les étrangers établis ou non en France succèdent à leurs parens étrangers ou français; ils peuvent contracter, acquérir et recevoir les biens situés en France et en dispo-



ÉTRANGERS, ch. 1er, sect. 3e.

ser, de même que les citoyens français, par tous les moyens autorisés par les lois. »

39. — Sous l'empire de la loi du 8 avr. 1791, le sujet d'une puissance étrangère a pu même en temps de guerre recueillir une succession ouverte en France. — La loi du 17 niv. an II ne refusait aux étrangers en état de guerre que la faculté de recueillir les avantages résultant de l'effet rétroactif de cette loi. — *Cass.*, 3 vendém. an X, Fassy c. Béraud.

40. — En même temps que l'aubaine disparaissait, de nouvelles facilités étaient données à la naturalisation par les lois du 30 avr.-1er mai 1790 et 8 sept. 1791, et par les constitutions du 5 fructid. an III et de l'an VIII. — V. NATURALISATION.

41. — Enfin la contrainte par corps pour dettes civiles fut abolie par les étrangers en même temps que pour les Français par la loi du 9 mars 1793. — Mais cette loi fut elle-même rapportée par le décret du 24 vent. an V. — Toutefois le décret de l'an V ne rétablissait les lois antérieures qu'en ce qu'elles avaient égard à la nature de l'obligation et non en ce qui concernait la qualité des obligés; il résultait de là que la contrainte par corps ne pouvait atteindre les étrangers que dans les mêmes cas où les Français y étaient soumis, et que par conséquent il continua à y avoir égalité de position entre eux. — Cette égalité ne fut pas troublée par la loi du 15 germin. an VI qui régla en détail la contrainte par corps. — Ce ne fut que le décret du 4 flor. suivant qui introduisit des règles spéciales relativement aux *engagemens de commerce entre Français et étrangers*: il résulte de son intitulé et même du préambule, où il n'est parlé que des relations commerciales entre français et étrangers, que ledit décret était seulement applicable aux engagemens commerciaux et non aux obligations civiles, et que dès-lors, quant à ces dernières, l'assimilation des Français et des étrangers restait intacte. — Mais cette opinion paraît avoir été contestée par quelques auteurs, qui, se fondant sur le dispositif même du décret, prétendaient qu'il devait s'appliquer aussi bien aux matières civiles qu'aux matières commerciales.

42. — Pendant un moment toutefois, des mesures rigoureuses furent prises contre les étrangers: un décret du 23 messid. an. III notamment ordonna aux étrangers nés dans les pays avec lesquels la république était en guerre, de sortir de France, s'ils n'y étaient pas domiciliés avant le 1er janv. 1792; puis quelques jours après, un nouveau décret du 15 thermidor, venant ajouter une sanction à celui de messidor, prononça des peines sévères non seulement contre les étrangers qui ne se seraient point soumis à ses prescriptions, mais encore contre ceux qui les auraient recélés. — Toutefois ces mesures hostiles, prises dans un temps de troubles publics et de guerre générale, n'ont pas survécu aux idées de méfiance ou de prévoyance qui les avaient inspirées.

43. — En résumé, si à cette époque les étrangers n'étaient pas capables des droits civils en général, si les avantages attachés à la qualité de citoyen français, les droits politiques en résultant, la manière dont elle s'acquiert ou se conserve en quelques points encore maintiennent toujours entre les Français et les étrangers une différence profonde, du moins ces derniers jouissaient-ils de tous les droits utiles, de tous les modes d'acquérir la propriété dérivés soit du droit des gens, soit du droit civil, à moins que quelque texte n'en vînt conférer spécialement le droit aux français à l'exclusion des étrangers. — Coin-Delisle, sur l'art. 11, n° 1er *in fine*.

44. — Toutefois, ces concessions n'empêchaient point de prendre à l'égard des étrangers des mesures de précaution et de police rendues nécessaires par leur qualité même de membres d'une autre nation. — Leur incapacité politique fut maintenue, et tous, quel que fût le droit pénal de leur pays, furent soumis par la constitution de 1791, tit. 6, pendant leur séjour en France, aux mêmes lois criminelles et de police que les citoyens français. — Enfin, la loi du 28 vendém. an VI, encore aujourd'hui applicable, se fondant sur ce que les étrangers n'ont pu entrer en France qu'avec la permission expresse ou tacite du gouvernement, reconnaît formellement à celui-ci le pouvoir d'ordonner leur expulsion du territoire, s'il juge leur présence susceptible de troubler l'ordre et la tranquillité publique. — V. Demolombe, *Cours de Code civil*, t. 1er, n° 237.

45. — Les autres peuples ne répondirent pas à cette initiative de la France; ils gardèrent le silence et maintinrent les rigueurs de leurs législations. — Ainsi, tandis que l'aubaine et la détraction étaient abolies par les Français en faveur des étrangers, elles continuaient à subsister à l'étranger contre les Français.



46. — Cet état de choses constituait au préjudice de la France une perte annuelle et un désavantage sans compensation. Le Code civil devait-il, persévérant dans les pensées généreuses de l'assemblée constituante, maintenir cet état des étrangers en France? Ou plutôt ne devait-il pas, adoptant la règle d'une juste réciprocité, restreindre les droits de l'étranger à ceux dont un Français pouvait jouir dans le pays de cet étranger?

47. — Le projet du Code civil, publié en l'an IX, avait choisi le premier système. L'art. 5, tit. 1er, liv. 1er de ce projet portait en effet: « Sauf les modifications établies par les lois politiques, les étrangers jouissent en France de tous les avantages du droit naturel, du droit des gens et du droit civil proprement dit. » Mais à cette rédaction la section de législation du conseil d'état en substitua une autre conçue dans un esprit plus conforme aux véritables intérêts du pays; ce fut cette dernière proposition qui, soumise à une commission spéciale, et appuyée par les esprits les plus élevés, fut définitivement adoptée et devint l'art. 11 du Code civil.

48. — Cet article, inspiré par une pensée politique, est fondé sur le principe de la réciprocité et laisse aux traités et aux conventions diplomatiques toute latitude pour arrêter à cet égard les mesures les plus convenables et les plus utiles.

49. — Lors de la promulgation du tit. 1er du C. civ., les traités devaient, aux termes de l'art. 50 de la constitution, être discutés et décrétés comme des lois, et dès-lors, l'influence qu'ils pouvaient avoir sur la condition des étrangers n'échappait jamais à l'appréciation du pouvoir législatif. — Mais aujourd'hui le droit de faire les traités de paix, d'alliance ou de commerce appartenant au roi seul (Charte, art. 13), il s'ensuit que la condition d'une classe nombreuse de personnes est placée dans la dépendance unique non plus de la loi, mais du pouvoir exécutif. — Ce résultat est peu conforme aux principes admis parmi nous sur l'étendue des grands pouvoirs de l'état, mais, outre qu'il est exceptionnel, il ne faut pas oublier que, admis dans l'intérêt bien entendu des nationaux, il permet seul de leur ménager au dehors des droits et une protection que sans cela ils n'y auraient point rencontrés.

50. — Les étrangers étaient exclus de la cession de biens, non par le Code civil précisément, qui, à cet égard, ne s'expliquait pas catégoriquement, mais par les codes de procédure (art. 905) et de commerce (art. 575).

51. — Quant à la contrainte par corps, le Code civil, en déclarant par l'art. 2070 qu'il n'était pas dérogé aux lois particulières autorisant cette voie d'exécution en matière commerciale, déclarait par cela même que les étrangers continueraient à être soumis au décret du 4 flor. an VI. — Mais en matière civile l'art. 2063 avait pour effet d'assimiler comme par le passé les étrangers aux Français sous ce rapport. — Toutefois en 1807 une loi du 10 sept. rétablit la règle ancienne d'après laquelle tout jugement rendu au profit d'un Français contre un étranger emportait la contrainte par corps; de plus, la loi permettait l'arrestation provisoire de tout étranger non domicilié pour sûreté de ses dettes échues ou non, sauf à lui fournir caution ou une garantie en immeubles. — Demangeat, p. 267.

52. — Les règles aujourd'hui en vigueur, relativement à la contrainte par corps, sont contenues dans la loi du 17 avr. 1832. — Il en résulte notamment que l'arrestation provisoire des étrangers n'est plus permise que pour une somme de plus de 150 francs (art. 14); — que si l'arrestation a été autorisée par le président du tribunal, le créancier doit se pourvoir en condamnation dans la huitaine; faute de quoi l'étranger peut demander son élargissement, qui doit être ordonné (art. 15); — que la contrainte par corps exercée contre un étranger pour dette civile ou commerciale, dans le cas où le Français n'y serait pas soumis, cesse de plein droit après un délai fixé par la loi et calculé sur le chiffre de la dette (art. 17); — que pour dette civile la durée est la même pour le Français et pour l'étranger, sauf qu'à l'égard de ce dernier, le minimum est de deux ans (art. 18); — que, de même que pour le Français, l'emprisonnement cesse à la soixante-dixième année du débiteur non-stellionataire et que les étrangères également non-stellionataires ne sont pas soumises à la contrainte par corps en matière civile (*ibid.*); — du reste, l'étranger peut invoquer aussi bien que le Français les dispositions favorables du tit. 4. — V. CONTRAINTE PAR CORPS.

53. — Quant aux droits de succéder ou de transmettre, ils furent réglés par les art. 726 et 912 du C. civil. Les restrictions apportées par ces articles au régime d'égalité établi par l'assemblée consti-

tuante ne rétablissaient point précisément le droit d'aubaine qui, ainsi que nous l'avons vu, consistait dans le droit pour le roi de s'emparer de la succession des étrangers. — C'étaient, ainsi que l'enseignent la plupart des auteurs, de simples applications du principe de réciprocité posé dans l'art. 11.

54. — Quoi qu'il en soit, les entraves apportées aux droits des étrangers devaient avoir pour résultat de les éloigner; on le sentit, et la loi du 14 juill. 1819, en abrogeant les art. 726 et 912 du Code civil, fit disparaître ces mesures qui, en réveillant les souvenirs du droit d'aubaine, pouvaient inspirer aux étrangers le plus de répulsion. — A dater de cette époque, ils eurent le droit en France de succéder, de disposer et de recevoir de la même manière que les Français (art. 1er). — V. AUBAINE.

## CHAPITRE II. — *Des étrangers en général. — Droits dont ils jouissent en France.*

55. — Pour bien établir la théorie du Code civil relativement aux droits dont la jouissance a été accordée ou refusée en France aux étrangers, nous diviserons ces étrangers en trois grandes classes. Nous distinguerons : 1° ceux qui, ayant conservé leur domicile en pays étranger, ne font que séjourner en France; 2° ceux qui ont obtenu l'autorisation d'y établir leur domicile; 3° ceux qui s'y sont fixés à perpétuelle demeure sans aucune autorisation.

### Sect. 1re. — *De l'étranger qui réside accidentellement en France.*

56. — L'art. 11 du Code civil est ainsi conçu : l'étranger jouira en France des mêmes droits civils que ceux qui sont ou seront accordés aux Français par les *traités* de la nation à laquelle cet étranger appartiendra. »

57. — D'après le principe posé en l'art. 11, C. civ., l'étranger qui séjourne simplement en France n'y jouit donc que des droits civils que sa nation est convenue, *par un traité*, d'accorder chez elle aux Français. Il n'est pas nécessaire cependant que la *réciprocité* ait été expressément stipulée. L'attribution par un traité de droits civils en pays étranger à un Français, entraîne *virtuellement* par elle-même communication des mêmes droits en France aux habitans de ce pays étranger. — Coin-Delisle, sur l'art. 11, n° 2.

58. — Ce n'est donc pas la réciprocité *pure et simple* qu'admet l'art. 11, mais la réciprocité *diplomatique*. Ainsi un étranger ne pourrait jouir en France de ceux des droits civils dont un Français n'aurait la jouissance dans le pays de cet étranger que *d'après les lois de ce pays*. C'est ce qui résulte des diverses transformations subies par cet article. Le projet primitif contenait simplement ces mots : *par la nation*. Le conseil d'état y substitua ceux-ci : *par les lois et par les traités de la nation*. Mais le tribunat fit remarquer que la législation française à l'égard des étrangers ne devait pas dépendre de la législation particulière des étrangers à l'égard des Français. Cette observation ayant été adoptée, les mots *par les lois* furent retranchés du projet de l'art. 11, qui fut définitivement rédigé tel qu'il est aujourd'hui dans le Code. Il est donc bien évident que le législateur a voulu que la réciprocité ne dérivât que d'un *traité*, et non de lois particulières. — Merlin, *Rép.*, v° *Etranger*, n° 8; Toullier, t. 1er, n° 265; Serrigny, *Tr. de dr. publ.*, t. 1er, p. 233; Proudhon, *Traité sur l'état des personnes*, édit. de 1842, t. 1er, p. 163; Chabot, *Des success.*, sur l'art. 726, n° 2; Coin-Delisle, *ubi suprà*; Rossi, *Encylop. du dr.*, v° *Aubaine*, n° 14, *in fine*, et n° 15; Zachariæ, t. 1er, p. 162; Demolombe, *C. de C. civ.*, t. 1er, n° 241; Marcadé, *Elém. du dr. franç.*, sous l'art. 11, n° 2. — V. aussi dans le même sens *Cass.*, 22 janv. 1806, Montflorence c. Skilpwith.

59. — De même, l'art. 726, relatif aux successions auxquelles un étranger peut être appelé en France, avait été originairement rédigé d'après un système de réciprocité pure et simple, dont la base pouvait être puisée dans les lois du pays de l'étranger; — ce système ayant été abandonné, la section de législation, sur les observations du consul Cambacérès, ajouta à cet article les mots suivans : *conformément aux dispositions de l'art. 11*, ce qui plaçait sous le coup de la réciprocité des traités le droit de successibilité en France des étrangers. — Merlin, *Rép.*, v° *Succession*, sect. 1re, § 2, art. 4, n° 4; Chabot, *ubi suprà*; Toullier, t. 4, n° 102; Rossi, n° 14, *in fine*; Aubry et Rau, sur Zachariæ, t. 1er, p. 163, note 7e.

60. — Ainsi, jugé que les lettres patentes du 18 janv. 1787, qui déclaraient les Anglais habiles à succéder en France à leurs parens français, avaient été abrogées par le Code civil, qui fait dépendre la successibilité des étrangers de la réciprocité établie en faveur des Français, non par des lois, mais par des traités conclus entre les états respectifs. — *Cass.*, 6 avr. 1819, de Flavigny c. Adair.



61. — Dans l'intervalle de la promulgation du Code civil à la loi de 1819, abolitive du droit d'aubaine, un Anglais n'avait donc pas capacité pour recueillir par succession des immeubles situés en France. — *Agen*, 26 janv. 1825, Austen c. Latour et Saint-Igest. — *Contrà Metz*, 16 août 1817, Adair c. Chartogne.

62. — Peu importait d'ailleurs que, d'après la législation d'Angleterre, un étranger eût le droit de succéder à ses parens anglais. — V. l'arrêt précité de *Cass.*, 6 avr. 1819.

63. — En conséquence, des tiers détenteurs d'immeubles situés en France et revendiqués avant la loi de 1819 par un Anglais qui se présentait comme héritier du précédent propriétaire, ont pu, même depuis cette loi, en leur simple qualité de défendeurs, exciper contre cet Anglais du droit d'aubaine d'après lequel il n'avait pas la capacité pour recueillir les biens revendiqués. — *Agen*, 26 janv. 1825, Austen.

64. — Un avis du conseil d'état, approuvé le 4e jour complémentaire an XIII, et rendu sur la question de savoir si l'étranger prisonnier de guerre en France avait pu valablement y contracter mariage, a décidé aussi, après avoir dit qu'un pareil mariage devait produire les effets civils quant à l'état de la femme et des enfans, que les conventions matrimoniales, en tout ce qui touche la *successibilité*, ne devaient avoir d'effet en faveur des étrangers prisonniers de guerre qu'autant que *les lois du pays dont ils étaient sujets* accorderaient les mêmes avantages aux Français qui se marieraient dans ce pays.

65. — Mais, comme le fait remarquer avec raison Chabot (*Successions*, sur l'art. 726, n° 2), cet avis du conseil d'état, loin d'affaiblir la règle établie par le Code civil, ne fait au contraire que la confirmer. « En effet, ajoute cet auteur, c'est un acte du gouvernement qui, pour un cas particulier, a bien voulu accorder aux étrangers prisonniers de guerre en France les mêmes droits de successibilité que ceux qui, dans leur pays, seraient accordés aux Français; d'où il suit que ce n'est pas des lois de leur pays que ces étrangers prisonniers de guerre tiennent le droit de succéder en France, mais qu'ils le tiennent expressément de la bienveillance du gouvernement français. » Il y a donc lieu d'appliquer ici la maxime : *Exceptio firmat regulam*.

66. — Toute juste réciprocité s'opposant à ce que l'une des parties puisse réclamer un avantage dont l'autre ne serait point appelée à jouir, il s'ensuit que tout traité fait entre la France et un gouvernement étranger pour établir entre les sujets respectifs de ces deux états une réciprocité relativement à la jouissance de droits civils, doit être interprété d'après un esprit d'égalité rigoureuse. Par exemple, pour qu'un étranger pût être admis à succéder en France à ses parens français, conformément aux dispositions des art. 11 et 726, C. civ., il fallait qu'il y eût une réciprocité non seulement *d'état à état*, mais aussi de *particulier à particulier*. — *Cass.*, 24 août 1808, Huseman c. Vanthyssen; 1er fév. 1813, Tarchini c. Magnocavalli; 9 fév. 1831, Raggio c. Cecconi; — Chabot, sur l'art. 726, n° 3; Gaschon, *C. diplomatique des aubains*, disc. prélim., p. 153; Toullier, t. 4, n° 102; Duranton, t. 6, n° 82; Legat, *C. des étrangers*, p. 281; Rossi, *ubi suprà*, n° 15; Zachariæ, t. 1er, p. 162 et 163.

67. — Ainsi, l'étranger ne pouvait recueillir, à titre de succession ou de donation, les biens d'un Français situés en France, qu'autant que les lois indigènes et la capacité de cet étranger auraient autorisé la réciprocité en faveur des Français. — *Cass.*, 24 août 1808, Huseman c. Vanthyssen.

68. — L'art. 912, C. civ., qui règle le mode de tester au profit d'étrangers fut adopté sans aucune observation, tel qu'il avait été primitivement proposé. Mais l'intention de rejeter le système d'une réciprocité pure et simple ayant été positivement manifestée lors de la discussion sur les art. 11 et 726, il était évident que cet art. 912 devait aussi être soumis au principe dirigeant posé dans les articles précités. — Rossi, *ibid.*, n° 14 *in fine*.

69. — Il a été jugé, en effet, que l'art. 912 ne permettait pas aux Français de disposer au profit d'un Américain de leurs biens situés en France, attendu que la convention du 30 sept. 1800 ne permettait pas aux Américains de disposer au profit d'un Français des biens situés en Amérique. — *Rouen*, 2 avr. 1821, Paulmier c. Trichard.



70. — Du reste, la réciprocité n'était nécessaire que pour habiliter l'étranger à recevoir par acte de dernière volonté : aussi un étranger pouvait-il disposer valablement par testament de ses biens situés en France au profit des Français, encore qu'il n'existât pas entre les deux nations de conditions de réciprocité conformément aux art. 726 et 912, C. civ. — *Trèves*, 13 août 1813, Goerres.

71. — Les principes et décisions que nous venons d'indiquer sur la capacité de l'étranger de recueillir en France les successions *ab intestat* ou testamentaires, et qui trouvent un développement plus ample au mot AUBAINE (DROIT D'), n'offrent plus aujourd'hui qu'un intérêt historique, les art. 726 et 712 ayant été abolis par la loi du 14 juill. 1819.

72. — Mais l'art. 11 n'a point été abrogé par la loi du 14 juill. 1819, ainsi que cela résulte notamment de l'*Exposé des motifs* de cette loi (*Moniteur* 14 mai 1819); or, cet article supposant que l'étranger ne jouit pas de tous les droits civils sans spécifier quels sont ces droits, il y a lieu de se demander et de rechercher quels sont les droits civils et privés accordés aux Français, et dont l'étranger qui n'y est pas domicilié ou qui y réside sans l'autorisation du roi ne peut jouir en l'absence de tout traité international.

73. — A cet égard, trois systèmes se sont produits : l'un n'accorde à l'étranger la jouissance que des droits civils qui lui sont conférés par des dispositions formelles de loi : dans cette hypothèse, l'incapacité est la règle, la capacité l'exception; il s'appuie surtout sur l'art. 11, C. civ., qui, accordant à l'étranger en France les mêmes droits civils que ceux accordés aux Français par des traités, exclut virtuellement par cela même de tout droit civil les étrangers dans le pays desquels aucun traité n'en a concédé aux Français. — V. dans ce sens Delvincourt, t. 1er, note 2e sur la p. 16.

74. — Ce système semble confirmé par un arrêt de la cour de Cassation dans lequel on lit que, « aux termes des art. 11 et 13, l'étranger non admis à la jouissance des droits civils par autorisation du roi *ne* jouit en France *que* des droits civils réciproquement accordés aux Français par les traités de la nation à laquelle cet étranger appartient; qu'il n'y a exception à cette règle que dans les cas spécialement prévus par une loi expresse. » — *Cass.*, 14 août 1844 (t. 2 1844, p. 337), Guéland c. Rowland et Bouvret.

75. — Mais cette doctrine paraît difficilement conciliable avec plusieurs textes du Code civil lui-même, notamment avec l'art. 3, qui reconnaît que l'étranger peut être propriétaire d'immeubles situés en France, et avec l'art. 15, qui suppose un étranger créancier d'un Français, etc. L'art. 11, d'ailleurs, est conçu en termes dispositifs et non restrictifs. Son but, en effet, a été uniquement d'établir, au point de vue du droit civil en général, une inégalité entre les Français et les étrangers, inégalité qu'un traité seul pourrait faire cesser. Mais il n'a point entendu poser une règle absolue et invariable, puisque certains textes du Code civil supposent l'étranger en possession de droits civils qui ne lui ont pas été accordés expressément, et que, depuis la promulgation du Code civil, *des lois spéciales*, notamment la loi du 14 juill. 1819, indépendamment des traités, ont conféré aux étrangers des droits plus étendus que ne le comporte l'art. 11. — Coin-Delisle, sur l'art. 11, nos 3 et suiv.; Valette, sur Proudhon, t. 1er, p. 174 et suiv.

76. — Le second système, adopté et soutenu avec chaleur par M. Serrigny (*Tr. de dr. publ.*, t. 1er, p. 234 et 244), établissant à l'inverse du premier la capacité pour règle et l'incapacité pour exception, accorde à l'étranger la jouissance en France de tous les droits civils ou privés dont jouissent les Français, à l'exception de ceux qui lui sont déniés explicitement ou implicitement par une loi française. — Cette doctrine, qui ne paraît pas réunir le plus grand nombre de partisans, a du moins le mérite incontestable d'être logique avec la rigueur des principes et d'une exécution simple et facile.

77. — Enfin le troisième système, pour lequel la doctrine et la jurisprudence se sont le plus généralement prononcées, consiste à dire que les étrangers jouissent en France, non des droits civils créés uniquement par la loi civile, mais de ceux qui, confirmés seulement ou sanctionnés par la loi civile, dérivent du droit naturel ou du droit des gens, non de celui qui régit les rapports des nations entre elles, mais du droit des gens qui se forme de l'ensemble des usages que tous les peuples admettent comme appliquant les préceptes du droit naturel aux actes nécessités par les besoins de la vie, et consiste dès-lors dans les contrats usités chez toutes les nations. — Vattel, préf.,

p. 18; Ducaurroy, *Instit. expl.*, t. 2, p. 38, no 11; Richelot, t. 1er, p. 146. — V. cependant Zachariæ, t. 1er, p. 163, et Demolombe, t. 1er, no 240.

78. — Par conséquent, ils peuvent acquérir des biens en France, les aliéner, faire, en un mot, tous les contrats qui ont pour objet principal la propriété, la possession ou la jouissance des *biens*. L'exception résultant des art. 726 et 912 a même disparu par la loi du 14 juill. 1819. — Merlin, *Rép.*, vo *Etranger*, no 7; Troplong, *De la prescription*, t. 1er, no 35; Proudhon, t. 1er, p. 155 et son annotateur M. Valette, p. 176; Legat, p. 285; Coin-Delisle, sur l'art. 11, nos 4 et 7; Goujet et Merger, *Dict. dr. comm.*, vo *Etranger*, no 16.

79. — Ainsi, les étrangers peuvent acquérir en France le domaine des immeubles comme les Français eux-mêmes, quoique, d'après la législation de leur nation, des acquisitions de ce genre ne soient permises qu'aux naturels et aux naturalisés. — Coin-Delisle, no 7.

80. — Une loi qui ordonnerait à des étrangers de sortir du royaume ne suffirait même pas pour les empêcher de posséder des immeubles en France. — Coin-Delisle, *eod. loc.*

81. — Il faudrait une loi prohibitive spéciale pour empêcher des étrangers d'acquérir des possessions sur le sol français. — Même auteur.

82. — Cependant un étranger ne saurait être propriétaire d'un navire français s'il ne jouissait pas en France des droits civils. — Goujet et Merger, *loc. cit.*, no 17.

83. — Les immeubles possédés en France par des étrangers ne peuvent être régis que par la loi française. C'est la disposition formelle de l'art. 3, C. civ.

84. — De cette règle il résulte que, comme les immeubles appartenant aux Français, ceux appartenant aux étrangers sont soumis à la contribution foncière et à celle des portes et fenêtres. — L. 3 frim. an VII, art. 2; 4 frim. an VII, art. 2.

85. — De même, tout habitant étranger est assujéti en France à la contribution personnelle et mobilière, s'il jouit de ses droits et n'est pas réputé indigent. — L. 21 avr. 1832, art. 12.

86. — Il en est encore ainsi de l'impôt des patentes. — L. 25 avr. 1844, art. 1er.

87. — A cet égard, les commis voyageurs des nations étrangères sont traités, aux termes de l'art. 19, L. 25 avr. 1844, sur le même pied que les commis voyageurs français chez ces mêmes nations. — V. PATENTE.

88. — Les étrangers sont également astreints aux prestations en nature pour l'entretien des chemins vicinaux, car, d'après l'art. 3, L. 21 mai 1836, ces prestations sont dues sans distinction par *tout habitant* chef de famille ou d'établissement à titre de propriétaire, de fermier ou de colon partiaire, porté au rôle des contributions directes. — Serrigny, *Dr. publ.*, t. 1er, p. 227.

89. — Ainsi, décidé par le conseil d'état que le réfugié politique qui n'a pas été, lors de la formation de la matrice des rôles, désigné par le conseil municipal pour être exempté de toute cotisation, doit être soumis à la contribution personnelle, et, par suite, à la prestation en nature. — *Cons. d'ét.*, 30 août 1848, Wyssomyrski.

90. — Ils sont soumis au logement des gens de guerre. — Arrêté du comité de l'intérieur du 1er déc. 1826.

91. — La transmission de biens meubles ou immeubles possédés en France par des étrangers est en général assujétie aux mêmes droits de mutation que ceux des Français.

92. — Mais on s'est demandé si les créances chirographaires contre des Français ou hypothécaires sur les biens de France sont soumises au droit de mutation par décès quand la succession de l'étranger dans laquelle elles se trouvent s'ouvre à son domicile, en pays étranger?

93. — L'affirmative a été décidée par la jurisprudence, et paraît aujourd'hui incontestable. — V. notamment *Cass.*, 27 juill. (et non janv.) 1819, Pourtalès; 16 juin 1823, Zeltner; 29 août 1837 (t. 2 1837, p. 274), Frœlich. — V. aussi Roland et Trouillet, *Dict. d'enreg.*, vo *Succession*, § 10, no 16; Rigaud et Championnière, *Tr. dr. d'enreg.*, t. 4, no 887; Serrigny, t. 1er, p. 225.

94. — On accorde aussi aux étrangers le droit d'invoquer la prescription soit à l'effet d'acquérir, soit à l'effet de se libérer. — Denisart, vo *Etranger*, § 9; Merlin, *Rép.*, vo *Prescription*, sect. 1re, § 8, no 1er; Duranton, t. 1er, no 159; Vazeille, *Des prescriptions*, t. 1er, nos 19 et 254; Legat, p. 285; Troplong, *De la prescription*, t. 1er, no 35; Coin-Delisle, sur l'art. 11, no 9 *in fine*; Zachariæ, t. 1er, p. 168 et 169; Valette, sur Proudhon, t. 1er, p. 177. — V. cependant Pothier, *De la prescription*, no 20; Demolombe, t. 1er, no 243. — V. au surplus PRESCRIPTION.

ÉTRANGERS, ch. 2, sect. 1re.

95. — ... Celui d'acquérir en France une hypothèque, soit conventionnelle, soit judiciaire, en observant les formalités prescrites à cet effet par les lois françaises. — Merlin, *Rép.*, vo *Etranger*, § 1er, no 8; Troplong, *Des priviléges et hypothèques*, t. 2, no 392 *bis*; Zachariæ, *ubi suprà*. — V. HYPOTHÈQUE.

96. — En ce qui concerne l'hypothèque légale, il n'y a pas le même accord : des auteurs recommandables concèdent au mineur étranger ou à la femme étrangère une hypothèque légale sur les biens de leur tuteur ou mari situés en France, et il ne paraît pas à M. Serrigny (t. 1er, p. 246) qu'on puisse sans inconséquence la leur refuser, car, dit-il, si l'hypothèque judiciaire ou conventionnelle n'est pas exclusivement du droit civil ou privé réservé aux Français, l'hypothèque légale n'est pas d'une autre nature. — V. aussi dans ce sens Merlin, *Rép.*, vo *Remploi*, § 2, no 9; Troplong, *Hypothèque*, t. 2, p. 513.

97. — Jugé en ce sens que le mariage contracté en pays étranger entre un Français et une étrangère emporte hypothèque légale en France quand il a été procédé pour sa célébration à l'accomplissement des formalités voulues par la loi. — Et alors même que la transcription sur les registres de l'état civil français prescrite par l'art. 171, C. civ., n'aurait pas été effectuée. — *Cass.*, 23 nov. 1840 (t. 2 1840, p. 644), Gradis c. Las Fuentès. — V. cependant *Amiens*, 18 août 1834, D'Hervas; *Bordeaux*, 17 mars 1834, Solarès, et *Douai*, 24 juin 1844 (t. 2 1844, p. 491), Zanna c. Declerc. — V. au surplus HYPOTHÈQUE.

98. — La faculté de faire le commerce étant légalement considérée par toutes les nations comme dérivant du droit des gens, il en résulte que « *Tout* étranger, naturalisé ou non, agissant isolément ou en société, a le droit de demander et peut obtenir, s'il y a lieu, une concession de mines (L. 21 avr. 1810, art. 13) » : disposition qui offre d'ailleurs l'avantage d'engager les capitalistes étrangers à apporter leur numéraire en France. — Legat, p. 181; Coin-Delisle, sur l'art. 11, no 7; Demolombe, t. 1er, no 242.

99. — De même, les étrangers peuvent être admis dans les bourses de commerce. — Arrêté 27 prair. an X, art. 1er.

100. — Ils peuvent aussi acquérir les actions de la Banque de France. — Décr. 16 janv. 1808; — Legat, p. 183; Coin-Delisle, no 6; Demolombe, *loc. cit.*

101. — ... Posséder des rentes sur l'état, et en disposer de la même manière que les régnicoles. — Legat, p. 184.

102. — ... Obtenir des brevets d'invention et d'importation. — L. 5 juill. 1844, art. 27. — Déjà la loi du 31 déc.-7 janv. 1791 disposait (art. 3) que « *Quiconque* apportera le premier en France une découverte étrangère, jouira des mêmes avantages que s'il en était inventeur. » Elle ne faisait donc aucune distinction entre les Français et les étrangers. — Merlin, *Rép.*, vo *Etranger*, § 1er, no 8 *in fine*, et vo *Brevet d'invention*, no 5 *bis*, et *Quest. de droit*, vo *Propriété littéraire*, § 2, note dernière; Legat, p. 185; Renouard, *Tr. des brev. d'invent.*, chap. 8, sect. 2e, p. 307; Coin-Delisle, no 8; Demolombe, *loc. cit.*

103. — Il existe cependant, sur ce point, une différence entre les étrangers et les Français, en ce que, s'il y a lieu à saisie des objets contrefaits, l'ordonnance du président qui l'autorise doit toujours imposer un cautionnement à l'étranger breveté qui la requiert, tandis que quand des Français sont dans ce cas, le président peut ne pas l'exiger d'eux. — L. 5 juill. 1844, art. 47.

104. — Malgré quelques objections tirées de ce que l'art. 6, L. 19 juill. 1793, ne parle que *des citoyens* qui mettront au jour un ouvrage... etc., on accorde généralement aux étrangers le droit de propriété littéraire que lui suppose d'ailleurs virtuellement le décret du 5 fév. 1810, art. 40. — Pourvu toutefois qu'il ait fait le dépôt de deux exemplaires prescrit par ladite loi de 1793. — Cette condition lui est commune avec les nationaux. — Serrigny, t. 1er, p. 248.

105. — Dans ce cas, ils sont admis à poursuivre en France les contrefacteurs d'un ouvrage littéraire, si cet ouvrage n'est pas tombé dans le domaine public. — Déc. 5 fév. 1810, art. 40; — Merlin, *Rép.*, vo *Etranger*, *loc. cit.*, et *Quest. de droit*, vo *Propriété littéraire*, § 2; Legat, p. 190 et suiv.; Coin-Delisle, *ubi suprà*; Demolombe, *ubi suprà*. — — V. aussi *Cass.*, 23 mars 1810, Sieber c. Erard, et *Paris*, 26 nov. 1828, Troupenas c. Pleyel.

106. — Cependant, M. Serrigny (*loc. cit.*) pense qu'il faudrait aussi, pour que l'étranger fût admis à jouir du droit de propriété littéraire chez nous, que la publication de son ouvrage en France fût la première qui eût paru, c'est-à-dire que cet ouvrage n'eût point été antérieurement publié en pays étranger. — « Autrement, dit-il, l'étranger n'apporterait rien en échange du monopole que lui assurerait la loi française, puisque rien ne s'oppose à ce que chacun contrefasse en France les livres publiés par des étrangers en leur pays : on doit raisonner ici par analogie de ce qui est prescrit par la loi sur les brevets d'invention. »

ÉTRANGERS, ch. 2, sect. 1re. 

107. — « L'établissement de la propriété littéraire en pays étranger n'aurait pas pour résultat, dit le même auteur (*loc. cit.*), de faire reconnaître en France le droit de l'auteur étranger, à moins qu'il n'existe des traités établissant la garantie réciproque entre la France et son pays, comme, par exemple, le traité du 25 juill. 1840 avec la Hollande, et celui du 28 août 1843 avec la Sardaigne, qui contiennent la garantie réciproque de la propriété littéraire entre la France et ces deux nations. — V. en ce sens Fœlix, *Rép. de dr. français et étranger*, t. 1er, p. 761. — V., au surplus, PROPRIÉTÉ LITTÉRAIRE.

108. — Selon MM. Legat, p. 182, Demolombe, t. 1er, no 246 *bis*, et Massé, *Revue de législation*, t. 2, p. 285, l'étranger résidant en France, même sans autorisation, pourrait poursuivre les fabricans français qui auraient usurpé leur nom et leur marque.

109. — Jugé, en ce sens, que l'étranger non admis à la jouissance des droits civils peut néanmoins réclamer devant les tribunaux français l'application de l'art. 1382, C. civ. — Spécialement, que l'étranger non autorisé à établir son domicile en France peut réclamer des dommages-intérêts pour l'usurpation de son nom par des commerçans français. — *Rouen*, 8 mai 1845 (t. 2 1845, p. 176), Guéland c. Rowland; *Paris*, 30 nov. 1840 (t. 2 1840, p. 685), Guernot et Lagoutte c. Rowland; 3 juin 1843 (t. 2 1843, p. 291), Spencer c. Meunier et Huré.

110. — Cependant la cour de Cassation, par arrêt du 14 août 1844 (t. 2 1844, p. 337), Guernot c. Rowland), semble supposer très explicitement qu'il faudrait que l'étranger eût été admis par autorisation du roi à la jouissance des droits civils en France, conformément à l'art. 13, C. civ.

111. — M. Serrigny (t. 1er, p. 251), qui critique d'ailleurs les motifs de l'arrêt de cassation précité, fait, relativement à la propriété industrielle, une distinction analogue à celle qu'il a établie pour la propriété littéraire (V. *suprà* no 106), et n'accorde conséquemment en France de protection à l'étranger contre l'usurpation de son nom et de ses dessins de fabrique qu'autant qu'il aura d'abord exploité son industrie en France, et non dans son pays. — V. MARQUES DE FABRIQUE, NOM, PROPRIÉTÉ INDUSTRIELLE.

112. — Les étrangers peuvent aussi assurer les navires des Français, et ces derniers les navires des étrangers. De tout temps, en effet, le contrat d'assurance a été permis en France aux étrangers. L'art. 1er du titre *Des assurances* de l'ordonnance sur la marine, du mois d'août 1681, avait même à cet égard une disposition formelle. Quoique nos lois nouvelles ne l'aient pas reproduite, il suffit qu'elles ne contiennent aucune prohibition pour que l'on considère toujours cet article comme en vigueur. — Legal, p. 179.

113. — Ils peuvent ester en jugement devant les tribunaux français, plaider sans le ministère du curateur : les art. 14 et 15, C. civ., leur reconnaissent expressément ce droit. — Merlin, *Rép.*, vo *Etranger*, no 8; Troplong, *De la prescription*, t. 1er, no 35, p. 40; Mailher de Chassat, *Comment. approfondi du Code civil*, t. 1er, p. 207; Valette, sur Proudhon, t. 1er, p. 175.

114. — Mais, encore bien qu'ils soient âgés de plus de vingt-un ans, s'ils n'ont pas atteint l'âge fixé pour la majorité de leur pays, ils doivent être assistés d'un tuteur ou d'un curateur. — *Bordeaux*, 15 juill. 1841 (t. 1er 1842, p. 427), Lajarrige c. Blanco et Guilhem.

115. — Il a été jugé aussi que l'art. 11 n'était point applicable au cas du recouvrement d'une créance, en vertu d'un contrat qui appartient au droit des gens. — *Colmar*, 25 avr. 1821, Rosenwald c. Muller.

116. — Les étrangers ont le droit également d'obtenir un permis de chasse en France. Cela résulte notamment, selon nous, de ce que le droit de chasse est chez nous un attribut du droit de propriété, et que l'étranger y est admis à jouir de la propriété foncière dans toute son étendue. — Il en doit être ici comme du droit analogue de pêche, qu'aux termes de la loi du 15 avr. 1829, art. 2, on ne saurait lui refuser. — V. en ce sens Serrigny, *Dr. public*, t. 1er, p. 254.

117. — Pouvaient-ils être admis à participer à l'affouage dans les bois des communes qu'ils habitent?

118. — M. Serrigny (t. 1er, p. 260) distingue ceux qui sont autorisés à fixer leur domicile en France

et ceux qui l'y ont fixé sans autorisation. — Les premiers, jouissant de tous les droits civils, doivent, selon lui, être admis à l'affouage sans distinction des taillis et des futaies, car, dit-il, l'art. 105, C. for., n'attache à l'exercice de ce droit d'autre condition que celle d'être chef de famille ou de maison, et d'avoir domicile réel et fixe dans la commune : or, toutes ces conditions peuvent être remplies par l'étranger légalement *domicilié*.—On objecterait vainement la loi du 10 juin 1793, sect. 2e, art. 3, qui n'admettait au partage des biens communaux que les habitans *citoyens français*: cette loi ayant en vue principalement le partage du fonds des biens communaux, on conçoit qu'elle exigeât la qualité de Français dans la personne des copartageans. Mais le Code forestier n'ayant en vue que la jouissance annuelle, temporaire, a pu n'exiger que la condition du domicile, qui assujétit à toutes les charges communales, ce qui emporte abrogation implicite des dispositions de la loi de 1793 sous ce rapport. — Ce n'est plus qu'un simple droit civil, et non un droit public. »

119. — Mais l'étranger domicilié sans autorisation ne doit pas, selon le même auteur (*loc. cit.*), être admis à la répartition affouagère des taillis, parce que n'ayant pas de *domicile légal* dans la commune, il n'est pas dans les conditions prescrites par l'art. 105, C. for.

120. — Néanmoins, le droit aux futaies des bois communaux n'étant point soumis à la condition du domicile et ce droit étant plutôt réel que personnel, c'est-à-dire dû à la maison plutôt qu'à l'habitant, M. Serrigny (*loc. cit.*) pense que les étrangers propriétaires de maisons devraient en jouir comme les Français, quoiqu'ils n'aient point de domicile autorisé par le roi.

121.— Selon lui encore (*ibid.*), ces distinctions ne seraient pas applicables au simple droit de parcours ou de vaine pâture, que la loi du 28 sept.-6 oct. 1791 (tit. 1er, sect. 4e, art. 13) considère comme réel dans son principe et fait dépendre, quant à son étendue, des terres non closes, cultivées par chaque individu comme propriétaire ou fermier. « Aussi, dit-il, le propriétaire ou fermier exploitant des terres sur des communes sujettes au parcours ou à la vaine pâture ont-ils le droit d'y envoyer leurs bestiaux, lors même qu'ils n'y seraient pas domiciliés (art. 15). Donc, par analogie, le propriétaire ou fermier étranger doit jouir également d'un droit corrélatif à l'étendue des terres qu'il apporte dans l'association tacite qui sert de fondement à ce reste de communauté négative. »

122.—Jugé en ce sens que les droits de pâturage et d'affouage que les habitans d'une commune exercent sur les biens communaux qui sont réservés à cet effet sont des droits réels existant pour l'utilité des maisons et héritages de la commune.—La jouissance en appartient dès lors à tous ceux qui possèdent, habitent ou exploitent les maisons ou héritages, quelle que soit leur qualité ou leur nationalité.—Spécialement, les étrangers, à qui nos lois permettent d'être propriétaires ou fermiers en France, doivent, comme tous les autres habitans, jouir du droit de pâturage sur les biens communaux.— *Cass.*, 11 mai 1838 (t. 2 1838, p. 598), Belot. — V. aussi *Cass.*, 26 fév. 1838 (*eod. loc.*, p. 360), comm. d'Aviothe c. Lalouette;— Henrion de Pansey, *Des biens communaux*, liv. 2, chap. 16, p. 372.—V. toutefois le mot AFFOUAGE, no 75 et suiv., et Cormenin, *Quest. de droit adm.*, 4e édit., t. 2, p. 100, no 1er.

123.—En ce qui concerne l'*état des personnes*, les étrangers doivent être reconnus habiles à se marier en France, pourvu que ce soit suivant nos rites nationaux. Le code civil lui-même suppose en effet qu'ils peuvent s'unir par mariage aux familles françaises. — V. art. 12 et 19. — V. en ce sens Merlin et Troplong, *ubi suprà*; Valette, sur Proudhon, p. 177. — Mais les enfans issus de ces mariages ne sont pas français par cela seul qu'ils sont nés en France; ils suivent la condition de leur père. — V. au surplus FRANÇAIS.

124. — Toutefois, l'étranger divorcé conformément aux lois de son pays ne pourrait se remarier en France; les lois qui règlent les conditions du mariage sont en effet d'ordre public et obligatoires pour tous en France, même pour les étrangers. — Paris, 28 mars 1843 (t. 1er 1843, p. 487), Jacowski.— V. DIVORCE, MARIAGE.

125.—M. Valette (*loc. cit.*) enseigne que les art. 12 et 19, qui permettent aux étrangers de s'allier par mariage à des Français, pourraient être regardés comme entraînant cette conséquence que toutes les relations de famille et autres analogues, comme, par exemple, les relations résultant de la tutelle ou de la curatelle, peuvent exister entre des Français et des membres d'une nation étrangère; il en est de même de la possibilité d'être membres d'un conseil de famille; mais M. Demolombe (t. 1er, no 245) repousse cette doctrine.—V. aussi Merlin, *Rép.*, vo *Tutelle*; — Zachariæ, t. 1er, p. 160; Goujet et Merger, *Dict. dr. comm.*, vo *Etranger*, no 14.

126.—Jugé, dans ce dernier sens que, la tutelle étant chez nous, comme sous la législation romaine, une charge publique, elle ne peut être déférée à un étranger qui n'a point été admis à jouir en France des droits civils.— *Bastia*, 5 juin 1838 (t. 2 1838, p. 520), Erru c. Guognini.

127—...Et que le tuteur, même légal, qui a perdu la qualité de Français, ne peut conserver la tutelle. — *Colmar*, 25 juill. 1847, Diehl c. Ulrick Hellmuht. — V. TUTELLE.

128.—La loi des Deux-Siciles contient à cet égard une disposition formelle. Tout étranger, sans exception, peut, dans le système de cette loi, être tuteur ou curateur d'un étranger; mais l'étranger, autorisé à établir son domicile dans le royaume, peut seul être tuteur et curateur d'un national.— V. article de M. le comte Portalis sur le *Droit des étrangers*, dans la *Revue de législation*, par Wolowski, t. 16, p. 138.

129.—Mais si les étrangers jouissent en France de tous les droits qui dérivent du droit naturel ou du droit des gens modifié par le droit civil, ils sont, ainsi que nous l'avons dit, privés de ceux qui découlent uniquement du pur droit civil, et surtout de ceux qui ont leur origine dans le droit politique.

130.— Ainsi, d'abord, l'adoption étant purement de droit civil, un étranger ne peut être adopté par un Français si la réciprocité n'est établie en faveur des Français ni par les lois du pays auquel appartient cet étranger, ni par aucun traité intervenu entre les deux états. La jurisprudence est fixée en ce sens. C'est aussi l'opinion de la plupart des auteurs. — V. *Besançon*, 28 janv. 1808, Talbert c. Dormoy; *Cass.*, 5 août 1823, Dugied c. Sauder; 22 nov. 1825, mêmes parties; 7 juin 1826, de Canillac c. Sollima;—Delvincourt, t. 1er, p. 417; Duranton, t. 3, no 277; Legat, p. 405 et 406; Coin-Delisle, sur l'art. 11, no 9; Odilon-Barrot, *Encyclopédie du droit*, vo *Adoption*, no 31; Demolombe, t. 1er, no 245. — V. cependant Valette, sur Proudhon, p. 177.

131.— Il en doit être ainsi même depuis la loi du 14 juill. 1819; cette loi, en effet, ne doit s'appliquer qu'aux seuls droits de *succéder*, de *disposer* ou de *recevoir* par testament.— *Cass.*, 7 juin 1826, Canillac c. Sollima;—Duvergier, *Collect. des lois*, 2e édit., t. 22, p. 197, note 2; Odilon Barrot, *loc. cit.*—V. au surplus ADOPTION, nos 74 et suiv.

132.—Les étrangers peuvent-ils être témoins en France? Cette question doit se résoudre par une distinction. Il y a en effet deux ordres de témoins: ceux auxquels on demande la preuve d'un fait, et ceux dont la présence est requise pour l'authenticité d'un acte.

133.—Les premiers sont imposés par les circonstances de temps et de lieu qui entourent le fait dont il s'agit de prouver l'existence *réelle*. Ce sont des témoins nécessaires. Tous les témoins nécessaires, c'est-à-dire ceux en présence desquels le fait s'est accompli, sont capables, à moins qu'une exception prévue par la loi les repousse. Or, aucune disposition de notre législation ne place dans ce cas les étrangers en dehors des principes du droit commun. Ils ne peuvent donc être écartés.

134.— Ainsi, par application de ces principes, les étrangers même non domiciliés et ne jouissant en France d'aucun droit civil peuvent déposer en justice sous la foi du serment.— *Colmar*, 15 germ. an XIII, Laurent Hennu; *Cass.*, 2 fév. 1841 (t. 2 1841, p. 26), Thérade et Poulin c. Houzelle; — Legat, p. 275; Valette, sur Proudhon, t. 1er, p. 175.

135.—Ils pourront aussi être témoins dans les actes de l'état civil, ces actes ayant pour but de constater, pour la plupart, des faits naturels et indépendans de la volonté.—Valette, *loc. cit.*, et p. 163, note *a*; Portalis, *Revue de législation*, *ubi suprà*, p. 139.

136. — Quant aux témoins du second ordre, le législateur les a choisis lui-même; il a déterminé les conditions qu'ils devaient réunir; et il était en droit de le faire, car il ne s'agit pas dans ce cas, comme dans le précédent, de rechercher des preuves, mais d'en créer, et de donner à un acte une existence *légale*.

137. — Les étrangers ne pourront donc être témoins dans un acte notarié, la loi du 25 vent. an XI, art. 9, exigeant que ces sortes de témoins soient *citoyens français*. — Proud'hon, t. 1er, p. 162, et son annotateur, p. 175; Demolombe, t. 1er, no 287.

138.— Ils ne pourront l'être dans un testament. —C. civ., art. 980; — *Cass.*, 23 avr. 1828, Bilhas c. Michel; — Merlin, *Rép.*, vo *Témoin instrumentaire*, § 2, art. 3; Delvincourt, t. 2, p. 311 : Grenier, *Des donations et testamens*, t. 1er, no 247; Favard de Langlade, *Rép.*, vo *Testament*, sect. 1re, § 3, art. 2, no 6; Toullier, t. 5, no 395; Guichard, no 218; Duranton, t. 9, no 105; Legat, p. 274; Vazeille, *Des success., donat. et test.*, sur l'art. 980, no 10; Demolombe, *ubi suprà*.

139.—... Même quand ils auraient en France un établissement. — *Rennes*, 11 août 1809, Vic c. Ménard; *Cass.*, 23 janv. 1811, mêmes parties.

140.—Toutefois, s'il y avait eu erreur commune sur la qualité de l'étranger, en ce que, d'après les fonctions dont il était revêtu, il aurait passé pour citoyen français, l'acte notarié auquel il aurait concouru comme témoin pourrait être considéré comme valable. — *Cass.*, 28 juin 1831, Muller c. Stacklin;—Toullier, t. 5, no 407.—V., au surplus, ACTE NOTARIÉ, TÉMOIN INSTRUMENTAIRE, TESTAMENT.

141. — Les étrangers peuvent-ils être arbitres en France? — La cour de Cassation, par arrêt du 7 flor. an V (Queffmen c. comm. de Niderentzheim), a décidé, d'une manière générale, que les arbitres ne pouvaient être choisis que parmi les personnes revêtues de la qualité de *citoyen français*. —V. aussi Goujet et Merger, *Dict. dr. comm.*, vo *Arbitrage forcé*, no 64.

142. — Cette décision se concevrait sans difficulté, si les fonctions d'arbitres pouvaient être considérées comme des fonctions publiques. Mais nos constitutions n'ont point établi les *fonctions d'arbitres*, elles ne font, au contraire, que consacrer et garantir le droit naturel, dont tout homme doit jouir, de soumettre son différend à des personnes de son choix. Aussi, la décision ci-dessus a-t-elle été vivement critiquée par Boucher, *Tr. de l'arbitrage*, p. 115, et Carré et Chauveau, *Lois de la procéd. civ.*, quest. 3259.

143. — Une distinction se présente tout d'abord naturellement à l'esprit. Les arbitres comme les témoins se divisent en deux classes : les uns sont *volontaires*, les autres *forcés*. La solution à l'égard de l'étranger doit-elle être la même dans les deux cas?

144. —Les auteurs s'accordent généralement à reconnaître qu'en matière d'arbitrage volontaire, un étranger peut être arbitre, les parties étant assurément maîtresses de s'en rapporter à la décision des personnes en qui elles ont le plus de confiance. — V. Pardessus, *Dr. comm.*, no 1389; Goubeau, *De l'arbitrage*, p. 91; Mongalvy, *De l'arbitrage*, édit. de 1832, no 118; Legat, p. 276; Malpeyre et Jourdain, *Des sociétés commerc.*, p. 388; De Vatimesnil, *Encycloped. du dr.*, vo *Arbitrage*, no 163; les annotateurs de Zachariæ, t. 1er, p. 160 et 161, note 2.

145. — Mais il n'en est plus de même lorsqu'il s'agit d'arbitrage forcé. Sur ce point, il existe parmi eux une dissidence assez marquée. Ceux qui refusent à l'étranger le droit d'être arbitre forcé, se fondent sur ce que l'arbitre forcé est un juge, et que les Français seuls peuvent être juges : ce sont MM. Pardessus, no 1411; Goubeau, *ubi suprà*; Legat, p. 277; Coin-Delisle, sur l'art. 11, no 9. — V. aussi Demolombe, t. 1er, no 237.

146. — Il a été décidé, conformément à cette doctrine, qu'en matière d'arbitrage forcé un étranger ne pouvait, en effet, être choisi pour arbitre. — *Paris*, 3 mars 1828, Furnival c. Beuvin.

147. — Les auteurs, au contraire, qui accordent à l'étranger le droit d'être arbitre forcé, disent : les uns que les fontions d'arbitres forcés sont privées et non publiques, qu'en effet ces fonctions ne comprennent par elles-mêmes aucune partie de la puissance publique, puisque les décisions des arbitres forcés, pour être exécutées, ont besoin d'emprunter le sceau de la justice réglée; d'autres, que ces fonctions constituent simplement un mandat et qu'un mandat est un contrat du droit des gens. — V. Mongalvy, *loc. cit.*; Guichard, no 43; Malpeyre et Jourdain, p. 386 et suiv.; de Vatimesnil, *ubi suprà*.

148. — Cependant, Mongalvy restreint sa décision au cas où les arbitres forcés sont *choisis par les parties elles-mêmes*. Selon lui (V. no 119), si les parties avaient arrêté que la nomination en serait faite par le tribunal, celui-ci ne devrait nommer qu'un individu jouissant des avantages de la vie civile. — V. aussi sur ce point les annotateurs de Zachariæ, *ubi suprà*.— V., au surplus, ARBITRAGE.

149. — Quant au point de savoir si un étranger peut être *expert*, Legat (p. 277) ne le regarde pas comme douteux, et il reconnaît non-seulement aux parties, mais même au tribunal, le droit d'appeler un étranger à cette mission. La qualité d'expert n'a rien, en effet, de commun avec une fonction : c'est une simple marque de confiance qui ne confère aucun pouvoir, ne donne aucun droit, n'impose aucune obligation à celui qui la donne, et n'enchaîne en rien son libre arbitre.— L'expert est un peu plus qu'un témoin, beaucoup moins qu'un arbitre volontaire, et aucune loi n'a défendu ni

expressément ni même implicitement de le prendre parmi les étrangers qui, dans telle circonstance donnée, sont peut-être même les mieux en état d'éclairer les points douteux. — V. en ce sens Massé, t. 2, p. 32. — V. toutefois Guichard, n° 42; Goujet et Merger, v° *Étranger*, n° 19.

150. — Bien que le rôle qu'est appelé à remplir l'interprète lie en quelque sorte davantage le juge, puisque c'est sur son rapport que se forme la conviction du juge, et de sa fidélité que dépend presque entièrement sa décision, nous n'en adopterions pas moins la même opinion et reconnaîtrions à l'étranger la capacité de remplir cette délicate mission, dont aucune loi non plus ne l'a déclaré indigne. — C'est, au reste, ce qu'a décidé la cour de Cassation, par arrêt du 2 mars 1827, Tap et Saviar. — V. COUR D'ASSISES, n° 628.

151. — La cession de biens étant une institution de pur droit civil, il en résulte que les étrangers non domiciliés en France ne peuvent y être admis à en invoquer le bénéfice. — Duranton, t. 1er, n° 158, Guichard, n° 40; Coin-Delisle, n° 9; Zachariæ, t. 1er, p. 16e.

152. — ... À moins cependant qu'un traité n'attribue ce droit dans leur pays aux Français, parce qu'alors il y aurait lieu d'invoquer la réciprocité aux termes de l'art. 11, C. civ. — Legat, p. 385.

153. —... Ou que les étrangers n'aient en France un établissement de commerce et des propriétés. — *Trèves*, 24 fév. 1808, Carnape et Zhenchen c. Brauss et Neumeyer; — Toullier, t. 7, n° 263; Carré et Chauveau, *Lois de la procéd.*, quest. 1816; Pardessus, n° 1328; Rolland de Villargues, *Rép. du not.*, v° *Cession de biens*, n° 65.

154. — Un Français est toujours, au contraire, admissible à la cession de biens contre un étranger. Car si les art. 905, C. procéd., et 505, C. comm., excluent les étrangers du bénéfice de cession, ils ne l'interdisent pas aux Français à l'égard des étrangers. — Pardessus et Zachariæ, *ubi suprà*.

155. — Il en était de même sous l'ordonnance de 1673. — *Cass.*, 19 fév. 1806, Booysens c. Barrié et Saurin. — V. CESSION DE BIENS, nos 96 et suiv.

156. — Selon Legat (p. 392), la conséquence qu'il faudrait tirer de ce qu'un étranger ne peut, en principe, faire cession de biens en France, c'est qu'il ne lui serait pas permis de signer valablement un concordat avec ses créanciers, au moins en tant que le concordat serait passé en présence du juge-commissaire, parce que celui-ci ne pourrait se prêter à une violation de la loi. Le tribunal de commerce ne devrait pas l'homologuer. — Nous ne saurions nous ranger à cette opinion, dont les motifs ne nous semblent pas fondés : puisqu'on reconnaît à l'étranger le droit de faire tous les actes de droit naturel et notamment ceux constitutifs du commerce, nous ne voyons pas comment, en l'absence d'une loi prohibitive, on pourrait leur interdire un acte dont, en résumé, les caractères principaux sont ceux d'une simple remise de dette et d'une transaction. — V. au surplus FAILLITE.

157. — Le même auteur prétend encore (*loc. cit.*) que, dans le cas de faillite ou de déconfiture, soit d'un Français, soit d'un étranger, les régnicoles ne doivent pas permettre aux étrangers qui seraient créanciers de prendre leur quote-part dans la masse avant d'avoir justifié que, dans leur pays, les Français sont admis à prélever leurs dividendes, sans aucune diminution et aux mêmes conditions que les nationaux. — Ici encore nous croyons qu'il va trop loin, et qu'il y a lieu de laisser toucher aux étrangers compromis dans une faillite en France le dividende qui leur revient, sans se préoccuper du point de savoir s'il y a ou non réciprocité en faveur des Français dans le pays de cet étranger. — V. FAILLITE.

158. — Si maintenant nous considérons les étrangers sous un autre point de vue, par rapport au droit politique et à l'exercice des fonctions publiques, nous voyons que, n'étant pas membres de la cité, ils ne peuvent être admis à la jouissance des droits politiques qui supposent la qualité de citoyen. — Arg. art. 4, const. an VIII; — Serrigny, *Tr. de dr. publ.*, t. 1er, p. 215.

159. — Et dès-lors, ils ne peuvent être admis à siéger à la chambre des pairs ou à la chambre des députés qu'après avoir obtenu des lettres de grande naturalisation, vérifiées par les deux chambres. — Ord. 4 juin 1814, art. 1er. — V. NATURALISATION.

160. — ... Ni être électeurs à l'effet d'élire les membres de la chambre des députés. — L. 19 avr. 1831, art. 1er.

161. — ... Ni électeurs à l'effet de nommer les membres des conseils de département ou d'arrondissement, ni membres de ces conseils. — L. 22 juin 1833, art. 4, 11, 31.

162. — ... Ni électeurs municipaux ou membres d'un conseil municipal. — L. 21 mars 1831, art. 11, 19.

163. — ... Ni membres du jury. — L. 2 mai 1827; — Demolombe, t. 1er, n° 237.

164. — Selon M. Serrigny (*Tr. de dr. publ.*), la règle de l'ancien droit qui défendait aux étrangers de tenir offices ou bénéfices devrait encore être suivie aujourd'hui; il invoque l'art. 3 de la Charte qui, en déclarant seulement *les Français* également admissibles entre eux aux emplois civils et militaires, lui semble confirmer implicitement cette règle, qui est une conséquence de celle qui n'admet pas les étrangers à la jouissance des droits politiques.

165. — En tous cas, des étrangers ne pourraient être nommés archevêques, évêques ou grands-vicaires en France (Concordat du 18 germ. an X, art. 16 et 21), à moins qu'ils ne se soient fait naturaliser, en remplissant les formalités ordinaires. Il ne suffirait pas qu'ils eussent obtenu des lettres de grande naturalisation conformément à l'art. 1er de l'ordonnance du 4 juin 1814. Cependant les fonctions d'évêque pourraient leur être valablement conférées après qu'ils auraient été admis à siéger à l'une des deux chambres. — Legat, p. 262 et suiv.

166. — Ils ne peuvent même simplement être nommés curés, desservans ou être employés dans les fonctions du ministère ecclésiastique sans l'autorisation du gouvernement. — Même loi, art. 32.

167. — ... Non plus qu'exercer les fonctions du culte protestant. — L. 18 germin. an X, organique des cultes protestans, art. 1er.

168. — ... Ni être membres du corps des notables israélites. — Ord. 25 mai 1844, art. 28.

169. — ... Ni être nommés grand-rabbins, rabbins communaux, ministres officians du culte israélite. — Même ordonnance, art. 57.

170. — Les étrangers non admis à jouir des droits civils ne sauraient faire partie de la garde nationale. — L. 22 mars 1831, art. 9 et 10.

171. — ... Ni être admis à servir dans les troupes françaises. — L. 21 mars 1832, art. 2.

172. — Toutefois, cette loi ne fait point obstacle à ce que des troupes étrangères soient prises, en vertu d'une loi, conformément à l'alin. 2 de l'art. 13 de la charte de 1830, au service de l'état. Ce que la loi de 1832 a voulu, c'est que les individus dont la réunion compose ces troupes, ne puissent servir séparément dans les régimens français, sans être naturalisés. — Legat, p. 265. — Ainsi, la loi du 9 mars 1831 a autorisé la formation d'une légion d'étrangers.

173. — C'est par application d'un principe analogue qu'en Belgique il a été décidé que les Belges et les étrangers qui avaient acquis la qualité de Belges devaient seuls faire partie de la milice, et que l'obligation imposée de faire inscrire les enfans pour le service de la milice avant la levée à laquelle ils appartenaient ne pouvait incomber aux étrangers qui résidaient simplement dans le pays. — *Liège*, 6 juill. 1833, Hortel.

174. — Il n'en est pas de même pour le service de la marine. Un arrêté du 14 fructid. an VIII admet, en effet, les marins étrangers au service des vaisseaux français.

175. — Toutefois, cette faculté n'est pas illimitée; car, d'une part, les marins étrangers ne peuvent, aux termes d'un arrêté du 2 prair. an XI, art. 10, entrer pour plus des deux cinquièmes dans la composition des équipages levés par les armateurs de corsaires.

176. — Et d'autre part, un navire n'est réputé français, suivant la loi du 21 sept. 1793, art. 2, et ne jouit des privilèges de la nationalité qu'autant que les officiers et les trois quarts de l'équipage sont Français.

177. — Ils ne peuvent obtenir de lettres de marque pour faire des armemens en course ou en guerre et marchandises. — Arrêté 2 prair. an 11, art. 16.

178. — Un étranger ne peut non plus être instituteur communal. — Décis. cons. roy. inst. publ. 8 nov. 1833.

179. — ..., Ou membre d'un comité d'instruction primaire. — Décis. mêm. cons. 20 oct. 1843.

180. — ... Ni même faire des cours particuliers sans l'autorisation du ministre de l'instruction publique. — Serrigny, t. 1er, p. 217.

181. — ...Ni pas plus que dans notre ancien droit (Pothier, *Tr. des personnes*, part. 1re, tit. 2, sect. 2; Merlin, *Rép.*, v° *Étranger*, § 1er, n° 3), être membre de l'enseignement public secondaire ou supérieur. — Serrigny, t. 1er, p. 217.

182. — ...,Ni, par suite, être admis à concourir pour obtenir une chaire de professeur ou la place de suppléant dans la faculté de droit ou dans celle de médecine. — V. ENSEIGNEMENT.

183. — Ils ne peuvent être admis *officiellement* aux cours des écoles de droit sans une autorisation du ministre de l'instruction publique en conseil royal de l'université. — Arrêté cons. roy. 24 juill. 1840.

184. — Et s'ils obtiennent cette autorisation, les conditions auxquelles ils sont soumis sont les mêmes que celles imposées aux élèves nationaux. — Arr. cons. roy. 25 juin 1841.

185. — En un mot, un étranger ne peut être appelé à aucune fonction qui l'obligerait à prêter le serment politique prescrit par la loi du 31 août 1830; « car, dit M. Serrigny (t. 1er, p. 217), il est contraire à la raison qu'un individu soit lié par un serment de fidélité envers le chef d'un gouvernement autre que celui de la nation à laquelle il appartient. »

186. — D'où le même auteur conclut, avec raison (t. 1er, p. 215), qu'un étranger ne pourrait être garde-champêtre ou forestier, même d'un simple particulier, puisque ces agens sont, en leur qualité d'officiers de police judiciaire, astreints au serment politique.

187. — Il ne peut être reçu dans les écoles spéciales qui donnent accès à des fonctions publiques, telles que l'école polytechnique. — Ord. 30 oct. 1844, art. 9.

188. — ...Ou l'école spéciale militaire. — Ord. 7 mai 1841, art. 6.

189. — À plus forte raison, les étrangers ne peuvent-ils remplir en France aucune fonction publique, telle que celle de juges, soit civils, soit des tribunaux de commerce, membres du ministère public, préfets, conseillers d'état, membres des conseils de préfecture, maires, prud'hommes et toute autre pour laquelle la qualité de Français est une condition essentielle.

190. — Les mêmes motifs les doivent faire exclure des fonctions de notaire (L. 25 vent. an XI, art. 35, alin. 1er), exigeant formellement l'exercice des droits de citoyen comme condition d'admission à ces fonctions.

191. — Il en est de même des fonctions d'avocats à la cour de Cassation, avoués, commissaires-priseurs, huissiers, agens de change, courtiers et autres du même genre, à la nomination du gouvernement. — Legat, p. 269; Duranton, t. 1er, n° 157; Goujet et Merger, n° 19.

192. — Ils ne peuvent davantage exercer dans un barreau français la profession d'avocat, encore bien qu'ils aient obtenu en France un diplôme de licencié. C'est ce qui a été décidé par le conseil de l'ordre des avocats de Grenoble, le 6 fév. 1830. Les motifs de cette décision sont rapportés par Legat, p. 269 et suiv. — Telle est aussi l'opinion de MM. Dupin aîné (*Lettres sur la prof. d'av.*, t. 1er, p. 694); Dupin jeune (*Encycl. du droit*, v° *Avocat*, p. 368); Mollot, *Règles sur la prof. d'av.*, p. 219, note ; et Demolombe, t. 1er, n° 237. — V. encore Pothier, *Des personnes*, part. 1re, tit. 2, sect. 2e. — La même décision a été prise également par le conseil de l'ordre des avocats de Marseille le 12 août 1840.

193. — Mais pourraient-ils, comme licenciés, être admis au serment d'avocat? Les ordonnances, édits et déclarations, notamment ceux des 26 fév. 1680, mars 1707 et 16 mai 1724, le défendaient autrefois en termes exprès. M. Mollot (*Règles sur la prof. d'av.*, p. 215, à la note) pense que le principe ancien est maintenu par les lois nouvelles parce que le serment est un acte de *nationalité*.

194. — La profession de médecin et de chirurgien est aussi interdite aux étrangers, mais le gouvernement peut, s'il le juge convenable, accorder à un médecin ou à un chirurgien étranger, et gradué dans les universités étrangères le droit d'exercer en France la médecine ou la chirurgie. — L. 19 vent. an XII, art. 4.

195. — L'autorisation d'exercer en France la médecine ou la chirurgie doit être demandée au ministre de la justice et accordée par lui. — Legat, p. 257.

196. — Il n'est pas nécessaire de l'obtenir, lorsque le diplôme de médecin ou de chirurgien a été délivré aux étrangers par l'une des facultés de France. Il y a, dans ce cas, garantie suffisante de la capacité; et d'ailleurs le diplôme, qui est délivré au nom du roi, confère le droit d'exercer la médecine. — Legat, *ubi suprà*. — V. MÉDECINE.

197. — La profession d'apothicaire ou de pharmacien ne pouvant être exercée qu'après que le candidat a subi des examens et obtenu un diplôme de l'université, il est certain qu'un étranger non muni d'un diplôme français ou d'une autorisation du gouvernement français accordée sur la représentation d'un diplôme étranger ne pourrait ouvrir en France un laboratoire ni débiter des médicamens, fût-ce même à des étrangers, parce que l'exercice de cette profession, intéressant la santé publique, est placé sous l'empire des lois de police et de sûreté qui, aux termes de l'art. 3, C. civ.,

obligent tous ceux qui habitent le territoire français. — Legat, p. 268. — V. PHARMACIE.

198. — En matière de presse, les droits des étrangers sont plus restreints que ceux des Français. Ainsi, l'art. 1er, L. 18 juill. 1828, refuse implicitement à tout étranger le droit de publier un journal ou écrit périodique, et l'art. 5 exige formellement dans chaque gérant responsable la qualité de *régnicole*. « Cette double incapacité dont l'étranger est frappé en France est fondée, dit M. Serrigny (t. 1er, p. 224), sur ce que la charte n'assure la liberté de la presse qu'aux Français (art. 7), et sur ce qu'un journal est une espèce de tribune et de chaire du haut de laquelle on s'adresse au gouvernement et à la nation pour leur donner des avis et exercer une sorte d'enseignement. » Sans contester en elle-même la solution de M. Serrigny, il nous semble que la dernière raison qu'il en donne n'est pas précisément la meilleure et la plus péremptoire de toutes celles qu'on pourrait invoquer.

199. — La protection dont jouissent les étrangers sous le rapport de la liberté individuelle est également moindre que celle assurée aux Français. Ainsi, l'art. 7, L. 28 vendém. an VI, porte : « Tous étrangers voyageant dans l'intérieur du royaume ou y résidant sans y avoir une mission des puissances neutres et amies reconnues par le gouvernement français ou sans y avoir acquis le titre de citoyens sont mis sous la surveillance spéciale du gouvernement français, qui peut leur retirer leurs passeports et leur enjoindre de sortir du territoire français, s'il juge leur présence susceptible de troubler l'ordre et la tranquillité publics. »

200. — Et le Code pénal décide (art. 272) « que les individus déclarés vagabonds par jugement peuvent, s'ils sont étrangers, être conduits par les ordres du gouvernement hors du territoire du royaume. » Cette disposition spéciale, dit M. Serrigny (*Tr. de dr. publ.*, t. 1er, p. 221), n'abroge pas celle plus générale écrite dans la loi de l'an VI.

201. — Si les étrangers sont poursuivis comme complices du crime de piraterie, ils sont justiciables des tribunaux maritimes, tandis que les prévenus français ou naturalisés tels, autres néanmoins que ceux qui auraient aidé ou assisté les coupables dans le fait même de la consommation du crime, sont jugés par les tribunaux ordinaires. Dans les cas, toutefois, où des poursuites seraient exercées simultanément contre les prévenus de complicité français ou naturalisés tels et contre les auteurs principaux étrangers, le procès et les parties devraient être renvoyés devant les tribunaux ordinaires. — L. 10 avr. 1825, art. 19.

202. — Les jugemens rendus au profit des étrangers qui auraient obtenu des adjudications dans les matières pour lesquelles il y a, d'après le décret du 22 juill. 1806, recours au conseil d'état, ne peuvent être exécutés pendant le délai accordé pour ce recours qu'autant que l'étranger aura préalablement fourni en France une caution bonne et solvable. — Décr. 7 fév. 1809.

203. — Nous avons vu, au mot DÉGRADATION CIVIQUE, que, lorsque cette peine était prononcée comme peine principale, elle pouvait, aux termes de l'art. 35, C. pén., être accompagnée d'un emprisonnement dont la durée ne peut excéder cinq années. Ledit article ajoute : « Si le coupable est un étranger ou un Français ayant perdu la qualité de citoyen, la peine de l'emprisonnement devra toujours être prononcée. » Et, en effet, quel effet eût eu la peine de la dégradation civique, qui emporte la privation des droits civils, frappant des étrangers qui n'en jouissent point ? Évidemment, la loi avait besoin, dans ce cas, d'une sanction plus efficace, que le § 2e de l'art. 35 a ajoutée à la disposition du § 1er. — V. au surplus DÉGRADATION CIVIQUE.

204. — Quant aux étrangers qui, compromis, depuis 1830, dans les troubles politiques survenus dans leur pays, ont cherché un refuge en France, ils forment, sous le nom de *réfugiés*, une classe spéciale qui, bien que soumise à toutes les règles relatives aux étrangers, en général, est placée dans une situation toute spéciale par les lois du 21 avr. 1832, du 1er mai 1834 et du 24 juill. 1839 ; ces lois, essentiellement temporaires, sont prorogées chaque année ; la dernière est du 14 mai 1845. — V. à cet égard RÉFUGIÉS.

205. — En ce qui concerne le droit qui appartient au gouvernement d'accorder l'extradition des étrangers réfugiés en France et prévenus de crimes commis dans leur pays, V. EXTRADITION.

## Sect. 2e. — *De l'étranger qui a obtenu l'autorisation de fixer son domicile en France.*

206. — Le rétablissement du droit d'aubaine et la réciprocité fondée sur les traités pouvaient détourner les étrangers de venir se fixer en France et d'y apporter leurs richesses ; c'était un inconvénient qu'il importait de prévenir en invitant, au contraire, les étrangers à s'établir sur notre territoire ; pour cela on leur accorda parmi nous, abstraction faite de tous traités, la jouissance de tous les droits civils, à la condition qu'ils obtiendraient du gouvernement l'autorisation d'établir en France leur domicile.

207. — Cette autorisation ne peut jamais avoir pour effet de rendre Français les étrangers qui l'obtiennent ; elle les maintient toujours dans leur qualité ; de sorte qu'ils continuent d'être soumis aux lois de leur pays en ce qui concerne leur capacité personnelle, qu'ils ne peuvent exercer en France aucun droit politique, et que ses enfans, même nés en France, sont étrangers, sauf l'application de l'art. 9, C. civ. — Merlin, *Rép.*, vo *Étranger*, § 1er, no 9 ; Delvincourt, t. 1er, note 1re sur la page 16 ; Guichard, no 14 ; Duranton, t. 1er, no 141 ; Coin-Delisle, sur l'art. 13, nos 3 et 6 ; Demolombe, t. 1er, no 266.

208. — L'art. 13, C. civ., est ainsi conçu : « L'étranger qui aura été admis, par l'autorisation du roi, à établir son domicile en France, y jouira de tous les droits civils tant qu'il continuera d'y résider. »

209. — Nous examinerons sous le mot NATURALISATION quelles sont les conditions que doit remplir l'étranger qui veut devenir Français et citoyen français, et au nombre de ces conditions se trouve aujourd'hui la nécessité de se conformer à l'art. 13, C. civ., c'est-à-dire d'obtenir l'autorisation de résider en France. Ce n'est qu'à partir du jour où cette autorisation a été obtenue que commence à courir pour l'étranger le stage politique de dix ans exigé par la constitution de l'an VIII.

210. — Jugé que l'art. 13, C. civ., selon lequel l'étranger, pour pouvoir jouir en France de tous les droits civils, doit avoir obtenu du roi l'autorisation d'y établir son domicile, et le décret du 17 mars 1809, qui dispose que la naturalisation de l'étranger sera prononcée par le chef de l'état, ne sont relatifs qu'à l'étranger qui n'est pas né en France. — *Cass.*, 19 août 1844 (t. 2 1844, p. 238), maire de Saint-Florent c. Malfati.

211. — La demande par l'étranger à l'effet d'être autorisé à établir son domicile en France doit être adressée au maire du lieu qu'il choisit pour y fixer son domicile, avec tous les renseignemens relatifs à sa personne, à sa profession et à ses moyens d'existence ; le maire transmet cette demande et les pièces au sous-préfet, celui-ci au préfet, et le préfet au ministre, qui statue sur la demande. — Déc. 17 mars 1809 ; — Coin-Delisle, sur l'art. 13, no 2.

212. — Le séjour et l'établissement de l'étranger en vertu de l'autorisation qui lui est délivrée, dans un lieu déterminé du royaume, suffisent pour constituer son domicile dans ce lieu. Il n'est pas nécessaire que, par application de l'art. 104, C. civ., il fasse en outre à la mairie une déclaration définitive de domicile. — Coin-Delisle, *ubi suprà*.

213. — L'autorisation de résider en France est de sa nature précaire, et conséquemment révocable, comme toutes les faveurs auxquelles on n'a pas de droit véritable. Le gouvernement peut la retirer lorsque, par exemple, celui qui l'a obtenue s'en rend indigne, et alors il cesse de jouir des droits civils en France. — Avis cons. d'état, 18-20 prair. an XI ; — Duranton, t. 1er, no 144 ; Legat, p. 288 et suiv. ; Coin-Delisle, no 3 ; Zachariæ, t. 1er, p. 162 ; Demolombe, no 270 ; Serrigny, *Tr. de droit public*, t. 1er, p. 229.

214. — S'il s'élève des contestations sur le point de savoir si le gouvernement a dû ou non révoquer l'autorisation, c'est à l'autorité administrative seule qu'il appartient de statuer, parce qu'il s'agit d'un acte administratif. — Coin-Delisle, t. 3, *in fine*.

215. — Ainsi, il a été jugé que le pouvoir judiciaire était incompétent pour connaître l'opposition que forme un étranger, autorisé à résider en France et à y jouir des droits civils, à l'exécution d'une ordonnance royale par laquelle il lui est enjoint de quitter la France. — *Paris*, 25 mars 1834, Vecchiarelli c. min. int. ; *Bruxelles*, 26 avr. 1834, Cramer.

216. — L'étranger lui-même n'est pas plus lié que le gouvernement par cette autorisation : il peut en faire cesser les effets en cessant volontairement de résider en France. — Duranton, t. 1er, no 145 ; Coin-Delisle, sur l'art. 13, no 4 ; Zachariæ, t. 1er, p. 162.

217. — Toutefois, une absence momentanée, un séjour de quelque temps en pays étranger fait avec esprit de retour ne suffiraient pas pour faire considérer l'étranger comme ayant renoncé au bénéfice de cette autorisation, si d'ailleurs il avait conservé en France son domicile et son établissement. — Legat, p. 288 ; Coin-Delisle, *loc. cit.* ; les annotateurs de Zachariæ, p. 162, note 5e.

218. — Ce n'est donc pas en cessant de *résider* en France que l'étranger perdrait les droits civils, mais seulement, ainsi que le fait observer M. Marcadé (*El. dr. civ.*, sous l'art. 13, no 4), en cessant d'y être domicilié. — Les termes employés par l'art. 13 sont donc, en cela du moins, inexacts.

219. — L'étranger peut par suite, en obtenant l'autorisation d'établir son domicile en France et en continuant de l'y conserver, se soustraire aux lois exceptionnelles auxquelles il est soumis par le fait seul de son extranéité. Ces lois cessent de lui être applicables dès le moment même où il a obtenu l'autorisation. — Coin-Delisle, no 5.

220. — Ainsi, dès cet instant, il était, avant la loi du 14 juill. 1819, habile à succéder en France *ab intestat*, à y disposer et recevoir de la même manière que les Français par testament ou donation entre-vifs. — Chabot, *Des successions*, sur l'art. 726, no 6 ; Gaschon, *Code diplomat. des aubains* (disc. prélim.), p. 129, *in fine*.

221. — Ainsi encore, aujourd'hui, si, demandeur dans un procès engagé avant qu'il ait obtenu l'autorisation d'établir son domicile en France, il a, suivant la règle commune imposée à tous les étrangers qui n'ont qu'une résidence de fait en France, fourni caution *judicatum solvi*, cette caution demeure déchargée pour l'avenir à partir du jour où ladite autorisation lui a été accordée ; mais elle reste tenue des frais faits jusqu'à ce moment. — Coin-Delisle, *ubi suprà* ; Demolombe, t. 1er, no 266 ; Serrigny, *loc. cit.* — V. CAUTION JUDICATUM SOLVI.

222. — L'étranger domicilié de fait en France, contre lequel une condamnation a été prononcée avec contrainte par corps, peut aussi se prévaloir de l'ordonnance du roi qui l'autorise à fixer son domicile en France, pour être déchargé de la contrainte par corps, encore bien que les poursuites et le jugement soient antérieurs à l'obtention de l'ordonnance. — *Paris*, 25 avr. 1834, Boode c. Blanc ; — Coin-Delisle, *eod. loc.*

223. — L'art. 13, C. civ., en conférant à l'étranger autorisé à établir son domicile en France, la jouissance de *tous les droits civils*, semble même supprimer à cet égard toute différence entre lui et un Français. Cependant cette manière d'entendre l'art. 13 serait trop absolue. Vraie en principe, elle doit souffrir des exceptions. Il peut arriver, en effet, que la loi française, pour l'exercice d'un droit quelconque, exige non-seulement la jouissance des droits civils, mais encore la qualité de *Français* ou de *citoyen*. Or, dans ce cas, il est évident que l'étranger domicilié en France, n'en conservant pas moins sa qualité d'étranger, ne peut être admis à l'exercice de ce droit. — Merlin, *Rép.*, vo *Étranger*, § 1er, no 9 ; Coin-Delisle, no 6 ; Marcadé, *El. dr. civ. fr.*, sous l'art. 13, no 1er.

224. — La loi du 25 vent. an XI, art. 9, nous fournit l'exemple d'un droit que ne peut exercer en France l'étranger domicilié. Aux termes de cet article, pour être témoin dans un acte notarié, il faut être *citoyen français*.

225. — L'art. 980, C. civ., contient un autre exemple. Selon cet article, le témoin à un testament doit *jouir des droits civils* et être *sujet du roi*. Si l'étranger, en vertu de l'autorisation qui lui a été délivrée, jouit des droits civils en France, il ne réunit pas la seconde condition. Donc, il ne peut être admis à la fonction de témoin dans un testament. — *Colmar*, 13 fév. 1818, Mannsbendel c. Altenberger ; — Merlin, *Rép.*, vo *Témoin instrumentaire*, § 2, no 3 ; Favard, *Rép.*, vo *Testament*, sect. 1re, § 3, art. 2, no 6 ; Delvincourt, t. 2, p. 212 ; Toullier, t. 5, no 395 ; Grenier, *Des donat. et testam.*, t. 1er, nos 247 et 247 *bis* ; Gaschon, *Disc. prélimin.*, p. 180 ; Duranton, t. 9, no 105 ; Coin-Delisle, *ubi suprà* ; Zachariæ, p. 160.

226. — Jugé cependant que l'étranger qui jouissait des droits civils en France pouvait être témoin dans un testament, encore bien qu'il n'eût pas été naturalisé et qu'il n'eût pas acquis la qualité de citoyen. — *Turin*, 18 avr. 1809, Riva c. Mercandini.

227. — Vazeille (*Des donat., succes. et testam.*, sur l'art. 980, nos 10 et 11) enseigne également que l'étranger qui a été autorisé à établir son domicile en France et y jouit des droits civils, n'est point incapable de figurer comme témoin dans un testament. Mais il refuse ce droit à l'étranger qui ne jouit en France des droits civils qu'en vertu de traités politiques.

228. — Jugé aussi que l'étranger qui était domicilié en France depuis plus d'une année, et qui a conservé la qualité de Français qu'il avait acquise en vertu de la constitution de 1793, a pu valablement servir de témoin dans un testament. — *Colmar*, 13 juill. 1819, Fackler.

229. — Nous avons examiné plus haut la question de savoir si l'étranger qui n'était point domicilié en France pouvait être arbitre soit volontaire, soit forcé. La même question se représente à l'égard de l'étranger qui a été admis à jouir des droits civils. — M. Coin-Delisle, sur l'art. 13, n° 8, pense que cet étranger ne pourrait être arbitre forcé. — V. aussi en ce sens Zachariæ, t. 1er, p. 160 ; Demolombe, t. 1er, n° 267.

230. — Mais il pourrait être nommé arbitre compromissoire, parce que le compromis est un acte du droit des gens. — Coin-Delisle, *loc. cit.*

231. — Il ne pourrait, selon M. Demolombe (n° 267), être tuteur, car, dit-il, ce droit constitue, suivant l'expression de M. Zachariæ (t. 1er, p. 160), une dépendance de l'état politique.

232. — L'étranger qui a été admis à établir son domicile en France peut-il, à la différence de l'étranger non domicilié, invoquer le bénéfice de la cession de biens ? — Oui, car l'étranger domicilié jouit de tous les droits civils dont il n'a point été privé par une disposition exceptionnelle — Toullier, t. 7, n° 263 ; Duranton, t. 12, n° 270 ; Carré, *Analyse*, quest. 2816, et *Lois de la procéd.*, quest. 2657 ; Pardessus, n° 1328 ; Gaschon, *Disc. prélim.*, p. 129 ; Coin-Delisle, n° 9 ; Demolombe, n° 266.

233. — Aucune disposition n'interdit non plus à l'étranger domicilié le droit d'exercer la contrainte par corps contre un autre étranger non domicilié ; et cependant il ne pourra pas jouir de ce droit. Il a été, en effet, introduit plutôt comme mesure politique que par la raison civile. C'est un de ces priviléges rigoureux, exorbitans, dont l'exercice doit être réservé aux Français seuls. — V. en ce sens *Douai*, 7 mai 1828, Williams Robert c. Carpenter et Dudon ; *Bruxelles*, 3 juill. 1826, R... c. D... ; *Paris*, 8 janv. 1831, Wrigt c. Sargent ; 21 mars 1842 (t. 1er 1842, p. 419), Lawson c. Cassidy ; — Coin-Delisle, sur l'art. 13, n° 7, et *Comment.* sur la loi du 17 avr. 1832, art. 14, n° 6 ; Bioche et Goujet, *Dict. de procéd.*, v° *Emprisonnement*, n° 90 ; Fœlix, p. 322. — V. toutefois Pardessus, n° 1528, et Demolombe, n° 266. — V. le mot CONTRAINTE PAR CORPS.

234. — L'étranger qui a un domicile en France doit interjeter appel dans les trois mois de la signification du jugement à ce domicile, sans pouvoir réclamer le délai exceptionnel établi par l'art. 73, C. procéd., en faveur de ceux qui résident en pays étranger. — *Pau*, 18 fév. 1836, d'Esquille.

235. — Enfin l'étranger qui a été admis par ordonnance royale à la jouissance des droits civils en France ne peut pas plus que l'étranger qui ne se trouve qu'accidentellement en France exercer les droits politiques, ces droits ne s'acquérant que conformément au mode déterminé au mot NATURALISATION, pour devenir citoyen.

236. — Ainsi, cet étranger n'a pas la capacité nécessaire pour remplir les fonctions de juré. — *Cass.*, 28 oct. 1824, Christophe Lang ; 29 janv. 1825, Joseph Reix ; 11 fév. 1825, Léonard Barrage ; *Ass. de la Seine*, 1er août 1838 (t. 2 1838, p. 52), Ducimetière-Monod et Brunton.

237. — Selon M. Zachariæ (t. 1er, p. 162), les effets de l'autorisation accordée à l'étranger de résider en France ne lui sont pas personnels et s'étendent à sa femme et à ses enfans en sa puissance ; mais M. Demolombe (t. 1er, n° 269) repousse cette opinion, par la raison qu'en principe la règle générale est, en matière d'autorisation et de concession, que les effets en sont personnels et qu'il ne voit pas dans notre hypothèse de motif suffisant pour y déroger.

## Sect. 3e. — *De l'étranger qui s'est établi en France à perpétuelle demeure, sans autorisation. — Domicile.*

238. — Les étrangers qui ne font que sejourner en France et ceux qui ont obtenu l'autorisation d'y établir leur domicile, ne sont pas les seuls que nous rencontrions sur notre territoire. Il en existe qui sont venus s'y établir à perpétuelle demeure, sans esprit de retour dans leur patrie, mais sans autorisation spéciale du roi. Quelle sera leur condition en France ? sera-t-elle régie par les mêmes principes que celle des étrangers qui ne font qu'y séjourner ? ne sera-t-elle pas au contraire soumise aux mêmes règles que celle des étrangers autorisés à établir leur domicile ? ou bien enfin ne faudra-t-il pas placer cette sorte d'étrangers dans un état particulier ?

239. — Et d'abord, une première question se présente à résoudre, c'est celle de savoir si les étrangers qui se sont fixés en France à perpétuelle demeure, sans aucune autorisation, peuvent y acquérir un domicile proprement dit, qui, par exemple, les rendrait justiciables des tribunaux français à raison des obligations contractées par eux envers des étrangers, et exempts de la contrainte par corps prononcée contre les étrangers ordinaires.

240. — Avant le Code civil, il était universellement reconnu que les étrangers pouvaient avoir en France un domicile proprement dit. — *Cass.*, 8 therm. an XI, Walsh-Serrant ; *Paris*, 11 juin 1812, Iwan et Scheweizer c. Panier ; *Cass.*, 30 nov. 1814, mêmes parties. — Merlin, *Répert.*, v° *Domicile*, § 13, et *Divorce*, sect. 4, § 10 ; Legat, p. 287 ; Guichard, n° 213.

241. — Mais depuis le Code une opinion contraire s'est manifestée. Elle s'est fondée en premier lieu sur ces paroles prononcées par M. Gary, dans son discours au corps législatif, sur le titre 1er du Code civil : « J'observe sur l'art. 13, a-t-il dit, qu'il n'y a aucune objection contre la disposition qui veut que l'étranger ne puisse établir *son domicile* en France s'il n'y est admis par le gouvernement ; c'est une mesure de police et de sûreté autant qu'une disposition législative » ; en second lieu, sur ces termes de l'art. 102, C. civ. : « le domicile de *tout Français* quant à l'exercice de ses droits civils, etc. », et enfin sur l'avis du conseil d'état du 20 prair. an XI, qui décide que l'autorisation dont il est mention en l'art. 13 est nécessaire pour commencer le stage de dix ans exigé par la constitution de l'an VIII en matière de naturalisation. On a cru voir dans l'ensemble de ces dispositions la preuve que le Code ne regardait comme susceptibles de la qualité de *domiciliés* en France que les Français ou que les étrangers autorisés à établir leur domicile en France. — V. Legat, *ubi suprà* ; Guichard, n° 212, et Demolombe, n° 267.

242. — Ainsi il a été jugé qu'un étranger ne pouvait acquérir de domicile en France qu'avec la permission du gouvernement. — *Paris*, 16 août 1811, Poniatowka c. Lenormand. — V. aussi *Paris*, 25 août 1842 (t. 1er 1843, p. 67), Carlier d'Abounzat c. Abrassart.

243. — ... Et que la résidence plus ou moins prolongée d'un étranger en France ne peut à son égard constituer un domicile légal. — *Douai*, 12 juill. 1844 (t. 2 1844, p. 324), André.

244. — M. Coin-Delisle (sur l'art. 13, n° 11 *in fine*) enseigne également que le domicile qu'aura établi en France l'étranger qui s'y est fixé à perpétuelle demeure ne sera pas un domicile *de droit*, mais seulement un domicile *de fait* (V. aussi Duranton, t. 1er, n° 353). Selon cet auteur, ce domicile produira des effets en faveur de l'étranger toutes les fois qu'il s'agira d'actes du droit des gens et pourra avoir contre lui tous les effets du domicile de droit envers des Français quant aux actes du droit civil. — *Cass.*, 2 juill. 1822, Berembrock c. Deichtal.

245. — Ce système ne nous paraît pas devoir être suivi. D'abord ne serait-il pas inique que le domicile qu'établirait en France l'étranger qui s'y serait fixé sans esprit de retour pût être à la fois, comme le prétend M. Coin-Delisle, *de fait* ou *de droit* et produire les effets du domicile *de droit*, suivant que l'intérêt des Français l'exigerait ? Si, de plus, nous remontons aux motifs des art. 13 et 102, C. civ., et à l'origine de l'avis du conseil d'état du 18 prair. an XI, il est aisé de voir qu'ils ne s'opposent pas à ce que l'étranger dont il s'agit acquière un véritable domicile qui produise pour lui comme pour les Français les mêmes effets. L'art. 13, C. civ., n'exige en effet l'autorisation du roi que pour attacher au domicile l'acquisition des droits civils en France. Ce n'est donc pas à l'établissement du domicile qu'il attache la condition de cette autorisation, mais seulement à l'effet que cet établissement doit produire relativement aux droits civils que l'étranger veut acquérir. Si M. Gary avait entendu les paroles que nous avons rapportées dans un sens absolu, il aurait évidemment donné à l'art. 13 une portée que ses termes et son esprit ne comportent pas. — L'art. 102, C. civ., ne parle, il est vrai, que des Français seuls ; mais ce n'est pas pour exclure les étrangers du droit d'avoir un domicile en France. Son but unique a été de distinguer le domicile civil du domicile politique pour réserver la question relative à ce dernier, distinction qui ne peut concerner que les Français seuls. Quant à l'avis du conseil d'état du 18-20 prair. an XI, rendu uniquement pour résoudre la question qui lui était proposée, de savoir si l'autorisation du roi exigée par l'art. 13 était requise également par la constitution de l'an VIII pour l'obtention de la naturalisation, il doit être restreint au cas où il s'agit d'acquérir la jouissance des droits civils, aux termes de l'art. 13, et à celui où il s'agit d'acquérir la qualité de Français et de citoyen. On ne peut donc refuser à l'étranger l'avantage d'avoir un domicile en France, c'est-à-dire d'être en relation directe avec le lieu de son principal établissement. Proudhon attache même à l'acquisition du domicile en France par l'étranger non nationalisé l'acquisition d'un état particulier qu'il nomme *incolat*. — V. aussi dans ce sens *Riom*, 7 avr. 1835, Onslow ; — Richelot, t. 1er, p. 312, note 1re ; Serrigny, *Droit public*, t. 1er, p. 259 ; Merlin, *Rép.*, v° *Domicile*, § 13, et v° *Étranger*, § 1er, n° 10 ; Mailher de Chassat, *Comment. approfondi du Code civ.*, t. 1er, p. 207 ; Valette, sur Proudhon, t. 1er, p. 237, note *a*.

246. — Spécialement, l'étranger, même non naturalisé, qui a établi dans une ville de France son principal établissement et y a long-temps demeuré avec l'autorisation, au moins tacite, du gouvernement, et qui y a surtout séjourné sous l'empire de la constitution de 1793, laquelle assurait un domicile en France aux étrangers ayant un seul instant résidé dans ce pays, y a par cela même acquis, comme le Français lui-même, un véritable domicile. On ne saurait prétendre que, dans de pareilles circonstances, le séjour de l'étranger en France ne doit produire que les effets attachés à une simple résidence. — *Paris*, 11 juin 1825, veuve Gaccon c. Chubert et Chignard.

247. — Jugé aussi, par application des principes ci-dessus, que le fait de l'établissement du domicile d'un étranger qui s'est fixé en France se prouve de la même manière que celui des régnicoles. — *Paris*, 15 mars 1831, Bonar c. Hervas.

248. — Proudhon (*Traité des personnes*, édit. de 1842, t. 1er, p. 190) a imaginé, comme nous l'avons dit, pour les étrangers qui résident en France à perpétuelle demeure, sans aucun esprit de retour dans leur patrie, un état qu'il appelle *incolat* et qu'il fonde sur la loi 7, Cod., *De incolis : « Cives quidem origo, allectio vel adoptio ; incolas verò domicilium facit. »* Au moyen de cet état particulier, il soumet leur capacité personnelle, comme leurs actions, à la loi française : « Pour avoir changé de pays, dit-il, les étrangers d'origine ne peuvent être considérés comme n'ayant plus de patrie, puisqu'ils n'ont voulu quitter l'une que pour acquérir l'autre. Il est donc juste que leur personne comme leurs actions soient subordonnées à la législation du pays où ils sont venus s'établir à perpétuelle demeure. » Et Proudhon en tire notamment la conséquence que les étrangers ainsi domiciliés ne sont plus passibles de la contrainte par corps comme les étrangers ordinaires.

249. — Cependant Merlin, qui, ainsi que nous l'avons vu n° 245, reconnaît à l'étranger qui s'est fixé en France sans esprit de retour le droit de s'y créer un domicile proprement dit, critique vivement (V. *Rép.*, v° *Étranger*, § 1er, n° 10) le système de Proudhon. Selon lui, si l'étranger dont il s'agit a perdu sa qualité originaire, il ne s'ensuit nullement qu'il ne l'ait pas conservée relativement à la France. Il faut donc le considérer toujours comme étranger. Car point de milieu entre ces deux qualités : il ne pourrait être moitié étranger, moitié Français. Or dès que l'on est forcé de ne voir en lui qu'un étranger, il faut bien reconnaître que son état et sa capacité continuent d'être régis à notre égard par la loi qui les régissait au moment où il a quitté sa patrie. — V. aussi Coin-Delisle, sur l'art. 13, n° 11 ; les annotateurs de Zachariæ, t. 1er, p. 162, note 4 ; Marcadé, *Élém. de dr. civ.*, sous l'art. 17, n° 3 ; Serrigny, t. 1er, p. 259.

250. — La cour de Cassation paraît avoir consacré la même opinion en décidant que la résidence et l'élection de domicile faites en France par une femme étrangère, même du consentement de son mari, n'avaient pas eu pour effet de la soustraire aux lois qui gouvernaient son état et sa personne et de lui donner le droit de divorcer conformément aux lois françaises lorsque celles de son pays n'admettaient pas le divorce. — *Cass.*, 25 fév. 1818, Gnudi c. Kellermann.

251. — L'opinion de Merlin que l'étranger qui s'est établi en France à perpétuelle demeure ne pourra jamais être considéré comme Français, cette qualité ne s'acquérant que d'après le mode fixé par la constitution, paraît généralement adoptée, malgré le sentiment contraire de M. Marcadé, qui pense (sous l'art. 17, n° 3) que l'autorisation de résider en France peut être considérée comme donnée à l'étranger tacitement dans certains cas par le gouvernement et aider à leur faire acquérir la qualité de Français. Mais ces conséquences absolues que Merlin déduit soulèvent de nombreuses objections, et quelques auteurs se sont demandé si parce que cet étranger conserve sa qualité, c'est un obstacle à ce qu'on puisse lui appliquer les lois personnelles françaises ? « Certes, disent-ils, en principe un étranger ne pourrait jamais se pré-

valoir des lois personnelles françaises. Mais ce principe ne doit-il pas souffrir exception en faveur d'un étranger qui, s'il n'est pas devenu légalement Français, s'est au moins incorporé à la France et est devenu Français de fait? Cette exception d'ailleurs sembla réclamée plus encore par l'intérêt des Français eux-mêmes que par celui de l'étranger. Que d'inconvéniens ne se présenterait-il pas s'il fallait que la capacité de cet étranger, après quarante ou cinquante ans de séjour en France, continuât d'être régie par les lois d'un pays qu'il a complètement abdiqué de fait! Au contraire, en soumettant son état et sa capacité aux lois françaises, on rendra plus facile la solution des questions diverses qui pourront naître à son occasion. » — C'est ainsi que Proudhon (*loc. cit.*) avait émis l'avis, contrairement à la cour de Cassation, que cet étranger avait le droit d'invoquer nos lois sur le divorce, nonobstant toutes dispositions contraires de la législation de son pays d'origine. Depuis la loi du 8 mai 1816, abolitive du divorce, aucune difficulté ne peut plus s'élever à cet égard; mais restent les lois sur le mariage, la puissance paternelle, la fixation de la majorité, etc. — V. dans le sens de cette opinion Valette, sur Proudhon, t. 1er, p. 194, note *a*, et p. 195, note *a*.

252. — La solution de Proudhon en ce qui touche la question de la contrainte par corps a paru tout d'abord douteuse à M. Valette (p. 195, note *a*). Car si les lois de 1807 et du 17 avr. 1832 accordent contre les étrangers *non domiciliés* la contrainte par corps, ne peut-on pas dire qu'elles n'ont entendu en dispenser que celui qui aurait acquis un domicile aux termes de l'art. 13, C. civ.? Mais en remontant à l'origine de cette rigueur contre les étrangers, fondée uniquement sur la crainte qu'ils n'échappent trop facilement aux poursuites de leurs créanciers en quittant la France, M. Valette reconnaît qu'une semblable crainte ne peut plus exister quand ils ont perdu tout esprit de retour dans leur patrie, qu'ils se sont établis en France à perpétuelle demeure, et il finit par embrasser l'opinion de Proudhon, qu'il considère d'ailleurs comme très favorable aux étrangers.

253. — Cependant il a été jugé que l'étranger résidant en France, même depuis long-temps, et y ayant formé un établissement par mariage, ne pouvait se soustraire à la contrainte par corps qu'en justifiant d'un domicile établi conformément à l'art. 13, C. civ. — *Paris*, 25 août 1842 (t. 1er 1843, p. 67), Carlier d'Abaunza c. Abrassart. — V. aussi en ce sens un arrêt de la même cour du 16 août 1811 (Poniatowska), et Serrigny, t. 1er, p. 259.

254. — Si, par une faveur spéciale et exceptionnelle, nous faisons jouir en France les étrangers qui s'y sont établis sans esprit de retour des droits purement personnels, il ne résulte pas de là qu'ils doivent être admis à l'exercice des autres droits civils, qui ne sont accordés qu'à ceux qui ont demandé l'autorisation de se fixer en France. Il doit nécessairement exister entre ces deux sortes d'étrangers une différence. — Proudhon (p. 196) leur refusait en effet la jouissance du droit de successibilité et des droits qui intéressent le fisc ou les tiers. Quant au droit de successibilité, il ne peut plus en être question depuis la loi du 14 juill. 1819, qui habilite tous les étrangers indistinctement à succéder et à recevoir par donation entre-vifs et testament. L'exclusion à l'égard des autres droits subsiste au contraire toujours. Le droit de faire cession de biens, celui de traduire devant les tribunaux français des étrangers qui ne résideraient en France que passagèrement, par exemple, leur seront refusés.

## CHAPITRE III. — *Compétence des tribunaux français, en matière civile et commerciale, entre Français et étrangers et entre étrangers.*

### Sect. 1re. — *Compétence entre Français et étrangers.*

#### § 1er. — *Cas où l'élection est exercée par des Français contre des étrangers.*

255. — L'art. 14, C. civ., porte que « l'étranger, même non résidant en France, pourra être cité devant les tribunaux français pour l'exécution des obligations par lui contractées en France avec un Français: il pourra être traduit devant les tribunaux de France pour les obligations par lui contractées en pays étranger envers des Français. »

256. — C'est là une dérogation à la règle générale *actor sequitur forum rei*, dérogation fondée



uniquement sur l'intérêt des Français. Si, en effet, ils avaient été obligés de s'adresser aux tribunaux étrangers pour réclamer l'exécution des obligations contractées envers eux par des étrangers dans les deux cas que prévoit l'art. 14, ils auraient été souvent dans l'impossibilité d'obtenir justice: mille circonstances, de guerre ou autres, auraient pu paralyser leur action (Guichard, no 220). Ajoutons à cela, comme on l'a fait observer au conseil d'état, lors de la discussion sur cet article, que, les jugemens étrangers n'étant pas par eux-mêmes exécutoires en France, ç'aurait été, en quelque sorte, dénier la justice aux Français que de ne pas les autoriser à traduire devant leurs juges naturels un débiteur étranger, dont l'obligation d'ailleurs peut être réalisée en France sur sa personne et sur ses biens. — Locré, *Législat. civ.*, t. 2, sur l'art. 14. — V. aussi sur ce point et dans le même sens Coin-Delisle, sur les art. 14 et 15, no 2; Proudhon, *Tr. sur l'état des personnes*, édit. de 1842, p. 158; Pailliet, *Dict. univ. de dr. franç.*, vo *Action concernant les étrangers*, no 1er; Demolombe, no 248.

257. — Spécialement, lorsqu'un étranger a contracté une société avec un Français, il peut être traduit par celui-ci devant les tribunaux français pour l'exécution de ses engagemens sociaux, quels que soient d'ailleurs l'objet, le siége et les clauses de la société. — *Cass.*, 8 juill. 1840 (t. 2 1840, p. 500), Ricardo c. Garcias.

258. — L'étranger qui s'est obligé envers un Français est justiciable des tribunaux de France, quand même l'obligation aurait été contractée devant le ministre envoyé par le gouvernement de l'étranger. — *Paris*, 16 juill. 1807, Boisneuf c. Swan et Dallarde.

259. — L'étranger non domicilié en France et qui n'y possède ni immeubles ni établissement doit être considéré comme débiteur forain, et peut, dès lors, être soumis à la saisie conservatoire de ses effets mobiliers. — C. procéd., art. 822; — *Paris*, 25 août 1842 (t. 1er 1843, p. 67), Carlier d'Abaunza c. Abrassart.

260. — Le deuxième alinéa de l'art. 14 disposait dans le projet du Code civil en sens contraire à celui définitivement adopté: c'est pour cela qu'on avait divisé en deux alinéas deux solutions différentes; mais, ces solutions étant devenues identiques lors de la discussion, on s'est contenté, au lieu de refondre l'article, d'ajouter à la deuxième disposition une simple négation; il en résulte une rédaction redondante qu'il eût été facile d'éviter. — Mercadé, sous l'art. 14, no 1er; Demolombe, no 248.

261. — Si l'art. 14 ne comprend dans sa disposition que les étrangers qui résident en pays étranger et qui ne sont que passagèrement en France, c'est que la compétence des tribunaux français ne pouvait souffrir la moindre difficulté à l'égard des étrangers qui avaient établi en France leur domicile avec l'autorisation du roi. Admis, en vertu de cette autorisation, à y jouir des droits civils, ils doivent, par une conséquence forcée de cette admission, être soumis aux charges imposées par les lois françaises. Les juges français sont donc devenus leurs juges naturels. — Coin-Delisle, no 4; Marcadé, *Elém. dr. civ. franç.*, sous l'art. 14, no 2.

262. — L'étranger étant justiciable, à l'égard des Français, des tribunaux de France, même quand il réside dans son pays, il s'ensuit qu'il n'y a pas lieu de faire de distinction pour le cas où il réside en France forcément, parce qu'il est, par exemple, *prisonnier de guerre*. Le Code ne fait, il est vrai, aucune mention du prisonnier de guerre. Mais il n'y a pas de raison de l'exclure de la règle commune aux étrangers ordinaires. Le prisonnier de guerre n'est tel que relativement à *l'état*; à l'égard des Français, il doit être considéré et traité comme *étranger* dans les rapports qu'il peut avoir avec eux, dans l'exécution des obligations qu'il a contractées. — Guichard, no 223; Coin-Delisle, no 5.

263. — Ainsi, il a été jugé qu'un Anglais, prisonnier de guerre, qui avait souscrit une lettre de change en France, était justiciable des tribunaux français. — *Paris*, 16 germin. an XIII, Barrington c. Perdemet. — V. aussi Pailliet, *ubi suprà*, no 4.

264. — On s'est demandé si au moins il n'était pas nécessaire, pour l'application de l'art. 14, que l'étranger fût *trouvé* en France. La première rédaction de cet article faisait à cet égard une distinction. Pour les dettes contractées en France, elle permettait indéfiniment de *citer* l'étranger devant les tribunaux français. Au contraire, pour les obligations par lui contractées en pays étranger envers des Français, il ne pouvait être *traduit* devant les tribunaux de France que *s'il était trouvé* en France. Mais ces derniers mots ont été supprimés après une conférence entre le conseil d'état



et le tribunat; d'où il suit que la distinction contenue dans l'art. 14 du projet a disparu, qu'il n'y a plus de différence à induire des mots *citer* et *traduire*, que par conséquent, dans tous les cas, qu'il soit trouvé en France ou qu'il n'ait point cessé de résider en pays étranger, l'étranger est justiciable des tribunaux français. — *Florence*, 17 août 1809, N...; — Merlin, *Rép.*, vo *Etranger*, § 5; Guichard, no 222; Coin-Delisle, no 6; Mangin, *Tr. de l'action publ. et de l'action civ. en matière criminelle*, t. 1er, no 73; Valette, *Observat.* sur Proudhon, t. 1er, p. 159, note (*a*) *in fine*; Fœlix, *Du dr. international*, no 130 (V. *Revue franç. et étrangère*, ann. 1844, t. 1er, p. 82). — C'est encore ce qui résulte d'un arrêt de la cour de Cassation du 7 sept. 1808 (Ingelleim c. Fridrerg).

265. — Ce que nous venons de dire de l'étranger par lequel l'obligation a été contractée, doit s'appliquer également aux héritiers de cet étranger. La règle établie par l'art. 14 est générale. — Guichard, *ubi suprà*.

266. — Jugé en effet que l'étranger ou *ses héritiers*, lors même qu'ils n'ont point de résidence en France, peuvent être traduits devant les tribunaux français, à raison des obligations par eux contractées par un Français en pays étranger, surtout si cet étranger se trouve obligé solidairement avec d'autres Français. — *Cass.*, 1er juill. 1829, Verac c. Cézan.

267. — Il en est ainsi, lors même que les héritiers de l'étranger ne sont pas trouvés en France, et que l'individu avec lequel l'obligation a été contractée, étranger alors, n'est devenu Français que depuis. — *Cass.*, 7 sept. 1808, Ingelleim c. Fridrerg.

268. — Cependant un Français légataire, en vertu d'un testament même fait en France d'un ambassadeur d'une puissance étrangère, ne pourrait assigner en France, pour l'exécution du testament, les héritiers de cet ambassadeur, domiciliés en pays étranger. C'est que l'exécution d'un testament doit se régir par des principes particuliers. La faculté de tester appartient en effet au droit civil, et est soumise à ce titre, quant à son efficacité, aux lois du pays où le testateur a son domicile. Ajoutons à cela que, la succession de l'étranger s'ouvrant au lieu de son domicile, c'est le tribunal de ce lieu qui doit connaître des contestations qui y sont relatives. Il y aura donc pour ce cas exception à la règle de l'art. 14. — V. en ce sens *Paris*, 22 juill. 1815, Lainé c. Marguère.

269. — Jugé que des cohéritiers français appelés à recueillir la succession d'un Français décédé à l'étranger, composée d'immeubles situés tous en pays étranger, sont recevables, nonobstant une convention contraire, à saisir les tribunaux français d'une demande en compte, liquidation et partage de l'hérédité. — *Paris*, 16 août 1845 (t. 1er 1846, p. 68), d'Espagnac.

270. — Une question dont la solution n'offre pas de plus sérieuses difficultés s'est élevée sur le point de savoir ce que l'on doit entendre par les mots *obligations contractées*, qui se trouvent dans l'art. 14. Faut-il en limiter le sens aux obligations conventionnelles, ou l'étendre à celles dérivant des quasi-contrats, des délits et des quasi-délits? Tous les auteurs qui ont examiné cette question l'ont, avec raison, résolue en faveur de l'extension. Le mot *contracter* a été pris en effet par le législateur pour signifier les engagemens que l'on forme avec quelqu'un, de quelque manière que ce soit. On en trouve des preuves dans les art. 1370, 1372 et 1382, C. civ. C'était aussi dans ce sens large que la loi romaine employait le mot *obligation*. — Instit., tit. *De obligationibus*, § 2; — Merlin, *Rép.*, vo *Etranger*, § 4; Carré, *De la compétence*, t. 1er, no 202; Guichard, no 221; Pardessus, *C. de dr. comm.*, no 1478; Mangin, *De l'action publ. et civile*, t. 1er, no 73; Pailliet, *loc. cit.*, no 2; Coin-Delisle, no 7; Valette, sur Proudhon, p. 159, note (*a*); Fœlix, *ubi suprà*, no 135; Marcadé, sous l'art. 14, no 3; Demolombe, t. 1er, no 250.

271. — La jurisprudence a généralement consacré cette doctrine. — *Poitiers*, 8 prair. an XIII, Trom c. Canier; *Paris*, 17 nov. 1834, Imbert c. Dubois de Chemant; 7 août 1840 (t. 2 1840, p. 747), Domercq c. Maison; *Rouen*, 6 fév. 1841 (t. 1er 1841, p. 309), et *Cass.*, 13 déc. 1842 (t. 1er 1843, p. 406), capitaine Stranack et compagnie anglaise de navigation c. compagnie française du *Phénix*.

272. — En conséquence, l'étranger, même non résident en France, peut être traduit par un Français devant les tribunaux de France, sur la demande en dommages-intérêts formée contre lui par suite d'un quasi-délit commis à l'étranger. — V. les arrêts de Rouen et de cass. précités.

273. — Ainsi encore, l'étranger qui a accepté une soumission ouverte en France, peut être cité devant les tribunaux français par les créanciers ou

légataires de la succession : le fait de l'addition de l'hérédité constitue, de la part de l'étranger, une obligation dans le sens de l'art. 14, C. civ., qui le soumet à la juridiction des tribunaux français. — *Montpellier*, 12 juill. 1826, de Travy c. Salsas.

**274.** — Par application du même principe, la demande en reconnaissance de droits légaux résultant du mariage contracté entre un Français et une étrangère, en pays étranger, bien qu'elle soit intentée contre la succession du mari décédé étranger, a pu être formée devant les tribunaux français, l'art. 59, C. procéd., étant alors inapplicable. — *Paris*, 7 août 1840 (t. 2 1840, p. 747), Domercq c. Maison.

**275.** — Un tribunal français saisi d'une demande formée par un étranger contre des Français à l'occasion d'un fait qui a eu lieu en France est compétent pour statuer sur l'action en garantie dirigée par ceux-ci contre un autre étranger (C. procéd., art. 181). — *Spécialement*, le tribunal français devant lequel un étranger a porté une action en dommages-intérêts pour arrestation illégale opérée en France par des Français est compétent pour connaître de l'action en garantie intentée par ceux-ci contre d'autres étrangers qui auraient provoqué cette arrestation. — *Paris*, 12 mai 1843 (t. 2 1843, p. 336), Hiedoon c. Grant et Hogson, Chauviteau.

**276.** — Décidé, toutefois, que les obligations à raison desquelles l'étranger pouvait être cité devant les tribunaux français étaient seulement celles dérivant d'un contrat, et non d'un fait donnant lieu à action civile. — *Paris*, 5 juin 1829, Despine c. Demidoff.

**277.** — Mais cet arrêt ne peut être invoqué comme une autorité directement contraire à la doctrine et à la jurisprudence généralement admises. Car, ainsi que l'observe M. Coin-Delisle, n° 7, *in fine*, il s'agissait dans l'espèce sur laquelle il est intervenu, d'une femme qui, étrangère d'origine, n'était devenue Française que par son mariage avec un Français, et réclamait en France l'état d'enfant légitime d'un étranger domicilié en pays étranger, c'était par conséquent une réclamation d'état et de filiation formée par une étrangère, cette femme ne pouvant reporter rétroactivement sa qualité de Française à l'époque de sa naissance; et la cour de Paris s'est déclarée incompétente. On ne peut évidemment tirer de là aucune induction contraire à l'extension donnée généralement à ces mots de l'art. 14 : *Obligations contractées*, que l'arrêt n'a point eu pour objet principal d'interpréter ; ce n'est, au résultat, qu'une véritable décision d'espèce, à laquelle il faut se garder d'attribuer une importance exagérée.

**278.** — L'art. 14 a donné lieu aussi à la question de savoir si l'étranger n'était justiciable des tribunaux français qu'autant que les obligations par lui contractées l'avaient été *directement et immédiatement*, *avec* ou *envers* des Français, ou bien s'il pouvait l'être, lorsque les obligations contractées originairement au profit d'un autre étranger, avaient été transmises, cédées par ce dernier à des Français. Cette question est d'autant plus importante qu'elle se présente sous le double rapport des obligations purement civiles et des obligations commerciales.

**279.** — A l'égard des obligations purement civiles, pour repousser la compétence de nos tribunaux, lorsque des Français sont devenus propriétaires de ces obligations par la voie d'une cession ordinaire, on dit, d'abord que l'art. 14 est une exception à la maxime *Actor sequitur forum rei*, et que toute exception étant de droit étroit ne peut être étendue au-delà de son sens clairement exprimé. Or, cet article ne parlant que des obligations contractées *avec* des Français, c'est à ces seules obligations que doit être restreinte l'exception dont il s'agit. Une autre raison qui ne paraît pas moins puissante, c'est que l'étranger qui s'est obligé civilement envers un autre étranger l'a fait dans la confiance que ses propres juges auraient seuls le pouvoir de prononcer sur les effets de l'obligation qu'il contractait. L'étranger n'aurait jamais pu en effet assigner son débiteur étranger devant les tribunaux de France pour obtenir contre lui une condamnation. L'exception de l'art. 14 n'a point été établie en sa faveur. Ce que le cédant n'avait pas droit de faire, le cessionnaire ne le peut pas davantage. *Nemo plus juris ad alium transferre potest quam ipse habet.* — Merlin, *Quest. de dr.*, v° *Étranger*, § 4, n° 3; Coin-Delisle, n° 8; Fœlix, *Revue française et étrangère*, 2e série, t. 4, *Du dr. international*, n° 133; Demolombe, n° 150. — V. cependant Pardessus, *Dr. comm.*, n° 1478 (t. 6, p. 342, *in fine*).

**280.** — Jugé, conformément à ces principes, que le Français cessionnaire d'une créance non commerciale consentie en pays étranger au profit d'un étranger, ne peut poursuivre le débiteur en France. — *Paris*, 27 mars 1835, Doumerc c. Behr-Abraham. — V. aussi dans le même sens *Douai*, 27 fév. 1828, Hennesy-Knox c. Rauc.

**281.** — ...Et que pour qu'un Français puisse citer un étranger devant les tribunaux français pour des obligations civiles ou commerciales contractées en pays étranger, il est nécessaire qu'elles aient été primitivement et directement contractées envers un Français, et il ne suffit pas qu'elles aient été dans la suite transmises à un Français. — *Poitiers*, 5 juill. 1831, Bewscher c. Chaulin et Lasalle.

**282.** — Mais si l'étranger qui avait souscrit une obligation civile au profit d'un autre étranger se retirait en France, le Français cessionnaire de cette obligation pourrait alors le traduire devant les tribunaux français. Le principe de droit public que tout Français a le droit d'obtenir justice en France, consacré par l'art. 14, C. civ., doit recevoir ici son application. La maxime de droit civil *Nemo plus juris ad alium transferre potest quàm ipse habet*, doit céder devant le principe. — Fœlix, *ubi suprà*, n° 134.

**283.** — Le Français cessionnaire d'une obligation commerciale souscrite envers un étranger par un autre étranger n'ayant point cessé de résider dans son pays, serait-il également privé de la faculté d'invoquer le bénéfice de l'art. 14? — La négative ne peut être douteuse; car il est de la nature des effets de commerce (lettres de change, billets à ordre, etc.) d'être négociables, et celui qui les souscrit est lié envers tous ceux au profit desquels son obligation serait endossée; il est censé s'être obligé directement envers eux, et leur avoir assuré contre lui les mêmes droits que s'il les eût compris tous nominativement dans l'engagement qu'il a pris de payer. Or, il a dû s'attendre que parmi les endosseurs successifs de ses effets se trouveraient des personnes qui lui seraient inconnues, que ces effets pourraient même être endossés au profit d'étrangers à son pays. Si le droit était refusé aux Français qui seraient porteurs de ces effets, d'en poursuivre le paiement devant les tribunaux de France, ce serait évidemment entraver nos relations commerciales avec les nations étrangères, relations dont le législateur doit au contraire favoriser le progrès. Par une conséquence nécessaire de ces relations, les Français sont souvent forcés de recevoir des effets de commerce d'étrangers, tandis que rien ne les oblige de se rendre cessionnaires des obligations civiles souscrites entre étrangers. — Merlin, *ubi suprà*, n° 4; Pardessus, *loc. cit.*; Coin-Delisle, n° 9; Fœlix, n° 132; Demolombe, n° 250.

**284.** — Ainsi, l'étranger qui a souscrit en France un billet à ordre au profit d'un autre étranger peut être assigné en paiement devant les tribunaux français par le tiers-porteur qui est Français. — *Douai*, 12 avr. 1828, N....; *Paris*, 15 oct. 1834, Selles c. Knapp.

**285.** — Il en est de même lorsque la lettre de change ou le billet à ordre ont été souscrits en pays étranger. Dans ce cas, comme dans le précédent, l'étranger souscripteur est réputé débiteur direct du Français. — *Cass.*, 25 sept. 1829, Arnold c. Fontaine; 26 janv. 1833, Inglée c. Délape; *Douai*, 7 mai 1828, Williams Robert c. Carpentier et Dudon; *Paris*, 15 juill. 1846 (t. 2 1846, p. 558), Dyson c. Canneau.

**286.** — Jugé aussi que l'endossement en blanc, qui transfère, d'après les lois anglaises, la propriété d'une lettre de change, doit, s'il a été fait par un étranger au profit d'un Français, être considéré comme engagement d'un étranger envers un Français et rend les tribunaux français compétens pour en connaître. — *Cass.*, 25 sept. 1829, Arnold c. Fontaine.

**287.** — D'où il suit que le Français peut obtenir l'arrestation provisoire de l'étranger souscripteur des effets de commerce dont la propriété lui a été transmise par la voie de l'endossement, si cet étranger est trouvé en France. — *Douai*, 7 mai 1828, Williams Robert c. Carpentier; 12 janv. 1832, Bloqué c. Prior; — Merlin, *ubi suprà*; Coin-Delisle, *Comment.* sur la loi du 17 avr. 1832, art. 15, n° 7. — Et que l'étranger est soumis à la contrainte par corps dans les termes de l'art. 14, L. 17 avr. 1832. — *Paris*, 15 juill. 1846 (t. 2 1846, p. 558), Dyson c. Canneau.

**288.** — La loi du 10 sept. 1807 concernant l'arrestation provisoire des étrangers, comprend, en effet, indistinctement toutes les obligations contractées par un étranger au profit d'un Français, soit directement, soit médiatement; en conséquence, elle est applicable à des traites faites et payables en pays étranger, et dont le Français n'est devenu propriétaire que par voie d'endossement. — *Paris*, 29 nov. 1831, Cochrane c. Séguier.

**289.** — Le président du tribunal civil peut ordonner l'arrestation provisoire d'un étranger, quoique le billet à ordre souscrit par ce dernier ait été transmis par un endossement en blanc, s'il n'est pas démontré d'une manière positive que le mandat conféré par cet endos a été révoqué. — *Paris*, 6 avr. 1843 (t. 1er 1843, p. 688), Chevremont c. Montigny.

**290.** — Jugé aussi que la recommandation faite par un Français sur un étranger incarcéré provisoirement est valable, bien qu'elle ait eu lieu en vertu de la cession, résultant d'un endos, d'un effet de commerce originairement souscrit par l'étranger au profit d'un autre étranger. — *Paris*, 6 déc. 1836 (t. 2 1837, p. 484), L... c. N...

**291.** — Toutefois, l'étranger traduit devant les tribunaux français peut repousser cette juridiction en prouvant que l'endossement n'a eu lieu que dans la vue de le soustraire à ses juges naturels et de le faire arrêter en France. Il lui est toujours permis de fournir cette preuve. — *Douai*, 12 janv. 1832, Bloqué c. Prior. — V. aussi en ce sens un arrêt du parlement de Paris du 7 août 1732, rapporté par Denisart, v° *Consul des marchands*, § 3, n° 23, et par Merlin, *Rép.*, v° *Étranger*, 5e édit., t. 6, p. 310.

**292.** — Le fait d'accepter une lettre de change, comme celui de la souscrire, soumet également l'étranger accepteur à la législation française. — *Paris*, 29 nov. 1831, Cochrane c. Séguier.

**293.** — De même, les tribunaux français peuvent se déclarer compétens pour connaître des contestations entre un assureur étranger et un Français assuré, quoique la police d'assurance ait été faite en pays étranger avec un autre étranger, mais ce dernier agissant *pour compte de qui il appartiendra*. — *Aix*, 5 juill. 1833, Aquaronne c. Boccardo.

**294.** — Cependant, contrairement à la doctrine et aux arrêts qui précèdent, il a été décidé qu'un Français ne pouvait citer un étranger devant les tribunaux français pour des obligations commerciales contractées en pays étranger qu'autant qu'elles avaient été primitivement et directement contractées envers un Français; qu'il ne suffisait pas qu'elles eussent été dans la suite transmises à un Français. — *Bruxelles*, 25 mars 1826, K..; *Douai*, 27 fév. 1828, Hennesy-Knox c. Rauc; *Poitiers*, 5 juill. 1832, Bewscher c. Chaulin et Lasalle.

**295.** — ...Et que, par conséquent, la loi du 10 sept. 1807, qui autorise l'arrestation provisoire d'un étranger pour la responsabilité de sa dette envers un Français, ne pouvait être appliquée lorsque le débiteur étranger n'avait pas souscrit directement au profit de ce Français, soit la lettre de change, soit le billet à ordre. — V., outre l'arrêt de Douai qui précède, *Aix*, 25 août 1828, Sturla c. Altaras; *Pau*, 27 mai 1830, Hervas c. Legoanère. — V. au surplus CONTRAINTE PAR CORPS. — Mais nous venons de voir que cette doctrine, généralement repoussée, ne devait point être suivie.

**296.** — L'art. 15 est-il applicable aux obligations contractées antérieurement à la promulgation du Code civil? En d'autres termes, la compétence des tribunaux doit-elle se déterminer par la loi en vigueur au moment du contrat, ou par celle du temps où s'intente l'action? M. Guichard (n° 226) se prononce pour l'inapplicabilité de l'art. 14 à ces sortes d'obligations, en se fondant sur ce que l'art. 2, C. civ., porte que « la loi ne dispose que pour l'avenir, et n'a pas d'effet rétroactif. » C'est aussi l'opinion de Paillet (*loc. cit.*, n° 7). Mais est-ce donner un effet rétroactif à la loi que de soumettre à la juridiction qu'elle établit les actions nées à l'occasion d'obligations contractées antérieurement? La simple juridiction et la forme de procéder ne laissent-elles pas entiers les effets du contrat et sa substance? On trouve dans un arrêté du 5 fruct. an IX la réponse à ces questions. « Tout ce qui touche à l'instruction des affaires, tant qu'elles ne sont pas terminées, y lit-on, se règle d'après les formes nouvelles, sans blesser le principe de non-rétroactivité que l'on n'a jamais appliqué qu'au fond du droit. » Ajoutons à cela que les lois nouvelles rendues en matière de compétence étant de droit public, il est de leur nature de comprendre dans les attributions qu'elles établissent la généralité des actions à intenter, quels que soient le temps et la cause de leur origine. Il est donc indifférent pour l'application de l'art. 14 que la créance soit antérieure ou postérieure à la promulgation du Code civil. — Coin-Delisle, n° 10; Fœlix, *ubi suprà*, n° 137.

**297.** — Jugé, en effet, qu'un étranger peut être traduit devant les tribunaux français pour des obligations contractées avec des Français en pays étranger, antérieurement au Code civil. — *Pau*, 8 juill. 1809, Palengat c. Lapenne et Blanque. —

V. aussi *Trèves* (motifs) du 18 mars 1807, de N... c. Hertz Reinach.

298. — Mais il n'est pas inutile, pour l'application de l'art. 14, de rechercher la qualité des contractans au moment où l'obligation a pris naissance. Car cet article exige que les obligations aient été souscrites avec ou envers des *Français*. Si donc l'étranger qui poursuit aujourd'hui devant les tribunaux de France son débiteur étranger n'a acquis la qualité de Français, ou n'a été admis à la jouissance des droits civils aux termes de l'art. 13 que postérieurement à l'obligation contractée envers lui, il doit être déclaré non-recevable dans son action. Son changement d'état ne saurait, au préjudice de son débiteur et peut-être des tiers, détourner l'application des lois sous lesquelles les parties ont entendu contracter et aux dispositions desquelles la partie obligée a nécessairement compté qu'elle serait soumise pour l'exécution de son obligation. La naturalisation et l'admission aux droits civils n'ont d'effet que pour l'avenir. Elles n'accordent à l'étranger le bénéfice de la juridiction française que du moment de leur obtention et qu'à l'égard des contestations dont la cause est postérieure. — Guichard, no 225; Paillet, no 6; Coin-Delisle, no 12.

299. — Spécialement, l'ordonnance du roi, qui admet un étranger à jouir des droits civils en France ne peut avoir un effet rétroactif à l'égard des tiers et attribuer à l'étranger les droits et les prérogatives d'un sujet français pour un contrat passé en pays étranger antérieurement à cette ordonnance. — *Paris*, 6 août 1817, N...

300. — Les tribunaux français peuvent aussi se déclarer incompétens pour connaître d'une réclamation d'état et de filiation formée contre un Russe par une femme née en France d'une femme russe et qui ne serait devenue Française que par son mariage avec un Français. — *Paris*, 5 juin 1829, Despine c. Demidoff.

301. — Mais jugé que la femme qui a perdu la qualité de Française par son mariage avec un étranger recouvre de plein droit cette qualité par le décès de son mari, si elle réside en France. En conséquence, elle peut alors actionner des étrangers devant les tribunaux français, à raison d'obligations contractées en France. — *Bastia*, 11 avr. 1843 (t. 1er 1844, p. 514), Palmieri. — Toullier, t. 1er, no 268, § 4; Duranton, t. 1er, no 193; Proudhon, t. 1er, p. 71; Coin-Delisle, *Comment. analyt.*, sur l'art. 19, C. civ., no 5; Delaporte, *Pandectes françaises*, sur l'art. 19, C. civ. — V. cependant Guichard, no 318.

302. — ... Que l'étranger naturalisé Français acquiert, dès le moment de sa naturalisation, le droit de citer des étrangers devant les tribunaux français, même pour des obligations antérieures à l'obtention de ses lettres de déclaration de naturalité. — *Aix*, 24 juill. 1826, Nathan-Coen Bacri c. Jacob-Coen Bacri. — V. aussi en ce sens Fœlix, no 136.

303. — ... Et même que si, après des jugemens qui ont déclaré les tribunaux français incompétens pour connaître d'une contestation entre étrangers, le demandeur obtient des lettres de déclaration de naturalité, et vient alors, en sa qualité de Français, actionner de nouveau le défendeur devant les tribunaux français, le défendeur ne peut exciper de la chose jugée sur la compétence, si d'ailleurs, indépendamment du changement de qualité du demandeur, il n'y a pas, entre l'ancien et le nouveau procès, identité de causes et de personnes. — V. l'arrêt qui précède.

304. — Le privilége résultant de l'art. 14 peut-il être invoqué par le Français qui a établi son domicile dans le pays de l'étranger avec lequel il a contracté? — La cour royale de Paris s'est prononcée deux fois pour la négative. — *Paris*, 28 fév. 1814, Gesnelle c. Straulino; 20 mars 1834, Bertin c. de Bragation. — La même solution a été adoptée par Delvincourt, édit. de 1824, t. 1er, p. 16, note 10e, et Carré, *De la compét.*, t. 1er, no 203.

305. — Cette doctrine, qui d'ailleurs, est combattue par plusieurs autres auteurs, ne nous paraît pas conforme à la loi. D'abord, l'art. 14 est général, et là où la loi ne distingue pas, nous ne devons pas distinguer. Il est indifférent que le Français ait ou non son domicile en France. Si le motif tiré de ce que le législateur s'est écarté ici de la règle *actor sequitur forum rei*, afin que le Français ne fût pas obligé de quitter son domicile et de courir après son débiteur, ne peut plus être invoqué, du moins peut-on toujours dire que les jugemens étrangers ne sont pas exécutoires en France, et qu'il est inutile de contraindre le Français établi en pays étranger à obtenir deux jugemens, l'un à l'étranger pour la condamnation, l'autre en France pour l'exécution. Le domicile du Français en France n'est d'ailleurs d'aucune utilité, puisque celui-ci n'est pas tenu d'y traduire son débiteur étranger, et qu'il peut le citer devant un tribunal quelconque du royaume, selon son intérêt. — Pour que l'art. 14 ne pût être invoqué par le Français établi en pays étranger, il faudrait qu'il eût renoncé à la protection des lois françaises. Or, cette renonciation ne peut s'induire du simple établissement en pays étranger. Vainement on dirait que c'est là un moyen de tromper l'étranger avec lequel le Français contracte en pays étranger, car cet étranger a dû connaître la condition de celui avec lequel il s'engageait. La loi du moins suppose qu'il en a eu connaissance. Lui seul alors doit supporter les suites de son engagement. — Duranton, t. 1er, no 151, note 1re, et no 102; Legat, p. 299; Bioche et Goujet, *Dict. de procéd.*, vo *Étranger*, no 10; Fœlix, no 144; Coin-Delisle, sur les art. 14 et 15, nos 13 et 14; Demolombe, no 249.

306. — Jugé, en conséquence, que le Français qui, depuis long-temps, a sa résidence en pays étranger, et qui y a fondé un établissement commercial, peut néanmoins citer devant les tribunaux français l'étranger avec lequel il a contracté dans son pays. — *Paris*, 18 avr. 1835, Roellands-Tricot c. Rouzé de Madre; *Cass.*, 26 janv. 1836 (t. 1er 1838, p. 52), Bertin c. de Bagration. — Cet arrêt a cassé l'arrêt de Paris précité du 20 mars 1834. — *Rouen*, 17 mai 1837 (t. 1er 1838, p. 53), Bertin.

307. — Le Français qui a obtenu des lettres de *denization* en Angleterre n'est pas naturalisé Anglais et peut assigner une personne de cette nation devant les tribunaux de France. — *Paris*, 27 juill. 1820, Brunet c. Crew.

308. — La circonstance que le tribunal étranger aurait été déjà saisi de l'action n'empêcherait même pas que le Français qui aurait contracté avec un étranger en pays étranger, si d'ailleurs il n'a point renoncé à la juridiction française, ne pût, pendant l'instance engagée devant le tribunal étranger, saisir les tribunaux français. L'exception de litispendance en pays étranger ne peut être proposée par l'étranger devant les tribunaux français; l'art. 171, C. procéd., ne s'applique pas à des causes pendantes devant des tribunaux de deux royaumes différens. C'est une conséquence naturelle de ce que les jugemens étrangers n'ont aucune efficacité en France avant leur révision. — *Trèves*, 18 mars 1807, de N... c. Hertz-Reinach; *Cass.*, 7 sept. 1808, Ingelleim c. Fridrerg; *Montpellier*, 12 juill. 1826, de Travy c. Salsas; — Guichard, no 246; Carré et Chauveau, *Lois de la procéd.*, sur l'art. 171, note 1re; Bioche et Goujet, *Dict. de procéd.*, édit. 2e, no 22; Fœlix, nos 140 et 141; Zachariæ, t. 1er, p. 58. — V. toutefois Demolombe, t. 1er, no 251.

309. — L'étranger traduit par un Français avec lequel il a contracté devant un tribunal français ne peut également motiver un déclinatoire sur ce que l'existence de l'obligation dont on poursuit l'effet contre lui, n'est pas justifiée. — *Florence*, 17 août 1809, N...

310. — ... Ni, pour repousser les poursuites dirigées contre lui par un Français envers lequel il s'est obligé en France, être admis à demander la nullité de ses obligations, en raison de ce qu'au moment où il a contracté il aurait été mineur selon la loi de son pays. — *Paris*, 17 juin 1834, Fontellas c. Lemonnier et Desbarres. — V. cependant Nouguier, *Des lettres de change*, t. 1er, p. 476.

311. — Il en doit être ainsi surtout quand, dans les obligations qu'il souscrit, l'étranger se déclare domicilié en France. — *Paris*, 15 oct. 1834, Selles c. Knapp.

312. — L'état de faillite d'un étranger, déclaré par les lois de son pays, n'empêcherait pas qu'il ne pût encore être personnellement assigné par le Français qui serait son créancier devant les tribunaux de France, cet étranger ne pouvant être réputé failli en France; et ses syndics, qui sont eux-mêmes sans qualité pour le représenter en France, ne pourraient intervenir pour opposer son incapacité d'ester en justice. — *Colmar*, 11 mars 1820, Kolb c. Bunger.

313. — Au surplus, le droit accordé au Français par l'art. 14 d'appeler l'étranger devant les tribunaux de France est un droit purement personnel, facultatif, auquel il peut renoncer, pour suivre, s'il le juge convenable, la maxime *actor sequitur forum rei*. — *Cass.*, 14 fév. 1837 (t. 1er 1837, p. 162), Cabanon c. Hermet; 24 fév. 1846 (t. 2 1846, p. 360), Bonneau c. Poydros; — Guichard, no 237; Legat, p. 398 et 300; Paillet, *loc. cit.*, no 17; Coin-Delisle, no 15; Massé, *Dr. comm.*, dans ses rapports avec le droit des gens, t. 2, no 199; Fœlix, *Dr. internat. privé*, no 159.

314. — L'intention d'un Français de renoncer à la juridiction française peut s'induire notamment d'une action par lui formée contre un étranger devant un tribunal étranger, et de l'élection de domicile dans un lieu dépendant d'un territoire étranger, qu'il aurait faite, conformément aux termes de l'art. 111, C. civ., dans un acte passé avec un étranger. — Fœlix, nos 139 et 143.

315. — Alors, si le Français vient à succomber devant le tribunal étranger, il n'est plus recevable à traduire de nouveau, à raison de la même demande, l'étranger devant les tribunaux français. — *Cass.*, 14 fév. 1837 (t. 1er 1837, p. 162), Cabanon c. Hermet; — Legat, Fœlix et Coin-Delisle, *ubi suprà*. — V. cependant Boncenne, *Théor. de la procéd. civ.*, t. 3, p. 238. — V. aussi *Paris*, 22 juin 1843 (t. 2 1843, p. 143), prince de Capoue c. Lenormand; *Cass.*, 24 fév. 1846 (t. 2 1846, p. 360), Bonneau c. Poydras.

316. — ... Surtout s'il a épuisé tous les degrés de juridiction des tribunaux étrangers. — *Paris*, 29 juill. 1826, Delaume c. Heymans; *Cass.*, 15 nov. 1827, mêmes parties.

317. — La question de savoir si le Français a déjà formé la même demande devant les tribunaux étrangers est une question de fait à résoudre par les juges du fond et dont l'appréciation échappe à la censure de la cour de Cassation. — V. l'arrêt de Cass. précité (no 315) du 14 fév. 1837.

318. — Toutefois, pour que la renonciation du Français à la disposition de l'art. 14 puisse lui être opposée et le rendre non recevable à actionner l'étranger devant les tribunaux français, il faut qu'elle ait été libre et volontaire. — *Rouen*, 19 juill. 1842 (t. 2 1842, p. 151), Lederer c. Lanabure.

319. — Ainsi, il n'y a pas renonciation à la juridiction française de la part du Français qui a saisi les tribunaux étrangers, et qui a même épuisé leur juridiction au sujet d'une demande par lui formée contre un étranger, dans les circonstances prévues par ledit art. 14, si le Français ignorait que cet étranger eût des biens en France; dans ce cas, il peut reproduire devant les tribunaux français l'action qu'il avait déjà soumise aux tribunaux étrangers. — Même arrêt.

320. — Jugé qu'en tous cas, s'il peut être vrai de dire que le Français qui a saisi les tribunaux étrangers de la connaissance d'un litige et suivi son adversaire devant tous les degrés de la juridiction étrangère ne peut soumettre la même demande à des tribunaux français, ce principe ne peut s'appliquer au cas où la décision a été rendue par un arbitre sans pouvoirs. — *Cass.*, 31 déc. 1844 (t. 1er 1845, p. 727), prince de Capoue c. Lenormand.

321. — Enfin, nous ferons remarquer que l'art. 14 souffre exception relativement aux obligations contractées en faveur d'un Français par les agens diplomatiques et par les personnes attachées à leur suite pendant la durée de leurs fonctions. C'est, en effet, un usage immémorial, communément suivi en Europe, que les *ministres publics* ne peuvent être traduits devant les juges des états où ils résident, usage fondé sur ce que ces ministres étant chargés de régler les relations et les affaires des nations entre elles, doivent être, pour le libre exercice de leurs fonctions, dans une indépendance absolue. Nous avons examiné avec étendue cette exception à la règle de l'art. 14, sous le mot AGENT DIPLOMATIQUE, auquel dès lors nous nous bornerons à renvoyer nos 180 et suiv.

322. — Mais l'art. 14, C. civ., est-il applicable aux gouvernemens étrangers; et spécialement un Français pourrait-il saisir les sommes, meubles et effets appartenant à un gouvernement étranger pour assurer l'effet d'une convention faite avec lui par ce gouvernement?

323. — Et d'abord, s'il s'agit de meubles ou effets mobiliers dépendans des maisons ou hôtels appartenant aux agens diplomatiques ou occupés par eux, il ne peut s'élever aucune difficulté, le privilége d'inviolabilité et d'exterritorialité qui s'attache à ces ministres couvre tout ce qui est à leur usage en France et s'étend même aux personnes de leur suite. Aucune saisie ne peut donc avoir lieu. — V. AGENT DIPLOMATIQUE.

324. — Il faudrait décider de même, quoique par d'autres motifs, quant aux objets mobiliers ou immobiliers qui, appartenant à un gouvernement étranger, auraient en France une destination d'intérêt public pour ce gouvernement (tels, par exemple, que l'école fondée et entretenue à Paris par le pacha d'Egypte en faveur de jeunes Egyptiens, l'école française de peinture et d'architecture à Rome, l'école française à Athènes, etc.). — La destination publique de ces établissemens, qui les protégerait contre toute saisie s'ils étaient dans les limites de leur gouvernement, doit leur assurer, selon nous, même hors de ces limites, une semblable protection : nous dirions plutôt, *à plus forte raison* hors de ces limites, car il y a des raisons de haute convenance que chacun sent et comprend et qui doivent faire accorder, au risque

même de les exagérer, à ces établissemens, confiés à l'hospitalité et à la loyauté d'un peuple étranger, des priviléges plus étendus encore que ceux que dans la patrie leur destination paraît leur assurer. Cette solution se fortifie d'ailleurs d'une autre considération non moins puissante, c'est que les *tiers-saisis*, détenteurs de fonds, par exemple, appartenant au gouvernement étranger, ne seraient pas, vis-à-vis de ce gouvernement, valablement libérés par la quittance du saisissant alors même qu'ils auraient payé en vertu d'un jugement, et n'auraient aucun moyen, notamment, de se faire payer par les gouvernemens auxquels ils devaient prêter.

325. — Mais en serait-il ainsi des marchandises que l'ambassadeur ou tout autre agent, accrédité ou non de ce gouvernement, aurait placées, par exemple, dans un entrepôt, et dans des vues simplement commerciales, ou de l'argent qui serait entre les mains d'un banquier ou de tout autre détenteur avec une destination purement privée; ces marchandises et ces fonds ne devraient-ils pas rester sous l'influence du droit commun, et dès-lors subir les exigences des lois du pays où ils se trouvent?

326. — A cet égard, il a été jugé que le créancier d'un gouvernement étranger peut former opposition sur les deniers d'un emprunt que ce gouvernement a contracté en France, et les diverses décisions qui obligeraient le tiers-saisi à faire sa déclaration affirmative peuvent être considérées comme formant l'autorité irrévocable de la chose jugée sur la validité de l'opposition formée entre ses mains. — *Paris*, 7 janv. 1825, Ardoin c. Balguerie.

327. — Mais cet arrêt soulève de sérieuses difficultés; il nous paraît difficile, en effet, de ne pas admettre que toute opération, même privée en apparence, dans laquelle un gouvernement se trouve intéressé, n'ait pas un but d'utilité publique, au moins quant à lui; or, s'il en est ainsi, n'y a-t-il pas lieu d'appliquer la solution que nous avons donnée *suprà*, n° 324; les motifs nous paraissent identiques, et les raisons de haute politique, qui, en définitive, dominent toutes ces questions et justifient les solutions que nous leur avons données, nous semblent devoir ici avoir la même puissance, la même influence sur les intérêts privés.

328. — Toutefois, si l'engagement émanait d'un prince, fût-il même le souverain d'un pays étranger, mais en son nom privé et comme particulier, nous n'hésiterions point, en principe, à reconnaître tant la validité de la saisie-exécution ou de la saisie-arrêt que pourrait faire un créancier des objets ou sommes qui lui appartiendraient en France, que la compétence des tribunaux nationaux pour statuer sur les difficultés que ces mesures pourraient soulever. Dans ce cas, en effet, le prince étranger qui se serait fait commerçant, spéculateur, acquéreur, etc., dans son intérêt privé, se place volontairement sous la juridiction du pays où il opère; si, par suite, il a souscrit des engagemens, n'est-il pas juste que les biens qu'il a en dehors de tout intérêt public en assurent l'accomplissement; il a traité comme particulier avec des particuliers, il n'est plus protégé, sous ce rapport, par le droit des gens, en ce sens qu'il puisse se soustraire à la justice du pays. — Vatel, *Dr. des gens*, § 114; Klüber, *Dr. des gens*, p. 323, 331 et 333; de Martens, *Guide diplomatique*, t. 1er, p. 82; *Dr. des gens*, liv. 5, p. 15. (Cet auteur mentionne une saisie pratiquée contre le roi de Prusse.) — V. aussi dans la *Gazette des Tribunaux* du 28 mars 1845 la relation d'une affaire intentée contre le gouvernement du Pérou.

329. — Mais, même dans cette hypothèse, on ne saurait se dissimuler la gravité de semblables questions, et il pourrait, on le comprendra sans peine, se présenter telles circonstances où les nécessités de la politique déterminassent le gouvernement du pays dans lequel s'élèveraient ces incidens, à intervenir pour empêcher, sous sa responsabilité, une application trop étroite ou trop périlleuse de la loi.

### § 2. — *Cas où l'action est exercée par des étrangers contre des Français.*

330. — Après avoir accordé au Français le droit de citer l'étranger devant les tribunaux de France, le législateur devait, par un sentiment d'exacte justice, autoriser l'étranger à assigner le Français devant les tribunaux français. Cette autorisation résulte de l'art. 15, C. civ., ainsi conçu : « Un Français pourra être traduit devant un tribunal de France, pour des obligations par lui contractées en pays étranger, même avec un étranger. » Il est d'ailleurs d'autant plus avantageux pour les étrangers d'exercer leurs poursuites en France, que, comme nous le verrons plus loin, les jugemens étrangers ne peuvent avoir d'effet en France qu'après qu'ils ont été rendus exécutoires par les tribunaux français. D'un autre côté, le Français n'a pas à se plaindre; car la juridiction devant laquelle il est traduit est celle de son domicile. Ce n'est pour lui que l'exécution de la règle commune : *Actor sequitur forum rei*. — Marcadé, *El. dr. civ. franç.*, sous l'art. 15, n° 1er.

331. — Toutefois, en autorisant l'étranger à poursuivre le Français en France, il fallait mettre ce dernier à l'abri d'une demande inconsidérée et de mauvaise foi, après le jugement de laquelle l'étranger aurait pu disparaître sans payer les frais et les dommages-intérêts : de là la disposition des art. 16, C. civ., et 166, C. procéd. civ., qui exigent de l'étranger demandeur un cautionnement connu sous le nom de *caution judicatum solvi* — V. ce mot. — Demolombe, t. 1er, n° 253.

332. — Les Algériens plaidant en France ne doivent pas être considérés comme étrangers, et dès-lors ne sont pas astreints à la *caution judicatum solvi*. — *Paris*, 2 févr. 1839 (t. 1er 1839, p. 290), Nathan Bacri.

333. — Il n'y a exception à l'obligation de fournir cette caution que pour les matières commerciales qui exigent plus de célérité ou lorsque l'étranger possède en France des immeubles d'une valeur suffisante pour assurer le paiement. — C. procéd., art. 167 ; C. civ., art. 16.

334. — Le Français doit demander la caution avant de proposer toute autre exception (C. procéd., art. 166), c'est-à-dire avant de se défendre, à peine de n'être plus recevable à la demander. — Demolombe, n° 258. — V. CAUTION JUDICATUM SOLVI, nos 105 et s.

335. — Le jugement qui ordonne la caution doit fixer la somme jusqu'à concurrence de laquelle elle sera fournie : l'étranger doit consigner cette somme ou justifier qu'il a en France des immeubles suffisans pour en répondre. — C. procéd., art. 167.

336. — L'étranger défendeur n'est pas assujéti à cette caution, et s'il succombe en première instance, il peut interjeter appel sans la fournir. — Demolombe, n° 255. — V., au reste, CAUTION JUDICATUM SOLVI, n° 55.

337. — De ce que l'art. 15 ne fait mention que des obligations contractées *en pays étranger* il ne saurait cependant en résulter que l'étranger ne pourrait poursuivre devant les tribunaux de France le Français qui aurait contracté *en France* à son profit. Cette faculté doit même, à plus forte raison, lui être accordée dans ce cas. — Guichard, n° 248; Paillet, *Dict. universel de droit*, v° *Action concernant les étrangers*, n° 28; Goujet et Merger, *Dict. dr. comm.*, v° *Etranger*, n° 36.

338. — Un tribunal français ne peut non plus proscrire la demande d'un étranger à fin d'exécution d'une obligation contractée envers lui par un Français, sous le prétexte que pareille action formée par un Français devant les tribunaux du pays de cet étranger n'a pas été accueillie. La réciprocité établie par l'art. 11, C. civ., ne s'étend pas aux obligations contractées par un Français envers un étranger. — *Colmar*, 4 janv. 1806, Sachermann c. Barbenès; 27 août 1816, Schachtrapp c. Kestner.

339. — Par application de l'art. 15 précité, il a été jugé que les tribunaux français étaient compétens pour connaître de l'intervention formée par un étranger dans une instance pendante entre un Français et le trésor, alors surtout que l'étranger prenait des conclusions directement contre le trésor. — *Cass.*, 19 mai 1830, Taaffe c. Bellew.

340. — Mais un étranger n'est pas recevable à intervenir dans une instance suivie devant les tribunaux français entre un Français et un autre étranger, si ce dernier combat la demande de l'intervenant par un défaut de qualité qui ne peut être jugé que par les tribunaux du pays de l'intervenant, et par exemple si la demande en intervention a pour but la participation à la liquidation d'une société, et que le demandeur se présente comme un héritier d'un prétendu associé en sous-ordre des parties, sans prouver ni que son auteur était réellement associé, ni qu'il en soit héritier. — *Bruxelles*, 31 déc. 1821, Constantini c. Despagnac.

341. — La séparation d'un pays français d'avec la France est sans aucune influence sur la compétence des tribunaux français relativement au Français qui a contracté avec un étranger. Ainsi, l'instance engagée par un étranger contre un Français, en matière personnelle et devant un tribunal français, ne peut, si, avant qu'elle soit terminée, le lieu de ce tribunal est séparé de la France, être reprise ou continuée devant les juges de ce lieu, devenus étrangers; elle doit être portée devant un tribunal de France. — *Grenoble*, 27 janv. 1823, Sougeon c. Meyer.

342. — Mais en est-il de même de la guerre survenue entre la France et une puissance étrangère? L'individu membre de cette puissance peut-il, pendant cette guerre, exercer ses actions en France contre son débiteur français? On ne voit guère pourquoi ce droit lui serait refusé, si, d'ailleurs, il n'est intervenu aucune loi expresse à cet égard. L'état de guerre, en effet, ne paralyse que les droits qui ont leur source dans des considérations purement politiques. Si même il en devait être autrement, il pourrait arriver que l'étranger perdît, sans négligence de sa part, ses droits contre un débiteur français, car la guerre n'interrompt pas la prescription. Il est donc utile que, nonobstant cette guerre, l'étranger puisse poursuivre en France son débiteur français. Seulement l'état de guerre pourra peut-être rendre ses poursuites plus difficiles; mais elles ne deviendront jamais impossibles, l'étranger ayant toujours la ressource de confier ses pouvoirs à des mandataires français. — Guichard, n° 249; Pailliet, *ubi suprà*, n° 29; Coin-Delisle, sur les art. 14 et 15, n° 16. — V. cependant un arrêt du 2 juin 1704, cité par Merlin, *Rép.*, v° *Guerre*, n° 1er, note 1re.

343. — Un arrêté du 19 messid. an XI nous fournit la preuve que l'art. 15 est applicable même en temps de guerre. Cet arrêté suspend les instances actuellement engagées à l'occasion d'engagemens contractés pour fait de commerce par des négocians français envers des Anglais, ainsi que l'exécution des jugemens qui auraient pu s'en suivre (art. 2). Or, si la guerre seule eût pu rendre sans effet les dispositions de l'art. précité, eût-il été nécessaire qu'une loi spéciale vînt en prononcer la suspension relativement aux Anglais? — Guichard, n° 250.

344. — Cet arrêté a donné lieu à la question de savoir si le Français qui, antérieurement à sa publication, avait été condamné envers un Anglais, pouvait, depuis et pendant l'état de guerre, se pourvoir contre le jugement de condamnation, et elle a été résolue affirmativement, par le motif que cet arrêté ne s'appliquait qu'aux instances ayant pour objet d'autoriser les poursuites d'un Anglais contre un Français, mais non à celles intentées par un Français pour les prévenir et les empêcher. — *Cass.*, 5 frim. an XIV, Greffulhe c. Impey; — Merlin, *ubi suprà*; Guichard, n° 251; Pailliet, n° 31.

345. — La juridiction des tribunaux français établie par l'art. 15 au profit d'un étranger contre un Français est absolue, d'ordre public, et conséquemment ne comporte aucune exception. Il n'en est pas de ce cas comme de celui prévu par l'art. précédent. Le Français qui peut indifféremment citer son débiteur étranger devant les tribunaux français ou devant ceux du pays de cet étranger, ne peut au contraire jamais consentir à être jugé, sur les poursuites dirigées contre lui à la requête d'un étranger, par les tribunaux étrangers. Il lui est permis d'opposer, en tout état de cause, l'incompétence de ces tribunaux. — *Grenoble*, 3 janv. 1829, Ovel c. Charlier.

346. — Des obligations contractées envers des étrangers par des Français, ne sont pas l'unique source des actions que les premiers ont le droit de porter devant les tribunaux de France contre des Français. Ainsi, il a été décidé que des individus qui avaient été inscrits sur les contrôles de l'armée pouvaient faire reconnaître et constater par les tribunaux civils leur qualité d'étrangers, à l'effet d'obtenir la radiation de ces contrôles. Mais les tribunaux civils ne seraient pas compétens pour prononcer leur libération. — *Paris*, 22 juin 1841 (t. 2 1841, p. 357), préfet de la Seine c. Bryant.

347. — L'étranger qui n'aurait fait connaître sa qualité que par l'instance qu'il aurait introduite depuis son inscription sur les contrôles de l'armée, devrait être condamné aux dépens de cette instance. — Même arrêt.

348. — Il a même été décidé que s'il n'avait pas opposé la qualité d'étranger avant la clôture des opérations du conseil de révision, il ne pouvait plus tard s'en prévaloir. — *Bastia*, 13 fév. 1833, Molini c. préfet de la Corse.

349. — ... Et qu'il ne pouvait être admis à prouver qu'il avait fait cette réclamation en temps utile, lorsque le contraire résultait des procès-verbaux. — Même arrêt.

## Sect. 2e. — *Compétence entre étrangers seulement.*

350. — Nulle matière n'est peut-être hérissée de plus grandes difficultés que celle qui regarde la

ÉTRANGERS, ch. 3, sect. 2e.

compétence des tribunaux français relativement aux procès que les étrangers peuvent avoir entre eux. Aussi la solution de ces difficultés a-t-elle souvent divisé les auteurs et la jurisprudence.

551. — Il importe d'abord de faire remarquer que le Code ne contient sur ce point aucune disposition. Dans l'art. 14, il s'est borné, comme nous l'avons vu, à accorder aux Français, contrairement aux principes généraux du droit, la faveur de poursuivre devant les tribunaux de France les étrangers avec lesquels ils auraient contracté. Or, doit-on conclure de son silence à l'égard des contestations entre étrangers qu'elles ne peuvent jamais être portées devant les tribunaux de France? Une telle conséquence serait par trop générale et en opposition directe avec la discussion qui eut lieu au conseil d'état sur cet article, discussion de laquelle il ressort formellement que les étrangers peuvent, par exemple, volontairement soumettre leurs différends à la juridiction française. Il a même été reconnu au conseil d'état que l'article précité ne statuait que sur la manière de décider les contestations entre un Français et un étranger, et ne s'occupait pas des procès entre étrangers. — Merlin, *Rép.*, v° *Etranger*, 5e édit., t. 6, p. 318 *in fine*.

552. — On se fonderait vainement encore, pour repousser la compétence des tribunaux français relativement aux étrangers, sur la maxime *actor sequitur forum rei*, et sur ce que la juridiction est un attribut essentiel de la souveraineté, et qu'un sujet ne doit obéissance qu'aux tribunaux de son pays. Car ces principes ne sont pas tellement absolus qu'ils ne puissent comporter aucune exception. C'est ainsi que le législateur, outre la dérogation à ces principes résultant de l'art. 14, a lui-même encore proclamé dans l'art. 3 du Code civil que « les lois de police et de sûreté obligent tous ceux qui habitent le territoire, et que les immeubles, même ceux possédés par des étrangers, sont régis par la loi française. »

553. — Pour ne point s'égarer en cette matière, il faut avoir égard au lieu où le contrat, cause de la contestation, aura été passé; au fait de la résidence en France des étrangers, du domicile qu'ils y auraient établi en vertu de l'autorisation du roi, à la circonstance qu'ils y auraient des établissemens de commerce, à l'intervention de traités politiques, enfin au commerce lui-même, ces événemens pouvant influer sur l'application de la juridiction française aux étrangers, et modifier à leur égard l'application de la maxime *actor sequitur forum rei*.

554. — Pour arriver à simplifier autant que possible une matière que le silence de la loi, la divergence entre les auteurs et la mobilité de la jurisprudence ont rendue longue et difficile, nous traiterons dans un premier paragraphe des contestations élevées entre étrangers *en matière civile*, et dans un second de celles qui naissent entre eux *en matière commerciale*.

§ 1er. — *Contestations en matière civile.*

555. — En général, les tribunaux français ne sont pas compétens pour statuer sur les contestations qui s'élèvent *en matière civile* entre les étrangers qui se trouvent momentanément en France, sans y avoir ni résidence, ni domicile. Il est évident que le motif qui a fait déroger en faveur du Français créancier d'un étranger à la maxime *actor sequitur forum rei*, demeure sans application, quand les deux parties sont également étrangères au sol français et ne s'y rattachent par aucun lien. Cette maxime conserve dans ce cas tout son empire. — *Pau*, 3 déc 1836 (t. 1er 1837, p 569), Etchalard c. Giovanelli; — Gaschon, *Code diplomatique des aubains*, disc. prélim., p. 125; Goujet et Merger, n° 64.

556. — Mais cette maxime n'est point exempte d'exceptions. En première ligne il faut placer celle qui résulte de la naturalisation de l'étranger en France. L'étranger ainsi naturalisé devient justiciable des tribunaux français, même pour une contestation née à l'occasion d'un contrat par lui passé en pays étranger avec un autre étranger antérieurement à sa naturalisation. — *Cass.*, 27 mars 1833. Stacpoul c. Mahon.

557. — Il est donc mal fondé à proposer de ce chef l'incompétence devant la cour de Cassation, alors surtout qu'il ne l'a pas opposée en première instance. — Même arrêt.

558. — Toutefois, comme la règle d'attribution de juridiction établie par l'art. 14, C. civ., au profit des Français, ne peut être étendue aux étrangers, et que, par conséquent, il n'est pas permis de porter devant les tribunaux français l'action relative à une dette contractée hors de France, d'étranger à étranger, la poursuite doit être annulée quand même l'étranger défendeur aurait été naturalisé dans le cours du litige, parce qu'aux termes des lois de la matière, la naturalisation, ne rétroagissant pas, ne saurait avoir l'effet de faire disparaître l'incompétence originelle; — alors surtout que le débiteur de la dette dont il s'agit est décédé, que sa succession s'est ouverte en pays étranger, et qu'il a laissé plusieurs héritiers dont un seul réside en France. — *Rouen*, 29 fév. 1840 (t. 1er 1840, p. 533), Demæstri c. Pissarello.

559. — Une autre exception au principe général d'incompétence de nos tribunaux entre étrangers peut dériver de traités politiques intervenus entre la France et une puissance étrangère, qui auraient, conformément à l'art. 11, C. civ., établi en faveur des sujets respectifs un droit de réciprocité quant au mode de procéder devant les tribunaux de chaque pays.

560. — Mais elle ne peut résulter que de ces traités : il ne suffirait pas que les juges d'un pays étranger fussent dans l'usage de connaître des contestations entre Français, pour que, par réciprocité, les tribunaux français dussent aussi connaître des procès entre les membres de ce pays. — *Cass.*, 22 janv. 1806, Montflorence c. Skilpwith; — Paillet, *Dict. universel de droit*, v° *Action concernant les étrangers*, n° 35.

561. — Toutefois, si par des traités particuliers il avait été permis à des étrangers de *convenir* de juges français, l'étranger qui n'aurait pas excipé de l'incompétence du tribunal en première instance ne pourrait plus, sur l'appel, proposer l'exception d'incompétence. — *Colmar*, 30 déc. 1815, Hœffly c. Joost.

562. — Le fait que l'acte cause des contestations aurait été passé en France, ne pourrait-il pas aussi rendre les étrangers n'y résidant qu'accidentellement, justiciables des tribunaux français?

563. — La loi romaine (L. 19, § 1 et 2, ff., *De judiciis*) admettait en principe que tout contrat était attributif de juridiction au juge du lieu où il était passé. Mais cette disposition avait déjà cessé d'être en vigueur dans notre ancien droit (Bacquet, *Tr. des dr. de just.*, ch. 8, n° 9); Boullenois, *Tr. des statuts réels et personnels*, t. 1er, p. 607); et elle avait été remplacée par la maxime précitée, sous l'influence de laquelle ont été rédigées les lois françaises relatives à la juridiction des tribunaux de France, et à la manière de les saisir.

564. — Ainsi, le Code civil n'a pas reproduit la disposition du droit romain. Il a même limité au cas prévu par l'art. 14 et au cas d'élection de domicile, conformément à l'art. 111, C. civ., la détermination de la compétence par le lieu du contrat.

565. — Dès-lors, hors ces deux cas, il est indifférent que le contrat ait été passé en France, quand il a eu lieu entre deux étrangers. Les tribunaux français sont donc incompétens pour connaître entre étrangers de l'action personnelle et non commerciale née de ce contrat. — *Cass.*, 22 janv. 1806, Montflorence; — Merlin, *Rép.*, v° *Etranger*, § 2, 5e édit., t. 6, p. 309. — V. cependant *Paris*, 28 juin 1834, de Winot c. Rastignac; — Legat, p. 302.

566. — ... A plus forte raison ne sont-ils pas compétens pour statuer sur une contestation élevée entre deux étrangers, n'ayant ni domicile ni résidence en France, relativement à l'exécution d'une convention faite et d'un jugement rendu en pays étranger. — *Paris*, 6 août 1817, N...; *Metz*, 3 juin 1823, N...; 6 juin 1823, Lonchay c. Chartier; *Paris*, 27 mars 1835, Doumere c. Behr-Abraham; — Merlin, *ubi suprà*, p. 310; Coin-Delisle, *Comment.* sur les art. 14 et 15, n° 23; Goujet et Merger, n° 61.

567. — Mais ils seraient compétens pour statuer entre étrangers domiciliés hors de France, sur des mesures conservatoires, à l'occasion de la succession d'un étranger ouverte en France, et consistant en valeurs mobilières. — *Paris*, 8 août 1842 (t. 2 1846), Soc. phrén. d'Edimbourg c. Verity.

568. — L'autorisation qu'obtient un étranger, conformément à l'art. 13, C. civ., d'établir son domicile en France, produit, au contraire, une exception à la règle, *actor sequitur forum rei*. En l'habilitant à jouir de tous les droits civils en France, conséquemment à ester en jugement devant les tribunaux de France en demandant, cette autorisation le soumet aussi nécessairement à l'obligation de répondre devant ces tribunaux, comme y est soumis le Français auquel il est assimilé, relativement aux droits civils, à l'action intentée contre lui par un étranger. — Legat, p. 301; Paillet, *Dict. univers. de dr.*, v° *Action concernant les étrangers*, n° 33; Bioche et Goujet, *Dict. de procéd.*, v° *Etranger*, nos 25 et suiv.

569. — D'où il suit que les contestations relatives à la succession des biens meubles d'un étranger domicilié et décédé en France, sont de la compétence des tribunaux français. — *Cass.*, 7 nov. 1826, Thornton c. Bunce-Curling.

570. — *Plus spécialement*, lorsqu'un étranger domicilié et jouissant des droits civils en France, y décède, après avoir fait, au préjudice de son fils légitime, un testament contenant des substitutions prohibées par le Code civil, les tribunaux français sont compétens pour connaître des contestations relatives à ce testament et à la succession des biens *meubles* et immeubles que le défunt possédait en France. — Même arrêt.

571. — Il a été décidé également que les tribunaux français étaient compétens pour connaître d'une action personnelle dirigée contre plusieurs individus qui demeuraient à l'étranger, à l'exception d'un seul, admis par ordonnance royale à fixer son domicile en France, encore bien que l'acte sur lequel reposait l'action fût antérieur à l'époque de l'établissement du domicile de l'un des défendeurs en France. — *Metz*, 17 janv. 1839 (t. 1er 1839, p. 411), de Thon c. de Geiger. — V. aussi sur ce point Paillet, *ubi suprà*, n° 34.

572. — La simple résidence des étrangers en France n'aurait-elle pas aussi pour effet de rendre les tribunaux français compétens à leur égard? Avant le Code civil, cette question ne faisait aucun doute, car il n'était pas nécessaire, pour qu'un étranger pût être considéré comme ayant son domicile réel en France, qu'il fût autorisé à l'y établir. Une simple résidence pouvait lui faire acquérir ce domicile; et alors il devenait justiciable des tribunaux français, même envers les étrangers. C'est ce qui a été jugé maintes fois. — V. *Cass.*, 8 therm. an XI, Walsh-Serrant; *Paris*, 11 juin 1812, Swan et Schaweiyer c. Parker; *Cass.*, 30 nov. 1814, Panier c. Swan et Schweizer.

573. — Mais, sous l'empire du Code civil, la disposition de l'art. 13, de laquelle il résulte que l'étranger ne peut être admis à l'exercice des droits civils en France qu'après avoir obtenu l'autorisation du roi d'y établir son domicile, et celles des art. 14 et 15, qui n'attribuent juridiction aux tribunaux français à l'égard des étrangers que dans les deux cas qu'ils prévoient, ont fait décider qu'un étranger n'était pas justiciable envers un autre étranger des tribunaux français, par le seul fait de sa résidence en France. — *Colmar*, 30 déc. 1815, Hœffly c. Joost; *Cass.*, 2 avr. 1833, de Bloome c. de Bragation.

574. — Cependant, cette solution nous paraît difficile à concilier avec les principes qui doivent régir les étrangers qui ont en France une résidence de *fait*. L'intérêt bien entendu des états, ainsi que l'équité naturelle, exigent, en effet, que les étrangers *habitant* le sol d'une nation y jouissent de la protection la plus large, et y trouvent tous les avantages dont la raison civile ou politique ne les a pas expressément dépouillés. Or, aucun texte de loi n'a déclaré les tribunaux français incompétens pour statuer sur les contestations qui peuvent naître entre des étrangers qui, s'ils n'ont pas rempli les formalités prescrites pour devenir Français ou être admis à la jouissance des droits civils en France, ont, au moins en y établissant une résidence, manifesté leur prédilection pour notre pays. Ajoutons à cela que résidant en France, leurs relations sociales ont pu devenir celles des Français ordinaires. Quoique contractant avec des étrangers comme eux, ils ont pu revêtir leurs obligations des formes exigées par la loi française. Est-il possible que l'art. 14 ait entendu proscrire dans ce cas, par exemple, la juridiction de nos tribunaux? Quel motif plausible pourraient d'ailleurs avoir les étrangers dont il s'agit pour la méconnaître? L'art. 14 n'a été fait, ce nous semble, que pour exclure du droit d'avoir pour juges des juges français, des étrangers qui ne se trouveraient que passagèrement en France et qui une fois rentrés dans leur pays ne tiendraient aucun compte de la décision de nos juges. Mais il n'a pu avoir en vue des étrangers à l'égard desquels la résidence ou le domicile qu'ils auraient établi en France, repousseraient toute crainte semblable. Ceux-ci, comme les étrangers qui ont obtenu l'autorisation de se fixer en France, doivent être également placés sous la juridiction française. — V., en ce sens, Rodière, article sur la jurisprudence de la cour de Cassation, *Revue de législation*, par Wolowski, t. 1er, p. 70.

575. — C'est cette doctrine qui a été suivie par la cour de Pau. Cette cour a, en effet, jugé que l'art. 59, C. procéd., d'après lequel le défendeur, s'il n'a pas de domicile, doit être cité devant le tribunal de sa résidence, est applicable aux étrangers qui, quoique non domiciliés en France, y résident depuis plusieurs années, y possèdent un établissement et des immeubles; et que l'étranger qui se trouve dans cette position, ne pourrait exciper de

sa qualité d'étranger pour décliner la juridiction des tribunaux français. — V. *Pau*, 3 déc. 1836 (t. 1er 1837, p. 569), Etchalac c. Giovanelli.

376. — La cour de Paris a elle-même aussi consacré ce système en décidant que les tribunaux français pouvaient se déclarer compétens pour statuer sur une action intentée par un étranger contre des étrangers, alors qu'il s'agissait de la succession d'un Français décédé en France; que les biens de la succession étaient, pour une grande partie, situés en France; que les parties résidaient en France depuis longues années, et que l'action était fondée sur des actes faits en France. — *Paris*, 28 juin 1834, de Windt c. Rastignac. — V. encore sur ce point et dans le même sens *Cass.*, 20 août 1811, Church c. Cargill.

377. — Les tribunaux belges se sont également déclarés compétens pour connaître des contestations élevées entre deux étrangers demeurant en Belgique, alors que ces contestations étaient relatives à des obligations qu'ils y avaient contractées. — *Bruxelles*, 5 mai 1829, D... c. C...

378. — L'étranger défendeur n'aurait pu, dans ce cas, obtenir son renvoi devant les tribunaux de son pays qu'en excipant devant les premiers juges de sa qualité d'étranger; il ne serait pas recevable à proposer en appel l'exception d'incompétence. — Même arrêt.

379. — Les tribunaux français doivent surtout se déclarer compétens, quand, à la résidence des étrangers en France et au fait que le contrat y a été passé, se joint cette circonstance que l'un d'eux y a un établissement de commerce patenté.

380. — Ainsi, spécialement, un étranger détenu en France comme ôtage, a pu être assigné devant le tribunal de la Seine, à la requête d'un autre étranger ayant une maison de banque et payant le droit de patente en France, en paiement d'une somme d'argent que celui-ci lui avait prêtée à Paris. — *Paris*, 30 mai 1808, Messal c. Sturt; — Legat, p. 301, *in fine*. — V. cependant Merlin, *Rép.*, vo *Etranger*, § 3.

381. — Jugé même que l'étranger qui, sans avoir été admis par autorisation du roi à établir son domicile dans les Pays-Bas, l'y a établi de fait et d'intention, peut être cité devant le tribunal de ce domicile par un autre étranger pour l'exécution d'une obligation par lui contractée antérieurement en pays étranger. — *Bruxelles*, 30 mars 1829, L... c. P...

382. — La circonstance qu'une obligation souscrite à l'étranger par un individu qui y est domicilié a été stipulée payable en monnaie du pays, n'empêcherait pas encore que le débiteur, s'il transférait son domicile en France, ne pût être assigné devant les tribunaux français. — *Aix*, 14 janv. 1825, Koutlou-Mousiana; — Coin-Delisle, no 23.

383. — Toutefois, M. Rodière (*ubi suprà*) enseigne avec raison, contrairement aux deux décisions qui précèdent, qu'un étranger ne pourrait en citer un autre devant les tribunaux de France pour l'exécution d'une obligation contractée *à l'étranger, quand même le débiteur serait venu plus tard habiter le sol français*. Il ne le pourrait pas non plus pour l'exécution d'une obligation contractée en France, si l'étranger débiteur *venait à cesser d'y résider*.

384. — Dans le cas où les tribunaux français sont naturellement incompétens pour connaître en matière civile des contestations qui s'élèvent entre étrangers, ces derniers ne peuvent-ils pas cependant les saisir de leurs différends, en se soumettant volontairement à leur juridiction? Lors de la discussion sur l'art. 14, C. civ., au conseil d'état, cette question fut agitée. Le consul Cambacérès dit qu'il était nécessaire d'ajouter à cet article une disposition pour les étrangers qui, ayant procès entre eux, *consentiraient à plaider devant un tribunal français*. M. Tronchet répondit que le principe général était que le demandeur devait porter son action devant le juge du défendeur, *mais que dans l'hypothèse proposée le tribunal aurait le droit de juger si sa compétence n'était pas déclinée*. L'art. 14 resta tel qu'il avait été primitivement rédigé, sans aucune addition à cet égard. Mais l'exception au principe général avait été proclamée par M. Tronchet, et tous les auteurs qui ont écrit depuis le Code civil se sont prononcés en faveur de cette exception, en se fondant d'ailleurs sur ce que l'arbitrage étant un contrat du droit des gens, il est sans doute bien permis aux étrangers de choisir pour arbitres des juges français. — Merlin, *Rép.*, vo *Etranger*, § 2, 5e édit., t. 6, p. 810, *in fin.*; Gaschon, *Code diplomat. des aubains, Disc. prél.*, p. 125; Coin-Delisle sur les art. 14 et 15, no 21; Valette, *Observ.* sur Proudhon, p. 160, note *a*, *in fine.*; Marcadé, *El. de dr. civ. franç.*, t. 1er, sur l'art. 15, no 2; Portalis, *Du droit des étrangers, Revue de législation* par Wolowski, t. 16 de la collect., p. 144; Goujet et Merger, vo *Etranger*, no 64; Demolombe, t. 1er, no 261-4o. — V. encore dans le même sens *Paris*, 23 juin 1835, Salisch.

ÉTRANGERS, ch. 3, sect. 2e.

385. — Le consentement des étrangers à être jugés par des tribunaux français n'a pas besoin d'être exprès, il peut être présumé. Et, à cet égard, les tribunaux devront suivre les règles qui, lorsque les contestations engagées entre Français sont portées devant un tribunal incompétent, servent à déterminer la renonciation du défendeur à l'exception d'incompétence. — Gaschon, *ubi suprà*.

386. — Ainsi, l'étranger non résidant en France qui est traduit par un autre étranger devant un tribunal français, doit, à peine de déchéance, proposer l'exception d'incompétence avant toutes défenses au fond. — *Douai*, 7 mai 1828, Williams Robert c. Carpenter et Dudon; *Cass.*, 29 mai 1833, Obrié c. Ritter; — Coin-Delisle, *loc. cit.*

387. — Il doit être réputé avoir renoncé à cette exception, encore bien qu'il l'ait énoncée dans un acte d'appel, si à l'audience, son avocat, assisté de l'avoué, s'est borné à discuter le fond, sans proposer l'incompétence. — *Cass.*, 5 août 1817, Cavagnari c. Vonhallu.

388. — S'il avait consenti à être jugé par des arbitres en France, sur un contrat passé dans ce pays avec un autre étranger, il ne pourrait également opposer devant la cour de Cassation l'incompétence de ces arbitres. — *Cass.*, 7 messid. an XI, Barney c. Ferwick.

389. — Jugé aussi que l'étranger qui, par une demande en partage formée contre un autre étranger, a conclu à l'application de la loi française quant aux droits réclamés par ce dernier, n'est plus recevable, après la liquidation opérée contradictoirement, à revendiquer l'application de son statut personnel, différent de la loi française. — *Paris*, 23 nov. 1840 (t. 2 1840, p. 734), Hanthal c. D...

390. — Les tribunaux français sont incompétens pour connaître de l'exécution d'une obligation purement civile consentie par un étranger au profit d'un autre, alors que le défendeur décline leur juridiction. — *Bourges*, 8 déc. 1843 (t. 2 1844, p. 322), de Luzariaga c. don Carlos.

391. — Mais le commun consentement des étrangers passagers en France ne suffirait pas pour opérer une prorogation nécessaire de juridiction et imposer aux juges français l'obligation de prononcer sur le litige. La juridiction des tribunaux de France à leur égard ne peut être que facultative. — *Paris*, 23 juin 1835, de Salisch; 8 août 1842 (t. 2 1846), Société phrénol. d'Edimbourg c. Verity. — Carré, *De la compétence*, édit. Foucher, t. 3, p. 302, no 200; Pailliet, *loc. cit.*, no 43; Coin-Delisle, *ubi suprà*, nos 18, 21 et suiv.; Valette, *Observat.* sur Proudhon, *loc. cit.*; Portalis, *ubi suprà*, p. 144 et suiv.; Marcadé, t. 1er, sur l'art. 15; Demolombe, no 261-4o.

392. — Jugé, en effet, que les tribunaux français ne sont pas obligés de juger les procès soumis à leur justice par des étrangers, et peuvent, dès lors, déclarer d'office leur incompétence. — *Bastia*, 11 avr. 1843 (t. 1er 1844, p. 514), Palmieri. — Bioche et Goujet, *Dict. de procéd.*, vis *Etranger*, no 26, et *Femme mariée*, no 16.

393. — En conséquence, lorsqu'un tribunal français a à statuer sur une contestation qui n'intéresse que des étrangers et qui ne présente aucun caractère exceptionnel, il peut s'abstenir dans le cas même où les parties se seraient volontairement soumises à sa juridiction, et admettre en tout état de cause le déclinatoire qui serait proposé par l'une d'elles. — *Cass.*, 2 avr. 1833, de Bloome c. de Bragation; 29 mai 1833, Obrié c. Ritter.

394. — Jugé cependant que si les tribunaux français peuvent s'abstenir, en tout état de cause, de statuer sur une contestation élevée entre deux étrangers, ce n'est là qu'une faculté dont le demandeur ne peut provoquer l'exercice. — *Douai*, 7 mai 1828, Williams Robert c. Carpenter et Dudon.

395. — Un tribunal français peut même, sans commettre un déni de justice, refuser d'office de connaître d'un différend existant entre étrangers, encore bien qu'il n'ait point été proposé de déclinatoire et que les parties aient consenti respectivement à accepter sa juridiction. — *Cass.*, 14 avr. 1818, Vanherke.

396. — Un tribunal français peut aussi refuser de juger une contestation entre étrangers, lors même que, par suite de la décision à rendre par les tribunaux étrangers auxquels le procès est renvoyé, il pourrait y avoir lieu par les tribunaux français à réviser ultérieurement le fond du droit, et par conséquent à examiner ce qu'on refuse de juger actuellement. — *Cass.*, 2 avr. 1833, de Bloome c. de Bagration.



397. — Mais les tribunaux français ne pourraient s'abstenir de juger, si le procès entre étrangers qui leur serait soumis avait pour objet des immeubles situés en France. Dans ce cas, ce n'est plus une simple faculté qui leur est laissée, mais une *obligation* qui leur est imposée; c'est un *devoir* pour eux de juger. L'art. 3, C. civ., en soumettant les immeubles situés en France, même ceux possédés par des étrangers, à la loi française, les a soumis aussi nécessairement à la juridiction des tribunaux français. — L'art. 59, C. procéd., attribue en effet indistinctement, en matière réelle, juridiction au tribunal de la situation. C'est là une conséquence du droit de souveraineté, individuel et absolu de sa nature, tout à la fois réel et personnel, régissant par conséquent sans division aucune toutes les parties intégrantes de son territoire, à l'exclusion de tout pouvoir étranger. — V. en ce sens *Paris*, 23 thermid. an XII, Dewitt c. Steenwyt; — Gaschon, *Code diplomat. des aubains, Disc. prélim.*, p. 125 *in fine*; Delvincourt, t. 1er, note 10e sur la page 16, Duranton, t. 1er, no 154; Guichard, no 256; Pailliet, *ubi suprà* no 36; Coin-Delisle, no 19; Marcadé, sur l'art. 15, no 2; Demolombe, t. 1er, no 261-2o.

398. — Aussi, même avant la loi du 14 juill. 1819, avait-il été décidé que les tribunaux français étaient compétens pour connaître de l'action en partage de biens immeubles situés en France, mais dépendans d'une succession ouverte en pays étranger, et lorsque tous les cohéritiers sont étrangers. — *Colmar*, 12 août 1817, de Gérardy.

399. — Jugé aussi depuis cette loi que, quand un étranger domicilié hors de France décède, laissant dans le royaume un immeuble qu'il a donné à un de ses enfans, les frères et sœurs de celui-ci peuvent l'actionner en partage de cet immeuble devant les tribunaux français, et ce partage doit être ordonné avant que la liquidation de la succession du père commun soit opérée en pays étranger. — *Cass.*, 14 mars 1837 (t. 1er 1837, p. 211), Stewart c. Marteau.

400. — Si, par l'événement d'un traité de paix, l'immeuble en litige et les parties venaient à passer sous une domination étrangère, les tribunaux français ne pourraient alors continuer à connaître de la contestation portée devant eux. — *Metz*, 10 nov. 1818, Denis c. Lévy.

401. — Spécialement, l'autorité judiciaire est incompétente pour connaître des contestations qui s'élèvent à l'occasion de la propriété d'immeubles situés en France, appartenant aux fondations anglaises, et à elles partiellement restitués, en vertu des traités de 1814 et de 1815. — *Douai*, 8 mars 1841 (t. 2 1841, p. 493), Féry c. préfet du Pas-de-Calais.

402. — Si l'interprétation et l'application de ces traités doivent, à raison du caractère de loi qui y est attaché, ressortir de l'autorité judiciaire, il n'en saurait être ainsi qu'autant que l'état aurait effectué la remise des immeubles réclamés par les parties intéressées (parce qu'en pareil cas, et à raison de cette délivrance, il ne s'agirait plus que du règlement d'intérêts privés), et non lorsque, loin d'effectuer cette remise, il a pris des dispositions qui lui sont contraires. — Même arrêt.

403. — Que faut-il décider à l'égard des questions d'état qui peuvent s'élever en France entre des étrangers? Cette question ne saurait en principe faire aucun doute, car il est de règle que les lois personnelles suivent l'étranger en quelque pays qu'il se trouve. — V. 101. — Aussi la cour de Cassation a-t-elle jugé que les tribunaux français étaient incompétens pour connaître d'une question d'état entre étrangers. — Dans l'espèce de cette décision, il s'agissait d'une action en réclamation d'état. — *Cass.*, 14 mai 1834, Despine c. Demidoff.

404. — Ils sont incompétens pour statuer sur la demande en main-levée de l'opposition formée par un père étranger au mariage de sa fille étrangère avec un étranger. — *Rennes*, 16 mars 1842 (t. 1er 1843, p. 99), Duringer et Turbout.

405. — Cette incompétence est *ratione personæ*. Par conséquent elle peut être couverte par le silence ou le consentement des parties. Celui qui, après avoir saisi lui-même les juges français, a succombé sur sa demande, ne peut plus l'invoquer en cour de Cassation. — *Cass.*, 4 sept. 1814, Salis-Haldeinstein. — Dans l'espèce, il s'agissait d'une action en désaveu d'enfant.

406. — C'est surtout de demandes en séparation de corps entre étrangers que les tribunaux français ont été jusqu'à ce jour le plus souvent saisis. La jurisprudence a généralement consacré leur incompétence. — *Paris*, 28 avr. 1823, Elisha; 23 juin 1835, de Salisch; 25 nov. 1839 (t. 2 1839, p. 654), Mathieu. — V. aussi dans le même sens Coin-Delisle, sur les art. 14 et 15, no 20.

407. — La circonstance que la demande en sé-

paration de corps serait formée par une femme française qui aurait épousé un étranger, ne saurait même motiver pour ce cas une exception à l'incompétence des tribunaux français ; car l'état des personnes est indivisible et ne peut être soumis à deux législations différentes, qui peuvent être contradictoires. Le mari étant le chef de la société conjugale, c'est la loi de son pays qui doit régir cette société et en déterminer les effets. — *Paris*, 28 avr. 1822, Zaffiroff. — *Cass.*, 27 nov. 1822, mêmes parties.

408. — Jugé aussi que la femme qui avait épousé un étranger devenu français par la réunion de son pays à la France, et redevenu étranger par la division de ces mêmes pays, ne pouvait poursuivre sa séparation de corps devant les tribunaux français. — *Metz*, 23 août 1825, Demasbourg. — C'est également ce qui résulte de l'arrêt de Cassation du 14 avr. 1818, Vanherke.

409. — L'incompétence des tribunaux français en matière de séparation de corps entre étrangers est une incompétence tellement absolue, que le mari défendeur peut la proposer sur l'appel après avoir plaidé volontairement au fond en première instance. — *Paris*, 28 avr. 1822, Zaffiroff; *Cass.*, 27 nov. 1822 et 30 juin 1823, même partie; — *Paris*, 28 avr. 1823, Elisha Millsely.

410. — ... Et même après avoir, le premier, saisi le tribunal en y traduisant sa femme pour faire ordonner sa réintégration dans le domicile conjugal. — V. l'arrêt de *Paris* précité du 28 avr. 1823.

411. — Mais si elle n'a pas été proposée avant l'arrêt définitif, elle ne peut servir de moyen de cassation. — *Cass.*, 30 juin 1823, Zaffiroff.

412. — Une autre conséquence de la nature de cette incompétence, c'est que la faculté qui appartient aux tribunaux français de refuser aux étrangers leur juridiction devient pour eux une obligation lorsqu'il s'agit de statuer sur une demande en séparation de corps. — *Paris*, 23 juin 1835, de Salisch; 25 nov. 1839 (t. 2 1839, p. 654), Mathieu.

413. — Il en est ainsi, à plus forte raison, si l'incompétence est proposée par l'une des parties. — Même arrêt de *Paris* du 23 juin 1835.

414. — Cependant il a été jugé que l'incompétence des tribunaux français pour statuer sur une demande en séparation de corps formée entre époux étrangers n'était point absolue ni d'ordre public, mais seulement relative et personnelle, et de nature à être couverte par le consentement des parties. — *Cass.*, 30 juin 1823, Zaffirof; *Bruxelles*, 5 mai 1829, D... c. C...; *Paris*, 25 janv. 1840 (t. 1er 1840, p. 108), Brune de Mons.

415. — En conséquence, lorsque ce moyen est proposé après les défenses, le tribunal français n'est pas obligé de se dessaisir ; il peut seulement examiner si, d'après la nature de la cause, il n'y a pas lieu, dans l'intérêt des parties, de les renvoyer devant les juges de leur pays; mais ce renvoi est purement facultatif. — Même arrêt de *Paris* du 25 janv. 1840. — V. aussi dans le même sens Duranton, t. 2, no 588, à la note.

416. — Cette question de compétence ou d'incompétence des tribunaux français entre étrangers, en matière de séparation de corps, ne peut jamais souffrir de difficulté lorsque l'époux défendeur à la séparation a obtenu l'autorisation d'établir son domicile en France, cette autorisation rendant l'étranger justiciable à tous égards des tribunaux de France.

417. — Ainsi, l'étranger qui a épousé une Française, qui a été autorisé à demeurer et qui a longtemps demeuré en France, et qui, sans décliner la compétence, a répondu devant un tribunal français à une demande en séparation de corps formée contre lui par son épouse, n'est pas recevable à prétendre qu'il n'est pas soumis, pour la séparation de corps et pour les effets qui en sont la suite, aux lois françaises. — *Rennes*, 21 août 1823, Williams.

418. — L'époux étranger, défendeur à la séparation de corps, qui se serait fixé en France à perpétuelle demeure, ne devrait point également être recevable à opposer l'incompétence des tribunaux français; car, selon nous, l'état et la capacité de cet étranger, qui a perdu tout esprit de retour dans son pays d'origine et s'est incorporé de fait à la nation française, ne peuvent plus être régis par les lois de ce pays, au privilége desquelles sa présence à perpétuelle demeure en France implique toute renonciation, mais doivent être soumis, autant dans l'intérêt des nationaux que dans le sien, à l'application des lois personnelles françaises. S'il en devait être autrement, l'époux qui aurait à se plaindre de son conjoint se trouverait souvent dans l'impossibilité d'obtenir sa séparation de corps. Comment, en effet, irait-il porter sa demande devant le tribunal d'un pays étranger dont son conjoint s'est éloigné pour n'y plus revenir, dans lequel il a peut-être perdu toutes relations et même le domicile qu'il y avait originairement?

419. — C'est avec raison qu'il a été décidé que l'étranger qui, demeurant depuis longtemps en France, y avait épousé une Française, formé un établissement de commerce, acquis des propriétés considérables et rempli des fonctions publiques qui ne devaient être confiées qu'à des citoyens français, devait être réputé Français, et par conséquent était, pour une demande en séparation de corps, justiciable des tribunaux français. — *Rennes*, 8 avr. 1814, Dupasquier c. Boussard de la Haie.

420. — Quoi qu'il en soit, dans les cas où les tribunaux français sont et doivent se déclarer incompétens, l'époux qui se prétend maltraité n'est cependant pas sans protection contre les excès et les sévices de son conjoint. Malgré leur incompétence pour prononcer sur la demande en séparation de corps, les tribunaux français peuvent ordonner des mesures provisoires pour des cas d'urgente nécessité, tels que la subsistance et la sûreté de l'une des parties, autoriser, par exemple, la femme à prendre ou à conserver un domicile autre que celui de son mari. — A cet égard, la jurisprudence est constante. — *Paris*, 23 avr. 1822, Zaffiroff; *Cass.*, 27 nov. 1822, mêmes parties; *Paris*, 28 avr. 1823, Elisha Millsely; 30 août 1825, Atlayde; 23 juin 1835, de Salisch; 25 nov. 1839 (t. 2 1839, p. 654), Mathieu; — Demolombe, no 201.

421. — Mais en ordonnant ces mesures provisoires, les tribunaux doivent fixer à l'époux demandeur un délai dans lequel il devra faire juger son action par les juges compétens. — V. les arrêts précités de *Paris*, 28 avr. 1822, 23 juin 1835; *Cass.*, 27 nov. 1822.

422. — M. Legat (*C. des étrangers*, p. 304 et suiv.) s'est prononcé, au contraire, pour la compétence absolue des tribunaux français entre étrangers en matière de séparation de corps. Il commence par attaquer vivement la jurisprudence qui, tout en proclamant l'incompétence des tribunaux français, leur accorde cependant le droit d'ordonner dans l'intérêt de l'époux victime des mesures provisoires; selon lui, permettre à la femme étrangère, comme mesure de sûreté, d'habiter hors du domicile du mari, c'est porter atteinte à l'autorité maritale, et par le fait même, prononcer provisoirement une séparation de corps. Qu'arriverait-il donc, se demande ensuite cet auteur, si la femme ne formait pas sa demande devant les tribunaux étrangers? serait-ce au mari à prendre l'initiative? et, dans tous les cas, quel serait en France l'effet d'un jugement étranger qui ordonnerait à la femme de rentrer au domicile conjugal, après avoir rejeté sa demande en séparation? De la combinaison de l'art. 546, C. procéd., et des art. 2123 et 2128, C. civ., M. Legat conclut que les tribunaux français ne pourraient déclarer le jugement exécutoire, sans procéder à un nouvel examen de l'affaire. Or, les tribunaux en statuant lors de la première demande portée devant eux éviteront un circuit de procédure aussi long et aussi bizarre. D'ailleurs, l'administration de la justice est du droit des gens; la refuser aux étrangers, c'est rappeler en quelque sorte les temps de barbarie. Nos lois, qui protégent les étrangers contre les Français, ne peuvent être insuffisantes pour protéger les étrangers à l'égard les uns des autres.

423. — Ce système condamné par une jurisprudence nombreuse et constante, ne nous paraît nullement fondé. En règle générale, la justice n'est due par les tribunaux de France qu'aux nationaux, parce que ces tribunaux n'ont été établis que dans leur intérêt. Cependant cette règle souffre, comme nous l'avons vu, des exceptions: ainsi, notamment, aux termes de l'art. 3, C. civ., les lois de police et de sûreté obligent tous ceux qui habitent le territoire, même les étrangers. Ceux-ci trouvent donc dans nos lois une protection contre les violences qu'exerceraient contre eux d'autres étrangers. C'est par application de cette disposition que les tribunaux français, bien qu'incompétens pour prononcer la séparation de corps entre étrangers, peuvent néanmoins ordonner des mesures provisoires tendant à mettre l'un des époux à l'abri des excès et sévices de l'autre. La sûreté des personnes doit permettre de déroger à l'autorité maritale, alors surtout que cette dérogation laisse entière la question relative à l'état des époux, état régi nécessairement par les lois de son pays. C'est à ces lois seules qu'il appartient de modifier les effets de la société conjugale contractée sous leur empire, et conséquemment de prononcer la séparation de corps. Il n'y a pas lieu de s'alarmer de ce que la femme demanderesse en séparation de corps aura obtenu des tribunaux français, pour sa sûreté personnelle, l'autorisation d'habiter séparément. Car cette mesure ne peut jamais être que temporaire. Les tribunaux qui la prononceront devront toujours fixer un délai dans lequel la femme sera tenue de porter sa demande devant les tribunaux compétens à peine de déchéance de la mesure provisoire. Le motif tiré de l'exécution en France du jugement étranger qui prononcerait la séparation de corps n'a pas plus de fondement. Ce jugement ne faisant que relâcher les liens d'une union soumise à l'empire de lois personnelles étrangères, son exécution en France aurait lieu sans révision, sans examen nouveau de l'affaire. Autrement, les tribunaux français arriveraient indirectement à connaître de question d'état entre étrangers. Or, il n'est pas plus permis d'éluder la loi par voie indirecte que directement.

424. — Si les tribunaux français sont incompétens pour statuer sur les séparations de corps entre époux étrangers, il n'en résulte pas qu'ils ne puissent prononcer sur les demandes en séparation de biens qu'ils formeraient entre eux, alors surtout qu'ils sont établis en France. Il a été jugé, en effet, que les tribunaux français pouvaient, nonobstant le déclinatoire élevé par le mari, se déclarer compétens pour prononcer sur une demande en séparation de biens formée devant eux par une femme contre son mari étranger, et, par exemple, par une femme française d'origine et devenue étrangère par son mariage en France à un étranger qui y réside depuis plusieurs années. — *Paris*, 30 mai 1826, Détrich; — Coin-Delisle, sur les art. 14 et 15, no 22.

425. — La femme française mariée à un individu né en France d'un étranger, et réputé Français au moment du mariage, peut aussi poursuivre sa séparation de biens devant les tribunaux français, encore que le mariage ait été passé en pays étranger et que le mari ait exercé des fonctions qui paraissent incompatibles avec la qualité de Français. — *Paris*, 21 juill. 1818, Forestier.

426. — Les principes qui s'opposent, en thèse générale, à la compétence des tribunaux français entre étrangers qui ne sont qu'accidentellement en France, ne paraissent pas non plus comporter une telle extension qu'il doive être interdit aux tribunaux français d'autoriser des mesures conservatoires tendant à assurer l'exécution de l'obligation, en obviant à cette facilité qu'a tout étranger, s'il est débiteur de mauvaise foi, de se soustraire à l'action de son créancier en quittant la France et en transportant avec lui soit dans sa patrie, soit dans un autre pays étranger, sa fortune mobilière. C'est ce qui résulte d'un arrêt d'*Aix*, 6 janv. 1831, Rindi c. Marré et Pagano. — V. aussi Demolombe, no 261-4o.

427. — Cependant, il a été jugé que les tribunaux français étaient incompétens pour accorder à un étranger la permission de saisir-arrêter en France les sommes appartenant à un autre étranger, son débiteur. — *Bordeaux*, 16 août 1817, Lewis c. Williams. — V. aussi dans ce sens Roger, *De la saisie-arrêt*, no 521.

428. — Jugé de même qu'un tribunal français est incompétent pour connaître entre étrangers de la demande de paiement d'un solde de compte de tutelle, alors d'ailleurs que c'est en pays étranger que la tutelle s'est ouverte, que le tuteur et le subrogé tuteur ont été nommés, et que le compte de tutelle a été passé. — C. civ., art. 14 et 15 — Et qu'il est également incompétent pour statuer sur la validité d'une saisie-arrêt formée pour cause de cette obligation. — *Douai*, 12 juill. 1844 (t. 2 1844, p. 324), André.

429. — ... Et pour ordonner par voie de mesure conservatoire la séquestration d'un navire mouillé dans un port de France, appartenant à un débiteur étranger, sur la réquisition d'un créancier étranger. — *Aix*, 13 juill. 1831, Gervasio c. Assereto.

430. — On ne pourrait dans tous les cas refuser à un étranger le droit de faire en France une saisie-arrêt sur un autre étranger en vertu d'un acte ou d'une décision d'un tribunal étranger, si cette décision ou cet acte ont été revêtus d'un *paréatis* accordé par un tribunal français. — *Rouen*, 11 janv. 1817, Peyts et Joints c. Story; — Roger, no 524.

431. — Mais s'il s'élevait des contestations sur la validité d'une saisie-arrêt pratiquée en France par un étranger sur un autre étranger, en vertu de jugemens étrangers, les tribunaux français seraient-ils compétens pour connaître de la validité de cette saisie? L'affirmative a été consacrée par deux arrêts (*Aix*, 6 janv. 1831, Rindi c. Marré et Pagano; *Paris*, 5 août 1832, Hanette c. Glossop), et est enseignée par Roger, no 523. — V. encore Bioche et Goujet, *Dict. de procéd.*, vo *Etranger*, no 39.

432. — Jugé, au contraire, que les tribunaux

français sont incompétens pour statuer sur la validité d'une saisie-arrêt faite sur des deniers qui se trouvent en France et en vertu d'un contrat passé en pays étranger. — *Paris*, 6 août 1817, N...

433. — ... Alors même que la saisie-arrêt a été formée entre les mains d'un Français. — *Paris*, 24 avr. 1841 (t. 1er 1841, p. 696), Forbes c. Louzada.

434. — Les tribunaux français doivent, comme conséquence de cette incompétence, prononcer la nullité de l'opposition. — Même arrêt.

435. — Les tribunaux français se sont encore déclarés incompétens pour statuer sur la demande formée par des héritiers étrangers contre leur cohéritier, également étranger, à fin de partage d'une indemnité attribuée exclusivement à ce dernier par une commission étrangère nommée en vertu d'un traité diplomatique passé entre la France et le pays de ces étrangers. — *Paris*, 18 mars 1840 (t. 2 1840, p. 145), Napier c. Charles Lennox, duc de Richemond.

436. — ... Et sur les contestations existant entre un consul et un vice-consul d'une puissance étrangère, à raison de la répartition à faire entre eux des droits consulaires, encore bien que le vice-consul fût Français. Il en serait autrement s'il s'agissait d'obligations contractées en France, envers un Français, par un consul étranger. — *Paris*, 20 mai 1829, Ducot c. Salmon et Rivas.

437. — Les preuves admissibles devant les tribunaux français, lorsque l'obligation a été contractée en pays étranger doivent être réglées d'après les principes établis dans le lieu du contrat, conformément à la maxime *Locus regit actum*. — Merlin, *Rép.*, vo *Preuve*, sect. 2e, § 3, art. 1er, no 3. — Ainsi la preuve testimoniale pourrait être ordonnée pour une somme de plus de 150 fr., si telle était la loi du pays, mais comme nos tribunaux n'ont pas de moyens coercitifs pour contraindre les témoins étrangers à comparaître devant eux, on devrait peu compter sur ce genre de preuve. — Richelot, *Princ. de dr. civ.*, t. 1er, no 79, note 11.

§ 2. — *Contestations en matière commerciale.*

438. — Sous l'ancien droit, aux termes de l'art. 1er du tit. 2, liv. 2, de l'ordonnance de la marine de 1681, « les juges de l'amirauté connaissaient privativement à tous autres, et entre toutes personnes, de quelque qualité qu'elles fussent, même privilégiées, français et *étrangers*, de tout ce qui concernait la construction, les agrès et apparaux, avitaillement et équipement, ventes et adjudications de vaisseaux. »

439. — L'usage, fondé sur la célérité des affaires commerciales et sur la bonne foi qui y préside, avait aussi introduit la maxime que les étrangers étaient justiciables des tribunaux français, pour les marchés qu'ils avaient faits entre eux dans les *Foires* françaises. — V. Merlin, *Répert.*, vo *Etranger*, § 2, (5e édit., t. 6, p. 309); Coin-Delisle, *Comment.* sur les art. 14 et 15, no 25.

440. — Lors de la discussion sur l'art. 14 du C. civ. au Conseil d'Etat (V. *séance* du 6 therm. an IX), il fut formellement reconnu que cette mesure continuait toujours d'être en vigueur, et que par conséquent il était fait exception pour ce cas au principe général de l'incompétence des tribunaux français entre étrangers. — Merlin, *ubi suprà*, p. 310, *in fin.*; Guichard, *Tr. des dr. civ.*, édit. de 1821, no 261.

441. — Une question plus générale, qui avait été déjà autrefois agitée, s'est de nouveau élevée. On s'est demandé si la maxime rappelée dans le procès-verbal de la discussion du Code civil au conseil d'état, ne devait pas être restreinte aux marchés faits dans les foires, où si elle devait être commune à tous les actes de commerce sans distinction, que peuvent faire entre eux tous les étrangers qui ne se trouvent qu'accidentellement en France.

442. — Plusieurs hypothèses peuvent se présenter : Ou les engagemens commerciaux qui donnent lieu aux contestations entre étrangers ont été passés en France et y sont payables, ou ils sont payables en pays étranger, ou ils ont été formés à l'étranger et doivent y être exécutés, ou ils doivent être exécutés en France. Nous les examinerons successivement.

443. — *Engagemens passés et payables en France.* — Sous l'ordonnance du 3 mars 1673, dont l'art. 17 du tit. 12, portait que « dans les matières commerciales, le créancier pouvait faire donner l'assignation à son choix, ou au lieu du domicile du débiteur, ou au lieu auquel la promesse avait été faite et la marchandise fournie, ou au lieu auquel le paiement devait être fait, » il paraît que le choix accordé par cet article pouvait être exercé aussi bien par les *étrangers commerçans* que par les négocians nationaux. — V. Boullenois, *Tr. des*



*Statuts réels et personnels*, t. 1er, p. 608; Roger, *Etat de la législ. franç. sur la compétence en matière de procès entre étrangers*; *Revue française et étrangère* par Fœlix, t. 5, p. 183.

444. — L'art. 420, C. proc. civ., au titre *de la procédure devant les tribunaux de commerce*, en reproduisant textuellement la disposition de l'art. 17 de l'ordonnance précitée, ne s'est pas plus expliqué sur l'effet de cet article entre étrangers, que ne s'expliquait l'ordonnance sur l'effet de son art. 17. Le silence de l'art. 420 sur ce point, joint à celui des art. 14 et 15, C. civ., qui traitent de la compétence des tribunaux de France entre Français et étrangers, a fait penser que cet art. 420 n'avait disposé qu'en vue des nationaux. C'est ce qui résulte notamment d'une phrase insérée dans les *qualités* d'un arrêt de la cour de Cassation du 6 fév. 1822 (Orrock c. de Wolmar). — Cette phrase est ainsi conçue : « La cour de Cassation, après avoir mûrement délibéré et avoir examiné la question sous toutes ses faces, est demeurée convaincue *que* l'art. 420, *C. proc. civ., ne pouvait régir les étrangers qui avaient contracté entre eux*; que cet article n'était fait que pour les nationaux, et qu'aucune exception au principe que les lois n'ont d'empire que sur les régnicoles ne se trouvait, à cet égard, ni dans les art. 3 et 14, C. civ., ni dans aucune autre loi française. » — V. en ce sens Roger, *Tr. de la saisie-arrêt*, no 521, à la note.

445. — C'est par application de ces principes qu'il a été jugé que les tribunaux français étaient incompétens pour statuer sur contestations entre étrangers, encore qu'il soit question d'opérations commerciales, que la convention ait été en partie exécutée en France, que la livraison y ait été faite, que le paiement dût y avoir lieu et qu'il s'agisse d'une validité d'opposition formée entre les mains d'un Français. — *Paris*, 11 avr. 1825, Harris c. Wolmar.

446. — ... Et qu'un tribunal français peut, sans commettre un déni de justice, refuser d'office de connaître d'un différend existant entre étrangers, lors même que ces étrangers consentent respectivement à être jugés par lui et qu'il s'agit d'opérations commerciales faites en France. — *Cass.*, 8 avr. 1818, Davit c. Morel; — Guichard, no 263; Coin-Delisle, *Comment. anal.*, tit. des *Dr. civ.*, sur les art. 14 et 15, C. civ., et Carré, *L. compét.*, t. 3, p. 302, no 200 (édit. Foucher); Orillard, *Compt. comm.*, no 628.

447. Mais ce système ne nous paraît pas devoir être admis. Il faut remarquer, en effet, que lors de la discussion de l'art. 14 C. civ., au conseil d'état (séance du 6 therm. an IX), ce n'est pas seulement l'exception en faveur des marchés faits entre étrangers dans les foires françaises qui semble avoir été maintenue. M. Tronchet a dit en effet, d'une manière générale, qu'il ne fallait tirer de cet article à l'égard des procès entre étrangers *aucune conséquence négative*. Il résulte de là évidemment que cet article n'est pas limitatif, il en faut dire autant de l'art. 420, C. proc. civ. Cet article fait résulter la compétence des tribunaux français, en matière d'actes de commerce entre étrangers, de l'intention implicite de domicile que les actes sont censés contenir, tant à raison de l'engagement fait et de la marchandise livrée en France que de l'obligation de payer en France une promesse faite en pays étranger. L'acte de commerce ne doit-il pas d'ailleurs, comme contrat du droit des gens, être soumis, dans son exécution, aux lois et aux tribunaux du pays où il a eu lieu? La prospérité des états fondée en partie sur le commerce, exige surtout qu'on rende faciles les moyens de faire exécuter les engagemens commerciaux. Aussi M. Pardessus (*Comment. de dr. commerc.*, no 1477), en se prononçant pour la compétence des tribunaux français entre étrangers dans les deux cas ci-dessus, ajoute-t-il que « c'est en quelque sorte *une loi de police*, à laquelle les étrangers n'ont pas le droit de se soustraire. — Merlin, *Répert.*, vo *Etrangers*, § 2, p. 317 et suiv.) enseigne la même doctrine, et s'élève vivement contre l'argument que dans l'opinion contraire on va puiser dans la phrase que nous avons rapportée, des *qualités* de l'arrêt de *Cass.*, du 6 fév. 1822 précité. — V. aussi *Quest. de dr.*, vo *Tribunal de commerce*, § 11. — MM. Carré (*Compét.*, édit. Foucher, t. 3, p. 302, 303, 311 et suiv.); Toullier (t. 1er, no 265); Delvincourt (t. 1er, note 10 sur la p. 16); Guichard (nos 261 et suiv.); Duranton (t. 1er, no 152); Coin-Delisle (no 25) Gouget et Merger (vo *Etrangers*, no 67), et Demolombe (no 261) reconnaissent également, mais d'une manière générale, sans distinction, le principe de la compétence des tribunaux français pour connaître de l'exécution des actes de commerce passés en France entre étrangers.

448. — La jurisprudence a elle-même maintes fois décidé que les tribunaux français étaient



compétens pour statuer sur des contestations relatives à des opérations commerciales qui auraient été faites ou consommées en France entre des étrangers pendant leur séjour dans ce pays. — *Rennes*, 28 déc. 1820, Ancove c. Pepin; *Paris*, 10 nov. 1825, Swar c. Oméaly; *Montpellier*, 23 janv. 1481 (t. 2 1841, p. 466), Ryan c. Stonehouse.

449. — Spécialement, un étranger peut être assigné devant les tribunaux français par un autre étranger, à raison d'une vente de marchandises faite en France, et dont le prix était également payable en France. — *Cass.*, 26 nov. 1828, Harris c. de Wolmar.

450. — Il en doit être ainsi surtout lorsqu'au fait que l'obligation a été contractée en France se joint cette autre circonstance que l'étranger y réside et a dans le royaume un établissement de commerce. — *Paris*, 24 mars, 1817, Abro c. Arlaud; — Merlin, — *Répert.*, vo *Etranger*, § 3, p. 320.

451. — Peu importe aussi que l'une des parties soit revêtue de la qualité de consul ; il suffit, pour qu'elle soit soumise à la juridiction française, qu'elle ait agi dans ses intérêts privés. — *Montpellier*, 23 juin 1841 (t. 2 1841, p. 466), Ryan c. Stonehouse.

452. — *Engagemens passés en France et payables en pays étranger.* — Lorsque l'engagement commercial, bien que contracté en France, est exécutoire en pays étranger, l'art. 420, C. procéd. civ., cesse dans ce cas d'être applicable : les tribunaux français ne sont pas compétens pour connaître des contestations auxquelles cet engagement pourrait donner lieu entre les contractans étrangers, s'ils ne se trouvaient en France que passagèrement. — *Cass.*, 6 fév. 1822, Orrock c. de Wolmar.

453. — Spécialement, un Anglais qui tire de Paris, à son ordre, une lettre de change payable à Londres, et qui l'endosse aussi à Paris au profit d'un autre Anglais, peut, si ce dernier l'assigne en France pour le paiement de la traite, demander à être renvoyé devant les tribunaux de son pays. — Même arrêt.

454. — Mais il en serait différemment si l'étranger qui avait contracté en France envers un autre étranger un engagement exécutoire à l'étranger (il s'agissait aussi, dans l'espèce de cet arrêt, de lettres de change tirées de France et payables à Londres), était domicilié depuis long-temps en France et y exerçait ses droits civils; il pourrait alors être traduit devant les tribunaux français pour l'exécution de cet engagement. — *Cass.*, 24 avr. 1827, Driver-Cooper c. Dacosta.

455. — Il n'est pas nécessaire, en matière de commerce, pour qu'un étranger puisse avoir un domicile qui le rende justiciable des tribunaux de France, qu'il ait obtenu, aux termes de l'art. 13, C. civ., l'autorisation du roi de s'y établir. Il peut être considéré comme ayant en France un domicile juridictionnel, lorsque, par exemple, il y possède un établissement commercial et s'est déjà soumis lui-même à la jurisprudence française. — *Cass.*, 26 avr. 1832, Hugues c. Tracy. — Pardessus, no 1477-4o, *in fine*.

456. — Spécialement, le commissionnaire ou consignataire étranger, domicilié ou établi en France, de marchandises à lui expédiées de l'étranger par des étrangers, a pu être personnellement assigné par un étranger devant les tribunaux français en réglement des avaries relatives à ces marchandises. — Même arrêt.

457. — Cette règle est applicable aux citoyens des Etats-Unis d'Amérique qui ont un établissement commercial en France; la disposition du traité diplomatique passé entre la France et les Etats-Unis, le 14 nov. 1788, qui, par exception à l'ordre des juridictions, attribuait aux consuls respectifs des deux états la juridiction sur leurs nationaux, ayant été abrogée par le traité ultérieur du 8 vendém. an IX. — *Aix*, 17 mai 1831 (sous *Cass.*, 26 avr. 1832), Bugues c. Tracy.

458. — Avant ce traité, les contestations que des négocians américains auraient eues en France, pour faits de commerce, n'auraient jamais pu être de la compétence des tribunaux français. — *Cass.*, 7 fructid. an IV, Wans c. Sands.

459. — *Engagemens formés et payables en pays étrangers.* — Si l'engagement commercial contracté entre étrangers qui se trouvent accidentellement en France, a été formé en pays étranger et doit y être exécuté, comme aucune des conditions exigées par l'art. 420 ne se rencontre, les tribunaux français doivent absolument se déclarer incompétens, et par conséquent accueillir le déclinatoire qui serait proposé devant eux. — *Rouen*, 17 août 1817, Brunet c. Crewe; *Aix*, 13 juill. 1831, Gervasio c. Assereto; — Coin-Delisle, no 26.

460. — Cependant, un étranger domicilié de fait dans le royaume, même sans aucune autorisation

du-roi, peut être valablement assigné en France par un autre étranger, relativement à une obligation de commerce contractée et exécutoire en pays étranger, sans toutefois pouvoir être condamné par corps à raison de ces obligations. — *Metz*, 27 avr. 1818, Blum c. Dreyfousse. — Pardessus, nº 1477.

461. — Mais il a été jugé que l'étranger qui vient résider en France et y forme un établissement de commerce, n'acquiert pas par ce seul fait un *domicile juridictionnel* qui le rende justiciable des tribunaux français, pour l'exécution des obligations par lui contractées en pays étranger envers un autre étranger, antérieurement à sa résidence en France. — *Cass.*, 28 juin 1820, Hunter c. White. — C'était aussi la jurisprudence d'un grand nombre de parlemens. — V. Merlin, *Rép.*, vº *Etranger*, § 3.

462. — *Engagemens formés en pays étranger et payables en France.* — Dans le cas où l'obligation commerciale aurait été contractée en pays étranger depuis que l'étranger a fixé en France le siége de son commerce, cet étranger serait-il, à raison de cette obligation, justiciable des tribunaux français ? Cela ne fait pas de doute, s'il s'est expressément obligé de payer en France, car alors l'art. 420, C. procéd. civ., est applicable.

463. — Mais que faut-il décider, si la France n'a pas été désignée dans l'obligation comme lieu de paiement ? De deux choses l'une : ou l'obligation est complétement muette sur le lieu du paiement, ou elle désigne une place de commerce. Au premier cas, les choses devront se passer comme si l'étranger s'était obligé de payer en France, parce que l'étranger qui a formé un établissement commercial en France est réputé y avoir sa caisse et les fonds nécessaires pour acquitter ses dettes. Au second cas, il pourrait être encore poursuivi en France, si l'étranger envers lequel il s'est obligé prouvait qu'il a inutilement réclamé son paiement dans le lieu convenu.

464. — Dans la même hypothèse, si l'étranger possède un établissement commercial en France et en pays étranger, la question de compétence dépendra du point de savoir à laquelle de ces deux maisons se rapporte l'obligation commerciale; si les circonstances ne permettent pas de démêler pour le compte de laquelle des deux maisons l'obligation a été contractée, l'équité et la bonne-foi doivent porter à décider que c'est pour le compte de l'une et de l'autre, et que, par suite, l'étranger peut être actionné en France. Ces diverses questions ont été soulevées par Merlin (*Rép.*, vº *Etranger*, § 3) à l'occasion de la décision précitée et ainsi résolues. — V. aussi dans le même sens Pardessus, nºs 1477, *in fine* et 1477 *bis*.

465. — Ce dernier auteur (nº 1477, 3º) enseigne que, dans les cas même où les tribunaux français ne doivent pas connaître des contestations entre étrangers en matière commerciale, si cependant ils avaient été saisis de ces contestations et que le défendeur eût conclu au fond en première instance et en appel, ce défendeur ne pourrait se faire un moyen de cassation de ce que les tribunaux français étaient incompétens, à moins toutefois que cette incompétence ne résultât de traités spéciaux intervenus en matière de commerce entre la France et le pays de ces étrangers, car alors elle aurait un caractère d'ordre public.

466. — Cependant si, nonobstant lesdits traités, l'étranger défendeur avait été condamné, sans avoir invoqué ce moyen d'incompétence à quelque époque de la procédure que ce fût, et que la décision eût acquis l'autorité de la chose jugée, rien ne saurait en arrêter l'exécution en France.— Même auteur, *ibid*.

## CHAPITRE IV. — *Compétence des tribunaux français à l'égard des é rangers en matière criminelle et correctionnelle.*

467. — L'art. 3 du C. civil est ainsi conçu : « Les lois de police et de sûreté obligent tous ceux qui habitent le territoire. » — Cette disposition est générale et s'applique indistinctement à toute personne. Il ne peut, à cet égard, exister aucune différence entre les nationaux et les étrangers, même ne faisant que séjourner en France. — Portalis, *Exposé des mot. du tit. prélim. du Code civil* ; Legal, p. 199.—L'action publique s'étend donc aux étrangers qui commettent dans le royaume des crimes, des délits ou des contraventions, soit qu'ils y résident, soit qu'ils ne fassent qu'y passer : peu importe aussi que ce soit au préjudice d'autres étrangers. C'est ce qu'enseigne Mangin (*De l'action publique et de l'action civile en matière criminelle*, nº 59), en se fondant sur ce que la qualité d'étranger ne peut être un titre pour violer impunément la loi du territoire sur lequel on se trouve, que l'étranger est soumis à la puissance publique du pays où il se transporte, et que la loi qui prohibe certaines actions et émet des peines contre ceux qui les commettent, statue, abstraction faite de la qualité des personnes contre lesquelles ces actions sont dirigées, à moins que la criminalité du fait ne résulte de cette qualité. Mangin invoque à l'appui de son opinion l'arrêt de cassation du 29 déc. 1814, qui a rejeté le pourvoi du nommé *Carcano*, Espagnol, contre un arrêt qui l'avait condamné à la peine des travaux forcés à perpétuité pour crime de meurtre sur la personne d'un autre Espagnol qui se trouvait en France comme lui. — V. encore, dans le même sens, Guichard, nº 258; Morin, *Dict. de droit crim.*, vº *Compétence territoriale*.

468. — Les tribunaux français sont aussi compétens pour juger un étranger accusé d'un crime de bigamie commis en France, encore bien que le premier mariage ait été contracté en pays étranger. — *Cass.*, 20 nov. 1828, Caunter.

469. — La protection que les lois françaises accordent aux étrangers contre les agressions d'autres étrangers s'étend même à des étrangers qui n'habitent pas le territoire français. Ainsi, l'étranger demeurant en France est justiciable des tribunaux français, à raison des délits par lui commis en France, même envers des étrangers qui n'y résident pas.

470. — *Spécialement*, l'étranger qui publie en France où il réside un écrit diffamatoire contre des étrangers qui n'y résident pas, peut être poursuivi et puni en France. —*Cass.*, 22 juin 1826, Wilson c. Hopkins et Northey ; — Morin, *loc. cit.*

471. — Cette décision devrait être également suivie dans le cas où l'étranger coupable de diffamation n'aurait en France aucune résidence. Il suffit, en effet, pour déterminer la compétence des tribunaux français, que le crime ou le délit aient été commis en France. — Mangin, nº 60 ; Chassan, *Des délits et contraventions de la parole*, t. 1er, p. 404, nº 2.

472. — A l'appui de cette doctrine, on peut citer un arrêt de cassation du 31 janv. 1822 (Mury); qui décide que celui qui adresse de France à un étranger, et dans un pays étranger, une lettre contenant menace de mort, avec ordre de déposer une somme d'argent dans un lieu indiqué peut, à raison de ce crime, être poursuivi et jugé en France. — V. aussi Morin, *ubi suprà*.

473. — De ce que les tribunaux français, en matières criminelle ou correctionnelle, sont compétens entre étrangers, par cela seul que le crime ou le délit qu'on leur impute ont été commis en France, il en résulte que si l'étranger non résidant en France et prévenu d'un crime qui y a été commis, vient à quitter le territoire français, il n'en doit pas moins être traduit aux assises et jugé par contumace.

474. — Le principe que l'action publique s'étend à tous les crimes, délits et contraventions commis en France, quels qu'en soient les auteurs, reçoit cependant exception à l'égard des ambassadeurs ou autres représentans des puissances étrangères. — V. le mot AGENT DIPLOMATIQUE.

475. — Mais les consuls étrangers en France étant uniquement chargés de protéger leurs concitoyens en ce qui regarde le commerce, ne jouissent point, par leur caractère, de prérogatives, d'immunités telles qu'ils puissent, eux et leurs employés, être exempts de la juridiction des tribunaux français en matière de délit ou contravention. *En d'autres termes*, les tribunaux français sont compétens pour connaître des délits et contraventions imputés aux consuls étrangers en France ou à leurs employés. — *Aix*, 14 août 1829, courtiers de commerce c. Maglione et Prève ; — Mangin, nº 83.

476. — *Spécialement*, les employés d'un consul étranger en France, qui se sont immiscés dans les fonctions de courtiers interprètes, conducteurs de navires, pour assister les capitaines de la nation à laquelle le consul appartient, auprès des administrations françaises, ne peuvent exciper de leur qualité d'agens du consul pour décliner la juridiction des tribunaux français. —Même arrêt.

477. — Si les crimes ou délits avaient été commis en pays étranger par des étrangers, ces derniers pourraient ils, dans le cas où ils viendraient se réfugier en France pour échapper aux lois de leur pays, y être poursuivis devant les tribunaux français, à raison de ces mêmes crimes et délits, par les étrangers au préjudice desquels ils auraient eu lieu ?

478. — Sous l'ancien droit, certains parlemens avaient pour maxime que le droit d'hospitalité devait être inviolable en faveur des étrangers qui venaient parmi nous chercher un asile, et ils décidaient en conséquence que tout étranger coupable qui fuyait son pays était en France à l'abri de toutes poursuites. C'est en ce sens que s'étaient prononcés le parlement d'Aix, par arrêt du 19 janv. 1672, celui de Paris, par arrêt du 25 mars 1782, et celui de Douai, par arrêt du 15 juillet suivant. Le conseil d'état avait, le 27 avr. 1782, rendu la même décision. Mais cette jurisprudence n'était point unanime. On trouve en sens contraire un arrêt du parlement de Paris de 1577. Elle avait été aussi contredite par l'avocat-général Talon, en 1632. — V. sur ce point Jousse, *Justice crim.*, t. 1er, p. 246 ; Denisart, vº *Délit*, § 4, nº 2 ; Merlin, *Quest. de droit*, vº *Etranger*, § 2, nºs 3 et suiv.; Legal, p. 210 et suiv.; Mangin, nº 61.

479. — Si le crime ou le délit commis en pays étranger par un étranger avaient eu lieu au préjudice d'un Français, les tribunaux de France devenaient compétens, si l'étranger était arrêté sur notre territoire, si le Français avait porté plainte, et si la preuve du crime et du délit pouvait y être faite facilement. Cependant, dans le cas où l'accusé était venu fixer son domicile en France, la compétence était acquise à nos tribunaux sans aucune de ces conditions. — Jousse, t. 1er, p. 422; Mangin, *ubi suprà* ; Morin, *ibid*.

480. — Le Code du 3 brum. an IV (25 oct. 1795) avait déclaré (art. 12) que les étrangers qui contreferaient, altéreraient ou falsifieraient nos monnaies ou papiers monnaies, ou émettraient hors de notre territoire des monnaies et papiers contrefaits, seraient justiciables de nos tribunaux. A l'égard des délits de toute autre nature, l'art. 13 ajoutait que les étrangers qui étaient prévenus de les avoir commis hors du territoire de la république, ne pourraient être jugés ni punis en France ; mais que sur la preuve des poursuites faites contre eux dans le pays où ils les avaient commis, si ces délits étaient du nombre de ceux qui attentaient aux personnes ou aux propriétés, et qui, d'après les lois françaises, emportaient peine afflictive ou infamante, ils seraient condamnés par les tribunaux correctionnels à sortir du royaume français, avec défense d'y rentrer jusqu'à ce qu'ils se fussent justifiés devant les tribunaux compétens.

481. — Le Code d'instruction criminelle, qui a succédé au Code du 3 brum. an IV, porte seulement que la disposition de l'art. 5, suivant laquelle « Tout Français qui se sera rendu coupable hors de France d'un crime attentatoire à la sureté de l'état, de contrefaçon du sceau de l'état, de monnaies nationales ayant cours, de papiers nationaux, de billets de banque autorisés par la loi, pourra être poursuivi, jugé et puni en France d'après les dispositions des lois françaises, » *pourra* être étendue aux étrangers qui, auteurs ou complices des mêmes crimes, seraient arrêtés en France, ou dont le gouvernement obtiendrait l'extradition.

482. — C'est donc aux cas prévus par cet art. 5 que doit être restreint l'exercice de l'action publique contre les étrangers à raison des crimes ou délits qu'ils auraient commis en pays étranger. Il a été jugé en effet, sous le Code d'instruction criminelle, qu'on ne pouvait poursuivre en France un étranger à raison d'un crime par lui commis en pays étranger, sur la personne d'un Français qui avait rendu plainte, encore bien qu'il eût des complices français justiciables des tribunaux de France. — *Cass.*, 2 juin 1825, Michel ; — Mangin, nº 64.

483. — Il en serait ainsi quand même le territoire sur lequel le crime aurait été commis par un étranger au préjudice d'un Français serait occupé par des troupes et administré par des autorités françaises, ces occupations et administrations ne communiquant pas aux habitans le titre de Français, ni au territoire la qualité de territoire français : une telle communication ne peut résulter que d'un acte de réunion émané de l'autorité publique. —*Cass.*, 22 janv. 1818, Guittard-Villasseque; — Mangin, *loc. cit.*

484. — Selon Mangin (*ibid.*), le ministère public ne pourrait plus aujourd'hui traduire un étranger devant le tribunal correctionnel pour le faire condamner à sortir du territoire français, sous prétexte qu'il se trouve dans le cas prévu par l'art 13, C. de brum. Non seulement cet article est abrogé par le code d'instruction, mais encore l'expulsion d'un étranger de notre territoire n'est plus qu'une mesure de haute administration qui appartient exclusivement au gouvernement, conformément à la loi du 26 vendém. an VI.

485. — Au conseil d'état, lors de la discussion sur les art. 3 et 6, C. inst crim., on avait aussi agité la question de savoir s'il était nécessaire, pour l'application de ces articles aux étrangers, que les crimes qu'ils prévoient aient eu des suites

en France, y aient reçu un commencement d'exécution, et elle paraît avoir été résolue négativement. (Séances des 4 sept. et 13 déc. 1804). — V. Mangin, no 65.

486. — Toutefois il semblerait ressortir de la même discussion que ce n'est que la simple *faculté* de poursuivre les étrangers coupables des crimes prévus par l'art. 6, que le législateur a entendu accorder. — Selon Carnot (t. 1er, p. 120), le mot *pourra* dont on s'est servi dans cet article emporte de lui-même cette idée. Toute peine, en effet, doit être appliquée d'après une sage mesure. — Or, si l'étranger qui a commis les crimes y a été, par exemple, poussé par son gouvernement, si les crimes n'ont, en aucune façon, causé de préjudice à la France, doit-on, dans ce cas, le punir, exercer contre lui une répression? Notre gouvernement, notre justice doivent donc avant tout apprécier ces crimes, leurs conséquences et l'intention qui y a présidé. — V. *contrà*, Mangin, no 65, *in fine*.

487. — Dans le cas où les crimes sont jugés punissables, il faut, pour que la loi puisse être exécutée, que les étrangers coupables aient été arrêtés en France, ou qu'on ait obtenu leur extradition (Pour ce qui concerne l'*extradition*, V. ce mot.) Nous ne nous occuperons ici que de l'arrestation; or, l'arrestation en France d'un étranger dans le cas dont il s'agit doit être loyale, c'est-à-dire qu'on ne doit pas profiter des supercheries ou des violences qui auraient attiré les étrangers en France, ni des événemens de force majeure, comme un naufrage (arr. du 18 frim. an VIII), qui les jetteraient sur notre territoire. — Mangin, no 66.

488. — Les gens de mer étrangers peuvent-ils être poursuivis pour les crimes ou délits commis à bord de leur bâtiment dans un port français? Un avis du conseil d'état du 28 oct.-20 nov. 1806 résout cette question par une distinction. Ainsi les gens de l'équipage seront justiciables des tribunaux de France pour les crimes ou délits qu'ils y commettent, *même à bord*, envers des personnes étrangères à l'équipage. Mais ils ne le seront pas, quand les crimes ou délits auront été commis envers d'autres gens de l'équipage. — Legat, p. 214; Mangin, no 67.

489. — Cette distinction a été consacrée depuis par un arrêt de la cour de Cassation qui a décidé que le privilége établi par le droit des gens en faveur des navires amis ou neutres cessait dès que ces navires, au mépris de l'alliance ou de la neutralité du pavillon qu'ils portaient, commettaient des actes d'hostilité; *spécialement*, que les principes de protection et d'hospitalité établis en faveur du navire en état de relâche forcée sur les côtes de France ne pouvaient pas être appliqués à un navire qui avait été nolisé pour servir d'instrument à un complot et qui avait, en effet, servi à l'exécution de ce crime et se trouvait encore en état d'hostilité, comme portant à bord des passagers mis, depuis lors, en état d'accusation comme conspirateurs. — *Cass*. 7 sept. 1832, passagers du Carlo-Alberto; — *Lyon*, 15 oct. 1832, mêmes parties.

490. — En conséquence, l'arrestation d'étrangers sur un navire qui, par l'état d'agression dans lequel il s'est placé, a perdu le privilége de nationalité, est valablement faite. Ces étrangers sont alors considérés comme *arrêtés en France*, et dans le cas de l'application de l'art. 6, C. inst. crim. — V. l'arrêt de Lyon précité.

491. — Si, après que l'étranger qui aurait commis dans son pays un crime ou un délit au préjudice d'un autre étranger se serait enfui en France pour se soustraire à l'exécution du jugement prononcé contre lui, le pays de cet étranger venait à être réuni à la France, cette réunion aurait pour effet de le replacer sous le coup de la sentence qui l'aurait condamné, pour l'exécution de laquelle alors toutes les voies ouvertes en France pourraient être employées.

492. — Jugé, en effet, que le droit d'asile n'est point un droit personnel aux fugitifs, mais seulement un effet des droits respectifs de souveraineté qui cesse par la réunion des deux territoires sous la même domination. — *Cass.*, 11 juin 1808, Jean Odonc; — Mangin, no 68.

493. — Il est à remarquer que lorsque les étrangers sont traduits devant nos tribunaux criminels ou correctionnels, ils ne peuvent demander à être jugés autrement que les régnicoles, quoique les Français jouissent d'un droit différent en pays étranger, à moins cependant que la réciprocité réclamée ne résulte des traités intervenus entre les deux nations. — V. sur ce point et en ce sens *Ass. de la Seine*, 24 avr. 1816, Michel Bruce; — Legat, p. 245; Sapey, *Les étrangers en France*, p. 204.

494. — Le tribunal criminel qui a été régulièrement saisi de l'action publique dirigée contre un étranger peut statuer sur l'action civile accessoire à l'action publique, et accorder les restitutions et dommages-intérêts dus à l'étranger au préjudice duquel le délit a été commis. — *Cass.*, 15 avr. 1842 (t. 1er 1843, p. 700), Picola c. Cabréra. — V. ACTION CIVILE, ACTION PUBLIQUE.

495. — En résumé, dans l'état actuel des choses, il y a une double impunité, la première en faveur du Français qui commet, hors de France, un crime ou un délit contre un étranger; la deuxième, en faveur de l'étranger qui se rend coupable, hors de France, d'un crime ou d'un délit même envers un Français. — C. Instr. crim., art. 7; — Sapey, *Des étrangers en France*, p. 205, note.

496. — Un projet a été récemment soumis à l'une des chambres pour modifier en ce point l'art. 7, C. inst. crim.; mais il n'a point été converti en loi.

## CHAPITRE V. — *Comment l'étranger doit-il être assigné en France et devant quel tribunal.*

### Sect. 1re. — *Comment l'étranger doit-il être assigné en France.*

497. — Anciennement, un usage bizarre et dispendieux s'était introduit pour l'ajournement des étrangers devant les tribunaux de France: l'huissier y procédait à son de trompe sur la frontière. Mais cette formalité a été abrogée par l'ordonnance de 1667, tit. 2, art. 7.

498. — Sous l'empire de cette ordonnance, les étrangers devaient être assignés au domicile du commissaire du gouvernement près les tribunaux d'appel, encore que ce fût pour comparaître en première instance. — *Cass.*, 11 fructid. an XI, Gigot-Garville c. Primet.

499. — Ils devaient aussi être assignés devant la cour de Cassation, au domicile du procureur général près cette cour; l'assignation qui leur aurait été donnée à un domicile qu'ils auraient élu dans le cours des procédures de première instance ou d'appel était nulle. — *Cass.*, 19 vendém. an XI, Pignatelli c. Bertaud; — Merlin, *Rép.*, vo *Ajournement*, no 14.

500. — Le titre 2, ord. 1667 ayant été également publié en Belgique avant le Code de procédure, les significations à des étrangers résidant hors de France n'ont pu y être faites dans la forme établie par les anciens réglemens de la Belgique. — *Cass.*, 1er germin. an IX, Douanes c. Latour; — Merlin, *Quest. de droit*, vo *Assignation*, § 1er.

501. — Depuis le Code de procédure civile, le mode de procéder pour appeler les étrangers devant les tribunaux français doit avoir lieu conformément à l'art. 69, § 9, de ce Code. « Seront assignés, porte cet article, ceux qui sont établis chez l'étranger, au domicile du procureur du roi près le tribunal où sera portée la demande, lequel visera l'original et enverra la copie au ministre des affaires étrangères. » — V. Paillet, *Dict. univ. de droit français*, vo *Action concernant les étrangers*, no 46.

502. — Lorsqu'il s'agit de l'appel d'un jugement rendu au profit d'un étranger, ce n'est plus au domicile du procureur du roi près le tribunal qui a rendu le jugement que doit être signifié l'exploit d'appel, mais à celui du procureur général près la cour où l'appel a été porté, et ce à peine de nullité. A cet égard, la jurisprudence est constante. — *Trèves*, 30 janv. 1811, Goederlz c. Bianchi; *Colmar*, 25 nov. 1815, Wolf c. Staepel; *Douai*, 31 déc. 1819, Lambert c. Coppens; *Montpellier*, 16 juill. 1828, Azemar c. comm. de Villanova-la-Balso; *Cass.*, 14 juin 1830, mêmes parties; — Bioche et Goujet, *Dict. de procéd.*, vo *Appel*, no 183 (2e édit.); Coin-Delisle, sur les art. 14 et 15, no 30; Chauveau, sur Carré, *Lois de la procéd. civ.*, quest. 371, note 1re.

503. — Si le procureur du roi ou le procureur général au domicile desquels est faite à un étranger la signification d'un exploit négligent d'envoyer au ministre des affaires étrangères la copie qui leur a été remise, cette signification n'en est pas moins valable, la partie ne pouvant être responsable de l'omission du magistrat. — *Cass.*, 11 mars 1817, Bellot c. Aubry; — Coin-Delisle, *loc. cit.*

504. — La disposition précitée de l'art. 69, C. procéd., ne fait point obstacle à ce que l'étranger qui réside en France passagèrement soit valablement assigné au lieu où il se trouve, surtout en parlant *à sa personne*. C'est ce qui résulte formellement de la combinaison des art. 68 et 74 du même code, qui supposent que l'assignation peut être faite *à personne*, quant aux parties *domiciliées hors de France*, ce qui comprend nécessairement les étrangers. — Guichard, no 269; Paillet, *loc. cit.*, no 48; Coin-Delisle, *ibid.*

505. — Si l'étranger a en France une résidence de fait, c'est-à-dire établie sans l'autorisation du gouvernement, il peut y être assigné sans même qu'il soit nécessaire de parler à sa personne, puisque l'art. 69, § 8, permet d'assigner à sa résidence actuelle celui qui n'a pas de domicile connu en France. Il en doit être ainsi surtout quand l'étranger a lui-même, dans différens actes déjà signifiés, avoué cette résidence. — *Cass.*, 27 juin 1809, Enreg. c. Bassenheim; 20 août 1811, Church c. Cargill; 2 juill. 1822, Bérembrock c. Delchtal; — Legat, p. 816; Coin-Delisle, *loc. cit.*; Fœlix, *Revue française et étrangère*, 8e année, 2e série, t. 4, *Du droit international*, no 131; Chauveau, sur Carré, quest. 371 (*ter*); — *contrà* Guichard, no 272; Paillet, no 51.

506. — Il peut même être assigné au lieu de sa dernière résidence connue. — *Cass.*, 20 août 1811, Church c. Cargill; — Legat, *loc. cit.*

507. — Il s'est élevé aussi la question de savoir si un étranger peut être assigné en France, au domicile de son mandataire. En principe, cette question ne saurait faire un doute sérieux, car le mandataire, devant toujours se renfermer dans l'objet de son mandat, quant à la gestion ou administration qui lui est confiée, est sans caractère aucun pour recevoir directement ou personnellement les assignations ou significations qui regardent son mandant et que la loi prescrit textuellement de faire ou à la personne même de ce dernier, ou à son domicile, ou au domicile de convention, ou au procureur du roi, ou au procureur général. — *Cass.*, 5 août 1807, Douanes c. Marton et Monteup; — Merlin, *Répert.*, vo *Douanes*, § 14; Paillet, no 50; Guichard, no 271; Coin-Delisle, no 30.

508. — En conséquence, est nulle la signification faite à un étranger en la personne de son mandataire, d'un arrêt admettant un pourvoi, avec assignation à comparaître devant la section civile de la cour de cassation. — V. l'arrêt de *Cass.* qui précède.

509. — La déchéance résultant de cette nullité profite à la caution. — Même arrêt.

510. — Il en serait autrement, si le mandataire avait un pouvoir spécial pour répondre à l'action. — Chauveau sur Carré, quest. 371 *ter*; Coin-Delisle, *ubi suprà*.

511. — ... Et surtout s'il s'agissait dans ce cas de matière commerciale. — *Rennes*, 13 mars 1818, Bournichon.

512. — L'ajournement est encore valablement signifié à un étranger au domicile élu dans la signification du jugement, portant *sommation d'y obéir sous peine d'y être contraint par corps*; c'est là un véritable commandement, aux termes des art. 583 et 584, C. procéd. — Même arrêt.

513. — Mais l'assignation donnée à un étranger résidant hors le territoire, pour voir opérer la radiation d'une inscription ordonnée par jugement ne peut être faite au domicile élu dans l'inscription; c'est au parquet du procureur du roi qu'elle doit être signifiée. — *Pau*, 21 janv. 1834, Hubert c. conservateur des hypothèques; — Chauveau sur Carré, *ubi suprà*.

514. — C'est également au parquet du procureur du roi près le tribunal qui doit juger la demande que doivent être assignés les ambassadeurs ou tous autres agens diplomatiques, dans le cas où il est permis de les assigner; il ne suffirait pas que l'exploit fût signifié à leur hôtel. Cet hôtel est, en effet, considéré comme territoire étranger. — Coin-Delisle, no 30, *in fin.* — V. AGENT DIPLOMATIQUE.

515. — Quant à la forme de l'exploit d'assignation concernant les étrangers, elle est la même que celle des ajournemens signifiés aux nationaux. L'art. 61, C. proc. civ., doit être exactement et rigoureusement suivi. Les délais à observer sont aussi les mêmes; ils sont déterminés par les art. 72 et 73 du même code. — Guichard, nos 268 et 270; Paillet, nos 47 et 49; Fœlix, *loc. cit.*, no 150.

516. — Toutefois, il a été décidé que la disposition de l'art. 72 qui autorise le président, dans les cas qui requièrent célérité, à permettre d'assigner à bref délai, devait être restreinte au cas où l'assigné était domicilié en France, et qu'elle ne pouvait s'étendre au cas où l'assigné demeurait en pays étranger et n'avait pas élu domicile en France. — *Colmar*, 12 nov. 1830, Paravicini c. Ostertag. — V. cependant *Pau*, 22 déc. 1824, Farthoat c. Viviez.

517. — Enfin on s'est demandé s'il en devait être, relativement aux étrangers sans domicile ni résidence en France, des significations de jugemens et autres actes judiciaires comme des exploits d'ajournement. En d'autres termes, si ces significations devaient être faites au domicile du procureur du roi. Sous l'empire de l'ordonnance de 1667, la jurisprudence s'était prononcée pour l'affirmative. — V. à cet égard Merlin, *Quest. de droit*, vo *Signification de jugement*. — Cette ancien-

ne jurisprudence doit être également suivie aujourd'hui. Quoique l'art. 69, C. proc. civ., ne statue que sur l'ajournement, l'analogie qui existe entre ses dispositions et l'art. 7, tit. 2 de l'ordonnance de 1667 exige qu'il en soit ainsi. Quel autre moyen plus sûr y a-t-il d'ailleurs de faire parvenir ces significations à des étrangers hors de France? — V. en ce sens Merlin, *ubi suprà*; Chauveau sur Carré, quest. 372.

## Sect. 2e. — *Devant quel tribunal l'étranger doit-il être assigné?*

518. — En dérogeant dans l'art. 14, C. civ., relativement aux étrangers, à la maxime *actor sequitur forum rei*, le législateur eût dû en même temps déterminer quels seraient les tribunaux compétens pour connaître des actions intentées contre eux. Son silence à cet égard constitue dans notre législation une lacune, qu'il appartient à la doctrine et à la jurisprudence de remplir.

519. — D'abord, aucune difficulté ne peut s'élever, lorsque la matière du procès est par elle-même attributive de juridiction. Ainsi, en matière réelle, l'action doit être portée devant le tribunal du lieu où est situé l'objet litigieux; en matière de succession, devant le tribunal du lieu où la succession s'est ouverte, etc. L'art. 59, C. proc., qui dans ces matières et dans diverses autres règle la compétence des tribunaux, devra recevoir ici son application. Cependant cette application ne peut être entendue d'une manière absolue. Car il peut se rencontrer des cas dans lesquels elle ne saurait avoir lieu, par exemple, quand la faillite s'est ouverte, ou la société s'est établie en pays étranger. Ces cas rentrent alors nécessairement dans les difficultés générales qui existent en cette matière. — Guichard, n° 274.

520. — Dans le cas où la succession se serait ouverte en pays étranger, l'action en partage des biens immeubles de cette succession situés en France, s'ils sont tous situés dans le même lieu, devra être portée devant le tribunal de ce lieu. S'ils se trouvent au contraire dans le ressort de divers tribunaux, M. Chauveau (V. Carré, *Lois de la procéd.*, quest. 262 *ter*) pense qu'il faudra saisir de la connaissance du partage le tribunal du domicile du défendeur; s'il n'y a point de défendeur domicilié en France, celui du domicile du demandeur; si lui-même est domicilié hors du territoire, le tribunal de la situation d'un des biens à partager.

521. — A l'égard de certaines opérations commerciales, l'art. 420, C. procéd., peut aussi parfois servir à déterminer le tribunal français compétent relativement à l'étranger défendeur. En effet, lorsqu'il s'agit de vente de marchandises, cet article attribue juridiction aux tribunaux français de l'arrondissement dans lequel la promesse a été faite et la marchandise livrée, ou de celui qui se serait désigné pour le paiement. — Guichard, n° 275.

522. — En matière personnelle, lorsque l'étranger aura obtenu l'autorisation du roi d'établir en France son domicile, il devra être poursuivi devant le tribunal du lieu de son domicile. Si au contraire il n'a en France qu'une simple résidence de fait, sans ou avec esprit de retour dans son pays d'origine, le tribunal compétent à son égard sera encore le tribunal du lieu de sa résidence. C'est ce qui résulte de l'art. 59, § 1er, C. procéd. civ., qui attribue à la résidence, quant à la juridiction, pour tous les défendeurs indistinctement, l'effet du domicile. — Coin-Delisle, sur les art. 14 et 15, n° 28; Marcadé, *El. dr. civ. fr.*, sous l'art. 14, n° 2; Demolombe, t. 1er, n° 252. — V. cependant Paillet, n° 57.

523. — Ainsi, il a été jugé que l'étranger résidant en France, qui n'avait pas encore obtenu l'autorisation d'y fixer son domicile, devait être assigné devant le tribunal de sa résidence, et non au lieu où étaient situées ses principales propriétés. — *Paris*, 9 mai 1835, Boode c. Arnault.

524. — Quand l'étranger, au lieu d'avoir en France même une simple résidence de fait, ne fera qu'y séjourner, ne s'y trouvera qu'accidentellement, devant quel tribunal de France pourra-t-il être traduit? Carré (*Tr. de la compétence*, t. 1er, p. 485) pense que puisque aucune loi n'indique de tribunal, il faut, dans ce cas, s'adresser à la cour de Cassation, et demander par requête la désignation d'un tribunal pour connaître de l'affaire. Mais, comme le fait avec raison remarquer M. Coin-Delisle (n° 29), aucun tribunal *hors de France* n'étant, *par les lois françaises*, investi de la juridiction, il ne peut y avoir lieu de renvoyer d'un tribunal à un autre.

525. — Ne faut-il pas, au contraire, lorsque les obligations ont été contractées en France, s'attacher au lieu dans lequel elles ont été passées pour déterminer le tribunal compétent? Dans le droit romain (V. L. 19 et suiv., ff, *De judiciis*), le lieu du contrat était attributif de juridiction au juge de ce lieu; mais cette règle est tombée avec la législation romaine; on n'en trouve aucune trace dans notre ancien droit français. Placée sous l'influence de cet ancien droit, la législation nouvelle n'est point retournée aux principes du droit romain. Nulle part, en effet, lorsqu'il s'agit de matière personnelle, la compétence des tribunaux français n'est fixée, dans nos lois, par le lieu du contrat. Une seule exception a été admise par l'art. 111, C. civ.; c'est le cas où celui qui s'oblige a fait élection de domicile pour l'exécution du contrat dans le lieu même de ce contrat. — V. Guichard, n° 276; Legat, p. 317; Paillet, n° 54. — V. cependant Marcadé, *Elém. dr. civ. franç.*, sous l'art. 14, n° 2; Demolombe, n° 252.

526. — Si l'étranger défendeur qui a son domicile en pays étranger possédait en France des immeubles, le tribunal compétent à son égard pour statuer sur les obligations étrangères à ces immeubles qu'il aurait contractées soit en France, soit en pays étranger, ne serait-il pas naturellement le tribunal du lieu de la situation de ces immeubles? Cette question a été examinée par M. Guichard (n° 278), et résolue négativement. Cet auteur s'est fondé sur ce que nulle disposition législative ne présentait un semblable lieu comme indicatif, plutôt qu'un autre, du tribunal à saisir, et sur ce que l'étranger défendeur pouvant avoir des immeubles dans divers lieux ressortissans à différens tribunaux, on se trouverait d'ailleurs dans l'embarras sur le choix à faire. On se rangera d'autant plus facilement à cet avis, si l'on songe que l'étranger propriétaire d'immeubles en France peut bien n'être jamais allé dans le lieu où ils sont situés, et que ce lieu peut se trouver à l'extrémité de la France opposée au pays où il a son domicile, et à une énorme distance du domicile du demandeur, du siége de ses affaires. — Paillet, n° 56.

527. — Cependant, ce n'est pas non plus le domicile du demandeur qui doit déterminer exclusivement le tribunal compétent. Dans ce cas, comme dans le précédent, le silence de la loi ne permet pas qu'on fonde une règle absolue de compétence, dans la matière qui nous occupe, sur le domicile du demandeur. C'est encore ce qu'indique M. Guichard (n° 277), en s'appuyant en outre sur ce que, s'il en était autrement, l'exclusion attachée au domicile du demandeur pourrait être parfois à redouter par l'étranger défendeur. — V. aussi Paillet, n° 55; Marcadé, *ibid.*

528. — Il nous paraît plus conforme et à l'intérêt du défendeur étranger et en même temps à l'intention du législateur, qui, dans l'art. 14, C. civ., a saisi les tribunaux de France par opposition aux tribunaux étrangers, sans aucune distinction de lieu, de laisser au demandeur, alors d'ailleurs qu'aucune circonstance n'attribue de juridiction au tribunal d'une localité, le *choix* du tribunal devant lequel il veut appeler l'étranger sans domicile ni résidence en France, qui s'est obligé envers lui soit en France, soit en pays étranger. Il peut être convenable de porter l'action devant le juge du lieu du contrat (V. art. 1159, C. civ.) ou devant celui du lieu où l'étranger a des biens susceptibles d'exécution, ou enfin devant celui du domicile du demandeur; mais rien n'impose cette obligation, et tous les tribunaux ayant en eux-mêmes le principe de la compétence, leur jugement sera également efficace. — V. Guichard, n° 280; Legat, p. 216, *in fin.*; Paillet, n° 58; Coin-Delisle, n° 29, *in fin.*; Fœlix, *ubi suprà*, n° 131.

529. — L'étranger ne pourrait se plaindre dans ce cas qu'autant qu'il apparaîtrait du choix fait par le demandeur, notamment s'il a opté pour le lieu le plus éloigné, qu'il a voulu créer au défendeur des embarras et des dépenses vexatoires. — Demolombe, n° 252.

530. — Mais quand un Français est créancier à la fois d'un étranger et d'un Français, peut-il assigner l'un et l'autre, à son choix, devant un tribunal quelconque du royaume, ou ne doit-il pas au contraire se conformer, à l'égard du Français, à la maxime *actor sequitur forum rei?* Lorsqu'il y a plusieurs défendeurs, l'art. 59, C. procéd. civ., permet bien, il est vrai, au demandeur de les assigner tous conjointement devant le tribunal du domicile de l'un d'eux. Mais cet article ne statue que pour le cas où tous les défendeurs sont Français et domiciliés dans le royaume. Le demandeur, par exception à la règle générale posée dans l'art. 59 précité, n'aura donc pas le choix dans le cas spécial qui nous occupe. Il devra assigner ses deux débiteurs devant le tribunal du domicile du Français, et le but de l'art 59 n'en sera pas moins rempli; cet article a voulu, en effet, que le demandeur ne pût être forcé d'engager devant différens tribunaux une action qui, quoique dirigée contre plusieurs personnes, est cependant une quant à son objet. — V. conf. *Bruxelles*, 17 déc. 1818, Leloutre c. Debusscher; — Chauveau sur Carré, quest. 257 *bis*; Coin-Delisle, n° 29.

531. — Si, entre la demande portée devant un tribunal de France contre un étranger et une autre demande pendante devant un autre tribunal, il y avait connexité, l'étranger serait fondé à proposer l'exception de litispendance et à demander son renvoi devant le tribunal *déjà saisi*, tout aussi bien que s'il était régnicole. Ainsi, par exemple, lorsque le saisi (étranger) a formé une demande en main-levée partielle d'une saisie-arrêt, sur le motif qu'il n'est débiteur que pour partie des billets cause de la saisie, si le créancier intente devant un autre tribunal une action en paiement de ces billets, ce tribunal doit, sur la demande du saisi, renvoyer les parties devant le tribunal où a été portée la demande en main-levée.

532. — Quant à la demande en validité d'une saisie-arrêt faite en France sur un étranger qui n'y demeure pas, il est naturel, bien qu'aucune disposition de la loi ne le prescrive, de la porter devant le tribunal du lieu où la saisie a été faite, de préférence à tout autre, soit que cette saisie ait été opérée à la requête d'un Français, soit qu'elle ait eu lieu à celle d'un étranger. M. Guichard (n° 281) en donne pour motif l'*économie* des frais et la *commodité* du tiers-saisi. — V. encore dans ce sens Paillet, n° 59; Roger, *De la saisie-arrêt*, n° 520. — Mais Carré (*De la compétence*, n° 199) enseigne que cette demande doit être portée devant le tribunal du lieu où a été passé le contrat en vertu duquel la saisie est faite. Cette doctrine est contraire à l'opinion que nous avons émise plus haut sur la question de savoir si le lieu du contrat est aujourd'hui attributif de juridiction.

# CHAPITRE VI. — *Exécution et autorité en France des jugemens rendus et des actes passés en pays étranger.*

## Sect. 1re. — *Jugemens rendus par les tribunaux étrangers.*

533. — La question de savoir si les jugemens rendus par les tribunaux étrangers sont exécutoires en France, se rattache plutôt au droit politique qu'au droit civil proprement dit. Or, c'est un principe universel, qui a son fondement tant dans les droits de souveraineté que dans l'indépendance des nations, que l'autorité publique d'un prince est renfermée dans les limites de ses états, qu'elle expire à la frontière. L'autorité des magistrats qu'il institue est nécessairement restreinte dans les mêmes limites. Par conséquent, les jugemens qu'ils prononcent sont sans force, sans aucune puissance, dans les pays soumis à une autre domination.

534. — Cependant, il n'est point de principe tellement absolu qu'il ne puisse souffrir quelque exception. Ainsi, l'exécution de jugemens étrangers pourra avoir lieu en France, lorsqu'elle aura été autorisée par des *traités* intervenus entre la France et une nation étrangère. Indépendamment de cette exception résultant des traités, le législateur en a lui-même établi une autre. Aux termes des art. 2123, C. civ., et 546, C. procéd., les jugemens étrangers pourront être exécutés en France, lorsqu'ils y auront été *déclarés exécutoires* par un tribunal français. L'équité, la morale exigeaient en effet qu'un débiteur, français ou étranger, condamné par des tribunaux légalement institués, ne pût pas se soustraire aux suites de cette condamnation en se plaçant sous la protection de la France, alors surtout qu'il était possible qu'il y possédât des immeubles.

535. — Mais de nombreuses difficultés se sont élevées à l'occasion des mots *déclarés exécutoires*. On s'est demandé ce qu'il fallait entendre par ces mots: — S'agit-il d'une pure formalité, d'un simple *visa?* — L'exécution ne doit-elle pas au contraire n'être déclarée qu'après une *révision* du fond?

536. — Pour éclaircir et simplifier autant que possible cette matière, nous distinguerons trois cas:

Ou le jugement a été rendu au profit d'un étranger contre un Français;

Ou il a été rendu au profit d'un Français contre un étranger;

Ou enfin il est intervenu entre deux étrangers.

537. —...1° L'art. 121 de l'ordonnance de 1629 était

ainsi conçu : « Les jugemens rendus, contrats ou obligations reçus ès-royaumes et souverainetés étrangères, pour quelque cause que ce soit, n'auront aucune hypothèque ni *exécution* en notre royaume ; ainsi tiendront les contrats lieu de simples promesses ; et nonobstant les jugemens, nos *sujets contre lesquels* ils ont été rendus, pourront de nouveau débattre leurs droits *comme entiers* pardevant nos officiers. »

538. — Sous l'empire de cette ordonnance, les jugemens rendus en pays étrangers contre des Français ne pouvaient donc être revêtus en France d'aucun *pareatis* ; ils étaient considérés comme non existans ; les parties qui les avaient obtenus ne pouvaient en faire aucun usage ; il fallait qu'elles vinssent *par nouvelle action*, devant les tribunaux français, comme si rien n'eût été décidé par les juridictions étrangères.

539. — Quand le chancelier Marillac, auteur de l'ordonnance de 1629, fut tombé en défaveur, on crut un instant que cette ordonnance ne survivrait point à la disgrâce de son auteur. Mais le principe de droit public qu'elle consacrait était trop ancien et trop constant. Aussi, tous les auteurs qui ont écrit depuis, et avant les lois nouvelles de la France, enseignent-ils que l'art. 121 précité n'a point cessé d'être regardé comme loi du royaume. — V. à cet égard d'Aguesseau, *Mémoire sur l'exécution des jugemens entre souverains*, t. 13, édit. in-4o, p. 636 ; Merlin, *Rép.*, vo *Jugement*, § 8, 5e édit., t. 8, p. 771, et les auteurs qu'il cite ; Émérigon, *Des assurances*, chap. 12, sect. 20 ; Fœlix, *De l'effet ou de l'exécution en France des jugemens rendus dans les pays étrangers*, broch. 1843, no 281.

540. — Les lois nouvelles de la France ont-elles innové sur ce point à l'art. 121 de l'ordonnance de 1629 ? Les art. 2123, C. civ., et 546, C. procéd., se bornent à dire, comme nous l'avons vu, que les jugemens étrangers pourront être *déclarés exécutoires* par les tribunaux français. La question revient donc à savoir ce que l'on doit entendre par ces mots *déclarés exécutoires*. La plupart des auteurs qui ont examiné cette question pensent que le Code civil et le Code de procédure se sont référés, à l'égard des jugemens étrangers obtenus contre des Français, à la doctrine consacrée par l'ordonnance de 1629. — Merlin, *Rép.*, vo *Souveraineté* (§ 6, 5e édit., t. 16, p. 403 et suiv.), croit même trouver la preuve que ce système résulte véritablement de l'intention du législateur, dans un avis du conseil d'état du 30 mai-4 juin 1806, qui reconnaît qu'en thèse générale les jugemens rendus en France contre des étrangers sont sans force dans le lieu de leur domicile. Or, ajoute Merlin, par là, cet avis reconnaît aussi nécessairement que les jugemens rendus en pays étranger contre des Français ne peuvent pas, en thèse générale, être exécutés en France, et que par conséquent le principe proclamé par l'art. 121, ord. 1629, n'est abrogé ni par le Code civil ni par le Code de procédure. — V. dans le même sens Toullier, t. 10, nos 81 et suiv. ; Pardessus, *Droit commercial*, no 1488 1o ; Duranton, t. 1er, no 155 ; Legat, p. 380 ; Troplong, *Des privil. et hypothèq.*, t. 2, no 451 ; Zachariæ, t. 1er, p. 57 et 58 ; Fœlix, *loc. cit.*, no 285. — V. cependant en sens contraire Boitard, *Leçons sur le Code de procéd.*, t. 3. p. 302 ; Marcadé, *Elémens de Droit civil français*, t. 1er, sur l'art. 15, no 3 ; Demolombe, t. 1, no 263.

541. — La jurisprudence a également décidé, conformément à la doctrine généralement admise, que les jugemens rendus par des tribunaux étrangers contre des Français ne devaient être déclarés exécutoires en France par les tribunaux français qu'après de nouveaux débats et avec connaissance du fond de la contestation. — *Cass.*, 27 août 1812, Morelli c. Gnecco ; *Colmar*, 13 janv. 1815, La Ville c. Wolf ; *Rennes*, 28 mai 1819, Laporte ; *Toulouse*, 27 déc. 1819, Delon c. Ferrer ; *Montpellier*, 8 mars 1822, Aymar c. Colomer ; *Pau*, 13 déc. 1836 (t. 2 1837, p. 359), Saint-Aubin d'Hernani c. Brice ; *Nîmes*, 14 août 1839 (t. 2 1839, p. 549), Guyot c. Rossetti. — V. aussi *Metz*, 1er mars 1822, Régune de Dusseldorf ; *Cass.* (motifs), 19 avr. 1819, Holker.

542. — Il en était de même pour les jugemens rendus en Italie contre un Français, à l'époque où les couronnes de France et d'Italie étaient réunies sur la même tête, ces deux Etats n'en formant pas moins, malgré cette réunion, deux monarchies distinctes et séparées. — V. l'arrêt de *Cass.* précité, du 27 août 1812. — V. aussi Merlin, *Rép.*, vo *Souveraineté*, § 6.

543. — Jugé aussi qu'un consul français saisi de la demande en exécution d'une sentence rendue par un consul étranger contre un Français a le pouvoir de réviser cette sentence. — *Aix*, 5 fév. 1832, Schilizzi c. Pastri et Fresquet. — V. encore en ce sens Fœlix, *loc. cit.*, no 296.

544. — Il n'est pas nécessaire, pour saisir le tribunal de la connaissance du fond du procès, que la demande en révision soit formelle ; elle peut être implicite. Ainsi, il a été jugé qu'une demande tendant à faire déclarer exécutoire, d'après les lois françaises, un jugement rendu par un tribunal étranger contre un Français, équivalait à une demande d'exécution à charge de révision du procès, de telle sorte que le tribunal français auquel cette demande était adressée se trouvait saisi de la connaissance du fond de la contestation, et que par conséquent cette demande était recevable. — *Metz*, 1er mars 1822, Régune de Dusseldorf c. de Longeaux.

545. — Lorsqu'un tribunal français a rendu exécutoires les condamnations prononcées contre un Français par un tribunal étranger, mais pour partie seulement, le créancier vis-à-vis duquel la condamnation est ainsi partiellement exécutée ne peut pas être tenu de donner quittance pour solde et de rapporter main-levée des inscriptions prises par lui à l'étranger pour le maintien du surplus des condamnations. — *Paris*, 28 janv. 1837 (t. 2 1837, p. 469), Sautter c. Perret.

546. — Le débiteur ainsi obligé d'exécuter en France une partie seulement des condamnations contre lui prononcées par le tribunal étranger peut imputer sur la somme qu'il doit en France tout ce qu'il a déjà payé sur ses biens situés à l'étranger. — Même arrêt.

547. — Les jugemens rendus en pays étranger contre un Français ne peuvent-ils pas au moins avoir en France l'autorité de la chose jugée, de telle sorte que le Français *demandeur* devant les tribunaux étrangers ne puisse plus les faire réviser en France ? Pour l'affirmative, on peut dire que la volonté du Français qui s'est adressé spontanément à des juges étrangers, doit donner au jugement la force d'un contrat, *quasi contrahitur in judicio*. — Mais tous les auteurs ont adopté l'opinion contraire, en se fondant, d'abord, sur ce que la volonté du Français qui, ne pouvant citer son adversaire en France, le trouve et intente contre lui sa demande en pays étranger, n'est point entièrement libre, qu'il n'a, le plus souvent, que l'alternative d'y plaider ou de perdre sa créance ; d'un autre côté, l'art. 121, ord. 1629, ne distingue point si les Français condamnés en pays étranger l'ont été en demandant ou en défendant, contradictoirement ou par défaut ; cet article ne considère que l'*extranéité* du jugement, et non les qualités accidentelles des parties ; enfin la chose jugée est un bienfait, une institution de la loi civile, qui ne tire sa force que de l'autorité dont les juges sont investis par la loi ou par le souverain du pays où le jugement a été rendu. — Merlin (*Quest. de droit*, vo *Jugement*, § 14, 4e édit. t. 5, p. 110 et 111) ajoute que la justification irrésistible de cette opinion se trouve dans les traités qui ont excepté quelques états étrangers de la règle commune, en déclarant, d'une part, que le Français demandeur serait obligé d'intenter son action contre un sujet de ces états devant les tribunaux qui y sont établis, et de l'autre, que les jugemens rendus devant ces tribunaux contre un Français demandeur seraient exécutés en France comme s'ils eussent été rendus en France même. Il est évident que si les jugemens étrangers avaient été exécutoires en France contre un Français par cela seul qu'il eût été demandeur, ces traités auraient été inutiles. — V. en ce sens Pigeau, *Comment. sur la procéd. civ.*, t. 2, p. 141 ; Berriat-Saint-Prix, p. 517 ; Toullier, t. 10, nos 76 et suiv. ; Grenier, *des privil. et hypoth.*, t. 1er, no 210 ; Pardessus, no 1488 1o ; Zachariæ, t. 1er, p. 58 et 59 ; Fœlix, *loc. cit.*, nos 281, 287, 298 et 303.

548. — Il a été décidé également par la cour de Cassation que le Français qui avait porté une demande devant un tribunal étranger, et qui y avait succombé, conservait toujours le droit de débattre de nouveau ses droits comme entiers, devant les tribunaux de France. — *Cass.*, 18 pluv. an XII, Spohrer c. Jens-Sorensen et Niels-Moe.

549. — Cependant cette doctrine et cette jurisprudence ne sont vraies qu'autant qu'en poursuivant l'étranger devant les tribunaux de son pays, les Français ont obéi uniquement à une loi de nécessité, ont été dirigés par la seule impuissance où ils se trouvaient d'actionner utilement en France cet étranger. Car si les poursuites dirigées devant les tribunaux étrangers n'avaient eu de cause que dans leur seule volonté, comme la disposition de l'art. 14, C. civ., constitue seulement pour eux une simple faculté, ils pourraient être présumés y avoir renoncé. Et alors, évidemment, ils devraient être non-recevables à porter de nouveau devant les tribunaux français une demande qu'ils auraient spontanément formée devant les tribunaux étrangers. — Legat, p. 388.

550. — Ainsi, le Français qui, dans un procès-verbal d'arbitres nommés en pays étranger, a consenti à l'annulation d'un billet, ne peut plus demander l'exécution de ce titre devant les tribunaux français. — *Paris*, 14 juill. 1809, Maupas c. Sievcking.

551. — ... 2o L'art. 121, ord. 1629, avait établi, dans sa première partie, un principe général, absolu, qui semblait frapper d'inexécution en France tout aussi bien les jugemens rendus à l'étranger au profit de Français contre des étrangers que ceux obtenus par des étrangers contre des Français. Dans sa seconde partie, il n'a accordé qu'aux Français poursuivis en France par des étrangers pour l'exécution de jugemens étrangers le droit de débattre de nouveau leurs droits devant les tribunaux français. Est-ce un privilége qu'il a voulu leur donner à raison de leur qualité, privilége qui ne s'étendrait pas aux étrangers contre lesquels alors les jugemens étrangers pourraient être mis à exécution en France en vertu d'un simple *visa* ou *pareatis* des tribunaux étrangers. C'était dans ce sens que l'art. 121 avait été perpétuellement entendu avant le Code civil et le Code de procédure. — V. sur ce point Merlin, *Répert.*, vo *Jugement*, § 8, et toutes les autorités qu'il indique.

552. — Depuis le Code civil et le Code de procédure, l'explication de cet article a cessé d'être aussi unanime, et Merlin lui-même a varié dans ses opinions. Ceux qui pensent que les tribunaux français doivent, aujourd'hui encore, déclarer les jugemens étrangers, rendus contre des étrangers au profit de Français, exécutoires en France au moyen d'un simple *visa* ou *pareatis* sans examen du fond, disent que les deux dispositions de l'art. 121 doivent s'expliquer l'une par l'autre. Si, dans la première, le législateur a posé un principe général, dans la seconde il en a restreint l'application au cas où l'exécution se poursuit en France contre des Français. Ce sont ces derniers seuls qu'il a autorisés à débattre de nouveau leurs droits. Le Code de procédure et le Code civil ne contiennent rien de contraire à cette interprétation. Les art. 546, C. procéd., et 2123, C. civ., combinés, portent que les jugemens étrangers peuvent être déclarés exécutoires en France. Ces articles reconnaissent donc une force, une autorité à ces jugemens. En effet, dans le langage des lois et des auteurs, rendre exécutoire un jugement ce n'est pas rendre un jugement nouveau, c'est imprimer le sceau de l'autorité publique à un jugement qui existe déjà. Il en est de ces jugemens, ajoute-t-on, comme des sentences arbitrales. Or, suivant l'art. 2123, les décisions arbitrales sont rendues exécutoires sans examen et par une simple ordonnance qu'il n'est pas permis au juge de refuser. L'examen du tribunal français, d'après ce système, devra porter uniquement sur la question de savoir si le jugement renferme une disposition contraire, soit à la souveraineté de la nation française, soit aux intérêts de la nation comme telle, soit au droit public de la France, soit à nos mœurs. Dans l'affirmative, le tribunal refusera d'en ordonner l'exécution ; dans la négative, il déclarera le jugement exécutoire sans examen préalable du fond, ou, en d'autres termes, sans entrer dans l'examen des droits privés des parties qui ont fait l'objet de la contestation portée devant le tribunal étranger. Ce système est celui qui a été professé par Merlin (*Rép.*, vis *Jugement*, § 8, 5e édit., t. 8, p. 771 et suiv., et *Souveraineté*, § 6, t. 16, p. 402 et 403) ; Malleville (*Analyse raisonnée du code civil*, art. 14 et 2123) ; Pigeau (*Traité de la procédure civile*, t. 2, p. 36, 2e édit. 1811) ; Carré (*Analyse*, t. 2, p. 77, quest. 1737) ; Berriat-Saint-Prix (*Cours de procédure*, 3e édit., p. 431) ; Mourre (V. ses conclusions comme procureur général de la cour royale de Paris, rapportées dans les *Questions de droit* de Merlin, vo *Jugement*, § 14, no 2) ; Dupin aîné (V. *Dict. universel de droit français*, par Paillet, vo *Acte exécutoire*, no 16) ; Duranton (t. 1er no 155) ; Boitard (t. 3, p. 304) ; Valette (*Observat. sur* Proudhon (t. 1er, p. 159, note *a*) ; Marcadé (sous l'art. 15, no 3), et Fœlix (*loc. cit.*, nos 286 et suiv.). — V. aussi en ce sens *Cass.*, 14 juill. 1825, Ricardi ; — Sapey, *les Etrangers en France*, p. 230 ; Demangeat, *Hist. de la condit. des étrangers en France*, p. 409 et suiv. ; Demolombe, t. 1er, no 263.

553. — Dans l'opinion contraire, et c'est pour celle-là que Merlin, abandonnant le système précédent qu'il avait soutenu, s'est en définitive prononcé (V. *Quest. de droit*, vo *Jugement*, § 14, no 2), on répond que la disposition finale de l'art. 121, ord. 1629, n'est point une exception au § 1er de cet article, mais qu'elle n'en est qu'une conséquence. Les jugemens rendus en pays étranger n'ont pas d'exécution en France, dit la première disposition, donc ajoute la seconde, les Français contre lesquels ils sont rendus peuvent débattre leurs droits de nouveau devant les tribunaux français. Ainsi on ne doit pas conclure de cette dernière décision que,

si le jugement est rendu en faveur d'un Français contre un étranger, il peut être exécuté en France sans révision. Les art. 546, C. procéd., et 2123, C. civ., ne font, pas plus que l'ordonnance de 1629, de distinction sur ce point. D'ailleurs, pour ordonner l'exécution d'un jugement, il faut s'assurer auparavant s'il est régulier. D'après le système précédent, on ne serait donc pas dispensé d'entrer dans un examen sur la forme, sur l'autorité et sur la régularité du jugement, et, par conséquent, de s'instruire des lois, des usages et de la jurisprudence des tribunaux étrangers. Alors n'est-il pas plus naturel de s'en tenir au principe de droit public, consacré par l'ordonnance de 1629, de ne point reconnaître l'autorité d'un jugement émané d'un tribunal étranger, et de soumettre l'affaire à une discussion nouvelle? On soutient en vain que l'art. 2123 assimile les jugemens étrangers aux jugemens d'arbitres, dont le juge ne peut pas refuser l'exécution. Si l'exécution des sentences arbitrales est forcée, c'est en vertu d'une autre loi, en vertu de la loi du mois d'août 1790 *sur l'organisation judiciaire*. Mais ni l'art. 2123 ni aucune autre loi ne prescrivent la même mesure pour les jugemens étrangers. L'art. 2123 dit, au contraire, que ces jugemens doivent être déclarés exécutoires par un *tribunal* français; mais le droit de délibérer fait partie nécessairement des attributions d'un tribunal. L'intervention d'un tribunal serait fort inutile, l'ordonnance de son président suffirait, s'il ne s'agissait que d'un simple *pareatis* à donner, que d'une vérification ayant pour objet de savoir si le jugement étranger est ou non conforme à nos lois ou à nos mœurs. Ces raisons ont été développées dans une consultation délibérée à Paris, le 27 juin 1815, par MM. Grappe, Delacroix-Frainville, Bonnet, Tripier et Dupin, consultation qui a amené la conversion de Merlin à ce dernier système et préparé l'arrêt de cassation du 19 avr. 1819. (V. ci-après). — Sont encore partisans de ce dernier système Toullier (t. 10, nos 81 et 82), Persil (*Régime hypothécaire*, sur l'art. 2123, no 2), Delvincourt (édit. de 1834, t. 1er, notes, p. 32 et 33), Guichard (no 238), Pardessus (no 1488), Legat (p. 380 et 383), Troplong (*Des privil. et hypothèq.*, t. 2, no 451), Rauter (*Cours de procédure civile française*, no 157), et Zachariæ (t. 1er, p. 58 et 59).

554. — La jurisprudence a aussi unanimement décidé que l'étranger pouvait demander en France la révision d'un jugement étranger, lorsqu'un Français en poursuivait l'exécution, le Code civil et le Code de procédure n'autorisant même pas dans ce cas les tribunaux français à déclarer ce jugement exécutoire sans examen et sans connaissance de cause. — *Poitiers*, 8 prair. an XII, Trom c. Canier; *Paris*, 27 août 1816, Parker c. Holker; *Cass.*, 19 avr. 1819, mêmes parties.

555. — Le jugement rendu par une juridiction étrangère, entre un Français et un étranger, est sujet à révision en France, encore bien qu'il ne soit opposé par l'étranger que comme exception à une demande nouvelle formée contre lui par le Français devant les tribunaux français. — *Paris*, 22 juin 1843 (t. 2, 1843, p. 143), prince de Capoue c. Lenormand.

556. — ... 3o Si le jugement étranger a été rendu *entre étrangers*, et qu'on veuille l'exécuter en France, ou sur des biens situés en France, doit-on également en demander la *révision* ou ne suffit-il pas alors d'un simple *pareatis?* Les auteurs dont nous avons rapporté les opinions diverses sur la question qui précède, ont en même temps examiné celle-ci, et il existe sur ce point, parmi eux, la même divergence. Nous nous bornerons donc à renvoyer ici aux indications ci-dessus. Cependant, nous ferons remarquer qu'avant de se prononcer pour la révision du jugement étranger entre étrangers, dans une espèce où il s'agissait de le mettre à exécution sur des biens situés en France, Toullier eut un instant quelques doutes, et que ces doutes ne furent dissipés, comme il nous l'apprend lui-même (t. 10, no 76, à la note), que par une consultation délibérée à Paris, le 31 janv. 1824, par MM. Delacroix-Frainville, Bonnet père, Billecocq, Collin, Grappe, Parquin et Nicod, dans laquelle, dit-il, la question est traitée avec une profondeur de doctrine et une clarté qui ne laisse rien à désirer. — V. cependant Demangeat, *Cond. des étr. en France*, p. 405.

557. — Quant à la jurisprudence, elle a le plus généralement jugé que les décisions rendues en pays étranger entre étrangers n'étaient point soumises à la révision par les tribunaux français comme celles intervenues entre un étranger et un Français, en se fondant sur ce que l'art. 121, ord. 1629, n'était applicable qu'à l'égard de ces derniers. — *Cass.*, 7 janv. 1806, Chaillet c. Nicolas; *Paris*, 13 mai 1820, Thompson c. Hunter.

558. — Toutefois, il a été décidé qu'un jugement



étranger, prononçant l'interdiction légale d'un étranger, ne pouvait être exécuté en France, contre lui, qu'autant qu'il avait été déclaré exécutoire par les tribunaux français en connaissance de cause. — *Paris*, 18 sept. 1833, Challas c. prince de Brunswick.

559. — Spécialement, l'interdiction prononcée à l'étranger contre un étranger réfugié en France, et non homologuée par les tribunaux français, ne rend pas celui qui en est frappé incapable d'administrer les biens qu'il peut avoir en France, et notamment ne le prive pas du droit d'agir pour obtenir la réparation d'un délit commis contre lui en France. — Même arrêt.

560. — Le principe qui veut que les jugemens étrangers ne soient exécutoires en France qu'après examen, reçoit son application, même au cas où ils ont statué sur des questions d'état entre étrangers. — Merlin, *Rép.*, vo *Faillite et banqueroute*, sect. 2e, § 2, art. 10, no 2; Fœlix, no 300.

561. — Sous l'empire de l'ordonnance de 1629, le parlement de Paris a déclaré, par deux arrêts de 1777 et de 1778, exécutoire une sentence rendue entre deux Irlandais par l'échiquier de Londres.

562. — Du reste, lorsque les jugemens obtenus à l'étranger, même contre des Français, ont été rendus en matière commerciale, il semble que la faveur due au commerce et la circonstance qu'il dérive du droit des gens doivent suffire, dans le système de ceux qui prétendent que les jugemens étrangers ne peuvent être exécutés en France sans révision préalable, pour justifier une exception à ce système. (V. en ce sens, *Orléans*, 22 fév. 1817, N.) — Mais Merlin (*Quest. de droit*, vo *Jugement*, § 14), Toullier (t. 10, no 81), Demolombe (t. 1er, no 268), Grenier (*Des hypothèques*, t. 1er, no 209), Zachariæ (t. 1er, p. 58 et 59) et ses annotateurs (p. 58, note 3), et Fœlix (nos 301 et 303) enseignent qu'il n'y a aucune distinction à faire à cet égard, que la règle est générale et s'applique indistinctement à tous les cas.

563. — Cependant il n'y aurait pas lieu de soumettre à la révision un jugement étranger qui ne serait que la conséquence nécessaire ou l'exécution de décisions rendues en France contre un Français. Le décider autrement, ce serait admettre que les jugemens rendus en France perdent leur force par cela seul qu'ils ont été reconnus par une juridiction étrangère. Des principes d'ordre public doivent permettre, au contraire, que leur exécution ait lieu sous une juridiction étrangère quand les circonstances le réclament, sans que leur autorité s'en trouve altérée. — V. en ce sens *Cass.*, 30 juill. 1810, Goupy c. Pisani; — Delvincourt, (t. 1er, p. 16, note 2, 2e édit.); Zachariæ, t. 1er, p. 59.

564. — Spécialement, une saisie-arrêt, faite entre les mains d'un étranger et déclarée valable par les tribunaux de son pays, peut être opposée en France au Français dont les deniers ont été saisis, si cette saisie a été opérée en vertu d'un jugement rendu par les tribunaux français. — *Cass.*, 14 févr. 1810, Buzoni Pizani; — Guichard, no 244; Roger, *De la saisie-arrêt*, no 91; Pardessus, no 1488-1o.

565. — Mais si la saisie-arrêt était faite en pays étranger, en vertu de titres étrangers, recevant alors son caractère de ces titres mêmes, elle serait nécessairement et absolument, comme eux, un acte étranger, en dépendant, et serait soumise par conséquent, pour être opposée à un Français, à la révision ordonnée à l'égard de semblables titres. — Guichard, no 245.

566. — Un jugement rendu par un tribunal étranger contre un Français domicilié en France, ne pourrait non plus servir de titre à une saisie-arrêt en France, s'il n'avait été préalablement révisé. — *Paris*, 24 avr. 1815, Delacroix c. Michel.

567. — Mais une saisie-arrêt pratiquée en France pour une créance résultant d'un jugement étranger, est valablement maintenue par les tribunaux français lorsqu'ils déclarent que la dette a été reconnue et que la discussion a porté seulement sur son extinction: dans ce cas, on ne peut prétendre que l'exécution de ce jugement a été ordonnée sans révision. — *Cass.*, 11 janv. 1843 (t. 2 1843, p. 395). Schwartz c. de Barante.

568. — Les tribunaux français peuvent opérer la révision des jugemens étrangers en ayant recours aux enquêtes et à tous les actes juridiques faits en pays étrangers pour préparer le jugement qui y a été rendu. — V. en ce sens Merlin, *Quest. de droit.*, vo *Suppléant (juge)*, § 2; Toullier, t. 10, no 86; Pardessus, no 1488-1o; Grenier, *Des hypothèques*, t. 1er, no 211; Fœlix, no 304; les annotateurs de Zachariæ, t. 1er, p. 59, no 8.

569. — Il n'y aurait même pas violation du principe que les jugemens rendus en pays étranger ne peuvent être exécutés en France, sans avoir été préalablement déclarés exécutoires par un tribunal français dans l'arrêt qui, pour condamner un



vendeur à garantir son acquéreur, se serait fondé sur l'arrêt d'une cour étrangère qui aurait prononcé l'éviction, alors surtout que le fait de l'éviction n'a point été contesté devant les tribunaux français. — *Cass.*, 12 déc. 1826, Lesueur c. Vauthier.

570. — Si l'enquête faite en pays étranger avait été ordonnée dans un cas où l'art. 1341, C. civ., défend d'admettre la preuve testimoniale; si les témoins entendus étaient des personnes dont nos lois défendent de recevoir le témoignage; si, enfin, l'enquête n'était pas régulière suivant les lois du pays où elle a été faite, les tribunaux français ne pourraient pas alors s'en servir comme d'un document juridique pour former leur conviction sur le point de savoir s'il y a lieu ou non d'ordonner l'exécution du jugement étranger qui leur est soumis. — Toullier, t. 10, no 86.

571. — Jugé aussi, en ce qui concerne l'autorité en France d'un jugement étranger qui n'y est pas obligatoire, que le fait de la faillite d'un étranger et l'époque de l'ouverture de cette faillite constatés par ce jugement, doivent être tenus pour constans par les tribunaux français. — *Bordeaux*, 10 fév. 1824, Charvet c. Monméjean.

572. — A la différence des jugemens étrangers, les sentences arbitrales rendues en pays étrangers, même par des étrangers, contre des Français ou des étrangers, peuvent, comme nous l'avons vu, être exécutées en France sans y avoir été préalablement révisées; il suffit qu'elles aient été revêtues d'une ordonnance d'*exequatur*. Cette différence vient de ce que les sentences arbitrales ne sont autre chose que l'exécution d'un mandat donné par les parties aux arbitres de leur choix, mandat qui n'a rien de politique et qui dérive uniquement du droit des gens. — V. dans ce sens *Paris*, 16 déc. 1809, Lasne c. Vochez; *Cass.*, 31 juill. 1815, Chéricot c. Lecouteulx; *Paris*, 7 janv. 1833, Aaron Manby c. Harrisson; — Grenier, *Des hypothèques*, t. 1er, no 213; Pardessus, no 1488-3o; Merlin, *Quest. de droit*, vo *Jugement*, § 14, no 3; Toullier, t. 10, no 87; Despréaux, *Comp. des trib. de comm.*, no 320; Troplong, *Des privil. et hyp.*, t. 2, no 453; Zachariæ, t. 1er, p. 59, et ses annotateurs, note 11, à la même page; Demolombe, t. 1er, no 262.

573. — Toutefois, le jugement arbitral rendu en pays étranger, contre un Français, par un tiers arbitre étranger, ne peut être exécuté en France avant d'avoir été révisé par les juges français, si ce tiers arbitre a été nommé par un tribunal étranger et autorisé par lui à prononcer sur des points litigieux à l'égard desquels les arbitres partagés n'avaient pas déclaré leur discord. Dans ce cas, le tiers arbitre est réputé avoir agi comme délégué de la puissance publique étrangère. — *Cass.*, 16 juin 1840 (t. 2 1840, p. 622), Dupré c. Durand; — Demolombe, *loc. cit.*

574. — Et s'il a prononcé par un seul et même jugement sur tous les chefs de contestation, aussi bien sur ceux à l'égard desquels les arbitres étaient d'accord que ceux à l'égard desquels ils étaient en désaccord, le jugement est soumis *en entier* à la révision. — Même arrêt.

575. — Quoi qu'il en soit, la règle que les jugemens rendus en pays étranger n'ont d'exécution en France qu'autant qu'ils ont été *déclarés exécutoires* par un tribunal français, cesse lorsqu'il existe dans *les lois politiques* ou dans *les traités* des dispositions contraires. C'est ce qui est formellement exprimé dans l'art. 2123, C. civ. — *Nîmes*, 14 août 1839 (t. 2 1839, p. 549), Guyot c. Rossetti.

576. — Mais il ne suffirait pas pour faire cesser cette règle que, soit par les dispositions d'une loi locale, soit par un usage particulier, on attribuât, dans une souveraineté étrangère, l'autorité de la chose jugée, la force exécutoire aux jugemens émanés des tribunaux français. Le droit de réciprocité ne peut résulter en cette matière que des lois politiques, des traités de souverain à souverain. Autrement, le souverain cesserait de l'être dans ses Etats, s'il était obligé d'accorder, dans son territoire, aux sujets d'un autre état tout ce que le souverain de cet autre état y accorde aux étrangers. — V. en ce sens Toullier, t. 10, nos 91 et 92, où il cite à l'appui de son opinion un arrêt du conseil du 18 mars 1748; Merlin, *Quest. de droit*, vo *Jugement*, § 15, lequel se fonde sur l'autorité de d'Héricourt, dont il rapporte les paroles; Fœlix, *loc. cit.*, no 311.

577. — Cependant d'Aguesseau, dans son mémoire *Sur l'exécution des jugemens entre souverains* (édit. in-4o, t. 13, p. 638), enseigne qu'il n'est pas impossible que la réciprocité relativement à l'exécution des jugemens étrangers en France sans qu'ils soient soumis à la règle générale précitée, et réciproquement, ne s'établisse tacitement par l'usage, sans aucune convention expresse; mais que

c'est ce qui ne peut avoir lieu que par un très long usage, par une possession constante et uniforme, prouvée également des deux côtés, sans réclamation ou sans interruption de part ou d'autre, de telle sorte qu'elle puisse faire présumer qu'il y a eu un consentement tacite de la part des deux souverains, pour l'introduction et la continuation d'un pareil usage.

578. — Lorsque les jugemens sont exécutoires d'un pays dans l'autre sans révision préalable, soit par suite d'un ancien usage, du moins faut-il les faire revêtir de la formule exécutoire dans celui où doit avoir lieu l'exécution, puisque le souverain peut seul commander aux agens de la force publique.

579. — Dans tous les cas, quelque positives et précises que soient les clauses des traités autorisant entre la France et une puissance étrangère l'exécution réciproque et de plein droit dans les deux pays des jugemens rendus par les tribunaux respectifs de chacun d'eux, elles ne sauraient lier les magistrats français à un tel point que si l'exécution de ces jugemens violait les principes de notre droit public, ils ne pussent l'empêcher ou l'arrêter. La cour de Cassation ne devrait donc pas casser une décision des juges français qui refuserait, pour des motifs d'ordre public, de souffrir l'exécution d'un jugement étranger, fondée sur les traités. — Pardessus, *Droit commercial*, n° 1488-1°.

580. — Nous trouvons dans le traité d'alliance conclu entre la France et la Suisse le 1er juin 1658, c'est-à-dire vingt-neuf ans après l'ordonnance de 1629, et confirmé les 28 mai 1777 et 4 vendém. an XII (27 sept. 1803), un exemple de dérogation par les *traités* à la règle de l'art. 2123. L'art. 15 du traité du 4 vendém. an XII, notamment, est ainsi conçu : « Les jugemens définitifs, *en matière civile*, ayant force de chose jugée, rendus par les tribunaux français, seront exécutoires en Suisse, et réciproquement, après qu'ils auront été légalisés par les envoyés respectifs, ou, à leur défaut, par les autorités compétentes de chaque pays. » — Le dernier traité fait avec la Suisse, et qui s'occupe de ce point, est du 18 juillet 1828.

581. — Ainsi, pour être exécutoires en France, les jugemens rendus par les tribunaux suisses, qui ont acquis l'autorité de la chose jugée ne sont pas soumis à la révision par les tribunaux français, comme le sont en général les jugemens rendus en pays étranger. — *Cass.*, 23 juill. 1832, Wahl c. Knopf.

582. — Il suffit qu'ils aient été légalisés dans les formes prescrites. — *Cass.*, 28 déc. 1831, Trimaille c. Durand; — Toullier, t. 10, n° 90; Troplong, *Des privil. et hypoth.*, t. 2, n° 454; Fœlix, n° 307.

583. — La question de savoir si un jugement rendu par un tribunal suisse a acquis force de chose jugée doit être décidée d'après les lois de ce pays, et non d'après les lois françaises. — V. l'arrêt de Cass. précité du 23 juill. 1832.

584. — On lit également dans l'art. 22 du traité du 24 mars 1760, conclu entre la France et les états du roi de Sardaigne : « Pour favoriser l'exécution réciproque des arrêts ou jugemens, les cours suprêmes déféreront, de part et d'autre, *à la forme du droit*, aux réquisitions qui leur seront adressées à ces fins, même sous le nom desdites cours. »

585. — Mais deux questions se sont élevées à l'occasion de ce traité. On s'est demandé, d'abord, s'il était encore en vigueur. Dans une consultation délibérée par MM. Jouhaud, Tripier et Dupin, il a été soutenu qu'il avait été anéanti par la conquête de la Sardaigne, et que ses dispositions ne pourraient être invoquées qu'autant qu'une convention nouvelle les aurait fait revivre; que depuis 1793 aucune convention n'ayant renouvelé les dispositions de ce traité, les deux peuples étaient par conséquent rentrés dans les termes du droit commun. — M. Troplong (*Des privil. et hypoth.*, t. 2, n° 454) partage aussi cette opinion, en s'appuyant sur l'autorité de Vatel (*Droit des gens*, t. 2, § 202). La question avait été également soumise à la cour de Cassation; mais cette cour a évité de la résoudre, en décidant la contestation par d'autres motifs. — *Cass.*, 14 juill. 1825, Ricardi.

586. — Jugé toutefois que le traité du 24 mars 1760, entre la France et la Sardaigne, portant que les cours suprêmes des deux états déféreront réciproquement à la forme du droit, aux réquisitions qui leur seraient adressées touchant l'exécution des jugemens rendus par une d'elles, est encore en vigueur. — *Nîmes*, 14 août 1839 (t. 2 1839, p. 549), Guyot c. Rosselli.

587. — La seconde question consiste à savoir si, en le supposant encore existant, ce traité aurait pour effet de rendre *de plano* exécutoires, en France, les jugemens émanés des autorités judiciaires des états de Sardaigne, ou si au contraire ces jugemens n'en seraient pas moins soumis à la règle de l'art. 2123. Selon M. Troplong, *ubi suprà*, ce traité ne dispense pas de la nécessité d'obtenir des lettres rogatoires de la part des tribunaux sardes, et de l'obligation, pour les cours auxquelles elles sont présentées, de n'y déférer qu'à la forme du droit, c'est-à-dire qu'autant que l'exécution qu'on veut obtenir en France n'a rien de contraire aux lois du royaume et à notre droit public. Si l'on avait voulu, dit-il, que les jugemens d'un pays fussent exécutoires dans l'autre, on n'aurait pas exigé l'intervention de leurs tribunaux pour n'accorder l'exécution qu'*à la forme du droit*. — V. en ce sens Fœlix, n° 307.

588. — Il a été en effet décidé que le traité du 24 mars 1760 (art. 22) ne contenait aucune dérogation au principe d'après lequel les jugemens rendus en pays étrangers ne sont exécutoires en France qu'après examen ou révision des tribunaux français. — *Grenoble*, 9 janv. 1826, Dumas c. Morel; 3 janv. 1829, Ovel c. Charlier.

589. — L'art. 22 de ce traité doit être entendu en ce sens que les arrêts rendus en Savoie seront exécutés en France, sans révision, lorsqu'ils auront été rendus entre Savoisiens, ou lorsque le Français aura été cité en vertu de levées citatoires délivrées par la cour de France *et vice versâ*. Mais il n'a pas l'effet d'attribuer force de chose jugée en France à un arrêt rendu en Savoie contre un étranger qui y a été assigné sans levées citatoires, quand même il s'y serait défendu. — *Grenoble*, 7 août 1817, Vertu c. Rissolus.

590. — Quand même l'art. 22 aurait dérogé au principe consacré par l'art. 121, ord. 1629, et par l'art. 2123, C. civ., et 546, C. procéd., il ne s'ensuivrait pas que l'exécution des jugemens rendus par les tribunaux sardes dût être ordonnée en France par les tribunaux français, si ces jugemens étaient contraires aux maximes du droit public français, ou à l'ordre public des juridictions, notamment s'ils statuaient entre un étranger et un Français domicilié en France, sur une contestation qui était de la compétence des tribunaux français. — *Cass.*, 17 mars 1830, Charlier c. Ovel.

591. — Dans ce cas, les tribunaux français devraient refuser d'ordonner l'exécution des jugemens rendus par les tribunaux sardes, encore que le Français assigné devant ces tribunaux n'eût proposé le déclinatoire qu'en première instance, et eût plaidé au fond, sur l'appel, sans protestation ni réserves. — Même arrêt.

592. — Il y a exception au principe posé dans les art. 2123, C. civ., en ce qui concerne les jugemens rendus par la commission établie à Mayence, sur l'appel des sentences émanées de nos juges de paix, dans les affaires relatives à la navigation du Rhin. Ces jugemens reçoivent *de plano* exécution en France, et produisent également hypothèque sur les biens de France, sans qu'il soit nécessaire de les faire rendre exécutoires par un tribunal français. La loi sur la navigation du Rhin, du 21 avr. 1832, doit donc être considérée comme loi politique. — Legat, p. 379; Fœlix, n° 305.

593. — Quant aux jugemens rendus par nos consuls dans les lieux où il s'en trouve, quoiqu'ils soient rendus en pays étranger, comme ils émanent d'un Français, on doit les assimiler aux jugemens rendus en France. Ils y sont donc exécutoires, sans avoir besoin d'être revêtus même d'une ordonnance d'*exequatur*. — Troplong, *Des privil. et hypoth.*, t. 2, n° 452.

594. — Lorsqu'il y a lieu de demander à un tribunal français de déclarer exécutoire un jugement étranger, à quel tribunal faut-il s'adresser? S'il s'agit de matière civile, la demande devra être portée devant un tribunal civil, celui du domicile ou de la résidence de la partie contre laquelle il a été obtenu, si elle a un domicile ou une résidence en France, ou celui de la situation des biens sur lesquels on veut exécuter, lorsque la partie condamnée en possède en France, et qu'elle n'y a ni résidence ni domicile.

595. — S'il s'agit d'un jugement étranger prononçant une condamnation en matière commerciale: celui qui l'a obtenu peut, pour le faire déclarer exécutoire, s'adresser à un tribunal de commerce, lequel sera déterminé par le domicile ou la résidence du débiteur, ou par le lieu du paiement, ou par celui de la livraison de la marchandise. — V. sur ce point, *Colmar*, 13 janv. 1815, La Ville c. Wolf; — Chauveau sur Carré, quest. 1900 *bis*; Fœlix, n° 295.

596. — Il a même été jugé que, dans ce dernier cas, celui qui avait obtenu la condamnation était obligé de se pourvoir devant un tribunal de commerce, et non devant un tribunal civil. — *Montpellier*, 8 mars 1822, Aymar c. Colomer.

597. — Jugé cependant d'une manière absolue, et dans une espèce où le jugement qu'on voulait faire déclarer exécutoire en France émanait d'un tribunal de commerce étranger, que les tribunaux civils sont seuls compétens pour déclarer exécutoire en France un jugement rendu par un tribunal étranger. — *Douai*, 3 déc. 1843 (t. 1er 1844, p. 207), Dujardin c. Descamps. — V. aussi Demolombe, t. 1er, n° 263.

598. — Et en effet, outre que les tribunaux de commerce sont des tribunaux qui ne peuvent connaître de l'exécution des jugemens, la demande qui a pour objet de faire exécuter en France des jugemens rendus par un tribunal étranger peut soulever des questions de droit public et de souveraineté qui ne soient pas de la compétence des tribunaux de commerce. — *Bordeaux*, 25 fév. 1836, Delatorre c. de Roiz et Escalante.

599. — Il nous reste à examiner quel a été et quel peut être encore aujourd'hui l'effet de la réunion d'un pays étranger à la France, ou de sa séparation ultérieure, relativement au principe d'après lequel un jugement rendu en pays étranger ne peut être exécuté en France, à cause de l'extranéité du pouvoir dont il émane.

600. — La question qui se présente tout d'abord à résoudre est celle de savoir si les jugemens rendus en France contre des étrangers sont devenus *de plein droit* exécutoires contre ceux-ci par suite de la réunion des pays où ils avaient leur domicile au territoire français. La négative est généralement admise. — V. *Cass.*, 18 therm. an XII, Verlegans c. Selys; — Merlin, *Rép.*, v° *Jugement*, § 9, et *Quest. de droit*, v° *Réunion*, § 1er; Grenier, *Des hypothèques*, t. 1er, n° 218; Troplong, *Des privil. et hypoth.*, t. 2, n° 456; Fœlix, n° 299.

601. — Toutefois, cette règle n'est pas applicable lorsque les jugemens rendus en France ont prononcé des amendes contre des étrangers, à raison de délits qu'ils avaient commis en France avant la réunion. C'est ce que décide un avis du conseil d'état du 31 mai-4 juin 1806. — V. Merlin, *Rép.*, v° *Jugement*, § 9, n° 2.

602. — Dans le cas où un Français aurait été frappé d'un jugement de condamnation en pays étranger, la réunion de ce pays à la France n'empêcherait pas que la règle posée en l'art. 2123, C. civ., ne continuât de subsister. Ce jugement ne pourrait donc être exécuté en France, nonobstant la réunion, qu'autant qu'il aurait été déclaré exécutoire par un tribunal français. — Troplong, *ubi suprà*, n° 457.

603. — Mais les jugemens légalement rendus par les tribunaux étrangers entre Français et étrangers conservent entre les parties l'autorité de la chose jugée, même après que l'étranger est devenu Français par la réunion de son pays à la France, lorsque le traité de réunion porte que « *tout acte judiciaire émané des autorités compétentes sera respecté.* » — *Metz*, 26 mai 1835 et 10 fév. 1836 (t. 1er 1839, p. 20), héritiers Hensienne et préfet de la Moselle c. Schwartz et autres.

604. — Si un étranger a obtenu un jugement contre un Français à l'époque où le tribunal qui a prononcé la condamnation était réuni à la France, ce jugement a-t-il perdu son autorité en France par le retour du tribunal à son ancienne extranéité? Tous les auteurs s'accordent à reconnaître que la séparation d'un territoire étranger d'avec la France doit être sans influence sur les décisions judiciaires rendues par les tribunaux de ce territoire, alors qu'il était sous la dépendance de la France. Pour dépouiller ces décisions en France de l'autorité qu'elles y avaient originairement, il faudrait faire rétroagir l'acte de séparation; et une pareille rétroactivité ne choquerait pas moins les règles du droit des gens que celles du droit civil. — V. Merlin, *Rép.*, v° *Jugement*, § 10; Toullier, t. 10, n° 93; Grenier, t. 1er, n° 221; Troplong, *ubi suprà*, n° 458; Fœlix, *loc. cit.*

605. — La cour de Cassation a elle-même rendu hommage à ce principe, en décidant que les tribunaux français ne pouvaient ordonner l'exécution en France d'un jugement rendu en pays étranger, qui déclarait non-avenu un jugement émané d'un tribunal alors français, mais devenu étranger depuis, si ce jugement avait acquis l'autorité de la chose jugée. — *Cass.*, 14 juill. 1825, Ricardi.

606. — Cependant il a été jugé que les jugemens rendus dans des pays originairement étrangers, mais dans un temps où ils étaient devenus français par l'effet de leur réunion à la France, n'étaient plus exécutoires dans le royaume, depuis qu'en vertu des traités ces pays avaient cessé de lui appartenir. — *Paris*, 20 mars 1817, de Mortemart c. de Crosa.

607. — *Particulièrement*, les jugemens rendus à Gênes, pendant sa réunion à la France, ne sont plus exécutoires en France depuis qu'en vertu des traités ultérieurs le pays génois est passé sous une

autre domination. — Même arrêt. — La doctrine de cet arrêt ne peut évidemment être approuvée, après ce que nous avons dit plus haut.

608. — Lorsque, au lieu de s'incorporer un territoire étranger, la France a vu au contraire une partie de son territoire momentanément occupée par une puissance ennemie, quel est l'effet des jugemens rendus par les tribunaux institués pendant l'occupation ? Ces jugemens ne peuvent être assimilés à des jugemens rendus en pays étranger contre des étrangers ou contre des Français qui y résident. Revêtus du sceau de l'autorité publique, ils conservent leur sanction : ils sont obligatoires et exécutoires après la retraite du conquérant comme ceux rendus par les tribunaux français avant ou après l'occupation. — *Cass.*, 6 avr. 1826, Viterbi c. Totti; — Troplong, nº 459. — V. toutefois Bioche et Goujet, *Dict. de procéd.*, vº *Exécution de jugemens*, nº 58.

609. — Ainsi, le jugement rendu à Sainte-Lucie en 1812, et au moment où cette colonie (qui, par le traité du 30 mai 1814, a été cédée par la France aux Anglais) était sous la domination anglaise, ne peut être réputé jugement rendu à l'étranger : en conséquence, un tel jugement est exécutoire en France. — *Cass.*, 18 avr. 1825, Beaudenon Delamaze c. héritiers Tharel; — Merlin, *Rép.*, vº *Colonies*; Petit, *Droit public des colonies*, § 2, V. 178.

610. — Décidé encore, par application des mêmes principes, que l'ordonnance anglaise du 22 sept. 1810, pour la Guadeloupe, a du être exécutée pendant toute la durée de l'occupation des Anglais ; que les actes faits dans cet intervalle n'ont été annulés par aucune ordonnance royale depuis que la colonie est rentrée sous la domination française. — *Cass.*, 13 juin 1836, Calmez c. Girard.

611. — En conséquence, des colons français de la Guadeloupe, absens de cette colonie durant l'occupation des Anglais, ont été valablement représentés par les régisseurs nommés pour administrer leurs biens, conformément à cette ordonnance, et ils sont, par suite, non-recevables à former opposition aux jugemens rendus contre ces régisseurs. — Même arrêt.

## Sect. 2e. — *Actes passés en pays étranger.*

612. — L'ordonnance de 1629 (art. 121) portait que « les contrats et obligations reçues ès royaumes et souverainetés étrangères, pour quelque cause que ce fût, n'avaient aucune hypothèque ni exécution en France, et tiendraient lieu de simples promesses. » Le droit d'imprimer à un acte la force exécutoire dans un pays appartient en effet exclusivement au souverain de ce pays. La puissance publique d'un souverain ne peut franchir les limites de son territoire.

613. — Mais les actes reçus en pays étranger par les fonctionnaires publics de ce pays et conformes aux règles qui y sont tracées par les lois pour leur validité, ne sont pas cependant dénués absolument de tout effet en France. S'ils n'ont pas l'autorité *de pouvoir*, qui est nécessaire pour entraîner une exécution *parée*, ils doivent avoir au moins, comme le dit Pothier (*Comment. sur la cout. d'Orléans*, nº 9), *une autorité de créance*; ils doivent faire foi en France. En disposant dans l'art. 2128 que les contrats passés en pays étranger ne pourraient donner d'hypothèque sur les biens de France, le Code civil s'est fondé sur ce que l'hypothèque ne pouvait résulter que d'un acte *exécutoire*. Mais cet article ne s'oppose nullement à ce que les actes étrangers revêtus des formes prescrites dans les lieux où ils ont été passés, aient en France l'effet que nous leur reconnaissons. Ils feront donc preuve des énonciations qui y seront contenues, comme les actes authentiques reçus en France. — V. en ce sens Toullier, t. 10, nº 86; Pardessus, *Dr. comm.*, nº 1486; Troplong, *Des privil. et hypoth.*, t. 2, nº 511; Fœlix, *Du dr. international*, nos 170 et 171 (*Revue franç. et étrang.*, 8e année, 2e série, t. 4, p. 950 et suiv.) — V. néanmoins Demolombe, t. 1er, nº 264 *bis*.

614. — Ainsi est valable un testament fait en Angleterre (où il n'existe pas d'officiers publics spécialement chargés de recevoir les actes de dernière volonté), alors qu'il a été, conformément à la loi anglaise, signé, scellé et publié en présence de quatre témoins qui l'ont également signé et scellé. — *Cass.*, 6 fév. 1843 (t. 1er 1843, p. 288), de Bonneval.

615. — Toutefois, pour qu'un acte authentique passé en pays étranger fasse foi en France, il faut que la vérité extérieure de cet acte soit constante. On doit donc avoir, à cet égard, la précaution de faire attester la signature de l'officier public qui certifie la copie de l'acte authentique par une légalisation, c'est-à-dire par la déclaration d'un fonctionnaire (du consul français dans le pays où l'acte a eu lieu), à laquelle le gouvernement français ajoute foi, que celui qui a signé cette copie a bien réellement la fonction qu'il dit avoir, et que sa signature est véritable. Autrement, quelle serait la garantie contre les faux ou les falsifications qui pourraient être commises en pays étranger? — Ord. sur la marine, liv. 1er, tit. 9, art. 23; — Legat, p. 383; Pardessus, nos 1454 et 1486; Fœlix, *ubi suprà*.

616. — Si l'acte authentique reçu en pays étranger, quoique régulier dans sa forme, contenait des dispositions contraires à nos lois, à nos mœurs, à l'ordre public français, il devrait être alors frappé d'une nullité radicale, réduit à une impuissance absolue. C'est ainsi qu'il a été décidé que la légitimation d'un enfant adultérin, né de deux français en pays étranger, quoique déclarée par rescrit du prince étranger, est réputée non avenue en France, comme contraire aux lois françaises : ici ne s'applique pas l'art. 47, C. civ. — *Cass.*, 15 juill. 1811, Champeaux Grammont c. Cardon.

617. — Il a été jugé également qu'un acte étranger, prononçant interdiction, ne pouvait recevoir exécution en France à l'égard de l'étranger contre lequel il était rendu, lorsque cet acte, par sa forme, par les circonstances dans lesquelles il était intervenu, portait un caractère essentiellement politique. — *Paris*, 16 janv. 1836, duc de Cambridge c. duc de Brunswick. — V. aussi les extraits d'une consultation délibérée dans cette affaire par M. Fœlix, et rapportée dans la 3e édit. du *Journ. du palais*, à la note sous l'arrêt précité.

618. — Un acte (dans l'espèce il s'agissait d'une délibération d'un conseil de famille) prononçant l'interdiction légale d'un étranger et passé à l'étranger, ne pourrait même être exécuté en France contre cet étranger qu'autant qu'il aurait été déclaré exécutoire par les tribunaux français. — *Paris*, 18 sept. 1833, Chaltas c. prince de Brunswick; — Fœlix, *loc. cit.*, nº 176.

619. — Lorsque l'acte authentique reçu en pays étranger est régulier et ne se trouve pas incompatible avec nos institutions, Legat (p. 333) enseigne que cet acte pourrait servir de titre à un créancier pour former une saisie-arrêt en France, la saisie-arrêt n'étant pas un acte d'exécution, mais seulement une mesure conservatoire, tandis qu'une saisie-arrêt ne pourrait être pratiquée en France en vertu d'un jugement rendu en pays étranger, à moins que le porteur de ce jugement n'ait obtenu du président du tribunal la permission de former saisie-arrêt. La raison qu'il donne de cette différence, c'est que le jugement étranger n'a pas, comme l'acte passé à l'étranger, force d'obligation privée. Mais cette doctrine est contraire à un arrêt de la cour de Rouen du 11 janv. 1817 (Peyts, John Forsell c. Story), qui a prononcé formellement la nullité d'une saisie-arrêt formée par un étranger, en vertu d'un *acte* passé en pays étranger, et non rendu exécutoire par un tribunal français.

620. — Un concordat passé à l'étranger par un négociant étranger avec la majorité de ses créanciers et homologué par un tribunal étranger ne peut en France être opposé à un créancier français qui ne veut pas y adhérer. — *Paris*, 25 fév. 1825, Pedemonte c. Mollet.

621. — Des actes passés devant les échevins de Bruxelles, qui n'avaient pas été déclarés exécutoires lors de la réunion de la Belgique à la France, ont pu l'être ultérieurement par les tribunaux établis. — *Bruxelles*, 15 messid. an XIII, Hullinz c. Janssens.

622. — Les diverses questions relatives à l'exécution et à l'autorité en France des actes passés en Suisse, ont été examinées sous le mot SUISSE, auquel nous nous bornons ici à renvoyer. — V. aussi TRAITÉS DIPLOMATIQUES.

623. — Lorsqu'il y a lieu d'exécuter en France des actes passés en pays étranger, cette exécution ne peut avoir lieu qu'après que ces actes ont été enregistrés, conformément à l'art. 42, L. 22 frim. an VII; — Legat, p. 384.

624. — On doit appliquer les lois françaises lorsqu'il s'agit d'exécuter en France une obligation contractée entre deux étrangers dans leur pays. — *Cass.*, 1er avr. 1817, Marshall c. Stone.

625. — Ainsi, dans l'intervalle de la promulgation du Code civil à celle de la loi du 10 sept. 1807, la contrainte par corps n'a pu être prononcée contre un étranger, même à l'étranger, à raison de dettes entre associés contractées sous l'ordonnance de 1673. — Même arrêt. — V. aussi Merlin, *Quest. de dr.*, vº *Étranger*, § 7.

626. — Dans le cas où il s'élèverait entre deux Français des contestations à l'occasion d'un contrat qu'ils auraient passé en pays étranger, les tribunaux français seraient compétens pour prononcer sur ces contestations, lors même que la partie demanderesse aurait saisi le tribunal étranger, avant de recourir aux juges de France. — *Turin*, 21 août 1812, Ravelli c. Botteri.

## CHAPITRE V. — *Incompétence des tribunaux étrangers par rapport aux Français.*

627. — Nous avons vu précédemment que lorsque des Français ont une action à intenter contre des étrangers, ils peuvent la porter, à leur choix, devant le tribunal du domicile de ces étrangers ou devant un tribunal français. Mais quand des Français ont ensemble une contestation, la juridiction française devient alors pour eux obligatoire. L'ordre public, l'intérêt général, le respect dû aux tribunaux français exigent que des nationaux ne puissent se soumettre à une autorité dont la puissance n'est pas reconnue en France.

628. — Un édit de 1778 avait expressément défendu aux Français de saisir de leurs différens des tribunaux étrangers. Cet édit n'a été anéanti par aucune disposition de loi postérieure; il subsiste toujours. C'est ce que la cour de Cassation paraît avoir formellement reconnu dans les motifs d'un arrêt du 11 déc. 1809 (Bouchereau c. Leguen). — V. aussi Guichard, nº 265.

629. — Ainsi, un Français ne peut être actionné par un autre Français devant un tribunal étranger, même pour raison d'obligations contractées en pays étranger. — *Paris*, 24 avr. 1815, Delacroix c. Michel.

630. — Il ne peut être valablement statué en pays étranger, même du consentement de toutes les parties, sur un objet de la compétence exclusive des tribunaux français, et on ne peut opposer devant ces derniers l'exception de la chose ainsi incompétemment jugée. — *Colmar*, 17 fév. 1824, Demer.

631. — Jugé toutefois, en Belgique, qu'un Français qui, sans avoir de domicile dans ce pays, y a une résidence et y dirige un établissement de commerce dont il est actionnaire, peut être cité devant le juge de cette résidence en paiement d'un billet souscrit par lui au profit d'un Français en France, et qui, d'après sa teneur, y est payable. — *Bruxelles*, 19 nov. 1831, Pajot c. Hoerenaeghel.

632. — Il en est ainsi, bien qu'il puisse être justiciable d'un tribunal de France pour le même objet. — Même arrêt.

633. — Ces deux solutions, rendues en Belgique, où les Français sont étrangers, et qui est régie sur ce point par les mêmes principes que la France, doivent être mises sur la même ligne que celles rendues en France entre étrangers pour engagement de commerce (V. *suprà*, ch. 3, sect. 2, § 2, nos 846 et suiv.), et ne prouvent, par conséquent, rien contre la doctrine que nous venons d'émettre relativement à la compétence, au point de vue français, des tribunaux étrangers pour engagemens contractés entre Français.

634. — Lorsqu'il n'existe sur une terre étrangère aucune autorité (agent diplomatique, consul) devant laquelle puisse être portée une demande, spécialement en dommages-intérêts, par des négocians français, c'est devant le tribunal de commerce du domicile des défendeurs en France que l'action doit être portée. — *Rennes*, 2 janv. 1822, N... c. N...

635. — Il a été décidé, par application des principes ci-dessus, qu'un jugement rendu entre Français par un tribunal étranger ne pouvait servir de titre à une saisie-arrêt en France. — *Paris*, 24 avr. 1815, Delacroix, c. Michel.

636. — Cependant ces principes ne s'opposent pas à ce qu'un Français porteur d'un *titre passé en France* puisse en faire ordonner l'exécution contre un Français en pays étranger par les tribunaux de ce pays, au lieu de s'adresser au consul de France. — V. *Cass.*, 11 déc. 1809, Bouchereau c. Leguen.

637. — Il peut aussi être dérogé à ces principes par quelque loi ou quelque traité qui accorderait en France aux jugemens étrangers rendus entre Français l'autorité de la chose jugée. Cette exception est formellement autorisée par la généralité des termes de l'art. 2123, C. civ. Le traité de commerce conclu avec la Russie, le 11 janv. 1787, contient l'exemple d'une dérogation aux principes ci-dessus. Il résulte en effet, de l'art. 16 de ce traité que les tribunaux russes sont autorisés à juger les contestations relatives à l'héritage d'un Français décédé en Russie.

638. — Mais lorsque des jugemens étrangers ont été rendus entre Français, en vertu d'un traité politique qui, comme la convention du 11 janv.

1787, entre la France et la Russie, autorise les tribunaux étrangers à juger les contestations relatives à l'héritage d'un Français décédé à l'étranger, ces jugemens ont en France, et seulement quant aux biens situés à l'étranger, l'autorité de la chose jugée, lors même qu'ils auraient prononcé sur des questions incidentes et préjudicielles, concernant l'état civil des parties. — *Cass.*, 15 juill. 1814, Champeaux c. Cardoni.— Legat, p. 380.

**639.** — Les jugemens de tribunaux étrangers, compétens, en vertu des traités, pour statuer entre Français sur le partage d'une succession dont une partie est située à l'étranger, et qui, à l'occasion de ce partage, ont incidemment prononcé sur l'état des personnes, n'ont en France l'autorité de la chose jugée qu'en ce qui concerne les biens situés à l'étranger, et non en ce qui concerne la question d'état, soumis à révision.—Même arrêt. — V. aussi en ce sens les arrêts de Rouen du 25 mai 1818, et de *Cass.*, du 13 août 1816, intervenus entre les mêmes parties; — Merlin *Répert.*, v° *Jugement*, § 7 *bis.*

**640.** — Le traité de commerce précité, du 11 janv. 1787, conclu entre la France et la Russie, n'a pas été annulé, mais seulement suspendu, par l'état de guerre de la France avec ce pays.—*Cass.*, 15 juill. 1814, Champeaux-Grammont.

**641.** — Jugé encore que les jugemens définitifs rendus en matière civile et qui ont force de chose jugée étant, aux termes de l'art. 1er du traité diplomatique entre la France et la confédération helvétique du 18 juill. 1828, exécutoires par réciprocité entre les deux pays, il en résulte que les jugemens rendus par les tribunaux suisses constituent la chose jugée, même à l'égard des Français, comme s'ils avaient été rendus par les tribunaux français. — *Paris*, 15 févr. 1845 (t. 1er 1845, p. 450), De Suardo et Del Carretto c. de Montailleur.

**642.** — En conséquence, les tribunaux français sont incompétens pour connaître d'une demande en attribution d'une succession dont le partage et la liquidation ont été ordonnés par jugemens définitifs des tribunaux suisses rendus contradictoirement avec le Français demandeur. — Même arrêt.

**643.** — Néanmoins, la demande subsidiaire du Français tendant à être autorisé à prélever, aux termes de la loi du 14 juill. 1819 (art. 2), sur les valeurs mobilières et immobilières situées en France, la part dont il pourrait être exclu par les lois étrangères doit être exclusivement soumise à la juridiction française. — Même arrêt.

V. ABSENCE, ACTE, ACTE D'ACCUSATION, ACTE AUTHENTIQUE, ACTES DE L'ÉTAT CIVIL, AGENT DIPLOMATIQUE, ALGÉRIE, AMNISTIE, ASSURANCES MARITIMES, ASSURANCES TERRESTRES, AUBAINE (droit d'), COMPÉTENCE CRIMINELLE, COMPLICITÉ, ESCROQUERIE, MEURTRE.

## ÊTRE MORAL.

1. — On désigne ainsi certaines individualités juridiques ayant par elles-mêmes une existence toute civile et de convention indépendante des individus physiques qui agissent pour elles.

2. — Ainsi les établissemens publics, tels que les hospices, les communautés religieuses, sont des êtres moraux dont l'existence civile est tellement indépendante des individus physiques qui administrent leurs biens, qui les représentent et agissent pour eux, que la mort ou le remplacement de tous ces individus n'en laisserait pas moins subsister l'être moral dont l'existence juridique ne peut être détruite que par l'autorité de la loi. — Toullier, t. 12, n° 84.

3. — Pour exemples des personnes morales, nous citerons les sociétés qui sont des individualités dont les intérêts sont indépendans et séparés de ceux des associés, et qui dès-lors peuvent être obligées et acquérir (Pardessus, *Cours de dr. comm.*, n° 16); — les successions vacantes (Merlin, *Rép.*, v° *Péremption*, c. 1re, § 2); — les communes, l'état, etc.

4. — C'est en s'appuyant sur des circonstances analogues que Delvincourt et Proudhon ont considéré la communauté comme un être moral indépendant des époux. Nous avons dit au mot COMMUNAUTÉ (n° 37), par quelles raisons Toullier réfute cette opinion.

V. au reste ASSOCIATION, DÉPARTEMENT, ÉTABLISSEMENT PUBLIC, SOCIÉTÉ.

## ÉTRENNES.

1. — Somme donnée en sus du prix d'un bail, d'un marché, d'une vente. — V. DENIERS D'ENTRÉE.

2. — On donne aussi quelquefois ce nom à la gratification particulière donnée au capitaine du navire sous le nom de *chapeau.* — V. CAPITAINE DE NAVIRE, CHAPEAU DE CAPITAINE.

## ÉTRIERS (Fabricans d').

1. — Fabricans d'étriers pour leur compte. — Patentables de cinquième classe.—Droit fixe basé sur la population, et droit proportionnel du vingtième de la valeur locative de l'habitation et des lieux servant à l'exercice de la profession.

2. — Fabricans à façon. — Patentables de septième classe. — Droit fixe et droit proportionnel du quarantième de la valeur locative de tous les locaux qu'ils occupent, mais seulement dans les communes de 20,000 âmes et au-dessus.

## ÉTRILLES (Fabricans d').

1. — Fabricans d'étrilles pour leur compte.—Patentables de cinquième classe.—Droit fixe basé sur la population et droit proportionnel du vingtième de la valeur locative de l'habitation et des lieux servant à l'exercice de la profession.

2. — Fabricans d'étrilles à façon. — Patentables de septième classe.—Droit fixe et droit proportionnel du quarantième de la valeur locative de tous les locaux qu'ils occupent, mais seulement dans les communes de 20.000 âmes et au-dessus.

## ÉTUDE.

1. — Chambre de travail des clercs de notaires, d'avoués et d'huissiers.

2. — On se sert aussi de ce mot comme synonyme de charge. C'est en ce sens qu'on dit que tel avoué, tel notaire a vendu son étude. — V. AVOUÉ, NOTAIRE, HUISSIER, OFFICE.

3. — Une étude de notaire ou d'avoué est-elle un lieu public, en ce qui concerne les délits de presse et de publication? — V. DÉLITS DE PRESSE, n° 35 et suiv., et DIFFAMATION, n° 409.

4. — Le mot *étude* dans son acception la plus générale, c'est-à-dire considéré comme l'action de travailler pour apprendre une chose, peut être aussi l'objet de dispositions légales ou de décisions judiciaires.

5. — ... Soit quant aux dépenses qui en résultent. — Tel est le cas de savoir si les frais d'études sont sujets à rapport. — V. RAPPORT A SUCCESSION.

6. — ... Soit quant aux moyens employés pour arriver à la connaissance de l'objet désiré. A cet égard, il y a lieu d'appliquer le principe fondamental en matière de responsabilité que chacun est tenu du fait qui cause un préjudice à autrui, quel qu'ait été le motif déterminant de sa conduite.

7. — Ainsi des agens-voyers qui, afin de procéder dans un bois communal aux études nécessaires pour la direction à donner à un chemin vicinal de grande communication, abattent des arbres dans cette direction, sont passibles des peines portées par les art. 192 et 193, C. forest., sauf à eux à mettre en cause les supérieurs dont ils disent avoir exécuté les ordres. — *Cass.* 29 mars 1843 (t. 2 1843, p. 99), Forêts c. Tocquaine.

## ÉTUDES.

V. ENSEIGNEMENT.

## ÉTUDIANT.

1. — On désigne plus particulièrement sous ce les jeunes gens qui suivent les cours des facultés en vue d'obtenir des grades.

2. — Pour tout ce qui concerne l'objet et la matière des études, les inscriptions, les examens et les grades, V. ENSEIGNEMENT.

3. — Les étudians des facultés, et du reste aussi, les élèves des collèges sont passibles de peines de discipline, dans certains cas, suivant certaines formes, et devant une juridiction exceptionnelle, que l'on indiquera au mot UNIVERSITÉ.

4. — Quant aux associations d'étudians, V. ce mot.

## ÉVALUATION.

C'est l'appréciation ou l'estimation d'une chose. — V. ESTIMATION.

V. AUSSI CADASTRE, CHARTE-PARTIE, DONATION DÉGUISÉE, DONATION ENTRE-VIFS, ENREGISTREMENT, INSCRIPTION HYPOTHÉCAIRE.

## ÉVANGÉLISTE.

1. — On appelait ainsi, dans l'ancien droit, le conseiller qui tenait l'inventaire d'un procès pendant que le rapporteur lisait les pièces.

2. — On donnait aussi cette dénomination à ceux qui étaient chargés de vérifier un procès ou un sac, pour s'assurer si toutes les pièces y étaient.

3. — A la chambre des comptes on appelait évangélistes les deux conseillers-maîtres qui étaient chargés, l'un de suivre le compte précédent, l'autre de vérifier les acquits pendant qu'un conseiller-auditeur rapportait le compte.

## ÉVASION

*Table alphabétique.*

**ÉVASION.—1.**—Se dit du fait d'un détenu qui s'échappe des mains de ceux de la force publique ou du lieu où il était renfermé.

§ 2.—*Préposés à la garde du détenu* (n° 101).

§ 3. — *Tiers étrangers à la garde du détenu. — Parens du détenu* (n° 135).

—

## Sect. 1re. — *Historique.*

2. — L'amour de la liberté est tout à la fois si violent et si naturel chez l'homme que les législateurs anciens n'avaient pas cru devoir prononcer de peine contre le détenu qui cherchait à s'évader par ruse, bien que des châtimens sévères fussent établis contre ceux qui facilitaient l'évasion.

3. — Saint Louis s'était montré plus sévère, il est vrai, dans ses Etablissemens, mais les dispositions qui punissaient le fait même de l'évasion tombèrent bientôt en désuétude.

4.—Le législateur de 1810 usant d'une sage indulgence, n'a pas rangé le simple fait d'évasion au nombre des délits, mais il l'a puni lorsqu'il est accompagné de violence ou de bris de prison.

5.—A l'égard de tous fauteurs ou complices de l'évasion, les mêmes excuses ne peuvent plus être invoquées. Ils sont donc punissables quels que soient les moyens employés pour faciliter l'évasion.

6.—L'ordonnance de 595, rendue par le roi Childebert, punissait de la peine capitale tout juge coupable d'avoir favorisé l'évasion d'un malfaiteur.

7. — La loi du 13 brum. an II, née au milieu de la tourmente révolutionnaire, portait également la peine de mort contre les fauteurs d'évasion, en cas de connivence, et punissait de deux années d'emprisonnement les gardiens, gendarmes, etc., dont la simple négligence aurait facilité la fuite d'un détenu.

8.—La loi du 4 vendém. an VI, et, plus tard, le code de 1810 introduisirent dans notre législation des pénalités qui sont plus en rapport avec la nature de ce délit, et qui concilient les intérêts de l'ordre social avec les droits de l'humanité.

## Sect. 2e. — *De l'évasion considérée à l'égard de l'individu qui s'évade.*

§ 1er. — *Elémens du délit d'évasion. — Pénalité. — compétence. — Evasion de forçats.*

9. — Deux conditions sont indispensables pour constituer, à l'égard du détenu, le délit d'évasion. Il faut : 1° que la détention soit légale ; 2° que l'évasion ait été opérée ou tentée avec bris de prison ou violence.

10. — *Détention légale.* — On distinguait autrefois entre les individus détenus pour une juste cause et ceux qui l'étaient pour une cause illégale. Les docteurs allaient même jusqu'à soutenir qu'il était permis à celui qu'une injuste détention retenait dans les fers d'exercer des violences sur les gardiens pour se sauver. — Chauveau et Hélie, *Th. du code pén.*, t. 4., p. 433.

11. — D'après les dispositions du Code pénal de 1791, les complices et fauteurs d'une évasion n'étaient également punissables que dans le cas où la détention était *légale*.

12. — Quoique le Code de 1810 ne reproduise pas cette expression, il est évident qu'on doit décider encore aujourd'hui que l'évasion d'un individu détenu arbitrairement et contrairement à la loi ne saurait être punie d'aucune peine.

13. — En pareil cas, disent avec raison MM. Chauveau et Faustin Hélie (t. 4, p. 434), l'évasion du détenu, loin de préjudicier à la société, est au contraire une sorte de bienfait pour elle, puisque cette évasion met un terme à un acte odieux, à l'exécution d'un délit. — V. aussi Rauter, *Tr. du dr. crim.*, t. 1er, p. 529, et Carnot, t. 1er, p. 599, n° 11.

14. — Toutefois, ces principes ne s'appliquent qu'à une détention arbitraire, et non à la détention, régulière en la forme, d'un individu innocent du délit qui lui est reproché. Le premier devoir de tout citoyen est, en effet, de respecter les mandats de la justice et d'obéir aux autorités légalement constituées.

15. — Voici comment s'exprimait sur ce point l'orateur du gouvernement au corps législatif : « Le détenu a dû se soumettre à la perte de sa liberté jusqu'à ce que les tribunaux aient porté sur lui un jugement définitif, et la loi lui défend de se soustraire à une détention qu'elle prescrit. Pour ce qui le concerne, la loi ne fait point d'exception ; qu'il soit innocent ou qu'il soit coupable du premier délit qu'on lui imputait, le second sera également puni. »



16. — *Bris de prison, violence.* — Le désir de la liberté est si naturel à l'homme que l'on ne saurait prononcer que celui-ci devient coupable, qui, trouvant la porte de sa prison ouverte, en franchit le seuil (*Exposé des motifs*). — Il n'existe de délit à l'égard du détenu que lorsqu'il s'évade à l'aide de violences ou de bris de prison.

17. — Il ne peut y avoir de violences, dans le sens de la loi, qu'autant qu'elles sont exercées sur la personne des préposés à la garde des détenus.

18. — Le bris de prison existe quand le détenu a arraché les barreaux des fenêtres, enfoncé les portes, commis enfin une effraction de nature à faciliter sa sortie. — Chauveau et Hélie, t. 4, p. 434.

19. — Le détenu qui s'évade en revêtant des vêtemens étrangers, ou à l'aide de fausses clés, d'escalade ou même *en brisant ses fers*, ne commet pas de délit.

20. — Pour constituer le délit d'évasion par bris de prison, il faut que le local d'où le détenu s'est évadé soit une prison, ou ait été légalement désigné pour en tenir lieu, encore bien qu'il s'agisse de l'exécution d'un jugement rendu en matière de garde nationale. — *Poitiers*, 2 janv. 1832, Picault.

21. — Mais l'individu arrêté en flagrant délit dans une commune où il n'y a pas de maison d'arrêt, étant, jusqu'à ce qu'il puisse être conduit devant le juge d'instruction, légalement détenu dans la chambre de sûreté d'une caserne de gendarmerie, son évasion, par bris ou violence, le rend passible des peines portées par l'art. 245, C. pén. — *Cass.*, 28 avr. 1836, Solassol.

22. — Il en de même de l'individu qui s'évade avec bris du lieu destiné par ordre de l'autorité municipale à la détention provisoire des malfaiteurs. — *Nîmes*, 22 fév. 1838 (t. 1er 1838, p. 423), Guibal ; — Chauveau et Hélie, *Théorie du C. pén.*, t. 4, p. 438.

23. — Jugé que l'évasion, non plus que le bris de prison, de la part des détenus ne constitue point séparément l'action que la loi a réprimée dans l'art. 245, *l'évasion par bris de prison*, mais il n'est pas nécessaire, pour que cet article devienne applicable, qu'il y ait coopération personnelle de chacun des individus au fait de bris de prison, il suffit qu'il y ait emploi des moyens de violence pratiqués par quelques uns, dans le but d'une évasion concertée en commun avant son exécution. — *Paris*, 26 déc. 1835, Caillé.

24. — ...Que les peines prononcées par la loi contre les détenus évadés à l'aide de bris de prison, de clôture ou à l'aide de violences, sont indistinctement applicables à tous, encore bien qu'il n'y ait pas de coopération manuelle et personnelle de chacun d'eux, s'il résulte de l'instruction la preuve que tous ont dû en avoir connaissance, et que les travaux employés à cet effet n'ont pu s'opérer que par le concours des détenus renfermés dans le même bâtiment et dans la même cour. — Même arrêt.

25. — Toutefois, la doctrine de cet arrêt paraît trop absolue aux auteurs de la *Théorie du Code pénal*. « Notre Code, disent-ils (t. 4, p. 437), n'a point incriminé, comme l'avait fait la loi romaine, le *complot* formé par des prisonniers pour s'évader. Ce n'est donc que par des actes de coopération active ou par des actes de complicité qu'ils peuvent devenir coupables du délit d'évasion. »

26. — Ces observations nous paraissent ne pas manquer de justesse.

27. — *Pénalité.* — Les art. 238, 239 et 240 rangent en trois catégories, suivant la gravité des peines applicables, les détenus dont l'évasion donne lieu à une action répressive, soit contre les gardiens, soit contre les tiers. La première comprend les prévenus de délits de police ou de crimes simplement infamans, les prisonniers de guerre ; la seconde, les prévenus d'un crime passible d'une peine afflictive à temps, ou les condamnés pour un crime de cette nature ; la troisième embrasse les prévenus de crimes entraînant la peine de mort ou une peine perpétuelle, ou les condamnés à l'une de ces peines.

28. — Quant aux détenus eux-mêmes, l'art. 245, C. pén. s'exprime de la manière suivante : « Tout détenu qui s'est évadé ou qui a tenté de s'évader par bris de prison ou par violences est, pour ce seul fait, puni de six mois à un an d'emprisonnement, et subit cette peine immédiatement après l'expiration de celle qu'il a encourue pour le crime ou délit à raison duquel il était détenu ; ou immédiatement après l'arrêt ou le jugement qui l'a acquitté ou renvoyé absous dudit crime ou délit. » — Le tout sans préjudice de plus forte peine qu'il aurait pu encourir pour d'autres crimes qu'il aurait commis dans ses violences.

29. — Dans les articles cités ci-dessus, il n'est pas question, ainsi qu'on peut le remarquer, des



détenus pour dettes civiles, des étrangers détenus à fin d'extradition, ni des détenus par mesure de discipline. — Rauter, *Tr. du dr. crim.*, t. 1er, p. 529 ; Chauveau et Hélie, *Théorie du C. pén.*, t. 4, p. 429.

30. — On jugeait également avant le Code que l'évasion des condamnés pour dettes civiles ne rentrait pas dans les dispositions de la loi du 18 pluv. an IX, qui mettaient dans les attributions des cours spéciales l'évasion des condamnés. — *Cass.*, 20 avr. 1807, Vignier ; 1er juin 1809, N...

31. — Depuis, la cour de Cassation a décidé expressément que la peine portée par l'art. 245, C. pén., contre le détenu qui s'est évadé ou qui a tenté de s'évader par bris de prison, n'est point applicable au détenu pour dettes. — *Cass.*, 20 août 1824, Carnot ; 29 sept. 1831, Dutheil.

32. — « En effet, disent MM. Chauveau et Hélie (*Th. du Code pén.*, t. 4, p. 430), il ne suffit pas qu'il y ait désobéissance et en quelque sorte rébellion à la justice de la part du détenu qui s'évade, il faut encore que cette évasion cause un préjudice à l'ordre social. Or, l'évasion d'un prisonnier pour dettes ne lèse que les intérêts de son débiteur. La loi pénale n'a donc point dû le comprendre dans ses dispositions. »

33. — Carnot (sur l'art. 237, C. pén., t. 1er, p. 676, n° 3) fait remarquer que cet article parlant des détenus d'une manière générale, on pourrait croire que les détenus pour dettes y sont nécessairement compris : « Mais si l'on se reporte, dit-il, aux art. 238 et suiv., qui ne sont que des corollaires de l'art. 237, il est facile de se convaincre qu'il ne peut être question, dans cet article, que de l'évasion des détenus pour crimes ou délits, aucun article du Code ne prononçant de peines pour le cas d'évasion d'emprisonnés pour dettes civiles ; ce qui doit être, néanmoins, entendu en ce sens qu'il s'agira d'une simple évasion et non de celle qui aurait été le résultat d'un crime ou délit ; comme aussi que cela ne pourra libérer les gardiens des dommages-intérêts que la fuite de l'emprisonné aura fait éprouver à ses créanciers. » — V. aussi Bourguignon, *Jurisp. des Codes crim.*, t. 3, p. 234 ; Massabiau, n° 2892.

34. — Il est bien évident que si l'évasion d'un détenu soit pour dettes civiles, soit pour causes de discipline, soit à fin d'extradition, était opérée à l'aide de violences et qu'elle eût réuni les élémens du délit de coups et blessures volontaires prévu par l'art. 311, C. pén., il y aurait lieu à l'application des peines portées par cet article.

35. — Du reste, la loi nous paraît tellement claire, tellement positive, qu'il est impossible d'y comprendre les détenus pour dettes sans ajouter à ses dispositions, ce qui est contraire à tous les principes, en matière pénale.

36. — Mais nous préférerions la jurisprudence ancienne attestée par Farinacius (quest. 80e, nos 25 et 81) et Jousse (*Tr. des matières crim.*, t. 4, p. 86). Il y a, dans l'un et l'autre cas, désobéissance à la loi, rébellion envers la justice. Tous les jugemens, alors même qu'ils n'intéresseraient que des particuliers, s'exécutent au nom du roi. Le créancier ne peut faire détenir son débiteur ailleurs que dans la maison spécialement déterminée par le gouvernement. Le détenu pour dettes y est placé, comme le détenu pour délit, sous la foi de l'autorité publique. Une garantie est due au créancier contre toute évasion violente de la part du débiteur. L'action en dommages-intérêts contre le gardien ne saurait tenir lieu d'une disposition pénale, soit parce que sa solvabilité pourrait être insuffisante, soit parce que l'évasion pourrait, en certains cas, avoir lieu sans qu'il y eût faute ou négligence de sa part. La loi prononce des peines contre la rébellion opposée aux officiers ministériels agissant dans un simple intérêt privé : ne doit-elle pas ici la même protection aux particuliers ? Le préjudice est le même dans les deux cas pour l'ordre social : il y a donc lacune dans la loi.

37. — En effet, n'est-ce pas au fait du bris de prison ou de violences bien plutôt qu'au fait d'évasion que devrait s'attacher la répression ?

38. — La cour de Cassation paraît avoir reconnu elle-même cette lacune dans un de ses arrêts : « Considérant, dit-elle, que si la loi ne s'est nullement occupée du bris de prison par un détenu pour dettes, il n'entre dans aucune des attributions du pouvoir judiciaire de suppléer à son silence, et que la cour de Cassation, en agissant comme s'il lui appartenait de remplir, d'après sa seule manière de voir, *la lacune qui résulte de ce silence*, se rendrait coupable d'un excès de pouvoir, etc. » — *Cass.*, 20 août 1824, Carnot.

39. — Quoi qu'il en soit, si aucune disposition de loi ne punit le détenu pour dettes qui tente de s'évader, aucune disposition de loi ne l'affranchit de la peine portée par les art. 60 et 245, C. pén., lorsqu'il se rend complice de la tentative

d'évasion commise par un détenu pour délit. — *Cass.*, 29 sept. 1831, Dutheil. — V. *infrà*

40. — Il résulte des termes ci-dessus rappelés de l'art. 245, C. pén., que le principe de non cumul des peines consacré par l'art. 365, C. inst. crim., souffre exception dans le cas d'évasion.

41. — Cette exception était commandée par la force même des choses. En effet, si les peines ne se confondaient, il s'ensuivrait que les prévenus qui se seraient évadés et qui plus tard encourraient une peine à raison du délit qui motivait leur détention échapperaient à la peine du délit d'évasion, puisque la première peine, dans le cas où elle serait la plus forte, absorberait celle-ci. — Chauveau et Hélie, *Th. du Code pén.*, t. 4, p. 441. — V. aussi Rauter, *Tr. du dr. crim.*, t. 1er, no 391 ; Le Seyllier, no 251.

42. — Peu importe que l'évasion ait été tentée ou opérée pendant l'instruction, ou après le jugement de l'accusation principale. — Le Seyllier, no 252 ; Carnot, sur l'art. 245, no 9 ; Mangin, t. 2, no 461 ; Massabiau, no 2889 ; Chauveau et Hélie, t. 4, p. 444 ; Rauter, nos 391 et 392.

43. — Jugé en conséquence que la peine encourue par un détenu qui a tenté de s'évader doit être cumulée avec celle attachée à l'accusation principale, lorsque la tentative a été faite durant l'instruction, comme lorsqu'elle est postérieure au jugement du fait principal. — *Cass.*, 13 oct. 1815, Daumas-Dupin.

44. — Les peines correctionnelles prononcées pour évasion par bris de prison contre un individu qui a encouru d'ailleurs pour ses crimes précédens une peine afflictive et infamante doivent être cumulées avec cette peine, alors même que le *maximum* en aurait été prononcé. — *Cass.*, 17 juin 1831, Pienne.

45. — Lorsque, indépendamment de la déclaration rendue sur le fait principal, un accusé a été reconnu coupable, par le jury, de s'être évadé par violence des mains de la force armée qui le détenait, la cour d'assises ne peut, à peine de nullité, se dispenser de le condamner aux peines portées par l'art. 245, C. pén., pour qu'il les subisse à l'expiration de la peine principale. — *Cass.*, 5 avr. 1832, Saint-Béranger.

46. — La peine encourue pour évasion par bris de prison ou par violence doit être cumulée avec celle que le prévenu avait encourue pour le fait à raison duquel il était détenu. — *Cass.*, 31 juill. 1834, Roucariès.

47. — Le délit de bris de prison doit être puni d'une peine distincte et séparée de celle encourue par l'accusé à raison du fait qui a donné lieu à sa détention ; cette peine ne saurait se confondre avec celle encourue pour le fait principal, et doit être subie à l'expiration de celle-ci. — *Cass.*, 14 juill. 1837 (t. 1er 1838, p. 556), Soutag.

48. — Mais si, postérieurement à l'évasion, l'évadé commet un crime ou un délit punissable d'une peine plus grave que ne le serait celle de l'évasion elle-même, cette peine seule doit être prononcée, ou rentrer alors dans la règle du droit commun qui prohibe le cumul des peines. — Massabiau, no 2889. — V. CUMUL DE PEINES, no 64.

49. — L'évasion effectuée par bris de prison après une condamnation à plus d'une année d'emprisonnement, ne peut constituer une récidive passible de l'aggravation de peine portée par les art. 56 et suiv., C. pén. — *Cass.*, 22 fév. 1828, Jouberyan ; *Paris*, 29 avr. 1835, Leloutre.

50. — Ce délit, par sa nature et les dispositions spéciales qui le régissent, est en dehors des règles ordinaires établies pour les autres délits. — *Cass.*, 9 mars 1837 (t. 1er 1837, p. 389), Hubert.

51. — En effet, l'évasion, de même que la rupture de ban, suppose, en général, l'état de récidive, et dès-lors cette circonstance étant essentielle au délit ne peut l'aggraver. — Chauveau et Hélie, t. 4, p. 442.

52. — Les anciens jurisconsultes avaient établi des excuses dont quelques unes devraient encore être suivies. C'est ainsi que les détenus qui n'ont brisé la prison pour s'évader que parce qu'elle était le théâtre d'un incendie, d'une inondation ou d'une maladie contagieuse, et pour fuir un péril certain, ne sauraient être l'objet d'une poursuite. Les prisonniers qui s'évaderaient pour se dérober à des traitemens atroces exercés sur eux devraient également être excusés si ces faits étaient vérifiés. On cite l'exemple d'une fille à l'honneur de laquelle un gardien aurait attenté. — Farinacius, quæst. 30, n. 171 et seq. 190 ; Chauveau et Hélie, *Th. C. pén.*, t. 4, p. 442.

53. — Autrefois, la *tentative* d'évasion était punie d'une peine moindre que l'évasion consommée. La loi ne fait aujourd'hui aucune distinction ; mais il faut, conformément aux principes généraux, que la tentative ait reçu un commencement d'exécution, et qu'elle n'ait échoué que par des circonstances étrangères à la volonté du délinquant. — C. pén., art. 2 et 245. — V. au ff. la loi 17, *De ædilitio edicto* ; la loi 225, *De verb. signif.* — V. aussi Boerius, dec. 215 ; Farinacius, quæst. 30 ; Jousse, *Mat. crim.*, t. 4, p. 85.

54. — *Compétence.* — En général, le délit d'évasion est connexe au délit principal dont il avait pour but de procurer l'impunité. Il doit donc être soumis à la même juridiction quand on ne juge pas à propos d'en faire l'objet d'une poursuite séparée. — Massabiau, no 2891.

55. — Ainsi, un accusé qui a tenté de s'évader peut être jugé simultanément par la cour d'assises pour le crime à raison duquel il était détenu et pour le délit d'évasion. — *Cass.*, 13 oct. 1815, Daumas-Dupin ; arg. *Cass.*, 5 avr. 1832, Saint-Béranger. — V. cependant en sens contraire *Metz*, 3 juill. 1821, Simonet.

56. — Cette simultanéité de jugement ne saurait néanmoins avoir lieu quand l'évasion, par ses circonstances, constitue un crime, tandis que le fait principal n'est qu'un simple délit de la compétence des tribunaux correctionnels. — Massabiau, no 2891.

57. — *Evasion de forçats.* — Des dispositions particulières sont applicables à l'évasion des forçats renfermés dans les bagnes.

58. — Le décret du 12 nov. 1806 prononçait pour ce cas la peine de vingt-quatre années de fers, et, en cas de condamnation antérieure à la même peine, le coupable devait être mis à la double chaîne pendant trois ans. — Art. 69.

59. — L'ord. du 2 janv. 1817 tempéra la rigueur de cette pénalité. Revenant aux dispositions de la législation de 1791, elle punit seulement chaque évasion de trois années de fers, et réserva la double chaîne pour le cas où le coupable est déjà condamné à perpétuité.

60. — Du reste, l'évasion du forçat est atteinte par les dispositions que nous venons de rapporter, alors même qu'elle a eu lieu sans violence ni bris de prison.

61. — Le fait d'évasion d'un forçat est de la compétence des tribunaux maritimes spéciaux, et, par suite, ces tribunaux ont le droit de connaître en même temps des crimes qui ont accompagné cette évasion. — *Cass.*, 23 fév. 1837 (t. 1er 1837, p. 365), Godet. — V. TRIBUNAUX MARITIMES.

### § 2. — *Reprise de l'évadé.* — *Constatation de son identité.* — *Compétence et procédure.*

62. — L'art. 518, C. inst. crim., est ainsi conçu : « La reconnaissance de l'identité d'un individu condamné, évadé et repris, sera faite par la cour qui aura prononcé sa condamnation. — Il en sera de même de l'identité d'un individu condamné à la déportation ou au bannissement qui aura enfreint son ban et sera repris... »

63. — Cet article fait naître la question de savoir s'il y a toujours lieu à procéder à la reconnaissance de l'identité du condamné évadé et repris, alors même que cette identité n'est pas méconnue par lui.

64. — Les partisans de l'affirmative, s'appuyant sur ces mots : *sera faite*, ont dit que l'art. 518, C. inst. crim., était conçu dans des termes impératifs, et qu'il y avait nécessité de procéder à la reconnaissance de l'identité, par cela seul qu'il s'agissait d'un condamné évadé et repris.

65. — Cette manière d'interpréter la loi nous semble contraire à la raison : le législateur n'ordonne de suivre une procédure quelconque qu'autant qu'elle est utile ou nécessaire. Cette condition est toujours sous-entendue dans les dispositions même les plus impératives ; or, à quoi bon procéder à la reconnaissance d'une identité sur laquelle il ne s'élève aucun doute, aucune contestation? Le condamné a lui-même intérêt à éviter des formalités vraiment oiseuses ; et d'ailleurs rien ne nous paraît moins certain que le sens *impératif* qu'on attribue aux termes de l'art. 518. Nous croyons fermement que le législateur a simplement entendu désigner par qui la reconnaissance d'identité *serait faite*, lorsqu'il y aura lieu à reconnaissance : il ne pouvait se servir d'une autre expression.

66. — Jugé dans ce sens qu'il n'y a pas lieu de procéder à la reconnaissance de l'identité d'un condamné évadé et repris pour lui appliquer les peines de la récidive, s'il ne conteste pas son identité. — *Cass.*, 5 juin 1834, Rioult.

67. — Bien que l'art. 518 ne parle que de condamnations prononcées par une *cour*, néanmoins, en matière correctionnelle comme en matière criminelle, la reconnaissance de l'identité d'un condamné évadé et repris appartient au tribunal qui a prononcé la condamnation. — *Cass.*, 11 juill. 1834, Marillet.

68. — On décidait également, avant le Code, que c'est au tribunal d'où émane la condamnation qu'il appartient de procéder à la reconnaissance de l'identité d'un condamné évadé et repris. — *Cass.*, 17 messid. an IX, Auvrard.

69. — Lorsqu'un condamné évadé et repris nie son identité, la chambre d'accusation, saisie d'une nouvelle procédure pour crime postérieur à l'évasion dirigée contre lui, est incompétente pour statuer sur l'identité ; cette question doit être soumise au tribunal qui a prononcé la précédente condamnation. — *Cass.*, 6 sept. 1833, Guillemette.

70. — S'il y a lieu de procéder à la reconnaissance de l'identité d'un condamné évadé et repris, et que la cour qui a prononcé la condamnation ne fasse plus partie de la France, il faut recourir, par voie de réglement de juges, à la cour de Cassation, qui désigne une autre cour, à l'effet de procéder à cette reconnaissance. — *Cass.*, 13 mars 1834, Henno.

71. — Les jugemens sur l'identité sont rendus en audience publique et sans assistance de jurés, après l'audition des témoins appelés tant à la requête du procureur-général qu'à celle de l'individu repris, si ce dernier en a fait citer. L'individu repris doit être présent, à peine de nullité. — C. inst. crim., art. 519.

72. — Toutefois il a été jugé que la disposition qui permet à l'accusé de faire entendre des témoins n'est pas prescrite à peine de nullité. — *Cass.*, 21 août 1818, de Sainte-Hélène.

73. — Il appartient à la cour d'assises de procéder seule et sans assistance de jurés à la reconnaissance de l'identité d'un condamné par contumace comme à celle d'un condamné contradictoirement, évadé et repris. — *Cass.*, 24 janv. et 5 août 1834, Karst ou Klein ; — Rodière, *Revue de législ.*, t. 1er, p. 315.

74. — Quand un individu arrêté comme ayant été condamné par contumace conteste l'identité, il n'y a lieu à procéder, conformément à l'art. 476, C. inst. crim., à un nouveau jugement, jusqu'à ce qu'il ait été statué sur cette question par la cour d'assises jugeant sans assistance de jurés. — *Cass.*, 6 fév. 1824, Letoux ou Gaudoulf ; *Ass. Rouen*, 28 juin 1824, même affaire. — V. au surplus CONTUMACE, nos 208 et suiv.

75. — La question d'identité n'a nullement pour objet de savoir si l'accusé est *coupable* du fait qu'on lui impute, mais si l'individu présent est bien réellement l'individu *accusé*. Il est indispensable que ce point soit éclairci avant d'ouvrir les débats, nul ne pouvant être traduit devant la cour d'assises en matière ordinaire sans y être renvoyé par un arrêt d'accusation. — *Ass. Rouen*, 28 juin 1824, Letoux ou Gaudoulf.

76. — Les art. 241, 242 et 271, C. inst. crim., sur la nécessité d'un arrêt de renvoi aux assises, la rédaction et la signification d'un acte d'accusation, sont inapplicables à la procédure relative à la reconnaissance de l'identité des condamnés évadés et repris. — *Cass.*, 21 août 1818, Sainte-Hélène.

77. — « Mais, dit Legraverend (t. 2, chap. 11, p. 616), il ne peut en être ainsi, à ce qu'il me semble, lorsqu'il s'agit d'appliquer une peine plus grave à celui dont l'identité est mise en question, comme dans le cas où un condamné au bannissement ou à la déportation a enfreint son ban, et j'estime qu'alors un arrêt de renvoi et un acte d'accusation sont nécessaires pour établir la situation de celui contre qui on procède. C'est ainsi que cela s'est pratiqué à l'égard de quelques individus compris comme régicides dans la loi du 12 janv. 1816, et les procédures soumises à la cour de Cassation n'ont pas été considérées par elle comme irrégulières sous ce rapport. »

78. — Il eût été difficile, en effet, de déclarer nulles des poursuites, sur le fondement que les accusés auraient obtenu plus de garanties qu'ils n'avaient le droit d'en exiger ; mais l'omission des formalités dont il s'agit eût-elle opéré nullité? Nous ne le pensons pas : d'abord, la distinction proposée par Legrave rend n'est point établie par la loi. En second lieu, le silence des art. 518 et suiv. et la forme particulière qu'ils tracent sont des motifs suffisans pour que l'on ne doive pas se permettre d'ajouter arbitrairement à la loi.

79. — Jugé que lorsqu'un individu a été condamné à une peine correctionnelle sous un faux nom, le tribunal qui a prononcé la condamnation est compétent pour procéder à la reconnaissance de l'identité, bien qu'il ne s'agisse pas d'un condamné *évadé et repris*. — Cour d'appel de *Gand*, 6 nov. 1833, Vereyken.

80. — Le tribunal criminel qui a rendu un jugement de condamnation ne peut pas refuser de procéder à la reconnaissance de l'identité du con-

damné sous prétexte qu'il a été extrait du bagne par autorité du gouvernement. — *Cass.*, 9 messid. an VIII, Ducrocq; 29 thermid. an VIII, Camarelle.

81. — La circonstance que le nouveau crime commis après évasion du bagne par un individu condamné aux travaux forcés à perpétuité, ne peut donner lieu à une aggravation de peine, ne met pas obstacle à la continuation de la procédure et au jugement de l'affaire. — *Cass.*, 6 sept. 1833, Guillemette.

82. — Les décisions par lesquelles les cours prononcent sur une poursuite en reconnaissance d'identité sont de véritables arrêts qui acquièrent l'autorité de la chose jugée lorsqu'elles n'ont pas été attaquées et annulées dans les formes prescrites par la loi. — *Cass.*, 12 août 1825, Rosay; — V. Mangin, *Tr. de l'act. publ.*, t. 2, p. 307, no 383.

83. — En conséquence, il y a lieu de casser, et sans renvoi, l'arrêt d'une cour d'assises qui, après avoir déclaré, dans un premier arrêt non attaqué dans les délais, qu'il n'y a pas identité entre un individu traduit devant elle et un condamné évadé, décide plus tard, au contraire, sans respect pour la chose jugée, que cette identité est constante. — Même arrêt.

84. — L'art. 7, L. 18 pluv. an IX, attribuait aux tribunaux spéciaux la connaissance des délits d'évasion; mais ces tribunaux n'étaient pas compétens pour constater l'identité des condamnés évadés et repris. — *Cass.*, 17 messid. an IX, Auvrard.

85. — Ils pouvaient au contraire juger les crimes commis par des condamnés évadés. — *Cass.*, 16 brum. an XIV, Gaillard.

86. — Ces tribunaux, compétens pour connaître de l'évasion d'un condamné, l'étaient aussi pour prononcer sur l'évasion d'un prévenu, lorsqu'il y avait connexité; ils ne pouvaient, sous le prétexte de l'indivisibilité des poursuites, se déclarer incompétens et renvoyer pour le tout devant la juridiction ordinaire. — *Cass.*, 6 juill. 1810, Gannion.

## Sect. 3e. — *De l'évasion considérée à l'égard des fauteurs ou complices.*

### § 1er. — *Principes généraux.*

87. — Le détenu qui s'évade en employant seulement l'adresse n'est pas punissable aux termes de la loi. Il ne l'est pas même, ni comme principal coupable, ni comme complice, s'il a employé la corruption auprès des gardiens. En effet, l'art. 242, qui fait une application spéciale à la matière des principes généraux du Code pénal sur la corruption des fonctionnaires, agens ou préposés d'une administration publique, ne parle que des *tiers* qui auraient procuré ou facilité l'évasion en corrompant les gardiens ou geôliers, ou de connivence avec eux. — Rauter, *Tr. du dr. crim.* t. 1er, p. 531.

88. — Mais les tiers qui facilitent ou procurent l'évasion d'un détenu sont punissables, alors même que l'évasion a eu lieu sans violence ni bris de prison. En effet, si, pour le détenu, le désir de la liberté justifie en quelque sorte son évasion lorsqu'il ne fait que franchir le seuil d'une prison qu'il trouve ouverte devant lui, cette excuse ne saurait s'étendre aux complices qui ont facilité l'évasion. — Chauveau et Hélie, t. 4, p. 443.

89. — L'art. 8, sect. 4e, tit. 1er, L. 6 oct. 1791 (2e partie), était ainsi conçu : « Quiconque aura délivré ou sera convaincu d'avoir tenté de délivrer par force ou violence des personnes légalement détenues, sera puni de trois années de fers. » Comme on le voit, le Code de 1791 ne distinguait pas entre les préposés à la garde des détenus et les personnes étrangères à ces fonctions.

90. — Il y a pourtant entre la culpabilité des uns et celle des autres une différence qui résulte de la différence même des devoirs de chacun. Les uns et les autres commettent un délit en enfreignant les prescriptions de la loi, en provoquant à sa disposition, mais les gardiens trahissent, en outre, un devoir qui dérive de leurs fonctions et qui n'est pas imposé aux autres personnes. Cette distinction a été respectée dans toute l'économie de la loi sur l'évasion des détenus. Elle disparaît dans un seul cas, c'est celui où les tiers n'ont procuré l'évasion qu'en corrompant les gardiens ou en connivant avec eux. — Chauveau et Hélie, *Th. du Code pén.*, t. 4, p. 403.

91. — Les peines prononcées en cas d'évasion, soit contre les tiers complices de cette évasion, soit contre les individus préposés à la garde du détenu qui s'est évadé, sont graduées, d'abord, suivant la gravité de la prévention dirigée ou de la condamnation prononcée contre ce dernier, et ensuite, à l'égard des tiers, suivant qu'ils ont fourni, ou non, des instrumens propres à favoriser une évasion à l'aide de violences ou de bris de prison, ou en connivant avec les geôliers; et à l'égard de ces derniers, suivant qu'ils sont coupables de connivence ou simplement de négligence, ou bien qu'ils ont, ou non, transmis au détenu des armes pour une évasion à force ouverte. — C. pén., art. 238 et suiv.

92. — Nous avons vu *suprà* que la loi ne prévoyant que l'évasion de détenus pour délits de police, pour crimes, ou comme prisonniers de guerre, il n'y avait pas de peine applicable à l'évasion d'un détenu pour dettes. Cette décision s'applique aussi bien aux gardiens ou aux tiers fauteurs ou complices d'une semblable évasion qu'à l'évadé lui-même.

93. — Il ne suffit pas que la personne évadée d'une prison ait été légalement détenue pour qu'il y ait lieu de prononcer une peine contre le gardien convaincu de négligence ou de connivence; il faut, en outre, que l'évadé ait été inculpé, accusé ou condamné à raison d'un délit prévu par les lois pénales. — *Cass.*, 4 niv. an VII, Boniface.

94. — L'évasion d'un détenu pour dettes, par l'effet de la négligence ou de la connivence de l'huissier chargé de sa translation, ne présente aucun caractère de délit. — *Cass.*, 30 av. 1807, Viguier.

95. — De même, il n'y a aucune peine à prononcer contre le gardien ou le tiers qui aurait favorisé ou procuré l'évasion d'un détenu à fin d'extradition. — *Cass.*, 30 juin 1827, de la Grainville; — Bourguignon, *Jurisprudence des c. crim.*, t. 3, p. 234; Carnot, sur l'art. 237, c. pén., t. 1er, p. 676, no 3; Chauveau et Hélie, *Théorie du C. pén.*, t. 4, p. 430.

96. — Outre les peines spéciales à chacun des délits établis contre les gardiens dans une évasion de détenus (V. *infrà* no 124), la loi permet de placer les coupables sous la surveillance de la haute police pour un temps de cinq à dix ans, lorsque leur délit a été assez grave pour motiver un emprisonnement de plus de six mois. — C. pén., art. 246.

97. — La loi fait peser en outre une responsabilité civile sur tous ceux qui sont coupables de connivence dans l'évasion d'un détenu. Ils doivent être condamnés solidairement envers la partie civile, à titre de dommages intérêts, à tout ce que celle-ci aurait eu droit d'obtenir du détenu. Ce n'est là, comme on le voit, qu'une application particulière et rigoureuse des principes généraux du droit civil. — C. civil, art. 1382; C. pén., art. 244.

98. — L'ancien droit admettait une semblable responsabilité; peut-être même l'étendait-il plus loin : *Eximens debitorem ex carcere tenetur solvere de proprio debitum creditoribus non aliter ac si fuisset ipsius debitoris fidejussor.* — Farinacius, quest. 50, no 107.

99. — Est-il nécessaire, pour faire naître cette action, que la partie civile se soit constituée avant l'évasion? Non; pourvu qu'elle fût dans des délais utiles pour se constituer encore; car rien ne la forçait de le faire avant l'expiration de ces délais, et elle ne peut perdre son recours quand elle n'a aucune faute à s'imputer.

100. — La partie lésée qui n'a pas figuré aux débats dans lesquels le détenu a été condamné, peut-elle, en vertu de cet article, former un recours par la voie civile, à raison des dommages-intérêts auxquels elle avait droit mais qu'elle n'avait pas réclamés? — Les auteurs de la *Théorie du C. pén.* enseignent, avec raison selon nous, l'affirmative. « La loi, disent-ils (t. 4, p. 467), n'a point limité la voie que la partie lésée doit choisir pour faire valoir ses droits : il suffit qu'ils soient fondés et que l'évasion l'ait empêchée de les exercer, pour qu'elle puisse diriger son action contre le fauteur de cette évasion, lequel, suivant l'expression de Farinacius, s'est porté, par le fait de sa complicité, la caution du détenu qu'il a fait évader. »

### § 2. — *Préposés à la garde du détenu.*

101. — Les gardiens ou conducteurs du détenu sont punis dans le cas où ils le laissent évader, encore bien qu'ils ne se soient rendus coupables d'aucune connivence et que l'on ne puisse leur reprocher qu'une simple négligence. — C. pén., art. 238.

102. — Toutefois les peines établies contre les conducteurs et gardiens qui ne sont coupables que de négligence, cessent lorsque les évadés sont repris ou représentés dans les quatre mois de l'évasion, à moins que leur évasion n'ait été pour eux une occasion de commettre de nouveaux crimes ou délits et qu'ils n'aient été arrêtés pour ces nouveaux crimes ou délits. — C. pén., art. 247.

103. — Selon M. Massabiau (no 2900), l'immunité accordée aux gardiens condamnés pour simple négligence, dans le cas où les évadés sont repris avant l'expiration des quatre mois, cesse de pouvoir être invoquée du moment que ceux-ci ont commis de nouveaux crimes ou délits depuis leur évasion, encore bien que leur arrestation n'ait pas été opérée à raison de ces derniers faits, soit qu'ils n'aient pas été dénoncés et poursuivis, soit même qu'ils n'aient pas encore été connus au moment de l'arrestation.

104. — Mais cette doctrine rigoureuse a été condamnée par la cour de Cassation comme contraire au texte même de l'art. 247. — *Cass.*, 30 déc. 1843 (t. 2 1846, p. 617), Richard.

105. — Quoi qu'il en soit, le gardien qui, par négligence, laisse évader un détenu, doit être immédiatement poursuivi et jugé. — Il n'y a pas lieu, dans ce cas, d'attendre l'expiration des quatre mois, pendant lesquels, l'évadé venant à être repris ou se représentant, les peines portées contre le gardien cessent de produire effet. — *Lyon*, 17 mars 1837 (t. 1er 1837 p. 530), Moniet.

106. — En cas d'évasion, la négligence des gardiens est présumée par la loi, sauf la preuve du contraire. Quant à la concurrence, c'est un acte de volonté, un concert éminemment coupable, et qui ne se présume pas; il faut qu'il soit établi.

107. — Le Code pénal militaire punit aussi la négligence des préposés à la garde d'individus détenus pour délit : « Lorsque, par une coupable négligence, porte la loi du 21 brum. an V (tit. 8, art. 17), la force armée aura laissé évader un prévenu de délit militaire confié à sa garde, les officiers, sous-officiers et les quatre volontaires les plus anciens de service faisant partie de la force armée, seront poursuivis et punis de la même peine que le prévenu aurait dû subir, sans néanmoins que cette peine puisse excéder deux ans de fers. Si, dans le débat, le véritable auteur du délit est découvert, il en portera seul la peine, qui pourra être étendue à trois années de fers. »

108. — L'art. 237. C. pén., indique les principaux agens qui doivent être considérés comme gardiens ou conducteurs des détenus; ce sont : les huissiers, les commandans en chef ou en sous-ordre, soit de la gendarmerie, soit de la force armée servant d'escorte ou garnissant les postes; les concierges, gardiens, geôliers et tous autres préposés à la conduite, au transport ou à la garde des détenus.

109. — On doit comprendre sous cette dénomination les gardes nationales, qui font partie de la force armée; les préposés des hôpitaux dans le cas où les détenus y ont été transférés pour cause de maladie; toutefois, la responsabilité ne pèse que sur les personnes chargées de la police de ces hôpitaux. — Décis. 8 janv. 1810, art. 11, no 3; — Chauveau et Hélie, t. 4, p. 447.

110. — Les peines encourues par ces diverses personnes varient d'après les distinctions suivantes :

111. — Il y a lieu de prononcer un emprisonnement de six jours à deux mois en cas de négligence, et en cas de connivence, un emprisonnement de six mois à deux ans si l'évadé était prévenu de délits de police, ou de crimes simplement infamans, ou s'il était prisonnier de guerre. — C. pén., art. 238.

112. — Que doit-on entendre par ces mots *délits de police?* Comprennent-ils les simples contraventions, ou doivent-ils être restreints aux délits correctionnels?

113. — Carnot pense que l'article ne comprend que les délits dans le sens habituel de ce mot.

114. — M. Rauter (*Tr. du dr. crim.*, t. 1er, p. 529) estime que le Code a voulu parler tout à la fois des *délits correctionnels* et *contraventions de police*. Il se fonde sur ce que les crimes, les délits et les contraventions ont tous le caractère de délits publics, et que tous ils sont soumis à l'action du ministère public et de la justice criminelle.

115. — Le mot *délit*, que le Code n'applique qu'aux faits correctionnels, et l'assimilation qui lie dans cet article ces délits et les crimes passibles de peines infamantes sembleraient, selon nous, indiquer que le Code a voulu restreindre son incrimination à l'évasion des prévenus de délits correctionnels. On pourrait même ajouter que la détention des prévenus de simples contraventions n'offre point assez d'intérêt à l'ordre social pour qu'il soit nécessaire d'en garantir la durée par une sanction pénale. Cependant, même en matière de simple police, il pourrait peut-être se présenter des faits assez graves pour que l'ac-

tion d'un geôlier qui favoriserait l'évasion dût être punie. — Chauveau et Hélie, t. 4, p. 451.

116. — Bien que l'art. 238, par une omission qui contraste avec les art. 239 et 240, ne fasse mention que des prévenus et nullement des *condamnés*, on ne saurait en conclure que l'évasion de ces derniers ne fasse encourir aucune responsabilité pénale, soit aux gardiens, soit aux tiers qui auront favorisé ou procuré leur évasion. Il est impossible, en effet, d'admettre que le législateur ait réservé ses rigueurs pour l'évasion d'un prévenu dont la culpabilité est incertaine, et qu'il ait entendu affranchir de toute peine ceux qui ont procuré l'évasion d'un individu dont la détention était pleinement justifiée par la condamnation prononcée contre lui. — Chauveau et Hélie, t. 4, p. 452.

117. — Si l'évadé était prévenu ou accusé d'un crime punissable d'une peine afflictive temporaire, ou condamné pour l'un de ces crimes, les conducteurs ou gardiens sont punis de deux à six mois d'emprisonnement en cas de négligence, et de la réclusion en cas de connivence. — C. pén., art. 239.

118. — Enfin, leur peine est, en cas de négligence, l'emprisonnement d'un à deux ans, et, en cas de connivence, les travaux forcés à temps, si l'évadé était prévenu, accusé ou condamné à raison d'un crime entraînant la mort ou des peines perpétuelles. — C. pén., art. 240.

119. — Si l'évasion, porte l'art. 241, C. pén., a eu lieu ou a été tentée avec violences ou bris de prison, les peines contre ceux qui l'ont favorisée en fournissant des instrumens propres à l'opérer, sont, au cas que l'évadé fût de la qualité exprimée en l'art. 238, trois mois à deux ans d'emprisonnement; au cas de l'art. 239, deux à cinq ans d'emprisonnement; et au cas de l'art. 240, la réclusion.

120. — Les auteurs de la *Théorie du Code pénal* (t. 4, art. 455), en rapprochant cet article de l'art. 240, signalent une prétendue anomalie dans la distribution des peines, en ce que, selon eux, le *gardien* qui aurait favorisé une évasion avec bris ou violences en fournissant des instrumens propres à l'opérer ne serait passible que de la réclusion, tandis qu'il encourrait les travaux forcés s'il avait, par connivence, favorisé l'évasion du même détenu sans bris ni violences, par exemple, en lui fournissant une échelle pour escalader le mur de sa prison. Cette critique repose sur une erreur. L'art. 241 ne s'applique qu'aux *tiers*, et, dans les deux cas ci-dessus, le *gardien* serait également passible de la peine des travaux forcés à temps, parce que, dans les deux cas, il serait coupable de connivence.

121. — Si l'évasion avec bris ou violence a été favorisée par transmission d'armes, les gardiens et conducteurs qui y ont participé sont punis des travaux forcés à perpétuité. — C. pén., art. 243.

122. — Le mot *armes* doit-il être restreint aux armes proprement dites et qui reçoivent cette dénomination dans l'acception commune, ou bien comprend-il aussi, comme dans l'art. 101, C. pén., toutes machines, tous instrumens ou ustensiles tranchans, perçans ou contondans? Peut-il s'étendre aux couteaux et ciseaux de poche, aux simples cannes, dont on se serait servi pour assurer l'évasion?

123. — Carnot prétend qu'il faut le restreindre au sens vulgaire du mot *armes*; mais cette opinion ne nous paraît pas fondée en principe. Les armes puisent leur caractère non pas tant dans la matière qui les forme que dans l'usage auquel on les destine. Si donc les instrumens transmis, quoique n'ayant pas le caractère d'armes proprement dites, rentrent dans les termes de l'art. 101, et sont destinés à favoriser une évasion à force ouverte, nul doute que, selon nous, l'art. 243 ne soit applicable; si, au contraire, ces instrumens n'ont pour but que de favoriser une effraction matérielle de la prison, l'art. 241 devrait seul être invoqué. — Chauveau et Hélie, t. 4, p. 458.

124. — Toutefois, il ne suffirait pas, pour l'application de l'art. 243, que les armes eussent été remises avec la pensée qu'elles dussent servir à la fuite du détenu; il faut encore que l'évasion avec bris ou violence ait été opérée à l'aide de ces armes. L'évasion à main armée, voilà le fait matériel; la remise des armes pour la favoriser, voilà la criminalité du fait. — Chauveau et Hélie, t. 4, p. 456.

125. — Les conducteurs ou gardiens condamnés pour avoir favorisé une évasion ou des tentatives d'évasion, à un emprisonnement de plus de six mois, peuvent, ainsi qu'on l'a dit *suprà*, no 96, être mis sous la surveillance spéciale de la haute police, pour un temps de cinq ans à dix ans. — C. pén., art. 246.

126. — Avant la loi du 28 avr. 1832, les circonstances atténuantes ne pouvaient entraîner un adoucissement de la peine applicable que dans le cas où le préjudice résultant du délit n'excédait pas 25 fr. Le préjudice causé par l'évasion d'un condamné étant inappréciable en argent, il s'ensuivait que les tribunaux correctionnels ne pouvaient faire jouir du bénéfice de l'art. 473, C. de 1810, le concierge d'une prison convaincu d'avoir, par sa négligence, facilité l'évasion d'un condamné à une peine afflictive et infamante. — *Cass.*, 6 sept. 1826 (intér. de la loi), Belgirard.

127. — La loi de 1832 ayant effacé du Code de 1810 la restriction relative à la quotité du préjudice, la déclaration de circonstances atténuantes peut toujours être admise dans cette matière, même en cas de récidive, comme dans toutes les matières prévues par le Code pénal.

128. — Indépendamment des peines correctionnelles ou infamantes auxquelles il est condamné en vertu des dispositions ci-dessus rappelées, le gardien ou conducteur d'un détenu qui le laisse évader est responsable, à titre de dommages-intérêts envers la partie civile, de tout ce que celle-ci aurait eu le droit d'obtenir contre l'évadé. — C. pén., art. 244. — V. *suprà* no 97.

129. — Le seul fait, de la part d'un guichetier, de faire sortir un détenu de la prison, constitue un délit punissable si l'évasion s'en est suivie, alors même que ce ne serait pas dans le but de cette évasion que la sortie aurait été facilitée. — *Cass.*, 30 nov. 1837 (t. 2 1838, p. 501), Beaumont.

130. — Sous le Code des délits et des peines, c'était le jury ordinaire qui devait juger un gardien accusé d'avoir facilité l'évasion d'un détenu. L'affaire ne pouvait, à peine de nullité, être soumise à un jury spécial. — *Cass.*, 3 prair. an VII, Maillan.

131. — Mais sous la loi du 18 pluv. an IX, le gendarme qui, après avoir arrêté un déserteur condamné par contumace, le laissait évader avant de l'avoir conduit devant son juge était justiciable de la cour spéciale comme inculpé d'avoir favorisé l'évasion d'un condamné confié à sa garde. — *Cass.*, 18 vendém. an XIV, Perron.

132. — La question ne peut plus se présenter aujourd'hui que les *cours spéciales* et les *jurys spéciaux* sont supprimés.

133. — Est contradictoire et nulle la déclaration du jury portant que l'accusé est convaincu d'avoir, *par connivence*, procuré l'évasion d'un détenu, et qu'il n'est pas convaincu d'avoir agi dans une intention criminelle, car la connivence donne essentiellement au fait un caractère de crime. — *Cass.*, 5 frim. an XIII, Coudère.

134. — Le gardien accusé de connivence dans l'évasion d'un détenu confié à sa garde ne peut tirer un moyen de nullité du refus fait par la cour d'assises de poser au jury une question relative à la négligence. Ce n'est pas là un fait d'excuse légale, mais seulement une circonstance qui modifie le caractère principal de l'accusation. C'est donc à la cour qu'il appartient d'apprécier si cette question résulte ou non des débats. — *Cass.*, 16 avr. 1819. Denat. — V. Carnot, sur l'art. 321, C. pén., t. 2, p. 73, no 11; Chauveau et Hélie, t. 4, p. 451.

§ 3. — *Tiers étrangers à la garde du détenu. — Parens du détenu.*

135. — Les personnes étrangères à la garde des détenus ne peuvent pas être inculpées d'avoir favorisé leur évasion par négligence, mais seulement par complicité avec les détenus ou leurs gardiens ou par un acte spontané de leur volonté. La loi, ainsi que nous l'avons dit, a gradué les peines encourues par les tiers suivant la gravité du délit qui avait causé l'incarcération et suivant la gravité des circonstances de l'évasion que le tiers a facilitée ou procurée.

136. — Ainsi ces personnes sont punies de six jours à trois mois d'emprisonnement, si l'évadé était prévenu de délits correctionnels ou de crimes simplement infamans, ou s'il était prisonnier de guerre. — C. pén., art. 238.

137. — Leur peine est de trois mois à deux ans d'emprisonnement, lorsque les évadés ou l'un d'eux sont prévenus ou accusés de crimes de nature à entraîner une peine afflictive à temps ou condamnés pour l'un de ces crimes. — C. pén., art. 239.

138. — L'emprisonnement est d'un an au moins et de cinq ans au plus, lorsque les évadés ou l'un d'eux sont prévenus ou accusés de crimes de nature à entraîner la peine de mort ou des peines perpétuelles, ou s'ils sont condamnés à l'une de ces peines. — C. pén., art. 240.

139. — Dans le cas où ces personnes sont parvenues à procurer ou à faciliter l'évasion, en corrompant les gardiens ou conducteurs, ou de connivence avec eux, ou en fournissant des instrumens propres à opérer un bris de prison ou des violences, elles sont punies des mêmes peines que lesdits gardiens et geôliers. — V. *suprà* nos 119 et suiv. — Si elles ont transmis des armes pour favoriser une évasion avec bris de prison ou violences, elles sont punies des travaux forcés à temps. — C. pén., art. 241. — V. *suprà* no 121.

140. — Tous ceux qui ont connivé à l'évasion d'un détenu sont solidairement condamnés, à titre de dommages-intérêts, à tout ce que la partie civile du détenu aurait eu droit d'obtenir contre lui. — C. pén., art. 244. — V. *suprà* no 97.

141. — Enfin, comme on l'a déjà vu, quiconque est condamné pour avoir favorisé une évasion ou des tentatives d'évasion, à un emprisonnement de plus de six mois, peut, en outre, être mis sous la surveillance de la haute police pour un intervalle de cinq à dix ans. — C. pén., art. 246. — V. *suprà* no 96.

142. — Des marins qui, après avoir été consultés par le capitaine, ont consenti l'embarquement de soldats insoumis et les ont transportés en pays étrangers, doivent être considérés comme coupables d'avoir favorisé l'évasion de ces insoumis. — *Rennes*, 2 av. 1835, Sévoy.

143. — Le garde forestier qui, au lieu de prêter main-forte à un garde champêtre, au moment où celui-ci venait d'arrêter un déserteur, l'a forcé par des violences à le remettre en liberté, est coupable du délit d'évasion de détenu, aggravé par sa qualité de fonctionnaire, et ne peut pas être acquitté sous le prétexte que le garde champêtre ne lui a pas fait connaître que l'individu arrêté était un déserteur, et que postérieurement l'inculpé l'a remis entre les mains de l'autorité. — *Cass.*, 29 juill. 1813, Standaert.

144. — Jugé que lorsqu'il résulte de l'acte d'accusation qu'un détenu dont l'évasion a été favorisée par un tiers était accusé d'empoisonnement et d'assassinat, le jury doit être interrogé, à peine de nullité, sur cette circonstance, qui est de nature à influer sur la gravité de la peine encourue par le complice. — *Cass.*, 3 frim. an XIII, Couderc.

145. — Aux termes de l'art. 248, C. pén., ceux qui ont recélé ou fait recéler des personnes qu'ils savaient avoir commis des crimes emportant peine afflictive, sont punis de trois mois d'emprisonnement au moins et de deux ans au plus. — Sont exceptés de cette disposition les ascendans ou descendans, époux ou épouse même divorcés, frères ou sœurs des criminels recélés, ou leurs alliés aux mêmes degrés.

146. — Ce dernier paragraphe est-il, par analogie, applicable au cas où des parens ont facilité l'évasion d'un détenu? — En *droit* rigoureux, il nous paraît difficile d'admettre l'affirmative, malgré la maxime: *favores ampliandi*. — V. dans ce sens Massabiau, no 2894.

147. — Sous la loi du 4 vendém. an VI et le Code du 3 brum. an IV, on a jugé, d'après ce principe, que la femme qui, hors les cas de bris de prison et des autres circonstances aggravantes du délit, facilitait l'évasion de son mari détenu pour vol, était passible de peines correctionnelles. — *Cass.*, 28 vendém. an IX, Danlaux.

148. — Toutefois, on doit peut-être regretter que la loi pénale n'ait point étendu formellement aux parens du détenu, qui ont favorisé son évasion, l'exception établie par le § 2, art. 248. L'affection qui naît de la parenté forme une excuse que le législateur ne peut pas plus méconnaître dans le cas de l'évasion que dans celui du recèlement. — Chauveau et Hélie, *Th. C. pén.*, t. 4, p. 465.

149. — L'ancienne jurisprudence admettait cette excuse dans les deux cas: de nombreux arrêts rapportés par Mornac, par Julius Clarus et par Jousse (t. 4, p. 75), ont affranchi de toutes peines une femme, des enfans, de proches parens qui avaient arraché des mains des archers leur mari, leur père, leur frère.

150. — De nos jours, malgré le silence de la loi pénale, des magistrats ont compris que la justice ne commande pas de froisser les sentimens les plus naturels à l'humanité, et ils n'ont pas cru pouvoir condamner des coupables que l'admiration de la France entière avait accompagnés jusqu'au pied de leur tribunal.

151. — Ils ont décidé que la femme et le domestique qui ont facilité l'évasion de leur mari et maître qu'ils savaient avoir commis un crime emportant peine afflictive et infamante, ne pouvaient, à raison de l'obéissance passive à laquelle ils sont réduits par leur qualité et leur position vis-à-vis du condamné, être considérés comme coupables d'une participation volontaire et active aux faits de l'évasion. — *Paris*, 15 mars (et non 24 avr.) 1816 Lavalette.

**152.** — Le décret du 12 nov. 1806 soumettait à la juridiction rigoureuse des tribunaux maritimes spéciaux les fauteurs et complices d'évasion de forçats, quelle que fût leur qualité. Cette disposition parut tellement exorbitante du droit commun, que e gouvernement de la Restauration décréta, par simple ordonnance, que les forçats détenus dans les bagnes seraient seuls justiciables de ces tribunaux. — Ord. 2 janv. 1817, part. 2e. — V. TRIBUNAUX MARITIMES.

## ÉVÉNEMENT

**1.** — Fait, accident prévu ou imprévu.

**2.** — Si plusieurs personnes respectivement appelées à la succession l'une de l'autre périssent dans un même événement sans qu'on puisse reconnaître laquelle est décédée la première, la présomption de survie est déterminée par les art. 720 et suiv. du Code civ. — V. SUCCESSION.

**3.** — Lorsqu'on fait dépendre une obligation d'un événement futur et incertain, soit en la suspendant jusqu'à ce que l'événement arrive, soit en la résiliant, selon que l'événement arrivera ou n'arrivera pas, cette obligation est conditionnelle. — C. civ., art. 1168. — V. CONDITION.

**4.** — Les événemens de guerre sont considérés comme des cas de force majeure qui peuvent relever les porteurs des effets de commerce de la déchéance encourue à défaut de protêt à l'échéance et de dénonciation aux tireurs et endosseurs dans les délais. — Avis cons. d'état 27 janv. 1814. — V. PROTÊT.

**5.** — Le capitaine de navire qui a contrevenu aux obligations imposées par les art. 224, 225, 226 et 227, C. comm., est responsable de tous les événemens envers les intéressés au navire et au chargement. — C. comm., art. 228. — V. CAPITAINE DE NAVIRE.

**6.** — Il est des droits d'enregistrement qui ne sont point assujettis au moment où la formalité est donnée aux actes, mais seulement lorsque certain événement prévu se réalise, ou que certaine condition imprévue s'accomplit. — V. ENREGISTREMENT.

**7.** — Tout droit d'enregistrement perçu régulièrement en conformité de la loi, ne peut être restitué, quels que soient les événemens ultérieurs. — L. 22 frim. an VII, art. 60. — V. ENREGISTREMENT. V. aussi CADASTRE, COMMISSIONNAIRE DE TRANSPORTS.

## ÉVENTAILLISTES ( Fabricans, marchands).

**1.** — Fabricans éventaillistes, pour leur compte et à façons; — patentables, les premiers, de septième classe, et les seconds, de huitième classe. — Droit fixe et droit proportionnel du quarantième de la valeur locative de tous les locaux qu'ils occupent, mais seulement dans les communes de 20,000 âmes et au-dessus. — V. PATENTE.

**2.** — Marchands-fabricans éventaillistes, ayant boutique ou magasin, — patentables de sixième classe. — Droit fixe, basé sur la population et droit proportionnel du vingtième de la valeur locative de l'habitation et des lieux servant à l'exercice de la profession. — V. PATENTE.

## ÉVENTUALITÉ.

**1.** — C'est l'état d'une chose qui peut ne pas avoir lieu, qui dépend d'un événement. — V. ÉVÉNEMENT.

**2.** — L'éventualité peut être l'objet de contrats valables. — V. ASSURANCE MARITIME, CONTRAT ALÉATOIRE, HYPOTHÈQUE, MARCHÉS A TERME.

**3.** — Cependant il y a certaines restrictions introduites dans l'intérêt de l'ordre public et de la morale.

**4.** — Ainsi, des produits purement éventuels ne peuvent être l'objet d'une assurance maritime, parce qu'alors le contrat peut donner lieu à des abus ou dégénérer en gageure. — C. comm., art. 347. — V. ASSURANCE MARITIME.

**5.** — Ainsi encore on ne peut, même par contrat de mariage, aliéner les droits éventuels qu'on peut avoir à la succession d'un homme vivant. — C. civ., art. 791. — V. SUCCESSION FUTURE.

## ÉVÊQUE. — ÉVÊCHÉ.

### Table alphabétique.

**ÉVÊQUE, ÉVÊCHÉ. — 1.** — Le territoire de la France, ainsi que nous l'avons déjà dit (V. DIOCÈSE), est, sous le rapport de la circonscription religieuse, partagé en diocèses.

**2.** — Et l'art. 9, L. 18 germ. an X, contenant les articles organiques de la convention du 26 messidor an IX, porte que le culte catholique est exercé sous la direction des évêques et archevêques dans leurs diocèses.

**3.** — En outre, aux termes de l'art. 10, tout privilége portant exemption de la juridiction épiscopale est aboli. Néanmoins nous avons vu qu'à ce principe absolu, et qui a pour effet de consacrer qu'en France il n'y a plus de pays de nul diocèse (V. DIOCÈSE, no 36), il y a eu pourtant une exception tant qu'a subsisté l'institution de la grande aumônerie. — V. CHAPELLE, nos 33 et suiv. — V. CONCORDAT, no 29 et suiv.

**4.** — Au surplus, tout ce qui a trait à l'établissement des diocèses et à leur organisation ainsi qu'à leur existence civile, a été déjà l'objet d'un examen détaillé. — V. DIOCÈSE.

**5.** — Nous n'avons donc à considérer ici que ce qui a trait aux ecclésiastiques préposés au gouvernement du diocèse et aux biens affectés au titre ecclésiastique, c'est-à-dire à l'évêché.

CHAP. Ier. — Des ecclésiastiques attachés au service diocésain (no 6).

SECT. 1re. — Évêques (no 6).

§ 1er. — Nominations. — Institution canonique. — Installation. — Sacre (no 6).

§ 2. — Droits honorifiques (no 34).

§ 3. — Fonctions. — Droits. — Devoirs. — Traitement. — Cessation de fonctions (no 50).

SECT. 2e. — Archevêques (no 118).

SECT. 3e. — Archevêques et évêques in partibus. — Coadjuteurs (no 146).

SECT. 4e. — Vicaires généraux d'archevêque et d'évêque (no 166).

SECT. 5e. — Vicaires généraux capitulaires (no 196).

CHAP. II. — De l'évêché (no 212).

SECT. 1re. — Notions générales (no 212).

SECT. 2e. — Dotation de l'évêché. — Administration. — Vacances (no 219).

SECT. 3. — Palais épiscopal. — Mobilier (no 251).

---

**CHAPITRE Ier.** — Des ecclésiastiques attachés au service diocésain.

### Sect. 1re. — Évêques.

§ 1er. — Nomination, institution canonique, installation, sacre.

**6.** — Toutes les conventions passées entre le saint-siège et le gouvernement français ont toujours réservé au roi la nomination des évêques,

sauf à l'ecclésiastique promu à cette dignité à obtenir ensuite du pape son institution canonique.— V. CONCORDAT, n° 16.

7. — En dernier lieu, le concordat du 26 messid. an IX, par ses art. 4 et 5, déclara que la nomination des évêques aux siéges de l'Eglise de France appartiendrait au gouvernement français, et qu'ensuite les élus devraient se pourvoir auprès du saint-siége, chargé de leur conférer l'institution canonique suivant les formes établies avant le changement de gouvernement par rapport à la France.

8. — Le concordat ne s'occupa point du reste des conditions nécessaires pour être élevé à l'épiscopat, conditions déterminées depuis, tant par les lois organiques que par divers décrets ou ordonnances que nous allons rappeler. — Ces conditions sont à peu de chose près la confirmation des règles du droit canonique.

9. — Toutefois il est une condition complètement étrangère aux règles canoniques, et que néanmoins la loi organique a posé comme règle absolue. Ainsi, suivant l'art. 16, L. 18 germ. an X, nul en France ne peut être nommé évêque d'un diocèse, non-seulement s'il n'est Français, mais encore s'il n'est originaire français. — Cette prescription n'est, du reste, que la reproduction d'un principe consacré depuis long-temps par diverses ordonnances des rois de France, et notamment par l'art. 4 de l'ordonnance de Blois, dont les termes ne le cèdent en rien de précision à ceux que l'on trouve dans la loi organique.

10. — L'ordonnance de Blois avait fixé à vingt-sept ans l'âge requis pour pouvoir être évêque : l'art. 1er de l'ordonnance d'Orléans exigeait trente ans; l'article précité de la loi organique a suivi la disposition de l'ordonnance d'Orléans.—C'est aussi l'âge déterminé par les canons.

11. — Avant l'expédition de l'arrêté de nomination, celui ou ceux qui sont proposés sont tenus de rapporter une attestation de bonne vie et mœurs, expédiée par l'évêque dans le diocèse duquel ils ont exercé les fonctions du ministère ecclésiastique, et ils sont examinés sur leur doctrine par un évêque et deux prêtres commis par le gouvernement, lesquels adressent le résultat de leur examen au ministre des cultes.—Même loi, art. 17.

12. — La loi organique n'avait, du reste, imposé aucune condition de capacité quant à la collation de la dignité épiscopale qui pouvait être ainsi déférée à tout ecclésiastique remplissant les conditions de nationalité, d'âge et de moralité.

13. — Cependant les décrets de l'Eglise, confirmés par le concile de Trente, exigeaient que l'ecclésiastique promu à l'épiscopat fût revêtu du titre de docteur ou licencié en théologie et en droit canon. Sans exiger positivement ce titre, le décret du 23 ventôse au XII, art. 4, établit que nul ne pouvait être élu évêque sans avoir subi un examen public, et rapporté un certificat de capacité sur les objets déterminés par l'art. 2 de ce décret. — V. CULTE, nos 700 et suiv.

14. — Ces prescriptions n'ont jamais été rigoureusement suivies, même sous l'empire, et elles étaient depuis long-temps tombées en désuétude lorsqu'elles furent remplacées par les dispositions de l'ordonnance du 25 déc. 1830.

15. — Aux termes de cette ordonnance, nul ne peut être nommé évêque s'il n'a obtenu le grade de licencié en théologie, ou s'il n'a rempli pendant quinze ans les fonctions de curé ou de desservant. — Ord. 25 déc. 1830, art. 2.

16. — Toutefois ont été exceptés de ces conditions d'aptitude exigibles à partir du 1er janv. 1835 les ecclésiastiques qui à l'époque de la publication de l'ordonnance avaient vingt et un ans accomplis.

17. — En fait, les cas d'application de l'ordonnance de 1830 n'ont guère pu se présenter encore, et il est permis de douter que le gouvernement tienne à son exécution avec rigueur. On sait qu'elle n'est guère suivie en ce qui concerne la nomination aux cures. — V. CURE, CURÉ, n° 121.

18. — *Institution canonique.* — Si le roi nomme l'évêque, il ne peut néanmoins lui conférer le caractère sacré; il est donc nécessaire que l'institution canonique soit donnée à l'élu par le pape, et en effet l'art. 18 de la loi organique porte expressément que le prêtre nommé par le premier consul doit faire les diligences nécessaires pour obtenir l'institution du pape.

19. — Depuis, le décret de 1813 a établi qu'au lieu de correspondre directement avec le Saint-Siége, l'évêque élu devrait se pourvoir d'abord auprès du métropolitain, ou, s'il s'agit du métropolitain lui-même, auprès du plus ancien évêque de la province et lui apporter les certificats de bonne vie et mœurs ci-dessus indiqués.

20. — A cet effet, le décret établit que désormais ce serait au métropolitain ou au plus ancien évêque suffragant que l'arrêté de nomination serait expédié par le ministre des cultes, et qu'en conséquence le prélat, sur le reçu de cet arrêté (aujourd'hui ordonnance), devait faire procéder à l'enquête ci-dessus indiquée et en adresser le résultat au Saint-Siége. — Décr. 25 mars 1813, art. 1er et suiv.

21. — Si la personne nommée est dans le cas de quelque exclusion ecclésiastique, il doit le faire connaître au gouvernement.—Décr. 25 mars 1813, art. 4.

22. — Le décret du 25 mars 1813 ne contient évidemment que des dispositions fort sages, et son application n'est pas contestée; mais il avait été précédé d'un acte du pouvoir impérial dont la légalité comme l'application sont au contraire fort contestables. — Cet acte, portant le nom de concordat du 25 janv. 1813, ou concordat de Fontainebleau, et dont nous avons parlé v° CONCORDAT, n° 52, déclarait, entre autres dispositions, que si dans les six mois le pape n'avait pas conféré l'institution canonique à l'évêque nommé, le métropolitain ou à son défaut le plus ancien évêque devait procéder à l'institution de l'évêque nommé de manière qu'un siége ne fût jamais vacant plus d'une année.

23. — Le pape, on le sait, protesta contre cet acte comme lui ayant été arraché par violence, et en fait il ne se trouva en France aucun métropolitain ou évêque qui consentît à donner la consécration épiscopale aux évêques nommés par le gouvernement, mais à qui le Saint-Siége avait refusé l'institution canonique. Au reste, depuis la chute du gouvernement impérial il n'y a pas d'exemple que le gouvernement ait réclamé l'exécution du concordat de Fontainebleau dans les cas, fort rares du reste, où le Saint-Siége n'a pas paru disposé à conférer l'institution canonique à un évêque nommé. — Des transactions amiables, telles, par exemple, que la démission de l'élu moyennant la collation d'un titre *in partibus* ou encore un changement de siége, ont prévenu les difficultés qu'aurait pu susciter la question de la légalité ou de l'illégalité de ce concordat. — V. au surplus CONCORDAT, art. 57 et suiv.

24. — Quoi qu'il en soit et sur le vu de l'arrêté de la nomination royale qui lui est communiquée avec toutes les pièces nécessaires par l'ambassadeur de France, le pape est appelé à délivrer à l'évêque nommé et en consistoire secret des cardinaux (V. CONSISTOIRE DES CARDINAUX, n° 3) ses bulles d'institution canonique, appelées *provisions*. — V. sur les différentes provisions l'abbé André, *Dict. de droit canon.*, v° *Provisions*.

25. — L'évêque ainsi institué canoniquement, et qui prend alors le titre d'élu, ne peut entrer en possession de son siége et recevoir la consécration épiscopale sans que sa bulle d'institution canonique ait reçu l'approbation du gouvernement et sans avoir prêté serment entre les mains du roi.

26. — En ce qui concerne l'approbation de la bulle, autrement dit *droit d'attache*, nous n'avons rien à ajouter aux règles générales que nous avons déjà exposées. — V. BULLE, BULLAIRE.

27. — C'est sous la forme d'ordonnance royale en conseil d'état qu'a lieu l'enregistrement de la bulle, qui reste déposée aux archives. — Ampliation de l'ordonnance contenant insertion textuelle de la bulle est transmise à l'évêque qui en est l'objet. — Circ. min. 9 thermid. an XII.

28. — Quant à la formule du serment, elle a été tracée par l'art. 6 du concordat, et elle est restée la même, sauf les différences de dénomination par suite des changemens de gouvernement. En voici le texte :

29. — « Je jure et promets à Dieu, sur les saints évangiles, de garder obéissance et fidélité au gouvernement du royaume. Je promets aussi de n'avoir aucune intelligence, de n'assister à aucun conseil, de n'entretenir aucune ligue, soit au dedans soit au dehors, qui soit contraire à la tranquillité publique; et si, dans mon diocèse ou ailleurs, j'apprends qu'il se trame quelque chose au préjudice de l'état, je le ferai savoir au gouvernement. » — V. aussi v° CLERGÉ, n° 26.

30.—Il est dressé procès-verbal de la prestation de serment par le ministre secrétaire d'état des cultes. — L. organique 18 germin. an X, art. 18.

31. — *Installation.* — Les bulles enregistrées au conseil d'état et le serment prêté, l'évêque peut prendre, sans plus de retard, possession de son siége; cette prise de possession peut avoir lieu par procureur.

32. — *Sacre.* — Enfin, l'évêque doit se mettre en mesure de recevoir la consécration religieuse du sacre pour acquérir la plénitude du caractère épiscopal.

33. — *Changement de siége.* — Quelquefois il arrive que par des raisons particulières, tels que motifs de santé par exemple, un titulaire est changé du siége ecclésiastique; dans ce cas, toutes les formalités ci-dessus indiquées, sauf, bien entendu, celle qui a trait à la consécration épiscopale, doivent être remplies. — Il faut, du reste, remarquer que ces translations de domicile, contraires à l'esprit de l'église, ne doivent avoir lieu qu'avec une grande réserve.

§ 2. — *Droits honorifiques.*

34. — L'évêque a, dans l'exercice public du culte, des habits et ornemens particuliers qu'aucun autre ecclésiastique ne peut prendre. — En dehors de l'exercice du culte, il porte la croix pastorale et les bas violets. — L. organ. 18 germin. an X, art. 42 et 43. — V. COSTUME.

35. — La même loi portait art. 12 : « Il est libre aux archevêques et évêques d'ajouter à leur nom le titre de *citoyen* ou celui de *monsieur*. Toutes autres qualifications sont interdites. » — Il ne faut pas oublier, en effet, qu'à l'époque où parut le concordat toute qualification nobiliaire ou de dignité était proscrite par la constitution française; mais depuis l'abrogation de ces prohibitions, dans l'usage, le titre de *monseigneur* est donné aux évêques, et le ministre des cultes leur donne lui-même ce titre lorsqu'il correspond avec eux.

36. — En outre, le décret du 1er mars 1808 rangea les évêques parmi les dignitaires de l'empire à qui le titre de baron pouvait être conféré avec transmission à leurs neveux. — V. BARON, nos 20 et suiv., NOBLESSE.

37. — Le décret du 24 mess. an XII, sur les préséances, a assuré aux évêques certains honneurs civils et militaires, comme aussi un rang déterminé dans les cérémonies publiques. Une décision ministérielle du 6 mai 1834 a décidé que ces honneurs et prérogatives doivent toujours leur être reconnus.

38. — Aux termes de l'art. 1er, tit. 19 de ce décret, lorsque les évêques ou archevêques font leur première entrée dans la ville de leur résidence, la garnison, d'après les ordres du ministre de la guerre, est en bataille sur les places que l'évêque doit traverser. Cinquante hommes de cavalerie vont au devant de lui jusqu'à un quart de lieue de la place.

39. — Les évêques ont, le jour de leur arrivée, une garde de trente hommes, commandée par un officier; ces gardes sont placées après leur arrivée. Il est tiré cinq coups de canon à leur arrivée et autant à leur sortie. — *Ibid.*, art. 1er et 2.

40. — Si l'évêque est cardinal, il doit être salué de douze volées de canon, et avoir, le jour de son entrée, une garde de cinquante hommes avec un drapeau commandé par un capitaine, lieutenant ou sous-lieutenant. — Art. 3. — V. CARDINAL.

41. — Les évêques et archevêques ont habituellement une sentinelle tirée du corps-de-garde le plus voisin. — Les sentinelles leur présentent les armes. — Il leur est fait des visites de corps. — Toutes les fois qu'ils passent devant les postes, gardes ou piquets, les troupes se mettent sous les armes, les postes de cavalerie montent à cheval, les sentinelles présentent les armes, les tambours et trompettes rappellent. — *Ibid.*, art. 4, 5, 6 et 7.

42. — L'art. 10 portait que les archevêques ou évêques qui seraient cardinaux recevraient, lors de leur installation, les honneurs rendus aux grands officiers de l'empire, et que ceux qui ne le seraient pas recevraient ceux rendus aux sénateurs. — V. CARDINAL.

43. — Aux termes du même article, lorsqu'ils rentrent après une absence d'un an et un jour, ils sont visités chacun par les autorités inférieures, auxquelles ils rendent la visite dans les vingt-quatre heures suivantes; eux-mêmes visitent les autorités supérieures dans les vingt-quatre heures de leur arrivée, et leur visite leur est rendue dans les vingt-quatre heures suivantes. — *Ibid.*, art. 10. —V. encore décis. min. 7 sept. 1832.

44. — Dans les cérémonies publiques, les évêques prennent rang immédiatement après les généraux de brigade. — Décr. 24 messid. an XII, art. 1er. — V. au surplus CÉRÉMONIES PUBLIQUES, HONNEURS CIVILS ET MILITAIRES, PRÉSÉANCES.

45. — Le sénatus-consulte du 28 flor. an XII, art. 52, indiquait les évêques comme devant assister au sacre de l'empereur.

46.— L'empire appela plus d'une fois des hauts dignitaires de l'église à faire partie du sénat; sous la restauration, il y avait à la chambre des pairs un banc des évêques : l'art. 23 révisé de la charte de 1830 n'a pas rangé l'épiscopat parmi les titres d'aptitude à la pairie. — V. CHAMBRE DES PAIRS, n° 44.

47. — Enfin la loi du 20 avr. 1810, art. 10, a déféré le jugement des délits correctionnels commis par les évêques aux cours royales. — V. sur cette compétence spéciale FONCTIONNAIRES PUBLICS.

48. — Les évêques jouissent du reste des exemptions des charges personnelles qui sont de droit commun attribuées à tout ecclésiastique. — V. CLERGÉ, nos 19 et suiv.

49. — De tout ce que nous venons de dire faut-il conclure que les évêques doivent être considérés comme des fonctionnaires publics? — V. FONCTIONNAIRES PUBLICS.

§ 3. *Fonctions. — Droits. — Devoirs. — Traitement. — Cessation de fonctions.*

50. — *Juridiction.* — L'évêque est le chef du diocèse, et son autorité s'étend sur tous les établissemens religieux qu'il peut renfermer, tout privilége portant exemption ou attribution de la juridiction épiscopale étant, ainsi que nous l'avons dit plus haut, aboli.

51. — Ainsi son autorité s'étend non seulement sur les paroisses, mais sur les communautés religieuses, les établissemens d'instruction, les prisons, etc. — V. COMMUNAUTÉS RELIGIEUSES, ENSEIGNEMENT, PRISONS.

52. — Ainsi, encore, la constitution actuelle de l'église de France ne reconnaît plus d'abbés chefs d'ordre, ayant une juridiction indépendante de celle de l'évêque du lieu. — V. COMMUNAUTÉS RELIGIEUSES.

53. — ... Ni d'églises collégiales affranchies de la juridiction de l'ordinaire. — V. COLLÉGIALE.

54. — Remarquons, toutefois, que, même depuis le consulat, la chapelle royale de Saint-Denis a pu se trouver dans cette position exceptionnelle d'être affranchie de la juridiction de l'ordinaire, mais c'est la seule exception. — V. CHAPITRE ROYAL DE SAINT-DENIS.

55. — L'autorité de l'évêque s'étend au territoire et non aux pesonnes; il n'y a pas de diocèses personnels, pas plus que de cures personnelles. — Néanmoins, l'empire et la restauration avaient consacré une dérogation à ce principe par l'établissement de la grande aumônerie. — V. CHAPELLE, sect. 2e, § 2.

56. — *Fonctions, droits.* — C'est à l'évêque qu'il appartient de régler la liturgie, et c'est par application de ce principe que l'art. 1er du décret du 7 germin. an XIII veut que les livres d'église ne puissent être imprimés ou réimprimés qu'avec son autorisation. — V. LIVRE D'ÉGLISE. — V. encore LITURGIE.

57. — De même, c'est lui qui règle l'enseignement religieux; à ce titre, il lui appartient notamment de composer le catéchisme du diocèse. — V. CATÉCHISME. — V. encore LITURGIE.

58. — C'est encore parce qu'il est chargé de la direction de l'enseignement religieux des diocèses que les curés et desservans sont tenus de soumettre à leur approbation le choix qu'ils ont fait relativement aux ecclésiastiques chargés de donner une suite d'instructions religieuses connues sous le nom de stations.

59. — Chef unique du diocèse, seul, l'évêque a droit d'y officier avec les insignes de l'épiscopat; et si quelquefois il arrive qu'un autre évêque s'y montre avec ces mêmes insignes, ce ne peut être qu'avec son autorisation.

60. — A plus forte raison, il peut seul y exercer les fonctions épiscopales, et si parfois un autre évêque y remplit quelques unes de ses fonctions, ce ne peut être que par délégation de lui formellement autorisée et qu'il est toujours le maître de retirer.

61. — Néanmoins, il ne pourrait sans l'autorisation du gouvernement accorder le droit de faire acte de juridiction épiscopale dans son diocèse à un nonce, légat, vicaire ou commissaire apostolique étranger au royaume: c'est, en effet, un principe de notre droit public que nul ne peut faire sur le sol français acte d'autorité religieuse sans l'autorisation du gouvernement. — L. organ. 18 germ. an X, art. 2.

62. — De là, il suit qu'un évêque ne peut sans la même autorisation conférer une fonction à un prêtre non français. — L. organ., art. 32.

63. — Mais, à part cette restriction, l'évêque doit être entièrement libre dans le choix des ecclésiastiques à qui doivent être confiées les fonctions ecclésiastiques du diocèse, sauf toutefois qu'à l'égard de certaines fonctions, il faut que son choix soit confirmé par le gouvernement.

64. — Ainsi, c'est lui qui nomme les vicaires et desservans, sans que cette nomination ait besoin de l'approbation royale, et il les interdit et révoque à volonté, sans qu'il puisse résulter de cet interdit ou révocation un cas d'abus. — V. APPEL



COMME D'ABUS, no 78 et suiv.; CURE, CURÉ, no 129; CULTE, no 671.

65. — Au contraire si les évêques nomment et instituent les curés, néanmoins ils ne doivent manifester leur nomination et donner l'institution canonique qu'après que cette nomination a été agréée par le gouvernement. — L. organ., art. 19. — V. CURE, CURÉ, nos 110 et suiv.

66. — Evidemment, cette approbation est encore nécessaire, lorsqu'il s'agit des auxiliaires qu'ils veulent se donner pour la direction générale du diocèse, c'est-à-dire les coadjuteurs ou vicaires généraux. — V. *infrà* nos 166 et suiv.

67. — Les évêques peuvent, avec l'autorisation du gouvernement, établir dans leurs diocèses des chapitres cathédraux et des séminaires. — L. org. art. 11. — V. CHANOINE, CHAPITRE, SÉMINAIRE.

68. — Les évêques sont chargés de l'organisation de leurs séminaires, et les réglemens de cette organisation sont soumis à l'approbation du gouvernement. — Même loi, art. 23.

69. — En ce qui concerne leur intervention dans le choix des aumôniers chargés du service religieux dans les établissemens d'instruction publique et les prisons, V. ENSEIGNEMENT, PRISONS.

70. — Aux termes de l'ordonnance du 17 fév. 1815, ils sont, du reste, membres de droit des conseils académiques, art. 6, et de tous les bureaux administratifs des colléges de leur diocèse. — *Ibid.*, art. 43. — V. UNIVERSITÉ.

71. — L'évêque a seul qualité pour juger la condition d'aptitude morale du candidat qui réclame la collation des ordres sacrés. Cependant la promotion aux ordres sacrés ne peut avoir lieu sans une intervention de l'autorité civile dont nous apprécierons plus tard la portée et l'étendue. — V. MINISTRE DU CULTE. — V. encore DIACRE, SOUS-DIACRE.

72. — L'évêque exerce à l'égard des ecclésiastiques de son diocèse un droit de juridiction établie par les canons et reconnue par les lois de l'état, pourvu, bien entendu, que les peines prononcées soient entièrement spirituelles et canoniques. — Nous verrons au surplus plus tard ce qui a trait à cette juridiction, et de quelles manières elle est exercée par l'évêque. — V. OFFICIALITÉS.

73 — L'autorité de l'évêque sur les ecclésiastiques de son diocèse a été garantie par la disposition de l'art. 34 de la loi organique qui veut qu'aucun prêtre ne puisse quitter son diocèse pour aller desservir dans un autre sans la permission de son évêque.

74. — Tout prêtre qui veut changer de diocèse doit donc obtenir de son évêque un *exeat*, c'est-à-dire une autorisation formelle qui lui permette d'aller remplir les fonctions du ministère sacré dans un autre diocèse. Il ne faut pas confondre, du reste, l'exeat avec le démissoire qui est l'autorisation de recevoir les ordres sacrés d'un autre évêque que le sien propre.

75. — D'ailleurs « toute fonction est interdite à tout ecclésiastique, même Français, qui n'appartient à aucun diocèse. » — L. organ., art. 33. — « On regarde comme prêtres n'appartenant à aucun diocèse ceux qui sont sortis de leur diocèse naturel sans la permission de l'évêque diocésain, et qui changent arbitrairement de domicile sans être avoués par un évêque. — Portalis, Rapp. sur les art. organ.

76. — Quelle que soit l'autorité de l'évêque sur les ecclésiastiques de son diocèse, cependant ceux-ci ne restent pas entièrement livrés à son bon plaisir. Ils ont, contre les décisions rendues par lui, deux voies de recours, suivant la matière qui fait l'objet de la condamnation: l'une purement canonique devant le métropolitain (V. *infrà* no 132. — V. encore OFFICIALITÉS); l'autre devant l'autorité séculière, devant le roi en conseil d'état. — V. APPEL COMME D'ABUS.

77. — Dans l'intérêt de la surveillance que l'autorité supérieure doit toujours pouvoir exercer sur les actes publics des évêques, une circul. du 4 mars 1812 leur a prescrit de transmettre au ministère des cultes deux exemplaires des mandemens et lettres pastorales qu'ils publient.

78. — Ils ne sont, du reste, soumis à aucune autorisation préalable en ce qui concerne ces actes pour l'intitulé desquels une autre circulaire du 24 messid. an XII les a engagés à adopter une formule uniforme, leur indiquant celle que le temps avait consacrée: « *Par la miséricorde divine et la grâce du Saint-Siége apostolique...* »

79. — Mais on sait que, sauf pour ce qui concerne les brefs de pénitencerie, aucune expédition de la cour de Rome, même ne concernant que les particuliers, ne peut être reçue et publiée par les évêques sans l'autorisation du gouvernement. — V. au surplus BREF, BULLE. — V. encore CONCORDAT, no 48.



80. — Enfin les fonctions des évêques s'étendent aussi, avec une action plus ou moins large, sur l'administration des biens affectés au culte et les dotations dont il peut être l'objet. — V. CULTE, CURE, CURÉ, DIOCÈSE, FABRIQUE, FONDATIONS, OBLATIONS, SÉMINAIRES.

81. — Pour faciliter l'administration des évêques et leur éviter les frais d'une correspondance multipliée, il leur est, dans certaines limites, accordé un droit de franchise et de contre-seing. — V. FRANCHISE ET CONTRE-SEING, POSTES.

82. — *Devoirs.* — Conformément aux règles du droit canonique, et pour mieux assurer la surveillance et l'action de l'évêque, qui s'exerce sur son diocèse dans des circonstances si multipliées et d'une manière incessante, les lois organiques leur ont imposé deux devoirs principaux: 1o la résidence; 2o la visite pastorale.

83. — *Résidence.* — Quant à la première de ces obligations, l'art. 20 de la loi de l'an X porte que les évêques sont tenus de résider dans leurs diocèses, et qu'ils ne peuvent en sortir qu'avec la permission du gouvernement.

84. — Le devoir de résider a été imposé aux évêques par les canons, et il leur a été rappelé par les lois de l'état (ord. d'Orléans, art. 5; ord. de Blois, art. 14). Cette disposition a été renouvelée d'âge en âge par les arrêts de réglement des cours souveraines. — Portalis, Rapport sur les art. organiques.

85. — Il n'y a eu sous le gouvernement impérial aucune dérogation à la disposition relative à la résidence; on s'y est encore conformé en 1814; mais il résulte d'un rapport au roi, du 16 mai 1831, qu'à dater de 1815, et sauf quelques rares exceptions, elle est tombée en désuétude. — M. Vuillefroy (vo *Diocèse*, p. 258) dit que depuis 1831 les dispositions de l'art. 20, L. 18 germin. an X, ont été remises en vigueur.

86. — Ce qui est certain, c'est qu'aujourd'hui l'évêque cardinal ne pourrait plus, comme autrefois, se prévaloir de la dignité du cardinalat pour s'exempter du devoir de la résidence dans son diocèse. — V. CARDINAL, no 17. — V. encore CULTE, no 675.

87. — La privation du traitement pourrait évidemment être encourue par l'évêque absent illégalement et sans cause de son diocèse. — Cette peine, d'ailleurs, a été établie par le concile de Trente dans un de ses canons relatifs à l'obligation de la résidence.

88. — *Visite pastorale.* — Quant à la visite pastorale, elle a été, dans tous les temps, prescrite par les lois de l'état. — Ord. d'Orléans, art. 6; ord. de Blois, art. 32; édit de 1695, art. 14.

89. — L'art. 22 de la loi de l'an X en renouvelle l'obligation en disposant que les évêques doivent visiter annuellement et en personne une partie de leur diocèse, et dans l'espace de cinq ans le diocèse entier; et qu'en cas d'empêchement légitime, la visite doit être faite par un vicaire général.

90. — Le terme de cinq ans, dit le rapport de M. Portalis, sur les art. organiques, plus long que celui indiqué dans les précédentes ordonnances, est relatif à la plus grande étendue des diocèses actuels. Si un évêque peut, par lui-même ou par ses délégués, faire la visite en moins d'années, il est libre de s'abandonner au mouvement de son zèle; mais aux yeux de la loi il ne sera exposé à aucun reproche s'il ne le fait pas. »

91. — « Les évêques dans le cours de leurs visites sont obligés d'examiner si les églises sont garnies de tous les effets mobiliers nécessaires au service divin, et si les effets qui existent répondent à la décence qu'il faut garder dans les choses saintes; aucune église paroissiale ou non paroissiale ne peut être soustraite à l'inspection des évêques, puisqu'ils ont même le droit de visiter les chapelles particulières, les chapelles domestiques, et de les interdire si elles ne sont pas convenablement tenues. » — Lettre du directeur des cultes à l'empereur, 2 déc. 1806.

92. — « L'attention des évêques, en visite, ne doit pas se borner à l'examen des choses employées dans le service divin: elle doit encore porter sur les personnes. Ainsi les curés et les autres ecclésiastiques ont-ils les mœurs et les qualités de leur état? remplissent-ils exactement leurs fonctions? Tout cela ne saurait être indifférent à la sollicitude pastorale et conséquemment ne saurait être étranger à l'inspection des évêques. » — *Ibid.*

93. — Ainsi spécialement, aux termes de la même lettre ministérielle, il n'y a « aucune raison qui puisse fermer aux évêques l'entrée des chapelles établies dans les établissemens consacrés à l'instruction publique.... Un évêque a le droit de s'enquérir si l'aumônier d'un lycée ou de toute autre

école s'acquitte fidèlement de l'emploi religieux qui lui est confié. »—*Ibid.*

94. — L'ordonnance du 8 avr. 1824, (art. 8, 11, 12) avait même, en ce qui concerne les écoles primaires catholiques, conféré à l'évêque, relativement au choix des instituteurs, un droit de nomination; mais ce droit n'a pas été maintenu et l'ordonnance du 21 avr. 1828 (art. 20 et 22) a depuis ramené le pouvoir des évêques au droit de visite. — V. INSTRUCTION PRIMAIRE.

95. — *Traitement.* — Le traitement des évêques fixé d'abord à 10,000 fr. par l'art. 65 de la loi organique, porté par l'ordonnance du 9 avr. 1817 à 15,000 fr. a été depuis en 1832 ramené au chiffre de 10,000 fr.

96. — Néanmoins, si l'évêque est revêtu de la dignité du cardinalat, il touche, outre son traitement, une allocation spéciale de 10,000 fr. — V. CARDINAL, no 10.

97. — Aux termes de l'ordonnance du 4 sept. 1820, le traitement ne court que du jour de la prise de possession.

98. —Outre le traitement et à l'époque de leur nomination les nouveaux évêques reçoivent: 1o 300 fr. pour frais d'information canonique (ord. 3 août 1825); 2o 3,333 fr. 33 c. pour frais d'obtention des bulles d'institution canonique (déc. 25 vent. an XIII, ord. 12 sept. 1819); 3o enfin une somme pour frais d'établissement ou d'installation. — Ord. 4 sept. 1820.

99. — Le chiffre de cette indemnité de premier établisssement, qui fut de 10,000 francs sous l'empire et la restauration, n'a été réduite au taux actuel qu'en 1831.—Du reste l'évêque ne doit aucun compte de cette somme, elle a pour objet les frais de déplacement, d'achat de voitures, de vêtemens et de ce qu'on appelle la chapelle de l'évêque. Jamais on n'a songé à appliquer cette gratification au mobilier de l'évêché. — Décis. minist. 19 janv. 1813.

100.—Mais elle n'est allouée qu'au nouvel évêque, et non au prélat qui par une cause quelconque viendrait à permuter de siége.

101. — Enfin et pour subvenir aux frais que leur occasionne leur visite diocésaine annuelle, il leur est alloué une indemnité, qui varie suivant l'étendue du diocèse, ou pour mieux dire suivant le nombre des départemens qu'il comprend.

102. —Cette indemnité réduite par la circulaire du 27 mai 1831 à 750 francs pour les diocèses composés d'un seul département, à 1,000 francs pour ceux qui en renferment deux, a été bientôt et par une autre circulaire du 19 avril 1832 reportée à 1,000 fr. et 1,500 fr., comme elle l'était précédemment.

103. — Sous l'empire de la législation qui regardait les frais de visite pastorale comme dépenses diocésaines, on décidait que l'indemnité, étant due dès le moment où avait été faite la visite, dont ni l'époque ni la durée ne sont d'ailleurs déterminées, n'était point susceptible d'être répartie en plusieurs termes de paiement, et ne pouvait jamais donner lieu à aucun décompte. — Circ. min. 27 mai 1831.

104. — Aujourd'hui le doute n'est plus possible. En effet, depuis le budget de 1834, les frais de visites pastorales qui jusques là avaient été classés parmi les dépenses diocésaines, ont changé de nature et sont maintenant compris dans le chapitre du budget des cultes intitulé : *Traitemens et dépenses concernant les archevêques et évêques.* — Circ. min. 19 déc. 1833. — Ces frais sont donc ordonnancés directement par le ministre comme le traitement. — Circ. min. 10 fév. 1834.

105. — Toutefois cette indemnité n'étant allouée qu'en considération d'un service réel, les évêques n'y ont droit, comme par le passé, qu'en tant qu'il est justifié de la visite pastorale effectuée. L'ordonnancement n'a donc lieu pour chaque diocèse que sur l'avis donné au ministre par le prélat ou qu'il est en cours de tournée ou qu'il l'a terminée. — Même circ. 10 févr. 1834.

106. — Il faut remarquer du reste que l'indemnité n'étant établie que par département, les diocèses d'Aix et Marseille, qui ne comprennent qu'un seul département, ne reçoivent que l'allocation de 1,000 fr. partagée entre les titulaires de chacun de ces siéges suivant l'étendue de sa circonscription; il en est de même dans celui de la Marne à l'égard des diocèses de Reims et de Châlons. — D'un autre côté et eu égard au peu d'étendue de son diocèse, l'archevêque de Paris ne reçoit aucune indemnité pour visite diocésaine.

107. — *Cessation des fonctions.* — En principe général la mort seule met fin aux pouvoirs de l'évêque, que les règles de l'église regardent dans leur rigueur comme uni à son diocèse par un lien indissoluble.

108. — Toutefois et par dérogation à ce principe on admet et on autorise depuis long-temps les translations de siége, soit qu'il s'agisse d'une promotion à l'archiépiscopat, soit même d'un simple changement de son siége; translations qui ne peuvent du reste avoir lieu que du consentement du titulaire et avec l'assentiment du Saint-Siége.

109. — En acceptant sa translation à un autre évêché ou sa promotion à un titre archiépiscopal, par cela même l'évêque renonce au titre dont il était auparavant revêtu.

110. — Si la translation de son siége est contraire aux principes du droit canonique, il n'en est pas de même de la démission; tout titulaire d'un diocèse peut résigner ses fonctions, et du moment où cette démission librement donnée est régulièrement acceptée par l'autorité compétente, le siége devient vacant.

111.—Mais quelle est l'autorité à laquelle cette démission doit être adressée? Une lettre du ministre des affaires ecclésiastiques de l'année 1838 résout la question en ces termes : « En France, deux pouvoirs concourent à placer un évêque à la tête d'un diocèse, le roi qui nomme, le pape qui l'institue; deux pouvoirs doivent donc concourir pour rompre le lien qui l'attache à son église, le roi qui agrée la démission, le pape qui l'accepte : aussi est-ce parmi nous une règle constante, et sans exception, que les titulaires des bénéfices à la nomination du roi ne peuvent se démettre qu'entre les mains du roi lui-même, ou du moins de son consentement. Un arrêt du conseil du 13 mai 1676 l'a déclaré en termes exprès, et c'est le consentement unanime de tous les canonistes. L'agrément du roi doit nécessairement précéder l'acceptation du pape, de même que la nomination a précédé l'institution. Il n'y a que des raisons canoniques qui puissent empêcher l'acceptation, à Rome, d'une démission agréée par le roi, comme il n'y a que des motifs canoniques qui puissent invalider une nomination royale et empêcher l'institution du sujet désigné. — C'est le ministre des cultes qui reçoit l'acte, qui en constate l'authenticité, qui le transmet à Rome par la voie du ministre des affaires étrangères et de l'ambassadeur de France, lequel *seul* en sollicite l'acceptation au nom de sa cour... Que, dans cette occasion importante, l'évêque écrive au pape pour le supplier d'accepter la démission au roi, — rien de plus juste; — mais que cette formalité soit tellement nécessaire qu'à son défaut l'acte de démission soit frappé d'une nullité radicale, c'est ce qu'il est impossible d'admettre, ce qui n'est fondé sur aucune disposition canonique, ce qui porterait même atteinte à la dignité royale. »

112. — La même circulaire conclut donc qu'un évêque qui s'est démis entre les mains du roi ne peut plus retirer sa démission, sous prétexte qu'elle n'aurait pas encore été acceptée par le pape... Et qu'une démission qui serait envoyée directement au souverain pontife par un évêque ne pourrait être acceptée, si Sa Sainteté n'avait été officiellement informée que cette démission a été préalablement acceptée et consentie par le monarque.

113. — Mais la démission doit être toujours volontaire; quel que soit l'âge d'un évêque, de quelque infirmité qu'il soit atteint, il n'appartient à aucune autorité séculière ou religieuse de lui donner un successeur.

114. — Une grave question est celle de savoir si l'évêque peut se trouver dépouillé de son titre par la suppression de son titre épiscopal opéré sans son consentement. — Ce cas ne s'est guère présenté en France qu'au commencement de ce siècle (V. DIOCÈSE, no 7), et l'on sait que plusieurs des évêques ainsi dépossédés protestèrent contre la résolution du Saint-Siége ainsi prise sans leur consentement, à l'effet d'établir une nouvelle conscription du royaume.

115. — Quelque parti que l'on prenne sur cette difficulté, il faut remarquer qu'en fait, et lorsqu'il s'agira de supprimer ou de modifier la circonscription d'un diocèse, le gouvernement et le Saint-Siége, en cas de refus du titulaire, suspendront jusqu'à la mort de ce dernier la réalisation de leur projet.

116. — Mais il est certainement un cas où l'évêque peut être, sans son consentement, dépouillé de son titre épiscopal, c'est celui où sa conduite et ses actes le rendent indigne de conserver plus long-temps la direction du diocèse et justifient sa déposition.

117.—La déposition ne peut avoir lieu que dans les cas prévus par les lois canoniques, et après les formalités nécessaires pour constituer les faits qui sont de nature à la justifier; elle ne peut, du reste, être opérée que par le concours des deux autorités du roi qui demande ou consent à la déposition demandée, du pape qui la prononce et du roi encore qui en prescrit l'exécution. — Observons toutefois que, pour prévenir le scandale résultant de la déposition, et lorsqu'elle est imminente, le titulaire préfère d'ordinaire résigner son titre.

## Sect. 2e. — *Archevêques.*

118.—Parmi les évêques, il en est qui sont revêtus d'un titre supérieur, et dont le siége prend le titre de métropole; ce sont les archevêques, autrement dits prélats métropolitains.

119. — Nous avons peu de choses à dire sur la dignité et les fonctions de l'archevêque, soumis aux mêmes conditions de nomination que l'évêque, dont il ne diffère ni par l'ordre ni par le caractère; et à ce sujet, il importe d'observer que si en fait les archevêques sont choisis parmi les évêques déjà en exercice, cet usage ne constitue pas une règle, et qu'en conséquence tout ecclésiastique, même non évêque, peut être immédiatement promu à l'archiépiscopat, pourvu, bien entendu, qu'il réunisse les qualités nécessaires pour l'épiscopat.

120. — L'évêque promu à l'archiépiscopat, de même que celui qui est changé de diocèse, n'a donc pas besoin de consécration nouvelle. La seule formalité canonique qui lui est imposée dans ce cas, outre la translation canonique, est la réception du *pallium*, insigne particulier conféré directement par le souverain pontife.

121. — L'archevêque est avant tout le chef d'un diocèse particulier, et sous ce rapport il ne diffère en rien des autres évêques pour ce qui a trait à l'administration de ce diocèse, si ce n'est par certains droits honorifiques, tel que celui du port de la croix devant lui, etc.

122. — Aux termes du décret du 1er mars 1808, les archevêques pouvaient être revêtus du titre de comte de l'empire avec transmission à leurs neveux. — V. NOBLESSE.

123. — Dans les cérémonies publiques ils prennent rang immédiatement après les premiers présidens de cours royales.— Décr. 24 messid. an XII, tit. 1er, art. 1er.

124.— Le même décret leur accorde encore certains honneurs comme certains droits qui diffèrent en quelques points de ceux accordés aux évêques, ainsi, par exemple, quant au nombre de gardes d'honneur qui doit les accompagner le jour de leur installation; ce nombre est de quarante au lieu de trente. — V. au surplus HONNEURS CIVILS ET MILITAIRES, PRÉSÉANCES. — V. en outre pour tous les droits honorifiques, *suprà* nos 54 et suiv.

125. — L'archevêque est investi, soit par les canons de l'église, soit par les lois de l'état de certains droits sur les évêques titulaires, qui prennent à son égard le nom de suffragans, et sur les diocèses de ces mêmes évêques, dont la réunion forme la province ecclésiastique du prélat métropolitain.

126. — L'évêque suffragant, alors même qu'il serait cardinal, ne peut s'affranchir de reconnaître l'autorité de son métropolitain, même non revêtu de cette dignité. Autrefois il est vrai, en France, il existait certains évêques (tel par exemple celui du Puy) qui prétendaient, en vertu de priviléges particuliers, relever directement du Saint-Siége; mais lors de la nouvelle organisation religieuse de la France, aucune exception n'a été rappelée ou créée.

127. — Autrefois aussi certains évêques relevaient de métropolitains étrangers au royaume, comme il pouvait arriver encore que des métropolitains français eussent juridiction sur des siéges étrangers. Aujourd'hui il n'en est plus ainsi, tout évêque d'un diocèse de France ne peut relever que d'un métropolitain français, comme aussi aucun archevêque de France n'exerce juridiction sur des siéges étrangers au royaume.

128. — Les archevêques consacrent et installent leurs suffragans. En cas d'empêchement ou de refus de leur part, ils sont suppléés par le plus ancien évêque de l'arrondissement métropolitain. — L. organ., art. 13.

129. — Ils peuvent déléguer cette fonction à tout autre évêque, même étranger à la province ecclésiastique; et en fait lorsqu'ils ne président pas eux-mêmes à la cérémonie, ils se font le plus souvent suppléer par un prélat désigné par l'évêque nommé.

130. — Les archevêques veillent au maintien de la foi et de la discipline dans les diocèses dépendant de leur métropole (L. organ., art. 14). Tel a toujours été l'esprit de l'église; c'est ainsi qu'entre autres prescriptions, le concile de Trente enjoignait aux métropolitains de veiller à ce que les évêques suffragans fussent exacts à résider dans leurs diocèses, et à les administrer avec soin.

131. — Cependant il importe d'observer que si

les canons de l'église enjoignent aux suffragans de reconnaître l'autorité de leur métropolitain, et de n'entreprendre aucune affaire importante sans avoir pris l'avis du métropolitain, d'un autre côté ils prescrivent à ce dernier de ne rien faire de considérable pour la province, sans en avoir conféré avec ses suffragans.

132. — Les archevêques connaissent des réclamations et des plaintes portées contre la conduite et la décision des évêques suffragans (loi organique, art. 15). — Ce qu'il faut entendre des appels simples et non des appels comme d'abus, lesquels appartiennent à un ordre d'idées entièrement distinctes, et se portent directement au conseil d'état. — V. APPEL COMME D'ABUS.

133. — Du reste l'archevêque n'a aucune autorité quant à ce qui concerne l'administration temporelle des évêchés suffragans; il n'a juridiction qu'en matière spirituelle et *en cas de recours* (Décis. minist. 1813). — L'archevêque ne peut exercer aucune juridiction ni office sur le diocèse de son suffragant que du consentement de cet évêque.

134. — De même, aux termes du concile de Trente, « les métropolitains, après avoir achevé tout-à-fait la *visite* de leur propre diocèse, ne visiteront point les églises cathédrales ni les diocèses des évêques de leur province si ce n'est pour cause dont le *concile provincial* ait pris connaissance et qu'il ait approuvée. »

135. — L'histoire de l'église de France nous offre plus d'un exemple de ces conciles provinciaux, qui, au surplus, ne pouvaient avoir lieu qu'avec l'autorisation du souverain, prescription implicitement reproduite par l'art. 4, L. organique, portant qu'aucune assemblée d'évêques ne peut avoir lieu sans la permission expresse du gouvernement. — V. CONCILES.

136. — En fait aucune assemblée provinciale d'évêques n'a eu lieu depuis le concordat, d'où il suit que plus que jamais il est exact de dire que les droits des archevêques sur leurs suffragans ne consistent guère qu'en prérogatives honorifiques.

137. — Quant aux droits des archevêques pendant la vacance des siéges épiscopaux relevant de leur métropole, V. *infrà* nos 219 et suiv.

138. — Nous verrons encore (*infrà* nos 166 et s.) que la différence dans la dignité a fait établir une distinction entre les siéges archiépiscopaux et les siéges épiscopaux, quant au nombre des vicaires généraux, qui peuvent prendre part à l'administration du diocèse.

139. — De même il existe entre les archevêques et les évêques une distinction quant au traitement. — La loi organique (art. 64) avait fixé ce traitement à 15,000 fr.; c'est à ce chiffre qu'il a été ramené en 1831, après avoir été pendant un certain temps et en vertu de l'ordonnance du 9 avr. 1817, porté à 25,000 fr., sauf bien entendu le supplément de 10,000 fr. alloué à ceux qui peuvent être revêtus du cardinalat. (V. CARDINAL, no 10). — Comme pour les évêques, le traitement ne court qu'à partir du jour de la prise de possession. — Ord. 4 sept. 1820.

140. — Il faut néanmoins remarquer que c'est toujours à ce taux de 25,000 fr. et à raison de sa position particulière, qu'est porté le traitement de l'archevêque de Paris.

141. — D'autres différences existent encore en ce qui concerne les indemnités allouées extraordinairement et en sus du traitement fixe. — Ainsi, ils reçoivent : 400 fr. pour subvenir aux frais de l'information canonique (ord. 3 août 1825); 5000 fr. pour le paiement des bulles d'institution (décr. 23 vent. an XIII; ord. 12 sept. 1819); 10,000 fr. pour leurs frais d'installation (ord. 4 sept. 1820).

142. — Toutefois, M. Vuillefroy (vo *Métropole*, p. 422) fait remarquer avec raison que : « lorsqu'un évêque est nommé archevêque, il ne reçoit que 2,000 fr. pour frais d'établissement, car il en a déjà reçu 8,000 fr. pour le même objet à l'époque de sa première nomination à un siége épiscopal. »

143. — Enfin « l'archevêché a la même existence civile et la même dotation que l'évêché. Son administration est soumise aux mêmes règles et aux mêmes formes. » — Vuillefroy, *ibid.*, no 2.

144. — Mentionnons en terminant qu'outre les archevêques, et en rang supérieur, les constitutions de l'église admettent encore l'institution de *patriarches*, *exarques*, *primats*, prélats supérieurs aux métropolitains, et qui ont juridiction sur plusieurs archevêchés ou évêchés.

145. — Les dignités du patriarchat et de l'exarchat n'ont jamais été conférées en France; au contraire, quelques églises archiépiscopales, notamment celle de Lyon, étaient en possession du titre d'*églises primatiales*. — L'archevêque de ce



siége a sans doute continué à ajouter dans ses actes officiels à son titre archiépiscopal celui de primat des Gaules, mais ce titre purement honorifique ne lui confère aucun droit en dehors de la province ecclésiastique de sa métropole.

## Sect. 3e. — *Archevêques et évêques* in partibus. — *Coadjuteurs.*

146. — *Archevêques et évêques in partibus.* — Entre les évêques appelés à gouverner une circonscription ecclésiastique, l'église a consacré l'existence d'archevêques et évêques titulaires et qui cependant ne sont chargés d'aucun diocèse actuel : ce sont ces archevêques et évêques qui portent le titre d'évêques *in partibus*.

147. — L'institution des évêques *in partibus* tire son origine de cette circonstance qu'un diocèse ayant été envahi par les barbares, le culte catholique proscrit et ses ministres violemment expulsés, le Saint-Siége, néanmoins, et en attendant des circonstances meilleures, croyait devoir maintenir le titre épiscopal; l'évêque ainsi élu et consacré *in partibus infidelium* jouissait du sang et des honneurs attribués aux autres évêques, sans juridiction, du reste, jusqu'au jour où il lui serait possible de prendre possession de son diocèse. — Mais pour beaucoup ce jour ne revint jamais.

148. — L'usage s'introduisit alors d'appliquer le titre de ces siéges qui, en fait, étaient supprimés à des ecclésiastiques que le Saint-Siége voulait ainsi par des considérations diverses honorer d'une manière particulière; et il arriva même plusieurs fois que cette dignité fut conférée par le pape sur la demande des souverains temporels.

149. — Néanmoins, en France la royauté ne se montra jamais très disposée à augmenter le nombre des prélats *in partibus*; et le clergé, qui considérait la multiplication des titres d'évêque comme tendant à avilir l'épiscopat avait même soumis à cet égard des remontrances à Rome, en 1655. A part les coadjuteurs, au moment de la révolution de 1789, on n'en comptait que cinq.

150. — L'institution des évêques *in partibus* ne fut point consacrée par le concordat et les lois organiques; il résulte même d'un rapport présenté à l'empereur le 24 fév. 1804 par le ministre des cultes l'intention de ne jamais reconnaître d'évêques *in partibus* nommés par le pape. — Un motif particulier et tiré des circonstances où l'on se trouvait alors, à savoir l'existence des anciens évêques dépossédés (V. CULTE), pouvait exercer une grande influence sur la détermination du gouvernement.

151. — Néanmoins l'institution des évêques *in partibus* fut consacrée par le gouvernement impérial lui-même, et le décret du 7 janv. 1808 eut pour but d'en prévenir l'abus, en imposant les conditions suivantes à la collation directe par le Saint-Siége de cette dignité à des Français.

152. — L'art. 1er de ce décret dispose que : « En exécution de l'art. 17 du Code civil, nul ecclésiastique français ne pourra *poursuivre* ni *accepter* la collation d'un évêché *in partibus* faite par le pape, s'il n'a été préalablement autorisé par nous, sur le rapport de notre ministre des cultes. »

153. — En effet, « quoique ce titre ne suppose pas nécessairement un territoire à administrer, une juridiction à exercer, il donne au titulaire le droit d'être consacré, et la consécration lui donne la puissance d'ordre, d'où résulte un ministère assez respectable et assez étendu pour être rangé dans la classe des fonctions publiques. » — Décis. min., 1828.

154. — D'où il résulte que l'acceptation du titre d'évêque *in partibus*, sans autorisation du roi, entraînerait la perte de la qualité de Français. — Vuillefroy, vo *Diocèse*, p. 263.

155. — Et l'art. 2 : « que nul ecclésiastique français, nommé à un évêché *in partibus*, conformément aux dispositions de l'article précédent, ne pourra recevoir la consécration avant que ses bulles n'aient été examinées au conseil d'état, et que le gouvernement n'en ait permis la publication. »

156. — Il a été plusieurs fois fait application de ce décret et principalement à l'égard d'évêques institués pour les missions étrangères, à qui fut concédée la double prérogative d'accepter le titre épiscopal conféré par le saint-siége et de rester Français. — V. notamment ordon. royale 2 août 1840, relative à l'archevêque de Chalcédoine.

157. — Le gouvernement a quelquefois provoqué lui-même du Saint-Siége la collation de titres d'évêques *in partibus* dans diverses circonstances, par exemple, afin de pourvoir à l'administration de diocèses dont le titulaire cessait de ré-



sider, sans néanmoins avoir résigné son titre.

158. — *Coadjuteurs.* — Mais le plus souvent le titre d'évêque *in partibus* est conféré à la demande du titulaire d'un évêché ou archevêché à qui son âge ou ses infirmités ou autres circonstances rendent cette assistance nécessaire. — V. COADJUTEUR.

159. — « Si Votre Majesté, disait le ministre des cultes dans son rapport du 24 fév. 1804, pouvait se déterminer à tolérer l'introduction de ce titre dans ses états, ce serait sans doute pour soulager quelques uns des évêques en activité et qui réclameraient *un auxiliaire* revêtu du titre d'évêque. »

160. — Dans l'origine l'église avait admis l'institution des *chorévêques*, ecclésiastiques placés dans la hiérarchie immédiatement après l'évêque et supérieurs aux autres prêtres; mais outre que les chorévêques n'ayant point d'ordinaire le caractère épiscopal ne pouvaient être dans beaucoup de cas d'un secours véritable pour les titulaires des siéges, d'un autre côté leurs empiétemens journaliers sur l'autorité des évêques amenèrent la suppression de cette institution, qu'on ne rencontre plus après le neuvième siècle. — L'abbé André, vo *Chorévêque*.

161. — C'est à partir de cette époque que l'institution des évêques *in partibus coadjuteurs* des évêques prit de l'extension dans l'église, où, du reste, elle paraît avoir été pratiquée depuis le troisième siècle.

162. — Mais il arriva que, par un abus véritable, certains siéges épiscopaux obtinrent des coadjutoreries perpétuelles; cet usage contraire évidemment au principe que nul diocèse ne doit avoir deux évêques, fut formellement proscrit par le concile de Trente, qui rappela sur ce point à l'exécution stricte des lois canoniques lesquelles n'admettent que des coadjutoreries temporaires, c'est-à-dire pour causes personnelles et déterminées.

163. — Telle est aujourd'hui chez nous la règle qui préside à l'institution des évêques *in partibus*, auxiliaires des titulaires des siéges épiscopaux. Ces prélats, désignés quelquefois sous le nom d'évêques suffragans, sont nommés suivant les formes et soumis aux mêmes conditions d'éligibilité que les évêques titulaires. L'ordonnance royale qui les appelle aux fonctions épiscopales les désigne sous le nom d'évêque coadjuteur du siége auquel ils doivent être attachés; la bulle d'institution canonique, en confirmant le choix fait par le gouvernement, confère à l'élu le titre qui le constitue évêque *in partibus*.

164. — Aujourd'hui le coadjuteur évêque *in partibus* est toujours institué *cum futurâ successione*, à l'évêque titulaire; il est véritablement *coadjuteur* dans la langue canonique; si la succession ne lui était pas assurée, il ne prendrait le titre que de *coévêque*. Le coadjuteur, au contraire, devient de plein droit et sans avoir besoin d'une institution nouvelle titulaire du siége, aussitôt que la vacance s'ouvre.

165. — Les fonctions de coadjuteur consistent à être l'auxiliaire de l'évêque titulaire, mais toujours sous sa direction; c'est, à proprement parler, un vicaire-général revêtu du titre épiscopal, qui lui permet de remplir certaines fonctions, dont le vicaire-général ordinaire ne pourrait être changé, mais il n'aurait le droit d'agir sans l'autorisation de l'évêque que dans le cas où celui-ci serait dans l'impossibilité absolue de vaquer aux soins de son diocèse : tel serait le cas d'aliénation d'esprit.

## Sect. 4e. — *Vicaires généraux d'archevêque et d'évêque.*

166. — Les vicaires généraux sont des ministres auxiliaires que les évêques et archevêques choisissent pour les aider ou les suppléer dans l'administration de leurs diocèses; les fonctions de ces ministres auxilaires sont connues depuis longtemps dans l'église.

167. — Les évêques et archevêques ne sont pas obligés de déléguer ainsi leurs pouvoirs, mais ils le doivent quand ils ne peuvent suffire par eux-mêmes au gouvernement ou à l'administration de leur diocèse : cela est laissé à leur conscience, c'est ce qui fait que l'art. 21, L. 18 germin. an X, s'est contenté de leur donner la faculté de s'adjoindre de pareils vicaires, mais sans leur imposer d'obligation à cet égard.

168. — Chaque évêque peut nommer deux vicaires généraux et chaque archevêque peut en nommer trois; ils doivent les choisir parmi les prêtres ayant les qualités requises pour être évêques. — L. organ., art. 21; L. 23 vent. an XII,

art. 4; ordonn. 25 déc. 1830, art. 2. — Leur nomination doit être agréée par le roi.

169. — Du principe que ce n'est qu'après l'obtention des bulles d'institution canonique et sa prise de possession que l'évêque a le droit d'exercer sa juridiction, il suit qu'il ne peut valablement conférer auparavant à un ecclésiastique le titre de grand vicaire; mais une fois la prise de possession du siége effectuée, il n'est pas nécessaire qu'il soit déjà sacré. — L'abbé André, *Dict. de dr. can.*, vº *Vicaire*, § 1er, p. 1207.

170. — « Du reste, il est libre aux évêques de se donner un plus grand nombre de coopérateurs que celui fixé par l'art. 21, L. 18 germin. an X, pourvu que leur mandat ne comprenne point des actes qui aient besoin de la sanction du gouvernement pour être exécutoires; il peut y avoir, en conséquence, des vicaires généraux agréés par le roi, et des vicaires généraux non agréés. » — Décis. min. 29 brum. an XII.

171. — Ils peuvent, en outre, conférer à des ecclésiastiques de leur diocèse ou même étrangers le titre de vicaire général honoraire, titre d'honneur comme celui de chanoine honoraire. — V. CHANOINE.

172. — « Mais le gouvernement, dans sa relation avec le diocèse, ne peut connaître que les vicaires généraux par lui agréés, dans les limites ci-dessus tracées ; les vicaires généraux non agréés peuvent faire les actes de juridiction spirituelle qui ne touchent qu'à la solution des cas de conscience, à la décision des points théologiques, et au maintien de la discipline. » — *Ibid.*

173. — C'est d'ordinaire aux vicaires généraux officiels, c'est-à-dire reconnus par l'état que l'évêque confère le titre d'archidiacre, première dignité d'un diocèse après celle de l'évêque suivant les règles du droit canonique. Il n'en résulte plus aujourd'hui, pour celui qui en est revêtu, qu'une dignité purement spirituelle, et qui est bien loin de l'importance qu'elle put avoir pendant long-temps. — V. l'abbé André, *Dict. de dr. canon.*, vº *Archidiacre*.

174. — Le rang des vicaires généraux est déterminé par l'évêque. Cette distinction n'est pas sans importance quant à la question du traitement à l'égard des vicaires généraux d'archevêché. — V. *infrà* nº 180.

175. — Les changemens assez fréquens qui surviennent dans l'administration diocésaine ont motivé dans ces dernières années une circulaire par laquelle le ministre des cultes a engagé les évêques à lui faire connaître d'une manière authentique la signature des vicaires généraux chargés des légalisations. — Circ. min. 10 mai 1837.

176. — « Les vicaires généraux ont la préséance sur les chanoines. » — Décis. min. 21 germ. an XI. — « Les vicaires généraux ne font pas partie du chapitre. Les réglemens qui leur donnent le titre de chanoines, ne peuvent s'entendre que des honneurs et fonctions extérieures, et nullement d'un titre réel et permanent qui tienne l'organisation des chapitres toujours incertaine et variable. » — Décis. min. 28 mai 1813 et 1827.

177. — Néanmoins si les vicaires généraux ne font pas partie de plein droit du chapitre, il n'y a aucune incompatibilité entre ces deux fonctions, et l'évêque peut choisir ses vicaires généraux parmi les membres de son chapitre, sans que pour cela ils cessent de lui appartenir. — Instr. min. 1er avr. 1823, art. 8.

178. — Les vicaires généraux ne sont, dans l'ordre ecclésiastique, que les représentans de l'évêque. Leur pouvoir est uniquement le résultat d'une délégation ; ce pouvoir peut être plus ou moins étendu, il peut être limité à certaines choses, cela dépend de la volonté des évêques. Il est des fonctions qui appartiennent exclusivement à l'épiscopat ; ces fonctions ne peuvent être déléguées par les évêques qu'à d'autres évêques ; elles ne peuvent l'être à d'autres prêtres vicaires généraux. — Portalis, Rapp. sur les articles organiques.

179. — Au résumé « les pouvoirs du grand vicaire se règlent d'un côté sur les dispositions générales du droit, et de l'autre sur le contenu de sa commission qui supplée à ce que le droit n'exprime point et quelquefois retranche de ce qu'il exprime; car l'évêque peut dans la commission limiter le pouvoir du grand vicaire et lui défendre de prendre connaissance de certaines affaires qui sont d'ailleurs censées comprises dans les commissions générales. » — L'abbé André, *ubi suprà*, § 1er, p. 1203.

180. — Les vicaires généraux agréés par le roi reçoivent sur les fonds de l'état un traitement dont le taux fixé d'abord par la loi du 14 vent. an X, à 2,000 fr. pour le premier vicaire général d'archevêché, 1,500 fr. pour tous autres vicaires généraux, a été depuis 1818 porté à 3,000 fr. et 2,000 fr., suivant les mêmes distinctions. — V. encore instr. min. 1er avr. 1823, art. 2.

181. — Dans le diocèse de Paris seulement, un des trois vicaires généraux reçoit 4,000 fr.; les deux autres 3,000 fr. — *Ibid.*, art. 4.

182. — Dans le cas où un chanoine titulaire est revêtu des fonctions de vicaire général agréé par le roi, il ne lui est payé sous ce dernier titre que la somme nécessaire pour former avec le traitement de chanoine celui de vicaire général. — *Ibid.*, art. 8.

183. — Le traitement court du jour de la prise de possession ou installation constatée par le chapitre. — Ord. 13 mars 1822. — Auparavant, et d'après l'ord. du 9 janv. (et non 29 juin) 1816, le traitement leur était payé à compter du jour de leur nomination.

184. — Comme tous les autres ecclésiastiques, ils sont soumis à la règle de la résidence; et toutes les fois que l'absence n'est pas autorisée suivant les règles voulues, il y a lieu à faire décompte sur leur traitement. — Ord. 13 mars 1832, art. 3. — V. encore circul. min. 2 avr. 1832.

185. — Mais la pension dont jouissent quelques grands vicaires ne doit pas être déduite sur leur traitement, aucune loi ni décret n'ayant prescrit cette déduction (Circul. min. 11 juill. 1809). C'est là une exception au principe qu'un ecclésiastique ne peut cumuler tout à la fois une pension et un traitement sur le trésor; cette exception n'existe au surplus qu'en faveur des vicaires généraux, des chanoines et des curés septuagénaires. — L. 15 mai 1818, art. 12; instr. min. 1er avr. 1823, art. 10.

186. — Toutefois les vicaires généraux comme les chanoines ne peuvent cumuler le traitement et la pension que jusqu'à concurrence de 2,500 fr. L'excédant, si le cas se présente, est retenu au moyen de la suspension de la totalité ou d'une portion de la pension. — Même loi ; même instruction. — V. PENSIONS ECCLÉSIASTIQUES.

187. — C'est un principe incontestable que le grand vicaire est essentiellement révocable, et que l'évêque qui librement l'a choisi pour l'associer à ses travaux et le rendre coopérateur de son ministère peut avec la même liberté le démettre des fonctions qu'il lui avait confiées. Ce droit de l'évêque est absolu, et il serait contraire aux règles du droit ecclésiastique que l'évêque pût s'interdire cette faculté de révocation.

188. — A l'égard des grands vicaires agréés par le roi, leur révocation ne peut évidemment résulter ou que d'une déclaration formelle de l'évêque, à l'effet de leur retirer leurs pouvoirs, ou implicitement encore de la présentation faite par l'évêque au gouvernement d'un ecclésiastique nouveau pour les fonctions de grand-vicaire.

189. — Quant aux grands-vicaires non officiels, aucune forme n'est indiquée pour l'exercice du droit de révocation par l'évêque. Toutefois il faut bien observer que le seul fait de la collation de l'office de grand-vicaire à un autre ecclésiastique ne peut être regardée comme une révocation tacite et nécessaire du grand-vicaire précédemment établi, l'évêque étant toujours libre d'augmenter le nombre de ses grands-vicaires.

190. — Les pouvoirs des grands-vicaires cessent également avec ceux de l'évêque qui les a nommés.

191. — Il est vrai que l'art. 36, L. 18 germin. an X, portait qu'au cas de vacance de siége, les vicaires généraux continueraient leurs fonctions pendant ladite vacance. — Mais cette prescription, contraire aux canons de l'église, a été abrogée par le décret du 28 fév. 1810, qui a rétabli l'institution des vicaires généraux capitulaires. — V. *infrà* nos 196 et suiv.

192. — Deux jours auparavant (le 26 fév. 1810), un autre décret était intervenu, dont les dispositions ont été depuis à peu près textuellement reproduites dans l'ordonnance du 29 sept. 1824, laquelle est conçue en ces termes ; « Lorsqu'un vicaire général, jouissant, en cette qualité, d'un traitement sur notre trésor, aura perdu sa place, après trois ans consécutifs d'exercice, soit par suite d'un changement d'évêque, soit en raison de son âge et de ses infirmités, nous nous réservons d'accorder audit vicaire général hors d'exercice, s'il n'est pas pourvu d'un canonicat, un secours de 1,500 fr. par an jusqu'à sa nomination au premier canonicat vacant dans le chapitre diocésain, soit à un autre titre ecclésiastique susceptible d'être présenté à notre agrément, et jusqu'à ce qu'il nous plaise de lui conférer, dans tout autre diocèse, une chanoinie à nous due, à cause du serment de fidélité, de joyeux avénement ou de droit de régale, et qu'il en ait été mis en possession. » — Tous les ans, à cet effet, une allocation spéciale est portée au budget des cultes.

193. — En outre, et bien que l'ordonnance de 1824 se taise sur ce point, il faut ajouter avec l'art. 2, décr. 26 fév. 1810, que jusqu'à la collation du titre ecclésiastique, l'ancien vicaire général a le droit de continuer à siéger au chapitre avec le titre de chanoine honoraire.

194. — Toutefois, il faut remarquer que le bénéfice des dispositions précitées n'a trait qu'au cas de cessation de fonctions par suite de changement d'évêque (ce qui comprend toutes les causes de vacance du siége), ou en raison de l'âge ou des infirmités, mais non lorsque la cessation des fonctions a lieu par l'exercice du droit révocatoire accordé à l'évêque.

195. — L'ancien vicaire général qui jouit de la pension de 1,500 fr. peut-il, en refusant le titre ecclésiastique qui lui est proposé, conserver néanmoins la pension ; est-il, au contraire, tenu d'accepter sous peine de déchéance de tous droits ? — V. PENSIONS ECCLÉSIASTIQUES.

## Sect. 5e. — *Vicaires généraux capitulaires.*

196. — Ainsi que nous l'avons dit plus haut (nº 191), l'art. 36 de la loi organique prévoyant le cas de vacance de siége épiscopal, ordonnait que jusqu'à remplacement les vicaires généraux en fonction conserveraient leurs fonctions. — Le métropolitain, et à son défaut le plus ancien des évêques suffragans, devait pourvoir au gouvernement du diocèse pendant les vacances. Enfin, les métropolitains et chapitres cathédraux étaient tenus, sans délai, de donner au gouvernement avis de la vacance du siége, ainsi que des mesures prises pour le gouvernement du diocèse vacant.

197. — Cette disposition des lois organiques, contraire aux règles toujours suivies dans l'église, fut une de celles qui excita le plus de réclamations ; sur la demande des évêques, réunis par ordre de l'empereur à Paris, pour examiner les modifications à faire aux lois organiques, elle fut formellement rapportée par l'art. 6, décr. 28 fév. 1810.

198. — L'art. 7 de ce décret porte que : « Pendant les vacances des siéges (et il s'agissait des archevêchés comme des évêchés), il sera pourvu conformément aux lois canoniques au gouvernement des diocèses, et que les chapitres présenteront au ministre des cultes les vicaires généraux qu'ils auront élus pour leur nomination être reconnue par le gouvernement. »

199. — Ainsi fut rétablie l'institution des *vicaires généraux capitulaires* de tout temps connue dans l'église comme le mode d'administration des diocèses pendant la vacance du siége épiscopal. Si donc la vacance du siége confère au chapitre l'administration du diocèse, il ne l'exerce que par délégation. Il n'a pas le droit d'administrer directement ; il excéderait donc ses pouvoirs en ôtant à un ecclésiastique ses fonctions. — Décis. min. 28 janv. 1811.

200. — Suivant les lois canoniques, le délai dans lequel le chapitre doit procéder à la nomination des vicaires généraux capitulaires est de huit jours *à die vacationis*. — Le décret de 1810 n'ayant point rétabli expressément cette disposition, il n'y aurait évidemment pas nullité si la nomination avait eu lieu postérieurement aux huit jours ; néanmoins il est dans l'esprit du décret, et dans l'usage cela se pratique toujours ainsi, que la nomination des vicaires généraux capitulaires ait lieu sans aucun retard. — M. Vuillefroy (vº *Diocèse*, p. 244) dit, en se fondant sur l'art. 36, L. 18 germin. an X, que si le chapitre négligeait de faire cette nomination, il devrait y être pourvu par le métropolitain ou plus ancien évêque suffragant; au reste, les canons de l'église portent eux-mêmes que faute par le chapitre d'avoir procédé à l'élection des vicaires généraux capitulaires dans le délai de huit jours, il y est pourvu par le métropolitain.

201. — Quant au nombre des vicaires généraux capitulaires et aux conditions qu'ils doivent remplir, il y a lieu d'appliquer les règles que nous avions reposées plus haut sur les vicaires généraux ordinaires. — V. *suprà* nos 166 et suiv.

202. — La qualité de vicaire général capitulaire étant, par sa nature même, essentiellement temporaire, lorsque le chapitre confère la qualité de vicaire général capitulaire à un chanoine, cette nomination ne lui fait pas perdre son titre de chanoine; d'où il suit, lorsqu'il cesse de remplir les fonctions de vicaire général, qu'il reprend ses fonctions de chanoine. — Décis. min. 28 mai 1813.

203. — A raison également de ce même caractère d'administrateurs temporaires, les vicaires généraux capitulaires ne peuvent se permettre

aucune innovation dans les usages et coutumes du diocèse : c'est, au surplus, ce que la loi organique avait statué elle-même par son art. 28 à l'égard des administrateurs des diocèses vacans. — Cette disposition est conforme aux canons de l'église.

204. —...Comme aussi lorsqu'il s'agit de fonctions qui exigent impérieusement le caractère épiscopal, telles seraient, par exemple, l'ordination de prêtres ou l'impartition du sacrement de confirmation; les vicaires généraux capitulaires doivent avoir recours à un autre évêque.

205. — Mais, à part ces restrictions, le pouvoir des capitulaires pour le gouvernement du diocèse est absolu; ainsi, ils ont, comme l'évêque ou l'archevêque qu'ils suppléent, le droit de prononcer contre les ecclésiastiques qui les ont encourues les peines canoniques. — V. au surplus, pour plus amples détails, l'abbé André, v° *Siége*, § 2. — V. aussi Rapp. min. 9 nov. 1819.

206. — Toutefois, nommés simultanément et conjointement, ils ne peuvent exercer la juridiction métropolitaine ou épiscopale que *collectivement et non isolément*; d'où M. Vuillefroy (v° *Vicaire*, p. 519, note c) conclut avec raison qu'un seul d'entre eux ne pourrait, sans abus, statuer, par exemple, sur une poursuite canonique, quand bien même il serait revêtu du titre d'official, la juridiction de l'official n'étant point aujourd'hui reconnue par les lois. — V. OFFICIALITÉ.

207. — Enfin, si les vicaires généraux capitulaires sont chargés de l'administration du diocèse, ils n'ont aucun pouvoir quant à l'administration de l'évêché, puisque les évêchés n'ont plus de biens à administrer, et que le mobilier des palais épiscopaux n'est plus la propriété des évêques.

208. — Le traitement des vicaires généraux capitulaires est le même que celui des vicaires généraux. Aux termes de l'instruction ministérielle du 1er avr. 1823, art. 10, le traitement court à partir du jour de leur nomination par le chapitre, mais ils ne peuvent le recevoir qu'après l'agrément de leur nomination par le roi.

209. — L'ordonnance du 13 mars 1832, portant que les vicaires généraux ne recevront leur traitement qu'après leur nomination et *à partir de leur prise de possession*, n'est pas applicable aux vicaires généraux *capitulaires*. Dès-lors elle n'a point dérogé à la règle antérieurement suivie, d'après laquelle leur traitement leur était acquis à compter du jour de leur élection par le chapitre, mais après l'approbation de cette élection par ordonnance royale. — Avis cons. d'état, 27 nov. 1840. — Vuillefroy, v° *Vicariat*, p. 519.

210. — En effet, dit un rapport au ministre du 16 nov. 1840, la position des vicaires généraux capitulaires est bien différente de celle des vicaires généraux non capitulaires et autres titulaires ecclésiastiques. Ceux-ci n'entrent ou ne doivent entrer réellement en fonctions qu'après l'approbation de leur nomination ; quant aux vicaires généraux capitulaires, il est de toute nécessité qu'ils entrent en fonctions aussitôt après le décès ou la démission de l'évêque. Il est donc juste que leur traitement remonte au jour où ils ont été réellement chargés du service diocésain.

211. — Du moment où le siége épiscopal cesse d'être vacant, les pouvoirs des vicaires généraux capitulaires prend fin : or le siége est réputé n'être plus vacant du moment où le nouvel évêque a vu ses bulles d'institution canonique enregistrées au conseil d'état, attendu que dès ce moment il peut prendre possession du siége. — Décis. min. 29 sept. 1807.

## CHAPITRE II. — *De l'évêché.*

### Sect. 1re. — *Notions générales.*

212. — Il ne faut pas confondre l'évêché ou l'archevêché, qui est le titre ecclésiastique institué pour le gouvernement du diocèse avec le diocèse lui-même, dont il se distingue comme la cure à l'égard de la paroisse.

213. — Autrefois les évêchés possédaient des biens considérables; ces biens, comme ceux de tous les établissemens religieux, furent confisqués par les lois révolutionnaires, et aliénés pour la plupart à titre de biens nationaux. — V. BIENS NATIONAUX.

214. — Le concordat et les lois organiques en rétablissant les évêchés ont-ils entendu les reconstituer tels qu'ils existaient autrefois, c'est-à-dire non pas seulement comme office, mais comme personne civile capable de posséder?

215. — Telle est la question que nous avons déjà examinée à l'égard des cures, où nous avons dit



que si quelques doutes pouvaient exister sur ce point, ils ne seraient plus possibles depuis le décret du 6 nov. 1813. — V. CURE, CURÉ, nos 60 et suiv. — Telle est aussi la solution qu'il convient d'adopter quant aux évêchés.

216. — Comme les cures, au surplus, les évêchés ont été formellement désignés par l'ordonnance de 1817 comme devant être rangés parmi les établissemens religieux que la loi du 2 janv. 1817 avait déclarés devoir être considérés comme établissemens publics, aptes à recevoir par legs et donations, à acquérir et à posséder toutes sortes de biens, meubles et immeubles, avec l'autorisation du gouvernement.

217. — C'est là une différence notable avec le diocèse; car aucune disposition législative n'a encore reconnu les diocèses comme personnes civiles et ne leur a conféré le caractère d'établissemens publics. — Avis cons. d'état 26 mars 1841. — V. aussi DIOCÈSE, nos 40 et suiv.

218. — Il faut aussi distinguer avec soin les biens de la cathédrale ou du chapitre, possédés et administrés, les uns par la fabrique de la cathédrale, les autres par le chapitre (V. CHAPITRE, FABRIQUE) de ceux de l'évêché.

### Sect. 2e. — *Dotation de l'évêché. — Administration. — Vacance.*

219. — *Dotation.* — La dotation de l'évêché ou *mense épiscopale*, se compose : 1° des biens qui lui ont été affectés par l'état; 2° de ceux qui lui proviennent de dons et legs acceptés avec l'autorisation de l'état; 3° de ceux acquis par l'évêché avec la même autorisation.

220. — Elle se compose encore : 1° du traitement et indemnités alloués par l'état au titulaire sur le trésor public; 2° de l'usufruit du palais épiscopal que l'état doit lui procurer et du mobilier qui y est placé; 3° des subventions qui peuvent être allouées par le département.

221. — C'est l'évêque qui représente l'évêché ; c'est lui qui acquiert, possède, accepte les dons et les legs, et administre sous les conditions et les formes déterminées par les lois et ordonnances les biens qui en forment la dotation.

222. — Tout ce qui concerne les formalités à suivre pour les différentes acquisitions à titre onéreux ou gratuit à faire par l'évêché est expliqué vis DONATION ENTRE-VIFS, n° 278; DISPOSITIONS A TITRE GRATUIT; nos 473 et suiv. ; ETABLISSEMENS PUBLICS ET RELIGIEUX. — V. aussi FABRIQUE D'ÉGLISE.

223. — V. aussi en ce qui concerne les traitement et indemnité *suprà*, nos 95 et s. et pour les subventions des départemens, vis DÉPARTEMENT ; n° 189; CULTE, n° 324.

224. — *Administration.* — Quant aux biens de l'évêché qui constituent à proprement parler la mense épiscopale, les archevêques et évêques ont, relativement à leur administration, les mêmes droits que les curés sur les biens de la cure. — Décr. 6 nov. 1813, art. 29.

225. — Nous nous bornerons donc, après avoir renvoyé à cet égard aux indications que nous avons données (V. CURE, nos 172 et suiv.), à rapporter quelques prescriptions du même décret spéciales aux archevêchés et évêchés.

226. — Ainsi, aux termes de ce décret (art. 30), « les papiers, titres, documens concernant les biens de ces menses, les comptes, les registres, les sommiers, sont déposés aux archives du secrétariat de l'archevêché ou évêché. »

227. — L'art. 31 ajoute : « Il est dressé un inventaire des titres et papiers ; il est formé un registre-sommier, conformément à l'art. 56 du réglement des fabriques. »

228. — Enfin, suivant l'art. 32 : « Les archives de la mense sont renfermées dans des caisses ou armoires, dont aucune pièce ne peut être retirée qu'en vertu d'un ordre souscrit par l'archevêque ou évêque, sur le registre-sommier, et au pied duquel doit être le récépissé du secrétaire. Lorsque la pièce est rétablie dans le dépôt, l'archevêque ou évêque met la décharge en marge du récépissé. »

229. — Nous avons dit v° AUTORISATION DE PLAIDER, n° 346, que l'évêque a besoin, pour plaider, de l'autorisation du conseil de préfecture lorsqu'il s'agit de droits fonciers attachés à la mense épiscopale.

230. — Un arrêt de la cour de Colmar a décidé que les engagemens des évêques ayant pour effet de grever leurs menses épiscopales au préjudice de leurs successeurs sont nuls s'ils ont été contractés sans l'autorisation expresse du gouvernement. — *Colmar*, 2 avr. 1833, évêché et grand séminaire de Strasbourg c. Lienhart.



231. —...Mais aussi que l'inexécution par suite d'annulation des engagemens des évêques ayant pour effet de grever leur mense épiscopale, au préjudice de leurs successeurs, ne peut donner lieu, contre les évêques qui les ont contractés en leur qualité, à une condamnation à des dommages-intérêts. — Même arrêt. — V. DOMMAGES-INTÉRÊTS, n° 82.

232. — Toutefois, les évêques sont tenus, en leur propre et privé nom, de garantir la restitution des titres à eux remis par suite du contrat annulé, avec tous les droits, priviléges et prérogatives qui y étaient attachés. — Même arrêt.

233. — Et à défaut de restitution des titres, le titulaire doit être tenu, toujours en son propre et privé nom, à restituer le montant des titres avec les intérêts échus, ainsi que les frais et dépens. — Même arrêt.

234. — Bien que le décret du 6 nov. 1813 ne parle pas d'une manière expresse de la compétence des tribunaux administratifs à l'égard des difficultés relatives au revenu des menses épiscopales, comme lorsqu'il s'agit des cures, leur compétence ne nous en paraît pas moins incontestable. — Voyez sur ce point, CONSEIL DE PRÉFECTURE ; — Serrigny, *Tr. de dr. adm.*, t. 2, n° 898. — Le même décret du 6 nov. 1813 contient encore sur l'administration de la mense épiscopale, en cas de vacance du siége, des dispositions qu'il importe de rappeler, et qui sont formulées en ces termes :

235. — « Au décès de chaque archevêque ou évêque, il est nommé par le ministre des cultes un commissaire pour l'administration des biens de la mense épiscopale pendant la vacance. » — Même décr., art 34.

236. — « Le commissaire nommé pour l'administration des biens de la mense épiscopale doit prêter devant le tribunal de première instance le serment de remplir cette commission avec zèle et fidélité. » — Art. 35.

237. — « Le commissaire nommé pour l'administration des biens de la mense épiscopale doit tenir deux registres, dont l'un est le livre-journal de sa recette et de sa dépense ; dans l'autre, il doit insérer, de suite et à leur date, une copie des actes de sa gestion, passés par lui ou à sa requête. Ces registres doivent être cotés et paraphés par le président du même tribunal. » — Art. 36.

238. — « Le juge de paix du lieu de la résidence d'un archevêque ou évêque doit faire d'office, aussitôt qu'il a connaissance de son décès, l'apposition des scellés dans le palais ou autres maisons qu'il occupait. » Art. 37.

239. — « Dans le cas où les scellés auront été apposés d'office par le juge de paix, et dans celui où le scellé aurait été apposé à la requête des héritiers, des exécuteurs testamentaires ou des créanciers, le commissaire de la vacance doit y mettre son opposition, à fin de conservation des droits de la mense, et notamment pour sûreté des réparations à la charge de la succession. — Art. 38.

240. — Les scellés sont levés et les inventaires faits à la requête du commissaire, les héritiers présens ou appelés, ou à la requête des héritiers en présence du commissaire. » — Art. 39.

241. — « Aussitôt après sa nomination, le commissaire est tenu de la dénoncer aux receveurs, fermiers ou débiteurs, qui sont tenus de verser dans ses mains tous deniers, denrées ou autres choses provenant des biens de la mense, à la charge d'en tenir compte à qui il appartiendra. » — Art. 40.

242. — « Le commissaire est tenu, pendant sa gestion, d'acquitter toutes les charges ordinaires de la mense ; il ne peut renouveler les baux, ni couper aucun arbre-futaie, en masse ou épars, ni entreprendre au-delà des coupes ordinaires de bois taillis et de ce qui en est la suite ; il ne peut déplacer les titres, papiers et documens que sous son récépissé. » — Art. 41.

243. — « Le commissaire fait incontinent après la levée des scellés visiter, en présence des héritiers ou eux appelés, les palais, maisons, fermes et bâtimens dépendans de la mense par deux experts nommés d'office par le président du tribunal. Ces experts font mention dans leur rapport du temps auquel ils estiment que doivent se rapporter les reconstructions à faire ou les dégradations qui y ont donné lieu ; ils font les devis et estimation des réparations ou reconstructions. — Art. 42.

244. — « Les héritiers sont tenus de remettre, dans les six mois après la visite, les lieux en bonne et suffisante réparation, sinon les réparations sont adjugées au rabais, au compte des héritiers, à la diligence du commissaire. » — Art. 43.

245. — « Les réparations dont l'urgence se fait sentir pendant la gestion du commissaire sont faites par lui sur le revenu de la mense, par voie d'adju-

dication au rabais si elles excèdent 300 francs. » — Art. 44.

246. — « Le commissaire régit depuis le jour du décès jusqu'au temps où le successeur nommé par le gouvernement s'est mis en possession. Les revenus de la mense sont au profit du successeur à compter du jour de sa nomination. » — Art. 45.

247. — « Il est dressé procès-verbal de la prise de possession par le juge de paix; ce procès-verbal doit constater la remise de tous les effets mobiliers, ainsi que de tous titres, papiers et documens concernant la mense, et que les registres du commissaire ont été arrêtés par ledit juge de paix; ces registres sont déposés avec les titres de la mense. » — Art. 46.

248. — « Les poursuites contre les comptables, soit pour rendre les comptes, soit pour faire statuer sur les objets de contestations, sont faites devant les tribunaux compétens par la personne que le ministre a commise pour recevoir les comptes. » — Art. 47.

249. — « La rétribution du commissaire est réglée par le ministre des cultes; elle ne peut excéder 5 centimes pour franc des revenus et trois centimes pour franc du prix du mobilier dépendant de la succession, en cas de vente, sans pouvoir rien exiger pour les vacations ou voyages auxquels il est tenu tant que cette gestion le comporte. » — Art. 48.

250. — Pendant la vacance du siége, les revenus des biens épiscopaux appartiennent au gouvernement; tel est le prescrit formel de l'art. 39 du décret du 6 nov. 1813, ainsi conçu : — « Le droit de régale continue d'être exercé....., ainsi qu'il l'a été de tout temps par les souverains nos prédécesseurs. »

## Sect. 3e. — *Palais épiscopal. — Mobilier.*

251. — Ainsi que nous l'avons déjà indiqué (V. CULTE, no 308), les évêques ont droit au logement, et ce droit, d'après la législation, comprend à la fois une habitation à laquelle est donné le nom de *palais épiscopal*, et le mobilier de ce palais.

252. — *Palais épiscopal.* — Comme tous les autres biens ecclésiastiques, les palais épiscopaux avaient été confisqués par les lois révolutionnaires et étaient ainsi devenus la propriété de l'état, qui avait conservé les uns, aliéné les autres.

253. — La restitution des palais épiscopaux non aliénés, pour servir de résidence aux évêques, se fit sans aucune difficulté; mais à l'égard de ceux aliénés, et dont, par conséquent, la restitution devenait impossible, il fallait évidemment aviser à un autre moyen pour y suppléer. — En conséquence, et aux termes de l'art. 71 des lois organiques, les conseils généraux de département furent autorisés à procurer aux archevêques et évêques un logement convenable.

254. — Depuis, cette charge a cessé d'être imposée aux départemens, et c'est l'état qui assure à l'évêque le logement auquel lui donne droit la loi organique.

255. — On a élevé la question de savoir à qui appartient la propriété des palais épiscopaux, et la même question se représente encore pour les séminaires et les presbytères. — Cette question sera traitée au mot PRESBYTÈRE. — Nous rappellerons toutefois qu'en 1837 une circulaire de M. l'archevêque de Paris, qui avait pour objet de protester contre la disposition, faite par l'état qui s'en prétendait propriétaire, des terrains sur lesquels était construit l'ancien palais archiépiscopal, fut déférée au conseil d'état, et donna lieu à une déclaration d'abus. — V. ÉGLISE, nos 54 et suiv.

256. — Les palais épiscopaux et archiépiscopaux sont exempts de la contribution foncière. — V. CONTRIBUTIONS DIRECTES, no 111.

257. — Mais M. Vuillefroy dit que l'évêque est, comme usufruitier, tenu du paiement de la contribution personnelle et mobilière et de la contribution des portes et fenêtres du bâtiment servant à son habitation. — L. 21 avr. 1832, art. 27. — V. CONTRIBUTIONS DIRECTES, nos 281 et suiv.

258. — *Mobilier du palais.* — L'état fournit à l'évêque non seulement le logement, mais le mobilier qui doit se trouver dans le palais épiscopal; il se charge en outre de l'entretien de ce même mobilier. — V. DOMAINE DE L'ÉTAT, no 95.

259. — Toutefois et bien que l'état reste seul chargé du mobilier épiscopal, il est loisible aux départemens de voter pour le même objet des fonds à prendre sur les centimes additionnels. — L. 15 mai 1818, art. 68.

260. — « L'ameublement des évêchés se compose : 1o des meubles meublans servant à la représentation, tels que glaces, consoles, secrétaires, tentures, lustres, tapis, siéges et autres objets qui garnissent les salons de réception, la salle à manger et le cabinet du prélat; — 2o de l'ameublement d'un appartement d'habitation d'honneur; — 3o du mobilier de la chapelle de l'évêché; — 4o des crosses épiscopales et des croix processionnelles des évêques. » — Ord. 7 avr. 1819, art. 1er.

261. — « Dans plusieurs diocèses, les fonds alloués antérieurement à 1819 avaient été appliqués à l'achat de meubles d'une nature ou destinés à des pièces autres que celles énoncées ici...... Mais depuis 1819 aucune partie des fonds accordés n'a pu être employée de cette manière...... Les objets existans, une fois hors de service, n'ont pu être remplacés. » — Circul. min. 23 avr. 1819; 22 août 1822; 22 mars 1831.

262. — L'énumération faite par l'art. 1er de l'ordonnance de 1819 n'est pas absolument limitative : ainsi « cet article offre une lacune puisqu'il ne fait pas mention de la chambre à coucher de l'évêque, qui entre nécessairement dans la composition du logement accordé par l'état au titulaire du siége; cette pièce a toujours été ajoutée dans la pratique. » — Circul. min. 22 mars 1831.

263. — La même circulaire ajoute que « l'appartement d'honneur s'entend de celui réservé aux étrangers de distinction qui séjournent à l'évêché. Il se réduit ordinairement à une chambre à coucher de maître et à une pièce adjacente, autant que possible, pour loger le domestique. »

264. — L'ameublement de la chapelle de l'évêque, dont fait mention le § 3, ne comprend que les tentures, tapis, siéges, chandeliers d'autel et autres objets de même nature. — Même circul. — V. encore circul. 14 mai 1841.

265. — Il ne faut pas confondre la crosse épiscopale de tout évêque ou archevêque, ou la croix processionnelle de l'archevêque, avec la croix que le gouvernement a donnée à tous les évêques, et que l'on doit tenir pour un don fait, non à la personne, mais au siége. — Décis. min. 15 vent. an XIII.

266. — L'état et la valeur du mobilier de chaque évêché sont demeurés arrêtés tels qu'ils ont été portés au 1er janvier de l'année 1819 dans les inventaires et devis estimatifs dressés en vertu des ordres du ministre de l'intérieur (chargé alors des cultes) et approuvés par lui. — Ordonn. 7 avr. 1819, art. 2.

267. — A l'égard des évêchés érigés depuis, comme aussi « dans les évêchés où l'ameublement n'a été formé que postérieurement à cette ordonnance, ce sont les seuls devis approuvés par le ministre qui établissent la valeur primitive, déduction faite des économies obtenues, lors de la réalisation des achats, sur les prix des objets. Au surplus, de quelque manière que cette valeur primitive ait été établie, elle est invariable à l'égard de chaque article en particulier comme à l'égard du mobilier en général. Les réformes mêmes des objets usés ne lui font éprouver aucune altération, au moyen du mode prescrit pour leur remplacement. » — Circ. min. 22 mars 1831.

268. — Les inventaires dont il a été question *suprà* doivent être récolés à la fin de chaque année et à chaque mutation d'évêque « par le préfet ou un conseiller de préfecture nommé par lui, assisté de deux membres du conseil général désignés d'avance par le conseil, concurremment avec le titulaire, ou, en cas de vacance du siége, avec le capitulaire administrateur du diocèse. » — Ordonn. 7 avr. 1819, art. 5; 4 janv. 1832, art. 2.

269. — « Dans les départemens où le chef-lieu du diocèse est différent de celui de la préfecture, le préfet peut se faire représenter par le sous-préfet de l'arrondissement dont fait partie la ville épiscopale. » — Même ordonn., *ibid.*

270. — Le récolement doit contenir mention, non seulement du mobilier placé par l'état, mais aussi des meubles qui auraient pu être acquis sur les fonds alloués par le département. » — Ordonn. 4 janv. 1832, art. 3.

271. — Ainsi encore « les objets qui ont été acquis, bien qu'ils n'entrent pas dans la composition du mobilier légal, doivent cependant continuer d'être compris au récolement annuel. Toutefois, ces objets devront former un chapitre séparé, afin de laisser toujours connaître la valeur réelle du mobilier de l'évêché proprement dit. — Circ. min. 23 avr. 1819.

272. — « Lorsqu'il y a des changemens, ou dans les cas de mutation d'évêques, les états des récolemens annuels ou accidentels doivent être rédigés en forme d'inventaire, c'est-à-dire indiquer exactement les pièces où les meubles sont placés, rappeler les prix pour lesquels ils sont portés, soit dans l'inventaire de 1819, soit dans les états d'achats postérieurs et les fonds sur lesquels la dépense d'achat a été minutée, de manière que le dernier de ces récolemens puisse toujours au besoin servir lui-même d'inventaire. Les récolemens doivent continuer de comprendre (mais seulement pour mémoire), et sans que le montant doive concourir à déterminer le chiffre de la valeur du mobilier, les objets qui auraient été distraits des inventaires, par application de l'art. 525, C. civ. (c'est-à dire les glaces, tableaux et autres objets scellés dans les murs, ou les statues placées dans les niches pratiquées exprès pour les recevoir, qui sont réputés faire corps avec l'immeuble). » — Circ. 21 mars 1831.

273. — Cependant « lorsque l'état ne devrait être que la copie littérale de celui de l'année précédente, il est inutile de dresser, tous les ans, un état complet. Il suffit d'un procès-verbal constatant la représentation exacte des objets décrits au précédent inventaire approuvé. » — Circ. min. 29 nov. 1835.

274. — Les états de récolement sont signés par le préfet, par les deux membres du conseil général et par les parties intéressées, et sont dressés en quadruple expédition, dont l'une est déposée au secrétariat de l'évêché, une autre à la préfecture, la troisième transmise au ministre secrétaire d'état de l'intérieur et la quatrième à la direction du domaine où se trouve le chef-lieu du diocèse. » — Ord. 7 avr. 1819, art. 6; 3 fév. 1830, art. 8.

275. — Une circulaire ministérielle du 6 janvier 1832 indique qu'il y a de l'avantage pour l'ordre et la bonne rédaction des états à ce que les employés des *préfectures* soient chargés de leur rédaction.

276. — Suivant l'ordonnance du 7 avril 1819, art. 6, en cas de mutation par décès ou autrement, il est procédé par le préfet ou un conseiller de préfecture désigné par lui, assisté de deux membres du conseil général désignés d'avance par le conseil, à l'inventaire et au récolement estimatif du mobilier : la succession du défunt, ou l'évêque sortant et l'évêque nommé, peuvent s'y faire représenter par des fondés de pouvoirs.

277. — « La pratique a démontré qu'il est presque toujours impossible de combiner l'époque de ce récolement, de manière que la succession de l'évêque décédé et le représentant du nouveau prélat puissent y concourir. Cette mesure exigerait quelquefois un long ajournement, qui laisserait en souffrance les intérêts des héritiers et rendrait inaccessibles les appartemens; on doit donc procéder au récolement dans le plus bref délai, sauf ensuite au survenant à provoquer une nouvelle opération, s'il ne lui suffit pas d'une reconnaissance personnelle. » — Circ. min. 22 mars 1831.

278. — Les évêques ne sont point responsables de la valeur des meubles, et sont tenus seulement de les représenter. — Ord. 7 avr. 1819, art. 7.

279. — Mais aux termes de la circulaire précitée du 22 mars 1831, à défaut de représentation en nature ou par un équivalent jugé admissible par la commission et par le ministre, le prélat, sauf les accidens et cas de force majeure non reprochables à lui ou aux siens, doit compte au trésor public d'une somme égale au prix pour lequel l'objet ou les objets non représentés sont cotés, soit à l'inventaire, soit aux états d'achat, s'il n'a point été fait d'inventaire. Ces obligations s'étendent naturellement aux objets qui auraient été distraits de l'inventaire par application de l'art. 525, C. civ.

280. — Le procès-verbal de récolement annuel doit contenir encore l'évaluation des sommes jugées nécessaires, soit pour achat, soit pour frais d'entretien, et doit servir aux propositions à faire pour les nouveaux achats de meubles. — Ord. 7 avr. 1819, art. 7.

281. — En effet, « lorsque la valeur du mobilier arrêté, comme nous venons de le dire, ne s'élève pas à une somme équivalente à une année du traitement du titulaire, le ministre peut autoriser, au fur et à mesure des besoins, de nouveaux achats de meubles, jusqu'à concurrence de cette somme. » — Ord. 7 avr. 1819, art. 4er.

282. — De ce que la valeur du mobilier accordé soit restreinte au maximum du traitement, il ne faut pas conclure qu'il y ait lieu de prescrire des réductions là où l'ameublement aurait une plus grande valeur. — Ord. 7 avr. 1819, art. 3. — Seulement le remplacement des objets devenus hors de service n'a lieu que tant que le mobilier *légal* n'a pas atteint le maximum. — Circ. minist. 22 mars 1831; — Vuillefroy, p. 271.

283. — « Il est procédé aux allocations à faire et aux comptes arrêtés comme pour les autres dépenses de même nature. Le préfet du département où est établi le siége soumet au conseil général, dans sa session ordinaire, les états, devis estimatifs et autres pièces, et il est définitivement

statué par le ministre des cultes. »—Ord. 7 avr. 1849, art. 4.

284.— Aucune allocation n'est accordée qu'après l'approbation, par le ministre, des projets de dépense et autres pièces qui doivent accompagner le budget de l'exercice. En aucuns cas, les crédits ouverts soit pour achats complémentaires, soit pour achats de remplacement, soit pour réparations, ne peuvent être distraits de leur spécialité, sous la propre responsabilité de celui qui en ferait une application irrégulière. — Circ. minist. 22 mars 1831.

285.— L'allocation a lieu sur les fonds du trésor.—« Les sommes nécessaires pour les nouveaux achats de meubles, ainsi que pour l'entretien annuel des ameublemens, sont prises sur les fonds affectés aux dépenses fixes ou communes à plusieurs départemens. Elles sont mises à la disposition des évêques ou vicaires capitulaires en cas de vacance du siège, à la charge de rendre compte de leur emploi. »—Ord. 7 avr. 1849, art. 4.—Et pour éviter toute difficulté à cet égard, les mandats du préfet sont délivrés directement aux ouvriers et fournisseurs, sur production des mémoires ou factures et d'un certificat de réception donné par les évêques ou vicaires capitulaires. — Circ. min. 22 mars 1831.

## ÉVICTION.

1. — L'éviction est l'acte qui dépouille juridiquement un individu d'une chose dont il était en possession.

2. —En matière de vente, le vendeur est garant de l'éviction que souffre l'acquéreur. Cette garantie est la conséquence de l'obligation qui lui incombe d'assurer à cet acquéreur la propriété et la jouissance paisible de la chose vendue. — V. sur cette garantie et ses effets v° VENTE.

## ÉVIER.

1. — Conduit pratiqué dans un mur pour l'écoulement des eaux ménagères d'une cuisine.

2. — Lorsqu'un conduit d'évier est placé de manière à diriger les eaux ménagères sur le fonds voisin, cet état de choses peut constituer une servitude qui oblige le propriétaire voisin à recevoir ces eaux.

3. — La cour d'Aix a jugé que la servitude d'évier ou égout servant à projeter les eaux ménagères d'une maison dans la cour d'un voisin exige le fait actuel de l'homme chaque fois qu'on exerce et renouvelé; qu'elle forme donc une servitude discontinue à la différence de l'égout des eaux pluviales dont l'exercice a lieu par le seul fait de la nature; qu'en conséquence cette servitude d'évier n'est pas susceptible d'être acquise par une simple possession dépourvue de titre. —Aix, 31 janv. 1838 (t. 2 1838, p. 171), Sions c. Guigou.

4. — M. Troplong (De la prescription, n° 140 ) pense, au contraire, que la transmission des eaux sales sur le fonds voisin peut devenir l'origine d'une servitude continue. — C'est ce qui pourrait avoir lieu, dit-il, si, par exemple, un boucher établissait une tuerie sur un cours d'eau et y faisait couler par des ouvrages d'art permanens et visibles le sang des bestiaux abattus , de telle sorte que les eaux salies par l'immersion de ces matières étrangères ne fussent plus d'aussi bonne qualité pour la teinture des cotons d'une fabrique située en aval. « Selon cet auteur, il y aurait dans ce fait une véritable servitude d'évier.

5. — Mais nous croyons, avec la cour d'Aix, lorsque l'art. 688 Cod. civ. définissant les servitudes continues, range les égouts parmi ces servitudes, il entend parler de l'égout des toits qui, en effet, transmet les eaux pluviales sans le concours de la volonté du propriétaire, et non de celui qui reçoit des eaux salies ou corrompues, le fait de l'homme étant dans ce dernier cas indispensable pour l'exercice de la servitude. — Perrin, Code des constructions, n° 1504 ; Daviel , Cours d'eau, t. 2, n°s 740 et 942.

6. — Il a été jugé que lorsque le propriétaire de deux héritages entre lesquels il existe un signe apparent de servitude d'évier dispose de l'un de ses héritages , la servitude continue d'exister passivement sur le fonds aliéné par l'effet de la destination du père de famille, encore bien qu'il soit énoncé qu'il est vendu franc et quitte de toute servitude. — Cass., 8 déc. 1824, Carra c. Belgodère.

7. — Il s'agissait , dans cette espèce, d'un évier qui, établi dans l'un des gros murs du deuxième étage d'une maison , était à l'usage continuel du premier étage. — Perrin, v° 1805.

8. — On peut établir des pierres d'évier pour l'écoulement des eaux ménagères sous la condition

xpresse que leur orifice extérieur ne s'élevera pas à plus d'un décimètre au-dessus du pavé de la rue. — Ord. 24 déc. 1823 rendue pour la ville de Paris, tit. 2 sect. 10. art. 49 ; — Duvergier, Coll. des lois, t. 24, p. 400; Rolland de Villargues, Rép. du not., v° Évier.

9. — On ne pourrait du reste établir aucun évier sur la voie publique sans l'autorisation de l'autorité administrative, surtout s'il s'agissait d'en élever au-dessus du rez-de-chaussée.—Perrin, n° 1506.

— V. ÉGOUT , EAUX MÉNAGÈRES, SERVITUDE.

## ÉVOCATION.

### Table alphabétique.

**ÉVOCATION. — 1.** — Action d'appeler à soi, pour le juger définitivement, un point litigieux qui n'a pas subi le premier degré de juridiction.

2. — Par l'évocation, on prive le juge inférieur de la connaissance d'une affaire de sa compétence, mais c'est pour y arriver plus vite à une décision définitive.

3. — Il ne faut pas confondre le conflit d'attributions avec l'évocation. Élever un conflit, c'est revendiquer une juridiction qui est indûment exercée par un autre tribunal, ce n'est pas évoquer. Ainsi, un tribunal administratif peut bien élever un conflit devant le tribunal ordinaire est saisi d'une affaire administrative, mais il ne peut procéder par voie d'évocation. — Arrêté 49 thermid. an IX.

4. — Ce n'est pas non plus par voie d'évocation qu'on doit agir, en matière de connexité; dans ce cas, le renvoi de la cause doit être demandé au tribunal qui a été saisi par la seconde assignation. V. CONNEXITÉ.

§ 1er. — Historique (n° 205).

§ 2. — Cas dans lesquels l'évocation est autorisée par la loi (n° 18).

§ 3. — Conditions requises pour que l'évocation ait lieu (n° 131).

### § 1er. — Historique.

5. — Les lois romaines n'admettaient pas l'évocation, elles étaient contraires à tout ce qui dérangeait l'ordre régulier des juridictions.

6. — Mais d'autres principes prévalaient en France sous l'ancienne monarchie.

7. — A l'époque de la féodalité, la maxime : *Nul ne peut être distrait de ses juges naturels*, existait, c'était moins dans l'intérêt des justiciables que dans celui des seigneurs eux-mêmes, qui considéraient le droit de rendre la justice comme une propriété. Aussi de cette première maxime en avait-on fait découler une autre, à savoir qu'on ne pouvait soumettre au juge d'appel que le point jugé en première instance, *in tantum appellatum*, *in quantum judicatum*.

8. — Telle était la double garantie destinée à protéger les juridictions intérieures contre les entreprises et les envahissemens des cours supérieures; mais cette barrière fut impuissante, et il arriva que les juges souverains devant lesquels une cause était portée à l'occasion d'un incident, d'un interlocutoire, etc., la retenaient pour la juger au fond, quoique l'instruction n'en fût pas complète. De la sorte , les tribunaux inférieurs étaient dépouillés, parce que les affaires fussent jugées avec plus de célérité.

9. — C'était là un abus grave et malheureusement très fréquent.

10. — Nos rois essayèrent de le réprimer; dès le principe, ils voulurent que chaque juge ordinaire conservât la connaissance des affaires de son ressort; mais quoique souvent renouvelées, les ordonnances ne s'obtinrent pas grand succès et ne tardèrent pas à tomber en désuétude.

11. — Henri III crut être plus heureux en permettant d'évoquer, mais seulement dans le cas où le fond serait vidé immédiatement. « Pour le regard de nos cours souveraines, dit-il, leur défendons, en procédant au jugement des causes d'appel, d'évoquer le principal de la matière, si ce n'est pour le vider sur-le-champ. » Ord. de Blois, art. 149.|

12. — Son ordonnance ayant fini, comme les précédentes, par tomber dans l'oubli, Louis XIV la renouvela en ces termes : « Défendons aussi à tous juges, sous peine de nullité des jugemens qui interviendront, de connaître les causes, instances et procès pendans aux sièges inférieurs ou autres juridictions, sous prétexte d'appel ou conflit de compétence, ni ce n'est pour juger définitivement à l'audience, et sur-le-champ, par un même jugement. » — Ord. de 1667, tit. 6, art. 2.

13. — Mais il faut remarquer que, malgré la sévérité de ce texte, le conseil du roi donnait lui-même l'exemple du mépris de l'ordonnance et se permettait des évocations fréquentes qui, tantôt sous le nom d'évocations de *grace*, tantôt sous celui d'évocations de *justice*, tendaient toujours, en définitive, à changer l'ordre des juridictions.

14. — Les auteurs du Code de procédure ont tari avec raison la source de ces abus, et si, dans un cas unique, ils ont attribué aux juges supérieurs la faculté d'évoquer, ils ont eu soin de la restreindre de telle sorte qu'elle ne pût être exercée que dans l'intérêt des justiciables et de l'ordre public, qui ne peut que gagner à ce que les affaires soient jugées avec une grande célérité.

15. — C'est ce que l'avait compris l'assemblée constituante lorsqu'elle avait promulgué la disposition suivante : « L'ordre constitutionnel des juridictions ne pourra être troublé, ni les justiciables distraits de leurs juges naturels par aucune commission, ni par d'autres attributions ou évocations que celles qui seront déterminées par la loi. » — L. 24 août 1790, tit. 2, art. 17.

16. — Cette détermination n'ayant été faite que par le Code de procédure, jusqu'en 1807 on est resté dans le vague quant à l'application des principes posés par l'ordonnance de 1667 en matière d'évocation.

17. — Cependant la cour de Cassation jugeait à cette époque : 1° qu'il y avait lieu à renvoi devant les juges d'un tribunal les fois qu'ils n'avaient pas été en état de juger ; 2° que le tribunal de second degré pouvait évoquer, de même qu'il le devait, lorsque le tribunal compétent avait été mis en état de juger et qu'il ne l'avait pas fait; 3° que l'évocation n'était pas autorisée lorsque les juges supérieurs infirmaient la sentence d'appel comme incompétemment rendue.

§ 2. — Cas dans lesquels l'évocation est autorisée par la loi.

18. — L'art. 473, C. procéd., est ainsi conçu : « Lorsqu'il y aura appel d'un jugement interlocutoire, si le jugement est infirmé, et que la matière

soit disposée à recevoir une décision définitive, les cours royales et autres tribunaux d'appel pourront statuer en même temps sur le fond définitivement par un seul et même jugement. — « Il en sera de même dans le cas où les cours royales ou autres tribunaux d'appel infirmeraient, soit pour vice de forme, soit pour toute autre cause, des jugemens définitifs. »

19. — Il résulte de cet article que deux circonstances sont indispensables pour autoriser l'évocation. Il faut, 1° qu'il y ait infirmation d'un jugement, soit interlocutoire soit définitif, d'un tribunal de premier degré; 2° que la cause soit disposée à recevoir une décision définitive.

20. — Lorsque ces circonstances se rencontrent, l'évocation n'est pas, du reste, obligatoire; pour qu'elle ait lieu, il est nécessaire que le juge d'appel croie utile d'user de la faculté qui lui est accordée par la loi et qu'il statue sur le fond par une seule et même décision.

21. — Nous traiterons, dans le paragraphe suivant, de ce qui est relatif à ces deux dernières conditions. — Nous nous occuperons uniquement, quant à présent, de déterminer d'une manière précise les cas dans lesquels l'évocation peut avoir lieu.

22. — Il faut d'abord remarquer que le pouvoir d'évoquer n'appartient qu'aux cours royales et aux autres tribunaux d'appel, c'est-à-dire aux juges du second degré prononçant sur l'appel d'un jugement rendu par un tribunal inférieur. — Rivoire, p. 600.

23. — Mais peu importe de quelle manière le tribunal supérieur est saisi de la connaissance de la cause. — La cour royale devant laquelle une affaire est renvoyée après cassation a les mêmes attributions que la cour dont l'arrêt a été cassé; elle peut donc, en infirmant la décision des premiers juges, évoquer et statuer au fond, bien que la première cour ne l'ait pas fait. — *Cass.*, 4 déc. 1827, comm. de Montagnac c. Cazelles; — Talandier, p. 435.

24. — Il a même été jugé que la cour royale qui, par suite d'un renvoi après cassation, est saisie de l'appel d'un jugement interlocutoire, peut, en infirmant ce jugement, évoquer le fond, du consentement des parties, et le juger, alors même que, durant l'instance en Cassation, il serait intervenu, sur le fond, un jugement définitif dont l'appel se trouve porté devant la cour royale dont l'arrêt interlocutoire a été cassé. — *Cass.*, 17 août 1820, Bernier c. Bruère.

25. — Mais le juge d'appel ne peut être substitué au juge de première instance, pour la partie de la cause que celui-ci a laissée indécise, que lorsqu'il est reconnu qu'il a mal jugé en ne statuant pas à cet égard immédiatement; autrement, dit M. Rivoire (p. 600), il serait trop facile d'éluder la règle conservatrice des deux degrés de juridiction. — Ainsi, pour qu'il y ait lieu à évocation, il faut que le jugement attaqué par la voie de l'appel ait été infirmé.

26. — L'art. 473, C. procéd., n'est applicable que dans le cas d'infirmation du jugement principal, sans que le sort d'un appel incident puisse avoir pour résultat de faire éluder cet article. — *Rennes*, 9 fév. 1833, de Mérey c. Kervasdoué.

27. — Une cour d'appel, après avoir *confirmé* un jugement de première instance qui déclare le désaveu irrégulier, ne peut statuer elle-même sur les effets du désaveu au fond. — *Cass.*, 1er fév. 1820, Thomas c. Dubois-Beauplan.

28. — Cependant, bien qu'une cour royale ait déclaré *adopter les motifs des premiers juges*, si réellement elle a infirmé leur décision sur certains points en faveur de l'appelant, elle a pu évoquer la cause et statuer sur le fond. — *Cass.*, 25 nov. 1840 (t. 1er 1841, p. 215), de Maraise c. Prévost.

29. — Il a même été jugé que les cours royales ayant la faculté de statuer sur le fond, en infirmant le jugement de première instance pour quelque cause que ce soit, même pour cause d'incompétence, peuvent statuer sur le fond *sans infirmer*, lorsque aucune des parties n'argue le jugement d'incompétence et n'en demande l'infirmation par ce motif encore qu'il s'agisse d'une incompétence *ratione materiæ*. — *Cass.*, 13 juill. 1830, Gaillard et Doyon c. Poncet.

30. — Le droit d'évocation existe non seulement dans ce cas où un jugement interlocutoire a été réformé pour avoir mal à propos ordonné une mesure préparatoire, mais encore dans celui où un jugement définitif a été infirmé, soit pour vice de forme, soit *pour toute autre cause*.

31. — Ainsi, quelle que soit l'exception admise par les premiers juges, qu'elle tienne à la forme ou au fond, qu'elle soit préjudicielle ou non, la décision infirmative n'en donne pas moins le droit de prononcer l'évocation; l'art. 473 est général. — *Grenoble*, 2 juill. 1844 (t. 2 1844, p. 764), Delange c. Leirat.

32. — La cour saisie de l'appel d'un jugement interlocutoire, ordonnant la preuve que le tuteur ne s'est rendu adjudicataire que pour le compte de ses mineurs, peut évoquer le fond et y statuer. — *Paris*, 28 janv. 1826, Durocher c. Putois.

33. — Une cour qui se trouve saisie de l'appel, tant du jugement définitif que du jugement interlocutoire qui l'a précédé, peut statuer immédiatement sur le fond. — *Cass.*, 3 juin 1811, Petizeau c. Boucly.

34. — Il en est de même en cas d'appel d'un jugement qui ordonne la mise en cause de parties ayant figuré dans un acte dont l'existence légale est déniée, et en même temps le dépôt au greffe de cet acte. — *Cass.*, 19 déc. 1842 (t. 1er 1843, p. 627), Tempier c. Dulac.

35. — Les juges d'appel peuvent évoquer le principal, dans le cas même où l'appel ne porte que sur un jugement qui statue sur une provision. — *Metz*, 16 août 1846, Plagnieux c. Campanella.

36. — Une cour d'appel a le droit d'évoquer lorsqu'elle infirme pour quelque cause que ce soit. — Ainsi, après avoir infirmé le jugement qui prononçait un sursis jusqu'à l'obtention d'une autorisation administrative, elle a pu évoquer le fond et y statuer, surtout si à ce moment l'autorisation avait été refusée. — *Cass.*, 18 nov. 1834, de Feuchères c. le duc d'Aumale.

37. — La cour royale, en infirmant un jugement qui prononce un sursis à une main-levée d'opposition à un mariage, peut évoquer le fond et juger elle-même le fait qui donne lieu au sursis. — *Lyon*, 24 janv. 1828, Saint-Léger.

38. — Quoique les premiers juges n'aient statué que sur un incident, ceux d'appel peuvent, en infirmant, statuer par un même arrêt sur le fond, s'il est en état. — *Poitiers*, 14 juill. 1819, Labastière c. Duguet.

39. — Ils le peuvent même sur l'appel d'un jugement par défaut. — *Bourges*, 16 août 1817, Martin c. Antixier.

40. — L'arrêt qui infirme un jugement qui avait admis une exception de déchéance contre l'action du demandeur peut, en écartant cette exception, évoquer le fond et statuer sur la nature et l'étendue du droit prétendu. — *Cass.*, 5 déc. 1843 (t. 1er 1844, p. 269), Dormoy c. Troupenas.

41. — Les cours peuvent, en infirmant un jugement, évoquer le principal et statuer au fond, quand bien même leur décision serait défavorable à l'appelant. — *Metz*, 24 août 1813, Arsigny c. Marandel.

42. — Bien qu'il s'agisse de contestation entre associés, et pour cause de leur société, les cours royales peuvent, en infirmant le jugement interlocutoire de renvoi, évoquer le fond, lorsque la matière est disposée à recevoir une décision définitive. — *Paris*, 25 fév. 1829, Loiseau c. Gouré.

43. — Lorsqu'en rejetant une exception, un jugement a déclaré le demandeur non-recevable et l'a débouté de sa demande, la cour royale saisie de l'appel peut prononcer sur le fond, contradictoirement, encore que l'avoué n'ait conclu que sur l'exception. — *Cass.*, 25 janv. 1831, Auguste c. Lecellier.

44. — Dans le cas où une partie se borne à opposer des fins de *non-recevoir* contre l'appel, la cour peut, en infirmant le jugement interlocutoire, et lorsque la cause lui paraît en état d'être jugée, statuer en même temps sur le tout. — *Grenoble*, 22 juill. 1809, Balmain c. Nitot.

45. — Ainsi, lorsqu'en même temps qu'il admettait une fin de non-recevoir dirigée contre une action, un jugement a déclaré expressément, après examen du fond, le demandeur mal fondé dans sa prétention, l'arrêt qui, en infirmant sur la question de non-recevabilité, statue au fond, ne contrevient pas à l'art. 473, C. procéd. civ. — *Cass.*, 20 juill. 1843 (t. 2 1843, p. 502), Decroix c. Vaussard.

46. — Les juges saisis sur l'appel de l'exception dilatoire tirée de ce que le terme n'était pas échu peuvent, sans violer la règle des deux degrés de juridiction, statuer sur le fond en infirmant le jugement qui accueillait cette exception. — *Cass.*, 10 pluv. an XII, Comp. d'assurances de Lille c. Salomez.

47. — Une cour royale peut, après avoir infirmé un jugement qui déclare qu'il y a litispendance entre la demande en pension alimentaire intentée par un mari contre sa femme séparée de corps, et une demande en contribution aux frais de ménage, intentée contre elle avant la séparation, évoquer le fond de la cause et statuer sur le tout par un seul et même arrêt, si elle reconnaît que la matière est disposée à recevoir une décision définitive. — *Cass.*, 5 juin 1832, Dufriche.

48. — Lorsqu'une cour royale infirme un jugement, par le motif qu'il a accueilli une action avant le temps fixé pour qu'elle pût être intentée, elle peut, dans le cas où les délais sont expirés pendant le cours de l'instance, évoquer la cause, déclarer l'action recevable et statuer au fond. — *Poitiers*, 17 déc. 1823, Lemet c. Gallut. — *Cass.*, 24 mars 1825, mêmes parties.

49. — Il résulte de ces principes que dans le cas où l'acte d'appel porte et sur des nullités et sur le fond même du jugement de première instance, si les conclusions prises à l'audience n'ont pas restreint l'étendue de l'appel, il ne peut être permis à l'appelant de diviser les conclusions de son appel et de demander deux arrêts distincts, l'un sur la forme, l'autre sur le fond. — *Rouen*, 21 janv. 1845 (t. 1er 1845, p. 737), Lemarié c. Quenescourt. — Puisqu'en effet il suffit que la cause soit en état pour autoriser les juges à évoquer le fond, même en l'absence de conclusions des parties, à plus forte raison le plaideur qui a conclu au fond, est-il non recevable à exiger deux arrêts au lieu d'un.

50. — Mais on ne peut évoquer lorsque le jugement est infirmé pour avoir mal à propos refusé un interlocutoire; en effet, l'interlocutoire étant jugé nécessaire pour arriver au jugement du fond, il s'ensuit que celui-ci n'est pas en état. — Chauveau et Carré, t. 4, quest. 1702.

51. — De même lorsque, sur l'appel d'un jugement qui admet une preuve, l'intimé se borne à conclure à la confirmation pure et simple sans prétendre que la preuve soit inutile, les juges d'appel ne peuvent, en infirmant le jugement de première instance, déclarer la preuve inutile, et, évoquant le fond, donner gain de cause à l'intimé, sous prétexte que la cause présente des élémens suffisans de décision. C'est là violer la règle du deuxième degré de juridiction. — *Cass.*, 3 avr. 1839 (t. 2 1839, p. 254), Moissard c. de Carlotti.

52. — Jugé encore qu'une cour royale ne peut évoquer le fond de la cause s'il n'y a eu appel que d'un dernier jugement interlocutoire ordonnant une expertise à l'effet de constater la valeur d'immeubles litigieux, sans qu'un interlocutoire précédent qui prescrivait une enquête tendant à prouver les faits articulés sur une action en nullité du chef de dol ait été également frappé d'appel. — *Douai*, 25 juin 1845 (t. 2 1845, p. 240), Vcroust c. Fontaine.

53. — Suivant M. Chauveau sur Carré (*loc. cit.*), quand un jugement est infirmé pour avoir mal à propos rejeté une demande en péremption, la cour ne peut évoquer, puisqu'en accueillant la péremption elle a anéanti l'instance. — Mais l'évocation pourrait avoir lieu dans le cas où, au contraire, l'infirmation serait prononcée, parce que le tribunal aurait admis mal à propos une demande en péremption. — *Cass.*, 27 germin. an XI, N... — Cette distinction nous paraît juste. — V. conf. Boitard, t. 3, p. 155; Pigeau, *Comment.*, t. 2, p. 55; Thomine-Desmazures, t. 1er, p. 718.

54. — Si, sur une demande au possessoire, le juge de paix avait cumulé le pétitoire et le possessoire, le jugement infirmatif ne pourrait pas évoquer et statuer sur le pétitoire. Ce sont deux contestations distinctes qui ne peuvent être incidentes l'une à l'autre, ni instruites en même temps, et que le juge d'appel ne doit pas confondre, pas plus que le juge de première instance. C'est ce qu'a jugé la cour de Cassation, le 29 août 1836 (Boussard c. Collinot). — V. aussi Rivoire, p. 612.

55. — Un tribunal d'appel ne peut non plus évoquer le fond d'une cause, quand il annule l'action même. — Ainsi, après avoir déclaré nul le jugement, comme obtenu par un émigré mort civilement et ne pouvant exercer aucune action, il ne peut statuer sur le fond de la demande intentée par cet émigré. — *Bourges*, 9 juill. 1807, de Rumigny c. Feuillens.

56. — ... Ou quand il infirme un jugement pour avoir statué sur une chose non demandée. — *Rennes*, 21 mars 1835, Leguen c. Porcher.

57. — Il a encore été jugé que la cour, saisie de l'appel d'un jugement qui n'a accordé qu'incidemment et par provision la restitution d'un dépôt, ne peut évoquer le fond du procès, lequel n'a pas été soumis aux premiers juges et consiste dans la question de savoir si l'une des parties est ou n'est pas héritière. — Il en est ainsi, même en cas de consentement de toutes les parties comparantes, si l'une d'elles fait défaut, ou n'agit qu'en qualité de tuteur. — *Besançon*, 13 mars 1806, Margeret c. N...

58. — ... Que lorsque, sur l'appel d'un jugement du tribunal de commerce qui ordonne l'apport des registres d'un commerçant, la cour infirme, elle ne peut évoquer le fond. — *Bruxelles*, 23 mars 1824, Demeulemeester c. Van Peteghem.

59. — Mais si un tribunal saisi de plusieurs demandes contenues dans des conclusions successives, statue sur quelques-unes, et ajoute sans donner de motifs : *Rejette les autres demandes et conclusions*, il est vrai de dire qu'il n'a pas statué sur les autres, et que, par suite, la cour royale peut y statuer par voie d'évocation. — *Cass.*, 16 (et non 18) janv. 1834, Pinçon.

60. — L'art. 473, C. procéd. civ., en énumérant les cas où les juges d'appel peuvent évoquer, indique spécialement celui où le jugement de première instance a été infirmé pour vice de forme.

61. — Lorsqu'une cour annule un jugement comme mal à propos rendu en la chambre du conseil, elle a donc, sans aucun doute, le droit d'évoquer. — *Nîmes*, 9 janv. 1828, Portal c. Brulard.

62. — Une cour qui prononce la nullité d'un jugement, sur le motif que les conclusions de l'une des parties n'y ont pas été insérées, peut, par le même arrêt, évoquer le fond et le juger. — *Toulouse*, 24 janv. 1825, Terrisse c. Souquié et Fabre.

63. — La cour royale qui annule un jugement pour vice de forme, comme rendu dans un temps pendant lequel le tribunal ne pouvait pas juger l'affaire, par exemple, une affaire ordinaire pendant les vacances, a le droit d'évoquer le fond. — *Metz*, 15 juin 1824, Megret de Sérilly c. d'Humbepaire; *Cass.*, 13 juin 1815, Polignac c. J.....

64. — Une cour peut évoquer le fond lorsqu'elle annule un jugement définitif pour défaut de présence à toutes les audiences de l'un des juges qui y ont pris part. — *Cass.*, 20 déc. 1836 (t. 1er 1837, p. 523), Nicaud c. d'Envaud.

65. — Il suffit qu'il ait été statué en première instance sur le fonds d'un procès, même par défaut, pour que la cour d'appel, qui infirme, pour vice de forme seulement, le jugement définitif, puisse juger en même temps le fond, si la cause lui paraît en état. — *Caen*, 4 mai 1813, Lecomte c. Mariette.

66. — La cour peut évoquer le fond, quoique les arbitres, dont le jugement est attaqué, n'aient pas été valablement nommés. — *Aix*, 2 août 1826, Breton c. Journés.

67. — L'appelant qui, en demandant l'annulation du jugement pour vices de forme, a conclu au fond, n'est pas recevable à tirer un moyen de cassation de ce que la cour royale a prononcé par évocation. — *Cass.*, 4 mai 1819, de Bauffremont c. comm. de Traves.

68. — Quelques arrêts avaient pensé qu'on ne saurait assimiler à un simple vice de forme la composition illégale d'un tribunal, et que dans le cas où un jugement est infirmé pour ce motif, l'évocation n'est pas permise. — *Bourges*, 26 fév. 1820, Bernon c. Foulon et Boin; *Montpellier*, 22 mars 1824, Bastide c. Lagarrigue.

69. — ... Attendu que le premier degré de juridiction n'était pas épuisé. — *Riom*, 20 août 1825, Bathias c. Mathiron.

70. — Mais l'opinion contraire a prévalu avec raison. Les termes de l'art 473, C. procéd., sont, en effet, trop absolus pour se prêter à cette distinction. — *Cass.*, 5 oct. 1808, Simonet de Singly c. Connan; *Nîmes*, 17 août 1824, N.....; 19 août 1824, Escalier c. Marcon et Artaud; *Aix*, 16 nov. 1824, Andrieu c. Vaux; *Poitiers*, 25 mai 1825, N.....; *Riom*, 31 janv. 1828, Rochette et Chambe c. Gauthier-Lespinasse; *Cass.*, 28 fév. 1829, Siré c. David de Gavadet; 27 juill. 1829, Rochette c. l'Espinasse; *Colmar*, 31 déc. 1831, Thiébaud c. Dolfuss-Mueg.

71. — Toutefois dans le cas où une cour royale infirme un jugement pour vice de forme, comme pour irrégularité dans la composition du tribunal, elle n'est pas tenue d'évoquer le fond et de le juger; elle peut renvoyer la cause à d'autres juges. — *Colmar*, 3 mars 1825, Sutter c. Schultz.

72. — Une question plus délicate est celle de savoir si l'évocation est possible lorsque le jugement est infirmé pour incompétence. Pour la résoudre il faut distinguer soigneusement entre les principes antérieurs au Code de procédure et les principes consacrés par l'art. 473 de ce Code.

73. — Sous l'empire de la loi de 1790 et de celle de brum. an II, on décidait que l'évocation ne pouvait avoir lieu lorsque le jugement avait été infirmé pour incompétence. Il existe bien quelques arrêts contraires; mais telle était la jurisprudence généralement adoptée.

74. — Ainsi l'on jugeait que le tribunal d'appel qui annulait comme incompétemment rendu un jugement de première instance ne pouvait statuer au fond. — *Cass.*, 12 prair an VIII, Morin c. Milcent.

75. — ... Que le tribunal, en annulant pour incompétence une décision du juge de paix, ne pouvait ordonner que les parties procédassent devant lui sur les erremens antérieurs à ce jugement et sans préliminaire de conciliation. — *Cass.*, 6 germ. an II, Duchesne c. Provost; *Paris*, 24 vent. an X, Turmeau c. Rousseau.

76. — ... Surtout si les parties n'y avaient pas conclu. — *Cass.*, 21 brum. an X, Manget c. Vauversin.

77. — ... Sans violer la loi sur les deux degrés de juridiction. — *Cass.*, 27 frim. an XI, Grevin c. Seyrat; 27 fructid. an XI, Grevin c. Seyrat; 16 brum. an XIII, Regny c. Joannon. — V. cependant en sens contraire *Cass.*, 20 vendém. an XI, N.....; 26 vendém. an VIII, intérêt de la loi; 18 niv. an IX, Barthélémy c. Bouchoven; 2 vent. an XI, Borchgrave c. Vanstraeten.

78. — M. Chauveau sur Carré (t. 4, quest. 1702) pense que cette jurisprudence devrait encore être suivie sous le Code par la raison que la partie qui a mal à propos saisi un tribunal incompétent n'a pas rempli le premier degré de juridiction.

79. — A l'appui de son opinion, M. Chauveau invoque l'autorité de MM. Berriat, p. 433, note 112; Henrion de Pansey, *Autorité judiciaire*, t. 1er, p. 415; et Demiau, p. 334.

80. — Il a été jugé en ce sens que le juge d'appel qui décide que le premier juge n'était pas compétent ne peut évoquer le fond et juger; qu'il doit renvoyer les parties à se pourvoir devant qui de droit; qu'ainsi, le tribunal civil qui annule pour incompétence la décision d'un juge de paix sur une action pétitoire, ne peut statuer par nouveau jugement sur cette action. — *Cass.*, 30 nov. 1814, commune de Larreule c. Daubas; 29 août 1836, Boussard c. Colinet.

81. — ... Et que lorsqu'une cour annule un jugement du tribunal de commerce, comme incompétemment rendu contre un individu non commerçant, elle ne peut évoquer le fond, quand surtout la valeur du litige n'excède pas 1,000 fr. — *Poitiers*, 29 juill. 1824, Deschamps c. Maixent.

82. — Mais la doctrine contraire est enseignée par MM. Merlin (*Quest. de droit*, vo *Appel*, § 14), Favard de Langlade (t. 1er, p. 189, no 7), Boitard (t. 3) et Talandier (*Tr. de l'appel*, p. 426), Rivoire (*De l'appel*, p. 602), et consacrée par une jurisprudence imposante qui se fonde, avec raison, sur les termes précis et généraux de l'art. 473. — *Riom*, 5 janv. 1807, Baboin c. Jamet; *Turin*, 20 mai 1807, N...; *Nîmes*, 28 janv. 1810, Gilles c. Deroux; *Cass.*, 22 (et non 23) janv. 1811, Baboin c. Jamet; *Rennes*, 26 mai 1815, Thomas c. Puven; *Colmar*, 28 juill. 1821, Dugied c. Sander; *Bourges*, 16 mars 1822, Bernard c. Gaillon; *Toulouse*, 24 août 1825, Dutort c. Kœnigs; *Cass.*, 16 nov. 1825, Wendel c. Cochard; *Nancy*, 20 déc. 1825, Ficatier-Pérignon c. Remy-Ficatier; *Cass.*, 7 fév. 1826, Bardet c. Cade; *Poitiers*, 26 août 1828, de Montrel c. de La Chatre; *Cass.*, 3 (et non 2) déc. 1828, Bouis c. syndics de la commune de Tourves; *Rennes*, 3 janv. 1831, Lorgeril c. Lebret et Loysel; *Nîmes*, 31 juill. 1832, Laporte c. Fraisse; *Cass.*, 7 août 1833, Genay c. habit. de la comm. de Champagne-Mouton; 6 (et non 15) janv. 1835, Debourge; 26 avr. 1832, Barbier de Lassaux c. Vernot; 3 janv. 1837 (t. 1er 1837, p. 75), le liquidateur de l'ancienne liste civile c. Vigneron; *Nîmes*, 16 août 1839 (t. 1er 1840, p. 496), Favre c. Faure.

83. — ... Peu importe que la partie dont le déclinatoire a été accueilli n'ait pas conclu au fond. — *Cass.*, 11 janv. 1809, Saint-Arroman c. Lassus.

84. — Lorsqu'un jugement d'un tribunal civil de première instance a d'office renvoyé les parties devant la juridiction commerciale à raison d'une incompétence matérielle, la cour royale saisie d'une question accessoire peut évoquer le fond de la contestation et la juger malgré sa nature commerciale, et cela sans qu'il y ait eu appel du chef du jugement relatif au renvoi. — *Cass.*, 18 mars 1839 (t. 2 1839, p. 262), Cabrère c. Schilt et Dupouy.

85. — Quand une cour royale saisie de l'appel d'un jugement par lequel un tribunal de commerce s'est déclaré incompétent a maintenu cette incompétence, elle peut statuer sur le fond par un seul et même arrêt si le tribunal civil auquel appartient la connaissance de la contestation est situé dans le ressort de la cour. — *Aix*, 6 janv. 1831, Rindi c. Marré et Pagano; *Cass.*, 2 fév. 1841 (t. 1er 1841, p. 617), Decaindry c. Roulland.

86. — Par la même raison, une cour d'appel peut évoquer le fond et le juger, encore que la cause n'ait subi le premier degré de juridiction que devant des arbitres forcés et que le jugement arbitral soit annulé pour incompétence en ce qu'il a statué non-seulement sur des contestations entre associés, mais sur l'existence même de la société. — *Cass.*, 6 déc. 1821, Lefeuve c. Dumolard. — *Bourges*, 30 juill. 1841 (t. 1er 1842, p. 233), Gre-nouillet c. Constantin de Greuil.

87. — Quand, sur les appels simultanés de deux jugemens rendus contre les mêmes parties, l'un par le tribunal de commerce, l'autre par le tribunal civil, et dont la jonction a été prononcée, il est prétendu pour la première fois que l'un des deux tribunaux avait été incompétent, la cour peut, en réformant l'un de ces jugemens, *pour quelque cause que ce soit, même pour incompétence*, retenir le fond du procès disposé à recevoir une décision définitive et statuer sur le tout par un seul et même arrêt. — *Cass.*, 14 déc. 1825, Rebattu c. Derepas.

88. — Dans le cas où, sur l'appel d'un jugement d'un tribunal civil qui se déclare incompétent pour connaître d'une action en paiement d'un billet par le motif qu'il ne constitue pas une obligation civile, la cour royale infirme ce jugement, elle peut évoquer le fond sans violer le premier degré de juridiction. — *Cass.*, 26 déc. 1827, Gaëtan de Souza c. Bidon.

89. — Dans une espèce plus délicate, mais toujours en vertu du même principe, il a été jugé que la cour royale saisie de l'appel d'une ordonnance de *référé* peut, en annulant pour cause d'incompétence, statuer au principal sans violer les deux degrés de juridiction. — *Cass.*, 24 août 1819, de Villebrune c. Talon.

90. — A plus forte raison est-il évident que l'arrêt d'une cour qui confirme un jugement argué d'incompétence ne peut être critiqué comme ayant évoqué le fond que le tribunal de première instance a jugé si elle ne l'a fait *qu'au besoin* et tout en statuant en deuxième degré de juridiction. — *Cass.*, 30 avr. 1839 (t. 1er 1839, p. 545), Ancillon c. Navelle.

91. — Mais les juges d'appel qui annulent pour incompétence ne peuvent retenir le fond si le tribunal qu'ils reconnaissent compétent n'est pas dans leur ressort : « En effet, dit M. Bioche (*Dict. procéd.*, vo *Appel*, no 607), ils n'exercent leur autorité que par dévolution de l'autorité des juges inférieurs qui sont soumis à leur censure. » — V. aussi Carré et Chauveau, t. 4, quest. 1705; Rivoire, p. 606.

92. — On s'est demandé si l'art. 473 devait recevoir application dans le cas où, à raison de la quotité de la demande, la cause n'était pas susceptible de deux degrés de juridiction. Mais sur ce point encore la jurisprudence s'est prononcée dans le sens de l'affirmative.

93. — Ainsi, l'on a décidé que lorsqu'un jugement est annulé en appel pour avoir mal à propos accueilli un moyen d'incompétence, la cour peut évoquer le fond, quand bien même il s'agirait d'une valeur n'excédant pas le dernier ressort. — *Lyon*, 8 août 1827, Perrée et Guillot c. Brosselard; *Trèves*, 30 déc. 1811, N...; *Angers*, 11 juin 1824, Simon c. Mayaud; *Colmar*, 4 mai 1841 (t. 2 1841, p. 695), Strauss c. Lehmann.

94. — M. Talandier (*Traité de l'appel*, no 68), en approuvant cette jurisprudence, fait remarquer que l'évocation a lieu pour épargner des frais, et qu'elle doit par conséquent être admise, surtout dans les causes minimes.

95. — Toutefois, il a été décidé en sens contraire que lorsqu'un jugement est annulé en appel pour cause d'incompétence, la cour ne peut évoquer le fond si, à raison de la quotité de la demande, les premiers juges eussent été autorisés à juger en dernier ressort. — *Lyon*, 21 juin 1826, Poncet et Gauthier c. Chazelle et Chalmas; *Douai*, 14 fév. 1827, Mash c. Rees-Estienne; *Paris*, 26 août 1825, Houdot c. Dupan. — V. conf. Carré et Chauveau, quest. 1707, à la note, et Chauveau, sur Carré, quest. 1702; Bioche, vo *Appel*, no 688; Rivoire, p. 606.

96. — Jugé encore que lorsque les premiers juges ont été saisis par la même action, de la part de la même partie et envers la même partie, d'une demande en validité de saisie, laquelle saisie avait été pratiquée en raison de deux chefs réunis et connexes pour une somme supérieure à 1,500 fr., on ne peut plus demander devant la cour royale saisie de l'appel la disjonction des deux chefs du procès pour soutenir, grâce à cette disjonction, que, l'un des deux chefs étant inférieur à une somme de 1,500 fr., la cour n'a pas le droit d'évoquer et de juger au fond. — *Grenoble*, 2 juill. 1844 (t. 2 1843, p. 764), Delange c. Levrat.

97. — Il résulte d'un arrêt de la cour de Metz, 22 mai 1825 (Pelte c. Simon) que les cours, en infirmant un jugement pour incompétence, doivent rejeter la demande en évocation du principal, lorsque le demandeur a sciemment violé les règles de la compétence, quoiqu'elles aient le droit de retenir le fond.

98. — Pour que l'évocation puisse avoir lieu

il faut, avons-nous dit, que la cause soit en état de recevoir une décision définitive, c'est-à-dire, que l'instruction sur le fond ait été faite. Cette condition était également nécessaire avant le Code de procédure.

**99.** — Ainsi, l'on disait que le tribunal d'appel qui annulait un jugement de première instance ne pouvait statuer au fond si les parties n'y avaient pas conclu en première instance. — *Cass.*, 29 niv. an XI, Moynat c. Lange; 11 vent. an X, Gendre c. Cabarrus.

**100.** — Du reste, il est vrai de dire, en thèse générale, que le droit d'apprécier si la cause est en état, appartient souverainement aux juges qui sont chargés de prononcer : eux seuls, en effet, sont naturellement compétens pour décider si l'instruction qui a eu lieu, les a suffisamment éclairés. — Chauveau sur Carré, quest. 1702.

**101.** — Il a été jugé, par application de ces principes, qu'une cour ne peut connaître du fond d'une affaire qui n'a pas été instruite devant les premiers juges et qu'elle doit renvoyer devant eux. — *Rennes*, 22 juill. 1814, Garbagny c. N...

**102.** — ...Qu'une cour royale ne peut retenir la connaissance d'une affaire qu'elle ne peut juger définitivement. — *Rennes*, 7 juin 1816, Bréard c. Gascoin.

**103.** — Ainsi, lorsqu'elle annule un jugement pour incompétence, elle peut se dispenser de retenir la cause et de la juger au fond, si elle n'est pas suffisamment instruite. — *Rome*, 5 sept. 1811, Lucenti et Casanova c. Delgrande.

**104.** — ...Que les juges d'appel ne peuvent évoquer le fond d'une cause, si en première instance on n'a pas posé de conclusions au fond, qu'ils ne peuvent juger au fond lorsque les premiers juges n'ont eu à statuer que sur une exception de prescription présentée par le défendeur qui, ensuite, a fait défaut et contre lequel le demandeur n'a pas conclu au fond. — *Rennes*, 4 juill. 1820, Riou Kerhallet c. Vacquier.

**105.** — La cour royale ne peut retenir la connaissance du fond d'une affaire lorsque aucune des parties n'a conclu ni plaidé sur cette partie de la cause. — *Rennes*, 4 mars 1820, Lagrée c. Pocquet.

**106.** — Lorsqu'un tribunal d'appel, qui a retenu le fond en vertu de l'art. 473, C. procéd., n'a fait, par son jugement infirmatif, qu'ordonner une mise en cause, il en résulte que la matière n'était pas disposée à recevoir une décision définitive, et par suite il y a lieu de casser la sentence pour violation du même art. 473. — *Cass.*, 7 août 1833, Genay c. habitans de la comm. de Champagne-Mouton.

**107.** — La cour royale saisie de l'appel de l'ordonnance de référé et du jugement qui autorisent celui qui se prétend héritier à assister à la levée des scellés, ne peut, en infirmant, évoquer la question du fond et décider si le réclamant est réellement héritier, lorsqu'il n'y a eu, sur ce point, aucune instruction devant les premiers juges. Elle ne le peut surtout quand, en infirmant, elle ordonne une plus ample instruction sur le fond et qu'elle ne statue pas sur le tout par un seul et même arrêt. — *Cass.*, 25 nov. 1818, Laboissière c. Martinelly.

**108.** — Si le jugement infirmé a uniquement prononcé la nullité d'un exploit, la cour ne peut évoquer le fond, s'il n'a point été soumis aux premiers juges. — *Bruxelles*, 3 fév. 1812, Choisy c. Thieffry.

**109.** — Suivant M. Chauveau sur Carré (quest. 1702), le vœu de la loi est rempli et l'évocation peut être prononcée, non seulement lorsque l'affaire a été plaidée au fond en première instance, mais même lorsqu'il n'existait que de simples conclusions.

**110.** — Cette opinion nous paraît devoir être adoptée. Dans toutes les circonstances la loi reporte en effet le procès en état dès que des conclusions au fond ont été respectivement prises à l'audience.

**111.** — En conséquence, le tribunal d'appel qui infirme un jugement interlocutoire peut statuer au fond si les parties y ont conclu en première instance. — *Cass.*, 21 flor. an X, Darentière c. N...

**112.** — La cour qui rejette une fin de non-recevoir, peut ordonner de plaider au fond, si le fond a été soumis aux premiers juges et quoiqu'ils n'y aient pas fait droit. — *Rennes*, 17 mai 1815, Lemasson c. Solidu.

**113.** — A plus forte raison, lorsque le fond a été plaidé par les deux parties en première instance, il n'est pas nécessaire, pour l'évocation, que les parties aient plaidé le fond devant les juges d'appel, il suffit qu'elles aient pris devant eux des conclusions sur ce point.

**114.** — Par exemple, lorsqu'un testament était attaqué, et par la voie de l'inscription de faux, et pour cause de fraude et de captation, ainsi que pour d'autres causes, les juges d'appel ont pu, après avoir infirmé le jugement interlocutoire qui ne statuait que sur les moyens de faux, prononcer sur les autres moyens de nullité dirigés contre le testament, alors qu'ils avaient été saisis de ces questions par les conclusions des parties. — *Cass.*, 25 mars 1835, Guiraud c. Bastoulh.

**115.** — Lorsque des commissaires nommés après le concordat pour surveiller l'administration du failli interviennent sur l'appel d'un jugement rendu au fond contre ce dernier, et que, sans demander leur renvoi devant les premiers juges, ils prennent des conclusions au fond, même simplement subsidiaires, les juges d'appel peuvent, en annulant le jugement, comme rendu hors la présence des commissaires, évoquer le fond, et statuer en dernier ressort à l'égard de toutes les parties. — *Cass.*, 21 juin 1825, Ouvrard, Vanlerberghe et commissaires de leur faillite c. Séguin.

**116.** — Lorsqu'en appel, les parties ont conclu respectivement au fond en même temps que les appelans ont demandé la nullité du jugement, la cour peut statuer à la fois sur le fond et sur la forme. — *Grenoble*, 24 janv. 1826, Durand et Durhone c. Bardin.

**117.** — Il résulte même d'un arrêt de la cour de Cassation du 8 déc. 1813 (Nitot c. Balmain), que lorsque des conclusions au fond ont été prises en première instance, la cause est en état dans le sens de l'art. 473, encore bien que ces conclusions n'aient pas été renouvelées en appel. Tel est aussi l'avis de MM. Merlin, *Quest.*, v° *Appel*, § 14; Talandier, p. 437, et Chauveau sur Carré, quest. 1702.

**118.** — La cour de Cassation a également jugé, le 1er juill. 1818 (Dangeville c. comm. de Lompes), que la cause est en état s'il existe des conclusions au fond prises en appel, quoiqu'il n'y en ait pas eu en première instance, et cette décision est approuvée par MM. Merlin, *loco citato*, et Taillandier, p. 438. — V. en ce sens *Cass.*, 11 janv. 1809, Saint-Arromand c. Lassas.

**119.** — Dans les matières sommaires, commerciales ou de justice de paix, il ne se fait pas d'instruction; l'affaire est toujours en état dès que les délais sont expirés; le juge de première instance pouvait terminer la contestation sans aucun préalable; le tribunal d'appel peut donc toujours évoquer. — Rivoire, p. 608.

**120.** — On remarquera que les dispositions de l'art. 473, C. procéd. civ., ne peuvent recevoir d'application, et la cour royale ne peut procéder par évocation, lorsque la partie qui n'a pas été appelée en première instance se borne à conclure que, tout ce qui a été fait devant les premiers juges lui étant étranger, elle n'a pu être légalement appelée devant la cour. — *Caen*, 28 mai 1837 (t. 2 1837, p. 294), Charles c. Lemeneur.

**121.** — Jugé de même que la cour, prononçant sur l'appel d'un jugement rendu sur incidens élevés dans le cours d'un procès appointé en première instance, ne peut, en réformant dans la forme, évoquer le fond, si toutes les parties n'ont pas été intimées sur l'appel. — *Rennes*, 20 janv. 1812, Tardiveau c. Pécaudière.

**122.** — Une cour ne peut évoquer le fond et fixer définitivement l'époque de l'ouverture d'une faillite, hors la présence de toutes les parties intéressées autres que celles en cause. — *Rennes*, 27 mai 1814, agent du trésor c. Lecrosnier.

**123.** — Enfin, la cour royale ne peut statuer sur des déclarations données devant les premiers juges par une partie qui n'est pas en cause. — Ni sur des demandes plaidées qui ne sont pas comprises dans les conclusions des parties. — *Rennes*, 7 mars 1820, Chiron de Kerlaly c. Guillet de la Brosse.

**124.** — L'évocation peut être autorisée par les parties, même hors des cas prévus par la loi. — Thomine-Desmazures, t. 1er, p. 523; Bioche et Goujet, v° *Appel*, n° 610; Rivoire, *De l'appel*, p. 621. — Cette opinion n'est pas admise par M. Chauveau sur Carré, quest. 1702 et 1676. — Mais elle est consacrée par la jurisprudence.

**125.** — Il a été jugé en effet qu'une partie ne peut se plaindre du défaut des deux degrés de juridiction, lorsque c'est sur ses propres conclusions que la cour d'appel a évoqué l'affaire. — *Cass.*, 18 nov. 1834, de Feuchères c. d'Aumale; *Bordeaux*, 21 fév. 1826, Jacquinot c. Galibert.

**126.** — Lorsque l'intimé a conclu à l'exécution du jugement frappé d'appel, et, pour le cas où il ne serait pas déclaré exécutoire, à la condamnation au paiement des dommages-intérêts adjugés par ce jugement, la cour royale peut, en réformant ce jugement, évoquer le fond. — *Cass.*, 6 avr. 1826, Viterbi c. Totti.

**127.** — Une cour d'appel peut, en confirmant la décision des premiers juges qui accueille une fin de non-recevoir, évoquer le fond, du consentement de toutes les parties, sans qu'il en résulte un moyen de cassation contre son arrêt. — *Cass.*, 11 janv. 1837 (t. 1er 1837, p. 497), Héber c. Delaissement.

**128.** — Le vice d'une évocation contraire à l'art. 473, C. procéd., en ce qu'elle a eu lieu lorsque la matière n'était point en état de recevoir décision définitive, est couvert par l'acquiescement au jugement et son exécution volontaire. — *Spécialement*, lorsque, sur l'appel d'une sentence où le juge s'est déclaré incompétent, le tribunal évoque le fond et ordonne une enquête, la nullité de cette évocation est couverte par l'assistance des parties à l'enquête et l'audition des témoins respectivement cités, en sorte qu'elle ne puisse plus être proposée ensuite à l'audience, même avant toutes conclusions au fond. — *Cass.*, 13 juin 1834, comm. de Cabanac c. de Gensac.

**129.** — Quand la poursuite en désaveu, dirigée contre l'avoué qui a fait signifier un jugement, est devenue sans objet, parce que le tribunal d'appel a rejeté la fin de non-recevoir que l'intimé faisait résulter du prétendu acquiescement résultant de cette signification, et que les parties ont demandé à ce qu'on passât outre à la décision du fond, la cour d'appel peut statuer immédiatement sur le fond de l'instance principale. — *Turin*, 20 mai 1809, Marsaglia c. Torre.

**130.** — Toutefois, on ne peut opposer à la partie qui se pourvoit contre un arrêt d'évocation, qu'elle y a acquiescé en plaidant au fond, si elle a fait des réserves expresses avant les plaidoiries. — *Cass.*, 25 nov. 1818, Laboissière c. Martinelly.

## § 3. — *Conditions requises pour que l'évocation ait lieu.*

**131.** — Nous avons vu plus haut que pour que l'évocation ait lieu, même dans les cas où la loi l'autorise, deux conditions sont nécessaires, à savoir 1° que le tribunal d'appel veuille la prononcer, — 2° qu'il statue sur le fond par la sentence même qui prononce l'infirmation.

**132.** — *Faculté pour le juge de prononcer l'évocation.* — Avant le Code de procédure l'évocation était obligatoire pour le juge, dans les cas prévus par la loi. — Merlin, *Quest. de droit*, v° *Appel*, § 14.

**133.** — Ainsi, sous la loi du 1er mai 1790, un tribunal d'appel ne pouvait, après avoir déclaré nul le jugement à lui déféré, renvoyer les parties devant les premiers juges pour faire statuer sur le fond du procès, et il devait prononcer lui-même. — *Cass.*, 17 vendém. an VIII (Intérêt de la loi), comm. de Tigue; 28 flor. an XI, Delpech c. Delpérié; 17 prair. an XI, Saint-Sauveur c. Moulinier; 11 fructid. an XII, Bard c. Liesse; 23 fructid. an XII, Inger; 27 germin. an XIII, Josse de Saep c. Mus; 30 frim. an XI (intérêt de la loi), Brault c. Lamé-Fleury; 30 vent. an XII, Dalmont c. Descorailles et Montmorin; 2 fructid. an XII, Michon c. Descorailles et Montmorin; 20 janv. 1808, Brel c. Monstellon.

**134.** — Les juges d'appel ne pouvaient, lorsque l'affaire avait été instruite en première instance, se dispenser de juger le fond, quoique le premier juge eût déclaré ne pas juger au fond. — *Cass.*, 27 août 1806, Clément c. Aubery.

**135.** — Le tribunal d'appel qui infirmait un jugement définitif comme rendu sans instruction suffisante, ne pouvait même, après avoir ordonné un interlocutoire, renvoyer sur le fond les parties devant les premiers juges. — *Cass.*, 29 nov. 1808, Vernier c. Leboucher.

**136.** — Le tribunal d'appel qui annulait pour vice de forme un jugement de première instance par lequel il avait été statué sur le fond, était obligé d'évoquer le fond même, et il pouvait, en l'évoquant, n'y statuer qu'après une instruction ultérieure. — *Cass.*, 24 brum. an IX, Vandernool c. Vannufec.

**137.** — ... Par exemple, un arpentage. — *Cass.*, 12 thermid. an VIII, Beauvais c. Rey.

**138.** — Le tribunal de première instance qui annulait la sentence d'un juge de paix devait faire droit sur le fond. — *Cass.*, 14 janv. 1807, Bouillat c. Ramboz; 14 avr. 1807, Gareschè c. Morin.

**139.** — Jugé encore que le tribunal d'appel qui infirmait un jugement déclarant valable une saisie-exécution pratiquée en vertu d'une rente reconnue non féodale devait statuer sur la nature de cette rente et non renvoyer le demandeur à se pourvoir de nouveau à cet effet devant les premiers juges. — *Cass.*, 12 thermid. an XII, Pichard c. Brousse.

**140.** — ... Qu'il en était de même lorsqu'il déclarait que les juges de première instance avaient mal apprécié des dommages-intérêts dont la de-

mande lui était soumise. — *Cass.*, 24 prair. an VIII, Adam c. Cottard.

141. — ... Que lorsqu'un tribunal d'appel, en infirmant un jugement de première instance qui avait prononcé sur le fond, ordonnait une vérification d'experts, il ne pouvait renvoyer les parties devant les juges qui ont rendu le jugement infirmé; qu'il devait ordonner que l'expertise fût faite devant lui pour ensuite juger le fond. — *Cass.*, 21 flor. an XI, Guinot c. Mont-Morot.

142.—Mais, quelle que soit la précision de ces arrêts, il ne faut pas songer à en invoquer l'autorité sous l'empire du Code, les principes étant aujourd'hui sur ce point tout autres qu'ils n'étaient avant 1807. — Merlin, *Quest. de dr.*, v° *Appel*, § 14.

143. — L'évocation est purement facultative; les juges ont un pouvoir discrétionnaire pour l'ordonner ou pour ne pas la prononcer selon qu'il l'estiment convenable d'après les circonstances.

144. — Les paroles de l'orateur du gouvernement qui exposait les motifs de l'art. 473, C. procéd., ne permettent aucun doute sur le sens à attribuer aux termes, du reste si clairs, de cet article. — La loi, disait-il, s'en rapporte à la sagacité des juges pour décider si, dans le cas où ils infirment, il ne serait pas inutile, s'il ne serait pas même préjudiciable aux parties de leur faire parcourir deux degrés de juridiction. »

145. — Jugé en ce sens que le droit d'évocation attribué aux cours royales par l'art. 473, C. proc., est purement facultatif de leur part. — *Rennes*, 21 mars 1835, Leguen c. Porcher; *Cass.*, 9 mars 1825, Outrequin et Bailleboche c. Bouillé.

146. — L'exercice du droit d'évocation étant facultatif pour les cours royales, et ne s'exerçant qu'autant que l'avant-faire droit est infirmé, un arrêt peut, sans violer l'art. 473, C. procéd., renvoyer au tribunal le jugement de difficultés relatives à quelques titres, sur lesquels le tribunal n'avait point prononcé. — *Cass.*, 22 avr. 1828, Roquelaure c. comm. de Verdun.

147. — Lorsqu'un jugement est infirmé pour cause de nullité, et que l'affaire n'est pas en état de recevoir une décision définitive, la cour peut renvoyer les parties devant le tribunal qui a rendu le jugement pour qu'il leur soit fait droit, encore même que ce tribunal ait déclaré que l'autorité judiciaire n'était pas compétente pour connaître de la demande. — *Aix*, 22 nov. 1825, associat. des vidanges de Tarascon c. Colombet.

148. — *Nécessité de statuer sur le fond par un même jugement.* — L'évocation est une dérogation au droit commun; elle n'a été introduite que dans la vue d'abréger les procès et de leur faire obtenir une prompte solution; si le juge d'appel est dans l'impossibilité de prononcer immédiatement, il devient inutile de dépouiller le premier juge; la justice n'aurait rien à y gagner.

149. — La cour de Cassation jugeait déjà, avant le Code, que les juges saisis de l'appel d'un jugement interlocutoire ne pouvaient évoquer le fond de la cause à moins de le juger par le jugement même d'évocation. — *Cass.*, 25 déc. 1792, Crozet c. l'église d'Aurillac. — V. cependant *suprà* n° . — Merlin, *Quest. de dr.*, v° *Appel*, § 14.

150. — Ce principe est formellement consacré par l'art. 473, C. procéd. : « Les cours royales, porte cet article, pourront *statuer en même temps sur le fond, par un seul et même jugement.* »

151. — Ainsi, lorsqu'une cour royale, en infirmant un jugement qui avait admis un déclinatoire, évoque le fond de la cause, elle doit absolument statuer en même temps et par un seul arrêt, tant sur le déclinatoire que sur le fond. — *Cass.*, 12 nov. (et non 6 mai) 1816, d'Esson c. Jouvencel.

152. — Il en est de même en cas d'infirmation d'un jugement qui ordonnait un interrogatoire. — *Cass.*, 18 juin 1817, Dequeux c. Duchatelet. — Ou qui a été annulé pour vice de forme. — *Nîmes*, 22 fév. 1812, Rey c. Burquet.

153. — Si donc la cour a mal à propos renvoyé à une autre audience pour y faire droit, elle peut rétracter son arrêt d'évocation et renvoyer le fond aux premiers juges. — *Nîmes*, 22 fév. 1812, Rey c. Burquet.

154. — Cependant M. Rivoire ne donne pas à l'art. 473 un sens aussi absolu : « Les mots *décision définitive*, *statuer définitivement*, qui se trouvent dans la loi, dit-il (p. 619), ne doivent pas être pris dans un sens trop absolu ; ils sont purement démonstratifs, par opposition à une décision qui ne serait que *partielle*, et pour indiquer qu'il doit être procédé au jugement de toute la cause; ils ne signifient rien de plus. Or, infirmer, évoquer et ordonner une vérification sur le fond, c'est véritablement procéder à un jugement. — Il faut expliquer de la même manière ces autres expressions de la loi : *En même temps, par un seul et même jugement*. Cela veut dire que le jugement d'évocation devra s'occuper du fond, contenir une disposition quelconque à cet égard, sans pouvoir en ajourner l'examen. A cette seule condition, tout doit être permis aux magistrats pour rendre bonne justice, dix jugemens séparés fussent-ils nécessaires. » — V. aussi Berriat, p. 432, note 111e.

155. — Mais cette doctrine ne nous semble pas admissible. Elle est d'ailleurs condamnée par la jurisprudence, quoique certains arrêts établissent quelques distinctions. — V. conf. Merlin, *Quest. de dr.*; Talandier, p. 283.

156. — Ainsi il a été jugé, d'une manière générale, que l'arrêt qui, en évoquant le fond, n'y statue pas en même temps, et continue la cause à cet effet, doit être cassé, comme violant l'art. 473, C. procéd. — *Cass.*, 2 fév. 1824, ville de Pacy-sur-Eure c. Ducoudré.

157. — ... Que l'arrêt qui, en infirmant un jugement par lequel un sursis avait été prononcé, remet à quinzaine pour plaider au fond doit être cassé, comme violant l'art. 473, C. procéd., d'après lequel il doit être statué sur l'incident et sur le fond par un seul et même arrêt. — *Cass.*, 26 fév. 1823, Paulée c. institut royal d'Altona.

158. — ... Que lorsqu'un tribunal, saisi de l'appel d'un jugement qui statue sur une demande en complainte, infirme, et, retenant la cause, ordonne, avant faire droit, une visite de lieux, il y a violation de l'art. 473, C. procéd. — *Cass.*, 28 avr. 1823, de Chantemesle c. Holtermann.

159. — ... Que lorsqu'un tribunal de première instance n'a statué que sur un moyen de nullité opposé à l'exploit introductif d'une cause, les juges d'appel ne peuvent, en réformant, retenir le fond qui n'a pas été instruit en première instance, sans violer la règle des deux degrés de juridiction. — Qu'ils peuvent encore moins ordonner que les parties plaideront au fond et y faire droit par un arrêt séparé. La partie qui, après le premier arrêt plaide au fond, n'est pas pour cela non-recevable à demander la cassation de l'arrêt définitif. — *Cass.*, 9 oct. 1811, Mens c. Lansberg.

160. — ... Enfin, que l'art. 473, C. procéd., qui, en accordant le droit d'évocation aux juges d'appel lorsqu'ils infirment un jugement d'incompétence ou interlocutoire, et que la matière est disposée à recevoir une décision définitive, leur prescrit de statuer par un seul et même jugement sur l'incident et sur le fond, dispose, à cet égard, d'une manière absolue. — Dès-lors, il y a nullité lorsque, après avoir statué par infirmation sur un jugement d'incompétence, le tribunal d'appel qui retient la cause au fond renvoie à une autre audience pour la juger. — *Cass.*, 21 déc. 1842 (t. 1er 1843, p. 202), Jessé de Charleval c. Gilles.

161. — Toutefois, une cour royale devant laquelle est porté l'appel d'un jugement interlocutoire peut, *pour se mettre en état d'apprécier le mérite de la décision attaquée et les droits respectifs des parties*, prescrire une mesure d'instruction préalable, telle qu'une opération d'experts, et statuer ensuite par un seul et même arrêt sur l'interlocutoire et sur le fond, sans contrevenir aux dispositions de l'art. 473, C. procéd. — *Cass.*, 22 déc. 1824, Lelièvre c. Delahaye.

162. — Lorsqu'une cour saisie de l'appel d'un jugement définitif qui a refusé une expertise, ordonne avant de l'infirmer une expertise pour s'éclairer, on ne peut lui reprocher d'avoir violé l'art. 473, C. procéd., qui oblige les juges d'appel de statuer au fond, par un seul et même jugement, quand ils infirment un jugement. — *Cass.*, 4 janv. 1820, Ranezech c. Peytari.

163. — Une cour royale saisie de l'appel d'un jugement de première instance peut *ordonner d'abord une enquête* sans prononcer d'ailleurs sur le sort du jugement, et ensuite retenir le fond, et le juger par l'arrêt même qui infirme la sentence des premiers juges. — *Cass.*, 16 (et non du 18) janv. 1834, Pinçon.

164. — Mais, suivant un autre arrêt, l'art. 473, C. procéd., ne fait pas obstacle à ce que les juges d'appel, qui sont régulièrement saisis du fond du litige, puissent en juger définitivement une partie et prononcer un interlocutoire sur l'autre, en ordonnant une expertise ou tout autre mode de vérification. — *Cass.*, 5 (et non 2) fév. 1825, Riboulleau et Jourdain c. Prestat.

165. — Il n'y a pas contravention à l'art. 473, C. procéd., lorsque, sur l'appel d'un jugement qui a rejeté une fin de non-recevoir, et décidé que les parties plaideraient au fond, la cour royale ordonne, avant faire droit, qu'elles s'expliqueront sur des faits articulés devant elle, *tous leurs droits demeurant réservés.* — On ne peut pas dire que dans ce cas le principe qui veut que toute cause subisse deux degrés de juridiction ait été violé, sur le fondement qu'il ne reçoit d'exception que lorsqu'il y a appel d'un jugement interlocutoire rendu dans une instance disposée à recevoir une décision définitive, c'est-à-dire définitivement instruite. — *Cass.*, 3 janv. 1826, de Bourbon-Busset c. comm. de Saint-Hilaire.

166. — Lors même qu'une cour royale infirme un jugement qui avait rejeté la preuve de faits de captation et de suggestion, elle peut, sans contrevenir à l'art. 473, C. procéd., ordonner une enquête sur ces faits, et prononcer ensuite, par un autre arrêt, sur les résultats de l'enquête. — *Cass.*, 4 mars 1824, Fave c. Fave.

167. — Quand les juges d'appel infirment un jugement qui a prononcé la nullité de l'enquête, ils peuvent, sans contrevenir à l'art. 473, ordonner qu'on procédera sur le fond et y statuer. — *Bourges*, 22 mai 1829, Mozer c. Mouzat.

168. — Une cour d'appel peut évoquer le fond, en infirmant un jugement définitif pour défaut de communication au ministère public, et le retenir pour y faire droit par un arrêt séparé et après une instruction préalable. — *Rennes*, 17 avr. 1812, Traurout c. Guegan.

169. — Lorsqu'un tribunal de première instance a accueilli un moyen de prescription, et qu'en appel la cour le rejette, elle peut infirmer par son premier arrêt et renvoyer à huitaine pour plaider sur le fond. — *Cass.*, 21 fév. 1832, Lechauff de Kerquisec c. Fortin.

170. — La cour qui infirme un jugement *définitif* rejetant une demande par une exception qui tient au fond, n'est pas tenue de prononcer par un seul et même arrêt, tant sur l'exception accueillie par les premiers juges que sur les autres points du fond. — *Cass.*, 28 avr. 1818, Gay c. Guindron et Pauthot.

171. — En infirmant un jugement définitif pour excès de pouvoir, une cour d'appel peut, sans contrevenir à l'art. 473, C. procéd., retenir le fond et y statuer par un arrêt distinct de celui par lequel elle infirme. — *Bruxelles*, 12 fév. 1822, Schoeder.

172. — Enfin, lorsque les premiers juges devant lesquels il a été pris des conclusions au fond, ont avant d'y statuer rejeté la demande d'une partie tendant à la mise en cause d'un tiers, une cour d'appel a pu, sur l'appel de ce jugement, l'infirmer par un premier arrêt, et juger le fond par un second. — *Cass.*, 9 mars 1809, Lafresnaye c. comm. de Saint-Aignan. — Il est toutefois utile de remarquer que, dans cette espèce, Merlin soutenait que l'art. 473 n'était pas applicable à raison de l'époque à laquelle s'étaient passés les faits du procès.

173. — Quoi qu'il en soit, il ne faut pas confondre le cas dont nous venons de parler avec celui où les juges de première instance ayant jugé le fond, l'affaire arrive à la cour bien ou mal jugée, mais *entière*. Dans cette hypothèse, en effet, il ne peut pas y avoir lieu à évocation, puisque le premier degré de juridiction a été épuisé, et par conséquent les juges d'appel ne sauraient être tenus de statuer par un seul jugement.

174. — Ainsi, le tribunal d'appel saisi de la contestation tout entière, dont aucune partie n'est restée pendante devant le premier juge, a le droit d'infirmer, en ce que le premier juge aurait, à tort, mis une preuve à la charge d'une partie, d'ordonner une enquête, et de réserver le fond pour y statuer par un second jugement; ce n'est pas là le cas de l'évocation. — *Cass.*, 21 mai 1833, Desportes c. Richier.

175. — Une cour royale, en infirmant un jugement interlocutoire qui, après avoir statué au fond, a ordonné une visite des lieux, a pu, après avoir à son tour statué définitivement sur les droits des parties, nommer des experts chargés de délimiter les propriétés de ces parties sur les bases fixées par l'arrêt, sans que cette décision puisse être critiquée comme violant l'art. 473, C. procéd., en ce que tout le débat ne se trouverait pas vidé par un seul et même arrêt, et qu'il en faudrait un second pour homologuer ou infirmer le rapport des experts ; en un tel cas, la cour royale a jugé par appel et non par évocation. — *Cass.*, 17 mai 1831, comm. de Saint-Julien de Peyrolas c. Romanet.

176. — Lorsqu'une cour prononce par appel et non par voie d'évocation, elle peut ordonner un interlocutoire sur le chef auquel elle infirme le jugement de première instance. La cour peut plus tard, et après l'exécution de l'interlocutoire, confirmer, par son arrêt définitif, le chef du jugement qu'elle avait préalablement réformé. — *Cass.*, 24 nov. 1832, Cénac c. Latour.

177. — Quand un jugement de première instance a prononcé définitivement sur le fond, les juges d'appel peuvent, en infirmant une partie du jugement et avant de décider au fond, ordonner une mesure préparatoire d'instruction,

telle qu'une enquête.— *Cass.* , 48 juill. 4833, Hoisnard et Marion c. de Moloré.

**478.** — Lorsqu'en première instance il est intervenu un jugement définitif, le juge d'appel peut, avant de prononcer sur le fond, soit ordonner une nouvelle instruction , soit infirmer en partie le jugement pour vice de forme. — *Cass.* , 26 avr. 4825, Guibert c. Imbert; 47 janv. 4826 , Blin c. Buon.

**479.** — L'arrêt qui infirme un jugement interlocutoire admettant une preuve , et décide que les droits contestés sont suffisamment établis par les titres produits , est définitif sur le fond du droit. Dès-lors la cour peut , sans violer l'art. 473, C. procéd. civ., ordonner, *comme mesure d'exécution*, l'application de ces titres par des experts aux fonds litigieux, pour être ensuite par elle statué ce qu'il appartiendrait. — *Cass.* , 30 mars 4842 (t. 2 4842 , p. 428), Millot c. comm. d'Orchamps-Vennes.

**480.** — Le droit d'évoquer le fond , qui n'appartient aux juges d'appel que lorsque la cause est disposée à recevoir une décision définitive , a pu être valablement exercé lorsque , la question de fond étant celle de savoir si un associé commanditaire devait payer le montant de sa commandite aux créanciers de la société, la cour a décidé l'affirmative et renvoyé les parties devant le greffier d'audience pour faire le compte des sommes dues aux créanciers. — Cette dernière disposition n'ayant pour objet l'exécution de la première, n'empêche pas que l'arrêt n'ait le caractère d'une *décision définitive*. — *Cass.* , 40 juill. 4839 (t. 2 4839, p. 568), Horliac c. Quesné.

## ÉVOCATION (Matière criminelle).

**1.** — L'évocation est , en matière criminelle, l'exercice soit du droit conféré aux cours royales de se substituer aux juges et magistrats primitivement et régulièrement saisis , dans les poursuites déjà commencées par eux, ou de s'attribuer l'exercice direct et la connaissance de poursuites non encore entamées, soit de la faculté qu'ont les juges d'appel, dans certaines circonstances, de statuer sur le fond, quoique les juges du premier degré n'en aient point pris connaissance.

**2.** — Nous avons examiné le droit des cours royales, sous le mot CHAMBRE DES MISES EN ACCUSATION; nous nous bornerons donc , quant à ce , à y renvoyer , et ne nous occuperons ici que de l'évocation qui peut avoir lieu en appel.

**3.** — Notre législation a varié sur cette matière. L'art. 292, C. 3 brum. an IV, décidait que si le jugement était annulé pour violation ou omission de formes prescrites à peine de nullité, il y aurait lieu à renvoi devant un autre tribunal correctionnel.

**4.** — C'était, dit Carnot ( *Inst. crim.* , sous l'art. 215, no 4er), éterniser les affaires, c'était leur faire parcourir, sans aucuns motifs raisonnables, trois ou quatre degrés de juridiction , souvent même plus, puisque le tribunal auquel se trouvait fait le renvoi pouvait, comme le premier , violer de nouveau les formes de procéder.

**5.** — Aussi , la disposition précitée de l'art. 202, C. brum. , an IV, fut-elle rapportée par l'art. 4er, I. 29 avr. 4806 , aux termes duquel la cour était tenue de statuer sur le fond.

**6.** — Sous l'empire du Code d'instruction criminelle , le devoir des juges d'appel est tracé par l'art. 215, ainsi conçu : « Si le jugement est annulé pour violation ou omission non réparée de formes prescrites par la loi, à peine de nullité, la cour ou le tribunal statuera sur le fond. »

**7.** — De la combinaison de cet article avec les art. 242, 243 et 244 du même Code il résulte que le tribunal d'appel qui annule pour toute autre cause que pour incompétence, doit retenir l'affaire et statuer définitivement au fond ; alors l'évocation est obligatoire.

**8.** — Il ne peut pas davantage renvoyer de nouveau le prévenu devant la chambre du conseil. — *Cass.*, 24 mai 4832, Delaporte.

**9.** — Ainsi, jugé que lorsque les juges d'appel, en matière correctionnelle, annulent un jugement pour violation ou omission de formes prescrites , à peine de nullité, ils ne peuvent ordonner le renvoi devant un autre tribunal que lorsque celui qui a rendu le jugement était incompétent, ils doivent statuer au fond. — *Cass.*, 5 mai 4820, Bouderonnet; 28 juill. 4825, Mas ; 25 mars 4834, Saint-Simon ; 20 mars 4834, Vieulle; *Montpellier*, 42 juill. 4844 (t. 4er 4842, p. 239), M...; *Cass.*, 22 fév. 4845, (t. 4er 4846, p. 395), Trochu ; — Carnot, *ibid.*; Merlin, *Quest.*, vo *Appel*, § 44, no 3.

**40.** — La cour royale qui infirme un jugement, non pour cause d'incompétence, mais pour mal jugé, sur la question de compétence, doit, à peine de nullité, retenir la cause pour juger le fond, au lieu de renvoyer devant les premiers juges. — *Cass.*, 4er juin 4833, Giroux. — V. conf. *Cass.*, 44 mai 4843, Donati.

**11.** — L'incompétence, à raison de laquelle l'annulation prononcée par un jugement d'appel donne lieu au renvoi devant un autre tribunal, est l'incompétence à raison du lieu du délit et de la résidence du prévenu.

**12.** — On a donc fait une juste application de l'art. 245, C. inst. crim., en décidant que le tribunal d'appel qui infirme le jugement par lequel le tribunal de police correctionnelle s'est déclaré incompétent à raison de la nature des faits, ne peut pas renvoyer l'affaire devant un autre tribunal correctionnel, il doit la retenir et la juger au fond. — *Cass.*, 5 avr. 4846, Rigot.

**13.** — Ainsi, on peut poser en principe que la cour royale qui réforme un jugement de police correctionnelle pour toute autre cause que l'incompétence *ratione loci* doit retenir le fond et commet un excès de pouvoir en renvoyant la cause devant un autre tribunal de police correctionnelle. — *Cass.*, 31 août 4827, Beyel. — V. conf. *Cass.*, 47 fév. 4826, Fredily ; 6 oct. 4826, Rey; 20 juill. 4844 (t. 2 4845, p. 570), Blanco.

**14.** — Il a même été jugé que le tribunal d'appel doit retenir la cause et statuer au fond, lorsqu'il infirme un jugement du tribunal correctionnel, qui s'est déclaré incompétent pour connaître d'un délit dont il aurait été saisi par citation directe. — *Paris*, 48 juin 4831, de Montalembert et Lacordaire.

**45.** — Peu importe d'ailleurs que le fond n'ait pas été discuté devant les premiers juges. — *Cass.*, 8 sept. 4831, Dotard c. Pardé.

**16.** — Une cour royale, saisie de l'appel d'un jugement de police correctionnelle, ne peut même refuser de retenir le fond, sous le prétexte que l'un des juges qui y ont concouru, n'ayant pas assisté à toutes les audiences, il n'y a pas de jugement. — *Cass.*, 24 oct. 4817, Véjux.

**17.** — Le renvoi ne peut être ordonné lorsque

la cour royale infirme , en rejetant l'exception tirée de ce qu'un fonctionnaire public n'aurait pas pu être poursuivi sans l'autorisation du conseil d'état. — *Cass.*, 47 juin 4826, Dufaur.

**18.** — Jugé même que dans le cas où le renvoi n'a été requis ni par le ministère public, ni par la partie civile traduite devant un tribunal incompétent *ratione materia*, la cour saisie de l'appel du jugement correctionnel peut évoquer la cause. — *Bordeaux*, 3 avr. 4840 (t. 4er 4845, p. 549), Massé.

**19.** — La loi du 26 mai 4819, en prescrivant des formes de poursuite pour les délits commis par voie de publication, n'a point dérogé à la règle d'après laquelle la cour royale qui annule un jugement de police correctionnelle pour des causes autres que l'incompétence *ratione loci*, doit statuer sur le fond. — *Cass.*, 20 janv. 4826, Laprotte.

**20.**—La disposition de l'art. 215, C. instr. crim. n'est point limitative. En conséquence, le tribunal d'appel qui infirme un jugement définitif, en ce qu'il aurait mal à propos déclaré un acte nul, peut retenir le fond et le juger. — *Cass.*, 20 janv. 4826, Laprotte.

**21.** — Décidé également que le tribunal d'appel qui infirme le jugement par lequel les premiers juges avaient prononcé un sursis indéfini, peut retenir le fond et le juger. — *Cass.*, 7 déc. 4833, Holleaux.

**21.**—... Que les juges également saisis de l'appel d'un jugement de police correctionnelle qui a admis une inscription de faux ne peuvent, en décidant que cette inscription de faux est inutile, renvoyer devant les premiers juges pour être statué au fond; ils doivent y statuer eux-mêmes. — *Cass.*, 47 août 4843, Mendert Bart ; — Merlin, *Rép.*, vo *Tribunaux de police*, in fine.

**23.**—... Que le tribunal auquel une affaire a été renvoyée après cassation d'un jugement qui avait statué sur une question incidente et préjudicielle est compétent pour prononcer , non seulement sur cette question, mais encore sur le fond, lorsque le tribunal auquel il a été substitué s'en trouvait saisi. — *Cass.*, 44 fév. 4834, Landry-Guignard c. Beauchêne.

**24.** —... Que lorsque, sur une poursuite correctionnelle ayant pour objet deux délits distincts, il a été rendu deux jugemens, l'un statuant sur une question préjudicielle, l'autre ordonnant le renvoi à une autre audience sur le second délit, s'il n'y a appel qu'à l'égard du premier jugement, les juges d'appel ne peuvent évoquer l'affaire à l'égard du second. — *Cass.*, 24 sept. 4830, Forêts.

**25.** — Une cour royale peut, en annulant le jugement par lequel un tribunal correctionnel a mal à propos ordonné le sursis, renvoyer à une autre audience pour statuer sur le fond, nonobstant la disposition de l'art. 473, C. procéd., qui n'est pas applicable en cette matière. — *Cass.*, 5 juill. 4828, Voury ; — Morin, *Dict. du dr. crim.*, vo *Degrés de juridiction*.

**26.** — A l'égard de l'évocation en matière de simple police, V. APPEL (mat. crim.), nos 64 et suiv.

## ÉVOLAGE.

On nommait ainsi, dans l'ancien pays de Bresse, le temps pendant lequel un étang était en eau. — Celui au contraire pendant lequel il était à sec s'appelait *assec*. — V. ASSEC, ÉTANG.

FIN DU SIXIÈME VOLUME.